Palandt

Bürgerliches Gesetzbuch

Beck'sche Kurz-Kommentare

Band 7

Palandt
Bürgerliches Gesetzbuch

mit Einführungsgesetz (Auszug), Gesetz zur Regelung des Rechts der Allgemeinen Geschäftsbedingungen, Verbraucherkreditgesetz, Gesetz über den Widerruf von Haustürgeschäften und ähnlichen Geschäften, Gesetz über die Veräußerung von Teilnutzungsrechten an Wohngebäuden (Teilzeit-Wohnrechtegesetz – TzWrG), Gesetz zur Regelung der Miethöhe (Art. 3 des 2. WKSchG), Produkthaftungsgesetz, Erbbaurechtsverordnung, Wohnungseigentumsgesetz, Hausratsverordnung

bearbeitet von

Dr. Peter Bassenge
Vorsitzender Richter am Landgericht Lübeck a. D.

Dr. Gerd Brudermüller
Richter am Oberlandesgericht Karlsruhe

Prof. Dr. Uwe Diederichsen
Universität Göttingen

Wolfgang Edenhofer
Präsident des Amtgerichts München

Prof. Dr. Helmut Heinrichs
Präsident des Oberlandesgerichts Bremen a. D.

Prof. Dr. Andreas Heldrich
Universität München

Prof. Dr. Hans Putzo
Vizepräsident des Bayerischen Obersten Landesgerichts i. R.

Hartwig Sprau
Richter am Bayerischen Obersten Landesgericht

Prof. Dr. Heinz Thomas
Vorsitzender Richter am Oberlandesgericht München i. R.

59., neubearbeitete Auflage

Verlag C. H. Beck München 2000

ISBN 3 406 45570 0

Wilhelmstraße 9, 80801 München
Druck: C. H. Beck'sche Buchdruckerei, Nördlingen
(Adresse wie Verlag)
Gedruckt auf säurefreiem, alterungsbeständigem Papier
(hergestellt aus chlorfrei gebleichtem Zellstoff)

Vorwort zur 59. Auflage

Der Redaktionsschluß des Allgemeinen Teils des BGB und des Schuldrechts war Mitte September 1999, des Sachenrechts Anfang Oktober 1999 und der übrigen Bücher des BGB sowie der Nebengesetze Mitte Oktober 1999. Die bis zum jeweiligen Abschluß der Kommentierungsarbeiten verkündeten Vorschriften wurden berücksichtigt, soweit sie spätestens am 1. 1. 2000 in Kraft treten. Für alle Arbeitsabschnitte des Kommentars wurden die seit Herbst 1998 ergangenen wichtigsten Entscheidungen und Literaturbeiträge ausgewertet.

Im **Allgemeinen Teil** wurden die Erläuterungen zu den Vorstufen des Vertrags, insbesondere zum Vorvertrag, sowie die Kommentierung des Kalkulationsirrtums neu gefaßt. Die Anwendung des § 138 auf Bürgschaften einkommensloser Angehöriger wurde ein weiteres Mal neu kommentiert; eingearbeitet ist bereits der Beschluß des XI. Zivilsenats, der wegen der Bürgschaftsproblematik den Großen Zivilsenat des BGH zur Fortbildung des Rechts und Sicherung einer einheitlichen Rechtsprechung angerufen hat. Im ganzen erneuert wurden weitere Anmerkungen zu § 138 sowie einige Erläuterungen des Vereins- und Verjährungsrechts.

Im **Allgemeinen Schuldrecht** wurde eine Reihe von Erläuterungen im ganzen neu gefaßt, so die Kommentierung des § 251, die wichtige Probleme der Schadensbemessung bei Verkehrsunfällen behandelt, der §§ 317 bis 319 über die Leistungsbestimmung durch Dritte, des § 421 über den Begriff der Gesamtschuld sowie einige Anmerkungen zu § 276, vor allem die, die sich mit vertraglichen Haftungserleichterungen und Haftungserweiterungen befassen und die Anwendung der §§ 276 und 278 auf öffentlich-rechtliche Sonderbeziehungen behandeln. Wegen des intensiven Anfalls von Rechtsprechung wurden alle Erläuterungen zum § 242, zum Schadensersatzrecht und zum Leistungsstörungsrecht gründlich überarbeitet. Sorgfältig registriert wurde auch die Weiterentwicklung der Europäisierung des Schuldrechts und der Rechtsprobleme des Euro.

Im **Besonderen Schuldrecht** wurde aus aktuellem Anlaß im Rahmen der Sachmängelgewährleistung das Problem der Jahr-2000-Fähigkeit von Computersoftware praxisbezogen so ausführlich dargestellt, daß der Benutzer des Kommentars die wichtigsten Voraussetzungen und Rechtsfolgen vorfindet (§ 459 Rn. 50–58). Auch im Delikts- (§ 823 Rn. 209) und Produkthaftungsrecht (ProdHaftG 3 Rn. 15) wurde auf das Jahr-2000-Problem hingewiesen. Im Mietrecht wurde die Kommentierung in zahlreichen Einzelheiten ergänzt und ausgebaut. Im Dienstvertragsrecht wurden die verschiedenen gesetzlichen Neuregelungen des Arbeits- und Sozialrechts berücksichtigt. Das war Anlaß, die Erläuterungen an einigen Stellen völlig neu zu fassen, vor allem den aktuellen Arbeitnehmerbegriff (Einf 5–13 vor § 611) besonders im Hinblick auf die Scheinselbständigkeit ausführlicher darzustellen. Neu gefaßt wurden zum Beispiel auch die Erläuterungen zu § 615, soweit sie das Betriebs- und Arbeitskampfrisiko bei beiderseits unverschuldeter Unmöglichkeit im Falle eines Teil- oder Wellenstreiks betreffen. Im Werkvertragsrecht wurde aufgrund zahlreicher neuer Entscheidungen das Gewährleistungsrecht (§§ 633 ff einschließlich der Vorbemerkung) überarbeitet und teilweise neu gestaltet. Im Auftragsrecht wurden die Änderungen durch das Überweisungsgesetz vom 21. Juli 1999 (BGBl. I S. 1642) einschließlich der wichtigen Übergangsregeln eingearbeitet. In Ausführung zweier EG-Richtlinien wurde durch dieses Gesetz ein neuer Untertitel Geschäftsbesorgungsvertrag in das BGB eingefügt, der u. a. erstmals das besonders bedeutsame Verhältnis zwischen Bank und Kunden hinsichtlich Banküberweisung und Girovertrag gesetzlich eingehender regelt. In diesem Zusammenhang ist die Kommentierung der Geschäftsbesorgung insgesamt völlig überarbeitet worden. Aufgrund der neueren Rechtsprechung und Literatur wurden größere Abschnitte des Gesellschaftsrechts, insbesondere die zentralen Vorschriften des § 705 und der §§ 709 bis 714 (Geschäftsführung und Vertretung der Gesellschaft) überarbeitet und hierbei neu gegliedert.

Im **Sachenrecht** wurden die Vorschriften über den Verwendungsersatz im Eigentümer-Besitzer-Verhältnis (§§ 994–1003) vollständig neu kommentiert; dabei wurde nicht immer an der bisher vertretenen Auffassung festgehalten. Damit ist die Neubearbeitung des Eigentümer-Besitzer-Verhältnis (§§ 985–1003) abgeschlossen. Größere Überarbeitungen erfolgten im Besitzrecht und beim Nießbrauch an Rechten.

Vorwort

Im **Familienrecht** wurde die Kommentierung des gesamten Unterhaltsrechts, also des Ehe-, Getrenntlebenden- und Scheidungsunterhalts sowie des Verwandtenunterhalts, neu konzipiert, ebenso die Erläuterungen zu Eingehung, Wirkung und Aufhebung der Ehe, zu Wohnung und Hausrat einschließlich der Hausratsverordnung, ferner auch zum Abstammungsrecht. Überarbeitet und aktualisiert wurden die Erläuterungen zum Versorgungsausgleich sowie Teile des Rechts des Kindesnamens, des Rechts der elterlichen Sorge, des Vormundschafts- und Betreuungsrechts.

Im **Erbrecht** gab die Einarbeitung zahlreicher Entscheidungen und Literaturbeiträge vielfachen Anlaß, die Kommentierung nicht nur zu aktualisieren, sondern auch an vielen Stellen ganz oder teilweise neu zu fassen. Dazu kamen Änderungen durch die Kindschaftsrechtsreform, die zu einer Neuregelung der Vergütung von Nachlaßpfleger und Nachlaßverwalter geführt haben. Die Rechtsprechung hat auch immer noch Rechtsfragen zu lösen, die durch den Beitritt der DDR hervorgerufen wurden und die erhebliche erbrechtliche Auswirkungen auf die davon betroffenen Familien haben.

Im **Internationalen Privatrecht des EGBGB** wurden die durch das Gesetz vom 21. Mai 1999 (BGBl. I S. 1026) neu eingefügten Art. 38–46 erstmalig kommentiert. Mit diesen Bestimmungen wird das Kollisionsrecht der außervertraglichen Schuldverhältnisse und des Sachenrechts nunmehr auf eine gesetzliche Grundlage gestellt. In die Kommentierung (Anhang zu Art. 5 Rn. 6 bis 12) eingearbeitet wurde auch die Neuregelung des deutschen Staatsangehörigkeitsrechts durch das Gesetz vom 15. Juli 1999 (BGBl. I S. 1618). In den Erläuterungen des internationalen Gesellschaftsrechts im Anhang zu Art. 12 wurden die Konsequenzen der Entscheidung des Europäischen Gerichtshofs vom 9. März 1999 im Falle Centros analysiert. Das Urteil beweist die Notwendigkeit der Sitztheorie, um im Ausland gegründeten Briefkastengesellschaften die Anerkennung zu versagen. An ihr ist deshalb weiterhin festzuhalten.

Im **AGB-Gesetz** wurden die Änderungen durch das Überweisungsgesetz mit Neufassung der §§ 13 Abs. 3 und 27 (Grundlage für den Erlaß von AVB für die Entsorgung von Abwasser) berücksichtigt und die §§ 28 Abs. 4 und 29 (Kundenbeschwerden: Errichtung einer Schlichtungsstelle bei der Deutschen Bundesbank für Streitigkeiten aus der Anwendung der neuen §§ 675 a bis 676 g BGB) eingefügt. Die Vorbemerkungen bzw. Erläuterungen zu § 8 (Schranken der Inhaltskontrolle) und zu § 9 (Generalklausel) wurden aktualisiert.

Im **Wohnungseigentumsgesetz** wurde wieder die sehr umfangreiche Rechtsprechung in allen Bereichen ausgewertet. Schwerpunkte ergaben sich dabei vor allem bei den Gebrauchsregelungen (§ 15), den baulichen Veränderungen (§ 22) und den Vorschriften über den Verwalter (§§ 26, 27).

Bremen, Göttingen, Karlsruhe, Lübeck, München, im November 1999 — Die Verfasser

Verzeichnis der Bearbeiter der 59. Auflage

Dr. Peter Bassenge (seit 35. Auflage):

Abkürzungsverzeichnisse
BGB §§ 854–1296
EGBGB Art. 96, 120, 124, 181, 182, 184, 187, 189, 233, 237
Erbbaurechtsverordnung
Wohnungseigentumsgesetz
Sachverzeichnis

Dr. Gerd Brudermüller (seit 59. Auflage):

BGB §§ 1297–1588
EGBGB Art. 226, 234 §§ 1–6
Hausratsverordnung

Prof. Dr. Uwe Diederichsen (seit 33. Auflage):

BGB §§ 1589–1921
EGBGB Art. 144, 223, 224 §§ 1–3, 234 §§ 7–15

Wolfgang Edenhofer (seit 41. Auflage):

BGB §§ 1922–2385
EGBGB Art. 64, 227, 235

Prof. Dr. Helmut Heinrichs (seit 28. Auflage):

Einleitung
BGB §§ 1–432
EGBGB Art. 1, 2, 225, 230–232 § 1
AGB-Gesetz §§ 1–11, §§ 13–30

Prof. Dr. Andreas Heldrich (seit 33. Auflage):

EGBGB Art. 3–46, 220, 236
AGB-Gesetz § 12
Teilzeit-Wohnrechtegesetz § 8

Prof. Dr. Hans Putzo (seit 28. Auflage):

BGB §§ 433–630
EGBGB Art. 219, 221, 222, 232 §§ 1 a, 2–5, 8
Gesetz über den Widerruf von Haustürgeschäften und ähnlichen Geschäften
Gesetz zur Regelung der Miethöhe (Art. 3 des 2. WKSchG)
Verbraucherkreditgesetz
Teilzeit-Wohnrechtegesetz §§ 1–7, 9–12

Hartwig Sprau (seit 57. Auflage):

BGB §§ 631–811
EGBGB Art. 99, 228, 232 §§ 6, 7, 9

Prof. Dr. Heinz Thomas (seit 28. Auflage):

BGB §§ 812–853
EGBGB Art. 232 § 10
Produkthaftungsgesetz

Verzeichnis der ausgeschiedenen Mitarbeiter

Dr. Otto Palandt †: Gesamtredaktion und Einleitung: 1.–10. Auflage;

Dr. Kurt Bunge † (in Gemeinschaft mit Radtke): BGB §§ 2032, 2033, 2112–2115, 2205–2220; EGBGB Art. 24–26; 1. und 2. Auflage;

Dr. Bernhard Danckelmann †: BGB §§ 1–240; EGBGB Art. 1–4, 32, 55, 56, 76, 82, 83, 85, 86, 88, 157, 163–169, 218; 1.–36. Auflage;

Prof. Dr. Max Degenhart †: BGB §§ 854–1296; EGBGB Art. 52–54, 59–63, 65–69, 73, 74, 89–91, 96, 109–133, 142, 143, 179–197; Erbbaurechtsverordnung; Wohnungseigentumsgesetz; 27.–34. Auflage;

Dr. Johannes Friesecke †: BGB §§ 241–432, 607–630, 657–778; 1.–6. Auflage;

Dr. Hans Gramm †: BGB §§ 433–853; EGBGB Art. 70–72, 75, 77–81, 92–108, 171–178; Gesetz über Abzahlungsgeschäfte; Außenwirtschaftsgesetz; 7.–27. Auflage;

Dr. Fritz Henke †: BGB: Einleitung vor § 854, §§ 873–1203; EGBGB Art. 180–197; Erbbaurechtsverordnung; 1.–6. Auflage;

Dr. Ulrich Hoche †: BGB §§ 854–1296; EGBGB Art. 52–54, 59–63, 73, 74, 89–91, 109–137, 142, 143, 179–197; Erbbaurechtsverordnung; Wohnungseigentumsgesetz; 1., 2., 5.–26. Auflage;

Dr. Theodor Keidel †: seit 20. Auflage; bis 40. Auflage BGB §§ 1922–2385; in 41. Auflage BGB §§ 1922–2228; in 42. Auflage §§ 1922–2063; bis 41. Auflage EGBGB Art. 64, 137–140, 147–152, 213–217;

Dr. Wolfgang Lauterbach †: BGB §§ 1297–1921 mit Gleichberechtigungsgesetz, Familienrechtsänderungsgesetz und Gesetz über die rechtliche Stellung der nichtehelichen Kinder; EGBGB Art. 7–31, 33, 198–203, 207–210, 212; Ehegesetz; Gesetz für Jugenwohlfahrt; 1.–32. Auflage;

Dr. Eberhard Pinzger †: BGB §§ 433–606, 779–853, 854 (ohne Einl)–872, 1204–1296; 1.–6. Auflage;

Heinz Radtke † (in Gemeinschaft mit Dr. Bunge); BGB §§ 2034–2063, 2316; EGBGB Art. 32–179, 1.–6. Auflage;

Gesetzesverzeichnis

Dr. Ludwig Rechenmacher †: BGB §§ 1922–2385; EGBGB Art. 64, 138–140, 147–151, 213–217; Sachverzeichnis; 7.–19. Auflage;

Dr. Claus Seibert †: BGB §§ 631–656, 1591–1600, 1626–1718, 1922–2031, 2064–2111, 2116–2204, 2208–2315, 2317–2385; EGBGB Art. 203–206, 213–218; Gesetz betr. die religiöse Kindererziehung; Testamtentsgesetz; 1.–6. Auflage;

Verzeichnis der abgedruckten Gesetze und Verordnungen[1]

Allgemeines Landrecht (ALR) für die preußischen Staaten v. 1794: **Einleitung §§ 74, 75** in Übbl 50 vor § 903.

Arzneimittelgesetz v 24. 8. 1976: **§ 84** in ProdHaftG 15 Rn 20.

Berufsvormündervergütungsgesetz (BVormVG) v 25. 6. 1998: **§ 1** bei § 1836 a.

Hausratsverordnung v 11. 10. 1944: in Anh zu §§ 1361 a, 1361 b.

Bundesimmissionsschutzgesetz idF v 14. 5. 1990: **§ 14** bei § 906 Rn 37.

Familienrechtsänderungsgesetz v 11. 8. 1961: **Art 9 II Z 5** im Anh II 1 zu EG 5.

Grundgesetz für die Bundesrepublik Deutschland v 23. 5. 1949: **Art 34** in § 839 Anm. 2. **Art 116** im Anh II 1 zu EG 5.

Preisangaben- u Preisklauselgesetz (PaPKG): § 2 in § 245 Rn 24.

Sozialgesetzbuch X v 4. 11. 1982: **§ 116** Vorbem 148 vor § 249.

Sozialklauselgesetz (Gesetz über eine Sozialklausel in Gebieten mit gefährdeter Wohnungsversorgung) v 22. 4. 1993: bei § 564 b Rn 5.

[1] Soweit nicht im Inhaltsverzeichnis aufgeführt.

Inhaltsverzeichnis

Verzeichnis der abgedruckten Gesetze und Verordnungen VII

Abkürzungsverzeichnis XV

I. Gesetze, Verordnungen, Amtsblätter, Zeitschriften, Entscheidungssammlungen, Behörden, Orts- und Landesnamen, einzelne juristische Werke XV

II. Juristische Fachausdrücke, allgemeine Wortabkürzungen XXVII

Bürgerliches Gesetzbuch

Erstes Buch: Allgemeiner Teil

Einleitung 1

Erster Abschnitt: Personen. §§ 1–89 8

1. Titel: Natürliche Personen. §§ 1–20 8
2. Titel: Juristische Personen. §§ 21–89 18

Zweiter Abschnitt: Sachen. Tiere. §§ 90–103 56

Dritter Abschnitt: Rechtsgeschäfte. §§ 104–185 67

1. Titel: Geschäftsfähigkeit. §§ 104–115 71
2. Titel: Willenserklärung. §§ 116–144 79
3. Titel: Vertrag. §§ 145–157 140
4. Titel: Bedingung. Zeitbestimmung. §§ 158–163 155
5. Titel: Vertretung. Vollmacht. §§ 164–181 159
6. Titel: Einwilligung. Genehmigung. §§ 182–185 178

Vierter Abschnitt: Fristen. Termine. §§ 186–193 182

Fünfter Abschnitt: Verjährung. §§ 194–225 185

Sechster Abschnitt: Ausübung der Rechte. Selbstverteidigung. Selbsthilfe. §§ 226–231 213

Siebenter Abschnitt: Sicherheitsleistung. §§ 232–240 218

Zweites Buch: Recht der Schuldverhältnisse

Erster Abschnitt: Inhalt der Schuldverhältnisse. §§ 241–304 221

1. Titel: Verpflichtung zur Leistung. §§ 241–292 225
2. Titel: Verzug des Gläubigers. §§ 293–304 372

Zweiter Abschnitt: Schuldverhältnisse aus Verträgen. §§ 305–361 378

1. Titel: Begründung. Inhalt des Vertrags. §§ 305–319 382
2. Titel: Gegenseitiger Vertrag. §§ 320–327 401
3. Titel: Versprechen der Leistung an einen Dritten. §§ 328–335 416
4. Titel: Draufgabe. Vertragsstrafe. §§ 336–345 426
5. Titel: Rücktritt. §§ 346–361 432

Dritter Abschnitt: Erlöschen der Schuldverhältnisse. §§ 362–397 438

1. Titel: Erfüllung. §§ 362–371 439
2. Titel: Hinterlegung. §§ 372–386 446
3. Titel: Aufrechnung. §§ 387–396 451
4. Titel: Erlaß. § 397 458

Vierter Abschnitt: Übertragung der Forderung. §§ 398–413 460

Fünfter Abschnitt: Schuldübernahme. §§ 414–418 474

Sechster Abschnitt: Mehrheit von Schuldnern und Gläubigern. §§ 420–432 478
Siebenter Abschnitt: Einzelne Schuldverhältnisse. §§ 433–853 490
1. Titel: Kauf. Tausch. §§ 433–515 490
2. Titel: Schenkung. §§ 516–534 546
3. Titel: Miete. Pacht. §§ 535–597 555
4. Titel: Leihe. §§ 598–606 649
5. Titel: Darlehen. §§ 607–610 652
6. Titel: Dienstvertrag. §§ 611–630 658
7. Titel: Werkvertrag und ähnliche Verträge §§ 631–651 l 715
Anh zu §§ 651 a–l: VO des BMJ über die Informationspflichten von Reiseveranstaltern 766
8. Titel: Mäklervertrag. §§ 652–656 767
9. Titel: Auslobung. §§ 657–661 785
10. Titel: Auftrag und ähnliche Verträge §§ 662–676 g 787
11. Titel: Geschäftsführung ohne Auftrag. §§ 677–687 821
12. Titel: Verwahrung. §§ 688–700 829
13. Titel: Einbringung von Sachen bei Gastwirten. §§ 701–704 832
14. Titel: Gesellschaft. §§ 705–740 836
15. Titel: Gemeinschaft. §§ 741–758 869
16. Titel: Leibrente. §§ 759–761 878
17. Titel: Spiel. Wette. §§ 762–764 879
18. Titel: Bürgschaft. §§ 765–778 884
19. Titel: Vergleich. § 779 900
20. Titel: Schuldversprechen. Schuldanerkenntnis. §§ 780–782 903
21. Titel: Anweisung. §§ 783–792 907
22. Titel: Schuldverschreibung auf den Inhaber. §§ 793–808 a 913
23. Titel: Vorlegung von Sachen. §§ 809–811 920
24. Titel: Ungerechtfertigte Bereicherung. §§ 812–822 923
25. Titel: Unerlaubte Handlungen. §§ 823–853 963

Drittes Buch: Sachenrecht

Erster Abschnitt: Besitz. §§ 854–872 1071
Zweiter Abschnitt: Allgemeine Vorschriften über Rechte an Grundstücken. §§ 873–902 1088
Dritter Abschnitt: Eigentum. §§ 903–1011 1119
1. Titel: Inhalt des Eigentums. §§ 903–924 1126
2. Titel: Erwerb und Verlust des Eigentums an Grundstücken. §§ 925–928 1150
3. Titel: Erwerb und Verlust des Eigentums an beweglichen Sachen. §§ 929–984 1155
4. Titel: Ansprüche aus dem Eigentum. §§ 985–1007 1186
5. Titel: Miteigentum. §§ 1008–1011 1207
Vierter Abschnitt: Erbbaurecht. §§ 1012–1017 1209
Verordnung über das Erbbaurecht 1210
Fünfter Abschnitt: Dienstbarkeiten. §§ 1018–1093 1225
1. Titel: Grunddienstbarkeiten. §§ 1018–1029 1226
2. Titel: Nießbrauch. §§ 1030–1089 1233
3. Titel: Beschränkte persönliche Dienstbarkeiten. §§ 1090–1093 1251
Sechster Abschnitt: Vorkaufsrecht. §§ 1094–1104 1255
Siebenter Abschnitt: Reallasten. §§ 1105–1112 1260
Achter Abschnitt: Hypothek. Grund-, Rentenschuld. §§ 1113–1203 1264
1. Titel: Hypothek. §§ 1113–1190 1265
2. Titel: Grundschuld. Rentenschuld. §§ 1191–1203 1311
Neunter Abschnitt: Pfandrecht an beweglichen Sachen und an Rechten. §§ 1204–1296 1320
1. Titel: Pfandrecht an beweglichen Sachen. §§ 1204–1272 1320
2. Titel: Pfandrecht an Rechten. §§ 1273–1296 1338

Inhaltsverzeichnis

Viertes Buch: Familienrecht

Erster Abschnitt: Bürgerliche Ehe. §§ 1297–1588 1353
1. Titel: Verlöbnis. §§ 1297–1302 1353
2. Titel: Eingehung der Ehe. §§ 1303–1312 1355
3. Titel: Aufhebung der Ehe. §§ 1313–1318 1364
4. Titel: Wiederverheiratung im Falle der Todeserklärung. §§ 1319, 1320 1372
5. Titel: Wirkungen der Ehe im allgemeinen. §§ 1353–1362 1374
Anhang zu §§ 1361 a, 1361 b: Verordnung über die Behandlung der Ehewohnung und des Hausrats 1402
6. Titel: Eheliches Güterrecht. §§ 1363–1563 1412
7. Titel: Scheidung der Ehe. §§ 1564–1587 p 1487
Anhang zu § 1587 a: Barwert-Verordnung 1562
Anhang zu § 1587 b: Gesetz zur Regelung von Härten im Versorgungsausgleich (VAHRG) 1573
8. Titel: Kirchliche Verpflichtungen. § 1588 1611
Zweiter Abschnitt: Verwandtschaft. §§ 1589–1772 1611
1. Titel: Allgemeine Vorschriften. §§ 1589, 1590 1611
2. Titel: Abstammung. §§ 1591–1600 e 1612
3. Titel: Unterhaltspflicht. §§ 1601–1615 o 1628
Anhang zu § 1612 a: Regelbetrag-Verordnung 1659
4. Titel: Rechtsverhältnis zwischen den Eltern und dem Kinde im allgemeinen. §§ 1616–1625 1669
5. Titel: Elterliche Sorge. §§ 1626–1698 b 1681
6. Titel: (aufgehoben) 1763
7. Titel: Beistandschaft. §§ 1712–1717 1763
8. Titel: (aufgehoben) 1772
9. Titel: Annahme als Kind. §§ 1741–1772 1772
Dritter Abschnitt: Vormundschaft. Rechtliche Betreuung. Pflegschaft. §§ 1773–1921 ... 1798
1. Titel: Vormundschaft. §§ 1773–1895 1799
2. Titel: Rechtliche Betreuung. §§ 1896–1908 k 1851
3. Titel: Pflegschaft. §§ 1909–1921 1879

Fünftes Buch: Erbrecht

Erster Abschnitt: Erbfolge. §§ 1922–1941 1888
Zweiter Abschnitt: Rechtliche Stellung des Erben. §§ 1942–2063 1913
1. Titel: Annahme und Ausschlagung der Erbschaft. Fürsorge des Nachlaßgerichts. §§ 1942–1966 1913
2. Titel: Haftung des Erben für die Nachlaßverbindlichkeiten. §§ 1967–2017 1933
3. Titel: Erbschaftsanspruch. §§ 2018–2031 1961
4. Titel: Mehrheit von Erben. §§ 2032–2063 1968
Dritter Abschnitt: Testament. §§ 2064–2273 1999
1. Titel: Allgemeine Vorschriften. §§ 2064–2086 1999
2. Titel: Erbeinsetzung. §§ 2087–2099 2021
3. Titel: Einsetzung eines Nacherben. §§ 2100–2146 2027
4. Titel: Vermächtnis. §§ 2147–2191 2057
5. Titel: Auflage. §§ 2192–2196 2075
6. Titel: Testamentsvollstrecker. §§ 2197–2228 2077
7. Titel: Errichtung und Aufhebung eines Testaments. §§ 2229–2264 2108
8. Titel: Gemeinschaftliches Testament. §§ 2265–2273 2129
Vierter Abschnitt: Erbvertrag. §§ 2274–2302 2146
Fünfter Abschnitt: Pflichtteil. §§ 2303–2338 a 2168
Sechster Abschnitt: Erbunwürdigkeit. §§ 2339–2345 2202
Siebenter Abschnitt: Erbverzicht. §§ 2346–2352 2205
Achter Abschnitt: Erbschein. §§ 2353–2370 2210
Neunter Abschnitt: Erbschaftskauf. §§ 2371–2385 2231

Einführungsgesetz zum BGB

– Auszug –

Erster Teil. Allgemeine Vorschriften. Art. 1–46 2237
1. Kapitel: Inkrafttreten, Vorbehalt für Landesrecht. Gesetzesbegriff. Art. 1, 2 2237
2. Kapitel: Internationales Privatrecht. Art. 3– 46 2237
1. Abschnitt: Verweisung. Art. 3–6 2245
Anh zu Art. 3: Innerdeutsches Kollisionsrecht 2247
Anh zu Art. 5: Flüchtlinge und Verschleppte 2252
I. Übereinkommen über die Rechtsstellung der Staatenlosen; Art. 1, 12 2252
II. Sonderregelungen für Flüchtlinge, Verschleppte, Vertriebene: 2253
1. Volksdeutsche Flüchtlinge und Vertriebene; Art. 9 II Z 5 FamRÄndG iVm Art. 116 GG 2253
2. AHKGes 23 über die Rechtsverhältnisse verschleppter Personen und Flüchtlinge; Art. 1, 2, 10 Buchst a 2255
3. Gesetz über die Rechtsstellung heimatloser Ausländer im Bundesgebiet; § 8 2256
4. Abkommen über die Rechtsstellung der Flüchtlinge (Genfer Flüchtlingskonvention) Art. 1, 12 2257
5. Asylverfahrensgesetz; §§ 1–4 2260
6. Gesetz über Maßnahmen für im Rahmen humanitärer Hilfsaktionen aufgenommene Flüchtlinge; § 1 2261
2. Abschnitt: Recht der natürlichen Personen und der Rechtsgeschäfte. Art. 7–12 2267
Anh zu Art. 8: Haager Entmündigungsabkommen 2268
Anh zu Art. 12: Juristische Personen und Gesellschaften 2276
3. Abschnitt: Familienrecht. Art. 13–24 2280
Anh zu Art. 13:
1. Konsularverträge 2285
2. Haager Eheschließungsabkommen; Art. 1–8 2285
3. CIEC-Übereinkommen zur Erleichterung der Eheschließung im Ausland 2286
Anh zu Art. 15:
I. Staatsverträge 2294
II. Gesetz über den ehelichen Güterstand von Vertriebenen und Flüchtlingen 2294
Anh zu Art. 18:
1. Haager Übereinkommen über das auf Unterhaltsverpflichtungen gegenüber Kindern anzuwendende Recht; Art. 1–6, 11 2308
2. Haager Übereinkommen über das auf Unterhaltspflichten anwendbare Recht; Art. 1 bis 19, 24 2309
3. Weitere multilaterale Abkommen über die Durchsetzung von Unterhaltsansprüchen 2311
4. Übereinkommen über die Erweiterung der Zuständigkeit der Behörden, vor denen nichteheliche Kinder anerkannt werden können 2311
Anh zu Art. 24:
1. Übereinkommen über die Zuständigkeit der Behörden und das anzuwendende Recht auf dem Gebiet des Schutzes von Minderjährigen und Gesetz hierzu 2319
2. Haager Abkommen zur Regelung der Vormundschaft über Minderjährige; Art. 1–9 . 2329
3. Haager Übereinkommen über die zivilrechtlichen Aspekte internationaler Kindesentführung 2330
4. Europäisches Übereinkommen über die Anerkennung und Vollstreckung von Entscheidungen über das Sorgerecht für Kinder und die Wiederherstellung des Sorgeverhältnisses 2337
5. Bilaterale Abkommen mit Österreich 2337
6. Konsularverträge 2337
4. Abschnitt: Erbrecht. Art. 25, 26 2337
Anh zu Art. 26:
Übereinkommen über das auf die Form letztwilliger Verfügungen anzuwendende Recht 2344

5. Abschnitt: Schuldrecht. Art. 27–42 2346
1. Unterabschnitt: Vertragliche Schuldverhältnisse. Art. 27–37 2346
Anh zu Art. 32: Vollmacht 2352
2. Unterabschnitt: Außervertragliche Schuldverhältnisse. Art. 38–42 2364
6. Abschnitt: Sachenrecht. Art 43–46 2372
Zweiter Teil. Verhältnis des Bürgerlichen Gesetzbuchs zu den Reichsgesetzen (Art. 50–54) (nicht abgedruckt) 2377
Dritter Teil. Verhältnis des Bürgerlichen Gesetzbuchs zu den Landesgesetzen (Art. 55–152) 2377
Vierter Teil. Übergangsvorschriften (Art. 153–218) 2380
Fünfter Teil. Übergangsvorschriften aus Anlaß jüngerer Änderungen des Bürgerlichen Gesetzbuches und dieses Einführungsgesetzes (Art. 219–228) 2382
Sechster Teil. Inkrafttreten und Übergangsrecht aus Anlaß der Einführung des Bürgerlichen Gesetzbuchs und dieses Einführungsgesetzes in dem in Artikel 3 des Einigungsvertrages genannten Gebiet (Art. 230–237) 2390

Gesetz zur Regelung des Rechts der Allgemeinen Geschäftsbedingungen (AGB-Gesetz) vom 9. Dezember 1976 2442

Verbraucherkreditgesetz vom 17. Dezember 1990 2516

Gesetz über den Widerruf von Haustürgeschäften und ähnlichen Geschäften vom 16. Januar 1986 2534

Gesetz über die Veräußerung von Teilzeitnutzungsrechten an Wohngebäuden (Teilzeit-Wohnrechtegesetz – TzWrG) 2542

Gesetz zur Regelung der Miethöhe (Art. 3 des 2. WKSchG) vom 18. Dezember 1974 2551

Gesetz über die Haftung für fehlerhafte Produkte (Produkthaftungsgesetz – ProdHaftG) vom 15. Dezember 1989 2571

Gesetz über das Wohnungseigentum und das Dauerwohnrecht vom 15. März 1951 2583

Sachverzeichnis 2639

Abkürzungsverzeichnis

Bearbeiter: Dr. Bassenge, Vorsitzender Richter am Landgericht a. D.

I. Gesetze und Verordnungen,[1] Amtsblätter, Zeitschriften,[2] Entscheidungssammlungen,[2] Behörden, Orts- und Landesnamen,[3] einzelne juristische Werke[4]

AbgG	Abgeordnetengesetz idF v 21. 2. 1996 BGBl I 327
ABl	Amtsblatt
AcP	Archiv für die civilistische Praxis (Band u Seite)
ADSp	Allgemeine Deutsche Spediteurbedingungen idF v 1. 10. 1978; BAnz Nr 211
AFG	jetzt SGB 3. Buch
AfP	Archiv für Presserecht
AFWoG	Gesetz über den Abbau der Fehlsubventionierung im Wohnungswesen v 19. 8. 1994, BGBl I 2180
AG	Amtsgericht, Ausführungsgesetz (ohne Zusatz: zum BGB)
AGBE	Bunte, Entscheidungssammlung AGB-Gesetz, Bd. I–V
AGBG	Gesetz zur Regelung des Rechts der Allgemeinen Geschäftsbedingungen v 9. 12. 1976, BGBl I 3317
AgrarR	Zeitschrift für das Recht der Landwirtschaft, der Agrarmärkte und des ländlichen Raumes
AIZ	Allgemeine Immobilienzeitung
AK (+Bearbeiter)	Kommentar zum Bürgerlichen Gesetzbuch (Reihe Alternativkommentare), 1. Aufl 1979 ff
AKB	Allgemeine Bedingungen für die Kraftfahrtversicherung idF v 26. 7. 1988 (BAnz Nr 152)
AktG	Aktiengesetz v 6. 9. 1965, BGBl I 1089
AkZ	Zeitschrift der Akademie für Deutsches Recht
ALG	Gesetz über die Alterssicherung der Landwirte v 29. 7. 1994, BGBl I 1890
ALR	Allgemeines Landrecht für die Preußischen Staaten von 1794
AMG	Arzneimittelgesetz idF v 11. 12. 1998, BGBl 3586
AnfG	Gesetz betr die Anfechtung von Rechtshandlungen außerhalb des Insolvenzverfahrens v 5. 10. 1994 (Art 1 EGInsO) BGBl I 2911
AnpV	Verordnung zur Anpassung der Unterhaltsrenten für Minderjährige v 19. 3. 1992, BGBl I 535
Ans	Ansbach
AnwBl	Anwaltsblatt
AO 1977	Abgabenordnung (AO 1977) v 16. 3. 1976, BGBl I 613
AP	Nachschlagewerk des Bundesarbeitsgerichts (Gesetzesstelle u Entscheidungsnummer)
ApG	Gesetz über das Apothekenwesen idF v 15. 10. 80, BGBl I 1994
ArbG	Arbeitsgericht
ArbGB	Arbeitsgesetzbuch der DDR v 16. 6. 1977, GBl I 371
ArbGG	Arbeitsgerichtsgesetz idF v 2. 7. 1979, BGBl I 853
ArbPlSchG	Arbeitsplatzschutzgesetz idF v 14. 4. 1980, BGBl I 426
1. ArbRBerG	Erstes Arbeitsrechtsbereinigungsgesetz v 14. 8. 1969, BGBl I 1106
ArbSichG	Arbeitssicherstellungsgesetz v 9. 7. 1968, BGBl I 787
ArbZRG	Gesetz zur Vereinheitlichung und Flexibilisierung des Arbeitszeitrechts v 6. 6. 1994, BGBl I 1170
ArchBürgR	Archiv für bürgerliches Recht (Band u Seite)
ArchÖffR	Archiv für öffentliches Recht
ArchVR	Archiv für Völkerrecht
AsylVfG	Asylverfahrensgesetz idF v 27. 7. 1993, BGBl I 1361
AtomG	Atomgesetz idF v 15. 7. 1985, BGBl I 1566
AÜG	Arbeitnehmerüberlassungsgesetz idF v 3. 2. 1995, BGBl I 159
AuA	Arbeit und Arbeitsrecht
Aur	Aurich
AVB	Allgemeine Versicherungsbedingungen
AVBEltV	Verordnung über allgemeine Bedingungen für die Elektrizitätsversorgung von Tarifkunden v 21. 6. 1979, BGBl I 684
AVBFernwärmeV	Verordnung über allgemeine Bedingungen für die Versorgung mit Fernwärme v 20. 6. 1980, BGBl I 742
AVBGas	Verordnung über allgemeine Bedingungen für die Gasversorgung von Tarifkunden v 21. 6. 1979, BGBl I 676
AVBWasser	Verordnung über allgemeine Bedingungen für die Versorgung mit Wasser v 20. 6. 1980, BGBl I 750, 1067
AVO-PStG	Verordnung zur Ausführung des PStG idF v 25. 2. 1977, BGBl I 377
AWD	s. RIW
AWG	Außenwirtschaftsgesetz v 28. 4. 1961, BGBl I 481, BGBl III 7 Nr 7400–1

[1] Vgl. auch das Verzeichnis der Abkürzungen von Gesetzen, Rechtsverordnungen u allgemeinen VerwaltgsVorschriften des Bundes, 1974, GMBl 75, 230, 459. – Bei Rechtsvorschriften mit amtlichen Kurzbezeichnungen sind nur diese anzugeben.
[2] Soweit nicht anders angegeben: zitiert Jahr und Seite.
[3] Der Ortsname ohne Zusatz bedeutet das Oberlandesgericht des betreffenden Ortes.
[4] Soweit Abkürzungen verwendet oder nicht am Beginn des 1.–5. Buches des BGB oder der übrigen Gesetze angeführt.

AWV .... Außenwirtschaftsverordnung idF v 22. 11. 1993, BGBl I 1937
Ba .... Baden
Ba-Ba .... Baden-Baden
BABl .... Bundesarbeitsblatt
BÄrztO ...... Bundesärzteordnung idF v 16. 4. 1987, BGBl I 1218
BAföG .... Bundesausbildungsförderungsgesetz idF v 6. 6. 1983 (BGBl I 646)
BAG .... Bundesarbeitsgericht, auch Entscheidungen des Bundesarbeitsgerichts
BAnz .... Bundesanzeiger
BarwertVO .. Verordnung zur Ermittlung des Barwerts einer auszugleichenden Versorgung nach § 1587 a Abs 3 Nr 2 und Abs 4 des Bürgerlichen Gesetzbuchs v 24. 6. 1977, BGBl I 1014
Barw-ÄndVO ...... Verordnung zur Änderung der BarwertVO v 22. 5. 1984, BGBl I 692
Bassenge/Herbst .... Gesetz über die Angelegenheiten der freiwilligen Gerichtsbarkeit/Rechtspflegergesetz, 8. Aufl 1999
BauFG .... Gesetz über die Sicherung von Bauforderungen v 1. 6. 1909, RGBl 449, BGBl III 2 Nr 213–2
BauGB .... Baugesetzbuch idF der Bek v 27. 8. 1997, BGBl I 2141
Baumbach/Hopt .... Handelsgesetzbuch mit Nebengesetzen, 29. Aufl 1995
Baumb-Hueck GmbHG ..... Kurzkommentar zum GmbHGesetz, 16. Aufl 1996
Baumgärtel/Laumen (+Bearbeiter) Handbuch der Beweislast im Privatrecht, Bd 1 (AT, SchuldR) 2. Aufl 1991, Bd 2 (SachenR, FamR, ErbR) 2. Aufl 1999
BauNVO ..... Verordnung über die bauliche Nutzung der Grundstücke idF v 23. 1. 1990, BGBl I 132
BauR .... Zeitschrift für das gesamte öffentliche und private Baurecht (Jahr u Seite)
BaWü .... Baden-Württemberg
Bay .... Bayern
BayNotV ..... s MittBayNot
BayObLG .... Bayerisches Oberstes Landesgericht, auch Entscheidungssammlung in Zivilsachen
Bayr .... Bayreuth
BayRS .... Bayerische Rechtssammlung
BayVBl .... Bayerische Verwaltungsblätter
BayVGH ..... Bayerischer Verwaltungsgerichtshof; auch Sammlung von Entscheidungen des bayerischen Verwaltungsgerichtshofes (Band u Seite)
BayZ .... Zeitschrift für Rechtspflege in Bayern (1905–1934)
BB .... Der Betriebs-Berater
BBergG ...... Bundesberggesetz v 13. 8. 1980, BGBl I 1310
BBesG .... Bundesbesoldungsgesetz idF v 3. 12. 1998, BGBl I 3434
BBG .... Bundesbeamtengesetz idF v 31. 3. 1999, BGBl I 675
BBodSchG ... Bundes-Bodenschutzgesetz v 17. 3. 1998, BGBl I 502
BDSG .... Bundesdatenschutzgesetz v 27. 11. 977, BGBl I 201
BeamtVG .... Beamtenversorgungsgesetz idF v 16. 3. 1999, BGBl I 322
BeamtVG-ÄndG .... Gesetz zur Änderung des BeamtVG v. 18. 12. 1989, BGBl I 2818
BerBG .... Berufsbildungsgesetz v 14. 8. 1969, BGBl I 1112
BerGesVR ... Berichte der Deutschen Gesellschaft für Völkerrecht
BErzGG ..... Bundeserziehungsgeldgesetz idF v 31. 1. 1994, BGBl I 181
BeschFG ..... Beschäftigungsförderungsgesetz 1985 v 26. 4. 1985, BGBl I 710
BetrAVG ..... Gesetz zur Verbesserung der betrieblichen Altersversorgung v 19. 12. 1974, BGBl I 3610
BetrVG ...... Betriebsverfassungsgesetz v 23. 12. 1988, BGBl 89, 1
BeurkG ...... Beurkundungsgesetz v 28. 8. 1969, BGBl I 1513
BewG .... Bewertungsgesetz idF v 1. 2. 1991, BGBl I 230
BezG .... Bezirksgericht
BezG/BSfZ . Bezirksgericht/Besonderer Senat für Zivilsachen
BFH .... Bundesfinanzhof, auch Sammlung der Entscheidungen und Gutachten des BFH (Band u Seite)
BGB .... Bürgerliches Gesetzbuch v 18. 8. 1896, RGBl 195, BGBl III 4 Nr 400–2
BGBl I, II, III. Bundesgesetzblatt, mit I oder ohne Ziffer = Teil I; mit II = Teil II; mit III = Teil III
BGH .... Bundesgerichtshof, auch Entscheidungen in Zivilsachen (Band u Seite)
BGHR ...... Rechtsprechung des Bundesgerichtshofs (Band u Seite)
BGHSt .... Bundesgerichtshof, Entscheidungen in Strafsachen (Band u Seite)
BGH VGrS .. Bundesgerichtshof, Vereinigter Großer Senat
BGHWarn ... Rechtsprechung des Bundesgerichtshofs in Zivilsachen (Jahr u Nummer)
BHO .... Bundeshaushaltsordnung v 19. 8. 1969, BGBl I 1284
Bielef .... Bielefeld
BImSchG .... Bundesimmissionsschutzgesetz idF v 14. 5. 1990, BGBl I 881
BinnSchG ... Binnenschiffahrtsgesetz v 15. 6. 1895, RGBl 301, idF v 15. 6. 1898, RGBl 868, BGBl III 4 Nr 4103–1
BiRiLiG ..... Bilanzrichtlinie-Gesetz v 19. 12. 1985, BGBl I 2355
BJagdG ...... Bundesjagdgesetz idF v 29. 9. 1976, BGBl I 2849
BKleingG .... Bundeskleingartengesetz v 28. 2. 1983, BGBl I 210
BKGG .... Bundeskindergeldgesetz idF v 22. 4. 1999, BGBl I 771
BLAH .... Baumbach/Lauterbach/Albers/Hartmann, Zivilprozeßordnung, 57. Aufl 1999
BLG .... Bundesleistungsgesetz idF v 27. 9. 1961, BGBl I 1769
BlGBW ...... Blätter für Grundstücks-, Bau- und Wohnungsrecht
Bln .... Berlin

Bln-Sammlg, BerLR .... Sammlung des bereinigten Berliner Landesrechts 1945–1967, GVBl Sonderband II, 1970
Bln-Sammlg, PreußR; ...... Sammlung des in Berlin geltenden preußischen Rechts 1806–1945, GVBl Sonderband I, 1966
BMA .... Bundesminister(ium) für Arbeit
BMF .... Bundesminister(ium) der Finanzen
BMG (BMietG) .... Bundesmietengesetz, 1. v 27. 7. 55, BGBl I 458–2. v 23. 6. 60, BGBl I 389–3. v 24. 8. 65, BGBl I 971–4. v 11. 12. 67, BGBl I 1251–5. v 20. 12. 68, BGBl I 1411–6. v 19. 12. 69, BGBl I 2358 – 7. v 18. 6. 70, BGBl I 786–8. v 30. 10. 72, BGBl I 2052–9. v 30. 10. 72, BGBl I 2054–10. v 17. 11. 75, BGBl I 2868–11. v 24. 7. 79, BGBl I 1202–12. v 3. 2. 82, BGBl I 1106
BMI .... Bundesminister(ium) des Innern
BMJ .... Bundesminister(ium) der Justiz
BML .... Bundesminister(ium) für Ernährung, Landwirtschaft und Forsten
BNatSchG ... Bundesnaturschutzgesetz idF v 21. 9. 1998, BGBl I 2995
BNotO .... Bundesnotarordnung v 24. 2. 1961, BGBl I 98, BGBl III 3 Nr 303–1
Böhmer/ Siehr .... Das gesamte Familienrecht, 3. Aufl., Loseblattausgabe
BoSoG .... Bodensonderungsgesetz (Art 14 RegVBG) v 20. 12. 1993, BGBl I 2215
BPersVG ..... Bundespersonalvertretungsgesetz v 15. 3. 1974, BGBl I 693
BPflVO ...... Bundespflegesatzverordnung v 21. 8. 1985, BGBl I 1666
BPM (+Bearbeiter) Bärmann/Pick/Merle, Wohnungseigentumsgesetz, 6. Aufl 1987
BR .... Bundesrat
Brem .... Bremen
BRAGO ..... Bundesgebührenordnung für Rechtsanwälte v 26. 7. 1957, BGBl I 907, BGBl III 3 Nr 368–1
BRAO .... Bundesrechtsanwaltsordnung v 1. 8. 1959, BGBl I 565, BGBl III 3 Nr 308–8
Brdbg .... Brandenburg
BRep .... Bundesrepublik Deutschland
BRRG .... Beamtenrechtsrahmengesetz idF v 31. 3. 1999, BGBl I 654
Brschw .... Braunschweig
BSeuchG ..... Gesetz zur Verhütung u Bekämpfung übertragbarer Krankheiten idF v 18. 12. 1979, BGBl I 2262 (Berichtigung BGBl I 80, 151)
BSHG .... Bundessozialhilfegesetz idF v 23. 3. 1994, BGBl I 646
BSozG (BSG) Bundessozialgericht
BSpKG .... Gesetz über Bausparkassen v 15. 2. 1991; BGBl I 454
BS-RhPf ..... Sammlung des bereinigten Landesrechts von Rheinland-Pfalz, 9. 5. 1945 bis 31. 5. 1968
BS-Saar .... Sammlung des bereinigten Saarländischen Landesrechts, 5. 6. 1945 bis 30. 6. 1970, 2 Bände, 1971
BStBl .... Bundessteuerblatt
BSt/Kilger ... Böhle-Stamschräder/Kilger, Vergleichsordnung (VerglO), 11. Aufl 1986
BT .... Bundestag
BtÄndG ..... Betreuungsrechtsänderungsgesetz v 25. 6. 1998, BGBl I 1580
BtBG .... Betreuungsbehördengesetz v 12. 9. 1990, Art 8 BtG
BtG .... Betreuungsgesetz v 12. 9. 1990, BGBl I 2002
BtMG .... Betäubungsmittelgesetz v 1. 3. 1994, BGBl I 359
BtPrax .... Betreuungsrechtliche Praxis
BUrlG .... Bundesurlaubsgesetz v 8. 1. 1963, BGBl I 2
Bülow .... Recht der Kreditsicherheiten, 4. Aufl, 1997
II. BV .... VO über wohnungswirtschaftliche Berechnungen idF vom 12. 10. 1990, BGBl I 2179
BVerfG ...... Bundesverfassungsgericht, auch Entscheidungen des Bundesverfassungsgerichts (Band u Seite)
BVerfGG .... Gesetz über das Bundesverfassungsgericht idF v 11. 8. 1993, BGBl I 1474
BVerfG-Ka .. Kammer des Bundesverfassungsgerichts
BVG .... Bundesversorgungsgesetz idF v 22. 1. 1982, BGBl I 21
BVerwG ..... Bundesverwaltungsgericht, auch Entscheidungen des Bundesverwaltungsgerichts (Band u Seite)
BVFG .... Bundesvertriebenengesetz idF v 2. 6. 1993, BGBl I 829
BWNotZ .... Zeitschrift für das Notariat in Baden-Württemberg
BZRG .... Bundeszentralregistergesetz idF v 12. 9. 1984, BGBl I 1230
CC .... Code civil
Charl .... Berlin-Charlottenburg
Chem .... Chemnitz
CMR .... Übereinkommen über den Beförderungsvertraga im internationalen Straßengüterverkehr v 19. 5. 1956/16. 8. 1961 (BGBl II 1119, 62 II 12)
CISG .... Convention on Contracts for the International Sale of Goods v 11. 4. 1980, BGBl II 89, 588
CR .... Computer und Recht
Cttb .... Cottbus
DA .... Dienstanweisung für die Standesbeamten und ihre Aufsichtsbehörden idF v 23. 11. 1987, BAnz Nr 227 a
DAngVers .... Die Angestelltenversicherung
DAR .... Deutsches Autorecht, Deutsche Außenwirtschafts-Rundschau
Darmst .... Darmstadt
DAV(orm) ... Der Amtsvormund, Rundbrief des Deutschen Instituts für Vormundschaftswesen
DB .... Der Betrieb
DBB .... Deutsche Bundesbank
DDR .... Deutsche Demokratische Republik
Degdf .... Deggendorf
DepG .... Depotgesetz idF v 11. 1. 1995, BGBl I 34
Detm .... Detmold
DFG .... Deutsche Freiwillige Gerichtsbarkeit
DGVZ .... Deutsche Gerichtsvollzieher-Zeitung
Die SozVers . Die Sozialversicherung
DJ .... Deutsche Justiz

DJT .... Deutscher Juristentag
DJZ .... Deutsche Juristen-Zeitung
DNotZ .... Deutsche Notar-Zeitschrift
DNotV .... Zeitschrift des Deutschen Notarvereins
DÖD .... Der öffentliche Dienst
DÖV .... Die Öffentliche Verwaltung
DONot ...... Dienstordnung für Notare
Dortm .... Dortmund
DR (DRW) .. Deutsches Recht, ab 1. 4. 1939 Wochenausgabe
Dresd .... Dresden
DRiG .... Deutsches Richtergesetz idF v 19. 4. 1972, BGBl I 713
DRiZ .... Deutsche Richterzeitung
DRV (DtRentVers) Deutsche Rentenversicherung
DRZ .... bis 1935: Deutsche Richterzeitung (Jahr u Seite. Nr des Rechtsprechungsteils); ab 1946: Deutsche Rechtszeitschrift
DStR .... Deutsches Steuerrecht
DtZ .... Deutsch-Deutsche Rechts-Zeitschrift
Düss .... Düsseldorf
DVBl .... Deutsches Verwaltungsblatt
DWE .... Der Wohnungseigentümer
DWW .... Deutsche Wohnungswirtschaft
DZWiR ...... Deutsche Zeitschrift für Wirtschaftsrecht
ECU .... European Currency Unit
EFG .... Eigentumsfristengesetz v 20. 12. 1996, BGBl I 2028
EFZG .... Entgeltfortzahlungsgesetz (Art 56 SGB XI)
EG .... Einführungsgesetz (ohne Zusatz: zum BGB), auch Europäische Gemeinschaft
EGAO 1977 . Einführungsgesetz zur Abgabenordnung v 14. 12. 1976, BGBl I 3341
EGBGB (EG) Einführungsgesetz zum Bürgerlichen Gesetzbuch idF v 21. 9. 1994, BGBl I 2494
EGFamGB ... Einführungsgesetz zum Familiengesetzbuch der DDR v 19. 6. 1975, GBl I 1966, 19
EGGVG ...... Einführungsgesetz zum Gerichtsverfassungsgesetz v 27. 1. 1877, RGBl 77, BGBl III 3 Nr 300–1
EGInsO ...... Einführungsgesetz zur Insolvenzordnung v 5. 10. 1994, BGBl I 2911
EGStGB ...... Einführungsgesetz zum Strafgesetzbuch v 2. 3. 1974, BGBl I 469
EG-Übk ..... Übereinkommen über das auf vertragliche Schuldverhältnisse anzuwendende Recht v 19. 6. 1980, BGBl 86 II 810
EGZGB ...... Einführungsgesetz zum Zivilgesetzbuch der DDR v 19. 6. 1975, GBl I 517
1. EheRG .... Erstes Gesetz zur Reform des Ehe- und Familienrechts v 14. 6. 1976, BGBl I 1421
EheschlAbk .. Haager Abkommen zur Regelung des Geltungsbereichs der Gesetze auf dem Gebiete der Eheschließung v 12. 6. 1902, RGBl 1904, 221
EheschlRG .. Eheschließungsrechtsgesetz v 4. 5. 1998, BGBl I 833
EigenhVO ... Verordnung über die Bereitstellung genossenschaftlich genutzter Bodenflächen zur Errichtung von Eigenheimen auf dem Lande v 9. 6. 1976 (DDR), GBl I 426, 500
EinigsV ...... Einigungsvertrag v 31. 8. 1990, BGBl II 889 = GBl DDR I 1629
EJF .... Entscheidungen aus dem Jugend- und Familienrecht (Abschnitt u Nummer)
Ellw .... Ellwangen
Emmerich/ Sonnenschein Mietrecht, Sonderdruck aus Staudinger, BGB, 7. Aufl 1999
EMRK ...... Europäische Konvention zum Schutz der Menschenrechte und Grundfreiheiten
EMVG .... Gesetz über die elektromagnetische Verträglichkeit von Geräten v 9. 11. 1992, BGBl I 1864
ErbbRVO .... Verordnung über das Erbbaurecht v 15. 1. 19, RGBl 72, BGBl III 4 Nr 403–6
ErbGleichG . Erbrechtsgleichstellungsgesetz v 16. 12. 1997, BGBl I 2968
ErbStDVO ... Erbschaftsteuer-Durchführungsverordnung idF v 19. 1. 1962, BGBl I 22
ErbStG .... Erbschaftsteuer- und Schenkungsteuergesetz idF v 27. 2. 1997, BGBl I 378
ErholNutzG . Erholungsnutzungsrechtegesetz (Art 2 SchuldRÄndG)
Erf .... Erfurt
ErfK (+ Bearbeiter) Erfurter Kommentar zum Arbeitsrecht
ErgG .... Ergänzungsgesetz
Erm (+Bearbeiter) Erman, Handkommentar zum Bürgerlichen Gesetzbuch, 9. Aufl 1993
ES .... Entscheidungssammlung
ESchG .... Gesetz zum Schutz von Embryonen (Embryonenschutzgesetz – ESchG) v 13. 12. 1990, BGBl I 2746
EStG 1990 ... Einkommensteuergesetz 1990 v 7. 9. 1990, BGBl I 1898
EU .... Europäische Union
EuGH .... Gerichtshof der Europäischen Gemeinschaften
EuGRZ ..... Europäische Grundrechte
EuGVÜ ..... Übereinkommen der Europäischen Gemeinschaft über die gerichtliche Zuständigkeit und die Vollstreckung gerichtlicher Entscheidungen in Zivil- und Handelssachen v 27. 9. 1968, BGBl 72 II 774
EuR .... Europarecht
EuroEG ...... Euro-Einführungsgesetz v 9. 6. 1998, BGBl I 1242
EuropGMR . Europäischer Gerichtshof für Menschenrechte
EVO .... Eisenbahn-Verkehrsordnung v 8. 8. 1938, RGBl II 663, BGBl III 9 Nr 934–1
EWiR .... Entscheidungen zum Wirtschaftsrecht
EWIV .... Europäische Wirtschaftliche Interessenvereinigung
EWS .... Europäisches Wirtschafts- und Steuerrecht (Jahr u Seite)
FamNamRG Gesetz zur Neuordnung des Familiennamensrechts v 16. 12. 1993, BGBl I 2054

FamRÄndG .... Familienrechtsänderungsgesetz v 11. 8. 1961, BGBl I 1221, BGBl III 4 Nr 400–4; auch 1. Gesetz zur Änderung des Familiengesetzbuchs der DDR vom 20. 7. 1990, GBl I 1038
FamRZ ...... Ehe und Familie im privaten und öffentlichen Recht. Zeitschrift für das gesamte Familienrecht
Fbg .... Freiburg
FernUSG .... Fernunterrichtsschutzgesetz v 24. 8. 1976, BGBl I 2525
FF .... Forum Familien- und Erbrecht
Ffm .... Frankfurt am Main
Ffo .... Frankfurt an der Oder
FGB .... Familiengesetzbuch der DDR vom 20. 12. 1965, GBl I 1966, 1
FGG .... Reichsgesetz über die freiwillige Gerichtsbarkeit v 17. 5. 1898, RGBl 189, BGBl III 3 Nr 315–1
FGPrax .... Praxis der Freiwilligen Gerichtsbarkeit
FinA .... Finanzamt
FinG .... Finanzgericht Nr 4103–5
FluglärmG ... Gesetz zum Schutz gegen Fluglärm v 30. 3. 1971, BGBl I 282
FlurbG .... Flurbereinigungsgesetz idF v 16. 3. 1976, BGBl I 546
Frankth .... Frankenthal
FRES .... Entscheidungssammlung zum gesamten Bereich von Ehe und Familie (Band u Seite)
FStrG .... Bundesfernstraßengesetz idF v 19. 4. 1994, BGBl I 855
FuR .... Familie und Recht
FVE .... Sammlung fremdenverkehrsrechtlicher Entscheidungen
GAL .... Gesetz über eine Altershilfe für Landwirte idF v 14. 9. 1965, BGBl I 1448
GaststG .... Gaststättengesetz v 5. 5. 1970, BGBl I 465
GBBerG ..... Grundbuchbereinigungsgesetz (Art 2 RegVBG) v 20. 12. 1993, BGBl I 2192
GBl .... Gesetzblatt
GBO .... Grundbuchordnung idF v 26. 5. 1994, BGBl I 1114
GBV .... Grundbuchverfügung idF v 24. 1. 1995, BGBl I 114
GebrMG ..... Gebrauchsmustergesetz idF v 28. 8. 1986, BGBl I 1456
GDO .... Grundstücksdokumentationsordnung v 6. 11. 1975 (DDR), GBl I 697
GGV .... Gebäudegrundbuchverfügung v 23. 7. 1994, BGBl I 1606
GemO .... Gemeindeordnung
GenG .... Gesetz betr die Erwerbs- und Wirtschaftsgenossenschaften idF v 19. 8. 1994, BGBl I 2202
GeschmMG .. Gesetz über das Urheberrecht an Mustern und Modellen v 11. 1. 1876, RGBl 11, BGBl III 4 Nr 442–1
GewA .... Gewerbearchiv
GewO .... Gewerbeordnung idF v 22. 2. 1999, BGBl I 202
GG .... Grundgesetz für die Bundesrepublik Deutschland v 23. 5. 49, BGBl 1, BGBl III 1 Nr 100–1
GKG .... Gerichtskostengesetz idF v 15. 12. 1975, BGBl I 3047
2. GleiBG ... Gesetz zur Durchsetzung der Gleichberechtigung von Frauen und Männern v 24. 6. 1994, BGBl I 1406
GleichberG .. Gesetz über die Gleichberechtigung von Mann und Frau auf dem Gebiet des bürgerlichen Rechts v 18. 6. 1957, BGBl I 609, BGBl III 4 Nr 400–3
GmbHG ..... Gesetz betr die Gesellschaften mit beschränkter Haftung v 20. 4. 1992, RGBl 477, BGBl III 4 Nr 4123–1
GmS-OGB .. Gemeinsamer Senat der obersten Gerichte des Bundes
Göhring-Posch .... Zivilrecht (DDR), 2 Bände
Görl .... Görlitz
Gött (Gö) .... Göttingen
GOÄ .... Gebührenordnung für Ärzte idF v 10. 6. 1988, BGBl I 818, 1590
GrdstVG ..... Grundstückverkehrsgesetz v 28. 7. 1961, BGBl I 1091, BGBl III 7 Nr 7810–1
Grdst-VollstrVO .... Grundstücksvollstreckungsverordnung v 6. 6. 1990 (DDR), GBl I 288
GrStS .... Großer Senat in Strafsachen
Gruch .... Gruchot Beiträge zur Erläuterung des Deutschen Rechts (Band u Seite)
GRUR ...... Gewerblicher Rechtsschutz und Urheberrecht
GrZS .... Großer Senat in Zivilsachen
GS .... Großer Senat, auch Preußische Gesetzsammlung
GSB .... s BauFdgG
GSNW ...... Sammlung des bereinigten Landesrechts Nordrhein-Westfalen 1945 bis 1956
GSSchlH II .. Sammlung des schleswig-holsteinischen Landesrechts II
GüKG .... Güterkraftverkehrsgesetz idF v 10. 3. 1983, BGBl I 257
GVBl .... Gesetz- und Verordnungsblatt
GVG .... Gerichtsverfassungsgesetz idF v 9. 5. 1975, BGBl I 1077
GVNW ...... Gesetz und Verordnungsblatt des Landes Nordrhein-Westfalen
GVO .... Grundstücksverkehrsordnung idF v 20. 12. 1993, BGBl I 2221
GW .... Gesetz über Wirtschaftsverträge v 5. 2. 1976 (DDR), GBl I 61
GWB .... Gesetz gegen Wettbewerbsbeschränkungen idF v 26. 8. 1998, BGBl I 2546
Haag-EheschlAbk. . (Haager) Abkommen zur Regelung des Geltungsbereichs der Gesetze auf dem Gebiete der Eheschließung v 12. 6. 1902, RGBl 1904, 221
Haag-UnterhÜbk. . Haager Unterhaltsübereinkommen v 24. 10. 1956, BGBl 1961 II, 1013
Haag-VormAbk .... (Haager) Abkommen zur Regelung der Vormundschaft über Minderjährige v 12. 6. 1902, RGBl 1904, 240
HaftpflG ..... Haftpflichtgesetz idF v 4. 1. 1978, BGBl I 145
HambSLR ... Sammlung des bereinigten hamburgischen Landesrechts
Hann .... Hannover

Hans(R)GZ .. Hanseatische Gerichtszeitung (1. 1880–48. 1927; dann Hanseat. Rechts- u Gerichtszeitschrift
HausTWG ... Gesetz über den Widerruf von Haustürgeschäften und ähnlichen Geschäften v 16. 1. 1986, BGBl I 122
Hbg .... Hamburg
HdwO .... Handwerksordnung idF v 24. 9. 1998, BGBl I 3075
Hdlbg .... Heidelberg
Heilbr .... Heilbronn
HeimarbG ... Heimarbeitsgesetz v 14. 3. 1951, BGBl I 191
HeimG .... Heimgesetz idF v 23. 4. 1990, BGBl I 764
HeizkostenV . Verordnung über die verbrauchsabhängige Abrechnung der Heiz- und Warmwasserkosten idF v 20. 1. 1989, BGBl I 116
Hess .... Hessen
HessGVBl II.. Gesetz- u VOBlatt für das Land Hessen, Teil II, Sammlung des bereinigten hessischen Landesrechts
HEZ .... Höchstrichterliche Entscheidungen, Sammlung von Entscheidungen der Oberlandesgerichte und der obersten Gerichte in Zivilsachen (Band u Seite)
HGB .... Handelsgesetzbuch v 10. 5. 1897, RGBl 219, BGBl III 4 Nr 4100–1
HintO .... Hinterlegungsordnung v 10. 3. 1937, RGBl I 285, BGBl III 3 Nr 300–15
Hildesh .... Hildesheim
HOAI .... Honorarordnung für Architekten und Ingenieure idF v 4. 3. 1991, BGBl I 533
HöfeO .... Höfeordnung idF v 26. 7. 1976, BGBl I 1933
HöfeVfO ..... Verfahrensordnung für Höfesachen v 29. 3. 1976, BGBl I 881/885
HRefG .... Handelsrechtsreformgesetz v 22. 6. 1998, BGBl I 1474
HRR .... Höchstrichterliche Rechtsprechung (Jahr u Nr)
Hueck-Canaris .... Recht der Wertpapiere, 12. Aufl 1986
HuW .... Haus und Wohnung
HypBkG ..... Hypothekenbankgesetz idF v 9. 9. 1998, BGBl I 2674
InfAuslR ..... Informationsbrief Ausländerrecht
InfVO .... Verordnung über die Informationspflichten von Reiseveranstaltern v 14. 11. 1994, BGBl I 3436
InkrG .... Gesetz über die Inkraftsetzung von Rechtsvorschriften der Bundesrepublik Deutschland in der DDR v 21. 6. 1990 (DDR), GBl I 357
InsO .... Insolvenzordnung v. 5. 10. 1994, BGBl I 2866
IPG .... Gutachten zum internationalen und ausländischen Privatrecht v Ferid-Kegel-Zweigert, 1965 ff (Jahr u Nr)
IPRax .... Praxis des Internationalen Privat- und Verfahrensrechts
IPRG .... Gesetz zur Neuregelung des Internationalen Privatrechts v 25. 7. 1986, BGBl I 1142
IPRspr .... Makarov, Gamillscheg, Müller, Dierk, Kropholler, Die deutsche Rechtsprechung auf dem Gebiete des internationalen Privatrechts, 1952 ff
IRO .... International Refugee Organization
JA .... Jugendamt, auch Juristische Arbeitsblätter
JArbSchG .... Jugendarbeitsschutzgesetz idF v 12. 4. 1976, BGBl I 965
Jaeger (+Bearbeiter) Konkursordnung und Einführungsgesetz, 9. Aufl 1977 ff
Jansen .... Freiwillige Gerichtsbarkeit, 2. Aufl 1969–1971, Bd 1–3
Jauernig (+Bearbeiter) Bürgerliches Gesetzbuch, 9. Aufl 1999
JBeitrO ...... Justizbeitreibungsordnung v 11. 3. 1937, RGBl I 298
JbIntR .... Jahrbuch für internationales (bis 2. 1954: und ausländisches öffentliches) Recht
JbItalR .... Jahrbuch für italienisches Recht
JBl .... Justizblatt
JBlSaar .... Justizblatt des Saarlandes
JbOstR ...... Jahrbuch für Ostrecht
JFG .... Jahrbuch für Entscheidungen in Angelegenheiten der Freiwilligen Gerichtsbarkeit und des Grundbuchrechts (Band u Seite)
JG .... Jugendgericht
JGG .... Jugendgerichtsgesetz idF v 11. 12. 1974, BGBl I 3427
JhJ .... Jherings Jahrbücher der Dogmatik des bürgerlichen Rechts (Band u Seite)
JMBl .... Justizministerialblatt
JO .... Journal officiel
Joh/Henr (+Bearbeiter) Johannsen/Henrich, Eherecht, 2. Aufl 1992
JR .... Juristische Rundschau, Rechtsprechungsbeilage dazu (1925–1936) nach Nr
JSchÖG ...... Jugendschutzgesetz v 25. 2. 1985, BGBl I 425
JuMiG .... Justizmitteilungsgesetz und Gesetz zur Änderung kostenrechtlicher Vorschriften und andere Gesetze v 18. 6. 1997, BGBl I 1430
Jura .... Jura/Juristische Ausbildung
JurBüro ...... Das juristische Büro
JurJb .... Juristen-Jahrbuch
JuS .... Juristische Schulung
Just .... Die Justiz, Amtsblatt des Justizministeriums Baden-Württemberg
JVBl .... Justizverwaltungsblatt
JVKostO ..... Verordnung über die Kosten im Bereich der Justizverwaltung v 14. 2. 1940, RGBl I 357, BGBl III 3 Nr 363–1
JW .... Juristische Wochenschrift
JZ .... Juristen-Zeitung
KAGG .... Gesetz über Kapitalanlagegesellschaften idF v 9. 9. 1998, BGBl I 2726
Karlsr .... Karlsruhe
Kbg .... Königsberg
Kblz .... Koblenz
KEHE (+Bearbeiter) Kuntze-Ertl-Herrmann-Eickmann, Grundbuchrecht, 5. Aufl 1999
KG .... Kammergericht
KGBl .... Blätter für Rechtspflege im Bezirk des Kammergerichts in Sachen der

	freiwilligen Gerichtsbarkeit, in Kosten-, Stempel- und Strafsachen
KGJ	Jahrbuch für Entscheidungen des Kammergerichts (Band u Seite); soweit nichts anderes angegeben Abteilung A
Kilger/Schmidt	Konkursordnung, 16. Aufl 1993
KindRG	Kindschaftsrechtsreformgesetz v 16. 12. 1997, BGBl I 2942
KindPrax	Kindschaftsrechtliche Praxis Kindschaftsrechtsreformgesetz v 16. 12. 1997, BGBl I 2942
KiUG	Kindesunterhaltsgesetz v 6. 4. 1998, BGBl I 666
KJ	Kritische Justiz (Jahr u Seite)
KJHG	Kinder- und Jugendhilfegesetz idF v 8. 12. 1998, BGBl I 3546
KKW (+ Bearbeiter)	Keidel-Kuntze-Winkler, Freiwillige Gerichtsbarkeit, 14. Aufl 1999
Klautern	Kaiserslautern
KLG	Gesetz über Leistungen der gesetzlichen Rentenversicherung für Kindererziehung an Mütter der Geburtsjahrgänge vor 1921 v 12. 7. 1987, BGBl I 1585
KO	Konkursordnung idF v 20. 5. 1898, RGBl 612, BGBl III 3 Nr 311–4
KommZGB	Kommentar zum ZGB der DDR, herausgegeben vom Ministerium der Justiz, 2. Aufl 1985
KonkAusfgG	Gesetz über Konkursausfallgeld v 17. 7. 1974, BGBl I 1481
KonsG	Konsulargesetz vom 11. 9. 1974, BGBl I 2317
KostÄndG	Gesetz zur Änderung und Ergänzung kostenrechtlicher Vorschriften v 26. 7. 1957, BGBl I 861, BGBl III 3 Nr 360–3
KostO	Kostenordnung idF v 26. 7. 1957, BGBl I 960, BGBl III 3 Nr 361–1
Kreuzn	Bad Kreuznach
Krfld	Krefeld
KrG	Kreisgericht
KrVJSchr	Kritische Vierteljahresschrift für Gesetzgebung u Rechtswissenschaft (Band u Seite)
KSchG	Kündigungsschutzgesetz v 25. 8. 1969, BGBl I 1317, BGBl III 8 Nr 800–2
Kstz	Konstanz
KTS	Zeitschrift für Konkurs-, Treuhand- und Schiedsgerichtswesen
KUG	Kunsturhebergesetz v 9. 1. 1907, RGBl 7, BGBl III 4 Nr 440–3
KVG	Kommunalvermögensgesetz v 6. 7. 1990, GBl-DDR I 660
KVO	Kraftverkehrsordnung für den Güterfernverkehr mit Kraftfahrzeugen idF v 23. 12. 58, BAnz 31. 12. 1958 Nr 249
KWG	Gesetz über das Kreditwesen idF der Bek v 9. 9. 1998, BGBl I 2773
LadSchlußG	Gesetz über den Ladenschluß v 28. 11. 1956, BGBl I 875
LAG	Lastenausgleichsgesetz idF v 2. 6. 1993, BGBl I 845; auch Landesarbeitsgericht
LBG	Landbeschaffungsgesetz v 23. 2. 1957, BGBl I 134
LFZG	Lohnfortzahlungsgesetz v 27. 7. 1969, BGBl I 946
LG	Landgericht
LJA	Landesjugendamt
LM	Das Nachschlagewerk des Bundesgerichtshofs in Zivilsachen, herausgegeben von Lindenmaier und Möhring; Nr ohne Gesetzesstelle bezieht sich auf den kommentierten Paragraphen)
Lö-vW-Tr	Löwe, Graf von Westphalen, Trinkner, Kommentar zum Gesetz zur Regelung des Rechts der Allgemeinen Geschäftsbedingungen, 2. Aufl 1982/86
LPachtG	Landpachtgesetz v 25. 6. 1952, BGBl I 343, BGBl III 7 Nr 7813–2
LPG	Landwirtschaftliche Produktionsgenossenschaft
Lpzg	Leipzig
LSozG	Landessozialgericht
Lüb	Lübeck
LuftfzRG	Gesetz über Rechte an Luftfahrzeugen v 26. 2. 1959, BGBl I 57, BGBl III 4 Nr 403–9
LuftVG	Luftverkehrsgesetz idF v 27. 3. 1999, BGBl I 550
LuftVO	Luftverkehrs-Ordnung idF v 27. 3. 1999, BGBl I 580
Lutter	Lutter, Das Erbrecht des nichtehelichen Kindes, 2. Aufl 1972
LwG	Landwirtschaftsgericht
LwVG	Gesetz über das gerichtliche Verfahren in Landwirtschaftssachen v 21. 7. 1953, BGBl I 667, BGBl III 3 Nr 317–1
LZ	Leipziger Zeitschrift für Deutsches Recht
MaBV	Makler- und Bauträgerverordnung idF v 7. 11. 1990, BGBl I 2479
Mannh	Mannheim
MarkenG	Markengesetz v 25. 10. 1994; BGBl I 3082
MaschSchG	Gesetz über technische Arbeitsmittel (Gerätesicherheitsgesetz) v 24. 6. 1968, BGBl I 717
MdI	Minister(ium) des Innern
MdJ	Minister(ium) der Justiz
MDR	Monatsschrift für Deutsches Recht (Jahr u Seite)
MecklVP	Mecklenburg-Vorpommern
Medicus	Bürgerliches Recht, 18. Aufl 1999
MedR	Medizinrecht
Meing	Meiningen
Memmg	Memmingen
MeßG	Gesetz über Einheiten im Meßwesen v 2. 7. 1969, BGBl I 709
Mgdbg	Magdeburg
MHbeG	Minderjährigenhaftungsbeschränkungsgesetz v 25. 8. 1998, BGBl I 2487
MHG	Gesetz zur Regelung der Miethöhe v 18. 12. 1974, BGBl I 3604
MietRÄndG	Gesetz zur Änderung mietrechtlicher Vorschriften, Erstes: v 29. 7. 1963, BGBl I 505, Zweites: v 14. 7. 1964, BGBl I 457, Drittes: v 21. 12. 1967, BGBl I 1248, Viertes: v 21. 7. 1993, BGBl I 1257
MinBl	Ministerialblatt
MitBestG	Gesetz über die Mitbestimmung der Arbeitnehmer v 4. 5. 1976, BGBl I 1153
MittBayNot	Mitteilungen des Bayerischen Notarvereins

MittBBank ... Mitteilungen der Deutschen Bundesbank
MMV .... Mustermietvertrag, herausgeb. v BJM, 1976
ModEnG ..... Modernisierungs- und Energieeinsparungsgesetz v 12. 7. 1978, BGBl I 993
MöGladb ..... Mönchengladbach
Mosb .... Mosbach
Mot .... Motive zum BGB
M-Pl-Inst (MPI) .... Max-Planck-Institut
MRK .... Menschenrechtskonvention
MRVerbG .... Gesetz zur Verbesserung des Mietrechts und zur Begrenzung des Mietanstiegs sowie zur Regelung von Ingenieur- und Architektenleistungen v 4. 11. 1971, BGBl I 1745
MSA .... Übereinkommen über die Zuständigkeit und das anzuwendende Recht auf dem Gebiet des Schutzes von Minderjährigen v 5. 10. 1961, BGBl 71 II 217
Mü .... München
MÜblG ...... Mietenüberleitungsgesetz v 6. 6. 1995, BGBl I 748
Mühlh .... Mühlhausen
MüKo (+Bearbeiter) Münchener Kommentar zum Bürgerlichen Gesetzbuch, 2. Aufl 1984/90; 3. Aufl ab 1992 (§§ 705–740 als Sonderdruck)
MuSchG ..... Gesetz zum Schutz der erwerbstätigen Mutter idF v 17. 1. 1997, BGBl 22
MuW .... Markenschutz und Wettbewerb
NachlG .... Nachlaßgericht
NÄG .... Namensänderungsgesetz v 5. 1. 1938, RGBl I 9, BGBl III 4 Nr 401–1
NBrdbg ...... Neubrandenburg
Nds .... Niedersachsen
NdsFGG ..... Niedersächsisches Gesetz über die freiwillige Gerichtsbarkeit idF v 24. 2. 1971, GVBl 43
NdsRpfl ...... Niedersächsische Rechtspflege
NdsGVBl Sb I–III .... Sammlung des bereinigten niedersächsischen Rechts I (9. 5. 1945–31. 12. 1958), II (1. 1. 1919–8. 5. 1945), III (1. 1. 1806–31. 12. 1918)
NEhelG ...... Gesetz über die rechtliche Stellung der nichtehelichen Kinder v 19. 8. 1969, BGBl I 1243
Neust .... Neustadt
NJ .... Neue Justiz
NJW .... Neue Juristische Wochenschrift
NJWE-FER . NJW Entscheidungsdienst Familien- und Erbrecht
NJWE-MietR NJW Entscheidungsdienst Miet- und Wohnungsrecht
NJW-RR .... NJW-Rechtsprechungs-Report Zivilrecht
NMV 1970 .. Neubaumietenverordnung 1970 idF v 12. 10. 1990, BGBl I 2203
NotariatsG ... Notariatsgesetz v 5. 2. 1976 (DDR), GBl I 93
NRupp .... Neuruppin
NRW .... Nordrhein-Westfalen
NS (+ Bearbeiter) Niedenführ/Schulze, WEG 4. Aufl 1997

NStZ .... Neue Zeitschrift für Strafrecht
NTS .... NATO-Truppenstatut v 19. 6. 1951, BGBl 1961 II 1183
NTS-AG .... Gesetz zum NATO-Truppenstatut und zu den Zusatzvereinbarungen v 16. 8. 1961, BGBl II 1183
NuR .... Natur und Recht
NutzgsG ..... Gesetz über die Verleihung von Nutzungrechten an volkseigenen Grundstücken v 14. 12. 1970 (DDR), GBl I 372
NVwZ .... Neue Zeitschrift für Verwaltungsrecht
NZA .... Neue Zeitschrift für Arbeitsrecht
NZG .... Neue Zeitschrift für Gesellschaftsrecht
NZM .... Neue Zeitschrift für Mietrecht
NZV .... Neue Zeitschrift für Verkehrsrecht
Odersky ..... Nichtehelichengesetz, Handkommentar, 4. Aufl 1978
OEG .... Gesetz über die Entschädigung für Opfer von Gewalttaten v 11. 5. 1976, BGBl I 1181
Offbg .... Offenburg
OG .... Oberstes Gericht der DDR
OGH .... Oberster Gerichtshof für die Britische Zone, auch Sammlung der Entscheidungen (Band u Seite); Oberster Gerichtshof der Republik Österreich
Oldbg .... Oldenburg
OLG .... Oberlandesgericht, auch Die Rechtsprechung der Oberlandesgerichte (Band u Seite)
OLG-NL .... OLG-Rechtsprechung Neue Länder
OLGPräs .... Oberlandesgerichtspräsident
OLGR .... OLG-Report (getrennt für jedes OLG)
OLGZ .... Entscheidungen der Oberlandesgerichte in Zivilsachen (Jahr und Seite), ab 1995 vereinigt mit FGPrax
OLSchVO ... Verordnung über Orderlagerscheine v 16. 12. 1931, RGBl I 763, BGBl III 4 Nr 4102–1
Osnabr .... Osnabrück
OVG .... Oberverwaltungsgericht, auch amtliche Sammlung PrOVG
OWiG .... Gesetz über Ordnungswidrigkeiten idF v 19. 2. 1987, BGBl I 603
PachtKrG .... Pachtkreditgesetz idF v 5. 8. 1951, BGBl I 494, BGBl III 7 Nr 7813–1
Paderb .... Paderborn
PaPkG .... Preisangaben- und Preisklauselgesetz v 3. 12. 1984, BGBl I 1429
PartG .... Parteiengesetz idF v 31. 1. 1994, BGBl 150
PartGG ...... Partnerschaftsgesellschaftsgesetz v 25. 7. 1994, BGBl I 1744
PatG .... Patentgesetz v 16. 12. 1980, BGBl 1981 I 2
PatAO .... Patentanwaltsordnung v 7. 9. 1966, BGBl I 557
PersBefG .... Personenbeförderungsgesetz idF v 8. 8. 1990, BGBl I 1690
PflegeVG .... Pflege-Versicherungsgesetz v 26. 5. 1994, BGBl I 1014
PflVersG ..... Pflichtversicherungsgesetz v 5. 4. 1965 (BGBl I 213), BGBl III 9 Nr 925–1
Pforzh .... Pforzheim
Planck (+Bearbeiter) Planck, Kommentar zum BGB nebst EinführungsG, Bd 4/2, 6,

3. Aufl 1905/06; Bd 1, 2, 4/1, 5, 4. Aufl 1913–30; Bd 3, 5. Aufl 1933–38
PostG .... Postgesetz v 22. 12. 1997, BGBl I 3294
PostO .... Postordnung v 16. 5. 1963, BGBl I 341, BGBl III 9 Nr 901–1–1
PostgiroO .... Postgiroordnung v 5. 12. 1984, BGBl I 626
PostSpO ...... Postsparkassenordnung v 24. 4. 1986, BGBl I 2164
Pr, pr .... Preußen, preußisch
PrGS NW .... Sammlung des in Nordrhein-Westfalen geltenden preußischen Rechts (1806–1945)
PrKV .... Preisklauselverordnung v 23. 9. 1998, BGBl I 3043
ProdHaftG ... Produkthaftungsgesetz v 15. 12. 1989, BGBl I 2198
ProdSG .... Produktsicherheitsgesetz v 22. 4. 1997, BGBl I 934
Prölss .... Prölss-Martin, Versicherungsvertragsgesetz, 26. Aufl 1998
Prot .... Protokolle der Kommission für die II. Lesung des Entwurfs des BGB
PStG .... Personenstandsgesetz v 8. 8. 1957, BGBl I 1125, BGBl III 2 Nr 211–1
Ptsd .... Potsdam
RabelsZ ...... Zeitschrift für ausländisches und internationales Privatrecht, begründet v Ernst Rabel [bis 1961: ZAIP]
RabG .... Rabattgesetz v 25. 11. 1933, BGBl I 1011
RAG .... Reichsarbeitsgericht, zugleich amtliche Sammlung der Entscheidungen (Band u Seite)
RAnwendgsG Rechtsanwendungsgesetz v 5. 12. 1975 (DDR), GBl I 748
Ravbg .... Ravensburg
RBHaftG .... Gesetz über die Haftung des Reichs für seine Beamten v 22. 5. 1910, RGBl 798, BGBl III Nr 2030–9
RBerG .... Rechtsberatungsgesetz v 13. 12. 1935, RGBl I 1478, BGBl III 3 Nr 303–12
RdA .... Recht der Arbeit
RdBfDJA .... Rundbrief des Deutschen Jugendarchivs
RdJB .... Recht der Jugend und des Bildungswesens
RdK .... Das Recht des Kraftfahrers
RdL .... Recht der Landwirtschaft
RDM .... Ring Deutscher Makler
RdSchGmbH Rundschau für GmbH
RDV .... Recht der Datenverarbeitung
Recht .... Zeitschrift „Das Recht" (Jahr u Nr der Entscheidung [bei Aufsätzen Jahr u Seite], 1908 bis 1924 in Beilage hierzu), seit 1935 als Beilage zur Deutschen Justiz
REG .... Rückerstattungsgesetz
RegBedVO .. Regelbedarf-Verordnung 1976 v 30. 7. 1976, BGBl I 2042
Regbg .... Regensburg
RegBl .... Regierungsblatt
RegUnterh-VO .... Regelunterhalt-Verordnung v 27. 6. 1970, BGBl I 1010
RegVBG ..... Registerverfahrenbeschleunigungsgesetz v 20. 12. 1993, BGBl I 2182
RepG .... Reparationsschädengesetz v 12. 2. 1969, BGBl I 105
Rev crit ...... Revue critique de droit international privé
RFH .... Reichsfinanzhof, zugleich amtliche Sammlung der Entscheidungen (Band u Seite)
RG .... Reichsgericht, auch amtliche Sammlung der RGRechtsprechung in Zivilsachen (Band u Seite)
RGBl .... Reichsgesetzblatt ohne Ziffer = Teil I; mit II = Teil II
RGRK (+Bearbeiter) Das Bürgerliche Gesetzbuch mit besonderer Berücksichtigung der Rechtsprechung, des Reichsgerichts und des Bundesgerichtshofes, Kommentar, 12. Aufl 1974 ff
RGSt .... Reichsgericht-Rechtsprechung in Strafsachen (Band u Seite)
RGVZ .... Reichsgericht Vereinigte Zivilsenate
RHeimstG .. Reichsheimstättengesetz v 25. 11. 1937, BGBl III 2 Nr 2332–1; Aufhebungsgesetz v 17. 6. 1993, BGBl I912
RhNK .... Mitteilungen der Rheinischen Notarkammer
RhNZ .... Rheinische Notarzeitschrift
RhPf .... Rheinland-Pfalz
RJA .... Reichsjustizamt, Entscheidungen in Angelegenheiten der freiwilligen Gerichtsbarkeit und des Grundbuchrechts (Band u Seite)
RKEG .... Gesetz über die religiöse Kindererziehung v 15. 7. 1921, RGBl 939, BGBl III 4 Nr 404–9
RKnappschG (RKnG) ..... Reichsknappschaftsgesetz idF v 1. 7. 1926, RGBl I 369, BGBl III 8 Nr 822–1
RIW .... Recht der internationalen Wirtschaft
Rosenberg-Schwab/Gottwald .... Zivilprozeßrecht, 15. Aufl 1993
Rottw .... Rottweil
ROW .... Recht in Ost und West
RpflAnpG ... Rechtspflegeanpassungsgesetz v 26. 6. 1992, BGBl I 1147
Rpfleger ..... Der Deutsche Rechtspfleger
RPflG .... Rechtspflegergesetz v 5. 11. 1969, BGBl I 2065
RpflJb .... Rechtspfleger-Jahrbuch
RRG .... Rentenreformgesetz v 18. 12. 1989, BGBl I 2226
RRa .... Reiserecht aktuell
r + s .... Recht u Schaden (Jahrgang u Seite)
RSiedlG ..... Reichssiedlungsgesetz v 11. 8. 1919, RGBl 1429, BGBl III Nr 2331–1
RsprBau ..... Schäfer/Finnern/Hochstein, Rechtsprechung zum privaten Baurecht
Rstk .... Rostock
RuG .... Recht und Gesellschaft
RuStAG ..... Reichs- und Staatsangehörigkeitsgesetz v 22. 7. 1913, RGBl 583, BGBl III 1 Nr 102–1
RV .... Die Rentenversicherung
RVA .... Reichsversicherungsamt
RVÄndG .... Zweites Rentenversicherungs-Änderungsgesetz v 23. 12. 1966, BGBl I 745

RVO .... Reichsversicherungsordnung idF v 15. 12. 1924, RGBl I 779, BGBl III 8 Nr 820–1
RWP .... Rechts- und Wirtschaftspraxis
RWS .... Kommunikationsforum Recht-Wirtschaft-Steuern
RzW .... Rechtsprechung zum Wiedergutmachungsrecht
Saarbr .... Saarbrücken
Saarl .... Saarland
SaarlAGJuG .. Saarländisches Ausführungsgesetz zu den Justizgesetzen v 5. 2. 1997, ABl 258
SaarlZ .... Saarländische Rechts- und Steuerzeitschrift
SaBl .... Sammelblatt für Rechtsvorschriften des Bundes und der Länder
SachenR-ÄndG .... Sachenrechtsänderungsgesetz v 21. 9. 1994, BGBl I 2457
SachenR-BerG .... Sachenrechtsbereinigungsgesetz (Art 1 SachenRÄndG)
Sachs .... Sachsen
Sammlg-ArbE (SAE) .... Sammlung arbeitsrechtlicher Entscheidungen der Vereinigung der Arbeitgeberverbände
Sammlg-BremR .... Sammlung des bremischen Rechts
SAnh .... Sachsen-Anhalt
Sch-B-L ...... Schimansky/Bunte/Lwowski, Bankrechtshandbuch, Bd I–III, 1997
SchBG .... Schutzbereichsgesetz v 7. 12. 1956, BGBl I 899, RGBl III Nr 54–2
SchiffsRG .... Gesetz über Rechte an eingetragenen Schiffen und Schiffsbauwerken v 15. 11. 1940, RGBl I 1499, BGBl III Nr 403–4
Schlesw .... Schleswig
SchlH .... Schleswig-Holstein
SchlHA ...... Schleswig-Holsteinische Anzeigen
Schmidt-Futterer (+ Bearbeiter) Mietrecht, 7. Aufl 1999
Schönfelder .. Deutsche Gesetze
SchuldR-ÄndG .... Schuldrechtsänderungsgesetz v 21. 9. 1994, BGBl I 2538
SchuldR-AnpG .... Schuldrechtsanpassungsgesetz (Art 1 SchuldRÄndG)
SchwbG ...... Schwerbehindertengesetz idF v 26. 8. 1986, BGBl I 1422
Schweinf ..... Schweinfurt
SchwZGB ... Schweizerisches Zivilgesetzbuch v 10. 12. 1907
SeuffA .... Seufferts Archiv für Entscheidungen der obersten Gerichte in den deutschen Staaten (Band u Nr)
SeuffBl .... Seufferts Blätter für Rechtsanwendung in Bayern (Band u Seiten)
SFHÄndG ... Schwangeren- und Familienhilfeänderungsgesetz v 21. 8. 1995, BGBl I 1050
SFJ .... Sammlg aktueller Entscheidungen aus dem Sozial-, Familien- u Jugendrecht (Gesetzesstelle u EntscheidungsNr)
SGB .... Sozialgesetzbuch: 1. Buch v 11. 12. 1975, BGBl I 3015–3. Buch v 24. 3. 1997, BGBl I 549–4. Buch v 23. 12. 1976, BGBl I 3845–5. Buch v 20. 12. 1988, BGBl I 2477, 2482–6. Buch v 18. 12. 1989, BGBl I 2261; 90, 1337–8. Buch = KJHG – 10. Buch v 18. 8. 1980, BGBl I 1469 u 4. 11. 1982, BGBl I 1450–11. Buch = PflegeVG
SGb .... Die Sozialgerichtsbarkeit
SGG .... Sozialgerichtsgesetz idF v 23. 9. 1975, BGBl I 2535
SGVNW .... Sammlung des bereinigten Gesetz- u Verordnungsblattes für das Land Nordrhein-Westfalen
SigG .... Gesetz zur digitalen Signatur v 22. 7. 1997, BGBl I 1872
SJZ .... Süddeutsche Juristenzeitung
SMBl. NW .. Sammlung des bereinigten Ministerialblattes für das Land Nordrhein-Westfalen
Soergel (+Bearbeiter) Soergel, Bürgerliches Gesetzbuch mit Einführungsgesetz und Nebengesetzen, 12. Aufl 1987 ff
SoldatenG ... Gesetz über die Rechtsstellung der Soldaten idF v 15. 12. 1995, BGBl I 1737
SoldVersG ... Soldatenversorgungsgesetz idF v 6. 5. 1999, BGBl I 882
SorgeRG .... Gesetz zur Neuregelung des Rechts der elterlichen Sorge v 18. 7. 1979, BGBl I 1061
SozG .... Sozialgericht
SozVers ...... Sozialversicherung
SparPG 1979 Sparprämiengesetz idF v 10. 2. 1982, BGBl I 125
SprAuG ...... Sprecherausschußgesetz v 20. 12. 1988, BGBl I 2316
SpTrÜG ..... Gesetz über die Spaltung der von der Treuhand verwalteten Unternehmen v 5. 4. 1991, BGBl I854
SpuRt .... Zeitschrift für Sport und Recht
SRW .... Sammlung der Rechtsentscheide in Wohnungsmietsachen (Band u Seite)
StaatsGH .... Staatsgerichtshof
StAnz .... Staatsanzeiger
Staud (+Bearbeiter) Staudinger, Kommentar zum Bürgerlichen Gesetzbuch, 12. Aufl 1978 ff, 13. Aufl 1993 ff
StAZ .... Das Standesamt (früher: Zeitschrift für Standesamtswesen)
StBerG .... Steuerberatungsgesetz v 4. 11. 1975, BGBl I 2735
Sternel .... Mietrecht, 3. Aufl 1988
StGB .... Strafgesetzbuch idF v 13. 11. 1998, BGBl I 3322
Stgt .... Stuttgart
StHaftgsG-DDR .... Staatshaftungsgesetz v 12. 5. 1969 (DDR), GBl I 34
StJ (+Bearbeiter) ...... Stein-Jonas, Kommentar zur Zivilprozeßordnung, 21. Aufl 1993 ff
Stöber .... Forderungspfändung, 10. Aufl 1993
StPO .... Strafprozeßordnung idF v 7. 4. 1987, BGBl I 1075
Strals .... Stralsund
StREG .... Strafrechtsreform-Ergänzungsgesetz v 28. 8. 1975, BGBl I 2289

StudK (+Bearbeiter) ...... Beuthien/Hadding/Lüderitz/Medicus/Wolf, Studienkommentar zum BGB, 2. Aufl 1979
StuW .... Steuer und Wirtschaft
StVertr .... Staatsvertrag
StVG .... Straßenverkehrsgesetz v 19. 12. 1952, BGBl I 837, BGBl III 9 Nr 9233–1
StVO .... Straßenverkehrs-Ordnung v 16. 11. 1970, BGBl I 1565
StVollzG ...... Strafvollzugsgesetz v 16. 3. 1976, BGBl I 581
StVZO .... Straßenverkehrs-Zulassungs-Ordnung idF v 28. 9. 1988, BGBl I 1793
Sudhoff .... Handbuch der Unternehmensnachfolge, 3. Aufl 1984
SVG .... s. SoldVersG
TALärm ...... Technische Anleitung zum Schutz gegen Lärm v 16. 7. 1968, BAnz Nr 137 (Beil)
TALuft .... Technische Anleitung zur Reinhaltung der Luft v 27. 2. 1986, Beilage zu BAnz Nr 58/1986
TestG .... Testamentsgesetz v 31. 7. 1938, RGBl I 973
Th-P .... Thomas-Putzo, Zivilprozeßordnung mit GVG und EG, 22. Aufl 1999
Thür .... Thüringen
TierKBG ..... Tierkörperbeseitigungsgesetz v 2. 9. 1975, BGBl I 2313
TierSG .... Tierseuchengesetz idF v 20. 12. 1995, BGBl I 2039
TKG .... Telekommunikationsgesetz v 25. 7. 1996, BGBl I 1120
TKO .... Telekommunikationsordnung idF v 16. 7. 1987, BGBl I 1761
TKV .... Telekommunikations-Kundenschutzverordnung v 11. 12. 1997, BGBl I 2910
Traunst .... Traunstein
Tüb .... Tübingen
TVG .... Tarifvertragsgesetz idF v 25. 8. 1969, BGBl I 1323, BGBl III 8 Nr 802–1
TzWrG ...... Teilzeit-Wohnrechtegesetz v 20. 12. 1996, BGBl I 2154
UÄndG ...... Gesetz zur Änderung unterhaltsrechtlicher, verfahrensrechtlicher und anderer Vorschriften v 20. 2. 1986, BGBl I 301
Ufita .... Archiv für Urheber-, Film-, Funk- und Theaterrecht
ÜG .... Überweisungsgesetz v 21. 7. 1997, BGBl I 1642
Ul-Br-He .... Ulmer-Brandner-Hensen, AGB-Gesetz: Kommentar zum Gesetz zur Regelung des Rechts der Allgemeinen Geschäftsbedingungen, 6. Aufl 1990
UmweltHG .. Gesetz über die Umwelthaftung v 10. 12. 1990, BGBl I 2634
UmwG .... Umwandlungsgesetz v 28. 10. 1994, BGBl I 3210
UnterhÜbk .. Haager Unterhaltsübereinkommen v 24. 10. 1956, BGBl 1961 II 1013
UntVorschG . Unterhaltsvorschußgesetz idF v 19. 1. 1994, BGBl I 166
UPR .... Umwelt- und Planungsrecht
UrhG .... Urheberrechtsgesetz v 9. 9. 1965, BGBl I 1273
UStG .... Umsatzsteuergesetz idF v 9. 6. 1997, BGBl I 1270
UVG .... s. UntVorschG
UVNG ...... Unfallversicherungs-Neuregelungsgesetz v 30. 4. 1963, BGBl I 241
UWG .... Gesetz gegen den unlauteren Wettbewerb v 7. 6. 1909, RGBl 499, BGBl III 4 Nr 43–1
VAErgRglg .. vgl. Anh III zu EG 234 § 6
VAG .... Versicherungsaufsichtsgesetz idF v 17. 12. 1992, BGBl I 93, 3
VAHRG ..... Gesetz zur Regelung von Härten im Versorgungsausgleich v 21. 2. 1983, BGBl I 105
VAwMG ..... Gesetz über weitere Maßnahmen auf dem Gebiete des Versorgungsausgleichs v 8. 12. 1986, BGBl I 2317
VBL(-S) ..... Versorgungsanstalt des Bundes und der Länder(-Satzung)
VEB .... Volkseigener Betrieb
VerbrKrG .... Gesetz über Verbraucherkredite, zur Änderung der Zivilprozeßordnung und anderer Gesetze v 17. 12. 1990, BGBl I 2840
VereinG ...... Gesetz über Vereinigungen v 21. 2. 1990 (DDR), GBl I 75
VereinsG ..... Vereinsgesetz v 5. 8. 1964, BGBl I 593
VerfGH ...... Verfassungsgerichtshof
VerglO .... Vergleichsordnung v 26. 2. 1935, RGBl I 321, BGBl III 3 Nr 311–1
VerkaufsG ... Gesetz über den Verkauf von volkseigenen Gebäuden v 7. 3. 1990 (DDR), GBl I 157
VerkBl .... Verkehrsblatt
VerkMitt ..... Verkehrsrechtliche Mitteilungen
VerkRdsch ... Verkehrsrechtliche Rundschau
VerlG .... Gesetz über das Verlagsrecht v 19. 6. 1901, RGBl 217, BGBl III 4 Nr 441–1
4. VermBG .. Viertes Vermögensbildungsgesetz idF v 6. 2. 1984, BGBl I 201
VermG .... Vermögensgesetz idF v 21. 12. 1998, BGBl I 4027
Versch-ÄndG .... Gesetz zur Änderung von Vorschriften des Verschollenheitsrechtes v 15. 1. 1951, BGBl I 59, BGBl III 4 Nr 401–7
VerschG ..... Verschollenheitsgesetz v 15. 1. 1951, BGBl I 63, BGBl III 4 Nr 401–6
VersN .... Der Versicherungsnehmer
VersR .... Versicherungsrecht (Jahr u Seite)
VerstV .... Versteigerungsvorschriften v 1. 6. 1976, BGBl I 1346
VersW .... Versicherungswirtschaft
VerwRspr .... Verwaltungsrechtsprechung in Deutschland (Band u Nr)
VG .... Verwaltungsgericht
VGH .... Verwaltungsgerichtshof
VGrS .... Vereinigter Großer Senat
VGT .... Verkehrsgerichtstag
VIZ .... Zeitschrift für Vermögens- und Investitionsrecht
VOB .... Verdingungsordnung für Bauleistungen. Fassg 1979, BAnz 1979 Nr 208
VOBl .... Verordnungsblatt
VOL .... Verdingungsordnung für Leistungen, ausgenommen Bauleistungen, Teil A, Ausgabe 1984, BAnz Nr 190; Teil B, Ausgabe 1960, Beil BAnz Nr 105

VormschAbk . Haager Abkommen zur Regelung der Vormundschaft über Minderjährige v 12. 6. 1902, RGBl 1904, 240
VormschG ... Vormundschaftsgericht
VP .... Die Versicherungspraxis
VRS .... Verkehrsrechts-Sammlung (Band u Seite)
VRV .... Vereinsregisterverordnung v 10. 2. 1999, BGBl I 147
VStG .... Vermögensteuergesetz idF v 14. 11. 1990, BGBl I 2468
VuR .... Verbraucher und Recht
VVG .... Gesetz über den Versicherungsvertrag v 30. 5. 1908, RGBl 263
VwGO .... Verwaltungsgerichtsordnung idF v 19. 3. 1991, BGBl I 686
VwVfG .... Verwaltungsverfahrensgesetz idF v 21. 9. 1998, BGBl I 3050
VwZG .... Verwaltungszustellungsgesetz v 3. 7. 1952, BGBl I 379
VZOG .... Vermögenszuordnungsgesetz idF der Bek v 29. 3. 1994, BGBl I 709
WährG .... Währungsgesetz v 20. 6. 1948, BGBl III Nr 7600–1–a
WaffG .... Waffengesetz idF v 8. 3. 1976, BGBl I 432
Warn .... Warneyer, Die Rechtsprechung des Reichsgerichts (Jahr u Nr)
WaStrG .... Bundeswasserstraßengesetz idF v 4. 11. 1998, BGBl I 3295
WE .... Wohnungseigentum (Jahr u Seite)
WEG .... Wohnungseigentumsgesetz v 15. 3. 1951, BGBl I 175, BGBl III 4 Nr 403
WEG-Wohnbes-FördergsG .... Gesetz zur Förderung von Wohnungseigentum und Wohnbesitz im sozialen Wohnungsbau v 23. 3. 1976, BGBl I 737
Wehrm-PStVO .... Personenstandsverordnung für die Wehrmacht idF v 17. 10. 1942, RGBl I 597, BGBl III 2 Nr 211–1–2
WehrPflG .... Wehrpflichtgesetz idF v 21. 12. 1995, BGBl I 1756
WehrsG ...... Wehrsoldgesetz idF v 24. 1. 1996, BGBl I 105
WeimRV ..... Weimarer Verfassung v 11. 8. 1919, RGBl 1383
WeinG .... Weingesetz v 8. 7. 1994, BGBl I 1467
WertV .... Wertermittlungsverordnung v 6. 12. 1988, BGBl I 2209
WEZ .... Zeitschrift für Wohnungseigentumsrecht
WG .... Wechselgesetz v 21. 6. 1933, RGBl I 399
WHG .... Wasserhaushaltsgesetz idF v 12. 11. 1996, BGBl I 1696
WiB .... Wirtschaftsrechtliche Beratung
Wiesb .... Wiesbaden
Wieczorek ZPO .... Zivilprozeßordnung u Gerichtsverfassungsgesetz, Handausgabe, 2. Aufl 1966
Wieczorek Großkomm .. Zivilprozeßordnung und Nebengesetze, Großkommentar, 1956–63; 2. Aufl 1975ff
WiGBl .... Gesetzblatt der Verwaltung des Vereinigten Wirtschaftsgebietes
1. WiKG .... Erstes Gesetz zur Bekämpfung der Wirtschaftskriminalität v 29. 7. 1976, BGBl I 2034
WiStG .... Wirtschaftsstrafgesetz idF v 3. 6. 1975, BGBl I 1313
2. WKSchG . Zweites Wohnraumkündigungsschutzgesetz – v 18. 12. 1974, BGBl I 3603
WM .... Zeitschrift für Wirtschafts- und Bankrecht, Wertpapiermitteilungen Teil IV
WoBauG .... 1. Wohnungsbaugesetz idF v 25. 8. 1953, BGBl I 1047
2. WoBauG . 2. Wohnungsbaugesetz idF v. 19. 8. 1994, BGBl I 2137
WoBindG ... Wohnungsbindungsgesetz idF v 19. 8. 1994, BGBl I 2166
WoGen-VermG .... Wohnungsgenossenschafts-Vermögensgesetz idF der Bek v 26. 6. 1994, BGBl I 1938
WoGG .... Wohngeldgesetz idF v 11. 2. 1993, BGBl I 183
WoGV .... Wohngeldverordnung idF v 30. 9. 1992, BGBl I 1686
Wo-Ho-Li ... Wolf-Horn-Lindacher, Gesetz zur Regelung des Rechts der Allgemeinen Geschäftsbedingungen, 4. Aufl 1999
Wolff I–III ... Wolff/Bachof/Stober, Verwaltungsrecht, Bd I, 10. Aufl 1994, Bd II, 5. Aufl 1987, Bd III, 4. Aufl 1978
WoM .... s WuM
WOMitBestG Wahlordnung zum Mitbestimmungsgesetz; Erste: v 23. 6. 1977, BGBl I 861; Zweite: v 23. 6. 1977, BGBl I 893; Dritte: v 23. 6. 1977, BGBl I 934
WoModG ... Gesetz zur Förderung der Modernisierung von Wohnungen (Wohnungsmodernisierungsgesetz) v 23. 8. 1976, BGBl I 2429, jetzt: Modernisierungs- und Energieeinsparungsgesetz
WoModSiG . Wohnraummodernisierungssicherungsgesetz v 17. 7. 1997, BGBl I 1823
WoPG .... Wohnungsbau-Prämiengesetz idF der Bek v 14. 11. 1997, BGBl I 2679
WoRKSchG . Gesetz über den Kündigungsschutz für Mietverhältnisse über Wohnraum v 25. 11. 1971, BGBl I 1839
WoVermG ... Gesetz zur Regelung der Wohnungsvermittlung v 4. 11. 1971, BGBl I 1745
WPM .... = WM
WPO .... Wirtschaftsprüferordnung idF v 5. 11. 1975, BGBl I 2803
WR .... Wirtschaftsrecht
WRP .... Wettbewerb in Recht und Praxis
WStG .... Wehrstrafgesetz v 24. 5. 1974, BGBl I 1213
Wstm (+ Bearbeiter) ...... Westermann, Sachenrecht 7. Aufl 1998
Wtn (+ Bearbeiter) ...... Weitnauer, Wohnungseigentumsgesetz, 8. Aufl, 1995
WuB .... Wirtschafts- u Bankrecht
WuM .... Wohnungswirtschaft und Mietrecht

Wuppt	Wuppertal
Wü	Württemberg
WÜK	Wiener Übereinkommen über konsularische Beziehungen v 24. 4. 1963, BGBl I 1169, II 1589
WürttJb	Jahrbücher der württembergischen Rechtspflege
WürttNotV	Zeitschrift des WürttNotarvereins
WürttZ	Württembergische Zeitschrift für Rechtspflege und Verwaltung
ZAIP	s RabelsZ
ZAkDR	Zeitschrift der Akademie für Deutsches Recht
ZA-NTS	Zusatzabkommen zum Nato-Truppenstatut v 3. 8. 1959, BGBl 1961 II 1218
ZaöR	Zeitschrift für ausländisches öffentliches Recht und Völkerrecht
ZAP	Zeitschrift für Anwaltspraxis
ZAR	Zeitschrift für Ausländerrecht und Ausländerpolitik
ZBB	Zeitschrift für Bankrecht und Bankwirtschaft
ZBlFG	Zentralblatt für die Freiwillige Gerichtsbarkeit und Notariat
ZBlJ(ug)R	s ZfJ
ZBR	Zeitschrift für Beamtenrecht
ZDG	Zivildienstgesetz idF v 28. 9. 1996, BGBl I 2811
ZEuP	Zeitschrift für Europäisches Privatrecht (Jahr u Seite)
ZEV	Zeitschrift für Erbrecht und Vermögensnachfolge
ZfA	Zeitschrift für Arbeitsrecht
ZfBR	Zeitschrift für deutsches und internationales Baurecht
ZfF	Zeitschrift für das Fürsorgewesen
ZfgesK (ZKW)	Zeitschrift für das gesamte Kreditwesen
ZfHK	Zeitschrift für das gesamte Handelsrecht und Konkursrecht (Band u Seite)
ZfIR	Zeitschrift für Immobilienrecht
ZfJ	Zentralblatt für Jugendrecht
ZfRV	Zeitschrift für Rechtsvergleichung
ZfSH	Zeitschrift für Sozialhilfe und Sozialgesetzbuch
ZfS	Zeitschrift für Schadensrecht
ZfV	Zeitschrift für Versicherungswesen
ZfW	Zeitschrift für Wasserrecht
ZGB	Zivilgesetzbuch der DDR v 19. 6. 1975, GBl I 465
ZgGenW	Zeitschrift für das gesamte Genossenschaftswesen
ZGR (ZfUG)	Zeitschrift für Unternehmens- u Gesellschaftsrecht
ZHR	Zeitschrift für das gesamte Handels- und Wirtschaftsrecht; bis 1933: Zentralblatt für Handelsrecht
ZHW	Zeitschrift für das gesamte Handels- und Wirtschaftsrecht
ZIP	Zeitschrift für Wirtschaftsrecht; bis 1982: Zeitschrift für Wirtschaftsrecht u Insolvenzpraxis
1. ZivRÄndG	Zivilrechtsänderungsgesetz v 28. 6. 1990 (DDR), GBl I 524
ZLW	Zeitschrift für Luft- u Weltraumrecht
ZMR	Zeitschrift für Miet- und Raumrecht
Zöller (+Bearbeiter)	Zivilprozeßordnung mit Gerichtsverfassungsgesetz und Nebengesetzen, Kommentar, 21. Aufl 1999
Zöllner	Wertpapierrecht, 14. Aufl 1987
ZollG	Zollgesetz idF v 18. 5. 70, BGBl I 529
ZPO	Zivilprozeßordnung idF v 12. 9. 1950, BGBl 535, BGBl III 3 Nr 310–4
ZPO-DDR	Gesetz über das gerichtliche Verfahren in Zivil-, Familien- und Arbeitsrechtssachen v 19. 6. 1975 (DDR), GBl I 533
ZRP	Zeitschrift für Rechtspolitik
ZS	Zivilsenat
ZUM	Zeitschrift für Urheber- und Medienrecht/Film und Recht
ZuSEG	Gesetz über die Entschädigung von Zeugen und Sachverständigen idF v 1. 10. 1969, BGBl I 1756
ZuständErgG	Zuständigkeitsergänzungsgesetz v 7. 8. 1952, BGBl I 407, BGBl III 3 Nr 310–1
ZVglRWiss	Zeitschrift für Vergleichende Rechtswissenschaft
ZVG	Zwangsversteigerungsgesetz v 24. 3. 1897, RGBl 97, BGBl III 3 Nr 310–14
ZVOBlOst	Zentralverordnungsblatt (DDR)
Zweibr	Zweibrücken
ZZP	Zeitschrift für Zivilprozeß (Band u Seite)

II. Juristische Fachausdrücke,[1] allgemeine Wortabkürzungen[2]

aA	andere Ansicht
aaO	am angegebenen Ort
Abg	Abgabe
abgedr	abgedruckt
Abh	Abhandlung
abhgek	abhandengekommen
Abk	Abkommen
Abkömml	Abkömmling
Abl	Ablehnung
abl	ablehnen(d)
Abn	Abnahme
abs	absolut
Abs	Absatz, Absicht
Abschl	Abschluß
Abschn	Abschnitt
Abschr	Abschrift
abstr	abstrakt
Abtr	Abtretung
Abw, abw	Abweichung, abweichend
aE	am Ende
ÄndG	Änderungsgesetz
aF	alte Fassung
AG	Aktiengesellschaft
AGB	Allgemeine Geschäftsbedingungen
aGrd, aGrdv	auf Grund, auf Grund von
Akk	Akkord

[1] Bei Zusammensetzungen sind nur die Abkürzungen der einzelnen Bestandteile angeführt: Hyp = Hypothek (nicht angeführt: HypBrief = Hypothekenbrief); Erf = Erfüllung, Geh = Gehilfe (nicht angeführt: ErfGeh = Erfüllungsgehilfe)

[2] Soweit nicht allgemein gebräuchlich (zB, usw) oder nicht ohne weiteres aus sich verständlich.

allerd	allerdings
allg	allgemein
allgM	allgemeine Meinung
AllgT	Allgemeiner Teil
aM	anderer Meinung
and	anders, andere, r, s
andernf	andernfalls
anderw	anderweitig
ands	andererseits
Anerk	Anerkenntnis
Anf	Anfechtung
Angeb	Angebot
Angeh	Angehöriger
angem	angemessen
Angest	Angestellter
Angew	Angewiesener
Anh	Anhang
Anl	Anlage
Anm	Anmerkung
Ann	Annahme
Ans	Ansicht
AnschBew	Anscheinsbeweis
Anschl	Anschluß
Anspr	Anspruch
Anst	Anstalt
Antl	Anteil
Antr	Antrag
AntrSt	Antragsteller
Anw	Anwalt, Anwartschaft, Anweisung
Anweis	Anweisender
Anz	Anzeige
AO	Anordnung
ao	außerordentlich
Arb	Arbeit, Arbeiter
ArbG	Arbeitgeber
ArbN	Arbeitnehmer
ArbR	Arbeitsrecht
Arch	Architekt
arg	argumentum aus . . .
Argl, argl	Arglist, arglistig
Art	Artikel
aS	auf Seiten
ASt	Antragsteller
aStv	an Stelle von
Aufenth	Aufenthalt
Aufgeb	Aufgebot
aufgeh	aufgehoben
Aufl	Auflage, Auflassung
Aufn	Aufnahme
AufOAnspr	Aufopferungsanspruch
Aufr	Aufrechnung
Aufs	Aufsicht
Auftr	Auftrag
Aufw	Aufwendungen
Ausdr, ausdr	Ausdruck, ausdrücklich
AuseinandS	Auseinandersetzung
ausf	ausführlich
Ausf-Vorschr	Ausführungsvorschrift
ausgeschl	ausgeschlossen
Ausgl	Ausgleich, Ausgleichung
Ausk	Auskunft
Ausl	Auslobung, Ausländer, Ausland
ausl	ausländisch
Ausn	Ausnahme
ausr	ausreichend
Auss	Aussage, Aussicht
ausschl	ausschließlich
Ausschl	Ausschlagung, Ausschluß
außerh	außerhalb
AusSt	Aussteller
AV	Allgemeine Verfügung
AVB	Allgemeine Versicherungsbedingungen
AVN	Angehöriger der Vereinten Nationen
AVO	Ausführungsverordnung
Azubi	Auszubildende(r)
B-	Bundes-
–b	–bar
BauBetr	Baubetreuer, Baubetreuung
BaukZusch	Baukostenzuschuß
Bd	Band
Bdgg	Bedingung
bdgt	bedingt
Beauftr	Beauftragter
Bed	Bedarf
befr	befristet
begl	beglaubigt
Begr	Begriff, Begründung
Begünst	Begünstigter
Beh	Behörde
Beil	Beilage
Beitr	Beitrag
bej	bejahend
Bek	Bekanntmachung
Bekl, bekl	Beklagter, beklagt
Bem	Bemerkung
benachb	benachbart
Benachteil	Benachteiligter
benachteil	benachteiligt
Ber	Bereich, Bereicherung
Berecht	Berechtigter
berecht	berechtigt
Bes	Besitz
bes	besonders, besondere, r, s
Beschäft	Beschäftigte(r), Beschäftigung
Beschl	Beschluß
beschr	beschränkt, beschränken
Beschrkg	Beschränkung
Beschw	Beschwerde
beschw	beschwert
Best	Besteller, Bestimmung
best	bestellt, bestimmt
Bestandt	Bestandteil
BestätSchr	Bestätigungsschreiben
bestr	bestritten
Beteil	Beteiligter, Beteiligte
Betr	Betracht, Betrag, Betreuer, Betrieb
betr	betreffend
BetrUnf	Betriebsunfall
Beurk	Beurkundung
beurk	beurkunden
Bevollm	Bevollmächtigter
bevollm	bevollmächtigt
Bew	Beweis, Bewerber
BewL	Beweislast
Bez	Beziehung, Bezirk
bish	bisher, bisherig
bisw	bisweilen
Bl	Blatt
bl	bloß
bösgl	bösgläubig
bpDbk	beschränkte persönliche Dienstbarkeit
Brucht	Bruchteil
Bsp	Beispiel
Bt	Betreuung
Bter	Betreuer
BU-Rente	Berufsunfähigkeitsrente
Bü	Bürge
bzgl	bezüglich
cc	Code civil
c. i. c.	culpa in contrahendo
–d	–end
D	Dienst
dagg	dagegen
DAO	Durchführungsanordnung
Darl	Darlehen
darü	darüber
DBer	Dienstberechtigter
Dbk	Dienstbarkeit
dch	durch
ders	derselbe
derj	derjenige
desh	deshalb
DG	Durchführungsgesetz
dgl	dergleichen
dh	das heißt
DienstSt	Dienststelle
Diss	Dissertation
Dolm	Dolmetscher
Dr	Dritter
Drucks	Drucksache
dtsch (dt)	deutsch
Durchf	Durchführung
durchf	durchführen
Durchgr	Durchgriff
Durchschn	Durchschnitt
DVO	Durchführungsverordnung
DWR	Dauerwohnrecht
E	Erbe (in Zusammensetzungen)
ebda	ebenda
ebenf	ebenfalls
ebso	ebenso
ec-Scheck	Euroscheck

eGen	eingetragene Genossenschaft
Ehefr	Ehefrau
Eheg	Ehegatte, –n
Ehel	Eheleute
Ehem	Ehemann
ehem	ehemalig
Eheschl	Eheschließung
eidesst	eidesstattlich
eig	eigen, eigener
Eigenm	Eigenmacht
eighdg	eigenhändig
Eigt	Eigentum
eigtl	eigentlich
Eigtümer	Eigentümer
Einbez	Einbeziehung
Einf	Einführung
einf	einfach
Einfl	Einfluß
eingef	eingefügt, eingeführt
eingeschr	eingeschrieben
eingetr	eingetragen
Eingr	Eingriff
Eink	Einkommen, Einkünfte
Einl	Einleitung
Einr	Einrede
einschl	einschließlich
einstw Vfg	einstweilige Verfügung
Eintr, eintr.	Eintragung, eintragen
EintrBew	Eintragungsbewilligung
einverst	einverstanden
Einwdg	Einwendung
einz	einzeln
EltT	Elternteil
eLV	eheliche Lebensverhältnisse
Empf	Empfang, Empfänger
entgg	entgegen
enth	enthält, enthalten
Entl	Entleiher
Entm	Entmündigung
Entsch	Entschädigung, Entscheidung, Entschuldung
entsch	entscheiden, entscheidend
Entschl	Entschluß
entspr	entsprechend, entspricht
Entw	Entwurf
Erbb-	Erbbau-
Erbf	Erbfall, Erbfolge
Erbl	Erblasser
ErbSch	Erbschein
Erbsch	Erbschaft
Erf, erf	Erfüllung, erfüllen, erfüllt
erfdl	erforderlich
ErfGeh	Erfüllungsgehilfe
erfh	erfüllungshalber
ErfStatt	Erfüllungs Statt
Erg	Ergänzung, Ergebnis
ErgG	Ergänzungsgesetz
erh	erhalten, erhält
Erkl, erkl	Erklärung, erklären, erklärt
Erl, erl	Erlaß, erlassen
Erläut	Erläuterung
erläut	erläutert
Erm	Ermessen
Err–	Errungenschafts–
Ers	Ersatz
Erz	Erziehung
ES	Entscheidungssammlung
etw	etwaig
EU-Rente	Erwerbsunfähigkeitsrente
europ	europäisch
EV	Eigentumsvorbehalt, Einwilligungsvorbehalt im Betreuungsrecht
eV	eingetragener Verein
ev	eventuell
evang	evangelisch
exc	exceptio
f	für
–f	-fach, -falls, -fertigt
Fahrlk, fahrl	Fahrlässigkeit, fahrlässig
Fahrz	Fahrzeug
Fam	Familie
FamG	Familiengericht
Fdg	Forderung
FEH	Freiwillige Erziehungshilfe
Festg	Festgabe
festges	festgesetzt
ff	folgende
FG	Freiwillige Gerichtsbarkeit
finanz	finanziert
FinInstitut	Finanzierungsinstitut
FlSt	Flurstück
Fn	Fußnote
Forml	Formular
fortges	fortgesetzt
Fr	Frist
Franch	Franchise
freiw	freiwillig
früh (fr)	früher
frz	französisch
FS	Festschrift
Fürs	Fürsorge
Fußn	Fußnote
G	Gesellschaft, Gesetz
–g	–ung
GA	Gutachten
Gastw	Gastwirt
GB	Grundbuch
GBA	Grundbuchamt
Gbde	Gebäude
Gbg	Gleichbehandlungsgrundsatz
GbR	Gesellschaft bürgerlichen Rechts
Gebr	Gebrauch
Gef	Gefahr
Geh	Gehilfe
geh	gehörig
gek	gekommen
Gem	Gemein-, Gemeinde
gem	gemäß
Gemsch	Gemeinschaft
gemschaftl	gemeinschaftlich
GemschE	gemeinschaftliches Eigentum
Gen	Genehmigung
gen	genehmigt, genommen
Ger	Gericht
Ges-, ges	Gesamt-, Gesetz-, gesamt, gesetzlich
gesch	geschieden
Gesch	Geschäft
geschbeschr	geschäftsbeschränkt
GeschBes	Geschäftsbesorgung
GeschF	Geschäftsführer
GeschFg	Geschäftsführung
GeschFgk	Geschäftsfähigkeit
geschl	geschlossen
Gesch-Unfgk	Geschäftsunfähigkeit
Geschw	Geschwister
GetrLeben	Getrenntleben
gew	geworden
Gew	Gewalt
Gewahrs	Gewahrsam
gewerbsm	gewerbsmäßig
GewFr	Gewährfrist
Gewl	Gewährleistung
Gg- gg	Gegen-, gegen
ggf	gegebenenfalls
Ggs	Gegensatz
ggs	gegenseitig
Ggst	Gegenstand
ggsV	gegenseitiger Vertrag
ggt	gegenteilig
ggü	gegenüber
Gl	Glaube, Gläubiger
Gläub	Gläubiger
GoA	Geschäftsführung ohne Auftrag
Gr	Gruppe
Grd	Grund
Grdl	Grundlage
Grds	Grundsatz, –sätze
grdsätzl (grdsl)	grundsätzlich
GrdSch	Grundschuld
GrdsE	Grundsatzentscheidung
Grdst	Grundstück
Grdz	Grundzüge
GS	Gedächtnisschrift
Gter	Gesellschafter
Güterstd	Güterstand
GütGemsch	Gütergemeinschaft
gutgl	gutgläubig
Guth	Guthaben
Gutschr	Gutschrift

GVz	Gerichtsvollzieher
h	haben, hat
–h	–haft, –heit
Halbs	Halbsatz
Handw	Handwerk
Haupts	Hauptsache
Haush	Haushalt
Hdb	Handbuch
Hdlg	Handlung
Herausg	Herausgabe
Herst	Hersteller
Hinbl	Hinblick
Hins, hins	Hinsicht, hinsichtlich
Hinterbl	Hinterbliebene, –r
Hinw	Hinweis
hL	herrschende Lehre
hM	herrschende Meinung
höh	höher
HReg	Handelsregister
Hyp	Hypothek
idF	in der Fassung
idR	in der Regel
i e	im einzelnen
i Erg	im Ergebnis
ieS	im engeren Sinne
iF, iFv	im Falle, im Falle von
iGgs	im Gegensatz
IHK	Industrie- und Handelskammer
iHv	in Höhe von
iJ	im Jahre
ijF	in jedem Fall
IKR	innerdeutsches Kollisionsrecht
iL	in Liquidation
ILP	interlokales Privatrecht
immat	immateriell
Immob	Immobilien
ImSch	Immissionsschutz
ind	individuell
inf	infolge
Inh	Inhaber
Inkrafttr	Inkrafttreten
Inl	Inland
inl	inländisch
innerh	innerhalb
Ins	Insolvenz
insb	insbesondere
insges	insgesamt
insof	insofern
insow	insoweit
Inst	Institut, Instanz
internat (int)	international
Inv	Inventar
inzw	inzwischen
IPR	Internationales Privatrecht
Irrt	Irrtum
iR, iRv	im Rahmen, im Rahmen von
iS	im Sinne
iü	im übrigen
iVm	in Verbindung mit
iW	im Wege
iwS	im weiteren Sinne
IzPr	interzonales Privatrecht
iZshg	im Zusammenhang
iZw	im Zweifel
J	Jahr
JA	Jugendamt
jens	jenseitig
jew	jeweilig
Jg	Jahrgang
Jhdt	Jahrhundert
jmd	jemand
JP	Juristische Person
Jug	Jugend
JugH	Jugendhilfe
jur	juristisch
k	können, kann
–k	–keit
KalJ	Kalenderjahr
Kap	Kapital, Kapitel
kath	katholisch
kaufm	kaufmännisch
Kaufpr	Kaufpreis
KfH	Kammer für Handelssachen
Kfz	Kraftfahrzeug
KG	Kommanditgesellschaft
KGaA	Kommanditgesellschaft auf Aktien
Ki	Kind(er)
KiG	Kindergeld
Kl	Kläger, Klage, Klausel
Koll	Kollisions-
kollr	kollisionsrechtlich
Komm	Kommentar, Kommission
konkr	konkret
konkurr	konkurrieren
Konv	Konvention
Kr	Kredit
kr	kraft
krit	kritisch
Kto	Konto
Künd	Kündigung
KündSch	Kündigungsschutz
L-	Landes-
–l	–lich, –los
Landw	Landwirtschaft
landw	landwirtschaftlich
Lastschr	Lastschrift
LbRente	Leibrente
Leas	Leasing
Leb	Leben
Lebensm	Lebensmittel
Lehrb	Lehrbuch
Lehrl	Lehrling
LeistgVR	Leistungsverweigerungsrecht
letztw	letztwillig
lfd	laufend
Liqui	Liquidation
LS	Leitsatz
ltd	leitend
lwVfg	letztwillige Verfügung
M	Makler, Mittel
–m	–mäßig, –maßen, –misch
mA (Anm)	mit Anmerkung
mAusn	mit Ausnahme
Maßg,maßg	Maßgabe, maßgebend
Maßst	Maßstab
mat	materiell
MdE	Minderung der Erwerbsfähigkeit
Mdl	Mündel
mdl	mündlich
MErl	Ministerialerlaß
m H v	mit Hilfe von
MietZ	Mietzins
mind	mindestens
MindArbBed	Mindestarbeitsbedingungen
Mißbr	Mißbrauch
MitE	Miteigentum, Miterbe
Mitgl	Mitglied
Mitt	Mitteilung
mitw	mitwirkend
Mj, mj	Minderjähriger, minderjährig
MMV	Mustermietvertrag
Mo	Monat
Mob	Mobiliar–
Mot	Motive
mRücks	mit Rücksicht
MSch	Mieterschutz
mtl	monatlich
Mu	Mutter
mwN	mit weiteren Nachweisen
MWSt	Mehrwertsteuer
n	nach
–n	–nahme, –nis
Na	Name
Nachb	Nachbar
NachE	Nacherbe
Nachf, nachf	Nachfolge, –r, nachfolgend
Nachl	Nachlaß
Nachw	Nachweis
ne (nehel)	nichtehelich
NE	Nacherbe, Nacherb– (in §§ 2100 ff)
negat	negativ
nF	neue Fassung, neue Folge
Niederschr	Niederschrift
Nießbr	Nießbrauch
Not, not	Notar, notariell, notarisch
notw	notwendig
Nov	Novelle
nunm	nunmehr
oa	oben angegeben(en)
oA	ohne Auftrag
oä	oder ähnliches
obj	objektiv
obl	obliegend
od	oder
öff	öffentlich

öffR	öffentliches Recht
ör	öffentlichrechtlich
österr	österreichisch
OHG	Offene Handelsgesellschaft
ord	ordentlich
Ordin	Ordinance
oRücks	ohne Rücksicht
ow	ohne weiteres
P	Pacht
Pap	Papier
Part	Partei, -en, Partner
parteif	parteifähig
ParteiFgk	Parteifähigkeit
Pers, pers	Person, persönlich
PersSt	Personenstand
PersStReg	Personenstandsregister
Pfdg	Pfändung
PfdR	Pfandrecht
Pfl, pfl	Pflege, Pfleger, Pflicht, pflichtig
Pflichtt	Pflichtteil
pFV	positive Forderungsverletzung
PKH	Prozeßkostenhilfe
PKV	Prozeßkostenvorschuß
pol	politisch
poliz	polizeilich
pos	positiv
Pr	Preis, Preußen
PrBindg	Preisbindung
Präs	Präsident
priv	privat
Prod	Produkt, Produzent
Progr	Programm
Prokl	Proklamation
Prot	Protokoll
Prov	Provision
Proz	Prozeß
pVV	positive Vertragsverletzung
qualif	qualifiziert
R, –r	Rat, Recht, -rechtlich
RA	Rechtsanwalt
RdErl	Runderlaß
Rdn	Randnummer
RdSchr	Rundschreiben
RdVfg	Rundverfügung
Rdz (Rz)	Randziffer
RechnJ	Rechnungsjahr
rechtf	rechtfertigen
rechtsf	rechtsfähig
rechtskr	rechtskräftig
Ref	Referat, Referent
Reg	Regierung, Register, Regel
regelm	regelmäßig
RegEntw	Regierungsentwurf
Rel, rel	Religion, religiös
RentenSch	Rentenschuld
Rep	Reparatur
Rev	Revision
RFgk	Rechtsfähigkeit
RGesch	Rechtsgeschäft
rgesch	rechtsgeschäftlich
Ri	Richter
Richtl	Richtlinien
Rn	Randnummer
Rspr	Rechtsprechung
Rückg	Rückgabe
Rückgr	Rückgriff
Rücks	Rücksicht
Rücktr	Rücktritt
rückw	rückwirkend
S	Satz, Satzung, Seite
s	siehe
–s	–sam, –seitig, –seits
sa	siehe auch
Sachm	Sachmangel
Sachverst	Sachverständiger
Sbd	Sonnabend
Sch	Schenkung (in §§ 516 ff)
–sch	schaft, –schaften
Schad	–schaden
SchadErs	Schadensersatz
–schl	–schluß, –schließen
SchmerzG	Schmerzensgeld
Schriftf	Schriftform
Schriftt	Schrifttum
Schu,	Schuldn Schuldner
schuldbefr	schuldbefreiend
SchuldÜbn	Schuldübernahme
SchVerschr	Schuldverschreibung
schutzw	schutzwürdig
Schwerbeh	Schwerbehinderter
schwerbeh	schwerbehindert
Schwerbesch	Schwerbeschädigter
schwerbesch	schwerbeschädigt
SE	Sondereigentum
SelbstBeh	Selbstbehalt
selbstd	selbständig
SG	Sicherungsgeber
Sichg	Sicherung
SN	Sicherungsnehmer
Slg	Sammlung
So	Sonder-
sof	sofortig
sog	sogenannt
sol	solange
sond	sondern
SorgfPfl	Sorgfaltspflicht
soz	sozial
Spark	Sparkasse
StA	Standesamt
StatSchäden	Stationierungsschäden
StBeamter	Standesbeamter
StellgN	Stellungnahme
StellVertr	Stellvertreter
stillschw	stillschweigend
Str	Straße
str	streitig
Streitkr	Streitkräfte
stRspr	ständige Rechtsprechung
su	siehe unten
subj	subjektiv
SÜ	Sicherungsübereignung
sZt	seinerzeit
T	Teil
Tab	Tabelle
Tar	Tarif
Tatbestd	Tatbestand
Tats, tats	Tatsache, tatsächlich
Teilh	Teilhaber
Teiln	Teilnahme, Teilnehmer
Test	Testament
TestVollstr	Testamentsvollstrecker
TestVollstrg	Testamentsvollstreckung
Tit	Titel
Tl	Teil
TO	Tarifordnung
TradPap	Traditionspapier
Tr–	Treu–
TrHd, trhd	Treuhand, treuhänderisch
Trunks	Trunksucht
TÜV	Technischer Überwachungsverein
TV	Tarifvertrag
Tz	Textziffer
u	und
ua	unter anderem
uä	und ähnliche
uam	und anderes mehr
Übbl	Überblick
Überg	Übergabe, Übergangs-
überh	überhaupt
übern	übernommen
Übertr	Übertragung
übertr	übertragen
Überw	Überweisung
überw	überwiegend
Übk	Übereinkommen
übr	übrig
uH	unerlaubte Handlung
Umst	Umstände, Umstellung
umstr	umstritten
UmwSch	Umweltschutz
unbest	unbestimmt
unbdgt	unbedingt
unerl Hdlg	unerlaubte Handlung
Univ	Universität
unstr	unstreitig
Unterh	Unterhalt
Unterl	Unterlassung
unterl	unterlassen
Unterm	Untermieter
Untern	Unternehmer
Unterschr	Unterschrift
unvollk	unvollkommen
unzul	unzulässig
uö	und öfters

Urh	Urheber
Urk	Urkunde
UrkBdG	Urkundsbeamter der Geschäftsstelle
Url	Urlaub
Urschr	Urschrift
urspr	ursprünglich
Urt	Urteil
USt	Umsatzsteuer
uU	unter Umständen
v	von, vor
Va	Vater
VA	Versorgungsausgleich, Verwaltungsakt
vAw	von Amts wegen
Vbdg	Verbindung
Vbg/TErkl	Vereinbarung/Teilungserklärung
VE	Vorerbe, Vorerb–
Verbr	Verbraucher
Vereinbg	Vereinbarung
vereinb	vereinbart
Vereinf	Vereinfachung
Vereinh	Vereinheitlichung
Verf	Verfahren, Verfassung
Vergl	Vergleich
verh	verheiratet
Verh	Verhältnis, Verhandlung
Verj, verj	Verjährung, verjähren
Verk	Verkauf, Verkäufer, Verkehr
verk	verkauft
Verk-SichgPfl	Verkehrssicherungspflicht
Verl	Verlangen, Verleiher, Verletzter, Verletzung, Verlobter
verl	verlangen, verletzt
Verm	Vermächtnis, Vermieter, Vermögen
Veröff	Veröffentlichung
Verp, verp	Verpächter, verpachten
Verpfl	Verpflichteter, Verpflichtung
verpfl	verpflichtet
Vers	Versicherung, Versorgung, Versammlung
Versch	Verschulden, Verschollenheit
versch	verschieden, verschuldet
verschw	verschweigen
VersN	Versicherungsnehmer
Verspr	Versprechen
Verst	Versteigerung, Verstorbener
verst	verstorben
Vertr	Vertrag, Vertreter
Verurs	Verursachung
verurs	verursachen
Verw	Verwalter, Verwaltung, Verwahrung
verw	verwaltet
Verwder	Verwender
Verz	Verzeichnis, Verzug, Verzicht
Vfg	Verfügung
vgl	vergleiche
vGw	von Gesetzes wegen
Vhlg	Verhandlung
vielm	vielmehr
Vj	Versicherungsjahre
VO	Verordnung
vollj	volljährig
vollk	vollkommen
Vollm	Vollmacht
vollst	vollständig
Vollstr	Vollstreckung
vollstrb	vollstreckbar
vollw	vollwertig
Vollz	Vollziehung, Vollzug
vollz	vollziehen, vollzogen
VollzBest	Vollzugsbestimmung
Vorauss	Voraussetzung
Vorbeh	Vorbehalt
Vorbem	Vorbemerkung
vorgeschr	vorgeschrieben
vorh	vorhanden
Vork	Vorkauf
vorl	vorläufig
Vormd	Vormund
Vormkg	Vormerkung
Vormsch	Vormundschaft
Vors	Vorsatz
Vorschr	Vorschrift
Vorstd	Vorstand
VortAusgl	Vorteilsausgleichung
vS	von Seiten
vTw	von Todes wegen
VzGDr	Vertrag zu Gunsten Dritter
w	werden, wird, geworden
–w	–weise, –widrig
W	Wert, Wohnung
WaStr	Wasserstraße
Wdk	Wiederkauf
WE	Wohnungseigentum, Werteinheit
WertP	Wertpapier
Wettbew	Wettbewerb
wg	wegen
Widerspr	Widerspruch
Wiederh	Wiederholung
WillErkl	Willenserklärung
wirtsch	wirtschaftlich
wiss	wissenschaftlich
Wk	Werk
Wo	Woche
Wo (Wohn)	Wohnung(s)- (im Mietrecht)
WoRaum	Wohnraum
Wohns	Wohnsitz
WoZuw	Wohnungszuweisung
Wwe	Witwe
Wz	Warenzeichen
z	zu, zur, zum
Z	Ziffer, Zins(en)
zahlr	zahlreich
ZbR	Zurückbehaltungsrecht
Zentr	Zentrale
ZentrGen-Kasse	Zentralgenossenschaftskasse
zG	zu Gunsten
zGDr	zu Gunsten Dritter
ziv	zivil
ZivProz	Zivilprozeß
zL	zu Lasten
zT	zum Teil
Ztpkt	Zeitpunkt
Zubeh	Zubehör
zugeh	zugehörig
zugel	zugelassen
zuges	zugesichert
Zugew	Zugewinn
zul	zulässig
zus	zusammen
Zusichg	Zusicherung
Zust	Zustand, Zustimmung
zust	zuständig, zustimmen
Zustdgk	Zuständigkeit
zutr	zutreffend
Zw	Zwangs-, Zweck, Zweifel
zw	zwischen
zZ	zur Zeit
zZw	zum Zweck

Bürgerliches Gesetzbuch

Vom 18. August 1896 (RGBl. S. 195), zuletzt geändert durch das Überweisungsgesetz (ÜG) vom 21. Juli 99 (BGBl I 1642)

Erstes Buch. Allgemeiner Teil

Bearbeiter: Prof. Dr. Heinrichs, Präsident des Oberlandesgerichts Bremen i. R.

Einleitung

Schrifttum: a) Lehrbücher: Enneccerus-Nipperdey, 15. Aufl 1959/1960. – Flume, Bd I/1 Personengesellschaft 1977, Bd I/2 Jur Personen 1983, Bd II RGesch, 4. Aufl 1992. – Hübner, 2. Aufl 1996. – Köhler, 24. Aufl 1998. – Larenz/Wolf, 8. Aufl 1997. – Medicus, 7. Aufl 1997. – Pawlowski, 4. Aufl 1994. – v Tuhr, 1910/1918. – **b) Grundrisse:** Brox, 22. Aufl. 1998. – Rüthers, 10. Aufl 1997. – **c) Materialien zum BGB:** Erster Entwurf von 1888. – Zweiter Entwurf von 1895. – Reichstagsvorlage von 1896. – Motive (Mot) zu dem Entwurf eines BGB, 5 Bände 1888. – Protokolle der II. Kommission (Prot), 7 Bände, 1897–1899. – Mugdan, Die gesamten Materialien zum BGB, 5 Bände und Sachregister, 1899.

I. Begriff des Bürgerlichen Rechts

1) Das bürgerl Recht ist **Teil des Privatrechts.** Es umfaßt die für alle Bürger geltden privrechtl Regelgen, 1
wobei Bürger iSv civis (Staatsbürger) zu verstehen ist. Neben dem bürgerl Recht als dem **allgemeinen** PrivR stehen die **Sonderprivatrechte,** die für best Berufsgruppen od Sachgebiete spezielle Regelgen enthalten. Zum bürgerl Recht gehören die im BGB geregelten Materien (Schuld-, Sachen-, Fam- u ErbR) sowie die das BGB ergänzden in Rn 10 angeführten NebenGes. SonderPrivR sind das Recht der Kaufleute u Untern (HGB, AktG, GmbHG, GenG, UWG u GWB), das Urh- u gewerbl SchutzR, das BergR u das landw HöfeR. Ein Sonderrechtsgebiet ist heute auch das ArbR (BVerfG **7**, 350, NJW **88**, 1899, BAG NVwZ **88**, 1165, Einf 3 v § 611). Das kommt auch in Art 30 EinigsV zum Ausdr, der die Schaffg eines ArbGesBuches zur Aufg des gesamtdtschen GesGebers erklärt. Dagg gehört das **Verbraucherrecht** zum allg PrivR, weil jeder Bürger zugl Verbr u jeder Verbr zugl Bürger ist (Gärtner BB **95**, 1753, Larenz/Wolf § 1 Rn 40). Der VerbrVertr, dh der Vertr zw einem Untern u einem Verbr, ist die wichtigste Erscheingsform des schuldrechtl Vertr, u der VerbrSchutz ist ein schuldrechtsimmanenter allg Schutzgedanke (Esser/Schmidt § 1 IV), wenn er auch überwiegd dch NebenG zum BGB verwirklicht w (Einf 14 v § 145). Das bürgerl Recht ist das Kerngebiet des PrivR. Seine allg Grds, vor allem die in den drei ersten Büchern des BGB enthaltenen Regeln, gelten auch für die privrechtl Sondermaterien, soweit für diese keine Spezialnormen bestehen (s zB EGHGB Art 2).

2) Vom **Privatrecht** zu unterscheiden ist das **öffentliche Recht.** Diese Unterscheidg bestimmt über das 2
anzuwendde mat Recht u zugl über die gerichtsverfassgsrechtl Zustdgk. Ist die Tätigk privatrechtl zu qualifizieren, gelten das BGB od die einschläg privatrechtl SonderGes. Handelt es sich um eine öffrechtl Tätigk, sind das VwVfG od die sonst einschläg Normen des öffR anzuwenden. Bürgerl RStreitigk gehören grdsl vor die ordentl Ger, öffrechtl grdsl vor die VerwGer (GVG 13, VwGO 40). PrivR ist der Teil der ROrdng, der die Beziehgen der einz zueinand auf der Grdl der Gleichordng u Selbstbestimmg regelt. Für das öffR ist RegelgsGgst die Organisation des Staates u der and mit Hoheitsmacht ausgestatteten Verbände; es ordnet zugl die RVerh dieser Verbände zu ihren Mitgl u zueinand. Für die Abgrenzg stellt die fr herrschde Subjektionstheorie darauf ab, ob zw den Beteil ein Verh der Gleichordng (dann privatrechtl) od der Über- u Unterordng (dann öffrechtl) besteht (RG **167**, 284, BGH **14**, 222/227). Diese Formel führt idR zu richt Ergebn, sie ist aber gleichwohl nicht haltb. Es gibt auch im öffR RBeziehgen, bei denen sich die Beteil gleichgeordnet ggüstehen, etwa zw Staaten, Organen einer öffrechtl Körpersch od Part eines öffrechtl Vertr. Umgekehrt kann zw den Part einer privrechtl RBeziehg ein rechtl geordnetes Verh der Über- u Unterordng bestehen, so etwa im Kindsch-, Vereins- u ArbR. Richtig ist die Abgrenzgsformel der neueren Subjekts- od Sonderrechtstheorie (Wolff AöR **76**, 205, MüKo/Säcker Rn 3): Öffrechtl ist ein RVerh, wenn wenigstens der
eine Teil an ihm gerade **in seiner Eigenschaft als Träger von hoheitlicher Gewalt** beteiligt ist (ähnl BGH 3
102, 280/283). Ist das nicht der Fall, ist das RVerh dem PrivR zuzuordnen. Ist eine RBeziehg zw einer öffrechtl Körpersch u einem Bürger zu beurteilen, ist die Formel der Subjektionstheorie weiterhin hilfreich; denn wenn ein Verh der Über- u Unterordng besteht, ist die öffrechtl Körpersch an ihm in ihrer Eigensch als Träger von hoheitl Gewalt beteiligt (s näher § 276 Rn 130 ff – öffrechtl Sonderverbindgen –; Einf 35 ff v § 305 – Abgrenzg zw öffrechtl u privrechtl Vertr –; ferner bei §§ 839, 823).

II. Entstehung des BGB

1) Dch das BGB ist nach Jhdten der RZersplitterg erstmals ein einheitl PrivR für ganz Dtschld geschaffen 4
worden. Es gab allerdings auch schon früher Normen, die in ganz Deutschland galten, näml gewohnheitsrechtl Regeln dtschrechtl Ursprungs u vor allem das im 15. u 16. Jhdt als „Kaiserrecht" übernommene, im corpus juris aufgezeichnete römische Recht. Das rezipierte römische Recht in seiner den Bedürfn der Zeit angepaßten Gestalt – das sog **Gemeine Recht** – galt aber nur subsidiär, milderte zwar die RZersplitterg, hob sie aber nicht auf. In einigen Ländern bestanden Kodifikationen, so in Bayern der „Codex Maximilianeus Bavaricus" (1756), in Preußen das „Allgemeine Landrecht für die preußischen Staaten" (1794), in Baden das „Badische Landrecht" (1809), in Sachsen das „Bürgerliche Gesetzbuch für das Königreich Sachsen" (1863). In and Ländern galten PartikularR mit unterschiedl Inh u GeltgsGrd, in einigen linksrheinischen Gebieten war

in der napoleonischen Zeit der „Code Civil“ (1804) eingeführt worden. „Über die Notwendigk eines allg bürgerl Rechts für Dtschld“, so der Titel einer 1814 erschienenen programmat Schrift Thibauts, bestand daher trotz des Widerspr Savignys („Über den Beruf unserer Zeit für Gesetzgebg u RWissensch“, 1815) seit Mitte des 19. Jhdts weitgehde Übereinstimmg. Erst die Gründg des Reiches von 1871 schuf aber die polit Voraussetzgen für eine RVereinheitlichg.

5 **2)** Dch eine 1873 beschlossene VerfÄnd (lex Miquel-Lasker) wurde die vorher auf das Wechsel- u ObligationsR beschr GesGebgskompetenz des Reiches auf das ges bürgerl Recht erweitert. Nachdem eine Vorkommission ein Gutachten über die Grdzüge des GesWerkes u das einzuschlagde Verf erstattet hatte, wählte der Bundesrat 1874 eine Kommission zur Ausarbeitg des GesEntw (6 Ri, 3 Ministerialbeamte, 2 Prof, einer davon der bekannte Romanist Windscheid). Der von der Kommission erarbeitete **erste Entwurf** wurde 1888 zus mit den Motiven veröffentl. Seine bekanntesten Kritiker waren Menger (Das bürgerl GesBuch u die besitzlosen Volksklassen, 1890) u – damals erhebl stärker beachtet – v Gierke (Der Entw eines BGB u das dtsche R, 1889), der den Entw als lebensfremd, überromanistisch u „undeutsch“ angriff. Weitgehende Übereinstimmg bestand jedenf darü, daß der Entw den sozialen Erfordernissen zu wenig Rechng trage u im sprachl Ausdr schwerfäll u hölzern sei. 1890 wurde daher eine zweite Kommission eingesetzt, der auch Parlamentarier u Nichtjuristen angehörten. Der zweiten Kommission (Generalreferent: Planck) – über ihre Beratgen geben die Protokolle Aufschluß – gelang es, die gg den 1. Entw vorgebrachten Bedenken weitgehd auszuräumen, obwohl der 1895 von ihr vorgelegte **zweite Entwurf** trotz vieler Änd im einzelnen an der Grdkonzeption u dem Sprachstil des 1. Entw festhielt (Schulte-Nölke NJW **96**, 1705). Nach den Beratgen im Bundesrat, die nur wenig Änd brachten, wurde der Entw 1896 zus mit einer Denkschrift des Reichsjustizamtes im Reichstag eingebracht (**Reichstagsvorlage** od 3. Entw). Der Reichstag nahm die Vorlage nach Beratg in der dafür eingesetzten Kommission mit nur geringfügigen Änd an. Das Gesetz wurde am 18. 8. 1896 ausgefertigt. Es ist am 1. 1. 1900 in Kraft getreten (EG 1).

III. Aufbau, Gesetzesstil und Grundgedanken des BGB

6 **1)** Der **Aufbau** des BGB folgt der von der Pandektenwissensch entwickelten Systematik. Das BGB unterscheidet zw Schuld- (Obligationen), Sachen-, Fam- u ErbR. An seine Spitze haben die GesVerfasser nach der seit Heise (1807) im PandektenR übl gewordenen Systematik einen Allg Teil gestellt, der nach seiner Zielsetzg die für alle folgden Bücher gemeins Regeln enthalten soll. Hieran ist mit beachtl Grden Kritik geübt worden, vor allem mit dem Hinweis, daß weitgehd abstrahierde Verallgemeinergen sachnotwend mit einem Verlust an Einzelfallgerechtigk verbunden seien (MüKo/Säcker Rn 23 ff). Im Ergebn ist es aber wohl so, daß die Voranstellg eines Allg Teils die Anwendg u Fortentwicklg des BGB weder wesentl erschwert noch erleichtert hat. Einverständn besteht darü, daß auch Vorschr außerh des Allg Teils, wie etwa § 242, allg gült RGrds enthalten können (s auch Einf 24 v § 241).

7 **2)** In seiner Regelgstechnik verwendet das BGB den **abstrahierend-generalisierenden Gesetzesstil** (s dazu Larenz/Wolf § 3 Rn 93). Es verzichtet, von wenigen Ausn (zB §§ 98, 196) abgesehen, auf kasuistische Normen. Seine Begriffswelt hat das BGB überwiegend aus der Pandektenwissensch des 19. Jhdts übernommen, teils aber auch selbst geschaffen. Kennzeichnd für das BGB ist der hohe Abstraktionsgrad seiner Begriffsbildg. Zentrale Kategorien, wie etwa RGesch u WillErkl, aber auch viele and seiner Begriffe haben in der sozialen Wirklichk keine unmittelb Entsprechg. Ihre Verwendg hat offenb dazu beigetragen, daß gelegentl von der Sache her gebotene Differenziergen von den Gesetzesverfassern vergessen worden sind (Bsp: Bes NichtigkRegeln für Arb- u GesellschVertr). Typisch für das BGB ist auch seine Tendenz, gemeins Merkmale vor die Klammer zu ziehen sowie seine Neigg zu lebensfernen u unnöt komplizierten Konstruktionen u Regelgen (Bsp: Die Entsch, die prakt kaum vorkommende Unmöglichk zum Zentralbegriff des Rechts der Leistgsstörgen zu machen; die nicht aus prakt Bedürfn, sond nur aus konstruktiven Grden getroffenen Unterscheidgen zw absoluter u relativer Unwirksamk sowie zw Hyp u GrdSchuld). Wenig überzeugd ist auch die – etwa im Vergl zum Schweizer ZGB – unanschaul u schwerfällige – manchmal auch unbeholfene – Sprache (Bsp: § 164 II). Die insow mit Recht vorgebrachte Kritik (MüKo/Säcker Rn 19 ff) muß aber relativiert w. Für eine Kodifikation des PrivR kommt eine and Regelgstechnik als die abstrahierd-generalisierde schlechterdings nicht in Betracht. Die den GesVerfassern bei der Anwendg dieser Technik unterlaufene Übertreibung w aufgewogen dch eine **Präzision der Begriffsbildung** u eine Genauigk des sprachl Ausdr, wie sie von keinem and dtschen Ges je wieder erreicht worden ist. Im übr enthält das BGB neben den auf strenge juristische Begrifflichk ausgerichteten Normen auch **Generalklauseln** mit wertausfüllgsbedürft TatbestdsMerkmalen. Es verweist auf die „guten Sitten“ (§§ 138, 826), „Treu u Glauben“ (§§ 157, 242), die Billigk (§§ 315 ff, 343, 829, 847), die im Verk erforderl Sorgf (§ 276), den wichtigen Grd (§ 626 uö) u ermöglicht dadch, das Ges an sich ändernde LebensVerh anzupassen.

8 **3)** Das mit der Schaffg des BGB verfolgte politische **Ziel** war, im dtschen Reich auf dem Gebiet des PrivR **Rechtseinheit** herzustellen (MüKo/Säcker Rn 28). Eine inhaltl Reform od gar eine Änd gesellschaftl Verh gehörte nicht zu den Zielvorstellgen der GesVerfasser. Sow einheitl RGrds festgestellt w konnten, wurden diese übernommen, bei Abw entschied man sich für eine der Regelgen od eine mittlere Lösg. Auf diese Weise verschmolzen im BGB Grds des gemeinen Rechts, der Länderkodifikationen u des dtschen Rechts, wobei in den ersten beiden Büchern das römische Recht in der Gestalt des *usus modernus Pandectarum* eindeut dominiert. Das BGB ist zugleich Ausdruck der **politischen,** wirtschaftl u gesellschaftl **Verhältnisse** des Dtschen Kaiserreichs. Es war „ein vorsichtiger Abschluß des historisch Gegebenen, nicht der kühne Anfang einer neuen Zukunft“ (Zitelmann), „mehr Endprodukt des 19. als Auftakt des 20. Jahrhunderts“ (Radbruch). Sein FamR war konservativ u patriarchalisch, sein Vertr- u VermögensR wurde dch den Wirtschaftsliberalismus geprägt. Das BGB gewährt Vertr-, Gewerbe-, Eigentum- u Testierfreih od setzt sie als bestehd voraus. Sein Leitbild ist der „vernünftige, selbstverantwortl u urteilsfäh RGenosse“ (Wieacker PrivRGeschichte der Neuzeit 2. Aufl S 482), der seine LebensVerh in freier Selbstbestimmg ordnet u seine Interessen nachdrückl u geschickt selbst wahrnimmt. Die Willensbildg w dch eine diffizile Regelg über Willensmängel (§§ 119 ff)

geschützt, zur Gewährleistg von inhaltl VertrGerechtigk geschieht dagg nur wenig. Die *„laesio enormis"* des gemeinen Rechts w nicht übernommen, ebsowenig die *„clausula rebus sic stantibus"*. Ggü der insow gg das BGB u das ihm zugrunde liegde **soziale Modell** vorgebrachten Kritik (s etwa MüKo/Säcker Rn 27 ff) muß aber bedacht w, daß von dem konservativ-liberalen GesGeber des Jahres 1896 kein anderes als ein konservativ-liberales bürgerl Recht erwartet w konnte. Ganz vergessen hat iü auch das BGB den Schutz des wirtschaftl u intellektuell Unterlegenen nicht (s §§ 138 II, 343, 616–619, 1299), wenn es insow auch sicher zu wenig getan hat. Außerdem hielt es in seinen Generalklauseln (§§ 242, 138, 315) Normen bereit, aus denen die Rspr RGrds zum Schutz des sozial Schwächeren entwickeln konnte u auch entwickelt hat.

IV. Weiterentwicklung des bürgerlichen Rechts

Seit der Verkündg des BGB am 24. 8. 1896 sind mehr als 100 Jahre vergangen. In diese Zeit fielen 2 Weltkriege, die Periode der nat-soz Gewaltherrsch u insges vier grdlegde polit Umwälzgen (1918, 1933, 1945, 1990). Auch die wirtschaftl u sozialen Lebensbedinggen haben sich wesentl gewandelt. An die Stelle des obrigkeitsstaatl Kaiserreiches ist die demokrat u sozialstaatl BRep getreten, die bürgerl Gesellsch des ausgehden 19. Jhdts hat sich zur industriellen Massengesellsch weiterentwickelt. Selbstverständl sind diese Änd auch am BGB nicht spurlos vorübergegangen. 9

1) Seine Stellg als **Gesamtkodifikation** des bürgerl Rechts hat das BGB auch 100 Jahre nach seinem Inkrafttreten im wesentl behauptet. Das TestamentsR u das EheR, in der nat-soz Zeit dch SonderGes normiert, hat der GesGeber wieder in das BGB integriert. Die grdlegde Umgestaltg des FamR dch mehr als 10 ReformGes (Rn 12) ist dch Ändergen des BGB vollzogen worden. Auch bei and Reformen, etwa der des ReiseVertrR, des Rechts der Banküberweisgen u des IPR, hat der GesGeber auf SonderGes verzichtet u das BGB u das EG geändert. Gleichwohl hat die Zahl der NebenGes zugenommen. Neben der ErbbRVO, dem VerschG, dem WEG, dem MHG u dem AGBG gibt es inzw eine zweite Generation von SonderGes, die zur Umsetzg von EG-RiL (Rn 24 a) erlassen worden sind. Hierher gehören vor allem: das HausTWG, das ProdHaftG, das VerbrKrG u das TzWR, weitere werden vorbereitet. Da EG-RiL für alle MitglStaaten der EU verbindl sind, können sie der Natur der Sache nach nicht auf das BGB u seine Systematik Rücks nehmen. Ihre Umsetzg ist häufig sinnvoll nur dch SonderGes mögl. Die fortschreitde **Europäisierung** des Rechts dch EG-RiL u UmsetzgGes der MitglStaaten (Einl 26 ff v § 241) kann daher zu weiteren Substanzverlusten des BGB als Kodifikation führen, eine Entwicklg, die and zivilrechtl Kodifikationen in der EU ebso betrifft u hingenommen w muß. 10

2) Inhaltlich hat sich das bürgerl Recht seit dem Inkrafttreten des BGB **weitgehend verändert** (Stürner JZ **96**, 741, Schmoeckel NJW **96**, 1700). Unter den im Schönfelder aufgelisteten mehr als 120 ÄndG überwiegen zwar die mit ledigl redaktionellen od marginalen Korrekturen. Daneben steht aber eine Reihe von Ges, die Teilmaterien des bürgerl Rechts grdlegd reformiert haben. Ebso wichtig, im Vertr- u SchuldR sogar noch wichtiger, war die Fortbildg des Rechts dch Rspr u Wissensch. Die einz Abschnitte dieses Änd- u Reformprozesses (Kaiserreich, Weimarer Republik, nat-soz Gewaltherrsch, Nachkriegszeit, Bundesrepublik) können hier nicht nachgezeichnet w. Hervorzuheben ist vor allem folgdes: 11

a) Das **Familienrecht** ist dch eine Reihe von ReformG (GleichberG, NEhelG, AdoptG, 1. EheRG, SorgeRG, UÄndG, BtG, KindRG, EheschlRG, BeistandschG, KindUG) von Grd auf verändert worden. An die Stelle des patriarchalisch gestalteten fr Rechts ist ein neu konzipiertes, auf Gleichberechtigg u Partnersch aufbauendes FamR getreten. Die rechtl Unterschiede zw ehel u nichtehel Kindern hat der GesGeber in zwei Schritten (NEhelG, KindRG) abgebaut. Vom ursprüngl Normenbestand des 4. Buches sind im wesentl nur noch die Vorschr über die Vormsch über Mj geltdes Recht. 12

b) Im **Vertrags- und Schuldrecht** haben keine derart weitgehden Eingriffe des GesGebers stattgefunden. 13
Auch dieses RGebiet hat sich aber in einem langen, vor allem dch richterl RFortbildg bestimmten ÄndProzeß wesentl gewandelt. – **aa)** Das BGB hat es versäumt, im VertrR den wirtschaftl **Schwächeren** zu schützen u 14
für ein ausr Maß von VertrGerechtigk zu sorgen. Das hier Versäumte ist dch die Fortentwicklg des VertrR weitgehd nachgeholt worden. Für den dch AGB standardisierten Vertr, dh den in der industriellen Massengesellsch typischen Vertr, gelten seit 1977 die SchutzVorschr des AGBG, die in VerbrVertr jetzt auch auf Klauseln anzuwenden sind, die nicht die formellen Kriterien des AGB-Begriffs erfüllen (§ 24 a AGBG). Auch die vom GesGeber für den Miet-, Reise-, Überweisgs-, Fernunterrichts-, Makler- u BauträgerVertr geschaffenen Schutznormen (Einf 13 ff v § 145), das HausTWG, das VerbrKrG u das TzWrG zeigen, daß aus dem liberalistischen VertrR der Anfangszeit des BGB inzw ein sozialstaatl VertrR geworden ist. – **bb)** Weitgehend 15
umgestaltet worden ist auch das **Deliktsrecht.** Die Rspr hat den § 823 I dch die Anerkenng des allg PersönlichkR u des Rechts am eingerichteten u ausgeübten GewBetr nicht unwesentl erweitert. Sie hat dch die Herausbildg von VerkPflten unterschiedl Art u Grdl dafür gesorgt, daß mit Hilfe des § 823 völlig neue Problemlagen bewältigt w konnten. Für die Produkthaftg gibt es inzw eine doppelte RGrdl, die von der Rspr dch eine Umkehr der BewLast entwickelte deliktische Haftg (§ 823 Rn 201 ff) u das vom GesGeber in Vollzug einer EG-Richtlinie erlassene, praktisch weniger bedeutsame ProdHaftG. Hinzu kommen weitere Änd dch richterl RFortbildg, so etwa die Dchbrechg des § 253 bei Verletzg des allg PersönlichkR, die Erweiterg des Schadensbegriffes (Vorbem 17 ff v § 249), der Ausbau der Gefährdgshaftg (§ 276 Rn 136) u die allg Zulassg von Unterl- u Beseitiggsklagen bei unerl Hdlg (Einf 16 ff v § 823) mit dem Ergebn einer weitgehden Verdrängg des strafrechtl PrivKlVerf. Das geltde DeliktsR ist damit trotz eines nur wenig veränderten Normenbestandes erhebl ausdifferenzierter u sozial ausgewogener als das DeliktsR des Jahres 1900. – **cc)** Ähnl gilt für das Recht der **Leistungsstörungen** und die SchadErsPfl aus vertragl u vertragsähnl 16
Sonderverbindgen. Die zentrale Kategorie des LeistgsstörgsR ist nicht mehr die Unmöglichk, sond die pVV. Dch die Anerkenng der c. i. c., des Vertr mit Schutzwirkg zGDr, u weiterer haftgsbegründder Vertrauens-Tatbestde ist das Haftgssystem verfeinert u an die veränderten wirtschaftl u sozialen Verh angepaßt worden.

c) Als wesentl statischer hat sich dagg das **Sachenrecht** erwiesen. Die seit der WeimRV als RGrds 17
anerkannte Sozialbindg des Eigt war nicht dch das PrivR, sond dch das öffR zu konkretisieren u auszuge-

stalten. Als wesentl privrechtl Reformen bleiben die Verbesserg des ErbbR dch die ErbbRVO u das auf eine breitere EigtStreuung abzielde WEG, als Schöpfgen der richterl RFortbildg das SichgEigt u das AnwR aus bedingter Übereigng.

d) Auch das **Erbrecht** ist von großen Reformen verschont geblieben. Zu erwähnen sind ledigl der Abbau übertriebener Förmlichk dch das 1953 wieder in das BGB übernommene TestG, die sich aus dem Güterstd des ZugewAusgl ergebden erbrechtl Auswirkgen u die in zwei Schritten (NEhelG, ErbGleichG) vollzogene erbrechtl Gleichstellg nichtehel Kinder (§ 1924 Rn 8).

18 **3)** Seit dem 3. 10. 90, dem **Beitritt** der DDR zum GG, gelten das BGB u seine NebenG wieder im Gebiet der fr DDR. Das 1975 unter Aufhebg des BGB erlassene ZGB gilt nur noch für Altfälle. Die in Art 230 ff EGBGB enthaltenen ÜbergangsVorschr sind inzw wiederholt geändert u dch SonderVorschr außerhalb des BGB ergänzt worden (s bei Art 230 ff EGBGB).

V. Quellen und Normen des Privatrechts

19 **1)** Unter **Rechtsquelle** versteht man die Entstehgsursachen der RNormen, zugl aber auch die durch die Entstehgsursachen gekennzeichneten Erscheingsformen des Rechts. Von diesem Standpkt aus ist das Recht in **gesetztes Recht** u **Gewohnheitsrecht** zu unterteilen. Das BGB bezeichnet beides als Gesetz (Art 2 EGBGB). Als RQuellen des PrivR kommen im einz in Betracht:

20 **a) Das Grundgesetz.** Es ist auch für das PrivR die ranghöchste RQuelle. Der GesGeber ist bei der Gestaltg des PrivR an die in Art 1–19 GG niedergelegten GrdR u die Staatszielbestimmgen der Art 20 u 28 GG gebunden. Er hatte zugleich die Verpfl, das vorkonstitutionelle PrivR an die Anfordergen des GG anzupassen. Dieser insb das FamR betreffde Auftr ist dch die familienrechtl ReformGes (Rn 12) inzw erf. Das in den GrdR u den Art 20 u 28 verkörperte Wertsystem ist aber auch für den Ri bei der Anwendg u Fortentwicklg des PrivR bindd. Str ist allerd, ob die GrdR für den priv RVerk unmittelb gelten (sog unmittelb Drittwirkg), od ob sie über die Auslegg u die Generalklauseln in das PrivR einwirken (sog mittelb Drittwirkg). Dieser Streit ist aber mehr theoret Natur. Im prakt Ergebn bestehen zw beiden Ans kaum Unterschiede (s näher § 242 Rn 7).

21 **b) Gesetze** im formellen Sinne sind die von der gesetzgebden Gewalt des Bundes od der Länder erlassenen RNormen. Sie bedürfen wie alles gesetzte Recht der Verkündg. **Staatsverträge,** die ordngsmäß ratifiziert u verkündet sind, stehen dem Gesetz im formellen Sinne gleich.

22 **c) Rechtsverordnungen** sind die von einer Stelle der Exekutive aufgrund einer gesetzl Ermächtigg erlassenen RNormen. Sie stehen im Rang unter dem Ges, dürfen also nicht gg gesetzl Vorschr verstoßen. Die zugrde liegde Ermächtigg muß nach Inh, Ausmaß u Zweck ausr konkretisiert sein (Art 80 I 2 GG). Im bürgerl Recht ist die RVerordng and als im öffR eine RQuelle von untergeordneter Bedeutg. Bsp sind etwa die aGrd von EnergieWG 7 erlassenen AVBGasV u AVBEltV (s AGBG 27 Rn 1).

23 **d) Autonome Satzungen** sind die von nichtstaatl Verbänden im Rahmen ihrer Befugn erlassenen RNormen wie etwa Ortsgesetze, Satzgen and öffrechtl Körpersch u Kirchen. Auch der normative Teil von **Tarifverträgen** ist Ges im materiellen Sinn (BAG NJW **85**, 1238) u gehört damit begriffl zu den autonomen Satzgen. Rückwirkde Ändergen von TarifVertr sind nicht ausgeschlossen, müssen aber dem Grds des Vertrauensschutzes Rechng tragen (BAG DB **95**, 778).

24 **e) Gewohnheitsrecht.** Seine Entstehg erfordert eine lang dauernde tatsächl Übg. Hinzukommen muß die Überzeugg der beteiligten VerkKreise, dch die Einhaltg der Übg bestehdes Recht zu befolgen, sog *opinio necessitatis* (s BVerfGE **28**, 28, RG **75**, 41, BGH **37**, 219/222, BAG DB **79**, 1848). Auch die auf einer irrigen GesAuslegg beruhde Praxis kann unter den angeführten Voraussetzgen zur Bildg von GewohnhR führen (BGH **37**, 219). Auf dem Gebiet des bürgerl Rechts kann sich grdsl nur BundesGewohnhR bilden, LandesGewohnhR nur in den dem LandesR vorbehaltenen Materien. Die Geltg von GewohnhR endet wie die von gesetztem Recht dch Erlaß eines abw Ges od dch Bildg von entggstehdem GewohnhR (BGH **1**, 369/379, **37**, 219/224). Der Wegfall der RÜberzeugg reicht dagg zum Außerkrafttreten allein nicht aus (aA BGH **44**, 346/349,). Kein GewohnhR ist der sog **Gerichtsgebrauch.** Er leitet seine Verbindlichk aus dem gesetzten Recht ab, hat also keine eigenständ normative Geltg. Eine ständ Rspr kann daher auch nach langer Zeit geändert w (Bsp: BGH **59**, 343 zu § 2287), idR sprechen der Gedanke der RSicherh u des Vertrauensschutzes aber für ein Festhalten an der bisherigen REntwicklg (Rn 38). Ausnw kann eine ständ Rspr auch zu GewohnhR erstarken, wenn sie Ausdr einer allg RÜberzeugg w (BGH NJW **79**, 1983 zur c. i. c., Larenz/Wolf § 3 Rn 40, hM). Dazu genügt aber nicht die Billigg dch die berufl RAnwender; erforderl ist die Anerkenng als bestehdes Recht dch die beteiligten VerkKreise, eine Voraussetzg, die nur selten vorliegen w. Auch in den dch autonome Satzg (oben Rn 23) geregelten Materien kann sich GewohnhR bilden. Dieses nur für eine Gemeinde od die Mitgl einer öffrechtl Körpersch geltde GewohnhR bezeichnet man als **Observanz.**

24 a **2)** Eine weitere wichtige Quelle des Privatrechts ist inzwischen das **Recht der Europäischen Union,** für das ein Anwendgsvorrang besteht (EuGH NJW **64,** 2371, **99**, 2355, BVerfGE **73**, 378, Iglesias NJW **99**, 1). GemschR wird in allen Amtssprachen verkündet. Bei der Auslegg sind die Fassgen aller Amtssprachen gleichrang zu berücksichtigen (EuGH EuZW **99**, 141/401). – **a)** Zum **primären Gemeinschaftsrecht** gehören die GründgsVertr der EG sowie die von den MitglStaaten geschlossenen Ändergs- u ErgänzgsVertr, aber auch die vom EuGH aus dem GemeinschR, zT in AuseinandS mit den ROrdngen der MitgStaaten entwickelten allgRGrds (Iglesias aaO). Privatrechtl bedeuts sind vor allem das von der Rspr weiterentwickelte Verbot mengenmäßiger Einfuhrbeschränkgen u „Maßn gleicher Wirkg", EGV 30 (s zuletzt EuGH NJW **94**, 121 u ZIP **95**, 1285) sowie das Verbot wettbewerbsbeschränkder Abreden, EGV 85 (§ 134 Rn 2). – **b) Sekundäres Gemeinschaftsrecht.** – **aa) Verordnungen** haben allg Geltg, sind in allen ihren Teilen verbindl u gelten unmittelb in allen MitglStaaten (EGV 189 II). Sie bedürfen keiner Umsetzg (BGH **125**, 36) u sind das geeignete Regelgsinstrument, wenn zusätzl zu einzelstaatl RInstituten europaeinheitl geschaffen w sollen, im GesellschaftsR etwa die EWiV (§ 705 Rn 52) od die europäische AG (Merkt BB **92**, 652) u im VereinsR der

europäische Verein (Vorschlag der Kommission für eine VO XXIII/366/91). – **bb) Richtlinien** (EGV 189 III) verpflichten die MitglStaaten, ihr Recht an den Inhalt der RL anzupassen. Sie schaffen kein unmittelb geltdes europäisches Recht, in ihrem Vollzug wird vielmehr das nationale Recht der Einzelstaaten inhaltl angeglichen. Das angeglichene Recht, aber auch fr erlassenes Recht ist iZw richtlinienkonform auszulegen (Rn 36); für seine Auslegg ist über die VorlagePfl nach EGV 177 letztl der EuGH zust (Hommelhoff AcP **192**, 95). Zum VorlageVerf vgl den Hinw des EuGH EuZW **97**, 142. Wird die RL nicht innerh der festgesetzten Fr umgesetzt, können sich die Bürger auf Bestimmgen einer RL, die inhaltl als unbedingt u hinreichd genau erscheinen, ggü allen innerstaatl, nicht richtlinienkonformen Vorschr berufen (EuGH NJW **82**, 499, **92**, 165, BGH EuZW **93**, 226). Die Nichtumsetzg einer RL kann auch eine SchadErsPfl des säumigen Staates begründen (§ 839 Rn 19). Die unmittelb Wirkg der RL gilt aber nur ggü den MitglStaaten u den öffr Körpersch, für die die MitglStaaten gemeinschrechtl verantwortl sind, sie besteht nicht ggü PrivatPers (EuGH NJW **86**, 2178, **94**, 2473, **96**, 1401, **98**, 129). – **c)** Zu den Anfängen einer **Europäisierung** des SchuldR s Rn 26 vor § 241.

3) Keine Rechtsnormen sind: – **a) Verkehrssitte** u Handelsbrauch. Sie sind eine im Verk der beteiligten Kreise herrschde tatsächl Übg (RG **55**, 377, BGH **LM** § 157 [B] Nr 1), wg Fehlens einer RÜberzeugg aber kein GewohnhR. Gem §§ 157, 242 sind sie bei der Auslegg von RGesch u der Abwicklg von SchuldVerh zu berücksichtigen (s § 133 Rn 20). – **b) Technische Normen und berufliche Verhaltensregeln** (Bsp: DIN-Normen, Regeln der ärztl Kunst). Sie haben keine normative Geltg, da sie nicht von einem zur RSetzg befugten Organ erlassen worden sind. Sie können aber dch Verweisgen in gesetzl Vorschr mittelb den Rang von RNormen erlangen (Marburger, Die Regeln der Technik im Recht, 1979, S 429). Außerdem können sie ein Maßstab dafür sein, welche Leistg der Schu konkret zu erbringen hat (§§ 157, 242) od welche SorgfAnforder-gen (§ 276 I 2) an ihn zu stellen sind. – **c) Satzungen von Vereinen** (§ 25 Rn 3) u **AGB** (AGBG 1 Rn 1). 25 26

4) Von den vielen begriffsjuristisch mögl inhaltl Einteilgen der RNormen ist für das PrivR vor allem die zw **zwingendem** u **nachgiebigem Recht** *(jus cogens* u *jus dispositivum)* prakt bedeuts. Zwingdes Recht kann von den Part nicht geändert w, nachgiebiges tritt hinter abw PartVereinbg zurück. Diese Unterscheidg ist dch die REntwicklg weiter verfeinert worden. Als **halbzwingendes** Recht bezeichnet man SchutzVorschr zG einer VertrPart, die nicht zu deren Nachteil, wohl aber zu deren Vorteil abgeändert w dürfen (Bsp: §§ 537 III, 554 II Nr 3, 651 l, HausTWG 5 III). Die im AGBG vorgesehene u auch in and RGebieten anerkannte **Inhaltskontrolle** (Einf 15 v § 145) führt innerh des dispositiven Rechts zu einer weiteren Unterscheidg zw Normen, die nicht formularmäß, sond nur dch IndVereinbgen geändert w können u solchen, die gg formularmäß Regelgen nicht geschützt sind. Für die **„klauselfesten"** RNormen hat sich noch keine allg anerkannte Bezeichng dchgesetzt. 27

VI. Anwendung und Auslegung des Privatrechts

1) Seit dem Inkrafttreten des BGB hat sich auch die Methode seiner Anwendg u Auslegg gewandelt. – **a)** Bei Inkrafttreten des BGB war die im 19. Jhdt entstandene sog **Begriffsjurisprudenz** die noch herrschde jurist Methode (bekannteste Vertreter: Savigny, Windscheid). Ihre Anhänger waren der Ans, daß sich aus dem vorhandenen Normenbestand ein lückenloses System von RBegriffen entwickeln lasse. Die Ausdifferenzierg der Begriffe u ihre Zusammenfassg zu einem geschlossenen System wurde als ein rein logisch-formaler Proz verstanden, der von Wertgen weitgehd frei zu halten sei. Dem so erarbeiteten System von RBegriffen sei für jeden denkb Konflikt eine Lösg zu entnehmen. Der RAnwder brauche den Lebensvorgang nur unter die einschlägigen RBegriffe zu subsumieren (s näher Larenz MethodenL 6. Aufl, 1991 S 19 ff). 28

b) Gg die Begriffsjurisprudenz wandte sich schon im 2. Jahrzehnt nach dem Inkrafttreten des BGB die **Interessenjurisprudenz** (Hauptvertreter: Heck, Müller-Erzbach). Sie ging im Anschluß an Jhering davon aus, daß jede RNorm die Entscheidg über einen Interessenkonflikt enthalte. Der RAnwder müsse daher zunächst ermitteln, welche Interessen sich in dem zu beurteilden Fall ggüberstünden. Danach habe er zu prüfen, ob u ggf wie das Ges den Interessenkonflikt entschieden habe. Fehle eine einschlägige Norm, müsse er die Entscheidg danach ausrichten, wie das Ges die Interessen in ähnl Fällen ggeinander abgewogen habe (s näher Heck AcP **112**, 1 u Begriffsbildg u Interessenjurisprudenz, 1932). 29

c) Seit mehr als 30 Jahren bekennt sich der überwiegende Teil des privrechtl Schriftt zur **Wertungsjurisprudenz.** Die Anhänger dieser Interpretationstheorie vertreten kein einheitl Konzept, stimmen aber in wesentl Grundthesen überein. Sie gehen davon aus, daß die Tätigk des GesGebers u RAnwders letztl wertder Natur sei. Jeder, auch der sog best RBegriff sei Ausdr einer Wertg u zumindest in seinen Randzonen unscharf. Bei der Auslegg sei auf die der betreffdn Norm u der ROrdng zugrde liegdn WertEntsch abzustellen. Sow das Ges Lücken enthalte, habe sie der Richter nach den Wertmaßstäben zu schließen, die in der GesROrdng, insb im GG, vorgegeben seien (s näher Larenz MethodenL S 119 ff). 30

d) Gg die überkommenen Interpretationstheorien wendet sich eine neue methodolog Richtg, die ihren HöhePkt wohl schon überschritten hat u die hier als **kritische Jurisprudenz** bezeichnet w soll. Ihre Anhänger (Hauptvertreter: Esser, Säcker) stimmen – trotz mancher Unterschiede in ihren Positionen – darin überein, daß die überkommenen Methoden der GesAuslegg weitgehd wertlos seien u den wirkl Proz der RFindg nur verschleierten. Ein jurist Text gebe nicht mehr an Problemlösgen her, als der GesGeber in ihn hineingetan habe. Was dch Auslegg zusätzl aus ihm abgeleitet w, beruhe in Wahrh auf einer autonomen Dezision des RAnwenders (MüKo/Säcker Rn 84). Der Richter finde das von ihm für sachgerecht gehaltene Ergebn ohne Rückgriff auf die ggeinand austauschb Methoden der GesAuslegg. Auf diese beziehe er sich nur, um die Verträglichk der bereits gefundenen Entsch mit dem pos RSystem nachzuweisen (Esser, Vorverständn u Methodenwahl, 2. Aufl, 1972). Sow dem Ges keine eindeut Problemlösg zu entnehmen sei, sei eine sorgf u verantwortgsbewußte Diskussion darü notw, welche EntschAlternative am vernünftigsten u sachgerechtesten sei u sich am besten in die bestehden normat WertEntsch einfüge (MüKo/Säcker Rn 87). 31

e) Die aus den USA rezipierte **ökonomische Analyse des Rechts** versucht, das Recht – ausgehd von den Bdggen der Marktwirtsch – nach ökonomischen Prinzipien zu erklären u zu entwickeln (grdlegd Posner, 32

Economic Analysis of Law, 2. Aufl 1977, Auszüge in Assmann/Kirchner/Schanze Ökonomische Analyse des Rechts, 1993). Ihre Anhänger halten – bei vielen Unterschieden in Grds- u Einzelfragen – die „optimale Allokation von Ressourcen" für ein Hauptziel der RAnwendg u Gestaltg. Die „sozialen Kosten" sollen richtig „internalisiert", die „Transaktionskosten minimiert" u alle wirtschaftl Ressourcen optimal genutzt w; iZw ist der ökonomisch effizienteste Lösgsweg auch der rechtl richtige. Die anzustrebde gesamtwirtschaftl Effizienz dient zugl dem Gemeinwohl. Ein absoluter Vorrang ökonomischer Effizienz wird aber kaum noch befürwortet. Es wird zunehmd erkannt, daß die ökonomische Analyse nur Teil einer Gesamtbetrachtg sein kann u daß die Aufg, das Recht nach Effizienzkriterien auszurichten, dem GesGeber u der RWissensch, nicht aber dem Ri obliegt (Taupitz AcP **196**, 114, Eidenmüller, Effizienz als RPrinzip, 1995).

33 **2) Eigene Stellungnahme.** In Übereinstimmung mit der Rspr ist grdsl der **Wertungsjurisprudenz** trotz der mit ihr notw verbundenen Einbuße an RSicherh u Vorausberechenbark des Rechts **zu folgen. – a)** Ihre These, daß die RAnwendg eine ausschließl wertde Tätigk sei, bedarf allerd einer **Einschränkung.** Zur Feststellg, daß ein Auto eine bewegl Sache ist, eine dringde Zahlgsaufforderg eine Mahng, genügt eine einfache Subsumtion. Hier kann, weil es keinerlei Beurteilgsalternativen gibt, von einer Wertg nicht gesprochen w. Sie w idR erst dann erforderl, wenn es nicht mehr um den festen Kern des RBegriffs, sond um dessen Randzonen geht. Bei der Wertg ist auf die der RNorm u GesROrdng zugrde liegden WertEntsch abzustellen. Im VermögensR sind in einer Verbindg von ökonomischen u rechtsethischen Argumenten auch die ökonomische Rationalität u Effizienz zu berücksichtigen (Grundmann RabelsZ **66**, 423). – **b)** Der krit Jurisprudenz ist zuzugeben, daß sich aus dem Ges, auch wenn man es mit den Methoden der Wertgsjurisprudenz anwendet u fortentwickelt, nicht für jede RFrage eine eindeutig richtige Lösg ableiten läßt. Bei vielen Problemen bleibt ein **„Beurteilungsspielraum"** (Rn 38). Das ist aber kein Grd, die Wertgsjurisprudenz u ihre Ausleggsmethodik im ganzen zu verwerfen. Sie ist ein bewährtes System der Normanreicherg u führt in einer Vielzahl von Fällen zu sachgerechten u allseits gebilligten Ergebn.

34 **3) Auslegung. – a)** Ein Ges auslegen heißt, seinen Sinn erforschen. Dabei kommt es nicht auf den subj Willen des historischen Gesetzgebers an. Er läßt sich idR auch gar nicht feststellen od ist dch Änd der LebensVerh bald überholt. Maßgebd ist der im GesWortlaut objektivierte Wille des GesGebers, sog **objektive Theorie** (BVerfGE **1**, 312, **10**, 244, **62**, 45, BGH **46**, 74, **49**, 221, and die auf den Willen des histor GesGebers abstellde subj Theorie, s zuletzt Hassold ZZP **94**, 192, aber auch BGH NJW **97**, 1695 u dazu krit Canaris ZIP **97**, 1507). Dabei ist nach dem RGedanken des § 133 nicht am buchstäbl Ausdr zu haften, sond auf den Sinn der Norm abzustellen (BGH **2**, 176/184, **13**, 28). Es ist davon auszugehen, daß das Ges eine zweckmäß, vernünft u gerechte Regelg treffen will (RG **74**, 72).

35 **b) Auslegungsmethoden.** Maßgebd für die Auslegg einer RNorm sind der Wortsinn, der Bedeutgszushang, die Entstehgsgeschichte u der Zweck der Norm (Brugger ArchÖffR **119**, 20). – **aa)** Ausgangspkt der Auslegg ist die Wortbedeutg (BGH **46**, 74, Hamm OLGZ **82**, 481), sog **sprachlich-grammatikalische Auslegung.** Enthält das Ges für den Ausdr eine gesetzl Festlegg (zB § 121 I „unverzügl"; § 122 II „kennen müssen"), ist diese maßgebd. Sonst gilt für jurist FachAusdr der Sprachgebrauch der Juristen, iü der allg Sprachgebrauch. Ein eindeut Wortsinn, der allerd dch Auslegg festgestellt w muß, ist grdsl bindd (BGH **46**, 76). Von ihm darf nur abgewichen w, wenn der GesZweck eine abw Auslegg nicht nur nahelegt, sond gebietet
36 (RG **149**, 238, BGH **2**, 176/184). – **bb)** Die Auslegg nach dem BedeutgsZushang, sog **systematische Auslegung,** geht von der Einsicht aus, daß der einzelne RSatz im GesZushang der ROrdng zu verstehen ist. Auch für die systemat Auslegg gilt, daß ein aus ihr gewonnenes eindeut Ergebn grdsl bindd ist. Abgewichen w darf nur, wenn, was nachgewiesen w muß, die ratio legis dies erfordert. Ein Unterfall der systemat Auslegg ist die **verfassungskonforme Auslegung,** deren Hauptanwendgsfeld jedoch das öffR ist. Von mehreren Ausleggsmöglichk hat diej den Vorrang, bei der die RNorm mit der Verf im Einklang steht (BVerfGE **2**, 282, **48**, 40, **64**, 241, stRspr). Für Normen, die in Vollzug einer EU-Richtlinie erlassen worden sind, aber auch für fr erlassenes Recht, gilt der Grds **richtlinienkonformer** Auslegg, dh iZw ist der der RL entspr Auslegg der Vorzug zu geben (EuGH NJW **94**, 921, 2473, **97**, 3365, BGH NJW **93**, 1594, BAG NJW **93**, 1154, DB **96**, 1725, Brechmann, Die richtlinienkonforme Auslegung, 1994, Grundmann ZEuP **96**, 399). Die Auslegg von GemeinschR hat die Fassg der Vorschr in allen Amtssprachen (zZ 11) zu berücksichtigen (EuGH ZEuP **97**, 342/346); maßgebd sind neben dem Wortlaut die Ziele der Regelg und ihr systematischer ZusHang (EuGH
37 NJW **96**, 113). – **cc)** Die **Entstehungsgeschichte** ist vor allem für die Ermittlg des GesZwecks von Bedeutg (BGH **46**, 74/80, **62**, 340/350). Für die Entscheidg von konkreten Ausleggsproblemen ist sie idR unergieb; das Problem ist entweder nicht gesehen od Rspr u Lehre überlassen worden. Findet sich in den Materialien eine ausdr Stellgnahme, ist diese nicht bindd (Rn 34), sie verdeutlicht aber insow den GesZweck u w daher idR zu befolgen sein.

38 **c)** Entscheidd für das Ausleggsergebn ist grdsl die **teleologische Auslegung,** die sich am GesZweck *(ratio legis)* orientiert. Der BGH bezeichnet sie als Auslegg nach dem Sinn u Zweck des Ges (BGH **2**, 176/184, **54**, 264/268, **78**, 263/265, **87**, 381/383). Für sie besteht ggü den and Ausleggsmethoden ein Primat (MüKo/Säker Rn 117). Zur *ratio legis* gehören die mit der konkreten Norm verfolgten Zwecke. Sie w aber zugl dch allg Zweckmäßigk- u GerechtigkErwägen mitbestimmt. Die Norm ist als Teil einer gerechten u zweckmäß Ordng zu verstehen. Bei ernsthaften Zweifeln sind die Ausleggsalternativen u ihre prakt Konsequenzen herauszuarbeiten; sodann ist sorgf ggeinand abzuwägen, welche der Alternativen am zweckmäßigsten u gerechtesten ist u sich am besten in den GesZushang der ROrdng einfügt (s BGH **56**, 26/33, **57**, 245/248, **82**, 182/185). Diese Abwägg führt häufig nicht zu einem eindeut Ergebn idS, daß eine Ausleggsmöglichk richtig ist u die and falsch sind. Oft muß von mehreren vertretb Alternativen eine als die sachgerechteste od plausibelste ausgewählt w. Die insow notw Problematisierg u Abwägg weist Parallelen zum topischen Denken auf (s dazu Viehweg, Topik u Jurisprudenz, 5. Aufl 1974 u krit Larenz MethodenL S 138). Der hier fragl EntschProz ist aber in Wahrh nicht mehr Wissensch, sond *ars aequi et boni.* Man mag in diesem Zushang auch von einer richterl Dezision sprechen (so MüKo/Säcker Rn 93). Der Richter hat sich aber nicht an seinen subj Gerechtigk- u ZweckmäßigkVorstellgen zu orientieren, sond muß auf die WertEntsch der ROrdng, insbes der Verf, abstellen. Gibt es zu dem Problem eine ständ Rspr, ist bei der Abwägg auch der Gedanke der RSicherh

u des **Vertrauensschutzes** mitzuberücksichtigen (BGH **85**, 64; **87**, 150/155, **106**, 34); er spricht iZw für ein Festhalten an der bisherigen REntwicklg (BGH aaO). Die **Änderung** einer ständ **Rechtsprechung** wirkt aber grdsl auf vorher entstandene RVerhältn zurück (BGH **132**, 119/129, Einf 30 v § 241).

d) Zur herkömml jurist Methode gehört eine Anzahl von **Argumentationsformen.** Dabei handelt es sich zT um Ggsatzpaare (Bsp: extensive u restriktive Auslegg; Analogie u Umkehrschluß). Schon die Entsch für das Argumentationsmuster legt damit das AusleggsErgebn fest; sie ist nach der *ratio legis* zu treffen (Rn 38): – **aa) Extensive und restriktive Auslegung.** Sie betrifft den Fall, daß der Wortsinn mehrere Deutgen zuläßt. Die extensive Auslegg entscheidet sich für die weite, die restriktive für die enge Wortbedeutg (Bsp: Auslegg des Begriffs Dritter iSd § 123, s dort Rn 13 f). – **bb) Analogie** ist die Übertragg der für einen od mehrere best Tatbestd im Ges vorgesehenen Regel auf einen and, aber rechtsähnl Tatbestd. Sie überschreitet die Grenze des mögl Wortsinnes, die für die eigentl Auslegg eine (allerdings nicht immer streng beachtete) Schranke darstellt (BGH **46**, 74/76, NJW **88**, 2109). Man unterscheidet die Einzelanalogie, bei der die RFolge einer Norm auf einen „vergleichb" Fall (BGH **105**, 140/143) übertragen w (Bsp: Anwendg des § 463 auf die argl Vorspiegelg einer Eigensch, dort Rn 13) u die RAnalogie, bei der aus mehreren RSätzen ein übergeordnetes Prinzip herausgearbeitet u sodann auf ähnl gelagerte Fälle angewendet w (Bsp: Anwendg der Grds über Unmöglichk u Verzug auf die pVV). Die Analogie ist verfassgsrechtl zul (BVerfG **69**, 369, NJW **90**, 1593), im StrafR besteht jedoch ein Analogieverbot zum Nachteil des Täters, im Steuer- u VerwR für Eingriffe in die RSphäre des Bürgers (BVerfG NJW **85**, 1891, **96**, 3145, Konzak NVwZ **97**, 872). – **cc) Teleologische Reduktion.** Sie hat ebenso wie die restriktive Auslegg das Ziel, den Anwendgsbereich einer RNorm einzuschränken. Währd die restriktive Auslegg sich unter mehreren mögl Wortbedeutgen für die engere entscheidet, setzt sich die teleolog Reduktion mit dem Wortlaut in Widerspr. Die Norm w nicht angewandt, obwohl sie ihrem Wortlaut nach zutrifft. Die teleologische Reduktion ist verfassgsrechtl zul (BVerfG NJW **93**, 2861, **97**, 2230). Restriktive Auslegg u teleolog Reduktion verhalten sich ebso zueinand wie extensive Auslegg und Analogie (Bsp: Einschränkg des Verbots des Selbstkontrahierens in best Fallgruppen, s § 181 Rn 9 f). – **dd)** Der **Umkehrschluß** ist das Ggstück zur Analogie. Er besagt: Weil das Gesetz die RFolge an einen best Tatbestd geknüpft hat, gilt diese für and Tatbestde auch dann nicht, wenn diese ähnl liegen. Der Umkehrschluß ist nur dann berecht, wenn er mit dem GesZweck im Einklang steht, nach der *ratio legis* also anzunehmen ist, daß die vorgesehene RFolge auf ähnl Fälle nicht übertragen w soll (Bsp: Umkehrschluß aus § 284 II 2, dort Rn 23). – **ee) argumentum a majore ad minus** (arg a fortiori). Es handelt sich um das „erst recht" Argument. Wenn die RFolge bei dem Tatbestd T21 gilt, dann muß sie „erst recht" für den ähnl Tatbestd T22 gelten, da auf ihn der GesZweck in noch stärkerem Maße zutrifft (Bsp: BGH **6**, 270/290: Ausdehng der EntschädiggsPfl für Enteigng auf den rechtsw enteigngsgleichen Eingriff). – **ff) argumentum ad absurdum.** Es ist anwendb, wenn bei der teleolog Auslegg mehrere Ausleggsmöglichk ggeinand abzuwägen sind (Rn 38). Es zeigt auf, daß eine Ausleggsalternative zu unhaltb Ergebn führt u daher mit der auf eine sinnvolle Ordng abzielden *ratio legis* nicht vereinb ist (Bsp: BGH **56**, 163/171). – **gg)** Von **Ausnahmevorschriften** sagt man, sie seien eng auszulegen u keiner Analogie fähig (RG **153**, 23, BGH **2**, 237/244, **11**, 135/143, NJW **89**, 460). Das trifft in dieser Allgemeinh jedoch nicht zu. In den Grenzen ihres GesZweckes ist auch bei AusnVorschr eine erweiternde Auslegg od Analogie statthaft (BGH **26**, 78/83, BAG NJW **69**, 74).

39 40 41 42 43 44 45

4) Rechtsfortbildung. – a) Seit der Überwindg der Begriffsjurisprudenz besteht allg Einverständn darü, daß der Richter zur RFortbildg berecht ist (BVerfGE **34**, 269/287, **82**, 6/12, **95**, 48/62, BGH **4**, 152/158). Kein GesGeber kann alle künft Fälle vorausschauen. Jedes Ges ist wg der Vielgestaltigk der LebensVerh u ihres ständ Wandels notw lückenh. Ands darf der Richter eine Entsch nicht mit der Begründg verweigern, das Ges enthalte für den zu entscheidden Fall keine Regelg. Die RFortbildg ist damit nicht nur Recht, sond zugl **Pflicht des Richters.** Sie dient der Ausfüllg von GesLücken, ist aber darauf nicht beschränkt (Rn 49). 46

b) Ausfüllung von Gesetzlücken. – aa) Eine **Lücke** im Ges liegt nicht schon vor, wenn es für eine best Fallgestaltg keine Regelg enthält (Bsp: Fehlen von Vorschr über den GeschwisterUnterh, über das ErbR von geschiedenen Eheg). Sie ist nur bei einer „planwidr Unvollständigk" gegeben (BGH **65**, 300, NJW **81**, 1726, **88**, 2109). Dabei muß der dem Ges zugrde liegde Regelgsplan iW historischer u teleologischer Auslegg ermittelt w. Die Regelgslücke kann von Anfang an bestanden haben. Hier sind zwei Unterarten zu unterscheiden, die bewußte u die unbewußte Regelgslücke. Die erste liegt vor, wenn der GesGeber eine Frage offen gelassen hat, um sie der Entsch dch Rspr u Lehre zu überlassen (Bsp: Grds der VorteilsAusgl), die zweite, wenn der GesGeber ein regelgsbedürft Problem übersehen hat (Bsp: pVV). Nachträgl Lücken können dch wirtschaftl od techn Ändergen entstehen (Bsp: BGH **17**, 266: UrhR an Werken der Tonkunst u Übertragg auf Tonband). Eine solche kann aber auch dann zu bejahen sein, wenn das Recht zwar formell eine Regelg enthält, diese aber wg einer wesentl Änd der Verh offensichtl nicht sachgerecht ist (Bsp: Abw vom Grds *pacta sunt servanda* dch Ausbildg der Grds über den Wegfall der GeschGrdl währd der Inflation 1920–1923). Die Feststellg einer Lücke ist danach ein wertder Vorgang. – **bb)** Die **Ausfüllung** der Regelgslücke muß entspr den allg GerechtigkVorstellgen in möglichst enger Anlehng an das geltde Recht vorgenommen w (BVerfGE **37**, 81). Sie geschieht idR dch Analogie (Rn 40). Besteht die Lücke darin, daß eine einschränkde Norm fehlt, ist sie dch teleologische Reduktion (Rn 41) zu beseitigen; uU kann auch eine Ausbildg neuer RGrds, etwa aGrd des § 242, der sachgerechte Weg der RFortbildg sein. Lückenausfüllg u teleolog Auslegg ähneln einand u gehen ineinand über. Der vor neue Fragen gestellte Richter weiß idR nicht u braucht auch nicht zu wissen, ob das Problem dch Auslegg od dch RFortbildg zu lösen ist. Sind mehrere Entscheidgsalternativen vertretb, ist ebso zu verfahren wie iF der Auslegg (Rn 38). 47 48

c) Die Kompetenz des Richters zur **Rechtsfortbildung** ist nicht auf den Fall der Lückenausfüllg beschränkt. Er darf das Ges im Rahmen der ratio legis u der Wertentscheidgen des GG auch ohne konkreten Nachw einer Regelgslücke ausdifferenzieren u ergänzen. Voraussetzg ist jedoch, daß die ROrdng Wertentscheidgen, sei es auch in unvollkommener Form, für eine RFortbildg in einem best Sinne enthält (BVerfGE **65**, 194, **69**, 371, BGH **108**, 305/309, NJW **94**, 852/855). Bsp hierfür sind die RGrds über die AnschVollm, den Vertr mit Schutzwirkg zGDr u über die Einschränkg der Nichtigk bei vollzogenen Gesellsch- od ArbVertr. 49

Erster Abschnitt. Personen

Überblick

1 **1)** Das BGB unterscheidet natürl (§§ 1 ff) u jur Pers (§§ 21 ff). Den Oberbegriff **Person** versteht es nicht im rechtsethischen sond in einem rechtstechnischen Sinn: Pers sind Subjekte von Rechten u Pflten. Das für den PersBegriff des BGB entscheidde Merkmal ist damit die **Rechtsfähigkeit,** dh die Fähigk, Träger von Rechten u Pflten zu sein (hM). Bei den natürl Pers geht das BGB als selbstverständl davon aus, daß jeder Mensch ohne Rücks auf Stand, Geschlecht od Staatsangehörigk rechtsfäh ist. Darin kommt richtig zum Ausdr, daß die RFgk dem Menschen nicht vom GesGeber verliehen w, sond dem Ges vorgegeben ist. Dagg ist die jur Pers eine Zweckschöpfg des Ges (s Einf 1 v § 21); ihre RFgk beruht ausschließl auf der Anerkenng dch die ROrdng. Obwohl der BGB-GesGeber die Begriffe „rechtsfäh – nichtrechtsfäh" als ein sich ausschließdes GgsPaar angesehen hat, besteht heute Einverständn darü, daß es als Zwischenform die **Teilrechtsfähigkeit** gibt. Teilrechtsfäh (beschr rechtsfäh) im jeweils unterschiedl Umfang sind der *nasciturus* (§ 1 Rn 5), die PersGesellsch des HandelsR (Rn 4) u der nichtrechtsfäh Verein (§ 54 Rn 2 ff).

2 **2) Besondere Rechtsfähigkeit, Handlungsfähigkeit. – a)** Der Grds, daß alle Pers rechtsfäh sind, bedeutet nicht, daß jedermann jede Art von Rechten haben kann. Eine Anzahl von RStellgen setzt ein best Alter (§ 2 Rn 2), ein best Geschlecht (§ 1 Rn 10) od sonst bes Merkmale voraus. Von der allg RFgk ist daher die **besondere Rechtsfähigkeit** im Hinbl auf den Erwerb von best EinzelR zu unterscheiden. Für das Recht des rechtsgeschäftl Verk (SchuldR, SachenR, HandelsR) ist aber der Zugang aller Pers zu allen RInstitutionen
3 die Regel. Ausn gelten nur, sow sie ausdr angeordnet sind. – **b)** Von der RFgk zu unterscheiden ist die **Handlungsfähigkeit** (Einf 1 v § 104), dh die Fähigk, dch eig Handeln RWirkgen hervorzurufen. Sie umfaßt die GeschFgk (§§ 104 ff), die DeliktsFgk (§§ 827 f) u die Verantwortlichk für die Verletzg von Verbindlichk (§ 276 I 3).

4 **3)** Der RFgk entspr im **Prozeßrecht** die **Parteifähigkeit** (ZPO 50 I). Neben den natürl u jur Pers sind auch einige nichtrechtsfäh PersZusSchlüsse partfäh u damit in Wahrh teilrechtsfäh (Rn 1). Das gilt für die OHG, KG u Partnersch (HGB 124, 161 II, PartGG 7 II), Gewerksch (BGH **50**, 325), polit Part (PartG 3) u zumindest im Rahmen des ZPO 50 II für den nichtrechtsfäh Verein (§ 54 Rn 10).

Erster Titel. Natürliche Personen

1 ***Beginn der Rechtsfähigkeit.*** **Die Rechtsfähigkeit des Menschen beginnt mit der Vollendung der Geburt.**

1 **1) Beginn der Rechtsfähigkeit. – a)** Alle natürl Pers (Menschen) sind ohne Rücks auf Staatsangehörigk, Geschlecht od Herkunft **rechtsfähig** (Begriff s Übbl 1). Die RFgk kann dem Menschen dch behördl od gerichtl Entsch nicht aberkannt w; sie kann auch nicht dch eine VerzErkl ihres Trägers aufgehoben od beschränkt w. Sow ausl Recht natürl Pers (Sklaven) die RFgk vorenthält, ist es gem EGBGB 6 im Inland nicht
2 zu beachten. – **b)** Die RFgk des Menschen **beginnt** mit der Vollendg der **Geburt.** Das StrafR stellt dagg auf den Beginn der Geburt ab (StGB 217). Vollendet ist die Geburt mit dem vollst Austritt aus dem Mutterleib; die Lösg der Nabelschnur ist nicht erforderl (Mot I 8 f). Das Kind muß bei der Vollendg der Geburt leben, mag auch gleich danach der Tod eintreten. Eine Lebendgeburt liegt vor, wenn nach der Trennung vom Mutterleib das Herz geschlagen, die Nabelschnur pulsiert od die natürl Lungenatmg eingesetzt hat (so VO PersStG 29). Es genügt aber auch, daß eine and sichere Lebensfunktion (etwa Hirnströme) nachgewiesen w (MüKo/Gitter Rn 13, str). Lebensfähigk ist nicht erforderl (LSG Nds NJW **87**, 2328, allgM). Mißbildgen stehen selbstverständl der RFgk nicht entgg. Die **Beweislast** für die Tats einer (lebden) Geburt sowie für die Reihenfolge mehrerer Geburten hat, wer daraus Rechte herleiten will. Der Bew w dch PStG 60, 21 erleichtert; danach wird dch die Eintragg im Geburtenbuch die Tats der Lebendgeburt bewiesen; der GgBew ist jedoch zul.

3 **2) Ende der Rechtsfähigkeit. – a)** Die RFgk endet mit dem **Tod.** Den bürgerl Tod, etwa dch Eintritt in ein Kloster, kennt das BGB nicht. Die Frage, **wann** der Tod eingetreten ist, hat der GesGeber als naturwissenschaftl feststehd u daher nicht regelgsbedürft angesehen. Die Fortschritte der Medizin (Reanimation, Herz-Lungenmaschinen usw) haben aber dazu geführt, daß die Grenze zw Leben u Tod fließd geworden ist. Es steht heute fest, daß der Tod kein punktuelles Ereign, sond ein Proz ist. Den klass Todesbegriff, wonach das Leben mit dem Herz- u Atemstillstand endet, hat die medizinische Wissensch aufgegeben. Sie stellt auf den Ausfall der Hirnfunktionen ab. Der Mensch ist tot, wenn die GesFunktion des Großhirns, des Kleinhirns u des Hirnstammes endgült u nicht behebb ausgefallen ist u dauerh keine Gehirnkurven mehr geschrieben werden können (Köln NJW-RR **92**, 1480, Ffm NJW **97**, 3099, BayObLG **99**, 1/5, eingehd Klinge, Todesbegriff, Totenschutz u Verf, 1996). Auch TPG 3 II Nr 2 geht trotz nachdrückl vorgetragener Bedenken davon aus, daß der Ausfall aller Hirnfunktionen mit dem Tod des Menschen gleichzusetzen ist. Zur RLage der **Leiche** s
4 Übbl 11 v § 90. – **b)** Die **Todeserklärung** nach dem VerschG hat auf die RFgk keinen Einfluß. Sie begründet ledigl die widerlegb Vermutg, daß der Verschollene in dem im Beschluß festgestellten Ztpkt gestorben ist (VerschG 9).

5 **3) Leibesfrucht und der noch nicht Erzeugte. – a)** Die erzeugte, aber noch ungeborene **Leibesfrucht** *(nasciturus)* ist nach der Definition des § 1 nicht rechtsfäh, wird aber dch eine Reihe von SonderVorschr
6 geschützt, die iW der Einzel- od RAnalogie auf rechtsähnl Fälle ausgedehnt w können. – **aa)** Die Leibesfrucht ist erbfähig (§ 1923 II), wird als „anderer" iSd § 823 I gg vorgeburtl Schädiggen geschützt (Vorbem

72 u 88 v § 249), hat iF der Tötg ihres UnterhPflichtigen ErsAnspr (§ 844 II) u kann dch einen Vertr zGDr (§ 331 II) od mit Schutzwirkg zGDr begünstigt w (§ 328 Rn 16). Sie kann anerkannt (§ 1594 IV) u einbenannt w (Karlsr OLGZ **75**, 77), dagg ist eine pränatale ErbschAusschlagg (1946 Rn 2). Vgl ferner §§ 1963, 2141. Das Leben der Leibesfrucht steht unter dem Schutz der Verfassg (BVerfG NJW **93**, 1751, Hoerster JuS **95**, 192 zu StGB 218). Sie wird im UnfallVersR geschützt (SGB VII 12) u im BVersG (BSG NJW **63**, 1078). Der *nasciturus* kann Vertriebener iSd LAG (BVerwG **14**, 43) u Verfolgter iSd BEG sein (BGH FamRZ **68**, 250). – **bb)** Die ROrdng erkennt der Leibesfrucht damit prakt eine **beschränkte Rechtsfähigkeit** zu 7
(MüKo/Gitter Rn 26). Sie ist zur Geltdmachg ihrer Rechte auch parteifäh. Für sie handeln die Eltern od ein Pfleger (§ 1912). Voraussetzg für einen endgült RErwerb ist aber die spätere Geburt. – **b)** Dem noch **nicht** 8
Erzeugten *(nondum conceptus)* können dch Vertr zGDr (§ 331 II), Einsetzg als Nacherbe (§§ 2101, 2106 II, 2109 I) od Vermächtn (§§ 2162, 2178) Rechte zugewendet w. Auch die Eintragg einer Hyp für ihn ist mögl (RG **61**, 356, **65**, 277), dagg ist er im UnfallVersR nicht geschützt (BSozG NJW **86**, 1567, BVerfG FamRZ **87**, 899). Die Rechte nimmt, sow erforderl, ein gem § 1913 zu bestellder Pfleger wahr. Sie sind aufschiebd bedingt; der Konstruktion einer fingierten RFgk bedarf es nicht (aA Avenarius JR **94**, 267). – **c) Zeitpunkt** 9
der Erzeugung ist die Einnistg des Eies in die Gebärmutter. Das gilt auch für die in-vitro-Fertilisation (Soergel-Fahse Rn 27, aA Staud-Habermann/Weick Rn 23: Beginn bereits mit der extrakorporalen Verschmelzg der Eizellen). Zum Embryonenschutz s ESchG u Deutsch NJW **91**, 721.

4) Geschlecht. – a) Rechtl bedeuts ist vielf das **Geschlecht** des Menschen. Die geschlechtl Zuordng 10
bestimmt sich nach der äußeren körperl Beschaffenh, insb nach den äußeren Geschlechtsmerkmalen, nicht nach der seelischen Einstellg (KG NJW **65**, 1084, Ffm NJW **76**, 1800). Bei Zwittern ist das überwiegde Geschlecht entscheidd; bei ihnen kann in Grenzfällen auch die psychische Einstellg berücksichtigt w (s KG aaO, LG Frankenthal FamRZ **76**, 214). Überwiegt kein Geschlecht, können RNormen, die ein best Geschlecht voraussetzen, nicht angewandt w (KG JW **31**, 1495). – **b)** Die nachträgl **Änderung der Ge-** 11
schlechtszugehörigkeit regelt das in Vollzug einer Entsch des BVerfG (NJW **79**, 595) erlassene TranssexuellenG v 10. 9. 80 (BGBl 1654). Die Geschlechtsumwandlg w dch Beschl des AmtsG im FGG-Verf festgestellt (§ 9). Das im Ges vorgesehene Mindestalter von 25 Jahren verstößt gg das GG (BVerfG NJW **82**, 2061). Der AntrSt muß unverheiratet und dauernd fortpflanzgsunfäh sein. Fortpflanzgsunfähigk ist auch dann unverzichtb, wenn die erforderl Operation mit Risiken verbunden ist (Hamm FamRZ **83**, 413). Es muß ein irreversibler Fall von Transsexualismus vorliegen u eine geschlechtsanpassde Operation dchgeführt worden sein (§ 8 iVm § 1). Bei einem weibl geborenen AntrSt sind aber die operative Ausbildg eines männl Geschlechtsteils u ein Scheidenverschluß nicht erforderl (BayObLG NJW **96**, 791). Es genügt, wenn dch einen operativen Eingriff in die äußeren Geschlechtsmerkmale eine deutl Anpassg an das Erscheingsbild des and Geschlechts erreicht w (BayObLG aaO). Die gerichtl Feststellg läßt das RVerh des AntrSt zu seinen Eltern u seinen Kindern, insbes das ihm zustehde SorgeR, unberührt (Schlesw FamRZ **90**, 433). Der Beschl ist auch dann wirks, wenn eine AntrVoraussetzg fehlt. Ergeht er iF eines verheirateten AntrStellers, besteht dessen Ehe aber weiter. – **c)** Das Ges sieht daneben eine sog **kleine Lösung** vor. Wenn der AntrSt drei Jahre als 12
Transsexueller gelebt hat u eine Änd seiner transsexuellen Prägg nicht mehr zu erwarten ist, kann er beim AmtsG eine Änd seines Vornamens beantragen (§ 1); das im Ges vorgesehene Mindestalter von 25 Jahren ist auch hier verfassgswidr (BVerfG NJW **93**, 1517). Diese Änderg läßt die Zugehörigk zu dem im Geburtseintrag angegebenen Geschlecht unberührt. Sie kann auch von einem verheirateten AntrSt beantragt w u erfordert keine geschlechtsanpassde Operation.

2 *Eintritt der Volljährigkeit.* **Die Volljährigkeit tritt mit der Vollendung des achtzehnten Lebensjahres ein.**

1) Fassg des Ges vom 31. 7. 74 (BGBl 1713). **Volljährigkeit** tritt seit dem 1. 1. 1975 mit der Vollendg des 1
18. Lebensjahres ein. Die Volljährigk beginnt am 18. Geburtstag um 0 Uhr (§ 187 II 2). Sie hat vor allem folgde **Wirkungen:** Unbeschränkte GeschFgk (§§ 104 ff), Ende der elterl Sorge (§ 1626 I), Ehemündigk (§ 1303), unbeschränkte Testierfähigk (§ 2247 IV mit § 2229 I), Prozeßfähigk (ZPO 52), passives WahlR (GG 38 II). Eine VolljährigkErkl vor Erreichg des VolljährigkAlters (fr §§ 3–5) sieht das Ges nicht mehr vor. Auch eine Hinausschiebg der Volljährigk ist nicht mögl.

2) Weitere privatrechtl bedeuts **Altersstufen** sind vor allem: – **a)** vollendetes 7. Lebensjahr: beschränkte 2
GeschFgk (§§ 106 ff), bedingte Verantwortlichk für unerl Hdlgen (§ 828). – **b)** vollendetes 16. Lebensjahr: beschränkte Testierfähigk (§§ 2229, 2233, 2247 IV), Möglichk, vom Erfordern der Ehemündigk zu befreien (§ 1303 II). – **c)** vollendetes 18. Lebensjahr: unbeschränkte Verantwortlichk für unerl Hdlgen (§ 828). Vgl iü die ZusStellg bei Soergel-Fahse Rn 7 ff.

3–6 *(3–5 betrafen VolljährigkErkl, aufgehoben dch Ges v 31. 7. 74. Früheres Recht vgl 33. Aufl. – 6 betraf Entmündigg, aufgehoben zum 1. 1. 92 dch BtG. Früheres Recht vgl 50. Aufl).*

7 *Wohnsitz; Begründung und Aufhebung.* **I Wer sich an einem Orte ständig niederläßt, begründet an diesem Orte seinen Wohnsitz.**

II Der Wohnsitz kann gleichzeitig an mehreren Orten bestehen.

III Der Wohnsitz wird aufgehoben, wenn die Niederlassung mit dem Willen aufgehoben wird, sie aufzugeben.

1) Allgemeines. – a) Wohnsitz ist der räuml Schwerpunkt (Mittelpunkt) der gesamten Lebensverhältn 1
einer Pers (BGH **LM** Nr 3, BAG DB **85**, 2693, BayObLG **84**, 289, **93**, 88). Wohns ist nicht die Wohng, sond die kleinste polit Einh (idR die Gemeinde), in der die Wohng liegt. Das ergibt sich aus der Verwendg des

Wortes „Ort“ in I. Ist die Gemeinde in mehrere Bezirke geteilt, ist entscheidd, in welchem Teil sich die Wohng befindet. Bei Änderg der Gemeindegrenzen ändert sich der Wohns entspr (s BVerwG **5**, 108). Zu unterscheiden ist der gewählte Wohns (§ 7) vom ges (§§ 9, 11). Bei jur Pers tritt an die Stelle des Wohns der
2 Sitz (§ 24). – **b)** Vom Wohns sind zu unterscheiden: – **aa) Aufenthalt** (zB §§ 132 II 2, EG 5 II u III). Er ist ein rein tats Verhältn. Erforderl aber auch ausr ist ein Verweilen von gewisser Dauer od Regelmäßigk. –
3 **bb) Gewöhnlicher** od ständ **Aufenthalt** (EG 5 II u III, ZPO 20, 606, FGG 65, AO 9, SGB 30 III 2, VwVfG 3 I Nr 3 a usw). Er wird dch ein tats längeres Verweilen begründet (BGH NJW **83**, 2771), vorübergehde Abwesenh beseitigt ihn nicht (Ffm NJW **61**, 1586), auch nicht ein 2 jähr Klinikaufenthalt (BayObLG NJW **93**, 670). And als iF des Wohns ist ein rechtsgeschäftl Begründgswille nicht erforderl (BGH NJW **93**, 2047). Ob die zwangsw Unterbringg (Strafhaft, Pflegeanstalt) einen gewöhnl Aufenthalt begründet, ist strittig, läßt sich aber nicht allgemein, sond nur aus dem Sinn u Zweck der jeweils einschlägigen Norm heraus
4 entscheiden (EG 5 Rn 10). – **cc) Dienstlicher Wohnsitz** (Amtssitz) der Beamten, Soldaten u Notare. Privatrechtl bedeuts ist nur noch der dienstl Wohns der Soldaten (s § 9). – **dd) Gewerbliche Niederlassung**
5 s § 269 Rn 13. – **c)** Der Wohns ist der wichtigste örtl Anknüpfgspkt für die RVerh des Menschen. Er ist vor allem für folgde Vorschr von **Bedeutung:** §§ 132 II, 269 f, 773 I Nr 2, 1409 II, 1558, 1944 III, 1954 III, EG 26, VerschG 12, 15, im VerfR ZPO 13 ff, FGG 36 ff, AGBG 14 I, StPO 8, 11. Das **öffentliche Recht** verwendet im MeldeR, WahlR (Schreiber NJW **98**, 492, 494), SteuerR, Paß- u AusweisR u beim Finanz-Ausgl den ausschließl dch obj Kriterien bestimmten Begriff des Hauptwohns, MRRG 12 (Montag NVwZ **94**, 192). Es übernimmt aber in einigen RGebieten den WohnsBegr des BGB, so im StaatsangehörigkR (BVerfG NJW **90**, 2193, BVerwG NJW **86**, 674), BVersG 7 (BSG NJW **57**, 728), LAG 11 (BVerwG NJW **55**, 1044), BVFG (BVerwG NJW **89**, 2904).

6 **2) Begründung des Wohnsitzes.** Sie geschieht dch tats Niederlassg verbunden mit dem Willen, den Ort zum ständ Schwerpunkt der Lebensverhältn zu machen (BayObLG **85**, 161). – **a)** Die tats **Niederlassung** erfordert eine eig Unterkunft; ein Obdachloser kann keinen Wohns begründen (BayObLG aaO). Nicht erforderl ist eine eig Wohng; es genügt das Bewohnen eines Hotelzimmers (BVerfG RzW **59**, 94), eines möblierten Zimmers od einer behelfsmäß Unterkunft bei Verwandten od Bekannten (BGH NJW **84**, 971, BVerwG NJW **86**, 674). Eine Niederlassg am neuen Wohnort kann bereits zu bejahen sein, wenn sich der
7 größere Teil der Habe noch in der fr Wohng befindet (BVerwG aaO). – **b)** Der Betroffene muß den rechtsgeschäftl (§ 8) **Willen** haben, den Ort ständig zum Schwerpunkt seiner Lebensverhältn zu machen. Dieser sog Domizilwille braucht nicht ausdr erklärt zu w, sond kann sich aus den Umst ergeben (BGH **7**, 109). ArbN können in Ermangelg eines and Lebensschwerpktes ihren Wohns an ihrem ArbOrt haben, uU auch an Bord eines Schiffes (LG Hbg NJW-RR **95**, 183). Dagg wird dch einen Aufenthalt zu einem vorübergehden Zweck kein Wohns begründet. Das gilt etwa für den Aufenthalt am Studienort (s BVerwG JR **61**, 113, BVerfG NJW **90**, 2193), die Flucht in ein Frauenhaus (BGH NJW **95**, 1224), den Wechsel des Frauenhauses (BGH NJW-RR **93**, 4), doch kann dieses auch räuml Schwerpkt des Lebens sein (Karlsr NJW-RR **95**, 1220, Nürnbg NJW-RR **97**, 514, 1025, Hamm NJW-RR **97**, 1165), die Erf der WehrPfl u für den Aufenthalt in einem Erziehgsheim od einem Internat (LG Duisbg FamRZ **68**, 85, VGH Mü NJW **91**, 2229, Düss NJW-RR **91**, 1411). Ob Hausangestellte u ähnl ArbN den Arbeitsort zum Lebensschwerpunkt machen, ist Frage des Einzelfalls (s Köln JMBlNRW **60**, 188). Die Absicht, die Niederlassg später wieder aufzugeben, steht einer WohnsBegr nicht entgg (Köln NJW **72**, 394), ebsowenig das Fehlen einer behördl (ausländerrechtl) Gen (BVerwG NJW **89**, 2904). Die Unterbringg in Strafhaft begründet keinen Wohns, weil sie unabhängig vom Willen des Betroffenen geschieht (BGH NJW-RR **96**, 1217). Zur Unterbringg in einer Heil- u Pflegeanstalt s § 8 Rn 1. Eine polizeil Anmeldg ist für die Begründg des Wohns weder erforderl noch ausr, kann
8 aber ein BewAnzeichen sein (BGH NJW-RR **90**, 506, BayObLG NJW-RR **89**, 262). – **c) Sonderfälle.** – **aa)** Die Begründg des Wohns geschieht bei GeschUnfähigen u beschränkt GeschFähigen dch den ges **Vertreter** (s §§ 8, 11). Mögl ist aber auch die WohnsBegründg dch einen rechtsgeschäftl Vertreter. Bsp sind der Umzug der Ehefr u der Kinder währd der Kriegsgefangensch od Strafhaft des Ehem (s KG NJW **56**, 264,
9 BVerwG NJW **59**, 1053). – **bb)** Ein ges **Verbot,** den Wohns zu wechseln (fr KO 101 I), steht der Wirksamk der WohnsBegründg nicht entgg (hM). Da der Betroffene aus seinem rechtsw Tun keine Vorteile erlangen
10 darf, gilt aber auch der alte Wohns als weiterbestehd. – **cc) Ordensangehörige** begründen den Wohns wie and Pers. Ordenssatzgen über den Wohns sind für das staatl Recht bedeutgslos (BayObLG **60**, 455). – **dd)** Bei **Verschollenen** ist die Aufrechterhaltg des bisherigen Wohns anzunehmen, wenn nicht die Umst auf einen
11 AufgWillen hindeuten. – **ee) Exterritoriale** sind entspr ZPO 15 so zu behandeln, wie wenn sie ihren letzten Wohns im Inland beibehalten hätten.

12 **3)** Die **Aufhebung** des Wohns setzt voraus, daß die Niederlassg mit dem Willen tats aufgegeben w, den Schwerpunkt der Lebensverhältn nicht am bisherigen Wohns zu belassen (BayObLG **64**, 109, NJW-RR **98**, 85); erforderl sind daher Aufgabewille u Aufhebg der Niederlassg; ist der AufenthWechsel bereits vollzogen, genügt ein entspr Wille (BayObLG **84**, 95). Dieser bedarf keiner ausdr Erkl, muß aber für einen obj Beobachter erkennb sein (BGH NJW **88**, 713). Eine vorübergehde (auch längere) Abwesenh genügt nicht (BayObLG OLG **12**, 238), ebsowenig die polizeil Abmeldg (VGH Mü NJW **91**, 2229) od die Aufg der Wohng, wenn die Beziehgen zum bish Aufenthaltsort aufrechterhalten bleiben (BGH **LM** Nr 2). Umgekehrt genügt der AufhebgsWille nicht, wenn die tats Niederlassg am bisher Wohns fortbesteht, so etwa, wenn die Groß- od Pflegeeltern den Eltern die Herausg des auf Dauer in Pflege gegebenen Kindes verweigern (BayObLG **79**, 149). Wer zum Zweck der Auswanderg seine Wohng aufgegeben hat u in ein Lager gezogen ist, behält seinen bish Wohns, solange die Auswanderg nicht erfolgt ist (BayObLG **53**, 3, **64**, 112). Verlassen des Wohns aus Furcht vor Verfolgg führt nicht zum Verlust des Wohns, wenn der Betroffene mit Rückkehr in absehb Zeit rechnet (BGH **LM** Nr 2, BVerwG **32**, 66). Gibt er später die RückkehrAbs auf, verliert er den fr Wohns mit Wirkg ex nunc. Der Antritt dauernder Strafhaft führt nicht zur Aufhebg des Wohns, da ein freier AufgWille fehlt (BayObLG **1**, 762). Ausweisg u Abschiebg ersetzen aber den Willen der WohnsAufg (RG **152**, 56). Mit der WohnsAufg braucht nicht notw die Begründg eines neuen Wohns verbunden zu sein. Es ist mögl, daß der Betroffene wohnsitzlos wird.

4) Doppelwohnsitz (II). Er erfordert, daß an zwei Orten dauernd Wohngen unterhalten w u beide 13
gleichermaßen den Schwerpunkt der Lebensverhältnisse darstellen (PrOVG OLG **35**, 26), so etwa, wenn sich jemand jeweils im Sommer in seinem Landhaus u im Winter in seiner Stadtwohng aufhält. Kein doppelter Wohns besteht, wenn der zweite Aufenthaltsort nur zu längeren Besuchen aufgesucht wird (BVerwG NJW **86**, 674) od ledigl Mittelpunkt eines abgesonderten Teils der Lebensverhältn (Besorgg best Gesch) ist (BGH **LM** Nr 3). Bei einem sich über einen längeren Zeitraum erstreckden WohnsWechsel kann uU vorübergehd ein doppelter Wohns bestehen (s BVerwG FamRZ **63**, 441, BayObLG **84**, 289). Zum DoppelWohns des Soldaten s § 9 Rn 1, zu dem des Kindes s § 11 Rn 1 u 3.

8 ***Wohnsitz nicht voll Geschäftsfähiger.*** **I Wer geschäftsunfähig oder in der Geschäftsfähigkeit beschränkt ist, kann ohne den Willen seines gesetzlichen Vertreters einen Wohnsitz weder begründen noch aufheben.**

II Ein Minderjähriger, der verheiratet ist oder war, kann selbständig einen Wohnsitz begründen und aufheben.

1) Begründg u Aufhebung des Wohns erfordern den **Willen,** sich an dem Ort ständ niederzulassen od die 1
Niederlassg aufzugeben (§ 7 Rn 6 ff). § 8 stellt klar, daß insow natürl Willensfähigk nicht genügt, sond GeschFgk notw ist. Ob die WohnsBegründg (Aufhebg), TatHdlg od geschäftsähnl Hdlg (so BGH **7**, 104) ist, ist ohne prakt Relevanz (s auch Übbl 10 v § 104). Für den nicht voll GeschFähigen entscheidet der ges Vertreter in den persönl Angelegenh; eine entspr Anwendg von sonst Vorschr über RGesch, insbes der §§ 119 ff, ist ausgeschlossen. Auf den **Betreuten** ist § 8 nur anwendb, wenn er gem § 104 Nr 2 geschäftsunfäh ist. Erstreckt sich der AufgKreis des Betreuers (§§ 1896, 1902) auf die Aufenthaltsbestimmg, entscheidet dessen Wille (BayObLG NJW-RR **93**, 460); ist das nicht der Fall, kann der Wohns des geschäftsunfäh Betreuten nicht verändert w. Ist der Betreute geschäftsfäh, entscheidet er über den Wohns, besteht ein EinwilliggsVorbeh (§ 1903) allerdings nur mit Zust des Betreuers. Der Wille bedarf keiner ausdr Erkl, sond kann sich aus den Umst ergeben (BGH **7**, 109). Der ges Vertreter kann der WohnsBegründg des nicht voll GeschFähigen zustimmen; seine Gen hat in diesem Fall rückwirkde Kraft (BayObLG **59**, 181). Er kann den Wohns aber auch selbst ohne Mitwirkg seines Mündels begründen. Bringt er den GeschUnfähigen dauernd in einer Anstalt unter, begründet er idR einen Wohns am Anstaltsort (Karlsr Rpfleger **70**, 202). Für die Zuständigk ist die Aufhebg (Begründg) des Wohns dch den Betroffenen auch bei Zw an seiner GeschFgk als wirks zu behandeln (BGH NJW-RR **88**, 387).

2) II ist eingefügt dch GleichberG Art 1 Nr 2 u geändert dch Ges v 31. 7. 74 (BGBl 1713). Er betrifft den 2
Eheg, der aufgrd einer Befreiung gem § 1303 II geheiratet hat. II gilt auch iF einer aufhebb Ehe.

9 ***Wohnsitz eines Soldaten.*** **I Ein Soldat hat seinen Wohnsitz am Standort. Als Wohnsitz eines Soldaten, der im Inland keinen Standort hat, gilt der letzte inländische Standort.**

II Diese Vorschriften finden keine Anwendung auf Soldaten, die nur auf Grund der Wehrpflicht Wehrdienst leisten oder die nicht selbständig einen Wohnsitz begründen können.

Fassg des SoldatenG 68. § 9 legt für Berufssoldaten u Soldaten auf Zeit einen vom Willen des Betroffenen 1
unabhäng **gesetzlichen Wohnsitz** fest. Er ist auf Wehrpflichtige u nicht voll GeschFähige (§ 8) unanwendb (II). Für Beamte u Angest der BWehr gilt § 9 nicht, ebsowenig für Angeh des Bundesgrenzschutzes (MüKo/Gitter Rn 4, str). Dagg kann § 9 auf Mitgl der NATO-Streitkräfte entspr angewandt w, sow sich deren Wohns nach dtschem Recht richtet. Er schließt einen gewählten Wohns neben dem gesetzl nicht aus (RG **126**, 12, BVerwG MDR **60**, 1041). Gesetzl Wohns ist der **Standort,** dh der Garnisonsort, in dem der Truppenteil seine regelmäß Unterkunft hat (Staud-Habermann/Weick Rn 5). Bei längeren Abkommandiergen zu einem and Truppenteil ist dessen Standort maßgebd (s Dresden SeuffA **69**, 209, RG JW **38**, 234). Soldaten, die keinem Truppenteil angehören, haben ihren Standort am Ort ihrer militärischen Dienststelle.

10 *(Betraf Wohns der Ehefrau; aufgehoben dch GleichberG Art I Nr 3).*

11 ***Wohnsitz des Kindes.*** **Ein minderjähriges Kind teilt den Wohnsitz der Eltern; es teilt nicht den Wohnsitz eines Elternteils, dem das Recht fehlt, für die Person des Kindes zu sorgen. Steht keinem Elternteil das Recht zu, für die Person des Kindes zu sorgen, so teilt das Kind den Wohnsitz desjenigen, dem dieses Recht zusteht. Das Kind behält den Wohnsitz, bis es ihn rechtsgültig aufhebt.**

1) Gesetzlicher Wohnsitz. – a) Fassg des NEhelG Art 1 Nr 1. Mj Kinder haben einen vom Wohns der 1
personensorgeberecht Eltern abgeleiteten gesetzl Wohns. Diese Regelg ist jedoch nicht zwingd. Neben od anstelle des gesetzl Wohns kann gem §§ 7, 8 ein **gewillkürter** Wohns begründet w (BayObLG **79**, 142/149, s auch Rn 4); das kann zutreffen, wenn das Kind ständig in einem Internat lebt (BayObLG NJW-RR **89**, 262) od wenn die Eltern es auf Dauer in eine Pflegestelle geben (Köln FamRZ **96**, 859); das vorübergehde Belassen bei den Großeltern genügt aber nicht (Ffm FamRZ **96**, 1352). – **b)** Hat das Kind ledigl **einen** 2
personensorgeberechtigten Elternteil, teilt es dessen Wohns od iF des § 8 II dessen DoppelWohns (Satz 1, Halbs 1 u 2). Seit dem Inkrafttreten des KindRG fallen unter diese Regelg: – **aa) Kinder** von Eltern, die bei Geburt des Kindes nicht miteinander verheiratet sind u die keine SorgeErkl abgegeben haben (§ 1626 a). – **bb)** Kinder, deren Eltern das SorgeR gemeins zustand, nach Tod od TodesErkl eines Elternteils (§§ 1680, 1681). – **cc)** Kinder, deren Eltern das SorgeR gemeins zustand, wenn einem Elternteil nach Trenng

od Scheidg die elterl Sorge übertragen worden ist (§§ 1671, 1672). Zur Anwendg von S 1 Halbs 2 genügt
eine einstw Anordng (Staud-Habermann-Weick Rn 8, offen BGH FamRZ **84**, 162). – **dd)** Kinder, deren
Eltern das SorgeR gemeins zustand, wenn einem Elternteil gem § 1666 die Ausübg des SorgeR entzogen
3 worden ist. – **c)** Sind **beide Eltern personensorgeberechtigt,** – das ist der Fall, wenn sie miteinander
verheiratet sind od eine SorgeErkl abgegeben haben (§ 1626 a) – ist zu unterscheiden: – **aa)** Leben die Eltern
zusammen, teilt das Kind den Wohns der Eltern. Ein doppelter Wohns der Eltern od eines Elternteils
4 erstreckt sich auch auf das Kind. – **bb)** Leben die Eltern **getrennt,** hat das Kind bis zu einer Entscheidg gem
§ 1671 einen doppelten Wohns (BGH **48**, 228/234, NJW **84**, 971, **95**, 1224). Das gilt bis zu einer Entscheidg
gem § 1671 auch für Eltern, die nach der Scheidg getrennte Wohns begründet haben. Gleichgült ist, ob die
getrennten Wohns dch Fortzug beider Eltern od nur eines Elternteils vom gemeinschaftl Wohns entstanden
sind (s BGH NJW-RR **92**, 258, 578). Auch wenn das Kind erst nach der Trenng geboren w, erlangt es entspr
Satz 1 Halbs 1 einen abgeleiteten DoppelWohns (KG NJW **64**, 1577). Die Eltern können aber gem Satz 3
iVm §§ 7, 8 eine abw Bestimmg treffen (Rn 1). Sind sie sich darüber einig, daß das Kind auf Dauer bei einem
Elternteil bleiben soll, hat das Kind nur bei diesem seinen Wohns (BGH NJW-RR **92**, 578, **94**, 322). Bloßes
5 Dulden des Aufenthalts beim and Eheg genügt aber nicht (s Karlsr NJW **61**, 271). – **d)** Steht **keinem
Elternteil** die Personensorge zu, teilt das Kind gem **Satz 2** den Wohns des Vormd od Pflegers. Das gilt, wenn
den Eltern die PersSorge gem § 1666 entzogen ist (s Hamm FamRZ **66**, 242) od gem § 1671 V ein Vormd
bestellt worden ist.

6 **2) Satz 3.** Der von den Eltern abgeleitete Wohns bleibt bestehen, bis das Kind ihn rechtsgült **aufhebt.** Es
genügt daher nicht, daß das Kind volljähr w od ein Elternteil stirbt (Hamm OLGZ **71**, 243, BayObLG **82**,
374/378). Erforderl ist gem § 7 III (dort Rn 12) die Aufg der bisher Niederlassg u ein entspr AufgWille
(BayObLG **79**, 142/149). Bei Mj entscheidet der Wille des PersSorgeBerecht (§ 8), ggf also der Wille beider
Eltern. Besteht ein abgeleiteter Wohns an einem Ort, in dem sich das Kind tats nicht aufhält, kann der tats
Aufenthaltsort dch bloße Willensänderg zum Wohns gemacht w. Geben beide Eltern ihren Wohns auf, ohne
einen neuen zu begründen, wird auch das Kind wohnsitzlos (MüKo/Gitter Rn 11, str).

7 **3) Sonderregelungen** bestehen nicht mehr. Ein angenommenes Kind teilt den Wohns des Annehmden (s
§ 1754). Für **Findelkinder** bestimmt der Vormd den Wohns (§ 1800 iVm § 1773 II). Wird der wirkl
FamStand ermittelt, erwirbt das Kind ohne Rückwirkg den Wohns des § 11 (Staud-Habermann/Weick
Rn 4).

12 *Namensrecht.* **Wird das Recht zum Gebrauch eines Namens dem Berechtigten von einem anderen bestritten oder wird das Interesse des Berechtigten dadurch verletzt, daß ein anderer unbefugt den gleichen Namen gebraucht, so kann der Berechtigte von dem anderen Beseitigung der Beeinträchtigung verlangen. Sind weitere Beeinträchtigungen zu besorgen, so kann er auf Unterlassung klagen.**

1) Allgemeines 1–3
a) Begriff des Namens 1
b) Namensrecht 2
c) Namensführungspflicht 3
2) Objekte des Namensschutzes 4–13
a) Der Name der natürlichen Person 4–8
aa) Bürgerlicher Name 4
bb) Erwerb des Namens 5
cc) Adelsprädikate 6
dd) Namensänderung 7
ee) Pseudonyme 8
b) Namen juristischer Personen u nicht rechtsfähiger Personenvereinigungen 9
c) Firmen und Geschäftsbezeichnungen 10–13
3) Übertragbarkeit des Namensrechts 14–17
a) Namensrecht im engeren Sinne 14
b) Firma 15
c) Andere geschützte Bezeichnungen 16
d) Schuldrechtliche Gestattungsverträge 17
4) Namensleugnung 18
5) Namensanmaßung 19–31
a) Gebrauch des gleichen Namens 19–24
b) Unbefugter Gebrauch 25–27
c) Interessenverletzung 28–31
6) Ansprüche aus dem Namensrecht 32–37
7) Entsprechende Anwendung des § 12 38

1 **1) Allgemeines. – a)** Der **Name** ist eine sprachl Kennzeichng einer Pers zur Unterscheidg von and (RG
91, 352, BGH NJW **59**, 525). Er ist Ausdr der Individualität (BVerfG JZ **82**, 798) u dient zugl der Identifika-
tion des Namensträgers. Das RLeben unterscheidet zwei Arten von Namen, den Zwangsnamen, der dem
Namensträger kr Ges anhaftet (bürgerl Name, Firma gem HGB 18) u Wahlnamen (Pseudonym, Unterneh-
mensbezeichngen), die willkürl gewählt u jederzeit ablegb sind (MüKo/Schwerdtner Rn 3). Wie der Wortlaut
u die systemat Stellg zeigen, hat der GesGeber den § 12 geschaffen, um den bürgerl Namen der natürl Pers zu
schützen. Die REntwicklg hat aber den Anwendgsbereich des § 12 immer weiter ausgedehnt. In seinen
Schutz werden neben den Namen der natürl u jur Pers Unternehmensbezeichngen jeder Art einschließl der
Abkürzgen u Schlagworte einbezogen (Rn 10). § 12 ist damit die **grundlegende Norm** für den gesamten
zivilrechtl Bezeichngsschutz geworden. Die Neuregelg des Zeichenrechts dch das **Markengesetz** könnte aber
dazu führen, daß dessen § 5 die zentrale Schutznorm für Unternehmenskennzeichen u Werktitel w (Berlit
2 NJW **95**, 365). – **b)** Das **Namensrecht** ist, soweit es die Privatsphäre des Namensträgers schützt, ein
PersönlichkR (s RG **100**, 185, BGH **17**, 209/214, **32**, 103/111). Der § 12 ist daher *lex specialis* ggü den
RGrds, auf den der Schutz des allg PersönlichkR gestützt w (§ 823 Rn 179). Soweit es sich um den Schutz
von Bezeichngen eines Unternehmens handelt, ist das NamensR dagg mit der neueren hL als **Immaterial-
güterrecht** aufzufassen (MüKo/Schwerdtner Rn 20). Wenn die Bezeichng den bürgerl Namen des Unter-
nehmers enthält, hat das Recht aber zugl einen personenrechtl Einschlag. Dieser schließt es aus, die für and
Immaterialgüterrechte geltden Grds schemat auf die Übertragg von Unternehmensbezeichngen anzuwenden
3 (Rn 15). – **c)** Eine **Namensführungspflicht** besteht für den bürgerl Namen nach OWiG 111, PStG 11
Nr 2, 21 Nr 5, für den Handelsnamen nach HGB 17, 29, GewO 15 a u b. Das Recht, eig Handels- u
Künstlernamen zu gebrauchen, wird dch diese Vorschriften aber nicht berührt (Soergel-Heinrich Rn 19).

2) Objekte des Namensschutzes. – a) Der Name der natürlichen Person. – aa) § 12 schützt den kr Ges erworbenen **bürgerlichen Namen** der natürl Pers. Er besteht in Dtschland aus dem FamNamen u mindestens einem Vornamen. Der Ehegatte, der den Namen des and als Ehenamen (§ 1355 II) führt, genießt auch für seinen Geburtsnamen Namensschutz (RG JW **25**, 363, Marienwerder HRR **41**, 758, Mü WRP **82**, 662, s auch § 1355 IV). § 12 schützt auch das Namensrecht von Ausländern (BGH **8**, 318), nicht aber Berufsbezeichngen. Auch akademische Grade sind nicht Teil des bürgerl Namens (BGH **38**, 380, vgl aber Rn 38). – **bb)** Für den **Erwerb** des FamNamens gelten §§ 1616–1618 (Kinder), 1757, 1767 II (Adoption), 1355 (Eheg), PStG 25 (Findelkinder) u 26 (Pers unbekannten PersStandes); für Ausl s EG 10. Der Vorname wird dem Kind dch den PersSorgeBerecht erteilt (s § 1616 Rn 10 ff). – **cc) Adelsprädikate** sind nach dem als einf BundesR weitergeltden Art 109 III 2 WeimRV Bestandteil des FamNamens. Der GesName einschließl des Adelsprädikats geht auch auf nichtehel u angenommene Kinder über (RG **103**, 194, **114**, 338), vorausgesetzt, der Namenserwerb hat nach dem Inkrafttreten der WeimRV (14. 8. 1919) stattgefunden (OVG Lünebg NJW **56**, 1172). Persönl Adelsprädikate sind aber mit dem Tod des am 14. 8. 1919 lebden Trägers erloschen (Soergel-Heinrich Rn 4). Das gilt ebso für Adelsbezeichngen, die nur best FamMitgl, idR dem ältesten Sohn, zustanden (BVerwG **23**, 345, sog Primogenituradel). Art 109 III 2 WeimRV ist auch dann unanwendb, wenn der Berecht auf das Adelsprädikat verzichtet (BayObLG **71**, 204/213) od es vor dem 14. 8. 1919 längere Zeit (2 Generationen) nicht geführt hat (BayObLG **79**, 326, Ffm OLGZ **85**, 1, Düss FamRZ **97**, 1479). Weibl Pers dürfen die Adelsbezeichng in weibl Form führen (Gräfin, Freifrau), männl dürfen sie deklinieren (RG **113**, 110, BayObLG **55**, 245, Düss FamRZ **97**, 1554). Die geschiedene Frau kann ihren Mädchennamen in der für Verheiratete gebräuchl Form (Freifrau statt Freiin) wiederannehmen (KG FamRZ **64**, 303); heute darf sich aber auch die ledige Tochter eines Freiherrn Freifrau nennen. Dagg steht die Bezeichng „Ritter“ allein den männl FamMitgl zu; die Frauen führen ledigl das Adelsprädikat „von“ (BayObLG **67**, 62). Ausl Adelsprädikate s EG 10 Rn 10; über ihre WiederAnn in gewissen Fällen vgl G v. 29. 8. 1961 (BGBl 1621). – Folgde Stellen sind bereit, über adelsrechtl Abstammgsfragen u Adelsnamen Ausk zu erteilen u Gutachten zu erstatten: Bay Hauptstaatsarchiv, Mü, Schönfeldstr 5; Dtsches Adelsarchiv, Marbg, Schwanallee 21; Vereinigg des Adels in Bay eV, Mü, Cherubinistr 2. – **dd) Namensänderung** (s NÄG v 5. 1. 38 mit 1. DVO v 7. 1. 38, RGBl 12, ErgG v 29. 8. 61, BGBl 1621 u AllgVerwVorschr v 11. 8. 80 BAnz 153 – Beil 26/80 – v 20. 8. 80). Schrifttum: MüKo/Schwerdtner Rn 5–16. Die Änderg des FamNamens setzt nach NÄG 1 einen entspr Antr voraus, der bei der unteren VerwBeh zu stellen ist (NÄG 5). Die Entsch trifft die höhere VerwBeh (NÄG 6). Erforderl ist das Vorliegen eines wicht Grdes, NÄG 3. Die Entsch erstreckt sich idR auf mj Kinder (NÄG 4), aber nicht auf den Eheg. Die Vorschr über die Änderg des FamNamen gelten für die Änderg von Vornamen entspr, zust ist jedoch die untere VerwBeh (NÄG 11). Die oberste LandesBeh kann bei Zweifeln den FamNamen allgemein verbindl feststellen (NÄG 8). Träger des zu verleihden Namens können der Namensänderg nicht rechtswirks widersprechen (BVerwG NJW **60**, 450). Die Änderg der Schreibweise, etwa die bei Eindeutschgen im 2. Weltkrieg, ist Namensänderg (BayObLG **87**, 135), nicht aber Zusätze wie „geborene N“, „senior“ od eine Zahl („Meyer 1“). Nicht um eine Namensänderg sond um eine Berichtigg handelt es sich, wenn ein als weibl angesehenes männl Kind nach Aufklärg des Irrt ein männl Vorname gegeben w (Köln NJW **61**, 1023). Für **Stiefkinder** besteht seit dem 1.7.98 die Möglichkeit der Einbenenng (§ 1618); eine öffrechtl Namensänderg in diesen Fällen ist ausgeschlossen (VerwG Düss NJW **99**, 1730). Zur Namensänderg iF der Geschlechtsumwandlg s § 1 Rn 12. – **ee)** Auch der **Berufs- und Künstlername** (Pseudonym) fällt unter § 12 (BGH **30**, 7). Der Schutz entsteht dch die Ann u den Gebrauch einer hinr unterscheidgskräft Bezeichng (Soergel-Heinrich Rn 121, str), vorausgesetzt, die Führg des Namens verstößt nicht gg das Ges, die guten Sitten od Rechte Dr (s BGH **10**, 202). Eine bes VerkGeltg ist nicht erforderl (str), kann aber für die Frage von Bedeutg sein, ob die Führg einer ähnl Bezeichng einen UnterlAnspr begründet (Rn 28). Der Schutz besteht auch nach Aufg der betreffden Tätigk weiter (RG **101**, 226, 231). Er erstreckt sich bei entspr VerkGeltg auch auf den **Vornamen** (Mü NJW **60**, 869 „Romy“; BGH NJW **83**, 1184 „Uwe“) u auf Abkürzgen (KG JW **21**, 348), nicht aber auf das Inkognito, wie zB *iudex* od *artifex* (Jena JW **25**, 1659).

4 (margin: Rn 4) 5 (margin: Rn 5) 6 (margin: Rn 6) 7 (margin: Rn 7) 8 (margin: Rn 8)

b) Obwohl § 12 im Titel über natürl Pers steht, gilt er auch für den Namen von **juristischen Personen** (allgM). Namensschutz besteht daher für den eV (RG **74**, 115, BGH NJW **70**, 1270), für jur Pers des öffR (BGH **124**, 173/178, BVerfG NJW **94**, 2346) u des HandelsR (RG **109**, 214, **115**, 406). Der Schutz des § 12 erstreckt sich auf alle and von der ROrdng anerkannten u unter einem Gesamtnamen auftretden **Personenvereinigungen** (Hbg NJW-RR **86**, 1305), so etwa auf nichtrechtsfäh Vereine (RG **78**, 102), Gewerksch (BGH **43**, 245), polit Part (erweitert dch PartG 4 s BGH NJW **81**, 914, LG Hann NJW **94**, 1356), mit sachl u persönl Mitteln ausgestattete nichtrechtsfäh OrganisationsEinh (Brdbg OLG-NL **98**, 45: Volkskunstkollektiv), Vor-GmbH (BGH **120**, 103), OHG u KG (RG **114**, 93) u GbR (KG WRP **90**, 38), zB Anwaltssozietäten (Mü NJW-RR **93**, 621). Name iSd § 12 ist auch die **Firma,** selbst wenn sie den bürgerl Namen ihres Inhabers nicht enthält (BGH **14**, 155). Das Namens- u FirmenR des Einzelkaufmanns sind selbstd nebeneinand bestehde Rechte (Köhler FS Fikentscher, 1998, 494). 9

c) Unter § 12 fallen auch alle and **namensartigen Kennzeichen,** die unabhäng vom gesetzl Namen od der gesetzl Firma geführt w (hM, stRspr). Bsp sind insb: aus der Firma od dem Namen abgeleitete Abkürzgen od Schlagworte (BGH **11**, 214, **24**, 238, **43**, 245/252, Ffm OLGZ **89**, 108: KfA TABU, GdP, DBB), Firmenbestandt (BGH NJW-RR **88**, 553), Etablissementsbezeichngen (RG **171**, 33, BGH NJW **70**, 1365), Haus- u Hotelnamen (BGH **LM** Nr 43, KG NJW **88**, 2892), Embleme (BGH **LM** Nr 44), Wappen (BGH **119**, 237, Rn 38), Telegrammadressen (RG **102**, 89, BGH **LM** UWG 16 Nr 14 aE) u auch der **domain-Name,** dh die Internet-Adresse (KG NJW **97**, 3321, Hamm NJW-RR **98**, 909; LG Mü, LG Ffm NJW-RR **98**, 973, 974, Bücking NJW **97**, 1886, Völker/Weidert WRP **97**, 652, aA Nordemann NJW **97**, 1895, LG Köln, LG Mü NJW-RR **98**, 976, 979). Schutzfäh ist die Bezeichng aber nur, wenn sie entweder von Natur aus unterscheidgskräft ist u Namensfunktion besitzt od sie diese Eigensch dch Anerkenng im Verkehr erworben hat. Sind diese Voraussetzgen nicht erfüllt, kann aber das MarkenG anwendb sein, das nach seinen §§ 1 u 3 auch Herkunftsangaben, Bilder, Zahlen, Hörzeichen u ähnl schützt. – **aa) Namensfunktion** erfüllt eine Bezeichng, wenn sie geeignet ist, eine Pers od ein Unternehmen mit sprachl Mitteln unterscheidgskräftig zu 10 11 bezeichnen. Dazu gehört, daß sie aussprechb ist u auf die beteiligten VerkKreise „wie ein Name" wirkt (BGH **11**, 214, **79**, 265). Das trifft auch auf Phantasieworte wie „Kwatta" (RG **109**, 213) od „CAS" (Stgt NJW-RR **89**, 1318) zu, nicht dagg auf ein Suffix wie „de" (LG Bln NJW **98**, 3503), auf Bilder (BGH **14**, 155), Zahlen (BGH **8**, 387) od auf Buchstabenzusammenstellgen, die kein aussprechb Wort ergeben (BGH **43**, 245/252, BB **97**, 2611, Celle DB **99**, 40, krit Kögel BB **98**, 1645, aA LG Düss NJW-RR **99**, 629). Solche Bezeichngen können aber dch **Anerkennung im Verkehr** Namensfunktion erlangen. Dazu ist erforderl, daß ein nicht unerhebl Teil des Verk sie als ein Hinweis auf ein best Unternehmen ansieht (BGH aaO). Auch Zahlen („4711") u Bildzeichen können dch VerkGeltg Namensfunktion erlangen. Auf Bildzeichen ist § 12 aber nur unmittelb anzuwenden, wenn sie dch ein Wort ausgedrückt w können, wie etwa Salamander (RG **171**, 155) od) das Rote Kreuz (s BGH **126**, 287). Ist das nicht mögl, kommt aber eine entspr Anwendg des § 12 in Betracht (s Rn 38).

12 **bb)** Die für einen Namen erforderl **Unterscheidungskraft** fehlt bei Gattgsbezeichngen, Worten der Umgangssprache, geografischen Bezeichngen u ähnl, wie Hausbücherei (BGH **21**, 66/73), Volksbank (BGH NJW-RR **92**, 1454), Sparkasse (Schlesw SchlHA **94**, 16), Datenzentrale (BGH GRUR **77**, 503), Balkan-Restaurant (Hamm BB **67**, 1101), graue Panther (Brem OLGZ **84**, 359), alta moda (Ffm NJW-RR **86**, 535), Hydraulik (RG **163**, 238), Fettchemie (RG **172**, 131). An die Unterscheidgskraft sind wg des Freihaltgsbedürfn strenge Anfordergen zu stellen (BGH GRUR **76**, 254, NJW-RR **89**, 808). Sie kann zu bejahen sein, wenn mehrere nicht unterscheidgskräft Worte zu einer einpräg Neubildg zusgefügt w, so etwa Rhein-Chemie (BGH GRUR **57**, 561), Columbus-International (BGH NJW **93**, 459), Charme & Chic (BGH GRUR **73**, 265) od Stadtsparkasse Flensbg (Schlesw SchlHA **94**, 16). Wird ein Wort der Umgangssprache in unüblicher Weise verwendet, kann es hierdch Unterscheidgskraft erlangen (s BGH **21**, 85/89 „Spiegel" für eine Zeitschrift; BGH **24**, 238/241 „tabu" für eine Gaststätte). Sie kann sich auch daraus ergeben, daß die Bezeichng üblicherweise an jedem Ort nur einmal benutzt w, wie „Parkhotel" (BGH DB **76**, 2055) od „Citybank" (Düss WRP **74**, 156). Maßgebd ist die VerkAnschauung. Trotz Fehlens originärer Unterscheidgskraft wird die Bezeichng schutzfäh, wenn sie als ein Hinweis auf ein best Unternehmen **Verkehrsgeltung** erlangt hat (RG **163**, 238, BGH **15**, 107, „Koma", BGH GRUR **76**, 254, **77**, 503). Polit Parteien genießen nach PartG 4 Namensschutz ggü einer später gegründeten Part auch dann, wenn ihr Name od dessen Abkürzg weder von Natur aus noch kr VerkGeltg Unterscheidgskraft besitzt (BGH **79**, 265).

13 **cc)** Hat die Bezeichng von Natur aus individualisierde Unterscheidgskraft, **beginnt der Schutz** mit ihrem Gebrauch, sonst erst mit der Anerkenng im Verk (BGH **11**, 214, **21**, 85, **43**, 245/252, stRspr). Wo VerkGeltg erforderl ist, beschränkt sich der Schutz sachl u örtl auf den Bereich, für den VerkGeltg besteht (RG **171**, 34, Rn 29). **Inhaber des Namensrechts** ist derj, der sich den Namen beigelegt hat. Ob das bei einer Gaststättenbezeichng („Eulenspiegel") der Pächter od der Verpächter ist, ist Frage des Einzelfalls (Hamm WRP **82**, 534). Die Anwendg des § 12 ist ausgeschlossen, wenn die Führg der Bezeichng gg das Ges od gg die guten Sitten verstößt, so zB wenn die Bezeichng gem UWG 1, 3 unlauter ist (BGH **10**, 196/202, **LM** UWG 16 Nr 26) od gg HGB 37 od GewO 15 b verstößt (Zwernemann BB **87**, 774 zur GbR). Der Namensschutz **entfällt,** wenn der dem Kennzeichen korrespondierde GeschBetr endgült aufgegeben w (MüKo/Schwerdtner Rn 69) od wenn aus der ursprüngl unterscheidgskräft Bezeichng ein Gattgsname wird (s RG **69**, 310, Liberty; **100**, 182, Gervais). Beruht der Namensschutz auf Anerkenng im Verk, entfällt mit der VerkGeltg auch das NamensR (BGH GRUR **57**, 428). Eine vorübergehde Nichtbenutzg ist aber unschädl (BGH **21**, 69/75). Was vorübergehd ist, ist Frage des Einzelfalls; zu berücksichtigen sind auch Schwierigk, die sich aus der Entwicklg der GesVerhältn (Kriegs-, Nachkriegszeit, Zonentrenng) ergeben (s RG **170**, 273, BGH **21**, 69/75, NJW **59**, 2015, ZIP **97**, 1716/1719).

13 a **dd)** Namensartige Kennzeichen u FirmenR, die vor dem 3. 10. 90 im alten Bundesgebiet od der DDR bestanden, haben sich inf der **Wiedervereinigung** auf das gesamte Bundesgebiet ausgedehnt (BGH **130**, 134/140, WRP **97**, 751). Konflikte sind nach den für Gleichnamige geltden Grds (Rn 27) zu lösen (BGH aaO, Fingerhut BB **97**, 2448; zum Urt „Altenburger Spielkartenfabrik" krit Bär-Bouyssiere DtZ **96**, 14).

14 **3) Übertragbarkeit des Namensrechts. – a)** Das **Namensrecht** ieS (Rn 4) ist als Ausfluß des allg PersönlichkR nicht übertragb (BGH **119**, 237) u endet mit dem Tod seines Trägers (BGH **8**, 318/324, offen gelassen in **107**, 384/390). Die Witwe kann aber uU einem Verband die Führg des Namens ihres Mannes verbieten, weil beim Gebrauch des Mannesnamen zugl auch ihr Name mitgebraucht w (BGH **8**, 318, Stgt NJW-RR **97**, 603); das gilt ebso für einen sonst nahen Angeh gleichen Namens (Mü WRP **82**, 660), nicht aber für eine Stiftg, die das künstlerische Erbe des Namensträgers pflegen soll (Schlesw NJW **88**, 339). Außerdem wird das allg PersönlichkR im beschränkten Umfang nach dem Tod seines Trägers weitergeschützt
15 (§ 823 Rn 180). – **b)** Die **Firma,** der Handelsname des Vollkaufmanns, ist mit dem HandelsGesch übertragb u vererbl (HGB 22, 23). Im InsVerf ist nach der Rspr zu unterscheiden: Bei Einzelfirmen u PersonalGesellsch kann der InsVerw die Firma nur mit Zust des GemSchu übertragen, wenn dessen FamName in der Firma enthalten ist (BGH **32**, 103/111, Kblz DB **91**, 2652). Bei jur Pers des HandelsR u bei der GmbH & Co KG ist dagg die Mitübertragg der Firma nicht von der Zust der Gesellschafter abhäng, deren Name Firmen-Bestandt ist (BGH **85**, 221, NJW **90**, 1605, Düss NJW **80**, 1284). Diese das GläubInteresse u den vermögensrechtl Charakter des FirmenR in den VorderGrd stellde Ans verdient, zumal nach der Reform des FirmenR dch das HRefG, auch für die Firma des Einzelkaufm u der PersonalGesellsch den Vorzug (Steinbeck NZG **99**,
16 133 mwNw, str). – **c)** Alle and dch § 12 geschützten **Bezeichnungen** von Unternehmen (Rn 10) können gleichfalls mit dem Unternehmen übertragen w (BGH **21**, 66/71). Da es sich nicht um PersönlichkR, sond um ImmaterialgüterR (Rn 2) handelt, ist aber auch eine Übertragg ohne das Unternehmen mögl, sofern eine Täuschg des GeschVerk ausgeschl ist (*arg* MarkenG 27, Staud-Weick/Habermann Rn 54). Bsp sind etwa die Übertragg von geschäftl Bezeichngen mit dem zugehörigen BetrTeil od FertiggsVerf. Wer eine Marke mit einem Namen als Bestandt erwirbt, erhält iZw nicht das Recht zur Namensführg (BGH NJW **96**, 1672). –
17 **d)** Trotz der Unübertragbark des NamensR kann der Namensträger einem and gestatten, seinen Namen zu benutzen u auf Unterl- u SchadErsAnspr verzichten (BGH **44**, 372/375, BayObLG **86**, 370/377), sog **Gestattungsvertrag** („Lizenz"), der auch stillschw zustandekommen kann (Mü DB **92**, 2079). Auch öffrechtl

Körpersch können ihren Namen, ihr Wappen u ihr Siegel dch LizenzVertr gewerbl nutzen (BGH **119**, 237/242). Der Vertr begründet als schuldrechtl Abrede kein beschränktes dingl Recht (krit Forkel NJW **93**, 3181) u bietet keinen Schutz gg weitere LizenzN (Forkel NJW **83**, 1764, vgl aber jetzt MarkenG 30 V); er ist unwirks, wenn die Gestattg der Namensbenutzg zur Täuschg des GeschVerk führen kann (BGH **1**, 241/246) od HGB 23 umgangen w. Der Berecht wird nicht Inh des NamensR, er kann aber zur Geltdmachg der Rechte des Namensträgers ermächtigt w (BGH **119**, 237/242) u darf sich ggü Dr auf die Priorität des von ihm benutzten Rechts berufen (BGH NJW **93**, 2236). Mögl ist es auch, daß dch die Benutzg ein eig NamensR des LizenzN entsteht (BGH **10**, 196/204, **119**, 237/241). Der Umfang der Gestattg richtet sich nach den getroffenen Vereinbgen. Das gilt insb für etwaige Beschränkgen in räuml od zeitl Hinsicht (RG **76**, 265, JW **36**, 923) u für die Frage, ob der LizenzN seine Rechte weiterübertragen kann (RG Gruch **45**, 74). Da es sich um ein DauerschuldVerh handelt, kann das KündR aus wicht Grd nicht ausgeschl w (Einf 18 ff v § 241).

4) Namensleugnung. Der Berecht kann Beseitigg der Beeinträchtigg u bei Wiederholgsgefahr Unterlassg verlangen, wenn sein Recht zum Gebrauch des Namens bestritten w. Der Anspr steht ausschließl dem Inh des NamensR zu, nicht seinen FamAngeh. Er kann auch von der Ehefrau gg den Ehemann geltd gemacht w (RG **108**, 231). Das Bestreiten braucht nicht ausdr zu geschehen, dauerndes Benennen mit falschem Namen genügt (s LG Bonn **AP** § 54 Nr 1), ebso die hartnäckige Verwendg einer falschen Schreibweise. Der Anspr kann sich auch gg eine VerwBeh richten (RG **147**, 254). Soweit diese als Träger öffentl Gewalt gehandelt hat, ist aber nicht der ordentl RWeg, sond der VerwRWeg gegeben. Dtsche Bahn AG (fr Bundesbahn) verletzt das öffr NamensR der Gemeinde, wenn sie ihren Bahnhof mit einem unricht GemNamen bezeichnet (BVerwG NJW **74**, 1207, Pappermann JuS **76**, 305). Dagg ist es keine Verletzg des NamensR, wenn Postdienststellen den richt GemNamen führen, diesem aber nicht den Namen des GemBezirks hinzufügen (OVG Münst DVBl **73**, 318). Ein bes Interesse an der Dchsetzg des Anspr braucht der Berecht iF der Namensbestreitg nicht darzutun (Staud-Weick/Habermann Rn 248). 18

5) Namensanmaßung. Sie liegt vor, wenn ein and unbefugt den gleichen Namen gebraucht u dadch ein schutzwürd Interesse des Namensträgers verletzt. – **a) Gebrauch des gleichen Namens. – aa)** Nach dem Schutzzweck des § 12 ist vom Gebrauch des Namens die bloße Namensnenng zu unterscheiden. Diese ist, auch wenn sie im ZusHang mit unricht Sachaussagen erfolgt, keine unter § 12 fallde VerletzgsHdlg (Düss NJW-RR **90**, 293). Eine solche liegt nur vor, wenn der Name dazu benutzt wird, eine andere Pers, deren Einrichtgen od Produkte **namensmäßig** zu bezeichnen (Soergel-Heinrich Rn 174); es muß die Gefahr einer Identitäts- od Zuordngsverwirrg entstehen (BGH **91**, 117/120, **119**, 237/245, **126**, 208/215). § 12 schützt daher nicht gg Namensnenngen auf Gefallenentafeln (BGH NJW **59**, 525), in einer Notfalldienstordng (BGH NJW **91**, 1532), in Fernsprechbüchern (s Müller-Graff GRUR **87**, 493), in Berufs- od Branchenverzeichnissen (s Nürnbg NJW **93**, 796), in Presseberichten (offen BGH **LM** GG 5 Nr 18 Bl 4), in einem Unterrichtswerk (Mü GRUR **91**, 632), im ZusHang mit einer Heilmethode (Stgt NJW-RR **91**, 1326), in satirischer Verfremdg (LG Düss NJW **87**, 1413), auf Wahlplakaten (Kblz DRZ **48**, 175) u Aufklebern (Ffm NJW **82**, 648, „Lusthansa"), in Reklametexten (BGH **30**, 7, **81**, 75, Brem GRUR **86**, 838), sofern die angepriesene Ware dem Namensträger nicht zugerechnet w. Es ist auch kein Namensgebrauch, wenn in einem Bericht über eine Zeitg („Bild") deren Emblem verwandt w (aA BGH NJW **80**, 280), wenn der Name Rolex auf einer erhebl veränderten Uhr belassen w (BGH NJW **98**, 2045), sich jemand als Schüler des Namensträgers bezeichnet (aA Mü OLGZ **74**, 280) od eine Firmenabkürzg („BMW") in einem Aufkleber („Bums-MalWieder") verballhornt wird (BGH **98**, 94). Wenn ein Name ohne Zust des Berecht im GeschVerk zum Zwecke der Werbg benutzt w, kann aber eine Verletzg des UWG 1 (BGH **125**, 91) od des allg PersönlichkR (BGH **30**, 7, **81**, 75, § 823 Rn 195) vorliegen. 19 20

bb) Gebrauch zur Bezeichnung der eigenen Person. Er ist der typ, prakt aber nur selten vorkommde Fall der Namensanmaßg. Ihm steht gleich, wenn jemand es veranlaßt u duldet, daß er von Dr mit einem ihm nicht zustehden Namen angesprochen w (RG JW **30**, 1723). Voraussetzg ist jedoch, daß der Verk die Namensverwendg als einen Hinw auf die Pers des Namensträgers ansieht (s BGH NJW **83**, 1184). Eine Namensanmaßg ist es auch, wenn auf ein Wahlplakat der Name einer and Part gesetzt w, um den Anschein hervorzurufen, das Plakat stamme von dieser (Karlsr NJW **72**, 1810, Schlüter JuS **75**, 558). 21

cc) Gebrauch zur Bezeichnung eines Unternehmens, bestimmter Einrichtungen oder Erzeugnisse. § 12 ist auch hier nur verletzt, wenn eine sog Zuordngsverwirrg entsteht (Rn 20, str). Sie ist aber bereits dann zu bejahen, wenn der unricht Eindruck hervorgerufen w, der Namensträger habe dem Gebrauch seines Namens zugestimmt (BGH **119**, 237/245, **126**, 208/216). Eine Verletzg des NamensR ist daher gegeben bei Verwendg des Namens als Warenzeichen (RG **74**, 310), als Etablissementsbezeichng (RG **88**, 421), als Signatur eines Bildes (BGH **107**, 384/390), in einem Zeitschriftentitel (RG JW **27**, 1585), als **domain-Name** = Internetadresse (Hamm NJW-RR **98**, 909, Stgt NJW-RR **98**, 1341, Köln, Hbg, Düss NJW-RR **99**, 622 ff, LG Mannh NJW **96**, 2736, LG Brschw NJW **97**, 2687, LG Ansbach ebda, LG Düss NJW-RR **99**, 841, aA LG Köln BB **97**, 1121, vgl auch Rn 10 u 34), zur Bezeichng von Waren (BGH **30**, 7), als Aufschrift auf einem T-Shirt (BGH **119**, 237/245), die Bezeichng der Kapelle eines privatrechtl Vereins als röm-kath (Düss NJW-RR **93**, 185). Namensanmaßg ist auch der Gebrauch der Bezeichng Stadttheater (RG **101**, 170) u der Werbespruch „Dortmund grüßt mit X Bier" (BGH NJW **63**, 2267). Kein Namensgebrauch ist dagg die adjektivische Verwendg eines Städtenamens (Schlesw SchlHA **85**, 40, „Malenter Reisebüro"). Keine Verletzg des NamensR, sond des allg PersönlichkR ist es auch, wenn ein Grabsteinhersteller den Namen seines Konkurrenten auf einem Ausstellgsstück als Verstorbenen anführt (aA RG DR **39**, 438). 22

dd) Gebrauch zur Bezeichnung eines Dritten. § 12 ist auch anwendb, wenn der Handelnde den fremden Namen einer dritten Person beilegt, so etwa, wenn der Ehemann seine Freundin als seine Frau ausgibt (Soergel-Heinrich Rn 175, MüKo/Schwerdtner Rn 110, hM, aA RG **108**, 232) od wenn die Mutter für ihr nichtehel Kind den Namen des Vaters gebraucht (RG aaO). Kein Namensgebrauch iSd § 12 ist es dagg, wenn der Name zur Bezeichng einer **erdichteten Person** verwandt w (MüKo/Schwerdtner Rn 109, Soergel-Heinrich Rn 176, aA RG JW **39**, 153, KG OLG **30**, 312, JW **21**, 1551). Ist die Pers frei erfunden, 23 liegt kein Gebrauch des Namens iS einer Identitätsbezeichng vor. Wird auf den wirkl Namensträger angespielt, entfällt § 12, weil in Bezug auf den Namensträger der richtige Name verwandt w. Bei entstellder Darstellg kann aber das allg PersönlichkR verletzt sein (§ 823 Rn 195).

24 **ee)** § 12 untersagt den Gebrauch des **gleichen Namens.** Dazu ist erforderl, daß der Verk die Namensverwendg als einen Hinw auf den Namensträger ansieht (BGH NJW **83**, 1184). Eine volle Übereinstimmg ist nicht erforderl. Entscheidd ist, ob **Verwechselungsfähigkeit** gegeben ist (BGH **LM** Nr 21). Auch wenn diese besteht, kann § 12 unanwendb sein, weil – etwa wg völliger Branchenverschiedenh – eine Verwechselgsgefahr u damit auch eine Interessenverletzg entfällt (Rn 30). Zu vergleichen ist der GesEindruck, den die beiden Bezeichngen nach Schriftbild, Klang u Sinngehalt hervorrufen (BGH **28**, 320/323). Verwechselgsfähigk ist idR zu bejahen, wenn die beiden Bezeichngen in dem eigentl aussagekräft Bestandt übereinstimmen (BGH **24**, 238/245, **79**, 265/273, NJW- RR **89**, 808). Unterschiedl Vornamen (BGH NJW-RR **91**, 1065), Zusätze wie „u Co", „vormals" u solche, die die RForm betreffen (AG, GmbH usw) haben idR keine ausr Unterscheidgskraft (BGH **46**, 7/13), ebsowenig unterschiedl Schreibweisen (BGH **LM** Nr 30: Pro-Monta ggü Promonta; BGH DB **93**, 1971: Cowo u Kowog). Entscheidd ist die VerkAnschauung. Bei Namen mit schwacher Kennzeichngskraft kann die Verwechslgsfähigk uU schon dch geringfüg Abweichgen ausgeräumt w (s BGH NJW **57**, 909), währd bei Namen mit starker Kennzeichngskraft u VerkGeltg schon eine entfernte Ähnlichk zu Verwechselgen führen kann (Rn 30). Wird eine **schlagwortartige Abkürzung** eines fremden Namens gebraucht, so steht das nach der VerkAnschauung der Benutzg des vollen Namens gleich (s RG **114**, 95). § 12 ist aber auch dann anwendb, wenn ein unterscheidgskräft wesentl Teil des fremden Namens so benutzt w, daß die Interessen des Berecht verletzt w (s RG **101**, 169, „Stadttheater"; BGH **8**, 318, FamName; BGH NJW **63**, 2267, „Dortmund"; BGH NJW **83**, 1184 „Uwe"; BGH **124**, 173/179 „röm-kath").

25 **b) Unbefugter Gebrauch. – aa) „Unbefugt"** ist gleichbedeutd mit widerrechtl iSd § 823. Die Widerrechtlichk ergibt sich idR aus der Verletzg des NamensR des Namensträgers, dh aus der Bejahg der übrigen TatbestdMerkmale des § 12. Bei Wahlnamen kann der Gebrauch auch deshalb unbefugt sein, weil die Namensführg gg UWG 1, 3 od gg die guten Sitten verstößt (BGH **10**, 196/201). Niemals unbefugt ist der (redl) Gebrauch des gesetzl vorgeschriebenen eig Namens (RG **165**, 283, BGH **29**, 256/263). Dem Namensträger steht es frei, ob er den vollen Namen od nur den FamNamen benutzen will. Auch Verwechselgsgefahr zwingt außerh des Wettbew nicht zur Beifügg des Vornamens (RG JW **11**, 572). Nicht widerrechtl handelt auch, wer seinen bürgerl Namen zur Firmenbildg (RG **170**, 270) od zur Bezeichng seiner Erzeugn benutzt, sofern er dabei redl handelt (Rn 26). Das gilt auch dann, wenn das FirmenR die Verwendg des bürgerl Namens nicht vorschreibt (BGH NJW **66**, 343, aA RG **110**, 237).

26 **bb) Unbefugter Gebrauch trotz Gleichnamigkeit.** Obwohl grdsl jeder seinen Namen im WirtschLeben verwenden darf, ist der Gebrauch des eig Namens in folgden Fällen unbefugt: **(1)** Strohmanngründg, bei denen der Strohmann seinen berühmten Namen (Farina, Faber) zur Bildg einer verwechselgsfäh Firma zur Vfg stellt (BGH NJW **66**, 343). **(2)** Verwechselgsabsicht. Benutzg des eig Namens zu dem Zweck, den Ruf eines bekannten gleichart Untern für sich auszubeuten (BGH **4**, 96/100). **(3)** Konkurrenz von Wahlnamen, die keinen bürgerl Namen enthalten. Es gilt der Grds der **Priorität** (BGH **24**, 238, NJW **93**, 459). Entscheidd ist, wann die Bezeichng zu einem Namen iSd § 12 geworden ist; bei originärer Unterscheidgskraft der Bezeichng kommt es daher auf die Ingebrauchnahme an (BGH NJW **93**, 459), sonst auf die Erlangg von VerkGeltg (Rn 13). Wesentl Ändergen des Namens führen zum Verlust der Priorität (BGH NJW **73**, 2152), sie kann auch durch Ausscheiden aus dem Konzern entfallen (Karlsr GRUR **89**, 270, krit Canaris GRUR **89**, 711). Bei ausländ Bezeichngen ist entscheidd, wann sie im Inland in Gebrauch genommen worden sind (BGH NJW **71**, 1522, **73**, 2152). Nicht nöt ist VerkGeltg im Inland, sofern das Zeichen von sich aus schutzfäh ist (BGH **LM** UWG 16 Nr 56 a, NJW **71**, 1522, aA fr RG **132**, 380). Die Priorität wirkt aber nur **relativ** zw den Beteil. Dritte können sich nicht auf das bessere Recht eines Vorbenutzers berufen (BGH **10**, 196, **24**, 238). Besonders kann es liegen, wenn die jüngere Bezeichng mehr als 50 Jahre unbeanstandet benutzt worden ist (BGH NJW-RR **91**, 934). Unerhebl ist der Grds der Priorität, soweit im Zuge der **Wiedervereinigung** in der fr DDR entstandene Namens- und FirmenR auf das gesamte Bundesgebiet erstreckt worden sind (Rn 13 a).

27 **cc) Gleichnamigkeit, Gleichgewichtslage.** Führen zwei Untern ident od fast ident Bezeichngen, ohne daß einer der Fälle von Rn 26 vorliegt, gilt der Grds, daß niemand am redl Gebrauch seines Namens im WirtschVerk gehindert w darf (BGH NJW-RR **93**, 934, MarkenG 23). Der ältere Namensträger kann dem jüngeren die Namensführg nicht einfach verbieten; es muß vielmehr ein **Interessenausgleich** stattfinden (BGH **14**, 155/159, NJW **86**, 57, NJW-RR **90**, 618). Der ältere Benutzer kann idR verlangen, daß der jüngere alle zumutb Vorkehrgen trifft, um die Verwechselgsgefahr möglichst zu mindern (BGH NJW **66**, 343, NJW-RR **88**, 95, **90**, 618), in Betracht kommt vor allem die Beifügg von **unterscheidungskräftigen Zusätzen** (BGH DB **85**, 1934, Canaris GRUR **89**, 715). Ausnahmsw, etwa bei starker VerkGeltg der älteren Firma u einem wenig schutzwürd Besitzstand der jüngeren, kann der Gebrauch des Namens überhaupt verboten w, sofern nicht das FirmenR seine Benutzg zwingd vorschreibt (s BGH **4**, 96/102, NJW **68**, 349). Unter Umst kann auch der ältere Namensträger verpflichtet sein, zur Vermeidg von Verwechselgen beizutragen (BGH **LM** UWG 16 Nr 5 Bl 2). Das gilt insb dann, wenn das ältere Unternehmen die Verwechselgsgefahr dch sachl od räuml Änderg seines TätigkKreises erst hervorgerufen od erhöht hat (RG **171**, 326, BGH **LM** UWG 16 Nr 5 Bl 2 R, Nr 26, MDR **67**, 378). Ein Rest von Verwechselgsgefahr muß uU hingenommen w (RG **116**, 210, BGH **4**, 96/105). Haben mehrere Firmen mit verwechselgsfäh Kennzeichen längere Zeit unbeanstandet nebeneinand bestanden u haben beide einen wertvollen Besitzstand erlangt, tritt der Gesichtspunkt der Priorität zurück. Es besteht eine namensrechtl **Gleichgewichtslage,** die von beiden Seiten nicht verändert w darf; beide Part sind verpfl, die Verwechselgsgefahr dch geeignete Maßn zu verringern (BGH **14**, 155/159, NJW **52**, 222, GRUR **71**, 311).

28 **c) Interessenverletzung. – aa) Namensführung außerhalb des Geschäftsverkehrs.** Hier ist der Begriff des Interesses weit auszulegen. Schutzwürdig sind Interessen jeder Art, auch rein persönl, ideelle od bloße Affektionsinteressen (BGH **8**, 318/322, **43**, 245/255, **124**, 173/181). Ausr ist, daß der Eindruck von

Beziehgen familiärer, geschäftl od sonstiger Art erweckt w (BGH **124**, 173/181, WM **85**, 95), daß der Name mit polit Zielen in ZusHang gebracht w, die der Namensträger mißbilligt (BGH **8**, 318/323), daß die Gefahr von Verwechselg entsteht (BGH **29**, 256/264). Bei Allerweltsnamen (etwa Müller) entfällt idR eine Interessenverletzg, meist schon desh, weil sich nicht feststellen läßt, daß der Name eines best and Namensträgers benutzt worden ist. Ebso kann es bei Namen mit normaler Kennzeichngskraft (zB Frankenberg) liegen (Mü NJW-RR **96**, 1005). Bei **Pseudonymen** (zB Künstler- od Schriftstellernamen), die nur im berufl Bereich geführt w, beschränkt sich der Schutzumfang entspr. Hat das Pseudonym weitergehde VerkGeltg erworben, reicht das schutzwürd Interesse entspr weiter, ggf so weit wie bei einem gesetzl Namen. Jur Pers können Namensschutz nur im Rahmen ihres Funktionsbereichs beanspruchen (BGH **LM** Nr 42). Beim **Verein** ist das Interesse schutzwürd, daß sein Name nicht als Bezeichng einer Gaststätte verwendet w (BGH NJW **70**, 1270 „Weserklause"), bei einer polit Part das Interesse, daß ihr nicht auf Plakaten ihrem Programm widersprechde Tendenzen unterschoben w (Karlsr NJW **72**, 1810).

bb) Wirtschaftsverkehr. Bei den im GeschLeben geführten Namen (Firma, UnternBezeichngen usw) ist nur ein geschäftl Interesse schutzwürd (B-Hefermehl UWG 16 Rn 62), das sich aber ausnw auch aus ideellen Belangen ergeben kann (BGH **LM** Nr 42). Schutzwürd ist vor allem das Interesse, nicht mit and Untern verwechselt zu w (Rn 30), bei „berühmten" Kennzeichen auch das Interesse, eine Verwässerg zu verhindern (Rn 31), ferner das Interesse an der Aufrechterhaltg des guten Rufs. Geschützt w aber nur das lebde Unternehmen (BGH **21**, 66/69, Rn 13). Der Eigt des Grdst, auf dem fr das im Krieg zerstörte Hotel Esplanade stand, hat für diesen Namen kein VerbietgsR, auch wenn er ihn für ein Filmhaus weiterbenutzen will (KG NJW **88**, 2892). Der Schutz ist **örtlich begrenzt** auf den Wirkgskreis des Unternehmens (RG **171**, 34). Bei Gaststätten- u Hotelnamen beschränkt sich das VerbietgsR idR auf den Ort der Niederlassung (BGH **24**, 238/243). Es erstreckt sich aber auf das ganze Gemeindegebiet, nicht nur auf einen Stadtteil (BGH NJW **70**, 1365). Entspr gilt für Warenhäuser (s BGH **11**, 214/221), EinzelhandelsGesch u and Betr von nur örtl Bedeutg. Überörtlicher Schutz besteht für Warenhaus-, Hotel- od Gaststättenketten (BGH **24**, 238). Bei Erzeugerbetrieben ist der Namensschutz (vorbehaltl Rn 31) idR **sachlich begrenzt** auf die Branche od ähnl GeschZweige. Eine beabsichtigte zukünft sachl u räuml Ausdehng des Wirkgskreises muß mitberücksichtigt w, vorausgesetzt, der Namensschutz besteht schon, ist also von der Anerkenng im Verk unabhäng (BGH **8**, 387/392, **11**, 214/219). 29

cc) Verwechselungsgefahr. Sie begründet stets eine Interessenverletzg (RG **114**, 94); s zur Verwechselgsfähigk Rn 24. Zu unterscheiden sind Verwechselgsgefahr **im engeren und weiteren Sinn** (BGH **15**, 107/110). Erstere liegt vor, wenn die beteiligten VerkKreise Identität der Unternehmen annehmen, letztere, wenn sie personelle od organisator ZusHänge od eine Zustimmg des Namensträgers vermuten (BGH NJW-RR **89**, 1388, Ffm OLGZ **89**, 108, GRUR **89**, 288). Ob Verwechselgsgefahr vorliegt, hängt von der Ähnlichk der Bezeichngen, der Stärke ihrer Verkehrsgeltg u der Branchennähe der Verwder ab (BGH NJW **93**, 459). Auch bei Übereinstimmg im prägden Bestandt der Bezeichng („Columbus", „Commerz", „Hansa", „Boss", „Grand Hotel") kann die Verwechselgsgefahr dch den Branchenabstand (BGH aaO, Mü WM **93**, 39, GRUR **93**, 491, Ffm GRUR **95**, 145) od einen unterscheidgskräft Zusatz (Celle WRP **96**, 109) ausgeschlossen w. Zu berücksichtigen ist auch, ggü welchen VerkKreisen der Name benutzt w. Werden ausschließl Branchenkundige angesprochen, kann deren Sachkunde die Gefahr einer Verwechselg ausschließen (BGH GRUR **58**, 606). Verwechselgen bei der Postzustellg sind zumindest idR ein ausr Beweis für das Bestehen einer Verwechselgsgefahr (RG **108**, 276, BGH GRUR **57**, 427). 30

dd) Verwässerungsgefahr. Bes Grds gelten für den Schutz von berühmten UnternKennzeichen (s BGH **19**, 23/27, Magirus; NJW **56**, 1713, Meisterbrand; NJW **66**, 343, Kupferberg; NJW-RR **88**, 889, Commerzbank; Hbg WRP **86**, 409, Underberg; BGH NJW-RR **92**, 940, Mercedes). Sie sind nicht nur gg die Gefahr einer Verwechselg, sond gg jede Beeinträchtigg ihrer Alleinstellg u Werbekraft geschützt. Auch wenn wg völliger Branchenverschiedenh jede Verwechselgsgefahr entfällt, kann der Berecht der Verwendg einer gleichen od ähnl Bezeichng entggtreten. Die für den Anspr aus § 12 erforderl Verletzg eines berecht Interesses ergibt sich aus der Gefahr einer Verwässerg (BGH aaO). Ein derart umfassder Schutz besteht aber nur für Kennzeichen, die dch lange Benutzg u intensive Werbg eine überragde VerkGeltg erlangt haben. Erforderl ist ein entspr BekannthGrad in der Bevölkerg. Dieser ist idR erreicht, wenn über 80% des Publikums das Kennzeichen kennen (BGH **114**, 111, Avon), dagg genügt ein BekannthGrad von 68% nicht (Hbg GRUR **87**, 400, Pirelli). Nach MarkenG 15 III besteht ein entspr Schutz gg die unlautere Ausnutzg der Wertschätzg einer Marke bereits, wenn es sich um ein „bekanntes" Kennzeichen handelt. 31

6) Ansprüche aus dem Namensrecht. – a) Die in § 12 vorgesehenen Anspr auf Beseitigg u Unterl stehen dem **Verletzten** zu. Bei unbefugtem Gebrauch eines Familiennamens ist grdsl jeder Träger des Namens klagberecht, vorausgesetzt, daß auch seine schutzwürd Interessen verletzt sind (BGH **8**, 318, str). Die Ehefrau (Witwe) ist daher idR aktivlegitimiert, wenn der Name ihres Ehem unbefugt benutzt w (BGH aaO). – 32
b) Der von einem Verschulden unabhäng **Beseitigungsanspruch** ist iW der LeistgsKl geltd zu machen (RG **147**, 253). Er schließt idR das RSchutzBedürfn für eine FeststellgsKl aus (RG Warn **36**, 136). Bei **Bestreiten des Namensführungsrechts** (Rn 18) besteht die Beseitigg im Widerruf des Bestreitens, uU auch in der Einwillig in eine best Namensführg ggü der zust Stelle. Da der Widerruf „actus contrarius" zum Bestreiten ist, ist er an den gleichen PersKreis zu richten u ebso vorzunehmen wie dieser (Bsp: Veröffentlichg in der Presse, Rundschreiben). Bei **unbefugter Namensführung** (Rn 19) geht der Anspr dahin, die rechtsw Einwirkg dch geeignete Maßn für die Zukunft zu beseitigen. Bsp sind Entferng der Signatur eines Bildes (s BGH **107**, 384/390) od der unerlaubten Bezeichng überall, wo sie angebracht ist, ebso die Löschg eines Warenzeichens (RG **117**, 221). Zur Abgrenzg des Beseitiggs- vom SchadErsAnspr s § 1004 Rn 22 ff. – 33
c) Der **Unterlassungsanspruch** setzt die Besorgn weiterer Beeinträchtiggen, dh eine **Wiederholungsgefahr** voraus (s dazu Einf 18 f v § 823 u § 1004 Rn 29). Er geht auf ein Verbot für die Zukunft. Grdsl kann die Führg des Namens (Namensbestandteils) nur in der konkret benutzten Form untersagt w (BGH **LM** Nr 18 Bl 4, **LM** UWG 16 Nr 59 Bl 2 R). Wenn zB in der Firma „XYZ" der Bestandteil X unzul ist, muß der Antrag lauten, den Gebrauch des Namens „XYZ" zu unterlassen, nicht, den Gebrauch des Wortes „X" zu 34

untersagen. Genügt zur Beseitigg der Beeinträchtigg die Hinzufügg eines unterscheidgskräft Zusatzes, kann nur diese, nicht aber ein Verbot der Namensführg schlechthin verlangt w (BGH **LM** Nr 19). Wie die Verwechselgsgefahr beseitigt w soll, muß grdsl der Entscheidg des Verletzers überlassen bleiben (s BGH aaO). Ein völliges Verbot ist aber dann gerechtfertigt, wenn es dem Verletzer darum geht, am Ruf des Verletzten zu schmarotzen, da hier weitere u weitergehde Beeinträchtiggen zu befürchten sind (s BGH **4**, 96/102, **LM** UWG 16 Nr 49 u 59). Auch für das NamensR gelten die Grds der vorbeugden Unterlassgsklage (Einf 16 v § 823). Sie ist bereits zul, wenn ein widerrechtl Eingriff drohd bevorsteht (BGH **2**, 395). Wurde ein Domain-Name (Rn 10) in Verletzg des § 12 eingetragen, kann der Berecht gg Kostenerstattg **Übertragung der**
35 **Eintragung** verlangen (Mü BB **99**, 1288, Analogie zu PatG 8). – **d)** Der Anspr **verjährt** gem § 195 in 30 Jahren, auch wenn für den konkurrierden Anspr aus MarkenG 14 V od 15 IV die VerjFr des MarkenG 20
36 gilt. Zur **Verwirkung** s § 242 Rn 87 f. – **e)** Da das NamensR ein sonst Recht iSd § 823 ist, besteht bei seiner Verletzg ein **Schadensersatzanspruch,** sofern der Verletzer schuldh gehandelt hat (§ 823 Rn 14). Der Schaden kann ebso wie iF der Verletzg eines Urh- od gewerbl SchutzR nach Art einer Lizenzgebühr od nach dem Verletzergewinn berechnet w (BGH **60**, 206). Nach der Rspr kann bei schwerwiegden Eingriffen in das NamensR – ebso wie iF der Verletzg des allg PersönlichkR (§ 823 Rn 198 ff) – auch für den
37 immateriellen Schaden GeldErs verlangt w (Köln GRUR **67**, 323, s auch BGH **30**, 7). – **f) Beweisfragen.** Der Kläger muß sein NamensR u auch die VerletzgsHdlg beweisen (RG JW **37**, 390), der Beklagte, daß er den gleichen od verwechselgsfäh Namen führen darf (BGH WM **57**, 1152, Baumgärtel-Laumen Rn 2). Das Recht zur Führg des bürgerl Namens wird dch die PersStandsbücher bewiesen (PStG 60, 66), jedoch ist der GgBew zul. Lange unbeanstandete Führg des Namens dch die Fam begründet die Vermutg der RMäßigk (BayObLG **42**, 91).

38 **7) Entsprechende Anwendung.** § 12 ist entspr anwendb auf das Wahrzeichen des Roten Kreuzes (BGH **126**, 287) auf Vereinsembleme (Bayreuther WRP **97**, 820) u auf **Wappen** u Siegel (BGH **119**, 237). Geschützt ist neben adeligen u bürgerl Wappen auch das von öffr Körpersch (BGH aaO). Eine Verletzg liegt vor, wenn das Wappen zur Ausstattg von Waren od sonst als geschäftl Kennzeichen benutzt w (BGH aaO). Auch auf **Bildzeichen** findet § 12 Anwendg, sow sie unterscheidgskräft sind u sich im Verk als namensmäß Hinw auf eine best Pers od ein best Unternehmen dchgesetzt haben. Das gilt sicher dann, wenn die Bilder auch dch ein Wort ausgedrückt w können (Rn 11). Aber auch wenn dies nicht zutrifft, fällt das Bildzeichen unter den Schutz des § 12 (BGH **LM** Nr 44, aA BGH **14**, 155/160). Auf jeden Fall ist MarkenG 5 anwendb, der aber nur für geschäftl Zeichen gilt, sich also nicht auf Zeichen von Idealvereinen erstreckt. Wird das Recht zur Führg eines **Titels** bestr, ist dem Träger des Titels gleichf in entspr Anwendg des § 12 ein BeseitiggsAnspr zuzubilligen (Soergel-Heinrich Rn 157).

13-20 *(Aufgeh dch VerschG § 46. Vgl zu diesem nicht mehr abgedruckten Ges u dem VerschÄndG die Kommentierg in der 50. Aufl. Neue Entscheidg zu VerschG 16, 18 u 19: Düss NJW-RR **96**, 394).*

Zweiter Titel. Juristische Personen

Einführung

1 **1) Begriff** u RNatur der jur Pers sind seit jeher str. Die Fiktionstheorie (v Savigny, Windscheid) leugnet die Realität jur Pers u betrachtet sie als bloße Fiktion. Die Theorie der realen Verbandspersönlichk (Beseler, v Gierke) sieht in der jur Pers ein wirkl vorhandenes Wesen mit einem GesWillen, das dch seine Organe handlgs- u deliktsfäh ist. Die Theorie des Zweckvermögens (Brinz, Wiedemann) versteht die jur Pers als ein best Zwecken gewidmetes Sondervermögen, das als selbständ Träger von Rechten u Pflten organisiert ist. Dieser Theorienstreit ist für die prakt RAnwendg unergiebig. Es ist wenig sinnvoll, für den Begriff der jur Pers nach einer vom positiven Recht losgelösten konsensfäh Grdl zu suchen. Die jur Pers ist eine Zweckschöpfg des GesGebers. Sie ist die Zusammenfassg von Pers od Sachen zu einer rechtl geregelten **Organisation,** der die ROrdng RFgk verliehen u dadch als Träger eig Rechte u Pflten verselbständigt hat (s Raiser AcP **199**, 104, MüKo/Reuter Rn 2).

2 **2)** Von den jur Pers zu unterscheiden ist die **Gemeinschaft zur gesamten Hand.** Dazu gehören die GbR, der nichtrechtsf Verein, OHG u KG, EWIV, ehel GüterGemeinsch sowie die ErbenGemeinsch. Nach der **traditionellen** GesHandsTheorie sind die GesHänder u nicht eine von ihnen begriffl versch „Person" Träger der Rechte u Pflten; das GesHandsvermögen ist ein den GesHändern in geshänderischer Verbundenh zustehdes Sondervermögen (BGH NJW **88**, 556, **90**, 1181, Weber-Grellet AcP **182**, 316 mwNw). Die GesHänder können wg der bestehden Bindg nicht über ihren Anteil an den einzelnen VermGgst verfügen (§§ 719 I, 1419 I, 2033 II). Eine im Vordringen begriffene von Flume begründete **Gegenansicht** betrachtet die GesHand dagg als Zuordngs(Wirkgs-)Einh u damit prakt als RSubjekt; die GesHänder haben nur Anteile an der GesHand im ganzen; Anteile an den einz VermGgst gibt es nicht (vgl zuletzt Timm NJW **95** , 3210). Eine vermittelnde Ansicht (K. Schmidt GesellschR 3. Aufl, § 8 III 3) nimmt dagg wohl mit Recht an, daß die GesHand der Verselbständigg zum RSubjekt *fähig* ist, daß das geltde Recht diese Verselbständigg aber nicht bei allen GesHandsGemeinsch dchgeführt hat. RSubjekte mit **Teilrechtsfähigkeit** sind danach OHG, KG, EWIV u der nichtrechtsf Verein, keine RSubjekte sind ehel GüterGemeinsch u ErbenGemeinsch. Umstr ist die Einordng der GbR (§ 715 Rn 24). Keine Gemeinsch zur ges Hand sond eine Bruchteils-Gemeinsch ist die Gemeinsch iSd §§ 741 ff.

3 **3) Arten der juristischen Personen. – a)** Zu unterscheiden sind jur Pers des **öffentlichen Rechts und des Privatrechts.** Jur Pers des öffR sind vor allem der Staat (Bund u Länder), die in ihn eingegliederten Gebietskörpersch (Gemeinden, Kreise), die Kirchen sowie die sonst Körpersch, Anstalten u Stiftgen des öffR (s Vorbem 1 vor § 89). Für die Abgrenzg zw jur Pers des öffR u des PrivR ist der EntstehgsTatbestd

entscheidd (Rasch DVBl **70**, 765, Larenz/Wolf § 9 Rn 3, hM), nicht die Art der übertragenen Aufg. Eine jur Pers des öffR kann vorwiegd fiskalische Aufg zu erledigen haben, eine jur Pers des PrivR als beliehener Unternehmer hoheitl. Jur Pers des öffR beruhen auf einem Hoheitsakt, idR einem Ges, das Organisation u Aufg des RTrägers festlegt. Jur Pers des PrivR beruhen auf einem privatrechtl Gründgsakt (GründgsVertr, StiftgsGesch). – **b)** Nach der organisatorischen Ausgestaltg ist bei den jur Pers des öffR u des PrivR zu 4
unterscheiden zw **Vereinigungen** (Körpersch) einerseits u **Anstalten** u **Stiftungen** ands. Die Vereinigg hat Mitgl u ist ein als rechtsf anerkannter PersZusSchluß. Anstalten u Stiftgen haben ledigl Organe u eine zweckgebundene Vermögensausstattg; sie sind als selbstd RTräger anerkannte Vermögensmassen.

4) Auf den **Erwerb der Rechtsfähigkeit** kann der Staat bei jur Pers des PrivR in unterschiedl Umfang 5
Einfluß nehmen. Zu unterscheiden sind folgde Systeme, die allerdings auch in Mischformen vorkommen: – **a) System der freien Körperschaftsbildung.** Die jur Pers entsteht, sobald die normativen Voraussetzgen für ihre Gründg erfüllt sind. Eine staatl Kontrolle der Einhaltg der Voraussetzgen findet nicht statt. Das System gilt in der Schweiz für Idealvereine, in der BRep nur für den (hier nicht einschlägigen) nichtrechtsf Verein. – **b) System der Normativbestimmungen.** Auch hier ist dch RSatz festgelegt, welche normativen Voraus- 6
setzgen zum Erwerb der RFgk erfüllt sein müssen. Die Einhaltg dieser Bestimmgen w aber im Einzelfall von einer zust staatl Stelle überprüft. Bei einem posit Ergebn schließt sich idR eine konstitutive Registereintragg an. Dieses System gilt für den Idealverein (§ 21), die AG (AktG 23–41), KGaA (AktG 278– 282), GmbH (GmbHG 1–11) u die Genossensch (GenG 1–13). – **c) Konzessionssystem.** Die RFgk wird dch staatl 7
Verleihg od Gen erworben, wobei die zust Behörde idR nach pflichtmäß Ermessen entscheidet. Anwendgsfälle sind der wirtschaftl Verein (§ 22), die Stiftg (§ 80) u der VersVerein auf Ggseitigk (VAG 15).

5) Die jur Pers steht im **Umfang ihrer Rechtsfähigkeit** den natürl Pers nicht in jeder Beziehg gleich. Zu 8
eng ist es aber, die RFgk der jur Pers auf die VermFähigk u die Fähigk der TNahme am rechtsgeschäftl Verk zu beschränken (so Larenz/Wolf § 9 Rn 17). Als Grds ist vielmehr davon auszugehen, daß der jur Pers alle Rechte u RStellgen offenstehen, sow diese nicht die menschl Natur ihres Trägers voraussetzten (Soergel-Hadding Rn 22). – **a)** Im **Privatrecht** ist die jur Pers in vermögensrechtl u verfahrensrechtl Hins den natürl 9
Pers weitgehd gleichgestellt. Sie kann Besitzer (§ 854 Rn 12), Bevollmächtigter, TestVollstr, InsVerw (str), Liquidator, persönl haftder Gesellschafter u Mitgl einer jur Pers sein (Soergel-Hadding Rn 27 ff). Sie ist aktiv erb- u vermächtnisfäh (s §§ 2044 II 1, 2101, 2105 f, 2109, 2163), partfäh (ZPO 50), insfäh (InsO 11 I) u hat unter den Voraussetzgen von ZPO 116 I Nr 2 Anspr auf ProzKostenhilfe. Sie hat ein Recht am eig Namen u, wenn auch eingeschränkt, ein allg PersönlichkR (§ 823 Rn 181). Verschlossen sind ihr allerdings RStellgen des FamR u RPositionen, die auf eine persönl Verantwortg ausgerichtet sind, wie das Amt des SchiedsRi u des Prozeßbevollmächtigten. – **b)** Auch im **öffentlichen Recht** wird die RFgk der jur Pers grdsl anerkannt. 10
Die GrdR gelten für inländische jur Pers, soweit sie ihrem Wesen nach auf diese anzuwenden sind (GG 19 III), für jur Pers des öffR jedoch nur mit erhebl Einschränkgen (BVerfG NJW **82**, 2173). Jur Pers besitzen **keine Staatsangehörigkeit;** das auf sie anzuwendde Recht ist das Recht des tatsächl Sitzes ihrer Hauptverwaltg (BGH **53**, 183, nach EG 12 Rn 2 ff). – **c)** Die **ultra-vires-Lehre** des anglo-amerikanischen Rechts, 11
wonach sich die RFgk der jur Pers auf ihren dch Ges od Satzg festgelegten Zweck beschränkt, gilt im dtschen Recht für die jur Pers des PrivR nicht (K. Schmidt AcP **184**, 529). Soweit die Satzg entspr Beschränkgen enthält, wird nicht die RFgk, sond die Vertretgsmacht des Vorstd beschränkt (RG **145**, 314). RGesch von jur Pers des öffR sollen dagg nichtig sein, wenn sie außerhalb des AufgKreises der jur Pers vorgenommen worden sind (BGH **20**, 119/123, NJW **69**, 2198, Koenig WM **95**, 323).

6) Die Anerkenng der RFigur der jur Pers bedeutet, daß ihre Rechte u Pflten nicht zugl solche ihrer Mitgl 12
sind. Für Schulden haftet allein das Verm der jur Pers; eine Mithaftg der Mitgl mit ihrem Verm setzt einen bes RGrd (Übern einer Bürgsch, Tatbestd einer unerl Hdlg, uU c. i. c., s § 276 Rn 93) voraus. Das gilt grdsl auch für die Einmann-Gesellsch (BGH **22**, 230). Ausnw kann der Gläub der jur Pers aber berecht sein, deren Mitgl iW des sog **Durchgriffs** in Anspr zu nehmen. Die Rspr läßt den Dchgriff zu, wenn die RForm der jur Pers mißbräuchl verwendet w od die Berufg auf die rechtl Selbständigk der jur Pers gg Treu u Glauben verstößt (BGH **22**, 226, **26**, 31, **61**, 380): „Es ist Aufg des Ri, einem treuewidr Verhalten der hinter der jur Pers stehden natürl Pers entggzutreten u die jur Konstruktion hintanzusetzen, wenn die Wirklichk des Lebens, die wirtschaftl Bedürfn u die Macht der Tats eine solche Handhabg gebieten" (BGH **54**, 222/224, **78**, 318/333). Die Lit folgt überwiegd der sog Normanwendgstheorie, wonach die Lösg aus dem Zweck der jeweilsanzuwendden Norm zu entwickeln ist (MüKo/Reuter Rn 20–47, Soergel-Hadding Rn 35–40). Eine plausible Systematisierg nach Fallgruppen fehlt noch immer. Nach der Rspr genügen für die Dchgriffshaftg nicht: Unterkapitalisierg (BGH **68**, 312, BAG NJW **99**, 740, ZIP **99**, 878); finanzielle, wirtschaftl u organisator Eingliederg in den Alleingesellschafter (BGH aaO). Ausr kann dagg sein: Hervorrufen des RScheins persönl Haftg (BGH **22**, 230); VermVermischg mit dem der Gesellschter (BGH **68**, 312, **125**, 366, BSG NJW-RR **95**, 730); Nichteinrichtg des zugesagten Bausonderkontos (Düss NJW-RR **89**, 743); Vorschieben der jur Pers, um rechtsw Vorteile (Schmiergelder) zu erlangen (BGH **68**, 312); unlauteres Vorschieben der jur Pers zur Erlangg persönl Vorteile (BGH **54**, 222: Nutzg des vom vermögenslosen Verein gepachteten Landes dch die Mitgl). Der Anspr richtet sich gg denjenigen, der für den DchgriffsTatbestd verantwortl oder mitverantwortl ist (BGH NJW **94**, 1801). Auch bei kommunalen EigenGesellsch bestehen keine weitergehende Dchgriffsmöglichk (Kuhl/Wagner ZIP **95**, 433). Die neuere Rspr sucht die Lösg in einer aus **konzernrechtlichen** Grds hergeleiteten ErstattgsPfl der Gesellschter (Mitgl) ggü der jur Pers (BGH **68**, 312, **115**, 187, **116**, 37, **122**, 123, BAG NJW **94**, 3244, **96**, 1491, BSG NJW-RR **95**, 730, Bitter/Bitter BB **96**, 2153). Nach § 4 III 4 BBodSchG finden die Grds der Dchgriffs- u Konzernhaftg auch auf die Haftg für schädl Bodenverändergen u Altlasten Anwendg. Die Vorschr bringt aber für die Abgrenzg der HaftgsGrds nichts Neues (Vierhaus NJW **98**, 1262/1265; Becker DVBl **99**, 134/137; Schmitz-Rode DB **99**, 417).

7) **Verein** iSd BGB ist ein auf Dauer angelegter Zusammenschluß von Pers zur Verwirklichg eines gemeins 13
Zweckes mit körperschaftl Verfassg, wobei sich die körperschaftl Organisation in einem GesNamen, in der Vertretg dch einen Vorstd u in der Unabhängigk vom Wechsel der Mitgl äußert (RG **143**, 213, **165**, 143, BGH **LM** § 31 Nr 11). Die RFgk gehört nicht zu den konstitutiven Begriffsmerkmalen: Verein iSd BGB ist

auch der nichtrechtsf Verein (hM). Vom Verein ist die **Gesellschaft** (§§ 705 ff) zu unterscheiden. Sie stimmt in einigen Merkmalen mit dem Verein überein: Sie ist gleichf eine Verbindg von Pers zu einem gemeins Zweck. Sie kann auf Dauer angelegt sein u einen GesNamen führen. Der Unterschied besteht in der Verschiedenh der Organisation. Währd für den Verein die Veränderlichk des MitglBestandes wesentl ist (BGH **25**, 311), ist die Gesellsch ein VertrVerh unter best Pers, das bei Künd od Tod eines Partners grdsl aufgelöst w. Für den Verein gilt das MehrhPrinzip, für die Gesellsch typischerw das EinstimmigkPrinzip. Trotz dieser begriffl Unterscheidg sind Übergangsformen zw nichtrechtsf Verein u Gesellsch mögl (BGH NJW **79**, 2304). Die Bezeichng ist für die Einordng unerhebl. Eine Vereinigg, die sich Gesellsch nennt, kann ein Verein sein (Bsp: DLRG); das gilt ebso umgekehrt. Eine geringe MitglZahl spricht idR für eine Gesellsch, ebso eine zeitl Befristg, jedoch kann eine auf 10 Jahre angelegte Vereinigg dchaus ein Verein sein (RG JW **13**, 974). Einzelfälle s § 54 Rn 4. Zur Vereinsgründg u zum Vorverein s § 21 Rn 9.

14 **8) Vereinsfreiheit.** Sie wird dch GG 9 I gewährleistet. Danach haben alle Dtschen das Recht, Vereine u Gesellsch zu gründen. Die Schranken der VereiniggsFreih ergeben sich aus GG 9 II. Er verbietet Vereiniggen, deren Zweck od Tätigkeit dem StrafG zuwiderläuft od die sich gg die verfassgsmäß Ordng od den Gedanken der Völkerverständigg richten. Die Verwirklichg dieser Verbote w dch das **Vereinsgesetz** v 5. 8. 64 (Sartorius Nr 425) geregelt, das nach seinem § 2 ebso wie GG 9 auch auf Gesellsch anwendb ist. Eingriffe in die VereiniggsFreih aGrd der polizeil Generalklausel sind nicht zul (*arg* VereinsG 1 II). Der GesGeber darf der Betätigg der Vereine jedoch dort Schranken ziehen, wo dies zum Schutz and gemeinschaftswicht RGüter unabweisl ist (BVerfG NJW **71**, 1123). Der auf dem Gebiet des Vereins- u GesellschR seit jeher bestehde **Typenzwang** ist mit GG 9 vereinb.

15 **9) Anwendungsbereich. – a)** Die §§ 21–53 sind auf alle rechtsf Vereine anwendb, ohne Rücksicht auf Größe u Bedeutg. Sie gelten weitgehd auch für den nichtrechtsf Verein (§ 54 Rn 1). Für HandelsGesellsch, Genossensch u den VersVerein auf Ggseitigk sind in erster Linie die einschlägigen SonderG maßgebd (AktG, GmbHG, GenG, VAG). Soweit diese Lücken enthalten, finden die Vorschr des VereinsR Anwendg. Dementspr erstreckt sich der Anwendgsbereich der §§ 29 (Notvorstand), 30 (bes Vertreter), 31 (Haftg für Organe) u 35 (Sonderrechte) auf alle jur Pers des PrivR. Offen bleiben kann, ob es sich dabei um eine entspr Anwendg handelt (so RG **138**, 101) od ob die §§ 21 ff, soweit bes Vorschr fehlen, direkt auf die dch SonderGes
16 geregelten WirtschVereine anwendb sind (so BGH **18**, 334). – **b)** Die **politischen Parteien** (zum Begriff s BVerwG NJW **93**, 3213, NVwZ **97**, 66) sind dchweg als rechtsf od nichtrechtsf Vereine organisiert. Für sie gilt aber in erster Linie das **Parteiengesetz** (Sartorius Nr 58), das für eine Reihe von wicht Fragen (NamensR, aktive PartFgk, demokrat Organisation, Gebietsverbände, Aufn, Austritt u Ausschluß von Mitgl) Sonderregelgen enthält (s Hbg OLGZ **93**, 19 u zum Ausschluß § 25 Rn 27). Ergänzd finden die §§ 21 ff
17 Anwendg. – **c) Religiöse Vereine,** die Religionsgesellsch iSd GG 140, WRV Art 137 sind, können ihre Angelegenh nach ihrem religiösen Selbstverständn ordnen (BayObLG **87**, 170). Ihre Regelgsbefugn beruht nicht auf § 25, sond ist originär. Sie unterliegen aber der staatl Gründgskontrolle (K. Schmidt NJW **88**, 2574, v Camphausen NJW **90**, 887, 2670), müssen einen Vorstd haben u den Zusatz „eV" führen (BayObLG aaO). Einschränkgen der Vereinsautonomie, die sich aus der Organisation als Teil einer ReligionsGemeinsch ergeben, etwa bei SatzgsÄndergen, RStellg od Ausschluß von Mitgl u Auflösg, sind zul (BVerfG NJW **91**, 2623, Köln NJW **92**, 1048, Ffm NJW-RR **97**, 482, Schockenhoff NJW **92**, 1013, Steinbeck, Vereinsautonomie u DrEinfluß, 1999, S 141). Zul ist auch eine Regelg, wonach kirchl Funktionsträger „geborene" Mitgl
18 sind (Hamm NJW-RR **95**, 119). – **d)** Für **ausländische** jur Pers gilt das Recht ihres VerwSitzes (nach EG 12 Rn 2). Ihre RFgk wird seit der Aufhebg von EG 10 aF im Inland ipso jure anerkannt (BGH **53**, 181). Über jur Pers aus der Zeit vor dem 1. 1. 1900 s EG 163 ff. **Landesrecht** bestimmt die gem §§ 22, 44, 61, 63, 71 zust Beh. Es gilt außerdem für jur Pers, in den den Ländern nach EG 65 ff vorbehaltenen RGebieten.

19 **10)** Großvereine haben idR **Untergliederungen,** die meist regional, manchmal aber auch fachl strukturiert sind. Für deren Ausgestaltg lassen die §§ 21 ff den Beteil weitgehde Freih. In der Praxis kommen vor
20 allem folgde Organisationsformen vor, wobei jedoch die Übergänge fließd sein können: – **a)** Der **Vereinsverband** (Dachverband) ein ZusSchluß von selbstd Vereinen zur Verfolgg gemeins Zwecke. Der Verband kann als rechtsf od nichtrechtsf Verein organisiert sein; entspr gilt für die MitglVereine. Mögl ist auch, daß VerbandsMitgl neben den MitglVereinen auch deren Mitgl sind. Dazu ist aber eine entspr Regelg in der Satzg des Verbandes u der MitglVereine erforderl (BGH **28**, 131, **105**, 306). Diese doppelte satzgsmäß Grdl ist auch nötig, wenn der Verband ggü den Mitgl der nachgeordneten Vereine Strafgewalt haben soll (§ 25 Rn 15). Aus der Vereinsautonomie der MitglVereine ergeben sich für die Einwirkg des Dachverbandes auf die Mitgl
21 Grenzen (s § 25 Rn 8, § 33 Rn 2 u Steinbeck [oben Rn 17] S 147 ff). – **b)** Beim **Gesamtverein** sind die Untergliedergen Teile der GesOrganisation. Mitgl des GesVereins sind die EinzelMitgl, nicht die Untergliedergen (BGH **89**, 153). Die Untergliedergen können rechtl unselbstd sein, aber auch die RStellg eines rechtsf od nichtrechtsf Vereins besitzen. Wie sie einzustufen sind, kann im Einzelfall zweifelhaft sein. Ein nichtrechtsf Verein setzt voraus, daß die Unterorganisation eig Aufg selbstd wahrnimmt, eine körperschaftl Verfassg besitzt, einen eig Namen führt u vom Wechsel der Mitgl unabhäng ist (BGH **90**, 331, **LM** ZPO 50 Nr 25, Bambg NJW **82**, 895). Nicht notw ist, daß die Untergliederg über eine eig Satzg verfügt; seine Verfassg kann sich aus der Satzg des GesVereins ergeben (BGH u Bambg aaO). Eig, nicht vom GesVerein eingesetzte Organe, selbstd Kassenführg u bes formalisierte MitglVersammlgen sind Merkmale, die für eine
22 Einstufg als nichtrechtsf Verein sprechen (KG OLGZ **83**, 272). – **c)** Die Rspr hat (idR in Entsch zu ZPO 50 II) folgde **Untergliederungen** als **nichtrechtsfähige Vereine** angesehen: Gau-, Bezirks- od Kreisorganisationen von Gewerksch (RG **118**, 196, BGH **LM** ZPO 50 Nr 25, Düss NJW-RR **86**, 1506); Ortsgruppe der DLRG (BGH **90**, 331); Bezirksverband des Bay Bauernverbandes (BayObLG **77**, 6); Ortsverein der SPD (LG Ffm NJW **79**, 1661); Ortsverband der CSU (Bambg NJW **82**, 895); Tennisabteilg eines Sportvereins (LG Regensbg NJW-RR **88**, 184). Dagg sind folgde Untergliedergen als rechtl unselbstd eingestuft worden: Ortsverband der CDU (LG Bonn NJW **76**, 810); Bezirksleitgen der IG-Metall (BAG **AP** ZPO 36 Nr 5); Handballabteilg eines Sportvereins (KG OLGZ **83**, 272). Das Recht des Zweigvereins, den Namen des GesVereins zu führen, ist idR beschränkt auf seine Zugehörigk zur GesOrganisation (BGH **LM** § 12 Nr 44).

I. Vereine

1. Allgemeine Vorschriften

21 *Nichtwirtschaftlicher Verein.* **Ein Verein, dessen Zweck nicht auf einen wirtschaftlichen Geschäftsbetrieb gerichtet ist, erlangt Rechtsfähigkeit durch Eintragung in das Vereinsregister des zuständigen Amtsgerichts.**

1) Erwerb der Rechtsfähigkeit. – a) Allgemeines. Die §§ 21, 22 gelten nur für inländ Vereine, für ausländ s § 23. Nichtwirtschaftl Vereine (§ 21) erlangen RFgk dch Eintragg. Sow sie die gesetzl Voraussetzgen (§§ 55 ff) erf, haben sie einen RAnspr auf Eintragg u damit auf Erwerb der RFgk (System der Normativbestimmgen, Einf 6). Für wirtschaftl Vereine (§ 22) gilt dagg das Konzessionssystem; sie können RFgk nur dch Verleihg erlangen. Grd für die unterschiedl Behandlg: In den auf nichtwirtschaftl Vereine zugeschnittenen §§ 21 ff fehlen bes Schutzvorschriften zG des RVerk u der Gläub, wie sie für wirtschaftl Vereine an sich notw sind (Mummenhoff, Gründgssysteme u RFgk, 1979, S 92 ff, K. Schmidt Verbandszweck u RFgk im VereinsR, 1984, S 92 ff); für wirtschaftl Vereine, die sich nicht in der RForm der AG, GmbH od Genossensch organisieren, ist daher eine bes staatl Prüfg erforderl (BGH **45**, 395, **85**, 84/88). 1

b) Für die Unterscheidg zw nichtwirtschaftl u wirtschaftl Verein kommt es darauf an, ob der Verein auf einen **wirtschaftlichen Geschäftsbetrieb** gerichtet ist. – **aa) Abgrenzung.** Diese wenig klare Regelg hat zu einer Vielzahl von unterschiedl Abgrenzgsvorschlägen geführt (s K. Schmidt AcP **182**, 9 u die Nachw bei Sauter-Schweyer Rn 42 Fn 2). Dchgesetzt hat sich in der Rspr zunächst eine aus obj u subj Komponenten zusgesetzte gemischte Theorie. Danach ist ein wirtschaftl Verein gegeben, wenn ein GeschBetr unterhalten w u dieser einem wirtschaftl Hauptzweck dient (RG **83**, 233, **154**, 351, BGH **15**, 315, BayObLG **73**, 303). Die jetzt hM geht dagg bei der Abgrenzg vom Schutzzweck des § 21 aus (BGH **45**, 395, **85**, 84, Rn 1): der Verein, der Leistgen am Markt anbietet u wie ein Unternehmer am Wirtsch- u RVerkehr teilnimmt, fällt nicht unter § 21 (BayObLG **78**, 87, **85**, 283, Düss Rpfleger **79**, 259); er muß sich der RFormen des Handels- od GenossenschR bedienen od bedarf einer Konzession gem § 22. Bei der Abgrenzg, wann eine unternehmerische Betätigg in diesem Sinne vorliegt, folgt die neuere Lit überwiegd einem von K. Schmidt (Rpfleger **72**, 286, 343, AcP **182**, 1) begründeten **typologischen Ansatz** (MüKo/Reuter Rn 7; Soergel-Hadding Rn 24, Reichert/Dannecker/Kühr Rn 105, krit Schad NJW **98**, 2411), dem auch die neuere Rspr folgt (BayObLG NZG **98**, 606, Oldenbg Rpfleger **76**, 11, Düss NJW **83**, 2574). **Keine** Idealvereine sind danach: **(1) Unternehmerisch tätige Vereine.** Sie bieten in einem äußeren Markt planmäß u dauerh Leistgen gg ein Entgelt an. Nicht erforderl ist die Absicht der Gewinnerzielg (K. Schmidt Verbandszweck S 105, MüKo/Reuter Rn 24, überholt RG **145**, 349). Es braucht sich auch nicht um eine kaufm Tätigk zu handeln; erfaßt werden unternehmer Betätiggen jeder Art (RGRK-Steffen Rn 4), etwa die Vermietg von FerienWo (BayObLG **85**, 283) od der Vertrieb von Time-Sharing-Anteilen (BayObLG **89**, 124). Auch wenn ideelle Güter wie Waren „vermarktet" w, wie iF der Scientology Church, ist der Verein wirtschaftl (Düss NJW **83**, 2574, VGH Mannheim NJW **96**, 3358, K. Schmidt NJW **88**, 2574, v Camphausen NJW **90**, 887, 2670, vgl auch BVerwG NJW **98**, 1166). Die Beteiligg an einem Untern and RForm od die Ausgliederg von unternehmerischer Tätigk dch Gründg einer **Tochtergesellschaft** begründet keinen wirtschaftl GeschBetr, u zwar grdsl auch dann nicht, wenn der Verein auf die TochterGesellsch einen beherrschden Einfluß ausübt (BGH **85**, 84, Schmidt NJW **83**, 543, aA Segna ZIP **97**, 1901, Schad Rpfleger **98**, 185). **(2) Vereine mit unternehmerischer Tätigkeit in einem Binnenmarkt.** Wirtschaftl betätigt sich auch ein Verein, der in einem aus seinen Mitgl bestehden inneren Markt planmäß u dauerh Leistgen gg ein Entgelt anbietet, wobei das Entgelt auch im MitglBeitrag enthalten sein kann (K. Schmidt AcP **182**, 17, MüKo/Reuter Rn 26, Reichert/Dannecker/Kühr Rn 119). Bsp sind Kreditreformvereine (MüKo/Reuter Rn 38), BuchGemeinschten, Einkaufszentralen für Beamte, GewerkschMitgl oder Erwerbslose (MüKo/Reuter Rn 38). Es muß sich aber um Leistgen handeln, die typischerw an einem äußeren Markt gg Entgelt erworben w u keinen mitgliedschaftl Charakter haben (Soergel/Hadding Rn 28, K. Schmidt Verbandszweck S 145). Das MitgliedschVerhältn muß sich fakt auf den Austausch einer Ware od Dienstleistg gg ein Entgelt beschränken. Der Tennisverein, der seinen Platz stundenweise gg Entgelt Mitgl zur Vfg stellt, bleibt ein Idealverein. Dagg ist der Lohnsteuerhilfeverein an sich ein WirtschVerein, aus StBerG 14 ergibt sich aber, daß er, falls er den Anfordergen dieser Vorschr genügt (s BGH NJW-RR **89**, 1515), wie ein Idealverein eintraggsfäh ist (Celle NJW **76**, 197). Betriebl Sozialeinrichtgen, wie Werkskantinen, Pensionskassen u Werksbüchereien, sind Idealvereine (BayObLG **73**, 303); zu begründen ist das wohl damit, daß sie nicht am Marktgeschehen teilnehmen, da sich ihr Leistgsangebot an einen geschlossenen Interessentenkreis richtet, der nicht dch den Erwerb von MitglschR erweitert werden kann (MüKo/Reuter Rn 25, and Begründg bei K. Schmidt Verbandszweck S 136). **(3) Vereine zum Zweck genossenschaftlicher Kooperation.** Um einen WirtschVerein handelt es sich auch, wenn Unternehmer einen Teil ihrer Unternehmenstätigk ausgliedern u auf einen Verein verlagern (Düss FGPrax **96**, 116, MüKo/Reuter Rn 29). Bsp sind Funktaxizentralen (BGH **45**, 395, BVerwG NJW **79**, 2261), Abrechngsstellen für Angehörige der Heilberufe (Rn 7), ärztl Laborvereine (MüKo/Reuter Rn 39), Mähdreschvereine (Rn 7), „Immobilienbörsen" (Düss NJW-RR **96**, 989). Nicht erforderl ist, daß der Verein nach außen tät wird, es genügt, daß er eine gemeinschaftl Einrichtg seiner Mitgl unterhält (Soergel-Hadding Rn 31, aA BGH **45**, 395). Ein Verein, der ohne Beteiligg an den unternehmer Aktivitäten seiner Mitgl ledigl deren übergeordnete Interessen wahrnimmt, ist aber ein nichtwirtschaftl Verein (LG Ffm NJW **96**, 2039, Eyles NJW **96**, 1994). – **bb) Nebenzweckprivileg.** Kein wirtschaftl, sond ein nichtwirtschaftl Verein liegt vor, wenn der GeschBetr im Rahmen einer ideellen Zielsetzg ledigl Nebenzweck ist (RG **154**, 351, BGH **85**, 84/93, K. Schmidt Verbandszweck S 183). Bsp sind etwa der Buchverlag eines religiösen Vereins u der RestaurationsBetr eines Sportvereins. Voraussetzg ist aber, daß der Verein seinen Zweck zu einem erhebl Teil dch nicht unternehmer Aktivitäten fördert u der GeschBetr dem Hauptzweck eindeut untergeordnet ist (s

(Randnummern: 2 bei „b) Für die Unterscheidg", 3 bei „(1) Unternehmerisch", 3 a bei „(2) Vereine mit unternehmerischer", 4 bei „(3) Vereine zum Zweck", 5 bei „bb) Nebenzweckprivileg")

Soergel-Hadding Rn 36). Das trifft trotz der Kritik in der Lit (Heckelmann AcP **179**, 1, Segna ZIP **97**, 1901) wohl auch auf die **Bundesligavereine** zu (K. Schmidt Verbandszweck S 195). Zur mögl Ausgliederg der LizenzspielerAbt als AG od KG auf Aktien s Steinbeck/Menke NJW **98**, 2169, Heermann ZIP **98**, 1249,
6 Habel/Strieder NZG **98**, 929, Wagner NZG **99**, 469. – **cc) Grundlagen und Zeitpunkt der Beurteilung.** Bei der Beurteilg entscheidet nicht nur der Wortlaut der Satzg, sond der tatsächl verfolgte Zweck. Dieser kann sich auch aus einer bereits ausgeübten od beabsichtigten Tätigk ergeben (BayObLG Rpfleger **77**, 20). Bei einem Widerspr ist der tatsächl verfolgte Zweck maßgebd (BayObLG **83**, 45). Bestehen Zweifel, tragen die Gründer die obj BewLast für die Eintraggsvoraussetzgen (BayObLG aaO). Nimmt der Verein nachträgl satzgswidr einen wirtschaftl GeschBetr auf, gilt § 43 II (§ 44 Rn 2); UnterlAnspr von Wettbewerbern bestehen nicht (BGH NJW **86**, 3201).

7 **c) Einzelfälle: Nichtwirtschaftlich:** Verein zur Förderg gewerbl Interessen iSd UWG 13 (RG **78**, 80), and aber bei Vereinen, die in Wahrh nur den Zweck haben, Abmahnkosten einzunehmen (BayObLG **83**, 45, s jetzt UWG 13 V); Haus- u Grdbesitzerverein (RG **88**, 333); kassenärztl Vereinigg (RG **83**, 231, s aber RG JW **31**, 1450); Warenhausverband (RG **95**, 93); Verein zur Förderg u Weiterentwicklg eines Kreditkartensystems (LG Ffm NJW **96**, 2039, Eyles NJW **96**, 1994); Verein zum Betr eines BetrArztzentrums (Oldbg NJW **76**, 374); Verein zum Betr einer Werkkantine mit ausschließl betriebsangehöriger Kundsch (BayObLG **73**, 303); betriebl od überbetriebl Unterstützgskassen (s BayObLG **75**, 435, LG Bonn Rpfleger **91**, 423); sonst betriebl Sozialeinrichtgen (Rn 3 a); Lohnsteuerhilfeverein (Rn 3 a); Tauschringe (Brandenstein/Corino/Petri NJW **97**, 825); Car-Sharing-Vereine (LG Brem Rpfleger **92**, 67, zweifelh s Schöner BB
8 **96**, 438). – **Wirtschaftlich:** Taxizentrale (BGH **45**, 395, BVerwG NJW **79**, 2261); Immobilienbörse (Düss NJW-RR **96**, 1500); WerbeGemsch (BayObLG Rpfleger **77**, 20, K. Schmidt Rpfleger **88**, 49, aber Frage des Einzelfalls Brem OLGZ **89**, 1); Verein, der Lehrgänge zu kostendeckden Preisen dchführen will (LG Hbg NJW-RR **86**, 417); „Sachwertorientierte Versorgungseinrichtung", die ImmobilienGesch betreiben will (Düss NJW-RR **98**, 683); der gemeins mit Sparkassen ein Lotterie-Sparen dchführen will (AG Potsdam Rpfleger **94**, 361); Garagen- u Antennenvereine in den neuen BLändern (LG Chemnitz DtZ **94**, 412, LG Mühlhausen DtZ **96**, 245); Abrechngsstelle für Angeh der Heilberufe (KG OLGZ **79**, 279, Hamm Rpfleger **81**, 66); für Physiotherapeuten (LG Bonn MDR **86**, 53); Verein, der den ärztl Notfalldienst seiner Mitgl organisiert u abwickelt (Hamm NJW-RR **97**, 1530); freie Sparkassen; Gewinnsparverein (LG Stgt NJW **52**, 1139); Verein zur Vermietg der Garagen einer WoEigtümerGemsch (BayObLG **85**, 283); zur Vergabe von Unterkünften an Feriengäste (Celle Rpfleger **92**, 66); Verein, der TzWr vertreibt, TzWrG 1 II (BayObLG **89**, 124, Mäsch DNotZ **97**, 180/187); Verein zur Gewinng von Trink- u Brauchwasser (BayObLG NJW-RR **99**, 765); Lotsenbetriebsverein (K. Schmidt Rpfleger **88**, 346, aA LG Aurich MDR **61**, 144); Mähdreschverein (LG Lübeck SchlHA **62**, 102); Verein zur finanziellen Unterstützg seiner Mitgl beim Hausbau (LG Kassel Rpfleger **86**, 228); technische Prüf- u Vertriebsstelle des Schornsteinfegerhandwerks (LG Oldbg Rpfleger **78**, 371); ErzeugerGemsch iSd MarktstrukturG jetzt idF vom 26. 9. 90, BGBl I 2135 (BayObLG **74**, 242, Schlesw Rpfleger **90**, 303, aA Deselaers Rpfleger **90**, 103); Verein zum Betr von Skiliften u Seilbahnen (Stgt OLGZ **71**, 465); Auskunftsverein (str); Inkassoverein (K. Schmidt AcP **182**, 24); Scientology-Sekte (Rn 3).

9 **2) Gründung des Vereines. – a)** Sie setzt voraus, daß für den künft Verein eine Satzg beschlossen wird (§ 25). Der eigentl Gründgsakt besteht in der Einigg der Gründer, daß die Satzg nunmehr verbindl sein u der Verein ins Leben treten soll. An der Gründg müssen sich mindestens 2 Pers beteiligen; soll der Verein RFgk erlangen, ist wg § 56 die Mitwirkg von wenigstens 7 Gründern erforderl. Der Gründgsakt ist rechtl ein Vertr (hM, s RG **153**, 270, **165**, 143, Hadding FS Fischer 1979, 166). Ist der Verein eingetragen od hat er seine Tätigk nach außen aufgenommen, können Nichtigk- u AnfGrd – ebso wie im GesellschR (s Einf 29 v § 145) – nur mit Wirkg *ex nunc* geltd gemacht w (MüKo/Reuter Rn 48 a).

10 **b)** Bereits vor der Eintragg entsteht dch die Beschlußfassg über die Satzg u die Wahl des ersten Vorstds ein körperschaftl organisierter PersVerband. Dieser sog **Vorverein** ist ein nichtrechtsf Verein (BayObLG **72**, 29). In der Zeit bis zur Feststellg der Satzg kann bei einem entspr Bindgswillen zw den GründgsMitgl als Vorstufe des Vorvereins eine BGB-Gesellsch bestehen (Wiedemann zu **AP** § 31 Nr 1), vergleichb der VorgründgsGesellsch bei JP des HandelsR (BGH **91**, 148/151). Der Vorverein kann gg die Nichteintragg RMittel einlegen (BayObLG NJW-RR **91**, 958, Jena OLGNL **94**, 42). Er u e V sind identisch. Die Rechte u Pflten des Vorvereins gehen *ipso jure* auf den e V über (RG **85**, 256, BGH **17**, 385, WM **78**, 116, str). Das gilt auch für Verbindlichk aus unerl Hdlgen (Wiedemann aaO, aA BAG **AP** § 31 Nr 1), nicht aber für Schulden der VorgründgsGbR (BGH **91**, 148/151). Bei Grdst ist eine Aufl nicht nöt (s BGH **45**, 338/348, aA Horn NJW **64**, 86). Auch bei JP des HandelsR gehen Rechte u Pflten der VorGesellsch – and als die der VorgründgsGesellsch (BGH **91**, 148, NJW **98**, 1645) – mit der Eintragg auf die JP über (BGH **80**, 129/133). Dem Übergang der Schulden steht kein Vorbelastgsverbot entgg (BGH aaO gg die fr Rspr). Für die Differenz zw den Vorbelastgen u dem Wert des Stammkapitals haften die Gründer, u zwar grdsl nur im InnenVerhältn ggü der Gesellsch (BGH **134**, 333). Diese Differenzhaftg, der vor der Eintragg eine Verlustdeckgshaftg entspricht (BGH aaO), besteht auch beim eV (MüKo/Reuter Rn 70, str). Sie stellt sicher, daß der eV nicht bereits bei seiner Gründg überschuldet ist. Für die Haftg der Mitgl des Vorvereins gilt § 54 Rn 12.

11 **3)** Dch die **Eintragung** im Vereinsregister (§§ 55 ff) wird der Verein rechtsf. Die Eintragg wirkt auch dann konstitutiv, wenn wesentl Eintraggsvoraussetzgen fehlen (RG **81**, 210, BGH NJW **83**, 993, Düss OLGZ **90**, 83). Bei wesentl Mängeln ist aber vAw das LöschgsVerf einzuleiten, FGG 142, 159 (s Vorbem 2 v § 55).

22 ***Wirtschaftlicher Verein.*** **Ein Verein, dessen Zweck auf einen wirtschaftlichen Geschäftsbetrieb gerichtet ist, erlangt in Ermangelung besonderer reichsgesetzlicher Vorschriften Rechtsfähigkeit durch staatliche Verleihung. Die Verleihung steht dem Bundesstaate zu, in dessen Gebiete der Verein seinen Sitz hat.**

1) Wirtschaftlicher Geschäftsbetrieb vgl § 21 Rn 1. Bes bundesgesetzl Vorschriften: AktG, GmbHG, GenG, ferner VAG 15 ff, 103. Sow die Vereinigg nach diesen Normativbestimmgen RFgk erlangen kann, ist für eine Verleihg kein Raum (BVerwG NJW **79**, 2265, BGH **85**, 85/89, Schmidt NJW **79**, 2239), Grds der Subsidiarität. Sie ist nur zul, wenn es für die Vereinigg wg bes Umst unzumutb ist, sich als AG, GmbH od Genossensch zu organisieren (BVerwG aaO), so etwa bei VerwertgsGesellsch nach dem UrhRWahrnehmgsG (Schulze NJW **91**, 3264), ferner dann, wenn die RForm des wirtschaftl Vereins dch bundesgesetzl Sonderregelgen (MarktstrukturG 3, BGBl **90**, 2135, BWaldG 19, BGBl **75**, 1037) ausdr zugelassen ist (BVerwG aaO). Rechtsfäh wirtschaftl Vereine sind daher prakt selten. Ein nichtwirtschaftl Verein hat keinen Anspr auf Verleihg (BVerwG NJW **79**, 2265), u zwar auch dann nicht, wenn er eine SatzgsÄnd u Errichtg eines GeschBetr beabsichtigt (BVerwG aaO). 1

2) Verfahren u Zuständigk für **Verleihung** bestimmt LandesR; zust fast überall höhere VerwBeh (s die ZusStellg bei Soergel/Hadding Rn 48). Gg Ablehng ist VerpflKl vor VerwG gegeben (BVerwG NJW **79**, 2261). Sie ist aber wg des Grds der Subsidiarität der Verleihg (Rn 1) idR wenig aussichtsreich. Für die Rückn der Verleihg gilt VwVfG 48. Für **Vorvereine** bis zur Verleihg gilt § 21 Rn 9 entsprechd. 2

23 *Ausländischer Verein.* **Einem Vereine, der seinen Sitz nicht in einem Bundesstaate hat, kann in Ermangelung besonderer reichsgesetzlicher Vorschriften Rechtsfähigkeit durch Beschluß des Bundesrats verliehen werden.**

Die Vorschr hat nur geringe prakt Bedeutg. Ausl JP, die nach ihrem HeimatR wirks entstanden sind, besitzen auch im Inland RFgk, ohne daß es dafür einer bes Anerkenng bedarf (BGH **53**, 181, nach EG 12 Rn 18). § 23 betrifft den kaum vorkommden Fall, daß ein nach dem Recht des Sitzstaates nicht rechtsfäh Verein RFgk nach dtschem R erwerben will. Zust für die Verleihg ist nach GG 129 I 1 der BMI (Dernedde DVBl **51**, 31, s auch die Entsch der BReg zum fr EG 10 BGBl **53**, 43). Ausländervereine mit dem Sitz im Inland unterfallen den §§ 21, 22; sie können unter den Voraussetzgen der §§ 14, 15 VereinsG verboten w. 1

24 *Sitz.* **Als Sitz eines Vereins gilt, wenn nicht ein anderes bestimmt ist, der Ort, an welchem die Verwaltung geführt wird.**

1) Der **Sitz** der JP entspr dem Wohns der natürl Pers. Er ist maßgebd für den GerStand (ZPO 17), die BehZustdgk (§§ 21, 22, 25) u das auf die JP anzuwendde Recht (BGH **53**, 181, s nach EG 12 Rn 2). 1

2) Der eV muß den Sitz in seiner **Satzung** festlegen (§ 57 I). Er kann ihn frei best (RG JW **18**, 305, BayObLG **30**, 104). Mögl ist daher bis zur Grenze des RMißbrauchs ein fiktiver Sitz (BayObLG NJW-RR **88**, 96 zur GmbH). RMißbr liegt vor, wenn als Sitz ein Ort best w, an dem der Verein keine Aktivitäten entfaltet u nicht einmal postal zu erreichen ist (LG Bln NJW-RR **99**, 335). Für die Anknüpfg im IPR ist der tatsächl Sitz der HauptVerw maßgebd (s nach EG 12 Rn 2, str). Als Sitz kann ein Gemeindeteil mit eig Namen gewählt w (BayObLG **76**, 21, Hamm Rpfleger **77**, 275). Eine Vorschr, wonach der jeweilige Wohns des 1. Vorsitzden Sitz ist, ist wg Unbestimmth nichtig. Unzul ist auch ein Doppelsitz (Hbg MDR **72**, 417, sehr str, s Katschinski ZIP **97**, 620). Dagg ist das vorübergehde Fehlen jeden Sitzes denkb (BGH **33**, 195/204), so etwa wenn eine ausl JP dch Enteigng ihr Vermögen im Land ihres fr Sitzes verloren hat. Der Ort der Verw (§ 24), ist nur maßgebd, wenn eine satzgsmäß Festlegg fehlt. Entscheidd ist der Schwerpunkt der Tätigk der Vereinsorgane (MüKo/Reuter Rn 1). 2

3) Die **Verlegung des Sitzes** ist unproblemat innerh des RGebietes, nach dessen R die JP RFgk erlangt hat, bei Idealvereinen also innerh der BRep, bei Vereinen gem § 22 innerh des Verleihgslandes. Sitzverlegg in ein and RGebiet hat einen Statutenwechsel u idR die Auflösg zur Folge (§ 41 Rn 5). Der eV besteht aber unter Wahrg seiner Identität fort, soweit das Recht des neuen Sitzes dies zuläßt (näher Anh zu EG 12 Rn 5). Die Sitzverlegg erfolgt dch SatzgsÄnd, bedarf beim eV also der Eintr (§ 71). Das Verf regelt VRV 6: Anmeldg (BGB 71) beim Ger des bisher Sitzes; Abgabe an das Ger des neuen Sitzes; Prüfg u Eintragg dch das Ger des neuen Sitzes. Zum fr Streit um die Zuständigk s 58. Aufl. 3

25 *Verfassung.* **Die Verfassung eines rechtsfähigen Vereins wird, soweit sie nicht auf den nachfolgenden Vorschriften beruht, durch die Vereinssatzung bestimmt.**

1) Die **Verfassung** ist die rechtl Grundordnung des Vereins u enthält die das Vereinsleben bestimmmden Grundentscheidgen. Dazu gehören die Bestimmgen über Namen, Zweck u Sitz, über Erwerb, Verlust u Inhalt der Mitgliedsch, über Aufgaben u Arbeitsweise der Vereinsorgane sowie die GrdRegeln über die BeitragsPfl (§ 58 Rn 5). Die Verfassg wird festgelegt: – **a)** Zunächst dch die **zwingenden Normen** des VereinsR. Das sind die in den §§ 26 ff enthaltenen Vorschriften, die nicht in § 40 für dispositiv erklärt w. Zwingdes Recht können aber auch ungeschriebene RGrds sein wie der Grds der Gleichbehandlg der Mitglieder (§ 35 Rn 3). – **b)** Sodann dch die vom Verein aGrd seiner Autonomie erlassene **Satzung.** – **c)** Schließl, sow die Satzg keine abw Regelgen getroffen hat, dch die ergänzd geltden **dispositiven Vorschriften** des BGB. 1

2) Satzung. – a) Sie ist die vom Verein im Rahmen des zwingenden Rechts verbindl festgelegte Verfassg. Zu unterscheiden von ihr ist die SatzgsUrk (s RG **73**, 192), die vielf Vorschr ohne Satzgscharakter, zB über die Einsetzg des ersten Vorstds, enthält. Mindestinhalt der Satzg sind Bestimmgen über Namen, Zweck u Sitz, über Erwerb u Verlust der Mitgliedsch, über die Bildg des Vorstds, über die Berufg der MitglVersammlg u über die BeitragsPfl (s für den eV §§ 57, 58). Mehr ist grdsl nicht erforderl, da die §§ 26 ff die Verfassg des Vereins im übrigen ausr regeln. Sow der Verein aGrd seiner Autonomie (Rn 7 ff) ggü seinen Mitgl weitergehde Befugn in Anspr nehmen will als die in den §§ 26 ff vorgesehenen, bedarf er hierfür aber einer 2

satzungsmäßigen Grundlage (RG **73**, 192, BGH **47**, 172/177), so etwa, wenn er die Möglichk haben will, Vereinsstrafen festzusetzen (Rn 12 ff) od Mitgl von Vereinsveranstaltgen auszuschließen (BGH WM **88**, 496). Auch alle sonst für das Vereinsleben wesentl **Grundentscheidungen** bedürfen einer satzgsmäß Festlegg (BGH **88**, 314). Das gilt für ein VereinsSchiedsGer (BGH aaO), bei einem Verein, der dch seine Beiträge umfangreiche Leistgen an die Mitgl finanziert, für die Grdzüge der BeitragsPfl (BGH **105**, 306/313), bei einem Tierzuchtverein auch für das Zuchtprogramm u die Zuchtziele (BGH MDR **84**, 120). „Statische" Verweisgen auf die übergeordnete Verbandssatzg sind – and als dynamische (BGH **128**, 93/100) – zul (BAG **27**, 164/170, BayObLG **86**, 529/534; für strenge Anfordergen an die Bestimmth der Verweisg Hamm NJW-RR **88**, 134 u Steinbeck [Einf 17 v § 21] S 167).

3 **b)** Die Satzg ist **zunächst** ein von den Vereinsgründern geschlossener **Vertrag** (BGH **47**, 172/179, BayObLG **77**, 6, str). Für ihn bestehen keine FormVorschr. Prakt ist aber die Einhaltg der Schriftform erforderl, beim Idealverein wg § 59 II Nr 1, beim WirtschVerein wg des GenVerf gem § 22. Die Satzg kann im Gründgsstadium nur dch einstimmigen Beschluß geändert w, an dem jedoch nicht alle Gründer teilzunehmen brauchen (BayObLG **72**, 29/34). Mit der Entstehg der JP löst sich die Satzg von der Person der Gründer (BGH **47**, 179) u w zu einer zumindest normartigen Regelg. Die **Vertragstheorie** hält die Satzg gleichwohl weiterhin für einen Ausfluß priv Willensbetätigg u nicht für eine RNorm (so ua BayObLG **77**, 6/9, Hadding FS Fischer, 1979, 166). Die **Normentheorie** erkennt der Satzg dagg von Anfang an den Charakter einer RNorm zu (so ua MüKo/Reuter Rn 7), die modifizierte Normentheorie bejaht den Normencharakter ab Entstehg der JP. Für die prakt RAnwendg ist dieser Theorienstreit unergieb. Einverständn besteht darü, daß die Vorschr über RGesch nicht schemat auf die Satzg angewendet w können, sond ihr normähnl Charakter berücksichtigt w muß (s Rn 4). Da für die Satzg des nichtrechtsf Vereins kein FormErfordern besteht, kann sich seine Verfassg auch ganz od teilw aus **Gewohnheitsrecht** ergeben (BGH WM **85**, 1468, Ffm ZIP **85**, 215), jedoch muß neben einer langdauernden tats Übg auch ein entspr RGeltgswillen dargetan w (Köln WM **90**, 1070).

4 **c)** Da die Satzg auch für künft Mitgl u für die RBeziehgen zu Dr maßgebd ist, darf sie nur aus sich heraus u nur einheitl **ausgelegt** w (BGH **47**, 172/180, **113**, 237/240). Die Auslegg hat sich am Zweck des Vereins u den berecht Interessen der Mitgl auszurichten. Außerhalb der Satzg liegde Umst dürfen nur berücksichtigt w, wenn deren Kenntn allg bei den Betroffenen erwartet w kann (BGH **63**, 282/290). Nicht zu berücksichtigen sind idR die subj Ziele u Interessen der Gründer u die Entstehgsgeschichte (BGH **47**, 172/180, BAG **16**, 337), wohl aber eine ständige Übg (RG JW **36**, 2387). Die Auslegg der Satzg ist revisibel (BGH **96**, 245/250). Jedes Mitgl hat Anspr auf eine Abschrift der SatzgsUrk (LG Karlsr Rpfleger **87**, 164).

5 **d)** Sind einzelne Satzgsbestimmgen **nichtig,** so bleibt die Satzg grdsl im übrigen wirks (BGH **47**, 172). § 139 gilt nicht (BGH aaO). An die Stelle der nichtigen Bestimmgen treten die dispositiven Vorschr des BGB. Fehlen solche, muß das zust Organ unverzügl die Lücke schließen; für die Übergangszeit ist erfdlf in Anlehng an die Grds über die ergänzde VertrAuslegg (§ 157 Rn 2 ff) eine provisor Regelg zu entwickeln. **Gesamtnichtigkeit** ist nur anzunehmen, wenn sich die verbleibden Satzgsbestimmgen nicht zu einer sinnvollen Ordng des Vereinslebens ergänzen lassen (s KG NJW **62**, 1917). Sie ist aber auch dann gegeben, wenn der **Vereinszweck** sitten- od **gesetzwidrig** ist. Bsp: Verein, der entgeltl Wohngsvermittlg betreiben (LG Karlsr Rpfleger **84**, 22) od rechtsberatd tät w will (Schlesw AnwBl **89**, 245); Verein, der Fdgen seiner Mitgl mit sittenw Maßnahmen dchsetzen will (LG Bonn NJW-RR **95**, 1515); Verein, dessen satzgsgem Aktivitäten gg das TierSchG verstoßen (s LG Hbg NJW-RR **91**, 892); Verein von Strafgefangenen, der sich als Insassenvertretg betätigen will (BayObLG **81**, 289, Karlsr OLGZ **83**, 397).

6 **e)** Die Satzg kann die Schaffg von weiteren, die Mitgl bindden Regelgen unterh der Satzg vorsehen, sog **Vereinsordnungen,** wie Sportordngen, Ehrenordngen, Vereinsrichtlinien (Lukes NJW **72**, 124, Lohbeck MDR **72**, 381). Die Satzg muß für den Erlaß derart Regelgen eine eindeut Grdl bieten u das dabei einzuhaltde Verf ordnen. Außerdem muß gewährleistet sein, daß alle Mitgl von den Vereinsordngen Kenntn nehmen können (Lohbeck aaO). Die Vereinsordng darf nicht gg die Satzg verstoßen u darf keine für das Vereinsleben bestimmden GrdEntscheidgen treffen (BGH **47**, 172/177, **88**, 314). Sie kann ohne Einhaltg der §§ 33, 71 geändert w. **Geschäftsordnungen** unterscheiden sich von den Vereinsordngen dadch, daß sie ledigl den GeschGang der einz Vereinsorgane regeln. Sie geben dem Mitgl unter dem Gesichtspkt der Gleichbehandlg Anspr auf Einhaltg, bieten aber keine Grdl für Maßn, die in die RStellg des Mitgl eingreifen (BGH **47**, 172/178). Bloße GeschOrdngen können sich die Vereinsorgane auch ohne ausdr satzgsgem Ermächtigg geben. Sie dürfen aber weder gg die Satzg noch gg die Vereinsordngen verstoßen.

7 **3) Vereinsautonomie. – a)** Sie ist das Recht des Vereins, sich in freier Selbstbestimmg eine eig innere Ordng zu geben. Sie ist Ausfluß der allg VertrFreiheit u genießt als Teil der VereiniggsFreiheit (GG 9) verfassgsrechtl Schutz. Ihre Schranken ergeben sich aus den zwingden Normen des VereinsR (Rn 1), den öffrechtl Vorschr des VereinsG sowie aus §§ 134 u 138 (Rn 5). War es fr das Hauptproblem, die Vereinsautonomie gg staatl Reglementierg dchzusetzen, geht es heute vor allem darum, den einzelnen vor übermäß Macht der Verbände zu sichern. Das führt zu der Frage, ob die Vereinsautonomie neben den Schranken des geschriebenen Rechts auch **Einschränkungen aus allgemeinen Rechtsgrundsätzen** unterworfen ist:

8 **b)** Die §§ 25 ff lassen dem Verein bei **Ausgestaltung seiner Organisation** weitgehd freie Hand. Sie enthalten kein Gebot, die Verfassg des Vereins demokrat auszugestalten (Celle NdsRpfl **95**, 48). Die Satzg kann die Rechte der MitglVersammlg weitgehd beschränken (s KG JW **34**, 3000), dem Vorstd eine übermächtige Stellg einräumen (KG aaO), für best Mitgl ein mehrf StimmR vorsehen (§ 35 Rn 1), die Berufg von VorstdsMitgl u SatzgsÄnd von der Zust Dr abhäng machen (§ 27 Rn 1, § 33 Rn 2). Die Grenze der Vereinsautonomie ist daber überschritten, wenn über die Angelegenh des Vereins ausschließl best Mitgl entscheiden, auf deren Auswahl u Kontrolle die übrigen keinen Einfluß haben (Celle NJW-RR **95**, 1273), wenn die Satzg einem Vereinsorgan Willkür ermöglicht (s KG NJW **62**, 1917, LG Bln MDR **74**, 134) od sie den Verein so stark unter fremden Einfluß bringt, daß er zu einer eigenen selbstd Willensbildg nicht mehr in der Lage ist sond eine unselbstd VerwStelle eines außenstehenden Dr darstellt (Köln NJW **92**, 1048, krit Schlockenhoff AcP **193**, 35); bei **religiösen** Vereinen sind Einschränkgen, die sich aus ihrer Organisation als

Teil einer ReligionsGemeinsch ergeben, zul (Einf 17 v § 21). Bes Grds gelten aber für **Verbände** mit einer wirtschaftl od sozialen Machtstellg.Sie müssen ihre Verfassg **demokratisch ausgestalten** (s Föhr NJW **75**, 617, Schmidt ZRP **77**, 259, Leßmann NJW **78**, 1545, Göhner DVBl **80**, 1033). Ihr höchstes Organ muß die Mitgl- od DelegiertenVersammlg sein. Zu den weiteren Folgergen aus dem Demokratiegebot s das angeführte Schriftt.

c) Satzgen u Vereinsordngen unterliegen gem §§ 242, 315 einer richterl **Inhaltskontrolle** (van Look WM **94**, Sonderheft, 48, str, für eine Beschränkg auf Vereine, bei denen die Funktionsvoraussetzgen der Vereinsautonomie typw gestört sind Steinbeck [Einf 17 v § 21] § 11). Sie betrifft vor allem Vereine, für die wg ihrer wirtschaftl od sozialen Machtstellg gem Rn 10 Aufnahmezwang besteht (BGH **105**, 306/316) u für Regelgen, die auch für die Beziehgen zu NichtMitgl maßgebd sind (BGH **128**, 93/101). Regelgen, die verfassgsrechtl geschützte Positionen Dr, etwa die Berufsfreih, beeinträchtigen, sind unwirks (BVerfG NJW **96**, 1203). Auch im Verhältn zu den Mitgl begrenzt § 242 die Satzgsgewalt des Vereins. Das Mitgl unterwirft sich der Vereinsgewalt im Vertrauen darauf, daß diese im Rahmen von Treu u Glauben ausgeübt w. Die Rspr überprüft daher bei Vereinsstrafen, ob sie der Billigk entspr (Rn 21 ff). Das muß für Satzgen u Vereinsordngen ebso gelten (Ffm OLGZ **81**, 391). Bestimmgen des VereinsR, die mit § 242 unvereinb sind, sind daher unwirks. Bei der gebotenen umfassden Prüfg ist auch zu berücksichtigen, ob das Mitgl ohne erhebl Beeinträchtigg seiner Interessen jederzeit aus dem Verein austreten kann od ob es zur Entfaltg seiner Persönlichk od zur Ausübg seines Berufs wesentl auf die Mitgliedsch angewiesen ist. Bei einem Verein, der Adelstraditionen pflegt, ist es wg seiner geringen sozialen Relevanz hinnehmb, daß er keine Mitgl duldet, die den Adelsnamen der Frau zum FamNamen best (Celle NJW-RR **89**, 313, BVerfG FamRZ **89**, 1047). Regelgen, nach denen **Berufssportler,** die Bürger der EU sind, nach Ablauf ihres Vertr von Vereinen in einem and MitglStaat nur beschäftigt werden dürfen, wenn diese eine TransferEntsch zahlen, sind nach EGV 48 unwirks (EuGH NJW **96**, 505, Hilf/Pache NJW **96**, 1169); ebso Regelgen nach denen Vereine bei Wettkämpfen nur eine begrenzte Zahl von Berufssportlern aus and MitglStaaten der EU einsetzen dürfen (EuGH aaO). Das Verbot von TransferEntsch gilt grdsl auch für Vereinswechsel innerh der BRep (BAG NZA **97**, 647, **90**, 392). Unwirks ist auch die Regelg im DFB-Lizenzspielerstatut, die zur Zahlg einer TransferEntsch verpflichtet, die Freigabe aber nicht von der Zahlg abhäng macht (s Oldenbg NJW-RR **99**, 422). Zul ist die Vereinbg einer Transfersumme aber wohl, soweit damit Leistgen des abgebden Vereins zur Ausbildg u Förderg des Spielers abgegolten werden (Düss NJW-RR **96**, 558, aA Oldbg aaO). 9

d) Der Verein ist wg der ihm zustehden Autonomie bei der Festlegg der Voraussetzgen für den Erwerb der Mitgliedsch grdsl frei. Auch bei Erf der satzgsmäß Voraussetzgen besteht idR keine **Aufnahmepflicht** (BGH **101**, 193/200); der Verein kann sich aber insow dch eine entspr Satzgsbestimmg od dch vertragl Abreden binden (RG **106**, 124). Vereine mit einer Monopolstellg sind gem § 826 zur Aufn verpfl, wenn die Verweigerg der Mitgliedsch eine sittenw Schädigg darstellt (BGH **LM** § 38 Nr 3, NJW **69**, 316). Prakt wichtiger ist heute GWB 27, wonach die Kartellbehörde bei mißbräuchl Ablehngen ggü Wirtsch- u Berufsverbänden AufnAnordng erlassen kann (BGH **127**, 388). GWB 27 ist ein SchutzG iSd §§ 35 GWB, 823 II BGB u begründet analog § 1004 einen verschuldensunabhäng, iW der Klage dchsetzb AufnAnspr (BGH **29**, 344). Aus ihm hat die Rspr zugl unter Rekurs auf GG 9 den allg RGrds entwickelt, daß eine AufnPfl immer dann besteht, wenn die Ablehng der Aufn zu einer – im Verhältn zu bereits aufgenommenen Mitgl – sachl nicht gerechtfertigten ungleichen Behandlg u unbill Benachteiligg des Bewerbers führt; eine Monopolstellg des Vereins ist nicht erforderl; es genügt, daß er eine erhebl wirtschaftl od soziale Machtstellg besitzt u der Bewerber ein schwerwiegdes Interesse am Erwerb der Mitgliedsch hat (BGH **93**, 151, NJW **99**, 1326). Bewerber, die die sachl berecht satzgsmäß AufnVoraussetzgen nicht erf, haben keinen AufnAnspr; das gilt bes dann, wenn die Erf der AufnVoraussetzgen mögl u zumutb ist (BGH NJW **69**, 316). Trotz satzgsmäß Hindernisse besteht AufnPfl, wenn der Bewerber ein starkes gerechtfertigtes Interesse am Erwerb der Mitgliedsch hat u der Zweck der AufnBeschränkg dch „mildere“ Satzgsbestimmgen erreichb ist (BGH **63**, 282/286). Besteht ein sachl gerechtfertigter Grd, einen bestimmten Bewerber od eine Bewerbergruppe nicht aufzunehmen, ist der AufnAnspr auch bei Vereinen mit AufnZwang ausgeschlossen (BGH **93**, 151). Wenn gg die Ablehng der Aufn vereinsinterne RBehelfe offenstehen, müssen diese vor KlErhebg ausgeschöpft w (RG **106**, 127). In dringden Fällen kann ein iW einstw Vfg dchsetzb Anspr auf eine vorläuf Mitglsch bestehen (Düss NJW-RR **98**, 328). 10

e) Einzelfälle (ja = AufnPfl; nein = keine). AnwVerein nein (BGH NJW **80**, 186). Gewerksch ggü Bewerbern, die die satzgsmäß Voraussetzgen erf, grdsl ja (BGH **93**, 151, **102**, 265, NJW **91**, 485); der AufnAntr darf aber aus SachGrden (fehlde Solidarität, fr Mitgliedsch in einer gewerkschaftsfeindl Part) abgelehnt w (BGH aaO); ihr steht insoweit ein Beurteilgsspielraum zu (BGH aaO); polit Part nein, PartG 10 (BGH **101**, 193/200); Mieterverein nein (LG Münst MDR **74**, 310). Landespressekonferenz nein, sie muß aber den berecht Interessen des Bewerbers in and Weise Rechng tragen (Stgt NJW **72**, 877), Leichtathletik-Verband ggü „Schwulen Sportverein“ nein (KG NJW-RR **93**, 183, and LG Heidelbg NJW **91**, 927). Deutscher Sportbund grdsl ja (BGH **63**, 282). Boxsportverband uU ja (BGH **LM** § 38 Nr 3). Landessportbund ggü Sportfachverband (Aikido-Bund) ja (BGH NJW-RR **86**, 583, Düss NJW-RR **87**, 503), nein ggü Universitätssportclub (BGH NJW **69**, 316); nein ggü einem Verein mit dem NamensBestandt Dynamo (BVerfG NJW-RR **89**, 636, aA Steinbeck WuW **96**, 91). Zusammenschluß der Sportvereine innerh einer Stadt (Sportkreis), ja (BGH NJW **99**, 1326). Bergwacht des DRK, angebl ja (LG Mü NJW-RR **93**, 890); Verband freier Berufe nein ggü Heilpraktikerverband (Düss VersR **86**, 116). Verband der Buch-, Zeitgs- u Zeitschriftengroßhändler nein ggü dem von einem Großverlag beherrschten Händler (BGH **LM** GWB 27 Nr 4). Wirtschaftsverband, Frage des Einzelfalls (BGH **21**, 1, **29**, 344). Gemeinnützige WoBauGenossensch nein (Köln OLGZ **66**, 132). 11

4) Vereinsstrafe. – a) Der Verein ist aGrd seiner Autonomie berecht, ggü seinen Mitgl nach Maßg der Satzg Vereinsstrafen zu verhängen (BGH **21**, 370/373, **87**, 337, stRspr, hM). Die Vereinsstrafe ist keine VertrStrafe iSd §§ 339 ff, sond ein eigenständ verbandsrechtl Institut (BGH **21**, 370/373, hM, str, aA van Look, Vereinsstrafen, 1990, S 134 ff). Sie dient nicht dem GläubInteresse, sond bezweckt die Dchsetzg u Aufrechterhaltg der Vereinsordg (RGRK-Steffen Rn 13). Als Strafen kommen in Betracht Rügen, Geld- 12 bußen, vorübergehder od teilw Entzug von MitgliedschR, Aberkenng von Ehrenämtern, ferner der Ausschluß, für den aber zT Sonderregeln gelten (s Rn 26).

13 **b) Voraussetzungen. – aa)** Die Straftatbestde u die angedrohten Strafen müssen in der **Satzung** festgelegt sein (BGH **47**, 172/177, **LM** § 39 Nr 3/4); die Strafregelg unterliegt einer InhKontrolle (van Look, Vereinsstrafen, 1990, S 179 ff). Generalklauseln wie „vereinsschädigdes Verhalten" sind zul (BGH **36**, 105/114, **47**, 381). Die im Rang unter der Satzg stehden Vereinsordngen (Rn 6) dürfen die StrafVorschr konkretisieren; sie dürfen sie aber nicht erweitern od zusätzl RNachteile vorsehen, wie etwa die Auferlegg von Kosten od die Einräumg einer Veröffentlichgsbefugn (BGH **47**, 172/178). Die Bestrafg ist nur zul, wenn das strafbewehrte Verbot zZ der Vorn der Hdlg schon bestand (RG **125**, 340, BGH **55**, 381/385). Ihr steht nicht entgg, daß die
14 gleiche Hdlg mit öff Strafe bedroht ist (BGH **21**, 370/374, **29**, 352/356). – **bb)** Die Vereinsstrafe setzt idR **Verschulden** voraus (RG **163**, 200, Ffm NJW-RR **86**, 133, aA BGH **29**, 352/359). Sow die Satzg für schuldlose Verstöße Strafe androht, w sie – abw von der bisherigen Rspr (RG JW **32**, 1010, BGH aaO) – grdsl iW richterl InhKontrolle (Rn 9) zu beanstanden sein. Eine Ausn muß allerdings für Vereiniggen von Kaufleuten u Freiberuflern gelten, insb sow es um die Zurechng des Versch von ErfGehilfen geht (BGH **29**, 352/361). Bes liegt es auch iF des Ausschlusses. Er ist bei einem wichtigen Grd auch ohne Verschulden zul, stellt aber in diesem Fall keine VereinsStrafe dar (Rn 27).

15 **c)** Vereinsstrafen dürfen nur gg **Mitglieder** verhängt w (BGH **29**, 352/359, stRspr). Ist ein NichtMitgl Mitgl eines Vereinsorgans, darf der Verein strafweise seine organschaftl Funktionen aufheben, besitzt aber im übrigen keine Strafgewalt über ihn (ähnl BGH aaO). Nach Ausscheiden des Mitgl ist eine Bestrafg unzul (RG **122**, 268, **143**, 2), mögl ist sie dagg in der Zeit zw AustrittsErkl u Ausscheiden. Der übergeordnete Verband hat ggü den Mitgl des nachgeordneten Vereins Strafgewalt, wenn diese zugleich Mitgl im übergeordneten Verband sind (s BGH **28**, 131). Entspr gilt, wenn seine Strafgewalt in den Satzgen der beiden beteiligten Vereine abgesichert ist (BayObLG **86**, 534). NichtMitgl können sich dch Vertrag der Strafgewalt des Vereins unterwerfen (BGH **128**, 93, Haas/Adolphsen NJW **96**, 2553). Unterwirft sich ein ArbN des Vereins (Lizenzfußballer) der Strafgewalt des übergeordneten Verbandes (DFB), sollen aber die Vorschr über die VertrStrafe anwendb sein (BAG NJW **80**, 470).

16 **d) Verfahren. – aa) Zuständig** für die Verhängg von Vereinsstrafen ist gem § 32 iZw die MitglVersammlg. Die Satzg kann die Strafgewalt jedoch auch and Organen übertragen (Vereinsgericht, Ehrengericht, Schlichtgskommission). Geht es um die Abberufg od den Ausschluß eines VorstdsMitgl, muß die MitglVersammlg beteiligt w, da sie über die ZusSetzg des Vorstds zu entscheiden hat (BGH **90**, 92, BayObLG NJW-RR **94**, 832). Erforderl ist eine Einzelabstimmg, ein GruppenAusschl ist unzul (BayObLG Rpfleger **88**, 416). Einleitdes u entscheiddes Organ können teilw personengleich sein (BGH NJW **67**, 1657, Mü MDR **73**, 405); sie dürfen sich desselben Sachbearbeiters zur Vorbereitg ihrer Entsch bedienen (BGH **102**, 265/271). Das BeschlOrgan darf auch Tats berücksichtigen, die das einleitde Organ nicht vorgebracht h (BGH **102**, 265). Sind die Mitgl des zust Organs zugl die Verletzten, dürfen sie an der Straffestsetzg nicht mitwirken (BGH NJW **81**, 744, Düss NJW-RR **88**, 1271, Karlsr NJW-RR **96**, 1503). Der Beschl muß die dem Mitgl gemachten Vorwürfe so **konkret** bezeichnen, daß dieser sich angem verteidigen kann (BGH NJW **90**, 40/41;
17 Karlsr NJW-RR **98**, 684). – **bb)** Der Beschuldigte hat Anspr auf **rechtliches Gehör** (BGH **29**, 355). IdR genügt es, wenn ihm Gelegenh zu einer schriftl Stellgnahme gegeben w (BGH aaO). Ein Anspr auf Zulassg eines RAnw besteht grdsl nicht (BGH **55**, 381/390); and aber, wenn der Verein selbst einen RAnw hinzuzieht (BGH aaO). Der Grds *„ne bis in idem"* gilt auch für die Vereinsstrafe (RG **51**, 89, Hamm AnwBl **73**, 110). Die Vorwürfe, auf die die Maßn gestützt w, müssen konkret bezeichnet w (BGH NJW **90**, 40).

18 **e) Gerichtliche Nachprüfung. – aa)** Alle Vereinsmaßn können zur gerichtl Nachprüfg gebracht w. Die Klage ist idR auf Feststellg der Unwirksamk zu richten. Betrifft der Mangel allein den von der zweiten Vereinsinstanz erlassenen Beschl, ist nur dessen Unwirksamk festzustellen (BGH **13**, 6/13). Die **Satzung** kann die gerichtl Nachprüfg **nicht ausschließen** (BGH **29**, 352, Düss NJW- RR **88**, 1271). Wirkt die rechtsw Vereinsstrafe gg ein NichtMitgl (Vermittlgssperre gg angest Taxifahrer), kann dieser einen quasidelikt Unterl-
19 Anspr gg den Verein h (BGH DB **80**, 1687). – **bb)** Die Anrufg der staatl Ger ist grdsl erst nach Ausschöpfg der **vereinsinternen Rechtsbehelfe** zul (BGH **47**, 172, **49**, 396). Diese haben iZw aufschiebde Wirkg (BayObLG **88**, 170). Wird die Dchführg des Verf verweigert od ungebührl verzögert (Düss NJW-RR **88**, 1271) od ist dem Mitgl, etwa wg lebenswicht Interessen, ein Zuwarten nicht zuzumuten, dürfen die staatl Ger in entspr Anwendg des § 315 III 2 sofort angerufen w (RG JW **32**, 1197). Für vorläufigen RSchutz dch einstw Vfg ist das staatl Ger auch währd der Dauer des vereinsinternen Verf zust (allgM). Versäumg vereinsinterner RMittel steht der Anrufg der staatl Ger nur dann entgg, wenn die RFolge der FrVersäumn klar aus
20 dem VereinsR erkennb war (BGH **47**, 172). – **cc)** Die Nachprüfg von Vereinsstrafen sowie sonst vereinsrechtl Streitigk können einem **Schiedsgericht** übertragen w. Dessen Zuständigk u Organisation müssen in der Satzg festgelegt w (BGH **88**, 314). Die Regelg in einer SchiedsgerichtsOrdng genügt nur dann, wenn diese zum Bestandt der Satzg erklärt u formell u materiell wie ein Teil der Satzg behandelt w (s Mü BB **77**, 865). Besteht eine satzgsmäß Grdl, ist gem ZPO 1048 eine dem ZPO 1027 I entspr Vereinbg nicht erforderl (RG **153**, 271, **165**, 143, krit K. Schmidt JZ **89**, 1082, van Look, Vereinsstrafen, 1990, S 154). Das SchiedsGer muß als eine von den übrigen Vereinsorganen unabhäng u unpart Stelle organisiert sein; das Verf vor ihm muß den Anfordergen der ZPO 1025 ff genügen (s RG **88**, 402, **90**, 308, Ffm NJW **70**, 2250). Ist das nicht der Fall, ist das Gremium trotz der Bezeichng als SchiedsGer (BGH NJW **95**, 583: Reiterl Vereinigg; Ffm NJW **70**, 2250: SPD) ein VereinsGer, gg dessen Entsch der ordentl RWeg offensteht. Unbedenkl aber eine Bestimmg, wonach die SchiedsRi VereinsMitgl sein müssen (RG **113**, 322). Für Arreste u einstw Vfgen gelten ZPO 1033, 1041.

21 **f) Umfang der Nachprüfung.** Währd die Rspr die Nachprüfg fr auf VerfFehler u offenb Unbilligk beschränkt hat (BGH **29**, 352, **36**, 105), bezieht sie seit 1983 auch die TatsFeststellgen der Vereinsorgane in die Überprüfg ein (BGH **87**, 337/344). – **aa) Formelle Voraussetzungen.** Das staatl Ger prüft, ob die Strafe eine ausr Grdl in der Satzg hat (Rn 12), ob der Betroffene der Vereinsstrafgewalt unterliegt (Rn 15), ob der Strafbeschluß auf einem ordngsmäß Verf beruht u ausr begründet ist (Rn 16). Auch der Verstoß gg

ungeschriebene VerfGrds führt zur Unwirksamk, so etwa, wenn eine MitglGruppe in einem MassenVerf ausgeschl w (Köln NJW **68**, 992). Unschädl sind dagg Verstöße, auf denen der StrafBeschl nicht beruhen kann. Das Ger prüft in diesem formellen Bereich seit jeher die Tat- u RFrage in vollem Umfang nach (s BGH NJW **80**, 443). – **bb) Tatsachenfeststellungen.** Die dem StrafBeschl zugrde liegden TatsFeststellgen hat das Ger nach der neueren Rspr des BGH im Rahmen der BewAntr der Part voll nachzuprüfen (BGH **87**, 337). Soweit es um Wertgen, etwa die Wirkg von Werbeangaben geht, kann dem Verein aber ein Beurteilgsspielraum zustehen (Düss NJW-RR **87**, 697). – **cc) Vereinbarkeit mit staatlichem Recht.** Das Ger prüft uneingeschränkt nach, ob der StrafBeschl gg die guten Sitten od gg ein Ges verstößt, etwa gg GWB 25 (BGH **36**, 105), gg BetrVG 19 II aF od 20 II nF (BGH **45**, 314, **71**, 126, **102**, 265/277). – **dd) Anwendung des Vereinsrechts, Strafbemessung.** Bei Vereinen, für die eine **Aufnahmepflicht** (Rn 10) besteht, prüft die Rspr die Subsumtion unter die vereinsrechtl Strafnorm im Ergebn voll nach, da für die gerichtl Überprüfg der Nichtaufnahme u die Verhängg einer Vereinsstrafe, insb iF der Ausschließg, keine unterschiedl Grds gelten können (s BGH **102**, 265; NJW **94**, 43). Bei and Vereinen beschränkt sich die Überprüfg der Subsumtion u der Bemessg der Strafe dagg grdsl darauf, ob die Strafe willkürl od **grob unbillig** ist (BGH **47**, 381, **75**, 158, NJW **97**, 3368). Es gehört zur richt verstandenen Vereinsautonomie, daß die Vereine u nicht die staatl Ger darüber entscheiden, ob das Verhalten eines Mitgl gg die polit Ziele einer Part, gg die Richtlinien eines Sportverbandes od die Interessen eines WirtschVerbandes verstößt (s BGH **87**, 337, **128**, 93/110, NJW **94**, 2610, Haas/Prokop JR **98**, 45). Offenb Unbilligk liegt vor, wenn das Mitgl wg einer Äußerg bestraft w, die er in Wahrnehmg berecht Interessen aufstellen durfte (BGH **47**, 381); wenn die Ausschließg allein wg des vereinsschädigden Verhaltens von Angeh erfolgt ist (BGH NJW **72**, 1892); wenn der Ausschluß ohne satzgsmäß Grdl darauf gestützt w, daß das mj Kind des Mitgl einer ZahlgsVerpfl nicht nachgekommen ist (Saarbr NJW-RR **94**, 251); wenn bei gleichem Tatbestd ein Mitgl ausgeschl w, and dagg nicht (BGH **47**, 381/385, ZIP **97**, 1591); wenn schon die Beauftragg eines RAnw in einer Vereinsangelegenh mit Strafe belegt w (Hamm AnwBl **73**, 110); wenn Ausschließg auf lange zurückliegde Tats gestützt w (RG **129**, 49). – **ee)** Das staatl Ger hat die Wirksamk od Unwirksamk des StrafBeschl festzustellen (s BGH **13**, 5/14), es kann die Vereinsmaßn dagg nicht mildern. **Gegenstand** der **Nachprüfung** ist der StrafBeschl mit dem Inh, wie er im Verf vor dem zust Vereinsorgan zustandegekommen ist. Der Verein kann insow keine neuen Grde nachschieben (BGH **45**, 314/321, **102**, 265/273, NJW **90**, 40, Düss NJW-RR **94**, 1402). Bei der Beurteilg der offenb Unbilligk ist dagg auch neuer TatsVortrag zu berücksichtigen (BGH **47**, 381/387).

Margin numbers: 22 23 24 25

g) Für den **Ausschluß** gilt grdsl das allg zur Vereinsstrafe Gesagte. – **aa)** Er ist idR die schwerste Vereinsstrafe. Auf ihn darf nur erkannt w, wenn and Maßn nicht ausreichen (s RG **169**, 334). Er kann nicht von einer Bdgg abhäng gemacht w. Ein Ausschluß ist auch die „Streichg" wg Nichtzahlg des Beitrags (Bambg NVwZ **83**, 572). Läßt die Satzg den Ausschluß zu, ist als mildere Maßn auch der zeitw Ausschluß zul (Ffm NJW **74**, 189). Mögl ist auch eine iZw eng auszulegde Regelg, die in best Fällen eine automatische Beendigg der Mitgliedsch vorsieht (LG Brschw MDR **95**, 754). Vgl im übrigen Rn 13–25. – **bb)** Unabhängig von den Voraussetzgen für einen strafweisen Ausschluß ist der Verein berecht, Mitgl aus **wichtigem Grund** auszuschließen. (BGH NJW **72**, 1892, **90**, 40, Einf 12 ff v § 241). Für den Ausschluß aus wicht Grd ist gem § 32 iZw die MitglVersammlg zust, er bedarf keiner bes satzgsmäß Grdl (Ffm NJW-RR **91**, 1276), erfordert kein Verschulden (BGH NJW **72**, 1892), der AusschlußGrd muß aber konkret bezeichnet w (BGH NJW **90**, 41) u unterliegt voll der gerichtl Nachprüfg. Für den Ausschluß von Mitgl polit Part enthalten die §§ 10, 14 PartG eine abschließde Regelg (BGH NJW **94**, 2610, Köln, NJW **98**, 3721: Scientology-Mitgesch). Sachl od verfahrensmäß Erleichtergen des Ausschlusses dch die Satzg sind unwirks (BGH **73**, 275/280, **75**, 158). An einen Ausschluß aus der Gema sind strenge Anfordergen zu stellen (Schulze NJW **91**, 3264). Der Ausschluß aus einer Gewerksch ist zuläss wg Mitgliedsch in einer gewerkschfeindl Partei (BGH NJW **91**, 485) od einer undemokratischen Vereinigg (Düss NJW-RR **94**, 1402), wg eines grob illoyalen Verhaltens (BGH NJW-RR **91**, 888), wg Streikbrecherarbeit (s BGH NJW **78**, 990), wg der Kandidatur zum BetrR auf einer gewerkschfremden Liste (BVerfG NJW **99**, 2657 gg die stRspr des BGH, zuletzt BGH **102**, 265) od der Bekämpfg des Wahlvorschlags des zust GewerkschOrgans (BGH NJW-RR **92**, 246).

Margin numbers: 26 27

h) Für **sonstige Maßnahmen** des Vereins im Verh zu seinen Mitgl gelten die Rn 13–25 sinngem. Der Verein kann die Anrufg der ordentl Ger nicht ausschließen (Celle WM **88**, 495). Regelgen, die der Verein hins der Benutzg seiner Einrichtgen trifft, unterliegen gem den zu Rn 21 ff dargestellten Grds einer Nachprüfg. Ermöglicht der Verein seinen Mitgl die Benutzg der Einrichtgen eines Dr, sind die mit dem Dr vereinbarten Nutzgsbeschränkgen für die Mitgl verbindl (s BGH NJW-RR **92**, 507, aA Hadding/van Look ZGR **96**, 326). Unterl- u WiderrKlagen wg Behauptgen, die Ggst eines vereinsinternen RBehelfsVerf sind, sind erst nach dessen Beendigg zul (str, s Düss NJW-RR **86**, 675, LG Oldenbg JZ **89**, 594). 28

26 *Vorstand; Vertretungsmacht.* I **Der Verein muß einen Vorstand haben. Der Vorstand kann aus mehreren Personen bestehen.**

II **Der Vorstand vertritt den Verein gerichtlich und außergerichtlich; er hat die Stellung eines gesetzlichen Vertreters. Der Umfang seiner Vertretungsmacht kann durch die Satzung mit Wirkung gegen Dritte beschränkt werden.**

1) Allgemeines: – a) Der **Vorstand** ist ein notw, vom Ges zwingd vorgeschriebenes Vereinsorgan (Hamm OLGZ **78**, 21). Ihm obliegt die Vertretg (II) u die GeschFührg (§ 27) des Vereins. Er nimmt als Organ des Vereins am RVerk teil (BGH WM **58**, 561; MüKo/Reuter Rn 11). Sein Handeln ist kein Handeln für den Verein, sond Handeln des Vereins. Das schließt aber eine (entspr) Anwendg der §§ 164 ff auf den Vorstd nicht aus; *arg* II 1 (aA Beuthien NJW **99**, 1142). – **b)** Die **Zusammensetzung** des Vorstd wird dch die Satzg festgelegt (§ 58 Nr 3). Er kann aus einer od mehreren Pers bestehen; enthält die Satzg insow keine Vorschr, besteht der Vorstd aus einer Pers (arg I 2). – **aa) Vorstand iSd Satzung** u iSd BGB sind nicht notw ident. Zum Vorstd iSd § 26 gehört nur, wer zur Vertretg des Vereins befugt ist (KG OLGZ **78**, 272, MüKo/Reuter Rn 8). Der Vorstd iSd Satzg umfaßt dagg vielf auch Pers, die von der Vertretg ausgeschl sind. Solche

Gestaltgen sind zul, sofern kein Zweifel darü entstehen kann, wer den Verein vertritt (s BayObLG **71**, 266). Zur Abgrenzg kann der engere Kreis als Vorstd iSd BGB (s Düss DNotZ **62**, 645) od der größere als
3 erweiterter od GesVorstd bezeichnet w. – **bb)** Unzul ist die **bedingte** Zugehörigk zum Vorstd. Eine Satzgsbestimmg, wonach der Verein dch den 1. Vorsitzden, iF seiner Verhinderg dch den 2. Vorsitzden vertreten w, ist daher nicht eintraggsfäh (BayObLG NJW-RR **92**, 802, Celle NJW **69**, 325, LG Gießen, Rpfleger **98**, 523). Sie kann aber notf dahin ausgelegt w, daß beide Einzelvertretgsbefugn besitzen, von der der 2. Vorsitzde nur bei Verhinderg des 1. Gebrauch machen darf. Derart Beschrkgen im InnenVerh sind unbedenkl (BayObLG u Celle aaO). Zul ist auch eine Bestimmg, wonach bei Wegfall eines VorstdMitgl sein Amt bis zur Neuwahl von einem and wahrgenommen w (LG Frankenthal Rpfleger **75**, 354). Dagg ist es mit dem Prinzip organschaftl Vertretg unvereinb, daß einem NichtVorstdMitgl (GeschF) die allg Befugn eingeräumt w, den Verein gemeins
4 mit einem VorstdMitgl zu vertreten (Hamm OLGZ **78**, 21, krit Kirberger Rpfleger **79**, 5 u 49). – **cc)** Welche **persönlichen Voraussetzungen** die VorstdMitgl erfüllen müssen, entscheidet die Satzg. Enthält sie keine bes Regelg u steht auch ihr Sinn u Zweck nicht entgg, können auch NichtMitgl (s Hbg HansGZ **26**, B 229), beschränkt GeschFäh (mit Zust des ges Vertreters) u jur Pers VorstdMitgl sein. Verlangt die Satzg für das Amt bestimmte Voraussetzgen, genügt iZw, wenn diese im Ztpkt des Amtsantritts vorliegen. Eine **Personalunion** zw mehreren VorstdPosten ist auch ohne eine ausdr satzgsmäß Grdl zul (Köln Rpfleger **84**, 422, Düss NJW-RR **89**, 894).

5 **2) Vertretungsmacht des Vorstandes. – a)** Sie ist grdsl unbeschränkt **(II 1),** erstreckt sich aber (trotz der Ablehng der *ultra-vires*-Lehre, Einf 11 v § 21) nicht auf Gesch, die auch für Dr erkennb ganz außerh des Vereinszweckes liegen (Larenz/Wolf § 10 Rn 75). Entspr gilt für Gesch, die in die Befugn and Organe eingreifen, wie die Verpfl zur Namens- od SatzgsÄnd (BGH JZ **53**, 475). Für den Abschluß u die Lösg von AnstellgsVertr (DienstVertr) mit VorstdMitgl ist nicht der Vorstd, sond analog § 27 I die MitglVersammlg zuständ (BGH NJW **91**, 1727). Die Vertretgsmacht ist dch die Satzg **beschränkbar** (II 2); ausgeschlossen ist aber ihre völlige Entziehg (BayObLG **69**, 33, Rn 2). Die Beschränkg kann in der Untersagg best Gesch, in der Begründg von ZustErfordern od in der Zuweisg von best Aufg an and Organe liegen. Die Bestimmg muß eindeut erkennen lassen, daß eine Beschränkg der Vertretgsmacht gewollt ist (BGH NJW **80**, 2799, NJW-RR **96**, 866) u welchen Umfang die Beschrkg haben soll (BayObLG DB **73**, 2518). Beim eV wirkt die Beschränkg nur, wenn sie dem and Teil bekannt od im Register eingetragen ist (§§ 70, 68). Ein nicht satzgsändernder Beschluß der MitglVersammlg beschränkt die Vertretgsmacht nicht, er bindet den Vorstd aber
6 gem §§ 27 III, 665 im InnenVerh. – **b)** Bei einem **mehrgliedrigen Vorstand** bestimmt die Satzg, ob den VorstdMitgl Einzel- od GesVertretgsmacht zusteht. Enthält die Satzg keine Regelg gilt nicht der Grds der GesVertretg (so AktG 78, GmbHG 35) sond das **Mehrheitsprinzip** (Soergel-Hadding Rn 16, Sauter/Schweyer Rn 231, hM). Für ein wirks Vertreterhandeln kommt es auf die in § 28 vorgesehene Beschlußfassg nicht an, wenn für den Verein ein VorstdMitgl mit EinzelVertretgsmacht, mehrere VorstdMitgl mit GesVertretgsmacht od alle VorstdMitgl auftreten (s BGH **69**, 250/252, Danckelmann NJW **73**, 735). Die interne Beschlußfassg ist aber auch dann unerhebl, wenn das MehrhPrinzip gilt; erforderl, aber auch ausr ist, daß an der Vertretg VorstdMitgl in erforderl Zahl mitwirken (Soergel-Hadding Rn 16, Sauter/Schweyer Rn 232,
7 BGH aaO läßt offen). Zur **Passivvertretung** s § 28 Rn 2. – **c)** Der Vorstd kann sowohl Dr als auch einz seiner Mitgl **Vollmacht** erteilen (BAG BB **56**, 79, KGJ **32** A 187). Die Vollm wird dch Ändergen in der ZusSetzg des Vorstd nicht berührt (KG aaO). Sie darf aber nicht auf eine Übertragg der Organstellg hinauslaufen (s BGH **64**, 72 zur GmbH). Unwirks daher eine Vollm, mit der iF der GesVertretg ein VorstdMitgl von den and allgem od für einen sachl od zeitl abgegrenzten GeschKreis zur Vertretg ermächtigt w (BGH **34**, 27, WM **78**, 1048, Mittenzwei MDR **91**, 492). Eine unwiderrufl Vollm kann der Vorstd nur für best EinzGesch erteilen, da andf § 27 II umgangen würde. Die **eidesstattliche Versicherung** (ZPO 807, 889 ff) ist vom Vorstd abzugeben. Bei einem mehrglied Vorstd müssen soviele Mitgl mitwirken, wie nach Ges od Satzg zur Vertretg des Vereins erforderl sind (Schweyer Rpfleger **70**, 406, aA LG Köln ebda, wonach die Versicherg eines VorstdMitgl genügt).

27 ***Bestellung und Geschäftsführung des Vorstandes.*** **I Die Bestellung des Vorstandes erfolgt durch Beschluß der Mitgliederversammlung.**

II Die Bestellung ist jederzeit widerruflich, unbeschadet des Anspruchs auf die vertragsmäßige Vergütung. Die Widerruflichkeit kann durch die Satzung auf den Fall beschränkt werden, daß ein wichtiger Grund für den Widerruf vorliegt; ein solcher Grund ist insbesondere grobe Pflichtverletzung oder Unfähigkeit zur ordnungsmäßigen Geschäftsführung.

III Auf die Geschäftsführung des Vorstandes finden die für den Auftrag geltenden Vorschriften der §§ 664 bis 670 entsprechende Anwendung.

1 **1)** Die **Bestellung** (I) ist ein einseit empfangsbedürft RGesch. Da sie eine auch Pflten umfassde organschaftl RStellg begründet, bedarf sie – and als die Bevollmächtigg – der Ann dch den Bestellten (BayObLG **81**, 270/277). Soweit die Satzg nichts and best, können auch NichtMitgl, beschränkt GeschFäh u jur Pers zu VorstdMitgl bestellt w (§ 26 Rn 4). I ist dispositives Recht (§ 40). Die Satzg kann vorsehen, daß der Vorstd sich dch Kooptation ergänzt od dch ein Kuratorium gewählt w (BayObLGZ **84**, 1). Mögl ist auch eine Regelg, wonach der Vorstd dch einen Dr zu bestellen od mit dem Vorstd eines and eV ident ist (BAG DB **65**, 1364, Ffm OLGZ **81**, 381, Köln NJW **92**, 1048). Die EinwirkgsR Dr dürfen aber nicht soweit gehen, daß der Verein als SonderVerw des Dr erscheint, religiöse Vereine haben jedoch insoweit eine Sonderstellg (Einf 17 v § 21). Einer zusätzl Anstellg dch Abschluß eines GeschBesorggsVertr bedarf es nur, wenn die Rechte u Pflten abweichd von dem nach III maßgebden AuftrR geregelt w sollen, insbes wenn das VorstdMitgl eine Vergütg erhalten soll. Zuständ für den Abschluß u die Lösg des Vertr ist, soweit die Satzg nichts and bestimmt, die MitglVersammlg (BGH **113**, 237/245). Wird ein ArbN des Vereins unter Abschl eines neuen DienstVertr Mitgl des Vorstd, endet iZw das ArbVerhältn (BAG NJW **96**, 614).

2) Ende des Amtes. – a) Für den **Widerruf** (II) ist vorbehaltl einer abw Satzgsbestimmg das bestellde Organ zust (BayObLG OLG **32**, 330). Der Widerruf kann nicht ausgeschlossen, aber auf den Fall eines wicht Grdes beschränkt w. Zul ist sowohl der Widerruf des ges Vorstd als auch einz Mitgl. Aus wicht Grd kann die MitglVersammlg auch dann widerrufen, wenn nach der Satzg ein and Organ od ein Dr für die Bestellg u den Widerruf zust ist. Mit dem Widerruf endet das VorstdAmt, nicht aber ow der (Dienst-)Vertr, auf dem ggf der VergütgsAnspr beruht (BAG NJW **96**, 614). Der VergütgsAnspr entfällt jedoch, wenn die Voraussetzgen für eine Künd aus wicht Grd (§ 626) vorliegen od § 627 anzuwenden ist. Der aktienrechtl Grds, daß der Widerruf bis zur rechtskräft Feststellg des Ggteils wirks ist (AktG 84 III 4), gilt im VereinsR nicht (BGH **LM** § 85 Nr 2). – **b) Weitere Endigungsgründe** für das VorstdAmt sind: Ablauf der Amtszeit (Mü WM **70**, 770), Tod, GeschUnFgk, Wegfall der persönl Eigensch, die nach der Satzg für die VorstdBestellg zwingd erforderl sind, etwa die Zugehörigk zu einem best Beruf od die VereinsMitgliedsch (§ 26 Rn 4), Ausschluß aus dem Verein, für die bei VorstdMitgl allein die MitglVersammlg zuständ ist (BGH **90**, 92, Celle OLGZ **80**, 359), Amtsniederlegg. Diese ist bei dem aGrd eines DienstVertr Tätigen nur aus wicht Grd zul; dagg kann der ehrenamtl Vorstd jederzeit niederlegen (Ffm Rpfleger **78**, 134), macht sich aber dch eine Niederlegg zur Unzeit schadensersatzpflicht. 2 3

3) Zur **Geschäftsführung** (III) gehören alle Hdlgen, die der Vorstd für den Verein vornimmt. Die Satzg kann die GeschFührg auch einem and Organ (erweiterten Vorstd) übertragen (BGH **69**, 250), jedoch kann dem Vorstd die Entscheidg über die Angelegenh der rechtsgeschäftl Vertretg nicht entzogen w (Danckelmann NJW **73**, 735, Kirberger NJW **78**, 415). Soweit die Satzg nichts and bestimmt, entspricht der Umfang der GeschFüBefugn grdsl dem Umfang der Vertretgsmacht u umgekehrt (BGH **119**, 379). Ein VorstMitgl mit Einzelvertretgsmacht handelt daher nicht ow pflichtw, wenn er einen in der Satzg nicht vorgesehenen VorstdBeschl nicht befolgt, wonach sämtl Gesch nur mit Zustimmg weiterer VorstdMitgl dchgeführt w dürfen (BGH aaO). Das in Bezug genommene AuftrR begründet Pflten zur Ausk (§ 666), Herausg (§ 667) u SchadErs wg pVV (BGH NJW **87**, 1077), die von der MitglVersammlg geltd zu machen sind (KG NZG **99**, 779, Grunewald ZIP **89**, 962). Das WeisgsR (§ 665) steht der MitglVersammlg, nicht dem Vorstd zu (BGH NJW **93**, 191). Der Vorstd hat einen AufwendgsErsAnspr (§ 670). Ein Entgelt für die geleistete Arbeit (das Opfer an Zeit u ArbKraft) steht ihm nur bei einer entspr satzgsmäß Grdl zu (BGH NJW-RR **88**, 743, Celle NdsRpfl **93**, 245). Die Entggn satzgswidr Entgelte stellt eine pVV dar (BGH aaO). Kein AufwendgsErs, sond ein Entgelt ist es auch, wenn der Verein die Kosten einer ErsKraft übernimmt (BGH aaO). Welche Pflten dem Vorstd im einz obliegen, hängt vom Zweck u der Größe des Vereins ab. Bei einem Reiterverein besteht idR die Pfl, auf den Abschluß einer HaftPflVers hinzuwirken (BGH NJW-RR **86**, 572). Etwaige Anspr gg den (fr) Vorstd auf Herausg, Unterl od ähnl stehen nicht den Mitgl, sond dem Verein zu (s BGH NJW **57**, 832, Düss MDR **83**, 488). Überträgt der Verein einem NichtVorstdMitgl best Aufg, ist gleichf AuftrR anzuwenden (BGH **89**, 153/157). Wird einem ehrenamtl Tätigen eine schadensträchtige Aufg übertragen, findet die für ArbN geltde **arbeitsrechtliche Haftungsmilderung** (§ 611 Rn 156) entspr Anwendg (BGH aaO, Saarbr VersR **95**, 832, aA Brox DB **85**, 1477), auf VorstdMitgl aber nur dann, wenn sie ausnw die Stellg einer arbeitnehmerähnl Pers haben (LG Bonn NJW-RR **95**, 1435). Besteht VersSchutz, kann der Verein verpflichtet sein, zunächst den Versicherer in Anspr zu nehmen (LG Bonn aaO). **Entlastung** des Vorstd ist Verzicht auf alle SchadErs- u etwa konkurrierde BerAnspr (BGH **24**, 47, **97**, 382), soweit diese bei sorgfält Prüfg erkennb waren (BGH NJW-RR **88**, 745). Die MitglVersammlg braucht sich bei ErsAnspr wg gesetz- oder satzgswidr Zuwendgen die Kenntnismöglichk der Rechngsprüfer nicht zurechnen zu lassen (BGH aaO). Einen Anspr auf Entlastg hat der Vorstd nur, sofern eine entspr satzgsmäß Grdl od ein Vereinsbrauch besteht (Celle NJW-RR **94**, 1545, Köln NJW-RR **97**, 483, BGH **94**, 324 zur GmbH). 4 5

28 *Beschlußfassung; Passivvertretung.*

I Besteht der Vorstand aus mehreren Personen, so erfolgt die Beschlußfassung nach den für die Beschlüsse der Mitglieder des Vereins geltenden Vorschriften der §§ 32, 34.

II Ist eine Willenserklärung dem Vereine gegenüber abzugeben, so genügt die Abgabe gegenüber einem Mitgliede des Vorstandes.

1) Die Willensbildg erfolgt bei einem mehrgliedrigen Vorstd dch **Beschlußfassung,** gleichgült, ob es sich um die Vornahme von RGesch od um Interna des Vereins handelt. Sow die Satzg nichts Abweichdes best (§ 40), gelten für die Beschlußfassg die gesetzl Vorschr über die MitglVersammlg (§§ 32 ff). Enthält die Satzg für die MitglVersammlg Bestimmgen, die die §§ 32 ff ändern od ergänzen, ist es Ausleggsfrage, ob diese auch auf den Vorstd anzuwenden sind. Mitstimmen in eig Sache (§ 34) kann auch die Satzg nicht zulassen. Haben alle VorstdMitgl zugestimmt, ist der Beschluß auf jeden Fall gült (§ 32 II). Sonst ist ordngsmäß Berufg, Mitteilg der Tagesordng, Beschlußfähigk usw erforderl (s BayObLG JFG **6**, 230, Einzelh bei § 32). Vertretg eines VorstdMitgl dch einen Dr ist nicht zul (Hamm OLGZ **78**, 26). Formfehler machen den Beschl nichtig (Schlesw NJW **60**, 1862), die Einschränkgen in § 32 Rn 9 gelten aber entspr. Haben bei einem RGesch VorstdMitgl in der für die gesetzl Vertretg erforderl Zahl mitgewirkt, ist es gleichgültig, ob dem Gesch ein ordngsmäß VorstdBeschluß zugrde liegt od nicht (§ 26 Rn 6, str). 1

2) Passivvertretung. Für die Entggnahme von WillErkl hat jedes VorstdMitgl nach II, der dch die Satzg nicht abgeändert w kann (§ 40), Einzelvertretgsmacht. Das gilt ebso, wenn es auf die Kenntn od das Kennenmüssen einer Tats ankommt: Wissen od Kennenmüssen von Organmitgliedern ist Wissen od Kennenmüssen des Vereins (BGH **41**, 282/287, NJW **88**, 1199, BAG DB **85**, 237), auch für den FrBeginn gem § 626 II (§ 626 Rn 24) od wenn die Voraussetzgen der Argl zu prüfen sind (BGH **109**, 327). Der Verein muß sich das Verhalten des VorstdMitgl auch dann anrechnen lassen, wenn dieser sein Wissen absichtl unterdrückt (BGH **20**, 149), an dem konkreten Gesch nicht beteiligt war (BGH **109**, 327, BayObLG NJW-RR **89**, 910), die Kenntn priv erlangt hat (BGH WM **55**, 832) od inzw ausgeschieden ist (BGH **109**, 327). Zul ist auch die ZusRechng des Wissens mehrerer VorstdMitgl (BGH aaO). § 28 II ist Ausdr eines allg RGedankens, der immer anzuwenden ist, wenn mehrere gemeins zur Vertretg berecht sind (§ 167 Rn 14). 2

29 *Notbestellung durch Amtsgericht.* **Soweit die erforderlichen Mitglieder des Vorstandes fehlen, sind sie in dringenden Fällen für die Zeit bis zur Behebung des Mangels auf Antrag eines Beteiligten von dem Amtsgericht zu bestellen, das für den Bezirk, in dem der Verein seinen Sitz hat, das Vereinsregister führt.**

1 **1) Allgemeines. – a)** Fassg des RPflG 1957. Zust ist das AG, das gem § 55 das Vereinsregister führt. – **b) Anwendungsbereich:** § 29 ist, sow keine SonderVorschr bestehen, auf alle JP des PrivR anwendb, so auf die GmbH (RG **138**, 101, BayObLG **55**, 290, **76**, 126), Genossensch (BGH **18**, 334), bergrechtl Gewerksch (RG **86**, 343), KGaA (RG **74**, 301), wg AktG 85 aber nicht auf die AktGes. Er gilt auch bei Fehlen eines Liquidators (BGH **18**, 334, BayObLG **76**, 126); auf nichtrechtsfäh Vereine kann er entspr angewandt w (LG Bln NJW **70**, 1047, RGRK-Steffen Rn 1, aA RG **147**, 124), nicht aber auf polit Part, da insow das PartSchiedsGer zust ist (Hamm NJW-RR **89**, 1532). Unanwendb ist die Vorschr auf JP des öffR (KG NJW **60**, 151, BayObLG NJW **62**, 2253) u auf Personengesellsch (MüKo/Reuter Rn 3). Auf die GmbH & Co KG ist § 29 dagg entspr anwendb (Saarbr OLGZ **77**, 291).

2 **2) Voraussetzungen und Verfahren. – a)** Die Notbestellg setzt voraus, daß ein nach der Satzg für eine wirks Beschlußfassg od Vertretg erforderl VorstdMitgl inf Todes, Geschunfähigk, Absetzg, Amtsniederlegg, Amtsablauf, längerer Krankheit od Abwesenh **ausfällt.** Ist die Abberufg eines VorstdMitgl nichtig, ist § 29 unanwendb (BayObLG DB **98**, 68). Dagg genügt eine auf §§ 28, 34 od 181 beruhde Verhinderg in einem Einzelfall (BayObLG **89**, 298/306), ebso die grdsl Verweigerg der GeschFü, nicht aber die Weigerg, in einer best Angelegenh tät zu w (KG JW **37**, 1730) od Differenzen zw den VorstdMitgl (Ffm NJW **66**, 504, BayObLG Rpfleger **83**, 74). Es sind so viele VorstdMitgl einzusetzen, wie an der zur Vertretg erforderl Zahl fehlen (BayObLG **89**, 298). Unanwendb ist § 29, soweit ein Liquidator für den Verein handeln kann (Hamm
3 NJW-RR **90**, 532). – **b)** Ein **dringender Fall** liegt vor, wenn ohne die Notbestellg dem Verein od einem Beteil Schaden droht. Er ist nicht gegeben, wenn das zust Organ der JP das fehlde OrganMitgl rechtzeit ersetzen kann (BayObLG DB **95**, 2364). Einsetzg eines öffr Treuhänders steht Notbestellg jedenf dann nicht entgg, wenn dessen Einsetzg angegriffen w soll (Hamm OLGZ **65**, 329). Die Möglichk, gem ZPO 57 einen ProzPfleger bestellen zu lassen, beseitigt die Dringlichk nicht, da § 29 vorgeht (BayObLG NJW-RR **99**, 1259, Celle NJW **65**, 504). Für die Einberufg einer MitglVersammlg bedarf es keiner Notbestellg, wenn ein eingetragener Vorstd vorhanden ist, da dieser analog AktG 121 II zur Einberufg befugt ist (BayObLG NJW-
4 RR **96**, 991). – **c)** Notw ist idR der Antr eines **Beteiligten.** Das ist jeder, dessen Rechte od Pflten dch die Bestellg unmittelb beeinflußt w (BayObLG **71**, 178). Antrberecht sind daher jedes VereinsMitgl, jedes VorstdMitgl, die Gläubiger des Vereins u die vom Verein Verklagten (BayObLG aaO). Die BeteiligtenEigensch muß bis zum Ende des Verf bestehen (BayObLG **93**, 348). Zweifel an der rechtl Existenz der JP sind kein
5 AblehngsGrd; and ist es aber, wenn die JP offensichtl nicht mehr besteht (Ffm JZ **52**, 565). – **d)** Für das **Verfahren** gilt das FGG. Zust ist gem RPflG § 3 I 1 a der RPfleger. Die Auswahl des NotVorstdes ist Sache des Ger (BayObLG **78**, 243). Es kann Vorschläge berücksichtigen, braucht dies aber nicht. Schreibt die Satzg eine best Qualifikation vor, muß diese, soweit mögl, auch vom NotVorstd erf w (BayObLG **98**, 179/183, NJW **81**, 995. Kann das Ger keine geeignete u zur Übernahme des Amtes bereite Pers ermitteln, lehnt es den Antr ab (Hamm NJW-RR **96**, 996). Gg die Bestellg sind der Verein, die Mitgl u die VorstdMitgl beschwerdeberecht (BayObLG NJW-RR **97**, 289).

6 **3) Wirkung der Bestellung. – a)** Sie w gem FGG 16 mit der Bekanntgabe an den Bestellten **wirksam** (BayObLG **80**, 306, BGH **6**, 232, der aber im Ergebn offen läßt, str). Zur mat-rechtl Wirksamk ist weiter die Ann dch den Bestellten erforderl (BayObLG aaO, str). Der BestellgsBeschl ist als rechtsgestaltder Akt bis zu
7 seiner Aufhebg auch dann gült, wenn seine gesetzl Voraussetzgen fehlen (BGH **24**, 47). – **b)** Die Bestellg gibt dem Bestellten die **Organstellung** des fehlden Vorstd od VorstdMitgl, bewirkt aber nicht deren Ausscheiden aus ihren Ämtern (BayObLG NJW-RR **99**, 1259, Schlesw NJW **60**, 1862). Das Ger kann die Vertretgsmacht beschränken (BayObLG NJW-RR **86**, 523), es kann ands bei einem mehrgliedr Vorstd mit GesamtVertretgsmacht auch einen NotVorstd mit Einzelvertretgsmacht bestellen (BayObLG **98**, 179/185, KG OLGZ **68**,
8 200/207). – **c)** Wenn der BestellgsBeschl die Amtsdauer nicht befristet, **endet** sie *ipso facto* mit der Behebg des Mangels (MüKo/Reuter Rn 14, hM). Das Ger kann den NotVorstd vAw od auf Antr abberufen (KG NJW **67**, 933), aber nur aus wicht Grd (Düss NJW-RR **97**, 1398). Antrberecht sind Vorstds- u VereinsMitgl
9 (BayObLG **78**, 247), nicht aber sonst Beteil (KG aaO). – **d)** Der Bestellte hat keinen **Vergütungsanspruch** gg den Staat od den AntrSt, sond gem § 612 gg den Verein (BGH WM **59**, 600, BayObLG **75**, 260). Einigen sich die Beteil nicht, hat das ProzeßGer, nicht das RegisterGer zu entscheiden (BayObLG NJW-RR **88**, 1500). Kein Vergütgs-, sond nur ein AufwendgsErsAnspr (§ 670), wenn nach den Umst eine ehrenamtl Tätigk zu erwarten war.

30 *Besondere Vertreter.* **Durch die Satzung kann bestimmt werden, daß neben dem Vorstande für gewisse Geschäfte besondere Vertreter zu bestellen sind. Die Vertretungsmacht eines solchen Vertreters erstreckt sich im Zweifel auf alle Rechtsgeschäfte, die der ihm zugewiesene Geschäftskreis gewöhnlich mit sich bringt.**

1 **1) Allgemeines. – a)** § 30 hat nach seiner Entstehgsgeschichte den **Zweck,** größeren Vereinen eine differenzierte Vertretgsorganisation zu ermöglichen. Sie sollen neben dem Organ Vorstd u dem rechtsgeschäftl Vertreter als ZwForm ein **Vereinsorgan** mit beschränkter Zustdgk („bes Vertreter") bestellen können. In der Rspr hat dagg von Anfang an nicht die vertretgsrechtl Stellg sond die organschaftl Haftg des Vereins für die unter § 30 fallden Vertreter im VorderGrd gestanden. Sie hat § 30 **weit ausgelegt,** um statt des § 831 (mit
2 seiner Entlastgsmöglichk) den § 31 anwenden zu können (s dazu krit MüKo/Reuter Rn 1). – **b) Anwendungsbereich.** Der organisationsrechtl Grds, daß bes Vertreter mit beschränkter organschaftlicher Vertretgsmacht bestellt w können, gilt nur für den Verein, die Genossensch u die GmbH (MüKo/Reuter Rn 9). Der von der Rspr aus §§ 30, 31 entwickelte Grds, daß die jur Pers für alle Vertreter mit wichtigen, eigenverant-

wortl zu erledigden Aufg ohne Entlastgsmöglichk haftet, gilt dagg für alle jur Pers, auch für die AG (Soergel/Hadding Rn 2) u jur Pers des öffR (RG **157**, 237).

2) Voraussetzungen. – a) Der bes Vertreter muß **Vertretungsmacht** besitzen. Das ist jedoch untechn zu verstehen. Rechtsgeschäftl Vertretgsmacht ist nicht erforderl (BGH VersR **62**, 664). Es genügt, daß ihm ein best örtl od sachl AufgKreis übertragen ist u er nach außen selbstd handeln kann (RG **157**, 236); WeisgsGebundenh im InnenVerh ist unschädl (BGH NJW **77**, 2259). – **b)** Die RStellg muß eine **satzungsmäßige Grundlage** haben. Dafür genügt es, daß die Satzg GeschKreise vorsieht, für die ein bes Vertreter erforderl ist (RG **117**, 64, BGH NJW **77**, 2259). Da Satzg nicht gleichbedeutd mit der SatzgsUrk ist, sond auch VereinsgewohnhR umfaßt (§ 25 Rn 6), kann auch eine auf lange Übg od betriebl Anordngen beruhde Stellg ausr sein. Entscheidd ist, daß der bes Vertreter den Verein, wenn auch begrenzt, repräsentiert (RGRK- Steffen Rn 5). – **c)** Für die **Bestellung** ist die MitglVersammlg zust, die Satzg kann aber eine Bestellg dch den Vorstd vorsehen (BayObLG Rpfleger **99**, 332). Soweit die Bestellg zu einer sachgerecht Organisation erforderl ist, haftet die jur Pers für ihren Repräsentanten auch dann gem §§ 30, 31, wenn sie ihn tats nicht zum bes Vertreter bestellt hat (§ 31 Rn 7). – **d) Beispiele:** s § 31 Rn 9.

3 (Rn 3 beginnt: „Der bes Vertreter muß …“) 4 (Rn 4: „Die RStellg muß …“) 5 (Rn 5: „Für die Bestellung …“)

3) Rechtsstellung. Die Vertretgsmacht umfaßt grdsl den ges zugewiesenen GeschBereich, dh alle gewöhnl vorkommenden Gesch (S 2). Sie kann beschränkt (§ 26 II 2 analog), aber auch ausgeschlossen w (Rn 3). Der bes Vertreter ist, soweit es sich nicht um einen bloßen Haftgsvertreter handelt, im Vereinsregister einzutragen (§ 66 Rn 3, str). Im Proz ist der bes Vertreter Zeuge, nicht Part (Barfuß NJW **77**, 1273). Die Bestellg eines bes Vertreters für alle VorstdGesch ist unzul (Hamm OLGZ **78**, 21/24). 6

31 *Haftung des Vereins für Organe.* **Der Verein ist für den Schaden verantwortlich, den der Vorstand, ein Mitglied des Vorstandes oder ein anderer verfassungsmäßig berufener Vertreter durch eine in Ausführung der ihm zustehenden Verrichtungen begangene, zum Schadensersatze verpflichtende Handlung einem Dritten zufügt.**

1) Allgemeines. – a) § 31 rechnet dem Verein das Handeln seiner verfassgsmäß berufenen Vertreter als eig Handeln zu. Er ist damit Ausdr der **Organtheorie** (BGH **98**, 148, § 26 Rn 1). – **b)** § 31 ist keine haftgsbegründde, sond eine haftgszuweisde Norm (BGH **99**, 298/302). Sie setzt voraus, daß der verfassgsmäß Vertreter eine zum **Schadensersatz verpflichtende Handlung** begangen hat, gleichgült, worauf die ErsPfl im einz beruht. § 31 ist anzuwenden bei unerl Hdlgen (§§ 823 ff), VertrVerletzgen (§§ 276, 280, 286, 325 f, s § 278 Rn 6), c. i. c., §§ 122, 307, 463 (BGH **109**, 327), schuldlosem zum SchadErs verpflichtdem Handeln (§§ 228, 231, 904), iF der Gefährdgshaftg aber nur, sow diese auf einem „Handeln“ beruht. – **c)** § 31 gilt für **alle juristischen Personen** (MüKo/Reuter Rn 7), auch für die des öffR (§ 89). Er ist auf die OHG u die KG entspr anzuwenden (RG **76**, 48, BGH NJW **52**, 538, VersR **62**, 664; Hbg ZIP **88**, 1554), ebso auf den nichtrechtsf Verein (§ 54 Rn 12), die Vor-GmbH (Stgt NJW-RR **89**, 637) u die InsMasse hins der Hdlgen des InsVerw (Bötticher ZZP **77**, 71), nicht aber auf die GbR (BGH **45**, 311, NJW **75**, 533, aA überwiegd die Lit, s Altmeppen NJW **96**, 1017 mwNw) od die WoEigtümerGemsch gem WEG (Karlsr OLGZ **85**, 145). – **d)** Die Satzg kann § 31 **nicht abbedingen** (§ 40); and soll es jedoch hins der Haftg ggü Mitgl sein (Rn 12). Zul ist ein vertragl Haftgsausschluß für Fahrlässigk (s RG **157**, 232), aber nicht für Vors, da § 276 II u nicht § 278 S 2 einschlägig ist (s BGH **13**, 198/203). Für formularmäß Haftgsbeschränkgen gelten AGBG 9, 11 Nr 7, 10 u 11 (s dort).

2) Persönlicher Anwendungsbereich. – a) Der Verein haftet nach § 31 für den **Vorstand,** die Mitgl des Vorstd u and verfassgsmäß berufene Vertreter, zu denen vor allem die bes Vertreter iSd § 30 gehören. Besteht GesVertretg, genügt das Versch eines Vertreters (RG **157**, 233, BGH **98**, 148, **LM** Nr 13). Ist Argl Haftgsvoraussetzg, ist die ZusRechng des Wissens von VorstdMitgl nicht ausgeschl (§ 166 Rn 8). Auf das Verhalten and Organe, wie der MitglVersammlg, des AufsR od eines Disziplinarausschusses ist § 31 entspr anzuwenden (Soergel/Hadding Rn 11, hM). Für die unerl Hdlg eines fr verfassgsmäß Vertreters haftet die jur Pers auch dann nicht, wenn dieser die Tat als ihr Organ vorbereitet hat (BGH **99**, 298). – **b)** Um den Anwendgsbereich des § 831 zurückzudrängen, hat die Rspr den Begriff des **verfassungsmäßig berufenen Vertreters** – ebso wie den des bes Vertreters (§ 30 Rn 1 u 3 f) – weit ausgelegt (zusammenfassd BGH **49**, 19). Es ist nicht erforderl, daß die Tätigk des Vertreters in der Satzg vorgesehen ist. Er braucht auch keine rechtsgeschäftl Vertretgsmacht zu besitzen. Es genügt, daß ihm dch die allg Betriebsregelg u Handhabg bedeuts wesensmäß Funktionen der jur Pers zur selbstd, eigenverantwortl Erf zugewiesen sind, u er die jur Pers insow repräsentiert (BGH **49**, 19, NJW **72**, 334, **98**, 1854/1856). Auch der Chefarzt einer organisator unselbstd Klinik u sein Vertreter fallen unter § 31, wenn sie im medizin Bereich weisgsfrei arbeiten (BGH **77**, 74, **101**, 215). Der personelle Anwendgsbereich der §§ 31, 30 deckt sich in etwa mit dem Begriff des leitden Angestellten iSd ArbR (MüKo/Reuter Rn 14). Weisgsgebundenh im InnenVerh ist unschädl, sofern der Vertreter nach außen selbstd auftritt (BGH NJW **77**, 2260). Auch Weisgsgebundenh ggü einer Holding beseitigt die Haftg nicht (KG DB **96**, 2381). – **c)** Die Rspr hat den Anwendgsbereich des § 31 außerdem dch die Lehre vom **Organisationsmangel** erweitert (s Hassold JuS **82**, 583). Die JP ist verpflichtet, den GesBereich ihrer Tätigk so zu organisieren, daß für alle wichtigen AufgGebiete ein verfassgsmäß Vertreter zust ist, der die wesentl Entsch selbst trifft; entspricht die Organisation diesen Anfordergen nicht, muß sich die JP so behandeln lassen als wäre der tatsächl eingesetzte VerrichtgsGeh ein verfassgsmäß Vertreter (RG **157**, 235, BGH **24**, 200/213, NJW **80**, 2810). – **d)** Die JP haftet daher nach der Rspr für alle Funktionsträger u Bedienstete ohne Entlastgsmöglichk, denen sie einen wichtigen AufgBereich übertragen hat. Hat sie dem Vertreter eine selbstd Stellg mit eig EntschBefugn eingeräumt, ist er verfassgsmäß Vertreter; ist das nicht geschehen, ist § 31 wg eines Organisationsmangels anwendb. Das Schriftt folgt dieser Rspr, weist aber mit Recht darauf hin, daß die Ausdehng des § 31 auf Vertreter ohne satzgsmäß RStellg keine direkte sond eine **entsprechende Anwendung** des § 31 ist (Soergel/Hadding Rn 18, Hassold JuS **82**, 586). Unbefriedigd ist allerdings, daß bei großen, einer EinzPers gehörden Unternehmen in vielen Fällen, in denen eine JP nach

9 § 31 haftet, die Entlastgsmöglichk des § 831 gegeben ist (s § 831 Rn 15 ff). – **e) Einzelfälle** (ja = verfassgsmäß Vertreter; ja OrgPfl = Haftg wg eines Organisationsmangels; nein = keine Haftg aus § 31, vgl auch § 89 Rn 5 f). **Altenheim:** HauswirtschLeiter ja (Ffm NJW-RR **89**, 419). **Auskunftei:** Filialleiter ja (BGH **49**, 19). **Banken** (Sparkassen): stellvertretdes Mitgl des Direktoriums der pr Staatsbank ja (RG **157**, 237); Filialleiter ja (BGH **13**, 198/203, NJW **77**, 2259, **84**, 921, Nürnbg NJW-RR **88**, 1319, stRspr). **Gewerkschaften:** örtl Streikleitg ja (BAG NJW **89**, 57); Streikposten nein (BAG DB **89**, 1087). **Idealverein:** Vorsitzder eines unselbst Bezirksverbandes ja (BGH **LM** Nr 31). **Presse** (Verlage): Leiter der RAbteilg ja (BGH **24**, 200/213); sonst Pers, die über Veröffentlichgen zu entscheiden haben, die Rechte Dr verletzen könnten, ja OrgPfl (BGH **39**, 124/130, NJW **80**, 2810, Köln NJW-RR **93**, 31, stRspr); ebso hins Anzeigen (BGH **59**, 76). Sonstige **Unternehmen:** BetrDirektor einer Kleinbahn ja (RG JW **38**, 1651); Filialleiter eines Selbstbediengsladens ja (Mü VersR **74**, 269); einer Warenhausfiliale ja (RG JW **36**, 915; Handelsvertreter mit Führgsfunktion im Außendienst, uU ja (BGH NJW **98**, 1854). **Sachbearbeiter** ja, wenn ihm wicht Angelegenh zur eigenverantwortl Erledigg übertragen worden sind (RG **162**, 166).

10 **3)** Die JP haftet nur für **„in Ausführung der zustehenden Verrichtungen"** begangene Hdlgen. – **a)** Dadurch wird die Haftg auf Hdlgen beschr, die das Organ in „amtlicher" Eigensch vorgenommen hat (BGH NJW **80**, 115). Zw seinem Aufgabenkreis u der schädigden – rechtsgeschäftl od rein tatsächl – Hdlg muß ein sachl, nicht bloß ein zufälliger zeitl u örtl Zushang bestehen (BGH **49**, 19, **98**, 148, vgl die ähnl Abgrenzg in § 278 Rn 7 ff). § 31 gilt auch dann, wenn die vom Organ im Rahmen seiner Obliegenh vorgenommene Hdlg ebso von einem Nichtorgan hätte ausgeführt w können (BGH NJW **72**, 334; Operation dch Chefarzt). Nicht erforderl ist, daß die Hdlg dch die Vertretgsmacht des Organs gedeckt war. § 31 erstreckt sich auch u gerade auf Fälle, in denen das Organ seine Vertretgsmacht überschritten hat (BGH **98**, 148, **99**, 298, NJW **80**, 115). Allerdings darf sich das Organ nicht so weit von seinem Aufgabenkreis entfernt haben, daß es für einen Außenstehden erkennb außerhalb des allg Rahmens der ihm übertragenen Aufgaben gehandelt hat (BGH aaO). Ist der Handelnde Organ mehrerer JP, entscheidet über die Zuordng seines Verhaltens nicht sein innerer Wille, sond die Sicht eines obj Beurteilers (Ffm OLGZ **85**, 112, s auch BGH
11 **LM** Nr 31). – **b) Einzelfälle:** Die JP haftet nach § 31 (ggf iVm § 89), wenn ein Bankfilialleiter unter Ausnutzg seiner Stellg betrügerische Hdlgen zum Nachteil eines Kunden vornimmt (BGH NJW **77**, 2259), auch wenn er dabei formell aGrd einer Vollm des Kunden tät w (Nürnb NJW-RR **88**, 1319); wenn der Filialleiter einen Kunden dch Täuschg zur DarlGewährg an einen and veranlaßt, um dessen Schuldsaldo bei der Bank zu verringern (BGH NJW-RR **90**, 484); wenn ein Bürgermeister unter Vorlage gefälschter Beschlüsse u Gen einen Kredit erschwindelt u für sich verbraucht (BGH NJW **80**, 115); wenn ein Gesamtvertreter als alleinvertretgsberecht Organ auftritt u dabei eine unerl Hdlg begeht (BGH **LM** Nr 13, NJW **52**, 538). Auch wenn die unerl Hdlg darin besteht, daß der Gesamtvertreter die Verbindlichk einer von ihm allein abgegebenen WillErkl vortäuscht, ist § 31 anzuwenden (BGH **98**, 148, Mü NJW-RR **91**, 672). Dagg richtet sich der Anspr aus § 179 allein gg das Organ u nicht gg die JP, da sonst jede Beschränkg der Vertretgsmacht wirkgslos wäre (RG **162**, 159, BGH NJW **80**, 115). Voraussetzg für eine Haftg der JP ist, daß das Organ bei der Überschreitg seiner Vertretgsmacht eine unerl Hdlg begeht. Mögl ist aber auch ein Anspr aus c. i. c., der jedoch nur das negative Interesse umfaßt (BGH **6**, 330, str, s § 276 Rn 92 ff). UU kommt auch eine Haftg aus Anscheins- od DuldgsVollm in Betracht (§ 173 Rn 9). Entsendet eine JP VorstdMitgl in ein Organ einer and JP, sind die dort begangenen PflVerletzgen nicht der entsendenden JP zuzurechnen (BGH **36**, 296/309, WM **84**, 1119). § 31 gilt nur für privatrechtl Handeln (RG **165**, 100); auf Hdlgen im öffrechtl Tätigkeitskreis ist § 839 iVm GG 34 anzuwenden.

12 **4)** Das **Vereinsmitglied** kann SchadErs verlangen, wenn der Verein ihm ggü eine sich aus der Satzg od dem MitgliedschVerh ergebde Pfl schuldh verletzt (BGH **90**, 92, **110**, 323), so bei Schlechtleistg des Lohnsteuerhilfevereins (Mü NJW **88**, 1030), bei einem rechtsw VereinsAusschl (BGH **90**, 92) u bei Verweigerg von satzgsmäß geschuldeten Leistgen (BGH **110**, 327), nicht aber bei einem Unfall währd einer geführten Bergwanderg, wenn der Verein einen zuverläss BergFü gestellt hat (Stgt NJW **96**, 1352). Es handelt sich um eine Haftg ähnl der pVV; da die Mitgliedsch ein sonst Recht iSd § 823 I ist, kommen aber auch §§ 823, 31 als AnsprGrdl in Frage (BGH aaO, str, s Helms SchadErsAnspr wg Verletzg der VereinsMitglsch, 1998). Satzgsmäß HaftgsAusschl für grobe Fahrlässigk sind unwirks (AG Bückebg NJW-RR **91**, 1107), für einf Fahrlässigk können sie dagg wirks sein (LG Karlsr VersR **87**, 1024).

13 **5)** Neben dem Verein haftet der **verfassungsmäßige Vertreter** aus Delikt (BGH NJW **96**, 1535), geht es um ein Unterl, insbes die Verletzg einer VerkPfl, aber nur, wenn er als zuständ OrganMitgl eine Garantenstellg innehatte (s BGH **109**, 297, **110**, 323, krit Heil/Russenschuck BB **98**, 1749). Die Voraussetzgen für eine Haftg des OrganMitgl aus c. i. c. liegen dagg idR nicht vor (§ 276 Rn 93 ff). Zur Haftg für **steuerliche** Verbindlichk s BFH NJW **98**, 3374.

32 *Mitgliederversammlung.*

I Die Angelegenheiten des Vereins werden, soweit sie nicht von dem Vorstand oder einem anderen Vereinsorgane zu besorgen sind, durch Beschlußfassung in einer Versammlung der Mitglieder geordnet. Zur Gültigkeit des Beschlusses ist erforderlich, daß der Gegenstand bei der Berufung bezeichnet wird. Bei der Beschlußfassung entscheidet die Mehrheit der erschienenen Mitglieder.

II Auch ohne Versammlung der Mitglieder ist ein Beschluß gültig, wenn alle Mitglieder ihre Zustimmung zu dem Beschlusse schriftlich erklären.

1 **1) Allgemeines.** Die MitglVersammlg ist das **oberste Organ** des Vereins. Sie hat dch Beschlußfassg die Angelegenh des Vereins zu ordnen, sow diese nicht von einem and Vereinsorgan zu besorgen sind. Zu ihren Aufg gehört vor allem die Bestellg u Kontrolle des Vorstd u der and Vereinsorgane (§ 27), SatzgsÄnd (§ 33) u die Entscheidg über die Auflösg des Vereins (§ 41). Die Satzg kann die Befugn der MitglVersammlg verstärken, aber auch einschränken (arg § 40). Ausgeschl ist dagg eine völlige Beseitigg der MitglVersammlg.

Die §§ 37, 41, die zwingdes Recht sind, gehen von der Existenz einer MitglVersammlg aus (s auch § 25 Rn 8). Mögl ist es allerdings, die MitglVersammlg dch eine **Vertreterversammlung** (s GenG 43 a) zu ersetzen (allgM). Die Satzg muß in diesem Fall klar festlegen, wie die Vertreter zu bestellen sind (Sauter/Schweyer Rn 216 ff). Bei nichtrechtsf Vereinen können Lücken aber dch VereinsgewohnheitsR geschlossen w (BGH WM **85**, 1468); iZw ist anzunehmen, daß für die Delegiertenversammlg die Vorschr gelten, die sonst für die MitglVersammlg maßgebd sind (Ffm Rpfleger **73**, 54 zu § 37). Wg der Zuständigk der MitglVersammlg zur Regelg der Vereinsangelegenh kann eine FeststellgsKl, daß ein Vereinsorgan gg die Satzg verstoße, erst erhoben w, nachdem die MitglVersammlg Beschluß gefaßt hat (BGH **49**, 396).

2) Einberufung. – a) Für sie ist, sow die Satzg (§ 58 Nr 4) nichts and best, der **Vorstand** iSd § 26 zust, 2
nicht der erweiterte Vorstd (KG OLGZ **78**, 272). Der Berufg muß ein ordngsmäß VorstdBeschl zugrde liegen (Schlesw NJW **60**, 1862). Haben bei der Einberufg VorstdMitgl in der für die gesetzl Vertretg erforderl Zahl mitgewirkt, ist es aber gleichgült, ob ihr ein ordngsmäß VorstdBeschluß zugrde liegt. § 26 Rn 6 gilt auch für die sog Innenvertretg (BayObLG **85**, 29). Beim eV ist der eingetragene Vorstd auch dann noch zust, wenn seine Amtszeit inzw abgelaufen ist (§ 70 Rn 3). Das für die Einberufg zust Organ kann die Versammlg verlegen od absagen (Hamm OLGZ **81**, 25). Pfl zur Einberufg s §§ 36, 37. – **b)** Über die **Form** der Berufg 3
soll die Satzg des eV Vorschr enthalten (§ 58 Nr 4). Sie kann zw den in Betracht kommden Mitteilgsarten (Rundschreiben, Aushang, Presseveröffentlichg) frei wählen, sofern diese den Mitgl Gelegenh zur rechtzeit Kenntnisnahme geben (Kölsch Rpfleger **85**, 137). Die Satzg muß die Art der Ladg eindeutig festlegen (Hamm OLGZ **65**, 65), kann aber alternative Einberufgsmöglichk zulassen (Stgt NJW-RR **86**, 995). Ist Bekanntmachg dch eine Tageszeitg vorgesehen, muß diese konkret bezeichnet w (LG Brem Rpfleger **92**, 304). Die Bestimmg, daß die Ladg „ortsübl" bekannt zu machen ist, genügt nicht (Zweibr Rpfleger **85**, 31). Zw Ladg u MitglVersammlg muß, auch wenn die Satzg schweigt, eine angem **Frist** liegen (Sauter/Schweyer Rn 172). Eine satzgsmäß Fr beginnt iZw erst an dem Tag, an dem die Ladg bei normalem Verlauf dem letzten Mitgl zugeht (BGH **100**, 264 zur GmbH, ähnl Ffm NJW **74**, 189, and RG **60**, 145, das beim eingeschriebenen Brief auf die Absendg abstellt). Die Versammlg braucht nicht am Sitz des Vereins stattzufinden (Ffm OLGZ **84**, 333); **Ort** u Zeit der Versammlg müssen aber zumutb sein (Ffm OLGZ **82**, 418); an Sonn- u Feiertagen ist ein fr Beginn als 11.00 unzul (BayObLG u Schlesw NJW-RR **87**, 1362). – **c)** Die **Tagesordnung** w von 4
dem für die Einberufg zust Organ festgelegt. Ihre Mitteilg in der Einladg **(I 2)** muß so genau sein, daß die Mitgl über die Notwendigk einer Teiln entscheiden u sich sachgerecht vorbereiten können (BayObLG **72**, 29, **73**, 68, Köln WM **90**, 1070). Die Angabe „SatzgsÄnd" genügt idR nicht (BayObLG Rpfleger **79**, 196, Ffm ZIP **85**, 220), es sei denn, daß sich aus den Umst eine ausr Konkretisierg ergibt (BayObLG **72**, 29). Ein Hinweis auf Auswirkgen des Beschl ist nicht erforderl (Stgt OLGZ **74**, 404). Die Ankündigg „Feststellg des Kassenvoranschlages" genügt nicht für eine Beitragsfestsetzg, „Ergänzgswahl zum Vorstd" nicht für dessen Abberufg (Köln OLGZ **84**, 401), der Tagesordngspkt „Verschiedenes" od „Antr" ermöglicht nur Diskussionen, aber keine verbindl BeschlFassg (KG OLGZ **74**, 400). Die Satzg kann vorsehen, daß DringlichkAntr nachträgl auf die Tagesordng gesetzt w dürfen; bei SatzgsÄnd ist aber auch in diesem Fall eine rechtzeit Unterrichtg notw (BGH **99**, 119). Der Mangel wird nicht dadch geheilt, daß die Mitgl vom VerhandlgsGgst inoffiziell od gerüchteweise erfahren (Ffm ZIP **85**, 221). Er ist aber unschädl, wenn alle Mitgl erscheinen u stillschw auf die Einhaltg der verletzten Vorschr verzichten (BGH NJW **73**, 235, Ffm aaO).

3) Beschlüsse. – a) Die **Leitung der Mitgliederversammlung** obliegt der in der Satzg best Pers. Nur 5
wenn sie nicht erscheint, kann die Versammlg ad hoc einen bes Leiter wählen (BayObLG **72**, 329). Schweigt die Satzg, ist der VorstdVorsitzde zust. Der Versammlgsleiter darf sich selbst an der Sachdiskussion beteiligen (KG NJW **57**, 1680). Er kann bei Bedarf die Redezeit begrenzen u Mitgl, die die Vhdlg stören, ausschließen (s BGH **44**, 245 zur AG). Seine Entscheidg, die Versammlg zu schließen, ist grdsätzl auch dann verbindl, wenn die Tagesordng noch nicht erschöpft ist (BayObLG **89**, 298, KG OLGZ **90**, 316). Er darf die Leitg auch ohne bes Grdl in der Satzg abgeben, wenn er selbst kandidiert (Köln Rpfleger **85**, 447). – **b)** Wenn die Satzg nichts 6
and best, genügt für die **Beschlußfähigkeit** die Anwesenh eines Mitgl (Soergel/Hadding Rn 29, RG **82**, 388). Verlangt die Satzg für die BeschlFassg ein best Quorum, kann für den Fall der BeschlUnfähigk vorgesehen w, daß für die neue MitglVersammlg kein od ein geringeres Quorum gilt. In diesem Fall muß die Einladg zur 2. Versammlg einen Hinw darauf enthalten, daß für sie hins der BeschlFähigk geringere Anfordergen gelten (BGH NJW **62**, 394). Die Einladg kann bei einer entspr satzgemäß Grdl bereits als Eventualeinladg mit der zur 1. Versammlg verbunden w (BGH NJW-RR **89**, 376, LG Brem Rpfleger **99**, 132) – **c)** Bei der BeschlFassg entscheidet nach dem Ges **(I 3)** die **Mehrheit der erschienenen Mitglieder** 7
(Ausn: §§ 33, 41, abw Satzgsbestimmgen). Dabei sind Mitgl, die sich der Stimme enthalten, wie nicht erschienene zu behandeln. Erforderl aber auch ausr ist die Mehrh der abgegebenen Stimmen (BGH **83**, 35, Köln NJW-RR **94**, 1547, ebso BGH **106**, 179 zu WEG 25), jedoch gehen abw Satzgsbestimmgen auch insow vor (BGH NJW **87**, 2430). Bei Wahlen ist absolute (nicht relative) Mehrh der abgegebenen Stimmen notw (BGH NJW **74**, 183, WM **75**, 1041, Keilbach DNotZ **97**, 846/864). Das gilt auch dann, wenn die Satzg für die Wahl „einfache" Mehrh vorsieht (BayObLG FGPrax **96**, 73, krit Keilbach DNotZ **98**, 597). Abweichgen bedürfen einer satzgsmäß Grdl, so die Gestattg der Stimmhäufg (BGH **106**, 67) od die Zulassg der Block- od Listenwahl (BGH NJW **74**, 183/848, **89**, 1150, 1213, Ffm Rpfleger **84**, 360). Für alle Bewerber muß **Chancengleichheit** bestehen. Sie kann dch eine parteiliche VhdlgsFührg, aber auch dch die Gestaltg der Stimmzettel verletzt w (BGH WM **85**, 1474, Ffm ZIP **85**, 225). Die Feststellg des Abstimmgsergebn hat beim Verein (and als bei der AG) keine konstitutive Bedeutg (BGH NJW **75**, 2101). Über die **Abstimmungsart** entscheidet bei Schweigen der Satzg der Versammlgsleiter, iF des Widerspr die MitglVersammlg. Ein RSatz des Inh, daß die Abstimmg auf Antr eines od mehrerer Mitgl geheim erfolgen muß, existiert nicht (s BGH NJW **70**, 46). Verlangt die Satzg Einstimmigk, hindern unwirks Stimmen od Stimmenthaltgen eine wirks Beschlußfassg (BayObLG MDR **95**, 569). – **d)** Der **Beschluß** ist kein Vertr, sond ein Akt körperschaftl 8
Willensbildg, ein Gesamtakt (Übbl 12 v § 104) Die **Stimmabgabe** ist WillErkl (BGH **14**, 264). Sie wird mit der Wahrnehmg dch den VhdlgsLeiter oder die anwesenden Mitgl wirks (BayObLG NJW-RR **96**, 524, § 130 Rn 14). Für sie gelten die allg Nichtigk- u AnfGrde. Die Stimmabgabe eines GeschUnfäh ist nichtig (§ 105). Bei Mj umfaßt die elterl Einwilligg zum Vereinsbeitritt idR auch die zur Stimmabgabe (KG OLG **15**, 324,

Hammelbeck NJW **62**, 722, Soergel-Hadding Rn 26, aA Braun NJW **62**, 92). Das StimmR ist persönl auszuüben (§ 38), bei JP dch das zust Organ (Hamm NJW-RR **90**, 532); die Satzg kann aber eine Stimmabgabe dch Bevollmächtigte gestatten (Hamm aaO). Die nichtige od wirks angefochtene Stimmabgabe ist wie eine Stimmenthaltg zu werten, berührt die Wirksamk des Beschl also nur dann, wenn sie das Ergebn beeinflußt (BGH **14**, 264 zur GmbH, Hamm OLGZ **85**, 259 u Stgt NJW-RR **86**, 243 zum WEG). StimmrechtsbindgsVertr sind grdsl zul, ihre Verletzg macht die Stimmabgabe aber nicht ungült (RG **165**, 78 zur AG). Hat ein Mitgl mehrere Stimmen, kann es diese auch uneinheitl abgeben (RG **137**, 319 zur GmbH, str).

9 **4)** Die SonderVorschr des Aktien- u GenossenschR (AktG 241 ff, GenG 51) können auf **Beschlüsse** der MitglVersammlg des Vereins weder direkt noch analog angewandt w (BGH **59**, 369, NJW **71**, 879, **75**, 2101). Das Recht, die Nichtigk eines Beschlusses geltd zu machen, kann aber nach 6 Mo verwirkt sein (Hamm NJW-RR **97**, 989). – **a)** Für das VereinsR gilt der Grds, daß der Verstoß gg zwingde Vorschr des Ges od der Satzg den Beschl der MitglVersammlg nichtig macht (BGH aaO). NichtigkGrde sind etwa: Verstoß gg die guten Sitten (RG **68**, 317) od gg ein ges Verbot; Einberufg dch ein unzust Organ (BayObLG **89**, 298/305; BGH **18**, 334, **87**, 1 zur GmbH); ohne ordngsmäß Mitteilg der Tagesordng (BayObLG Rpfleger **79**, 196) od ohne ordngsmäß VorstdBeschl (Rn 2 ff); Nichtladg eines Teils der Mitgl (BGH **59**, 369, BayObLG NJW-RR **97**, 289); Teiln von NichtMitgl (BGH **49**, 211); Versammlgsleitg dch einen NichtBerecht (KG NJW **88**,
10 3159); nicht aber unzureichde InformationsErteilg dch den Vorstd (LG Ffm NJW-RR **98**, 396). – **b)** Betrifft der Verstoß VerfVorschr, die nicht übergeordneten Interessen, sond dem **Schutz einzelner Mitglieder** dienen, tritt Nichtigk aber nur ein, wenn das in seinen Rechten verletzte Mitgl dem Beschl in angem Fr widerspricht (Sauter/Schweyer Rn 213, ähnl KG OLGZ **71**, 480, LG Brem Rpfleger **90**, 466, str); sie wird geheilt, wenn das Mitgl den Beschluß genehmigt (Ffm OLGZ **84**, 11 zur GmbH). Bsp sind die Nichtladg von einz Mitgl od die Nichteinhaltg der LadgsFr (s KG aaO, LG Gießen Rpfleger **98**, 523). Auch bei and Verstößen ist der Beschluß gült, wenn der Verein nachweist od dch Amtsermittlg im FGG-Verf festgestellt w, daß der Beschluß **nicht auf dem Verstoß beruht** (BGH **49**, 209, Beteiligg von NichtMitgl; **59**, 369/375, DB **98**, 124; BayObLG NJW-RR **97**, 289, Ladgsmängel). Zur Heilg (§ 141) ist Wiederholg der Abstimmg
11 erforderl (BGH **49**, 209). – **c) Verfahrensrechtliches.** Die Nichtigk ist dch FeststellgsKl (ZPO 256) geltd zu machen (Celle NJW-RR **94**, 1547), u zwar dch Klage gg den Verein (LG Ffm NJW-RR **98**, 396), jedoch müssen vorher die vereinsinternen RBehelfe ausgeschöpft w (KG NJW **88**, 3159, § 25 Rn 19, 28). Das Urt wirkt iF der Abweisg nur *inter partes.* Stellt es die Ungültigk des Beschl fest, muß es dagg aus prakt Grden für u gegen alle wirken (RG **85**, 313, BGH NJW-RR **92**, 1209). Hat ein Mitgl dem Beschl in Kenntn des VerfFehlers zugestimmt, ist seine Klage wg RMißbrauchs unzul (s BayObLG NJW-RR **92**, 910 zu WEG 25). Wer die Ungültigk eines ordngsmäß beurkundeten Beschl geltd macht, hat den behaupteten NichtigkGrd zu beweisen (BGH **49**, 209).

12 **5)** Anstelle der MitglVersammlg kann die **Gesamtheit der Mitglieder** tät w. Das gilt nicht nur für die schriftl Abstimmg (II), sond allg. Bei Einverständn aller Mitgl kann auf jegl Förmlichk verzichtet w.

33 *Satzungsänderung.* **[I] Zu einem Beschlusse, der eine Änderung der Satzung enthält, ist eine Mehrheit von drei Vierteilen der erschienenen Mitglieder erforderlich. Zur Änderung des Zweckes des Vereins ist die Zustimmung aller Mitglieder erforderlich; die Zustimmung der nicht erschienenen Mitglieder muß schriftlich erfolgen.**

[II] Beruht die Rechtsfähigkeit des Vereins auf Verleihung, so ist zu jeder Änderung der Satzung staatliche Genehmigung oder, falls die Verleihung durch den Bundesrat erfolgt ist, die Genehmigung des Bundesrats erforderlich.

1 **1) Satzungsänderung. – a)** Jede Änderg des Wortlauts der SatzgsUrk ist eine SatzgsÄnd (BayObLG **75**, 435/438). Auch rein redaktionelle Ändergen fallen unter den Begriff, ebso die Änderg von SatzgsVorschr, die ihrem Inh nach bloße GeschOrdngen sind u auch als einfaches VereinsR hätten erlassen w können. Auf Satzgsergänzgen ist § 33 gleichf anzuwenden, so auf die Einführg von Vereinsstrafen (BGH **47**, 172) od von EinzVertretgsmacht für die VorstdMitgl (s BGH **69**, 250). **Satzungsdurchbrechungen** sind, auch wenn sie
2 mit satzgsändernder Mehrh beschl w, unzul (s BGH **123**, 15 zur GmbH). – **b)** Die Satzgsänderg erfordert eine **Mehrheit von drei Viertel** der abgegebenen Stimmen (I 1 iVm § 32 Rn 7). § 33 ist aber **nicht zwingend** (§ 40). Die Satzg kann abw Mehrh festlegen od ein and Organ für zust erklären. Mögl ist es auch, die SatzgÄnd von der Zustimmg eines Mitgl (BayObLG **75**, 435) od der Gen eines Dr abhäng zu machen (KG OLGZ **74**, 385, Dütz FS Herschel, 1981, 72). Eine Satzgsbestimmg, wonach ein Dr für Satzgsändergen zust ist, ist dagg grdsl mit der RNatur des Vereins als einem selbstd Personenverband unvereinb (Soergel-Hadding Rn 7). Sieht eine SatzgsVorschr für einen best Beschl eine größere als die 3/4 Mehrh vor, bedarf es zu ihrer Änderg einer entspr Mehrh (RG HRR **32**, 1639, Sommermeyer SchlHAnz **67**, 319).

3 **2)** Für **Änderungen des Vereinszweckes** ist nach I 2 die Zust aller Mitgl erforderl, ebso für einen Wechsel der RForm (UmwG 275). Die Zust kann auch dch schlüss Verhalten erklärt w u in der Hinnahme einer von der Mehrh beschlossenen Änderg liegen (BGH **16**, 143, **23**, 122/128). I 2 gilt auch dann, wenn der bisherige Vereinszweck dch Änderg der tats Verhältn unmögl geworden ist (s BGH **49**, 175) u ein neuer Zweck bestimmt w soll. Vereinszweck ist der den Charakter des Vereins festlegde oberste Leitsatz der Vereinstätigk (BGH **96**, 245/251; Häuser/van Look ZIP **86**, 754 „Leitidee"; K. Schmidt BB **87**, 556: „verbandsrechtl GeschGrdl"). I 2 ist daher nur anzuwenden, wenn sich die grdsl Zweckrichtg des Vereins ändert (BGH aaO); Zweckergänzgen od -beschränkgen unter Aufrechterhaltg der bisherigen grdsl Zweckrichtg fallen unter I 1 (LG Brem Rpfleger **89**, 415), ebso bloße Ändergen der Formulierg. SatzgsVorschr, die Satzgsändergen abw von I 1 regeln, gelten für Zweckändergen nur, wenn sich dies aus ihrem Wortlaut od Sinn unzweideut ergibt (BGH **96**, 245, Köln NJW-RR **96**, 1180). Zur Auswechselg sämtl Mitgl (statt MitglVerbände EinzMitgl) ist die Zust aller bisher Mitgl erforderl (BGH WM **80**, 1064).

3) Vollzug. – a) Die Satzgsänderg bedarf beim eV der Eintragg im Vereinsregister (§ 71), bei Vereinen gem §§ 22, 23 ist nach II staatl Gen dch die zust Behörde erforderl (s § 22 Rn 1 u § 23 Rn 1). – **b)** Wird ein nach § 33 **unwirksamer Beschluß** von der Mehrh **faktisch durchgeführt** u hat die Minderh keine Möglichk, das zu verhindern, so ist das Verhalten der Mehrh als Austritt aus dem bisher Verein u Gründg eines neuen aufzufassen; die Minderh führt den alten Verein weiter u kann von der Mehrh das Vereinsvermögen herausverlangen (RG **119**, 184, BGH **49**, 175, ferner BGH **16**, 143, **23**, 122/128, BayObLG **70**, 120). Eine solche Beurteilg kommt aber nur in AusnFällen in Betracht; idR kann u muß die Dchführg des unwirks Beschlusses mit den gesetzl RBehelfen verhindert w (Hbg NJW-RR **87**, 1342). 4

34 *Ausschluß vom Stimmrecht.* **Ein Mitglied ist nicht stimmberechtigt, wenn die Beschlußfassung die Vornahme eines Rechtsgeschäfts mit ihm oder die Einleitung oder Erledigung eines Rechtsstreits zwischen ihm und dem Vereine betrifft.**

1) § 34 ist **zwingend** sowohl für die MitglVersammlg (§ 40) als auch für den Vorstd (str). Gleichgült ist, ob es sich um ein einseit RGesch (zB Entlastg, § 397 Rn 11), einen Vertr od eine geschäftsähnl Hdlg (zB Mahng) handelt. 1

2) Ähnl Vorschr enthalten AktG 136 I, GmbHG 47 IV, GenG 43 VI, WEG 25 V. Aus ihnen kann aber **nicht** der allg RGrds abgeleitet w, daß jeder **Interessenwiderstreit** zum Verlust des StimmR führt (BGH **56**, 47/53, Hbg DB **81**, 81). Unbedenkl daher das Mitstimmen bei der eig Wahl (RG **104**, 186, BGH **18**, 210 – GmbH; Hamm OLGZ **78**, 184 – WEG; Wilhelm NJW **83**, 912; aA Ulmer NJW **82**, 2288 für die Wahl zum AG-Vorstd). Ebso darf das Mitgl mitstimmen, wenn es abgewählt (RG **104**, 186, BayObLG NJW-RR **86**, 1499), aus dem Verein ausgeschl (Köln NJW **68**, 992) od mit einer Vereinsstrafe belegt werden soll. Kein Stimmrechtsausschluß auch bei RGesch mit nahen Angeh od mit Gesellsch od JP, an denen das Mitgl beteiligt ist (BGH **56**, 47, **68**, 107). Ein Stimmrechtsverbot besteht aber, wenn das Mitgl die JP beherrscht od mit ihr wirtschaftl ident ist (BGH aaO). 2

3) Verboten ist nur das Mitstimmen, **nicht** die **Teilnahme** an der beschließden Versammlg. Trotz eines Verstoßes gg § 34 bleibt der Beschluß wirks, wenn die ungült Stimme nachweisb ohne Einfluß auf das AbstimmgsErgebn war (RG **106**, 263). 3

35 *Sonderrechte.* **Sonderrechte eines Mitglieds können nicht ohne dessen Zustimmung durch Beschluß der Mitgliederversammlung beeinträchtigt werden.**

1) Sonderrechte. – a) Begriff. SonderR ist eine auf der Mitgliedsch beruhde, über die allg RStellg der Mitgl hinausreichde RPosition; sie muß notw eine satzgsmäß Grdl haben u als unentziehb Recht ausgestaltet sein (s RG **104**, 255, HRR **32**, 1287, BGH MDR **70**, 913, Gadow Gruch **66**, 523). Ob diese Voraussetzgen zutreffen, ob insb die Entziehg dch MehrhBeschl ausgeschlossen sein soll, entscheidet die Auslegg der Satzg. SonderR können OrganschR sein, so ein erhöhtes StimmR, die Mitgliedsch im Vorstd (BGH NJW **69**, 131, zur GmbH), das Recht zur Bestellg eines Vereinsorgans od ein entspr VorschlagsR (BGH NJW-RR **89**, 542), das ZustimmgsR bei Satzgsändergen (s BayObLG **75**, 435). Auch WertR können als SonderR ausgestaltet sein, so das Recht auf erhöhte Benutzg von Vereinseinrichtgen, auf Freistellg von MitglBeiträgen, auf Teile des Vereinsvermögens bei Auflösg des Vereins (RG **136**, 190). – **b) Keine** SonderR sind: – **aa)** Die dem Mitgl aus Vertr od einem sonst von der Mitgliedsch unabhäng RGrd gg den Verein zustehden **Gläubigerrechte** (RG Recht **25**, 1960). Diesen stehen gleich die aus der Mitgliedsch erwachsenen, von der weiteren Vereinszugehörigk aber unabhäng WertR, wie der Anspr auf Ausschüttg des festgestellten Gewinns od auf VersSchutz gg den VersVerein auf Ggseitigk (Soergel-Hadding Rn 5). – **bb)** Die **Mitgliedschaft** u die Befugn, die Ausfluß der allg Mitgliedsch sind, wie zB das satzgsmäß Recht, geheime Abstimmg verlangen zu können (BGH **84**, 209/218). Die allen Mitgl zustehden Rechte sind auch dann keine SonderR, wenn sie unentziehb sind (KG NJW **62**, 1917, hM). Das gilt vor allem für das **Recht auf gleichmäßige Behandlung** (BGH NJW **54**, 953, KG aaO), das jede sachwidr Schlechterstellg einz Mitgl ggü and verbietet (BGH **47**, 381/386, NJW **60**, 2142). Unzul sind Beitragsregelgen, die einz Mitgl willkürl benachteiligen (BGH **LM** § 39 Nr 2), ebso der sachl nicht gerechtf Entzug des StimmR dch SatzgsÄnderg (KG NJW **62**, 1917). Soweit wicht Grde vorliegen, kann der Verein aber die RStellg der Mitgl unterschiedl ausgestalten (BGH **55**, 381/385). Er darf dabei mit satzgsändernder Mehrh auch in die Rechte von vorher eingetretenen Mitgl eingreifen (BGH aaO). – **c) Anwendungsbereich.** § 35 gilt auch für die GmbH (BGH NJW-RR **89**, 542), nicht dagg für die AG u die Genossensch (MüKo/Reuter Rn 2).
1
2
3
4

2) Verboten ist jede **Beeinträchtigung** des SonderR. Eine unmittelb Einwirkg auf das Recht ist nicht erforderl. Es genügt jedes Verhalten, das zwangsläuf zu einer Beeinträchtigg führt (RG Warn **18**, 133). Der beeinträchtigde Beschluß ist wirks, wenn der Berecht **zustimmt.** Die Zustimmg kann auch dch schlüssiges Verhalten u außerh der MitglVersammlg erklärt w. Bei schuldh Verletzg des SonderR besteht ein SchadErsAnspr; § 278 ist anwendb (RG JW **30**, 3473, **38**, 1329). Bei RStreitigk über die Verletzg von SonderR kann das Ger alle Tat- u RFragen voll nachprüfen (BGH **LM** Nr 2). 5

36 *Berufung der Mitgliederversammlung.* **Die Mitgliederversammlung ist in den durch die Satzung bestimmten Fällen sowie dann zu berufen, wenn das Interesse des Vereins es erfordert.**

§ 36 ist zwingdes Recht (§ 40). Soweit seine Voraussetzgen vorliegen, ist der Vorstd (od das sonst zuständ Organ) verpflichtet, die MitglVersammlg einzuberufen. Eine Verletzg der Pfl begründet einen SchadErsAnspr. Die Verpfl besteht aber nur ggü dem Verein. Die einz Mitgl können daher die Einberufg nicht im ProzWege, 1 sond nur unter den Voraussetzgen des § 37 II im FGGVerf dchsetzen (MüKo/Reuter Rn 3, RGRK-Steffen Rn 3, ganz hM, aA RG **79**, 411).

37 ***Berufung auf Verlangen einer Minderheit.*** **I Die Mitgliederversammlung ist zu berufen, wenn der durch die Satzung bestimmte Teil oder in Ermangelung einer Bestimmung der zehnte Teil der Mitglieder die Berufung schriftlich unter Angabe des Zweckes und der Gründe verlangt.**

II Wird dem Verlangen nicht entsprochen, so kann das Amtsgericht die Mitglieder, die das Verlangen gestellt haben, zur Berufung der Versammlung ermächtigen; es kann Anordnungen über die Führung des Vorsitzes in der Versammlung treffen. Zuständig ist das Amtsgericht, das für den Bezirk, in dem der Verein seinen Sitz hat, das Vereinsregister führt. Auf die Ermächtigung muß bei der Berufung der Versammlung Bezug genommen werden.

1 **1) Allgemeines. – a)** Fassg des RPflG 30, § 37 ist zwingd, dispositiv ist ledigl das in § 37 I festgelegte Quorum. Da es sich um ein **Minderheitenrecht** handelt, darf die Satzg die erforderl MitglZahl aber nicht auf die Hälfte od mehr festsetzen (KG NJW **62**, 1917). Auch einer mögl künft Verringerg der MitglZahl muß Rechng getragen w (Stgt NJW-RR **86**, 995). Vorschr, die das AntrR an eine best absolute MitglZahl
2 knüpfen, sind daher idR bedenkl. – **b)** § 37 ist ein allg Grds des VereinsR. Er ist entspr anwendb, wenn die Satzg anstelle der MitglVersammlg eine **Vertreterversammlung** als oberstes Organ vorsieht (KG JW **30**, 1224, Ffm OLGZ **73**, 137) od wenn die Minderh verlangt, einen best Pkt auf die Tagesordng zu setzen (s Hamm MDR **73**, 929). § 37 ist auch auf den nichtrechtsf Verein anzuwenden. Das gilt nicht nur für I, sond auch für II (LG Heidelberg NJW **75**, 1661, MüKo/Reuter Rn 8, hM, aA KG JW **35**, 3636). Zuständ ist das AmtsG, in dessen Bezirk der nichtrechtsf Verein seinen Sitz hat.

3 **2) Voraussetzung und Durchsetzung der Einberufung. – a) Voraussetzung** für die Einberufg ist ein Verlangen dch die erforderl MitglZahl sowie ein schriftl Antrag **(I)**. Der Vorstd hat kein Recht, die Notwendigk der MitglVersammlg sachl zu prüfen. Er darf die Einberufg aber bei offensichtl Mißbrauch ablehnen (RGRK- Steffen Rn 2), so wenn bereits zurückgewiesene Anträge od Angelegenh behandelt w sollen, die
4 eindeutig außerh des Vereinszweckes liegen. – **b)** Der Anspr auf Einberufg kann nicht iW der Klage, sond nur im FGG-Verf gem **II durchgesetzt** w (§ 36 Rn 1). AntrGegner ist der Verein, nicht der Vorstd (BayObLG **86**, 289). Voraussetzg ist, daß schon der Antrag an den Vorstd von der erforderl MitglZahl gestellt worden ist (Ffm OLGZ **73**, 137). Das Ger hat nicht die Notwendigk der Versammlg zu prüfen, sond darf nur bei offensichtl Mißbrauch (KG JW **35**, 3636) od Fehlen eines schutzwürd Interesses (BayObLG JW **33**, 1470) ablehnen. Das Ger hat den Vorstd, soweit mögl, zu hören (FGG 160 S 1). Die Ermächtigg erfolgt dch Beschluß des RPflegers. Er bedarf der Zustellg an die AntrSt od deren Bevollmächtigten (BayObLG **78**, 205, Celle NdsRpfl **92**, 287), wird aber nur wirks, wenn die AntrSt VereinsMitgl sind (BayObLG **86**, 459). Gg den Beschluß ist die befristete Erinnerg zul (RPflG 11 I iVm FGG 160), die ggf zur sofort Beschw w (RPflG 11 II). Das RMittel hat keine aufschiebende Wirkg (FGG 24) u hindert daher die Einberufg u Durchführg der Versammlg nicht; mögl ist aber eine einstw Anordng nach FGG 24 III (BayObLG **71**, 84). Ist die Ermächtigg inf Dchführg der Versammlg verbraucht, kann mangels einer Beschwer kein RMittel mehr eingelegt w (BayObLG **78**, 205, **90**, 120). Eine befristet erteilte Ermächtigg erlischt, wenn die AntrSt bis FrEnde von ihr keinen Gebrauch gemacht haben (BayObLG **71**, 84). Die Kosten der Versammlg hat der Verein der Minderh gem § 670 zu ersetzen (Wagner ZZP **105**, 306).

38 ***Mitgliedschaft.*** **Die Mitgliedschaft ist nicht übertragbar und nicht vererblich. Die Ausübung der Mitgliedschaftsrechte kann nicht einem anderen überlassen werden.**

1 **1) Mitgliedschaft. – a)** Sie ist die Gesamth der RBeziehg zw Mitgl u Verein u umfaßt alle Rechte u Pflten des Mitgl als solchen. Sie beruht auf der organisator Eingliederg in den Verein u ist als ein personenrechtl RVerhältn zugl ein sonst Recht iSd § 823 I (BGH **110**, 323/327, MüKo/Reuter Rn 10, str, s § 31 Rn 12). Sie begründet ein je nach dem Vereinszweck mehr od weniger enges ggs TreueVerhältn (Lutter AcP **180**, 84, 110). Die **Rechte** des Mitgl lassen sich in OrganschR (StimmR, aktives u passives WahlR) u WertR (Recht auf Benutzg der Vereinseinrichtgen) unterscheiden. Mit der Mitgliedsch ist kein Anteil am Vereinsvermögen verbunden, sie umfaßt aber ein AuskR (Lepke NJW **66**, 2099, Grunewald ZIP **89**, 963, LG Mainz WM **89**, 537) u, soweit ein berecht Interesse dargetan w, ein Recht auf Einsicht in die Bücher u Urk des Vereins (Sauter/Schweyer Rn 336). Die MitgliedschR können, sow sie keine SonderR (§ 35) sind, unter Beachtg des GleichbehandlgsGrds (§ 35 Rn 3) dch Satzgsänderg umgestaltet w. Die **Pflichten** des Mitgl lassen sich gleichf in OrganschPfl u vermögensmäß Pflten (BeitragsPfl, § 58 Rn 5) einteilen. Verletzt das Mitgl seine ihm dem Verein ggü obliegde Pfl, haftet er entspr den Grds über die pVV auf **Schadensersatz** (BGH **LM** GG 9 Nr 6). Das gilt ebso umgekehrt, wenn der Verein seine Pflten ggü dem Mitgl verletzt (§ 31 Rn 12). Dch die Benutzg von Vereinseinrichtgen entstehde Schäden braucht das Mitgl nur zu ersetzen, wenn
2 dies in der Benutzgsordng festgelegt ist (KG MDR **85**, 230). – **b)** Nach der Regelg des BGB haben alle Mitgl die gleichen Rechte u Pflten (RG **73**, 191). Die Satzg kann aber **verschiedene Arten** von Mitgl mit unterschiedl RStellg (ordentl, außerordentl, aktive, passive, fördernde, EhrenMitgl) vorsehen, muß aber deren Rechte u Pflten eindeut festlegen. Das Recht auf Teiln an der MitglVersammlg u zur Mitwirkg bei der AntrStellg gem § 37 ist für alle Mitgl unabdingb (LG Brem Rpfleger **90**, 262; BAG NJW **96**, 143/151). Vgl aber zu religiösen Vereinen Einf 17 v § 21. IZw ist der Auslegg der Vorzug zu geben, die zu größtmögl
3 Gleichh zw den unterschiedl MitglKategorien führt. – **c)** Die Mitgliedsch einschließl der SonderR (§ 35) ist als höchstpersönl RStellg **unübertragbar,** unvererbl u unpfändb. Die Satzg kann Abweichdes best, § 40; sie kann aber nicht anordnen, daß die Mitgliedsch automat auf einen außenstehden Dr übergeht (BGH **LM** Nr 9). GläubR u die aus der Mitgliedsch erwachsenen, von der weiteren Vereinszugehörigk unabhäng WertR

(§ 35 Rn 2) sind idR übertragb u pfändb. Die MitgliedschR sind **persönlich auszuüben** (§ 38 S 2). Die Ausübg dch gesetzl Vertreter ist zul, sow sich aus dem Vereinszweck nichts Ggteiliges ergibt. Die Satzg kann die Vertretg dch Mitgl zulassen (§ 40); die Vertretg dch NichtMitgl ist dagg mit dem Charakter des Idealvereins unvereinb (aA MüKo/Reuter Rn 40).

2) Die Mitgliedsch wird dch Beteiligg an der Gründg (§ 21 Rn 8) od dch Vertr zw Verein u dem Mitgl **erworben** (BGH **101**, 193). Die beiders WillErkl sind die BeitrittsErkl u die Aufn; die zeitl Aufeinanderfolge u ihre Bezeichng sind gleichgült. Der Vertr kann auch dch schlüssiges Verhalten zustande kommen (BGH **105**, 306/313). Er ist kein ggseit Vertr iSd §§ 320 ff (RG **100**, 3), auf ihn kann aber das HausTWG anwendb sein (HausTWG 1 Rn 7). Ebso wie bei GesellschVerhältn (Einf 29 v § 145) können Nichtigk- u AnfGrde grdsl nur mit Wirkg *ex nunc* geltd gemacht w (Walter NJW **75**, 1033, MüKo/Reuter Rn 21, str). Mj bedürfen einer Zust ihrer gesetzl Vertreter; § 110 ist unanwendb (Hofmann Rpfleger **86**, 5). Die Satzg, die Vorschr über den Eintritt enthalten soll (§ 58 Nr 1), kann die Wirksamk des Beitritts von der Überg der MitglKarte abhäng machen (BGH **101**, 197), kann aber auch die bloße BeitrErkl ausr lassen. Religiöse Vereine können den Erwerb der Mitgliedsch von der Zust einer kirchl Stelle abhäng machen (Köln NJW **92**, 1048, Einf 17 v § 21). Unzul ist eine Regelg, daß eine Spende als BeitrittsErkl aufzufassen ist (BayObLG NStZ **82**, 387), daß alle Mitgl dch ein externes Gremium gewählt w (Stgt NJW-RR **86**, 995) od daß jemand auf sonst Weise ohne entspr WillErkl Mitgl w (BayObLG DB **73**, 2518), jedoch kann die Satzg religiöser Vereine für kirchl Mitgl eine geborene Mitgliedsch vorsehen (Einf 17 v § 21). Mögl ist auch ein bedingter Vereinsbeitritt (RG JW **38**, 3229). Die Satzg kann vorschreiben, daß der Bewerber best Eigensch (Beruf, Wohns, Geschlecht, Staatsangehörigk) haben od sonst Voraussetzgen (Stellg von Bürgen) erfüllen muß. Bei Vereinen mit einer wirtschaftl od sozialen Machtstellg gelten aber die Grenzen von § 25 Rn 9. Soweit die Satzg nicht entggsteht, können auch jur Pers, nichtrechtsf Verein u GesHandsGemeinsch Mitgl sein (Soergel-Hadding Rn 5, s auch BGH **116**, 86, GbR als Mitgl einer Genossensch). Die Ablehng eines AufnAntr bedarf keiner Begründg. **Aufnahmezwang** s § 25 Rn 10 f. 4

3) Die Mitgliedsch **endet** dch Austritt (§ 39), Tod (Rn 2), Ausschluß (§ 25 Rn 26) u bei einer entspr satzgsmäß Regelg dch Verlust der von der Satzg vorgeschriebenen persönl Eigensch (BGH **LM** § 25 Nr 17). Zul sind auch SatzgsBest, wonach die Mitgliedsch bei Eintritt best Voraussetzgen **ruht** (BayObLG **79**, 351). 5

39 *Austritt.*

I Die Mitglieder sind zum Austritt aus dem Vereine berechtigt.

II Durch die Satzung kann bestimmt werden, daß der Austritt nur am Schlusse eines Geschäftsjahrs oder erst nach dem Ablauf einer Kündigungsfrist zulässig ist; die Kündigungsfrist kann höchstens zwei Jahre betragen.

1) Recht zum Austritt. – a) § 39 ist **zwingendes Recht** (§ 40), wird aber dch die SonderVorschr der VAG 165, 189 eingeschränkt (BAG ZIP **98**, 1451). Er sichert dem Mitgl die Möglichk, seine Mitgliedsch im Verein kurzfrist zu beenden u sich dadch der Einwirkg der VereinsMehrh zu entziehen (BGH **48**, 207). 1
– **b) Austritt** ist eine einseit empfangsbedürft WillErkl; sie wird mit dem Zugang an ein VorstdMitgl od an das in der Satzg best sonst Vereinsorgan wirks (§§ 130, 28 II). Die Satzg kann Schriftform vorsehen (BayObLG **86**, 528), nicht aber die Einhaltg einer strengeren Form od eine Begründg verlangen. Einf Schriftform, für die iZw § 127 gilt (BGH NJW-RR **96**, 866), genügt auch dann, wenn die Satzg einen eingeschriebenen Brief fordert (RG **77**, 70, BGH aaO). Sachl Erschwergen des Austritts sind unwirks, so etwa ein Austrittsverbot nach Einleitg eines VereinsstrafVerf (RG **108**, 160, **122**, 268) od der Aufn in eine schwarze Liste (RG **143**, 3). Bei Mischformen zw nichtrechtsf Verein u Gesellsch kann der Austritt aber vom Vorliegen eines wicht Grdes abhäng gemacht w (BGH **LM** Nr 11). 2
– **c)** Sieht die Satzg eine zu lange **Kündigungsfrist** vor, fällt diese nicht ersatzlos weg, sond es gilt II (RG JW **37**, 3236). Bei Gewerksch ist eine KündFr von 2 Jahren wg GG 9 III unwirks; die Höchstgrenze liegt bei 6 Mo (BGH NJW **81**, 340, **AP** GG 9 Nr 25, AG Hbg NJW **87**, 2380). PartG 10 II 3, wonach PartMitgl jederzeit zum sofort Austritt berecht sind, ist auf Gewerksch weder direkt noch analog anwendb (aA AG Ettenheim NJW **85**, 979). Trotz wirks Befristg ist aus wicht Grd ein Austritt mit sofort Wirkg mögl (RG **130**, 378, BGH **9**, 157, **LM** Nr 2, LG Itzehoe NJW-RR **89**, 1531). Kein wicht Grd ist eine ordngsmäß beschlossene BeitrErhöhg (LG Aurich Rpfleger **87**, 115) u wohl auch nicht der Erwerb der MietWo dch ein Mitgl des Mietervereins (Einl 19 v § 241: eig Risikosphäre, aA AG Wiesbaden NJW-RR **99**, 1242). 3

2) Der Austritt **beendet** die Mitgliedsch. Dch ihn erlöschen grdsl alle MitgliedschR u -Pflten. Vorher entstandene vermögensrechtl Anspr bleiben jedoch bestehen. Die nach dem Wirksamwerden des Austritts fällig werdden Beitr braucht der Ausgeschiedene auch dann nicht zu zahlen, wenn die BeitrSchuld vorher entstanden war (BGH **48**, 207). Für Streitigk aus dem MitgliedschVerh bleibt das in der Satzg festgelegte SchiedsGer weiterhin zuständ (RG **113**, 323). Zum **Ausschluß** s § 25 Rn 26. 4

40 *Nachgiebige Vorschriften.*

Die Vorschriften des § 27 Abs. 1, 3, des § 28 Abs. 1 und der §§ 32, 33, 38 finden insoweit keine Anwendung, als die Satzung ein anderes bestimmt.

Die nicht genannten Vorschr sind zwingdes Recht; aber auch bei einigen der angeführten Paragraphen bestehen für die Satzgsautonomie Grenzen. Einzelh s bei den Vorschr. 1

41 *Auflösung.*

Der Verein kann durch Beschluß der Mitgliederversammlung aufgelöst werden. Zu dem Beschluß ist eine Mehrheit von drei Vierteilen der erschienenen Mitglieder erforderlich, wenn nicht die Satzung ein anderes bestimmt.

1 **1) Allgemeines.** Folgde Begriffe sind zu unterscheiden: – **a) Erlöschen des Vereins.** Es steht dem Tod der natürl Pers gleich. Der Verein ist rechtl nicht mehr existent. – **b) Auflösung des Vereins.** Der Verein endet als werbder Verein. Fällt sein Vermögen gem §§ 45 III, 46 an den Fiskus, führt die Auflösg zum sofort Erlöschen (§ 47 Rn 1). Sonst findet eine Liquidation statt (§ 47). Der Verein besteht als Liquidationsverein fort. Nach Beendigung der Liquidation erlischt er. – **c) Verlust der Rechtsfähigkeit.** Der Verein verliert die RFgk, er kann aber als nichtrechtsfäh Verein od GbR fortbestehen. Seit der nF des § 42 ist eine Entziehg der RFgk nur noch in §§ 43 u 73 vorgesehen (s dort). Mögl ist auch, daß der Verein auf seine RFgk verzichtet, da dieser Verzicht ggü der Auflösg ein Minus darstellt (BayObLG **59**, 159). Für die Beschlußfassg über den Verzicht gilt § 41 entspr (Kollhosser ZIP **84**, 1435). Der nichtrechtsf Verein ist identisch mit dem fr eV (Kollhosser aaO). Die Löschg des Vereinsnamen läßt die RFgk unberührt (BGH NJW **84**, 668). – **d) Löschung eines fehlerhaft eingetragenen Vereins** gem FGG 159, 142. Auch sie führt zur Liquidation u zum Erlöschen des Vereins (hM, Vorbem 2 v § 55).

2 **2)** Der Verein **erlischt** ohne vorherige Auflösg u Liquidation: – **a)** wenn **alle Mitglieder** dch Tod, Austritt od aus sonst Grden **weggefallen** sind, da der Verein als PersVereinigg ohne Mitgl undenkb ist (BGH **19**, 61, BVerwG NJW **97**, 474, Köln NJW-RR **99**, 336). Dem steht es gleich, wenn die Mitgl sich jahrelang als solche nicht mehr betätigt u den Vereinszweck endgült aufgegeben haben (BGH WM **76**, 686). Zum Weiterbestehen genügt es aber, wenn der Verein in einem Teilgebiet weitergeführt worden ist (BVerwG aaO). Die Abwicklg erfolgt, sow erforderl, dch einen gem § 1913 zu bestellden Pfleger (BGH **19**, 61, **LM** § 21 Nr 2, Köln NJW-RR **96**, 989). Bei nur einem Mitgl bleibt der Verein bis zum Eingreifen des RegisterGer
3 (§ 73) als selbstd JP bestehen. – **b) Verbot** des Vereins u Einziehg seines Vermögens gem VereinsG 3, 4, 11 II bei Verstoß gg StrafG, die verfassgsmäß Ordng od den Gedanken der Völkerverständigg, s dazu BVerwG NJW **89**, 993 („Hell's Angels") u Planker NVwZ **98**, 113, für polit Part GG 21 II u III, BVerfGG 46 III, PartG 32 V.

4 **3) Auflösungsgründe:** – **a) Zeitablauf** od Eintritt einer auflösden Bdgg. Voraussetzg ist eine entspr, prakt kaum vorkommde SatzgsBest. – **b) Beschluß der Mitgliederversammlung.** § 41 ist dispositiv. Die Satzg kann die Zust aller Mitgl verlangen, einz Mitgl als SonderR ein WidersprR einräumen od die Zust eines and Vereinsorganes vorsehen. Unvereinb mit der Selbständigk des Vereins (§ 25 Rn 8) ist es aber, die Entsch über die Auflösg einem Dr zu übertragen (Stgt NJW-RR **86**, 995) od für sie die Gen eines Dr vorzusehen (Soergel-Hadding Rn 3), jedoch haben religiöse Vereine eine Sonderstellg (Einf 17 v § 21). Eine SatzgsBest, daß der Verein automat aufgelöst ist, wenn er die für den Erlaß der Satzg erforderl Gen des Dachverbandes nicht einholt, ist aber wohl wirks (LG Brem Rpfleger **96**, 72). Ein unter polit Druck in Verletzg der Satzg gefaßter AuflösgsBeschl ist nichtig (BGH **19**, 58, Jena NJW-RR **94**, 698). Finden sich die Mitgl nach Aufhören des polit Drucks mit der Auflösg ab, kann darin eine Bestätigg des AuflösgsBeschl liegen (BGH u
5 Jena aaO). – **c) Eröffnung des Insolvenzverfahrens.** Sie ist seit der nF des § 42 gleichf ein AuflösgsGrd. Auch die **Sitzverlegung** ins Ausl führt zur Auflösg des eV, es sei denn, daß er nach dem Recht des neuen Sitzes als JP fortbesteht (§ 24 Rn 1). – **d)** Das UmwG läßt die **Verschmelzung** von eV zu (Katschinski, Verschmelzg von Vereinen, 1999) u macht damit die nach fr Recht iF der Fusion notw Auflösg eines od beider Vereine überflüssig. Erforderl ist ein notariell beurk VerschmelzgsVertr u ein mit 3/4 Mehrheit gefaßter Beschluß der MitglVersammlg (UmwG 99 ff iVm 6). Zulässig ist nunmehr auch die Spaltg u der Formwechsel
6 von eV (UmwG 149, 272 ff; VRV 6 IV). – **e) Kein** AuflösgsGrd ist es, daß der **Vereinszweck** erreicht od seine Erreichg unmöglich geworden ist (BGH **49**, 175). Auch wenn die Satzg für diese Fälle eine Auflösg vorsieht, muß der Eintritt des AuflösgsGrdes dch Beschl der MitglVersammlg festgestellt w (MüKo/Reuter
7 Rn 16). – **f)** Der aufgelöste Verein kann mit satzgsändernder Mehrh seine **Fortsetzung** beschließen (K. Schmidt wie § 21 Rn 1 S 306), vorausgesetzt der AuflösgsGrd wird beseitigt.

42 *Insolvenz.* **I Der Verein wird durch die Eröffnung des Insolvenzverfahrens aufgelöst. Wird das Verfahren auf Antrag des Schuldners eingestellt oder nach der Bestätigung eines Insolvenzplans, der den Fortbestand des Vereins vorsieht, aufgehoben, so kann die Mitgliederversammlung die Fortsetzung des Vereins beschließen. Durch die Satzung kann bestimmt werden, daß der Verein im Falle der Eröffnung des Insolvenzverfahrens als nichtrechtsfähiger Verein fortbesteht; auch in diesem Falle kann unter den Voraussetzungen des Satzes 2 die Fortsetzung als rechtsfähiger Verein beschlossen werden.**

II Der Vorstand hat im Falle der Zahlungsunfähigkeit oder der Überschuldung die Eröffnung des Insolvenzverfahrens zu beantragen. Wird die Stellung des Antrags verzögert, so sind die Vorstandsmitglieder, denen ein Verschulden zur Last fällt, den Gläubigern für den daraus entstehenden Schaden verantwortlich; sie haften als Gesamtschuldner.

1 **1) Allgemeines.** Neugefaßt dch EGInsO Art 33 Nr 1. – **a)** Die Eröffng des InsVerf führt nicht mehr zum Verlust der RFgk, sondern zur **Auflösung** des eV (§ 41 Rn 1). InsGrde sind ZahlgsUnFgk u Überschuldg (InsO 17 u 19). AntrBerecht ist jeder Gläub, jedes VorstMitgl u jeder Liquidator (InsO 14 u 15). Der eV bleibt bis zum Abschluß des InsVerf mit eingeschränkter RFgk bestehen, prakt als rechtsf InsMasse. Die Rechte des eV übt der InsVerw aus. Das InsVerf ersetzt die sonst iF der Auflösg notw Liquidation (§ 47). Die BeitragsPfl der Mitgl endet, wenn die Satzg nichts and bestimmt, mit der Eröffng des InsVerf (BGH **96**, 253). Wird der EröffngsBeschl vom BeschwGer aufgeh, gilt die Auflösg als nicht eingetreten. – **b)** Der Abschluß des InsVerf führt idR zum **Erlöschen** des Vereins (§ 41 Rn 1). Die MitglVersammlg kann aber gem I 2 die **Fortsetzung** des Vereins beschließen, wenn das Verf auf Antr des Schu wg Wegfall des InsGrdes eingestellt (InsO 213) od nach Bestätigg eines InsPlanes (InsO 248), der den Fortbestand des Vereins vorsieht, aufgeh w (InsO 258). Für den FortsetzgsBeschl genügt einfache Mehrh (§ 32 Rn 7). – **c)** Auch wenn I 2 nicht zutrifft, kann der eV, falls seine Satzg dies zuläßt, gem I 3 den **Fortbestand als nichtrechtsfähiger Verein** beschließen (so schon zum fr Recht BGH **96**, 253/257). Das Vermögen des eV steht aber der Masse u nicht dem nichtrechtsf Verein zu. – Eintragg der Ins im Register s § 75.

2) Der Vorst bzw der Liquidator ist iF der ZahlgsUnFgk od der Überschuldg **verpflichtet,** einen Antr auf Eröffng des InsVerf zu stellen, II, § 53. Die schuldh Verletzg dieser Pfl begründet eine SchadErsPfl. Diese besteht auch ggü später hinzukommden Gläub (BGH **29**, 100, **126**, 181/190 zur GmbH). Die ErsPfl beschränkt sich nicht auf den Schaden, der dch die Verringerg der Quote entsteht; der Gläub kann verlangen so gestellt zu werden, als habe er nicht mit dem überschuldeten Verein kontrahiert (BGH **126**, 181, **138**, 211, ZIP **99**, 967, gg die fr Rspr; für eine Haftg nur ggü der jur Pers Altmeppen/Wilhelm NJW **99**, 673). Es handelt sich um einen quasidelikt SchErsAnspr, für dessen Verj § 852 gilt. 2

43 ***Entziehung der Rechtsfähigkeit.*** **I Dem Vereine kann die Rechtsfähigkeit entzogen werden, wenn er durch einen gesetzwidrigen Beschluß der Mitgliederversammlung oder durch gesetzwidriges Verhalten des Vorstandes das Gemeinwohl gefährdet.**

II Einem Vereine, dessen Zweck nach der Satzung nicht auf einen wirtschaftlichen Geschäftsbetrieb gerichtet ist, kann die Rechtsfähigkeit entzogen werden, wenn er einen solchen Zweck verfolgt.

III (Aufgehoben)

IV Einem Vereine, dessen Rechtsfähigkeit auf Verleihung beruht, kann die Rechtsfähigkeit entzogen werden, wenn er einen anderen als den in der Satzung bestimmten Zweck verfolgt.

44 ***Zuständigkeit und Verfahren.*** **I Die Zuständigkeit und das Verfahren bestimmen sich in den Fällen des § 43 nach dem Recht des Landes, in dem der Verein seinen Sitz hat.**

II Beruht die Rechtsfähigkeit auf Verleihung durch den Bundesrat, so erfolgt die Entziehung durch Beschluß des Bundesrats.

1) Entziehung der Rechtsfähigkeit. – a) § 43 I hat nur geringe prakt Bedeutg. Obwohl iF des § 43 I ein Fortbestand als nichtrechtsf Verein nicht in Betracht kommt (hM), ist bei einem Verein, der dch ein gesetzw Verhalten das Gemeinwohl gefährdet, ein Einschreiten aufgrd des VereinsG (§ 41 Rn 3) idR der richtige Weg. – **b) § 43 II.** Ergibt bereits die Satzg, daß der Verein auf einen wirtschaftl GeschBetr gerichtet ist, kann das RegGer gem FGG 142, 159 im Rahmen pflichtmäß Ermessens die Amtslöschg betreiben (Schlesw Rpfleger **90**, 304, BezG Chemnitz Rpfleger **93**, 162). Liegt es dagg so, daß der Verein satzgswidrig einen wirtschaftl GeschBetr aufnimmt, ist allein das Verf gem § 43 II zul (BayObLG **78**, 87, **84**, 283, Hamm OLGZ **93**, 24, KG NJW-RR **93**, 187). Die Entziehg der RFgk bedarf nur in atypischen Fällen einer Rechtfertigg dch Ermessenserwäggen (BVerwG NJW **98**, 1166, K. Schmidt NJW **98**, 1124). Sie ist bei religiösen Vereinen unzul, soweit der Schutz von GG 4 reicht (BVerwG NJW **92**, 2496, VGH Mannheim NJW **96**, 3358, Abel NJW **96**, 91). § 43 II ist auch Grdl für ein Einschreiten gg „Abmahnvereine", jedoch hat UWG 13 II Nr 2 nF diesen inzw weitgehd die wirtschaftl Grdl entzogen (Vogt NJW **94**, 2509). Die Entziehg der RFgk führt über die §§ 45 ff zur Befriedigg der Gläub, der Verein kann aber als nichtrechtsf fortbestehen. – **c) § 43 IV** gilt für die unter § 22 u § 23 fallden Vereine. 1 2

2) Die für die Entziehg der RFgk zuständ Beh (§ 44 I) ist in allen Ländern die höhere VerwBeh (s die ZusStellg bei Soergel/Hadding Rn 2). Für § 44 II ist der BMI zuständ (§ 23 Rn 1). 3

45 ***Anfall des Vereinsvermögens.*** **I Mit der Auflösung des Vereins oder der Entziehung der Rechtsfähigkeit fällt das Vermögen an die in der Satzung bestimmten Personen.**

II Durch die Satzung kann vorgeschrieben werden, daß die Anfallberechtigten durch Beschluß der Mitgliederversammlung oder eines anderen Vereinsorgans bestimmt werden. Ist der Zweck des Vereins nicht auf einen wirtschaftlichen Geschäftsbetrieb gerichtet, so kann die Mitgliederversammlung auch ohne eine solche Vorschrift das Vermögen einer öffentlichen Stiftung oder Anstalt zuweisen.

III Fehlt es an einer Bestimmung der Anfallberechtigten, so fällt das Vermögen, wenn der Verein nach der Satzung ausschließlich den Interessen seiner Mitglieder diente, an die zur Zeit der Auflösung oder der Entziehung der Rechtsfähigkeit vorhandenen Mitglieder zu gleichen Teilen, anderenfalls an den Fiskus des Bundesstaats, in dessen Gebiete der Verein seinen Sitz hatte.

46 ***Anfall an den Fiskus.*** **Fällt das Vereinsvermögen an den Fiskus, so finden die Vorschriften über eine dem Fiskus als gesetzlichem Erben anfallende Erbschaft entsprechende Anwendung. Der Fiskus hat das Vermögen tunlichst in einer den Zwecken des Vereins entsprechenden Weise zu verwenden.**

47 ***Liquidation.*** **Fällt das Vereinsvermögen nicht an den Fiskus, so muß eine Liquidation stattfinden, sofern nicht über das Vermögen des Vereins das Insolvenzverfahren eröffnet ist.**

1) Allgemeines. Die §§ 45 ff gelten für **alle Fälle** der Auflösg des Vereins (§ 41 Rn 4 ff) u des Verlustes seiner RFgk (§ 41 Rn 1). Sie sind entspr anwendb, wenn der Verein gem FGG 142, 159 vom RegGer gelöscht (s aber Vorbem 2 v § 55) od dch Hoheitsakt ohne Einziehg des Vermögens aufgelöst w (KG OLG **44**, 117). Abgesehen vom Fall des § 43 I kann der Verein, der die RFgk verloren hat, aber seinen Fortbestand als nichtrechtsf Verein od GbR beschließen. Ist der Verein dch Wegfall aller Mitglieder erloschen, erfolgt die Abwicklg dch einen gem § 1913 zu bestellden Pfleger (§ 41 Rn 2), der aber etwaige Überschüsse an den gem § 45 Anfallberecht auszukehren hat. Der **Anfall** des Vereinsvermögens u die Regulierung der Vereinsschulden 1 verläuft je nach der Pers des AnfallBerecht unterschiedl: **(1)** Fällt das Vereinsvermögen an den Fiskus, tritt GesNachf ein u der Verein hört sofort zu existieren auf. **(2)** In allen and Fällen findet eine Liquidation statt; bis zur Beendigg der Liquidation besteht der Verein als Liquidationsverein fort (s Rn 4 f). Über das Schicksal der PersönlichkR des Vereins (NamensR) enthält das Ges keine Regelg. Sie stehen, wenn der Verein wirks sein Fortbestehen beschließt, dem verbleibden nichtrechtsf Verein zu, andf gehen sie gem §§ 45, 46 auf den AnfallBerecht über (str).

2 **2) Anfallberechtigter. – a)** Wer AnfallBerecht ist, bestimmt die Satzg (§ 45 I) od das nach der Satzg zuständ Vereinsorgan (§ 45 II 1). Beim Idealverein steht der MitglVersammlg auch ohne satzgsmäß Grdl ein BestimmgsR zu (§ 45 II 2); die Zuweisg kann in diesem Fall allerdings nur an öff Stiftgen oder Anstalten erfolgen, worunter aber auch Körpersch öffR mitzuverstehen sind (hM). Beschlüsse über die Bestimmg des
3 AnfallBerecht können auch noch im LiquidationsVerf gefaßt w (s KG JW **35**, 3636). – **b) § 45 III.** Haben die Satzg u das zuständ Vereinsorgan keine Bestimmg getroffen, sind bei rein selbstnützigen Vereinen die Mitgl anfallberecht; bleibt der Verein als nichtrechtsf Verein bestehen (§ 42 Rn 2), tritt er an die Stelle der Mitgl. Dient der Verein nicht ausschließl den Interessen seiner Mitgl od sind trotz eines Verf analog § 50 keine Mitgl zu ermitteln, ist der Landesfiskus od die landesrechtl best Stelle anfallberecht.

4 **3)** Ist der **Fiskus** od die nach EG 85 an seine Stelle tretde Körpersch kr Ges (§ 45 III) od kr Satzgsbestimmg anfallberecht, gehen Vermögen u Schulden des Vereins dch GesNachf über (§ **46** mit §§ 1922, 1967). Der Fiskus kann nicht ausschlagen (§ 1942 II), Anspr gg ihn können erst nach Feststellg seines AnfallR geltd gemacht w (§§ 1966, 1964), er haftet nur mit dem übernommenen Vermögen (§ 2011 mit § 1994 I 2) u braucht ggü dem GBAmt eine dem Erbschein entspr Bestätigg (BayObLG NJW-RR **94**, 914). Die dem Fiskus dch **Satz 2** auferlegte VerwendgsPfl ist keine privatrechtl Verpfl, sond eine öffr Aufl. Sie ist so wenig konkretisiert, daß ihre (angebl) Verletzg nicht den VerwRWeg eröffnet (Soergel/Hadding Rn 3).

5 **4)** Fällt das Vereinsvermögen **nicht** an den **Fiskus,** muß eine **Liquidation** stattfinden **(§ 47)**; ausgenommen sind ledigl die Fälle des (sofort) Erlöschens des Vereins (§ 41 Rn 2) u der Eröffng des InsVerf, wie der dch EGInsO Art 33 Nr 2 an § 47 angefügte 2. Halbs jetzt ausdr klarstellt. Die Liquidation dient dem Schutz der Gläub u der AnfallBerecht. Für die Zwecke der Liquidation gilt der Verein als fortbestehd (§ 49 II). Die AnfallBerecht haben ledigl einen schuldrechtl Anspr auf Auskehrg des nach Dchführg der Liquidation verbleibden Überschusses (s KGJ **43**, 184).

48 *Liquidatoren.* **[I] Die Liquidation erfolgt durch den Vorstand. Zu Liquidatoren können auch andere Personen bestellt werden; für die Bestellung sind die für die Bestellung des Vorstandes geltenden Vorschriften maßgebend.**

[II] Die Liquidatoren haben die rechtliche Stellung des Vorstandes, soweit sich nicht aus dem Zwecke der Liquidation ein anderes ergibt.

[III] Sind mehrere Liquidatoren vorhanden, so ist für ihre Beschlüsse Übereinstimmung aller erforderlich, sofern nicht ein anderes bestimmt ist.

49 *Aufgaben der Liquidatoren.* **[I] Die Liquidatoren haben die laufenden Geschäfte zu beendigen, die Forderungen einzuziehen, das übrige Vermögen in Geld umzusetzen, die Gläubiger zu befriedigen und den Überschuß den Anfallberechtigten auszuantworten. Zur Beendigung schwebender Geschäfte können die Liquidatoren auch neue Geschäfte eingehen. Die Einziehung der Forderungen sowie die Umsetzung des übrigen Vermögens in Geld darf unterbleiben, soweit diese Maßregeln nicht zur Befriedigung der Gläubiger oder zur Verteilung des Überschusses unter die Anfallberechtigten erforderlich sind.**

[II] Der Verein gilt bis zur Beendigung der Liquidation als fortbestehend, soweit der Zweck der Liquidation es erfordert.

1 **1)** Die **Vorstandsmitglieder** bleiben als Liquidatoren im Amt (§ 48 I 1). Die Abberufg u Bestellg and Liquidatoren erfolgt nach den für den Vorstd geltden Vorschr (§ 27); auch § 29 ist anwendb (BayObLG **55**, 291 zur GmbH). Zum Liquidator kann auch eine jur Person, etwa eine Rev- u TrHand AG, bestellt w (hM). Der Verein haftet gem § 31 für den Liquidator. Für die Haftg des Liquidators gilt ggü dem Verein § 27 III u ggü den Gläub § 53. Sind mehrere Liquidatoren tätig, gilt abw von § 28 der Grds einstimmiger BeschlFassg (§ 48 III) u GesVertretg. Die Satzg kann aber eine abw Regelg treffen, ebso die MitglVersammlg (str). Eintragg im Reg s § 71.

2 **2) Liquidationsverfahren. – a)** Es hat den **Zweck,** das Vereinsvermögen flüssig zu machen, die Gläub zu befriedigen u das verbleibde Vermögen an die AnfallBerecht (§ 45) auszukehren. Die einz Aufg der Liquidatoren beschreibt **§ 49 I.** Neue Gesch sind auch dann dch § 49 I 2 gedeckt, wenn sie dem Liquidationszweck nur mittelb dienen. Proz werden nicht unterbrochen. AktivProz, die für die Liquidation bedeutgslos sind, sind aber nicht fortzuführen (RG JW **36**, 2651, Ehrenschutz). Auch die Fortführg von TarifVertr gehört nicht zu den Aufg der Liquidatoren (BAG DB **71**, 483, str). Ausgeschlossen ist auch die Aufn neuer Mitgl (BGH NJW-
3 RR **95**, 1237). – **b)** Die **Vertretungsmacht** der Liquidatoren beschränkt sich auf die Gesch, die dem Liquidationszweck dienen. Diese Beschränkg wirkt ggü Dr aber nur dann, wenn sie die Überschreitg des
4 Liquidationszweckes bei sorgf Prüfg erkennen konnten (RG **146**, 376, BGH NJW **84**, 982 zur KG). – **c)** Der Verein besteht weiter, seine **Rechtsfähigkeit** wird aber dch den Liquidationszweck begrenzt (§ 49 II); dabei gelten die gleichen AbgrenzgsGrds wie bei der Vertretgsmacht der Liquidatoren (MüKo/Reuter Rn 7, str). Die Annahme von Zuwendgen u der ErbschAnfall sind mögl, sow sie dem Liquidationszweck dienen (BayObLG **19**, 196), sie sind ausgeschlossen, wenn sie auf eine WiederAufn der Vereinstätigk abzielen
5 (BayObLG OLG **40**, 102). – **d)** Beruht die Liquidation auf einem Beschluß gem § 41, kann das zuständ

Vereinsorgan die **Reaktivierung** des Vereins beschließen u dadch die Liquidation beenden (LG Frankenthal Rpfleger **55**, 106). Währd der Liquidation ändert der Wegfall aller Mitgl am Fortbestand des Vereins nichts (KG OLGZ **68**, 200).

50 *Bekanntmachung.* **I Die Auflösung des Vereins oder die Entziehung der Rechtsfähigkeit ist durch die Liquidatoren öffentlich bekanntzumachen. In der Bekanntmachung sind die Gläubiger zur Anmeldung ihrer Ansprüche aufzufordern. Die Bekanntmachung erfolgt durch das in der Satzung für Veröffentlichungen bestimmte Blatt, in Ermangelung eines solchen durch dasjenige Blatt, welches für Bekanntmachungen des Amtsgerichts bestimmt ist, in dessen Bezirke der Verein seinen Sitz hatte. Die Bekanntmachung gilt mit dem Ablaufe des zweiten Tages nach der Einrückung oder der ersten Einrückung als bewirkt.**

II Bekannte Gläubiger sind durch besondere Mitteilung zur Anmeldung aufzufordern.

51 *Sperrjahr.* **Das Vermögen darf den Anfallberechtigten nicht vor dem Ablauf eines Jahres nach der Bekanntmachung der Auflösung des Vereins oder der Entziehung der Rechtsfähigkeit ausgeantwortet werden.**

52 *Sicherung für Gläubiger.* **I Meldet sich ein bekannter Gläubiger nicht, so ist der geschuldete Betrag, wenn die Berechtigung zur Hinterlegung vorhanden ist, für den Gläubiger zu hinterlegen.**

II Ist die Berichtigung einer Verbindlichkeit zur Zeit nicht ausführbar oder ist eine Verbindlichkeit streitig, so darf das Vermögen den Anfallberechtigten nur ausgeantwortet werden, wenn dem Gläubiger Sicherheit geleistet ist.

1) Schuldentilgung und Auskehrung des Überschusses. – a) Die **öffentliche Bekanntmachung** im Vereinsblatt, hilfsw im Blatt für öffentl Bekanntmachgen des AmtsG, u die bes Mitteilg an die bekannten Gläub (**§ 50**) sind zwingd vorgeschrieben; sie muß auch dann stattfinden, wenn kein verwertb VereinsVerm vorhanden ist. Soweit einem Gläub dch einen Verstoß Schaden entsteht, haftet der Liquidator (§ 53). Sind anfallsberecht Mitgl unbekannt, gilt § 50 I entspr (LG Bln NJW **58**, 1874). – **b)** Die Nichtanmeldg eines Anspr führt nicht zu einem RVerlust. Zu befriedigen sind alle bekannten Gläub, auch diej, die sich nicht gemeldet h. Falls Erf nicht mögl ist, ist zu hinterlegen (§ 52 I mit §§ 372 ff) od Sicherh zu leisten (§ 52 II mit §§ 232 ff). – **c)** Die Auskehrg an den AnfallBerecht darf erst nach Ablauf eines **Sperrjahres (§ 51)** erfolgen. Ein Verstoß begründet eine SchadErsPfl des Liquidators (§ 53). 1 2

2) Hat der AnfallBerecht in Verletzg der §§ 50 ff Leistgen erhalten, muß er diese gem § 812 herausgeben. Der **Bereicherungsanspruch** steht aber nicht dem unbefriedigt gebliebenen Gläub, sond dem Verein zu (BAG NJW **82**, 1831, MüKo/Reuter § 51 Rn 2, str). Ist die Liquidation ordngsmäß dchgeführt worden, hat der AnfallBerecht die Leistg dagg mit RGrd erhalten; er ist auch dann nicht zur Herausg verpflichtet, wenn sich nachträgl ein unbekannter Gläub meldet (RG **124**, 213 zu GmbHG 73, aA noch RG **92**, 82). 3

3) Nach **Beendigung der Liquidation** hört der Verein zu bestehen auf. Für ihn kann niemand mehr handeln (Düss NJW **66**, 1034). Voraussetzg ist jedoch, daß das ges Vermögen bis auf nicht verwertb Ggst (wie GeschBücher u Unterlagen) verwertet od verteilt ist (s Düss aaO). Auch die PartFgk entfällt; eine noch anhäng Klage ist als unzul abzuweisen (BGH **74**, 212, krit Theil JZ **79**, 567). Schwebt ein PassivProz über einen nichtvermögensrechtl Anspr (KündSchutz) besteht der Verein aber bis zu dessen Erledigg weiter (BAG NJW **82**, 1831). Ergibt sich nach Beendigg der Liquidation, daß noch Vermögen vorhanden ist, etwa ein SchadErs-Anspr gg den Liquidator od ein BerAnspr gg einen AnfallBerecht, ist die Liquidation wiederaufzunehmen (RG HRR **30**, 734). Zuständ ist der bish Liquidator, notf ist gem § 29 ein neuer zu bestellen. Zur Eintragg der Beendigg der Liquidation s § 76 Rn 3. 4

53 *Schadensersatzpflicht der Liquidatoren.* **Liquidatoren, welche die ihnen nach dem § 42 Abs. 2 und den §§ 50 bis 52 obliegenden Verpflichtungen verletzen oder vor der Befriedigung der Gläubiger Vermögen den Anfallberechtigten ausantworten, sind, wenn ihnen ein Verschulden zur Last fällt, den Gläubigern für den daraus entstehenden Schaden verantwortlich; sie haften als Gesamtschuldner.**

Voraussetzg der Haftg sind: Verletzg der GläubSchutzVorschr der §§ 42 II, 50–52, Verschulden u Entstehg eines Schadens. Der etwaige Anspr gg den AnfallBerecht steht dem Verein zu (§ 52 Rn 3) u schließt daher den ErsAnspr des Gläub nicht aus. Es handelt sich um einen delikt SchadErsAnspr, für dessen Verj § 852 gilt (hM). 1

54 *Nichtrechtsfähige Vereine.* **Auf Vereine, die nicht rechtsfähig sind, finden die Vorschriften über die Gesellschaft Anwendung. Aus einem Rechtsgeschäfte, das im Namen eines solchen Vereins einem Dritten gegenüber vorgenommen wird, haftet der Handelnde persönlich; handeln mehrere, so haften sie als Gesamtschuldner.**

1) Allgemeines. Der nichtrechtsf Verein ist ebso wie der rechtsf eine auf Dauer berechnete Verbindg einer größeren Anzahl von Pers zur Erreichg eines gemeins Zweckes, die nach ihrer Satzg körperschaftl organisiert ist, einen GesNamen führt u auf einen wechselnden MitglBestand angelegt ist (RG **143**, 213, BGH **LM** § 31 Nr 11, Einf 13 v § 21). Er unterscheidet sich dch seine körperschaftl Organisation von der Gesellsch. Der GesGeber hat diesen Strukturunterschied bewußt ignoriert u in § 54 best, daß auf den nichtrechtsf Verein die 1

Vorschr über die Gesellsch anzuwenden seien. Dadch sollten vor allem polit Part u die Gewerksch zur Eintragg veranlaßt u einer Kontrolle gem §§ 61 II, 43 III aF unterworfen w („verschleiertes Konzessionssystem"). Dieser ursprüngl Zweck des § 54 ist seit der Aufhebg der §§ 61 II, 43 III überholt u mit geltdem VerfassgsR (Art 9 GG) unvereinb. Rspr u Lehre sind daher mit unterschiedl Begründgen zunehmd dazu übergegangen, auf den nichtrechtsf Verein die §§ 21 ff anzuwenden (s MüKo/Reuter Rn 2). Dafür spricht vor allem der Gesichtspunkt der verfassgskonformen Auslegg. Das BGB muß für den unter dem Schutz von GG 9 stehden nichtrechtsf Verein eine seiner Struktur adäquate rechtl Ausgestaltg bereitstellen; es darf ihn nicht zu Kontrollzwecken einer offensichtl sachwidr Regelg unterwerfen. Es gilt daher nunmehr der Satz, daß auf den nichtrechtsf Idealverein **Vereinsrecht anzuwenden** ist mit Ausn der Vorschr, die die RFgk voraussetzen (ähnl BGH **50**, 325, Ffm ZIP **85**, 215).

2 **2) Abgrenzung. – a)** Vom **rechtsfähigen Verein** unterscheidet sich der nichtrechtsf allein dch das Fehlen der RFgk. Dabei ist aber zu berücksichtigen, daß der nichtrechtsf Verein verfahrensfäh (Rn 10) u damit in Wahrh teilrechtsf ist (Übbl 1 v § 1). Erwirbt der nichtrechtsf Verein, etwa der Vorverein (§ 21 Rn 9), volle RFgk, besteht zw beiden Identität (BGH WM **78**, 116). Das gilt ebso umgekehrt, wenn der eV auf seine
3 RFgk verzichtet (§ 42 Rn 1). – **b)** Die **Vorgesellschaft** der Genossensch, der AG u der GmbH ist kein
4 nichtrechtsf Verein, sond eine Organisation eig Art (BGH **20**, 281, **22**, 240, **51**, 30, § 21 Rn 9). – **c)** Von der **Gesellschaft** unterscheidet sich der nichtrechtsf Verein dch seine körperschaftl Organisation u seine grdsl Unabhängigk vom MitglWechsel (Einf 13 v § 21). Mögl sind auch ZwFormen, auf die teilw VereinsR u teilw GesellschR anzuwenden ist (BGH NJW **79**, 2304, **LM** § 39 Nr 11). Betreibt der nichtrechtsf Verein ein
5 **Handelsgewerbe,** untersteht er dem Recht der OHG (BGH **22**, 240, Rn 12). – **d) Einzelfälle:** Als nichtrechtsf Verein hat die Rspr angesehen: ArbGVerbände u Gewerksch (RG **76**, 27, BGH **42**, 210, **50**, 325), Heilsarmee (RAG JW **35**, 2228), Studentenverbindgen (RG **78**, 135), Ordensniederlassgen (RG **97**, 123, **113**, 127), WaldinteressenGemsch (BGH **25**, 311), uU die Untergliedergen von Großvereinen (Einf 21 f v § 21). Dagg ist eine HausbauGemeinsch als Gesellsch eingestuft worden (BGH WM **61**, 884).

6 **3)** Die **Organisation** des nichtrechtsf Verein w dch seine Satzg festgelegt, die keiner Form bedarf. Eine langjähr angewandte Regel kann daher uU als konkludent beschlossener SatzgsBestandt aufzufassen sein. Lücken sind dch Auslegg u dch entspr Anwendg der §§ 21 ff zu schließen (BGH **50**, 325/329); für eine Heranziehg der §§ 708 ff ist idR kein Raum. Die Vorschr über den Vorstd (§§ 26–28) sind entspr anzuwenden (BayObLGZ **90**, 71). Beschränkgen seiner VertrMacht wirken abw von § 70 auch ohne bes Verlautbarg, jedoch können die Grds der ScheinVollm anwendb sein (§ 173 Rn 9). Auch die Vorschr des § 29 (NotVorstd) gelten entspr (dort Rn 1, str), ebso die Best über die MitglVersammlg (§§ 32 ff, BGH WM **85**, 1470, BAG **AP** Nr 4), die Mitglsch (§§ 35–38), den Austritt (§ 39, s RG **143**, 3), die Grds über die Vereinsstrafe u den Ausschluß (BGH **13**, 5/11, NJW **73**, 35, § 25 Rn 12 ff) sowie die Regeln über die AufnPfl (§ 25 Rn 10 f). Auch § 37 II (Ermächtigg zur Einberufg einer MitglVersammlg dch das RegGer) kann entspr angewandt w (dort Rn 2, str). Bei Vereiniggen im Grenzbereich zw Gesellsch u nichtrechtsf Verein ist der an sich zwingde § 39 II abdingb (BGH NJW **79**, 2304, **LM** § 39 Nr 11). Das Mitgl haftet dem Verein abw von § 708 für jedes Versch (RG **143**, 214, vgl aber § 27 Rn 4).

7 **4) Vermögen. – a)** Es steht wg fehlder RFgk nicht dem Verein, sond den Mitgl als GesHandsGemeinsch zu (s Einf 2 v § 21). Das gilt ebso für das **Namensrecht,** das wie beim rechtsf Verein dch § 12 geschützt w (RG **78**, 102). §§ 718, 719 sind entspr anzuwenden, jedoch ergeben sich aus der körperschaftl Struktur des Vereins Besonderh. Der Anteil am VereinsVerm ist weder übertragb noch pfändb (BGH **50**, 325). Das ausscheidde Mitgl hat entgg § 738 keinen Anspr auf AuseinandS od Abfindg (RG **113**, 135, BGH aaO). Sein Anteil wächst den übrigen Mitgl an; auch beim Eintritt eines Mitgl findet ein automat Erwerb dch Anwachsg
8 statt. – **b)** Im **Grundbuch** sind GesHandsGemsch unter dem Namen aller Mitgl einzutragen (GBO 47). Dieser Grds gilt nach RG **127**, 311 u der ständ Praxis der GBÄmter auch für den nichtrechtsf Verein. Mitgliedsstarke Vereine mit fluktuierder Mitgliedsch sind daher vom GBVerk ausgeschlossen u auf die Einschaltg von TrHändern angewiesen (s Ffm NJW **52**, 792). Das ist eine nicht gerechtf Schlechterstellg ggü der OHG u KG (HGB 124, 161) u der als eintraggsfäh anerkannten VorGesellsch der GmbH (BGH **45**, 338/348). Mit dem überwiegden Schriftt ist daher die Eintraggsfähigk des nichtrechtsf Vereins zu bejahen, sofern er seine Existenz mit den nach GBO 29 zul BewMitteln nachweisen kann (RGRK-Steffen Rn 16, MüKo/Reuter Rn 16, Stoltenberg MDR **89**, 497, Morlok/Schulte-Trux NJW **92**, 2058 nur zu polit Part; aA
9 Zweibr NJW-RR **86**, 181, Konzen JuS **89**, 20). – **c)** Wird ein **Wechsel** von einem Vertretgsberecht im Namen des nichtrechtsf Vereins gezeichnet, so haftet das Vereinsvermögen als Sondervermögen u daneben der Handelnde gem § 54 S 2 (Soergel-Hadding Rn 19). Der nichtrechtsfäh Verein ist auch scheckfäh, passiv **erbfähig** (§ 1923 Rn 1) u kann Mitgl eines and Vereins, einer GbR od einer jur Pers des HandelsR sein. Das ist nicht mehr ernstl zweifelh, nachdem die Rspr anerkannt hat, daß auch die GbR scheckfäh ist u Gter einer PersonalGesellsch sein kann (BGH **136,** 254, NJW **98**, 376).

10 **5) Stellung im Verfahrensrecht. – a)** Der nichtrechtsf Verein ist **passiv** partei- u vollstreckgsfäh (ZPO 50 II, 735). Über sein Vermögen kann ein InsVerf stattfinden (InsO 11 I 2). Dagg sieht die ZPO für den nichtrechtsf Verein **keine aktive** PartFgk vor. Klagberecht ist bei wörtl Auslegg des Ges die Gesamth der VereinsMitgl, wobei ein etwaiger MitglWechsel nach KlErhebg wg ZPO 265 unerhebl ist (RG **78**, 106). Da es bei mitgliedsstarken Vereinen mit erhebl fluktuierder Mitglsch prakt ausgeschl ist, alle Mitgl in der KlSchrift anzuführen, hat man versucht, dem nichtrechtsf Verein mit verschiedenen Konstruktionen zu gerichtl RSchutz zu verhelfen: – **aa)** Die Satzg best, daß der Vorstd treuhänderischer Inh des Vereinsvermögens ist (Ffm NJW **52**, 793). Diese Lösg ist nicht dchführb, wenn unübertragb nichtvermögensrechtl Anspr, etwa eine Verletzg des NamensR, geltd gemacht w sollen (Mü MDR **55**, 33). – **bb)** Die Satzg ermächtigt den Vorstand zur Klage im eig Namen (LG Bonn **AP** Nr 1). Auch diese Konstruktion versagt bei nicht übertragb Anspr u führt wg des für die gewillkürte ProzStandsch erforderl Eigeninteresses zu Problemen. – **cc)** Die MitglGesamth darf im Proz mit dem Vereinsnamen bezeichnet w (LG Köln MDR **62**, 61). Diese Lösg hat der BGH (**42**, 210) als mit ZPO 253 unvereinb abgelehnt (weniger streng BGH NJW **77**, 1686 zur WoEigtGemsch). –
11 **b)** Inzw hat die Rspr den Gewerksch ausdr volle PartFgk zuerkannt (BGH **50**, 325, **42**, 210) u neuerdings

auch der Vor-GmbH (BGH NJW **98**, 1079). Auch die in der RForm des nichtrechtsf Vereins organisierten polit Part sind nach PartG 3 uneingeschr partfäh. Vgl ferner VwGO 61 Nr 2, SGG 70 Nr 2, FGO 58 II, ArbGG 10. Diese REntwicklg rechtf es, die **aktive Parteifähigkeit** für **alle nichtrechtsfähigen Vereine** zu bejahen (MüKo/Reuter Rn 12, Soergel/Hadding Rn 33, Stoltenberg MDR **89**, 496). Die GgAns (BGH **109**, 15, BAG DB **90**, 1568, Kblz NJW-RR **93**, 697) führt zu einer (auch verfassgsrechtl bedenkl) weitgehdenVerweigerg von gerichtl RSchutz.

6) Haftung. – a) Die Haftg der **Mitglieder** für rechtsgeschäftl Verbindlichk beruht auf § 427. Die 12
Vertretgsmacht des Vorstd ist dchweg darauf beschränkt, die Mitgl nur hins ihres Anteils am Vereinsvermögen zu verpfl (BGH NJW **79**, 2304/2306, Soergel-Hadding Rn 24). Das ergibt sich aus der Satzg, notf dch eine ergänzde Auslegg anhand der VerkSitte (Erm-Westermann Rn 12). Auf die delikt Haftg ist nach jetzt hM § 31 entspr anzuwenden; er begründet ledigl eine Haftg des GesHandsVerm, nicht aber der Mitgl persönl (Soergel-Hadding Rn 24, MüKo/Reuter Rn 26; ebso für Gewerksch: BGH **42**, 210, **50**, 325; für Anwendg von § 831 u Haftg mit dem PrivVermögen der Mitgl RG **143**, 212, JW **33**, 423, Schlesw SchlHA **53**, 200). Auch soweit der Verein aus § 831 wg des Verhaltens eines VerrichtgsGeh in Anspr genommen w, haftet ausschließl das SonderVerm. Beim nichtrechtsf Idealverein ist die Haftg daher idR auf das Vereinsvermögen beschränkt (Hamm WM **85**, 644). Verfolgt der Verein wirtschaftl Zwecke iSd § 22, haften dagg neben dem Vereinsvermögen auch alle Mitgl persönl (BGH **22**, 240, MüKo/Reuter Rn 28). – **b)** Die persönl Haftg des 13
Handelnden (§ 54 S 2) ist von seiner Stellg innerh des Vereins unabhäng. Sie entsteht auch dann, wenn der Handelnde vertretgsberecht ist u dch sein Handeln den Verein verpfl. Sie ist keine ErsHaftg, sond zusätzl Haftg u umfaßt nicht nur ErfAnspr, sond auch sämtl SekundärAnspr, auch soweit sie auf von and VereinsMitgl begangenen VertrVerletzgen beruhen (LG Münster VersR **98**, 1516), u Anspr aus c. i. c. (BGH NJW **57**, 1186). Die Haftg erstreckt sich auch auf die Kosten eines von dem Handelnden für den Verein geführten RStreits (VGH Mannh JurBüro **99**, 205). Handelnder ist, wer nach außen hin für den Verein auftritt. Auf den dch AuftrErteilg, Einverständn od Gen nur mittelb Handelnden ist § 54 S 2 jedenfalls bei einem Idealverein nicht anzuwenden (BGH aaO). Ist der Handelnde für einen Vorverein (§ 21 Rn 10) aufgetreten, erlischt seine Haftg, wenn der Verein rechtsf w (s Celle NJW **76**, 806, ebso BGH **80**, 182 zu GmbHG 11). Das gilt aber nicht, wenn der Handelnde vor BeschlFassg über die Satzg für die VorGründgsGbR tät geworden ist (s Düss MDR **84**, 489 u BGH **91**, 148/151, NJW **98**, 1645 zur GmbH). Der Anspr verjährt in der für den Anspr gg den Verein maßgebden Fr (LG Ffm DB **76**, 2058). Die Haftg kann nicht dch die Satzg, wohl aber dch Vertr auf das Vereinsvermögen beschränkt w. Erforderl sind aber konkr Anhaltspkte für einen entspr PartWillen (BGH NJW **57**, 1186). Auf polit Part u Fraktionen ist § 54 S 2 nach PartG 37 nicht anzuwenden (Schlesw SchlHA **95**, 237).

7) Für den nichtrechtsf Verein gelten die gleichen Erlöschens- u **Auflösungsgründe** wie für den rechtsf 14
(§ 41 Rn 2 ff). Währd der eV als jur Pers mit nur einem Mitgl weiterexistieren kann, sind für einen nichtrechtsf aber mindestens 2 Mitgl erforderl. Die nach GesellschR weiter mögl AuflösgsGrde (Künd, Konk od Tod eines Mitgl) finden auf den nichtrechtsf Verein keine Anwendg. Da der nichtrechtsf Verein idR nur mit dem VereinsVerm haftet, muß nach Auflösg des Vereins entspr § 47 eine Liquidation stattfinden (MüKo/Reuter Rn 33, str). Die mit der Abwicklg betrauten Pers haften analog § 53.

2. Eingetragene Vereine

Vorbemerkung

1) Die §§ 55–79 regeln die **registermäßige Behandlung** des Idealvereins. Einzutragen sind: Verein 1
(§ 64), Vorstd u Liquidatoren (§§ 64, 67, 76), Beschränkgen ihrer Vertretgsmacht (§§ 64, 70, 76 I 2), Satzgsändergen (§ 71), Auflösg, Entziehg der RFgk, Eröffng des InsVerf (§§ 74, 75). Auch die Beendigg der Liquidation u das Erlöschen des Vereins sind eintraggspflichtig (§ 76 Rn 3, sehr str). **Konstitutiv** ist die Eintragg ledigl für die Erlangg der RFgk (§ 21) u die Satzgsänderg (§ 71), iü haben die Eintraggen nur deklarator Wirkg (§ 70 Rn 2). Jede Eintragg setzt eine **Anmeldung** voraus, die notf gem § 78 erzwungen w kann. Die Erstanmeldg muß dch alle VorstdMitgl erfolgen (§ 59 Rn 1); in allen and Fällen (§§ 67, 71, 74, 76) genügt eine Anmeldg dch den Vorstd in vertretgsberecht Zahl (BGH **96**, 245, BayObLG **81**, 270). Gesetzw Anmeldgen sind zurückzuweisen (§ 60). Für das Verf gilt ergänzd das FGG, insb die §§ 159, 160 a, u die VRV v. 10. 2. 99 (BGBl I 147); vgl dazu Demharter FGPrax **99**, 84.

2) Die Eintragg ist beim Fehlen einer wesentl Voraussetzg unzul (FGG 159, 142). Sie kann vom Ger mit 2
Wirkg *ex nunc* vAw gelöscht w (Sauter/Schweyer Rn 413). Bis zur Löschg ist die Eintragg gült (RG **81**, 210, BGH NJW **83**, 993); sie führt zur Auflösg u Liquidation (MüKo/Reuter § 41 Rn 17, aA Oetker NJW **91**, 385), jedoch kann die MitglVersammlg das Weiterbestehen als nicht rechtsfäh Verein beschließen. Ein wesentl **Mangel** iSd FGG 142 ist der Verstoß gg MußVorschr (§§ 21, 26 I, 57 I, 59 I, 73). Bei Verletzg von SollVorschr (§§ 56, 57 II, 58, 59 III) hat das Ger die Anmeldg, soweit der Mangel behebb ist, dch ZwVfg zu beanstanden (BayObLG **69**, 33) u notf zurückzuweisen, § 60 (BayObLG NJW-RR **92**, 802, Stgt OLGZ **83**, 307/309); die ohne Beseitigg des Mangels dchgeführte Eintragg ist aber wirks.

55 ***Zuständigkeit des Amtsgerichts.*** **I Die Eintragung eines Vereins der im § 21 bezeichneten Art in das Vereinsregister hat bei dem Amtsgerichte zu geschehen, in dessen Bezirke der Verein seinen Sitz hat.**

II Die Landesjustizverwaltungen können die Vereinssachen einem Amtsgericht für die Bezirke mehrerer Amtsgerichte zuweisen.

Das RPflG 1957 hat den Absatz 2 angefügt. Die örtl Zuständigk richtet sich nach dem Sitz des Vereins 1
(§ 24). Zur Sitzverlegg s § 24 Rn 3. Funktionell zuständ ist der RPfleger (RPflG 3 Nr 1 a). Die vom örtl unzuständ Ger vorgenommene Eintragg ist wirks (FGG 7).

55a *EDV-Vereinsregister.* **I Die Landesregierungen können durch Rechtsverordnung bestimmen, daß und in welchem Umfang das Vereinsregister in maschineller Form als automatisierte Datei geführt wird. Hierbei muß gewährleistet sein, daß**

1. die Grundsätze einer ordnungsgemäßen Datenverarbeitung eingehalten, insbesondere Vorkehrungen gegen einen Datenverlust getroffen sowie die erforderlichen Kopien der Datenbestände mindestens tagesaktuell gehalten und die originären Datenbestände sowie deren Kopien sicher aufbewahrt werden;

2. die vorzunehmenden Eintragungen alsbald in einen Datenspeicher aufgenommen und auf Dauer inhaltlich unverändert in lesbarer Form wiedergegeben werden können;

3. die nach der Anlage zu § 126 Abs. 1 Satz 2 Nr. 3 der Grundbuchordnung gebotenen Maßnahmen getroffen werden.

Die Landesregierungen können durch Rechtsverordnung die Ermächtigung nach Satz 1 auf die Landesjustizverwaltungen übertragen.

II Die Führung des Vereinsregisters auch in maschineller Form umfaßt die Einrichtung und Führung eines Verzeichnisses der Vereine sowie weiterer, für die Führung des Vereinsregisters erforderlicher Verzeichnisse.

III Das maschinell geführte Vereinsregister tritt für eine Seite des Registers an die Stelle des bisherigen Registers, sobald die Eintragungen dieser Seite in den für die Vereinsregistereintragungen bestimmten Datenspeicher aufgenommen und als Vereinsregister freigegeben worden sind. Die entsprechenden Seiten des bisherigen Vereinsregisters sind mit einem Schließungsvermerk zu versehen.

IV Eine Eintragung wird wirksam, sobald sie in den für die Registereintragungen bestimmten Datenspeicher aufgenommen ist und auf Dauer inhaltlich unverändert in lesbarer Form wiedergegeben werden kann. Durch eine Bestätigungsanzeige oder in anderer geeigneter Weise ist zu überprüfen, ob diese Voraussetzungen eingetreten sind. Jede Eintragung soll den Tag angeben, an dem sie wirksam geworden ist.

V Die zum Vereinsregister eingereichten Schriftstücke können zur Ersetzung der Urschrift auch als Wiedergabe auf einem Bildträger oder auf anderen Datenträgern aufbewahrt werden, wenn sichergestellt ist, daß die Wiedergaben oder die Daten innerhalb angemessener Zeit lesbar gemacht werden können. Bei der Herstellung der Bild- oder Datenträger ist ein schriftlicher Nachweis über ihre inhaltliche Übereinstimmung mit der Urschrift anzufertigen.

VI Wird das Vereinsregister in maschineller Form als automatisierte Datei geführt, so kann die Datenverarbeitung im Auftrag des zuständigen Amtsgerichts auf den Anlagen einer anderen staatlichen Stelle oder auf den Anlagen einer juristischen Person des öffentlichen Rechts vorgenommen werden, wenn die ordnungsgemäße Erledigung der Registersachen sichergestellt ist. Die Landesregierungen werden ermächtigt, durch Rechtsverordnung zu bestimmen, daß die Daten des bei einem Amtsgericht in maschineller Form geführten Vereinsregisters an andere Amtsgerichte übermittelt und dort auch zur Einsicht und zur Erteilung von Ausdrucken bereitgehalten werden, wenn dies der Erleichterung des Rechtsverkehrs dient und mit einer rationellen Registerführung vereinbar ist; die Landesregierungen können durch Rechtsverordnung die Ermächtigung auf die Landesjustizverwaltungen übertragen.

VII Das Bundesministerium der Justiz wird ermächtigt, durch Rechtsverordnung mit Zustimmung des Bundesrates nähere Vorschriften zu erlassen über die Einzelheiten der Einrichtung und Führung des Vereinsregisters, auch soweit es maschinell geführt wird.

1 **1) Allgemeines.** Die dch das RegVBG in das BGB eingefügte Vorschr ermöglicht die Umstellg des VereinsReg auf EDV, begründet aber keine Pfl dazu. § 55a entspr weitgehd GBO 126, 128 u 129, die – prakt viel wichtiger – die Einführg des EDV-GrdB zulassen. Eine weitere ParallelVorschr enthält für das HandelsReg HGB 8 a. § 55 a enthält aussschließl VerfR; seine Einfügg in das BGB ist systemwidr. Aufgrd der Ermächtigg in § 55a VII hat das BMJ die VRV (Vorbem 1 vor § 55) erlassen, die in §§ 18 ff ergänzde Vorschr für das EDV-Reg enthält..

2 **2) Umstellung des Registers auf EDV.** Sie setzt voraus: – **a)** Eine **RVO** der LReg (I 1) od, wenn diese ihre Ermächtigg übertragen hat (I 3), eine RVO der LJustizVerw. Die Umstellg kann zeitl gestaffelt u auf Teile des Reg beschränkt w. Das maschinell geführte RegBlatt (VRV 19) ist dch Neufassg (VRV 23) od dch Umstellg (VRV 24) anzulegen. Auch das alphabetische Namensverzeichnis (VRV 2 III) ist gem II maschinell
3 zu führen. – **b) Zuverlässigkeit und Sicherheit des Registers.** Die SicherhAnfordergen ergeben sich aus I
4 2 Nr 1–3 u der in I 2 Nr 3 in Bezug genommenen Anlage zu GBO 126 I 2 Nr 3 (Schönfelder Nr 114). – **c) Wirksamwerden der Umstellung (III).** Die Umstellg wird nicht einheitl für den ganzen Bezirk wirks, sond für die einzelnen Vereine, sobald für sie die Umstellg vollzogen ist.

5 **3) Führung des EDV-Registers. – a) Wirksamwerden der Eintragung (IV).** Beim EDV-Reg ist die Unterzeichng der Eintragg (FGG 159, 127) nicht mögl. IV stellt daher auf die Aufnahme der Eintragg in den Datenspeicher ab. Nimmt der Rpfleger (UrkBeamte) die Eintragg selbst vor, bedarf es keiner EintraggsVfg (VRV 27). Die anschließde Überprüfg der Eintragg (IV 2) ist eine wicht SichgsMaßn, aber ebso wie die
6 Datierg (IV 3) keine WirksamkVoraussetzg. – **b) Registerakten (V).** Die RegAkten werden auch nach Anlegg des EDV-Reg wie bisher geführt (VRV 26, 7), jedoch kann das Handblatt vernichtet w. Die zum Reg eingereichten Schriftstücke können dch eine verkleinerte Wiedergabe auf Datenträger aufbewahrt w (V).
7 – **c) Benutzung von anderen EDV-Anlagen.** VI 1 u VRV 37 ermöglichen es, die Datenverarbeitg einer and staatl Stelle od einer and jur Pers des öffR zu übertragen. Auch in diesem Fall bleibt das Reg ein nach § 55 a u den Vorschr der VRV zu führdes gerichtl Reg; das Rechenzentrum verrichtet ledigl technische

Hilfstätigk. – **d) Datenübermittlung an andere Amtsgerichte (VI 2).** Sie kann dch RVO zugelassen werden, um die RegEinsicht (§ 79) auch bei and AG zu ermöglichen. 8

56 *Mindestmitgliederzahl.* **Die Eintragung soll nur erfolgen, wenn die Zahl der Mitglieder mindestens sieben beträgt.**

Die Vorschr soll verhindern, daß unbedeutde Vereine eingetragen u rechtsf w. Auch bei einem Dachverband sind 7 Mitgl erforderl (LG Hbg Rpfleger **81**, 198, aA LG Mainz MDR **78**, 312). Setzen sich die Gründer aus natürl Pers u von diesen beherrschten jur Pers zus, sind für § 56 nur die natürl Pers maßgebd (Stgt OLGZ **83**, 307). Wird die Mindestzahl nicht erreicht, ist die Eintragg abzulehnen (§ 60). Eine in Verletzg des § 56 vorgenommene Eintragg ist auch dann gült, wenn sie dch Täuschg des Ger erschlichen ist (Vorbem 2 v § 55). Religiöse Vereine (Einf 17 v § 21) können wg ihres verfassgsrechtl Schutzes auch von weniger als 7 Mitgl gegründet w (Hamm NJW-RR **97**, 1397). Es müssen aber bei Gründg mindestens 2 Mitgl vorhanden sein, da es sonst an einem wesentl Begriffsmerkmal des Vereins fehlt (MüKo/Reuter Rn 1). 1

57 *Satzung, Mindesterfordernisse.* **I Die Satzung muß den Zweck, den Namen und den Sitz des Vereins enthalten und ergeben, daß der Verein eingetragen werden soll.**

II Der Name soll sich von den Namen der an demselben Orte oder in derselben Gemeinde bestehenden eingetragenen Vereine deutlich unterscheiden.

58 *Weitere Erfordernisse.* **Die Satzung soll Bestimmungen enthalten:**

1. über den Eintritt und Austritt der Mitglieder;
2. darüber, ob und welche Beiträge von den Mitgliedern zu leisten sind;
3. über die Bildung des Vorstandes;
4. über die Voraussetzungen, unter denen die Mitgliederversammlung zu berufen ist, über die Form der Berufung und über die Beurkundung der Beschlüsse.

1) § 57 I ist zwingdes Recht. Seine Verletzg macht die Eintragg unzul (Vorbem 2 v § 55). Die **Satzung** muß beim Ger in Urschrift u Abschrift eingereicht w (§ 59). Sie bedarf daher der Schriftform; dabei handelt es sich aber um eine OrdngsVorschr (RGRK-Steffen Rn 1). Fehlt in der Satzg die Klausel, daß der Verein eingetragen w soll, so ist dieser Mangel nach Eintragg unschädl, wenn ein entspr formloser Beschl des Vereins vorliegt (Spitzenberg Rpfleger **71**, 243). Die Satzg kann auch in plattdeutsch verfaßt sein (LG Osnabrück Rpfleger **65**, 304, str). Bezugn auf die beigefügte Satzg eines and Vereins sind zul, wenn die Verweisg eindeut u widersprfrei ist u sie nicht dynamisch, sond statisch ausgestaltet ist (Hamm OLGZ **87**, 397). Die **Prüfung** der Satzg beschränkt sich darauf, ob die in §§ 57 f genannten Mindestvoraussetzgen erfüllt sind u ob Grde für eine GesNichtigk (§ 25 Rn 5) vorliegen (Köln NJW **89**, 173, Hamm NJW-RR **95**, 119); eine weitergehde Prüfg, etwa der Klarh u Zweckmäßigk der Satzg, ist unzul (Köln NJW **92**, 1048, NJW-RR **94**, 1547, Rpfleger **95**, 165). Zum Zweck s §§ 21, 22, 23, zum Sitz s § 24. 1

2) Namen. – a) Der Verein darf nur einen Namen führen (s RG **85**, 399). Die Führg eines zweiten ist nur zul, wenn er im Rahmen seines Nebenzweckprivilegs (§ 21 Rn 4) eine übernommene Firma weiterbetreibt (s KG JW **32**, 62). § 57 II ist ledigl eine SollVorschr, entspr anwendb ist aber HGB 18 II. Ein Name, der zur **Täuschung** über Art, Größe, Alter od sonst Verhältn des Vereins geeignet ist, darf daher gem § 60 nicht eingetragen w (Köln NJW-RR **97**, 1531); ist er eingetragen, kann er gem FGG 159, 142 vAw gelöscht w (BayObLG NJW **72**, 957, Hamm OLGZ **81**, 433, stRspr). Seit der nF des HGB 18 II dch das HRefG setzt die Vorschr aber Angaben voraus, die geeignet sind, über Verhältn irrezuführen, die für die angesprochenen VerkKreise **wesentlich** sind. Kein Eintraggshindern ist die Verletzg des NamensR eines and Vereins (BayObLG **86**, 370). Die Löschg des Namens läßt die RFgk des Vereins unberührt (BGH NJW **84**, 668). 2
– **b) Einzelfälle:** Täuschd sind etwa: „Internationaler Wassersport-Club" für einen kleinen lokalen Verein (LG Hagen Rpfleger **71**, 428); „International Chamber of Commerce" für einen Verein ohne Verbindg zu staatl Stellen und Organisationen der Wirtsch (Stgt WRP **96**, 945); „Privilegierte SchützenGesellsch" für einen Verein ohne Privilegien (BayObLG **59**, 287); „Stiftg" für einen Verein, der ausschließl von MitglBeiträgen lebt u keiner Kontrolle der öffentl Hand unterliegt (BayObLG NJW **73**, 249, Köln NJW-RR **97**, 1531); „AktionsGemsch der dtschen RAnw" für einen Verein mit unbedeutder MitglZahl (Hamm OLGZ **78**, 428); „Ärztl ArbKreis", wenn nur 1/3 der Mitgl Ärzte sind (Karlsr OLGZ **82**, 385), ein geografischer Zusatz, wenn der Verein in der Region keine besondere Bedeutg hat (LG Schweinfurth Rpfleger **85**, 496). Täuschd **können** auch folgde Bezeichngen od Zusätze sein: Kammer (Ffm OLGZ **74**, 332); Verband (BayObLG **74**, 299) Hanseatisch (Celle Rpfleger **74**, 222); Deutsch (BGH NJW-RR **87**, 1178); Ausschuß (Mü WRP **75**, 178, BayObLG **85**, 215); Akademie (Brem NJW **72**, 164); Gemeinde (LG Bonn Rpfleger **87**, 205, s aber auch BayObLG **82**, 278); Institut (s BGH NJW-RR **87**, 735, BayObLG NJW-RR **90**, 1125); Landesarbeits-Gemsch (BayObLG NJW-RR **93**, 184); Fachverband (LG Brem Rpfleger **89**, 202); Jahreszahl, die nicht mit dem Gründgsjahr ident ist (BayObLG NJW **72**, 957, KG OLGZ **83**, 272). **Unbedenklich** sind die Namen „Anwalt des Kindes", wenn Interessen von Kindern wahrgenommen werden sollen (Hbg NJW-RR **91**, 1005), u „Ärztetag für Medizin ohne Nebenwirkg", wenn der Vereinszweck entspr ausgerichtet ist (BayObLG NJW **92**, 2362). 3

3) § 58 enthält SollVorschr (s Vorbem 2 v § 55). – **a) Nr 1.** Die Satzg muß klarstellen, ob zum **Eintritt** eine BeitrittsErkl genügt od ob ein bes AufnVerf stattfinden soll (BayObLG NJW **72**, 1323, LG Münst MDR **74**, 309). Eine Vorschr über die Form des Beitritts ist dagg nicht erforderl, da iZw Formfreih gilt (BayObLG aaO). 4
– **b) Nr 2.** Der Verein kann grdsl nur **Beiträge** erheben, wenn die Satzg das vorsieht (Hamm DB **76**, 5

93). Ausnw kann sich das Recht zur Beitragserhebg aus dem Vereinszweck ergeben. Ziffermäß Bestimmg der Beitragshöhe ist nicht erforderl (BGH NJW **95**, 2981); es genügt idR, wenn die Satzg das für die Festsetzg zuständ Organ bezeichnet. Will der Verein dch die Beiträge umfangreiche Leistgen für die Mitgl finanzieren, muß die Satzg die Grdzüge der BeitragsPfl festlegen (BGH **105**, 306). Auch Umlagen für einen außergewöhnl Bedarf bedürfen einer satzgsmäß Grdl (Mü NJW-RR **98**, 966). Eine satzgsmäß Pfl zur Zahlg eines monatl Beitrags berecht nicht zur Festsetzg eines 13. Beitrags (Mü aaO). Der Beitrag kann bei einer entspr satzgsmäß Grdl auch in einer Wk- od Dienstleistg bestehen (AG Grevenbroich NJW **91**, 2646); zwingde arbeitsrechtl Schutznormen dürfen aber nicht umgangen w (BAG NJW **96**, 143/151). Bei der Festsetzg des Beitrags ist der Verein an den Grds der Gleichbehandlg gebunden (LG Bonn DB **92**, 879). Die BeitrPfl endet mit der Eröffng
6 des InsVerf (BGH **96**, 253). – **c) Nr 3.** Die Satzg muß unzweideut festlegen, wie sich der **Vorstand** zusammensetzt (s § 26 Rn 2). Bestimmt die Satzg eine Höchst- u/od Mindestzahl, entscheidet die Mitgl-Versammlg (BayObLG **69**, 33). Die Bestimmg der Zahl der VorstdMitgl kann der MitglVersammlg auch ohne
7 Festlegg einer Ober- u Untergrenze überlassen w (LG Gießen MDR **84**, 312). – **d) Nr 4.** Die Satzg muß die Form der Berufg der **Mitgliederversammlung** bestimmen; sie kann diese nicht dem Ermessen des Vorstd überlassen (Hamm OLGZ **65**, 66, näher § 32 Rn 3). Über die Beurk der Beschlüsse kann die Satzg nach freiem Belieben entscheiden. Sie kann auch von einer Beurk absehen. Bestimmt die Satzg, daß Beschlüsse in einem ua vom ProtokollFü zu unterschreibden Protokoll niederzulegen sind, muß dieser ausdr als „ProtokollFü" unterzeichnen (Hamm NJW-RR **97**, 484).

59 *Anmeldung.*

[I] Der Vorstand hat den Verein zur Eintragung anzumelden.

[II] Der Anmeldung sind beizufügen:

1. die Satzung in Urschrift und Abschrift;
2. eine Abschrift der Urkunden über die Bestellung des Vorstandes.

[III] Die Satzung soll von mindestens sieben Mitgliedern unterzeichnet sein und die Angabe des Tages der Errichtung enthalten.

1 I begründet trotz seines befehlden Wortlauts für den Vorstd keine öffr AnmeldePfl (*arg* § 78). Verweigert der Vorstd die Anmeldg, muß die MitglVersammlg notf gem § 27 II vorgehen. AntrSteller ist der Vorverein (BayObLG NJW-RR **91**, 958). Auch wenn die Satzg für RGesch Einzelvertretg zuläßt, muß die Erstanmeldg dch **alle Vorstandsmitglieder** erfolgen (Hamm OLGZ **80**, 389, **84**, 15, MüKo/Reuter Rn 3, str, aA BayObLG NJW-RR **91**, 958, LG Schwerin Rpfleger **97**, 264, s Vorbem 1 v § 55). Obliegt die Wahl einem and Vereinsorgan, zB einem Kuratorium, ist der Anmeldg auch die Urk über dessen Bestellg beizufügen (BayObLG **84**, 1). Anmeldg dch einen Bevollmächtigten setzt eine öff beglaubigte Vollm voraus (KGJ **26**, A 232). Eine ohne Anmeldg od aGrd einer nicht ordngsmäß Anmeldg vorgenommene Eintragg ist gem FGG 159, 142 vAw zu löschen (BayObLG JFG **1**, 273). Verstoß gg II u III berührt Gültigk der Eintragg nicht. Form der Anmeldg s § 77.

60 *Zurückweisung der Anmeldung.*

Die Anmeldung ist, wenn den Erfordernissen der §§ 56 bis 59 nicht genügt ist, von dem Amtsgericht unter Angabe der Gründe zurückzuweisen.

1 Die Anmeldg ist auch bei sonst GesVerletzgen zurückzuweisen. Gleichgült ist, ob die verletzte Norm eine Muß- oder SollVorschr ist (Vorbem 2 v § 55). Das Ger hat, wenn begründete Bedenken bestehen, ein mat PrüfgsR (BayObLG **63**, 17). ZurückweisgsGrde sind etwa: gesetzwidr Vereinszweck (§ 25 Rn 5), Verstoß gg die guten Sitten (s RG JW **20**, 961), Verfolgg wirtschaftl Zwecke (§ 21 Rn 2 ff), Führg eines täuschden Namens (§ 58 Rn 2 f), Mißbr der RForm des Vereins für eine unselbstd VerwStelle (§ 25 Rn 8). Es entscheidet der Rpfleger. Gg seine Entscheidg ist die sofort Erinnerg zul (RPflG 11), die, wenn ihr der Ri nicht abhilft, gem RPflG 11 II, FGG 160 a I zur sofort Beschw w. Beschwerdeberecht ist der Vorverein (§ 21 Rn 9). Ist der Mangel behebb, ist eine ZwVfg u nicht die sofort Zurückweisg angezeigt (BayObLG **69**, 33).

61-63

(Betrafen Mitwirkg der Verw an Verf zur Eintragg des Vereins; aufgehoben zum 1. 6. 98 dch JuMiG. Vgl jetzt FGG 159 II. Früheres Recht vgl 57. Aufl.)

64 *Inhalt der Eintragung.*

Bei der Eintragung sind der Name und der Sitz des Vereins, der Tag der Errichtung der Satzung sowie die Mitglieder des Vorstandes im Vereinsregister anzugeben. Bestimmungen, die den Umfang der Vertretungsmacht des Vorstandes beschränken oder die Beschlußfassung des Vorstandes abweichend von der Vorschrift des § 28 Abs. 1 regeln, sind gleichfalls einzutragen.

65 *Zusatz „e. V.".*

Mit der Eintragung erhält der Name des Vereins den Zusatz „eingetragener Verein".

66 *Bekanntmachung.*

[I] Das Amtsgericht hat die Eintragung durch das für seine Bekanntmachungen bestimmte Blatt zu veröffentlichen.

[II] Die Urschrift der Satzung ist mit der Bescheinigung der Eintragung zu versehen und zurückzugeben. Die Abschrift wird von dem Amtsgerichte beglaubigt und mit den übrigen Schriftstükken aufbewahrt.

1) Eintragung. – a) § 64 regelt iVm FGG 159, 130 den **Inhalt der Eintragung.** Zwingd erforderl ist die Eintragg von Name u Sitz des Vereins. Fehlen diese zur Individualisierg notw Angaben liegt keine Eintragg im RSinne vor; iü ist § 64 nur OrdngsVorschr. – **b)** Mit der Eintragg beginnt die **Rechtsfähigkeit** des Vereins. Sie besteht bis zur Löschg (Vorbem 2 v § 55) auch dann, wenn die Eintragg in Verletzg zwingden Rechts erfolgt ist. Der Verein muß den Zusatz „eingetragener Verein" od abgekürzt „eV" führen (§ 65). Ein entspr fremdsprachl Zusatz genügt nicht (KG JW **30**, 3777). Wiederholte Verletzg des § 65 kann für den Handelnden eine RScheinhaftg analog § 54 S 2 begründen, nicht aber ein einmaliger Verstoß (Celle NJW-RR **99**, 1952). – **c) Eintragungen** über den gesetzl **vorgeschriebenen Inhalt** hinaus sind entspr einem allg Grds des RegR nicht zul (RG **85**, 141, BayObLG **69**, 37, KG JFG **2**, 280, hM). Zu den nach dem Zweck des Ges eintraggsfäh Tats gehört alles, was die satzgsmäß Vertretgsverhältn des Vereins offenlegt (§ 70 Rn 4). Eintraggsfäh sind daher die Ausgestaltg der Vertretgsmacht bei einem mehrköpfigen Vorstd (s BGH **69**, 250), insbes die Einräumg von Einzelvertretgsmacht od sonst Abweichgen vom MehrhPrinzip (Düss Rpfleger **82**, 477), die Bestellung von bes Vertretern gem § 30 (BayObLG **81**, 71/77), ausgenommen jedoch die bloßen Haftgsvertreter (§ 30 Rn 6). 1 2 3

2) Die **Bekanntmachung** dch Veröffentlichg (§ 66 II) u dch Mitteilg an den Anmelddden (FGG 159, 130 II) ist Pfl des Ger, aber nicht WirksamkVoraussetzg der Eintragg. – Gg die Eintragg ist **kein Rechtsmittel,** sond nur der Antr auf Amtslöschg gem FGG 159, 142 zul. RMittel gg Zurückweisg der Anmeldg s § 60 Rn 1. 4

67 *Änderung des Vorstandes.* **[I] Jede Änderung des Vorstands ist von dem Vorstand zur Eintragung anzumelden. Der Anmeldung ist eine Abschrift der Urkunde über die Änderung beizufügen.**

[II] Die Eintragung gerichtlich bestellter Vorstandsmitglieder erfolgt von Amts wegen.

68 *„Negative Publizität".* **Wird zwischen den bisherigen Mitgliedern des Vorstandes und einem Dritten ein Rechtsgeschäft vorgenommen, so kann die Änderung des Vorstandes dem Dritten nur entgegengehalten werden, wenn sie zur Zeit der Vornahme des Rechtsgeschäfts im Vereinsregister eingetragen oder dem Dritten bekannt ist. Ist die Änderung eingetragen, so braucht der Dritte sie nicht gegen sich gelten zu lassen, wenn er sie nicht kennt, seine Unkenntnis auch nicht auf Fahrlässigkeit beruht.**

69 *Registerauszug.* **Der Nachweis, daß der Vorstand aus den im Register eingetragenen Personen besteht, wird Behörden gegenüber durch ein Zeugnis des Amtsgerichts über die Eintragung geführt.**

70 *Beschränkung der Vertretungsmacht; Beschlußfassung.* **Die Vorschriften des § 68 gelten auch für Bestimmungen, die den Umfang der Vertretungsmacht des Vorstandes beschränken oder die Beschlußfassung des Vorstandes abweichend von der Vorschrift des § 28 Abs. 1 regeln.**

1) Seit der nF des § 67 dch das VereinsG sind nur noch **Änderungen des Vorstands** anmeldepflicht, nicht mehr die Wiederwahl derselben VorstdMitgl. Es genügt die Anmeldg dch den Vorstd in vertretgsberecht Zahl (BGH **96**, 245, Vorbem 1 v § 55). Erzwingbark der Anmeldg: § 78, Form: § 77. 1

2) Wirkung der Eintragung. – a) Die Eintragg des Vorstd (§ 64), von Beschränkgen seiner Vertretgsmacht (§ 70), von Bestimmgen über seine BeschlFassg (§ 70) u von Ändergen seiner ZusSetzg (§ 67) wirkt nur kundmachd, § 68 (BayObLG NJW-RR **97**, 289). Sie hat keine positive Publizität, schützt also nicht gg eine von Anfang an unricht Eintragg (BayObLG Rpfleger **83**, 74), jedoch kann in einem solchen Fall Vertretgsmacht nach RScheinGrds anzunehmen sein (§ 173 Rn 13). Nach § 68 iVm § 70 hat das Vereinsregister **negative Publizität.** Beschränkgen od Ändergen, die nicht eingetragen sind, können Dr nur entggehalten w, wenn er sie kannte; Kennenmüssen genügt nicht. Umgekehrt muß der Dr eingetragene Beschränkgen u Ändergen gg sich gelten lassen, es sei denn, daß er sie nicht kennt u nicht kennen muß, etwa weil die Eintragg unmittelb vor Abschluß des RGesch erfolgt ist od der Dr sich einen Registerauszug (s § 69) hat vorlegen lassen. Beschränkgen dch Satzgsänderg wirken aber wg § 71 auch ggü einem Bösgläubigen nur iF der Eintragg. – **b) Dritter** iSd § 68 kann auch ein VereinsMitgl sein, so zB wenn der Beitrag an den fr Vorstd gezahlt w. § 68 gilt auch im Proz (Ffm Rpfleger **78**, 134: Zust an eingetr VorstdMitgl), nicht aber, sow es um Maßn gem ZPO 890 geht (Ffm aaO), auch nicht im delikt Bereich (BGH DB **85**, 1838). Zur **Einberufung** der MitglVersammlg ist der eingetragene Vorstd analog AktG 121 II 2 auch dann befugt, wenn die Bestellg ungült od die Amtszeit abgelaufen ist (KG OLGZ **71**, 480, BayObLG **85**, 24, **88**, 410). – **c) Beschränkungen** der Vertretgsmacht u Bestimmgen, die bei einem mehrköpf Vorstd die Vertretgsbefugn abw von § 28 I regeln, müssen – and als der sonst SatzgsInh – im Register eingetragen w (s BGH **18**, 303); davon gehen §§ 68, 70 erkennb aus. Anmelde- u eintraggpflicht sind aber auch Befreiungen vom Verbot des § 181 (§ 181 Rn 21). 2 3 4

3) Das in § 69 vorgesehene **Legitimationszeugnis** dient der Erleichterg des Verk mit Behörden. Wenn eine PrivPers sich ein derart Zeugn vorlegen läßt, handelt sie idR nicht fahrl iSd § 68 S 2. 5

71 *Änderungen der Satzung.* **[I] Änderungen der Satzung bedürfen zu ihrer Wirksamkeit der Eintragung in das Vereinsregister. Die Änderung ist von dem Vorstande zur Eintragung anzumelden. Der Anmeldung ist der die Änderung enthaltende Beschluß in Urschrift und Abschrift beizufügen.**

[II] Die Vorschriften der §§ 60, 64 und des § 66 Abs. 2 finden entsprechende Anwendung.

1 **1) Eintragung. – a)** Die Eintragg ist iF der SatzgsÄnd (§ 33) **konstitutiv.** Solange sie nicht erfolgt ist, hat die SatzgsÄnd im Verhältn zu Dr u zu den Mitgl keine Wirkg (BGH **23**, 122/128, Köln NJW **64**, 1575). Die Vereinsorgane können bereits vor der Eintragg aufgrd der neuen Satzg Beschlüsse fassen, diese werden aber erst mit Eintragg der SatzgsÄnd wirks (RGRK-Steffen Rn 1). Aufschiebd bedingte od befristete Änd w dch
2 § 71 nicht ausgeschl (Ziegler Rpfleger **84**, 320, str). – **b)** Für die Anmeldg u das **Eintragungsverfahren** gelten die gleichen Regeln wie bei der Ersteintragg (II iVm §§ 60–64, 66 II). Es genügt jedoch die Anmeldg dch den Vorstd in vertretgsberecht Zahl (Vorbem 1 v § 55). Die Anmeldg muß dch den nach der alten Satzg gewählten Vorstd erfolgen; notf ist ein NotVorstd zu bestellen (§ 29); der aufgrd der geänderten Satzg gewählte Vorstd ist noch nicht zuständ (Brem NJW **55**, 1925, aA Richert DRiZ **57**, 17). Unzul SatzgsÄnd dürfen nicht eingetragen w (Stgt OLGZ **71**, 465). PrüfgsGgst ist der GesamtInh der Satzg, also auch der unverändert gebliebene Teil (BayObLG **84**, 293), aber nur in den Grenzen von § 58 Rn 1. Dagg ist nicht zu prüfen, ob die Satzg den schuldrechtl Pflten des Vereins, etwa auf Mitwirkg des BetrRats, entspr (LG Augsbg
3 Rpfleger **75**, 87). – **c)** § 71 betrifft SatzgsÄnd des eV. SatzgsÄnd im Gründgsstadium (§ 21 Rn 9) bedürfen keiner bes Anmeldg. Die Einreichg der geänderten Satzg genügt.

4 **2)** Hins des **Inhalts der Eintragung** ist zu unterscheiden: – **a)** Soweit die Änderg Ggst betrifft, die nach §§ 64, 70 inhaltl im Register zu verlautbaren sind, muß die Eintragg den Inh unzweideut wiedergeben. Das
5 gilt vor allem für Beschränkgen der Vertretgsmacht des Vorstd (BGH **18**, 303, allgM). – **b)** Bei sonst Ändergen genügt es, daß die Eintragg die geänderte Satzgsbestimmg bezeichnet; der allg Vermerk, die Satzg sei geändert, reicht nicht (RG HRR **33**, 1635, MüKo/Reuter Rn 2, str).

72 ***Bescheinigung der Mitgliederzahl.*** **Der Vorstand hat dem Amtsgericht auf dessen Verlangen jederzeit eine von ihm vollzogene Bescheinigung über die Zahl der Vereinsmitglieder einzureichen.**

73 ***Entziehung der Rechtsfähigkeit.*** **Sinkt die Zahl der Vereinsmitglieder unter drei herab, so hat das Amtsgericht auf Antrag des Vorstandes und, wenn der Antrag nicht binnen drei Monaten gestellt wird, von Amts wegen nach Anhörung des Vorstandes dem Vereine die Rechtsfähigkeit zu entziehen.**

1 **1)** Seit der Änderg des **§ 72** dch das RVereinsG v 19. 4. 08 braucht die Bescheinigg nur noch die Zahl nicht mehr die Namen der Mitgl anzugeben. Erzwingbark der Verpflichtg: § 78; Bedeutg: §§ 33, 37, 73.

2 **2) § 73** gilt idF des VereinsG. Das RegGer muß bei Zw die MitglZahl des Vereins vAwg aufklären (FGG 12) u dabei über die Wirksamk von Austritten u Ausschlüssen entscheiden (Ffm Rpfleger **92**, 28). Die Vfg über die Entziehg der RFgk ist konstitutiv u w gem FGG 160 a erst mit der RKraft wirks. Fehlt ein Vorstd, kann das Ger vAw einen Notvorstd bestellen, um die Anhörg u Bekanntmachg der Vfg zu ermöglichen (BayObLG NJW-RR **89**, 765). Nach RKraft der Vfg muß grdsl gem § 47 eine Liquidation stattfinden (Vorbem 2 v § 55). Der Wegfall aller Mitgl führt automat zum Erlöschen des Vereins (§ 41 Rn 2).

74 ***Auflösung des Vereins.*** **I Die Auflösung des Vereins sowie die Entziehung der Rechtsfähigkeit ist in das Vereinsregister einzutragen. Im Falle der Eröffnung des Insolvenzverfahrens unterbleibt die Eintragung.**

II Wird der Verein durch Beschluß der Mitgliederversammlung oder durch den Ablauf der für die Dauer des Vereins bestimmten Zeit aufgelöst, so hat der Vorstand die Auflösung zur Eintragung anzumelden. Der Anmeldung ist im ersteren Falle eine Abschrift des Auflösungsbeschlusses beizufügen.

III Wird dem Verein auf Grund des § 43 die Rechtsfähigkeit entzogen, so erfolgt die Eintragung auf Anzeige der zuständigen Behörde.

75 ***Eröffnung des Insolvenzverfahrens.*** **Die Eröffnung des Insolvenzverfahrens ist von Amts wegen einzutragen. Das gleiche gilt für**

1. die Aufhebung des Eröffnungsbeschlusses;
2. die Bestellung eines vorläufigen Insolvenzverwalters, wenn zusätzlich dem Schuldner ein allgemeines Verfügungsverbot auferlegt oder angeordnet wird, daß Verfügungen des Schuldners nur mit Zustimmung des vorläufigen Insolvenzverwalters wirksam sind, und die Aufhebung einer derartigen Sicherungsmaßnahme;
3. die Anordnung der Eigenverwaltung durch den Schuldner und deren Aufhebung sowie die Anordnung der Zustimmungsbedürftigkeit bestimmter Rechtsgeschäfte des Schuldners,
4. die Einstellung und die Aufhebung des Verfahrens und
5. die Überwachung der Erfüllung eines Insolvenzplans und die Aufhebung der Überwachung.

76 ***Liquidatoren.*** **I Die Liquidatoren sind in das Vereinsregister einzutragen. Das gleiche gilt von Bestimmungen, welche die Beschlußfassung der Liquidatoren abweichend von der Vorschrift des § 48 Abs. 3 regeln.**

II Die Anmeldung hat durch den Vorstand, bei späteren Änderungen durch die Liquidatoren zu erfolgen. Der Anmeldung der durch Beschluß der Mitgliederversammlung bestellten Liquidatoren ist eine Abschrift des Beschlusses, der Anmeldung einer Bestimmung über die Beschlußfassung der Liquidatoren eine Abschrift der die Bestimmung enthaltenden Urkunde beizufügen.

§ 74 III neugefaßt dch das VereinsG, § 75 dch das EGInsO idF des EGInsOÄndG v 19.12.98 (BGBl I 3836). – **a)** Die Eintr setzt iF der Selbstauflösg (§ 74 II) eine Anmeldg voraus; sie kann gem § 78 erzwungen w u ist notf von einem vAw zu bestellden NotVorstd (§ 29) vorzunehmen (hM). In allen and Fällen erfolgt sie vAw od aufgrd Anzeige der zuständ Beh. Im Fall der Ins sind gem § 75 einzutragen die Eröffng des Verf (InsO 27), die Aufhebg des EröffngsBeschl (InsO 34 III), sowie die Einstellg (InsO 211 ff) u die Aufhebg (InsO 258) des Verf. Eintraggspflicht sind nach § 75 Nr 2–4 weiter die Bestellg eines vorläufigen InsVerw, wenn zugl SichgMaßn gem InsO 21 II Nr 2 angeordnet w, die Anordng der Eigenverwaltg des Schu (InsO 270) u die Anordng der ZustBedürftigk best RGesch (InsO 277), die Überwachg der Erf des InsPlanes (InsO 260), sowie der jeweilige *actus contrarius.* – **b)** Die **Liquidatoren** (§ 76) sind einzutragen wie VorstdMitgl; die Anmeldg hat der Vorstd in vertretgsberecht Anzahl vorzunehmen (Vorbem 1 v § 55), evtl auch ein bereits bestellter Liquidator (Hamm OLGZ **90**, 257). Die EintraggsPfl besteht auch bei Identität von Vorstd u Liquidatoren. Gem § 48 II gelten auch §§ 68–70. – **c)** In entspr Anwendg von GmbHG 13 II, AktG 273 I, HGB 157 ist auch die **Beendigung der Liquidation** einzutragen (Böttcher Rpfleger **88**, 175, Erman-Westermann Rn 1). Die GgAnsicht (LG Siegen Rpfleger **91**, 115) kann prakt nicht befriedigen, da mit der Beendigg der Liquidation die RFgk erlischt (§ 52 Rn 4) u diese Tats wg ihrer Bedeutg für den RVerk im Reg verlautbart w muß. Die vermittelnde Ans (LG Hann Rpfleger **67**, 174, Soergel-Hadding Rn 2), wonach die Beendigg der Liquidation eingetragen w kann, aber nicht muß, ist mit dem allg Grds des RegisterR unvereinb, wonach eintraggsfäh u eintraggspflicht Tats deckgsgleich sind (§ 66 Rn 3).

1 (beside line 1), 2 (beside "der jeweilige *actus contrarius*"), 3 (beside "Gem § 48 II")

77 ***Form der Anmeldungen.*** **Die Anmeldungen zum Vereinsregister sind von den Mitgliedern des Vorstandes sowie von den Liquidatoren mittels öffentlich beglaubigter Erklärung zu bewirken.**

1 Abgesehen vom Fall der Erstanmeldg genügt die Anmeldg dch ein vertretgsberecht Mitgl (Vorbem 1 v § 55). Für die öff Beglaubigg gilt § 129. Auch die Vollm zur Anmeldg bedarf der öff Beglaubigg (KGJ **26** A 232). Nichteinhaltg des § 77 berührt die Wirksamk der Eintragg nicht (Richert NJW **58**, 894).

78 ***Zwangsgeld.*** **I Das Amtsgericht kann die Mitglieder des Vorstandes zur Befolgung der Vorschriften des § 67 Abs. 1, des § 71 Abs. 1, des § 72, des § 74 Abs. 2 und des § 76 durch Festsetzung von Zwangsgeld anhalten.**

II In gleicher Weise können die Liquidatoren zur Befolgung der Vorschriften des § 76 angehalten werden.

1 EGStGB 121 hat die Ordngsstrafe dch Zwangsgeld ersetzt. Verfahren: FGG 159, 132–139; zuständ gem RPflG 3 Nr 1 a der Rpfleger; Rahmen des Zwangsgeldes nach EGStGB 6: 5–1000 DM. Das Zwangsgeld w gg die anmeldepflicht Einzelperson festgesetzt, nicht gg den Vorstd als Organ od gg den Verein (KGJ **26**, A 232, LG Lübeck SchlHA **84**, 115).

79 ***Einsicht in das Vereinsregister.*** **I Die Einsicht des Vereinsregisters sowie der von dem Vereine bei dem Amtsgericht eingereichten Schriftstücke ist jedem gestattet. Von den Eintragungen kann eine Abschrift gefordert werden; die Abschrift ist auf Verlangen zu beglaubigen. Werden die Schriftstücke nach § 55 a Abs. 5 aufbewahrt, so kann eine Abschrift nur von der Wiedergabe gefordert werden. Die Abschrift ist auf Verlangen zu beglaubigen. Eine Einsicht in das Original ist nur gestattet, wenn ein berechtigtes Interesse an der Einsicht darin dargelegt wird.**

II Die Einrichtung eines automatisierten Verfahrens, das die Übermittlung der Daten aus dem maschinell geführten Vereinsregister durch Abruf ermöglicht, ist zulässig, sofern sichergestellt ist, daß

1. der Abruf von Daten die nach Absatz 1 zulässige Einsicht nicht überschreitet und
2. die Zulässigkeit der Abrufe auf der Grundlage einer Protokollierung kontrolliert werden kann.

III Die Einrichtung eines automatisierten Verfahrens nach Absatz 2 bedarf der Genehmigung durch die von der Landesregierung bestimmten Stelle. Die Genehmigung darf erteilt werden

1. öffentlichen Stellen, soweit der Abruf von Daten ausschließlich zur Erfüllung der ihnen gesetzlich zugewiesenen Aufgaben erfolgt,
2. nicht öffentlichen Stellen, soweit der Abruf von Daten zur Wahrnehmung eines berechtigten beruflichen oder gewerblichen Interesses des Empfängers erfolgt und kein Grund zu der Annahme besteht, daß die Daten zu anderen als zu den vom Empfänger dargelegten Zwecken abgerufen werden.

IV Die Genehmigung setzt ferner voraus, daß

1. diese Form der Datenübermittlung wegen der Vielzahl der Übermittlungen oder wegen ihrer besonderen Eilbedürftigkeit angemessen ist,
2. auf seiten des Empfängers die Grundsätze einer ordnungsgemäßen Datenverarbeitung eingehalten werden und
3. auf seiten der speichernden Stelle die technischen Möglichkeiten der Einrichtung und Abwicklung des Verfahrens gegeben sind und eine Störung ihres Geschäftsbetriebs nicht zu erwarten ist.

V Die Genehmigung kann auch für den Abruf der Daten aus mehreren oder allen in einem Land maschinell geführten Vereinsregistern erteilt werden.

VI Die Genehmigung ist zu widerrufen, wenn eine der Voraussetzungen nach den Absätzen 2 bis 4 weggefallen ist. Sie kann widerrufen werden, wenn die Anlage mißbräuchlich benutzt worden ist.

VII Anstelle der Genehmigung kann ein öffentlich-rechtlicher Vertrag oder eine Verwaltungsvereinbarung geschlossen werden.

VIII Soweit in dem automatisierten Verfahren personenbezogene Daten übermittelt werden, darf der Empfänger diese nur für den Zweck verwenden, zu dessen Erfüllung sie ihm übermittelt worden sind. Bei der Genehmigung nach Absatz 3 Satz 2 Nr. 2 ist der Empfänger darauf hinzuweisen.

IX Ist der Empfänger eine nicht öffentliche Stelle, gilt § 38 des Bundesdatenschutzgesetzes mit der Maßgabe, daß die Aufsichtsbehörde die Ausführung der Vorschriften über den Datenschutz auch dann überwacht, wenn keine hinreichenden Anhaltspunkte für eine Verletzung dieser Vorschriften vorliegen.

X Das Bundesministerium der Justiz wird ermächtigt, durch Rechtsverordnung mit Zustimmung des Bundesrates Gebühren für die Einrichtung und die Nutzung eines automatisierten Abrufverfahrens nach Absatz 2 zu bestimmen. Die Gebührensätze sind so zu bemessen, daß der mit der Einrichtung und Nutzung des Verfahrens verbundene Personal- und Sachaufwand gedeckt wird; hierbei kann daneben die Bedeutung, der wirtschaftliche Wert oder der sonstige Nutzen für den Begünstigten angemessen berücksichtigt werden.

1 **1) Allgemeines. – a) Fassung.** § 79 bestand bis 1993 ledigl aus I 1 u 2. Die weiteren Regelgen hat das RegVBG wg der mögl Umstellg der RegFührg auf EDV angefügt (vgl § 55 a Rn 1). – **b) Einsicht.** Auch für das auf EDV umgestellte VereinsReg bleibt es bei dem Grds: Jedermann kann ohne Nachw eines berecht Interesses Einsicht in das Reg u die eingereichten Schriftstücke, sowie RegAbschriften u gem FGG 162 Negativatteste verlangen. Die Einsicht wird bei maschinell geführten Reg idR über ein Datensichtgerät gewährt (VRV 31), an die Stelle der Abschrift tritt einAusdruck (VRV 32). Einen Anspr auf UrkAbschriften hat nur, wer ein berecht Interesse glaubh macht (FGG 34). Eine Besonderh gilt, wenn die eingereichten Schriftstücke gem § 55 a auf Datenträgern aufbewahrt w. Hier kann nur eine auf Verlangen zu beglaubigde Abschrift von der Wiedergabe verlangt w (I 3); die Einsicht in das Original setzt ein berecht Interesse voraus. Dieses ist idR nur zu bejahen, wenn berecht Zweifel an der Vollständigk od Richtigk der Wiedergabe glaubh gemacht w.

2 **2) Abruf von Registerdaten im automatisierten Verfahren.** Ergänzd zu II–IX gelten VRV 33–36. – **a)** Die **Einrichtung** von automatisierten AbrufVerf setzt voraus, daß die Anlage den Erfordern von II
3 Nr 1 u 2 genügt u die von der LReg bestimmte Stelle die Gen nach III 1 erteilt hat. – **b)** Die **Genehmigung** für den einzelnen Nutzer (III 2) erteilt die von der LJustizVerw best Stelle (VRV 34). Sie kann auch für mehrere od alle Reg im Lande erteilt w (V, VRV 34 III). Liegen die Voraussetzgen von II–IV vor, besteht ein RAnspr auf die Gen, jedoch hat die Beh im Rahmen von II Nr 1 u 3 uU Beurteilgsspielräume. Notaren kann auch der Abruf von Daten aus den zum Reg eingereichten Schriftstücken gestattet w (VRV 33 I 3). Für das Verf gelten nach VRV 34 II 3 die LVwVfG. Die Versagg der Gen ist als JustizVerwAkt nach EGGVG 23 vor dem OLG anfechtb. Anstelle der Gen kann nach VII iVbm VRV 34 I 2 ein öffr Vertr
4 od eine VerwVereinbg geschlossen w. – **c)** Im Fall von VI 1 besteht eine Verpflichtg zum **Widerruf,** iF von
5 VI 2 entscheidet die Beh nach pflmäß Ermessen. – **d) VIII–X.** VIII u IX sichern den Datenschutz. Das BMJ hat von der Ermächtigg des X noch keinen Gebrauch gemacht. Die Gebühren für Abschriften u Ausdrucke regelt KostO 89; die RegEinsicht ist nach KostO 90 gebührenfrei.

II. Stiftungen

Vorbemerkung

Schrifttum: Seifart/v Campenhausen, Handbuch des StiftgsR, 2. Aufl, 1999.

1 **1) Stiftung** iSd §§ 80 ff ist eine mit RFgk ausgestattete, nicht verbandsmäß organisierte Einrichtg, die einen vom Stifter bestimmten Zweck mit Hilfe eines dazu gewidmeten Vermögens dauernd fördern soll
2 (BayObLG NJW **73,** 249). Wesentl Merkmale sind daher: – **a) Stiftungszweck.** Er wird vom Stifter im StiftgsGesch festgesetzt u muß auf Dauer angelegt sein. Der Stiftgszweck kann gemeinnütz od privatnütz sein. Die gemeinnütz Stiftg, die dem kulturellen, sozialen od wirtschaftl Wohl der Allgemeinh dient, wird im *Bay* Recht als öffentl Stiftg bezeichnet (s BVerwG DVBl **73,** 795). Hauptanwendgsfall der privatnütz Stiftg ist die
3 FamStiftg (Rn 9). – **b) Stiftungsvermögen.** Es ist gleichf ein konstitutives Merkmal der Stiftg (§ 80 Rn 1). Es kann zeitweise fehlen; bei einem dauernden Wegfall des Stiftgsvermögens kann die Gen nach Maßg der
4 LandesstiftgsG (Rn 12) zurückgenommen w. – **c) Stiftungsorganisation.** Die Stiftg unterscheidet sich dch ihre nicht verbandsmäß Struktur von den and JP des PrivR. Sie hat keine Mitgl, sond allenfalls Destinatäre (= Empfänger der Stiftgsleistgen). Sie nimmt dch ihren Vorstd (§§ 86, 26) am rechtsgeschäftl Verk teil. Der Vorstd ist an den in der Verfassg der Stiftg objektivierten Willen des Stifters gebunden.

5 **2) Nicht** unter §§ 80–88 fallen: – **a) Stiftungen des öffentlichen Rechts.** Ob eine Stiftg dem öffR od dem PrivR zuzuordnen ist, entscheidet nicht ihr AufgKreis, sond die Art ihrer Entstehg (BVerfG **15,** 66, Seifart/v Campenhausen § 16 II). Eine Stiftg hat öffrechtl Charakter, wenn sie vom Staat dch Ges od VerwAkt als Stiftg öffR errichtet worden ist. Dazu bedarf es, insb bei Stiftgen aus der Zeit vor 1900, keiner ausdr Deklaration im Entstehgsakt (BayVerfG StiftRspr II 108). Der öffrechtl Charakter der Stiftg kann sich auch aus dem GesZushang der getroffenen Regelg ergeben, insb aus der Eingliederg der Stiftg in das staatl oder kirchl VerwSystem (Prot I 586, BGH WM **75,** 199). Die Stiftg ist auch dann dem öffR zuzuordnen, wenn sie

seit unvordenkl Zeiten wie eine Stiftg des öffR behandelt worden ist. Mögl ist es auch, daß eine auf PrivatRGesch beruhde Stiftg nachträgl dch einen entspr Hoheitsakt in eine Stiftg öffR umgewandelt wird. Die Unterscheidg zw Stiftgen des öffR u des PrivR hat kaum innere Berechtigg, da auch die für privatrechtl Stiftgen maßgebden Normen einen erhebl öffrechtl Einschlag haben. In einigen Ländern sind die Vorschr für Stiftgen des PrivR ganz od zT auch auf öffrechtl Stiftgen anwendb (s *Bay* StiftgsG Art 4; *BaWü* § 1; *Hess* § 2; *RhPf* § 11). – **b) Unselbständige Stiftungen.** Sie haben ein dem Stiftgszweck gewidmetes Vermögen (Hbg 6
NJW-RR **86**, 1305), aber keine eig RPersönlichk. Träger des Stiftgsvermögens ist ein TrHänder, idR, aber nicht notw, eine JP. Der „Stifter" überträgt das Vermögen dch Vertr (TrHandVertr od Zuwendg unter Aufl) od Vfg vTw auf den TrHänder (Wochner ZEV **99**, 125). Dieser verwaltet es entspr dem festgelegten Zweck. Die RBeziehgen der Beteiligten unterstehen dem Schuld- od ErbR (RG **88**, 339, *BaWü* VGH StiftRspr I 12). Die §§ 80 ff sind grdsl unanwendb, jedoch kann § 87 analog herangezogen w (Soergel/Neuhoff Rn 28, str, aA RG **105**, 305, Seifart/Hof § 36 Rn 126). Ob eine rechtsf od eine unselbstd Stiftg gewollt ist, ist Frage der Auslegg des StiftgsGesch. Das Wort Stiftg ist mehrdeut, da es für beide Arten von Stiftgen gebraucht w (RG Warn **27**, 155, BayObLG NJW **73**, 249). Eine jur Pers (GmbH, AG, eV), die TrHänder einer unselbstd Stiftg ist, darf das Wort „Stiftg" in ihrem Namen führen (Stgt NJW **64**, 1231, Strickrodt NJW **64**, 2085). Voraussetzg ist jedoch, daß eine wirks treuhänderische Bindg an den Stiftgszweck besteht (BayObLG NJW **73**, 249).
– **c) Sammelvermögen.** Es hat keine eig RPersönlichk. Das gesammelte Vermögen ist idR fiduziarisches 7
Eigtum des Veranstalters der Sammlg (Laux JZ **53**, 214). Mögl ist es aber auch, daß das Vermögen bis zu seiner Verwendg Eigtum der Spender bleibt (RG **62**, 391). Das Sammelvermögen hat stiftgsähnl Züge, unterscheidet sich von der unselbstd Stiftg aber dch das Fehlen einer dauerhaften Zwecksetzg. Vgl näher § 1914 Rn 1.
– **d) Ersatzformen.** Stiftgsähnl Gebilde gibt es auch in der RForm des eV (Wochner Rpfleger **99**, 310), der 8
GmbH u der AG (Seifart/v Campenhausen § 2 VI). Diese dürfen sich „Stiftg" nennen, wenn sie einen dauerhaften Stiftgszweck, eine stiftgsgem Organisation u eine ausr Vermögensausstattg haben (s BayObLG NJW **73**, 249).

3) Sonderformen. – a) Eine Unterart der Stiftg ist die **Familienstiftung,** die nach ihrem Zweck 9
ausschließl dem Interesse einer od mehrerer best Fam dient (StiftgsG *Hess* § 21, *NRW* § 2 V, Sorg BB **83**, 1620, Schindler, FamStiftgen, 1974). Die Definitionen in den einz LandesG weichen in Einzelh voneinand ab (Seifart/Pöllath § 14). Für den Fall des Aussterbens kann eine and Verwendg des Vermögens vorgesehen sein (KGJ **21** A 214), nicht aber schon nach Ablauf einer best Zeit (KGJ **38** A 98). Das fr *pr* Recht enthielt für FamStiftgen begünstigde Sonderregelgen (abgeschwächte Stiftgsaufsicht, GenZuständigk des AmtsG). Dagg geht die Tendenz der neuen StiftgsG überwiegd dahin, das Recht der FamStiftg dem allg StiftgsR anzupassen; zT ist die Staatsaufsicht bei FamStiftgen aber weiterhin eingeschränkt (so zB in *Hess* u *RhPf*). Eine Sonderart der FamStiftg sind die **Fideikommißauflösungsstiftungen,** die im Zuge der Auflösg der Fideikommisse errichtet worden sind. Für sie gelten, soweit neuere landesgesetzl Normen fehlen, FidErlG 7, 18 u DVO 10 ff. Die dch VO vom 17. 5. 40 für alle FamStiftgen eingeführte Pfl, land- u forstwirtschaftl Grdbesitz zu veräußern, ist in mehreren Ländern ausdr aufgeh (s Staud/Rawert Rn 126); in den and Ländern ist sie leerlaufd, da die gesetzte Fr dch BundesG vom 28. 12. 1950 (BGBl 820) „bis auf weiteres" verlängert worden ist. Die von MüKo/Reuter (Rn 18) vertretene Ansicht, die FamStiftg sei nicht mehr genehmiggsfäh, findet im BGB keine Stütze u ist auch *de lege ferenda* abzulehnen (vgl aber StiftgsG *Brdbg* 6 II c). – **b)** Sonderregeln 10
enthält die Mehrzahl der LandesG für **kirchliche Stiftungen.** Unter diesen Begriff fallen diejenigen Stiftgen, die ausschließl od überwiegd kirchl Aufg erfüllen u von einer kirchl Stelle verwaltet od beaufsichtigt w. Sie unterstehen idR keiner staatl Stiftgsaufsicht u haben in einigen Ländern einen RAnspr auf Erwerb der RFgk (s StiftgsG *BaWü* § 24, *Bay* Art 36, *Hess* § 20, *Nds* § 20, *NRW* § 11). Ähnl behandelt das LandesR die **örtlichen Stiftungen,** deren Zwecke im AufgKreis einer kommunalen Körpersch liegen u die von dieser Körpersch verwaltet w. Bei diesen Stiftgen tritt die Kommunalaufsicht an die Stelle der Stiftgsaufsicht (s StiftgsG *BaWü* § 31, *Bay* Art 35, *Hess* § 18, *Nds* § 19, *NRW* § 19 III). – **c)** Eine weitere Sonderform ist die 11
Unternehmensstiftung, die selbst ein Unternehmen betreibt od auf ein Unternehmen einen beherrschden Einfluß ausübt. Derart Stiftgen sind genehmiggsfäh, der SubsidiaritätsGrds des § 22 gilt nicht (Seifart/Pöllath § 13 Rn 136, aA Staud/Rawert Rn 94). Obwohl sich die RForm der Stiftg nach verbreiteter Ansicht nur wenig als Unternehmensform eignen soll (s Soergel/Neuhoff Rn 65 ff; BGH **84**, 352) gibt es in unterschiedl Ausgestaltg eine beträchtl Zahl von unternehmenstragden Stiftgen (Schwintowsky NJW **91**, 2736, Goerdeler NJW **92**, 1487, Kohl NJW **92**, 1922). Von einem Teil der Kautelarjurisprudenz wird die **Stiftung & Co KG** sogar als eine attraktive Unternehmensform empfohlen (Hennerkes ua DB **86**, 2217, 2269, BB **92**, 1940, Weimar ua DB **88**, 1637, krit K. Schmidt DB **87**, 261, Rawert ZEV **99**, 294, das Für u Wider sorgfält abwägd Stengel, Stiftg u PersGesellsch, 1993). Zur Stiftg als Kommanditistin s Roll/Grochut WiB **95**, 743, Korte WiB **96**, 672. Zur unterschiedl GenPraxis in den einz BLändern s Hennerkes/Schiffer/Fuchs BB **95**, 209.

4) Stiftungsrecht außerhalb des BGB. – a) Die Regelg der §§ 80 ff ist lückenh. Ergänzd gelten die 12
StiftgsG der **Länder:** *BaWü* StiftgsG 4. 10. 77 (GVBl 408), Komm von Freiherr v Rotberg, 1992; *Bay* StiftgsG idF v 7. 3. 96 (GBl 126) Komm von Voll, 2. Aufl 1979; *Bln* StiftgsG idF v 11. 12. 97 (GVBl 674); *Brdbg* StiftG v 27. 6. 95 (GVOBl 198); *Br* StiftgsG v 7. 3. 89 (GVBl 163); *Hbg* AGBGB idF v 1. 7. 58 (BS 40 e); *Hess* StiftgsG 4. 4. 66 (GVBl 77), Komm von Stengel, 1994; *MecklVP* StiftgsG 24. 2. 93 (GVOBl 104); *Nds* StiftgsG 24. 7. 68 (GVBl 119) idF v 20. 12. 85 (GVBl 609), Komm von Siegmund-Schultze, 7. Aufl 1999; *NRW* StiftgsG 21. 6. 77 (GVBl 274); *RhPf* StiftgsG 22. 4. 66 (GVBl 95) idF v 14. 12. 73 (GVBl 417), Komm von Kneis, 1976; *Saarl* StiftgsG 24. 7. 84 (AmtsBl S 889); *Sachs-Anhalt* StiftgsG idF v 1. 1. 97 (GVBl 2, 144); *SchlH* StiftgsG 13. 7. 72 (GVBl 123), Komm von Gebel/Hinrichsen, 1994. In den **neuen Bundesländern** gilt, soweit sie noch keine eig StiftgsG erlassen haben, das am 13. 9. 90 von der Volkskammer erlassene StiftgsG (GBl DDR I 1483) als LandesR fort (Zusatzvereinbarg zum EinigsV vom 18. 9. 90, BGBl II 1240), s Rawert BB **91**, Beil 6 S 13, Neuhoff DtZ **91**, 435. Der seit 1977 nicht weiterverfolgte Vorschlag, ein **bundeseinheitliches Stiftungsgesetz** zu erlassen, wird inzw wieder diskutiert (Crezelius/Rawert ZIP **99**, 337, Schauhoff ZEV **99**, 121, Schwintek ZRP **99**, 25, Wochner BB **99**, 1441, Muscheler/Schewe WM **99**, 1693). Die 1998 im KoalitionsVertr angekündigte Reform hat aber noch nicht zur Vorlage eines RegEntw geführt.– **b)** Die landesrechtl geregelte **Stiftungsaufsicht** ist eine reine RAufsicht 13

(BVerwG DVBl **73**, 795; BGH **99**, 344). Die AufsBeh darf nicht ihr Erm an die Stelle des Erm der Stiftgsorgane setzen. Ihre Maßn sind gem VwGO 40 vor dem VerwGer, nicht gem EGGVG 23 vor dem OLG anfechtb (KG OLGZ **81**, 297). Die Aufs dient dem öffentl Interesse, nicht dem einzelner (OVG Lünebg NJW **85**, 1572). Sie hat aber auch den Zweck, die Stiftg vor Schäden zu bewahren. Die Verletzg der Pfl kann daher gem § 839, GG 34 SchadErsAnspr der Stiftg begründen (BGH **68**, 142, BayObLGZ **90**, 264), der jedoch ggf dch ein mitwirkdes Verschulden des StiftgsVorstd beschränkt w. Zur StiftgsAufs über kirchl Stiftgen s Zilles
14 Arch f kathol KirchenR **81**, 158. – **c) Steuerrecht.** Die Übertragg von Vermögen auf die Stiftg u der Erwerb vTw löst Schenkgs- od ErbschSteuer aus. Gewinne der Stiftg unterliegen der KörperschSteuer, jedoch ist bei gemeinnütz Stiftgen eine Befreiung mögl (AO 51 ff). FamStiftgen unterliegen einer ErbErsSteuer (ErbStG 1 Nr 4), die auf der Grdl eines jeweils im Abstand von 30 Jahren fingierten Erbfalls erhoben w. Vgl näher Seifart/Pöllath §§ 39–43 u zur ErbschStReform von Oertzen ZEV **97**, 103. Die ErbErsSteuer ist entgg den in der Lit erhobenen Bedenken nicht verfassgsw (BVerfG NJW **83**, 1841).

80 *Entstehung einer rechtsfähigen Stiftung.*

Zur Entstehung einer rechtsfähigen Stiftung ist außer dem Stiftungsgeschäfte die Genehmigung des Bundesstaats erforderlich, in dessen Gebiete die Stiftung ihren Sitz haben soll. Soll die Stiftung ihren Sitz nicht in einem Bundesstaate haben, so ist die Genehmigung des Bundesrats erforderlich. Als Sitz der Stiftung gilt, wenn nicht ein anderes bestimmt ist, der Ort, an welchem die Verwaltung geführt wird.

1 Die **Entstehung** der Stiftg setzt voraus: – **a)** Ein **Stiftungsgeschäft.** Es kann als RGesch unter Lebden vorgenommen w (§ 81) u ist in diesem Fall, auch wenn es mit vertragl Abreden verbunden ist, eine einseit nicht empfangsbedürft WillErkl (MüKo/Reuter Rn 3, aA RG **158**, 188). Es kann auch in einer Vfg vTw bestehen (§ 83). Bei einer Mehrzahl von Stiftern ist es mögl, daß das StiftgsGesch für den einen ein RGesch unter Lebden u für den and eine Vfg vTw darstellt (BGH **70**, 313/322). Es muß erkennen lassen, daß die Errichtg einer selbstd Stiftg gewollt ist (KG OLG **4**, 8), u.Bestimmgen über Name, Zweck u Organe der Stiftg enthalten u der Stiftg eine Vermögensausstattg sichern (arg § 82, Weimar/Geitzhaus/Delp BB **86**, 2003, hM). Erforderl ist ein **Mindeststiftungsvermögen,** das die Praxis der GenBeh der Länder zT auf 50 000 DM, zT aber auch auf 100 000 DM veranschlagt (s die Zusammenstellg in ZEV **98**, 179). Weitere Anfordergen können sich aus den LandesG (Vorbem 12) ergeben. Beim StiftgsGesch unter Lebden ist Stellvertretg nicht
2 ausgeschl (BayObLG NJW-RR **91**, 523, Staud/Rawert Rn 4). – **b)** Die **Genehmigung.** Sie ist keine privatrechtl WillErkl, sond VerwAkt. Nach den insow maßgebden LandesG (Vorbem 12) besteht idR ein RAnspr auf Gen, wenn keine gesetzl AblehngsGrde gegeben sind (VerwG Düss NVwZ **94**, 811, Schwintek ZRP **99**, 26). Zum landesrechtl VersaggsGrd der „Gemeinwohlgefährdg" s BVerwG DVBl **98**, 966 u OVG Münster NVwZ **96**, 913. Genbedürftig ist auch die „Zustiftg" (Gebel SchlHA **93**, 181). Die Gen wirkt konstitutiv, heilt aber Mängel des StiftgsGesch nicht (BVerwG NJW **69**, 339, BGH **70**, 313/321). Eine von der zuständ Beh genehmigte Stiftg ist auch bei Mängeln des StiftgsGesch bis zur Rückn der Gen rechtsfäh (Staud/Rawert Rn 30); diese wirkt *ex nunc* (s BVerwG aaO). Bis zur Entscheidg über die Gen besteht ein Schwebezustand. Auf die werdde Stiftg sind die Grds entspr anwendb, die für den Vorverein herausgebildet worden sind (Schwinge BB **78**, 527, § 21 Rn 9, aA O. Schmidt ZEV **98**, 81). Für sie kann bei Bedarf ein
3 Pfleger bestellt w (KG OLG **24**, 246). – **c) Ausländische Stiftungen,** die nach ihrem HeimatR RFgk erworben haben, sind auch im Inland *ipso jure* rechtsfäh (BayObLG NJW **65**, 1438). Sie bestehen auch bei einer Enteigng im Ausl in Bezug auf ihr inländ Vermögen fort (BGH WM **66**, 221). Die in § 80 vorgesehene Gen des BMI (s OVG Münst StiftgsRspr I 94, fr BRat) ist nur erforderl, wenn die ausländ Stiftg nach ihrem HeimatR nicht rechtsfäh ist (s § 23 Rn 1).

81 *Stiftungsgeschäft unter Lebenden; Form; Widerruf.*

I Das Stiftungsgeschäft unter Lebenden bedarf der schriftlichen Form.

II Bis zur Erteilung der Genehmigung ist der Stifter zum Widerrufe berechtigt. Ist die Genehmigung bei der zuständigen Behörde nachgesucht, so kann der Widerruf nur dieser gegenüber erklärt werden. Der Erbe des Stifters ist zum Widerrufe nicht berechtigt, wenn der Stifter das Gesuch bei der zuständigen Behörde eingereicht oder im Falle der notariellen Beurkundung des Stiftungsgeschäfts den Notar bei oder nach der Beurkundung mit der Einreichung betraut hat.

1 **1)** Das StiftgsGesch unter Lebden (§ 80 Rn 1) bedarf der **Schriftform** (s § 126). Einfache Schriftform genügt aber nicht, wenn das StiftgsGesch die Übertragg von Grdst vorsieht (§ 313 Rn 16).

2 **2) Widerruf.** Er richtet sich bei Stiftgen vTw (§ 83) nach den für letztw Verfgen geltden Regeln. Stiftgen unter Lebden sind gem § 81 II bis zur Gen widerrufl. Der Widerruf ist formfrei. Es genügt jede Hdlg, die den Widerrufswillen nach außen erkennen läßt. Ist der GenAntr gestellt, muß der Widerruf aber gem § 81 II 2 ggü der zuständ Beh erklärt w (amtsempfangsbedürft WillErkl, s § 130 Rn 15). Nach dem Tod des Stifters geht das WiderrufsR grdsl auf seine Erben über (§ 1922), ist aber unter den Voraussetzgen von § 81 II 3 ausgeschl. Bei einer Mehrh von Stiftern macht der Widerruf eines Beteiligten das StiftgsGesch iZw analog § 139 im ganzen unwirks.

82 *Übergang des Stiftungsvermögens.*

Wird die Stiftung genehmigt, so ist der Stifter verpflichtet, das in dem Stiftungsgeschäfte zugesicherte Vermögen auf die Stiftung zu übertragen. Rechte, zu deren Übertragung der Abtretungsvertrag genügt, gehen mit der Genehmigung auf die Stiftung über, sofern nicht aus dem Stiftungsgeschäfte sich ein anderer Wille des Stifters ergibt.

Die Stiftg erwirbt dch die Gen neben der RFgk zugl einen Anspr auf Übertragg des vom Stifter zugesicherten Vermögens. Der Erwerb der einz VermögensGgst erfordert grdsl entspr Übertraggsakte, so vor allem bei Grdst (BayObLG NJW-RR **87**, 1418). Fdgen u die unter § 413 fallden Rechte (Urh- u PatentR) gehen aber gem S 2 *ipso jure* über. Das gilt bei FidKommAuflStiftg für alle VermögensGgst (FidErlDVO 10 II). Hat der Stifter die Stiftg als Erben eingesetzt, erwirbt sie sein Vermögen gem §§ 1922, 84 als GesNachfolger. Die Vermögensübertragg an die Stiftg ist Zuwendg, aber keine Schenkg (s Medicus FS Heinrichs, 1998, 381). Auf die Haftg des Stifters sind die §§ 519 ff aber entspr anzuwenden (Soergel-Neuhoff Rn 2, str). 1

83 ***Stiftung von Todes wegen.*** **Besteht das Stiftungsgeschäft in einer Verfügung von Todes wegen, so hat das Nachlaßgericht die Genehmigung einzuholen, sofern sie nicht von dem Erben oder dem Testamentsvollstrecker nachgesucht wird.**

Das StiftgsGesch vTw kann in einem Test, aber auch in einem ErbVertr bestehen (BGH **70**, 313/322). Es muß – ebso wie das StiftgsGesch unter Lebden – die Verfassg der Stiftg festlegen (§ 80 Rn 1); die außerdem erforderl Vermögenszuwendg kann dch Erbeinsetzg, Vermächtn od Aufl erfolgen (s BayObLG **65**, 77). Die Gen der Stiftg hat der Erbe od TestVollstr zu beantragen; notf ist der Antr vom NachlGer zu stellen. Der Erbe hat (and als iF des § 81) kein WiderrufsR (Staud/Rawert Rn 12), die Stiftg kein AusschlaggsR (MüKo/Reuter Rn 3, aA Schmidt ZEV **99**, 141). Mögl ist auch, daß der Erblasser dem Erben die Aufl macht, seinerseits dch RGesch unter Lebden eine Stiftg zu errichten (s KGJ **35** A 222). 1

84 ***Genehmigung nach Tod des Stifters.*** **Wird die Stiftung erst nach dem Tode des Stifters genehmigt, so gilt sie für die Zuwendungen des Stifters als schon vor dessen Tode entstanden.**

§ 84 gilt auch für Stiftgen unter Lebden, sofern der Stifter vor der Gen stirbt. Er fingiert, daß die Stiftg schon vor dem Tod des Stifters als JP bestand u von ihm (trotz § 1923 I) vTw od dch RGesch unter Lebden Vermögen erwerben konnte. § 84 ist auch auf ausländ Stiftgen anzuwenden (BayObLG NJW **65**, 1438). Er betrifft nur Zuwendgen des Stifters, nicht solche eines Dr. Letztw Vfgen eines Dr zG einer nichtgenehmigten Stiftg sind iZw als Nacherbeinsetzg (§ 2101), uU auch als Vermächtn (§ 2178) aufzufassen. 1

85 ***Verfassung.*** **Die Verfassung einer Stiftung wird, soweit sie nicht auf Reichs- oder Landesgesetz beruht, durch das Stiftungsgeschäft bestimmt.**

1) Verfassung. – a) Sie ist die rechtl GrdOrdng der Stiftg (s § 25 Rn 1, die entspr gilt). Sie wird festgelegt dch (1) zwingdes BundesR, (2) zwingdes LandesR, (3) das StiftgsGesch (§ 80 Rn 1), (4) dispositives Bundes- u LandesR. Ob ein allg Grds des StiftgsR dem Bundes- od LandesR zuzurechnen ist, hängt davon ab, ob er sich im bundes- od landesrechtl normierten Teil des StiftgsR herausgebildet hat (s BGH **LM** § 86 Nr 2). Die Verfassg wird nicht nur dch das als Satzg bezeichnete Schriftstück, sond dch den GesInh des StiftgsGesch best (RG **158**, 188). – **b)** Für die **Auslegung** der Satzg gelten die §§ 133, 157. Maßstab für die Auslegg ist der Wille des Stifters (BGH NJW **94**, 184). Der Stifter kann die Auslegg unter Ausschluß des RWeges einem StiftgsOrgan od der AufsBeh übertragen (RG **100**, 234). Die Auslegg der Satzg ist revisibel (BGH NJW **94**, 184), nicht aber der sonst Inh des StiftgsGesch (BGH **70**, 313/322). – **c) Satzungsänderungen.** Ihre Voraussetzgen sind vielf in der Satzg selbst geregelt (BAG NJW **91**, 514). Hilfsw gilt LandesR (s StiftgsG *BaWü* § 6 IV, *Bay* Art 8 II, *Hess* § 9, *Nds* § 7, *NRW* § 12). Die Änderg muß dem erklärten od mutmaßl Willen des Stifters entspr (BGH **99**, 344, BVerwG NJW **91**, 713, s auch § 87). Sie ist unwirks, wenn sie die dem Willen des Stifters entspr Verw- u MitwirkgsR der Destinatäre einschränkt (Hbg ZIP **94**, 1951, Mankowski FamRZ **95**, 851). Einer staatl Gen bedarf es nur, wenn das gesetzl vorgesehen ist (KG OLGZ **65**, 338). Etwaige Mängel der Satzgsänderg werden dch die Gen nicht geheilt. Mögl Destinatäre haben iZw kein MitwirkgsR (BGH **99**, 344/350, OVG Lünebg u VGH Mannh NJW **85**, 1572 f), ihnen kann aber das Recht zustehen, die Unwirksamk der Änderg iW der Klage geltd zu machen (BAG NJW **91**, 514). 1 2 3

2) Ob die **Destinatäre** (Genußberecht) einen klagb Anspr auf Stiftgsleistgen haben, hängt von einer Auslegg der Satzg ab (BGH **99**, 344, BAG NJW **91**, 514). Stellt die Satzg für den Kreis der Destinatäre obj Kriterien auf u hat die Stiftg bei deren Vorliegen keine Wahlmöglichk, so besteht ein RAnspr (BGH aaO). Dagg ist kein klagb Anspr gegeben, wenn die Stiftg nach ihrem Ermessen auszuwählen hat (BGH aaO) od die Satzg die endgült Entscheidg ausdr einem best Stiftgsorgan zuweist (s RG **100**, 234). Besteht ein RAnspr, sieht die Satzg aber AusschlGrde vor, kann das Ger eine hierauf gestützte ablehnde Entsch überprüfen (Hamm NJW-RR **92**, 451). Bei der Bestimmg der Destinatäre ist der private Stifter nicht an GG 3 gebunden, die Bevorzugg männl Abkömmlinge ist daher zul (BGH **70**, 313/324). Nach StiftgsR wirks entstandene Anspr werden dch GG 14 geschützt (s RG **121**, 168). 4

86 ***Anwendung des Vereinsrechts.*** **Die Vorschriften des § 26, des § 27 Abs. 3 und der §§ 28 bis 31, 42 finden auf Stiftungen entsprechende Anwendung, die Vorschriften des § 27 Abs. 3 und des § 28 Abs. 1 jedoch nur insoweit, als sich nicht aus der Verfassung, insbesondere daraus, daß die Verwaltung der Stiftung von einer öffentlichen Behörde geführt wird, ein anderes ergibt. Die Vorschriften des § 28 Abs. 2 und des § 29 finden auf Stiftungen, deren Verwaltung von einer öffentlichen Behörde geführt wird, keine Anwendung.**

1) Nach § 86 sind einzelne Vorschr des **Vereinsrechts** auf die Stiftg entspr anwendb. Ein notw Stiftgsorgan ist der Vorstd (§ 26). Der Umfang seiner Vertretgsmacht kann dch die Satzg beschränkt w (§ 26 II 2). Die Beschrkg wirkt grdsl auch ggü gutgl GeschPartnern (aA Seifart/Hof § 9 Rn 32), eine wg des Fehlens eines bundeseinheitl Stiftgsregisters bedenkl Regelg. Auch aus dem Stiftgszweck können sich Beschränkgen der 1

Vertretgsmacht ergeben (BGH **LM** § 85 Nr 1, aA Staud/Rawert Rn 8). Für die GeschFührg des Vorstd gelten die Regeln des AuftrR (§ 27 III), für die Beschlußfassg § 28 I, die Passivvertretg § 28 II, den Not-Vorstd § 29, den bes Vertreter § 30, die Haftg § 31, die Wirkg der Eröffng des InsVerf § 42. In § 42 I S 2 tritt das für die Verw der Stiftg zuständ Organ an die Stelle der MitglVersammlg. Die entspr Anwendg der §§ 27 III, 28 I kann jedoch dch die Satzg abbedungen w. Fordert die Satzg für die Beschlußfähigk des Kuratoriums die Anwesenh der Hälfte der Mitgl, sind iZw anwesde Mitgl, denen die Amtsausübg aufsichtsrechtl untersagt ist, nicht mitzuzählen (BGH NJW **94**, 184). Nach den landesr StiftgsGes (Vorbem 12 v § 80) bestehen für best RGesch GenVorbeh der AufsBeh (Seifart BB **87**, 1889). Bestellg u Abberufg des Vorstd überläßt § 86 der Regelg dch den Stifter u dch LandesR. Der aktienrechtl Grds, daß der Widerruf der Bestellg bis zur rkräft Feststellg des GgTeils wirks ist (AktG 84 III 4), gilt im StiftgsR nicht (BGH **LM** § 85 Nr 2). Zum Vorliegen eines wichtigen Grdes für die Abberufg s BGH **LM** § 85 Nr 2.

2 **2)** Auch privrechtl Stiftgen können, wenn der Stifter dies angeordnet hat, dch eine **öffentliche Behörde** verwaltet w. In diesem Fall gelten statt der §§ 27 III, 28 u 29 die für die VerwFührg der Behörde maßgebden Vorschr des öffR. Dagg sind die §§ 27 III, 28 u 29 anwendb, wenn nach der Satzg nicht die Behörde, sond der BehLeiter od ein BehMitgl als Pers StiftgsVorstd ist (s BGH **LM** § 85 Nr 2).

87 ***Zweckänderung; Aufhebung.*** **I Ist die Erfüllung des Stiftungszwecks unmöglich geworden oder gefährdet sie das Gemeinwohl, so kann die zuständige Behörde der Stiftung eine andere Zweckbestimmung geben oder sie aufheben.**

II Bei der Umwandlung des Zweckes ist die Absicht des Stifters tunlichst zu berücksichtigen, insbesondere dafür Sorge zu tragen, daß die Erträge des Stiftungsvermögens dem Personenkreise, dem sie zustatten kommen sollten, im Sinne des Stifters tunlichst erhalten bleiben. Die Behörde kann die Verfassung der Stiftung ändern, soweit die Umwandlung des Zweckes es erfordert.

III Vor der Umwandlung des Zweckes und der Änderung der Verfassung soll der Vorstand der Stiftung gehört werden.

1 **1) Eingreifen der Stiftungsaufsicht. – a)** Es setzt ein Unmöglichwerden des Stiftgszwecks od eine Gefährdg des Gemeinwohls voraus. Die Unmöglichk kann auf tatsächl oder rechtl Gründen beruhen. Sie ist auch anzunehmen, wenn das Stiftgsvermögen endgült wegfällt od so sehr schrumpft, daß die Stiftg nicht mehr lebensfäh ist (Gutzschebauch BB **49**, 119). Eine Gefährdg des Gemeinwohls liegt vor, wenn der Stiftgszweck nachträgl in Widerspr zu StrafGes oder zu GrdEntsch der R- od VerfassgsOrdng gerät (VerwG Düss NVwZ
2 **94**, 811). – **b)** Soweit das LandesR eine Satzgsänderg gestattet (§ 85 Rn 1), sind Maßn gem § 87 nur zul, wenn eine „normale" Satzgsänderg nicht dchführb od zur Wiederherstellg einer funktionstücht Stiftg nicht geeignet ist. Bei der **Umwandlung,** dh der Änderg des Stiftgszwecks, ist der Wille des Stifters zu berücksichtigen (II); dabei können neben dem StiftgsGesch auch and Willensäußergen des Stifters herangezogen w. Die **Aufhebung** ist wg des Grds der Verhältnismäßigk nur zul, wenn eine Umwandlg nicht mögl od nicht ausr ist (Seifart/Hof § 12 Rn 45). Die in III vorgesehene Anhörg des Vorstd hat wg VwVfG 28 auch zu erfolgen, wenn die Stiftg aufgehoben w soll. Welche Behörde zuständ ist, bestimmt das LandesR (Vorbem 12 v § 80). Gg die Entsch ist die AnfKl nach der VwGO zul, die aufschiebde Wirkg hat (Hamm NJW-RR **95**, 121). Zur Anwendg des § 87 auf unselbstd Stiftgen s Vorbem 6 v § 80.

3 **2)** Weitere **Auflösungsgründe** sind: Eröffng des InsVerf (§§ 86, 42); Aufhebg nach LandesR (s Vorbem 12 v § 80); Aufhebg nach FidErlDVO 18 ff; Eintritt einer auflösden Bdgg oder eines Endtermins; Widerruf einer widerrufl erteilten Gen (VwVfG 49). Keine Erlöschensgründe sind: Verlust des Vermögens (s aber Rn 1), mißbräuchl Verwendg des Stiftgsvermögens (BGH WM **66**, 221).

88 ***Vermögensanfall.*** **Mit dem Erlöschen der Stiftung fällt das Vermögen an die in der Verfassung bestimmten Personen. Die Vorschriften der §§ 46 bis 53 finden entsprechende Anwendung.**

1 § 88 gilt für alle Fälle der Auflösg der Stiftg (§ 87 Rn 1 ff). Der AnfallBerecht (§ 47 Rn 2) wird dch das StiftgsGesch, subsidiär dch das LandesR best, das idR den Fiskus, bei örtl Stiftgen die Gem u bei kirchl Stiftgen die Kirche beruft (s StiftgsG *BaWü* §§ 15, 31, *Bay* Art 20, *Hess* § 23, *Nds* § 9, *NRW* § 15). Bei einer gemischten Stiftg (Küster-Lehrerpfründe) können Kirche u Staat je zur Hälfte berecht sein (RG **133**, 75). Soweit das Stiftgsvermögen an den Fiskus fällt, findet entspr § 46 eine GesRNachfolge statt, ebso nach *bay* StiftgsR, wenn das Verm einer kirchl Stiftg an die Kirche fällt (BayObLG NJW-RR **94**, 914); in and Fällen muß nach §§ 47–53 eine Liquidation dchgeführt w (s dort).

III. Juristische Personen des öffentlichen Rechtes

Vorbemerkung

1 **1)** Vgl zunächst Einf 3 v § 21. – **a)** In Übereinstimmg mit der Terminologie des VerwR unterscheidet § 89 drei Arten von JP des öffR: Die **Körperschaft** öffR ist ein mitgliedschaftl organisierter rechtsfäh Verband des öffR. Die **Anstalt** öffR ist ein mit eig RPersönlichk ausgestatteter Bestand von persönl u sachl Mitteln, die einem bes Zweck öff Verw dauernd zu dienen bestimmt ist (Berg NJW **85**, 2294). Die **Stiftung** öffR ist eine einem öff Zweck gewidmete Vermögensmasse, der die Eigensch einer JP des öffR verliehen worden ist (s Vorbem 5 v § 80). **Fiskus** ist die Bezeichng für den Staat in seinen privrechtl Beziehgen. Die einz fiskalischen Stellen (*stationes fisci,* Behörden) haben keine RPersönlichk. Abreden zw Behörden ders JP des öffR sind reine
2 Interna der Verw ohne zivilrechtl Verbindlichk. – **b) Einzelfälle.** JP des öffR sind: – **aa) Gebietskörperschaften,** so der Staat, die Gemeinden u Gemeindeverbände (Kreise, Ämter); – **bb) Kammern,** so die Ind-

u Handelskammern (Ges v 18. 12. 56 § 3), HandwKammern (HandwO 90), LandwirtschKammern, RA-Kammern (BRAO 62, 176), Notarkammern (BNotO 77), Ärzte- u Apothekerkammern, HandwInnungen (HandwO 53); – **cc) Universitäten** u **Rundfunkanstalten** nach Maßg des LandesR; – **dd) Träger der Sozialversicherung,** wie Krankenkassen, Berufsgenossensch, LVA u BfA; – **ee)** bestimmte **Kreditinstitute,** so die Deutsche Bundesbank, die öff Sparkassen; – **ff)** die **Treuhandanstalt** inzw umbenannt in BAnstalt für vereinigsbedingte SonderAufg (BvS), s Stapper/Rödder NJW **94**, 2673. – **gg)** Wasser- u Bodenverbände, Haubergsgenossensch (VerfGHRhPfl VerwRspr **51**, 141), Jagdgenossensch (Celle NJW **55**, 834); ForstBetr-Verbände (Ges v 1. 9. 69, BGBl **69**, 1543), das Bay Rote Kreuz (Bay VerfGH **AP** § 611 Rotes Kreuz Nr 1); – **hh) Religionsgemeinschaften** (GG 140, WRV 137 V), so die EKD, ihre Landeskirchen (RG **118** Anhang 6) u Gemeinden (RG **62**, 359, Hbg MDR **52**, 175), die katholische GesKirche (BGH **124**, 173), ihre Bistümer u Gemeinden (RG **38**, 326, **62**, 359, **118**, 27, **136**, 3), Anstalten, Stiftgen u Sondervermögen nach Maßg des Reichskonkordats v 20. 7. 33 Art 13, das auch heute noch gilt (BVerfG **6**, 334); – **ii) internationale juristische Personen,** so die UNO u ihre Unterorganisationen (VO v 16. 6. 70, BGBl II 669), die EG, die Europäische Investitionsbank, Eurocontrol, die Nato u Shape (BGBl II **69**, 2005). – **jj) Bundespost** u **Bundesbahn.** Seit der Neuordng sind BPost u BBahn privatrechtl organisiert. Aus der BPost sind dch das PostUmwGes v 14. 9. 94 (BGBl I 2325) die Dtsche Post AG, die Dtsche Postbank AG u die Dtsche Telekom AG entstanden (Gramlich, NJW **94**, 2785, Kirchhof NVwZ **94**, 1041), aus der Bundesbahn die Dtsche Bundesbahn AG (Heinze NVwZ **94**, 748).

2) Die grundlegden RVorschr für JP des öffR, insb über Organisation, Zweck, Umfang der RFgk, Organe u Vertretg gehören dem öffR an. Das BGB setzt sie voraus. Seine delikt SchutzVorschr, einschl der Vorschr über den Ehrenschutz, erstrecken sich auch auf JP des öffR (BGH NJW **83**, 1183). Eine Sonderregelg enthält es in § 89 I für die **Haftung.** Da ein InsVerf bei fast allen JP des öffR ausgeschl ist (§ 89 Rn 7), hat § 89 II, der auf § 42 II verweist, dagg kaum prakt Bedeutg. Im übrigen gelten die Normen des öffR, nicht die §§ 21 ff. Der Umfang der RFgk der JP des öffR ist zweckbegrenzt. Gesch außerh des Rahmens ihrer Zweckbestimmg sind nichtig (BGH **20**, 119/123, Einf 11 v § 21). 3

89 *Haftung für Organe; Insolvenz.*

I Die Vorschrift des § 31 findet auf den Fiskus sowie auf die Körperschaften, Stiftungen und Anstalten des öffentlichen Rechtes entsprechende Anwendung.

II Das gleiche gilt, soweit bei Körperschaften, Stiftungen und Anstalten des öffentlichen Rechtes das Insolvenzverfahren zulässig ist, von der Vorschrift des § 42 Abs. 2.

1) Die JP des öffR ist nach **I** für den Schaden verantwortl, den ihre verfassgsmäß Vertreter dch eine zum SchadErs verpflichtde Hdlg verursacht haben. Die Voraussetzgen u Grdl der Haftg sind die gleichen wie in § 31 (s dort). §§ 89, 31 gelten aber nur für Handeln im **privaten Rechtsverkehr.** Bei hoheitl Handeln ist § 839 iVm GG 34 HaftgsGrdl, bei schuldrechtsähnl Sonderverbindgen ferner eine entspr Anwendg der §§ 276, 278 (§ 276 Rn 130). Umgekehrt ist die Anwendg von GG 34, § 839 ausgeschl, wenn der Bedienstete im privrechtl AufgKreis der JP des öffR tät geworden ist (RG **147**, 278). Die Abgrenzg zw privatrechtl u hoheitl Tätigk ist bei § 839 dargestellt (s dort vor allem Rn 29, ferner Einf 36 v § 305). Bei der **Verkehrssicherungspflicht** kann die Körpersch wählen, ob sie ihrer Verpfl privrechtl od hoheitsrechtl genügen will (s § 823 Rn 124). Es ergibt sich folgdes **Haftungsschema** (s RG **162**, 161): 1

a) Die öffrechtl **Körperschaft** haftet: – **aa)** bei **hoheitlichem Handeln,** gleichgült ob ein Beamter od ein sonst Bediensteter tät geworden ist, aus § 839 iVm GG 34 (s aber Rn 3); bei schuldrechtsähnl Sonderverbindg daneben aus einer entspr Anwendg der §§ 276, 278 (§ 276 Rn 130); bei enteigngsgleichem Eingriff zugl aus GG 14 (Übbl 14 v § 903); – **bb)** bei **privatem Handeln** für verfassgsmäß Vertreter aus §§ 89, 31 iVm der maßgebden AnsprGrdl (VertrVerletzg, c. i. c., unerl Hdlg); für and Pers bei vertragl Versch od c. i. c. aus § 278, bei unerl Hdlg aus § 831. – **b)** Der **Handelnde** haftet: – **aa)** bei **hoheitlichem Handeln** idR nicht, da die Haftg der Körpersch (GG 34) die persönl Haftg ausschließt; der Handelnde haftet jedoch, wenn die Staatshaftg, wie uU ggü Ausländern u bei Gebührenbeamten, ausgeschl ist (§ 839 Rn 5 f); – **bb)** bei **privatem Handeln:** bei VertrVerletzg od c. i. c. idR nicht, da die Körpersch allein berecht u verpflichtet ist; bei unerl Hdlg: der Beamte im staatsrechtl Sinn nur aus § 839 (BGH **34**, 99/104, NJW **74**, 1424); seine Haftg ist daher gem § 839 I 2 ausgeschl, wenn entspr a) bb) ein Anspr gg die Körpersch besteht (BGH **85**, 393, **95**, 63, § 839 Rn 26); aus § 823 haftet der Nichtbeamte, aber auch der beamtete Arzt, wenn er einen Patienten ambulant behandelt (BGH **120**, 376). 2 3

2) Verfassungsmäßig berufener Vertreter. – a) Der Begriff ist bei JP des öffR ebso wie im unmittelb Anwendgsbereich des § 31 weit auszulegen (s § 31 Rn 6). Er erfaßt alle Pers, denen dch die **Organisationsnormen** der JP best Aufgaben zur eigenverantwortl Erledigg übertr sind (RG **157**, 237; HRR **40**, 1389). Bedienstete einer JP können aber auch dann unter die §§ 31, 30 fallen, wenn ihre RStellg keine derart „satzgsmäß" Grdl hat (BGH NJW **72**, 334). Es genügt, daß dem Vertreter dch die allg BetrRegelg u Handhabg bedeuts wesensmäß Funktionen zur selbstd Erf zugewiesen sind u er die JP auf diese Weise **repräsentiert** (BGH aaO, § 31 Rn 5 ff). Rgeschäftl VertrMacht ist nicht erforderl (BGH aaO). Auch Weisgsgebundenh im InnenVerh steht der Anwendg der §§ 31, 30 nicht entgg, sofern der Vertreter nach außen selbstd auftritt (BGH NJW **77**, 2259). Als Vertreter iS der §§ 31, 30 kann daher uU auch ein Sachbearbeiter anzusehen sein (RG **162**, 167). Soweit ein Beamter teils selbstd, teils unselbstd handelt, ist er im Rahmen der ersten Tätigk verfassgsm Vertreter, im Rahmen der zweiten nicht (vgl RG **131**, 355). Die von der Rspr entwickelte Lehre vom **Organisationsmangel** (§ 31 Rn 7) gilt auch im Rahmen des § 89. Danach ist die JP verpflichtet, ihren TätigkBereich so zu organisieren, daß für alle wicht AufgGebiete ein verfassgsmäß Vertreter zuständ ist, der die wesentl Entsch selbst trifft. Entspr die Organisation diesen Anfordergen nicht, muß sich die JP so behandeln lassen als wäre der tät gewordene Bedienstete ein verfassgsmäß Vertreter (RG **157**, 235, BGH **24**, 200/213, VersR **65**, 1055). 4

5 **b) Einzelfälle** aus der nicht immer einheitl Rechtsprechg (ja = verfassgsm Vertreter, nein = nicht; s auch § 31 Rn 9): – **Forstverwaltung:** Oberförster ja (BGH VersR **65**, 1055); Forstoberinspektor, der das Fällen eines Baumes leitet, ja (Ffm VRS **56** Nr 43). – **Gemeinde:** Bürgermeister ja (BGH NJW **80**, 115); Stadtdirektor ja, SparkassenVorstd ja (RG **131**, 247); Stadtbaurat, Baudeputation ja, Bauinspektor nein (Schlesw SchlHA **54**, 186); Straßenbahndirektor, Schlachthausdirektor heute wohl ja (entgg RG JW **11**, 640 u LZ **22**, 616) – **Justiz:** OLG-Präs u sein richterl Referent für Bausachen bzgl Gerichtsgebäude ja (Hbg MDR **54**, 355); Vorstdsbeamte des Landgerichts bzgl Gerichtsgebäude ja (RG DJZ **05**, 699); aufsichtsführder Amtsrichter ja (RG Gruch **49**, 635). – **Kirchengemeinde:** Pfarrer ja (KG JW **38**, 1253). –
6 **Krankenhaus:** Stationsarzt nein (Bambg NJW **59**, 816); Chefarzt ja (BGH NJW **72**, 334), u zwar auch dann, wenn er gesondert berechnete Leistgen erbringt (BGH **95**, 63, Düss VersR **84**, 448); Chefarzt einer organisator unselbstd Klinik u sein Vertreter, ja, sofern sie im medizin Bereich völlig weisgsfrei arbeiten (BGH **77**, 74, **101**, 215). Das gilt auch dann, wenn formell eine tats nicht ausgeübte Fachaufsicht vorgesehen ist (BGH **77**, 74). – **Kreis** (Landkreis): Landrat, ja in seiner Eigensch als Kreisbeamter; soweit er staatl Funktionen ausübt, ist er verfassgsm berufener Vertreter des Landes. – **Schule:** Gymnasialdirektor (jetzt Oberstudiendirektor) bzgl Gebäude ja (vgl RG JW **06**, 427), nicht Schuldiener. – **Sparkasse:** § 31 Rn 9. – **Straßenverwaltung:** Vorstände der Straßenbauämter ja (BGH **6**, 195); Straßenmeister in Bayern ja (BayObLG **55**, 94); Straßenbaumeister als örtl Bauleiter ja (Karlsr VerkBl **59**, 550). – **Wasserstraßenverwaltung:** Vorstand des Wasserbauamtes ja (RG Recht **35**, 3622 a; Köln NJW **51**, 845); Oberschleusenmeister ja (Celle VersR **61**, 1143).

7 **3) II.** Das InsVerf über das Vermögen des Bundes od eines Landes ist nach InsO 12 I Nr 1 unzul. Für die übrigen JP des öffR gilt grdsl InsO 11. Das LandesR kann aber für die JP, die der Aufsicht des Landes unterstehen, die Zulässigk des InsVerf ausschließen (vgl jetzt InsO 12 I Nr 2). Das ist hins der Gemeinden u Kreise in allen Ländern geschehen. Um die BeitragsPfl für das InsAusfallgeld zu vermeiden, haben die Länder aber idR auch für ihre übrigen JP des öffR das InsVerf für unzul erklärt. Soweit das InsVerf zul ist, gilt § 42 II auch für JP des öffR (vgl bei § 42).

Zweiter Abschnitt. Sachen. Tiere

Überblick

1 **1)** Währd ältere Ges wie zB ZPO 265 unter **Sachen** alle RObjekte verstehen, geht das BGB von einem engeren SachBegr aus. Nach der Legaldefinition des § 90 sind Sachen körperl Ggst (näher § 90 Rn 1) u damit eine best Unterart der Ggst. Diesen Sprachgebrauch hält das BGB aber nur im SachenR strikt ein. In Normen außerh des 3. Buches fallen unter den SachBegr uU auch nicht körperl Ggst, so etwa in §§ 119 II u 459. **Tiere** sind nach § 90 a keine Sachen. Sie stehen aber im Ergebn Sachen weitgehd gleich, da auf das RObjekt Tier die für Sachen geltden Vorschr entspr anzuwenden sind (§ 90 a Rn 1).

2 **2)** Der OberBegr **Gegenstände** w vom Ges nicht definiert. Er w in den §§ 135, 161, 185, 747, 816, 2040 im ZusHang mit Vfgen verwandt, in den §§ 256, 260, 273, 281, 292, 504, 581, 2374 im ZusHang mit schuldr Verpfl. Ggst ist alles, was Objekt von Rechten sein kann. Dazu gehören außer den Sachen Fdgen, ImmaterialgüterR u sonst VermögensR, nicht dagg Persönlichk-, u FamR. Ggst von schuldr Verpfl können darüber hinaus alle sonst VermögensBestandt sein, so etwa Gesch, Praxen, Zeitgstitel u techn beherrschb Energien (MüKo/Holch § 90 Rn 4), uU auch subventionsähnl öffr Bevorzuggen wie die Milchreferenzmenge (BGH NJW **97**, 2316, s auch die Bsp in § 292 Rn 2 f).

3 **3) Arten der Sachen. – a) Bewegliche und unbewegliche. Beweglich** sind alle Sachen, die nicht Grdst, den Grdst gleichgestellt od GrdstBestandt sind (RG **55**, 284, **87**, 51). Sachen, die nur vorübergehd mit dem Grd u Boden verbunden worden sind (§ 95), gehören dazu (RG **55**, 284), ebso grdsl Schiffe u Luftfahrzeuge, die jedoch nach dem SchRG u dem LuftRG teilw ähnl wie Grdst behandelt w. **Unbeweglich** sind Grdst, dh abgegrenzte Teile der Erdoberfläche, die im Bestandsverzeichn eines GBBlattes unter einer bes Nr eingetragen od gem GBO 3 III gebucht sind (Übbl 1 v § 873), sowie deren Bestandt. Auch nicht wesentl Bestandt eines Grdst verlieren für die Dauer der Verbindg die Eigensch der bewegl Sache (RG **158**, 369). Den Grdst rechtl gleichgestellt sind das ErbbR (ErbbRVO 11 I 1), das WoEigt (WEG 1, 3, 7) u die nach LandesR (EG 63, 67) als ImmobiliarR ausgestalteten Rechte. – **b) Vertretbare** u **nicht vertretbare,** s § 91.
4 – **c) Verbrauchbare** u **nicht verbrauchbare,** s § 92. – **d) Teilbare** u **unteilbare.** Teilb ist eine Sache, die sich ohne Wertminderg in gleichart Teile zerlegen läßt (§ 752 S 1). Diese Unterscheidg ist insb für Ausein-
5 andersetzgen bedeuts. – **e) Einzelsachen** u **Sachgesamtheiten.** Einzelsache kann eine natürl Einh (RG **69**, 119) sein, zB ein Tier, Stein od Getreidekorn. Eine Sache liegt aber auch dann vor, wenn eine natürl Mehrh von Sachen von der VerkAnschauung als ein bes bezeichneter u bewerteter einheitl körperl Ggst angesehen w (RG **87**, 45, BGH **102**, 135/149), so zB ein Getreide- od Sandhaufen. Eine einheitl Sache ist auch die zusammengesetzte Sache, in der mehrere fr selbstd Sachen derart aufgegangen sind, daß sie als Bestandt ihre Selbstdgk verloren h (RG **69**, 119, **87**, 45, BGH **18**, 226). Eine einzige zusammengesetzte Sache kann nur dann angenommen w, wenn das Ganze sich nach natürl Anschauung als eine Einh darstellt; das kann auch bei einer nur losen, leicht lösb Verbindg der Teile der Fall sein (RG **87**, 45, s auch § 93 Rn 2). Im Unterschied dazu bestehen **Sachgesamtheiten** aus mehreren selbstd Sachen (RG **87**, 45, BGH **18**, 226), die im Verk unter einer einheitl Bezeichng zusammengefaßt u deren Wert u Funktionsfähigk dch ihre Vollständigk u funktionelle Verbindg mitbestimmt w (BGH **76**, 219). Bsp sind Inventar, Warenlager, Briefmarkensammlg, der UrkBestand eines Archivs (BGH **76**, 219), eine Sitzgruppe (Celle NJW-RR **94**, 1305). Die Sachgesamth kann Objekt von schuldr Verpfl sein. Der Schädiger ist verpflichtet, die zur Wiederherstellg ihres funktionellen ZusHangs erforderl Aufwendgen zu tragen (BGH **76**, 216); ob bei Beschädigg des Bezugsstoffes eines Teils einer Sitzgruppe ein Neubezug aller Teile verlangt werden kann, ist Frage des Einzelfalls (Celle NJW-RR **94**, 1305). Objekt von Vfg können nur die Einzelsachen sein, aus denen sich die

Sachgesamth zussetzt (BGH aaO). – **f) Hauptsachen** u **Nebensachen.** Auf den Ggs von Haupt- u Nebensache stellt das BGB in § 470 (Wandlg), beim WerkliefergsVertr (§ 651 II) u beim EigtErwerb dch Verbindg (§ 947 II) ab. Entscheidd für die Abgrenzg ist der Wille der Beteiligten, iF des § 947 II die VerkAnschauung. Auch im § 97 (Zubehör) geht es um ein Verh von Haupt- zu Nebensache (s dort). 6

4) Sachen, die dem **Verkehr entzogen** sind. Sachen können dem Verk wg ihrer natürl Beschaffenh (Rn 8) od aus Rechtsgrden (Rn 9–13) ganz od teilw entzogen sein; im zweiten Falle handelt es sich um sog **öffentliche Sachen,** die unmittelb dem Gemeinwohl od den eig Bedürfnissen der Verw zu dienen best sind. An öff Sachen kann dch LandesR öff Eigt geschaffen w, für das die Vorschr des BGB nicht gelten (BVerfG NJW **76**, 1835, BVerwG **27**, 132). 7

a) Allgemeingüter wie freie Luft, fließdes Wasser, Meer sind ihrer natürl Beschaffenh nach der Beherrschg dch Menschen unzugängl u daher nicht fäh, Objekt von Rechten zu sein; mangels Abgrenzbark (s § 90 Rn 1) sind sie keine Sachen iS des BGB. Sache ist nur das, was dch den Menschen aus dem betr Allgemeingut entnommen w, wie zB geschöpftes Wasser. PrivR können am Wasserlauf, nicht dagg am fließden Wasser selbst begründet w, vgl die landesr Wassergesetze (EG 65). Von der Luft zu unterscheiden ist der Raum über der GrdstOberfläche, auf den sich nach § 905 S 1 das Recht des GrdstEigtümers erstreckt. 8

b) Religiöse Zweckbestimmung und vergleichbare Fälle. – aa) Dem **Gottesdienst** gewidmete Sachen wie Kirchengebäude u kirchl Gerätsch sind idR öff Sachen (BayObLG **67**, 93, Schlink NVwZ **87**, 633). An ihnen können privatr Eigt (BayObLG **67**, 93/98 f) u sonst PrivR bestehen (RG **107**, 367 für kirchl Gerätsch), doch sind sie dch Widmg für Zwecke des Kultus dem priv RVerk weitgehd entzogen (BayObLG **67**, 98 f). Der Eigtümer kann sie grdsl auch dann nicht herausverlangen, wenn er sich bei der Zust zur Widmg eine and Verwendg vorbehalten hat (BayObLG **80**, 381). Für kirchl VerwVermögen (s auch Rn 13) besteht dagg idR keine öffentl Zweckbindg (Müller-Vollbehr NVwZ **91**, 142). – **bb)** Ähnl zu beurteilen sind die **Bestattungszwecken** gewidmeten Sachen, wie Friedhöfe (s BGH **25**, 200, NJW **77**, 244, BVerwG **25**, 365), Grabdenkmäler u alles, was nach Sitte, ReligionsGebr u Herkommen der Würde der Bestattg dient (RG **100**, 214). **Grabdenkmäler** können Ggst von priv Rechten sein (Faber/Ganschezian-Finck NJW **56**, 1480). Für sie besteht aber gem ZPO 811 Nr 13 auch ggü dem WkLohnAnspr des Herstellers Pfändgsschutz (LG Verden u LG Stgt DGVZ **90**, 31, **91**, 59, Wacke DGVZ **86**, 161, aA Köln OLGZ **93**, 113, LG Wiesbaden NJW-RR **89**, 575, Christmann DGVZ **86**, 57). – **cc)** Der **Leichnam** ist Sache, steht aber in niemands Eigtum u gehört daher nicht zum Nachlaß (§ 1922 Rn 44). Mit ihm fest verbundene Körperteile, vorher Bestandt des Schutzgutes Körper (§ 90 Rn 3), unterliegen nach dem Tode einem AneigngsR der Erben, das aber nur mit Zustimmg der Angeh ausgeübt werden darf (§ 1922 Rn 44). Zur **Organentnahme**, nunmehr geregelt dch das TPG, s § 1922 Rn 45. Normale, dem RVerk zugängl Sachen sind Leichen u deren Bestandt, soweit u solange sie in befugter Weise zu medizin od sonst wissenschaftl Zwecken verwendet w (§ 823 Rn 180 u § 1922 Rn 46). Das gleiche gilt für Leichen u Leichenteile, die aus best Grden, insb wg Zeitablaufs, einem Pietätsgefühl nicht mehr zugängl sind, wie zB steinzeitl Skelettfunde (MüKo/Holch § 90 Rn 24). 9 10 11

c) Die dem **Gemeingebrauch** gewidmeten Sachen *(res publicae)* wie öff Wege, Brücken, Flüsse, Meeresstrand können in privatr Eigt stehen (aM für den Meeresstrand LG Kiel SchlHA **75**, 86). Meist sind sie Eigt öffrechtl Körpersch, gelegentl auch von Privaten. Das privatr Eigt w aber dch die öff ZweckBest beschr u seines wesentl Inhalts entkleidet. Vgl näher zum Gemeingebrauch § 903 Rn 28 ff. 12

d) Sachen, die zum **Verwaltungsvermögen** gehören, dienen der öff Verw unmittelb dch ihren Gebr, wie zB Schulen, Behördengebäude, Kasernen (s EinigsV 21 u BGH NJW **95**, 1492). Sie sind dem Verk insow entzogen, als ihre ZweckBest es erfordert (BGH **33**, 230). Im Ggs dazu dienen Sachen des **Finanzvermögens** nur mittelb der öff Verw, näml dch ihren VermWert od ihre Erträge. Sie unterstehen daher in vollem Umfang den Regeln des PrivR. Zu beachten sind jedoch die Sondervorschriften, die für die ZwVollstr gg öffrechtl Körpersch, Anstalten u Stiftgen (ZPO 882 a) sowie gg Gemeinden (EGZPO 15 Nr 3) gelten. 13

90 *Begriff.* Sachen im Sinne des Gesetzes sind nur körperliche Gegenstände.

1) Allgemeines. Körperliche Ggst, auf die das BGB den SachBegr beschr (Übbl 1 v § 90), müssen im Raume **abgrenzbar** sein, entweder dch eig körperl Begrenzg, dch Fassg in einem Behältn od dch sonst künstl Mittel wie Grenzsteine od Einzeichng in Karten. Daher sind die Allgemeingüter, wie freie Luft u fließdes Wasser (Übbl 8 v § 90), keine Sachen (RGRK-Kregel Rn 12). Auch beim Grundwasser u Schnee fehlt die erforderl Begrenzg. Langlaufloipen sind gleichf keine Sachen (MüKo/Holch Rn 7, offen BGH NJW-RR **89**, 673). Sachen können fest, flüss od gasförm sein. Nicht alles sinnl Wahrnehmb ist Sache; maßg für die Beurteilg, ob ein körperl Ggst anzunehmen ist, ist in erster Linie die VerkAnschauung, nicht hingg der letzte Stand der physikal Wissensch. **Keine Sache** ist daher das Licht, ebenf nicht die elektr Energie (RG **86**, 14, MüKo/Holch Rn 20), auch nicht Computerdaten (LG Konstanz NJW **96**, 2662) u Computerprogramme (Bormann/Bormann DB **91**, 2641, Redeker NJW **92**, 1739, Junker NJW **93**, 824, aA König NJW **93**, 3121), wohl aber ihre Verkörperg in einem Datenträger (BGH **102**, 235/144, NJW **93**, 2436, Karlsr NJW **96**, 200, aA Müller-Hengstenberg NJW **94**, 3128). Wird das Programm dch Überspielen auf Festplatte übertr, finden die Vorschr über den Sachkauf entspr Anwendg (BGH **109**, 97, Kort DB **94**, 1505). Die „Kundschaft" ist keine Sache, sond ein immat Gut (Nürnb MDR **79**, 144). Der GewerbeBetr ist gleichf nicht Sache (RG **70**, 224), sond eine Sach- u Rechtsgesamth. Zu den **Arten** der Sachen s Übbl 3 v § 90. 1 2

2) Nicht zu den Sachen gehören der **Körper des lebenden Menschen** (wohl aber die Leiche, s Übbl 11 v § 90) u seine ungetrennten Teile (Kallmann FamRZ **69**, 577). An ihnen kann daher kein Eigt bestehen (Forkel JZ **74**, 594; Taupitz JZ **92**, 1089); allerd hat der Mensch über seinen Körper eine rechtl Macht inne, die derj des Eigtümers im Verh zur Sache gleichkommt. Ebso zu beurteilen wie der Körper sind die mit ihm fest verbundenen künstl Körperteile (MüKo/Holch Rn 22), für sie besteht nach dem Tod des Trägers ein AneigngsR der Erben (§ 1922 Rn 44). Auch der Herzschrittmacher wird mit der Implantation Teil des 3 menschl Körpers (LG Mainz MedR **84**, 200, aA Brandenburg JuS **84**, 47, Gropp JR **85**, 183). Getrennte Körperteile wie Haare, gespendetes Blut od Sperma u zur Transplantation entnommene Organe gehören weiter zum Schutzgut Körper, wenn sie zur Bewahrg von Körperfunktionen od zur späteren Wiedereingliederg in den Körper best sind (BGH **124**, 52, krit Taupitz NJW **95**, 745, Nixdorf VersR **95**, 740). Andf werden sie bewegl Sachen (BGH aaO); mit der Trenng verwandelt sich die Herrsch des Menschen über seinen Körper in entspr Anwendg des § 953 *ipso facto* in Eigt (Taupitz AcP **191**, 208). Bewegl Sachen sind die mit dem Körper nicht fest verbundenen künstl Körperteile wie Prothesen, Perücken u künstl Gebisse (MüKo/Holch Rn 22); s dazu die PfdgsSchutzVorschr in ZPO 811 Nr 12.

4 **3) Bedeutung.** Nur an Sachen kann Eigt iS der §§ 903 ff, ein and dingl Recht (Ausn: §§ 1068 ff, 1273 ff) od Besitz bestehen. Soweit in Normen außerh des 3. Buches der SachBegr verwandt w (zB §§ 119 II, 459, 470, 598), ist es Frage des Einzelfalls, ob diese Vorschr auch auf unkörperl Ggst angewandt w können.

90a *Tiere.* **Tiere sind keine Sachen. Sie werden durch besondere Gesetze geschützt. Auf sie sind die für Sachen geltenden Vorschriften entsprechend anzuwenden, soweit nicht etwas anderes bestimmt ist.**

1 Eingefügt dch Ges v 20. 8. 90 (BGBl 1762). Die Vorschr beruht auf dem Gedanken, daß das Tier als Mitgeschöpf nicht der Sache gleichgestellt werden dürfe (Steding JuS **96**, 863). Die vorgesehene entspr Anwendg der für Sachen geltden Vorschr bringt aber ggü der unmittelb Anwendg keinerlei Änderg (MüKo/Holch Rn 11). Im Ergebn ist § 90 a eine gefühlige Deklamation ohne wirkl rechtl Inh. Die für Tiere geltden SchutzVorschr (S 2) sind das TierschutzG, §§ 251 II 2, 903 S 2, ZPO 765 a I 2 u 811 c I. Ob angesichts des strafrechtl Analogieverbots (GG 103 II) der Diebstahl (StGB 242) u die Beschädigg (StGB 303) von Tieren noch strafb ist, muß der Beurteilg der StrafGer überlassen bleiben (s Küpper JZ **93**, 435).

91 *Vertretbare Sachen.* **Vertretbare Sachen im Sinne des Gesetzes sind bewegliche Sachen, die im Verkehre nach Zahl, Maß oder Gewicht bestimmt zu werden pflegen.**

1 **1)** Der **Begriff** der vertretb Sache ist obj zu verstehen. Da nach dem Ges die Anschauung des **Verkehrs** maßgebd ist, haben PartVereinbgen insow keine Bedeutg (MüKo/Holch Rn 1). Das unterscheidet sie von den der **Gattung** nach best Sachen (§ 243), über deren Abgrenzg der PartWille entscheidet (s § 243 Rn 1). Vertretb ist eine Sache, wenn sie sich von and der gleichen Art nicht dch ausgeprägte Individualisiergsmerkmale abhebt u daher ow austauschb ist (BGH NJW **66**, 2307; **71**, 1793). Nicht vertretb sind Sachen, die auf die Wünsche des Bestellers ausgerichtet u deshalb für den Untern anderw schwer od gar nicht abzusetzen sind (BGH aaO). Bedeuts ist die Unterscheidg insb für best Schuldverhältnisse, zB den WerkliefergsVertr (§ 651 I 1), das Darl (§ 607) u die unechte Verwahrg (§ 700). Bei Verlust od Zerstörg einer vertretb Sache ist Naturalrestitution (§ 249) dch Lieferg einer and Sache mögl, dagg bei unvertretb Sachen idR nicht (BGH NJW **85**, 2413); s ferner ZPO 592, 794 Z 5, 884.

2 **2) Vertretbar** sind Geld, WertP, wie zB Aktien, Waren aus Serienfertigg, etwa Serienmöbel, auch wenn sie nach Wünschen des Bestellers anzufertigen sind (BGH NJW **71**, 1793), od einen von ihm gewünschten Bezugsstoff erhalten (Karlsr BB **88**, 1209), neue Kfz (Mü DAR **64**, 189), Maschinen gewöhnl Art u übl Beschaffenh (RG **45**, 64), Wärmepumpen (Hamm NJW-RR **86**, 477), Wein in seiner dch Rebsorte, Lage,
3 Jahrgang u Qualitätsstufe best Gattg (BGH NJW **85**, 2403). **Nicht vertretbar** sind Grdst u EigtWo (BGH NJW **95**, 588); die Sonderanfertigg eines Serienmotorrades (LG Hbg ZIP **94**, 290); die einem best Raum od Betr angepaßten Maschinen (RG **45**, 64); Einbauküchen (BGH NJW-RR **90**, 787); Bier aus einer best Brauerei im Verh zum Bier aus einer and (RG JW **13**, 540); bewegl Sachen, die GrdstBestandt geworden sind (s Übbl 3 v § 90); gebrauchte Kfz (Mü DAR **64**, 189; Jordan VersR **78**, 691); Prospekte u Werbematerial, das auf die Bedürfn eines best Untern abgestellt ist (BGH NJW **66**, 2307, DB **81**, 313).

92 *Verbrauchbare Sachen.* **I Verbrauchbare Sachen im Sinne des Gesetzes sind bewegliche Sachen, deren bestimmungsmäßiger Gebrauch in dem Verbrauch oder in der Veräußerung besteht.**

II Als verbrauchbar gelten auch bewegliche Sachen, die zu einem Warenlager oder zu einem sonstigen Sachinbegriffe gehören, dessen bestimmungsmäßiger Gebrauch in der Veräußerung der einzelnen Sachen besteht.

1 **1) Absatz 1.** Was verbrauchb Sachen sind, richtet sich in I nach der objektiven Zweckbestimmg. Die Vorschr unterscheidet: – **a) Tatsächlich** verbrauchb Sachen, die zum Verbrauch best sind, so zB Lebensmittel, zu denen auch Tiere gehören können (RG **79**, 248), Brennmaterial. Nicht unter diesen Begr fallen Sachen
2 wie Kleidgsstücke od Teppiche, die dch den Gebr abgenutzt w. – **b) Im Rechtssinne** verbrauchb Sachen, die zur Veräußerg best sind u als Sachen selber keinen GebrWert h, wie Geld, WertP.

3 **2)** Nach **Absatz 2** gelten alle Sachen als verbrauchb, die zu einem Sachinbegriff (Übbl 5 v § 90) gehören, wenn dessen bestimmgsgem Gebrauch in der Veräußerg der einz Sachen besteht. And als in I entscheidet hier der Wille des Berecht. Bsp sind die zu einem Warenlager gehörden Sachen, aber auch das Schlachtvieh des Schlachters (RG **79**, 248).

4 **3)** Bei verbrauchb Sachen ist der NutzgsBerecht idR zum Verbrauch der Sache berecht, muß aber später WertErs leisten (§§ 1067, 1075, 1085, ähnl § 706).

93 ***Wesentliche Bestandteile.*** **Bestandteile einer Sache, die von einander nicht getrennt werden können, ohne daß der eine oder der andere zerstört oder in seinem Wesen verändert wird (wesentliche Bestandteile), können nicht Gegenstand besonderer Rechte sein.**

1) Vorbemerkung zu §§ 93–96. Die gesetzl Regelg, nach der eine Sache u ihre wesentl Bestandt ein einheitl rechtl Schicksal haben sollen, beruht auf wirtsch Grden. Sie soll die nutzlose Zerstörg wirtsch Werte verhindern, die eintreten würde, wenn Bestandt voneinander getrennt w, die ihren wirtsch Zweck u damit ihren Wert nur in der von ihnen gebildeten Einh haben (RG **69**, 120, BGH **20**, 154). Dieser gesetzgeber Grd ist bei der Auslegg der Vorschr zu beachten. Der Fortschritt der techn Entwicklg u die Änderg der wirtsch Verhältn ist zu berücksichtigen (BGH **18**, 226/232); es ist daher mögl, daß ein in fr Zeit als wesentl angesehener Bestandt wg heute bestehder ErsMöglichk nicht mehr als wesentl gilt. Der Kreis der wesentl Bestandt w ausgedehnt dch § 94 u eingeschränkt dch § 95. Für die Abgrenzg zw Gebäude- u HausratVers sind die §§ 93 ff nicht maßgebd (Köln NJW-RR **93**, 861, s auch BGH NJW-RR **92**, 793). 1

2) Bestandteile sind sowohl die Teile einer natürl SachEinh (RG **63**, 418, **67**, 32, Übbl 5 v § 90) als auch die einer zusgesetzten Sache (Übbl aaO), die dch Verbindg miteinand ihre Selbstdgk verloren haben (RG **63**, 418, **69**, 120, **87**, 46). Im allg teilen Bestandt das rechtl Schicksal der Sache (RG **158**, 368, Ffm NJW **82**, 654); handelt es sich nicht um wesentl Bestandt (Rn 3), können an ihnen schon vor der Trenng dingl Rechte begründet w (RG **69**, 120); für den Bereich eines solchen SonderR sind sie dann wie selbstd Sachen zu behandeln (RG **158**, 369). Maßg für die Beurteilg, ob es sich um einen Bestandt, eine selbstd Sache innerh einer Sachgesamth od um ein ZubehStück (§ 97) handelt, sind VerkAuffassg (RG **67**, 34) u natürl Betrachtgsw (RG **158**, 370) unter Zugrundelegg eines techn-wirtsch Standpunktes (BGH **20**, 154). Beurteilgskriterien sind Art u beabsichtigte Dauer der Verbindg, der Grad der Anpassg der bish selbstd Sachen aneinander u ihr wirtsch Zusammenhang (RG **158**, 370). Feste Verbindg, zu der eine Befestigg dch Schrauben nicht zu rechnen ist (RG **158**, 374), w häufig auf BestandtEigensch hindeuten (s RG **158**, 369), doch bietet die Art der Verbindg nur ein äußeres Merkmal (RG **87**, 46). Auch eine lose Verbindg kann genügen, wenn die Teile vom Verk nur als eine einzige Sache aufgefaßt w (RG **67**, 34). Selbst wenn eine Verbindg fehlt, wie bei Handelsbüchern in neuzeitl nicht gebundener Form, kann eine einheitl Sache anzunehmen sein (KG Rpfleger **72**, 441). Ein Bestandt bleibt Bestandt, wenn er von der Sache vorübergehd getrennt w, wie zB ein zur Ausbesserg ausgehängtes Fenster (RG Gruch **64**, 97). Bestandt sind die Teile, aus denen ein Kfz zusammengesetzt ist (BGH **18**, 226), die realen Flächenteile eines Grdst (BayObLG **24**, 294), die Hälften eines auf einem ungeteilten Grdst stehden Hauses (BGH **LM** Nr 14). Maschinen u Fabrikgebäude bilden dagg nur dann eine einheitl Sache, wenn die VerkAuffassg die Maschine als Teil des Gebäudes ansieht (RG **67**, 34). Der Kreis der Bestandt w eingeschränkt dch § 95. Demggü gibt es Sonderregelgen, nach denen Sachen als Bestandt von Rechten (ErbbRVO 12) u Rechte als Bestandt von Sachen gelten (§ 96). 2

3) Wesentlich nennt das Ges nicht etwa diej Bestandt, die für eine Sache bes wicht sind. Es kommt vielm darauf an, ob dch die Trenng der abgetrennte od der zurückbleibde Bestandt zerstört od in seinem Wesen verändert w. Entsch ist nicht der Einfluß der Trenng auf die Gesamtsache, abzustellen ist allein darauf, ob der eine od and Bestandt nach der Trenng noch in der bish Art – sei es auch erst nach Verbindg mit einer and Sache – wirtsch genutzt w kann (BGH **18**, 226, **61**, 80); eine nur geringfüg Wertminderg inf der Trenng ist unerhebl (RG **69**, 122, Köln NJW **91**, 2570). Nicht maßg ist, ob der Bestandt dch eine Sache von gleicher od ähnl Bedeutg ersetzt w kann (RG **58**, 342, **69**, 158). Zugrundezulegen ist eine natürl, wirtsch Betrachtgsw (BGH **36**, 46/50, **61**, 80) bei gleichzeit Berücksichtigg der jew VerkAnschauung (BGH **36**, 50). Feste Verbindg ist weder notw noch ausreichd, um einen Bestandt zum wesentl zu machen (§ 94 Rn 7). Eine vorübergehde Trenng (Rn 2) läßt die Eigensch als wesentl Bestandt unberührt, and hingg, wenn die Wiedervereinigg der getrennten Stücke ungewiß ist (RG Gruch **64**, 97). Keine wesentl Bestandt sind die realen Flächenteile eines Grdst (BayObLG **24**, 294) sowie Straßen u Wege, da diese dch Ziehen von Grenzlinien jederzeit in versch Teile zerlegt w können, ohne daß ihr Wesen dadch irgendwie verändert w (RG JW **10**, 813). Wesentl Bestandt sind dagg die Hälften eines auf einem ungeteilten Grdst stehden Hauses (BGH **LM** Nr 14) u die Scheiben einer Thermopanverglasg (LG Lübeck NJW **86**, 2514). Bei zusgesetzten Sachen sind diejen Bestandt als wesentl anzusehen, die mit dem Einbau vollst in dem Ganzen aufgehen u für eine allg Betrachtg, wie etwa Schrauben und Hebel einer Maschine, keine eig Bedeutg mehr h (BGH **20**, 154). Nicht wesentl sind dagg die Bestandt, die trotz des Einbaues ihr eigenes Wesen u ihre bes Natur behalten (BGH **20**, 154). Das trifft etwa auf das in ein Hochfrequenzgerät eingebaute Meßinstrument zu (BGH aaO). Dchaus mögl ist, daß eine zusgesetzte Sache wg einfacher Austauschbark aller Teile iS des Ges überh keine wesentl Bestandt hat. 3

4) Rechtliche Bedeutung. Wesentl Bestandt können nicht Ggst bes dingl Rechte sein. Wird eine Sache wesentl Bestandt einer and, erlöschen daher die an ihr bestehden Rechte (§§ 946 ff). Das gilt insb für den EigtVorbeh (RG **63**, 422). Ein entggstehder Wille der Beteil ist unbeachtl. Dingl RGesch über wesentl Bestandt sind nichtig (RG **60**, 319, **164**, 200), können aber uU in die Einräumg eines AneigngsR umgedeutet w. Auch eine Übereigng gem ZPO 825 bleibt ohne Wirkg (BGH **104**, 298, aA Gaul NJW **89**, 2509). Umgekehrt kann bei Aufl eines Grdst der EigtÜbergang hins eines wesentl Bestandt nicht ausgeschl w (KG OLGZ **80**, 198). Schuldrechtl Vereinbg über wesentl Bestandt sind dagg mögl (RG Warn **26**, 150, Verkauf von Holz auf dem Stamm). Ausnahmeregelgen finden sich im WEG, das in § 3 I SonderEigt an Räumen zuläßt, in ZPO 810 I betr die Pfändg ungetrennter Früchte, in EG 231 § 5 für das GebäudeEigt in den neuen BLändern u im weitergeltendem LandesR (EG 181 II, 182). 4

5) Einzelfälle (ja = wesentl, nein = kein wesentl Bestandt). Aus prakt Grden hier mitberücksichtigt ist die Rspr zu § 94. – **a) Antenne,** wenn vom Eigtümer eingefügt wg § 94 II ja (s auch BGH NJW **75**, 688). – **Aufzug,** der einem Hotel bes angepaßt ist, ja (RG **90**, 200). – **Baracken** wg § 95 uU nein (§ 95 Rn 3). – **Beleuchtungsanlagen** grdsl ja (RG **58**, 341), nein aber für nicht bes eingepaßte Beleuchtgskörper (RG Warn **17**, 264). – **Be- und Entlüftungsanlagen** in Gaststätten ja (Hamm NJW-RR **86**, 376). – **Bierausschankanlage** in GastWirtsch, die ow entfernt w kann, nein (Celle OLGZ **80**, 13, MDR **98**, 463); ja bei 5 einer eingebauten Sonderanfertigg (Schlesw WM **94**, 1639). – **Bodenbelag:** Zugeschnittener u verlegter Teppichboden ja, sofern er im Auftr des Eigtümers verlegt worden ist (LG Köln NJW **79**, 1608, LG Frankenthal VersR **78**, 1106, AG Karlsr NJW **78**, 2602, AG Nördlingen VersR **83**, 721, aA LG Hbg VersR **79**, 153, LG Oldenbg VersR **88**, 1285 bei einem „bewohnb" Untergrund). Das gilt entspr für Linoleumbelag (aM Mü SeuffA **74**, 157). Darauf, daß der Bodenbelag nach gewisser Zeit abgenutzt ist, kommt es entgg Moritz (JR **80**, 57) nicht an (s RG JW **35**, 418). – **Bootssteg** kann wesentl Bestandt des Grdst sein, von dem aus er angelegt worden ist (BGH **LM** § 891 Nr 3, s aber Schlesw SchlHA **91**, 11). – **Bremstrommel** eines Lkw ja (Hamm MDR **84**, 842). – **Dachgebälk** ja (RG **62**, 250). – **Drainageanlage** ja (BGH DB **84**, 113). – **Einbauküche:** ja, wenn bes eingepaßt (BFH DB **71**, 656) od eine Spezialanfertigg (Zweibr NJW-RR **89**, 84), ebso bei Einbau währd der ursprüngl Herstellg (Nürnb MDR **73**, 758); in Norddeutschland besteht auch beim nachträgl Einbau häufig die Absicht dauernder Einfügg (BGH NJW-RR **90**, 586, Celle NJW-RR **89**, 913), and aber in West- u Süddeutschland (Karlsr NJW-RR **86**, 19, **88**, 459, Düss NJW-RR **94**, 1039, Saarbr VersR **96**, 97, Hamm FamRZ **98**, 1028, s auch BGH NJW-RR **90**, 914). – **Einbaumöbel** nein, wenn sie an and Stelle ow wieder aufgestellt w können (BFH NJW **77**, 648); uU ja bei Sonderanfertigg (Köln NJW-RR **91**, 1077/1081). Eine aus serienmäß Teilen bestehde Schrankwand nein (Düss OLGZ **88**, 115); vom Mieter angeschaffte schon wg § 95 nein (s Schlesw NJW-RR **88**, 1459). – **Einbruchmeldeanlagen** uU ja Hamm NJW-RR **88**, 923. – **Einrichtung** einer Bäckerei nein (LG Aachen NJW-RR **87**, 272), einer Gaststätte ausnahmsw ja, wenn speziell angefertigt u angepaßt (Schlesw MDR **95**, 1212).

6 **b) Fenster** u Rahmen ja (LG Lübeck NJW **86**, 2514). – **Fertiggarage** idR ja (BFH NJW **79**, 392, Düss BauR **82**, 165, str, aA FinG Brem NJW **77**, 600, s § 94 Rn 2); ebso Holzfertighaus (LG Konstanz ZIP **81**, 512). – **Gewächshaus** bestehd aus Stahlkonstruktion ja (BGH **LM** § 94 Nr 16). – **Grabstein, Grenzstein** idR nein, da ScheinBestandt (§ 95 Rn 3). – **Handelsbücher:** einz Blätter ja, auch wenn nicht gebunden (KG Rpfleger **72**, 441). – **Heizungsanlagen:** Zentralheizg in Wohngebäude auch bei nachträgl Einbau ja (BGH **53**, 326, Kblz WM **89**, 535), u zwar einschließl etwaiger Wärmepumpen (BGH NJW-RR **90**, 158). Ölfeuergsanlage als Zusatzgerät zur Zentralheizg ja (aM Celle NJW **58**, 632). Heizgsanlage in Fabrik ja (Hamm MDR **75**, 488), ebso in Schule (BGH NJW **79**, 712). Dampferzeuggsanlagen nein, wenn Beheizg nur Nebenzweck (BGH WM **87**, 47). Zu den Problemen bei WoEigt s Hurst DNotZ **84**, 77, 140. – **Herde** ja (BGH **40**, 272, NJW **53**, 1180, Hbg MDR **78**, 138). – **Karosserie** eines Kfz ja (Stgt NJW **52**, 145). – **Kegelbahnanlage** idR nein (BGH **LM** Nr 2, LG Saarbr NJW-RR **87**, 11). – Auf Parkfläche aufgebrachter **Kies** ja (LG Landshut NJW-RR **90**, 1037). – **Kirchenglocke** idR nein (BGH NJW **84**, 2277). – **Kühlzellen** im Hotel nein (LG Ansbach WM **89**, 1778). – **Leitungen:** Elektr Leitgen einer fabrikeig Kraftanlage ja (RG JW **32**, 1199); Rohrleitgen in betriebseig Transportanlage ja (RG aaO); dagegen fallen Versorggsleitgen u Hausanschlüsse idR unter § 95 (dort Rn 6).

7 **c) Maschinen** in einem Fabrikgebäude sind idR nicht einmal unwesentl Bestandt (RG JW **32**, 1198). Wesentl Bestandt sind sie nur dann, wenn Maschinen u Gebäude in ihrer Bauart aufeinand abgestimmt sind u eine untrennb Einh bilden (RG **69**, 121), wie etwa die Maschinenanlage eines Wasserkraftwerks (BayObLG Rpfleger **99**, 86). Wesentl Bedeutg für den Betr genügt dagg nicht (RG **130**, 266, Rn 3), ebsowenig, daß die Maschine ein eig Maschinenhaus u ein eig Fundament hat (RG JW **12**, 129). Sie ist auch nicht desh wesentl Bestandt, weil ihr Abbau u Abtransport mit Schwierigk verbunden ist (RG **87**, 46). Bohrer an Maschine, die für die Benutzg verschiedener Bohrer eingerichtet ist, nein (RG **157**, 245); Düse an Spinnmaschine, die nur währd der Herstellg eines best Garnes mit ihr verbunden ist, nein (RG aaO). – **Matratze** u Lattenrost eines Bettes nein (AG Esslingen NJW-RR **87**, 750). – **Meßgeräte,** die serienm hergestellt w od jedenf für Apparate verschiedener Herst verwendb sind, nein (BGH **20**, 154). – **Motoren,** die serienmäß hergestellt sind, nein (BGH **18**, 226; **61**, 80, beide für Kraftfahrzeuge); das gilt auch für den serienmäß Austauschmotor (BGH **61**, 80) u für Motoren einer Förder- u Beladgsanlage (Köln NJW **91**, 2570). Bei einem Seeschiff kann der Motor dagg in entspr Anwendg von § 94 II als wesentl Bestandt angesehen w (§ 94 Rn 5). – **Notstromaggregat** im Hotel ja (BGH NJW **87**, 3178).

8 **d) Pavillonaufbau** ja (BGH NJW **78**, 1311). – **Räder** eines Kfz nein (Stgt NJW **52**, 145, Karlsr MDR **55**, 413). – **Reifen** u **Sitze** eines Busses nein (BayObLG NVwZ **86**, 511). – **Sandkasten** u **Schaukel** nein, da idR nur vorübergehder Zweck (BGH NJW **92**, 1101). – **Schwimmbecken** aus Fertigteilen idR ja (BGH NJW **83**, 567). – Im Erdreich eingelassener **Sichtschutzzaun** ja (LG Hannover NJW-RR **87**, 208). – **Slipanlage** einer Werft, ja, soweit nicht § 95 (OVG Brem NJW-RR **86**, 955). – **Spundwand** ja (BGH NJW **84**, 2569). – **Squash-Courts** für Squash-Halle ja (Mü OLGZ **89**, 335); – im Garten aufgestellte **Statue** (Bronzerelief) nein (Ffm NJW **82**, 653). – **Überbau** s § 912 Rn 12. – **Ventilator** in Geflügelhallen ja (Oldbg NdsRpfl **70**, 113). – Fest verklebte **Wandteppiche** ja (Hamm VersR **84**, 673. – **Wasch- u Badanlagen** im Wohnhaus ja (Brschw NdsRpfl **55**, 193), ebso im Hotel (RG HRR **29**, 1298). Warmwasserbereiter ja (BGH **40**, 272). – **Winde** auf Berggsschiff nein (Schlesw SchlHA **54**, 253, s aber BGH **26**, 225/229).

94 ***Wesentliche Bestandteile eines Grundstücks oder Gebäudes.*** **I Zu den wesentlichen Bestandteilen eines Grundstücks gehören die mit dem Grund und Boden fest verbundenen Sachen, insbesondere Gebäude, sowie die Erzeugnisse des Grundstücks, solange sie mit dem Boden zusammenhängen. Samen wird mit dem Aussäen, eine Pflanze wird mit dem Einpflanzen wesentlicher Bestandteil des Grundstücks.**

II Zu den wesentlichen Bestandteilen eines Gebäudes gehören die zur Herstellung des Gebäudes eingefügten Sachen.

1 **1) Allgemeines.** § 94 enth neben einer Erläut (in I) eine Erweiterg (ebenf in I, bes bedeuts in II) des Begr der wesentl Bestandt. § 94 dient der Schaffg klarer RVerhältn (BGH NJW **79**, 712, Hamm VersR **83**, 285): Der Erwerbsinteressent soll dch Augenschein feststellen können, was zum Grdst gehört. Nicht selten ist eine Sache zugl nach § 93 u § 94 wesentl Bestandt. PartVereinbgen können an der gesetzl Regelg nichts ändern; auf die Willensrichtg desjen, der eine Sache mit einer and verbindet, kommt es aber iRv II (Rn 6) u § 95 (s

dort Rn 2) an. Das in den **neuen Bundesländern** vielfach bestehende Sondereigentum an Gebäuden soll dch das SachenRBerG in die ROrdng der BRep integriert w (EG 231 § 5 Rn 1).

2) Wesentliche Bestandteile eines Grundstücks (I). Satz 2 läßt für die mit dem Grd u Boden fest 2
verbundenen Sachen den röm-rechtl Grds *„superficies solo cedit"* weiter gelten. – **a)** Ob Sachen **fest verbunden** sind, ist nach den VerkAnschauung zu beurteilen. Die Voraussetzg ist erf, wenn die Trenng zur Beschädigg od Änd des Wesens der mit dem Grdst verbundenen Sache führt, ja sogar schon dann, wenn sie nur mit unverhältnismäß Aufwand mögl ist (RG Warn **32**, 114). Fest verbunden sind zB 80 cm tief in den Boden eingegrabene Betonhöcker (BGH NJW **78**, 1311), das in eine Grube eingelassene, mit einem Magerbetonkranz umgebene Fertigteilschwimmbecken (BGH NJW **83**, 567), nicht aber in einem Gebäude aufgehängte Wandschränke (§ 93 Rn 5). Schon die Schwerkraft kann für eine feste Verbindg genügen (BFH NJW **79**, 392, Düss BauR **82**, 165: Fertiggarage; Karlsr Justiz **83**, 13: Holzfertighaus). – **b)** Zu den mit dem Grd u 3
Boden fest verbundenen **Sachen,** die keine Gebäude sind, gehören zB Einfriediggsmauern, Zäune (LG Hannover NJW-RR **87**, 208), Gasometer (RG Warn **32**, 114), das Wasserleitgsnetz in städt Straßen u Grdstücken (RG **168**, 290), Fernleitgen (BGH **37**, 353/358), sie fallen bei Verlegg in einem fremden Grdst aber idR unter § 95 (dort Rn 6). **Gebäude** sind Häuser u and Bauwerke, auch Brücken (Karlsr NJW **91**, 926), Tiefgaragen (BGH NJW **82**, 756) u Fertiggaragen aus Beton, die nicht im Boden verankert sind (BFH NJW **79**, 392). **Erzeugnisse** sind natürl Bodenprodukte (MüKo/Holch § 99 Rn 2) wie Getreide, Obst, Holz auf dem Stamm (RG **80**, 232), nicht aber Teile der Substanz, die den Grd u Boden ausmacht, wie Lehm, Ton, Sand od Kies (MüKo/Holch Rn 11); sie können aber als unmittelb Substanzteile von Natur aus nicht Ggst bes dingl Rechte sein (Soergel-Mühl Rn 9, ähnl MüKo/Holch Rn 4). – **c) Satz 2.** Pflanzen werden 4
schon mit dem Einpflanzen, nicht erst mit Anwurzeln wesentl Bestandt. Aus Samen entstandene Pflanzen gehören zu dem Grdst, aus dem sie an die Oberfläche treten (Schmid NJW **88**, 28/30).

3) Wesentliche Bestandteile von Gebäuden (II). Ist das Gebäude nach § 94 I 1 selbst wesentl Bestandt 5
des Grdst, sind seine wesentl Bestandt zugl solche des Grdst. – **a)** Der Begr der **Gebäude** entspr demj in I 1 (Rn 3). Er umfaßt auch solche Bauwerke, die wg § 95 od wg Fehlens einer festen Verbindg keine wesentl GrdstBestandt sind. Auf Schiffe, die im SchiffsReg eingetragen sind, ist § 94 II entspr anwendb, da das SchiffsReg weitgehd dieselben Funktionen wie das GB erf (BGH **26**, 225/228); nur mit dieser Begr läßt sich der Motor eines eingetr Schiffes als dessen wesentl Bestandt ansehen. Das gilt ebso für eingetragene Luftfahrzeuge (aA Schmid-Burgk/Schölermann WM **90**, 1143). – **b)** Zur **Herstellung** eingefügt sind alle Teile, ohne 6
die das Gebäude nach der VerkAnschauung noch nicht fertiggestellt ist (BGH NJW **79**, 712, **84**, 2277, Düss OLGZ **83**, 350). Auf den Ztpkt der Einfügg kommt es nicht an. Auch was im Zuge der Renovierg od des Umbaus eingefügt w, w wesentl Bestandt (RG **158**, 367, BGH **53**, 326). Eine feste Verbindg ist unnötig; iF von II entscheidet der Zweck nicht die Art der Verbindg (BGH **36**, 4650, NJW **78**, 1311). Was zum „fertigen" Gebäude gehört, ist unter Berücksichtigg seiner Beschaffenh u seines Zwecks zu beurteilen (BGH **53**, 324). Es braucht sich nicht um Teile zu handeln, die für die Herstellg notw sind (RG **90**, 201, **150**, 26); auch überflüssiger Zierrat w wesentl Bestandt. Ausstattgen u Einrichtgen sind aber nur dann wesentl Bestandt, wenn sie dem Baukörper bes angepaßt sind u deswegen mit ihm eine Einh bilden (BGH NJW **84**, 2277) od wenn sie dem Gebäude ein best Gepräge od eine bes Eigenart geben (BGH **53**, 324, NJW **84**, 2277, **87**, 3178). – **c)** Mit der **„Einfügung"**, dh Herstellg der vorgesehenen Verbindg, endet die Selbständigk der 7
eingefügten Sache. Es genügt nicht, daß die Sache auf das Grdst geschafft u dort für den Einbau vorbereitet worden ist (RG Warn **15** Nr 6). Ands ist nicht erforderl, daß die vorgesehene Verbindg bereits vollständ hergestellt ist. Das Gebälk des Dachstuhls w schon vor der Verankerg im Mauerwerk wesentl Bestandt (RG **62**, 250). Ein Gewächshaus ist eingefügt, wenn es auf dem Fundament eingelassen worden ist, auch wenn die Einbetonierg noch fehlt (BGH **LM** Nr 16). Bei einem Heizkessel genügt es, wenn er auf den Platz im Rohbau verbracht worden ist, der nach dem baul u betriebl Erfordern für ihn best ist (BGH NJW **79**, 712). Fenster od Türen, die zwecks Einpassens eingesetzt waren, sind bereits (wesentl) Bestandt, wenn die Einpassg schon endgült war u sie nur zur Vereinfachg der weiteren Arbeiten herausgenommen w (Naumbg OLG **28**, 16), nicht aber wenn das Einsetzen nur probew, also zunächst vorübergehd, erfolgte (LG Konstanz NJW-RR **97**, 499). Bei Einbau einer Sachgesamth (zB Heizgsanlage) w die einz Teile bereits mit ihrer Einfügg wesentl Bestandt, nicht erst mit der Fertigstellg der GesAnlage (aA Costede NJW **77**, 2340). **Einzelfälle:** § 93 Rn 5 ff. **Überbau** § 912 Rn 12, **Kommunmauer** § 921 Rn 5 ff.

95 *Scheinbestandteile.* **I Zu den Bestandteilen eines Grundstücks gehören solche Sachen nicht, die nur zu einem vorübergehenden Zwecke mit dem Grund und Boden verbunden sind. Das gleiche gilt von einem Gebäude oder anderen Werke, das in Ausübung eines Rechtes an einem fremden Grundstücke von dem Berechtigten mit dem Grundstücke verbunden worden ist.**

II Sachen, die nur zu einem vorübergehenden Zwecke in ein Gebäude eingefügt sind, gehören nicht zu den Bestandteilen des Gebäudes.

1) Allgemeines. § 95 schränkt die §§ 93, 94 ein. Wenn die Voraussetzgen des § 95 vorliegen, sind die 1
verbundenen od eingefügten Sachen weder wesentl noch einfache GrdstBestandt sond bloße **Scheinbestandteile.** Sie bleiben, auch wenn sie tats unbewegl sind, im RSinn bewegl Sachen u unterliegen den für diese geltden Regeln. Ihre Übereigng richtet sich nach §§ 929 ff, der gutgl Erwerb nach §§ 932 ff (BGH **23**, 57, NJW **87**, 774), jedoch gilt für die aufgrd eines ErbbR errichteten Bauwerke die SonderVorschr in ErbbRVO 12. Da es sich um einen AusnTatbestd handelt, trägt derj die Beweislast, der sich auf § 95 beruft (RG **158**, 375), doch spricht uU eine tats Vermutg zG des BewFührers, insb iF der Verbindg einer Sache dch einen Mieter od einen sonst schuldr od dingl Berecht (BGH **8**, 1/5, NJW **96**, 916).

2) Verbindung zu vorübergehendem Zweck (I 1 u II). – a) Die Verbindg od Einfügg geschieht zu 2
einem **vorübergehenden Zweck,** wenn der Wegfall der Verbindg von vornherein beabsichtigt od nach der Natur des Zwecks sicher ist (RG **63**, 421). Es genügt nicht, daß nach den Vorstellgen der Beteil eine Trenng

nicht ausgeschl ist (BGH **26**, 225/232), es kommt vielm auf den vom Einfügden erwarteten normalen Lauf der Dinge an (BGH NJW **70**, 895). Die Tats, daß die verbundene Sache nach einem gewissen Zeitraum abgenutzt sein w, rechtfertigt nicht den Schluß auf eine vorübergehde Verbindg (RG JW **35**, 418). Maßg ist der innere Wille des Verbindden (BGH **54**, 208, NJW **68**, 2331); er muß aber mit dem nach außen in Erscheing tretden Sachverhalt vereinb sein (RG **153**, 236, BGH **54**, 208). Ein Anbau zu einem Scheinbestandt teilt auch dann dessen rechtl Qualität, wenn bei seiner Errichtg eine dauernde Verbindg beabsichtigt w (BGH NJW **87**, 774).

3 **b)** Ein Wille, die Verbindg nur zu einem vorübergehden Zweck vorzunehmen, ist idR zu bejahen, wenn der Verbindde in **Ausübung eines zeitlich begrenzten Nutzungsrechts** handelt, gleichgült, ob dieses auf öffR od PrivR beruht: Behelfsheim (BGH **8**, 1/5), Mobilheim auf Campingplatz (Kblz MDR **99**, 1059), Bootssteg (Schlesw SchlHA **91**, 11), Grenzstein (Ffm NJW **84**, 2303), Grabstein (Köln OLGZ **93**, 113), vom Mieter, Pächter, Jagdpächter errichtete Baulichk (BGH **92**, 70, NJW **96**, 916, LG Arnsberg DJ **39**, 668), von Gesellsch auf einem zur Nutzg eingebrachten Grdst errichtetes Gebäude (BGH NJW **59**, 1487). Etwas and gilt idR für die vom Mieter gepflanzten Bäume u Sträucher (Düss NJW-RR **99**, 160) u allg dann, wenn der Verbindde die Abs hatte, die Sache nach Beendigg des NutzgsVerh dem GrdstEigtümer zu überlassen (BGH **8**, 1/7, NJW **96**, 916). Auf massive Bauweise kommt es nur an, wenn sie den sicheren Schluß zuläßt, daß das Bauwerk später dem GrdstEigtümer zufallen soll (BGH **8**, 1/6, **92**, 70, NJW **96**, 916). Kein vorübergehder Zweck ist anzunehmen, wenn zw den Part von vornherein feststeht, etwa aGrd ausdr Vereinbg, daß der GrdstEigtümer nach Beendigg des NutzgsVerh die Sache übernehmen soll (BGH **104**, 298, NJW-RR **90**, 411, BFH NJW **87**, 2702). Entspr gilt idR, wenn dem Eigtümer insow ein WahlR eingeräumt worden ist (BGH **LM** Nr 5 u 15). Ein vorübergehder Zweck scheidet auch aus, wenn grdsätzl nach Ablauf der jew Mietzeit eine automat Verlängerg des VertrVerh in Aussicht genommen war (Köln NJW **61**, 461), wenn der Mieter in der Erwartg, er werde demnächst ErbbBerecht, mit Zust des Eigtümers einen Massivbau errichtet (BGH NJW **61**, 1251), od wenn der die Baulichk (Umzäung) Errichtde annimmt, er werde später Eigtümer des Grdst (RG **106**, 148, BGH DNotZ **73**, 472). Zu vorübergehdem Zweck best sind Baumschulbestände u zum Verkauf bestimmte Pflanzen (RG **66**, 89, **105**, 215, Hamm NJW-RR **92**, 1438), ferner der vom Mieter verlegte Teppichboden (AG Karlsr NJW **78**, 2602). Auf fremden Grdst errichtete rein militär Anlagen dienen nur einem vorübergehden Zweck, so massiv sie auch sein mögen, wie zB die Bunker des Westwalles (BGH NJW **56**, 1273). Das GgT gilt für Luftschutzbunker, die nicht nur für die Kriegszeit geplant sind (BGH **LM** Nr 16). Das Bestehen eines EigtVorbeh führt nicht zur Anwendg des § 95, da seine Ausübg in dem für die rechtl Beurteilg maßgebden Normalfall nicht zu erwarten ist (BGH **53**, 324/327).

4 **c)** Da es auf den Willen zZ der Verbindg ankommt, kann eine bloße **nachträgliche Zweckänderung** die Bestandteilseigensch weder begründen (BGH **23**, 57/60, NJW **59**, 1487) noch aufheben (BGH **37**, 353/359). Bestandt kann die Sache nur w, wenn sich der Eigtümer mit dem GrdstEigtümer über den EigtÜbergang einigt (BGH **23**, 57, NJW **59**, 1487, **87**, 774) u dabei der Zweck verfolgt w, die Sache dauernd mit dem Grdst zu verbinden (BGH NJW **80**, 771, **LM** Nr 15). Entspr gilt, wenn umgekehrt aus einem wesentl Bestandt ein Scheinbestandt werden soll (Rn 6).

5 **3) Verbindung in Ausübung eines Rechts (I 2).** Rechte iSd Vorschr sind nur dingl Rechte, wie ErbbR, Nießbr, GrdDbk (BGH **LM** Nr 2, Celle MDR **52**, 744, Frank DNotZ **92**, 675/678), aber auch die Befugn der Post zur Verlegg von Fernmeldekabeln in öff Wegen (BGH **125**, 56, Nürnbg NJW-RR **97**, 19, Rn 6). Die Vorschr ist entspr anwendb auf den Überbau, u zwar sowohl auf den rechtm (RG **169**, 175) als auch auf den entschuldigten (BGH **27**, 197, 204, **41**, 177, § 912 Rn 12, zur Kommunmauer s § 921 Rn 5 ff). Nicht unter die Vorschr fällt die hoheitl Inanspruchn eines Grdst (BGH **LM** Nr 16). Voraussetzg ist, daß dem Verbindden das Recht tats zusteht u nicht nur von ihm irrtüml angenommen w (Soergel-Mühl Rn 22). Die Vorschr gilt nicht für einen Massivbau, den ein Mieter in der später fehlgeschlagenen Erwartg errichtet, daß der GrdstEigtümer ihm ein ErbbR bestellen w (BGH NJW **61**, 1251). **Berechtigter** ist auch derj, dem vom RInhaber, etwa dch Vermietg od Verpachtg, die Ausübg des Rechts überlassen worden ist (BGH **LM** Nr 2). Wer eine Sache mit einem auf dem Grdst stehden Gebäude verbindet, das dessen wesentl Bestandt ist, verbindet sie zugl mit dem Grdst (RG **106**, 51).

6 **4) Versorgungsleitungen** in fremden Grdst fallen idR unter § 95 (Schulze Rpfleger **99**, 168), häufig schon gem I 2, weil sie aGrd öffr Befugn eingefügt worden sind, so Fernmeldekabel (BGH **125**, 56) u Gas- u Wasserleitgen (BGH **37**, 353/362, NJW **80**, 771). Unter I 2 fallde Rechte ergeben sich auch aus AVBV 8 u GBBerG 9 I. Trifft I 2 nicht zu, handelt es sich entspr Rdn 2 u 3 dchweg um eine Einfügg zu einem vorübergehden Zweck (BGH **138**, 266/272, NJW **80**, 771; and für Abwasserleitgen, aber wohl überholt BGH NJW **68**, 2331). Auch Hausanschlüsse fallen unter § 95 u sind Eigtum des VersorggsUntern, AVBV 10, ebso der Wasserzähler (BayVerfG NVwZ **82**, 368). IdR ist § 95 auch bei Verlegg im eig Grdst anwendb (Schulze Rpfleger **99**, 168/171, Brüning VIZ **97**, 398/400, *arg* EnWG 13 II 2). Ist das nicht der Fall, kann aus dem wesentl Bestandt (Leitgsnetz) dch Zweckänderg u Übereigng (etwa bei Privatisierg des AbwasserBetr) ein Scheinbestandt w (Brüning aaO 402, Rn 4). Zu den Leitgssammelkanälen in den neuen BLändern s Böhringer VIZ **98**, 605.

96 *Rechte als Bestandteile eines Grundstücks.* **Rechte, die mit dem Eigentum an einem Grundstücke verbunden sind, gelten als Bestandteile des Grundstücks.**

1 **1) Allgemeines.** Rechte, die mit dem Eigt an einem Grdst verbunden sind, w dch § 96 GrdstBestandt gleichgestellt. Zweck des § 96 ist vor allem, die hypothek Haftg (§§ 1120 ff) auf die mit dem Grdst verbundenen Rechte auszudehnen (s RG **83**, 200). Die unter § 96 fallden Rechte sind sonderrechtsunf wesentl Bestandt, wenn sie, wie die sog subjekt dingl Rechte (Rn 2), nicht vom Eigt am Grdst getrennt w können, iü sind sie wie einfache Bestandt zu behandeln. Sie werden aber dch die Fiktion des § 96 nicht zu Sachen. Für einen Mangel des Rechts w daher nicht nach § 459, sond nach § 437 gehaftet (RG **93**, 73).

2) Rechte im Sinn von § 96 sind vor allem die sog subjektiv dingl Rechte, die dem Eigtümer des herrschden Grdst hins eines and Grdst zustehen. Dazu gehören: GrdDbk (BayObLG NJW-RR **90**, 1043, Köln NJW-RR **93**, 982), Reallasten (BayObLG **90**, 212) u das dingl VorkR, sofern sie zG des jeweiligen Eigtümers eines and Grdst bestellt worden sind (§§ 1105 II, 1094 II), das AnwR auf Eintr einer derart Belastg (Köln OLGZ **68**, 453), der HeimfallAnspr nach ErbbRVO 3 (Düss DNotZ **74**, 177, BGH ZIP **80**, 654). Unter § 96 fallen weiter: das JagdR (BJagdG 3 I 2), das Recht auf Duldg des Überbaues (§ 912 Rn 11), eine mit dem Grdst verbundene Abdeckereigerechtigk (RG **83**, 200), Realverbandsanteile (Forstgenossensch) in Nds (Brschw NdsRpfl **90**, 7). **Keine** Rechte iS des § 96 sind dagg ein BrennR nach dem Branntwein- 3
monopolG, da es nur eine steuerl Bevorzugg, nicht aber einen selbstd VermGgst darstellt (BGH **LM** Nr 1), ein schuldrechtl RübenliefergsR (BGH **111**, 110), die Milchreferenzmenge (BGH **114**, 277) u der Anspr des Eigtümers auf den beim HypGläub gebildeten Amortisationsfond (RG **104**, 73).

97 *Zubehör.*

I **Zubehör sind bewegliche Sachen, die, ohne Bestandteile der Hauptsache zu sein, dem wirtschaftlichen Zwecke der Hauptsache zu dienen bestimmt sind und zu ihr in einem dieser Bestimmung entsprechenden räumlichen Verhältnisse stehen. Eine Sache ist nicht Zubehör, wenn sie im Verkehre nicht als Zubehör angesehen wird.**

II **Die vorübergehende Benutzung einer Sache für den wirtschaftlichen Zweck einer anderen begründet nicht die Zubehöreigenschaft. Die vorübergehende Trennung eines Zubehörstücks von der Hauptsache hebt die Zubehöreigenschaft nicht auf.**

1) Allgemeines. Zubehör sind rechtl selbstd bewegl Sachen. Sie sind sonderrechtsfäh, können also ohne 1
die Hauptsache übereignet od belastet w. Das Ges berücksichtigt aber, daß das Zubeh in einem wirtschaftl ZusHang mit der Hauptsache steht. Es soll daher iZw deren rechtl Schicksal teilen. Diesem Gedanken trägt das Ges in einer Reihe von Vorschr Rechng, so in § 314 (Erstreckg einer Veräußergs- od BelastgsVerpfl), § 926 I (Erstreckg der GrdstVeräußerg), § 1120 (Erstreckg der Hyp) u in der entspr ZwVollstrVorschr des ZPO 865. § 97 definiert, was Zubeh ist, § 98 enthält eine Erläuterg für gewerbl u landw Zubeh sowie teilw eine Erweiterg. Dem § 98 entspr weitgehd die Vorschr der HöfeO 3 S 2, die das HofZubeh regelt; eine SonderBest für SchiffsZubeh enthält HGB 478.

2) Begriff. – **a)** Als Zubeh kommen nur **bewegliche Sachen** (Übbl 3 v § 90) in Betracht. Grdst u 2
GrdstBestandt können nicht Zubeh sein (RG **87**, 50), ebsowenig Rechte (BGH **111**, 110/116, **135**, 292), wie die in § 96 Rn 3 angeführten od der Anteil des WoEigtümers an der Instandhaltgsrücklage (aA Röll NJW **76**, 937). Ein SachInbegr (s Übbl 5 vor § 90) ist dann Zubeh, wenn dessen Voraussetzgen bei allen zum Inbegr gehör Sachen vorliegen (BGH **LM** Nr 3). Unerhebl sind die an der Sache bestehden EigtVerh. Wie sich aus § 1120 ergibt, braucht das Zubeh nicht dem Eigtümer der Haupts zu gehören. – **b)** Zubehör setzt das 3
Vorhandensein einer **Hauptsache** voraus. Als Haupts kommen Grdst u bewegl Sachen in Betracht. Rechte können nur dann Zubehör haben, wenn sie, wie das ErbbR, das WoEigt u die Rechte nach EG 63, Grdst gleichgestellt sind. Auch SachBestandt, zB Gebäude, können Haupts sein (BGH **62**, 49). Das Zubeh ist dann zugl Zubeh der GesSache (RG **89**, 63). Sach- u RGesamth können kein Zubeh haben. Das gilt auch für Untern (MüKo/Holch Rn 13). Das Inventar eines GewerbeBetr kann aber entspr § 98 Nr 1 Zubehör des BetrGrdst sein, vorausgesetzt das Grdst ist für eine entspr Nutzg dauernd eingerichtet (BGH **62**, 49, **124**, 380/392) u der wirtschaftl Schwerpkt des Untern liegt auf dem Grdst (BGH **85**, 234). Bei einem Speditionsuntern ist der Kraftfahrpark idR nicht Zubehör des BetrGrdst (BGH aaO), bei einem ErdbauUntern nicht die ständ auf den Baustellen eingesetzten Gerätsch (BGH **124**, 380). Mögl auch, daß eine Sache Zubeh mehrerer Haupts ist (s Stettin JW **32**, 1581). – **c)** Die Sache muß dem **wirtschaftlichen Zweck** der Haupts zu dienen 4
best sein. Diese Voraussetzg ist weit auszulegen. Es ist nicht erforderl, daß die Haupts gewerbl genutzt w. Voraussetzg ist nur, daß sie in irgendeiner Weise nutzb ist. Brachland od ein zum Verschrotten bereit gestelltes Kfz kann kein Zubeh haben. Dagg können Glocke u Orgel Zubeh einer Kirche sein (BGH NJW **84**, 2277). Wird ein Grdst in verschiedener Weise genutzt (Wohn- u GeschHaus), kann es für jeden Nutzgszweck völl unterschiedl Zubeh h (BGH **85**, 234/237, **LM** Nr 3). – **d)** Dem Zweck der Haupts **dient** das Zubeh, wenn 5
es deren zweckentspr Verwendg ermöglicht od fördert. Auch nur mittelb Vorteile für die Haupts genügen (Stettin JW **32**, 1581). Voraussetzg ist grdsl, daß die Haupts soweit hergestellt ist, daß sich ihr wirtschaftl Zweck verwirklichen läßt. Maschinen können daher nicht Zubeh eines erst im Rohbau fertigen Fabrikgebäudes sein (RG **89**, 64), Heizöl nicht Zubeh eines Wohnhauses, das sich noch im Rohbaustadium befindet (Düss NJW **66**, 1714). Dabei ist aber eine an der VerkAnschauung orientierte wirtschaftl Beurteilg notw. Inventar, das einem best gewerbl Betr auf Dauer dienen soll, kann daher schon vor Fertigstellg des BetrGebäudes als Zubeh anzusehen sein (BGH NJW **69**, 36). Erforderl ist, daß zw der Haupts u dem Zubeh ein Verhältn der Über- u Unterordng besteht (BGH **85**, 234, **LM** Nr 3). Die einem Gewerbe diendeh Maschinen u Gerätsch sind nur dann GrdstZubeh, wenn das Grdst nach seiner obj Beschaffenh dauernd für den betr Betr eingerichtet ist (BGH **62**, 49, s dazu § 98 Rn 3). **Verbrauchbare Sachen** (§ 92) können Zubeh sein, so etwa das auf dem BauGrdst lagernde Baumaterial (BGH **58**, 309), der Kohlevorrat einer Ziegelei (RG **77**, 38), der Heizölvorrat eines Wohnhauses (Brschw ZMR **86**, 120), die Materialreserven einer Fabrik (RG **66**, 358, **84**, 285). **Kein Zubehör** des BetrGrdst sind die Vorräte an **Waren** u Erzeugn, die zum Verkauf best sind (RG **66**, 90, **86**, 329). Sie dienen nicht dem wirtschaftl Zweck des BetrGrdst, sond stehen diesem gleichgewicht ggü. Entspr gilt für Rohstoffe u Halbfertigwaren, die nach Be- od Verarbeitg veräußert w sollen (RG **86**, 329, KG JW **34**, 435).

3) Weitere Voraussetzungen. – **a)** Zubeh muß **bestimmt** sein, dem wirtschaftl Zweck der Haupts zu 6
dienen. Erforderl ist daher eine entspr **Widmung.** Diese ist kein RGesch (Übbl 2 v § 104), sond eine RHdlg, für deren Vorn natürl Willensfähigk ausr (Soergel-Mühl Rn 25, RGRK Rn 14, str). Die Widmg erfolgt idR dch schlüss Hdlg. Sie kann jeder tats Benutzer der Haupts vornehmen (BGH NJW **69**, 2135), auch der Mieter od Pächter. Bei ihm w sich die Zweckbestimmg aber idR auf die Zeit seines NutzgsR beschr, es fehlt also an einer Widmg auf Dauer (Rn 7). Die Widmg begründet die ZubehEigensch grdsl auch dann, wenn die Sache

für den vorgesehenen Zweck wenig geeignet ist (BGH NJW-RR **90**, 586). Die ZubehEigensch entsteht mit
7 der Widmg, auf die erstmalige tats Benutzg kommt es nicht an (RG **66**, 356). – **b)** Wie sich aus § 97 II 1 ergibt, muß das Zubeh dem Zweck der Haupts **auf Dauer** zu dienen best sein. ScheinBestandt (§ 95) fallen daher idR nicht unter § 97 (BGH NJW **62**, 1498), ebsowenig Werkzeugformen, die nach Beendigg des Auftr in das Eigt des Kunden übergehen (Düss NJW-RR **91**, 1130). Handelt der Benutzer in Ausübg eines zeitl begrenzten NutzgsR, besteht ebso wie bei § 95 II die Vermutg, daß ledigl eine vorübergehde Verbindg beabsichtigt ist (BGH NJW **84**, 2277, § 95 Rn 3). Nur vorübergehd benutzt w in gepachtete Gebäude fest eingebaute Maschinen, die nach Beendigg des PachtVerh zu entfernen sind (BGH DB **71**, 2113). Das gilt auch bei einem ÜbernR des Verpächters, sofern das Gebäude nicht auf Dauer für einen GewerbeBetr der betr Art eingerichtet ist (BGH aaO). Der ZubehEigensch steht nicht entgg, daß das ZubehStück als verbrauchb Sache seiner Natur nach nur einmal benutzt w kann (RG **77**, 38, Düss NJW **66**, 1714). Auch **fremde** Sachen können Zubeh sein (*arg* § 1120 aE, ZVG 55 II), so eine gestohlene od unter EigtVorbeh gelieferte Sache. Der VorbehKäufer widmet sie auf Dauer der Haupts, da er mit einer RückFdg aGrd des Vorbeh nicht rechnet (BGH **58**, 309/313). Wer vorübergehd Benutzg behauptet, muß diesen AusnTatbestd **beweisen** (RG **47**,
8 201). – **c)** Zubeh muß in einem seinem Zweck entspr **räumlichen Verhältnis** zur Haupts stehen. Erst mit der Herstellg dieses Verh w die Sache Zubeh (RG Warn **09**, 176). GrdstZubeh braucht sich jedoch nicht auf dem betr Grdst zu befinden (RG **87**, 50, BGH **LM** Nr 3). Es genügt, wenn seine örtl Unterbringg die Benutzg für die Zwecke der Haupts ermöglicht. Zubeh sind daher: die auf fremden Grdst verlegten Versorggsleitgen eines Gas-, Wasser- od EWerkes (BGH **37**, 353, NJW **80**, 771); die auf einem NachbGrdst errichteten Hilfsgebäude (RG **55**, 284), Anschlußgleise (RG Warn **30**, 49), Sauerstoffanlagen (RG **157**, 47) u die Dalben
9 einer Werft in öff Gewässern (OVG Brem NJW-RR **86**, 955). – **d)** Auch wenn alle Voraussetzgen des ZubehBegr erfüllt sind, ist die Sache kein Zubeh, sofern die **Verkehrsanschauung** entggsteht (**I 2**). VerkAnschauung ist die Auffassg, die sich allg od in dem betr VerkGebiet gebildet hat u in den Lebens- u GeschGewohnh der Beteil in Erscheing tritt (RG **77**, 244, Köln NJW **61**, 461). Als AusnTatbestd hat derj die entggstehde VerkAuffassg zu **beweisen,** der sich auf sie beruft (BGH NJW-RR **90**, 586); zur Beweisführg genügt die Behauptg einer best VerkAnschauung u die Benenng eines geeigneten BewMittels (BGH NJW **92**, 3224). Möbel sind nach der VerkAnschauung kein Zubehör (Düss DNotZ **87**, 108), and zu beurteilen sind uU Einbauküchen (Rn 11). Die Einrichtg der Gastwirtsch kann Zubehör darstellen (Rn 11), auch in SchlH besteht keine abw VerkAuffassg (Schlesw Rpfleger **88**, 76).

10 **4)** Die ZubehEigensch w **aufgehoben,** wenn eine ihrer Voraussetzgen auf Dauer fortfällt (BGH NJW **84**, 2277). Vorübergehde Ändergen sind, wie II 2 für den Fall der Trenng ausdr klarstellt, unerhebl. EndiggsGrde sind daher: dauernde Einstellg des Betr, dem das Zubeh dient (RGRK Rn 35), Änderg der Widmg (BGH NJW **69**, 2135, Dilcher JuS **86**, 185), dauernde Trenng. Keine EndiggsGrde sind: Übereigng des Zubeh (BGH NJW **79**, 2514, **87**, 1266), vorübergehde BetrEinstellg wg Ins (RG **69**, 88, **77**, 39).

11 **5) Einzelfälle** (ja = Zubeh, nein = kein Zubeh): **Alarmanlage** in EigtWohng ja (Mü MDR **79**, 934). – **Anschlußgleis** für FabrikGrdst ja (RG Warn **30**, 49). – **Apothekeneinrichtung** auf ApothekenGrdst ja (RG Warn **09**, 491). – **Autotelefon** für einen GeschWagen angebl nein (Köln NJW-RR **94**, 51). – **Bagger** eines KiesgewinngsBetr ja, auch wenn er sich nicht auf dem Grdst selbst befindet (RG DR **42**, 138 c). – **Baumaterial** auf BauGrdst ja (BGH **58**, 309). – **Baugerät** auf dem für ein BauGesch eingerichtetem Grdst ja (Hamm MDR **85**, 494), sonst nein (BGH **62**, 49), nein auch mit Bezug auf das Lagerplatz-Grdst (Kblz BB **89**, 2138). – **Baumschulbestände** nein, da zur Veräußerg best u räuml Verh nur vorübergehd (RG **66**, 90). – **Bauunterlagen** des HausGrdst nein (Karlsr NJW **75**, 694). – **Beleuchtungsgeräte,** die Mieter angeschafft hat, nein wg vorübergehder Dauer (Bambg OLG **14**, 9). – **Bierausschankanlage** in GastWirtsch ja (Celle OLGZ **80**, 13). – **Bodenbelag:** Linoleumbodenbelag nein, da Bestandt (s § 93 Rn 5). – **Einbauküche** ja, soweit sie nicht Bestandt (§ 93 Rn 5) ist (BGH NJW-RR **90**, 586, Celle NJW-RR **89**, 913, Stgt FamRZ **99**, 855), jedoch sollen regional abw VerkAuffassgen bestehen (Hamm NJW-RR **89**, 333, Düss NJW-RR **94**, 1039). – **Einrichtung** für Gastwirtsch od sonst GewerbeBetr ja, wenn Grdst auf eine entspr dauernde
12 Benutzg eingerichtet (s BGH **62**, 49, Schlesw Rpfleger **88**, 76 u Rn 3). – **Fahrzeuge:** Hotelomnibus ja (RG **47**, 200); dem Betr eines BauGesch diender Pkw ja (Hamm JMBlNRW **53**, 244); Fahrzeuge eines Fabrik- od Handelsuntern, die der Zu- od Ablieferg von Gütern dienen, ja (BGH WM **80**, 1384); Fahrzeuge eines Speditions- od Transportuntern nein (BGH **85**, 238). – Vorräte an Kohle od Öl zum **Heizen** ja (Düss NJW **66**, 1714, Schlesw SchlHA **97**, 110). – **Kontoreinrichtung** eines gewerbl Betr ja, wenn Grdst auf eine entspr Benutzg dauernd eingerichtet (s BGH **62**, 49, dessen RGrds entspr anzuwenden sind, ferner LG Freibg BB **77**, 1672, LG Mannh BB **76**, 1152). – **Kühlanlage** in Gaststätte ja (Hamm NJW-RR **86**, 376). – **Leitungen:** Fernleitgen für das Grdst des VersorggsBetr ja (BGH **37**, 353/357, NJW **80**, 771, Brüning VIZ **97**, 398), sofern nicht Bestandt der Grdst, in denen sie liegen (§ 95 Rn 6). – **Maschinen** auf FabrikGrdst ja (BGH NJW **79**, 2514), auch vor Inbetriebnahme (BGH NJW **69**, 36); nein, wenn sie ausschließl auf Baustellen eingesetzt w (BGH NJW **94**, 864); nein, wenn Grdst nicht dauernd für einen entspr GewerbeBetr eingerichtet (BGH **62**, 49). – **Möbel** zumindest wg einer entggstehden VerkSitte nein (Düss DNotZ **87**, 108). – **Nebenstellensprechanlage** für Grdst nein wg entggstehder VerkAnschauung (Köln NJW **61**, 461). – **Rohstoffe** für FabrikGrdst nein (Rn 5 aE) –. Im Garten aufgestellte **Statue** (Bronzerelief) nein (Ffm NJW **82**, 653). – Zum Verkauf best **Ware** nein (RG **66**, 90, KG JW **34**, 435). – **Zuchthengst** für Reiterhof ja (AG Oldbg DGVZ **80**, 94).

98 ***Gewerbliches und landwirtschaftliches Inventar.*** **Dem wirtschaftlichen Zwecke der Hauptsache sind zu dienen bestimmt:**

1. bei einem Gebäude, das für einen gewerblichen Betrieb dauernd eingerichtet ist, insbesondere bei einer Mühle, einer Schmiede, einem Brauhaus, einer Fabrik, die zu dem Betriebe bestimmten Maschinen und sonstigen Gerätschaften;

2. bei einem Landgute das zum Wirtschaftsbetriebe bestimmte Gerät und Vieh, die landwirtschaftlichen Erzeugnisse, soweit sie zur Fortführung der Wirtschaft bis zu der Zeit erforderlich

sind, zu welcher gleiche oder ähnliche Erzeugnisse voraussichtlich gewonnen werden, sowie der vorhandene, auf dem Gute gewonnene Dünger.

1) Allgemeines. – a) Der kasuistisch gefaßte, vom technisch-wirtschaftl Entwicklgsstand der Jahrhundertwende ausgehde § 98 soll die Anwendg des § 97 erleichtern. Er stellt klar, daß Inventar von Gewerbebetriebsgebäuden (Rn 3) u Landgütern (Rn 4) stets dem wirtschaftl Zweck der Haupts zu dienen best ist. Seine inzw zT veraltete Aufzählg ist nicht erschöpfd (RG **77**, 38). Die ZubehEigensch setzt voraus, daß alle sonstigen TatbestdMerkmale des § 97 erfüllt sind (RG **69**, 152). Auch iF des § 98 ist erforderl, daß die Zubeh-Stücke dem Zweck der Haupts auf **Dauer** dienen sollen (Soergel-Mühl Rn 2, MüKo/Holch Rn 3, str). 1
– **b) Hauptsache** ist iF des § 98 das BetrGebäude od das Landgut. Der wirtschaftl Schwerpkt des Betr muß auf dem Grdst liegen (BGH **85**, 234). Betr, die keinen in einem eig Gebäude od Grdst verkörperten Mittelpkt haben, haben im RSinn kein Zubeh (Dresden OLG **13**, 314). 2

2) Gewerbliches Inventar (Nr 1). Die Gebäude müssen für den gewerbl Betr dauernd eingerichtet sein. Das ist der Fall, wenn die Bauart od Einteilg des Gebäudes auf einen best GewerbeBetr abgestellt ist (BGH **62**, 50, **124**, 380/392). Es genügt aber auch, wenn das Gebäude mit dem Ggst des Betr so verbunden ist, daß es nach der VerkAnschauung als eine für diesen dauernd eingerichtete wirtschaftl Einh erscheint (BGH aaO). Das kann auch der Fall sein, wenn ohne baul Ändergen eine and gewerbl Nutzg des Gebäudes mögl wäre (Köln NJW- RR **87**, 751, krit Eickmann EWiR **87**, 217). Es schadet auch nicht, daß das Inventar mehr wert ist als das Gebäude (RG **87**, 49). **Maschinen** können ausnahmsw Bestandt des Gebäudes sein (§ 93 Rn 7); sie kommen dann nach § 97 I 1 nicht als Zubeh in Betr. **Gerätschaften** iS dieser Vorschr sind auch solche, die dem GewerbeBetr nur iwS dienen, etwa dem Vertrieb der hergestellten Waren (BayObLG **12**, 314). Unter diesen Begr fallen zB Dekorations- u VergnüggsGgstände eines Restaurants (RG **47**, 199 f), Flaschen u Versandkisten (BayObLG **12**, 315), Büroeinrichtgen (BayObLG **12**, 315, LG Mannh BB **76**, 1152). 3

3) Landwirtschaftliches Inventar (Nr 2). Landgut ist jedes zum selbstd Betrieb der Landwirtsch (Akkerbau, Viehzucht, Forstwirtsch) geeignetes u eingerichtetes Grdst (Rostock OLG **29**, 211); der vom BGH zu § 2312 entwickelte engere Begriff (BGH **98**, 375) stellt auf den Regelgsgehalt des § 2312 ab u gilt für § 98 nicht. Geräte sind zB Pflug, Trecker, Dreschmaschine, Mobiliar, das für die im Betr beschäftigten Pers best ist, BüroeinrichtgsGgst. Vieh dient dem landwirtsch Betr, wenn es zu Zuchtzwecken, zur ArbLeistg od zur Gewinng von Erzeugn (Milch, Eier) gehalten w. Auch Mastvieh ist grdsl Zubehör (s RG **142**, 382). Es verliert aber diese Eigensch, wenn es endgült zum Verk best w (AG Neuwied DGVZ **75**, 63, MüKo/Holch Rn 18). Landwirtschaftl Erzeugn fallen nur insow unter § 98, als sie zur Fortführg der Wirtsch erforderl sind, gleichgült, ob die Erzeugn aus eig Produktion stammen od hinzugekauft sind. Auf dem Gut gewonnener Dung ist nach dem Ges auch dann Zubeh, wenn er zur Fortführg des Betr nicht notw ist. 4

99 *Früchte.* **[I] Früchte einer Sache sind die Erzeugnisse der Sache und die sonstige Ausbeute, welche aus der Sache ihrer Bestimmung gemäß gewonnen wird.**

[II] Früchte eines Rechtes sind die Erträge, welche das Recht seiner Bestimmung gemäß gewährt, insbesondere bei einem Rechte auf Gewinnung von Bodenbestandteilen die gewonnenen Bestandteile.

[III] Früchte sind auch die Erträge, welche eine Sache oder ein Recht vermöge eines Rechtsverhältnisses gewährt.

1) Vorbemerkung zu §§ 99, 100. § 99 definiert den Begr der Früchte, § 100 den der Nutzgen. Die rechtl Bedeutg der §§ 99 u 100 ergibt sich aus den Vorschr, die sich mit Früchten u Nutzgen befassen, so zB §§ 953 ff (EigtErwerb), §§ 581, 1030 (NutzgsR des Pächters u Nießbrauchers), §§ 987 ff (Herausg von Nutzgen). 1

2) Unmittelbare Sachfrüchte (I) sind die Erzeugn der Sache, dh alle natürl Tier- u Bodenprodukte, wie etwa Eier, Milch, Kälber, Obst, Pflanzen, Bäume. Gleichgestellt ist die sonst Ausbeute, wie zB Sand, Kohle, Mineralwasser. Sie muß aber gem der Bestimmg der Sache gewonnen w, dh in naturgem od verkehrsübl Weise (MüKo/Holch Rn 4). Früchte iSv I sind auch die dch Raubbau od zur Unzeit gewonnenen Produkte (hM). Die Substanz der Sache darf aber nicht verbraucht w. Das Fleisch eines Schlachttiers ist daher keine Sachfrucht. Keine Früchte sind auch der Schatz (§ 984) od die auf einem Grdst erzeugte Elektrizität (Soergel-Mühl Rn 9). 2

3) Unmittelbare Rechtsfrüchte (II) sind die Erträge eines Rechts. Sachfrüchte iSv I (Rn 2) sind RFrüchte, wenn sie von einem Nießbraucher od Pächter aGrd seines Nießbr od PachtR gewonnen w. RFrüchte sind weiter: bei einem JagdR die Jagdbeute (BGH **112**, 395); bei BergwerksEigt die Kohle (RG JW **38**, 3042); bei einer Leibrente die Einzelleistgen (s RG **80**, 209); bei einer Aktie die Dividende (Brem DB **70**, 1436); bei einem GmbH-Anteil der Gewinn (BGH NJW **95**, 1027); bei der Mitglsch in einem Realverband die zugeteilten Holzmengen u Überschüsse (BGH **94**, 306); bei einer verzinsl Fdg die Zinsen, auch wenn die Verzinsg, wie iF des Verzuges, auf Ges beruht (BGH **81**, 8/13). Keine RFrüchte sind: das dem Aktionär zustehde Recht zum Bezug neuer Aktien, da es kein bestimmgsgem Ertrag der Aktie ist (Brem DB **70**, 1436); der beim Aktienverkauf erzielte Kursgewinn (Brem aaO). Der Ertrag eines Untern ist analog I u II als Frucht der Rechts- u Sachgesamth Untern zu behandeln (Soergel-Mühl Rn 3, str, die Rspr kommt dch unmittelb Anwendg des § 100 – dort Rn 1 – zum gleichen Ergebn). 3

4) Mittelbare Sach- u Rechtsfrüchte (III) sind die Erträge, die die Sache od das Recht vermöge eines auf Nutzg od Gebrauch gerichteten RVerhältn gewährt (BGH **115**, 157). Mittelb Sachfrüchte sind bei Miethäusern der Mietzins (RG **105**, 409, **138**, 72), bei Verpachtg eines Betr der Pachtzins (BGH **63**, 365), bei überbauten Grdst die Überbaurente (§ 912), nicht aber die Brandversichergssumme (BGH **115**, 157). Mittelb RFrüchte sind zB die LizenzGebühr für die Überlassg eines PatentR. Zu Darlehnszinsen s Rn 3. 4

100 *Nutzungen.* **Nutzungen sind die Früchte einer Sache oder eines Rechtes sowie die Vorteile, welche der Gebrauch der Sache oder des Rechtes gewährt.**

1 Der Begr der **Nutzungen** umfaßt außer den **Früchten** (§ 99) auch die **Gebrauchsvorteile.** Wer die mit der Innehabg einer Sache od eines Rechts verbundenen Rechte ausübt, gebraucht die Sache od das Recht; daher gehören Vorteile aus dem StimmR eines GmbH-Gesellschafters (RG **118**, 269) od eines WoEigtümers (KG OLGZ **79**, 290) zu den Nutzgen. Die Nutzgen von Geld bestehen in den erlangten Zinsen, aber auch in den etwa ersparten Schuldzinsen (BGH **138**, 160). Zu den Nutzgen eines Grdst mit GewerbeBetr gehört der aus dem Betr gezogene Gewinn, vermindert um den „Unternehmerlohn" (BGH NJW **78**, 1578). Der GebrVorteil braucht nicht vermögensr Natur zu sein (MüKo/Holch Rn 3). Auch die Benutzg eines unter Naturschutz stehden Grdst, auf dem nicht gebaut w darf, stellt daher einen GebrVorteil dar (aM Hbg MDR **53**, 614). Keine Nutzg ist das, was dch rgesch Verwertg der Sache erzielt worden ist. Kursgewinne aus Aktienverkäufen gehören daher nicht dazu (Brem DB **70**, 1436); ebsowenig das BezugsR auf neue Aktien, da es nicht aus dem Gebrauch der Aktien fließt (BayObLG OLG **36**, 282, Brem DB **70**, 1436). – Maßg für die
2 **Bewertung** der GebrVorteile ist deren obj Wert (BGH NJW **95**, 2627); entsch ist die obj Möglichk der Nutzg, ohne daß es darauf ankommt, ob dch den Gebr ein Gewinn od ein Verlust entstanden ist (BGH DB **66**, 739). BemessgsGrdl ist idR der übl Miet- od Pachtzins (BGH NJW **98**, 1707, NJW-RR **98**, 803/805, Becker-Schaffer DB **93**, 2078/2080). Aus den für die Herausg der Nutzg maßgebden RGrds kann sich aber ergeben, daß nur die zeitanteilige Wertminderg („Werteverzehr") zu ersetzen ist, so iF der Wandlg (BGH **115**, 47) od der Rückabwicklg eines nicht zustande gekommenen KaufVertr (BGH NJW **96**, 250). Vorteile, die auf wertsteigernden Investitionen des Schu beruhen, sind nicht zu berücksichtigen (BGH **109**, 179/191, NJW **92**, 892). Für sie trägt der Schu die BewLast (BGH NJW **95**, 2627).

101 *Verteilung der Früchte.* **Ist jemand berechtigt, die Früchte einer Sache oder eines Rechtes bis zu einer bestimmten Zeit oder von einer bestimmten Zeit an zu beziehen, so gebühren ihm, sofern nicht ein anderes bestimmt ist:**

1. **die im § 99 Abs. 1 bezeichneten Erzeugnisse und Bestandteile, auch wenn er sie als Früchte eines Rechtes zu beziehen hat, insoweit, als sie während der Dauer der Berechtigung von der Sache getrennt werden;**
2. **andere Früchte insoweit, als sie während der Dauer der Berechtigung fällig werden; bestehen jedoch die Früchte in der Vergütung für die Überlassung des Gebrauchs oder des Fruchtgenusses, in Zinsen, Gewinnanteilen oder anderen regelmäßig wiederkehrenden Erträgen, so gebührt dem Berechtigten ein der Dauer seiner Berechtigung entsprechender Teil.**

1 **1) Allgemeines.** § 101 regelt, wie sich aus dem Wort „gebühren" ergibt, die schuldrechtl AusglPfl zw mehreren aufeinand folgden Berecht, zB Veräußerer/Erwerber, Verpächter/Pächter, Vorerbe/Nacherbe. Er behandelt nicht den Erwerb des Eigt an den Früchten (s dazu §§ 953 ff). § 101 gilt nicht bei **abweichender Bestimmung** dch Ges (zB §§ 987 ff, 1038 ff, 2133) od RGesch, etwa Vertr (BGH NJW **98,** 1314) od Test. Er setzt voraus, daß Nutzgen tats gezogen worden sind; es genügt nicht, daß sie hätten gezogen werden können (BGH NJW **95**, 1027).

2 **2) Verteilung. – a)** Bei **unmittelbaren Sachfrüchten** (§ 99 I) ist der Ztpkt der Trenng entscheidd (Nr 1). – **b)** Bei and Früchten tritt an die Stelle der Trenng die Fälligk (Nr 2) s. Bei **regelmäßig wiederkehrenden Erträgen** erfolgt dagg eine Teilg nach der Dauer der Berechtigg *(pro rata temporis).* Das gilt für Miet- u Pachtzins, Kapitalzins, Gewinnanteile (BGH NJW **95**, 1027), Rentenzahlungen.

102 *Ersatz der Gewinnungskosten.* **Wer zur Herausgabe von Früchten verpflichtet ist, kann Ersatz der auf die Gewinnung der Früchte verwendeten Kosten insoweit verlangen, als sie einer ordnungsmäßigen Wirtschaft entsprechen und den Wert der Früchte nicht übersteigen.**

1 Es entspr der Billigk, daß derj, dem die Früchte zugute kommen, die für ihre Gewinng aufgewandten **Kosten** trägt. § 102 begründet daher für bereits getrennte Früchte eine entspr ErsVerpfl. Für ungetrennte Früchte enthalten Sondervorschriften eine entspr Regelg, s §§ 596 a (gepachtetes landw Grdst), 998 (an den Eigtümer herauszugebdes landw Grdst). Die ErsVerpfl gilt für jede Art von Früchten u HerausgPflichten (BGH **LM** Nr 1). Es handelt sich um einen unmittelb auf § 101 beruhden selbstd Anspr, nicht wie iF des § 1001 um eine bloße Einrede (RG JW **38**, 3042, MüKo/Holch Rn 6). Der Anspr umfaßt auch den Wert der pers ArbLeistg, insb bei Früchten eines gewerbl Unternehmens (s BGH NJW **96**, 921). Unbill wäre es jedoch, dem Berecht eine außer Verh zum Nutzen stehde Kostenbelastg aufzuerlegen; daher ist die ErsVerpfl auf diejen Kosten beschr, die einer ordngsmäß Wirtsch entspr u den Wert der Früchte nicht übersteigen.

103 *Verteilung der Lasten.* **Wer verpflichtet ist, die Lasten einer Sache oder eines Rechtes bis zu einer bestimmten Zeit oder von einer bestimmten Zeit an zu tragen, hat, sofern nicht ein anderes bestimmt ist, die regelmäßig wiederkehrenden Lasten nach dem Verhältnisse der Dauer seiner Verpflichtung, andere Lasten insoweit zu tragen, als sie während der Dauer seiner Verpflichtung zu entrichten sind.**

1 **1)** § 103 enthält eine § 101 Nr 2 entspr Regelg für die Verteilg der Lasten. **Lasten** sind die auf der Sache od dem Recht liegde Verpfl zu Leistgen, die aus der Sache od dem Recht zu entrichten sind u den Nutzgswert mindern (RG **66**, 318, Hamm NJW **89**, 839, Bsp s Rn 3 u 4). Nießbr, GrdDbk u VorkaufsR gehören nicht dazu (RG aaO), ebsowenig pers Verpfl privatr od öffrechtl Natur, wie Bürgersteigausbaukosten in RhPf

(BGH NJW **81**, 2127), die StreuPfl (BGH NJW **90**, 111) od die bei Erteilg einer behördl Gen dch Auflagen begründeten Pflten (RG **129**, 12).

2) Verteilung. § 103 unterscheidet zw regelmäß wiederkehrden u and (einmaligen) Lasten. Erstere sind *pro rata temporis* zu teilen, letztere sind iZw von dem zZ der Fälligk Verpflichteten zu tragen (BGH NJW **82**, 1278, **94**, 2283). Sehen die öffr Vorschr wg des EigtWechsels eine Erstattg u Neufestsetzg der Last ggü dem neuen Eigtümer vor, kann eine ergänzde VertrAuslegg eine Belastg des fr Eigtümers rechtf (BGH NJW **88**, 2099). – **a) Regelmäßig wiederkehrende** Lasten sind Hyp- u GrdSchZinsen, § 1047 (BGH NJW **86**, 2438) sowie die Prämien der Sachversicherg (Düss NJW **73**, 146, str); öffrechtl Lasten dieser Art sind GrdSteuer- u ähnl AbgVerpflichtgen (Einl 18 v § 854), nicht aber die VermSteuer (aA Baums DB **81**, 355). – **b) Einmalige Lasten** sind zB Erschließgsbeiträge (BGH NJW **82**, 1278, **94**, 2283), Leistgen im Umleggs- u FlurbereiniggsVerf, Deichlasten u Patronatslasten (RG **70**, 264), die bei Aufg od Veräußerg eines GewBetr gem EStG 16 anfallde EinkSt (BGH NJW **80**, 2465). 2 3 4

Dritter Abschnitt. Rechtsgeschäfte

Überblick

1) Rechtsgeschäfte 1–3
a) Privatautonomie 1
b) Begriff des Rechtsgeschäfts 2
c) Tatbestandsmerkmale und Wirksamkeitsvoraussetzungen 3
2) Rechtshandlungen 4–10
a) Begriff 4
b) rechtswidrige Handlungen 5
c) geschäftsähnliche Handlungen 6–8
d) Realakte 9, 10
3) Arten der Rechtsgeschäfte 11–25
a) einseitige und mehrseitige 11, 12
b) personenrechtliche und vermögensrechtliche 13
c) unter Lebenden und von Todes wegen 14
d) Verpflichtungs-, Verfügungs- und Gestaltungsgeschäfte 15–18
e) abstrakte und kausale 19–22
f) Unwirksamkeit des Grundgeschäfts 23, 24
g) treuhänderische 25
4) Fehlerhafte Rechtsgeschäfte 26–36
a) nichtige 27–29
b) relativ unwirksame 30
c) schwebend unwirksame 31, 32
d) anfechtbare 33–35
e) Beschränkung der Nichtigkeitsfolgen 36
5) Prozeßhandlungen 37

1) Rechtsgeschäfte. – a) Das bürgerl Recht geht vom Grds der **Privatautonomie** aus. Es überläßt dem einz, seine Lebensverhältn im Rahmen der ROrdng eigenverantwortl zu gestalten. Die PrivAutonomie ist Teil des allg Prinzips der Selbstbestimmg des Menschen u w zumindest in ihrem Kern dch Art 1 u 2 GG geschützt (BVerfG **70**, 123, **72**, 170). Sie berecht den einz, Rechte u Pflten zu begründen, zu ändern od aufzuheben, also im Rahmen der ROrdng eigenverantwortl rechtsverbindl Regelgen zu treffen u ist daher mehr als ein FreiheitsR. Ihre Haupterscheingsformen sind die VertrFreih (Einf 7 ff vor § 145), die VereiniggsFreih (Einf 14 vor § 21), die TestierFreih (Übbl 3 vor § 2064) u die Freih des Eigt (Übbl 1 ff vor § 903). Die PrivAutonomie gehört zu den unverzichtb GrdWerten einer freiheitl Rechts- u VerfOrdng. Es darf aber nicht vergessen w, daß sie auch die Gefahr des Mißbr in sich birgt u als Instrument gesellschaftl Machtausübg benutzt w kann. Derartigen Mißbr zu begegnen, ist in einer sozialstaatl ROrdng eine der vornehmsten Aufg von GesGebg u Rspr (Einf 7 ff vor § 145 u § 138 Rn 1). 1

b) Das Mittel zur Verwirklichg der PrivAutonomie ist das **„Rechtsgeschäft"**, ein Begriff, den die RWissensch des 18. u 19. Jhdt dch Abstraktion aus den in der ROrdng normierten Akttypen gebildet hat (Flume § 2, 1). Das RGesch besteht aus einer od mehreren WillErkl (Einf 1 vor § 116), die allein od in Verbindg mit and TatbestdMerkmalen eine RFolge herbeiführen, weil sie gewollt ist. Die Mot (I 126) setzen **Willenserklärung** u RGesch gleich. Entspr verfährt auch das Ges. Daran ist richt, daß eine WillErkl notw Bestandt eines jeden RGesch ist. Die WillErkl gibt dem RGesch sein finales, auf die Herbeiführg einer RFolge gerichtetes Gepräge; sie kann auch elektron im Internet abgegeben w (Einf 1 v § 116). Das RGesch erschöpft sich aber idR nicht in einer WillErkl. Das ist nur bei RGesch einfachster Art der Fall, wie bei der Anf, der Aufr u der Künd. Im allg gehören zum RGesch weitere TatbestdMerkmale, etwa eine weitere WillErkl beim Vertr, TatHdlgen wie die BesÜbertr bei der Übereigng bewegl Sachen (§ 929) oder behördl Akte wie die Eintr im GrdBuch bei GrdstGesch. 2

c) Von den TatbestdMerkmalen zu unterscheiden sind die **Wirksamkeitsvoraussetzungen,** wie die GeschFgk des Handelnden (§§ 104 ff), die Wahrg best Formen (§§ 125 ff), die Mitwirkg Dr (§§ 182 ff), die Gen des VormschG (§§ 1821 ff) oder behördl Stellen (s § 275 Rn 26 ff). Mangelt es an einer Wirksamk-Voraussetzg, so ist das RGesch nichtig; es ist aber trotzdem ein RGesch (RG **68**, 324). Der NichtigkeitsGrd kann dch Heilg bedeutgslos w (§§ 313 S 2, 518 II, 766 S 2), ihm kann der Einwand unzul RAusübg entggstehen. Fehlt dagg ein TatbestdMerkmal, ist ein RGesch überhaupt nicht zustandegekommen (Nicht-RGesch), so, wenn das RGesch über wesentl Bestandt (essentialia negotii) keine Regelg enthält, etwa der KaufVertr keine Einigg über Ware u Preis (vgl aber Einf 3 vor § 145). Unschädl ist dagg, wenn NebenBestimmgen fehlen, die übl, aber kein notw Inh des RGesch sind (naturalia negotii). Fehlt es an einer Einigg über im Einzelfall gewollte, an sich aber nicht notw Bestandt (accidentalia negotii), ist idR ein TatbestdMangel anzunehmen. Ein NichtRGesch liegt auch vor, wenn es an einem rechtl Bindgswillen fehlt. Dazu gehört auch der Fall, daß sich die Part bei VertrSchl der Nichtigk der Vereinbg bewußt waren (Einf 4 vor § 116) 3

2) Rechtshandlungen. – a) Die ROrdng knüpft in vielen Fällen an Hdlgen RFolgen, für deren Eintritt es gleichgült ist, ob sie vom Handelnden gewollt sind od nicht. Diese Hdlgen können unter dem Begriff der **Rechtshandlung** zusgefaßt w (Flume § 9, 1, Mot I 127). Dabei handelt es sich um einen GgBegriff zu dem 4 des RGesch; währd dieses RWirkgen hervorbringt, weil sie gewollt sind, treten die RFolgen der RHdlg unabhäng vom Willen des Handelnden kr Ges ein. Die RHdlgen zerfallen in rechtsw u rechtmäß. Bei den rechtmäß Hdlgen sind geschäftsähnl Hdlgen u TatHdlgen zu unterscheiden. Diese Begriffsbildg u ihre Unterteilgen haben aber nur geringen Wert, weil weder für die RHdlgen noch für ihre Unterarten gemeins RGrds gelten, es für die RAnwendg vielmehr auf die Eigenart jedes Hdlgstyps ankommt..

5 **b)** Unter **rechtswidrigen Handlungen** sind solche zu verstehen, die wg ihrer Widerrechtlichk eine RFolge auslösen. Zu ihnen gehören die unerl Hdlgen (§§ 823 ff), die Verstöße gg schuldrechtl Verbindlichk (§§ 280, 284, 325, 326, pVV), die verbotene Eigenm (§§ 858 ff), die EigtStörg (§ 1004), Fälle der Billigk-Haftg (§ 829) u der GefährdgsHaftg (ZusStellg in § 276 Rn 136).

6 **c) Geschäftsähnliche Handlungen. – aa)** Sie sind auf einen tatsächl Erfolg gerichtete Erkl, deren RFolgen kr Ges eintreten. Zu ihnen gehören die Mahng (BGH **47**, 352/357, hM, and noch Mot II 58), Auffordergen (§§ 108 II, 177 II), Androhgen (§§ 384 I, 1220 I 1), Weigergen (§§ 179 I, 295 S 1, s Hamm OLGZ **81**, 24), Mitteilgen u Anz (§§ 149, 171, 409 I, 415 I S 2, 416 I S 1, 478 I, HGB 377), das Anerkenntn gem § 208, u die **Einwilligung** in FreihBeschrkgen, Körperverletzgen u ärztl Eingriffe (BGH
7 **29**, 36, **105**, 48). – **bb)** Auf die Mehrzahl der geschäftsähnl Hdlgen sind die **Vorschriften über Willenserklärung entsprechend** anwendb, näml über die GeschFgk (§§ 104 ff), das Wirksw (§§ 130 ff), die Auslegg (§§ 133, 157), die Stellvertretg (§§ 164 ff), Einwilligg u Gen (§§ 182 ff) u die Willensmängel (§§ 116 ff), hM (BGH **47**, 352/357, NJW **89**, 1792, Beckmann/Glose BB **89**, 857). Dabei ist aber nicht schemat zu verfahren. Bei jedem Hdlgstyp ist seiner Eigenart u der typ Interessenlage Rechng zu tragen (Larenz/Wolf § 22 III 1, Medicus AT Rn 198). Geschähnl Hdlgen, dch die der Handelnde ledigl einen rechtl Vorteil erlangt, wie zB
8 die Mahng, erfordern entspr § 107 nur beschr GeschFgk (§ 284 Rn 15). – **cc)** Bei geschähnl Hdlgen, die einen starken höchstpersönl Einschlag h, wie die **Einwilligung** zu FreihBeschrkgen, Körperverletzgen u ärztl Eingriffen, aber auch beim Verz auf ärztl Aufkl, ist entscheidd, ob der Handelnde ein solches Maß an Verstandesreife erreicht hat, daß er die Tragweite seiner Entsch zu übersehen vermag; eine starre Altersgrenze läßt sich hier nicht ziehen (BGH **29**, 33, NJW **64**, 1177, **72**, 335, BayObLG **85**, 53, Roßner NJW **90**, 2291). Das gilt ebso, wenn die Einwilligg Eingriffe in das Recht am eig Bild od and PersönlichkR betrifft (Karlsr FamRZ **83**, 742, aA Düss FamRZ **84**, 1222 u Mü NJW-RR **90**, 999, die GeschFgk fordern). Auch wenn der Mj die notw EinsichtsFgk besitzt, ist aber grdsl zusätzl eine **Einwilligung des gesetzlichen Vertreters** erforderl (Medicus AT Rn 201, str), so auch iF eines SchwangerschAbbruchs (§ 1626 Rn 16).

9 **d) Tathandlungen** („Realakte"). – **aa)** Sie sind auf einen tatsächl Erfolg gerichtete Willensbetätiggen, die kr Ges eine RFolge hervorbringen. Sie unterscheiden sich von den geschäftsähnl Hdlgen dadch, daß sie keine Erkl sind. Zu den TatHdlgen gehören die Verbindg u Vermischg (§§ 946–948), die Verarbeitg (§ 950), der Besitzerwerb, die Besitzaufgabe u die BesitzÜbertr (and aber iF des § 854 II, dort Rn 9), der Fund (§ 965) u der Schatzfund (§ 984), das Einbringen von Sachen in Mieträume (§ 559) u bei Gastw (§ 704), die Schaffg von urheberrechtl geschützten Werken, aber auch die WohnsBegründg u Aufhebg (§§ 7, 8) sowie die GoA (str, s Einf 2 v § 677). TatHdlgen können sich auch auf geist-seel Vorgänge beziehen, wie der Widerr ehrenkränkder Behauptgen (BGH NJW **52**, 417) u die Verzeihg (§§ 532 S 1, 2337, 2343; hM, vgl RG **96**, 269, BGH NJW **84**, 2089,§ 2337 Rn 1). Hdlgen, die eine Haftg kr RScheins begründen, wie das Auftreten als ScheinKaufm u der Fall der AnschVollm (§ 173 Rn 9), können gleichf zu den TatHdlgen
10 gerechnet w. – **bb)** Auf TatHdlgen sind die für RGesch geltden Vorschr grdsätzl **unanwendbar.** Auch hier läßt sich jedoch keine starre Regel aufstellen. Eine Reihe von TatHdlgen kann auch ein GeschUnfäh vornehmen, so insb die Verbindg, die Vermischg, die Entdeckg eines Schatzes, die Schaffg von urheberrechtl geschützten Werken u die GoA (§ 682 Rn 1). Für and TatHdlgen ist eine gewisse natürl ErkenntnFähigk erforderl, so für die Verzeihg, die Einbringg von Sachen. Für die BesAufgabe verlangt die hM mind beschr GeschFgk (§ 935 Rn 3). Unbeschr GeschFgk ist nach ausdr gesetzl Vorschr für die Begründg u Aufhebg des Wohns (§ 8) erforderl. Auch die TatHdlg, die einen RSchein setzt, begründet nur dann eine Haftg, wenn der Handelnde geschfäh war (Stgt MDR **56**, 673, Nitschke JuS **68**, 541). Das beruht darauf, daß das geltde Recht den Schutz des GeschUnf höher bewertet als den Vertrauensschutz (BGH NJW **77**, 622). Unanwendb auf TatHdlgen sind die Vorschr über Willensmängel (BGH NJW **52**, 417 zum Widerruf ehrenkränkder Behauptgen).

11 **3) Arten der Rechtsgeschäfte** (vgl auch Einf 6 vor § 305 zur Einteilg der Vertr). – **a) Einseitige** u **mehrseitige** RGesch. – **aa)** Zu den **einseitigen** RGesch gehören zunächst die streng einseit, für deren Wirksamk es nicht darauf ankommt, daß ein and von ihnen Kenntn erlangt (nicht empfangsbedürft WillErkl). Bsp sind die EigtAufg (§ 959), die Auslobg (§ 657), das StiftgsGesch (§ 81), das Test (§ 2247) u der Organisationsakt zur Einmann-Gründg einer AG od GmbH (AktG 2, 36 II, GmbHG 1). Eine weitere Gruppe einseit RGesch besteht aus empfangsbedürft WillErkl (§ 130 Rn 2), wie die Bevollmächtigg (§ 167), Ermächtigg u die GestaltgsGesch (Rn 17). Ferner gibt es einseit RGesch, die eine einer Beh ggü abzugebde WillErkl zum Ggst haben (§ 130 Rn 15). Für die Zuordng ist entscheidd, daß sich nicht WillErkl versch Willensrichtg ggüberstehen. Daher bleibt das RGesch auch dann einseit, wenn die Part, die das RGesch vornimmt, aus
12 mehreren Pers besteht, wie etwa iF der gemeins Anf od Künd. – **bb)** Unter den **mehrseitigen** RGesch sind am bedeutsamsten die Vertr (Einf 5 f vor § 145 u Einf 6 ff vor § 305). Eine bes Art der mehrseit RGesch sind die **Gesamtakte** (Beschlüsse), die der Willensbildg im Gesellsch- u VereinsR dienen (Vorbem 12 ff vor § 709). Ihre Eigenart besteht darin, daß für sie idR nicht das Prinzip der Willensübereinstimmg sond das MehrhPrinzip gilt. (BGH NJW **98,** 3713/3715). Beschlüsse binden auch den, der sich nicht an der Abstimmg beteiligt od dagg gestimmt hat. Zur Anwendg des § 181 auf Beschlüsse s dort Rn 4.

13 **b) Personenrechtliche** u **vermögensrechtliche** RGesch. Unter den Begriff des RGesch fallen auch persrechtl Gesch, wie das Verlöbn (§§ 1297 ff), die Eheschließg (§ 1310) u die Einwilligg des FamR. Für diese RGesch passen vielf die dem VermögensR entstammden allg Vorschr über RGesch nicht. Für sie gelten daher weitgehd famrechtl Sonderregelgen.

14 **c)** RGesch **unter Lebenden** u **von Todes wegen.** RGesch vTw sind das Test (§§ 2064 ff) u der ErbVertr (§§ 2274 ff), wohl auch die nicht vollzogene Schenkg vTw (§ 2301). Alle and RGesch – einschließl des

ErbverzichtsVertr (Einf 2 v § 2346) u des Vertr zGDr auf den Todesfall (§ 331) – sind RGesch unter Lebenden. RGesch vTw können auch nichterbrechtl Regelgen enthalten, wie etwa die Erteilg einer Vollm (§ 167 Rn 1) oder den Widerr einer Schenkg (RG **170**, 383).

d) Verpflichtungs- und Verfügungsgeschäfte. – aa) Verpflichtungsgeschäfte sind RGesch, dch die eine Pers ggü einer and eine LeistgsPfl übernimmt. Dch das VerpflGesch, das idR ein Vertr ist, aber auch ein einseit RGesch sein kann, entsteht ein SchuldVerh (Einl 1 vor § 241). Für das einseit VerpflGesch gilt ein *numerus clausus* der mögl Akttypen (Einf 4 vor § 305). Für den SchuldVertr besteht eine derart Beschrkg nicht, für ihn gilt vielmehr der Grds der VertrFreih (GestaltgsFreih), vgl Einf 8 ff v § 145. – **bb) Verfügungen** sind RGesch, die unmittelb darauf gerichtet sind, auf ein bestehdes Recht einzuwirken, es zu verändern, zu übertr oder aufzuheben (BGH **1**, 294/304, **75**, 221/226, **101**, 24). Für sie gilt im Interesse der RSicherh ein *numerus clausus.* Zu den Vfgen gehört die Veräußerg (Übereigng oder Übertr eines Rechts) u die Belastg. Vfg ist auch die Gen einer schwebd unwirks Vfg, nicht dagg schon die Einwilligg zu einer Vfg (str, vgl Flume § 11, 5 d, aA RG **152**, 383). Das Hauptverbreitgsgebiet des VfgsGesch ist das SachenR, dessen dingl RGesch dchweg verfügden Charakter h (Einl 12 vor § 854). Auch das SchuldR kennt aber zahlr VfgsGesch, näml den Erlaß (§ 397), die Abtr (§§ 398 ff), die befreiende SchuldÜbern (§§ 414 ff), die VertrÜbern (§ 398 Rn 38), den Aufhebgs- u den ÄndergsVertr, wobei letztere zugl auch VerpflGesch sein können (Larenz/Wolf § 23 Rn 52). – **cc)** Vfgen sind auch die **Gestaltungsgeschäfte,** wie die Anf (§ 142), der Rücktr (§ 349), die Aufr (§ 388), die Künd u der Widerr. Ein GestaltgsR ist auch das WiderrR nach dem HausTWG, dem VerbrKrG, dem TzWrG usw (Boemke AcP **197**, 161, aA BGH **131**, 82). Da das GestaltgsGesch auf die RStellg des ErklEmpfängers ohne dessen Zutun einwirkt, muß sich die beabsichtigte RÄnderg klar u unzweideut aus der Erkl ergeben. GestaltgsGesch sind daher grdsätzl bedinggsfeindl (so ausdr für die Aufr § 388 S 2); eine Ausn ist jedoch dann gerechtf, wenn die Bedingg ausschl vom Willen des ErklEmpfängers abhängt (Einf 13 vor § 158). Das GestaltgsGesch verträgt idR auch keinen sonst SchwebeZust. Fehlt eine erforderl Einwilligg, ist das GestaltgsGesch daher abw von den allg Grds nicht schwebd unwirks, sond nichtig (BGH NJW **62**, 1344, § 185 Rn 2). Das entspr der Regelg des § 111, S 1, für die Vertretg ohne Vertretgsmacht ist jedoch die Ausn des § 180 S 2 zu beachten. Ist das GestaltgsGesch wirks geworden, kann es nicht mehr einseit zurückgenommen w (LAG Düss DB **75**, 1081). Nach Vornahme des GestaltgsGesch ist das GestaltgsR verbraucht (BAG NJW **94**, 473). Zur Wiederherstellg des RVerh bedarf es einer vertragl Neubegründg. Das Ges bezeichnet als Vfgen auch Maßn iW der ZwVollstr. Diese haben uU dieselben RFolgen wie rgesch Vfgen (vgl §§ 161 I, 184 II, 353 II, 499 S 2, 883 II, 2115), begründen aber keinen gutgl Erwerb. – **dd)** Die Einteilg in Verpfl- u VfgsGesch ist **nicht abschließend.** Es gibt RGesch, die weder in die eine noch in die and Kategorie gehören, so die sog HilfsGesch, wie die VollmErteilg, die Einwilligg u die Gen, soweit sie nicht Vfg ist (Rn 16).

15
16
17
18

19 **e) Abstrakte** u **kausale** RGesch. – **aa)** Diese Unterscheidg betrifft **Zuwendungsgeschäfte,** dh RGesch, die eine VermVerschiebg zw den Part bezwecken (Flume § 12 I 1). ZuwendgsGesch idS können sowohl VerpflGesch als auch Vfgen sein. Jede rgeschäftl Zuwendg bedarf eines RGrdes *(„causa").* Hierunter ist der der Zuwendg unmittelb zugrde liegde Zweck zu verstehen. Er ist vom bloßen (rechtl unbeachtl) Motiv zu unterscheiden, aber auch von der GeschGrdlage, deren Fehlen od Wegfall nur nach Maßg des Grds von Treu u Glauben bedeuts w kann (§ 242 Rn 113).

20 **bb) Kausal** sind solche RGesch, die die Vereinbg über den RGrd als Bestandt in sich schließen. Prototyp hierfür ist der ggs Vertr (§§ 320 ff). Bei ihm gehen beide Part eine Verpfl ein, um den Anspr auf die GgLeistg zu erwerben. Der RGrd ist damit Teil der vertragl Einigg. Fehlt die Einigg über den RGrd, ist der Vertr nicht zustande gekommen. Der Fall, daß der Vertr wirks ist, der RGrd aber fehlt, kann nicht auftreten. Entspr gilt grdsätzl für alle VerpflGesch (Flume § 12 II 4 b, Larenz/Wolf § 23 Rn 62), jedoch kennt das BGB auch einige abstr ausgestaltete SchuldVertr (Rn 21).

21 **cc) Abstrakte** RGesch sind vom RGrd unabhäng; bei ihnen ist der RGrd nicht im RGesch enthalten, sond liegt außerh des Gesch. Prototyp ist die Übereigng einer bewegl Sache (§ 929). Ihr RGrd kann ein SchuldVertr (GrdGesch) od eine gesetzl Verpfl sein. Er bleibt jedenf außerh des ÜbereigngsGesch (ErfGesch). Mängel des GrdGesch führen idR nicht zur Unwirksamk des ErfGesch, sond begründen nur einen BerAnspr. Der Erwerber der rgrdlos erlangten Sache kann diese auch dann wirks weiterveräußern, wenn sein Abnehmer von den Mängeln des RGrdes weiß. Das gilt sinngemäß für alle sonstigen VfgsGeschäfte, auch die des SchuldR (Rn 16). Das Ges hat aber auch einz VerpflGesch als abstr RGesch ausgestaltet. Dazu gehören: das SchuldVerspr (§ 780) u das Schuldanerkenntn (§ 781), die Ann der Anweisg (§ 784), ferner die Verpfl aus umlauffäh WertP, wie Wechsel, Scheck u Inhaberschuldverschreibg.

22 **dd)** Der Grds, daß VfgGesch in ihrer rechtl Wirksamk vom Bestehen des RGrdes unabhäng sind **(Abstraktionsprinzip)** u die damit einhergehde Trenng des Verpfl- vom VfgsGesch **(Trennungsprinzip)** sind eine Eigenart des dtschen Rechts; sie waren fr rechtspolitisch umstritten, haben sich aber im ganzen gesehen bewährt (Rother AcP **169**, 1, Peters Jura **86**, 449). Eine kausale Gestaltg der EigtÜbertr u der übr VfgsGesch wäre geeignet, die Sicherh des RVerk zu gefährden.

23 **f)** Auch nach geltdem Recht kann sich ausnw die **Ungültigkeit des Grundgeschäfts** auf das **Erfüllungsgeschäft** erstrecken: – **aa)** Die Tats, die das GrdGesch ungült machen, können zugl die Unwirks des ErfGesch begründen, sog **Fehleridentität.** Das ist häuf bei Mängeln der GeschFgk der Fall. Aber auch bei Irrt ist uU neben dem Grd- auch das ErfGesch anfechtb, so wenn beide Gesch in einem Willensakt zusfallen (RG **66**, 389). Bei Anf wg argl Täuschg w sich das AnfR sogar idR auch auf das ErfGesch beziehen (RG **70**, 57, BGH DB **66**, 818, Hamm VersR **75**, 814). UU kann sich auch die Nichtigk gem § 134 (BGH **47**, 364/369) od gem § 138 auf das ErfGesch ausdehnen (§ 138 Rn 11). – **bb)** Die Wirksamk des GrdGesch kann zur 24 **Bedingung** für den dingl Vertr gemacht w, es sei denn, daß das ErfGesch, wie die Aufl (§ 925 II), bedinggsfeindl ist. Die Vereinbg einer Bedingg kann auch stillschw geschehen (vgl RG **54**, 341). Sie ist idR bei Gesch des tägl Lebens anzunehmen, sofern Grd- u ErfGesch zeitl zusfallen (RG **57**, 96). In and Fällen w sich eine entspr Auslegg dagg nur dann rechtf lassen, wenn für sie konkrete AnhaltsPkte vorliegen. – **cc)** Nach der Rspr kann auch der Gesichtspkt der **Geschäftseinheit** zur Ungültigk des VfgsGesch führen (§ 139 Rn 7).

25 **g) Treuhand.** Einen allg anerkannten Begriff der TrHand gibt es nicht (Gernhuber JuS **88**, 355). Das treuhänderische RGesch ist dadch gekennzeichnet, daß es dem TrHänder nach außen hin ein Mehr an Rechten überträgt, als er nach der gleichzeit mit dem TrGeb getroffenen schuldrechtl Abrede ausüben darf. Bsp sind die VollAbtr zwecks Einziehg der Fdg, die SichgÜbertragg, die VollrechtsÜbertr zZw der Verw. Das TrHandVerh kann Interessen des TrHänders dienen (eignütz TrHand; Bsp: SichgÜbereigng), es kann aber auch auf Interessen des TrGebers abgestellt sein (fremdnütz TrHand; Bsp: VerwTrHand, Inkassozession). Das fiduziar RGesch ist nicht etwa schon wg fehlder Offenkundigk sittenw (RG **106**, 57). Es liegt auch kein ScheinGesch vor, da die im Innen- u AußenVerh unterschiedl RWirkgen tatsächl gewollt sind. Der Begriff der TrHand erfordert nicht, daß der TrHänder für den TrGeber rgeschäftl handelt. Sow dies geschieht, wird der TrHänder als mittelb Vertreter für den TrGeber tät (Einf 6 vor § 164). Er wird aus dem RGesch berecht u verpflichtet u auch die steuerl Folgen treffen ihn (BGH **134**, 212/215). Vfgen in Verletzg der im InnenVerhältn vereinbarten Beschränkgen sind wirks, verpflichten aber zum SchadErs (§ 137). Die für den VollmMißbr entwickelten Grds finden auf den Mißbr der Rechte des TrHänders keine Anwendg (§ 164 Rn 14). Näher zur TrHand s § 903 Rn 33 ff, zur treuhänd Abtr § 398 Rn 20 ff.

26 **4) Fehlerhafte Rechtsgeschäfte:** Die einem RGesch anhaftden Mängel können von unterschiedl Art u Schwere sein. Dem trägt das Ges dadch Rechng, daß es versch Arten der Fehlerhaftigk von RGesch unterscheidet. Neben der völl Wirksamk (Gültigk) auf der einen u der völl Unwirksamk (Nichtigk) auf der and Seite kennt es versch Zwischenstufen.

27 **a) Nichtigkeit. – aa) Bedeutung:** Nichtigk bedeutet, daß das RGesch die nach seinem Inhalt bezweckten RWirkgen von Anfang an nicht hervorbringen kann. Sie wirkt für u gg alle, bedarf keiner Geltdmachg u ist im Proz vAw zu berücksichtigen (BGH **107**, 268). Sie ist grdsl auch dann zu beachten, wenn der dch den NichtigkGrd Geschützte das Gesch gelten lassen will. Für die Nichtigk von GestaltgsErkl (fristlose Künd des ArbNeh ohne wicht Grd) bestehen insoweit keine Besonderh (aA Ramrath JR **93**, 310). Auch nach Wegfall des NichtigkGrdes bleibt das RGesch unwirks. Zur Heilg bedarf es einer Neuvornahme (Ausn: §§ 313 S 2, 518 II, 766 S 2, § 1598 II). Als Neuvornahme ist daher auch die „Bestätigung" zu behandeln (§ 141); sie muß allen Erfordern des zu bestätigden RGesch genügen. Die Nichtigk eines Teils macht iZw das ganze RGesch nichtig (§ 139). Entspr ein nichtiges RGesch den Erfordern eines and, so gilt nach § 140 das letztere, wenn anzunehmen ist, daß dessen Geltg bei Kenntn der Nichtigk gewollt sein würde (Umdeutg). Als gült ist das RGesch zu behandeln, wenn die Berufg auf die Nichtigk ausnahmsw gg Treu u Glauben verstößt; das kann bei Formmängeln in Betr kommen (§ 125 Rn 16 ff), aber auch bei and NichtigkGrden (§ 242 Rn 58).
28 – **bb)** Das nichtige RGesch ist von dem nicht zustandegekommenen zu unterscheiden (Rn 3). Es ist trotz seiner Unwirksamk nicht ein bloß fakt Geschehen, sond tatbestandl ein RGesch. Auch das nichtige RGesch kann **Rechtsfolgen** nach sich ziehen, so etwa SchadErsAnspr (§§ 307, 309, 122, c. i. c., vgl § 276 Rn 65 ff) od Anspr aus ungerechtf Ber (§§ 812 ff). Ausgeschl sind nur die RWirkgen, die das RGesch seinem Inhalt
29 nach bezweckt. – **cc)** Die **Gründe** für die Nichtigk eines RGesch können sich aus der Pers der Beteil, dem Zustandekommen der Erkl, dem Inhalt des Gesch od mangelnder Form ergeben. Soll Nichtigk eintreten, verwendet das Ges idR den Terminus „nichtig" (§§ 105, 116–118, 125, 134, 138–142, 248 I, 306, 310, 312 I, 443, 476, 540, 637, 723 III, 749 III, 795 II, 1136, 1229, 2263). Zur Bezeichng von NichtigkGrden w aber auch die Termini „unwirks" (§§ 111 S 1 u 2, 174 S 1, 344, 388 S 2, 925 II, 1253 I 2, 1367, 1831, 1950 S 2, 2101 I S 2, 2202 II S 2, AGBG 9–11) u „kann nicht" (§§ 35, 38 S 2, 137 S 1, 276 II) gebraucht. Das gilt aber nicht ausnahmsl. Die Termini „unwirks" u „kann nicht" bezeichnen teilw auch (schwebd) unwirks Gesch, die dch Gen wirks w können (Rn 31).

30 **b) Relative Unwirksamkeit** bedeutet, daß das RGesch einer od mehreren Pers ggü unwirks, allen and ggü aber wirks ist. Diese Art der Unwirksamk sieht das Ges vor, wenn der Inhaber eines Rechts entgg einem zum Schutz eines and bestehden VfgsVerbot über sein Recht verfügt (Fälle: §§ 135, 136, 883 II, 888, 1124 II, 1126 S 3). Die Vfg ist ggü dem dch das Verbot Geschützten unwirks, iü dagg wirks. Die relative Unwirksamk ist vAw zu beachten. Sie w geheilt, wenn der UnwirksamkGrd wegfällt od der dch das Verbot Geschützte auf die Geltdmachg der Unwirksamk verzichtet.

31 **c) Schwebende Unwirksamkeit. – aa) Bedeutung.** Schwebde Unwirksamk bedeutet, daß das RGesch zunächst unwirks ist, es aber noch wirks w kann, wenn das fehlde WirksamkErfordern nachgeholt w. Nach Vornahme des RGesch entsteht zunächst ein Schwebezustand, währd dessen das RGesch noch wirkgslos ist. Das ist im Proz vAw zu beachten. Bereits erbrachte Leistgen können gem § 812 zurückgefordert w (BGH **65**, 123). Es besteht aber schon eine Verpfl zur ggs Rücksicht. Bedarf der Vertr einer behördl Gen, sind die Part verpfl, alles Erforderl zu tun, um die Gen herbeizuführen (§ 242 Rn 32). Das Gesch w rückw von Anfang an wirks, wenn das fehlde Erfordern nachgeholt w (BGH **137**, 267/280). Ist dies nicht mehr mögl, w das
32 schwebd unwirks RGesch endgült unwirks (nichtig). – **bb) Hauptfälle** sind Vertr von Mj (§ 108 I), von Vertretern ohne Vertretgsmacht (§ 177 I), best Gesch auf dem Gebiet des ehel GüterR (§§ 1365 I, 1366, 1423, 1427 I), Gesch, die der Gen des VormschG (§ 1829 I) od einer VerwBeh (s § 275 Rn 26 ff) bedürfen, ferner alle Vertr, für die nach HausTWG 1, VerbrKrG 7, TzWrG 5 od ähnl Vorschr (Einf 9 v § 346) ein **Widerrufsrecht** besteht (BGH **119**, 283/298, Zweibr NJW **94**, 203, Krämer ZIP **97**, 93, Boemke AcP **197**, 161, Heinrichs FS Medicus, 1999, S 177, aA BGH **131**, 82). Schwebd unwirks ist auch das unter Verstoß gg § 181 dch Selbstkontrahieren zustandegekommene RGesch (s § 181 Rn 15). Bei bedingten u befristeten RGesch besteht bis zum Eintritt der Bedingg od des Termins gleichf ein Schwebezustand. Sie sind aber nicht schwebd unwirks, sond von Anfang an gült (s Einf 8 vor § 158).

33 **d) Anfechtbarkeit. – aa) Bedeutung.** Das anfechtb RGesch ist zunächst gült; erst dch die Ausübg des AnfR w es von Anfang an nichtig (§ 142 I). Der AnfBerecht hat die freie Entscheidg, ob er das RGesch vernichten od gelten lassen will. Macht er vom AnfR keinen od nicht fristgerecht Gebrauch, bleibt das RGesch gült. Das AnfR ist ein GestaltgsR. Es ist, soweit es sich auf vermögensrechtl RGesch bezieht, vererbl, kann aber grdsätzl dch RGesch nicht übertr w (§ 413 Rn 7). Es erlischt außer dch Ablauf der AnfFr dch
34 Bestätigg (§ 144). – **bb) Fälle.** Eine Anf ist zul bei Irrt (§§ 119, 2078), falscher Übermittlg (§ 120) sowie bei Täuschg u Drohg (§ 123). Völl andartige RBehelfe sind dagg die Anf v RHdlgen wg GläubBenachteiligg

nach dem AnfG u der InsO, die Anf der Vatersch (§§ 1600 ff) u die Anf des ErbschErwerbs iF der Erbunwürdigk (§§ 2340 ff). Sie haben mit der Anf iS des § 142 außer dem Namen nichts gemein. – **cc) Anfechtung nichtiger Rechtsgeschäfte.** Auch ein nichtiges RGesch kann angefochten w (so zuerst 1911 Kipp FS v Martitz, Flume § 31, 6, hM). Das erscheint bei einer rein begriffl Beurteilg zwar zweifelh, ist aber wg der Interessenlage u des Schutzzwecks der Anf gerechtf. Die Anf w prakt bedeuts, wenn der AnfGrd leicht, der NichtigkGrd aber nur schwer zu beweisen ist. Vor allem besteht ein Bedürfn für eine AnfMöglichk, wenn der AnfGrd stärker wirkt als der NichtigkGrd. Bsp: A hat von B eine Sache erworben, die dieser dem Mj C dch Betrug abgelistet hat. A wußte von dem Betrug, aber nichts von der beschr GeschFgk des C. A kann die Nichtigk der Vorveräußerg wg beschr GeschFgk nicht entgg gehalten w, da er insow gutgl war (§ 932). Sein EigtErwerb scheitert aber iF der Anf, da er den AnfGrd kannte (§ 142 II). – Selbstverständl ist es auch zul, sich auf ursprüngl Nichtigk statt auf Nichtigk inf Anf zu berufen, etwa um den SchadErsAnspr aus § 122 auszuschl. Der Kl kann seinen auf Nichtigk eines RGesch gestützten Anspr gleichzeit mit ursprüngl u dch Anf herbeigeführter Nichtigk begründen u es dem Ger freistellen, aus welchem Grd es der Klage stattgibt (BGH **LM** § 142 Nr 2). 35

e) Beschränkung der Nichtigkeitsfolgen: Der Grds, daß nichtige u angefochtene RGesch als von Anfang an unwirks anzusehen sind, w dch Sonderregelgen eingeschr. AufhebgsGrde können gg eine Ehe nur iW der Klage geltd gemacht werden; das aGrd der Klage ergehde Urt wirkt nur *ex nunc* (§ 1313). Ähnl Grds gelten für KapitalGesellsch (AktG 262 ff, GmbHG 75, GenG 78 ff). Diese Grds haben Rspr u Lehre auf PersonalGesellsch u ArbVertr übertragen. Bei vollzogenen Gesellsch- u ArbVertr können Nichtigk- u AnfGrd idR nur mit Wirkg *ex nunc* geltd gemacht w (s Einf 29 vor § 145). Auch bei Erkl auf umlauffäh Wertpapieren insb auf Wechseln, können Nichtigk- u AnfGrde nur beschr geltd gemacht werden. Sie sind, abgesehen vom Fall mangelnder GeschFgk, ggü einem gutgl Erwerber nur zul, wenn sie sich aus dem Papier selbst ergeben (vgl § 796, WG 17, HGB 364). 36

5) Prozeßhandlungen sind keine RGesch. Ihre Voraussetzgen u Wirkgen regelt das ProzR (MüKo/ZPO-Lüke Einl 270, Th–P Einl III). Auf ihre Auslegg ist § 133 entspr anzuwenden (§ 133 Rn 4). Auch der RGedanke des § 140 ist anwendb (BGH NJW **87**, 1204). Bei Willensmängeln gelten dagg nicht die §§ 119 ff, sond je nach der Art der ProzHdlg unterschiedl Grds des ProzR (§ 119 Rn 6). Einz ProzHdlgen haben eine **Doppelnatur,** sie sind zugleich RGesch des PrivR u ProzHdlgen. Sie sind matrechtl nach bürgerl R u prozrechtl nach ProzR zu beurteilen. Das gilt für den ProzVergl (§ 779 Rn 29 ff) u die Aufr im Proz (§ 388 Rn 2), aber auch für Anf, Rücktr u Künd, soweit sie im Rahmen eines Proz erklärt w. Erkl dieser Art w matrechtl wirks mit dem Zugang des betr Schriftsatzes, prozrechtl jedoch erst mit dem Vortrag in der mdl Verh (RG **63**, 412). Die matrechtl Wirksamk einer derartigen Erkl ist nicht von ihrer prozrechtl Wirksamk abhäng (§ 388 Rn 2). Anerkenntn u Verzicht (ZPO 306, 307) sind dagg reine ProzHdlgen (Th–P § 307 ZPO Rn 1 mwNw), ebso die Unterwerfg unter die ZwVollstr (BGH NJW **85**, 2423, BayObLG NJW **71**, 434), der RMittelVerzicht (BGH NJW **85**, 2334) u die Erteilg einer ProzVollm. Von den ProzHdlgen zu unterscheiden sind sachlrechtl RGesch über proz Beziehgen (Prototyp: Vereinbg über KlRückn). Sie sind zul, soweit keine zwingden prozeßrechtl Grds entggstehen u begründen bei Nichtbeachtg die Einr der Argl (§ 242 Rn 82). Auch die GerStandsVereinbg ist ein matrechtl Vertr über prozeßrechtl Beziehgen, ihr Zustandekommen richtet sich nach bürgerl R (BGH **49**, 384, **57**, 72, Wirth NJW **78**, 460, str). Das gilt ebso für den SchiedsVertr (BGH **23**, 198, **40**, 320, str). 37

Erster Titel. Geschäftsfähigkeit

Einführung

1) Die GeschFgk ist eine Unterart der **Handlungsfähigkeit,** dh der Fähigk, rechtl bedeuts Hdlgen (Übbl 2 u 4 f v § 104) vorzunehmen. Der Oberbegriff der HdlgsFgk w vom BGB im Ggs zur gemeinrechtl Theorie nicht verwandt. Er umfaßt außer der GeschFgk die DeliktsFgk (§§ 827 f) u die Verantwortlichk für die Verletzg von Verbindlichk (§ 276 I 3). 1

2) Geschäftsfähigkeit. – a) Sie ist die Fgk, RGesch (Übbl 2 v § 104) selbstd vollwirks vorzunehmen. Das Ges sieht grdsl alle Menschen als geschfäh an. Es regelt daher in den §§ 104 ff nicht die GeschFgk, sond die AusnFälle der GeschUnfgk u der beschränkten GeschFgk. Dem GeschUnfäh spricht § 105 grdsl jeden rechtsgeschäftl bedeuts Willen ab; dem Willen des beschränkt GeschFäh wird in §§ 106 ff in ihrem eig Interesse nur teilw RWirksamk beigelegt. Die Rechte u Interessen der GeschUnfäh u beschränkt GeschFäh nehmen grdsl die gesetzl Vertreter wahr. Seit dem Inkrafttreten des BtG kennt das BGB neben der GeschUnfgk für Kinder bis zur Vollendg des 7. Lebensjahres (§ 104 Nr 1) u der beschränkten GeschFgk für Mj, die das 7. Lebensjahr vollendet haben (§ 106), nur noch die „natürliche" (tatsächl) GeschUnfgk des § 104 Nr 2. Einen rechtsgestaltden Staatsakt, der, wie die Entmündigg, die GeschFgk aufhebt, gibt es nicht mehr. Die **Anordnung der Betreuung** ist auf die GeschFgk des Betreuten ohne Einfluß (§ 1896 Rn 2). Besteht bei ihm eine natürl GeschUnfähigk, kann für ihn rechtswirks nur der Betreuer als gesetzl Vertreter handeln, allerdings nur im Rahmen seines AufgKreises (§ 1902). Liegen die Voraussetzgen des § 104 Nr 2 nicht vor, bleibt der Betreute geschäftsfäh. Für ihn kann aber in den Grenzen seines AufgKreises auch der Betreuer als gesetzl Vertreter handeln. Bei widersprechden Gesch des Betreuten u des Betreuers ist zu unterscheiden: Handelt es sich um kollidierende VerpflGesch, sind beide wirks; bei Vfgen hat die fr den Vorrang (Cypionka DNotZ **91**, 571/577, Taupitz JuS **92**, 9/11, Schwab FamRZ **92**, 504). Ordnet das VormschG einen **Einwilligungsvorbehalt** an, wird die rechtsgeschäftl HandlgsFgk des Betreuten eingeschränkt; er wird weitgehd einem beschränkt GeschFäh gleichgestellt (§ 1903). Wird ein EinwilliggsVorbeh für einen gem § 104 Nr 2 geschäftsunfäh Betreuten angeordnet, kann der unricht Anschein entstehen, der Betreute sei geschfähig u mit Einwillig seines Betreuers handlgsfäh; s dazu § 1903 Rn 19. – **b)** Die Regeln über die GeschFgk sind **zwingendes Recht.** Der **gute Glaube** an die GeschFgk w nicht geschützt (RG **120**, 174, BGH NJW **77**, 622, ZIP **88**, 2 3

831). Der unerkannt Geisteskranke u der Mj, der den Eindruck eines Volljährigen macht, sind daher eine Gefahr für den GeschVerkehr. Diese muß aber hingenommen w, da der Schutz des GeschUnfähigen u beschränkt GeschFähigen den Vorrang vor den Belangen ihrer GeschPartner verdient. Formularmäß Klauseln, die dem Bankkunden Schäden aus einer späteren GeschUnfgk in vollem Umfang aufbürden, sind unwirks
4 (BGH **115**, 38). – **c)** Von der GeschFgk zu unterscheiden ist die **Verfügungsmacht,** dh die Befugn über einen best Ggst zu verfügen (Übbl 16 v § 104). Währd die GeschFgk eine Eigensch der Pers ist, geht es bei der Vfgsmacht um die Beziehg zu dem Ggst, über den verfügt w soll. Die Vfgsmacht steht idR dem RInhaber zu; sie kann ihm aber trotz voller GeschFgk fehlen, so dem Schu im InsVerf (InsO 80), dem Erben iF der §§ 1984, 2211, dem RInh iF der Beschlagn.

5 **3) Anwendungsbereich. – a)** Die §§ 104 ff gelten grdsl für **alle Rechtsgeschäfte** des PrivR. Gesetzl SonderVorschr bestehen für die EheSchl (§§ 1303, 1304, 1314 II Nr 1) u die TestErrichtg (§§ 2064, 2229, 2247). Im ArbR w die §§ 104 ff dch die Grds über das fehlerh ArbVerh modifiziert. Bei einem vollzogenen ArbVerh wirkt die Berufg auf die GeschUnfgk des ArbN *ex nunc;* ist der ArbG geschunfäh, bestehen dagg auch bei einem vollzogenen ArbVerh nur BereichergsAnspr (§ 611 Rn 23, sehr str). Im GesellschR haben die §§ 104 ff ggü den Grds der fehlerh Gesellsch den Vorrang, Mängel der GeschFgk können also jederzeit *ex tunc* geltd gemacht w (BGH **17**, 160, § 705 Rn 11). Auch zur Entstehg von vertragl Pflten aus sozialtyp Verhalten ist entgg LG Brem (NJW **66**, 2360) GeschFgk erforderl (Einf Rn 26 v § 145). Dagg sollen die
6 RFolgen des § 613 a auch eintreten, wenn die VertrPart geschäftsunfäh sind (BAG NJW **86**, 453). – **b)** Die §§ 104 ff sind auf geschähnl Hdlgen **entsprechend anzuwenden** (Übbl 7 v § 104). Dagg gelten sie für TatHdlgen idR nicht (Übbl 10 v § 104). Bei sonstigem rechtl relevantem Verhalten hängt die entspr Anwendg der §§ 104 ff von der Eigenart des Verhaltens u der typ Interessenlage ab. Die Haftg aus einer RScheinVollm setzt GeschFgk voraus (BGH NJW **77**, 622, § 173 Rn 1), ebso die Haftg aus c. i. c. (§ 276 Rn 66). Die Einwilligg in die Verletzg von VermögensR erfordert GeschFgk (§ 254 Rn 74). Dagg kommt es für die Einwilligg in die Verletzg höchstpersönl RGüter auf die EinsichtsFgk an (Übbl 8 v § 104). Die verschärfte Haftg des BereichergsSchu (§ 819) setzt iF der Leistgskondiktion GeschFgk voraus, iF der Eingriffskondiktion sind die §§ 827, 828 entspr anzuwenden (§ 819 Rn 6). Gilt Schweigen kr Ges als Ablehng, ist keine GeschFgk erforderl, wohl aber wenn das Ges Schweigen als Zustimmg fingiert (Einf 12 v § 116). Auch der Schutz dch die Grds über c. i. c. ist von der GeschFgk des Betroffenen unabhäng (BGH NJW **73**, 1790).

7 **4) Öffentliches Recht und Verfahrensrecht. – a)** Im **öffentlichen Recht** entspr der GeschFgk die HdlgsFgk (VwVfG 12, AO 79, SGB I 36). Handlgsfäh ist, wer geschfäh ist od dch Vorschr des öffR als handlgsfäh anerkannt w, VwVfG 12, AO 79. Im SozialR w der Mj grdsl bereits mit Vollendg des 15. Lebensjahres handlgsfäh (SGB I 36). Wenn die Bibliotheksnutzg öffr geregelt ist, können 16 jähr gem VwVfG 12 I Nr 2 handlgsfäh u nach Maßg der BenutzerOrdng zur Zahlg von Säumnisentgelten verpflichtet sein (OVG
8 Brem NJW **98**, 3583). – **b)** Im **Zivilprozeß** entspr der unbeschr GeschFgk die ProzFgk (ZPO 52). Auch die VerfFgk im Rahmen der freiw Gerichtsbark setzt grdsl unbeschr GeschFgk voraus (Ffm DNotZ **65**, 483). Nimmt ein unerkennb GeschUnfähiger die Leistgen eines Notars in Anspr, schuldet er aber die gesetzl Gebühren (BayObLG JurBüro **91**, 842). Ausnw kann auch ein beschränkt GeschFähiger verfahrensfäh sein
9 (ZPO 607 I, 640 b, FGG 59). – **c)** Die gem § 104 Nr 2 **Geschäftsunfähigen** sind, wie sich aus GG 1 I ergibt, zur Wahrg ihrer Rechte in allen Verf **prozeßfähig,** die Maßn aus Anlaß ihres Geisteszustandes betreffen (BVerfG **10**, 306, BGH **35**, 1, **52**, 1, **70**, 252). Das gilt auch für Verf über die Betreuung (FGG 66), nicht aber für GrdstAngelegenh (BayObLG MDR **82**, 228) od für Maßn zur WiederAufn eines StrafVerf
10 (Köln OLGZ **78**, 264). – **d)** Sow der GeschUnfähige verfahrensfäh ist, kann er auch einen wirks AnwVertr abschließen (Hbg NJW **71**, 199, Nürnb NJW **71**, 1274, LG Bielefeld NJW **72**, 346, Lappe Rpfleger **82**, 10), bedarf aber zur Vereinbg höherer als der gesetzl Gebühren der Zust des gesetzl Vertreters (s Büttner NJW **71**, 1274).

104 *Geschäftsunfähigkeit.* Geschäftsunfähig ist:

1. wer nicht das siebente Lebensjahr vollendet hat;

2. wer sich in einem die freie Willensbestimmung ausschließenden Zustande krankhafter Störung der Geistestätigkeit befindet, sofern nicht der Zustand seiner Natur nach ein vorübergehender ist.

1 **1) Allgemeines.** § 104 Nr 3 aufgehoben dch das BtG. Zum Begriff der GeschFkg u zu den Neuergen des BtG s Einf 2 v § 104.

2 **2) Kinder (Z 1):** Die GeschUnfgk ist von der geistigen Entwicklg unabhäng u endet mit dem Beginn des Geburtstages (0 Uhr), an dem das Kind 7 Jahre alt w (§ 187 II).

3 **3) Krankhafte Störungen (Z 2). – a)** Der Betroffene muß an einer **krankhaften Störung der Geistestätigkeit** leiden. Gleichgült ist, unter welchen medizinischen Begriff die Störg fällt. Z 2 umfaßt nicht nur Geisteskrankh, sond auch Geistesschwäche (RG **130**, 71, **162**, 228, BGH WM **65**, 895). Ob bei **Betreuten** (§§ 1896 ff) die Voraussetzgen der Z 2 vorliegen, ist Frage des Einzelfalls (Einf 2 v § 104).
4 – **b)** Die krankh Störg darf **nicht vorübergehender Natur** sein. Z 2 setzt damit einen Dauerzustand voraus. Ein solcher ist auch bei heilb Störgen gegeben, sofern die Behandlg längere Zeit beansprucht, nicht aber bei Störgen, die in Abständen period auftreten. Bei vorübergehden Störgen (Bewußtlosigk, Volltrunkenh) gilt § 105 II, jedoch ist bei wochenlanger Bewußtlosigk nach einem Unfall § 104 Z 2 anwendb (Mü MDR **89**, 361). In lichten Augenblicken besteht GeschFgk, wie der Wortlaut „sich in einem Zustand befindet" klar
5 ergibt. – **c)** Die krankh Störg muß die **freie Willensbestimmung** ausschließen. Das ist der Fall, wenn der Betroffene nicht mehr in der Lage ist, seine Entscheidgen von vernünftigen Erwäggen abhängig zu machen (RG **130**, 71, BGH NJW **70**, 1680, **96**, 918, Düss FamRZ **98**, 1064). Für das Vorliegen dieser Voraussetzg besteht auch dann keine Vermutg, wenn der Betroffene seit längerem an geist Störgen leidet (BGH WM **65**,

895). Bloße Willensschwäche od leichte Beeinflußbark genügen nicht (RG JW **37**, 35), ebensowenig das Unvermögen, die Tragweite der abgegebenen WillErkl zu erfassen (BGH NJW **61**, 261). Dagg kann die übermäß krankh Beherrschg dch den Willen and die Anwendg von Z 2 rechtf (BGH NJW **96**, 918), ebso chronischer Alkoholabusus (BayObLG FamRZ **91**, 608). Bei Debilität kommt eine Anwendg von Z 2 idR erst bei einem geringeren IQ als 60 in Betracht (Düss VersR **96**, 1493). – **d)** Die GeschUnfgk gem Z 2 kann 6
sich auf einen best ggständl abgegrenzten Kreis von Angelegenh beschränken (BGH **18**, 184, NJW **70**, 1680, BayObLG NJW **92**, 2100, stRspr), sog **partielle Geschäftsunfähigkeit.** Sie kann zB vorliegen bei Querulantenwahn für die ProzFührg (BAG **AP** Nr 1, BVerwG **30**, 25), bei krankh Eifersucht für Fragen der Ehe (BGH **18**, 184, FamRZ **71**, 244), beim Schock eines RAnw wg Fristversäumg für die Führg eines best Proz (BGH **30**, 112/117). Umgekehrt kann trotz erhebl Zw an der GeschFgk eine partielle GeschFgk für die Eheschließg gegeben sein (BayObLG FGPrax **96**, 143). Abzulehnen ist eine relative GeschUnfgk für bes schwier Gesch (BGH NJW **53**, 1342, **61**, 261, **70**, 1680, BayObLG NJW **89**, 1678, aA Köln NJW **60**, 1389). Sie würde zu erhebl Abgrenzgsproblemen u unerträgl RUnsicherh führen.

4) Rechtsfolgen: Eig WillensErkl des GeschUnfähigen sind nichtig (§ 105 I), ihm ggü abgegebene 7
WillErkl w erst wirks, wenn sie dem gesetzl Vertreter zugehen (§ 131). Vgl zur Eheschließg §§ 1304, 1314, zur TestErrichtg § 2229. In allen Verf, die Maßn wg seines Geisteszustandes zum Ggst h, kann der GeschUnfähige dagg zur Wahrg seiner Rechte selbstd rechtswirks handeln (Einf 9 v § 104).

5) GeschFgk ist die Regel, ihr Fehlen die Ausn. Wer sich auf GeschUnfgk beruft, hat daher ihre Voraus- 8
setzgen zu **beweisen.** Das gilt für alle Alternativen des § 104 (BGH NJW **72**, 681, BayObLG Rpfleger **82**, 286), auch wenn es bei Z 1 darauf ankommt, wann das RGesch vorgenommen worden ist (s BGH **113**, 221/226). Steht ein allg Zustand nach Z 2 fest, sind lichte Augenblicke vom Gegner zu beweisen (BGH NJW **88**, 3011, Karlsr OLGZ **82**, 280). And Grds gelten für die ProzFgk. Kann nach Erschöpfg sämtl BewMittel nicht festgestellt w, ob die Part prozfäh ist, muß sie als prozunfäh angesehen w, ein Sachurteil darf also nicht ergehen (BGH **18**, 184/189, **86**, 184/189, NJW **69**, 1574, aA Musielak NJW **97**, 1736). Das Ger hat die ProzFgk vAw zu prüfen u dabei alle in Betracht kommden Bew zu erheben (BGH NJW **96**, 1059).

105 *Nichtigkeit der Willenserklärung.* **I Die Willenserklärung eines Geschäftsunfähigen ist nichtig.**

II Nichtig ist auch eine Willenserklärung, die im Zustande der Bewußtlosigkeit oder vorübergehender Störung der Geistestätigkeit abgegeben wird.

1) Nichtig (Begriff Übbl 27 v § 104) sind alle WillErkl, auch die obj vernünftigen u rechtl ledigl vorteilh. 1
Das ist *de lege ferenda* fragwürd, hält sich aber im Rahmen zul gesetzgeberischen Erm u ist nicht verfassgswidr (Ramm JZ **88**, 489, Wieser JZ **88**, 493, aA Canaris JZ **87**, 996). Ein vom GeschUnfähigen Bevollmächtigter handelt, da die Vollm nichtig ist, gem § 177 ff als Vertreter ohne Vertretgsmacht (RG **69**, 266, BayObLG NJW-RR **88**, 454). Nichtig ist auch die vom GeschUnfähigen als Vertreter abgegebene WillErkl. Bei GesVertretg tritt GesNichtigk ein, wenn ein GesVertreter geschunfäh ist (BGH **53**, 210, aA Hamm NJW **67**, 1041). Auf geschähnl Hdlgen ist § 105 grdsl entspr anzuwenden, nicht aber auf TatHdlgen (Übbl 7 u 10 v § 104). Für die Abgabe von WillErkl **gegenüber** GeschUnfähigen gilt § 131.

2) Nichtig ist auch die im Zustand der Bewußtlosigk od vorübergehder Störg der Geistestätigk abgegebene 2
WillErkl **(II).** ParallelVorschr: § 1314 II Nr 1 – **a) Bewußtlosigkeit** iSv II bedeutet nicht völliges Fehlen des Bewußtseins, da dann bereits tatbestandl keine WillErkl vorliegt. Es genügt eine hochgradige Bewußtseinstrübg, die das Erkennen vom Inh u Wesen der Hdlg ganz od in best Richtg ausschließt. Sie kann bei Trunkenh vorliegen (Nürnb NJW **77**, 1496, Düss WM **88**, 1407, BGH WM **72**, 972), idR aber nur bei einem Blutalkoholgehalt von mehr als 30/00 (s BGH NJW **91**, 852), ferner bei Drogeneinfluß, Fieber od Hypnose. II ist auch dann anwendb, wenn der Betroffene die Bewußtseinstrübg verschuldet hat (Nürnb aaO). – **b)** Die 3
Störung der Geistestätigkeit muß ebso wie iF des § 104 Nr 2 die freie Willensbestimmg ausschließen (RG **105**, 272, BGH FamRZ **70**, 641). Sie kann sich auf einz Lebensgebiete beschr (OGH **4**, 66), nicht aber auf bes schwierige RGesch (s § 104 Rn 5). Die Störg muß vorübergehder Natur sein. Bei Dauerzuständen gilt § 104 Nr 2.

3) Für die **Beweislast** gilt § 104 Rn 8 entspr; wer sich auf § 105 II beruft, muß dessen Voraussetzgen 4
beweisen (BGH WM **72**, 972, **80**, 521).

106 *Beschränkte Geschäftsfähigkeit Minderjähriger.* **Ein Minderjähriger, der das siebente Lebensjahr vollendet hat, ist nach Maßgabe der §§ 107 bis 113 in der Geschäftsfähigkeit beschränkt.**

1) Allgemeines (s zunächst Einf v § 104): Die §§ 107–113 regeln die RStellg der beschr GeschFähigen. 1
Grdfall der beschr GeschFgk ist der Mj von der Vollendg des 7. Lebensjahres (0 Uhr des Geburtstages, § 187 II) bis zur Volljährigk (§ 2). Soweit für den **Betreuten** ein EinwilliggsVorbeh angeordnet worden ist, steht er einem beschränkt GeschFähigen weitgehd gleich, § 1903 I 2 u III.

2) Überblick über das Recht der beschränkt Geschäftsfähigen. – a) Die §§ 107 ff bezwecken den 2
Schutz der beschr Geschäftsfähigen bei Wahrg der berecht Interessen des Gegners. RGesch, die ledigl einen **rechtlichen Vorteil** bringen, kann der beschr GeschFähige selbstd voll wirks vornehmen (§ 107). Bei rechtl nachteiligen RGesch unterscheidet das Ges: – **aa) Verträge** sind wirks, wenn sie mit Einwilligg (vorherige Zustimmg, § 183) des gesetzl Vertreters abgeschl sind (§ 107). Andf ist der Vertr schwebd unwirks, kann aber dch Gen (nachträgl Zustimmg, § 184) wirks w (§ 108). Währd der Schwebezeit gilt § 109. – **bb) Einseitige Geschäfte** sind mit Einwilligg grdsl wirks (§ 107). Bei empfangsbedürft WillErkl besteht aber unter den

Voraussetzgen des § 111 S 2 ein ZurückweisgsR. Fehlt die Einwilligg, ist das RGesch unwirks (Ausn: § 111
3 Rn 3). – **b)** Die §§ 107 ff gelten entspr für **geschäftsähnliche Handlungen,** uU auch für sonstiges rechtl relevantes Verhalten (Einf 6 v § 104). Da der beschr GeschFähige sich nicht dch Vertr selbst verpfl kann, ist er **nicht prozeßfähig** (ZPO 52). Eine partielle Gesch- u ProzFgk besteht dagg in den Fällen der §§ 112, 113.
4 – **c)** Empfangene Leistgen muß der beschränkt Geschäftsfähige gem **§§ 812 ff** zurückgewähren. Ers für GebrVorteile u empfangene Dienste braucht er aber (abw von § 818 II) nur unter den Voraussetzungen des § 819 zu leisten (§ 812 Rn 30); dabei kommt es iF der Leistgskondiktion auf die Kenntn des gesetzl Vertreters an; iF der Eingriffskondiktion sind die §§ 827 ff entspr anwendb (§ 819 Rn 6). Die Saldotheorie ist
5 unanwendb, soweit sie sich zum Nachteil des Mj auswirkt (§ 818 Rn 49). – **d)** Weitere SonderVorschr für Mj: §§ 1303, 2229 I, 2233 I, 2247 IV; für beschr GeschFähige: §§ 131 II, 165, 179 III, 1411, 1516, 1596, 1600 a II, 1746, 2229 II, 2275 II, 2296, 2347 II, 2351, StGB 77 III.

107 *Einwilligung des gesetzlichen Vertreters.* **Der Minderjährige bedarf zu einer Willenserklärung, durch die er nicht lediglich einen rechtlichen Vorteil erlangt, der Einwilligung seines gesetzlichen Vertreters.**

1 **1) Allgemeines.** Nach § 107 bedürfen WillErkl des Mj grdsl der **Einwilligung** (Rn 8) des gesetzl Vertreters. Ausgenommen sind Gesch, die **lediglich rechtlich vorteilhaft** (Rn 2) sind. Für sie gelten wg Fehlens eines Schutzbedürfn auch sonst Sonderregeln: Es entfällt das Verbot des Selbstkontrahierens (§ 181 Rn 9) u der für Betreute angeordnete EinwilliggsVorbeh (§ 1903 III). Ebso gelten die Vertretgsbeschränkgen des § 1629 II (dort Rn 31) u des § 1795 (dort Rn 7) nicht. Der ges Vertreter kann aber auch bei rechtl ledigl vorteilh Gesch anstelle des Mj handeln (Staud/Dilcher Rn 1). Für sie besteht and als iF der §§ 112, 113 keine partielle Gesch- u ProzFgk.

2 **2) Lediglich rechtlicher Vorteil. – a)** Abzustellen ist allein auf die **rechtlichen Folgen** des Gesch (BGH **LM** Nr 7, stRspr, hM). Auf eine wirtschaftl Betrachtg kommt es nicht an. Stehen dem Vorteil die Aufg eines Rechts od die Begründg einer persönl Verpfl (rechtl Nachteile) ggü, ist das Gesch auch dann zustbedürft, wenn die Vorteile die Nachteile erhebl überwiegen (Bsp: Kauf zu einem bes günst Preis). – **aa)** Maßgebd sind die **unmittelbaren Wirkungen** des Gesch (Staud/Dilcher Rn 11). Dabei sind nicht nur Haupt- sond auch Nebenverpflichtgen zu berücksichtigen. Abgesehen von der Schenkg (Rn 6) sind daher alle VerpflGesch des SchuldR zustbedürft. Das gilt wg der entstehden Rückgabe-, AufwendgsErs- u sonst NebenPflten auch für das Entleihen einer Sache, die Erteilg eines Auftr u die Ann eines BürgschVerspr (Stürner AcP **173**, 421 f). Unmittelb dch das RGesch begründete Nachteile sind auch dann zu berücksichtigen, wenn sie nicht aGrd des PartWillens, sond, wie fr iF des § 419, kraft G eintreten (BGH **53**, 173/178). Zustbedürft ist daher wg der Haftg des Erben für Nachlaßverbindlichk auch die ErbschAnn u die Ann der Schenkg eines ErbT (AG Stgt FamRZ **71**, 182). Wg des Erlöschens der Fdg des Mj ist auch die ErfAnn zustbedürft (Wacke JuS **78**, 80, sehr str, aA Harder JuS **77**, 149, van Venrooy BB **80**, 1017), nicht aber der dch die Erf eintretde EigtErwerb (Rn 4). Die **Ausübung von Gestaltungsrechten** (Übbl 17 v § 104) wie Anf, Aufr, Künd u Rücktr begründet, abgesehen vom Fall der Künd eines zinslosen Darl, auch rechtl Nachteile, erfordert also eine
3 Einwilligg. – **bb) Unerheblich** sind dagg nur **mittelbar** dch das Gesch ausgelöste **Nachteile** (Bsp: SteuerPfl, Tierhalterhaftg, RückgewährPflten, zB aus dem AnfG). Wollte man auch sie berücksichtigen, gäbe es keine zustfreien Gesch, da prakt jedes RGesch mittelb zu irgendwelchen rechtl Nachteilen führen kann (s Lange NJW **55**, 1339, Fischer Anm **LM** Nr 1). Für die Abgabe von Tieren an Kinder gilt aber die Sonderregelg im TierschutzG 11 c, die auch Schenkgen erfaßt.

4 **b) Einzelfälle.** Nach Rn 2 u 3 kommen als rechtl ledigl vorteilh – abgesehen von den sog neutralen Gesch (Rn 7) – allein in Betracht: – **aa) Erwerb von Rechten.** Zustfrei ist die Aneigng, die Übereigng einer Sache od die Abtr einer Fdg an den Mj (BFH NJW **89**, 1631). Das gilt auch dann, wenn die Sache mit öff Lasten (BayObLG NJW **68**, 941), GrdPfdR (BayObLG **79**, 49), einem Nießbrauch (RG **148**, 324, BayObLG **79**, 49, **98**, 139) od WohnR (BayObLG NJW **67**, 1912) **belastet** ist, da die Belastg den Vorteil nur einschränkt, aber nicht aufhebt. Da es nicht auf eine wirtschaftl, sondern ausschl auf eine rechtl Bewertg ankommt, bleibt das Gesch auch dann zustfrei, wenn die Belastgen größer sind als der GrdstWert (BayObLG **79**, 49). Gleich zu behandeln ist der Fall, daß das Grdst bei der Übertragg belastet w (BayObLG DNotZ **79**, 543, **99**, 589) od sich der Veräußerer eine Belastg vorbehält (BayObLG aaO). Dagg ist der Erwerb eines vermieteten Grdst wg § 571 nicht ledigl vorteilh (Oldbg NJW-RR **88**, 839, Feller DNotZ **89**, 66), ebsowenig der Erwerb von beschr dingl Rechten, wenn dem Recht zugl Pflten innewohnen u diese nicht als bloße Beschränkg des RInh anzusehen sind. Zustbedürft sind daher: der Erwerb eines ErbbR wg der Pflten aus ErbbRVO 9, BGB 1108 (BGH NJW **79**, 102); der Erwerb des Nießbr wg der Pflten aus §§ 1041, 1045, 1047 (BFH NJW **81**, 141, NJW-RR **90**, 1035, offen gelassen von BGH **LM** Nr 7). Grdsl zustfrei ist dagg der Erwerb von WoEigt (Celle NJW **76**, 2214, krit Jahnke NJW **77**, 960). Das gilt aber nicht, wenn der Mj in eine GemschOrdng eintritt, die wesentl strengere Pflten als das Ges begründet (BGH **78**, 28, BayObLG **79**, 243/249), od wenn mit dem Erwerb der Eintritt in den VerwVertr verbunden ist (Celle aaO). Der Erwerb eines NachlGrdst dch den Miterben ist ledigl vorteilh, weil der Erwerber dadch keine AuseinandSAnspr aufgibt (BayObLG NJW **68**, 941). Dagg ist eine Zust erforderl, wenn für einen Beteiligten ein schuldrechtl WohnR begründet w (Hamm OLGZ **83**, 144), od wenn der Mj eine Kommanditbeteiligg erwirbt, da diese ein Bündel von Rechten u Pflten ist (BGH **68**, 225/232, LG Aachen NJW-RR **94**, 1319). Entspr gilt für den Erwerb einer stillen
5 Beteiligg (BFH DB **74**, 365). – **bb) Verzicht auf Rechte.** Zustfrei ist der Erlaß einer ggü dem Mj bestehden Fdg (§ 397) sowie der Verzicht auf sonst Rechte gg den Mj.

6 **c) Schenkung.** Der schuldrechtl Vertr über eine Schenkg an den Mj ist grdsl zustfrei (BGH **15**, 168), auch die Schenkg mit einer AusglAnordng (BGH aaO). Die Schenkg unter einer Auflage begründet dagg eine persönl Verpfl, ist also nicht ledigl vorteilh (BFH NJW **77**, 456, Ffm Rpfleger **74**, 429, aA Jülicher ZEV **98**, 285). Entspr gilt für die Schenkg mit der Verpfl zur späteren Rückg (BayObLG Rpfleger **74**, 309, Köln ZEV **98**, 110) od mit der Verpfl zur DarlGewährg (BFH NJW **77**, 456). Zustfrei ist dagg die schenkweise Begründg

einer DarlFdg dch ein einheitl RGesch (Hamm DNotZ **78**, 434, str, s Antenrieth DB **84**, 2547). Die Schenkg als solche bleibt auch dann zustfrei, wenn das ErfGesch mit rechtl Nachteilen verbunden ist (Bsp: Schenkg einer Kommanditbeteiligg od eines ErbbR, Rn 4). Bes Grds gelten aber für Schenkgen des ges Vertreters. Hier würde eine isolierte Beurteilg des Verpfl- u des ErfGesch dazu führen, daß auch das rechtl nachteilige ErfGesch gem § 181 letzter Halbs ohne Beteiligg eines Pflegers geschlossen w könnte (Erf des zustfreien SchenkgsVertr). Damit würde der von §§ 107, 181 bezweckte Schutz weitgehd entfallen. Bei Schenkgen des ges Vertreters muß daher die Frage, ob die Schenkg ledigl vorteilhaft ist, aus einer **Gesamtbetrachtung** des schuldrechtl u dingl Vertr heraus beantwortet w (BGH **78**, 28/34, krit Feller DNotZ **89**, 69, and noch BGH **15**, 168). – **d) Neutrale Geschäfte,** die für den Mj weder rechtl Vorteile noch Nachteile bringen, sind 7
zustfrei, da der Mj insow nicht schutzbedürft ist (MüKo/Gitter Rn 16, v Olshausen AcP **189**, 231, hM). Bsp sind RGesch, die der Mj als Vertreter eines and vornimmt (§ 165), die Veräußerg einer fremden Sache an einen Gutgl u die LeistgsBest gem § 317.

3) Einwilligung. – a) Sie ist die vorherige Zust (§ 183). Um eine Einwilligg u nicht um eine Gen handelt 8
es sich auch, wenn die Zust gleichzeit mit der WillErkl des Mj abgegeben w (RG **130**, 127). Die Einwilligg ist eine einseit, empfangsbedürft u bis zur Vorn des RGesch grdsl widerrufl WillErkl (§§ 182, 183). Sie kann sowohl ggü dem Mj als auch ggü dem and Teil erklärt w (§ 182 I). Mögl ist auch eine konkludente Einwilligg (§ 182 Rn 3). Sie kann zB anzunehmen sein, wenn der ges Vertreter u der Mj das ihnen gehörde Grdst gemeins veräußern (s RG **130**, 127). – **b)** Grdsl zul ist eine **Generaleinwilligung** zu einem Kreis von 9
zunächst noch nicht individualisierten Gesch (BGH NJW **77**, 622, MüKo/Gitter Rn 24). Sie bedarf aber im Interesse eines wirks MjSchutzes einer Konkretisierg, ist iZw eng auszulegen u darf nicht zu einer partiell erweiterten GeschFgk führen (BGH **47**, 352/359). Wird die Einwilligg konkludent dch Überlassg von Geldmitteln erteilt, w der Vertr idR erst dann wirks, wenn ihn der Mj erfüllt (§ 110 Rn 1). Die Einwilligg zur Benutzg öff VerkMittel gilt iZw nicht für Schwarzfahrten (AG Hbg NJW **87**, 448, AG Wolfsburg NJW-RR **90**, 1142, Harder NJW **90**, 857, aA Stacke NJW **91**, 875, Weth JuS **98**, 795). Fragl ist vielfach, ob sich die für ein HauptGesch erteilte Zust auch auf **Folgegeschäfte** erstreckt. Auch insoweit rechtf der Gedanke des MjSchutzes eine grdsl restriktive Auslegg. Erlaubn, einen Führerschein zu erwerben, bedeutet iZw nicht die Zust zur Anmietg eines Kfz (BGH NJW **73**, 1790). Zust zum Abschluß einer HaftPflVers umfaßt iZw nicht Zust zu späteren RGesch, die bei Durchf der Versicherg notw w (BGH **47**, 352), ebsowenig die Einwilligg zur Beauftragg eines Unfallhelferringes (BGH NJW **77**, 622). Einwilligg zur Eröffng eines Girokontos enthält nicht ow die Zust zu Vfgen über das Guthaben (Künkel Rpfleger **97**, 1, BAufsAmt ZIP **95**, 691). Zust, eine Lehre zu beginnen, bedeutet nicht Zust zur Miete einer selbstd Wohng (LG Mannh NJW **69**, 239). Zust zur Verlobg u Aufn eines Darl enthält nicht ow Zust zur Anschaffg von EinrichtgsGgstden auf Kredit (LG Bln JR **70**, 346). Dagg umfaßt die Einwilligg zum Vereinsbeitritt idR auch die Zust zur Stimmabgabe in der MitglVersammlg (KG OLG **15**, 324, Hammelbeck NJW **62**, 722). – **c)** Bedarf der ges 10
Vertreter zu einem RGesch der Gen des **Vormundschaftsgerichts** od des GgVormds (§§ 1643, 1812 f, 1821 f), so ist auch für seine Zust eine entspr Gen erforderl. – **d)** Der Mj hat ggü dem ges Vertreter grdsl 11
keinen Anspruch auf Einwilligung (Staud-Dilcher Rn 8). § 1631 a II ist dch das KindRG aufgehoben worden.

108 ***Vertragsschluß ohne Einwilligung.*** **[I] Schließt der Minderjährige einen Vertrag ohne die erforderliche Einwilligung des gesetzlichen Vertreters, so hängt die Wirksamkeit des Vertrags von der Genehmigung des Vertreters ab.**

[II] Fordert der andere Teil den Vertreter zur Erklärung über die Genehmigung auf, so kann die Erklärung nur ihm gegenüber erfolgen; eine vor der Aufforderung dem Minderjährigen gegenüber erklärte Genehmigung oder Verweigerung der Genehmigung wird unwirksam. Die Genehmigung kann nur bis zum Ablaufe von zwei Wochen nach dem Empfange der Aufforderung erklärt werden; wird sie nicht erklärt, so gilt sie als verweigert.

[III] Ist der Minderjährige unbeschränkt geschäftsfähig geworden, so tritt seine Genehmigung an die Stelle der Genehmigung des Vertreters.

1) Allgemeines (s zunächst § 106 Rn 2). § 108 gilt für Vertr. Auf einseit RGesch ist er nur ausnw entspr 1
anwendb (§ 111 Rn 3). Zum Teil wörtl übereinstimmde ParallelVorschr enthalten die §§ 177, 1366 u 1829. Soweit für den **Betreuten** ein EinwilliggsVorbeh angeordnet worden ist, gilt § 108 entspr (§ 1903 I 2). Der ohne Einwilligg geschlossene nicht ledigl vorteilh Vertr ist zunächst **schwebend unwirksam** (Übbl 31 v § 104). Die Parteien können aus ihm keine Rechte u Pflten herleiten, sind aber an ihn gebunden, dem and Teil steht jedoch grdsl ein WiderrufsR (§ 109) zu. Die dch den schwebd unwirks Vertr begründeten Anwartsch sind beiders vererbl (Staud/Dilcher Rn 3, hM).

2) Beendigung des Schwebezustandes. – a) Genehmigt der ges Vertreter den Vertr, w dieser von 2
Anfang an wirks (§ 184 I). ZwischenVfgen bleiben bestehen (§ 184 II). Die Gen ist eine einseit empfangsbedürft WillErkl (Übbl 11 v § 104). Sie kann außer iF des II (Rn 5 ff) sowohl dem Mj als auch dem and Teil ggü erklärt w (§ 182 I). Sie ist grdsl an keine Fr gebunden u formfrei (§ 182 II), kann also auch konkludent erfolgen (Rn 4). Bloßes Schweigen genügt nur dann, wenn der ges Vertreter nach Treu u Glauben verpfl gewesen wäre, seinen abw Willen zu äußern (Einf 10 v § 116). Das w, wenn überhaupt, nur ausnw anzunehmen sein. Der Mj hat grdsl keinen Anspr auf Gen (§ 107 Rn 11). – **b) Verweigert** der ges Vertreter 3
die Gen, w der Vertr endgült unwirks. Die Verweigerg der Gen ist – ebso wie ihr begriffl Ggstück die Gen – eine einseit empfangsbedürft WillErkl. Sie ist wg ihrer rechtsgestaltden Wirkg unwiderrufl (BGH **13**, 179/187, § 184 Rn 4). Für sie gelten die Ausführgen zur Gen entspr. Die Rückabwicklg der beiders Leistgen erfolgt nach § 812, uU auch nach §§ 985 ff (§ 106 Rn 4). Anspr gg den Mj können nicht auf c. i. c., sond nur auf unerl Hdlg gestützt w (§ 276 Rn 66). – **c)** Wird der Mj **volljährig,** w der Vertr nicht *ipso jure* wirks. 4
Der nunmehr unbeschr GeschFähige hat vielm zu entscheiden, ob er genehmigen will od nicht (III). Der fr

ges Vertreter ist insoweit nicht mehr zust, auch dann nicht, wenn an ihn die Aufforderg gem II gerichtet worden ist. Zur Gen s Rn 2; § 182 II gilt auch hier (BGH NJW **89**, 1728). Eine konkludente Gen kann anzunehmen sein, wenn der volljähr Gewordene den Vertr fortsetzt (LG Mainz VersR **67**, 945), die Abbuchg von Prämien hinnimmt (Nürnbg VersR **91**, 209, LG Kaiserslautern VersR **91**, 539) od die VertrUrk neu datiert (RG **95**, 71). Sie setzt aber auch hier voraus, daß der Genehmigde die mögl Deutg seines Verhaltens als Gen bei Anwendg pflgem Sorgf hätte erkennen können (§ 133 Rn 11). Beruft sich der Mj erst nach längerer Zeit auf die schwebde Unwirksamk, wenn der Vertr für ihn Nachteile bringt, kann RMißbr vorliegen (BGH **LM** § 1829 Nr 3, LG Wuppertal NJW-RR **95**, 152, LG Verden u Freibg VersR **98**, 41; einschränkd LG Ffm VersR **99,** 702: 6 Jahre reichen nicht). III ist entspr anzuwenden, wenn der Mj stirbt u dch einen GeschFähigen beerbt w.

5 **3) Aufforderung** (II). – **a)** Der VertrGegner kann den Schwebezustand dadch beenden, daß er den ges Vertreter zur Erklärg über die Gen auffordert. Die Aufforderg ist eine einseit empfangsbedürft Erkl. Sie ist kein RGesch, sond eine geschähnl Hdlg (Übbl 6 v § 104). Ist der Mj volljähr geworden, ist die Aufforderg an ihn zu richten (BGH NJW **89**, 1728). Inhaltl übereinstimmde ParallelVorschr enthalten §§ 177 II, 1366 III,
6 1829 II. – **b) Rechtsfolgen. – aa)** Eine bereits ggü dem Mj erklärte Gen od Verweigerg der Gen w unwirks. Der Schwebezustand w also wieder hergestellt, auch wenn der Vertr an sich schon voll wirks od endgült unwirks war. – **bb)** Die Gen od Verweigerg der Gen kann abw von § 182 I nur noch ggü dem GeschGegner erklärt w. – **cc)** Mit dem Zugehen (§ 130) der Aufforderg beginnt eine ZweiwochenFr. Sie kann von dem Auffordernden einseit verlängert w. Abkürzgen erfordern dagg eine vertragl Abrede, die jedoch auch stillschw getroffen w kann (RG HRR **37**, 786 zu § 177). Nach Ablauf der Fr, die gem §§ 187 I, 188 II zu berechnen ist, gilt die Gen als verweigert. Zur Wahrg der Fr ist rechtzeit Zugehen (§ 130) erforderl, rechtzeit Absendg genügt nicht. Die Fiktion der Verweigerg der Gen tritt auch dann ein, wenn der ges Vertreter nach Zugang der Aufforderg geschunfäh w (Einf 12 v § 116). – **dd)** Die Aufforderg läßt das WiderrufsR unberührt
7 (Wilhelm NJW **92**, 1666). – **c)** Auf die **Einwilligung** ist II nach seinem Wortlaut nicht anwendb. Auch iF der Einwilligg kann der VertrGegner aber über die RLage im Ungewissen sein u ein dringdes Interesse an der Beseitigg der Ungewißh haben. II muß daher auf die Einwilligg **entsprechend** angewandt w (Erm-Brox Rn 7, Jauernig Rn 3, aA MüKo/Gitter Rn 21 u die hM).

8 **4)** Die **Beweislast** für Einwilligg, Gen u deren RZeitigk nach II 2 hat, wer sich auf den Vertr beruft, für die Aufforderg nach II 1 u die Verweigerg der Gen die GegenPart (s BGH NJW **89**, 1728).

109 *Widerrufsrecht des anderen Teils.*

[I] Bis zur Genehmigung des Vertrags ist der andere Teil zum Widerrufe berechtigt. Der Widerruf kann auch dem Minderjährigen gegenüber erklärt werden.

[II] Hat der andere Teil die Minderjährigkeit gekannt, so kann er nur widerrufen, wenn der Minderjährige der Wahrheit zuwider die Einwilligung des Vertreters behauptet hat; er kann auch in diesem Falle nicht widerrufen, wenn ihm das Fehlen der Einwilligung bei dem Abschlusse des Vertrags bekannt war.

1 **1) Allgemeines** (s zunächst § 106 Rn 2). Das WiderrufsR trägt den berecht Interessen des gutgl GeschGegners Rechng. Er kann sich von der Bindg an den Vertr befreien, solange auch der Mj noch nicht endgült gebunden ist. § 109 gilt auch für den **Betreuten,** soweit für ihn ein EinwilliggsVorbeh angeordnet worden ist (§ 1903 I 2). ParallelVorschr enthalten die §§ 178, 1366 II u 1830.

2 **2) Widerruf. – a)** Er ist eine einseit empfangsbedürft WillErkl. Er kann abw von § 131 II auch ggü dem Mj erklärt w. Der Widerruf ist formfrei, die Erkl muß aber erkennen lassen, daß der Vertr wg der Minderjährigk nicht gelten soll (s RG **102**, 24 zu § 178). Ein auf and Grde gestützter Rücktr ist kein Widerruf. Mit
3 dem Zugang des Widerrufs w der Vertr endgült unwirks. – **b)** Das WiderrufsR **endet** mit der Gen des Vertr, auch wenn die Gen ggü dem Mj erklärt w. Das gilt auch dann, wenn die erforderl Gen des VormschGer noch
4 aussteht (Staud/Dilcher Rn 4). Eine Aufforderg gem § 108 II beseitigt das WiderrufsR dagg nicht. – **c)** Das WiderrufsR ist grdsl **ausgeschlossen,** wenn der VertrGegner die Minderjährigk kannte (II 1. Halbs). Kennenmüssen genügt nicht. Trotz Kenntn besteht ein WiderrufsR, wenn der Mj den and Teil über das Vorliegen einer Einwilligg getäuscht hat (II). Auch insow ist fahrl Unkenntn unschädl.

5 **3) Beweislast** für den Widerruf u seine Rechtzeitigk hat, wer die Wirksamk des Vertr verneint (s BGH NJW **89**, 1728). Wer sich gem II darauf beruft, der and Teil habe die Minderjährigk od das Fehlen der Einwilligg gekannt, muß diese Kenntn beweisen. Dagg hat der and Teil zu beweisen, der Mj habe die Einwilligg zu Unrecht behauptet (Baumgärtel/Laumen Rn 2).

110 *„Taschengeldparagraph".*

Ein von dem Minderjährigen ohne Zustimmung des gesetzlichen Vertreters geschlossener Vertrag gilt als von Anfang an wirksam, wenn der Minderjährige die vertragsmäßige Leistung mit Mitteln bewirkt, die ihm zu diesem Zwecke oder zu freier Verfügung von dem Vertreter oder mit dessen Zustimmung von einem Dritten überlassen worden sind.

1 **1) Bedeutung.** § 110 gilt auch für den **Betreuten,** soweit für ihn ein EinwilliggsVorbeh angeordnet worden ist (§ 1903 I 2). Die Vorschr ist ledigl ein bes Anwendgsfall des § 107. In der Überlassg der Mittel liegt eine **konkludente Einwilligung** des gesetzl Vertreters, deren Umfang sich aus der mit der Überlassg der Mittel verbundenen Zweckbestimmg ergibt (RG **74**, 235, MüKo/Gitter Rn 3, hM, str). Die Worte „ohne Zust" sind iSv „ohne ausdr Zust" zu verstehen (s AG Waldshut VersR **85**, 938). Die konkludente Einwilligg ist aber inhaltl beschr: Der Vertr w nicht bereits mit seinem Abschl, sond erst dann wirks, wenn der Mj ihn erfüllt. Der ges Vertreter kann seiner Einwilligg einen weitergehden Inh geben u best, daß der Vertr bereits

vor Erf mit seinem Abschl wirks w soll (§ 107 Rn 9 „Generaleinwilligg"). Für einen solchen Willen müssen aber konkrete Anhaltspkte vorliegen. Besteht die Einwilligg ledigl in der Mittelüberlassg, ohne daß bes Umst hinzutreten, w der Vertr erst mit Erf wirks (MüKo/Gitter Rn 3). And als iF der §§ 112, 113 w die GeschFgk des Mj dch § 110 nicht erweitert (Soergel-Hefermehl Rn 1, hM, aA Safferling Rpfleger **72**, 124). Bedarf das RGesch einer Gen des VormschG, gilt § 107 Rn 10.

2) Überlassung der Mittel. Sie kann auch stillschw erfolgen, zB dch Belassg des ArbVerdienstes (BGH NJW **77**, 622/623, Celle NJW **70**, 1850). Ob ein Zweck best ist u wieweit die Zweckbestimmg reicht, ist Ausleggsfrage. Auch die Überlassg zur freien Vfg umfaßt iZw nicht jede Verwendg, sond nur solche, die sich noch im Rahmen des Vernünftigen halten (s RG **74**, 235), sie erstreckt sich daher nicht auf den Kauf einer Pistole (AG Freibg NJW-RR **99**, 637). Bei **Surrogaten,** die der Mj mit den überlassenen Mitteln erwirbt, ist es Frage des Einzelfalls, welche Verwendg dch das Einverständn des ges Vertreters gedeckt ist (s RG aaO: Spielgewinn). Auch bei den von einem Dr überlassenen Mitteln kommt es auf die Zweckbestimmg des ges Vertreters an (Soergel-Hefermehl Rn 4). 2

3) Als **Mittel** kommen alle VermGgstde in Betracht. Hauptfälle sind das Taschengeld u das dem Mj belassene ArbEinkommen. Ein Mittel iSd § 110 ist aber auch die ArbKraft des Mj (Weimar JR **73**, 143, Staud/Dilcher Rn 13, str, aA MüKo/Gitter Rn 14). 3

4) Der Vertr w mit dem **Bewirken der Leistung,** dh mit der Erf iSd § 362, wirks. Die Ann an Erf Statt, die Hinterlegg u Aufrechng stehen gleich. Bis zur Erf ist die Einwilligg widerrufl, § 183 (s auch Celle NJW **70**, 1850). Dem and Teil steht in entspr Anwendg des § 109 gleichf ein WiderrufsR zu (MüKo/Gitter Rn 5, str). **Teilerfüllung** führt nur dann zur TeilWirksamk, wenn Leistg u Ggleistg entspr teilb sind. Beim Miet- u VersVertr w der Vertr dch Zahlg jeweils für den entspr Zeitraum wirks (MüKo/Gitter Rn 8). Beim Lebens-VersVertr auf den Todes- u Erlebensfall ist dagg eine derart Teilg nicht mögl (Schilken FamRZ **78**, 642), ebsowenig beim KaufVertr. Die Kreditgewährg an den Mj w dch § 110 nicht gedeckt. Schenkgen fallen, abgesehen von Anstandsschenkgen, nicht unter § 110, da nach § 1641 auch der ges Vertreter keine Schenkgen zu Lasten des Mj vornehmen darf. Ggü dem GrdBAmt müssen die Voraussetzgen des § 110 in der Form des GBO 29 nachgewiesen w (LG Aschaffenbg Rpfleger **72**, 134). 4

111 *Einseitige Rechtsgeschäfte.* **Ein einseitiges Rechtsgeschäft, das der Minderjährige ohne die erforderliche Einwilligung des gesetzlichen Vertreters vornimmt, ist unwirksam. Nimmt der Minderjährige mit dieser Einwilligung ein solches Rechtsgeschäft einem anderen gegenüber vor, so ist das Rechtsgeschäft unwirksam, wenn der Minderjährige die Einwilligung nicht in schriftlicher Form vorlegt und der andere das Rechtsgeschäft aus diesem Grunde unverzüglich zurückweist. Die Zurückweisung ist ausgeschlossen, wenn der Vertreter den anderen von der Einwilligung in Kenntnis gesetzt hatte.**

1) § 111 gilt für alle **einseitigen Rechtsgeschäfte** (Übbl 11 v § 104), auch für die Bevollmächtigg (MüKo/Gitter Rn 5, str), jedoch geht die Sonderregelg des § 1596 für das VaterschAnerkenntn vor. Auf geschäftsähnl Hdlgen ist § 111 entspr anzuwenden. Er gilt auch für den **Betreuten,** soweit für ihn ein EinwilliggsVorbeh angeordnet worden ist (§ 1903 I 2). Die Erkl sind ohne Zust des ges Vertreters wirks, sow sie, wie etwa die Künd eines zinslosen Darl, rechtl ledigl vorteilh sind (§ 107). Im übrigen gilt: – **a) Nicht empfangsbedürftige** WillErkl wie die Auslobg od EigtAufg sind mit Einwilligg wirks, ohne Einwilligg dagg unwirks (nichtig) (S 1). Eine Heilg kann nicht dch Gen, sond nur dch Neuvornahme erfolgen. Das gilt ebso für die amtsempfangsbedürf WillErkl. Für die Anerkenng der nichtehel Vatersch besteht aber eine Sonderregel in §§ 1600 d, 1600 e III. – **b) Empfangsbedürftige** WillErkl, wie die Anf, Künd od Bevollmächtigg sind mit Einwilligg grdsl wirks, ohne Einwilligg dagg grdsl unwirks u nicht genfäh. Es bestehen aber nach beiden Richtgen Ausn: – **aa)** Ist der GeschGegner mit der Vorn des Gesch ohne Einwilligg **einverstanden,** sind die für den Vertr geltden §§ 108, 109 entspr anzuwenden (RG **76**, 91, MüKo/Gitter Rn 7, s auch den ähnl § 180 S 2), das Gesch ist also zunächst schwebd unwirks u w mit Gen voll wirks. Das gilt insbes dann, wenn das einseit RGesch von den Part einvernehml in einen gleichzeit abgeschl Vertr eingeordnet w (BGH NJW **90**, 1721). – **bb)** Trotz Einwilligg ist das RGesch unwirks, wenn die Einwilligg weder in schriftl Form vorgelegt noch vom gesetzl Vertreter mitgeteilt worden ist u der and das RGesch aus diesem Grd unverzügl zurückweist (S 2 u 3). Die Vorlegg der schriftl (§ 126) Einwilligg kann vor, bei od nach dem RGesch erfolgen, aber nur bis zur Zurückweisg. Entspr gilt für die Mitteilg gem S 3. – **cc)** Die **Zurückweisung** ist eine einseit empfangsbedürft WillErkl. Sie kann in entspr Anwendg von § 109 I 2 auch ggü dem Mj erklärt w. Aus dem Inh der Erkl od den Umst muß sich ergeben, daß die Zurückweisg deshalb erfolgt, weil die Einwilligg nicht urkundl nachgewiesen worden ist (BAG NJW **81**, 2374 zu § 174). Eine auf sonst Grde gestützte Beanstandg reicht nicht aus. Die Zurückweisg muß unverzügl, dh ohne schuldh Zögern (§ 121 I), erfolgen. Hat der Mj die schriftl Bestätigg seines ges Vertreters in Aussicht gestellt, darf der and Teil angem Zeit warten (LAG Hbg ArbRS **35**, 30). Dch die Zurückweisg w das RGesch des Mj mit Wirkg *ex tunc* unwirks.

1 2 3 4 5

2) Beweislast: für Einwilligg, wer die Wirksamk des Gesch geltd macht; für Zurückweisg u deren Rechtzeitigk der Gegner; für die Vorlegg od Mitteilg der Einwilligg vor Zurückweisg wiederum derj, der die Wirksamk geltd macht (Baumgärtel-Laumen Rn 1). 6

112 *Selbständiger Betrieb eines Erwerbsgeschäfts.* **[I] Ermächtigt der gesetzliche Vertreter mit Genehmigung des Vormundschaftsgerichts den Minderjährigen zum selbständigen Betrieb eines Erwerbsgeschäfts, so ist der Minderjährige für solche Rechtsgeschäfte unbeschränkt geschäftsfähig, welche der Geschäftsbetrieb mit sich bringt. Ausgenommen sind Rechtsgeschäfte, zu denen der Vertreter der Genehmigung des Vormundschaftsgerichts bedarf.**

II Die Ermächtigung kann von dem Vertreter nur mit Genehmigung des Vormundschaftsgerichts zurückgenommen werden.

1 **1) Bedeutung der §§ 112–113.** Die §§ 112–113 erweitern die GeschFgk des Mj, wenn er zum Betrieb eines ErwerbsGesch od zur Eingehg eines Dienst- od ArbVertr ermächtigt worden ist. Der Mj ist im Rahmen der §§ 112–113 partiell gesch- u prozeßfäh (ZPO 52). § 1629 a II nimmt daher die gem § 112 begründeten Verbindlichk ausdr von der Haftgsbeschränkg zG Mj aus. Der ges Vertreter kann, solange die Ermächtigg besteht, nicht für den Mj handeln. Seine ges Vertretgsmacht ruht (hM, s aber § 113 Rn 6). Trotz einer Ermächtigg kann der Mj wg GmbHG 6 nicht GmbH-GeschFü w (Hamm NJW-RR **92**, 1253). Soweit für den **Betreuten** ein EinwilliggsVorbeh angeordnet worden ist, gelten §§ 112, 113 entspr (§ 1903 I 2). Für die in §§ 112, 113 vorgesehenen gerichtl Gen ist weiter das **Vormundschaftsgericht** zuständ. Das KindRG hat die Zustdgk insoweit, and als in § 1643, nicht geändert.

2 **2)** Die **Ermächtigung** ist eine einseitige, formfreie an den Mj zu richtde WillErkl. Sie wird erst mit Gen des VormschGer wirks. Das Ger entscheidet nach pflichtmäß Ermessen. Die Gen setzt voraus, daß der Mj die für die Leitg eines selbstd Betr erforderl Fähigk u Kenntn besitzt (Köln NJW-RR **94**, 1450). Die **Zurücknahme** der Ermächtigg ist gleichf eine einseit empfangsbedürft an den Mj zu richtde WillErkl. Auch sie bedarf der vormschgerichtl Gen (II). § 112 sieht and als § 113 nicht vor, daß das VormschGer die Ermächtigg ersetzen kann.

3 **3) Erwerbsgeschäft** iSd § 112 ist jede erlaubte, selbstd, berufsmäß ausgeübte u auf Gewinn gerichtete Tätigk (Scheerer BB **71**, 981). § 112 erfaßt daher auch die selbstd Ausübg eines künstlerischen Berufes u die Tätigk als selbstd Handelsvertreter iSd § 84 I HGB (BAG NJW **64**, 1641, ArbG Bln VersR **69**, 97).

4 **4)** Der **Umfang** der vollen GeschFgk beschränkt sich auf Gesch, die der Betr des ErwerbsGesch mit sich bringt. Für die Abgrenzg ist – and als bei HGB 54, 56 – der konkrete GeschBetr maßgebd. Sie hat unter Berücksichtigg der VerkAnschauung zu erfolgen. Zustimmgsfrei sind nicht nur Gesch des normalen laufden Betr, sond auch außerordentl RHdlgen, sofern sie dem geschäftl Bereich zuzuordnen sind (s BGH **83**, 76/80 zu § 1456). Ausgenommen sind RGesch, zu denen der ges Vertreter der Gen des VormschGer bedarf (I S 2). Das bedeutet, daß die Ermächtigg der Eltern eine weitergehde Wirkg hat als die des Vormds (s § 1643 im Ggs zu §§ 1821 ff). Ausgenommen sind aber in beiden Fällen KreditAufn, die Eingehg von Wechselschulden u die Prokuraerteilg (§§ 1643 I, 1822 Nr 8, 9 u 11).

113 *Dienst- oder Arbeitsverhältnis.*

I Ermächtigt der gesetzliche Vertreter den Minderjährigen, in Dienst oder in Arbeit zu treten, so ist der Minderjährige für solche Rechtsgeschäfte unbeschränkt geschäftsfähig, welche die Eingehung oder Aufhebung eines Dienst- oder Arbeitsverhältnisses der gestatteten Art oder die Erfüllung der sich aus einem solchen Verhältnis ergebenden Verpflichtungen betreffen. Ausgenommen sind Verträge, zu denen der Vertreter der Genehmigung des Vormundschaftsgerichts bedarf.

II Die Ermächtigung kann von dem Vertreter zurückgenommen oder eingeschränkt werden.

III Ist der gesetzliche Vertreter ein Vormund, so kann die Ermächtigung, wenn sie von ihm verweigert wird, auf Antrag des Minderjährigen durch das Vormundschaftsgericht ersetzt werden. Das Vormundschaftsgericht hat die Ermächtigung zu ersetzen, wenn sie im Interesse des Mündels liegt.

IV Die für einen einzelnen Fall erteilte Ermächtigung gilt im Zweifel als allgemeine Ermächtigung zur Eingehung von Verhältnissen derselben Art.

1 **1) Allgemeines** s § 112 Rn 1. Zur **Ermächtigung** s zunächst § 112 Rn 2. Sie bedarf iF des § 113 nicht der Gen des VormschGer u kann daher auch dch schlüssiges Verhalten erteilt w, „resignierdes Dulden" reicht aber nicht aus (BAG **AP** Nr 6). Das VormschGer kann eine vom Vormd verweigerte Ermächtigg ersetzen (III; s dazu FGG 18, 53, 55, 59, 60 Z 6), nicht aber die der Eltern. Die **Zurücknahme** ist ebso wie iF des § 112 ggü dem Mj zu erklären (MüKo/Gitter Rn 24, aA Feller FamRZ **61**, 420: mögl ErklEmpfänger auch der ArbG).

2 **2)** § 113 regelt die Ermächtigg, in **Dienst od Arbeit** zu treten. Er erfaßt daher alle Dienst- u ArbVertr, auch solche, die eine selbstd Tätigkeit zum Ggst haben. Der selbstd Handelsvertreter fällt sowohl unter § 112 (dort Rn 3) als auch unter § 113 (BAG NJW **64**, 1641, MüKo/Gitter Rn 6). Da der Umfang der beiden Ermächtiggen unterschiedl ist, können sie gerade iF des selbstd Handelsvertreters auch nebeneinand bestehen. Auch auf WerkVertr kann § 113 anzuwenden sein. Dagg fallen BerufsausbildgsVertr nicht unter § 113, da bei ihnen der Ausbildgszweck (BerBiG 1 II) überwiegt (MüKo/Gitter Rn 7, Staud/Dilcher Rn 5, hM, aA RAG **5**, 221). Auf öffr DienstVerh findet § 113 entspr Anwendg, so auf den Dienst im Bundesgrenzschutz (BVerwG **34**, 168) u den Dienst als Zeitsoldat (OVG Münster NJW **62**, 758).

3 **3) Umfang der Teilgeschäftsfähigkeit. – a)** Sie umfaßt die **Eingehung** eines Dienst- od ArbVerh der gestatteten Art (I 1) u gilt auch für Vertr mit dem gesetzl Vertreter (aA FinG SchlH NJW **87**, 1784). Die vom Mj ausgehandelten VertrBdggen sind nur dann dch § 113 gedeckt, wenn sie verkehrsübl u nicht ungewöhnl belastd sind (Brill BB **75**, 287). Im Rahmen des Übl kann der Mj auch VertrStrafVerspr u WettbewVerbote vereinbaren (BAG NJW **64**, 1641: Handelsvertreter). Die für einen Vertr erteilte Ermächtigg erstreckt sich iZw auch auf weitere Vertr gleicher Art (IV). Ob Gleichartigk vorliegt, entscheidet die VerkAnschauung. Sie kann auch bei Arbeit in einem verwandten Beruf anzunehmen sein, scheidet aber aus, wenn sich die rechtl od
4 soziale Stellg des Mj wesentl verschlechtert. – **b)** Die TeilGeschFgk erstreckt sich auch auf RGesch, die mit der Erf u Aufhebg des VertrVerh zushängen (I 1) u gilt damit für den ges Bereich der **Vertragsabwicklung.** Der Mj ist zur Ann des Lohns ermächtigt, nach heutiger Anschauung auch zur Einrichtg eines Gehaltskontos

u zu Barabhebgen, nicht aber zu Überweisgen u and Vfgen, wie die Vereinbg eines Überziehgskredits (Vortmann WM **94**, 967, Künkel Rpfleger **97**, 1, BAufsAmt ZIP **95**, 691). Er kann kündigen, gekündigt w, der Künd widersprechen, AusglQuittgen erteilen (LAG Hamm DB **71**, 779) u Vergl schließen. Auch hier gilt aber, daß RGesch, die zum Nachteil des Mj wesentl vom Übl abw, nicht dch die Ermächtigg gedeckt sind. Unwirks ist daher ein aus Anlaß der Schwangersch geschlossener AufhebgsVertr (LAG Brem DB **71**, 2318). Die Ermächtigg umfaßt den Beitritt zu einer Gewerksch (LG Essen **AP** Nr 3, LG Ffm FamRZ **67**, 680, Gilles/Westphal JuS **81**, 899, jetzt ganz hM), nicht aber die DarlAufn bei der Gewerksch (LG Münst MDR **68**, 146). Im SozVersR besteht für Mj ab 15 HdlgsFgk gem SGB I 36 (Coester FamRZ **85**, 982). Der Übertritt von einer Ortskrankenkasse in eine ErsKrankenkasse fällt nicht unter SGB I 36, ist aber dch § 113 gedeckt (Woltereck SozGerbk **65**, 161, sehr str). – **c)** Die Ermächtigg umfaßt nicht RGesch, zu deren Vorn 5
der Vertreter der Gen des VormschGer (§§ 1643, 1821 f) bedarf (I 2). S dazu § 112 Rn 4. – **d)** Der Vertreter 6
kann die Ermächtigg jederzeit **einschränken** od zurücknehmen, II (Rn 1). Rn 3 u Rn 4 gelten daher nicht, sow der Vertreter etwas Abw bestimmt hat. Widerspricht er einem vom Mj beabsichtigten RGesch, so liegt darin konkludent eine Einschränkg der Ermächtigg.

114, 115 *(Betraf Entmündiggen; aufgehoben zum 1. 1. 92 dch das BtG. Früheres Recht 50. Aufl.)*

Zweiter Titel. Willenserklärung

Einführung

1) Allgemeines. – a) Begriff. Die WillErkl ist notw Bestandt jeden RGesch (Übbl 1 v § 104). Sie ist 1
Äußerg eines auf die Herbeiführg einer RWirkg gerichteten Willens: Sie bringt einen RFolgewillen zum Ausdr, dh einen Willen, der auf die Begründg, inhaltl Änderg od Beendigg eines priv RVerh abzielt. Der subj Tatbestd der WillErkl w üblicherw unterteilt in den das äußere Verhalten beherrschden HdlgsWillen, das ErklBewußtsein (Bewußtsein, überh eine rgeschäftl Erkl abzugeben) u den GeschWillen (die auf einen best rgeschäftl Erfolg gerichtete Absicht). Diese Einteilg w im Schriftt kritisiert (vgl Flume § 4, 3), sie ist aber wg der bei Fehlen der einzelnen Willensmerkmale eintretden unterschiedl RFolgen nicht zu entbehren (Rn 15 ff). Zum obj Tatbestd genügt jede Äußerg, die den RFolgewillen nach außen erkennen läßt. Die Benutzg von Wort od Schrift ist nicht erforderl; soweit keine FormVorschr bestehen, können WillErkl auch stillschw abgegeben w (Rn 6 ff). Auch **automatisierte** Erkl sind echte WillErkl (Köhler AcP **182**, 133, Redeker NJW **84**, 2390, Clemens NJW **85**, 1998), ebso Erkl im Internet (Ernst NJW-CoR **97**, 165, BB **97**, 1057, Deville/Kalthegener NJW-CoR **97**, 168). Sie sind (anfechtb) WillErkl des Betreibers der EDV-Anlage, auch wenn sie wg einer Fehlleistg der Soft- od Hardware abgegeben w (s Fritzsche/Malzer DNotZ **95**, 3).

b) Schon seit dem Gemeinen R ist umstr, worin der GeltgsGrd der dch die WillErkl ausgelösten RFolge 2
zu erblicken ist. Die **Willenstheorie** (Savigny, Windscheid, Zitelmann) hält den tatsächl subj Willen des Erklärden für entsch. Sie geht davon aus, daß das Fehlen eines RFolgewillens die Wirksamk der WillErkl grdsätzl ausschließt. Die **Erklärungstheorie** (Kohler, Leonhard) stellt dagg darauf ab, wie der ErklEmpfänger das Verhalten des and nach Treu u Glauben deuten durfte; sie will im Interesse des Vertrauensschutzes die Berufg auf das Fehlen eines RFolgewillens grdsätzl nicht gestatten. Die neuere Lehre versucht, diesen dch das Inkrafttr des BGB nicht beendeten Theorienstreit dch eine neue Betrachtgsweise zu überbrücken. Sie geht davon aus, daß die WillErkl ihrem Wesen nach **Geltungserklärung** ist, dh ein Akt rechtl Regelg, eine 3
RSetzg inter partes (Larenz/Wolf § 24 Rn 26 Flume § 4, 7, Soergel-Hefermehl Rn 7). Auch bei dieser Betrachtg bleibt aber die Frage, ob Grdlage für die in der WillErkl enthaltene Regelg der Wille des Erklärden ist od der obj Sinn seines Verhaltens. Sie ist für empfangsbedürft WillErkl iS eines Vorranges der obj ErklBedeutg zu beantworten. Diese ist nicht nur dann entsch, wenn der Inhalt der WillErkl dch Auslegg zu ermitteln ist (Rn 5), sond auch dann, wenn zweifelh ist, ob ein best Verhalten als WillErkl zu werten ist od nicht (BGH **21**, 102, **91**, 324, NJW **90**, 454, BAG NJW **71**, 1422, **AP** § 133 Nr 36). Eine Hdlg, die aus der Sicht des ErklEmpfängers als Ausdr eines best RFolgewillens erscheint, ist dem Erklärden grdsätzl auch dann als WillErkl zuzurechnen, wenn er keinen RFolgewillen hatte (Rn 17). Unter den Begriff der WillErkl fallen daher sowohl die **finale** als auch die **normativ zugerechnete** Erkl (MüKo/Kramer Rn 17). Vertrauenshaftg u RGeschLehre sind keine sich ausschließde GgSätze; der Gedanke des Vertrauensschutzes ist integrierender Bestandt der RGeschLehre (BGH **91**, 324/330, krit Singer JZ **89**, 1030).

c) Für den **Rechtsfolgewillen** genügt es, daß der Wille primär auf einen wirtschaftl Erfolg gerichtet ist, 4
sofern dieser als ein rechtl gesicherter u anerkannter gewollt w (BGH NJW **93**, 2100). Es ist nicht erforderl, daß der Erklärde ins einzelne gehde Vorstellgen darüber hat, wie der angestrebte Erfolg rechtstechnisch herbeigeführt w (BGH aaO). Keine RBindg haben Abreden innerh von Freundsch- u Liebesbeziehgen od im gesellschaftl Verk. Dagg sind Absprachen zw Eheg über persönl Ehewirkgen uU rgeschäftl Natur. Ob ein Verhalten als Ausdr eines RFolgewillens u damit als WillErkl zu werten ist, ist gem §§ 133, 157 dch Auslegg zu entsch. Die Grenzziehg ist oft schwier, so insb bei sog sozialtyp Verhalten (Einf 26 v § 145), bei stillschw WillErkl (Rn 6 ff), bei der Abgrenzg ggü GefälligkHdlgen (Einl 9 v § 241), beim stillschw HaftgsAusschl (§ 254 Rn 70 ff) u bei der Frage, wann die Mitarbeit eines Eheg im Gesch des and als Begründg eines VertrVerhältn (Innengesellsch, DienstVertr) angesehen w kann (§ 1356 Rn 16). Wissen die Part, daß ihre Vereinbg nichtig ist, also von der ROrdng nicht anerkannt w, liegen mangels eines RFolgewillens schon tatbestdl keine WillErkl vor (RG **122**, 140, BGH **45**, 376, **LM** § 139 Nr 42, Düss DB **70**, 1778). Das soll aber einer Heilg gem § 313 S 2 nicht entggstehen (BGH NJW **75**, 205).

2) Auslegung einer WillErkl ist die Deutg ihres Sinnes, die **Ermittlung ihres Inhalts.** Für sie gelten die 5
bei § 133 dargestellten Grds. Besteht ein **übereinstimmender Wille** der Beteiligten, so ist dieser rechtl auch dann allein maßgebd, wenn er im Inhalt der Erkl keinen od nur einen unvollkommenen Ausdr gefunden hat

(§ 133 Rn 8). Von diesem Grds gehen auch die §§ 116 ff aus. Aus ihm folgt, daß der sonst unbeachtl stille Vorbeh die Erkl nichtig macht, wenn der ErklGegner ihn kennt (§ 116 S 2), daß trotz ordngsm Wortlauts das ScheinGesch nichtig ist (§ 117 I) u das verdeckte Geschäft als Inhalt der Erkl gilt (§ 117 II).

6 **3) Stillschweigende Willenserklärungen.** Die Bezeichng „stillschw WillErkl" ist mehrdeut; sie umfaßt sowohl die WillErkl dch schlüss Verhalten als auch das bloße Schweigen. – **a)** WillErkl können, soweit keine FormVorschr entggstehen, dch **schlüssiges Verhalten** abgegeben w. Bei WillErkl dieser Art findet das Gewollte nicht unmittelb in einer Erkl seinen Ausdr, der Erklärde nimmt vielm Hdlgen vor, die mittelb einen Schluß auf einen best RFolgewillen zulassen (Larenz/Wolf § 24 Rn 16, Flume § 5, 3). Bsp sind die Inanspruchn einer entgeltl angebotenen Leistg, wie das Einsteigen in eine Straßenbahn (Einf 26 v § 145), die Ann eines Angebots dch Vollzug od Ann der Leistg (§ 148 Rn 1, § 151 Rn 1), die Fortsetzg eines an sich beendeten Vertr (§§ 568, 625), die widersprlose Fortsetzg des Vertr nach Bekanntgabe von veränderten Bdggen (§ 305 Rn 3 f), die Gen (Bestätigg) eines RGesch dch Hdlgen, die einen Gen(Bestätiggs)Willen erkennen lassen (§ 182 Rn 2 f), die Wiederholg der Künd dch KlErhebg (BayObLG NJW **81**, 2197), der Rücktr vom Verlöbn dch Betätigg des Aufhebgswillens (RG **170**, 81). Da der ErklTatbestd bei konkludenten WillErkl nicht in einem bloßen Schweigen, sond in einem Tun besteht, ist für sie die Bezeichng „stillschw WillErkl" irreführd. Auf konkludente WillErkl finden die allg Grds über WillErkl Anwendg, so hinsichtl des Problems des ErklBewußtseins (Rn 17), der Auslegg (§ 133 Rn 11) u der Anf (§ 119 Rn 4).

7 **b)** Das bloße **Schweigen** ist idR keine WillErkl, sond das Ggteil einer Erkl. Wer schweigt, setzt im allg keinen ErklTatbestd, er bringt weder Zust noch Ablehng zum Ausdr. Hiervon gelten jedoch Ausnahmen. – **aa) Schweigen als Erklärungshandlung.** Schweigen kann in best Situationen obj Erklärgswert haben (beredtes Schweigen). Das gilt etwa, wenn das Schweigen als ErklZeichen vereinb ist, wenn der anwesde GeschInh der in seinem Namen abgegebenen Erkl eines Angest nicht entggtritt, ferner für das Schweigen bei Abstimmgen. In diesen (seltenen) Fällen ist das Schweigen ein echter ErklAkt, es erfüllt alle Voraussetzgen
8 einer WillErkl. – **bb) Schweigen mit Erklärungswirkung.** Das Schweigen hat auch dann die Wirkg einer WillErkl, wenn der Schweigde verpflichtet gewesen wäre, seinen ggteil Willen zum Ausdr zu bringen: *qui tacet, consentire videtur, ubi loqui debuit atque potuit* (RG **145**, 94, BGH **1**, 353, MDR **70**, 136). In diesen Fällen ist das Schweigen zwar tatbestandl keine WillErkl, es steht aber in seinen RWirkgen einer WillErkl gleich (Flume § 5, 2, Staud-Dilcher Rn 41 ff, Hanau AcP **165**, 220, str, aA MüKo/Kramer Rn 23 ff). Das Schweigen ist keine ErklHdlg, seine rechtl Bedeutg liegt in dem Unterl des mögl u gebotenen Widerspr. Man spricht daher vom Schweigen an Erkl Statt (Larenz) od von normiertem Schweigen.

9 **c) Erklärungswirkung des Schweigens. – aa)** Sie beruht zT auf ausdrückl gesetzl Vorschr (fingierte WillErkl). Gem §§ 108 II 2, 177 II 2, 415 II 2, 458 I 2 gilt Schweigen auf die Aufforderg zur Gen als Ablehng. In den Fällen der §§ 416 I 2, 496 S 2, 516 II 2, 1943, HGB 362 I, 377 II hat Schweigen dagg die Bedeutg einer Gen (Ann). Auch dch vertragl Abreden kann best w, daß Schweigen Zust bedeuten soll; entspr
10 formularmäß Klauseln sind aber nur in den Grenzen von AGBG 10 Nr 5 wirks. – **bb)** Die ErklWirkg des Schweigens kann sich aus § 242 ergeben, wenn der Schweigde nach **Treu und Glauben** verpflichtet gewesen wäre, seinen abw Willen zu äußern (BGH **1**, 353, NJW **75**, 1358, **90**, 1601, abl Schultz MDR **95**, 1187). Die Verletzg von ÄußergsPflten begründet aber grdsl nur eine Haftg auf SchadErs; die Zurechng von Schweigen als Zust kommt nur ausnw in Betracht, wenn bes Umst, insbes ein zG des and Teils entstandener Vertrauens-Tatbestd, dies rechtfertigt. Auch im kaufm Verk gilt Schweigen, abgesehen vom Sonderfall des kaufm
11 BestätSchr (§ 148 Rn 8), idR als Ablehng (BGH **61**, 282, **101**, 357/364, NJW **81**, 43). – **cc) Nicht** als Zust gilt grdsl auch (zu Ausn s die im folgden angeführten Kommentarstellen) das Schweigen auf VertrAngebote (§ 148 Rn 2), auf eine AuftrBestätigg (§ 148 Rn 12), auf vertragsändernde Bdggen in Rechngen u ähnl (BGH BB **59**, 826, NJW **97**, 1578), auf Angebote zur Änderg od Aufhebg des Vertr (§ 305 Rn 4 u 7), auf die Mitteilg vom VertrSchluß eines vollmachtlosen Vertreters (§ 178 Rn 6) od einer Wechselfälschg (BGH **43**, 108/113). Auch die widerspruchslose Hinnahme von ProvAbrechngen bedeutet grdsl keine Zust (BGH NJW **96**, 588, Emde MDR **96**, 331), doch kann das Schweigen auf eine Abrechng im kaufm Verk ausnw auch als Zust zu werten sein (OGH NJW **50**, 385, Köln NJW **60**, 1669, AG Lüdinghausen NJW-RR **92**, 885).
12 – **dd)** Wird Schweigen vom Ges als Ablehng fingiert (Rn 9), kommt es auf die GeschFgk des Schweigden u etwaige **Willensmängel** nicht an (hM, Hanau AcP **165**, 224). In den and Fällen des Schweigens mit ErklWirkg sind die Vorschr über GeschFgk u Willensmängel dagg (entspr) anzuwenden (Larenz/Wolf § 28 Rn 53, RGRK Rn 30, 31), die Anf kann jedoch nicht auf einen Irrt über die rechtl Bedeutg des Schweigens gestützt w (BGH NJW **69**, 1711 [Bestätiggsschr], RGRK, hM).

13 **d)** Die Deutg eines schlüss Verhaltens od eines Schweigens als WillErkl ist idR ausgeschl, wenn hiergg rechtzeit **Verwahrung** eingelegt worden ist (BGH NJW-RR **86**, 1496). Das gilt aber dann nicht, wenn das Verhalten nur die Bedeutg haben kann, gg die sich die Verwahrg wendet, *protestatio facto contraria* (BGH NJW **65**, 387, Einf 26 f vor § 145).

14 **e)** Anspr des ArbN können nach stRspr u hM dch **betriebliche Übung** entstehen (BAG NJW **71**, 163, **98**, 475, Einf 76 v § 611). So verpfl die dreimalige vorbehaltl Gewährg einer freiw Leistg zur Wiederholg (BAG **2**, 302, **4**, 144, **14**, 174); nimmt der ArbN eine abweichde Handhabg 3 Jahre widerspruchslos hin, wird die betriebl Übg entspr geändert; es genügt, daß der ArbN dem der Leistg bei späteren Zahlgen dreimal hinzugefügten Vorbeh nicht widerspricht (BAG NJW **98**, 475, krit Kettler NJW **98**, 435). Die Verpfl beruht auf einer vom ArbN konkludent angenommenen VerpflErkl des ArbG, VertrTheorie (BAG NJW **87**, 2101, **97**, 212, BB **97**, 1798, str). Ausr ist, daß der ArbN nach dem äußeren Verhalten des ArbG nach Treu u Glauben obj von einen VerpflWillen des ArbG ausgehen konnte (BAG aaO); ein subj Bindgswille des ArbG ist nicht erforderl.

15 **4) Willensmängel.** Die WillErkl kann fehlerh sein, weil der Wille des Erklärden u der dch Auslegg ermittelte Inhalt seiner Erkl (Rn 5) auseinandfallen. Folgde Fallgruppen sind zu unterscheiden:

16 **a)** Fehlt der **Handlungswille** (Rn 1), liegt tatbestdl keine WillErkl vor. Der Hdlgswille ist notw Voraussetzg für die Zurechng als WillErkl. Ein Verhalten ohne Hdlgswillen (Reflexbewegg, Handeln in Hypnose, vis

absoluta) ist auch dann keine WillErkl, wenn es wie die Äußerg eines RFolgewillens erscheint (MüKo/Kramer Rn 7).

b) Umstr ist, wie das Fehlen des **Erklärungsbewußtseins** (Rn 1) rechtlich zu behandeln ist. Bsp sind das Handaufheben währd einer Versteigerg, um einem Bekannten zuzuwinken, das Hissen einer Lotsenflagge ohne Kenntn ihrer Bedeutg, die Unterzeichng einer Sammelbestellg in der Ann, es handele sich um ein Glückwunschschreiben. Die von der Willenstheorie (Rn 2) ausgehde fr hM hielt das ErklBewußtsein für ein notw Erfordern der WillErkl, nahm also an, daß bei seinem Fehlen tatbestdl keine WillErkl vorliege (Hübner AT Rn 383, Canaris, Vertrauenshaftg, 1971, S 427 ff, Düss OLGZ **82**, 240). And die jetzt hM: Die nach BGB bestehde Freih in der Wahl der ErklHdlg schließt für den Erklärden eine Verantwortg ein; ihm u nicht dem ErklEmpfänger muß das „ErklRisiko" angelastet w. Ein Verhalten, das sich für den ErklEmpfänger als Ausdr eines best RFolgewillens darstellt, ist dem Erklärden daher auch dann als WillErkl zuzurechnen, wenn er kein ErklBewußtsein hatte (BGH **91**, 324/327, **109**, 171/177, Medicus AT Rn 607). Das gilt auch für **schlüssiges Verhalten** ohne ErklBewußtsein (BGH **109**, 171). Voraussetzg ist, daß der Handelnde beim ErklEmpfänger fahrläss das Vertrauen auf einen best ErklInhalt hervorgerufen hat (BGH NJW **95**, 953, § 133 Rn 11). Fehldes ErklBewußtsein gibt dem Erklärden, mit den sich aus allg Grds ergebden Einschränkgen, ein AnfR analog § 119 I 2. Alternative (Dresd WM **99**, 949, Medicus aaO). Mangels eines schutzbedürft VertrauensTatbestd kommt eine Zurechng als WillErkl nicht in Betr, wenn der ErklEmpfänger das Fehlen des ErklBewußtseins kannte (Rn 5). Aus den gleichen Erwäggen schließt fehldes ErklBewußtsein bei nicht empfangsbedürft Erkl den Tatbestd einer WillErkl aus (Bsp: Aufschneiden eines unbestellt zugesandten Buches in der Meing, es sei ein eig; keine Ann gem § 151). 17

c) Bewußte Willensmängel (§§ 116–118). Der geheime Vorbeh, das Erklärte nicht zu wollen, ist unbeachtl (§ 116 S 1). Der vom and Teil erkannte Vorbeh führt dagg zur Nichtigk (§ 116 S 2); ebso ist die einverständl zum Schein abgegebene WillErkl nichtig (§ 117). In beiden Fällen liegt eine Abw von Wille u Erkl an sich nicht vor, weil der Vorbeh u die ScheinAbs als dem ErklEmpfänger bekannt zum ErklInhalt gehören (Rn 5). Nichtig ist auch die ScherzErkl, § 118. Diese Regelg ist, soweit der ErklEmpfänger die mangelnde Ernstlichk nicht erkannt h, problemat, w aber dch die SchadErsPfl gem § 122 gemildert. Sie kann als Sonderregelg für einen eigentüml AusnFall nicht dahin verallgemeinert w, daß fehldes ErklBewußtsein (Rn 17) zur Nichtigk der Erkl führt (Larenz/Wolf § 35 Rn 16, aA Singer WillErkl, 1995, § 16 III 6, str). Einzelh vgl Anm zu §§ 116–118. 18

d) Unbewußte Willensmängel (§§ 119–120). Auch wenn der Erkl ein RFolgewille zugrde liegt, kann zw Wille u Erkl ein Widerspr bestehen, näml dann, wenn der Erklärde eine Erkl and Inhalts abgeben wollte od wenn er bei der Willensbildg von falschen Vorstellgen ausgegangen ist (Irrt). Der Irrt berührt die Wirksamk der Erkl nicht, begründet aber unter den Voraussetzgen der §§ 119–120 ein AnfR. Einzelh s dort. 19

e) Herkömmlicherw w auch die Täuschg u Drohg zu den Willensmängeln gerechnet, obwohl es hier nicht um einen Zwiespalt zw Wille u Erkl geht, sond um eine unzul **Beeinträchtigung** der Freih der **Willensentschließung.** Das Ges gibt auch hier ein AnfR. Einzelh vgl Anm zu § 123. 20

5) Beweislast: Die Tatsachen, die eine WillErkl äußerl als wirks erscheinen lassen (Wille, Erkl, erforderlichenf Form, Zugehen usw und beim Vertr Willenseinigg) hat zu beweisen, wer sich auf Wirkgen der WillErkl beruft, rechtshindernde (Schein, mangelnde Ernstlichk, Unsittlichk) und rechtsvernichtende Tatsachen (zB Anfechtbark – Irrt, Täuschg, Drohg – und AnfErkl) derjenige, der die Wirkg verneint. 21

116 *Geheimer Vorbehalt.* **Eine Willenserklärung ist nicht deshalb nichtig, weil sich der Erklärende insgeheim vorbehält, das Erklärte nicht zu wollen. Die Erklärung ist nichtig, wenn sie einem anderen gegenüber abzugeben ist und dieser den Vorbehalt kennt.**

1) Allgemeines. S Einf 18 v § 116. Satz 1 ist eine im Interesse des rechtsgeschäftl Verk unentbehrl, aber auch selbstverständl Regel. Den geheimen Vorbeh des Erklärden, die RFolgen seines Verhaltens nicht zu wollen, kann die ROrdng nicht anerkennen. Das gilt auch für das öffR (RG **147**, 40). Nicht schutzbedürft ist der ErklEmpfänger, wenn er den Vorbeh kennt; in diesem Fall ist die WillErkl daher gem S 2 nichtig. 1

2) Satz 1. – a) Geheim ist der Vorbeh, wenn er demj verheimlicht w, für den die WillErkl best ist. Das kann auch ein and als der ErklEmpfänger sein. Wird eine InnenVollm (§ 167 Rn 1) unter einem geheimen Vorbeh erteilt, ist die Vollm trotz Kenntn des Bevollmächtigten wirks, wenn der Vorbeh dem GeschGegner verheimlicht w (BGH NJW **66**, 1915). Gleichgült ist, auf welchem Motiv der Vorbeh beruht. Auch die gute Absicht des Erklärden (Beruhigg eines Schwerkranken) ändert an der Wirkgslosigk des Vorbeh nichts. – 2
b) Satz 1 gilt für alle **Arten von Willenserklärungen,** für ausdr u konkludente, für empfangsbedürft u nicht empfangsbedürft. Er ist auf geschäftsähnl Hdlgen (Übbl 6 ff v § 104) entspr anwendb. 3

3) Satz 2. – a) Erforderl ist **Kenntnis** desj, für den die Erkl best ist (Rn 2). Bei amtsempfangsbedürft WillErkl ist die Kenntn des Beamten unerhebl (BayObLG DtZ **92**, 284, Soergel-Hefermehl Rn 5). Wie der and Teil die Kenntn erlangt hat, ist gleichgült. Kennenmüssen (§ 122 II) genügt nicht. – **b)** Satz 2 gilt nach seinem Wortlaut für **empfangsbedürftige** WillErkl. Er ist auf die Auslobg mit der Maßg entspr anzuwenden, daß Nichtigk ggü dem Bösgläubigen eintritt (Erm-Brox Rn 3, str), gilt aber wg der Sonderregelg in § 1314 II nicht für die Eheschließg. Auch auf ProzHdlgen findet Satz 2 keine Anwendg. 4 5

4) Abgrenzung. – a) Bei einer Erkl in der Erwartg, der ErklEmpfänger w die mangelnde Ernstlichk erkennen, sind die §§ 118, 122 anzuwenden. Soll der ErklEmpfänger die Erkl ernst nehmen, liegt dagg ein Vorbeh iSd § 116 vor (sog **böser Scherz**). – **b)** Wissen u wollen **beide Beteiligten,** daß die abgegebene Erkl nicht gewollt ist, gilt § 117. – **c)** Wird eine **erzwungene** Erkl mit einem vom Gegner erkannten Vorbeh abgegeben, ist die Erkl nichtig, ohne daß es einer Anf gem § 123 bedarf (MüKo/Kramer Rn 13, str). 6

7 **5)** Wer sich auf die Nichtigk gem § 116 beruft, muß den Vorbeh u die Kenntn des and Teils **beweisen** (allgM).

117 *Scheingeschäft.* [I] **Wird eine Willenserklärung, die einem anderen gegenüber abzugeben ist, mit dessen Einverständnisse nur zum Schein abgegeben, so ist sie nichtig.**

[II] **Wird durch ein Scheingeschäft ein anderes Rechtsgeschäft verdeckt, so finden die für das verdeckte Rechtsgeschäft geltenden Vorschriften Anwendung.**

1 **1) Allgemeines.** S Einf 18 v § 116. Beim ScheinGesch fehlt den Part der Wille, eine RWirkg herbeizuführen; es soll ledigl der äußere Schein eines RGesch hervorgerufen w. Entgg der Wortfassg von § 117 I liegt daher schon tatbestandl keine WillErkl vor (s BGH **45**, 379).

2 **2) Das Scheingeschäft (I). – a)** § 117 betrifft nur **empfangsbedürftige** WillErkl. Er ist auf streng einseit WillErkl, wie das Test, nicht anzuwenden (BayObLG FamRZ **77**, 348, Ffm OLGZ **93**, 461/467). Für amtsempfangsbedürft WillErkl gilt er schon deshalb nicht, weil die Behörde dem Scheincharakter des Gesch nicht wirks zustimmen kann (Staud/Dilcher Rn 7, aA Pohl AcP **177**, 63). Für Scheinehen gilt die Sonder-
3 regelg in §§ 1314 II Nr 5, 1353 I. – **b)** Ein ScheinGesch **liegt vor,** wenn die Part einverständl nur den äußeren Schein eines RGesch hervorrufen, die mit dem Gesch verbundenen RFolgen aber nicht eintreten lassen wollen (BGH NJW **80**, 1572), so etwa, wenn der GeschFü scheinb ein Darl aufnimmt, um den Debet-Saldo der GmbH (scheinb) zu mindern (BGH NJW **93**, 2435) od wenn nachträgl ein ArchitektenVertr geschl w, um für Baumängel VersSchutz zu erlangen (Hamm NJW-RR **96**, 1233). Kennzeichnd für das ScheinGesch ist damit das Fehlen eines RBindgswillens (BGH **36**, 84/87); dieser kann jedoch mit Bezug auf das verdeckte Gesch (Rn 8) gegeben sein. Bei mehreren ErklGegnern ist das Einverständn aller erforderl (s Celle NJW **65**, 399); iF der Gesamtvertretg genügt dagg das Einverständn eines Vertreters (BGH NJW **96**, 663). Bei einem Vertr mit mehreren Part führt die Scheinabrede mit einer Part iZw gem § 139 zur GesNichtigk (Schlesw SchlHA **96**, 67). Eine Abs, Dr zu täuschen, ist idR vorhanden, gehört aber nicht zum Tatbestand des § 117 (RG **90**, 277). Die unrichtige Angabe einer Tats, zB eine Falschdatierg, reicht zur Anwendg des § 117 nicht
4 aus (RG Recht **30**, 1482). – **c) Kein Scheingeschäft** liegt vor, wenn der von den Part erstrebte RErfolg gerade die Gültigk des RGesch voraussetzt (BGH **36**, 84, NJW **93**, 2609). Der aus steuerl Grden ungewöhnl gestaltete (möglicherw unter AO 41 fallde) Vertr ist daher kein ScheinGesch (s BGH **67**, 334, NJW-RR **93**, 367). Das gilt etwa für eine VertrGestaltg, die die Entstehg einer GrdErwerbsSteuerPfl verhindern soll (BGH DNotZ **77**, 416) u für das im Gebrauchtwagenhandel zur Vermeidg der MwSt fr übl AgenturGesch (BGH NJW **78**, 1482, **81**, 388, Kblz NJW-RR **88**, 1137), das aber wg des seit 1990 geltden UStG 25 a (Besteuerg
5 nur der PrDifferenz) an Bedeutg verloren hat (Widmann DB **90**, 1057). – **d)** Auch das **Umgehungsgeschäft** ist kein ScheinGesch, da die vereinb RFolgen ernsth gewollt sind (MüKo/Kramer Rn 15, zur Abgrenzg Michaelis FS Wieacker, 1978, 444 ff); es kann aber gem §§ 134, 138 unwirks sein (§ 134 Rn 28). Der Vertr zur Umgehg des ReimportVerbots od des einstuf Vertriebssystems fällt nicht unter § 117 (Oldbg DAR **87**, 120, Schlesw NJW **88**, 2247); ebsowenig der MietVertr mit der Ehefr, der die drohde ZwVollstr gg den Ehem verhindern soll (Düss NJW-RR **96**, 720) od der Vertr, dch den ein Partner die Konzessionsträgersch für den and übernimmt, weil dieser die Voraussetzgen der Konzessionserteilg nicht erf (BAG NJW **94**, 2973). Zur Anwendg des § 117 reicht nicht aus, daß die Part die dch das RGesch typischerw eintretden RWirkgen einschränken od modifizieren. Treuhänderische RÜbertraggen (Einf 7 v § 164) fallen daher nicht unter
6 § 117. – **e)** Auch das **Strohmanngeschäft** ist idR ernstl gewollt u daher gült (BGH **21**, 378, GmbHGründg; NJW **59**, 332, KaufVertr; NJW **95**, 727, BörsenterminGesch). Der Strohmann wird auch dann berecht u verpflichtet, wenn der and Teil von der StrohmannEigensch weiß (Hamm WM **85**, 346). Ein ScheinGesch ist aber anzunehmen, wenn der Strohmann die mit dem RGesch verbundenen Pflten auch im Außenverhältn nicht übernehmen will u der VertrGegner hiervon Kenntn hat (BGH NJW **82**, 569, NJW-RR **97**, 238). So kann es liegen, wenn bei der DarlGewährg zur Umgehg der BardepotPfl ein Strohmann eingeschaltet w (BGH NJW **80**, 1572), od ein schlecht beleumundeter Handelsvertreter seine Tochter (Schülerin) als VertrPart vorschiebt (BAG NJW **93**, 2767).

7 **3)** Das ScheinGesch ist ggü jedermann **nichtig** (Begriff s Übbl 27 v § 104). Wird ein GesellschVertr simuliert, ist im Außenverhältn die Berufg auf § 117 ausgeschlossen, dagg sind im Innenverhältn die Grds über die fakt Gesellsch (§ 705 Rn 17) nicht anzuwenden (BGH NJW **53**, 1220). Auch der ScheinArbVertr ist nichtig. Dritte w dch die allg Vorschr (§§ 171, 409, 892, 932 ff, 823 ff) u dch die SonderVorschr des § 405 geschützt. Bei GesVertretg genügt das Einverständn eines Vertreters mit der Scheinabrede (BGH ZIP **99**, 1167). Bei einer Kollusion des Vertreters mit dem and Teil ist die Scheinabrede wie ein geheimer Vorbeh (§ 116) unbeachtl (BGH aaO).

8 **4) Das verdeckte Geschäft,** dh das Gesch, das in Wahrh von den Part gewollt ist, ist wirks, sofern seine GültigkVoraussetzgen (Form, behördl Gen) erf sind (II). Das verdeckte (dissimulierte) Gesch ist nicht bereits deshalb per se verwerfl, weil es verdeckt ist, od weil die Scheinabrede eine Steuerhinterziehg ermöglichen soll (BGH NJW **83**, 1843); das Gesch kann jedoch gem §§ 134 od 138 od nach den Grds über die GesUmgehg (§ 134 Rn 28 ff) nichtig sein, so wenn eine ScheinAbstandsVereinbg einen sittenw MaklerVertr verdeckt (LG Ffm NJW-RR **92**, 715). Hauptanwendgsfall des § 117 ist der GrdstVerkauf unter Angabe eines geringeren als des vereinb Preises: Das beurkundete Gesch ist als ScheinGesch nichtig, das gewollte Gesch ist wg § 313 formnichtig (s § 313 Rn 36). Zur Heilg der verdeckten Gesch dch Aufl u Eintr s § 313 Rn 47. Ist mit einem UnterhBerecht ein ScheinArbVertr abgeschlossen worden, kann als dissimuliertes Gesch nicht ow ein Renten-Verspr angenommen werden (BGH NJW **84**, 2350).

9 **5)** Wer sich auf die Nichtigk beruft, trägt für den Scheincharakter des Gesch die **Beweislast** (BGH NJW **88**, 2597, **91**, 1617, BAG NJW **96**, 1299). Wer aus einem verdeckten Gesch Rechte herleiten will, muß einen entspr Willen der Part beweisen.

118 ***Mangel der Ernstlichkeit.*** **Eine nicht ernstlich gemeinte Willenserklärung, die in der Erwartung abgegeben wird, der Mangel der Ernstlichkeit werde nicht verkannt werden, ist nichtig.**

1) Allgemeines. S Einf 18 v § 116. Die Vorschr gilt für WillErkl aller Art, auch für Vfg vTw (RG **104**, 1
322). Der ErklGegner kann unter den Voraussetzgen des § 122 Ers des Vertrauensschadens verlangen.

2) NichtigkGrd ist die subj **Erwartung** des Erklärden, der ErklGegner w die mangelnde Ernstlichk 2
erkennen. Anwendgsfälle sind der sog gute Scherz (zum bösen s § 116 Rn 6) u das mißlungene ScheinGesch, bei dem der Gegner den vom Erklärden beabsichtigten Scheincharakter des Gesch nicht dchschaut. § 118 greift auch dann ein, wenn die fehlde Ernstlichk obj nicht erkennb ist (MüKo/Kramer Rn 5). Auch die aus Wut u Enttäuschg abgegebene Erkl kann unter § 118 fallen (Tscherwinka NJW **95**, 308, aA Weiler NJW **95**, 2608), aber nur wenn ihr wirkl die Erwartg zugrde liegt, der Mangel der Ernstlichk werde nicht verkannt. § 118 ist eine gg den Gedanken des VerkSchutzes verstoßde systemwidr AusnVorschr. Erkennt der Erklärde, daß der Gegner die Erkl als ernstl gewollt ansieht, muß er diesen aufklären; tut er das nicht, kann er sich gem § 242 nicht auf § 118 berufen (Larenz/Wolf § 35 Rn 18, aA Singer WillErkl, 1995, § 10 IV 8). Zum Schutz des redl Verk ist die Berufg auf die einseit Nichternstlichk auch ggü einem beurkundeten Vertr ausgeschl (RG **168**, 204, Mü NJW-RR **93**, 1168).

119 ***Anfechtbarkeit wegen Irrtums.*** I **Wer bei der Abgabe einer Willenserklärung über deren Inhalt im Irrtume war oder eine Erklärung dieses Inhalts überhaupt nicht abgeben wollte, kann die Erklärung anfechten, wenn anzunehmen ist, daß er sie bei Kenntnis der Sachlage und bei verständiger Würdigung des Falles nicht abgegeben haben würde.**

II **Als Irrtum über den Inhalt der Erklärung gilt auch der Irrtum über solche Eigenschaften der Person oder der Sache, die im Verkehr als wesentlich angesehen werden.**

1) Allgemeines. S Einf 19 v § 116. – **a)** Der Erklärde muß seine Erkl grdsl so gg sich gelten lassen, wie sie 1
der ErklEmpfänger nach Treu u Glauben unter Berücksichtigg der VerkSitte verstehen mußte (§ 133 Rn 9). Das gilt im Grds auch dann, wenn die Erkl nicht dem wahren Willen des Erklärden entspr. Die ROrdng kann im Interesse der RSicherh das Auseinandfallen von Willen u Erkl nur ausnw beachten. Die **Kernfrage der Irrtumslehre** ist, in welchen Fällen der Erklärde berecht sein soll, seinen vom ErklInh abw Willen geltd zu machen. Das BGB gestattet dies in 4 Fillen, beim Irrt in der ErklHdlg (§ 119 I 2. Fall, Rn 10), beim Irrt über den ErklInh (§ 119 I 1. Fall, Rn 11 ff), beim Irrt über verkwesentl Eigensch (§ 119 II, Rn 23) u beim ÜbermittlgsIrrt (§ 120). Alle and Fälle des einseit Irrt, insb der sog reine MotivIrrt (Rn 29) sind rechtl unerhebl. Bes von der Rspr entwickelte Grds gelten für den beiderseit Irrt (Rn 30). Nach der Regelg des BGB ist es gleichgültig, ob der Erklärde den Irrt verschuldet hat od nicht (s RG **62**, 205, **88**, 411). Unerhebl ist auch, ob der Irrt vom Gegner hervorgerufen od für diesen erkennb war. Die Regelg des BGB ist daher rechtspolitisch fragwürd, jedoch sind die als Alternativen in Betracht kommden Lösgsansätze kaum überzeugder (s zur Kritik MüKo/Kramer Rn 7). – **b) Rechtsfolgen.** Liegt ein rechtl erhebl Irrt vor, steht dem 2
Erklärden ein AnfR zu. Die Erkl gilt zunächst, der Erklärde kann sie aber dch Anf mit rückwirkder Kraft vernichten (Übbl 33 v § 104). Zur AnfErkl, AnfBerechtigg u zum AnfGegner s § 143, zur AnfFr § 121. Macht der Erklärde von seinem AnfR Gebrauch, muß er dem gutgl GeschGegner den Vertrauensschaden ersetzen (§ 122). Hat der GeschGegner den Irrt schuldh verursacht, steht dem Erklärden neben dem AnfR ein SchadErsAnspr wg c. i. c. zu (§ 276 Rn 78). Eine gg Treu u Glauben verstoßde Anf ist unzul (RG **102**, 88); idR besteht daher kein AnfR, wenn der AnfGegner den Vertr so gelten lassen will, wie ihn der AnfBerechtigte verstanden hat (MüKo/Kramer Rn 129, Lobinger AcP **195**, 274). – **c)** § 119 kann dch 3
IndVereinbg **abbedungen** w (MüKo/Kramer Rn 128). Einschränkgen dch AGB sind aber gem AGBG 9 II Nr 1 unwirks (s BGH NJW **83**, 1671, Mü BauR **86**, 580).

2) Anwendungsbereich. – a) Die §§ 119 ff gelten für alle **Arten von Willenserklärungen,** empfangs- 4
bedürft u nicht empfangsbedürft, ausdr u konkludente (RG **134**, 197, BGH **11**, 1/5). Wird Schweigen vom Ges als Ablehng fingiert (Einf 9 v § 116), sind die §§ 119 ff nicht anwendb (Hanau AcP **165**, 224). In den and Fällen des Schweigens mit ErklWirkg sind die Vorschr über Willensmängel dagg anzuwenden (Einf 12 v § 116). Der Nichtwiderruf eines Vergl ist keine WillErkl u unterliegt daher nicht der Anf (Celle NJW **70**, 48). Auf geschäftsähnl Hdlgen finden die §§ 119 ff grdsl Anwendg, nicht aber auf die Unterschr unter einer Unterrichtgsschr gem BörsG 53 II (Bambg WM **97**, 1287), auf Mängelrügen (Stewing/Schütze BB **89**, 2130) od das Anerkenntn gem § 208 (dort Rn 2), auch nicht auf Realakte (Übbl 7 u 10 v § 104). – **b) Sonder-** 5
regelungen bestehen für die Eheschließg (§ 1314 II Nr 2), die Anerkenng der Vatersch (§§ 1598 ff), letztwill Vfgen (§§ 2078, 2080, 2281, 2283), die ErbschAnn (§§ 1949, 1950) u im Anwendgsbereich der VVG 16 ff für den Versicherer (BGH NJW-RR **95**, 725). Einige famrechtl Erkl sind nicht anfechtb, so die Erkl über die Namenswahl (BayObLG NJW **93**, 337, NJW-RR **98**, 1015). Beim vollzogenen ArbVertr wirkt die Anf idR nur *ex nunc* (BAG NJW **62**, 74, **84**, 446). Bei argl Täuschg bejaht das BAG (ZIP **99**, 458) aber jetzt abweichd von seiner fr Rspr eine Rückwirkg der Anf, wenn es wg ArbUnfähigk des ArbN nur um Lohnfortzahlg geht. Zur Anerkenng der Rückwirkg als Regelfolge genügt jetzt das Fehlen von Rückabwicklgsschwierigk, die fr geforderte „außer Funktion Setzung des ArbVertr" (BAG NJW **85**, 646) hat das BAG aufgegeben. Ähnl Grds gelten für GesellschVertr (§ 705 Rn 10). TarifVertr sind grdsl nicht anfechtb (MüKo/Kramer Rn 19), wohl aber VorVertr zu TarifVertr (BAG NJW **77**, 318). Der Irrt über die Bedeutg des Schweigens auf ein kaufm BestätSchr begründet kein AnfR (§ 148 Rn 8). Ein allg Ausschluß des AnfR im kaufm Verk bei einem Versch des Anfechtden läßt sich aber nicht rechtf (K. Schmidt, HandelsR § 19 IV 2, aA LG Tübingen JZ **97**, 313). Bei Erkl auf umlauffäh Wertpapieren, insb auf Wechseln können dem gutgl Erwerber AnfGrde nur dann entggehalten w, wenn sie sich aus dem Papier selbst ergeben (s § 796, WG 17, HGB 364). – **c)** Im 6
öffentlichen Recht sind die §§ 119 ff auf Vertr entspr anzuwenden (VwVfG 62), ebso auf verwaltgsrechtl

WillErkl des Bürgers (OVG RhPf DVBl **84**, 281, Kluth NVwZ **90**, 608/613). Dagg finden sie auf VerwAkte keine Anwendg. Auch für **Prozeßhandlungen** gelten die §§ 119 ff nicht (BGH **80**, 389, BVerwG NJW **80**, 135), auch nicht für Registeranmeldgen (BayObLG DB **90**, 168), es sei denn, daß die ProzHdlg zugl ein matrechtl RGesch ist (Übbl 37 v § 104). Der Verzicht auf das PatentR ist eine anfechtb matrechtl WillErkl (BPatG GRUR **83**, 432), ebso das Gebot in der ZwVerst (LG Krefeld Rpfleger **89**, 166).

7 **3) Abgrenzung.** Irrt ist das unbewußte Auseinanderfallen von Wille u Erkl (BGH **LM** Nr 21 Bl 2 R). – **a)** Die Feststellg, daß Wille u Erkl nicht übereinstimmen, setzt voraus, daß zunächst der Inh der Erkl dch **Auslegung** (§§ 133, 157) ermittelt w. Die Auslegg geht der Anf vor. Eine Anf entfällt, wenn die Auslegg ergibt, daß das Gewollte u nicht das Erklärte als Inh der Erkl gilt. Hat der ErklGegner den wirkl Willen erkannt, so ist dieser maßgebd, auch wenn er im Inh der Erkl keinen od nur einen unvollkommenen Ausdr gefunden hat (BGH **20**, 109, **71**, 243, NJW-RR **95**, 859). Falschbezeichngen sind entspr dem Grds falsa
8 demonstratio non nocet unschädl (§ 133 Rn 8). – **b)** Ergibt die Auslegg bei einem Vertr, daß sich der Inh der beiderseit Erkl nicht deckt, liegt versteckter **Dissens** (§ 155) vor. Er ist vom Irrt iSd § 119 streng zu unterscheiden. Zwar unterliegt der Erklärde auch iF des versteckten Dissenses typw einem Irrt. Dieser betrifft aber – and als iFd § 119 – nicht die eig Erkl, sond die des Gegners. Der Erklärde nimmt fälschl an, daß die Erkl des and Teils inhaltl mit der eig übereinstimmt. Ob im Einzelfall Irrt od Dissens vorliegt, ist Frage der Auslegg. Dabei kommt es auf eine sorgf Würdigg aller Umst an. In dem Schulbeispiel: „A erklärt, Hektor verkaufen zu wollen, meint seinen Hund, B akzeptiert das Angebot, meint aber das Pferd des A", kann je nach Lage des Falles Dissens, ein Irrt des A od ein Irrt des B anzunehmen sein. S zur Abgrenzg § 155 Rn 2 ff. – **c) Empfängerirrtum.** RegelgsGgst des § 119 ist der Irrt des Erklärden, der Irrt des Empfängers der Erkl w von § 119 nicht erfaßt. Nimmt der ErklEmpfänger das von ihm mißverstandene Angebot an, kommt aber
9 eine Anf der Annahme nach Rn 11 in Betracht (Medicus AT Rn 747). – **d)** Irrt ist die **unbewußte Unkenntnis** vom wirkl Sachverhalt (BGH WM **83**, 447, BAG NJW **60**, 2211). Kein Irrt liegt vor, wenn der Erklärde eine Erkl in dem Bewußtsein abgibt, ihren Inh nicht zu kennen (RG **134**, 31, BGH NJW **51**, 705, DB **67**, 2115). Wer eine Urk **ungelesen unterschreibt,** hat daher idR kein AnfR (BGH NJW **68**, 2102). Das gilt auch für Ausländer (LG Memmingen NJW **75**, 451) u Analphabeten (LG Köln WM **86**, 821). Hat sich der Unterzeichnde vom UrkInh eine best Vorstellg gemacht, kann er dagg anfechten, sofern der ErklInh von seinen Vorstellgen abweicht (BGH NJW **95**, 190, BAG NJW **71**, 639), so etwa, wenn der Patient, der ein Einzelzimmer möchte, ungelesen ein AntrFormular für eine Behandlg als PrivPatient unterschreibt (LG Köln VersR **89**, 1265). Entspr gilt, wenn jemand bei der notariellen Beurk eine vom Notar eingefügte Klausel bei der Verlesg überhört (BGH **71**, 260). Wer **AGB** ohne Kenntn ihres Inh akzeptiert, hat nur dann ein AnfR, wenn er best unricht Vorstellgen über den Inh der AGB nachweist (Erm-Brox Rn 36). Das AnfR des Verwders wg versehentl NichtEinbez seiner AGB w dch AGBG 6 ausgeschl (Vorbem 20 v § 8 AGBG). Enttäuschte Erwartgen bei einem Risiko- oder SpekulationsGesch berecht nicht zur Anf. Bsp ist der Kauf eines Gemäldes als Kopie in der irrigen Hoffng, es sei das Original.

10 **4) Irrtum in der Erklärungshandlung** (§ 119 I 2. Fall). Er liegt vor, wenn schon der äußere Erklärgstatbestand nicht dem Willen des Erklärden entspr. Bsp sind das Versprechen, Verschreiben od Vergreifen. Auch der in § 120 bes geregelte Fall unrichtiger Übermittlg gehört eigentl hierher. Auf falsches Ablesen eines PrSchildes u ähnl ist § 119 I 2. Fall entspr anwendb (s LG Hann MDR **81**, 579, LG Hbg NJW-RR **86**, 156; aA Habersack JuS **92**, 548). Voraussetzg ist aber eine Störg im ErklVorgang; entnimmt der Verkäufer den Preis einer veralteten betriebsinternen PrListe, besteht kein AnfR (LG Brem NJW **92**, 915). Wird ein **Blankett** abredewidr ausgefüllt, liegen an sich die Voraussetzgen für eine Anf gem § 119 I 2. Fall vor; bei einem freiwill aus der Hand gegebenen Blankett ist aber ggü einem gutgl Dr die Anf nach dem RGedanken des § 172 II ausgeschl (BGH **40**, 65, 297, § 173 Rn 8). Die Grenze zw dem Irrt in der ErklHdlg u dem über den ErklInh (Rn 11 ff) ist fließd, wg der gleichen RFolgen aber nicht sehr wichtig. Bei **automatisierten** Erkl liegt iF fehlerh Bedieng ein Irrt in der ErklHdlg vor (Hamm NJW **93**, 2321); die Verwendg von falschem Datenmaterial begründet dagg als Irrt bei der ErklVorbereitg kein AnfR (LG Ffm NJW-RR **97**, 1273, Taupitz/Kritter JuS **99**, 839/843, Medicus AT Rn 256).

11 **5) Irrtum über den Erklärungsinhalt** (§ 119 I 1. Fall), auch Inh- od GeschlIrrt genannt. Hier entspr der äußere Tatbestd der Erkl dem Willen des Erklärden, dieser irrt aber über Bedeutg od Tragweite der Erkl. „Der Erklärde weiß, was er sagt, er weiß aber nicht, was er damit sagt" (Lessmann JuS **69**, 478/480). Der InhIrrt kann darauf beruhen, daß der Erklärde über den Sinn eines von ihm verwandten ErklMittels (Wort, Zeichen) irrt, sog **Verlautbarungsirrtum** (Soergel-Hefermehl Rn 22). Bsp: Verkauf des Grdst mit der Flurbuchbezeichng X in der Ann, VertrGgst sei das NachbarGrdst Y. Auch bei Verwendg richtiger ErklMittel kann ein InhIrrt vorliegen, wenn sich aus dem bei der Auslegg zu berücksichtigden GesUmst ein vom Willen abw ErklInh ergibt. Bsp: A will den Malermeister B 1 beauftragen, ruft aber B 2 an. Nach dem Ggst des Irrt sind folgde Arten des InhIrrt zu unterscheiden:

12 **a) Irrtum über den Geschäftstyp.** Er liegt zB vor, wenn die Rentnerin als Mitgl der SozVers im Krankenhaus behandelt w will, sie aber einen Vertr über eine private Behandlg unterschreibt (LG Köln NJW **88**, 1518), od wenn der Erklärde, der sich verbürgen will, einen Schuldbeitritt erklärt. Ergibt die Auslegg, daß kein GefälligkVerh, sond ein Vertr begründet worden ist, scheitert die Anf idR schon deshalb, weil sich der Erklärde über die rechtl Einordng keine präzisen Vorstellgen gemacht hat (s aber Karlsr NJW **89**, 907).

13 **b) Irrtum über die Person des Geschäftspartners.** Zum Inh der Erkl gehört auch die Identität des GeschPartners. Wer den ihm bekannten Maurer A beauftragen will, das AuftrSchreiben aber versehentl an den gleichnamigen A 1 richtet, hat daher ein AnfR. Bei einem ÜberweisgsAuftr stellt auch der Irrt über die Pers des Gläub einen InhIrrt dar (Karlsr JW **38**, 662). Die Grenze zw Identitäts- u EigenschIrrt (Rn 23 ff) ist fließd, idR aber wg der Gleichh der RFolgen unerhebl.

14 **c) Irrtum über den Geschäftsgegenstand.** Eine falsche Vorstellg über die Identität od den Umfang des GeschGgst begründet einen InhIrrt. Bsp: Irrt über die Identität des gekauften Grdst, Fahrzeugs od Tiers; Irrt über den Inh des erworbenen Rechts (RG **95**, 115); Bestellg von Software in der Annahme, sie umfasse einen

Up-to-date-Service (aA AG Konstanz NJW **91**, 1360). Bestellg von 25 Gros Rollen WC-Papier (= 3600 Rollen) in der Ann, es handele sich um 25 große Rollen (LG Hanau NJW **79**, 721, Kornblum JuS **80**, 258).

d) Irrtum über die Rechtsfolgen der Erklärung. Ein InhIrrt ist zu bejahen, wenn das RGesch nicht die erstrebten, sond davon wesentl verschiedene RFolgen erzeugt (RG **88**, 284, **89**, 33, Zweibr VersR **77**, 806); dagg ist § 119 I nicht anwendb, wenn das Gesch außer der erstrebten Wirkg nicht erkannte und nicht gewollte Nebenwirkgen hat (s BGH **70**, 47, **134**, 152/156, NJW **95**, 1484, BAG JZ **91**, 881). Als InhIrrt hat die Rspr **anerkannt:** Bestellg einer Hyp in der Ann, sie erhalte die 2. Rangstelle, währd sie tatsächl die 1. Rangstelle erwirbt (RG **89**, 33); Löschg der 1. Hyp zG der 3. Hyp, währd tatsächl die 2. Hyp aufrückt (RG **88**, 284); Ausschlagg der Erbsch in der Ann, sie verschaffe dem Ausschlagden eine Befreiung von Auflagen (Düss DNotZ **98,** 839), einen unbeschr PflichttAnspr (Hamm OLGZ **82**, 41/49) od statt der Vorerbenstellg die Stellg des Vollerben (BayObLG ZEV **98**, 431); Ann der Erbsch dch Stillschw in Unkenntn des AusschlaggsR (BayObLGZ **83**, 153); VerglSchl des VersN mit dem HaftPflVersicherer in der Ann, weitere Anspr der Geschädigten seien ausgeschl, währd tatsächl erhebl weitere Anspr gg den VersN geltd gemacht w können u geltd gemacht w (Zweibr VersR **77**, 806); VertrSchl in Unkenntn darü, daß der Vertr eine fr Vereinbg der Part in einem wesentl Pkt ändert (BGH **LM** HGB 119 Nr 10). **Kein** InhIrrt liegt dagg vor, wenn die KaufVertrPart nicht an das bestehde VorkaufsR denken (Stgt JZ **87**, 571); wenn der Vermieter von der strengen Haftg des § 538 nichts weiß (Karlsr NJW **89**, 907); wenn der ins HandelsGesch Eintretde nicht weiß, daß er kr Ges für GeschSchulden haftet (RG **76**, 440); wenn der VertrÜbernehmer über einz Bdggen des übernommenen Vertr irrt (BGH NJW **99**, 2664); wenn der ArbN nicht weiß, daß dch den Abschl eines befristeten Vertr der unbefristete endet (BAG DB **88**, 1704); wenn der Versicherer nicht erkennt, daß der Vergl die Anspr gg einen and Versicherer unberührt läßt (Hamm VersR **98,** 1440); wenn der Verzichtde nicht weiß, daß der ErbverzichtsVertr auch NachabfindgsAnspr (HöfeO 13) ausschließt (BGH NJW **97**, 653); wenn der Erbe nicht weiß, daß die Ausschlagg der Erbsch zur Erhöhg der ErbErsAnspr der Halbgeschwister führt (Hamm ZEV **98**, 225); wenn er nicht weiß, daß er dch die Annahme der Erbsch den PflTAnspr verliert (BayObLG NJW-RR **95**, 904). 15 16

e) Erweiterter Inhaltsirrtum. Der Erklärde kann entspr dem Grds der PrivAutonomie zusätzl zu den essentialia negotii weitere Pkte zum Ggst seiner Erkl machen. Irrt er über einen solchen Pkt, liegt ein nach § 119 erhebl InhIrrt vor (Lessmann JuS **69**, 525/529). Wenn der Erklärde die Bürgsch für eine dch ein PfandR gesicherte Fdg übernehmen will, das PfandR aber nicht wirks entstanden ist, ist er daher zur Anf berecht (RG **75**, 271). Die Rspr des RG hat einen Irrt über den Inh der Erkl auch bejaht, wenn ein irriger **Beweggrund** in der Erkl selbst od in den entscheidden Vhdlgen erkennb hervorgetreten u damit zum Bestandt der Erkl geworden ist, sog erweiterter InhIrrt (RG **64**, 268, **101**, 107, **116**, 15, **149**, 239). Diese vor allem für den BerechngsIrrt (Rn 18 ff) entwickelte Lösg kann aber nicht überzeugen, der BerechngsIrrt betrifft, auch wenn die KalkulationsGrdl mitgeteilt w; nicht den Inh der Erkl, sond außerh der Erkl liegde Tats (s Flume § 23 4 e, Medicus AT Rn 758). Nicht Anf wg Irrt, sond Auslegg, c. i. c. od § 242 sind der richtige Lösgsweg (Rn 18 ff). 17

f) Berechnungsirrtum. – aa) Wird dem GeschGegner ledigl das Ergebn der Berechng, nicht aber die Kalkulation mitgeteilt, stellen etwaige Berechngsfehler einen unerhebl MotivIrrt (Rn 29) dar, begründen also kein AnfR (BGH NJW **98,** 3192, allgM), sog interner od **verdeckter** KalkulationsIrrt. Das gilt auch dann, wenn der ErklEmpf den Kalkulationsfehler **erkannt** hat (BGH aaO). Der ErklEmpf, der von dem Irrt weiß od sich der Kenntnisnahme treuw entzieht, handelt aber **rechtsmißbräuchlich**, wenn er auf VertrDchführg besteht, obwohl er bereits bei VertrSchl erkannt hat, daß die VertrErf für den Erklärden wg entstehder wirtschaftl Schwierigk schlechthin unzumutb ist (BGH aaO). Bei einem sich aufdrängden schwerwiegden Kalkulationsfehler besteht nach BGH (aaO) auch eine Hinw- u PrüfgsPfl. DieVerletzg dieser Pfl begründet nach BGH aber nur dann einen SchadErsAnspr wg c. i. c., wenn wg der unzumutb Folgen des Fehlers nach § 242 ohnehin ein LösgsR besteht (s Medicus EWiR **98.** 871). Sie ist daher prakt leerlaufd. – **bb)** Umstr ist die Behandlg des sog externen od **offenen** KalkulationsIrrt, dh des Falles, daß die fehlerh Kalkulation ausdr zum Ggst der VertrVhdlgen gemacht worden ist. Das RG hat in diesen Fällen einen erweiterten InhIrrt (Rn 17) angenommen u ein AnfR bejaht (RG **64**, 268, **162**, 201). Es hat diese Grds nicht nur bei reinen Rechenfehlern (RG **101**, 107 „Silberfall") angewandt, sond auch bei Zugrundelegg von unrichtigen Devisenkursen (RG **105**, 406 „Rubelfall") od Börsenkursen (RG **116**, 15). Diese Rspr wird von der hL (Flume § 23 4 e, Medicus AT Rn 758, Larenz/Wolf § 36 IV 2) u wohl auch vom BGH (NJW **98**, 3192) mit Recht abgelehnt. Der offene KalkulationsIrrt begründet als MotivIrrt ebsowenig wie der vom ErklGegner erkannte Berechngsfehler ein AnfR (BGH aaO, für eine Lösg im Rahmen des § 119 aber Singer JZ **99**, 342). Ob u inwieweit der Irrt nach and RGrds korrigiert w kann, hängt von den Umst des Einzelfalles ab: – **(1)** Die **Auslegung** (§§ 133, 157) kann ergeben, daß die Part als Preis nicht den ziffernmäß genannten EndBetr, sond die falsch addierten Einzelbeträge (LG Aachen NJW **82**, 1106), den Tageskurs (LG Kleve NJW **91**, 1066) od eine best Methode der PrBemessg vereinb haben (Wieser NJW **72**, 708/711, John JuS **83**, 176). In diesen Fällen ist die Angabe des unrichtigen Preises ledigl eine unschädl falsa demonstratio. Maßgebd ist der richtig kalkulierte Preis. – **(2)** Führt die Auslegg zu dem Ergebn, daß der ziffernmäß festgelegte Betr u die Grds seiner Bemessg den gleichen Stellenwert haben, ist der Vertr wg des bestehden Widerspr unwirks. So lag es wohl im Silberfall (RG **101**, 107). UnwirksamkGrd ist **Dissens** (MüKo/Kramer Rn 76). – **(3)** Ist der ziffermäß genannte Betrag als Preis vereinb worden, ist zu unterscheiden. Handelt es sich, wie in einigen der Börsenkursfälle, um einen gemeins Irrt der Part, sind die Grds über das Fehlen der **Geschäftsgrundlage** (§ 242 Rn 149) anzuwenden (Ffm MDR **71**, 841, Larenz/Wolf § 36 IV 2). Handelt es sich um die Kalkulation einer VertrPart, ist der offene Kalkulationsfehler grdsl auch unter dem Gesichtspkt des § 242 unerhebl (BGH NJW **81**, 1551, NJW-RR **86**, 569). Eine Anpassg ist nur geboten, wenn der and Teil sich die unricht Kalkulation soweit zu eigen gemacht hat, daß eine Verweigerg der Anpassg gg das Verbot des venire contra factum proprium verstoßen würde (BGH NJW-RR **95**, 1360). – **(4)** Sind die in Rn 20–21 a dargestellten Grds nicht anwendb, kann der KalkulationsIrrt ausnw den Einwand des **Rechtsmißbrauchs** rechtfertigen. Für den offenen KalkulationsIrrt müssen die gleichen RGrds gelten, die der BGH (NJW **98,** 3192) für den 18 19 20 21 21 a 21 b

verdeckten, aber erkannten Kalkulationsfehler entwickelt hat (Rn 18). Allein die Kenntnis des Irrt rechtfertigt die Anwendg des § 242 nicht (BGH NJW **98,** 3192), erst recht nicht bloße Erkennbark (BGH aaO u NJW **80,** 180). Weiß der ErklEmpfänger vom KalkulationsIrrt od entzieht er sich treuw der Kenntnisn, handelt er aber mißbräuchl, wenn er auf VertrErf besteht, obwohl er bereits bei VertrSchl erkannt hat, daß die VertrDchführg für den Erklärden schlechthin unzumutb ist (BGH aaO). Der ErklEmpfänger muß den Erklärden auf den Kalkulationsfehler hinweisen. Die Verletzg dieser Pfl führt aber nur dann zu einem SchadErsAnspr, wenn der Hinweis vor der Abgabe eines verbindl Angebots zu geben war od dem Erklärden
21 c gem § 242 ohnehin ein VertrLösgsR zustand (Rn 18). – **cc)** Die Befugn eines Bauhandwerkers, sich auf einen ausnw rechtserhebl KalkulationsIrrt zu berufen, kann dch **AGB** nicht ausgeschlossen w (BGH NJW **83,** 1671). Überlassen die Part es dem Notar, den Wert einer in Anrechng auf den Kaufpreis zu übernehmden RentenVerpflichtg zu berechnen u unterläuft diesem ein Fehler, so ist weder § 119 noch § 242, sond § 319 anzuwenden (Ffm NJW-RR **95**, 79).

22 **g)** Ein AnfR entspr § 119 I besteht auch, wenn dem Handelnden das **Erklärungsbewußtsein** fehlt (s Einf 17 v § 116, str, zT wird das Fehlen des ErklBewußtseins als NichtigkGrd angesehen).

23 **6) Eigenschaftsirrtum (§ 119 II). – a)** Beim EigenschIrrt stimmen and als iF des § 119 I Wille u Erkl überein. Der Erklärde irrt nicht über die ErklHdlg od den ErklInh, sond üb Eigensch des GeschGgst u damit über die außerh der Erkl liegde Wirklichk (Stgt OLGZ **83**, 304). Der Irrt des § 119 II ist dementspr nicht als ErklIrrt eig Art aufzufassen (so Soergel-Hefermehl Rn 35 u wohl auch BAG NJW **92**, 2173), sond als ein ausnw beachtl MotivIrrt (Larenz/Wolf § 36 III, Staud-Dilcher Rn 45). Bei einem beiderseit EigenschIrrt sind die Grds über das Fehlen der GeschGrdl (§ 242 Rn 149) anwendb (MüKo/Kramer Rn 106, 124, str).

24 **b) Verkehrswesentliche Eigenschaften. – aa) Eigenschaften** einer Pers od Sache sind neben den auf der natürl Beschaffenh beruhden Merkmalen auch tatsächl od rechtl Verhältn u Beziehgen zur Umwelt, sow sie nach der VerkAnschauung für die Wertschätzg od Verwendbark von Bedeutg sind (BGH **34**, 32/41, **88**, 240/245). Diese Beziehgen müssen aber in der Sache od Pers selbst ihren Grd haben, von ihr ausgehen od sie unmittelb kennzeichnen (RG **149**, 238, BGH **16**, 54/57, **70**, 47, hM, str). Ganz vorübergehde Erscheingen kommen als Eigensch iSd § 119 II nicht in Betracht; ebso fallen zukünft Umst nicht unter den § 119 II
25 (Soergel-Hefermehl Rn 37, Stgt MDR **83**, 751, aA Adams AcP **186**, 478). – **bb)** Bei Bestimmg der **Verkehrswesentlichkeit** ist nach Sinn u Zweck des § 119 II von dem konkreten RGesch auszugehen (BGH **88**, 246/246). Aus seinem Inh kann sich ergeben, daß best Eigensch wesentl, and aber unwesentl sind (ähnl beim Fehlerbegriff § 459 Rn 8). Ergeben sich aus dem RGesch keine bes Anhaltspkte, ist die VerkAnschauung BeurteilgsGrdl (Köhler JR **84**, 325).

26 **c) Verkehrswesentliche Eigenschaften der Person.** Dabei geht es in erster Linie um Eigensch des GeschGegners. Nach dem Zweck des Gesch können aber auch die Eigensch eines Dr (RG **158**, 170) od des Erklärden wesentl iSd § 119 II sein (BAG NJW **92**, 2173). In Betracht kommen je nach Lage des Falles: Geschlecht (BAG NJW **91**, 2723); die Mitgliedsch in der Scientology-Sekte beim VertrSchl mit einem Personalberater (LG Darmstadt NJW **99**, 365); Alter; Sachkunde; Vertrauenswürdigk u Zuverlässigk bei Vertr, die auf eine vertrauensvolle ZusArbeit der Part angelegt sind (RG **90**, 344, BGH WM **69**, 292). Das trifft etwa auf den BaubetreuungsVertr zu (BGH WM **70**, 906), ebso auf den MaklerVertr (aA Köln MDR **61**, 231), nicht aber auf reine GüteraustauschVertr (RG **107**, 212, BGH BB **60**, 152). Bei einem Lizenzfußballspieler begründet die Verwicklg in einen Bestechgsfall, der später zu einem Lizenzentzug führt, eine wesentl Eigensch iSd § 119 II (s BGH NJW **76**, 565), nicht aber mangelnde WahrhLiebe bei einem Vertr mit einem ungelernten Arbeiter (BAG NJW **70**, 1565). Beim VertrSchl mit einem „Fachbetrieb" kann die fehlde Eintragg in der HandwRolle zur Anf berecht (Nürnbg BauR **85**, 322, Hamm NJW-RR **90**, 523). War es für den VertrSchl gleichgült, ob es sich bei dem Untern um einen eingetragenen HandwBetr handelt, besteht dagg kein AnfR (BGH **88**, 240/246, LG Görlitz NJW-RR **94**, 117). Vorstrafen rechtf die Anf nicht, soweit sie unter BZRG 51 fallen (Hofmann ZfA **75**, 60); sie sind auch iü nur dann erhebl, wenn es nach dem VertrInh auf die Vertrauenswürdigk bes ankommt (s BAG **5**, 165). Zahlgsfähigk u Kreditwürdigk sind bei KreditGesch wesentl (RG **66**, 387, Lindacher MDR **77**, 797), so auch bei der Bürgsch (BayObLG DB **88**, 1846), nicht aber beim Barkauf (RG **105**, 208). Die Schwangersch der ArbN ist als ein vorübergehder Zustand keine Eigensch iSd § 119 II (BAG NJW **62**, 74, **92**, 2173); ein AnfR wäre auch mit dem verfassungs- u europarechtl GleichhGrds unvereinb (EuGH NJW **94**, 2077). Krankh u Leiden des ArbN sind nur dann wesentl iSd § 119 II, wenn sie seine Leistgsfähigk dauernd erhebl herabsetzen (BAG **AP** Nr 3). Irrt über Eigensch des VertrGegners berechtigen nicht zur Anf, wenn sich ihr Fehlen erst aus dem Inh der Leistg ergibt (RG **62**, 284, BGH NJW **67**, 719).

27 **d) Verkehrswesentliche Eigenschaften der Sache.** Sachen iSd § 119 II sind auch nichtkörperl Ggst (RG **149**, 235, BGH **LM** § 779 Nr 2, BB **63**, 285). Die Sache muß Objekt des RGesch sein. Das trifft beim FranchiseVertr auch für das zu vertreibde Produkt zu (Ffm MDR **80**, 576). Als wesentl Eigensch (Rn 24) **kommen** je nach Lage des Falles **in Betracht:** Stoff, Bestand u Größe (RG **101**, 68); Herkunft, beim Kunstwerk insb seine Echth (BGH NJW **88**, 2597), jedoch wird das AnfR idR dch §§ 459 ff ausgeschlossen (BGH **63**, 369, Düss NJW **92**, 1326, Becker-Eberhard JuS **92**, 461, Rn 28); Existenz eines Gutachtens, das die Echth eines Kunstwerkes bejaht (BGH NJW **72**, 1658); Mitverkauf von Notenheften Mozarts bei einem Flohmarkt-Kaufvertrag zum Preis von 10.– DM (aA AG Coburg NJW **93**, 938); Herstellgsjahr (BGH **78**, 216/221, NJW **79**, 160); Fahrleistg (Mü DB **74**, 1059); Lage u Bebaubark eines Grdst (RG **61**, 86, Köln MDR **65**, 292); seine Freih von BauBeschrkgen (RG JW **12**, 851); der Umsatz eines ErwerbsGesch (Putzo NJW **70**, 654, aA BGH ebda); überhaupt alle wertbildden Faktoren, soweit sie die Sache unmittelb kennzeichnen (RG **61**, 86, BGH **34**, 32/41, Rn 24); die Höhe des Erbanteils (Hamm NJW **66**, 1080); die Größe des Nachl (KG OLGZ **93**, 1), das Bestehen einer wesentl NachlVerbindlichk od seine Überschuldg (BGH **106**, 359, BayObLG NJW-RR **99**, 590); die Berufg einer Miterbin (BGH WM **97**, 272); der Betrag der gekauften Fdg (Dunz NJW **64**, 1214, aA BGH **LM** § 779 Nr 2); das Bestehen eines LizenzVertr bei einem PatentR (BPatG GRUR **83**, 432). Dagg sind der **Wert** od Marktpreis – and als die wertbildden Merkmale – keine Eigensch iSd § 119 II (BGH **16**, 54/57, **LM** § 123 Nr 52 u § 779 Nr 2, stRspr). Keine Eigensch sind

ferner: das Eigt an der Sache (BGH **34**, 32/41), die fr uU drohde Haftg aus § 419 (BGH **70**, 48), die wirtschaftl Verwertgsmöglichk beim Kauf einer Sache (BGH **16**, 54); die Kaufkraft des Geldes (RG **111**, 259); die subj Verträglichk des Klimas beim GrdstKauf (BGH DB **72**, 479/481); der spätere Wegfall der Überschuldg des Nachl inf Verj der Schulden (LG Bln NJW **75**, 2104, Pohl AcP **177**, 78). Beim GrdPfandR kommt es nur auf seine Eigensch (Rang, Fälligk, Verzinsg) an, nicht auf die des Grdst (RG **149**, 238). Auch sonst fallen **mittelbare** Eigensch nicht unter § 119 II. Die Zahlgsfähigk der Mieter ist daher keine Eigensch des MietGrdst, die Verhältn der AG od des Bergwerks können beim Aktien- od Kuxkauf kein AnfR nach § 119 II begründen (s RG Gruchot **48**, 102, Erm-Brox Rn 49).

e) Das AnfR aus § 119 II (nicht aus § 119 I od § 123) ist **ausgeschlossen,** wenn die **Sachmängelhaftung** nach §§ 459 ff eingreift (BGH **34**, 32, näher Vorbem 9 v § 459). Der Vorrang der Sachmängelhaftg ggü § 119 II gilt auch für das UN-KaufR (MüKo/Kramer Rn 28), den WerkVertr (MüKo/Kramer Rn 29, str) u den MietVertr (Otto JuS **85**, 852, aA RG **157**, 174). Die RMängelhaftg berührt dagg das AnfR aus § 119 II nicht (Erm-Brox Rn 19). 28

7) Motivirrtum. – a) Der **Irrtum im Beweggrund** begründet kein AnfR. Ausn gelten ledigl im ErbR (§§ 2078 II, 2079, 2308). Bsp für den rechtl unerhebl MotivIrrt sind: Irrt über den Wert der Sache (Rn 27); Anerkenntn einer Verpfl in der irrigen Ann, sie bestehe bereits (RG **156**, 74, ähnl BayObLG NJW-RR **90**, 1102); VaterschAnerkenntn in der irrigen Erwartg, die Kindesmutter habe keinen MehrVerk gehabt (KG JR **49**, 383, s dazu § 1600 m); Irrt über die Schuld am VerkUnfall bei Anerkenng der alleinigen Haftg (KG NJW **71**, 1219); Irrt über die Entwicklg der Kaufkraft des Geldes (RG **111**, 260); Kalkulationsirrtum (Rn 18) u and Irrt bei der ErklVorbereitg (Rn 10); Irrt über die Stabilität der **Verhältnisse in der DDR** (Ffm OLGZ **92**, 36, KG DtZ **92**, 187, 355, s auch BGH **124**, 270/280 u § 242 Rn 152 a); Irrt über das mögl Bestehen eines weiteren Anspr bei einem GlobalVergl (Celle NJW **71**, 145); irrtüml Nichtberücksichtigg einer geleisteten Zahlg beim VerglSchluß (aA BAG NJW **60**, 2211), jedoch kann § 779 I anwendb sein; irrtüml Ann des Vertreters, der VertrSchl entspr den Weisgen des Vertretenen (RG **82**, 196). – **b)** And liegt es, wenn die Part sich beim VertrSchl über einen für ihre Willensbildg wesentl Umst gemeins geirrt haben. Auf den **gemeinschaftlichen Irrtum** sind die Grds über das Fehlen der GeschGrdl anzuwenden (Rn 21 u § 242 Rn 149). 29 30

8) Anfechtb ist die Erkl nur, wenn der **Irrtum** für sie **ursächlich** war. Es genügt aber nicht, daß der Erklärde die Erkl bei Kenntn der Sachlage nicht od nicht so abgegeben hätte. Erforderl ist weiter, daß er auch bei „verständiger Würdigg", dh „frei von Eigensinn, subj Launen u törichten Anschauungen" (RG **62**, 206, BAG NJW **91**, 2723) von der Erkl Abstand genommen hätte. Ein AnfR besteht daher idR nicht, wenn der Erklärde dch den Irrt wirtschaftl keine Nachteile erleidet (RG **128**, 121, BGH NJW **88**, 2597, Zweibr FGPrax **96**, 113), wenn die Abgabe der Erkl rechtl geboten war (Mü WRP **85**, 237) od wenn sich der Irrt ausschließl auf unwesentl Nebenpkte bezieht (RG Recht **15** Nr 2214). 31

9) Beweislast. Der Anfechtde hat für alle Voraussetzgen des AnfR die BewLast, also für das Vorliegen des Irrt, den UrsZushang zw Irrt u Erkl u auch dafür, daß er die Erkl bei verständiger Würdigg nicht abgegeben hätte (s RG HRR **35**, 1372). 32

120 ***Anfechtbarkeit wegen falscher Übermittlung.*** **Eine Willenserklärung, welche durch die zur Übermittelung verwendete Person oder Anstalt unrichtig übermittelt worden ist, kann unter der gleichen Voraussetzung angefochten werden wie nach § 119 eine irrtümlich abgegebene Willenserklärung.**

1) Allgemeines. § 120 stellt die irrtüml unrichtig übermittelte Erkl dem Irrt in der ErklHdlg (§ 119 I 2. Fall) gleich. Der Erklärde muß die Erkl grdsl mit dem Inh gg sich gelten lassen, der dem Empfänger zugeht. Ihn trifft das **Risiko der Falschübermittlung.** Der Erklärde kann die Erkl anfechten, sofern er sie bei „verständiger Würdigg" (§ 119 Rn 31) nicht mit dem zugegangenen Inh abgegeben hätte, muß dem gutgl ErklEmpfänger aber gem § 122 den Vertrauensschaden ersetzen. 1

2) Voraussetzungen. – a) Der Erklärde muß sich zur Übermittlg seiner Erkl einer Pers od Anstalt bedient h. Bsp sind der Bote, der Dolmetscher (BGH BB **63**, 204) od die Telekom od Post-AG, aber auch and Anbieter, die Erkl (etwa elektronisch dch Fax) übermitteln (Fritzsche/Malzer DNotZ **95**, 3/15). Dagg sind fernmündl Erkl ausschließl nach § 119 zu beurteilen. Der Übermittler muß für den Erklärden tät geworden sein. Auf den Empfangsboten ist § 120 nicht anzuwenden. Übermittelt er unricht, so geht dies zu Lasten des Empfängers (§ 130 Rn 9). Auch auf den Vertreter ist § 120 nicht anwendb. Der **Vertreter** übermittelt keine fremde Erkl, sond gibt eine eig WillErkl ab; nach § 166 kommt es auf seine Willensmängel an. Zur Abgrenzg von Erkl- u Empfangsboten § 130 Rn 9, von Boten u Vertreter Einf 11 v § 164. – **b)** Der Bote (Übermittler) muß die Erkl **unbewußt** unricht übermitteln. § 120 gilt nach dem Gedanken des VerkSchutzes auch dann, wenn die Erkl völl verändert w (RG SeuffA **76** Nr 189, Soergel-Hefermehl Rn 5). Er ist auch anwendb, wenn die Erkl irrtüml einem falschen Empfänger zugeleitet w, sofern sich nicht aus ihrem Inh ergibt, daß sie für eine and Pers best war (MüKo/Kramer Rn 5). Keine Übermittlg iSd § 120 liegt vor, wenn der Bote (Übermittler) **bewußt** eine and als die aufgetragene Erkl abgibt; diese ist ohne Anf für den Erklärden unverbindl (RG HRR **40** Nr 1278, BGH BB **63**, 204, Kblz BB **94**, 819, hM, aA Marburger AcP **173**, 143). Der vorsätzl falsch übermittelnde Bote ist wie ein vollmachtloser Vertreter zu behandeln (Oldbg NJW **78**, 951, str). AuftrG kann gem § 177 genehmigen, andf haftet der Bote gem § 179, uU auch aus Delikt. Der AuftrG kann dem and Teil wg c. i. c. schadensersatzpflichtig sein (§ 276 Rn 92). 2 3 4

3) Der Bote **haftet** dem **Erklärenden** entspr den zw ihnen bestehenden RBeziehgen aus pVV od Delikt; die Haftg der Post wg unricht Übermittlg von Telegrammen ist aber dch TKV 17 (BGBl **92**, 1718) auf grobes Verschulden von leitenden Repräsentanten beschränkt. 5

121 *Anfechtungsfrist.* [I] **Die Anfechtung muß in den Fällen der §§ 119, 120 ohne schuldhaftes Zögern (unverzüglich) erfolgen, nachdem der Anfechtungsberechtigte von dem Anfechtungsgrunde Kenntnis erlangt hat. Die einem Abwesenden gegenüber erfolgte Anfechtung gilt als rechtzeitig erfolgt, wenn die Anfechtungserklärung unverzüglich abgesendet worden ist.**

[II] **Die Anfechtung ist ausgeschlossen, wenn seit der Abgabe der Willenserklärung dreißig Jahre verstrichen sind.**

1 **1) Allgemeines.** Der AnfBerecht kann nach freiem Belieben darü entscheiden, ob er von seinem AnfR Gebrauch machen will od nicht. Die Interessen des AnfGegners erfordern es, daß der Berecht diese Entscheidg möglichst bald trifft. § 121 bestimmt daher für das AnfR eine **Ausschlußfrist.** Ihre Einhaltg ist im Proz vAw zu beachten (RG **110**, 34 zu II). Zur AnfErkl, AnfBerechtigg u zum AnfGegner s § 143.

2 **2) Anfechtungsfrist des I. – a)** Die Fr **beginnt** mit der Kenntn des AnfGrdes, also des Irrt (§ 119) od der falschen Übermittlg (§ 120). Bloßes Kennenmüssen genügt nicht, ebsowenig das Vorliegen von VerdachtsGrden (BGH WM **73**, 751, BAG NJW **84**, 446, BayObLG NJW-RR **98**, 797). Ands ist volle Überzeugg vom Bestehen des AnfR nicht erforderl (BayObLG NJW-RR **98**, 797). Erkennt der AnfBerecht, daß sich Wille u Erkl möglw nicht gedeckt haben, ist zur FrWahrg eine EventualAnf geboten (BGH NJW **68**, 2099, **79**, 765). Liegen mehrere AnfGrde vor, beginnt die Fr jeweils mit Kenntn des einzelnen Grdes (s BGH NJW **66**, 39). Kennt der Berecht den AnfGrd, beginnt die Fr auch dann, wenn er von der Notwendigk der Anf u seinem AnfR nichts weiß (RG **134**, 32, BayObLG NJW-RR **97**, 72/74, DNotZ **99**, 78, s aber zum RIrrt Rn 3). Kenntn eines Vertreters ist gem § 166 zuzurechnen, sofern dieser nach seiner Vertretgsmacht zur
3 Anf berecht ist (BGH MDR **65**, 646). – **b)** Die Anf muß **unverzüglich,** dh ohne schuldh Zögern, erfolgen. Die in § 121 I 1 enthaltene Legaldefinition des Begriffs „unverzügl" gilt für das ges PrivR, zB HGB 377 I, III, AktG 92 I, MSchG 9 (BAG DB **88**, 2107), GWB 121 I (Düss BB **99**, 1078) u das öffR (zB ZPO 216 II, StGB 68 b I 1 Nr 8, VwVfG 23 II 1, 3, BSHG 91 II, Ffm MDR **89**, 545). Sie ist iZw auch dann maßgebd, wenn der Begriff in einem TarifVertr (LAG Köln DB **83**, 1771), in AGB (Bambg NJW **93**, 2813), zB in VOB/B 2 Nr 8 II (BGH NJW-RR **94**, 1108) od in einem RGesch verwandt w (RG **75**, 357). Unverzügl ist nicht gleichbedeutd mit sofort (RG **124**, 118). Dem AnfBerecht steht eine angem ÜberleggsFr zu. Sow erforderl, darf er vor der Anf den Rat eines RKundigen einholen (RG HRR **31**, 584). Er darf uU mit der Anf warten, bis er seine Rechte dch eine einstw Vfg gesichert hat (RG **124**, 117), jedoch sind bei der FrBemessg jeweils auch die Interessen des Gegners zu berücksichtigen. Obergrenze ist idR eine Fr von 2 Wo (Hamm NJW-RR **90**, 523). Verzögergen wg RIrrts können entschuldb sein, sofern der AnfBerecht seine RAns aGrd einer sorgfält Prüfg der RLage gebildet hat (s RG **152**, 232, § 285 Rn 4). Ist der geschunfäh AnfGegner ohne gesetzl Vertreter, so muß unverzügl die Bestellg eines Pflegers beantragt w (RG **156**, 337). Bei ArbVertr muß die Anf spätestens innerh der 2-WoFr des § 626 II erfolgen (BAG NJW **80**, 1302, **81**, 1332), jedoch kann die AnfFr auch kürzer zu bemessen sein (BAG NJW **91**, 2726). Bei einer Erkrankg währd
4 des Url kann eine Anzeige nach Rückkehr noch rechtzeit sein (LAG Köln DB **83**, 1771). – **c)** Die Anf unter **Abwesenden** ist rechtzeit, wenn die AnfErkl unverzügl abgesandt worden ist (I 2). Verzögergen bei der Übermittlg gehen zu Lasten des AnfGegners. Wirks wird die Anf aber erst mit dem Zugang der AnfErkl (§ 130 I 2). Geht die erste Erkl verloren, genügt zur FrWahrg, daß der Berecht die Anf unverzügl wiederholt (Soergel-Hefermehl Rn 10). I 2 gilt nicht, wenn der Absender einen umständl Übermittlgsweg wählt. Nicht rechtzeit ist daher die Anf in der bei Ger eingereichten KlSchrift (BGH NJW **75**, 39, WM **81**, 1302). Als SonderVorschr für die Anf ist I 2 auf die Künd nicht (entspr) anwendb (BAG NJW **81**, 1332).

5 **3)** Auch bei Unkenntn vom AnfGrd ist die Anf **30 Jahre** nach Abgabe der anfechtb Erkl ausgeschl **(II).** Die AnfErkl muß innerh der Fr zugehen; I 2 ist nicht entspr anwendb.

6 **4)** Die **Beweislast** für die Kenntn vom AnfGrd u vom Ztpkt der Anf trägt der AnfGegner (BGH WM **83**, 826, BAG NJW **80**, 1302, RG **57**, 362); der Anfechtde muß substantiiert darlegen, daß er unverzügl nach Kenntn angefochten hat (Mü NJW-RR **88**, 497).

122 *Schadensersatzpflicht des Anfechtenden.* [I] **Ist eine Willenserklärung nach § 118 nichtig oder auf Grund der §§ 119, 120 angefochten, so hat der Erklärende, wenn die Erklärung einem anderen gegenüber abzugeben war, diesem, andernfalls jedem Dritten den Schaden zu ersetzen, den der andere oder der Dritte dadurch erleidet, daß er auf die Gültigkeit der Erklärung vertraut, jedoch nicht über den Betrag des Interesses hinaus, welches der andere oder der Dritte an der Gültigkeit der Erklärung hat.**

[II] **Die Schadensersatzpflicht tritt nicht ein, wenn der Beschädigte den Grund der Nichtigkeit oder der Anfechtbarkeit kannte oder infolge von Fahrlässigkeit nicht kannte (kennen mußte).**

1 **1) Allgemeines. – a)** § 122 soll den auf die Gültigk der WillErkl vertrauenden GeschGegner schützen. Der ErsAnspr setzt kein Verschulden des Erklärden voraus. § 122 beruht auf dem Gedanken der **Veranlas-**
2 **sungshaftung** (BGH NJW **69**, 1380). – **b) Anwendungsbereich.** § 122 ergänzt die §§ 118–120. Aus ihm kann **nicht** der allg RGedanke entnommen w, daß derj, der auf den Bestand einer WillErkl vertraut hat u vertrauen durfte, gg den and Teil einen SchadErsAnspr hat, wenn die WillErkl allein aus einem bei diesem liegden Grd unwirks ist od w (Soergel- Hefermehl Rn 2, hM, aA RG **170**, 69). Für das Auftreten eines geschunfäh Vertreters haftet der Vertretene nicht analog § 122, sond nur iF eines Verschuldens nach den Grds der c. i. c. (hM). Entspr gilt für die Haftg des Erklärden, wenn der Bote die Erkl absichtl falsch übermittelt (hM, aA Marburger AcP **173**, 137). Dagg ist § 122 anwendb, wenn eine Gutschrift wg eines Irrt storniert w (Otto-Stierle WM **78**, 546). Er kann auch entspr angewandt w, wenn eine vom Erklärden vorbereitete, aber noch nicht abgegebene Erkl dch ein Versehen eines Angeh od Angest abgesandt w u dadch der Schein einer gült Erkl entsteht (Larenz/Wolf § 26 Rn 5, Canaris JZ **76**, 134).

2) Schadensersatzanspruch. – a) Ersatzberechtigter ist bei empfangsbedürft WillErkl nur der Erkl-Gegner, bei amtsempfangsbedürft u nicht empfangsbedürft Erkl jeder Geschädigte. Verpflichtet ist derj, dessen Erkl gem § 118 od §§ 119, 120, 142 nichtig ist, iF der Vertretg der Vertretene. Die ErsPfl entfällt, wenn das Gesch unabhäng vom Willensmangel unwirks war (s Übbl 35 v § 104). – **b)** Der **Umfang** des ErsAnspr ist beschränkt auf den Vertrauensschaden, dh die Nachteile, die dch das Vertrauen auf die Gültigk entstanden sind (sog **negatives Interesse**). Er umfaßt die aufgewandten Kosten, die im Vertrauen auf die Gültigk des Gesch erbrachten Leistgen, aber auch die Nachteile dch das Nichtzustandekommen eines mögl and Gesch (s BGH NJW **84**, 1950). Zu ersetzen sind auch die Kosten des inf Anf verlorenen Proz, da § 122 den ZPO 91 ff vorgeht (RGRK Rn 8, aA BGH NJW **62**, 1670, Celle OLGZ **72**, 193). Der ErsAnspr w dch das ErfInteresse nach oben begrenzt (RG **170**, 284). Es besteht daher keine ErsPfl, wenn das Gesch dem ErsBerecht keine VermVorteile gebracht hätte (Vorbem 17 v § 249). – **c)** Der Anspr ist **ausgeschlossen,** wenn der Geschädigte den Nichtigk- od AnfGrd kannte od fahrl nicht kannte (II). Die in II enthaltene Legaldefinition von „kennen müssen" gilt im gesamten PrivR. Jede Fahrlässigk genügt. Eine Abwägg entspr § 254 ist ausgeschl (RG **57**, 89). Spätere Kenntn od fahrl Unkenntn beseitigt die ErsPfl für weiter entstehde Schäden (RG Gruch **57**, 907). Hat der and Teil den Nichtigk- od AnfGrd schuldlos mitverursacht, ist § 254 entspr anzuwenden (BGH NJW **69**, 1380). Verletzt der Geschädigte seine SchadensmindergsPfl, gilt § 254 II (RG **116**, 19).

3 (margin: 3 at "Ersatzberechtigter", 4 at "b) Der Umfang", 5 at "c) Der Anspr")

3) Trifft den Erklärden ein Verschulden, besteht neben dem Anspr aus § 122 ein ErsAnspr aus **culpa in contrahendo** (§ 276 Rn 78). Für den Anspr aus c. i. c. gilt die Begrenzg auf das ErfInteresse nicht (str, Vorbem 17 v § 249). Statt II ist § 254 anzuwenden (§ 276 Rn 99). 6

4) Wer gem § 122 SchadErs verlangt, muß die Nichtigk gem § 118 od die Anf gem §§ 119, 120, seine Aktivlegitimation, die Kausalität der Erkl für den Schaden u die Schadenshöhe **beweisen;** der Gegner ist für die Voraussetzgen von II beweispflicht, ferner dafür, daß der geltd gemachte Schaden größer ist als das ErfInteresse (Baumgärtel-Laumen Rn 1 ff). 7

123 *Anfechtbarkeit wegen Täuschung oder Drohung.*

I Wer zur Abgabe einer Willenserklärung durch arglistige Täuschung oder widerrechtlich durch Drohung bestimmt worden ist, kann die Erklärung anfechten.

II Hat ein Dritter die Täuschung verübt, so ist eine Erklärung, die einem anderen gegenüber abzugeben war, nur dann anfechtbar, wenn dieser die Täuschung kannte oder kennen mußte. Soweit ein anderer als derjenige, welchem gegenüber die Erklärung abzugeben war, aus der Erklärung unmittelbar ein Recht erworben hat, ist die Erklärung ihm gegenüber anfechtbar, wenn er die Täuschung kannte oder kennen mußte.

1) Allgemeines. § 123 schützt die rgeschäftl **Entschließungsfreiheit** (RG **134**, 55, BGH **51**, 141/147). 1
Er beruht auf dem Gedanken, daß die WillErkl nur dann Ausdruck wirkl rgeschäftl Selbstbestimmg ist, wenn sich die Willensbildg frei von Täuschg u Drohg vollzogen hat. § 123 gilt für alle **Arten von Willenserklärungen,** empfangsbedürft u nicht empfangsbedürft, ausdr u konkludente, nicht aber TatHdlgen wie der Widerruf ehrkränkder Behauptgen (BGH NJW **52**, 417). Sonderregeln gelten für die Ehe (§ 1314 II Nr 3 u 4), die Anf der Vatersch (§§ 1599 ff) u letztw Vfgen (§§ 2078 ff, 2281 ff) u die KindesAnn (§ 1760), dagg lassen die VVG 16 ff das AnfR aus § 123 unberührt (VVG 22). Für den **Anwendungsbereich** des § 123 gelten § 119 Rn 4 ff sinngem. S auch Rn 25 ff.

2) Arglistige Täuschung. – a) Sie setzt, wie der strafrechtl Betrug, eine Täuschg zum Zweck der Erregg od Aufrechterhaltg eines Irrt voraus; sie erfordert aber im Ggs zum StGB 263 weder eine Bereichergsabsicht des Täuschden noch eine Schädigg des Vermögens des Getäuschten (RG **134**, 55, BGH **LM** Nr 10). Die Täuschg kann dch positives Tun (Rn 3) od Unterlassen (Rn 5) begangen w. Sie muß widerrechtl sein (Rn 10) u erfordert in subj Hins Argl (Rn 11). 2

b) Die **Täuschung durch Vorspiegelung oder Entstellung von Tatsachen** muß sich auf obj nachprüfb Umst beziehen (MüKo/Kramer Rn 12). Bloße subj Werturteile od reklamehafte Anpreisgen begründen kein AnfR; zu prüfen ist aber jeweils, ob die Meingsäußerg in ihrem Kern nicht doch eine Behauptg tatsächl Art enthält. TatsBehauptgen sind die Erkl über wertbildde Merkmale des VertrGgst, wie das Alter eines Teppichs (BGH DB **77**, 671) od der Kilometerstand eines Pkw (BGH NJW **60**, 237, Köln NJW-RR **88**, 1136), aber auch die Bezeichng eines Ggst als „generalüberholt" (BGH NJW **95**, 955, Düss VersR **99**, 205), als „neu" od „neuartig" (KG OLGZ **72**, 402, Ffm DB **65**, 1812). Auch die Erkl, die EigtWo werde sich dch Mieten u Steuerersparn selbst tragen, ist eine TatsBehauptg (KG NJW **98**, 1082). Eine Täuschg ist es auch, wenn ein Preis von 150 000 DM bei einem Einkaufspreis des Anbieters von 33 000 DM als eine „besondere Einkaufsmöglichk" bezeichnet w (Hamm NJW-RR **93**, 628). Wer Verdienstmöglichk in rosigen Farben schildert, täuscht, wenn er nicht auf die zu erwartden Schwierigk hinweist (Düss NJW-RR **91**, 504). Auch wer bei Darlegg seiner UnterhBedürftigk eine größere Zuwendg nicht angibt, täuscht dch Entstellg (BGH NJW **99**, 2805). Wer sich ohne Eintragg in die ArchListe als Architekt bezeichnet, täuscht; and soll es zu beurteilen sein, wenn alle mat Voraussetzgen für die Eintragg vorliegen (Düss BauR **82**, 86). Eine Täuschg ist es auch, wenn ein Selbstmordversuch vorgespiegelt w (BGH NJW-RR **96**, 1281) od wenn das Objekt eines Time-Sharing-Angebots mit „5-Sterne-First-Class" angepriesen w, währd es nur 3 Sterne-Standard hat (Düss NJW-RR **95**, 686). In der Äußerg einer RAnsicht liegt die Vorspiegelg einer Tats, wenn dadch die mat RLage unricht dargestellt w (KG OLGZ **72**, 257/261). Die Täuschg kann sich auch auf **innere Tatsachen** beziehen, so auf die Abs, den Vertr nicht erfüllen zu wollen (BGH **LM** Nr 12). Sie kann auch **konkludent** erfolgen 4
(AG Kaiserslautern NJW-RR **97**, 1073). Wer auf Kredit kauft, erklärt dch den VertrSchl, daß er den KaufPr bei Fälligk zahlen wolle u könne (Köln NJW **67**, 740). Wer einen Mangel offenbart, gibt dadch uU die Erkl ab, im übrigen sei der VertrGgst mängelfrei (Köln OLGZ **87**, 228, Kblz VRS **77** Nr 158). Die wahrheitsgem Erkl über den übl Gewinn eines Automaten kann täuschd sein, wenn sie beim and Teil die unricht Vorstellg hervorruft u hervorrufen soll, auch er w diesen Gewinn erzielen (Bambg MDR **71**, 44). Ableugnen anderweit

GeschlechtsVerk dch die KindesMu ist auch dann argl Täuschg, wenn es ohne bes eindringl Beteuergen erfolgt (RG **107**, 177, aA KG JR **49**, 383).

5 **c) Täuschung durch Verschweigen. – aa)** Das **Verschweigen** von Tats stellt nur dann eine Täuschg dar, wenn hins der verschwiegenen Tats eine AufklPfl besteht (RG **77**, 314, BGH **LM** Nr 52). Die RGrdl dieser Pfl ist § 242 (s dort Rn 37). Entscheidd ist, ob der and Teil nach Treu u Glauben unter Berücksichtigg der VerkAnschauung redlicherw Aufkl erwarten durfte (BGH NJW **89**, 763, NJW-RR **91**, 439). Grdsl ist es Sache jeder Part, ihre eig Interessen selbst wahrzunehmen. Es besteht daher keine allg Pfl, alle Umst zu offenbaren, die für die Entschließg des and Teils von Bedeutg sein können (BGH NJW **71**, 1795/1799, **LM** Nr 52, WM **83**, 1007). Ungünst Eigensch der Pers od des VertrGgst brauchen grdsl nicht ungefragt offengelegt zu werden (Mü NJW **67**, 158, LG Darmstadt NJW **99**, 365: Mitgliedsch in der Scientology-Sekte). Eine AufklärgsPfl setzt voraus, daß zu Lasten einer Part ein Informationsgefälle besteht (Brdbg NJW-RR **96**, 724); sie, zumindest aber Argl, ist ausgeschl, wenn der AufklPfltige angenommen hat, der and Teil sei informiert (BGH u Saarbr NJW-RR **96**, 690, 692). Sie besteht vor allem in folgden **Fallgruppen: (1) Fragen** des and Teils müssen vollständ u richtig beantwortet w (BGH **74**, 383/392, NJW **67**, 1222, **77**, 1914). Besteht für die abgefragte Tats ein erhebl Verdacht, ist auch dieser mitzuteilen (Brem DAR **80**, 373). **(2)** Umst, die für die Willensbildg des and Teils **offensichtlich von ausschlaggebender Bedeutung** sind, müssen ungefragt offenbart w (BGH NJW **71**, 1799, **LM** § 276 (Fb) Nr 1); das gilt vor allem für Umst, die den VertrZweck vereiteln od erhebl gefährden könnten (BGH NJW **79**, 2243, **80**, 2460). Der Verkäufer darf daher wesentl Mängel der Kaufsache nicht verschweigen (BGH NJW **90**, 975 u die Nachw in Rn 7). Bei besonders schwerwiegden Mängeln muß bereits das Bestehen eines Verdachts mitgeteilt w (BGH **LM** § 463 Nr 8). Auch bei drohden zukünft Verschlechtergen kann eine OffenbargsPfl bestehen (BGH NJW **93**, 1323, **LM** Nr 45). Wer eine zukünft fäll werdde Verbindlichk übernimmt, muß bestehde wirtschaftl Schwierigk, insb eine **drohende Zahlungsunfähigkeit,** offenbaren (BGH NJW **74**, 1505, **LM** § 417 Nr 2, BAG NJW
5a **75**, 708). **(3)** Die AufklärgsPfl kann sich aus der dch besonderes **Vertrauen** geprägten Beziehg der Parteien ergeben, so bei familiärer od persönl Verbundenh (BGH NJW **92**, 300), bei langjähriger vertrauensvoller GeschVerbindg (BGH **LM** Nr 52) od einem DauerschuldVerhältn mit engem persönl Kontakt (s BGH **LM** Nr 8). Grdl für eine AufklärgsPfl kann auch die bes **Stellung** des Erklärden im WirtschVerk sein, so beim Bankier (RG **111**, 233), beim Warenterminhändler (BGH **80**, 80/84, § 276 Rn 82), beim Gebrauchtwagenhändler (§ 276 Rn 98) u bei demj, der wie ein Fachberater auftritt (LG Bln NJW-RR **89**, 504). AufklärgsPflten bestehen hier vor allem bei geschäftl Unerfahrenh des and Teils (BGH **47**, 207/211, NJW **92**, 300). Bei Gesch mit spekulativem Charakter u RisikoGesch besteht dagg idR keine AufklPfl. Werden an einen Hauptaktionär u Brancheninsider Aktien verkauft, kann der Verkäufer grdsl davon ausgehen, daß der Käufer hinreichd informiert ist (BGH **LM** Nr 56).

6 **bb)** Die angeführten Grds gelten auch für die Anbahng von **Arbeitsverträgen.** Der ArbSuchde braucht ungünst Umst grdsl nicht ungefragt zu offenbaren. Das Verschw von Vorstrafen, der Mitgliedsch in der DKP (LAG Mainz NJW **85**, 510), der Schwangersch, berufl Schwierigk usw ist daher keine Täuschg (Falkenberg BB **70**, 1014). Zur Aufkl verpflichtet ist der ArbN, wenn gesundheitl Beschw seine Leistgsfähigk erhebl gefährden (BAG DB **86**, 2238), wenn sich ein transsexueller ArbN vor Anerkenng der Geschlechtsumwandlg als Arzthelferin bewirbt (LAG Bln BB **90**, 1979, 2267, aA BAG NJW **91**, 2723) od wenn die Verbüßg einer rkräft erkannten Strafe bevorsteht (LAG Ffm BB **87**, 968); der ArbG, wenn der LohnAnspr des ArbN dch wirtschaftl Schwierigk gefährdet ist (BAG NJW **75**, 708). Gibt der ArbSuchde auf eine rechtsw gestellte Frage eine unricht Antwort, liegt keine argl Täuschg vor (Rn 10).

7 **cc) Einzelfälle, Kaufverträge** (ja = AufklPfl, nein = keine, vgl auch § 276 Rn 78 ff). Mitberücksichtigt sind Entsch zu § 463, da argl Verschweigen iSd § 463 zugl den Tatbestd des § 123 erfüllt u umgekehrt. **(1) Kraftfahrzeuge.** Unfall ja (BGH **29**, 148, **63**, 382/386, NJW **82**, 1386). Umfang des Schadens u Art der Reparaturen, ja nach schwerem Unfall (Karlsr DAR **92**, 151, Köln VersR **94**, 111). Beurteilg des Schadens als Totalschaden dch Sachverst, nein (Düss NJW-RR **91**, 1402, Hamm DAR **94**, 166). Mögl VerkUnsicherh wg nicht vollständ DchFührg der Reparatur ja (Hamm DAR **96**, 499). Unfall, der ledigl zu einem Bagatellschaden geführt hat, nein (BGH NJW **82**, 1386). Bei ausdr Befragen muß der Verkäufer aber auch Bagatellunfälle vollständ u richt angeben (BGH **74**, 383/392, NJW **77**, 1914, WM **87**, 138, KG VRS **87**, 241), der Gebrauchtwagenhändler auch einen bloßen Verdacht (Ffm NJW-RR **99**, 1064). Keine eig Untersuchg des Kfz bei Verkauf dch Gebrauchtwagenhändler, ja (Köln NJW-RR **97**, 1214, § 276 Rn 98). Verkauf eines nicht gebrauchten, aber einige Zeit eingelagerten Pkws als fabrikneu nein (BGH NJW **80**, 1097, 2127). Verkauf eines „grau" importierten Pkws zum vollen Richtpreis ja (LG Düss DAR **87**, 385). Verkauf eines reimportierten Gebrauchtwagen dch Händler ohne Hinw auf Reimport ja (Saarbr NJW-RR **99**, 1063). Kurze Vorbenutzg als Mietwagen nein (Köln VersR **97**, 1368). Herstellg des verkauften Ford-Pkws in England nein (Köln VRS **89**, 362). Fehlen eines Ölkühlers bei Importauto aus den USA ja (Düss NJW-RR **93**, 1463). Wiederverkaufsabsicht des Käufers nein, auch wenn dieser weiß, daß der Verkäufer nicht an Wiederverkäufer
8 verkaufen darf (BGH **117**, 280). **(2) Grundstücke.** Befall mit Hausbockkäfern, ja (BGH NJW-RR **89**, 972). Verdacht der Trocken- u Naßfäule, ja (BGH **LM** § 463 Nr 8, Celle MDR **71**, 392). Verwendg von fäulnisbefallenen Hölzern, ja (BGH **LM** Nr 50). Erhebl FeuchtigkSchäden, ja auch nach einem Saniergsversuch, wenn dessen Erfolg zweifelh ist (BGH NJW **93**, 1703). Bestehen einer Einsturzgefahr, ja (BGH NJW **90**, 975). Vorbenutzg als wilde Müllkippe od Bestehen eines entspr Verdachts, ja (BGH NJW **91**, 2900, **92**, 1953), als Deponie, ja (BGH NJW **95**, 1549, Düss NJW **96**, 3284), als Gaswerk, nein (BGH NJW **94**, 253, krit Knoche NJW **95**, 1991), als chemische Reinigg, nein (Celle NJW-RR **97**, 848). Asbestbelastg, ja (LG Hann MDR **98**, 1474); Fehlen einer notw Absicherg gg Hochwasser, ja (BGH NJW-RR **92**, 334). Erhebl Mängel des Abwasserabflusses, ja (Kblz NJW-RR **90**, 149). Erhebl Mängel der Fäkalienhebeanlage, ja (BGH NJW-RR **90**, 847). Fehlen einer BauErlaubn für das verkaufte Haus, ja (BGH NJW **79**, 2243). Baurechtl Unzulässigk der ausgeübten Nutzg, ja (BGH NJW-RR **88**, 1290). Fehlen der Gen, die Räume als Wohng zu nutzen, ja (Schlesw SchlHA **99**, 118). Baurechtl Verbot, den für die gewerbl Nutzg erforderl Kamin zu errichten, ja (BGH NJW-RR **88**, 394). Plang, nach der das Grdst zur Straßenerweiterg in Anspr genommen w soll, ja (BGH **LM** Nr 45). Risse im Estrich, nein (Mü BB **97**, 961). Übergabe einer Aufstellg über die

vertrgem Mieteinnahmen ohne Hinweis auf erhebl Zahlgsrückstände, ja (Celle NJW-RR **99**, 280). Mitverkauf von Sachen, die noch einem Dr gehören, ja (BGH WM **81**, 79). Pläne des Nachbarn zu einem sichtbehindernden Umbau, ja (BGH NJW **93**, 1324). Jahrzehntelange schikanöse Belästigg dch Nachbarn od MitEigt, ja (BGH NJW **91**, 1675, Hamm NJW-RR **97**, 1168). – **(3) Andere Kaufobjekte.** Versichergsrechtl ausgesteuerte Augenerkrankg des verkauften Dressurpferdes, ja (Nürnb OLGZ **84**, 121). MwStRückstand bei Verkauf eines Untern, ja (Köln NJW-RR **94**, 1064). Erhebl Lieferantenverbindlichk bei Verkauf einer GmbH, ja (BGH NJW-RR **98**, 1406); Besonderh der Honorarstruktur beim Verkauf einer Arztpraxis, nein (BGH NJW **89**, 763). Verhältn des Schu beim Verkauf einer Fdg, idR nein (BGH WM **75**, 157). Erhebl Differenz zw der MietPrGarantie einer GmbH u der gezahlten Miete bei Beteiligg an einem Bauherrnmodell, ja (Düss DNotZ **98**, 901). Weiterverkaufsmöglichk zum Preis von 8,3 Mio DM bei einem Kaufpreis von 10 000 $, ja bei einem besVertrauensverhältn (BGH **LM** Nr 52). Sinken des Listenpreises zw Abschluß der Verhdlgen u Unterzeichng des Vertr, wenn die Part als Preis 70% des Listenpreises vereinbart haben, nein (BGH NJW **83**, 2493). Fehlde „Jahr 2000-Festigkeit" der gelieferten Computer-Software, ja (Hohmann NJW **99**, 521).

dd) Weitere Einzelfälle. Bedenken des Finanzamtes gg die in der Werbg herausgestellten Steuervorteile, ja 9
(Düss NJW-RR **86**, 320). Erhebl Mietrückstände im HauptmietVerh bei Untervermietg, ja Köln NJW-RR **99**, 882. Fehlde ArchiEigensch beim Abschl eines **Architektenvertrages,** ja (Nürnbg NJW-RR **98**, 1713). Erhebl Vorstrafen bei einem Vertr über die gewerbl Nutzg eines Adelsnamens, ja (BGH NJW-RR **91**, 439), dagg beim VersVertr idR nein (BGH VersR **86**, 1090) u auch beim ArbVertr nein (Rn 6). Angebl Gesundh-Gefährdg dch elektromagnet Funkwellen, nein bei MietVertr mit Betreiber eines Mobilfunknetzes (Karlsr NJW **94**, 2100). ProvAnspr des **Maklers** gg den Verkäufer (KreditG), wenn er dch einen VertrSchluß mit dem Käufer (KreditN) einen weiteren ProvAnspr erwerben will, ja (Ffm NJW-RR **88**, 1199, Stgt NJW **82**, 1599). Bedenken des Gläub gg den Erfolg der geplanten Sanierg od die Kreditwürdigk des HauptSchu, nein im Verhältn zw Gläub u **Bürgen** (BGH NJW **88**, 3205, Köln NJW-RR **90**, 755, s aber § 276 Rn 85). Zusammenleben mit einem and Partner, bei vertragl Regelg des **Unterhalts,** nein (BGH NJW-RR **86**, 1258). **Versicherungsverträge.** Bestehen einer Mehrzahl von ähnl Versichergen od Künd von entspr Vertr, uU ja (Düss VersR **72**, 197, Ffm VersR **93**, 568). Vorerkrankgen bei Abschluß einer KrankenVers, Frage des Einzelfalls (BGH NJW-RR **95**, 216, Karlsr u Köln VersR **92**, 1251); massive Brandstifterdrohg beim FeuerVersVertr, ja (KG NJW-RR **99**, 100). Hat der VersN einen umfangreichen Fragenkatalog richtig beantwortet, braucht er idR keine weiteren Umst ungefragt zu offenbaren (BGH **117**, 385). Beruht die unricht Antwort möglicherw auf einer mehrdeut Fragestellg, geht das iZw zu Lasten des Versicherers (Ffm NJW-RR **92**, 1248).

d) Die Täuschg ist idR *ipso facto* **rechtswidrig.** Sie kann ausnw rechtmäß sein, wenn die gestellte Frage 10
unzul war. Bei **unzulässigen Fragen** darf der Befragte die Antwort nicht nur verweigern, sond auch eine unricht Antwort geben (BAG NJW **58**, 516). Vorstrafen brauchen gem BZRG 51 nicht offenbart zu w, wenn sie gem BZRG 30 nicht in ein polizeil Führgszeugn aufzunehmen sind. Fragen nach Vorstrafen sind auch iü ggü ArbSuchden nur zul, wenn u sow die Art des zu besetzden ArbPlatzes dies erfordert, die Strafe also „einschlägig" ist (BAG NJW **58**, 516, BB **70**, 803). Unzul sind Fragen nach GeschlechtsVerk od letzter Regel (LAG Düss DB **71**, 2071), nach PartZugehörigk u Konfession (Falkenberg BB **70**, 1014, Hümmerich BB **79**, 428, s auch § 611 Rn 6), uU auch nach fr Einkommen (BAG DB **84**, 298). Zul dagg Fragen nach einer Anschlußbeschäftigg bei der Vhdlg über einen AufhebgsVertr (LAG Hamm BB **94**, 2072, **95**, 2117), nach Mitarbeit im Stasi (BAG BB **96**, 749, ArbG Darmstadt BB **94**, 2495), nach Mitglsch in der Scientology-Sekte bei Vhdlg über eine Vertrauensstellg (Bauer/Baeck/Merten DB **97**, 2534), nach Teilnahme an einer Entziehgskur (LAG Köln MDR **96**, 615), nach SchwerbehindertenEigensch (BAG NJW **94**, 1363), auch wenn die Behinderg tätigkeitsneutral ist (BAG NJW **96**, 2323, ZIP **99**, 458), nach gesundheitl Behindergen aber nur, soweit ein schutzwürdiges Interesse an der Unterrichtg besteht (BAG NJW **85**, 645). Nach einer Schwangersch darf nicht gefragt w (s EuGH NJW **94**, 2077), auch dann nicht, wenn sich nur Frauen beworben haben (s EuGH NJW **91**, 628, BAG NJW **93**, 1154). And ist es nur, wenn ein befristetes ArbVerhältn begründet werden soll u die Aufn der Tätigk währd der Laufzeit des Vertr gg SchutzVorschr des MuSchG verstößt (Schulte Westenberg NJW **95**, 761).

e) Arglist erfordert einen Täuschgswillen. Der Handelnde muß die Unrichtigk seiner Angaben kennen. 11
Bedingter Vorsatz genügt (RG **134**, 53); er ist gegeben, wenn der Handelnde, obwohl er mit der mögl Unrichtigk seiner Angaben rechnet, **ins Blaue hinein,** unrichtige Behauptgen aufstellt (BGH **63**, 382/386, NJW **77**, 1055, **81**, 864, 1441, **98**, 302). Guter Glaube schließt idR auch bei grober Fahrlässigk des Handelnden Arglist aus (BGH NJW **80**, 2460; zu Anspr aus c. i. c. s § 276 Rn 78 ff). Bei einer „ins Blaue hinein" abgegebenen obj unricht Erkl liegt aber trotz guten Glaubens Arglist vor, wenn der Handelnde das Fehlen einer zuverläss BeurteilgsGrdl nicht offenlegt (BGH NJW **80**, 2460, **81**, 1441, Celle NJW-RR **87**, 744). Der Handelnde muß wissen, daß der and Teil dch die Täuschg zur Abgabe einer WillErkl best w, dh daß dieser bei wahrgem Erkl nicht od nur zu and Bdggen abgeschlossen hätte (Hamm NJW-RR **95**, 286). Auch insoweit genügt bedingter Vorsatz, dh die Vorstellg, die unricht Erkl könne möglicherw für die Willensbildg des and Teils von Bedeutg sein (BGH NJW **57**, 988, **71**, 1795/1800). Arglist erfordert keinen SchädiggsVors (BGH NJW **74**, 1505). Sie ist aber ausgeschl, wenn der Handelnde nachweisl nur das Beste des and Teils gewollt hat (BGH **LM** Nr 9, str).

f) Person des Täuschenden (II). – aa) Nicht empfangsbedürft WillErkl (Bsp: Auslobg) sind anfechtb, 12
gleichgült, wer die Täuschg verübt hat. Bei empfangsbedürft WillErkl ist dagg zu unterscheiden. Hat der ErklEmpfänger od eine seiner Hilfspersonen getäuscht, besteht ein AnfR. Ist die Täuschg von einem Dr verübt worden, kann die Erkl nur angefochten w, wenn der ErklEmpfänger die Täuschg kannte od hätte kennen müssen. Es genügt jede Fahrlässigk (§ 122 Rn 5). Bestehen Anhaltspkte dafür, daß die WillErkl nicht einwandfrei zustande gekommen ist, muß der ErklEmpfänger diesen nachgehen (BGH NJW-RR **92**, 1005). Begründet die Erkl unmittelb ein Recht für einen Dr, so kann auch angefochten w, u zwar ggü dem Dr, wenn der Dr die Täuschg kannte od kennen mußte (II S 2). Der Vertr zGDr ist anfechtb, wenn der Dr getäuscht hat (RG **158**, 328), jedoch begründet beim LebensVersVertr die Täuschg dch den widerrufl Bezugsberecht kein AnfR (Hamm VersR **88**, 459). Den gem § 415 geschlossenen SchuldÜbernVertr kann der vom Schu argl getäuschte Übernehmer trotz Gutgläubigk des Gläub anfechten (BGH **31**, 321/326, str). Dagg ist die Zust zu

einer VertrÜbernahme wg einer Täuschg dch den Übernehmer nur anfechtb, wenn der Ausscheidde die
13 Täuschg kannte od kennen mußte (BGH **137**, 255). – **bb) Dritter** iSv § 123 II ist nur der am Gesch Unbeteiligte. Kein Dr ist, wer auf seiten des ErklGegners steht u maßgebl am Zustandekommen des Vertr mitgewirkt hat. Das trifft zu für den Vertreter (RG **101**, 98, BGH **20**, 36/39, NJW **74**, 1505), den VersAgenten (VVG 43), auch wenn er seine Vollm überschritten hat (RG JW **28**, 1740), den Strohmann einer Part (RG HansGZ **34** B 687), den vollmlosen Vertreter, wenn die Part den VertrSchl genehmigt (RG **76**, 108, BGH WM **79**, 237), nach dem RGedanken des § 278 auch für den VhdlgsGehilfen, der ohne AbschlVollm an den Vhdlgen mitwirkt (BGH NJW **62**, 2195, **78**, 2144, **89**, 2879, KG NJW **98**, 1082), nicht aber für den an den VertrVhdlgen unbeteiligten Begünstigten (Hamm VersR **88**, 459), es sei denn, er benutzt den gutgl
14 Verhandelnden argl als Werkzeug (BGH NJW-RR **89**, 1183, NJW **90**, 1915). – **cc) Einzelfälle:** Keine Dritte sind etwa: der Verkäufer, der als VertrauensPers des DarlG auftritt (BGH **47**, 224/228, NJW **79**, 1593), der Lieferant, der für den LeasingG verhandelt (BGH NJW **89**, 287), der GmbHGesellschter, der sein WeisgsR dazu mißbraucht, einen GeschPartner der GmbH in mittelb Tätersch zu täuschen (BGH NJW **90**, 1915), der Schu, der ggü dem Bürgen als Beauftragter (Köln OLGZ **68**, 130) od VertrauensPers des Gläub auftritt (s BGH NJW **62**, 1907). Es genügt aber nicht, daß der Gläub die BürgschUrk entworfen u den Anstoß für die Vhdlgen gegeben hat (BGH NJW-RR **92**, 1005). Der DarlN, der seine Ehefr veranlaßt, die Mithaftg für einen Kredit zu übernehmen, handelt im eig Interesse u ist nicht VhdlgsGehilfe der Bank (LG Ulm WM **84**, 27). Dritter ist auch der Partner des dch die Täuschg Begünstigten, wenn er sich eigenmächt in die Vhdlgen eingeschaltet hat (BGH NJW **96**, 1051). Der Vermittler (Makler) ist idR Dr (BGH **33**, 302/309, NJW **78**, 2144). Das gilt auch für den Anlagenberater, der den Beitritt zu einer AbschreibgsGesellsch vermittelt (Immenga BB **84**, 5). And liegt es aber, wenn der Makler nicht die Interessen beider Part wahrnimmt, sond die Vhdlgen für eine Part führt (BGH NJW **96**, 451). VersAgent, der den Antr falsch ausfüllt, um sich eine Prov zu erschleichen, ist im Verhältn zum VersN Dr (Hamm VersR **74**, 562).

15 **3) Widerrechtliche Drohung. – a) Drohung** ist das Inaussichtstellen eines künft Übels (BGH **2**, 287/295, NJW **88**, 2599); sie muß den Erklärden in eine Zwangslage versetzen (arg § 124 II). Die Anwendg unmittelb Gewalt (gewaltsames Führen der Hand bei der Unterschrift) fällt nicht unter § 123, da hier schon tatbestandl keine WillErkl vorliegt (s BGH DB **75**, 2075). – **aa)** Als **Übel** genügt jeder Nachteil. Es kann sich auf den Bedrohten beziehen, aber auch auf eine and Pers (RG **60**, 373, BGH **25**, 217). Gleichgült ist, ob das Übel materieller od ideeller Natur ist. Auch in der Ankündigg der Künd eines Kredit- od ArbVertr liegt eine Drohg (BGH NJW **97**, 1980, BAG NJW **94**, 1021). Ist der angedrohte Nachteil geringfüg, so bedarf die Kausalität der Drohg (Rn 24) einer eingehden Prüfg. Zeitdruck allein rechtfertigt auch beim AufhebgsVertr weder eine direkte noch eine analoge Anwendg des § 123 (BAG NJW **94**, 1021, Ehrich NZA **94**, 438). –
16 **bb)** Beim Bedrohten muß der Eindruck entstehen, daß der Eintritt des Übels vom **Willen des Drohenden abhängig** ist (BGH **2**, 287/295, **LM** Nr 23). Der Hinw auf eine obj bestehde Zwangslage genügt nicht (BGH **6**, 348), ebsowenig die Mitteilg einer bereits vollzogenen Maßn. Gedroht werden kann auch mit einem rechtsw Unterlassen, so etwa, wenn der zur Beseitigg eines Nachteils Verpflichtete ankündigt, den Nachteil bestehen zu lassen (s RGSt **14**, 265). Es genügt eine nicht ernst gemeinte Drohg, sofern der Bedrohte sie für
17 ernst hält u halten soll (BGH NJW **82**, 2301). – **cc)** Die Drohg muß nicht ausdr erfolgen; auch eine **versteckte** Drohg ist tatbestdmäß (BAG BB **96**, 434). Sie kann etwa in einem Hinw od einer Warng enthalten sein; das Ausnutzen einer Zwangslage (Angst vor Strafanzeige od Künd) genügt aber nicht (BGH NJW **88**,
18 2599, BAG BB **96**, 434). – **dd)** Die **Person des Drohenden** ist gleichgült; die Drohg kann auch von einem Dritten ausgehen (BGH NJW **66**, 2399). § 123 II gilt für die Drohg nicht. Es ist mögl, daß eine ganze Bevölkergsgruppe, wie im NS-Staat die Juden, von einer Kollektivdrohg betroffen sind (KG SJZ **47**, 257, BAG RzW **59**, 502). Die sich aus den NS-VerfolggsMaßn ergebden Anspr haben aber dch die RückerstattgsGes eine Sonderregelg gefunden, die dem § 123 als lex specialis vorgeht (BGH **10**, 340).

19 **b) Widerrechtlichkeit der Drohung.** Sie kann sich aus dem angedrohten Mittel, dem erstrebten Zweck od der Zweck/Mittel-Relation ergeben (s BGH **25**, 217, **LM** Nr 32): – **aa) Widerrechtlichkeit des Mittels.** Bei Drohg mit einem rechtsw Verhalten ist die Willensbeeinflussg widerrechtl, auch wenn sie der Dchsetzg eines bestehden Anspr dient (BGH **LM** Nr 32). Die Drohg mit einem strafb od sittenw Verhalten berecht daher stets zur Anf (Soergel-Hefermehl Rn 45). Entspr gilt für die Drohg mit einem VertrBruch (RG **108**, 104, BGH NJW **95**, 3052) od einem sonst rechtsw Verhalten, etwa der Drohg, die NotAufn im Krankenhaus erfolge nur, wenn der Patient ein Formular über eine Wahlleistg unterzeichne (Köln VersR **82**, 677). Dabei ist allerdings von der Sicht des Drohden auszugehen: Hält er das angedrohte obj vertrwidr Verhalten in vertretb Würdigg für erlaubt, entfällt die Widerrechtlichk des Mittels (BGH **LM** Nr 28). Das AnfR kann sich dann, wenn überhaupt, nur aus der Mittel/Zweck-Beziehg ergeben (Rn 21). Rechtmäß ist die Drohg mit der Anrufg des Ger (BGH **79**, 131/143), auch wenn der geltd gemachte Anspr obj nicht besteht (BGH WM **72**, 946), jedoch kann es im Einzelfall and liegen (Karlsr OLGZ **86**, 90), mit ZwVollstr (BGH WM **84**, 1249), mit Enteigng (BayObLG **91**, 224/229), mit einer Strafanzeige (BGH **25**, 217, BAG NJW **99**, 2059) od einer vertragl zul Künd (BGH DB **78**, 1174). Wirkt ein GerVorsitzder mit der Drohg auf einen Vergl hin, andf werde ohne erneute Beratg ein ungünst Urt ergehen, soll diese Drohg wg Verstoßes gg ZPO 156 rechtsw sein (BGH NJW **66**, 2399, dagg mit Recht Schneider aaO, Kubisch NJW **67**, 1605).

20 **bb) Widerrechtlichkeit des Zweckes.** Die Willensbestimmg dch Drohg ist widerrechtl, wenn der erstrebte Erfolg rechtsw ist. Hierzu genügt nicht, daß der Drohde keinen RAnspr auf die erstrebte WillErkl h (RG **166**, 44, BGH **2**, 287/296, **25**, 217/219, NJW **97**, 1980, BAG NJW **70**, 775). Der erzwungene Erfolg muß vielmehr verboten od sittenw sein. Damit ist diese Fallgruppe neben §§ 134, 138 prakt wenig bedeuts. Macht der RAnw die Weiterführg des Mandats von der Vereinbg eines Sonderhonorars abhäng, ist sein Verhalten nicht ow rechtsw (BGH **LM** Nr 49).

21 **cc) Inadäquanz von Mittel und Zweck.** Die Willensbeeinflussg dch Drohg ist auch dann widerrechtl, wenn zwar Mittel u Zweck für sich betrachtet nicht anstöß sind, aber ihre Verbindg – die Benutzg dieses Mittels zu diesem Zweck – gg das Anstandsgefühl aller billig u gerecht Denkden verstößt (BGH **25**, 217, NJW **83**, 384, BAG NJW **70**, 775). Bei Drohg mit einem an sich erlaubten Mittel (Klage, sonst RBehelf,

StrafAnz, Künd) ist die Widerrechtlichk grdsl ausgeschl, wenn der Drohde einen RAnspr auf den erstrebten Erfolg hat (RG **110**, 384, BGH **25**, 217). Ands macht nicht schon das Fehlen eines RAnspr die Drohg rechtsw (Rn 20). Entscheidd ist, ob der Drohde an der Erreichg des verfolgten Zweckes ein berecht Interesse hat u die Drohg nach Treu u Glauben noch als ein angem Mittel zur Erreichg dieses Zweckes anzusehen ist (BGH **2**, 287/297, NJW **83**, 384, BAG NJW **70**, 775). Die Drohg mit einer StrafAnz, die einen Angeh des Täters zur Wiedergutmachg des Schadens veranlassen soll, ist grdsl unzul (Karlsr VersR **92**, 703). And kann es liegen, wenn der Angeh Nutznießer war od der Teiln verdächtig ist (BGH **25**, 217/221, WM **73**, 36, 575, krit MüKo/Kramer Rn 38). Nutzt der Geschädigte, ohne zu drohen, die Angst des Angeh vor einer Anzeige aus, ist § 123 nicht anwendb, möglw aber § 138 (BGH NJW **88**, 2599). Erforderl ist eine umfassde Würdigg aller Umst (BGH **LM** Nr 32). Dabei ist von der Sicht des Drohden auszugehen; nimmt er in vertretb Beurteilg an, daß sein Vorgehen rechtmäß ist, entfällt die Widerrechtlichk (BGH **LM** Nr 28, BAG NJW **70**, 775, sehr str, aA Medicus AT Rn 820). Dem Drohden ist aber neben seinem tatsächl Wissen auch die Kenntn zuzurechnen, die er bei der nach Sachlage gebotenen weiteren Aufklärg hätte erlangen können (BAG NJW **83**, 2782). Tats- u RIrrt stehen grdsl gleich (BGH **LM** Nr 28 aE, mißverständl BGH **25**, 217/224). Unbeachtl ist jedoch der Irrt darü, ob die Drohg im konkreten Fall von der ROrdng mißbilligt w (BGH **LM** Nr 28 aE, WM **82**, 823). – **Einzelfälle:** AnfR **verneint:** Vergl über einen aus der Sicht des Geschädigten angem SchadErsBetr nach 22 Drohg mit StrafAnz (RG **112**, 228); SchuldAnerkenntn nach Drohg mit StrafAnz (BAG NJW **99**, 2059); AuseinanderSVergl zw Eheg nach Drohg mit StrafAnz wg Bigamie, sofern Leistgen sich im Rahmen des Angem halten (RG **166**, 44); Verz auf MaklerProv ggü Verkäufer bei Aufrechterhaltg des Anspr gg den Käufer nach Drohg mit NichtVerk des Grdst (BGH NJW **69**, 1627); ZuzahlgsVerspr des Maklers nach Drohg mit NichtAbschl des KaufVertr (BGH NJW **83**, 2494, aA LG Ffm NJW-RR **92**, 1273); vorbehaltlose Abn eines mangelh Hauses nach Drohg, das Haus werde nur iF der Abn übergeben (BGH NJW **83**, 384); Einwilligg in Adoption dch Mutter nach Drohg, sie w andf aus dem Elternhaus verstoßen (BGH **2**, 287/295); Bürgsch nach Drohg, andf werde der HauptSchu od der Bü aus fr Bürgsch in Anspr genommen (BGH NJW **96**, 1274, **LM** Nr 28); Bürgsch des GeschFü nach Drohg, dcn Kredit dcr GmbH zu kündigen (BGH NJW **97**, 1980); Vereinbg eines höheren RA-Honorars als das gesetzl nach Drohg mit Mandatsniederlegg, sofern das vereinb Honorar angem (BGH **LM** Nr 49); Drohg mit fristloser oder ordentl **Kündigung des Arbeitsvertrages,** sofern die Künd aus der Sicht eines verständ ArbG vertretb war (BAG NJW **70**, 775, **94**, 1021, BB **96**, 434); AufhebgsVertr nach Drohg mit Strafanzeige, wenn ein verständiger ArbG eine Strafanzeige ernsth in Erwägg ziehen durfte (BAG DB **85**, 1484, NZA **87**, 91, Hess LAG DB **98**, 82). Besteht für die Vortäuschg einer Erkrankg ledigl ein Anfangsverdacht, ist die Androhg einer Künd ohne weitere Aufklärgsversuche rechtsw (BAG NJW **97**, 676, Lingemann NJW **97**, 640). AnfR **bejaht:** GrdstVerkauf nach Drohg mit Nichteinlösg eines Wechsels (BGH **LM** Nr 32); vorbehaltlose Anerkenng einer Abrechng nach Drohg, andf w das Haus nicht übergeben (BGH NJW **82**, 2302, s aber auch BGH NJW **83**, 384).

c) In subj Hins erfordert § 123 I den **Willen** des Drohden, den and Teil zur Abgabe einer WillErkl zu 23 bestimmen. Der Drohde muß sich bewußt gewesen sein, daß sein Verhalten die Willensbildg des and Teils beeinflussen kann (RG **104**, 80, **108**, 104, BGH **LM** Nr 28). Er muß den Zweck verfolgt haben, eine WillErkl mit etwa dem Inh herbeizuführen, wie sie tatsächl abgegeben worden ist (s Hbg MDR **47**, 253, BAG BB **78**, 1467). Nicht erforderl ist ein Schädiggsvorsatz des Drohden od seine Schuldfähigk (Soergel-Hefermehl Rn 51).

4) Die Täuschg od Drohg muß für die WillErkl **ursächlich** geworden sein. Das ist der Fall, wenn der 24 Getäuschte (Bedrohte) die WillErkl ohne die Täuschg (Drohg) überhaupt nicht, mit einem and Inh (BGH NJW **64**, 811) od zu einem and Ztpkt (RG **134**, 51, BGH **2**, 287/299) abgegeben hätte. Kein UrsZushang besteht, wenn der Getäuschte (Bedrohte) die WillErkl aGrd eig selbstd Überleggen unabhäng von der Täuschg (Drohg) abgegeben hat (BGH WM **57**, 1363, **74**, 1023). Es genügt aber, daß die Täuschg (Drohg) mitursächl war (RG **77**, 314, BGH **2**, 287/299). Das kann zu bejahen sein, wenn der Anfechtde die Täuschg erkannt, sich aber über ihr Ausmaß geirrt hat (BGH DB **76**, 141). MitVersch od eig Argl des Anfechtden steht der Anf nicht entgg (BGH **33**, 302/310, NJW **89**, 287, **97**, 1845). And als bei der IrrtAnf hat die Anf gem § 123 nicht zur Voraussetzg, daß der Getäuschte (Bedrohte) die Erkl „bei verständiger Würdigg des Falles" nicht abgegeben haben würde (RG **81**, 16, BGH NJW **67**, 1222). Bestand eine Verpfl zur Abgabe der Erkl, war die Täuschg (Drohg) unbedeutd od – etwa wg offensichtl Unglaubwürdigk – zur Willensbeeinflussg wenig geeignet, w der UrsZushang aber idR nicht nachweisb sein, da iZw anzunehmen ist, daß der Erklärde sich von vernünft Erwäggen hat leiten lassen. Die Ursächlichk kann iW des AnscheinsBew bejaht w, wenn die Täuschg (Drohg) nach der Lebenserfahrg geeignet ist, die Erkl zu beeinflussen (BGH NJW **58**, 177, **95**, 2361, str, einschränkd BGH NJW **68**, 2139, **96**, 1051: kein AnscheinsBew bei individuell geprägten Verhaltensweisen).

5) Rechtsfolge und Konkurrenzen. – a) Die Täuschg (Drohg) macht die WillErkl **anfechtbar** (Übbl 25 33 v § 104). Die Erkl gilt zunächst, der Getäuschte (Bedrohte) kann sie aber dch Anf vernichten. Die Anf ist ausgeschl, wenn die Interessen des Getäuschten im Ztpkt der Anf nicht mehr beeinträchtigt w (BAG BB **88**, 632, Ffm NJW-RR **86**, 1205), so etwa, wenn die BauGen, deren Fehlen verschwiegen worden ist, erteilt w (BGH WM **83**, 1055). Die Anf ist aber wirks, wenn der AnfGrd in dem Ztpkt, in dem über sie zu entscheiden ist, wieder vorliegt (BGH NJW **92**, 2346). Die Anf wg einer argl verschwiegenen Vorerkrankg beseitigt die LeistgsPfl für die Zukunft, aber nicht hins eines bereits eingetretenen VersFalls, wenn dieser mit der verschwiegenen Erkrankg nichts zu tun hat (Nürnbg VersR **98**, 217, ähnl KG VersR **98**, 1362, aA Dreher VersR **98**, 539). Zur AnfErkl, zur AnfBerechtigg u zum AnfGegner s bei § 143. Bereits erbrachte Leistgen sind gem § 812 zurückzugewähren. Ist der KaufGgst untergegangen, kann der Getäuschte (Bedrohte) gleichwohl seine Leistg zurückfordern; die im BereichergsR sonst geltde Saldotheorie ist zu seinen Gunsten eingeschränkt (§ 818 Rn 49). Die Restitutionsregelg des **VermG** verdrängt in ihrem Anwendgsbereich eine Anf wg Drohg od Täuschg (BGH **118**, 34, EG 232 § 1 Rn 6). – **b)** Das AnfR gem § 123 konkurriert häuf 26 mit einem SchadErsAnspr aus **unerlaubter Handlung** (§ 823 II iVm StGB 263, 240 bzw § 826). Der Anspr geht auf das sog negative Interesse (Köln NJW-RR **94**, 1064, Vorbem 17 v § 249). Das ErfInteresse kann der

Getäuschte (Bedrohte) verlangen, wenn er nachweist, daß der Vertr ohne die Täuschg (Drohg) gleichfalls, aber zu günstigeren Bdggen abgeschl worden wäre (RG **103**, 49, 159, BGH DB **69**, 877). Die Einr aus § 853
27 steht dem Getäuschten (Bedrohten) auch nach Ablauf der Fr des § 124 zu (dort Rn 1). – **c)** Täuschg u Drohg begründen idR zugleich eine Haftg aus **culpa in contrahendo** mit der Folge, daß der Getäuschte (Bedrohte) gem § 249 die Rückgängigmachg des Vertr verlangen kann. Die Anspr des Getäuschten (Bedrohten) aus dieser AnsprGrdl w dch den Ablauf der Fr des § 124 nicht berührt (dort Rn 1). Da für Anspr aus c. i. c. jedes Verschulden genügt, besteht im Ergebn auch bei **fahrlässiger Täuschung** idR die Möglichk, als SchadErs
28 (Naturalrestitution) die Rückgängigmachg des Vertr zu verlangen (§ 276 Rn 78). – **d)** Neben dem AnfR aus § 123 kann zugleich ein **Anfechtungsrecht wegen Irrtums** (§ 119) bestehen. Der Erklärde kann wählen, welches AnfR er ausüben will. Ob die Anf wg argl Täuschg die wg Irrt mitumfaßt, ist Frage der Auslegg
29 (§ 143 Rn 3). – **e) Sachmängelansprüche** (§§ 459 ff) schließen die Anf gem § 123 nicht aus (BGH NJW **58**, 177, Saarbr NJW-RR **89**, 1211). Eine RücktrErkl schließt die Anf nicht aus (Mü NJW **53**, 424, Hbg MDR **66**, 49), ebsowenig ein Wandlgsbegehren (BGH **110**, 220), wohl aber der Vollzug der Wandlg (Giesen zu BGH NJW **71**, 1795). – **f)** Verhältn zu § 138 s dort Rn 15.

30 **6)** Der Anfechtde trägt die volle **Beweislast** für alle Voraussetzgen des § 123 (BGH NJW **57**, 988, **LM** Nr 23 u 47). Wird die Anf auf ein Verschw gestützt, muß der Gegner behaupten, wann u wie er die erforderl Aufkl gegeben hat; alsdann ist es Sache des Anfechtden, diese Behauptgen zu widerlegen (s BGH VRS **31**, 324, **LM** Nr 47, Köln NJW-RR **92**, 908). Das gilt auch dann, wenn der Gegner sich damit verteidigt, er habe den zunächst entstandenen Irrt vor Abschl des Vertr dch Aufkl des Anfechtden beseitigt (BGH **LM** Nr 47). Bei einem dch positives Tun hervorgerufenen Irrt muß aber der AnfGegner die nachträgl Aufkl des Anfechtden beweisen (Köln VersR **96**, 831). Auch für die Argl u die Tats, die die Widerrechtlichk der Drohg begründen, ist der Anfechtde bewpflicht (BGH NJW **57**, 988; **LM** Nr 23, WM **83**, 1019, Köln NJW **83**, 1200). Die Ursächlichk der Täuschg (Drohg) kann er aber uU iW des AnschBew nachweisen (Rn 24). Ist eine AufklPfl verletzt worden, muß der Verletzer uU beweisen, daß die Erkl auch bei gehöriger Aufkl abgegeben worden wäre (BGH **61**, 118, § 282 Rn 15).

124 *Anfechtungsfrist.* [I] **Die Anfechtung einer nach § 123 anfechtbaren Willenserklärung kann nur binnen Jahresfrist erfolgen.**

[II] **Die Frist beginnt im Falle der arglistigen Täuschung mit dem Zeitpunkt, in welchem der Anfechtungsberechtigte die Täuschung entdeckt, im Falle der Drohung mit dem Zeitpunkt, in welchem die Zwangslage aufhört. Auf den Lauf der Frist finden die für die Verjährung geltenden Vorschriften des § 203 Abs. 2 und der §§ 206, 207 entsprechende Anwendung.**

[III] **Die Anfechtung ist ausgeschlossen, wenn seit der Abgabe der Willenserklärung dreißig Jahre verstrichen sind.**

1 **1) Allgemeines.** Die Fr des § 124 sind AusschlFr. Ihre Einhaltg ist im Proz vAw zu beachten. VerjRegeln finden nur iRv § 124 II 2 Anwendg. Der Ablauf der Fr des § 124 schließt sonstige Anspr des Getäuschten (Bedrohten) nicht aus. Erfüllt die Täuschg (Drohg) den Tatbestd einer unerl Hdlg, kann der Getäuschte dem VertrGegner auch nach Ablauf der AnfFr die Einrede aus § 853 entgghalten (BGH NJW **69**, 604). Stellt die Täuschg (Drohg) zugl eine c. i. c. dar (§ 123 Rn 27), bleibt der Anspr aus diesem RGrd auch nach Ablauf der AnfFr bestehen (BGH NJW **62**, 1196, **84**, 2814, **97**, 254). Dagg kann ein dch FrAblauf erloschenes AnfR nicht ow aGrd des § 242 weiterhin geltd gemacht w (BGH NJW **69**, 604). – Die Fr des § 124 gilt auch für die Anf von ArbVertr (BAG DB **84**, 298). Die Anf kann aber gem § 242 ausgeschl sein, falls der AnfGrd für die VertrDchführg keine Bedeutg mehr hat (BAG NJW **70**, 1565).

2 **2) Die Anfechtungsfrist. – a)** Sie **beginnt** iF der Täuschg, sobald der AnfBerecht vom Irrt u vom argl Verhalten des and Teils Kenntn erlangt hat. Ein bloßer Verdacht od Kennenmüssen genügt nicht (BGH WM **73**, 751). Nicht erforderl ist, daß der AnfBerecht alle Einzelh der Täuschg kennt, der GesEindruck entscheidet (RG JW **38**, 2202, s auch § 121 Rn 2). Im Fall der Drohg beginnt die AnfFr mit dem Aufhören der Zwangslage. Diese endet mit Eintritt des angedrohten Übels (s RG **90**, 411), od dadch, daß mit dem Eintritt des Übels nicht mehr ernsth zu rechnen ist (s RG **60**, 374). Dabei ist vom subj Standpunkt des Bedrohten
3 auszugehen. – **b)** Bei **nicht empfangsbedürftigen** WillErkl (Bsp: Auslobg) beginnt die AnfFr erst, wenn ein
4 AnfGegner (§ 143 Rn 7) vorhanden ist (allgM). – **c) Fristberechnung** s §§ 186 ff; Hemmg der Fr nach § 124 II 2 wg höherer Gewalt, fehlder GeschFgk u Erbgangs s bei §§ 203 II, 206 u § 207. Die AnfFr wird nur gewahrt, wenn die AnfErkl vor FrAblauf zugeht; § 121 I S 2 ist nicht entspr anwendb. – **d)** Zur Fr des § 124 III s § 121 Rn 5.

5 **3)** Der AnfGegner trägt für alle Voraussetzgen des Erlöschens des AnfR die **Beweislast;** er muß daher auch beweisen, wann der AnfBerecht von der argl Täuschg Kenntn erlangt hat (BGH NJW **92**, 2346).

125 *Nichtigkeit wegen Formmangels.* **Ein Rechtsgeschäft, welches der durch Gesetz vorgeschriebenen Form ermangelt, ist nichtig. Der Mangel der durch Rechtsgeschäft bestimmten Form hat im Zweifel gleichfalls Nichtigkeit zur Folge.**

1 **1) Allgemeines. – a)** RGesch bedürfen grdsl keiner Form. Das Ges erleichtert damit den RVerk u trägt den Gegebenh des modernen Güter- u Leistgsaustausches Rechng. Soweit das Ges den **Grundsatz der Formfreiheit** einschr, verfolgt es idR den Zweck, den Erklärden wg der Risiken des Gesch vor übereilten Bindgen zu schützen **(Warnfunktion)** od klarzustellen, ob u mit welchem Inh das Gesch zustande gekommen ist **(Klarstellungs- und Beweisfunktion).** Typischerw verfolgt das Formerfordern beide Zwecke. Die not Beurk soll darü hinaus eine sachkund Beratg u Belehrg der Beteil sicherstellen **(Beratungsfunktion).** Ausnw kann die FormVorschr auch den Zweck haben, eine wirks behördl Überwachg zu gewährleisten **(Kontroll-**

funktion). Ein Bsp war der zum 1. 1. 99 aufgehobene GWB 34 (Bechtold NJW **98**, 2769/2771). Die gesetzl FormVorschr sind aber ggü dem zGrde liegden Schutzzweck verselbständigt. Sie gelten auch dann, wenn ihr Zweck im Einzelfall auf and Weise erreicht worden ist (s BGH **16**, 334, **53**, 189/194 zu § 313, MüKo/ Förschler Rn 5).

b) Das Ges unterscheidet folgde **Arten der Formen:** 1. Schriftform (§ 126). 2. Notarielle Beurk (§ 128). 2 Teilw w zusätzl die gleichzeit Anwesenh der Beteil gefordert, so beim EheVertr (§ 1410) u beim ErbVertr (§ 2276). 3. Öffentl Beglaubigg der Unterschrift (§ 129). Daneben gibt es einz bes Formen, so für die Aufl (§ 925), das eigenhänd Test (§ 2231) u die Eheschließg (§ 1310). Bei rechtsgeschäftl Formabreden können die Part die einzuhaltde Form frei bestimmen, sie vereinb aber idR eine der gesetzl Formen.

c) Anwendungsbereich. § 125 gilt für alle FormVorschr des PrivR. Nicht unter § 125 fallen aber 3 Regelgen, die, wie das NachweisG u and arbeitsrechtl Vorschr, bestimmen, daß nach Vertragsschluß über die wesentl VertrBdggen eine Urk zu errichten ist (s Grünberger NJW **95**, 2809). Im öffR ist § 125 entspr anzuwenden. VerpflErkl der **Gemeinden** bedürfen nach dem GemO der Länder idR der Schriftform, der eigenhänd Unterzeichng dch ein od zwei best Organwalter u zT noch weiterer Förmlichk (Beifügg des Dienstsiegels od der Amtsbezeichng). Ausgen hiervon sind Gesch der laufden Verw (s hierzu BGH **14**, 89/93, **21**, 59/63, **32**, 375, Celle OLGZ **76**, 440). Bei Darl u ähnl Gesch ist idR außerdem eine Gen der AufsBeh erforderl (s GemO *BaWü* §§ 54, 94; *Bay* Art 38 II, 71–73; *Hess* §§ 71 II, 109 III; *Nds* §§ 63, 100; *NRW* §§ 56, 80; *RhPfl* § 49; *Saarl* §§ 57, 94; *SchlH* §§ 50, 57, 61, 93). Diese Bestimmgen sind nicht als Formvorschriften aufzufassen, da der Landesgesetzgeber keine Kompetenz zum Erlaß von Formvorschriften hat (EG 55, 3). Sie stellen vielmehr **Zuständigkeitsregelungen** (Regelgen der Vertretg) dar. Ihre Beachtg ist Voraus- 4 setzg dafür, daß die GemOrgane wirks als Vertreter handeln können; ihre Nichteinhaltg führt daher nicht zur Anwendg des § 125, sond der §§ 177 ff (BGH **32**, 375/380, **97**, 224, NJW **98**, 3058, BAG **AP** Nr 7, aA Ludwig/Lange NVwZ **99**, 136, s § 178 Rn 7 u zur Gen der AufsBeh Einf 5 v § 164). Fehlt das Dienstsiegel, kann die Urk zurückgewiesen w. Geschieht das nicht, ist das Fehlen des Siegels privatrechtl unschädl (BAG NVwZ **88**, 1165). Ähnl scheinb als FormVorschr ausgestaltete ZuständigkRegelgen bestehen für and öffr Körpersch, so auch für KirchenGem (Hamm NJW-RR **92**, 1402, Köln NJW-RR **94**, 211, Einf 5 v § 164). Soweit sie Sparkassen betreffen, handelt es sich aber um wirkl FormVorschr, deren RGrdl EG 99 ist (BGH WM **78**, 895, NJW **58**, 866).

d) Trotz Fehlens der vorgeschriebenen Förmlichk kann die Körpersch ausnw nach **Treu u Glauben** an 5 der abgegebenen Erkl festgehalten w. Dabei ist zu unterscheiden: – **aa)** Sind für die Körpersch unzust Organe aufgetreten od fehlt eine Gen, bindet die Erkl nicht, da öffr ZustdgkRegelgen nicht unter Berufg auf § 242 außer acht gelassen w können (BGH **47**, 30/39, **92**, 162/174, NJW **95**, 3389). Nur im ArbR kann der ZustdgkMangel ausnw im Interesse des ArbNSchutzes gem § 242 unbeachtl sein (BAG JVBl **71**, 275, **AP** BAT 22, 23 Nr 34). Die Grds der Ansch- od DuldgsVollm sind nur anwendb, wenn das duldende Organ nach der bestehden ZuständigkOrdng in der Lage ist, für die VertreterHdlg eine formlose Vollm zu erteilen (§ 173 Rn 10). Unabhäng hiervon kann die Körpersch aus c. i. c. (BGH **6**, 330/333, § 276 Rn 92) od HGB 354 haften (BGH **LM** HGB 354 Nr 5), aus c. i. c. aber nur auf das negative Interesse (BGH NJW-RR **92**, 1435). – **bb)** Sind die zust Organe aufgetreten u fehlen ledigl sonst Förmlichk (Schriftform), sind die Grds über die Einschrkg der Formnichtigk dch § 242 entspr anwendb (BGH **21**, 59/65, NJW **73**, 1494). Zwar handelt es sich nicht um einen Formmangel im eigentl Sinn (s Rn 4), die Interessenlage ist aber dieselbe (BGH NJW **80**, 117, **84**, 607, **98**, 3058). Die Körpersch ist daher ausnw gebunden, wenn es bei Würdigg aller Umst untragb wäre, den Vertr an der Nichtbeachtg der vorgeschr Förmlichk scheitern zu lassen (Rn 16).

2) Voraussetzungen und Umfang des Formzwanges. – a) Ges iSv § 125 S 1 ist **jede Rechtsnorm** 6 (EG 2). Die Länder können für VerpflErkl von Sparkassen FormVorschr erlassen (BGH WM **78**, 895), nicht aber für den Bereich des NachbarschR (Hamm NJW-RR **86**, 239, Fullenkamp/König BauR **86**, 157). Zu den gesetzl FormVorschr gehören auch die tarifvertragl Bestimmgen, die für den VertrSchl (BAG NJW **58**, 397, **AP** BAT § 4 Nr 1, DB **77**, 2145) od die Künd (BAG JZ **78**, 317) die Schriftform vorschreiben. Zu prüfen ist aber jeweils, ob der TarifVertr nicht ledigl einen Anspr auf schriftl Festlegg der getroffenen Vereinbg begründen u die Wirksamk der mdl Abrede unberührt lassen will (BAG BB **55**, 669, „deklaratorische Schriftform"). – **b)** Das Formerfordern erstreckt sich auf das **Rechtsgeschäft im ganzen,** beim Vertr auf alle 7 Abreden, aus denen sich nach dem Willen der Part der VertrInh zussetzen soll (BGH **40**, 252/262, § 313 Rn 25), auch auf die Zusage einer Spende, wenn diese in Wahrh Teil der GgLeistg ist (BGH NJW-RR **94**, 778). Der Formzwang gilt auch für **Nebenabreden** (BGH DNotZ **66**, 737, **71**, 37, BAG DB **82**, 1417), sow sich nicht aus dem Zweck der FormVorschr, wie iF des GmbHG 55 I, etwas and ergibt (BGH NJW **77**, 1151). Voraussetzg ist jedoch, daß die Nebenabrede VertrInh w soll. Abreden, von denen anzunehmen ist, daß die Part auch ohne sie abgeschl hätten, sind in entspr Anwendg von § 139 formfrei (BGH NJW **81**, 222, Rn 15 aE). Unschädl ist die Nichteinhaltg der Form daher insb dann, wenn sich die RFolge der formnichtigen Nebenabrede bereits aus dem Ges, etwa dem Grds von Treu u Glauben, ergibt (s BGH **53**, 304/308, **84**, 125). Verbinden die Part **mehrere Rechtsgeschäfte,** von denen eines formbedürft ist, rechtl zu einem Gesch, so ist dieses insg formbedürft (BGH **78**, 346/349, **84**, 322, § 313 Rn 32 ff, zu Ehe- u ErbVertr vgl aber Kanzleiter NJW **97**, 217 u § 1410 Rn 2 u § 2276 Rn 13). In den Fällen der §§ 518, 766, 780, 781, 1154 unterliegt dagg nur die WillErkl einer VertrPart der Form. Bei der Abgrenzg des Umfangs des Formzwanges kommt neben dem RGeschTyp auch dem jeweil Zweck der FormVorschr wesentl Bedeutg zu (Kanzleiter DNotZ **94**, 275). Zur **Auslegung** von formbedürft RGesch u zum Grds *falsa demonstratio non nocet* s § 133 Rn 19. – **c)** Der gesetzl Formzwang gilt grdsl auch für spätere **Änderungen** u Ergänzgen (BGH 8 NJW **74**, 271, § 313 Rn 39), nicht aber für die Zustimmg zu einer VertrÜbern (BGH **LM** § 127 Nr 9). Beim gerichtl Vergl soll auch für die Verlängerg der WiderrFr Formzwang bestehen (LG Bonn NJW-RR **98**, 427, aA Schneider MDR **97**, 904). War nur die Erkl einer Part formbedürft (Schenkg, Bürgsch), können deren Verpfl aber formlos eingeschränkt w (BGH NJW **68**, 393). Die **Aufhebung** eines formbedürft RGesch ist, abgesehen von den Fällen des ErbVertr (§ 2290 IV) u des ErbVerzichts (§ 2351), formlos gült (BGH **83**, 395, BAG BB **77**, 94, Karlsr NJW-RR **94**, 1414, Naumbg NZG **99**, 111, s aber § 313 Rn 39). – **d)** Der 9

Vorvertrag zu einem formbedürft RGesch unterliegt grdsl dem Formzwang (BGH **61**, 48, Einf 20 v § 145); dagg sind die Vollm u die Zust zu einem formbedürft RGesch grdsl formfrei (§§ 167 II, 182 II).

10 **3) Rechtsfolge. – a)** Die Nichteinhaltg einer gesetzl FormVorschr macht das RGesch grdsl **nichtig** (s Übbl 27 v § 104). Bei vollzogenen Gesellsch- u ArbVertr wirkt die Geltdmachg der Formnichtigk aber nur ex nunc (BGH **8**, 157/165 u BAG NJW **58**, 397). Betrifft die Formnichtigk nur einen Teil des RGesch, ist gem § 139 iZw das GesGesch nichtig (BGH **69**, 266). Keine Nichtigk tritt bei Verletzg der Formvorschriften
11 der §§ 566, 585 a, 1154 ein (s dort). – **b)** Der Formmangel wird nach ausdr Vorschr iF der §§ 313, 518, 766, 2301, GmbHG 15 IV, ZPO 1027 I dch Erf **geheilt,** s auch die Sonderregelg in VerbrKrG 6 II u III. Die Heilg erstreckt sich auf den ges Inh des Vertr (BGH NJW **74**, 136, **78**, 1577); sie hat keine rückwirkde Kraft, die Part haben sich jedoch in entspr Anwendg des § 141 II iZw das zu gewähren, was sie haben würden, wenn der Vertr von Anfang an gült gewesen wäre (BGH **32**, 11, **54**, 56/63). Ein allg RGrds, daß formungült RGesch stets dch Erf geheilt w, läßt sich aus den auf einer unterschiedl *ratio legis* beruhden HeilgsVorschr nicht ableiten (RG **137**, 175, BGH NJW **67**, 1128, MüKo/Förschler Rn 40, § 313 Rn 54, str).

12 **4) Vereinbarte Form (Satz 2). – a)** Bei rgeschäftl FormVorschr ist ihre Tragweite dch **Auslegung** (§§ 133, 157) zu ermitteln. Soll die FormVorschr ledigl der BewSicherg od Klarstellg dienen, ist das RGesch auch bei Nichteinhaltg der Form wirks; es besteht aber ein Anspr auf Nachholg der Form (MüKo/Förschler Rn 82). Im HandelsVerk kann die Abrede, der Vertr solle schriftl bestätigt w, ledigl deklarator Bedeutg haben (BGH NJW **64**, 1269). Bei der OHG u KG hat der SchriftformVorbeh für ÄndVertr idR nur Klarstellgsfunktion (BGH **49**, 364). Das ist insb dann anzunehmen, wenn der GesellschVertr für VertrÄnd einen Mehrh-Beschl genügen läßt (van Venrooy NJW **78**, 766 gg Düss NJW **77**, 2216). Bestimmt der BauVertr, daß für BürgschErkl ein bes Vordruck zu verwenden ist, so stellt dies für den Bü keine FormVorschr iSd § 125 dar (BGH NJW **86**, 1681). Ist vertragl eine Künd dch eingeschriebenen Brief vorgesehen, ist zu unterscheiden: Die Schriftform hat iZw konstitutive Bedeutg, die Übermittlgsform dagg nur BewFunktion (RG **77**, 70, BAG **AP** Nr 8, Ffm NJW-RR **99**, 955). Es genügt daher, daß die Künd schriftl od per Fax zugeht (Ffm aaO). Führt die Auslegg der FormVorschr zu keinem Ergebn, ist gem § 125 S 2 davon auszugehen, daß die vereinb Form WirksamkVoraussetzg für das RGesch ist (ebso § 154 II). Bes gilt für **Schriftformklauseln in AGB.** Sie sind wg des Vorrangs der Individualabrede ggü mdl Vereinbgen ohne Wirkg (AGBG 4 Rn 5, sehr str). –
13 **b)** Das rgeschäftl Formerfordern erstreckt sich, wenn die Part nicht abw vereinb haben, auf das **Rechtsgeschäft im ganzen,** einschließl aller Nebenabreden (Soergel-Hefermehl Rn 32). Es gilt auch für Vertragsänderungen (s aber Rn 14), nicht aber für die Aufhebg des Vertr (s Rn 8, für MietVertr aA Sternel Rn 341), da der rgeschäftl Formzwang nach dem PartWillen nicht weiter reichen soll als der gesetzl. Ob der VorVertr
14 formgebunden ist, ist dch Auslegg der Formabrede zu ermitteln (BGH NJW **58**, 1281).– **c)** Die Part können den vereinb Formzwang jederzeit – auch **formlos – aufheben** (BGH **66**, 378/380, BAG **AP** § 127 Nr 1). Als *actus contrarius* zur formfreien Begründg des Formzwanges ist die Aufhebg der Formabrede gleichfalls formfrei (MüKo/Förschler Rn 77). Eine stillschw Aufhebg ist anzunehmen, wenn die Part die Maßgeblichk der mdl Vereinbg übereinstimmd gewollt haben (BGH NJW **62**, 1908, WM **82**, 902, BAG NJW **89**, 2149). Das gilt auch dann, wenn sie an den Formzwang nicht gedacht haben (BGH **71**, 162/164, NJW **65**, 293, **75**, 1653, BAG FamRZ **84**, 692, aA BFH NJW **97**, 1327, der einen Aufhebgswillen verlangt, ebso wohl auch BGH NJW-RR **91**, 1289). Die mdl Vereinbg ist auch dann wirks, wenn der Vertr für die Aufhebg der Formabrede ausdr Formzwang vorsieht (Häsemeyer JuS **80**, 1/8, Soergel-Hefermehl Rn 33, Erm- Brox Rn 8; aA BGH **66**, 378, BFH BStBl II **91**, 934). Die Part können nicht für die Zukunft auf ihre VertrFreih verzichten; das von ihnen zuletzt Vereinbarte hat ggü fr Abreden den Vorrang. Im Ergebn ist der vereinb Formzwang daher ggü späteren mdl Abreden wirkgslos u § 125 S 2 weitgehd leerlaufd. Erforderl ist aber eine beiderseits als verbindl gewollte Übereinkunft. Eine solche liegt (noch) nicht vor, wenn die mdl getroffene Abrede von einer Part schriftl bestätigt w soll (BGH NJW **68**, 32), wenn zu der mdl Abrede die Zust des Vertretenen eingeholt w soll (Hamm MDR **74**, 577) od wenn der ArbN eine mdl erklärte, nach dem ArbVertr aber formbedürft Künd widerspruchslos entggnimmt (BAG JZ **78**, 317, Kliemt DB **93**, 1874, aA MüKo/ Förschler § 127 Rn 7).Sieht der ArbG im Vertrauen auf das Verhalten des ArbN davon ab, die schriftl Künd zu übergeben, kann sich der ArbN aber wg des Verbots widrsprüchl Verhaltens nicht nachträgl auf die
14 a Unwirksamk der Künd berufen. – **d)** Wer sich auf die Änd eines Vertr beruft, die nicht in der vereinb Form vollzogen worden ist, muß die VertrÄnd u die Aufhebg des Formzwanges **beweisen.** Ist der Vertr längere Zeit hindch zu abgeänderten Bdggen dchgeführt worden, besteht aber uU eine tatsächl Vermutg für den Abschl eines ÄndVertr (BGH **LM** § 305 Nr 17, HGB 105 Nr 22, Ffm MDR **81**, 498).

15 **5)** Die über ein RGesch aufgenommene Urk hat die Vermutg der **Richtigkeit und Vollständigkeit** für sich (BGH NJW **80**, 1680, **91**, 1750). Sie erstreckt sich bei formgebundenen Vertr auf alle Abreden, für die Formzwang besteht (BGH NJW-RR **98**, 1470), gilt aber auch für Urk, die nur zu BewZwecken errichtet w (MüKo/Förschler Rn 26). Die Vermutg betrifft ledigl die getroffene Vereinbg nicht aber das Datum (BGH NJW-RR **90**, 737, aA Mayer/Mayer ZZP **105**, 287) u die bei VertrSchl gegebenen Hinw u Informationen (BGH DNotZ **86**, 78, angebl and, soweit es beim Gebrauchtwagenkauf um den Hinw auf einen fr Totalschaden geht, Dresd DAR **99**, 68). Sie ist widerlegl; an den Bew der Unrichtigk od Unvollständigk sind aber strenge Anfordergen zu stellen. Die Vermutg ist entkräftet, wenn die Part unstr eine Nebenabrede getroffen haben (BGH NJW **89**, 898). Nicht ausr ist dagg der Bew, daß währd der VorVhlgen über einen best Punkt Einigk bestand. Es muß nachgewiesen w, daß die Part die Abrede auch noch bei Errichtg der Urk als VertrBestandt wollten (RG Warn **18** Nr 50). Wird dieser Bew erbracht, ist hins der RFolgen zu unterscheiden: Hat die Nebenabrede im UrkInh einen gewissen Niederschlag gefunden (§ 133 Rn 19) ist der Vertr einschließl der Nebenabrede gült. Ist das nicht der Fall, ist bei gesetzl Formzwang iZw das ges RGesch gem § 139 nichtig; dagg ist bei rgeschäftl Formabreden entspr Rn 14 idR die Gültigk des RGesch u der Nebenabrede anzunehmen. Zur **Auslegung** formbedürft RGesch s § 133 Rn 19.

16 **6) Formnichtigkeit und Treu und Glauben. – A) Allgemeines.** Gesetzl FormVorschr dürfen im Interesse der RSicherh nicht aus bloßen BilligkErwäggen außer acht gelassen w (BGH **45**, 179, **92**, 164/172, NJW **77**, 2072). Ausn sind nur zul, wenn es nach den Beziehgen der Part u den gesamten Umst mit Treu u

Glauben unvereinb wäre, das RGesch am Formmangel scheitern zu lassen; das Ergebn muß – nach einer von der Rspr ständ verwandten Formel – für die betroffene Part nicht bloß hart, sond schlechthin **untragbar** sein (BGH **29**, 6/10, **48**, 396/398, **138**, 339/348). Ist das der Fall, ist das RGesch als gült zu behandeln, es besteht ein ErfAnspr (BGH **23**, 249/255). Die Einschränkg des § 125 dch § 242 ist vAw zu beachten (BGH **16**, 334/337, **29**, 6/12); das formwidrige RGesch darf aber nicht gg den erklärten Willen der schutzbedürft Part aufrechterhalten w (MüKo/Förschler Rn 54). Die Umst, die für die Aufrechterhaltg des RGesch sprechen, sind von dem zu **beweisen,** der aus dem RGesch Rechte herleiten will (BGH **LM** § 242 (Ca) Nr 13).

B) Anwendungsbereich. Der Grds, daß der Formmangel ausnw gem § 242 unschädl sein kann, ist von der Rspr zu § 313 herausgebildet worden. Er gilt aber auch für and FormVorschr (s Rn 27), so für § 566 (BGH **LM** § 566 Nr 15, NJW-RR **86**, 944); § 766 (BGH **26**, 142); GmbHG 15 IV (BGH **35**, 272); tarifvertragl FormVorschr (BAG DB **82**, 1417); Form des ProzVergl (BAG NJW **70**, 349); Form der MieterhöhgsErkl (BGH **LM** Nr 32, BayObLG NJW **82**, 1293); AO 46 III (FinG Ba-Wü NJW-RR **87**, 627); rgeschäftl vereinbarte Form (BGH **LM** § 127 Nr 2, NJW-RR **87**, 1073). Im formstrengen Erb- u WertpapierR u bei formbedürft Vfgen können Formmängel dagg nicht dch Anwendg des § 242 korrigiert w (Stgt NJW **89**, 2700). Ist in einem Vergl unter WiderrufsVorbeh best, daß der Widerruf dch Einreichg eines Schriftsatzes bei Ger zu erfolgen hat, wird die Part, die mdl ggü dem Gegner widerruft, nicht dch § 242 geschützt (BAG NJW **98**, 2844). Zur Anwendg des § 242 bei Form- u ZustdgkMängeln von RGesch der öff Hand s Rn 5. 17

C) Voraussetzungen und Grenzen. – a) Es muß ein, abgesehen vom Formmangel, gült RGesch vorliegen. Sein Inh muß daher **hinreichend bestimmt** sein (BGH **45**, 179/183). Ein Vertr muß mindestens den Anfordergen eines VorVertr (Einf 19 v § 145) entspr; uU können die §§ 315 ff anwendb sein. – 18
b) Schutzwürdiges Vertrauen. Die Part, die am RGesch festhalten will, muß auf die Formgültigk vertraut h. § 242 ist daher unanwendb, wenn beide Part den **Formmangel kannten** (BGH NJW **69**, 1167, **73**, 1455, **LM** § 313 Nr 23 S 3 R, Hamm MDR **88**, 860). Das gilt auch dann, wenn der eine Teil unter Hinw auf seine berufl u soziale Stellg die Erf des formungült Vertr bes zugesichert hatte (RG **117**, 124, MüKo/Förschler Rn 60, aA BGH **48**, 396). Bei einem beiderseit gesetzw Verhalten, etwa iF eines Schwarzkaufs, ist § 242 unanwendb (BGH NJW **80**, 451). Auch grobfahrl Unkenntn verdient keinen Schutz. Für das Kennen u Kennenmüssen von Vertretern u VhdlgsGehilfen gilt § 166. Wer bei den Vhdlgen dch einen Juristen vertreten w, kann sich daher idR nicht auf § 242 berufen (BGH DNotZ **79**, 332). – **c) Erforderlichkeit.** Die Berücksichtigg des Formmangels muß zu einem untragb Ergebn führen (Rn 16). Das ist nicht der Fall, wenn der bei einem nichtigen Vertr bestehde RSchutz (Anspruch aus c. i. c. u § 812) die berecht Interessen der schutzbedürft Part ausreichd sichert (BGH **12**, 286/304, **16**, 334, NJW **65**, 812). 19 20

D) Fallgruppen. Die Formel der Rspr, nur bei schlechth unerträgl Ergebn dürfe § 125 dch § 242 korrigiert w, hat, wie die Lit mit Recht beanstandet (Medicus AT Rn 630, Larenz SchR I § 10 III), wenig Unterscheidgskraft u bedarf einer **tatbestandlichen Konkretisierung** dch Ausbildg von Fallgruppen: 21
a) Arglist. Hat eine Part die and von der Wahrg der Form abgehalten, um sich später auf den Formmangel berufen zu können, ist der Vertr als gült anzusehen (RG **96**, 315, BGH NJW **69**, 1167, BauR **92**, 510, im Ergebn allgM, zT w der ErfAnspr aber aus § 826 od c. i. c. iVm § 249 S 1 hergeleitet, s Medicus AT Rn 631). Dagg genügt es zur Anwendg des § 242 nicht, daß eine Part den Formmangel schuldlos verurs hat (BGH NJW **77**, 2072, and BGH **LM** Nr 32 Bl 3 für eine MietErhöhgsErkl). Auch die schuldh, nicht arglistige Verursachg des Formmangels reicht nicht aus, um die NichtigkFolge zurücktreten zu lassen (BGH NJW **65**, 812, **69**, 1167, sehr str, aA RG **107**, 362, **117**, 124, BGH DNotZ **73**, 18). Es kann aber Rn 23 zutreffen; außerdem besteht uU ein auf das ErfInteresse gerichteter SchadErsAnspr wg c. i. c. (§ 276 Rn 101). 22

b) Schwere Treuepflichtverletzung. Sie kann nach einer sehr fallbezogenen, nicht widerspruchsfreien u kaum zu systematisierden BGHRspr ein UntragbarkGrd iSv Rn 16 sein. – **aa)** Der Formmangel tritt zurück, wenn eine Part in schwerwiegder Weise gg eine **Betreuungspflicht** verstoßen h u die NichtErf (Rückabwicklg) den and Teil schwer treffen würde. Das kann zu bejahen sein: bei einem formnichtigen Träger-SiedlerVertr (BGH **16**, 334, **45**, 179), bei einem privschriftl Vertr zw WoBauGenossensch u Mitgl (BGH NJW **72**, 1189), wenn der Beauftragte das mit Geld des AuftrG erworbene Grdst nicht übereignen will (BGH **85**, 245/251, **127**, 168/175); and liegt es aber bei einem Erwerb mit Mitteln des AuftrN (BGH NJW **96**, 1960). Keine gesteigerte BetreuungsPfl idS begründet ein Vertr zw Angeh (BGH NJW **75**, 43), ein zw den Beteiligten bestehdes GesellschVerhältn (BGH NJW **89**, 166), od der Vertr mit einem WoBauUntern im sozialen WoBau (BGH NJW **65**, 812, **69**, 1167, **LM** § 313 Nr 24). – **bb) Weitere Fälle.** Eine bes schwere TreuPflVerletzg kann zu bejahen sein, wenn der Verkäufer in argl Weise aus der Nichtbeurk einer Vorauszahlg Vorteile ziehen will (BGH **85**, 315); wenn die Stadt die weitere Durchführg eines KooperationsVertr ablehnt, obwohl sie sich in 276 Fällen nicht auf den Formmangel berufen u der and Teil erhebl Aufwendgen gemacht hat (BGH **92**, 164/172); wenn der dch eine formunwirks behördl Zusage Begünstigte mehrfach GrdBesitz an die öff Hand abgegeben h (BGH DNotZ **72**, 526); wenn ein Bediensteter der verkaufden Gem den Formmangel verursacht hat (BezG Potsdam VersR **92**, 1525); wenn den Verwandten des ErbbBerecht, die das Grdst in Erwartg künft MitErwerbs mitbebaut u bezogen haben, verschwiegen worden ist, daß das ErbbR bereits auf den Namen des Berecht eingetragen ist (BGH NJW **70**, 2210); wenn eine Part in schwerwiegder Weise gg das Verbot des *venire contra factum proprium* verstoßen hat (so wohl BGH **29**, 6/12), etwa dadch, daß er die Erf der von ihm übernommenen Verpfl verweigert, nachdem er die Vorteile der formunwirks Vereinbg in Anspr genommen hat (BGH NJW **96**, 2503); wenn eine Part das aGrd eines ordngsmäß beurk Vertr abgegebene Schuldanerkenntn nicht gelten lassen will (BGH NJW **88**, 130). Zur Anwendg des § 242 genügt dagg ein Verstoß gg die gesellschaftsr TreuePfl nicht (BGH NJW **89**, 166). 23 24

c) Existenzgefährdung. Der Formmangel tritt gem § 242 zurück, wenn die Rückabwicklg (NichtErf) des Vertr dazu führen würde, daß die wirtschaftl Existenz einer Part, die gutgl auf die Wirksamk des RGesch vertraut h, gefährdet od vernichtet würde (Mattern WM **72**, 678). Dieser zunächst für das HöfeR entwickelte RGrds (Rn 26) gilt für alle RGebiete (BGH **85**, 315, NJW **72**, 1189). Seine prakt Bedeutg ist aber gering, da die Existenzgefährdg idR schon dch die Anspr aus § 812 od c. i. c. ausgeschl w. Er kann anwendb sein, wenn der Verkäufer den Kaufpreis verbraucht hat u zahlgsunfähig ist (BGH **LM** § 313 Nr 13). 25

26 **d) Höferecht.** In seiner Rspr zum HöfeR hat der BGH anerkannt, daß in der Übertragg der Bewirtschaftg des Hofes auf einen Abkömmling eine trotz des Formmangels wirks Hoferbenbestimmg liegen kann (BGH **12**, 286, **23**, 249, **47**, 184). Diese Rspr hat der GesGeber 1976 dch nF des § 7 HöfeO übernommen. Sie kann aber bei Sachverhalten, die von § 7 HöfeO nicht erfaßt w, weiter von Bedeutg sein (s BGH **73**, 324, **87**, 237, **119**, 387).

27 **e) Formmangel außerhalb des Anwendungsbereichs des § 313.** Bei der Beurteilg sind auch der Zweck u die Bedeutg der FormVorschr zu berücksichtigen (BGH **LM** § 566 Nr 15). Ist nicht § 313, sond eine and FormVorschr verletzt, tritt der Formmangel uU schon dann zurück, wenn die Part den Vertr längere Zeit als gültig behandelt haben u der and Teil daraus **erhebliche Vorteile** gezogen hat, so etwa bei der Bürgsch (BGH **26**, 142/151, **121**, 224/233, NJW **96**, 1467), beim ProzVergl (BAG NJW **70**, 349), bei arbvertragl Abreden (BAG DB **72**, 1492) u bei öffr Vertr (OVG Lünebg NJW **92**, 1404). Entspricht eine Vereinbg über eine Erhöhg od Ermäßigg der gesetzl Vergütg nicht der vorgeschr Form, ist § 242, wenn nicht bes Umst vorliegen, schon deshalb unanwendb, weil das Festhalten an der Regelvergütg nicht untragb ist (KG NJW-RR **94**, 1298, Stgt MDR **99**, 120). Ist eine Bürgsch für ein ScheinGesch gegeben worden, kann der Gläub für das verdeckte Gesch aus § 242 keine Rechte herleiten (BGH WM **91**, 536). Bei MieterhöhgsErkl ist der allein vom and Teil verursachte Formfehler unschädl (BGH **LM** Nr 32); der Mieter verstößt aber nicht gg § 242, wenn er im RStreit (nachträgl) geltd macht, die Erkl genüge nicht den Anfordergen eines neuen REntscheids (BayObLG NJW **82**, 1292). Bei rgeschäftl vereinbarter Form schadet der Formverstoß nicht, wenn der RSchein eines wirks Vertr entstanden ist (BGH NJW-RR **87**, 1073).

126 *Gesetzliche Schriftform.* [I] **Ist durch Gesetz schriftliche Form vorgeschrieben, so muß die Urkunde von dem Aussteller eigenhändig durch Namensunterschrift oder mittels notariell beglaubigten Handzeichens unterzeichnet werden.**

[II] **Bei einem Vertrage muß die Unterzeichnung der Parteien auf derselben Urkunde erfolgen. Werden über den Vertrag mehrere gleichlautende Urkunden aufgenommen, so genügt es, wenn jede Partei die für die andere Partei bestimmte Urkunde unterzeichnet.**

[III] **Die schriftliche Form wird durch die notarielle Beurkundung ersetzt.**

1 **1) Allgemeines** (s zunächst § 125 Rn 1). § 126 gilt für alle Fälle, in denen das BGB od eine sonst Vorschr des PrivR die Schriftform vorschreibt (RG VZ **74**, 70, für Beschränkg auf RGesch Köhler AcP **182**, 151). Dazu gehören im BGB die §§ 32 II, 37 I, 81 I, 111 S 2, 368, 409, 410, 416 II, 556 a V, 564 a I 1, 566, 585 a, 594 f, 761, 766, 780 ff, 793 ff, 1154. Außerhalb des BGB ist die Schriftform ua vorgeschrieben im VerbrKrG 4; AktG 32 I; 122, 166 I; BBiG 15 III (BAG **AP** BBiG 15 Nr 1), BKleingartenG 6 (BGH NJW-RR **87**, 395); BJagdG 11; BRAGO 3 I; FernUSG 3; GenG 5, 11 II 1, 93 i III; BauGB 11 III; HGB 363; HOAI 4 II; RSiedlG 23; TVG 1 II; BetrVG 77 II; AÜG 12 I; AVBWasserV 32 IV 1 (AG Kulmbach NJW-RR **86**, 1180). Da der TarifVertr RNorm ist, fällt auch die dch TarifVertr best Schriftform unter § 126 (§ 125 Rn 6). Die Nichteinhaltg des NachweisG v 20. 7. 95 (BGBl I 946) läßt dagg die Wirksamk des ArbVertr unberührt (BAG NJW **98**, 922). Gem VwVfG 62, 57 gilt § 126 auch für öffr Vertr (OVG Lünebg NJW **92**, 1405, str, s OVG Saarlouis NJW **93**, 1612), nicht aber sonst im öffR, auch nicht im ProzR (s BGH **24**, 297/300). Auch soweit das Recht der EU Schriftformerfordern bestimmt, ist § 126 unanwendb (BGH NJW **83**, 519).

2 **2) Urkunde. – a)** Sie muß schriftl abgefaßt sein, gleichgült ist jedoch, wie sie hergestellt w. Sie kann von der Part od einem Dr mit der Hand od der Maschine geschrieben, gedruckt od vervielfältigt w. Unbedenkl ist auch die Benutzg einer unwirks gewordenen alten Urk (RG **78**, 31). Nicht notw ist die Abfassg in dtscher Sprache; die Urk kann in jeder lebden od toten Sprache errichtet w (Brdbg NJW-RR **99**, 543, MüKo/Förschler Rn 7). Gleichgült ist auch das Material der Urk, vorausgesetzt, es kann Schriftzeichen dauerh festhalten (s RG DJZ **15**, 594: Test auf Schiefertafel). Die Angabe von Ort u Zeit der Abfassg ist nicht
3 erforderl. – **b)** Die Urk muß das **gesamte** formbedürft **Rechtsgeschäft** enthalten (RG **136**, 424, BGH **LM** Nr 7 Bl 2, § 125 Rn 7). Welchen Mindestlnh die Urk haben muß, ist aus den einz FormVorschr zu entnehmen (BGH **76**, 187, BB **89**, 654 zu § 766). Dabei ist der Zweck der FormVorschr mit zu berücksichtigen (BGH **57**, 53 zu BRAGO 3); zT enthält das Ges auch ausdr Festleggen über den notw UrkInh (VerbrKrG 4, TzWrG 4). **Bezugnahmen** sind unzul, wenn sich für den VertrInh wesentl Angaben ausschließl aus Umst außerh der Urk ergeben (BGH WM **92**, 179, § 313 Rn 35). Der Formzwang erstreckt sich grdsl auf den ges Vertr einschließl aller Nebenabreden. Formfrei sind ledigl solche Abreden, die für das Überwachgs- u BeanstandgsR der KartellBeh ersichtl ohne Bedeutg sind (BGH **53**, 304, **54**, 145, **77**, 1, NJW-RR
4 **97**, 1537). – **c) Einheitlichkeit der Urkunde.** Das formbedürft RGesch muß in **einer** Urk enthalten sein. Besteht die Urk aus mehreren Blättern, muß deren ZusGehörigk erkennb gemacht werden (BGH **136**, 357). Dazu ist eine körperl Verbindg der einz Blätter nicht erforderl; es genügt, daß sich die Einh der Urk aus fortlaufder Paginierg, fortlaufder Numerierg der einz Bestimmgen, einheitl graphischer Gestaltg, inhaltl ZusHang des Textes od vergleichb Merkmalen zweifelsfrei ergibt (BGH **136**, 357 in ZusFassg u Fortentwicklg der bisherigen widersprvollen Rspr; ebso bereits BGH NJW **97**, 2182 zu GWB 34). Für § 566 gelten insoweit keine strengeren Anfordergen (BGH **136**, 357). Die Ergänzg der Urk dch Aufkleber (Düss NJW-RR **89**, 1330) od and Urk ist zul. Erforderl ist aber, daß die HauptUrk auf die ergänzde Urk Bezug nimmt (BGH **40**, 255/263) u die Zusammengehörigk der HauptUrk u der Anlagen zweifelsfrei feststeht (BGH NJW **99**, 1104). Einer körperl Verbindg bedarf es nicht mehr (BGH aaO); sie ist auch nicht mehr Voraussetzg dafür, daß der Vertr ohne bes Unterschrift auf der ErgänzgsUrk wirks ist (s KG NJW-RR **98**, 943, aA RG **148**, 351, BGH **40**, 255/263). Bei Anlagen, die ledigl unwesentl Nebenpkte betreffen od bloße Orientiergsbehelfe darstellen, ist es unschädl, wenn sie nicht mit der VertrUrk eine Einh bilden (BGH NJW **99**, 2591). Zu nachträgl gefertigten Anlagen s Jena OLG-NL **99**, 15. In TarifVertr sind Bezugnahmen auf nicht beigefügte u nicht bes unterschriebene anderweitige Regelgen zul, wenn diese eindeut bezeichnet u Irrt über das Ausmaß der Bezugnahme ausgeschl sind (BAG DB **81**, 374/375). Die Aufspaltg eines Vertr auf zwei Vereinbgen ist

unschädl, wenn beide eine wechselseit Bezugnahme enthalten (BGH **119**, 112/114; NJW **97**, 2954). Abgesehen vom Sonderfall des fr GWB 34 (BGH aaO) ist es aber auch ausreichd, daß der rechtl ZusHang in der zeitl später errichteten Urk verlautbart w (BGH **104**, 18/23). – **d)** Bei **Änderungsverträgen,** Vereinbgen über einen PartWechsel u Nachtragsvereinbgen ist die Schriftform gewahrt, wenn der ZweitVertr auf den ErstVertr Bezug nimmt u ihm eindeut zu entnehmen ist, daß es hins der nicht in die neue Urk aufgenommenen VertrBestandt bei dem fr Vereinbarten bleiben soll (BGH **42**, 333/338, **52**, 25, NJW **92**, 2283, **98**, 62, **99**, 2517).

3) § 126 fordert die eigenhänd **Unterzeichnung** der Urk dch den Aussteller. – **a)** Die Unterschrift muß den UrkText räuml **abschließen** (RG **52**, 280, BGH **113**, 48). Eine Unterschrift auf einer Unterschriftenleiste ist wirks, auch wenn sich erst aus dem Text unterhalb der Leiste ergibt, in welcher Eigensch der Erklärde unterschrieben hat (BGH NJW **95**, 43), nicht ausr ist dagg eine „Überschrift" (BGH **113**, 48, krit Köhler FS Schippel, 1996, 199) od eine Unterschrift am Rand od auf dem Briefumschlag (RG **110**, 168, vgl aber § 2247 Rn 15). Ist eine WillErkl in einem prozessualen Schriftsatz enthalten, genügt die Unterzeichng des Beglaubiggsvermerks (BGH NJW-RR **87**, 395). Nachträge müssen erneut unterschrieben w (BGH NJW-RR **90**, 518), nachträgl Änd oberhalb der Unterschrift w von dieser gedeckt, wenn die fr Unterschrift nach dem Willen der Part für den geänderten Inh Gültigk behalten soll (BGH NJW **94**, 2300). – **b)** Nicht erforderl ist, daß die Unterschr nach Fertigstellg des Textes geleistet w. Sie kann auch vorher als **Blankounterschrift** gegeben w (RG **78**, 26, BGH **22**, 128, stRspr), jedoch kann sich aus dem Schutzzweck der FormVorschr ergeben, daß die Ermächtigg zur Ausfüllg des Blanketts formbedürft ist, so iF der Bürgsch (BGH **132**, 119, ZIP **97**, 909, Keim NJW **96**, 2774, krit Pawlowski JZ **97**, 309) u des VerbrKrG 4 (BGH aaO, Derleder NJW **93**, 2401), nicht aber iF des Schecks od des Wechsels (Hbg NJW-RR **98**, 407; Fischer JuS **98**, 208). Die Bürgsch bleibt auch dann formunwirks, wenn der Gläub die vollst ausgefüllte Urk dem Bü vorlegt u dieser nicht widerspricht (Köln ZIP **98**, 150). BlankettErkl, denen eine gült Ermächtigg zu Grde liegt, werden erst mit Fertigstellg der vollst Urk wirks (RG **63**, 234, BGH **22**, 128/132, Hamm WM **84**, 829, s aber BGH **53**, 11 zum Blankowechsel). Zul ist es auch, den ErklText unter Beibehaltg der fr geleisteten Unterschrift auszutauschen (BayObLG **84**, 194). Zum AnfR s § 119 Rn 10. – **c)** Der Aussteller muß die Urk **eigenhändig** unterzeichnen. Eine Schreibhilfe ist zul, sofern der Aussteller ledigl unterstützt u der Schriftzug von seinem Willen best w (BGH **47**, 68, NJW **81**, 1900, BayObLG DNotZ **86**, 299). Bei nicht höchstpersönl Erkl ist eine weitergehde Schreibhilfe idR unschädl, da zu vermuten ist, daß der Aussteller den Schreibhelfer zur Unterzeichng bevollmächtigt hat (RG **81**, 2). Die Schriftart ist gleichgült; auch eine stenograf Unterschr genügt (MüKo/Förschler Rn 22). Unzul ist die Unterzeichng dch Stempel, Faksimile od sonst mechan Hilfsmittel (RG **74**, 341, BGH NJW **70**, 1078, **LM** GenG 93 i Nr 1, krit Köhler AcP **182**, 147). Auch eine **digitale Signatur** genügt nicht (Geis NJW **97**, 3000, Hohenegg/Tauschek BB **97**, 1541, Roßnagel NVwZ **98**, 1/5). Das SigG (Art 3 IuKDG v 22. 7. 97, BGBl I 1870) will die digitale Signatur zwar fälschgssicher machen: Siegelg mit einem priv Signaturschlüssel, der dch ein Zertifikat einer Zertifiziergsstelle einer best natürl Pers fest zugeordnet ist (Roßnagel NJW **99**, 1591, zu Haftgsfragen im Rahmen des SigG vgl Haas FS Heinrichs, 1998, 260). Es hat aber (noch) davon abgesehen, die digitale Signatur der eigenhänd Unterschr rechtl gleichzustellen (Malzer DNotZ **98**, 96/107). Ein Telegramm genügt der Schriftform trotz eigenhänd Unterzeichng des Aufgabetelegramms nicht, ebsowenig die Übermittlg einer Fernkopie dch Telefax (Rn 11). Zul sind mechanisch vervielfältigte Unterschriften bei InhSchVerschreibgen (§ 793), Aktien (AktG 13), MieterhöhgsErkl (MHRG 8) u iF der §§ 3 I, 39 I, 43 Nr 4 VVG, nicht aber bei kaufm VerpflScheinen gem HGB 363 (RG **74**, 340, aA Schmidt AcP **166**, 7, Köhler aaO S 153). – **d)** Der **Vertreter** ist Aussteller der Urk. Unterschreibt er entspr dem Wortlaut des § 126 mit seinem Namen, muß das Vertretgsverhältn in der Urk irgendwie zum Ausdr kommen (RG **96**, 289). Der Vertreter darf aber auch mit dem Namen des Vertretenen unterschreiben (RG **74**, 69, BGH **45**, 193, stRspr). Will ein Eheg zugl für den and unterschreiben, muß das aus der Urk erkennb sein (BGH **125**, 175). – **e)** Die vom Ges geforderte **Namensunterschrift** soll die Pers des Ausstellers erkennb machen. Es genügt die Unterschr mit dem FamNamen ohne Hinzufügg eines Vornamens, bei einem Kaufm auch die Unterzeichng mit der Firma (HGB 17), sofern sie vollständ verwendet w (KG DNotZ **39**, 425). Zul auch die Unterzeichng mit dem Teil eines Doppelnamens od einem tats geführten Namen (Pseudonym), sofern die als Aussteller in Betracht kommde Pers ohne Zweifel feststeht (BGH NJW **96**, 997, MüKo/Förschler Rn 25). Sogar die versehentl Unterzeichng mit einem fremden Namen reicht aus, wenn sich die Identität des Unterzeichnden einwandfrei aus der Urk ergibt (BayObLG NJW **56**, 24). Die Verwendg des Vornamens genügt bei Fürstlichk u Bischöfen, ferner bei RGesch mit nahen Angeh (s RG **137**, 214). Keine Namensunterschrift ist die Unterzeichng mit einer VerwandtschBezeichng („Euer Vater", RG **134**, 310), einem Titel, einer RStellg (vgl aber § 2247 III 2) od den Anfangsbuchstaben „Paraphe" (BGH NJW **67**, 2310). Auf die Lesbark kommt es nicht an, jedoch muß der Schriftzug Andeutgen von Buchstaben erkennen lassen (BGH NJW **87**, 1334, Düss NJW-RR **92**, 946). Erforderl, aber auch genügd ist ein die Identität des Unterschreibden ausr kennzeichnder individueller Schriftzug, der einmalig ist, entspr charakterist Merkmale aufweist u sich als Wiedergabe eines Namens darstellt (BGH NJW **94**, 55). Die Verwendg ausl Schriftzeichen ist zul (VGH Mü NJW **78**, 510, Köhler FS Schippel, 1996, 216). Ob ein Schriftzug eine Unterschr darstellt, unterliegt der Beurteilg des Ger; es ist an übereinstimmde PartAns nicht gebunden (BGH NJW **78**, 1255). – **f)** Die Unterzeichng mit einem **Handzeichen** (Kreuze, Striche, Initialen) bedarf der not Beglaubigg (s BeurkG 39 ff). Sie ist auch dann wirks, wenn der Aussteller schreiben u lesen kann (allgM).

4) Empfangsbedürftige Willenserklärungen, die dem SchriftformErfordern unterliegen, werden nur wirks, wenn die formgerecht errichtete Erkl dem ErklEmpfänger zugeht (BGH **121**, 224, § 130 Rn 10); ein Telegramm genügt daher trotz eigenhänd Unterzeichng des Aufgabetelegramms nicht (BGH **24**, 208, Umkehrschluß aus § 127), ebsowenig die Übermittlg dch **Telefax** (BGH **121**, 224, NJW **97**, 3169, NJW-RR **97**, 684, BFH NJW **99**, 1422); sie reicht, selbst wenn ihr eine formgült Erkl nachfolgt, auch nicht zur FrWahrg (aA Schürmann NJW **92**, 3005). Sie ist aber beim Widerruf eines gerichtl Vergl ausr (Hamm NJW **92**, 1705, Mü NJW **92**, 3042), ebso in den Fällen des § 127. Erfolgt die formbedürft Künd im Schriftsatz eines RAnw, genügt es, wenn auf dem zugestellten Exemplar der Beglaubiggsvermerk unterschrieben ist (BGH NJW-RR

87, 395). Die formlose Mitteilg genügt bei einem entspr Verzicht des Empfängers (KG HRR **32**, 940), der auch stillschw erfolgen kann (BGH NJW-RR **86**, 1300).

12 **5)** Beim **Vertrag** ist zur Wahrg der Schriftform erforderl, daß die Part **dieselbe Urkunde** unterzeichnen **(II).** Der ges VertrInh muß dch Unterschr beider Part gedeckt w; die Unterzeichng des Angebots dch die eine Part u der Ann dch die and genügt nicht (BGH NJW-RR **94**, 280), u zwar auch dann nicht, wenn sich beide Erkl auf einem Schriftstück befinden (RG **105**, 62, **112**, 200). Ein Briefwechsel od ein sonst Austausch einseit Erkl reicht daher and als iF des § 127 nicht aus (RG **95**, 84, JW **34**, 1233, LAG Düss AP **52**, 187). Besteht die Urk aus mehreren Blättern, kann die Unterzeichg auf verschiedenen Blättern unschädl sein, wenn sich die UrkEinheit aus ggs Bezugn einwandfrei ergibt u beide Unterschr den ges Text decken (RG JW **24**, 796). Bei Aufn mehrerer gleichlautder Urk reicht es aus, wenn jede Part die für den and Teil best Urk unterzeichnet **II 2**, der jedoch auf BetrVereinbgen unanwendb ist (LAG Hamm DB **91**, 2593). Beide Urk müssen den ges VertrInh wiedergeben; Abweichgen dch bloße Schreibfehler schaden nicht.

13 **6)** Die Schriftform kann dch notarielle Beurk **ersetzt** w **(III).** Auch ein gerichtl Vergl (§ 127 a) ersetzt daher die Schriftform.

127 *Gewillkürte Schriftform.* **Die Vorschriften des § 126 gelten im Zweifel auch für die durch Rechtsgeschäft bestimmte schriftliche Form. Zur Wahrung der Form genügt jedoch, soweit nicht ein anderer Wille anzunehmen ist, telegraphische Übermittelung und bei einem Vertrage Briefwechsel; wird eine solche Form gewählt, so kann nachträglich eine dem § 126 entsprechende Beurkundung verlangt werden.**

1 **1) Allgemeines.** Haben die Part für eine WillErkl od einen Vertr Schriftform vereinb, können sie die an die Wahrg der Form zu stelldn Anfordergen frei best. Treffen sie hierüber keine Regelg u ergibt auch die Auslegg (§§ 133, 157) keine Anhaltspkte, greifen – auch wenn die Satzg eines Vereins Schriftform vorsieht (BGH NJW-RR **96**, 866) – die **Auslegungsregeln** des § 127 ein. Danach gilt § 126 mit den aus § 127 S 2 ersichtl Erleichtergen auch für die gewillkürte Schriftform. Sieht ein dch MehrhBeschl abänderb Gesellsch-Vertr für VertrÄnd die Schriftform vor, ist iZw anzunehmen, daß die Protokollierg des Beschl die Form wahrt (BGH **66**, 82). Haben die Part bei einer Vereinbg den gewillkürten Formzwang nicht eingehalten, kann hierin eine stillschw **Aufhebung der Formabrede** liegen, der (scheinb) Formmangel also unschädl sein (§ 125 Rn 14).

2 **2) Erleichterungen gegenüber § 126. – a)** Zur Wahrg der Form genügt **telegrafische Übermittlung** (§ 127 S 2). Gleichgült ist, ob das Telegramm schriftl od telefon aufgegeben worden ist (MüKo/Förschler Rn 10). Dagg reicht die telefon DchSage des Telegramms nicht, da es dann an einer urkundl Festlegg des ErklInh fehlt. Ein Fernschreiben od **Telefax** steht einem schriftl übermittelten Telegramm gleich (BGH NJW-RR **96**, 866, krit Malzer DNotZ **98**, 108). Ausreichd ist auch die Übergabe einer Kopie des KündSchreibens (BAG NJW **99**, 596). Da das nicht eigenhänd unterschriebene Ankunftstelegramm den Anfordergen des § 127 genügt, ist eine Unterschr allg entbehrl, erforderl ist aber die Nenng des Urhebers (BGH ZIP **99**, 136). Sein Name braucht nicht unter der Erkl zu stehen, er kann sich aus dem Text der Erkl
3 ergeben (BGH NJW-RR **96**, 641). – **b)** Abw von § 126 II ist ein formgült VertrSchl dch **Briefwechsel** mögl. Ausr auch ein Brief des einen Teils u ein Telegramm (Fernschreiben) des and. – **c)** Jede Part kann die Nachholg einer dem § 126 entspr **Beurkundung** verlangen **(2. Halbsatz).** Sie dient ledigl BewZwecken u ist für die Gültigk des RGesch ohne Bedeutg.

4 **3) Beweislast:** Wer bei einem Vertr, der formlos geschl w kann, die Vereinbg einer Form behauptet, ist dafür bewpflicht (Erm-Brox Rn 9, § 154 Rn 6, str). Wer iF einer Schriftformabrede behauptet, es seien vom § 127 abweichde Absprachen getroffen worden, muß diese beweisen.

127 a *Ersatz für notarielle Beurkundung.* **Die notarielle Beurkundung wird bei einem gerichtlichen Vergleich durch die Aufnahme der Erklärungen in ein nach den Vorschriften der Zivilprozeßordnung errichtetes Protokoll ersetzt.**

1 **1) Allgemeines.** Nach dem BeurkG sind für Beurk grdsl nur noch die Notare zust (§ 128 Rn 1). § 127 a beläßt es aber bei dem fr gewohnheitsrechtl (BayObLG NJW-RR **97**, 1511) anerkannten Grds, daß der ProzVergl die not Beurk u damit auch die öff Beglaubigg (§ 129 II) u die Schriftform (§ 126 III) ersetzt. Zur Aufl s § 925 I S 3, zum InsPlan s InsO 221, 254 I 2, zum VaterschAnerkenntn s ZPO 641 c.

2 **2)** Der **gerichtliche Vergleich** muß in einem bei einem dtschen Ger anhäng Verf abgeschl worden sein (BGH **15**, 190); auf den nach RKraft abgeschl Vergl findet § 127 a keine Anwendg (aA Mü NJW **97**, 2331). § 127 a gilt für Verf aller Art, so für das ProzKostenhilfeVerf (ZPO 118 I), FGG-Verf (BGH **14**, 381, Celle DNotZ **54**, 123), Arrest- u einstw VfgsVerf, VollstreckgsVerf (RG **165**, 162, Mü DNotZ **71**, 344), PrivKl- u AdhäsionsVerf (Stgt NJW **64**, 110) sowie für Vergl vor den Ger der bes Gerichtsbark (BVerwG NJW **95**, 2179). Der Vergl darf über den Rahmen des Streitfalles hinausgehen (BGH **14**, 381/387, **35**, 309/316). Er braucht den RStreit nicht ganz od teilw zu beenden. Es genügt, daß er in innerem ZusHang mit dem RStreit steht (BGH **84**, 333), wie iF der Scheidg der Vergl über Scheidgsfolgen (Hamm NJW **68**, 1241, überflüss § 1587 o II 2). Voraussetzg ist, daß die betreffde VerfOrdng überh den Abschl von Vergl gestattet (s ArbGG 54, VerwGO 106, SGG 101). Vergl vor dem ersuchten od beauftragten Ri steht dem vor dem ProzGer gleich (BGH **14**, 381/387); ebso Vergl vor dem Rpfleger, sofern dieser für das betreffde Verf zust ist (Nürnb Rpfleger **72**, 305). Auch der SchiedsVergl ersetzt die not Beurk (Breetzke NJW **71**, 1685, MüKo/Förschler Rn 4, hM), dagg sind der Vergl vor einer Gütestelle (ZPO 794 I 1) u der AnwVergl (ZPO 796 a) zwar VollstrTitel, aber kein gerichtl Vergl iSd § 127 a (Hansens AnwBl **91**, 114, Ziege NJW **91**, 1580).

3) Die Vorschr der ZPO über die **Protokollierung** (ZPO 160 ff) müssen beachtet w. Der Vergl muß auch den übr sachlrechtl u prozessualen Erfordern genügen (BGH **16**, 388). Ist der Vertr vorgelesen u genehmigt worden, ist es unschädl, wenn im Protokoll ein entspr Vermerk fehlt (BGH NJW **99**, 1001), *arg BeurkG 13 I S 2 („soll")*. Das Merkmal „ggs Nachgeben" (§ 779 Rn 9) muß erfüllt sein. Erforderl ist auch die Beachtg der Vorschr über den AnwZwang, ZPO 78 (BGH NJW **91**, 1743, Köln NJW-RR **97**, 965), die jedoch für einen beitretden Dr nicht gelten (BGH **86**, 162). Der Vergl vor einem örtl od sachl unzust Ger ist wirks (LAG Brem BB **64**, 1125); entspr gilt, wenn der Vergl vor dem Ger eines and GerZweiges geschl worden ist (OVG Lünebg NJW **69**, 205). Unschädl ist auch das Fehlen von sonst ProzVoraussetzgen (Breetzke NJW **71**, 178) od die unvorschriftsmäß Besetzg des Ger (BGH **35**, 309). Nicht mögl ist die Errichtg eines Test od dessen Widerruf (BGH DB **59**, 790), es sei denn der Widerruf erfolgt dch ErbVertr (Köln OLGZ **70**, 114). Ist wie beim ErbVertr od ErbVerz die persönl Erkl eines Teils erforderl (§§ 2274, 2347 II), muß dieser beim Vergl persönl mitwirken (BayObLG NJW **65**, 1276); besteht AnwZwang, müssen Part u Anw die Erkl gemeins abgeben (BayObLG aaO). 3

128 ***Notarielle Beurkundung.*** **Ist durch Gesetz notarielle Beurkundung eines Vertrags vorgeschrieben, so genügt es, wenn zunächst der Antrag und sodann die Annahme des Antrags von einem Notar beurkundet wird.**

1) Allgemeines. Für Beurk sind grdsl nur noch die Notare zust (BeurkG 1, 56). Das **Beurkundungsverfahren** ist im BeurkG geregelt. Vor dem Notar findet eine Vhdlg statt, in der die Beteil die zu beurkundden WillErkl abgeben (BeurkG 8). Über den BeurkVorgang wird eine Niederschrift aufgenommen, die vorgelesen, genehmigt u von den Beteil u dem Notar eigenhänd unterschreiben w (BeurkG 9, 13). Nach dem BeurkG führt nur noch die Verletzg wesentl FormVorschr zur Unwirksamk der Beurk; fehlde od falsche Datierg ist unschädl (BeurkG 9 II). 1

2) § 128 ist **anwendbar,** wenn der Vertr kr Ges einer not Beurk bedarf (§§ 311, 312 II, 313, 873 II, 877, 1491 II, 1501 II, 1587 o, 2033, 2348, 2351, 2371, 2385). Er gilt nicht, wenn die WillErkl nur einer Part formbedürft ist (§§ 518, 1516 II, 1626 d, 2282 II, 2291, 2296, 2301) od wenn das Ges ausdr die gleichzeit Anwesenh beider Part vorschreibt (§§ 925, 1410, 2276, 2290 IV). Auf die rechtsgeschäftl vereinb not Beurk ist § 128 iZw entspr anzuwenden. 2

3) Die Vorschr gestattet eine **sukzessive Beurkundung** an versch Orten dch versch Notare. Zul auch, daß der Notar die Erkl der Part ohne gleichzeit Anwesenh nacheinand protokolliert u die Niederschrift nur einmal unterschreibt (RG **69**, 132, MüKo/Förschler Rn 5). Der Vertr kommt iZw bereits mit der Beurk der AnnErkl zustande; es ist nicht erforderl, daß die Erkl dem and Teil zugeht (§ 152). 3

129 ***Öffentliche Beglaubigung.*** **I Ist durch Gesetz für eine Erklärung öffentliche Beglaubigung vorgeschrieben, so muß die Erklärung schriftlich abgefaßt und die Unterschrift des Erklärenden von einem Notar beglaubigt werden. Wird die Erklärung von dem Aussteller mittels Handzeichens unterzeichnet, so ist die im § 126 Abs. 1 vorgeschriebene Beglaubigung des Handzeichens erforderlich und genügend.**

II Die öffentliche Beglaubigung wird durch die notarielle Beurkundung der Erklärung ersetzt.

1) Öffentliche Beglaubigung ist das Zeugn einer UrkPers darü, daß die Unterschr od das Handzeichen in seiner Ggwart zu dem angegebenen Ztpkt von dem Erklärden vollzogen od anerkannt worden ist (BeurkG 39, 40); sie bezeugt zugl, daß die im Beglaubiggsvermerk namentl angeführte Pers u der Erklärde ident sind. Öff Urk iSv ZPO 415 ist nur der Beglaubiggsvermerk, die abgegebene Erkl ist eine PrivUrk. Die öff Beglaubigg bezieht sich auf die Echth der Unterschr (des Handzeichens), nicht dagg auf den ErklInh (BGH **37**, 86). Sie ist ua vorgesehen in §§ 77, 371, 403, 411, 444, 1035, 1154 f, 1355, 1491 f, 1560, 1617, 1617 a, 1617 b, 1617 c, 1618, 1945, 1955, 2120 f, 2198, 2215, GBO 29, 32, HGB 12, ZPO 726 f, 750 f, 756 f, ZVG 71, 81, 84, 91, 143, 144, FGG 13, 91, 107. Erkl iSd § 129 sind neben WillErkl auch Erkl verfahrensrechtl Inh (Düss OLGZ **84**, 260). Empfangsbedürft Erkl werden nur wirks, wenn die Erkl in der Form des § 129 **zugeht**; die Übersendg einer Abschrift od Kopie genügt nicht (BayObLG DtZ **92**, 284). 1

2) Das **Beglaubigungsverfahren** ist im BeurkG 39, 40 geregelt. Zust sind grdsl nur noch die Notare. Die Beglaubigg dch eine nach LandesR zust Stelle ist auch außerh der Landesgrenzen wirks (LG Bonn Rpfleger **83**, 309). Die Beglaubigg dch VerwBeh od die Polizei genügt für § 129 nicht (VwVfG 34). Es kann auch die Unterschr eines Vertreters beglaubigt w, der mit dem Namen des Vertretenen unterschreibt (MüKo/Förschler Rn 5, § 126 Rn 8). Nachträgl Änd der Erkl sind zul. Sie beeinträchtigen die Formgültigk nicht (LG Düss MittBayNot **84**, 207, Winkler DNotZ **85**, 224, str), beseitigen aber für die TextÄnd die Vermutg der Echth der Erkl (BayObLG DNotZ **85**, 220, LG Itzehoe DNotZ **90**, 519); die Erkl kann daher bei Zw, ob der Erklärde die Änd gebilligt hat, zurückgewiesen w. Die Beglaubigg von BlankoUnterschr ist unter den Voraussetzgen von BeurkG 40 V zul. Zur Beglaubigg von Handzeichen s § 126 Rn 10. 2

3) Die notarielle Beurk (§ 128) u der ihr gleichstehde ProzVergl (§ 127 a) **ersetzen** die öff Beglaubigg, da sie ein Mehr darstellen **(II).** 3

130 ***Wirksamwerden der Willenserklärung gegenüber Abwesenden.*** **I Eine Willenserklärung, die einem anderen gegenüber abzugeben ist, wird, wenn sie in dessen Abwesenheit abgegeben wird, in dem Zeitpunkte wirksam, in welchem sie ihm zugeht. Sie wird nicht wirksam, wenn dem anderen vorher oder gleichzeitig ein Widerruf zugeht.**

II Auf die Wirksamkeit der Willenserklärung ist es ohne Einfluß, wenn der Erklärende nach der Abgabe stirbt oder geschäftsunfähig wird.

III Diese Vorschriften finden auch dann Anwendung, wenn die Willenserklärung einer Behörde gegenüber abzugeben ist.

1 **1) Allgemeines. – a)** Das Wirksamwerden von **nicht empfangsbedürftigen** WillErkl (Übbl 11 v § 104) sieht das Ges als nicht regelgsbedürft an. Da es bei ihnen nicht auf die Wahrnehmg dch einen ErklEmpfänger ankommt, ergibt sich aus der Natur der Sache, daß die Erkl mit ihrer Abgabe wirks w (allgM). Dazu genügt, daß der Erklärde seinen Willen, ggf unter Einhaltg der maßgebden FormVorschr, erkennb geäußert hat (Bsp s
2 § 151 Rn 2). – **b)** Über das Wirksamwerden von **empfangsbedürftigen** WillErkl (Übbl 11 u 12 v § 104) bestand im Gemeinen Recht Streit zw der Äußergs-, der Absende-, der Empfangs- u der Vernehmgstheorie. Das BGB hat sich für die schon im Gemeinen Recht herrschde **Empfangstheorie** entschieden. Voraussetzg für ein Wirksamwerden ist, daß der Erklärde die Erkl **abgegeben** hat (Rn 4) u diese dem ErklEmpfänger **zugegangen** ist (Rn 5). Wird unter Anwesden eine nicht verkörperte WillErkl abgegeben, tritt an die Stelle
3 des Zugangs die Wahrnehmg dch den ErklEmpfänger (Rn 14). – **c) Anwendungsbereich.** § 130 gilt für empfangsbedürft WillErkl jeder Art, auch für amtsempfangsbedürft Erkl (Rn 15) u geschäftsähnl Hdlgen (Übbl 6 v § 104), wie Mängelanzeigen (BGH **101**, 49) u Abmahngen (KG WRP **82**, 467, Burchert WRP **85**, 478). Auch bei arbeitsrechtl Abmahngen gilt (entgg BAG NJW **85**, 823) § 130 u nicht die vom BAG wiederbelebte Vernehmgstheorie. Dagg ist § 130 nicht anwendb, wenn es, wie in § 407, auf die Kenntn von best Umst ankommt (BAG aaO). Auch auf ProzHdlgen ist er nicht anzuwenden (Übbl 37 v § 104). Hat die Erkl, wie die ProzAufr, eine Doppelnatur, gilt für das materiellrechtl WirksWerden § 130 (s RG **63**, 412). Die Frage, wie lange die Erkl wirks bleibt, kann aber uU ausschließl nach VerfR zu beurteilen sein (BGH **84**, 202/207 zur EintrBewilligg). Zu abweichden Regelgen s Rn 19 f.

4 **2) Abgegeben** ist die Erkl, wenn der Erklärde seinen rechtsgeschäftl Willen erkennb so geäußert hat, daß an der Endgültigk der Äußerg kein Zweifel mögl ist. Bei **empfangsbedürftigen** Erkl muß hinzukommen, daß sie mit Willen des Erklärden in den Verk gebracht worden sind (BGH **65**, 13, Hamm NJW-RR **87**, 260). Gleichzustellen ist der Fall, daß der Erklärde das „In-VerkBringen" zu vertreten hat, so etwa wenn eine elektronische WillErkl versehentl abgegeben w (Taupitz/Kritter JuS **99**, 839), Parallele zum Fehlen des ErklBewußtseins (AK/Hart Rn 5); fehlt es an einem Vertretenmüssen, gilt § 122 Rn 5. Nicht abgegeben ist die Erkl, wenn sie erkennb nur zu Informationszwecken vorab mitgeteilt w (BGH DNotZ **83**, 624). So kann es liegen, wenn ein Notar eine Erkl übermittelt, deren RWirkgen nach einer TrHandAufl erst später eintreten sollen (Brunner MittBayNot **97**, 197). Die Erkl muß an den ErklEmpfänger gerichtet w (BGH NJW **89**, 1671, Ffm NJW **84**, 2896). Der Erklärde muß davon ausgehen, daß die Erkl den richt Empfänger, wenn auch auf Umwegen erreichen wird; fehlt es hieran, bleibt die Erkl auch dann wirkgslos, wenn sie dem richt Empf zugeht (BGH NJW **79**, 2032, Rücktr ggü Notar; aA offenb BGH NJW **80**, 990, Künd ggü RA). Die ggü einem vollmachtl Vertreter abgegebene Erkl ist gem § 180 S 3 wirks, wenn der Vertreter die Erkl nicht zurückweist u der Vertretene die Passivvertretg genehmigt.

5 **3)** Eine unter **Abwesenden** abgegebene WillErkl w in dem Ztpkt wirks, in dem sie dem Empfänger zugeht (§ 130 I S 1). – **a) Zugegangen** ist die WillErkl, wenn sie so in den Bereich des Empfängers gelangt ist, daß dieser unter normalen Verhältn die Möglichk hat, vom Inh der Erkl Kenntn zu nehmen (BGH **67**, 271, NJW **80**, 990, **83**, 929, BAG NJW **84**, 1651, **93**, 1093). Zum Bereich des Empfängers gehören auch die von ihm zur Entggnahme von Erkl bereit gehaltenen Einrichtgen, wie Briefkasten, Postfach u Anrufbeantworter. Vollendet ist der Zugang erst, wenn die Kenntnisn dch den Empfänger mögl u nach der VerkAnschauung zu erwarten ist (BGH **LM** Nr 2). Nimmt der Empfänger tatsächl fr von der Erkl Kenntn, geht sie mit dem Ztpkt der tatsächl Kenntnisn zu (Larenz/Wolf § 26 Rn 24, John AcP **184**, 409). Die zT befürwortete Unterscheidg von Zugang (Erlangg der Vfgsgewalt) u der Möglichk der Kenntnisnahme (Flume AT II § 14, 3 b, BAG NJW **97**, 146) ist mit Wortlaut u Zweck des § 130 unvereinb (Medicus AT Rn 276, Herbert NJW **97**, 1829). Ob die Möglichk der Kenntnisn bestand, ist unter Zugrundelegg „gewöhnl" Verhältn zu beurteilen. Auf Hindern aus seinem Bereich kann sich der Empfänger nicht berufen, da er diesen dch geeignete Vorkehrgen begegnen kann u muß. Ist der Empfänger wg Urlaubs, Krankh, Haft od sonst Ortsabwesenh nicht in der Lage, vom Inh der ihm übermittelten Erkl Kenntn zu nehmen, so steht das dem Zugang nicht entgg (BAG NJW **89**, 606, 2213, Becker-Schaffner BB **98**, 422). Wußte der Erklärde von der Ortsabwesenh u kannte er die Interimsanschrift, so hindert das die Wirksamk des Zugangs nicht, jedoch kann § 242 ausnw eine and Beurteilg rechtf (BAG aaO). Trifft die an die Heimat- = UrlAdresse eines ausl ArbN gerichtete Erkl dort erst nach dessen Wiederabreise ein, ist sie nicht wirks zugegangen (LAG Hamm DB **88**, 1123). Fehlde Sprach- u Lesefähigk des Empfängers hindern den Zugang nicht (LAG Köln NJW **88**, 1870, str, s Rn 7).

6 **b) Einzelfälle. Briefe** gehen mit der Aushändigg an den Empfänger zu. Der Einwurf in einen Briefkasten bewirkt den Zugang, sobald nach der VerkAnschauung mit der nächsten Entnahme zu rechnen ist. Der währd der Nacht eingeworfene Brief geht daher am nächsten Morgen bzw mit Wiederbeginn der GeschStunden zu (RG **142**, 407, BGH VersR **94**, 586, BAG NJW **84**, 1651), der um 18 Uhr eingeworfene uU noch am selben Tag (BayVerfGH NJW **93**, 518 bei Einwurf in einen WoBriefkasten; aA Hamm NJW-RR **95**, 1187, LAG Brdbg MDR **99**, 368). Fehlt ein Briefkasten, kann eine Plazierg im Hauseingangsbereich ausr sein (s LAG Hamm MDR **93**, 658). Auch bei Benutzg von Postschließfächern u postlagernden Sendgen ist auf den übl Abholtermin abzustellen (RG **144**, 293, BGH **LM** Nr 2, BVerwG NJW **60**, 1587, Hamm NJW **86**, 996). Kein Zugang, wenn der Brief in ein falsches Fach einsortiert w (Kiel OLG **35**, 310). Der Eingang bei einer **Zweigstelle** genügt, wenn diese als Empfangsstelle für Erkl an die Hauptniederlassg zu betrachten ist (BGH NJW **65**, 965). Eine unklare od mehrdeut Anschrift schadet nicht, falls der Brief den richt Empfänger erreicht (s RG **125**, 75). Das an eine Beh (Untern) „zu Händen" einer HilfsPers od eines vollmlosen Vertreters adressierte Schreiben geht mit dem Eingang zu, auch wenn es der HilfsPers ungeöffnet vorgelegt w (BGH NJW **64**, 1951, **90**, 386). Wird die Erkl an eine **Deckadresse** gesandt, geht sie erst zu, wenn mit Aushändigg zu rechnen ist (BVerwG VerwRspr **13** Nr 280). Hat der Empfänger wg seiner Ortsabwesenh einen **Nachsendeantrag** gestellt, so bewirkt erst die Aushändigg am Aufenthaltsort den Zugang (MüKo/Förschler Rn 16); soll die Nachsendg **postlagernd** erfolgen, geht sie bereits mit Einordng in das Postfach zu (RG **144**,

292). Kann ein **Einschreibebrief** wg Abwesenh des Empfängers nicht zugestellt w, ist er auch dann nicht zugegangen, wenn der Postbote einen Benachrichtiggszettel hinterläßt (BGH **67**, 271, **137**, 205, BAG NJW **97**, 146, Franzen JuS **99**, 429, aA Larenz/Wolf § 26 Rn 24, s aber Rn 16 ff). Auch Erfahren des ungefähren Inh dch mdl Mitteilg genügt nicht; der Empfänger muß Einsicht in das Schreiben nehmen können (BAG DB **77**, 1194). **Einwurfeinschreiben,** die dem Absender den Nachw des ZugangsZtpkts ermöglichen sollen (Neuvians/Mensler BB **98**, 1206, Jänisch VersR **99**, 535, krit Bauer/Diller NJW **98**, 2795), gehen wie normale Briefe zu (Rn 6). Ein **Telegramm** geht dagg schon mit der telefon Dchsage zu (RG **105**, 256); ein Btx-Telex in dem Ztpkt, in dem es hätte abgerufen w können (Köln NJW **90**, 1608). Beim **Telefax** setzt der Zugang einen wirks Ausdr beim Empfänger voraus (so wohl auch BGH NJW **95**, 665/667, str, s Burgard BB **95**, 222), beruht das Scheitern der Übermittlg an Mängeln des Empfangsgeräts kann aber Rn 17 anwendb sein; der Zugang ist vollendet, sobald mit der Kenntnisn zu rechnen ist, bei priv Anschlüssen am Tage mit dem Ausdruck, bei geschäftl Erkl währd der GeschStunden mit Eingang, sonst mit dem nächsten GeschStundenbeginn (Rstk NJW-RR **98**, 526: Eingang Freitag 16.13 Uhr, Zugang Montag 9.00 Uhr). Eine Erkl an eine auch geschäftl genutzte **E-Mail-Adresse** geht mit dem Eingang im Empfängerbriefkasten zu, beim Eingang zur Unzeit am folgden Tag (Ultsch NJW **97**, 3007). Entspr gilt für den Zugang von Erkl im **Internet** (Ernst NJW-CoR **97**, 166). Ist der ErklEmpfänger ein der dtschen Sprache nicht mächtiger od leseunkund **Gastarbeiter,** ist bei Erkl seines ArbG eine angem Fr für die Inanspruchn eines Dolmetschers hinzuzurechnen (LAG Hamm NJW **79**, 2488, vgl auch BAG NJW **85**, 823). Kommt es auf den Eingang einer Erkl (VerglWiderruf) bei **Gericht** an, ist der Ztpkt des Zugangs maßgebend (BGH NJW **80**, 1752, NJW-RR **89**, 1214). 7

c) Wird die Erkl ggü einer **Mittelsperson** abgegeben, ist zu unterscheiden: – **aa)** Ist die Mittelsperson als **Vertreter** des Empfängers zur Entggnahme von WillErkl berecht (Passivvertretg, § 164 III), müssen die Voraussetzgen des Zugehens in der Pers des Vertreters erf sein. Auf die Weitergabe an den Vertretenen kommt es nicht an (BAG DB **77**, 546). EmpfangsVollm zw Mitmietern können auch formularmäß im MietVertr begründet w (BGH NJW **97**, 3437). Die Vollm zur Vornahme eines RGesch umfaßt idR auch die Vollm zur Entggnahme der entspr Erkl des and Teils (MüKo/Förschler Rn 15). Im KündSchutzProz ist der ProzBevollm zur Entggnahme einer Künd des ArbVertr ermächtigt (BAG NJW **88**, 2691, wohl and für einen PachtVertr BGH NJW **80**, 990). – **bb)** Ist die Mittelsperson **Empfangsbote,** geht die Erkl in dem Ztpkt zu, in dem nach dem regelmäß Verlauf der Dinge die Weiterleitg an den Adressaten zu erwarten war (BGH NJW-RR **89**, 757). Übermittelt der Empfangsbote die Erkl verspätet, falsch od überhaupt nicht, so geht das zu Lasten des Empfängers (BAG **AP** Nr 8, Hamm VersR **80**, 1164, Saarbr WM **88**, 1228). Die Erkl geht aber nicht zu, wenn der EmpfangsBote die Entggnahme ablehnt (BAG NJW **93**, 1093, aA Schwarz NJW **94**, 891). Empfangsbote ist, wer vom Empfänger zur Entggnahme von Erkl bestellt worden ist od nach der VerkAnschauung als bestellt anzusehen ist (ParallelVorschr: ZPO 181). Das trifft bei schriftl Erkl zu für den Eheg (BGH NJW **51**, 313, Schlesw VersR **82**, 357), auch wenn er außerh der Wohng angetroffen w (Mü OLGZ **66**, 2), den Vater (Hamm VRS **74** Nr 5), die in der Wohng des Empfängers lebden Angehörigen u Haushalts-Mitgl (RG **91**, 62, Köln VersR **90**, 1263), den Partner einer nichtehel LebensGemeinsch (LAG Brem NZA **88**, 548, OVG Hbg NJW **88**, 1807, zu ZPO 181 differenzierd BGH **111**, 1), die Putzfrau (Karlsr VersR **77**, 902), die Zimmervermieterin (BAG **AP** Nr 7, krit Moritz BB **77**, 400), den MitMieter, aber nur bis zu einem etwaigen Auszug (BGH NJW **97**, 3437/3439), die kaufm Angest im Betr (RG **102**, 296), den Buchhalter für Erkl ggü dem BetrLeiter (BAG **AP** Nr 8), den Maurerpolier bei einem Lieferschein für Baumaterial (Celle NJW **60**, 870). Befindet sich ein Eheg auf hoher See, soll es Frage des Einzelfalls sein, ob der and weiterhin sein Empfangsbote bleibt (BGH NJW **94**, 2613). Bei mdl Erkl muß die Mittelsperson in der Lage sein, die Erkl zuverläss zu erfassen u weiterzugeben. Das ist bei erwachsenen HaushaltsMitgl u Angeh idR zu bejahen (RG **60**, 336, **61**, 127). Beim LeasVertr ist der Lieferant idR Empfangsbote für den LeasG (Kblz u Knops BB **94**, 819, 947). Wird die Erkl ggü einer nach der VerkAnschauung (od mangels Eigng) nicht ermächtigten Pers (Kind, Nachbar, Handwerker) abgegeben, ist diese **Erklärungsbote;** die Erkl geht nur zu, wenn sie dem Empfänger richt übermittelt w (RG **60**, 337). 8 9

d) Die WillErkl muß in der **Form** zugehen, die für ihre Abgabe vorgeschrieben ist (BGH **121**, 224, BayObLG **81**, 232/238, Hamm NJW **82**, 1002, § 126 Rn 11, § 129 Rn 1). Bei notariell beurkundeten Erkl genügt der Zugang einer Ausfertigg, da die Urschrift in der Verwahrg des Notars verbleibt (BGH **31**, 5, **48**, 374, **130**, 71); nicht ausr ist dagg der Zugang einer Abschrift, jedoch können die Part ausdr od stillschw auf den Zugang einer Ausfertigg verzichten (BGH **130**, 71, Armbrüster NJW **96**, 438, Kanzleiter DNotZ **96**, 931). Ist jemand zur Abgabe einer WillErkl verurteilt, reicht die Zust des Urt an den Empfänger (s RG **160**, 325). Bei gewillkürter Schriftform genügt der Zugang einer Kopie (BAG NJW **99**, 596). 10

e) Die WillErkl wird nicht wirks, wenn dem Empfänger vorher od gleichzeit mit der Erkl ein **Widerruf** zugeht (§ 130 I 2); mögl ist bei rechtzeit Zugang auch ein Widerruf dch Test (RG **170**, 380, Düss VersR **96**, 590). Entscheidd ist allein der Ztpkt des Zugangs, nicht der Kenntnisnahme. Der gleichzeit zugegangene Widerruf ist auch dann wirks, wenn der Empfänger zunächst von der Erkl Kenntn nimmt (BGH NJW **75**, 382). Umgekehrt bleibt der verspätet zugegangene Widerruf auch dann wirkgslos, wenn der Empfänger von ihm gleichzeit mit od sogar vor der Erkl Kenntn erhält (RG **91**, 63, MüKo/Förschler Rn 29, str). § 130 I 2 ist dispositives Recht. Zum Ausschluß genügt ein einseit Verzicht des Erklärden (Kümpel WM **93**, 825, aA Celle WM **93**, 592, Fuchs AcP **196**, 367). 11

f) Die WillErkl w mit dem Zugehen auch dann wirks, wenn der Erklärde inzw **gestorben** od **geschäftsunfähig** geworden ist (§ 130 II). § 130 II gilt entspr, wenn für den **Betreuten** ein EinwilliggsVorbeh (§ 1903) angeordnet w. Der Erbe od der gesetzl Vertreter ist an die Erkl gebunden, sofern sie bereits abgegeben war (BGH **48**, 374/379, Rn 4); iF des Widerrufs eines gemeinschaftl Test ist weiter erforderl, daß sich die Erkl bereits „auf dem Weg“ zum Empfänger befand (BGH aaO, § 2271 Rn 5 u 6). Verliert der Erklärde, etwa dch KonkEröffng, seine VfgsBefugn, ist § 130 II nicht entspr anwendb, da die VfgsBefugn im Ztpkt des Wirksamwerdens der Vfg gegeben sein muß (BGH **27**, 360/366). Ob ein gem § 130 II wirks VertrAngebot vom and Teil noch angenommen w kann, regelt § 153. § 130 II gilt auch dann, wenn der Erklärde den Zugang absichtl bis nach seinem Tod zurückgestellt hat (str). Eine Schenkg kann daher dch Test widerrufen w (RG **170**, 383, str); mögl ist auch eine Schenkg dch eine nach dem Tod des Erbl zu vollziehde 12

Banküberweisg (BGH NJW **75**, 382). Dagg kann in der LebensVers das mit dem Todesfall entstandene BezugsR nicht dch eine später zugehde WillErkl entzogen w (BGH VersR **94**, 586, § 331 Rn 4).

13 **4)** Für das Wirksamwerden von Erkl unter **Anwesenden** enthält das Ges keine ausdr Regelg. Hier ist der Grdgedanke des § 130 zu berücksichtigen u zu unterscheiden: – **a)** Bei einer **verkörperten** Erkl ist auf den Zugang abzustellen. Sie wird wirks, wenn sie dch Übergabe in den HerrschBereich des Empfängers gelangt ist (BGH NJW **98,** 3344, BAG NJW **85**, 823, allgM), so wenn der Sohn die für die Mu best Erkl auf den
14 gemeins Wohnzimmertisch legt (BGH NJW-RR **96**, 641). – **b)** Eine **nicht verkörperte** (mdl od konkludente) Erkl wird wirks, wenn sie der Empfänger wahrnimmt (BGH WM **89**, 652, BAG ZIP **82**, 1467, BayObLG NJW-RR **96**, 524). Taubh u SprachUnkenntn gehen zu Lasten des Erklärden. Diese der Vernehmgstheorie (Rn 2) entspr Lösg bedarf aber im Interesse des VerkSchutzes einer Einschränkg. Eine nicht od falsch verstandene Erkl ist wirks, wenn der Erklärde nach den für ihn erkennb Umst davon ausgehen durfte, daß der Empfänger sie richt u vollständ verstanden habe (Larenz/Wolf § 26 Rn 32, Soergel-Hefermehl Rn 21). Zu den Erkl unter Anwesden gehören auch fernmdl Erkl (§ 147 I S 2), Erkl dch od an Vertreter, u zwar auch iF einer vollmlosen Vertretg (BGH NJW **73**, 798). Erkl dch od an Boten ist dagg Erkl unter Abwesden.

15 **5)** Die **amtsempfangsbedürftige Erklärung** stellt § 130 III mit der empfangsbedürft WillErkl unter Abwesden gleich. Sie werden mit dem Zugehen wirks. Dafür reicht es aus, daß die Erkl bei der Eingangsstelle der Beh eingeht (RG **135**, 252). In Frage kommen Erkl ggü der Hinterleggsstelle (§ 376), dem GBAmt (§§ 875, 876, 928, 1168, 1180, 1183), der StiftgsBeh (§ 81 II), der Polizei (§ 976), dem VormschGer (§§ 1681 II, 1750), dem NachlGer (§ 1945). Nicht hierher gehören Erkl, die, wie die Aufl (§ 925) vor einer Beh, aber ggü einem priv Empfänger abzugeben sind. S auch Rn 3.

16 **6) Zugangsverhinderung. – a)** Verweigert der Empfänger die Ann der Erkl berechtw, etwa wg fehlder Frankierg, Unterfrankierg od unricht Adressierg, so geht das zu Lasten des Erklärden (RG **125**, 75, OVG Hbg NJW **95**, 3137). Bei einer unberecht **Annahmeverweigerung** geht die Erkl dagg im Ztpkt des Angebots zur Aushändigg zu (BGH NJW **83**, 929, **98**, 976). Der Empfänger muß sich insow das Verhalten seiner Vertreter anrechnen lassen, nicht aber das seiner Empfangsboten (BAG NJW **93**, 1093, Hamm VersR **82**, 1070). –
17 **b)** Wer mit dem Eingang rgeschäftl Erkl rechnen muß, muß dch **geeignete Vorkehrungen** sicherstellen, daß ihn die Erkl auch erreichen (BGH **67**, 271/278, NJW **98**, 976). Eine entspr Obliegenh besteht zwar nicht schlechthin; sie kann sich aber je nach Lage des Falles ergeben aus der berufl Stellg des Empfängers (HGB 362), einem ArbVertr (BAG **AP** Nr 5 u 10), MietVertr (BGH **67**, 271, Derleder JurBüro **94**, 1), VersVertr (BGH VersR **71**, 263), KaufVertr mit RücktrVorbeh (BGH NJW **83**, 929), einem sonst Vertr od dem Eintritt in VertrVhlgen, aber auch aus dem dch einen WettbewVerstoß begründeten gesetzl SchuldVerh (KG NJW-RR **89**, 101). Wer auf seinen **Telefaxanschluß** hinweist, muß sicherstellen, daß sein Gerät einsatzbereit ist (Ebnet NJW **92**, 2985, Fritzsche/Malzer DNotZ **95**, 14, s auch BGH NJW **95**, 665/667); er muß eine nicht ausgedruckte Erkl insbes dann als zugegangen gelten lassen, wenn er den Papierspeicher absichtl nicht aufgefüllt hat (LAG Hamm ZIP **93**, 1109). Ähnl gilt für den, der mit **E-Mail** am geschäftl Verk teilnimmt (Ultsch NJW **97**, 3007). Der GeschMann muß für die Zeit seiner Abwesenh einen EmpfangsBevollm bestellen (RG **95**, 317) u bei Verlegg seines GeschLokals Vorkehrgen (NachsendeAuftr, Anzeige der neuen Anschrift) treffen, daß ihm Schreiben rechtzeit zugehen (BGH **LM** Nr 1, Hbg MDR **78**, 489, Hamm NJW-
18 RR **86**, 699). – **c)** Scheitert der Zugang an einer ObliegenhVerletzg des Empfängers, muß sich dieser **nach Treu und Glauben** so behandeln lassen, wie wenn die Erkl (rechtzeit) zugegangen wäre (BGH **LM** Nr 1, BAG **AP** Nr 5). Zur Anwendg des § 242 genügt aber nicht, daß im Bereich des Empfängers obj ein Zugangshindern besteht; es müssen zusätzl Umst hinzutreten, etwa eine bewußte Verhinderg od Verzögerg des Zugangs (BGH NJW **96**, 1967). Holt der Empfänger die abholbereite Einschreibsendg trotz ordngsmäß Benachrichtigg nicht ab, obwohl ihm das mögl wäre, so kann das zu seinen Lasten gehen (BGH **67**, 271/277, BAG NJW **63**, 554, DB **86**, 2336), and aber wenn er einen NachsendeAntr gestellt hat (BGH NJW **96**, 1967). Beginnt mit dem Zugang eine Fr, soll aber erst der Ztpkt der Abholg entscheidd sein (BAG NJW **97**, 146, krit Herbert NJW **97**, 1829). Der Empfänger muß das Zugehen nur dann als rechtzeit gg sich gelten lassen, wenn der Erklärde alles für einen rechtzeit Zugang Erforderl u Zumutb getan hat (BGH **137,** 205). Wird erkennb, daß die Erkl den Empfänger nicht erreicht hat, treten die RFolgen der Erkl nur ein, wenn der Erklärde den ZustellVersuch unverzügl wiederholt (BGH aaO, Looschelders VersR **98,** 1198). Haben beide Part das Scheitern des Zugangs zu vertreten, kann über pVV od c. i. c. iVm § 254 eine Schadensteilg angem sein (s RG **97**, 337).

19 **7) Abweichende Regelungen. – a)** § 130 I ist **dispositiv.** Die Part können abw Vereinbgen treffen, etwa dahin, daß bei formbedürft Erkl der Zugang einer Abschrift genügt (Rn 10). Das WiderrR (I 2) kann aber dch AGB nicht abbedungen w (Rn 11); iü gelten die Klauselverbote in AGBG 10 Nr 6 u 11 Nr 16 (s
20 dort). – **b) Gesetzliche Ausnahmen** enthalten die §§ 121 I 2, 478 I 1, VerbrKrG 7 II 1, HausTG 2 I 1 u HGB 377 IV, wonach zur FrWahrg die rechtzeit Absendg genügt; auch in diesen Fällen wird die Erkl aber nur u erst wirks, wenn sie dem and Teil zugeht (BGH **101**, 49/53). Geht die erste Erkl verloren, genügt zur FrWahrg, daß der Erklärde sie unverzügl wiederholt. Wo RFolgen an die Kenntn geknüpft sind, reicht Zugehen als bloße Möglichk der Kenntnisn nicht aus (RG **135**, 251).

21 **8)** Für den Zugang der Erkl trägt derj die **Beweislast,** der sich auf den Zugang beruft (BGH **101**, 49/55). Soweit es auf die Rechtzeitigk ankommt, muß er auch den Ztpkt des Zugehens beweisen (BGH **70**, 232/234). Es besteht weder für normale Postsendgen noch für Einschreiben ein AnschBew, daß eine zur Post gegebene Sendg den Empfänger auch erreicht (BGH NJW **64**, 1176, **96**, 2033, BAG NJW **61**, 2132, Baumgärtel/Laumen Rn 2 ff, str). Auch ZPO 286 rechtf nicht ow den Schluß von der Absendg auf den Zugang (aA LG Hbg VersR **92**, 86). Wer den Zugang der Einschreibsendg erst nach Ablauf der (damals 2 jähr) AufbewahrFr für den Abliefergsschein bestreitet, obwohl er vorher von der Absendg wußte, kann damit aber nicht gehört w (BGH **24**, 308, Hamm VersR **76**, 722). Auch für den Zugang eines Telextextes

gibt es keinen *prima-facie*-Bew (BGH NJW **95**, 665, BFH BB **99**, 303, Köln NJW-RR **95**, 1463, Fritzsche/Malzer DNotZ **95**, 3/14, aA Mü NJW **94**, 527).

131 *Wirksamwerden gegenüber nicht voll Geschäftsfähigen.* **I Wird die Willenserklärung einem Geschäftsunfähigen gegenüber abgegeben, so wird sie nicht wirksam, bevor sie dem gesetzlichen Vertreter zugeht.**

II Das gleiche gilt, wenn die Willenserklärung einer in der Geschäftsfähigkeit beschränkten Person gegenüber abgegeben wird. Bringt die Erklärung jedoch der in der Geschäftsfähigkeit beschränkten Person lediglich einen rechtlichen Vorteil oder hat der gesetzliche Vertreter seine Einwilligung erteilt, so wird die Erklärung in dem Zeitpunkte wirksam, in welchem sie ihr zugeht.

1) Allgemeines. § 131 gilt ebso wie § 130 (dort Rn 3) auch für geschäftsähnl Hdlgen (AG Meldorf NJW 1
89, 2548). Er überträgt die für die Abgabe von WillErkl geltden Regeln auf den ErklZugang: Der Zugang an einen GeschUnfähigen ist ohne RWirkg, der an einen beschr GeschFähigen läßt die Erkl nur unter den Voraussetzgen von § 131 II wirks werden. Für Erkl an Bewußtlose od vorübergehd Geistesgestörte (§ 105 II) gilt nicht § 131, sond § 130. Da es auf die Möglichk der Kenntnisn unter normalen Verhältn (§ 130 Rn 5) ankommt, gehen Erkl unter Abwesden auch dann wirks zu, wenn sich der Empfänger in einem § 105 II entspr Zustand befindet. Bei mdl Erkl unter Anwesden gilt § 130 Rn 13 f.

2) Wirksamkeitserfordernisse. – a) WillErkl, die ggü einem **Geschäftsunfähigen** (§ 104) abzugeben 2
sind, werden nur wirks, wenn sie dem ges Vertreter zugehen (§ 131 I). Die Erkl muß an den ges Vertreter gerichtet sein. Es genügt nicht, daß er zufäll von einem Schreiben an den GeschUnfäh erfährt (Düss VersR **61**, 878, LG Bln MDR **82**, 321, § 130 Rn 4, aA LAG Hamm DB **75**, 407). Besteht GesVertretg, genügt Zugang an einen der GesVertreter (§ 167 Rn 14). Der ges Vertreter kann den GeschUnfäh zum Empfangsboten (§ 130 Rn 9), nicht aber zum Empfangsvertreter bestellen. – **b)** Dem **beschränkt Geschäftsfähigen** 3
(II) steht der **Betreute** gleich, soweit für ihn ein EinwilliggsVorbeh angeordnet worden ist (§ 1903 I 2). Die WillErkl muß grdsl dem ges Vertreter zugehen (§ 131 II 1), hier bestehen aber Ausn. Der Zugang an den beschr GeschFäh genügt, wenn ihm die WillErkl rechtl ledigl Vorteile bringt (§ 107 Rn 2). Das trifft auf ein VertrAngebot unabhäng vom VertrInh zu, weil das Angebot für den Empfänger keine Pflten schafft, ihm aber die Möglichk gibt, den Vertr zustande zu bringen. Zu den rechtl ledigl vorteilh Gesch gehört auch die Bevollmächtigg des beschr GeschFäh (Ffm MDR **64**, 756). Hat der Vertreter eingewilligt (§ 183), reicht der Zugang an den beschr GeschFäh gleichf aus. Die Einwilligg kann auch stillschw erklärt w (§ 107 Rn 8). Die Gen (§ 184) steht der Einwilligg nicht gleich. Wird dch Erkl ggü einem beschr GeschFäh ein VertrAngebot angenommen, kann der Vertreter neben dem Vertr aber auch den Zugang genehmigen, da andf § 108 leerlaufd wäre (BGH **47**, 352/358). Sow der beschr GeschFäh gem §§ 112, 113 partiell geschfäh ist, kann er auch ohne bes Einwilligg WillErkl wirks entggnehmen.

132 *Ersatz des Zugehens durch Zustellung.* **I Eine Willenserklärung gilt auch dann als zugegangen, wenn sie durch Vermittlung eines Gerichtsvollziehers zugestellt worden ist. Die Zustellung erfolgt nach den Vorschriften der Zivilprozeßordnung.**

II Befindet sich der Erklärende über die Person desjenigen, welchem gegenüber die Erklärung abzugeben ist, in einer nicht auf Fahrlässigkeit beruhenden Unkenntnis oder ist der Aufenthalt dieser Person unbekannt, so kann die Zustellung nach den für die öffentliche Zustellung einer Ladung geltenden Vorschriften der Zivilprozeßordnung erfolgen. Zuständig für die Bewilligung ist im ersteren Falle das Amtsgericht, in dessen Bezirke der Erklärende seinen Wohnsitz oder in Ermangelung eines inländischen Wohnsitzes seinen Aufenthalt hat, im letzteren Falle das Amtsgericht, in dessen Bezirke die Person, welcher zuzustellen ist, den letzten Wohnsitz oder in Ermangelung eines inländischen Wohnsitzes den letzten Aufenthalt hatte.

1) Allgemeines. § 132 stellt die Zust als Surrogat für das Zugehen zur Vfg. Die Erkl wird wirks, auch 1
wenn die Erfordern des Zugangstatbestd, wie iF der Zust dch Niederlegg bei der Post od der öff Zust (ZPO 182, 203 ff), nicht erf sind. Bei befürchteter Zugangsvereitelg kann der RA verpflichtet sein, den „sicheren" Weg des § 132 zu wählen (Nürnbg NJW-RR **91**, 414). Ist die Erkl ggü einem GeschUnfäh od beschr GeschFäh abzugeben, muß die Zust (abgesehen von den Fällen der §§ 112, 113) an den ges Vertreter erfolgen (ZPO 171). Wo das Ges RFolgen an die Kenntn knüpft, genügt die Zust nicht (RG **87**, 417).

2) Zustellung. – a) Die Zust dch Vermittlg des **Gerichtsvollziehers** richtet sich nach ZPO 166 ff; mögl 2
ist daher auch eine ErsZust (ZPO 181 ff). Unverzichtb ist aber die Mitwirkg des GerVollziehers; eine Zust im unmittelb PartAuftr genügt nicht (BGH **67**, 271/277, BVerwG NJW **81**, 2712), ebsowenig die dch Vermittlg der GeschStelle (ZPO 196) od die von Anw zu Anw (ZPO 198), and aber iF einer SicherhLeistg dch ProßBürgsch (LG Augsbg NJW-RR **98**, 1368). Eine fehlerh Zust kann entspr ZPO 187 als wirks behandelt w (BGH NJW **67**, 823). ZustGgst ist bei öff Urk eine Ausfertigg (BGH **31**, 5, **36**, 201), bei Erkl, die der Schriftform (§ 126) bedürfen, genügt eine beglaubigte Abschrift (BGH NJW **67**, 823). Die Zust ist an die Part, nicht an den ProzBevollm zu richten (LG Wuppertal WM **86**, 1274). – **b)** Die **öffentliche Zustellung** 3
richtet sich nach ZPO 204 ff. Sie setzt voraus: Unverschuldete Unkenntn über die Pers des ErklEmpfängers (s zur ähnl Regelg iF der Hinterlegg § 372 Rn 6) od Unkenntn über den Aufenthaltsort des Empfängers. Dieses Erfordern ist ebso zu verstehen wie in ZPO 203 I (Staud-Dilcher Rn 14). Wird der BewilliggsBeschl dch falsche Angaben erschlichen, ist die Zust gleichwohl wirks (BGH **64**, 5, zweifelnd BGH **118**, 45/47), der Berufg auf die eingetretene RFolge kann aber § 242 entggstehen (BGH aaO).

133 ***Auslegung einer Willenserklärung.*** **Bei der Auslegung einer Willenserklärung ist der wirkliche Wille zu erforschen und nicht an dem buchstäblichen Sinne des Ausdrucks zu haften.**

1 **1) Allgemeines. – a)** Auslegg einer WillErkl ist Ermittlg ihres rechtl maßgebden Sinnes. Das Ges enthält in den §§ 133, 157 für die Auslegg zwei grdlegde Normen. § 133 gilt seinem Wortlaut nach für die Auslegg der einz WillErkl. Er ist aber auch auf Vertr anzuwenden (MüKo/Mayer-Maly Rn 19). Umgekehrt betrifft § 157 seinem Wortlaut nach nur den bereits zustandegekommenen Vertr. Auch die einz WillErkl u einseit RGesch sind aber nach Treu u Glauben mit Rücks auf die VerkSitte auszulegen (RG **169**, 125, BGH **47**, 78). Der Unterschied zw beiden Normen besteht darin, daß § 133 auf den empirischen PartWillen abstellt (sog natürl Auslegg), währd § 157 auf die obj ErklBedeutg verweist (sog obj normative Auslegg). Wie das funktionelle Verh zw den beiden Vorschr im einz aufzufassen ist, ist umstritten; ebso die Frage, ob § 133 od § 157 die vorrangige Ausleggsnorm ist (s Soergel-Wolf § 157 Rn 11 ff). Dieser Streit ist für die prakt RAnwendg unergieb u kann daher hier auf sich beruhen. Rspr u Lehre haben aus den beiden Normen unter Einbez von allg RGrds einen weitgehd allg anerkannten **Kanon von Auslegungsgrundsätzen** entwickelt. Von diesen Grds beruht das Verbot der Buchstabenauslegg (Rn 14), die Grds über die Auslegg von nicht empfangsbedürft WillErkl (Rn 13) u der Vorrang des übereinstimmden PartWillens (Rn 8) auf § 133; dagg richtet sich die Auslegg von empfangsbedürft WillErkl (Rn 9) überwiegd u die ergänzde VertrAuslegg (§ 157
2 Rn 2 ff) ausschließl nach § 157. – **b)** Da die Auslegg nach **§ 133 u § 157** ineinand übergehen u **nicht sinnvoll** voneinand **getrennt** w können, erstreckt sich die Kommentierg des § 133 auf die ges für die Auslegg von WillErkl u Vertr maßgebden RGrds. Ledigl die ergänzde VertrAuslegg, die ErklBedeutg typ Klauseln u Einzelfälle sind bei § 157 dargestellt. Zur **Auslegung von Gesetzen** s Einl 34 ff v § 1.

3 **2) Anwendungsbereich. – a)** Die §§ 133, 157 gelten für WillErkl jeder Art, auch für abstrakte Erkl wie Wechsel- od ScheckErkl (BGH **21**, 161, Köln NJW-RR **97**, 940) u InhSchuldVerschreibgen (BGH **28**, 263), für dingl RGesch wie die Aufl (RG **152**, 192, BayObLG **74**, 115), für ProzVergl (BAG NJW **73**, 918), formbedürft Erkl (Rn 19), konkludente WillErkl (Rn 11), Leistgsbeschreibgen (BGH NJW **99**, 2432), geschäftsähnl Hdlgen (BGH **47**, 357, NJW **95**, 45) u EinverständnErkl zu Operationen (BGH NJW **80**, 1903). Auf AGB, Satzgen u Erkl im GrdBuchVerk sind die §§ 133, 157 gleichf anzuwenden, jedoch bestehen hier Besonderh (Rn 12 u 26 f). Auch die Frage, **ob** ein best willentl Verhalten eine **Willenserklärung** darstellt, ist ein Problem der Auslegg u daher nach den §§ 133, 157 zu beurteilen (BGH **21**, 106, NJW **84**,
4 721, **94**, 189, BAG NJW **71**, 1423, Einf 3 v § 116). – **b)** Auch **Prozeßhandlungen** (Übbl 37 v § 104) sind nach §§ 133, 157 auszulegen (BGH **22**, 269, BayObLG NJW-RR **96**, 651), auch solche des Ger, wie zB ein Pfändgs- u ÜberweisgsBeschl (BGH NJW **83**, 886, Ffm NJW **81**, 468). Im **öffentlichen Recht** sind die §§ 133, 157 gleichf entspr anzuwenden (BGH **86**, 104, 110, NJW **98**, 2138, 2140). Das folgt für öffr Vertr aus VwVfG 62, gilt aber auch für WillErkl des Bürgers (BVerwG NJW **90**, 1928, BFH WM **82**, 1138) u für solche der Behörden (BVerwG NJW **76**, 304). Entscheidd ist, wie der Empfänger die Erkl bei obj Würdigg verstehen durfte (BVerwG **41**, 306); Unklarh gehen zu Lasten der Verw (BVerwG aaO); eine reine Buchstabeninterpretation ist unzul (BVerwG NVwZ **84**, 518). S auch Rn 26 ff.

5 **3) Voraussetzungen der Auslegung. – a)** Jeder Auslegg vorausgehen muß die **Feststellung des Erklärungstatbestandes,** dh die Ermittlg der für die Auslegg relevanten Tats (BGH NJW-RR **92**, 773). Dabei ist zw Ggst u Mitteln der Auslegg zu unterscheiden. AusleggsGgst ist der konkrete ErklAkt, dessen rechtl Inh festgestellt w soll. Mittel der Auslegg sind die außerh des ErklAktes liegden Umst, die einen Schluß auf den Sinn der Erkl u damit auf ihren rechtl Inh zulassen (Larenz/Wolf § 28 Rn 60). Bsp sind etwa Vorverhandlgen der Part, die Abwicklg fr Gesch od Äußergen der Part (Rn 17 f). Währd die Auslegg rechtl Würdigg ist, ist die Ermittlg der ausleggsrelevanten Umst TatsFeststellg, für die die Grds über die Behauptgs- u Beweislast
6 gelten (Rn 29). – **b)** Voraussetzg der Auslegg ist, daß die WillErkl **auslegungsbedürftig** ist. Hat die Erkl nach Wortlaut u Zweck einen **eindeutigen Inhalt,** ist für eine Auslegg kein Raum (RG **158**, 124, BGH **25**, 319, **LM** § 2084 Nr 7, BayObLG **81**, 34). Dem insow krit Schriftt (MüKo/Mayer-Maly Rn 42) ist zuzugeben, daß die Feststellg der Eindeutigk die Berücksichtigg aller BegleitUmst voraussetzt u daher selbst ein interpretatorischer Vorgang ist. Gleichwohl hat der schon im gemeinen Recht anerkannte Grds, daß eindeut Erkl keiner Auslegg bedürfen, als Hilfsmittel für die jur Praxis seine Bedeutg. Er stellt klar, daß es keiner Sinnermittlg bedarf, wenn am ErklInh kein Zweifel mögl ist (RGRK/Krüger-Nieland Rn 5). Ob Eindeutigk vorliegt, ist eine revisible RFrage (BGH **32**, 63). Sie kann auch bei einem (scheinb) eindeut Wortlaut zu verneinen sein (BGH **86**, 46). – **c)** Die WillErkl muß **auslegungsfähig** sein. Das trifft grdsl auch auf widerspruchsvolle u scheinb widersinnige Erkl zu (BGH **20**, 110). And ist es nur, wenn sich nach Ausschöpfg
6 a aller Ausleggsmöglichk kein geltgsfähiger Sinn ermitteln läßt (RG JW **16**, 405). – **d)** Die Auslegg ist auf die Verhältn im **Zeitpunkt** der Abgabe od entspr Rn 9 des Zugangs der Erkl abzustellen, spätere Ändergen des Willens od der für die Auslegg maßgebden Umst sind nicht zu berücksichtigen (BGH NJW **88**, 2878, **98**, 3268).

7 **4) Wirklicher Wille u objektive Erklärungsbedeutung. – a)** Nach § 133 ist bei der Auslegg der wirkl Wille zu erforschen. Diese Formulierg erweckt den Anschein, daß es für die Auslegg entscheidd auf den inneren Willen des Erklärden ankomme. Das trifft jedoch in dieser Allgemeinh nicht zu. Aber auch die gelegentl vertretene GgAns, unter dem wirkl Willen iSd § 133 sei der in der Erkl objektivierte Wille zu verstehen (so fr Manigk, Danz), ist nicht richtig. Je nach der Art der Erkl u der bestehden Interessenlage hat die Auslegg entweder auf den wahren Willen des Erklärden abzustellen, sog **natürliche Auslegung** (Rn 8 u 13) od die obj ErklBedeutg seines Verhaltens zu ermitteln, sog **normative Auslegung** (Rn 9 u 12). Die natürl Auslegg hat im Wortlaut des § 133 („wirkl Wille") ihre Grdl. Dagg sind die Grds der normativen Auslegg mit der obj ErklBedeutg als Zentralbegriff unmittelb weder dem § 133 noch dem § 157 zu entnehmen. Sie ergeben sich aus dem Gedanken des Vertrauensschutzes u den §§ 119 ff (Trupp NJW **90**, 1346). Die §§ 119 ff wären leerlaufd, wenn die Auslegg in allen Fallgruppen einen dem wirkl Willen des Erklärden entspr ErklInh herzustellen hätte.

b) Besteht ein **übereinstimmender Wille** der Part, so ist dieser rechtl auch dann allein maßgebd, wenn er im Inh der Erkl keinen od nur einen unvollkommenen Ausdr gefunden hat (BGH **20**, 110, **71**, 247, NJW **96**, 1679, NJW **98**, 746, 747, BAG **22**, 174, stRspr); das gilt auch, wenn die Part eine Klausel in AGB übereinstimmd abweichd von ihrem obj Sinn verstehen (BGH **113**, 259, NJW **95**, 1496) u im Verhältn zw Aussteller u erstem Nehmer auch für Schecks od Wechsel (s Köln NJW-RR **97**, 940). Das übereinstimmd Gewollte hat den Vorrang vor einer irrtüml od absichtl Falschbezeichng, *falsa demonstratio non nocet.* Nicht erforderl ist, daß der ErklEmpfänger sich den wirkl Willen des Erklärden zu eigen gemacht hat; es genügt, daß er ihn erkannt hat (BGH NJW **84**, 721, NJW-RR **93**, 373). Auch bei formbedürft RGesch ist eine Falschbezeichng unschädl, vorausgesetzt, daß sie unabsichtl erfolgt ist (BGH **87**, 152, BayObLG **96**, 152; zur absichtl Falschbezeichng s § 313 Rn 36). Mißverständl ist die gelegentl verwandte Formulierg, bei einem übereinstimmden PartWillen sei für eine Auslegg kein Raum (so BGH **LM** [B] Nr 7, BAG **AP** Nr 28). Die Feststellg, daß die Part übereinstimmend dasselbe gewollt haben, erfordert idR eine Sinnerfassg u damit eine Auslegg (MüKo/Mayer-Maly Rn 14). Außerdem kann der übereinstimmde PartWille lückenhaft sein u einer Ergänzg bedürfen. 8

c) Empfangsbedürftige Willenserklärungen. – aa) Sie sind – falls nicht Rn 8 zutrifft – so auszulegen, wie sie der ErklEmpfänger nach Treu u Glauben unter Berücksichtigg der VerkSitte verstehen mußte (BGH **36**, 33, **47**, 78, **103**, 280, NJW **90**, 3206, **92**, 1446, stRspr); das gilt, sofern dtsches Recht anzuwenden ist, auch für fremdsprachige Erkl (Ffm NJW-RR **95**, 36). Bei der Auslegg dürfen nur solche Umst berücksichtigt w, die bei Zugang der Erkl für den Empfänger erkennb waren, nicht aber später eingetretene Ändergen (Rn 6 a). Auf seinen „Horizont" u seine Verständnismöglichk ist die Auslegg abzustellen, u zwar auch dann, wenn der Erklärde die Erkl und verstanden hat u auch verstehen durfte. Der Empfänger darf der Erkl allerdings nicht einfach den für ihn günstigsten Sinn beilegen. Er ist nach Treu u Glauben verpflichtet, unter Berücksichtigg aller ihm erkennb Umst mit gehöriger Aufmerksamk zu prüfen, was der Erklärde gemeint hat (BGH NJW **81**, 2296, Larenz/Wolf § 28 Rn 20). Entscheidd ist aber im Ergebn nicht der empirische Wille des Erklärden, sond der dch normative Auslegg zu ermittelnde **objektive Erklärungswert** seines Verhaltens (BGH **36**, 33). – **bb)** Wird für die Erkl ein **Formular des Empfängers** benutzt, ist dagg entspr AGBG 5 darauf abzustellen, wie der Erklärde das Formular verstehen durfte (s BGH NJW **83**, 1904, **97**, 3087 u die Rspr zur AusglQuittg, § 397 Rn 10). Auch wenn es darum geht, ob ein best ErklAkt als WillErkl aufzufassen ist od nicht, ist nicht der innere Wille des Erklärden, sond die obj ErklBedeutg seines GesVerhaltens maßgebd (BGH **21**, 106, **91**, 328, Einf 3 v § 116). – **cc)** Auch für **konkludente Willenserklärungen** ist im Ergebn entscheidd, wie sie der ErklEmpfänger nach Treu u Glauben verstehen mußte. Konkludente WillErkl setzen allerdings idR das Bewußtsein des Handelnden voraus, daß eine WillErkl wenigstens möglicherw erforderl ist (BGH NJW **95**, 953). Für die konkludenten Gen eines schwebd unwirks Gesch verlangt die Rspr daher grdsl, daß sich der Handelnde der schwebden Unwirksamk bewußt ist od zumindest mit ihr rechnet (BGH **2**, 153, NJW **88**, 1200, Nürnbg VersR **91**, 209), für die Bestätigg (§ 144) eines anfechtb Gesch, daß der Handelnde von seinem AnfR weiß od die Vorstellg hat, ihm könne möglicherw ein solches Recht zustehen (BGH **129**, 377, NJW **67**, 722, **71**, 1800). Da das ErklBewußtsein kein notw Bestandt der WillErkl ist (Einf 17 v § 116), kann schlüssiges Verhalten aber auch dann als WillErkl gewertet w, wenn der Handelnde an die Möglichk einer solchen Wertg nicht gedacht hat. Voraussetzg ist jedoch, daß der Handelnde bei Anwendg pflgem Sorgf erkennen konnte, daß sein Verhalten als WillErkl aufgefaßt w durfte u der and Teil es auch tatsächl so verstanden hat (BGH **109**, 177, NJW **95**, 953, BayObLG NJW-RR **98**, 161, krit Habersack JuS **96**, 586). Das gilt auch für Zust u Bestätiggen (BGH aaO). Aus dem **Schutzzweck** der Norm, die das Zustimmgserfordern festlegt, kann sich ergeben, daß an die Annahme einer stillschw Zust besonders strenge Anfordergen zu stellen sind (BGH **116**, 274, Einwilligg in die Weitergabe der Patientenkartei). 9

(Randnummern: „9" beim Beginn von c), „10" bei „bb)", „11" bei „cc)")

d) Ähnl Grds wie für empfangsbedürft WillErkl gelten für die Auslegg von **Erklärungen an die Allgemeinheit.** Darunter sind solche Erkl zu verstehen, die für eine unbest Vielzahl von Pers Bedeutg erlangen können. Ihre Auslegg richtet sich nach der Verständnismöglichk eines dchschnittl Beteiligten od eines Angeh des gerade angesprochenen PersKreises. Außer dem Text der Erkl dürfen nur solche Umst berücksichtigt w, die jedermann od doch jedem Angeh der angesprochenen Kreise bekannt od erkennb sind (BGH **53**, 307). Das gilt für die Satzg von Vereinen (BGH **47**, 180, **63**, 290, § 25 Rn 4), von AG und GmbH (RG **165**, 73, Wiedemann DNotZ **77** Sonderheft S 105), auch für eine sog FamGmbH (BGH BB **81**, 926, Düss ZIP **87**, 230), für Hauptversammlgsbeschlüsse (RG **146**, 154), GesellschVertr von PublikumsKG (Hbg WiB **96**, 899), Beschlüssen von WoEigtGemsch (Stgt NJW-RR **91**, 913), WechselErkl (BGH **21**, 161, **64**, 14, DB **79**, 1081) u InhSchuldVerschreibgen (BGH **28**, 263). Da die Auslegg **einheitlich** vorzunehmen ist, müssen Umst, die nur einz Beteiligten bekannt od erkennb sind, außer Betracht bleiben (BGH **28**, 264). Auch die Auslobg ist obj nach der Verständnismöglichk eines dchschnittl Beteil auszulegen, obwohl sie an sich eine nicht empfangsbedürft WillErkl ist (Kornblum JuS **81**, 801). Ähnl Grds gelten für die Auslegg von **Allgemeinen Geschäftsbedingungen** (AGBG 5 Rn 7). 12

e) Eine grdsl and Ausleggsmethode gilt dagg für **letztwillige Verfügungen.** Bei ihnen spielt der Gedanke des Vertrauensschutzes keine Rolle. Entscheidd für ihre Auslegg ist nicht der obj Sinn der Erkl, sond der wirkl Wille des Erbl (BGH **80**, 249, **86**, 45, Larenz/Wolf § 28 Rn 15, allgM). Ist dieser nicht feststellb, ist der mutmaßl Wille maßgebd (BGH **86**, 45, BayObLG **82**, 165). Die für die Auslegg maßgebde Norm ist § 133, nicht § 157. Ergänzd gilt § 2084, wonach von versch Ausleggsmöglichk iZw derj der Vorzug zu geben ist, bei der die Vfg Erfolg hat. Einzelh zur TestAuslegg s bei § 2084. 13

5) Verfahren bei der Auslegung. – a) Trotz des in § 133 enthaltenen Verbots der Buchstabeninterpretation hat die Auslegg vom **Wortlaut** der Erkl auszugehen (BGH **121**, 16, NJW **94**, 189, **95**, 1212, **98**, 2966). Maßgebd ist iZw der allg Sprachgebrauch (s BGH **LM** (C) Nr 17, Mü NJW-RR **96**, 239), bei Texten, die sich an Fachleute richten, die fachsprachliche Bedeutg (BGH NJW-RR **94**, 1109), bei Begriffen, die in dem beteiligten VerkKreis in einem best Sinn verstanden werden, diese Bedeutg (BGH NJW-RR **95**, 364). Ein bes Sprachgebrauch des Erklärden ist zu berücksichtigen, bei empfangsbedürft Erkl aber nur dann, wenn er dem ErklEmpfänger bekannt od erkennbar war (Rn 9). Mdl Erläutergen des Erklärden zu einem schriftl Vertr- 14

Angebot sind auch dann zu berücksichtigen, wenn der Vertreter nur zur Entggn des Angebots, nicht aber zum VertrSchl bevollmächtigt war (BGH **82**, 222, § 166 Rn 5). Die Erkl, es sei keine Zusicherg abgegeben worden, schließt idR die Annahme einer konkludenten Zusicherg aus (BGH NJW **92**, 170, krit Flume JZ **92**, 367). Bei beurkundeten Erkl kommt es auf den Willen u die Vorstellgen des Erklärden an; die Auffassgen der UrkPers sind nur dann erhebl, wenn der Erklärde sie sich zu eigen gemacht hat (BGH DNotZ **61**, 396, FamRZ **98**, 908). Ähnl wie bei der GesAuslegg (Einl 35 ff v § 1) sind auch bei rechtsgeschäftl Texten der sprachl Zushang (grammatikalische Auslegg) u die Stellg der Formulierg im GesZushang des Textes (systemat Auslegg) zu berücksichtigen (BGH NJW **57**, 873).

15 **b)** Nach der Ermittlg des Wortsinnes sind in einem zweiten Ausleggsschritt die außerh des ErklAktes liegden **Begleitumstände** in die Auslegg einzubeziehen, sow sie einen Schluß auf den Sinngehalt der Erkl zulassen (BGH WM **71**, 40, DB **75**, 442, BAG NJW **71**, 639, DB **74**, 1071). Bei empfangsbedürft WillErkl sind aber nur die Umst zu berücksichtigen, die dem ErklEmpfänger bekannt od erkennb waren (Rn 9), bei Erkl an die Allgemeinh nur allg bekannte (Rn 12). Als ausleggsrelevante BegleitUmst kommen neben der
16 VerkSitte (Rn 21) vor allem in Betracht: – **aa) Entstehungsgeschichte.** Aus der Abwicklg fr Gesch od den VorVhdlgen der Beteiligten (BGH NJW **81**, 2295: Verkaufsprospekt), auch die mit nur einem GesVertreter (BGH ZIP **99**, 1563), od einem zunächst abgeschl formunwirks Vertr (BGH NJW **87**, 2437), kann sich ergeben, welche Bedeutg der ausleggsbedürft ErklTeil nach dem Willen der Part haben soll (s BGH **LM** (B) Nr 1 u 9). Das GesBild der VertrVhdlgen kann eine vom übl Wortsinn abw Auslegg rechtf (BGH WM **71**,
17 40). – **bb) Äußerungen der Parteien** über den Inh des RGesch. Obwohl die Erkl mit dem Zeitpkt ihres Wirksamwerdens ihren grdsl unveränderl ErklWert erhält (Rn 6 a), kann auch späteres Verhalten der Part zumindest als Indiz für die Auslegg von Bedeutg sein (BGH NJW **88**, 2878, NJW-RR **89**, 199, **98**, 259, 801, BAG **AP** Nr 32, Mü NJW-RR **87**, 1502). – **cc)** Die von den Part in ihrer **Geschäftsverbindung** herausgebildeten Usancen („GeschVerbindgsbrauch", Müller-Graff, Auswirkgen einer laufden GeschVerbindg,
18 1974, S 134). Sie können die Auslegg einer EinzErkl od des Vertr betreffen. – **dd)** Der mit dem RGesch verfolgte **Zweck** (BGH **2**, 385, **20**, 110) u die bestehde **Interessenlage** (BGH **21**, 328, **109**, 22, NJW **81**, 1549, 2295). Ähnl wie bei Ges (Einl 38 v § 1) kommt auch bei RGesch der teleologischen Auslegg bes Bedeutg zu. Aus ihr kann sich ergeben, daß eine scheinb eindeutige Regelg völlig ungewöhnl u unerwartete Wagnisse nicht erfaßt (BGH **124**, 68) u daß eine Abwohnklausel als Mietvorauszahlg (BGH **LM** § 157 Nr 6), das Bestreiten einer Verpfl als Anf (BGH DB **71**, 2302) u ein Rücktr als Künd (RG **89**, 398) aufzufassen ist. Sieht das Ges für die Erreichg eines best Zweckes mehrere rechtl Gestaltgsmöglichk vor, ist die teleologische Auslegg dagg idR unergieb u iZw der Wortlaut entscheidd. Eine als Bürgsch bezeichnete Erkl kann daher nicht ow als Schuldbeitritt (BGH **LM** (B) Nr 7) u umgekehrt ein Schuldbeitritt nicht ow als Bürgsch ausgelegt w (BGH **LM** (C) Nr 34). Hauptanwendgsfeld für die teleologische Auslegg ist die ergänzde VertrAuslegg (§ 157 Rn 2 ff). Welchen Stellenwert der Wortlaut der Erkl u die BegleitUmst im Ergebn haben, hängt von den Umst des Einzelfalles ab. Entscheidd ist, wie die Erkl unter Berücksichtigg aller BegleitUmst, insb des GesVerhaltens der Part u der von ihnen verfolgten Zwecke, redlicherweise zu verstehen ist (RG **119**, 25, BGH WM **64**, 906). Bei einer auf Wunsch des Spielers verhängten Spielsperre soll sich aus der Interessenlage ergeben, daß der Spieler keinen SchadErs verlangen kann, wenn die Spielbank die Sperre nicht dchsetzt (BGH **131**, 136).

19 **c)** Auch bei **formbedürftigen Erklärungen** sind Umst außerhalb der Urk bei der Auslegg mitzuberücksichtigen (RG **154**, 44, BGH **63**, 362, **86**, 46, **LM** (B) Nr 1, 3, stRspr). Das gilt auch für die dingl Einigg (BGH **LM** (B) Nr 13) u für letztw Vfgen (Rn 13). Dem Vertretenen ist aber nur die Kenntn von Vertretern zuzurechnen, nicht die von Vhdlgsgehilfen (BGH NJW-RR **86**, 1019, § 166 Rn 7). In einem ersten Untersuchgsschritt ist festzustellen, wie die Erkl unter Berücksichtigg aller maßgebden Umst auszulegen ist (BGH **80**, 250, **86**, 47); dabei dürfen Umst außerh der Urk nur berücksichtigt w, soweit sie bewiesen sind (Rn 29). Erst anschließd ist zu prüfen, ob die so ausgelegte Erkl der Form genügt (BGH **86**, 47, Medicus AT Rn 330). Bei der Prüfg folgt die Rspr der sog **Andeutungstheorie**. Sie verlangt, daß der aus Umst außerh der Urk ermittelte rechtsgeschäftl Wille in der Urk einen, wenn auch unvollkommenen Ausdr gefunden haben muß (RG **154**, 44, BGH **63**, 362, **80**, 245, 250, **87**, 154, NJW **96**, 2793), leitet aber bei best FormVorschr (§ 766) aus ihrem Zweck einen weitergehden MindestInh der Urk ab (BGH NJW **76**, 189, **89**, 1486, § 766 Rn 4). Diese Ans, an der der BGH für den Fall ergänzder VertrAuslegg offenb selbst nicht mehr festhalten will (BGH **86**, 47 f, Flume NJW **83**, 2007), begegnet Bedenken (Medicus AT Rn 330). Sie ist mit dem allg anerkannten Grds unvereinb, daß eine unabsichtl Falschbezeichng auch bei formbedürft Erkl unschädl ist (BGH **87**, 153, § 313 Rn 37). Bei formbedürft Erkl ist aber nur der Wille beachtl, der unter Wahrg der vorgeschriebenen Form erklärt worden ist. Auszulegen ist daher der Inh der **abgegebenen** Erkl, etwa dch Ermittlg eines vom übl abw Sprachgebrauchs, dch Eliminierg von Falschbezeichngen u Beseitigg von Widerspr. Dagg können versehentl weggelassene Abreden od formunwirks getroffene Nebenabreden nicht iW der Auslegg zum Inh der Erkl gemacht w (s BGH **74**, 117, **80**, 245, 250, Flume NJW **83**, 2009, aA **LM** § 313 Nr 30, Ffm Rpfleger **80**, 87).

20 **d)** Vertr sind gem § 157 so auszulegen, wie **Treu u Glauben** mit Rücks auf die VerkSitte es erfordern. – **aa)** Dieser Grds gilt auch für die Auslegg von einz WillErkl u einseit RGesch (RG **169**, 125, BGH **47**, 78). Die Orientierg an Treu u Glauben bedeutet, daß iZw ein AusleggsErgebn anzustreben ist, das die berecht Belange beider Part angem berücksichtigt u mit den Anfordergen des redl GeschVerk im Einklang steht. Zum
21 Begriff von Treu u Glauben s § 242 Rn 3, zur ergänzden VertrAuslegg s § 157 Rn 2 ff. – **bb) Verkehrssitte** ist die im Verk der beteiligten Kreise herrschde tats Übg (RG **49**, 162, BGH **LM** § 157 (B) Nr 1). Sie muß eine gewisse Festigk erlangt haben (BGH NJW **90**, 1724). Ein GeschGebrauch, der überwiegd befolgt, häuf aber auch nicht befolgt w, ist keine VerkSitte iSd Ges (RG **75**, 340). Auch wenn eine Frage üblicherw in einem bestimmten Sinne schriftl geregelt w, kann dies Ausdr einer VerkSitte u die schriftl Fixierg ledigl eine VorsichtsMaßn sein (s BGH NJW **94**, 659). Die zw Kaufleuten bestehende VerkSitte nennt das Ges Handelsbrauch (HGB 346). Dieser kann dch Anerkenng außerh des HandelsVerk zu einer (allg) VerkSitte erstarken (Kblz NJW-RR **88**, 1306: Tegernseer Gebräuche). Die VerkSitte ist keine RNorm, sond ein die Auslegg mitbestimmder tats Faktor (s BGH NJW **66**, 503). Es ist daher nicht erforderl, daß sie von den Betroffenen als

verbindl angesehen w (aA Heldrich AcP **186**, 92). Sie ist nur zu berücksichtigen, wenn beide Beteiligten dem VerkKreis angehören, für den sie gilt (RG **135**, 345). Trifft das zu, ist sie auch dann anzuwenden, wenn eine der Part sie nicht kannte (RG **114**, 12, BGH **LM** § 157 (B) Nr 1, Ffm NJW-RR **86**, 912). Zu berücksichtigen ist aber nur die VerkSitte, die bereits bei Vorn des RGesch tats in Geltg war (RG JW **38**, 859). Bestehen regionale Unterschiede, ist die maßgebde VerkSitte nach den in § 269 Rn 5 dargestellten Grds zu ermitteln. Die Einbez der VerkSitte in den Vertr kann dch PartVereinbg ausdr od stillschw ausgeschl w (RG **114**, 12, BGH **LM** § 157 (B) Nr 1). Verstößt die VerkSitte gg Treu u Glauben od ist sie sonst mißbräuchl, ist sie nicht zu berücksichtigen (BGH **16**, 12, BayObLG NJW-RR **96**, 995).

e) Auslegungsregeln. Das Ges enthält eine Anzahl von Vorschr, die für best Fälle ein best AusleggsErgebn 22
als iZw zutreffd bezeichnen (Bsp: §§ 314, 328 II, 364 II). Von diesen auf einen vermuteten PartWillen abstellden AusleggsRegeln zu unterscheiden sind die ergänzden Vorschr des dispositiven Rechts (Bsp: §§ 276ff, 323ff, 459ff). Sie knüpfen nicht an einen vermuteten PartWillen an, sond gelten ex lege, es sei denn, daß die Part eine abw Abrede getroffen h. Im prakt Ergebn wirken Ausleggsregeln u dispositives Recht gleich. Sie sind nur dann unanwendb, wenn ein entggstehder PartWille nachgewiesen w. Weitere Ausleggsregeln hat die **Praxis der Rechtsanwendung** hervorgebracht. – **aa) Unklarheitenregel.** Sie gilt für AGB 23
(AGBG 5). Sie ist entspr anwendb, wenn eine WillErkl mittels moderner Kommunikationstechnik abgegeben w (Paefgen JuS **88**, 595) od wenn der VertrText vom wirtschaftl u intellektuell Überlegenen entworfen worden ist (Ffm OLGZ **73**, 230), gilt aber im übrigen für IndVereinbgen nicht (BGH VersR **71**, 172). – **bb)** Abreden, die **wesentliche Rechte** einer Part **einschränken,** sind iZw eng auszulegen. Hauptanwendgsfall dieser Ausleggsregel sind Freizeichngsklauseln. Sie sind grdsl eng u gg den auszulegen, der die die Haftg abbedingen will (BGH **22**, 96, **54**, 305, § 276 Rn 58). – **cc) Gesetzeskonforme Auslegung:** iZw gebührt 24
der Auslegg der Vorzug, die die Nichtigk des RGesch vermeidet (BGH NJW **71**, 1035, BAG ZIP **96**, 1912, OVG Münst NVwZ **92**, 989, Hager, Gesetzes- u sittenkonforme Auslegg, 1983). Für AGB gilt jedoch das Verbot geltgserhaltder Reduktion (Vorbem 9v § 8 AGBG). – **dd)** Es ist iZw anzunehmen, daß die Part das 25
Vernünftige gewollt (BGH **79**, 18, NJW **93**, 1978, **94**, 1538) u nichts **Unredliches** angestrebt haben (LG Darmstadt NJW **89**, 2067, MüKo/Mayer-Maly Rn 52) u daß die Abrede eine rechtserhebl Bedeutung haben soll (BGH NJW **98**, 2966). – **ee)** Bei rechtsgeschäftl Texten können als Hilfsmittel der Auslegg die **Argumentationsformen** herangezogen w, die bei der GesAuslegg verwandt w. Bsp sind Analogie, Umkehrschluß u teleologische Reduktion (Einl 39ff v § 1).

6) Sonderfälle. – a) AGB und Formularverträge sind ausgehd von den VerständnMöglichk eines 26
Dchschnittskunden obj u einheitl auszulegen (AGBG 5 Rn 7). Entspr gilt für die Auslegg **typischer Klauseln,** insb der im HandelsVerk gebräuchl. Sie sind unabhäng von den individuellen Vorstellgen der Part u den Umst des Einzelfalles nach obj Maßstäben einheitl auszulegen (BGH **7**, 368, **22**, 113). Einzelne Klauseln s § 157 Rn 16. – **b) Automatisierte Willenserklärungen.** Für ihre Auslegg gelten die gleichen Grds wie 27
für die Auslegg von AGB. Sie müssen auf die VerständnMöglichk des Empfängers Rücks nehmen (AGBG 2 Nr 2 analog). Geschieht das nicht, ist die Erkl unwirks (s Köhler AcP **182**, 141, Medicus AT § 24. 3). – **c) Grundbuchverkehr.** Für grundbuchrechtl Erkl gelten grdsl die gleichen Ausleggsregeln wie für sonst WillErkl (RG **121**, 43, BayObLG DNotZ **82**, 256, **83**, 175). Es bestehen aber verfahrensmäß Besonderh. Im GrdBVerf können Umst außerh der Urk nur berücksichtigt w, wenn sie in der Form des GBO 29 nachgewiesen sind. Eine Eintragg kann nur erfolgen, wenn die Urk nach vorgenommener Auslegg eindeut ist (s BayObLG Rpfleger **80**, 111, **81**, 147). GrdBEintraggen, aber auch TeilgsErkl (KG OLGZ **82**, 135) sind wie Erkl an die Allgemeinh auszulegen (Rn 12). Zu berücksichtigen sind der Wortlaut der Eintragg u die in bezug genommene Eintraggsbewilligg. Umst außerh dieser Urk dürfen nur mit herangezogen w, sow sie für jedermann ow erkennb sind (BGH **59**, 209, **92**, 355, NJW-RR **91**, 457, § 873 Rn 15). – **d) Satzungen** s 28
Rn 12. – **e) Tarifverträge** sind in ihrem normativen Teil nach den für die GesAuslegg geltden Grds (Einl 34v § 1) auszulegen (BAG NJW **61**, 1837, JZ **91**, 420). Der übereinstimmde Wille der TarifVertrPart darf nur berücksichtigt w, wenn er in den Regelgen des TarifVertr einen erkennb Ausdr gefunden hat (BAG aaO). Die Anpassg an veränderte Verh ist grdsl Sache der VertrPart; eine ergänzde Auslegg wg nachträgl entstandener Regelgslücken kommt nur ausnw in Betracht (s BAG DB **82**, 608, **85**, 130). Entspr gilt für die Auslegg des normativen Teils von BetrVereinbgen (s Staud-Dilcher Rn 63).

7) Prozessuale Fragen. – a) Die Auslegg ist rechtl Würdigg (MüKo/Mayer-Maly Rn 57). Der Richter 29
hat sie vAw dchzuführen (RG **131**, 350) u ist an PartVorbringen nicht gebunden (RG LZ **30**, 513). Für sie besteht keine Behauptgs- od BewLast (BGH **20**, 111). Sie kann weder zugestanden (RG Recht **31**, 840) noch bewiesen w (BGH **LM** § 242 (A) Nr 7). Der Auslegg vorausgehen muß aber die **Feststellung des Erklärungstatbestandes,** dh die Ermittlg der für die Auslegg relevanten Tats (Rn 5). Erst wenn sie vollst festgestellt sind, darf die Auslegg vorgenommen w (BGH **20**, 110, **LM** § 157 (Gf) Nr 2). Auf tats Gebiet liegt auch die Ermittlg des Willens der Beteiligten (RG SeuffA **64**, 65) u das Bestehen einer VerkSitte (BGH NJW **90**, 1724). Hinsichtl dieser ausleggsrelevanten Umst besteht eine Darleggs- u BewLast. Dabei ist davon auszugehen, daß iZw die nach der VerkAuffassg gewöhnl u regelmäß Auslegg gilt. Für Urk besteht die zum gleichen Ergebn führde Vermutg der Vollständigk u Richtigk (§ 125 Rn 15). Wer aus Umst außerh der Urk od des ErklAktes eine für sich günst Auslegg herleiten will, muß daher den betreffden Umst **beweisen** (s BGH **20**, 109, NJW **99**, 1702, Saarbr NJW-RR **99**, 1197). Das gilt etwa für die Behauptg einer *falsa demonstratio* (BGH NJW **95**, 3258) od für Behauptgen betreffd die Entstehgsgeschichte des Vertr. – **b) Revisibilität der Auslegung.** Die Feststellg des ErklTatbestdes ist als Tatfrage einer Nachprüfg dch das RevisionsGer entzogen (RG JW **37**, 3025, BAG **22**, 424). Auf tats Gebiet liegt auch die Feststellg des Bestehens od Nichtbestehens einer VerkSitte (BGH **40**, 333, NJW **90**, 1724). Dagg ist die Auslegg rechtl Würdigg. Sie w aber vom RevisionsGer nur darauf nachgeprüft, ob gesetzl Ausleggsregeln, Denkgesetze, Erfahrgssätze od VerfahrensVorschr verletzt sind (BGH NJW **95**, 46, 1212, **97**, 12). Zu den Erfahrgssätzen gehört auch ein allg Sprachgebrauch (BGH **LM** (Fb) Nr 4). Nachprüfb ist weiter, ob ein eindeut Wortlaut vorliegt (BGH **32**, 63, NJW-RR **96**, 932). Hat der TatRi eine Erkl nicht od in Verletzg von anerkannten AusleggsGrds ausgelegt, kann das RevisionsGer die Auslegg selbst vornehmen, sow weitere tatsächl Feststellgen nicht mehr erforderl

sind (BGH **65**, 112, **109**, 22, **121**, 289). Das gilt auch dann, wenn mehrere Ausleggen in Frage kommen (BGH aaO). Auch die Auslegg von ProzVergl ist nur in dem dargelegten Umfang beschränkt nachprüfb (RG **154**, 320, BGH **LM** (D) Nr 4; BGH NJW-RR **95**, 1202 läßt offen). Dagg wird die Auslegg von reinen ProzErkl voll überprüft (BGH NJW **90**, 2684, NJW-RR **96**, 833, 1210), ebso die Auslegg von AGB,
31 FormularVertr u sonst **typischen Klauseln,** wenn sich ihre Anwendg nicht auf einen OLG-Bezirk beschränkt (BGH **7**, 368, **62**, 253, **67**, 103, **83**, 337). Die Auslegg von typ MietVertrKlauseln kann daher Ggst eines REntscheids gem MRÄndG Art 3 sein (BGH **84**, 349). Revisibel ist auch die Auslegg von Satzgen jur Personen (BGH **14**, 36, NJW **94**, 185); von GesellschVertr von PublikumsKG (BGH DB **82**, 218), von Beschlüssen von WoEigtGemsch (Stgt NJW-RR **91**, 913), von allg gebräuchl Klauseln in GemeinschOrdngen für EigtWo (BGH **88**, 305) u von Eintraggen im GrdBuch (BGH **59**, 208, NJW-RR **91**, 457). Dagg ist die Auslegg ausl AGB ebso wie die ausl Rechts nicht revisibel (BGH **49**, 362, NJW **92**, 1033).

134 *Gesetzliches Verbot.* **Ein Rechtsgeschäft, das gegen ein gesetzliches Verbot verstößt, ist nichtig, wenn sich nicht aus dem Gesetz ein anderes ergibt.**

1 **1) Allgemeines. – a) Verbotsgesetze** iSd § 134 sind Vorschr, die eine nach unserer ROrdng grdsl mögl rechtsgeschäftl Regelg wg ihres Inh od wg der Umst ihres Zustandekommens untersagen (Hbg NJW **93**, 1335). Das Verbot muß sich gerade gg die **Vornahme** des RGesch richten (BGH NJW **83**, 2873). Ein KaufVertr ist nicht desh gem § 134 nichtig, weil der Verkäufer bei der Warenbeschaffg gg gesetzl Vorschr verstößt (BGH aaO, s aber § 138 Rn 97). Von den VerbotsGes iSd § 134 zu unterscheiden sind die Normen, die die **rechtsgeschäftliche Gestaltungsmacht einschränken** (s BGH **13**, 184, **40**, 160, Larenz § 22 II). VerbotsGes betreffen RGesch, die der Betroffene vornehmen kann, aber nicht vornehmen **darf.** Bei Beschränkgen der rechtsgeschäftl Gestaltgsmacht ist das RGesch dagg schon deshalb endgült od schwebd unwirks, weil der Betroffene es nicht vornehmen **kann. Keine Verbotsgesetze** sind: – **aa) Allgemeine Beschränkungen** der rechtsgeschäftl Gestaltgsbefugn wie §§ 137, 181. – **bb) Gesetzlicher Ausschluß der Übertragbarkeit** eines Rechts wie §§ 399, 400, 719 (§ 136 Rn 2). – **cc)** Beschränkg auf **bestimmte Rechts- oder Geschäftstypen** wie den numerus clausus der Sachenrechte. Eine Vereinbg über die Begründg eines nicht akzessorischen PfandR ist nicht wg Verstoßes gg ein VerbotsGes, sond deshalb unwirks, weil sie die Grenzen rechtsgeschäftl Gestaltgsmöglichk überschreitet (BGH **23**, 299). – **dd) Beschränkung der Rechtsmacht** von ges Vertretern od ges VermögensVerw wie TestVollstr u InsVerw. Ebso liegt es, wenn die Vfgsmacht des RInhabers wie iF der §§ 1365 ff u 2211 eingeschränkt ist. In all diesen Fällen ist das RGesch wg Fehlens einer privatautonomen Gestaltgs- od Vfgsmacht u nicht wg Verletzg eines VerbotsGes nichtig od schwebd unwirks (BGH **13**, 184, **40**, 160, MüKo/Mayer-Maly Rn 5 f).

2 **b)** Der **Begriff des Gesetzes** iSd § 134 deckt sich mit dem des Art 2 EG (Einl 19 ff v § 1). – **aa)** VerbotsGes können sich aus Ges im formellen Sinn, RVerordngen od GewohnhR ergeben. Auch LandesR kann im Rahmen seiner Zustdgk ges Verbote enthalten (BGH **47**, 30, NJW **86**, 2361). Entspr gilt für TarifVertr, BetrVereinbgen (LAG Saarbr NJW **66**, 2136, str) u für berufsständische Satzgen (BGH NJW **86**, 2361). Ausl VerbotsGes fallen nicht unter § 134 (BGH **59**, 85); ihre Verletzg od Umgehg kann aber die Anwendg des § 138 rechtf, wenn sie mittelb auch dtsche Interessen schützen od auf allg anerkannten rechtl Erwäggen beruhen (BGH **34**, 169, **69**, 298, **94**, 271, NJW **91**, 634). Verbote der Besatzgsmacht standen nach dem 2. Weltkrieg dtschen VerbotsGes gleich (Brschw NdsRpfl **48**, 60); dagg wurden sie nach dem 1. Weltkrieg als Verbote ausl Rechts bewertet (RG **107**, 174). Sow völkerrechtl Normen gem GG 25 od 59 in innerstaatl Recht transformiert worden sind, fallen auch völkerrechtl Verbote unter § 134. Auf Grund von völkerrechtl Vertr können auch ausl Verbotsnormen zu beachten sein. Gem Art VIII des internationalen WährgsAbk macht ein Verstoß gg ausl Devisenbestimmgen das RGesch aber nicht nichtig, sond führt zur Unklagbark der Fdg (BGH **55**, 338, **116**, 84, NJW **94**, 1868); diese erfaßt auch Anspr aus einem Scheck (Düss NJW **90**, 1424) u gg den Bü (Düss WM **83**, 1366). Völkerrechtl Vertr, die ausschließl die RBeziehgen zw den beteiligten Reg regeln, stellen keine Verbote iSd § 134 dar (BGH **69**, 296). Ges Verbote können sich auch aus dem **Recht der EG** ergeben (Rn 24 a vor § 1). Bsp sind das Verbot wettbewerbsbeschränkder Abreden, EGV 85 (BGH GRUR **91**, 559, Hauschka DB **90**, 874), das Verbot, die Freizügigk der ArbN u den freien Dienstleistgs- u KapitalVerk zu beschränken, EGV 48 ff, u wohl auch das Verbot wettbewerbsverfälschder staatl Beihilfen, EGV 92 I, 93 III 3 (Pechstein EuZW **98**, 495), etwa von StaatsBürgsch (Steindorff EuZW **97**, 7, sehr str). Sperrklauseln gg EG-Ausländer im Berufssport können gg EGV 48 verstoßen (§ 25 Rn 9). –
3 **bb)** Das Verbot braucht im Ges **nicht ausdrücklich** ausgesprochen zu sein. Es kann sich auch aus dem Zushang des Ges ergeben (BGH **51**, 262). Verstoßen SchiedsVertr gg das ungeschriebene Verbot parteil Rpflege, sind sie gem § 134 nichtig (BGH aaO). Widerspricht das RGesch rechtl Grds od Wertgen, die keine
4 ges Verbote sind, kann sich die Nichtigk aus § 138 ergeben (§ 138 Rn 13). – **cc)** Die **Grundrechtsartikel** des GG wirken über die Generalklauseln (§§ 138, 242, 826) in das PrivR ein, sie sind aber grdsl keine VerbotsGes iSd § 134 (§ 242 Rn 7). Unmittelb wirkde Verbotsschranken enthalten das GrundR der KoalitionsFreih (GG 9 III), der in GG 48 II festgelegte Vorrang der Abgeordnetentätigk vor Pflten aus dem Arb- od GesellschVerh (BGH **43**, 387, NJW **85**, 2635) u die Grds des freien Mandats (GG 38 I S 2). Mit GG 9 III unvereinb ist eine Regelg, daß das GewerkschMitgl iF des Austritts die Streikunterstützg zurückzuzahlen h (AG Ahrensbg NJW **96**, 2516). Nichtig ist auch die Verpfl, bei einem PartWechsel das Mandat niederzulegen
5 od eine VertrStrafe zu zahlen (LG Brschw DVBl **70**, 591). – **dd) Verfügungsverbote** zum Schutz von Allgemeininteressen fallen unter § 134. Sow sie den Schutz von best Pers bezwecken, gelten dagg die §§ 135, 136 (dort Rn 1). – **ee)** § 134 ist anzuwenden, wenn der **Tatbestand** des VerbotsGes **objektiv erfüllt** ist (BGH **37**, 366, **116**, 276, **122**, 122). Gleichgült ist, ob die Part schuldh gehandelt haben; bei StrafGes muß
6 aber idR auch der subj Tatbestd erfüllt sein (Rn 23). – **ff)** § 134 gilt für **Rechtsgeschäfte** (Übbl 2 v § 104) jeder Art. Er ist auch auf VertrAngebote anzuwenden (MüKo/Mayer-Maly Rn 25, s zum BaupreisR Nicklisch BB **73**, 53). – **gg) Die Beweislast** für die tatsächl Voraussetzgen eines GesVerstoßes trägt derjenige, der sich auf die Nichtigk des RGesch beruft (RG **148**, 6, BGH NJW **83**, 2019).

2) Auslegung des Verbotsgesetzes. – a) Die Folgen eines Verstoßes werden in einigen Fällen vom Ges ausdr bestimmt, in dem das RGesch als nichtig, unwirks od anfechtb bezeichnet w (Bsp: §§ 476, 537 III, 550 a, 557 IV, BKleingG 4 II 2, AÜG 9 Nr 1). Fehlt eine solche Festlegg, begründet § 134 als Ausleggsregel die **Vermutung,** daß der GesVerstoß das RGesch nichtig macht (Canaris, Gesetzl Verbot u RGesch, 1983, S 15, Staud/Sack Rn 59, MüKo/Mayer-Maly Rn 1, str, aA wohl BGH **45**, 326). Die Auslegg der Verbotsnorm kann aber ergeben, daß keine Nichtigk eintreten soll. Anhaltspunkte für die Einordng können sich aus der **Gesetzessprache** ergeben. Verwendet das Ges Formuliergen wie „kann nicht", „ist unzul", „ist nicht übertragb", liegt idR kein ges Verbot, sond eine zur endgült od schwebden Unwirksamk führde Einschränkg der rechtsgeschäftl Gestaltgsmacht vor (Rn 1, s BAG DB **99**, 1660/1662). Die Formulierg „darf nicht" ist für die Auslegg unergieb (BGH NJW **92**, 2022). Sie wird in ges Verboten mit u ohne NichtigkFolge verwandt (s GmbHG 30, AktG 57, 59; BGB 51, 627 II). Dagg hat „soll nicht" im BGB die Bedeutg einer bloßen OrdngsVorschr, deren Verletzg die Gültigk des RGesch nicht berührt (s §§ 58, 564 a I 2, BayObLG NJW **81**, 2197). IdR kann daher die Entscheidg über die RFolge des Verstoßes nicht allein der Diktion der Verbotsnorm entnommen w. Entscheidd sind vielmehr **Sinn und Zweck** des Ges (BGH **71**, 361, **85**, 43, **88**, 242, NJW **92**, 2558). 7

b) Richtet sich das **Verbot gegen beide Teile,** kann idR angenommen w, daß das RGesch nichtig sein soll (stRspr seit RGGrZS **60**, 276); aus der Normrichtg kann iZw auf den Normzweck geschlossen w (s BGH **37**, 365, **78**, 271, **115**, 125, stRspr). Das gilt insbes dann, wenn die Hdlg für beide Part mit Strafe bedroht ist (BGH **37**, 365, **53**, 157). Es bestehen aber Ausn. Der Verstoß gg bloße **Ordnungsvorschriften** läßt die Gültigk des RGesch auch dann unberührt, wenn sie sich an beide Part richten (BGH **53**, 157, NJW **68**, 2286). OrdngsVorschr in diesem Sinn sind vor allem die gewerbepolizeil u baupolizeil Verbote, die nicht den Inh des RGesch, sond die äußeren Umst (Art u Weise) seiner Vornahme mißbilligen (BGH **75**, 368, NJW **68**, 2286). Bsp (die allerdings zT unter Rn 9 fallen) sind der Ausschank nach Polizeistunde (RG **103**, 264) u der Verkauf nach Ladenschluß (RG **60**, 276). Devisen- u BewirtschVorschr können je nach ihrem Zweck Verbote iSd § 134, aber auch reine OrdngsVorschr darstellen (BGH NJW **83**, 2873, **LM** Nr 59). Bei einem Verstoß gg **Preisvorschriften** ist das RGesch idR nicht nichtig, sond w zum zul Preis aufrechterhalten (Rn 26). 8

c) Ist das RGesch nur **für einen Teil verboten,** ist das verbotswidr Gesch idR gült (BGH **46**, 26, **78**, 271, **89**, 373, NJW **81**, 1205, stRspr, aA Canaris aaO – Rn 7 – S 24). Das gilt insbes dann, wenn der GesVerstoß ein bloßes Internum in der Sphäre einer Part bleibt (Canaris aaO S 27). Aus dem Zweck des Verbots kann sich aber die Nichtigk des Gesch ergeben (BGH **65**, 370). Das gilt etwa für Verstöße gg das RBerG (Rn 21), das StBerG (Rn 21), die ärztl SchweigePfl (Rn 22), das ArbVermittlgsVerbot (BGH NJW **69**, 661), das Verbot der Heilmittelwerbg (BGH **53**, 156) u das Verbot Gelegenh zu entgeltl sexuellen Hdlgen dch Inserate anzubieten (BGH NJW **92**, 2558). – **aa) Reisegewerbe.** Seit dem Inkrafttreten des **HausTWG** wird der Kunde gg Angebote im Reisegewerbe dch das WiderrufsR gem HausTWG 1 ausr geschützt. Der Verstoß gg GewO 56 begründet daher für DarlVertr, die nach dem 1.5.86 geschlossen worden sind, keine Nichtigk mehr (BGH **131**, 385), wohl aber für DarlVermittlgsVertr (BGH NJW **99**, 1636). DarlVertr fallen seit dem 1. 1. 91 auch nicht mehr unter das Verbot des § 56 GewO (VerbrKrG 8). Das Verbot des Arzneimittelvertriebs im Reisegewerbe (ArzneimittelG 51) ist aber wie bisher (LG Düss NJW **80**, 647) ein VerbotsGes iSd § 134. Zum Verbot der **Schwarzarbeit** s Rn 22. – **bb)** Sow für die **Ausübung bestimmter Berufe** eine behördl Erlaubn (Zulassg) erforderl ist, entscheidet der Zweck der gesetzl Regelg, ob das Fehlen der Erlaubn die abgeschlossenen Vertr nichtig macht. Das ist zu bejahen bei Vertr mit nicht zugel RBerater (Rn 21), ArbVermittler (Rn 14), Steuerberater (Kblz NJW **91**, 431), Veranstalter von Fernunterricht (FernUSG 7) u Heilpraktiker (Mü NJW **84**, 1826). Gült sind dagg die Kreditgewährg ohne die Erlaubn gem KWG 32 I (Rn 20), der WkVertr mit einem nicht in die HandwRolle eingetragenen Handwerker (Rn 19), der Vertr mit einem Makler, der sein Gewerbe ohne die Erlaubn gem GewO 34 c ausübt (BGH **78**, 271). 9 10 11

d) Bedarf ein RGesch **behördlicher Genehmigung,** so bedeutet das zugl, daß die Vorn ohne Gen verboten ist. Nach dem Zweck der ges Regelg ist der ohne Gen abgeschl Vertr aber nicht nichtig, sond schwebd unwirks (Übbl 31 v § 104). Das gilt auch, wenn das GenErfordern auf kirchl Recht beruht (BayObLG NJW-RR **90**, 476, Brschw NJW-RR **92**, 440). Wird die Gen erteilt od fällt das GenErfordern weg, w der Vertr voll wirks; wird die Gen abgelehnt, w der Vertr endgült unwirks (s näher § 275 Rn 26 ff). Nichtig ist ein genpflicht RGesch aber, wenn es von beiden Seiten in UmgehgsAbs abgeschl w (BGH NJW **68**, 1928, DB **81**, 576). Dagg ist die UmgehgsAbs nur einer Part unschädl (BGH NJW **53**, 1587). Einseit GestaltgsGesch wie die Künd vertragen keinen Schwebezustand. Sie sind daher beim Fehlen der erforderl Gen nichtig (BGH **11**, 27, 37, **37**, 235, Brschw NJW-RR **92**, 440). Wenn der Erklärde dem ErklEmpfänger die nachträgl erteilte Gen mitteilt, liegt darin aber idR eine stillschw Wiederholg des Gesch. 12

3) Rechtsfolgen. Das verbotsw RGesch ist nichtig. Zum Begriff der Nichtigk s Übbl 27 v § 104. Sie tritt nur ein, wenn das Verbot schon bei Vorn des RGesch bestand (Düss NJW-RR **93**, 249, Staud/Sack Rn 55, zweifelnd BGH **45**, 326). Dehnt die Rspr eine Verbotsnorm auf bisher nicht erfaßte RGesch aus, kann der Gedanke des Vertrauensschutzes Einschränkgen der Nichtigk rechtf (BGH **114**, 136, Einl 30 v § 241). Fällt das Verbot nachträgl weg, w das RGesch nur dann wirks, wenn es gem § 141 dch Neuvornahme bestätigt w (RG **138**, 55, BGH **11**, 60, NJW-RR **97**, 642, Düss NJW **97**, 137); vgl aber zu WiStG 5 § 138 Rn 76. War der Vertr von vornherein für den Fall der Aufhebg des Verbots geschl, wird er entspr §§ 309, 308 *ipso facto* gült. Die Nichtigk erstreckt sich idR auf das **Rechtsgeschäft im ganzen.** Aus dem Zweck der Verbotsnorm kann sich aber ergeben, daß nur die verbotene Klausel nichtig ist (s § 139 Rn 18). Die Nichtigk des **Verpflichtungsgeschäfts** läßt die Gültigk des ErfGesch idR unberührt (Übbl 21 ff v § 104). Das gilt aber dann nicht, wenn die Umst, die den GesVerstoß begründen, zugl u unmittelb auch das ErfGesch betreffen (BGH **115**, 130, NJW **92**, 2350, **93**, 1640), so bei Verstößen gg die ärztl SchweigePfl (BGH aaO) od gg BTMG 29 (BGH NJW **83**, 636), ferner wenn das Verbot eine Vermögensverschiebg verhindern soll (BGH NJW **54**, 550). Richtet sich das Verbot gg das **Erfüllungsgeschäft,** ist idR auch das VerpflGesch nichtig (BGH **116**, 277, Schlesw NJW-RR **95**, 554, *arg* § 306, krit Deubner JuS **95**, 107). In bes gelagerten AusnFällen kann § 242 der Geltdmachg der Nichtigk entggstehen (BGH **85**, 48 – Schwarzarbeit). 13

14 4) **Einzelfälle** (ja = nichtig, nein = nicht nichtig). Aus prakt Grden sind auch Fälle mitangeführt, in denen die Nichtigk auf fehlder rgeschäftl Gestaltgsmacht beruht (Rn 1). – **a)** Verstoß gg **Abtreibungsverbot** ja (Brem VersR **84**, 288), insbes bei Vertr ohne das nach StGB 219 notw Beratgsgespräch (AG Oeynhausen NJW **98**, 1799), aber nein, wenn die Voraussetzgen für einen nicht rechtsw SchwangerschAbbruch vorliegen (BVerfG NJW **93**, 1763). Verstoß gg das **AdoptVermG** u das ESchG ja (Coester-Waltjen FamRZ **92**, 370). **Arbeitsvermittlung:** Vermittlg ohne Erlaubn nach dem SGB III (fr AFG) od unter Begründg einer VergütgsPfl des ArbN, ja SGB III 297; das gilt wohl auch für eine Vermittlgstätigk zG von Berufssportlern (Wertenbruch NJW **95**, 223); Abgrenzg zur ohne Erlaubn zul Personalberatg s Düss DB **87**, 1937; dch verbotene Vermittlg zustandegek ArbVertr, nein (BAG NJW **72**, 973); ArbVertr mit ausl ArbN, ohne Gen gem AFG 19, ja bei gemeins UmgehgsAbs (BAG NJW **69**, 2111); sonst nein (BAG NJW **77**, 1023, 1608).

15 **Arbeitsverträge:** bei Bestehen eines absoluten Beschäftiggsverbots, ja (BAG **3**, 311), aber nein bei einer Dispensmöglichk (BAG NJW **89**, 930); nein auch bei einem Verstoß gg das Beschäftiggsverbot für Schwangere (EuGH NJW **94**, 2077); DoppelarbVerh bei sehr erhebl Überschreitg der zul HöchstArbZeit, ja (BAG **8**, 49, 50); ArbZRG, ja (BGH NJW **86**, 1486, LAG Nürnbg **AP** Nr 9); die Nichtigk beschränkt sich aber nach dem Schutzzweck des ArbZRG auf die ArbZeitVereinbg (Staud/Sack Rn 205); Verletzg von steuerrechtl u versichergsrechtl MeldePflten, nein (LAG Bln DB **91**, 605); Verstoß gg die MeldePfl aus MSchG 17, nein (LAG Düss DB **96**, 2498); Fehlen des GesundhZeugn nach BSeuchG 17, 18, nein (BAG DB **70**, 1933, **71**, 1530); ArbVertr während bezahlten Url entgg BUrlG 8, ja (ArbG Herne DB **65**, 1670, Neumann DB **72**, 2209); Verzicht auf UrlAbgeltg od Url entgg BUrlG 13, ja (BAG **20**, 25, BB **88**, 1744); Vereinbg einer AusschlFr für den gesetzl UrlAnspr, ja wg Verstoßes gg BUrlG 13 (BAG DB **85**, 48); Vereinbg der Übernahme von Ausbildgskosten, ja wg Verstoßes gg BBiG 5 (BAG DB **85**, 51); ebso die DarlGewährg an den Lehrherrn (LG Hann NJW-RR **89**, 880); Übern von ArbGAnteilen der SozVers dch ArbN, ja Verstoß gg SGB I 32 (BAG NJW **89**, 1693); Verzicht auf Lohnfortzahlg entgg LFZG, jetzt EFZG 9, ja (BAG NJW **72**, 702, **81**, 1061); nein, bei verglweisem Verzicht auf bereits entstandenen Anspr (BAG NJW **77**, 1213); gerichtl Vergl über die tatsächl Voraussetzgen eines VersorggsAnspr, nein (BAG DB **85**, 1949); Vereinbg, daß das ArbVerh iF der Eheschließg endet (Zölibatsklausel), ja (BAG **4**, 285); Abreden über die Erstattg von Aus- u Fortbildgskosten, Frage des Einzelfalls (BAG NJW **77**, 973); Verpflichtg zur Rückzahlg von Gratifikationen, Frage des Einzelfalles (§ 611 Rn 89 f); ArbVertr entgg Einstellgsverbot in einer BetrVereinbg, nein (LAG Saarbr NJW **66**, 2136). Künd eines Schwerbehinderten ohne Anhörg des Vertrauensmanns nein (BAG DB **84**, 133). Zum geschlechtsbezogenen Benachteiliggsverbot vgl §§ 611 a u 612 III. **Arbeitnehmerüberlassungsverträge:** VertrSchl ohne die gem AÜG Art 1 § 1 erforderl Erlaubn ja, AÜG Art 1 § 9 (BGH **75**, 300).

16 **b) Arzneimittelgesetz:** Abgabe verschreibgspflichtiger Arzneien ohne Rezept, ja (AK/Damm Rn 55, aA BGH NJW **68**, 2286). Verk im Reisegewerbe vgl Rn 10. **Ärzte:** Abtr von HonorarAnspr ohne Zustimmg des Patienten od Mitverkauf der Patientenkartei bei Veräußerg der Praxis, ja (Rn 22 „SchweigePfl"). Verkauf einer Kassenarztpraxis an einen Arzt ohne Kassenzulassg ja (Mü NJW-RR **98**, 1441).Verbot der Zuweisg von Patienten gg Entgelt ja (BGH NJW **86**, 2360). Beschäftigg eines Assistenten, ohne die nach KassenarztR erforderl Gen, nein (Hamm NJW-RR **93**, 639). **AuslG,** Verbot selbstd Erwerbstätigk jetzt § 14 II ja (Tountopoulos Rpfleger **97**, 459, BayObLG NJW **84**, 504, Stgt MDR **84**, 496). **Baupolizeiliche Vorschriften:** Verstoß grdsätzl nein (BGH **75**, 368); Vermietg zu baupoliz unzul Benutzg nein (VGH Kassel NJW **64**, 2444, LG Ffm NJW **77**, 1885); WkVertr über BauWk bei Fehlen der BauGen, nein (BGH JR **62**, 23, Köln NJW **61**, 1023, vgl aber BGH NJW **74**, 1080). **Bauträger:** Unterwerfg unter die ZwVollstr dch Erwerber wg des EntgeltAnspr, wenn Notar vollstreckb Ausfertigg ohne Nachw des Baufortschritts (MaBV 3) erteilen soll, ja (BGH NJW **99**, 51, aA Wolfsteiner DNotZ **99**, 99). Fehlen der nach **Beamtenrecht** erforderl Gen, nein (Schlesw SchlHA **74**, 205, offen BGH NJW **74**, 1374, 1377). Vgl auch Rn 20. Vertragl Verpfl zum Erlaß eines **Bebauungsplanes** ja BauGB 2 III (BGH **76**, 22, BVerwG NJW **80**, 2538). Übern der GewL für die künft Nutzbark als Bauland, nein (BGH DVBl **89**, 1095). Vertr mit Saniergsträger, der GrdstEigtümer aus planeri-
17 schen Grden Nutzgsbeschränkgen auferlegt, idR nein (BGH NJW **81**, 916). **Bewirtschaftungsvorschriften:** Verstoß ja u zwar bei beiders Verstoß grdsätzl einschl der AusführgsGesch (BGH **LM** Nr 34); and wenn die Vorschr nur Ordngscharakter haben od es um eine bloße KontrollMaßn geht (BGH **LM** Nr 34 u 59); Abrede über die Verteilg von Gewinnen aus verbotenem Gesch nach Verbotsaufhebg, nein (BGH NJW **61**, 1204). **BNotO:** AnwVertr mit Beteil, für den der RA zunächst als Notar tät war, ja (Hamm OLGZ **92**, 101). **BPflVO** 6 S 3 (KoppelgsVerbot) ja (Celle OLGZ **85**, 374). Vertr über eine gem **BRAO** 45 Nr 4 od 2 verbotene Tätigk ja (Hamm DNotZ **89**, 632, LG Osnabrück NdsRpfl **97**, 74, str, s Feurich DNotZ **89**, 596). **BSpKG** 4, 6, nein (BGH WM **89**, 706). Vertr über die (isolierte) Übertragg einer **Erlaubnis** für den Taxen- od GüternahVerk ja (BGH **108**, 365, Celle VersR **82**, 445, s auch Düss NJW-RR **93**, 249); bei Übertragg od Verpachtg der Erlaubn mit dem Untern od einem UnternTeil kann ein Verstoß gg § 138 vorliegen (BVerfG NJW **90**, 1352, Düss NJW-RR **90**, 1079). **Geldstrafenerstattung:** Verspr, Geldstrafen für zukünft strafb Hdlgen zu übernehmen, verstößt idR nicht gg StGB 257 I (BGH NJW **91**, 990) u ist daher auch nach § 134 grdsl nicht zu beanstanden (Kapp NJW **92**, 2796); eine nachträgl Zusage, eine etw Geldstrafe zu bezahlen, ist wirks (BGH **41**, 229); Ers einer bereits entrichteten Geldstrafe, nein (vgl RG **169**, 268). Übern von Strafverteidigerkosten idR nein (LG Hann MDR **81**, 494). **Gewerbepolizeiliche Vorschriften:** Verstoß grdsätzl nein (BGH NJW **68**, 2286); GastAufnVertr nach Polizeistunde, nein (RG **103**, 264, 265); Verstoß gg SicherhVorschr des Ges über techn ArbMittel, nein (LG Augsbg MDR **70**, 760, für Vertr mit ausl Hersteller zustimmd BGH NJW **81**, 2641, aA für das EMVG LG Karlsr NJW-RR **99**, 1284); Verk im Reisegewerbe vgl Rn 10. **Gläubigerbenachteiligung:** Nach dem AnfG u der InsO anfechtb RGesch, nein (RG **69**, 147, BGH BB **68**, 1057, NJW **73**, 513, stRspr). **Glücksspiel:** DarlGewährg zur Teiln am verbotenen Glücksspiel ja (Celle NJW-RR **87**, 1190). Als Lotterie ausgestaltete progressive Kundenwerbg, wg Verstoßes gg StGB 286, ja (Köln OLGZ **71**, 392); SpielVertr mit ortsansäss Spieler entgg SpielbankVO 1 I Nr 2, ja (BGH **37**, 365, LG Ba-Ba WM **98**, 1685); Verstoß gg landesr Spielordng, die kein zusätzl Spielverbot begründet, nein (BGH **47**, 397, 398).

18 **c) Haftungsausschluß:** s § 276 Rn 62. **Handelsbeschränkungen:** ImportGesch unter Benutzg der einem and erteilten EinfuhrGen, nein (BGH **LM** Nr 59); Verpflichtg zum Warenbezug, der einer Gen unterliegt, nein, wenn die Verpflichtg für den Fall der Erteilg der Gen eingegangen w (OGH **3**, 277, 278);

Auftr zur Einziehg des Kaufpr aus verbotenem Gesch, wenn der Beauftr von dem Verstoß keine Kenntn hatte, nein (RG JW **23**, 294). **Handelsrechtliche Vorschriften:** EigtVorbeh an Teilen von Handelsbüchern, wg Verstoßes gg HGB 44, 44b u AO 162 ja (vgl KG Rpfleger **72**, 441); GterBeschl über die Gen einer gg BilanzVorschr verstoßd Bilanz, ja (RG **72**, 37, **80**, 335); vgl aber die Sonderregelg in AktG 256, die nach hM auch für die GmbH gilt; Bestellg eines nach HGB 319 II ausgeschlossenen Abschlußprüfers, ja (BGH NJW **92**, 2021). Verpflichtg zur Rückzahlg u Verzinsg von Aktionäreinlagen entgg AktG 57 I, ja (RG **107**, 168); Verstoß gg GmbHG 30 wg der Sonderregelg in GmbHG 31, nein (BGH **136**, 125); SatzgsBest, die iF der Pfändg od der Ins eines GmbH-Gters die Einziehg von dessen GeschAnt vorsieht, ja bei unentgeltl Einziehg, nein bei Einziehg gg gleichwert Ers (RG **142**, 377, 378). Verschärfg der gesetzl SchweigePfl des AufsR, ja (Düss DB **73**, 2441). **Handwerksordnung:** WkVertr mit einem nicht in die HandwRolle eingetragenen Handwerker nein (BGH **88**, 242, Düss NJW-RR **96**, 661, LG Görlitz NJW-RR **94**, 117). **Haushaltsvorschriften:** Verstoß gg den Grds sparsamer VerwFührg, nein (BAG DB **85**, 394), bei schweren Verstößen kann aber § 138 anwendb sein (§ 138 Rn 87). Vgl auch unten „Staatsvermögen“. **Heilbehandlungsvertrag** ohne 19 die Erlaubn gem BÄrzteO 2 II, ja (Düss NJW **88**, 2308), ohne die Erlaubn gem HeilpraktikerG 5, ja (Mü NJW **84**, 1826, BVerfG NJW **88**, 2290, 2295, Eberhard NJW **85**, 664); das HeilpraktikerG ist aber unanwendb, wenn Räumlichk auf eine Belastg mit „Erdstrahlen“ untersucht w sollen (BGH VersR **88**, 81). **Heilmittelwerbung:** Zusichg von Einkünften für strafb Heilmittelwerbg, ja, doch kann der VergütgsAnspr für geleistete Tätigk des Werbeleiters nach arbr Grds (Einf 29 vor § 145) trotzdem gegeben sein (BGH **53**, 156, 158). **HeimG.** Es gilt auch für Kleinstheime, nicht aber für die Betreuung in der Fam (BayObLG ZEV **98**, 234, Niemann ZEV **98**, 419). HeimpflegeVertr ohne die BetrGen gem § 6, nein (s Hbg MDR **73**, 758, Parallelfall zu BGH **78**, 271). In einem ErbVertr enthaltener PflegeVertr mit einem MißVerh von Leistg u Entgelt wg Verstoßes gg § 4 III, ja (Mü ZEV **96**, 148). Zuwendgen unter Verstoß gg § 14, ja (BGH **110**, 237, Dubischar DNotZ **93**, 419, Rossak ZEV **96**, 44). Das Verbot ist verfassgsgem (BVerfG NJW **98**, 2964, BGH ZEV **96**, 145). Es gilt auch für Zuwendgen an Kinder des Heimleiters (Düss ZEV **97**, 1541), für Zuwendgen u letztw Vfgen vor Aufnahme in das Heim (BGH NJW-RR **95**, 1272, KG NJW-RR **99**, 2) u für Zuwendgen von Eltern der Heimbewohner (LG Flensbg NJW **93**, 1866). Auf das Verhältn zw Betreuer u Betreutem ist HeimG 14 aber nicht (analog) anwendb (BayObLG NJW **98**, 2369, Müller ZEV **98**, 219). Letztw Vfgen sind wirks, wenn der Bedachte zu Lebzeiten des Heimbewohners nichts von ihnen wußte (BayObLG NJW **92**, 56). Der Heimträger muß sich aber das Wissen seiner Wissensvertreter zurechnen lassen (BayObLG NJW **93**, 1143, Karlsr ZEV **96**, 146). Auch eine vom Träger erst nach dem Tod des Heimbewohners angenommene Schenkg ist unwirks, wenn ein Wissensvertreter zu Lebzeiten des Heimbewohners von der Schenkgsofferte Kenntn hatte (Karlsr aaO). **Irak-Embargo** der EG, wohl ja (s BGH **125**, 30, LG Essen WM **99**, 178). **Kartellrecht:** Vertr, der dem Mitgl eines nach dem GWB nichtigen Kartells Sondervorteile einräumt, ja (Ffm OLGZ **68**, 283); GebietsschutzVereinbg, die nach GWB 22, 104 beanstandet w, nein (Ffm BB **71**, 629); Verstoß gg das Verbot unterschiedl Behandlg (GWB 26 II 1), uU ja (Hbg WRP **85**, 433, Stgt NJW-RR **97**, 1541); FolgeVertr, zw KartellMitgl u Dr, in den unzul Kartellabrede übernommen w, nein (Celle NJW **63**, 2126, LG Ravbg NJW **77**, 684); s auch MüKo/Mayer-Maly Rn 66 ff.

d) Koppelungsgeschäfte: s § 138 Rn 89. **Kreditwesengesetz:** Kreditgewährg ohne Erlaubn nach 20 KWG 32 I, nein (BGH WM **66**, 1101, **78**, 1268); Verstoß gg KWG 3 Nr 3, ja (Canaris BankVertrR Rn 1176, BGH **129**, 92 läßt offen), gg KWG 13 nein (BGH WM **78**, 785, Mü WM **84**, 470); gg KWG 18, nein (LG Essen WM **97**, 814); Verstoß gg Anordngen gem KWG 46, nein (BGH NJW **90**, 1356), gg Beleihgsgrenze gem SchiffsRG 10 II, nein (BGH **LM** Nr 93); landesrechtl Vorschr, die den Sparkassen bei Großkrediten od SpekulationsGesch Beschrkgen auferlegen, iZw wohl nein (BGH **LM** § 117 Nr 5, Stgt WM **89**, 1724). **Lebensmittelgesetz:** Inverkbringen verdorbener od irreführd bezeichneter Lebensm, nein (RG **100**, 40, **170**, 156, Hbg DJ **42**, 91). **Luftverkehrsgesetz:** Vereinbg eines geringeren Befördergsentgelts als das Tarifentgelt, nein (LG Ffm NJW **85**, 562). **Maklerverträge:** Verstoß gg Verbot gewerbsm Vermittlg, nein (Nürnb JW **30**, 1425); Vertr mit Makler, der sein Gewerbe ohne die gem GewO 34c erforderl Erlaubn ausübt, nein (BGH **78**, 271); Anbieten von WoRäumen ohne Auftr eines Berecht entgg Gesetz zur Regelg der WohngsVermittlg 6 I, nein (Karlsr NJW **76**, 1408; aA LG Hann NJW-RR **91**, 1295). Verstoß gg BNotO 14 IV 1, uU ja (BGH NJW-RR **90**, 948). **Mietverträge:** Verstoß gg das Zweckentfremdgsverbot des MRVerbG 6, nein (BGH NJW **94**, 320, VGH Mü NJW-RR **93**, 1422). Vermietg an einen nach WoBindG nichtberecht Mieter, nein (LG Aachen MDR **73**, 318). **Notarverweser:** Neue NotariatsGesch nach Ablauf der Fr des BNotO 56 II 2, nein (KG OLGZ **67**, 240). **Öffentlicher Dienst:** Verbot der VorteilsAnn, BRRG 48, BBG 70, BAT 10, ja, wenn die Vorteile „dienstbezogen“ gewährt w (BayObLG FamRZ **90**, 302, NJW **95**, 3260, Hamm OLG-NJW-RR **99**, 424, Koos ZEV **97**, 435). Zur VorteilsAnn dch Zivildienstleistde s BVerwG NJW **96**, 2319. **Presse, Fernsehen:** Vertr über Anzeige, in der verdeckt für Prostitution geworben w, ja (BGH **118**, 182). Vertr über Werbg dch einen redaktionell aufgemachten Fernsehbeitrag, ja (Mü NJW-RR **92**, 1460, s aber BGH GRUR **93**, 565), über Product Placement in Spielfilmen, ja (LG Mü NJW-RR **97**, 1544). Werbeanzeigen in Form von ZeitgsArt, ja (Köln MDR **70**, 673, Düss NJW **75**, 2018). **Rabatt-** 21 **gesetz,** nein (BGH NJW **94**, 729). **Rechtsanwälte, Rechtsberatung:** Verstoß gg das TätigkVerbot des BRAO 46 II Nr 1, ja (BGH NJW **99, 1715**); Abtr von HonorarAnspr ohne Zustimmg des Mandanten, ja (Rn 22 „SchweigePfl“). GeschBesorggsVertr mit nicht zugel RBerater, ja, obwohl sich das Verbot des RBerG nur gg den RBerater richtet (BGH **37**, 262). Der Vertr ist auch dann im ganzen nichtig, wenn er zugl erlaubte Tätigk umfaßt (BGH **50**, 92, **70**, 17). Geschäftsm Besorgg fremder RAngelegenh dch Notar außerh der NotarBerufstätigk, ja (Stgt DNotZ **64**, 734). Anfertigg von VertrEntw für die Veräußerg von EigtWo dch Arch, ja (BGH **70**, 13). Entw eines GesellschVertr dch Steuerberater od SteuerfachGeh, ja (BGH NJW-RR **92**, 1115, **93**, 434). Rechtl Beratg von Berufssportlern in Vertr- u RAngelegenh, ja (Wertenbruch NJW **95**, 223), aber nein bei Beratg dch einen nach dem AFG zugelassenen Vermittler (Löhr NJW **95**, 2148, aA Wertenbruch aaO). RBesorgg dch WirtschPrüfer als TrHänder im eig Namen, aber im Interesse des AuftrGebers, ja (vgl BGH **48**, 18). SaniergsÜbern, ja, jedoch gilt zG des WirtschPrüfers RBerG 5 (BGH **102**, 130, aA Zuck JZ **88**, 558); Schuldenregulierg/Umschuldg, die über büro- u formularmäß DLeistgen hinausgeht, ja (BGH NJW **87**, 3003, BAG ZIP **93**, 1105, Schlesw WiB **97**, 939); Abtr von SchadErsAnspr an eine Schutz-

Gemsch von Kleinaktionären, ja (BGH NJW **95**, 516, Gehrlein NJW **95**, 487); Tätigk als Erbensucher, ja (BGH NJW **89**, 2125); geschmäß Übernahme von Testamentsvollstreckgen dch Sparkassen, ja (Karlsr NJW-RR **94**, 236, aA Schaub FamRZ **95**, 845, Lang NJW **99**, 2337); Überprüfg eines KonzessionsVertr dch einen Energieberater, ja (BGH NJW **95**, 3122, BB **97**, 438). Auftr zur Erarbeitg von GeschÜbernVertr, ja (Hbg
21a AnwBl **71**, 15); Abtr von SchadErsAnspr aus **KfzUnfällen** an Mietwagen-Untern, KfzWerkstatt od AbschleppUntern, wenn mit der Abtr in der Hauptsache die geschäftsm Dchsetzg der Anspr ermögl w soll, ja (BGH **47**, 366, NJW **85**, 1223, NJW-RR **94**, 1081, Bambg NJW **96**, 854, Hamm VersR **98**, 1431, stRspr); jedoch ist die Direktabrechng mit dem HaftPflVersicherer des Schädigers nicht schlechthin unzul (BGH aaO); geschäftsm FdgsErwerb zum Zwecke der Einziehg, wenn es in Wahrh um die Übernahme der Schadensreguliergeht, ja (BGH **61**, 318, Buschbell AnwBl **94**, 108). Nichtigk erstreckt sich bei organisatorischer ZusArbeit im Rahmen eines **Unfallhelferringes** auch auf DarlVertr (BGH NJW **77**, 38, VersR **78**, 1041) u Bürgsch (Ffm OLGZ **79**, 56). Verstößt ein Kreditvermittler gg das RBerG, bleibt der KreditVertr aber idR wirks (BGH NJW **98**, 1955). Abtr von KundenFdgen an Factoring-Bank, beim echten u unechten Factoring nein, da eigene RBesorgg vorliegt (BGH **58**, 367, **76**, 125 mwN); Beteiligg eines stillen Gters an einem RBeratgsUntern, ja (BGH **62**, 234); Beauftragg eines nicht zur RBeratg zugelassenen Kreditreformvereins mit FdgEinziehg, ja (Celle OLGZ **73**, 351); Abtr einer Fdg zur gerichtl Einziehg an ein **Inkassobüro,** das nur außergerichtl tät w darf, nein (BVerwG VersR **99**, 209, BGH NJW **96**, 393, aA Nürnbg NJW-RR **90**, 1261, Hamm NJW-RR **92**, 1456, Stgt OLGZ **94**, 171). Einziehg dch Detektiv, ja (Nürnb OLGZ **76**, 235); rechtl Beratg dch Bauberater, ja (BGH NJW **76**, 1635); Projektsteuerer, uU ja (Heiermann BauR **96**, 48); SchadRegulierg einschließl ProzFü dch Agenten eines Transportversicherers, wg RBerG 5 nein (BGH VersR **79**, 714); Verstoß gg StBerG 5 ja, auch wenn die Arbeiten von einem Steuerberater als ErfGeh ausgeführt w (BGH **132**, 229, krit Wolfsteiner NJW **96**, 3262); jedoch ist StBerG 5 insow verfassgswidr, als er den Steuerberater auch das Kontieren von Belegen vorbehält (BVerfG NJW **81**, 33); über RückfdgAnspr des Beraters aus § 812 vgl § 817 Rn 25; gewerbl Tätigk des Steuerberaters entgg StBerG 57 IV, nein (BGH **78**, 264).

22 **e) Reisegewerbe:** s Rn 10. **Scheckgesetz:** Verpfl des Bezogenen, Widerruf vor Ablauf der VorleggsFr zu beachten, nein (BGH **35**, 220). **Schiedsverträge:** Vertr zw VereinsMitgl u NichtMitgl, nach dem ein nur aus Mitgl bestehd SchiedsGer entsch soll, ja wg Verstoßes gg das fr in ZPO 1025 II, 1032 zum Ausdr gek Gebot überparteil Rechtspflege (BGH **51**, 262, vgl aber jetzt ZPO 1034 II); VertrBest, daß der von einer Part ernannte SchiedsRi zur allein Entsch berecht sein soll, wenn die and Part innerh einer best Fr keinen SchiedsRi ernennt, ja (BGH **54**, 399, 400, dazu Kornblum ZZP **84**, 339); Ausschl des ord Rechtsweges ohne Abschl eines SchiedsVertr, ja wg Verstoßes gg GVG 13 (BGH **LM** § 1018 Nr 19). **Schwarzarbeit:** Bei beiderseit Verstoß, ja (BGH **85**, 44, **111**, 308, Köln NJW-RR **90**, 251); bei einseit Verstoß, nein, es sei denn, daß der AuftrG den Verstoß kennt u ihn bewußt zu seinem Vorteil ausnutzt (BGH **89**, 372, NJW **85**, 2404, aA Köhler JZ **90**, 467). GewLAnspr sind bei einem nicht Vertr ausgeschlossen (BGH NJW **90**, 2543, aA Celle JZ **73**, 246), mögl sind aber Anspr aus c. i. c. (Köhler aaO) u gem § 242 auch aus einer PrGarantie (BGH **85**, 48). Gg den gutgl AuftrG besteht kein VergütgsAnspr (LG Mainz NJW-RR **98**, 48), gg den bösgl ein dch einen RisikoAbschlag geminderter BerAnspr (BGH **111**, 308, § 818 Rn 22). Vgl auch den Lösgsvorschlag v Metzger, Nichtigk u Wirksamk von Gesch der Schattenwirtsch, 1996.

22a **Schweigepflicht:** Die Abtr von HonorarAnspr, die auf einer der SchweigePfl unterliegden Tätigk beruhen, ist nichtig, so bei Ärzten (BGH **115**, 127, NJW **96**, 775), Zahnärzten (Karlsr NJW **98**, 831), RA (BGH **122**, 117, Hbg NJW **93**, 1335), RBeiständen (LG Mü II NJW-RR **94**, 437), Steuerberatern (BGH NJW **96**, 2087), auch die Abtr iR des Factoring (Köln VersR **97**, 623), nicht aber die bei GmbH-GeschFü (BGH NJW **96**, 2576), Mobilfunkanbietern (aA Mü NJW-RR **98**, 758) u bei Tierärzten (Celle NJW **95**, 786, LG Lünebg NJW **93**, 2994, str). Nichtig ist auch die Abtr eines SchadErsAnspr, der auf einem der SchweigePfl unterliegden Sachverhalt beruht (BGH NJW **96**, 775). Unberührt bleibt dagg die Pfändbark der Anspr (BGH NJW **99**, 1544) Bei einem Praxisverkauf ist die Mitübertragg der Patientenkartei od der Akten des RA unwirks (BGH **116**, 271, NJW **95**, 2026); and, wenn die Mandanten mit der Übertragg der Mandate einverstanden sind (BGH NJW **99**, 1404/1406) od der Zessionar bereits als Mitarbeiter des Zedenten die Angelegenh des Mandanten kennen gelernt hat (BGH NJW **95**, 2915). Neben dem ErfGesch ist auch das KausalGesch unwirks (BGH **116**, 276, Hamm NJW **93**, 792). Unwirks ist auch die Abtr an eine berufsständ RSchutzstelle (BGH NJW **93**, 1912, 2795). Unbedenkl ist dagg die Abtr des HonorarAnspr des angestellten Arztes an das Krankenhaus (LG Bonn NJW **95**, 2419) od des anwaltl HonorarAnspr an den Abwickler (BGH NJW **97**, 188). Die erforderl Zustimmg des AuftrG bedarf nach BDSG 4 II 2 uU der Schriftform (Brem NJW **93**, 757). Besteht kein FormErfordern, kann die Zustimmg auch konkludent erklärt w; insoweit sind aber strenge Anfordergen zu stellen (BGH **122**, 119). Das Schweigen auf Aushänge od Abrechngen genügt nicht (s BGH **116**, 274, NJW **92**, 2348, Düss NJW **94**, 2421). Für die Abtr von GebührenFdgen der RA, StBerater u WirtschPrüfer gelten aber jetzt **BRAO 49 b IV,** StBerG 64 II u WirtschPrO 55 a III (Berger NJW **95**, 1406); danach ist die Abtr an einen Angeh des gleichen Berufs zul (LG Ba-Ba NJW-RR **98**, 202, Henssler/Prütting, BRAO § 49 b Rn 37, Diepold MDR **95**, 23, Aha BB **97**, 2229/2231, aA Prechtel NJW **97**, 1813, AG Mü NJW-RR **97**, 1559). Die Abtr an einen Berufsfremden, – wohl auch die Abtr der HonorarFdg des StBerater an einem zur gleichen Sozietät gehörden RA (AG Schleiden NJW-RR **99**, 502), – ist dagg nur mit ausdr schriftl Einwillig des Mandanten u nur bei rechtskr festgestellten Fdgen wirks.

23 **Staatsvermögen:** Verringerg des GrdVerm des bayr Staates ohne od gg unzureichd Entgelt, ja wg Verstoßes gg BayVerf Art 81 (BGH **47**, 36, 37. Verkauf von öff Vermögen entgg *Bay*GemO 75 unter Wert, ja (BayObLG **95**, 226). **Steuerrecht:** Vertr, mit denen eine Steuerhinterziehg verbunden ist, ja wenn diese Hauptzweck (Kblz DB **79**, 833); sonst nein (BGH **14**, 26/31, **136** 125/132, NJW **83**, 1844). OR-Gesch iZw ja (§ 138 Rn 44). Darl zum Ankauf unverzollter Zigaretten, ja (Köln, MDR **57**, 34); KaufVertr über unversteuerte Zigarren, nein, wenn der Verk den Käufer zum Ankauf für berecht hielt (RG SeuffA **81**, 2). Verpfl ggü einer öffr Körpersch, einen Steuertatbestand aufrechtzuerhalten, ja (BGH **66**, 199 (GewerbeSt), krit Rathjen DStR **77**, 472). **Strafgesetze** iZw ja (BGH **115**, 125); grdsl muß der Straftatbestd obj u subj erfüllt sein (BGH **132**, 318), aus dem Schutzzweck der Norm (Verletzg der SchweigePfl) kann sich aber

ergeben, daß die Verwirklichg des obj Tatbestds genügt (BGH **115**, 130). ReparaturVertr, dch den Versicherer betrogen w soll, ja (Karlsr DAR **90**, 183). Vertr über die Bergg eines U-Boots, in dem sich Überreste der ertrunkenen Besatzg befinden können, verstoßen nicht gg StGB 168 (BGH NJW **94**, 2613).

f) Stimmrecht: Gesellschvertragl Best, die StimmAbg in eig Sache zuläßt, ja wg Verstoßes gg den in § 34, AktG 136 I, GmbHG 47 IV u GenG 43 III zum Ausdr kommden RGrds (RG **136**, 245, BGH **108**, 26); willkürl unterschiedl StimmRRegelg, ja wg Verstoßes gg den in §§ 32, 35 zum Ausdr kommden RGrds (KG NJW **62**, 1917). **Taxenkonzessionen:** Rn 17. **UWG:** Verstoß gg UWG 1, nein, da er nur die Art des Zustandekommens, aber nicht den Inhalt des RGesch betrifft (BGH **110**, 175); gg ZugabeVO od RabattG, nein (BGH **LM** UWG 1 Nr 12, Schlesw VersR **75**, 455, str, vgl Lafrenz GRUR **79**, 89); Verpfl zur Begehg von unlaut Wettbew, ja, einschließl etwaiger NebenVertr (Stgt NJW-RR **97**, 236, vgl auch BGH WM **78**, 783); SchmiergeldVertr entgg § 12, ja (RG JW **21**, 338). **Vergaberecht:** GWB 115 I, wohl nein (Vill BauR **99**, 971). **Versicherungsrecht:** ProvTeilgsabkommen zw VersAgenten u VersN, nein (Hbg VersR **95**, 817, aA Schwarz NJW **95**, 491). Vertr über **Versteigerung** ohne die nach GewO 34b I erforderl Gen, ja 25 (Hamm NJW-RR **94**, 546). Verpflichtg, gg Entgelt in amtl Versteigerg nicht zu bieten, trotz Verstoßes gg PrStGB 270, nein (Celle NJW **69**, 1764, vgl aber § 138 Rn 103); Gebot des Versteigerers für einen Dr, ohne den gem GewO 34b VI Nr 3 erforderl schriftl Auftr, nein (BGH NJW **81**, 1205). **Vollstreckungsvereitelung:** Verwahrgs- od SchenkgsVertr mit dem Ziele, die ZwVollstr zu vereiteln, ja, obwohl StGB 288 nur den Schuldner mit Strafe bedroht (Schlesw SchlHA **57**, 96). **ZVG** § 56 S 2 ja (BGH **99**, 358). 24

5) Verstöße gegen Preisbestimmungen. – a) Die Freiheit der PrVereinbg, ein wichtiger Bestandt der VertrFreiheit (Einf 7 v § 145) u der Marktwirtsch, wird dch einige sondergesetzl Vorschr eingeschränkt (vgl aber auch § 138 Rn 25 u 65). Prakt Bedeutg haben insb: die HOAI; die BauPrVO 1972, die auf dem PrGes v 10. 4. 48 beruht (BVerfG **8**, 274, BVerwG DVBl **96**, 147) u für öff Auftr u mit öff Mitteln geförderte Auftr gilt; BKleingG 5 (BGH **108**, 150); der die Mieten im sozialen WoBau beschränkde WoBindG 8. Zum EnergiepreisR vgl Holzapfel BB **74**, 912, Ebel DB **82**, 889, 2607; zur Preisbindg für Baukostenvorschüsse und Hausanschlußkosten, die an EnergieversorggsUntern zu zahlen sind, BGH WM **78**, 730. PrRegelgen enthalten ferner WiStG 4–6 (Verbot der vorsätzl od leichtfert PrÜberhöhg) u mittelb das MHG (hinten unter NebenG). Die Vorschr der PrAngabenVO (jetzt PaPkG) gehören nicht zum materiellen PreisR, sond zum PreisordngsR; Verstöße lassen daher die zivilrechtl Wirksamk der getroffenen Abreden unberührt (BGH NJW **74**, 859, **79**, 541). 26

b) PrVerstöße führen idR nicht zur Nichtigk; das **Geschäft** bleibt **vielmehr mit dem zulässigen Preis aufrechterhalten** (RG **88**, 252, BGH **51**, 181, **89**, 319, NJW **89**, 2471, Staud/Sack Rn 271), so ausdr WoBindG 8 II u HOAI 4. Das gilt auch für wucher MietVertr (LG Köln NJW **65**, 157) u für Vereinbgen über Baukostenzuschüsse, die gg AVBV-Elt/Gas/Wasser 9 verstoßen (Brschw NJW-RR **98**, 1313). Bei Verstößen gg WiStG 5 (§ 138 Rn 76) tritt entgg der hM (BGH **89**, 319, LG Bln ZMR **94**, 19) an die Stelle der unwirks Miete die ortsübl, nicht die höchste gerade noch zul (Karlsr NJW **82**, 1160, Kothe NJW **82**, 2803, Canaris, FS Steindorff, 1990, S 520), bei Überschreitg der Sätze der HOAI gelten deren Höchstsätze (BGH NJW-RR **90**, 276, KG NJW-RR **90**, 91). Bei einem DauerrechtsVerh lebt die urspr PrVereinbg nach PrFreigabe nicht ow wieder auf (LG Dortmund MDR **54**, 42, LG Hbg WM **76**, 115, § 138 Rn 50). Nichtigk kommt in Betr, wenn beide Teile bewußt gg die PrBindg verstoßen (RG DR **39**, 1633, **42**, 1409). **Abstandszahlungen bei Mietverträgen** vgl Einf 88 vor § 535. **Preisgenehmigung** vgl Rn 12. 27

6) Umgehung des Verbotsgesetzes. – a) Das Verbot von UmgehgsGesch ist in einer Reihe von Vorschr ausdr niedergelegt (VerbrKrG 18, AGBG 7, HausTWG 5, TzWrG 9, FernUSG 8, AO 42). Es gilt als allg RGrds aber auch sonst (RG **155**, 146, BGH **LM** Nr 19, BAG **10**, 70, allgM). Umstr ist, ob die Nichtigk des UmgehgsGesch iW der Auslegg aus der umgangenen Verbotsnorm herzuleiten ist (so BGH WM **90**, 227, Soergel-Hefermehl Rn 37 ff) od ob es sich um einen bes NichtigkGrd u damit um ein eig RInstitut handelt (so MüKo/Mayer-Maly Rn 12). Für die prakt RAnwendg ist dieser Streit bedeutgslos. Einverständn besteht darüber, daß jeweils von Inh u **Zweck** der maßgebl **Verbotsnorm** ausgegangen w muß. Will diese nur die Vorn eines Gesch best Art, nicht aber einen rechtl od wirtschaftl Erfolg verhindern, ist das den gleichen Erfolg in and Weise herbeiführde Gesch unbedenkl (RG **125**, 211, BGH **LM** Nr 19). Unwirks ist dagg ein Gesch, das einen verbotenen Erfolg dch Verwendg von rechtl Gestaltgsmöglichk zu erreichen sucht, die (scheinb) nicht von der Verbotsnorm erfaßt w (RG **155**, 146, BGH **58**, 65, **85**, 46, NJW **59**, 332, 334, BAG **10**, 70). Nichtigk kann auch dann eintreten, wenn eine UmgehgsAbs nicht vorliegt (BAG aaO, str), jedoch können bei der Prüfg des UmgehgsTatbestd subj Momente den Ausschlag geben (BGH NJW **90**, 1474). Ist ein RGesch gem § 134 nichtig, so kann der verbotene Erfolg nicht dch einen Vergl über die Folgen des verbotswidr Gesch erreicht w (RG Recht **21**, 2137), ebsowenig dch Einräumg eines SchadErsAnspr (RG **90**, 306). – **b) Einzelfälle** (ja = nichtig, nein = wirks). Gesch zur Umgehg einer Konzession od ErlaubnPfl, ja 29 (Hamm NJW **86**, 2440, Kblz NJW-RR **94**, 493), so Anstellg in Gastwirtsch, wenn „Angest" in Wahrh wirtsch Inh sein soll (Stgt NJW **87**, 3270, Düss NJW-RR **87**, 687, aA offenb BAG NJW **94**, 2973); „Anstellg" in HandwBetr, wenn in Wahrh Verkauf vorliegt, Käufer aber nicht Meister ist (LG Bln JR **56**, 304); Bestellg zum Bevollmächtigten eines Versicherers, wenn tatsächl selbst VersBetr gewollt (RG **155**, 138); „StatthalterVertr" über Apotheke statt eines verbotenen PachtVertr nein (LG Nürnbg NJW-RR **92**, 17); „GesellschVertr" mit ausl ArbN zur Umgehg des Erfordern einer ArbErlaubn, ja (OVG Bautzen WiB **97**, 30); Zurverfüggstellg eines Ausbildgsplatzes gg Kauf eines Lkws, ja (Hamm NJW **83**, 2708). Gründg eines Untern unter Verwendg eines GmbH-Mantels, keine Umgehg der GründgVorschr (Priester DB **83**, 2291). Bestellg eines Nießbr, um gesetzl VorkaufsR der Gem wirkgslos zu machen, ja (BGH **34**, 205). Umgehg von vertragl VorkaufsR vgl § 138 Rn 61, Umgehg des tarifl Befördergsentgelts dch Vereinbg einer Gewinnbeteiligg, uU ja (BGH **LM** GüKG Nr 25, BB **70**, 1069). RGesch zur Umgehg des Ges über die Verbreitg jugendgefährdder Schriften, ja (Hbg MDR **75**, 141). Vereinbg, die im Ergebn auf eine gesellschaftsrechtl unzul Trenng von Mitglsch u StimmR hinauslaufen, ja (BGH **3**, 357, **20**, 366). Vereinbg über die VorausErf eines unverzichtb Anspr, uU ja (BGH **58**, 62, AusglAnspr des HandelsVertr). Zur Umgehg des Testierverbots der §§ 2271 II, 2289 I 2, vgl § 2271 Rn 10 ff, § 2286 Rn 1 § 2289 Rn 10. 28

135 *Gesetzliches Veräußerungsverbot.* **I Verstößt die Verfügung über einen Gegenstand gegen ein gesetzliches Veräußerungsverbot, das nur den Schutz bestimmter Personen bezweckt, so ist sie nur diesen Personen gegenüber unwirksam. Der rechtsgeschäftlichen Verfügung steht eine Verfügung gleich, die im Wege der Zwangsvollstreckung oder der Arrestvollziehung erfolgt.**

II Die Vorschriften zugunsten derjenigen, welche Rechte von einem Nichtberechtigten herleiten, finden entsprechende Anwendung.

136 *Behördliches Veräußerungsverbot.* **Ein Veräußerungsverbot, das von einem Gericht oder von einer anderen Behörde innerhalb ihrer Zuständigkeit erlassen wird, steht einem gesetzlichen Veräußerungsverbote der im § 135 bezeichneten Art gleich.**

1 **1) Allgemeines. – a)** Der Begriff Veräußergsverbot in §§ 135, 136 ist iSv **„Verfügungsverbot"** zu verstehen (allgM). Die Verbote richten sich nicht nur gg Veräußergen im techn Sinn, dh gg RÜbertraggen, sond gg Vfgen jeder Art (s Übbl 16 v § 104). – **b)** Die §§ 135, 136 betreffen VfgsVerbote zum Schutz best
2 Pers. Ihre Verletzg macht die Vfg **relativ** unwirks. – **c)** Unter die §§ 135, 136 **fallen nicht: – aa) Absolute Verfügungsverbote:** Sie dienen dem Schutz der Allgemeinh u sind Verbotsgesetze iSd § 134. Ihre Verletzg macht die Vfg mit Wirkg ggü jedermann unwirks (BGH **19**, 359, NJW **83**, 636). Bsp sind BtMG 3, StPO 290–292. – **bb) Verfügungsbeschränkungen:** Hier fehlt dem RInhaber die für die wirks Vorn einer Vfg erforderl RMacht (s § 134 Rn 1). Er **kann nicht** wirks verfügen; die Frage, ob er nicht verfügen darf, stellt sich nicht. Die Vfg ist absolut unwirks, allerdings tritt in einigen Fällen schwebde Unwirksamk ein. Bsp sind §§ 1365 ff (Eheg), §§ 1643 ff (Eltern), §§ 1812 ff (Vormund), § 2211 (Erbe iF der TestVollstr). Als ges VfgsBeschränkgen sind nach jetzt hM auch aufzufassen §§ 717, 719 (BGH **13**, 183) u § 399 (dort Rn 11). Da die ges VfgsBeschränkgen in ihrer Wirkg einem absoluten VfgsVerbot gleichstehen, w sie gelegentl gleichf als absolute VfgsVerbote bezeichnet (so BGH **40**, 219). – **cc) InsO.** Vfgen des Schu nach Eröffng des InsVerf sind nach InsO 81 absolut unwirks. Auch der Verstoß gg SichgMaßn, die vor Eröffng des Verf angeordnet worden sind, begründet nach InsO 24, 81 absolute Unwirksamk (and zur KO BGH **135**, 140).

3 **2) Relative Verfügungsverbote. – a) Gesetzliche** Vfgsverbote mit ledigl relativer Wirkg enthält das BGB allenfalls im § 514 (dort Rn 2). Sie sind auch außerh des BGB selten (BGH **13**, 184). Sow die §§ 573 ff, 1124 ff u VVG 97 ff Vfgen für relativ unwirks erklären, regeln sie die RFolgen selbstd, ohne daß es eines Rückgriffs auf
4 § 135 bedarf. – **b)** Prakt allein bedeuts sind daher die **gerichtlichen** od behördl Vfgsverbote des § 136. Die wichtigsten Anwendgsfälle sind: Einstw Vfgen (RG **135**, 384), neuerdings auch zur Sicherg von UnterlPflten aus **VermG** 3 III (BGH **124**, 147, KG DtZ **91**, 191); Pfändg von Fdgen u Rechten gem ZPO 829, 857 (BGH **58**, 26, **100**, 45, NJW **98**, 746), Zahlgssperre gem ZPO 1019, GrdstBeschlagn gem ZVG 20, 23, 146 (RG **90**, 340, BGH NJW **97**, 1582), Beschlagn gem StPO § 111 c V, Anordngen gem StGB 73 d II, 74, 74 e III. Dagg fällt die in einem gerichtl Vergl übernommene Verpfl, nicht über ein Grdst zu verfügen, nicht unter §§ 135, 136, sond unter § 137 (Kblz DRZ **49**, 234, 523). Wann das Vfgsverbot wirks w, richtet sich nach den maßgebden VerfVorschr. Bei MobiliarZwVollstr ist idR Zustellg nöt, bei Vollstr nach ZVG die Eintr im Grdbuch. **Wer geschützt** ist, ergibt sich aus den Vorschr, auf denen das Verbot beruht. Die Anordng der
5 ZwVersteigerg wirkt auch zG der HypGläub (s RG **86**, 258). – **c)** Den gerichtl Vfgsverboten steht das gem ZPO 938 I zul **Erwerbsverbot** gleich (§ 888 Rn 11). Es richtet sich in der Praxis idR an den Käufer eines Grdst u begründet ein Eintraggshindern (BayObLG NJW-RR **97**, 913). Erfolgt die Eintr trotzdem, ist sie ggü dem Verbotsgeschützten in entspr Anwendg der §§ 136, 135 relativ unwirks (§ 888 Rn 11).

6 **3) Rechtswirkungen. – a)** Die verbotswidr Vfg (Begriff Übbl 16 v § 104) ist nur ggü dem Verbotsgeschützten **unwirksam.** Wird eine Sache in Verletzg eines relativen VfgsVerbots übereignet, w der Erwerber im Verhältn zur Allgemeinh Eigtümer, dagg verbleibt im Verhältn zum Geschützten das Eigtum beim Veräußerer (str s Bülow JuS **94**, 7, Staud/Kohler Rn 84 ff). Dieses nur noch relativ bestehde Eigtum ist dogmat eine RMacht eig Art (BGH **111**, 364). Das Verbot führt nicht zum Verlust der VfgsBefugn (BayObLG DNotZ **97**, 393) u bewirkt keine GrdbuchSperre (RG **71**, 38). RÄnd dürfen im GrdB eingetragen w, wenn das VfgsVerbot mindestens gleichzeit eingetragen w (BayObLG Rpfleger **60**, 159, KG DNotZ **73**, 304). Das Verbot hindert Maßn der ZwVollstr nicht, der Geschützte kann jedoch gem ZPO 772, 771 WidersprKlage
7 erheben. Im InsVerf ist das VfgsVerbot dagg wirkgslos (InsO 80 II 1). – **b) Geltendmachung der relativen Unwirksamkeit.** Bei Grdst sind die §§ 888, 883 II entspr anzuwenden (§ 888 II). Der Geschützte kann vom Veräußerer Aufl u Eintr verlangen; gg den Erwerber hat er Anspr auf Zust zu seiner Eintr u auf Löschg der Eintr des Erwerbers (§ 888 Rn 10 u 4 ff). Bei bewegl Sachen hat der Geschützte gg den Veräußerer einen Anspr auf Übertragg der bei diesem verbliebenen RMacht; erst danach kann er vom Erwerber die Herausg der Sache verlangen (BGH **111**, 369, krit Kohler Jura **91**, 349). Wenn die Voraussetzgen des ZPO 259 erf sind, kann der Geschützte die Klage gg den Erwerber mit der gg den Veräußerer verbinden. Entspr gilt für Fdgen u and Rechte. Ein unmittelb Anspr gg den Erwerber steht dem Geschützten nicht zu (Ruhwedel JuS
8 **80**, 167). Der auf die bes Gegebenh des GrdbuchR abgestellte § 888 II ist nicht entspr anwendb. – **c)** Die verbotswidr Vfg **wird** voll **wirksam,** wenn das Verbot aufgehoben w od der Geschützte sie genehmigt (BGH NJW **97**, 1582). – **d)** Sind **mehrere** VfgsVerbote erlassen worden, etwa zG von zwei Käufern, entscheidet die Priorität des Verbots (Kohler JZ **83**, 586); die Reihenfolge der schuldrechtl Vertr ist ohne Bedeutg.

9 **4) Gutgläubiger Erwerb.** Die Vorschr über den Erwerb von einem NichtBerecht sind gem § 135 II entspr anwendb. Neben § 185 gelten daher für bewegl Sachen §§ 932 ff, 1032, 1207, 1244, HGB 366; für Grdst: §§ 892 f, 1138, 1155. Entspr Anwendg bedeutet, daß sich der gute Glaube auf das Nichtbestehen des Verbots beziehen muß (RG **90**, 338). Die Möglichk des gutgläub Erwerbs entfällt, wenn das Verbot im Grdbuch eingetragen ist (§ 892 Rn 17). Sie ist beim Erwerb iW der ZwVollstr ausgeschl (RG **90**, 338). Beim Erwerb von Fdgen u Rechten w guter Glaube gleichf nicht geschützt, zG des Schu sind aber die §§ 407, 408 entspr anzuwenden (BGH **86**, 338); ist der DrittSchu bei Leistg an den PfändgsSchu bösgläub, w er dch die

Zahlg nicht frei (BGH aaO); er behält aber ggü dem PfändgsGläub alle Einwendgen gg die Fdg, auch den Einwand der Aufr (BGH **58**, 25, krit Reinicke NJW **72**, 793).

137 *Rechtsgeschäftliches Veräußerungsverbot.* **Die Befugnis zur Verfügung über ein veräußerliches Recht kann nicht durch Rechtsgeschäft ausgeschlossen oder beschränkt werden. Die Wirksamkeit einer Verpflichtung, über ein solches Recht nicht zu verfügen, wird durch diese Vorschrift nicht berührt.**

1) Allgemeines. § 137 schützt die **Verfügungsfreiheit** des RInh (BayObLG NJW **78**, 701). Diese kann 1
bei veräußerl Rechten dch rechtsgeschäftl Abreden nicht mit Außenwirkg begrenzt w. Die Vorschr ist Ausdr des allg RGedankens, daß sich niemand dch RGesch seiner rechtl **Handlungsfähigkeit** entäußern kann. Auch die Erwerbs- u VerpflBefugn kann nicht mit Wirkg gg Dr ausgeschl w (Weitnauer FS Weber, 1975, S 431); eine eigene RGesch des Vertretenen ausschließde verdrängde Vollm ist mit § 137 unvereinb (§ 167 Rn 15). Die Vorschr schützt zugl u vor allem den numerus clausus der dingl Rechte u dient der **Sicherheit des Rechtsverkehrs** (BGH **134**, 182, 186). Veräußerl Rechte, die kr PrivAutonomie zu res extra commercium gemacht werden könnten, wären eine Quelle von Rechtsunsicherh (BGH **56**, 278). Vertr, dch die sich der RInh mit **schuldrechtlicher Wirkung** verpflichtet, Vfgen zu unterlassen, sind dagg zul, S 2.

2) Rechtsgeschäftliche Verfügungsbeschränkungen (Satz 1). – a) Der Grds, daß die VfgsBefugn des 2
RInh nicht mit Außenwirkg beschränkt w kann, gilt für alle **veräußerlichen Rechte.** Die VfgsBefugn des TrHänders kann nicht mit dingl Wirkg begrenzt w (BGH **11**, 43, NJW **68**, 1471, BB **82**, 891, Henssler AcP **196**, 66), SperrkontenVereinbgen haben, abgesehen vom Fall des Und-Kontos, keine Außenwirkg (Kollhosser ZIP **84**, 389), auch die Übertragbark des AnwR des VorbehKäufers kann nicht ausgeschl w (BGH NJW **70**, 699). Nicht erfaßt w die kr Ges unveräußerl Rechte, wie zB die VereinsMitglsch (§ 38), der Nießbrauch (§ 1154) u and beschränkte dingl Rechte (Einl 14 v § 854). Auch soweit das Ges Vereinbgen zuläßt, die iW der InhBestimmg VfgsBeschränkgen begründen, ist § 137 unanwendb. Beispiele sind ErbbRVO 5, WEG 12, 35, AktG 68 II, GmbHG 15 V u VerlG 28 u vor allem § 399 (dort Rn 11), der grdsl auch für die unter § 413 fallden Rechte gilt. Zur Anwendg der §§ 399, 413 auf beschränkt dingl Rechte s Einl 14 v § 854. – **b)** Die 3
gg § 137 S 1 verstoßde VfgsBeschränkg ist **unwirksam.** Das gilt auch dann, wenn die VfgsBeschränkg auf einer VfgvTw (BGH **40**, 117, **56**, 278) od einem ProzVergl (Kblz DRZ **49**, 234) beruht. Eine sich aus einem ausl Güterstand ergebde VfgsBeschränkg ist nach dtschem Recht nicht zu beachten (KG OLGZ **73**, 163). Sieht ein SichgVertr ein VfgsVerbot vor, kann er gem § 139 im ganzen unwirks sein (BGH NJW **93**, 1640). Mögl ist aber uU eine Umdeutg in eine nach S 2 wirks UnterlVerpfl. – **c)** Die gg die VfgsBeschränkg 4
verstoßde Vfg ist **vollwirksam.** Eine etwa für das RGesch erforderl Gen darf nicht wg Verletzg des VfgsVerbots versagt w (BGH **LM** Nr 2). Wirks ist auch die Vereinbg einer auflösden Bdg od einer **Rückgewährpflicht** für den Fall einer Weiterveräußerg od Pfändg (Düss OLGZ **84**, 90, BayObLG DNotZ **89**, 370, Timm JZ **89**, 13, Staud/Kohler Rn 22, aA MüKo/Mayer-Maly Rn 15); mögl ist auch, den RückübereigngsAnspr gem § 328 zG eines Dr zu begründen (BayObLG DNotZ **96**, 374).

3) Verpflichtung, nicht zu verfügen (Satz 2). – a) Sie ist, abgesehen von den Fällen der §§ 1136 u 2302, 5
wirksam. Die Verpfl kann in einem Kauf-, Schenkgs- od MietVertr enthalten sein. IdR dient sie aber der Absicherg von ErbVertr (§ 2286) od Test. Der Erbl kann sich ggü dem Erben (BGH **31**, 13) od dem VermN (BGH NJW **63**, 1602) verpflichten, nicht dch RGesch unter Lebenden zu verfügen, wobei sich aus einer ergänzden Auslegg eine Veräußergsbefugn für den Notfall ergeben kann (BGH FamRZ **67**, 470). Der Vertr ist, auch soweit die UnterlVerpfl Grdst betrifft, **formfrei** (BGH **103**, 238, § 313 Rn 10). Die Form des § 313 od des § 2276 muß nur gewahrt w, wenn das VerpflGesch mit einem nach § 313 formbedürft Vertr od einem ErbVertr eine Einheit bildet (BGH FamRZ **67**, 470, § 313 Rn 32). Die stillschw Begründg einer UnterlVerpfl ist denkb, an ihren Nachw sind aber strenge Anfordergen zu stellen (BGH DNotZ **69**, 760, WM **70**, 1367). Sie kann in einem ErbV, der die Nachf in einen Hof, Betr od Grdst regelt, mitenthalten sein (s Stöcker WM **80**, 482). Nach allg RGrds wird die Verpfl, nicht zu verfügen, nach Ablauf von 30 Jahren aber wohl unwirks (Großfeld JZ **88**, 937). – **b)** Die **Verletzung** der UnterlVerpfl begründet einen SchadErsAnspr (BGH **31**, 13), 6
der gem § 249 S 1 grdsl auf Rückgängigmachg der Vfg geht. Der SchadErsAnspr kann sich zugl gg den Erwerber richten, wenn auch dieser die vertragl UnterlPfl übernommen h (Köln NJW-RR **96**, 327, Hohmann ZEV **96**, 24) od wenn ausnw die Voraussetzgen des § 826 vorliegen. Dem Berecht steht außerdem ein UnterlAnspr zu, der dch ein gerichtl Veräußergsverbot (BGH **134**, 182, 186, BayObLG NJW **78**, 700, aA Staud/Kohler Rn 39), nicht aber dch eine Vormkg (§ 883 Rn 9) gesichert w kann. Eine Sichg dch Vormkg ist dagg mögl, wenn die Part entspr Rn 4 einen aufschiebd bedingten Anspr auf Rückauflassg vereinbaren (BGH **134**, 182, BayObLG NJW **78**, 700, DNotZ **89**, 370, Kohler aaO Rn 40). Zul ist auch eine Sichg dch VertrStrafe, Bürgsch od Einräumg eines VorkR; zu erbrechtl SichgMöglichk vgl Mattern BWNotZ **66**, 11.

138 *Sittenwidriges Rechtsgeschäft; Wucher.* **I Ein Rechtsgeschäft, das gegen die guten Sitten verstößt, ist nichtig.**

II Nichtig ist insbesondere ein Rechtsgeschäft, durch das jemand unter Ausbeutung der Zwangslage, der Unerfahrenheit, des Mangels an Urteilsvermögen oder der erheblichen Willensschwäche eines anderen sich oder einem Dritten für eine Leistung Vermögensvorteile versprechen oder gewähren läßt, die in einem auffälligen Mißverhältnis zu der Leistung stehen.

1) Allgemeines 1–23
a) Zweck der Vorschrift 1
b) Rechtsbegriff der guten Sitten 2–6
c) Tatbestand der Sittenwidrigkeit 7, 8
d) Zeitpunkt der Beurteilung 9, 10
e) Anwendungsbereich 11, 12
f) Verhältnis zu anderen Vorschriften 13–18
g) Rechtsfolgen 19–22
h) Beweislast, Revisibilität 23
2) Sittenwidriges Verhalten gegenüber dem Geschäftspartner 24–39
a) Allgemeines 24

b) Ratenkreditverträge 25–33
c) Andere wucherähnliche Rechtsgeschäfte . . 34, 35
d) Überforderung des Schuldners, insbesonders des Bürgen . . . . 36–38 i
e) Knebelungsverträge 39
3) Sittenwidriges Verhalten gegenüber der Allgemeinheit oder Dritten 40–64
a) Allgemeines 40, 41
b) Gemeinschaftswidrige Rechtsgeschäfte . . . 42–45
c) Ehe- und Familienordnung . . . . 46–50 a
d) Sexualsphäre 51–55
e) Anstößige Kommerzialisierung 56
f) Standeswidrige Rechtsgeschäfte 57–60
g) Schädigung Dritter 61–64
4) Wucher 65–76
a) Objektiver Tatbestand 66–68
b) Subjektive Voraussetzungen 69–73
c) Ausbeutung 74
d) Rechtsfolgen 75
e) Mietwucher 76
5) Einzelfälle 77–106

1 **1) Allgemeines. – a)** Die dem einz von der ROrdng gewährte Befugn, seine Lebensverhältn dch RGesch eigenverantwortl zu gestalten, die PrivAutonomie (Übbl 1 vor § 104), schließt die Gefahr von Mißbr in sich, ohne daß die vielfält MißbrMöglichk dch best umschriebene Verbote abschließd erfaßt w können. Sie bedarf daher als notw Korrektiv einer Generalklausel, die der autonomen RGestaltg dort eine Grenze setzt, wo sie in Widerspr zu den Grdprinzipien unserer R- u Sittenordng tritt. Diese Generalklausel enthält § 138, der im Anschl an eine gemeinrechtl Formel („*boni mores*") auf die „guten Sitten" verweist. Sein **Zweck** ist, Mißbr der PrivAutonomie entggzuwirken.

2 **b) Rechtsbegriff der guten Sitten.** Nach der Rspr ist ein RGesch sittenw, wenn es gg das **Anstandsgefühl aller billig und gerecht Denkenden** verstößt (RG **80**, 221, BGH **10**, 232, **69**, 297, BAG NJW **76**, 1958). Diese Formel, die sich schon in den Mot (II S 125) findet, trägt zur inhaltl Präzisierg des § 138 wenig bei. – **aa)** § 138 verweist auf die sich aus der Sittenordng ergebden Verhaltensgebote. Dabei ist unter „guten Sitten" keine Sittlichk im gesinngseth Sinne zu verstehen (Sack NJW **85**, 761), ands aber auch nicht die Sitte iS der tatsächl geübten Konvention. Abzustellen ist vielm auf die in der Gemsch od in der beteiligten Gruppe anerkannten moralischen Anschauungen; der Begr der guten Sitten w durch die **herrschende Rechts- und Sozialmoral** inhaltl best (Larenz/Wolf § 41 Rn 12, krit Heldrich AcP **186**, 94). Dabei ist ein **durchschnittlicher Maßstab** anzulegen (RG **80**, 221, BGH **10**, 232); bes strenge Anschauungen sind unbeachtl, ebso aber
3 auch bes laxe Auffassgen. – **bb)** § 138 verweist zugl auf die der ROrdng immanenten rechtseth Werte u Prinzipien (Larenz/Wolf aaO, Soergel-Hefermehl Rn 7). Die Vorschr erfaßt daher auch Verstöße gg den **„ordre public"**; RGesch, die grdlegde Prinzipien der ROrdng verletzen, sind gem § 138 nichtig (vgl BGH **68**, 4, **80**, 158, **106**, 338). Dieser Aspekt des § 138 steht, wenn auch unausgesprochen, in der prakt RAnwendg im VorderGrd. Wenn die Rspr RGesch für sittenw erkl, geht es idR nicht um die Rezeption von außerrechtl Wertgen, sond um die Konkretisierg von Wertmaßstäben, die in der ROrdng selbst angelegt sind.
4 – **cc)** Über § 138 wirkt das im **Grundgesetz verkörperte Wertsystem** in das PrivR ein (BVerfG **7**, 206, **24**, 251, NJW **90**, 1470, **94**, 38, BGH **70**, 324, § 242 Rn 7). Zu den WertEntsch, die den RBegr der guten
5 Sitten mitbestimmen, gehört auch die **Sozialstaatsklausel,** GG 20, 28 (BVerfG **8**, 329, NJW **94**, 38). Der in der Rspr seit langem anerkannte Grds, daß mit Hilfe des § 138 dem Mißbr wirtschaftl Macht entggzuwirken ist, hat im Sozialstaatsprinzip seine Grdl. Unvereinb mit § 138 sind Vertr, die einen der VertrPart ungewöhnl
6 stark belasten u das Ergebn strukturell ungleicher Verhandlgsstärke sind (BVerfG NJW **94**, 36). – **dd)** Bei einem **Konflikt** zw außerrechtl moralischen Anschauungen u der im Recht verkörperten WertOrdng hat die letztere, sofern sie sich im Rahmen der Verfassg hält, den Vorrang. RGesch, die eine gesetzl Vorschr nach ihrem Zweck als zul anerkennt, können daher nicht gem § 138 für nichtig erkl w (BGH NJW **70**, 1179, straffreier MietVertr mit Dirne; BGH **63**, 365, PachtVertr über Bordell). Auch Grds des **Europarechts** können zur Konkretisierg des § 138 herangezogen w (s BGH **138**, 55, zu UWG 1).

7 **c)** Die Sittenwidrigk eines RGesch kann entweder aus seinem Inh oder seinem GesCharakter hergeleitet w. – **aa)** Ein RGesch ist sittenw, wenn sein **Inhalt** mit grdlegden Wertgen der R- od Sittenordng unvereinb ist (Bsp: Regelgen, die gg die FamOrdng od die Menschenwürde verstoßen). In diesem Fall kommt es auf eine Würdigg der BegleitUmst grdsätzl nicht an. Unerhebl ist insb, ob die Part das Bewußtsein der Sittenwidrigk hatten od ob sie die Tats kannten, die das RGesch sittenw machen (BGH **94**, 272). RGesch, die nach ihrem Inh sittenw sind, kann die ROrdng auch bei Gutgläubigk der Part nicht als verbindl anerkennen. –
8 **bb)** Die Sittenwidrigk kann sich aus dem **Gesamtcharakter** des RGesch ergeben, dh aus einer zusfassden Würdigg von Inh, BewegGrd u Zweck des Gesch, sog UmstSittenwidrigk (BGH **86**, 88, **107**, 97, NJW **90**, 704). Zu berücksichtigen ist hier nicht nur der obj Gehalt des Gesch, sond auch die Umst, die zu seiner Vorn geführt haben, sowie die Abs u Motive der Part (BGH NJW-RR **98**, 510). Bewußtsein der Sittenwidrigk u Schädiggsabsicht sind nicht erforderl (BGH NJW **93**, 1588); es genügt, wenn der Handelnde die Tats kennt, aus denen sich die Sittenwidrigk ergibt (BGH **LM** (Ca) Nr 1, NJW **88**, 1374). Dem steht es gleich, wenn er sich der Kenntn einer erhebl Tats bewußt od grob fahrl verschließt (BGH **10**, 233, **20**, 52, NJW-RR **98**, 510). Zu dem obj Sittenverstoß muß also ein persönl Verhalten hinzukommen, das dem Beteil zum Vorwurf gemacht w kann (BGH **LM** (Ba) Nr 2). Besteht der Sittenverstoß im Verhalten ggü dem GeschPartner (Rn 24–39), braucht die Kenntn od grob fahrl Unkenntn der Tats, aus denen sich die Sittenwidrigk ergibt, nur bei dem sittenw Handelnden, nicht aber beim and Teil gegeben zu sein (RG **120**, 149, BGH WM **66**, 496, **67**, 323, BGH **50**, 70). Bei einem sittenw Verhalten ggü der Allgemeinh od Dritten ist § 138 dagg nur anwendb, wenn alle Beteil subj sittenw handeln (BGH NJW **90**, 568, näher Rn 41).

9 **d) Maßgebender Beurteilungszeitpunkt. – aa)** Bei der Beurteilg der Sittenwidrigk ist auf die Verhältnisse im Ztpkt der Vornahme des RGesch abzustellen, nicht auf den des Eintritts der RWirkgen (BGH **7**, 111, **100**, 359, **107**, 96, NJW **89**, 1277, Stgt FamRZ **99**, 24). Ein Vertr wird nicht sittenw, wenn nachträgl ein Mißverhältn zw Leistg u Ggleistg entsteht (BGH **123**, 281, **126**, 226, 239). § 138 kann aber anwendb sein, wenn eine als sicher zu erwartende künftige Werterhöhg unberücksichtigt bleibt (BGH NJW **96**, 991). Eine gült SÜ bleibt wirks, wenn nachträgl ein weiterer gg § 138 verstoßder Vertr geschl w (BGH **7**, 111). Ein zu marktübl Bdggen abgeschl KreditVertr ist nicht desh unwirks, weil ein fr zw den gleichen Part geschl KreditVertr sittenw ist (BGH **99**, 336, Rn 31). Auch bei **letztwilligen Verfügungen** sind die tats Verhältnisse im Ztpkt der Errichtg, nicht die des Erbfalls maßgebd (BGH **20**, 71, str, aA Larenz/Wolf § 41 Rn 32).

Will der Erbl seine sittenw Vfg später aus sittl nicht zu beanstandden Beweggründen bestätigen, muß er sie formgerecht wiederholen (BGH aaO). Führt eine bei ihrer Errichtg sittl unbedenkl Vfg wg einer grundlegden Änderg zu sittenw Auswirkgen, kann ihr der Einwand unzul RAusübg entgg gehalten w (BGH aaO). – **bb)** 10
Wandel des sittlichen Maßstabes. Die sich aus den guten Sitten ergebden Anfordergen unterliegen dem Wandel. Ändern können sich sowohl die GrdWertgen der RGemsch als auch die in den beteiligten VerkKreisen anerkannten moral Anschauungen. Bsp für einen derartigen Wandel sind die Rspr zum Verkauf von Arzt- u RAPraxen (Rn 60), zum Geliebtentestament (BGH **53**, 375), zu Vertr über Sterilisation (BGH **67**, 48, Rn 55), zu MietVertr mit Dirnen (BGH NJW **70**, 1179, Rn 52), zu Vertr über Bordelle (BGH **63**, 365, Rn 52) u zur Vermietg von Doppelzimmer an Nichtverheiratete (Rn 51). Maßgebd für die Beurteilg des RGesch sind grdsl die im Ztpkt seiner Vornahme herrschden Wertanschauungen (BGH NJW **83**, 2692, Rn 9, differenzierd Schmoekel AcP **197**, 1). Ein zZ seiner Vornahme gült RGesch wird dch einen Wandel der sittl Wertmaßstäbe nicht nichtig (Staud/Sack Rn 82); Umst- od BewertgsÄnd können aber eine Anwendg des § 242 (RMißbrauch, Wegfall der GeschGrdl) rechtf (BGH **126**, 241, Medicus NJW **95**, 2579). Soweit die Rspr einen bereits fr vollzogenen Wandel der Wertvorstellgen ledigl feststellt, gilt sie aber auch für fr abgeschl Vertr (BGH NJW **83**, 2692, BVerfG NJW **84**, 2345). War das Gesch bei seiner Vornahme sittenw, wird es dch einen Wertgswandel nicht ipso jure gült (Staud/Sack Rn 84); es bedarf vielmehr einer Bestätigg (§ 141). Bei der Beurteilg der Wirksamk von **Testamenten** stellt die hM aber auf die sittl Maßstäbe im Ztpkt des Erbfalls ab (OLG Hamm OLGZ **79**, 427, Staud/Sack Rn 87, Eckert AcP **199**, 337, and BGH **20**, 75, BayObLG **96**, 225, Stgt ZEV **98**, 185, BGH NJW **99**, 566 läßt offen).

e) § 138 gilt für **Rechtsgeschäfte jeder Art.** Er ist auch auf dingl RGesch anwendb (Soergel-Hefermehl 11
Rn 12, Einl 13 v § 854). Die Sittenwidrigk des GrdGesch hat aber nicht ohne weiteres die des wertneutralen abstr ErfGesch zur Folge (Rn 20). § 138 gilt auch für einseit RGesch wie Künd (Rn 91) od Rücktr, ferner für geschäftsähnl Hdlgen wie Mahng u FrSetzg. Bei abstr SchuldVerspr u SchuldAnerkenntn kann sich die Sittenwidrigk nur aus dem GesCharakter des Gesch (Rn 8) ergeben (BGH NJW **87**, 2015, Rstk OLG-NL **96**, 6). Seit Aufhebg der Sonderregelg des TestG 48 II ist § 138 auch auf letztw Vfgen wieder anwendb (Rn 49). Bes Grds gelten im **Gesellschaftsrecht.** Auf BeitrErkl zu KapitalGesellsch findet § 138 im Interesse des VerkSchutzes keine Anwendg (Überbl 36 vor § 104). GesellschafterBeschl von KapitalGesellsch sind nur nichtig, wenn sie dch ihren Inh gg die guten Sitten verstoßen (AktG 241 Nr 4), der auch für die GmbH gilt (BGH **15**, 385). Sonst Mängel müssen iW der AnfKl geltd gemacht w. Ist der GesellschVertr einer Personal-Gesellsch nichtig, finden idR die Grds über die fehlerh Gesellsch Anwendg (Einf 29 vor § 145). Nichtigk von Anfang an kommt im allg nur dann in Betr, wenn der GesellschZweck sittenw ist (BGH NJW **70**, 1540, DB **76**, 2106, Rn 85). Die Anwendg des § 138 w nicht dadch ausgeschl, daß das RGesch zugl eine **Prozeßhandlung** ist (BGH **16**, 390, ProzVergl). **Verwaltungsakte,** die gg die guten Sitten verstoßen, sind ebenf 12
nichtig (VwVfG 44 II Nr 6). Entspr gilt für öffrechtl Vertr (VwVfG 59) u für einseit öffrechtl WillErkl, die keine VerwAkte darstellen (RG **134**, 167, JW **38**, 43).

f) Verhältnis zu anderen Vorschriften. – aa) § 134 ist nur anwendb, wenn das RGesch selbst gg ein 13
gesetzl Verbot verstößt (§ 134 Rn 1). And bei Vorn eines RGesch begangene RVerletzgen w von der Sanktion des § 134 nicht erfaßt, sie können aber zur Nichtigk gem § 138 führen. Verstößt ein RGesch gg rechtl Prinzipien od Wertgen, die keine VerbotsG iS des § 134 sind, ist uU § 138 anwendb; das gilt insb für RGesch, die gg WertEntsch des GG verstoßen (BGH NJW **72**, 1414, Rn 4). § 138 kann auch anwendb sein, wenn das RGesch selbst nicht verboten ist, die GeschPartner aber im ZusHang mit Abschl od Dchführg des Gesch gg Ges u Recht verstoßen (BGH **36**, 395, Schenkg in Verletzg der Pfl zur spars HaushFührg der öff Hand). Vgl Rn 43–45 (gemeinschw RGesch). Schließl ist § 138 u nicht § 134 maßgebd, wenn ein RGesch gg ein ausl Ges verstößt (§ 134 Rn 2). – **bb) §§ 157 u 242.** Bevor § 138 angewandt w, sind die §§ 157, 242 her- 14
anzuziehen. Wo die Auslegg (§ 157) ergibt, daß ein RGesch entgg dem ersten Anschein die Schranken des sittl Erlaubten innehält, ist § 138 unanwendb. Auch soweit übermäß Beschrkgen gem § 242 auf ein vertretb Maß herabgesetzt w können (außerordentl KündR, Einwand unzul RAusübg), ist § 138 nicht anzuwenden (RG **152**, 254, BGH JZ **52**, 366, **LM** (B c) Nr 16, BayObLG NJW-RR **92**, 15). – **cc) § 123.** Ist ein RGesch 15
dch argl Täuschg od widerrechtl Drohg zustande gekommen, ist es nicht gem § 138 sittenw, sond gem § 123 ledigl anfechtb, nur wenn weitere Umst als die unzul Willensbeeinflussg hinzukommen, kann § 138 herangezogen w (BGH **60**, 104, NJW **88**, 2601, **95**, 1428, 3315). Zielt der Vertr auf eine von den Part gemeinsch begangene Täuschg eines nicht anfberecht Dr ab, kann die Abs der Drittschädigg den Vertr sittenw machen (BGH NJW **88**, 903). – **dd) Gläubigeranfechtung.** Rn 15 gilt entspr. § 138 ist nur anwendb, wenn außerh 16
des AnfTatbestdes liegde sittenw Umst hinzutreten (BGH **53**, 180, **56**, 355, **130**, 331, NJW **93**, 2041, ZIP **98**, 793). – **ee) Inhaltskontrolle gem AGBG 9 ff:** Sie hat ggü einer Anwendg des § 138 den Vorrang. § 138 ist nur dann anwendb, wenn die IndVereinbg sittenw ist od gg die AGB Bedenken bestehen, die nicht in den Schutzbereich der AGBG 9 ff fallen (Vorbem 17 vor AGBG 8). – **ff) § 826.** §§ 138 u 826 haben unterschiedl 17
Funktionen. § 138 versagt sittenw RGesch die rechtl Anerkenng, § 826 knüpft an eine vorsätzl sittenw Schädigg eine SchadErsPfl. In vielen Fällen, in denen § 138 anwendb ist, ist § 826 nicht erf (beiders Sittenverstoß, Fehlen eines SchädiggsVors); das gilt umgekehrt entspr (Schädigg dch eine nichtrechtsgeschäftl Hdlg). Eine Konkurrenz zw beiden Vorschr besteht idR, wenn ein RGesch wg eines sittenw Verhaltens ggü dem GeschPartner nichtig ist (Rn 24–38). Hier kann die Anwendg des § 826 dazu führen, daß dem Geschädigten die Vort des sittenw Gesch ganz oder teilw erhalten bleiben. – **gg) UWG, HausTWG.** Der RBegriff der 18
guten Sitten iSd § 138 stimmt nicht mit dem des UWG 1 überein (BGH NJW **98**, 2531). Ein RGesch ist nicht schon deshalb gem § 138 I nichtig, weil es unter Einfluß von sittenw Wettbew od unter Ausnutzg der bei HaustürGesch typw bestehden Überrumpelgssituation zustandegekommen ist; nur wenn zusätzl sittenw Umst hinzutreten, ist § 138 anwendb (BGH **110**, 174, NJW **98**, 2531, beide zum UWG). Auch der nach sittenw Telefonwerbg zustande gekommene Vertr verstößt nicht ow gg § 138 (aA LG Ffm NJW-RR **97**, 1332). Ein HaustürGesch ist sittenw, wenn ein unerfahrener Kunde zu einem für ihn ungünst, mit seinen Bedürfn od finanziellen Möglichk unvereinb Vertr überredet w, so zu einer Möbelbestellg für 20 000 DM (BGH NJW **88**, 1373) od ein 81 jähr Hauseigtümer zu einem Fassadenanstrich für 14 000 DM (Ffm NJW-RR **88**, 501). An der Haustür geschlossene **Aussteueranschaffungsverträge** mit einer AnsparVerpfl ver-

stoßen gg § 138, wenn der Kunde prakt das gesamte VertrRisiko trägt od wenn der Vertr ohne gehörige Aufkl mit einer gerade volljähr Gewordenen geschl w (BGH NJW **82**, 1455, 1457).

19 **g) Rechtsfolgen.** Das sittenw RGesch ist nichtig. – **aa)** Die Nichtigk erstreckt sich idR auf das RGesch **im ganzen** (BGH NJW **89**, 26). Ausnweise kann das RGesch gem § 139 ohne den sittenw Teil aufrechterhalten w, wenn dies dem mutmaßl PartWillen entspr (BGH **52**, 24, NJW **72**, 1459, WM **73**, 357). Voraussetzg ist jedoch, daß sich der Sittenverstoß eindeut auf einen abtrennb Teil beschränkt u iü gg Inh u Zustandekommen des Vertr keine Bedenken bestehen (BGH NJW **79**, 1606, krit Hager Gesetzes- u sittenkonforme Auslegg u Aufrechterhaltg v RGesch, 1983, Staud/Sack Rn 95). Bsp für eine **Beschränkung der Nichtigkeit** u Teilaufrechterhaltg des RGesch sind: Zu lange Laufzeit beim BierbezugsVertr (BGH NJW **72**, 1459, **74**, 2089/2090, **79**, 865) u beim WettbewVerbot (Rn 104). Schuldanerkenntn, das neben sittenw auch abtrennb unbedenkl KausalGesch betrifft (BGH ZIP **87**, 519). Sittenw Recht zur Ausschließg eines Gesellschters, das sich auf das zeitl u sachl vertretb Maß beschränken läßt (BGH **105**, 220, **107**, 355). Sittenw Regelg (nur) der KontrollBefugn in einem KreditVertr (BGH NJW **93**, 1589). Ist das **Entgelt** sittenw überhöht, ist das RGesch im ganzen nichtig. Eine Aufrechterhaltg mit angem GgLeistg ist nicht mögl (BGH **44**, 162, **68**, 207; Ausn s Rn 75 f). Vertr, die mit dem sittenw im ZusHang stehen, können von der Nichtigk erfaßt w. Läßt sich der Vertreter zum Nachteil des Vertretenen ein Schmiergeld versprechen, ist neben dieser Zusage auch der HauptVertr nichtig (BGH NJW **89**, 26), es sei denn, daß sich das Schmiergeld auf den Inh des HauptVertr
20 nicht nachteil ausgewirkt hat (BGH NJW-RR **90**, 443). – **bb)** Das wertneutrale abstrakte **Verfügungsgeschäft** wird idR von der Sittenwidrigk des VerpflGesch nicht erfaßt (BGH NJW **90**, 384). And ist es, wenn die Unsittlichk gerade im Vollzug der Leistg liegt (BGH NJW **73**, 615, **85**, 3007, NJW-RR **92**, 594, **96**, 235), so etwa bei SichgÜbereignGen od Abtr, die gg § 138 verstoßen (BGH **19**, 18, **30**, 153). Im Fall des Wuchers erstreckt sich die Nichtigk auf die VfgsGesch des Bewucherten, nicht aber auf die des Wucherers (Rn 75). –
21 **cc)** Die Nichtigk ist **von Amts wegen** zu beachten. Sie kann von jedermann geltd gemacht w, auch von dem, der selbst sittenw gehandelt hat (BGH **27**, 180, **60**, 105, BAG NJW **76**, 1959). Bei einem einseit Sittenverstoß kann es aber **rechtsmißbräuchlich** sein, wenn der sittenw Handelnde sich zum Nachteil des and auf die Nichtigk beruft (BGH WM **57**, 1158, **72**, 488). Ausnweise kann § 242 der Geltdmachg der Nichtigk auch bei einem beiderseit Sittenverstoß entggstehen (BGH NJW **81**, 1439, BAG NJW **68**, 1648). Bei vollzogenen Arbeits- u GesellschVertr kann die NichtigkFolge des § 138 idR nur mit Wirkg ex nunc
22 geltd gemacht w (Einf 29 v § 145). – **dd)** Besteht der zur Nichtigk führde Sittenverstoß in einem Verhalten ggü dem GeschPartner, hat dieser idR einen **Schadensersatzanspruch** aus § 826, zugl aber auch aus c. i. c. (BGH **99**, 106). Zu ersetzen ist das negative Interesse, nicht das ErfInteresse (BGH NJW **96**, 1204). Bei einem beiderseit Sittenverstoß bestehen keine SchadErsAnspr. Die Rückabwicklg erfolgt nach BereichergsR, jedoch steht dem Anspr aus § 812 vielfach § 817 S 2 entgg (s dort). Zum Wucher s Rn 75.

23 **h)** Die **Beweislast** für die obj u subj Voraussetzgen der Sittenwidrigk trägt derjenige, der sich auf die Nichtigk des RGesch beruft (BGH **53**, 379, **95**, 85, NJW **74**, 1821, **95**, 1429). Die Würdigg, ob das RGesch nach dem festgestellten Sachverhalt gg die guten Sitten verstößt, ist eine revisible **Rechtsfrage** (RG **128**, 95, BGH **LM** (Cd) Nr 2, NJW **91**, 354).

24 **2) Sittenwidriges Verhalten gegenüber dem Geschäftspartner. – a) Allgemeines.** Der Sittenverstoß kann in einem Verhalten ggü dem GeschPartner bestehen. Hierher gehört als wichtiger Sonderfall der in II geregelte Wucher. Aber auch § 138 I hat die Funktion, den Schwächeren gg wirtschaftl u intellektuelle Übermacht zu schützen (BGH NJW **81**, 1206), wenn es auch vielfach so liegt, daß mit den Interessen des GeschPartners zugl auch Allgemeininteressen geschützt werden. Zum Funktionskreis „Schutz des Geschäftspartners" gehört die Anwendg des § 138 I auf KnebelgsVertr, auf Vertr mit übermäß FreiheitsBeschränkgen, auf Vertr, die unter Ausnutzg von wirtschaftl Übermacht zustande gekommen sind, auf wucherähnl RGesch u auf Vertr, die den Schwächeren in eine ausweglose Lage bringen. Eine allg od überwiegd anerkannte Einteilg der sich überschneiddn Fallgruppen hat sich nicht dchgesetzt. Hier werden zunächst nur die Probleme der Ratenkredite, der wucherähnl RGesch, der Vertr, die die finanzielle Leistgsfähigk des Schu überfordern, u der KnebelgsVertr behandelt. Vgl im übrigen die Einzelfälle in Rn 77 ff.

25 **b) Kreditverträge. – aa)** Sie können bei einer im Vergl zum Marktzins überhöhten Verzinsg sittenw u nichtig sein. § 138 II ist allerdings idR unanwendb, da sein subj TatbestdMerkmal (Ausbeutg einer Zwangslage usw) nicht erfüllt ist. Prüfgsmaßstab ist daher § 138 I. Aus ihm hat die Rspr den **Rechtsgrundsatz** entwickelt, daß der KreditVertr sittenwidr ist, wenn zw Leistg u GgLeistg ein auffäll Mißverhältn besteht u der KreditG die schwächere Lage des and Teils bewußt zu seinem Vorteil ausnutzt od sich leichtfertig der Erkenntn verschließt, daß der KreditN sich nur wg seiner schwächeren Lage auf die drückdn Bdggen einläßt (BGH **80**, 160, **128**, 257, stRspr).

26 **bb) Vergleich zwischen Vertrags- und Marktzins.** Die vom KreditN geschuldeten Kreditgebühren sind in Anwendg der Tabelle von Sievi-Gillardon in Zinsen umzurechnen (s § 246 Rn 7). Die **Vermittlungsprovision** ist beim VertrZins, nicht aber beim Marktzins in die Umrechng einzubeziehen, es sei denn, die Tätigk des Vermittlers lag vorwiegd im Interesse des KreditN (BGH NJW **87**, 181). Die Provision ist als laufzeitunabhäng Leistg zwar kein Zins im RSinne (§ 246 Rn 2), ist aber Teil des vom KreditN geschuldeten Gesamtentgelts (StGB 302 a I S 2) u mindert die Personal- u Werbeaufwendgen der Bank (BGH **80**, 166, NJW **88**, 1662). Als Marktzins kann der von der DBB ermittelte **Schwerpunktzins** – zuzügl 2,5% Bearbeitgsgebühr (BGH NJW **95**, 1019) – herangezogen w (BGH **80**, 163, **98**, 176, stRspr); die Teilzahlgsbanken bilden keinen Sondermarkt (BGH **80**, 163, fr sehr str). Auch bei **Kontokorrentkrediten** ist der Schwerpunktzins als Vergleichszins geeignet (BGH NJW **91**, 832). Da die **Restschuldversicherung** beiden Part nützt, gehören ihre Kosten an sich zur Hälfte zu der vom KreditN zu erbringden Gesamtleistg (BGH **80**, 167). Sie müssen aber einschließl der auf sie entfalldn Kreditkosten beim Vergl außer Betracht bleiben, da der Schwerpunktzins aus Krediten ohne eine derart Versicherg ermittelt w (BGH **99**, 336, NJW-RR **89**, 1322). Ein zweiter Berechngsschritt – Vergl des VertrZinses mit dem um eine entspr Prämie erhöhten Schwerpunktzins – verringert die Abweichg vom Marktzins u ist daher für die Anwendg des § 138 unergiebig (BGH

NJW **82**, 2435). Bei einem **Zusatzkredit** sind dessen Kosten u die des weiterlaufenden Kredits mit denen einer neuen Kreditaufnahme über den GesBetrag zu vergleichen (BGH NJW **90**, 1599).

cc) Auffälliges Mißverhältnis. Es ist idR zu bejahen, wenn der VertrZins den marktübl Effektivzins relativ um 100% (BGH **104**, 105, **110**, 338, stRspr) od absolut um 12 Prozentpunkte übersteigt (BGH **110**, 338). Ist der Kredit währd einer Niedrigzinsphase (7–8%) langfrist ohne Zinsanpassgsklausel gewährt worden, tritt an die Stelle der 100% Grenze ein Richtwert von 110% (BGH NJW **91**, 834, Hamm NJW-RR **93**, 1326). Auch wenn die Grenzwerte von 100% oder 12% nicht erreicht sind, kann bei relativen Abweichgen zw 90 u 100% eine **Gesamtwürdigung** aller Umst die Anwendg des § 138 I rechtf (BGH **104**, 105), so bei 91% (BGH NJW **82**, 2433), 92% (Ffm NJW-RR **93**, 879) od 96% (BGH NJW **87**, 183). Dabei kann zu Lasten der Bank berücksichtigt w, daß sie über die Höhe des effektiven Jahreszinses keine od unricht Angaben gemacht hat (BGH NJW **82**, 2437), daß die Verzugsregelg den KreditN übermäß belastet, aber nur bei hoher Wahrscheinlichk, daß der Verzugsfall eintreten wird (BGH NJW **82**, 2436, NJW-RR **89**, 1320), daß für den Fall einer unricht SelbstAusk eine offensichtl unangem Regelg vorgesehen ist (BGH NJW **80**, 2078), daß die Übergangsbeihilfe eines Zeitsoldaten im Vertr in Form einer Ballonrate verplant worden ist (Karlsr NJW-RR **87**, 299, aA BGH NJW **89**, 829), daß dch Ablösg eines fr Kredits Umschuldgsnachteile entstanden sind (BGH NJW **88**, 818, NJW-RR **91**, 502). Ist der KreditN Vollkaufm, führen Verstöße gg das AGBG aber ledigl zur Nichtigk der betreffden Klausel; bei der Prüfg des § 138 bleiben sie außer Betracht (BGH NJW **80**, 446, Hamm BB **83**, 404). Wg der bes Kosten- u Risikostruktur der Teilzahlgsbanken **abzulehnen** ist die Tendenz, die Wuchergrenze noch **weiter abzusenken.** § 138 I ist daher (idR) unanwendb, wenn der Marktzins um 80,5% (BGH **99**, 336), um 81,8% (BGH NJW **88**, 1662), um 87,6% (BGH NJW **89**, 829) od um 88% (Düss NJW-RR **87**, 1335) überschritten w. Auch bei langer Laufzeit (180 Mo) führt eine Abweichg von 46% nicht zur Nichtigk des Vertr (Hamm WM **92**, 483). 27 28 29

dd) Subjektiver Tatbestand. Ist der KreditVertr gem Rn 27 ff obj sittenw, ist auch der subj Tatbestd – vorsätzl od grob fahrläss Ausnutzg der schwächeren Lage des Kunden (Rn 25) – bei Vertr zw einem gewerbl KreditG u einem Verbraucher idR erfüllt (BGH **98**, 178, NJW **95**, 1022). Diese tats Vermutg gilt aber nicht, wenn der KreditN Kaufm od Freiberufler ist (BGH NJW **91**, 1810, **95**, 1022). 30

ee) Bei **Kettenverträgen** kann sich die Sittenwidrigk des FolgeVertr daraus ergeben, daß die Zinsen des abgelösten Vertr wesentl niedriger od die Kosten der Umschuldg bes hoch waren (BGH NJW **88**, 818, Stgt NJW-RR **88**, 427). Dagg führt die Sittenwidrigk des fr Vertr, insbes bei externer Umschuldg, nicht zur Nichtigk des FolgeVertr (BGH NJW **90**, 1597), and nur, wenn der KreditG in Kenntn der Nichtigk des ErstVertr die Sichg des unberecht Gewinns erstrebt hat od die Bdggen des neuen Vertr schon bei isolierter Betrachtg der krit Grenze nahe kommen (BGH **99**, 336, NJW-RR **87**, 679, Köln NJW-RR **91**, 1457). Aus dem neuen Vertr stehen dem KreditG bei **interner** Umschuldg nur die Anspr zu, die ihm bei Berücksichtigg der Nichtigk des fr Vertr billigerw eingeräumt worden wären (BGH aaO u NJW-RR **88**, 363). Die Kreditsumme des neuen Vertr wird daher um den GgAnspr gekürzt, der dem KreditN wg der Zuvielzahlgen aGrd des sittenw fr Vertr zustanden (vgl das BerechngsBsp in der 53. Aufl). 31

ff) Andere Kreditverträge. Auf GelegenhKredite von **nicht gewerbsmäßigen** DarlG finden die in Rn 25 ff dargestellten Grds keine Anwendg; nicht übertragb sind insb die 100% Grenze u die Vermutg gem Rn 30 (BGH NJW-RR **90**, 1199). Auch wenn der KreditN das Darl von 72 000 DM nach 6 Wo in Höhe von 90 000 DM zurückzahlen soll, kann bei einem risikoreichen GelegenhDarl ein Verstoß gg § 138 entfallen (BGH NJW **94**, 1056). Die Grds der Rn 25 ff können aber bis auf die Vermutg gem Rn 30 entspr herangezogen w, wenn ein Kreditinstitut einen **gewerblichen** Kredit ausgibt (BGH NJW **91**, 1810). Für die Vermittlgsprovision gilt Rn 26, wenn KreditGeb u Vermittler ständ zusarbeiten. Auf and **Arten** des gewerbsmäß angebotenen **Konsumentenkredits** können die Rn 25 ff gleichf entspr angewendet w, jedoch muß die bes Risikostruktur jedes Vertr berücksichtigt w. Zu prüfen ist auch, ob nicht in Wahrh ein normaler, ledigl and bezeichneter Ratenkredit vorliegt, so idR beim **Kontokorrentkredit** u ähnl Krediten, etwa beim „Idealkredit" (BGH NJW **91**, 833, Hamm NJW-RR **88**, 937, Köln WM **92**, 435), „Vario-Kredit" (LG Dortm NJW **88**, 269), Scheckrahmenkredit (LG Brem NJW-RR **89**, 171). Bes zu beurteilen sind die mit einer **Lebensversicherung** kombinierten RatenkreditVertr (BGH **111**, 119, NJW **88**, 1319, Reifner ZIP **88**, 817, Kohte JZ **91**, 149). Beim Vergl von Leistg u GgLeistg müssen die VersPrämie, aber auch die Vorteile aus der Vers (Gewinnbeteiligg, etwa entstehde SteuerErsparn) berücksichtigt w (BGH aaO, str, s auch § 276 Rn 31); diese sind aber vom DarlG konkret darzulegen (Celle NJW-RR **89**, 1134). Auch Darl zur Vorfinanzierg des Anspr auf **Lohnsteuerrückzahlung** sind sittenw, wenn die Verzinsg den Marktzins um 100% od mehr übersteigt (AG Kamen NJW **91**, 1065, AG Reutlingen NJW-RR **93**, 1267). Ein auffälliges MißVerh kann aber entfallen, wenn der Bank der GgWert des Darl nicht schon nach der übl Bearbeitgszeit für steuerl ErstattgsAnspr (5–6 Mo), sond erst wesentl später zufließt (AG Stgt NJW-RR **97**, 1545). 32

gg) Leasingverträge. Sie sind idR sittenw, wenn die LeasRaten die übl um 100% oder mehr übersteigen (BGH **128**, 259). Ist das übl Entgelt mangels aussagekräft VerglVertr nicht feststellb, sind die LeasRaten entspr Rn 25 ff mit dem Schwerpunktzins der DBB zu vergleichen; der Vertr ist idR sittenw, wenn die LeasRaten relativ um 100% od absolut um 12% od mehr höher sind als der übl Effektivzins (BGH aaO, krit Krebs NJW **96**, 1177). Der Berechng ist der tats VerkWert des LeasGgst u nicht der im LeasVertr genannte angebl höhere BeschaffgsPr zugrde zulegen (Köln NJW-RR **97**, 1549). Für den subj Tatbestd gilt Rn 30 entspr (Düss BB **96**, 1687). Zusätzl Aufwendgen des LeasG (Gewerbesteuer, höhere Refinanziergskosten) sind zu berücksichtigen, ebso steuerl Vorteile des LeasN (BGH aaO). Kommt nach der Restwertklausel ein Mehrerlös dem LeasG zugute, so begründet das nicht die Sittenwidrigk des LeasVertr (BGH NJW **95**, 1148), kann aber bei der Gesamtwürdigg nach Rn 28 ins Gewicht fallen. 33

c) Andere wucherähnliche Rechtsgeschäfte. – aa) Auch and als KreditVertr können gem § 138 I als wucherähnl RGesch nichtig sein. Sind die Voraussetzgen des II nicht voll erfüllt, darf aber aus dem Vorliegen des einen od and Wuchermerkmals nicht ow auf die Sittenwidrigk des RGesch geschlossen w. Insbes führt ein auffälliges MißVerh zw Leistg u GgLeistg nicht allein zur Nichtigk; hinzutreten müssen vielmehr weitere sittenw Umst, etwa eine verwerfl Gesinng (BGH **80**, 156, NJW **57**, 1274). Ist das obj wucherische Gesch 34

dadch zustande gekommen, daß der wirtschaftl od intellektuell Überlegene die **schwächere Lage** des and Teil bewußt zu seinem Vorteil ausgenutzt hat, ist § 138 I anwendb (BGH NJW **80**, 446, 1156). Dem steht es gleich, wenn sich der sittenw Handelnde leichtfertig der Erkenntn verschließt, daß der and sich nur wg seiner
34 a schwächeren Lage auf den ungünst Vertr einläßt (BGH aaO, BAG NJW **85**, 2661). – **bb)** Bei einem **besonders groben Mißverhältnis** zw Leistg u GgLeistg besteht eine tasächl Vermutg für ein Handeln aus verwerfl Gesinng, die idR eine weitere Prüfg subj Voraussetzgen entbehrl macht (BGH NJW **92**, 899, **95**, 2635/2636, DNotZ **96**, 983/985, NJW-RR **98**, 1065). Da ein *auffälliges* MißVerh voraussetzt, daß der Wert der Leistg den der GgLeistg um 100% übersteigt (Rn 67), müßte nach den Ges der Logik ein bes grobes MißVerh eine noch stärkere Wertdifferenz erfordern. Nach BGH genügt aber bereits, daß der Wert der Leistg „knapp" doppelt so hoch ist wie der der GgLeistg (BGH aaO). Gleichwohl sind die EntscheidgsErgebn idR sachgerecht. Es geht dchweg um hohe absolute Differenzbeträge, u bei der Beurteilg muß neben der prozentualen auch die absolute Wertdifferenz berücksichtigt w. Die Vermutg einer verwerfl Gesinng entfällt, wenn Bewertgsschwierigk bestehen u der überhöhte Pr von einem geschäftserfahrenen Partner nach Einholg eines WertGA gezahlt worden ist (BGH ZIP **97**, 931). Bei Time-Sharing-Vertr kann der insgesamt erzielte Pr nicht kurzer Hand mit dem von EigtWo verglichen w (aA LG Paderborn VuR **98**, 92). § 138 ist aber anwendbar, wenn der Gesamtpreis das 7–10fache des Pr für EigtWo ausmacht (BGH NJW **94**, 1346, LG Bln u Duisbg NJW-RR **95**, 754 u 884). Bes Kriterien gelten für Vertr über eine vorweggenommene Erbfolge
34 b (Köln ZEV **98**, 435), aber auch für Honorare von RA (Köln NJW **98**, 1960). – **Einzelfälle** (ja = sittenw, nein = nicht) Grdst/EigtWo: 80 000 zu 42 000 DM, ja (BGH NJW **92**, 899); 300 000 zu 126 000 DM, ja (BGH NJW-RR **93**, 198); 480 000 zu 235 000 DM, ja (BGH DNotZ **96**, 983). Andere VertrObj: Rückerstattgs-Anspr nach dem VermG, 50 000 zu 20 000 DM, ja (Rstk OLG-NL **95**, 269); Spielgerät, 80 000 zu 30 000 DM, ja (BGH NJW-RR **98**, 1065); GmbH-Anteil, Pr 220% über Wert, ja (Mü BB **95**, 2235) WkVertr: Entgelt Vierfache des Übl, ja (KG NJW-RR **95**, 1422); Pacht: Pachtzins 245% des Angem, ja (Stgt NJW-RR **93**, 654). Ein **Erlaß** ist sittenw, wenn der Gläub unter Ausschaltg seines RA veranlaßt w, ohne trift Grd auf 380 000 DM zu verzichten u das Risiko eines weiteren beträchtl Verlusts zu übernehmen (BGH NJW-RR **98**, 590). Beruht ein wucherähnl Gesch auf der Ausnutzg einer Monopolstellg, ist § 138 anwendb,
35 ohne daß es der Feststellg einer verwerfl Gesinng bedarf (BGH **LM** (Cc) Nr 4). – **cc)** Kommt ein RGesch unter **Ausnutzung einer Zwangslage** (der Unerfahrenh, des mangelnden UrtVermögens od einer erhebl Willensschwäche s Rn 69 ff) zustande, fehlt aber ein auffälliges Mißverhältn zw Leistg u GgLeistg, kann § 138 I bei Hinzutreten weiterer sittenw Umst anwendb sein, so etwa bei Ausbeutg der Geistesschwäche des and Teils zur Erlangg außergewöhnl Vorteile (RG **72**, 68) od der Ausnutzg einer psych Zwangslage zu einer Erbeinsetzg (BGH **50**, 71) od Schenkg (BGH FamRZ **90**, 1344). Es ist aber nicht ow sittenw, die Hilfestellg in einer Notlage von einer angem Vergütg abhäng zu machen (s BGH **69**, 299).

36 **d) Überforderung des Schuldners. – aa)** PrivAutonomie bedeutet nicht nur Selbstbestimmg, sond auch Selbstverantwortg. Der Schu hat grdsl selbst zu prüfen u zu entscheiden, wo die Grenzen seiner Leistgsfähigk liegen. Die Tats, daß eine Verpflichtg das Leistgsvermögen des Schu subj überfordert, ist daher nicht ow ein NichtigkGrd (*arg* § 306). Sind die vom Schu zu leistden Zahlgen höher als sein **pfändbares Einkommen,** so rechtfertigt das nicht die Anwendg von § 138 (BGH NJW **89**, 1666, Celle NJW-RR **89**, 1135, Gaßner NJW **88**, 1131, aA LG Münster NJW **90**, 1669). Die PfändgsschutzVorschr schützen vor VollstrZugriffen, beschränken aber nicht die Verpfl- u VfgsFreih des Schu.

37 **e) Überforderung des Bürgen.** BürgschVertr (Schuldmitübern) sind nach der Rspr des BVerfG unwirks, wenn sie erkennb Ausdr einer strukturellen Unterlegenh des Bü sind u für ihn eine nicht hinnehmb, mit seinen Einkommens- u VermVerhältn unvereinb Belastg begründen (BVerfG NJW **94**, 36, 2749 gg die fr Rspr des BGH **106**, 271, **107**, 96). Der BGH setzt diese Vorgabe nicht dch InhKontrolle um (so das BVerfG), sond der Dogmatik des ZivilR entspr (Einf 15 v § 145) dch Anwendg des § 138. Für die Beurteilg der Sittenwidrigk von Bürgsch, insbes von **Angehörigenbürgschaften,** haben der IX. ZivSenat (Bürgsch) u der XI. ZivSenat (BankR) unterschiedl Kriterien entwickelt. Zur **Vereinheitlichung der Rechtsprechung** hat der XI. ZivSenat inzw den GrZivS angerufen (NJW **99**, 2584); dessen Entsch steht aber noch aus. In den Rn 38–38 e sind die RGrds des IX. ZivSenats dargestellt, in den Rn 38 f–38 i die des XI. Trotz aller dogmat Differenzen führt die Rspr beider Senate iü idR zum gleichen Ergebn (Tonner ZIP **99**, 901).

38 **f) Rechtsprechung des IX. Zivilsenats. – aa)** Veranlassen Eltern ein finanziell noch unselbstd **Kind,** eine seine LeistgsFgk weit übersteigde Bürgsch zu übernehmen, verletzen sie – auch wenn sie keinen bes Druck ausüben – ihre famrechtl Pfl zur Rücksichtnahme (§ 1618 a). Es ist zu vermuten, daß die Bank das rechtl mißbilligte Verhalten der Eltern kannte od sich dieser Erkenntn bewußt verschlossen hat; die Bürgsch ist daher iZw sittenw (BGH **125,** 206, NJW **97**, 52). Bei der Beurteilg der Überforderg ist – and als bei Eheg – allein auf die LeistgsFgk des Bü abzustellen (BGH NJW **97**, 52). Der Verstoß gg § 138 wird nicht dch die Aussicht des Bü ausgeräumt, später im elterl Betr tät zu w (BGH aaO). Er kann aber entfallen, wenn der verbürgte Kredit für ein Projekt best war, an dem sich der Bü mit erhebl Gewinnaussichten als MitUntern beteiligen wollte (BGH **125**, 216) od wenn der Kredit einer elterl GmbH zufließen sollte, deren GeschFü der – trotz seiner 24 Jahre – geschäftl erfahrene Bü war (BGH NJW **97**, 940). Bei einem Rollentausch (Kind HauptSchu, Stiefvater Bü u Verwder des Kredits) können diese Grds entspr angewendet w (Saarbr NJW-RR **96,** 813).

38 a **bb) Ehegatten.** – **(1)** Bei der Entsch, ob die Bürgsch überfordert, ist bei Eheg, die aus vernünft Erwäggen, etwa für eine risikobehaftete, aber gemeins beschlossene BetrGründg einen Kredit aufnehmen, auf eine GesBetrachtg abzustellen (BGH NJW **96**, 1274, im Ergebn zustimmd BVerfG NJW **96**, 2021). § 138 ist unanwendb, wenn eine Beurteilg ex ante ergibt, daß das Einkommen beider Eheg voraussichtl zur Deckg der
38 b Zins- u Tilggsraten ausreicht (BGH **132**, 328/339 u NJW aaO). – **(2)** Die vom Eheg übernommene Bürgsch ist nur sittenw, wenn zu dem MißVerhältn zw VerpflUmfang u LeistgsFgk des Bü **weitere** dem Gläub zurechenb belastde **Umstände** hinzutreten (BGH **128**, 230, **132**, 328, NJW **96**, 1274, **97**, 1005). Dabei
38 c lassen sich **zwei Fallgruppen** unterscheiden: – **(3) Verwerfliche Einwirkung auf die Entscheidungsfreiheit.** Die überfordernde Bürgsch ist sittenw, wenn das Kreditinstitut das BürgschRisiko verharmlost (BGH NJW **99,** 135) od dem Bü schwerwiegde Risiken verschweigt (BGH **125,** 206/217). Vgl auch § 276 Rn 85

zur Aufkl- u HinwPfl des Kreditinstituts. Sittenwidrigk ist auch zu bejahen, wenn die Bank eine Bürgsch erst nach teilw Auszahlg des Darl fordert, nachdem sie vorher der Erkl des Schu, seine Frau werde sich nicht verbürgen, nicht widersprochen hat (BGH NJW **96,** 513). Die Bank handelt aber nicht sittenw, wenn sie von Anfang an erklärt hat, daß der Kredit von der Bürgsch der Partnerin abhäng sei (BGH NJW **97,** 1005). Das gilt vor allem dann, wenn der Bü dch die Kreditgewährg unmittelbare Vorteile hat (BGH NJW **99,** 135). Bei einer die Leistgsfähigk überfordernden EhegBürgsch besteht and als bei Kindern (Rn 38) **keine Vermutung,** daß sie auf eine verwerfl Einwirkg des HauptSchu zurückzuführen ist (BGH **128,** 230). § 138 ist nur anwendb, wenn das anstöß Verhalten des Eheg u Kenntn od Kennenmüssen der Bank substantiiert dargelegt w (BGH NJW **99,** 135). – **(4) Wirtschaftlich sinnlose Bürgschaften.** Besteht ein **krasses Mißverhältnis** **38 d**
zw Haftgsumfang u Leistgsfähigk, so ist zu vermuten, daß die sinnlose Bürgsch infolge mangelnder GeschGewandth od anstöß Einwirkg auf den Bü zustande gekommen ist u die Bank dies in verwerfl Weise ausgenutzt hat (BGH **136,** 347, NJW **99,** 58). Ein krasses Mißverhältn liegt vor, wenn das pfändb Einkommen des Bü in 5 Jahren nicht ausreicht, um ¼ der Hauptschuld zu tilgen (BGH **132,** 328/338, **136,** 347/351, NJW **99,** 2372/2373, zur Berechng König NJW **97,** 3290). Auch wenn AGB 3 (überraschde Klausel) die Haftg des Bü auf ein erträgliches Maß reduziert, bleibt die Bürgsch sittenw (BGH **136,** 347). Das Interesse der Bank, sich gg **Vermögensverlagerungen** zu schützen od auf späteren VermErwerb des Bü (Erbsch) zugreifen zu können, schließt bei kraß überfordernden Bürgsch, die seit dem 1. 1. 99 übernommen worden sind, die Sittenwidrigk nur aus, wenn der beschränkte Haftgszweck vertragl festgelegt ist (BGH NJW **99,** 58). AltBürgsch können auch ohne eine derart ausdr Haftgsbegrenzg wirks sein (BGH **128,** 230, NJW **96,** 2089). Der BürgschAnspr wird aber **erst fällig,** wenn der Bü Vermögen erworben hat (BGH NJW **97,** 1003). Er entfällt, wenn die Gefahr einer VermVerschiebg wg Aufhebg der LebensGemeinsch nicht mehr besteht (BGH **128,** 236, § 242 Rn 156). Wird im Hinblick auf eine Erbsch von 300 000 DM eine Bürgsch von 1 Mio DM übernommen, begründet dieses Mißverhältn aber auch bei AltVertr Sittenwidrigk (BGH NJW **99,** 58).

cc) Sonstige Angehörige, Gesellschafter. Die vom IX. ZivSenat zur EhegattenBürgsch entwickelten **38 e**
RsprGrds gelten auch für Verlobte (BGH **136,** 347/350) u nichtehel LebensGemeinsch (BGH NJW **97,** 1005), nicht aber ow für das Verhältn zw erwachsenen Geschw (BGH **137,** 329, NJW **99,** 2372). Auf Bürgsch, die ein maßgebl beteiligter **Gesellschafter** für Schulden der GmbH übernimmt, finden die für die EhegBürgsch geltden RGrds keine Anwendg (BGH NJW **98,** 894). Die Bankenpraxis, bei GmbH-Krediten die Mithaftg der Gter zu verlangen, ist idR rechtl nicht zu beanstanden (BGH aaO, and möglw der XI. ZivSenat, s Rn 38 f). Übernimmt ein StrohmannGter ohne eig wirtschaftl Interesse allein aus persönl Verbundenh eine Bürgsch, gelten aber die Grds der Rn 38 a ff (BGH **137,** 329). Eine den GterBü weit überfordernde Bürgsch ist auch dann sittenw, wenn sie inf Überrumpelg übernommen worden ist (BGH NJW **97,** 2587: zur Rettg der GmbH sinnlose Bürgsch nach Drohg mit KreditKünd). Wird ein **Arbeitnehmer** mit einem monatl Einkommen von 2000 DM veranlaßt, sich aus Sorge um seinen ArbPlatz für einen Kredit von 270 000 DM zu verbürgen, ist die Bürgsch (mit od ohne Rekurs auf die Grds der EhegBürgsch) sittenw (KG MDR **98,** 234).

g) Rechtsprechung des XI. Zivilsenats. – aa) Der XI. ZivSenat geht in (überaus) krit AuseinandS mit **38 f**
der Rspr des IX. ZivSenats davon aus, daß die Sittenwidrigk einer Bürgsch (Mithaftgsübernahme) wg finanzieller Überforderg für alle Bü u Mithaftden nach **einheitlichen Kriterien** zu beurteilen ist (VorlageBeschl NJW **99,** 2584 mwN). Für Bürgsch von Kindern u Eheg gelten die gleichen BeurteilgsGrds. Sie sind, wenn das im VorlageBeschl auch nicht problematisiert w, offenb unverändert auch auf GmbH-Gter anzuwenden. – **bb)** Eine Bürgsch (Mithaftgsübernahme) ist bei **krasser finanzieller Überforderung** auch ohne **38 g**
Hinzutreten bes belastder Umst sittenw u nichtig (aaO mwN). Eine krasse Überforderg liegt vor, wenn der Bü (Mithaftde) voraussichtl allein nicht in der Lage sein wird, auch nur die vertragl vereinb Zinsen zu entrichten (BGH **135,** 66/70, NJW **91,** 923). Daß das Einkommen *beider* Eheg voraussichtl zur Tragg der Zins- u Tilggsraten ausreicht, ändert – offenb auch bei einem vernünft gemeins Entschluß zur KreditAufn – an der Sittenwidrigk nichts (NJW **99,** 2585). Anderweit Sicherh des Gläub sind nur dann zu berücksichtigen, wenn sie das Haftgsrisiko des Bü (Mithaftden) in rechtl gesicherter Weise auf ein vertretb Maß beschränken. –
cc) Das Interesse der Banken, sich gg **Vermögensverschiebungen** zu schützen, schließt bei überfordernden **38 h**
Bürgsch (Mithaftgsübernahmen) die Sittenwidrigk nicht aus (BGH **120,** 278, **134,** 42, NJW **99,** 2586). Der Hinw, daß AnfAnspr gg eine haftgsmäß günst Organisation des FamVermögens kaum dchsetzb sind u daß die Gefährdg dch VermVerschiebgen vor allem KreditAnspr betrifft, beeindruckt den XI. ZivSenat nicht. Unklar ist, ob Sittenwidrigk auch dann bejaht werden soll, wenn die Haftg ausdr auf den Fall nachträgl VermErwerbs beschränkt w. Der XI. ZivSenat verwirft aber – wohl mit Recht – die vom IX. ZivSenat insoweit befürwortete unterschiedl Behandlg (Rn 38 d) von Alt- u NeuVertr (NJW **99,** 2586). – **dd)** Daß der Bü (Mithaftde) aus **38 i**
dem Kredit **mittelbare Vorteile** (höheren Unterh) erlangt, ändert an der Sittenwidrigk nichts; nur unmittelb Vorteile, die nicht im einzelnen abgegrenzt w, sind im Rahmen der GesWürdigg zu berücksichtigen (BGH NJW **99,** 2588). Bei einer KreditAufn für Anschaffgen (Pkw, Hausrat) ist wohl ausr, daß der Bü MitEigtümer wird; die in Aussicht genommene Mitbenutzg u der Anspr hierauf ist dagg wohl nur ein mittelb Vorteil, ebso auch Vorteile aus der ZugewinnGemeinsch u bei Untern aus dem Bestehen einer InnenGesellsch.

e) Knebelungsverträge, die die wirtschaftl Freih des and Teils so sehr beschränken, daß dieser seine freie **39**
Selbstbestimmg verliert, sind sittenw (BGH **44,** 161, **83,** 316, NJW **62,** 102, **93,** 1588). Eine Schädiggsabsicht ist nicht erforderl (RG JW **19,** 443); entscheidd ist der obj Umfang der auferlegten Beschränkgen. Allerdings ist nicht jede Einschränkg der wirtschaftl EntscheidgsFreih sittenw (BGH **LM** (Bc) Nr 13): Die einseitig Verpflichtg zum Erwerb eines Grdst ist idR wirks (BGH aaO), ebso die Ankaufsverpflichtg in einem ErbbauRVertr (BGH **68,** 1, **75,** 15, ErbbRVO 2 Rn 4). Ein Vertr verstößt aber dann gg die guten Sitten, wenn die wirtschaftl HdlgsFreih im ganzen od in wesentl Teilen gelähmt w (RG **130,** 145, BGH **19,** 18). Sittenw wg Knebelg können bei drückden Bdggen etwa sein: UnternPachtVertr (BGH WM **76,** 181). MietVertr über Gewerberäume (Hamm BB **70,** 374). Finanziergs- u SichgVertr (BGH **19,** 18, NJW **62,** 102, Neuhof NJW **98,** 22). TrHandVertr (BGH **44,** 158, NJW **67,** 1043). Vertr zw Mineralölkonzern u Tankstellenbetreiber, wenn dieser prakt nur mit Zustimmg des Konzerns beendet w kann (BGH **83,** 315). VerlagsVertr, der dem

Verleger ein OptionsR für alle künft Werke des Autors ohne angem GgLeistg einräumt (BGH **22**, 354). Vgl auch Rn 79 (ArbVertr), Rn 93 (Macht- u Monopolstellg) u Rn 97 (SichgVertr).

40 **3) Sittenwidriges Verhalten gegenüber der Allgemeinheit oder Dritten. – a) Allgemeines. – aa)** Ergibt sich der Sittenverstoß nicht bereits aus dem Inh des RGesch (Rn 7), sond seinem GesCharakter, ist § 138 bei einer Verletzg von Interessen der Allgemeinh od Dr grdsl nur anwendb, wenn **alle Beteiligten sittenwidrig** handeln, dh die Tats, die die Sittenwidrigk begründen, kennen od sich ihrer Kenntn grob fahrläss verschließen (BGH NJW **90**, 568, **92**, 310); der gute Glaube eines Beteiligten kann unerhebl sein, wenn die and ihn für vollständ informiert hielten (BGH NJW-RR **90**, 751). Die bloße Kenntn des unsittl BewegGrds des and Teils genügt idR nicht, hinzukommen muß die Billigg, Förderg od Ausnutzg der sittenw
41 Abs des and (RG **71**, 194, JW **31**, 929; BGH DB **71**, 39). – **bb)** Eine allg od überwiegd anerkannte Einteilg von **Fallgruppen** hat sich nicht dchgesetzt. Hier werden zunächst nur Verstöße gg die GemeinschOrdng, gg die Ehe- u FamOrdng, gg die Sexualmoral, RGesch, die eine mißbilligte Kommerzialisierg zum Ggst haben, sowie standeswidr u drittschädigde RGesch behandelt. Vgl im übrigen die Einzelfälle in Rn 77ff.

42 **b) Gemeinschaftswidrige Rechtsgeschäfte. – aa)** RGesch, die gg wichtige rechtl geschützte Belange der Allgemeinh verstoßen, können sittenw sein (Soergel-Hefermehl Rn 195). Neben § 134 hat auch § 138 die Funktion, die Einhaltg der ROrdng zu sichern. Vertr, die der Vorbereitg, Förderg od Ausnutzg **strafbarer Handlungen** dienen, sind daher sittenw (BGH NJW-RR **90**, 1522), so der Vertr, der zur Vornahme einer strafb Hdlg verpflichtet (BGH NJW **95**, 2027), der Verkauf von Diebesgut, wenn der Erwerber grob fahrläss handelt (BGH NJW **92**, 310), der Vertr zur Dchführg einer strafb Werbg (Stgt BB **96**, 2060), RGesch zur Verwirklichg eines Betrugsplans (BGH NJW-RR **90**, 1522), wohl auch der KaufVertr über ein Radarwarngerät (LG Mü I NJW-RR **97**, 308, LG Bonn NJW **98**, 2681, aA LG Mü I NJW **99**, 2600), der Vertr zur Förderg des gewerbsmäß Schmuggels (RG **96**, 283), jedoch wird vielf bereits § 134 eingreifen (dort Rn 23).
43 Nichtig sind auch die auf **Bestechung** abzielden Vertr (RG Gruch **70**, 546), u zwar auch dann, wenn ein ausl Staatsbediensteter bestochen w soll (BGH NJW **85**, 2406, Hbg NJW **92**, 635). Dagg ist § 138 unanwendb, wenn das Verhalten des VertrPartners nicht als Unterstützg der strafb Hdlg gewertet w kann. So kann es liegen, wenn der Käufer das Schiff zum Schmuggel benutzen will u der Verkäufer hiervon weiß (RG JW **31**, 928) od wenn ein WerbeVertr für eine Veranstaltg geschlossen w, die nach dem UWG unzul ist (Hamm GRUR **88**, 564). Unschädl ist es auch, wenn der and Teil erst nach VertrSchl von der strafb Hdlg erfährt (BGH NJW **55**, 586). Die Übernahme von Geldstrafen, die nicht mehr als Strafvereitelg strafb ist (BGH NJW **91**, 990), ist wg Rn 6 auch nach § 138 nicht zu beanstanden (Kapp NJW **92**, 2797). Auch wenn es nicht um strafb Verhalten geht, kann § 138 anwendb sein, so bei einem RGesch, das sittenw nach Abstammg, Rasse od StaatsAngehörigk diskriminiert (Bezzenberger AcP **196**, 395), bei einer wertvollen Schenkg unter offensichtl Verletzg von **Haushaltsvorschriften** (BGH **36**, 398), bei Vertr, der ein GemGrdst einem GemMitgl prakt unentgeltl zuschanzt (Rstck DtZ **97**, 389), bei VermÜbertraggen od einem UnterhVerzicht zum Nachteil des **Sozialhilfeträgers** (Schwarz JZ **97**, 545, Rn 47), bei einem Vertr, der den Ertrag einer Sammlg in Verletzg des landesrechtl **Sammlungsgesetzes** zu 90% dem dchführden Untern u nur zu 10% der gemeinnütz Organisation zuweist (Hamm NJW-RR **95**, 1010), od bei Vertr über die **Täuschung von Behörden** zur Erlangg von rechtsw Vorteilen (BGH NJW **85**, 2953, NJW-RR **92**, 949). Die Täuschg ausl Beh rechtf die Anwendg des
44 § 138 zumindest dann, wenn auch dtsche Interessen berührt w (BGH **34**, 177, NJW **62**, 1436). – **bb)** Vertr, die mit einer **Steuerhinterziehung** verbunden sind, verstoßen nur dann gg § 138, wenn diese den Hauptzweck des Vertr darstellt (BGH **14**, 31, DNotZ **69**, 350, § 134 Rn 23); das kann bei TafelGesch zutreffen (Jena OLG-NL **95**, 195/**96**, 28). Der GrdstKaufVertr, der den KaufPr zur Steuerhinterziehg zu niedrig angibt, ist nicht sittenw (RG **107**, 364, BGH NJW **66**, 588). Dagg ist ein OR (Ohne-Rechng)-Gesch iZw im ganzen unwirks, da nicht festgestellt w kann, daß der Vertrag ohne die OR-Abrede zum gleichen Pr
45 abgeschlossen worden wäre (BGH **LM** § 134 Nr 57, Hamm NJW-RR **97**, 722). – **cc) Umweltbezogene Sittenwidrigkeit.** Zu den dch § 138 geschützten Werten gehören auch die natürl LebensGrdl einschließl derer künft Generationen (K. Meier Ökologische Aspekte des SchuldVertrR 1995, 96ff). RGesch, die auf eine Umweltschädigg abzielen, können daher sittenw sein, so ein WkVertr, der auf Umgehg der naturschutzbehördl Gen angelegt ist (Oldenb NdsRpfl **96**, 120). Soweit das öffR die beabsichtigte Maßn zuläßt, ist § 138 aber unanwendb, auch wenn sie von der öff Meing als umweltschädl abgelehnt w (Rn 6). Der Verkauf eines kontaminierten Grdst an eine vermlose JP, um von der Zustandsverantwortg frei zu werden, soll nicht sittenw sein (VGH Mannh BB **96**, 393, Knissel BB **97**, 2013). Vgl aber jetzt BBodSchG 4 III.

46 **c) Ehe- und Familienordnung. – aa)** Vereinbgen, die gg das **Wesen der Ehe** verstoßen, sind sittenw. Gem § 138 **nichtig** sind daher: Vereinbg eines Entgelts od eines Darl für das Eingehen einer Scheinehe (Düss FamRZ **83**, 1023). Eheversprechen eines Verheirateten (Karlsr NJW **88**, 3023) od eines bereits Verlobten (RG **105**, 245, BayObLG NJW **83**, 831). Vereinbg über ein dauerndes Recht zum Getrenntleben (Düss FamRZ **81**, 545). VertrStrafVersprechen zur Sicherg ehegemäß Verhaltens (RG **158**, 300). Vereinbg über den Ausschluß der Scheidg (BGH **97**, 304) od über die Geltg des Schuldprinzips (Herb FamRZ **88**, 123). Vereinbg, daß iF der Scheidg ein Betrag in existenzvernichtder Höhe zu zahlen ist (Hamm FamRZ **91**, 443). Dagg sind **wirksam:** Verzicht auf ein entstandenes ScheidgsR (BGH **97**, 304). Verpflichtg zur Zahlg einer Abfindg von 100000 DM iF der Scheidg, wenn diese eine angem wirtschaftl Sicherg darstellt u die Grenzen der LeistgsFgk des Ehem nicht überschreitet (BGH NJW **90**, 703).

47 **bb) Scheidungsfolgen.** Vereinbgen über den ZugewinnAusgl (§ 1363 Rn 4) u den Unterh (§ 1585 c) sind grdsl zul; sie können auch schon vor der Eheschließg getroffen w (BGH NJW **92**, 3164, **97**, 2239) u auch den Anspr aus § 1570 einbeziehen (BGH NJW **91**, 913). Abreden über den VersorggsAusgl sind aber nur in den Grenzen der §§ 1408 II, 1587 o wirks (s dort). Der **Unterhaltsverzicht** zu Lasten des Sozialhilfeträgers od and Dritter ist sittenw, es sei denn, daß die Hilfebedürftigk nicht voraussehb war od bes Grde den Verzicht rechtfertigen (BGH **86**, 82, Schlesw SchlHA **98**, 48, Köln FamRZ **99**, 920). Das ist der Fall, wenn der Verzicht auf sittl anzuerkennden Motiven beruht (BGH **86**, 87, NJW **85**, 1834) od wenn er condicio sine qua non für die Eheschließg war u das Risiko der Sozialhilfebedürftigk nicht erhöht hat (BGH NJW **92**, 3165). Der Geltdmachg des Verzichts kann § 242 entggstehen, insb wenn nach dem Verz ein Kind geboren worden ist (§ 1585 c Rn 19).

Auch der Verz auf ZugewinnAusgl u den PflichtT ist sittenw, wenn er den Zweck hat, Sozialhilfe in Anspr zu nehmen (VGH Mannheim NJW **93**, 2953). Für eine weitgehde DispositionsFreih der Eheg der BGH, s BGH NJW **97**, 126, 192, 2239, krit Büttner FamRZ **98**, 1. Einzelh § 1585 c u § 1408 Rn 18 f.

cc) Eltern-Kind-Verhältnis. Vertr, die das durch GG 6 geschützte Eltern-Kind-Verhältn mißachten, sind sittenw. Gem § 138 **nichtig** sind daher: Entgeltl Vereinbg zw Vater u Mu, die nichtehel Vatersch zu verschweigen u den UnterhAnspr des Kindes nicht geltd zu machen (Düss DAV **67**, 287). IdR Verpflichtg der Mu, den Vater von UnterhAnspr des gemeins nichtehel Kindes freizuhalten (Hamm FamRZ **77**, 556). Entgeltl Gesch über die EhelichkAnf (Celle NdsRpfl **62**, 188). **Wirksam** ist aber die Vereinbg, in der der Erzeuger die UnterhPfl für das scheinehel Kind übernimmt (BGH **46**, 56, KG FamRZ **74**, 449). Der **Leihmuttervertrag,** dessen Vermittlg AdVermiG 13 a–d ausdr verbietet (Lüderitz NJW **90**, 1633), ist sittenw (Hamm NJW **86**, 781, LG Freibg NJW **87**, 1488, Kollhosser JZ **86**, 446, § 1591 Rn 11); and, wenn die biologische GroßMu sich als LeihMu zur Vfg stellt (Vieweg FS Stree/Wessels, 1993, 991). RGesch über eine **heterologe Insemination** verstoßen grdsl gg § 138. Sie sind nur wirks, wenn das Recht des Kindes auf Kenntn der eig Abstammg (BVerfG NJW **88**, 3010, Rn 2 v § 1591) gewährleistet ist u mögl Konflikte zw genetischer u sozialer Elternsch (BGH **87**, 169 ff) ausgeräumt w (s AK/Damm Rn 203). Die Vereinbg, nach der ein Elternteil die **elterliche Sorge** übernimmt u den and von UnterhAnspr des Kindes freistellt, ist, wenn sie mit dem Kindeswohl vereinb ist, wirks (BGH NJW **86**, 1168, Stgt NJW-RR **93**, 134). Dagg verstößt es gg § 138, wenn der Verzicht auf das UmgangsR u die Freistellg von der UnterhPfl in ein GgseitigkVerhältn gebracht w (BGH NJW **84**, 1952, Hbg FamRZ **84**, 1223). And liegt es aber, wenn der Ausschluß des UmgangsR dem Kindeswohl entspr (Ffm FamRZ **86**, 596). 48

dd) Zurücksetzung von Angehörigen, Sittenwidrigkeit von Verfügungen von Todes wegen. 49
(1) Die Vfgsfreih des Eigtümers u seine TestierFreih werden dch das Bestehen familiärer Bindgen grdsl nicht beschränkt. Der Eigtümer kann über sein Eigtum nach seinem Belieben dch RGesch unter Lebden od Vfg vTw verfügen. Schranken ergeben sich aus dem PflichtTR (§§ 2303 ff), uU aus RGesch, etwa wechselbezügl od vertragsmäß Vfgen vTw, aber grdsl nicht aus § 138 (BGH **53**, 374; **111**, 39, NJW **99**, 566). Ein Vertr, dch den die Eltern ihr gesamtes Vermögen einem Kind unter Übergehg der and zuwenden, ist nicht sittenw (BGH **LM** (Cd) Nr 19). Es verstößt auch nicht gg § 138, wenn der Erbl unter Übergehg von Frau u Kindern einen Freund (BayObLG NJW **90**, 2056, FamRZ **92**, 227) od ein nichtehel Kind (Hamm OLGZ **79**, 425) zum Alleinerben einsetzt. Die Übergehg von Frau u Kindern ist auch dann nicht sittenw, wenn wesentl Teile des Nachl aus Zuwendgen der Ehefrau herrühren (BayObLG FamRZ **86**, 1248). Es verstößt auch nicht gg § 138, wenn die Erbl unter Übergehg ihres Sohnes die Kinder ihres Lebensgefährten u Betreuers zu Alleinerben einsetzt (BayObLG NJW **98**, 2369). Erst recht ist § 138 unanwendb, wenn der Erbl eine um ihn verdiente Pers nicht bedenkt (BayObLG FamRZ **84**, 1153, Düss FamRZ **97**, 1506). Dagg kann ein Verstoß gg § 138 zu bejahen sein, wenn der Erbl einen nicht zu billigden **Druck** auf die EntschließgsFreih od and Rechte des Bedachten ausübt, in dem er dessen Erbeinsetzg von einer Konversion (RG SeuffA **69** Nr 48), von seiner Ehelosigk (Rostock SeuffA **49** Nr 4) od seiner Priesterweihe (BayObLG SeuffA **50** Nr 94) abhäng macht. Erbrechtl Regelgen, die einem **fürstlichem Hausgesetz** entspr (Nachteile bei Eingehg einer nicht konsentierten Ehe) sind dagg wohl mit § 138 vereinb (BGH NJW **99**, 566, BayObLG **96**, 225, aA Stgt FGPrax **97**, 230). Auch erbrechtl Nachteile wg der Zugehörigk zur Scientology Church od Sekten, die unter religiöser Tarng wirtschaftl Gesch betreiben, verstoßen nicht gg § 138 (Düss NJW **88**, 2615, krit Smid NJW **90**, 409). **(2) Zuwendungen an Geliebte.** In ihrer Beurteilg ist seit 1970 ein inzw allg anerkannter 50
Beurteilgswandel eingetreten. Vfgen vTw u Zuwendgen dch RGesch unter Lebden sind nicht schon deshalb sittenw, weil zw dem Zuwendden u dem Bedachten ein außerehel Liebesverhältn bestanden hat, gleichgült ob eine Part od beide verheiratet waren. Nur wenn die Zuwendg **ausschließlich** den Zweck hat, geschlechtl Hingabe zu belohnen od zu fördern, ist das RGesch sittenw (BGH **53**, 375, **77**, 59, **112**, 262, allgM), ein Fall der kaum vorstellbar ist. Wer sich auf die Unsittlichk der Zuwendg beruft, ist für die sittenw Zweckbestimmg beweispflicht (BGH **53**, 379). Eine tats Vermutg, daß Zuwendgen an einen Ehebruchspartner eine Belohng für geschlechtl Hingabe darstellen, besteht nicht (BGH FamRZ **71**, 638). Diese von der fr Rspr (BGH NJW **64**, 764) abweichde BewLastVerteilg bedeutet, daß Zuwendgen zG von Geliebten prakt nicht mehr an § 138 scheitern (s BGH NJW **83**, 675, **84**, 2150, BAG DB **84**, 887). Auch Zuwendgen unter Partnern einer **nichtehelichen Lebensgemeinschaft** verstoßen grdsl nicht gg die guten Sitten (BGH **77**, 59, Einl 20 v § 1297). Für Partner von homoerotischen Beziehgen kann nichts and gelten (Ffm NJW-RR **95**, 265). Die heftig umstr Rspr, daß bei Vfgen zG der Geliebten **Teilnichtigkeit** vorliegen könne (BGH **53**, 381, NJW **73**, 1646), hat nur noch dogmengeschichtl Bedeutg. Sittenw ist aber die Veräußerg des MitEigtAnteils am gemeins Haus an den nichtehel Part, um eine TeilgsVerst zu ermöglichen (Schlesw NJW-RR **95**, 900); **(3) Behindertentestament.** Erbrechtl Regelgen, die dem behinderten Kind zu seinen Lebzeiten zusätzl zu 50 a
den Leistgen der Sozialhilfe laufde Einnahmen verschaffen, den Nachl aber dem Zugriff des Trägers der Sozialhilfe entziehen, sind nicht sittenw (BGH **111**, 39, **123**, 368, krit Goebel FamRZ **97**, 656). Es verstößt auch nicht gg § 138, wenn dch Anordng von Vor- u Nacherbsch erreicht w, daß nach dem Tod des Behinderten sein Erbteil an einen FamAngehörigen fällt u der AufwendgsErsAnspr des Sozialhilfeträgers nicht dchgesetzt werden kann (BGH **123**, 373). Das Nachrangprinzip der Sozialhilfe wird im BSHG im erhebl Umfang dchbrochen; es hat daher nicht die für einen Maßstab der Sittenwidrigk erforderl Prägekraft (BGH aaO). Es fehlt auch eine allg RÜberzeugg, daß Eltern ihrem behinderten Kind von einer gewissen Größe ihres Vermögens an einen über den PflichtT hinausgehden Erbteil hinterlassen müßten, damit es nicht ausschließl der Allgemeinh zur Last fällt (BGH aaO, van de Loo NJW **90**, 2852, Krampe AcP **191**, 526, Nieder NJW **94**, 1264, Mayer DNotZ **94**, 347, aA Staud-Sack Rn 365, Eichenhofer JZ **99**, 226). Für Testamente zG von SozHilfeEmpfänger u Überschuldeten gelten diese Grds entspr (Engelmann MDR **99**, 968).

d) Sexualsphäre. – aa) Die fr Vorstellg, daß außerehel geschlechtl Beziehgen grdsl sittenw seien (s BGH 51
20, 72), ist dch einen Wandel des gesellschaftl Bewußtseins überholt. Die **nichteheliche Lebensgemeinschaft** ist inzw eine allg anerkannte alternative Lebensform; sie kann von den Part umfassd dch PartnerschVertr, aber auch dch Einzelabmachgen, geregelt w (Einl 27 v § 1297). Auch wenn ein Partner od beide verheiratet sind, sind vermögensrechtl Abreden idR wirks (s BGH NJW **70**, 1540). Zuwendgen sind grdsl

auch dann nicht sittenw, wenn sie sich zum Nachteil von nahen FamAngehörigen auswirken (Rn 50). Dagg verstößt das Versprechen einer Abfindg für den Fall der Auflösg der Partnersch gg § 138, wenn es sich um eine Sanktion mit VertrStrafencharakter handelt (Hamm NJW **88**, 2474). WoMietVertr mit Nichtverheirateten sind wirks, ebso BeherberggsVertr, die **Nichtverheiratete** über ein **Doppelzimmer** schließen (BGH
52 **92**, 219, LG Bonn NJW **76**, 1691, aA AG Emden NJW **75**, 1363). – **bb)** Der auf die entgeltl Gewährg des GeschlechtsVerk gerichtete Vertr mit der **Prostituierten** ist sittenw; eine wirks Verpfl der Prostituierten zur Erbringg der von ihr versprochenen Leistg kann von der ROrdng nicht anerkannt w (BGH **67**, 122, NStZ **87**, 407, MüKo/Mayer-Maly Rn 50, aA Wesel NJW **98**, 120), wirks ist dagg die Übereigng des Dirnenlohns (BGHSt **6**, 379, Düss NJW **70**, 1852). Pacht-, Kauf- u GesellschVertr über **Bordelle** sind wirks, wenn der Betrieb des Bordells nach StGB 180a straffrei ist u das Entgelt nicht in einem auffälligen MißVerhältn zum Wert der Leistg steht (BGH **63**, 365, DNotZ **75**, 93, NJW-RR **88**, 1379, and noch BGH **41**, 341). Das gilt entspr für MietVertr mit Dirnen (BGH NJW **70**, 1179) u für Vertr über die Belieferg von Bordellen (BGH NJW-RR **87**, 999). Vertr über verbotene Bordelle sind dagg sittenw, unter den Voraussetzgen von Rn 41 auch DarlVertr zum Erwerb eines verbotenen Bordells (BGH NJW-RR **90**, 750). Auch das Verspr, dem Bordellbetreiber für die Freigabe einer Prostituierten eine Ablösesumme zu zahlen, ist sittenw (Köln NJW-RR **98**, 1518). Vertr über **Zeitungsanzeigen,** in denen verdeckt für Prostitution geworben w, sollen gg OWiG 120 I Nr 2 verstoßen (BGH **118**, 182, aA AG Heidelbg NJW-RR **98**, 260), Vertr über Telefonsex, bei denen die Partnerin ohne körperl Kontakt mit dem Anrufer eine akustische Leistg zu erbringen hat, sind mit § 138 vereinb (LG Hbg NJW-RR **97**, 178, AG Düss NJW **90**, 1856, Behm NJW **90**, 1822, aA BGH NJW **98**, 2895, Karlsr NJW **97**, 2605, Stgt ZIP **99**, 1217), ebso Vertr über Dialogsysteme erotischen Inh (Köln NJW-RR **98**, 1277). Der Verkauf eines Untern, das Telefonsex vermittelt, ist dagg sittenw, wenn der Kaufpreis in einem Mißverhältn zur Leistg steht (Düss NJW-RR **91**, 246). Auch ein Darl, das zur Förderg des Vertriebs von Telefonsexkarten gewährt worden ist, soll gg § 138 verstoßen (BGH NJW **98**, 2895). Sittenw ist auch die Verpflichtg zum GeschlechtsVerk auf der Bühne (BAG NJW **76**, 1958) od zum Auftreten als Schauobjekt in einer Peep-Show (s BVerwG NVwZ **90**, 668), nicht aber Vertr über Striptease (Staud/Sack
53 Rn 398). – **cc)** Die in **Animierlokalen** übl überhöhten GetränkePr verstoßen idR nicht gg § 138 (BayObLG NJW **85**, 873). Auch die Zeichng von Schecks (4203 u 4110 DM) od Wechseln ist nicht ow sittenw (BGH NJW **80**, 1742). § 138 ist aber anwendb, wenn das Entgelt Leistgen der Bardamen auf sexuellem Gebiet mitabdeckt (Hamm NJW-RR **86**, 547). Gibt der Gast einen Wechsel, Scheck od ein Schuldanerkenntn über einen außergewöhnl hohen Betrag, kann sich die – uU auf einen Teilbetrag zu beschränkde – Nichtigk aus der sittenw Überwälzung der BewLast ergeben, so bei einem Schuldanerkenntn über 79 749 DM (BGH NJW **87**, 2015), über 15 642 DM (LG Bln NJW **86**, 1940) über 11 832 DM (Zweibr
54 MDR **92**, 952) od einen Wechsel von 2430 DM für einige Biere (LG Hbg MDR **74**, 50). – **dd)** Vertr über **pornographische** Produkte sind gem § 134 unwirks, soweit sie gg StGB 184 verstoßen (Hbg GRUR **80**, 999, **84**, 663). § 138 kann anwendb sein, wenn die Part das Verbot des StGB 184 I Nr 7 dch die Ausgestaltg der Vereinbg umgehen (s BGH NJW **81**, 1439, der die Berufg auf die Nichtigk aber an § 242 scheitern läßt). Der Vertr über die Herstellg pornograph Aufn verstößt nicht schlechthin, wohl aber bei einem ausbeuteri-
55 schen Charakter gg § 138 (s Stgt NJW-RR **87**, 1435). – **ee)** Maßn zur **Empfängnisverhütung** sind nicht sittenw. Wirks sind daher KaufVertr über Präservative (s BGHSt **24**, 318) u Antibabypillen (s LG Itzehoe VersR **69**, 265), aber auch Vertr über eine Sterilisation (BGH **67**, 50, Bambg NJW **78**, 1685).

56 **e)** Die Vereinbg eines Entgelts kann einen Sittenverstoß begründen, wenn die **Kommerzialisierung** in dem betreffden Lebensbereich anstöß ist (MüKo/Mayer-Maly Rn 109). **Nichtig** sind daher: Entgeltszusagen für die Vermittlg von Patienten (Hamm NJW **85**, 679) u von Mandanten eines RA (KG NJW **89**, 2893), nicht aber MaklerVertr zur Vermittlg von ArchitektenVertr (BGH NJW **99**, 2360). Vertr über die Gewinng von Mitgl für einen Idealverein gg eine Beteiligg am Beitrag (Stgt NJW **85**, 1401). ProvVerspr an einen Steuerberater, der seinen Mandanten zu einer best VermAnlage veranlassen soll, aber nur, wenn die Verheimlichg der ProvZusage billigd in Kauf genommen w (BGH **95**, 84, NJW-RR **87**, 1108). ProvVereinbg eines RA, der für seinen Mandanten eine Hausverwaltg führt, mit einem Handw für die Vergabe von Renoviergsarbeiten (Ffm NJW **90**, 21341).Vertr, die Glaubens- od Gewissensfragen zum HandelsObj machen (Otto Personale Freih u soziale Bindg, 1978, 119). Gesch des Ordens- u Titelhandels (RG **86**, 98, BGH NJW **94**, 187, Kblz u Stgt NJW **96**, 665). Entgeltl Vertr über den Erwerb des Dr-Titels (Köln NJW-RR **94**, 1540, Kblz NJW **99**, 2904). Wirks ist jedoch eine Vertr über eine Promotionsberatg (Köln MDR **99**, 792). Entgeltl Vertr über die Verschaffg einer Adoptionsmöglichk (BGH NJW **97**, 47, vgl auch Einf 6 v § 1741 zum AdVermG). Zusage eines Schweigegelds für Ehebruch (BGH **LM** § 134 Nr 18). Erkaufter Verzicht auf die VaterschAnf (Celle Nds Rpfl **62**, 188, s aber Rn 42), auf das UmgangsR (BGH NJW **84**, 1952) od die elterl Sorge (Hbg FamRZ **84**, 1223, s aber Rn 42). Entgeltl Vereinbgen über die Nichterstattg (Rückn) einer **Strafanzeige** sind nicht schlechth sittenw (BGH NJW **91**, 1046), wohl aber dann, wenn unter Ausnutzg der emotionalen Zwangslage des Täters ein erhebl übersetzter Entschädiggsbetrag vereinbart w (BGH aaO). IdR **wirksam** ist der mit einer Bürgerinitiative vereinbarte entgeltl Verzicht auf RMittel gg einen Kraftwerksbau (BGH **79**, 141, aA Medicus AT Rn 705) u der entgeltl Studienplatztausch (Mü NJW **78**, 701). Es ist auch nicht ow anstößig, die Hilfe in einer Notlage von einer Vergütg abhäng zu machen (BGH **69**, 299, FluchthelferVertr). Der **Organhandel** ist dch TPG 17 verboten.

57 **f) Standeswidrige Rechtsgeschäfte. – aa)** Standesw RGesch können zugl sittenw sein, wenn der betreffde Berufsstand rechtl anerkannt ist u wicht GemeinschAufg zu erfüllen hat (RG **144**, 245, MüKo/Mayer-Maly Rn 39). Nicht jeder Verstoß gg StandesR rechtfertigt aber die Anwendg des § 138 (BGH **60**, 33, **78**, 267, **132**, 236; and *obiter dictum* von BGH **22**, 357). Sittenw ist ein RGesch nur, wenn neben StandesPflten zugl Werte der Rechts- od Sittenordng verletzt sind (s AK/Damm Rn 181). In die freie Berufsausübg darf StandesR nur eingreifen, wenn dafür eine hinreichd best Ermächtigg vorliegt (BVerfG **76**, 171). Berufsrechtl Verbote ohne eine derartige Grdl sind zivilrechtl ohne Bedeutg, so das Werbeverbot für Heilpraktiker (BGH NJW-RR **89**, 1386), das Verbot, die HOAI zu unterbieten (Stgt NJW **80**, 1584), das Verbot gewerbsmäß Maklertätigk für Steuerberater (BGH **78**, 267, s aber Rn 56), das Verbot der Architektenbindg beim GrdstErwerb (BGH **60**, 33, s aber § 631 Rn 3) u das Verbot von ZuchtmietVertr in den Regeln eines

Hundezuchtverbandes (LG Fulda NJW-RR **93**, 886). Es ist aber sittenw, wenn ein RAnw sich als Hausverwalter bei der Vergabe von Auftr eine Provision („Schmiergeld") versprechen läßt (Ffm NJW **90**, 2131). – **bb)** Die bisher von der Rspr für Vereinbgen über das **Anwaltshonorar** aus § 138 hergeleiteten Schranken 58
(Verbot des Erfolgshonorars u der quota litis [vgl zuletzt BGH **133**, 90], Verbot von Entgelten für die Vermittlg von Auftr, grdsl Verbot von Gebührenermäßiggen, ausgenommen angem Pauschalhonorare für außergerichtl Angelegenh u Beitreibgssachen) hat der GesG in die nF des BRAO 49b (zT iVm BRAGO 3 V) übernommen. Die Nichtigk ergibt sich daher aus § 134 iVm BRAO 49b. Läßt sich der RA für eine Maklertätigk eine erfolgsbezogene Vergütg versprechen, ist aber weder BRAO 49b noch § 138 anwendb (s BGH NJW **92**, 682). Bei BeratgsVertr ist eine Bindgsdauer von 5 Jahren nicht zu beanstanden (BGH NJW **95**, 1430). Sittenw ist ein Vertr, dch den sich der RA von seinem Mandanten einen Ggst übereignen läßt, den dieser zur Dchsetzg seiner Rechte unbedingt benötigt (BGH NJW **67**, 873). – **cc)** Vertr können gg § 138 verstoßen, wenn sie 59
eine den rechtl Erfordern entsprechde **ordnungsgemäße Berufsausübung** gefährden. Das von der Rspr aus § 138 abgeleitete Verbot, für Apotheken stille Beteiliggen od eine vom Umsatz od Gewinn abhängige Miete zu vereinbaren (BGH **75**, 215, NJW **79**, 2351), hat der GesGeber in ApG 8 übernommen. Sittenw sind: Die einem Zahnarzt in einem MietVertr auferlegte Verpflichtg, alle zahnproth Auftr an ein best Labor zu geben (Nürnbg MDR **88**, 861). Verpflichtg zu freier ärztl Behandlg auf Lebenszeit bei Erwerb eines Grdst (BGH NJW **65**, 2005). – **dd) Praxisverkauf.** Der Verkauf u der Tausch von Praxen von standesrechtl gebundenen 60
Freiberuflern ist entgg fr RAuffassg (RG **66**, 142, **161**, 155) grdsl zul, so beim Arzt (BGH **16**, 74, NJW **89**, 763), RA (BGH **43**, 47, NJW **73**, 98) u Steuerberater (BGH **LM** (Cf) Nr 1). Der VertrInh darf aber nicht die Gefahr begründen, daß der Erwerber die Praxis in einer Allgemeininteressen widersprechden Weise fortführt (BGH **43**, 50). Das WettbewVerbot für den fr Inh muß ggständl, zeitl u örtl auf das notw Maß beschränkt w (Rn 106). Die Mitübertragg der Patientenkartei nebst Behandlgsunterlagen ist nur mit Einwilligg des Patienten zul (BGH **116**, 274, and noch BGH NJW **74**, 602), auch der Mitverkauf der Handakten bei Veräußerg einer RA-Praxis ist nur mit Zust der Mandanten wirks (§ 134 Rn 22).

g) Schädigung Dritter. Zur Schädigg dch strafb Hdlg s Rn 43. – **aa)** Die Verletzg von **Vertragsrechten** 61
Dr ist nicht ow sittenw (BGH NJW **81**, 2185). Der mit einem **abgeworbenen** ArbN geschlossene ArbVertr ist idR wirks (BAG NJW **63**, 125, Ffm NJW **63**, 862). Ein bes rücksichtsloses od illoyales Verhalten kann aber einen Sittenverstoß begründen (BGH NJW **81**, 2185), so vor allem eine vorsätzl Verleitg zum VertrBruch (BGH **103**, 241) od ein bewußtes ZusWirken zum Nachteil eines Dr (BGH NJW-RR **96**, 869), zB um ein Vorkaufs-, Vorpacht- oder WiederkaufsR auszuschalten (BGH NJW **64**, 540, **85**, 2953, § 506 Rn 4), jedoch kann die Umgehgsproblematik hier idR dadch gelöst w, daß dem Berecht gem §§ 242, 162 der Eintritt in den Vertr gestattet w (BGH **115**, 335). Sittenw ist auch eine vor dem KreditG verheimlichte Zusatzabrede, dch die die zugesagte Sicherstellg der Kredite ausgehöhlt u entwertet w (BGH NJW **88**, 902) u die Vereinbg, die die Dchsetzg eines VollziehgsAnspr (§ 2194) verhindern soll (BGH **121**, 366). Der MietVertr mit einem Angeh zu einem angem Mietzins ist nicht ow sittenw, weil er die aus ZVG 93 gg den Vermieter drohde ZwVollstr verhindern soll (Düss NJW-RR **96**, 720). – **bb)** Der **Treubruch** ist in all seinen Erscheingsformen 62
sittenw. Nichtig sind daher: Vereinbg zw HauptSchu u Gläub, daß dieser sich ausschließl aus dem Vermögen des PfandSchu befriedigen soll (RG **164**, 90). Vereinbg der ZwVerst, um einen langfrist MietVertr zu lösen (RG LZ **27**, 448). PfdRBestellg am Speditionsgut ohne Rücks auf die EigtVerh (BGH **17**, 5). Vertr, der darauf gerichtet ist, einen Dr dch **Täuschung** zur Abgabe einer für ihn ungünst WillErkl zu veranlassen (BGH NJW **97**, 2946), so Verpflichtg des Abladers, den Verfrachter gg Ausstellg eines unricht Konnossements von SchadErsAnspr des Empfängers freizuhalten (BGH **60**, 102, Hbg VersR **86**, 385). Vereinbg, dem HaftpflVersicherer den wahren Sachverhalt nicht mitzuteilen, um dem Gläub einen ungerechtfertigt hohen SchadErsBetrag zu verschaffen (BGH VersR **69**, 733). Kollusives ZusWirken des Vertreters od TestVollstr mit dem Gegner zum Nachteil des Vertretenen od des Nachl (BGH NJW **89**, 26, NJW-RR **89**, 642). Verpfl des GeschFü eines staatl Untern, sich für den ÜbernAntr eines Interessenten einzusetzen (Hamm OLGZ **94**, 52). Treuw Selbstkontrahieren mit Schädiggsabsicht (RG SeuffA **86**, 91). Auch beim **Konflikt** zw **Globalzession** u dem **verlängerten Eigentumsvorbehalt** stellt die Rspr auf das Kriterium des Treubruchs ab (näher § 398 Rn 25). – **cc) Schmiergeldverträge** über Zuwendgen an den Vertreter od VhdlgsGeh des and Teils sind 63
sittenw (BGH NJW **62**, 1099, **73**, 363, **91**, 1819). Gleichgült ist, ob Nachteile für den Gegner entstanden sind od beabsichtigt waren; bereits die Verheimlichg der Zuwendg begründet den Sittenverstoß (BGH NJW **62**, 1099, **73**, 363, Hamm ZIP **93**, 468). Die Nichtigk erstreckt sich auf den HauptVertr, wenn die Schmiergeldzahlg zu einer für den GeschHerrn nachteil VertrGestaltg geführt hat (BGH NJW **99**, 2266). Hat das Schmiergeld auf den VertrInh keinen Einfluß gehabt, ist der HauptVertr nicht sittenw; er ist aber idR schwebd unwirks (§ 177), da der Vertreter iZw ohne Offenlegg der Bestechg nicht befugt ist, den Vertr abzuschließen (BGH aaO). Nichtig sind auch: ProvZusagen des BauUntern ggü dem Architekten (Hbg MDR **70**, 47). Entgeltszusagen an BankAngest für die Weitergabe von dienstl Wissen (BGH **LM** (Aa) Nr 24). Zuwendgen an 64
den künft für die Anschaffg von Inventar entscheidgsbefugten Pächter (Köln NJW-RR **88**, 144). Vgl auch Rn 44 (Bestechg) u Rn 56 (Zuwendgen an Steuerberater).

4) Wucher (II). § 138 II ist wg seiner engen tatbestandl Voraussetzgen von nur geringer prakt Bedeutg. 65
RGesch, die den WucherTatbestd nur zT erfüllen, können aber gem § 138 I nichtig sein (Rn 24 ff). – **a) Objektiver Tatbestand. – aa)** Erforderl ist ein auffäll **Mißverhältnis zwischen Leistung und Gegenleistung.** 66
Wucherisch können daher nur auf einen Leistgsaustausch gerichtete VermGesch sein (BGH NJW **82**, 2767, FamRZ **90**, 1344), aber solche jeder Art: Darl, Kauf, Miete, Gesellsch, DienstVertr, WkVertr, Vergl, dagg nicht die Bürgsch (BGH **106**, 271, NJW **89**, 831, **91**, 1952) u auch nicht der Erlaß (s BGH NJW-RR **98**, 590). Ausgangspkt für die Beurteilg ist die Ermittlg u Ggüberstellg des obj Werts der beiderseit Leistgen (BGH **LM** (Ba) Nr 1, 4, 4a, WM **69**, 1255), u zwar unter Zugrdelegg der bei VertrSchl bestehden Verhältn (BGH WM **77**, 399). Ein nachträgl entstehdes Mißverhältn rechtf die Anwendg des II nur, wenn es auf einem ZusatzGesch beruht (RG **86**, 298). Der nachträgl Wegfall des Mißverhältn ist unerhebl. Zu vergleichen sind die beiderseit HptLeistgen; die für Leistgsstörgen getroffenen Regelgen können aber unterstützd berücksichtigt w (BGH **80**, 171). Wirken mehrere Pers als Leistde, Vermittler od in and Weise mit, genügt, daß zw der Summe der Leistgen u der Gesamth der GgLeistgen ein auffälliges Mißverhältn besteht (StGB 302a I 2,

sog Additionsklausel), die auch für die zivilrechtl Beurteilg heranzuziehen ist (BGH NJW **80**, 1156). Beim Vergl ist das beiderseit Nachgeben ggeinand abzuwägen (BGH **51**, 143, **79**, 139, BAG NJW **85**, 2661).

67 **bb) „Auffällig"** ist ein Mißverhältn idR, wenn die vom Schu zu erbringde Leistg um 100% od mehr über dem Marktpreis liegt. Diese **Grenze des Doppelten** hat der BGH zunächst für VerbrKreditVertr u die Anwendg von § 138 I (Rn 27) entwickelt. Sie gilt aber auch für § 138 II (BGH NJW-RR **89**, 1068; and die fr Rspr, die auf die absolute Zinshöhe abgestellt u die Wuchergrenze zuletzt bei 28–30% gezogen hat, vgl 46. Aufl). In einer Niedrigzinsphase (8,6%) können bereits 18,6% Zinsen wucherisch sein (BGH NJW-RR **90**, 1199). Umgekehrt kann wohl auch eine bes niedrige Verzinsg gg § 138 II verstoßen; ein Zinssatz von „nur" 3% ist aber unbedenkl (Brdbg BB **99**, 655). Die „Grenze des Doppelten" gilt auch beim LeasVertr (BGH **128**, 259). Auf sie ist auch bei VersPrämien abzustellen, so etwa in der UnfallVers (v Hippel BB **97**, 218); bei mehr als 100 Anbietern kann die Anwendg des § 138 aber nicht damit gerechtf w, daß die Prämien bei 6 Anbietern erhebl günstiger seien (LG Hambg VersR **98**, 225). Zu berücksichtigen sind alle Umst des Einzelfalls, insbes auch das vom Gläub übernommene Risiko (BGH **LM** (Aa) Nr 15). Bei GelegenhKrediten von nicht gewerbsmäß DarlG kann die Wuchergrenze daher nicht ow beim Zweifachen des Marktzinses gezogen w (BGH BB **90**, 1510). Auch wenn sich für Eintrittskarten zu einer Veranstaltg ein grauer Markt bildet, ist ein Preis, der den offiziellen um ein Mehrfaches übersteigt, nicht ow wucherisch (Köln OLGZ **93**, 193). Auch beim Teppichkauf in einem Basar ist wg Fehlens einer festen Bezugsgröße eine Würdigg aller Umst erforderl (Hamm NJW-RR **93**, 629). Beim MietVertr (Rn 76) ist bereits eine Überschreitg der angem Miete um 50% wucherisch (BGH NJW **97**, 1846).

68 **cc) Einzelfälle** (ja: auffäll Mißverhältn; nein: nicht): KaufPr von 2/3 des obj Wertes, nein (BGH **LM** (Ba) Nr 4); ungewöhnl hoher Liebhaberpreis für Grdst in Naturschutzgebiet, idR nein (BGH DNotZ **77**, 102); Verkauf eines Grdst im Wert von 80 000 DM zum Pr von 45 000 DM, uU ja (BGH WM **80**, 597); ebso bei einem Wert von 64 000 DM u einem Pr von 138 000 DM (BGH NJW-RR **90**, 950); Bewertg einer gesellschaftr Einlage mit nur 30% ihres Wertes, ja (BGH WM **75**, 327); Vergl über die Abfindg einer VersorggsAnwartsch im Wert von 110 000 DM gg Zahlg von 5000 DM, ja (BAG DB **86**, 548); ArbLohn von 12,70 DM/Stunde bei einem Tariflohn von 19,05 DM angebl ja (BGH BB **97**, 2166); zinsloses Darl mit 40 jähr Laufzeit ja (BGH WM **88**, 195); Maklerprovision, die das Fünffache des Übl ausmacht, ja (BGH DB **76**, 573); Übererlösklauseln, die dem Makler, wie er weiß, eine Provision von mehr als 20% sichert, ja (BGH **125**, 135); and aber, wenn offen ist, ob u in welcher Höhe ein Übererlös erzielt werden kann (BGH NJW-RR **94**, 559); Provision von 6% für die Vermittlg eines Kredits von 1,2 Mio DM, ja (Oldbg NJW-RR **86**, 857); Provision von 50 000 DM für Kredit von 450 000 DM, ja (LG Aachen NJW-RR **87**, 741); 116 000 DM für 40 jähr Grabpflege, ja (LG Mü NJW-RR **89**, 197); Vergütg von 3075 DM für 25 Partnervorschläge, nein (LG Krefeld MDR **84**, 491); 4985 DM für 4 Partnervorschläge, ja (AG Eltville FamRZ **89**, 1299); finanzierter Heißmangelkauf, wenn der Käufer 10 520 DM aufzuwenden hat, die übl Aufwendgen aber nur 4330 DM betragen, ja (BGH NJW **80**, 1156); völlige Überbürdg der Produktionskosten auf den Künstler bei einem VerwertgsVertr über U-Musik, ja (BGH NJW-RR **89**, 747).

69 **b) Subjektive Voraussetzungen.** Zum Tatbestd des Wuchers gehört subj, daß der Wucherer die beim and Teil bestehde Schwächesituation (Zwangslage, Unerfahrenh, mangelndes UrtVermögen, erhebl Willensschwäche) ausgebeutet hat. Fehlt es hieran, kann das obj wucherische Gesch aber gem § 138 I nichtig sein, sofern der Begünstigte aus verwerfl Gesinng gehandelt h od sonst anstöß Umst vorliegen (Rn 24 f).

70 **aa) Zwangslage:** Sie ist gegeben, wenn dch wirtschaftl Bedrängn od Umst and Art für den Betroffenen ein zwingdes Bedürfn nach einer Geld- od Sachleistg entsteht (BT-Drucks 7/3441); ausr ist insb ein erhebl Kreditbedürfn (Hamm WM **84**, 1448), aber auch eine momentane Kalamität, etwa ein Wasserrohrbruch (MüKo/Mayer-Maly Rn 124). Die von der Rspr aus der aF („Notlage") abgeleitete Beschrkg auf Fälle existenzgefährdder wirtschaftl Not (BGH **LM** Ba Nr 1) ist dch die nF überholt. Es genügt, daß dem Betroffenen schwere Nachteile drohen (BGH NJW **94**, 1276); auch polit u gesundheitl Gefährdgen sowie Nachteile für sonst nichtwirtschaftl RGüter sind miterfaßt (s BGH WM **81**, 1050). Unzufriedenh mit den polit Verh u der Wunsch nach höherem Lebensstandard begründen dagg keine Zwangslage (BGH NJW **77**, 2358); ebsowenig die Schwierigk, die bei einem Bauvorhaben (Kraftwerk) dch Einlegg von RMitteln Dr entstehen (BGH **79**, 137). Es muß sich um die Gefährdg von etwas Bestehendem handeln, es reicht nicht, wenn ohne den erstrebten Kredit bloße Zukunftspläne scheitern (BGH NJW **94**, 1276). Gleichgült ist, ob die Zwangslage verschuldet ist. Sie kann auch bei einer an sich vermögden Part vorliegen (BGH NJW **82**, 2767), ebso bei einer jur Pers (RG **98**, 324). Die Bedrängn eines Dr, insb eines Angeh, kann ausr (RG JW **15**, 574, BGH NJW **80**, 1575), auch eine ledigl subj angenommene Zwangslage (Staud/Sack Rn 203, str).

71 **bb) Unerfahrenheit** ist ein Mangel an Lebens- oder GeschErfahrg (RAG JW **30**, 3009). Sie kann insb bei Jugendl (BGH NJW **66**, 1451), Alten od geistig Beschränkten (RG **67**, 393) aber auch bei Bürgern der neuen Bundesländer (BGH NJW **94**, 1476) od Aussiedlern (s Meier/Wehlau VuR **91**, 143) gegeben sein. Unerfahrenh auf einem best Lebens- od WirtschGebiet ist uU ausr (RG LZ **26**, 819, LG Trier NJW **74**, 151), nicht aber mangelh RKenntn (LAG Mü DB **86**, 2191) od mangelnde Fachkenntn für Sondergebiete (BGH NJW **79**, 758, WM **82**, 849, Hamm NJW-RR **93**, 629).

72 **cc) Mangelndes Urteilsvermögen** liegt vor, wenn der Betroffene nicht in der Lage ist, die beiderseit Leistgen richt zu bewerten u Vor- u Nachteile des Gesch sachgerecht ggeinand abzuwägen. Dies Unvermögen w vielf eine Folge von Verstandesschwäche sein. Aber auch bei einem normal Begabten kann im Einzelfall, insb bei schwier od unklar ausgestalteten Gesch, das erforderl UrtVermögen fehlen (Stgt FamRZ **83**, 499). Entscheidd ist allein, ob der Betroffene im konkreten Fall zu einer vernünft Beurteilg in der Lage ist. Eine allg Schwäche des UrtVermögens ist weder erforderl noch ausr.

73 **dd) Erhebliche Willensschwäche:** Sie ist gegeben, wenn der Betroffene zwar Inh u Folgen des Gesch dchschaut, sich aber wg einer verminderten psych Widerstandsfähigk nicht sachgerecht zu verhalten vermag. Mangelndes UrtVermögen u Willensschwäche ergänzen sich ähnl wie Einsichts- u Steuergsunfähigk. Sie erfassen im wesentl auch die Fälle, in denen die Rspr das fr Merkmal „Leichtsinn" bejaht h (vgl dazu BGH DNotZ **77**, 102). Willensschwäche kann insb bei Alkohol- od Drogenabhäng, aber auch bei jungen od alten

Menschen vorliegen. Sie ist aber bei einem Fußballfan, der für eine Eintrittskarte einen überhöhten Preis zahlt, nicht ow zu bejahen (Köln OLGZ **93**, 193). Ein krankh Zustand ist nicht erforderl (BGH NJW-RR **88**, 764). Die von der Werbg ausgehden „Verführgen" reichen grdsl nicht aus (BT-Drucks 7/5291 S 20).

c) Der Wucherer muß die Zwangslage, die Unerfahrenh usw **ausgebeutet** haben. Diese Voraussetzg ist **74** gegeben, wenn der Wucherer sich die Zwangslage, die Unerfahrenh usw bewußt zunutze macht u dabei Kenntn von dem Mißverhältn der beiderseit Leistgen hat, eine bes AusbeutgsAbs ist nicht erforderl (BGH NJW **82**, 2767, **85**, 3006, BB **90**, 1510). Das Angebot zu dem Gesch kann von dem Bewucherten ausgegangen sein (BGH NJW **85**, 3006). Hat sich der Bewucherte aus Dankbark auf das Gesch eingelassen, so schließt das die Anwendg von § 138 II nicht aus (RG HRR **30**, 693).

d) Rechtsfolge des Wuchers ist die Nichtigk des Gesch. Aufrechterhaltg mit angem GgLeistg ist nach hM **75** nicht mögl (BGH **44**, 162, **68**, 207, NJW **58**, 1772). And liegt es beim Mietwucher (Rn 76) u in den Fällen, in denen der Preis normativ bestimmt ist (§ 139 Rn 10). Auch bei Lohnwucher steht dem ArbN nach den Grds über das fehlerh ArbVerh gem § 612 II Anspr auf die übl Vergütg zu (BAG **AP** Nr 2; LAG Düss DB **78**, 165). Wie sich aus der Formulierg „od gewähren läßt" ergibt, ist auch das ErfGesch des Bewucherten nichtig (BGH NJW **94**, 1275, 1470), ebso die Bestellg von Sicherh (BGH NJW **82**, 2767) u Leistgen erfhalber wie die Hingabe eines Schecks od Wechsels (BGH NJW **90**, 384); dagg erstreckt sich die Nichtigk nicht auf das ErfGesch des Wucherers (Staud/Sack Rn 225). Der Bewucherte kann daher seine Leistg gem §§ 985, 812 zurückfordern. Daneben hat er SchadErsAnspr aus § 826 u c. i. c. (Rn 22). Dagg ist der Wucherer auf den Anspr aus § 812 beschr, der aber uU dch § 817 S 2 ausgeschl w. Beim **Wucherdarlehen** steht § 817 S 2 der RückFdg des DarlKapitals nicht entgg (RG (GrZS) **161**, 52, BGH NJW **62**, 1148). Der Wucherer muß dem Bewucherten das Darl aber bis zu dem Ztpkt belassen, in dem es bei Gültigk des Vertr zurückzuzahlen wäre (BGH **99**, 338), ohne für die Zeit der Überlassg der DarlValuta Zinsen fordern zu können (BGH NJW **83**, 1422; § 817 Rn 23).

e) StGB 291 enthält einen mit § 138 II weitgehd übereinstimmden Wuchertatbestd. Wucherische RGesch **76** sind dementspr zugl auch nach § 134 nichtig. Für den **Mietwucher** gilt aber abw von Rn 19 (aE) der Grds, daß der Vertr zum angem Mietzins aufrechtzuerhalten ist (LG Köln NJW **65**, 157). StGB 291 wird ergänzt dch das in WiStG 5 enthaltene Verbot von Mietpreisüberhöhgen. Auch hier wird der Vertr zum angem Mietzins aufrechterhalten (§ 134 Rn 27). Nichtigkeit tritt bei Verwirklichg des obj Tatbestd ein (LG Hbg NJW-RR **99**, 1170). Ein auffäll Mißverhältn ist idR zu bejahen, wenn die vereinb Miete die angem um mehr als 50% übersteigt (BGH **135**, 269/277), eine wesentl Überhöhg (WiStG 5) bei einer Überschreitg um 20%, WiStG 5 II. Auch wenn die Voraussetzg des WiStG 5 II (Ausnutzg eines geringen Angebots) entfällt bleibt die MietzinsVereinbg unwirks (Hbg NZM **99**, 363). Bei einer Erhöhg der angem Miete reduziert sich der nichtige Teil der MietPrVereinbg (KG NJW-RR **95**, 1037). Die MietPrVereinbg wird aber nur bis zur Höhe der ortsübl VerglMiete (ohne den 20%-Zuschlag) wirks (LG Hbg NJW-RR **99**, 1170, str). Soweit die Miete zur Deckg der laufden Vermieteraufwendgen erforderl ist, sind MietprÜberhöhgen iRv WiStG 5 II 2 erst bei einem auffälligen MißVerhältn (50% über ortsübl Miete, s Hbg NJW-RR **92**, 1366; Karlsr NJW-RR **94**, 1034) unwirks. BerechngsGrdl für die Eigenkapitalkosten des Vermieters sind die Herstellgs- od Erwerbskosten, nicht der VerkWert (BGH **129**, 214).

5) Weitere Einzelfälle (ja = sittenw; nein = nicht sittenw). – **a) Abtretung** (s auch Rn 97): Abtr aller **77** zukünft GeschFdgen, idR nein (Stgt NJW **64**, 666, aA RG **67**, 168); Abtr des ges pfändb ArbEink ohne zeitl Beschrkg, nein, wenn sie der gleichmäß Befriedigg aller Gläub dient (BAG DB **80**, 835). Globalzession, wenn sie zu einer Täuschg u Gefährdg späterer Gläub führt u die Part dies in Kauf genommen haben, ja (BGH DB **77**, 949); aller KommanditeinlageFdgen einer Publikums-KG, uU ja (BGH DB **79**, 301); bei Konflikt mit einem verlängerten EV, ja (§ 398 Rn 25). Verpfl zur Abtr von Fdgen nach Zahlgseinstellg idR ja (RG JW **33**, 40). Abtr, um ProzKostHilfe zu erlangen od dem KostenerstattgsAnspr des Gegners zu entgehen, ja (BGH NJW **80**, 991, WM **87**, 1408; vgl aber BGH **47**, 292, der Abtr als wirks behandelt u ProzKostHilfe wg Leistgsfähigk des Zedenten ablehnt), dagg Abtr, um den Abtretden als Zeugen benennen zu können, nein (BGH WM **76**, 424, NJW **80**, 991, WM **85**, 613, Karlsr NJW-RR **90**, 753, Bambg WM **97**, 1282, krit Buß/Honert JZ **97**, 694). – Vertragl **Abtretungsverbot,** trotz der Möglichk eines Konflikts mit dem verlängerten **78** EV der Lieferanten idR nein (BGH **51**, 117, § 399 Rn 9). – **Abwerbung:** ArbVertr mit abgeworbenem ArbN, nein (BAG **13**, 284, Rn 61). – **Animierlokal:** Rn 53. – **Ankaufsverpflichtung:** Rn 38.

b) Arbeitsverträge und ähnliche Abhängigkeitsverhältnisse (s auch Rn 105 WettbewVerbot): Lohn- **79** Vereinbg nicht schon bei Unterschreitg des tarifmäß Lohns, sond erst bei erhebl MißVerh zum allg Lohnniveau für vergleichb Arb (BAG **AP** Nr 30). Belastg des ArbN mit dem Betr- od WirtschRisiko, ja (BAG NJW **91**, 860). Vereinbg, daß der ArbN nur bei einem best nicht ow zu erreichden Mindesterfolg eine Vergütg erhält, ja (LAG Hamm ZIP **90**, 881). Bindg eines mdj ArbN dch einen für 2 Jahre unkündb Vertr bei umsatzabhäng Lohn u weiteren drückden VertrBedinggen, ja (BAG **AP** Nr 23). ArbVertr über öffentl Vorführg von GeschlechtsVerk, ja (BAG NJW **76**, 1958); ebso Vertr zw Bordellwirt u Prostituierte (BGH **AP** Nr 35). Nicht ohne weiteres Bindg der AgentenProv an Mindesterfolg (RAG **19**, 110). Vertr mit Einfirmenvertreter mit „Hungerprovision", idR ja (Evers BB **92**, 1365). Auferlegg einer übermäß VerschwiegenhPfl, ja (LAG Hamm DB **89**, 783). Übern einer schuldunabhäng Mankohaftg dch Verkäufer, idR ja (BAG NJW **74**, 1155), ebso Abbedingg der Haftgsvergünstigg für ArbN (Erman-Brox Rn 65). Vertr über Werbg auf Toilettentüren, wenn der Vertreter eine überhöhte „VertrSumme" zu zahlen hat, ja (LG Paderborn NJW-RR **87**, 672, LG Ffm NJW-RR **89**, 182). Überhohe VertrStrafe nur unter bes Umst (RG HRR **32**, 1644, § 343 Rn 3). Verfallklausel uU ja (BAG BB **89**, 223, Preis ZIP **89**, 886). Klausel, wonach Gratifikation iF der Künd zurückzuzahlen ist, uU ja (§ 611 Rn 89); Verpfl zur Rückzahlg von Ausbildgskosten, ja, wenn sie auch iF betrbedingter Künd besteht (BAG MDR **99**, 236). – Verpfl eines **Autors,** auf Lebenszeit alle seine Werke einem Verleger zuerst anzubieten, ja, wenn angem GgLeistg fehlt (BGH **22**, 347). Verpfl, das einer RundfunkAnst angebotene Manuskript wiederholt zu ändern, nein, wenn in jedem Fall angem Teilvergütg zu zahlen ist (BGH **LM** (Bb) Nr 32). – **Aussteueranschaffungsverträge:** Rn 18.

c) Auszeichnungen: Entgeltl Gesch zur Verschaffg von –, ja (s Rn 56). – **Automatenaufstellverträge:** **80** Vereinbg mit Gastw über DarlVerzinsg u Sichg einer gewissen Laufzeit des AufstellVertr, nein (Düss OLGZ

73, 11). Übermäß Bindgen, die nicht mehr in einem vertretb Verhältn zu den Investitionen des Aufstellers stehen, ja (v Olshausen-Schmidt, AutomatenR B 53 u B 29 ff). VertrBdggen, die den Charakter der Gastwirtsch bedeutd beeinflussen u die BeweggsFreih des Wirtes stark einengen, ja, wenn eine Korrektur nach AGBG 9 ff nicht mögl, ohne dem Vertr einen wesentl and Inhalt zu geben (BGH **51**, 55, WM **82**, 1354). Bspe für unangem Bdggen s AGBG 9 Rn 57. – **Bestechung:** Rn 44, ferner Rn 63 (Schmiergeld). –
81 **Bierbezugsverträge:** Die Rspr läßt grdsl Laufzeiten bis 15, äußerstenfalls bis 20 Jahren zu (BGH **74**, 293, NJW **92**, 2145). Längere Bindgen werden gem § 139 auf das angem Maß zurückgeführt (BGH NJW **72**, 1459, NJW-RR **90**, 816), ohne daß die LeistgsPflten der Brauerei reduziert w (BGH NJW **92**, 2145). Dabei kann die Laufzeit von mehreren aneinand anschließden Vertr je nach Lage des Falles zuszurechnen sein (BGH NJW-RR **90**, 816, Götz BB **90**, 1217). Wird ein Vertr mit 30jähr (unwirks) Laufzeit nach 20 Jahren von einem Nachf übernommen, bleibt die Laufzeitregelg – einschließl der Verlängerg – unwirks (BGH NJW **88**, 2362). Dingl RGesch zur Begründg einer zeitl unbefristeten VerbotsDbk sind dagg idR wirks (BGH NJW **88**, 2364, NJW-RR **92**, 594). Mögl ist auch, daß die sog **Bündeltheorie** die Anwendg von EWGV 85 rechtf (EuGH DB **91**, 744 mAv Thieme = DNotZ **91**, 662 mAv Raum; Jehle EuZW **91**, 376); dann gilt die VO Nr 1984/83 der EG-Kommission vom 22. 6. 83 (ABl L 173/5 ff). Sie gestattet ledigl Laufzeiten von 10 Jahren (Art 8 I d), wenn die BezugsPfl neben Bier auch and Getränke erfaßt von nur 5 Jahren (Art 8 I c). EWGV 85 ist aber nur anwendb, wenn der str Vertr od die Vertr der betroffenen Brauerei wesentl zur Marktabschottgswirkg beitragen; dafür ist der Gastwirt darleggs- u beweispflicht (BGH NJW **92**, 1456, 2145, Stgt NJW-RR **93**, 937, LG Köln NJW-RR **94**, 242). § 138 ist unabhäng von Bindgsdauer anwendb, sofern die BeweggsFreih u Selbstdgk unvertretb eingeengt w (Frage des Einzelfalls: s BGH **54**, 156, **LM** (Bb) Nr 35 u 37, Köln NJW-RR **95**, 1516); doch kann Korrekturmöglk nach AGBG 9 ff der Nichtigk entggstehen (BGH **LM** (Bc) Nr 16). Sieht der Vertr bei Nichteinhaltg der Mindestabnahme RNachteile vor, so ist das nicht ow sittenw (BGH NJW **90**, 568). Brauerei, die zu ihren Gunsten (§ 328) geschl unsittl Vertr vorbereitet hat, muß sich wie VertrPart behandeln lassen (BGH **LM** (Bb) Nr 27). Vgl auch AGBG 9 Rn 70 ff. – **Bierverlagsvertrag:** Bei unvertretb Einengg der wirtschaftl Beweggsfreih, ja (BGH NJW-RR **87**, 629).

82 **d) Bindungsdauer:** 5 Jahre bei BeratgsVertr mit RA, nein (BGH NJW **95**, 1430); 7 Jahre bei HaarpflegeVertr, nein (BGH NJW-RR **86**, 982); 15 Jahre beim RatenkreditVertr, nein (Hamm NJW-RR **92**, 685); 15 Jahre beim TankstellenbeliefergsVertr, uU ja (BGH NJW **98**, 157); Ausschluß des ordentl KündR bei FernwärmeVertr aus der Zeit vor dem 1. 4. 80, nein (BGH **64**, 290, **100**, 3); für den Abnehmer bindde Laufzeit von 46 Jahren bei einem FernwärmeVertr, nein, auch wenn der Untern in einem best Fall (keine Einigg über die Finanzierg von notw Erneuergsinvestitionen) den Vertr vorzeit beendigen kann (Hamm DB **96**, 2608); Ausschluß des ordentl KündR des Untern beim HandelsvertreterVertr, nein (BGH NJW **95**, 2350); zu BierbezugsVertr s dort, zu Kaufzwangsklauseln in ErbbRVertr s Rn 83, zum WettbewVerbot s Rn 106, s auch AGBG 11 Nr 12.

83 **e) Bordellverträge:** Rn 52. – **Bürgschaft** zG eines Angeh, der strafb Hdlgen begangen hat, idR nein (BGH NJW **88**, 2599); wg „Überforderg" des Bürgen s Rn 38 ff.

84 **f)** Bindg dch **Ehrenwort** zur Bekräftigg dienstvertragl Pflten kann den Vertr sittenw machen (RG **74**, 333 u **78**, 263). – **Eigenhändlervertrag:** Erschwerg der nach 5 Jahren erstmals mögl Künd dch Verpfl, die ges Kundsch zu übergeben u Wettbew für 2 Jahre zu unterl, ja, wenn ohne angem Entsch (BGH **LM** (Bb) Nr 33). – Kaufzwangklausel in **Erbbaurechtsvertrag,** idR nein (BGH **68**, 1, **75**, 15), sie können aber gg AGBG 9 verstoßen (BGH **114**, 339); s näher ErbbRVO 2 Rn 4. – Vertr über **Fluchthilfe,** grdsl nein, doch kann sich Sittenwidrigk aus überhöhter Vergütg od aus and Umst (konkr Gefährdg unbeteil Dr) ergeben (BGH **69**, 295, NJW **80**, 1574, Wengler JZ **78**, 64). Grdsl unbedenkl auch Vereinbg, wonach Vorschuß iF des Mißlingens der Flucht nicht zurückzuzahlen ist (BGH **69**, 307). – **Franchisevertrag:** Zahlg einer hohen Lizenzgebühr für eine nicht realisierte u nicht realisierb GeschIdee ja (LG Karlsr NJW-RR **89**, 822).

85 **g) Gesellschaftsverhältnis** (s auch Rn 99 „StimmR"): GewinnVorweg für Kommanditisten ohne Rücks auf JahresAbschl, ja (RG **166**, 72). Best, daß Gter, die Konkurrenten der Gesellsch sind, sich in GterVers dch Mitgl der GeschFg od des AufsR vertreten lassen müssen, nein (RG **80**, 390, 391), dagg ja, wenn alle GterR dch Vertreter ausgeübt w sollen (RG **88**, 221, 222). Verpflichtg zur Übertragg aller GterR auf einen TrHänder, ja, wenn der Gter diesen weder anweisen noch abberufen kann (BGH **44**, 158). Verspr des geschführd Gters einer PersHandelsgesellsch, Einn aus anderw Tätigk jeder Art an Gesellsch abzuführen, ja, da unzul Eingr in den FreihBereich (BGH **37**, 385). ManagementVertr mit FamKG, der für diese 50 Jahre unkündb ist, ja (BGH DB **82**, 846). Befreiung des geschführden Gters von Pfl zur RechenschLegg, uU ja (BGH Warn **65**, 126), Globalzession aller KommanditeinlageFdgen einer PublikumsKG, uU ja (BGH DB **79**, 300). Befugn, die Beteiligg eines MitGters ohne wicht Grd nach freiem Ermessen zu beenden, idR ja (BGH **81**, 266, **123**, 281, **125**, 75). Grdsl zul ist aber ein freies KündR iF des Todes eines Gters (BGH **105**, 217). **Buchwertklauseln** grdsl nein, jedoch bestehen die in § 738 Rn 7 dargestellten Schranken. Einzahlg der GmbH-Stammeinlage aus Mitteln, die dch UntreueHandlgen zu Lasten der Gesellsch beschafft w waren, ja (RG **159**, 331). Bewußter Verstoß gg das Verteilgsverbot in GmbHG 73, ja (BGH NJW **73**, 1695).

86 **h) Gläubigergefährdung** (vgl auch Rn 97 „SichgÜbereigng"): SichgVertr, mit dem sich eine Bank leichtfert über die Belange etwaiger GeschPartner des Schu hinwegsetzt, uU ja (BGH **20**, 50–52). FinanziergsVertr, dch den die Bank die gesamten Einnahmen des Schu an sich zieht u diesem keine Möglichk zu Befriedigg seiner and Gläub verbleibt (BGH **19**, 17, 18). Aneigng sämtl Werte eines fast insolventen Untern dch GroßGläub unter Ausnutzg der wirtsch Machtstellg, ja (BGH NJW **56**, 417). SichgÜbertr der ggwärt u künft KundenFdgen u damit des letzten pfändb Verm dch einen Unternehmer, dessen baldige Insolvenz wahrscheinl ist, ohne Zuführg neuer Mittel, ja (BGH NJW **95**, 1668, Köln WM **97**, 763). Für die Sittenwidrigk ausr, daß der SichgN aGrd seiner Kenntn von der VermLage des Schu mind mit der Möglk einer Täuschg and Pers über die Kreditwürdigk des Schu rechnet (RG **143**, 52, BGH DB **77**, 949). SichgVertr zur Sanierg, ohne daß der Gläub die Erfolgsaussicht eingehd u obj geprüft hat, idR ja, wenn die Möglk besteht, daß Dr über die Kreditwürdigk des Schu getäuscht w (BGH **10**, 228, Neuhof NJW **98**, 3228, **90**, 20).

Fortführg eines insolventen Untern zur Prüfg von Saniergsmöglichk, nein, sow die PrüfgFr sich im Rahmen des Vertretbaren hält (BGH **75**, 110, Batereau WM **92**, 1520). Verschleppg der Eröffng des InsVerf ja (Köln ZIP **85**, 1474). Entggn von ErfLeistg od Sicherh dch Gläub in Kenntn des bevorstehden Zusbruchs des Schu, nein (BGH **LM** (Bb) Nr 13). Wg GläubBenachteiligg anfechtb RGesch, idR nein (Rn 16). Sichg des Kredits der MuGesellsch dch Globalzession der Anspr der TochterGesellsch, nein, auch wenn diese nicht mehr genügd Mittel zur Befriedigg ihrer Gläub verbleiben (BGH **138**, 291, Hamm BB **99**, 1573). Abtr aller Anspr des Spediteurs gg den Versender, ja wg Gefährdg der Anspr des Frachtführers (Hamm NJW-RR **87**, 235). ZwVerst, um Lasten zu beseitigen, die nach Überzeugg des Eigtümers dch das Grdst nicht mehr gedeckt w, nein (RG **160**, 58). Für LohnschiebgsVertr gilt die Sonderregelg in ZPO 850 h.

i) Glücksspiel: Darl zu Spielzwecken, ja, wenn Darleiher daraus Gewinn ziehen will u es sich für 87
DarlNehmer um nicht unbedeutde Betr handelt (BGH **LM** § 762 Nr 1, WM **91**, 1947, Hamm NJW-RR **88**, 871); sonst nein (BGH NJW **74**, 1821); entspr gilt bei Darl für WarenterminGesch (Köln WM **83**, 1072). Der Austausch von Euro-Schecks gg Hartgeld dch die Spielbank ist aber kein verbotenes KreditGesch (BGH NJW **96**, 248). MietVertr über Spielräume nicht schon dann, wenn Spielzweck Verm bekannt, wohl aber, wenn Spiel bewußt gefördert w soll (RG Warn **22**, 121). Vgl auch Rn 96. – **Haftungsbeschränkungen und -verschärfungen:** § 276 Rn 53 u 62. – **Haushaltsvorschriften:** Vertr mit Gemeinde, dessen Erf nur unter schwerer Verletzg von HaushVorschr mögl ist, ja (BGH **36**, 398). – **Kartellrecht:** FolgeVertr, nein (Celle NJW **63**, 2126, § 134 Rn 19 unter „KartellR"). Über Vertr mit Dr, der gült PrBindgsVereinbg widerspricht, vgl Plaßmann NJW **63**, 2097 u Paul NJW **64**, 129. – **Kaufvertrag** mit Aussiedler unter Ausnutzg von dessen geschäftl Unerfahrenh, ja (Hamm JMBlNRW **74**, 32); mit einer VorauszahlgsPfl, die der Käufer offensichtl nicht erfüllen kann, ja (KG MDR **84**, 405); bei einem groben Mißverhältn von Leistg u GgLeistg, ja (Rn 34 a); Bestellg von Möbeln zum Preis von 20 000 DM an der Haustür, ja (Rn 18).

k) Knebelungsverträge: Rn 39. – **Kommerzialisierung:** Rn 56. – **Konkurrenzverbote:** Rn 105. 88

l) Koppelungsgeschäfte: Die Kopplg von GrdstKaufvertr mit ArchitektenVertr ist dch SonderGes ver- 89
boten (§ 631 Rn 2). Der Staat darf die Erf **öffentlicher Aufgaben** nicht von einer gesetzl nicht vorgesehenen wirtschaftl GgLeistg abhäng machen (BGH NJW **99**, 208, stRspr, ebso VwVfG 59 II Nr 4 iVm 56, BauGB 11 II 2). **Nichtig** sind daher: Baudispens gg kostenlose Abtr eines GrdstStreifens zur Straßenverbreiterg (BGH NJW **72**, 1657). Erteilg des Einvernehmens zur Wohnbebauung gg Zahlg eines zusätzl „Kaufpreises" (VG Darmstadt NJW **98**, 2073). BaulandSichgVertr, wenn die Gem ihr Einvernehmen zur Bebauung (BauGB 36) rechtsw in Aussicht stellt (VG Mü NJW **98**, 2070). Steuerl UnbedenklichkBescheinigg gg Abtr zur Sichg künft SteuerFdgen (BGH **94**, 125). **Wirksam** sind dagg: BaudispensVertr, die innerl zusgehörde Dinge in vernünftiger Weise miteinand verknüpfen u den Bauherrn nicht schlechter stellen als iF einer Enteigng (BGH **26**, 84/87). Übernahme von Folgekosten der Bebauung dch Bauherrn im Rahmen des Angem, BauGB 11 I Nr 3 (s Looman NJW **96**, 1414, ebso bereits BGH **LM** § 134 Nr 50; NJW **75**, 1019). GrdstVerkauf zu angem Preis an Gem im Rahmen eines Einheimischenmodells bei Inaussichtstellg, das ganze Grdst werde in den Bebauungsplan aufgenommen (BGH NJW **99**, 208).- **Krankenhausaufnahmevertrag** mit einem nicht behandlgsbedürft Querschnittgelähmten, der den hohen Pflegesatz selbst zu tragen hat, ja (BGH **102**, 110).

m) Kündigung: Sie ist sittenw, wenn sie aus verwerfl Motiven, etwa Rachsucht od Vergeltg, erfolgt (BAG 91
NJW **90**, 142). Die Sittenwidrigk kann sich aber auch aus dem Verstoß gg obj Wertmaßstäbe ergeben (s BAG aaO). Bei ArbVertr, die in den Schutzbereich des KSchG fallen, ist § 138 nur anwendb, wenn Unsittlichk nicht aus Sozialwidrigk iS von KSchG 1, sond aus sonst Grden hergeleitet w (BAG **16**, 26, DB **73**, 2307). Künd wg Ablehng schamverletzder Untersuchg, ja (RAG JW **36**, 2012). Künd wg herabsetzder Agitation gg den ArbG, nein (BAG NJW **73**, 77), Künd währd der Wartezeit wg Aids, nein, wenn die Erkrankg zu längeren Ausfallzeiten geführt hat u mit weiteren zu rechnen ist (BAG NJW **90**, 142). ÄndergsKünd, die dem Mieter kaum Zeit zur Überlegg läßt (LG Hbg NJW **71**, 1084). Künd eines TankstellenVertr, weil der Pächter die Einf eines belastden Rabattsystems ablehnt, ja (BGH NJW **70**, 855). – Künd eines wirtsch unzumutb PrivatgleisAnschl trotz Monopolstellg, nein (BGH DB **71**, 2352). Künd eines StromliefergsVertr, uU ja, wenn die Weiterbelieferg wirtsch zumutb ist (BGH **24**, 152). – **Leasingvertrag:** Einseit zG der Vertriebsfirma 92
gefaßter FormularVertr über Aufstellen einer Softeismaschine u Bezug von Eisbeuteln, ohne daß die Vertriebsfirma ihre Vertreter zur ordngsgem Information angehalten h, ja (Bambg NJW **72**, 1993). Vereinbg eines erhebl über den übl Sätzen liegden Entgelts, uU ja (Rn 33). – **Leihmuttervertrag:** Rn 48.

n) Macht- oder Monopolstellung (s auch Rn 39 KnebelgsVertr). Festsetzg eines überhöhten sachl nicht 93
zu rechtfertigden Strompr unter Ausnutzg der Monopolstellg, ja (BGH NJW **76**, 711, **LM** (Cc) Nr 4). Preisunterschiede von weniger als 4% rechtfertigen aber keine Anwendg des § 138 (Jena OLG-NL **98**, 38/40). Nicht sittenw ist der Tarif der **Telekom** (BGH NJW **98**, 3188). Existenzgefährdde Standgelderhöhg für Tabak- u Süßwarenstand dch Stadtgemeinde, ja (BGH **19**, 94). Überhöhte Vergütg für SondernutzgsR unter Ausnutzg der Zwangslage, ja (BGH NJW **58**, 1772). Unbefristetes RücktrR der Gemeinde für den Fall, daß der Käufer das Grdst nicht zweckentspr nutzt, nein (BGH WM **84**, 1253). Sittenw auch die mißbräuchl Ausnutzg der Machtstellg des **Vermieters;** Mietwucher s Rn 76. Verpfl zur Kinderlosigk im MietVertr, ja (LG Mannh WM **65**, 95). Vereinbg, daß Verpächter bei Beendigg des PachtVerh unter Ausschl von EntschAnspr die vom Pächter eingebaute Anl behalten darf, Frage des Einzelfalls (BGH NJW **67**, 1223). Verbot in PachtVertr über Kiesgrube, verpächterfremde Grdst ohne dessen Zust auszukiesen, uU ja (BGH WM **72**, 882). Verbot, in MietWo elektr Waschmaschine aufzustellen, ja (Roquette NJW **63**, 91, LG Bln JR **63**, 423, Glaser MDR **63**, 364); ebso für Geschirrspülmaschine (AG Hildesheim NJW **73**, 519), u das Verbot der Hausmusik (Hamm MDR **81**, 320). Vereinbg von KettenmietVertr um den Mieterschutz zu umgehen, nein, da der Schutz des § 564 c I ausreicht (Ffm NJW-RR **91**, 269). Vgl auch AGBG 9 Rn 110 ff. Vereinbg einer überhöhten Abstandszahlg zw Vor- u Nachmieter, uU ja (Düss NJW-RR **92**, 1429, Ffm NJW-RR **93**, 975, Peters JR **92**, 225). Vergl, den der **Versicherer** unter Mißbr seiner Machtstellg ggü dem in dringder Not befindl VersN herbeigeführt h, ja (RG JW **36**, 2787); ebso Vereinbg einer unverhältnismäß geringen Abfindg für den Tod des Ehem, wenn Versicherer die GeschUnkenntn des and Teils ausgenutzt h (RG **96**, 92, 93). – **Maklervertrag:** IndividualVereinbg über erfolgsunabhängige MaklerProv, nein (BGH DB **76**, 189); zeitl 94

unbegrenztes AlleinverkaufsR, ja (BGH WM **76**, 533). Vereinbg, wonach der für beide Seiten tät Makler vom Kaufinteressenten auch bei Nichtzustandekommen des KaufVertr eine Prov erhalten soll, ja (BGH **61**, 17, Lopau NJW **73**, 1971). Das gilt entspr für den Finanzmakler (Nürnb OLGZ **65**, 7). Vereinbg eines erhebl überhöhten Entgelts, uU ja (Rn 68). Maklerbindg (Selbstverkaufsverbot) für angem Fr (5 Jahre), nein (BGH WM **74**, 257).

95 **o) Naturalobligation:** Abrede in ggs Vertr, daß die Anspr einer Part nicht klagb sein sollen, idR ja (Celle OLGZ **69**, 1). S auch § 134 Rn 22 unter „SchiedsVertr". – **Organtransplantation:** Rn 56. – **Praxiskauf:** Rn 60. – **Religionsbekenntnis:** Letztw Vfg, nach der ein Erbe iF des Glaubenswechsels auf den Pflichtt gesetzt w, ja (RG JW **13**, 1100). AuflVerpfl für den Fall, daß der Käufer kath w sollte, ja (KG HRR **33**, 1830); erbrechtl Nachteile wg Zugehörigk zur Scientology Church, nein, wenn es dem Erbl darum geht, sein Vermögen vor dem Zugriff der Scientology Church zu schützen (Düss NJW **88**, 2615, Smid NJW **90**, 409); HeimfallAnspr iF des Glaubenswechsels, ja (Brschw OLGZ **76**, 52, aA LG Mü II Rpfleger **83**, 268).

96 **p) Scheckrecht:** Vertr über Scheckreiterei, ja (BGH NJW **93**, 1068). **Schiedsgerichtsvertrag,** der einer Partei eine übermäß Machtstellg verleiht, ja (BGH **106**, 339). – **Schmiergeldverträge:** Rn 63. – **Schmuggel:** Rn 43f. – **Schneeballsystem:** Vertr über die Teiln, ja (BGH NJW **97**, 2314, Kisseler WRP **97**, 625, Willigmann NJW **97**, 2932, „World Trading System", Celle NJW **96**, 2660), über die Mitarbeit in der Vertriebsorganisation, ja (BGH WM **78**, 877, Mü NJW **86**, 1880, LG Trier NJW-RR **90**, 313), u zwar einschließl des zur Finanzierg abgeschl DarlVertr (BGH NJW **79**, 868, LG Nürnbg NJW-RR **98**, 1519). – **Schweigegeld:** ErlVertr, um zu verhindern, daß der Schu strafb Handlgen des Gläub anzeigt, ja (RG **58**, 204, 207). Entgeltl Verspr des Ehem ggü dem Ehebrecher, über den Ehebruch zu schweigen, ja (BGH **LM** § 134 Nr 18, Rn 56).

97 **q) Sicherungsübertragungen:** Eine erhebl *anfängl* Übersichg kann einen Verstoß gg § 138 begründen (BGH NJW **98**, 2047, **91**, 353/354, **98**, 671). Er kommt aber nur in Betracht, wenn der Schätzwert des SichgGutes deutl höher ist als die Freigabegrenze, die bei 150% des Wertes der zu sichernden Fdg liegt (s BGH NJW **98**, 671, Terlau BB **98**, 1498). Die insbes bei revolvierden Sicherh mögl *nachträgl* Übersichg begründet einen FreigabeAnspr, läßt aber die Wirksamk der SÜ unberührt (BGH aaO, AGBG 9 Rn 129). Die SÜ des ganzen Warenlagers ist nicht ow sittenw (RG **132**, 187, BGH NJW **62**, 102), auch nicht die des ganzen Maschinenparks (BGH NJW **56**, 585) oder aller künft GeschFdgen (Rn 77). Fehlde Offenkundigk macht die SÜ noch nicht sittenw (RG **160**, 57). Auch die SÜ unpfändb Sachen ist nicht sittenw (BGH WM **61**, 243, Ffm NJW **73**, 104, Bambg MDR **81**, 50, Wacke, JZ **87**, 382). Eine gült SÜ wird dch eine spätere sittenw nicht unwirks, jedoch kann die Dchführg des ErstVertr gg § 138 verstoßen (BGH **7**, 114). Auch GläubGefährdg (Kredittäuschg/Verschleppg der Eröffng des InsVerf) kann die Anwendg von § 138 rechtfertigen (Rn 86), ebso die Knebelg (Aussaugg) des SichgG (Rn 39).

98 **r) Sport:** Entgeltl Vertr zur Fernhaltg von Mitbewerber, ja (RG **138**, 137). Vertr, der alle berufl Entsch des Sportlers vom Einverständn des Beraters abhäng macht, ja (Ffm NJW-RR **96**, 1333). Vertr zw Arzt u Sportler über Doping, ja (Derleder/Deppe JZ **92**, 117, Turner NJW **92**, 720). Verspr von Zuwendgen an Fußballspieler unter Verletzg des Bundesligastatuts, idR nein (BAG NJW **71**, 855, krit Reuter NJW **83**, 650), ebso HandgeldVerspr entgg dem VertrSpielerstatut (Köln NJW **71**, 1367), od dem Amateurstatut (Hamm NJW **76**, 331). Satzgsregelgen über Transferzahlgen für Sportler s § 25 Rn 9. **Standespflichten:** Rn 57ff. – Vertr über freiw **Sterilisation,** grdsl auch dann nein, wenn keine soziale od eugenische Indikation gegeben ist (BGH **67**, 48, Bambg NJW **78**, 1685, s aber Narr Ärztl BerufsR, 2. Aufl Rn 818ff).

99 **s) Steuerzuwiderhandlungen:** Rn 44. – **Stimmrecht** (s auch Rn 85): Mitstimmen in eig Sache, ja (RG **136**, 245, BGH **108**, 27, § 134 Rn 24). StimmRBindgsVertr idR nein (RG **161**, 300, BGH NJW **51**, 268). Vereinbg, daß die Mitgliedsch im AufsR einer GmbH alle 5 Jahre zw zwei Fam wechseln soll, ja (RG **57**, 208). – Vorbereitg, Förderg u Ausnutzg **strafbarer Handlungen:** Rn 43. – **Täuschung von Behörden:** Rn 44.

100 **t) Time-Sharing-Verträge** können wg überhöhten Pr (Rn 34), irreführden (LG Hbg u LG Tübingen NJW-RR **95**, 1078, 1142) od unerfüllb Inh (LG Detmold NJW **94**, 3301) gg § 138 verstoßen (Hildenbrand NJW **94**, 1994). Vgl auch TzWrG. – **Umgehungsgeschäfte:** § 134 Rn 28. – **Unterhalt, Vaterschaft:** Rn 48.

101 **u) Vereitelung von Rechten Dritter:** Rn 61. – **Vergleich:** Regelg der RFolgen eines nichtigen Vertr, nein (BGH NJW-RR **89**, 1143). Vereinbg einer unangem niedr Abfindgssumme unter Umgehg des RA der Geschädigten, uU ja (LG Saarbr AnwBl **76**, 131). **Verlängerter Eigentumsvorbehalt:** IdR nein, es sei denn, daß er zu einer die übr Gläub benachteiligden Übersicherg führt (Rn 97); uU ja, wenn er wie eine Globalzession wirkt (BGH WM **69**, 1072). Für das Verh zur Globalzession s § 398 Rn 25. – Bewußte **Verleitung zum Vertragsbruch,** ja (BGH NJW **88**, 1717). – **Verfahrensrecht:** Vertr, die eine Pfl zur Vornahme od zum Unterl einer ProzHdlg begründen, sind zul (§ 242 Rn 82). Wirks auch Verpfl zur Rückn einer StrafAnz (Ffm MDR **75**, 584). – **Versicherungsrecht:** Abschl einer RSchutzVers dch einen WoEigtümer mit geringem Anteil, um alle Anspr der Gemsch geltd zu machen, nein (BGH NJW **95**, 2284). –
102 **Versteigerung:** Abhalten vom Mitbieten in der ZwVerst nur unter bes Umst (BGH NJW **61**, 1012, Köln NJW **78**, 47, Ffm WM **89**, 1104), § 134 Rn 25 unter „Versteigerg". – **Vertragsstrafe:** § 343 Rn 3. – **Vertrauensstellung:** Haben sich Vater, Mutter, Vormd, RAnw, Arzt oder Pers ähnl Stellg unter Mißbr ihrer Autorität unangem Vorteile versprechen lassen, ist die Zuwendg gem § 138 I nichtig (RG JW **37**, 25 Vater; BGH **LM** (Bc) Nr 1 ältere Schwester).

103 **v) Wechselrecht:** Austausch von Finanzwechseln zum Zwecke der Kreditbeschaffg, ja (BGH **27**, 176, **121**, 280). Vermittlg u Austausch von Finanzwechseln auch in Einzelfällen idR, ja (BGH **LM** (Ca) Nr 3). Diskontierg von „umgedrehten" (vom Akzeptanten eingereichten) Wechseln, nein (BGH **56**, 265, Hamm NJW-RR **95**, 617), u zwar auch dann, wenn die Diskontbank weiß, daß der Akzeptant kein vollstrfäh Vermögen besitzt (BGH NJW **84**, 728). Begebg von Finanzwechseln gg gedeckte Schecks, idR nein (BGH NJW **80**, 931, Mü BB **88**, 95), Diskontierg eines im sog Wechsel-Scheck-Verf ausgestellten Wechsels, idR

nein (Hamm NJW **86**, 2839, WM **95**, 1618). Begebg eines vierstell Wechsels in einem Animierlokal, uU ja (Rn 53).

w) Nachvertragliche Wettbewerbsverbote. – aa) Arbeits- und Ausbildungsverträge. Vgl § 611 Rn 43. – **bb) Dienst-, Gesellschafts-, Kauf- und Pachtverträge.** Nachvertragl WettbewVerbote sind, da der Inhalt von § 138 dch GG 12 mitgeprägt w (BVerfG NJW **90**, 1469), nur wirks, wenn sie dch ein schutzwürd Interesse des Berecht gefordert w u sich nach ihrem örtl, zeitl u ggständl Umfang im Rahmen des Angem halten (BGH **91**, 6, NJW **86**, 2944, NJW-RR **96**, 741, stRspr). Die SchutzFr darf idR 2 Jahre nicht überschreiten (BGH NJW **94**, 384, NJW-RR **90**, 226, **96**, 741, Römermann BB **98**, 1489); bei einem KaufVertr kann auch eine Fr von 5 Jahren zul sein (Mü NJW-RR **95**, 1192), bei einem 64 Jahre alten Verkäufer auch eine Fr von 10 Jahren (BGH NJW **82**, 2000); hat das GesellschVerh nur 5 ½ Monate bestanden, ist dagg auch eine Fr von 2 Jahren (viel) zu lang (Stgt NZG **99**, 252). Ein übermäß Verbot ist im ganzen unwirks (BGH NJW **86**, 2944, **97**, 3089) u erfaßt idR gem § 139 auch den übrigen VertrInh (BGH NJW-RR **89**, 801). Richten sich die Bedenken allein gg die Verbotsdauer, kann das Verbot aber mit der zul Dauer – idR 2 Jahre – aufrecht erhalten w (BGH NJW-RR **96**, 741, § 139 Rn 13). Ein übermäß Verbot kann zugl auch gg das GWB verstoßen (BGH **112**, 218, NJW **94**, 384). **Wirksam** sind nach der Rspr: 2 bis 3jähr Verbot nach Tausch von Arztpraxen (BGH **16**, 81). Wohl auch 5jähr Verbot nach Verkauf einer Arztpraxis (Spoerr/Brinker/Diller NJW **97**, 3056/3060). 5jähr Verbot für den Verkäufer eines ChemieBetr (Mü NJW-RR **95**, 1192). 3jähr – jetzt wohl nur noch 2jähr – Verbot für fr Apothekenpächter (BGH NJW **64**, 2203). 3jähr räuml eng begrenztes Verbot für fr Tankstellen/KfzWerkstattPächter (Celle NJW-RR **90**, 974). 2jähr Mandantenschutzklausel für ausgeschiedenen Gesellschafter (BGH **91**, 6, NJW-RR **90**, 227), auch iF einer StBeraterGesellsch (Mü NJW-RR **97**, 873). 2jähr Verbot für Fahrlehrer als fr selbständ Mitarbeiter (Köln OLGZ **67**, 397). **Unwirksam:** Unbefristetes u örtl unbegrenztes Verbot beim Verkauf eines ReiniggsBetr (BGH NJW-RR **89**, 801). Zeitl u örtl unbegrenztes Verbot nach Verkauf einer RAPraxis (BGH NJW **86**, 2944). Zeitl unbegrenztes Verbot, im Umkreis von 30 km einer tierärztl Tätigk nachzugehen (BGH NJW **97**, 3089). 10jähr Verbot für den Verpächter eines Imbißstandes (Hamm MDR **87**, 320). 3jähr Verbot für den fr Gesellschafter einer WirtschPrüfgsGesellsch (BGH NJW **68**, 1717). 10jähr Verbot für fr Gesellschafter (BGH NJW **79**, 1605). Fehlt eine sachl u örtl Beschränkg, ist bereits eine Fr von 1 od 2 Jahren zu lang (Hamm u Düss NJW-RR **93**, 1314, **94**, 35, ZIP **99**, 311). Mandantenschutzklausel, die wg Einbez lange zurückliegder Auftr od künft Mandanten od sonst wg ihres Umfangs übermäß ist (BGH NJW **91**, 699, Celle OLGZ **90**, 464). Verbot für fr nur kapitalmäß beteiligten Gesellschafter (Karlsr WM **86**, 1473).

104 105 106

139 *Teilnichtigkeit.* **Ist ein Teil eines Rechtsgeschäfts nichtig, so ist das ganze Rechtsgeschäft nichtig, wenn nicht anzunehmen ist, daß es auch ohne den nichtigen Teil vorgenommen sein würde.**

1) Allgemeines. Abw von dem gemeinrechtl Grds *„utile per inutile non vitiatur"* hat gem § 139 die Nichtigk eines Teils eines RGesch iZw die Nichtigk des ganzen RGesch zur Folge. Die Vorschr beruht auf dem Gedanken der **Privatautonomie** (Übbl 1 v § 104). Sie soll verhindern, daß den Part anstelle des von ihnen gewollten RGesch ein Gesch mit and Inh aufgedrängt w. Die gesetzgeberische Entsch für die GesNichtigk als Regel u die Restgültigk als Ausn wird aber dadch entschärft, daß über die Gültigk des RestGesch aufgrund des mutmaßlichen PartWillens u damit unter Abwägg der Interessen der Part zu entscheiden ist (Rn 14f). Sie w außerdem dch zahlreiche Ausn eingeschränkt (Rn 17f). 1

2) Anwendungsbereich. § 139 gilt für RGesch, die teilw nichtig sind. – **a) Begriff der Nichtigkeit** vgl Übbl 27 v § 104. Gleichgült ist, worauf die Nichtigk beruht. Auch der Verstoß gg GWB 15 in einem UnternKaufVertr begründet grdsl GesNichtigk (Schlesw MDR **96**, 931). § 139 gilt für alle NichtigkGrde. Ist der Vertr wg Formmangels nichtig, kann ein VertrTeil, der für sich allein nicht formbedürft war, aufrecht erhalten werden, sofern dies dem mutmaßl PartWillen entspr (BGH NJW **86**, 2642). § 139 ist auch anwendb, wenn das RGesch wg einer TeilAnf (BGH NJW **69**, 1759, § 142 Rn 1) od einer anfängl Teilunmöglichk (RG **162**, 123) teilw nichtig ist. Alle Arten der **Unwirksamkeit** (Übbl 30–35 v § 104) fallen gleichf unter § 139, so etwa die schwebde Unwirksamk (BGH **53**, 179, 318, NJW **74**, 2234), die dch einen Widerr gem VerbrKrG 7, 9 II od HausTWG 1 entstandene Unwirksamk (BGH **97**, 360, **128**, 165) u die wg Fehlens einer Gen des VormschGer (Zweibr NJW-RR **93**, 1478) od gem § 779 (Köln OLGZ **72**, 49). Bei nachträgl Teilnichtigk infolge einer GesÄnd ist § 139 entspr anzuwenden, falls das ÄndGes keine Regelg enthält (BGH NJW **52**, 299, **LM** Nr 9), ebso iF des TeilRücktr (BGH NJW **76**, 1931) od der TeilAufhebg (BGH FamRZ **90**, 976). Bei nachträgl Teilunmöglichk gelten dagg die Sonderregelgen in den §§ 275 ff, 323 ff. – **b)** § 139 gilt grdsl für **Rechtsgeschäfte jeder Art,** nicht aber für vollzogene Arb- u GesellschVertr (Einf 29 v § 145), u wohl auch nicht für OrganisationsVertr (Hbg NJW **90**, 3025). Er bezieht sich aber nur auf das vollst u vollendete RGesch, nicht auf die einz WillErkl, sow diese kein selbständ RGesch bildet. Bei letztw Vfgen geht § 2085 dem § 139 vor (§ 2085 Rn 1). Versammlgsbeschlüsse („Gesamtakte") fallen unter § 139, sow sie einen rgeschäftl Inh haben (BGH NJW **98**, 3713, WEG 23, RG **140**, 177, GenG) ebso AufsRBeschlüsse (BGH **124**, 122). Unanwendb ist § 139 dagg auf die dch RGesch entstandenen Normen, wie Vereinssatzgen (BGH **47**, 179), TarifVertr (BAG **1**, 258, 272) u BetrVereinbgen (Soergel-Hefermehl Rn 13), jedoch gilt § 139 für den schuldrechtl Teil. Auf Eintraggen im GrdBuch kann § 139 entspr angewandt w (RG **119**, 214), nicht aber im GBBerichtiggsVerf (BayObLG NJW-RR **97**, 590) u auch nicht auf Eintraggen im Vereins-, Handels- u GenossenschRegister (RG **132**, 22). Zu Einschränkgen aus dem Schutzzweck der verletzten Norm insb im Arb- u MietR, s Rn 18. – **c)** Im **öffentlichen Recht** ist § 139 seit dem Inkrafttreten der VwVfG nicht mehr (entspr) anwendb (and die fr Rspr, s BGH **58**, 395, BVerwG NJW **80**, 2539). Für öffr Vertr gilt der mit § 139 inhaltl übereinstimmde § 59 III VwVfG, für VerwAkte § 44 IV VwVfG. Auf einseit Erkl des öffR, die keine VerwAkte sind, ist nicht mehr § 139 BGB, sond § 59 III VwVfG entspr anzuwenden. Bei **Gesetzen** hat die Nichtigk einzelner Vorschr idR nicht die Nichtigk des ganzen Ges zur Folge (BVerfG **8**, 301); Bebauungspläne bleiben nur wirks, soweit sie trotz ihrer Teilnichtigk eine sinnvolle städtebaul Ordng

2 3 4

enthalten (BVerwG NJW **94**, 272, Sendler NJW **99**, 1834). § 139 ist (entgg BGH **16**, 198) nicht anwendb, zumal er nicht einmal für Vereinssatzgen gilt (Rn 3).

5 **3)** § 139 setzt voraus, daß die Teilnichtigk ein **einheitliches Rechtsgeschäft** betrifft. – **a)** Diese Voraussetzg kann auch dann zu bejahen sein, wenn die Part mehrere RGesch unterschiedl Typs, etwa einen KaufVertr über die Einrichtg u einen MietVertr über die Räume (BGH NJW **83**, 2028), abgeschlossen haben. Eine nur äußere Verbindg od ein wirtschaftl Zushang genügen nicht (RG **103**, 298), können aber indizielle Bedeutg haben (BGH **LM** Nr 34). Entscheidd ist der **Einheitlichkeitswille** der Part zZ der Vornahme des RGesch; aus den Erkl der Part muß sich unter Berücksichtigg der Interessen der Beteil u der VerkSitte (§ 157) der Wille ergeben, daß die möglicherw äußerl getrennten RGesch miteinand stehen u fallen sollen (s BGH **50**, 13, **LM** Nr 34, NJW **76**, 1931, **90**, 1474). Es genügt der EinheitlichkWille einer Part, wenn er für die and erkennb war u von ihr gebilligt od hingenommen worden ist (BGH **LM** Nr 46). Bei Aufn in eine Urk besteht eine tatsächl Vermutg für einen EinheitlichkWillen (BGH **54**, 72, DNotZ **75**, 153), die getrennte Beurk spricht dagg prima facie für die Selbständigk der Gesch (BGH **LM** Nr 34). Auch dch die Beteiligg versch Pers an den einzelnen Abreden w das Vorliegen eines einheitl RGesch nicht ausgeschl (BGH **LM** Nr 34, NJW **76**, 1932), so nicht beim Vertr zw Krankenhausträger u Patienten über Wahlleistgen u dem ZusatzVertr mit dem behandelnden Arzt (BGH **138**, 91). Bei formell selbstd Gesch trägt derj, der die GesNichtigk geltd macht, die
6 **Beweislast** für die Einheitlichk des Gesch (BGH NJW **97**, 3304, 3307). – **b) Einzelfälle** (ja = Einh, nein = keine Einh; da es auf die Umst des Einzelfalls ankommt, ist eine schemat Übertragg auf and Fälle unzul): Vertr mit Unfallhelferring über Übern der Schadensregulierg u DarlGewährg ja (BGH NJW **77**, 39, VersR **78**, 1041). Vermietg u Möbelverkauf uU ja (BGH **LM** Nr 29). Grdstkauf- u BaubetreuungsVertr uU ja (BGH NJW **76**, 1931). GrdSchuldBestellg u Bürgsch uU ja (BGH FamRZ **83**, 455); mehrere Bürgsch idR nein (Ffm NJW-RR **88**, 496); Bierliefergs- u DarlVertr uU ja (BGH NJW **91**, 917, **97**, 935); Vertr über Hard- u Software, ja, wenn beide Vertr miteinand „stehen u fallen" sollen (BGH NJW **90**, 3012, Kblz u Mü NJW-RR **92**, 689, 1271); iZw nein bei Vertr über Standardware verschiedener Hersteller (BGH NJW **87**, 2007, aA Zahrnt BB **93**, 1675); MobilfunkVertr u Handykauf uU ja (Schöpflin BB **97**, 111); Franchise- u Kauf- od ein sonst NebenVertr ja (BGH **112**, 293, Düss WM **87**, 601); BezugsVerpfl od der für den Vertrieb maßgebde RahmenVertr u die einz KaufVertr nein (BGH NJW **97**, 934, 3304/3307); BierliefergsVertr u Gaststätten-MietVertr uU ja Köln (MDR **97**, 32; DarlVertr mit mehreren DarlN ja (BGH NJW **91**, 40). Äußerl getrennte Erb- u AdoptionsVertr uU ja (BGH **LM** Nr 34). Erb- u EheVertr Frage des Einzelfalls (BGH **29**, 131, Stgt FamRZ **87**, 1035). Darl- u Pfandbestellg idR nein (RG **86**, 324). Darl u RestSchuldVers nein (BGH VersR **90**, 884, Ffm NJW-RR **89**, 591). Vertr, die die zu sichernde Fdg begründen, u SichgVertr nur ausnw ja (BGH NJW **94**, 2885). – Handelt es sich nicht um ein einheitl RGesch iSd § 139, kann die Wirksamk des einen Vertr **Geschäftsgrundlage** für den and sein (s Einf 17 v § 305).

7 **c) Grund- und Erfüllungsgeschäft** (Übbl 19 ff v § 104). – **aa)** Auch das Grd- u das ErfGesch können dch den Willen der Part zu einer **Einheit** iSd § 139 zugefaßt w (BGH **31**, 323, NJW **52**, 60, **67**, 1130, BAG NJW **67**, 751, Eisenhardt JZ **91**, 271, stRspr, aA Medicus AT Rn 241, Staud/Roth Rn 54). Beide Gesch liegen zwar dogmat auf versch Ebenen; es ist auch richt, daß der AbstraktionsGrds ein wesentl Strukturelement des dtschen PrivR ist. Das ändert aber nichts am Vorrang des PartWillens. Wie auch die GgAns einräumt, können die Part Grd- u ErfGesch dch Vereinbg einer Bedingg zusfassen. Auch im Rahmen des § 139
8 entscheidet der PartWille, wann ein einheitl RGesch anzunehmen ist. – **bb)** Grd- u ErfGesch bilden aber nur dann eine Einh, wenn für einen entspr PartWillen **konkrete Anhaltspunkte** vorliegen (BGH DNotZ **90**, 170). Der prakt immer bestehde wirtschaftl ZusHang genügt nicht. Gleichzeit Abschl u (od) Zusfassg in einer Urk haben indizielle Bedeutg, reichen aber für die Feststellg der Einheitlichk nicht aus (BGH NJW **67**, 1130, zu weitgehd BAG NJW **67**, 751). Es müssen bes Umst vorliegen, die für eine Zusfassg sprechen (BGH NJW **52**, 60). Fehlt es hieran (u das w die Regel sein), bleibt es bei der Selbstdigk der beiden Gesch, so wenn eine wg übermäß Länge sittenw BezugsPfl dch eine Dbk gesichert w (BGH NJW **88**, 2364, NJW-RR **89**, 519). Das GBAmt kann im allg davon ausgehen, daß etwaige Mängel des GrdGesch die Wirksamk des ErfGesch nicht berühren. Nur beim Handkauf w man auch ohne bes Anhaltspkte eine Einh annehmen können. Vgl auch Übbl 24 vor § 104 zu dem Fall, daß derselbe UnwirksamkGrd sowohl das Grd- als auch das ErfGesch ergreift. **Einzelfälle:** Fahrnisübereigng (BGH NJW **52**, 60); FdgsAbtr (BAG NJW **67**, 751, aA Hamm NJW-RR **88**, 628); vor allem SichgAbtr (BGH NJW **82**, 275, Tiedtke DB **82**, 1709, Bähr NJW **83**, 1473, krit Buchholz Jura **90**, 300, aber auch BGH NJW **91**, 353); SchuldÜbern (BGH **31**, 323, Hbg NJW **66**, 986); NießbrBestellg (Celle OLGZ **74**, 170); ErbbRBestellg (Wufka DNotZ **85**, 661); ErbteilsÜbertr (BGH NJW **67**, 1130, DNotZ **71**, 38). Die Nichtigk des GrdGesch kann sich auch auf die **Vollmacht** erstrecken (BGH
9 NJW **85**, 730, ZIP **87**, 1455). – **cc)** Eine **Zusammenfassung** der beiden Gesch kommt **nicht** in Betr: **(1)** wenn das ErfGesch, wie die Aufl (§ 925 II), bedinggsfeindl ist, da den Part nicht der Wille einer GesUmgehg unterstellt w kann (s BGH NJW **79**, 1495, **91**, 918, Hbg NJW **93**, 3076); **(2)** wenn das GrdGesch als ScheinGesch nichtig ist, da die Part hier zw GrdGesch (nicht wirkl gewollt) u ErfGesch (gewollt) unterscheiden, ein einheitl Wille also gerade nicht besteht (s RG **104**, 104, Mü NJW-RR **86**, 13); **(3)** wenn das ErfGesch zur Heilg des GrdGesch führt (§§ 518 II, 766 S 2, GmbHG 15 IV 2; § 313 S 2 hier wg (1) ohne Bedeutg).

10 **4) Teilbarkeit.** – **a)** § 139 setzt voraus, daß sich die Nichtigk auf einen **abtrennbaren Teil** des RGesch beschr. Das RGesch muß daher teilb sein; das nach Abtrenng des nichtigen Teils verbleibde RestGesch muß als selbstd RGesch Bestand haben können (BGH NJW **62**, 913). Ist eine Regelg im ganzen unwirks, kann § 139 entspr anwendb sein, wenn die Part bei Kenntn der Unwirksamk eine and, auf das zul Maß beschränkte Regelg getroffen hätten (BGH **105**, 221, **107**, 355). An der Teilbark fehlt es, wenn die Erkl eines GesVertreters nichtig ist, weil die Erkl der and keine rechtl Bindg zu begründen vermag (BGH **53**, 214). Bei einem Verstoß gg § 138 ist eine teilw Aufrechterhaltg des RGesch nur mögl, wenn der sittenwidrige VertrTeil eindeutig abgegrenzt w kann u iü gg Inh u Zustandekommen des Gesch keine Bedenken bestehen (§ 138 Rn 19); so kann es liegen, wenn allein die VertrDauer zu beanstanden ist (Rn 13). Auch eine Erbeinsetzg kann wg Verstoßes gg § 138 teilw nichtig, iü aber wirks sein (BGH **52**, 24). Dagg ist grdsl GesNichtigk

anzunehmen, wenn ein Vertr wg der übermäß Höhe einer der beiden Leistgen gg § 138 verstößt (BGH **68**, 207, § 138 Rn 19). Die Teilg der Leistg in einen angem u einen sittenw Teil wäre ein Eingriff in das von den Part zu bestimmde Äquivalenzverhältn, zu dem der Ri nicht befugt ist. And liegt es, wenn die Höhe des Entgelts, wie beim Verstoß gg Preisvorschriften (§ 134 Rn 27), normativ festliegt. Auch beim Mietwucher kann der Vertr zum ortsübl Mietzins aufrechterhalten w (§ 138 Rn 76). Der Verstoß gg WiStrG 5 begründet bei einer StaffelmietVereinbg GesNichtigk, auch wenn noch offen ist, ob die späteren Staffeln mit WiStrG 5 vereinb sind (Hbg NJW-RR **99**, 1024).

b) Eine Teilg des RGesch u damit eine Aufrechterhaltg des RestGesch ist in folgden **Fallgruppen** mögl: – 11
aa) Die Nichtigk beschr sich auf **Einzelbestimmungen** des RGesch od einen Teil eines zusgesetzten RGesch; so kann die Vereinbg der Gütertrenng wirks sein, wenn der gleichzeit vereinbarte Verzicht auf Unterh, Zugewinn- u VersorggsAusgl unwirks ist (Stgt BWNotZ **90**, 168). – **bb)** Auf einer Seite des RGesch sind **mehrere Personen** beteiligt; nur im Verh zu einer Pers liegt ein NichtigkGrd vor. Die Rspr hat das RGesch aGrd des mutmaßl PartWillens (Rn 14) hinsichtl einer Pers aufrechterhalten: bei HypBestellg an mehreren MitEigtAnteilen (BGH DNotZ **75**, 152), bei BürgschÜbern dch Mitbürgen (RG **138**, 270), bei FdgsAbtr dch GesGläub (BGH NJW-RR **87**, 1260, Frage des Einzelfalls), bei gemeinschaftl Adoption dch Eheg nach fr R (BGH **24**, 345), bei einer mehrere Erben betreffden Anordng der TestVollstr (BGH **LM** § 2085 Nr 3). GesNichtigk ist dagg angenommen worden: bei PachtVertr, wenn einer der Pächter geschunfäh (RG **99**, 55), ebso bei ProzVergl (RG **141**, 108), bei GrdstVerkauf, wenn einer der Verkäufer geschunfäh ist (BGH NJW **94**, 1471) od die für einen Mj erforderl vormundschgerichtl Gen versagt w (BGH **54**, 72), bei Wucher od argl Täuschg ggü od dch einen von mehreren VertrPartnern (RG **72**, 218, Warn **12**, 360), bei VertrSchl im eig Namen u zugl als vollmloser Vertreter eines and, wenn dieser die Gen verweigert (BGH NJW **70**, 240). – **cc)** Die von beiden Part zu erbringden **Leistungen** sind **teilbar** (§ 266 Rn 3) u der korrespon- 12
dierde Teil der GgLeistg läßt sich anhand obj Kriterien ermitteln. Der NichtigkGrd beschränkt sich auf eine Teilleistg (BGH DB **83**, 1812). – **dd)** Das RGesch ist wg **überlanger Vertragsdauer** nicht wirks. Sow keine 13
sonst Bedenken bestehen (s BGH NJW **79**, 1606, **97**, 3089), kann das RGesch mit der zul Dauer aufrechterhalten w, so wenn die für eine längere Bindg erforderl vormundschgerichtl Gen fehlt (BGH NJW **62**, 734 MietVertr, RAG **21**, 129 ArbVertr, s auch BGH **28**, 83 LebensVersVertr), wenn bei einem BierliefergsVertr (§ 138 Rn 19), einem WettbewVerbot (§ 138 Rn 104) od der AnkaufsVerpfl eines ErbbBerecht (BGH **68**, 1) die Bindgsdauer gg § 138 verstößt, wenn bei einem im GesellschVertr vorgesehenen KündR (AusschließgsR) die fehlde Befristg mit § 138 unvereinb ist (BGH **105**, 221). § 139 ist auch anwendb, wenn ledigl die vereinbarte Rückwirkg des Vertr unwirks ist (Hbg NJW **90**, 521).

5) Rechtsfolgen. Das RGesch ist idR im ganzen nichtig. Ausnw bleibt das RestGesch wirks, wenn 14
anzunehmen ist, daß es auch ohne den nichtigen Teil vorgenommen worden wäre. – **a)** Dabei ist vorbehaltl abweichder Vereinbgen (Rn 17) auf den **mutmaßlichen Parteiwillen** abzustellen. Er ist nach den gleichen Grds zu ermitteln, die für die ergänzde VertrAuslegg gelten (§ 157 Rn 2 ff). Maßgebd ist, welche Entscheidg die Part bei Kenntn der Teilnichtigk nach Treu u Glauben u unter Berücksichtigg der VerkSitte getroffen hätten (BGH NJW **96**, 2088, Hamm DNotZ **96**, 673). Das bedeutet idR, daß das obj Vernünftige als PartWille anzunehmen ist (BGH NJW **86**, 2577, Ffm FamRZ **83**, 177). Es genügt nicht, daß die Part auf jeden Fall, wenn vielleicht auch and, abgeschlossen hätten. Das Gesch muß so, wie es sich ohne den nicht Teil darstellt, dem mutmaßl PartWillen entspr (RG **146**, 118, BGH NJW **51**, 397, **96**, 3149), u zwar dem Willen beider Part (RG **99**, 55). Hatten die Part von vornherein von der Teilnichtigkeit **Kenntnis,** liegt hinsichtl dieses Teils kein RFolgewille u daher kein RGesch vor (RG **122**, 140, BGH **45**, 379, BAG **1**, 270, stRspr, str, aA Keim NJW **99**, 2866 mwN). Das RGesch gilt ohne den als nichtig erkannten Teil, vorausgesetzt, daß es beide Part mit diesem eingeschränkten Inh gewollt haben (BGH **45**, 380, **LM** Nr 42). Überwiegen weder die für noch die gg die GesNichtigk sprechden Umst, ist das RGesch im ganzen nichtig (BayObLG MDR **80**, 756). Wer sich auf die Gültigk des RestGesch beruft, trägt für die Tats die **Beweislast,** aus denen sich ergeben soll, daß das RGesch auch ohne den nichtigen Teil vorgenommen worden wäre (BGH **45**, 380, **LM** Nr 42 Bl 2, Mü NJW-RR **87**, 1042). – **b)** In einigen **Fallgruppen** kann in typ Bewertg der Interessen der Part idR 15
davon ausgegangen w, daß die Gültigk des RestGesch ihrem mutmaßl Willen entspr. So erstreckt sich die Nichtigk des HauptVertr idR nicht auf die GerStandsKlausel (RG **87**, 10, BGH **LM** ZPO 38 Nr 4, KG BB **83**, 213) od die Schiedsabrede (BGH **53**, 318, NJW **77**, 1398, **79**, 2568). Umgekehrt läßt die Nichtigk der GerStandsKlausel die Gültigk des HauptVertr unberührt (BGH **22**, 90). Betrifft der NichtigkGrd allein die SchiedsGerKlausel, bleibt die gleichzeit vereinbarte GerStandsKlausel wirks (BGH DB **84**, 825). Sind einz Bestimmgen eines GesellschVertr nichtig, bleibt der Vertr iü idR gült (BGH **49**, 365, NJW **89**, 2682, Hbg NJW **90**, 3025). Die Nichtigk einer Wertsichergsklausel führt iZw nicht zur GesNichtigk, sond zur Substituierg einer rechtl unbedenkl Klausel (§ 245 Rn 27). – **c)** Die GesNichtigk **wirkt** ggü jedermann u ist im 16
Proz vAw zu berücksichtigen. Betrifft sie einen vollzogenen Arb- od GesellschVertr, gelten aber die Grds über das fehlerh Arb- u GesellschVerh (Einf 29 v § 145). Ausnw kann die Geltdmachg der GesNichtigk als **Rechtsmißbrauch** (§ 242 Rn 40) unbeachtl sein, so etwa, wenn die Nichtigk eines bereits abgewickelten Vertr aus einer Best hergeleitet w soll, der für die VertrDchführg bedeutgslos geblieben ist (BGH **112**, 296). Begünstigt die unwirks Best nur eine Part (Unterwerfg unter die ZwVollstr, Bestellg einer Sicherh, Begründg einer KontrollBefugn) u will diese am Vertr iü festhalten, kann die Geltdmachg der GesNichtigk dch die GgPart gg § 242 verstoßen (BGH NJW **67**, 245, **93**, 1589, NJW-RR **97**, 684, 686). Eine unzul RAusübg kann aber auch dann anzunehmen sein, wenn die Part, die dch den Wegfall der unwirks Klausel benachteiligt w, deren Nichtigk als Vorwand benutzt, um sich vom Vertr loszusagen (s Ffm NJW **74**, 2239).

6) Ausschluß. – a) § 139 ist **dispositives Recht.** Er kann dch IndVereinbg, aber auch dch formularmäß 17
Regelgen abbedungen w (s BGH NJW **77**, 40, **94**, 1653). Die Aufrechterhaltg des RestGesch ist trotz einer entspr Klausel uU nicht mehr dch den PartWillen gedeckt, wenn Bestimmgen von grdlegder Bedeutg sittenw od sonst nichtig sind (BGH DB **76**, 2107, NJW **96**, 774, KG NJW-RR **96**, 431). Auch Ersetzgsklauseln, die festlegen, welche Regelg an die Stelle der möglw unwirks treten soll, können § 139 verdrängen (Michalski NZG **98**, 7). – **b)** § 139 ist unanwendb, wenn sich aus einer ausdr gesetzl Bestimmg od dem GesZweck eine 18

abw Regelg ergibt (Soergel-Hefermehl Rn 49). Wird gg ein Ges verstoßen, das eine VertrPart vor best nachteiligen Klauseln schützen soll, beschr sich die Nichtigk nach dem **Zweck der Verbotsnorm** auf die verbotene Klausel, das Gesch iü bleibt wirks. Das gilt für Verstöße gg §§ 276 II, 443, 476, 540, 637, 556a VII, 556b I 2, 557 IV, 557a II, 565a III, 651k (Soergel-Hefermehl Rn 51), gg BPflVO 6 S 3 (Celle OLGZ **85**, 374) u allg für die Unwirksamk von Klauseln in AGB **(AGBG 6).** Wird gg die in and Ges enthaltenen SchutzVorschr verstoßen, bleibt das RGesch gleichf unter Wegfall der nichtigen Bestimmg wirks, so bei Verstoß gg Schutzbestimmgen des VerbrKrG (s BGH NJW **77**, 1058, 1059), Schutzbestimmgen zG des Handelsvertreters (BGH **40**, 239, DB **71**, 2303), zG des ArbN (BAG DB **75**, 1417, NJW **79**, 2119, ZIP **87**, 595), zG des Mieters (BGH MDR **64**, 495, Celle OLGZ **82**, 221), uU auch bei Verstoß gg SchutzVorschr des GWB (Helm GRUR **76**, 496, v Jeinsen DB **81**, 1713). Bei Verstößen gg **Preisvorschriften** w das RGesch grdsl mit dem zul Preis aufrechterhalten (§ 134 Rn 27). Entspr gilt bei unwirks HonorarAbreden mit einem RA (BGH **18**, 349, NJW **80**, 2407) od Arzt (BGH NJW **98**, 1778) u bei Erschließgsabreden, die gg BauGB 129 (Kostenbeteiligg der Gemeinde) verstoßen (BGH **65**, 370).

140 *Umdeutung.* **Entspricht ein nichtiges Rechtsgeschäft den Erfordernissen eines anderen Rechtsgeschäfts, so gilt das letztere, wenn anzunehmen ist, daß dessen Geltung bei Kenntnis der Nichtigkeit gewollt sein würde.**

1 **1) Allgemeines:** § 140 dient ebso wie § 139 der Dchsetzg des mutmaßl Willens der Part. Der von ihnen erstrebte wirtschaftl Erfolg soll auch dann verwirklicht w, wenn sie eine rechtl unzul Regelg gewählt h, aber ein zum annähernd gleichen Ergebn führder rechtl zul Weg offensteht (BGH **68**, 206). Die Umdeutg ist kein Sonderfall der Auslegg, sond ein eigenständ RInstitut (str). Sie tritt **kraft Gesetzes** ein u ist daher kein richterl Gestaltgsakt (Soergel-Hefermehl Rn 1, aA BGH **19**, 273). Sie ist im Proz vAw zu beachten (BGH NJW **63**, 340, aA BAG DB **76**, 634). Im GrdBVerfahren ist wg der dort geltden VerfGrds eine Umdeutg nur zul, wenn die für die Beurteilg maßgebden Umst offenkund sind, das GBA also keine eig Ermittlgen anzustellen braucht (s BayObLG DNotZ **98**, 66, KG NJW **67**, 2359, Düss DNotZ **77**, 307). Für öffr Vertr gilt § 140 gem VwVfG 62 S 2 entspr (BGH **76**, 28, BVerwG NJW **80**, 2538, OVG Münst NJW **81**, 1329); ebso für einseit öffr WillErkl (OVG Münst NVwZ **90**, 676). Dagg sind für **Verwaltungsakte** VwVfG 47, AO 128 od SGB X 43 maßgebd (BVerwG NVwZ **84**, 645).

2 **2) Voraussetzungen. – a) Objektive. – aa)** Umgedeutet w können **Rechtsgeschäfte** aller Art, insb auch ggs Vertr (BGH NJW **63**, 339), Vfgen (RG **66**, 28, **124**, 30), RGesch des FamR (Karlsr NJW **77**, 1731)
3 u Vfgen vTw (BGH **40**, 224). – **bb)** Das RGesch muß **nichtig** sein (Begriff s Übbl 27 v § 104). § 140 gilt grdsl für alle NichtigkGrde (s RG **125**, 212, BGH **26**, 328). Er ist auch auf angefochtene RGesch anzuwenden (Soergel-Hefermehl Rn 3), ebso auf endgült unwirks gewordene (BGH **40**, 222). Grdsl umdeutgsfäh ist auch die wg Fehlens von ausr KündGrden wirkgslose Künd (BGH NJW **81**, 977, BAG DB **78**, 1454), die endgült unwirks gewordene Vfg eines Nichtberecht (Soergel-Hefermehl Rn 3, aA RG **124**, 31), u die Verpfändg einer Fdg, die wg Nichtbeachtg des § 1280 (Anzeige an Schu) wirkgslos geblieben ist (Reinicke, RFolgen formwidr abgeschl Vertr, 1969, S 89, aA RG **79**, 308). Dagg kann § 140 auf anfechtb (aber nicht angefochtene) u schwebd unwirks RGesch nicht angewandt w (Staud/Roth Rn 15), ebsowenig auf unvollständ RGesch, etwa auf den Fall, daß der Vertr nur von einem GesVertreter abgeschl worden ist
4 (BGH WM **82**, 156). – **cc)** Die **Auslegung** des RGesch geht der Umdeutg vor (BGH WM **59**, 328 u 418, Staud/Roth Rn 7). Unrichtige Bezeichngen *(falsa demonstratio)* erfordern keine Umdeutg; die Maßgeblichk des wirkl Gewollten ergibt sich bereits aus § 133. Bei einer Anf wg argl Täuschg kann idR schon iW der
5 Auslegg angenommen w, daß sie die Anf wg Irrt mitumfassen soll (§ 143 Rn 3). – **dd)** Das nichtige RGesch muß den Erfordern eines and RGesch (ErsGesch) entsprechen. Hinsichtl des ErsGesch müssen daher sämtl **Wirksamkeitsvoraussetzungen** erfüllt sein (Staud/Roth Rn 23). § 140 gestattet nicht, fehlde Tatbe-
6 stdsmerkmale zu fingieren (RG JW **38**, 44). – **ee)** Der von den Part erstrebte **wirtschaftliche Erfolg** muß dch das ErsGesch im wesentl erreicht w (BGH **68**, 206). Das ErsGesch darf in seinen rechtl **Wirkungen nicht weiterreichen** als das unwirks (BGH **19**, 275, BAG DB **75**, 214); dagg kann es in seinen RFolgen hinter diesem zurückbleiben. Eine Anf kann daher in eine Künd od einen Rücktr umgedeutet w (BGH NJW **75**, 1700, Hamm VersR **81**, 275, aA Köln VersR **93**, 297), nicht aber umgekehrt eine Künd od ein Rücktr in eine Anf (RG **105**, 208, BAG NJW **76**, 592). Eine unwirks Verpfändg kann nicht als SichergsÜbereigng aufrechterhalten w (Soergel-Hefermehl Rn 5), wohl aber eine nichtige Übereigng als NießbrBestellg (RG **110**, 392, JW **37**, 3153); die Einwilligg des Betreuers kann nicht in die Eigenvornahme des Gesch umgedeutet w (aA Jurgeleit RPfleger **95**, 282). Mögl ist auch, daß das ErsGesch ggü dem unwirks ein **aliud** darstellt. Ein unwirks RGesch unter Lebden kann daher als Vfg vTw aufrechterhalten w (BGH **40**, 218). Das gilt ebso umgekehrt (BGH NJW **78**, 423, krit Tiedtke NJW **78**, 2572). Zul auch die Umdeutg eines proz Anerkenntn in ein matrechtl (Düss FamRZ **83**, 724) u die eines nichtigen in ein weniger fehlerh RGesch (RG **129**, 122). Auch die Umdeutg eines RGesch (Umwandlg einer Valutaschuld) in einen Realakt (Verwertg einer Sicherh)
7 ist nicht ausgeschlossen (Hamm WM **91**, 1773). – **ff)** Die Umdeutg setzt voraus, daß nicht der von den Part erstrebte Erfolg, sond nur der gewählte rechtl Weg von der **Rechtsordnung mißbilligt** w (BGH **68**, 207, ZIP **86**, 1058, OVG Münst NJW **81**, 1329). Sie ist daher bei sittenwidr, insb wucherischen od wucherähnl Gesch idR ausgeschl (BGH aaO, § 138 Rn 49). Entspr kann auch iF des § 134 anzunehmen sein. Bei formnicht Vertr kann der **Schutzzweck** der Formvorschrift einer Umdeutg entggstehen (Staud/Roth Rn 30), so etwa iF der Bürgsch (Hamm NJW **88**, 3022) od der FormVorschr des GWB (Celle BB **75**, 390,
8 Emmerich NJW **80**, 1367, aA BGH NJW **80**, 2517). – **b) Subjektive Voraussetzung** ist, daß die Umdeutg dem PartWillen entspr. Maßgebd ist der **mutmaßliche Wille** der Part zZ der Vorn des RGesch (BGH **19**, 273, **40**, 223, NJW **80**, 2517). Er ist nach den Grds über die ergänzde VertrAuslegg (§ 157 Rn 2ff) zu ermitteln. Entscheidd ist, ob die Part bei Kenntn der Nichtigk das ErsRGesch im Hinblick auf die von ihnen verfolgten wirtschaftl Ziele vernünftigerweise vorgenommen hätten (BGH aaO). Kann ausnahmsw der **wirkliche Parteiwille** festgestellt w, hat er den Vorrang. Gg den eindeut Willen der Part ist eine Umdeutg nicht

zul (BGH **19**, 274, NJW **71**, 420). Kennen beide Part die Nichtigk, ist eine Umdeutg ausgeschl, *arg* § 117; kennt sie nur eine Part, ist § 140 dagg grdsl anwendb (Mühlhans NJW **94**, 1049).

3) Einzelfälle (ja = umdeutb, sofern PartWille nicht entggsteht; nein = nicht umdeutb). – **a) Abtretung** 9
in Einziehgsermächtigg ja (BGH **68**, 125, NJW **87**, 3122). Abtr eines nicht mehr bestehden HerausgAnspr in Abtr des Anspr aus § 816 ja (Hamm MDR **62**, 985, 986). Abtr einer Hyp in Bestellg einer neuen GrdSch ja (RG LZ **31**, 839). Abtr des Nießbr in Überlassg der Ausübg ja (RG JW **10**, 801). **Arbeitsrecht, Dienstvertrag:** Nichtiges BeamtenVerh in ArbVerh idR nein (BAG **8**, 267). Antr des gem § 613a gebundenen neuen ArbG auf Abschl eines ArbVertr in Angebot zur VertrÄnd ja (BAG DB **77**, 1192); nichtige BetrVereinbg in EinzelVertr ja (BAG BB **96**, 1718). Fristlose Künd in fristgem ja, wenn der unbedingte Beendiggswille eindeut erkennb (BGH NJW **98**, 76) u beim ArbVertr der BetrR ausdr auch zur fristgem Künd gehört worden ist (BAG NJW **88**, 581, § 626 Rn 34ff). Künd in Angebot auf VertrAufhebg ja (BAG **AP** § 626 Nr 64); ebso beim HandelsvertreterVertr (Mü NJW-RR **95**, 95), beim Vertr zw GeschFü u GmbH (Mü NJW-RR **95**, 740) u bei sonst DienstVertr (BGH NJW **82**, 2603). Fristgem Künd in fristlose od Anf nein
(Rn 6). – **b) Erbrecht** u ähnl: ErbVertr in Test ja (BayObLG NJW-RR **96**, 8), auch in gemeinschaftl Test 10
(KGJ **31** A 114), od in aufschiebd bedingten SchenkgsVertr (BGH NJW **78**, 423). Gemeinschaftl Test von NichtEheg in EinzelTest ja (§ 2265 Rn 3). ÜbergabeVertr in ErbVertr ja (BGH **8**, 34, **40**, 224). Verkauf auf Rentenbasis in ErbVertr idR nein, aber Frage des Einzelfalles (BGH **125**, 363). Verpfl, Test nicht zu ändern, in vertragl Erbeinsetzg ja (Stgt OLGZ **89**, 416). EheVertr mit Verpfl zur TestErrichtg in ErbVertr ja (Hamm MDR **97**, 171). SchenkgsVerspr in Test ja (Kblz NJW **47/48**, 384). Erbeinsetzg mit einer gg § 2302 verstoßden Aufl in Vor- u Nacherbeinsetzg ja (Hamm NJW **74**, 60). Verpfl zum Abschluß eines ErbVertr in VzGDr ja, wenn Verpfl hinr konkreten Inh h (BGH **LM** Nr 3). ErbteilsÜbertr in ErbVerzicht ja (BGH NJW **74**, 43). PflichtTVerz in Erlaß des PflichtT nein (BGH NJW **97**, 521). ErbschKauf in ErbauseinanderS ja (RG **129**, 123), in Abtr des AuseinanderSAnspr ja (RG **137**, 176). Angebot zur Aufhebg eines ErbVertr in Rücktr ja (Hamm Rpfleger **77**, 208). **Gesellschaftsrecht:** OHG-Vertr in BGB-GesellschVertr ja (BGH **19**, 275). Anf in Künd aus wicht Grd ja (BGH NJW **75**, 1700), aber Frage des Einzelfalls (Celle ZIP **99**, 1128). Außerordentl Künd in ordentl ja, wenn der unbedingte Beendiggswille für den Empfänger erkennb (BGH NJW **98**, 1551). StimmRAbtr in StimmRAusschl iVm Begründg höheren StimmR ja (BGH **20**, 366, Kblz ZIP **92**, 846). StimmRAbtr in StimmRVollm ja (Hbg NJW **89**, 1866). – **c) Grundstücksverkehr:** Veräußerg 11
in Bestellg eines Nießbr uU ja (RG **110**, 392). Zusage von WoEigt in Einräumg von DauerwohnR ja (BGH NJW **63**, 339). Begründg von SonderEigt in Regelg der InstandsetzgsPfl ja (Hamm NJW-RR **92**, 149), in SondernutzgsR nein, wenn dies dem Berecht eine umfassdere RStellg verschafft (BayObLG MDR **81**, 145, sonst ja KG ZMR **99**, 204). Dingl Vor- od WiederkaufsR in schuldrechtl ja (RG **104**, 124, BGH **LM** § 497 Nr 6). Grddienstbark in beschr pers Dienstbark nein (Mü NJW **57**, 1765). Nicht wirks angenommenes Angebot in Angebot mit längerer AnnFr (Option) ja (RG **169**, 71). Aufl an GesGut in Aufl an Eheg als BruchteilsEigtümer uU ja (BayObLG **83**, 574). Übertragg eines ideellen GrdstAnteils in Aufl, nein (BayObLG DNotZ **98**, 752). Vertr mit (nichtiger) PlangsZusage der Gemeinde in KaufVertr mit Übern des Plangsrisikos uU ja (BGH **76**, 29). Unwirks Löschgserleichterg in LöschgsVollm, wohl Frage des Einzelfalles (BayObLG DNotZ **98**, 66, Amann DNotZ **98**, 6). Nichtiger MakleralleinAuftr in Auftr ohne AusschließlichkBindg, ja (Heße NJW **98**, 561). **Miet- und Pachtrecht:** Erbpacht in Pacht ja (RG Warn **28**, 120). Fristlose Künd in ordentl ja, wenn sich aus dem Inh der Erkl eindeut ergibt, daß das VertrVerh auf jeden Fall beendet w soll (BGH NJW **81**, 977); in Angebot zur VertrAufhebg idR nein (BGH NJW **81**, 43, WM **84**, 171). Ordentl Künd mit unricht bemessener KündFr in Künd zum richt Termin ja (Ffm NJW-RR **90**, 337, Hamm MDR **94**, 56). Formungült **Prozeßvergleich** in materiellrechtl Vereinbg ja (BGH NJW **85**, 1963). – **d) Siche-** 12
rungsgeschäfte: Nichtige Verpfändg in Bestellg eines ZbR ja (RG **66**, 27), and angebl, wenn Vfg eines NichtBerecht (RG **124**, 31, str, s Rn 3). Verpfändg in Verpfl zur Bestellg einer SichgHyp ja (Naumbg JW **29**, 70). Verpfändg in Sichgübereigng nein (Rn 6). Bürgsch in Schuldmitübern nein (Rn 7). **Wertpapierrecht:** Eig Wechsel in Schuldanerkenntn od kaufm VerpflSchein ja (RG **136**, 210, BGH ZIP **88**, 18). Akzept in SchuldVerspr od sonst VerpflErkl ja (BGH **124**, 263, and noch BGH WM **55**, 1324); Indossament in VerpflErkl nach allg bürgerl Recht nein (RG **130**, 84, BGH NJW **57**, 1837). Erkl auf der Rückseite eines nichtigen Wechsels „persönl haftd" in VerpflErkl nach bürgerl Recht uU ja (Zweibr BB **98**, 181). Erkl des Ausstellers nein (Reinicke DB **60**, 1028). Scheck in ZahlgsAuftr ja (KG OLGZ **42**, 245), in Anweisg ja (AG Springe WM **87**, 309), in abstr SchuldVerspr, kaufm VerpflErkl, GarantieVertr nein (Düss WM **73**, 403, Karlsr NJW **77**, 589). Keine Umdeutg nach Verlust des Rückgriffs (BGH **3**, 239). – **e) Sonstiges:** Vermögensübertragg in 13
Übertr der einz VermGgst ja (RG **76**, 3, **82**, 277). VertrÜbern in Abtr, Frage des Einzelfalls (s Düss NJW-RR **98**, 1063). Verschmelzg in VermÜbern nein (BGH NJW **96**, 660). Kauf eig Sachen in Rückgängigmachg des KaufVertr ja (RG JW **24**, 1360). Unwiderrufl Vollm in widerrufl ja (§ 168 Rn 6); verdrängde in nicht ausschließl ja (Hbg DB **89**, 618). Außerordentl Künd eines LebensVersVertr in ordentl, Frage des Einzelfalls (Hamm VersR **84**, 958, **86**, 759), in Angebot zur VertrAufhebg uU ja (BGH VersR **87**, 923).

141 *Bestätigung des nichtigen Rechtsgeschäfts.*

I Wird ein nichtiges Rechtsgeschäft von demjenigen, welcher es vorgenommen hat, bestätigt, so ist die Bestätigung als erneute Vornahme zu beurteilen.

II Wird ein nichtiger Vertrag von den Parteien bestätigt, so sind diese im Zweifel verpflichtet, einander zu gewähren, was sie haben würden, wenn der Vertrag von Anfang an gültig gewesen wäre.

1) Allgemeines. – a) Ein nichtiges RGesch bleibt grdsl auch dann unwirks, wenn der NichtigkGrd 1
nachträgl wegfällt (Übbl 27 v § 104). Um es gültig zu machen, bedarf es einer **Bestätigung;** so bezeichnet das Ges in den §§ 141, 144 das RGesch, dch das die Part ihr eig bisher fehlerh RGesch als gültig anerkennt. Die Bestätigg ist iF des § 141 als Neuvornahme zu beurteilen. Sie braucht aber nicht von einem Neuabschlußwillen getragen zu sein, es genügt ein Bestätiggswille (Staud/Roth Rn 1). – **b)** Die Bestätigg iSd § 141 ist zu 2

unterscheiden: – aa) von der Bestätigg eines anfechtb, aber noch nicht angefochtenen RGesch (§ 144, s dort); – **bb)** von der Heilg dch Leistgsbewirkg (§§ 313 S 2, 518 II); sie tritt kr Ges ein, erfordert also keinen rgeschäftl Bestätiggswillen; – **cc)** von der Gen (§§ 182 ff); sie betrifft schwebd unwirks RGesch, ist idR von einem Dr zu erklären u hat rückwirkde Kraft; – **dd)** von der Ergänzg eines unvollst RGesch etwa iF eines Dissenses (s RG JW **29**, 575).

3 **2) Voraussetzungen. – a)** Das RGesch muß **nichtig** sein (Übbl 27 v § 104). Gleichgült ist, worauf die Nichtigk beruht. § 141 gilt auch für das dch Anf nichtig gewordene RGesch (BGH NJW **71**, 1795, 1800) u das nach BörsG 53 III unverbindl BörsenterminGesch (BGH NJW **98**, 2528), ist aber unanwendb, wenn
4 schon tatbestandl kein RGesch vorliegt (BGH NJW **87**, 1699, KG DNotZ **99**, 157/160). – **b)** Die Bestätigg geschieht dch **Neuvornahme. – aa)** Sie muß die vorgeschriebene **Form** wahren. Das gilt auch dann, wenn das ursprüngl Gesch nicht wg Formmangels, sond aus einem and Grd nichtig war (RG **146**, 238, BGH NJW **85**, 2580). Die Formwahrg kann in der Weise geschehen, daß die neue Urk auf die fr Bezug nimmt (RG Gruch **71**, 389). Gilt das Formerfordern zZ der Bestätigg nicht mehr, ist diese formfrei mögl (BGH NJW **73**,
5 1367, Bunte BB **98**, 1600 zur Aufhebg des GWB 34). – **bb)** Die Bestätigg muß allen sonstigen Anfordergen an ein wirks RGesch genügen. Ein wg Verstoßes gg ein **Verbotsgesetz** nichtiges RGesch kann daher nur wirks bestätigt w, wenn das Verbot entfallen ist (BGH **11**, 60, Düss NJW **76**, 1638), ein sittenw nur dann, wenn die Grde für die **Sittenwidrigkeit** nicht mehr fortbestehen (BGH **60**, 102, 108, **104**, 24). Der Vertr bleibt nichtig, wenn die GesWürdigg ergibt, daß trotz Wegfalls einz Umst die weiterwirkden zus mit neuen Umst auch das neu vorgenommene RGesch als sittenw erscheinen lassen (BGH NJW **82**, 1981, Kothe JuS
6 **84**, 509). – **cc)** Eine Bestätigg setzt idR voraus, daß die Part die **Nichtigkeit kennen** od zumindest Zweifel an der RBeständigk des Vertr h (RG **138**, 56, BGH **11**, 60, **129**, 377). Es genügt aber auch, daß der Bestätigde die mögl Deutg seines Verhaltens als Bestätigg bei pflgem Sorgf hätte erkennen können (BGH NJW **90**, 456, § 133 Rn 11). Nicht erforderl ist, daß die Part den vom Gegner geltd gemachten NichtigkGrd anerkennt; es genügt, daß beide Part von der mögl Nichtigk ausgehen (BGH WM **77**, 389). Der zu bestätigde Vertr braucht in seinen Einzelheiten nicht noch einmal erklärt zu w; es reicht aus, wenn sich die Part in Kenntn aller Umst auf den Boden des fr Vereinbarten stellen (BGH NJW **82**, 1981); Ändergen der ursprüngl VertrBdggen in der
7 BestätiggsVereinbg sind mögl (Ffm DNotZ **95**, 541). Formlose Gesch können dch **schlüssiges Verhalten** bestätigt w (BGH **11**, 60, § 133 Rn 11). Voraussetzg ist aber, daß das Verhalten für alle Beteiligten eindeut als Bestätigg des nichtigen RGesch zu verstehen ist (BGH NJW **71**, 1800). Eine ErfHdlg kann als Bestätigg aufzufassen sein (BGH WM **83**, 232, Mü OLG **24**, 266), ebso eine VertrÄnderg (BGH NJW **82**, 1981), nicht aber die nachträgl Unterzeichng einer Informationsschrift beim BörsenterminGesch (BGH NJW **99**, 720). Die Weiterbenutzg der erworbenen Sache ist keine Bestätigg, wenn sie nur bis zur Beschaffg eines ErsStückes dauert (BGH NJW **71**, 1795, 1800, **85**, 2580).

8 **3) Rechtsfolgen:** Die Bestätigg hat als Neuvornahme **keine rückwirkende Kraft;** das RGesch gilt erst vom Ztpkt der Bestätigg an (RG **75**, 115). Nach II sind die Part bei Vertr jedoch iZw verpfl, einand so zu stellen, wie sie gestanden hätten, wenn der Vertr von Anfang an gült gewesen wäre. Diese schuldrechtl Rückbeziehg läßt etwaige Rechte Dr unberührt (s RG HRR **26** Nr 790). Sie entfällt, wenn ein abw PartWille feststeht (RG JW **31**, 2227).

142 *Wirkung der Anfechtung.*

I Wird ein anfechtbares Rechtsgeschäft angefochten, so ist es als von Anfang an nichtig anzusehen.

II Wer die Anfechtbarkeit kannte oder kennen mußte, wird, wenn die Anfechtung erfolgt, so behandelt, wie wenn er die Nichtigkeit des Rechtsgeschäfts gekannt hätte oder hätte kennen müssen.

1 **1) Allgemeines. Begriff** u Fälle der Anfechtbark vgl Übbl 33 f v § 104. Über den Kreis der anfechtb RGesch s bei den einz AnfGrden. Ggst der Anf ist bei Vertr nicht die einz WillErkl, sond das RGesch Vertr (Leenen Jura **91**, 393, aA hM, s Heerstraßen JuS **95**, 197). Auch **nichtige Rechtsgeschäfte** können angefochten w (Übbl 35 v § 104), uU auch geschäftsähnl Hdlgen (Übbl 7 v § 104), nicht aber TatHdlgen (Übbl 10 v § 104). Eine **Teilanfechtung** ist mögl, wenn das RGesch teilb ist (§ 139 Rn 10); das RestGesch bleibt gült, wenn dies dem mutmaßl PartWillen (§ 139 Rn 14) entspr (RG **146**, 239, BGH **LM** HGB 119 Nr 10, DNotZ **84**, 685, Saarbr VersR **96**, 489). Beschränkt der Berecht die Anf auf einen nicht abtrennb Teil des RGesch, ist die Anf unwirks (Vetter MDR **98**, 573).

2 **2) Wirkung der Anfechtung I. – a)** Das wirks angefochtene RGesch ist als **von Anfang an nichtig** anzusehen. Die Anf hat rückwirkde Kraft u wirkt für u gg Dr. Der Zessionar verliert daher seine Fdg, wenn der der Fdg zGrde liegde Vertr angefochten w. Wird der vermittelte Vertr angefochten, entfällt der Provisions-Anspr des Maklers od Vertreters. Die Anf schließt Anspr aus dem Vertr aus (s zum VersVertr aber § 123 Rn 25). Wenn Anf u Wandlg nebeneinand geltd gemacht w, ist daher zunächst die Anf zu prüfen (s RG JW **13**, 485); and ist es aber, wenn die Anf bedingt (hilfsw) erfolgt ist (Honsell JuS **82**, 811, § 143 Rn 2). Mit dem RGesch w auch die **akzessorischen Rechte,** wie PfandR, Bürgsch, VertrStrafVerspr rückwirkd hinfäll. Die Nichtigk inf Anf ist **endgültig.** Die Rückn der Anf ist ausgeschlossen (RG **74**, 3). Falls ein AnfGrd vorliegt, kann die AnfErkl aber ihrerseits angefochten w (BayObLG MDR **80**, 492). Für die Bestätigg des wirks
3 angefochtenen RGesch gilt § 141 (dort Rn 3 ff). – **b) Vor erklärter Anfechtung** ist das anfechtb RGesch gült. Die Anfechtbark begründet jedoch für mithaftde Dritte (Bürgen, Eigtümer der mit einem PfandR belasteten Sache) bis zum Ende der AnfFr ein LeistgsVR (§§ 770, 1137, 1211). Bei vollzogenen **Arbeits- und Gesellschaftsverhältnissen** wirkt die Anf abw von § 142 I idR nur *ex nunc* (§ 119 Rn 5). Die Anf des GrdGesch berührt die Wirksamk des **Erfüllungsgeschäfts** an sich nicht. Der Grd, der das VerpflGesch anfechtb macht, kann aber das ErfGesch miterfassen (Übbl 23 v § 104). Außerdem können das Grd- u das ErfGesch nach dem Willen der Part ein einheitl RGesch bilden (§ 139 Rn 7). Ist auch das ErfGesch nichtig, können die Part ihre Leistgen mit der EigtKlage herausverlangen. Sonst richtet sich die Rückgewähr der

beiderseit Leistgen nach § 812 (Leistgskondiktion). SchadErsAnspr können sich aus § 122, c. i. c. (§ 276 Rn 78) od aus § 826 ergeben.

3) **II.** Die Anf hat bei VfgsGesch die Folge, daß der RErwerb als von Anfang nichtig gilt. Hat der Erwerber inzw eine Vfg zG eines Dritten getroffen, stellt diese nunmehr die eines **Nichtberechtigten** dar. Die Vfg ist daher bei Fdgen u den unter § 413 fallden Rechten wirkgslos; iü gelten die Vorschr über den Erwerb kr guten Glaubens (§§ 892, 932, HGB 366, ferner §§ 893, 936, 1007, 1032, 1138, 1155, 1207, 1244). Kenntn od fahrl Unkenntn der Anfechtbark steht der Kenntn od fahrl Unkenntn der Nichtigk gleich, II. Bezugspkt der Bösgläubigk sind die Tats, die die Anfechtbark begründen (BGH NJW-RR **87**, 1457). Die Voraussetzgen der **Bösgläubigkeit** ergeben sich aus den jeweils anzuwendden Vorschr über den Erwerb vom NichtBerecht (Staud/Roth Rn 40). Bei § 892 schadet daher nur Kenntn, bei § 932 auch grob fahrl Unkenntn. Für die Zurechng von Bösgläubigk gilt § 166 (BGH NJW **89**, 2880). Bei Anf von VerpflGesch hat II Bedeutg für §§ 819, 818 IV, bei Anf einer Vollm für die Haftg des Vertreters aus § 179. 4

143 *Anfechtungserklärung.* [I] **Die Anfechtung erfolgt durch Erklärung gegenüber dem Anfechtungsgegner.**

[II] **Anfechtungsgegner ist bei einem Vertrage der andere Teil, im Falle des § 123 Abs. 2 Satz 2 derjenige, welcher aus dem Vertrag unmittelbar ein Recht erworben hat.**

[III] **Bei einem einseitigen Rechtsgeschäft, das einem anderen gegenüber vorzunehmen war, ist der andere der Anfechtungsgegner. Das gleiche gilt bei einem Rechtsgeschäfte, das einem anderen oder einer Behörde gegenüber vorzunehmen war, auch dann, wenn das Rechtsgeschäft der Behörde gegenüber vorgenommen worden ist.**

[IV] **Bei einem einseitigen Rechtsgeschäft anderer Art ist Anfechtungsgegner jeder, der auf Grund des Rechtsgeschäfts unmittelbar einen rechtlichen Vorteil erlangt hat. Die Anfechtung kann jedoch, wenn die Willenserklärung einer Behörde gegenüber abzugeben war, durch Erklärung gegenüber der Behörde erfolgen; die Behörde soll die Anfechtung demjenigen mitteilen, welcher durch das Rechtsgeschäft unmittelbar betroffen worden ist.**

1) **Allgemeines** s zunächst § 142 Rn 1. Die Anfechtbk begründet für den Berecht ein **Gestaltungsrecht** 1
(Übbl 17 v § 104). Es erlischt dch Ausübg (BAG NJW **94**, 474), Ablauf der AnfFr (§§ 121, 124, 318, 2082, 2283) u dch Bestätigg (§ 144). Es ist bei DauerschuldVerh gem § 242 ausgeschl, wenn der AnfGrd inf Zeitablaufs bedeutgslos geworden ist (BAG NJW **70**, 1565, § 123 Rn 25). Ein vom AnfBerecht verschuldeter Untergang des zurückzugewährden Ggst schließt dagg das AnfR nicht aus. § 351 ist nicht entspr anwendb (BGH **57**, 137, 148, NJW **85**, 2580, and LG Lünebg NJW **89**, 1097).

2) **Anfechtungserklärung. – a)** Sie ist eine formfreie empfangsbedürftige WillErkl (§ 130 Rn 2). Sie ist 2
als GestaltgsGesch unwiderrufl u bedinggsfeindl (Übbl 17 v § 104). Zul aber eine **Eventualanfechtung** für den Fall, daß sich die von der Part primär vorgetragene RAns, die Erkl sei nichtig od in einem best Sinne auszulegen, als irrig erweist, da hier eine Bedingg im RSinne nicht vorliegt (BGH NJW **68**, 2099). Sondervorschriften über den Vollzug der Anf s §§ 1955, 2081, 2282, 2308. – **b)** Die Erkl muß erkennen lassen, daß 3
die Part das Gesch **wegen eines Willensmangels nicht gelten lassen** will (BGH **88**, 245, **91**, 331, NJW-RR **88**, 566, **95**, 859). Das Wort „anfechten" braucht nicht verwandt zu werden (BGH aaO); die RückFdg des Geleisteten od das Bestreiten der Verpfl kann genügen (BGH aaO, KG DB **72**, 768), ebso die Äußerg, sich an der Erkl wg eines Übertraggsfehlers nicht festhalten lassen zu wollen (Karlsr VersR **92**, 1121). Dagg kann ein auf Umst nach VertrSchl gestützter Rücktr nicht als Anf aufgefaßt w (RG **105**, 208), ebsowenig eine Strafanzeige (BGH DB **75**, 2075), od ein auf § 463 gestütztes SchadErsVerlangen (BGH NJW **91**, 1674). Der **Anfechtungsgrund** braucht in der AnfErkl nicht angegeben zu werden (RG **65**, 88). Erforderl ist aber, daß für den AnfGegner erkennb ist, auf welchen tats Grd die Anf gestützt w (Soergel-Hefermehl Rn 2, Flume II § 31, 2, str). Nach FrAblauf kann der AnfBerecht keine neuen AnfGrde nachschieben (BGH NJW **66**, 39, NJW-RR **89**, 1183, **93**, 948, BAG **AP** § 119 Nr 5). Die Anf wg argl Täuschg kann die Anf wg Irrt mitumfassen (BGH **34**, 39, **78**, 221, NJW **79**, 161, krit Berg NJW **81**, 2337).

3) **Anfechtungsberechtigt** ist derj, der die anfechtb WillErkl abgegeben hat od für den sie dch einen 4
Vertreter abgegeben worden ist (vgl aber § 318). Sind mehrere AnfBerecht vorhanden, kann grdsl jeder von ihnen allein anfechten (RG **65**, 405), and aber wg §§ 2038, 2040 bei der ErbenGemsch.

4) **Anfechtungsgegner. – a) Verträge** sind ggü dem VertrPartner od dessen Erben anzufechten (II). Das 5
gilt auch, wenn für den and Teil ein Vertreter aufgetreten ist od wenn er die Rechte aus dem Vertr an einen Dr abgetreten hat (RG **86**, 310, HRR **29**, 796). Auch beim VertrzGDr ist der VertrPartner AnfGegner (BGH **LM** PatG 9 Nr 8), beim GesellschVertr sind es alle Gter (BGH **LM** § 182 Nr 9); bei einer mehrseit VertrÜbern alle Beteiligten (BGH **96**, 309, aA Dörner NJW **86**, 2916); bei SchuldÜbern auch nach Gen dch den Gläub der ursprüngl Schu (BGH **31**, 325). Im Fall einer argl Täuschg, die einem Dr unmittelb Vorteile gebracht hat, ist dagg der Dr AnfGegner (II Halbs 2). – **b)** Bei **einseitigen** empfangsbedürft WillErkl (Übbl 6
11 v § 104) hat die Anf ggü dem ErklEmpf zu erfolgen (III 1). Kann die Erkl wahlw auch ggü einer Beh abgegeben w (Bsp §§ 875 I 2, 876 S 3, s § 130 Rn 15) u ist das geschehen, ist nicht die Beh, sond der sachl Beteiligte AnfGegner (III 2). Sow das Ges in and Fällen mehrere mögl ErklEmpfänger vorsieht (VollmErteilg, § 167, Zustimmg, § 182), kann die Anf ggü dem erfolgen, dem ggü die anfechtb Erkl tatsächl abgegeben worden ist (MüKo/Schramm § 182 Rn 4a, aA BGH NJW **98**, 531, das Anf ggü beiden Beteiligten verlangt). Wahlw kommt aber auch der mögl and Adressat als AnfGegner in Betracht (sehr str). – **c)** Bei **nichtemp-** 7
fangsbedürftigen WillErkl ist AnfGegner derj, der aus dem RGesch unmittelb einen Vorteil gezogen h, iF der EigtAufg also der Aneignde, bei amtsempfangsbedürft Erkl (§ 130 Rn 15) daneben wahlw die Beh (IV). IV 2 Halbs 2 (MitteilgsPfl) ist ledigl eine Ordngsvorschrift. Die Anf ist auch dann wirks, wenn die Mitteilg unterbleibt. Ggü einem unbekannten AnfGegner kann die AnfErkl öffentl zugestellt w (§ 132 II).

144 ***Bestätigung des anfechtbaren Rechtsgeschäfts.*** **I Die Anfechtung ist ausgeschlossen, wenn das anfechtbare Rechtsgeschäft von dem Anfechtungsberechtigten bestätigt wird. II Die Bestätigung bedarf nicht der für das Rechtsgeschäft bestimmten Form.**

1 **1) Allgemeines.** Die Bestätigg (Begriff s § 141 Rn 1) betrifft iF des § 144 ein gültiges RGesch. Sie ist daher and als die Bestätigg des § 141 keine Neuvornahme des Gesch, sond der Sache nach ein Verzicht auf das AnfR.

2 **2) Voraussetzungen.** Die Bestätigg ist eine nicht empfangsbedürftige WillErkl u braucht daher nicht ggü dem AnfGegner erklärt zu w (RG **68**, 398, MüKo/Mayer-Maly Rn 1, str). Sie ist formfrei (II), kann also auch dch schlüssige Hdlg erfolgen (BGH NJW **58**, 177). Erforderl ist ein Verhalten, das den Willen offenbart, trotz der Anfechtbark an dem RGesch festzuhalten (BGH **110**, 222, NJW-RR **92**, 779); jede and den Umst nach mögl Deutg muß ausgeschlossen sein (BGH aaO). Im Fall der Drohg muß die Zwangslage weggefallen sein (OHG SJZ **49**, 470, BAG **AP** § 123 Nr 16). Eine Bestätigg setzt idR voraus, daß der Bestätigde die Anfechtbark kannte od mit ihr rechnete (BGH **129**, 377); ausnw kann eine konkludente Bestätigg aber auch bei Fehlen eines solchen ErklBewußtseins anzunehmen sein (§ 133 Rn 11). Als Bestätigg können angesehen w: die Vfg über den VertrGgst (RG JW **11**, 359), nicht aber wenn die Vfg unabhängig von der Gültigk des Vertr geboten war (RG JW **10**, 574); die freiwillige Erf, so die Weiterzahlg des in einem Vergl vereinb Unterh (Kblz FamRZ **83**, 720); die Ann der GgLeistg (RG SeuffA **62** Nr 51); ausnahmsw auch die Geltdmachg von SchadErsAnspr (RG **65**, 403, BGH NJW **58**, 177), nicht aber ein Wandlgsbegehren od die Geltdmachg and GewLAnspr (BGH **110**, 222, NJW **58**, 177). Auch die Weiterbenutzg der Sache kann als Bestätigg aufzufassen sein (BGH NJW **71**, 1795); der argl getäuschte Mieter bleibt aber auch nach viermonatigem Mietgebrauch zur Anf berecht, wenn er ledigl die Nebenkosten bezahlt hat (BGH NJW-RR **92**, 780). Die BewLast für die Bestätigg trägt der AnfGegner (BGH NJW **67**, 721).

3 **3) Rechtsfolgen.** Die Bestätigg beseitigt das AnfR. Bestehen mehrere AnfGrde, kann die Bestätigg auf einen Grd beschr w (RG JW **38**, 2202). Sonstige Rechte, insb SchadErsAnspr, bleiben bestehen (RG JW **11**, 398). Die Bestätigg kann jedoch den Verzicht auf SchadErsAnspr mitumfassen (Staud/Roth Rn 16).

Dritter Titel. Vertrag

Einführung

1 **1) Vertrag. – a) Begriff:** Vertr ist die von zwei od mehr Pers erklärte **Willensübereinstimmung** über die Herbeiführg eines best **rechtlichen Erfolges.** Er gehört zu den mehrseit RGesch (Übbl 12 vor § 104) u setzt (mindestens) zwei zusammenstimmende WillErkl versch RSubjekte voraus. – **aa)** Der Vertr ist die **Haupterscheinungsform des Rechtsgeschäfts.** Das unserer ROrdng zugrde liegde Prinzip der Privatautonomie überläßt es dem einzelnen, seine Lebensverhältnisse im Rahmen des Rechts eigenverantwortl zu gestalten (Übbl 1 vor § 104). Das wichtigste Mittel hierzu ist der Vertr; in ihm legen die Part gemeins fest, was zw ihnen rechtens sein soll. Die überragde Bedeutg, die der Vertr für den RVerk u das System des PrivR hat, kommt im Aufbau des BGB nur unvollkommen zum Ausdr. Das Ges behandelt den Vertr als einen Sonderfall der im 3. Abschn geregelten RGesch u ordnet in den §§ 145 ff im wesentl nur den VertrSchl. Inhalt u Wirkg der Vertr w dch die Normen für die einz VertrArten (zB §§ 305 ff, 320 ff) u Typen (zB
2 §§ 433 ff) best. – **bb)** Der Vertr muß auf die Herbeiführg eines best **rechtlichen Erfolges** gerichtet sein. Erforderl ist daher ein RFolgewille (Bindgswille), Einf 4 vor § 116. Abreden, die ausschließl auf einen außerrechtl GeltgsGrd, wie Anstand, Ehre od Sitte abgestellt sind, sind keine Vertr im RSinn. Die Abgrenzg im Einzelfall ist, insb bei Gefälligk u *„gentlemen's agreement"* schwier (näher Einf 9 ff vor § 241). Nicht erforderl ist, daß der mit dem Vertr beabsichtigte rechtl Erfolg allein aufgrd der gemeins WillErkl eintritt. Oft müssen weitere TatbestdMerkmale hinzutreten, wie TatHdlgen (zB Überg bei FahrnÜbereigng), Eintraggen (zB bei
3 RÄndergen an Grdst) od behördl Gen. – **cc)** Der Vertr setzt eine **Willenseinigung** voraus. Diese braucht zwar nicht sämtl RFolgen abschließd zu regeln; erforderl ist aber, daß der wesentl Inhalt des Vertr zumindest **bestimmbar** ist. Ein gült Vertr liegt nicht vor, wenn sich die Part über wesentl VertrBestandt *(essentialia negotii,* Übbl 3 vor § 104) – beim Kauf zB über Ware u Preis (RG **124**, 83) – nicht geeinigt haben u sich die Einigg auch nicht aus den Umst entnehmen läßt. Es genügt jedoch, daß die Bestimmg ausdr od stillschw einer Part od einem Dr überlassen w (§§ 315 ff). Ausnahmsw kann ein wesentl Pkt auch späterer Einigg vorbehalten bleiben (§ 157 Rn 3). Auch die Individualisierg der VertrPart kann bei einer entspr Willenseinigg zunächst offen bleiben, offenes Gesch für den, den es angeht (§ 164 Rn 9, aA Jung JuS **99**, 28). Ausnahmsw kann auch der Gedanke der *protestatio facto contraria* trotz fehlder Einigg zur Bejahg eines VertrSchl führen (Rn 27). Bei VertrLücken greifen die gesetzl Regeln u die Grds der ergänzden VertrAuslegg (§ 157 Rn 2) ein.

4 **b)** Der **Vertragsschluß** vollzieht sich idR in der Form eines zeitl vorangehenden **Antrages** (§§ 145 ff) u seiner **Annahme** (§§ 146 ff). **Ort des Vertragsschlusses** ist derjenige, in dem die AnnErkl wirks w, idR wo sie dem Antragden zugeht, im Fall des § 151 der Ort ihrer Abgabe (RG **62**, 381, vgl auch BGH NJW **58**, 751). **Zeitpunkt des Vertragsschlusses** ist gleichf derjenige des Wirksamwerdens der AnnErkl, idR also der Ztpkt ihres Zugehens, im Fall des § 151 der Ztpkt der Erkl (Soergel-Wolf § 145 Rn 27). Rückdatierg von RGesch vgl Schneider AcP **175**, 279.

5 **2) Arten der Verträge. – a)** Im **Privatrecht** kommen Vertr in allen RGebieten vor. Im SchuldR, dem Hauptverbreitgsgebiet des Vertr, unterscheidet man zw einseit verpflichtden Vertr (zB Schenkg, Bürgsch), unvollk zweiseit verpflichtden Vertr (zB Leihe, Auftr) u vollk zweiseit verpflichtden (ggs) Vertr (zB Kauf, Miete), näher Einf 4 ff vor § 320. Neben diesen verpflichtden Vertr stehen die vertragl VfgsGesch des SchuldR, wie Abtr, Erlaß u SchuldÜbern (Einf 6 v § 305). Unter den VertrBegr des BGB fallen weiter die Einiggen des SachenR (Begründg, Übertr, Änderg dingl Rechte), die Vertr des FamilienR (EheVertr,

Verlöbn, – für die Eheschließg gelten Sonderregelgen) u des ErbR (ErbVertr u Erbverzicht). Die §§ 104 ff u die §§ 145 ff gelten für alle VertrArten, die §§ 305 ff dagg grdsätzl nur für schuldrechtl Vertr (RG **66**, 99). – **b)** Auch im **öffentlichen Recht** können RVerh dch Vertr begründet, geändert od aufgeh w (näher Einf 35 ff v § 305). Bei privatrechtl Vertr, die unmittelb der Erfüllg öff Aufg dienen, unterliegt die öff Hand den sich aus dem öffR ergebden Bindgen (§ 242 Rn 11). 6

3) Vertragsfreiheit. – a) Die VertrFreih, dh die Freih des einzelnen, seine LebensVerhältn dch Vertr eigenverantwortl zu gestalten, ist die Haupterscheingsform der **Privatautonomie** (Übbl 1 vor § 104). Sie gehört zu den grdlegden Prinzipien unserer ROrdng u ist als Teil des R auf freie Entfaltg der Persönlichk (GG 2 I) verfassgsrechtl gewährleistet (BVerfG **8**, 328, BVerwG **1**, 323), unterliegt aber den Schranken der verfassgsmäß Ordng (BVerfG **12**, 347). Diese gebietet, sozialem u wirtschaftl **Ungleichgewicht** entggzuwirken, damit Selbstbestimmg für den and Teil nicht zur schrankenlosen Fremdbestimmg w (BVerfG NJW **90**, 1470, **94**, 38). Von Ausn abgesehen (§ 134 Rn 4), stellen die GrdRArtikel u die sonstigen Normen des GG zwar keine unmittelb wirkden Schranken der VertrFreih dar; sie wirken aber über die Generalklauseln (§§ 138, 242, 826) in das PrivR ein (sog Theorie mittelb Drittwirkg, § 242 Rn 7). Das gilt auch für die **Sozialstaatsklausel,** GG 20, 28 (BVerfG **8**, 329, NJW **90**, 1470, **94**, 38). Sie verpflichtet GesGeber u Rspr, Mißbräuchen der VertrFreih entggzuwirken. Mit der Anerkenng der VertrFreih ist zwar eine allg gerichtl BilligkKontrolle des VertrInhalts unvereinb. Eine sozialstaatl ROrdng kann aber nicht an der Erscheing vorübergehen, daß vielf der wirtschaftl u (od) intellektuell Überlegene dem and einseit die VertrBedinggen aufzwingt u daß die VertrFreih ein Instrument gesellschaftl Machtausübg sein kann. Sie muß Kriterien u Verf entwickeln, um **Vertragsgerechtigkeit** auch dann zu gewährleisten, wenn die VertrFreih im materiellen Sinne allein von der einen Part in Anspr genommen w (Rn 13 ff). 7

b) Die **Abschlußfreiheit** wird dch das Institut des Abschlußzwanges (Kontrahiergszwanges) beschränkt. In best Fällen besteht die Pfl, mit einem and den von diesem gewünschten Vertr abzuschließen, sofern nicht wicht Grde eine Ablehng rechtf. – **aa) Unmittelbarer Abschlußzwang.** Für wicht TBereiche der Daseinsvorsorge ist die AbschlPfl ausdr gesetzl festgelegt, so für die Versorgg mit Strom u Gas, EnWG 6, der auch für Sonderabnehmer gilt (BGH NJW-RR **91**, 409), für den PersTransport (PersBefG 22), für Monopol- u PflLeistgen der Post (PostG 8 nF), die PflegeVers (SGB XI 23 VI) u die KfzPflVersicherg in den Grenzen von PflVersG 5 IV. Vgl ferner BRAO 48, 49, SchwbG 5, StromeinspeisgsG 2 (BGH **134**, 1, LG Kiel ZIP **99**, 757 [Verstoß gg GemeinschR], AG Plön NJW **97**, 591 [verfassgsw]). § 611 a begründet keinen Abschlußzwang, *arg* § 611 a (aA Herrmann ZfA **96**, 19), auch nicht TrHandG 2 (Krebs ZIP **90**, 1521), wohl aber SachRBG 13, 14 (Grün NJW **94**, 2646). – **bb) Mittelbarer Abschlußzwang.** Ist die Ablehng des VertrSchl eine unerlaubte Hdlg, ergibt sich aus dem DeliktsR für den Schädiger eine AbschlPfl. Die Rspr hat diesen Grds ursprüngl für den Anwendgsbereich des § 826 entwickelt (RG **115**, 258, **132**, 276, **133**, 391, **148**, 334). Soweit es um die RBeziehgen zw Unternehmgen geht, hat inzw das **Kartellrecht** den § 826 fast völlig verdrängt. Marktbeherrschde u marktstarke Unternehmgen unterliegen einem AbschlZwang, soweit die Ablehng des VertrSchl gg das Diskriminiergsverbot des GWB 26 II verstößt (BGH **36**, 91, **49**, 98, **129**, 60, stRspr). AbschlPflten, die nur aus dem GWB, nicht aber aus EGV 85 I hergeleitet w können (BGH NJW-RR **99**, 189), sind von der Rspr bejaht worden für den Hersteller von Skiern (BGH NJW **76**, 803); von Farbfernsehern (BGH NJW **79**, 2152); von Faßbier (BGH NJW **79**, 107); für Theater im Verhältn zu Besucherorganisationen (Hamm NJW **89**, 406); für Energieversorggsuntern ggü Betreibern von Kraft-Wärme-Kopplgen (BGH **133**, 177, ZIP **99**, 378); mit erhebl Einschränkgen auch für die gesetzl Krankenkassen u gemeindl Krankenhäuser als Nachfrager (BGH **36**, 99, **101**, 83, **114**, 229). Als Grdl für einen Abschlußzwang kommt seit dem 1.1.99 auch GWB 19 IV Nr 4 in Betracht: Danach ist es mißbräuchl, wenn ein marktbeherrschdes Untern and Untern den Zugang zu seinen Netzen od and Infrastuktureinrichtgen verweigert (Dreher DB **99**, 833). Vgl auch Lukes BB **98**, 1219 u Büdenbender ZIP **99**, 1469 zu TKG 33 ff u EnWG 6. Kontrahiergszwang besteht wohl auch für das Denic (Dtsche Network Information Center), dem Anbieter von domain-Namen/Internet Adressen (Nordemann/Czychowski/Grüter NJW **97**, 1900, Ffm WRP **99**, 366). Zu weiteren Einzelfällen s die Kommentare zum GWB. Die Rspr stützt den Kontrahiergszwang konstruktiv auf die Verpfl zur Naturalrestitution, § 249 S 1 (BGH **21**, 1, 8, **44**, 283). Darin liegt aber ein überflüssiger Umweg. Ist der Nichtabschluß verboten, so ist zugl der Abschluß geboten (Bydlinski AcP **180**, 13, Larenz SchR I § 4 I a). Es genügt ein obj Verstoß, ein Verschulden ist nicht erforderl. – **cc) Verbraucher.** Für den Verbraucher fehlt eine GWB 26 II entspr allg SchutzVorschr. Ihn, abgesehen von den unter Rn 8 aufgeführten Fällen, auf den Schutz des § 826 zu beschränken, überzeugt nicht. Aus allg RGrds (Sozialstaatsklausel) u einer RAnalogie zu den unter Rn 8 u 9 angeführten Vorschr läßt sich vielmehr der RSatz ableiten: Der Untern, der lebenswicht Güter öffentl anbietet, darf den VertrSchl nur aus sachl Grden ablehnen, sofern für den Kunden keine zumutb Möglichk besteht, seinen Bedarf anderweit zu befriedigen (ähnl Bydlinski AcP **180**, 41; Medicus SchR I § 11 IV; enger Larenz SchR I § 4 I a). Eine AbschlPfl besteht daher für Theater (aA RG **133**, 388, Eidenmüller NJW **91**, 1441), Museen, städtische Badeanstalten (AG Würzburg NJW-RR **93**, 1332) u für Krankenhäuser hins allg Krankenhausleistgen (BGH NJW **90**, 762). Sie ist dagg wg zumutb Ausweichmöglichk idR ausgeschlossen bei Lebensmittelhändlern (Celle OLGZ **72**, 281) u **Kreditinstituten** (LG Stgt NJW **96**, 3347) u erst recht bei Spielbanken (BGH NVwZ **94**, 1240). Für die Einrichtg von Girokonten sieht das SparkassenR einz Länder einen Kontrahiergszwang vor (s *NRW*-SparkassenVO 8 u dazu Köln NJW-RR **92**, 1522). Bei nichtlebenswicht Gütern kann sich ein Abschlußzwang aus § 826 ergeben, so etwa iF einer **rassischen Diskriminierung** (Staud/Bork Rn 24, Bezzenberger AcP **196**, 428). – **dd)** Die **Presse** unterliegt hins der Veröffentlichg polit Anzeigen keinem AbschlZwang, *arg* GG 5 (BVerfG NJW **76**, 1627, aA Groß JR **95**, 490). Dieser besteht aber bei PresseUntern mit regionaler Monopolstellg für Anzeigen unpolit Inh (s Schlesw NJW **77**, 1886, LG Nürnbg NJW **81**, 2421, aA Karlsr NJW **88**, 341, AG Rendsbg NJW **96**, 1004, Rath-Glawatz WRP **82**, 625 mwNw) u für AbonnementsVertr (Karlsr NJW **91**, 2913 läßt offen). Widerspricht die Anzeige der redaktionellen Linie der Zeitg od kann sie möglicherw das AnzeigenGesch gefährden, entfällt der AbschlZwang (Rath-Glawatz aaO). Der Sportreporter darf wg GG 5, 12 nicht vom Besuch einer Sportveranstaltg ausgeschl w (LG Münst NJW **78**, 1329). – **ee)** Besteht AbschlZwang, ist bereits bloßes **Schweigen** auf ein Angebot als Ann zu werten (OGH **2**, 356, 11

BGH **LM** § 284 Nr 1, vgl auch PflVersG 5 III). Der Zugang des Angebots reicht dagg zum Zustandekommen des Vertr noch nicht aus (Staud/Bork Rn 29). Wird der VertrSchl verweigert, kann der Berecht mit der Klage auf Ann seines Angebots die auf die vertragsmäß Leistg verbinden (s zur ähnl Problematik beim VorVertr unten Rn 22). Er kann ferner in den zu Rn 9 u 10 angeführten Fallgruppen SchadErs wg c. i. c. verlangen (BGH NJW **74**, 1904, Enn-Nipperdey § 162 Fußn 40); außerdem besteht idR SchadErsAnspr gem § 823 II od § 826 (vgl BGH NJW **51**, 109). Besteht bereits ein Vertr, wirkt der Abschlußzwang wie eine KündSperre
12 (BGH NJW **89**, 3011, LG Stgt NJW **96**, 3347). – **ff)** Vom AbschlZwang zu unterscheiden ist der **diktierte Vertrag.** Er kommt, ohne daß es irgendwelcher WillErkl der Beteiligten bedarf, aufgrd gesetzl Ermächtigg dch Hoheitsakt zustande. Die meisten einschläg Ermächtiggen sind im Zuge des Abbaus der Zwangsbewirtschaftg beseitigt worden. Bsp sind die ArbVerpfl gem ArbSichG 10 (nur im Verteidiggsfall u in Spanngszeiten zul), ZwangspachtVertr gem BauGB 97 II od gem Ges vom 28. 7. 69 (BGBl I 1013) § 4, ferner die Einweisg eines Eheg in den MietVertr nach HausratsVO 5. Der Hoheitsakt begründet in diesen Fällen ein priv RVerh, das in seinen Wirkgen (nicht in seiner Entstehg) einem VertrVerh gleichsteht (BGH **LM** § 284 Nr 1, Enn-Nipperdey § 162 Fußn 40).

13 **c)** Die **Freiheit inhaltlicher Gestaltung** unterliegt gleichf Schranken. Im Familien- u ErbR sind Vertr nur statth, sow das Ges sie zuläßt. Im SachenR können dch Vertr nur die Rechte begründet w, die die ROrdng vorsieht. Im SchuldR, dem eigentl Wirkgsbereich der VertrFreih, findet die Freih inhaltl Gestaltg ihre Grenze an §§ 134, 138, den sonstigen Vorschr zwingden Rechts und an öffrechtl GenVorbeh (§ 275 Rn 26 ff). Zu diesen tradierten Einschränkgen ist inzw eine Anzahl von unterschiedl **Schutzvorschriften** zG des wirtschaftl od intellektuell **Unterlegenen** hinzugekommen. Die mit dem Vertr typw verbundene **Richtigkeitsgewähr** (Schmidt-Rimpler AcP **147**, 130) ist gefährdet, wenn zw den Part eine strukturell ungleiche VhdlgsStärke besteht (BVerfG NJW **94**, 36). Nach den Wertentscheidgen des GG sind Gesetzgebg u Rspr gehalten, auch bei gestörter VertrParität ein ausr Maß an VertrGerechtigk sicherzustellen (Rn 7). Dazu verpflichtet auch der Gedanke des **Verbraucherschutzes,** der inzw zu einer wichtigen Zielvorstellg des bürgerl Rechts geworden ist (Gärtner JZ **92**, 73, Esser/Schmidt § 1 IV, krit H. Roth JZ **99**, 529). Er wird mitgeprägt vom Recht der EU, das ein hohes Niveau des VerbrSchutzes anstrebt (EGV 100 a, 129 a). Währd die dtsche Rspr im WettbewR noch immer auf den flüchtigen, unmündigen, fast schon debilen Verbraucher abstellt, geht das GemeinschR mit Recht vom Leitbild des aufmerks u verständigen Verbrauchers aus (EuGH NJW **98**, 3183, EuZW **93**, 420; **96**, 245; **99**, 281, Dreher JZ **97**, 192). Seinem Schutz dienen vor allem folgde
14 Regelgen u Grds: – **aa)** Der GesG hat zum Schutz des Verbr eine Vielzahl von **zwingenden** od halbzwingden Vorschr erlassen. Beispiele sind – neben den zahlreichen Schutznormen des Arb- u MietR (Einf 96 v § 535, Einf 64 v § 611) – etwa §§ 651 a ff, 676 c III, das VerbrKrG, das TzWrG, das FernUSG u das HeimG.
15 – **bb)** AGB u Klauseln in VerbrVertr unterliegen nach AGBG 1, 24 a einer richterl **Inhaltskontrolle.** Eine Mißbr- od AngemessenhKontrolle ist nach den iW der RFortbildg entwickelten Grds aber auch außerh des Geltgsbereichs des AGBG zul, so im ArbR (AGBG 24 Rn 2), im Recht der PublikumsKG (AGBG 24 Rn 4), im WEG (WEG 10 Rn 2), im VereinsR (§ 25 Rn 9) u bei Vertr über Leistgen der Daseinsvorsorge (§ 315 Rn 2). Ein Bedürfn u eine Rechtfertigg, eine InhKontrolle in weiteren Fallgruppen zuzulassen, besteht nicht. Das Vorliegen einer „strukturell ungleichen Verhandlgsstärke", auf die das BVerfG in seiner Entsch zur AngehBürgsch abstellt (NJW **94**, 36), ist angesichts der Unschärfe dieses Kriteriums kein geeigneter Anknüpfgspunkt für eine InhKontrolle (Zöllner AcP **196**, 1, aA Schwenzer aaO 88 ff). Der Bü kann gg ihn überfordernde Verpfltgen dch § 138, eine wichtige Schutznorm gg den Mißbr wirtschaftl Macht, ausr geschützt w (§ 138 Rn 37). EheVertr u ScheidgsVereinbgen unterliegen schon wg Fehlens einer strukturellen Disparität der Eheg keiner InhKontrolle (Grziwotz FamRZ **97**, 588, aA Schwenzer aaO). Das gilt ebso für Vertr zw Schwiegermutter u -tochter (aA BGH NJW **95**, 2282). Auch beim arbeitsrechtl AufhebgsVertr
16 liegen die Voraussetzgen für eine InhKontrolle nicht vor (BAG NJW **96**, 2593). – **cc)** Um die Verhinderg von Mißbr der VertrFreih geht es auch, wenn einer VertrPart **Informationspflichten** auferlegt w. Die Pflten beruhen zT auf Ges (vgl zB TzWrG 2, VO über InformationsPflten des Reiseveranstalters, Anh zu § 651 l u VAG 10 a), sie sind zT aber auch von der Rspr herausgebildet worden (§ 276 Rn 78 ff). Ihre Verletzg kann
17 nach den Grds der c. i. c. einen Anspr auf Aufhebg des Vertr (§ 276 Rn 78 ff) begründen. – **dd)** Auch bei dem im Vollzug von EG-RiL eingeführten **Widerrufsrecht,** das bei best typ Gefährdgen der freien Willensbildg besteht (HausTWG 1, VerbrKrG 7, TzWrG 7, VVG 8 IV, FernUSG 2 u AuslInvestmG 11), geht es um Verbraucher- u damit um Unterlegenenschutz. Der Verbraucher kann sich von einem Vertr lösen, der möglw übereilt, ohne gründl Abwägg des Für u Wider zustande gekommen ist.

18 **4) Vorstufen des Vertrages. – a)** Dem VertrSchl gehen regelm **Vorverhandlungen** voraus. Sie sind bis zur vollst Einigg nicht bindd (§ 154 I), können aber für die Auslegg des späteren Vertr bedeuts sein (§ 133 Rn 16). Die VertrVhdlgen begründen ein **vertragsähnliches Vertrauensverhältnis,** das die Part zur Sorgf von „Schu" verpflichtet u Grdl für SchadErsAnspr wg c. i. c. sein kann (§ 276 Rn 65 ff). Der im Vorfeld von Großprojekten vielfach übersandte **Letter of Intent** ist idR die rechtl nicht verbindl Fixierg der VhdlgsPosition des Absenders (Muster s Kösters NZG **99**, 623). Ein Abrücken von diesen Festleggen kann zu einer Haftg wg c. i. c. führen. Der Letter of Intent kann aber auch bereits verbindl „VorfeldVereinbgen" enthalten, etwa über die Finanzierg von Vorleistgen od InformationsPflten (Lutter, Letter of Intent, 2. Aufl, 1983, S 35 ff).

19 **b) Vorvertrag. – aa) Begriff, Funktion.** Der VorVertr ist ein schuldrechtl Vertr, der die Verpfl zum späteren Abschl eines HauptVertr begründet (BGH **102**, 384/388). Seine Zulässigk ergibt sich aus dem Grds der VertrFreih. Der dch ihn begründete vertragl Kontrahiergszwang muß auf Abschl eines schuldrechtl HauptVertr gerichtet sein; die Verpfl zur Vorn einer Vfg ist kein Vor-, sond ein HauptVertr (RG **48**, 133). Der VorVertr kann so ausgestaltet w, daß nur der eine Teil gebunden ist, der and dagg keine Pfl zum VertrSchl übernimmt (BGH NJW **90**, 1233). Mögl auch, daß eine Bindg nur besteht, wenn sich der Verpflichtete zur DchFührg eines best Projekts (Bauvorhabens) entschließt (BGH **102**, 384). Die vorzeit Bindg dch einen VorVertr kann sinnvoll sein, wenn dem Abschl des HauptVertr noch tats od rechtl Hindern entggstehen. Da sich die Part iZw erst binden wollen, wenn sie über alle Einzelh eine endgült Einigg erzielt haben, ist aber jeweils zu prüfen, ob wirkl schon eine Bindg gewollt ist od ob nur AbsichtsErkl vorliegen (BGH NJW **80**, 1577, Mü NJW-RR **97**, 117); ands aber auch, ob nicht bereits ein bedingter HauptVertr zustande gekommen

ist (BGH NJW **62**, 1812, LG Gießen NJW-RR **95**, 524). **Rahmenverträge** eröffnen eine auf Dauer angelegte GeschVerbindg. Sie sind mangels Bestimmth der abzuschließden EinzelVertr idR keine VorVertr, der NichtAbschl eines EinzelVertr kann aber eine pVV des RahmenVertr sein (BGH NJW-RR **92**, 977). **Anpassungsklauseln** stellen nur dann einen wirks (aufschiebd bedingten) VorVertr zum Abschl eines ÄndVertr dar, wenn sie für die Anpassg hinreichd konkrete Maßst festlegen (Baur, Vertragl Anpassgsregelgen, 1983, S 120).

bb) Bestimmtheit, Form. An den notw Inhalt eines VorVertr können nicht die gleichen Anfordergen gestellt werden wie an eine die Sache endgült regelnde Vereinbg (BGH DNotZ **63**, 36, **LM** § 705 Nr 3, str). Ein wirks VorVertr setzt aber voraus, daß sich die Part über alle wesentl Punkte geeinigt haben u der Inhalt des abzuschließden HauptVertr zumindest **bestimmbar** ist (BGH NJW **90**, 1233, NJW-RR **93**, 139, BFH NJW **84**, 1655, Karlsr NJW-RR **96**, 997); es muß eine soweit gehde Einigg erzielt worden sein, daß sich der Inhalt des HauptVertr im Streitfall unter Anwendg des ZPO 287 iW ergänzder Auslegg ermitteln läßt (BGH aaO). Ein VorVertr kann ohne eine PrAbrede wirks sein, wenn sich die Part über Art u Weise der PrKalkulation geeinigt haben u die Elemente der Kalkulation bestimmb sind (Brem NJW-RR **95**, 1453). Der VorVertr bedarf der **Form** des HauptVertr, wenn diese, wie idR, vor einer übereilten Bindg warnen soll (BGH **61**, 48, stRspr); für ihn gelten daher § 313 (BGH **97**, 147, § 313 Rn 11), § 518, § 766 (BGH **LM** § 766 Nr 8), GmbHG 2 (BGH NJW-RR **88**, 288), nicht dagg § 566, da die Form hier nur BewZwecken dient (BGH **LM** § 566 Nr 1), ebsowenig TVG 1 II, da die Form hier Unterrichtg der Normunterworfenen bezweckt (BAG NJW **77**, 318). Bei gewillkürter Form ist es Ausleggsfrage, ob sie auch für den VorVertr gilt (BGH NJW **58**, 1281). Der formunwirks VorVertr wird mit Abschluß des HauptVertr wirks (BGH **82**, 398, § 313 Rn 52). 20

cc) Ansprüche, Leistungsstörungen, Klage. Der VorVertr **verpflichtet** die Part, ein Angebot auf Abschl des HauptVertr abzugeben u das Angebot des and Teils anzunehmen (BGH JZ **58**, 245). Besteht bereits ein von einem vollmlosen Vertreter geschl HauptVertr, ergibt sich aus dem VorVertr ein Anspr auf Gen (BGH **108**, 381). Macht der eine Teil ein dem VorVertr entspr Angebot, erlischt seine Verpfl dch Erf (aA BGH JZ **58**, 245); er muß dem and aber eine ausreichde Prüfgszeit einräumen u kann zu Klarstellgen verpflichtet sein. Bei **Leistungsstörungen** gelten die allg Regelgen, inbes die Grds der pVV u § 326 (s BGH NJW **63**, 1247, **90**, 1233); an das Vorliegen einer ernsth u endgült ErfVerweigerg sind auch hier strenge Anfordergen zu stellen (BGH NJW-RR **93**, 140). Ein RücktrR wg pVV besteht nur bei eig VertrTreue (BGH NJW **84**, 479). Ist der VorVertr auf Begründg eines DauerschuldVerh gerichtet, besteht bei Erschütterg der VertrauensGrdl unabhäng vom Verschulden gem § 242 ein RücktrR (BGH NJW **58**, 1531, Kblz NJW-RR **98**, 808). Die **Klage** auf VertrErf muß sich auf Annahme des vom Kläger gemachten VertrAngebots richten (BGH **97**, 147), ausnw kann aus Grden der ProzÖkonomie auch eine Klage auf Abgabe eines Angebots des Beklagten zul sein (BGH **98**, 130). Mit der Klage auf VertrAbschluß kann der Berecht die auf die nach dem HauptVertr geschuldete Leistg verbinden (BGH **98**, 130/134, NJW **86**, 2820, NJW-RR **95**, 1327/1329), jedoch muß in die Urt-Formel uU der Vorbeh aufgenommen w, daß das Zustandekommen des Vertr Voraussetzg für die Leistg ist (BGH NJW **89**, 2129/2132). Ausnw kann der Berecht die geschuldete Leistg auch ohne gleichzeit Klage auf Abschl des HauptVertr fordern (BGH NJW **72**, 1189, AuflAnspr aus EigenheimbewerberVertr). 21 22

c) Das **Optionsrecht** ist das Recht, dch eins Erkl einen Vertr, insb einen Kauf- od MietVertr, zustande zu bringen (MüKo/Kramer Rn 41 ff, Larenz/Wolf § 23 Rn 102), gesetzl Bsp: WiederkaufsR §§ 497 ff. Es unterscheidet sich vom VorVertr dadch, daß es keinen schuldrechtl Anspr auf Abschl des HauptVertr, sond ein GestaltgsR begründet. Das OptionsR ergibt sich idR aus einem aufschiebd bedingten Vertr, der dch die Options-Erkl unbedingt w (BGH **47**, 387/391, Weber JuS **90**, 249). Bei dieser Gestaltg gelten etwaige FormVorschr (§ 313) nur für den bedingten VertrAbschl (die OptionsVereinbg), nicht dagg für die Options-Erkl (BGH **LM** § 433 Nr 16, § 313 Rn 11). Von einem OptionsR spricht man aber auch dann, wenn dem Berecht ein langfristig binddes VertrAngebot gemacht w (MüKo/Kramer, aaO). In diesem Fall gelten etwaige FormVorschr auch für die OptionsErkl (BGH **LM** § 433 Nr 16). Ob die eine od and Art des OptionsR od ein eins bindder VorVertr (Rn 19) vorliegt, ist Ausleggsfrage (BGH aaO). Wird als GgLeistg für die übernommene Bindg ein sog Bindgsentgelt vereinb, erstreckt sich die Formbedürftigk auch auf diese Abrede (§ 313 Rn 12). 23

d) Von Einräumg einer sog **Vorhand** spricht man, wenn jemand sich verpflichtet, einen Ggst, bevor er ihn anderweit veräußert od vermietet, dem VorhandBerecht anzubieten (MüKo/Kramer Rn 47). Rechtl läßt sich die Vorhand nicht eindeut einordnen (Lorenz FS Dölle I S 118). Vielf beschränken sich die Pflten darauf, dem Berecht die Angebote and Interessenten mitzuteilen u mit ihm zu verhandeln (RG HRR **33** Nr 913); diese schwächste Art der Vorhand ist auch bei Grdst nicht formbedürft (Hbg NJW-RR **92**, 20); Die Vorhand kann aber auch ein eins bindder aufschiebd bedingter VorVertr sein (Rn 19), wobei die aufschiebde Bdgg (Potestativbdgg) der Wille des Verpflichteten ist, nunmehr zu verkaufen (MüKo/Kramer aaO). Schließl ist denkb, daß die Vorhand als OptionsR (Rn 23) ausgestaltet ist. Was im Einzelfall gewollt ist, ist gem §§ 133, 157 zu entscheiden. 24

5) „Faktische Vertragsverhältnisse". – a) Allgemeines. Nach einer von Haupt („Über fakt VertrVerhältn", 1941) begründeten Lehre sollen VertrVerh auch ohne WillErkl der Part allein dch ein rein tatsächl Verhalten entstehen können. Diese Lehre hat anfängl im Schriftt Unterstützg gefunden, u auch der BGH ist ihr in einigen Entsch gefolgt, so im Parkplatzfall (BGH **21**, 334), Stromversorggsfall (BGH **23**, 175) u Hoferbenfall (BGH **23**, 261). Inzw besteht aber Einverständn darüber, daß die Lehre vom „fakt Vertr" ein Irrweg war (Medicus AT Rn 248, Esser-Schmidt § 10 I 2, Larenz/Wolf § 30 Rn 30). Der BGH hat sie seit 1958 nicht mehr angewandt u hat 1985 festgestellt, daß die Rspr die fr als fakt Vertr eingestuften Fälle mit rgeschäftl Kategorien löse (BGH **95**, 399). In der Tat ist die Lehre Haupts **ersatzlos entbehrlich:** 25

b) Massenverkehr, Daseinsvorsorge. Im modernen MassenVerk werden vielf Leistgen in Anspr genommen, ohne daß ausdr vertragl Abreden getroffen w (Straßenbahnfahrten, Parkplätze, Elektrizität, Gas, Wasser). Gleichwohl kommen auch hier, soweit nicht öffR anwendb ist, dch schlüssiges Verhalten wirks SchuldVertr zustande: – **aa)** Das Leistgsangebot des Versorggsunternehmens ist eine **Realofferte** (Saarbr NJW-RR **94**, 436). Diese wird vom and Teil gem § 151 dch eine Gebrauchs- od AneigngsHdlg angenommen. Die Ann, die 26

man als **sozialtypisches Verhalten** bezeichnen kann, ist eine rgeschäftl WillensBetätigg. Sie erfordert GeschFgk (AG Mühlheim NJW-RR **89**, 175, Medicus NJW **67**, 354, allgM, verfehlt LG Bremen NJW **66**, 2360); auch die §§ 116ff sind anwendb, jedoch kann die Anf nicht darauf gestützt w, der Annehmde habe
27 sich über die sozialtyp Bedeutg seines Verhaltens geirrt (Canaris, Vertrauenshaftg, 1971, S 447). – **bb) Protestatio facto contraria.** Ein wirks Vertr kommt auch dann zustande, wenn die Part, die die Leistg in Anspr nimmt, ausdr erklärt, sie werde kein Entgelt zahlen; die Part muß die obj ErklBedeutg ihres Verhaltens gg sich gelten lassen, ihr Vorbehalt ist unbeachtl (BGH **95**, 399; NJW **65**, 387, Parkplatz; DB **70**, 1686, Taxenstandplatz, Weth JuS **98**, 795). Auch die §§ 612 I, 632 I zeigen, daß eine rechtens bestehde VergütgsPfl nicht dch eine einseit Erkl ausgeschlossen werden kann (Medicus AT Rn 250). Unschädl ist, daß eine vollständ Einigg über die VertrBedggen fehlt, etwaige Lücken sind gem §§ 315, 316 zu schließen (BGH NJW **83**, 1777, **LM** § 315 Nr 12); Voraussetzg ist jedoch, daß das Verhalten nach seiner obj ErklBedeutg als Ann zu werten ist (BGH NJW **91**, 564). Davon kann beim Dieb keine Rede sein; er bleibt außerh der Vor- u Nachteile des VertrR u haftet gem §§ 823, 812 (LG Bln JZ **73**, 217); entspr gilt für den, der sich heiml in ein Flugzeug einschleicht (BGH **55**, 128). Auch wenn ein zunächst berecht in Anspr genommener Standplatz nicht geräumt
28 wird, kommt kein Vertr zustande (Nürnb OLGZ **78**, 197). – **cc) Versorgungsverträge.** Wer aus dem Verteilgsnetz eines VersorggsUntern (ohne strafb Manipulationen) Elektrizität, Gas od Fernwärme entnimmt, nimmt die Realofferte des Untern dch sozialtyp Verhalten an; er muß nach der ProtestatioRegel auch bei einem ausdr Widerspr das tarifl Entgelt zahlen (BGH NJW **83**, 1777, Saarbr NJW-RR **94**, 436, stRspr). Kündigt er mit der Erkl, er werde weiter Energie entnehmen, ist die Künd wg widersprüchl Verhaltens unwirks (BGH **LM** Allg Bdgg EVersorgg Nr 11). In § 2 II AVBEltV/GasV/FernwärmeV ist nunmehr ausdr bestimmt, daß die Entnahme von Energie aus dem Verteilgsnetz als Ann des VertrAngebots des Untern aufzufassen ist. Damit wird der EnergieEntn ErklWirkg beigelegt; es handelt sich um ein „Tun mit ErklWirkg" vergleichb dem „Schweigen mit ErklWirkg"; Einf 12 vor § 116 gilt entspr. Zur Abgrenzg des Entnehmerbegriffs s BGH **100**, 299, BB **91**, 300. Der fakt Abnehmer (Pächter) kann neben dem fr Kunden (Verpächter) VertrPart w (Ffm NJW-RR **89**, 889). Erfaßt wird aber nur die EnergieEntn über zugelassene Anschlüsse; der Energiediebstahl begründet auch nach den AVBV keinen Vertr, sond delikt Anspr (Hermann/Recknagel/Schmidt-Salzer § 2 AVBV Rn 35).

29 **c) Fehlerhafte Dauerschuldverhältnisse.** Der Grds, daß bei Gesellsch- u ArbVertr Mängel des VertrSchl idR nur mit Wirkg ex nunc geltd gemacht werden können (§ 705 Rn 10f, § 611 Rn 23), beruht nicht auf der Anerkenng eines von der Willenseinigg der Part unabhäng tatsächl VerpflGrd, es geht vielmehr um eine Beschrkg der Nichtigk- u AnfFolgen, die an den RGedanken der AktG 273ff, GmbHG 75ff, u fr EheG 16ff (jetzt §§ 1313ff) anknüpft (MüKo/Kramer Rn 65 v § 241). Auf **Miet- und Pachtverträge** sind auch nach Überlassg der Sache die normalen Nichtigk- u AnfRegeln anzuwenden (KG MDR **67**, 404, LG Bambg WuM **72**, 119, str).

145 *Bindung an den Antrag.* **Wer einem anderen die Schließung eines Vertrags anträgt, ist an den Antrag gebunden, es sei denn, daß er die Gebundenheit ausgeschlossen hat.**

1 **1) Vertragsantrag. – a)** Der Antr (Angebot, Offerte) ist eine einseit, empfangsbedürft WillErkl (§ 130 Rn 2), die gem § 130 mit dem Zugehen wirks w. Er ist kein einseit RGesch, sond soll Teil des zweiseit RGesch „Vertrag" w (Hamm NJW **82**, 2076). Ggst u Inh des Vertr müssen im Antr so **bestimmt** od so bestimmb (§§ 133, 157, 315ff) angegeben w, daß die Ann dch ein **einfaches Ja** erfolgen kann (s RG HRR **30**, 91, ebso CISG 14 I). Eine ausr Bestimmbark liegt aber auch dann vor, wenn der Antragde die Festlegg einzelner VertrPunkte dem AntrEmpfänger überläßt (MüKo/Kramer Rn 4). Auch die Bestimmg der Pers des AntrEmpfängers gehört abgesehen vom Fall des Angebots an einen unbestimmten PersKreis zum Inh des Antr (Karlsr DNotZ **88**, 695). Das Angebot an einen noch zu bestimmden Dr ist noch kein Antr iS des § 145; seine etwaige Bindgswirkg beruht zunächst auf dem mit dem BestimmgsBerecht abgeschlossenen Vertr (s auch § 313 Rn 30). Das dem Abmahnschreiben beigefügte Formular für eine UnterlVerpfl u ein VertrStrafVerspr ist dagg ein Angebot (Pohlmann BB **95**, 1249). Sow keine FormVorschr bestehen, kann der Antr auch dch
2 **schlüssige Handlung** erfolgen. – **b)** Der Antr muß den **Willen zu einer rechtlichen Bindung** zum Ausdr bringen. Hierdch unterscheidet sich der Antr von der **Aufforderung zur Abgabe von Angeboten** *(invitatio ad offerendum).* Ob das eine od das and vorliegt, ist Ausleggsfrage. Maßgebd ist nicht der innere Wille des Antragden, sond der obj ErklWert seines Verhaltens (§ 133 Rn 9). Bestellgen von Hotelzimmern sind iZw ein Angebot (Düss NJW-RR **91**, 1144), nicht aber Anzeigen in Zeitgen u Plakaten, Kataloge, Preislisten, Speisekarten u Ankündiggen von Theatervorstellgen (RG **133**, 391, MüKo/Kramer Rn 8). Der Unternehmer will sich noch nicht endgült binden, weil sein Vorrat möglicherw nicht reicht od gg einzelne Kunden Bedenken bestehen können. Gleiches gilt für Warenauslagen im **Schaufenster,** auch wenn sie entspr den Vorschr der PreisangabenVO mit einer verbindl Preisangabe versehen sind (BGH NJW **80**, 1388), u für die in der Werbg herausgestellten Sonderangebote (Soergel-Wolf Rn 7). Auch Auffordergen zur Bestellg von Waren im Fernabsatz sind iZw als *invitatio ad offerendum* aufzufassen (Rn 7 a), ebso Erkl des ArbG in einer BetrVersammlg (LAG Hamm EWiR **92**, 127).

3 **2) Bindung an den Antrag. – a)** Der Antr ist für den Antragden bindd. Er kann daher grdsl **nicht widerrufen** w (and CISG 16). Die Bindg beginnt mit dem Zugang des Antr (vorher s § 130 I 2) u endet mit seinem Erlöschen (§ 146). Aus der Bindg entsteht ein ggs VertrauensVerh mit beiderseit SorgfPfl; deren Verletzg begründet eine Haftg aus c. i. c. (s RG **107**, 242, § 276 Rn 65ff). Bei einer Bindg von langer Dauer (15 Jahre) kann der Antr entspr Einl 18 v § 241 aus wichtigem Grd widerrufen w (Düss NJW-RR **91**, 312). Wird der angebotene Ggst vom Antragden schuldh zerstört, steht der GgPart analog § 160 ein **Schadenersatzanspruch** auf das pos Interesse zu (MüKo/Kramer Rn 14, str, die hM gibt aus § 307 od c. i. c. einen
4 Anspr auf das negative Interesse). – **b)** Der Antragde kann die **Bindungswirkung** des Antr **ausschließen** (§ 145 letzter Halbs). Geschieht das dch eine Freiklausel, die sich auf das Angebot im ganzen bezieht (freibleibd, unverbindl), ist die Erkl idR nicht als Antr, sond als eine Aufforderg zur Abgabe eines Angebots

aufzufassen (RG **102**, 229, **105**, 12, BGH NJW **58**, 1628, **96**, 920). Wer eine derart Erkl abgibt, hat aber hinsichtl der ihm zugehden Antr eine ErklPfl; sein Schweigen ist daher als Ann zu werten (RG JW **26**, 2674, Staud/Bork Rn 30). Die Freiklausel kann auch als **Widerrufsvorbehalt** zu verstehen sein, so etwa, wenn eine Flugreise „freibleibd entspr unserer Verfügbark" angeboten w (BGH NJW **84**, 1885). Hier ist iZw anzunehmen, daß der Widerruf nur bis zur AnnErkl des Empfängers zul ist. Klauseln wie „solange der Vorrat reicht" sind als auflösde Bedingg anzusehen (s Staud/Bork Rn 32, str). Beschr Freiklauseln wie „Preise freibleibd", „Liefergsmöglichk vorbehalten" können auch dahin auszulegen sein, daß ein Vertr fest angeboten w, die Freiklauseln aber VertrInh w sollen (s RG **103**, 415, BGH **1**, 354; vgl § 157 Rn 16). Wer sich auf das Vorliegen eines Antr beruft, hat dessen Voraussetzgen zu **beweisen;** wer den Ausschluß der Bindg behauptet, ist insow beweispflichtig (MüKo/Kramer Rn 17).

3) Das dem ErklEmpfänger aus dem Antr erwachsde Recht ist ein **Gestaltungsrecht** (RG **132**, 6, Celle NJW **62**, 744, str). Das Recht kann uU übertragb (§§ 413, 398), pfändb (ZPO 851 I) u vererbl sein. Eine feste Regel für od gg die Übertragbark läßt sich nicht aufstellen (MüKo/Kramer Rn 16). Maßgebd ist der dch Auslegg (§§ 133, 157) im Einzelfall zu ermittelnde Inh des Antr. 5

4) Sonderformen. – a) Das Ges geht davon aus, daß der Vertr dch zwei zeitl aufeinand folgde WillErkl (Antr u Ann) zustande kommt. Das entspr dem regelmäß Ablauf, jedoch gibt es auch den VertrSchl dch **Abgabe gleichzeitiger Erklärungen,** etwa bei Abschl eines schriftl od not beurk Vertr (Leenen AcP **188**, 393). Bei beiderseit Zust liegt ein wirks Vertr auch dann vor, wenn die Erkl der Part nicht als Antr u Ann voneinand unterschieden w können (Huber RabelsZ **43**, 445). – **b)** Das Aufstellen eines **Automaten** ist ein Angebot an jedermann *(ad incertas personas)*. Es w dch Einwerfen der richtigen Münze angenommen (Padeck VersR **89**, 542). Beim Geldautomaten der Kreditinstitute richtet sich das Angebot nur an den Berecht (BGH NJW **88**, 979/981, LG Ffm NJW **98**, 3785). Der KartenInh erteilt seinem Kreditinstitut/Kartenausgeber eine Weisg (§ 665), das Geld wird gem § 929 übereignet (Gößmann WM **98**, 1272). – **c)** Durch **Fernsehen, Internet oder Bildschirm** übermittelte Auffordergen zu Bestellgen sind iZw als *invitatio ad offerendum* aufzufassen (Köhler NJW **98**, 185, Waldenberg BB **96**, 2365, Lachmann NJW **84**, 407, Redeker NJW **84**, 2391). Angebot ist die Bestellg des Kunden dch Telefonanruf, E-Mail, Fax, Brief od im Internet auch dch Mausklick (Ernst CoR **97**, 165). Für die Annahme dch den Untern stehen die gleichen Möglichk der Kommunikation zur Vfg; sie kann aber auch dch Warenzusendg (§ 151) erfolgen. Nach einem RiLEntw zum elektronischen GeschVerk soll der Vertr aber erst dann als geschlossen gelten, wenn beide Part ihre VertrErkl nochmals bestätigt haben (Waldenberg EuZW **99**, 296). In Vollzug der EG-RiL vom 20. 5. 97 (Einl 27 v § 241) müssen bis zum 5. 6. 2000 SchutzVorschr zG des Verbr bei VertrSchlüssen im Fernabsatz geschaffen werden; zZ besteht insoweit eine Lücke im VerbrSchutz (Köhler aaO, Borges ZIP **99**, 130). – **d)** Die Auslage im **Selbstbedienungsladen** ist eine Aufforderg zur Abgabe von Angeboten. Angebot ist die Vorlage der Ware an der Kasse, Ann die Feststellg des RechngsBetr (s Dietrich DB **72**, 958, Erm-Hefermehl Rn 10, aA Hart KritV **86**, 235, offen gelassen v BGH **66**, 55). Bei Selbstbediengstankstellen ist die betriebsbereite Zapfsäule das Angebot u die Selbstbedieng die Ann (str). Die vom Tankstelleninhaber abgegebene dingl EiniggsErkl (§ 929) ist aber dahin auszulegen (§ 157), daß das Eigt erst mit Bezahlg übergehen soll (str, aA Herzberg NJW **84**, 896). – **e)** Bei einem **Antrag an mehrere** ist es Ausleggsfrage, ob das Recht zur Ann jedem einz od nur der Gesamth zustehen soll. Letzterenfalls muß der Antr von allen rechtzeit angenommen w; wenn einer ablehnt od sich nicht erklärt, erlischt der Antr (BGH **LM** Nr 10). – **f)** Ein wirks Vertr kommt auch dann zustande, wenn sich zwei inhaltl entspr Antr **kreuzen** (Neumayer, FS Riese, 1964, 315, Staud/Bork § 146 Rn 7, str). – **g)** Für den Abschl von **Versicherungsverträgen** ohne Übergabe der VersBdggen u der nach VAG 10 a geschuldeten VerbrInformation enthält VVG 5 a eine SonderVorschr. Vgl dazu AGBG 2 Rn 18 a. – **h)** Ein VertrAntr ist auch die **Zusendung unbestellter Ware.** Schweigen bedeutet hier keine Ann, auch dann nicht, wenn der Antragde erklärt, der Vertr gelte bei Nichtablehng od Nichtrücksendg als geschl (allgM). Eine Pfl zur Rücksendg besteht nicht; sie kann auch nicht dch Beilegg des erforderl Portos begründet w. Gleiches gilt, abgesehen von Sonderfällen (HGB 362, ständ GeschVerbindg), für den kaufm Verkehr (MüKo/Kramer Rn 9). Auch ein VerwahrVertr kommt nicht zustande (Schwung JuS **85**, 450). Die allein verbleibde außervertragl Haftg des Empfängers beschr sich analog § 300 auf Vors u grobe Fahrlässigk (MüKo aaO, Soergel-Wolf Rn 26); idR steht einer SchadErsPfl auch § 254 entgg, da die unbestellte Warenzusendg ein grob rechtsw Eingriff in die Privatsphäre des Empfängers ist (BGH **LM** UWG 1 Nr 77).

6 (Abgabe gleichzeitiger Erklärungen, Rn 6) · 7 (Automaten) · 7 a (Fernsehen, Internet) · 8 (Selbstbedienungsladen) · 9 (Antrag an mehrere) · 10 (Versicherungsverträge) · 11 (Zusendung unbestellter Ware)

146 *Erlöschen des Antrags.* **Der Antrag erlischt, wenn er dem Antragenden gegenüber abgelehnt oder wenn er nicht diesem gegenüber nach den §§ 147 bis 149 rechtzeitig angenommen wird.**

1) Der **Antrag erlischt** dch Ablehng, Ablauf der AnnFr (§§ 147–149, 151 S 2, 152 S 2, s dort) u dch Widerruf eines nicht bindden Antr (§ 145 Rn 4). Weitere ErlöschensGrde ergeben sich aus §§ 153, 156. Die **Ablehnung** ist eine empfangsbedürft WillErkl (§ 130 Rn 2). Sie ist auch bei formbedürft Vertr formfrei (allgM). Die Anf ist nur zul, solange die AnnFr noch nicht abgelaufen ist u der Antragde sich nicht andweit gebunden hat (Diederichsen FS Medicus, 89/99. Der Mj kann nur mit Zust seines gesetzl Vertr ablehnen, da die Ablehng die zG des AntrEmpfängers begründete RPosition (§ 145 Rn 5) vernichtet, also auch rechtl Nachteile (§ 107) mit sich bringt (MüKo/Kramer Rn 3). Als Ablehng gilt auch die Ann mit Änd (§ 150 II). 1

2) Das **Erlöschen** des Antr beseitigt nicht nur die Bindg des Antragden; der Antr existiert rechtl nicht mehr u kann daher nicht mehr angenommen w (BGH NJW-RR **94**, 1164). Die verspätete Ann ist als neuer Antr aufzufassen (§ 150 I). Entspr gilt für die Ann nach Ablehng (§§ 133, 157). 2

147 *Annahmefrist.* **[I] Der einem Anwesenden gemachte Antrag kann nur sofort angenommen werden. Dies gilt auch von einem mittels Fernsprechers von Person zu Person gemachten Antrage.**

II Der einem Abwesenden gemachte Antrag kann nur bis zu dem Zeitpunkt angenommen werden, in welchem der Antragende den Eingang der Antwort unter regelmäßigen Umständen erwarten darf.

148 ***Bestimmung einer Annahmefrist.*** **Hat der Antragende für die Annahme des Antrags eine Frist bestimmt, so kann die Annahme nur innerhalb der Frist erfolgen.**

1 **1) Vertragsannahme** (§§ 147–152). – **a)** Sie ist eine einseit, empfangsbedürft, iF der §§ 151, 152 ausnahmsw auch nicht empfangsbedürft WillErkl (§ 130 Rn 2), aber ebso wie der Antr kein einseit RGesch (§ 145 Rn 1). Ihr Inh besteht aus einer vorbehaltlosen Bejahg des Antr (Staud/Bork § 146 Rn 1), die Ann mit Änd gilt als Ablehng (§ 150 II). Weicht bei einem VersVertr die dch Übersendg des VersScheins erklärte Ann vom Antr ab, kommt dieser aber mit dem Inh des VersScheins zustande, es sei denn, daß der VersN von seinem WidersprR gem VVG 5 Gebrauch macht. Ein entspr WidersprR besteht nach VVG 5 a, wenn dem VersN die AVB oder die Verbraucherinformation gem VAG 10 a nicht übergeben worden ist (AGBG 2 Rn 18 a). Eine telegraf od fernmündl Erkl mit dem Zusatz **„Brief folgt"** bringt idR zum Ausdr, daß der Erklärde sich zumindest Änd in Nebenpunkten vorbehält u ist daher iZw keine Ann (RG **105**, 13, Hamm DB **83**, 2619). Der Vertr kommt mit dem Zugehen der AnnErkl zustande, iF der §§ 151, 152 bereits mit der
2 Ann selbst. – **b) Schlüssige und stillschweigende Annahme. – aa)** Sow die Ann nicht formbedürftig ist, kann sie auch dch **schlüssiges Verhalten** geschehen, so etwa dch Bewirken der Leistg (s RG **129**, 113, BGH NJW **80**, 2246) od dch Entggnahme der angebotenen Leistg (s BGH NJW **63**, 1248). Maßgebd ist die Lage des Einzelfalles. Beim VersVertr ist die Entggnahme der Erstprämie iZw nicht als Ann zu werten (BGH NJW **76**, 289), es kann aber auch and liegen (s BGH NJW-RR **91**, 1178). IdR fällt die Ann dch schlüssige Hdlg
3 unter § 151, so daß der Vertr bereits mit der Betätigg des AnnWillens zustandekommt. – **bb)** Bloßes **Schweigen** ist grdsl keine WillErkl, also auch keine Ann (Einf 7 v § 116); es gilt aber in einigen Fällen kr Ges als AnnErkl (§ 516 II, HGB 362). Außerdem steht Schweigen einer Ann dann gleich, wenn der AntrEmpfänger nach **Treu und Glauben** (§ 242) verpfl gewesen wäre, seinen abw Willen zu äußern (Einf 10 v § 116). Schweigen kann daher als AnnErkl zu bewerten sein: bei einem Angebot aGrd von Vorverhdlgen, in denen über die wesentl VertrBedinggen bereits Einigk erzielt worden war (BGH NJW **95**, 1281, krit Pfeifer BB **95**, 1507, Scheffer NJW **95**, 3166), wenn beide Part fest mit einem VertrSchl rechneten (BGH NJW **96**, 920); bei VorVhdlgen mit einer namensähnl Schwesterfirma (BGH NJW-RR **86**, 456); bei einem Antr nach einer Aufforderg zur Abgabe von Angeboten (§ 145 Rn 2); iF des § 150 I, wenn die als neuer Antr geltde AnnErkl nur wenig verspätet war (§ 150 Rn 1); iF des § 150 II, bei nur unwesentl Abw vom ursprüngl Antr (§ 150 Rn 3); bei Angeboten an Untern, für das Kontrahiergszwang besteht (OGH NJW **50**, 24); uU bei Angeboten im Rahmen laufder GeschBeziehgen (BGH **LM** § 157 [G b] Nr 4), nicht aber wenn üblicherw ausdr Ann erfolgt (BGH **LM** § 148 Nr 2) od es sich um ein außergewöhnl od bes wichtiges Gesch handelt (BGH NJW-RR **94**, 1165); bei einem kaufm BestätSchr (Rn 8 ff).

4 **2)** Nur die **rechtzeitige Annahme** führt zum VertrSchl. – **a)** Hat der Antragde eine **Annahmefrist** bestimmt, so ist diese maßgebd (§ 148). – **aa)** Die **Fristsetzung** ist eine rgeschäftl Hdlg. Sie erfolgt idR dch Festlegg eines Endtermins, der unmittelb dch ein Datum od mittelb dch einen Zeitraum best w kann. Die FrSetzg kann aber auch konkludent geschehen od sich aus der Natur des Gesch ergeben. Die Aufforderg, „bereits der Akkreditivbank Instruktionen zu geben", kann eine FrBestimmg iSd § 148 enthalten (BGH Warn **69** Nr 221). Um eine FrSetzg iSd § 148 handelt es sich auch, wenn die Part erklärt, sie halte sich für den Zeitraum X an das Angebot gebunden (LG MöGladb VersR **83**, 49). Der Antragde kann die AnnFr jederzeit auch stillschw verlängern (Hamm NJW **76**, 1212), nicht aber nachträgl einseit verkürzen. Eine kürzere als die gesetzl Fr (§ 147) kann daher nur im Antr od in einer gleichzeit zugehden Erkl gesetzt w (Staud/Bork § 148 Rn 9). Der Antragde ist in der Bemessg der Fr frei. Für FrRegelgen in AGB gilt aber AGBG 10 Nr 1.
5 – **bb) Fristberechnung** s §§ 186 ff. Die Fr beginnt idR mit dem Datum des Antr, nicht erst mit dessen Zugang (Soergel-Wolf § 148 Rn 8, ebso CISG 20). Bei einer Fr bis zu einem best Tag gehört dieser iZw noch zur Fr (RG **105**, 419). Die AnnErkl muß innerh der Fr zugehen, die Abgabe der Erkl reicht iZw zur FrWahrg nicht aus (RG **53**, 60, Ffm VersR **83**, 529, ebso CISG 20 II 2). Wird das rechtzeit Zugehen schuldh verhindert, steht dies aber dem Zugehen gleich (§ 130 Rn 17). Bei Ann dch einen Vertreter ohne Vertretgsmacht muß auch die Gen des Vertretenen innerhalb der AnnFr erfolgen (BGH NJW **73**, 1789, MüKo/Kramer § 148 Rn 7, str). Wer sich auf eine Befristg beruft, hat diese wg der Abw von der Regel des § 147 zu **beweisen** (Baumgärtel/Laumen Rn 1).

6 **b)** Ist keine Fr bestimmt, kann der Antr unter **Anwesenden** od mittels Fernsprecher nur sofort angenommen w (**§ 147 I;** ebso CISG 18 II 3). **Sofort** bedeutet so schnell wie obj mögl. And als bei „unverzügl" (§ 121 I) schadet auch schuldloses Zögern. Es kommt aber auch hier auf die Lage des Falles an. Wird das Ferngespräch unterbrochen, bevor die Ann erklärt w konnte, erlischt der Antr (RG SeuffA **80**, 175, RG **104**, 235, MüKo/Kramer § 147 Rn 3, str). Erkl mittels Fernschreiber od über Bildschirmtext sind Erkl unter Abwesden (Redeker NJW **84**, 2391, Paefgen JuS **88**, 596) ebso Erkl von od an Boten. Dagg ist Erkl von od an Vertreter, auch die an einen Vertreter ohne Vertretgsmacht, ein Antr unter Anwesden (BGH NJW **96**, 1064). Ob ein persönl übergebener verkörperter Antr unter § 147 I (so Flume II § 35 I 2) od unter § 147 II (so MüKo/Kramer § 147 Rn 4) fällt, hängt von den Umst des Einzelfalls ab. IdR liegt in der Übergabe des schriftl Antr die Einräumg einer angem AnnFr (s RG **83**, 106, BGH NJW **85**, 197). § 147 I gilt nur dann, wenn die schriftl Erkl zur sofort Lektüre u Entsch vorgelegt w (s auch BGH **LM** § 147 Nr 2).

7 **c)** Ein Antr unter **Abwesenden,** für den keine AnnFr best worden ist, kann bis zu dem Ztpkt angenommen w, zu dem der Eingang der Antwort unter regelmäß Umst zu erwarten ist (**§ 147 II,** ebso CISG 18 II 2). Die gesetzl AnnFr setzt sich zusammen aus der Zeit für die Übermittlg des Antr an den Empfänger, dessen Bearbeitgs- u Überleggszeit sowie aus der Zeit für die Übermittlg der Antwort an den Antragden (BGH NJW **96**, 921). Dieser letzte Zeitabschnitt entfällt, wenn die Ann gem § 151 nicht zugangsbedürft ist. Verzögergen in einem Abschn können dch Beschleuniggen in einem and ausgeglichen w. Bei einem Antr auf Änderg eines

VersVertr kann die nach 27 Tagen zugehde Ann noch rechtzeit sein (Ffm NJW-RR **86**, 329). Verzögernde Umst, die der Antragde kannte od kennen mußte, gehören zu den regelmäß Umst u führen daher zu einer angem FrVerlängerg (RG **142**, 404, BGH **LM** § 147 Nr 1 Bl 2, Mü VersR **76**, 745). Bsp sind etwa saisonbedingter starker ArbAnfall, Urlaub, Einholg von notw Ausk, Beschlußfassg dch das zust Organ des AntrEmpfängers. Für den Antragden nicht voraussehb ungewöhnl Erschwern verlängern die Fr dagg nicht. Das Befördergsmittel für die AnnErkl muß an Schnelligk grdsl dem für den Antr verwandten Befördergsmittel gleichstehen (CISG 18 II 2). Telegraf Antr erfordern daher idR eine telegraf Ann (Staud/Bork Rn 14); ein Antr per Fax muß spätestens binnen 2 Tagen angenommen w (LG Wiesbaden NJW-RR **98**, 1435). Rechtzeit Absendg genügt nicht. Die Ann muß innerh der AnnFr wirks w, idR also zugehen. Der Antragde ist nicht verpfl, auf den drohden FrAblauf hinzuweisen (BGH DB **71**, 232).

3) Schweigen auf ein kaufmännisches Bestätigungsschreiben. – a) Allgemeines. Im HandelsVerk gilt der Grds, daß der Empfänger eines kaufm BestätSchr unverzügl widersprechen muß, wenn er den Inh des Schreibens nicht gg sich gelten lassen will. Widerspricht er nicht, ist der Vertr mit dem aus dem BestätSchr ersichtl Inh rechtsverbindl, es sei denn, daß der Bestätigde das VerhdlgsErgebn bewußt unricht wiedergegeben hat od das BestätSchr inhaltl so weit vom VerhdlgsErgebn abweicht, daß der Absender vernünftigerw nicht mit dem Einverständn des Empfängers rechnen konnte. Dch sein Schweigen wird der Vertr nach Maßg des BestätSchr geändert od ergänzt; war noch kein Vertr geschl, kommt er mit dem aus dem BestätSchr ersichtl Inh zustande (RG **54**, 179, BGH **7**, 189, **11**, 3, stRspr, hM). Die Wirkg der widerspruchslosen Hinnahme des BestätSchr beruht auf **Gewohnheitsrecht** (Medicus AT Rn 440; K. Schmidt HandelsR § 19 III 1, Deckert JuS **98**, 121). Konstruktiv handelt es sich um einen Fall des normierten Schweigens (Einf 9 ff v § 116, str). Das Schweigen ist ähnl wie in den Fällen der §§ 416 I S 2, 496 S 2, HGB 362 tatbestandl keine WillErkl, steht aber in seinen Wirkgen einer WillErkl gleich. Die Vorschr über die GeschFgk sind anzuwenden; ebso die über **Willensmängel** (str). Der Irrt über die Bedeutg des Schweigens berecht aber nicht zur Anf (BGH **11**, 5, **20**, 154, allgM). Die Anf kann auch nicht darauf gestützt w, daß BestätSchr u mdl Abrede voneinand abweichen (BGH NJW **69**, 1711, **72**, 45). 8

b) Persönlicher Anwendungsbereich. Die Grds über das BestätSchr sind als Handelsbrauch (HGB 346) im Verkehr unter Vollkaufleuten entstanden, sind heute aber nicht mehr darauf beschränkt. – **aa)** Mögl **Empfänger** eines BestätSchr ist, wer wie ein Kaufm in größerem Umfang selbstd am RVerk teilnimmt (BGH **11**, 3, NJW **64**, 1223). Das ist bejaht worden für den nicht im Handelsregister eingetragenen Schrotthändler (BGH **11**, 3); Makler (BGH **40**, 42); Gutsbesitzer (RG Gruchot **71**, 253); RA, wenn er im eig Namen handelt (RG JW **31**, 522), od als Ins- od NachlVerw eines Kaufm (BGH NJW **76**, 1402, **87**, 1941), nicht dagg bei Handeln für einen sonst Mandanten (BGH NJW **75**, 1358); WirtschPrüfer (BGH DB **67**, 1362); Architekt (BGH WM **73**, 1376, Düss NJW-RR **95**, 501); öff Untern (K. Schmidt, HandelsR § 19 III 2); Behörden im fiskal Tätigkeitskreis (BGH NJW **64**, 1223, Frage des Einzelfalls). Die Grds über das BestätSchr sind dagg unanwendb ggü einem Bankdirektor im PrivBereich (Düss DB **66**, 458); Legationsrat (BGH WM **81**, 334); Kleinhandwerker (Ffm MDR **66**, 512, Düss MDR **81**, 1022). Sie gelten im Ergebn für alle im größeren Umfang selbstd berufl am Markt Tätigen, sofern die Hdlgen nicht dem PrivBereich zuzuordnen sind (s Hopt AcP **183**, 692). – **bb)** Mögl **Absender** eines BestätSchr ist jeder, der ähnl wie ein Kaufm am 10 RVerk teilnimmt u erwarten kann, daß ihm ggü nach kaufm Sitte verfahren w (BGH **40**, 44, WM **73**, 1376). Der Kreis mögl Empfänger u Absender von BestätSchr decken sich daher. Schickt ein priv AnsprSteller seinem Versicherer ein BestätSchr, bedeutet Schweigen keine Zust (BGH NJW **75**, 1358). Entspr gilt, wenn der leitende Angestellte einer GmbH dieser eine dienstvertragl Abrede bestätigt (Hamm MDR **93**, 227). Zur Anwendg auf **Auslandsverträge** s EG 31 Rn 4. 9

c) Voraussetzungen. – aa) Das BestätSchr, das auch per Fax übermittelt w kann (Hamm NJW **94**, 3172), muß sich auf eine mdl, fernmdl od telegraf getroffene **Vereinbarung** beziehen (BGH NJW **90**, 386). Auch fernschriftl Vereinbgen können in einem BestätSchr fixiert werden (BGH **LM** HGB 346 (Ea) Nr 12). Ist ein mdl Angebot schriftl angenommen worden, kann die Part die Vereinbg bestätigen, die sich bis dahin nur mdl erklärt hatte (BGH **54**, 242). Formularmäß Schriftformklauseln stehen der Wirksamk des BestätSchr nicht entgg (BGH NJW-RR **95**, 179). And ist es aber, wenn der and Teil den VertrSchl von einer schriftl Ann abhäng gemacht hat (BGH NJW **70**, 2104). Zw den Parteien müssen **Vertragsverhandlungen** stattgefunden haben (BGH NJW **74**, 992). Nicht erforderl ist, daß sie zu einem wirks VertrSchl geführt haben. Es genügt daher, wenn für eine Part ein **vollmachtloser Vertreter** od ein unter ihrem Namen handelnder Unbefugter aufgetreten ist (BGH NJW **64**, 1951, **90**, 386, Celle MDR **67**, 1016). Das Schreiben braucht die Vhdlgen nicht ausdr zu erwähnen (BGH **54**, 242); die Bezugn kann sich aus den Umst ergeben (BGH WM **75**, 324). – 11
bb) Auftragsbestätigung. Währd das BestätSchr den Inh eines nach Ansicht des Absenders bereits geschl Vertr wiedergibt, ist die AuftrBestätigg die schriftl Ann eines VertrAngebots, u zwar idR eine Ann unter Ändergen, § 150 II. And als beim BestätSchr bedeutet das Schweigen auf eine AuftrBestätigg grdsl keine Zust (BGH **18**, 215, **61**, 285, DB **77**, 1311, AGBG 2 Rn 16). Die Abgrenzg im Einzelfall ist Ausleggsfrage. Auf die Bezeichng kommt es nicht an (BGH **LM** HGB 346 (Ea) Nr 12), wenn sie auch indizielle Bedeutg haben kann. Entscheidd ist, ob das Schreiben nach seinem Inh den Vertr erst zustande bringen od das Ergebn fr VertrVhdlgen verbindl festlegen soll (BGH DB **71**, 2302, v Dücker BB **96**, 6). – **cc)** Das BestätSchr muß 13 **eindeutig** gefaßt sein (BGH NJW **72**, 820). Unklarh gehen zu Lasten des Absenders (RG JW **38**, 1902). Auf die Bezeichng kommt es nicht an (BGH **54**, 241, Rn 12). Das Schreiben muß erkennb dazu bestimmt sein, einen VertrSchl u den Inh der getroffenen Vereinbgen verbindl festzulegen (BGH BB **61**, 271, NJW **65**, 965). Ein Schr, mit dem eine am Vortage geschl Vereinbg übersandt u eine zusätzl getroffene Abrede festgehalten w, kann ein BestätSchr sein (Düss NJW-RR **97**, 211), nicht aber ein als Erinnergshilfe übersandter Aktenvermerk (Köln OLGZ **68**, 396). Bittet der Absender um **Gegenbestätigung,** liegt idR kein BestätSchr im RSinne vor (RG **106**, 415, BGH NJW **64**, 1270). Entspr gilt, wenn eine Zusatzabrede nicht bestätigt, sond vorgeschlagen w (BGH NJW **72**, 820). **Kreuzen** sich zwei inhaltl voneinand abw BestätSchr, so ist idR kein Widerspr erforderl (BGH NJW **61**, 1862). And liegt es aber, wenn die Abw ledigl eine ohnehin zu erwartde VertrErgänzg betrifft (BGH NJW **66**, 1070: Haftgsbegrenzg). – **dd) Zugang.** Das BestätSchr muß in **zeitlich** 14 unmittelb Zushang mit den VertrVhdlgen abgesandt w (BGH NJW **64**, 1223, JZ **67**, 575). Die einzuhaltde Fr 12

richtet sich nach den Umst des Einzelfalls; 5 Tage können noch unbedenkl sein (BGH WM **75**, 324), nahezu 3 Wo sind es sicher nicht (Mü BB **95**, 172). Für den Zugang des BestätSchr gilt § 130 (BGH **70**, 234). Die Adressierg „zu Händen" des tät gewordenen vollmlosen Vertreters schadet nicht (BGH NJW **90**, 386); auf die Kenntn des Empfängers kommt es nicht an (BGH **20**, 152, NJW **64**, 1951).

15 **d) Grenzen. – aa)** Das BestätSchr ist ohne Wirkg, wenn der Bestätigde das VhdlgsErgebn bewußt unricht od entstellt wiedergibt, also **arglistig** handelt (BGH **40**, 45, allgM). Arglist ist aber nicht anzunehmen, wenn der Bestätigde den VertrInh in einem Nebenpunkt ergänzt (BGH DB **69**, 2172, **70**, 1777). Der Bestätigde muß sich gem § 166 I die Kenntn seines Vertreters anrechnen lassen. Das gilt auch dann, wenn nicht der bösgl Vertreter, sond der falsch unterrichtete gutgl Vertretene das BestätSchr verfaßt (BGH **40**, 46, **93**, 343). And liegt es aber, wenn der and Teil den guten Glauben des Bestätigden dch sein Verhalten, etwa einen
16 mißverständl Vermerk, mitherbeigeführt hat (BGH **11**, 4, **40**, 48). – **bb)** Das BestätSchr bleibt ohne Wirkg, wenn es inhaltl so weit vom Vorbesprochenen **abweicht,** daß der Absender vernünftigerw mit dem Einverständn des Empfängers nicht rechnen konnte (BGH **7**, 190, **40**, 44, **93**, 343, NJW **87**, 1942). Dieser allein auf obj Kriterien abstellde AusschlTatbestd ist wg der geringeren BewAnfordergen prakt wichtiger als der der Argl. Er ist erfüllt, wenn der Absender in das BestätSchr unzumutb od nicht branchenübl Bdggen aufnimmt (BGH **LM** HGB 346 (Ea) Nr 10 u 12), od wenn es auf einen Vertr Bezug nimmt, dessen Abschluß der Empfänger ausdr verweigert hat (BGH NJW **94**, 1288).

17 **e) Widerspruch.** Für ihn bestehen keine FormVorschr. Er kann auch konkludent erklärt werden, etwa dch ein Schreiben, aus dessen Zushang sich ergibt, daß das verbindl Zustandekommen des Vertr geleugnet w (Düss MDR **85**, 940). Der Widerspr muß unverzügl (§ 121) binnen einer den VerkBedürfn angem kurzen Fr erklärt w (BGH **18**, 216); idR binnen 1 bis 2 Tagen (RG **105**, 390), 3 Tage können noch ausreichen (BGH NJW **62**, 246), dagg ist 1 Woche idR zu lang (BGH NJW **62**, 104, Köln BB **71**, 286). Zu berücksichtigen ist auch, welche Zeitspanne zw den VertrVhdlgen u dem Zugang des BestätSchr gelegen hat (Rn 14). Der Widerspr muß dem Bestätigden zugehen, § 130. Adressat des Widerspr kann auch der Makler sein, der die Interessen des Bestätigden wahrnimmt (BGH MDR **67**, 584).

18 **f) Rechtsfolgen. – aa)** Die widerspruchslose Hinnahme des BestätSchr hat die Wirkg, daß der Inh des Schreibens als VertrInh gilt (Rn 8). Das Schweigen hat damit eine vertrbegründde od ändernde Wirkg (RG **54**, 179). Mögl ist aber auch eine auf die Beweisbedeutg abstellde Beurteilg: Es wird unwiderlegl vermutet, daß die Part einen Vertr mit dem im BestätSchr niedergelegten Inh geschlossen haben (BGH **40**, 46,
19 K. Schmidt, HandelsR § 19 III 6). – **bb)** Dch das BestätSchr können **AGB** zum VertrInh gemacht w (AGBG 2 Rn 25). Voraussetzg ist jedoch, daß der Empfänger Kaufm ist. Soweit Nichtkaufl Empfänger eines
20 BestätSchr sein können, scheitert die nachträgl Einbeziehg von AGB an AGBG 2. – **cc)** Das widerspruchslos hingenommene BestätSchr hat die Vermutg der **Vollständigkeit** für sich (BGH **67**, 381, NJW-RR **86**, 393). Diese ist aber widerlegl. Den Part steht der Nachw offen, daß weitere Abreden getroffen worden sind (BGH aaO).

21 **g) Beweislast.** Der Bestätigde trägt die BewLast für alle rbegründden Tats: die Zugehörigk beider Part zu dem PersKreis, für den die Grds über das kaufm BestätSchr gelten; dafür, daß VertrVhdlgen geführt worden sind (BGH NJW **90**, 386); für den Zugang des BestätSchr u dessen Rechtzeitigk (BGH **70**, 234). Der Empfänger ist bewpflicht für alle rhindernden Tats: die Argl des Bestätigden od wesentl Abw des BestätSchr vom VhdlgsErgebn (BGH NJW **74**, 992, DB **76**, 41), den Zugang des Widerspr u seine Rechtzeitigk (RG **114**, 282, BGH NJW **62**, 104).

149 ***Verspätet zugegangene Annahmeerklärung.*** **Ist eine dem Antragenden verspätet zugegangene Annahmeerklärung dergestalt abgesendet worden, daß sie bei regelmäßiger Beförderung ihm rechtzeitig zugegangen sein würde, und mußte der Antragende dies erkennen, so hat er die Verspätung dem Annehmenden unverzüglich nach dem Empfange der Erklärung anzuzeigen, sofern es nicht schon vorher geschehen ist. Verzögert er die Absendung der Anzeige, so gilt die Annahme als nicht verspätet.**

1 **1) Allgemeines.** Die **verspätet zugegangene Annahme** bringt den Vertr nicht zum Entstehen, sond gilt als neuer Antr (§ 150 I). Diese Regelg w dch § 149 zum Schutz des Annehmden eingeschr. Geht die rechtzeit abgesandte Ann erkennb nur wg Unregelmäßigk der Beförderg verspätet zu, gilt die AnnErkl als rechtzeit, sofern der Antragde nicht unverzügl eine Verspätgsanzeige absendet (ebso CISG 21 II). Konstruktiv handelt es sich um eine Fiktion, deren Grdl der Gedanke des Vertrauensschutzes ist (aA Hilger AcP **185**, 560: ErfAnspr aus c. i. c.). Auch wenn die Voraussetzgen des § 149 nicht vorliegen, kann das Schweigen auf eine verspätete Ann zu einem wirks VertrSchl führen (§ 150 Rn 1).

2 **2) Voraussetzungen: – a)** Der Annehmde muß die Erkl rechtzeit unter Verwendg eines verkehrsübl Übersendgswegs („regelmäß Beförderg") abgesandt h (MüKo/Kramer Rn 3). – **b)** Für den Antragden muß
3 bei Anwendg der verkehrserforderl Sorgfalt erkennb sein, daß die Absendg rechtzeit erfolgt ist. – **c)** Die **Verspätungsanzeige** (Satz 2) ist eine einseit, nicht empfangsbedürft geschäftsähnl Hdlg (Übbl 6 v § 104). Sie muß unverzügl (§ 121) erfolgen. Die rechtzeit Absendg genügt. Bei Unterlassen od Verzögerg der Anzeige gilt die Ann als rechtzeit u der Vertr als geschlossen (RG **105**, 257). Ablehng des VertrSchl aus and Grden wahrt die Fr nicht (RG aaO).

4 **3)** Der Annehmde hat die **Beweislast** dafür, daß er die Ann rechtzeit abgesandt hat u der Grd der Verspätg erkennb war; der Antragde muß beweisen, daß er die Verspätg unverzügl angezeigt hat (MüKo/Kramer Rn 5, Baumgärtel-Laumen Rn 1 ff).

150 ***Verspätete und abgeänderte Annahme.*** I **Die verspätete Annahme eines Antrags gilt als neuer Antrag.**

II Eine Annahme unter Erweiterungen, Einschränkungen oder sonstigen Änderungen gilt als Ablehnung verbunden mit einem neuen Antrage.

1) Die verspätete Annahme (§ 149 Rn 1) gilt als neuer Antr (**I,** and CISG 21 I). Er kann gem § 151 dch Bewirken der Leistg od Entggnahme der GgLeistg angenommen w. Auch bloßes Schweigen kann, insb bei geringfügiger od erkennb unverschuldeter Verspätg, ausr, wenn der and Teil nach den Umst des Falles verpfl war, seine etwaige Ablehng alsbald zu erklären (s RG **103**, 11, 13, BGH NJW **51**, 313, Mü DAR **97**, 494, Einf 10 v § 116 u den Sonderfall des § 149). Bei wicht Vertr bleibt es aber beim Zugangserfordern (BGH NJW-RR **94**, 1165, Köln NJW **90**, 1051). 1

2) Annahme mit Änderungen. – a) Sie gilt als Ablehng u neuer Antr (**II,** ebso CISG 19, mit einer Sonderregelg für unwesentl Änd); beim VersVertr können aber Änd, die im VersSchein enthalten sind, gem VVG 5 VertrInh w (§ 148 Rn 1). Die Wirkg von II tritt ein, ohne daß dies dem Erklärden bewußt sein muß (Hamm NJW-RR **96**, 1454). Ob die AnnErkl ggü dem Antr Änd enthält, ist dch Auslegg (§§ 133, 157) zu ermitteln. Die Änderg muß für den and Teil klar u unzweideut zum Ausdr gebracht w (BGH **LM** Nr 2). Die bloße Beifügg eines vom Inh des Angebots abw Formulars genügt nicht (BGH WM **83**, 313). Setzt der Händler in seine AuftrBestätigg wg einer Erhöhg des ListenPr einen höheren Pr ein, ist II anzuwenden (BGH NJW **83**, 1603), ebso wenn die Bank statt des Nachw der Restfinanzierg die Einzahlg der Eigenmittel verlangt (BGH NJW **90**, 1846). Bitte um bessere VertrBdggen od um eine Verlängerg der AnnFr fällt nicht unter II, wenn Auslegg ergibt, daß der Annehmde notf auch mit den angebotenen Bdggen einverstanden ist od sich erst zum Ende der AnnFr endgült entscheiden will (BGH WM **82**, 1330, BAG **AP** § 154 Nr 1, Diederichsen FS Medicus, 89). Bei Ann einer größeren Menge als angeboten gilt idR II (RG JW **25**, 236); es kann aber auch eine Ann verbunden mit einem Antr auf Abschluß eines weiteren Vertr vorliegen (s BGH ZIP **95**, 816). Bei Ann eines Teils des Angebotenen ist idR gleichf II anzuwenden; Auslegg des Antr kann aber ergeben, daß eine TeilAnn mögl ist (BGH NJW **86**, 1984). Zusätze wie „Brief folgt" s § 148 Rn 1. – **b) Die Annahme** 3
des neuen Angebots kann gem § 151 dch Bewirken der Leistg od ähnl erfolgen (Rn 1). Bloßes Schweigen ist als Ann zu werten, wenn nach Treu u Glauben ausdr Ablehng geboten war (Einf 10 v § 116), so vor allem iF einer nur unwesentl Änd (s BGH DB **56**, 474, Köln GRUR **85**, 149, CISG 19 II); eine PrÄnd ist aber idR nicht unwesentl (LG Gießen NJW-RR **97**, 1210). Nimmt der Annehmde erstmals in der AnnErkl, etwa in einer **Auftragsbestätigung** (§ 148 Rn 12), auf seine AGB Bezug, bedeutet Schweigen keine Zust (BGH **18**, 215, **61**, 285, DB **77**, 1311). Bei der Beteiligg an der VertrDchführg ist zu unterscheiden: Sie stellt im nichtkauf Verkehr keine nachträgl Billigg der AGB des and Teils dar (AGBG 2 Rn 16). Im kaufm Verk bedeutet sie dagg idR Zust, es sei denn, daß der Einbeziehg der AGB dch eine Abwehrklausel od in sonst Weise widersprochen worden ist (BGH NJW **95**, 1672). – **c)** II gilt auch dann, wenn Antragder u Annehmder 4
auf ihre einand **widersprechenden AGB** Bezug genommen haben (BGH **61**, 287, **LM** Nr 3, 5, 6, DB **77**, 1311). Führen die Part den Vertr gleichwohl dch, ist er trotz des teilw Dissens wirks (§ 154 Rn 3). Die Beteiligg an der VertrAbwicklg stellt idR keine Billigg der AGB der Ggseite dar. Soweit die AGB nicht übereinstimmen, w sie nicht VertrInh, gem AGBG 6 gilt vielmehr das dispositive Recht (AGBG 2 Rn 27).

151 ***Annahme ohne Erklärung an den Antragenden.*** **Der Vertrag kommt durch die Annahme des Antrags zustande, ohne daß die Annahme dem Antragenden gegenüber erklärt zu werden braucht, wenn eine solche Erklärung nach der Verkehrssitte nicht zu erwarten ist oder der Antragende auf sie verzichtet hat. Der Zeitpunkt, in welchem der Antrag erlischt, bestimmt sich nach dem aus dem Antrag oder den Umständen zu entnehmenden Willen des Antragenden.**

1) Allgemeines. Die Ann ist idR eine empfangsbedürft WillErkl, die erst mit ihrem Zugehen wirks w (§ 148 Rn 1). Hiervon macht § 151 eine Ausn (ähnl CISG 18 III; s ferner § 152); die Ann bedarf iF des § 151 keiner Erkl ggü dem Antragden. Sie ist eine **nicht empfangsbedürftige Willensäußerung.** Eine Ann, dh eine unzweideutige Betätigg des AnnWillens, ist aber auch hier erforderl (Rn 2). Sow bloßes **Schweigen** ausnw als Ann gilt (§ 148 Rn 3), folgt das nicht aus § 151, sond aus and RGrds (Einf 9 ff v § 116). 1

2) Voraussetzungen. – a) Erforderl ist eine nach außen hervortretde **eindeutige Betätigung des Annahmewillens** (RG **117**, 314, BGH **74**, 352/356, **111**, 97/101, NJW **99**, 2179). IdR erfolgt die Ann dch schlüssige Hdlg, insb dch Erf-, Zueigngs- od GebrauchsHdlgen. Rein betriebsinterne Hdlgen können ausr (Staud/Bork Rn 15). Bei Vertr über Warenliefergen ist aber deren Absendg erforderl (s RG **102**, 370, 372). Ein AbtrAngebot ist konkludent angenommen, wenn der Zedent die abgetretene Fdg einklagt (BGH NJW **99**, 2179). Weitere Bsp: Reservierg von Hotelzimmern (Düss MDR **93**, 26), Überweisg des Kaufpreises (s RG **129**, 113), Einlösg des mit dem **Vorschlag eines Teilerlasses** übersandten Schecks (BGH NJW-RR **86**, 415, NJW **90**, 1657, Hamm NJW-RR **98**, 1662). Ein ErlaßVertr kommt aber nicht zustande, wenn zw Scheckbetrag u dem zu erlassenden Teil ein krasses Mißverhältn besteht (Nürnbg NJW-RR **98**, 256, Jena OLG-NL **98**, 99, Karlsr ZIP **98**, 1879, Mü MDR **98**, 1236, Dresd WM **99**, 488, LG Brem NJW-RR **99**, 636: Scheck über weniger als 1% der Fdg, Lauge WM **99**, 1301) od wenn sich aus and Umst, insbes einem Widerspr, das Fehlen eines AnnWillens ergibt (BGH **111**, 101, Celle NJW-RR **92**, 884, Eckardt BB **96**, 1945). Wird der Scheck an den Vertreter des Gläub übersandt, kann mit diesem ein TrHandVertr zustande kommen (BGH NJW **92**, 904). Es genügen auch Erkl ggü Dr, sow diese auf sofort u nicht erst künft Ann gerichtet sind (s RG **60**, 412, OGH NJW **50**, 947). Str ist, ob die Ann gem § 151 WillErkl od WillBetätigg ist (Bydlinski JuS **88**, 36). Der Streit ist im wesentl terminolog Natur u für die Praxis unerhebl. Da der Gedanke des Vertrauensschutzes keine Rolle spielt, ist ein wirkl AnnWille (ErklBewußtsein) erforderl; auf die obj ErklBedeutg kommt es grdsl nicht an (BGH NJW-RR **86**, 415, NJW **90**, 1656, Eckardt BB **96**, 1946). Es ist daher keine Ann, wenn der AntrEmpfänger das übersandte Buch beim Aufschneiden für sein eig hält. Nimmt er die Sache in voller Kenntn aller Umst in Benutzg, kann er sich aber analog § 116 nicht auf das 2

Fehlen des AnnWillens berufen. Irrt er, etwa über die Pers des Antragden od verkehrswesentl Eigensch, kann er gem § 119 anfechten. – **b)** Das Zugehen der AnnErkl ist in zwei **Fällen** entbehrl: – **aa) Verzicht.** Er ist auch bei formbedürft AnnErkl mögl (BGH NJW-RR **86**, 1301) u kann auch stillschw erfolgen, insb sich aus den Umst ergeben. Bsp: Aufforderg zur sofort Warenlieferg (s RG **102**, 370, 372); Übersendg unbestellter Waren (§ 145 Rn 11), eines Maklerangebots (BGH WM **83**, 865), einer unterschriebenen UnterlErkl (Ffm NJW-RR **86**, 1164), einer Ausk (Hamm NJW-RR **87**, 209, Köln NJW-RR **88**, 335), einer AuftrBestätigg, die in Wahrh ein Angebot darstellt (AG Korbach NJW-RR **94**, 374), kurzfristige Bestellg eines Hotelzimmers; entspr Handhabg bei fr Gesch (BGH NJW **57**, 1105). Es ist aber kein stillschw Verzicht, wenn bei vereinbarter Schriftform in dem schriftl Angebot auf die Notwendigk einer AnnErkl nicht bes hingewiesen wird (BGH NJW **99**, 1328) – **bb) Verkehrsitte.** Wenn die Ann nach der VerkSitte nicht zugangsbedürft ist, liegt idR zugl ein stillschw Verzicht vor. Eine entspr VerkSitte besteht im Versandhandel, außerdem bei unentgeltl Zuwendgen u and für den AntrEmpfänger vorteilhaften Gesch (§ 516 II), so für das Angebot eines PrNachlasses (BGH WM **84**, 243), besserer VertrBdggen (Ffm NJW-RR **95**, 39), einer Schuldbestätigg (BAG NJW **93**, 2554), eines Schuldbeitritts (BGH NJW-RR **94**, 280), einer Bürgsch (BGH NJW **97**, 2233) u für das in der Aushändigg einer Garantiekarte liegde VertrAngebot (BGH **78**, 373, **104**, 85). Für die Ann eines Antr dch den Versicherer besteht dagg keine derart VerkSitte (BGH NJW **76**, 289, VersR **87**, 923, Hbg VersR **88**, 1169), ebsowenig für die AnnErkl der Bank im DiskontGesch (BGH NJW **85**, 196). – **c)** Die Ann muß währd der **Frist des Satzes 2** erfolgen. Der Antragde kann die Länge der Frist im Antr bestimmen. Ist das nicht geschehen, gilt nicht § 147 II, es ist vielmehr gem S 2 der mutmaßl Wille des Antragden zu ermitteln (BGH NJW **99**, 2179). IdR w sich aus der Interessenlage eine kurze AnnFr ergeben. UU kann aber auch eine längere Fr dem Willen des Antragden entspr (BGH aaO, Abtr; Mü OLGZ **78**, 446, MaklerVertr).

Margin numbers: 3 (beside "er gem § 119 anfechten"), 4 (beside "NJW 99, 1328"), 5 (beside "1169)").

6 **3)** Mit der objektiv erkennb Betätigg des AnnWillens **kommt der Vertrag zustande.** Kenntn des Gegners ist nicht erforderl (RG **84**, 323). Rückgängigmachg der AnnHdlg beseitigt die Bindg nicht, sond ist VertrVerletzg. Ein WiderrufsR analog § 130 I 2 besteht nicht (Staud/Bork Rn 22, str).

152 *Annahme bei notarieller Beurkundung.* **Wird ein Vertrag notariell beurkundet, ohne daß beide Teile gleichzeitig anwesend sind, so kommt der Vertrag mit der nach § 128 erfolgten Beurkundung der Annahme zustande, wenn nicht ein anderes bestimmt ist. Die Vorschrift des § 151 Satz 2 findet Anwendung.**

1 Auch iF des § 152 ist die AnnErkl **nicht empfangsbedürftig.** Der Vertr kommt bereits mit der Beurk der AnnErkl zustande, nicht erst mit deren Zugang. § 152 gilt für alle Fälle not Beurk, auch wenn das BeurkErfordern auf RGesch beruht. Er gilt entspr für die not beurk Zustimmg des Vertretenen zu einem vom Vertreter ohne Vertretgsmacht geschl Vertr (Karlsr NJW **88**, 2050, aA Tiedtke BB **89**, 924). Auf die Schriftform od die öffentl Beglaubigg einer VertrErkl ist § 152 dagg nicht anzuwenden (allgM). Für die Bemessg der
2 AnnFr gilt nach **Satz 2** § 151 Satz 2 entspr (dort Rn 5). § 152 ist **abdingbar.** Setzt der Antragde eine best AnnFr, so will er iZw bis zu deren Ende Klarheit h. § 152 ist daher stillschw abbedungen (str, s BGH NJW-RR **89**, 199). Die AnnErkl muß dem Antragden innerh der Fr zugehen od er muß von ihr zuverläss Kenntn erlangen (RG **96**, 275), doch kommt uU auch and Auslegg in Betracht. Wer geltd macht, die Bestimmg einer AnnFr enthalte keine Abbedingg des § 152, ist dafür beweispflichtig (RG **96**, 275, str).

153 *Tod oder Geschäftsunfähigkeit des Antragenden.* **Das Zustandekommen des Vertrags wird nicht dadurch gehindert, daß der Antragende vor der Annahme stirbt oder geschäftsunfähig wird, es sei denn, daß ein anderer Wille des Antragenden anzunehmen ist.**

1 **1)** Eine WillErkl w gem § 130 II auch dann mit ihrem Zugehen wirks, wenn der Erklärde nach ihrer Abgabe stirbt od geschäftsunfähig w. Handelt es sich um einen VertrAntr so bleibt dieser gem § 153 iZw auch weiter **annahmefähig,** gleichgült ob Tod od GeschUnfgk vor od nach dem Zugehen des Antr eingetreten sind (Hamm NJW-RR **87**, 342). Die Ann muß in diesem Fall ggü dem Erben od gesetzl Vertreter erklärt w; sow die Voraussetzgen des § 151 vorliegen, genügt aber auch hier die erkennb Betätigg des AnnWillens (BGH NJW **75**, 383, § 331 Rn 4). Tritt eine VfgsBeschrkg ein, so ist zu unterscheiden: Richtet sich der Antr auf Abschl eines verpflichtden Vertr, bleibt er weiterhin annahmefäh. Er wird dagg wirkgslos, sow ein verfügder Vertr abgeschl werden sollte (s BGH **27**, 366 zu § 130 II, str).

2 **2)** § 153 gilt nicht, wenn ein **anderer Wille** des Antragden anzunehmen ist (Ausleggsfrage). Das ist bei Bestellgen zum persönl Bedarf od beim Angebot persönl Leistgen idR zu bejahen. Auf die Erkennbark für den AntrEmpfänger kommt es nicht an (str). Dieser hat, wenn der Vertr nicht zustandekommt, in entspr Anwendg des § 122 einen SchadErsAnspr auf das negative Interesse (Clasen NJW **52**, 14, Erm-Hefermehl Rn 4, str).

3 **3) Tod oder Geschäftsunfähigkeit des Antragsempfängers.** Stirbt der Empfänger vor od nach Zugang des Antr, aber vor Absendg der AnnErkl, ist dch Auslegg zu ermitteln, ob der Antr auch für die Erben gelten soll (§ 145 Rn 5). Tod nach Absendg der AnnErkl ist gem § 130 II unschädl. Wird der Empfänger geschäftsunfäh, so muß die Ann dch seinen gesetzl Vertreter erklärt w. Ist die GeschFgk für das VertrVerhältn wesentl, wie idR beim DienstVertr, entfällt die Annahmefähigk des Antr (Staud/Bork Rn 12).

154 *Offener Einigungsmangel; fehlende Beurkundung.* **I Solange nicht die Parteien sich über alle Punkte eines Vertrags geeinigt haben, über die nach der Erklärung auch nur einer Partei eine Vereinbarung getroffen werden soll, ist im Zweifel der Vertrag nicht geschlossen. Die Verständigung über einzelne Punkte ist auch dann nicht bindend, wenn eine Aufzeichnung stattgefunden hat.**

II Ist eine Beurkundung des beabsichtigten Vertrags verabredet worden, so ist im Zweifel der Vertrag nicht geschlossen, bis die Beurkundung erfolgt ist.

1) Offener Einigungsmangel. – a) Haben sich die Part über den Inh des Vertr noch nicht vollst geeinigt, u sind sie sich dieses Einiggsmangels bewußt, ist der Vertr iZw noch nicht zustande gekommen (I). Gleichgült ist, ob der noch ungeregelte Punkt obj wesentl ist od nicht (BGH **LM** Nr 2). Es genügt, daß eine Part erkennb gemacht hat, sie halte eine Einigg über den betreffden Punkt, etwa eine Anzahlg (BGH NJW **98**, 3196), für erforderl. Das kann auch dch schlüssiges Verhalten geschehen (RG SeuffA **78**, 61). Auch wenn die TeilVereinbg aufgezeichnet worden ist (Punktation), bleibt sie iZw unverbindl (I 2). Soll der KaufPr zT dch Verrechng getilgt w, besteht ein offener Einiggsmangel, wenn offen geblieben ist, welche der str GgFdgen zur Tilgg verwandt werden soll (BGH NJW-RR **99**, 927).Der Dissens ist kein NichtigkGrd. Wenn I zutrifft, liegt tatbestandl (noch) kein RGesch vor (Übbl 3 v § 104). Gleichgült ist, ob *essentialia* od *accidentalia* des Vertr offen geblieben sind (Oldbg DB **96**, 2534). – **b)** I ist als Ausleggsregel (BGH NJW **51**, 397) **unanwendbar,** wenn sich die Part trotz der noch offenen Punkte **erkennbar** vertragl **binden** wollen (BGH **41**, 275, NJW **97**, 2671) u sich die bestehden VertrLücken ausfüllen lassen (BGH NJW **90**, 1234, Einf 3 v § 145). Ein solcher Wille ist idR zu bejahen, wenn die Part im beiderseit Einvernehmen mit der Dchführg des unvollst Vertr begonnen haben (BGH NJW **83**, 1728, BAG **AP** Nr 1) od das VertrVerhältn trotz der von einem Teil ausgesprochenen Künd fortsetzen (BGH NJW **83**, 1777). Er kann sich aus einem Handelsbrauch ergeben (Ffm NJW **77**, 1015, internationaler Mineralölhandel). Ein Indiz für einen Bindgswillen ist es idR auch, wenn für eine od beide Part Kontrahiergszwang besteht (BGH **41**, 275, **LM** LuftVZO Nr 2). Regelgslücken sind dch Heranziehg des dispositiven Rechts zu schließen (BGH aaO). Fehlen geeignete Vorschr, sind die Grds der ergänzden VertrAuslegg anzuwenden (BGH NJW **75**, 1116, Dauer des Vertr). Haben die Part die Höhe des Entgelts nicht geregelt, sind bei Dienst- u WkVertr die §§ 612 II, 632 II heranzuziehen, bei sonst Vertr, die §§ 315 ff (BGH **41**, 275, NJW **83**, 1777). Bei GrdstKaufVertr kann der VerkWert (BauGB 194) das dem PartWillen entspr Entgelt sein (Hamm NJW **76**, 1212), bei MietVertr die ortsübl VerglMiete (BGH NJW **97**, 2671). UU kann sich der Inh des Vertr danach bestimmen, wie ihn die Part tats dchgeführt haben (Düss NJW-RR **96**, 622). – **c)** Bezieht sich der Dissens auf die **Einbeziehung von AGB,** gilt trotz AGBG 6 grdsl I (AGBG 2 Rn 17). Wird der Vertr im beiderseit Einvernehmen ganz od teilw ausgeführt, ist die Ausleggsregel des I aber entkräftet (s BGH **61**, 288, AGBG 2 Rn 27). An die Stelle der nicht einbezogenen AGB tritt gem AGBG 6 das dispositive Recht. 1 2 3

2) Vereinbarte Beurkundung. – a) Haben die Part eine **Beurkundung** des Vertr verabredet, genügt die vollst Willenseinigg zum VertrSchl idR nicht. Der Vertr kommt nach II, einer ParallelVorschr zu § 125 S 2, iZw erst mit der Beurk zustande. II gilt auch, wenn die Part Schriftform (§§ 126, 127) vereinbart h; Beurk iSd II ist auch die Errichtg einer privatschriftl Urk (Köln NJW-RR **97**, 405, allgM). Die Formabrede kann auch dch schlüssiges Verhalten getroffen w, etwa dch Austausch von schriftl Entw (Celle MDR **60**, 398) od dch Herstellg einer VertrUrk (Kblz WM **94**, 1798), od sich aus einer VerkSitte ergeben (RG **103**, 75); sie ist bei wicht u langfrist Vertr widerlegl zu vermuten, so etwa bei Sichergsabreden über die Bestellg einer GrdSch (BGH **109**, 200, WM **93**, 267). II gilt auch dann, wenn die Beurk nur desh erfolgen sollte, weil die Part den Vertr irrtüml für formbedürft halten (s Düss DB **70**, 1778). Soll ein gerichtl Vergl geschlossen w, sind die Part gem II iZw bis zur Protokollierg nicht gebunden (BAG NJW **97**, 1597, Karlsr NJW **95**, 1561). Ist der Vergl wg Mängel der Protokollierg prozessual unwirks, ist er wg II iZw auch materiell-rechtl nicht bindd (KG FamRZ **84**, 285), doch kann eine Umdeutg (§ 140) mögl sein (BGH NJW **85**, 1963). II gilt entspr, wenn in der GmbH-Satzg für GesellschBeschl eine Protokollierg vorgesehen ist (Stgt DB **83**, 1488). – **b)** II ist nicht anwendb, wenn die Beurk nach dem Willen beider Part nur **Beweiszwecken** dienen soll (RG HRR **30**, 92, BGH NJW **64**, 1269). Für einen solchen Willen müssen aber konkrete Anhaltspunkte vorliegen (BGH NJW-RR **91**, 1054, Hamm NJW-RR **95**, 274). Er ist idR zu bejahen, wenn die Part erst nach VertrSchl eine Formabrede treffen (BGH NJW **94**, 2026). Die Anwendg von II entfällt, wenn die Part die Formabrede aufheben (§ 125 Rn 14). Das kann auch stillschw geschehen, etwa dadch, daß die Part den nur mdl geschl Vertr einverständl dchführen (BGH NJW-RR **97**, 669, Düss NJW-RR **95**, 1247). 4 5

3) Beweislast. Zu **I**: Wer die Verbindlichk von Teilabreden behauptet, hat einen entspr Willen der Part zu beweisen. Auch bei Streit darüber, ob noch weitere Punkte geregelt w sollten, trägt der die BewLast, der sich auf den VertrSchl beruft (Baumgärtel-Laumen Rn 8, MüKo/Kramer Rn 11). **II**: Wer bei einem formfreien Vertr eine BeurkAbrede behauptet, muß diese beweisen (Mü WM **84**, 470, Baumgärtel-Laumen Rn 13, str, aA RG Warn **22**, 48). Wer bei unstr Formabrede geltd macht, die Beurk solle nur deklaratorische Bedeutg h, ist insow beweispflichtig (Kblz VersR **95**, 662). 6

155 *Versteckter Einigungsmangel.*

Haben sich die Parteien bei einem Vertrage, den sie als geschlossen ansehen, über einen Punkt, über den eine Vereinbarung getroffen werden sollte, in Wirklichkeit nicht geeinigt, so gilt das Vereinbarte, sofern anzunehmen ist, daß der Vertrag auch ohne eine Bestimmung über diesen Punkt geschlossen sein würde.

1) Allgemeines. § 155 regelt den Fall, daß die Part glauben, vollst einig zu sein, währd das in Wahrh nicht zutrifft. Er ist auch anzuwenden, wenn nur eine Part irrtüml den Vertr für geschlossen hält, die and aber von dem Einiggsmangel weiß, sog einseit versteckter Dissens (s MüKo/Kramer Rn 2). Haben sich die Part über wesentl Elemente des Vertr nicht geeinigt, ist § 155 dagg unanwendb, der Vertr ist auf jeden Fall nicht zustande gekommen, sog logischer od Totaldissens. Bsp: Beide Part wollen verkaufen (RG **104**, 266); fehlde Einigg über *essentialia negotii.* 1

2) Voraussetzungen. – a) Ein Einiggsmangel liegt nur vor, wenn der **Inhalt der abgegebenen Erklärungen** nicht übereinstimmt; es genügt nicht, daß die Part Verschiedenes gewollt h (BGH NJW **61**, 1668, **93**, 1798, **95**, 2638). Die beiders Erkl sind gem §§ 133, 157 auszulegen. Stimmen sie in ihrer obj ErklBedeutg 2 überein, ist § 155 unanwendb; die Part, die ihre Erkl mit einem and als den obj Sinn verbunden h, kann aber gem § 119 zur Anf berechtigt sein (s BGH aaO). – 3 **b)** Auch wenn der Inh der Erkl voneinand abweicht, besteht kein Dissens, sofern der innere **Wille der Parteien übereinstimmt** (§ 133 Rn 8). Entspr gilt, wenn die eine Part den von der obj ErklBedeutg abw wirkl Willen der and Part erkannt hat. Ihr etwaiger Vorbehalt, die GgPart an dem obj Sinn der Erkl festzuhalten, ist gem § 116 unwirks; maßgebd ist das von der GgPart wirkl Gewollte (RG **66**, 429, **93**, 299, BGH BB **83**, 927, LG Aachen NJW **82**, 1106). Weicht der Wille beider Part von obj ErklWert ab, ohne daß Willensübereinstimmg besteht, haben an sich beide Part gem § 119 ein AnfR; auf diesen Fall w man aber unter WertgsgesichtsPkten § 155 entspr anwenden können (MüKo/Kramer Rn 10). – 4 **c) Fälle des § 155. – aa)** Vergessen oder Übersehen eines regelgsbedürft Punktes, sog verdeckte **Unvollständigkeit. – bb)** Abgabe von äußerl voneinand abw Erkl, die auch dem Sinn nach auseinandergehen, von denen die Part aber annehmen, daß sie sich deckten, sog **Erklärungsdissens.** Bsp: Antr: *Original* IBM-Druckkassetten, Ann: IBM Druckkassetten (Hamm NJW-RR **98**, 1747). Beiderseit Verhören od Verlesen. – **cc)** Die Erkl decken sich äußerl, die Auslegg ergibt aber, daß einer der verwandten Begriffe obj mehrdeut ist u beide Part ihn unterschiedl verstanden haben, sog **Scheinkonsens.** Bsp: Unterschiedl Bedeutg der Begriffe „Eigenkapital" (RG HRR **36**, 526), „Aktien" (Köln WM **70**, 892), „ca Größe" (BGH **LM** Nr 2), Selbstkostenanteil bei zahnärztl Behandlg (AG Köln NJW **80**, 2756).

5 **3) Rechtsfolgen.** Der versteckte Dissens führt idR zum Nichtzustandekommen des Vertr (Soergel/Wolf Rn 18). Der Vertr ist aber gült, wenn er auch ohne Einigg über den offenen Punkt geschlossen worden wäre. Maßgebd ist insoweit ebso wie iF des § 139 (dort Rn 14) der mutmaßl PartWille (MüKo/Kramer Rn 11). Bei einem versteckten Dissens über die Einbeziehg von AGB ist iZw die Gültigk des Vertr zu bejahen (s § 154 Rn 3). Betrifft der Einiggsmangel essentialia negotii, scheidet die Aufrechterhaltg des Vertr idR aus (RG **93**, 299). Die verbliebenen Einiggslücken sind dch Rückgriff auf das dispositive Recht od dch ergänzde VertrAuslegg auszufüllen (RG **88**, 379). Ausnw kann die Gültigk des Vertr auch bei einem Dissens über die Höhe des Entgelts zu bejahen sein (s § 154 Rn 2). Wer sich trotz eines Dissens auf das Zustandekommen des Vertr beruft, muß ebso wie iF der §§ 139, 154 die Tats **beweisen,** aus denen sich ein entspr PartWille ergibt (MüKo/Kramer Rn 14). Hat eine Part dch ein von ihr zu vertretdes Verhalten (zB dch mehrdeut Formuliergen) den Dissens verursacht, ist sie wg c. i. c. zum SchadErs verpflichtet (RG **104**, 268, **143**, 221, str). Bei Mitverschulden gilt § 254, nicht § 122 II (RG JW **32**, 735, 739).

156 *Vertragsschluß bei Versteigerung.* **Bei einer Versteigerung kommt der Vertrag erst durch den Zuschlag zustande. Ein Gebot erlischt, wenn ein Übergebot abgegeben oder die Versteigerung ohne Erteilung des Zuschlags geschlossen wird.**

1 **1) Bei Versteigerungen** ist das Gebot der VertrAntr des Bieters, der Zuschlag die AnnErkl des Versteigerers (BGH **138**, 339/342). Der Bieter hat daher, sow § 156 anwendb ist, keinen Anspr auf den Zuschlag (Staud/Bork Rn 2). Das Gebot erlischt mit der Abgabe eines Übergebotes od dem Ende der Versteigerg; auf die Wirksamk des Übergebotes kommt es nicht an (MüKo/Kramer Rn 4, hM). Der Zuschlag ist eine nicht empfangsbedürft WillErkl. Er bringt den Vertr auch dann zustande, wenn der Bieter sich inzw entfernt hat (s BeurkG 15 S 2). Der dem Versteigerer erteilte ErsteigergsAuftr ist kein Gebot, sond eine vom Verbot des § 181 freigestellte Vollm zur Abgabe eines Gebots (BGH NJW **83**, 1186). § 156 ist dispositives Recht (BGH **138**, 339/343), kann also in den Grenzen von AGBG 9 ff dch abw VersteigergsBdggen ersetzt w. Der Versteigerer handelt idR den Umst nach im Namen des Einlieferers; dieser w also VertrPartner des Bieters (v Hoyningen-Huene NJW **73**, 1476, Schneider DB **81**, 199).

2 **2) Anwendungsbereich.** § 156 gilt für freiw sowie für die auf dem Gebiet des PrivR ges vorgesehenen Versteigergen: §§ 383, 489, 753, 966, 979, 983, 1219, 1233, HGB 373, 376. Für Versteigergen iW der ZwVollstr gilt ZPO 817, der auf § 156 verweist. Für die ZwVerst von Grdst gelten ZVG 71 ff; § 156 ist nicht anzuwenden. Vgl auch GewO 34 b u die VO v 1. 6. 1976 (BGBl 1345).

157 *Auslegung von Verträgen.* **Verträge sind so auszulegen, wie Treu und Glauben mit Rücksicht auf die Verkehrssitte es erfordern.**

1 **1) Allgemeines.** § 157 gilt entgg seinem Wortlaut nicht nur für die Auslegg von Vertr, sond auch für die von einseit RGesch u einz WillErkl (RG **169**, 125, BGH **47**, 78). Umgekehrt ist § 133 nicht nur auf die Auslegg von WillErkl, sond auch auf die von Vertr u RGesch jeder Art anzuwenden (§ 133 Rn 1). Der Anwendgsbereich beider Vorschr deckt sich daher. Auch inhaltl ist eine Trenng in eine Auslegg nach § 157 u nach § 133 nicht mögl. Beide Vorschr sind bei der Auslegg **stets nebeneinander** heranzuziehen. Aus ihnen haben Rspr u Lehre die bei § 133 zusfassd dargestellten AusleggsGrds entwickelt. Die Erläutergen zu § 157 können sich daher auf die Kommentierg der ergänzden VertrAuslegg (Rn 2 ff), die Anführg von Einzelfällen (Rn 12 ff) u Hinweise zu den im Verk gebräuchl typ Klauseln (Rn 16 ff) beschränken.

2 **2) Ergänzende Vertragsauslegung. – a)** Die eigentl Auslegg hat festzustellen, ob ein best Verhalten als WillErkl aufzufassen ist u welchen Inh die WillErkl hat. Die ergänzde VertrAuslegg hat dagg den Zweck, Lücken der rgeschäftl Regelg zu schließen (BGH **9**, 277, **77**, 304, **LM** [D] Nr 1). Ihre Grdl ist § 157, nicht § 242. Sie knüpft an die im Vertr objektivierte Regelg an u versteht diese als eine **selbständige Rechtsquelle,** aus der unter Berücksichtigg von Treu u Glauben u der VerkSitte Regelgen für offen gebliebene Pkte abgeleitet w können (s BGH **9**, 277, NJW **78**, 695). Die ergänzde Auslegg ist bei **Rechtsgeschäften aller Art** mögl. Ihr unterliegen auch formbedürft Gesch (BGH **81**, 143, OVG Hbg MDR **70**, 537), Vertr, die einer öffrechtl Gen bedürfen (BGH WM **82**, 1331), Ehe- u ErbVertr (BGH NJW **57**, 423) u Test (BGH **22**, 357, § 2084 Rn 8), TarifVertr dagg nur, wenn konkrete Anhaltspunkte dafür vorliegen, welche Regelg die Part in Kenntn der Lücke getroffen hätten (BAG DB **91**, 1881). Auch AGB können ergänzd ausgelegt w, jedoch ergeben sich insow aus AGBG 6 Schranken (AGBG 5 Rn 11). Stehen die Part in VertrVhdlgen od sonst in

sozialem Kontakt, kann nach der Rspr – trotz Fehlens eines endgült VertrSchl – iW ergänzder Auslegg ein stillschw HaftgsAusschluß angenommen w (BGH NJW **79**, 643, **80**, 1681, § 254 Rn 71).

b) Die ergänzde Auslegg setzt voraus, daß der Vertr eine **Regelungslücke,** eine „planwidrige Unvollständigk", enthält (BGH **40**, 103, **77**, 304, NJW **94**, 1011, stRspr). Gleichgült ist, ob sie von Anfang an bestanden hat od nachträgl entstanden ist (RG **164**, 202, BGH NJW **81**, 220). Die Lücke kann darauf beruhen, daß die Part einen Punkt bewußt offen gelassen haben, etwa in der Hoffng, sie würden sich insow noch einigen (BGH NJW **75**, 1116, **82**, 2816, BAG DB **80**, 934). IdR ist sie darauf zurückzuführen, daß die Part an einen best regelgsbedürft Punkt nicht gedacht haben (BGH NJW-RR **91**, 177). Sie kann sich auch aus nachträgl Ändergen der wirtschaftl od rechtl Verh ergeben (BGH **23**, 285, NJW **93**, 3193, NJW-RR **99**, 923) od darauf beruhen, daß die fr getroffene Vereinbg nicht mehr feststellb ist (Schopp MDR **58**, 291). Auch die Unwirksamk einer VertrBest kann als Regelgslücke aufzufassen sein (BGH **63**, 135, **90**, 74, BAG ZIP **96**, 1913, BayObLG **98**, 13, 18). **Keine** Lücke liegt vor, wenn die getroffene Regelg nach dem Willen der Part bewußt abschließd sein sollte (BGH NJW **85**, 1836). Sie kann auch nicht daraus hergeleitet w, daß sich eine eindeut Regelg als unbill erweist (LAG Hamm DB **91**, 1577). 3

c) Eine ergänzde VertrAuslegg scheidet idR aus, wenn die Regelgslücke dch **Heranziehung des dispositiven Rechts** geschlossen w kann (BGH **40**, 103, **77**, 304, **90**, 75, NJW **82**, 2191). So sind etwa bei einem Kauf ohne Regelg der Sachmängelhaftg die §§ 459 ff anzuwenden. Würde man bei jeder VertrLücke den Vertr ergänzd auslegen, wäre das dispositive Recht leerlaufd u funktionslos. Für eine ergänzde VertrAuslegg verbleiben folgde Fallgruppen: – **aa)** Die Heranziehg dispositiven Rechts **widerspricht** dem ausdr od mutmaßl **Parteiwillen** (BGH NJW **75**, 1116, **79**, 1704, NJW-RR **90**, 818). Das ist zu bejahen, wenn die Part bei den Vhdlgen übereinstimmd von einer längeren als der gesetzl KündFr ausgegangen sind (BAG **AP** § 154 Nr 1). Ein mutmaßl entggstehder Wille kann auch angenommen w, wenn das dispositive Recht, der Interessenlage offensichtl nicht gerecht w (BGH NJW **82**, 2816) od wenn es, wie das GesellschR, veraltet ist u in der Praxis idR abbedungen w (BGH NJW **79**, 1704). – **bb)** Der VertrTyp ist **nicht gesetzlich** geregelt, od bei **gesetzlich geregelten** Vertr geht es um eine Lücke, für die das dispositive Recht **keine passende Regelung** enthält (MüKo/Mayer-Maly Rn 38, Larenz/Wolf § 28 Rn 111). Auch bei gesetzl geregelten Vertr kann daher ergänzde Auslegg geboten sein, so etwa bei einer unwirks Tagespreisklausel (BGH **90**, 75), bei einem Verkauf zur Abwendg der Enteigng (BGH **135**, 92), beim GrdstKauf, wenn der Käufer unerwartet mit Erschließgskosten belastet w (BGH NJW **88**, 2100), od wenn die Erschließg entgg den anfängl Vorstellgen vom Verkäufer dchgeführt w (BGH NJW-RR **87**, 458), bei einem Praxistausch zw Ärzten (BGH **16**, 71), bei einem MietVertr wg der Verzinsg der Mietkaution eines gewerbl Mieters (BGH NJW **94**, 3287) od der Abrede über SchönhReparaturen, wenn diese nicht mehr ausgeführt w können (BGH **77**, 304, **92**, 370, Düss NJW-RR **94**, 780), and dagg, wenn die dem Mieter obliegdn UmbauMaßn undchführb w (BGH **96**, 145). Ein GewLAusschl in einem KaufVertr kann ergänzd dahin auszulegen sein, daß der Verkäufer zur Abtr seiner Anspr gg den argl Erstverkäufer verpflichtet ist (BGH NJW **97**, 652, aA Wackerbarth ZIP **97**, 2037). Hat sich eine GmbH verpflichtet, das von ihr gekaufte Grdst („Wahrzeichen der Stadt") nicht weiterzuveräußern, kann das Verbot nicht ow auf den Verkauf der GmbH-Anteile ausgedehnt w (Düss NJW-RR **95**, 1455). Sind die Part irrtüml von MwStFreih ausgegangen, sind für die notw Anpassg (entgg Düss NJW-RR **95**, 1455, DB **95**, 2595) die Grds über den Wegfall der GeschGrdl maßgebd (§ 242 Rn 150). 4 5 6

d) Die vertragl Regelg ist entspr dem **hypothetischen Parteiwillen** zu ergänzen (BGH **7**, 235, **9**, 278). Es ist darauf abzustellen, was die Part bei einer angem Abwägg ihrer Interessen nach Treu u Glauben als redl VertrPart vereinb hätten, wenn sie den nicht geregelten Fall bedacht hätten (BGH **84**, 7, **90**, 77, NJW **94**, 1011, Düss NJW-RR **96**, 1035). Dabei ist zunächst an den Vertr selbst anzuknüpfen. Die in ihm enthaltenen Regelgen u Wertgen sind Ausgangspkt der VertrErgänzg (BGH WM **64**, 235, Larenz/Wolf § 28 Rn 122). Zugl sind mit Treu u Glauben sowie der VerkSitte auch obj Maßstäbe zu berücksichtigen (BGH **7**, 235, **LM** § 133 (A) Nr 5). In die ergänzde Auslegg sind daher sowohl individuelle als auch obj Kriterien einzubeziehen (MüKo/Mayer-Maly Rn 39 f, sehr str). 7

e) Schranken. Ergänzde VertrAuslegg muß den Grds der PrivAutonomie (Übbl 1 v § 104) u der VertrTreue respektieren u darf nicht zu einer freien richterl RSchöpfg ausufern (s BGH **9**, 279, **40**, 103 ff). Sie hat daher die sich aus dem Willen der Part u dem VertrInh ergebden Grenzen zu beachten: – **aa)** Das Ergebn der ergänzden Auslegg darf nicht im **Widerspruch** zum tatsächl **Parteiwillen** od zum VertrInh stehen (BGH **90**, 77, NJW **95**, 1212). Sie ist daher ausgeschl, wenn die Part über den (scheinb) regelgsbedürft Punkt bewußt eine abschließde Regelg getroffen haben (BGH **2**, 385) od wenn die Ergänzg eine Änderg des geschl Vertr bedeuten würde (RG **129**, 88, HRR **33**, 1573, **34**, 1275, BGH **9**, 278). Sie kommt wg Verstoßes gg den mußmaßl PartWillen auch dann nicht in Betracht, wenn sie zur Nichtigk des Vertr führen würde (BGH NJW **70**, 468). – **bb)** Die ergänzde Auslegg darf nicht zu einer **Erweiterung des Vertragsgegenstandes** führen (BGH **9**, 278, **40**, 103, NJW **82**, 2191, BAG **AP** Nr 3). Sie muß sich innerh des tats gegebenen Rahmens der getroffenen Vereinbg halten (BGH **12**, 343, **29**, 110). Sie kann eine sinnlos gewordene Verpfl dch eine and ersetzen (BGH **92**, 370), scheidet aber aus, wenn sie eine über den VertrInh wesentl hinausgehde Bindg begründen (BGH **16**, 77) od einer Part dch den VertrInh nicht gedeckte wesentl zusätzl Rechte verschaffen würde (RG **87**, 213). – **cc)** Eine ergänzde VertrAuslegg ist auch dann mit dem Grds der PrivAutonomie unvereinb, wenn die Regelgslücke **in verschiedener Weise** geschlossen w kann u keine Anhaltspkte dafür bestehen, für welche Alternative sich die Part entschieden hätten (BGH NJW **74**, 1323, BGH **62**, 89, 327, **90**, 80). Sie kommt auch dann nicht in Betracht, wenn sich ein Ereign wg einer grdlegden Änderg der Verhältn einer Beurteilg nach dem PartWillen entzieht (BGH **84**, 368). 8 9 10

f) Für die **prozessuale Behandlung** der ergänzden VertrAuslegg gelten die allg Grds (§ 133 Rn 29 ff). Sie gehört, sow sie nicht typ Vereinbgen betrifft, zum Bereich der TatsFeststellg u ist vom RevGer nur beschränkt nachprüfb (BGHZ **111**, 110/115). Hat der TatRi die ergänzde Auslegg materiell-rechtl fehlerh unterlassen, kann sie aber vom RevGer nachgeholt w, wenn weitere tatsächl Feststellgen nicht notw sind u es keiner Ermittlg von Erfahrgswissen od VerkSitten bedarf (BGH NJW **98**, 1219). 11

12 **3)** Die **Judikatur** zu §§ 133, 157 ist unerschöpfl, jede Entsch ist auf den Einzelfall abgestellt. Verallgemeinergen sind nicht am Platze. Beispielsw sind zu erwähnen: Im KündSchutzProz vereinbarte **Abfindung** für ArbN ist iZw brutto zu zahlen (LAG Düss DB **70**, 784). Enthält der Vergl in einem BauProz eine Abfindgsklausel, kann sich diese auch auf noch nicht geltd gemachte Mängel erstrecken (Mü BB **81**, 1487). – Vertr über **Alleinverkaufsrecht** begründet idR keinen absoluten Gebietsschutz idS, daß Untern den Händler (Alleinvertreter) gg Liefergen Dr in das VertrGebiet schützen muß (BGH **LM** § 433 Nr 33). – **Anrechnungsklausel** in Ausfuhrgarantie (Hermesgarantie) s BGH **LM** § 133 (Fb) Nr 8. – Begriff der **Erschließungskosten** s Hamm NJW-RR **94**, 339, Nieder NJW **84**, 2662. Verteilg nach dchgeführten Maßn s BGH NJW **92**, 2817. – **Fälligkeitsklauseln** vgl § 271 Rn 5. – Abrede über **Freistellungspflicht** verpflichtet idR nicht nur zur Erf begründeter, sond auch zur Abwehr unbegründeter Anspr (BGH NJW **70**, 1594, **83**, 1729). – Auslegg von **Freizeichnungsklauseln** vgl § 276 Rn 58; stillschw Haftgsfreistellg § 254 Rn 70 ff. – Besteht Vergütg in **Gewinnbeteiligung** od ist sie sonst vom Ertrag abhäng, ist es Frage des Einzelfalls, ob Einnahmen aus Subventionen mitzuberücksichtigen sind (vgl BGH **13**, 123, Platzzuschüsse bei BühnenaufführgsVertr, ja; **LM** (D) Nr 23, Anpassgsbeihilfe bei Förderzins, nein). – **Grundstückskaufvertrag.** Übernimmt GrdstKäufer Hyp, w idR neben dem NennBetr des Darl auch ein Agio auf den Kaufpreis anzurechnen sein (zB NennBetr u Auszahlg 100%, bei Rückzahlg 105%, s BGH DNotZ **70**, 247). Beim Verkauf zur Abwendg der Enteigng besteht bei Aufgabe des Enteigngszwecks binnen 2 Jahren ab Kenntnis ein Anspr auf Rückübereigng
13 (BGH ZIP **97**, 1067). – Die **Mehrwertsteuer** ist ein rechtl unselbständ Teil des zu zahlden Preises (BGH **58**, 295, **60**, 203, **77**, 82, **103**, 287). Sie ist, wenn sich aus den Umst nichts and ergibt, in dem angebotenen Preis enthalten (BGH aaO u NJW **91**, 2484, Karlsr BB **92**, 231, PaPkG 1 I 1). Das gilt für Vertr jeglicher Art, auch für den Vergl über eine ProvFdg (Mü NJW-RR **94**, 867). RA, Steuerberater u Architekten können aber MWSt zusätzl zu ihrem Honorar fordern (BRAGO 25 II, StBGebV 15, 1, HOAI 9 I 1). Zur MWStOption bei der Veräußerg od Vermietg gewerbl genutzter Immobilien s Sontheimer NJW **97**, 693. Ist Pachthöhe vom Umsatz abhäng, ist iZw der Bruttoumsatz maßgebd (Hamm BB **78**, 1282). Der bei Uneinbringlichk der Fdg bestehde Anspr auf Erstattg der MWSt geht iF einer Zession nicht mit auf den Zessionar über (s BGH ZIP **97**, 734). Auch bei Angeboten an einen zum Vorsteuerabzug berecht Untern nimmt die hM an, daß die MWSt iZw im angebotenen Preis enthalten ist (BGH WM **73**, 677, Oldbg NJW **69**, 1486, Mü DB **70**, 1480, Köln NJW **71**, 894, Schaumburg NJW **74**, 1734). Das gilt insbes dann, wenn ein „Brutto"-Preis vereinbart worden ist (s KG MDR **99**, 604). Es hat sich kein Handelsbrauch herausgebildet, daß Preisangebote u -vereinbargen im Verk zw vorsteuerabzugsberecht Untern iZw „netto" zu verstehen sind (Düss NJW **76**, 1268, Karlsr Justiz **77**, 200, Mü NJW-RR **93**, 415, str, aA § 433 Rn 30). Der Verkäufer hat keinen NachFdgsAnspr, wenn er irrtüml angenommen hat, MWSt falle nicht an (BGH **LM** (D) Nr 31). Sind die Part übereinstimmd von einer StPfl ausgegangen, ist der Preis aber herabzusetzen, wenn keine od eine geringere MWSt zu zahlen ist (BGH
14 WM **90**, 1322/1323). – **Nennwert** von Schuldverschreibgen s BGH NJW **97**, 2231. – **Preisänderungsklauseln** bedeuten idR, daß der Verk den Preis gem § 315 an jeweiligen Marktpreis u WirtschLage anpassen darf (BGH **1**, 354); uU enthalten sie aber nur einen RücktrVorbeh mit Pfl zum Neuangebot (BGH aaO). ZulässigkSchranken für formularmäß Erhöhungsklauseln ergeben sich aus AGBG 9, 11 Nr 1 (AGBG 11 Rn 2 ff). Erhöhgsklauseln geben dem Käufer bei sinkden Gestehgskosten iZw nicht das R, eine Preisherabsetzg zu verlangen (BGH JZ **54**, 356). Dagg verpflichten Zinsändergsklauseln bei sinkendem Zinsniveau auch zur Herabsetzg (BGH **97**, 212). Entspr gilt iZw für die Preisklausel im StromliefergsVertr mit einem Sonderabnehmer (BGH JZ **57**, 56). Bei Verkauf zu dem am Liefertag gült Listenpreis ist Preiserhöhg nicht zu berücksichtigen, wenn Verzögerg vom Verk zu vertreten (Düss DB **72**, 35). Zu PreisändKlauseln in Ener-
15 gieliefergsVertr s Baur ZIP **85**, 905. **Sicherungsrechte** dürfen von SichgN, insbes von Banken u VersUntern, nur für Fdgen in Anspr genommen w, die sie in branchenübl Weise erworben haben; hat der Erwerb den Zweck dem Zedenten eine Befriedigsmöglichk zu verschaffen, ist die Verwertg unzul (BGH NJW **81**, 1600, **87**, 2997, **91**, 1946).

16 **Skonto** ist ein PrNachl, der dem Käufer od Besteller bei Zahlg innerh einer best Fr eingeräumt w. **(1)** Eine VerkSitte od ein allg Handelsbrauch, der den Schu zum Skontoabzug berecht, besteht nicht (§ 272 Rn 1). Erforderl ist eine entspr **Vereinbarung,** die inhaltl ein aufschiebd bedingter Teilerlaß ist (BGH NJW **98**, 1302). Gestattet der Gläub den Abzug erst dch eine Klausel auf der Rechng, wird diese idR gem § 151 Rn 4 VertrInhalt. **(2)** Ob die Skontoabrede die **Fälligkeit** bis zum Ende der SkontoFr hinausschiebt, ist Ausleggsfrage (s Beater AcP **191**, 347, Nehls WM **95**, 1657). Sind, wie idR, beide Ausleggen mögl u ist der Gläub KlauselVerwder, ergibt sich aus AGBG 5, daß Fälligk erst nach Ablauf der SkontoFr eintritt, allerdings mit einer § 271 Rn 15 entspr Beschränkg (Nehls aaO). **(3)** Für die **Rechtzeitigkeit** der Zahlg kommt es, vorbehaltl einer abw Vereinbg, zB durch Bezugnahme auf VOB/B 16 (Karlsr NJW-RR **99**, 1033), auf die Vornahme der LeistgsHdlg an (BGH NJW **98**, 1302, Saarbr NJW-RR **98**, 1664), nicht auf den Eintritt des Leistgserfolgs (s § 270 Rn 6 f). Erfolgt die Zahlg vereinbgsgem dch Verrechngsscheck, genügt dessen rechtzeit Absendg (BGH aaO). Bei Erf dch Aufr muß aber trotz der Rückwirkg der Aufr auch die AufrErkl innerh der SkontoFr dem Gläub zugehen (s Kronenbitter S 2033). Erforderl, aber auch ausr ist, daß der Schu die Fdg in **berechtigter** Höhe befriedigt (Kronenbitter S 2032). Der Skontoabzug entfällt, wenn der Schu wg Mängel einen zu hohen Betrag einbehält (Nettesheim BB **91**, 1724). Sind **Abschlagszahlungen** vereinbart, ergibt sich idR aus AGBG 5, daß der Schu auch bei Abschlagszahlgen zum Skontoabzug berecht ist (s Kronenbitter S 2032). Beim VOB-WkVertr entnimmt die hM aber aus VOB/B 16 Nr 5 II, daß der Abzug erst bei der Schlußzahlg vorzunehmen ist, dann aber auch für alle pünktl geleisteten Abschlagszahlgen (Düss BauR **81**, 75, Stgt BauR **90**, 367, Locher BauR **80**, 31). Für das **Warenskonto,** bei dem eine größere Menge geliefert als berechnet wird, gelten die Ausführgen zum Zahlgsskonto entspr.

17 **Stundungsabreden** s § 271 Rn 15. – Schließt Schu mit Gläub auf der Grdlage gleichmäß Befriedigg außergerichtl **Vergleich,** h Gläub bei Gewährg von Sondervorteilen an and RücktrR (RG **153**, 397, Mü NJW **56**, 1801). – Zur Auslegg des Begr **Verkehrswert** s BGH NJW **89**, 2129, des Begr **Zeitwert** s Ffm NJW **95**, 3259, von **Wertgarantien** s Karlsr JZ **82**, 860. – Aus GeschVerkauf kann sich für den Verk ohne ausdr Bestimmg ein **Wettbewerbsverbot** ergeben (RG **117**, 177, Stgt NJW **49**, 27); ebso aus Arztpraxistausch das Verbot, sich in der Nähe der früheren Praxis wieder als Arzt niederzulassen (BGH NJW **55**, 337). Vermieter von GeschRäumen ist idR verpflichtet, im gleichen Haus keinen Wettbewerber aufzunehmen

(§ 535 Rn 18). Vertragl WettbewVerbote verpflichten zugl zur Unterlassg von UmgehgsHdlgen (BGH WM **70**, 1339). Das Verbot für ausscheidde Gesellschter gilt auch für den ledigl aus der GeschFü Ausscheidden (BGH NJW-RR **90**, 226). Es entfällt, wenn sein Schutzzweck dauernd wegfällt, so bei endgült Aufg der geschützten Tätigk (Zweibr OLGZ **72**, 210). Vertragl Wettbewerbsverbote haben sich seit dem 3. 10. 90 iZw auf das Gebiet der fr DDR ausgedehnt (LAG Bln DB **91**, 1287). – Der Begriff **Wohnfläche** ist iZw iSd DIN 283 auszulegen (BGH NJW **97**, 2874, Celle NJW-RR **99**, 816). – Ob bei Vereinbg banküblher **Zinsen** Soll- od Habenzinsen maßgebd, hängt von den Umst ab (Hamm WM **73**, 794).

4) Typische Klauseln: „Brief folgt" (§ 148 Rn 1); – „Circa-Klauseln" erlauben Abweichgen von+/- 5–10% (Nürnbg NJW-RR **95**, 1437, Thamm DB **82**, 417); sie bleibt bei der SchadErsBerechng außer Betracht (Düss NJW-RR **91**, 679, aA Mü NJW-RR **94**, 887); – „wie besichtigt" (BGH BB **57**, 238, Ffm DB **80**, 779); – „Kasse gg Lieferschein" (Hertin MDR **70**, 881); – „Kasse gg Dokumente" (§ 320 Rn 16), „Kasse gg Dokumente bei Ankunft des Dampfers" (BGH **41**, 215), „netto Kasse gegen Faktura" (§ 320 Rn 16), „netto Kasse" (BGH **23**, 131, DB **72**, 1719), „Kasse gegen Akkreditiv" (RG Recht **22**, 1136), „cash on delivery" (BGH NJW **85**, 550), „Zahlg durch Scheck" (RG JW **26**, 2074), „Zahlung gg Dokumente" (BGH **55**, 342); – „Zurückhaltg des Kaufpreises ausgeschlossen" (BGH NJW **58**, 419); – „cif" (RG **90**, 1), „fob" (RG **106**, 212, BGH **60**, 5); – „frachtfrei X" (Mü NJW **58**, 426); – „freibleibend" bei VertrAngebot (vgl § 145 Rn 4) wird idR nur VertrBestandt, wenn im Vertr wiederholt (RG **102**, 228); als VertrBestandt gewährt die Klausel meist RücktrR, nicht Befugn zur Änderg der Abmachgen (RG Warn **23/24**, 101); möglicherw auch nur Befugn zur Preisänderg (RG **103**, 415); jedenf ist sie eng auszulegen (RG **102**, 228, „stets freibleibend"), „freibleibend unter Vorbehalt der Lieferungsmöglichkeit" (RG **104**, 115, 306); „Lieferungsmöglichkeit vorbehalten" (§ 279 Rn 11); „richtige und rechtzeitige Selbstbelieferung vorbehalten" (§ 279 Rn 11), derart Klausel bezieht sich uU nur auf Lieferzeit (BGH **24**, 39), zur Selbstbeliefergsklausel bei kongruenten Deckgs-Gesch vgl BGH **49**, 388, DB **95**, 1557. – Bedeutg der Bezeichng „gentleman agreement" für eine Absprache ist nach dem Einzelfall auszulegen (BGH **LM** § 242 (Be) Nr 19). – „Angemessener" Mietzins ist im Streitfall vom Gericht festzusetzen (BGH **LM** (Ga) Nr 14). – Klauseln im AuslandsGesch vgl die von der Internationalen Handelskammer aufgezeichneten „incoterms" u dazu Baumb/Hopt 2. Teil III (6). 18

Vierter Titel. Bedingung. Zeitbestimmung

Einführung

1) Begriffe. – a) Bedingung iSd §§ 158 ff ist die dch den PartWillen in ein RGesch eingefügte Bestimmg, die die RWirkgen des Gesch von einem zukünft ungewissen Ereign abhäng macht. Auch dieses Ereign w vom Ges als Bdgg bezeichnet (§ 158 „Eintritt der Bdgg"). Bdggen kommen in zwei GrdTypen vor: Bei der **aufschiebenden** Bdgg hängt der Eintritt, bei der **auflösenden** Bdgg das Fortbestehen der RWirkgen von dem zukünft Ereign ab. Welche Art von Bdgg vorliegt, ist Ausleggsfrage (§ 158 Rn 1). – **b) Befristung** ist die dch den PartWillen in ein RGesch eingefügte Bestimmg, wonach ein zukünft gewisses Ereign für den Beginn der RWirkgen (Anfangstermin) oder deren Ende (Endtermin) maßgebd ist (§ 163 Rn 1). 1 2

2) Keine Bedingungen iSd §§ 158 ff sind: – **a) Vertragsbedingungen,** ein Terminus, der dch AGBG 1 Eingang in die GesSprache gefunden hat. Sie legen die beiderseit Rechte u Pflten fest, machen aber die Wirkgen des RGesch nicht von einem zukünft Ereign abhäng. Die Abgrenzg kann schwier sein, so bei KreditVertr (BGH WM **60**, 356, **63**, 192) od Bürgsch (BGH WM **58**, 218, Düss NJW-RR **91**, 435). Für sie ist die Interessenlage maßgebd; die Verwendg des Wortes „Bdgg" besagt für die rechtl Einordng nichts, da es sowohl für VertrBdggen als auch für Bdggen im RSinne gebraucht w. Mögl ist auch, daß der Eintritt eines künft Ereign nach der Interessenlage keine Bdgg, sond eine bloße **Fälligkeitsregelung** ist (BGH NJW-RR **98**, 801). Ands kann der PartWille aber auch die Erf einer VertrPfl zur Bdgg iSd §§ 158 ff machen (s BGH WM **83**, 991). – **b) Auflagen** (§§ 525, 1940, 2192). Sie verpfl den Empfänger einer Zuwendg zu einer Leistg, das RGesch ist aber sofort voll wirks. – **c) Rechtsbedingungen** (s Egert, RBdgg 1974) sind die gesetzl Voraussetzgen für das Zustandekommen u die Wirksamk eines RGesch. Solange eine nachholb RBdgg (Gen dch Dr od Beh) fehlt, besteht ebenf ein Schwebezustand. Für ihn gelten aber SonderVorschr (zB §§ 184, 185 II), die §§ 158 ff sind nicht entspr anwendb (RG **144**, 73, OGH **3**, 253, Egert S 183 ff). Eine RBdgg bleibt idR auch dann bloße RBdgg, wenn sie im Vertr ausdr als WirksamkVoraussetzg angeführt w. Haben die Part irrtüml angenommen, die Wirksamk des Vertr sei von einer best RBdgg (behördl Gen) abhäng, so berührt dies die Gültigk des RGesch grdsl nicht (BGH WM **61**, 407, 410, DNotZ **76**, 370, BFH WM **81**, 343). Die Auslegg kann aber ergeben, daß die Erkl nur wirks w soll, wenn sich die rechtl Beurteilg des Erklärden als richtig erweist (Düss NJW-RR **98**, 150). – **d)** Die auf ein **vergangenes** od **gegenwärtiges** Ereign abgestellte Bdgg. Es fehlt an dem Erfordern des zukünft ungewissen Ereign. Die bestehde subj Ungewißh reicht zur Anwendg der §§ 158 ff nicht aus. Die Auslegg kann ergeben, daß die Erkl nur wirks sein soll, wenn die Erwartgen des Erklärden zutreffen (Frohn Rpfleger **82**, 56). Es kann auch Wette (§ 762) vorliegen. Ist ein Vertr unter der „Bdgg" geschlossen worden, daß der Rücktr von einem fr Vertr wirks ist, können die §§ 158 ff entspr angewandt w (BGH **LM** § 159 Nr 1). – **e)** Hat eine Part erklärt, daß sie von best **Voraussetzungen** ausgehe, ist die rechtl Einordng Frage des Einzelfalls. Es kann eine Bdgg vorliegen, uU kommt bei Fehlen einer Voraussetzg eine IrrtAnf in Betracht (§ 119 Rn 17), möglicherw sind auch die Grds über den Wegfall der GeschGrdl anwendb (§ 242 Rn 149). 3 4 5 6 7

3) Bedingtes Rechtsgeschäft, Rechtstellung des Berechtigten. – a) Das **bedingte Rechtsgeschäft** ist tatbestandl vollendet u voll gült, nur seine RWirkgen sind bis zum Eintritt od Ausfall der Bdgg in der Schwebe (BGH NJW **94**, 3228). Für die GeschFgk, die VfgsBefugn, die Beurteilg der Sittenwidrigk u alle sonst GültigkVoraussetzgen kommt es daher auf den Ztpkt der Vornahme des RGesch an, nicht auf den des Bdggseintritts. Das gilt auch für die Voraussetzgen des gutgl Erwerbs (BGH **30**, 377). Der für die Zukunft vorgesehene RZustand äußert bereits Vorwirkgen. Zu Gunsten des bedingt Berecht bestehen die Schutz- 8

Vorschr der §§ 160ff. Der bedingte Vertr begründet eine ggs TreuePfl (BGH **90**, 308, **LM** § 158 Nr 11, NJW **84**, 2035), die auch nach dem Ausfall der Bdgg nachwirken kann (BGH NJW **90**, 508). Ihre Verletzg
9 kann, auch wenn die Voraussetzgen des § 160 nicht vorliegen, zum SchadErs wg pVV verpfl. – **b)** Die RStellg des bedingt Berecht w als **Anwartschaftsrecht** bezeichnet (§ 929 Rn 37ff). Das AnwR ist grdsl vererbl u übertragb, also auch pfändb. Es entsteht nicht nur dch bedingte RGesch, sond immer dann, wenn von dem mehrakt EntstehgsTatbestd eines Rechts schon so viele Erfordern erf sind, daß von einer gesicherten RPosition des Erwerbers gesprochen w kann, die der and an der Entstehg des Rechts Beteiligte nicht mehr einseit zu zerstören vermag (BGH **49**, 201, **83**, 399, NJW **94**, 3100, **96**, 1741). Die dogmat Einordng des AnwR ist umstr. Ein Teil des Schriftt bezeichnet es als Vorstufe des erwarteten Rechts (RGRK Rn 26); der BGH sagt, es sei ggü dem VollR kein aliud, sond ein „wesensgleiches minus" (BGH **28**, 21). Richtig wohl die Einordng als ein **Erwerbsrecht eigener Art** (ebso Staud/Bork Rn 66). Es ist dadch gekennzeichnet, daß aus ihm beim Eintritt best Voraussetzgen ipso jure das (dingl od schuldrechtl) VollR entsteht. Auf die Übertragg des AnwR sind die Vorschr entspr anzuwenden, die für die Übertragg des VollR gelten (s § 925 Rn 19, § 929 Rn 45). Abw von diesem GleichbehandlgsGrds sind aber für die Pfändg des AnwR die Vorschr über die RPfändg (ZPO 857) maßgebd (§ 925 Rn 19, § 929 Rn 54). Vgl dazu u zum **Schutz des Anwartschaftsrechts** ggü Dr eingehd § 929 Rn 41.

10 **4) Gegenstand der Bedingung** kann ein zukünft Ereign jeder Art sein, auch die Hdlg eines Dr (BayObLG NJW-RR **86**, 94). Wie § 495 zeigt, kann sogar das freie Belieben einer Part zur Bdgg eines RGesch gemacht w, sog **Potestativbedingung** (RG **104**, 100, BGH **47**, 391, NJW-RR **96**, 1167). Ein RGesch mit einer derart WollensBdgg w aber nur ausnahmsw, etwa bei Ankaufs- od WiederkaufsR, anzunehmen sein (Einf 23 v § 145). Bindet sich nur eine Part, währd sich die GgPart ihre Entschließg vorbehält, liegt idR ein VertrAngebot mit verlängerter Bindgswirkg (Option) u nicht ein bedingter Vertr vor. Eine auflösde Wollensbedingg w iZw als RücktrVorbehalt (§ 346) aufzufassen sein (LG Hbg NJW-RR **91**, 823). Bei handlgsabhäng Bdggen kann der and Teil den Schwebezustand dch FrSetzg u Ablehngsandrohg analog § 326 beenden (BGH NJW **85**, 1557).

11 **5) Fehlerhafte Bedingung.** Eine unmögl aufschiebde Bdgg macht das RGesch von Anfang an unwirks, ein RGesch mit einer unmögl auflösden Bdgg ist dagg voll wirks. Verstößt die aufschiebde Bdgg gg ein gesetzl Verbot od gg die guten Sitten (§§ 134, 138), ist das RGesch im Ganzen nichtig; eine Aufrechterhaltg unter Wegfall der fehlerh Bdgg ist nicht mögl, da das RGesch iSd § 139 nicht teilb ist (Staud/Bork Rn 33). Dagg kann ein RGesch mit einer gesetz- od sittenw auflösden Bdgg in Anwendg des § 139 aufrecht erhalten w, so ein ArbVertr mit einer Zölibatsklausel (BAG **4**, 285), ein dch Schwangersch auflösd bedingter ArbVertr (LAG Düss DB **69**, 931), ein ArbVertr mit einer auflösden Bdgg, die das Beschäftiggsrisiko einseit auf den ArbN abwälzt (BAG NJW **82**, 788, krit Füllgraf NJW **82**, 738), eine Vergütgszusage mit einer unwirks auflösden Bdgg (BGH DB **82**, 2407). Wird die Erkl unter der „Bdgg" abgegeben, daß eine best RFolge eintritt, ist sie iF des Fehlschlagens der Erwartg unwirks (BayObLG Rpfleger **82**, 69).

12 **6)** RGesch können grdsl unter Bdggen vorgenommen w, sind also idR bdggsfreundl. Es bestehen aber Ausn: – **a)** Kraft ausdr gesetzl Vorschr sind **bedingungsfeindlich:** die Aufl (§ 925 II), die Bestellg u Übertragg des ErbbR (ErbbRVO 1 IV, 11 I), die Eheschließg (§ 1311), die Anerkenng der Vatersch (§ 1594 III), die SorgeErkl (§ 1626b), vgl ferner §§ 1750 II, 1947, 2180 II, 2202 II, VermG 3 (Jesch DB **92**, 2073). Auch
13 die Anmeldg zum Handelsregister ist als VerfHdlg bdggsfeindl (BayObLG DNotZ **93**, 197). – **b)** Bdggsfeindl ist die Ausübg von **Gestaltungsrechten,** da dem ErklEmpfänger keine Ungewißh u kein Schwebezustand zugemutet w kann (BGH **97**, 267). Das gilt für die Aufr (§ 388 S 2), die AnfErkl (RG **66**, 153, BGH WM **61**, 157), den Rücktr (BGH **97**, 267), die Künd (BAG NJW **95**, 1982), die Gen (§ 185 Rn 10), die Ausübg des VorkaufsR. Unbedenkl sind aber Bdggen, die den ErklEmpfänger nicht in eine ungewisse Lage versetzen (BGH **97**, 267, Hbg NJW-RR **91**, 1201), seine berecht Interessen also nicht beeinträchtigen. Das trifft insb auf PotestativBdggen zu, deren Erf, wie iF der ÄndKünd, vom Willen des ErklEmpf abhängen (BGH **LM** § 609 Nr 4 Bl 3, BAG NJW **95**, 1982). Unbedenkl auch RBdggen, da sie die gesetzl Voraussetzgen ledigl wiederholen (BGH **99**, 239, BAG DB **80**, 1601, Ffm NJW **70**, 1646), ebso die EventualAnf od -Aufr im Proz (BGH NJW **68**, 2099, § 388 Rn 3). Vergangenh- u GegenwartsBdggen (s Rn 6) sind nur zul, wenn sie auf ein dem ErklEmpfänger bei Zugang bekanntes Ereign abstellen.

14 **7)** Wer aus einem RGesch Rechte herleitet, trägt die **Beweislast** dafür, daß das RGesch ohne aufschiebde Bdgg vorgenommen worden ist (BGH NJW **85**, 497, Karlsr OLGZ **72**, 277, sog Leugngstheorie, str). Er ist ebso für den BdggsEintritt bewpflicht (BGH NJW **81**, 2404). Die GgPart trägt die BewLast für die spätere Vereinbg einer aufschiebden Bdgg (RG **107**, 406) sowie für die Vereinbg u den Eintritt einer auflösden Bdgg (BGH MDR **66**, 571, Baumgärtel-Laumen § 158 Rn 1, aA Reinicke JZ **77**, 164).

158 *Aufschiebende und auflösende Bedingung.*

I Wird ein Rechtsgeschäft unter einer aufschiebenden Bedingung vorgenommen, so tritt die von der Bedingung abhängig gemachte Wirkung mit dem Eintritte der Bedingung ein.

II Wird ein Rechtsgeschäft unter einer auflösenden Bedingung vorgenommen, so endigt mit dem Eintritte der Bedingung die Wirkung des Rechtsgeschäfts; mit diesem Zeitpunkte tritt der frühere Rechtszustand wieder ein.

1 **1) Allgemeines. – a)** S Einf. Bei der aufschiebden Bdgg (I) steht dem Erwerber zunächst nur ein AnwR zu, das mit Eintritt der Bdgg zum VollR erstarkt (Einf 9 v § 158). Bei der auflösden Bdgg (II) tritt zunächst die gewollte RÄnd ein; der dch die auflösde Bdgg Begünstigte hat aber ein AnwR auf Rückerwerb (Wiederherstellg des fr RZustandes). Trotz dieser begriffl klaren Unterscheidg ist die Abgrenzg im Einzelfall oft schwier. Ausleggsregeln für Sonderfälle enthalten §§ 455, 495, 2075. Kauf vorbehaltl des Ergebn einer Probefahrt ist iZw aufschiebd bedingt (LG Bln MDR **70**, 923), ebso der Kauf unter der Bdgg der Weiterveräußerg
2 (BGH NJW **75**, 776, sog Konditionskauf). – **b) Eintritt der Bedingung** ist Eintritt des vorgesehenen

Ereign. Er beendigt den Schwebezustand u läßt bei aufschiebder Bdgg ipso jure das RGesch wirks w, bei auflösder Bdgg tritt ipso jure der fr RZustand wieder ein. Das gilt auch dann, wenn derj, der das bedingte RGesch vorgenommen hat, die RFolge nicht mehr will (BGH **127**, 134), wenn er verstorben ist, die GeschFgk od die Verfüggsbefugn verloren hat (Einf 9). – **c)** Der **Ausfall** der Bdgg beseitigt ebenf den 3
Schwebezustand aber mit entggesetztem Ergebn: das aufschiebd bedingte RGesch w endgült wirkgslos, das auflösd bedingte RGesch bleibt dauernd wirks. Ausgefallen ist die Bdgg, wenn feststeht, daß sie nicht mehr eintreten kann (BGH VersR **74**, 1168) od wenn der Zeitraum verstrichen ist, innerhalb dessen der BdggsEintritt zu erwarten war (BGH NJW **85**, 1557). Der dch die Bdgg Begünstigte kann bei Vfgen mit Wirkg ex nunc auf sie einseit **verzichten** (BGH **138**, 195/202, aA Pohlmann NJW **99**, 190); bei VerpflGesch ist dagg ein ÄndVertr notw (BGH ZIP **94**, 1688).

2) Einzelfälle: RäumgsVergl mit ErsRaumKlausel ist iZw ein aufschiebd bedingter MietaufhebgsVertr 4
(Roquette NJW **65**, 678). Hingabe eines Geldscheins mit wesentl höherem Wert als die Schuld ist Übereigng unter aufschiebder Bdgg der Rückzahlg der Differenz (Saarbr NJW **76**, 65). Klausel „Selbstbelieferg vorbehalten“ macht NichtErf des DeckgsGesch zur auflösden Bdgg des KaufVertr (BGH **24**, 40, Ffm NJW-RR **98**, 1130, § 279 Rn 11). Finanziergsklauseln können aufschiebde od auflösde Bdggen sein, wenn allen Beteil klar ist, daß der Käufer selbst nicht zahlen kann (s BGH NJW **85**, 1080, KG NJW **71**, 1139/1704, Brschw NJW-RR **98**, 567, LG Zweibr NJW-RR **95**, 816, LG Gießen NJW-RR **97**, 1081); die angebotene Finanzierg muß in diesem Fall für den Käufer akzeptabel sein (s LG Aachen NJW-RR **86**, 411). Auch zw einem Kauf- u einem LeasingVertr kann ein BdggsZushang bestehen (BGH NJW-RR **90**, 1010, Köln NJW-RR **88**, 504). Wird der Vollzug eines LeasingVertr von der Vorlage einer Übernahmebestätigg abhäng gemacht, handelt es sich aber iZw um eine bloße FälligkRegelg (BGH NJW **93**, 1381). Bei MieterhöhgsVereinbgen mit einem Sozialhilfeempfänger kann die Gen des SozialAmtes stillschw eine aufschiebde Bdgg darstellen (LG Siegen NJW-RR **93**, 1424). Eine aufschiebde Bdgg kann anzunehmen sein bei Mietaufhebg für den Fall, daß ein geeigneter ErsMieter gefunden w (LG Mannh DWW **77**, 42), beim AusbildgsVertr, wenn der SozVersTräger die Kosten übernehmen soll (Köln VersR **98**, 638), bei Verpfl zur Übern eines Vertr, falls dieser notleidd w (BGH NJW **90**, 1903) u beim Vergl unter WiderrufsVorbeh (BGH **88**, 364, NJW-RR **89**, 1214). Beim DarlVertr kann die Stellg der vereinbarten Sicherh VertrPfl (BGH NJW **69**, 1957), aber auch aufschiebde Bdgg sein (BGH **LM** Nr 22), ebso die Dchführbark einer Umschuldg (Saarbr WM **81**, 1212). SichgÜbereigng u -Abtr sind nur bei ausdr Abrede dch die Entstehg des zu sichernden Anspr aufschiebd u dessen Erlöschen auflösd bedingt (BGH NJW **84**, 1184, **91**, 354, **94**, 865). Soll die Maklerprovision erst nach Eingang des KaufPr gezahlt w, ist es Ausleggsfrage, ob eine aufschiebde Bdgg od nur eine FälligkRegelg vorliegt (BGH NJW **86**, 1035).

159 ***Rückbeziehung.*** **Sollen nach dem Inhalte des Rechtsgeschäfts die an den Eintritt der Bedingung geknüpften Folgen auf einen früheren Zeitpunkt zurückbezogen werden, so sind im Falle des Eintritts der Bedingung die Beteiligten verpflichtet, einander zu gewähren, was sie haben würden, wenn die Folgen in dem früheren Zeitpunkt eingetreten wären.**

Der Eintritt der Bdgg hat **keine rückwirkende Kraft** (BGH **10**, 72). Eine Vereinbg, die den BdggsEintritt 1
zurückbezieht, hat nur schuldrechtl Wirkg. Der RückgewährAnspr ergibt sich aus dem auflösd bedingten Vertr (Medicus AT Rn 840, str), hilfsw aus § 812 (BGH **LM** Nr 1).

160 ***Haftung während der Schwebezeit.*** **I Wer unter einer aufschiebenden Bedingung berechtigt ist, kann im Falle des Eintritts der Bedingung Schadensersatz von dem anderen Teile verlangen, wenn dieser während der Schwebezeit das von der Bedingung abhängige Recht durch sein Verschulden vereitelt oder beeinträchtigt.**

II Den gleichen Anspruch hat unter denselben Voraussetzungen bei einem unter einer auflösenden Bedingung vorgenommenen Rechtsgeschäfte derjenige, zu dessen Gunsten der frühere Rechtszustand wieder eintritt.

§ 160 hat für bedingte VerpflGesch nur klarstelld Bedeutg (s Einf 8 v § 158), für VfgsGesch ist er dagg 1
konstitutiv (MüKo/Westermann Rn 3). Der SchadErsAnspr entsteht erst iF des BdggsEintritts. Er richtet sich auf das positive Interesse (Staud/Bork Rn 10). § 278 ist anzuwenden, ebso § 282 (MüKo Rn 5).

161 ***Zwischenverfügungen.*** **I Hat jemand unter einer aufschiebenden Bedingung über einen Gegenstand verfügt, so ist jede weitere Verfügung, die er während der Schwebezeit über den Gegenstand trifft, im Falle des Eintritts der Bedingung insoweit unwirksam, als sie die von der Bedingung abhängige Wirkung vereiteln oder beeinträchtigen würde. Einer solchen Verfügung steht eine Verfügung gleich, die während der Schwebezeit im Wege der Zwangsvollstreckung oder der Arrestvollziehung oder durch den Insolvenzverwalter erfolgt.**

II Dasselbe gilt bei einer auflösenden Bedingung von den Verfügungen desjenigen, dessen Recht mit dem Eintritte der Bedingung endigt.

III Die Vorschriften zugunsten derjenigen, welche Rechte von einem Nichtberechtigten herleiten, finden entsprechende Anwendung.

1) Zwischenverfügungen. – a) § 161 schützt den aus einer Vfg (Übbl 16 v § 104) bedingt Berecht. 1
Vfgen, die der RInhaber währd der Schwebezeit trifft, w mit Bdggseintritt unwirks, sow sie die Rechte des Erwerbers vereiteln od beeinträchtigen. Die Unwirksamk ist absolut, wirkt also ggü jedermann (Soergel/Wolf Rn 9). Sie betrifft aber nur die ZwVfg, nicht das zugrundeliegde VerpflGesch (BGH DB **62**, 331). Sie tritt

nicht ein, wenn der bedingt Berecht der Vfg zugestimmt hat (RG **76**, 91, BGH **92**, 288). Der Erlaß der bedingt abgetretenen Fdg fällt unter § 161 (BGH **20**, 133, Hamm FamRZ **80**, 890), ebso deren Einziehg (MüKo/Westermann Rn 10), jedoch bleibt dem Schu der Schutz des § 407. Den rgeschäftl Vfgen gleichzustellen sind gesetzl PfandR (Soergel/Wolf Rn 4, str) sowie gem I 2 Maßn der ZwVollstr, der Arrestvollziehg u des InsVerw. Der aus der ZwVfg Berecht behält seine RStellg, soweit sie den Erwerber nicht beeinträchtigt. Wer nach einer bedingten NießbrBestellg Eigt erworben hat, bleibt daher auch nach BdggsEintritt Eigentümer, vorbehaltlich III jedoch mit den sich aus dem Nießbr ergebden Einschränkgen. Auf den gem § 956
2 AneigngsBerecht ist § 161 weder unmittelb noch analog anwendb (BGH **27**, 367). – **b)** Keine Vfg iSd § 161 ist die **Prozeßführung.** Der RInhaber ist währd der Schwebezeit weiter aktiv- u passivlegitimiert. Das für od gg ihn ergangene Urt wirkt nach BdggsEintritt gem ZPO 325 auch für den RNachfolger. Der Schutzgedanke des § 161 ist aber analog anzuwenden (MüKo/Westermann Rn 16).

3 **2)** Zum Schutz des ZwErwerbers sind gem III die Vorschr über den **gutgläubigen Erwerb** entspr anwendb. III beruht auf der Erwägg: Wenn der Erwerber das Recht kr guten Glaubens auch von einem NichtBerecht hätte erwerben können, ist er beim Erwerb vom Berecht erst recht schutzwürd, vorausgesetzt, daß er hinsichtl der Beschrkgen der VfgsMacht gutgl war. Bei Vfgen über Grdst gelten die §§ 892, 893 entspr, bei Vfgen über bewegl Sachen die §§ 932, 936, 1032, 1207, HGB 366. Bei Fdgen u den Rechten des § 413 gibt es keinen gutgl Erwerb, ebsowenig bei Maßn der ZwVollstr.

162 *Unzulässige Einwirkung auf die Bedingung.*

I Wird der Eintritt der Bedingung von der Partei, zu deren Nachteil er gereichen würde, wider Treu und Glauben verhindert, so gilt die Bedingung als eingetreten.

II Wird der Eintritt der Bedingung von der Partei, zu deren Vorteil er gereicht, wider Treu und Glauben herbeigeführt, so gilt der Eintritt als nicht erfolgt.

1 **1) Allgemeines.** § 162 ist Ausdr des allg RGedankens, daß niemand aus seinem treuwidrigen Verhalten Vorteile ziehen darf (Rn 6). Er gilt grdsl nur für Bdggen iSd § 158, nicht dagg für RBdggen (BGH NJW **96**, 3340), insb nicht für behördl Gen (RG **129**, 367, Ffm DNotZ **72**, 180). Bei diesen sind die Part aber idR gem § 242 verpfl, auf die Erteilg der Gen hinzuwirken u alles zu unterlassen, was die Gen gefährden könnte (§ 242 Rn 33). Steht die Bindgswirkg des RGesch aGrd einer WollensBdgg (Einf 10 v § 158) im Belieben einer Part, ist § 162 nicht anwendb (RG **115**, 302, BGH NJW **96**, 3340), jedoch ist in AusnFällen ein Rekurs auf § 242 nicht ausgeschl (s Mü NJW-RR **88**, 59, Ring JuS **91**, 638). Wo eine Mitwirkg des bedingt Verpflichteten zur Erf der Bdgg erforderl ist, ist es Ausleggsfrage, ob u inwieweit eine Bindg bestehen soll (RG **79**, 98, **88**, 3).

2 **2) Voraussetzungen. – a)** Die Part muß den Eintritt der Bdgg verhindert (I) od herbeigeführt h (II). Erforderl ist daher eine wirkl **Beeinflussung des Kausalverlaufs,** der bloße Versuch einer Einwirkg schadet nicht. Ein Unterl genügt nur, sofern, etwa aus § 242 (Düss DB **87**, 41, LG Gießen NJW-RR **97**, 1081), eine RPflicht zum Handeln besteht. Ausr auch eine mittelb Einwirkg (BGH BB **65**, 1052), nicht aber die bloße Erschwerg des BdggsEintritts (RG **66**, 226). Wer sich auf § 162 beruft, muß UrsachenZushang zw Einwirkg
3 u Ausfall bzw Eintritt der Bdgg beweisen (BGH **LM** Nr 2). – **b)** Die Einwirkg auf den BdggsEintritt muß gg **Treu u Glauben** verstoßen. Die Verletzg einer einklagb VertrPfl ist nicht erforderl (BGH **LM** Nr 3). Es genügt, wenn das Verhalten bei Würdigg von Anlaß, Zweck u BewegGrd als treuwidr erscheint. Dabei können auch subj Momente mitberücksichtigt w. Die Anwendg des § 162 setzt aber kein absichtl Handeln voraus (RG **122**, 247, BGH NJW-RR **89**, 802, BVerwG NVwZ **91**, 75); auch ein schuldh Verhalten ist nicht zu fordern, ein obj Verstoß gg Treu u Glauben reicht aus (Staud/Bork Rn 10, str, aA RG u BGH aaO, ähnl
4 wie hier aber RG HRR **31**, 1905). – **c) Einzelfälle:** § 162 ist anwendb, wenn der VorbehVerkäufer die angebotene Restzahlg nicht annimmt (BGH **75**, 228); wenn die steuerl UnbedenklkeitsErkl FälligkVorraussetzg ist u der Käufer die Erteilg dieser Bescheinigg verzögert (Karlsr NJW-RR **96**, 80); wenn der Vermieter bei einem bedingten MietaufhebgsVertr den ErsMieter ohne triftigen Grd ablehnt (LG Köln MDR **67**, 768, LG Mannh DWW **77**, 42); wenn der Vermieter die Verpflichtg zum VertrSchluß mit einem Nachfolgemieter dch das Stellen von ungünstigen Bdggen zu umgehen sucht (Mü NJW-RR **95**, 393); wenn die finanzielle Leistgsfähigk aufschiebde Bdgg ist u der Schu nicht gehör arbeitet (BGH BB **65**, 1052); wenn die Erf einer Verbindlichk aufschiebde Bdgg ist u der Schu wg Unvermögens, von dem er schon bei VertrSchl wußte, nicht leistet (BGH NJW-RR **89**, 802); wenn der RücktrGegner den Berecht dch unricht Informationen von der Ausübg des RücktrR abhält (BGH NJW-RR **91**, 177); wenn die für den Fall der Kinderlosigk aufschiebd bedingte Zuwendg dch Ann eines Vollj umgangen w soll (Stgt FamRZ **81**, 818); wenn die Verpfl, iF des VertrSchl einen Mitpächter zu beteiligen, dch einen VertrSchl der Ehefrau umgangen w soll (BGH NJW **82**, 2552); wenn der GrdstEigtümer dem ErbbBerecht treuw die Zustimmg zur Aufnahme eines HypKredits versagt (BGH NJW-RR **93**, 465). **Kein Verstoß** gg Treu u Glauben ist es, wenn der ArbG vor dem Stichtag für die Gratifikationszahlg aus betriebsbedingten Grden od in DchFührg eines Sozialplans kündigt (BAG DB **86**, 383, **99**, 1706); wenn er sich nicht für die aussichtslose Verlängerg der ArbErlaubn seines ausl ArbN einsetzt, sond einen and ArbN einstellt (LAG Hamm DB **99**, 639), wenn Bauherr, der dem Arch iF der BauGen ein Honorar schuldet, nach deren Ablehng auf ein langwieriges RMittelVerf verzichtet (Köln OLGZ **74**, 8); wenn der Besteller den WkVertr vor Eintritt der Bdgg gem § 649 kündigt (Brdbg MDR **98**, 390); wenn GeschHerr, der dem Makler nur bei DchFührg des Gesch eine Provision schuldet, auf die Ausführg verzichtet (BGH NJW **66**, 1404); wenn die zur Bdgg gemachte Finanzierg an den unzulängl Einkommens-Verh des Schu scheitert (Hamm NJW-RR **89**, 1366, LG Gießen NJW-RR **97**, 1081); wenn der KaufVertr wieder aufgehoben w, um die Ausübg eines VorkaufR zu verhindern (RG **98**, 51); wenn der Käufer wg des für den Verzug vorgesehenen Rückkaufs absichtl nicht zahlt (BGH NJW **84**, 2568).

5 **3) Rechtsfolgen.** Die Verhinderg (I) od Herbeiführg (II) des Bdggseintritts führen zu der Fiktion, daß die Bdgg als eingetreten bzw als ausgefallen gilt. Die Fiktion wirkt auch ggü Dr, so etwa zG des Maklers, der

einen aufschiebd bedingten Vertr vermittelt hat (RG Warn **29**, 101). Als **Zeitpunkt** des Bdggseintritts (I) gilt derj, an dem die Bdgg bei redl Handeln eingetreten wäre (RG **79**, 96, str), als Ztpkt des Ausfalls (II) der der unredl herbeigeführten Bdgg. Hat sich der Schu die VertrErf schuldh unmögl gemacht, gilt die Bdgg aber bereits mit der Vornahme der treuwidrigen Hdlg als eingetreten (BGH NJW **75**, 205).

4) Analoge Anwendung. § 162 enthält den allg RGedanken, daß niemand aus einem von ihm treuw herbeigeführten Ereign Vorteile herleiten darf (s auch § 242 Rn 42 ff u 46 ff). Er ist daher bei vergleichb Interessenlage entspr anzuwenden, so auf die treuw Herbeiführg des Nacherbfalls (BGH NJW **68**, 2051), auf die treuw Ablehng von NachbessergsArb (BGH **88**, 240, 248), auf die treuw Künd unmittelb vor Eintritt des KündSchutzes (BAG NJW **58**, 37), vor Fälligk einer Gratifikation (BAG **AP** § 611 Gratifikation Nr 52), vor Unverfallbark der Versorggsanwartsch (BAG WM **76**, 64), vor Fälligwerden der geschuldeten GeschÜbertr (RG **170**, 389). § 162 gilt auch dann analog, wenn der Gläub den BürgschFall dadch herbeiführt, daß er den Schu zur NichtErf veranlaßt (BGH BB **66**, 305). Bei VergangenhBdggen (Einf 6 v § 158) ist § 162 gg denj anwendb, der ihr Nichtvorliegen kannte (RG JW **36**, 987). Der RGrds des § 162 gilt auch iF des § 852 für die Möglichk der KenntnErlangg (BGH VersR **91**, 1032) u im öffR (BVerwG **9**, 92, JR **70**, 275). 6

163 *Zeitbestimmung.* **Ist für die Wirkung eines Rechtsgeschäfts bei dessen Vornahme ein Anfangs- oder ein Endtermin bestimmt worden, so finden im ersteren Falle die für die aufschiebende, im letzteren Falle die für die auflösende Bedingung geltenden Vorschriften der §§ 158, 160, 161 entsprechende Anwendung.**

1) Allgemeines. Begriff s Einf 2 v § 158. – **a)** Die Übergänge zw **Zeitbestimmung** u Bdgg sind flüss. 1
Abstellen auf ein Ereign, dessen Eintritt ungewiß ist (dies incertus an, incertus quando, zB Heirat) ist idR Bdgg, Abstellen auf ein nur der Zeit nach ungewisses Ereign (dies certus an, incertus quando, zB Tod) idR Befristg (s BGH NJW **93**, 1978, BayObLG NJW-RR **93**, 1165). Entscheidd für die Abgrenzg ist der PartWille (RG **91**, 229); es kommt darauf an, ob die Part das künft Ereign subj als gewiß od ungewiß angesehen haben (KG MDR **98**, 459, Hromadka NJW **94**, 911). – **b)** Von den befristeten sind die **betagten** 2
Forderungen zu unterscheiden. Die befristete Fdg entsteht erst in Zukunft, die betagte besteht schon, aber noch nicht fäll (Staud/Bork Rn 2). Bsp für betagte Fdgen sind gestundete KaufpreisFdgen (KG MDR **98**, 459), aber auch künft Leasingraten, da sie zugl ein Entgelt für die vorweg erbrachte Finanziergsleistg darstellen (BGH **109**, 372, **111**, 95, **118**, 290). Dagg ist künft Mietzins idR eine befristete Fdg (BGH aaO u NJW **65**, 1373, DtZ **97**, 157) u wohl auch die in einem AufhebgVertr vereinbarte Abfindg (BAG DB **98**, 1620). Die auf eine betagte Schuld erbrachte Leistg kann wg § 813 II nicht zurückgefordert w, wohl aber die auf eine aufschiebd befristete Verbindlichk (hM). Im InsVerf spielt der Unterschied zw befristeten u betagten Fdgen keine Rolle mehr; VorausVfgen des Schu über die ihm als LeasG od Vermieter zustehden Anspr sind, auch wenn man sie als befristet ansieht, gem InsO 103, 108 insolvenzfest (Schmid-Burgk/Ditz ZIP **97**, 1123). Zur Aufr mit befristeten od betagten Fdgen s InsO 95. Wird eine SicherhAbtr „befristet", sind die §§ 163, 158 II anwendb, die Auslegg kann aber ergeben, daß zur FrWahrg eine rechtserhaltde Anzeige ausreicht (BGH WM **83**, 122).

2) Die Regelung des § 163. Der Anfangstermin w der aufschiebdn Bdgg gleichgestellt, der Endtermin 3
der auflösdn. Die Verweisg auf die §§ 158, 160, 161 ist nicht abschließd. Auf den dies certus an incertus quando (zB Tod) ist § 162 entspr anwendb. Auch eine Rückbeziehg entspr § 159 ist mögl (s RG **68**, 145), prakt aber selten.

Fünfter Titel. Vertretung. Vollmacht

Einführung

1) Begriff und Grundprinzipien der Vertretung. – a) Vertretg iSd §§ 164 ff ist rgeschäftl Handeln im 1
Namen des Vertretenen mit der Wirkg, daß die RFolgen unmittelb in der Pers des Vertretenen eintreten (sog unmittelb Vertretg). Die §§ 164 ff erfassen damit von den versch Erscheingsformen des Handelns für einen and nur einen Ausschnitt. Sie sind auf rechtserhebl Hdlgen nichtrgeschäftl Art unanwendb (Rn 3); auch für die sog mittelb Stellvertretg, das Handeln im Interesse eines and, aber im eig Namen, gelten sie nicht (Rn 6). – **b)** Die Regelg der unmittelb Vertretg beruht auf drei Grdprinzipien: – **aa)** Das **Repräsentations-** 2
prinzip. Der rgeschäftl Handelnde ist allein der Vertreter, nicht der Vertretene (MüKo/Schramm Rn 62, krit Beuthien FS Medicus, 1999, 1). Für Inh u Wirksamk des Gesch kommt es auf seinen Willen an; ledigl die RWirkgen des Gesch treffen den Vertretenen (§ 166 Rn 1, dort auch über Einschrkgen). – **bb)** Der **Offenheitsgrundsatz.** Das VertreterGesch hat nur dann unmittelb Fremdwirkg, wenn der Vertreter erkennb im Namen des Vertretenen auftritt (§ 164 Rn 1, dort auch über Einschrkgen). – **cc)** Das **Abstraktionsprinzip.** Vertretgsmacht u das zugrunde liegde RVerh zw Vertreter u Vertretenem sind voneinand zu trennen. Wie das Bsp der UnterVollm zeigt, braucht der Vertretgsmacht nicht notw ein RVerh zw dem Vertreter u dem Vertretenen zGrde zu liegen (BGH NJW **81**, 1728). Die Vollm ist in ihrer Wirksamk von dem InnenVerh unabhäng (§ 167 Rn 4). Handeln im Rahmen der Vertretgsmacht wirkt grdsl auch dann ggü dem Vertretenen, wenn der Vertreter gg Pflten aus dem InnenVerh verstoßen hat (§ 164 Rn 13). – **c)** Die §§ 164 ff gelten 3
für den **rechtsgeschäftlichen Verkehr.** Von aktiver Vertretg spricht man, wenn der Vertreter für den Vertretenen eine WillErkl abgibt, von passiver, wenn er für den Vertretenen eine WillErkl entggnimmt (§ 164 III). Auf geschäftsähnl Hdlgen (Übbl 7 v § 104), zB Mahngen u Mitteilgen, sind die §§ 164 ff analog anwendb. Entspr gilt für das tatsächl Anerkenntn iSd § 208 (§ 208 Rn 6). Dagg können reine Realakte (Übbl 10 v § 104) nicht in Stellvertretg vorgenommen w. Das gilt insb für den Erwerb des unmittelb Besitzes (BGH **8**, 132, **16**, 263, Ausn: § 854 II), die Verarbeitg, den Fund, doch kann das Handeln auch in diesen Fällen, etwa gem § 855, Fremdwirkg haben. Auch im Recht der Leistgsstörgen, der c. i. c. u der unerl Hdlgen sind

die §§ 164 ff unanwendb; für die Zurechng der Hdlgen von HilfsPers gelten die §§ 278, 831, 31, 89. –
4 **d) Stellvertretung ist ausgeschlossen** bei höchstpersönl RGesch. Das gilt vor allem für die Eheschl (§ 1311), die TestErrichtg (§ 2064), den ErbVertr (§ 2274) u einige and Gesch des Fam- u ErbR (s §§ 1595, 1596, 1600a, 1626c, 1750 III, 1760 V, 2282, 2347 II, 2351): für die Einwilligg in eine ärztl Behandlg od FreihEntziehg gelten jetzt die Sonderregelgen in §§ 1904 II u 1906 II. Sonst ist Vertretg grdsl zul, auch beim Abschluß von TarifVertr (BAG BB **94**, 289). Sie kann aber dch vertragl Abreden der Part abbedungen w (BGH **99**, 94), sog gewillkürte Höchstpersönlichk.

5 **2)** Die Wirkg des VertreterGesch für u gg den Vertretenen tritt nur ein, wenn der Vertreter **Vertretungsmacht** hatte od der Vertretene genehmigt (§ 177). Die Vertretgsmacht ist kein subj Recht, sond eine RMacht eigener Art (str, s MüKo/Schramm § 164 Rn 66). Sie kann dch RGesch begründet w (§ 167 Rn 1) u ist in diesem Fall ein Mittel, den eig rgeschäftl Wirkgskreis dch ArbTeilg zu erweitern. Sie kann aber auch ein Mittel des Schutzes u der Fürs sein. Pers, die geschäftsunfäh od beschr geschäftsfäh sind, bedürfen eines gesetzl Vertreters. Diese leiten ihre Vertretgsmacht unmittelb aus dem Ges (Eltern § 1629) od aus einem aGrd des Ges erlassenen Akt der freiw Gerbark ab (Vormd, Betreuer, s Einf 2 v § 104). Auch bei der dem Verwalter in WEG 27 II eingeräumten RStellg handelt es sich um gesetzl Vertretgsmacht (WEG 27 Rn 1). Zur Konstruktion der Schlüsselgewalt s § 1357 Rn 3. Weitere Bsp gesetzl Vertretgsmacht: §§ 29, 1189 u ZPO 57, 58, 494 II. Dem gesetzl Vertr verwandt ist die Vertretg jur Pers dch ihre **Organe** (§ 26 Rn 1). Wer für die jur
5 a Pers des PrivR zum Handeln berecht ist, ergibt sich aus der Satzg u w in öff Registern (Vereins- od Handelsregister) verlautbart (§§ 68, 70, AktG 81, GmbHG 35, GenG 28; Ausn: Stiftgen, für die aber zT landesr Register bestehen). Für jur Pers des öffR fehlen entspr Register. Vertretg der Gemeinden s § 125 Rn 3. Bedarf das Vertretgsorgan bei einem RGesch der Mitwirkg eines and Organs, ist dch Auslegg der die Vertretg regelnden Normen zu ermitteln, ob die Beschränkg **Außenwirkung** hat od nicht. Die Beschränkg der Vertretgsmacht des **Bürgermeisters** (Landrats) hat idR nur Innenwirkg, so in *NRW* (BGH **92**, 169), *BaWü* (BGH MDR **66**, 669), *RhPf* (BGH NJW **80**, 117), im KommunalVerfR der neuen BLänder (BGH NJW **98**, 3056, 3058), in Thür (Jena OLG-NL **97**, 73, 169, 172), and aber in Bay (BayObLG NJW-RR **86**, 1080, **97**, 161). Auch soweit Vertretgsorgane von Kirchen der Mitwirkg and Stellen bedürfen, ist dch Auslegg zu ermitteln, ob die Beschränkg Außenwirkg hat (s Peglau NVwZ **96**, 767). Bedarf ein RGesch der Gem einer Gen der AufsBeh (§ 125 Rn 3), ist die Gen WirksamkVoraussetzg (Brdbg VIZ **97**, 539, Naumbg NJW **98**, 1717). Die Gem, die nicht auf die GenBedürftigk des Vertr hingewiesen hat, haftet aber uU aus c.i.c. (BGH ZIP **99**, 1346).

6 **3)** Vertretg iSd §§ 164 ff ist rgeschäftl Handeln im fremden Namen mit unmittelb Wirkg für den Vertretenen (Rn 1). Auf sonst Handeln im Interesse u mit Wirkg für and sind die §§ 164 ff **nicht anwendbar: – a) Mittelbare** (unechte, verdeckte, indirekte, stille) **Stellvertretung** liegt vor, wenn jemand ein RGesch im eig Namen, aber im Interesse u für Rechng eines and, des GeschHerrn, vornimmt (Hager AcP **180**, 239, Schwark JuS **80**, 777). Sie ist im BGB nicht geregelt, das HGB behandelt nur die Sonderformen des Kommissions- u SpeditionsGesch (HGB 383 ff, 453 ff). Dch das VertreterGesch w der im eig Namen handelnde mittelb Vertreter allein berecht u verpfl. Die Rechte unterliegen dem Zugriff seiner Gläub (Ausn HGB 392, 457). Die Übertr auf den GeschHerrn erfolgt dch Abtr (§ 398) od Übereigng (§§ 929 ff). Die Risiken für den GeschHerrn können aber dch eine VorausAbtr (§ 398 Rn 11) od eine vorweggenommene Einigg u ein antizipiertes BesKonstitut (§ 930 Rn 5 ff) gemindert w. Etwaige Mängel des Vertr zw Vertreter u Vertretenem berühren die Wirksamk des AusfGesch nicht (Hager aaO S 240). Der mittelb Vertreter kann den Schaden des GeschHerrn iW der Drittschadensliquidation geltd machen (Vorbem 115 v § 249). Bei Vfgen über Ggst des GeschHerrn handelt er idR aGrd einer Einwilligg (§ 185) u daher mit unmittelb Fremdwirkg.
7 – **b)** Zur **Treuhand** vgl Übbl 25 v § 104. Der TrHänder ist idR mittelb Vertreter des TrGebers. – **c)** Der
8 **Strohmann** ist mittelb Vertreter (Rn 6); uU liegt zugl eine VerwaltgsTrHandsch (Übbl 25 v § 104) vor. Er w von einem Hintermann vorgeschoben, der das beabsichtigte RGesch in eig Pers nicht vornehmen kann od will. Das StrohmannGesch ist idR kein ScheinGesch (§ 117 Rn 6), es kann aber wg GesUmgehg nichtig sein (§ 134 Rn 28). Der Strohmann w aus dem Gesch berecht u verpfl (BGH WM **64**, 179). Er kann seiner Inanspruchn nicht entgghalten, der and habe von seiner StrohmannEigensch gewußt (Hbg MDR **72**, 237). Gg den Hintermann können die Gläub des Strohmanns erst vorgehen, wenn sie dessen SchuldbefreigsAnspr
9 gepfändet h (Celle JW **38**, 1591). – **d) Gesetzliche Vermögensverwalter** (Ins-, Zwangs-, NachlVerwalter, TestVollstr). Ihre RStellg entspr der eines TrHänders (Rn 7). Sie beruht aber nicht auf Vertr, sond auf Ges od (iF der TestVollstr) VfgvTw. Die Verwalter treten nicht im Namen eines Vertretenen auf, sond handeln objektbezogen für das von ihnen verwaltete Vermögen. Sie sind daher keine gesetzl Vertreter (so Medicus AT Rn 925), sond Träger eines privaten Amtes (InsVerw: BGH **24**, 396, **88**, 335; ZwangsVerw: RG **53**, 263, **99**, 199; NachlVerwalter: RG **61**, 222, BGH **38**, 284; TestVollstr: BGH **13**, 205, **51**, 214). Das schließt aber nicht aus, einz Vorschr des VertretgsR entspr anzuwenden, so etwa §§ 177 ff (§ 178 Rn 2) u § 181 (s dort Rn 3). Weitere gesetzl TrHänder: der Verwalter nach dem WEG, sow er zum Handeln im eig Namen ermächtigt ist
10 (BayObLG DNotZ **80**, 751); HypBkG 29 ff; BauFdgG 35 f; VAG 70 ff. – **e)** Der **Gerichtsvollzieher** handelt in der ZwVollstr nicht als Vertreter des Gläub, sond als staatl Organ der RPflege (RG **90**, 194, **156**, 398, LG Bln MDR **77**, 146). Soweit er für den Gläub freiw Leistgen entggnimmt, ist er aber Vertreter iSd §§ 164 ff
11 (RG **77**, 25, aA Fahland ZZP **92**, 432). – **f) Bote.** Währd der Vertreter eine eig WillErkl abgibt, also selbst der rgeschäftl Handelnde ist (Rn 2), übermittelt der Bote eine WillErkl seines AuftrGebers. Sein Tun ist tatsächl, nicht rgeschäftl Natur. Er braucht daher nicht geschfähig zu sein. Die Form not Beurk (§ 128) w dch die Beurk der von ihm abgegebenen Erkl nicht gewahrt (RG **79**, 202). Zur irrigen Übermittlg s § 120. Die Unterscheidg zw Vertreter u Boten richtet sich nach dem äußeren Auftreten, nicht nach dem zw GeschHerrn u Mittler bestehden InnenVerh (BGH **12**, 334). Ist der Bote als Vertreter aufgetreten od umgekehrt der Vertreter als Bote, w der GeschHerr gleichwohl verpfl, sofern sich der Handelnde im Rahmen seiner Ermächtigg (Vertretgsmacht) gehalten hat (MüKo/Schramm Rn 47 ff). Hat der Bote eine and als die aufgetragene Erkl abgegeben, gelten die §§ 177 ff entspr (§ 178 Rn 2). Geringe prakt Bedeutg hat dagg die Unterscheidg zw **Empfangsboten** (§ 130 Rn 9) u Passivvertreter (§ 164 III). Beide nehmen eine WillErkl entgg, tun also dasselbe. Sofern eine Ermächtigg od Vollm vorliegt, ist auch die Wirkg ihres Tuns im wesentl

gleich, wenn auch beim Ztpkt des Zugangs Unterschiede bestehen (Vertreter: sofort; Empfangsbote: sobald mit Weiterleitg zu rechnen ist, § 130 Rn 9) u die Auslegg unterschiedl ausfallen kann. Die ggü dem Boten abgegebene Erkl ist nach dem Empfängerhorizont des GeschHerrn auszulegen, währd es beim Vertreter gem § 166 I auf dessen VerständnMöglichk ankommt (MüKo/Schramm Rn 53). – **g) Vertreter in der Erklä- 12 rung.** Da er, so die fr Rspr, keinen eig Willen bilde, sondern ledigl die WillErkl des Vertretenen übermittle, sei bei AdoptionsVertr eine Vertretg in der Erkl zul (BGH **5**, 348, **30**, 311). Dch die Adoptionsreform (Dekrtesystem) ist das Bedürfn für diese mit den §§ 164 ff unvereinb ZwStufe zw Bote u Vertretg entfallen. – **h)** RGrdl der **Ermächtigung** ist § 185 (dort Rn 13). Sie unterscheidet sich von der Vertretg in dreifacher 13 Beziehg. Der Ermächtigte handelt im eig Namen. Seine RMacht ist – im Ggs zur persbezogenen Vertretgsmacht – ggstbezogen. Sie begründet auch nur die Befugn zur Vfg od Einziehg; eine VerpflErmächtigg ist unzul (§ 185 Rn 3). Auf die Ermächtigg zur Ausfüllg eines **Blanketts** sind die §§ 164 ff dagg analog anwendb (Keim NJW **96**, 2274). – **i)** Als **Wissensvertreter** w die Pers bezeichnet, deren Kenntn sich der GeschHerr 14 zurechnen lassen muß, so etwa iF der §§ 142 II, 460, 464, 640 II, 819, 892, 932, 990. Die Wissenszurechng ist im Ges nur für die rgeschäftl Vertretg (§ 166 I) u in Vorschr des VVG (§§ 2 III, 19) ausdr vorgesehen. Diese für die Bedürfn einer arbeitsteil Wirtsch zu enge Regelg muß dch erweiternde Auslegg des § 166 auch auf nicht vertretgsberecht Pers ausgedehnt w (s dort Rn 6). – **j) Abschlußvermittler, Verhandlungsge- 15 hilfen.** Kein Vertreter iSd § 164 ist, wer den Abschl von RGesch nur vermittelt, wie etwa der Makler (§ 652). Der Handelsvertreter (HGB 84 ff), der den VertrSchl ohne HandlgsVollm ledigl vorbereitet, fällt gleichf nicht unter § 164. Entspr gilt für sonst VhlgGeh ohne AbschlVollm. Für den Widerruf einer „VhlgVollm" gilt aber § 168 entspr (BGH NJW-RR **91**, 441). Das Wissen derart HilfsPers muß sich der GeschHerr uU analog § 166 anrechnen lassen (dort Rn 6).

164 *Wirkung der Vertretererklärung.* **I Eine Willenserklärung, die jemand innerhalb der ihm zustehenden Vertretungsmacht im Namen des Vertretenen abgibt, wirkt unmittelbar für und gegen den Vertretenen. Es macht keinen Unterschied, ob die Erklärung ausdrücklich im Namen des Vertretenen erfolgt oder ob die Umstände ergeben, daß sie in dessen Namen erfolgen soll.**

II Tritt der Wille, in fremdem Namen zu handeln, nicht erkennbar hervor, so kommt der Mangel des Willens, im eigenen Namen zu handeln, nicht in Betracht.

III Die Vorschriften des Absatzes 1 finden entsprechende Anwendung, wenn eine gegenüber einem anderen abzugebende Willenserklärung dessen Vertreter gegenüber erfolgt.

1) Handeln im Namen des Vertretenen. – a) Das Recht der Stellvertretg beruht auf dem **Offenheits- 1 grundsatz** (Einf 2 vor § 164). – **aa)** Eine wirks Vertretg setzt voraus, daß die WillErkl erkennb **im Namen des Vertretenen** abgegeben w. Dafür bedarf es keiner ausdr Erkl; der Wille, im fremden Namen zu handeln, kann sich aus den Umst ergeben **(I 2).** I 2 gilt für RGesch jeder Art, auch für den ScheckVerk (Hamm NJW-RR **89**, 1269). Unbeachtl ist der innere unerkl gebliebene Wille. Tritt der Vertreter nach außen im fremden Namen auf, will er aber in Wahrh für sich selbst abschließen, w allein der Vertretene berecht u verpfl (BGH **36**, 33, NJW **66**, 1916, zur Anf s Rn 16). Mögl ist ein Handeln zugl im eig u im fremden Namen (RG **127**, 105, BGH NJW **88**, 1909). Der Name des Vertretenen braucht nicht genannt zu w (RG **140**, 338, BGH **LM** Nr 10, BAG **AP** SeemG 24 Nr 1). Vertretener kann eine noch nicht existierde JP sein (BGH NJW **98**, 62). Es genügt, daß die Pers des Vertretenen bestimmb ist (BGH NJW **89**, 164). Sie kann sich entspr I 2 auch aus den Umst ergeben (BGH DB **76**, 143, WM **85**, 451). Die Verwendg von Sammel- od Kurzbezeichngen ist zul (BGH **76**, 90). Bei einer GmbH & Co KG kann die Auslegg ergeben, daß entgg dem ersten Anschein nicht die GmbH, sond die KG VertrPartner sein soll (BGH NJW-RR **88**, 475), bei einem VerlagsVertr, daß nicht die Holding, sond ein Buchverlag VertrPart sein soll (Mü NJW **98**, 1406). Mögl ist auch, daß die Bestimmg der Pers des Vertretenen einer späteren Regelg vorbehalten w, offenes Geschäft, für den, den es angeht (BGH NJW **89**, 166, Rn 9). Es muß jedoch festgelegt w, dch wen die Bestimmg getroffen w soll (Rn 9). – **bb)** Bei **unternehmensbezogenen Geschäften** geht der Wille der Beteiligten iZw dahin, daß 2 der BetrInh VertrPart w soll (BGH **91**, 152, NJW **95**, 44, NJW-RR **97**, 527). Der Wille, im Namen des Untern zu handeln, muß hinreichd zum Ausdr kommen u für den and Teil erkennb sein (BGH NJW **95**, 44). Er kann sich aber auch aus den Umst ergeben, zB bei einem ReparaturAuftr für einen Firmenwagen (Karlsr VRS **89**, 322), bei Künd eines ArbVertr (BAG ZIP **96**, 800) od bei Abschluß eines VersVertr unter Verwendg der Firma (BGH VersR **97**, 477). Der Inh wird auch dann aus dem RGesch berecht u verpfl, wenn die GgPart den Vertreter für den BetrInh hält od sonst unricht Vorstellgen über die Pers des BetrInh hat (BGH **62**, 221, **64**, 15, **92**, 268, NJW **96**, 1054), jedoch kann die Vermutg der Vollständigk u Richtigk der Urk den Vorrang haben (LG Bln NJW-RR **89**, 686). Auch für die Haftg aus c.i.c gilt bei unternbezogenen Gesch, daß das Verhalten der Handelnden iZw dem Untern zuzurechnen ist (BGH NJW-RR **98**, 1342). Zeichnet der GmbH-GeschFü zur Begleichg einer GmbH-Schuld ohne Firmenzusatz einen Scheck, ist es Frage des Einzelfalls, ob er od die GmbH als Aussteller haftet (BGH NJW **92**, 1380, Brdbg NJW-RR **99**, 417: GeschFü; Düss NJW-RR **96**, 1141: GmbH). Bei einem joint-venture wird uU die handelnde u nicht die in Gründg befindl Firma verpflichtet (Stgt NJW-RR **92**, 995). – **cc)** Daneben besteht uU **Rechtsscheinhaftung** desj, der wie 3 der FirmenInh aufgetreten ist. Sie greift insbes ein, wenn jemand für eine GmbH od eine entspr Gesellsch ausl Rechts mit seinem Namen od einer PersFirma ohne GmbH-Zusatz zeichnet (BGH **64**, 17, NJW **90**, 2679, **91**, 2627, Karlsr ZIP **95**, 1819, aA Haas NJW **97**, 2854) od wenn jemand für eine GmbH & Co KG unter einer Firma auftritt, die diese GesellschForm nicht erkennen läßt (BGH **71**, 354, DB **79**, 1598). Auch wer wie der Gter einer GbR aufgetreten ist, kann aus RSchein haften (Zweibr NZG **98**, 939). Mdl Erkl begründen iZw keine RScheinhaftg (BGH NJW **96**, 2645); and uU, wenn der Verhandelnde eine Visitenkarte mit der irreführden GesellschBezeichng vorlegt (Naumbg NJW-RR **97**, 1324). Wird ein GeschÜbergang nicht kenntl gemacht, kommt eine RScheinhaftg des fr Inhabers in Betracht (Hamm NJW-RR **95**, 418). Keine RScheinhaftg, wenn statt der erwarteten GmbH der wahre UnternInh VertrPartner wird (BGH NJW **98**, 2897).

4 **b)** Für die **Abgrenzung** zw Vertreter- u EigenGesch gelten die allg AusleggsGrds (§§ 133, 157). Entschei-
dend ist, wie die GgPart das Verhalten des Handelnden verstehen durfte. Zu berücksichtigen sind alle Umst,
insb fr Verhalten, Zeit u Ort der Erkl, die berufl Stellg der Beteiligten, die Art ihrer Werbg (BGH NJW **80**,
5 2192) u die erkennb Interessenlage. Bleiben Zweifel, ist gem II ein EigenGesch anzunehmen. **Einzelfälle:**
Der Architekt handelt bei der Beauftragg von BauUntern, Handwerkern u Statikern idR im Namen des
Bauherrn (BGH RsprBau **2**.13 Bl 30, Köln NJW-RR **96**, 212), ebso der Baubetreuer. Der Bauträger handelt
dagg iZw im eig Namen (§ 675 Rn 15). Der Hausverwalter handelt bei Vermietgen iZw für den Eigtümer,
auch wenn er dessen Namen nicht nennt (KG WM **84**, 254); ebso kann es bei WkVertr liegen (KG NJW-RR
96, 1523), die Handhabg bei fr Vertr kann aber für ein EigenGesch des Verwalters sprechen (Düss NJW-RR
93, 885). Werden im Text des MietVertr beide Eheg als Mieter aufgeführt, werden beide iZw auch dann
Mieter, wenn nur einer unterschreibt (Schlesw NJW-RR **93**, 274, aA LG Mannh NJW-RR **94**, 274). Das gilt
aber nicht für die Partner einer nichtehel LebensGemsch (AG Osnabrück NJW-RR **97**, 774) u auch nicht für
die Unterschrift unter einem Vertr zur Verlängerg eines LandpachtVertr (BGH NJW **94**, 1649). Die Bank, die
für einen Kunden von einer and Bank eine Auskunft einholt, handelt iZw im eig Namen (Breinersdorfer WM
92, 1588). Wer die Beiziehg eines Arztes od die Einweisg in ein Krankenhaus veranlaßt, handelt iZw im
6 Namen des **Patienten** (s LG Wiesbaden VersR **70**, 69). Bei Behandlg eines Kindes od des Eheg werden dagg
gem § 1357 iZw beide Eheg verpflichtet (§ 1357 Rn 19), iF des Getrenntlebens hängt die Pers des Verpflich-
teten von den Umst des Einzelfalles ab (BGH NJW **91**, 2958). Der Hinw, daß ledigl der Eheg krankenver-
sichert ist, begründet nicht dessen Alleinhaftg (Hamm NJW-RR **98**, 263). Die Klausel in einem Kranken-
hausVertr, Schu der ärztl Leistg sei allein der Arzt, ist nur wirks, wenn der Patient auf sie deutl hingewiesen w
(BGH **121**, 107). Der **Franchisenehmer** tritt häufig „den Umst nach" für den FranchG auf (Wolf BB **94**,
1027). Vertr mit zusarbeitden RA, Steuerberatern od Ärzten kommen iZw mit allen Partnern zustande, auch
wenn sie keine **Sozietät** bilden (BGH **70**, 249, **97**, 277, NJW **90**, 827, **95**, 1841, **99**, 2731) u einz Partner
ledigl freie Mitarbeiter sind (BGH **124**, 47, NJW **99**, 3041). Das gilt bei RA iZw auch dann, wenn die Part
im PKH-Verf nur die Beiordng eines Partners beantragt hat (Köln ZIP **93**, 520). Bei gemischten Sozietäten
werden aber wohl nur die Gter verpfl, die gesetzl zur Bearbeitg der Sache berecht sind (Köln NJW-RR **97**,
438, keine Haftg des StBeraters für die rberatde Tätigk and Gter). Der Vertr erstreckt sich iZw auch auf später
eintretde Partner (BGH **124**, 50) u bei einem Mandat zur erstinstanzl ProzFührg auch auf die nur beim
BerufgsGer zugelassenen RA (Düss AnwBl **95**, 193). Gehen zwei Einzel-RA (Steuerberater) eine Sozietät
ein, kann aber nicht ow eine entspr Erstreckg der Mandate angenommen w (s BGH NJW **88**, 1973, **90**, 827).
Der RSchutzVersicherer beauftragt den RA iZw im Namen des VersN (BGH NJW **78**, 1003), beim
7 HaftPflVersicherer entscheiden die Umst des Einzelfalles (Mü BB **89**, 1718). Der **Reiseveranstalter,** der wie
ein VertrPartner auftritt, kann nicht unter Hinw auf seine AGB geltd machen, er sei nur Vermittler, § 651 a
(BGH **61**, 281, **77**, 310). Das gilt ebso für ein LufttransportUntern, das wie ein Luftfrachtführer auftritt (BGH
80, 283) u für den Untern, der die Vermietg von FerienWo wie eig Leistgen anbietet (BGH NJW **85**, 906).
Wer eine Reise für eine Gruppe od mehrere Fam bucht, handelt iZw nur hins der eig Pers (Fam) im eig
Namen (BGH **LM** Nr 43, LG Ffm NJW **87**, 784). Das gilt ebso für die Bestellg von Karten für eine
Klassenfahrt (Ffm NJW **86**, 1942). Der **Sammelbesteller** will sich iZw nicht selbst verpflichten, sond ist
Vertreter od Bote (Köln NJW-RR **91**, 918, **96**, 43, LG Ffm NJW-RR **88**, 247). Gibt der KfzFahrer nach
einem Unfall ein Schuldanerkenntn ab, handelt er iZw nur im eig Namen, nicht im Namen des Halters (LG
Freibg NJW **82**, 1162). Die **Gemeinde** schließt in AuftrAngelegenh Vertr iZw im eig Namen (BGH **2**, 142).
Entspr gilt, wenn sie als Vormd für ihr Mündel einen HeimpflegeVertr abschließt (Hamm MDR **90**, 152). Bei
Versteigergen ergibt sich idR aus den VersteigergsBdggen, ob der Versteigerer im eig Namen od im Namen
des Einlieferers handelt (Schneider DB **81**, 199). Eröffng von **Spar- oder Girokonten** s § 328 Rn 9.

8 **c) Geschäft für den, den es angeht.** Bei BarGesch des tägl Lebens ist es für die VertrSchließden idR
ohne Bedeutg, ob der and Teil im eig od fremden Namen handelt. Hier ist die Offenlegg des Vertreterwillens
nach der ratio des OffenheitsGrds nicht erforderl, da er die GgPart schützen soll, diese aber nicht schutzbedürft
ist (MüKo/Schramm Rn 44). Der Vertr kommt daher, ohne daß der Vertreterwille erkennb gemacht zu
werden braucht, mit dem zustande, den es angeht (RG **100**, 192, BGH NJW **55**, 590). Voraussetzg ist jedoch,
daß der Vertreter für den Vertretenen handeln will (Düss NJW **92**, 1707) u der GgPart die Pers des Kontra-
henten gleichgült ist. Das ist beim EigtErwerb an bewegl Sachen aGrd eines Barkaufs der Fall (RG **100**, 192,
140, 231, BGH **114**, 79). Entspr gilt für den bei BarGesch des tägl Lebens geschl schuldrechtl Vertr (MüKo/
Schramm Rn 47, str). Bei and Vertr muß der Vertreterwille dagg offengelegt w, so etwa beim Krankenhaus-
pflegeVertr (BGH **LM** Nr 33), SchleppVertr (Brem VersR **86**, 461) od bei der Aufl von Grdst (BayObLG **83**,
278). Ein VertrSchl mit dem, den es angeht, kann für den EigtErwerb auch bei einem ImportGesch mit Stellg
eines Akkreditivs anzunehmen sein (Ingelmann WM **97**, 745). Systemat nicht hierher gehören die Fälle, in
denen der Vertreterwille ausdr erklärt w, der Name od die Pers des Vertretenen aber zunächst offen bleibt
9 (Rn 1). Diese Fälle werden jedoch als **offenes Geschäft** für den, den es angeht, bezeichnet. Der Vertreter ist
ggü dem and Teil verpfl, den Namen des Vertretenen mitzuteilen; kommt er dieser Pfl trotz Aufforderg nicht
nach, haftet er aus § 179 (§ 178 Rn 2). Seine Bestimmg wirkt *ex nunc* (BGH NJW **98**, 62). Stellt ein
Doppelvertreter nicht klar, für welchen Vertretenen er handelt, w idR ein offenes Gesch, für den, den es
angeht, vorliegen (s MüKo/Schramm Rn 26).

10 **d)** Auf das **Handeln unter fremden Namen** sind die §§ 164 ff, insb die §§ 177, 179, entspr anzuwenden
(BGH **45**, 195, NJW **63**, 148, Letzgus AcP **126**, 27, **137**, 327, Lieb JuS **67**, 106). Mögl ist aber auch, daß
nach den Umst des Falles ein EigenGesch des Handelnden vorliegt. Für die Abgrenzg kommt es nicht auf den
inneren Willen des Handelnden an u auch nicht darauf, ob er Vertretgsmacht für den Namensträger hat.
Entscheidd ist, wie die GgPart das Verhalten des Handelnden auffassen durfte (BGH aaO, MüKo/Schramm
11 Rn 37). – **aa)** Ein **Geschäft des Namensträgers** ist anzunehmen, wenn das Auftreten des Handelnden auf
eine best and Pers hinweist u die GgPart der Ans sein durfte, der Vertr komme mit dieser Pers zustande (BGH
NJW-RR **88**, 815, Soergel-Leptien Rn 23). Das ist der Fall, wenn der Handelnde die Urk mit dem Namen
einer best existierden Pers unterzeichnet (BGH **45**, 195, **111**, 338), wenn er beim Verkauf eines unter-
schlagenen Pkws als der im KfzBrief eingetragene Eigentümer auftritt (Düss NJW **85**, 2484, aA Düss NJW

89, 906, Holzhauer JuS **97**, 48) od wenn er unbefugt die Bildschirmtextanlage eines and für eine Bestellg benutzt (Redeker NJW **84**, 2393). Aber auch bei einem mdl VertrSchl unter Anwesden kann der Wille des VertrPartners dahin gehen, mit dem Namensträger zu kontrahieren. – **bb)** Ein **Eigengeschäft** des Handelnden liegt vor, wenn die Benutzg des fremden Namens bei der GgPart keine falsche Identitätsvorstellg hervorgerufen hat, diese also mit dem Handelnden abschließen will (Flume II § 44 IV). Das ist anzunehmen, wenn der Handelnde unter einem Phantasie- od Allerweltsnamen aufgetreten ist, od wenn der VertrPart den Namensträger nicht kennt. Entspr gilt, wenn nach der Art des Gesch (BarGesch, Übernachtg im Hotel) Name u Identität der Part für den Abschluß u die DchFührg des Vertr keine Rolle spielen, so auch, wenn der Teilnehmer an einem PrAusschreiben einen and Namen verwendet (RGRK Rn 9). 12

2) Wirks Vertretg setzt weiter **Vertretungsmacht** voraus, also ges Vertretgsmacht (Einf 5 v § 164) oder Vollm (§ 167). Fehlt die Vertretgsmacht od w sie überschritten, gelten die §§ 177 ff. Verletzt der Vertreter seine Pflten aus dem InnenVerh, ist die Vertretg dagg wirks. Das Risiko eines **Mißbrauchs** der Vertretgsmacht trägt grdsl der Vertretene. Für zwei Fallgruppen gelten aber Ausnahmen: – **a) Kollusion.** Wirken Vertreter u VertrGegner bewußt zum Nachteil des Vertretenen zusammen, wird der Vertretene nicht verpflichtet, § 138 (RG **136**, 356, BGH NJW **89**, 26, Düss NJW-RR **97**, 737). Entspr gilt, wenn der and Teil den Mißbr der Vertretgsmacht kannte, jedoch steht dem Anspr hier nicht § 138, sond § 242 entgg (BGH **113**, 315/320, NJW **90**, 384). – **b)** Die Inanspruchn des Vertretenen verstößt auch dann gg § 242, wenn der Vertreter von seiner Vertretgsmacht in ersichtl verdächtiger Weise Gebrauch gemacht hat, so daß sich dem and Teil der begründete Verdacht eines Treueverstoßes aufdrängen mußte (BGH **113**, 315/320, NJW **90**, 384, **95**, 250, BAG NJW **97**, 1940). Dem VertrGegner obliegt aber keine PrüfgsPfl (BGH NJW **94**, 2083). Erforderl ist vielmehr eine massive Verdachtsmomente voraussetzde **objektive Evidenz des Mißbrauchs** (BGH NJW **94**, 2082, **95**, 250, **99**, 2883). Das gilt auch für den Mißbr der gesetzl Vertretgsmacht des Pflegers (Köln NJW **97**, 706). Bei Vollm mit rechtsgeschäftl best Inhalt ist nicht erforderl, daß sich der Vertretene des Mißbr bewußt war (BGH NJW **88**, 3012). Bei der gesetzl unbeschränkten Vertretgsmacht des HandelsR (Komplementär, GeschFü, Prokurist) soll § 242 dagg nur anwendb sein, wenn der Vertreter bewußt zum Nachteil des Vertretenen gehandelt hat (BGH **50**, 112/114, NJW **84**, 1461, dagg mit Recht Medicus AT Rn 968 mwNw), eine Voraussetzg die bei einem evidenten Mißbr iü immer gegeben sein w. Auch ProzHdlgen können wg VollmMißbr unwirks sein (BGH **LM** ZPO 515 Nr 13 u ZPO 565 III Nr 10, RMittelVerz u -Rückn). – **c) Entsprechende Anwendung, Rechtsfolge.** Bei mißbräuchl Verwendg der Scheckkarte (§ 675 Rn 17) sind die zum VollmMißbr entwickelten Grds gleichf anzuwenden (BGH **64**, 82, **83**, 33, NJW **82**, 1513). Sie gelten dagg nicht bei Mißbr der Rechte eines **Treuhänders,** da dieser im eig Namen handelt u über ein eig Recht verfügt (BGH NJW **68**, 1471, Henssler AcP **196**, 67, krit Timm JZ **89**, 22, s auch § 903 Rn 40). VollmMißbr führt in den Fällen der Rn 13 u 14 zur **Anwendung der §§ 177 ff** (MüKo/Schramm Rn 102 a, str), nach den Umst des Einzelfalles kann die RFolgenbestimmg aber gem §§ 242, 254 zu korrigieren sein (BGH **50**, 112/114, Hamm WM **76**, 140, Prölss JuS **85**, 578). 13 14 14 a

3) Liegen die Voraussetzgen einer wirks Vertretg vor, treffen die **Wirkungen** des RGesch allein u unmittelb den Vertretenen. Zw dem Vertreter u dem VertrGegner entsteht dch das VertreterGesch kein RVerh. Eine Haftg des Vertreters kann sich aber aus and RGrden ergeben, etwa aus Vertr, wenn er sich ausdr od stillschw neben dem Vertretenen zur Leistg verpfl hat (BGH **104**, 100, WM **97**, 1431), aus unerl Hdlg od aus c. i. c. Die Haftg aus c. i. c. setzt voraus, daß der Vertreter am VertrSchl ein erhebl unmittelb Eigeninteresse hat od daß er in bes Maße für sich persönl Vertrauen in Anspr genommen hat (§ 276 Rn 93 ff). Eine Eigenhaftg des Vertreters kann ausnw auch bei pVV in Betracht kommen (§ 276 Rn 129). 15

4) Absatz II und III. – a) Bereits aus allg AusleggsGrds u aus I ergibt sich, daß der für einen and Handelnde selbst aus dem RGesch berecht u verpfl w, wenn er seinen Vertreterwillen nicht erkennb macht (Rn 1). **II** ist daher insow leerlaufd (MüKo/Schramm Rn 54). Er schließt aber das AnfR aus, das dem ohne erkennb Vertreterwillen Handelnden an sich gem § 119 I zustehen würde (BGH NJW-RR **92**, 1011, aA Neuner AcP **193**, 15). Entspr gilt umgekehrt. Wer im eig Namen handeln will, aber im fremden Namen auftritt, kann in analoger Anwendg von II gleichf nicht anf (str, aA MüKo/Schramm Rn 57). II gilt auch, wenn die Erkl obj mehrdeut ist. Er ändert an den anerkannten Dchbrechgen des OffenhGrds nichts. Bei betriebsbezogenen Gesch (Rn 2) u bei Gesch für den, den es angeht (Rn 8), wirkt das Gesch auch dann für u gg den Vertretenen, wenn der Vertreterwille nicht erkennb gemacht worden ist. Entspr gilt, wenn auch der VertrGegner mit dem Vertretenen abschließen will (s Einf 5 v § 116). – **b) III.** Auf die **passive Stellvertretung** finden nach III die Vorschr über die aktive Vertretg entspr Anwendg. Der passive Vertreter braucht jedoch seinen Vertreterwillen nicht bes kenntl zu machen, da er sich bereits aus den Umst – Entggnahme einer an den Vertretenen gerichteten Erkl – ergibt. Beschränkgen der aktiven Vertretgsmacht gelten nicht ow für die passive (Oldenbg NJW-RR **91**, 857). Abgrenzg zum Empfangsboten s Einf 11 v § 164. 16 17

5) Beweislast. Ist str, ob ein RGesch im eig od im fremden Namen vorgen worden ist, so ist derj beweispflicht, der ein VertreterGesch behauptet (BGH NJW **86**, 1675). Wird der Verhandelnde als VertrPart in Anspr genommen, muß er daher beweisen, daß er entw ausdrückl im Namen des Vertretenen aufgetreten ist od daß sein Vertreterwille erkennb aus den Umst zu entnehmen war (BGH **85**, 258, NJW **91**, 2958, NJW-RR **92**, 1010, hM). Diese BewLastVerteilg gilt für alle Arten der Vertretg einschließl der organschaftl u gesetzl (Baumgärtel/Laumen Rn 9). Sie ist auch anzuwenden, wenn str ist, ob der Empfänger eine Zahlg im eig od fremden Namen entgegenommen hat (Ffm NJW-RR **88**, 108). Bei **unternehmensbezogenen** Gesch besteht eine tatsächl Vermutg, daß der Handelnde für das Unternehmen aufgetreten ist (BGH NJW **84**, 1347, **86**, 1675, Rn 2). Der Handelnde muß aber beweisen, daß sich das Gesch erkennb auf das Untern bezogen hat (BGH NJW **95**, 43, Köln NJW-RR **97**, 670). Die BewLast für die Vertretgsmacht trägt derj, der sich auf ein gült VertreterGesch beruft (BayObLG **77**, 9), also bei Klagen gg den Vertretenen der and Teil, iF des § 179 der Vertreter. Ein behauptetes Erlöschen der Vertretgsmacht ist von dem zu beweisen, der Rechte daraus herleitet. Steht das Erlöschen fest, muß Abschl vor diesem Ztpkt von dem bewiesen w, der die Gültigk des Gesch behauptet (BGH NJW **74**, 748, WM **84**, 603). 18

165 ***Beschränkt geschäftsfähiger Vertreter.*** **Die Wirksamkeit einer von oder gegenüber einem Vertreter abgegebenen Willenserklärung wird nicht dadurch beeinträchtigt, daß der Vertreter in der Geschäftsfähigkeit beschränkt ist.**

1 Da der Vertreter aus dem VertreterGesch nicht haftet (§ 164 Rn 15), genügt seine beschr GeschFgk (§ 106). Bei Handeln ohne Vertretgsmacht stellt § 179 III 2 den beschr GeschFähigen grdsl von Haftg frei. § 165 ermöglicht die Bestellg von beschr GeschFähigen zu Prokuristen, HdlgsBevollmächtigten u OrganMitgl jur Pers, sie ist aber beim Vorstd der AG (AktG 76 III, 100 I) u beim GmbH-GeschFü ausgeschlossen (Hamm NJW-RR **92**, 1258). § 165 gilt nicht für das InnenVerh (Auftr, GeschBesorggsVertr usw, § 167 Rn 4). Auch im ProzR ist er nicht anzuwenden (ZPO 79). GeschUnfähige (§ 104) können keinen rechtserhebl Willen bilden u daher weder Vertreter noch Organ einer jur Pers sein (BGH **53**, 215, Mü JZ **90**, 1029); ihr Handeln kann einer jur Pers aber uU nach RScheinGrds zugerechnet w (BGH **115**, 81). Der Vertretene haftet dem VertrGegner nicht in entspr Anwendg des § 122 (s dort Rn 2), wohl aber wg c. i. c., wenn er die GeschUnfgk seines Vertreters kannte od kennen mußte.

166 ***Willensmängel, Kenntnis, Kennenmüssen; Vollmacht.*** **I Soweit die rechtlichen Folgen einer Willenserklärung durch Willensmängel oder durch die Kenntnis oder das Kennenmüssen gewisser Umstände beeinflußt werden, kommt nicht die Person des Vertretenen, sondern die des Vertreters in Betracht.**

II Hat im Falle einer durch Rechtsgeschäft erteilten Vertretungsmacht (Vollmacht) der Vertreter nach bestimmten Weisungen des Vollmachtgebers gehandelt, so kann sich dieser in Ansehung solcher Umstände, die er selbst kannte, nicht auf die Unkenntnis des Vertreters berufen. Dasselbe gilt von Umständen, die der Vollmachtgeber kennen mußte, sofern das Kennenmüssen der Kenntnis gleichsteht.

1 **1) Allgemeines.** Die vom Vertreter abgegebene WillErkl wirkt für u gg den Vertretenen. Der rgeschäftl Handelnde ist aber der Vertreter (Einf 2 vor § 164); die Erkl ist Ausdr seines rgeschäftl Willens. Für Inh u Wirksamk des Gesch kommt es daher auf Willensmängel, Kenntn u Kennenmüssen des Vertreters an (§ 166 I). Von diesem Grds macht § 166 II für den weisgsgebundenen Vertreter zur Vermeidg von Mißbräuchen eine Ausnahme. Der § 166 zGrde liegde RGedanke kann für eine **Wissenszurechnung** auch dann herangezogen w, wenn die Voraussetzgen einer rgeschäftl Vertretg nicht vorliegen (Rn 6 ff). Das in **Akten** od Computern gespeicherte Wissen muß die Part sich anrechnen lassen, wenn Anlaß bestand, die Information abzurufen (BGH NJW **93**, 2807, NJW **97**, 1918, Medicus Karlsr Forum **94**, 7).

2 **2) I, Voraussetzungen. – a)** § 166 I gilt für **alle Vertreter,** den rgeschäftl bestellten, den gesetzl Vertreter (BGH **38**, 66) u die Organe jur Pers (BGH **41**, 287). Er ist auch auf Unterbevollmächtigte anzuwenden (BGH NJW **84**, 1954) u auf den vollmachtlosen Vertreter, sofern der Vertretene das Gesch genehmigt (BGH NJW **92**, 899, BAG **10**, 179), nicht aber auf den Boten (Hoffmann JR **69**, 373). Für gesetzl Verwalter (InsVerw usw) gilt § 166 nicht; ihr Wissen u Wollen u das von mittelb Vertretern u TrHändern ist aber deshalb maßgebd, weil sie VertrPart sind (BGH BB **84**, 565). Bei **Gesamtvertretern** (§ 167 Rn 13) genügt der Willensmangel, die Kenntn, der böse Glaube od die Argl eines der am Gesch beteiligten Vertreter (BGH **20**, 153, **62**, 173, NJW **88**, 1199; **99**, 284). Besteht Einzelvertretgsmacht, ist Wissen and Vertreter dem Handelnden zuzurechnen, wenn eine Rn 8 entspr Pfl zur Weitergabe der Information bestand (BGH NJW **99**, 284). Jur Pers müssen sich auch unabhäng von Rn 8 Kenntn von nicht am VertrSchl beteiligten u ausgeschiedenen OrganMitgl zurechnen lassen (§ 28 Rn 2).

3 **b) Anwendungsfälle. – aa) Willensmängel** iSd § 166 I sind die Fälle der §§ 116–123. Beim ScheinGesch kommt es daher auf das Einverständn des Vertreters an (RG **134**, 37), auf ihn ist auch beim Irrt abzustellen (RG **106**, 204), Täuschg od Drohg müssen sich gg ihn gerichtet haben (BGH **51**, 145). Hat umgekehrt der Vertreter getäuscht, gilt § 123 Rn 12. Willensmängel des Vertretenen können die von ihm
4 erteilte Vollm unwirks machen (§ 167 Rn 4). – **bb)** Ist bei einem RGesch das **Kennen oder Kennenmüssen** (Begriff: § 122 II) best Umst erhebl, entscheidet die Person des Vertreters. Das gilt etwa für subj TatbestdMerkmale in VerbotsGes (BayObLG NJW **93**, 1143), die subj Voraussetzgen des § 138 (BGH NJW **92**, 899, **LM** Nr 8) od der §§ 142 II, 173 (BGH NJW **89**, 2880), die Kenntn von Sachmängeln iF des § 460 (RG **101**, 73, **131**, 355), die Zurechng von Argl iF des § 463 (BGH **117**, 106), die Zurechng von bösem Glauben in den Fällen der §§ 892, 932, 990 (BGH **102**, 320, **135**, 202), HGB 366 usw. Einschränkgen gelten dagg für die Wissenszurechng iF der Verj (Rn 9). Soweit der gesetzl Vertreter ohne die erforderl Gen des VormschG handelt, ist dessen Kenntn dem Vertretenen nicht zuzurechnen (RG **132**, 78). Kenntn des in sich vertragsschließden beiderseit Vertreters ist Kenntn beider Teile (BGH **94**, 237). Auf Kenntn des Vertreters, die treuw dem Vertretenen nicht mitgeteilt w soll, kann sich der Gegner nicht berufen (RG **134**, 71, BGH WM
5 **72**, 1381, Hamm NJW-RR **96**, 406). – **cc) Auslegung.** Auch hier ist auf die VerständnMöglichk des Vertreters abzustellen (BAG NJW **61**, 2085, MüKo/Schramm Rn 3). Mdl Erläutergen zu einem schriftl VertrAngebot sind auch dann zu berücksichtigen, wenn der Vertreter nur zur Entggn des Angebots, nicht aber zum VertrSchl ermächtigt ist (BGH **82**, 222).

6 **3) I, entsprechende Anwendung. – a) Persönlicher Anwendungsbereich. – aa)** Die Anwendg von § 166 I ist nicht auf die rgeschäftl Vertretg beschränkt; er ist auf den vergleichb Tatbestd der **Wissenszurechnung** entspr anwendb (BGH **83**, 296, **117**, 106, MüKo/Schramm Rn 23 a, stRspr, hM, krit Koller JZ **98**, 1). Wissensvertreter ist jeder, der nach der Arbeitsorganisation des GeschHerrn dazu berufen ist, im RVerkehr als dessen Repräsentant best Aufg in eigener Verantwortg zu erledigen u die dabei anfallden Informationen zur Kenntn zu nehmen u ggf weiterzugeben; rgeschäftl Vertretgsmacht ist nicht erforderl, ebsowenig eine Bestellg zum „Wissensvertreter“ (BGH **117**, 106, Richardi AcP **169**, 398, Schultz NJW **90**, 479). **Wissensvertreter** idS sind etwa der Vermittlgsagent des HandelsR (BGH NJW **65**, 1174, **LM** § 307 Nr 1, Ffm OLGZ **76**,

224), der VersAgent (BGH **102**, 198, **116**, 387, Beckmann NJW **96**, 1378), and Pers, die iR des VersVerhältn für den Versicherer tät sind (Hamm NJW-RR **97**, 221), der vom Versicherer beauftragte Arzt (Ffm NJW-RR **93**, 676); der vom VersN mit der Schadensregulierg beauftragte Angeh (BGH **122**, 388); das als Vermittler auftretde Reisebüro (BGH **82**, 222), uU der Anlagevermittler (BGH NJW **85**, 1080, stellt auf Empfangsboten ab) u der Kreditvermittler (Hamm ZIP **81**, 53, Düss ZIP **93**, 1378), der Kassenbeamte der Bank, der einen Scheck hereinnimmt (BGH **102**, 320), der Sachbearbeiter einer anderen Filiale, der den Scheck anschließd prüft u weiter bearbeitet (BGH NJW **93**, 1067, dem bei bedeutden Gesch auch die in den Kontenunterlagen des Einreichers verfügb Informationen zuzurechnen sind (BGH **135**, 202), der Bankkassierer, der eine Zahlg entggnimmt (BGH NJW **84**, 1954), der zu Vfgen über das Konto Berechtigte, der zur Entgegennahme der Auszüge u der Korrespondenz bevollmächtigt ist (Karlsr ZIP **95**, 1748, Köln NJW **98**, 2909), der Vhdlgsgehilfe, dem der Verkäufer die Vorbereitg des Vertr überlassen hat (BGH NJW **92**, 899), uU der Lieferant für den LeasG (Köln NJW-RR **96**, 411), der Hintermann, der für den von ihm vorgeschobenen Strohmann auftritt (BGH NJW-RR **92**, 590), der Vertrauensmann, der von einer Part in die Abwicklg eingeschaltet w (BGH **41**, 20), der GebrechlichkPfleger für den PflTBerecht (LG Siegen NJW-RR **93**, 1420), im SteuerschuldVerh uU die Sekretärin des SteuerSchu (BFH NJW **92**, 69). Die Wissenszurechng entfällt, wenn die Part unzweideut klarstellt, daß sie nur für eig Wissen u Tun einstehen will (BGH NJW **95**, 2550, KG WM **96**, 362). – **bb) Keine Wissensvertreter** sind Bedienstete des GeschHerrn, die am VertrSchl u seiner Vorbereitg 7
nicht beteiligt waren (BGH **117**, 107, NJW-RR **97**, 270, s aber Rn 8), Pers, die den GeschHerrn ledigl intern beraten haben (BGH aaO, Hamm NJW-RR **95**, 942) u Pers, die nicht für den GeschHerrn, sond and Beteiligte an den Vhdlgen teilgenommen haben (BGH **55**, 311). Der Makler ist idR nicht VhdlgsGehilfe einer Part, sond Dr (RG **101**, 97, BGH **33**, 309 zu § 123) ebso der Notar (Hamm NJW-RR **91**, 46); and kann es aber liegen, wenn der Notar Verwalter des verkauften Grdst war (BGH **LM** Nr 14). Geht es um die Auslegg od um Willensmängel bei einem **notariell beurkundeten Vertrag** od um die Anwendg des § 419, soll dem Vertretenen dagg nur die Kenntn seiner gesetzl oder rgeschäftl Vertreter, nicht aber seiner VhdlgsGehilfen zugerechnet w (BGH NJW **65**, 1174, NJW-RR **86**, 1019, Mü NJW-RR **93**, 1169); soweit es um die Zurechng von Arglist geht, bleibt es dagg bei der allg Regel (Kln NJW-RR **93**, 1170).

b) Wissenszusammenrechnung. Sie findet statt, wenn für eine Part GesVertreter auftreten (Rn 2). Bei 8
jur Pers wird, and als bei PersGesellsch (BGH NJW **95**, 2160, Schultz NJW **96**, 1392), auch das Wissen von ausgeschiedenen, uU auch von verstorbenen OrganMitgl berücksichtigt (BGH **109**, 330, § 28 Rn 2). Sind an dem Vorgang mehrere Vertreter beteiligt, kommt es nach Rn 4 u 6 gleichf zu einer Wissenszusrechng. Diese kann aber auch dann gerechtfertigt sein, wenn Informationsträger eine am Vorgang unbeteiligte Pers ist (BGH **132**, 35, für eine Beschränkg auf jur Pers Düss NJW-RR **97**, 718, Reischl JuS **97**, 783). Größere Betr dürfen dch die mit der stärkeren Arbeitsteilg verbundene Wissensaufspaltg nicht begünstigt w. Voraussetzg für eine Wissenszusrechng ist, daß nach Treu u Glauben eine **Pflicht zur Organisation** eines Informationsaustausches bestand (Medicus Karlsr Forum **94**, 11, krit Altmeppen BB **99**, 749). Eine solche Pfl setzt voraus, daß Anlaß zur Speicherg des Wissens bestand (BGH NJW **96**, 1341). Sie kommt vor allem bei Wissen in Betracht, das typw aktenmäß festgehalten w (BGH **135**, 202, NJW **96**, 1206, Schultz NJW **97**, 2093), soll aber ausscheiden, wenn der Wissensvertreter die Speicherg der Information vergessen hat (BGH NJW **96**, 1205). Die Pfl kann im Verhältn zw versch Abteilgen od Filialen eines Kreditinstituts bestehen (BGH **135**, 202, NJW **89**, 2879, 2881), ebso zw der Verkaufsabteilg u der Werkstatt eines GebrWagenHändlers (LG Mü ZIP **88**, 924), zw den beim Verkauf eines Untern Beteiligten (Hartung NZG **99**, 524) u den bei einem Untern mit dem Verkauf u der Sanierg eines Grdst befaßten Pers (Köln VersR **94**, 686), angebl aber nicht im Verhältn zw dem LiegenschAmt u dem Bauamt einer Gem (BGH **117**, 107), obwohl das LiegenschAmt bei Erwerb eines Grdst selbstverständl die Informationen des Bauamtes abgefragt hätte. Wird das Wissenselement der Argl dch Wissenszusrechng erfüllt, ist auch das voluntative ArglMerkmal zu bejahen (BGH **109**, 333, aA Waltermann NJW **93**, 893, Flume AcP **197**, 441).

c) Sachlicher Anwendungsbereich. § 166 ist Ausdr des allg RGedankens, daß derj, der einen and mit 9
der Erledigg best Angelegenh in eig Verantwortg beauftragt, sich das in diesem Rahmen erlangte Wissen des and zurechnen lassen muß (BGH **83**, 296; **117**, 106; Rn 4). Er kann daher bei vergleichb Interessenlage entspr angewandt w, obwohl die Voraussetzgen einer rechtsgeschäftl Stellvertretg nicht vorliegen, so auf die Abn gem § 464 (die kein RGesch ist), die Zurechng von Kenntn bei einer gg HeimG 14 verstoßden Erbeinsetzg (BayObLG NJW **93**, 1143), die GläubAnf gem InsO 129ff, AnfG 3 (BGH **22**, 134, **41**, 21, NJW **91**, 981, LG Stgt ZIP **98**, 77, TestVollstr), den Besitzerwerb dch einen bösgläub Besitzdiener (BGH **32**, 59, **102**, 320, § 990 Rn 2), die verschärfte Haftg gem § 819 (BGH **83**, 296). Für den VerjBeginn gem § 852 ist auf die Kenntn der Pers abzustellen, die für die Wahrg u Geltdmachg des zivilrechtl SchadErsAnspr zuständ sind (BGH **133**, 129, **134**, 343). Die Kenntn Dr ist nur zuzurechnen, wenn der Verletzte diese mit der TatsErmittlg zur Aufklärg od Dchsetzg des SchadErsAnspr beauftragt hat (BGH NJW **93**, 652, § 852 Rn 5). Beim Überbau (§ 912) rechnet die Rspr dem Bauherrn den bösen Glauben des Architekten zu (BGH **42**, 63), nicht aber den des BauUntern (BGH NJW **77**, 375); ebso verfährt sie bei Nichteinhaltg von Vorschr über den Grenzabstand (BayObLG **79**, 23).

4) Kenntnis und Kennenmüssen des Vertretenen ist gem II neben dem Vertreterwissen zu berück- 10
sichtigen, wenn der Vertreter nach best Weisgen des Vertretenen gehandelt hat. – **a)** Die Vorschr gilt für **alle Fälle** rgeschäftl erteilter Vertretgsmacht, auch für die UnterVollm, falls der Untervertreter auf Weisg des Hauptbevollm handelt (RG Gruch **58**, 907). Sie ist iF der Gen auf die Vertretg ohne Vertretgsmacht entspr anwendb; dabei steht die Gen einer Weisg gleich (RG **161**, 162, BGH BB **65**, 435). Maßgebd ist die Kenntn des Vertretenen im Ztpkt der Gen (RG **128**, 116). Auch iF „gespaltener" Argl (Auseinanderfallen von Wissen u VertrSchl) kann II anwendb sein (LG Mü ZIP **88**, 924). Für den nicht weisgsgebundenen ges Vertreter u die Organe jur Pers gilt II nicht. Er ist aber entspr anwendb, wenn der ges Vertreter im Einzelfall wie ein weisgsgebundener Bevollm handelt (BGH **38**, 68). Das kann bei einem Ergänzgspfleger (BGH aaO) der Fall sein. Auch bei RGesch kr Schlüsselgewalt gilt II analog, wenn der nach außen auftretde Eheg nach Weisgen des and handelt (Weimar JR **76**, 318). Dagg ist die entspr Anwendg des § 166 ausgeschlossen, wenn der Mj bei einem gem § 107 zustimmgsfreien RGesch selbst handelt (BGH **94**, 239). – **b)** Der Begriff der **Weisung** 11

ist weit auszulegen (RG **161**, 161). Es genügt, daß der Vertretene den Bevollm zu dem Gesch veranlaßt hat (s BGH **38**, 68, BAG NJW **97**, 1941). Der Weisg steht es gleich, wenn der Vertretene trotz Kenntn nicht eingreift, obwohl er es könnte (BGH **50**, 368, BayObLG NJW-RR **89**, 910). Ausr auch, wenn der Bevollm
12 das Gesch in Anwesenh des Vertretenen abschließt u dieser nicht widerspricht (BGH **51**, 145). – **c)** Auf **Willensmängel** des Vertretenen ist II entspr anwendb (BGH **51**, 145, MüKo/Schramm Rn 41, str). Ist der Vertretene dch argl Täuschg zur Erteilg einer Weisg an den Bevollm veranlaßt worden, kann er das RGesch daher gem § 123 anfechten (BGH aaO). Davon zu unterscheiden ist der Fall, daß die Bevollmächtigg anfechtb ist (§ 167 Rn 3). Befindet sich der weisgserteilde Vertretene in einem Zustand vorübergehder geistiger Störg (§ 105 II), soll II gleichf entspr anwendb sein (Brschw OLGZ **75**, 441).

167 *Erteilung der Vollmacht.*

I Die Erteilung der Vollmacht erfolgt durch Erklärung gegenüber dem zu Bevollmächtigenden oder dem Dritten, dem gegenüber die Vertretung stattfinden soll.

II Die Erklärung bedarf nicht der Form, welche für das Rechtsgeschäft bestimmt ist, auf das sich die Vollmacht bezieht.

1 **1) Vollmachtserteilung. – a)** Vollm ist die dch RGesch erteilte Vertretgsmacht (§ 166 II). Sie w dch eine einseit empfangsbedürft WillErkl (Übbl 11 v § 104), die sog **Bevollmächtigung,** begründet. Die Bevollmächtigg bedarf keiner Ann. Sie kann ggü dem Vertreter **(Innenvollmacht),** ggü dem GeschGegner **(Außenvollmacht)** od dch öff Bekanntmachg (MüKo/Schramm Rn 10) erklärt w. Sie kann auch in einer VfgvTw enthalten sein (RG **170**, 380, Köln DNotZ **51**, 36, LG Siegen NJW **50**, 226); mögl ist auch eine Begründg dch Vertr (Karlsr NJW-RR **86**, 101). Die Bevollmächtigg ist grdsl formfrei, II (Rn 2). Sie kann auch dch **schlüssiges Verhalten** erfolgen (Auslegg nach §§ 133, 157). Die Übertragg von Aufg, deren ordngsmäß Erf eine best Vollm erfordert, enthält stillschw zugl eine entspr Bevollmächtigg (§ 173 Rn 21). Das gilt etwa für die Übertragg der GeschFü eines Betr (RG **106**, 203), aber auch für die Beauftragg eines Architekten (Rn 8). Erklärt der Verkäufer dem Käufer, er solle sich zur Regelg einer Mängelrüge an den Hersteller wenden, so liegt darin die Erteilg einer AußenVollm an das Herstellerwerk (Karlsr MDR **83**, 488, das allerdings eine AnschVollm annimmt). Wer es duldet, daß ein and für ihn wie ein Vertreter auftritt, muß sich dessen Verhalten nach den Grds der **Duldungs- oder Anscheinsvollmacht** uU auch dann anrechnen
2 lassen, wenn er keinen Bevollmächtiggswillen hatte (§ 173 Rn 9 ff). – **b)** Die Bevollmächtigg bedarf grdsl **keiner Form.** Gesetzl Ausn enthalten §§ 1484 II, 1945 III, GmbHG 2 II, AktG 134 III, 135 u für die Vorsorgevollm §§ 1904 II u 1906 V. In and Fällen ist die Vollm zwar formlos gült, bedarf aber ggü dem Ger eines formgebundenen Nachw (ZPO 80, GBO 29, HGB 12, FGG 13). In der für das VertreterGesch vorgeschriebenen Form muß die Vollm erteilt w, wenn die formfreie Bevollmächtigg im Ergebn zu einer Umgehg der FormVorschr führen w (RGRK Rn 5). Das ist der Fall, wenn der Vertretene dch die Erteilg der Vollm rechtl u tatsächl in gleicher Weise gebunden w wie dch die Vorn des formbedürft RGesch (Rösler NJW **99**, 1150 mwNw, MüKo/Schramm Rn 17). Formbedürft sind daher die unwiderrufl Vollm zum GrdstVerkauf od -Erwerb (§ 313 Rn 20), zur ErbTÜbertr (BayObLG **54**, 234), zur Übern einer Bürgsch (BGH NJW **96**, 1469), zum Abschluß eines VerbrKrVertr (LG Mü NJW **99**, 1193; Mü WM **99**, 1456), zur Unterwerfg unter die ZwVollstr (Dux WM **94**, 1145,), zur Abtr von SteuererstattgsAnspr (BFH WM **83**, 402), aber nicht die Vollm zum Abschluß eines EheVertr (BGH **138**, 239, Kanzleiter NJW **99**, 1613,, aA Einsele NJW **98**, 1206, Vollkommer JZ **99**, 239). Formfrei ist wg des and Zwecks der FormVorschr die unwiderrufl Vollm zur Abtr von GmbH-Anteilen (BGH **13**, 53, **19**, 72). Die Haftg des Vertretenen kann sich
3 iF einer formunwirks Vollm aus RScheinGrds ergeben (BGH NJW **97**, 312). – **c)** Für die Bevollmächtigg gelten dieselben Nichtigk- u AnfGrde wie für and RGesch. **Willensmängel** berecht auch nach Vorn des VertreterGesch zur Anf (MüKo/Schramm Rn 83, aA Prölss JuS **85**, 582), jedoch bleibt der Vertretene uU nach §§ 170 ff (§ 173 Rn 1) od den Grds der AnschVollm gebunden (§ 173 Rn 19). AnfGegner ist bei InnenVollm der Vertreter, bei AußenVollm der GeschPart (§ 143 III); diesem steht aber auch bei Anf einer InnenVollm Anspr aus § 122 zu (MüKo/Schramm Rn 85, RGRK Rn 26); ebso kann der gutgl Vertreter
4 auch bei Anf einer AußenVollm SchadErs gem § 122 verlangen (Staud/Schilken Rn 82). – **d)** Die Vollm ist nach dem Abstraktionsprinzip (Einf 2 v § 164) unabhäng von dem **Grundgeschäft,** wie Auftr, GeschBesorggs- od GesellschVertr (Pawlowski JZ **96**, 125). Die Nichtigk des GrdGesch läßt die Wirksamk der Vollm grdsl unberührt (RG **69**, 234, Hamm NJW **92**, 1175); sie kann sich aber ausnw auf die Vollm erstrecken, so bei Fehleridentität (Übbl 23 v § 104) od wenn GrdGesch u Vollm ein einheitl Gesch iSd § 139 bilden (BGH NJW **85**, 730, Korte DNotZ **84**, 84, § 139 Rn 7 ff), uU bleibt aber eine AnschVollm mit ihren Wirkgen bestehen (§ 173 Rn 19). GrdGesch u Vollm stehen nicht völl beziehgslos nebeneinand. Das Erlöschen der Vollm richtet sich gem § 168 nach dem GrdGesch. Auch für den Umfang der Vollm kann das GrdGesch von Bedeutg sein (Rn 5). Mögl ist auch eine sog isolierte Vollm ohne GrdGesch (BGH NJW **90**, 1722), sie liegt insb dann vor, wenn allein das GrdGesch nichtig ist (Zweibr OLGZ **85**, 46).

5 **2) Umfang der Vollmacht. – a)** Er w grdsl vom VollmGeber best. Bei einigen Vollm des HandelsR ist der Umfang ges festgelegt, so bei Prokura u HdlgsVollm (HGB 49, 54 ff). Bei Zweifeln ist der Umfang der Vollm dch **Auslegung** (§§ 133, 157) zu ermitteln. Maßgebd ist, wie der ErklEmpfänger das Verhalten des VollmGebers verstehen durfte. Bei der reinen InnenVollm kommt es auf die VerständnMöglichk des Bevollm an (BGH NJW **91**, 3141), bei der nach außen kundgegebenen od in einer Urk verlautbarten Vollm (§§ 171, 172) u der AußenVollm auf die des GeschGegners (BGH aaO, NJW **83**, 1906). Bei Auslegg einer InnenVollm können daher Inh u Zweck des GrdGesch mitberücksichtigt w; bei der Auslegg einer AußenVollm u iF der §§ 171, 172 dürfen dagg nur solche Umst herangezogen w, die dem GeschGegner bekannt od erkennb waren (RG **143**, 199). Handelt es sich um eine verkehrstyp Vollm, ist iZw davon auszugehen, daß sie den verkehrsübl Umfang haben soll (Joussen WM **94**, 273), so etwa beim Architekten (Rn 8), Hausverwalter, Kassierer. Zu beachten ist auch § 242. Der zur Vergabe notw Reparaturen bevollmächtigte Kraftfahrer ist daher nicht

berecht, weitgehde Haftgsausschlüsse zu vereinb (BGH DB **53**, 991); iZw gilt der weniger weitreichde Umfang (RG **143**, 199, BGH NJW **78**, 995).

b) Nach dem Umfang der Vollm sind zu unterscheiden: – **aa) Spezialvollmacht** zur Vorn eines best 6
RGesch. Ob Festleggen hins des Inh des RGesch Beschrkgen der Vollm od ledigl Weisgen im InnenVerh sind, ist Ausleggsfrage (Rn 5). – **bb) Art- od Gattungsvollmacht** zur Vorn einer best Art von RGesch. Sie kann wiederkehrde gleichart Gesch betreffen (Inkasso-, BankVollm) od an eine best Funktion anknüpfen (Architekt, Hausverwalter, Kellner, Kassierer). – **cc) Generalvollmacht.** Sie berecht grdsl zur Vorn aller 7
RGesch, sow Vertretg zul ist (s Geitzhaus GmbHR **89**, 229, 278, MüKo/Schramm Rn 68). Die Auslegg kann aber Einschränkgen ergeben (Zweibr NJW-RR **90**, 931). So sind uU völl außergewöhnl RGesch u RGesch, die eindeut u erkennb den Vertretenen schädigen, von der Vollm nicht gedeckt (Ffm NJW-RR **87**, 482). Die Best, daß der Generalbevollm die Interessen des VollmG zu wahren h, ist aber keine Beschrkg der Vollm (RG HRR **31**, 1037). Auch wenn sich der Bevollmächtigte in den Grenzen der Vollm hält, ist der Vertretene nicht gebunden, sow die Grds über den VollmMißbr (§ 164 Rn 13f) eingreifen.

c) Einzelfälle: Architekt: Wird ein Arch mit der Dchführg eines Bauvorhabens beauftragt, so liegt hierin 8
zugleich die Erteilg einer Vollm (BGH NJW **60**, 859, sog originäre Vollm). Der Bauherr kann diese Vollm aber ausschließen (s Düss NJW-RR **96**, 1485), zB stillschw dch die Beschränkg des Auftr auf die Einholg von Angeboten (Köln NJW-RR **92**, 915). Die „originäre" Vollm ist iZw eng auszulegen, und zwar auch dann, wenn der Arch ausdr als „bevollmächtigter Vertreter" bezeichnet w (BGH NJW **78**, 995). Sie umfaßt idR: die Vergabe einz Bauleistgen (BGH BB **63**, 111), von Zusatzleistgen nur, wenn diese von untergeordneter Bedeutg sind (Stgt MDR **82**, 1016, Köln BauR **86**, 443); die Anerkenng von Stundenlohnzetteln (Meissner BauR **87**, 506); die Rüge von Mängeln, die Entggn von Vorbeh gem VOB/B 16 Nr 3 (BGH NJW **77**, 1634, **78**, 1631); von Erläutergen zu eingereichten Rechngen (BGH NJW **78**, 994). Dagg sind dch die Vollm idR nicht gedeckt: ZusatzAuftr größeren Umfangs, insb dann nicht, wenn sie die AuftrSumme fast verdoppeln (BGH DB **75**, 1741, Stgt BauR **94**, 789); Vergabe von Arb, die der Bauherr als Nachbesserg beansprucht (AG Marbach MDR **86**, 671); Beauftragg von Sonderfachleuten (BGH BB **63**, 111; Hamm BauR **92**, 260, str); Verlängerg der FertigstellgsFr (BGH NJW **78**, 995); rgeschäftl Anerkenntn der Schlußrechng (BGH NJW **60**, 859), des Aufmaßes; Abnahme im RSinne (Pauly BauR **98**, 1149); Entggn von Abtretgsanzeigen (BGH NJW **60**, 1805). Vgl auch § 173 Rn 22. – Vollm des **Baubetreuers** s § 675 Rn 20. – Vollm zur Vfg über ein 9
Bankkonto berecht nicht zur Kontoüberziehg (BGH MDR **53**, 345), auch nicht zur Umwandlg in ein Konto des Vertreters (s aber Hamm WM **95**, 152), ebsowenig zur eigennützigen Verpfändg von Wertpapieren (BGH WM **69**, 112); die Vollm hinsichtl eines Girokontos berecht auch zur Vfg dch Scheck (BGH DB **86**, 1870), nicht aber zur KreditAufn oder zur Begebg von Schecks über den Guthabenstand hinaus (Hamm NJW **92**, 378). Eine PostVollm (PostO 46) hat keine privrechtl Wirkg (BGH **98**, 144). Die dem **Gebrauchtwagenhändler** bei einem VermittlgsAuftr erteilte Vollm kann dch Veränderg des Pkws (Umlackierg) erlöschen (Köln NJW-RR **89**, 1084). Die Vollm zum **Grundstücksverkauf** kann die zur Beauftragg eines Maklers mitumfassen (BGH NJW **88**, 3012). Sie berecht aber nicht dazu, den Käufer zur Belastg des Grdst zu ermächtigen (Jena OLG-NL **94**, 244). Ob die Vollm des Erwerbers, das Grdst zur Finanzierg des GrdstKaufs zu belasten u Rangwechsel vorzunehmen, auf die KaufPrHöhe beschränkt ist, ist Frage des Einzelfalls (BayObLG DNotZ **96**, 295, Düss FGPrax **98**, 166). Die dem **Notar** erteilte Vollm zum Vollzug eines GrdstVertr umfaßt auch die Einholg von Löschgsbewilliggen für Rechte, die erst nach dem VertrSchl eingetragen worden sind (Köln NJW-RR **95**, 590). Die **Auflassungsvollmacht** deckt iZw nicht den Antr auf Bestandszuschreibg (BayObLG Rpfleger **96**, 332). **Vorsorgevollmacht:** Einf 8 vor § 1896.

d) Vollmachtsüberschreitung führt zur Anwendg der §§ 177ff. And nur, wenn die §§ 170ff od die 10
Grds der AnschVollm eingreifen (§ 173 Rn 9ff) od wenn sich der Vertretene wg mangelnder Überwachg nach § 242 nicht auf die VollmÜberschreitg berufen darf (BGH WM **74**, 407). Ist das Gesch teilw dch die Vollm nicht gedeckt, gilt § 139 entspr (BGH NJW **70**, 240). Bei einem teilb Gesch ist der dch die Vollm gedeckte Teil gült, sow dies dem mutmaßl PartWillen entspr; nur hins des Restes gelten die §§ 177ff. GesNichtigk aber, wenn der Vertreter mit dem Käufer vereinb, daß das Gesch zwecks Steuerhinterziehg nicht verbucht w soll (BGH NJW **58**, 57). **Vollmachtsmißbrauch** s § 164 Rn 13f.

3) Arten der Vollmacht. – a) Innen- u **Außenvollmacht** s Rn 1; **widerrufliche** u **unwiderrufliche** 11
Vollm s § 168 Rn 5f; **Duldungs-** u **Anscheinsvollmacht** s § 173 Rn 9ff. – **b)** Die **Hauptvollmacht** w 12
vom GeschHerrn selbst erteilt, die **Untervollmacht** vom Bevollm od ges Vertreter. Ob der Bevollm zur Erteilg von Untervollm berecht ist, ist Ausleggsfrage. Entscheidd ist, ob der Vertretene erkennb ein Interesse an der pers Wahrnehmg der Vertretgsmacht dch den Bevollm hat (BGH BB **59**, 319, Ffm VersR **76**, 173, Mü WM **84**, 834). Die Untervollm kann nicht weiter gehen als die Hauptvollm. Der von § 181 nicht befreite Hauptbevollm kann daher den Unterbevollm insow nicht freistellen (Soergel/Leptien Rn 59). Bei widerrufl od zeitl begrenzter Hauptvollm kann die Untervollm nicht unwiderrufl od zeitl unbegrenzt erteilt w. Eine VollÜbertr (sog Abtr) der Vollm ist idR unzul (RGRK Rn 21). Der Unterbevollm ist **Vertreter des Geschäftsherrn**, nicht des Hauptbevollm (MüKo/Schramm Rn 71, Larenz/Wolf § 47 Rn 43; and BGH **32**, 253, wonach der Unterbevollm auch „Vertreter des Vertreters" sein kann). Er muß daher im Namen des GeschHerrn auftreten. Wenn er zugl offenlegt, daß er als Unterbevollm handelt, haftet er aus § 179 aber nur für Mängel der Untervollm, nicht für solche der Hauptvollm (§ 179 Rn 3). – **c)** Steht die Vertretgsmacht 13
mehreren Pers zu, können sie jeder für sich allein (Einzelvertretg) od nur gemeins **(Gesamtvertretung)** vertretgsberecht sein. Welche Vertretgsart gewollt ist, ist Ausleggsfrage. Ges Regelgen enthalten §§ 709ff, 1629, HGB 48 II, 125 II, 150, AktG 78, GmbHG 35 II, GenG 25, ZPO 84. Es genügt, daß nach außen ein GesVertreter auftritt. Die and können ggü diesem od ggü dem GeschGegner zustimmen (RG **75**, 424, BGH NJW **82**, 1037, BAG NJW **96**, 2595). Die vorher erteilte Zust („Ermächtigg" s HGB 125 II 2, 150 II 1, AktG 78 IV) erweitert die GesVertretgsmacht punktuell zur Einzelvertretgsmacht (BGH **64**, 75). Sie ist auch iF einer GesVertretg im KommunalR zul (BGH ZIP **97**, 2166/2168), aber nur wirks, wenn sie sachl beschränkt ist (BGH **34**, 30, WM **86**, 316). Sie ist keine Vollm, steht dieser aber so nahe, daß neben den §§ 182ff auch § 174 entspr anwendb ist (BAG NJW **81**, 2374). Sowohl die Ermächtigg als auch die Gen kann

dch schlüss Verhalten erklärt w (MüKo/Schramm § 164 Rn 84). Auch sow die GemO eine GesVertretg vorsehen, ist eine Ermächtigg zu best einz Gesch zul (str). Die Ermächtigg u die Gen müssen aber die in den GemO vorgesehenen Förmlichk wahren, da deren Beachtg Voraussetzg für ein wirks Vertreterhandeln ist (BGH NJW **82**, 1036, **84**, 606, § 125 Rn 3f). Bei GesVertretg muß der Wille aller Vertreter mangelfrei sein. Der Willensmangel jedes einz ist beachtl (§ 166 Rn 2); hat ein geschunfäh Vertreter mitgewirkt, gelten die
14 §§ 177ff (s BGH **53**, 214). Zur **Passivvertretung** (Entggn von WillErkl) ist jeder GesVertreter allein berecht (RG **53**, 230, BGH **62**, 173, NJW **88**, 1200). Das folgt aus §§ 28 II, 1629 I 2, HGB 125 II 3, AktG 78 II 2, GmbHG 35 II 3, die Ausdr eines allg RGedankens sind. Ebso genügt für § 166 I das Kennen od Kennenmüssen eines GesVertreters (§ 166 Rn 2).

15 **4) Wirkung der Vollmacht.** Die Vollm begründet für den Bevollm Vertretgsmacht (§ 164 Rn 13). Sie schränkt aber die rgeschäftl HdlgsFähigk des VollmG nicht ein. Der Vollm kann keine den VollmG ausschließde, verdrängde Wirkg beigelegt w (BGH **3**, 358, **20**, 364, aA Gernhuber JZ **95**, 381).

168 *Erlöschen der Vollmacht.* **Das Erlöschen der Vollmacht bestimmt sich nach dem ihrer Erteilung zugrunde liegenden Rechtsverhältnisse. Die Vollmacht ist auch bei dem Fortbestehen des Rechtsverhältnisses widerruflich, sofern sich nicht aus diesem ein anderes ergibt. Auf die Erklärung des Widerrufs findet die Vorschrift des § 167 Abs. 1 entsprechende Anwendung.**

1 **1) Allgemeines.** Das Erlöschen der Vollm richtet sich entgg dem mißverständl Wortlaut des § 168 in erster Linie nach ihrem Inh. Der VollmG kann die Vollm befristen od unter einer auflösden Bdgg erteilen. Betrifft die Vollm die Vorn best RGesch, erlischt sie dch Zweckerreichg, sobald die RGesch abgeschl sind od der Abschl endgült gescheitert ist. Die einseit VerzErkl des Bevollm ist gleichf ein ErlöschensGrd (OVG Hbg NVwZ **85**, 350, MüKo/Schramm Rn 8). Sow die Bevollmächtigg selbst keine Regelg enthält, gelten gem § 168 S 1 die ErlöschensGrde des GrdVerh. Bei der isolierten Vollm (§ 167 Rn 4) können idR die ErlöschensGrde des AuftrR entspr herangezogen w (str). Die Vollm ist mit Zust des VollmG **übertragbar** (Frey, RNachf in VollmN- u VollmGStellgen, 1997, S 80ff, str aA Staud/Schilken § 167 Rn 60). Wird ein bevollmächtigter RTräger umgewandelt, geht seine Vollm iZw auf den neuen RTräger über (LG Kblz NJW-RR **98**, 38). Der VollmG kann seine Stellg dch Vertr auf einen and übertragen, sofern sich aus dem RVerh zum Bevollm nichts and ergibt (Frey aaO S 136ff).

2 **2) Erlöschen nach dem Grundverhältnis. – a)** Das GrdVerh ist idR ein GeschBesorggsVertr (§ 675), es kann aber auch ein Kaufvertrag od eine Schenkg sein. Als EndiggsGrde kommen zB Erf, Zeitablauf, Rücktr
3 od Künd in Betracht. – **b)** ErlöschensGrde im Zushang mit der **Person des Bevollmächtigten.** Sein Tod führt gem §§ 673, 675 idR zum Erlöschen der Vollm. Wenn die Vollm im Interesse des Bevollm erteilt worden ist, etwa eine AuflVollm zG des Käufers, besteht sie aber auch nach seinem Tod fort (Schlesw MDR **63**, 675, Köln OLGZ **69**, 305). Wird der Bevollm dauernd geschunfäh, erlischt die Vollm (MüKo/Schramm Rn 7). Ins ist grdsl kein ErlöschensGrd, and aber, wenn die Vollm auf einem GesellschVertr beruht (§ 728). Die einer jur Pers erteilte Vollm endet erst mit ihrem völligen Erlöschen, nicht schon mit dem Eintritt in die
4 Liquidation. – **c) Person des Vollmachtgebers.** Sein Tod führt idR nicht zum Erlöschen der Vollm (§§ 672, 675, Zweibr DNotZ **83**, 105). Die Vollm kann auch von vornherein für den Todesfall erteilt w (RG **114**, 354) u eine Befreig von § 181 vorsehen (Köln NJW-RR **92**, 1357). Auch wenn der Bevollm Alleinerbe des VollmG ist, ist er aGrd der Vollm ohne Nachw seines ErbR zu RGesch über den Nachl legitimiert (LG Brem Rpfleger **93**, 235, sehr str, aA Stgt NJW **48**, 627). Einzelheiten zur **postmortalen** Vollm s Einf 16ff v § 2197. Wird der VollmG geschunfäh, so berührt das den Bestand der Vollm idR nicht (§§ 672, 675). Mit der Eröffng des InsVerf enden die von ihm erteilten Vollm (InsO 117), u zwar auch ProzVollm (RG **118**, 162, BGH MDR **64**, 50). Dagg erlischt die von einem ges Vertreter erteilte Vollm nicht mit der Beendigg der ges Vertretg (RG **107**, 166, BayObLG NJW **59**, 2119, DB **74**, 1521), die vom VereinsVorstd erteilte Vollm nicht mit einem Wechsel des Vorstds (LG Stgt DB **82**, 638), die von einem ges Verwalter (Ins-, Zwangs-, NachlVerw, TestVollstrecker) erteilte Vollm nicht mit einem Wechsel in der Pers des Verwalters; sie endet aber mit der Beendigg der Verwaltg (MüKo/Schramm Rn 27).

5 **3) Widerruf. – a)** Er ist grdsl **jederzeit** zul, auch wenn das GrdVerh fortbesteht (S 2). Der Widerruf ist eine einseit empfangsbedürft WillErkl (Übbl 11 v § 104). Er kann als actus contrarius zur VollmErteilg ebso wie diese ggü dem Bevollm, dem GeschGegner od dch öff Bekanntmachg (§ 171 II) erklärt w (S 3). Eine
6 Außenvollm kann ggü dem Bevollm widerrufen w, zG des GeschGegners gilt aber § 170. – **b)** Der Widerruf kann dch Vertr **ausgeschlossen** w, nicht aber dch einen einseit Verz des VollmG (RG **109**, 333, BayObLG DNotZ **97**, 312 mAv Wufka, aA Fuchs AcP **196**, 363). Die Vereinbarg kann sich aus den Umst, insb aus dem Zweck der Vollm ergeben. Sie ist anzunehmen, wenn die Vollm im Interesse des Bevollm erteilt wurde (BGH NJW-RR **91**, 441), so wenn sie den Bevollm sichern soll (RG **53**, 419) od dieser maßgebd am Erlös des Gesch beteiligt ist (RG JW **27**, 1139). Ein stillschw Ausschluß ist aber nicht anzunehmen, wenn ihm überwiegde Interessen des VollmG entggstehen (BGH NJW-RR **91**, 441). Unwirks ist der Ausschl bei GeneralVollm (Soergel-Leptien Rn 25), isolierter Vollm ohne GrdVerh (BGH **110**, 367) u Vollm, die ausschließl im Interesse des VollmG erteilt worden ist (BGH DNotZ **72**, 229). Den Widerruf kann nicht ausschließen, wer selbst nur widerrufl Vertretgsmacht besitzt (Mü OLGZ **65**, 1). Die Unwirksamk beschr sich auf die AusschlKlausel; die Vollm selbst bleibt idR gem § 139 bestehen (MüKo/Schramm Rn 38, aA RG Gruch **68**, 538). Auch die unwiderrufl Vollm kann aus wicht Grd widerrufen w (BGH WM **69**, 1009, **85**, 646). Ebso bleibt der VollmG seinerseits vfgsberecht; eine sog verdrängde Vollm ist unzul (§ 137 Rn 4).

169 *Kein Fortwirken gegenüber Bösgläubigen.* **Soweit nach den §§ 674, 729 die erloschene Vollmacht eines Beauftragten oder eines geschäftsführenden Gesellschafters als fortbestehend gilt, wirkt sie nicht zugunsten eines Dritten, der bei der Vornahme eines Rechtsgeschäfts das Erlöschen kennt oder kennen muß.**

Der erloschene Auftr, der beendete GeschBesVertr, die aufgelöste Gesellsch u die aufgrd dieser Vertr erteilte Vollm wirken gem §§ 674, 675, 729, 168 S 1 uU zG des gutgl Beauftragten od geschführden Gesellschafters fort. Nach § 169 gilt das nicht zG eines GeschGegners, der das Erlöschen (die Auflösg) kennt od fahrl nicht kennt. 1

170 *Wirkungsdauer der Vollmacht.* **Wird die Vollmacht durch Erklärung gegenüber einem Dritten erteilt, so bleibt sie diesem gegenüber in Kraft, bis ihm das Erlöschen von dem Vollmachtgeber angezeigt wird.**

171 *Wirkungsdauer bei Kundgebung.* **I Hat jemand durch besondere Mitteilung an einen Dritten oder durch öffentliche Bekanntmachung kundgegeben, daß er einen anderen bevollmächtigt habe, so ist dieser auf Grund der Kundgebung im ersteren Falle dem Dritten gegenüber, im letzteren Falle jedem Dritten gegenüber zur Vertretung befugt.**

II Die Vertretungsmacht bleibt bestehen, bis die Kundgebung in derselben Weise, wie sie erfolgt ist, widerrufen wird.

172 *Vollmachtsurkunde.* **I Der besonderen Mitteilung einer Bevollmächtigung durch den Vollmachtgeber steht es gleich, wenn dieser dem Vertreter eine Vollmachtsurkunde ausgehändigt hat und der Vertreter sie dem Dritten vorlegt.**

II Die Vertretungsmacht bleibt bestehen, bis die Vollmachtsurkunde dem Vollmachtgeber zurückgegeben oder für kraftlos erklärt wird.

173 *Kenntnis des Erlöschens.* **Die Vorschriften des § 170, des § 171 Abs. 2 und des § 172 Abs. 2 finden keine Anwendung, wenn der Dritte das Erlöschen der Vertretungsmacht bei der Vornahme des Rechtsgeschäfts kennt oder kennen muß.**

1) Allgemeines. – a) Die §§ 170–173 schützen den GeschGegner, der auf den Bestand (Fortbestand) 1
einer in Wahrh nicht (mehr) bestehden Vollm vertraut hat. Sie normieren damit eine **Rechtsscheinhaftung** des Vertretenen. Diese setzt voraus, daß die Vollm dem GeschGegner ggü erteilt (§ 170) od ihm ggü in best Weise (§§ 171, 172) kundgegeben worden ist (s Rn 3, 4 u 5). Die §§ 170 ff gelten auch dann, wenn eine Vollm in Wahrh nicht od nicht wirks erteilt worden ist (RG **104**, 360, **159**, 369, BGH NJW **85**, 730, NJW-RR **86**, 467, hM, str iF des § 170). Dch **Anfechtung** kann die RScheinVollm nicht beseitigt w (Enn-Nipperdey § 184 II 4, str). Voraussetzg für die Anwendg der §§ 170–172 ist aber, daß der Vertretene bei Vorn des **Kundgabeaktes geschäftsfähig** war (BGH NJW **77**, 623, Stgt MDR **56**, 673). – **b)** Ein GeschGegner, 2
der das Erlöschen **kennt** od fahrl nicht kennt (s § 122 II), kann sich auf das Fortbestehen der Vollm nicht berufen **(§ 173).** Dasselbe gilt, wenn er das Nichtentstehen der Vollm kennt od kennen muß (BGH MDR **65**, 282). Keine RScheinhaftg daher, wenn die Unwirksamk aus der VollmUrk (der Mitteilg, der Bekanntgabe) hervorgeht (RG **108**, 123). Kennt der GeschGegner die Beschränkg, kommt es auf Erkennbark nicht an (BGH NJW-RR **88**, 1321). Nichterkennen eines NichtigkGrdes, der sich aus §§ 313, 139 ergibt, ist auch im kaufm Verk (Bank) idR kein Verschulden (BGH NJW **85**, 730, **88**, 698). Bei anfechtb Vollm entsch der gute Glaube hins der AnfTats (§ 142 II).

2) Voraussetzungen. – a) § 170: Die dch Erkl ggü dem GeschGegner erteilte **Außenvollmacht** (§ 167 3
Rn 1) wirkt fort, bis ihm das Erlöschen angezeigt ist. Die Anzeige ist eine geschähnl Hdlg (Übbl 6 v § 104). Der Schutz des § 170 endet bereits mit ihrem Zugang. Ein ggü dem GeschGegner erkl Widerruf steht der Anz gleich. § 170 gilt auch dann, wenn die Außenvollm eingeschr oder abgeändert w (RG JW **15**, 998). –
b) § 171: Die bes Mitteilg u die öff Bekanntmachg sind (entgg Pawlowski JZ **96**, 127) keine RGesch, sond 4
geschähnl Hdlgen (Übbl 6 v § 104), die, falls eine wirks Vollm fehlt, zur Begründg einer RScheinVollm führen. Sie müssen die Pers des Bevollm ergeben (RG **124**, 386, JW **29**, 576). Die bes Mitteilg kann auch in der Anzeige der notariell beurkundeten Vollm an das GBA od den GeschGegner liegen; sogar der Notar selbst kann Adressat der bes Mitteilg sein (s Hieber DNotZ **52**, 185, Haegele Rpfleger **72**, 306, Köln DNotZ **84**, 570). Ausr ist auch ein schlüssiges Verhalten, etwa die Ankündigg des Besuchs eines Vertreters. Die öff Bekanntmachg muß an einen unbest PersKreis gerichtet sein. In Betracht kommen Zeitgsanzeigen od Aushänge; unter § 171 fallen aber auch Eintraggen im Handelsregister (RG **133**, 233), nicht aber Anmeldgen zum Gewerberegister (Hamm NJW **85**, 1847). Die Wirkg des § 171 tritt nur ein, wenn der GeschGegner bei Vorn des RGesch **Kenntnis vom Kundgabeakt** hat (MüKo/Schramm Rn 11). Das w jedoch vermutet, wenn die Kundgabe erfolgt ist. Die Beseitigg der RScheinVollm geschieht gem § 171 II dch *actus contrarius.* Mit dem Zugang der bes Mitteilg od dem Vollzug der öff Bekanntmachg entfällt der Schutz des § 171 auch ggü einem Gutgläubigen.

3) Voraussetzungen, § 172. – a) Vollmachtsurkunde ist ein unterschriebenes od mit not beglaubigtem 5
Handzeichen versehenes Schriftstück, das die Pers des Bevollm u den Inh seiner Vollm bezeichnet (RG **124**, 386, JW **34**, 2394). Die Urk muß echt sein, dh von der dch die Unterschrift als Aussteller ausgewiesenen Pers stammen (BSozG NVwZ **83**, 768). Sie muß willentl ausgehändigt worden sein; für abhandengekommene VollmUrk gilt § 172 nicht (BGH **65**, 13). Auf die BestallgsUrk ges Vertreter ist § 172 weder unmittelb noch entspr anzuwenden (RG **74**, 265). – **b) Vorgelegt** ist die Urk, wenn sie dem GeschGegner (GrdBAmt) zur 6
sinnl Wahrnehmg unmittelb zugängl gemacht w (BGH **76**, 78, NJW **88**, 698, Stgt DNotZ **99**, 138). Nicht erforderl ist, daß der GeschGegner tats Einsicht nimmt (BGH aaO). Die Urk muß in Urschrift od Ausfertigg vorgelegt w; beglaubigte Abschriften od Fotokopien genügen nicht (BGH **102**, 63), jedoch kann sich aus dem GesVerhalten des Vertretenen eine Haftg nach RScheinGrds ergeben (BGH aaO, NJW **97**, 312). Nicht ausr ist die Bezugn auf die bei Ger od einem Notar hinterlegte Urk. Wenn in einem beurk Vertr auf eine vom Notar

selbst beurk u bei ihm jederzeit zugängl Vollm verwiesen w, steht die Bezugn aber einer Vorlegg gleich (BGH
7 **76**, 79). – **c)** Die RScheinVollm **erlischt,** wenn die VollmUrk zurückgegeben od für kraftlos erkl w. Anspr auf Rückg: § 175, KraftlosErkl: § 176. Der Schutz des § 172 I entfällt auch dann, wenn dem GeschGegner ein Widerruf des VollmGebers zugeht (MüKo/Schramm Rn 13 a, hM). Solange sich die VollmUrk od eine Ausfertigg im Besitz des Vertreters befindet, wird das Fortbestehen der Vollm vermutet (Ffm Rpfleger **72**, 306,
8 Stiegler BWNotZ **85**, 130). – **d)** § 172 ist auf **Blanketturkunden** entspr anzuwenden. Wer ein Blankett mit seiner Unterschr freiw aus der Hand gibt, muß den abredewidr ausgefüllten Inh ggü einem gutgl Dritten als seine WillErkl gg sich gelten lassen (BGH **40**, 68, 304, **113**, 53, NJW **96**, 1469). Zur Anf gem § 119 ist er nicht berecht (BGH aaO). Bei formbedürft RGesch kann die Ermächtigg zur Ausfüllg des Blanketts formbedürft sein (§ 126 Rn 6). Die Grds der Haftg für BlankettUrk gelten entspr, wenn der Bank eine Sammelüberweisg vorgelegt w, die auf eine von einem Mitarbeiter des Kunden verfälschte Computerliste Bezug nimmt (BGH NJW-RR **92**, 1265). Sie sind auch dann anzuwenden, wenn ein **Btx-Anschluß** von einem Angeh des AnschlußInh od einem Ermächtigten mißbräuchl benutzt w (Oldenbg NJW **93**, 1400, Köln NJW-RR **94**, 177).

9 **4) Duldungs- und Anscheinsvollmacht. – a) Allgemeines. – aa)** Die §§ 170 ff gehen davon aus, daß dem GeschGegner die Nachprüfg der Bevollmächtigg nicht zuzumuten ist, wenn das Verhalten des Vertretenen auf das Bestehen einer Vollm schließen läßt. Dieser RGedanke, der auch den § 370 u HGB 56 zugrde liegt, bildet die Grdl für die Anerkenng von Duldgs- u AnscheinsVollm. Beide unterscheiden sich in ihrer rechtl Qualität (Rn 11 u 14) u in ihren Voraussetzgen, beruhen aber gemeins auf dem Gedanken des **Vertrau-**
10 **ensschutzes** (s BGH NJW **62**, 1003, **91**, 1225). – **bb) Anwendungsbereich.** Die Rspr hat die Grds über die Duldgs- u AnschVollm zunächst für den kaufm Verkehr herausgebildet. Sie gelten aber heute **allgemein,** also auch ggü Minder- u Nichtkaufleuten (BGH **LM** § 167 Nr 4, NJW **56**, 1674, stRspr). Sie sind im Bereich privatrechtl Handelns auch zu Lasten von **öffentlich-rechtlichen Körperschaften** anwendb (BGH **40**, 204, **97**, 230). Voraussetzg ist jedoch, daß das duldende Organ nach der maßgebden ZuständigkOrdng in der Lage ist, für die VertreterHdlg eine formlos wirks Vollm zu erteilen (BGH **5**, 213, NJW **72**, 941, Jena OLG-NL **97**, 941, s zur Bedeutg von FormVorschr für VerpflErkl § 125 Rn 3). Umgekehrt gelten die Grds der Duldgs- u AnschVollm auch für die Vertretg des Bürgers ggü der Verw (BSG NVwZ **83**, 768, BVerwG NJW-RR **95**, 73).

11 **b) Duldungsvollmacht. – aa)** Sie ist gegeben, wenn der Vertretene es **wissentlich** geschehen läßt, daß ein and für ihn wie ein Vertreter auftritt u der GeschGegner dieses Dulden nach Treu u Glauben dahin versteht u auch verstehen darf, daß der als Vertreter Handelnde bevollmächtigt ist (BGH **LM** § 167 Nr 4, 13, NJW **56**, 460, VersR **92**, 990, Ffm WM **97**, 20). Besteht für den Vertretenen GesVertretg, müssen alle GesVertreter das Auftreten des Handelnden wissentl geduldet haben (BGH NJW **88**, 1200). Von der stillschw erteilten Vollm unterscheidet sich die DuldgsVollm dadch, daß der Vertretene bei der DuldgsVollm keinen Willen zur Bevollmächtigg hat (BGH **LM** § 167 Nr 10, § 164 Nr 24). Entgg der hM (BGH **LM** § 164 Nr 34, § 167 Nr 15, MüKo/Schramm § 167 Rn 31) ist die DuldgsVollm aber gleichwohl ein rechtsgeschäftl Tatbestd (Staud/Schilken § 167 Rn 29 a, Flume § 49, 3, 4). Das Fehlen des Bevollmächtiggswillens steht – ähnl wie das Fehlen des ErklBewußtseins (Einf 17 v § 116) – der Wertg als **schlüssige Willenserklärung** nicht entgg. Wer wissentl den Tatbestd einer DuldgsVollm setzt, kann sich auch wg des Verbots widersprüchl Verhaltens nicht
12 auf den fehlden Bevollmächtiggswillen berufen (Parallelfall zu Einf 27 v § 145). – **bb) Voraussetzungen.** Eine DuldgsVollm setzt GeschFgk des Duldenden voraus (BayObLG AnwBl **92**, 234, allgM). Da es um wissentl Dulden geht, kann schon ein einmaliges Gewährenlassen eine DuldgsVollm begründen; auch Handeln aGrd einer formunwirks Vollm kann genügen, wenn das Vertrauen auf das Bestehen der Vollm auf Umst außerh der Urk beruht (BGH NJW **97**, 312). Der GeschGegner muß den maßgebl Vertrauenstatbestd kennen (BGH NJW **56**, 460, VersR **65**, 135). Er wird analog § 173 nicht geschützt, wenn er weiß od wissen mußte,
13 daß der Duldende keine Vollm erteilen wollte (BGH NJW **91**, 1225, 1226, **LM** § 167 Nr 15 Bl 2). – **cc)** Der **Umfang** der Vollm richtet sich nach dem geschaffenen Vertrauenstatbestd. Da die DuldgsVollm auf einer schlüssigen WillErkl beruht, gelten für sie die allg Vorschr über RGesch u WillErkl (str). Eine **Anfechtung** wg Irrt über die Bedeutg des Duldens ist jedoch ausgeschlossen (MüKo/Schramm § 167 Rn 41). Außerdem haftet der Vertretene iF einer Anf idR nach den Grds über die AnschVollm (Rn 19). Die DuldgsVollm **endet,** wenn das wissentl Dulden aufhört, es kann aber eine AnschVollm fortbestehen (BGH **LM** § 167 Nr 10 Bl 2).

14 **c) Anscheinsvollmacht. – aa)** Sie ist gegeben, wenn der Vertretene das Handeln des Scheinvertreters nicht kennt, er es aber bei pflichtgem Sorgf **hätte erkennen** u verhindern können und der and Teil annehmen durfte, der Vertretene dulde u billige das Handeln des Vertreters (BGH NJW **81**, 1728, **98**, 1854, BAG **15**, 305, BVerwG NJW-RR **95**, 73, Ffm WM **97**, 20). Bei der AnschVollm handelt es sich nicht um einen rechtsgeschäftl Tatbestd, sond um die Zurechng eines schuldh verursachten RScheins; sie setzt aber GeschFgk des Vertretenen voraus (BayObLG AnwBl **92**, 234). In der Lit wird die Ansicht vertreten, in den Fällen der AnschVollm hafte der Vertretene aus c. i. c. nur auf das negative Interesse, da ein Anspr auf das ErfInteresse nicht aus einer SorgfPflVerletzg, sond allein aus einem privautonomen Handeln des Vertretenen hergeleitet w könne (Flume § 49, 4, Medicus AT Rn 971); das Ges geht aber, wie die §§ 170–173 zeigen, nicht von einem derart engen Verständn der PrivAutonomie aus (Larenz/Wolf § 48 Rn 30). Mit der Rspr ist daran festzuhalten, daß die AnschVollm in ihrer Wirkg einer rgeschäftl Vollm gleichsteht (BGH **86**, 275, BAG DB **94**,
15 2503). – **bb) Voraussetzungen. (1)** Das den RSchein einer Bevollmächtigg erzeugde Verhalten muß von einer gewissen **Dauer oder Häufigkeit** sein (BGH NJW **56**, 1673, **98**, 1854, NJW-RR **90**, 404, Dresden NJW-RR **95**, 804). Ausreichd ist die wiederholte Verwendg überlassener GeschPapiere od Firmenstempel (BGH **5**, 116), die Verwendg des Namens eines ausgeschiedenen od eines NichtSozius auf dem Praxisschild od Briefbogen (BGH NJW **90**, 827, **91**, 1225), die Fortführg eines Betr des Erbl dch einen Miterben im Namen der ErbenGemeinsch (BGH NJW **62**, 2196), nicht aber die Benutzg einer entwendeten VollmUrk in einem Einzelfall (s BGH **65**, 13). Dagg soll sich aus der Kombination von Verhdlgs- u BankVollm der RSchein einer AbschlußVollm ergeben können (Oldbg BB **95**, 2342). Wird ein Vertr mit einem Mitarbeiter ohne Kenntn des ArbG währd längerer Zeit abweichd von der schriftl Vereinbg dchgeführt, kann ein nach den
16 Grds der AnschVollm wirks AndVertr vorliegen (BAG DB **94**, 2502). **(2)** Der Vertretene muß seine **Sorgfaltspflichten** verletzt haben, dh er mußte die Möglichk haben, das vollmlose Handeln vorauszusehen u zu verhindern (BGH **5**, 116, NJW **56**, 1673). Besteht für den Vertretenen GesVertretg, muß allen GesVertretern

Verschulden zur Last fallen (BGH NJW **88**, 1200). Ob die Aushändigg (Belassg) von VertrFormularen u ähnl
fahrlässig ist, ist Frage des Einzelfalls (BGH **LM** § 167 Nr 21). **(3)** Der RSchein der Bevollmächtigg muß zZ 17
des vollmlosen Auftretens noch bestanden haben u für das Handeln des and Teils **ursächlich** geworden sein
(BGH NJW **56**, 460, **62**, 1003, **LM** § 167 Nr 13). Der GeschGegner muß daher idR die Tats kennen, aus
denen sich der RSchein der Bevollmächtigg ergibt (BGH NJW **56**, 460). Es genügt aber, wenn ihm and die
allg Überzeugg vom Bestehen der Vollm mitgeteilt haben (BGH NJW **62**, 1003). **(4)** Der and Teil muß 18
gutgläubig gewesen sein (§ 173 analog); er wird nicht geschützt, wenn er den Mangel der Vollm kannte od
inf Fahrlässigk nicht kannte (BGH NJW **58**, 2062, **82**, 1513, **91**, 2126, Ffm WM **99**, 791/794). Überschreitet
der Vertreter erkennb die Grenzen seiner Vollm, sind die Grds der AnschVollm unanwendb (BGH VersR **65**,
134, BAG JZ **61**, 457). Sie gelten idR auch nicht für ungewöhnl Gesch (BGH **LM** § 164 Nr 34) u für wicht
Vertr, die einer gründl Vorbereitg bedürfen (BGH NJW **58**, 2061), jedoch können bes Umst eine abweichde
Beurteilg rechtf (BGH NJW **81**, 1729). Bestehen Zweifel, muß sich der GeschGegner beim Vertretenen
erkundigen (Köln NJW-RR **92**, 915). – **cc)** Der **Umfang** der Vollm richtet sich nach dem geschaffenen 19
VertrauensTatbestd. Er kann sich auch auf die Begebg von Wechseln u Schecks erstrecken (Mü WM **97**, 2249,
Celle WM **96**, 1951). Sie **endet**, wenn der abweichde Wille des Vertretenen für den and Teil erkennb
geworden ist (RG Warn **15**, 273). Eine **Anfechtung** kann die Wirkg der AnschVollm nicht beseitigen, da der
gesetzte RSchein nicht rückwirkd vernichtet w kann (sehr str, s Soergel-Leptien § 167 Rn 22 u MüKo/
Schramm Rn 41). Ist eine Vollm nichtig od angefochten, kann sich aus dem entstandenen RSchein eine Haftg
nach den Grds der AnschVollm ergeben, wenn den Vertretenen hinsichtl des NichtigGrdes (AnfGrdes)
Verschulden trifft (str, s Eujen/Frank JZ **73**, 236). – **dd)** Die AnschVollm steht in ihrer **Wirkung** einer 20
rgeschäftl Vollm gleich (BGH **86**, 275, str s Rn 14). Da der Vertreter mit Vertretgsmacht gehandelt hat,
bestehen gg ihn keine Anspr aus § 179 (BGH aaO, für ein WahlR des and Teils Canaris NJW **91**, 2628,
Pawlowski JZ **96**, 131, Larenz/Wolf § 48 Rn 33).

d) Einräumung einer typischerweise mit einer Vollmacht verbundenen Stellung. Wer einem and 21
Aufg überträgt, deren ordngsmäß Erf nach der VerkAuffassg eine best Vollm voraussetzt, muß diesen als
bevollmächtigt gelten lassen, auch wenn er tatsächl keine od eine zu geringe Vollm erteilt h (Düss ZIP **89**,
495, Köln NJW-RR **94**, 1501, Düss NJW-RR **95**, 592, Parallelfall zur AnscheinsVollm). Er kann allerdings
dann nicht in Anspr genommen w, wenn für den and Teil das Fehlen od die Einschränkg der Vollm unschwer
zu erkennen war. Bsp: Schalterbeamte von Kreditinstituten (RG **86**, 89, **118**, 239), Leiter von Zweig-
niederlassgen (BGH WM **89**, 1837, Rstk ZIP **97**, 1116), der zeitw mit der GeschFü (RG **106**, 203) od mit
der Zeichng der GeschPost Beauftragte (RG **100**, 49), der zu einem Termin Entsandte, wenn dort ein Werk
abgenommen od eine rgeschäftl Vereinbg getroffen w soll (BGH **97**, 230, Köln NJW-RR **94**, 1501, Düss
NJW-RR **95**, 592) u der Architekt (§ 167 Rn 8); Angestellte am Fernsprecher (Fernschreiber) sind zur
Entggnahme von Erkl ermächtigt (RG **102**, 296), nicht aber zu deren Abgabe (RG **103**, 97). Angestellte
Kraftfahrer sind in dringden Fällen berecht, Berggs- od ReparaturAuftr zu erteilen (Dresd NJW-RR **97**, 1180).

e) Einzelfälle: Die Beauftragg eines **Architekten** mit der Leitg eines Bauvorhabens begründet idR eine 22
sog originäre Vollm (§ 167 Rn 8), rechtf aber nicht ow die Ann einer AnschVollm (Schmalzl MDR **77**, 622,
aA Stgt NJW **66**, 1461, Köln NJW **73**, 1798). AnschVollm nur dann, wenn der Untern wg des selbst
Auftretens u Verhandelns des Arch ohne Versch von einer entspr Vollm des Arch ausgehen konnte (BGH WM
83, 232, Hbg BauR **96**, 256); iZw muß sich Untern beim Bauherrn erkundigen (Köln NJW-RR **92**, 915). –
Zur AnschVollm von **Angestellten** BGH NJW **56**, 460 (landwirtschaftl Betr), NJW **56**, 1673 (Erledigg von
GeschPost), **LM** § 167 Nr 17 (Handlgsbevollmächtigter, der wie GeschF auftritt), **LM** § 164 Nr 24 (Abschl
bei bloßem VermittlgsAuftr), BGH NJW **98**, 1854 (Außendienstmitarbeiter eines FinanzbetreuungsUntern).
– Keine DuldgsVollm des federführden Mitgl der **Arge** zur WkLohneinziehg (BGH NJW-RR **90**, 404). –
AnschVollm im **Bankverkehr** für den MitInh eines Oder-Kontos (Düss WM **96**, 949), für den **Bauleiter**
hinsichtl der Abn (BGH **97**, 230). **Betriebsratsvorsitzender** hat idR keine Duldgs- od AnschVollm, aGrd
derer er verbindl Erkl für den ArbG abgeben könnte (BAG **15**, 305). – Zur AnschVollm beim VertrSchl
mittels **Btx** s LG Ravensburg NJW-RR **92**, 111. – Bei getrennt lebden **Ehegatten** liegen die Voraussetzgen 23
einer RScheinVollm idR nicht vor (LG Tüb FamRZ **84**, 50); aber auch das Bestehen einer ehel Lebens-
Gemsch ist für sich allein kein ausr RScheinTatbestd (BSozG NVwZ **83**, 767). Er kann aber bei Abschluß u
Abwicklg eines BauVertr gegeben sein (Celle NJW-RR **99**, 897).– Bei RGesch für gemeins Kind besteht uU
AnschVollm des einen **Elternteils** für den and (BGH **105**, 48, krit Pawlowski MDR **89**, 775). – **Gesamtver-
treter** kann aGrd von Ansch- od DuldgsVollm uU alleinvertretgsberecht sein (BGH WM **76**, 503, Vor-
stdsMitgl; Mü BB **72**, 113, Prokurist). – Der **frühere Inhaber** eines Untern haftet uU aGrd von Ansch- od
DuldgsVollm, wenn InhWechsel nicht erkennb gemacht w (BGH VersR **71**, 227, WM **71**, 15). – Duldgs-
Vollm des **Kommanditisten,** wenn Komplementär dessen selbstd Auftreten hinnimmt (BGH WM **72**, 615).
– **Kraftfahrer.** Aushändigg des Kfz-Briefes begründet nicht ow AnschVollm für Veräußerg (Köln VersR **74**,
1185). – Beim **Leasingvertrag** kann eine AnschVollm des Lieferanten für den LeasG bestehen (Köln VersR
92, 325, aA Knops BB **94**, 947, s auch § 130 Rn 9). – AnschVollm für Zusichergen, die **Makler** für seinen 24
AuftrG abgibt (BGH WM **73**, 612). Überläßt der Makler die Vhdlgsführg uneingeschränkt einem Mitarbeiter,
hat dieser eine AnschVollm für die Festlegg der Provision (BGH NJW-RR **87**, 308). – Zur AnschVollm von
Miterben BGH NJW **58**, 2061, **62**, 2196. – Zur Duldgs(Inkasso)Vollm eines **Provisionsvertreters** vgl BGH
VersR **71**, 768. – Die Grds über die AnschVollm gelten auch für die **Prozeßvollmacht** (BGH **40**, 203, NJW
75, 1652, **LM** § 167 Nr 17). – Duldgs- u AnschVollm im **Steuerrecht** vgl Oswald NJW **71**, 1350. –
Verhandlungsbeauftragter hat idR AnschVollm für die Benenng des Bankkontos, auf das der and Teil
überweisen soll (BGH WM **71**, 1500). – **Versicherungsrecht:** Vollm zum Inkasso u zur vorläuf Deckgszu-
sage begründet keine AnschVollm für den Abschluß eines VersVertr (BGH NJW **83**, 631); beim Schadens-
regulierer besteht idR keine RScheinVollm für die Vergabe von ReparaturAuftr (BGH VersR **65**, 134); dagg
kann bei einer Filialdirektion eine AnschVollm bestehen (Köln VersR **58**, 588), ebso bei einem Angestellten
od VersMakler hins der Erteilg einer vorläuf Deckgszusage (Köln VersR **65**, 54, Hbg VersR **96**, 1137) od zum
Prämieninkasso (Oldenbg VersR **99**, 884). – Der **Verwalter** nach dem WEG kann AnschVollm für die
Entggnahme von Gebührenbescheiden haben (BVerwG NJW-RR **95**, 73).

174 ***Einseitige Rechtsgeschäfte.*** **Ein einseitiges Rechtsgeschäft, das ein Bevollmächtigter einem anderen gegenüber vornimmt, ist unwirksam, wenn der Bevollmächtigte eine Vollmachtsurkunde nicht vorlegt und der andere das Rechtsgeschäft aus diesem Grunde unverzüglich zurückweist. Die Zurückweisung ist ausgeschlossen, wenn der Vollmachtgeber den anderen von der Bevollmächtigung in Kenntnis gesetzt hatte.**

1 **1) Allgemeines.** Da bei einseit RGesch Vertretg ohne Vertretgsmacht unzul ist (§ 180), interessiert den Empfänger der Erkl dringd, ob der ihm ggü Handelnde bevollmächtigt ist od nicht. § 174 ermöglicht dem Adressaten, klare Verhältnisse zu schaffen. Die Vorschr gilt für einseit empfangsbedürftige WillErkl (Übbl 11 v § 104), auch für die VertrAnn (Soergel-Leptien Rn 2) u für WillErkl, die dch Vermittlg des GerVollz zugestellt w (BGH NJW **81**, 1210). Sie ist – ebenso wie alle Vorschr des VertretgsR – auf geschäftsähnl Hdlgen entspr anzuwenden (Übbl 6 v § 104), so auf die Mahng (BGH NJW **83**, 1542, Bambg NJW-RR **90**, 905), die Abmahng (Nürnbg NJW-RR **91**, 1393, Ulrich WRP **98**, 252, aA Karlsr NJW-RR **90**, 1323), FrSetzgen (Deggau JZ **82**, 796), die MieterhöhgsErkl gem MHRG (Hamm NJW **82**, 2076, LG Mü NJW-RR **87**, 1164), die Geltdmachg von GewLAnspr gem § 651 g I (LG Düss NJW-RR **92**, 443, LG Kleve NJW-RR **95**, 316, AG Stgt NJW-RR **97**, 1344, Staud/Schilken Rn 2, aA Karlsr NJW-RR **91**, 54, hier 57. Aufl) u and Erkl, die zur Wahrg einer AusschlFr notw sind. § 174 gilt (analog) für den Boten (MüKo/Schramm Rn 2), für den GesVertreter, der mit Ermächtigg eines and auftritt (BGH NJW **81**, 2374) u für die WillErkl einer Gem, der entgg der GemO das Dienstsiegel nicht beigefügt ist (BAG NVwZ **88**, 1167). Dagg ist die Vorschr auf gesetzl Vertreter nicht anzuwenden (RG **74**, 256, Düss NJW-RR **93**, 470), auch nicht auf den Betreuer od den Vertreter gem § 30 (BAG BB **90**, 1130). Vgl aber zu RGesch, die der Gen des VormschG bedürfen, § 1831

2 **2) Einzelerläuterung. – a)** Die **Vollmachtsurkunde** muß im Original vorgelegt w. Die Vorlage einer beglaubigten Abschrift od Fotokopie genügt nicht (BGH NJW **81**, 1210, **94**, 1472, LAG Düss MDR **95**, 612, Ffm NJW-RR **96**, 10), ebsowenig die Vorlage einer Faxkopie (Hamm NJW **91**, 1185). Nicht ausr ist auch das Angebot, die Urk beim Bevollm einzusehen (LG Mannh Just **76**, 511); ist die Künd in der Räumgsklage enthalten, soll dagg die Einreichg der ProzVollm zu den GerAkten genügen (LG Tübingen NJW-RR **91**,
3 972). – **b)** Das **Zurückweisungsrecht** entspr dem des § 111 (s dort). Eine Zurückweisg nach 3 Wo od 17 Tagen ist nicht mehr unverzügl (BAG DB **99**, 1612, Hamm NJW-RR **88**, 282), auch 6 Tage können schon zu lang sein (Hamm NJW **91**, 1185). Verschulden kann aber entfallen, wenn der Berecht erst nach UrlEnde vom Inh der Erkl Kenntn erhält (Mü NJW-RR **97**, 904). S 1 gilt auch dann, wenn die Vollm die Befugn zur Vornahme des RGesch nicht mit der erforderl Eindeutigk ergibt (BAG **AP** Nr 3); nicht notw ist aber die
4 ausdr Erwähng des RGesch im UrkText (LG Mü NJW-RR **87**, 1164). – **c) Ausschluß des Zurückweisungsrechts.** S 2 setzt voraus, daß der VollmG den GeschGegner von der Bevollmächtigg in Kenntn gesetzt hat. KenntnErlangg in sonst Weise genügt nicht (allgM). Wird der Vertreter in eine Stellg berufen, die üblichw mit einer entspr Vollm ausgestattet ist, steht das aber einer Mitteilg der Bevollmächtigg gleich (BAG NJW **93**, 1286, **97**, 1867, ZIP **98**, 748). Daher kein ZurückweisgsR, wenn der ArbVertr vom Leiter der Personalabteilg (BAG NJW **93**, 1286, ZIP **98**, 748), vom Prokuristen (BAG DB **92**, 895) od vom Betreiber der RA-Kanzlei ohne Mitwirkg der im Briefkopf aufgeführten weiteren RAe (Scheinsozietät) gekündigt wird (BAG NJW **97**, 1867). Entspr gilt für die Künd des MietVertr dch den HausVerw (Ffm NJW-RR **96**, 10), nicht aber für die im Proz dch den RA des Vermieters ausgesprochene Künd (LG Dortm AnwBl **84**, 222). Kündigt der Sachbearbeiter (BAG **AP** Nr 2) od der Referatsleiter (BAG BB **98**, 537) den ArbVertr, besteht das ZurückweisgsR. § 242 schließt die Zurückweisg aus, wenn der Vertreter innerh einer ständ GeschVerbindg bereits wiederholt entspr Hdlgen vorgenommen hat (LG Aachen NJW **78**, 1387) od wenn ihm die Abwicklg des gesamten VertrVerhältn übertragen war (KG BB **98**, 607). Auf einseit RGesch, die in einem anhäng RStreit aGrd der ProzVollm vorgenommen w (Aufr), findet § 174 keine Anwendg (BAG **AP** ZPO 81 Nr 2).

175 ***Rückgabe der Vollmachtsurkunde.*** **Nach dem Erlöschen der Vollmacht hat der Bevollmächtigte die Vollmachtsurkunde dem Vollmachtgeber zurückzugeben; ein Zurückbehaltungsrecht steht ihm nicht zu.**

1 § 175 hat den Zweck, den VollmG vor mißbräuchl Weiterbenutzg der VollmUrk zu schützen (KG NJW **57**, 755). Der RückgabeAnspr besteht auch dann, wenn die Vollm nicht wirks erteilt worden ist (MüKo/Schramm Rn 1). Für ihn ist gleichgült, wer Eigtümer der Urk ist. Die Urk muß auch dann zurückgegeben w, wenn sie noch and Erkl enthält (RG JW **02** Beil 211). Die HerausgPfl erstreckt sich auch auf Abschriften. Widerruft von mehreren VollmG nur einer, kann nicht Rückg der Urk, sondern ledigl Vorlage zur Eintragg eines einschränkden Vermerks verlangt w (BGH NJW **90**, 507). Befindet sich die Urk im Besitz eines Dritten, ist § 175 nach seinem Zweck entspr anzuwenden (MüKo/Schramm Rn 7, Soergel-Leptien Rn 4, str, s auch § 371 Rn 4). Ggü dem Anspr ist jedes ZbR ausgeschl (Köln MDR **93**, 512). Wenn die Voraussetzgen des § 372 vorliegen, kann die RückgabePfl aber dch Hinterlegg erf w (KG NJW **57**, 755).

176 ***Kraftloserklärung der Vollmachtsurkunde.*** **I Der Vollmachtgeber kann die Vollmachtsurkunde durch eine öffentliche Bekanntmachung für kraftlos erklären; die Kraftloserklärung muß nach den für die öffentliche Zustellung einer Ladung geltenden Vorschriften der Zivilprozeßordnung veröffentlicht werden. Mit dem Ablauf eines Monats nach der letzten Einrückung in die öffentlichen Blätter wird die Kraftloserklärung wirksam.**

II Zuständig für die Bewilligung der Veröffentlichung ist sowohl das Amtsgericht, in dessen Bezirke der Vollmachtgeber seinen allgemeinen Gerichtsstand hat, als das Amtsgericht, welches

für die Klage auf Rückgabe der Urkunde, abgesehen von dem Werte des Streitgegenstandes, zuständig sein würde.

III Die Kraftloserklärung ist unwirksam, wenn der Vollmachtgeber die Vollmacht nicht widerrufen kann.

Die KraftlosErkl steht in ihrer Wirkg der Rückgabe gleich (§ 172 II). Sie geschieht dch Erkl des VollmG. 1
Der Mitwirkg des Ger bedarf es nur zur Bewilligg der öff Bekanntmachg. Das Ger entscheidet im FGGVerf, hat aber die Voraussetzgen der KraftlosErkl nicht zu prüfen (KG JW **33**, 2153). Veröffentlichg nach ZPO 204f. KraftlosErkl enthält zugl Widerruf der Vollm (§ 168). Ist die Vollm unwiderrufl (§ 168 Rn 6), ist auch die KraftlosErkl unwirks (III).

177 ***Vertragsschluß durch Vertreter ohne Vertretungsmacht.*** **I Schließt jemand ohne Vertretungsmacht im Namen eines anderen einen Vertrag, so hängt die Wirksamkeit des Vertrags für und gegen den Vertretenen von dessen Genehmigung ab.**

II Fordert der andere Teil den Vertretenen zur Erklärung über die Genehmigung auf, so kann die Erklärung nur ihm gegenüber erfolgen; eine vor der Aufforderung dem Vertreter gegenüber erklärte Genehmigung oder Verweigerung der Genehmigung wird unwirksam. Die Genehmigung kann nur bis zum Ablaufe von zwei Wochen nach dem Empfange der Aufforderung erklärt werden; wird sie nicht erklärt, so gilt sie als verweigert.

178 ***Widerrufsrecht des anderen Teils.*** **Bis zur Genehmigung des Vertrags ist der andere Teil zum Widerrufe berechtigt, es sei denn, daß er den Mangel der Vertretungsmacht bei dem Abschlusse des Vertrags gekannt hat. Der Widerruf kann auch dem Vertreter gegenüber erklärt werden.**

1) Vorbemerkungen zu §§ 177–180. – a) Anwendungsbereich. Die §§ 177 ff gelten für alle Fälle, in 1
denen ein Vertreter (Organ) ohne Vertretgsmacht ein RGesch in fremdem Namen vornimmt. Sie sind daher anwendb, wenn die Vertretgsmacht nicht od nicht wirks erteilt war od wenn sie dch Anf od Widerruf erloschen ist. Entspr gilt, wenn der Vertreter seine Vertretgsmacht bewußt od unbewußt überschreitet (§ 167 Rn 10), wenn er die Vertretgsmacht mißbraucht (§ 164 Rn 14, str) od wenn er von ihr keinen Gebrauch machen will (BGH DNotZ **68**, 408). Die §§ 177 ff gelten auch dann, wenn der AG-Vorstd im ZuständigkBereich des AufsR handelt (str, s BGH NJW-RR **93**, 1251) od wenn Organe von öffr Körpersch außerh der Grenzen ihrer Vertretgsmacht handeln (BGH **6**, 333, **32**, 381, Hamm NJW-RR **93**, 1403). Das ist der Fall, wenn GemOrgane ohne Beachtg der ges vorgeschriebenen Förmlichk gehandelt haben, da deren Einhaltg Voraussetzg für ein wirks Vertreterhandeln ist (§ 125 Rn 4, str). Die §§ 177 ff sind dagg unanwendb, wenn eine Vertretg ges ausgeschl ist (BGH **LM** § 177 Nr 10, NJW **71**, 428). Sie scheiden auch aus, wenn eine Duldgs- od AnscheinsVollm vorliegt (§ 173 Rn 20) od wenn gg den Vertretenen aus Grden des Vertrauensschutzes ein ErfAnspr besteht (Karlsr VersR **86**, 33). Entscheidd ist, ob die Vertretgsmacht bei Abgabe der WillErkl bestanden hat (Ffm OLGZ **84**, 12, Naumbg FGPrax **98**, 1); ihr Erlöschen zw Abgabe u Zugang der
Erkl ist unschädl (MüKo/Schramm Rn 11, *arg* §§ 130 II, 153, str). – **b)** Die §§ 177 ff, insb **§ 179**, sind 2
entsprechend anwendbar, wenn der Vertreter, der für einen namentl nicht genannten Vertretenen aufgetreten ist, diesen trotz Aufforderg nicht benennt (BGH **129**, 149, Ffm NJW-RR **87**, 914, Köln NJW-RR **91**, 919, § 164 Rn 9), wenn der Bote ohne Auftr handelt od bewußt eine and als die aufgetragene Erkl abgibt (Oldbg NJW **78**, 951, § 120 Rn 2), wenn jemand unberecht als ges Verwalter fremden Vermögens auftritt (RG **80**, 417, RGRK Rn 3, Müller JZ **81**, 370 zum TestVollstr, Einf 9 v § 164), wenn jemand **unter fremdem Namen** gehandelt hat u das Gesch als ein solches des Namensträgers anzusehen ist (§ 164 Rn 11). Nach dem RGedanken des § 179 haftet auch der Vertreter, der bei der Stimmabgabe für and Aktionäre die
aktienrechtl TreuPfl verletzt u die Namen seiner VollmG nicht angibt (BGH **129**, 149). – **c)** Auch beim 3
Handeln für eine **nicht bestehende** jur Pers od **Handelsgesellschaft** gelten die §§ 177 ff entspr (BGH **91**, 148/152, NJW **73**, 798, Hamm NJW-RR **87**, 1110), ebso bei VertrSchl für eine zu errichtde BauherrnGemeinsch (BGH **105**, 285, Köln NJW-RR **87**, 1375). Die Haftg aus § 179 greift hier auch dann ein, wenn der GeschGegner wußte, daß die jur Pers (Gesellsch) noch nicht rechtl existent war (BGH **63**, 48, **105**, 286). Sie entfällt aber, wenn hinter der Scheinfirma ein tats Träger des Untern steht u dieser als wirkl VertrPart gewollt ist (BGH NJW **96**, 1053). Sie endet, sobald die jur Pers u der gg sie gerichtete Anspr existent w (BGH **69**, 101, WM **79**, 146), jedoch bleibt die etwaige Haftg als Gter der VorGesellsch unberührt (BGH **91**, 148/151, NJW **83**, 2822, DNotZ **99**, 224). § 179 ist unanwendb, sow die Sonderregeln in GmbHG 11, AktG 41 eingreifen (RG **122**, 172, 175, hM), die jedoch für das Vorgründgsstadium nicht gelten (BGH **91**, 148, Köln NJW-RR **95**, 1503). Kein Fall der §§ 177 ff liegt vor, wenn der Vertreter nicht für die künft jur Pers, sond ausschließl für die GründgsGesellsch auftritt (Soergel-Leptien Rn 10). Handelt der Vertreter im Namen einer nicht existierden („erdichteten") Pers, ist (allein) § 179 analog anzuwenden (s RG **106**, 74, Larenz/Wolf § 49
Rn 34). – **d) Vertretung ohne Vertretungsmacht** (AußenVerh) **und Geschäftsführung ohne Auftrag** 4
(InnenVerh). Sie laufen meist, aber nicht notw parallel. Zw dem Vertretenen u dem Vertreter ohne Vertretgsmacht kann ein VertrVerh bestehen, umgekehrt kann der GeschFü ohne Auftr uU Vollm haben. Bei berecht GoA hat der GeschFü gem §§ 683, 670 einen Anspr auf AufwendgsErs, nicht aber auf Gen des abgeschl Vertr (BGH **LM** § 177 Nr 1, Beigel BauR **85**, 40). Dem GeschFü nach §§ 679, 680 steht aber in deren Rahmen ges Vertretgsmacht zu (LG Saarbr NJW **71**, 1894, Bertzel AcP **158**, 109, NJW **62**, 2280, Soergel-Leptien Rn 8; aA Olschewski NJW **72**, 346, Berg NJW **72**, 1117; vgl auch § 2038 Rn 5).

2) Die ohne Vertretgsmacht abgeschl **Verträge** sind **schwebend unwirksam** (Übbl 31 f v § 104). Das gilt 5
auch für dingl Vertr wie die Aufl (RG **103**, 295, 303). Sie w mit der Gen (Rn 6) vollwirks, mit deren Verweigerg dagg endgült unwirks (nichtig). Der bis zur Entsch über die Gen bestehde Schwebezustand ist

gesetzl nicht befristet. Er kann vom GeschGegner aber dch Widerruf (Rn 9) od dch **Aufforderung** gem § 177 II beendet w. Diese hat die Wirkg, daß die Erkl über die Gen nur noch ggü dem GeschGegner erfolgen kann, daß eine dem Vertreter ggü bereits abgegebene Erkl nachträgl unwirks w u daß für die Gen eine AusschlFr von 2 Wochen beginnt, die aber verlängert w kann. Der mit dem Vollzug eines Vertr beauftragte Notar ist idR nicht bevollmächtigt, eine Aufforderg mit der RWirkg des § 177 II abzugeben (LG Oldenbg MDR **97**, 814, Holthausen-Dux NJW **95**, 1470, aA Köln NJW **95**, 1499, Prahl NJW **95**, 2968). § 177 II entspr § 108 II. Vgl daher näher § 108 Rn 5 ff; auch § 108 Rn 7 gilt entspr.

6 **3) Genehmigung. – a)** Sie ist eine einseit empfangsbedürft WillErkl (Übbl 11 v § 104), auf die die §§ 182 ff anzuwenden sind. Die Gen kann dch den Vertretenen, seine Erben (Hamm Rpfleger **79**, 17), seinen SonderRNachfolger (BGH **79**, 378), seinen ges Vertreter od einen Bevollm erfolgen. Auch der Vertreter ohne Vertretgsmacht kann genehmigen, wenn er nachträgl Vertretgsmacht erlangt (BGH WM **60**, 611, Ffm FamRZ **86**, 592). Die Gen kann bis zur Aufforderg gem § 177 II (Rn 5) ggü dem Vertreter od ggü dem GeschGegner erkl w. Das gilt auch, wenn von mehreren GesVertretern nur einer aufgetreten ist (BGH **LM** § 164 Nr 15, § 167 Rn 13); iF der GesVertretg ist die Gen dch die übrigen Vertreter aber nur dann wirks, wenn der zunächst Handelnde mit dem Gesch noch einverstanden ist (BGH **30**, 313, WM **76**, 1054). Die Gen kann auch dch **schlüssiges Handeln** erfolgen. Voraussetzg ist jedoch, daß der Vertretene die mögl Deutg seines Verhaltens als Gen bei Anwendg pflgem Sorgf hätte erkennen können (BGH **109**, 177, § 133 Rn 11). Bloßes Schweigen genügt nur dann, wenn der Vertretene nach Treu u Glauben verpfl gewesen wäre, seinen abw Willen zu äußern (Einf 10 v § 116). Das kann anzunehmen sein, wenn der Ehem ohne Vertretgsmacht für die Ehefr aufgetreten ist (Karlsr VersR **92**, 1363), wenn der Vertreter nachträgl Vertretgsmacht erlangt u über die Gen zu entscheiden hat (Ffm BB **80**, 10), wenn es um die Gen eines GesVertreters geht (RG **75**, 424). Bei einem teilb RGesch ist auch eine TeilGen mögl; für ihre Wirkg gilt § 139 entspr (MüKo/
7 Schramm Rn 35). – **b)** Die Gen bedarf nicht der **Form,** die für das genehmiggsbedürft RGesch best ist (§ 182 II). Das gilt auch dann, wenn die Vollm selbst ausnahmsw formbedürft gewesen wäre (BGH NJW **94**, 1344, § 182 Rn 2). Die Gen dch GemOrgane muß dagg die in den GemO festgelegten Förmlichk wahren, da deren Beachtg Voraussetzg für ein wirks Vertreterhandeln ist (s BGH NJW **66**, 2401, **82**, 1036, **84**, 606, Mü NVwZ **85**, 293, § 125 Rn 4). Bei **fristgebundenen** RGesch ist die Gen idR nur wirks, wenn sie vor
8 FrAblauf erteilt w (MüKo/Schramm Rn 40). – **c)** Die Gen hat **rückwirkende Kraft** (§ 184 II). Sie schließt iZw die Gen der etwaigen GoA ein (BGH ZIP **85**, 536). Das Gesch kommt zustande, wie wenn der Vertreter von Anfang an Vertretgsmacht gehabt hätte. Aus dem Vertr ist allein der Vertretene verpfl (§ 164 Rn 15). Für Willensmängel usw gilt § 166 I, jedoch muß sich der Vertretene gem § 166 II auch seine Kenntn anrechnen lassen (§ 166 Rn 10).

9 **4) Widerrufsrecht** des GeschGegners (§ 178). Es ist ausgeschl, wenn der GeschGegner den Mangel der Vertretgsmacht kannte. Es endet mit Gen. Der Widerruf ist formfrei, muß aber erkennen lassen, daß der Vertr wg des Vertretgsmangels nicht gelten soll (RG **102**, 24, BGH NJW **65**, 1714, BAG NJW **96**, 2595). Ein auf and Grde gestützter Rücktr ist daher kein Widerruf, ebsowenig ein ÄndVorschlag, wohl aber die Geltdmachg von Anspr aus § 812 (BGH NJW **88**, 1200).

179 ***Haftung des Vertreters ohne Vertretungsmacht.*** **[I] Wer als Vertreter einen Vertrag geschlossen hat, ist, sofern er nicht seine Vertretungsmacht nachweist, dem anderen Teile nach dessen Wahl zur Erfüllung oder zum Schadensersatze verpflichtet, wenn der Vertretene die Genehmigung des Vertrags verweigert.**

[II] Hat der Vertreter den Mangel der Vertretungsmacht nicht gekannt, so ist er nur zum Ersatze desjenigen Schadens verpflichtet, welchen der andere Teil dadurch erleidet, daß er auf die Vertretungsmacht vertraut, jedoch nicht über den Betrag des Interesses hinaus, welches der andere Teil an der Wirksamkeit des Vertrags hat.

[III] Der Vertreter haftet nicht, wenn der andere Teil den Mangel der Vertretungsmacht kannte oder kennen mußte. Der Vertreter haftet auch dann nicht, wenn er in der Geschäftsfähigkeit beschränkt war, es sei denn, daß er mit Zustimmung seines gesetzlichen Vertreters gehandelt hat.

1 **1) Voraussetzungen. – a)** § 179 begründet eine schuldunabhäng ges Garantiehaftg. Sie beruht auf dem Gedanken, daß der Vertreter ohne Vertretgsmacht **Vertrauen** veranlaßt u enttäuscht h (BGH **39**, 51, **73**, 269). Die Vorschr betrifft nicht nur die gewillkürte, sond auch die ges u organschaftl Vertretg (RG **104**, 193, BGH **39**, 52, s § 178 Rn 1). Sie gilt für Vertr aller Art, also auch für Vfgen. Zur Anwendg des § 179 genügt es, daß der Vertr wg VollmÜberschreitg teilw unwirks ist (BGH **103**, 278). Die Haftg setzt voraus, daß der Vertretene die Gen verweigert hat od sie gem § 177 II als verweigert gilt. Der dch die Verzögerg der Gen verursachte Schaden fällt nicht unter § 179 (Köln NJW **94**, 666). Keine Haftg, wenn der GeschGegner gem § 178 widerrufen hat (Reinicke/Tiedtke DB **88**, 1203, aA BGH NJW **88**, 1199). Da nur das Vertrauen auf die Vertretgsmacht geschützt w, greift § 179 nicht ein, wenn der Vertr aus and Grd (Formmangel, GeschUnfgk, Verstoß gg §§ 134, 138) nichtig ist (RG **145**, 43, MüKo/Schramm Rn 22), jedoch kommt hier uU eine Haftg aus c. i. c. in Betracht (Soergel-Leptien Rn 12, weitergehd RG **106**, 73, **145**, 44, die uU § 179 analog anwenden). Entspr gilt, wenn der Vertr wg fehlder VfgsMacht des Vertretenen undchführb war (BGH JZ **57**, 441) od wg Vermögenslosigk des Vertretenen keine realisierb Anspr begründete (Hamm MDR **93**, 515). Ein
2 etwaiges Anf- od **Widerrufsrecht** (VerbrKrG 7, HausTWG 1, TzWrG 5) kann der Vertreter an Stelle des Vertretenen ausüben (BGH NJW-RR **91**, 1075). Entnehmen der GeschGegner u der Vertreter die ges Vertretgsmacht übereinstimmd einem verfassgsw Ges (§ 1629 aF), ist § 179 nach seiner *ratio* nicht anwendb, da Veranlasser des enttäuschten Vertrauens nicht der Vertreter, sond der GesGeber war (s BGH **39**, 51). § 179 ist aber nicht bereits dann unanwendb, wenn der Vertreter dem GeschGegner die Tats unterbreitet hat, aus denen er seine Vertretgsmacht herleitet (so BGH aaO). Trotz dieser Offenlegg muß der Vertreter als der Sachnähere grdsl das Risiko einer Falschbeurteilg tragen (Prölss JuS **86**, 170), doch kann uU § 179 III

anwendb sein (Rn 4). Zur **entsprechenden Anwendung** des § 179 auf den Boten, den unter fremdem Namen od für eine nicht existierde Pers Handelnden s § 178 Rn 2f.

b) Der **Untervertreter** haftet für Mängel der Untervollm. Für Mängel der Hauptvollm muß er einstehen, 3
wenn er ohne Offenlegg der mehrstufigen Vertretg für den Vertretenen aufgetreten ist, nicht aber, wenn er klargestellt hat, daß er seine Vollm von einem Hauptvertreter ableitet (BGH **68**, 394, Hbg VersR **87**, 1216, Köln NJW-RR **96**, 212, Petersen Jura **99**, 401, ebso mit and Begr – s § 167 Rn 12 – BGH **32**, 254, str).

c) Die Haftg w dch **III ausgeschlossen,** wenn der Gegner den Mangel der Vertretgsmacht kannte od 4
kennen mußte. Etwas and gilt aber beim Handeln für eine noch nicht bestehde jur Pers (§ 178 Rn 3). Wer ausdr ohne Vertretgsmacht auftritt u die Gen des Vertretenen zu Unrecht als sicher hinstellt, haftet nicht aus § 179, sond allenfalls aus c. i. c. (s Köln JMBlNRW **71**, 270). Zusage, Vollm nachzureichen, bedeutet idR, daß Vollm mdl bereits erteilt sei, macht den Gegner daher nicht bösgläub (Celle DNotZ **77**, 33). Eine Nachprüfgs- od ErkundiggsPfl besteht nur, wenn bes Umst Zweifel an der Vertretgsmacht begründen (BGH NJW **90**, 388, Düss NJW-RR **95**, 113). Wer mit einem GemOrgan kontrahiert, braucht dessen ges Vertretgsmacht grdsl nicht anhand der einschläg RVorschr zu überprüfen (RG **104**, 194), and aber bei Gesch, die über den Kreis laufder Verw hinausgehen u einen bedeutsamen Umfang h (Celle OLGZ **76**, 443). Der beschr geschfäh Vertreter haftet nur, wenn er mit Zust seines ges Vertreters gehandelt hat (**III 2**). Es genügt die Zust zur Vertretg, eine Zust gerade zur Vertretg ohne Vertretgsmacht ist nicht erforderl (Soergel-Leptien Rn 20, aA van Venrooy AcP **181**, 220). Die Haftg wird dch III auch dann ausgeschlossen, wenn dem Gegner nur Fahrlässigk, dem Vertreter aber Vorsatz vorzuwerfen ist (LG Bochum NJW-RR **89**, 1365).

2) Rechtsfolgen. Der Vertreter haftet nach Wahl des GeschGegners auf Erf od SchadErs. Es handelt sich 5
nicht um eine Wahlschuld sond um einen Fall elektiver Konkurrenz (§ 262 Rn 6, sehr str). – **a)** Die Wahl der **Erfüllung** macht den Vertreter nicht zur VertrPart (BGH NJW **70**, 241), gibt ihm aber tatsächl deren Stellg. Er hat keinen eig ErfAnspr (MüKo/Schramm Rn 28, str), wohl aber die Einr aus § 320 u die Rechte aus §§ 323 ff (RG **120**, 129, BGH NJW **71**, 430); bei mangelh GgLeistg gelten die GewLVorschr zu seinen Gunsten (Hbg SeuffA **62**, 201); er hat auch alle sonst in Betracht kommden Einr, so auch die aus VOB/B 16 Nr 3 II (Düss BauR **85**, 339). Alle Anspr aus dem SchuldVerh richten sich gg ihn; das gilt auch für RückgewährAnspr (Düss MDR **84**, 666). Er haftet wie eine VertrPart für Verzug, Unmöglichk u pVV (s RG **120**, 129), u zwar gem § 328 auch ggü Dr (Hamm NJW-RR **87**, 1110). Die Kl gg ihn kann am ErfOrt erhoben w (Mü OLGZ **66**, 425), die im Vertr enthaltene SchiedsGerAbrede bindet ihn dagg nicht (BGH **68**, 360). –
b) Der **Schadensersatzanspruch** umfaßt das ErfInteresse. Er ist nicht auf Naturalrestitution, sond auf 6
GeldErs gerichtet (MüKo/Schramm Rn 32). Er erstreckt sich auch auf die Kosten eines erfolglosen Proz gg den Vertretenen (Düss NJW **92**, 1177). Bei ggs Vertr gilt die abgeschwächte Differenztheorie (§ 325 Rn 11). Der Vertreter muß sich gem § 166 II die Argl des Vertretenen zurechnen lassen, auch wenn er selbst gutgl ist (Köln NJW-RR **90**, 760). – **c)** Hat der Vertreter den Mangel der Vertretgsmacht **nicht gekannt,** beschr sich 7
seine Haftg gem II auf den Ers des Vertrauensschadens (§ 122 Rn 4). Kennenmüssen schadet nicht; II ist aber unanwendb, wenn die Ann der Vertretgsmacht auf willkürl Unterstellgen beruht (Saarbr OLGZ **89**, 235). –
d) Alle Anspr aus § 179 **verjähren** in der Fr, die für den ErfAnspr aus dem nicht wirks gewordenen Vertr 8
gegolten hätte (BGH **73**, 271). – **e)** Mit dem Anspr aus § 179 kann ein Anspr aus Delikt, unter den Voraussetzgen von § 276 Rn 93 ff aber auch ein SchadErsAnspr aus c. i. c. gg den Vertreter **konkurrieren** (Hamm NJW **94**, 666).

3) Eine **Haftung des Vertretenen** kann sich aus c. i. c. ergeben. Er muß für eig Verschulden einstehen 9
(ungenaue Ausdrucksweise, mangelh Auswahl od Überwachg). Er haftet gem § 278 aber auch für das Verschulden des vollmlosen Vertreters, sow er diesen zu seinem VhdlgsGeh bestellt hat (§ 276 Rn 92). Hat das Organ einer jur Pers mit der Überschreitg seiner Vertretgsmacht zugl eine unerl Hdlg (zB Betrug) begangen, greift die Haftg aus § 31 ein (dort Rn 10f). Auch die BerHaftg des Vertretenen w dch die Anspr aus § 179 gg den Vertreter nicht ausgeschl (BGH **36**, 35, § 812 Rn 46); der Vertreter kann ggf analog § 255 die Abtr der BerAnspr gg den Vertretenen verlangen (Beigel BauR **87**, 626).

4) Beweispflichtig für das Handeln im fremden Namen, den VertrSchluß u die Verweigerg der Gen ist 10
der VertrGegner (KG JW **30**, 3488, Baumgärtel/Laumen Rn 1), für die Begründg der Vertretgsmacht der Vertreter (BGH **99**, 52, Düss NJW **92**, 1176), für deren Erlöschen der VertrGegner, für die Voraussetzgen von II u III der Vertreter (MüKo/Schramm Rn 39, allgM).

180 *Einseitiges Rechtsgeschäft.* **Bei einem einseitigen Rechtsgeschäft ist Vertretung ohne Vertretungsmacht unzulässig. Hat jedoch derjenige, welchem gegenüber ein solches Rechtsgeschäft vorzunehmen war, die von dem Vertreter behauptete Vertretungsmacht bei der Vornahme des Rechtsgeschäfts nicht beanstandet oder ist er damit einverstanden gewesen, daß der Vertreter ohne Vertretungsmacht handele, so finden die Vorschriften über Verträge entsprechende Anwendung. Das gleiche gilt, wenn ein einseitiges Rechtsgeschäft gegenüber einem Vertreter ohne Vertretungsmacht mit dessen Einverständnisse vorgenommen wird.**

Die von od ggü einem machtlosen Vertreter vorgenommenen einseit RGesch (Übbl 11 v § 104) sind 1
nichtig u nicht genfäh (S 1). Das gilt ausnlos für nichtempfangsbedürft WillErkl (Bsp Auslobg, Aneigng) u für amtsempfangsbedürft WillErkl (BPatG NJW **64**, 616, Göppinger FamRZ **87**, 765, aA Ebel VIZ **96**, 555 u Wilhelm VIZ **99**, 11 für die Anmeldg nach dem VermG). Bei sonst empfangsbedürft WillErkl, aber auch bei geschähnl Hdlgen wie die Mahng (Brem FamRZ **95**, 1515) gelten die §§ 177–179 entspr, wenn der Handelnde ausdr od stillschw behauptet, Vertretgsmacht zu haben (LG Leipzig NJW-RR **99**, 1183) u der Gegner die behauptete Vertretgsmacht nicht beanstandet od mit dem Handeln ohne Vertretgsmacht einverstanden ist (S 2). Beanstanden ist gleichbedeutd mit unverzügl Zurückweisen iSd § 174 (s Kblz NJW-RR **92**, 1093, Köln VRS **89**, 405). Das Einverständn kann auch dch schlüssige Hdlg erkl w; es setzt aber voraus, daß der Gegner das Fehlen der Vertretgsmacht kennt od für mögl hält (Soergel-Leptien Rn 11). Die Gen hat

gem § 184 rückwirkde Kraft (RG **66**, 432, MüKo/Schramm Rn 10). Besteht für das RGesch eine Fr (Bsp: § 626 II), muß die Gen aber vor FrAblauf erteilt w (BAG NJW **87**, 1038). Auf ProzHdlgen wie die Unterwerfg unter die sofort ZwVollstr ist § 180 nicht anzuwenden (RG **146**, 313). Vgl auch Schippers DNotZ **97**, 685, der S 1 iW teleolog Reduktion auf die VollmErteilg nicht anwenden will.

181 *Insichgeschäfte.* **Ein Vertreter kann, soweit nicht ein anderes ihm gestattet ist, im Namen des Vertretenen mit sich im eigenen Namen oder als Vertreter eines Dritten ein Rechtsgeschäft nicht vornehmen, es sei denn, daß das Rechtsgeschäft ausschließlich in der Erfüllung einer Verbindlichkeit besteht.**

1 **1) Allgemeines. – a) Bedeutung.** Der Vertreter ist nach § 181 grdsl nicht zur Vornahme von **Insichgeschäften** berecht, gleichgült, ob es sich um ein Gesch des Vertreters mit sich selbst (Selbstkontrahieren) oder mit einem von ihm vertretenen Dr (Doppel- od Mehrvertretg) handelt. Konstruktiv ist § 181 nicht als Verbot
2 iSd § 134, sond als eine Beschränkg des rechtl Könnens aufzufassen (§ 134 Rn 1). – **b) Zweck.** § 181 beruht auf dem Gedanken, daß die Mitwirkg derselben Pers auf beiden Seiten des RGesch die Gefahr eines Interessenkonflikts u damit die Schädigg eines Teils in sich birgt (BGH **51**, 210, **56**, 101). Ggü diesem Normzweck ist § 181 aber tatbestandl verselbständigt. Für seine Anwendg kommt es grdsl auf die **Art der Vornahme** des RGesch an; die Feststellg eines konkreten Interessenkonflikts ist weder erforderl noch ausr (RG **157**, 31, BGH **21**, 231, **91**, 337, NJW **91**, 983). Unglückl ist aber die Bezeichng des § 181 als **formale Ordnungsvorschrift** (so BGH **50**, 11 uö). Bei der Abgrenzg des § 181 ist neben dem Wortlaut u den Erfordern der RSicherh u RKlarh auch der **Schutzzweck** der Vorschr zu berücksichtigen (BGH **59**, 236, **77**, 9, Jäger, Teleologische Reduktion des § 181 BGB, 1999). Er führt in best Fallgruppen zu einer Einschränkg des § 181 (Rn 9 ff), in and zu einer Erweiterg (Rn 12 ff).

3 **2) Anwendungsbereich. – a) Persönlicher.** § 181 gilt nicht nur für den rgeschäftl, sond auch den gesetzl Vertreter (RG **71**, 163, BGH **50**, 10), den Vertreter ohne Vertretgsmacht (BayObLG Rpfleger **88**, 61), für Organe von jur Pers des PrivR (BGH **33**, 190, **56**, 101) u des öffR (LG Arnsberg Rpfleger **83**, 63). Es genügt, wenn der Handelnde auf einer Seite als Gesamtvertreter, dh unter Mitwirkg weiterer Vertreter aufgetreten ist (BGH NJW **92**, 618). Auf den TestVollstr ist § 181 entspr anzuwenden (BGH **30**, 67, **108**, 24, näher § 2205
4 Rn 30), ebso auf den Nachl-, Konk- u ZwangsVerw (BGH **113**, 270). – **b) Gegenständlicher. – aa)** § 181 gilt für das gesamte **Privatrecht,** auch für das GesellschR (s aber Rn 10). Er tritt zurück, soweit Sonder-Vorschr eingreifen. Bei Beschlüssen zur Willensbildg in einem Verein, einer KapitalGesellsch od einer WoEigtGemeinsch enthalten § 34, AktG 136, GmbHG 47 IV, GenG 43 III, WEG 25 IV Sonderregelgen
5 (Karlsr OLGZ **76**, 145, MüKo/Schramm Rn 17). Für Versteigergen gilt § 456. – **bb)** Auf **Prozeßhandlungen** ist § 181 nicht anzuwenden (BGH **41**, 107). Es gilt aber der allg RGrds, daß in einem Proz niemand auf beiden Seiten Part od PartVertreter sein kann (BGH NJW **96**, 658). Er ist auch in FGG-Streitsachen anwendb (BayObLG NJW **62**, 964), nicht aber auf Registeranmeldgen (BayObLG **70**, 134, **77**, 78).

6 **3) Voraussetzungen. – a)** § 181 gilt grdsl für alle **Rechtsgeschäfte.** Er erfaßt Vertr jegl Art, auch die dingl Einigg (RG **89**, 371), Vertr des FamR (RG **79**, 283) u des ErbR (BGH **50**, 10). Er ist auch auf einseit RGesch, wie Künd, Rücktr, Bevollmächtigg, Zust u Anf anzuwenden (BGH **77**, 9, NJW-RR **91**, 1441), ebso auf geschäftsähnl Hdlgen, wie Mahng, FrSetzgen (BGH **47**, 357), nicht aber auf streng einseit RGesch
7 (BayObLG **53**, 266). – **b)** Der Vertreter muß **auf beiden Seiten** des RGesch auftreten. – **aa)** Das ist bei **Verträgen** der Fall, wenn er für den Vertretenen mit sich selbst od mit einem von ihm vertretenen Dr kontrahiert. Dagg ist § 181 unanwendb, wenn jemand einen Vertr zugl im eig u fremden Namen od für mehrere Vertretene mit einem Dr abschließt, also keine ggläuf, sond parallele WillErkl abgibt (BGH **50**, 10, BayObLG FGPrax **95**, 20, Jena NJW **95**, 3126). Zu prüfen ist aber jeweils, ob gleichzeit ein RGesch zw dem Vertreter u dem Vertretenen vorliegt, wie zB bei Gründg einer Gesellsch (Zweibr OLGZ **80**, 213), bei Eintritt mehrerer Pers in eine Gesellsch (BayObLG NJW **59**, 989), idR auch bei ErbauseinanderSVertr (BGH **21**, 231, **50**, 10). § 181 gilt auch, wenn der Aussteller den Wechsel namens des Bezogenen annimmt (Tiedtke BB **76**, 1535). Wird ein Wertpapier dch dieselbe Bank eingezogen u eingelöst, kann ein InsichGesch vorliegen
8 (RG **111**, 349, BGH **26**, 171). – **bb)** Bei **einseitigen Rechtsgeschäften** u geschäftsähnl Hdlgen (Übbl 6 vor § 104) ist § 181 anwendb, wenn der Erklärde u der ErklEmpfänger ident sind (BGH WM **91**, 1754), ferner in den Fällen der Rn 13. Dagg ist § 181 nicht anzuwenden, wenn der Vertreter einem von ihm im eig Namen abgeschlossenen zustimmgsbedürft Vertr namens des Vertretenen zustimmt, sofern die Zust ggü dem Vertr-Gegner erklärt wird (RG **76**, 92, BGH **94**, 137, str, BayObLG NJW-RR **95**, 1033 läßt offen). Entspr gilt, wenn der vollmachtlose Vertreter den Vertr nach Erwerb der Vertretgsmacht ggü dem Gegner genehmigt (BGH **41**, 107); wenn der Verwalter dem Verkauf seiner EigtWo dch Erkl ggü dem Erwerber zustimmt (Düss NJW **85**, 390, BayObLG NJW-RR **86**, 1077, aA Sohn NJW **85**, 3060). Auch der ÜberweisgsAuftr, dch den der Vertreter im Namen des Vertretenen von dessen Girokonto auf sein eigenes überweist, fällt nicht unter § 181, da es sich nicht um ein RGesch zw Vertreter u Vertretenem, sond um eine Weisg an die Bank (§ 665 Rn 5) handelt (Canaris BankVertrR Rn 169, 320). And ist es bei Eintraggsbewilliggen, wenn diesen eine InsichEinigg zw Vertreter u Vertretenem zugrde liegt, so bei Bewillig der Eintragg od Abtr einer Hyp zG des Vertreters (s RG **89**, 371, Rn 13).

9 **4) Einschränkung des Tatbestandes. – a)** § 181 ist nach seinem Normzweck (Rn 2) unanwendb, wenn das InsichGesch dem Vertretenen ledigl einen **rechtlichen Vorteil** (§ 107 Rn 2 ff) bringt, da hier ein Interessenwiderstreit ausgeschl ist u Belange Dr nicht entggstehen (BGH **59**, 240, **94**, 235, NJW **82**, 1984, BayObLG **98**, 139, BFH NJW **77**, 456, aA RG **157**, 31). Zul ist es daher auch, wenn GesVertreter einem von ihnen EinzelVollm erteilen, obwohl dieser auf beiden Seiten bei der Bevollmächtigg beteiligt ist (RG **80**, 182,
10 Celle SJZ **48**, 311, Rn 12). – **b)** Aus ähnl Erwäggen hat der BGH § 181 nicht auf RGesch zw dem **Alleingesellschafter** einer GmbH od GmbH & Co KG u der Gesellsch angewandt (BGH **56**, 97, **75**, 360). GmbHG 35 IV bestimmt aber seit 1981 in bewußter Abweichg von dieser Rspr, daß § 181 auch für Vertr zw

dem AlleinGter u der Gesellsch gilt. Diese Vorschr ist auch auf den Doppelvertreter anzuwenden, der zugl für die Mu- u TochterGmbH handelt (str aA Bachmann ZIP **99**, 85).– **c)** Im **Gesellschaftsrecht** ist zu unterscheiden: – **aa)** Auf Beschlüsse, die im Rahmen des GesellschVertr über **Maßnahmen der Geschäftsführung** u sonst gemeins Angelegenh gefaßt w, ist § 181 nach seinem Normzweck nicht anzuwenden (BGH **65**, 98). Mj Gesellschter können daher dch ihre Eltern vertreten w (BGH aaO). Auch zur steuerl Anerkenng ist eine Pflegerbestellg nicht erforderl (BMF BB **76**, 22 u BFH DB **76**, 1088. – **bb)** Auf Beschlüsse, die eine **Änderung des Gesellschaftsvertrages** zum Ggst haben, ist § 181 dagg anwendb (BGH NJW **61**, 724, **76**, 1539). Entspr gilt für Änd einer GmbH-Satzg (BGH NJW **89**, 169), für den Beschluß über die Auflösg der Gesellsch (Erm-Brox Rn 12, aA BGH **52**, 318), die Bestellg zum GeschFü einer TochterGesellsch (LG Bln NJW-RR **97**, 1534) u die Wahl des Vertreters in ein GesellschOrgan (BGH **51**, 213). Wählt sich ein Gesellschter zugleich in Vollm seiner MitGesellschter zum GeschFü, ist § 181 gleichf anwendb (BGH **112**, 341, Hübner JZ **91**, 879). 11

5) Erweiterung des Tatbestandes. – a) Bestellt der Vertreter einen **Untervertreter** u nimmt er das RGesch diesem ggü vor, ist § 181 nach seinem Normzweck (Rn 2) analog anwendb (BGH NJW **91**, 692, Ffm OLGZ **74**, 347, BayObLG Rpfleger **93**, 441, KG NJW-RR **99**, 168, hM, aA RG **108**, 407). Entspr gilt, wenn der Vertreter für den Vertretenen handelt u für sich einen Vertreter auftreten läßt (Hamm NJW **82**, 1105). Zul ist dagg, wenn ein gesamtvertretgsberecht GeschFü, der mit der Gesellsch kontrahieren will, den and GeschF zur Alleinvertretg ermächtigt, da dieser selbst u aus eig Recht handelt (BGH **64**, 72, MüKo/Schramm Rn 20). Unbedenkl ist es auch, wenn für die GmbH ein Prokurist auftritt, da dieser nicht als Untervertreter des GeschF, sond in eig Verantwortg tät wird (BGH **91**, 336). – **b)** Bei **amtsempfangsbedürftigen** Erkl ist zu unterscheiden: – **aa)** Hätte der Vertreter die Erkl wie iF der §§ 875 I 2, 876, 1168 II, 1183 auch ggü sich selbst abgeben können, ist § 181 analog anzuwenden, da er der Sache nach ErklEmpfänger ist (BGH **77**, 8, Kuntze JR **80**, 413). Das gilt ebso, wenn die TestErbin namens der gesetzl Erben das Test ggü dem NachlGer anficht (RG **143**, 353). – **bb)** Unanwendb ist § 181, wenn das Amt (Ger) nicht nur formell, sond auch der Sache nach ErklEmpfänger ist. Die Ausschlagg der Erbsch dch den gesetzl Vertreter ist daher auch wirks, wenn er hierdch Erbe wird (BayObLG **83**, 220, Coing NJW **85**, 9, aA Heldrich FS Lorenz S 97, Buchholz NJW **93**, 1161). – **c)** Eine analoge Anwendg des § 181 auf and mögl **Interessenkonflikte** ist nicht zul (s BGH **91**, 337, MüKo/Schramm Rn 31). Die Übern, Verbürgg od Bestellg einer dingl Sicherh für eine Schuld des Vertreters zu Lasten des Vertretenen (Interzession) wird daher von § 181 nicht erfaßt (RG **71**, 220, MüKo aaO). Der Vertretene wird insow dch die Grds über den Mißbrauch der Vertretgsmacht (§ 164 Rn 13) geschützt. 12 13 14

6) Rechtsfolgen. Dch den Abschluß des InsichGesch überschreitet der Vertreter seine Vertretgsmacht. Trotz des Wortlauts („kann nicht") ist das Gesch daher nicht nichtig, sond entspr § 177 **schwebend unwirksam** (BGH **65**, 125, NJW-RR **94**, 291, allgM). Ein Arb- od GesellschVertr, aber auch der Vertr mit dem GmbH-GeschFü, ist für die Dauer des Vollzuges trotz des Verstoßes gg § 181 wirks (BGH NJW **95**, 1158, Einf 25 v § 145). Bei einem einseit RGesch ist § 180 anzuwenden. Für die Gen gilt § 178 Rn 6 ff. Bei Doppelvertretg müssen beide Vertretene genehmigen. Mit dem Tod des Vertretenen geht das GenR auf den Erben über (Hamm OLGZ **79**, 45). Das InsichGesch eines gesetzl Vertreters kann von dem geschäftsfäh Gewordenen od einem Pfleger genehmigt w (RG JW **24**, 1862); eine Gen dch das VormschGer ist ausgeschlossen (BGH **21**, 234, Hamm OLGZ **75**, 173). Der Vertr einer GmbH mit einem gesvertretgsberecht GeschFü kann von dem inzw alleinvertretgsberecht GeschFü genehmigt w (BGH NJW-RR **94**, 291). Hat ein Vertreter ohne Vertretgsmacht ein InsichGesch geschlossen, ist neben der Gen des vollml Handelns eine nachträgl Befreiung vom Verbot des § 181 erforderl (Düss DB **99**, 578). Einen Anspr auf Gen hat der Vertretene nur, wenn die Verweigerg rmißbräuchl wäre (RG **110**, 216). 15

7) Zulässige Insichgeschäfte. Das InsichGesch ist von Anfang an wirks, wenn es dem Vertreter gestattet ist od es ausschließl in der Erf einer Verbindlichk besteht. – **a)** Eine **gesetzliche** Gestattg enthalten §§ 1009 II, HGB 125 II, AktG 78 IV, BerBG 3 III. Sie kann sich auch aus dem KirchenR ergeben, so für den Residenzialbischof (BayObLG DNotZ **74**, 226) od den KirchenVorstd (Hamm Rpfleger **74**, 310). – **b) Gestattung durch Rechtsgeschäft. – aa)** Sie kann in der Vollm enthalten sein od dch eine bes einseit empfangsbedürft WillErkl (Einwilligg, § 183) erfolgen. Die Gestattg ist auch bei GrdstVertr grdsl **formfrei** (BGH NJW **79**, 2306, § 313 Rn 21). Sie kann auch dch schlüss Handeln erklärt w. Bsp: Erteilg eines ErsteigergsAuftr an den Versteigerer (BGH NJW **83**, 1187); Erteilg einer AuflVollm dch beide Part in ders Urk (KG JW **37**, 471, LG Kassel DNotZ **58**, 429); Vollm über ein Konto auch zu eig Gunsten zu verfügen (Mü DB **73**, 1693); Billigg eines VertrTextes dch das zuständ Organ, wenn dem Umst nach klar ist, daß der Vollzug dch ein InsichGesch erfolgen w (BGH **58**, 118, DB **71**, 1761, NJW **76**, 1539); uU bei Erteilg einer StimmRVollm (BGH NJW **76**, 959). Die GeneralVollm, Prokura od HandlgsVollm enthält nicht ow eine Gestattg. Auch die Vollm „soweit die Ges eine Vertretg zulassen", ist idR nicht als Gestattg von InsichGesch aufzufassen (KG DR **43**, 802, JR **52**, 438). – **bb) Zuständig** für die Gestattg ist der **Vertretene.** Bei Doppelvertretg ist die Gestattg dch beide Vertretenen erforderl (vgl aber zu einem Sonderfall LG Bayreuth Rpfleger **82**, 17). Der Vertreter, der keine Erlaubn zum Selbstkontrahieren hat, kann InsichGesch des Unterbevollmächtigten weder gestatten noch genehmigen (BayObLG BB **93**, 746, aA KG DR **41**, 997). Dem TestVollstr können InsichGesch dch den Erbl (BGH **30**, 70), aber auch dch alle Erben gestattet werden (v Lübtow JZ **60**, 157). – **cc) Organe juristischer Personen** können dch die Satzg von den Beschränkgen des § 181 freigestellt w. Mögl ist auch eine generelle od auf den Einzelfall bezogene Gestattg dch das Bestellorgan; diese bedarf aber einer satzgmäß Grdl (BGH **87**, 60, Köln NJW **93**, 1018, Hamm NJW-RR **98**, 1193, str). Fehlt eine Ermächtigg in der Satzg, ist eine SatzgsÄnd erforderl (BGH u Köln aaO, aA Altmeppen NJW **95**, 1182). Besteht eine satzgsmäß Grdl, ist auch eine Befreig dch schlüssiges Verhalten mögl (BGH NJW **76**, 1539). – **dd)** Für die **OHG** u KG gilt Rn 19 entspr (s BGH MDR **70**, 398). Die für die laufde GeschFührg unzuständ GesellschterVersammlg der KG kann in Dchbrechg des GesellschVertr im Einzelfall ein InsichGesch des Komplementärs genehmigen (BGH **58**, 118). – **ee)** Eine generelle Befreiung ist im **Register** zu verlautbaren, auch wenn sie sachl beschränkt ist (Düss DNotZ **95**, 237), so beim VereinsVorstd (LG Ravensbg 16 17 18 19 20 21

Rpfleger **90**, 26), beim Prokuristen (BayObLG **80**, 200), beim Komplementär (Hamm Rpfleger **83**, 280, Hbg DNotZ **86**, 571) u beim GmbH-GeschFü (BGH **87**, 60, BayObLG **85**, 191, aA Altmeppen NJW **95**, 1182). Sie bleibt wirks, wenn die GmbH zur EinmannGmbH w (BGH **114**, 167), gilt aber nicht ow für den Liquidator (BayObLG **85**, 191, Hamm BB **97**, 2294). Die in der Satzg enthaltene Ermächtigg zur Befreig gilt iZw auch für den Liquidator (BayObLG NJW-RR **96**, 611, Zweibr NJW-RR **99**, 38), sie ist aber nicht eintraggsfäh (Ffm NJW-RR **94**, 165, Hamm DB **96**, 2272).

22 **c) Erfüllung einer Verbindlichkeit.** Die Verbindlichk muß vollwirks, fäll u nicht einredebehaftet sein. Sie kann ggü dem Vertretenen, dem Vertreter od (iF der Doppelvertretg) ggü dem Dr bestehen. Auch Verbindlichk aus einem SchenkgsVerspr od einem Vermächtn können dch ein InsichGesch erfüllt w (BayObLG DNotZ **83**, 176). Es genügt aber nicht, daß die Verbindlichk wie iF der §§ 518 II, 313 S 2 erst dch die Erf wirks w (RG **94**, 150). Zul ist nur eine „glatte" Erf, nicht eine Leistg an ErfStatt od erfhalber. Die Aufr steht der Erf gleich, wenn beide Fdgen vollwirks u fäll sind. Ist bei einer Schenkg des gesetzl Vertreters das ErfGesch rechtl nachteilig, kommt es für die Anwendg des § 181 auf eine **Gesamtbetrachtung** des schuldrechtl u dingl Gesch an (BGH **78**, 34, § 107 Rn 6). Daraus könnte der allg RGrds abgeleitet w, daß bei einem für den Vertretenen rechtl nachteiligen ErfGesch das GenErfordern auch für das KausalGesch (Schenkg) nicht entfällt (Feller DNotZ **89**, 69).

23 **d)** Das InsichGesch ist nur wirks, wenn es **nach außen erkennbar** vorgenommen worden ist (BGH NJW **62**, 589, **91**, 1730, Nürnbg NJW-RR **90**, 677). Bei einem formbedürft Gesch muß sich das Handeln für beide Teile aus der Urk ergeben (Düss MDR **77**, 1018). Bei nicht formbedürft SchuldVertr genügt jede Feststellbark des Willens, auch aGrd späterer Hdlgen (RG JW **12**, 236, Soergel-Leptien Rn 11). Dagg ist bei dingl Vfgen, insb bei Übertragg von Eigtum od Besitz, eine deutl äußerl Kenntlichmachg unentbehrl (RG **116**, 202). Bei InsichGesch zw der GmbH u ihrem AlleinGesellschter müssen sich Inh u Ztpkt des Gesch aus einer schriftl Aufzeichng einwandfrei ergeben; mindestens ist eine ordngsmäß Verbuchg erforderl (BGH **75**, 363, Zweibr NJW-RR **98**, 1097). Auch für InsichGesch gilt aber der Grds, daß iF einer falsa demonstratio das Gewollte den Vorrang vor der obj ErklBedeutg hat (BGH NJW **91**, 1730). Beschränkgen der Vollm sind bei InsichGesch auch dann wirks, wenn sie in der VollmUrk (§ 170) nicht zum Ausdr kommen (BGH NJW **99**, 486).

Sechster Titel. Einwilligung. Genehmigung

Einführung

1 **1) Begriffliches. – a) Zustimmung** iSd §§ 182ff ist die EinverständnErkl zu dem von einem and vorgenommenen RGesch. Die vorh erteilte Zust nennt das BGB **Einwilligung** (§ 183), die nachträgl **Genehmigung** (§ 184). Diesen Sprachgebrauch führt das Ges aber nicht streng dch. Vielfach wird die Gen als Oberbegriff für die vorherige u nachträgl Zust verwandt, so etwa in §§ 1643, 1819ff,, ferner in den Ges,
2 die die Wirksamk von RGesch von der Gen einer VerwBeh abhäng machen (Rn 6). – **b)** Von der Zust iSd §§ 182ff, die fremde RGesch betrifft, sind zu **unterscheiden: – aa)** die Bestätigg (§§ 141, 144), dch die die Part ein eig bisher fehlerh RGesch als gült anerkennt; – **bb)** die uneigentl Zust (§§ 32 II, 709 I, 744 II); sie bezieht sich nicht auf ein fremdes RGesch, sond ist Mitwirkg an einem gemeins vorzunehmden RGesch (Beschluß); – **cc)** die Einwilligg zu nicht rgeschäftl Hdlgen, insb die in ärztl Heileingriffe (Übbl 8 v § 104).

3 **2) Rechtsnatur. – a)** Die Zust ist eine einseit empfangsbedürft **Willenserklärung** (Übbl 11 v § 104). Sie ist WirksamkVoraussetzg (RBdgg) für das HauptGesch, auf das sie sich bezieht. Sie ist damit funktional ein **Hilfsgeschäft** u ebso wie die Vollm (§ 167 Rn 4) abstrakt. Die Normen über RGesch finden auf die ZustErkl Anwendg, so die Vorschr über Willensmängel (§§ 116ff), über das Zugehen (§§ 130ff) u über die Auslegg (§§ 133, 157). Zu beachten ist aber, daß der Willensmangel die Zust u nicht das zustbedürft RGesch
4 betreffen muß (BGH **111**, 347). – **b)** Die Zust macht das RGesch so **wirksam, wie es abgeschlossen worden ist.** Der ZustBerecht kann den Inh des RGesch nicht verändern. Eine TeilZust ist mögl, wenn das
5 RGesch teilb ist u die Teilwirksamk dem hypothetischen PartWillen entspr (§ 139). – **c)** Die Zust kann verschiedenen **Zwecken** dienen. In einigen Fällen ist sie ein Mittel der Aufsicht, so insb bei RGesch von beschr Geschfäh (§§ 106ff) u **Betreuten,** für die ein EinwilliggsVorbeh angeordnet worden ist (§ 1903). In and Fällen ist die Zust deshalb erforderl, weil das RGesch in Rechte od rechtl geschützte Interessen des ZustBerecht eingreift. Hierher gehören die Zust des Vertretenen zu RGesch des Vertreters ohne Vertretgsmacht (§ 177), des Berecht zu Vfgen des NichtBerecht (§ 185), eines Eheg zu best Gesch des and (§§ 1365ff, 1423ff, 1516), des Kindes u der Mu zur Anerkenng der Vatersch (§ 1595), des Nacherben zu Vfgen des Vorerben (§ 2113 III), des Inhabers eines Rechts zur Änd oder Aufhebg des belasteten Rechts (§§ 876, 1071, 1255, 1276), des Gläub zur SchuldÜbern (§ 415), der WoEigtümer iF des WEG 12 III. Unter die §§ 182ff fallde Zustimmgserfordernisse können nur dch Ges, nicht dch RGesch begründet w (MüKo/Schramm Rn 13). Vom Sonderfall der Ausübg eines GestaltgsR abgesehen, ist es aber mögl, die „Zust" eines Dritten als Bdgg (§§ 158ff) eines RGesch zu vereinbaren (BAG NJW **95**, 1981).

6 **3) Öffentlichrechtliche Genehmigungen.** In einer Anzahl von Ges wird die Wirksamk von priv RGesch von der Gen einer VerwBeh abhäng gemacht (Bsp s § 275 Rn 27u 32). Diese Gen sind keine RGesch des PrivR, sond privrechtsgestaltde VerwAkte. Ihre Voraussetzgen u Wirkgen bestimmen sich nach öffR (BVerwG **11**, 198, Staud/Gursky Rn 53). Die §§ 182ff sind weder unmittelb noch analog anwendb (aA RG **125**, 55, **157**, 211, BGH **LM** § 497 Nr 1). Wem die behördl Gen bekanntzumachen ist, richtet sich nicht nach § 182 I, sond, sow SpezialVorschr fehlen, nach VwVfG 41 (s BVerwG NJW **70**, 345, **82**, 2630). Für die Form des VerwAkts sind die Vorschr des VerwR (VwVfG 37) maßgebd, nicht § 182 II. Für die Rückn od den Widerruf gelten VwVfG 48u 49, keinesfalls aber § 183. Dch die behördl Gen w das RGesch idR mit rückwirkder Kraft wirks (§ 275 Rn 28u 33). Das folgt aber nicht aus einer Analogie zu § 184, sond aus dem Zweck des GenErfordernisses (BGH **32**, 389, NJW **65**, 41, OVG Münst NJW **82**, 1771). Für die vormschgerichtl Gen enthalten die §§ 1828ff eine im wesentl abschließde Regelg.

182 *Zustimmung.* **[I] Hängt die Wirksamkeit eines Vertrags oder eines einseitigen Rechtsgeschäfts, das einem anderen gegenüber vorzunehmen ist, von der Zustimmung eines Dritten ab, so kann die Erteilung sowie die Verweigerung der Zustimmung sowohl dem einen als dem anderen Teile gegenüber erklärt werden.**

[II] Die Zustimmung bedarf nicht der für das Rechtsgeschäft bestimmten Form.

[III] Wird ein einseitiges Rechtsgeschäft, dessen Wirksamkeit von der Zustimmung eines Dritten abhängt, mit Einwilligung des Dritten vorgenommen, so finden die Vorschriften des § 111 Satz 2, 3 entsprechende Anwendung.

1) Allgemeines. Begriff u RNatur der Zust s Einf v § 182. Die Zust kann sowohl ggü demj **erklärt** w, 1
dessen WillErkl zustbedürft ist, als auch ggü dem GeschGegner (I). Jede and Äußerg der Zust ist rechtl bedeutgslos, so etwa die Gen der von einem vollmachtlosen Vertreter abgegebenen AuflErkl ggü dem GBA (KGJ **34** A 253, s aber § 152 Rn 1). Bei Weiterleitg an den richtigen Adressaten w die Zust wirks, sobald sie diesem zugeht (§ 130). Da das Ges zwei mögl ErklEmpfänger vorsieht, kann die Anf der Zust (Einf 3 v § 182) ggü jedem von beiden erklärt werden (§ 143 Rn 6, aA BGH NJW **98**, 531, 533). Ausn von I enthalten §§ 108 II, 177 II, 876, 1071, 1178, 1245, 1255, 1276 u für die vormschgerichtl Gen § 1829.

2) Zustimmung. – a) Sie ist grdsl **formfrei** u bedarf nicht der für das HauptGesch best Form (II). 2
Formfrei sind daher die Zust zu einer BürgschErkl (RG JW **27**, 1363), WechselErkl (RG **118**, 170), Aufl (BGH NJW **98**, 1482), zu einem gem § 313 formbedürft Vertr (BGH **125**, 219, Köln NJW-RR **93**, 1364) u die Verpfl zur Gen (BGH NJW **96**, 3338). Die Zust ist auch dann formfrei, wenn eine Vollm formbedürft wäre (BGH **125**, 219, aA Einsele DNotZ **96**, 835) od wenn das GenR auf die Part selbst übergegangen ist (BGH DNotZ **81**, 183). Eine bes Form der Zust verlangen aber §§ 1516 f, 1597, 1730, 1750, 2120, ZVG 71. Formbedürft ist auch die Gen von gemeindl VerpflErkl (BGH NJW **84**, 606, Ffm NJW-RR **89**, 1426, § 167 Rn 13) u die Gen eines GmbH-Vertr bei Abschl dch einen vollmlosen Vertreter (Köln BB **95**, 2545). –
b) Die Zust kann auch dch **schlüssiges Handeln** erfolgen. Sie setzt idR voraus, daß der ZustBerecht von der 3
ZustBedürftigk des RGesch wußte od mit ihr rechnete; ausnahmsw kann aber auch bei Fehlen eines solchen ErklBewußtseins eine konkludente Zust vorliegen (§ 133 Rn 11). Sie kann anzunehmen sein, wenn der ZustBerecht das RGesch als gült behandelt (BGH WM **90**, 1575), wenn er auf Anfrage erklärt, der gefälschte Wechsel gehe gut (BGH **LM** Art 7 WG Nr 1–3), wenn er von demj, der als Nichtberecht verfügt hat, die Herausg des Veräußergserlöses verlangt (§ 185 Rn 10). Eine konkludente Zust kann auch vorliegen, wenn ein MitBerecht die Vfg eines and MitBerecht duldet (s Karlsr NJW **81**, 1278). Voraussetzg ist aber, daß das Verhalten des ZustBerecht einem der mögl ErklEmpfänger (Rn 1) als Zust erkennb ist. Bloßes Schweigen genügt nur dann, wenn der ZustBerecht verpfl gewesen wäre, seinen abw Willen zu äußern (Einf 10 v § 116). Eine solche Pfl besteht nur in bes liegden AusnFällen (Bsp s § 178 Rn 6). Eine Anfrage des and Teil genügt nicht, um eine ÄußergsPfl zu begründen (BGH **47**, 113). Die §§ 170 ff sind entspr anwendb (VGH Mannheim NJW **93**, 1812, MüKo/Schramm Rn 10). Die bes verlautbarte od dch Vorlage einer Urk belegte Einwilligg gilt daher ggü einem gutgl ErklEmpfänger auch dann, wenn sie inf Widerrufs nicht mehr besteht. Auch die Grds der Duldgs- u AnschVollm (§ 173 Rn 9 ff) finden entspr Anwendg (Karlsr NJW **81**, 1278, MüKo aaO).

3) Die **Verweigerung** der Zust, die § 182 I hins der ErklAdressaten der Zust gleichstellt, ist ein RGesch 4
(RG **139**, 125, BGH NJW **82**, 1099). Die Verweigerg der Einwilligg ist analog § 183 widerrufl. Sie w ggstlos, wenn der Berecht nachträgl einwilligt od das inzw vorgenommene RGesch genehmigt. Die Verweigerg der Gen ist dagg unwiderrufl; sie macht das schwebd unwirks RGesch endgült unwirks (BGH **13**, 187, NJW **89**, 1673, **94**, 1786, aA Palm, Die nachträgl Erteilg der verweigerten Gen, 1964, für ein Regel-Ausn-Verhältn K. Schmidt JuS **95**, 105). Auch die Verweigerg der Zust kann dch schlüssiges Verhalten erfolgen, vorausgesetzt, der Erklärde konnte die mögl Deutg seines Verhaltens als Verweigerg der Zust erkennen (s BGH **109**, 177, Rn 3). Die Verweigerg kann angefochten w. Der Willensmangel (§§ 119 ff) muß aber die Verweigerg u nicht das HauptGesch betreffen.

4) Einseitige empfangsbedürftige Rechtsgeschäfte (III). – a) Sie können grdsl **nur mit Einwilligung** vorgenommen w. Das w in den §§ 111, 180, 1367, 1831 ausdr bestimmt, gilt aber als allg RGrds für 5
alle unter die §§ 182 ff falldеn einseitigen RGesch. Sie sind, wenn die Einwilligg fehlt, nicht schwebd unwirks, sond nichtig (RG **146**, 316, OGH NJW **49**, 671, BAG DB **77**, 1191). Eine Einschränkg ergibt sich aber aus dem entspr anzuwendden § 180 S 2. Wenn der ErklEmpfänger mit der Vorn des Gesch ohne Einwilligg einverstanden ist, ist das RGesch bis zur Entsch über die Gen schwebd unwirks (MüKo/Schramm Rn 22, str). – **b)** Trotz Einwilligg ist das einseit RGesch gem § 182 III iVm § 111 S 2 u 3 unwirks, wenn die 6
Einwilligg nicht in **schriftlicher Form** vorgelegt w u der ErklEmpfänger das RGesch aus diesem Grd unverzügl zurückweist. Die Zurückweisg ist ausgeschl, wenn der ZustBerecht den ErklEmpfänger von der Einwilligg in Kenntn gesetzt hatte (s bei § 111).

183 *Widerruflichkeit der Einwilligung.* **Die vorherige Zustimmung (Einwilligung) ist bis zur Vornahme des Rechtsgeschäfts widerruflich, soweit nicht aus dem ihrer Erteilung zugrunde liegenden Rechtsverhältnisse sich ein anderes ergibt. Der Widerruf kann sowohl dem einen als dem anderen Teile gegenüber erklärt werden.**

1) Widerruflichkeit. – a) Die Einwilligg ist wie die Vollm (§ 168) grdsl **frei widerruflich.** Der Widerruf 1
kann ggü dem Adressaten der Einwilligg, aber auch ggü dem and Teil erfolgen (S 2). Er ist nur bis zur Vorn des RGesch mögl, dh bis zu seiner wirks Vorn. Vfgen, die einer Eintr im Grdbuch bedürfen, sind daher grdsl bis zum Vollzug der Eintr widerrufl (BGH NJW **63**, 36). Ist die Einigg gem § 873 II bindd geworden, entfällt aber der Widerruf (BGH aaO). Die Einwilligg zur Klage kann nur bis zur KlZustellg nicht bis zum Erlaß des

2 Urt widerrufen w (RG **164**, 242). – **b)** Der Widerruf ist iF der §§ 876, 1071, 1178, 1245, 1255, 1276, 1516 f, 1750 kr Ges **ausgeschlossen.** Die Widerruflichk kann auch dch RGesch ausgeschl w. Der Ausschl kann ausdr erfolgen; er kann sich aber auch aus dem Zweck des zugrdeliegden RVerh ergeben. Das zur Unwiderruflichk der Vollm Ausgeführte gilt insow entspr (§ 168 Rn 6). Der Widerruf darf in den Grenzen des § 138 auch für den Fall eines wichtigen Grdes ausgeschlossen w (BGH **77**, 397). Die dem VorbehKäufer erteilte Einwilligg zur Weiterveräußerg (§ 185 Rn 9) kann nur widerrufen w, wenn dch das Verhalten des Käufers die Sicherg des Verkäufers gefährdet w (BGH NJW **69**, 1171). Trotz Widerrufs bleibt die Einwilligg ggü einem gutgl Dr wirks, sow die Voraussetzgen der entspr anzuwendden §§ 170–173 erf sind (Staud/Gursky Rn 16).

3 **2)** Die Einwilligg kann auch aus and Grden **erlöschen,** so etwa wenn sie befristet od unter einer auflösden Bdgg erteilt worden ist. Darüber hinaus können sich aus dem RVerhältn, das der Einwilligg zugrde liegt, ErlöschensGrde ergeben, so etwa, wenn der Ermächtigte stirbt od geschäftsunfäh w. Auch insow gilt das zur Vollm Ausgeführte (§ 168 Rn 2 ff) entspr.

184 *Rückwirkung der Genehmigung.* **[I] Die nachträgliche Zustimmung (Genehmigung) wirkt auf den Zeitpunkt der Vornahme des Rechtsgeschäfts zurück, soweit nicht ein anderes bestimmt ist.**

[II] Durch die Rückwirkung werden Verfügungen nicht unwirksam, die vor der Genehmigung über den Gegenstand des Rechtsgeschäfts von dem Genehmigenden getroffen worden oder im Wege der Zwangsvollstreckung oder der Arrestvollziehung oder durch den Insolvenzverwalter erfolgt sind.

1 **1) Genehmigung.** Begriff u RNatur s Einf v § 182; ErklEmpfänger u Form § 182; behördl Gen Einf 6 v § 182. Die unter einer TrHandAufl erteilte Gen wird idR mat-rechtl sofort mit dem Zugang wirks (Brunner MittBayNot **97**, 197). – **a)** Bis zur Erkl des ZustBerecht über die Gen ist der Vertr **schwebend unwirksam** (Übbl 31 v § 104). Die Part sind gebunden, können den Vertr aber aufheben. Für die Gen besteht idR keine Fr; sie kann auch noch nach Jahr u Tag erkl w (Stgt NJW **54**, 36), es sei denn, daß Verwirkg (§ 242 Rn 87 ff) eingetreten ist. Der VertrPartner kann den ZustBerecht iF der §§ 108 II, 177 II, 1366 III zur Erkl über die Gen auffordern. Sie hat die Wirkg, daß die Gen nur binnen 2 Wo erteilt w kann u nach FrAblauf als verweigert gilt. Diese Regelg kann auf alle unter § 184 fallden RGesch entspr angewendet w (MüKo/
2 Schramm Rn 9). Einseitige RGesch sind idR nicht genfäh (§ 182 Rn 5). – **b)** Dch die Gen w das RGesch, gleichgült, ob es ein Verpfl- od ein VfgsGesch ist, mit **rückwirkender Kraft** vollwirks, bei Vfgen allerdings mit der Einschränkg, daß die Rückwirkg bei GestaltgsErkl ausgeschlossen ist (BGH **114**, 361, 366, NJW **98**, 3058), u sie immer dch den Ztpkt begrenzt w, in dem der Genehmigde die VfgsMacht erworben hat (BayObLG FamRZ **83**, 744, Naumbg FGPrax **98**, 1). Auch soweit einseit RGesch ausnw genfäh sind (§ 182 Rn 5), wirkt die Gen *ex tunc* (Zweibr FamRZ **96**, 430, Schippers DNotZ **97**, 690). Die Rückwirkg steht zur Disposition der Part, I letzter Halbs (BGH **108**, 384), nicht aber allein des Genehmigden (Staud/Gursky Rn 39). Auch aus dem GesZweck ergeben sich Einschränkgen: Die VerjFr für vertragl Anspr beginnt erst mit der Gen (RG **65**, 248), ebso die AnfFr nach dem AnfG (BGH NJW **79**, 102) u die Fr nach VerbrKrG 7 (BGH NJW **95**, 2290). Auch SchuVerzug tritt mit Wirkg ex nunc ein (Rstk NJW **95**, 3128). Sow für die Vorn des RGesch ges od vertragl AusschlFr zu wahren sind, ist die Rückwirkg der Gen gleichf ohne Bedeutg. Das RGesch w iZw endgült unwirks, wenn die Gen nicht bis zum Ablauf der Fr erteilt worden ist (BGH **32**, 375, **108**, 30, Hamm DNotZ **96**, 387). Die Gen der vom Nichtberecht erhobenen Klage wirkt ledigl *ex nunc*
3 (BGH **46**, 229, **108**, 30). – **c)** Die **Voraussetzungen** der Gen müssen im Ztpkt der Gen gegeben sein (MüKo/Schramm Rn 22). Vfgen können daher nur wirks genehmigt w, wenn der Genehmigde die erforderl **Verfügungsmacht** noch im Ztpkt der Gen besitzt (RG **134**, 286, BGH **107**, 341). Gleichgült ist dagg, ob der Ggst der Vfg noch existiert. Der Eigtümer einer gestohlenen Sache kann deren Veräußerg noch genehmigen, wenn die Sache dch Verarbeitg, Vermischg od in sonst Weise untergegangen ist (RG **115**, 34, BGH **56**, 133). Da zum RErwerb an Grdst auch die Eintr im GrdBuch nötig ist, muß diese bei Gen noch bestehen. Ist die Eintr inzw gelöscht, kann das Eigt erst mit NeuEintr übergehen (RG **131**, 97, BGH **LM**
4 § 107 Nr 7). – **d)** Die Gen ist als rechtsgestaltde Erkl **unwiderruflich** (BGH **40**, 164). Das gilt ebso für die Verweigerg der Gen (§ 182 Rn 4). Beide Erkl können aber, sow die Voraussetzgen der §§ 119 ff vorliegen, angefochten w (Einf 3 v § 182).

5 **2) Zwischenverfügungen.** II schützt die Rechte Dritter, die diese vor der Gen dch Vfg des Genehmigden od dch ZwVollstrMaßn gg ihn erworben haben. Der Schutz setzt keinen guten Glauben voraus, besteht also auch dann, wenn der Begünstigte das schwebde unwirks Gesch kannte. Wird von zwei Vfgen die zeitl spätere genehmigt, bleibt diese entspr II auch dann wirks, wenn nachträgl die fr genehmigt w (BGH **40**, 164, **55**, 37). Auf einen RErwerb, der nicht auf einer Vfg des Genehmigden od einer ZwangsVfg gg ihn beruht, ist II nicht anzuwenden (RG **134**, 123, BGH **70**, 302, Ffm NJW-RR **97**, 1308/1310). Er gilt auch nicht für die Eintr eines Widerspr im Grdbuch, da diese keine Vfg darstellt (RG **134**, 288).

185 *Verfügung eines Nichtberechtigten.* **[I] Eine Verfügung, die ein Nichtberechtigter über einen Gegenstand trifft, ist wirksam, wenn sie mit Einwilligung des Berechtigten erfolgt.**

[II] Die Verfügung wird wirksam, wenn der Berechtigte sie genehmigt oder wenn der Verfügende den Gegenstand erwirbt oder wenn er von dem Berechtigten beerbt wird und dieser für die Nachlaßverbindlichkeiten unbeschränkt haftet. In den beiden letzteren Fällen wird, wenn über den Gegenstand mehrere miteinander nicht in Einklang stehende Verfügungen getroffen worden sind, nur die frühere Verfügung wirksam.

1) Allgemeines. – a) § 185 regelt vier Fälle der **Konvaleszenz** von Vfgen eines NichtBerecht. Nach § 185 I u § 185 II Fall 1 beruht die Konvaleszenz auf der Zustimmg des Berecht. Nach § 185 II Fall 2 u 3 tritt sie ein, weil der Verfügde den Ggst erwirbt od er vom Berecht beerbt w u dieser für die Nachlaßverbindlichk unbeschränkt haftet. § 185 gilt nur für Vfgen, die der Nichtberecht im eig Namen trifft. Auf Vfgen im **fremden Namen** finden ausschließl die §§ 164 ff Anwendg. Sie können daher nicht nach § 185 II Fall 2 u 3 wirks w (RG HRR **34**, 1276, BayObLG NJW **56**, 1279, Ffm NJW-RR **97**, 17, str, s Rn 11). 1

b) Eine **Verfügung** ist ein RGesch, das unmittelb darauf gerichtet ist, auf ein bestehdes Recht einzuwirken, es zu verändern, zu übertragen od aufzuheben (BGH **1**, 304, **75**, 226, Übbl 16 v § 104). – **aa)** Vfg iSd § 185 ist auch die grundbuchrechtl EintrBewilligg (Düss NJW **63**, 162, BayObLG NJW **71**, 514, str, s Ffm NJW-RR **97**, 17), nicht aber die Vfg vTw (RG **111**, 251). Die Gestattg des Grenzüberbaues steht der Vfg so nahe, daß § 185 entspr angewandt w kann (BGH **15**, 219). Auf einseit **Gestaltungsgeschäfte** (Übbl 17 v § 104) ist § 185 I anzuwenden (RG Recht **24** Nr 1319, LG Stgt MDR **70**, 682), jedoch steht dem ErklGegner analog §§ 174, 111 ein ZurückweisgsR zu. Dagg ist § 185 II unanwendb, da GestaltgsGesch keinen Schwebezustand vertragen (BGH **32**, 382, **114**, 366, NJW **97**, 1150). Vfg iSd § 185 ist auch die Zustimmg zu einer Vfg (s BGH **LM** Nr 7) u die NachFrSetzg u Ablehngsandrohg (BGH **114**, 366). – **bb)** Auf **Verpflichtungsgeschäfte** ist § 185 nicht anzuwenden. Eine VerpflErmächtigg ist unzul (BGH **34**, 125, **114**, 100, str). Entspr anwendb ist § 185 jedoch auf die Einräumg von obligator BesitzR an fremden Sachen, insb auf die Vermietg od Verpachtg (RG **80**, 397, **124**, 32, Gursky JR **83**, 266, aA offenb BGH **84**, 90, s dazu Crezelius JZ **84**, 72). Dagg entsteht iF der Reparatur einer nicht dem Besteller gehörden Sache auch bei Zust des Eigtümers kein ges PfandR (BGH **34**, 125). Eine mit einer Vfg vergleichb Hdlg liegt nicht vor, da die Entstehg des ges PfandR nicht vom Willen der Beteil abhängt. Bei einer entspr Einigg kann der Untern aber ein vertragl PfandR erwerben (BGH **87**, 279). – **cc)** Auf Vfgen iW der **Zwangsvollstreckung** ist § 185, insbes II Fall 2, entspr anzuwenden (RG **60**, 73, BGH **56**, 351, K. Schmidt ZZP **87**, 316, str). Die Pfändg einer abgetretenen Fdg bleibt aber wg Fehlen eines konkreten Substrats auch nach einer RückAbtr unwirks (BGH **56**, 350, **100**, 42, BAG NJW **93**, 2700). And ist es dagg, wenn es sich um die Pfändg u RückAbtr von abgetretenen künft, fortlaufden VergütgsAnspr handelt (BAG aaO). Auf die **Unterwerfung** unter die ZwVollstr können I (Köln OLGZ **80**, 409, Rpfleger **91**, 13) u wohl auch II (BGH **108**, 372, 376) entspr angewandt w. Ausgeschlossen ist eine entspr Anwendg des § 185 auf die KlErhebg (BGH NJW **58**, 338, VersR **67**, 162) od die Einlegg von RMitteln (Hamm NJW-RR **97**, 1327). 2 3 4

c) Nichtberechtigter: – Es kommt nicht auf die RInhabersch, sond auf die Vfgsmacht an. Nichtberecht iSd § 185 ist, wer über einen Ggst verfügt, obwohl ihm die dafür erforderl Vfgsmacht nicht od nicht allein zusteht (Hamm OLGZ **81**, 282). Unter den Begriff fallen im einzelnen: – **aa)** Der **nicht voll** Berecht, so der Miteigtümer od Geshandseigtümer, der allein über eine ihm gemeins mit and gehörde Sache verfügt (RG **152**, 380, BGH **LM** § 2040 Nr 3), ebso der Eigtümer einer belasteten Sache, der dem Erwerber die Sache lastenfrei verschaffen will. – **bb)** Der **nicht mehr** Berecht, etwa der Zedent, der die Fdg zum 2. Mal abtritt (BGH NJW **90**, 2680). Die Vfgsmacht muß im Ztpkt der Vollendg des RErwerbs gegeben sein (MüKo/Schramm Rn 25). Nichtberecht ist daher auch, wer zw Aufl u Eintr im Grdbuch das Eigt verliert (BGH **LM** Nr 6, BayObLG DNotZ **73**, 610). Hat der VorbehKäufer sein AnwartschR weiterübertragen, handelt er als Nichtberecht, wenn er einer Erweiterg des EigtVorbeh zustimmt (BGH **75**, 226, **92**, 290). – **cc)** Der **noch nicht** Berecht (RG **149**, 22). Der VorbehKäufer ist NichtBerecht, wenn er über das VollR verfügt; dagg ist er bei Vfgen über das AnwartschR Berecht (BGH **20**, 94). – **dd)** Der **nicht verfügungsberechtigte Rechtsinhaber,** so der Schu im InsVerf, der Erbe iF der TestVollstr (Düss NJW **63**, 162) od der NachlVerw (BGH **46**, 229). Sow die VfgsBeschrkgen der §§ 2113 ff zutreffen, ist auch der Vorerbe Nichtberecht (RG **110**, 95, BayObLG NJW-RR **97**, 1239, Mü FamRZ **71**, 94). Der TrHänder wird dadch, daß er bei einer Vfg Pflten aus dem InnenVerh verletzt, nicht zum NichtBerecht (BGH NJW **99**, 1026, krit Jacobs ZIP **99**, 733). – **ee)** Entspr anwendb ist § 185, wenn der Berecht dch die Vfg gg ein **relatives Verfügungsverbot** (§§ 135, 136) verstößt (RG **154**, 368). 5

d) Der **Begriff des Berechtigten** entspricht spiegelbildl dem des Nichtberecht. Unter ihn fällt nicht nur der voll vfgsberecht RInhaber; Berecht ist jeweils derj, dessen Vfgsmacht od Teilhabe an der Vfgsmacht den Verfügden zum Nichtberecht iSd § 185 w läßt (s die Einzelfälle Rn 5). 6

2) Einwilligung. – a) Für sie gelten die §§ 182, 183 (s daher zunächst dort). Die Einwilligg zur Vfg verschafft dem Nichtberecht die **Ermächtigung** genannte RMacht, über ein fremdes Recht wirks zu verfügen. And als der Vertreter (§ 164) braucht der Ermächtigte nicht kenntl zu machen, daß er über ein fremdes Recht verfügt. Ob im Einzelfall eine Einwilligg od eine Vollm vorliegt, ist Ausleggsfrage (§§ 133, 157). Entscheidd ist nicht die von den Part gewählte Bezeichng, sond Sinn u Zweck ihrer Erkl (RG **53**, 274, Recht **26**, 2124). Eine „Ermächtigg" kann je nach Lage des Falles eine Vollm, eine Einwilligg, aber auch beides darstellen (Mü DNotZ **74**, 229). Wie bei der Vollm ist zw Außen- u InnenVerh zu unterscheiden; Einschränkgen können den Umfang der Einwilligg im AußenVerh begrenzen (BGH **106**, 3: Ermächtigg zur Grdstbelastg zwecks Finanzierg des Kaufpreises). – **b)** Die Einwilligg kann auch dch **schlüssige** Hdlg erfolgen (§ 182 Rn 3). In der Aufl liegt idR eine Einwilligg zur Weiterveräußerg auch ohne vorherige Eintr des AuflEmpf (RG **135**, 382, BayObLG NJW-RR **91**, 465). Das gilt aber nicht, wenn gleichzeit die Eintr einer RückAuflVormkg bewilligt w (Düss OLGZ **80**, 343) od wenn der GrdstErwerb dch einen Dr der vertragl Zweckbestimmg zuwiderläuft (BGH NJW **97**, 936). Die dch Aufl stillschw erteilte Ermächtigg deckt auch nicht ow Belastgen des Grdst (BayObLG NJW **71**, 514). – **c) Anwendungsfälle** der VfgsErmächtigg sind insb die **Verkaufskommission** (HGB 383 ff) u die Ermächtigg zum Weiterverkauf beim verlängerten **Eigentumsvorbehalt** (§ 455 Rn 17) u bei der SichgÜbereigng (§ 930 Rn 14). Der VorbehKäufer ist idR formularmäß berecht, Waren im ordngsmäß GeschVerk weiterzuveräußern. Auch wenn eine ausdr Einwilligg fehlt, ist sie beim Verkauf an Wiederverkäufer stillschw anzunehmen (Hbg MDR **70**, 506). Die Beschrkg auf den Rahmen ordngsmäß GeschVerk gilt iZw auch ohne bes Abrede (BGH **10**, 17, 18). Die Ermächtigg ist unwirks, wenn der Käufer dch eine Abwehrklausel verhindert, daß der verlängerte EigtVorbeh VertrInh geworden ist (BGH NJW-RR **86**, 1379). Sie deckt nicht den Verk unter Einkaufspreis (BGH **LM** § 455 7 8 9

Nr 23), den Verk mit gleichzeit Rückkauf zu einem höheren Preis (BGH NJW **89**, 897: „NullGesch"), die SichgÜbereigng u den Verk im „Sale-and-Lease-Back-Verf" (BGH **104**, 134), den Verk unter Vereinbg eines AbtrVerbots (BGH **27**, 306, **73**, 264, aA wg HGB 354a S 2 Derleder BB **99**, 1561, § 399 Rn 9). Ein normal abgewickeltes UmsatzGesch ist auch dann dch die Einwilligg gedeckt, wenn der VorbehKäufer sich in einer wirtsch Krise befindet (BGH **68**, 202). Unbedenkl ist auch der Weiterverkauf unter Vereinbg eines Kontokorrents (BGH **73**, 264). Auf die Einwilligg sind die Grds der Duldgs- u AnscheinsVollm entspr anzuwenden (§ 182 Rn 3). Ist die Vfg nicht dch Einwilligg gedeckt, kann der Erwerber gleichwohl kr guten Glaubens Eigtümer w (§§ 932 ff, HGB 366). Andf gilt § 929 Rn 34.

10 **3) II. – a)** Für die **Genehmigung (II Fall 1)** gelten die §§ 182, 184 (s daher zunächst dort). Sie kann auch dch schlüss Hdlg erfolgen (§ 182 Rn 3). Erhebt der Berecht gg den Nichtberecht Klage auf Herausgabe des Erlangten (§ 816), so liegt darin idR stillschw die Gen der Vfg (BGH NJW **86**, 2106). Obwohl die Gen bedinggsfeindl ist (Einf 13 v § 158), ist es nach hM zul, die Gen Zug um Zug gg Herausg des Erlöses zu erteilen (§ 816 Rn 9). Haben mehrere Nichtberecht über den Ggst verfügt, kann der Berecht frei entscheiden, welche Vfg er genehmigen will. Hat er die spätere Vfg genehmigt, bleibt diese auch dann (allein) wirks, wenn er später auch die fr Vfg genehmigt (BGH **40**, 156). Ein Fall des § 185 II ist die SchuldÜbern iF des § 415 (s
11 dort). – **b) Erwirbt der Nichtberechtigte** nachträgl den Ggst, w die Vfg wirks **(II Fall 2).** Der Ggst, über den verfügt worden ist, gehört aber für eine logische Sekunde zum Vermögen des Verfügden (BGH **20**, 89, 101; BFH NJW **96**, 1079, aA Schultz BB **98**, 75). Erwirbt der Nichtberecht, ohne RInhaber zu werden, nachträgl als TestVollstr od InsVerw eine VfgsBefugn, liegt II Fall 2 dagg nicht vor (BGH ZIP **99**, 447/450). Die Vfg wird auch dann wirks, wenn der Berecht den Nichtberecht **beerbt** u für die NachlVerbindlichk unbeschränkt haftet **(II Fall 3).** Solange die Möglichk besteht, die Erbenhaftg zu beschränken, bleibt die Vfg unwirks (BayObLG DNotZ **98**, 138, Stgt NJW-RR **95**, 968, str). Die Konvaleszenz tritt iF des nachträgl RErwerbs u der Beerbg ohne Rückwirkg (ex nunc) ein (RG **135**, 383, BGH WM **78**, 1406). Sie ist ausgeschl, wenn die Vfg bereits endgült unwirks geworden war (BGH **13**, 187, NJW **67**, 1272) od wenn das KausalGesch nichtig od unwirks geworden ist, eine Verpfl zur Vfg also nicht besteht (BGH NJW **94**, 1471, zu II Fall 3, aA Staud/Gursky Rn 64). Hat der Vertreter ohne Vertretgsmacht verfügt, ist II Fall 3 nicht anwendb (Rn 1), da der and Teil dch den ErfAnspr aus § 179 u den Einwand des RMißbr (§ 242 Rn 52) hinr geschützt ist (aA Habersack JZ **91**, 70). Zum Begriff des Nichtberecht u Berecht s Rn 5 u 6. Danach liegt II Fall 2 auch vor, wenn der nicht vfgsberecht RInhaber die Vfgsmacht wiedererlangt (s BGH **46**, 229, Wegfall der NachlVerw u BGH **123**, 63, Beendigg der staatl TrHandsch). II Fall 3 ist gegeben, wenn der Vorerbe, der eine gem § 2113 unwirks Vfg getroffen hat, vom Nacherben beerbt w (RG **110**, 95, BayObLG DNotZ **98**, 138) od der Eheg, der ohne die nach § 1365 erforderl Zustimmg des and verfügt hat, von diesem allein beerbt w (Celle NJW-RR **94**, 646). Entspr anzuwenden ist II, wenn ein Nichtberecht, der in die Vfg eines and
12 Nichtberecht eingewilligt hat, den Ggst erwirbt od den and beerbt (BGH **LM** Nr 7). – **c)** Für mehrere **kollidierende Verfügungen** gilt in den Fällen 2 u 3 das Prioritätsprinzip **(II S 2).** Grdsl wird nur die fr Vfg wirks. Die spätere Vfg erlangt nur dann u nur insow Wirksamk, als sie der fr nicht widerspricht. War die fr Vfg eine Übereigng, w die spätere Verpfändg nicht wirks. Dagg steht die fr Verpfändg einer späteren Übereigng nicht entgg, führt jedoch zum Erwerb des mit einem PfandR belasteten Eigtums (Staud/Gursky Rn 83, MüKo/Schramm Rn 66, str, aA RG **60**, 73). Dasselbe gilt beim Zustreffen von Übereigng u Pfändg od Entstehg eines ges PfandR. II S 2 ist entspr anzuwenden, wenn der Berecht mehrere Vfgen gleichzeit genehmigt, ohne die Reihenfolge ihres Wirksamwerdens zu regeln (RGRK/Steffen Rn 15, Rn 10).

13 **4)** § 185 ist Grdl für die von Rspr u Lehre herausgebildete RFigur der **Ermächtigung.** Sie begründet für den Ermächtigten die Befugn, im eig Namen über ein Recht des Ermächtigden zu verfügen od das Recht dch Einziehg od in sonst Weise auszuüben. Die VfgsErmächtigg ist ein unmittelb Anwendgsfall des § 185 I (Rn 7), aber auch die auf eine entspr Anwendg des § 185 I gestützte Einziehgsermächtigg ist inzw fast allg anerkannt (s näher § 398 Rn 29). Unzul ist die **Verpflichtungsermächtigung** (Rn 3).

Vierter Abschnitt. Fristen. Termine

186 ***Geltungsbereich.*** **Für die in Gesetzen, gerichtlichen Verfügungen und Rechtsgeschäften enthaltenen Frist- und Terminsbestimmungen gelten die Auslegungsvorschriften der §§ 187 bis 193.**

1 **1) Allgemeines. – a) Zweck:** Der RVerk braucht für die Berechng der in Vertr u Ges enthaltenen Zeitbestimmgen klare Regeln. Diesem Bedürfn tragen die §§ 186–193 Rechng. Sie enthalten Ausleggs-
2 Vorschr, sind also unanwendb, sow dch Ges od RGesch etwas Abweichdes best ist. – **b) Anwendungsbereich.** Die §§ 186 ff gelten nicht nur für das bürgerl Recht, sond, sow keine Sondervorschriften bestehen, für alle RGebiete (GmS-OGB BGHZ **59**, 397), so etwa im Handels- u Wechselrecht (ergänzde Regelgen in HGB 359, WG 36, 37, 72 ff), im VerfahrensR (ZPO 222, VwGO 57 II, FGG 17, abw StPO 42 f), im öff Recht (VwVfG 31, AO 108, die jedoch Abw vorsehen), im TarifVertrR (BAG **AP** Nr 1), SozVersR (BSG NJW **74**, 920), SchwBG (BAG NJW **81**, 1333) u PStG (BayObLG JW **26**, 2450).

3 **2) Begriffe. – a) Frist** ist ein abgegrenzter, also best od jedenf bestimmb Zeitraum (RG **120**, 362); er braucht, wie sich aus § 191 ergibt, nicht zushängd zu verlaufen. Die Frist kann unterschiedl Zwecken dienen; sie kann Rechte begründen (so die ErsitzgsFr des § 937 I), Rechte erlöschen lassen (so die AusschlußFr, Übbl 7 v § 194), eine dauernde Einr gg einen Anspr schaffen (so die VerjFr) od den Zeitraum abgrenzen, in dem eine Leistg zu erbringen ist (so die NachFr gem §§ 326 I, 634 I). Sie kann auf Ges, richterl Anordng od RGesch beruhen. Ihre Dauer kann dch einen unbest RBegriff („unverzügl", § 121 I S 1, „angem") bestimmt
4 w. – **b) Termin** iSd BGB ist ein best Ztpkt, an dem etwas geschehen soll od eine RWirkg eintritt (VGH Mü NJW **91**, 1250).

3) Grdlage der **Zeitberechnung** ist der 1582 eingeführte Gregorianische Kalender. Die gesetzl Zeit ist die mitteleuropäische Zeit (s ZeitG v 25. 7. 1978 BGBl I S 1110). Vgl dazu Ekrutt NJW **78**, 1844. 5

187 ***Fristbeginn.*** **[I] Ist für den Anfang einer Frist ein Ereignis oder ein in den Lauf eines Tages fallender Zeitpunkt maßgebend, so wird bei der Berechnung der Frist der Tag nicht mitgerechnet, in welchen das Ereignis oder der Zeitpunkt fällt.**

[II] Ist der Beginn eines Tages der für den Anfang einer Frist maßgebende Zeitpunkt, so wird dieser Tag bei der Berechnung der Frist mitgerechnet. Das gleiche gilt von dem Tage der Geburt bei der Berechnung des Lebensalters.

1) Nach der Ausleggsvorschrift des **§ 187 I** gilt für die FrBerechng der Grds der **Zivilkomputation**: Es wird nur nach vollen Tagen gerechnet. Der Tag, in dessen Lauf das für den FrBeginn maßgebde Ereign fällt, wird nicht mitgezählt, der folgde Tag ist der erste Tag der Fr. Dabei ist gleichgült, ob dieser Tag ein Sonnabend, Sonn- od Feiertag ist (RG Recht **37** Nr 1915). Die **Naturalkomputation** rechnet die Fr dagg in ihrer natürl Länge, also von Augenblick zu Augenblick. Sie ist bei Stunden- u MinutenFr anzuwenden. Die Auslegg kann jedoch ergeben, daß die Fr analog § 187 I erst mit dem Anfang der folgden Zeiteinh (Stunde, Minute) beginnen soll. Eine Fr von 24 oder 48 Stunden ist iZw als StundenFr zu verstehen (Staud/Werner Rn 8), jedoch können auch 1 od 2 Tage gemeint sein. Bei einer FrSetzg „ab heute" rechnet das „heute" entspr § 187 I nicht mit (Kbg OLG **40**, 277). Unter § 187 I fallen auch die Fr gem § 477 (BGH NJW-RR **89**, 629) u § 651 g (Karlsr NJW-RR **91**, 54, Celle NJW-RR **96**, 372), die WiderrufsFr nach dem HausTWG u dem VerbrKrG (BGH **126**, 62, **129**, 374), die Fr für die Lohnfortzahlg (BAG NJW **61**, 479), die ZahlgsFr des VersR (RG JW **38**, 683). Die **Verzinsung** beginnt beim Darl am Tag nach dem Empfang (Karlsr NJW **88**, 75, Ffm VersR **96**, 385, Pleyer/Huber DB **89**, 1859) u endet mit dem Ablauf des Auszahlgstages (Borges WM **98**, 106). Auch bei Verzug u RHängigk gilt für den Zinsbeginn § 187 I entspr (BGH NJW-RR **90**, 519, für eine stundengenaue Abrechng Zimmermann JuS **91**, 231). 1

2) § 187 II enthält Abw von der Regel des I. – **a)** Ist für den FrAnfang der Beginn eines Tages maßgebd, so zählt dieser Tag gem II 1 mit. Wird ein noch nicht vollzogener Miet- od ArbVertr gekündigt, beginntdie KündFr iZw mit dem Zugang der Künd (BGH **73**, 353, BAG NJW **87**, 148); beginnt die Fr nach dem PartWillen erst mit dem Ztpkt des vereinbarten Vollzugs des VertrVerh, gilt II 1 (BAG NJW **80**, 1015): Der erste VertrTag rechnet daher mit. Auch die AusleggsFr des BauGB 3 II u entspr Fr fallen unter II 1 (GmS-OGB BGH **59**, 396). Ges, die am Tag der Verkündg in Kraft treten, gelten vom Beginn dieses Tages an (RG **91**, 339). – **b)** Bei der Berechng des **Lebensalters** w der Geburtstag entgg I mitgerechnet **(II 2)**. Volljährigk tritt also mit dem Beginn des 18. Geburtstages ein. Das gilt ebso für die strafrechtl Verantwortlichk (RGSt **35**, 37). Wer am Monatsersten geboren ist, vollendet sein Lebensjahr mit Ablauf des vorhergehenden Monats; für den am 1. 8. Geborenen beginnt der Ruhestand daher am 31. 7. (s BVerwG **30**, 168, BAG DB **65**, 1368). Wer in einem Schaltjahr am 29. 2. geboren worden ist, steht in Nichtschaltjahren einem am 1. 3. Geborenen gleich, da sein Lebensjahr gem § 188 II mit Ablauf des 28. 2. endet. 2 3

3) § 187 betrifft den Fall, daß der FrBeginn dch Ges, gerichtl Vfg od RGesch festgelegt ist u das FrEnde ermittelt w soll. Er ist aber entspr anwendb, wenn die Fr, wie iF der §§ 1615 l, AFG 141 b I, MSchG 9, UmwG 5 III von einem **Endzeitpunkt** (Geburt, Termin einer Versammlg usw) aus zu berechnen ist; gem § 187 I zählt der Tag des fristauslösden Ereign (Endtermin) nicht mit (BSG ZIP **95**, 935/940, BAG FamRZ **86**, 901, Krause NJW **99**, 1448).. Das gilt auch für die mit dem Antr auf Eröffng des InsVerf beginnde AnfFr (InsO 139). 4

188 ***Fristende.*** **[I] Eine nach Tagen bestimmte Frist endigt mit dem Ablaufe des letzten Tages der Frist.**

[II] Eine Frist, die nach Wochen, nach Monaten oder nach einem mehrere Monate umfassenden Zeitraume – Jahr, halbes Jahr, Vierteljahr – bestimmt ist, endigt im Falle des § 187 Abs. 1 mit dem Ablaufe desjenigen Tages der letzten Woche oder des letzten Monats, welcher durch seine Benennung oder seine Zahl dem Tage entspricht, in den das Ereignis oder der Zeitpunkt fällt, im Falle des § 187 Abs. 2 mit dem Ablaufe desjenigen Tages der letzten Woche oder des letzten Monats, welcher dem Tage vorhergeht, der durch seine Benennung oder seine Zahl dem Anfangstage der Frist entspricht.

[III] Fehlt bei einer nach Monaten bestimmten Frist in dem letzten Monate der für ihren Ablauf maßgebende Tag, so endigt die Frist mit dem Ablaufe des letzten Tages dieses Monats.

1) Eine **nach Tagen** best Fr endigt vorbehaltl des § 193 mit Ablauf des letzten FrTages (I). Eine Fr von 8 Tagen kann als WochenFr zu verstehen sein. Die in einer behördl Vfg gesetzte Fr von 8 Tagen bedeutet iZw 8 volle Tage (RG DR **44**, 909). Entspr best HGB 359 II für HandelsGesch; im WechselR gilt diese Auslegg gem WG 36 IV in jedem Fall. Bei einer Befristg bis zu einem best Tag gehört dieser noch zur Fr (RG **105**, 419). 1

2) Bei den **längeren Fristen** des **II** ist zu unterscheiden: – **a)** Fällt das für den FrBeginn maßg Ereign in den Lauf eines Tages (§ 187 I), so endet die Fr mit dem Ablauf des entspr Wochen- od Monatstages. Bsp: Das maßg Ereign fällt auf den 4. 4., FrEnde 4. 5. Fehlt der entspr Monatstag, endet die Fr mit Ablauf des letzten Monatstages. **(III)** Bsp: FrBeginn 31. 1., FrEnde 28. 2. Dagg endet eine am 28. 2. beginnde Fr am 28. 3. u nicht erst am 31. 3. (BGH NJW **84**, 1358, aA Celle OLGZ **79**, 360). – **b)** Fängt der FrLauf bereits mit dem Beginn des Tages an (§ 187 II), so endet die Fr mit Ablauf des vorhergehden Tages (s auch § 187 Rn 3). Bsp: FrBeginn Mittwoch, FrEnde Dienstag. 2 3

4 **3) Sonstiges. – a)** Die zur FrWahrg notw Hdlg darf grdsl bis zum Ablauf des letzten Tages (24 Uhr) vorgenommen w. Ist eine **Mitwirkung** des and Teils erforderl, ist dieser aber nur bis zum Ende der übl Zeit zur Mitwirkg verpflichtet, der Kaufmann bis zum Ende der gewöhnl GeschZeit (HGB 358), die Behörde bis Dienstschluß (BGH **23**, 310). Entspr ist abzugrenzen, wenn es auf den Zugang der Erkl ankommt (§ 130
5 Rn 6f). – **b)** Zur Fr gehört auch ihr **Endzeitpunkt**; was mit FrEnde eintritt, tritt innerh der Fr ein: Der Ablauf des letzten FrTages gehört rechtl noch zu diesem Tag (BAG NJW **66**, 2081, LAG Düss MDR **97**, 856). Was nach Mitternacht geschieht, geschieht dagg rechtl am nächsten Tag.

189 ***Halbes Jahr, Vierteljahr, halber Monat.*** **[I] Unter einem halben Jahre wird eine Frist von sechs Monaten, unter einem Vierteljahre eine Frist von drei Monaten, unter einem halben Monat eine Frist von fünfzehn Tagen verstanden.**

[II] Ist eine Frist auf einen oder mehrere ganze Monate und einen halben Monat gestellt, so sind die fünfzehn Tage zuletzt zu zählen.

1 § 189 enthält aus sich heraus verständl Ausleggsvorschriften. Eine am 20. 1. beginnende Fr von 1½ Monaten endet gem § 189 II am 7. 3., währd sie bei umgekehrter Rechenreihenfolge schon am 4. 3. ablaufen würde. Eine vertragl Fr von 4 Wochen darf nur dann einem Monat gleichgesetzt w, wenn ausr Anhaltspunkte für einen entspr PartWillen vorhanden sind (MüKo/v Feldmann Rn 1).

190 ***Fristverlängerung.*** **Im Falle der Verlängerung einer Frist wird die neue Frist von dem Ablaufe der vorigen Frist an berechnet.**

1 Materiellrechtl Fr können auch noch nach ihrem Ablauf verlängert w (BGH **21**, 46). Entspr gilt im öff Recht (VwVfG 31 VII, AO 109 I) u auch im VerfR (BAG GrS NJW **80**, 309, BGH GrS **83**, 219), vorausgesetzt der VerlängergsAntr ist vor FrAblauf gestellt worden (BGH **116**, 377). § 190 ist sowohl auf laufde als auch auf abgelaufene Fr anzuwenden. Bei einer abgelaufenen Fr läuft die Verlängerg iZw nicht erst von der Bewilligg, sond vom Ende der ursprüngl Fr ab (Karlsr DB **71**, 1410). Da die alte u die neue Fr eine Einh bilden, hat es auf die Länge der GesFr keinen Einfluß, daß das Ende der ursprüngl Fr auf einen Sonnabend, Sonntag od Feiertag fiel (Ziegeltrum JuS **86**, 710). Bei prozessualen Fr läuft die Verlängerg dagg erst ab Ablauf des nächstfolgden WkTages (BGH **21**, 45, *arg* ZPO 224 III). § 190 ist unanwendb, wenn anstelle der ursprüngl Fr eine neue Fr bestimmt w (Ausleggsfrage); deren Beginn richtet sich nach § 187.

191 ***Berechnungen von Zeiträumen.*** **Ist ein Zeitraum nach Monaten oder nach Jahren in dem Sinne bestimmt, daß er nicht zusammenhängend zu verlaufen braucht, so wird der Monat zu dreißig, das Jahr zu dreihundertfünfundsechzig Tagen gerechnet.**

1 Bsp für Fr, die unter § 191 fallen, sind: Verpfl eines GeschReisden, mind 9 Monate des Jahres auf Reisen zu sein; Aufl, ein vermachtes Grdst 6 Monate im Jahr zu bewohnen; Urlaub von 3 Monaten, sofern er nicht zushängd genommen zu werden braucht (Mot I 286). § 191 ist auf die Hemmg der Verj nicht anwendb (§ 205 Rn 1).

192 ***Anfang, Mitte, Ende des Monats.*** **Unter Anfang des Monats wird der erste, unter Mitte des Monats der fünfzehnte, unter Ende des Monats der letzte Tag des Monats verstanden.**

1 Für Anfang, Mitte u Ende der Woche fehlt eine ges Ausleggsregel. Unter Beginn der Woche ist iZw der Montag zu verstehen, unter Mitte der Woche der Mittwoch, unter Ende der Woche der Sonnabend, falls ArbTage gemeint sind, iZw der Freitag. Die Bedeutg von Jahreszeitangaben wie Frühjahr od Herbst richtet sich nach der VerkSitte des Leistgsortes (HGB 359). Fehlt eine solche, ist der kalendermäß Anfang der Jahreszeit bzw ihr Ende entscheidd.

193 ***Sonn- und Feiertage; Sonnabende.*** **Ist an einem bestimmten Tag oder innerhalb einer Frist eine Willenserklärung abzugeben oder eine Leistung zu bewirken und fällt der bestimmte Tag oder der letzte Tag der Frist auf einen Sonntag, einen am Erklärungs- oder Leistungsorte staatlich anerkannten allgemeinen Feiertag oder einen Sonnabend, so tritt an die Stelle eines solchen Tages der nächste Werktag.**

1 **1) Allgemeines.** Die Vorschr gilt seit 1965 auch für den FrAblauf am Sonnabend. Sie bezweckt die Wahrg der Sonn- u Feiertagsruhe u berücksichtigt, daß sich in Wirtsch u öff Verw weitgehd die 5-Tage-Woche dchgesetzt hat. **Parallelvorschriften** enthalten ZPO 222 II, FGG 17 II, StPO 43 II, StGB 77b I 2, WG 72, ScheckG 55, VwVfG 31 III, AO 108 III.

2 **2) Voraussetzungen. – a)** § 193 gilt für Fr u Termine (§ 186 Rn 3f), die für die Abgabe einer **Willenserklärung** od zum Bewirken einer **Leistung** best sind. Bei den WillErkl ist gleichgült, ob zu ihrer Abgabe eine RPfl besteht od sie nur der Wahrg eig Rechte dient (BGH **99**, 291). Die Vorschr ist auf geschäftsähnl Hdlgen (Übbl 6 vor § 104), etwa auf Anzeigen gem § 485 od HGB 377, entspr anwendb, ebso auf **Prozeßhandlungen**, soweit diese zugl eine materiellrechtl Wirkg haben. Sie gilt daher für die zur Unterbrechg der Verj erhobene Klage (RG **151**, 347, BGH WM **78**, 464), die AnfKlage im InsVerf (BGH NJW **84**, 1559), den Widerruf eines Vergl (BGH NJW **78**, 2091), die Fr für die Inanspruchnahme aus einer

Bürgsch (BGH **99**, 291) u die vom Ger bewilligte RäumgsFr (LG Hbg NJW-RR **90**, 657). Ist am letzten Tag der Fr keine Hdlg vorzunehmen, sond tritt ledigl eine RWirkg ein (Bsp: VerwZustellg drei Tage nach Aufg des Briefes zur Post), ist § 193 unanwendb (VGH Mü NJW **91**, 1250). – **b)** Für **Kündigungsfristen** gilt 3
§ 193 nicht, da sie den Gekündigten zu ihrem Schutz unverkürzt zur Vfg stehen müssen (BGH **59**, 267, VersR **83**, 876, BAG NJW **70**, 1470, DB **77**, 639). Eine Künd am 1. 9. mit einer Fr von 1 Monat wirkt daher auch dann erst zum 1. 11., wenn der 31. 8. ein Sonntag war. Auch die für Versammlgen geltden EinladgsFr (bei Verein, AG, GmbH) fallen nicht unter § 193, da mit ihrem Zweck, dem Geladenen eine ausr Prüfgs- u Überleggszeit zu verschaffen, eine Abkürzg unvereinb ist. Anwendb ist § 193 dagg, wenn sich ein Vertr verlängern soll, falls die Verlängerg nicht bis zu einem best Zeitpkt abgelehnt w; die „Künd" ist in diesem Fall keine wirkl Künd, sond eine WillErkl, dch die das Angebot zur VertrVerlängerg abgelehnt w (BGH NJW **75**,
40). – **c)** Als Ausleggsregel ist § 193 unanwendb, sow dch Ges od RGesch etwas **anderes bestimmt** ist. 4
StundenFr fallen iZw nicht unter § 193. Auch bei TagesFr kann die Auslegg ergeben, daß § 193 nicht gelten soll. Handelt es sich um eine Leistg, die für ein Wochenende best ist (zB Festzelt), ist § 193 stillschw abbedungen. Keine Geltg hat § 193 für die Berechng einer VertrStrafe nach VOB/B 11 Nr 3 (BGH NJW **78**, 2594) u den Eintritt einer Bdgg (Staud/Werner Rn 13).

3) Rechtswirkungen. § 193 verlängert die Fr oder verschiebt den Termin, bedeutet aber nicht, daß die 5
Erkl od Leistg am nächstfolgden Werktag auf den best Tag zurückwirkt (Ffm NJW **75**, 1971). Er läßt die Fälligk unberührt, so daß bei einer Zahlg am Montag uU für den Sonnabend u Sonntag Zinsen zu entrichten sind (Ffm aaO). Die Vorschr verbietet nicht, daß der Begünstigte am Wochenende (Feiertag) leistet od die Erkl abgibt. Der and Teil kann seine Mitwirkg an diesen Tagen nur ablehnen, wenn Treu u Glauben od die VerkSitte (§§ 157, 242) das rechtfertigen.

4) Gesetzliche Feiertage sind im ges Bundesgebiet: Neujahr, Karfreitag, Ostermontag, Christi Himmel- 6
fahrt, 1. Mai, Pfingstmontag, 3. Oktober, 1. u. 2. Weihnachtstag. Die Anerkenng des 3. 10. beruht auf BundesR (EinigsV 2 II), die der übrigen Feiertage auf LandesR. Vgl zu den weiteren landesgesetzl Feiertagen die Nachw bei Staud-Werner Rn 4. Tage, die keine *gesetzl* Feiertage sind, an denen die Beh aber üblicherw nicht arbeiten, wie der 24. 12. (VGH Mannheim NJW **87**, 1353) od der 31.12. (OVG Hbg NJW **93**, 1941), fallen nicht unter § 193.

Fünfter Abschnitt. Verjährung

Überblick

1) Begriff. Zeitablauf kann unabhäng vom Willen der Part kr Ges die RLage verändern; er kann Rechte 1
entkräften od begründen. Im gemeinen Recht bezeichnete man beide mögl Einwirkgen des Zeitablaufs als Verj u unterschied daher zw erlöschder u erwerbder Verj. Diesen weiten VerjBegriff hat das BGB nicht übernommen. – **a) Verjährung** iSd §§ 194 ff ist der Zeitablauf, der für den Schu das Recht begründet, die 2
Leistg zu verweigern. Sie greift nur ggü Anspr dch (§ 194) u führt nicht zum Erlöschen des Anspr, sond zur Begründg eines dauernden LeistgsVR (§ 222 I). Ausnw kann die Verj aGrd von sondergesetzl Regelgen aber auch den Anspr erlöschen lassen (§ 222 Rn 7); sie steht dann in ihrer Wirkg einer AusschlußFr gleich (Rn 7). – **b)** Den RErwerb dch Zeitablauf nennt das BGB **Ersitzung.** Sie betrifft nur dingl Recht u ist für bewegl Sachen in §§ 937 ff, 1033, für Grdst u Schiffe in § 900 u SchiffsRG 5 geregelt. – **c)** Nicht in das BGB 3
übernommen, aber in den dem LandesR vorbehaltenen RGebieten wirks geblieben, ist die **unvordenkliche Verjährung** (BayObLGZ **82**, 406). Sie setzt voraus, daß der als Recht beanspruchte Zustand 40 Jahre als Recht besessen worden ist u daß weitere 40 Jahre vorher keine Erinnerung an einen and Zustand seit Menschengedenken bestanden hat (BGH **16**, 238, BayObLG **94**, 139).

2) Obwohl nach den §§ 194 ff scheinb nur ein wirkl bestehder Anspr verjähren kann, hat die Verj vor allem 4
den **Zweck**, dem Schu die Abwehr unbegründeter Anspr zu erleichtern (Mot I 291, BGH BB **93**, 1395). Soweit die Verj begründete Anspr betrifft, ist sie dch den Gedanken des SchuSchutzes u des RFriedens gerechtfertigt (BGH **128**, 82, Heinrichs, Karlsr Forum **91**, 3 ff). – **a)** Die Verj ist ein zur Wahrg der **Interessen des Schuldners** unverzichtb RInstitut. Die „verdunkelnde Macht der Zeit" (Mot I 512) kann die BewPosition des Schu verschlechtern, der Zeitablauf kann ihn zugl um Regreßmöglichk bringen. Schutzbedürft ist auch die DispositionsFreih des Schu. Er kann nicht unbegrenzt Rücklagen für Risiken aus fr Gesch bilden u muß daher irgendwann allein aGrd von Zeitablauf berecht sein, den Anspr ohne ein Eingehen auf die Sache zurückzuweisen. – **b)** Als Rechtfertigg der Verj noch wichtiger ist der Gedanke des **Rechtsfriedens** u der RSicherh (BGH **59**, 74). Aus ihm ergibt sich, daß die Verj zugl auch dem Schutz öffentl Interessen dient. Tatsächl Zustände, die längere Zeit unangefochten bestanden haben, müssen im Interesse des RFriedens u der RSicherh als zu Recht bestehd anerkannt w (BGH NJW-RR **93**, 1060). – **c)** Der dch die Verj eintretde RVerlust ist idR auch deshalb gerechtfertigt, weil der Gläub ihn dch rechtzeit **Geltendmachung** des Anspr hätte **verhindern** können. Diese Möglichk ist aber keine notw Voraussetzg der Verj. Verj kann auch eintreten, wenn der Gläub von der Existenz des Anspr nichts wußte u auch nichts wissen konnte, so vor allem in den Fällen der §§ 477 u 638 (s BGH **77**, 223, **88**, 140), der VOB/B 13 Nr 4 u der BRAO 51 b, StBerG 68 (BGH **83**, 19). Das ist im Grds sachgerecht; im Konflikt zw GläubSchutz einerseits sowie SchuSchutz u RFrieden andseits, verdienen letztere den Vorrang. VerjFr sollten aber so bemessen sein, daß der Gläub typw die faire Chance hat, seinen Anspr dchzusetzen. Das trifft auf die angeführten Fr nicht zu; ihre Verlängerg im Zuge einer Reform des VerjR (Rn 5) ist daher dringd erwünscht. – **d)** Die Verj dient zugl dem Bedürfn des WirtschVerk nach einer beschleunigten Abwicklg von RVerhältn (BGH NJW **83**, 390) u entlastet die Ger von Streitigk über veraltete Anspr. Dabei handelt es sich aber nur um **Nebenzwecke,** nicht um Gesichtspkte, die die Verj im Hinblick auf GG 14 rechtfertigen.

5 **3)** Das VerjR des BGB u seiner NebenGes entspr nicht mehr den Bedürfn des R- u WirtschVerk u bedarf dringd einer **Reform** (s Peters/Zimmermann Reformgutachten SchuldR, 1981, I S 77–374, Heinrichs Karlsr Forum **91**, 3 ff). Die regelmäß VerjFr von 30 Jahren (§ 195) ist zu lang, die VerjFr des GewährleistgsR u einige and VerjFr (BRAO 51 b, StBerG 68) sind zu kurz od wg ihres Beginns unabhäng von der Kenntn des Berecht problemat, die Vielzahl von unterschiedl, sich zT überschneidden VerjFr kompliziert die RAnwendg, die Einordng der auf RichterR beruhden Anspr in das System der VerjFr bereitet Schwierigk, der kasuistisch gefaßte § 196 steht mit dem heutigen Entwicklgsstand von Wirtsch u Technik nur noch teilw im Einklang. Ein dem geltden Recht vor allem dch größere Klarh u Einfachh überlegene VerjRegelg enthalten die Vorschläge der **Schuldrechtskommission** (vgl den Abschlußbericht, 1992 u Rabe NJW **92**, 2395, krit Unterrieder, Die regelmäß Verj, 1999, S 262 ff). Es ist zZ aber offen, ob u ggf wann sie in das GesGebgsVerf
6 eingebracht w. – Die **Auslegung der Verjährungsvorschriften** muß versuchen, die bestehden Unzulänglichk zu mildern. Die Rspr geht in einigen Entsch davon aus, daß das VerjR eine formale Regelg darstelle u daher im Interesse der RSicherh in enger Anlehng an den Wortlaut des Ges ausgelegt w müsse (BGH **53**, 47, **59**, 326). Dabei handelt es sich aber um einen Grds, der Ausn nicht ausschließt. Auch im VerjR hat die Rspr die Aufg, das Recht an die sich ändernden Verhältn anzupassen (s BGH **80**, 281, wonach Lufttransportunternehmen „Frachtfuhrleute" iSd § 196 I Nr 3 sind). Bei seiner Auslegg muß letztl dem GesZweck der Vorrang vor dem GesWortlaut eingeräumt w (s BGH **54**, 268, **59**, 165); auch eine analoge Anwendg von Vorschr des VerjR ist nicht ausgeschl (s BGH **58**, 122, **117**, 174, **119**, 35, NJW **93**, 1848, NJW-RR **93**, 1060).

7 **4) Sonstige Einwirkungen des Zeitablaufs auf Rechte. – a) Ausschlußfrist. – aa)** Sie unterscheidet sich von der Verj dch ihre Wirkg. Bei der AusschlußFr endet das Recht mit FrAblauf (RG **128**, 47), die Verj begründet dagg nur ein LeistgsVR (§ 222). Der Ablauf der AusschlußFr ist im RStreit vAw zu beachten, der der VerjFr nur auf Einr. Währd die Verj nur Anspr erfaßt (§ 194), betrifft die AusschlußFr auch and Rechte, vor allem GestaltgsR (zB §§ 121, 124, 148, 532, 626 II, 1944, 1949), ausnw aber auch Anspr (zB §§ 561 II, 611 a IV, 651 g I, 801 I 1, 864, ProdHaftG 13, 12), so vor allem iF der Begrenzg der Nachhaftg dch HGB 160, 26 u BGB 736 II. Wo es sich um Verj handelt, spricht das BGB von „verjährt"; bei AusschlFr gebraucht es Wendgen wie „kann nur . . . erfolgen", „das Recht erlischt", „ist ausgeschlossen." Bei den Fr and Ges u
8 vereinb Fr ist es Ausleggsfrage, ob sie als Ausschl- od VerjFr aufzufassen sind. – **bb)** Die Frage der **Anwendbarkeit von Verjährungsvorschriften** auf AusschlFr läßt sich nicht allg, sond nur von Fall zu Fall nach Sinn u Zweck der jeweil EinzelVorschr entscheiden (BGH **43**, 237, **73**, 102, WM **82**, 1172). Für einz AusschlußFr bestehen TVerweisgen auf das VerjR (§§ 124 II, 210, 215 II, 802, 1002, 1600 b VI ,1944, 1954, 2082, 2283, HGB 160 I 3, ua; sog geschwächte AusschlußFr). Auch bei Fehlen derart Verweisgen (sog „strenge" AusschlußFr) ist uU eine entspr Anwendg von Vorschr des VerjR geboten. Das gilt vor allem für die Best über die AblaufHemmg (§ 206 Rn 2), kann aber auch für and Vorschr zutreffen (BGH **53**, 272 zu § 210; BGH **83**, 270 zu § 209 II Nr 3). Unanwendb auf AusschlußFr sind dagg § 208 (RG **128**, 47, **151**, 347), § 209 II 1 (BGH NJW **93**, 1585, aA LG Ffm NJW-RR **95**, 866), § 209 II 1 a (Hbg MDR **93**, 328), § 211 II (Köln FamRZ **92**, 1220), § 212 II (dort Rn 2) u § 217 (BAG NJW **80**, 359); iF von HGB 612 w man § 208 aber anwenden können (Prüßmann-Rabe SeehandelsR § 612 HGB Anm C 1 a, aA BGH **112**, 101). Zur Anwendg der §§ 203 ff auf die erbrechtl Ausschlußfristen der §§ 1944 I, 1954 IV, 2082 II s dort. Auf tarifl AusschlFr findet weder § 211 noch § 212 Anwendg (BAG DB **92**, 1147). Die Grds über die unzul RAusübg gelten auch für AusschlußFr (§ 242 Rn 62); dagg ist eine Wiedereinsetzg in den vorigen Stand ausgeschlossen
9 (KG NJW-RR **97**, 643). – **b)** Die **Verwirkung** unterscheidet sich nach Voraussetzgen u Wirkg grdlegd von der Verj. Vgl § 242 Rn 87 ff.

10 **5) Unzulässige Rechtsausübung. – a)** Die VerjEinr ist unbeachtl, wenn sie gg das Verbot unzul RAusübg (§ 242 Rn 38 ff) verstößt. Dabei ist ein strenger Maßstab anzulegen (BGH NJW **88**, 2247). Die Einr ist nicht schon deshalb mißbräuchl, weil der Schu weiß, daß der Anspr zu Recht besteht (Mot I 296), od weil der Gläub wg des Ansehens od der Stellg des Schu nicht mit der VerjEinr gerechnet hat; auch öffr Körpersch können sich ggü ihren Bediensteten grdsl auf Verj berufen (BAG NJW **67**, 174, s aber Rn 14). Unzul ist die VerjEinr, wenn der Schu den Gläub dch sein Verhalten von der rechtzeit Klagerhebg abgehalten hat od wenn der Gläub nach obj Maßstäben darauf **vertrauen** durfte, sein Anspr werde auch ohne RStreit befriedigt od vom Schu nur mit Einwendgen in der Sache bekämpft (BGH **93**, 66, NJW **88**, 266, 2247, stRspr). Dabei genügt es, daß der Schu den Gläub unabsichtl an der VerjUnterbrechg gehindert hat (BGH **9**, 5, **71**, 96). Erforderl ist ein UrsZushang zw dem Verhalten des Schu u der FrVersäumg des Gläub (BAG NJW **97**, 3461). Bloßes Schweigen begründet aber keinen Vertrauenstatbestd (BGH NJW **88**, 2247); es reicht auch nicht, daß der Gläub subj der Ans war, er könne noch zuwarten (BGH NJW **88**, 266). Der Schu muß sich das Verhalten seiner Vertreter u VhdlgsGeh zurechnen lassen, das seines **Haftpflichtversicherers** auch dann, wenn dieser (noch) keine ReguliergsVollm hat (BGH NJW **81**, 2243) od nicht od nur zT deckgspflicht ist (BGH VersR **78**, 533). Die Unzulässigk der VerjEinr beruht idR auf dem Verbot des *venire contra factum proprium* (§ 242 Rn 55). Sie kann sich aber auch aus dem Gedanken ergeben, daß niemand aus einem
11 **unredlichen Verhalten** Vorteile ziehen darf, so etwa, wenn der Schu dch falsche Anmeldg od häuf Wohngswechsel die rechtzeit Unterbrechg der Verj verhindert hat (Kbg HRR **41**, 111).

12 **b) Einzelfälle. – aa) Verhandeln** die Part über Grd od Höhe des Anspr, wird der Gläub dch § 242 geschützt, wenn er nach dem Verlauf der Vhdlgen darauf vertrauen durfte, der Schu sei mit der Zurückstellg der gerichtl Geltdmachg einverstanden u werde dem Anspr nur sachl Grde entgghalten (BGH **93**, 66, NJW **76**, 2345, **99**, 1101/1104, stRspr). Entspr gilt, wenn sich beide Teile auf Vhdlgen vor einer Schlichtgsstelle eingelassen haben (BGH NJW **83**, 2076) od bei einem wg § 225 unwirks **Verzicht** auf die VerjEinr (BGH NJW **86**, 1861, § 225 Rn 2). Ob ein Stillhalteabkommen die Anwendg von § 242 rechtf, ist dagg Frage des Einzelfalls (BGH VersR **82**, 422, NJW **90**, 1232). Bei Anspr aus Delikt od Gefährdgshaftg führen Vhdlgen zur **Hemmung** der Verj, § 852 II; gem § 651 g II 3, PflVG 3 Nr 3, HGB 439 III wird die Verj bereits dch Anmeldg des Anspr gehemmt (s BGH **83**, 165). Eine Hemmg der Verj tritt auch dann ein, wenn die Part ein
13 Stillhalteabkommen geschlossen haben (§ 202 Rn 8). – **bb) Verhalten im Prozeß.** Der Schu kann grdsl frei darüber entscheiden, ob u ggf wann er die VerjEinr erheben will (Brschw NJW-RR **89**, 800). Ist der Kläger

erst nach ProzBeginn AnsprInh geworden, kann sich der Bekl auch dann auf Verj berufen, wenn er sich zunächst sachl auf die Klage eingelassen hat, ohne die Aktivlegitimation zu beanstanden (BGH **LM** § 242 (Cb) Nr 4). Es verstößt auch nicht gg § 242, wenn die VerjEinr erst in der Berufgsinstanz od im NachVerf erhoben wird (Ffm MDR **81**, 228, Celle WM **93**, 1957) od wenn der Bekl sich zunächst auf eine KlErweiterg einläßt u später ggü der MehrFdg die VerjEinr erhebt (BGH NJW-RR **88**, 1195). Ggü dem RückgriffsAnspr des Versicherers ist die VerjEinr nicht desh ausgeschl, weil dieser die Erledigg des DeckgsProz abgewartet hat (BGH NJW **72**, 158). Es ist auch kein RMißbrauch, wenn der Schu in WettbewSachen auf das Abschlußschreiben nicht reagiert u nach Ablauf der VerjFr den Antr aus ZPO 926 stellt (BGH NJW **81**, 1955). Die Zustimmg zum NichtBetr od Ruhen des Verf macht die VerjEinr nicht mißbräuchl, *arg* § 211 II (BGH NJW **83**, 2498); and kann es liegen, wenn die Part einverständl den Ausgang eines MusterProz abwarten wollten (RG **145**, 245). – **cc) Unkenntnis, Irrtum.** Unkenntn von Beginn u Dauer der Verj gehen grdsl zu Lasten 14
des Gläub, es sei denn, daß der Schu eine ihm insoweit obliegde AufklPfl verletzt hat (Rn 16f). Haben sich beide Part über die VerjDauer geirrt, kann der Schu nach Aufkl des Irrt ohne Verstoß gg § 242 die VerjEinr erheben (Celle NJW **75**, 1603, AnwBl **79**, 20). Es ist auch kein RMißbrauch, wenn sich der Schu nach einer Änd der Rspr auf die maßgebde kürzere VerjFr beruft (BGH NJW **64**, 1022, BSG MDR **77**, 170). Dagg kann § 242 der VerjEinr entggstehen, wenn der Schu Anlaß zu der Annahme gegeben hat, es gelte eine längere VerjFr (BGH NJW-RR **89**, 1271), wenn zB die Sparkasse in ihren AGB von einer 35jähr VerjFr für Anspr aus Sparguthaben spricht (Ffm NJW **98**, 997), wenn die zust Behörde den Berecht dch ihr Verhalten an der rechtzeit Geltdmachg seines Anspr hindert (BVerwG **23**, 172, NVwZ **83**, 740), wenn eine öffr Körpersch ihre ArbN nicht über die Einräumg zusätzl Anspr unterrichtet (BAG NJW **57**, 558) od wenn der ArbG der ihm bekannten unricht Ans des ArbN nicht entggtritt, wg eines anhäng MusterProz sei eine gerichtl Geltdmachg des Anspr nicht erforderl (BAG **AP** § 242 Unzul RAusübg Nr 6).

c) Nach dem **Wegfall** der die Unzulässigk der RAusübg begründden Umstände beginnt keine neue 15
VerjFrist, auch § 205 (Hemmg) ist nicht anzuwenden; vielm bestimmt sich die Frist für die Geltdmachg des Anspr nach den Anfordergen des redl GeschVerkehrs u den Umst des Falles (RG **115**, 139). Das gilt auch für den wg § 225 nicht bindden Verzicht auf die VerjEinr (BGH NJW **74**, 1285, **78**, 1256, **79**, 867). Die dem Gläub zuzubilligde Fr ist knapp zu bemessen, 3 Monate sind zu lang (BGH NJW **59**, 96, **78**, 1256, VersR **98**, 1158/1160), die Höchstgrenze liegt idR bei 4 Wochen (Hbg VersR **78**, 45, Düss NJW **83**, 1435). 6 Wochen sind idR zu lang (BGH NJW **91**, 975), sie können aber ausnw nach bes langen Vhdlgen zul sein (BGH WM **77**, 870). Die Rückwirkg der Klagezustellg gem ZPO 270 III gilt auch hier (BGH NJW **74**, 1285), sofern der Gläub das weitere Verf zügig betreibt (BGH NJW **86**, 1861).

d) Hat Schu die Verj dch eine zum **Schadensersatz** verpfl Hdlg mitverursacht, muß er die Fdg als 16
unverjährt gelten lassen. Das gilt für den Untern, der den Handelsvertreter argl über die Entstehg von ProvAnspr getäuscht hat (BGH DB **77**, 2443, Stötter NJW **78**, 799), kann aber auch auf den Maklerkunden zutreffen (Kblz NJW-RR **91**, 881). Der **Rechtsanwalt** ist verpfl, den Mandanten rechtzeit vor FrAblauf auf mögl RegreßAnspr gg sich selbst hinzuweisen. Tut er das nicht, muß er den Mandanten wg pVV gem § 249 S 1 so stellen, als wäre der Anspr unverjährt (BGH **94**, 380, NJW **93**, 2751, **96**, 50, stRspr). Entspr gilt für den **Steuerberater** (BGH **83**, 22, **96**, 298, NJW **95**, 2107) u, wenn auch eingeschränkt, für den **Architekten** (BGH **71**, 149, **92**, 258, NJW **96**, 1278), nicht aber für den Versicherer (Hamm VersR **87**, 1081). Die SchadErsPfl setzt eine neue schuldh PflVerletzg voraus (BGH **94**, 380, **114**, 157, 354, NJW **94**, 2824, Zugehör NJW **95** Beil zu Heft 21 S 17); sie liegt beim RAnw od StBerater vor, wenn er keinen Hinw gegeben hat, obwohl er begründeten Anlaß zur Überprüfg seines fr Verhaltens hatte (BGH aaO, NJW **96**, 50); bei Mandatsende besteht keine Pfl, das gesamte Verhalten nochmals zu überprüfen (BGH BB **96**, 1858). Ein Anlaß zur Aufkl kann bei einer nochmal Konsultation iR des ursprüngl Auftr bestehen (BGH VersR **84**, 162), ebso iR eines neuen Mandats (BGH NJW **86**, 583); wird der RAnw hierbei als Angestellter eines and RAnw tät, trifft die HinwPfl aber diesen (BGH NJW-RR **90**, 460). Für die **Verjährung des Sekundäranspruchs** 17
gelten BRAO 51b, StBerG 68. Er verjährt 3 Jahre nach der Verletzg der AufklPfl, spätestens 3 Jahre nach Beendigg des Mandats (BGH **94**, 389, NJW **88**, 266); seine Verj kann beginnen, bevor die Verj des PrimärAnspr vollendet ist (BGH aaO). Die BelehrgsPfl erstreckt sich nicht auf die VerjFr für den SekundärAnspr (BGH **94**, 391, RAnw; NJW **95**, 2107, StBerater). Die Pfl, auch die des StBeraters (BGH NJW-RR **96**, 313), – od die Kausalität der PflVerletzg – entfällt, wenn der Mandant von einem and RA über die Regreßfrage beraten w (BGH NJW **85**, 1152, **94**, 1407, 2822), od wenn der vom Mandanten beauftragte ZweitAnw ohne Zeitdruck die Möglichk hatte, für die Unterbrechg der Verj zu sorgen (Hamm NJW-RR **99**, 935). Entspr gilt, wenn der Mandant in sonst Weise vom ErsAnspr u dessen Verj sichere Kenntn erhält (BGH NJW **87**, 326). Kenntn nur vom ErsAnspr genügt nicht (BGH NJW **85**, 2941). Vgl auch § 198 Rn 10.

6) Beweislast. Der Schu hat Beginn u Ablauf der VerjFr zu beweisen (BGH WM **80**, 534), der Gläub die 18
Voraussetzgen von Hemmg u Unterbrechg (Baumgärtel/Laumen § 194 Rn 2). Das gilt entspr für die AusschlußFr (Kblz OLGZ **76**, 459, Baumgärtel/Laumen § 186 Rn 1 mwNw, hM), jedoch muß der Berecht die Vorn der fristwahrden Hdlg beweisen (BayObLG NJW **67**, 57).

7) Intertemporales Recht. EGBGB 169 (Text im Schönfelder Nr 21), die ÜberleitgsVorschr zum VerjR 19
beim Inkrafttreten des BGB, hat dch Zeitablauf seine unmittelb Bedeutg verloren. Er ist aber als **Ausdruck eines allgemeinen Rechtsgedankens** entspr anzuwenden, wenn ein Ges ohne ÜberleitgsVorschr die VerjFr verändert, insbes verkürzt (BGH **73**, 365, NJW **61**, 25) od unverjährb Anspr der Verj unterstellt (BGH NJW **82**, 2385). Ersetzt das Ges den fr RZustand dch eine grdlegde Neuregelg, verjährt der fr entstandene Anspr nach altem Recht (BGH NJW **74**, 237). Unterwirft die Rspr einen Anspr in Änderg ihrer stPraxis einer kürzeren Verj, soll die für die gesetzl Abkürzg von VerjFr maßgebde SchutzVorschr des EG 169 II nicht anwendb sein (BGH NJW **64**, 1023, Einl 30v § 241). Für die Wiedereinführg des BGB in den neuen BLändern enthält EG Art 231 § 6 eine ParallelVorschr zu EG 169 (s Art 231 § 6 hinten unter NebenG).

194 ***Gegenstand der Verjährung.*** **I Das Recht, von einem anderen ein Tun oder ein Unterlassen zu verlangen (Anspruch), unterliegt der Verjährung.**

II Der Anspruch aus einem familienrechtlichen Verhältnis unterliegt der Verjährung nicht, soweit er auf die Herstellung des dem Verhältnis entsprechenden Zustandes für die Zukunft gerichtet ist.

1 **1) Allgemeines. – a)** § 194 I enthält eine **Legaldefinition** des Anspr: Er ist das Recht, von einem and ein Tun od Unterl zu verlangen. Tun ist jede denkb Hdlg, zB Zahlg, Abgabe einer WillErkl, Herausg einer Sache, Herstellg eines Werkes. Unterl ist jedes denkb Nichthandeln (Unterl von Wettbew, der FirmenFührg), insb auch das Dulden. Der Anspr richtet sich gg einen od mehrere best Dr. Seine Grdl kann ein RVerh des
2 SchuldR, des SachenR, des FamR od ErbR sein. – **b)** Der Verj unterworfen ist nach § 194 I allein der materiellrechtl **Anspruch,** nicht das prozessuale KlageR, so nicht das Recht, Feststellgs- od Gestaltgsklage zu erheben (Soergel-Walter Rn 14). Auch dingl, familien- u erbrechtl Anspr unterliegen grdsl der Verj (s aber Rn 11). Gg unklagb Anspr kann die Einr der Verj zur Abkürzg der AuseinandSetzg erhoben w, wenn (etwa iF des § 762 II) Streit über die Unklagbark besteht (Staud/Peters Rn 15). Für die Verj von **öffentlich-rechtlichen Ansprüchen** gelten in erster Linie die Vorschr des öffR. Bsp sind SGB I 25 II, 27, 45, AO 169, 170, 228, OBG*NRW* 41, 43 (BGH **72**, 273), *Bay*AGBGB 71. Soweit die öffr Vorschr weder direkt noch analog anwendb sind (s zu AO 169 BVerwG EWiR **95**, 639), sind die Vorschr des BGB entspr anzuwenden (*Hess*VGH DVBl **93**, 1318, § 195 Rn 13).

3 **2)** Rechte u RStellgen, die keine Anspr sind, können **nicht verjähren.** Das gilt vor allem für folgde Rechte: – **a) Gestaltungsrechte** geben die Befugn, dch einseit RGesch ein Recht zu begründen, aufzuheben od zu ändern (Übbl 17 v § 104). Bsp sind Künd, Anf, Rücktr u Aufr. Die Ausübg eines GestaltgsR kann RückabwicklgsAnspr begründen, die der Verj unterliegen. Das GestaltgsR selbst ist unverjährb; für seine
4 Ausübg können aber AusschlußFr (Übbl 7 v § 194) bestehen. – **b) Absolute Rechte,** wie Eigtum, PersönlichkR u UrheberR, wirken gg jedermann (Einl 3 v § 854). Sie sind daher kein Anspr u können nicht verjähren. Wird das absolute Recht verletzt, entsteht aus ihm aber ein Anspr, etwa auf Herausg (§ 985), Unterl (§§ 1004, 12) od SchadErs (§ 823). Dieser Anspr unterliegt (vorbehaltl § 902) der Verj (Mager AcP **193**, 68), die jedoch das absolute Recht unberührt läßt. Auch wenn der HerausgAnspr des Eigtümers gg den Besitzer (§ 985) verjährt ist, bleibt ihm das Eigtum (s RG **138**, 296, 300, Plambeck, Die Verj der Vindikation, 1997). Dieses ist prakt leerlaufd; es kann aber wieder von Bedeutg w, wenn die Sache an einen Dritten gelangt, der
5 sich nicht auf die Verj berufen kann. – **c)** Das **Recht zum Besitz** (§ 986) ist eine dauernde Befugn u kein Anspr. Der Verkäufer kann daher das verkaufte u übergebene Grdst auch dann nicht vom Käufer zurück-
6 verlangen, wenn dessen AuflAnspr verjährt ist (BGH **90**, 270). – **d) Einreden** (LeistgVR). Selbständige Einr, die nicht auf einem GgAnspr beruhen, sind unverjährb (allgM). Zu ihnen gehört nach hM auch die Einr des nicht erfüllten Vertr (s RG **149**, 328, Mot I 291, Roth, Einrede des Bürgerl R, 1988, 56, aA – für Anwendg des § 390 – BGH **53**, 125). And liegt es bei unselbständ Einr; sie verjähren mit dem Anspr, von dem sie abgeleitet sind. Ausn: §§ 478, 490, 639, 821, 853. Das ZbR des § 273 bleibt in entspr Anwendg des § 390 S 2 trotz Verj des GgAnspr bestehen, wenn die Verj bei Entstehg des Anspr des Gläub noch nicht vollendet
7 war (BGH **48**, 116, **53**, 122). – **e) Dauerschuldverhältnisse** (Einf 17 ff v § 241), zB MietVerh, sind als solche unverjährb; nur die einz aus ihnen erwachsenen Anspr unterliegen der Verj (BGH **LM** § 138 (Bb) Nr 51 Bl 3). Für die **Leibrente** u ähnl Verpfl zu wiederkehrden Leistgen ist aber anerkannt, daß auch das **Stammrecht** (der GesAnspr) der Verj unterworfen ist (RG **136**, 432, BGH NJW **73**, 1684, aA Staud/Peters Rn 16). Mit ihm verjähren zugl die EinzelAnspr (RG u BGH aaO). Bei delikt RentenAnspr (§§ 843 II, 844 II) gilt für die Verj des StammR § 852 (BGH aaO); sonst ist mangels bes Vorschr idR § 195 anzuwenden.

8 **3) Anspruchskonkurrenz. – a)** Begründet ein u ders Sachverhalt mehrere nebeneinand bestehde Anspr, so verjährt grdsl jeder Anspr **selbständig** in der für ihn maßgebden Frist (BGH **9**, 303, **66**, 315, **100**, 201, **116**, 300). Das gilt zB für den RückgabeAnspr aus Vertr u Eigt (BGH **LM** § 989 Nr 2), den BerAnspr u den Anspr auf SchadErs (BGH **56**, 319) sowie idR für SchadErsAnspr aus Vertr u Delikt (BGH **9**, 303, **66**, 315, **100**, 201). Der für eine AnsprGrdl geltde HemmgsTatbestd (Bsp: § 852 II) kann aber nach seinem Schutz-
9 zweck auch auf konkurrierde Anspr (Bsp: aus § 558) anzuwenden sein (BGH **93**, 66). – **b)** Ausnw besteht ein **Vorrang** der **kurzen Verjährung,** wenn sie nach ihrem Schutzzweck auch die konkurrierden Anspr erfassen will. Das ist insb anzunehmen, wenn das Recht des Gläub, nach Verj des VertrAnspr weiterhin Anspr aus Delikt od and RGrden geltd zu machen, die gesetzl Regelg über die kurze Verj aushöhlen würde (BGH **66**, 317). Die kurzen VerjFr der §§ 558, 606, 1057 gelten daher auch dann, wenn der ErsAnspr des Vermieters (Verleihers) wg Verschlechterg der Sache auf unerl Hdlg, GefährdgsHaftg od Eigt gestützt w (§ 558 Rn 7). Das gilt umgekehrt ebso für den Anspr des Mieters auf VerwendgsErs (BGH NJW **74**, 744). In der Fr des § 197 verjährt neben dem Anspr aus § 557 zugl der aus § 286 u § 812 (BGH **68**, 309, krit Heckelmann NJW **77**, 1335). Der SchadErsAnspr gg den HandlgsGeh aus unzul Wettbew verjährt auch insow in der Fr des HGB 61 II, als er auf unerl Hdlg gestützt w (BAG NJW **86**, 2527). Die VerjFr des BinnSchG 117 erfaßt Anspr aus jedem RGrd (BGH **76**, 312, NJW **81**, 2576), die Verj gem UWG 21 erfaßt auch Unterl- u SchadErsAnspr, die auf Verletzg einer dch Unterwerfg entstandenen vertragl UnterlPfl beruhen (BGH **130**, 289, Bär-Boyssière NJW **96**, 1657, aA Köhler GRUR **96**, 231), nicht aber VertrStrafAnspr (BGH aaO); sie geht uU der aus § 852 vor (BGH **36**, 256, Einzelh § 852 Rn 1). Unanwendb ist die kurze VerjFr des HGB 113 III dagg, wenn der WettbewVerstoß des Gesellschafters zugl eine and VertrVerletzg enthält (Düss OLGZ **70**, 328); GmbHG 43 IV ist nicht anzuwenden, wenn die PflVerletzg des GeschFü zugl eine Untreue darstellt (BGH **100**, 199) od einen Verstoß gg seine gesellschrechtl TreuePfl enthält (BGH NJW **82**, 2869, **99**, 781). Auf den konkurrierden delikt SchadErsAnspr ist die kurze VerjFr des § 477 nicht anzuwenden (BGH **66**, 315, **67**, 366); das gilt ebso iF des § 638 (BGH **55**, 397). CMR 32 Nr 1 umfaßt Anspr jeder Art, soweit sie mit der Güterbeförderg zushängen (BGH NJW **72**, 1003, **79**, 2474, stRspr). Entspr gilt nach HGB 439 für die Verj von Anspr gg den FrachtFü u Spediteur (and nach fr Recht BGH **9**, 304, **116**, 299).

10 **4)** Bei **gemischten Verträgen** gelten für die Verj die Grds, die allg für die rechtl Behandlg von gemischten Vertr maßgebd sind (Einf 24 ff v § 305). Für jede Leistg sind die VerjVorschr des betreffden VertrTyps heranzuziehen (BGH **70**, 361). Das gilt auch für den typ Vertr mit andersart Nebenleistg. Beim KaufVertr mit einer WkNebenleistg sind daher für die Verj von WkMängeln die §§ 638 f maßgebd (vgl BGH **63**, 312, NJW

83, 2441). Kollidieren versch gesetzl Vorschr, ist das Recht des VertrTyps anzuwenden, der den rechtl od wirtsch Schwerpkt bildet. Bei einem Vertr über die Herstellg einer EigtWo (eines Hauses) u die Veräußerg eines GrdstAnteils verjährt der VergütgsAnspr daher einheitl in der Fr des § 196 I Nr 1 (BGH **72**, 232, **74**, 275, Hamm NJW-RR **91**, 89). Das gilt auch dann, wenn der Vertr wie ein KaufVertr ausgestaltet ist u die Herstellg der Wo (des Hauses) in einem fr geschlossenen AnwartschVertr geregelt ist (BGH NJW **81**, 273). Haben die Part für das Grdst u die Bauleistg getrennte Entgelte vereinb, gilt § 196 I Nr 1 dagg nur für den VergütgsAnspr hins der Bauleistg (Düss OLGZ **77**, 200, s aber § 196 Rn 10).

5) Grdsl verjähren **alle Ansprüche.** Ausn enthalten §§ 758, 898, 902 (vgl aber § 1028), 924, 1138, 11
2042 II. Anspr aus einem **familienrechtlichen Verhältnis** verjähren nicht, soweit sie **auf Herstellung** des dem Verhältn entspr Zustandes für die Zukunft gerichtet sind **(II).** Das gilt auch für die im famrechtl Verhältn wurzelnden Ansprüche gg Dritte, zB dem Anspr auf Kindesherausg (§ 1632). Unverjährbark ist bedeuts für §§ 1353, 1356, 1360, 1361, 1619, 1632. UnterhAnspr für die Vergangenh u Anspr aus § 1615l unterliegen dagg der Verj.

195 *Regelmäßige Verjährungsfrist.* Die regelmäßige Verjährungsfrist beträgt dreißig Jahre.

1) Die **30jährige Verjährungsfrist** ist die ges RegelFr u zugleich die längste VerjFr. Sie gilt für alle Anspr, 1
sofern dch Ges od RGesch (§ 225) keine kürzere VerjFr bestimmt ist. Neben der Fr des § 195 kennt das Ges eine Vielzahl von **kürzeren Verjährungsfristen.** Sie reichen von 6 Wochen (§ 490 I 1), über 3 Monate (HGB 61 II, 113 III), 6 Monate (§§ 477 I 1, 638 I 1, 558 I, 591b, 606, 651j, 1057, 1226, UWG 13a I 1), 1 Jahr (§§ 477 I 1, 638 I 1; HGB 439, 463, 475a: bei Vors od Leichtfertigk 3 Jahre), BSchG 117, PostG 24 I, CMR 32), 2 Jahre (§§ 196, 611a III, 801 I 2, VOB/B 13 Nr 4, VVG 12), 3 Jahre (§§ 852, 1378 IV 1, 2332 I, BRAO 51b, StBerG 68, InsO 62), 4 Jahre (§§ 196 II, 197, 804, 1615l IV, PostG 24 II), 5 Jahre (§§ 638 I 1, HGB 26 I, 159 I, WirtschPrüfOrd 51a, MarkG 20), bis zu 10 Jahren (AO 169 II 2). Die RegelFr des § 195 ist daher **praktisch** die **Ausnahme.**

2) Geltungsbereich und Überschneidung von Verjährungsfristen. – a) Welche VerjFr maßgebd ist, 2
bestimmt der Sachverhalt zZ der **Entstehung des Anspruchs** (Staud/Peters Rn 6). Nachträgl Ändergen sind unerhebl, so iF des § 196 I Nr 1 der nachträgl Erwerb od Verlust der KaufmEigensch (s RG **60**, 74), ein Wechsel in der Pers des Gläub (BGH **60**, 240, NJW **88**, 2606, BAG DB **84**, 139) od des Schu (Mot I 340). Auch ein außergerichtl **Vergleich** ändert die maßgebl VerjFr nicht (BGH NJW **72**, 158, NJW-RR **87**, 1426), ebsowenig ein schuldbestätigdes Anerkenntn (BGH NJW **82**, 1809, **84**, 795, **92**, 2228) od eine ohne Präjudiz abgegebene Reguliergszusage (Celle VRS **84**, 161). Dagg gilt die 30jährige Verj, wenn ein gerichtl Vergl abgeschl w (§ 218 I 2), das Anerkenntn ein FeststellgsUrt ersetzen soll (BGH NJW **85**, 792, DAR **98**, 447) od das alte SchuldVerh iW der **Schuldumschaffung** dch ein neues ersetzt w, so iF eines abstrakten Schuldanerkenntn (BGH NJW **82**, 1809), der Anerkenng eines Kontokorrentsaldos (BGH **49**, 27, **51**, 349) od der SaldoFdg aus einem KreditkartenVertr (Oldenbg DB **94**, 526). – **b)** Die für den Anspr maßgebde 3
VerjFr gilt grdsl auch für **Ersatz- und Nebenansprüche,** die an die Stelle des ursprüngl Anspr treten od ihn ergänzen; dem PrimärAnspr stehen insoweit alle Anspr gleich, die als „ErsWert des ursprüngl Bedungenen" aufzufassen sind (BGH **73**, 269, NJW **84**, 795). Die kurze VerjFr des § 196 I erfaßt daher auch den Anspr aus § 812 od GoA, soweit dieser wg Unwirksamk des Vertr wirtschaftl den vertragl EntgeltsAnspr ersetzt (BGH **48**, 127, **50**, 29, **72**, 233). Entspr gilt für Anspr aus RScheinHaftg (Celle NJW-RR **90**, 803), den SchadErs-Anspr wg NichtErf (Rn 8), wg Verzuges (Rn 8), den Anspr aus § 281 (BGH NJW-RR **88**, 904), den aus § 347 S 2 (BGH **86**, 320) u den VertrStrafAnspr iF des § 340 (s Horschitz NJW **73**, 1960, aA RG **85**, 242), and aber iF des § 341 (Hamm NJW-RR **89**, 489), u bei wettbewerbl Strafen (BGH NJW-RR **91**, 1318, NJW **95**, 2790). Die VerjFr für den vertragl ErfAnspr erfaßt auch den Anspr aus einem VorVertr (Hamm MDR **84**, 227), aus einer für den VertrAnspr übernommenen Garantie (Düss NJW-RR **94**, 11), aus § 179 (BGH **73**, 269), aus §§ 122 u 307 (BGH **49**, 83) u aus c. i. c., sofern wg des Versch einer Part kein Vertr od kein wirks Vertr zustandegekommen ist (BGH **57**, 194, Rn 10). HilfsAnspr, wie der **Auskunftsanspruch,** unterliegen der 30jährigen Verj; können aber nicht mehr geltd gemacht w, wenn das Informationsbedürfn wg Verj des HauptAnspr entfallen ist (BGH **33**, 379, NJW **85**, 384). – **c)** Treffen die Voraussetzgen von 4
mehreren kurzen Verjährungsfristen zu, hat die speziellere Vorschrift den Vorrang. Das ist bei RGesch des tägl Lebens iZw § 196 (BGH **91**, 307, Ffm NJW **80**, 2531). Der VergütgsAnspr des Wasser- od Fernwärmewerks verjährt daher in der Fr des § 196 I Nr 1 u nicht in der des § 197 (BGH u Ffm aaO). Bei Lohn- u GehaltsAnspr haben § 196 I Nr 8 u 9 den Vorrang vor § 197.

3) Einzelfälle. – a) Von den **vertraglichen Erfüllungsansprüchen** unterliegen vor allem folgde der 5
30jährigen Verj: der Anspr des Käufers, auch wenn für den EntgeltsAnspr des Verkäufers § 196 I gilt (BGH **79**, 95, NJW **93**, 537); der KaufpreisAnspr, wenn ein Grdst VertrGgst ist od der Verkäufer nicht unter § 196 Nr 1 od 2 fällt; das AnkaufsR, wenn es auf einem KaufVorvertr beruht (BGH **47**, 392); der Anspr auf Erteilg einer Rechng mit gesondert ausgewiesener MWSt (BGH **120**, 315); der Anspr auf VertrSchl aus einem Vor- od RahmenVertr (BGH NJW **83**, 1494); der DarlAnspr (BGH **71**, 325); der Anspr des Sparers auf Auszahlg seines Guthabens (LG Bonn NJW-RR **96**, 557); der Anspr des Bestellers aus dem WerkVertr (BGH NJW **74**, 1707); der Anspr des Vermieters od Verpächters auf Rückg der Mietsache einschließl des Zubeh (BGH **65**, 88); der Anspr aus Bürgsch, auch wenn die Hauptschuld in kürzerer Fr verjährt (Düss MDR **75**, 1019, aA Bydlinski ZIP **89**, 954), zG des Bü kann aber § 768 anwendb sein; der gesellschaftsvertragl GewinnAnspr (BGH **80**, 357); der Anspr aus einem selbstd GarantieVerspr (BGH DB **71**, 520, NJW **82**, 1809), dagg gilt für Anspr aus einer Garantie für MängelFreih die VerjFr des GewLR (BGH **75**, 80, BB **81**, 1238). Der 30jährigen Verj unterliegen weiter: der Anspr aus einem abstrakten Schuldanerkenntn u einem anerkannten Kontokorrentsaldo (Rn 2); der Anspr des Kommittenten gg den Kommissionär auf Herausg des Erlangten (BGH **79**, 92); der Anspr aus einem VorVertr, sofern für den in Aussicht genommenen endgült Vertr keine kürzere Fr

gilt (BGH WM **74**, 217); der Anspr aus einem Teilgsabkommen (BGH NJW **74**, 698, Ffm VersR **82**, 66); der Anspr des ArbN aus einer Ruhegeldzusage, sofern eine einmalige Kapitalzahlg geschuldet w (BAG **AP** Nr 4); der ZeugnAnspr des ArbN (BAG BB **60**, 663). Anspr wg **Wegfalls der Geschäftsgrundlage** unterliegen grdsl der 30jähr Verj, so der Anspr auf Ausgl einer ehebedingten Zuwendg (BGH NJW-RR **94**, 258). Gilt für den anzupassden Anspr eine kürzere VerjFr, bleibt diese aber auch nach der Anpassg maßgebd.

6 **b)** Der HerausgAnspr des **Eigentümers** verjährt in 30 Jahren (Müller-Katzenburg NJW **99**, 2551/2557). Wenn der Besitzer gutgl ist, kann der Anspr aus § 985 aber schon nach 10 Jahren inf Ersitzg erlöschen (§ 937). Die 30jährige Verj gilt auch für Anspr aus § 989 (BGH **LM** § 989 Nr 2), aus § 906 II 2 (BGH NJW **96**, 714), aus § 1004 (dort Rn 36) u für den öffr HerausgAnspr (Rn 13), nicht aber für den Anspr aus § 992 (dort Rn 5).

7 **c)** Anspr aus **Bereicherung** u **Geschäftsführung ohne Auftrag** verj grdsl in 30 Jahren. Das gilt für den Anspr aus GoA auch dann, wenn die GeschFü in der Tilgg einer kurzfrist verjährden Schuld bestand (RG **86**, 96, BGH **32**, 13/16, **47**, 370, Jena OLG-NL **98**, 2, aA Köln VersR **97**, 225, Dresd VIZ **99**, 303). Für den Anspr aus § 812 gilt dagg iF der Schuldtilgg die VerjFr des getilgten Anspr (BGH **70**, 398, **89**, 87, str). Für den Anspr auf Ers von Abmahnkosten, den die Rspr aus GoA herleitet, gilt die kurze Verj des UWG 21 (BGH **115**, 210), für den Anspr auf Rückgewähr preisrechtsw gezahlter Miete die Fr des WoBindG 8 II 2 (Sonnenschein/Weitemeyer NJW **93**, 2204). Der Anspr auf Rückzahlg von überzahltem Lohn unterliegt der 30jährigen Verj (BAG MDR **73**, 168) ebso der BerAnspr wg Verletzg eines UrhR (BGH **56**, 317). Dagg gilt die Fr des § 196, wenn der Anspr aus § 812 od GoA wg Nichtigk des Vertr an die Stelle eines unter § 196 fallden EntgeltsAnspr getreten ist (Rn 3). Die VerjFr des § 197 ist anzuwenden, wenn jemand anstelle des UnterhPflichtigen dem Bedürftigen Unterh gewährt hat (§ 197 Rn 9). Sie gilt auch für den Anspr auf Rückzahlg von Zinsen (§ 197 Rn 4).

8 **d) Schadensersatzansprüche** (s Rn 3). – **aa)** Der SchadErsAnspr wg **Nichterfüllung** verj wie der HauptAnspr, an dessen Stelle er tritt (BGH **50**, 29, NJW **83**, 1494, **86**, 312, 1177; LG Ffm NJW **82**, 1538 zum ReiseVertr), idR aber mit neuem FrBeginn (§ 198 Rn 9). Für SchadErsAnspr wg Verzugs gilt statt § 195 die kürzere Fr für die EntgeltsFdg, wenn der SchadErs als ein Zuschlag zu dieser Fdg ausgestaltet ist
9 (BGH NJW **91**, 221, **82**, 1277), währd für Verzugszinsen § 197 gilt (dort Rn 5). – **bb)** Der Anspr aus **positiver Vertragsverletzung** unterliegt grdsl der 30jährigen Verj (BGH **35**, 132, **67**, 1, NJW **92**, 2413, BAG **AP** Nr 1), so auch bei Verletzg der Pfl aus einem BeratgsVertr (BGH NJW **99**, 1540) od einem DienstVertr (Hamm NJW-RR **95**, 400). Besteht die pVV in der Lieferg einer mangelh Sache, gilt die kurze Verj des § 477 (dort Rn 6). Auch § 558 erstreckt sich auf Anspr aus pVV (dort Rn 6), ebso VVG 12 III (Hamm NJW-RR **89**, 1302), dagg ist § 638 auf ErsAnspr aus pVV nicht anwendb (dort Rn 3). Sow der Anspr aus pVV an die Stelle des ErfAnspr tritt od ihn ergänzt, ist auf ihn die VerjFr des ErfAnspr anzuwenden (BGH **50**, 29, **73**, 269). Für den SchadErsAnspr aus VOB/B 6 Nr 5 II wg Behinderg der LeistgsAusführg gilt daher § 196 Nr 1 (BGH **50**, 31), für den wg Verletzg einer dch Vertr übernommenen wettbewrechtl UnterlPfl UWG 21 (BGH **130**, 289, aA Köhler GRUR **96**, 231). Gestaltet ein Gastwirt die Gastwirtsch in Verletzg der Pflten aus einem AutomatenaufstellVertr um, verjährt der ErsAnspr des Aufstellers erst in 30 Jahren (BGH **71**, 82). SchadErsAnspr gg RA u Steuerberater unterliegen einer 3jähr Verj (BRAO 51 b, StBerG 68), Anspr gg WirtschPrüfer einer 5jähr (WiPrO 51 a). Sie gilt auch für WkVertr (BGH NJW **82**, 2256, **96**, 662), kann sich aber wg der Verpfl, auf die eig RegreßPfl hinzuweisen, im Ergebn verlängern (Übbl 16 v § 194). Auf Lohnsteuerhilfevereine findet StBerG 68 keine Anwendg (Mü NJW **88**, 1030). Bei einem **Mehrfachberufler** (RA/Steuerberater/WirtschPrüfer) ist entscheidd, in welchem Berufsfeld er im Einzelfall tät geworden ist (BGH **78**, 335, 343); bei einer gemischten Tätigk ist auf den PartWillen abzustellen, hilfsw auf den Schwerpkt der vertragl Verpfl (BGH **83**, 332, **102**, 223); als TrHänder eines Bauherrnmodells gilt für den Mehrfachberufler iZw WiPrO 51 a (BGH **102**, 222). Haften die Mitgl einer gemischten Sozietät als GesSchu, gilt für jeden die berufsspezif VerjFr (BGH **83**, 332). Auch für Anspr wg fehlerh **Anlageberatung** gilt seit dem 1. 4. 98 statt der 30-jähr eine dreijähr VerjFr, WpHG 37 a (Meixner NJW **98**, 1899). Intertemporales Recht s
10 Rn 19 vor § 194. – **cc)** Anspr aus **culpa in contrahendo** verj grdsl in 30 Jahren (BGH **49**, 80, NJW **92**, 1616). Werden die Anspr aus Sach- od WkMängeln hergeleitet, gelten die §§ 477, 638 (BGH **88**, 137, NJW **84**, 2938). Wird der Anspr darauf gestützt, daß wg des Versch einer Part kein Vertr od kein wirks Vertr zustande gekommen ist, ist die VerjFr des vertragl ErfAnspr maßgebd, gleichgült, ob das posit od das negat Interesse gefordert w (BGH **57**, 194, **58**, 123). Das gilt ebso, wenn neben dem wertlosen ErfAnspr ein SchadErsAnspr gg den Vertreter wg c. i. c. besteht (BGH **87**, 37). Der Anspr auf Rückzahlg geleisteter Zinsen bei Nichtigk des KreditVertr verj, auch soweit er auf c. i. c. gestützt w, in der Fr des § 197 (BGH **98**, 186).
11 SchadErsAnspr aus **Prospekthaftung** gg die Gründer u Initiatoren einer PublikumsKG (§ 276 Rn 22) verj analog KAGG 20 V, BörsG 45 AuslInvestmentG 12 V in 6 Monaten ab Kenntn, spätestens aber in 3 Jahren (BGH **83**, 222). Für die Prospekthaftg beim Bauherrnmodell gilt aber § 195 (BGH **111**, 321, **115**, 217, **126**, 172), ebso bei geschlossenen Immobilienfonds (Stgt NZG **99**, 612, aA Schmidt/Weidert DB **98**, 2309). § 195 ist auch dann maßgebd, wenn der Anspr auf ein konkretes VhdlgsVersch gestützt w (BGH **83**, 227, NJW **84**, 2523, **85**, 380, **95**, 1309) od auf die Verletzg einer vertragl BeratgsPfl (BGH NJW **84**, 2524), etwa beim Erwerb von Optionsscheinen (Ffm NJW-RR **93**, 1134). Für Steuerberater, RA u WirtschPrüfer, die im Rahmen ihres berufl TätigkKreises, etwa als TrHandGesellschter, tätig geworden sind, gelten StBerG 68, BRAO 51 b od WiPrO 51 a (BGH **100**, 132, **120**, 157). Auf eine RABeratg ausschließl über wirtschaftl Risiken ist dagg § 195 anzuwenden (BGH NJW **80**, 1856, WM **95**, 347), ebso auf Anspr, die gg einen WirtschPrüfer als Prospektverantwortl eines Bauherrnmodells geltd gemacht w (BGH **126**, 173). Wenn der Vermittler od Gehilfe einer Part aus c. i. c. für einen Sachmangel haftet (§ 276 Rn 93), ist § 477 auf die Verj des SchadErsAnspr analog anzuwenden (str). Zur Verj der Anspr aus §§ 122, 179 II, 307 s Rn 3.

12 **e) Weitere Anwendungsfälle** der 30jährigen Verj sind: der RückgewährAnspr aus §§ 346, 327 (BGH NJW **89**, 219) u aus vollzogener Wandlg (BGH ZIP **95**, 654); der VertrStrafAnspr in den Grenzen von Rn 3 (Kblz GRUR **92**, 884), der AusglAnspr unter GesSchu (BGH **58**, 218); der KostenerstattgsAnspr (Mü NJW **71**, 1755, Ffm JZ **77**, 353); der ErbschAnspr gem § 2018; der Anspr des VermN aus § 2174. Dagg verjährt der SchadErsAnspr gg den InsVerw in drei Jahren (InsO 62). Anspr wg Zwangsarbeiten im 2. Weltkrieg sind spätestens 1979 (30 Jahre nach Inkrafttreten des GG) verjährt (LG Hbg NJW **99**, 2825).

f) Öffentlich-rechtliche Ansprüche (§ 194 Rn 2). Der 30jährigen Verj unterliegen Anspr aus Enteigng 13
(BGH **13**, 98, NJW **82**, 1273) u Aufopferg (BGH **9**, 209, **36**, 387, Düss NJW **57**, 912), der Anspr aus enteigngsgleichem Eingriff (BGH **13**, 89, **117**, 294), der öffr HerausgAnspr (Manssen JuS **92**, 745), der FolgenbeseitiggsAnspr (VGH Mü NJW **99**, 666), der Anspr wg Verletzg der beamtenrechtl FürsorgePfl (BGH **14**, 137), der Anspr wg Verletzg der Pflten aus einer sonst öffr Sonderverbindg (s RG DR **43**, 855, BGH WM **77**, 1459), der Anspr des Dienstherrn auf Rückzahlg zuviel gezahlter Beträge (BVerwG DVBl **83**, 504, § 197 Rn 4), der Anspr aus BAFöG 20 (VerwG Düss FamRZ **82**, 546) u der aus einer KreuzgsVereinbg (VerwG Augsburg NVwZ **83**, 307). Der Anspr auf Ers von Kosten für GrdstAnschlLeitgen verj nicht in der Fr des § 195 sond nach AbgRecht (BVerwG NVwZ **82**, 377).

196 *Zweijährige Verjährungsfrist.*

[I] In zwei Jahren verjähren die Ansprüche:

1. der Kaufleute, Fabrikanten, Handwerker und derjenigen, welche ein Kunstgewerbe betreiben, für Lieferung von Waren, Ausführung von Arbeiten und Besorgung fremder Geschäfte, mit Einschluß der Auslagen, es sei denn, daß die Leistung für den Gewerbebetrieb des Schuldners erfolgt;

2. derjenigen, welche Land- oder Forstwirtschaft betreiben, für Lieferung von land- oder forstwirtschaftlichen Erzeugnissen, sofern die Lieferung zur Verwendung im Haushalte des Schuldners erfolgt;

3. der Eisenbahnunternehmungen, Magnetschwebebahnunternehmen, Frachtfuhrleute, Schiffer, Lohnkutscher und Boten wegen des Fahrgeldes, der Fracht, des Fuhr- und Botenlohns, mit Einschluß der Auslagen;

4. der Gastwirte und derjenigen, welche Speisen oder Getränke gewerbsmäßig verabreichen, für Gewährung von Wohnung und Beköstigung sowie für andere den Gästen zur Befriedigung ihrer Bedürfnisse gewährte Leistungen, mit Einschluß der Auslagen;

5. derjenigen, welche Lotterielose vertreiben, aus dem Vertriebe der Lose, es sei denn, daß die Lose zum Weitervertriebe geliefert werden;

6. derjenigen, welche bewegliche Sachen gewerbsmäßig vermieten, wegen des Mietzinses;

7. derjenigen, welche, ohne zu den in Nummer 1 bezeichneten Personen zu gehören, die Besorgung fremder Geschäfte oder die Leistung von Diensten gewerbsmäßig betreiben, wegen der ihnen aus dem Gewerbebetriebe gebührenden Vergütungen, mit Einschluß der Auslagen;

8. derjenigen, welche im Privatdienste stehen, wegen des Gehalts, Lohnes oder anderer Dienstbezüge, mit Einschluß der Auslagen, sowie der Dienstberechtigten wegen der auf solche Ansprüche gewährten Vorschüsse;

9. der gewerblichen Arbeiter – Gesellen, Gehilfen, Lehrlinge, Fabrikarbeiter –, der Tagelöhner und Handarbeiter wegen des Lohnes und anderer anstelle oder als Teil des Lohnes vereinbarten Leistungen, mit Einschluß der Auslagen, sowie der Arbeitgeber wegen der auf solche Ansprüche gewährten Vorschüsse;

10. der Lehrherren und Lehrmeister wegen des Lehrgeldes und anderer im Lehrvertrage vereinbarter Leistungen sowie wegen der für die Lehrlinge bestrittenen Auslagen;

11. der öffentlichen Anstalten, welche dem Unterrichte, der Erziehung, Verpflegung oder Heilung dienen, sowie der Inhaber von Privatanstalten solcher Art für Gewährung von Unterricht, Verpflegung oder Heilung und für die damit zusammenhängenden Aufwendungen;

12. derjenigen, welche Personen zur Verpflegung oder zur Erziehung aufnehmen, für Leistungen und Aufwendungen der in Nummer 11 bezeichneten Art;

13. der öffentlichen Lehrer und der Privatlehrer wegen ihrer Honorare, die Ansprüche der öffentlichen Lehrer jedoch nicht, wenn sie auf Grund besonderer Einrichtungen gestundet sind;

14. der Ärzte, insbesondere auch der Wundärzte, Geburtshelfer, Zahnärzte und Tierärzte, sowie der Hebammen für ihre Dienstleistungen, mit Einschluß der Auslagen;

15. der Rechtsanwälte, Notare sowie aller Personen, die zur Besorgung gewisser Geschäfte öffentlich bestellt oder zugelassen sind, wegen ihrer Gebühren und Auslagen, soweit nicht diese zur Staatskasse fließen;

16. der Parteien wegen der ihren Rechtsanwälten geleisteten Vorschüsse;

17. der Zeugen und Sachverständigen wegen ihrer Gebühren und Auslagen.

[II] Soweit die im Absatz 1 Nr. 1, 2, 5 bezeichneten Ansprüche nicht der Verjährung von zwei Jahren unterliegen, verjähren sie in vier Jahren.

1) Allgemeines. – a) Die im § 196 vorgesehene VerjFr von 2 od 4 Jahren beruht auf dem Gedanken, daß 1
Leistgen aus **Geschäften des täglichen Lebens** idR bald bezahlt, Belege oft nicht erteilt od bald vernichtet w (Mot I 297). Ggü diesem Zweck ist die Regelg des § 196 aber verselbständigt. Sow seine Voraussetzgen zutreffen, ist § 196 auch anzuwenden, wenn es sich um ein wirtschaftl bedeutdes Gesch, etwa den Bau eines Hauses od einer EigtWo, handelt (BGH **72**, 232). Umgekehrt fallen keineswegs alle Gesch des tägl Lebens unter § 196. Der KaufPrAnspr eines priv Verkäufers wird auch dann nicht von § 196 erfaßt, wenn eine bewegl Sache von geringem Wert VertrGgst ist. – **b)** Der kasuistisch gefaßte § 196 steht mit dem heutigen 2
Entwicklgsstand von Wirtsch u Technik nur noch teilw im Einklang. Seine Berufsbilder sind zT **veraltet** („Frachtfuhrleute", „Lohnkutscher", „Tagelöhner"); sie an die wirtschaftl – techn Weiterentwicklg u die gewandelte VerkAnschauung anzupassen, ist Aufg der Rspr (BGH **33**, 331, **39**, 260, **80**, 281). Auch die Anwendg des § 196 auf neue VertrTypen bereitet Schwierigk (vgl zum AutomatenaufstellVertr BGH **71**, 82). Um sie zu bewältigen, ist eine rechtsfortbilddе Anwendg des § 196 zul u geboten (s Übbl 6 v § 194). – **c)** Ob 3
§ 196 anwendb ist, richtet sich nach den **Verhältnissen zur Zeit der Entstehung** des Anspr; spätere Änd sind unerhebl (§ 195 Rn 2). § 196 gilt iF der Unwirksamk des Vertr auch für den Anspr aus § 812 od GoA

(§ 195 Rn 3); er erfaßt auch **Ersatz- und Nebenansprüche,** die an die Stelle des ursprüngl Anspr treten od ihn ergänzen (§ 195 Rn 3). Dagg gilt § 196 nicht für Anspr **gegen** den Kaufm, Fabrikanten usw. Sie verjähren idR gem § 195 in 30 Jahren (BGH **79**, 95), jedoch kann der Verkäufer ggü dem Anspr auf Lieferg auch nach Verj des KaufPrAnspr die Einr aus § 320 erheben (§ 194 Rn 6).

4 **2)** Die VerjFr des § 196 **beginnen** mit dem Schluß des Jahres, in dem der Anspr entstanden ist (§§ 201, 198). **Fristberechnung s §§ 187 ff.**

5 **3) Nr 1. – a) Personenkreis. – aa)** Wer **Kaufmann** ist, bestimmen die HGB 1–5 idF des HRefG. Handelsgesellsch (HGB 6) fallen auch dann unter die Vorschr, wenn sie nicht kaufm tät sind (s BGH **39**, 277, **74**, 276). Zugunsten gutgl Dr ist Nr 1 auch ggü einem Scheinkaufm anzuwenden (Staud/Peters Rn 13, Soergel-Walter Rn 7, Erm-Hefermehl Rn 3, hM, aA RG **129**, 403). Sie gilt auch für ein kommunales WohnUntern, das als staatl Verwalter nach dem VermG tät geworden ist (BGH NJW **99**, 1464). Kommunale EigenBetr stehen einem Kaufm gleich, wenn sie kaufm geführt w u einen Gewinn erzielen sollen (KG NJW-
6 RR **99**, 638). – **bb)** Der **Fabrikant** ist idR Kaufm. Prakt Bedeutg hat seine bes Anführg nur für den Urerzeuger, wie den Ziegelei- od Steinbruchbesitzer. Fabrikant iSd Nr 1 ist auch der Betreiber eines E-
7 Werkes (s BGH NJW **61**, 453). – **cc) Handwerker** sind Gewerbetreibde, die bewegl Sachen in handwerksmäß, dh nicht fabrikmäß Betriebsweise ver- od bearbeiten. Der Betr muß auf eine persönl Mitarbeit des Inhabers angelegt sein, die jedoch ausschließl leitder od disponierder Natur sein kann (s Mü JW **38**, 2134). Auf die Eintr in die Handwerksrolle kommt es nicht an, sie ist aber BewAnzeichen. Nr 1 gilt für den **Bauunternehmer** auch dann, wenn er weder Kaufm noch Handwerker ist. Da sein Anspr im wesentl aus handwerkl Tätigk herrührt, fällt er unter den insow erweiternd auszulegden Begriff des Handwerkers (BGH **39**, 255, Schmalzl NJW **71**, 2015). Kein Handwerker ist der Architekt (BGH **45**, 226), der Bauingenieur u
8 der Statiker (str), deren Anspr aber gem Nr 7 gleichf der kurzen Verj unterliegen (Rn 22). – **dd) Kunstgewerbetreibender** ist, wer sich dch Ausübg der Kunstfertigk eine gewerbsmäß Verdienstquelle schafft, insb der Kunsthandwerker, wohl auch der Designer (offen Köln GRUR **85**, 80), nicht aber der Künstler, wie zB
9 ein Filmregisseur (LG Bln MDR **99**, 538). – **b) Gegenstand der Leistung. – aa) Waren** sind alle bewegl körperl Sachen des HandelsVerk (RG **130**, 88), auch solche, die, wie ein sichergsübereigneter Pkw, an sich nicht zur Veräußerg, sond zum Gebrauch bestimmt sind (Brschw NdsRpfl **74**, 319). Grdst, Fdgen u Wertpapiere sind keine Waren (RG **74**, 161), ebsowenig techn Ideen (BGH **LM** Nr 36), wohl aber elektr Strom (BGH NJW **61**, 455, **82**, 931), Gas (BGH NJW-RR **87**, 238), Wasser (BGH **91**, 306), Fernwärme (Ffm NJW
10 **80**, 2532) u Software (Hoeren JZ **90**, 240). – **bb) Ausführung von Arbeiten und Besorgung fremder Geschäfte.** Hierunter fallen geistige u körperl Arbeiten jeder Art, auch wenn sie auf einem Werkvertrag beruhen (BGH **72**, 231, Rn 22), so die Tätigk des Statikers (Mü NJW **66**, 1128), des Architekten (BGH NJW **80**, 447), der Bank (BGH **LM** Nr 28), des Kreditvermittlers (Düss DB **85**, 226), des SchleppschiffahrtsUntern (RG **118**, 27), die Herstellg von Hausanschlüssen dch ein Gas- od E-Werk (BGH **114**, 259) u von Anschlüssen für Wasser u Abwasser (s BGH WM **91**, 1397, das § 195 nur wg der fehlden Kaufm-Eigensch des EigenBetr anwendet). Ausführg von Arbeiten ist auch die Herstellg von Häusern u EigtWo (BGH **72**, 229), u zwar auch dann, wenn der Vertr scheinb wie ein KaufVertr gestaltet ist (BGH NJW **81**, 273). Ist für die Herstellg des Hauses (der EigtWo) u die Lieferung des Grdst (des EigtAnteils) eine einheitl Vergütg vereinb, gilt für diese insges Nr 1 (BGH aaO u § 194 Rn 10). Für Erschließgskosten gilt Nr 1 auch dann, wenn sie im ErwerbsVertr bes ausgewiesen sind (BGH **102**, 170). Der **Baubetreuer** fällt, sofern er Kaufm ist, unter Nr 1, sonst unter Nr 7 (Rn 22). Kann ein Untern (Kaufm) eine Vergütg für die Ausarbeitg eines Angebots verlangen, gilt Nr 1 (u nicht Nr 7) auch für Vorarbeiten, die Architektenleistgen sind (BGH NJW **80**, 447). Die Vereinbg einer Abstandssumme für die Überlassg von Architekten- u Statikerleistgen fällt unter Nr 1 (BGH NJW **95**, 2547), nicht aber das Entgelt für die Überlassg einer technischen Idee (BGH **LM**
11 Nr 36) od Lagergeld (BGH **89**, 87). – **c)** Unter die kurze Verj fallen alle Ansprüche, die ein **Äquivalent für die erbrachte Leistung** darstellen (BGH **79**, 92). Hierzu gehören der Anspr auf Ers von Mehraufwendgen gem VOB/B 6 Nr 5 II (BGH **50**, 29), der Anspr auf Nachentrichtg von Erschließgskosten (BGH NJW **82**, 325), der ErsAnspr des Verkäufers od des Kreditgebers aus VerbrKrG 13 II (BGH **58**, 121, **71**, 327, allgM), der Anspr aus § 347 S 2 (BGH **86**, 319), der Anspr auf Erlösherausg beim verlängerten EigtVorbeh (Brschw NJW **74**, 647), der KostenerstattgsAnspr des staatl Verwalters nach dem VermG (BGH NJW **99**, 1464). Keine GgLeistgsAnspr sind der DarlAnspr der Bank beim finanzierten Kauf (BGH **60**, 108) u der Anspr des Kommittenten gg den Kommissionär auf Herausg des Erlangten (BGH **79**, 92). – Gleichgestellt ist der Anspr auf Ers von **Auslagen.** Das sind Aufwendgen jeder Art, die der Berecht für Rechng des Verpflichteten gemacht h. Beispiele sind Zahlgen der Bank zur Einlösg des Wechsels eines Kunden (BGH **LM** Nr 28); Auslagen für eine Zwischenfinanzierg (BGH NJW **78**, 39); Kajegebühren u Containermiete (BGH **84**, 257, 261); Anspr auf Rücklieferg od Bezahlg von Leergut (LG Kblz NJW **59**, 1783); Zahlgen des RA zur Abwendg der ZwVollstr gg den Mandanten (LG Wiesbaden AnwBl **79**, 390). Keine Auslage iSd § 196 ist dagg der Anspr auf Befreiung von einer Verbindlichk (BGH NJW **83**, 1729); auch nach Umwandlg in einen ErstattgsAnspr bleibt es bei der 30jähr Verj (BGH NJW-RR **93**, 1227).

12 **4) Gewerbebetrieb. – a)** Bei Leistgen für den **Gewerbebetrieb** des Schu gilt iF der Nr 1 statt der 2 JahresFr die 4 JahresFr des II. GewBetrieb ist der auf die Erzielg von dauerndеn Einnahmen gerichtete berufsmäß GeschBetr (BGH **57**, 199, **83**, 386). Eine auf ein EinzelGesch beschr ErwerbsAbs genügt nicht, wohl aber eine nebenberufl Tätigk (Ffm NJW-RR **91**, 246, LG Bremen NJW **68**, 1384). Kein GewBetr ist die freiberufl Tätigk, wie die des Arztes (BGH **86**, 320, Nürnb NJW **73**, 1414), einer als ärztl Institut organisierten GemeinschPraxis (Düss NJW **88**, 1519), des Architekten (BGH WM **79**, 559), des Steuerberaters (Celle OLGZ **78**, 65). Ausnw kann aber auch eine freiberufl od wissenschaftl Tätigk als Gewerbe betrieben w, so etwa die Leitg eines Sanatoriums (Hbg BB **66**, 1412) od einer priv Lehranstalt. Die Anlegg u Verwaltg des eig Kapitals ist idR keine berufsmäß u daher auch keine gewerbl Tätigk (BGH **74**, 276). Wer
13 sich Häuser od Wohngen bauen läßt, um diese dch **Vermietung** zu nutzen, fällt daher idR nicht unter II (BGH NJW **63**, 1397, **68**, 1962). Entspr gilt für den Bau (Erwerb) u die Vermietg eines Supermarkts (Ffm DB **82**, 895), eines Wohn- u GeschHauses (Saarbr NJW-RR **88**, 1297) u eines Appartementhotels (BGH **74**,

276). And liegt es aber, wenn die GrdstVerwaltg wg der Größe des Objekts als berufsmäß Tätigk zu werten ist (BGH NJW **67**, 2353) od wenn der Bau u die geplante Vermietg im ZusHang mit einer sonst gewerbl Tätigk des Schu steht u als deren Bestandt aufzufassen ist (BGH **63**, 33, Rstk NJW-RR **99**, 42). GewBetr ist auch die Errichtg u **Veräußerung von Eigenheimen** (BGH BB **73**, 499, Nürnb BauR **72**, 318) od von EigtWo in größerer Zahl (BGH NJW **81**, 1665: 21 Einheiten; BFH NJW **87**, 2104: nein bei 3 Einh). Landwirtschaftl Betr sind, soweit die Veräußerg von Erzeugn u Erzielg von Einnahmen bezweckt w, nach heutiger Auffassg GewBetr (BGH **33**, 321, NJW **66**, 1403, Schlesw MDR **83**, 53). Das gilt auch für kleine FamBetr (LG Traunst NJW **66**, 159, Teplitzky MDR **64**, 816, str). Einrichtgen der **öffentlichen Hand** fallen nur dann 14
unter II, wenn sie als ein erwerbswirtschaftl Untern betrieben w (BGH **49**, 260). Die Abs, für das investierte Kapital eine marktübl Verzinsg zu erzielen, genügt nicht (BGH aaO). Die DBB fällt, wenn sie Beschaffgs-Gesch tätigt, unter II (BGH **95**, 157), ebso das von einer kirchl Stiftg betriebene Krankenhaus (BVerfG NJW **95**, 1606). Keine GewBetr sind dagg idR gemeindl Abwasserbeseitiggsanlagen (BGH **53**, 223), Wasserwerke (BGH **49**, 260), öffr Wasserverbände (BGH **83**, 387), öffr Fernsehanstalten (BGH **57**, 200) u die BvS (LG Stendal VIZ **97**, 556). And aber, wenn sie als EigenBetr nach kaufm Grds geführt w u einen Gewinn erzielen sollen (s KG NJW-RR **99**, 638) od wenn sie in der RForm einer **Handelsgesellschaft** betrieben w. Die GmbH, die AG u die Genossensch fallen als Formkaufleute auch dann unter II, wenn sie nicht gewerbl tät sind (BGH **66**, 49, Mü OLGZ **76**, 444). Das gilt auch für die GmbH, die nach neuerer Rspr (BGH NJW **94**, 786, BayObLG NJW **95**, 199) von Freiberuflern gegründet worden ist. – **b)** II gilt auch dann, wenn die 15
Leistg für einen **demnächst zu eröffnenden** GewBetr erfolgt (BGH **69**, 104, NJW **67**, 2353, Kblz NJW **90**, 719). Gleichgült ist, ob die Leistg tatsächl für betriebl Zwecke verwendet w (Köln BB **66**, 265). Ist die Leistg (Bsp: Lieferg von elektrischem Strom, Bauarbeiten) sowohl für den privaten Bereich als auch für den GewerbeBetr bestimmt, gilt die 4 JahresFr (Schlesw MDR **83**, 53, Hamm NJW-RR **90**, 315); and ist es aber, wenn der Vertr seinen Schwerpunkt eindeut im privaten Bereich h. II gilt auch dann, wenn der Schu den RSchein hervorruft, er sei Gewerbetreibder (LG Bochum NJW-RR **87**, 1007 u Rn 5). Sind **mehrere Schuldner** vorhanden, gilt II ggü allen, sofern die Leistg für den GewBetr eines von ihnen best ist (BGH NJW **93**, 1915, aA Staud/Peters Rn 5). Die 4-JahresFr gilt auch ggü dem Schuldübernehmer, gleichgült, ob er der Schuld nachträgl beitritt (BGH **58**, 254) od sie von Anfang an mitübernimmt (BGH NJW **93**, 1915). –
c) Die **Beweislast** für den AusnTatbestd des II trifft den Gläub (BGH **49**, 261). Steht fest, daß der Schu 16
Kaufm ist, gilt aber HGB 344 II; dh der Schu muß beweisen, daß die Leistg nicht für den Betr seines Handelsgewerbes erfolgt ist (BGH **63**, 34, Düss NJW **90**, 640, allgM).

5) Nr 2. Zur **Land- und Forstwirtschaft** iSd Nr 2 gehört auch der Weinbau (Kblz NJW-RR **90**, 61). 17
Erzeugn sind auch die dch Be- od Verarbeitg entstandenen Produkte, wie Butter, Käse u Wein (RG **130**, 236). Eine Ausdehng der Vorschr auf and Arten der Urproduktion (Fischerei, Jagd) ist nicht angäng (Müko/ v Feldmann Rn 23, hM). Lieferg für den Haushalt des Schu ist Voraussetzg für die kurze Verj; der Schu trägt daher insow die BewLast (Soergel-Walter Rn 27, allgM).

6) Nr 3–5. – a) Nr 3. Die zT veralteten Berufsbilder der Vorschr müssen an die Gegebenh des heutigen 18
WirtschVerk angepaßt w (Rn 2). **Eisenbahnunternehmungen** iSd Nr 3 sind auch Straßenbahnen, S- u U-Bahnen. Anspr der Bundesbahn aus der Beförderg von Gütern u Gepäck verjähren gem EVO 94, 31 idR schon in 1 Jahr. Das überflüssige Wort **Magnetschwebebahnunternehmen** ist dch Ges v 19. 7. 96 (BGBl 1022) eingefügt worden. **Frachtfuhrleute** sind alle TransportUntern des nicht schienengebundenen Verk. Unter Nr 3 fallen daher Seefrachtführer (BGH **84**, 258), LuftfahrtUntern (BGH **80**, 281), Krankentrans-portUntern (LG Gießen NJW-RR **96**, 953), KranUntern (Hbg VersR **96**, 352) u die Post, soweit sie Befördergsleistgen erbringen, nicht aber der Schleppschiffer (RG **118**, 27). Anspr aus CharterVertr werden erfaßt, wenn VertrGgst die BefördergsLeistg ist (Mü NJW-RR **88**, 223). Für Anspr aus FrachtVertr iS der HGB 407 ff gilt aber jetzt die einjähr VerjFr des HGB 439. **Lohnkutscher** sind nach heutigem Verständn auch die TaxiUntern. Zum Begriff der Auslagen s Rn 11. Die 2-JahresFr gilt auch bei Leistgen für den GewBetr des Schu (BGH **47**, 374). – **b) Nr 4. Gastwirt** iSd Vorschr ist auch der Hotelier u der Pensionsin- 19
haber. Für SchadErsAnspr gg den Gast wg der Beschädigg von Räumen od Inventar gilt § 558 (BGH **71**, 175). Auslagen s Rn 11. Ein dem Gast gewährtes Darl fällt nicht unter diesen Begriff. – **c) Nr 5.** Voraussetzg 20
ist ein berufs- od gewerbsmäß Vertrieb der Lose (RG **60**, 341). Bei Lieferg zum Weiterkauf gilt gem II die 4jährige VerjFr; die BewLast trägt insow der Gläub (Baumgärtel-Laumen Rn 3).

7) Nr 6 gilt nur für den **gewerbsmäßigen Vermieter** bewegl Sachen. Anwendgsfälle sind die Vermietg 21
von Kfz, Büchern, Zeitschriften, Schiffen (BGH **LM** Nr 7), Bäckereianlagen (BGH NJW **68**, 693), die stundenweise Überlassg von Großrechnern (BGH NJW-RR **93**, 178), aber auch LeasingVertr (BGH **97**, 78 u Einf 56 v § 535). Auch der SchadErs- od AusglAnspr des Vermieters iF vorzeitiger VertrBeendigg unterliegt der Verj gem Nr 6 (BGH aaO, Hamm NJW-RR **97**, 1141), so auch der Anspr des LeasingG auf Restwert-Ausgl (BGH NJW **96**, 2860, Engel DB **97**, 760). Zur Miete unbewegl Sachen s § 197.

8) Nr 7 erfaßt alle Pers, die **gewerbsmäßig Dienste leisten oder fremde Geschäfte besorgen,** sow sie 22
nicht bereits als Kaufleute (usw) unter Nr 1 fallen. Für die Abgrenzg zw gewerbl u nicht gewerbl Tätigk gilt Rn 12 ff entspr (s BGH NJW **81**, 1665). Gemeinnützigk schließt die Gewerbsmäßigk nicht notw aus (Nürnb NJW **72**, 2126). Gleichgült ist, ob der Dienstleistg (GeschBesorgg) ein Dienst- od ein WerkVertr zugrunde liegt (BGH **59**, 165, NJW **77**, 375 unter Aufg der fr Rspr). Unter Nr 7 fallen daher der Makler, Bürgen (LG Stendal VIZ **97**, 556), Spielervermittler (BGH NJW-RR **90**, 114), RBeistand, Heilpraktiker (and LG Tüb NJW **83**, 2093, das Nr 1 anwendet), Berater (BGH NJW-RR **95**, 1058, Kblz NJW-RR **99**, 1141), Beistand (Celle FamRZ **61**, 385), Hausverwalter, Verwalter nach WEG 26 (BGH NJW-RR **93**, 1227), **Architekt** (BGH **59**, 165, and noch BGH **45**, 229), Statiker (BGH NJW **83**, 870, Düss BauR **97**, 510), Bauingenieur, Bodengutachter (Hamm MDR **74**, 489), Psychologe u Psychotherapeut (AG Köln VersR **88**, 93), Heilmittel-erbringer, auch soweit sich ihr Anspr gg die Krankenkasse richtet (BSG NJW **97**, 1659), Reiseveranstalter. Nr 7 gilt auch für den **Baubetreuer** (BGH NJW **78**, 39, **81**, 1665), es sei denn, daß er als Kaufm bereits unter Nr 1 fällt. Zur Verj bei gemischten Vertr über die Herstellg eines Hauses (einer EigtWo) u der Lieferg des zugehör GrdstAnteils s § 194 Rn 10. Die 2-JahresFr gilt auch für Abschlagszahlungen des Architekten

(BGH NJW **99**, 713) u für Leistgen für den GewBetr des Schu (BGH NJW **83**, 870); das führt etwa bei Baubetreuern zu wenig sachgerechten Unterschieden (längere Verj für die BaubetreuungsGmbH als für den nicht eingetragenen Baubetreuer). Der öffr GebührenAnspr des **Prüfingenieurs** fällt nach Ansicht des OVG Lünebg (NdsRpfl **93**, 170) unter Nr 7, in Wahrh aber wohl unter Nr 15 (Rn 29).

23 **9) Nr 8 und 9. – a) Personenkreis.** Die Nr 8 u 9, die von dem überholten GgsPaar „PrivBediensteter" u „gewerbl Arbeiter" ausgehen, müssen an den heutigen Entwicklgsstand der ArbWelt u des ArbR angepaßt w (Rn 2). Die Vorschr erfassen nach heut Verständn **alle Arbeitnehmer,** Nr 8 die Angestellten, Nr 9 die Arbeiter (Soergel-Walter Rn 43). Sie gelten daher (trotz des Wortes „PrivDienst" in Nr 8) auch für ArbN des öff Dienstes (BAG NJW **66**, 269, **AP** Nr 2, **AP** TOA § 3 Nr 8), den unselbstd Handelsvertreter iSd HGB 84 II (BAG NJW **96**, 1693), den Heimarbeiter (BAG **AP** Nr 4), den **Haussohn,** der mit Rücks auf versprochene Zuwendgen vTw Dienste ohne Entgelt geleistet hat (BGH NJW **65**, 1224, BAG NJW **70**, 1701, **78**, 444). Gleichgült ist, ob der Anspr auf Vertr, GoA od Bereicherg gestützt w (BAG NJW **64**, 2178, **66**, 268, BGH NJW **65**, 1224). Die kurze Verj gilt auch für den VergütgsAnspr wg der im KZ geleisteten Zwangsarbeit (BGH **48**, 128). Für den selbstd Handelsvertreter gilt HGB 88, auch wenn er arbeitnehmerähnl Pers ist. Unanwendb ist Nr 8 auf alle Pers, die Dienste in wirtsch u soz Selbstdigk leisten, wie VorstdMitgl einer AG
24 (BGH **36**, 143), GeschFü einer GmbH (BGH NJW **64**, 1620), NotGeschFü einer jur Pers (§ 29). – **b)** Die Nr 8 u 9 gelten für alle Anspr, soweit sie ein **Entgelt** für die geleisteten Dienste darstellen (Rn 11). Sie erfassen daher neben dem GehaltsAnspr den Anspr auf Naturalien, Provisionen, Gewinnanteile, Einmalleistgen wie Prämien (BAG DB **92**, 326) u Gewinnbeteiliggen (BAG NJW **97**, 3461), Abfindgen gem KSchG 9 I 1 (MüKo/v Feldmann Rn 29, aA LAG Brem NJW **83**, 1631), Urlaubsabgeltg (ArbG Wuppertal BB **69**, 1479), Karenzentschädigg (BAG DB **84**, 2099), nicht aber die an die Stelle von LohnFdgen tretden SchadErsAnspr aus § 843 (BGH NJW-RR **89**, 215). Auch RuhegehaltsAnspr fallen unter Nr 8 u 9 (BAG NJW **55**, 1167, **67**, 174, LAG BaWü DB **78**, 2498), ebso der Anspr auf Ers von Vorstellgskosten, auch wenn der Vertr nicht zustandekommt (BAG **AP** Nr 8). Dagg verjähren erst in 30 Jahren: Einmalige Vergütgen für längere Dienste (BGH NJW **65**, 1224, Stgt FamRZ **85**, 285); einmalige KapitalZahlg anstelle von Ruhegehalt (BAG NJW **68**, 2027, BB **90**, 562); Anspr auf Erteilg einer Pensionszusage (BAG NJW **71**, 1424); BeihilfeAnspr (BAG DB **99**, 1562); VergütgsAnspr für ArbNErfindg (BGH GRUR **81**, 265); SchadErsAnspr aus § 618 (RAG JW **38**, 2308). Zu den Auslagen s Rn 11. Von den Anspr des ArbG erfassen Nr 8 u 9 nur die Anspr wg gewährter **Vorschüsse.** Die kurze Verj gilt auch dann, wenn der RückzahlgsAnspr auf § 812 gestützt w (BAG NJW **66**, 268). Die irrige Gehaltsüberzahlg ist kein Vorschuß; nicht § 196 I, sond § 195 ist daher anzuwenden (BAG **AP** § 195 Nr 5).

25 **10) Nr 10–14. – a) Nr 10** hat nur noch Bedeutg, sow sie die vom **Lehrherrn** gemachten Auslagen (Rn 11) betrifft. Lehrgeld ist gem BerBG 5 II Nr 1 verboten. – **b) Nr 11** erfaßt nur privrechtl Anspr, nicht aber öffrechtl GebührenAnspr (Staud/Peters Rn 53, aA VGH Mannheim NJW **85**, 1414). Anwendgsfälle sind VergütgsAnspr von PrivSchulen, Kindergärten, Volkshochschulen, **Altenheimen,** Krankenhäusern u Sanato-
26 rien, sofern das BenutzgsVerh privrechtl organisiert ist (Einf 40 v § 305). – **c) Nr 12** setzt eine berufs- od gewerbsmäß Tätigk voraus (RG **60**, 341) u erfaßt daher Anspr aus PflegekindVerh idR nicht. Sie ist, wie so vieles and im Katalog des § 196 I, veraltet u ohne prakt Bedeutg. – **d) Nr 13.** Anspr beamteter **Lehrer** u Anspr aus einer selbstd Lehrtätigk fallen unter § 197 (LG Aachen NJW-RR **88**, 1085). Für angestellte Lehrer
27 wiederholt Nr 13 ledigl das, was sich bei Fehlen der Vorschr ohnehin aus Nr 8 ergeben würde. – **e) Nr 14** gilt nur für approbierte **Ärzte** u Hebammen. Auf nicht approbierte Ärzte, Heilpraktiker u Zahntechniker ist Nr 7 anzuwenden. Für den öffrechtl Anspr des Arztes gg die Kassenärztl Vereinigg gilt die 4 jähr VerjFr des SGB I § 45 (BSG NJW **96**, 3103).

28 **11) Nr 15–17. – a)** GebührenAnspr des **Rechtsanwalts** verjähren in 2 Jahren, auch wenn ihre Höhe auf einer vertragl Abrede beruht (RG Warn **29** Nr 130). Nr 15 gilt auch für die Vergütg des PatentAnw (BGH NJW **82**, 2733, NJW-RR **97**, 1018) sowie den Anspr des PKH-RA (Ffm FamRZ **88**, 1184, Mü NJW-RR **99**, 146) u des PflVerteidigers gg die Staatskasse (Hbg JurBüro **91**, 233). Voraussetzg ist, daß es sich um eine anwaltl Berufstätigk handelt. Die Vergütg für Tätigk, die auch ein Nichtanwalt hätte ausführen können, fällt nicht unter Nr 15 (MüKo/v Feldmann Rn 35); Bsp sind die Tätigk als NotGeschFü gem § 29, als Sequester (LG Meiningen ZIP **97**, 1848), als Betreuer (LG Mü NJW-RR **99**, 92) od als TestVollstr (Düss JW **18**, 741). Dagg kann die Tätigk als Pfleger unter Nr 15 fallen (KG AnwBl **82**, 71). Auf den KostenerstattgsAnspr gg den ProzGegner ist § 195 anzuwenden (Mü NJW **71**, 1755, Ffm JZ **77**, 353), u zwar auch iF des ZPO 126
29 (Ffm JurBüro **88**, 481). – **b)** Nr 15 gilt außerdem für Anspr der **Notare** u aller Pers, die zur Besorgg best Gesch **öffentlich bestellt oder zugelassen** sind. Dazu gehören Feldmesser, Auktionatoren, Taxatoren, Steuerberater (BGH NJW **97**, 516), SteuerberatgsGesellsch, auch wenn sie als Formkaufl (scheinb) unter Nr 1 fallen (Celle BB **84**, 92), WirtschPrüfer (BGH NJW **98**, 2972), Prüflng für Baustatik (VerwG Gelsenkirchen DB **92**, 2184, aA Haesler DB **94**, 1606). Auf EntschAnspr ehrenamtl Ri kann Nr 15 entspr angewandt w (AG Darmst JurBüro **77**, 526), für GerVollzieher gilt dagg GVzKostG 12. Zum Begriff der Auslagen s Rn 11. –
30 **c) Nr 16.** Vorschüsse sind im voraus geleistete Zahlgen auf den zu erwartden GebührenAnspr. Nicht erfaßt w von Nr 16 Anspr auf Rückg von Urk u Akten (Staud/Peters Rn 60). Zu SchadErsAnspr gg den RA s
31 Übbl 17 v § 194. – **d) Nr 17.** Für den EntschädiggsAnspr der **Zeugen und Sachverständigen** bestimmt ZuSEG 15 eine AusschlußFr, die iF der Zeugen 3 Monate beträgt. Unabhäng von dieser Befristg läuft ab Entstehg des Anspr die Verj gem Nr 17 (Staud/Peters Rn 61).

197 *Vierjährige Verjährungsfrist.* **In vier Jahren verjähren die Ansprüche auf Rückstände von Zinsen, mit Einschluß der als Zuschlag zu den Zinsen zum Zwecke allmählicher Tilgung des Kapitals zu entrichtenden Beträge, die Ansprüche auf Rückstände von Miet- und Pachtzinsen, soweit sie nicht unter die Vorschrift des § 196 Abs. 1 Nr. 6 fallen, und die Ansprüche auf Rückstände von Renten, Auszugsleistungen, Besoldungen, Wartegeldern, Ruhegehalten, Unterhaltsbeiträgen und allen anderen regelmäßig wiederkehrenden Leistungen.**

1) Allgemeines. – a) § 197 soll das übermäß Anwachsen von Schulden verhindern, die aus den laufden Einkünften des Schu zu tilgen sind (BGH **103**, 169). Er gilt für alle **regelmäßig wiederkehrenden** Leistgen, soweit sie nicht unter § 196 I Nr 1, 6, 7, 8 od 9 fallen (§ 195 Rn 4). Unerhebl ist, ob die Leistg auf Ges, Satzg od RGesch beruht. Voraussetzg ist aber, daß der Anspr sich seiner Natur nach auf Leistgen richtet, die in zeitl Wiederkehr zu erbringen sind (BGH VersR **57**, 450). Ratenzahlgen auf eine feststehde Schuld fallen daher nicht unter § 197 (BGH WM **75**, 1281), ebsowenig der in Rentenform zu erfüllde Anspr auf SchmerzG od AufopfergsEntsch (BGH VersR **57**, 450). Auch auf Amortisationsbeträge ist § 197, abgesehen vom Fall des Zinszuschlages (Rn 5), nicht anzuwenden (Erm-Hefermehl Rn 3). Die regelmäß Wiederkehr bezieht sich auf die **Zeit, nicht** auf die **Gleichmäßigkeit des Betrages** (RG **153**, 378, BGH **28**, 147). § 197 ist daher auch dann anzuwenden, wenn die Beträge in der Höhe wechseln, zeitweise auf ein Minimum absinken od gelegentl ganz ausfallen (BGH **LM** Nr 2, BAG **AP** Nr 3). Wie sich aus der ausdr Erwähng der Besoldgen ergibt, gilt § 197 auch im **öffentlichen Recht** (BVerwG **28**, 340, OVG Münst NJW **81**, 1328). – **b)** Neben der Verj der 2
Einzelleistg ist auch die Verj des **Stammrechts** mögl (§ 194 Rn 7). Mit dem StammR, dessen Verj sich nach § 852 od StVG 14 richten kann, verjähren auch die Anspr auf die einz Leistgen (BGH VersR **72**, 1079, NJW **73**, 1685). – **c) Rückstände** sind alle nach Fälligk unbezahlten Leistgsteile. Rückständig kann auch die 3
geschuldete Leistg im ganzen sein (allgM). Der Rückstand braucht dem Umfang nach nicht festzustehen (RG **72**, 340). Die Verj kann vor Feststellg der Höhe beginnen (RG aaO). – **d)** Die kurze Verj gilt auch für 4
Ersatz- und Nebenansprüche, die an die Stelle des ursprüngl Anspr treten od ihn ergänzen (§ 195 Rn 3), so etwa für Anspr aus einer Mietgarantie (Düss NJW-RR **94**, 11). Sie ist auf Anspr auf **Rückzahlung** überzahlter Zinsen oder Kreditgebühren entspr anzuwenden (BGH **98**, 181), auch soweit der BerAnspr auf einer bei VertrEnde geleisteten Sonderzahlg beruht (BGH NJW **90**, 1036), ebso auf den Anspr wg überzahlter Leistgsentgelte für Fernwärme (BGH NJW-RR **89**, 1015), Heizgskosten (Hbg NJW **88**, 1097), Mieten u Mietnebenkosten (s Hbg NJW-RR **89**, 458, Hamm NJW-RR **96**, 523, Köln NZM **99**, 73). Eine analoge Anwendg wird dagg **abgelehnt** auf den Anspr wg überzahlten Gehalts/Lohns (BVerwG **66**, 251, BAG ZIP **94**, 727), Ruhegehalts (BAG DB **90**, 2123) od überzahlter VersPrämien (Düss NJW-RR **91**, 1184), auf den Anspr auf Rückerstattg des Disagios (BGH NJW **93**, 3257, Düss WM **95**, 575) u auf den RückfordergsAnspr wg der nach dem Tod des Versicherten geleisteten Zahlgen (Karlsr NJW **88**, 1920). Der beim AnnuitätenDarl dch unricht Zinsberechng (nachschüss Tilgsverrechng) entstandene BerAnspr verjährt jedenf dann in der Fr des § 195, wenn zur vorzeit VertrBeendigg ein (hoher) Ablösgsbetrag gezahlt worden ist (BGH **112**, 353).

2) Die einzelnen Fälle. – a) Zinsen. Der Begriff der Zinsen ist im § 197 ebso zu verstehen wie in den 5
§§ 246 ff; s daher § 246 Rn 1. § 197 gilt auch für Verzugszinsen (RG **109**, 348, Hamm FamRZ **95**, 613), der Anspr aus §§ 288 II, 286 betrifft regelmäß wiederkehrde Leistgen u wird daher gleichf von § 197 erfaßt (BGH NJW **93**, 1384, 3320). Für den Anwendgsbereich des **VerbrKrG** gilt nunmehr die Sonderregel des VerbrKrG 11 III 3 (s dort). Erfaßt werden Sparzinsen (LG Kaiserslautern WM **84**, 1604), Bereitstellgszinsen (Stgt NJW **86**, 436), ZinsAnspr aus öffr Vertr (VGH Kassel MDR **93**, 291) u auch Hyp- u GrdSchZinsen (§ 902 I 2), obwohl die Hyp u die GrdSch selbst unverjährb sind. Zinsrückstände verj auch dann in 4 Jahren, wenn sie nur einmal zu zahlen sind, also keine wiederkehrden Leistgen darstellen (Hamm NJW-RR **97**, 1476). Den Zinsen gleichgestellt sind **Amortisationsquoten,** die als Zuschlag zu den Zinsen zu zahlen sind. Beide Leistgen müssen zu einer GesLeistg verschmolzen sein. Das trifft auch auf die bei Teilzahlgskrediten übl Kreditgebühren zu, die daher einschl aller Nebenkosten nach § 197 verjähren (Hamm NJW **90**, 1673, Stgt NJW-RR **92**, 181, Celle MDR **94**, 157). Zinsen nach BaföG 18 II verjähren dagg erst nach 30 Jahren (OVG Münster FamRZ **98**, 1631). Sonderregelgen gelten für Anspr aus Zinsscheinen von InhSchuldverschreibgen (§ 801) u ZinsAnspr gg den Annehmer eines Wechsels (WG 70). Gem § 224 verjährt der ZinsAnspr spätestens mit dem HauptAnspr. – **b) Miet- und Pachtzinsen,** ausgen die unter § 196 I Nr 6 fallden Anspr aus der 6
gewerbsmäß Vermietg bewegl Sachen. Gleichgült ist, ob die Miete fortlaufd od in einem einmaligen Betrag zu leisten ist (s auch Rn 5). Die Vorschr gilt auch für Mietnebenkosten (Düss ZMR **90**, 411), wie Wassergeld u Heizgskosten (s LG Bielef MDR **77**, 312), für Anspr aus §§ 557, 597, einschließl der konkurrierden Anspr aus §§ 286 u 812 (BGH **68**, 309, NJW **84**, 794), für Anspr aus einer Mietgarantie (Düss NJW-RR **94**, 11) u für den SchadErsAnspr wg entgangener Miete bei vorzeitiger Beendigg des MietVerh (BGH NJW **68**, 693). Benutzt der Pächter die Sache mit stillschw Duldg des Verpächters weiter, ist auf den Anspr aus § 812 gleichf § 197 anzuwenden (aA KG NJW **71**, 432). – **c) Renten.** Hierher gehören vor allem die Leibrente 7
(§§ 759 ff), SchadErsRente (§ 843), Überbaurente (§ 912 II), Notwegrente (§ 917 II) sowie die rückständ Leistgen aus einer Reallast od Rentenschuld (§§ 1107, 1199). Gleichgült ist, ob Geld od and vertretb Sachen geschuldet w. Für Leistgen der ges Renten- od UnfallVers gilt der inhaltl mit § 197 übereinstimmde § 45 SGB I. Auf RentenAnspr nach dem BVersG ist dagg § 197 entspr anwendb (BSG NJW **63**, 1373). **Auszugsleistungen** sind die aufgrund eines AltenteilsVertr an den Altenteiler zu erbringenden wiederkehrden Leistgen (s RG **104**, 272, Art 96 EGBGB). – **d) Besoldungen, Ruhegehälter.** Sie müssen auf **öffentlichem Recht** 8
beruhen. Die Vorschr gilt für Anspr aus dem BeamtenVerh (BVerwG **23**, 167, ZBR **79**, 334) u aus dem DienstVerh der Richter u Soldaten; erfaßt werden auch SchadErsAnspr wg verspäteter Übertragg eines höherwert Amts (OVG Lünebg NdsRpf **96**, 243). Anspr aus ArbVertr verjähren, auch wenn der ArbG eine jur Pers des öffR ist, nach § 196 I Nr 8 u 9 (dort Rn 22). Anspr von GeschFü u VorstdMitgl fallen unter sonst regelmäß wiederkehrde Leistgen (Rn 9). – **e) Unterhaltsansprüche,** vgl §§ 1361, 1569 ff, 1601 ff; für Anspr auf Sonderbedarf (§ 1613 II) gilt jedoch § 195 (BGH **103**, 167). – **f) Andere regelmäßig wiederkehrende** 9
Leistungen. Zum Begriff s Rn 1. Anwendgsfälle sind: SchadErsAnspr wg Verdienstausfalls (BGH NJW-RR **89**, 215); ErstattgsAnspr aus GoA od § 812 gg den UnterhPflichtigen wg der Gewährg von Unterh (RG **170**, 253, Nürnbg FamRZ **60**, 107) od zw Eltern, wenn einer das gemeins Kind allein unterhalten hat (BGH **31**, 333, Karlsr OLGZ **65**, 138); ErstattgsAnspr wg zu Unrecht gewährter Renten (BGH NJW **63**, 2316, BVerwG ZBR **75**, 323); Prov des VersVermittlers (RG **153**, 375); „Wohngeld" gem WEG 16 (dort Rn 9); BeitrFdgen einer Versorggskasse (BAG **AP** Nr 3); Vereinsbeiträge; LizenzAnspr (BGH NJW-RR **93**, 1060) u GewinnAnspr aus Patentverwertg (BGH **28**, 144) od aus Filmverwertg (Mü Ufita **48**, 313, str, Mü Ufita **58**, 290 wendet § 196 Nr 1 mit II an); VergütgsAnspr der Organe jur Pers (BGH **36**, 142) u VersorggsAnspr ihrer Hinterbliebenen (BGH NJW **64**, 1620); Anspr gg den Chefarzt auf Abführg eines Teils des Honorars, das er

von PrivPatienten erhält (OVG Münst NJW **81**, 1328); Anspr gg Prof wg der Benutzg von Hochschuleinrichtgen (BVerwG ZBR **87**, 340); Anspr des Lagerhalters auf Lagergeld, wenn es nach Zeiteinheiten berechnet w (BGH **89**, 87). **Unanwendbar** ist § 197 dagg auf den Anspr auf Rückzahlg zuviel gezahlter
10 Bezüge (Rn 4), auf den gesellschvertragl **Gewinnanspruch,** da dieser von einer Feststellg der Gewinn- u Verlustrechng abhängt (BGH **80**, 359), auf BeihilfeAnspr, die einen entspr Antr voraussetzen (BAG DB **99**, 1562), auf ProvAnspr, sofern dessen Fälligk nicht auf best Termine abstellt (Kblz NJW-RR **88**, 673), auf Anspr gg WoEigtümer wg Rückstände aus genehmigten Jahresrechngen (BayObLG **83**, 292), auf Vergütgen, deren Fälligk von künft ungewissen Ereign abhängen (BGH GRUR **79**, 803).

198 *Regelmäßiger Verjährungsbeginn.* **Die Verjährung beginnt mit der Entstehung des Anspruchs. Geht der Anspruch auf ein Unterlassen, so beginnt die Verjährung mit der Zuwiderhandlung.**

1 **1) Allgemeines. – a)** Die Verj beginnt, wenn der Anspr **entstanden** ist. Das ist der Fall, sobald der Anspr **klagweise geltend gemacht** w kann (BGH **55**, 341, **73**, 365, **79**, 178). Voraussetzg dafür ist grdsl, daß der Anspr **fällig** ist, § 271 (BGH **53**, 225, **55**, 341, **113**, 193). Bei aufschiebd bedingten Anspr beginnt die Verj frühestens mit dem Eintritt der Bdgg (BGH **47**, 391, NJW **87**, 2745). Das gilt auch iF einer PotestativBdgg (BGH aaO, Hamm NJW-RR **97**, 1476) u eines Anfangstermins. Bei Anspr aus genehmiggsbedürft RGesch läuft die VerjFr erst ab Erteilg der Gen, der insow keine rückwirkde Kraft zukommt (RG **65**, 248). Bei verhaltenen Anspr (§ 271 Rn 1), die jederzeit, aber nur auf Verlangen des Berecht zu erfüllen sind, beginnt die Verj mit der Entstehg, nicht erst mit dem Verlangen (BGH NJW-RR **88**, 904). Anspr auf **wiederkehrende** Leistgen (§ 197) verjähren mit der sich aus § 201 ergebden Maßg von der Fälligk der einz Leistg
2 an. – **b)** Die Möglichk, den Anspr geltd zu machen, braucht **nur objektiv** zu bestehen. Der VerjBeginn hängt **nicht** davon ab, daß der Berecht vom Bestehen des Anspr **Kenntnis** hat od haben konnte (BGH **73**, 365, NJW **94**, 1001; Ausn s Rn 14), eine bei den kurzen VerjFr für GewLAnspr problemat Regelg (s Übbl 4 v § 194). Davon soll jedoch eine Ausn gelten, wenn der Anspr aus c. i. c. gg den Vertreter in derselben Fr verjährt wie der vertragl ErfAnspr gg den Vertretenen (BGH NJW **83**, 1609), eine mit der sonst Rspr nicht zu vereinbarde u dogmat kaum haltb Entsch. Der VerjBeginn erfordert nicht, daß der Berecht den Anspr beziffern kann (BGH **79**, 178, BauR **79**, 62); es genügt die Möglichk, Stufen- od Feststellgsklage zu erheben
3 (BGH **73**, 365, **96**, 294, BVerwG NVwZ **83**, 740, stRspr). Von der Erteilg einer **Rechnung** od der Hergabe des Aufmaßes ist der VerjBeginn unabhäng, auch wenn erst die Rechng den Anspr betragsmäß festlegt (BGH **79**, 178, Düss BauR **80**, 367). Entscheidd ist, wann die Rechng hätte erteilt werden können (BGH **102**, 171). Etwas and gilt nur dann, wenn die Rechngserteilg, wie beim VOB-Vertr, FälligkVoraussetzg ist (Rn 6); eine entspr Vereinbg kann auch stillschw getroffen w (BGH NJW-RR **89**, 148, Düss NJW-RR **99**, 527). Eine entspr formularmäß Klausel für einen nicht unter die VOB fallden WkVertr ist aber unwirks (Stgt NJW-RR **94**, 17).

4 **2) Einzelheiten. – a) Vertragsansprüche.** Soweit sie unter §§ 196, 197 fallen, beginnt die Verj erst mit dem **Schluß des Jahres,** in dem der Anspr entstanden ist (§ 201). – **aa) Kaufvertrag.** Die Verj des KaufPrAnspr beginnt nicht erst im Ztpkt der Lieferg, sond bereits mit VertrSchl (RG **62**, 178). Die Klausel „Zahlg gg Dokumente" verschiebt die Fälligk u damit den VerjBeginn auf den Ztpkt der Vorlage der
5 Dokumente (BGH **55**, 342). – **bb) Dienstverträge.** Bei **Anwaltsgebühren** beginnt die Verj mit dem Schluß des Jahres, in dem der Anspr fäll geworden ist (BGH NJW **83**, 1048). Entscheidd ist, wann der erste FälligkTatbestd des BRAGO 16 verwirklicht worden ist (BGH NJW **98**, 2670). Die Gebühren aus einem ScheidgsVerf können daher verjährt sein, bevor die abgetrennte Folgesache beendet ist (Brschw NdsRpfl **85**, 15). Der VerjBeginn ist von der Festsetzg des Streitwertes unabhäng (BGH NJW **98**, 2670). Wird der Streitwert zu niedrig festgesetzt, ist die Verj der MehrFdg bis zur Heraufsetzg des Wertes gehemmt (BGH aaO). Hat der RA nach dem Inh des Auftr einen Vertr zu überprüfen, beginnt die Verj erst nach Ablauf der hierfür erforderl Zeit, auch wenn die Überprüfg nicht dchgeführt worden ist (BGH AnwBl **85**, 257). **Steuerberater:** Die Verj beginnt mit dem Schluß des Jahres, in dem die Vergütg nach StBGebGV 7 fäll geworden ist, unabhäng davon, ob der Steuerberater eine Rechng erteilt hat (BGH NJW NJW **97**, 516). **Arzt:** Voraussetzg für die Fälligk u den VerjBeginn ist die Erteilg einer Rechng, GOÄ 12 (Narr MedR **86**, 75, s
6 aber § 200 Rn 2). – **cc)** Bei **Werklohnforderungen** beginnt die Verj gem § 641 mit der Abnahme. Nach VOB/B 16 Nr 3 setzt die Fälligk des Anspr u damit der VerjBeginn die Vorlage der Schlußrechng voraus. Entscheidd ist, wann der Untern die Schlußrechng erteilt hat, nicht wann er sie hätte erteilen können (BGH NJW **71**, 1455, s aber § 200 Rn 2). Auch beim **Architektenhonorar** hängt die Fälligk u damit der VerjBeginn von der Erteilg einer Rechng ab (HOAI 8, s aber § 200 Rn 2). Das gilt auch für Abschlagszahlgen (BGH NJW **99**, 713) u iF vorzeit Künd (BGH NJW-RR **86**, 1279), auch wenn die Part keine Vereinbg über die Geltg der HOAI getroffen haben (BGH NJW **81**, 2354). Auch die auf einer unwirks Vereinbg beruhde Rechng läßt die Verj beginnen (Mü BauR **97**, 882), die Rechng muß aber prüffäh sein (BGH NJW-RR **90**, 1171, BauR **91**, 489). Auch bei nachträgl berechneten Anspr von **Versorgungsunternehmen** beginnt die Verj erst mit Schluß des Jahres, in dem die Nachtragsrechng erteilt worden ist (BGH NJW **82**, 931, NJW-RR **87**, 238, s aber § 200 Rn 2). Beim Bauhandwerker hängt der VerjBeginn dagg nicht von der Rechngserteilg
7 ab (Rn 3). – **dd) Gewinnansprüche** entstehen idR erst mit der Feststellg der Bilanz (s BGH **80**, 358, Hbg OLG **35**, 319), jedoch sind abw Abreden der Part mögl (RAG JW **34**, 218). Bei **Mietnebenkosten** beginnt die Verj mit dem Zugang einer nachprüfb Rechng beim Mieter (BGH **113**, 193). Beim **Ruhegehalt** beginnt die Verj mit Fälligk auch für den inf unricht Anpassg noch nicht festgesetzten FdgsTeil (LAG Hamm DB **91**,
8 1121). – **ee) Versicherung:** Die Verj des DeckgsAnspr gg den HaftPflVers beginnt frühestens in dem Ztpkt, in dem der geschädigte Dr Anspr geltd gemacht hat (BGH VersR **76**, 479). Der RückgriffsAnspr des Versicherers, der an den Geschädigten Teilleistgen erbracht hat, entsteht mit jeder Teilleistg (Hamm VersR **80**, 828).

b) Schadensersatzansprüche. – aa) Die Verj von SchadErsAnspr wg **Nichterfüllung,** Verzuges od pVV beginnt mit deren Entstehg, nicht mit der des ursprüngl Anspr (RG **128**, 79, BGH **107**, 184, ZIP **99**, 1446). Entstanden ist der ErsAnspr: iF der Unmöglichk mit deren Eintritt (BGH NJW **59**, 1819); iF des Verzugs mit der Entstehg eines Schadens (BGH **LM** § 286 Nr 3, VersR **69**, 61); iF der pVV u der c. i. c. gleichf mit der Entstehg von Schaden (BGH **73**, 365, NJW **86**, 2567); iF des § 326 mit dem Ablauf der NachFr (KG NJW-RR **97**, 392); iF einer Künd mit deren Zugang (BGH NJW **71**, 1841, Hamm NJW-RR **97**, 1144); iF der pflwidr Anlage von Vermögen mit dieser Anlegg (RG JW **32**, 1648), iF des § 179 mit der Verweigerg der Gen (BGH **73**, 271); iF des ZPO 717 II mit der Aufhebg des Urt (Karlsr OLGZ **79**, 374). Für die unter § 477 fallden Anspr beginnt die Verj einheitl mit der Übergabe (dort Rn 6), für die unter § 638 fallden einheitl mit der Abn (BGH **95**, 382). Haftet der Verpflichtete **in zweiter Linie,** beginnt die Verj erst, wenn feststeht, daß vom ersten Schu nichts zu erlangen ist (BGH NJW **81**, 2343, **87**, 2743). – **bb)** Bei Schad- 9 10
ErsAnspr gg den **Rechtsanwalt** od **Steuerberater** beginnt die Verj mit der Entstehg des Anspr, spätestens aber mit Beendigg des Auftr, BRAO 51 b, StBerG 68. Entstanden ist der Anspr, wenn die pflichtw Hdlg eine Verschlechterg der VermLage des Mandanten verursacht hat; das Bestehen einer risikobehafteten Situation genügt nicht (BGH **100**, 228, **124**, 30, NJW **93**, 650). Kenntn des Mandanten ist nicht erforderl (BGH **119**, 71); es reicht aus, daß obj die Erhebg einer unbezifferten Feststellgsklage mögl ist (BGH **100**, 231, Rn 2). Währd die Rspr die Entstehg des Schadens fr idR mit der Vornahme der pflichtw Hdlg gleichgesetzt hat, stellt sie seit BGH **73**, 365 iZw einzelfallbezogen auf einen späteren Ztpkt ab. **(1) Rechtsanwälte.** Ist der Mandant 10 a
wg Fehler eines vom RA entworfenen Vertr SchadErsAnspr eines Dr ausgesetzt, beginnt die Verj erst mit der Geltdmachg dieses Anspr (BGH NJW **96**, 2930). Bei fehlerh ProzVerhalten ist der Schaden idR erst entstanden, wenn die nachteil Entscheidg erlassen u mit ihrer Änderg nicht mehr zu rechnen ist (BGH NJW **92**, 2829). Bei Versäumg einer RMittelFr ist der Ablauf der Fr maßgebd (BGH NJW **96**, 50), bei fehlerh vorprozessualem Verhalten (unbegründete Klage), die Erhebg der Klage (BGH VersR **95**, 962), bei falscher Anlageberatg der Ztpkt, in dem der nachteil Vertr bindd geworden ist (BGH NJW **94**, 1407). Hat der RA einen Anspr gg einen Dr verjähren lassen, entsteht der Schaden mit Vollendg der Verj, nicht erst mit der Erhebg der VerjEinr (BGH NJW **94**, 2822). **(2) Steuerberater.** Hat der StBerater steuerl Nachteile verschul- 10 b
det, beginnt die Verj mit dem Zugang des StBescheids (BGH **119**, 73; NJW **93**, 2046, 2181, NJW **98**, 1489, stRspr), nicht erst mit dessen Unanfechtbark (BGH **129**, 389). Die Einlegg von RMitteln hindert den VerjBeginn nicht (BGH NJW **96**, 1895, WM **98**, 787). Auf den Zugang des StBescheids kommt es auch an, wenn die Steuer zu hoch festgesetzt worden ist (BGH **114**, 153), wenn der Mandant für die StSchuld eines Dr einstehen muß (BGH NJW **93**, 1141) od wenn eine **Außenprüfung** zu einer NachFdg führt (BGH **119**, 73; überholt BGH **73**, 363, der auf die Schlußbesprechg abstellt). Wird ein außerhalb des Prüfgszeitraums begangener Fehler festgestellt, bleibt es bei der eingetretenen Verj (BGH **91**, 2831). Hat der StBerater pflichtw keinen Einspr eingelegt, beginnt die Verj mit dem Ende der EinsprFr, hat er den Einspr u/od die AnfKlage nicht ordngsgem begründet, beginnt die Verj mit der Bekanntgabe des EinsprBescheids (BGH NJW-RR **97**, 50, **98**, 742). Führt der Fehler des StBeraters zu zusätzl Nachteilen (Notwendigk einer KreditAufn, Verpfl zur SicherhLeistg, sonst Nachteile) beginnt mit deren Entstehg auch die Verj hinsichtl der steuerl Nachteile (BGH NJW **91**, 2833, **93**, 1141,VersR **98**, 1158 Rn 11). RA u StBerater müssen ihre Arbeit aus gegebenem Anlaß überprüfen u den Mandanten auf eig Fehlverhalten u die Möglichk eines Regresses hinweisen. Verletzen sie diese Pfl, haften sie auf SchadErs. Vgl zu diesem **sekundären Ersatzanspruch** Übbl 16 v § 194. – **cc)** Bei 11
SchadErsAnspr, auch solchen mit vertragl Grdl, beginnt die Verj **einheitlich** auch für den erst in Zukunft entstehden Schaden, sow er voraussehb ist (BGH **50**, 24, **119**, 71, NJW **98**, 1488, BAG **AP** Nr 8). Unvorhersehb können insb unerwartete Kostensteigergen sein (RG **102**, 143). Bei RentenAnspr aus §§ 843, 844 kann die Verj des ErhöhgsAnspr erst beginnen, wenn feststeht, daß eine nachhalt Änderg der Verh eingetreten ist (BGH **33**, 118, § 852 Rn 4ff). – **dd)** Bei **Dauerhandlungen** kann die Verj nicht beginnen, solange der 12
Eingriff andauert (BGH NJW **73**, 2285). Bei **wiederholten** Hdlgen setzt jede Hdlg eine neue VerjFr in Lauf (BGH NJW **85**, 1023); der strafrechtl Begriff der fortgesetzten Hdlg ist auf das bürgerl Recht nicht übertragb (BGH **71**, 94). Verursacht eine Hdlg eine **dauernde Beeinträchtigung** verjährt der Anspr auf SchadErs od Beseitigg ab der Entstehg der Beeinträchtigg (BGH **60**, 240); verstärkt sich die Beeinträchtigg inf einer Änderg der Verhältn, beginnt eine neue Verj (BGH aaO).

c) Bei Anspr auf **Unterlassen** beginnt die Verj nach **Satz 2** erst mit der ZuwiderHdlg, da der Berecht 13
vorher weder einen Anlaß noch eine Möglichk hat, gg den Verpflichteten vorzugehen (BGH **59**, 74). Bei einem Anspr auf einmaliges Unterlassen kommt Verj nicht in Betracht, da die Leistg mit der ZuwiderHdlg unmögl w, also nur noch SchadErs verlangt w kann. Auch hins der UnterlAnspr aus §§ 12, 861, 1004 ist Satz 2 leerlaufd, da der Anspr erst dch die ZuwiderHdlg entsteht. Bei den danach allein unter S 2 fallden Anspr auf **dauernde** Unterlassg, beginnt mit jeder ZuwiderHdlg eine neue Verj (RG **80**, 438, Rn 12). Entspr anwendb ist S 2 auf den auf eine dauernde Leistg (zB Nutzgsüberlassg) gerichteten Anspr (BGH NJW **95**, 2549).

3) Abweichende Regelungen über den VerjBeginn enthalten: – **a)** §§ 199, 200 (s dort); – **b)** §§ 201, 14
VVG 12 I 2: FrLauf erst ab Jahresende (s dazu BGH NJW **83**, 2882); – **c)** §§ 852, 1378 IV, 2332, AGBG 13 IV, HGB 61 II, 439 II, PatG 48, BBergG 117 I: FrLauf erst ab Kenntn. Weitere Sondervorschriften: §§ 477, 490, 558, 638, 651 g II, 801, 1057, 1226, 1302, 2287.

199 ***Verjährungsbeginn bei Kündigung.*** **Kann der Berechtigte die Leistung erst verlangen, wenn er dem Verpflichteten gekündigt hat, so beginnt die Verjährung mit dem Zeitpunkte, von welchem an die Kündigung zulässig ist. Hat der Verpflichtete die Leistung erst zu bewirken, wenn seit der Kündigung eine bestimmte Frist verstrichen ist, so wird der Beginn der Verjährung um die Dauer der Frist hinausgeschoben.**

200 ***Verjährungsbeginn bei Anfechtung.*** **Hängt die Entstehung eines Anspruchs davon ab, daß der Berechtigte von einem ihm zustehenden Anfechtungsrechte Gebrauch macht, so**

beginnt die Verjährung mit dem Zeitpunkte, von welchem an die Anfechtung zulässig ist. Dies gilt jedoch nicht, wenn die Anfechtung sich auf ein familienrechtliches Verhältnis bezieht.

1 **1) Allgemeines. – a)** Die Entstehg des Anspr, nach § 198 Voraussetzg für den VerjBeginn, hängt iF der Künd u der Anf vom Belieben des Gläub ab, sofern das Künd- od AnfR allein ihm zusteht. Um dem Gläub die Möglichk zu nehmen, die Verj hinauszuzögern, bestimmen §§ 199, 200 als VerjBeginn den Ztpkt, von dem an die Künd od Anf zul ist. Es genügt, daß die Künd- od AnfMöglichk **objektiv besteht;** auf die Kenntn
2 des Gläub kommt es nicht an; gleichgült ist auch, ob die AnfFr bereits begonnen hat (hM). – **b)** Ist die Entstehg des Anspr von einem Rücktr, Widerruf od einer sonst Hdlg des Gläub abhäng (Erteilg einer Rechng, PotestativBdgg), sind §§ 199, 200 nach hM **nicht** entspr **anwendbar** (BGH **55**, 344, NJW **82**, 931, NJW-RR **87**, 238, Hamm NJW-RR **97**, 1476, aA mit beachtl Grden AK/Kohl Rn 3). Kommt der Gläub seiner Obliegenh zur **Rechnungserteilung** nicht alsbald nach, muß er sich aber gem §§ 162, 242 so behandeln lassen, wie wenn die Fdg fällig geworden wäre (BGH NJW-RR **86**, 1279, aA BGH **113**, 194, NJW **71**, 1455, LG Ffm NJW-RR **97**, 1080, auf Verwirkg stellen ab Düss VersR **93**, 971, AG Ffm NJW-RR **96**, 1267). Das gilt insbes dann, wenn der Schu ihn zur Rechngserteilg aufgefordert hat (KG NJW-RR **88**, 22).

3 **2) Kündigung (§ 199).** Gleichgült ist, ob die Künd Voraussetzg für die Entstehg od die Fälligk des Anspr ist. Tritt die Fälligk erst nach Ablauf einer KündFr ein, verschiebt sich der VerjBeginn entspr **(Satz 2).** Unter § 199 fällt bei einem KündR des Sparers auch der Anspr auf Auszahlg des Sparguthabens (LG Bonn NJW-RR **96**, 557; zur Anwendg des § 242s Ffm NJW-RR **98**, 998). Hat auch das Kreditinstitut ein KündR, ist § 199 nach seinem Zweck (Rn 1) aber nicht anwendb; die Verj beginnt erst nach Künd (Schlesw WM **98**, 1578, LG Lübeck WM **96**, 717). Entspr gilt für den dch Künd entstehden künft Anspr des Gters auf das AuseinandSGuthaben (Staud/Peters Rn 3).

4 **3) Anfechtung (§ 200). – a)** § 200 gilt nur für solche Anspr, die, wie der aus § 812, dch die Anf **neu entstehen.** Hat der Gläub nach der anfechtb Hdlg geleistet, beginnt die Verj erst mit dem Ztpkt der Leistg (BGH WM **89**, 1028). Lebt dch die Anf ein fr Anspr wieder auf, ist § 200 nicht anwendb (RG **86**, 366); die Verj läuft seit der ursprüngl Entstehg des Anspr, jedoch ist § 202 I entspr heranzuziehen (Soergel-Walter Rn 3). Für den RückfdgsAnspr des AnfGegners beginnt die Verj, wie aus § 142 folgt, mit dem Ztpkt der Leistg. – **b)** Bezieht sich die Anf auf ein familienrechtl Verhältn, beginnt die Verj nach **Satz 2** erst **mit der Anfechtung.** Für den UnterhAnspr des scheinehel Kindes gg seinen wirkl Vater kann die Verj daher erst beginnen, wenn der Scheinvater die Vaterschaft wirks angefochten hat (BGH **48**, 366, s auch § 204).

201 *Beginn der kurzen Verjährung.* **Die Verjährung der in den §§ 196, 197 bezeichneten Ansprüche beginnt mit dem Schlusse des Jahres, in welchem der nach den §§ 198 bis 200 maßgebende Zeitpunkt eintritt. Kann die Leistung erst nach dem Ablauf einer über diesen Zeitpunkt hinausreichenden Frist verlangt werden, so beginnt die Verjährung mit dem Schlusse des Jahres, in welchem die Frist abläuft.**

1 Der einheitl Beginn der kurzen VerjFr mit Ende des Jahres erspart den GeschLeuten eine dauernde Kontrolle des FrAblaufs. Für eine am 15. 3. 1998 entstandene, unter § 196 I Nr 1 fallde KaufPrFdg beginnt die Verj am 31. 12. 1998 24 Uhr u endet am 31. 12. 2000 24 Uhr. Unter **Satz 2** fallen vor allem die Stundg u der Lauf einer KündFr, nicht aber die in § 202 II aufgeführten Einr (allgM). War die Verj gehemmt od unterbrochen, läuft die Fr nach Beendigg der Hemmg od Unterbrechg sofort weiter u nicht erst mit Schluß des Jahres (BGH **86**, 103, **93**, 294, NJW-RR **90**, 665, BAG NJW **97**, 3461). Endet die Hemmg od Unterbrechg vor Schluß des Jahres, in dem der Anspr entstanden ist, bleibt es beim VerjBeginn zum Jahresende (BGH NJW **95**, 3380). Der Anspr auf die Jahresumsatzprämie 1991 entsteht iZw erst am 1. 1. 1992; seine Verj beginnt daher am 31. 12. 1992 24 Uhr (s BAG NJW **74**, 663).

202 *Hemmung der Verjährung aus Rechtsgründen.* **I Die Verjährung ist gehemmt, solange die Leistung gestundet oder der Verpflichtete aus einem anderen Grunde vorübergehend zur Verweigerung der Leistung berechtigt ist.**

II Diese Vorschrift findet keine Anwendung auf die Einrede des Zurückbehaltungsrechts, des nicht erfüllten Vertrags, der mangelnden Sicherheitsleistung, der Vorausklage sowie auf die nach § 770 dem Bürgen und nach den §§ 2014, 2015 dem Erben zustehenden Einreden.

1 **1) Allgemeines. – a)** Die **Hemmung** der Verj bewirkt, daß die Verj mit Eintritt des HemmgsGrdes zum Stillstand kommt u nach dessen Wegfall weiterläuft (§ 205). Von der Hemmg zu unterscheiden ist die **Ablaufhemmung** (§§ 206, 207), die die Vollendg der Verj hindert, u die **Unterbrechung** (§§ 208 ff), bei
2 der die Verj von neuem beginnt. – **b)** Die Hemmg der Verj beruht auf dem **Gedanken,** daß die Zeit, währd der der Gläub den Anspr wg rechtl od tatsächl Hindern vorübergehd nicht geltd machen kann, bei sachgerechter Interessenabwägg nicht in die VerjFr einbezogen w darf. § 202 erfaßt die Fälle, in denen vorübergehde rechtl Hindern der Dchsetzg des Anspr entggstehen, § 203 tatsächl Hindern der RVerfolgg. Daneben gibt es für einz Anspr spezielle Vorschr, vgl insb §§ 204, 639 II, 651g II, 802, 852 II, VVG 12 II, PflVersG 3 Nr 3, HGB 439 III, CMR 32 II. Bei GewLAnspr betrifft die Hemmg den vom Gläub bezeichneten **Mangel,** umfaßt aber alle Ursachen, auf den der Mangel beruhen kann u alle in Betracht kommden Anspr (Köln NJW-
3 RR **95**, 1457, § 208 Rn 5). – **c)** Im **öffentlichen Recht** können die §§ 202 ff, sow SonderVorschr fehlen, entspr angewandt w (BVerwG NJW **77**, 823). Bei **Ausschlußfristen** ist die entspr Anwendg der §§ 202 ff Frage des Einzelfalls (Übbl 8 v § 194). – **d)** Wer sich auf eine Hemmg der Verj beruft, hat die Tats zu **beweisen,** aus denen sich die Hemmg ergibt (allgM).

2) Hemmungsgründe. – a) Stundung iSd § 202 ist nur die nach VerjBeginn getroffene Vereinbg, dch die die Fälligk des Anspr hinausgeschoben w (BGH NJW-RR **92**, 255). Wird die Stundg bei Begründg des Anspr vereinb, folgt bereits aus § 198 S 1, daß die Verj erst nach Ablauf der StundgsFr beginnt (§ 198 Rn 1). Ein einseit Stundgsangebot hemmt die Verj nicht. Erforderl ist eine vertragl Abrede, die aber auch stillschw getroffen w od sich aus einer ergänzden VertrAuslegg ergeben kann (BGH **86**, 104). Hat der ArbG dem ArbN („Haussohn") versprochen, er werde für die geleisteten Dienste letztwill bedacht, ist der VergütgsAnspr bis zum Widerruf des Versprechens od bis zur TestEröffng gestundet (BAG NJW **63**, 2188, **78**, 444, BGH NJW **65**, 1224); kein HemmgsGrd ist aber die einseit Erwartg des Dienstleistden, er werde in einer Vfg vTw bedacht w (BAG NJW **70**, 1701). Die Vereinbg des Ruhens eines Proz enthält nicht ow eine Stundg (RG **73**, 394, s aber Rn 8), wohl aber die Abrede, daß der Gläub seine Befriedigg zunächst aus einer erfhalber abgetretenen Fdg suchen soll (RG **70**, 37). Bei einer SichgGrdSch ist die Verj der Zinsen nicht bis zum Eintritt des SichgFalls gehemmt (BGH NJW **99**, 2590 gg BGH NJW **96**, 256). Die StundgsVereinbg **unterbricht** zugl die Verj, da sie ein Anerkenntn iSd § 208 enthält. Nach Ende der StundgsZeit beginnt die Verj daher neu zu laufen. Eine StundgsAbrede zw PfändgsGläub u Schu hemmt die Verj nur im Verh zw diesen (BGH NJW **78**, 1914, BAG DB **84**, 138). Auch ges Stundgen (Moratorien) fallen unter § 202 (MüKo/v Feldmann Rn 4).

4 (Rn 4 beginnt oben)

b) Leistungsverweigerungsrechte. – aa) Steht dem Anspr eine **aufschiebende** Einr entgg, ist die Verj gehemmt, so etwa, wenn der Gläub nach der GewlRegelg erst einen Dr in Anspr nehmen muß (BGH DNotZ **82**, 122) od wenn ein Teil der GebührenFdg des RA wg zu niedriger Streitwertfestsetzg noch nicht dchsetzb ist (BGH NJW **98**, 2670). Unpfändbark des Schu od der Vorrang and Gläub begründen kein LeistgsVR (BGH **137**, 193). § 202 gilt auch nicht für zerstörde Einr (zB §§ 813 II, 886, 1169, 1254), da sie eine mindestens ebso starke Wirkg haben wie die Verj. Auch Anf- u AufrTatbestde hemmen die Verj nicht. Entspr gilt für das Recht zum Besitz: Da es Einwendg (nicht Einr) ist (§ 986 Rn 1), entsteht der HerausgAnspr ohnehin erst, wenn der Besitzer nicht mehr zum Besitz berecht ist. – **bb)** Aufschiebde Einr können vernünftigerw nicht als HemmgsGrd anerkannt w, wenn sie auf dem eig Verhalten des Gläub beruhen (NichtErf einer Verbindlichk). **II** bestimmt daher ausdr, daß folgde LeistgVR die Verj **nicht hemmen:** Einr des ZbR (§§ 273, 1000, HGB 369), des nicht erfüllten Vertr (§ 320), mangelnder SicherhLeistg (§§ 258, 811, 867, 997, 1005), die Einr des Bü gem §§ 770, 771. Die dem Erben gem §§ 2014, 2015 zustehden Einr sind miteinbezogen, weil sie den Gläub nicht hindern, die Verj dch Leistgsklage zu unterbrechen (ZPO 305). II ist die analogiefäh Regel, I die Ausn (Roth, Einr des Bürgerl R, 1988, S 238). Er ist entspr anzuwenden, wenn der Vermieter sein PfandR geltd macht (BGH **101**, 45) od wenn der Schu einer nicht wirks abgetretenen Fdg wg einer unricht AbtrAnzeige (§ 409 I) berecht ist, die Leistg ggü dem wirkl Gläub zu verweigern (BGH **64**, 121). – **cc)** Hauptanwendgsfall des § 202 ist das **Stillhalteabkommen** (*pactum de non petendo*), dh die Absprache zw Gläub u Schu, daß der Anspr einstweilen nicht geltd gemacht w soll. Es kann auch stillschw zustandekommen. Der Wille der Part muß aber darauf gerichtet sein, für den Schu ein LeistgVR zu begründen (BGH NJW **83**, 2497, **98**, 2274, **99**, 1101) od die Klagbark der Fdg vorübergehd auszuschließen (BGH NJW-RR **89**, 1049, Kblz NJW-RR **91**, 375). Die Tats, daß der Gläub mit dem Schu od dessen HaftPflVers verhandelt, genügt nicht (BGH VersR **63**, 360, **69**, 330, **71**, 1150, Köln VersR **97**, 638), ebsowenig die Abrede, ein SachverstGA einzuholen (BGH NJW **99**, 1101) od einen Proz vorläuf nicht weiter zu betreiben (BGH NJW **83**, 2497). Ein Stillhalteabkommen kann zu bejahen sein, wenn die Entsch einer VerwBeh, eines Vorprozesses, der Ausgang von Ermittlgen od die weitere Schadensentwicklg abgewartet w soll (BGH **LM** Nr 3, NJW **73**, 316, **86**, 1338, **93**, 1323), wenn bei Geltdmachg von Anspr Dr zunächst versucht werden soll, die Anspr abzuwehren (BGH NJW **99**, 1022), wenn ein Dr auf Ers in Anspr genommen (BGH **LM** Nr 5, Hamm NJW-RR **93**, 215) od einverständl ein SchiedsGA eingeholt w soll, jedoch endet die Hemmg, wenn der Gläub das Verf verzögert (BGH NJW **90**, 1232). Das TeilgsAbk zw SozVersTräger u HaftPflVers ist ein Stillhalteabkommen zG des Schädigers (§ 328) u hemmt die Verj (BGH **LM** Nr 12), bis die Leistgen des Vers die im Abkommen vorgesehene Höchstgrenze erreicht haben (BGH NJW **74**, 698, **78**, 2506). Die Hemmg endet, wenn ein nicht am TeilgsAbk beteil SozVersTräger zust w (Brschw VersR **77**, 450). Auch ohne ein Stillhalteabkommen können **Verhandlungen** der Part gem §§ 852 II, 639 II zur Hemmg der Verj führen od einen Einwand aus § 242 begründen (Übbl 12 v § 194).

c) § 202 gilt auch dann, wenn der Geltdmachg des Anspr ein vorübergehdes **rechtliches Hindernis** entggsteht, das nicht auf einer Einr im technischen Sinn beruht (RG **94**, 180, BGH **10**, 310, **LM** Nr 11). Es genügt, daß vorübergehend aus RGründen keine Leistgsklage erhoben w kann; die Möglichk, Feststellgsklage od Klage auf künft Leistg zu erheben, schließt die Hemmg nicht aus (BGH NJW **69**, 1662, **LM** Nr 12, KG VersR **81**, 1080). Das rechtl Hindern muß aber auf **Seiten des Schuldners** vorliegen. Wird der Gläub, etwa dch VermBeschlagn od Eröffng des InsVerf an der Geltdmachg des Anspr gehindert, gilt § 202 nicht (BGH **10**, 311, NJW **63**, 2019), iF der VermBeschl kann aber uU § 203 anwendb sein. HemmgsGrde sind: die Anordng des Ruhens des Verf gem ZPO 251 (§ 211 Rn 6); die Einlegg von RBehelfen, wenn sie wg ihrer aufschiebden Wirkg die Dchsetzg eines Leistgsbescheids hindern (BVerwG NJW **77**, 823); der eine LeistgsPfl des SozVersTrägers ablehnde Bescheid hins der gem SGB X 116 übergegangenen Fdg (BGH NJW **69**, 1661); Verf gem AUB 12 hins des Anspr des VersN (BGH VersR **71**, 435); **Kontokorrentabrede** hins der in das Kontokorrent einzustellden Anspr (BGH **49**, 27), gleichgült, ob sie tatsächl in das Kontokorrent aufgenommen worden sind (BGH **51**, 347), da die einz Posten nicht selbstd eingeklagt w können. Keine HemmgsGrde sind: **Zweifel an der Rechtslage,** auch nicht eine anspfeindl stRspr (§ 203 Rn 7), bei SchadErsAnspr gg die Organe einer jur Pers die Tats, daß die Organe noch amtieren u daher wg Interessenkollision eine Geltdmachg des Anspr nicht zu erwarten ist (RG **156**, 291). Der UnterhAnspr des nichtehel Kindes entsteht erst mit der Feststellg der Vatersch (§ 1600a S 2); erst in diesem Ztpkt kann die Verj beginnen; sie ist daher (entgg BGH FamRZ **81**, 763) nicht bis zur Feststellg der Vatersch gehemmt.

203 ***Hemmung aus tatsächlichen Gründen.*** **I Die Verjährung ist gehemmt, solange der Berechtigte durch Stillstand der Rechtspflege innerhalb der letzten sechs Monate der Verjährungsfrist an der Rechtsverfolgung verhindert ist.**

II Das gleiche gilt, wenn eine solche Verhinderung in anderer Weise durch höhere Gewalt herbeigeführt wird.

1 **1) Allgemeines. – a)** S zunächst § 202 Rn 1–3. Steht der Geltdmachg des Anspr ein tats Hindern entgg, so tritt grdsl keine Hemmg der Verj ein. Ausn gelten nur bei Stillstand der RPflege u höherer Gewalt. Die HemmgsGrde des § 203 müssen **innerhalb der letzten 6 Monate** der VerjFr vorgelegen haben; auch wenn sie schon fr bestanden haben, beginnt die Hemmg erst 6 Mo vor FrAblauf (BGH NJW-RR **91**, 574). Es genügt aber, daß das Hindern während eines Teils des Zeitraums gegeben war (allgM). Die Hemmgszeit wird
2 gem § 205 nicht in die VerjFr eingerechnet, s „solange" (BGH NJW **94**, 2753). – **b)** Auf **Ausschlußfristen** findet § 203 in einer Anzahl von Fällen kr ausdr Verweisg Anwendg (Überbl 8 v § 194). Fehlt eine solche Bezugn, kann § 203 idR nicht angewandt w (s BGH **19**, 20, Fr des ZPO 586; BGH DtZ **94**, 214, Fr des ZPO 958 II; BGH **33**, 363, Fr gem FinanzVertr Art 8).

3 **2) Stillstand der Rechtspflege** ist ein Unterfall der höheren Gewalt. Sie setzt voraus, daß die Ger ihre Tätigk (etwa wg Kriegs od einer Naturkatastrophe) eingestellt haben. Es genügt nicht, daß der Gläub nur persönl an der RVerfolgg gehindert war (RG **128**, 47).

4 **3) Höhere Gewalt** (s auch § 651 j). – **a)** Sie liegt vor, wenn die Verhinderg auf Ereign beruht, die auch dch die äußerste, billigerweise zu erwartde Sorgf nicht vorausgesehen u verhütet w konnte; schon das geringste Verschulden des Gläub schließt höhere Gewalt aus (BGH **81**, 355, NJW **97**, 3164). Der Begriff entspr damit im wesentl dem des unabwendb Zufalls in ZPO § 233 II aF; es gilt ein obj Maßstab. Das Verschulden seines **Prozeßbevollmächtigten** muß sich der Gläub zurechnen lassen; es begründet also keine höhere Gewalt (BGH **17**, 203, **81**, 356, NJW **73**, 699, **97**, 3164). Entspr gilt für das Verschulden des ges Vertreters (BGH **LM** § 254 (E) Nr 2). Verschulden des Notars als AmtsPers ist dem Gläub dagg nicht zuzurechnen (KG NJW **59**, 296, Hamm NJW-RR **94**, 523).

5 **b) Einzelfälle. – aa)** Bsp für höhere Gewalt: so plötzl auftretde Krankh, daß Vorsorge nicht mehr mögl ist (RG JW **12**, 384, BGH VersR **63**, 94); verzögerl od falsche Sachbehandlg dch das Ger (BGH NJW **95**, 1419, Hamm FamRZ **77**, 552), etwa die für den Gläub unerkennb unwirks Zustellg eines VollstrTitels (BGH NJW **90**, 176), die unricht Belehrg über ein TestAnfR (BayObLG **60**, 497) od ein unricht Erbschein (BayObLG NJW-RR **89**, 1091); Löschg des Schu (GmbH) im Handelsregister (BAG **AP** Nr 2, Hamm NJW-RR **90**, 478, krit Schmidt DB **90**, 1703), Abweisg der KündSchutzKl für den LohnAnspr (LAG Düss MDR **98**, 784). Keine höhere Gewalt sind: Beschlagn des Pkw, dessen Wandlg dchgesetzt werden soll (BGH NJW **97**, 3164); Strafhaft (Schlesw SchlHA **49**, 367); Eröffng des InsVerf über das Vermögen des Gläub (BGH NJW **63**, 2019, aA von Zwehl NJW **64**, 99); iF einer Klage in der fr DDR drohde VermNachteile (BGH ZIP **96**, 689). –
6 **bb) Unkenntnis** vom Bestehen des Anspr ist keine höhere Gewalt (BGH NJW **68**, 1381, **97**, 3164), auch nicht eine falsche RAuffassg (BGH **24**, 134). And liegt es, wenn der Berecht die äußerste den Umst nach denkb Sorgf angewandt hat. Das kann zu bejahen sein, wenn er sich in einem entschuldb Irrt über die Pers des Ersatzpflichtigen befand (BGH ZIP **95**, 951) od wenn er auf die unricht RBelehrg eines RKundigen vertraut hat u er sich dessen Verschulden nicht anzurechnen lassen braucht (RG JW **27**, 1195, Hamm FamRZ **75**, 589). Der Berecht darf sich darauf verlassen, daß die zust Amtspersonen ordngsmäß verfahren u ihre Ausk richt sind (BayObLG NJW-RR **93**, 782). Bei der VaterschAnfKl kann höhere Gewalt vorliegen, wenn dch eine amtl Äußerg (Tatbestd des ScheidgsUrt) der Schein erweckt w, das Kind sei auch ohne Anf nichtehel (Ffm u Schlesw DAVorm **84**, 405, 704) od wenn das JA die Zusage nicht einhält, seinerseits AnfKlage zu
7 erheben (BGH NJW **94**, 2752). – **cc)** Wird der geltd zu machde Anspr dch eine **„anspruchsfeindliche" ständige Rechtsprechung** verneint, so begründet das grdsl keine Hemmg der Verj (BAG NJW **62**, 1077, aA BGH DB **61**, 1257), da andf jede Änd einer ständ Rspr auf längst abgeschlossene Sachverhalte zurückwirken würde u Anspr, denen eine unricht stRspr entggsteht, prakt unverjährbar wären, ein Ergebn, das unter Ordngsgesichtspkten nicht zu überzeugen vermag (vgl die Überleggen in BGH **37**, 117). Etwas and kann vielleicht dann angenommen w, wenn die Rspr iW richterl RFortbildg neue Anspr schafft, wie iF der Aufwertg nach dem 1. Weltkrieg (RG **120**, 357), od iF der Entschädigg von Impfschäden (BGH NJW **57**, 1595, 1597), doch bleibt die Anwendg der §§ 202, 203 auch in diesen Fällen problemat (s Karlsr NJW **59**, 48
8 mAnm v Larenz). – **dd)** Keine Hemmg der Verj, wenn dem Anspr ein **verfassungswidriges** vom BVerfG noch nicht für unwirks erklärtes Ges entggsteht (Hamm u KG NJW **80**, 244, 246, str) od wenn der Gläub wg einer unwirks AGB-Klausel (MusterProzKlausel) scheinb nicht klagbefugt ist (BGH NJW **88**, 197). Eine ständ Rspr, die eine längere VerjFr bejaht, ist kein HemmgsGrd (BGH **60**, 101, NJW **77**, 375, **79**, 1162). Das gilt sicher dann, wenn die Dauer der Verj schon immer str war (BGH aaO); aber auch, wenn diese Voraussetzg nicht zutrifft, wird die Verj (entgg BGH NJW **60**, 283) nicht gehemmt, da die angebl längere VerjFr den Gläub nicht hinderte, den Anspr beizeiten geltd zu machen. Keine höhere Gewalt auch, wenn der Gläub wg
9 **Beweisschwierigkeiten** von einer KlErhebg abgesehen hat (BGH NJW **75**, 1466). – **ee)** Ist der Gläub außerstande, die Kosten des RStreits selbst aufzubringen, so tritt Hemmg der Verj ein, wenn er rechtzeit **Prozeßkostenhilfe** beantragt (RG **126**, 61, **168**, 224, stRspr). Es genügt, daß das Gesuch am letzten Tag der VerjFr gestellt w (BGH **70**, 235). Das Gesuch muß jedoch ordngsmäß begründet u vollst sein (BGH **70**, 237, Zweibr JurBüro **80**, 1102); auch die nach ZPO 117 erforderl Unterlagen müssen dem Ger rechtzeit u vollständ vorgelegt w (BGH NJW **89**, 1149, 3149). Voraussetzg ist weiter, daß der Gläub subj der Ans sein durfte, er sei bedürftig iSd Ges (s BGH VersR **82**, 41, Bambg FamRZ **90**, 763, Düss WM **98**, 1628). Wird das Gesuch vor Beginn der letzten 6 Monate der VerjFr abgelehnt, liegt § 203 tatbestandl nicht vor (Köln NJW **94**, 3361). Macht der Gläub nur einen TeilAnspr geltd, tritt nur insow Hemmg ein, da die Nichtverfolgg der MehrFdg auf seinem freien Entschluß beruht (aA RG **163**, 17). Die Hemmg besteht nur solange, als der Gläub die zur Förderg des Verf erforderl Maßn trifft (BGH NJW **81**, 1550, **LM** Nr 6), jedoch dürfen die SorgfAnfordergen nicht überspannt w (BGH NJW **87**, 3120: Feststellg des wechselnden AufenthOrts des Schu). Der Gläub muß von den in Betracht kommden RBehelfen Gebrauch machen (BGH **17**, 201, **37**, 116); für die Einlegg u Begründg der PKH-Beschw u die Erf gerichtl Auflagen steht ihm höchstens eine Fr von 2 Wo zu (s BGH **98**, 301, KG NJW-RR **99**, 1297). Hat er das BeschwVerf aus freien Stücken nicht

weiterbetrieben, entfaltet die Beschw insges keine Hemmgswirkg (BGH NJW-RR **91**, 574). Die Hemmg endet grdsl mit der unanfechtb gerichtl Entsch, gleichviel ob sie sachl richtig ist od falsch (BGH **37**, 113, **LM** Nr 9). Erhebt der Gläub erfolgreich GgVorstellg läuft Hemmg aber weiter (s zu ZPO 233, 234 BGH **41**, 1). Außerdem steht dem Gläub in Anlehng an ZPO 234 I für die Klagerhebg eine Fr von 2 Wo zu (BGH **70**, 239 f). Für das Gesuch auf Bestellg eines NotAnw (ZPO 78 b) gilt dasselbe wie für das PKH-Gesuch (BGH **LM** Nr 8).

204 ***Hemmung aus familiären Gründen.*** **Die Verjährung von Ansprüchen zwischen Ehegatten ist gehemmt, solange die Ehe besteht. Das gleiche gilt von Ansprüchen zwischen Eltern und Kindern während der Minderjährigkeit der Kinder und von Ansprüchen zwischen dem Vormund und dem Mündel während der Dauer des Vormundschaftsverhältnisses.**

1) Allgemeines. § 204 soll den auf ggs Rücksichtnahme gegründeten FamFrieden vor Störgen dch die klagw Geltdmachg von Anspr bewahren (BGH **76**, 295). Er ist vAw zu berücksichtigen (RG JW **08**, 192) u gilt für Anspr jeder Art, auch für Anspr aus VerkUnfällen (BGH NJW **88**, 1209), u zwar auch dann, wenn dem Gläub zugl ein DirektAnspr gg den HaftPflVers zusteht (Hamm VersR **98**, 1392). Die Hemmg endet, wenn der Anspr an einen Dr **abgetreten** w od kr Ges auf ihn übergeht (Düss FamRZ **81**, 308). Sie beginnt von neuem, wenn der Anspr auf das FamMitgl zurückübertragen w (AG Hbg DAVorm **73**, 622). 1

2) Die einzelnen Fälle. – a) Ansprüche zwischen Ehegatten. Die Hemmg gilt auch für Anspr, die vor der Ehe entstanden sind (Nürnb MDR **80**, 668). Sie beginnt mit dem Tag der Eheschließg u endet mit der Auflösg der Ehe. Die Scheidg dch ein ausl Ger beendigt die Hemmg auch dann, wenn sie im Inland nicht anerkannt w, vorausgesetzt, der Gläub hält sich dauernd im Ausl auf (Celle NJW **67**, 783). Auch die aufhebb Ehe fällt unter § 204 (Soergel-Walter Rn 3). Dagg ist die Vorschr auf Nichtehen u eheähnl LebensGemsch unanwendb. – **b) Ansprüche zwischen Eltern und Kindern.** Für die Hemmg ist gleichgült, ob die Eltern die elterl Sorge haben u ob sie verheiratet sind od nicht (s bereits BGH **76**, 295). Die Vorschr gilt auch für Anspr zw Adoptiveltern u Kind (§ 1754). Die Hemmg endet, wenn das Kind 18 Jahre alt (§ 2) od adoptiert w (§ 1755). Anspr zw geschiedenen Eheg wg des Kindesunterh fallen nicht unter § 204 (Hbg FamRZ **82**, 524). – **c) Ansprüche zwischen Vormund und Mündel.** Gleiches gilt für Anspr zw Mündel u GgVormd, Mündel u Pfleger, Mündel u Beistand (Soergel-Walter Rn 7) u jetzt auch für Anspr zw **Betreuer** u Betreutem (BayObLG NJW-RR **99**, 518), nicht aber für den Anspr des Betreuers gg die Staatskasse (LG Mü FamRZ **98**, 323). 2 3 4

205 ***Wirkung der Hemmung.*** **Der Zeitraum, während dessen die Verjährung gehemmt ist, wird in die Verjährungsfrist nicht eingerechnet.**

Der Tag, in dessen Verlauf der HemmgsGrd entsteht od wegfällt, w in die Verj nicht einberechnet (RG **161**, 127, BGH NJW **98**, 1058). Die Verj läuft auch für die unter §§ 196, 197 fallden Anspr vom Beginn des nächsten Tages an (0 Uhr) weiter; § 201 ist nicht anzuwenden (RG **120**, 362, BGH **86**, 103). Auch § 191 gilt nicht (hM). Die VerjFr ist in konkreter Berechng um die Hemmgszeit zu verlängern. Höchstgrenzen für deren Berücksichtigg gibt es nicht (BGH **37**, 113, NJW **90**, 178). Die Wirkg der Hemmg beschränkt sich auf die Pers, zw denen der HemmgsGrd besteht (§§ 425 II, 429 II), die Verlängerg der VerjFr wirkt jedoch über § 768 zu Lasten des Bürgen. 1

206 ***Ablaufhemmung bei nicht voll Geschäftsfähigen.*** **I Ist eine geschäftsunfähige oder in der Geschäftsfähigkeit beschränkte Person ohne gesetzlichen Vertreter, so wird die gegen sie laufende Verjährung nicht vor dem Ablaufe von sechs Monaten nach dem Zeitpunkte vollendet, in welchem die Person unbeschränkt geschäftsfähig wird oder der Mangel der Vertretung aufhört. Ist die Verjährungsfrist kürzer als sechs Monate, so tritt der für die Verjährung bestimmte Zeitraum an die Stelle der sechs Monate.**

II Diese Vorschriften finden keine Anwendung, soweit eine in der Geschäftsfähigkeit beschränkte Person prozeßfähig ist.

1) Allgemeines. – a) § 206 soll verhindern, daß ein Gläub, der nicht voll geschäftsfäh ist u keinen ges Vertreter hat, seinen Anspr allein deshalb verliert, weil niemand für eine rechtzeit Unterbrechg der Verj sorgen kann. Auf den **Betreuten,** für den ein EinwilliggsVorbeh angeordnet worden ist, ist § 206 entspr anwendb (§ 1903 I 2). Auf den umgekehrten Fall des Anspr gg einen nicht voll Geschäftsfähigen ist § 206 nicht anzuwenden, da ZPO 57 auch bei Fehlen eines ges Vertreters des Bekl eine Klagerhebg ermöglicht (BGH NJW **79**, 1983). Auch auf jur Pers kann § 206 nicht entspr angewandt w (BGH NJW **68**, 693); für sie muß erfdlf ein NotVorstd (§ 29) bestellt w. – **b)** § 206 – u ebso § 207 – sind Ausdr eines allg RGedankens; sie sind daher auf **Ausschlußfristen** grdsl entspr anwendb (Haueisen NJW **67**, 235); das ist anerkannt für die Fr gem HGB 89 b IV 2 (BGH **73**, 101, WM **87**, 22) u StrEG 12 (BGH **79**, 2). 1 2

2) Voraussetzungen. § 206 erfaßt nur den Fall, daß der ges Vertreter wirkl fehlt. Eine tatsächl Behinderg des ges Vertreters, etwa dch Krankh od Unkenntn der Angelegenh, fällt nicht unter § 206 (BGH NJW **75**, 260), doch kann uU § 203 eingreifen. Anwendb ist § 206 dagg, wenn der ges Vertreter wg GeschUnfgk od Interessenkollision (§§ 181, 1629, 1795) rechtl verhindert ist (RG **143**, 350, BGH **55**, 271). § 206 gilt auch für den partiell GeschUnfähigen (BGH VersR **69**, 907, 1021, § 104 Rn 5), nicht aber für den gem §§ 112, 113 partiell Gesch- u ProzFähigen (II u ZPO 52). Das Fehlen des ges Vertreters muß in die letzten 6 Mo der VerjFr fallen, braucht aber nicht währd der ganzen Zeit bestanden zu haben. Der amtl bestellte Vertreter eines RAnw ist nicht dessen ges Vertreter (BGH **57**, 204). 3

4 **3) Wirkung.** Die VerjFr verlängert sich um 6 Mo, bei kürzeren VerjFr um die Dauer der Fr. Das gilt auch dann, wenn der Berecht währd der letzten 6 Mo nur kurze Zeit ohne ges Vertreter war (allgM).

207 *Ablaufhemmung bei Nachlaßsachen.* **Die Verjährung eines Anspruchs, der zu einem Nachlasse gehört oder sich gegen einen Nachlaß richtet, wird nicht vor dem Ablaufe von sechs Monaten nach dem Zeitpunkte vollendet, in welchem die Erbschaft von dem Erben angenommen oder das Insolvenzverfahren über den Nachlaß eröffnet wird oder von welchem an der Anspruch von einem Vertreter oder gegen einen Vertreter geltend gemacht werden kann. Ist die Verjährungsfrist kürzer als sechs Monate, so tritt der für die Verjährung bestimmte Zeitraum an die Stelle der sechs Monate.**

1 § 207 beruht auf demselben RGedanken wie § 206; er schützt aber nicht nur den Erben, sond auch den NachlGläub (s auch § 2031). Die 6-MonatsFr (od die kürzere VerjFr) beginnt: – **a)** mit der Ann der Erbsch (§ 1943), bei mehreren Miterben, wenn sämtl Erben angenommen haben; – **b)** mit Eröffng des NachlInsVerf (InsO 315 ff); – **c)** mit Einsetzg eines NachlVertreters, dh eines NachlVerw (§ 1975), NachlPflegers (§ 1960), AbwesenhPflegers (§ 1911) od TestVollstr (§§ 2197 ff), u zwar bei diesem mit der Ann des Amtes (RG **100**, 281), bei den and mit der gerichtl Bestellg.

208 *Unterbrechung der Verjährung durch Anerkenntnis.* **Die Verjährung wird unterbrochen, wenn der Verpflichtete dem Berechtigten gegenüber den Anspruch durch Abschlagzahlung, Zinszahlung, Sicherheitsleistung oder in anderer Weise anerkennt.**

1 **1) Unterbrechung** der Verj tritt ein dch Anerkenntn des Schu (§ 208) od dch Geltdmachg des Anspr dch den Gläub (§§ 209, 210). Sie hat die Wirkg, daß nach ihrer Beendigg die volle VerjFr neu beginnt (§ 217). Auch währd einer HemmgsZeit kann die Verj unterbrochen w (BGH NJW-RR **88**, 731). Ausgeschl ist die Unterbrechg dagg nach Vollendg der Verj. Das nach Ablauf der VerjFr abgegebene Anerkenntn beseitigt daher die Verj nicht (BGH NJW-RR **87**, 289, NJW **97**, 517), kann aber uU als Verzicht auf die VerjEinr aufzufassen sein (§ 222 Rn 5). Die neue Verj **beginnt** iF des § 208 mit dem auf das Anerkenntn folgden Tag, § 187 I (BGH NJW **98**, 2972). Maßgebd ist der Ztpkt der Abgabe, nicht der des Zugangs der Erkl (BGH WM **75**, 559, aA KG NJW-RR **90**, 1402). Auf **Ausschlußfristen** können die Vorschr über die Unterbrechg der Verj idR nur dann angewandt w, wenn dies gesetzl vorgesehen ist (Übbl 8 v § 194). Bei rgeschäftl AusschlFr kann eine analoge Anwendg von einz Vorschr der §§ 208 ff aber dem Partwillen entspr (BGH **83**, 270 zu § 209 II Nr 3).

2 **2) Anerkenntnis. – a)** Anerkenntn iSd § 208 ist das rein **tatsächliche Verhalten** des Schu ggü dem Gläub, aus dem sich das Bewußtsein vom Bestehen des Anspr unzweideut ergibt (BGH **58**, 104, NJW-RR **94**, 373, stRspr). Einer rgeschäftl WillErkl bedarf es nicht (RG **113**, 238). Das Anerkenntn ist eine geschäftsähnl Hdlg (Übbl 6 v § 104), deren RFolgen unabhäng vom Willen des Schu eintreten. Ein wirks Anerkenntn setzt GeschFgk voraus (Spiro I § 155); die §§ 133, 157 sind entspr anzuwenden, ebso die §§ 164 ff (Rn 6), nicht aber die Vorschr über Willensmängel (RG HRR **30**, 96). Aus einem argl herbeigeführten Anerkenntn können aber wg § 242 keine Rechte hergeleitet w (§ 242 Rn 43). Das Anerkenntn kann in einem nichtigen RGesch, etwa einer unwirks Abtr, liegen (Karlsr HRR **39**, 549), es kann sich aber auch aus einem gült RGesch ergeben. Das abstrakte Schuldanerkenntn (§ 781) u das bestätigde (§ 781 Rn 2 ff) enthalten stets
3 auch zugl ein Anerkenntn iSd § 208 (s Brem OLGZ **71**, 53). – **b)** Das Anerkenntn kann auch in einem schlüss Verhalten liegen; ausnw sogar in einem bloßen Stillschw (BGH NJW **65**, 1430). Erforderl ist aber, daß das Verhalten des Schu das **Bewußtsein vom Bestehen der Schuld** unzweideut zum Ausdr bringt (BGH **58**, 103, NJW **97**, 517). **Nicht** als Anerkenntn aufzufassen sind daher: die Zahlg in Erf einer BewährgsAufl gem StGB 56 b (Düss NJW-RR **94**, 614, aA Düss NJW-RR **92**, 99: Frage des Einzelfalls); die SicherhLeistg zur Abwendg der ZwVollstr (BGH NJW **93**, 1848); die Bezahlg der Kosten des einstw VfgsVerf bezügl des HauptAnspr (BGH NJW **81**, 1955); die Zahlg von Gutachterkosten bezügl des SchadErsAnspr (Naumbg OLG-NL **95**, 275); die Ankündigg einer Kulanzzahlg (Mü DAR **81**, 13); die Erkl des Schu, ihm sei ein Fehler unterlaufen (Hamm MDR **90**, 547); seine Erkl er werde sich um die Angelegenh kümmern (Kblz MDR **90**, 50); die Ankündigg, leisten zu wollen, wenn ein GgAnspr auf Mängelbeseitigg erfüllt ist (BGH NJW **69**,
4 1108). Als **Anerkennungshandlungen** kommen dagg neben den im Ges ausdr genannten (Abschlagszahlg usw) in Betracht: Stundgsgesuch (BGH NJW **78**, 1914); Saldenbestätigg (Düss NJW-RR **99**, 858); Bitte um wohlwollde Prüfg der wirtschaftl Lage; Hergabe eines Wechsels od Schecks; Erkl, zur Abgabe eines Anerkenntn grdsl bereit zu sein (Köln Vers **93**, 331); Abgabe einer wettbewerbsrechtl UnterwerfgsErkl (KG NJW-RR **90**, 1403); Angebot anderw Verrechng; die Aufr ggü einer unbestrittenen Fdg (BGH **107**, 397, v Maltzahn NJW **89**, 3144, Beater MDR **91**, 928, Frage des Einzelfalls, and BGH **58**, 103); die Vornahme von Nachbessergsarbeiten in dem Bewußtsein, zur GewL verpflichtet zu sein (BGH NJW **88**, 254 **99**, 2961); die Zusage von Nachbessergsarbeiten (BGH BauR **88**, 467), ErsLieferg für eine als mangelh beanstandete Sache (Kln NJW-RR **93**, 1140); Ausk über den Nachl auf Verlangen eines PflichteilsBerecht (BGH **95**, 76, NJW **75**, 1409, NJW-RR **87**, 1411, FamRZ **90**, 1107), idR aber nicht Ausk über den (mit dem Zugewinn des and Eheg zu verrechnden) eig Zugewinn (BGH NJW **99**, 1101). Ein VerglAngebot kann ein Anerkenntn darstellen, wenn sich aus ihm ergibt, daß der AnsprGrd nicht bestritten w soll (BGH VersR **65**, 959, 1150); idR ist aber davon auszugehen, daß VerglVhdlgen unter Aufrechterhaltg der beiderseit RStandpunkte geführt w; die dabei abgegebenen Erkl haben nach dem Scheitern der Vhdlgen keine Wirkg mehr (BGH WM **70**, 549, Hamm VersR **82**, 806, LG Brschw NJW-RR **96**, 842).

5 **3)** Es genügt, daß der Schu den Anspr **dem Grunde nach** anerkennt (BGH VersR **60**, 832, **74**, 571, **84**, 442). Leistet der Schu entspr den Anfordergen des Gläub nur auf best Schadensgruppen, so erstreckt sich die Unterbrechg iZw auf die GesamtFdg (BGH NJW-RR **86**, 324, Kblz NJW-RR **94**, 1049). Das gilt auch

dann, wenn sich der Schu wg der Höhe Einwendgen vorbehalten hat (BGH VersR **63**, 187, VRS **29**, 328) od er sich über den Umfang des Anspr nicht im Klaren war (RG **135**, 9). Dagg unterbricht das auf einen **Teil des Anspruchs,** etwa eine best Haftgsquote, beschr Anerkenntn nur hins dieses Teils (BGH VersR **60**, 831, Nürnbg VersR **70**, 552). Auch das in einer **Abschlagszahlung** liegde Anerkenntn kann sich den Umst nach auf einen Teil des Anspr beschränken (Oldenbg NJW-RR **98**, 1283). Eine Zahlg mit dem Hinw, die Haftg werde nicht anerkannt, unterbricht nicht über den gezahlten Betrag hinaus (Köln VersR **67**, 463). Bei mehreren Fdgen gg denselben Schu wirkt Anerkenntn nur für diejenige, für die es erklärt ist (BGH VersR **69**, 922). Bei **Gewährleistungsansprüchen** betrifft die Unterbrechg die MängelUrs, nicht nur die erkennb gewordenen Mangelerscheingen (BGH **110**, 99, Köln NJW-RR **95**, 1457) u erfaßt zugl die konkurrierden Anspr (§§ 477, 639 I), auch soweit diese auf SchadErs gerichtet sind (BGH **39**, 190, NJW **78**, 262). Bei **wiederkehrenden** Leistgen wird dch die Bezahlg einer einz Rate zugl auch die Verj des StammR unterbrochen (BGH VersR **60**, 949, NJW **67**, 2353, Köln MDR **84**, 755).

4) Erklärung des Schuldners gegenüber dem Gläubiger. – a) Das Anerkenntn muß vom **Schuldner** 6
od in entspr Anwendg der §§ 164 ff von einem legitimierten Vertreter abgegeben w (BGH NJW **70**, 1119, KG DNotZ **70**, 159). AnerkenngsHdlgen des HaftPflVersicherers wirken wg seiner ReguliergsVollm wie solche des Schu (BGH VersR **64**, 1200). Sie sind nicht auf die Deckgssumme beschränkt (BGH NJW **70**, 1119, VersR **72**, 399), wirken auch gg den berecht Fahrer (BGH VersR **72**, 373) u gelten auch dann, wenn der Versicherer ggü dem VersNeh leistgsfrei ist. Aus den Umst kann sich jedoch eine Beschränkg des Anerkenntn auf die Deckgssumme ergeben (BGH NJW **79**, 867, Brschw NJW-RR **89**, 800). Das Anerkenntn des **Pflichtteilsanspruchs** dch den Vorerben wirkt auch ggü dem Nacherben (BGH NJW **73**, 1690).
– b) Die Anerkenng muß ggü dem **Berechtigten** abgegeben w. Eine Erkl, die nicht zur Weitergabe an den 7
Berecht best ist, wie idR eine Erkl im StrafVerf (Düss NJW-RR **90**, 1178), genügt nicht, auch nicht die Berücksichtigg der Fdg (Steuerberaterhonorar) in einer Rückstellg, die in der vom Schu unterzeichneten u beim FinA eingereichten Bilanz gebildet worden ist (BGH NJW **97**, 516). Ausreichd aber ein Anerkenntn ggü einem legitimierten Vertreter, ggü dem PfändgsGläub (BGH NJW **78**, 1914) u ggü einem Dr, wenn dieser es an den Berecht weiterleiten soll (BGH **LM** Nr 1). Leistgen an den SozVersTräger, auf den der Anspr übergegangen ist, sind kein Anerkenntn ggü dem Verletzten (Oldbg VersR **67**, 384).

209 ***Unterbrechung durch gerichtliche Geltendmachung.*** **I Die Verjährung wird unterbrochen, wenn der Berechtigte auf Befriedigung oder auf Feststellung des Anspruchs, auf Erteilung der Vollstreckungsklausel oder auf Erlassung des Vollstreckungsurteils Klage erhebt.**

II Der Erhebung der Klage stehen gleich:

1. die Zustellung eines Mahnbescheids im Mahnverfahren;
1 a. die Geltendmachung eines Anspruchs durch Anbringung eines Güteantrags bei einer Gütestelle der im § 794 Abs. 1 Nr. 1 der Zivilprozeßordnung bezeichneten Art;
1 b. die Zustellung eines Antrags im vereinfachten Verfahren zur Festsetzung von Unterhalt;
2. die Anmeldung des Anspruchs im Insolvenzverfahren oder im Schiffahrtsrechtlichen Verteilungsverfahren;
3. die Geltendmachung der Aufrechnung des Anspruchs im Prozesse;
4. die Streitverkündung in dem Prozesse, von dessen Ausgange der Anspruch abhängt;
5. die Vornahme einer Vollstreckungshandlung und, soweit die Zwangsvollstreckung den Gerichten oder anderen Behörden zugewiesen ist, die Stellung des Antrags auf Zwangsvollstreckung.

1) Allgemeines. Nach dem Sinn u Zweck der Verj (Übbl 4 v § 194) muß der Gläub die Möglichk haben, 1
die Verj dch Geltdmachg des Anspr zu unterbrechen. Welche Schritte dazu nöt sind, bestimmt § 209. Danach kann der Gläub die Verj nur dch **Klage** (I, Rn 2–15) od eine ihr **gleichgestellte Handlung** (II, Rn 16 ff) unterbrechen. Daneben bestehen für einige Anspr aufgrund von SonderVorschr bes Unterbrechgsmöglichk (Rn 23 f).

2) Zur Unterbrechg der Verj ist nach I eine **Klage** erforderl. Auch die als **Stufenklage** erhobene Leistgs- 2
klage unterbricht die Verj, auch wenn zunächst nur der AuskAntr gestellt w (BGH NJW **75**, 1409, **99**, 1101), allerdings nur bis zur Höhe des anschließd bezifferten Betrages (BGH NJW **92**, 2563). Die Unterbrechg erstreckt sich auch auf einen zunächst nicht einbezogenen Zeitraum, wenn die zeitl Beschränkg erkennb auf einem Irrt beruht (BGH NJW **78**, 1157). Die AuskKlage bewirkt für den LeistgsAnspr keine Unterbrechg, auch wenn in ihr die Erhebg der Leistgsklage angekündigt w (Rn 13). Dagg unterbricht die Klage auf zukünft Leistg (ZPO 257 ff) u auf **Feststellung,** ZPO 256, 280, 281 (BGH NJW **98**, 2274), selbst wenn sie unzul ist (Rn 5). Das gilt ebso für die Klage auf Erteilg der **Vollstreckungsklausel** (ZPO 731, 796, 797) u auf **Erlaß des Vollstreckungsurteils** (ZPO 722, 1042). Wird die Klage vor Beginn der VerjFr erhoben, tritt die Unterbrechg sofort mit deren Beginn ein (BGH **52**, 49). Die Unterbrechg erstreckt sich auch auf den **hilfsweise** geltd gemachten Anspr (BGH NJW **59**, 1819, BB **97**, 1383). Wird auf den HauptAnspr zuerkannt, 3
ist § 212 entspr anzuwenden, dh die Verj gilt als nicht unterbrochen, wenn der HilfsAntr nicht binnen 6 Mo neu eingeklagt w (BGH NJW **68**, 693, aA Oehlers NJW **70**, 845). Die Klage vor einem **ausländischen Gericht** unterbricht grdsl nur, wenn die Voraussetzgen für eine Anerkenng des Urt (ZPO 328) vorliegen (RG **129**, 389). Die Klage vor dem Ger eines VertrStaates des EuGVÜ unterbricht dagg auch dann, wenn das Ger nicht zust ist (Düss NJW **78**, 1752). Die Verteidigg ggü einer **negativen Feststellungsklage** unterbricht die Verj nicht (BGH **72**, 28, NJW **72**, 159, 1043, aA Schlesw NJW **76**, 970), ebsowenig ein Antrag auf Erlaß einer einstw Vfg od auf PKH (Rn 23).

3) Die Verj wird nur dch eine **wirksame** Klage od WiderKl unterbrochen (BGH NJW **59**, 1819). Die 4
Klagschrift muß den wesentl Erfordern des ZPO 253 entsprechen (BGH NJW-RR **89**, 508) u im Anwaltsprozeß von einem beim ProzGer zugelassenen RA unterzeichnet sein (Brschw MDR **57**, 425). Ein mit einem PKH-Antr vorgelegter u mit diesem zugestellter KlagEntw ist noch keine wirks Klage (Köln NJW **94**, 3360).

Bezeichng mit falschem Namen od mit einer unzul Sammelbezeichng (WoEigtümerGemsch) ist unschädl, wenn ow festgestellt w kann, gg wen sich die Klage richtet (BGH NJW **77**, 1686). Das gilt entspr für sonst Mängel der PartBezeichng (BGH DB **78**, 2409). Ein Antr auf Terminsanberaumg kann uU eine wirks Klage
5 darstellen (BGH NJW-RR **89**, 508). Auch die **unsubstantierte** u unschlüss Klage unterbricht (BGH NJW **59**, 1819, **67**, 2210, **83**, 2813, NJW-RR **96**, 1409). Unschädl ist bei einer anwaltl GebührenFdg auch das Fehlen einer Rechng gem BRAGO 18 (BGH NJW **98**, 3486) u bei einer SchadErsFdg gg einen GmbHGesch-Fü das Fehlen eines GterBeschl (BGH ZIP **99**, 1001). Bestehen unverzichtb Mängel, tritt die Unterbrechg ohne Rückwirkg mit deren Heilg ein (BGH **LM** ZPO 253 Nr 16). Von der unwirks Klage ist die (bloß) **unzulässige Klage** zu unterscheiden. Wie sich aus § 212 ergibt, wird die Verj auch dch eine unzul Klage unterbrochen (BGH **78**, 5). Das gilt etwa beim Fehlen der ProzFgk (BGH MDR **74**, 388), bei örtl od sachl Unzuständigk (BGH NJW **78**, 1058), Fehlen des FeststellgsInteresses (BGH **39**, 291, **103**, 302) od Nichteinhalten eines vorgeschriebenen Verwaltgsvorverfahrens (BGH MDR **74**, 388).

6 **4)** Die Klage muß wirks u rechtzeit **erhoben** werden. – **a)** Die KlErhebg erfolgt gem ZPO 253, 496, 498 dch **Zustellung** der Klagschrift. Die Zustellg an einen nicht bevollmächtigten Vertreter w rückwirkd wirks, wenn der Bekl die ProzFührg genehmigt, selbst wenn dies erst nach Ablauf der VerjFr geschieht (RG **86**, 246). Entspr gilt für sonst Zustellgsmängel, sobald der Bekl gem ZPO 295 I sein RügeR verloren hat (RG **87**, 272, BGH VersR **67**, 398). Der rückwirkden Heilg steht nicht entgg, daß der Bekl bereits vorher die Einr der Verj erhoben h (Brem GmbHRdsch **64**, 10). Die Zustellg dch Niederlegg bei der Post ist wirkgslos, wenn die Kl dem Bekl wg falscher Parteibezeichng nicht ausgehändigt w (LG Paderborn NJW **77**, 2077). KlErweiterg u WiderKl können außer dch Zustellg auch dch Geltdmachg in der mdl Vhdlg erhoben w (ZPO 261 II). Auch insow gilt ZPO 295, iF eines Rügeverzichts tritt die Unterbrechg der Verj bereits mit formloser Übermittlg des Schriftsatzes ein, auch wenn der Antr in der nächsten mdl Vhdlg noch nicht verlesen worden
7 ist (BGH NJW **60**, 1947). – **b)** Die Zustellg wirkt auf den Ztpkt der KlEinreichg zurück, sofern sie **demnächst** erfolgt (ZPO 270 III, 207). Entscheidd ist der Eingang bei dem Ger, an das die Klage adressiert ist (Köln NJW-RR **89**, 572). Abweichgen zw der eingereichten u der zugestellten Kl sind unschädl, sofern beide im wesentl ident sind (BGH NJW **78**, 1058). Bei der Beurteilg wird auf die seit Ende der VerjFr verstrichene Zeit abgestellt, nicht auf die seit Einreichg der Klage (BGH NJW **95**, 2230, 3380). Die Dauer der Verzögerg ist gleichgült, wenn sie nicht vom Kläger zu vertreten ist, sond auf dem GeschAblauf des Ger beruht (BGH **103**, 28, NJW **95**, 2231, **99**, 1022/1024). Hat das Verhalten des Klägers zur Verzögerg der Zustellg beigetragen, so ist zu unterscheiden: Wird die Kl alsbald (etwa 14 Tage) nach Ablauf der VerjFr zugestellt, spielen etwaige Nachlässigk des Klägers keine Rolle, da sich das Verhalten des Klägers im Ergebn nicht nachteilig ausgewirkt hat (BGH NJW **71**, 891, **72**, 1948, **93**, 2320, **94**, 1073). Hätte er die Kl am letzten FrTag eingereicht, wäre die Zustellg unabhäng von seinem Verhalten auch nicht fr erfolgt. Liegt zw Einreichg u Zustellg der Kl eine längere Fr, wirkt die Zustellg nicht zurück, wenn den Kläger od seinen ProzBevollmächtigten ein Verschulden trifft (BGH NJW **88**, 1082, **91**, 1746). Einfache Fahrlässigk genügt (BGH aaO), so etwa die Angabe eines falschen Namens (BGH NJW **92**, 1821) od eines falschen Aktenzeichens (BGH NJW-RR **95**, 254). Der Kläger darf grdsl die Aufforderg zur Einzahlg des Kostenvorschusses abwarten (BGH NJW **93**, 2811), muß aber von sich aus initiativ w, wenn das Ger längere Zeit untät bleibt (BGH **69**, 364, LG
8 Hann NJW-RR **98**, 1162). Für die Zahlg steht ihm eine Fr von 2 Wo zu (BGH NJW-RR **92**, 471). – **c)** Der Kläger darf die VerjFr **voll ausnutzen.** Einreichg der Kl am letzten FrTag genügt. Fällt dieser auf ein Wochenende od einen Feiertag, verlängert sich die Fr gem § 193 bis zum nächsten Werktag (RG **151**, 345, BGH WM **78**, 464).

9 **5) Klage des Berechtigten. – a)** Der **Berechtigte** muß klagen; die Kl eines NichtBerecht unterbricht nicht (Düss NJW **94**, 2423). Es genügt, wenn der Kläger im Ztpkt der KlZustellg Berecht war (ZPO 265). Spätere Änd sind verjährgsrechtl auch dann unschädl, wenn die Klage nicht auf Leistg an den neuen RInhaber umgestellt w (BGH NJW **84**, 2102). Der Begriff des Berecht ähnelt dem des § 185 (s dort Rn 6). Entscheidd ist nicht die RInhabersch, sond die Befugn zur klagw Geltdmachg des Anspr. NichtBerecht kann auch der FdgsInh sein, so der Schu nach Eröffng des InsVerf (BGH **LM** Nr 13), der Erbe iF der NachlVerw (BGH **46**, 229). Die gem § 744 II erhobene Kl unterbricht auch für die Mitberecht (BGH **94**, 120). Bei einer gepfändeten u zur Einziehg überwiesenen Fdg sind sowohl der PfändgsGläub als auch der Gläub zur Unterbrechg der Verj legitimiert (BGH NJW **78**, 1914; **86**, 423). Berecht ist auch der zur Einziehg einer Fdg Ermächtigte (§ 398 Rn 29ff). Seine Kl unterbricht auch dann, wenn sie wg Fehlens eines eig rechtl Interesses unzul ist (BGH **78**, 5). Voraussetzg ist jedoch, daß er die Ermächtigg offenlegt (BGH **78**, 6, NJW **72**, 1580, Hbg VersR **82**, 872) od sie allen Beteiligten bekannt ist (BGH NJW **85**, 1826). Nach einem gesetzl FdgÜbergang kann nur noch der NeuGläub die Unterbrechg herbeiführen (RG **85**, 429, BGH VersR **65**,
10 611, Karlsr NJW **61**, 1866). – **b)** Entspr gilt grdsl für die **Abtretung.** Bei der SichergsAbtr bleibt dem Zedenten jedoch idR eine Einziehgsbefugn (§ 398 Rn 21), iF der stillen SichergsAbtr sogar das Recht, Leistg an sich zu verlangen. In diesem Fall unterbricht seine Kl auch dann, wenn er die Abtr nicht offenlegt (BGH NJW **78**, 698, **99**, 2110). Vom Ztpkt der RückAbtr ab unterbricht die Klage des Zedenten, auch wenn ihm keine Einziehgsbefugn zustand (BGH NJW **95**, 1675). Bestehen bei mehrfacher SichergsAbtr Zweifel, wer Berecht ist, kann der Zedent dch FeststellgsKl die Verj unterbrechen (BGH NJW **81**, 678). Ist die Abtr unwirks, ist der Zedent auch dann aktivlegitimiert, wenn er die Abtr gem § 409 angezeigt hat (BGH **64**,
11 120). – **c) Genehmigt der Berechtigte** die Kl des NichtBerecht od tritt er iW des PartWechsels für diesen in den RStreit ein, wird die Verj mit Wirkg *ex nunc* unterbrochen (BGH **46**, 229, NJW-RR **89**, 1269, **LM** Nr 13); eine Rückwirkg kommt nicht in Betracht, da § 185 auf die ProzFührg nicht entspr anwendb ist. Hat ein Vertreter ohne Vertretgsmacht die Kl erhoben, wirkt die Gen der ProzFührg dagg auf den Ztpkt der
12 KlErhebg zurück (BGH **LM** Nr 10). – **d)** Die Kl muß sich **gegen den Schuldner** richten. Die Kl gg einen falschen Schu unterbricht nicht (BGH **80**, 226). Bei einem Anspr gg einen Gesellschafter tritt aber auch dann eine Unterbrechg der Verj ein, wenn die Kl gg die Gesellsch erhoben w (s BGH **80**, 227 in spiegelbildl Anwendg). Hat der Schu die Klage gg den NichtSchu dch falsche Informationen veranlaßt, gilt § 242 (BGH NJW-RR **91**, 1034).

6) Umfang der Unterbrechung. – a) Die Unterbrechg tritt nur für den geltd gemachten **Anspruch** ein, dh für den StreitGgst der erhobenen Kl (BGH **132**, 240, NJW **99**, 2110). Eine unricht Fassg des KlAntr ist unschädl, wenn der Streitgegenstand dch Auslegg ermittelt werden kann (BGH NJW-RR **97**, 1217). AntrÄnd, die die Identität des Anspr unberührt lassen, sind unschädl (BGH **104**, 271: Valuta statt DM; BGH NJW-RR **90**, 183: DM statt Valuta; BGH NJW **95**, 1676: Freistellg statt Zahlg; BGH NJW **99**, 2110: Zahlg an SichgZedenten statt an Zessionar). Die Unterbrechg erstreckt sich auf alle in Betr kommden AnsprGrdl (BGH NJW **83**, 2813), auch wenn die Klage im GerStand des ZPO 32 erhoben w (Köln VersR **93**, 1367). Die Verj des Anspr auf ZugewinnAusgl wird auch unterbrochen, wenn zunächst die Übertragg eines Mit-EigtAnteils verlangt (BGH NJW-RR **94**, 514) od der Anspr auf die Grds der InnenGesellsch gestützt w (BGH NJW-RR **96**, 1410). Die Klage aus dem GrdGesch umfaßt auch Anspr aus Scheck od Wechsel (s Düss MDR **90**, 819), u umgekehrt die Wechselklage auch den Anspr aus dem GrdGesch (Schaaff NJW **86**, 1029, aA Henckel JZ **62**, 338). Mit diesen Modifikationen gilt aber der Grds, daß **andere Ansprüche** iSd ProzR von der Unterbrechgswirkg nicht erfaßt w. Die KündSchutzKl unterbricht nicht hins des LohnAnspr (BAG NJW **60**, 838, Rewolle DB **80**, 1696); and soweit es um die Wahrg tarifl AusschlFr geht (BAG DB **91**, 498, **92**, 1147, 1408); die Klage auf Erf nicht hins des SchadErsAnspr (BGH **104**, 12); die Kl auf DchFührg des SachverstVerf nach AVB nicht für den EntschAnspr (BGH VersR **71**, 433); die Kl auf VertrErf od SchadErs aus einem AbzGesch nicht für den Anspr aus VerbrKrG 13 (s Hamm MDR **72**, 605); die Klage wg Verletzg des Eigtums an der Pachtsache nicht bezügl des Anspr wg Verletzg des Eigtums an Erzeugnissen der Pachtsache (BGH NJW **96**, 118); die Kl auf VertrErf nicht für den SchadErsAnspr aus Verzug (Hamm VersR **81**, 947); die Kl auf SchadErs wg NichtErf nicht für den Anspr aus § 649 (BGH NJW **92**, 1111); die Kl aus § 812 nicht für den SchadErsAnspr aus UWG 1 (BGH ZIP **89**, 735); die Kl auf Unterlassg von geschäftsschädigden Äußergen nicht für den Anspr auf Widerruf (BGH NJW **73**, 2286); die Kl aus einem zur Sicherg übertragenen Recht nicht für den gesicherten Anspr; die Kl auf Zahlg des PflTeils nicht für den Anspr auf PflTeilsErgänzg (BGH **132**, 240), die auf Zahlg des großen PflTeils od auf Zustimmg zu einem Teilgs- u AuseinandSPlan nicht für den Anspr auf ZugewinnAusgl (BGH NJW **83**, 388, **93**, 2438); die Kl auf Auskunft od Rechngslegg nicht für den HauptAnspr (RG **115**, 29, BAG NJW **96**, 1693, BayObLG NJW-RR **91**, 395, Celle NJW-RR **95**, 1411). Bei GewLAnspr betrifft die Unterbrechg die MangelUrs, nicht nur die erkennb gewordenen Mangelerscheingen (BGH NJW-RR **89**, 208, Weise BauR **91**, 27, § 208 Rn 4). Bei **Schadensersatzansprüchen** beschränkt sie sich nicht auf die konkrete Ausgestaltg der ErsPfl, sond betrifft die ErsPfl schlechthin (BGH NJW **85**, 1152), die auf Zahlg gerichtete Klage unterbricht daher auch für die gem § 249 S 1 geschuldete Freihaltg (BGH aaO). Die RegreßKl gg den RA unterbricht auch die Verj des Sekundär-Anspr, der auf NichtAufkl über seine RegreßPfl beruht (BGH NJW **96**, 2797). Die Klage auf Ers eines Mietausfallschadens unterbricht für künft Ausfälle auch dann nicht, wenn es sich um einen einheitl Verzugsschaden handelt (BGH NJW **98**, 1303). Zur Sonderregelg für GewLAnspr in § 477 III u 639 I s dort. 13

b) Eine **Teilklage** unterbricht nur in Höhe des eingeklagten Betrages (BGH **66**, 147, NJW **78**, 1058, VersR **84**, 391). Das gilt auch dann, wenn der Anspr seinem ganzen Umfang nach dargelegt u die Geltdmachg des Restes ausdr vorbehalten w (RG **77**, 213). Auch wenn der Schu ein Versicherer ist, braucht er auf die drohde Verj des Restes nicht hinzuweisen (BGH NJW **59**, 241). And ist es zu beurteilen, wenn der Gläub den **Anspruch im ganzen** geltd macht, der zunächst eingeklagte Betrag sich aber als zu niedr erweist. Die SchadErsKl unterbricht die Verj auch hins des Mehrbetrages, um den sich der Schaden inf der Änd der PrVerh erhöht (BGH NJW **70**, 1682, **82**, 1809, VersR **84**, 868). Das gilt ebso für die Kl auf Vorschuß zur Behebg von Baumängeln (BGH **66**, 139), nicht aber für die Kl auf Ers der Kosten für eine bereits dchgeführte Mängelbeseitigg (BGH **66**, 147). Zur **Stufenklage** s Rn 2. Die **unbezifferte** SchmerzG- od FeststellgsKl führt gleichf zur Unterbrechg der Verj im ganzen (BGH NJW **74**, 1551) auch hins nicht bes erwähnter Positionen (BGH **103**, 301). Eine Kl, mit der **Teilbeträge verschiedener Ansprüche** ohne nähere Aufgliederg geltd gemacht w, unterbricht für jeden Anspr in Höhe der GesKlagesumme (BGH NJW **59**, 1819, **67**, 2210, **96**, 2152, NJW-RR **96**, 885, Arens ZZP **82**, 145); die Unterbrechg entfällt aber rückwirkd, wenn der Kläger die Aufgliederg bis zum Ende des Proz nicht nachholt (BGH NJW **84**, 2346). Eine **Klagerweiterung** unterbricht die Verj, wenn die Voraussetzgen von ZPO 261 II erfüllt sind (BGH **103**, 25); ZPO 270 III findet Anwendg. Auf **Gesamtschuldner** erstreckt sich die Unterbrechg grdsl nicht (§ 425). 14 15

7) Der KlErhebg sind nach II **gleichgestellt: – a) Mahnbescheid (Nr 1).** Der Bescheid muß den geltd gemachten Anspr bezeichnen (ZPO 690 I Nr 3); eine Substantiierg ist nicht erforderl, eine Individualisierg reicht aus (BGH NJW **96**, 2152, stRspr). Der Schu muß erkennen können, welcher Anspr gg ihn geltd gemacht w (BGH NJW **92**, 1111, **95**, 2230). Es genügt die typisierte Bezeichg des RVerhältn iVm Individualisiergsmerkmalen, zB Kaufpreis gem Vertr v 1. 6. 97 (od Rechng v 5. 6. 97) od SchadErs wg NichtErf des Vertr v 1. 7. 97. Wird eine Mehrh von Fdgen geltd gemacht, müssen alle Fdgen individualisiert w (BGH NJW **93**, 862). Maßgebder Ztpkt für die Individualisierg ist die Zustellg des Bescheids; die Nachholg im StreitVerf wirkt nur ex nunc (BGH NJW **93**, 862, **95**, 2230, aA Vollkommer FS Lüke, 1997, 865 ff). Beansprucht der Gläub einen GesBetrag aus einer Mehrh von individualisierten Fdgen, wird die Verj jeder Fdg in Höhe des geltd gemachten Betrages unterbrochen, sofern der Gläub die fehlde Aufgliederg im Proz nachholt (BGH NJW-RR **96**, 885, Rn 15). Für den Umfang der Unterbrechg gilt Rn 13 f entspr (s BGH NJW **92**, 1111). Unterbrechg tritt auch ein, wenn das Ger unzuständ od der Antr unzul war (BGH **86**, 322, Hamm NJW **84**, 375, Rn 5); das gilt bei einem geringen Verschulden des Gläub auch dann, wenn die Zustellg dch die Abgabe des Antr an das zust Ger verzögert w (BGH NJW **90**, 1368). Auch das Fehlen einer Unterschr unter dem Antrag ist unschädl, sofern der Bescheid erlassen u zugestellt w (BGH **86**, 321). Der Gläub kann den auf Antr eines vollmachtlosen Vertreters erlassenen Mahnbescheid mit Wirkg *ex tunc* genehmigen (BGH **LM** Nr 10). Wer in ProzStandsch handelt, muß klarstellen, daß er ein fremdes Recht geltd macht (BGH NJW **72**, 1580). Ein erst nach Eröffng des InsVerf zugestellter Mahnbescheid unterbricht nicht (RG **129**, 344). Erfolgt die Zustellg „demnächst“ (Rn 7) wirkt sie auf den Ztpkt der Einreichg des Antr zurück (ZPO 693 III). Die Rückwirkg erfaßt auch Erweitergen des MahnAntr (BGH **103**, 26). Die Unterbrechg wird nicht dadch berührt, daß die „alsbaldige“ Abgabe der Streitsache (ZPO 696 III) unterbleibt (BGH NJW **96**, 2152). 16

17 **b) Güteantrag (Nr 1 a).** Der Antr muß die notw Formalien wahren (Rn 4). Unterbrechg tritt nur ein, wenn der Antr „demnächst“ mitgeteilt wird (Hbg MDR **65**, 130, Schumacher BB **56**, 1119 u MDR **65**, 590). Zustellg ist nicht erforderl, uU aber zweckmäß. Unterbrechg setzt nicht voraus, daß der AntrGegner im Bezirk der Gütestelle einen GerStand hat (BGH **123**, 337). Auf Antr an die Internationale Handelskammer zur Dchführg eines SchlichtgsVerf ist Nr 1 a weder direkt noch analog anwendb (BGH NJW-RR **93**, 1059). –
17 a **c) Antrag auf Festsetzung von Unterhalt (Nr 1 b).** Eingefügt zum 1. 7. 98 dch das KindUG. Betrifft das in ZPO 645 ff geregelte vereinfachte Verf über den Unterh Mdj. Der Antr muß den geltd gemachten Anspr individualisieren (Rn 16). Unzuständigk des Ger u Nichteinhaltg von Anfordergen des ZPO 646 hindert die Unterbrechg der Verj nicht (Rn 4). Erfolgt die Zustellg „demnächst“ (Rn 7), wirkt sie auf die Einreichg des
18 Antr zurück (ZPO 647 III). – **d) Anmeldung im Insolvenzverfahren (Nr 2).** Die Verj wird nur für InsFdgen u nur in Höhe des angemeldeten Betrags unterbrochen (RG **170**, 278); der Gläub kann aber nachträgl geltd machen, der Schaden sei höher, so daß der angemeldete Betrag trotz MitVersch berecht sei (RG aaO). Die Unterbrechg fällt nicht rückwirkd fort, wenn die Eröffng des InsVerf auf Beschw aufgehoben w (Celle NJW **59**, 941). Die Anmeldg als Masseschuld unterbricht nicht (LAG Hbg ZIP **88**, 1271), wohl aber die Anmeldg in einem niederländ InsVerf (Düss NJW **90**, 640). Dauer der Unterbrechg s § 214. Der Anmeldg im InsVerf steht die Anmeldg im Schiffahrtsrechtl VerteilgsVerf (SVertO, BGBl I **99** S 531) gleich, Nr 2 idF des G zur Änd der HaftgsBeschränkg in der Binnenschiffahrt v 25. 8. 98 BGBl I S 2489.–

19 **e) Aufrechnung (Nr 3).** Die Aufr wird im Proz geltd gemacht, wenn eine Part die Aufr erklärt od vorträgt, daß sie bereits außerh des Proz aufgerechnet habe. Die Vorschr betrifft ausschließl die Aufr, die nicht dchgreift. Hat die Aufr Erfolg, erlischt die Fdg u die VerjFrage ist ggstlos. Anwendgsfälle der Nr 3 sind die nicht berücksichtigte EventualAufr (BGH NJW **90**, 2681, allgM), die prozessual unzul Aufr (BGH **83**, 270, aA Schreiber JR **81**, 62) u die Aufr, die aus mat Grden, etwa wg eines AufrVerbots, nicht dchgreift (s BGH **80**, 225, **83**, 270). Bei fehlder Ggseitigk ist jedoch Voraussetzg, daß die Aufr auch ggü dem richtigen Schu geltd gemacht worden ist (BGH **80**, 225). Unanwendb ist Nr 3, wenn der Bekl mit einer bereits dch Aufr des Klägers erloschenen Fdg aufrechnet (Köln MDR **89**, 636). Unterbrechg tritt nur hins des zur Aufr verwendeten Teils des Anspr ein. Sie ist daher der Höhe nach dch den Betrag der KlFdg begrenzt (RG **57**, 375, BGH NJW-RR **86**, 1079, NJW **90**, 2680). Werden mehrere Fdgen zur Aufr gestellt, wirkt die Unterbrechg für alle in Höhe der KlFdg (BayObLG **66**, 361). Wegfall der Unterbrechgswirkg s § 215 II. Auf **Ausschlußfristen,** die in AGB vorgesehen sind, kann Nr 3 uU entspr angewandt w (BGH **83**, 270).

20 **f) Streitverkündung (Nr 4).** Die Unterbrechg tritt gem ZPO 270 III bereits mit Einreichg des Schriftsatzes ein, wenn die Zustellg „demnächst“ (Rn 7) erfolgt. Die Streitverkündg im selbstd BeweisVerf unterbricht (BGH **134**, 190), ebso die im PKH-Verf (Hamm NJW **94**, 203). Die Unterbrechg setzt voraus, daß die Streitverkündg vom Berecht ausgeht (BGH BB **93**, 1687, entspr Rn 9) u daß sie den ZulässigkErfordern des ZPO 72 genügt (BGH **36**, 214, **65**, 131, **70**, 189, KG OLGZ **89**, 74). Diese sind auch erfüllt, wenn der Streitverkündete alternativ zum Streitverkündden als Schu in Betracht kommt (BGH **8**, 80). Die Zulässigk-Frage ist erst im FolgeProz zu prüfen (BGH **70**, 189, Saarbr NJW-RR **89**, 1216). Unterbrechg tritt auch ein, wenn der Streitverkündde im Vorprozeß obsiegt (BGH **36**, 214). Sie entfällt aber, wenn die Kl nach der Streitverkündg zurückgenommen w (BGH **65**, 134). Auch eine Streitverkündg erst im BetrVerf unterbricht die Verj (BGH NJW **79**, 264). Streitverkündg im AuslProz unterbricht, sofern sie den wesentl Voraussetzgen des dtschen Rechts entspr (RG **61**, 393) u eine Anerkenng der ausl Entsch zu erwarten ist (Taupitz ZZP **102**,
21 288). Wegfall der Unterbrechgswirkg s § 215 II. – **g) Vollstreckungshandlungen und Vollstreckungsanträge (Nr 5).** Sowohl der Antr des Gläub auf ZwVollstr als auch der hierauf ergehde Akt des VollstrOrgans unterbrechen (BGH **93**, 295). Das gilt auch dann, wenn ihnen eine Entsch in einem summarischen Verf, wie ein Arrest (RG **128**, 80, BGH NJW **79**, 217) od eine einstw Vfg (Hamm WRP **78**, 398), zugrunde liegt. Bei VollstrAntr ist nicht erforderl, daß sie dem Schu demnächst zugehen (aA Bennert Rpfleger **96**, 311, 489). Die Unterbrechg betrifft aber nur den unmittelb gesicherten Anspr (Bsp: Eintragg einer SichgHyp) nicht den dahinter stehden HauptsachenAnspr (ZahlgsAnspr), s Düss BauR **80**, 475. Keine VollstrHdlgen sind dagg einstw Vfgen, Arrestbefehle u die Antr auf ihren Erlaß (BGH NJW **79**, 217, Hamm WRP **77**, 40). Bei einer einstw Vfg ist die nachträgl erlassene Strafandrohg (ZPO 890 II) eine VollstrHdlg (BGH NJW **79**, 217); dann
22 ist es aber gerechtfertigt, auch den mit in die einstw Vfg aufgenommenen **Strafandrohungsbeschluß** als VollstrHdlg anzuerkennen (Hamm NJW **77**, 2319, Dittmar GRUR **79**, 288, aA BGH aaO, Teplitzky GRUR **84**, 307). VollstrHdlgen sind alle das VollstrVerf fördernden Maßn, so zB die Anordng der ZwVersteigerg, die Bestimmg des Versteigergstermins, die Festsetzg des geringsten Gebots, die DchFührg des Termins u die Entscheidg über den Zuschlag (BGH **93**, 296). Eine Zahlg dch den DrSchu steht einer VollstrHdlg gleich (BGH **137**, 193). Wie § 216 ergibt, tritt Unterbrechg auch ein, wenn wg eines nur vermeintl titulierten Anspr vollstreckt w (BGH **122**, 296, Köln WM **95**, 600). Dagg bewirkt die Anmeldg im ZwVersteigergsVerf keine Unterbrechg (KG JW **38**, 45, aA Lucas u Fraeb JW **38**, 2932, 2934). VollstrHdlgen zur Beitreibg von Kosten unterbrechen die Verj der HauptFdg nicht (Hamm GRUR **79**, 326). Wird die vom Gläub angekündigte VollstrMaßn dch eine vom Ger angeordnete Einstellg der ZwVollstr verhindert, ist Nr 5 entspr anwendb (BGH **122**, 293). Wegfall der Unterbrechgswirkg s § 216.

23 **8) Andere Unterbrechungsgründe.** Keine Unterbrechgswirkg haben der Antr auf **Prozeßkostenhilfe** (s aber § 203 Rn 9), der Antr auf Erlaß einer **einstweiligen Verfügung** od eines Arrests (s aber Rn 21), die Verteidigg ggü einer negativen **Feststellungsklage** (Rn 3), die VerfassgsBeschw. Dagg haben Unterbrechgswirkg: der Antr auf **Bestimmung des zuständigen Gerichts** od auf Vorentscheidg der zuständ VerwBeh (§ 210); der Antr auf Anordng des **selbständigen Beweisverfahrens,** aber nur in den Fällen der §§ 477 II, 480, 490, 493, 639 (BGH NJW **95**, 252); die Kl vor einem **Schiedsgericht** (§ 220); das Adhäsionsverfahren
24 StPO 404 II (s Karlsr MDR **97**, 245); der **Widerspruch** u die verwaltgsgerichtl od finanzgerichtl Klage hins des AmtshaftgsAnspr, der aus der angefochtenen Maßn abgeleitet w (BGH **95**, 238, NJW **95**, 2778); die Einleitg eines Verf gem WHG 10 II (BGH **97**, 112) u die Geltdmachg des öffr HerstellgsAnspr hins des AmtshaftgsAnspr (BGH **103**, 246). Die Verj des Anspr wg einer AmtsPflVerletzg wird aber nicht unterbrochen, wenn sich der Gläub gg die rechtsw Anklage mit einer Schutzschrift wendet (BGH NJW **98**, 2051) od wenn er den PrimärAnspr gg den Schu weiterverfolgt (BGH NJW **90**, 179). Weitere Unterbrechgstatbe-

stände sind dagg: der Antr auf **Festsetzung von Anwaltsgebühren** (BRAGO 19 VI) u zwar unabhäng davon, ob der Antr demnächst zugestellt w (BGH NJW **81**, 825); die Übersendg der **Kostenrechnung des Notars** gem KostO 17 III 2 (BayObLG **90**, 279) u das Verf gem KostO 156 (BayObLG **92**, 75, KG u Schlesw DNotZ **95**, 788, 793, str, aA Schlesw DNotZ **96**, 474); die **Zahlungsaufforderung** gem KostO 17 III 2, 143, aber nur einmal (Celle DNotZ **76**, 759, Ffm JurBüro **83**, 1245); das **Nachbesserungsverlangen** gem VOB/B 13 (§ 639 Rn 7); der **Abfindungsantrag** nach dem UmwG (BayObLG **82**, 467). Im **öffentlichen Recht** wird die Verj von Anspr der öffr RTräger unterbrochen, wenn zur Dchsetzg des Anspr ein VerwAkt erlassen w (VwVfG 53). Im AbgabenR gilt AO 231, im SozialR SGB I 45 III u X 52; X 52 findet aber auf übergeleitete UnterhAnspr keine Anwendg (Bonefeld FamRZ **93**, 1029).

210 ***Unterbrechung durch Antrag auf Vorentscheidung.*** **Hängt die Zulässigkeit des Rechtswegs von der Vorentscheidung einer Behörde ab oder hat die Bestimmung des zuständigen Gerichts durch ein höheres Gericht zu erfolgen, so wird die Verjährung durch die Einreichung des Gesuchs an die Behörde oder das höhere Gericht in gleicher Weise wie durch Klagerhebung oder durch Anbringung des Güteantrags unterbrochen, wenn binnen drei Monaten nach der Erledigung des Gesuchs die Klage erhoben oder der Güteantrag angebracht wird. Auf diese Frist finden die Vorschriften der §§ 203, 206, 207 entsprechende Anwendung.**

Fassg: VO v 13. 2. 24 Art IV. Ist der Gläub an der Erhebg einer zul Kl verhindert, weil zunächst ein behördl 1
VorVerf dchgeführt od das zuständ Ger (ZPO 36) bestimmt w muß, ist es sachgerecht, die Unterbrechg bereits mit der Einleitg des VorVerf eintreten zu lassen. Dem trägt § 210 Rechng. § 210/1. Fall ist trotz seines zu engen Wortlauts („Zulässigk des RWegs") immer anwendb, wenn eine behördl Entsch od ein behördl VorVerf **Prozeßvoraussetzung** für die Erhebg einer Kl ist (BGH **LM** Nr 5 Bl 3). Bsp sind StrEG 10 ff, Nato-Truppenstatut 6 ff, FinanzVertr 8 X. Auch auf das VorVerf bei beamtenrechtl Anspr ist § 210 anwendb; die Verj wird aber nicht schon dch den Antr, sond erst dch den Widerspr gem VerwGO 68 unterbrochen (BVerwG **57**, 308, BayVGH DÖD **79**, 229). Dagg findet § 210 keine Anwendg, wenn die behördl Entsch nicht die Zulässigk, sond die Begründeth der Kl betrifft (BGH **LM** Nr 5 zu AMVO Bln 11 IV), od wenn sie, wie iF der GehaltsAnspr von ArbNeh des öff Dienstes, keine KlVoraussetzg ist (BAG BB **72**, 222). Auch wenn die behördl Entsch nur für einen KlGrd ProzVoraussetzg ist, unterbricht der Antr für alle KlGrde (BayObLG **56**, 65). Untätigk des Gläub führt nicht zur Beendigg der Unterbrechg, wenn die Beh vAw für den Fortgang des Verf zu sorgen hat (BGH VersR **77**, 647). Die Unterbrechg tritt nur ein, wenn die Beh od das Ger über das Gesuch eine **Sachentscheidung** trifft (Soergel-Walter Rn 2). Die Fr von 3 Mo beginnt, wenn die Entscheidg dem Gläub zugeht.

211 ***Dauer und Ende der Unterbrechung bei Klage.*** **I Die Unterbrechung durch Klagerhebung dauert fort, bis der Prozeß rechtskräftig entschieden oder anderweit erledigt ist.**

II Gerät der Prozeß infolge einer Vereinbarung oder dadurch, daß er nicht betrieben wird, in Stillstand, so endigt die Unterbrechung mit der letzten Prozeßhandlung der Parteien oder des Gerichts. Die nach der Beendigung der Unterbrechung beginnende neue Verjährung wird dadurch, daß eine der Parteien den Prozeß weiter betreibt, in gleicher Weise wie durch Klagerhebung unterbrochen.

1) Allgemeines. Währd die neue VerjFr nach der Unterbrechg dch Anerkenntn (§ 208) od dch Voll- 1
strMaßn (§ 209 II Nr 5) sofort wieder zu laufen beginnt (§ 216 Rn 1), **dauert** die Unterbrechg dch KlErhebg bis zur Erledigg des RStreits (I) od zu einem Stillstand des Verf (II) **fort.** Wird der RStreit dch KlRückn od dch ProzUrt beendet, gilt § 212. Die **Beweislast** für die Beendigg der Unterbrechg trägt der Schu (KG HRR **25**, 719). Tarifl AusschlFr sind dch KlagErhebg endgült gewahrt, § 211 ist nicht anwendb (BAG DB **92**, 1147). Auf das Verf nach KostO 156 findet § 211 entspr Anwendg (BayObLG **92**, 75).

2) Beendigung des Rechtsstreits (I). Rechtskr Entsch iSd § 211 sind das EndUrt (ZPO 300), das 2
VorbehUrt (§ 219), das TeilUrt hins des entschiedenen AnsprTeils (BGH **65**, 136), nicht aber das GrdUrt (BGH **65**, 135) u das unter § 212 fallde ProzUrt. Zur anderweit Erledigg führt der gerichtl oder außergerichtl Vergl u die übereinstimmde Erkl der Erledigg der Hauptsache (Staud/Peters Rn 5). Zur Klagrückn s § 212.

3) Ende der Unterbrechung durch Verfahrensstillstand (II). – a) Nach geltdem ProzR können die 3
Part den Proz nicht mehr dch Vereinbg (II Fall 1), sond nur noch dch **Nichtbetreiben** zum Stillstand bringen. Stillstand des Verf liegt vor, wenn das Ger gem ZPO 251 I, 251 a III das Ruhen des Verf angeordnet hat (BGH NJW-RR **88**, 279, Rn 6). II ist aber auch dann anwendb, wenn das Verf ohne förml GerBeschl fakt in Stillstand gerät (BGH NJW **68**, 694, BAG NJW **72**, 1247, Ffm DB **72**, 2349), etwa dadch, daß der Kläger den Anspr nicht begründet (Düss NJW-RR **88**, 703, Hamm OLGZ **94**, 358) od iF des ZPO 254 nach Erledigg der 1. Stufe den HauptAntr nicht weiterverfolgt (BAG NJW **86**, 2527, Nürnbg NJW-RR **95**, 1091). Tritt der Stillstand nur hins eines Teils des Anspr ein, so endet die Unterbrechg nur für diesen (RG JW **28**, 100, BAG NJW **61**, 2371). Das kann anzunehmen sein, wenn ein KlAntr nicht mehr gestellt w (BAG aaO, BGH VersR **70**, 817), eine stillschw KlRückn aber nicht vorliegt. Unanwendb ist II, wenn trift u dem and Teil erkennb Grde für ein Zuwarten bestehen (BGH NJW **83**, 2496, **99**, 1101), so wenn die Part zunächst die Entscheidg über die Berufg gg ein TUrt abwarten, weil dieses für den noch nicht erledigten Teil bedeuts ist (BGH NJW **79**, 810), wenn das Verf ruht, um einer Part die Beschaffg von Beweisen zu ermöglichen (BGH VersR **77**, 648), od wenn der richtige KlAntr wg einer vom Ger angeregten KlÄnd (Parteiwechsel) nicht gestellt w (BGH NJW **88**, 128). Dagg endet die Unterbrechg, wenn die Parteien, ohne ein Stillhalteabkommen zu schließen, außergerichtl VerglVerhdlgen aufnehmen (BGH NJW **99**, 1101) od sie den Proz nicht fördern, um den Ausgang eines MusterProz abzuwarten (BGH NJW **83**, 2496, **98**, 2274). Auch wenn die
Part ohne triftige Grde untät sind, ist II unanwendb, sow die Förderg des Verf **Sache des Gerichts** ist, das 4

Ger also vAw tät w muß (BGH NJW-RR **94**, 889, **95**, 1336). Das gilt etwa, wenn über einem PKH-Antr zu entscheiden ist (BGH NJW-RR **95**, 771), eine Part die Anschrift eines Zeugen nicht mitteilt (Köln VersR **70**, 1024) od gerichtl Auflagen nicht erfüllt (BGH NJW-RR **94**, 889,Hamm NJW-RR **99**, 575). Dagg ist II anzuwenden, wenn die Terminsansetzg auf Wunsch des Gläub unterbleibt (BGH NJW **83**, 2496). Nach RKraft des GrdUrt muß das Ger vAw Termin ansetzen; eine Untätigk der Part rechtfertigt daher nicht die Anwendg von II (BGH NJW **79**, 2307, krit Grunsky ZZP **93**, 179). Dagg endet die Unterbrechg, wenn der Kläger im MahnVerf der gerichtl Aufforderg gem ZPO 700 III, 697 I nicht nachkommt (BGH NJW-RR **98**,
5 954, Düss OLGZ **94**, 219). – **b) Unterbrechungen** des Verf (ZPO 239–245) u **Aussetzungen** dch das Ger (ZPO 246 ff, 148 f) fallen nicht unter II 1 (BGH **15**, 82, **106**, 297, NJW-RR **93**, 742, BAG NJW **90**, 2578). Die neue Verj beginnt erst, wenn der Grd der Unterbrechg od Aussetzg wegfällt u die Part gleichwohl nichts unternehmen. Ruht das Verf bereits vor Eintritt des Unterbrechgs- od AussetzgsGrdes, so bewirkt dieser keine
6 Unterbrechg od Hemmg der Verj (BGH NJW **63**, 2019). – **c)** Die Unterbrechg der Verj endigt mit der **letzten Prozeßhandlung.** Darunter fallen alle Hdlgen der Part od des Ger, die der Förderg od Erledigg des RStreits dienen (RG **77**, 324), wie die Zustellg, Ladg, Vertagg, Aufforderg des Ger, den Anspr zu begründen (BGH NJW-RR **95**, 1336), Einreichg eines Schriftsatzes (BGH VersR **76**, 37), nicht aber die Einholg eines NotFrAttestes (Nürnb OLGZ **66**, 390). Entscheiddr Ztpkt ist das WirksWerden der letzten ProzHdlg (BGH **134**, 387). Handelt es sich um eine gerichtl Vfg, kommt es auf deren **Zugang** an (BGH aaO, NJW-RR **98**, 954); handelt es sich um einen Beschluß über das Ruhen des Verf, ist die neue VerjFr wg der Sperrwirkg des ZPO 251 II gem § 202 I gehemmt, es sei denn, daß das Ger der vorzeit WiederAufn des Verf mit Sicherh
7 jederzeit zustimmen w (BGH NJW **68**, 693). – **d) Weiterbetreiben (II 2)** ist jede ProzHdlg einer Part, die best u geeignet ist, den Proz wieder in Gang zu setzen, auch wenn die Hdlg im Ergebn erfolglos bleibt (BGH **73**, 10, NJW-RR **94**, 514). Nicht erforderl ist, daß der Schu von der Hdlg Kenntn erlangt (BGH NJW **84**, 2104). Ausr daher ein ProzKostenhilfeAntr (BGH aaO), TerminsAntr (BGH **55**, 216), VerweisgsAntr, auch wenn die ohne mdl Vhdlg beantragte Verweisg unzul ist (BGH VersR **76**, 37), Einlegen einer Anschlußberufg (BGH ZZP **89**, 204), Auftr zur Zustellg eines VollstrTitels, auch wenn sich diese als undchführb erweist (BGH **73**, 10); Zahlg der ProzGebühr (BGH **52**, 51, NJW **82**, 2662); hier soll es für die erneute Unterbrechg auf den Tag des Zahlgseingangs bei dem für das Ger zust PostGiroAmt ankommen (Karlsr NJW-RR **92**, 63). Genügd ist auch der Antr, das ruhde Verf auszusetzen (BGH NJW-RR **88**, 279), nicht aber die Ankündigg, der RStreit solle fortgeführt w (Nürnbg NJW-RR **95**, 1091). Das Weiterbetreiben unterbricht auch dann erneut, wenn der Kläger den Anspr inzw abgetreten hat (BGH NJW **84**, 2102, Düss NJW-RR **93**, 1327).

212 ***Unterbrechung bei Klagerücknahme.*** **I Die Unterbrechung durch Klagerhebung gilt als nicht erfolgt, wenn die Klage zurückgenommen oder durch ein nicht in der Sache selbst entscheidendes Urteil rechtskräftig abgewiesen wird.**

II Erhebt der Berechtigte binnen sechs Monaten von neuem Klage, so gilt die Verjährung als durch die Erhebung der ersten Klage unterbrochen. Auf diese Frist finden die Vorschriften der §§ 203, 206, 207 entsprechende Anwendung.

1 **1) Absatz I. – a)** Die **Klagrücknahme** hat zur Folge, daß der RStreit als nicht anhäng geworden gilt (ZPO 269 III); sie bewirkt zugleich, daß auch die Unterbrechg der Verj als nicht eingetreten gilt (I/1. Fall). KlRückn kann auch in dem Übergang zu einem und Anspr liegen, wenn der ursprüngl nicht weiterverfolgt w (BAG NJW **61**, 1787). Wiederholt der Kläger einen fr gestellten Antr nicht mehr, ist es Frage des Einzelfalls, ob eine TeilKlRückn od bloßes Nichtbetreiben (§ 211 II) vorliegt (s BGH VersR **65**, 1154, **70**, 817). –
2 **b)** Der KlRückn gleichgestellt ist das wg Fehlens allg od bes ProzVoraussetzgen ergehde klagabweisde **Prozeßurteil** (I/2. Fall) Daraus ergibt sich zugl, daß auch die unzul Klage die Verj unterbricht (BGH **78**, 5, § 209 Rn 5). Die Abweisg wg fehlder Aktivlegitimation ist SachUrt, führt also nicht zur Anwendg von I. – **c)** Auf **Ausschlußfristen** findet § 212 keine Anwendg (Überbl 8 v § 194). Sie werden dch eine unzul Klage nicht gewahrt (RG **88**, 296, Saarbr VersR **97**, 434), u die KlRückn beseitigt die fristwahrde Wirkg nicht (BAG DB **92**, 1146).

3 **2)** Die unterbrechde Wirkg der ersten Kl bleibt erhalten, wenn der Kläger innerh einer AusschlußFr von 6 Mo eine **neue Klage** erhebt **(II)**, auch wenn die neue Klage wiederum unzul ist (Saarbr WM **98**, 2465). Die Fr beginnt mit der KlRückn od der RKraft des klagabweisden Urt. Der Kl gleichgestellt sind auch hier die in § 209 II angeführten ProzHdlgen (Köln DNotZ **57**, 217) sowie der Eintritt in einen anhäng RStreit iW des PartWechsels (BGH DB **89**, 1465). Es schadet nicht, wenn die neue Kl bereits vor Rückn der fr erhoben w (s RG **149**, 326).

4 **3)** Auf das **selbständige Beweisverfahren** (§ 209 Rn 23) ist § 212 entspr anzuwenden. Auch der unzul Antr unterbricht, sofern das Ger ihm stattgibt (BGH NJW **83**, 1901). Die Unterbrechgswirkg fällt bei einer Rückn od Zurückweisg des Antr weg, bei DchFührg der BewSicherg beginnt die Verj neu zu laufen (BGH **53**, 46); iF der Rückn od Zurückweisg bleibt die unterbrechde Wirkg erhalten, wenn der Gläub binnen 6 Mo einen neuen Antr stellt od Kl erhebt (Soergel-Walter Rn 5). § 212 ist auch analog anwendb auf das Verf nach BRAGO 19 (BGH **21**, 206); das BeschwVerf gem KostO 156 (§ 209 Rn 24); die Geltdmachg eines Hilfs-Anspr (§ 209 Rn 3), nicht aber auf die Fälle des § 209 II Nr 1 ff (§ 213 Rn 4), od den dch Klage geltd gemachten Vorbeh gem VOB/B 16 Nr 3 II (BGH NJW **87**, 2582).

212 a ***Dauer der Unterbrechung bei Güteantrag.*** **Die Unterbrechung durch Anbringung des Güteantrags dauert bis zur Erledigung des Güteverfahrens und, wenn an dieses Verfahren sich ein Streitverfahren unmittelbar anschließt, nach Maßgabe der §§ 211, 212 fort. Gerät das Güteverfahren dadurch, daß es nicht betrieben wird, in Stillstand, so finden die Vorschriften des § 211 Abs. 2 entsprechende Anwendung. Wird der Güteantrag zurückgenommen, so gilt die Unterbrechung der Verjährung als nicht erfolgt.**

Fassg: VO v 13. 2. 24 Art IV. Da das GüteVerf vor dem AmtsGer dch das REinhG aufgeh worden ist, hat § 212 a im wesentl nur noch aufgrund der Verweisg in § 213 Bedeutg. S daher dort. 1

213 ***Dauer der Unterbrechung bei Mahnbescheid.*** **Auf die Unterbrechung durch Zustellung eines Mahnbescheids im Mahnverfahren finden die Vorschriften des § 212 a entsprechende Anwendung. Die Unterbrechung gilt als nicht erfolgt, wenn der Mahnbescheid seine Kraft verliert (§ 701 der Zivilprozeßordnung).**

1) Fassg: VO v 13. 2. 24 Art IV. Die **entsprechende Anwendung des § 212 a** bedeutet: – **a)** Das MahnVerf ist **erledigt** (§ 212 a S 1, 1. Hälfte), wenn die Sache gem ZPO 696 I an das StreitGer abgegeben (BGH **103**, 27, NJW-RR **92**, 1022), der Antrag rechtskr zurückgewiesen od der VollstrBescheid rechtskr geworden ist (ZPO 700), der GüteAntr mit der gütl Einigg od dem Scheitern des Güteversuchs (BGH **123**, 346). Damit endet die Unterbrechg u die neue Verj beginnt. – **b)** Das **Streitverfahren** schließt sich unmittelb an (§ 212 a S 1, 2. Hälfte), wenn das AmtsGer den RStreit nach Einlegg von Widerspr od Einspr an das zuständ Ger abgibt (ZPO 696 I, 700 III); auf die Anberaumg eines VhdlgsTermins vor dem StreitGer kommt es nicht an (s BGH **55**, 214 zum fr Recht). Die Unterbrechg dauert gem §§ 211, 212 bis zur Erledigg od zum Stillstand des StreitVerf fort. – **c)** Zum **Stillstand** des MahnVerf (§ 212 a S 2) gilt § 211 Rn 3 ff entspr. Er tritt zB ein, wenn der Antr auf DchFührg des streitigen Verf nicht gestellt (ZPO 696 I), der weitere Kostenvorschuß (GKG 65 I 2) nicht gezahlt (LG Ffm JurBüro **99**, 90) od der VollstrBescheid im PartBetr zugestellt w soll (ZPO 699 IV), die Zustellg aber nicht erfolgt (s BGH **73**, 10, Mü OLGZ **76**, 189). – **d)** Wird der Antr auf Erlaß des Mahnbescheids **zurückgenommen,** so gilt die Unterbrechg als nicht erfolgt (§ 212 a S 3). And als iF der KlRückn (§ 212 II) hat der Gläub nicht die Möglichk, die Unterbrechgswirkg dch Einleitg eines neuen Verf zu erhalten (BGH **123**, 346 zum GüteAntr). 1 2 3 4

2) Satz 2. Der Mahnbescheid verliert seine Kraft, wenn der VollstrBescheid nicht binnen 6 Mo beantragt od der Antr zurückgewiesen w (ZPO 701). Auch hier fällt die Unterbrechg endgült weg; § 212 II ist nicht entspr anwendb. 5

214 ***Dauer der Unterbrechung bei Anmeldung im Insolvenzverfahren.*** **I Die Unterbrechung durch Anmeldung im Insolvenzverfahren dauert fort, bis das Insolvenzverfahren beendigt ist.**

II Die Unterbrechung gilt als nicht erfolgt, wenn die Anmeldung zurückgenommen wird.

III Wird bei der Beendigung des Insolvenzverfahrens für eine Forderung, die infolge eines bei der Prüfung erhobenen Widerspruchs in Prozeß befangen ist, ein Betrag zurückbehalten, so dauert die Unterbrechung auch nach der Beendigung des Insolvenzverfahrens fort; das Ende der Unterbrechung bestimmt sich nach den Vorschriften des § 211.

IV Auf die Unterbrechung durch Anmeldung im Schiffahrtsrechtlichen Verteilungsverfahren sind die Absätze 1 bis 3 entsprechend anzuwenden.

Das InsVerf endet dch Aufhebg (InsO 200, 258) od Einstellg (InsO 207 ff), aber nicht schon mit BeschlFassg, sond erst mit öff Bekanntmachg (BGH **64**, 3). Wird der EröffngsBeschl auf Beschw aufgeh, ist gleichf I anzuwenden, die Unterbrechg w nicht etwa rückwirkd beseitigt (MüKo/v Feldmann Rn 2). Die Rückn der Anmeldg (II) führt zum endgült Wegfall der Unterbrechg. Nimmt der Gläub die Anmeldg aufgrund einer Vereinbg mit dem InsVerw wg einer and Befriediggsmöglichk zurück, ist II nicht anzuwenden (RG **70**, 36). Zu III s InsO 179, 189. Gem IV, geänd dch Ges v 25. 8. 98 (BGBl I S 2489) gelten I–III auch für das Schiffahrtsrechtl VerteilgsVerf (s § 209 Rn 18). 1

215 ***Dauer der Unterbrechung bei Aufrechnung und Streitverkündung.*** **I Die Unterbrechung durch Geltendmachung der Aufrechnung im Prozeß oder durch Streitverkündung dauert fort, bis der Prozeß rechtskräftig entschieden oder anderweit erledigt ist; die Vorschriften des § 211 Abs. 2 finden Anwendung.**

II Die Unterbrechung gilt als nicht erfolgt, wenn nicht binnen sechs Monaten nach der Beendigung des Prozesses Klage auf Befriedigung oder Feststellung des Anspruchs erhoben wird. Auf diese Frist finden die Vorschriften der §§ 203, 206, 207 entsprechende Anwendung.

1) Die Unterbrechg dch Aufr od Streitverkündg **dauert** – ebso wie die dch KlErhebg – bis zur Erledigg od zum Stillstand des Prozesses **(I).** Die Ausführgen zu § 211 gelten daher entspr. Nimmt der Kläger die Kl zurück, gilt die Unterbrechg dch Aufr od Streitverkündg als nicht erfolgt (BGH **65**, 134). Läßt der Beklagte den AufrEinwand fallen, bleibt die Unterbrechg wirks (MüKo/v Feldmann Rn 2), die 6-MonatsFr des II beginnt aber sofort zu laufen. 1

2) Die Unterbrechg gem § 209 II 3 u 4 ist auflösd bedingt dch **Klagerhebung** innerh einer AusschlußFr von 6 Mo **(II).** Ein GrdUrt setzt die Fr nicht in Lauf (BGH **65**, 135, NJW **80**, 2303), ein TeilUrt nur dann, wenn es den für die Aufr (Streitverkündg) vorgreifl ProzStoff vollständ erledigt (BGH **65**, 135). Die Fr beginnt mit der RKraft des Urt. Der Kl stehen die Einleitg eines MahnVerf u die übrigen in § 209 II genannten ProzHdlgen gleich (BGH **53**, 273). Die Fr wird auch dch den Antr auf Bestimmg des zust Ger gewahrt, wenn anschließd in der Fr des § 210 Kl erhoben w (BGH aaO). 2

216 ***Unterbrechung bei Vollstreckungshandlungen.*** **I Die Unterbrechung durch Vornahme einer Vollstreckungshandlung gilt als nicht erfolgt, wenn die Vollstreckungsmaß-**

regel auf Antrag des Berechtigten oder wegen Mangels der gesetzlichen Voraussetzungen aufgehoben wird.

II Die Unterbrechung durch Stellung des Antrags auf Zwangsvollstreckung gilt als nicht erfolgt, wenn dem Antrage nicht stattgegeben oder der Antrag vor der Vornahme der Vollstreckungshandlung zurückgenommen oder die erwirkte Vollstreckungsmaßregel nach Absatz 1 aufgehoben wird.

1 § 216 regelt nur den Wegfall der Unterbrechg, nicht ihre Dauer. Er geht als selbstverständl davon aus, daß die Verj iF des § 209 II Nr 5 sofort wieder zu laufen beginnt (BGH **93**, 295, **122**, 293). Das gilt auch bei einer Pfändg, die künft ArbEinkommen erfaßt (BGH **137**, 193). Die Unterbrechg **fällt** rückwirkd **weg,** wenn die VollstrMaßn auf Antr des Gläub aufgeh w (I; Bsp: Gläub gibt gepfändete Sache frei) od er den VollstrAntr zurücknimmt (II). Das gleiche gilt in Anlehng an den Fall der ProzAbweisg (§ 212), wenn die VollstrMaßn wg Fehlens der ges Voraussetzgen aufgeh w. Das trifft nur zu, wenn die Voraussetzgen für eine ZwangsVollstr schlechthin fehlen (MüKo/v Feldmann Rn 3), nicht aber, wenn die VollstrMaßn wg Unpfändbark der Sache od aufgrund einer DrittWidersprKl aufgeh w. Die UnterbrechgsWirkg bleibt in entspr Anwendg des § 212 erhalten, wenn der Gläub in der Fr des § 212 II erneut eine verjunterbrechde Maßn ergreift (BGH **122**, 296).

217 *Wirkung der Unterbrechung.* **Wird die Verjährung unterbrochen, so kommt die bis zur Unterbrechung verstrichene Zeit nicht in Betracht; eine neue Verjährung kann erst nach der Beendigung der Unterbrechung beginnen.**

1 Endet die Unterbrechg im Laufe eines Tages, beginnt die neue Verj am folgden Tag (§ 187 I); endet sie mit Beginn eines Tages (Bsp: RKraft eines Urt), ist dieser bereits auf die neue Verj mit anzurechnen (§ 187 II). § 201 gilt nicht (s dort Rn 1). Tritt die Unterbrechg zugl mit od zeitl nach einer Hemmg ein, läuft die neue Verj erst vom Ende der Hemmg an (BGH **109**, 223). Da auch die neue Verj unterbrochen w kann, kann die GesDauer der Verj ein Vielfaches der ges VerjFr betragen. Die Unterbrechg wirkt auch für den RNachf (RG **163**, 396). Sie betrifft nicht den Anspr gg den Bürgen, hindert diesen aber daran, sich gem § 768 auf die Verj der HptFdg zu berufen (Düss MDR **69**, 655). Bei GesSchu hat die Unterbrechg idR Einzelwirkg; sie kann aber ausnw auch GesWirkg haben (§ 425 Rn 4).

218 *Verjährung des rechtskräftigen Anspruchs.* **I Ein rechtskräftig festgestellter Anspruch verjährt in dreißig Jahren, auch wenn er an sich einer kürzeren Verjährung unterliegt. Das gleiche gilt von dem Anspruch aus einem vollstreckbaren Vergleich oder einer vollstreckbaren Urkunde sowie von einem Anspruche, welcher durch die im Insolvenzverfahren erfolgte Feststellung vollstreckbar geworden ist.**

II Soweit sich die Feststellung auf regelmäßig wiederkehrende, erst künftig fällig werdende Leistungen bezieht, bewendet es bei der kürzeren Verjährungsfrist.

1 **1) Verjährung des rechtskräftig festgestellten Anspruchs. – a)** Die **rechtskräftige Feststellung** kann dch LeistgsUrt, FeststellgsUrt, VorbehUrt (§ 219), Schiedsspruch (§ 220), VollstrBescheid od KostenfestsetzgsBeschl geschehen. Auch ein die ErsPfl nur ganz allg feststelldes Urt ist ausr (BGH NJW-RR **89**, 215). Wird eine negative FeststellgsKl, die sich auf einen konkret umrissenen Anspr bezieht, als unbegründet abgewiesen, wird dadch der Anspr des Bekl positiv festgestellt (BGH NJW **72**, 1043, **75**, 1320, krit Gürich MDR **80**, 359). Umfang u Tragweite der positiven Feststellg sind erfdlf den UrtGrden dch Auslegg zu entnehmen. Ausl Urt fallen unter § 218, wenn sie im Inland anerkannt w (Frank IPRax **83**, 111). Eine teilw Feststellg wirkt für den festgestellten Betrag (RG **66**, 271). Ein GrdUrt nach ZPO 304 genügt nicht, weil es keine mat RKraft schafft (BGH NJW **85**, 792), wohl aber ein Schiedsspruch über den Grd, wenn das
2 SchiedsGer nur über ihn zu entscheiden hat (RG **100**, 122). – **b)** Der rkräft Feststellg stehen gem I 2 gleich der vollstreckb **Vergleich** (ZPO 794 I Nr 1), nicht der außergerichtl Vergl (s aber § 195 Rn 2), die **vollstreckbare Urkunde** (ZPO 794 I Nr 5), vorausgesetzt, die Unterwerfg unter die ZwVollstr ist wirks (BGH NJW **99**, 51, krit Wolfsteiner DNotZ **99**, 99), die vollstreckb Feststellg zur **Insolvenztabelle** (InsO 201, 215 II 2), aber auch der für vollstreckb erklärte schiedsgericht! Vergl u AnwVergl (aA Ziege NJW **91**, 1585). Eine vollstreckb Ausfertigg der Kostenrechng des Notars fällt nicht unter § 218; es bleibt bei der 2jähr Verj gem § 196 I Nr 15 (KG Rpfleger **91**, 83, Hamm MDR **92**, 715, Celle NdsRpfl **97**, 157, sehr str, aA Schlesw
3 DNotZ **83**, 580, Oldbg DNotZ **90**, 330, Mü DNotZ **92**, 114). – **c)** Dch die rkräft Feststellg wird die bisher maßgebde VerjFr dch die **30jährige Verjährung** ersetzt. Das gilt auch für den aus dem festgestellten FreistellgsAnspr entstandenen ZahlgsAnspr (BGH NJW **91**, 2014), den Anspr gg den OHG-Gesellschter (BGH **95**, 330/332) u den ausgeschiedenen Gesellschafter (RG JW **38**, 1174) sowie für Anspr, die erst nach Erlaß des Urt gesetzl eröffnet w od entstehen (BGH NJW **67**, 563, Düss MDR **95**, 160). Die 30-JahresFr ist auch dann maßgebd, wenn eine kürzere Verj vertragl vereinb war (RG **109**, 234, Nürnb OLGZ **66**, 388). Sie gilt aber nicht für Anspr, die gg den fr GeschInh rkräft festgestellt worden sind, u die gem HGB 26 gg den
4 neuen Inhaber geltd gemacht w (Erm/Hefermehl Rn 5). – **d)** Für regelmäß **wiederkehrende Leistungen** gilt gem II die 4jährige Verj, jedoch mit einer Sonderregel in VerbrKrG 11 III 3. Der Begriff ist hier ebso zu verstehen wie in § 197 (s dort Rn 1), Zinsen, die in einer Summe zu zahlen sind, fallen aber abw von § 197 nicht unter § 218 II (Ricken NJW **99**, 1146). II ist auch dann anzuwenden, wenn der RentenAnspr aus einem rkräft festgestellten GesAnspr hervorgeht (BGH NJW-RR **89**, 215, **90**, 665). Die bis zur RKraft des Urt aufgelaufenen Leistgen (Zinsen, UnterhRaten) verjähren gem I in 30 Jahren, die nach RKraft fäll werdden gem II in 4 Jahren, wobei für den VerjBeginn § 201 gilt (BGH NJW-RR **89**, 215, NJW **90**, 2754, LG Duisbg NJW **66**, 1664). Die 30-JahresFr gilt auch ggü dem **Rechtsnachfolger** u dem nachträgl bei-

getretenen Schuldmitübernehmer (BGH NJW **87**, 2863), nicht aber ggü and GesSchu od Bürgen (BGH NJW **80**, 1461, **84**, 794).

2) Beginn und Unterbrechung der neuen Verjährung. – a) Die neue VerjFr von 30 od 4 Jahren **läuft** 5
ab RKraft des Urt. War der Anspr noch nicht fäll, beginnt die Verj erst mit der Fälligk (Celle NJW **64**, 820, § 198 Rn 1). Geht der Anspr auf Unterl, wird die neue Verj gem § 198 S 2 erst dch eine ZuwiderHdlg in Lauf gesetzt (BGH **59**, 74, Neu GRUR **85**, 347). – **b)** Kommt der Schu dem Urt nicht nach, ist zur 6
Unterbrechg der Verj eine erneute **Feststellungsklage** zul, wenn, wie iF eines flüchtigen UnterhPflichtigen, and Unterbrechgsmöglichk, insbes die des § 209 II 5, fehlen (BGH **93**, 287, Hbg FamRZ **82**, 526).

219 ***Verjährung des Anspruchs aus Vorbehaltsurteil.*** **Als rechtskräftige Entscheidung im Sinne des § 211 Abs. 1 und des § 218 Abs. 1 gilt auch ein unter Vorbehalt ergangenes rechtskräftiges Urteil.**

VorbehUrt können bei Aufr (ZPO 302) u im Urk- u WechselProz (ZPO 599) ergehen. Auf das Urt unter 1
Vorbeh der beschränkten Haftg sind die §§ 211 I, 218 dagg direkt anzuwenden. Wird der RStreit aufgrund des Vorbeh weitergeführt, wird die Verj wie dch eine neue Kl erneut unterbrochen (allgM).

220 ***Unterbrechung der Verjährung bei sonstigen Verfahren.*** **I Ist der Anspruch vor einem Schiedsgericht oder einem besonderen Gerichte, vor einem Verwaltungsgericht oder einer Verwaltungsbehörde geltend zu machen, so finden die Vorschriften der §§ 209 bis 213, 215, 216, 218, 219 entsprechende Anwendung.**

II Sind in dem Schiedsvertrage die Schiedsrichter nicht ernannt oder ist die Ernennung eines Schiedsrichters aus einem anderen Grunde erforderlich oder kann das Schiedsgericht erst nach der Erfüllung einer sonstigen Voraussetzung angerufen werden, so wird die Verjährung schon dadurch unterbrochen, daß der Berechtigte das zur Erledigung der Sache seinerseits Erforderliche vornimmt.

1) Die Regeln, die auf die Unterbrechg der Verj dch Geltdmachg vor den ordentl Ger anzuwenden sind, 1
überträgt § 220 auf die RVerfolgg vor dem SchiedsGer, den bes Ger (ArbGer, PatentGer, RheinschiffahrtsGer) u den VerwGer (VerwGer, FinanzGer, SozGer). Soweit die Vorschr außerdem VerwBeh erwähnt, ist sie leerlaufd. VorVerf vor VerwBeh fallen unter § 210, endgült Entsch über RStreitigk sind den VerwBeh entzogen (GG 92). Die Kl vor einem der in § 220 angeführten Ger unterbricht auch dann, wenn der RWeg nicht eröffnet od das Ger unzuständ ist. Der fr Streit, ob das auch iF der ProzAbweisg gilt, hat sich prakt erledigt, da die Unzulässigk des beschrittenen RWeges nach GVG 17 a nF zur Verweisg vAw führt.

2) Kl vor dem **Schiedsgericht** kann idR erst nach dessen Konstituierg erhoben w. II läßt die Unterbrechg 2
der Verj daher bereits eintreten, wenn der Gläub das zur Konstituierg des SchiedsGer Erforderl veranlaßt, dh idR seinen SchiedsRi benennt. Die Erhebg der SchiedsKl unterbricht erneut. § 220 gilt auch für ausl SchiedsGer (Junker KTS **87**, 45). Wird der SchiedsVertr nachträgl aufgeh, ist § 212 I entspr anzuwenden (BGH WM **71**, 355). Auf SchiedsgutachtenVertr findet § 220 keine Anwendg (Hamm OLGZ **82**, 452).

221 ***Verjährung bei Rechtsnachfolge.*** **Gelangt eine Sache, in Ansehung deren ein dinglicher Anspruch besteht, durch Rechtsnachfolge in den Besitz eines Dritten, so kommt die während des Besitzes des Rechtsvorgängers verstrichene Verjährungszeit dem Rechtsnachfolger zustatten.**

Bei einem persönl Anspr hat der Wechsel in der Pers des Gläub od Schu keinen Einfluß auf den Lauf der 1
Verj, da der Anspr ders bleibt (BGH **60**, 240). Das gilt ebso für dingl Anspr (Einl 10 v § 854), soweit es sich um die RNachfolge auf Seiten des Gläub (Eigtümers) handelt. Dingl Anspr gg den Besitzer gehen dagg mit der Beendigg des Besitzes unter, u gg den neuen Besitzer entsteht aus dem dingl Recht ein neuer Anspr, für den an sich eine neue VerjFr beginnen müßte. Um dieses prakt Bedürfn widersprechde Ergebn zu vermeiden, bestimmt § 221 für den Fall **abgeleiteten Besitzerwerbes,** daß die unter dem Vorgänger abgelaufene Zeit auch dem Nachf angerechnet w. Bei mehrfacher Besitzübertragg kommt dem letzten Besitzer die Zeit aller Vorgänger zugute (hM, aA Ordemann JR **61**, 93). Die RNachfolge kann Ges- od Einzelnachfolge sein; letztere erfordert eine Willenseinigg zw neuem u fr Besitzer. Hat sich der neue Besitzer die Sache gg od ohne den Willen der fr verschafft, ist § 221 unanwendb (Soergel-Walter Rn 3).

222 ***Wirkung der Verjährung.*** **I Nach der Vollendung der Verjährung ist der Verpflichtete berechtigt, die Leistung zu verweigern.**

II Das zur Befriedigung eines verjährten Anspruchs Geleistete kann nicht zurückgefordert werden, auch wenn die Leistung in Unkenntnis der Verjährung bewirkt worden ist. Das gleiche gilt von einem vertragsmäßigen Anerkenntnisse sowie einer Sicherheitsleistung des Verpflichteten.

1) Absatz I. – a) Die Verj ist vollendet, wenn die VerjFr unter Berücksichtigg etwaiger Hemmgen u 1
Unterbrechgen abgelaufen ist. Die Verj beseitigt den Anspr nicht, gibt dem Schu aber ein dauerndes **Leistungsverweigerungsrecht.** Es bleibt dem Belieben des Schu überlassen, ob er von diesem LeistgVR Gebrauch machen will od nicht. Bei Streit kann nicht die Feststellg begehrt w, dem Gläub „stehe der Anspr
nicht zu", sond nur, der Schu sei zur LeistgV berecht (BGH **LM** Nr 8, NJW **83**, 392). – **b)** Im **Prozeß** ist die 2
Verj nicht vAw zu berücksichtigen. Sie hindert daher den Erlaß eines VersäumnUrt nicht. Die Kl ist aber dch

unechtes VersäumnUrt abzuweisen, wenn der Kläger selbst vorträgt, der Bekl habe sich auf Verj berufen (Düss NJW **91**, 2091). Im Rahmen des RGesprächs (ZPO 139, 278 III) darf das Ger die Part auf die Verj des Anspr u den Bekl auf sein LeistgVR hinweisen (Köln NJW-RR **90**, 192, BayObLG NJW **99**, 1875, in der Tendenz auch BGH NJW **98**, 612, str). Beruft sich der Schu auf Verwirkg, so kann darin die Einr der Verj enthalten sein (BGH NJW **96**, 1895). Die Einr kann bis zum Schluß der mdl Vhdlg erhoben w, da sie auf tatsächl Gebiet liegt aber nicht mehr in der Revision (BGH **1**, 234); bei der Entscheidg über die bereits in der TatsInstanz erhobene Einr darf das RevisionsGer den weiteren Zeitablauf berücksichtigen (BGH NJW **90**, 2755). Im 2. RZug ist die erstinstanzl geltd gemachte Einr auch ohne ausdr Wiederholg zu beachten (BGH NJW **90**, 326). Wird die Einr hilfsw geltd gemacht, ist diese Einschr unerhebl u die Kl alsbald abzuweisen (Köln MDR **70**, 686, Schneider JurBüro **78**, 1265).

3 **2) Absatz II. – a)** Die verj Fdg bleibt **erfüllbar.** Der Schu kann die Leistg nicht zurückverlangen, auch wenn er in Unkenntn der Verj geleistet hat (II 1). Der Leistg steht das vertragsmäß Anerkenntn, das nach § 812 II als Leistg gilt, u eine SicherhLeistg gleich (II 2). Das Anerkenntn bedarf gem § 781 der Schriftform (RG **78**, 132, DR **42**, 727). Ausn: § 782, HGB 350. Ist wg einer verj Fdg vollstreckt worden, steht dem Schu ein RückFdgsAnspr zu (BGH NJW **93**, 3320). Entspr gilt, wenn der Schu zur Abwendg der ZwVollstr geleistet hat (BGH aaO, § 362 Rn 12) od wenn die Leistg aGrd einer Bürgsch auf erstes Anfordern erbracht worden ist (BGH WM **95**, 745). Die wg vorbehaltl **Annahme der Schlußzahlung** gem VOB/B 16 nicht mehr dchsetzb Fdg steht einer verj Fdg weitgehd gleich; auf sie ist II analog anwendb (BGH **62**, 15, NJW **81**,
4 1784), dagg nicht auf verwirkte Fdgen (KG NJW-RR **86**, 598). – **b)** Da die verj Fdg **weiter besteht** ist sie noch zur Aufr geeignet (§ 390), auf sie kann ein ZbR (§ 273) u die Einr des nicht erfüllten Vertr (§ 320) gestützt w (§ 223 Rn 4), die Haftg der Hyp u PfandR bleibt bestehen (§ 223), ebso das Recht, den Anspr einredew geltd zu machen (s §§ 478, 490, 639, 821, 853). **Ausnahmen:** §§ 901, 1028. Dch die Verj wird der
5 SchuVerzug beendet; Rücktr- u KündR, die Verzug voraussetzen, entfallen (§ 284 Rn 30f). – **c)** Währd ein vor Eintritt der Verj erklärter **Verzicht** nichtig ist (§ 225), kann der Schu nach Vollendg der Verj auf die VerjEinr wirks verzichten (BGH NJW **73**, 1690, Mü NJW-RR **94**, 356), u zwar dch einseit, nicht formgebundene Erkl (RG **78**, 131). Ein nicht in der Form des § 781 abgegebenes Anerkenntn kann daher uU als Verzicht aufgefaßt w (BGH DB **74**, 2005). Bei einer ausdr VerzErkl ist es wg Maßgeblichk der obj Erkl-Bedeutg (§ 133 Rn 9) gleichgült, ob der Schu vom VerjEintritt Kenntn hatte. Die ggteilige stRspr (BGH **83**, 389 uö, richtig aber jetzt BGH NJW **96**, 663, **97**, 518) kann nicht überzeugen; sie läßt die Wirksamk des Verzichts an einem (obj nicht erkennb) Irrt des Erklärden scheitern, der nicht einmal die Erkl, sond die Willensbildg betrifft, ein mit §§ 119ff, 133, 157 I unvereinb Ergebn. Dagg dürfen schlüssige Handlgen idR nur dann als Verzicht gedeutet w, wenn der Schu vom Eintritt der Verj weiß od mit ihr rechnet (§ 133 Rn 11). Ein Fallenlassen der Einr im Proz ist nicht immer Verzicht (BGH **22**, 267), erst recht nicht die Zahlg von TBeträgen hins des Restes (BGH VersR **67**, 1092). Dch den Verzicht w die Fdg nicht unverjährb; es beginnt vielmehr eine neue VerjFr zu laufen (Karlsr NJW **64**, 1135, Staud/Peters Rn 33, str).

6 **3)** Bei einer Mehrh von Gläub u Schu hat die Verj grdsl nur **Einzelwirkung** (§§ 425, 429). Die Einr der Verj kann gg **Treu und Glauben** verstoßen od deshalb unbeachtl sein, weil der Schu seiner Pfl, den Gläub auf den drohden VerjAblauf **hinzuweisen,** nicht nachgekommen ist; s dazu Übbl 10ff v § 194.

7 **4)** Im **öffentlichen Recht** führt die Verj zT aGrd von SonderVorschr zum Erlöschen des Anspr (s AO 232, 47). § 222 II ist in diesen Fällen nicht entspr anwendb; das auf die verj Fdg Geleistete kann zurückgefordert w (OVG Münst ZMR **74**, 314). Soweit Sonderregelgen fehlen, begründet die Verj aber auch im öffR nur eine Einr (BVerwG **23**, 166, **42**, 353, VerwG Stgt NVwZ **82**, 578, aA Haenicke NVwZ **95**, 348).

223 ***Wirkung bei gesicherten Rechten.*** **I Die Verjährung eines Anspruchs, für den eine Hypothek, eine Schiffshypothek oder ein Pfandrecht besteht, hindert den Berechtigten nicht, seine Befriedigung aus dem verhafteten Gegenstande zu suchen.**

II Ist zur Sicherung eines Anspruchs ein Recht übertragen worden, so kann die Rückübertragung nicht auf Grund der Verjährung des Anspruchs gefordert werden.

III Diese Vorschriften finden keine Anwendung bei der Verjährung von Ansprüchen auf Rückstände von Zinsen oder anderen wiederkehrenden Leistungen.

1 **1)** Fassg: SchiffsRDVO v 21. 12. 40 (RGBl I 1609). Da die Verj den Anspr nicht erlöschen läßt (§ 222), behält der Gläub das Recht, sich aus den ihm eingeräumten **Sicherheiten zu befriedigen (I, II),** u zwar auch dann, wenn diese akzessorisch ausgestaltet sind. I gilt auch für Sicherh, die kr Ges od im Wege der
2 ZwVollstr erworben worden sind (BGH WM **85**, 548). Im einzelnen fallen unter I u II: – **a) Hypotheken** (§ 1113), SchiffsHyp (SchiffsRG 8), RegisterPfdR an Luftfz (LuftfzRG 98 II). § 223 geht § 1169 vor. Grd- u Rentenschulden, die nicht akzessorisch sind, bleiben ohnehin bestehen. – **b) Pfandrechte** (§§ 1204, 1273). I gilt auch für gesetzl PfdR, er stellt auf ein bestehdes PfdR ab, ohne hins des EntstehgsGrdes einen Unterschied zu machen (Schlesw SchlHA **58**, 82). Für SchiffsGläubR gilt dagg die Sonderregelg in HGB 759. –
3 **c) Sicherungsabtretung** u Sichergsübereigng. – **d)** Auf den **Eigentumsvorbehalt** (§ 455), der gleichf eine dingl Sicherh darstellt, ist II entspr anwendb. Der Verkäufer kann daher nach Verj der KaufPrFdg die unter EigtumsVorb gelieferte Sache herausverlangen (BGH **34**, 195, **70**, 98, NJW **79**, 2195, aA van Look/Stoltenberg WM **90**, 661), aber nur zum Zweck der Verwertg (Bodenburg WM **79**, 1202). Ein etwaiger Überschuß ist an den Käufer auszukehren.

4 **2)** § 223 **gilt nicht** für die Vormerkg (§§ 883, 886) u die Bürgsch, § 768 (BGH NJW **89**, 221), auch dann nicht, wenn sie an die Stelle einer Mietkaution tritt (BGH **138**, 49). Beim **Zurückbehaltungsrecht** ist zu unterscheiden: § 223 ist entspr anwendb, wenn der Anspr bei Entstehg des ZbR (§ 273) noch nicht verj war (§ 273 Rn 8); die Einr des nicht erfüllten Vertr bleibt dagg auf jeden Fall wirks (§ 194 Rn 6). Kann ein Anspr

wg vorbehaltl Ann der Schlußzahlg gem VOB/B 16 nicht mehr dchgesetzt w, gilt § 223 entspr (BGH NJW **81**, 1784).

3) Die Ausn des III gilt für **wiederkehrende Leistungen** aller Art ohne Rücks auf die Regelmäßigk der Wiederkehr, auch für Verzugszinsen (BGH NJW **93**, 3320), nicht aber für Tilggs- od Amortisationsbeiträge (MüKo/v Feldmann Rn 4, Soergel-Walter Rn 8). 5

224 ***Verjährung der Nebenleistungen.*** **Mit dem Hauptanspruche verjährt der Anspruch auf die von ihm abhängenden Nebenleistungen, auch wenn die für diesen Anspruch geltende besondere Verjährung noch nicht vollendet ist.**

Anspr auf **Nebenleistungen** sind hins des VerjBeginns, der Dauer der Verj, der Hemmg u Unterbrechg von der Verj des HauptAnspr unabhäng (MüKo/v Feldmann Rn 2). Sie verjähren aber gem § 224 spätestens mit dem HauptAnspr, u zwar auch dann, wenn der NebenleistgsAnspr erst nach Ablauf der VerjFr des HauptAnspr beziffert werden konnte (Köln NJW **94**, 2160). § 224 ist aber unanwendb, wenn der Anspr auf die NebenLeistg vor der Verj des HauptAnspr eingeklagt worden ist (BGH **128**, 74, Valcàrcel NJW **95**, 640). Zu den Nebenleistgen gehören Zinsen, insb Verzugszinsen (s KG NJW-RR **99**, 638), Früchte, Nutzgen, Provisionen, Kosten (RG **61**, 392, Cahn/Farrenkopf ZIP **86**, 416). Auf den Anspr auf Ers von Verzugsschaden ist § 224 entspr anzuwenden (BGH **128**, 74), nicht aber auf sonst Anspr auf Ers von Zinsschäden (BGH NJW **87**, 3137), auch nicht auf den Anspr auf eine verfallene VertrStrafe (RG **85**, 242) u den Anspr auf Mietnebenkosten (Ffm MDR **83**, 757). Selbständ wiederkehrde Leistgen fallen nicht unter § 224. Zur Verj des **Stammrechts** s § 194 Rn 7. 1

225 ***Vereinbarungen über die Verjährung.*** **Die Verjährung kann durch Rechtsgeschäft weder ausgeschlossen noch erschwert werden. Erleichterung der Verjährung, insbesondere Abkürzung der Verjährungsfrist, ist zulässig.**

1) Erschwerungen der Verjährung. – a) Da die Verj nicht nur dem Schutz des Schu, sondern auch dem RFrieden u damit dem öff Interesse dient (Übbl 4 v § 194), hat der GesGeber die VerjRegelg **halbzwingend** ausgestaltet: Die Verj darf erleichtert, nicht aber ausgeschl od erschwert w (Satz 1). Der Anspr, für den die Verj ausgeschl od erschwert ist, verjährt in der gesetzl Fr (BGH NJW **88**, 1259). **Ausnahmen** von S 1 enthalten §§ 477, 480, 490, 638 II, HGB 439 IV. Die Verj kann aber höchstens bis zu 30 Jahren verlängert w (BGH NJW-RR **94**, 1327). – **b)** Auch der **Verzicht** auf die Einr der Verj, der nach Eintritt der Verj zul ist (§ 222 Rn 5), ist, vorher ausgesprochen, **ungültig,** u zwar auch dann, wenn die Wirkg des Verzichts erst nach Vollendg der Verj eintreten soll (BGH NJW **98**, 902). Erhebt der Schu trotz des Verzichts die VerjEinr, verstößt er aber gg § 242 (BGH NJW **91**, 974; **98**, 902, stRspr, Übbl 12 v § 194). Solange der Schu den Eindruck erweckt, er werde seine Zusage einhalten, besteht für den Gläub Vertrauensschutz. Ergibt das Verhalten des Schu, daß er den Verzicht nicht länger beachten will, muß der Gläub aber innerhalb einer angem Fr Klage erheben (BGH NJW **98**, 902). Der Vertrauensschutz kann bereits entfallen, wenn der RNachf des Schu die Annahme einer Mahng verweigert (Kblz NJW-RR **99**, 639). Zur Bemessg der KlagFr u zur Rückwirkg der KlErhebg gem ZPO 270 III s Übbl 15 v § 194. – **c)** Nicht erfaßt vom Verbot des § 225 S 1 werden Abreden, die den VerjLauf nur **mittelbar** erschweren (BGH **93**, 292), wie das Hinausschieben der Fälligk (BGH NJW **84**, 290), die Stundg (BGH NJW **86**, 1608), die Vereinbg einer aufschiebden Bdg (BGH NJW **95**, 2283), das *pactum de non petendo* (§ 202 Rn 8), die Umwandlg einer kurzfrist verjährden Schuld in ein Darl usw. Die Abrede, daß die VerjFr des § 558 erst 6 Mo nach Auszug des Mieters beginnt, ist eine gg S 1 verstoßde unmittelb Erschwerg der Verj (Düss NJW-RR **91**, 208). AGB können mittelb Erschwergen der Verj nur in den Grenzen von AGBG 9 Rn 135 vorsehen. 1 2 3

2) Die **Erleichterung der Verjährung** ist zul (Satz 2). Sie kann dch Abkürzg der Verj, Festsetzg eines vorzeit VerjBeginns (RG **66**, 413), Rückdatierg (Schneider AcP **175**, 294) od Einschränkg der Hemmgs- u UnterbrechgsGrde geschehen. Sie ist auch bei SchadErsAnspr aus vorsätzl Handeln zul; § 276 II steht nicht entgg (RG **135**, 176, BGH **9**, 5). Unwirks sind aber: Vereinbgen, die einen unverjährb Anspr der Verj unterwerfen (Soergel/Walter Rn 9); die Bestimmg im GesellschVertr einer PublikumsKG, die die VerjFr für SchadErsAnspr gg den AufsR unangem verkürzt (BGH **64**, 244); die Vereinbg von VerjErleichtergen für tarifl Anspr wg Verstoßes gg TVG 4 IV 3 (MüKo/v Feldmann Rn 7); die einseit Abkürzg der VerjFr des HGB 88 zu Lasten des Handelsvertreters (BGH **75**, 218); wirks ist dagg eine beide Part gleichbehandelnde Abkürzg auf 6 Mo, wenn VerjBeginn kenntnisabhäng ist (BGH NJW-RR **91**, 35). Die Verj kann auch dch **AGB** erleichtert w, aber nur in den Grenzen von AGBG 9 (dort Rn 135) u 11 Nr 10 f (dort Rn 69). 4

Sechster Abschnitt. Ausübung der Rechte. Selbstverteidigung. Selbsthilfe

Überblick

1) Die §§ 226 ff enthalten allg Regeln über die **Ausübung und Durchsetzung von Rechten**. Sie gehen davon aus, daß der Schutz u die Dchsetzg von Rechten, sow sie den Einsatz von Zwangsmitteln erfordern, grdsl Aufg des Staates ist. Dieser stellt hierfür das in den ProzGes geordnete Ger- u VollstrVerf zur Vfg. Private Gewaltanwendg zur Dchsetzg vermeintl od wirkl RPositionen („Faustrecht") ist mit den Erfordern des RStaates grdsl unvereinbar. Nur unter den im Ges festgelegten engen Voraussetzgen ist ausnw die Anwendg von privater Gewalt zum Schutz od zur Dchsetzg von Rechten gestattet. 1

2 **2)** § 226, den der GesGeber als die zentrale Vorschr über die Ausübg von Rechten angesehen hat, ist neben den §§ 242, 826 weitgehd leerlaufd (§ 226 Rn 1). Erhebl Bedeutg hat dagg die in den §§ 227 ff enthaltene Regelg der **Selbstverteidigung** (Notwehr, Notstand) u der **Selbsthilfe**. Sie ist aber nicht erschöpfd. Ergänzd gelten StGB §§ 34, 35 (rechtfertigder u entschuldigder Notstand), BGB § 904 (Angriffsnotstand), § 859 (Besitzwehr), sowie die §§ 561, 862, 910, 962.

226 *Schikaneverbot.* **Die Ausübung eines Rechtes ist unzulässig, wenn sie nur den Zweck haben kann, einem anderen Schaden zuzufügen.**

1 **1) Voraussetzungen. – a)** Die Rspr hat aus § 242 iVm § 826 den allg RGrds entwickelt, daß die gg Treu u Glauben verstoßde RAusübg unzul ist (§ 242 Rn 38). Neben diesem **Verbot der unzulässigen Rechtsausübung** ist der tatbestandl eng gefaßte § 226 weitgehd leerlaufd. Er regelt einen zur Fallgruppe „Fehlen
2 eines schutzwürdigen Interesses" gehörden Sonderfall der unzul RAusübg (§ 242 Rn 50). – **b)** § 226 gilt ebso wie § 242 (dort Rn 16) für **alle Rechtsgebiete**, auch im ProzR (RG **120**, 50, Ffm NJW **79**, 1613), u
3 im öffR. – **c)** § 226 setzt voraus, daß nach Lage der gesamten Umst ein **anderer Zweck** als Schadenszufügg obj **ausgeschlossen** ist (RG **68**, 425, Ffm NJW **79**, 1613). Es genügt nicht, daß jemand subj aus verwerfl Grden von seinem Recht Gebrauch macht; es muß feststehen, daß die RAusübg dem Berecht obj keinen Vorteil bringen kann u ledigl zur Schädigg eines and taugt (Ffm aaO). Wenn ein berecht Interesse auch nur mitbestimmd sein kann, scheidet Schikane aus (RG **98**, 17). Der Schaden kann auch in der Verletzg ideeller
4 Interessen bestehen (RG **72**, 254). – **d) Einzelfälle.** Die RAusübg verstößt gg § 226, wenn die Wiederbeschaffg best hinterlegter Aktien statt der angebotenen gleichart verlangt w, obwohl die Aktien wertlos sind (RG **96**, 184); wenn der Vater seinen Kindern das Betreten seines Grdst verbietet, auf dem die Grabstätte der Mutter liegt (RG **72**, 251); wenn die Witwe der Schwiegermutter verbietet, Blumen an der Grabstelle des Mannes (Sohnes) niederzulegen (aA AG Grevenbroich NJW **98**, 2063); wenn der Austausch einer ProzBürgsch gg ein and, offensichtl gleichwert verweigert w (BGH WM **94**, 623); wenn dieselbe Klage gleichzeit bei einer Vielzahl von Ger (74!) anhängig gemacht w (ArbG Hamm MDR **66**, 272); wenn wg 2,10 DM Zinsen die Abgabe der eidesstattl Versicherg verlangt w (LG Köln Rpfleger **91**, 328).

5 **2)** Die schikanöse RAusübg ist **unzulässig,** dh rechtsw (RG **58**, 216). Gg sie ist daher Notwehr mögl. § 226 ist SchutzG iSd § 823 II; schikanöses Handeln verpflichtet somit zum SchadErs. Es begründet, falls Wiederholgsgefahr besteht, zugl einen UnterlAnspr (RG **72**, 254, Einf 18 f vor § 823).

227 *Notwehr.* [I] **Eine durch Notwehr gebotene Handlung ist nicht widerrechtlich.**

[II] **Notwehr ist diejenige Verteidigung, welche erforderlich ist, um einen gegenwärtigen rechtswidrigen Angriff von sich oder einem anderen abzuwenden.**

1 **1) Allgemeines.** Der Notwehrbegriff des StrafR (StGB 32) stimmt mit dem des § 227 inhaltl überein. Beide Vorschr sind einheitl auszulegen (MüKo/v Feldmann Rn 1, str). Sie beruhen auf dem Gedanken, daß das Recht dem Unrecht nicht zu weichen braucht. Die Notwehr bezweckt neben dem Schutz des angegriffenen RGuts zugl die Bewährg der ROrdng (s Kühl JuS **93**, 177).

2 **2) Notwehrlage** (II). – **a) Angriff** ist die von einem Menschen drohde Verletzg rechtl geschützter Interessen. Ein Verschulden ist nicht erforderl; Angreifer kann daher auch ein Kind od ein Geisteskranker sein (BayObLG NJW **91**, 2031, hM, s aber Rn 8). Dagg fällt der Angriff dch ein Tier unter § 228; nur wenn das Tier von einem Menschen als Werkzeug benutzt w, ist § 227 anwendb. Unterl ist auch dann kein Angriff, wenn eine RPfl zum Handeln besteht (RGSt **19**, 298, RG Warn **33** Nr 116, str). Keine Notwehr daher, wenn der Inh der Reparaturwerkstatt den Pkw nach Beendigg der Reparatur rechtsw nicht herausgibt (aA AG Bensberg NJW **66**, 733), der ArbN den Betr bei Dienstschluß nicht verläßt (Derleder BB **87**, 825) od der wirks gekündigte Mieter nicht auszieht. Die unberecht Künd eines ArbVertr ist kein Angriff iSd § 227 II (BAG NJW **79**, 237); ebsowenig die Verfolgg eines and zu dem Zweck, seine Personalien dch die Polizei feststellen zu lassen (BGH VersR **71**, 629), wohl aber das Hindern an der Weiterfahrt (BayObLG NJW **93**,
3 211). – **b)** Geschützt sind **Rechtsgüter aller Art,** so vor allem Leben, Gesundh, Freih, auch die Freih zur Fortbewegg im StraßenVerk (Schlesw NJW **84**, 2471) u zum Aufsuchen des ArbPlatzes (Löwisch/Krauß DB **95**, 1330), das Eigtum, das HausR (Düss NJW **97**, 3383, Löwisch/Rieble NJW **94**, 2596, abwegig Ffm NJW **94**, 946), die Ehre (BGHSt **14**, 361), das allg PersönlichkR u das Recht am eig Bild (Hbg NJW **72**, 1290), das aber uU ggü berecht FahndgsInteressen der Polizei zurücktreten muß (BGH NJW **75**, 2076). Der Ehebruch ist kein Angriff iSd § 227 II, da sich die Ehe nicht dch Gewalt schützen läßt (s Köln NJW **75**, 2344). Auch die Verteidigg fremder RGüter fällt als **Nothilfe** unter § 227 II; sie darf aber nicht gg den Willen des Angegriffenen ausgeübt w (str s Seier NJW **87**, 2478). Bes gilt für die Störg der öff Ordng: Ihr darf der einzelne nur dann entggtreten, wenn der Störer zugl rechtl geschützte Individualinteressen angreift (BGH **64**, 180). Daher keine Notwehr gg die Ausstellg pornograf Schriften (BGH aaO) u wohl auch nicht gg das Rauchen im Nichtraucherabteil (s LG Bln NJW **78**, 2343). Das NothilfeR des § 227 steht trotz der Sonderregelgen in den PolizeiG der Länder auch den **Polizeibeamten** zu (BayObLGSt **91**, 141, Rogall JuS **92**, 551,
4 str). – **c) Gegenwärtig** ist der Angriff schon vor seinem Beginn, sofern er unmittelbar bevorsteht. Erforderl aber auch ausr ist ein Verhalten, das unmittelb in eine Verletzg umschlagen kann (BayObLG NJW **85**, 2601). Es genügt daher der Griff zur Waffe (BGH NJW **73**, 255) od das Losgehen auf den Gegner (BGH VersR **71**, 630). Der Angriff ist nicht mehr ggwärtig, wenn er beendet ist. Das ist der Fall, wenn er aufgegeben, fehlgeschlagen od dchgeführt ist. Er dauert dagg fort, wenn mit weiteren Tätlichk (BGH VersR **64**, 286) od Beleidiggen (BGH VersR **63**, 730) zu rechnen ist. Der Angriff des Diebes ist ggwärtig, solange er bestrebt ist,
5 die Beute zu sichern (RG **111**, 370, Hamm OLGZ **78**, 73). – **d) Rechtswidrig** ist der Angriff, wenn er ohne einen bes RFertiggsGrd in ein fremdes Recht od RGut eingreift (so mit Recht die Lehre vom Erfolgs-

unrecht gg die Lehre vom Verhaltensunrecht, s § 823 Rn 32 ff). Gg rechtmäß AmtsHdlgen ist keine Notwehr mögl, wohl aber gg unrechtmäß (s LG Bln NJW **71**, 620).

3) Erforderliche Verteidigung. – a) Eine VerteidiggsHdlg setzt einen **Verteidigungswillen** voraus, 6
mögen auch noch and Motive (Haß, Wut) mitbestimmd sein (RGSt **60**, 261, BGHSt **3**, 198, aA Braun NJW **98**, 941). Wollen die Beteiligten nur raufen, ist § 227 unanwendb (BGH NJW **90**, 2263). – **b)** Welche 7
Verteidigg **erforderlich** ist, richtet sich nach der obj Sachlage u nicht danach, ob sie der Angegriffene für erforderl hielt od halten konnte (RG **84**, 306, BGHSt NJW **74**, 154). Der Angegriffene muß das am wenigsten schädl od gefährl Mittel zur Abwehr einsetzen (BGH VersR **67**, 478, BGHSt NJW **72**, 1822), braucht sich aber nicht auf das Risiko einer ungenügden AbwehrHdlg einzulassen (BGH NJW **76**, 42; **91**, 504). **Schußwaffengebrauch** ist nur in ernster Gefahrenlage gerechtfertigt (BGH aaO). Für ihn gilt grdsl die Abfolge: Drohg, Warnschuß, Schuß in die Beine (BGH NStZ **87**, 322). Ein Ausweichen ist dem Angegriffenen ledigl dann zuzumuten, wenn es ohne Aufg berecht Interessen mögl ist (RG **84**, 308, BGHSt NJW **54**, 438). Es kann geboten sein, wenn die nach Sachlage an sich erforderl VerteidiggsHdlg zu einer Gefährdg unbeteiligter Dritter führen würde (BGH NJW **78**, 2028). Dagg ist ein Zurückweichen unzumutb, wenn es als schmähl Flucht erscheinen würde (BGH NJW **80**, 2263). Entscheidd ist die Stärke u Hartnäckigk des Angriffs, nicht der Wert des angegriffenen RGutes. Auch zur Verteidigg von Sachgütern ist daher uU eine Leib u Leben des Angreifers gefährdde Abwehr zul (RG **111**, 370, BGHSt NJW **56**, 920); das gilt auch für den Nothelfer (Seier NJW **87**, 2476). Daran hat Art II 2 a MRK nichts geändert, da die MRK das Verhältn der Staatsbürger untereinand nicht betrifft (Kreye JZ **79**, 708 mwNw). – **c)** Auch für das NotwehrR gilt das 8
Verbot unzulässiger Rechtsausübung (§ 242 Rn 38). Ggü Kindern, Geisteskranken od sonst ohne Schuld Handelnden kann es daher geboten sein, auf eine Abwehr zu verzichten od die Verteidigg zu beschränken (MüKo/v Feldmann Rn 6). Auch bei der Verteidigg gg den Eheg können sich aus § 242 Einschränkgen für das NotwehrR ergeben (BGH NJW **69**, 802, **75**, 63); das gilt aber nur dann, wenn eine mildere Verteidigg mögl u erfolgversprechd ist (BGH JZ **84**, 529). Das NotwehrR wird nicht dch den Grds der Verhältnismäßigk begrenzt (BGH NJW **76**, 42); besteht zw dem angegriffenen u dem dch die VerteidiggsHdlg verletzten RGut ein krasses Mißverhältn, ist die Ausübg des NotwehrR aber mißbräuchl u unzul (BayObLG NJW **95**, 2644). – **d)** Hat der Angegriffene die Notwehrlage selbst verursacht, ist zu unterscheiden: – **aa)** Hat er die Notwehr- 9
lage absichtlich herbeigeführt, um den Angreifer unter dem Deckmantel der Notwehr zu verletzen (sog **Absichtsprovokation**), besteht kein NotwehrR, die angebl VerteidiggsHdlg ist rechtsw (BGH NJW **83**, 2267, allgM). – **bb)** Hat der Angegriffene die Notwehrlage rechtsw u **vorwerfbar,** aber nicht absichtl herbeigeführt, wird sein NotwehrR dch § 242 eingeschränkt. Er muß sich bei der Verteidigg zurückhalten u jeden mögl Weg zur Abwendg der drohden Gefahr benutzen (BGHSt NJW **72**, 1822, **75**, 1423). Er hat geringfügige Beeinträchtiggen hinzunehmen u muß, wenn mögl, ausweichen (BGH aaO). Diese ZurückhaltgsPfl entfällt aber, wenn der Angreifer trotz der Zurückhaltg des Angegriffenen keine Anstalten zum Einlenken macht, sond den Angriff fortführt (BGHSt NJW **76**, 634).

4) Die NotwehrHdlg ist **rechtmäßig** (§ 227 I) u begründet daher keine SchadErsPfl. Sow sie RGüter 10
unbeteiligter Dritter verletzt, ist sie nicht dch § 227 gerechtfertigt (hM). Als RFertiggsGrd kommt aber Notstand (§§ 228, 904, StGB 34) in Betracht. Ein SchadErsAnspr des Dr gg den Angegriffenen besteht, abgesehen vom Fall des § 904, nur bei Verschulden. Hat der Angegriffene sich der Notwehrlage bewußt ausgesetzt u konnte er die Gefährdg Dritter voraussehen, so trifft ihn Verschulden (BGH NJW **78**, 2029).

5) Sonderfälle. – a) Überschreitet der Angegriffene die Grenzen der erforderl Verteidigg, so handelt er 11
rechtsw **(Notwehrexzeß)**. Das gilt auch dann, wenn er gem StGB 33 straffrei ist (hM, aA Kuchinke, FS Krause, 1996, S 335). Eine SchadErsPfl besteht nur bei Verschulden (BGH NJW **76**, 42), sie kann wg Mitverschuldens des Angreifers gemindert w od sogar ganz entfallen (s BGH VersR **67**, 478). – **b)** Wer 12
irrtüml annimmt, in Notwehr zu handeln **(Putativnotwehr)**, handelt rechtsw. Eine SchadErsPfl tritt nur bei Verschulden ein, also nicht, wenn der Irrt entschuldigt ist (BGH NJW **76**, 42, **87**, 2509, Düss MDR **98**, 1227). Auch insow gilt aber der obj FahrlkMaßstab des § 276 (BGH NJW **81**, 745).

6) Beweislast. Wer sich auf Notwehr beruft, erhebt einen rhindernden Einwand; er muß daher die 13
Voraussetzgen der Notwehr beweisen (BGH NJW **76**, 42, Kblz NJW-RR **94**, 863, allgM). Für eine Überschreitg der Notwehr ist dagg der Angreifer darleggs- u bewpflichtig (BGH VersR **71**, 630, NJW **76**, 42). Im Fall der Putativnotwehr muß der Handelnde die Entschuldbark des Irrt beweisen (BGH NJW **81**, 745, Brdbg NJW-RR **96**, 925).

228 *Notstand.*

Wer eine fremde Sache beschädigt oder zerstört, um eine durch sie drohende Gefahr von sich oder einem anderen abzuwenden, handelt nicht widerrechtlich, wenn die Beschädigung oder die Zerstörung zur Abwendung der Gefahr erforderlich ist und der Schaden nicht außer Verhältnis zu der Gefahr steht. Hat der Handelnde die Gefahr verschuldet, so ist er zum Schadensersatze verpflichtet.

1) Allgemeines. – a) § 228 behandelt den **Verteidigungsnotstand;** er wird dch die Regelg des **An-** 1
griffsnotstandes in § 904 ergänzt. Währd § 228 zur Gefahrabwehr die Beschädigg der gefahrbringden Sache, also eine VerteidiggsHdlg, gestattet, gibt § 904 das Recht, auf eine Sache einzuwirken, obwohl dch sie keine Gefahr droht. Beide Vorschr gelten auch für Tiere, § 90 a (s Hamm NJW-RR **97**, 467). Sie beruhen auf dem Gedanken, daß im Konfliktsfall das weniger schutzwürd RGut hinter höherrangigen RGütern zurücktreten muß. Derselbe Gedanke der **Güterabwägung** liegt auch **StGB 34** zugrunde. StGB 34 ist in seinen Voraussetzgen strenger, gestattet aber neben dem Eingriff in fremdes Eigtum auch den in persönl RGüter, wie Gesundh u Freih. Wg der Einheitlichk der ROrdng schließt StGB 34 die RWidrigk auch für das bürgerl Recht aus; umgekehrt wirken §§ 228, 904 auch im StrafR als RFertiggsGrde. Auch in and Fällen kann der Gedanke der Güter- u PfltenKollision einen RFertiggsGrd darstellen (BAG NJW **83**, 2784: Konflikt zw Arb- u WehrPfl iF eines türk ArbN). – **b)** Dagg schließt der entschuldigde Notstand des **StGB 35** das nach obj 2

Kriterien zu beurteilde zivilrechtl Verschulden nicht ohne weiteres aus, insb dann nicht, wenn der Täter die Gefahrenlage verschuldet hat. Im übrigen besteht in den Fällen der StGB 34, 35 ein schuldunabhäng SchadErsAnspr analog § 904 S 2 (MüKo/Säcker § 904 Rn 24, Wilts NJW **64**, 708, str). – Auf dem Gebiet des Jagdschutzes gehen BJagdG 23 ff u die ergänzden Regelgen der LandesjagdGes den §§ 228, 904 vor (s RG **155**, 338 zu RJagdG 40). Wg weiterer SpezialVorschr vgl § 904 Rn 1.

3 **2)** Die **Notstandslage** des § 228 setzt voraus, daß die Gefahr der Verletzg eines RGuts dch eine fremde Sache droht. – **a)** Notstandsfähig sind **Rechtsgüter jeder Art,** auch ein AneigngsR (RGSt **34**, 297) od reine Vermögensinteressen. Unerhebl ist, um wessen RGut es sich handelt. Eine bes Beziehg des Handelnden zu
4 dem bedrohten Gut ist nicht erforderl. – **b)** Genügd ist eine **drohende Gefahr,** and als iF des § 227 braucht es sich nicht um eine ggwärtige Gefahr zu handeln. Eine drohde Gefahr liegt vor, wenn eine auf tats Umst
5 gegründete Wahrscheinlichk des Eintritts eines Schadens besteht (s BGHSt **18**, 272). – **c)** Die Gefahr muß von einer **fremden** Sache drohen. Gleich zu behandeln ist eine herrenlose Sache, an der ein AneigngsR
6 besteht (allgM). – **d)** Die Gefahr muß von **der Sache ausgehen**, auf die dch die NotstandsHdlg **eingewirkt** w. Erforderl ist, daß die Sache selbst unmittelb aus sich heraus die Gefährdg begründet (RG **71**, 242, **88**, 214, Larenz/Wolf § 19 Fn 34, sehr str, aA Allgaier VersR **89**, 789). Das ist der Fall, wenn auf einem brennden Schiff wg eines Tanks mit Schmieröl die Gefahr einer Ausweitg des Brandes besteht (RG **143**, 387). Nicht § 228, sond § 904 ist dagg anzuwenden, wenn wg der Einlagerg von Tabak die Gefahr einer Plünderg droht (aA OGH **4**, 102, Ballerstedt JZ **51**, 228) od wenn ein Damm durchstochen w, um aufgestautes Wasser ablaufen zu lassen (RG **71**, 242). Wird die Sache als Werkzeug von einem Menschen benutzt, so gilt § 227. Eine ErsPfl des Angegriffenen besteht auch dann nicht, wenn die Sache einem Dritten gehört.

7 **3)** Die **Notstandshandlung** besteht in dem Beschädigen od Zerstören der Sache, von der die Gefahr ausgeht. – **a)** Die Hdlg setzt einen Abwehrwillen voraus (BGH **92**, 359) u muß zur Abwehr der Gefahr **erforderlich** sein. Ebso wie iF des § 227 ist die Erforderlichk obj zu bestimmen. Kann die Gefahr auf and Weise abgewendet w, ist § 228 unanwendb. Die Möglichk der Flucht schließt – and als iF der Notwehr – die
8 Berufg auf § 228 aus (Soergel-Fahse Rn 26, allgM). – **b)** Der dch die NotstandsHdlg angerichtete Schaden darf nicht **außer Verhältnis** stehen zur abgewendeten Gefahr. Grdl für die Abwägg bilden die in der RGemeinsch herrschden Anschauungen. Danach sind Leben u Gesundheit höherwertig als Sachgüter. Handelt es sich um eine bes wertvolle Sache, muß aber uU eine geringfügige Körperverletzg hingenommen w. Bei Sachgütern kommt es idR auf die Wertrelation an, jedoch sind auch ideelle Gesichtspkte zu berücksichtigen. Zur Rettg eines Mischlingshundes od eines Schafs darf ein vielf wertvollerer Rassehund getötet w, wenn sich der Angriff auf and Weise nicht abwehren läßt (Kblz NJW-RR **89**, 541, Hamm NJW-RR **95**, 279).

9 **4)** Die im Notstand vorgenommene VerteidiggsHdlg ist **rechtmäßig.** Sie ist daher nicht strafb u stellt keine unerl Hdlg iSd §§ 823 ff dar; gg sie gibt es keine Notwehr. Auch bei einem selbstverschuldeten Notstand bleibt die Hdlg rechtmäß, besteht jedoch nach § 228 S 2 eine SchadErsPfl. Verschulden liegt vor, wenn der Handelnde die Gefahr verursacht od sich vorsätzl od fahrlässig der Gefahr ausgesetzt hat. §§ 827, 828 sind entspr anzuwenden, ebso § 852, da es sich um eine deliktsähnl Haftg für eine actio libera in causa handelt (Staud/Werner Rn 27, str).

10 **5)** Für den **Notstandsexzeß**, den **Putativnotstand** u die **Beweislast** gelten die Ausführgen in § 227 Rn 11–13 entspr. Der Handelnde haftet nur bei Verschulden (s RG JW **26**, 1145). § 228 S 2 ist auf die Notstandsüberschreitg u den vermeintl Notstand nicht entspr anwendb (Staud/Werner Rn 29).

229 ***Selbsthilfe.*** **Wer zum Zwecke der Selbsthilfe eine Sache wegnimmt, zerstört oder beschädigt oder wer zum Zwecke der Selbsthilfe einen Verpflichteten, welcher der Flucht verdächtig ist, festnimmt oder den Widerstand des Verpflichteten gegen eine Handlung, die dieser zu dulden verpflichtet ist, beseitigt, handelt nicht widerrechtlich, wenn obrigkeitliche Hilfe nicht rechtzeitig zu erlangen ist und ohne sofortiges Eingreifen die Gefahr besteht, daß die Verwirklichung des Anspruchs vereitelt oder wesentlich erschwert werde.**

1 **1) Allgemeines.** Selbsthilfe ist die Dchsetzg od Sicherg eines Anspr vermittels privater Gewalt. Sie ist in einem rechtsstaatl geordneten Gemeinwesen grdsl unzul; der Berecht muß seine Rechte in dem dafür vorgesehenen gerichtl Verf geltd machen (Übbl 1 vor § 226). Nur unter den engen Voraussetzgen des § 229 ist ausnw eine eigenmächt vorläuf Sicherg des Ansprs erlaubt. Das Recht auf Selbsthilfe ergänzt den staatl RSchutz u ist wie dieser auf Verwirklichg der ROrdng gerichtet (Schünemann S 18 ff). Ergänzd gelten § 561 I (Vermieter), §§ 859, 860 (Besitzer, Besitzdiener), § 910 (NachbarR) u § 962 (Bienenschwarm). § 229 ist **zwingendes Recht**; er kann dch PartVereinbg nicht erweitert w (RG **131**, 222, **146**, 186, allgM). Ein etwaiges WegnR des Abzahlgskäufers muß daher iW der Klage dchgesetzt w (RG aaO).

2 **2) Voraussetzungen. – a)** Dem Handelnden muß ein **Anspruch** zustehen. Maßgebd ist der AnsprBegriff des § 194, nicht der des ProzeßR; guter Glaube an die Existenz des Anspr genügt nicht. Der Anspr muß in einem gerichtl Verf dchsetzb sein; unklagb, verjährte od rechtskräft abgewiesene Anspr dürfen nicht dch Selbsthilfe gesichert w. Bei bedingten od betagten Anspr ist Selbsthilfe zul, sofern gem ZPO 916 II Arrest od einstw Vfg erlassen w kann (arg § 230 II, III). Bei einem bestr Anspr kann Selbsthilfe zur Dchsetzg des Anspr
3 auf Ausk (Mitteilg der Personalien) zul sein (BayObLG NJW **91**, 934). – **b)** Selbsthilfe ist nur zum Schutz **eigener** Anspr gestattet, nicht zur Sicherg von Anspr Dr (MüKo/v Feldmann Rn 2, aA Schünemann Selbsthilfe, 1985, S 57 ff). Gesetzl u rgeschäftl bestellte Vertreter stehen dem AnsprInh gleich. Zul ist es auch, daß sich der Berecht der Unterstützg Dr bedient. Auf Handeln in auftragloser GeschFührg ist § 229 dagg
4 unanwendb (Staud/Werner Rn 7, str). – **c) Obrigkeitliche Hilfe** muß nicht rechtzeit zu erlangen sein. Als Sichergsmittel kommen vor allem Arrest u einstw Vfg in Betracht, uU aber auch polizeil Maßn, sow die Polizei ausnw für den Schutz priv Rechte zuständig ist (Wolff-Bachof III § 125 II a 1). Es genügt, wenn die

staatl Hilfe zu Unrecht verweigert w. Das SelbsthilfeR ist aber ausgeschl, wenn der Gläub die Möglichk, staatl RSchutz in Anspr zu nehmen, nicht genutzt hat (Schünemann S 74). – **d) Gefährdung der Verwirkli- 5
chung des Anspruchs.** Es ist nicht erforderl, daß ein unwiederbringl Verlust droht. Eine wesentl Erschwerg der RDchsetzg genügt. Sie kann gegeben sein, wenn der Schu ins Ausl gehen od wesentl Teile seines Vermögens beiseite schaffen will. Drohde Beweisschwierigk rechtfertigen Selbsthilfe nicht (BGHSt **17**, 328), ebsowenig drohde Zahlgsunfähigk (Soergel-Fahse Rn 13). Hinreichde Sicherg des PrimärAnspr schließen die Gefährdg aus (AK/Damm Rn 7), nicht aber die Möglichk, SchadErs wg NichtErf zu erlangen.

3) Selbsthilfehandlung. Sie muß von einem Selbsthilfewillen getragen sein (Schünemann S 31). Als 6
Mittel der Selbsthilfe sind zugelassen: – **a) Wegnahme, Zerstörung oder Beschädigung einer Sache.** Die Sache muß dem Schu gehören (hM) u vollstreckgs- u arrestfähig sein (arg § 230 II, IV). Wg eines ZahlgsAnspr kann jede pfändb Sache, wg eines HerausgAnspr nur die herauszugebde Sache weggenommen w. Die Zerstörg od Beschädigg einer Sache dient idR dazu, die Dchführg der eigentl SelbsthilfeHdlg zu ermöglichen (Aufbrechen der Wohngstür od eines Schrankes). Eine zul SelbsthilfeHdlg ist auch das Überkleben eines rechtsw angebrachten Plakats (Stgt NJW-RR **96**, 1515), nicht dagg das Ausräumen der Wo eines exterritorialen Diplomaten zur Dchsetzg eines RäumgsAnspr (Köln NJW **96**, 472). – **b)** Die **Festnahme** des 7
Schu setzt Fluchtverdacht voraus. Sie ist nur zul, wenn die Voraussetzgen des persönl SicherhArrests (ZPO 918) vorliegen (arg § 230 III). Der der Festn entggstehde Widerstand darf gebrochen w (Rn 8); ein Recht zur Tötg besteht jedoch in keinem Fall (RGSt **69**, 311). – **c)** Der **Widerstand** des Schu darf **beseitigt** w, sofern 8
er zur Duldg einer Hdlg verpflichtet ist. Die DuldgsPfl kann sich aus dem zu sichernden Anspr od dem SelbsthilfeR ergeben. Erlaubt ist in den Grenzen des § 230 I – ähnl wie bei ZPO 892 – sowohl Gewalt gg Sachen als auch gg Pers. An den dch Selbsthilfe erlangten Sachen besteht ein ZbR (Schünemann, wie Rn 3, S 112). Ein Anspr auf Erstattg der entstandenen Kosten kann sich aus § 286 od pVV ergeben.

4) Die SelbsthilfeHdlg ist unter den Voraussetzgen des § 229 **rechtmäßig.** Gg sie ist keine Notwehr 9
gegeben, sie begründet keine SchadErsPfl u ist nicht strafb, es sei denn, daß sie zugl RGüter Dr od der Allgemeinh verletzt (zB als StraßenverkGefährdg). Für den **Selbsthilfeexzeß**, die **Putativselbsthilfe** u die **Beweislast** gelten § 227 Rn 11–13 sinngem; iF der Putativselbsthilfe u des Selbsthilfeexzesses besteht jedoch auf jeden Fall die schuldunabhäng SchadErsPfl nach § 231.

230 ***Grenzen der Selbsthilfe.*** **I Die Selbsthilfe darf nicht weiter gehen, als zur Abwendung der Gefahr erforderlich ist.**

II Im Falle der Wegnahme von Sachen ist, sofern nicht Zwangsvollstreckung erwirkt wird, der dingliche Arrest zu beantragen.

III Im Falle der Festnahme des Verpflichteten ist, sofern er nicht wieder in Freiheit gesetzt wird, der persönliche Sicherheitsarrest bei dem Amtsgerichte zu beantragen, in dessen Bezirke die Festnahme erfolgt ist; der Verpflichtete ist unverzüglich dem Gerichte vorzuführen.

IV Wird der Arrestantrag verzögert oder abgelehnt, so hat die Rückgabe der weggenommenen Sachen und die Freilassung des Festgenommenen unverzüglich zu erfolgen.

1) Ebso wie iF der Notwehr muß die SelbsthilfeHdlg zur Abwendg der Gefahr **erforderlich** (I) sein (s 1
§ 227 Rn 7). Verhältnismäßigk zw der drohden Gefahr u den Nachteilen für den Schu braucht nicht zu bestehen, jedoch gilt ebso wie iF der Notwehr die Grenze des RMißbrauchs (s § 227 Rn 8).

2) Die Selbsthilfe bezweckt nur eine **vorläufige Sicherung** des Anspr. Die endgült Entsch obliegt dem 2
Ger. Ausnw kann aber auch eine Befriedigssselbsthilfe zul sein (Schünemann, wie § 229 Rn 3, S 96). – **a) II und III.** Der Gläub muß iF der Wegn einer Sache, sofern er keinen VollstrTitel hat, dingl Arrest (ZPO 917, 920) beantragen, iF der Festn persönl SicherhArrest (ZPO 918, 920). Der ArrestAntr ist auch dann erforderl, wenn der Gläub zum Besitz der weggenommenen Sache berecht ist (MüKo/v Feldmann Rn 2, str); and nur, wenn die Voraussetzgen der Besitzkehr (§ 859 II u III) vorliegen. – **b) IV.** Die Pfl zur Rückgabe der 3
weggenommenen Sache besteht – abgesehen vom Fall der Besitzkehr (§ 859 II u III) – auch bei einem BesitzR des Gläub (Staud/Werner Rn 5, str). IV ist SchutzG iSd § 823 II, seine Verletzg begründet daher, wenn dem Gläub Verschulden zur Last fällt, eine SchadErsPfl.

231 ***Irrtümliche Selbsthilfe.*** **Wer eine der im § 229 bezeichneten Handlungen in der irrigen Annahme vornimmt, daß die für den Ausschluß der Widerrechtlichkeit erforderlichen Voraussetzungen vorhanden seien, ist dem anderen Teile zum Schadensersatze verpflichtet, auch wenn der Irrtum nicht auf Fahrlässigkeit beruht.**

§ 231 begründet eine **schuldunabhängige Schadensersatzpflicht.** Sie setzt voraus, daß die Selbst- 1
hilfeHdlg rechtsw ist u erfaßt neben der Putativselbsthilfe auch den Selbsthilfeexzeß. Auch wenn der Handelnde sich aus Grden zur Selbsthilfe befugt gehalten hat, die nicht in § 229 angeführt sind, ist § 231 anzuwenden (BGH NJW **77**, 1818). Dogmat handelt es sich um einen Fall der GefährdgsHaftg. Deliktsfähigk (§§ 827, 828) ist nicht erforderl (hM). Für die Verj gilt § 852 (Larenz/Wolf § 19 Rn 58), für MitVersch § 254 (BGH aaO).

Siebenter Abschnitt. Sicherheitsleistung

Überblick

1 Die SicherhLeistg hat den **Zweck,** den SichgN vor drohden RNachteilen zu schützen. Die §§ 232–240 regeln ledigl **die Art und Weise** der SicherhLeistg. Die **Verpflichtung** zur SicherhLeistg setzen sie voraus; sie kann sich aus dem Ges (zB §§ 843, 1039, 1051, 1067, 1389), richterl Anordng (§ 1844) od RGesch (BGH NJW **86**, 1038) ergeben (Kohler ZZP **102**, 58). And ges Vorschr sehen ein Recht zur SicherhLeistg vor, um RNachteile abzuwehren od RVorteile zu erhalten (zB §§ 257, 258, 273 III, 321). Auch auf diese Fälle sind die §§ 232 ff anzuwenden (Kohler aaO S 73). Die **Höhe** der SicherhLeistg bemißt sich, sow Sondervorschr fehlen, nach dem Wert des zu sichernden Rechts. Für die **prozessuale** SicherhLeistg gelten ZPO 108 ff. Die §§ 232 ff sind nur anwendb, sow ZPO 108 ff auf sie verweisen.

2 Die **praktische Bedeutung** der §§ 232 ff ist gering. Wenn Sicherh zu leisten ist, einigen sich die Part vielf auf eine von den §§ 232 ff abweichde wirtschaftlichere Art der SicherhLeistg (Hinterlegg bei Notar, Bank-Bürgsch, Anderkonto). Aus § 237 S 1 ergibt sich die widerlegl Vermutg, daß bei der **Ermittlung des Sicherungswertes** von bewegl Sachen u Fdgen ein RisikoAbschlag von 1/3 vom Schätz- od Nennwert erforderl, aber auch ausr ist (BGH GrZS **137**, 212/224). Überschreitet der Wert des SichgGutes bei einer SichgÜbereigng od -Abtr nachträgl 150% der Deckgsgrenze, entsteht idR ein FreigabeAnspr (BGH aaO).

232 *Arten.* [I] **Wer Sicherheit zu leisten hat, kann dies bewirken**
durch Hinterlegung von Geld oder Wertpapieren,
durch Verpfändung von Forderungen, die in das Reichsschuldbuch oder in das Staatsschuldbuch eines Bundesstaats eingetragen sind,
durch Verpfändung beweglicher Sachen,
durch Bestellung von Schiffshypotheken an Schiffen oder Schiffsbauwerken, die in einem deutschen Schiffsregister oder Schiffsbauregister eingetragen sind,
durch Bestellung von Hypotheken an inländischen Grundstücken,
durch Verpfändung von Forderungen, für die eine Hypothek an einem inländischen Grundstücke besteht, oder durch Verpfändung von Grundschulden oder Rentenschulden an inländischen Grundstücken.

[II] **Kann die Sicherheit nicht in dieser Weise geleistet werden, so ist die Stellung eines tauglichen Bürgen zulässig.**

1 **1) Allgemeines.** Der Verpflichtete hat unter den in § 232 I aufgeführten Mitteln die **Wahl.** Im Streitfall müssen Klage u Urt ihm die Art der SicherhLeistg freistellen. Erst in der gem ZPO 887 I dchzuführden ZwVollstr geht das WahlR analog § 264 auf den Gläub über (Düss FamRZ **84**, 704).

2 **2)** Grdsl ist eine der in § 232 I genannten **Realsicherheiten** zu leisten. Zu den in das Staatsschuldbuch eingetragenen Fdgen s § 236 Rn 1. Bei Geld u Wertpapieren erfolgt die SicherhLeistg dch Hinterlegg nach Maßg der HintO (s §§ 233, 234). In den übrigen Fällen des § 232 I muß ein PfdR od eine Hyp nach den dafür maßgebden Vorschr bestellt w (s §§ 235–238). Wird eine Hyp bestellt, genügt eine SichgHyp. § 238 steht nicht entgg, da er nur die HypVerpfändg betrifft; er ist jedoch hins der SicherhGrenze entspr anwendb. Der SchiffsHyp steht nach LuftfzRG 98 II das RegisterPfandR an einem Luftfahrzeug gleich.

3 **3)** Unter **Geld** sind die gesetzl u gesetzl zugelassenen Zahlgsmittel zu verstehen. Es ist in Höhe des Nennwertes zur SicherhLeistg geeignet. Auch ausl Geld ist ein taugl Sichergsmittel, in entspr Anwendg von § 234 III aber nur in Höhe von 3/4 des Kurswertes (hM). Für die and SichgMittel stellen die §§ 234 ff TauglichkVoraussetzgen auf (vgl dort).

4 **4)** SicherhLeistg dch einen **Bürgen** (§ 239) ist nur zul, wenn der Schu keine Realsicherh erbringen kann (§ 232 II). Beweispflicht ist insow der Schu. In einigen Fällen ist die SicherhLeistg dch Bürgen ausdr ausgeschlossen (zB § 273 III, 1218 I).

233 *Wirkung der Hinterlegung.* **Mit der Hinterlegung erwirbt der Berechtigte ein Pfandrecht an dem hinterlegten Gelde oder an den hinterlegten Wertpapieren und, wenn das Geld oder die Wertpapiere in das Eigentum des Fiskus oder der als Hinterlegungsstelle bestimmten Anstalt übergehen, ein Pfandrecht an der Forderung auf Rückerstattung.**

1 Über Geld s § 232 Rn 3, über Wertpapiere § 234. Dch Hinterlegg entsteht für den Berecht ein **Pfandrecht,** das gem § 1257 den Regeln des rgeschäftl PfandR folgt. Geld geht mit der Hinterlegg in das Eigt des Landes über (HintO 7) u zwar auch dann, wenn es dem Hinterleger nicht gehört. Ausl Geld u Wertpapiere w dagg unverändert aufbewahrt (HintO 7 II, 9 II), dh die bei Einlieferg bestehden EigtVerhältn bleiben unverändert. Handelt der Hinterleger als NichtBerecht, so erwirbt der Gläub das PfandR bei inländ Geld auf jeden Fall (Darkow JR **56**, 337), bei Wertpapieren u ausl Geld nur bei gutem Glauben (Soergel-Fahse Rn 7, str). Zur öffr Seite der Hinterlegg s Einf 5 vor § 372.

234 *Geeignete Wertpapiere.* [I] **Wertpapiere sind zur Sicherheitsleistung nur geeignet, wenn sie auf den Inhaber lauten, einen Kurswert haben und einer Gattung angehören, in der**

Mündelgeld angelegt werden darf. Den Inhaberpapieren stehen Orderpapiere gleich, die mit Blankoindossament versehen sind.

II Mit den Wertpapieren sind die Zins-, Renten-, Gewinnanteil- und Erneuerungsscheine zu hinterlegen.

III Mit Wertpapieren kann Sicherheit nur in Höhe von drei Vierteilen des Kurswertes geleistet werden.

Als SichgMittel geeignete **Wertpapiere** sind nach § 234 nur InhPapiere, wie die InhSchuldVerschreibgen (§§ 793 ff) u InhAktien (AktG 10), u Orderpapiere mit Blankoindossament. Kurswert ist der dch Angebot u Nachfrage best, im Verk anerkannte Marktpreis; eine amtl Kursnotierg ist nicht erforderl (MüKo/v Feldmann Rn 1). Über Mündelsicherh s § 1807. Wechsel sind wg fehlder Mündelsicherh kein geeignetes SichgMittel. Vgl zu III Übbl 1 v § 232. 1

235 *Umtauschrecht.* **Wer durch Hinterlegung von Geld oder von Wertpapieren Sicherheit geleistet hat, ist berechtigt, das hinterlegte Geld gegen geeignete Wertpapiere, die hinterlegten Wertpapiere gegen andere geeignete Wertpapiere oder gegen Geld umzutauschen.**

Der SichgG hat bei Bestellg der Sicherh freie Wahl zw den in § 232 I genannten SichgMittel. Nachträgl Änd erfordern grdsl eine Zust des SichgN. Nur bei Geld u Wertpapieren läßt § 235 einen Austausch ohne Zust des SichgN zu. 1

236 *Buchforderungen.* **Mit einer Buchforderung gegen das Reich oder gegen einen Bundesstaat kann Sicherheit nur in Höhe von drei Vierteilen des Kurswerts der Wertpapiere geleistet werden, deren Aushändigung der Gläubiger gegen Löschung seiner Forderung verlangen kann.**

An die Stelle des Reichsschuldbuches ist gem der VO vom 13. 12. 49 (BGBl **50**, 1) das Bundesschuldbuch getreten. Staatsschuldbücher bestehen in den Ländern BaWü, Bay, Bln, Br, Hbg, Hess, Nds, NRW, RhPf, Saarl, SchlH (s MüKo/Säcker EG 97 Rn 1). BuchFdgen gg eine Gemeinde sind zur SicherhLeistg nicht geeignet. 1

237 *Bewegliche Sachen.* **Mit einer beweglichen Sache kann Sicherheit nur in Höhe von zwei Dritteilen des Schätzungswerts geleistet werden. Sachen, deren Verderb zu besorgen oder deren Aufbewahrung mit besonderen Schwierigkeiten verbunden ist, können zurückgewiesen werden.**

Den Schätzwert muß ggf der SichgG beweisen. Ggst, die nur einen Liebhaberwert haben, sind als SichgMittel ungeeignet. Die SicherhLeistg geschieht dch Verpfändg gem § 1205, bei Schiffen u Luftfahrzeugen dch Bestellg einer SchiffsHyp bzw eines RegisterPfdR (§ 232). Vgl zu S 1 Übbl 1 v § 232. 1

238 *Hypotheken, Grund- und Rentenschulden.* **I Eine Hypothekenforderung, eine Grundschuld oder eine Rentenschuld ist zur Sicherheitsleistung nur geeignet, wenn sie den Voraussetzungen entspricht, unter denen am Orte der Sicherheitsleistung Mündelgeld in Hypothekenforderungen, Grundschulden oder Rentenschulden angelegt werden darf.**

II Eine Forderung, für die eine Sicherungshypothek besteht, ist zur Sicherheitsleistung nicht geeignet.

Die SicherhLeistg geschieht dch Verpfändg gem §§ 1291, 1280, 1273 (§ 232). Zur Mündelsicherh s § 1807 I Z 1 u II. SichgHyp (§§ 1184 ff) sind wg ihrer Abhängigk von der zu sichernden Fdg kein geeignetes SichgMittel (II). SchiffsHyp u RegPfdR an Luftfahrzeugen fallen unter § 237. Zur SicherhLeistg dch Bestellg einer Hyp s § 232 Rn 2. 1

239 *Bürge.* **I Ein Bürge ist tauglich, wenn er ein der Höhe der zu leistenden Sicherheit angemessenes Vermögen besitzt und seinen allgemeinen Gerichtsstand im Inlande hat.**

II Die Bürgschaftserklärung muß den Verzicht auf die Einrede der Vorausklage enthalten.

Die SicherhLeistg dch Stellg eines Bürgen ist nur unter den Voraussetzgen des § 232 II gestattet. Das pfändb Vermögen des Bü muß (deutl) größer sein als die Summe seiner Schulden (BayObLG DB **88**, 1846). Sichere regelmäß Einkünfte stehen einem angem Vermögen gleich. Neben den Großbanken u Sparkassen sind auch die Volksbanken geeignete Bürgen (Beuthien/Jöstingmeyer NJW **94**, 2070). Zum allg GerStand s ZPO §§ 13 ff. Ein GerStand innerh der EU ist ausreichd (Hbg u Kblz RIW **95**, 775, Düss WIB **96**, 87). Einen ausdr Verzicht auf die Einrede der Vorausklage (§ 771) kann der Berecht zumindest in Zweifelsfällen auch verlangen, wenn die Einrede gem HGB §§ 349, 351 ausgeschlossen ist. 1

240 *Ergänzungspflicht.* **Wird die geleistete Sicherheit ohne Verschulden des Berechtigten unzureichend, so ist sie zu ergänzen oder anderweitige Sicherheit zu leisten.**

1 Der **Ergänzungsfall** kann eintreten dch Entwertg des SichgMittels (Untergang, Verschlechterg, Sinken des Kurswertes, VermVerfall des Bürgen) od dch Erhöhg der zu sichernden Fdg. War die SicherhLeistg von Anfang an unzulängl, kann der Berecht gem § 232 eine Ergänzg fordern (Soergel-Fahse Rn 3), einer Anwendg des § 240 bedarf es nicht (BGH **LM** Nr 1). Ist die Sicherh im InsVerf des Berecht untergegangen, besteht wg § 279 keine ErgänzgsPfl (s AG Ffm NJW-RR **91**, 1165). Die Wahl zw Ergänzg u and SicherhLeistg hat der Verpflichtete. Der Berecht ist beweispflicht dafür, daß die Sicherh unzureichd geworden ist. Das etwaige Verschulden des Berecht muß der Verpflichtete beweisen. Haben die Part SicherhLeistg dch einen best Ggst vereinbart, begründet dessen Wertminderg iZw keine ErgänzgsPfl (BGH **LM** Nr 1).

Zweites Buch. Recht der Schuldverhältnisse

Bearbeiter der §§ 241–432: Prof. Dr. Heinrichs, Präsident des Oberlandesgerichts Bremen i. R.;
der §§ 433–630: Prof. Dr. Putzo, Vizepräsident des Bayerischen Obersten Landesgerichts i. R.;
der §§ 631–811: Hartwig Sprau, Richter am Bayerischen Obersten Landesgericht;
der §§ 812–853: Prof. Dr. Thomas, Vorsitzender Richter am Oberlandesgericht München i. R.

Schrifttum: a) Lehrbücher: Esser-Schmidt, AT 1. HalbBd 8. Aufl 1995, 2. HalbBd 7. Aufl 1993; Esser-Weyers, BT 1. HalbBd 8. Aufl 1997, 2. HalbBd 7. Aufl 1993. – Enneccerus-Lehmann, 15. Aufl 1958. – Fikentscher, 9. Aufl 1997. – Heck, 1929, unveränd Nachdr 1958. – Larenz, Bd I 14. Aufl 1987; Bd II/1 13. Aufl 1986; Larenz/Canaris Bd II/2 13. Aufl 1994. – Medicus, AT 11. Aufl 1999; BT 9. Aufl 1999. – Schlechtriem, AT 3. Aufl 1997, BT 5. Aufl 1998. – **b) Grundrisse:** Brox, AT 25. Aufl 1998, BT 23. Aufl 1998. – **c) Handbuch.** Hrsg Gernhuber, 9 Bde, 1983–1999; 2. Aufl: Bd 1 Lange, SchadErs (1990), Bd 2 Nörr/Pöggeler, Sukzessionen (1999) u Bd 3 Gernhuber, Erf u ihre Surrogate (1994).

Einleitung

1) Allgemeines. – a) Begriff des Schuldverhältnisses: Das SchuldVerh ist eine RBeziehg zw (mindestens) zwei Pers, kraft deren die eine, der Gläub, von der and, dem Schu, eine Leistg zu fordern berecht ist (§ 241). Es setzt begriffl voraus, daß Gläub u Schu verschiedene Pers sind; eine anfängl Einh von Gläub u Schu ist ausgeschl (BGH NJW **82**, 2381). Vereinigen sich Gläub- u SchuStellg, erlischt das SchuVerh dch Konfusion (Übbl 4 v § 362). Aus dem SchuldVerh ergibt sich das Recht des Gläub auf die Leistg, die Fdg; ihr entspr als Kehrseite die LeistgsPfl des Schu, die Schuld. Das Ges bezeichnet mitunter als SchuldVerh die einz Leistgsbeziehg (Bsp: der MietzinsAnspr für einen best ZeitAbschn), so etwa in §§ 362, 364, 397. Das SchuldVerh idS fällt mit der einz Fdg (Schuld) zus. Der eigentl Begr des SchuldVerh ist aber umfassder: SchuldVerh ist **die Gesamtheit der Rechtsbeziehungen** zw Gläub u Schu (BGH **10**, 395, Bsp: das MietVerh); so w der Ausdr etwa in §§ 273 I, 292 I, 425, im Titel des 2. Buches u in den Überschriften vor §§ 241 u 433 gebraucht. Das SchuldVerh ist die „Quelle" der einz FdgRechte; aus ihm können eine Reihe von LeistgsPflten, weitere VerhaltensPflten u GestaltgsR hervorgehen. Man hat das SchuldVerh daher als „Organismus" (Siber), „konstante Rahmenbeziehg" (Herholz), „sinnhaftes Gefüge" (Larenz), „komplexe Einh" (Gernhuber) od „finaler Prozeß" (Larenz) bezeichnet. 1 2

b) Die Relativität der Schuldverhältnisse: Dch das SchuldVerh werden grdsätzl nur die an ihm Beteiligten berecht u verpflichtet. Die Fdg des Gläub auf die Leistg besteht als **relatives Recht** nur ggü dem Schu. Sie unterscheidet sich hierdch grdlegd von den absoluten Rechten (HerrschaftsR), deren Haupterscheingsform die dingl Rechte sind (Einf 3 vor § 854). Währd das dingl R ggü jedermann wirkt, verpflichtet das FdgR nur den Schu, nur dch ihn kann es verletzt w. Das FdgR wird daher nicht dch § 823 I geschützt (BGH **12**, 317, Canaris u Medicus FS Steffen, 1996, S 90 u 333, § 823 Rn 31). Das gilt nach hM auch dann, wenn ausnahmsw ein Dr unmittelb auf das SchuldVerh einzuwirken vermag, wie bei Empfangn der Leistg dch den NichtmehrGläub gem § 407 (MüKo/Kramer Rn 14–27). Delikt Schutz besteht nur im Rahmen des § 826, dh bei vorsätzl sittenw Verleitg zum VertrBruch (§ 826 Rn 52). Die Relativität beschränkt zugl die Verteidiggsmöglichkeit des Schu; Einr aus dem RVerhältn eines Dr sind grdsl unzul. Die Beschränkg des SchuldVerh auf die Part wird dch prakt wicht Ausn aufgelockert. Dch den Vertr zGDr (§§ 328 ff) kann für Dr ein FdgR begründet w. Nach §§ 267 ff ist uU ein Dr befugt, an Stelle des Schu zu leisten. Die aus dem SchuldVerh entstandene Fdg kann auf einen Dr übertragen (§§ 398 ff), die Schuld von einem Dr übernommen w (§§ 414 ff). Außerdem kann in best Fällen auch das SchuldVerh im ganzen übergehen (vgl §§ 571, 613 a, § 398 Rn 38, ferner dch Erbfolge, § 1922). 3

c) Bedeutung des Schuldrechts. Das SchuldR, dh der Teil des PrivR, der die SchuldVerh behandelt, ordnet nicht einen in sich geschlossenen Bereich des sozialen Lebens. Unter den für das SchuldR konstitutiven Begr des SchuldVerh fallen Lebensvorgänge der verschiedensten Art. Hauptaufgabe des SchuldR ist die Regelg des **rechtsgeschäftlichen Verkehrs** (GüterVerk, WirtschVerk); dabei w die §§ 241 ff jedoch ergänzt dch die Vorschr des Allg Teils, des SachenR sowie dch zahlreiche SonderGes (zB AGBG, HGB, VVG, GWB usw). Das SchuldR regelt die Verpflichtg zur Erbringg von Sachleistgen (Kauf, Tausch, Schenkg), die zeitweil Sachüberlassg (Miete, Pacht, Leihe, Darlehn), die Erbringg von ArbLeistgen im weitesten Sinn (Dienst-, Werk-, Reise-, GeschBesorggsVertr), ferner SichergsGesch (Bürgsch, GarantieVertr, Schuldmitübern) u sonst VerpflichtgsGesch. Außerdem enthält es im GesellschR Regeln, die für die Gestaltg der **Organisationsformen** des WirtschLebens von erhebl Bedeutg sind. Zugl hat es die Aufg des **Personen- und Güterschutzes.** Es regelt Voraussetzgen u Umfang der SchadErsPfl bei unerl Handlgen u einigen Tatbestden der Gefährdgshaftg. Schließl enthält das SchuldR in den §§ 812 ff eine **Ausgleichsordnung** für rechtsgrundlose Vermögensverschiebgen. 4

d) Parteiwille und Rechtsordnung: Das SchuldR wird beherrscht von dem **Grundsatz der Vertragsfreiheit** (Einf 7 vor § 145). Der wichtigste EntstehgsTatbestand des SchuldVerh ist der Vertr. Auch soweit SchuldVerh dch einseit RGesch, aus gesetzl Tatbestden (unerl Hdlgen, ungerechtf Ber, GoA) od dch sozialen Kontakt (Anbahng von VertrVerh, § 276 Rn 65 ff) begründet werden, steht es den Part frei, das SchuldVerh dch Vertr zu ändern od aufzuheben (§ 305). Die VertrFreih, die sich in Abschl- u Gestaltgsfreih unterteilen läßt, ist aber nicht schrankenlos. In best Fällen besteht ein **Abschlußzwang** (Einf 8 vor § 145). Die Gestaltgsfreih findet ihre Grenze an §§ 134, 138, den sonstigen Vorschriften zwingden Rechts, den Grds der InhKontrolle u an öffrechtl GenVorbeh (Einf 13 ff vor § 145). Gesetz u Parteiwille sind aber nicht bloße Ggsätze. Der PartWille, dessen rechtschaffde Kraft auf der Anerkenng dch die ROrdng beruht, muß sich in die dch das GG geprägte verfassgsmäß Ordng einfügen. Die sich aus dem SchuldVerhältn ergebden Rechte 5 enthalten zugl Pflten. Nicht nur Eigt verpflichtet, sond auch die dch das SchuldVerhältn begründeten Rechte (GG 14 II). Wo die RAusübg die sich aus der verfassgsmäß Ordng ergebden Schranken überschreitet, stellt sie einen **Rechtsmißbrauch** dar, dem die Anerkenng zu versagen ist (§ 242 Rn 38).

6 **e) Leistungspflichten und weitere Verhaltenspflichten.** Das SchuldVerh verpflichtet den Schu, die Leistg zu bewirken. Dabei versteht das BGB unter Leistg zT den Leistgserfolg (so etwa in § 362 dort Rn 1), zT aber auch die LeistgsHdlg (so etwa in §§ 241, 269), die in einem Tun od einem Unterl bestehen kann (§ 241 Rn 4f). – **aa)** Die **Hauptleistungspflichten** prägen die Eigenart des jeweil SchuldVerh u sind für die Einordng in die verschiedenen Typen der SchuldVerh entscheidd. Die **Nebenleistungspflichten** dienen der Vorbereitg, DchFührg u Sicherg der Hauptleistg (Gernhuber SchuldVerh § 2 III 4). Sie sind auf die Herbeiführg des Leistgserfolgs bezogen u ergänzen die HauptleistgsPfl (MüKo/Kramer § 241 Rn 15). Zu den primären LeistgsPflichten können später sekundäre hinzutreten, wie etwa SchadErsPflten wg verspäteter od schlechter Erf u AbwicklgsPflten nach Künd od Rücktr. Das SchuldVerh erschöpft sich jedoch nicht in der Herbeiführg des geschuldeten Leistgserfolges, sond ist eine von dem Grds von Treu u Glauben beherrschte
7 Sonderverbindg (§ 242 Rn 23ff). – **bb)** Zu den leistgsbezogenen NebenPflten treten daher weitere NebenPflten hinzu, die man als **weitere Verhaltenspflichten** (Larenz) od Schutzpflichten (Stoll, Canaris) bezeichnen kann. Bei ihnen geht es nicht um die geschuldete Leistg, sond darum, die Rechte u sonst RGüter der GgPart zu schützen. Ihr SchutzGgst ist das Integritätsinteresse des and Teils, dh sein personen- u vermögensrechtl *status quo.* Umfang u Inh der Pflten hängt von den jeweiligen VertrZweck, der VerkSitte u den Anfordergen des redl GeschVerk ab (§ 276 Rn 117). Sie entstehen bereits mit der Anbahng von VertrVerhandlgen u sind Grdlage für die Haftg aus c. i. c. (§ 276 Rn 65ff); sie können nach Beendigg des SchuldVerh fortwirken (§ 276 Rn 103). Sie sind idR nicht klagb (§ 242 Rn 25) u erstrecken sich beim Vertr mit Schutzwirkg zGDr auf Pers, die hinsichtl der eigentl LeistgsPfl keine GläubStellg h (§ 328 Rn 13). Bei der Anbahng von VertrVerhandlg u der Einbeziehg von Dr in den Schutzbereich eines Vertr sind die
8 VerhaltensPflten der einz Inhalt des SchuldVerh. – **cc)** Das dch RFortbildg veränderte SchuldR kennt danach auch SchuldVerh **ohne primäre Leistungspflichten.** Deren dogmat Einordng ist str. Ein Teil der Lehre leitet die Haftg für c. i. c., für pVV u bei Vertr mit Schutzwirkg zGDr aus einem gesetzl SchutzVerhältn ab (MüKo/Kramer Rn 72ff) u hält die „quasi-vertragl" Haftg für eine „dritte Spur" zw Vertr u Delikt (Canaris FS Larenz 1983 S 27). And sehen eine allg culpa-Haftg in Sonderverbindgen als HaftgsGrdl an (Picker JZ **87**, 1041 uö); wiederum and suchen die Lösg im DeliktsR (v Bar, VerkPflten, 1980 uö). Ggü diesen Ansichten ist daran festzuhalten, daß c. i. c., pVV u der Vertr mit Schutzwirkg zGDr verschiedene RInstitute sind, wenn sie auch Verbindgslinien u Gemeinsamk aufweisen (s § 276 Rn 106). Das DeliktsR ist trotz der Ausweitg der VerkPflten schon wg der Unzulänglichk der §§ 823, 831 (kein VermSchutz dch § 823 I, Entlastgsmöglichk für Gehilfen) kein überzeugder Lösgsweg.

9 **2) Rechtsbindung, Gefälligkeitsverhältnisse. – a) Abgrenzung.** Abreden, die ausschließl auf einem außerrechtl GeltgsGrd, wie Freundsch, Kollegialität od Nachbarsch beruhen, sind kein SchuldVerh im RSinn. Ein rgeschäftl SchuldVerh setzt den Willen voraus, eine RBindg zu begründen (BGH NJW **68**, 1874, **71**, 1404). Entscheidd ist dabei nicht der innere Wille; es kommt vielm darauf an, wie sich das Verhalten der Beteiligten bei Würdigg aller Umst einem obj Beurteiler darstellt (BGH **21**, 107, Einf 4 v § 116). Die Verneing einer RBindg setzt ein unentgeltl u uneigennütz Verhalten des Gefälligen voraus (BGH **21**, 107). Wie sich aus den im Ges geregelten GefälligkVertr (§§ 662, 521, 599, 690) ergibt, kann ein RBindgswille aber auch bei einem unentgeltl u uneigennütz Handelnden anzunehmen sein (Einf 3 v § 662). Zu würdigen sind die wirtschaftl u rechtl Bedeutg der Angelegenh, vor allem für den Begünstigten, ferner Art, Grd u Zweck der Gefällígk sowie die Interessenlage (BGH **21**, 107, **88**, 382, **92**, 168). Eine vertragl Bindg liegt nahe, wenn der Begünstigte sich erkennb auf die Zusage verläßt u für ihn erhebl Werte auf dem Spiel stehen (BGH **56**, 210). Eine Kulanzregelg ist idR rechtl bindd (s Köln DB **75**, 2271). Dagg werden dch ein „gentlemen's-agreement" idR keine klagb Verpfl begründet (Hbg MDR **53**, 482, MüKo/Kramer Rn 39); die Auslegg kann aber im Einzelfall ergeben, daß die Abrede rechtl verbindl sein sollte
10 (BGH **LM** § 242 (Be) Nr 19). – **b)** Das **Gefälligkeitsverhältnis** (im Ggs zum GefälligkVertr) begründet weder Erf- noch AufwendgsErsAnspr, schafft aber einen RGrd für das Behaltendürfen der Leistg. Der Gefällige haftet gem §§ 823ff, u zwar grdsl auch für einf Fahrlässigk (§ 254 Rn 79). Daneben tritt eine SchadErsPfl analog den Grds über c. i. c., wenn u soweit dch den sozialen Kontakt zw den Beteiligten eine
11 verträhnl Sonderverbindg entsteht (MüKo/Kramer Rn 33). – **c) Einzelfälle** (ja = RBindg, nein = keine): Ausk, Frage des Einzelfalls (§ 676 Rn 4). – Beaufsichtigg von Nachbarskindern, idR nein (BGH NJW **68**, 1874). – Aufsicht über die zu einem Kindergeburtstag eingeladenen Kinder, ja (Celle NJW-RR **87**, 1384). – Mitnehmen and Kinder im Pkw bei Fahrt zum Kindergarten, nein (LG Karlsr VersR **81**, 143). – Bereitsch, das Haus eines abwesden Nachb od Verwandten zu beaufsichtigen, nein (Hbg VersR **89**, 468). –
12 Unentgeltl Ausbildg eines Hundes, ja (Kblz NJW-RR **91**, 26). – **Gefälligkeitsfahrt,** idR nein (BGH **30**, 46, zur Haftgsbeschränkg s § 254 Rn 79ff) – GefälligkFlug, nein (BGH **76**, 33). – Überführg des Pkw zur Werkstatt, „GefälligkVertr" (Ffm NJW **98**, 1232) – Teilnahme an einer Ballonfahrt gg Kostenbeteiligg, ja (Karlsr VersR **91**, 343, Mü NJW-RR **91**, 420). – FahrGemeinsch idR ja (Mädrich NJW **82**, 860), and aber bei Mitnahme eines ArbKameraden außerh einer FahrGemeinsch (BGH NJW **92**, 498). – „Ausleihen" eines Fahrers, idR ja (BGH **21**, 107). – Winkzeichen im StraßenVerk, nein (Ffm NJW **65**, 1334). – Abrede über Fluchthilfe, ja (BGH NJW **77**, 2357). – Übern einer polit Widerstandstätigk idR nein (BGH **56**, 210). – Mitarbeit im Beruf od Gesch des Eheg, Frage des Einzelfalls (§ 1356 Rn 8ff). – Absprache über EmpfängnVerhütg zw Partnern einer nichtehel LebensGemeinsch, nein (BGH **97**, 372). – Einladg zur Treibjagd, nein (RG **128**, 42). – Ausfüllen u Einreichen des Lottoscheins für LottoGemeinsch, idR nein (BGH NJW **74**, 1705). – Zusagen im Rahmen eines Architektenwettbewerbs, ja (BGH **88**, 382). – Ehrenamtl Hilfe bei Stellg eines RentenAntr, ja (Nürnbg OLG **67**, 140). – Vermittlg einer Geldanlage, uU ja (Mü MDR **99**, 744). – Erlaubn des GrdstEigentümers zum Abstellen von Pkw, Frage des Einzelfalls (s Köln OLGZ **72**, 213, VRS **92**, 163). – Erlaubn, vorübergehd ein Binnenschiff als Abstellfläche zu benutzen, nein (Hbg VersR **84**, 58).

3) Schuld und Haftung. – a) Erfüllt der Schu die ihm obliegende LeistgsPfl (Schuld) nicht, kann der Gläub die Fdg dch Klage u ZwVollstr erzwingen. In der zwangsw Dchsetzg verwirklicht sich die zur Schuld hinzutretde Haftg. Haftg bedeutet das Unterworfensein des SchuVermögens unter den VollstrZugriff des Gläub. Sie erstreckt sich idR auf das ges pfändb Verm des Schu, aber auch nur darauf; sie kann sich auch auf best VermTeile beschr, so etwa bei der Haftg des Erben (§ 1975). Außerdem gibt es unvollk Verbindlichk, bei denen eine Haftg völl fehlt (Rn 15). 13

b) Der Ausdr „Haftg" w in der RSprache auch in and Sinne gebraucht. – **aa)** Von „Haftg" w vielf iS von Verpflichtetsein gesprochen, so insb beim Schulden von ErsLeistgen (Haftg auf SchadErs, Haftg für Versch, Haftg des Bürgen). Haften heißt hier: Schulden, Einstehenmüssen. – **bb)** Von „Haftg" spricht man ferner bei dingl VerwertgsR (PfandR). Diese begründen eine reine Sachhaftg ohne persönl Schuld. Sie sichern zwar idR eine Fdg, diese braucht sich aber nicht gg den Eigentümer der belasteten Sache zu richten („Haftg" für fremde Schuld). 14

4) Unvollkommene Verbindlichkeiten und Obliegenheiten. – a) Neben den dch Klage u ZwVollstr erzwingb Fdgen kennt die ROrdng Verbindlichk, die zwar freiw erfüllt, aber nicht gg den Willen des Schu dchgesetzt w können. Diese unvollk Verbindlichk („Naturalobligationen") hat man fr dahin charakterisiert, es handele sich um Schulden ohne Haftg. In Wahrh liegt aber vielf nicht einmal eine Schuld im RSinne vor. Gemeins Merkmal der unvollk Verbindlichk ist, daß sie einen ErwerbsGrd darstellen, so daß das freiw Geleistete nicht gem § 812 zurückgefordert w kann. Im übr bestehen erhebl Unterschiede (s auch Fuchs FS Medicus, 1999, 123, der zw Naturalobligationen u unvollk Verbindlichk unterscheidet): – **aa)** Die verj Fdg ist voll wirks u einklagb, sie kann jedoch nicht dchgesetzt w, wenn der Schu die Einr der Verj erhebt (§§ 222, 223). – **bb)** Die dch Anordng der Restschuldbefreig erloschene Fdg ist nicht mehr dchsetzb, das zur Erf der Fdg Geleistete kann aber nicht kondiziert werden (InsO 301 III). – **cc)** Spiel u Wette sowie der Ehemäklerlohn begründen keine Verbindlichk im RSinne. Sie bilden ledigl einen ErwerbsGrd. SchuldAnerk sind unwirks (§§ 656 II, 762 II). – **dd)** Unvollk Fdgen können auch dch Vertr begründet w (Hbg HansGerZ **25**, 165), doch kann § 138 entggstehen (Celle OLGZ **69**, 1). 15

b) Von den vollk u unvollk Verbindlichk zu unterscheiden sind die **Obliegenheiten** (R. Schmidt, Obliegenh, 1953, Wieling AcP **176**, 345). Sie begründen für den „Berechtigten" weder einen ErfAnspr noch bei Verletzg eine SchadErsFdg (BGH **24**, 382, NJW **95**, 402); Befolgg der Obliegenh ist Gebot des eig Interesses, da der Belastete bei ihrer Verletzg einen RVerlust od rechtl Nachteile erleidet. Obliegenh kommen vor allem im VersR (§ 242 Rn 84), aber auch in and RGebieten vor; Bsp: die Anzeige gem § 149, die AnnObliegenh des Gläub gem §§ 300 ff, InventarFr gem § 1994, Untersuchg u Rüge gem HGB 377, nach hM auch Pflten aus § 254 (dort Rn 1). Zur Anwendg des § 278 auf Obliegenh vgl § 278 Rn 21. 16

5) Dauerschuldverhältnisse. – a) Begriff: Das Dauerschuldverh unterscheidet sich von den auf eine einmalige Leistg gerichteten Schuldverh dadch, daß aus ihm währd seiner Laufzeit ständig neue Leistgs-, Neben- u SchutzPflten entstehen. Es wird dch seine zeitl Dimension u das Merkmal ständiger PflAnspanng gekennzeichnet (Esser-Schmidt § 15 II). Begriffl setzt es voraus, daß ein dauerndes Verhalten od wiederkehrde Leistgen geschuldet w u daß der GesUmfang der Leistg von der Dauer der RBeziehg abhängt (Larenz § 2 VI, Soergel/Teichmann § 241 Rn 6). Der Begriff des DauerschuldVerh ist im Anschluß an v Gierke (JherJB **64**, 355) von Rspr u Lehre herausgebildet worden u erst dch das AGBG (10 Nr 3, 11 Nr 1 u 12) in die GesSprache eingegangen. Von den gesetzl normierten Vertr sind Miete, Pacht, Leihe, Darl (Einf 2 v § 607), DienstVertr, Verwahrg, Gesellsch u der VersVertr DauerSchuldverh. Hinzukommen zahlreiche verkehrstyp Vertr, etwa das Factoring (BGH NJW **80**, 44), Franchising (BGH NJW **99**, 1177), der BelegarztVertr (BGH NJW **72**, 1128) u wettbewerbsrechtl UnterlVertr (§ 242 Rn 170). Auch Kauf, WerkVertr, Bürgsch u MaklerVertr können nach der Ausgestaltg im Einzelfall DauerSchuldverh darstellen (Rn 20). Umgekehrt kann der DienstVertr dch Beschränkg auf eine Einzelleistg seinen Charakter als DauerSchuldverh verlieren (BGH NJW **89**, 1479). Beim **Sukzessivlieferungsvertrag** ist zu unterscheiden: Der über eine best GesMenge geschlossene RatenliefergsVertr ist kein DauerSchuldverh, wohl aber der ohne Festlegg auf eine best Liefermenge geschlossene BezugsVertr (Einf 26 ff v § 305). 17

b) Kündigungsrecht aus wichtigem Grund. – aa) Die Rspr hat aus §§ 554 a, 626, 723, HGB 89 b den allg RGrds entwickelt, daß DauerSchuldverh aus wichtigem Grd gekündigt w können (BGH **29**, 172, **41**, 108, NJW **99**, 1177). Dieser RGrds ist auf ein VertrAngebot mit 15 jähriger Bindgsdauer entspr anwendb (Düss NJW-RR **91**, 312). Er ist in seinem Kern zwingendes Recht u kann dch AGB nicht eingeschränkt w (BGH ZIP **86**, 920). IndVereinbgen können das KündR beschränken, aber nicht völlig ausschließen (s BGH BB **73**, 819, § 626 Rn 2). Das KündR muß in angem Fr ausgeübt w (§ 242 Rn 102). – **bb) Wichtiger** 18
Grund: Er ist gegeben, wenn Tats vorliegen, die unter Berücksichtigg aller Umst u unter Abwägg der beiderseit Interessen die Fortsetzg des Vertr für den Kündigden unzumutb machen (BGH **41**, 108, NJW **93**, 1972, **99**, 1177). Ein Verschulden des and Teils ist weder erforderl noch ausr (BGH DB **72**, 2054). Eig Verschulden schließt das KündR nicht notw aus (BGH DB **69**, 1403, **72**, 2054), wohl aber dann, wenn der Kündigde die Störg des VertrauensVerh überwiegd verursacht hat (BGH **44**, 275, NJW **81**, 1265). KündGrd kann ein **pflichtwidriges Verhalten** des and Teils sein. Voraussetzg ist dann idR eine Abmahng (BGH NJW **81**, 1265, **92**, 497, BAG NJW **89**, 2493). Sie ist entbehrl, wenn sie keinen Erfolg verspricht od das VertrauensVerh so schwerwiegd gestört ist, daß eine sofortige Beendigg des Vertr gerechtfertigt erscheint (§ 626 Rn 18). Das kann zu bejahen sein, wenn der Schu dem and Teil nicht anzeigt, daß er sein Untern in eine GmbH & Co KG umgegründet hat (BGH **LM** (Bc) Nr 24, Hbg NJW-RR **89**, 996). Ist die VertrauensGrdl zerstört, kann das KündR auch dem zustehen, der sich selbst vertrwidr verhalten hat (BGH NJW **58**, 1531). Wer die Zerrüttg überwiegd verschuldet hat, hat aber idR kein KündR (BGH NJW **81**, 1264). Ein KündGrd kann auch ein die VertrauensGrdl zerstörder nicht näher aufklärb Verdacht sein (BGH NJW **90**, 42), ebso eine **wesentliche Änderung** der Verhältn. Dabei gelten aber zwei Einschränkgen: Störgen aus dem eig Risikobereich begründen grdsl kein KündR (BGH NJW **91**, 1829, **96**, 714). Für die Abgrenzg der Risikosphären gelten § 242 Rn 126 ff u 135 ff entspr. Das KündR entfällt auch dann, wenn sich die Störg dch Anpassg des Vertr an die veränderten Verhältn beseitigen läßt u beiden Part die Fortsetzg des Vertr zuzumuten ist (§ 242 19

20 Rn 120). – **cc) Einzelfälle.** Kein kündb DauerschuldVerh ist der Vertr über die Bestellg eines dingl WohnR (BGH NJW-RR **99**, 376). Dagg hat die Rspr für folgde Vertr ein KündR aus wichtigem Grd anerkannt: Miet- u PachtVertr (BGH **50**, 315, NJW **88**, 206, **96**, 714); die KündVorschr des MietR, insbes § 554 a, enthalten keine abschließde Regelg (BGH aaO). FranchiseVertr (BGH NJW **99**, 1177). Automatenaufstell-Vertr (Hbg MDR **76**, 577). BierbezugsVertr (BGH **LM** (Bc) Nr 10 u 23). WärmeliefergsVertr (BGH **64**, 293). VOB-Vertr (BGH NJW-RR **96**, 1108). EigenhändlerVertr (BGH NJW **82**, 2432). PflegeVertr (Karlsr NJW-RR **97**, 708). MaklerAlleinAuftr (BGH NJW **69**, 1626). Darl (BGH NJW **86**, 1929, § 609 Rn 13). Bürgsch u Schuldmitübern, soweit sie sich auf künft entstehde Anspr beziehen (BGH NJW **85**, 3008, **86**, 252, 2308, Köln ZIP **90**, 449), vor allem bei einer erhebl Verschlechterg der VermLage des HauptSchu (BGH NJW-RR **93**, 943). ZweckVereinbgen für GrdSch (Gerth BB **90**, 80). Vertr über die Stellg einer Bürgsch (BGH NJW **89**, 1483). SchiedsVertr (BGH **41**, 108, **51**, 79, LG Kassel NJW **92**, 3107). LizenzVertr (BGH BB **97**, 1503). VerlagsVertr (BGH NJW **90**, 1989, Ffm NJW-RR **92**, 757). Gestattg der Veröffentlichg von Aktfotos (Mü NJW-RR **90**, 1000). VersVertr (BGH NJW **91**, 1829, Hamm NJW-RR **91**, 610). Versorggszusagen (BGH NJW **83**, 2254, 2256). GenußrechtsVertr (BGH **119**, 330). Vgl auch Rn 17.

21 **c) Weitere Sonderregeln.** Die Vorschr des BGB gehen typw von dem auf eine einmalige Leistg gerichteten Schuldverh aus. Sie können auf das DauerSchuldverh zT nur mit Modifikationen angewandt w: – **aa) Leistungsstörungen:** Für die Nicht- oder SchlechtErf einer einz LeistgsPfl gelten die allg Grds. And ist es, wenn der Gläub Rechte hins des GesVertr geltd machen will. An die Stelle des **Rücktrittsrechts** tritt beim vollzogenen DauerSchuldverh das KündR aus wichtigem Grd (BGH WM **72**, 628, NJW **86**, 125, stRspr). Auch der SchadErsAnspr wg NichtErf beschränkt sich idR auf die noch nicht od fehlerh erbrachten
22 Leistgen (§ 276 Rn 127). – **bb) Beendigung.** Das befristete DauerSchuldverh endet dch FrAblauf, das unbefristete dch Künd. Fehlen Vorschr über ein **ordentliches Kündigungsrecht** u haben die Part die ordentl Künd nicht ausgeschl, sind die §§ 624, 723 entspr anwendb (BGH NJW **72**, 1129, NJW-RR **93**, 1460, Mü NJW-RR **96**, 561). Der Ausschluß des ordentl KündR dch AGB kann gg AGBG 9 verstoßen (Stgt
23 OLGZ **90**, 251), er ist aber dch IndVereinbg bis zur Grenze des § 138 zul (BGH **64**, 290). – **cc) Mängel des Vertragsschlusses.** Sie können bei Arb- u GesellschVertr – and als bei sonst DauerSchuldverh – nur mit Wirkg ex nunc geltd gemacht w (Einf 29 vor § 145). Die Nichtigk einer EinzBest läßt die Wirksamk des Vertr im übrigen unberührt (§ 139 Rn 3).

24 **6) Anwendungsbereich des Schuldrechts. – a)** Der Allg Teil des SchuldR gilt in erster Linie für die in §§ 433–853 geregelten bes SchuldVerh. Er ist außerdem auf die dch SonderGes (HGB, VerlG usw) geregelten SchuldVerh anzuwenden, soweit für diese keine SonderVorschr bestehen. SchuldVerh können kr Ges auch aus sachenrechtl, familienrechtl od erbrechtl Tatbestd entstehen; Bsp sind etwa das Eigtümer/Besitzer Verh (Vorbem 1 vor § 987), der Anspr auf Finderlohn (§ 971), das gesetzl SchuldVerh beim Nießbr (Einf 1 vor § 1030), der UnterhAnspr (§§ 1601 ff), das Vermächtn (§ 2174). Auch auf diese SchuldVerh ist das allg SchuldR anzuwenden (so bereits Mot II 4, III 398). Die Anwendg hat jedoch unter Beachtg der jeweiligen Sonderh zu erfolgen; sie ist ausgeschl, soweit Inhalt od Zweck der gesetzl Regelg dem entggstehen (BGH **49**, 263).

25 **b)** Auch das **öffentliche Recht** kennt SchuldVerh verschiedenster Art. Für sie gelten in erster Linie die Vorschr u Grds des VerwR, insb das VwVfG, die AO u das SGB. Soweit diese Lücken enthalten, können die §§ 241 ff entspr herangezogen w, wobei jedoch die Eigenart des öffR zu berücksichtigen ist. Vgl § 276 Rn 130, ferner § 242 Rn 17, 105, § 254 Rn 7, § 282 Rn 22, § 284 Rn 6, § 291 Rn 2, Einf 35 ff v § 305.

26 **7) Anfänge einer Europäisierung des Schuldrechts. – a)** Innerh der EG hat ein Proz zur Vereinheitlichg des wirtschaftsnahen ZivilR, insbes des SchuldR, begonnen (s Ulmer JZ **92**, 1, Müller-Graff NJW **93**, 13, Rittner JZ **95**, 851, Grundmann JZ **96**, 274). Zu den Aufg der EG gehört nach EGV 3 lit h, 100, 100 a u 129 a, begrenzt dch das Subsidiaritätsprinzip (EGV 3 b), die Angleichg der innerstaatl RVorschr, soweit dies für das Funktionieren des Binnenmarktes erforderl ist. Mittel der RAngleichg sind vor allem **Richtlinien** (EGV 189 III), die von den MitglStaaten in innerstaatl Recht umzusetzen sind (Einf 24 a v § 1). VO der EG, die unmittelb geltdes, einheitl europäisches Recht schaffen (Einf 24 a v § 1), spielen bei der RAngleichg im SchuldR eine untergeordnete Rolle.

27 **b) Die einzelnen Angleichungsmaßnahmen.** Schwerpunkt der RAngleichg war im PrivR zunächst das GesellschR mit jetzt mehr als 14 RiL und RiLEntw (Hopt ZIP **98**, 96, Blaurock ZEuP **98**, 460, Übbl EuZW **98**, 625, Habersack Europäisches GesellschR, 1999). Europarechtl geprägt ist auch das VersR; entspr dem Binnenmarktkonzept ist sichergestellt, daß die Versicherer aus allen MitglStaaten der EG europaweit tät werden können (Hübner/Matusche-Beckmann EuZW **95**, 263, Reiff VersR **97**, 267). Auch auf das ArbR wirkt das EuropaR nachhalt ein, einers dch eine erhebl Zahl von RiL (s Preis ZIP **95**, 892: mehr als 10), ands dch eine umfangreiche Rspr des EuGH (Preis aaO, Hanau DB **98**, 69). Für öff Auftr gelten die im zweiten Anlauf dch das GWB 97–129 nF umgesetzten RiL zum AuftrWesen (Byok NJW **98**, 2774, Lötzsch/Bornheim NJW **98**, 2134, Jasper DB **98**, 2151). Im eigentl **Schuldrecht** verfolgen die RiL vor allem das Ziel, den Verbr zu schützen u dabei ein hohes Schutzniveau zu gewährleisten (EGV 100 a III, 129 a, Einf 13 v § 145). Zur Umsetzg von EG-RiL sind das ProdHaftG, das HausTWG, das VerbrKrG, das TzWrG u die Novellen zum ReiseVertrR, zum AGBG u zum Recht der Banküberweisg erlassen worden, die Novellen zum ReiseVertrR u zum AGBG mit nicht unerhebl Verspätg (vgl zu den Haftgsfolgen beim ReiseVertrR § 839 Rn 19). Für die RiL über den VerbrSchutz bei VertrAbschlüssen im **Fernabsatz** (Text: NJW **98**, 212) endet die UmsetzgsFr am 5. 6. 2000 (Martinek NJW **98**, 207, Reich EuZW **97**, 581, Willigmann VuR **98**, 395, Bodewig DZWir **97**, 447, Heinrichs FS Medicus, 1999, 177), für die RiL über den **Verbrauchsgüterkauf** (Text: NJW **99**, 2421) am 31. 12. 2001 (Reich NJW **99**, 2397, Schmidt-Räntsch ZEuP **99**, 294, Staudenmayer NJW **99**, 2393, Hänlein DB **99**, 1641, Micklitz EuZW **99**, 485, Tonner BB **99**, 1769). Mit dem RiLEntw zur Bekämpfg von Zahlgsverzug im HandelsVerk (Text: ZIP **98**, 1614) wird erstmals eine Regelg vorbereitet, die vorwiegd für den Verk unter Untern gelten soll (Gsell ZIP **98**, 1614, **99**, 1281, Freitag EuZW **98**, 559, Schmidt-Kessel JZ **98**, 1135, Kieninger WM **98**, 2213). Dch die RiL sind im SchuldR **europarechtliche Inseln** entstanden, für die der Grds gemeinschaftskonformer Auslegg gilt u der EuGH eine letztinstanzl

Ausleggszuständigk besitzt (Einf 24 a v § 1). Eine RAngleichg ist aber nur zum Teil erreicht worden, weil die MitglStaaten die ihnen bei der Umsetzg der RiL notw zustehden Freiräume unterschiedl ausfüllen (vgl zu HaustürGesch Basedow ZEuP **97**, 1075, zum ProduktHaftgsR Taupitz ZEuP **97**, 986). Enttäuschd ist auch bei fast allen RiL ihre redaktionelle Holperigk u ihr bescheidenes gesetzgebgstechnisches Niveau (vgl zB Martinek NJW **97**, 1393 u **98**, 207). Trotz der Vielzahl von RiL ist das System eines europaeinheitl SchuldR bislang auch im Ansatz kaum zu erkennen (Rittner JZ **95**, 849, AGBG 24 a Rn 21).

c) Das Europäische Parlament hat 1989 u 1994 die Organe der EG aufgefordert, mit der Vorbereitg zur Ausarbeitg eines einheitl **Europäischen Gesetzbuches** für das PrivR zu beginnen (ABl C 158/400–401, EuZP **95**, 669). Diese Entschließgen haben bisher zu keinen Aktivitäten der Kommission od des Rates geführt. Außerhalb der Gremien der EG hat sich die Diskussion um eine Kodifikation des europäischen PrivR inzw aber belebt (Müller-Graff, Gemeins PrivR in der EG, 1993, Rittner JZ **90**, 842, Sonnenberger JZ **98**, 982). Eine Arbeitsgruppe von **UNIDROIT** hat „Principles for international commercial contracts" formuliert (Zimmermann JZ **95**, 937, Ferrari JZ **98**, 9, Kramer ZEuP **99**, 209, Text ZEuP **97**, 890), die von der EG-Kommission geförderte **Lando-Gruppe** arbeitet an „Principles of european contract law" (Lando RabelsZ **56**, 261) u hat den ersten Teil ihrer Vorschläge vorgelegt (ZEuP **95**, 864); inzw hat auch eine „Study Group on a European CivilCode" (Vorsitzender: von Bar) die Arbeit aufgenommen (Schmidt-Jortzig AnwBl **98**, 63/66). Parallel dazu wird die Fdg nach einer Europäisierg der RWissensch erhoben (Coing NJW **90**, 937, Zimmermann JZ **95**, 937). Noch überwiegen aber die zurückhaltden Stimmen, die den Vereinheitlichgsbedarf auf Teilbereiche, etwa auf das HandelsR, das VertrR, das HaftgsR od das KreditsichergsR beschränken wollen. Der Gedanke einer europäischen Kodifikation des Zivilrechts od jedenf des wirtschnahen Zivilrechts wird sich schließl, wenn auch erst in einem Zeitraum von mehreren Jahrzehnten, durchsetzen. 28

8) Intertemporales Recht. EGBGB 170 (Text im Schönfelder Nr 21), die grdlegde Überleitgs-Vorschr zum SchuldR beim Inkrafttr des BGB, hat dch Zeitablauf seine unmittelb Bedeutg verloren. Seine Regelg, daß das SchuldVerh nach seinen Voraussetzgen, seinem Inhalt u seinen Wirkgen dem Recht untersteht, das zZ der Verwirklichg seines EntstehgsTatbestds galt, ist aber **Ausdruck eines allgemeinen Rechtsgedankens.** Für die Wiedereinführg des BGB in den neuen BLändern enthält EG Art 232 § 1 eine ParallelVorschr (hinten unter NebenG). Art 170 ist entspr anwendb, wenn schuldrechtl Normen ohne ÜbergangsVorschr verändert w (BGH **10**, 394, **44**, 194, NJW **85**, 2941, Ffm NJW-RR **99**, 48, stRspr), so etwa iF des neuen HGB 354 a (§ 399 Rn 9), der Reform des TranspR (Fremuth TranspR **99**, 95, Karlsr NZV **98**, 504), der Aufhebg der Tarife im GüterVerk (BGH NJW-RR **96**, 355, **97**, 1394), u des GWB 34 (Bunte BB **98**, 1600, BGH NJW-RR **99**, 688). Voraussetzg für die weitere Anwendg des alten Rechts ist, daß sich der gesamte EntstehgsTatbestd unter seiner Geltg verwirklicht hat (RG **76**, 397, Art 232 § 1 Rn 2). Ist das der Fall, gilt das alte Recht grdsl für das SchuldVerh im ganzen, für seine Entstehg, seinen Inh u seine Wirkgen (BGH **44**, 194). Nur soweit es sich um neue, von außen an das SchuldVerh herantretde, sich nicht aus seiner Entwicklg ergebde Umst handelt, ist neues Recht anwendb (BGH **123**, 63). Für die nähere Abgrenzg gelten die Erläutergen zu Art 232 § 1 entspr. Eine abweichde Übergangsregel gilt für Miet-, Pacht- u DienstVertr. Sie werden, soweit nichts and bestimmt ist, in Weiterentwicklg des Art 171 neuem Recht bereits seit dessen Inkrafttreten unterstellt, Art 232 § 2 f (MüKo/Säcker Art 171 Rn 1). 29

9) Die **Änderung der Rechtsprechung** wirkt and als GesÄndergen (Rn 29) grdsl auf vorher entstandene RVerhältn zurück (BGH **132**, 6 u 119, krit Medicus NJW **95**, 2577 u WM **97**, 2333). Die Rückwirkg unterliegt aber in zwei Fallgruppen Einschränkgen: – **a)** Eine Rückwirkg ist ausgeschl, wenn die betroffene Part auf die Fortgeltg der bisher Rspr **vertrauen** durfte u die Anwendg der geänderten Rspr für sie auch unter Berücksichtigg der berecht Interessen der GegenPart eine unzumutb Härte bedeuten würde (BGH **132**, 119/129). Das Vertrauen auf eine stRspr hält der BGH aber nicht für schutzwürd, wenn die and entschiedene Frage schon immer str od die RsprÄnd bereits in fr Entscheidgen dem Grde nach angelegt war (BGH aaO). Er hat daher bei der Abkürzg der VerjFr für den HonorarAnspr des Archi von 30 auf 2 Jahre Vertrauensschutz versagt (BGH **59**, 163, **60**, 98) u ebso bei der Ausdehng des Formerfordern des § 766 auf die Ermächtigg zur Ausfüllg einer BlankettBürgsch (BGH **132**, 119). Den vor der Bestellg zum AufsRatsMitgl geschlossenen BeratgsVertr hat er dagg als wirks anerkannt, obwohl er nach neuerer Rspr für die Dauer des AufsRatsmandats unwirks wird (BGH **114**, 127). Die strengeren Anfordergen an die Wirksamk von BürgschVertr, die vor der Gefahr von Vermögensverschiebgen schützen sollen, gelten nur für Vertr, die ab dem 1. 1. 99 geschlossen w (BGH NJW **99**, 58). – **b)** Eine Rückwirkg scheidet aus, wenn die Änderg der Rspr zu § 138 od AGBG 9 auf einen Wandel von **sittlichen Maßstäben** od vergleichb BewertgsKriterien beruht (§ 138 Rn 10, AGBG 9 Rn 2). 30

Erster Abschnitt. Inhalt der Schuldverhältnisse

Erster Titel. Verpflichtung zur Leistung

241 ***Schuldverhältnis und Leistungspflicht.*** **Kraft des Schuldverhältnisses ist der Gläubiger berechtigt, von dem Schuldner eine Leistung zu fordern. Die Leistung kann auch in einem Unterlassen bestehen.**

1) § 241 gibt keine Begriffsbestimmg des Schuldverhältnisses, sond führt nur seine Wirkgen auf, ohne diese zu erschöpfen (s Einl 6). Über **Grundbegriffe und Grundsätzliches** vgl Einl zu Buch II. 1

2) Voraussetzungen. – a) Gläub u Schu müssen **verschiedene Personen** sein. Es gibt keine Schuld ohne Schu, daher erlischt eine Schuld bei gänzl Wegfall der jur Persönlichk des Schu, falls weder RNachfolge noch Liquidation eintritt (hM, vgl Übbl 4 vor § 362). Gläub u Schu müssen **bestimmt** od doch bestimmb sein. In Verträgen zGDr kann aber ein FdgsR auch für einen noch nicht erzeugten Dritten begründet w, es 2 genügt, daß er dch irgendwelche Ereign bestimmb ist (§ 328 Rn 2); er kann auch dch Abrede der VertrSchließenden (§ 328 II), uU dch einseit Akt (§ 332) nachträgl ausgewechselt w.

3 **b)** Auch der **Inhalt der Leistung** muß **bestimmt** od eindeutig bestimmb sein (vgl die §§ 315–319), sonst ist das SchuldVerh unwirks (RG **85**, 291, BGH **55**, 250). Bsp: unbestimmter VorVertr (RG **124**, 83), WerbeVertr (LG Mainz u AG Bad Homburg NJW-RR **98**, 631, 632), Time-Sharing-Vertr (Köln NJW **94**, 59), Vertr über „KapazitätsVermittlg" (AG Gießen NJW-RR **91**, 765), MietVertr mit Lücke hinsichtl der VertrDauer (BGH **55**, 250) od der Anrechng von Investitionen (BGH NJW-RR **90**, 271); Verpfl zur Bildg von WoEigt (KG DNotZ **87**, 103, Düss NJW-RR **95**, 718); Vertr über Btx-Nutzg (LG Dortm NJW-RR **91**, 1529, LG Freibg NJW-RR **92**, 1018).

4 **3) Leistung** ist die Zuwendg eines wirkl od vermeintl Vorteils, der typw, aber nicht notw einen Vermögenswert hat (Henke, Die Leistg, 1991). Der LeistgsGgst kann **positiv oder negativ** sein. **Die positive Leistung,** das **Tun,** umfaßt auch das Geben, zB das Verschaffen eines dingl Rechts, u das Einstehen (zB GewährVertr).

5 **4)** Die **negative Leistung:** Das **Unterlassen** kann den Hauptinhalt der Leistg bilden, so zB beim Vertr über Abhalten vom Bieten u bei dem UnterlVertr des WettbewR (Petersen GRUR **78**, 156). Sie kann auch eine selbstd NebenLeistgsPfl darstellen, so zB das Wettbewerbsverbot bei Verkauf eines gewerbl Unternehmens. Der UnterlAnspr ist in beiden Fällen klagb, wg ZPO 259 aber nur, wenn ZuwiderHdlgen zu besorgen sind (BGH **LM** Nr 2, str, ausdrückl offengelassen in BGH **42**, 345, NJW-RR **89**, 264, aA Köhler AcP **190**, 511). Vollstreckg: ZPO 890. Von den rechtsgeschäftl begründeten selbstd UnterlPfl sind die unselbstd UnterlPfl zu unterscheiden. Jede Verpfl zur positiven Leistg enthält zugl die Pfl, alles zu unterlassen, was den Leistgserfolg beeinträchtigen könnte (§ 242 Rn 27). Auch das RVerhältn zw ArbG u BetrRat kann UnterlPflten begründen (BAG NJW **95**, 1044, Hümmerich/Spirolke BB **96**, 1986, aA Dobberahn NJW **95**, 1333, Walker DB **95**, 1961). Außerdem gibt es unselbstd UnterlPflten, die nicht das Leistgs-, sond das Integritätsinteresse des Gläub schützen u daher zu den VerhaltensPflten (Einf 7 v § 241) gehören (Beispiele s § 242 Rn 35, 36). Auch bei diesen UnterlPflten besteht ein KlagR, wenn nach Lage des Falles ein schutzwürdiges Interesse an der klagweisen Geltdmachg des Anspr gegeben ist (s § 242 Rn 25). Eine Unterart der UnterlPfl ist die Pfl zur **Duldung:** Sie verpflichtet den Gläub zum Unterl der ihm an sich zustehden Abwehr- u GgRechte.

6 **5)** Von den auf einer schuldrechtl Sonderverbindg beruhden UnterlPfl zu unterscheiden ist die **vorbeugende Unterlassungsklage.** Sie dient dem Schutz absoluter Rechte u absolut geschützter RGüter u geht auf Unterl künft Störgen, als wiederherstellde UnterlKl aber auch auf Beseitigg von Beeinträchtiggen (Einf 16 u 26 ff v § 823). Zur Unterscheidg von **Haupt- u Nebenleistungspflichten** s Einl 6 vor § 241.

242 *Leistung nach Treu und Glauben.* **Der Schuldner ist verpflichtet, die Leistung so zu bewirken, wie Treu und Glauben mit Rücksicht auf die Verkehrssitte es erfordern.**

1) Allgemeines 1–21
a) Bedeutung des § 242 . . . . 1, 2
b) Tatbestandliche Voraussetzungen 3–6
c) Grundrechte und § 242 . . . . 7, 8
d) Einzelne Grundrechte und § 242 9–12
e) Funktionskreise 13, 14
f) Verfahrensrechtliches, Abdingbarkeit . . . 15
g) Anwendungsbereich 16, 17
h) Abgrenzungen 18–21
2) Art und Weise der Leistung 22
3) Nebenrechte und Nebenpflichten . . . 23–37
A) Allgemeines 23–26
a) Grundlage 23
b) Leistungsbezogene Pflichten und weitere Verhaltenspflichten 24
c) Selbständige und unselbständige Nebenpflichten 25
d) Zeitlicher Wirkungsbereich 26
B) Einzelne Nebenpflichten 27–37
a) Leistungstreuepflicht 27–31
b) Mitwirkungspflicht 32–34
c) Schutzpflicht 35, 36
d) Aufklärungspflicht 37
4) Unzulässige Rechtsausübung 38–86
A) Allgemeines 38–41
a) Bedeutung 38
b) Voraussetzungen, Allgemeines 39
c) Individueller und institutioneller Rechtsmißbrauch 40
d) Rechtsfolgen 41
B) Fallgruppen 42–57
a) Unredlicher Erwerb der eigenen Rechtsstellung 42–45
b) Verletzung eigener Pflichten 46–49
c) Kein schutzwürdiges Eigeninteresse . . . 50–52
d) Unverhältnismäßigkeit 53, 54
e) Widersprüchliches Verhalten 55–57
C) Weitere Einzelfälle 58–86
5) Verwirkung 87–109
a) Begriff, Grundgedanke 87
b) Abgrenzung 88–91
c) Anwendungsbereich 92
d) Voraussetzungen 93–96
e) Rechtsfolgen, Beweislast 97
f) Einzelfälle 98–109
6) Geschäftsgrundlage 110–170
A) Clausula-Lehre 110, 111
B) Geschäftsgrundlage 112–170
a) Begriff 113
b) Anwendungsbereich 114, 115
c) Abgrenzung 116–121
d) Arten 122–124
e) Voraussetzungen 125–129
f) Rechtsfolgen 130–134
C) Fallgruppen 135–152
a) Äquivalenzstörung 135–143
b) Störung des Verwendungszwecks 144–147
c) Große Geschäftsgrundlage 148
d) Gemeinschaftlicher Irrtum 149–152
e) Deutsche Wiedervereinigung . . . . . 152 a–152 f
D) Weitere Einzelfälle 153–170
7) Vertragshilfe 171

1 **1) Allgemeines. – a) Bedeutung des § 242. – aa)** § 242 regelt seinem Wortlaut nach („so", „wie") nur die Art und Weise der geschuldeten Leistg. Bestand u Inhalt (das „Ob" u „Was") der LeistgsPfl werden bei wörtl Auslegg von § 242 nicht erfaßt. Es ist aber seit langem anerkannt, daß § 242 eine weit über den Wortsinn hinausgehde Bedeutg zukommt. Rspr u Lehre haben aus § 242 den das gesamte **Rechtsleben beherrschenden Grundsatz** entnommen, daß jedermann in Ausübg seiner Rechte u Erf seiner Pflten nach

Treu u Glauben zu handeln hat (BGH **85**, 48). Der Grds von Treu u Glauben gilt für den gesamten RVerk (Rn 16); das SchwZGB stellt ihn in Art 2 zu Recht an den Anfang seiner Vorschr. § 242 beruht auf dem Gedanken, daß jedem Recht sozialethische Schranken immanent sind; er verpflichtet zu einer sozial angem RAusübg. – **bb)** Als **Generalklausel** enthält § 242 – ebso wie §§ 138, 826 u AGBG 9 – keinen RSatz mit 2
deskriptiven TatbestdMerkmalen, aus dem dch bloße Subsumtion best RFolgen abgeleitet w können. In einer jetzt fast 100jähr REntwicklg ist der Inhalt des § 242 aber dch Herausarbeitg von Funktionskreisen (Rn 13) u dch Bildg von Fallgruppen präzisiert u im wesentl abschließd konkretisiert worden. Zu betonen ist, daß § 242 **keine Ermächtigung zu einer Billigkeitsjustiz** enthält; er gibt dem Richter nicht die Befugn, die sich aus Vertr od Ges ergebden RFolgen im Einzelfall dch vermeintl „billigere" od „angemessene" zu ersetzen (RG **131**, 177, BGH NJW **85**, 2580, BayObLG **72**, 283). Die Anwendg u Weiterentwicklg des § 242 hat sich an den RGrds u RInstituten zu orientieren, die Rspr u Lehre auf der Grdl des § 242 herausgebildet haben (s Rn 23 ff). Sie setzen der RAusübg dort eine Schranke, wo sie zu untragb, mit Recht u Gerechtigkeit offensichtl unvereinb Ergebn führt (s BGH **48**, 398, NJW **87**, 1070, BAG DB **90**, 741).

b) Tatbestandliche Voraussetzungen. § 242 enthält einen „offenen" Tatbestd, er muß in den einz 3
Funktionskreisen der Vorschr wertd konkretisiert w (Rn 13). Generelle, die einz Anwendgsfälle übergreifende Aussagen zu seinen Voraussetzgen sind nur beschränkt mögl: – **aa) Treue** bedeutet nach seinem Wortsinn eine auf Zuverlässigk, Aufrichtigk u Rücksichtn beruhde äußere u innere Haltg ggü einem and; **Glauben** das Vertrauen auf eine solche Haltg. Die Wortverbindg **„Treu und Glauben"**, die auch in §§ 157, 162, 320 II, 815 u AGBG 9 verwandt w, soll den in der Gemsch herrschden sozialethischen Wertvorstellgen Eingang in das Recht verschaffen (MüKo/Roth Rn 5). Sie verpflichtet zur billigen Rücksichtn auf die schutzwürd Interessen des and Teils sowie zu einem redlichen u loyalen Verhalten (MüKo/Roth aaO, Larenz § 10 I). Treu und Glauben umfaßt auch den Gedanken des Vertrauensschutzes (BGH **94**, 351). Die **Verkehrssitte** als tatsächl Übg in den beteiligten Kreisen (§ 133 Rn 21) gibt Anhaltspunkte für das, was Treu u Glauben entspr; die mißbräuchl, insbes die gg Treu u Glauben verstoßde VerkSitte ist aber unbeachtl (RG **114**, 13, JW **22**, 488, BGH **16**, 12). – **bb) Intensität der Einwirkung.** In welchem Umfang § 242 auf das SchuldVerh 4
einwirkt, wird von dessen Inhalt u Dauer wesentl mitbestimmt (Soergel-Teichmann Rn 40). Die vergleichsweise geringe Intensität der Einwirkg bei AustauschVerh mit ggsätzl Interessen verdichtet sich bei fremdnütziger Tätigk. Am stärksten ist der Einfluß auf RVerhältn, die auf ein Zuswirken gerichtet sind. – **cc) Interes- 5
senabwägung.** § 242 erfordert in all seinen Anwendgsfällen eine umfassde Interessenabwägg (BGH **49**, 153, MüKo/Roth Rn 33). Dabei sind auch subj Elemente zu berücksichtigen; die aGrd des § 242 eintretden RNachteile setzen aber kein Verschulden voraus (BGH **64**, 9). Umgekehrt schließt das Verschulden einer Part eine Interessenwertg zu ihren Gunsten nicht notw aus. – **dd) Sonderverbindung.** Aus der systemat Stellg 6
der Norm ergibt sich, daß der Grds von Treu u Glauben nur innerhalb von rechtl Sonderverbindgen gilt (RG **160**, 357, BGH **95**, 279, 288, ähnl BFH NJW **90**, 1251, Soergel-Teichmann Rn 30, str, offen BGH **102**, 102). Dieser Begriff ist aber im Zushang des § 242 im weitesten Sinn zu verstehen. Es genügt jeder qualifizierte soziale Kontakt (MüKo/Roth Rn 55). Neben vertragl u gesetzl SchuldVerh werden daher erfaßt: die dch ein nichtiges RGesch entstandene RBeziehg (BGH **85**, 48, NJW **81**, 1439), VertrVhdlgen, dauernde GeschVerbindgen (§ 276 Rn 103), Nachwirkgen eines Vertr (§ 276 Rn 121), die dch einen WettbewVerstoß entstandene RBeziehg (BGH NJW **90**, 1905), jedoch trifft den zu Unrecht Abgemahnten keine AufklPfl (BGH NJW **95**, 715); RBeziehg zw dem Geschädigten u dem unzuständ HaftPflVers, bei dem er seinen Anspr angemeldet hat (BGH NJW **96**, 2724); Verhältn zw ArbN desselben Betr (BAG **5**, 16), zw dem GrdstEigtümer u dem, der im Auftr eines Dr Arbeiten an dem Grdst dchführt (BGH **102**, 102), zw den an einem sachenrechtl RangVerhältn Beteiligten (Kümpel WM **98**, 1060), zw den Aktionären einer AG (BGH **103**, 195), zw Bauern u Sohn, dem die Übertragg des Hofes in Aussicht gestellt w (BGH **47**, 189), zw Nachbarn (§ 903 Rn 13).

c) Grundrechte und § 242. – aa) Die Frage, auf welche Weise u in welchem Umfang die GrdR auf das 7
PrivR einwirken, ist weiterhin str (s Canaris AcP **184**, 201, Hermes NJW **90**, 1764). Nach der Lehre von der **unmittelbaren Drittwirkung** gelten die GrdR als gesetzl Verbote (§ 134) od SchutzGes (§ 823 II) unmittelb auch für den priv RVerk (so Enn-Nipperdey § 15 IV 4, Hager JZ **94**, 373, BAG **1**, 193, and aber jetzt BAG **47**, 374, **48**, 138). Nach der GgAns, der Theorie **mittelbarer Drittwirkung**, können die GrdR als subj öffR nicht als gesetzl Verbote od SchutzGes in das PrivR übernommen w; sie wirken aber, wie die Wertordng des GG insges, dch Auslegg u über die Generalklauseln auf das PrivR ein (BVerfG **7**, 198, **34**, 280, NJW **90**, 1470, **94**, 38, Wiedemann JZ **90**, 696, hM). Der BGH hat zu dem Theorienstreit nicht ausdr Stellg genommen, Seine Rspr zum allg PersönlichkR (BGH **13**, 338, **15**, 258, **26**, 354 ua), zum R auf freie Meingsäußerg (BGH **31**, 313, **45**, 308) u zum Verhältn von Glaubensfreih u ehel Pflten (BGH **33**, 149, **38**, 319) geht ohne weitere Erörtergen von einer Drittwirkg der GrdR aus; seine Rspr zur Einwirkg von GG 12 auf die Sittenwidrigk von vertragl WettbewVerboten spricht für die Theorie mittelb Drittwirkg (BGH NJW **86**, 2944); and Entsch (BGH **36**, 95) lassen die Frage offen. – **bb) Eigene Stellungnahme.** Der Theorie 8
mittelb Drittwirkg ist zuzustimmen. Die GrdR betreffen nach ihrer geschichtl Entwicklg, ihrem Inhalt u ihrem Zweck das Verhältn zw Bürger u öff Gewalt. Die in ihnen enthaltenen WertEntsch wirken über das „Medium" privatrechtl Normen u RGrds auf das PrivR ein (BVerfG **7**, 198, 205). Sie sind im PrivR bei der GesAuslegg u Lückenausfüllg zu berücksichtigen. Einz GrdR enthalten VerbotsGes iSd § 134 (dort Rn 4), and können als subj PrivR od RFertiggsGrde in das PrivR transponiert w. Hierauf beruht die Anerkenng des aus GG 1, 2 hergeleiteten allg PersönlichkR (§ 823 Rn 175 ff) u des R auf freie Meingsäußerg als Grenze des Ehrenschutzes (§ 823 Rn 24). Darüber hinaus u vor allem wirken die GrdR über die **Generalklauseln** (§§ 242, 138, 826, AGBG 9) in das PrivR ein. Was Treu u Glauben entspr, wird entscheidd mitbestimmt dch das in den GrdR verkörperte Wertsystem. GrdR können auch über § 157 den **Vertragsinhalt** mitbestimmen, so die Informationsfreih das Recht des Mieters zum vertrmäß Gebrauch der Mietsache (Rn 12 a).

d) Einzelne Grundrechte und § 242. – aa) Zu den grundlegden RWerten, die auf das PrivR einwirken, 9
gehört die in GG 4 verbürgte **Gewissensfreiheit** (BAG NJW **86**, 86, Soergel-Teichmann Rn 49 ff). Bei echter Gewissensnot kann der Schu aus § 242 ein LeistgsV-, Künd- od RücktrR herleiten. Ein solches Recht besteht aber nicht, wenn es dem Schu in Wahrh darum geht, eig ideologische od politische Vorstellgen ggü

dem VertrPart dchzusetzen (MüKo/Roth Rn 40). Kernkraftgegner sind nicht berecht, unter Berufg auf GG 4 die Bezahlg ihrer Stromrechng teilw zu verweigern. Es ist unter keinem rechtl Gesichtspunkt zul, die Betreiber dch NichtErf wirks begründeter Verbindlichk zum Unterl einer erlaubten, wenn auch polit umstrittenen Tätigk zu nötigen (s Hamm NJW **81**, 2473, LG Dortm NJW **81**, 764). Ein LeistgsVR besteht auch dann nicht, wenn ein Drucker einen Text drucken soll, der nicht seiner polit Einstellg entspr (MüKo/Emmerich § 275 Rn 34, aA BAG NJW **86**, 85) od wenn die Mitarbeit in einer Forschgsabteilg verweigert w, weil die Forschgsergebn möglicherw auch nach einem Atomkrieg verwendb sind (MüKo aaO, aA BAG NJW **90**, 203). Erforderl ist eine umfassde Würdigg aller Umst, bei der das Leistgsinteresse des Gläub u das Gewicht der GewissensEntsch ggeinand abzuwägen sind (LAG Bay JZ **58**, 514, LAG Düss BB **88**, 1750). Ein allg Vorrang von GewissensEntsch ggü VertrPfl kann nicht anerkannt w. Wer den Konflikt bei VertrSchl vorausgesehen hat, kann aus ihm keine Rechte herleiten (BAG NJW **86**, 86). Entspr gilt für vorhersehb Konflikte (Wieacker JZ **54**, 467, Grabau BB **91**, 1262, aA Henssler AcP **190**, 551). And liegt es nur, wenn es sich um eine sachl od
10 zeitl unbedeutde LeistgsV handelt, die das GläubInteresse nicht nachhalt berührt. – **bb)** Eine allg **Pflicht zur gleichmäßigen Behandlung** läßt sich für das vom Grds der PrivAutonomie (Übbl 1 v § 104) beherrschte bürgerl Recht weder aus GG 3 noch aus § 242 herleiten (BayObLG NJW **81**, 1277, MüKo/Roth Rn 41, grdlegd G. Hueck, Der Grds gleichmäß Behandlg im PrivR, 1958, S 169 ff). Sie besteht im ArbR (§ 611 Rn 105 ff), im Vereins- u GesellschR (§ 35 Rn 3), im EnergieWirtschR für Tarifkunden (Martinek BB **89**, 1281), nicht dagg im MietR (Weimar MDR **71**, 108, hM, aA Rathjen MDR **80**, 713). Bei einer beschränkten Gattgsschuld kann sie sich aus § 242 ergeben, wenn der Schu mehrere Gläub nur teilw
11 befriedigen kann (RG **84**, 128). – **cc) Verwaltungsprivatrecht.** Betätigt sich die öff Verw zur Erf öff Aufg in den Formen des PrivR, unterliegt sie den sich aus dem öffR ergebden Bindgen u Beschränkgen (BGH **91**, 96, **93**, 381, NJW **92**, 173). Es gilt daher der GleichhSatz (BGH **29**, 76, **36**, 91, **65**, 287) u das Übermaßverbot (BGH **93**, 381). VerwPrivR ist auch anwendb, wenn die öff Verw Aufg der Daseinsvorsorge dch jur Pers des PrivR erfüllen läßt (BGH **52**, 326, **65**, 287), so etwa auch iF der **Treuhandanstalt** (Scheifele BB **91**, 560, 1353, Weimar ZIP **93**, 1). **Einzelfälle:** Bindg kommunaler Versorggs- u VerkBetr an GG 3 (BGH **65**, 287, Hbg NJW **88**, 1600) u an den Grds der Verhältnmäßigk (LG Brschw NJW **74**, 800).
12 FlughafenGmbH u GG 3 (BGH BB **69**, 1239). – **dd)** Zu den grdlegden WertEntsch, die den Inhalt von Treu u Glauben mitbestimmen, gehört das **Sozialstaatsprinzip,** GG 20, 28 (Soergel-Teichmann Rn 55). Es ist, zus mit and rechtl Gesichtspunkten, Grdl für die InhKontrolle von AGB u and normähnl Regelgen (Einf 15 v § 145). Auch bei der Interessenabwägg (Rn 5) kann uU berücksichtigt w, daß der eine Teil der wirtschaftl Schwächere ist. Eine Verpflichtg, unbegrenzt auf die Belange des wirtschaftl Unterlegenen Rück-
12 a sicht zu nehmen, ergibt sich aber aus dem Sozialstaatsprinzip nicht (MüKo/Roth Rn 37). – **ee) Weitere Fälle.** Letztl können alle GrdR auf den PrivRVerk einwirken, so GG 14 auf das RVerh zw WoEigtümern (KG NJW-RR **91**, 1490), das Diskriminiergsverbot des GG 3 III 2 auf nachbarechtl Anspr (Köln NJW **98**, 764) u das GrdR der Informationsfreih auf MietVerh u das RVerhältn zw WoEigtümern (BVerfG NJW **92**, 494, **95**, 1665). Besteht ein Kabelanschluß, ergibt sich aus der InformationsFreih aber kein Anspr auf Anbringg einer Parabolantenne (BVerfG NJW **93**, 1252), and kann es liegen, wenn der Kabelanschluß das berecht Informationsinteresse des Teilnehmers, etwa eines Ausl, nicht abdeckt (§ 535 Rn 14, WEG 22 Rn 11). Der ArbN kann sich wg der PersSorge für sein Kind nicht unter Berufg auf GG 6 selbst von seiner ArbPfl suspensieren (BAG DB **92**, 2446).

13 **e) Funktionskreise.** Der hinsichtl der Tatbestd- u RFolgenseite „offene" § 242 bedarf einer Konkretisierg. Diese läßt sich in einer ersten Stufe dch die Herausarbeitg von Funktionskreisen (Wirkgsweisen) erreichen (Soergel-Teichmann Rn 58, MüKo/Roth Rn 93). Diese sind wiederum dch Fallgruppen weiter zu konkretisieren. Die Zahl u die Abgrenzg der Funktionskreise ist str. Es empfiehlt sich, wie folgt zu unterscheiden: – **aa) Konkretisierungsfunktion.** § 242 regelt die Art u Weise der Leistg. Er ergänzt die in den §§ 243 ff enthaltenen Einzelbestimmgen (Rn 22). – **bb) Ergänzungsfunktion.** § 242 ist Grdl für NebenPflten verschiedenster Art; zT handelt es sich um leistgsbezogene NebenPflten, zT aber auch um SchutzPflten, die das Integritätsinteresse des and Teils sichern (Rn 23 ff). – **cc) Schrankenfunktion.** Der Grds von Treu u Glauben bildet eine allen Rechten u RPositionen immanente Schranke. Aus ihm ergibt sich das Verbot unzul RAusübg in seinen unterschiedl Erscheingsformen (Rn 38 ff u 87 ff). – **dd) Korrekturfunktion.** Die aGrd des § 242 herausgebildeten Grds über Fehlen u Wegfall der GeschGrdl ermöglichen es, den VertrInh bei wesentl Änd der Verhältn anzupassen, sofern einem Teil das unveränderte Festhalten am bisher Vertr nicht zugemutet w kann (Rn 110 ff). In diesen Zushang gehört auch das KündR aus wicht Grd bei Dauerschuld-
14 Verh (Einl 18 v § 241). – **ee)** § 242 ist grdsl **keine** selbstd **Anspruchsgrundlage** (BGH **88**, 351, **95**, 399, NJW **81**, 1779). Er kann aber im Anwendgsbereich der GeschGrdl (Rn 131) u im UnterhR (BGH NJW **89**, 1991) Grdl von AusglAnspr sein. Außerdem können die sich aus § 242 ergebden NebenPflten klagb Anspr begründen (Rn 25).

15 **f) Verfahrensrechtliches, Abdingbarkeit.** Der Verstoß gg Treu u Glauben ist im Proz vAw zu berücksichtigen (BGH **3**, 103, **31**, 84, **37**, 152). Ergeben sich die Voraussetzgen für die Anwendg des § 242 nicht aus dem KlVorbringen, sond aus dem des Bekl, so trifft diesen die BewLast (BGH **12**, 160, NJW **64**, 1854, **75**, 828). § 242 ist als „Grundgebot der Redlichk" unabdingb (BGH **LM** (Cb) Nr 12 Bl 2, Larenz § 10 I). Die Part können aber Regelgen treffen, die für best Fallgestaltgen die an sich denkb Anwendg des § 242 ausschließen (Bsp: Keine Rechte wg Wegfall der GeschGrdl bei ausdr Risikoübernahme).

16 **g) Anwendungsbereich.** – **aa)** Die Grds des § 242 gelten für das gesamte SchuldR einschließl des BereichergsR (RG GrZS **161**, 58, BGH **14**, 10, **29**, 161, **37**, 370); viele schuldrechtl Vorschr sind Ausprägen des § 242, so §§ 254, 266, 273, 299, 320, 618 u AGBG 9. § 242 gilt darüber hinaus für das **gesamte Privatrecht** innerh u außerh des BGB (RG **166**, 49, BGH, **12**, 157), so im SachenR (BGH **10**, 75, § 894 Rn 13, § 903 Rn 13, § 985 Rn 15), im FamR (BGH **5**, 189, NJW **82**, 1999, **89**, 1991), im ErbR (BGH **4**, 91, **64**, 8), im ArbR (§ 611 Rn 39 ff, 96 ff, 105 ff), im gewerbl RSchutz (BGH **1**, 31, **21**, 78, NJW **74**, 2282)
17 u im VersR (BGH **40**, 389, **96**,92). Vgl auch die Nachw in Rn 58 ff, 98 ff u 153 ff. – **bb) Öffentliches Recht.** Der Grds von Treu u Glauben gilt für das gesamte öffR. § 242 selbst ist als privatrechtl Vorschr nur entspr anwendb (BGH **30**, 236, **94**, 349, BVerwG **9**, 160, **25**, 303, BFH NJW **90**, 1251, **92**, 68, DB **93**, 260,

BSG NJW **58**, 1607, **66**, 125 u 1381). Dabei gilt der Grds von Treu u Glauben in bundesrechtl geregelten Materien als BundesR, iü dagg als LandesR (BVerwG **55**, 339). Treu u Glauben gilt auch für das VerfR, insb das ZivilProzR (BGH **20**, 206, **43**, 292, **57**, 111) u das ZwVollstrR (Bittmann ZZP **97**, 32). Bei Anwendg des Grds von Treu u Glauben im öffR u im VerfR ist jedoch die Eigenart dieser RGebiete zu beachten. Der Vorrang öff Interessen u das Gebot der RSicherh kann dazu führen, daß der RGedanke des § 242 zurücktreten muß. Das gilt im VerfR etwa für die Wahrg von Fr u die Beachtg der RKraft. **Einzelne Anwendungsfälle** s Rn 58 ff, 98 ff u 153 ff bei den einschläg Schlagworten.

h) Abgrenzungen. – aa) §§ 133, 157. Ziel der Auslegg gem §§ 133, 157 ist es, Sinn u Tragweite der PartAbrede zu ermitteln u etwaige Lücken iW ergänzender Auslegg zu schließen. Dagg enthält § 242 einen obj Maßstab, der unabhängig vom PartWillen auf Art u Weise, Bestand u Inhalt der LeistgsPfl einwirkt u auch für RVerh aus nicht rgesch Tatbestd gilt. § 157 betrifft das rechtl Wollen, § 242 das rechtl Sollen (BGH **16**, 8). Die Anwendg der beiden Vorschr, die dieselben Wertmaßstäbe verwenden, greift ineinand über; das gilt vor allem, soweit es um die Begründg von NebenPflten (Rn 23) u die Anpassg des VertrInh an sich ändernde Verhältn (Rn 116 ff) geht. Auch hier gilt aber, daß Auslegg – einschließl der ergänzden Auslegg – den Vorrang hat (BGH **9**, 277, **81**, 143, **90**, 74); erst wenn der PartWille feststeht, ist zu prüfen, wie § 242 auf das RVerh einwirkt. – **bb) § 134, 138.** §§ 134, 138 enthalten Außenschranken für die Gültigk von RGesch. Dagg legt § 242 eine Binnenschranke für die RAusübg fest, berührt aber, auch soweit er Anspr aus RGesch betrifft, deren Gültigk nicht. Auch die Maßstäbe der §§ 138, 242 stimmen nicht überein; der Standard der guten Sitten ist enger als der des § 242. Sittenwidrigk ist immer zugl ein Verstoß gg Treu u Glauben; umgekehrt ist aber nicht jede Treuwidrigk zugl ein Sittenverstoß (BAG NJW **64**, 1543, Staud-J.Schmidt Rn 238). Die Anwendg des § 242 kann dazu führen, einen Anspr auch dann ganz od teilw zu versagen, wenn das RGesch bei seinem Abschl nicht unsittl war; so kann die Geltdmachg von Anspr aus einem bei seiner Errichtg nicht sittenw Testament bei nachträgl Änderg der Verh gg § 242 verstoßen (BGH **20**, 76, § 138 Rn 10). Ands können die einer Part auferlegten Belastgen dch § 242 derart begrenzt w, daß der Vertr entgg dem ersten Anschein nicht sittenw ist (§ 138 Rn 14). – **cc) § 226.** Das Schikaneverbot des § 226 ist neben dem sich aus § 242 ergebden Verbot unzul RAusübg weitgehd leerlaufd (§ 226 Rn 1). Auch soweit § 242 ausnw mangels einer Sonderverbindg (Rn 6) unabwendb ist, ist § 226 wg seiner engen tatbestandl Voraussetzg ohne prakt Bedeutg. – **dd) § 826.** Aus § 826 ergibt sich, daß die RAusübg unzul ist, wenn sie obj gg die guten Sitten verstößt, gleichgült, ob ein Schaden entstanden ist u den Handelnden Verschulden trifft. Sittenwidrigk setzt aber einen groben Verstoß gg Treu u Glauben voraus (Rn 19). Auch § 826 hat daher als Schranke der RAusübg neben § 242 nur geringe Bedeutg. Er ist heranzuziehen, wenn § 242 wg Fehlens einer rechtl Sonderverbindg unanwendb ist. Außerdem ist § 826 Grdl für SchadErsAnspr. § 242 ist kein SchutzG iSd § 823 II, bei einem Verstoß gg Treu u Glauben sind aber idR Anspr aus c. i. c. od pVV gegeben. – **ee) AGBG** 9 s Vorbem 18 v AGBG 8.

18 19 20 21

2) Art und Weise der Leistung. § 242 regelt, wie schon sein Wortlaut ergibt, die Art u Weise das „Wie" der Leistg. Er ergänzt insoweit die in §§ 243 ff enthaltenen Einzelbestimmgen. Der Schu hat seine Verbindlichk so zu erfüllen, wie es nicht nur dem Buchstaben, sond auch dem Sinn u Zweck des SchuldVerh entspr (Larenz § 10 II). Eine Leistg zur Unzeit ist unzul, ebso eine Leistg am unpassden Ort. Ist die Erf am vertragl od gesetzl ErfOrt unmögl od unzumutb, tritt an seine Stelle ein and angem Ort (§ 269 Rn 18). Eine TeilAufr kann unzul sein, wenn sie den Gläub unzumutb belästigt (RG **79**, 361). Ands muß der Gläub auf schutzwürd Interessen des Schu Rücksicht nehmen. Er kann entgg § 266 zur Ann von Teilleistgen verpflichtet sein (§ 266 Rn 9). Ausnw kann § 242 den Gläub verpflichten, sich auf Ratenzahlgen einzulassen (RG GrZS **161**, 58, Wucherdarlehen; BGH NJW **77**, 2358, Fluchthilfe). Der Schu kann gem § 242 berecht sein, statt Barzahlg einen garantierten Scheck herzugeben (§ 364 Rn 6). Unerhebl Abweichgen sind unschädl, soweit der gleiche wirtschaftl Erfolg herbeigeführt wird (RG JW **09**, 734: SicherhLeistg dch Abtr statt dch Verpfändg; BGH NJW **69**, 320: Überweisg auf ein and Konto). 22

3) Nebenrechte und Nebenpflichten. – A) Allgemeines. – a) Die für das einz SchuldVerh kennzeichnden HauptleistgsPflten werden dch **Nebenpflichten** ergänzt. Diese können sich aus der – gem § 157 auszulegden – PartVereinbg od aus bes gesetzl Vorschr (etwa §§ 368, 402, 444, 618, 666) ergeben; daneben u vor allem ist aber § 242 Grdl für zahlreiche NebenPflten. Da der Schu so zu leisten hat, wie Treu u Glauben es gebieten, hat er den Leistgserfolg vorzubereiten, herbeizuführen u zu sichern. Zugl hat er sich so zu verhalten, daß Leben, Gesundh u Eigentum des and Teils nicht geschädigt w (Einl 7 v § 241). Daraus kann sich ein ganzes Bündel von Pflten ergeben; im einz kann es sich je nach Inhalt u Natur des SchuldVerhältn handeln um Aufkl-, Beratgs-, Ausk-, Anzeige-, Mitwirkgs-, Unterl-, Fürsorge-, Obhuts- od SchutzPflten. Im GesellschR ist § 242 Grdl für eine umfassde **Treuepflicht** (BGH **129**, 142, Lutter JZ **95**, 1053, krit Flume ZIP **96**, 161), ebso im ArbR (§ 611 Rn 39). § 242 kann auch in nicht schuldrechtl Sonderverbindgen Grdl für NebenPflten sein, so etwa für AufklPflten in der RBeziehg zw UnterhBerecht u Verpflichteten (BGH NJW **86**, 1753, **88**, 1966, Kblz NJW-RR **89**, 649). – **b) Leistungsbezogene Pflichten und weitere Verhaltenspflichten.** Vgl zur grdsl Abgrenzg Einl 6 ff v § 241. Leistgsbezogene Pflten sind die Leistgstreue- u die MitwirkgsPfl (Rn 27 ff u 32 ff). Die SchutzPfl bezweckt in erster Linie den Schutz der RGüterSphäre des and Teils, sichert aber zugl auch das Leistgsinteresse (s Rn 35 f). Bei der Aufkl- u AuskPfl (Rn 37) kann SchutzGgst je nach Lage des Einzelfalles das Leistgs- od das Integritätsinteresse sein. – **c) Selbständige und unselbständige Nebenpflichten.** Selbständ NebenPflten haben trotz ihrer Unterordng unter die HauptPfl einen Eigenzweck; sie gewähren einen ErfAnspr, sind also klagb. Hierher gehört die AuskPfl (Rn 37) u idR die MitwirkgsPfl (Rn 32 ff). Unselbständ NebenPflten sichern die HauptPfl u die Abwicklg des SchuldVerh, ohne daß ihnen ein Eigenzweck zukommt. Ihre Verletzg kann einen ErsAnspr wg pVV od c. i. c. begründen, ein KlagR besteht aber grdsl nicht (RG **72**, 394, Ffm JZ **85**, 337). Es ist ausnw anzuerkennen, wenn ein schutzwürd Interesse an der klagweisen Dchsetzg der Pfl gegeben ist (str, s Stürner JZ **76**, 384, Motzer JZ **83**, 884, Köhler AcP **190**, 506), so uU bei der HinwPfl gem VOB/B 4 Nr 3 (Clemm BauR **87**, 613). Hierher gehören die Leistgstreue-, die Schutz- u die AufklPfl (Rn 27 ff, 35 f u 37). – **d) Zeitlicher Wirkungsbereich.** Grdl für die Nebenpflten ist das SchuldVerh. Ein SchuldVerh ohne primäre LeistgsPflten entsteht aber

23 24 25 26

bereits dch die Anbahng von VertrVhdlgen; schon vor Begründg der LeistgsPfl bestehen Schutz- u AufklPflten (Rn 35ff), deren Verletzg zu einer Haftg wg c.i.c. führen kann (§ 276 Rn 65ff). Ands können einz NebenPflten auch nach Erf der HauptPfl fortwirken (§ 276 Rn 121).

27 **B) Einzelne Nebenpflichten.** Eine allg anerkannte inhaltl Einteilg u eine einheitl Terminologie hat sich nicht dchgesetzt (s etwa MüKo/Roth Rn 115ff u Soergel-Teichmann Rn 134ff). – **a) Leistungstreuepflicht.** Sie dient als ergänzde NebenPfl der Sicherg der HauptPfl. Der Schu hat alles zu tun, um den Leistgserfolg vorzubereiten, herbeizuführen u zu sichern; die Part haben alles zu unterlassen, was den VertrZweck od den LeistgsErfolg beeinträchtigen od gefährden könnte (s RG **72**, 394, BGH **93**, 39, NJW **78**, 260, **83**, 998). Die LeistgstreuePfl des HauptSchu kann sich auf den Bü erstrecken (BGH NJW **89**, 1393). Welche Pflten sich aus ihr im einz ergeben, hängt vom Inhalt u der RNatur des jeweiligen SchuldVerh ab. Im wesentl
28 lassen sich vier Pfltenbereiche unterscheiden: – **aa) Vorbereitung und Herbeiführung** des Leistgserfolges. Vom VertrSchl bis zur Erbringg der Leistg hat der Schu hins des SchuldGgst eine Erhaltgs- u ObhutsPfl (MüKo/Roth Rn 148). Maschinen hat er zu warten, Tiere zu füttern; er ist auch dann weiter zur Obhut verpflichtet, wenn der Gläub in AnnVerzug gerät (RG **108**, 343, s aber §§ 300, 303, 372). Der Verkäufer muß ordngsmäß verpacken (LG Ffm NJW-RR **86**, 967) u muß bei der Versendg sorgfält verfahren, insb darf er nicht zur Unzeit versenden (§ 447 Rn 16). Der Untern muß auf Mängel der Vorarbeiten hinweisen (Hamm
29 NJW-RR **89**, 982). – **bb) Sicherung des Leistungserfolges.** Die Part dürfen die dem and Teil aGrd des SchuldVerhältn gewährten Vorteile weder entziehen noch wesentl schmälern, noch gefährden (RG **161**, 338, BGH **16**, 10). Diese Verpfl besteht uU auch nach beiderseit VertrErf fort (§ 276 Rn 121). Der Zedent hat alles zu unterlassen, was die FdgsEinziehg dch den Zessionar beeinträchtigen könnte (RG **111**, 303). Der Verkäufer eines Unternehmens od einer Praxis mit Kundsch darf dem Käufer zunächst keinen Wettbewerb machen (RG **117**, 178, BGH **16**, 75). Eine entspr Pfl kann sich aus dem Vertr über die Herstellg u den Vertrieb eines Produkts ergeben (BGH NJW-RR **89**, 1305). Der Verkäufer von technischen Industrieprodukten od Wartgsleistgen kann verpflichtet sein, Ersatzteile für die dchschnittl Nutzgsdauer des Produkts bereit zu halten (AG Mü NJW **70**, 1852, LG Köln NJW-RR **99**, 1285, Finger NJW **70**, 2049). Hierher gehört auch die **Dokumentationspflicht,** die beim ArztVertr (§ 823 Rn 169) u GeschBesVertr (s BGH NJW **92**, 1695) anerkannt ist, aber auch bei BauVertr bestehen kann (LG Heidelbg NJW-RR **92**, 668). Der Vermieter von Gewerbeflächen ist verpflichtet, vom Mieter Wettbewerb fernzuhalten (BGH **70**, 80, § 535 Rn 18). Der Handelsvertreter darf nicht für eine Konkurrenzfirma tät sein (BGH **42**, 61, **LM** (Ba) Nr 53 Bl
30 4). – **cc) Vertragsuntreue.** Der Schu verstößt gg die LeistgstreuePfl, wenn er die Erf des Vertr ernsthaft verweigert od wenn er dch eine schwere Unzuverlässigk die VertrauensGrdl des Vertr gefährdet; entspr gilt für den Gläub, der sich grdlos vom Vertr lossagt od die Leistg des Schu unberecht beanstande (§ 276 Rn 114). –
31 **dd) Unterstützung, Rücksichtnahme.** Aus dem SchuldVerhältn ergibt sich eine Pfl zur ggs Unterstützg (BGH DB **68**, 2210). Der Gläub kann verpflichtet sein, dem Schu Unterlagen für die Kreditbeschaffg zur Vfg zu stellen (BGH NJW **73**, 1793, Brych DNotZ **74**, 414) od eine Bescheinigg, die der Schu zur Wahrnehmg seiner steuerl Belange braucht (Hamm MDR **75**, 401). Hat der Verkäufer nach einer Altlastenklausel Saniergskosten iR der Aufl der Verw zu tragen, muß der Käufer gg übermäß Aufl im Interesse des Verkäufers RMittel einlegen (Wächter NJW **97**, 2079). Bei Handelsvertreter-, VertrHändler- u FranchisingVertr besteht eine ggs Pfl zur Rücksichtnahme (BGH **136**, 295/298). Keine Part ist aber verpfl, gleichrang eig Interessen ggü Belangen des and Teils zurückzustellen (BGH **LM** § 455 Nr 21 Bl 2, § 242 (Be) Nr 36).

32 **b) Mitwirkungspflicht.** Gläub u Schu sind verpflichtet, im ZusWirken die Voraussetzgen für die Dchführg des Vertr zu schaffen u ErfHindern zu beseitigen. Die MitwirkgsPfl dient ebso wie die LeistgstreuePfl der Erreichg des VertrZweckes u des Leistgserfolges. Sie ist and als die LeistgstreuePfl eine selbständ
33 einklagb NebenPfl. – **aa) Genehmigungsbedürftige Rechtsgeschäfte.** Sie sind der Hauptanwendgsbereich der MitwirkgsPfl. Sofern das RGesch im übrigen wirks ist, sind beide Part verpflichtet, alles zu tun, um die Gen herbeizuführen u alles zu unterl, was die Gen gefährden od vereiteln könnte (BGH **14**, 2, **67**, 35, BVerwG NJW-RR **86**, 758, § 275 Rn 27). Wird die Gen unter der Aufl einer VertrÄnd erteilt, sind die Part im Rahmen des Zumutb verpflichtet, den Vertr entspr abzuändern (BGH **67**, 35, NJW **60**, 523, **67**, 830). Ist der Vertr inf Versagg der Gen nichtig geworden, kann uU eine Pfl zum Neuabschluß bestehen (BGH MDR **63**, 837). Ist das ErfGesch genbedürft, kann nach Versagg der Gen eine Pfl zur VertrAnpassg u zur Wiederholg des ErfGesch gegeben sein (BGH **38**, 149, **67**, 35). Bes liegt es bei der vormschgerichtl Gen. Bei ihr kann der gesetzl Vertreter frei darüber entscheiden, ob er von ihr Gebrauch machen will od nicht (BGH **54**, 73). –
34 **bb) Weitere Einzelfälle.** Erweist sich der mit der VertrAbwicklg beauftragte Notar als unzuverlässig, haben die Part unter Abänderg des Vertr einen and einzuschalten (BGH **87**, 165). Wer seine Zust wirks, aber formlos erteilt hat, ist verpflichtet, sie in der Form des GBO 29 zu bestätigen (KG NJW **62**, 1062). Bezieht sich die AbtrErkl inf ergänzder Auslegg auf eine weitere od and Fdg, ist der Zedent zu einer entspr Klarstellg verpflichtet (Hbg MDR **59**, 123). Entspr gilt iF einer *falsa demonstratio* (Köhler JR **84**, 15).

35 **c) Schutzpflicht. – aa) Allgemeines.** Gläub u Schu haben sich bei Abwicklg des SchuldVerh so zu verhalten, daß Pers, Eigt u sonstige RGüter des and Teils nicht verletzt w (BGH NJW **83**, 2814, KG NJW **85**, 2137). Die SchutzPflten bezwecken in erster Linie den Schutz der RGüterSphäre der GgPart („Erhaltgs- od Integritätsinteresse"). Sie dienen aber entgg der hL (Soergel-Teichmann Rn 178) zugl auch der Sicherg des Leistgsinteresses. Die Pfl der KfzWerkstatt zur Diebstahlssicherg schützt neben dem Kfz auch die Reparaturleistg. SchutzPfl sind bes normiert zB in §§ 536, 618, 701; unabhäng hiervon gilt der allg Grds, daß jede VertrPart „die gebotene Sorgfalt für die Gesundh u das Eigt des and Teils zu beobachten hat" (RG **78**, 240). Aus ihm ergibt sich nach heutigem Verständn die Pfl, auf Nichtraucher, insbes solche mit einer Rauchallergie, die gebotene Rücks zu nehmen (Ffm NJW-RR **94**, 633). Der Betreiber eines Supermarkts kann verpfl sein, dem Kunden, der im Gesch einen Unfall erlitten hat, bei der Ermittlg des Schadensherganges u des Schädigers
36 behilfl zu sein (Brschw NJW-RR **98**, 602). **Einzelfälle** s § 276 Rn 71 (c.i.c.) u 116 (pVV). – **bb) Versicherungsschutz.** Die SchutzPfl umfaßt die Pfl, im erforderl Umfang für VersSchutz zu sorgen. Der KfzHalter ist ggü dem berecht Fahrer verpflichtet, das Kfz ordngsmäß gg HaftPfl zu versichern (BGH VersR **64**, 239, **71**, 430, BAG **14**, 228). Der ArbG ist verpflichtet, den angestellten Fahrer dch eine KaskoVers mit angem Selbstbeteiligg gg uU existenzgefährdde ErsAnspr zu schützen (Stgt NJW **80**, 1169, LAG Brem VersR

80, 1182, LAG Nds DB **82**, 2628, Arens BB **90**, 69, aA BAG NJW **88**, 2820); geschieht das nicht, geht das bei der Abwägg gem § 611 Rn 156ff zu Lasten des ArbG (Hübsch BB **98**, 690). Dagg besteht für den ArbG keine Pfl zum Abschl einer RSchutzVers (ArbG Karlsr BB **86**, 868) od einer FeuerVers (LAG Düss DB **90**, 1468). Der Juwelier muß für die ihm zur Bearbeitg anvertrauten Sachen eine Versicherg gg Einbruch u Beraubg abschließen (s Ffm NJW-RR **86**, 107), der KfzHändler eine Kaskoversicherg für Probefahrten (BGH NJW **72**, 1363, **86**, 1099), nicht aber im AgenturGesch od für Überführgsfahrten (Hamm, Karlsr NJW-RR **99**, 777/779). Auch bei sportl Betätigg muß im erforderl Maß für VersSchutz gesorgt w; der Reiterclub muß eine HaftPflVers abschließen (s BGH NJW-RR **86**, 573). Dagg soll für den Judoverein keine derart Pfl bestehen (LG Münst VersR **89**, 155).

d) Aufklärungspflicht (Anzeige-, Hinweis-, OffenbargsPfl) ist die Pfl, den and Teil unaufgefordert über 37
entscheidgserhebl Umst zu informieren (MüKo/Roth Rn 210). Sie ist nicht klagb u betrifft Informationen, nach denen der and sein fr Verhalten ausgerichtet hätte. Sie unterscheidet sich hierdch von der klagb AuskPfl, bei der es um Informationen geht, nach denen der Berecht sein künft Verhalten ausrichten will. Die AufklPfl überschneidet sich mit der SchutzPfl, insbes dann, wenn vor Gefahren zu warnen ist, die das Integritätsinteresse bedrohen (s BGH **64**, 49, gefährl Präparate; Mü NJW-RR **91**, 421, Ballonfahrt). Sie besteht nur dann, wenn der and Teil nach den im Verk herrschden Anschauungen redlicherw Aufkl erwarten darf. Vgl dazu grdsl § 123 Rn 5u die Einzelfälle in § 276 Rn 78ff u 118. Bei argl Verletzg währd der VertrAnbahng besteht ein AnfR, bei schuldh Verletzg der AufklPfl hat der and Teil einen SchadErsAnspr wg c. i. c. od pVV (s aaO bei §§ 123u 276). Zur **Auskunftspflicht** vgl §§ 259–261 Rn 8ff.

4) Unzulässige Rechtsausübung. – A) Allgemeines. – a) Bedeutung. Treu u Glauben bilden eine 38
allen Rechten, RLagen u RNormen **immanente** InhBegrenzg („Innentheorie“, BGH **30**, 145, BAG BB **95**, 204, MüKo/Roth Rn 45). Die gg § 242 verstoßde „Rechts“ausübg od Ausnutzg einer „Rechts“lage ist als RÜberschreitg mißbräuchl u unzul (BGH **12**, 157). Welche Anfordergen sich aus Treu u Glauben ergeben, läßt sich nur unter Berücksichtigg der Umst des Einzelfalles entscheiden. Eine gg § 242 verstoßde RAusübg kann bei Änderg der maßgebl Umst wieder zul w (BGH **12**, 307, **52**, 368, **LM** § 247 Nr 1); umgekehrt kann eine Änderg der Verhältn dazu führen, daß die zunächst zul RAusübg mißbräuchl w. § 242 ruft daher eine Relativität des RInhalts hervor. Maßgebder BeurteilgsZtpkt ist die Geltdmachg des Rechts (BGH **13**, 350), im RStreit die letzte TatsVhdlg. Die allg Grds über den RMißbrauch sind unanwendb, soweit abschließde **Sonderregelungen**, bestehen, so etwa in § 1587c Nr 3 für den VersorggsAusgl (BGH NJW **92**, 3295). –
b) Voraussetzungen, Allgemeines. Vgl Rn 3ff. Voraussetzg ist das Bestehen einer Sonderverbindg. Ein 39
Verschulden ist nicht erforderl (BGH **64**, 9, NJW-RR **86**, 765), es kann aber bei der gebotenen umfassenden Interessenabwägg von ausschlaggebender Bedeutg sein. Die weiteren tatbestandl Voraussetzgen ergeben sich aus den einz Anwendgsfällen der unzul RAusübg (Rn 42ff u 58ff). – **c) Individueller und institutioneller** 40
Rechtsmißbrauch. Beim RMißbrauch geht es typw darum, daß die Ausübg eines individuellen Rechts als treuw u unzul beanstandet w. Der Grds von Treu u Glauben als Gebot der Redlichk u allg Schranke der RAusübg beschränkt aber nicht nur subj Rechte, sond auch RInstitute u RNormen. Neben den individuellen tritt daher der **institutionelle** RMißbrauch. Bei ihm geht es darum, daß sich die aus einem RInstitut oder einer RNorm (scheinb) ergebden RFolgen uU zurücktreten müssen, wenn sie zu einem mit Treu u Glauben unvereinb, schlechthin untragb Ergebn führen (s BGH **29**, 10, **48**, 398 zur Formnichtigk). Voraussetzgen u Grenzen des institutionellen Rechtsmißbrauchs werden wesentl dch das jeweils betroffene RInstitut mitbestimmt; seine Anwendgsfälle werden daher bei den einz RInstituten dargestellt. Einschlägig sind vor allem: **(1) Inhaltskontrolle** von formularmäß Regelgen (Mißbrauch der VertrFreiheit). Für AGB u Klauseln in VerbrVertr gelten AGBG 9ff; weitere Anwendgsfälle Einf 15v § 145. **(2) Durchgriffshaftung** (Mißbrauch der RForm der jur Pers), Einf 12v § 21. **(3) Einwendungsdurchgriff** (Mißbrauch von Gestaltgsformen des bürgerl Rechts), VerbrKrG 9, Einf 17v § 305. **(4) Formnichtigkeit** u Treu u Glauben, § 125 Rn 16. **(5)** Nichtigk gem § 138u Treu u Glauben, § 138 Rn 20. – **d) Rechtsfolgen.** RMißbrauch 41
begründet, wenn schon der RErwerb anstößig ist, eine rhindernde, sonst eine rvernichtde Einwendg. Der Mißbrauchseinwand hat bei einer Mehrh von Berecht keine Drittwirkg. Dem von mehreren GesHändern geltd gemachten Anspr kann daher nicht entggehalten w, daß einer von ihnen mißbräuchl handelt (BGH **44**, 367, NJW **73**, 1604). Der Gesamt- od EinzelRNachfolger muß sich dagg den Mißbrauchseinwand entgghalten lassen (BGH **64**, 10, aA BGH NJW **62**, 1388). – **e) Verfahrensrechtliches.** Vgl Rn 15.

B) Fallgruppen. Aus der Vielzahl mögl Anwendgen des Verbots unzul RAusübg haben sich einige typ 42
Fallgruppen herausgebildet; eine allg anerkannte Einteilg u Terminologie hat sich allerdings nicht dchgesetzt (s MüKo/Roth Rn 259ff, Soergel-Teichmann Rn 281ff). – **a) Unredlicher Erwerb der eigenen Rechtsstellung. – aa)** Die Ausübg eines Rechts ist idR mißbräuchl, wenn der Berecht es dch ein gesetz-, sitten- 43
oder vertragswidriges Verhalten erworben hat (BGH **57**, 111). Dieser Grds hat sich aus der exceptio doli specialis = praeteriti des röm u gemeinen R entwickelt. Er entspr im angloamerikanischen RKreis dem Einwand der „unclean hands“. Es genügt ein obj unredl Verh, Argl od Versch ist nicht erforderl (BGH **LM** (Cd) Nr 5). Voraussetzg ist jedoch, daß das unredl Verhalten für den Gläub Vorteile od den Schu Nachteile gebracht hat, die bei redl Verhalten nicht entstanden wären (BGH **LM** (Cd) Nr 226). – **bb) Einzelfälle:** 44
Geltdmachg von Anspr aus einem Vertr, der unter erkanntem Mißbrauch der Vertretgsmacht zustande gekommen ist (BGH **94**, 138, § 164 Rn 13). Künd eines PachtVertr, wenn der Verpächter den Zahlgsrückstand dch argl Verhalten mitverursacht hat (BGH **LM** (Cd) Nr 55). Künd gem ZVG 57a, wenn der Erwerb iW der ZwVollstr nur zur Umgehg des § 571 erfolgt ist (BGH **LM** (Cd) Nr 213, KG OLGZ **73**, 1). Inanspruchn des Bü, wenn der Gläub den BürgschFall treuw herbeigeführt hat (BGH **LM** § 765 Nr 10, WM **84**, 586). Geltdmachg eines VertrStrafAnspr, wenn der Gläub das vertragsw Verhalten des Schu veranlaßt hat (BGH NJW **71**, 1126). Geltdmachg von Kosten einer Abmahng, der ein unlauter dchgeführter Testkauf zugrde liegt (Mü NJW-RR **92**, 739). Geltdmachg eines vorrangigen PfandR, wenn dieses dch Erschleichg einer Zustellg erworben worden ist (BGH **57**, 111). Ausübg eines ÜbernR, wenn der Berecht den ÜbernFall treuw herbeigeführt hat (RG **162**, 394). Geltdmachg des Anspr auf Ersatz von beschädigten Banknoten, wenn diese aus einem Banküberfall stammen u der Erwerber bösgläub ist (BVerwG NJW **94**, 954). – **cc) Öffent-** 45
liches Interesse. Bei einem überwiegden öff Interesse kann die RAusübg trotz Unredlichk des Berecht zul

sein. Die argl Vereitelg der Zustellg setzt die NotFr nicht in Lauf (BGH NJW **78**, 426). Die Rspr, daß der AuftrG das Festentgelt nach dem GüKG grdsl auch bei vorsätzl Tarifunterbietg zahlen müsse, ist dch Aufhebg von GüKG 23 überholt. Vgl aber zu den Altfällen Einl 29 v § 241.

46 **b) Verletzung eigener Pflichten. – aa)** Die RAusübg kann unzul sein, wenn dem Berecht eine Verletzg eig Pflten zur Last fällt. Es gibt aber keinen allg Grds, daß nur derj Rechte geltd machen kann, der sich selbst rechtstreu verhalten hat (BGH NJW **71**, 1747, BAG DB **74**, 2357). RVerstöße begründen unter den im Ges vorgesehenen Voraussetzgen SchadErsAnspr u geben dem and Teil die Befugn aus §§ 273, 320, führen aber grdsl nicht zu einem Wegfall eig Rechte (Soergel-Teichmann Rn 287). **Versorgungsansprüche** bleiben daher auch bei schweren PflVerletzgen des Berecht bestehen (BGH **55**, 277, NJW **81**, 2407, NJW-RR **97**, 348, BAG NJW **80**, 1127, **81**, 188, Blomeyer ZIP **91**, 1113); nur in bes kraß liegden AusnFällen entfällt der Anspr, so etwa, wenn der Berecht die wirtschaftl Grdl des Versorggspflichtigen gefährdet (BGH aaO, LAG Hamm DB **89**, 788), wenn er sich der Erpressg schuldig macht (BAG NJW **84**, 141) od in erhebl Umfang Schmiergelder annimmt (BGH NJW **84**, 1530), dagg reicht die Beteiligg an Unterschlaggen (191 000 DM) nicht aus (BAG ZIP **90**, 1613), auch nicht ow die Tätigk für einen Mitbewerber (BAG DB **90**, 1870). Der RA verliert seinen HonorarAnspr nur iF des Parteiverrats od einer vergleichb schweren PflVerletzg (s BGH NJW **81**, 1212). Auch der VergütgsAnspr des SachVerst entfällt nur bei bes groben PflVerletzgen (BGH NJW **76**, 1154, Mü NJW **71**, 257); das gilt ebso für den Arzt (Mü VersR **96**, 233), den TestVollstr (BGH DNotZ **76**, 559, WM **79**, 1116) u für den Pfleger, Vormd u Betreuer (s RG **154**, 110, BayObLG NJW **88**, 1919,
47 BayObLG **91**, 275). – **bb) Keine unzulässige Rechtsausübung**: Geltdmachg des GehaltsAnspr bei Verstoß gg ein WettbewVerbot (BGH NJW-RR **88**, 353), and bei einem bes groben Treuverstoß (Düss ZIP **89**, 1557). Klage gg unlauteren Wettbew dch Kläger, der gleichart Verstöße begeht (BGH NJW **60**, 1295, **71**, 1749). Gebrauch einer VollstrMöglichk, die dem Gläub pflichtw von einem Dr mitgeteilt worden ist (BGH **LM** (Cd) Nr 166). Geltdmachg des ÜbernAnspr dch den an der Zerrüttg der Ehe schuld Ehem/Komplementär gg die Ehefr/Kommanditistin (BGH **46**, 396). Berufg auf Mutterschutz bei Verletzg der NachwPfl (BAG
48 DB **83**, 1770). – **cc) Eine unzulässige Rechtsausübung** ist zu bejahen: Geltdmachg von Rechten aus § 326 bei eig erhebl VertrUntreue (§ 326 Rn 10). Berufg auf Bezugsbindg bei NichtErf der eig LieferPfl (Nürnb NJW **72**, 2270), Berufg des Mieters auf § 552 S 3, obwohl er ohne Rücksicht auf den MietVertr endgült ausgezogen ist u keine Miete mehr zahlt (§ 552 Rn 12). Beharren auf die unbillig verzögerte förml Abnahme (BGH **107**, 79). Dchsetzg eines WettbewVerbots bei Nichtzahlg der KarenzEntsch (BAG NJW **64**, 1643). Geltdmachg einer ProvFdg nach treuw Verhalten gerade hinsichtl des provpflicht Gesch (Hamm NJW **59**, 677, Kblz BB **73**, 866). Berufg auf die dch Boykott herbeigeführte Beschlußunfähigk der GterVersammlg (Hbg NJW-RR **91**, 674). Berufg auf MitwirkgsR bei beharrl Verweigerg der eig Mitwirkg (BGH NJW **72**, 863). Geltdmachg eines dingl VorkaufsR trotz vertragl Verpflichtg zur Nichtausübg (BGH **37**, 152). Aufr mit GgFdg, wenn die AufrLage bei eig redl Verhalten nicht entstanden wäre (BGH NJW **85**, 1826). Berufg auf
49 Leistgsunfähigk, die der UnterhSchu selbst vorwerfb herbeigeführt hat (BGH NJW **85**, 733, 806). – **dd) Mißbräuchliche Ausnutzung einer formalen Rechtsstellung.** RStellgen einer Part unterliegen vielf Beschränkgen, die ledigl ggü Dr bestehen od nur im InnenVerhältn wirks sind. Auf diese Beschränkgen kann sich bei einem offensichtl Mißbrauch ausnw auch der Verpflichtete berufen, so bei Anspr aus einem Akkreditiv (BGH **101**, 91, Einf 12 v § 783), einer Bankgarantie (BGH **90**, 292, NJW **89**, 160), einer Scheckgarantie (BGH **122**, 160) od einer Bürgsch auf erstes Anfordern (Einf 14 v § 765). Ähnl liegt es beim Mißbrauch der Vollm (§ 164 Rn 13) od des StimmR (BGH **88**, 328).

50 **c) Fehlen eines schutzwürdigen Eigeninteresses. – aa)** Die RAusübg ist mißbräuchlich, wenn ihr kein schutzwürdiges Eigeninteresse zugrde liegt. Zu dieser Fallgruppe gehören die nutzlose RAusübg, die Ausübg eines Rechts als Vorwand für die Erreichg vertrfremder od unlauterer Zwecke u die Fälle des § 226, dessen
51 Tatbestd von dem des § 242 mitumfaßt w (Rn 20). – **bb) Einzelfälle** mißbräuchl RAusübg: Ausübg des gesetzl VorkR gem BauGB bei Fehlen eines öff Interesses (BGH **29**, 117, **36**, 158); Geltdmachg einer AnfKl zu dem Zweck, sich das AnfR abkaufen zu lassen (BGH **107**, 310). Erhebg der DrittwidersprKl dch den SichgN mit dem ausschließl Ziel, das SichgGut dem SichgG zu erhalten (Brem OLGZ **90**, 73). Wandlg nach Wegfall des Mangels (BGH **90**, 204). Geltdmachg von InformationsAnspr als Vorwand für die Ausspähg von GeschGeheimn (BGH **10**, 387, **93**, 206, 211). Geltdmachg eines Anspr auf Veröffentlichg einer offensichtl unwahren GgDarstellg (Mü NJW-RR **99**, 386). Inanspruchn von Sicherh für Fdgen, die der SichgN nach dem Vermögensverfall des SichgG von Dr erworben hat, um diesem Befriedigg zu verschaffen (BGH NJW **75**, 122, **83**, 1735). Weigerg, die ProzBürgsch einer Bank gg die einer ebso sicheren and auszutauschen (BGH NJW **94**, 1351). UnterlAnspr gg verbotene Nutzg einer EigtWo bei einem gleichart Verstoß (BayObLG NJW-RR **96**, 1359). Mißbrauch des StimmR (BGH **88**, 328, Hamm OLGZ **78**, 188). Antr auf Teilgsverstei-
52 gerg, wenn Realteilg, obwohl § 752 nicht zutrifft, mögl u zumutb ist (BGH **58**, 146). – **cc) Pflicht zur alsbaldigen Rückgewähr.** Ein schutzwürdiges Interesse fehlt, wenn eine Leistg gefordert wird, die alsbald zurückzugewähren wäre: *dolo agit, qui petit, quod statim redditurus est* (BGH **10**, 75, **79**, 204, **94**, 246, **110**, 33). **Einzelfälle:** HerausgVerlangen des Eigtümers ggü dem AnwBerecht, der alsbald Eigtümer werden w (BGH **10**, 75). Räumgsverlangen, wenn der Besitzer aGrd eines VorVertr den Abschluß eines MietVertr verlangen kann (Köln NJW-RR **92**, 1162); aber and, wenn das Verhalten des Besitzers eine Künd rechtfertigt (Köln aaO). Untersagg einer Nutzg, wenn der Nutzer Vollm hat, die Nutzg dch RGesch zu gestatten (BayObLG NJW-RR **95**, 210 läßt offen). Geltdmachg einer GrdSch, wenn eine Pfl zur Rückgewähr besteht (BGH **19**, 206). Verlangen auf Löschg eines nicht wirks bestellten Rechts bei Verpflichtg zur Bestellg (BGH **38**, 126, DNotZ **76**, 22). Verlangen, die ohne Gen errichtete Anlage zu beseitigen, bei Verpflichtg zur Gen (BGH DB **76**, 1058, BayObLG NJW-RR **88**, 589). Künd wg eines vertragsw Zustands bei Verpflichtg zur Gen (BayObLG NJW-RR **91**, 461). Geltdmachg einer Fdg, wenn der Gläub das Geleistete als SchadErs (BGH **66**, 305, **116**, 200) od gem § 812 (BGH **56**, 25, **74**, 300) zurückerstatten müßte. Verlangen, Unterlagen herauszugeben, die der and zur BewFührg benutzen darf u will (BGH **110**, 33). Geltdmachg der Rechte aus einer SichergsGrdSch, wenn der Gläub wg getrennter Abtr von Fdg u GrdSch ersatzpflicht ist (BGH NJW-RR **87**, 139). Geltdmachg eines RegreßAnspr dch den HaftpflVersicherer, wenn der Schu bei einem Mitversicherten Regreß nehmen kann u der Versicherer für diesen einstehen muß (BGH NJW **72**, 440) od zu dessen Gunsten

eine geschplanmäß Erkl abgegeben hat (BGH NJW **92**, 1508). Erhebg der DrittwidersprKl, wenn der Kläger mithaftet (BGH **LM** ZPO 771 Nr 2, Celle NJW **60**, 2196). Geltdmachg eines FolgenbeseitiggsAnspr, wenn der rechtsw geschaffene Zustand inzw der mat RLage entspr (s BVerwG NJW **89**, 118).

d) Geringfügige Interessenverletzung, Unverhältnismäßigkeit. – aa) Geringfügigkeit. Trotz §§ 320 II, 459 I 2, 468 I 2, 542 II, 634 III gibt es keinen allg RGrds, daß geringfüg PflVerletzgen (Mängel) ohne RFolgen bleiben (BGH **88**, 95, WM **85**, 877, aA Buß NJW **98**, 337, 343). RMißbrauch ist nur gegeben, wenn an einen geringfüg, im Ergebn folgenlos gebliebenen Verstoß weitreichde eindeutig unangemessene RFolgen geknüpft w. **Einzelfälle:** Rücktr od Künd wg eines unerhebl Leistgsrückstandes (RG **86**, 335, **169**, 143). Berufg auf Leistgsfreih bei unbedeutdem Prämienrückstand (BGH **21**, 136) od bei Verletzg einer Obliegenh, die generell nicht geeignet ist, die berecht Interessen des Versicherers ernsth zu gefährden (BGH **53**, 160, **96**, 92, Rn 84). Berufg auf Verfallklausel bei geringfüg Verfehlg (RG **152**, 258, WM **88**, 106). UU Berufg auf eine StrafAbrede bei geringfüg Überschreitg der ZahlgsFr für den Pachtzins (LG Bln NJW **72**, 1324); idR hat es aber beim Schutz des § 343 sein Bewenden. Eine im Vergl festgelegte Wiederauflebensklausel (Wegfall eines TErlasses) ist auch bei geringfüg Überschreitg des Zahlgstermins anwendb (BGH NJW **81**, 2686); and aber, wenn die Verspätg auf einem vom Gläub erkannten u nicht richtig gestellten Irrt des Schu beruht (BGH NJW **80**, 1043). Der Rücktr bleibt auch dann wirks, wenn der Rückstand alsbald nach der RücktrErkl getilgt w (BGH NJW **85**, 260). – **bb) Unverhältnismäßigkeit.** Es gibt keinen allg RGrds, daß die RFolgen einer PflVerletzg in einem angem Verhältn zu deren Schwere stehen müssen (Staud-J.Schmidt Rn 663). Eine geringfüg Fahrlässigk kann eine SchadErsPfl in existenzvernichtder Höhe begründen (Vorbem 6 u 67 v § 249). Soweit auf PflVerletzgen mehrere Reaktionen mögl sind, kann § 242 aber, vor allem bei DauerSchuldVerh od Bestehen einer engeren Bindg, dazu verpflichten, die mildere Reaktion zu wählen (s BayObLG NJW-RR **90**, 332, s auch § 251 II). Die Künd aus wicht Grd ist wg eines pflichtw Verhaltens idR erst nach einer Abmahng zul (Einl 19 vor § 241, § 626 Rn 18). Der Ausschl aus der Gesellsch ist mißbräuchl, wenn mildere Mittel mögl u zumutb sind (BGH **16**, 322). Die Entziehg der GeschFü (HGB 117) ist unzul, wenn eine weniger weitreichde Maßn ausr (BGH **51**, 203).

53 (beside "d) Geringfügige Interessenverletzung"); 54 (beside "bb) Unverhältnismäßigkeit")

e) Widersprüchliches Verhalten (venire contra factum proprium): Die ROrdng läßt widersprüchl Verhalten grdsl zu. Die Part dürfen ihre RAnsichten ändern (BGH NJW **97**, 3377/3379), der Kläger die Klagbegründg, der Beklagte seine RVerteidigg. Jeder Part steht es idR auch frei, sich auf die Nichtigk der von ihr abgegebenen Erkl zu berufen (BGH **87**, 177, NJW **97**, 3377/3379) od ein unter ihrer Beteiligg zustande gekommenes RGesch anzugreifen (BGH NJW **92**, 834). Widersprüchl Verhalten ist aber mißbräuchl, wenn für den and Teil ein VertrauensTatbestd geschaffen worden ist (BGH **32**, 279, **94**, 354, NJW **86**, 2107) od wenn and bes Umst die RAusübg als treuw erscheinen lassen (BGH NJW **92**, 834, **97**, 3377/3380, präzisierd u erhebl einschränkd Singer, Das Verbot widersprüchl Verhaltens, 1993, NZV **98**, 1309). Ein Verschulden ist nicht erforderl (BGH WM **68**, 877). – **aa) Vertrauensbegründendes Verhalten.** Die RAusübg ist unzul, wenn dch das Verhalten des Berecht ein Vertrauenstatbestd entstanden ist u der and Teil im Hinbl hierauf best Dispositionen getroffen hat (Canaris, Vertrauenshaftg, 1971, S 278). Aber auch wenn es nicht zu bes weiterwirkden Dispositionen gekommen ist, kann das Vertrauen des and Teils auf das Verhalten des Berecht schutzwürd sein (BGH **94**, 351, NJW **85**, 2590, **86**, 2107). **Einzelfälle:** Wer eine rechtl Regelg längere Zeit in einem best Sinn ausgelegt hat, ist hieran gebunden, wenn der and Teil sich auf eine gleichbleibde Einstellg eingerichtet hat (RG **144**, 92, BGH **LM** WZG 1 Nr 5). Wer zugesagt hat, er werde das vertragl KündR nur aus wicht Grd ausüben, verliert das freie KündR (Mü NJW-RR **92**, 1038). Der Versorggsträger, der eine einschläg KürzgsVorschr 8 Jahre lang nicht angewandt hat, ist an diese Handhabg auch für die Zukunft gebunden (BGH **94**, 349). Der ArbN kann nach langjähr VertrDauer nicht geltd machen, er sei 9 Jahre älter als bisher angegeben (Schlesw DB **89**, 1828). Wer jahrelang den Irrt unterhalten hat, er sei der richt Schu, darf nicht nachträgl seine Passivlegitimation bestreiten (BGH **LM** § 164 Nr 33, NJW-RR **90**, 417). Wer den mit einer and Firma der Firmengruppe geschlossenen Vertr als eig abgewickelt hat, darf sich später nicht auf fehlde Passivlegitimation berufen (BGH NJW-RR **87**, 335). Hat der geschäftsunf Erbl unter Mitwirkg des Erben ein Grdst verkauft, kann dieser nicht die Nichtigk des Vertr geltd machen (BGH **44**, 367). Der Käufer, der die Hard- u Software installiert hat u seit längerem benutzt, kann aus der Nichtlieferg des nur zur Installation erforderl Handbuchs nicht nachträgl ein ZbR herleiten (Köln NJW-RR **98**, 343). Der Vermieter kann die EigenbedarfsKünd nicht auf Grde stützen, die er schon bei VertrSchluß kannte (BVerfG NJW **89**, 972, LG Münster NJW-RR **90**, 1354). Der Mieter, der die Mietsache nicht mehr nutzt u die Mietzahlg eingestellt hat, kann sich ggü einer zur Schadensminderg sinnvollen andweit Vermietg nicht auf § 552 S 3 berufen (Düss NJW-RR **91**, 1485). Der **Architekt** ist an die in Kenntn aller maßgebden Umst erteilte Schlußrechng grdsl gebunden (BGH **120**, 133). Eine NachFdg ist aber nicht stets treuw (BGH aaO gg die fr stRspr). Es sind in jedem Einzelfall die beiderseit Interessen umfassd ggeinand abzuwägen (BGH aaO, Düss NJW-RR **96**, 1421). Der Vertrauensschutz wird nicht dadch ausgeschlossen, daß der Architekt die Mindestsätze der HOAI unterschritten hat (BGH NJW **93**, 661); er entfällt aber bei Abschlagsrechngen (BGH NJW-RR **96**, 145) u bei Rechngen, die der AuftrG als nicht prüffäh beanstandet hat (KG NJW-RR **95**, 536). Diese Grds gelten für den Statiker u den Tragwerksplaner entspr (s Köln BauR **78**, 65, Düss NJW-RR **95**, 340). Beim VOB-Vertr werden NachFdgen dagg nur dch VOB/B 16 Nr 3 II beschränkt (BGH **102**, 395). Ist das vereinbarte Honorar geringer als die Mindestsätze der HOAI, kann § 242 eine MehrFdg ausschließen (BGH **136**, 1, NJW-RR **97**, 1448). Wer zur Besprechg über die Schlußrechng einen Architekten entsendet, kann nicht geltd machen, dieser habe die Dchführg der in Rechng gestellten Leistgen nicht bestätigen dürfen (Nürnbg NJW-RR **99**, 1036). Hat der Schu den Gläub, wenn auch schuldlos, von der Unterbrechg der Verj abgehalten, ist die Einr der **Verjährung** unzul (Übbl 10 v § 194). – **bb) Treuwidrigkeit aus anderen Gründen.** Auch wenn kein bes Vertrauenstatbestd begründet worden ist, kann widersprüchl Verhalten unzul sein, so wenn der Berecht aus seinem fr Verhalten Vorteile gezogen hat od bei einem unlösb Selbstwiderspr. **Einzelfälle:** Wer im SchiedsVerf (SchlichtgsVerf) dessen Unzulässigk eingewandt od dessen Dchführg dch Nichtzahlg seines Kostenanteils verhindert hat, kann im anschließenden RStreit nicht die Einr des SchiedsVertr erheben (BGH **50**, 191, NJW **99**, 647, aA FfmNJW-RR **98**, 778). Das gilt ebso für den, der ggü der Klage die Einr des SchiedsVertr erhoben hat u später die Zuständigk des SchiedsGer bestreitet (BGH NJW-RR **87**, 1195).

Wer das ihm ohne RGrd Geleistete behalten will, kann nicht wg Nichtigk des Gesch seine GgLeistg zurückverlangen (RG GZS **161**, 59, BGH **LM** § 154 Nr 2). Wer das SachverstHonorar vom Schädiger ersetzt verlangt u erhalten hat, darf die Honorarhöhe nicht nachträgl bestreiten (Celle NJW **67**, 1511, Anm Lueder NJW **68**, 1186). Wer als WoEigtümer einer baul Änderg zugestimmt hat, kann nicht deren Beseitigg verlangen (Hamm NJW-RR **96**, 971). Die BRep, die die Einrichtg von DDR-Zwangsvertretern ständ mißbilligt hat, kann nicht den auf sie übergegangenen ProvAnspr eines solchen Vertreters geltd machen (BGH **130**, 371). Der ArbG, der dem ArbN im Zeugn vorbehaltlos Ehrlichk bescheinigt, kann SchadErsAnspr od eine Künd nicht mehr auf einen ihm vorher bekannten, mit dem ZeugnInh unvereinb Sachverhalt stützen (BAG NJW **72**, 1214, LAG Brem BB **84**, 473). Wer ein rechtskr Urt erstritten hat, daß er ArbN ist, u anschließd auf eig Wunsch unter Aufhebg des ArbVertr freier Mitarbeiter w, kann nicht geltd machen, er sei doch weiter ArbN (BAG NJW **97**, 2617). Das gilt ebso für den DienstN, der geltd macht, er sei ArbN, obwohl er jahrelang den Abschluß eines ArbVertr abgelehnt h (BAG NJW **97**, 2618). Der ArbN, der mehrf aus wicht Grd gekündigt hat, kann nicht nachträgl geltd machen, die Künd sei wg Fehlens eines wicht Grdes u Nichteinhaltg der Schriftform unwirks (BAG BB **98**, 645, aA Singer NZA **98**, 1309). Hat eine Part den Eindruck erweckt, sich der Entsch eines schwebden MusterProz zu unterwerfen, kann sie deren Verbindlichk nicht nachträgl bestreiten (BGH **94**, 354). Auf dem Verbot widersprüchl Verhaltens beruhen auch die Grds der **Verwirkung** (Rn 87 ff) u die Regel, daß die *protestatio facto contraria* unbeachtl sind (Einf 27 vor § 145).

58 **C) Weitere Einzelfälle.** Um die systemat Darstellg nicht mit RsprNachw zu überfrachten, werden im folgden ohne Anspr auf Vollständigk weitere Einzelfälle zusgestellt. Zu berücksichtigen ist aber, daß im Anwendgsbereich des § 242 alle Umst des Einzelfalls sorgfält abgewogen werden müssen, die Entsch eines (scheinb) ähnl Falles also nicht einf übernommen werden darf.

59 **a) Abfindungsvergleich** u § 242 s Rn 153. – **Abtretung.** Die TeilAbtr kann gg § 242 verstoßen, wenn sie für den Schu zu unzumutb Erschwern führt (BGH **23**, 56, Düss MDR **81**, 669). Das ist aber nur in AusnFällen anzunehmen; eine gewisse MehrArb genügt nicht (BGH aaO). Die Unzumutbark kann sich auch
60 aus der Pers des Zessionars ergeben (Baumgärtel AcP **156**, 256). – **Akkreditiv** s Einf 12 v § 783.

61 **b) Arbeitsrecht.** Die Künd kann gg das Verbot widersprüchl Verhaltens verstoßen (BAG NJW **72**, 1878, LAG Brem BB **84**, 473). Soweit es um die Sozialwidrigk der Künd geht, wird § 242 dch das KSchG verdrängt (BAG DB **91**, 341). Ist das KSchG unanwendb (KleinBetr, Nichtablauf der Wartezeit) ist die Künd auch im Hinblick auf § 242 nicht von einem rechtfertigden Grd abhäng (Löwisch BB **97**, 785, Boemke WiB **97**, 617, zT and Lakies DB **97**, 1078). Gem § 242 unzul ist aber die Künd zur Unzeit u die in verletzder Form (Vorbem 49 v § 620), ferner die, die allein wg der Homosexualität des ArbN erfolgt (BAG BB **95**, 204). Der UrlAnspr besteht auch dann, wenn der ArbN krankheitsbedingt im UrlJahr nicht einen Tag gearbeitet hat (BAG NJW **82**, 1548,); er kann bei bes schweren Verfehlgen entfallen (BAG **6**, 300, BB **69**, 273). Tarifl Anspr unterliegen gem TVG 4 IV nicht der Verwirkg; der Einwand unzul RAusübg ist aber zul, wenn er nicht auf illoyale Verspätg, sond auf einen sonst groben Verstoß gg § 242 gestützt w (BAG **3**, 80, **4**, 63, VersR **83**, 768). Rückzahlgsklauseln bei Gratifikationen u § 242 s § 611 Rn 89 ff; über Ruhegehalt u § 242 s Rn 46.

62 **c) Aufrechnung:** Ausschluß dch § 242 s § 387 Rn 15; Einschränkg von AufrVerboten dch § 242 s § 387 Rn 17 ff. – **Auskunftsanspruch:** s § 261 Rn 8 ff u 27. – **Ausschlußfristen:** Die Anwendg **tariflicher** AusschlFr steht unter dem Gebot von Treu u Glauben (BAG **14**, 145). Der Anspr kann aus bes Grden trotz FrAblauf noch zuzulassen sein, jedoch sind strenge Anfordergen zu stellen (s BAG **10**, 7, **17**, 200, DB **82**, 2250). § 242 ist anwendb, wenn der Schu den Anschein erweckt, er werde sich nicht auf die AusschlFr berufen u der Gläub hierauf vertraut (BAG DB **70**, 688, **85**, 659; Parallelfall zu Einl 10 vor § 194). Entspr gilt, wenn der Schu den Gläub dch aktives Tun od dch pflichtw Vorenthaltg von Informationen gehindert hat, die Fr zu wahren (BAG DB **95**, 2317), u bei Anspr aus vorsätzl strafb Hdlgen, von denen der and Teil nichts wußte (BAG **AP** TVG 4 AusschlFr Nr 42). Dagg ist § 242 unanwendb, wenn der Anspr wg Zweifelhaftigk der RLage nicht geltd gemacht worden ist (BAG **AP** aaO Nr 34), wenn der ArbG dem ArbN eine unricht RAusk über das (Nicht)-Bestehen des Anspr erteilt hat (BAG BB **97**, 1158), wenn der ArbG den ArbN nicht auf die für die Geltdmachg des Anspr vorgeschriebene Schriftform hingewiesen hat (BAG NZA **95**, 229) od wenn der ArbN einseit erwartet hat, der ArbG werde sich nicht auf den FrAblauf berufen (BAG BB **71**, 309).
63 – Bei **gesetzlichen** AusschlFr hängt es von ihrem Zweck ab, ob u inwieweit bei ihrer Versäumg § 242 anwendb ist (BGH **31**, 83). Auf prozessuale Fr, die beamtenrechtl KlFr (BGH **14**, 128) u die Fr des PatG 27 (BPatG GRUR **71**, 569) ist § 242 nicht anzuwenden. Dagg ist § 242 anwendb auf die Fr des § 626 II (BGH
64 NJW **75**, 1698) u der AVBGasV 21 II (BGH NJW-RR **91**, 949). – Im **Versicherungsrecht** gilt für gesetzl u vertragl AusschlFr der Grds, daß der VersN keine RNachteile erleidet, wenn er die Fr schuldlos versäumt hat (BGH **9**, 208, **43**, 236, NJW **95**, 2854). Wird der fr Zustand entgg einer AusschlFr nicht rechtzeit wiederhergestellt, so ist das unschädl, wenn der Versicherer die FrWahrg dch Nichtzahlg der VersSumme verhindert hat (BGH **LM** (Cb) Nr 12).

66 **d) Bankgarantie** u § 242 s Einf 16 f v § 783. – **Bereicherungsrecht.** § 242 ist unanwendb, soweit der Schutz des § 818 III ausr (BGH **55**, 134, VersR **77**, 474). Bei aufgedrängter Ber ist der Anspr mißbräuchl, wenn der Bereicherte die Rückn der verbundenen Sachen verlangen kann u verlangt (BGH NJW **65**, 816, § 951 Rn 19). Beim BerAnspr gg den Bewucherten können gem § 242 SchongsMaßn (Teilzahlg, Stundg) geboten sein (RG **161**, 58). Ist der erzielte Erlös wesentl größer als der obj Wert der Sache, kann der Anspr aus § 816 gem § 242 einzuschränken sein (BGH **29**, 161, § 816 Rn 24). Auch ggü § 817 S 2 ist § 242 anwendb (§ 817 Rn 20). Will der Gläub die causalose GgLeistg behalten, ist sein BerAnspr ausgeschl
67 (Rn 57). – **Bürgschaft.** Der Gläub hat keinen Anspr gg den Bü, wenn er den BürgschFall treuw herbeiführt (Rn 44). Hat der Gläub ggü dem Bü SorgfPflten übernommen, kann deren Verletzg den Anspr gg den Bü ausschließen (BGH **LM** § 765 Nr 16). Auch wenn die Hauptschuld dch ein in den Konsequenzen nicht bedachtes RGesch (Novation) erlischt, kann der Bü sich hierauf berufen (BGH Warn **69** Nr 330). Erhebt der Bü die Einr aus § 770 II, so kann hierin nur ausnw ein Verstoß gg § 242 liegen (BGH NJW **66**, 2009). Bürgsch auf erstes Anfordern u RMißbr s Einf 14 v § 765.

e) Eherecht: Bei Ehen, die währd des Krieges od in den ersten Nachkriegsjahren außerh des Reichs- 68
gebietes vor einem Geistl geschl worden sind, kann die Berufg auf den Formmangel mißbräuchl sein, wenn die Eheg die Ehe mehr als 20 Jahre als gült anerkannt haben (Stgt FamRZ **63**, 42, Hbg FamRZ **81**, 356, vgl jetzt auch § 1310 III). **Eheaufhebungsanträge:** Soweit § 1317 unanwendb ist, führt langer Zeitablauf 69
(35 Jahre) allein nicht zum Wegfall des AntrR (BGH NJW-RR **94**, 264). Der Antr des in bigamischer Ehe lebden Eheg ist nicht schon deshalb mißbräuchl, weil er die 1. Ehe nicht fortsetzen will od kann (BGH **37**, 55). Die RAusübg wird auch nicht dadch unzul, daß es dem AntrSteller nur darum geht, eine 3. Ehe einzugehen (Düss NJW-RR **93**, 136, aA BGH **30**, 146). Der AntrSt verstößt aber gg § 242, wenn er die Aufhebg der bigamischen Ehe verlangt, obwohl die 1. Ehe vor Eingehg der 2. bereits dch ein ausl Ger geschieden war u diese Scheidg auf einen entspr Antr ow anerkannt werden würde (BGH JZ **62**, 446). Die Eheaufhebg wg argl Täuschg ist nicht schon deshalb unzul, weil der AntrSt sich bereits vor Entdeckg der Täuschg von der AntrGegnerin abgewandt od die Ehe zerrüttet hat (BGH **29**, 269, NJW **58**, 1290). Der Antr verstößt auch nicht deshalb gg § 242, weil es ihm darum geht, sich einer and Partnerin zuzuwenden (aA BGH **5**, 186).

f) Erbrecht. Der Nacherbe, der den Vorerben vorsätzl tötet, wird wg treuw Herbeiführg des NachErbf 72
nicht Erbe (BGH NJW **68**, 2051). Die Anf gem §§ 2278, 2281 ist unzul, wenn der Erbl deren Voraussetzgen dch ein gg Treu und Glauben verstoßdes Verh selbst herbeigeführt hat (BGH **4**, 91, FamRZ **62**, 428). Hat der PflichttBerecht sich zunächst mit einem privaten Verzeichn über den Bestand des Nachl begnügt, kann das Verlangen nach Aufn eines amtl Verz (§ 2314 I 3) mißbräuchl sein (BGH **33**, 380). Wer am Abschl eines ErbVertr mitgewirkt hat, kann nicht dessen Unwirksamk wg Verstoßes gg ein ihn begünstigdes gemschaftl Test einwenden (BGH MDR **58**, 490). Läßt der Erbl den Widerr eines gemschaftl Test öff zustellen, obwohl er den AufenthOrt seines Eheg kennt, kann gg den dch ein späteres Test Begünstigten der Einwand unzul RAusübg begründet sein (BGH **64**, 8). Der mit der GesSchuldKl belangte Miterbe kann die Leistg verweigern, wenn sich der Gläub dch Aufr gg eine Fdg der ErbGemsch befriedigen kann (BGH **38**, 126). Der Erbe, unter dessen Mitwirkg ein geschäftsunfäh Erblasser ein Grdst verkauft hat, handelt mißbräuchl, wenn er sich auf Nichtigk des Vertr beruft (BGH **44**, 367). Sieht der ErbVertr ein RücktrR bei pflichtw Verhalten vor, ist Rücktr idR erst nach Abmahng zul (BGH MDR **67**, 993); diese ist aber bei einem groben Verstoß gg klare VertrPflten entbehrl (BGH DNotZ **83**, 118). Der Antr des Miterben aus Teilgsversteigerg kann gg § 242 verstoßen (Celle NJW **68**, 802). – **Formmangel:** Vgl § 125 Rn 16ff.

g) Gesellschaftsrecht: Der Gter u die von ihm beherrschte jur Pers sind haftgsmäß als Einh zu behandeln, 73
wenn die Berufg auf die förml Selbständigk gg § 242 verstoßen würde, sog **Durchgriffshaftung** (s Einf 12 v § 21). Der Kommanditist kann sich auf die Beschränkg seiner Haftg grdsl auch berufen, wenn er wirtschaftl Inh der KG ist (BGH **45**, 204), ausnw kann aber RMißbr vorliegen (BGH NJW **72**, 1418). Die Inh einer GmbH & Co KG haften kr RScheins, wenn die Firmierg nicht erkennb macht, daß keiner ihrer Inh unbeschr persönl haftet (BGH **62**, 226, **71**, 354, § 164 Rn 3). Die Pflten einer Gesellsch erstrecken sich uU auch auf eine von den Gtern gegründete weitere Gesellsch (BGH **59**, 64, WM **75**, 777). UnterlPflten obliegen uU auch der vom Schu beherrschten jur Pers (BGH DB **88**, 701). Das AuskR des Gter ist ausgeschl, wenn es Material für einen offensichtl unbegründeten Anspr od für vertragsw Wettbew liefern soll (RG **148**, 280, Rn 51). Das ÜbernR entfällt, wenn der Berecht das Untern nicht erhalten, sond einen Liquidationsgewinn erzielen will (BGH NJW **59**, 432), die **Anfechtung** eines HauptVersammlgsBeschl ist mißbräuchl, wenn es 74
dem Anfechtden darum geht, sich das AnfR „abkaufen“ zu lassen (BGH **107**, 308, NJW **93**, 2181) od einen günst Vergl über einen von ihm geltd gemachten SchadErsAnspr zu erreichen (Ffm ZIP **96**, 379); das gilt auch dann, wenn der Entschluß zur grob eigennützigen Ausnutzg der Anf erst nach KlErhebg gefaßt worden ist (BGH NJW **92**, 570). Wer den PrivGläub eines MitGters zur Künd veranlaßt, kann nicht dessen Ausschl verlangen, wenn dieser den Gläub alsbald befriedigt (BGH **30**, 201). Wer die Liquidation absichtl verzögert, kann ggü dem SchadErsAnspr der MitGter nicht einwenden, dieser sei ein bloßer Rechngsposten (BGH NJW **68**, 2005). Die Künd kann mißbräuchl sein, wenn der MitGter vorübergehd an der Wahrnehmg seiner Rechte gehindert ist (RG DR **43**, 1220, Wehrdienst; OGH NJW **50**, 503, Verschollenh). Wenn der AlleinGter einer GmbH sein Amt als einziger GeschFü ohne wicht Grd niederlegt, ohne einen neuen GeschFü zu bestellen, ist die Amtsniederlegg unwirks (BayObLG DB **81**, 2219). – **Gewissensnot** s Rn 9. – **Haftungsbeschränkung** s § 276 Rn 62. – **Insolvenzrecht.** Der Antr auf Eröffng des InsVerf ist mißbräuchl, wenn er wg einer BagatellFdg od aus unlaut Motiven gestellt wird (str, s LG Würzbg BB **84**, 95, Braun DGVZ **79**, 109). Die Klage auf Feststellg einer Fdg zur Tabelle verstößt gg § 242, wenn der Kläger den InsVerw veranlaßt hat, dieselbe Fdg für einen and Gläub anzuerkennen (BGH NJW **70**, 810). Die Anf der Übertr von GterVermögen auf die InsMasse des Gesellsch kann uU mißbräuchl sein (BGH **121**, 179/193). – **Kaufvertrag:** Hat der Käufer im VorProz die WandlgsEinr erhoben, kann die nachträgl Geltdmachg eines 75
SchadErsAnspr aus § 463 mißbräuchl sein (BGH **29**, 156). Die Wandlg ist unzul, wenn der Mangel nicht mehr besteht (BGH **90**, 204) od wenn der Verkäufer wg der Beseitigg and Mängel bereits erhebl Kosten aufgewandt hat u dem Käufer ein Festhalten am Vertr zumutb ist (Köln DB **72**, 2458). Beim Gattgskauf kann es gg § 242 verstoßen, wenn der Käufer die sofort angebotene mangelfreie ErsSache ablehnt (RG **91**, 110, § 243 Rn 7). Die VorleistgsPfl des Käufers kann entfallen, wenn konkrete VerdachtsGrde für erhebl Mängel bestehen (§ 320 Rn 18). Besteht das vertragl R, einen Nachkäufer zu stellen, darf der Verkäufer die VertrÜbern nicht ablehnen, um dch einen weiteren Vertr zusätzl Gewinn zu erzielen (Karlsr OLGZ **87**, 127).

h) Kindschaftsrecht: Die Anf der Vatersch verstößt nicht gg § 242, auch wenn der Kläger die Vatersch 76
anerkannt hat (§ 1600 iVm § 1592 Nr 2, s auch BGH **2**, 130). Auch wenn das Kind aus einer mit Zust des Ehem dchgeführten heterologen Insemination stammt, soll das AnfR des Ehem nicht ausgeschl sein (BGH **87**, 173, NJW **95**, 2921, Einf 15 v § 1591). – **Maklervertrag.** War der Makler längere Zeit nicht mehr für den 77
AuftrGeb tät, ist die Berufg auf den AlleinAuftr mißbräuchl (BGH NJW **66**, 1405). Haben die VertrPart sich nicht auf den Formmangel berufen, hat der Makler trotz der Nichtigk des vermittelten Vertr einen ProvAnspr (Köln JR **56**, 461). Es genügt aber nicht, daß eine der Part erfüllgsbereit ist (Celle OLGZ **69**, 418) od daß die Part den Formmangel verschuldet haben (BGH WM **77**, 1050). Der Kaufinteressent verstößt nicht gg § 242, wenn er eine vor Abschluß eines MaklerVertr erteilte Information dazu benutzt, um das Objekt provisionsfrei

zu erwerben (BGH NJW **86**, 178). Er muß aber die vereinbarte Prov zahlen, wenn der KaufVertr statt von
78 ihm, von seinem Eheg (Partner) abgeschlossen w (§ 652 Rn 31). – **Mietvertrag:** Zur Verwendg von Haushaltsmaschinen, zur Umstellg der Heizg dch den Mieter u zur Haustierhaltg s § 535 Rn 13, 15, 17. Die Künd ist im MietR detailliert u unter Berücksichtigg sozialer GesichtsPkte geregelt. Für § 242 bleiben daher nur wenige Anwendgsfälle. Nach § 242 unzul ist die Künd in verletzder Form, die Künd gem § 542, wenn der Mieter die Sache ohnehin nicht benutzt hätte (BGH DB **70**, 1633), die Künd gem § 566 S 2, wenn der Formverstoß ausschließl in NichtBeurk einer für den Kündigden günst nachträgl Vereinbg besteht (BGH NJW **75**, 1653). RMißbr kann auch vorliegen, wenn der Vermieter, obwohl eine ErsVermietg mögl ist, auf den Anspr gg den ausgezogenen Mieter beharrt (§ 552 Rn 8). Verweigert der Mieter die Erf u nimmt der Vermieter zur SchadMinderg eine ErsVermietg vor, haftet der Mieter trotz § 552 S 3 für die Mietdifferenz (BGH **122**, 163).

79 **i) Sachenrecht.** Das Verbot unzul RAusübg gilt auch im SachenR, aber nur für sachenrechtl „Sonderverbindgen" (Rn 6), nicht soweit es um die „Zuordngsfunktion" des SachenR geht (Soergel-Teichmann Rn 70). Der MißbrTatbestd kann im SachenR mangels and RBeziehgen idR nur aus dem dingl RVerhältn hergeleitet w (BGH NJW **60**, 673). Dem Anspr aus § 985 kann § 242 entggstehen, ebso dem aus § 894 (Einzelfälle § 985 Rn 15u § 894 Rn 13). Ggü dem Anspr aus § 861 ist die Berufg auf § 242 zwar nicht schlechthin ausgeschl (so KG NJW **67**, 1915), aber nur in bes AusnFällen mögl (BGH NJW **78**, 2157). Die
80 Ausübg einer **Grunddienstbarkeit** kann wg veränderter Umst unzul sein, wenn die Nachteile für das diende Grdst in einem Mißverhältnis zu den Vorteilen des herrschden stehen (RG **169**, 183, BGH NJW **60**, 674, DNotZ **70**, 349). Der Inhalt der GrdDbk kann sich nach den Bedürfn des herrschden Grdst ändern (§ 1018 Rn 9). Aus einer SichgGrdSch können keine Rechte hergeleitet w, wenn die zuGrde liegde Fdg nicht od nicht mehr besteht (BGH **19**, 206). Beim PfandR kann eine RückgPfl bestehen, wenn der Gläub andweit ausr gesichert ist (BGH **LM** § 610 Nr 1). Drohder Verderb macht die Berufg auf das PfandR idR nicht unzul, da der Schu gem § 1218 vorgehen kann (BGH DB **66**, 378, s aber § 1218 Rn 1). Dem HeimfallAnspr kann § 242 entggstehen, wenn das ZwVerstVerf wieder aufgehoben ist (BGH DNotZ **69**, 538); idR bleibt ein entstandener Anspr aber auch dann dchsetzb, wenn die verletzte Pfl nachträgl erfüllt w (BGH NJW-RR **88**, 715, **LM** (Bc) Nr 16). Zum **nachbarlichen Gemeinschaftsverhältnis** s § 903 Rn 13.

81 **j) Schiedsklausel:** Die Einr des SchiedsVertr verstößt gg § 242, wenn der Bekl im SchiedsVerf dessen Unzulässigk eingewandt hat (BGH **50**, 191, Rn 57) od das SchiedsVerf wg mangelnder Leistgsfähigk einer Part nicht dchgeführt w kann (BGH **102**, 202). – **Teilungsversteigerung:** Sie kann unzul sein, wenn eine Realteilg mögl u zumutb ist (BGH **58**, 146, **68**, 304) od wenn sie zu einem für den and Eheg schlechth unzumutb Ergebn führt (Mü NJW-RR **89**, 715). Der Antr eines geschiedenen Eheg ist mißbräuchl, wenn er nach Treu u Glauben verpflichtet ist, dem and seinen MitEigtAnteil zu übertragen (BGH **68**, 304, **82**, 237,
82 Rn 158ff). – **Verfahrensrecht:** Das Verbot unzul RAusübg gilt auch im ProzR, doch muß den Besonderh dieses RGebiets Rechng getragen w. Die argl Vereitelg der Zustellg setzt die NotFr nicht in Lauf, *arg* ZPO 187 (BGH NJW **78**, 426). Der Empfänger, der das Empfangsbekenntn statt mit der Unterschrift mit einer Paraphe versehen hat, kann sich auf die Unwirksamk der Zustellg berufen (BGH **57**, 165). Führt der Kläger den RStreit fort, obwohl er sich außergerichtl zur KlRückn verpflichtet hat, ist die Kl als unzul abzuweisen (RG **159**, 190, Ffm WM **91**, 682). Das gilt entspr für die Verpflichtg zur BerufgsRückn u die außergerichtl Vereinbg eines RMittelVerzichts (BGH **28**, 52, NJW **84**, 805, OVG Hbg NJW **89**, 604); jedoch kann der Verpflichtg eine *replicatio doli* entggstehen (BGH NJW **68**, 794). Verstößt der Kläger gg die Verpflichtg, nicht im UrkProz zu klagen od keine PatentnichtigkKl zu erheben, ist seine Klage unzul
83 (RG **160**, 241, BGH **10**, 22). Ggü einem **rechtskräftig festgestellten Anspruch** ist eine Berufg auf § 242 grdsl ausgeschl. Nur wenn die strengeren Voraussetzgen des § 826 vorliegen, kann die RKraft ausnw zurücktreten (§ 826 Rn 46). Entspr gilt für rechtskr ZuschlagsBeschl (BGH **53**, 50). And liegt es, wenn es um nach Erlaß des Urt eingetretene Ändergen geht. Hier wird die RKraft nicht berührt, Einwendgen aus § 242 sind daher zul, so etwa der Einwand der Verwirkg (BGH **5**, 194) u des Wegfalls der GeschGrdl (BGH **38**, 149). Über mißbräuchl DrittwidersprKl s Rn 52. – Ein außergerichtl **Vergleich** hat ggü dem sog Akkordstörer keine Bindgswirkg (BGH **116**, 329). **Verjährung:** s Übbl 10ff v § 194.

84 **k) Versicherungsrecht:** Die bei ObliegenhVerletzg vorgesehene LeistgsFreih tritt nur ein, wenn der Versicherer mit ausr Deutlichk auf den drohden RVerlust hingewiesen hat (BGH **47**, 101, **48**, 9). Sie darf nur geltd gemacht w, wenn die Verletzg generell geeignet ist, die berecht Interessen des Versicherers ernsth zu gefährden u den VersN ein erhebl Verschulden trifft (BGH **53**, 160, VersR **78**, 77). Dieser „RelevanzRspr" (Sieg BB **90**, 2280) haben die KfzVersicherer dch nF des § 7 V AKB Rechng getragen. Sie ist aber für and VersichergsZweige weiterhin von Bedeutg, so für die FeuerVers (BGH **96**, 92) u die EinbruchdiebstahlsVers (Hbg VersR **87**, 873). Leistgsfreih wg argl Täuschg des VersN tritt nicht ein, wenn auch der Vers sich grob pflwidr verhalten h (BGH **107**, 368). In bes liegden Fällen kann auch die Berufg auf Leistgsfreih wg eines Prämienrückstands mißbräuchl sein (BGH **21**, 136, NJW **63**, 1056), so etwa, wenn der Versicherer bei Anmahng der Erstprämie nicht auf den drohden Verlust der Rechte aus der vorläufigen Deckgszusage hingewiesen hat (BGH **47**, 360, VersR **73**, 811), wenn der Versicherer bei Entggn der Folgeprämie nicht über die Notwendigk der Bezahlg der Erstprämie informiert (BGH VersR **74**, 121) od wenn der VersN wg einer vom Versicherer zu vertretden Ungewißh über die Prämienhöhe nicht gezahlt hat (Brem VersR **77**, 855, Düss VersR **78**, 912). Zur AusschlFr s Rn 62. § 242 ist auch zG des Versicherers anwendb: Bei einer bes groben Treuwidrigk kann der VersN den VersSchutz verlieren, auch wenn für den gegebenen Fall keine RVerwirkg vereinbart war (BGH NJW-RR **91**, 1371). – **Vertragsstrafe.** Ein Gläub, der mehrere Jahre hindch ZuwiderHdlgen gg eine strafbewehrte wettbewerbsrechtl UnterlVerpfl sammelt u dann eine Zahlgsklage in wirtschaftl bedrohl Höhe erhebt, kann dem Einwand unzul RAusübg ausgesetzt sein (BGH NJW **98**, 1144).

85 **l) Vertretungsmacht:** Mißbr s § 164 Rn 13. AnschVollm s § 173 Rn 14. – **Vorkaufsrecht.** Die Ausübg des VorkR ist unzul, wenn der Berecht die Erf der sich aus seiner Erkl ergebden Pflten ablehnt (§ 505 Rn 2), beim dingl VorkR ferner, wenn sich der Berecht schuldrechtl verpflichtet hat, von ihm keinen Gebr zu machen (BGH **37**, 152). Das ges VorkaufsR der Gem ist ausgeschl, wenn an dem Erwerb des Grdst kein öff

Interesse besteht (Rn 51). Verweigert der Verpflichtete die Besichtigg der Sache, verlängert sich die Fr für die Ausübg des VorkaufsR (RG DR **41**, 1461, BGH MDR **72**, 128). – **Wechselrecht:** Die Berufg auf die 86
Fälschg einer WechselUnterschr kann gg das Verbot widersprüchl Verhaltens verstoßen (Zeiss JZ **63**, 747). Bloßes Schweigen macht den Fälschgseinwand aber noch nicht unzul (BGH **47**, 113, NJW **63**, 149). Der Akzeptant, der die Einlösg endgült verweigert hat, kann aus der Nichtvorlage des Wechsels beim Domiziliaten keine Rechte herleiten (BGH **30**, 322). – **Werkvertrag:** Der Anspr aus § 641 kann nach Treu u Glauben auch gg den GrdstEigentümer geltd gemacht w, wenn dieser in der VertrAbwicklg die beherrschde Position innehat u die Vorteile aus der WkLeistg zieht (BGH **102**, 102). – **Zurückbehaltungsrecht:** § 273 als Ausprägg des § 242 s § 273 Rn 1; Einschränkg des ZbR dch § 242 s § 273 Rn 18.

5) Verwirkung. – a) Begriff, Grundgedanke. Ein Recht ist verwirkt, wenn der Berecht es längere Zeit 87
hindch nicht geltd gemacht hat u der Verpflichtete sich nach dem gesamten Verhalten des Berecht darauf einrichten durfte u auch eingerichtet hat, daß dieser das Recht auch in Zukunft nicht geltd machen werde (BGH **43**, 292, **84**, 281, **105**, 298, NJW **82**, 1999). Die Verwirkg ist damit ein typ Fall der unzul RAusübg wg widersprüchl Verhaltens (Rn 57). Der Verstoß gg Treu u Glauben liegt in der **illoyalen Verspätung** der RAusübg (BGH **25**, 52, NJW **84**, 1684, BAG **6**, 167). Die Verwirkg begründet – in Ergänzg etwaiger Verj- u AusschlFr – eine zeitl Grenze für die RAusübg. Sie kann ebenso wie die Einr der Verj auch gg in Wahrh nicht bestehde Anspr geltd gemacht w.

b) Abgrenzung. – aa) Verwirkung durch pflichtwidriges Verhalten. Das Ges sieht in einer Reihe 88
von Best vor, daß der Berecht sein Recht dch ein pflichtw od ehrloses Verhalten verlieren kann, so etwa in §§ 654, 971 II, 1579 Nr 2 u 5, 1611 I, 2339, GG 18. Für bes AusnFälle kann sich auch aus § 242 ergeben, daß grobe PflVerletzgen zum Ausschl eines Rechts führen (Rn 46). Der RVerlust dch pflichtw Verhalten wird häufig gleichf als Verwirkg bezeichnet, er hat aber mit der hier zu behandelnden Verwirkg wg illoyaler Verspätg nichts zu tun. – **bb) Verzicht.** Er kann auch stillschw erklärt w. Voraussetzg ist aber, daß das 89
Verhalten des Berecht als rechtsgeschäftl Willensäußerg gewertet werden kann, der ein Verzichtswille zGrde liegt. Bei Anspr ist außerdem eine Ann dch den and Teil erforderl (§ 397 Rn 1). Die Verwirkg ist dagg vom Willen des Berecht unabhäng. Sie kann auch eintreten, wenn der Berecht von seinem Recht keine Kenntn hatte (Rn 94). – **cc) Verjährung und Ausschlußfristen:** Bei Verj u AusschlFr tritt die RFolge allein aGrd 90
des Ablaufs der gesetzl od vertragl best Zeit ein. Für die Verwirkg genügt dagg ein auch längerer Zeitablauf nicht; es müssen weitere Umst hinzutreten, die die verspätete Geltdmachg des Rechts als treuw erscheinen lassen (BGH NJW **84**, 1684). Je kürzer die Verj- od AusschlFr ist, desto seltener kommt Verwirkg in Betracht (BGH **84**, 280, NJW-RR **89**, 818). Auch ggü einem verjährten Anspr kann der vAw zu berücksichtigde Einwand der Verwirkg dchgreifen (Ffm MDR **80**, 755). Das hat Bedeutg, wenn der Schu auf die Einr der Verj verzichtet hat (Ffm aaO) od wenn er sie, etwa aus RUnkenntn, nicht erhebt.

c) Anwendungsbereich. – aa) Rechte: Ggst der Verwirkg können grdsl alle subj Rechte sein, auch 91
rechtskr festgestellte (BGH **5**, 194). Die RStellg als Mitgl einer Gesellsch od ähnl kann nicht verwirkt w (BGH **LM** (Cc) Nr 58), wohl aber die aus ihr folgden Rechte. Der Verwirkg unterliegen alle RPositionen, die ggü einem and geltd gemacht w können (Soergel-Teichmann Rn 335), auch die Einr der Verj (Ffm NJW-RR **90**, 574, Celle NJW-RR **93**, 559). Es gelten aber die in Rn 96, 98 u 107 angeführten Ausn. – **bb) Rechtsgebiete.** Die Grds der Verwirkg gelten in allen RGebieten des PrivR (BGH NJW **60**, 1148, 92
JZ **65**, 682), im öffR (BVerwG **6**, 205, **44**, 339, BGH **35**, 199) einschließl des SozialR (BSG NJW **58**, 1607, **69**, 767) u im ProzR (BGH **20**, 206, **97**, 220, BAG NJW **83**, 1444). Vgl die Einzelfälle Rn 98ff.

d) Voraussetzungen. Die Verwirkg ist ein außerordentl RBehelf (Rn 87). Grdsl steht es dem Berecht 93
frei, bei der Geltdmachg seiner Rechte die dch Ges od Vertr best Verj- od AusschlFr voll auszunutzen. – **aa) Zeitablauf („Zeitmoment“).** Seit der Möglichk, das Recht geltd zu machen, muß längere Zeit verstrichen sein (Rn 87). Die erforderl Dauer des Zeitablaufs richtet sich nach den Umst des Einzelfalls. Zu berücksichtigen sind vor allem die Art u Bedeutg des Anspr (BAG **6**, 168, Hamm NJW-RR **97**, 847), die Intensität des vom Berecht geschaffenen VertrauensTatbestd (Ffm NJW-RR **91**, 678) u das Ausmaß der Schutzbedürftigk des Verpflichteten. Ein Verhalten des Berecht, das einem konkludenten Verzicht nahekommt, mindert die erforderl Zeitdauer, so etwa die Nichtgeltdmachg des Anspr bei einer Abrechng od bei Vhdlgen über den zGrde liegden Sachverhalt (RG JW **35**, 2883, BGH WM **79**, 647) od die widersprlose Hinnahme einer Zurückweisg des Anspr (Ffm BauR **89**, 210). Die Schutzbedürftigk des Verpfl wird wesentl bestimmt dch den Umfang seiner Vertrauensinvestitionen (Rn 95) u seinen Informationsstand, dh ob er vom Recht des and Teils wußte, wissen mußte od ob er gutgl war (s BGH **21**, 83, GRUR **60**, 141). Bei einem RücktrR kann eine Fr von einigen Wochen ausr (BGH BB **69**, 383, s auch § 626 II), während bei dingl Anspr 28 Jahre zu kurz sein können (BGH WM **71**, 1084). Bei rechtl Zweifeln darf der Berecht die Klärg der RLage abwarten (BGH **1**, 8, BVerwG **5**, 140). – **bb) Untätigsein des Berechtigten.** Währd des für die 94
Verwirkg erforderl Zeitraums darf der Berecht nichts zur Durchsetzg seines Rechts getan haben. Eine Verwirkg ist ausgeschl, wenn er dch Mahng, Widerspr od in sonst Weise zu erkennen gegeben hat, daß er auf seinem Recht beharrt (BGH **132**, 95, FamRZ **88**, 480). **Kenntnis** des Berecht vom Bestehen des Rechts ist nicht erforderl (RG **134**, 41, BGH **25**, 53, BAG DB **69**, 1996, aA BVerwG **6**, 206, BAG NJW **78**, 724), ebsowenig ein Verschulden (Saarbr NJW-RR **89**, 559, LG Mü NJW-RR **89**, 852, Staud-J. Schmidt Rn 494, str). Es genügt, daß der Berecht bei obj Beurteilg Kenntn hätte haben können (LG Ffm NJW-RR **86**, 593). Ausgeschl ist die Verwirkg, wenn der Verpflichtete dem Berecht den Anspr treuw verheimlicht (BGH **25**, 53).
– **cc) Vertrauenstatbestand („Umstandsmoment“).** Der Verpflichtete muß sich aGrd des Verhaltens des 95
Berecht darauf eingerichtet haben, dieser werde sein (vermeintl) Recht nicht mehr geltd machen, u wegen des geschaffenen Vertrauenstatbestdes muß die verspätete Geltdmachg des Rechts als eine mit Treu u Glauben unvereinbare Härte erscheinen (BGH **25**, 52, **67**, 68, NJW-RR **95**, 109, BAG ZIP **90**, 737, BVerwG NVwZ **90**, 554, Rn 87). Das „Umstandsmoment“ ist idR erfüllt, wenn der Verpflichtete im Hinbl auf die Nichtgeltdmachg des Rechts Vermögensdispositionen getroffen hat (BGH **67**, 68, NJW **84**, 1684), zB dadch, daß er auf eine mögl Abwälzg des str Betrages verzichtet hat (BGH VersR **97**, 1004). Zul ist aber auch eine mehr typisierende Beurteilg, insbes bei unerwarteten UnterhNachFdgen. Hier kann uU davon ausgegangen w, daß

der Verpflichtete dch die NachFdg in wirtschaftl Schwierigk gerät, währd er bei rechtzeit Geltdmachg des Anspr seine Lebensführg entspr angepaßt hätte (BGH **103**, 71). Der Verpflichtete kann (entgg BGH NJW-RR **92**, 1240) auch deshalb schutzbedürft sein, weil der Zeitablauf seine BewPosition verschlechtert hat (LG Trier NJW-RR **93**, 55, Verlust von Zahlgsbelegen). Ein Vertrauenstatbestd kann nicht entstehen, wenn sich der Schu unredl verhalten hat (BGH **25**, 52, VersR **96**, 316) od die polit u rechtl Verhältn (DDR) den Berecht
96 an der Geltdmachg seines Anspr gehindert haben (Brdbg OLG-NL **95**, 135). – **dd) Öffentliches Interesse.** Die Verwirkg ist ausgeschl, soweit ihr überwiegde öff Interessen entggstehen (BGH **5**, 196, **16**, 93); nicht verwirkt w können daher: die verfahrensmäß Befugn zur Anrufg des Ger, insbes das KlagR bei LeistgsKl (s BGH NJW-RR **90**, 887, Hamm JurBüro **80**, 1380, Baumgärtel ZZP **86**, 367); das Beschw- u AntrR in GBSachen (BGH **48**, 354, Hamm OLGZ **73**, 405); die RBehelfe gg unricht Firmenführg od irreführde Werbg (BGH **16**, 93, GRUR **85**, 931, krit Schütz GRUR **82**, 526); der Anspr aus AGBG 13 (BGH NJW **95**, 1488), der UnterlAnspr gg die mißbräuchl Verwendg des Roten Kreuzes (BGH **126**, 287).

97 **e) Rechtsfolgen, Beweislast.** Die Verwirkg begründet, ebso wie die sonst Tatbestde der unzul RAusübg, eine inhaltl Begrenzg des Rechts (BGH **67**, 68). Sie ist eine rechtsvernichtde Einwendg u im Proz vAw zu berücksichtigen (BGH NJW **66**, 345). Der Verpflichtete trägt die BewLast für die Voraussetzgen der Verwirkg; der Gläub ist darleggs- (nicht bew-)pflichtig dafür, wann u wie er den Anspr geltd gemacht hat (BGH NJW **58**, 1188).

98 **f) Einzelfälle.** – **aa) Arbeitsrecht.** Tarifl Anspr unterliegen gem TVG 4 IV nicht der Verwirkg. Auch der gesetzl UrlAnspr kann nicht verwirkt w (BAG DB **70**, 787), wohl aber die dem ArbN zustehden sonst Rechte, so der Anspr auf UrlEntgelt (BAG aaO), auf Ers von Umschulgskosten (SchlH LAG BB **76**, 1418), auf die ArbNErfinderVergütg (BGH GRUR **77**, 784), der ZeugnAnspr (BAG NJW **88**, 1616), der Anspr auf Entferng von Abmahnschreiben aus den PersAkten (BAG NJW **89**, 2564), der Anspr aus § 613a I 1 (LAG Köln ZIP **90**, 1294), das Recht, die Unzulässigk einer Künd geltd zu machen (BAG **9**, 334: fristlose Künd; BB **89**, 990: Verstoß gg § 613a IV). Das Recht, die Nichtigk eines dch Drohg zustande gekommenen AufhebgsVertr geltd zu machen, verwirkt, wenn überhaupt, erst nach längerer Fr (BAG DB **98**, 521). Bei Lohn- u GehaltsAnspr scheidet Verwirkg wg der kurzen VerjFr des § 196 idR aus (BAG BB **58**, 117). Für die Anspr des ArbG gelten die allg Grds der Verwirkg, so für SchadErsAnspr (BAG **6**, 166, s aber unten Rn 108), die Anpassg des Ruhegehalts an Rentenerhöhgen (BAG **17**, 185) u das Recht, die Zinsen für ein Mitarbeiter-Darl zu erhöhen (Saarbr NJW-RR **89**, 558). Bei der RückFdg von überzahltem Lohn will das BAG die Verwirkg davon abhäng machen, daß dem ArbN die Rückzahlg nicht zugemutet w kann (BAG BB **94**, 796). Dagg mit Recht Schwab BB **95**, 2212. Bei der außerordentl Künd verdrängt die kurze AusschlFr des § 626 II die Anwendg der VerwirkgsGrds (BAG NJW **78**, 724, DB **86**, 1339).

99 **bb) Bereicherungsrecht.** Da der Schu dch § 818 III geschützt wird, kommt Verwirkg nur ausnw in Betracht (BGH NJW **76**, 1262, Düss WM **95**, 575). Der Anspr auf Rückzahlg von MaklerProv od einer VersLeistg ist auch nach 7 Jahren noch nicht ow verwirkt (BGH WM **76**, 1194, Hamm VersR **91**, 758), bei der RückFdg von überzahltem WkLohn der öff Hand genügt eine Zeitspanne von $6^1/_2$ Jahren ab Schlußrechng nicht (BGH NJW **80**, 880, Mü BauR **82**, 603, Hbg BB **84**, 14; bedenkl, von der öff Hand kann u muß eine zügige Rechngsprüfg erwartet w), wohl aber ein Zeitraum von 7 Jahren (Köln BauR **79**, 252, LG Mü NJW-RR **89**, 853) u bei Gem von 5 Jahren (LG Düss NJW-RR **99**, 315). Der Anspr auf Herausg eines gestohlenen Pkws ist auch nach 27 Jahren noch nicht verwirkt (Köln MDR **96**, 581). Vgl auch Rn 103 „Miete". – **Bürgschaft:** Der Anspr gg den Bü kann 40 Jahre nach Abschl des BürgschVertr verwirkt sein (Ffm MDR **78**, 52, s aber Mü WM **89**, 602). – **Darlehen:** Der titulierte DarlAnspr einer Bank kann 8 Jahre nach der letzten VollstrMaßn verwirkt sein (LG Trier NJW-RR **93**, 55); das R auf Zinsanpassg nach $9^1/_2$ Jahren (Kln WM **94**, 1469). – **Entschädigungsansprüche:** Vgl BGH **LM** (Cc) Nr 38 u 39. – **Erbrecht:** Verwirkg, wenn ein Anspr erstmals mehr als 20 Jahre nach dem Erbfall geltd gemacht w, obwohl über
100 zushängde Anspr verhandelt u ein Vergl geschlossen worden ist (BGH WM **77**, 688). – **Gesellschaftsrecht:** Die Stellg als Gter unterliegt nicht der Verwirkg (BGH **LM** (Cc) Nr 58), im übrigen gelten die allg Grds, so für die Geltdmachg der Unwirksamk von GterBeschlüssen (BGH ZIP **99**, 1391), das KaduziergsVerf (Hbg NJW-RR **94**, 1528), den Anspr auf Änderg des GesellschVertr (BGH WM **69**, 688), die Berufg auf die Nichtigk eines GterBeschl (BGH DB **73**, 467), das Recht den GmbH-GeschFü aus wicht Grd abzuberufen (BGH NJW-RR **92**, 292). Der SchadErsAnspr gg den geschführden Gter ist auch nach längerem Zeitablauf nicht verwirkt, wenn dieser die tatsächl Grdl des Anspr verheimlicht hat (BGH **25**, 53, BB **66**, 474). Das KündR aus wicht Grd ist verwirkt, wenn mit der Künd unangem lange gewartet wird (RG JW **36**, 2547);
101 § 626 II ist nicht entspr anwendb (dort Rn 21), kann aber eine Orientiergshilfe sein. – **Gewerblicher Rechtsschutz:** Im MarkenR gilt jetzt MarkG 21 I–III, wonach bei Gutgläubigk des Verletzers Verwirkg eintritt, wenn der Berecht die Benutzg wissentl 5 Jahre geduldet hat (Ring DZWiR **95**, 494). Diese Regelg läßt nach MarkG 21 IV die Anwendg der allg Grds der Verwirkg unberührt. Danach kommt es nicht auf den Ablauf einer best Frist an; entscheidd ist vielmehr, ob der Verletzer einen schutzwürd Besitzstand erlangt hat: Dch eine länger andauernde redl u ungestörte Benutzg muß ein Zustand geschaffen worden sein, der für den Benutzer erhebl Wert hat, u den der Verletzte hinnehmen muß, da er ihn dch seine Untätigk mit ermöglicht hat (BGH **21**, 78, NJW **88**, 2470, **93**, 920, NJW-RR **93**, 1387). Ein auf einen best Abnehmerkreis beschränkter Besitzstand kann genügen (BGH GRUR **81**, 60). War der Verletzer bösgl, bedarf es einer längeren Benutzgsdauer, bevor der Besitzstand schutzwürd wird (BGH **21**, 83, GRUR **60**, 141); ist für den Verletzer ein starker Vertrauenstatbestand entstanden, genügt eine kürzere Fr (BGH DB **91**, 2650). Verwirkg kann eintreten, obwohl der Verletzte von der Verletzg keine Kenntn hat (BGH **1**, 33, NJW **66**, 346, Rn 94). Sie ist nicht deshalb ausgeschlossen, weil der Berecht wg der ZusArbeit mit dem Verletzer von der Geltdmachg seiner Rechte abgesehen hat (BGH **LM** (Cc) Nr 29). Hat der Verletzte die Verwendg der Bezeichng mehr als 50 Jahre unbeanstandet hingenommen, kann auch der Verletzer Namensschutz beanspruchen (BGH NJW-RR **91**, 935). Keine Verwirkg, wenn der Verletzer nicht nur IndividualR beeinträchtigt, sond die Allgemeinh irreführt (BGH **5**, 196, **16**, 93, Rn 96). Die Verwirkg von SchadErsAnspr richtet sich nach allg Grds, setzt also keinen schutzwürd Besitzstand voraus (BGH NJW **88**, 2470). Sie kann zu bejahen sein, wenn der Berecht 9 Jahre lang gg die rechtsw Benutzg seines Kennzeichens nichts unternommen hat (BGH aaO). Auch der von einem

WettbewVerband erst 3 Jahre nach dem Verstoß geltd gemachte VertrStrafAnspr kann verwirkt sein (Ffm BB **96**, 2165). – Zur Verwirkg von lizenzvertragl Anspr im Patentrecht s BGH NJW-RR **95**, 109.

cc) Kaufvertrag: Hat der Verkäufer dch Lieferverzögerg den Anschein erweckt, der Vertr sei erledigt, 102
kann der ErfAnspr verwirkt sein (BGH MDR **51**, 281). Das gilt entspr, wenn der Anspr aus einem 1939 geschl GrdstKaufVertr erst 1947 geltd gemacht wird (Stgt NJW **49**, 506). Auf Anspr, für die die kurze VerjFr des § 196 gilt, sind die VerwirkgGrds idR nicht anzuwenden (BGH WM **89**, 354). – **Kündigungsrecht aus wichtigem Grund.** Es muß außerhalb des Anwendgsbereichs von § 626 II (dort Rn 21) in angem Fr ausgeübt w (BGH **71**, 211); beim VertrHändler idR binnen 2 Mo (BGH NJW **94**, 722), beim Handelsvertreter sind 2 Mo idR schon zu lang (BGH aaO). Zur Künd von wettbewerbsrechtl UnterlVertr s Rn 170. –
Miete: Der Anspr auf Nachzahlg von Nebenkosten, insbes von Heizkosten, ist nicht bereits deshalb verwirkt, 103
weil der Vermieter ihn erst länger als ein Jahr nach Ablauf der Abrechngsperiode geltd macht (BGH NJW **84**, 1684, Hbg WuM **92**, 76, Köln NJW-RR **99**, 231, aA die fr Rspr der LG u hier 58. Aufl). Der Mieter kann sich auf Verwirkg nur berufen, wenn er aus bes – idR nicht vorliegden – Grden darauf vertrauen darf, er werde nicht mehr in Anspr genommen (BGH, Hbg u Köln aaO). Auch beim Anspr des Mieters auf Rückzahlg nicht verbrauchter Vorauszahlgen kommt Verwirkg idR nicht in Betracht (Sternel MietR Rn III 146 a). Für die Verwirkg von Mieterhöhgen, die aGrd einer Mietgleitklausel fäll geworden sind, gelten die gleichen Grds wie für die Verwirkg von Nebenkosten (Celle NJW-RR **88**, 724); die Verwirkg erfaßt uU auch die in letzter Zeit aufgelaufenen Erhöhgsbeträge (Düss NJW-RR **93**, 1036). Hat der Vermieter die zu niedrige Miete vorbehaltlos quittiert, kann sogar von einem konkludenten Verzicht ausgegangen w (LG Osnabrück WoM **76**, 162). Für die Verwirkg von pachtvertragl Anspr gelten dagg die strengeren allg Grds (Köln WM **87**, 1310). Auch das MieterhöhgsR aus MHRG 3 kann verwirkt w (AG Albstadt NJW-RR **91**, 1482); ebso der Anspr aus § 556, nach 6 Mo ist aber das Zeitmoment noch nicht erfüllt (BGH NJW-RR **88**, 78); sogar der Anspr aus einem rechtskr RäumgsUrt unterliegt der Verwirkg (Hamm NJW **82**, 341). Der Mieter verliert seinen Anspr aus InstandsetzgsArb, wenn er ihn längere Zeit nicht geltd macht u die Miete vorbehaltlos zahlt (BGH **LM** § 558 Nr 2). Er hat keinen Anspr auf Rückzahlg, wenn er die überhöhte Miete trotz erkannter Zweifel mehrere Jahre ohne Widerspr gezahlt hat (RG **144**, 90). – **Namens- und Personenstandsrecht:** 104
Die Befugn zur Untersagg einer unricht Namensführg entfällt nur dann, wenn der Verletzer auf die Fortdauer des bisherigen Zustands auch für die Zukunft vertrauen durfte (BayObLG **71**, 216). Das Recht, die Berichtigg des Geburtenregisters zu verlangen, ist nach 18 Mo noch nicht verwirkt (BayObLG NJW-RR **95**, 647).

dd) Öffentliches Recht: Auch Anspr u RStellgen des öffR unterliegen der Verwirkg: Anf von VerwAk- 105
ten (BVerwG **7**, 56, BSG NJW **72**, 2103); AnliegerBeitrFdgen (BVerwG NJW **57**, 1204, DVBl **72**, 226); beamtenrechtl Anspr einschließl von GehaltsAnspr (BVerwG **6**, 206, ZBR **62**, 196); ErstattgsAnspr wg Überzahlgen (BVerwG DVBl **65**, 728); FolgenbeseitiggsAnspr (OVG Hbg NJW **78**, 658); GebührenFdgen (OVG Hbg MDR **62**, 246); NachbKlage (BVerwG NJW **98**, 329, de Vivie/Barsuhn BauR **95**, 492); Recht auf Berichtigg eines Rentenbescheids (BSG NJW **73**, 871); SteuerAnspr (BFH BB **85**, 580, FinG Münster BB **87**, 2220). Bei ErstattgsFdgen des Bürgers gg die öff Hand ist eine Verwirkg idR ausgeschl (OVG Hbg MDR **68**, 1039), ebso bei LeistgsAnspr gg SozVersTräger, vor allem wenn der Anspr aus RUnkenntn nicht geltd gemacht worden ist (BSG NJW **69**, 767). Auch das baupolizeil BeseitiggsR unterliegt wohl nicht der Verwirkg (OVG Bln DVBl **70**, 519). – **Prozeßrecht:** Verfahrensrechtl Befugn u RStellgen unterliegen mit 106
den Einschränkgen gem Rn 96 der Verwirkg. Bloßer Zeitablauf genügt aber nicht (KG ZEV **97**, 247). Verwirkt werden können: die Beschw, insbes die unbefristete (BGH **20**, 206, **43**, 292, KG OLGZ **88**, 282, BayObLG NJW-RR **97**, 389), ausnw auch die befristete Beschw (BGH **43**, 292), nicht aber die Beschw im ErbscheinVerf (Brdbg FamRZ **97**, 1023); Einspr gg VersäumnUrt (BGH NJW **63**, 155); Widerspr gg einstw Vfg (Ffm ZZP **69**, 459); KostenfestsetzgsAnspr (Karlsr FamRZ **94**, 55); NachzahlgsAnspr gem ZPO 125 (KG Rpfleger **77**, 415); ErstattgsAnspr gg Sachverst (Ffm NJW **75**, 705); AntrR gem WEG 23 IV 2 (KG FGPrax **97**, 174, Düss NJW-RR **98**, 14).

ee) Rücktrittsrecht: Es kann uU auch noch fast 60 Jahre nach VertrSchl ausgeübt w (Brdbg VIZ **97**, 14). 107
Es ist aber verwirkt, wenn der Gläub nach Ablauf der NachFr Zahlgen entggnimmt, dch die die Schuld im wesentl getilgt w (BGH BB **69**, 383). Entspr gilt bei ungebührl Verzögerg der RücktrErkl (BGH **25**, 52). Auch nach Erkl des Rücktr ist Verwirkg nicht ausgeschl (BGH NJW **60**, 2331). – **Sachenrecht:** Das dingl Recht unterliegt nicht der Verwirkg (MüKo/Roth Rn 364, str), wohl aber die aus ihm entstandenen Anspr, so der Anspr aus § 985 (s RG **133**, 296), aus § 894 (BGH **122**, 309), u der aus WEG 15 III (BayObLG NJW-RR **91**, 1041, Köln NJW-RR **95**, 851, **97**, 14). Bei Anspr aus § 1004 (dort Rn 37) ist zu unterscheiden: Der aus einem abgeschl Eingriff entstandene Anspr kann verwirkt w, so der Anspr auf Beseitigg eines Überbaus nach 7 Jahren, wenn der Eigtümer ihn bei den Vhdlgen weder geltd gemacht noch sich vorbehalten hat (BGH WM **79**, 646). Bei dem mit jeder Einwirkg neu entstehden Anspr (zB unzul Immissionen) ist dagg eine Verwirkg idR ausgeschl (RG JW **35**, 1775). – **Schadensersatzanspruch:** Bei Anspr aus vorsätzl Schädigg 108
scheidet Verwirkg idR aus (BAG **AP** (Verwirkg) Nr 36, Köln VersR **96**, 239); ebso bei deliktischen Anspr idR vor Ablauf der 3-JahresFr des § 852 (BGH DB **92**, 2294). Der Anspr gg eine Bank wg unzureichender Beratg kann nach 9 Jahren verwirkt sein (Ffm WM **97**, 31), der Anspr gg einen Arzt nach 10 Jahren, wenn dieser inzw verstorben u sein Nachl verteilt ist (Mü VersR **56**, 543). – **Unterhaltsanspruch:** Der Anspr auf rückständ Unterh unterliegt der Verwirkg, nicht aber das StammR (BGH **84**, 282). Verwirkg kann bei einem str Anspr schon nach 1 jähr Untätigk zu bejahen sein (BGH **103**, 68, Köln NJW **90**, 2630, Düss NJW-RR **93**, 1222, Schlesw NJW-RR **94**, 582, Rn 95); bei einem titulierten Anspr ist das Zeitmoment aber idR erst nach 4 Jahren erfüllt (Stgt FamRZ **99**, 859, aA KG FamRZ **94**, 771). Unterh, der in Verletzg des ZPO 308 für die Zeit nach Volljährigk zuerkannt worden ist, ist verwirkt, wenn er erstmals nach 5 Jahren geltd gemacht w (Hamm NJW-RR **98**, 510). – **Urheberrecht:** Die für den gewerbl RSchutz (Rn 101) entwickelten RGrds 109
gelten entspr; wg des hohen Ranges des UrhR kommt Verwirkg nur in Betracht, wenn der Verletzer einen bes wertvollen Besitzstand erworben hat (BGH **67**, 68, **LM** (Cc) Nr 3. – **Vereinsrecht:** Der AufwendgsErs-Anspr aus §§ 27 III, 670 kann verwirkt sein, wenn er nicht im folgden GeschJahr geltd gemacht w (LG Mossbach MDR **89**, 993). – **Vorkaufsrecht:** Wg der kurzen AusschlFr (§ 510 II, BauGB 28 II) ist für eine Verwirkg idR kein Raum (Celle NJW **63**, 352).

110 **6) Fehlen und Wegfall der Geschäftsgrundlage. – A)** Das ältere gemeine R ging davon aus, daß jedem Vertr auch ohne bes Abrede die **clausula rebus sic stantibus** innewohne. Das ALR hat versucht, diese Lehre zu kodifizieren (§§ 377 ff I 5). Sie wurde jedoch bereits im jüngeren gemeinen R aufgegeben; das BGB hat sie, von einigen Einzelausprägungen abgesehen (zB §§ 321, 610, 519, 528, 530, zT auch §§ 626, 723, 775), nicht übernommen. Der Gedanke der *clausula rebus sic stantibus* stellt im geltden R **kein allgemeines Rechtsprinzip** dar (RG **50**, 257 (grdsl), allgM). Daran hat auch der ausschließl für öffr Vertr geltde VwVfG 60 nichts geändert. Vereinbgen kann aber stillschw die *clausula rebus sic stantibus* innewohnen, so etwa
111 Vereinbgen über eine SchadErsRente (BGH **105**, 245). Bei **Unterhaltsverträgen** stellt die neuere Rspr auf den Wegfall der GeschGrdl als Weiterentwicklg der Clausula-Lehre ab (BGH **128**, 329), bejaht diesen aber bereits bei jeder erhebl Änderg der Verhältn (BGH NJW **86**, 2055, **93**, 1974, **95**, 1892). Die Vereinbg ist anzupassen, sobald sich die für die Bemessg des UnterhAnspr maßgebl Verhältn (Bedürfn des Berecht, Leistgsfähigk des Verpflichteten) wesentl verändert haben. Können dem PartWillen keine Maßstäbe für die gebotene Anpassg entnommen w, ist diese nach Maßgabe der einschläg gesetzl Vorschr dchzuführen (BGH FamRZ **86**, 785). Bei einem ProzVergl ist eine Anpassg auch für die Zeit vor Erhebg der Abändergsklage zul (BGH **85**, 73, DtZ **94**, 372). Wer bei UnterhVertr behauptet, daß Leistgen nicht den geänderten Verh angepaßt werden sollen, hat hierfür die BewLast (BGH VersR **66**, 38). Auch für Vereinbgen über eine Freistellg von der UnterhPfl gelten die Grds über den Wegfall der GeschGrdl (Köln NJW-RR **95**, 1474). Dagg enthält der UnterhVerzicht idR keine *clausula rebus sic stantibus* (BGH FamRZ **84**, 172, Hamm FamRZ **93**, 973). Er wird aber wirkgslos, soweit ihm aGrd späterer Ereign überwiegde schutzwürd Interessen gemschaftl Kinder entggstehen (BGH NJW **85**, 1833, **92**, 3164), wenn er zur Überwindg einer lange zurückliegden Ehekrise gegeben worden ist (BGH NJW **87**, 2739) od wenn das Vermögen, aus dem der Unterh bestritten werden soll, innerh kurzer Fr ohne Verschulden des Verzichtden entwertet w (Mü FamRZ **85**, 1264).

112 **B)** Als der 1. Weltkrieg, Revolution u Geldentwertg die Grdl einer Vielzahl von SchuldVerh erschüttert hatten, hat die Rspr dem Schu anfängl mit unterschiedl Begründgen (Clausula-Lehre, RG **100**, 130; wirtschaftl Unmöglichk, § 275 Rn 12) ein Recht auf Änderg od Aufhebg des Vertr zugestanden. Diese Konstruktionen haben aber nur vorübergehd Bedeutg erlangt. Seit 1923 hat das RG im Anschl an Oertmann die sog **Geschäftsgrundlage** als den entscheidden GesichtsPkt für die Berücksichtigg veränderter Verh angesehen, so erstmals RG **103**, 332. Hieran hat es auch nach Stabilisierg der wirtschaftl Verhältn festgehalten. Heute sind die Grds über Fehlen u Wegfall der GeschGrdlage trotz Streites über Einzelfragen ein in stRspr anerkanntes RInstitut.

113 **a) Begriff:** GeschGrdlage sind nach stRspr die bei Abschl des Vertr zutage getretenen, dem and Teil erkennb gewordenen u von ihm nicht beanstandeten Vorstellgen der einen Part od die gemeins Vorstellgen beider Part von dem Vorhandensein od dem künft Eintritt best Umst, sofern der GeschWille der Part auf diesen Vorstellgen aufbaut (RG **103**, 332, BGH **25**, 392, **128**, 236, NJW **97**, 323, BAG NJW **91**, 1563). Die GeschGrdlage ist daher einers vom einseit gebliebenen Motiv (Rn 117) u ands vom VertrInhalt (Rn 116) zu unterscheiden. Die von der Rspr zGrde gelegte, auf Oertmann zurückgehende „subj Formel" w von der Lehre überw abgelehnt. Diese ist aber in sich zerstritten u uneinheitl. Chiotellis (RFolgenbestimmg bei GeschGrdlStörgen, 1981, S 29) hat **56 verschiedene Theorien** über die GeschGrdl gezählt. Die Lehre tritt zT für einen rein obj Lösgweg ein (Kaufmann, Krückmann, Locher), zT für eine Vbdg von obj u subj Merkmalen (Lehmann), zT unterscheidet sie zw obj u subj GeschGrdl (Larenz, Wieacker); and halten den Gedanken der Risikoverteilg für allein ausschlaggebd (Fikentscher, Koller); wieder and wollen die Grds über die ergänzde VertrAuslegg u die GeschGrdl zu einem RInstitut zusfassen (Medicus) od lehnen die Lehre von der GeschGrdl völl ab (Flume). Ggü dieser Kritik ist an der auf die Grdl des GeschWillens abstellden BegrBestimmg festzuhalten. Dabei ist die Feststellg der Umst, auf die der GeschWille aufbaut, jedoch kein rein psychologischer, sond ein wertder Vorgang (Rn 122). Die BegrBestimmg erfaßt daher auch die Fälle, die als „obj GeschGrdlage" bezeichnet w (Äquivalenzstörg, Zweckstörg). Die Berücksichtigg obj GesichtsPkte ergibt sich auch daraus, daß die Frage, wann eine rechtl erhebl Störg vorliegt u welche RFolgen sie auslöst, nach dem Grds von Treu und Glauben zu beurteilen ist.

114 **b) Anwendungsbereich. – aa)** Die Grds über Fehlen u Wegfall der GeschGrdl gelten für alle schuldrechtl Vertr, trotz § 779 auch für den Vergl (BGH NJW **84**, 1746, Rn 169), für einseit verpflichtde Vertr wie Schenkg (BGH NJW **72**, 248, Rn 168), Darlehn (BGH **7**, 243, **15**, 34, Rn 157). Bürgsch (BGH NJW **88**, 2174, Rn 156), für abstr SchuldVerspr (BGH DB **77**, 301) u VorVertr (BGH **47**, 393). Auch nach vollständ Abwicklg des Vertr können ausnw noch Rechte wg Fehlens od Wegfall der GeschGrdl geltd gemacht w (Rn 133). Ist der Vertr noch nicht zustande gekommen, gibt es dagg noch keine GeschGrdl (BGH NJW **56**, 1275, **LM** § 812 Nr 84). Als Ausprägg des § 242 gelten die Grds über die GeschGrdl auch für nicht schuldrechtl Vertr, so für Vertr des Sachen-, Erb- u FamR (Rn 158), jedoch müssen die Besonderh dieser RGebiete beachtet w. Für öffr Vertr enthält VwVfG 60 eine mit den BGB-Grds weitgehd übereinstimmde Sonderregelg (Lorenz DVBl **97**, 865), soweit diese Lücken enthält können Grds des BGB herangezogen w, so etwa bei Vereinbgen über Vorauszahlgen auf Erschließgskosten (Nierwetberg NVwZ **89**, 537). Auf **einseitige Rechtsgeschäfte** sind die Grds über die GeschGrdl nicht anzuwenden (BGH NJW **93**, 850), so nicht auf Vfgen vTwg (BGH aaO, Düss ZEV **96**, 466 mAv Medicus) u auch nicht auf die ErbschAusschlagg (Rstk OLG NL **94**, 40). Soweit es sich um Änd nach UrtErl handelt, steht dessen RKraft der erforderl Anpassg nicht entgg
115 (BGH **38**, 149). – **bb) Sonderregelungen.** In zahlreichen SonderVorschr werden Fälle der GeschGrdl geregelt od teilw in die Regelg einbezogen. Neben den VertrHilfeVorschr (Rn 171) sind vor allem einschlägig: §§ 321, 519, 527, 528, 530, 554 a, 593, 594 e, 605, 610, 626, 650, 651 j 723, 775, 779, 1301, 1612 a, 2077, 2079, BetrAVG 16, 17 (dazu BAG ZIP **98**, 1236), ArbEG 12 (dazu BGH **61**, 153), VVG 41 a (dazu BGH VersR **81**, 622), UrhG 36 (dazu BGH NJW **98**, 1716/1719), DM-BilanzG 32 II (Rn 152 b). Für **Mehrwertsteuererhöhungen** gilt UStG 29, der eine Anpassg nur für die Vertr zuläßt, die mehr als 4 Mo vor dem Stichtag geschl worden sind (s Engelbrecht BB **98**, 506). Die SonderVorschr schließen in ihrem Geltgsbereich die Anwendg der allg Grds aus; diese bleiben aber anwendb, soweit die Sonderregelgen tatbestandl od hinsichtl der geltd gemachten RFolgen nicht zutreffen (BGH **40**, 336, WM **77**, 735).

c) Abgrenzung. – aa) Vertragsinhalt. Die GeschGrdl gehört nicht zum VertrInh (BGH **90**, 74, NJW **83**, 2036). Enthält bereits der Vertr nach seinem ggf dch ergänzde Auslegg (§ 157 Rn 2 ff) zu ermittelnden Inh Regeln für Fehlen, Wegfall od Veränderg best Umst, scheidet eine Anpassg gem § 242 aus (BGH **81**, 143, **90**, 69/74, NJW-RR **90**, 601, **99**, 923); was nach dem VertrText VertrInh ist, kann nicht GeschGrdl sein (BGH ZIP **91**, 1600). Die Grenze zw ergänzder Auslegg u GeschGrdl ist aber fließd (MüKo/Roth Rn 572); sie kann im Einzelfall offen bleiben, wenn die Anpassg nach §§ 157 u 242, wie idR, zum gleichen Ergebn führt. Entzieht sich ein Ereign wg einer grdlegden Änderg der Verhältn einer Beurteilg nach dem PartWillen, kommt eine ergänzde Auslegg nicht in Betracht; die Anpassg hat daher nach § 242 zu erfolgen (BGH NJW **82**, 2237). – **bb) Einseitige Erwartungen einer Partei.** Einseit Erwartgen, die für die Willensbildg einer Part maßgebd waren, gehören nur dann zur GeschGrdl, wenn sie in den dem Vertr zGrde liegden gemschaftl GeschWillen beider Part aufgenommen worden sind (BGH NJW-RR **89**, 753, Rn 113). Dazu genügt nicht, daß die Part ihre Erwartgen bei den VertrVhdlgen der and mitgeteilt hat (BGH NJW-RR **93**, 774). Entscheidd ist vielmehr, ob das Verhalten des and Teils nach Treu u Glauben als bloße Kenntnisn od als Einverständn u Aufn der Erwartg in die gemeins Grdl des GeschWillens zu werten ist. Dabei ist iZw eine Aufn in die GeschGrdl zu verneinen, so wenn eine Part währd der VertrVhdlgen ihre steuerl Erwartgen mitteilt (BGH NJW **67**, 1082, NJW-RR **86**, 708, Rn 150), wenn sie die von ihr in Aussicht genommene Finanzierg darlegt (BGH NJW **83**, 1490), wenn der Käufer (Mieter) die beabsichtigte Verwendg der Kaufsache (Mietsache) erwähnt (Rn 145), wenn der Bü die Erwartg äußert, der BürgschFall w nicht eintreten (BGH **104**, 242, Rn 156). – **cc) Gewährleistung.** Im Anwendgsbereich der GewLVorschr (§§ 459 ff, 537 ff, 634 f, 651 c ff) sind die Grds der GeschGrdl unanwendb (BGH **60**, 321, **98**, 103, NJW **92**, 1385, NJW-RR **92**, 267). Das gilt auch dann, wenn die Voraussetzgen der GewLVorschr im Einzelfall nicht vorliegen (Düss NJW **71**, 438, aA Mü DAR **72**, 329), wenn der GewLAnspr verjährt ist (RG **135**, 346), wenn die GewL vertragl abbedungen ist (BGH **98**, 103), od wenn das Grdst wg Altlasten unbebaub ist (LG Bochum NJW-RR **89**, 915). Ausgeschl ist auch der Einwand des GewLPflichtigen, er könne wg unvorhergesehener Umst nicht mangelfrei liefern (BGH DB **71**, 1862). § 242 kann aber anwendb sein, wenn ein Reihenmittelhaus wg Nichtbebauung des NachbarGrdst Endhaus w (LG Dortmund NJW-RR **89**, 469). – **dd) Unmöglichkeit.** Die Grds der GeschGrdl sind ggü den Vorschr über die Unmöglichk subsidiär (BGH NJW-RR **95**, 854). Auf die fr sog wirtschaftl Unmöglichk (§ 275 Rn 12) ist aber nicht § 275, sond § 242 anzuwenden (Rn 140). Abgrenzgsprobleme zw Unmöglichk u GeschGrdl bestehen bei Zweckstörgen (Rn 144 ff). Haben die Part eine dauernde Unmöglichk irrtüml als eine vorübergehde angesehen, kann statt § 306 § 242 anwendb sein (BGH **47**, 52). – **ee) Kündigung von Dauerschuldverhältnissen.** Das bei DauerschuldVerhältn bestehde KündR aus wicht Grd (Einl 18 v § 241) verdrängt die Grds der GeschGrdl, soweit es um die Auflösg des Vertr geht (BGH ZIP **97**, 257/259). An die Unzumutbark der Fortsetzg des Vertr sind beim KündR, einem vertragsimmanenten LösgsR, weniger strenge Anfordergen zu stellen als beim Wegfall der GeschGrdl (BGH NJW **97**, 1703). Das KündR ist aber ausgeschl, wenn sich die Störg dch Anpassg des Vertr an die veränderten Umst ausgleichen läßt u beiden Part die Fortsetzg des Vertr zuzumuten ist (s BGH NJW **58**, 785). – **ff) Nichteintritt des mit der Leistung bezweckten Erfolgs.** Der Anspr aus § 812 I S 2 2. Alt ist ggü den Grds über die GeschGrdl subsidiär (BGH **84**, 10, NJW **75**, 776, **92**, 2690, BAG NJW **87**, 918, str). Die Grenze zw GeschGrdl u der nach § 812 I S 2 2. Alt erforderl tats Willensübereinstimmg über den Leistgszweck (§ 812 Rn 86) ist aber fließd. Wird ein MietVerhältn vorzeit beendet, leitet die Rspr den Anspr auf teilw Erstattg von Aufbauleistgen aus § 812 ab (BGH **29**, 291); dagg richtet sich iF der Ehescheidg der Ausgl von Zuwendgen nach § 242 (Rn 158).

116 117 118 119 120 121

d) Arten. Die GeschGrdl u die mögl Arten ihrer Störg können nach versch Kriterien eingeteilt w (s auch die Fallgruppen Rn 135 ff): – **aa) Subjektive und objektive Geschäftsgrundlage** (Unterscheidg nach Larenz § 21 II): Die subj GeschGrdl besteht aus best gemeins Vorstellgen od sicheren Erwartgen beider VertrPart, von denen sich beide beim Abschl des Vertr haben leiten lassen. Die obj GeschGrdl bilden diej Umst u allg Verhältn, deren Vorhandensein od Fortdauer obj erforderl ist, damit der Vertr im Sinn der Intentionen beider VertrPart noch als eine sinnvolle Regelg bestehen kann. Nach der hier vertretenen subj Theorie der Rspr (Rn 113) ist die obj GeschGrdl ledigl eine bes Fallgruppe der umfassden subj GeschGrdl. Umst, die zur obj GeschGrdl gehören, werden von den Part vielf, insbes bei wichtigen VertrSchl, ausdr erörtert u zur gemeins Grdl des GeschWillens gemacht. Im übrigen ist die Feststellg der Umst, auf die der GeschWille aufbaut, kein rein empirisch psychologischer, sond auch ein wertender Vorgang (s bereits Rn 113): Die Umst, die für den Vertr als eine sinnvolle Regelg von ausschlaggebder Bedeutg sind, gehören in wertender Beurteilg auch dann zur GeschGrdl, wenn sie von den Part währd der VertrVhdlgen nicht bes angesprochen worden sind (BGH **128**, 237, **131**, 215). Die natürl Auslegg wird insoweit auch auf der Ebene der GeschGrdl dch eine normative ergänzt. – **bb) Fehlen und Wegfall der Geschäftsgrundlage.** Die GeschGrdl kann inf nachträgl Ereign wegfallen od wesentl erschüttert w. So liegt es in der Mehrzahl der Fälle, in denen es um Störgen der GeschGrdl geht (s Rn 135–148). Die GeschGrdl kann aber auch von Anfang an fehlen, weil sich die Part hins einer wesentl Voraussetzg des Gesch in einem beiders Irrt befunden haben (Rn 149 ff). Rechtl ist das Fehlen der GeschGrdl ebso zu behandeln wie ihr nachträgl Wegfall (BGH **25**, 393, NJW **76**, 566, **86**, 1349). – **cc) Große und kleine Geschäftsgrundlage.** Unter „großer GeschGrdl" versteht man die dem Vertr idR zGrde liegde Erwartg, daß die polit u wirtschaftl Verhältn sich nicht grundlegd verändern (Esser- E. Schmidt § 24 II). Störgen der großen GeschGrdl sind Krieg, kriegsähnl Entwicklgen, Naturkatastrophen u ähnl (Rn 148). Alle übrigen Störgen betreffen die kleine GeschGrdl.

122 123 124

e) Voraussetzungen. Im ungeschriebenen Tatbestd des Wegfalls (Fehlens) der GeschGrdl lassen sich drei TatbestdsMerkmale ausmachen. Alle drei sind wertausfüllgsbedürft, erfordern also eine Konkretisierg dch Fallgruppen (Rn 135 ff). Die folgden Erläutergen gehen vom Wegfall der GeschGrdl als dem typ Störgsfall aus, gelten aber entspr für das Fehlen der GeschGrdl: – **aa) Wesentliche Änderung.** Nur eine wesentl Änderg der GeschGrdl rechtfertigt eine Anpassg (BGH NJW **89**, 289). Wo die WesentlichkGrenze jeweils zu ziehen ist, hängt von der Art des Vertr u der aufgetretenen Störg ab (s daher Rn 135 ff u 153 ff). Allg gilt aber: Die Störg ist nur dann wesentl, wenn nicht ernstl zweifelh ist, daß eine der Part od beide bei Kenntn der Änderg den Vertr nicht od mit and Inhalt abgeschlossen hätten. – **bb) Überschreiten der Grenzen der**

125 126

Risikozuweisung. Auch wesentl Ändergen der Verhältn begründen kein Recht auf Anpassg des Vertr, wenn sich dch die Störg ein Risiko verwirklicht, das eine Part zu tragen hat (BGH **74**, 373, **101**, 152, NJW **84**, 1747, **92**, 2691, **98**, 2875). Wie die Risikosphären der Part ggeinand abzugrenzen sind, ergibt sich aus dem Vertr, dem VertrZweck u dem anzuwendden dispositiven Recht (BGH aaO). Danach trägt der Geldleistgs-Gläub das Risiko der Geldentwertg (Rn 136), der GeldleistgsSchu das Risiko der Geldbeschaffg u Finanzierg (Rn 140). Der SachleistgsGläub trägt das Entwertgs- u Verwendgsrisiko (Rn 139 u 144 f), der SachleistgsSchu das Risiko von Leistgserschwergen (Rn 140). Rechte wg Wegfall der GeschGrdl bestehen nur, wenn die der
127 Risikozuweisg idR immanenten Grenzen überschritten sind. Dabei ist zu unterscheiden: – **(1) Vertragliche Risikoübernahme.** Bei ausdr vertragl Risikoübern u bei SpekulationsGesch sind Rechte wg Wegfalls der GeschGrdl grdsl ausgeschl (BGH **LM** (Bb) Nr 47, RG **163**, 96, **166**, 49). And kann es liegen, wenn nur ein best, klar abgegrenztes Risiko übernommen worden ist (BGH **LM** (Bb) Nr 61). – **(2) Verschulden, freie Willensentschließung.** Hat der Schu die Änd verschuldet, ist sie eingetreten, als er sich im Verzug befand od geht sie auf sein eig Tun zurück, bestehen keine Rechte wg Wegfalls der GeschGrdl (BGH NJW-RR **93**, 881, NJW **95**, 2031, **LM** § 284 Nr 2). Das gilt aber nicht ausnlos (s BGH **LM** (Bb) Nr 23; FamRZ **68**, 249); so ist für die nach Ehescheidg in Betracht kommden Anspr (Rn 158) gleichgült, wer am Scheitern der Ehe schuld
128 ist. – **(3) Vorhersehbarkeit.** Vorhersehb Ändergen begründen keine Rechte aus § 242 (BGH WM **72**, 656, Ulmer AcP **174**, 185, MüKo/Roth Rn 506, str). And kann es zu beurteilen sein, wenn beide Part davon ausgegangen sind, daß die obj vorhersehb Entwicklg nicht eintreten werde (s BGH **112**, 261) od sie insow keine Vorsorge treffen konnten (BGH **2**, 188). – **(4) Normative Risikozuweisungen.** Sie betreffen das typ Risiko eines in typ Weise zustande gekommenen Vertr (s Jauernig-Vollkommer Rn 88). Sie gelten daher nicht, wenn sich aus dem Umst des konkr VertrSchl eine Risikobeteiligg des and Teils ergibt, etwa des SachleistgsSchu am Verwendgsrisiko (Rn 146) od des SachleistgsGläub am BeschaffgsRisiko (Rn 141). Sie treten auch dann zurück, wenn das typ VertrRisiko eindeut überschritten ist, so etwa wenn der ErbbZins inf
129 Sinkens der Kaufkraft nur noch 40% seines ursprüngl Wertes besitzt (Rn 137). – **cc) Unzumutbarkeit.** Rechte wg Wegfalls der GeschGrdl bestehen nur, wenn der von der Störg betroffenen Part die unveränderte VertrErf nicht mehr zugemutet werden kann (BGH **2**, 188, **84**, 9, **128**, 238, NJW **95**, 48). Wo die Grenze der Zumutbarkeit verläuft, hängt – wie bei Rn 126 ff – von der Art des Vertr u der aufgetretenen Störg ab (s daher Rn 135 ff u 153 ff).

130 **f) Rechtsfolgen. – aa) Allgemeines.** Fehlen od Wegfall der GeschGrdl führen grdsl nicht zur Auflösg des Vertr, sond zur Anpassg seines Inh an die veränderten Verhältn (BGH **47**, 52, **83**, 254, **89**, 238, NJW **84**, 1747). Die Anpassg tritt **kraft Gesetzes** ein, die Aufg des Richters ist eine rechtsfeststelldе, keine gestaltde (BGH NJW **72**, 152, MüKo/Roth Rn 551). Eine neuere Ansicht bejaht eine Verpflichtg der Part zur NeuVhdlg (Horn AcP **181**, 276, Eidenmüller ZIP **95**, 1063, krit Martinek AcP **198**, 330). Gg eine solche Pfl, die die Mitwirkg der Part an der Anpassg institutionalisiert, bestehen keine Bedenken, wenn die Vhdlgen ergebnislos bleiben, bleibt es aber dabei, daß das Ger über die Anpassg entscheidet. Es hat dabei jedoch den VertrWillen der Part zu berücksichtigen (BGH **9**, 279, NJW **84**, 1747). Rechte wg Störg der GeschGrdl können auch vom **Rechtsnachfolger** u gg ihn geltd gemacht werden, so im Erbfall (BGH **40**, 336), aber auch iF der SonderRNachf (BGH WM **78**, 1355). Beim Vertr zGDr erfolgt die Anpassg zG des Dr (BGH
131 NJW **72**, 152). – **bb) Anpassung.** Das maßgebl Kriterium für die Anpassg ist die **Zumutbarkeit** (MüKo/Roth Rn 507), die damit sowohl auf der Tatbestds- als auch auf der RFolgenseite bedeuts ist. Erforderl ist eine umfassde Interessenabwägg (BayObLG NJW-RR **89**, 1296). Verweigert der and Teil seine Mitwirkg an der Anpassg, entsteht eine Rücktr- od KündR (BGH NJW **69**, 233). Als Anpassg kommen je nach Lage des Falles in Frage: Herabsetzg od Aufhebg einer Verbindlichk (BGH NJW **58**, 758, WM **71**, 276); Ers von Aufwendgen für eine zwecklos gewordene Leistg (BGH **LM** (Bb) Nr 20); Aufhebg der KäuferPflten u Begründg einer ErsPfl für einen Teil des dem Verkäufer entgehden Gewinns (Ffm MDR **74**, 401); Stundg (OGH **1**, 69); Gewährg von Teilzahlgen; Einräumg eines AusglAnspr (BGH NJW **58**, 906, **62**, 30, Rn 137); Anpassg der ZahlgsPfl an die rechtl Grdl (BGH **25**, 390); hälft Teilg des Risikos (BGH NJW **84**, 1746, BGH
132 **109**, 229); Zuweisg einer and statt der bisher genutzten Wohng (Celle Nds Rpfl **65**, 221). – **cc) Vertragsauflösung.** Sie kommt nur in Frage, wenn die Fortsetzg des Vertr unzumutb ist. Sie geschieht nicht *ipso jure.* Es bedarf vielmehr einer rechtsgestaltden Erkl (BGH **133**, 316, 328), also eines Rücktr (BGH DNotZ **96**, 639), bei DauerschuldVerhältn einer Künd (BGH **133**, 316, 328), bei HandelsGesellsch ggf einer Auflösgsklage (BGH **10**, 51, **101**, 150). Die Rückabwicklg des Vertr erfolgt nach BereichergsR (BGH **109**, 144, Einf 7 v
133 § 346). – **dd) Erfüllte Verträge.** Die Störg der GeschGrdl ist idR unerhebl, wenn der Vertr bereits vollständ abgewickelt ist (BGH **2**, 384, **58**, 363, NJW **83**, 2144, **96**, 992, Rn 152 c). Bei teilw abgewickelten Vertr ist die Anpassg idR auf die noch nicht erbrachten Leistgen zu beschränken (BGH **58**, 363, BAG NJW **87**, 918). Da die Zumutbark entscheidet, kann aber auch bei abgewickelten Vertr eine Anpassg in Frage kommen, so wenn die GeschGrdl von Anfang an gefehlt hat (BGH **25**, 393) od wenn das Festhalten am bisherigen VertrInh
134 trotz der beiderseit Erf nicht zumutb ist (BGH **74**, 373, **131**, 209/216). – **ee) Verfahrensrecht.** Die Störg der GeschGrdl ist vAw zu berücksichtigen (BGH **54**, 155, **LM** (Ba) Nr 38). Das Ger hat auf eine sachgerechte AntrStellg hinzuwirken (BGH NJW **78**, 695). Die Klage ist auf die nach dem veränderten VertrInh geschuldete Leistg zu richten, nicht auf Zustimmg zur Anpassg (BGH **91**, 36). Wer sich auf Fehlen od Wegfall der GeschGrdlage beruft, trägt insow die **Beweislast** (BGH **128**, 134, NJW **95**, 1892), u zwar auch dafür, daß dem VertrSchl bestimmte Vorstellgen zugrde gelegen (BGH GRUR **90**, 1006) u die Part mögl Änderg nicht in den Kreis ihrer Erwäggen einbezogen h (BGH WM **69**, 529). Ist Wegfall der GeschGrdlage unstr, muß der Berecht die Voraussetzgen für den Fortbestand seines Rechts beweisen (BGH WM **73**, 1176).

135 **C) Fallgruppen. – a) Äquivalenzstörung.** Bei ggs Vertr gehört der Gedanke der Gleichwertigk von Leistg u GgLeistg zur GeschGrdl (BGH NJW **58**, 906, **59**, 2203, **62**, 251), u zwar als Teil der obj GeschGrdl grdsl auch dann, wenn er währd der VertrVhdlgen nicht bes zum Ausdr gekommen ist (Rn 122). Wird das ÄquivalenzVerh dch unvorhersehb Ereign schwerwiegd gestört, ist der Vertr an die veränderten Umst anzupassen, soweit die Störg das von der benachteiligten Part zu tragde Risiko (Rn 126) überschreitet (RG
136 **147**, 289, BGH **77**, 198, NJW **62**, 30). – **aa) Geldentwertung. – (1) Risikobereich des Gläubigers der Geldschuld.** Sinken der Kaufkraft des Geldes begründet grdsl keine Rechte wg Wegfalls der GeschGrdl

(BGH **86**, 168, NJW **59**, 2203, **81**, 1668, NJW-RR **93**, 272). § 242 bietet keine Handhabe, in langfr Vertr entgg dem für die ROrdng grdlegden Nominalwertprinzip (§ 245 Rn 9) eine stillschw Wertsichergsklausel hineinzuinterpretieren (BGH NJW **74**, 1186). Das Risiko normaler Kaufkraftentwertg trägt der Gläub. Das gilt auch für den zu Anfang des Jhdts festgesetzten Kaliabbauzins (BGH NJW **59**, 2203), den GrdstVerkauf auf Rentenbasis (Düss NJW **72**, 1137/1674), den Mietzins (BGH NJW **76**, 142) u den ErbbZins (BGH **86**, 168, NJW **76**, 846, **81**, 1668). Besteht bei einem AufführgsVertr das Entgelt in einem Anteil an den Bruttoeinnahmen, kann der ErhöhgsAnspr nicht ow darauf gestützt w, daß die Finanzierg nunmehr überwiegd dch Subventionen erfolgt (BGH NJW **91**, 1478). Bei einem zur Schadensabgeltg geschl WasserversorggsVertr kann eine PrErhöhg nicht auf das Steigen der Selbstkosten, sond höchstens auf das Ansteigen der ersparten Eigenaufwendgen des Geschädigten gestützt w (BGH **LM** (Bb) Nr 94). Grdsl auch dann keine Erhöhg, wenn die Part auf eine Anpassgsklausel nur verzichtet h, weil sie diese irrtüml für unzul hielten (BGH BB **76**, 1046). – **(2) Anpassung.** Sie ist ausnw geboten, wenn das Gleichgewicht von Leistg u GgLeistg so stark gestört ist, daß 137 die Grenze des übernommenen Risikos überschritten u das Interesse der benachteiligten Part auch nicht mehr annähernd gewahrt ist (BGH **77**, 198). Diese Voraussetzg ist beim ErbbZins erfüllt, wenn die Lebenshaltgskosten um 150% gestiegen sind, also eine Entwertg um 60% eingetreten ist (BGH **90**, 228, **91**, 34, **94**, 259, **97**, 173); das gilt ebso bei einem langfrist MietVertr (Hbg OLGZ **90**, 65) u bis zum Inkrafttreten des BKleinG für PachtVertr über Kleingärten (BGH NJW-RR **99**, 237). Nicht ausr sind dagg Verändergen, die sich im Rahmen des Vorhersehb halten, wie etwa ein Anstieg der Lebenshaltgskosten um 120–135% in einem Zeitraum von rund 25 Jahren (BGH **86**, 168, NJW **81**, 1668). Der Anspr ergibt sich aus dem schuldrechtl Vertr, nicht aus der dingl RBeziehg (BGH **96**, 371); er besteht auch dann, wenn der Schu das ErbbR inzw veräußert hat (BGH **111**, 216). Zum Umfang der Anpassg s ErbbRVO 9 Rn 16. Ist dtsches Recht anwendb, kann dem Gläub einer ValutaFdg ein AusglAnspr zustehen, wenn die ausl Währg zw Entstehg u Erf der Fdg unerwartet abgewertet w (RG **141**, 216, **155**, 137, **163**, 334); es muß sich aber um eine Abwertg handeln, die über das Maß normaler Paritätsändergen erhebl hinausgeht. Abzulehnen RG **147**, 289 (AusglAnspr bereits bei Abwertg von 13%). – **(3) Verträge mit Versorgungscharakter.** Bei ihnen sind die Voraussetzgen für eine Anpassg weniger streng. 138 Bei RuhegeldVereinbgen rechtfertigt bereits eine Entwertg um 30% ein Anpassgsverlangen (BAG NJW **73**, 959 u jetzt BetrAVG 16), bei UnterhVertr liegt die Grenze bei etwa 10% (Düss Rpfleger **83**, 462). Keine derartigen „Faustregeln" gibt es für Vereinbgen über SchadErsRenten (BGH **105**, 247) u für AltenteilsVertr (Nürnbg RdL **71**, 322). Bei einem Kauf auf Rentenbasis gelten die Grds von Rn 137 (Düss NJW **72**, 1137); auch bei ApanageVertr sind strengere Maßstäbe anzuwenden (s Hamm NJW-RR **91**, 968).

bb) Entwertung der Sachleistung. Sie gehört zum Risikobereich des Gläub (Rn 145). Der Käufer eines 139 Architektenbüros muß daher die vereinb KaufPrRaten auch dann weiterentrichten, wenn er das Büro wg Unrentabilität aufgegeben hat (BGH **LM** (Bb) Nr 87). Bei außergewöhnl Einwirkgen außerh des typ VertrRisikos kann aber eine Anpassg in Frage kommen, so wenn die auf Rentenbasis verkaufte Fabrik im Krieg zerstört w (OGH **1**, 67) od wenn die verkaufte Apothekenkonzession dch Einführg der Niederlassgsfreih wertlos w (BGH **LM** (Bb) Nr 33, s aber ebda Nr 37). Vgl auch Rn 167 „Patent".

cc) Leistungserschwerungen. Treten nach Begründg des SchuldVerh Leistgserschwergen auf, so geht das 140 nach der vertragl Risikoverteilg (Rn 126) grdsl zu Lasten des Schu. Er trägt das Aufwandsrisiko (Willoweit JuS **88**, 833). – **(1) Geldschuldner.** Er kann sich nicht darauf berufen, daß sich für ihn unerwartet Finanziergsschwierigkeiten ergeben haben. § 242 ist daher unanwendb, wenn der Schu den Pkw nicht erhält, den er vereinbgsgem in Zahlg geben wollte (BGH NJW **58**, 1772) od wenn die von ihm geplante KreditAufn scheitert (BGH NJW **83**, 1490). And kann es bei engen persönl Beziehgen der Part liegen (BGH NJW-RR **86**, 946), aber auch dann, wenn der Gläub die Vermittlg des Kredits übernommen hatte (s auch § 158 Rn 4). – **(2) Sachleistungsschuldner.** Der vereinbarte **Festpreis** bleibt auch bei unerwarteten Kostenerhöhgen, wittergsbedingten Schwierigk u ähnl Erschwergen bindd (BGH BB **64**, 1397, WM **69**, 1021, **79**, 582, Mü BauR **85**, 330). Bei einem FestPr für Heizöl begründen steigde Selbstkosten keinen Wegfall der GeschGrdl, insbes dann nicht, wenn der Händler sich vor der PrSteigerg rechtzeit hätte eindecken können (BGH **LM** (Bb) Nr 91). Die Zusage des Bauträgers, er werde Fernwärme zum Tarif der Stadtwerke liefern, bleibt auch dann bindd, wenn der Tarif für ihn nicht mehr kostendeckd ist (BGH NJW **77**, 2262). Der Schu kann sich auch nicht darauf berufen, daß er seine Produktionsplang geändert (Stgt NJW-RR **88**, 312) od sich aus freiem Entschluß für eine aufwendigere Herstellg entschieden h (BGH NJW-RR **93**, 881). Bei einem lebenslängl unentgeltl NutzgsR an einer Wo bestehen keine Rechte aus § 242, wenn sich die Hauslasten erhöhen (Oldbg MDR **68**, 499). – **(3) Anpassung.** Sie kommt ausnw in Betracht, wenn dch Umst außerh des Einfluß- u 141 Risikobereichs des Schu ein so krasses Mißverhältn zw Leistg u GgLeistg entsteht, daß ein Festhalten am Vertr nicht mehr zumutb ist (BGH BB **56**, 254, Larenz § 21 II); das sind prakt die Fälle, in denen die fr Rspr wirtschaftl Unmöglichk (§ 275 Rn 12) angenommen hat. Anpassg od die Gewährg eines RücktrR kommen daher in Betracht: bei übermäß Ansteigen der Herstellgskosten, auf das 15-fache (RG **101**, 81); um 60% (RG **102**, 273); bei Beschlagn der Vorräte (RG **94**, 47); bei Brand im FertiggsBetr (RG **57**, 118); bei nicht vorhersehb übermäß Beschaffgsschwierigk (§ 279 Rn 8); wenn bei einem LagerVertr höhere Gewalt die Umsetzg der eingelagerten Güter in eine and Halle notw macht u dadch erhebl Kosten entstehen (s BGH NJW-RR **95**, 1117, Koller NJW **96**, 300); bei schwerwiegden Störgen dch Maßn staatl WirtschLenkg (Ulmer AcP **174**, 167) od dch ArbKampf (str, s Löwisch AcP **174**, 231 mit einem and Lösgsansatz).

dd) Wertsteigerung bei Geld- und Sachleistungen, Leistungserleichterungen. Sie sind spiegelbildl 142 nach den in Rn 136–141 dargestellten Grds zu behandeln (MüKo/Roth Rn 636), begründen also nur ausnw Rechte wg Änderg der GeschGrdl. Bei GrdstVeräußergen bleibt die PrVereinbg grdsl auch dann bindd, wenn das Preisniveau zw Begründg u Fälligk des Anspr wesentl gestiegen ist (BGH WM **68**, 1248, **73**, 839). Dagg hat die Rspr Rechte aus § 242 zugebilligt: bei außergewöhnl u unvorhersehb Ansteigen des Aktienkurses (BGH DB **63**, 448); bei einer außergewöhnl Wertsteigerg eines GmbH-Anteils, für den ein AnkaufsR bestand (BGH BB **70**, 1192).

ee) Rechtsänderungen, Eingriffe von hoher Hand. Auch GesÄnd, Änd der Rspr (BGH **58**, 362, **70**, 143 298, NJW **83**, 1552) u Eingriffe von hoher Hand können das ÄquivalenzVerh stören. Hier gelten die in Rn 135–142 dargestellten Grds entspr. Bei Äquivalenzstörgen dch die Herabsetzg von Lastenausgl- oder

HypGewinnabgaben hat die Rspr die Vorteile, die je nach der VertrGestaltg beim Verkäufer od Käufer auftraten, im Zw hälft geteilt (BGH NJW **58**, 906, 907, **62**, 30). Sow die BPflVO das LiquidationsR des Chefarztes eingeschränkt hat, muß sein Gehalt angem erhöht w (BAG NJW **80**, 1912); auch bei Kostenerstattgsregelgen kann eine Anpassg notw sein (BAG NJW **89**, 1563, **91**, 1563). Angesichts der ständ Änderg der **Steuergesetzgebung** sind steuerl Erwartgen dagg nur GeschGrdl, wenn das währd der VertrVhdlgen hinr zum Ausdr gekommen ist (Rn 150). Der Wegfall der Steuerfreih für Sozialpfandbriefe begründet keine Rechte aus § 242 (Mü NJW-RR **99**, 557, Beyer DB **95**, 1062, aA Köln DB **95**, 421). Zum neuen EStG 50a VII (Steuerabzug des AuftrG zu Lasten ausl AuftrN) u § 242s Horsch/Oberhauser BB **99**, 1173. Haben Miterben vereinbart, daß einer von ihnen gg eine Abfindg ein BodenreformGrdst übernehmen soll, kann die GeschGrdl der ZahlgsPfl entfallen, wenn für ihn dch eine gesetzl Neuregelg (EG 233 §§ 11 ff) ein Anspr auf unentgeltl Zuteilg des Grdst begründet w (Naumbg OLGNL **95**, 82).

144 **b) Störung des Verwendungszwecks. – aa) Abgrenzung.** Tritt der LeistgsErfolg ohne Zutun des Schu ein (Zweckerreichg) od kann der LeistgsErfolg wg Wegfalls des Leistgssubstrats nicht mehr erreicht w (Zweckfortfall), sind die UnmöglichkRegeln anwendb (§ 275 Rn 9). And ist es, wenn der Leistgserfolg noch herbeigeführt werden kann, der Gläub an ihm aber kein Interesse mehr hat, sog Zweckstörg (Bsp: die Verlobg, für die Ringe gekauft worden sind, findet nicht statt; die Gaststätte, für die Inventar gekauft worden ist, brennt ab). Unmöglichk liegt hier idR nicht vor; ausnw können aber Rechte wg Störg der GeschGrdl bestehen. –
145 **bb) Verwendungsrisiko des Gläubigers.** Ist die Leistg mangelfrei, trägt grdsl der Gläub das Risiko der Verwertbark (BGH **74**, 374, Willoweit JuS **88**, 833, allgM). Der **Käufer** kann daher aus § 242 keine Rechte herleiten, wenn er seinen Betr aufgibt (Stgt NJW **54**, 233); wenn er wg Umsatzrückgangs für die gekaufte Ware keine Verwendg hat (BGH **17**, 327); wenn ihm die Gaststätte, für die er Bier bestellt hat, gekündigt w (BGH NJW **85**, 2694); wenn die Straße (Parkfläche), für deren Anlage das Grdst gekauft worden ist, nicht gebaut (benötigt) wird (BGH **71**, 293, NJW-RR **98**, 589); wenn er die vertragl übernommenen Beschäftiggs- u Investitionszusagen nicht einhalten kann (Wächter WM **94**, 1319); wenn die gekaufte ungeschützte Erfindg für ihn nicht verwertb ist (BGH **83**, 288). Der Schwiegervater kann nicht die Hochzeitskosten zurückverlangen, wenn die Ehe alsbald scheitert (Schlesw MDR **98**, 1033). Der **Mieter** bleibt an den Vertr gebunden, wenn die Finanzierg des von ihm geplanten Ausbau scheitert (BGH DB **74**, 918); wenn der geplante Kiesabbau sich als unrentabel erweist (BGH NJW **82**, 2062); wenn er wg Umsatzrückgangs für den geleasten Lkw keine Verwendg mehr hat (Dresden OLG-NL **96**, 194); wenn er statt der erwarteten Gewinne Verluste macht (BGH NJW **70**, 1313, **78**, 2390, **81**, 2405, Mü BB **96**, 1243, Celle NJW-RR **96**, 1099); wenn er das bestellte Hotelzimmer wg Ausfalls der Veranstaltg nicht benötigt (Brschw NJW **76**, 570/970, s aber BGH NJW **77**, 386); wenn die Mieträume für die geplante urologische GemeinschPraxis ungeeignet sind (Celle MDR **99**, 799); wenn das zur Unterbringg von Asylbewerbern gemietete Gebäude wg rückläufiger Fallzahlen nicht mehr benötigt w (Brdbg ZMR **99**, 97). Der **Darlehnsnehmer** kann sich nicht darauf berufen, daß er das Darl wg and Finanziergsmöglichk od Änd seiner Plang nicht (mehr) benötigt (s BGH NJW-RR **86**, 467, NJW **90**, 981, **91**, 1817). Bei DarlVertr mit langfr Zinsbindg billigt der BGH dem DarlN aber neuerdings ein Recht auf vorzeit Ablösg des Vertr gg Zahlg einer VorfälligkEntschädigg (§ 609 Rn 9a) zu, wenn der DarlN aus persönl Grden (Ehescheidg, Krankh, Arbeitslosigk, Umzug) od zur Wahrnehmg einer günst Verkaufsgelegenh ein berecht Interesse an der vorzeit Abwicklg des Vertr hat (BGH **136**, 161, krit
146 Köndgen ZIP **97**, 1644, Früh NJW **99**, 2623). – **cc) Geschäftsgrundlage.** Die vom Gläub beabsichtigte Verwendg kann ausnw GeschGrdl sein. Dazu genügt nicht, daß die geplante Verwdg dem and Teil mitgeteilt od im Vertr erwähnt w (BGH NJW-RR **92**, 182). Der and Teil muß sich die geplante Verwendg soweit zu eigen gemacht haben, daß sein Verlangen, den Vertr trotz der aufgetretenen Störg unverändert dchzuführen, gg das Verbot widersprüchl Verhaltens verstößt (Larenz § 21 II). Das ist insbes anzunehmen, wenn die geplante Verwendg, wie beim Krönungszugfall, bei der Preisbemessg berücksichtigt worden ist (s BGH **LM** (Bb) Nr 83). Die Rspr stimmt hiermit im Ergebn weitgehd überein, wenn auch einz Entsch in der Bejahg von Rechten aus § 242 recht weit gehen. Wegfall der GeschGrdl ist angenommen worden: bei Kauf von Fertighäusern, wenn BauGen versagt w (BGH JZ **66**, 409); bei Tod des Käufers, wenn Vertr ausschl auf seine Pers abgestellt war (Ffm MDR **74**, 401); bei Kauf von Gaststätteninventar, wenn der vom Verkäufer vermittelte PachtVertr ohne Versch des Käufers nicht dchgeführt w (BGH **LM** (Bb) Nr 54); bei Waren, für die nur ein best Abnehmer in Betr kommt, wenn WeiterVerk ohne Versch des Käufers unmögl w (BGH **LM** (Bb) Nr 12, „Bohrhämmerfall"); bei Kauf eines Grdst zu VorzugsPr, wenn die geplante dem Verkäufer förderl Verwendg nicht dchgeführt w kann (BGH NJW **75**, 776); bei einem Vertr über die Lieferg von Bier in den Iran, für das der Käufer wg der islam Revolution keine Abnehmer mehr hat (BGH NJW **84**, 1746); bei Saalmiete für Vorstellg, wenn Hauptdarstellerin erkrankt (Brem NJW **53**, 1393, nimmt Unmöglk an, richtig Kraft NJW **53**, 1751); Engagement von Musikern für eine Faschingsveranstaltg, die wg des Golfkrieges ausfällt (Karlsr NJW **92**, 3177); bei Miete eines Bootshauses, wenn Schiffahrt auf dem angrenzden See beschränkt w (BGH WM **71**, 1303); bei Pacht von Bauland, wenn Pächter das Bauvorhaben aus von ihm nicht zu vertretden Grden nicht dchführen kann (BGH NJW **58**, 785); bei einem Vertr über die Unterbringg von Asylbewerbern, wenn die Zuständigk für die Unterbringg von der Stadt auf das Land übergeht (BGH NVwZ **99**, 329), bei Miete eines Ladens, wenn der Mieter wg Leerstands großer Teile der Passage Verluste macht
147 (Kblz NJW-RR **89**, 401, s aber BGH NJW **81**, 2405 u Rn 145). Beim Kauf von **Bauerwartungsland** trägt grdsl der Käufer das Risiko der Bebaubark (BGH **74**, 374, DB **80**, 83, Rstk NJW-RR **95**, 1105), bei ErbbRVertr der ErbbRBerecht (BGH **101**, 152). And ist es, wenn sich aus dem GesInh des Vertr od den Erörtergen bei VertrSchl ergibt, daß insow der Verkäufer risikobelastet sein soll (BGH aaO u **LM** (Bb) Nr 83, WM **81**, 14, BVerwG DNotZ **80**, 413), od wenn der Verkäufer dch falsche Angabe des Teilgszwecks die Entstehg von Bestandsschutz (BauGB 20) verhindert (KG NJW-RR **98**, 663).

148 **c) Große Geschäftsgrundlage.** Grundlegde Verändergen der polit, wirtschaftl od sozialen Verhältn, wie Krieg, kriegsähnl Verhältn, Revolution od Naturkatastrophen sind nach Rn 135 ff u 144 ff zu behandeln, soweit sie das Äquivalenzverhältn od die vom Gläub geplante Verwendg stören. Im übrigen gibt allg wirtschaftl Not dem Schu nicht das Recht, sich auf § 242 zu berufen, auch wenn er von ihr bes betroffen ist. Die Regelg muß insow dem GesGeber überlassen bleiben, der dafür das – zZ allerd prakt bedeutgslose – Institut der

VertrHilfe geschaffen hat (Rn 171). Vermögensverlust dch Krieg, Vertreibg, Demontage, Währgsverfall entschädiggslose Enteigng od ähnl Ereign geben dem Schu daher keine Rechte aus § 242 (OGH **1**, 394, BGH **7**, 360). § 242 führt auch dann nicht zur Herabsetzg der Schu, wenn es sich um eine hyp gesicherte Fdg handelt u das Grdst zerstört od entschädiggslos enteignet w (BGH **7**, 360, MDR **58**, 86, 88).

d) Gemeinschaftlicher Irrtum (subj GeschGrdl). – **aa)** Haben sich die Part bei VertrSchl über einen für ihre Willensbildg wesentl Umstand gemeins geirrt, sind die Grds über das Fehlen der GeschGrdl anwendb (BGH **25**, 392, NJW **72**, 153, **76**, 566). Der RIrrt steht dem TatsIrrt gleich (BGH **25**, 393). Rechte aus § 242 scheiden aber aus, wenn die Störg der Motivation ausschließl in die Risikosphäre einer Part fällt (Rn 126 ff). – **Fälle:** gemeins KalkulationsIrrt (§ 119 Rn 18 ff), gemeins Irrt, das vereinbarte RA-Honorar sei geringer als das gesetzl (BGH NJW **95**, 1428), gemeins Irrt über den Umrechngskurs (RG **105**, 406, Köln NJW-RR **91**, 1266, vom RG mit ErklIrrt gelöst), über das UmstellgsVerh (BGH **25**, 393), über die Höhe von übernommenen Aufwendgen (BGH WM **76**, 1352), über den VerkWert eines übernommenen Grdst (BGH NJW **72**, 153), über den wirkl Grenzverlauf bei einem GrenzfeststellgsVertr (BGH **LM** (Bd) Nr 24), über die öffr Voraussetzgen für die Bebauung des verkauften TGrdst (BGH NJW **78**, 695), über die Bereitsch eines Dritten, die zur VertrAbwicklg erforderl Löschgsbewillgg zu erteilen (BGH NJW **93**, 1641), über den Anschaffgspreis der verkauften Sache (BGH WM **69**, 498), über die Angemessenh des anerkannten Honorars (BGH **46**, 273), über den im PachtObj (Gaststätte) zu erzielden Umsatz (BGH NJW **90**, 569), über den Wert der VermGgst, auf die sich der AuseinandSVertr bezieht (RG **131**, 94, **122**, 203), über die öff Förderg eines Bauvorhabens (BGH NJW-RR **90**, 602), über die Möglichk, ein Objekt gemeins zu vermarkten (BGH NJW-RR **94**, 434), über die Spielberechtigg des transferierten Fußballspielers, aber nur wenn Gründe aus der Zeit vor dem Vereinswechsel zum Wegfall der Spielberechtigg führen (BGH NJW **76**, 566, Wertenbruch NJW **93**, 183), über den Umfang des übernommenen Risikos bei der RestschuldVers (BGH NJW **90**, 2809), über die RFolgen einer VertrÄnderg (BGH **LM** HGB 339 Nr 2), über die Möglichk, den Vertr aGrd einer VertrKlausel anzupassen (BGH NJW-RR **91**, 1340), über die RNatur des geschlossenen Vertr – ArbVertr statt GesellschVertr – (BAG NJW **87**, 918), über die Widerruflk eines Test (BGH **62**, 24), über den Umfang des FdgsÜbergangs (BGH VersR **68**, 401), über die Wirksamk der dem Vertr zugrde liegden RNorm etwa der PrAngabenVO (Rn 170), über die dch den Vertr begründete Haftg gem § 419 (BGH **70**, 51), über das Nichteingreifen des VorkaufsR eines Dr (BGH NJW **87**, 892). Der gemeins Irrt begründet aber dann keine Rechte aus § 242, wenn die VertrErf trotz des Irrt **zumutbar** ist (Hamm NJW-RR **92**, 1416, Rn 129). Bei Vertr über eine **vorweggenommene Erbfolge,** die wg einer in Wahrh nicht bestehden dauernden Pflegebedürftigk abgeschl worden sind, kommt eine Rückabwicklg gem § 242 in Betracht (Oldenbg NJW-RR **96**, 668). Auch anfängl Bewertgsfehler können die Anwendg des § 242 rechtf (BGH **113**, 314). Auch der gemeins Irrt über **steuerliche Folgen** eines Gesch führt zur Anwendg der Grds über das Fehlen der GeschGrdl u damit uU zur Anpassg (BGH DB **76**, 234, KG BB **82**, 944, Kapp BB **79**, 1207). Voraussetzg ist, daß der GeschWille der Part auf einem gemeins Irrt über die steuerl Behandlg aufbaut (Rn 117) u die Aufdeckg des Irrt die wirtschaftl Daten wesentl verändert (Köln NJW-RR **93**, 784). Haben die Part irrtüml eine MwSteuerPfl angenommen, kann das vereinbarte Bruttoentgelt entspr zu kürzen sein (BGH WM **90**, 1323, Düss DB **90**, 39); sind sie umgekehrt fälschl von MwStFreih ausgegangen, kann eine entspr Erhöhg des Entgelts in Betracht kommen (Nürnbg NJW **96**, 1479, Düss NJW-RR **95**, 1520). Für die Beurteilg kann von Bedeutg sein, ob u wie eingehd die Part die steuerl Folgen erörtert h (s BGH NJW **51**, 517, LG Dresd NJW-RR **97**, 242). Vielf handelt es sich um bloß einseit Erwartgen einer Part, die unerhebl sind (BGH NJW **67**, 1082, NJW-RR **86**, 708) od um Verändergen, die, wie Steuererhöhgen od der Wegfall von Steuervergünstiggen, ausschließl in den Risikobereich einer Part fallen (BGH DtZ **94**, 282, Karlsr VersR **97**, 1001). So liegt es wohl beim Wegfall der Steuerfreih für Sozialpfandbriefe (Rn 143).

149 (beside first line of d); 150 (beside "Irrt über steuerliche Folgen")

bb) Ggst des gemeins Irrt kann auch der **Eintritt oder Nichteintritt eines zukünftigen Ereignisses** sein, sofern dieser Umst von beiden Part zur Grdl ihres GeschWillens gemacht worden ist (Rn 113). Das ist idR nicht anzunehmen, wenn es sich um Umst aus dem Risikobereich einer Part handelt (Rn 126). Scheitern der in Aussicht genommenen Finanzierg stellt daher idR keinen Wegfall der GeschGrdl dar (BGH NJW **83**, 1490); ebsowenig das Scheitern der Ehe, für die der Schwiegervater erhebl Aufwendgen („Traumhochzeit“) gemacht hat (Schlesw MDR **98**, 1033). Dagg kann § 242 anwendb sein, wenn die zugesagte Vfg vTw nicht getroffen od wieder aufgeh w (BGH NJW **77**, 950), wenn die einem Vertr als feststehd zGrde gelegte gesetzl Vorschr, Rspr od Standesrichtlinie sich ändert (BGH **58**, 362, **89**, 232, Oldbg NJW-RR **90**, 84, Ffm NJW-RR **92**, 105), wenn ein Vergl wg eines ausländ Verbots nicht dchgeführt w kann (BGH NJW **84**, 1747), wenn die beim Aktienerwerb beiderseits als sicher erwartete Kapitalerhöhg nicht dchgeführt w (LG Bln NJW-RR **94**, 807). Bei **wettbewerbsrechtlichen** UnterlVertr können Ändergen der gesetzl Vorschr od der Rspr ein KündR aus wicht Grd begründen od zum Wegfall der GeschGrdl führen (Rn 170). 151

cc) Aus dem Willen der Part kann sich ergeben, daß die Wirksamk u Dchführbark eines and Vertr GeschGrdl für den abgeschl Vertr sein soll (BGH NJW **82**, 106). Die beiden Vertr bilden in diesem Fall eine **Vertragsverbindung** eig Art (Einf 17 v § 305). 152

e) Wiederherstellung der deutschen Einheit. – aa) Die Wiederherstellg der dtschen Einh u die dadch bedingten grdlegden wirtschaftl Verändergen im Beitrittsgebiet haben bei einer Vielzahl von Vertr das Gleichgewicht von Leistg u GgLeistg od den VertrZweck erhebl gestört. Die vom BGesGeb erlassenen SonderGes (Rn 152 b) erfassen nur einen Teil der Fälle, in denen eine Anpassg notw ist. Ergänzd gelten die Grds über den Wegfall der GeschGrdl, u zwar auch für AltVertr aus der Zeit vor dem 3. 10. 90 (BGH **120**, 10/22; **121**, 378/391, **127**, 212/217, stRspr). § 242 u die aus ihm abgeleiteten RInstitute sind wg ihres „reformatorischen Charakters“ am 3. 10. 90 auch mit Wirkg für AltVertr in Kraft getreten (KG DtZ **93**, 359, RG **144**, 380 für das Inkrafttreten des BGB; and die Begründg des BGH, vgl dazu MüKo/Heinrichs Art 232 § 1 EGBGB Rn 21). Zur GeschGrdl gehören auch Umst, die die Part, wie die Fortdauer der DDR-spezifischen wirtschaftl u gesellschaftl RahmenBdggen, als selbstverständl ansahen, ohne sich dies bewußt zu machen (BGH **131**, 209/215). 152 a

bb) Sonderregelungen gehen § 242 vor (Rn 115). **(1) DM-Bilanzgesetz.** § 32 I gibt dem Sachleistgs- 152 b
Schu bei Vertr, die nach dem 30. 6. 90 zu erfüllen sind, die Befugn, den Pr nach billigem Erm (§ 315) zu

bestimmen, wenn für den Vertr inzw aufgehobene PrVorschr maßgebd waren. Er gilt aber nur für Vertr ohne betragsmäß festgesetzten Pr (BGH **122**, 32/38). § 32 II gibt den Part bei schwebden Vertr ein Recht auf PrAnpassg, wenn das Gleichgewicht von Leistg u GgLeistg dch die Währgsumstellg erhebl gestört worden ist. Ein schwebder Vertr liegt vor, wenn der Vertr am Stichtag der Umstellg (1. 7. 90) von beiden Part od von einer noch nicht erf war (BGH **122**, 32/42, **131**, 32, 37). Eine erhebl Äquivalenzstörg ist gegeben, wenn der im Verhältn 2 : 1 umgestellte Pr den Marktwert der GgLeistg um 120% od mehr übersteigt (BGH **122**, 32/34 – 123%; **131**, 32/39 – 120%, ZIP **95**, 1931 –124%). § 32 II gilt vor allem, wenn die Importfirma für ein Westprodukt entspr den fr Grds (Dresd ZIP **94**, 634) das 4,4-Fache des WestPr in Mark der DDR berechnet hat u jetzt nach der Umstellg im Verhältn 2 : 1 mehr als das Doppelte des DM-Pr verlangt (BGH aaO). AufwendgsErsAnspr nach VertrG 78, 79 fallen nicht unter § 32 (BGH DtZ **95**, 19). Das gilt ebso für KreditVertr, auch wenn der Kredit zur Anschaffg einer nach der Währgsumstellg viel zu teuren Anlage verwandt worden ist (BGH **127**, 212/216). § 32 ist auch dann unanwendb, wenn die Äquivalenzstörg nicht dch die Währgsumstellg, sond dch and Verändergen, etwa den Wegfall staatl Finanziergsmittel, verursacht worden ist (BGH **120**, 10/21). **(2) Währungsumstellung, Altschuldenregelung.** Den Gewinnen, die den Geldgläubigern im Beitrittsgebiet dch die Umstellg im Verhältn 2 : 1 zugute gekommen sind, korrespondieren erhebl Nachteile der GeldSchu. Eine Schuld von 4,4 Mio DM ist auf 2,2 Mio DM umgestellt worden, obwohl sie bei Zugrundelegg der Kaufkraftrelation auf 1 Mio DM hätte umgestellt werden müssen (Dresd ZIP **94**, 634). Zur Entlastg der AltSchu hat der BGesGeb eine Reihe von EntlastgsMaßn getroffen (DM-BilanzG 16 III, EntschuldgsVO, AltschuldenhilfeG, FinanzbereiniggsG-DDR, vgl die Übersicht bei R. Schmidt DtZ **97**, 338). Aus dem Zusammenhang dieser Regelgen ergibt sich: Die Altschulden, auch die der LPG, bestehen fort (BVerfG NJW **97**, 1975, BGH **124**, 1/4, **127**, 212). Eine Anrechng der nicht an den KreditG, sond an die DDR gezahlten Gewinnabgaben ist nicht mögl (BGH **124**, 1/4, **127**, 212), eine Anwendg der Grds über den Wegfall der GeschGrdl kommt nicht in Betracht. Sie würde auf eine Korrektur der politisch gewollten Umstellg im Verhältn 2 : 1 hinauslaufen, zu der die Rspr nicht befugt ist (BGH **124**, 1/7). **(3)** Sonderregelgen, die § 242 verdrängen, enthalten auch das **SchuldRAnpG** (BGH VIZ **99**, 220) u die NutzgsentgeltsVO (EG 232 § 4 Rn 4ff).

152 c **cc) Äquivalenzstörungen.** Sie können, wenn DM-BilanzG 32 unanwendb ist, eine Anwendg des § 242 rechtfertigen. **(1) Beiderseits erfüllte Verträge.** Auf Vertr, die am 3. 10. 90 beiderseits erf waren, sind die Grds über den Wegfall der GeschGrdl nur anzuwenden, wenn dies aus bes Grden erforderl ist, um ein mit Recht u Gerechtigk schlechterdings unvereinb Ergebn zu vermeiden (BGH **131**, 209/216). Wertsteigergen, die vor od nach der Wiedervereinigg aufgetreten sind, rechtfertigen bei einem beiderseits erf Vertr keine PrAnpassg (BGH aaO). Hat der im alten BGebiet lebde Eigtümer sein in der DDR belegenes Grdst kurz vor dem Fall der Mauer unentgeltl auf seinen Mieter übertragen, ist er nicht berecht, sich vom Vertr zu lösen (KG OLG-NL **96**, 76). Für erzwungene Verkäufe, etwa im ZusHang mit einer Ausreise, enthält das VermG eine Sonderregelg, die die Grds über den Wegfall der GeschGrdl verdrängt (Prölss/Armbrüster DtZ **92**, 203, Art 232 § 1 EG Rn 6a). Hat ein Betr aufgrd eines sog KommunalVertr für eine öff Einrichtg, etwa eine Freizeitanlage, einen Beitrag geleistet, ist er nach dem Verkauf der Anlage nicht berecht, seinen Beitrag zurückzufordern (Brandenbg VIZ **96**, 611). Gesellschafter, die vor dem 3. 10. 90 ausgeschieden sind, können wg der eingetretenen Wertändergen keine Erhöhg ihrer Abfindgen verlangen (Hauschild DB **97**, 1857). **(2) Notwendigkeit einer Anpassung.** Sie kann sich daraus ergeben, daß die für ein bestimmtes Projekt zugesagten staatl Finanziergsmittel nicht gewährt werden (BGH **120**, 10/23; **127**, 212/218). IdR ist es sachgerecht, die entstandenen Nachteile hälftig zu teilen (BGH **120**, 10/26). Auch bei einem Bauvorhaben, das wg veränderter Verhältn nicht mehr ausgeführt werden kann (Neuordng der EigtVerhältn, zu geringer FestPr), kann es angem sein, daß AuftrG u Untern die entstandenen Nachteile (bereits aufgewendete Kosten) je zur Hälfte tragen (BGH DtZ **96**, 23). Unentgeltl NutzgsVerhältn, die im Rahmen der Planwirtsch zw WirtschEinh bestanden, sind dahin anzupassen, daß ab 1. 7. 90 das marktübl Entgelt zu entrichten ist (BGH **126**, 150). Das 1986 vereinbarte Entgelt für die Nichtausübg eines WohnR ist angem zu erhöhen (Naumbg OLG-NL **98**, 8). Ist der entstandene Nachteil möglw auf den Verzug od das Verschulden einer Part zurückzuführen, scheidet eine Anpassg aber aus (BGH ZIP **93**, 234). Sie kommt auch dann nicht in Betracht, wenn die Leistg des Verkäufers dch gesetzl Neuregelgen (VermG, nF der GVVO) erschwert w (KG VIZ **97**, 602).

152 d **dd) Zweckstörungen.** Der Grds, daß der SachleistgsGläub das Verwendgsrisiko trägt (Rn 145), gilt in einem marktwirtschaftl System; er muß aber uU zurücktreten, wenn eine staatl Planwirtsch auf marktwirtschaftl Bdggen umgestellt wird. Bei einem Vertr über die Lieferg von Militär-Schnellbooten kann die Aufhebg gg Leistg von AufwendgsErs verlangt w (BGH NJW **98**, 1701, 1704). Sind vor dem Fall der Mauer Maschinen bestellt worden, die für die zu verbessernde Produktion nicht mehr geeignet sind, kann der SachleistgsGläub sich vom Vertr lösen, er muß aber die Hälfte der dem and Teil entstandenen Kosten tragen (KG DtZ **92**, 291, das aber DM-BilanzG 32 anwendet). Umsatzrückgang gibt dem Besteller eines Hochregallagers nicht das Recht, sich auf § 242 zu berufen, wenn anzunehmen ist, daß der Umsatz bald wieder steigen wird (Dresd DtZ **95**, 22/24); entspr gilt, wenn ein LadenGesch in Vorzugslage sich auf Absatzschwierigk mit den im Okt 89 bestellten Küchengeräten beruft (KG DtZ **92**, 338). Bei einem allein auf den Vertrieb in den RGW-Staaten abgestellten LizenzVertr kann die GeschGrdl entfallen, wenn die Ostmärkte prakt nicht mehr zu erreichen sind (BGH ZIP **95**, 1021/1027). Ist einer ARD-Anstalt in einem vor der Wende geschlossenen Vertr das SendeR nur für die alten BLänder übertragen worden, bedarf der Vertr der Anpassg, weil der Film nunmehr auch im Beitrittsgebiet ausgestrahlt werden kann (BGH **133**, 281).

152 e **ee) Erbteilsübertragungen.** Westdeutsche Erben haben bei Erbfällen in der DDR vielfach die Erbsch ausgeschlagen od ihren Erbteil ostdeutschen Miterben od Verwandten übertragen, weil der Nachl ihnen nicht zugängl war, die Gefahr einer Enteigng drohte u alle Beteiligten vom Fortbestand der Teilg ausgingen. Eine rechtl Handhabe, diese Dispositionen zu korregieren, besteht nicht. Die Ausschlagg der Erbsch ist nicht anfechtb (§ 1954 Rn 4) u die Grds über den Wegfall der GeschGrdl können nicht herangezogen werden, da sie auf einseit RGesch nicht anwendb sind (BGH NJW **93**, 850, Rstk OLG-NL **94**, 40). Auch bei Erbteilsübertraggs Vertr besteht kein Anspr auf Anpassg od Rückgängigmachg (Bultmann NJ **94**, 5/11, aA Janssen ZRP **91**, 418). Die Grds über den Wegfall der GeschGrdl rechtfertigen keine Anpassg, weil es sich um einen

beiderseits erf Vertr handelt (Rn 152) u keine schwerwiegde Grde vorliegen (BGH **131**, 209/216), die ausnw eine Anpassg gebieten. Hätte der westdeutsche Erbe sich für eine ErbschAusschlagg entschieden, bestünde keine Möglichk einer Korrektur. Für die Fälle der Erbteilsübertragg muß im Ergebn das gleiche gelten. Schutzwürdiger als die Interessen der westdeutschen Erben ist das Vertrauen der ostdeutschen Beteil auf den Weiterbestand der mit Zustimmg aller Beteil geschaffenen vermögensrechtl Lage.

ff) Besonderes gilt teilw für **erbrechtliche Abfindungen.** Ist bei der Berechng des PflT in der DDR enteignetes od unter ZwangsVerw stehdes Vermögen unberücksichtigt geblieben, das jetzt nach dem VermG zurückzuerstatten od zu entschädigen ist, steht dem PflTBerecht entspr § 2313 ein ErgänzgsAnspr zu (BGH **123**, 76, § 2313 Rn 4 , and aber wohl, wenn das ErbR der fr DDR anzuwenden ist, LG Hbg NJW **98**, 2608). Eine etwaige AbfindgsVereinbg kann idR dahin ausgelegt werden, daß sie diesen ErgänzgsAnspr nicht ausschließen will (BGH **123**, 76/82). Ist eine solche Auslegg nicht mögl, ist dem PflTBerecht wg Wegfalls der GeschGrdl ein ErgänzgsAnspr zuzubilligen. Der abgefundene Erbe darf nicht schlechter gestellt werden als der PflTBerecht. Ihm steht wg Wegfalls der GeschGrdl ein ErgänzgsAnspr zu, wenn bei seiner Abfindg enteignetes od unter ZwangsVerw stehdes Vermögen unberücksichtigt geblieben ist. Der Fall liegt wertgsmäß and als die in Rn 152e behandelten Sachverhalte. Währd dort die Zuordng von Vermögen verändert werden soll, das endgült einem Beteiligten zugewiesen worden ist, geht es hier darum, daß Vermögen, das nicht mehr als NachlBestandt angesehen wurde, real od wertmäß wieder zum Nachl gehört. 152f

D) Weitere Einzelfälle. Die Rspr zur GeschGrdl wird überwiegd bereits in der systemat Kommentierg nachgewiesen; s daher zunächst Rn 110–152. – **a) Abfindungsvereinbarungen** über SchadErsAnspr sind gem § 242 anzupassen, wenn beide Part von irrigen Vorstellgen über den SchadUmfang ausgegangen sind (BGH NJW-RR **92**, 715). Fehleinschätzgen der künft Entwicklg gehören dagg grdsl zu den von den Part übernommenen Risiken (BGH NJW **84**, 115, **91**, 1535). Rechte aus § 242 entfallen vor allem dann, wenn sich die AbfindgsVereinbg auch auf unbekannte Schäden bezieht; hierauf kann sich der Schädiger aber nicht berufen, wenn sich wg unvorhersehb Folgen ein so krasses MißVerhältn zw Abfindgssumme u Schaden ergibt, daß das Festhalten am Vertr gg Treu u Glauben verstößt (BGH VersR **61**, 382, **66**, 243, **67**, 804, Köln NJW-RR **88**, 924). Abfindg von UnterhAnspr s Rn 111. – 153
Altenteilsleistungen können bei erhebl Veränderg der allg wirtschaftl od pers Verh der Beteiligten abgeändert w (BGH **25**, 298, Rn 138). Bei jeder Änderg ist auf die Leistgsfähigk des Hofes Rücksicht zu nehmen; doch kann sich der Übernehmer nicht auf einen von ihm verschuldeten Einkommensrückgang berufen (Celle RdL **58**, 183). Kann ein WohnR wg Pflegebedürftigk nicht mehr ausgeübt w, kann der Berecht zur Vermietg befugt sein (Köln FamRZ **91**, 1432, Celle NJW-RR **99**, 10, aA E. Schneider MDR **99**, 87), and aber, wenn der Berecht dem Eigtümer die Vermietg auf eig Rechng überlassen hat (Oldenbg NJW-RR **94**, 1041). Bei schweren Störgen des persönl Verh od wenn eine Heimunterbringg notw ist, können Natural- u Dienstleistgen in Geldleistgen umgewandelt w (BGH DB **81**, 1615, Düss NJW-RR **88**, 326, NJW-RR **94**, 201, Köln FamRZ **97**, 937, aA Hamm NJW-RR **96**, 1360). Das gilt entspr für ähnl VersorggsAbreden (BGH aaO, Schwarz, ZEV **97**, 309). Sonderregelgen gehen vor (BayObLGZ **89**, 481); vgl insb ReichsG über die anderweit Festsetzg von Geldbezügen aus Altenteilsverträgen vom 18. 8. 23, RGBl 815 (noch in Kraft BGH **25**, 296) u die in EGBGB 96 Rn 5 angeführten LandesG. Zu Pr AGBGB 15 § 9 vgl Hamm FamRZ **99**, 1055. – 154
Arbeitsrecht. Wissen beide Part bei VertrSchl nicht, daß ArbN schwanger ist, kann sich ArbG nicht auf Fehlen der GeschGrdl berufen, da das Festhalten am Vertr nach den Wertgen des MuSchG zumutb ist (LAG Saarbr NJW **66**, 2137). Kein Wegfall der GeschGrdl für Vereinbg über KarenzEntsch, wenn für ArbN nachträgl WettbewMöglichk entfällt (BAG NJW **69**, 677), für Vereinbg über KündAbfindg, wenn ArbN vor dem vereinb Ausscheidenstermin stirbt (BAG DB **70**, 259), für Akkord-Vereinbg bei Einsatz arbsparder Maschinen (LAG Hamm DB **70**, 113), für Leistgszulage, wenn Leistg nachläßt (BAG DB **76**, 2404). Wird die Dchführg des ArbVertr dch äußere Ereign auf Dauer undchführb, kann es ohne Künd enden (BAG NJW **96**, 476). Haben die Part den Vertr irrtüml für einen GesellschVertr gehalten, kann der ArbG für die von ihm nachzuentrichtden SozVersBeiträge nachträgl keinen (hälft) Ers vom ArbN verlangen (BAG DB **88**, 1550). Die GeschGrdl einer Versorggszusage kann entfallen, wenn eine planwidr Überversorgg (107% statt 71%) entsteht u der Versorggsaufwand um 61% steigt (BAG DB **98**, 779); die steigde Lebenserwartg rechtf aber allein keine Anwendg des § 242 (Kemper DB **98**, 774). Die Grds über Fehlen u Wegfall der GeschGrdlage sind auch auf BetrVereinbgen anwendb (BAG DB **64**, 1342), ebso auf Sozialpläne (BAG DB **95**, 480, **97**, 100), nicht aber auf den normativen Teil des TarifVertr (BAG DB **77**, 679, **85**, 130). 155

b) Bürgschaft: Die Erwartg des Bü, der BürgschFall w nicht eintreten, da der HauptSchu leistgswillig u -fähig sei u bleiben w, ist nicht GeschGrdl, weil die Zahlgsfähigk des HauptSchu allein zur Risikosphäre des Bü gehört (BGH **104**, 242, NJW **83**, 1850, **88**, 2174, 3206, stRspr). Umst außerh des BürgschRisikos können nach allg Grds GeschGrdl sein (BGH NJW **66**, 449), so die Erwartg, der Gläub werde gg den HauptSchu keine StrafAnz erstatten (BGH WM **73**, 36), eine geplante Sanierg werde in Angriff genommen (BGH WM **73**, 752), ein ÜbernVertr werde dchgeführt (BGH DB **74**, 2244), das ArbVerh zw Bü u HauptSchu werde weiterbestehen (KG BB **85**, 2177), vorausgesetzt jedoch, die Erwartg ist wirkl Grdl des gemschaftl GeschWillens geworden (BGH NJW-RR **89**, 753, Rn 117). Die Erwartg, die zu sichernde Fdg werde nicht abgetreten u gehe nicht kr Ges auf einen Dr über, ist idR nicht GeschGrdl (BGH NJW **93**, 2935), ebsowenig die Erwartg, daß die weiter bestellten Sicherh fortbestehen (BGH NJW **94**, 2146). Verbürgt sich der GesellschGeschFü für seine GmbH, entfällt mit der Aufg seiner gesellschaftsrechtl Stellg nicht die GeschGrdl für die Bürgsch (BGH ZIP **99**, 877). Bes Grds gelten für Bürgsch von einkommens- u vermögensl **Angehörigen** des Schu, dch die sich der KreditG vor Vermögensverschiebgen schützen und den Zugriff auf künft VermErwerb des Bü (Erbsch) sichern will. Nach dem 31.12. 98 mit dieser Zielsetzg geschlossene Vertr sind nur dann mit § 138 vereinb, wenn der begrenzte Haftgszweck ausdr vertragl geregelt ist (BGH NJW **99**, 58, § 138 Rn 38e). AltBürgsch können auch ohne eine derartige ausdr Haftgsbegrenzg wirks sein (BGH aaO). Der BürgschAnspr wird aber erst fällig, wenn der Bü Verm erworben hat (BGH **134**, 325). Er entfällt, wenn die Gefahr einer VermVerschiebg wg Aufhebg der LebensGemeinsch nicht mehr besteht (BGH **128**, 235, **132**, 328). – 156
Darlehen. Der DarlN trägt das Verwendgsrisiko (Rn 145). Er kann sich nicht darauf berufen, daß er das Darl nicht (mehr) benötigt, aber auch nicht darauf, daß er den mit der DarlValuta angeschafften Ggst unverschuldet verloren hat, ohne einen ErsAnspr zu erlangen (BGH **15**, 34, DB **72**, 620, Rn 148; Ausn: Einwendgsdch- 157

griff). Ein Darl kann vorzeit kündb sein, wenn ein korrespondierdes RVerhältn vorzeit beendet w, so das Darl an den Schwiegersohn bei Scheidg der Ehe (BGH FamRZ **73**, 252, Düss NJW **89**, 908, aA Karlsr NJW **89**, 2137), das Darl an den GmbH-GeschFü bei Beendigg des AnstellgsVerhältn (BGH WM **69**, 335), das Darl an ArbN, wenn dieser Unterschlaggen begeht (Brschw OLGZ **65**, 139), aber nicht bei sonst Beendigg des ArbVertr (LAG BaWü BB **69**, 1268), das WoBauDarl nicht, wenn der ArbNeh das geförderte Haus seiner Geschiedenen überträgt (Köln FamRZ **93**, 955). – **Dauerschuldverhältnisse** Rn 120. – **Erbbauzins** Rn 136 f. – **Erbrecht:** Ggü einem Erb- od Zuwendgsverzicht kann nach dem Erbfall nicht mehr geltd gemacht w, die GeschGrdl fehle od sei weggefallen (BGH NJW **99**, 789). Der dem ErbVerz zugrdeliegde AbfindgsVertr kann aber anpassgsbedürftig w, wenn der Hoferbe den Hof 6 Jahre nach dem Erbfall veräußert (BGH **134**, 152). – **Erfüllter Vertrag:** Rn 133.

158 **c) Familienrecht:** Unentgeltl Zuwendgen zwischen Eheg kann ein SchenkgsVertr zGrde liegen (§ 516 Rn 10). IdR handelt es sich aber um sog **unbenannte Zuwendungen** (Ausgl für die familiäre Mitarbeit), deren RGrd ein bes famrechtl Vertr ist (BGH **84**, 364, **87**, 146, **116**, 169, Kleinle FamRZ **97**, 1383, stRspr). ZuwendgsGgst sind typw MitEigentumsAnteile od Sachen od die Finanzierg ihres Erwerbs, es können aber auch Dienstleistgen (BGH **84**, 364, NJW **94**, 2545) od die Anwartsch aus einer LebensVers sein (BGH NJW **92**, 2155). GeschGrdl für die Zuwendgen ist idR der Bestand der Ehe, sie werden aber iF des Scheiterns der Ehe grdsl allein güterrechtl ausgeglichen (BGH **65**, 322, **84**, 364, **115**, 136, NJW **92**, 2155, stRspr). Rechte aus § 242 bestehen grdsl auch dann nicht, wenn der Zuwendgsempfänger mehr erhalten hat, als ihm nach dem Grds des ZugewinnAusgl zusteht (BGH **82**, 232) od wenn der Ausgl am fehlden Zugewinn des Zuwendgsempfängers scheitert (Reinicke/Tiedtke DNotZ **83**, 164). Nur wenn bes Umst dies erfordern, sind Ausn mögl (BGH **115**, 138, NJW **97**, 2747), so wenn eine Leistg, die ein Eheg wg schwerster Verletzgen erhalten hat (Erblindg), teilw dem and zugewendet worden ist (Stgt NJW-RR **94**, 1490). Ein Eheg kann ausnw berecht sein, die Übertragg eines Ggst zu AlleinEigtum zu beanspruchen, jedoch idR nur gg eine angem AusglZahlg (BGH **68**, 299, **82**, 229, WM **98**, 1088). Ein den ZugewinnAusgl ergänzder AusglAnspr kann gegeben sein, wenn ein Eheg dem and währd der Verlobgszeit für die Bebauung von dessen Grdst erhebl Zuwendgen gemacht hat (BGH **115**, 261) od wenn ein Eheg dem and in einer vom Versorggsgedanken geprägten Ehe ein Wertpapierdepot übertragen hat u die Ehe nach kurzer Zeit scheitert (BGH FamRZ **94**,
159 503). Bei **Gütertrennung,** auch wenn sie auf der Anwendg ausländ Rechts beruht (BGH **119**, 397), ist zu unterscheiden. RückFdgsAnspr sind ausgeschlossen, soweit die Zuwendg eine angem Beteiligg an dem gemeins Erarbeiteten darstellt (BGH NJW **72**, 580, **89**, 1988, Düss NJW-RR **96**, 467) od als Ggleistg für die Zustimmg zur Gütertrenng aufzufassen ist (Ffm FamRZ **81**, 778, Stgt NJW-RR **88**, 134). Bei Zuwendgen außerh dieses Rahmens kommen dagg AusglAnspr in Betracht, vor allem bei Zuwendg eines Grdst, finanzielle Unterstützg od Mitarbeit im Betr od beim Hausbau (BGH **84**, 368, **127**, 51, NJW-RR **88**, 964, 965) u bei Zuwendgen für den Aufbau einer eig berufl Existenz (BGH NJW **74**, 2045), aber erst nach rkräft Scheidg (Düss NJW-RR **92**, 1477) u nur, wenn die Beibehaltg der bestehden Vermögensverteilg mit Treu u Glauben unvereinb u unzumutb ist (BGH FamRZ **87**, 45, **89**, 149, 600, Düss NJW-RR **96**, 644, Jaeger DNotZ **91**, 461). Wird die Ehe nicht dch Scheidg, sond dch Tod aufgelöst, sind AusglAnspr aber idR ausgeschl (BGH
160 NJW-RR **90**, 835). Auch für Zuwendgen, an denen die **Schwiegereltern** aktiv od passiv beteiligt sind, kommen nach Scheitern der Ehe RückFdgsAnspr in Betracht, aber nur wenn die Aufrechterhaltg der Zuwendg eine unzumutb Störg der GeschGrdl darstellt (BGH **129**, 263, FamRZ **98**, 670, NJW **99**, 353 Oldenbg u Köln NJW **94**, 1539, 1540, Düss NJW-RR **96**, 517) od wenn iF einer Schenkg § 530 zutrifft (LG Oldenbg NJW-RR **98**, 1). Anspr gg den Schwiegervater wg des Ausbaus einer Wohng in seinem Haus kommen aber erst in Betracht, nachdem die Wohng geräumt ist (BGH NJW **85**, 314) od vom Eigtümer dch Vermietg genutzt w (BGH **111**, 128). Dch die Trenng entfällt auch die GeschGrdl für die dem Eheg eingeräumte Befugn, über das Bankkonto des and zu verfügen (BGH NJW **88**, 1209, NJW-RR **89**, 834). Auch bei Leistgen zw Geschwistern in einem MitEigtümerVerh können bei einer wesentl Änderg der Verhältn AusglAnspr bestehen (BGH NJW **92**, 2283). Für den Verzicht auf **Versorgungsausgleich** nach der 1. Scheidg kann die GeschGrdl entfallen, wenn auch die 2. Ehe zw diesen Partnern scheitert (BGH NJW **94**,
161 579). Auf Einiggen über die **elterliche Sorge** finden die Grds über die GeschGrdl Anwendg (Köln FamRZ **64**, 524, Karlsr OLGZ **65**, 258, FamRZ **68**, 266). Es ist aber idR kein Wegfall der GeschGrdl, wenn die mit der Einigg gem § 1671 od einem UnterhVergl zugl vereinbarte Regelg des UmgangsR nicht dchgeführt wird (BayObLG **66**, 70, Stgt NJW **81**, 1743). Für die bei einer **heterologen Insemination** stillschw übernommene vertragl UnterhPfl kann die GeschGrdl entfallen, wenn Mu od Kind die Vatersch anfechten (BGH NJW **95**, 2032, 2033). AusglAnspr zw Partn einer **eheähnlichen Lebensgemeinschaft** s Einl 32 ff v § 1297.

162 **d) Gesellschaftsrecht:** Fällt bei einer OHG od KG die GeschGrdl für den Eintritt eines Gters weg, kommt eine Ausschl- od Aufhebgskl in Betracht (BGH **10**, 51, NJW **67**, 1082), uU ist aber auch die Aufrechterhaltg des Vertr unter Anpassg an die veränderten Umst mögl (BGH NJW **74**, 1657: Änderg der Nachfolgeregelg nach Scheidg). Sind die Gter bei der AuseinandS von einer unricht Bewertg ausgegangen, kann dem Benachteiligten ein AusglAnspr zustehen (RG **131**, 94). Besteht zw dem für die Ausübg eines ÜbernahmeR vereinbarten Pr u dem wirkl Wert des GAnteils wg veränderter Verhältn ein grobes Mißverhältn, ist der Pr anzupassen (BGH **126**, 241). Bei irrigen Vorstellgen über die Folgen einer VertrÄnderg kann eine Anpassg an das wirkl Gewollte geboten sein (BGH **LM** HGB 339 Nr 2), bei der irrtüml Beurteilg einer
163 RFrage (Widerruflichk eines Test) die Anpassg an die wirkl RLage (BGH **62**, 24). – **Hofübergabevertrag.** Beruht der Vertr auf der Erwartg, der Hof werde im FamBesitz bleiben, kann der Übergeber bei Weiterveräußerg an einen Fremden eine Erhöhg der GgLeistg fordern (BGH **40**, 334). Wegfall der GeschGrdl ist es auch, wenn ein Bruder dem and den Hof in der Erwartg übertragen hat, er werde eine and LebensGrdl finden
164 u sich diese Erwartg wg völliger Veränderg der Verhältn nicht erfüllt (BGH NJW **53**, 1585). – **Kaufvertrag:** Vorrang der Sachmängelhaftg Rn 118. Störg des Äquivalenzverhältn Rn 135 ff. Verwendgsrisiko des Käufers Rn 144. Mängel der subj GeschGrdl, insb irrige Vorstellgen über die Preisbemessg oder steuerl Folgen Rn 149 f. Beim Verkauf zur Abwendg der Enteigng kann der Käufer bei Wegfall od Fehlen der Enteigngsvoraussetzgen uU Rückgewähr der Kaufsache verlangen, sei es nach § 157 od nach § 242 (BGH **84**, 7, ZIP **97**, 1067, BayObLGZ **89**, 460, **92**, 37). Nehmen die Part irrtüml an, ein bestehdes Leistgshindern könne in

Kürze behoben w, ist § 242 u nicht § 306 anzuwenden (BGH **47**, 48, DB **93**, 1511). – **Konzessionsvertrag** 165
zw Gem u VersorggsUntern s BGH WM **74**, 161. – **Leasingvertrag.** Tritt der LeasG seine GewLAnspr an den LeasN ab, wird der KaufVertr GeschGrdl für den LeasVertr. Ist der KaufVertr unwirks (Nürnbg BB **96**, 659) od wird er gewandelt, entfällt die ZahlgsPfl des LeasN (Einf 42 v § 535). – **Makler.** Besteht seine Prov in 166
dem Teil des KaufPr, der einen MindestBetrag übersteigt, kommt bei einem unerwartet günst Verkauf eine Herabsetzg in Frage (Düss MDR **68**, 494). – **Miete und Pacht:** Vorrang des GewLR Rn 118. Störg des Äquivalenzverhältn Rn 135 ff. Verwendgsrisiko des Mieters Rn 144. Mängel der subj GeschGrdl Rn 149 f. Nehmen die Part irrig an, der Vertrag mit dem Vorpächter bestehe nicht mehr, kann die GeschGrdl des neuen Vertr fehlen (BGH **LM** (Bb) Nr 20). Entfällt der Eigenbedarf, kann die GeschGrdl für einen RäumgsVergl wegfallen (Pankow NJW **94**, 1184).

e) Öffentlich-rechtliche Verträge: Rn 114. – **Patent:** Der Käufer einer ungeschützten Erfindg hat idR 167
keine Rechte aus § 242, wenn die Patentanmeldg abgelehnt w (BGH **83**, 288). Entspr gilt, wenn sich eine Diensterfindg des ArbN als nicht schutzfäh erweist (BGH **102**, 35). Bei Vertr über den Erwerb od Auswertg eines Patents besteht dagg idR ein LösgsR, wenn das SchutzR ganz od teilw vernichtet w (BGH NJW **57**, 1317); auch die wirtschaftl Verwertbark des Rechts kann GeschGrdl sein (BGH **52**, 60, NJW **78**, 320). – Der **Sanierungsvergleich** ist trotz nachträgl Änderg seiner Konzeption nicht anzupassen, wenn die Umstrukturierg der Unternehmen endgült in den Entscheidgsbereich der Saniergsträger fällt (LG Ffm NJW-RR **93**, 1197). – **Schenkung.** §§ 528, 530, 1301 gehen als SonderVorschr den Grds der GeschGrdl vor (BGH NJW 168
53, 1585, Karlsr NJW **89**, 2136). Nicht unter diese Vorschr fallde Erwartgen u Vorstellgen können dagg GeschGrdl sein (BGH **112**, 261, NJW **72**, 248, **LM** § 133 (A) Nr 11, Dürr NJW **66**, 1660), so auch ein gemeins Irrt über die steuerl Folgen der Schenkg (Kapp BB **79**, 1207). Schenkgen zw Eheg u Zuwendgen der SchwiegerElt sind iZw vom Bestand der Ehe unabhäng (BGH NJW-RR **90**, 387, NJW **99**, 1623); meist handelt es sich aber nicht um Schenkgen, sond um sog unbenannte Zuwendgen (Rn 158 ff). – **Unterhaltsverträge** Rn 111. – **Vergleich.** Ergänzd zu der Sonderregelg des § 779 gelten die allg Grds der GeschGrdl 169
(BGH NJW **84**, 1746, NJW-RR **94**, 434). Sie sind anzuwenden: wenn beide Part von falschen tats oder rechtl Voraussetzgen ausgegangen sind, der gemeins Irrt sich aber nicht auf streitausschließde Umst bezogen hat (BGH JZ **62**, 361, **LM** § 779 Nr 2, 24), so wenn die Leistg, die ein nicht am Vergl beteiligter GesSchu erbracht hat, zu niedrig angesetzt worden ist (Stgt NJW **94**, 3237), wenn die dem AbfindgsVergl zugrde gelegte vorläuf Bilanz ausweisl der endgült Bilanz wesentl VermWerte nicht berücksichtigt hat (BGH NJW-RR **95**, 413); wenn die dem Vergl als feststehd zugrde liegde Rspr geändert w (BGH **58**, 362); wenn die Part den Eintritt eines best zukünft Ereign irrtüml als sicher angesehen haben (BGH NJW-RR **86**, 946). Beim ProzVergl kann Fehlen u Wegfall der GeschGrdl nur in einem neuen RStreit geltd gemacht w (§ 779 Rn 31). AbfindsgsVergl s Rn 153. – **Vertragsstrafe.** Die von einem Kaufm versprochene Strafe kann trotz HGB 348 170
bei unricht Vorstellgen der Part über den Wert des VertrGgst herabgesetzt w (BGH NJW **54**, 998). Der Schu kann den dch ein VertrStrafVerspr gesicherten **wettbewerbsrechtlichen** UnterlVertr aus wicht Grd kündigen, wenn er die Verpfl ggü einem nach der nF des UWG 13 nicht mehr klagbefugten Verband eingegangen ist (BGH **133**, 316). Die KündFr, deren Länge nach § 242 zu bemessen ist, hat nicht vor der Veröffentlichg des BGH-Urt vom 26. 9. 96 begonnen (BGH **133**, 331). Ist der Wegfall der KlagBefugn offensichtl (Verband ohne die in UWG 13 Nr 1 u 2 genannten Mitgl), entfällt der UnterlAnspr auch für die Zeit vor der KündErkl (BGH aaO). Das in der UnterwerfgsErkl liegde SchuldAnerkenntn kann aber nicht gem § 812 zurückgefordert w (BGH NJW **98**, 2439). Entspr Grds gelten, wenn die VO, deren Einhaltg gesichert w soll, für unwirks erklärt w (Mü BB **84**, 629, Köhler WRP **90**, 460) od wenn die Rspr die beanstandete Werbg für zul erklärt (BGH NJW **83**, 2143, Düss WRP **95**, 223). Vor der Änderg verwirkte VertrStrafAnspr bleiben aber bestehen (BGH NJW-RR **96**, 364, Düss BB **97**, 600).

7) Vertragshilfe. Die dch SchuldVerh begründeten LeistgsPflten können in Kriegs- u sonst Notzeiten zu 171
einer existenzvernichtenden Härte w. Zur Bewältigg der hieraus entstehenden Probleme hat der GesGeber das Institut der VertrHilfe geschaffen, das den Ri in best Fällen ermächtigt, SchuldVerhält rechtsgestaltd zu verändern. Da das VertrHilfeG nur für Verbindlichk aus der Zeit vor dem 21. 6. 48 gilt, spielt es aber in der Praxis schon lange keine Rolle mehr. Auch die weiteren VertrHilfeVorschr (BVFG 82 ff, HeimkG 26 a, HäftlingshilfeG 9, FlüchtlingshilfeG 20 III) sind prakt ohne Bedeutg.

243 *Gattungsschuld.* [I] **Wer eine nur der Gattung nach bestimmte Sache schuldet, hat eine Sache von mittlerer Art und Güte zu leisten.**

[II] **Hat der Schuldner das zur Leistung einer solchen Sache seinerseits Erforderliche getan, so beschränkt sich das Schuldverhältnis auf diese Sache.**

1) Allgemeines. – a) Die Gattgsschuld gehört zu den SchuldVerh mit unbest, aber bestimmb LeistgsGgst. 1
Währd dieser bei der Stückschuld (Speziesschuld) individuell festgelegt ist, ist er bei der Gattgsschuld nur nach generellen Merkmalen best. § 243 enthält für die Gattgsschuld ledigl eine Teilregelg. Ergänzd gelten §§ 279, 300 II, 480, 524 II, 2155, 2182, HGB 360, 373 ff. § 243 betrifft seinem Wortlaut nach nur Sachleistgsschulden; er ist aber auf Dienst- u WkLeistgen, etwa die Lagerhaltg (Koller VersR **95**, 1386), Gebrauchsüberlassgen (Bestellg eines Hotelzimmers; LeasingVertr, BGH NJW **82**, 873) u die Verschaffg von Rechten (Abtretg von KundenFdgen) entspr anzuwenden. – **b)** Eine **Gattung** bilden alle Ggst, die dch gemeinschaftl 2
Merkmale (Typ, Sorte, uU auch Preis) gekennzeichnet sind u sich dadch von Ggst and Art abheben. Mögl ist auch, daß die Part Qualitätsmerkmale zu Gattgsmerkmalen machen (RG **86**, 92, Seibert MDR **83**, 177). Über die Abgrenzg entscheidet der PartWille (BGH NJW **86**, 659, Mü OLGZ **73**, 455); die Part können dch Festlegg von best Eigensch die Gattg eng begrenzen (BGH NJW **89**, 219, krit Wank JuS **90**, 96). Ergeben sich aus dem PartWillen keine bes Anhaltspkte, ist die VerkAnschauung BeurteilgsGrdl (BGH NJW **84**, 1955). IdR ist die Gattgsschuld auf Leistg vertretb Sachen (§ 91) gerichtet. Das ist aber nicht notw so, da für § 91 ein obj Maßstab (die VerkAnschauung), für § 243 aber ein subj gilt. Eine Speziesschuld kann eine vertretb Sache zum Ggst haben (etwa einen best Neuwagen), eine Gattgsschuld eine nicht vertretb Sache (etwa ein BauGrdst

in der Gemeinde X). Keine Gattgsschuld, sond eine Schuld eig Art ist die Geldschuld (§ 245 Rn 6). Zur Abgrenzg von der Wahlschuld s bei § 262. Verkauf der ges Ernte begründet eine Stückschuld, ebso der Verkauf der „nächsten auf Grube X zu fördernden Erze" (RG **92**, 371). Beim Verkauf rollder Ware kann je
3 nach dem VertrInh eine Gattgs- od Stückschuld vorliegen (Mü NJW **57**, 1801). – **c)** Die Gattgsschuld begründet für den Schu grdsl eine **Beschaffungspflicht.** Er wird von seiner LeistgsPfl nur frei, wenn die ges Gattg untergeht, Sachen der betreffden Art also am Markt nicht mehr erhältl sind (§ 279, sog marktbezogene Gattgsschuld). Besonderes gilt für die sog **beschränkte** Gattgsschuld **(Vorratsschuld),** bei der der Schu nach dem Inh des abgeschlossenen Vertr nur aus einem best Vorrat zu leisten hat. Bei unverschuldetem Untergang des ges Vorrats w der Schu frei (§ 275); bei teilw Untergang des Vorrats ist er berecht, die Fdgen seiner Gläub anteil zu kürzen (RG **84**, 125, aA Wolf JuS **62**, 103). Eine beschr Gattgsschuld ist iZw anzunehmen, wenn ein Selbsthersteller Erzeugn eig Produktion zu liefern verspricht. Dabei können die beiderseit Interessen auch so liegen, daß der Schu nach Einstellg seiner Produktion mit Waren and Herstellg erf will, der Gläub das aber als nicht vertragsgem ablehnt (Mü OLGZ **73**, 454). Bsp für Vorratsschulden: Kohlen aus einer best Zeche (Karlsr JZ **72**, 120); Wertpapiere aus einem best Bestand (s Ziganke WM **61**, 234); Holz von einem best Lagerplatz (RG **108**, 420), landwirtschaftl Produkte eines best Hofes (RG **84**, 126), Bier einer best Brauerei (Mü OLGZ **73**, 454), Waren aus einer best Schiffsladg (BGH WM **73**, 364).

4 2) Der **Schuldner bestimmt** den LeistgsGgst, ist jedoch in der Bestimmg nicht frei. Er hat Sachen **mittlerer Art und Güte** zu leisten (I, s auch HGB 360). Er darf auch bessere Ware liefern (Staud/Schiemann Rn 25), aus dem VertrInh, etwa der Höhe des Preises, kann sich ergeben, daß er hierzu auch verpflichtet ist. Bei einer Schlecht- od aliud-Lieferg kann der Gläub die Sache zurückweisen. Er kann sie aber auch annehmen u die Rechte aus §§ 480, 459ff geltd machen (BGH NJW **67**, 33). Weist der Gläub (Käufer) die Leistg zurück, muß der Schu (Verkäufer) die MängelFreih beweisen (s RG **95**, 119). Nimmt der Gläub die Leistg als Erf an, kehrt sich die BewLast gem § 363 um.

5 3) **Konkretisierung. – a) Voraussetzungen.** Der Schu muß das zur Leistg seinerseits Erforderl getan haben (II). Mindestvoraussetzg ist daher, daß der Schu eine den Erfordern des Vertr entspr Sache ausgewählt u ausgesondert hat. Was weiterhin erforderl ist, ist je nach Art der Schuld (§ 269 Rn 11) verschieden: – **aa)** Bei **Bringschulden** muß die Sache dem Gläub an seinem Wohns in einer AnnVerzug begründden Weise tatsächl angeboten w. – **bb)** Bei **Schickschulden** genügt die Übergabe der Sache an die Transportperson (RG **57**, 141, BGH BB **65**, 349). Beim Sammelversand besteht währd des Transports eine beschränkte Gattgsschuld (Gernhuber SchuldVerh § 10 III 6b). – **cc)** Bei **Holschulden** u and Fällen des § 295 genügt die Ausscheidg u das wörtl Angebot zur Leistg u zwar auch dann, wenn der Gläub wg § 299 nicht in AnnVerzug kommt (MüKo/Emmerich Rn 37, Staud/Schiemann Rn 37, str), jedoch muß dem Gläub eine angem Fr zur Abholg
6 zugebilligt w (Soergel-Teichmann Rn 10). – **dd) Entspricht** die ausgewählte u angebotene Sache **nicht** dem Vertr, tritt keine Konkretisierg auf die angebotene Sache ein. Etwas and gilt aber dann, wenn der Gläub die mangelh Sache annimmt (BGH NJW **67**, 33, **82**, 873, Seibert MDR **83**, 178, str, aA § 480 Rn 2); vorbehaltl
7 § 464 hat der Gläub die Wahl, welches GewLRecht er geltd machen will. – **b) Rechtsfolgen.** Mit der Konkretisierg wird die Gattgsschuld zur Stückschuld. Die **Leistungsgefahr** geht daher auf den Gläub über (§ 275). Auch wenn der Schu noch nicht alles seinerseits Erforderl getan hat, wird er gem § 300 II von der Leistgsgefahr frei, sobald der Gläub in Annahmeverzug kommt (§ 300 Rn 3ff). Für die Gegenleistgsgefahr gelten §§ 323, 324 II, 447. Die Konkretisierg bindet auch den Schu. Er hat nicht mehr das Recht, die zur Leistg best Sache auszuwechseln (BGH NJW **82**, 873, Köln NJW **95**, 3128, aA Hager AcP **190**, 332). Er kann aber mit and Ggst erfüllen, wenn der Gläub die angebotene Sache zurückgewiesen (RG **91**, 113, Brem MDR **58**, 919) od die ErsLieferg als Erf angenommen hat (BGH BB **65**, 349).

244 ***Geldschuld.*** **I Ist eine in ausländischer Währung ausgedrückte Geldschuld im Inlande zu zahlen, so kann die Zahlung in Reichswährung erfolgen, es sei denn, daß Zahlung in ausländischer Währung ausdrücklich bedungen ist.**

II Die Umrechnung erfolgt nach dem Kurswerte, der zur Zeit der Zahlung für den Zahlungsort maßgebend ist.

245 ***Geldsortenschuld.*** **Ist eine Geldschuld in einer bestimmten Münzsorte zu zahlen, die sich zur Zeit der Zahlung nicht mehr im Umlaufe befindet, so ist die Zahlung so zu leisten, wie wenn die Münzsorte nicht bestimmt wäre.**

1 **1) Allgemeines. – a) Bedeutung der §§ 244, 245.** Die im RVerk am häufigsten vorkommde Geldschuld ist im BGB nicht umfassd geregelt. §§ 244, 245 betreffen ausschließl die Sonderformen der Fremdwährgsschuld (Rn 11) u der Geldsortenschuld (Rn 7). Die Begriffe Geld u Geldschuld werden nirgends definiert,
2 sond vorausgesetzt. – **b) Geld** ist seiner wirtschaftl Funktion nach: allg Tauschmittel, Wertmesser (BGH **65**, 75, 77), RechngsEinheit u Mittel der Wertbewahrg u Wertübertragg. Rechtl ist zu unterscheiden: – **aa) Institutioneller Geldbegriff.** Geld als Ggst der Geldschuld ist in WährgsEinh ausgedrückte abstrakte Vermögensmacht (Staud/K. Schmidt Vorbem A 16). Objekt der Geldschuld ist nicht ein körperl Ggst, sond ein Quantum Kaufmacht (Rn 12). – **bb) Geld im gegenständlichen Sinn (Bargeld)** sind die Münzen u Banknoten. Dabei sind Geld ieS die **gesetzlichen Zahlungsmittel,** die jeder Gläub einer Geldschuld kr Ges annehmen muß. Geld iwS (VerkGeld) sind die im Verk anerkannten Zahlgsmittel, also neben den gesetzl Zahlgsmitteln auch ausl Münzen u Banknoten. Die Vorschr des BGB beziehen sich idR auf das VerkGeld, so
3 vor allem §§ 244, 245 u 935. – **cc) Buchgeld** besteht aus einer Fdg gegen ein Kreditinstitut, einem Guthaben, mit dem der Inh dch Überweisg, Kreditkarte, Lastschrift od Scheck bargeldlos zahlen kann. Die bargeldlose Zahlung ist, sieht man von den typw bar abgewickelten KleinGesch ab, die vorherrschde Zahlgsart. Sie u die Barzahlg sind wirtschaftl gleichwertig. Sie stehen auch rechtl gleich, wenn sich der Gläub ausdr od stillschw mit der Zahlg dch Überweisg einverstanden erklärt hat (§ 362 Rn 8). Die Möglichk, auch

elektronisch mit Geld- od Scheckkarte zu zahlen („point of sale"), hat zu einer Diskussion geführt, ob es neben Buchgeld auch **elektronisches** Geld (Werteinheiten auf Geldkarten, Netzgeld im Internet) gibt (Kümpel NJW **99**, 313, Johannsen, BankRTag **97**, 152). In Wahrh geht es aber wohl nur um neue zusätzl Möglichk, über Buchgeld zu verfügen. – **c) Wert des Geldes.** Sein **Nennwert** wird dch das WährgsR 4
festgelegt; er besteht im Einfachen, Vielfachen od in einem Bruchteil der WährgsEinh. Der **Außenwert** ergibt sich aus der Wertrelation zu ausl Währgen (Valutakurs). Der **Binnenwert** des Geldes entspr seiner Kaufkraft.

2) Währungsrecht, der öffrechtl Teil des GeldR (hier nur in seinen privrechtl Auswirkgen darzustellen) 5
befindet sich im Umbruch. – **a)** In den MitglStaaten der EU, ausgenommen Großbritannien, Schweden, Dänemark u Griechenland, sind zum 1. 1. 99 die nationalen Währgen dch den **Euro**, unterteilt in 100 Cent, ersetzt worden. Den rechtl Rahmen für die Umstellg bilden die VO (EG) Nr 974/98 über die Einf des Euro vom 3. 5. 98 (ABlEG Nr L 139, 1 = EuZW **98**, 402), RGrdl EGV 109, – **EuroVO** –, u die zeitl fr erlasseneVO über best Vorschr im Zushang mit der Einf des Euro (EG) Nr 1103/97 vom 17. 6. 97 (ABlEG Nr L 162 v 19. 6. 97, 1), RGrdl EGV 235, – **EuroVO II.** Die VO (EG) Nr 2866/98 vom 31. 12. 98 (ABlEG Nr L 359, 1 = EuZW **99**, 99) hat den **Umrechnungskurs** zw dem Euro u den Währgen der MitglStaaten unwiderrufl festgelegt. Danach sind 1, 95 583 DM = 1 Euro. Die Umstellg auf den Euro läuft wie folgt ab: (s Rehbein WM **98**, 997; Ritter DB **98**, 1219, Dierdorf NJW **98**, 3145, Schefold ZEuP **99**, 271): – **aa) Über-** 6
gangsphase. Sie begann am 1. 1. 99 u endet spätestens am 31. 12. 2001. Gesetzl Zahlgsmittel ist weiter die DM (Art 9 EuroVO). Die DM ist aber nur noch eine nicht dezimale Untereinheit des Euro (Art 6 EuroVO). Der Euro ist RechngsEinh, es gibt ihn als **Buchgeld,** aber noch nicht als Banknote oder Münze. Alle „RInstrumente" (Ges, Vertr, Urt usw) lauten zunächst weiter auf DM (Art 7 EuroVO, Art 3 EuroVO II). Der RVerk u die GesGeber der MitglStaaten können aber bereits den Euro verwenden (Art 8 I u II EuroVO); kein Zwang, aber auch kein Verbot der Verwendg des Euro. Auch Fdgen auf DM können vom Schu in Euro erfüllt werden (Art 8 III EuroVO). Zahlgen in Euro sind aber nur bargeldlos mögl (Klanten NJW **98**, 3154), setzen also voraus, daß der Gläub ein Girokonto hat u der Zahlg dch BankÜberweisg ausdr od konkludent zugestimmt hat (§ 362 Rn 8). Wird das Konto des Gläub in DM geführt (währd der Übergangsphase die Regel), kann das Kreditinstitut den überwiesenen Betrag unter entspr Umrechng in DM gutschreiben (Art 8 III EuroVO). Bei Umrechngen in Euro wird auf den nächsten Cent auf- od abgerundet, bei Umrechngen in DM auf den nächsten Pfennig; bei einem Resultat genau in der Mitte wird aufgerundet (Art 5 EuroVO II). Das gilt auch, wenn mehrf umgerechnet werden muß, etwa von Lira über Euro in DM (Schneider DB **98**, 1449). Abweichde IndVereinbgen sind wirks, abweichde formularmäß Regelgen verstoßen gg § 9 AGBG (unklar Schmidt-Kessler WM **97**, 1732). DM u Euro sind iSd § 387 gleichart (Ritter NJW **99**, 1213), ebso DM u die Währgen der and Mitgl der Währgsunion, weil auch deren Währgen Denominationen des Euro sind (so auch Art 8 VI EuroVO). – **bb) Umstellungsphase.** Sie beginnt spätestens am 1. 1. 2002 u endet spätestens am 7
31. 7. 2002 (Art 10, 15 EuroVO). Euro u Cent werden gesetzl Zahlgsmittel (Art 10 EuroVO). Zahlgen können aber bis zum Ende der Umstellgsphase auch in DM geleistet w. Alle auf DM lautden RInstrumente werden auf Euro umgerechnet (Art 14 EuroVO). – **cc) Vertragskontinuität.** Die Einführg des Euro ist keine 8
Währgsreform, sond eine bloße Währgsumstellg. Es ändern sich nur Zahlen u Bezeichngen, die Werte bleiben unverändert. Die Vertragskontinuität bleibt gewahrt (Art 3 EuroVO II). Auch wenn es ausnahmsw zu Äquivalenzstörgen kommt, liegen sie idR unterhalb der ErheblichkSchwelle u begründen keine Rechte wg Wegfalls der GeschGrdl (v Borries/Repplinger-Hach NJW **96**, 3113; Schefold WM **96**, Sonderbeil 4 S 13; Clausius NJW **98**, 3148; Rehbein WM **98**, 1000), im übrigen schließt der Vorrang von Art 3 EuroVO II die Anwendg der RGrds über den Wegfall der GeschGrdl aus. Die Part können die Einführg des Euro aber iR der VertrFreih zum Anlaß nehmen, Vertr abzuändern od aufzuheben. Vertr, die nicht dem Recht eines Mitgl-Staates der EG unterliegen, werden von der Sperrwirkg des Art 3 II EuroVO II nicht erfaßt (Wisskirchen DB **98**, 809).

b) Dch das **EuroEG** hat die BRep einen ersten Schritt zur Anpassg des dtschen Rechts an die EuroWährg 9
unternommen (Dittrich NJW **98**, 1269, Hakenberg BB **98**, 1491). Hinzugekommen ist inzw das 2. EuroEG v 29 .3. 99 (BGBl I 385), das aber nur das Sozial- u SteuerR betrifft (Dittrich NJW **99**, 2015). – **aa)** Der **Diskontsatz** der Dtschen Bundesbank ist dch § 1 Diskontsatz-Überleitgs-Ges (DÜG = Art 1 EuroEG) zum 1. 1. 99 dch den **Basiszinssatz** ersetzt worden. Bezugsgröße für den Basiszinssatz ist nach der BazBVO v 10. 2. 99 (BGBl I 139) der Zinssatz für längerfrist RefinanziergsGesch der EZB (LRG-Satz), s Hartenfels WM **99**, Sonderbeil 1 S 28. Die Ersetzg des Diskontsatzes dch den Basiszinsatz begründet keinen Anspr auf vorzeit Künd, Aufhebg od Abänderg von Vertr (§ 4 DÜG). Zur Vereinfachg der prakt Abläufe wird die Änderg des LRG-Satzes beim Basiszinssatz (zZ 1,95%, s Anh nach § 246) jeweils nur zum 1. 1., 1. 5. u 1. 9. nachvollzogen (§ 1 I 3 DÜG). Eine Anpassg findet auch nur statt, wenn sich die Bezugsgröße um mindestens 0,5 Prozentpunkte ändert (§ 1 I 5 DÜG). Der Lombardsatz ist dch die LombardV v 18. 12. 98 (BGBl I 3819) dch den SRF-Satz (Spitzenrefinanziergsfazilität) der EZB ersetzt worden, der Fibor dch den Euribor = Euro Interbank Offered Rate (VO v 10. 7. 98, BGBl I 1863). – **bb)** Zum § 2 Preisangaben- u PreisklauselG, der **§ 3** 10
Währungsgesetz ersetzt, s Rn 24, zu den Ändergen der §§ 1092, 1105, ErbbRVO 9 u MHRG 10 a s dort. – **cc) Schuldverschreibungen.** BAnleihen, BObligationen u BSchatzbriefe sind dch das Gesetz zur Umstellg von Schuldverschreibgen auf den Euro (= Art 6 EuroEG) zum 1. 1. 99 auf den Euro umgestellt worden; für and EmissionsSchu regelt das Ges das Verfahren, nach der die Umstellg erfolgen kann (Renger WM **97**, 1837, Gruson WM **98**, 1474). – **dd)** Auf die Regelgen des EuroEG, die das GesellschR, das BilanzR, das BörsenR u das MahnVerf für den Euro öffnen, kann hier nicht eingegangen w. Vgl aber zu den Auswirkgen auf das GesellschR Seibert ZGR **98**, 1, Schneider NJW **98**, 3158, Schürmann NJW **98**, 3162; auf Test u ErbVertr Batke-Spitzer ZEV **98**, 175; auf das ArbR Natzel DB **98**, 366, Schaub BB **98**, 1474; auf das BankVertrR Rehbein WM **98**, 997; auf das BilanzR Scheffler NJW **98**, 3174; auf das VersR Entzian/Linden VersR **97**, 1182; auf das SteuerR Plewka/Schmidt NJW **98**, 3174; auf kommunale RVorschr Gern NVwZ **98**, 350.

c) Die Mark der **DDR** ist zum 1. 7. 90 auf DM **umgestellt** worden. Die Umstellg ist für Löhne, Gehälter, 11
Mieten u Pachten sowie weitere wiederkehrde Zahlgen einschließl Unterh (BezG Erfurt FamRZ **93**, 207) im Verhältn 1 : 1, im übrigen im Verhältn 2 : 1 erfolgt (StVertr 10). UnterhRückstände sind im Verhältn 2 : 1

umgestellt worden (BezG Gera DtZ **93**, 124, BezG Erfurt FamRZ **93**, 207, Janke DtZ **94**, 62, str), ebso Anspr auf Jubiläumsgelder (BAG DB **93**, 942). SchmerzGAnspr u Anspr aus der Gebäude- od FeuerVers unterliegen dagg als GeldwertAnspr (Rn 10) nicht der Umstellg; der erforderl AusglBetrag ist unmittelb in DM festzusetzen (BGH **123**, 65, VIZ **98**, 332). Im Verhältn 1 : 1 umgestellt sind Anspr auf Kapitalleistgen aus der Feuer- u UnfallVers (BGH ZIP **98**, 1242, BezG Rstk VersR **94**, 82) u im Ergebn auch der erst nach dem Stichtag entstandene Anspr auf Auszahlg des Inventarbeitrags (BGH DtZ **93**, 283). Vor dem 1. 7. 90 getroffene Vereinbgen über ein and UmstellgsVerhältn sind unwirks (KrG Gotha DtZ **92**, 90, Bultmann DB **93**, 669). Für Altschulden bestehen inzw zahlreiche sondergesetzl Regelgen, die die Nachteile mildern sollen, die dch die polit gewollte, nach den WertVerhältn aber viel zu günstige Umstellg im Verhältn 2 : 1 entstanden sind (§ 242 Rn 152).

12 **3) Geldschuld. – a) Begriff.** Die Geldschuld ist eine Wertverschaffgsschuld, keine Sachschuld (s RG **101**, 313, aA Füllbier NJW **90**, 2797); der Schu hat dem Gläub das dch den Nennbetrag der Schu ausgedrückte Quantum an Vermögensmacht zu verschaffen. Das bedeutet zugl, daß die Geldschuld **keine Gattungsschuld** ist (Larenz § 12 III, Esser-Schmidt § 13 II, Staud/Schmidt Vorbem C 7, hM, aA BGH **83**, 300). Die Gattgsschuld ist eine Unterart der Sachschuld; Leistgsobjekt der Geldschuld ist dagg keine Sache sond unkörperl Vermögensmacht. Das schließt jedoch nicht aus, daß einzelne der für Gattgsschulden geltden
13 Vorschr auf die Geldschuld analog anzuwenden sind (Rn 8). – **b) Abgrenzung.** Keine Geldschuld, sond eine normale Stückschuld ist gegeben, wenn ein best Geldstück („Jubiläumstaler") geschuldet w. Eine normale Gattgsschuld kann vorliegen, wenn der Münzsorte nach best Geldstücke zu leisten sind. Die **Geldsortenschuld,** die seit der Abschaffg der Goldwährg (Goldmünzklausel) kaum noch vorkommt, ist aber gem **§ 245** iZw eine unechte Geldsortenschuld: Der Schu wird auch bei Wegfall der Münzsorte nicht frei. Die Sortenschuld ist in diesem Fall eine echte Geldschuld mit der Besonderh, daß die Erf, soweit mögl, in einer best Münzsorte zu erfolgen hat. Der auf Herausg best Banknoten od Münzen gerichtete Anspr, etwa aus §§ 985, 667, 696, 818 I bezieht sich auf best Sachen u ist daher keine Geldschuld. Eine Geldschuld liegt dagg vor, wenn Leistgsobjekt eine Geldsumme od ein Geldwert ist; wer ohne RGrd Geld übereignet hat, kann vom Bereicherten den erlangten Geldwert, nicht aber Rückgabe der individuellen Geldzeichen verlangen (Soer-
14 gel/Teichmann Rn 4). – **c) Rechtliche Regelung.** Die auf Sachschulden zugeschnittene Vorschr über Unmöglichk u Unvermögen finden auf die Geldschuld als Wertverschaffgsschuld keine Anwendg (allgM). Daß wirtschaftl Unvermögen den Schu nicht befreit, ist ein unserer R- u WirtschOrdng immanenter allg RGrds, der vor allem im InsR seinen Ausdr findet (§ 279 Rn 4). Aus ihm ergibt sich zugleich, daß der Schu seine finanzielle LeistgsFgk zu vertreten hat (Medicus AcP **188**, 501). Von den für Gattgsschulden geltden Vorschr ist § 300 II auf Geldschulden entspr anwendb (K. Schmidt JuS **84**, 742). Eine analoge Anwendg des § 243 scheidet dagg aus: Der Schu hat nicht Geldzeichen mittlerer Art u Güte zu leisten, sond ein Quantum
15 Vermögensmacht zu verschaffen; ggü § 243 II hat § 270 den Vorrang. – **d) Arten.** Nach der geschuldeten Währg ist zw DM-Schulden u Fremdwährgsschulden (Rn 17) zu unterscheiden. Aus der Art, wie die Höhe des geschuldeten Geldbetrages zu bestimmen ist, ergibt sich folgde Unterscheidg: – **aa) Geldsummenschuld.** Bei ihr ist die geschuldete Leistg als best Betrag in Währgseinh festgelegt. Für sie gilt der Grds des **Nominalismus** (Nennwertprinzip), der als ungeschriebener RSatz zu den tragden Grdl der Geldwertstabilität u unserer R- u WirtschOrdng gehört (BGH **61**, 38, **79**, 194, s auch BVerfG **50**, 57). Es bleibt zu hoffen, daß die Einführg des Euro u der Übergang der geldpolitischen Verantwortg auf die EZB insoweit keine Änderg bringt. Der Wert der Schuld wird dch den Nennwert, nicht dch den inneren Wert des Geldes best. Sie erlischt dch Zahlg des Nennbetrages auch dann, wenn sich der innere Wert des Geldes bis zum Ztpkt der Tilgg wesentl geändert hat. Der Gläub trägt daher das Risiko der Geldentwertg. Er kann sich aber dch eine Wertsichergsklausel schützen (Rn 18); ausnw kommt auch eine Anpassg gem § 242 in Betracht (dort
16 Rn 137). – **bb) Geldwertschuld.** Bei ihr wird die Höhe des zu leistden Betrages dch den jeweiligen Schuldzweck best; eine Festlegg auf einen festen Nennbetrag fehlt (s BGH **28**, 265, **123**, 65, 75, VIZ **98**, 332). Bsp sind: Anspr auf SchadErs, WertErs, AufwendgsErs u Bereicherg, sofern sie nicht von vornherein auf Geld gerichtet sind (BGH **38**, 358, VIZ **98**, 332), UnterhAnspr (Ffm DNotZ **69**, 98), bis zum Bewertgsstichtag auch der Anspr auf ZugewinnAusgl u den Pflichtteil (BGH **61**, 391, **65**, 77, and BGH **7**, 138). Für Geldwertschulden gilt, wenn auch mit Einschränkgen, das Prinzip des **Valorismus;** sie sind bis zu dem Ztpkt, der der Bestimmg der Schuldhöhe zugrde zu legen ist, wertbeständ.

17 **4) Fremdwährungsschuld (§ 244). – a) Allgemeines. – aa)** Die Fremdwährgsschuld (Valutaschuld) ist eine in ausl Währg ausgedrückte Geldschuld (Maier-Reimer NJW **85**, 2049). Sie setzt voraus, daß die geschuldete Leistg nach dem Inh des SchuldVerh in ausl Währg bezeichnet ist (RG **168**, 245). Abreden nur über die Art der Zahlg genügen nicht. Valutaschulden beruhen idR auf entspr Vereinbgen der Part. Sie können aber auch bei Abwicklg des Vertr entstehen, zB wenn der Beauftragte die von ihm erlangte Valuta gem § 667 herauszugeben hat (BGH WM **69**, 26) od wenn iF der Wandlg VertrKosten zu erstatten sind u sich der KaufGgst vertrgem im Ausl befindet (BGH NJW-RR **98**, 680). Geldwertschulden (Rn 16), insbes gesetzl Anspr auf Schadens-, Wert- od AufwendgsErs, lauten nicht von vornherein auf eine best Währg. Sie entstehen, soweit sie sich aus dtschem Recht ergeben, in inländ Währg; der etwa in ausl Währg ermittelte ErsBetrag bildet nur einen Berechngsfaktor für die in DM festzusetzde Schadenshöhe (BGH **14**, 212, WM **77**, 479, NJW-RR **89**, 672 f, **98**, 1425/1429). Das gilt wohl auch für den AufwendgsErsAnspr des Kartenausgebers gg den KartenInh wg der Begleichg eines RechngsBetrages in ausl Währg (s Meder WM **96**, 2085, aA Hbg NJW **96**, 1902). Für die Begründg von Valutaschulden bedarf es keiner **Genehmigung** mehr; das fr in
18 WährG 3 grdsl vorgesehene GenErfordern ist zum 1. 1. 99 entfallen (Rn 24). – **bb)** Die Währgen der Mitgl der Europäischen Währgsunion sind währd der Übergangsphase nicht dezimale Untereinheiten des **Euro** (Rn 6) u damit Denominationen einer einheitl Währg. Gleichwohl kann auf Fdgen, die in der Währg eines Mitgl der Währgsunion ausgedrückt sind, § 244 bis zum 31. 12. 2001 – sei es direkt, sei es analog – angewendet w (Klanten NJW **98**, 3152). Der Schu ist iZw entspr Rn 19 berecht, die Schuld in DM zu tilgen. Art 8 III EuroVO findet keine Anwendg. Die Part können aber auch aGrd der VertrFreih entspr Rn 23 vereinb, daß der Schu effektiv in der auslaufden Währg zahlen soll.

b) Unechte Valutaschuld. – aa) Begriff. Die unechte Valutaschuld lautet auf ausl Währg, kann aber vom Schu wahlweise in dtscher od ausl Währg getilgt w, § 244 I. Konstruktiv handelt es sich um eine Ersetzgsbefugn des Schu (RG **101**, 313). Der Gläub ist nicht befugt, seinerseits Zahlg in DM zu verlangen (BGH NJW **80**, 2017, WM **93**, 2012). Mögl ist allerdings die ausdr od konkludente Begründg einer Wahlschuld mit GläubWahlR (RG **168**, 247) od einer Ersetzgsbefugn des Gläub (RG **136**, 129, § 262 Rn 9). 19
– **bb) Voraussetzung.** § 244 setzt voraus, daß die Schuld im Inland zu zahlen ist. Entscheidd ist, daß für die Schuld ein inländ ErfOrt besteht. § 244 ist auch dann anwendb, wenn der Schu das Geld gem § 270 I ins Ausl zu übermitteln hat. Als einseit Kollisionsnorm gilt § 244 auch für SchuldVerh, die nicht dem dtschen Recht unterstehen (LG Brschw NJW **85**, 1169, aA Gruber MDR **92**, 122). – **cc) Umrechnung** (§ 244 II). Es entscheidet der Kurs der Zeit, zu der tatsächl gezahlt wird, nicht der, zu der gezahlt werden sollte (RG **101**, 313, Köln NJW **71**, 2128, Hbg MDR **78**, 930), allerdings kann dem Gläub wg des Kursverlustes ein SchadErsAnspr aus § 286 zustehen. Maßgebd ist der Kurs am Zahlgsort (Köln NJW-RR **92**, 239), u zwar der Briefkurs, da der Gläub diesen für die Valutabeschaffg aufwenden muß (BGH WM **93**, 2012). § 244 gibt dem Schu zugleich die Möglichk, ggü der unechten Valutaschuld mit einer DM-Fdg **aufzurechnen** (RG **106**, 100, **167**, 62). Für die Umrechng gilt in diesem Fall der Kurs im Ztpkt des Zugangs der AufrErkl (RG aaO; MüKo/v Maydell Rn 49), für die Umrechng im InsVerf der im Ztpkt der Eröffng des InsVerf (BGH **108**, 128). – **dd)** Im **Prozeß** steht die unechte Valutaschuld den Heimwährgsschulden grdsl gleich. Klage u Urteil sind auf Leistg des Fremdwährgsbetrages zu richten, da über die Zahlg in DM allein der Schu zu entscheiden hat (BGH NJW **80**, 2017); mögl ist aber auch, daß die Part die Schuld stillschw in eine DM- Schuld umwandeln (BGH **14**, 217, ZIP **87**, 1175). Der Schu kann den Antr stellen, das Ger möge ihm gem § 244 die Zahlg in DM nachlassen. Er behält seine Ersetzgsbefugnis aber auch dann, wenn er ohne einen solchen Vorbeh verurteilt worden ist (MüKo/v Maydell Rn 52). Die Vollstr erfolgt gem ZPO §§ 803 ff (nicht § 883 oder § 887), ist also in das gesamte Verm zul (RG **106**, 77, Düss NJW **88**, 2185). Für die Umrechng gilt der Kurs in dem Ztpkt, in dem der Gläub den Geldbetrag erlangt. 20 21 22

c) Echte Valutaschuld. – aa) Begriff. Die echte (effektive) Valutaschuld ist nicht nur in ausl Währg ausgedrückt, sond auch notw dch Zahlg in ausl Währg zu erfüllen. § 244 gilt für sie nicht. – **bb) Fälle. (1)** Wie ein Umkehrschluß aus § 244 ergibt, ist eine echte Valutaschuld iZw anzunehmen, wenn die Schuld im **Ausland** zu zahlen ist (Dtsches SeeschiedsGer VersR **77**, 448, aA Birk AWD **73**, 438). Entscheidd ist, daß der ErfOrt iSd §§ 269, 270 IV im Ausl liegt (RG **96**, 272). **(2)** Bei inländ ErfOrt ist eine echte Valutaschuld gegeben, wenn die Zahlg in ausländ Währg **ausdrücklich** bedungen ist. Dazu genügt nicht, daß der Vertr od die Rechng den Schuldbetrag in ausl Währg angibt. Erforderl ist vielmehr eine eindeut Willensäußerg der Part, die allerdings auch konkludent erfolgen kann (RG **153**, 385, BGH **LM** § 275 Nr 5). Sie kann sich insbes aus Wendgen wie „effektiv" od „zahlb in" ergeben, möglicherw aber auch aus dem GeschZweck, so beim Kauf von Devisen für eine AuslReise. Ist der Schu, etwa wg entggstehder ausl DevisenGes, zur Leistg der ausl Währg außerstande, wird er von seiner Verpfl nicht frei (BGH **LM** § 275 Nr 5). Der SchuldInh ist vielmehr gem § 242 an die veränderten Verhältn anzupassen, notfalls dch Umwandlg der Valutaschuld in eine Heimwährgsschuld. – **cc)** Für den **Prozeß** gilt Rn 22 mit der Maßg, daß § 244 unanwendb ist. Die ZwVollstr führt idR zur Befriedigg in DM. Das ist systemwidrig, muß aber aus prakt Grden hingenommen w. 23

5) Wertsicherung. Der dch EuroEG aufgehobene WährgG 3 ist abweichd vom Entw der BReg nicht ersatzlos aufgehoben, sond dch folgden § 2 Preisangaben- u PreisklauselG (PaPkG) ersetzt worden: 24

§ 2 Preisklauseln. *(1) Der Betrag von Geldschulden darf nicht unmittelbar und selbsttätig durch den Preis oder Wert von anderen Gütern oder Leistungen bestimmt werden, die mit den vereinbarten Gütern oder Leistungen nicht vergleichbar sind. Das Bundesministerium für Wirtschaft kann auf Antrag Ausnahmen genehmigen, wenn Zahlungen langfristig zu erbringen sind oder besondere Gründe des Wettbewerbs eine Wertsicherung rechtfertigen und die Preisklausel nicht eine der Vertragsparteien unangemessen benachteiligt. Der Geld- und Kapitalverkehr, einschließlich der Finanzinstrumente im Sinne des § 1 Abs. 2 des Kreditwesengesetzes sowie die hierauf bezogenen Pensions- u Darlehensgeschäfte, bleibt vom Indexierungsverbot ausgenommen. Desgleichen bleiben Verträge von gebietsansässigen Kaufleuten mit Gebietsfremden vom Indexierungsverbot ausgenommen.*

(2) Die Bundesregierung wird ermächtigt, durch Rechtsverordnung ohne Zustimmung des Bundesrates

1. *die Voraussetzungen näher zu bestimmen, unter denen Ausnahmen vom Preisklauselverbot nach Absatz 1 Satz 2 einzeln oder allgemein genehmigt werden können, oder solche Ausnahmen festzulegen,*
2. *die Ausnahmen nach Absatz 1 Satz 3 und 4 für bestimmte Arten von Rechtsgeschäften aus Gründen des Verbraucherschutzes zu begrenzen und*
3. *statt des Bundesministeriums für Wirtschaft eine andere Bundesbehörde zu bestimmen, die für die Erteilung dieser Genehmigungen zuständig ist.*

a) Anwendungsbereich. Schutzgut der Vorschr ist nicht mehr die Stabilität der DM-Währg, sond die Preisstabilität (Schmidt-Räntsch NJW **98**, 3166). Das Verbot mit ErlaubnisVorbeh erfaßt nur solche Klauseln, die die Höhe einer Geldschuld an einen außerh des Schuldverhältn liegden Maßstab binden u bei Ändergen der Bezugsgröße eine **unmittelbare und selbsttätige** Anpassg vorsehen. Das entspricht WährG 3 u bedeutet, daß nur **Gleitklauseln** (Rn 28) einer Gen bedürfen. Die aGrd von PaPkG 2 II erlassene PreisklauselVO (PrKV) v 23. 9. 1998 (BGBl I 3043) stellt die von der VertrPraxis zur WertSichg entwickelten Klauseltypen LeistgsVorbeh (§ 1 Nr 1), Spanngsklauseln (§ 1 Nr 2) u Kostenelementeklauseln (§ 1 Nr 3) daher auch ausdr von einer GenPfl frei. **Bereichsausnahmen** bestehen für den Geld- u KapitalVerk, PaPkG 2 I Nr 3 (Vogler NJW **99**, 1236), den Außenhandel, PaPkG 2 I Nr 4, MietVertr über Wo, MHG 10 I a (s dort) u ErbbauR, vorausgesetzt, das ErbbauR hat eine Laufzeit von mindestens 30 Jahren, PrKV 1 Nr 4. – **b)** GenBehörde ist das **Bundesamt für Wirtschaft** in Eschborn (PrKV 7). Die Gen setzt voraus, daß die Klausel hinreichd best ist u den and Teil nicht unangem benachteiligt (PrKV 2 I u II). Sie wird nur bei langfristigen Vertr (mehr als 10 Jahre) od aus bes Grden des Wettbewerbs erteilt. Einzelh s PrKV 3, 4, 5. Die nach altem Recht erteilten Gen bleiben wirks (Schmidt-Räntsch aaO). Am 1. 1. 99 anhäng GenVerf gehen auf das BAmt für Wirtsch über. – **c) Nicht genehmigte Gleitklauseln** sind schwebd unwirks (BGH **53**, 316, 318 zu WährG 3). Sie 25 26 27 werden mit Erteilg der Gen mit Wirkg ex tunc vollwirks (§ 275 Rn 28). Die Gen kann auch noch nach Beendigg des Vertr erteilt w (BGH DB **79**, 1502). Machen die Part eine Künd vor Ablauf der KündFr einverständl rückgäng, bleibt die für den Vertr erteilte Gen wirks (BGH NJW **74**, 1081). Ist die Klausel nicht genfäh, od wird die Gen abgelehnt, besteht prakt immer die Möglichk, die Klausel dch eine in der Wirkg ähnl genfäh od genfreie, etwa eine Spanngsklausel od einen LeistgsVorbeh, zu ersetzen. Die Part sind gem § 242 verpfl, in eine entspr Änderg einzuwilligen (BGH NJW **73**, 149); idR bedarf es aber keines ÄndVertr, da die Klausel iW ergänzder Auslegg dch eine genfreie od genfäh ersetzt werden kann (BGH **63**, 132, NJW **86**, 932 zu WährG 3). § 139 ist nur anwendb, wenn eine Anpassg der Klausel dch ergänzde VertrAuslegg od VertrÄnd nicht mögl ist, ein prakt kaum vorstellb Fall (BGH **63**, 132, NJW **83**, 1909). Erweist sich der von den Part vereinb Wertmesser als offensichtl **ungeeignet** (Roggenpreis), ist er iW ergänzder Auslegg od gem § 242 dch einen and zu ersetzen (BGH **81**, 137).

28 **6) Wertsicherung, einzelne Klauseltypen.** Zur Ausgestaltg bei MietVertr s Rademacher ZMR **99**, 218. – **a) Gleitklauseln.** Sie sind **genehmigungsbedürftig** (Rn 25). – **aa) Begriff.** Gleitklauseln sind Vereinbgen, die die Höhe der Geldschuld an eine vertragsfremde Bezugsgröße binden u bei Änderg der Bezugsgröße eine automatische Anpassg vorsehen (BGH **53**, 318, **63**, 134). Die Gleitklausel unterscheidet sich von der genfreien Spanngsklausel dch die Bezugn auf einen außerh des Schuldverhältn liegden Maßstab, vom genfreien
29 LeistgsVorbeh dch die Automatik der Änderg. – **bb) Anpassung.** Sie vollzieht sich bei Änderg der VerglGröße, etwa des Preisindexes für die Lebenshaltg (vgl dazu Rasch DNotZ **99**, 467), *ipso facto* (BGH NJW **80**, 589). Bei Kaufpreisrenten erhöht sich mit den einz Raten iZw auch der GesPreis (BGH NJW-RR **90**, 780). Der geänderte Betrag wird vom nächsten Termin an geschuldet, jedoch kann einem rückwirkden Zahlgsverlangen uU § 242 entggstehen (Bilda MDR **73**, 538). Ist die Anpassg mehrfach nach einem and als dem vertragl Maßstab dchgeführt worden, können die Rechte aus der VertrKlausel verwirkt sein (Celle NJW-RR **91**, 271). Ändergen der Bezugsgröße sind auch dann maßgebd, wenn sie stärker od schwächer als die Veränderg der Kaufkraft ausfallen (BGH NJW **71**, 835, **74**, 274, **75**, 105). Ob bei **Gehaltsklauseln** strukturelle Verändergen zu berücksichtigen sind, hängt von der Fassg der Klausel u der Art der Änderg ab; Einzelfälle aus der Rspr s 56. Aufl. Ist die Pacht von der Höhe des Bierpreises abhäng, führt die Erhöhg der **Umsatzsteuer** iZw nicht zu einer Änderg der Pacht (BGH NJW **72**, 677).

30 **b) Spannungsklauseln.** Sie sind **genehmigungsfrei** (Rn 25). – **aa) Begriff.** Spanngsklauseln sind Vereinbgen, die die Höhe der Geldschuld vom künft Preis od Wert gleichartiger Güter od Leistgen abhäng
31 machen (BGH **14**, 310, NJW **83**, 1910, NJW- RR **86**, 877). – **bb) Abgrenzung.** Das Merkmal Gleichartigk, das die Spanngs- von der Gleitklausel unterscheidet, ist erfüllt, wenn die Bezugsgröße im wesentl gleichart od vergleichb Leistgen betrifft (BGH NJW **79**, 1888, Dürkes Wertsichergsklauseln 10. Aufl D 23). Nicht genbedürft sind daher: die Bindg von Gehalt od Ruhegehalt an Tarifgehälter (BAG DB **77**, 503) od die Beamtenbesoldg (BGH NJW **74**, 273, **80**, 1741); die Bindg von Miete od Pacht an die Preisentwicklg für vergleichb Räume (BGH NJW-RR **86**, 877, s aber MHRG 10); die Koppelg von ErbbZins, Miete, Pacht u Kaufpreisrenten an den GrdstErtrag od den Ertragswert (BGH NJW **76**, 422, **79**, 1546, Mü NJW-RR **94**, 469); eine § 1105 I 2 entspr Anpassgsregelg bei Reallasten; die Bindg des Baupreises an den Baukostenindex (Kblz DB **75**, 1842), die Bindg von LeasRaten an KapitalmarktVerh (Kblz BB **92**, 2247). Genbedürft sind dagg: die Bindg von Miet-, Pacht- u ErbbZins od Kaufpreisrenten an Gehälter (BGH **14**, 311, NJW **83**, 1910), die Bindg des ErbbZinses an den Bodenwert (BGH NJW **79**, 1546, aA Hartmann NJW **76**, 404); Bindg der VerwVergütg an die GehaltsEntwicklg im öffentl Dienst (Köln BB **94**, 2310). – **cc) Anpassung.** Rn 29 gilt entspr.

32 **c) Leistungsvorbehalte.** Sie sind **genehmigungsfrei** (Rn 25). – **aa) Begriff.** Leistgsvorbehalte sind Vereinbgen, nach denen die Höhe der Geldschuld bei Eintritt best Voraussetzgen (Zeitablauf, wesentl Änderg, Änderg einer VerglGröße) dch die Part od Dr neu festgesetzt w soll (BGH **81**, 142). Er unterscheidet sich von der Gleitklausel dadch, daß die Anpassg nicht automatisch erfolgt, sond daß für sie ein, wenn auch begrenzter ErmSpielraum besteht (BGH **63**, 136, Hamm NJW-RR **96**, 268). Die Vereinbg eines Grenzwertes (die Schuldhöhe soll nicht unter einen best Prozentsatz der VerglGröße sinken) begründet idR noch keine GenPfl
33 (BGH BB **78**, 581). – **bb) Anpassung.** Sie wird iZw mit dem Zugang der AnpassgsErkl wirks (BGH **81**, 146, NJW **78**, 154), ggf mit dem Erlaß des sie ersetzden Urteils, § 319 (BGH **81**, 146). Die AnpassgsErkl muß die MehrFdg best bezeichnen (BGH NJW **74**, 1464/1947). Nachbessergen sind mögl, wirken aber erst zum nächsten Stichtag (BGH NJW **74**, 1464). Ist die Änderg einer Bezugsgröße **Voraussetzung** der Anpassg, gilt Rn 29 entspr. Häufig werden als ÄndVoraussetzgen unbest RBegriffe verwandt: Eine „wesentl Änderg der Verh" ist idR bei einem Ansteigen der Lebenshaltgskosten od der Einkommen um mehr als 10% (BGH NJW **95**, 1360), od, wenn zusätzl auf die Unzumutbark abgestellt w, bei 20% gegeben (BGH NJW **92**, 2088).
34 – **cc) Durchführung und Maßstab.** Wenn nichts and, etwa die Bestimmg dch einen Dr, vereinbart worden ist, hat iZw der Gläub die Anpassg nach billigem Ermessen zu treffen, §§ 316, 315 (BGH **LM** § 535 Nr 35, NJW **74**, 1464). Die Auslegg kann aber auch ergeben, daß die Anpassg entspr §§ 315 III, 319 I 2 dch Urt erfolgen soll (BGH **71**, 283, § 315 Rn 14). Ist die Anpassg einem Dr übertragen, so ist dieser iZw **Schiedsgutachter** u nicht SchiedsRi (§ 317 Rn 4). Die Neufestsetzg erfolgt nach den Verhältn im Ztpkt der Anpassg; die spätere Entwicklg darf iZw nicht berücksichtigt w (BGH NJW **75**, 211). Zu berücksichtigen sind die im Vertr zum Ausdr kommden Wert- u Äquivalenzvorstellgen der Part (BGH **62**, 316, NJW **75**, 1557) u die Entwicklg der marktübl Preise für die geschuldete Leistg (BGH **LM** § 139 Nr 51). Die Klausel kann auch die Berücksichtigg and Faktoren (Änderg der Lebenshaltgskosten, der Gehälter, des Bodenwertes) vorsehen; für die Anpassg des ErbbZinses gelten aber die Beschränkgen der ErbbRVO 9 a.

35 **d) Kostenelementeklauseln** – nach Rn 25 **genehmigungsfrei** – sind Regelgen, die den geschuldeten Betrag insoweit von der Entwicklg von Preisen od Werten für Güter od Leistgen abhäng machen, als diese die Selbstkosten des Gläub bei der Erbringg der Leistg unmittelb beeinflussen (PrKV 1 Nr 3).

36 **e) Weitere Klauseln.** Nicht genbedürft sind ferner: **(1)** Beteiliggs- u Umsatzklauseln, nach denen die Höhe des Anspr vom Gewinn od Umsatz des and Teils abhängt (Dürkes D 334 ff); **(2)** die Vereinbg von Sachschulden anstelle einer Geldzahlg (BGH **81**, 137, Schlesw DNotZ **75**, 720); **(3)** Wahlschuld auf Geld od Naturalien, insbes bei AltenteilsVertr (Schlesw NJW **55**, 65, Celle DNotZ **52**, 126, **55**, 315); **(4)** Ersetzgs-

befugn des Gläub, der statt Geld Naturalien fordern kann (BGH **81**, 137, NJW **62**, 1568). Die Naturalleistg muß aber dch eine Mengenangabe, nicht dch den jeweil Preis best w (Dürkes aaO D 302). Vgl auch ErbRVO 9 Rn 3 (ErbbZins).

7) Devisenrechtliche Beschränkungen. Seit dem Inkrafttreten des AWG (1961) ist der Kapital- u ZahlgsVerk mit dem Ausl grdsätzl frei. Beschränkgen (Verbote, GenVorbeh, Depot- od MeldePflten) können aGrd der AWG 5, 6, 6 a, 7, 22, 23, 26 eingeführt w, spielen aber zZ kaum eine Rolle. **37**

246 *Gesetzlicher Zinssatz.* **Ist eine Schuld nach Gesetz oder Rechtsgeschäft zu verzinsen, so sind vier vom Hundert für das Jahr zu entrichten, sofern nicht ein anderesbestimmt ist.**

1) Allgemeines. Der gesetzl Zinssatz von 4% gilt nur, wenn sich aus Ges od Vertr nichts and ergibt. **1** Anwendgsfälle des § 246 sind Verzugszinsen (§§ 288–290, s aber §§ 288 II u VerbrKrG 11 I), Prozeßzinsen (§ 291), die Zinsen bei Verwendgen (§ 256), Rücktr (§ 347), Kauf (§ 452), Werklohn (§ 641), ungerechtf Ber (§§ 819, 820) u unerl Hdlg (§ 849). Abweichde Regelgen enthalten für HandelsGesch HGB 352 (5%), für Inlandwechsel od Schecks WG 28, 48, 49, ScheckG 45, 46 (2% über Bundesbankdiskont, jetzt Basiszinssatz – § 244 Rn 9 –, mindestens 6%), u für Verzugszinsen bei VerbrKrVertr VerbrKrG 11 I (5% über Bundesbankdiskont jetzt Basiszinssatz – § 244 Rn 9). – **a) Zinsen** sind die nach der Laufzeit bemessene, **2** gewinn- u umsatzunabhäng Vergütg für den Gebrauch eines auf Zeit überlassenen Kapitals (BGH NJW **79**, 541, 806, NJW-RR **92**, 592, Köln ZIP **92**, 1480, auf die Kapitalentbehrg abstelld Mülbert AcP **192**, 490). Entgg der vom RG (**168**, 285) verwandten Definition brauchen Zinsen nicht „fortlaufd“ entrichtet zu w; sie können auch sogleich für die ges Nutzgsdauer berechnet u vom Kapital einbehalten w (Canaris NJW **78**, 1891, Larenz § 12 VIII). Es ist auch nicht begriffswesentl, daß die Zinsen „in einem im voraus best Bruchteil“ des Kapitals bestehen; die Zinshöhe kann von wechselnden Umst (zB Basiszinssatz) abhängen (RG **118**, 156, BGH **LM** § 247 Nr 2) u braucht nicht in einem Prozentsatz des Kapitals ausgedrückt zu sein. Bei dem Kapital handelt es sich idR um Geld, es kommen aber auch sonst vertretb Sachen in Betracht. Die Überlassg zur Nutzg ist wirtschaftl zu verstehen; rechtl liegt meist eine Übertr zu Eigt mit einer RückgewährVerpfl vor (s RG **161**, 56 u § 607). Zinsen sind unabhäng von dem wirtschaftl Ergebn der Kapitalüberlassg zu entrichten. Gewinnbeteiliggen u Dividenden sind daher keine Zinsen (RG **86**, 399, **168**, 285, Staud/Blaschczok Rn 21). Zinsen w nach der Zeitdauer der Kapitalüberlassg bemessen. Das trifft auch auf **Kreditgebühren** zu, die daher Zinsen im RSinne sind (BGH NJW **79**, 541, 806, 2090, **80**, 446, jetzt allgM). Dagg fallen **laufzei-** **3** **tunabhängige Leistungen** des KreditN grdsl nicht unter den Zinsbegriff (BGH NJW **79**, 806, 808). Das gilt insb für die im KonsumentenkreditGesch berechneten laufzeitunabhäng Vergütgen, wie Bearbeitgs u VermittlgsGeb (BGH NJW **79**, 806, 2090, Ffm NJW **78**, 1928, KG WM **84**, 430). Diese Kosten sind keine Zinsen iSd bürgerl R, da sie keine Vergütg für den Gebrauch des Kapitals, sond für seine Beschaffg u Bereitstellg darstellen. Sie sind aber bei Prüfg des § 138 als Teil der GesLeistg des KreditN mitzuberücksichtigen (§ 138 Rn 25). Sie gehören jetzt unter Einschluß der Prämie einer obligatorischen RestschuldVers auch zum **effektiven Jahreszins** iSd PreisR (Boest NJW **93**, 40, Wimmer BB **93**, 950). Das **Disagio** hat sich in der Bankpraxis zu einem Rechenfaktor für die Zinsbemessg entwickelt u gehört nunmehr grdsl zu den Zinsen im RSinn (BGH **111**, 289, **133**, 355, NJW **98**, 1062, and noch BGH **81**, 126). AGB-Klauseln, die das Disagio den DarlBeschaffgskosten zuweisen, sind unzul (BGH aaO), entspr IndVereinbgen dagg wirks. Sie können auch stillschw getroffen w (BGH NJW **92**, 2285, **93**, 3257, krit Hammen WM **94**, 1101). Ist das Disagio Zins, ist es anteilig zu erstatten, wenn der DarlN den Vertr wirks kündigt (BGH **111**, 290, zur Berechng s § 812 Rn 81). Der ErstattgsAnspr kann nicht dch AGB ausgeschlossen w (Hamm WM **97**, 2168). Ein Verzicht auf ihn ist iZw nicht anzunehmen (BGH NJW **96**, 3337). Wird der Kredit wg einer schuldh VertrVerletzg des DarlN vorzeit gekündigt, steht dem DarlG das Disagio als Teil seines SchadErsAnspr zu (BGH aaO, unten Rn 14). Kann die Bank das Darl wg des gestiegenen Zinsniveaus zu einem höheren Zins wiederanlegen, muß sie sich diesen Vorteil anrechnen lassen (BGH aaO). Gleiches gilt, wenn die Bank auf Wunsch des DarlN der vorzeit Beendigg eines unkündb Vertr zustimmt (BGH aaO; s zur Vorfälligkeits-Entschädigg § 609 Rn 9 a).

b) Keine Zinsen sind nach dem Dargelegten: Renten (RG **141**, 7, BGH **LM** § 248 Nr 2), Gewinn- od **4** Umsatzbeteiliggen (BGH **85**, 63), Mietzinsen, ErbbZinsen (BGH NJW-RR **92**, 592) u die in Form einer „Verzinsg“ des GrdstWertes festgesetzte EnteigngsEntsch für einen Nutzgsentzug (BGH NJW **64**, 294), da sie kein Entgelt für die Überlassg eines in Geld od vertretb Sachen bestehden Kapitals sind. Aus dem gleichen Grd sind auch „Strafzinsen“ (BGH WM **74**, 44), Bereitstellgszinsen (BGH WM **86**, 157, aA Mülbert AcP **192**, 507) u Tilggsleistgen (RG **91**, 299) keine Zinsen.

c) Die Zinsschuld ist in ihrer Entstehg **von der Hauptschuld abhängig** (Kollhosser ZIP **86**, 1435). **5** Besteht der HauptAnspr nicht, besteht auch kein ZinsAnspr; erlischt der HauptAnspr, so endet die ZinsPfl (RG **86**, 219). Die Verj der Hauptschuld führt zur Verj des ZinsAnspr (§ 224), auch wenn die Verj für den ZinsAnspr (§ 197) noch nicht abgelaufen ist. Ein einmal entstandener ZinsAnspr kann aber selbstd eingeklagt, abgetreten u verpfändet w (RG **94**, 137). Beim entgeltl Darl sind die Zinsen GgLeistg iS der §§ 320 ff u daher auch ihrerseits Hauptschuld (s Brem NJW **91**, 1837, Hammen DB **91**, 954, Mülbert AcP **192**, 499).

2) Kreditgebühren. – a) Sie sind Zinsen im RSinne, obwohl ihre Höhe in einem gleichbleibden Monats- **6** satz vom ursprüngl KreditBetr ausgedrückt w (Rn 1, jetzt allgM). Zur Prüfg der Voraussetzgen des § 138 müssen die Kreditgebühren in den **effektiven Jahreszins** umgerechnet w (§ 138 Rn 25). Die Praxis hat hierfür fr die sog **Uniformmethode** verwandt (BGH NJW **82**, 2434) u zieht sie bei Vertr mit kürzerer Laufzeit als 48 Mo gelegentl auch jetzt noch heran (BGH NJW **95**, 1022). Genauer u zuverlässiger ist aber die **7** **Annuitätenmethode,** deren problemlose Anwendg die Tabellen von Sievi/Gillardon ermöglichen. Sie hat sich inzw in der Praxis allg dchgesetzt, vor allem bei Vertr mit einer Laufzeit von mehr als 48 Mo, bei denen die Uniformmethode zu falschen Ergebnissen (zu hohe Zinssätze) führt (s BGH NJW **87**, 2221, **88**, 1660, 1662, Ffm NJW-RR **87**, 998, Düss ZIP **87**, 1312). Berechngsbeispiel s 57. Aufl.

8/9 Wird ein Teilzahlgskredit vorzeit zurückgezahlt od fäll gestellt, muß eine **Rückrechnung der Kreditgebühren** erfolgen. Das legen §§ 12 II u 14 VerbrKrG für den Geltgsbereich des VerbrKrG ausdr fest, gilt aber allg (BGH NJW **79**, 541). Entggstehde AGB-Klauseln sind auch außerhalb des Anwendgsbereichs des VerbrKrG gem AGBG 3 u 9 unwirks (Ffm NJW **78**, 1928, DB **81**, 1459). Bearbeitgsgebühren sind als laufzeitunabhäng Leistgen nicht in die Rückrechng einzubeziehen (arg 12 II VerbrKrG, KG WM **85**, 715, s aber Rn 2). Bei der Rückrechng der Kreditgebühren ist davon auszugehen, daß die vom KreditN geleisteten Zahlgen im Verh des Nettokredits zum GesKredit auf das Darl u die Kreditkosten zu verteilen sind (BGH **91**, 59, NJW **83**, 1420, KG WM **84**, 429). Vgl das BerechngsBsp in der 57. Aufl.

10 **3)** Bei der Frage, welche **Schadensersatzansprüche** (ZinsAnspr) dem KreditG bei Verzug des KreditN zustehen, ist zu unterscheiden: – **a) Verbraucherkreditgesetz.** In seinem Anwendgsbereich kann der KreditG als gesetzl festgelegten abstrakt berechneten SchadErs 5 % über Bundesbankdiskont (jetzt Basiszinssatz – § 244 Rn 9) beanspruchen, VerbrKrG 11 I (s dort), unterliegt aber den Beschränkgen von VerbrKrG 11 II u III, die auch für Anspr aus nichtigen Vertr gelten (Bülow NJW **92**, 2049). Er kann konkret nachweisen, daß ihm ein höherer Schaden entstanden ist, eine abstrakte Schadensberechng nach den Grds
11 von BGH **104**, 337 (Rn 11) ist aber bei Vertr aus der Zeit nach dem 1. 1. 91 nicht mehr zul. – **b) Andere Kreditverträge. – aa) Marktübliche Sollzinsen.** Die Bank kann als abstrakt berechneten Verzugsschaden die zZ des Verzuges marktübl Bruttosollzinsen beanspruchen, u zwar, wenn sie verschiedene KreditGesch betreibt, nach einem Dchschnittszinssatz (BGH **104**, 337). Abzustellen ist bei der Dchschnittsberechng auf den marktübl Zins, bei der Gewichtg der einz Kreditarten aber auf die institutsspezifischen Gegebenh (BGH NJW-RR **89**, 754, 950). Ersparte Aufwendgen sind nicht abzusetzen, ands kann der Gläub aber auch nicht Ers der Aufwendgen für den gestörten Kredit (Mahnkosten) beanspruchen (BGH **104**, 347, NJW **88**, 1971). Unerhebl ist, daß die Bank tatsächl auf kein NeuGesch verzichtet, sond ihr Refinanziergsvolumen erweitert. Dies ist eine überobligationsmäß Maßn der Schadensabwehr, die bei der Schadensberechng außer Betracht bleibt (BGH aaO). Der Kunde kann aber den GgBew führen, daß der Bank unter den konkret gegebenen Umst eine Anlage zum Marktzins nicht mögl war; ebso steht der Bank der Nachw offen, daß sie den
12 Geldbetrag alsbald zu einem höheren Zinssatz angelegt hätte (BGH aaO). – **bb) 5 % über Basiszinssatz** (fr Bundesbankdiskont s § 244 Rn 9). Die abstrakte Schadensberechng von 5% über Basiszinssatz (Bundesbankdiskont), die das VerbrKrG in § 11 I vorsieht, ist eine praktikable, den Interessen beider Part gerecht werdde Regelg. Auf sie kann sich die Bank auch bei **Altverträgen** berufen, sofern bei einem Abschluß ab dem 1. 1. 91 das VerbrKrG anwendb wäre (BGH **115**, 273). Auch ggü gewerbl KreditN kann sie herangezogen w (BGH ZIP **95**, 909, Mü WM **94**, 1028). Sie gilt aber nicht für Fdgen eines HandelsUntern (BGH NJW **94**, 3344), für Anspr der Banken, die nicht auf einem KreditVertr beruhen (Dresd WM **99**, 952) u auch nicht für Bankkredite, die wg der Absicherg dch GrdPfandR unter den AusschlußTatbestd von VerbrKrG 3 II Nr 2 fallen (BGH NJW **92**, 1621, WM **99**, 1555, aA Meyer-Cording NJW **93**, 114). Bei Realkrediten kann der Zinsschaden aber auf den dchschnittl HypoZinssatz + 1% geschätzt w (Bruchner
13 WM **92**, 973). – **cc) Vertragszins.** Die Bank kann anstelle des marktübl Sollzinses die Weiterzahlg des Vertragszinses verlangen (BGH **104**, 342). Das läßt sich allerdings weder aus § 301 (dort Rn 1) noch aus der mietrechtl SonderVorschr des § 557 herleiten (BGH aaO u NJW **86**, 376); auch § 288 I 2 ist nicht anwendb (dort Rn 3). Grdl für die Verpfl zur Weiterzahlg des VertrZinses ist der RGedanke des § 326 u eine Analogie zu § 628 II. Der KreditN schuldet SchadErs wg NichtErf, der auch den in die Verzinsg einkalkulierten Gewinn mitumfaßt (s zur ähnl Problematik beim LeasingVertr BGH **82**, 129, **94**, 194 u § 276 Rn 127). Der ErsAnspr betrifft jedoch nur das DarlKapital u endet zum nächstmögl KündTermin (§ 609 a) od dem vertragl
14 FälligkZtpkt (BGH **104**, 342). – **c)** Bei **Nichtabnahme des Kredits** kann der KreditG als SchadErs den sog Zinsmargenschaden beanspruchen, dh den abgezinsten Bruttozins bis zum nächstmögl KündTermin einschließl des Disagios, aber abzügl ersparter Refinanziergs- u VerwKosten, eine abstrakte Berechng des Nettobetrages nach branchenübl Dchschnittssätzen ist zul (BGH **133**, 355, 356, NJW **97**, 2875). Zur Kürzg um ersparte VerwKosten u eine Risikoprämie s Schlesw BB **98**, 1078. Ist das Zinsniveau gesunken, kann der KreditG zusätzl als Zinsverschlechtergsschaden die abgezinste Differenz zw VertrZins u Wiederanlagezins fordern (BGH aaO u NJW **98**, 592, Canaris BankRTag **96**, 14, Rösler DB **98**, 248). Kann die Bank das Darl wg des gestiegenen Zinsniveaus zu einem höheren Zins wiederanlegen, muß sie sich diesen Vorteil anrechnen lassen (BGH **133**, 355). Zur **Vorfälligkeitsentschädigung,** die Banken iF vorzeit Rückzahlg des Darl beanspruchen, s § 609 Rn 9 a.

Anhang zu § 246 BGB: Basiszinssatz (§ 244 Rn 9), **bis 1. 1. 99 Diskontsatz der Bundesbank.**

Gültig ab	Basiszinssatz	Gültig ab	Basiszinssatz	Gültig ab	Basiszinssatz
15. 9. 92	8¼%	10. 9. 93	6¼%	31. 3. 95	4%
5. 2. 93	8%	22. 10. 93	5¼%	25. 8. 95	3¾%
19. 3. 93	7½%	18. 2. 94	5¼%	15. 12. 95	3%
23. 4. 93	7¼%	15. 4. 94	5%	19. 4. 96	2½%
2. 7. 93	6¾%	13. 5. 94	4½%	1. 5. 99	1,95%

247 *(Betraf KündR bei einem höheren Zinssatz als 6 %. Aufgeh dch Ges vom 25. 7. 1986 – BGBl 1169 –, gilt aber nach Art 12 II dieses Ges noch für Vertr, die vor dem 1. 1. 87 abgeschlossen worden sind. Vgl im Bedarfsfall die 45. Aufl u die Nachträge in der 53. Aufl.)*

Die Vereinbg einer VorfälligkEntschädigg ist unwirks, wenn der KreditN gem § 247 aF zur Künd berecht war (Hamm WM **95**, 190, Reifner NJW **95**, 87).

248 *Zinseszinsen.* [I] **Eine im voraus getroffene Vereinbarung, daß fällige Zinsen wieder Zinsen tragen sollen, ist nichtig.**

[II] **Sparkassen, Kreditanstalten und Inhaber von Bankgeschäften können im voraus vereinbaren, daß nicht erhobene Zinsen von Einlagen als neue verzinsliche Einlagen gelten sollen. Kreditanstalten, die berechtigt sind, für den Betrag der von ihnen gewährten Darlehen verzinsliche Schuldverschreibungen auf den Inhaber auszugeben, können sich bei solchen Darlehen die Verzinsung rückständiger Zinsen im voraus versprechen lassen.**

1) Zinseszinsverbot. – a) Das Verbot ist eine SchutzVorschr zG des Schu. Es soll eine Zinskumulation 1
verhindern (Reifner NJW **92**, 337) u zielt aber vor allem auf Zinsklarh ab (str, s K. Schmidt FS Claussen, S 483). – **b)** § 248 gilt für vertragl u gesetzl **Zinsen.** Der Zinsbegriff entspricht dem des § 246 (§ 246 Rn 1), umfaßt also auch Kreditgebühren. Stellt das Disagio Zins im RSinne dar (§ 246 Rn 3), verstößt seine Verzinsg gg § 248 (Nasse WuB I E 4–492, aA Köln OLGZ **92**, 472). – **c)** Verboten ist nur die **im** 2
voraus getroffene Abrede. Vereinbgen nach Fälligk sind zul. Auch eine VertrStrafabrede, wonach sich der Zinsfuß bei unpünktl Zinszahlg erhöht, ist wirks (RG **37**, 274, K. Schmidt JZ **82**, 832), jedoch kann AGBG 11 Nr 6 entggstehen.

2) Absatz 2 schränkt das Verbot des I dch zwei Ausn ein. Die in II 1 verwandten Begriffe (Sparkasse, 3
Kreditanstalt, BankGesch) werden seit Inkrafttreten des KWG dch dessen Vorschr (§§ 1, 39, 40) inhaltl bestimmt. Eine weitere Ausn ergibt sich aus HGB 355. Danach ist beim handelsrechtl Kontokorrentverhältn der Saldo von seiner Feststellg ab auch insoweit zu verzinsen, als er Zinsen enthält.

Schadensersatz (§§ 249–253)

Vorbemerkung

1) Allgemeines 1–6
a) Bedeutung der §§ 249–253 1
b) Anwendungsbereich 2
c) §§ 249 ff und kollektiver Schadensausgleich 3
d) Grundgedanken des Schadensersatzrechts . 4–6
2) Begriff und Arten des Schadens 7–18
a) Schaden im natürlichen Sinn 7
b) Vermögensschaden 8, 9
c) Kommerzialisierungsgedanke 10–12
d) Normative Wertungen 13
e) Dualistischer Schadensbegriff 14
f) Unmittelbarer und mittelbarer Schaden . . 15
g) Nichterfüllungs- und Vertrauensschaden . . 16–18
3) Einzelprobleme des Vermögensschadens . 19–49
a) Vermögensminderung 19
b) Gebrauchsvorteile von Kraftfahrzeugen . . 20–24
c) Gebrauchsvorteile anderer Sachen 25–31
d) Fehlgeschlagene Aufwendungen 32–35
e) Beeinträchtigung von Genußmöglichkeiten 36
f) Arbeitskraft 37
g) Vertane Freizeit 38
h) Vertaner Urlaub 39, 40
i) Verdienstausfallschaden 41
k) Hausfrauenarbeit 42
l) Vorsorgeaufwendungen 43–45
m) Belastung mit einer Verbindlichkeit 46
n) Belastung mit Unterhaltspflicht 47, 48
o) Treu und Glauben 49
4) Schadensberechnung 50–53
a) Konkrete Schadensberechnung 50
b) Abstrakte Schadensberechnung 51
c) Abstrakt-normative Schadensberechnung . 52
d) Mindestschaden 53
5) Zurechnungszusammenhang 54–107
A) Allgemeines 54–65
a) Haftungsbegründende und haftungsausfüllende Kausalität 54–56
b) Äquivalente Kausalität 57
c) Adäquate Kausalität 58–61
d) Schutzzweck der Norm 62–65
B) Einzelprobleme des Zurechnungszusammenhangs 66–95
a) Mitwirkung weiterer Ursachen 66
b) Schadensanlagen 67, 68
c) Seelische Reaktionen (Rentenneurose) . 69, 70
d) Schockschäden 71
e) Mittelbare Verursachung 72
f) Fehlverhalten Dritter 73–76
g) Freie Entschließungen 77–82
h) Aufwendungen 83
i) Unterlassen 84
k) Behördliche Entscheidungen 85
l) Mehrere Verursacher 86, 87
m) Allgemeines Lebensrisiko 88, 89
n) Kosten der Strafverfolgung 90, 91
o) Schadensfreiheitsrabatt 92, 93
p) Zweck des Schadensersatzes 94, 95
C) Hypothetische Kausalität, rechtmäßiges Alternativverhalten 96–107
6) Kreis der Ersatzberechtigten, Drittschadensliquidation 108–118
7) Vorteilsausgleichung 119–161
A) Allgemeines 119–124
B) Handlungen des Geschädigten 125–130
C) Leistungen Dritter 131–138
D) Andere Vorteile 139–147
E) Gesetzlicher Forderungsübergang 148–161
8) Beweisfragen 162–173
9) Zeitpunkt der Schadensbemessung 174

Aus dem GG läßt sich nicht entnehmen, daß dem Schädiger ein weitergehder Schutz als der der VollstrSchutzVorschr gewährt w muß. **1) Allgemeines. – a) Bedeutung der §§ 249 ff.** Die §§ 249 ff 1
bestimmen **Art, Inhalt und Umfang** der SchadErsLeistg. Sie enthalten keine AnsprGrdl, sond ergänzen die Normen, die SchadErsAnspr vorsehen. RegelgsGgst der §§ 249 ff ist nicht die Haftgsbegründg (HaftgsR), sond ausschließl die Haftgsausfüllg (SchadensR). – **b) Anwendungsbereich.** Die §§ 249 ff 2
finden grdsl auf alle SchadErsAnspr Anwendg, gleichgült, ob sie auf Vertr, Delikt od Gefährdg beruhen. Sie gelten auch für SchadErsAnspr wg Verletzg sachen-, familien- od erbrechtl Pflten u für SchadErsAnspr, die außerh des BGB normiert sind, so im ProdHaftG 1, HPflG 1, StVG 7, LuftVG 33, WHG 22, AMG 84, AtG 25 ff, UmweltHG 1, StrEG 7 (s BGH **65**, 173), BeamtenR (s BVerwG NVwZ **92**, 173), NachbG der Länder (BGH NJW **97**, 2595) u im DDR-StHG 3 (Ossenbühl NJW **91**, 1207). Die einheitl Anwendg der §§ 249 ff auf alle SchadErsAnspr wird dch die Lehre vom Schutzzweck der Norm (Rn 62 ff) eingeschränkt. Zu warnen ist aber vor der Tendenz, die Fragen des Schadensbegriffs u der Zurechng bei jedem Haftgstatbe-

stand unterschiedl zu beurteilen u dadch die Einh des SchadErsR aufzulösen. Selbstverständl zu berücksichtigen sind die gesetzl Sonderbestimmgen, die die §§ 249 ff ergänzen od modifizieren: Im DeliktsR u im ReiseVertrR ist im Rahmen der §§ 847, 651 f II auch für Nichtvermögensschäden GeldErs zu leisten. Für die Gefährdgshaftg bestehen zT summenmäß Haftgsbeschränkgen, so in ProdHaftG 10, HPfG 9 f, StVG 12, LuftVG 37, AtG 31, UmweltHG 16. Bei AusglPflten beschränkt die hM den AnsprInh auf eine nach EnteigngsGrds zu bemessde Entschädigg (§ 906 Rn 32, 39, 43). Auch für die Schadensversicherg gelten
3 Sondervorschriften (VVG 49 ff). – **c) §§ 249 ff und kollektiver Schadensausgleich.** Das BGB geht davon aus, daß sich bei der Schadensregulierg allein der Geschädigte u der Schädiger ggüstehen. Das entspr seit langem nicht mehr der sozialen Wirklichk. Das SchadErsR w von einem **System kollektiver Sicherung** u SchadVorsorge überlagert. Der Geschädigte erhält trotz ArbUnfähigk meist seinen Lohn weiter, die Heilbehandlgskosten übernimmt idR die Krankenversicherg. Für den Schädiger tritt gleichf häuf eine Kollektiv-Gemsch ein, so etwa bei ArbUnfällen die BerufsGenossensch, bei KfzUnfällen der HaftPflVersicherer. Die unmittelb Beziehg Geschädigter-Schädiger tritt damit vielf in den HinterGrd. Das ändert aber an der Bedeutg der §§ 249 ff nichts. Sie sind dafür maßgebd, in welchem Umfang der ArbG, SozVersTräger od Versicherer des Geschädigten beim Schädiger od dessen HaftPflVersicherer Regreß nehmen kann
4 (Rn 148 ff). – **d) Grundgedanken des Schadensersatzrechts. – aa)** Das SchadErsR des BGB beruht auf dem **Ausgleichsgedanken.** Die SchadErsLeistg soll die entstandenen Nachteile ausgleichen, sie hat keinen pönalen Charakter. Zu den Zielvorstellgen des HaftgsR (Rn 1) gehört auch der Gedanke der **Prävention** u der Schadensverhütg. Dieser hat aber für das SchadErsR nur ausnahmsw Bedeutg. Beim SchmerzG-Anspr ist neben der im VorderGrd stehden AusglFunktion auch der Genugtuungsgedanke zu berücksichtigen (BGH GrZS **18**, 154). Bei Verletzg des geschlechtsbezogenen Benachteiliggsverbots besteht nach § 611 a II u III ein EntschädiggsAnspr, der nach der Rspr des EuGH (NJW **97**, 1939 Tz 25) **abschreckende Wirkung** haben soll, sich aber trotz dieser mit dem AusglGedanken nur schwer zu vereinbarden Funktion in die Systematik des dtschen SchadErsR einfügt (Wendeling-Schröder DB **99**, 1012, § 611 a Rn 17 ff). –
5 **bb) Rechtsfortsetzungsgedanke.** SchadErsAnspr entstehen idR aus der Verletzg eines subj Rechts od eines RGuts. Das verletzte Recht od RGut setzt sich in diesen Fällen in dem SchadErsAnspr fort. Der sich hieraus ergebde RFortsetzgsgedanke (Larenz § 27 I) hat neben dem AusglGedanken selbstd Bedeutg. Er rechtfertigt es, dem Geschädigten den obj Wert als Mindestschaden zuzuerkennen (Rn 53), u ist auch bei
6 der Lösg des Problems der hypothet Kausalität (Rn 102) zu berücksichtigen. – **cc) Totalreparation.** Für die Höhe des Ers gilt das Prinzip der Totalreparation. Der Schädiger hat auch bei leichtester Fahrlk den gesamten Schaden zu ersetzen, selbst wenn die Schadenshöhe die Grenzen seiner Leistgsfähigk bei weitem überschreitet. Den Vorschlag des 43. DJT, bei leichter Fahrlässigk ausnweise aus BilligkGrden eine Reduktion der ErsPfl zuzulassen, hat der GesGeber nicht übernommen: Der Grds der Totalreparation steht, wenn er auch *de lege ferenda* fragwürd sein mag, mit der Verfassg im Einklang (aA Canaris JZ **87**, 1002 u, soweit es um die Haftg von Jugendl u Kindern geht, Celle NJW-RR **89**, 791). Aus dem GG läßt sich nicht entnehmen, daß dem Schädiger ein weitergehder Schutz als der der VollstrSchutzVorschr u der RestSchuld-Befreiung im InsVerf gewährt w muß. Für etwaige Korrekturen der delikt Haftg Mj, etwa dch Anwendg des § 242 (Goecke NJW **99**, 2305) od umgekehrte Anwendg des § 829 (Looschelder VersR **99**, 140), wären iü die ordentl Ger u nicht das BVerfG zuständ, da § 828 II vorkonstitutionelles Recht ist (BVerfG NJW **98**, 3557, krit Rolfs JZ **99**, 233). Das Prinzip der Totalreparation wird im ArbR dch die Haftgsbeschränkgen für betriebl Arbeit (§ 611 Rn 157) u bei einem FdgsÜbergang auf den SozVersTräger dch SGB IV 76 II Nr 3 eingeschränkt.

7 **2) Begriff und Arten des Schadens. – a) Schaden im natürlichen Sinn** ist jede Einbuße, die jemand inf eines bestimmten Ereign an seinen Lebensgütern, wie Gesundh, Ehre od Eigt erleidet. Objekt des Schadens können vermögenswerte RStellgen, aber auch immaterielle Güter sein. Auch der **Schadensbegriff des BGB** umfaßt sowohl Vermögens- als auch Nichtvermögensschäden (*arg* § 253). Für beide gelten aber unterschiedl Regeln. Vermögensschäden sind nach Maßg der §§ 249–252 voll zu ersetzen. Bei immateriellen Schäden hat der Verletzte, soweit eine Naturalrestitution mögl ist, den HerstellgsAnspr aus § 249. Ein Anspr auf SchadErs in Geld besteht dagg nach § 253 grdsl nicht (Ausn §§ 847, 651 f II). Damit ergibt sich zugl, daß der Begriff des Schadens im natürl Sinn für die Praxis u Dogmatik des SchadensR wenig ergiebig ist. Die **Kernfrage des Schadensrechts,** ob ein Nachteil ein zu ersetzder Schaden ist, kann nicht dch Aussagen über den allg, materielle u immaterielle Schäden umfassden Schadensbegriff, sond nur dch Abgrenzg von Vermögens- u Nichtvermögensschäden beantwortet werden. Unterscheidgen nach dem real verletzten Objekt helfen insow nicht weiter. Die Verletzg von immateriellen Gütern verursacht vielfach auch Vermögensnachteile (zB Heilgskosten, Verdienstausfall). Umgekehrt ist es mögl, daß dch den Eingriff in ein materielles RGut, etwa die vorübergehde rechtsw Benutzg einer fremden Sache, kein Vermögensschaden entsteht.

8 **b) Vermögensschaden.** Ausgangspunkt für die rechtl Beurteilg ist weiterhin die auf Mommsen (Lehre vom Interesse, 1855) zurückgehde in ihrem Kern richtige **Differenzhypothese.** Der Schaden besteht in der Differenz zw zwei Güterlagen: der tatsächl dch das Schadensereign geschaffenen u der unter Ausschaltg dieses Ereign gedachten. Ein Vermögensschaden ist gegeben, wenn der jetzige tatsächl Wert des Vermögens des Geschädigten geringer ist als der Wert, den das Vermögen ohne das die ErsPfl begründde Ereign haben würde (BGH **27**, 183, **75**, 371, **99**, 196, NJW **94**, 2357, BAG NJW **85**, 2545). In einer nicht immer gradlinig
9 verlaufenen **Rechtsfortbildung** hat die Rspr Ausn von der Differenzhypothese zugelassen u in bestimmten Fallgruppen einen Schaden auch dann bejaht, wenn sich dch eine Differenzrechng keine Vermögensminderg feststellen läßt (BGH GrZS **98**, 212). Das Schrifttum hat diese Entwicklg der Rspr teils zustimmd, überwiegd aber krit begleitet u ist mit eig Lösgsvorschlägen hervorgetreten (vgl die umfassde Darstellg des Diskussionsstandes bei Lange, SchadensErs, 2. Aufl 1990). In den Erörtergen um eine neue Abgrenzg des Schadensbegriffes haben vor allem der Kommerzialisiergsgedanke u die Lehre vom normativen Schaden Bedeutg erlangt (s Rn 10–14). Inzw setzt sich verstärkt die Erkenntn dch, daß die Ausn von der Differenzhypothese nicht dch Deduktion aus dem Schadensbegriff abgeleitet od auf einen einzigen Wertgsgesichtspkt zurückgeführt w können, sond **fallgruppenweise** entwickelt w müssen (Rn 12).

c) Kommerzialisierungsgedanke. – aa) Der BGH hat seit 1956 in einer Reihe von Entscheidgen einen **Vermögensschaden** etwa **wie folgt begründet:** Der Begriff des Vermögens u der des Vermögensschadens seien auf die ROrdng bezogene wirtschaftl Begriffe. Zum Vermögen iSd SchadErsR gehörten daher alle Lebensgüter, die kommerzialisiert seien, dh diej, die im wirtschaftl Verk gg ein Entgelt erworben werden könnten. Werde ein solches Gut beeinträchtigt od entzogen, stelle der entstandene, in Geld meßbare Nachteil auch dann einen Vermögensschaden dar, wenn sich bei einer auf das Gesamtvermögen bezogenen Differenzrechng keine bleibde Einbuße feststellen lasse (vgl BGH NJW **56**, 1235, Seereise; BGH **40**, 347, **45**, 218, **65**, 170, Gebrauchsvorteile eines Pkw; BGH **63**, 98, frustrierter Urlaub). Diese Rspr ist mit Recht kritisiert worden (Larenz § 29 I c; Lange § 6 III). In einer WirtschOrdng, in der prakt alle immateriellen Güter gg Geld erworben werden können, verwischt eine undifferenzierte Anwendg der Kommerzialisiergsthese die Grenze zw materiellen u immateriellen Schäden u führt zu einer unangemessenen Ausweitg der SchadErsPfl. – **bb)** In seiner **neueren Rechtsprechung** trägt der BGH dieser Kritik Rechng. Er erkennt an, daß nicht 11 jede Beeinträchtigg eines kommerzialisierten Lebensgutes einen Vermögensschaden darstellt (BGH **63**, 393, Pelzmantel; **86**, 128, Wohnwagen; **89**, 64, Motorboot; **86**, 216 vertaner Url; **106**, 32, frustrierte Freizeit). Die gg die Kommerzialisiergsthese sprechden Gesichtspunkte hat der 5. ZS des BGH in seinem VorlageBeschl vom 22. 11. 85 (NJW **86**, 2040) überzeugd zusgefaßt. Dem ist der GrZS (**98**, 212) in der Sache grdsl gefolgt. Auch er geht davon aus, daß nicht jeder Eingriff in ein kommerzialisiertes Lebensgut einen Vermögensschaden begründet u daß Korrekturen der Differenzhypothese nur zul sind, wenn eine wertde, normative u wirtschaftl Gesichtspunkte berücksichtigde Abwägg dies ausnw rechtfertigt. – **cc)** Dieser neueren Rspr ist **zuzustim-** 12 **men.** Ein Vermögensschaden setzt voraus, daß der entstandene Nachteil in Geld bewertet werden kann (BGH **98**, 222, **106**, 31). Eine solche Bewertgsmöglichk genügt aber zur Bejahg eines Vermögensschadens nicht (Staud/Schiemann. § 253 Rn 17). Erforderl ist vielmehr bei den einzelnen Fallgruppen (Rn 19 ff) eine sorgfältige Abwägg der in Frage kommenden Sachgesichtspunkte. 10

d) Bei der Abgrenzg des Schadensbegriffes sind auch **normative Wertungen** zu berücksichtigen (BGH 13 **43**, 381, GrZS **50**, 305, **54**, 47). Das ist in der Sache seit langem anerkannt: Wenn der Verletzte währd seiner Arbeitsunfähigk seinen Lohn weiterbezieht od vom ArbG, Dienstherrn od SozVersTräger Leistgen mit Lohnersatzfunktion erhält, werden diese selbstverständl beim Vermögensvergleich nicht berücksichtigt. Es ist das Verdienst der **Lehre vom normativen Schaden** (s vor allem Selb Schadensbegriff u Regreßmethoden 1963), daß sie diesen Ansatz weiterentwickelt u aufgezeigt hat, daß auch auf allg RGrds beruhde Wertgen korrigierd auf die Differenzrechng einwirken können. Einigk besteht aber darüber, daß der Schadensbegriff nicht ausschließl normativ bestimmt w kann (Lange § 1 III 1, Steffen NJW **95**, 2057).

e) Im Ergebn gilt daher ein **dualistischer Schadensbegriff** (BGH WM **80**, 250). Ausgangspunkt bleibt 14 die Differenzhypothese. Die Differenzrechng muß aber in einigen Fallgruppen dch wirtschaftl od normative Wertgen korrigiert w. Wann ein zu ersetzder Schaden vorliegt, läßt sich angesichts der Vielgestaltigk der Probleme nicht dch bloße Deduktion aus dem Schadensbegriff ableiten (ähnl Magnus Schaden u Ers, 1987, S 308), sondern erfordert eine wertde Beurteilg nach Maßg von Fallgruppen (Rn 19 ff).

f) Unmittelbarer und mittelbarer Schaden. Unmittelb (Objekt-)Schaden ist die nachteilige Veränderg, 15 die am verletzten Recht od RGut selbst entstanden ist (Larenz § 27 II b 3, MüKo/Grunsky Rn 35). Er umfaßt bei GeldErs die Kosten für die Herstellg des geschädigten Gutes, also bei Verlust od Zerstörg die Wiederbeschaffgskosten, bei Beschädigg die Reparaturkosten, bei Körperverletzg die Heil- und Pflegekosten. Auch der verbleibde techn od merkantile **Minderwert** (§ 251 Rn 19) gehört zum unmittelb Schaden (BGH VersR **69**, 473, Ffm BB **91**, 503). Mittelb Schäden (Vermögensfolgeschäden) sind die dch das schädigde Ereign verursachten sonst Einbußen, insb entgangener Gewinn (§ 252) sowie Nutzgsausfälle. Die ErsPfl nach BGB umfaßt beide Schadensarten. Die Unterscheidg hat aber Bedeutg für den Umfang des Schadens, der im Fall hypothet Kausalität zu ersetzen ist (Rn 102). Im VersR beschränkt sich die ErsPfl idR auf den unmittelb Sachschaden (VVG 52, 53).

g) Nichterfüllungs- und Vertrauensschaden. – aa) Wird aus einem RGesch, insb aus Vertr, wg Nicht- 16 einhaltg einer LeistgsPfl auf SchadErs gehaftet, ist grdsätzl das volle Erflnteresse **(positives Interesse)** zu ersetzen: der Gläub ist so zu stellen, wie er stehen würde, wenn der Schu ordngsmäß erfüllt hätte (RG **91**, 33). Dieser „SchadErs wg Nichterfüllg" (zB §§ 280, 286 II, 325, 326) geht entgg § 249 S 1 idR auf Leistg von Geld (BGH **LM** § 325 Nr 3, § 325 Rn 11), doch ist Naturalherstellg auch hier denkb (vgl § 283 Rn 8 u Pieper JuS **62**, 411). – **bb)** Ist gem §§ 122, 307, 179 II, aus c. i. c. (§ 276 Rn 100) od aus unerl Hdlg SchadErs 17 wg Nichtzustandekommens eines wirks RGesch zu leisten, geht die Haftg dagg auf den **Vertrauensschaden** (negatives Interesse). Hier ist der Gläub so zu stellen, wie er stehen würde, wenn er nicht auf die Gültigk des Gesch vertraut hätte (BGH **57**, 137, 139, NJW-RR **90**, 230). Das gilt entspr, wenn die Part wg pVV ihres Maklers einen Vertr abgeschl hat, den sie bei gehöriger Aufkl nicht eingegangen wäre (BGH NJW **82**, 1146). Das negat Interesse ist idR, aber nicht notw, niedriger als das positive. In §§ 122, 179 II u 307 I 1 ist das Erflnteresse die obere Grenze des ErsAnspr; das gilt bei Anspr aus c. i. c. nicht (RG **151**, 359, BGH **57**, 193, **69**, 56, NJW-RR **90**, 230). Beweist der Geschädigte, daß ohne die unerl Hdlg (c. i. c.) ein günstigerer Vertr abgeschl worden wäre, ist dieser für SchadBemessg maßgebd (BGH BB **69**, 696). Ers des positiven Interesses kann der Käufer auch verlangen, wenn die für den Schadenseintritt ursächl unerl Hdlg zugleich die Voraussetzgen für einen Anspr aus §§ 463, 480 II erfüllt (BGH NJW **98**, 983, aA Rust NJW **99**, 339). Auch wenn diese Voraussetzg nicht vorliegt, soll der Geschädigte bei grdsl Aufrechterhaltg des Vertr den dch Täuschg veranlaßten Mehraufwand ersetzt verlangen können (BGH **69**, 56, § 276 Rn 102). Das negat Interesse ist auch bei SchadErs wg unricht **Auskunft** maßgebd: Der Geschädigte ist so zu stellen, wie er gestanden hätte, 18 wenn ihm die richt Ausk erteilt worden wäre (BGH **116**, 214, NJW **81**, 1035, NJW-RR **96**, 828, Düss NJW-RR **95**, 1312). Die Vermögenslage, die bestehen würde, wenn der Inhalt der fehlerh Ausk richt wäre, darf der Schadensbemessg nur zugrde gelegt w, wenn der AuskG eine Garantie für deren Richtigk übernommen hat (BGH **116**, 214, NJW **98**, 982, Heinrichs EWiR **95**, 433).

3) Einzelprobleme des Vermögensschadens. – a) Vermögensminderung. Die Wertminderg einer 19 Sache ist ein Schaden, auch wenn sie sich noch nicht in einem Verkauf konkretisiert hat (BGH NJW **97**,

2595, § 251 Rn 11). Der Schaden wird idR nicht dadch ausgeschl, daß der Geschädigte wg der entstandenen Nachteile einen Anspr gg einen Dr, zB auf Herausg hat, *arg* § 255 (BGH NJW **70**, 461, **82**, 1806, **93**, 594, **97**, 2946/2948), der Schädiger kann aber Abtr des Anspr gg den Dr verlangen (BayObLG NJW-RR **87**, 1368). Der Schaden entfällt nicht, wenn dem KontenInh wg der aGrd einer Fälschg dchgeführten Überweisg ein Anspr auf Gutschrift gg die Bank zusteht (BGH NJW **94**, 2359, abl Paschke/Wolfram DZWir **95**, 485). Er ist dagg ausgeschlossen, wenn dem Nachteil ein gleich hoher Vermögenszuwachs od eine ausr Sicherh ggüsteht (s BGH **64**, 62, NJW **78**, 426). Eine ErsPfl besteht auch dann, wenn der Geschädigte beabsichtigte od verpflichtet war, die entwendete (zerstörte, beschädigte) Sache unentgeltl einem Dr zu übertragen (BVerwG NJW **97**, 3455). Wird der Käufer dch irreführde Angaben zum Erwerb einer Sache veranlaßt, die sich grdlegd von der angepriesenen unterscheidet, ist ein Schaden auch dann zu bejahen, wenn der Wert der Sache dem gezahlten Preis entspricht (BGH **115**, 222, NJW **98**, 898). Entspr gilt, wenn die Leistg für die Zwecke des Käufers unbrauchb ist (BGH NJW **98**, 302, 304) od die rechnerische GgüStellg der Vor- u Nachteile des Vertr ein Überwiegen der Nachteile ergibt (BGH NJW **98**, 302, 898). Wird eine Bank rechtsw zur Erteilg einer Gutschrift veranlaßt, entsteht der Schaden erst, wenn der Kunde über den Betrag verfügt hat u ein Storno nicht mehr mögl ist (BGH NJW **79**, 2146, **83**, 221). Das Nichtentstehen einer Fdg, etwa wg AmtsPflVerletzg des Notars od wg Handels ohne Vertretgsmacht, ist kein Schaden, wenn die Fdg nicht dchsetzb gewesen wäre (BGH NJW **86**, 246, Nürnb MDR **87**, 150); das gilt ebso für das Nichterwirken eines VollstrTitels (Hamm NJW-RR **96**, 505). Der Verletzte kann aber auf Feststellg der ErsPfl für den Fall einer nachträgl Solvenz des Schu klagen (Ffm MDR **89**, 257). Bei rechtsw Submissionsabreden besteht der Schaden in der Differenz zw dem Angebotspreis u dem ohne die Abrede erzielb Marktpreis (BGH NJW **95**, 737).

20 **b) Gebrauchsvorteile von Kraftfahrzeugen. – aa)** Der Eigtümer eines privat genutzten Pkw, der die Möglichk zur Nutzg seines Pkw einbüßt, hat nach stRspr auch dann einen **Schadensersatzanspruch,** wenn er kein ErsKfz mietet (BGH **40**, 345, **45**, 212, NJW **85**, 2471, BAG NJW **95**, 348). Gg diese Ans bestehen Bedenken (Larenz § 29 II c, Lange § 6 VII 4). Der Kommerzialisiergsgedanke rechtfertigt, wie inzw auch der BGH anerkennt, die Bejahg eines Schadens nicht (BGH **86**, 131, Rn 11). Auch die Frustriergsthese vermag keinen Schaden zu begründen (Rn 32 f). Gleichwohl ist die ErsPfl als Ergebn **richterlicher Rechtsfortbildung** anzuerkennen (BGH **98**, 221). Sie beruht letztl auf der Erwägg, daß der auf einen Mietwagen verzichtde vorsichtige u spars Eigtümer nicht schlechter gestellt werden soll als derj, der einen ErsPkw mietet (BGH **66**, 278, **86**, 132). Sie wird von allen an der Abwicklg von VerkUnfällen Beteiligten seit mehr als
21 3 Jahrzehnten praktiziert u stellt daher GewohnhR dar. – **bb)** Voraussetzg für die ErsPfl ist ein Eingriff in den **Gegenstand des Gebrauchs** (BGH **55**, 147), gleichgült, ob die ErsPfl auf Delikt od Vertr beruht (BGH **88**, 14). Der Anspr besteht daher bei Beschädigg od Totalschaden des Kfz, aber auch bei verspäteter Rückg (BGH **85**, 15), bei verspäteter Lieferg des Pkws od des KfzBriefes (BGH **88**, 11), bei Vorenthaltg des Kfz-Kennzeichens (Hamm NJW-RR **89**, 56), bei einem SchadErsAnspr aus § 463 (Hamm BB **80**, 962) u bei rechtsw Vorenthaltg des Firmen-Pkw dch den ArbG (BAG NJW **95**, 348, **96**, 1771). Dagg begründet der Nutzgsausfall inf Verletzg des Berecht keinen SchadErsAnspr (BGH **55**, 147, Köln VRS **90**, 321), ebsowenig der dch
22 unberecht Entziehg der Fahrerlaubn (BGH **63**, 205, **65**, 173). – **cc)** AnsprVoraussetzg ist eine **fühlbare Beeinträchtigung.** Erforderl sind daher Nutzgswille u eine hypothet Nutzgsmöglichk (BGH **45**, 219). Hätte der Eigtümer den Pkw wg unfallbedingter Verletzgen nicht nutzen können, besteht kein ErsAnspr (BGH NJW **68**, 1778, Mü VersR **91**, 324), es sei denn, daß die Benutzg dch einen Angehörigen mögl u beabsichtigt war (BGH NJW **74**, 33, **75**, 922). Der Anspr entfällt, wenn der Einsatz eines Zweitwagens mögl u zumutb ist (BGH NJW **76**, 286) od wenn der Geschädigte auf die DchFührg der Reparatur verzichtet (BGH **66**, 239), es sei denn, daß sich der Nutzgswille aus der baldigen Anschaffg eines ErsKfz ergibt (Hamm NJW-RR **95**, 1230). Dagg wird der Anspr nicht dadch berührt, daß ein Dritter vorübergehd unentgeltl seinen Pkw zur Vfg stellt (BGH NJW **70**, 1120, **75**, 256). Der nichtberecht Besitzer hat keinen ErsAnspr, wenn ihm der Eigtümer das Kfz dch verbotene Eigenmacht entzieht (BGH **73**, 362, **79**, 237).

23 **dd)** Die **Höhe des Anspruchs** bemißt die Praxis seit mehr als drei Jahrzehnten nach den Tabellen von Sanden u Danner (zuerst Schlesw VersR **67**, 68), die jetzt von Küppersbusch, Rädel u Splitter herausgegeben werden. Da nicht die fehlgeschlagenen Aufwendgen, sond die entgangenen Gebrauchsvorteile „für die eigenwirtschaftl Verwendgsplang" zu ersetzen sind (BGH GrZS **98**, 212/225), gehen die Autoren mit Recht von den dchschnittl Mietsätzen für Pkw u nicht von den Vorhaltekosten aus. Die Mieten mindern sie um die Gewinnspanne des Vermieters u die bei einer priv Nutzg nicht anfallden Kosten (Verwaltg, Provisionen, erhöhte Abnutzg u VersPrämien). Der danach verbleibde Betrag stellt den Wert der priv KfzNutzg dar. Er liegt bei 35–40 % der übl Miete u **200–400% der Vorhaltekosten.** Der **BGH** hat nach manchem Hin u Her die Tabelle als geeignete SchätzgsGrdl anerkannt (BGH **56**, 217). Da nach seinem Ansatz die Entschädigg den Wert der Vorhaltekosten nur *maßvoll* übersteigen soll (BGH **56**, 221, **98**, 212/226), ist das – bei Über-
23 a schreitgen bis zu 300% – allerdings kaum nachzuvollziehen. – **ee)** Die seit dem **1. 1. 1999** geltde nF der Tabelle, die Entschädiggssätze von 51 DM (Gruppe A) bis 195 DM (Gruppe L) vorsieht, kann wg ihres **Umfangs** (210 S, 15 043 Modelle !!) im Palandt **nicht abgedruckt** werden. Vgl den Textauszug in NJW **99**, 2238 u DAR **99**, 98. Die Tabellen für Pkw (37 DM + MWSt) u für Lkw (71 DM + MWSt) können von EurotaxSchwacke GmbH, Postfach 1162, 63 461 Maintal (Tel 06 181/4050, Fax 405 136) bezogen werden. Die Entschädiggssätze für Pkw gelten nur für Fahrzeuge bis zu einem **Alter von etwa 8 Jahren,** fr 5 Jahren (Ffm VersR **85**, 248, Schlesw NJW-RR **86**, 776, Karlsr VersR **89**, 58, Hamm DAR **94**, 26, **96**, 400, aA Karlsr DAR **89**, 67, KG VRS **86**, 28). Bei einem Alter bis zu 12 Jahren ist der Satz der nächst niedrigeren Gruppe maßgebd, bei noch älteren Pkw ist auf die Vorhaltekosten abzustellen (s BGH NJW **88**, 484, Karlsr MDR **98**, 1285). Fr Tabellen zur Nutzgsentschädigg NJW **87**, 3167, **91**, 810, **94**, 1111, **95**, Beil z Heft 22, DAR **96**,
23 b 254, NJW **97**, 700, NJW **98**, 2106. – **ff)** Im **Arbeitsrecht** bemißt sich die Nutzungsausfallentschädigg für entzogene od vorenthaltene Dienstwagen nicht nach der Tabelle von Küppersbusch ua, sond nach der steuerl Bewertg der Nutzgsmöglk (BAG BB **99**, 1660: DM 5093 statt DM 28 560). Für die **zeitliche Abgrenzung**
24 der ErsPfl gelten die gleichen Grds wie bei Mietwagenkosten (§ 249 Rn 15). – **gg) Behörden- und Nutzfahrzeuge.** Für entgangene Gebrauchsvorteile von Beh- u Nutzfahrzeugen besteht nach der auf den Schutz der *privaten* Eigennutzg abstellden Abgrenzg des GrZS (BGH **98**, 212/218) keine SchadErsPfl (Staud/Schie-

mann § 251 Rn 81). And die ältere Rspr, zT aber auch neuere Entsch der InstanzGer. Bejaht worden ist die ErsPfl für Krankenwagen der Bundeswehr (BGH NJW **85**, 2471), Müllwagen (KG MDR **72**, 50), Polizei- u BehördenKfz (Oldbg DAR **83**, 358, Mü NZV **90**, 348); mit Recht verneint dagg bei Vorführwagen (Düss NZV **94**, 317). Beim Ausfall eines gewerbl genutzten Kfz bemißt sich der Schaden idR nach dem entgangenen Gewinn, § 252 (Düss VersR **95**, 1321, Schlesw VersR **96**, 866, Köln VersR **97**, 506), den Vorhaltekosten eines Reservefahrzeugs (Rn 43) od der Miete eines ErsFahrzeugs (§ 249 Rn 17). Hat sich der Ausfall wg besonderer Anstrenggen des Geschädigten od der Eigenart seines Betr weder gewinnmindernd noch kostensteigernd ausgewirkt, soll der Geschädigte Nutzgsentschädigg verlangen können (BGH **70**, 203, NJW **85**, 2471, Köln VRS **89**, 97, aA Ffm VersR **79**, 745, Stgt VersR **81**, 361). Das ist jedoch mit dem Grds des GrZS (BGH **98**, 219) unvereinb: Die erwerbswirtschaftl Sachnutzg fällt in den Anwendgsbereich des § 252; eine Korrektur der Differenzhypothese läßt sich insoweit nicht rechtfertigen (Düss EWiR **94**, 845). Bei **gemischt genutzten** Kfz ist der Anteil der privaten Nutzg, soweit erforderl, gem ZPO 287 zu schätzen (Ffm VersR **87**, 205, Hamm NJW-RR **89**, 1194, LG Mü DAR **89**, 423). SchätzgsGrdl kann die steuerl Aufteilg sein (Ffm NJW **85**, 2956), sie ist aber für die schadensersatzrechtl Beurteilg nicht bindd (KG VersR **92**, 327).

c) Gebrauchsvorteile anderer Sachen. Die Rspr hat den Verlust von Gebrauchsvorteilen and Sachen 25
zunächst in Anlehng an die Rspr zu Kfz-Schäden allg als einen ersatzfähigen Schaden anerkannt, so etwa bei Häusern (BGH NJW **67**, 1803, KG NJW **67**, 1233), Schwimmhallen (Köln NJW **74**, 560), Flugzeugen (Karlsr MDR **83**, 575) u Segeljachten (LG Kiel SchlHA **73**, 34). Bald darauf hat die Rspr die ErsPfl für entgangene Gebrauchsvorteile überwiegend **verneint:** so bei Vorenthaltg eines Pelzmantels (BGH **63**, 393), verspäteter Herstellg eines Hauses od einer EigtWo (BGH **66**, 280, **71**, 236), Beschädigg eines Hauses (BGH **75**, 370), Nichtbenutzbark einer Schwimmhalle (BGH **76**, 184), Vorenthaltg eines Wohnwagens (BGH **86**, 130), Beschädigg oder unbefugte Benutzg eines Motorbootes (BGH **89**, 62, BVerwG DVBl **84**, 1224). Weitere Nachw s 58. Aufl. Dieses fast schon chaotische Bild der Rspr hat der 5. ZS (NJW **86**, 2037) mit Recht zum Anlaß genommen, den GrZS anzurufen. Dieser hat sich, erkennb in dem Bestreben möglichst alle Ergebn der BGH- Rspr zu halten, für eine **mittlere Lösung** entschieden (BGH **98**, 212). Bei Sachen, auf deren ständige Verfügbark der Berecht für die eigenwirtschaftl Lebenshaltg typw angewiesen ist, begründet der (delikt) Eingriff in den Ggst des Gebrauchs einen ersfähigen Vermögensschaden. Diese aus den Wertgen der §§ 249 ff nicht ableitb, aber nicht unvertretb **offene Rechtsfortbildung** bedeutet im einzelnen: –
aa) Geschützt werden **Lebensgüter,** deren ständ Verfügbark für die eigenwirtschaftl Lebenshaltg von zentraler Bedeutg ist (BGH **98**, 222). Dieser Begriff ist eng auszulegen (s BGH **117**, 262). Unter ihn fallen die Wo (BGH **98**, 222), nicht aber WoTeile von eher marginaler Bedeutg, wie die nur gelegentl von Besuchern genutzte EinliegerWo (BGH **117**, 262), der Hobbyraum (Düss BauR **92**, 96) od die Terrasse (aA BayObLG **87**, 53); bei kurzfrist, dch Umdispositionen im wesentl auffangb Beeinträchtiggen besteht kein Anspr (BGH NJW **93**, 1794). Geschützt sind das Kfz (Rn 20), das als Transportmittel eingesetzte Wohnmobil (Hamm VersR **90**, 864), das Motorrad (Saarbr NZV **90**, 312), nicht das von einem Liebhaber gehaltene Oldtimer-Krad (Düss NJW-RR **93**, 36), wohl aber das Fahrrad (KG NJW-RR **93**, 1438), der Elektrorollstuhl (LG Hildesheim NJW-RR **91**, 798) u der Blindenhund (AG Marbg NJW-RR **89**, 931). Bei EinrichtgsGgst kommt es darauf an, ob ihre ständ Verfügbark für die Lebensführg von zentraler Bedeutg ist. Das trifft zu auf die Kücheneinrichtg (LG Tübingen NJW **89**, 1613, LG Kiel NJW-RR **96**, 559, LG Osnabrück NJW-RR **99**, 349, s aber Rn 28), idR aber nicht auf Fernseher (aA AG Ffm NJW **93**, 137), Waschmaschine u Kühlschrank. Nicht geschützt sind Ggst, die nicht zum notw Lebensbedarf gehören, wie das private Schwimmbad (BGH **76**, 187), der Pelzmantel (BGH **63**, 393), Möglichk der Jagdausübg (BGH **112**, 398), Laptop (AG Ulm NJW-RR **97**, 556), das Privatflugzeug (Oldenbg NJW-RR **93**, 1437, krit Klaas VersR **99**, 799), das Motorboot (BGH **89**, 64), das Reitpferd (LG Augsburg ZfS **88**, 42) u das Dressurpferd (LG Karlsr NJW-RR **97**, 468). In den Schutz einzubeziehen sind dagg: die FerienWo (s BGH **101**, 334, Fall eines vertragl GebrauchsR), dann aber auch der WoWagen (aA BGH **86**, 133), dagg nicht die Garage (BGH NJW **93**, 1794, aA BGH **96**, 124). 26

bb) Vertragliche Gebrauchsmöglichkeiten sind, soweit sie Lebensgüter des notw Bedarfs betreffen, 27
ebso geschützt wie die Gebrauchsmöglichk des Eigtümers (BGH **101**, 330). Da der obligator Berecht die Nutzg nicht nachholen kann, gibt es gute Grde, ihm auch außerh der Grenzen von Rn 26 Nutzgsentschädigg zuzusprechen (BGH **76**, 184, **101**, 332, Ffm NJW-RR **98**, 415, Zeuner JZ **88**, 200). Zweifelhaft ist jedoch, inwieweit vertragl Gebrauchsmöglichk dch § 823 I geschützt w (s Hamm NZV **98**, 158, § 823 Rn 13). –
cc) Voraussetzg ist ein Eingriff in den **Gegenstand des Gebrauchs.** Die Ausführgen zu Rn 21 gelten entspr. 28
Eine vorübergehde Beeinträchtigg des Gebrauchs genügt nicht (Köln NJW-RR **92**, 527); auch wenn die Wo nicht bezogen w, weil die erwarteten Steuervorteile nicht erreicht w, besteht kein ErsAnspr (BGH NJW **94**, 442). Werden Ggstde für die Herstellg eines Badezimmers od einer Küche nicht rechtzeit geliefert, kann der Geschädigte gleichf keine NutzgsEntsch verlangen (LG Stgt NJW **89**, 2823, LG Kassel NJW-RR **91**, 790). Gleichgült ist, ob die ErsPfl auf Delikt (so BGH GrZS **98**, 212) od Vertr beruht (BGH **88**, 14, **101**, 330, **117**, 262). Die Störg muß die eigenwirtschaftl Nutzg betreffen. Wird eine geplante Vermietg vereitelt, gilt allein § 252 (BGH NJW **87**, 772). – **dd)** AnsprVoraussetzg ist weiter eine **fühlbare Beeinträchtigung** (Rn 22). 29
Unerhebl od kurzfrist Störgen, die dch zumutb Umdispositionen aufgefangen od wesentl gemildert werden können, begründen keine ErsPfl (BGH **98**, 224). – **ee) Höhe des Anspruchs.** Entscheidd ist, welchen Wert 30
der Verkehr dem Eigengebrauch beimißt (BGH **98**, 225). IdR wird auf die zeitanteil Vorhaltekosten, vermehrt um einen maßvollen Aufschlag, abzustellen sein (BGH aaO). Auch die übl Miete kann als Ausgangspunkt der Schadensbemessg genommen w, muß aber um die Gewinnspanne des Vermieters u die bei priv Nutzg nicht anfalldn Kosten gemindert w (BGH aaO, unricht LG Köln NJW-RR **92**, 76). Ist die Nutzgsausfallentschädigg höher als die Miete der ErsSache, kann der Geschädigte die Differenz zusätzl verlangen (Kblz NJW **89**, 1808). Ist der WoMieter nach dem von seinem RA verschuldeten Verlust der Wo in ein Hotelzimmer gezogen u sind die Hotelkosten höher als die Miete, besteht dagg auch dann kein zusätzl ErsAnspr, wenn die Hotelunterbringg weniger komfortabel war als die in der Wo (Hamm NJW-RR **93**, 1181). – **ff) Würdigung** 31
(Honsell/Harrer JuS **91**, 447, Schulze NJW **97**, 3337). Die Erwäggen, mit denen der GrZS für die dch § 252

nicht geschützte eigenwirtschaftl Sachnutzg die Abweichg von der Differenzhypothese rechtf, sind plausibel. Dagg ist die Beschränkg auf Lebensgüter von zentraler Bedeutg problemat (Medicus NJW **89**, 1892). Sie führt zu Abgrenzgsschwierigk u einer dem Ges unbekannten Unterscheidg zw notw Güter u sonst Ggst („Luxusgütern").

32 **d) Fehlgeschlagene Aufwendungen. – aa)** Soweit für enttäuschtes **Vertrauen** gehaftet w, umfaßt der zu ersetzde Schaden auch die Aufwendgen, die inf des schädigden Ereign nutzlos geworden sind (Rn 17). Entspr gilt, wenn der Geschädigte im Vertrauen auf einen rechtsw begünstigden VerwAkt Aufwendgen gemacht hat (BGH **LM** § 839 (Ca) Nr 101, AKW Kärlich) od wenn der Schädiger dem Geschädigten wg einer pVV (falsche Aufkl od Beratg) die dch den VertrSchl mit einem Dr entstandenen Nachteile ersetzen muß (Hamm NJW-RR **96**, 736). Beim SchadErsAnspr wg NichtErf kann der Gläub als Mindestschaden die Leistgen u Aufwendgen ersetzt verlangen, die er im Hinbl auf den Vertr gemacht hat (BGH **57**, 80, § 325 Rn 15); der SchadErsAnspr des Mieters wg NichtErf umfaßt daher auch die von ihm vergebl aufgewendeten Maklerkosten (LG Köln NJW-RR **93**, 524). Dabei handelt es sich aber ledigl um eine widerlegl Rentabilitätsvermutg (BGH **71**, 238, **99**, 197, NJW **93**, 2527), also eine BewErleichterg, nicht eine Erweiterg des Schadensbegriffs. –
33 **bb)** Die **Frustrationstheorie** erhebt die für den Vertrauensschaden entwickelten Grds zu einem allg RPrinzip. Aufwendgen des Geschädigten sollen unabhäng von dem maßgebden HaftgsGrd einen Schaden darstellen, soweit sie inf des schädigden Ereign fehlschlagen (Esser-Schmidt § 31 III). Die Anhänger dieser Theorie berufen sich auf den ökonomischen Vermögensbegriff u meinen, der Frustrationsgedanke ermögliche eine sachgerechte Grenzziehg zw Vermögens- u Nichtvermögensschäden. Das trifft jedoch nicht zu. Die Frustrationsthese wird mit Recht von der Rspr (BGH **55**, 151, **71**, 234, **99**, 196, **114**, 196, NJW **91**, 2708) u der hL abgelehnt (s Staud/Schiemann § 249 Rn 125, MüKo/Grunsky Rn 12 d, Lange § 6 IV, Larenz § 29 II c). Die ErsPfl kann nicht auf Schäden erstreckt w, die auch bei einem pflgem Verhalten des Schu entstanden wären (BGH **99**, 197). Die Frustrationstheorie bejaht einen ErsAnspr wg entgangener Gebrauchsvorteile auch dann, wenn nicht in den Ggst des Gebrauchs eingegriffen worden ist, u höhlt deshalb den § 253 noch wesentl weitergehd aus als die Kommerzialisiergsthese (Rn 10). Im Ergebn macht sie ohne Anhalt im Ges bloße Handlgsmöglichk u Gebrauchsaussichten zu einem zu ersetzden Schaden. Die praktischen Konsequenzen der Frustrationslehre sind wenig einleuchtd: Der Verletzte könnte während seines Krankenhausaufenthaltes die frustrierte Miete seiner Wohng mit allen Nebenkosten bis hin zur Fernsehgebühr ersetzt verlangen. Bei einem aufwendigen Lebensstil (Düsenjet, Butler, mehrere Villen) ergeben sich fast schon groteske Schadenspositio-
34 nen. – **cc)** Die Rspr hat die ErsPfl daher in folgden Fällen mit Recht **verneint:** frustrierte Pachtzahlgen eines unfallverletzten Jagdpächters (BGH **55**, 151); inf unberecht Entziehg der Fahrerlaubn fehlgeschlagene Pkw-Aufwendgen (BGH **65**, 174); frustrierte Aufwendgen für einen Rennwagen, der wg Verletzg des Eigtümers zweimal nicht eingesetzt w konnte (Hamm NJW **98**, 2292); frustrierte Trainingskosten für ein Rennpferd (Hamm NJW-RR **98**, 957); wg verspäteter Lieferg der EigtWo fehlgeschlagene Zinsen u Kosten (BGH **71**, 234; BGH NJW-RR **90**, 980 beruht auf der Rentabilitätsvermutg – Rn 32 – u weicht nur scheinb ab); zu ideellen Zwecken (polit Veranstaltg) gemachte u inf NichtErf des MietVertr nutzlos gewordene Aufwendgen (BGH **99**, 196; aA E. Schmidt FS Gernhuber, 1993, 423, Müller/Laube JZ **95**, 538); frustrierte Aufwendgen für eine Hochzeitsfeier (Saarbr NJW **98**, 2912); nutzlos gewordener Erschließgsaufwand des Pächters (BGH NJW **79**, 2035); vom Vermieter vorgenommene, wg vorzeit Beendigg des MietVertr zT nutzlos gewordene Verbessergen (Düss NJW-RR **88**, 652); dch eine Betriebsstörg frustrierter Lohnaufwand (BGH NJW **77**, 2266); Aufwendgen eines Architekten zur Teilnahme an einem Wettbew, von dem er rechtsw ausgeschl worden ist (BGH NJW **83**, 443), frustrierte Aufwendgen für die Ausarbeitg eines VertrAngebots
35 (Köln MDR **92**, 229). – **dd) Ausnahmen.** Die ErsPfl für frustrierte Aufwendgen kann sich ausnweise in einer VertrBeziehg aus dem Schutzzweck des Vertrages ergeben, so etwa im Rahmen eines ReiseVertr (Rn 39).

36 **e)** Muß der Geschädigte wg des schädigden Ereign einen Theaterbesuch ausfallen lassen, steht ihm ein ErsAnspr in Höhe des Wertes der Theaterkarte zu. Entspr gilt, wenn der Geschädigte eine and geldwerte **Genußmöglichkeit** (Konzert, Klavierstunde, Teiln an einer Kreuzfahrt, Mü NJW-RR **86**, 964) endgült nicht wahrnehmen kann (Staud/Schiemann § 251 Rn 18, Lange § 6 III). Der Ers des Marktwertes ist desh gerechtf, weil Nutzgs- u Substanzwert hier nicht nebeneinand bestehen, sond die Vereitelg der Nutzg zugl den Substanzwert vernichtet. Ein Schaden ergibt sich aber auch bei Anwendg der Differenzhypothese: Das schädigde Ereign entwertet den Anspr auf die Genußmöglichk u vermindert entspr den Wert des Vermögens.

37 **f)** Die **Arbeitskraft** u die Erwerbsfähigk sind Eigensch der Pers u keine vermögenswerten Güter (Lange § 6 XIII 1). Der bloße Ausfall der ArbKraft begründet daher keinen Vermögensschaden (BGH **54**, 50, **69**, 36, NJW-RR **92**, 852), ebsowenig die abstr Minderg der Erwerbsfähigk (BGH **38**, 58, NJW **95**, 1023). Erforderl ist vielmehr ein konkreter Verdienst – od Gewinnentgang (s aber § 252 Rn 16). Fällt die Arbkraft eines unentgeltl tät Ordensbruders od einer ehrenamtl Tätigen inf einer Verletzg aus, besteht daher grdsl kein SchadErsAnspr (Celle NJW **88**, 2618, aA Karlsr NJW-RR **96**, 1239, Pardey NJW **97**, 2094, Staud/Schiemann § 252 Rn 54). Erbringt der Geschädigte zur SchadBeseitigg **eigene Arbeitsleistungen,** ist deren Wert zu ersetzen, soweit sie nach der VerkAnschauung einen Marktwert haben (BGH **131**, 220). Das gilt ebso, wenn der Geschädigte eig ArbN zur SchadBeseitigg einsetzt (BGH **131**, 225, BAG JZ **71**, 380). Hat ein Vorgesetzter pflichtw die Dienste eines Soldaten in Anspr genommen, ist er schadensersatzpflicht (BVerwG NVwZ **90**, 1171), nicht aber, wenn er den Untergebenen rechtsw unentgeltl für eine Gemeinde hat arbeiten lassen (BVerwG NJW **79**, 885). Besteht für die erlaubte InAnsprNahme eine Vergütgsregelg, ist das Entgelt auch bei einem pflichtw Einsatz für priv Zwecke zu zahlen (BVerwG ZBR **87**, 344).

38 **g)** Die prakt mit jedem Schadensfall verbundene Einbuße an **Freizeit** stellt keinen Vermögensschaden dar (BGH **69**, 36, **106**, 32, BVerwG DVBl **91**, 1196, aA Schwarz/Ernst NJW **97**, 2553). Das gilt auch für die Zeit, die der Geschädigte zur **Abwicklung des Schadensfalles** aufwendet (BGH **66**, 112). Sogar wenn der Geschädigte hierfür besonderes Personal anstellt od einen RA beauftragt, besteht keine ErsPfl (BGH **66**, 112, **75**, 231, **127**, 350, NJW **96**, 922, s aber § 249 Rn 21). Anders liegt es, wenn der Geschädigte dch **überpflichtmäßige** gem § 254 nicht gebotene **Anstrengungen** den Eintritt nachteiliger Folgen verhindert hat.

Hier ist bei der Beurteilg wertd auf die Güterlage abzustellen, die ohne die Maßn des Geschädigten bestanden hätte (BAG NJW **68**, 222, BGH **55**, 329, Rn 126).

h) Urlaub. – aa) Im **Reisevertragsrecht** kann der Reisde nach § 651 f II wg nutzlos aufgewandter UrlTage eine angem Entschädigg in Geld verlangen. Der Anspr hat nichtvermögensrechtl Charakter (§ 651 f Rn 5) u steht auch Nichterwerbstätigen zu. Die fr BGH-Rspr (BGH **66**, 98, **77**, 124), die in Anwendg der Kommerzialisiergsthese vertanen Url bei Erwerbstätigen als Vermögenschaden angesehen hat, ist überholt. Zur Frage, inwieweit § 651 f II auf Vertr über einz Reiseleistgen analog angewandt w kann s § 651 f Rn 1. – 39
bb) Im **Vertragsrecht** außerh des Anwendgsbereichs des § 651 f, im **Deliktsrecht** u im Recht der Gefährdgshaftg kann vertane UrlZeit nur als Folgeschaden auftreten, verursacht etwa dch eine Körperverletzg, dch die Beschädigg od nicht ordngsmäß Reparatur eines Kfz, dch den Verzug mit einer Geldzahlg. Die Rspr hat in einigen Fällen derart Beeinträchtiggen des Url als Vermögensschaden anerkannt; vgl Brem VersR **69**, 929 (VerkUnfall), KG NJW **70**, 474 (Hundebiß), Hamm VersR **78**, 1147 (Fußverletzg). Diese Rspr ist aber überholt (BGH **86**, 213, VersR **92**, 504, LG Bln NJW-RR **88**, 203, **90**, 636). Um einen Vermögensschaden zu bejahen, reicht es nicht aus, daß Urlaub nach heutiger Auffassg kommerzialisiert ist (Rn 11). Außerdem ergibt § 651 f II, daß das Ges nutzlos aufgewendete UrlZeit in den nichtvermögensrechtl Bereich verweist. Auch der Anspr aus StrEG 7 umfaßt keine Entschädigg für vertanen Urlaub (Köln NJW-RR **94**, 920). Denkb ist die Zubilligg von SchadErs nur dann, wenn der Schutzzweck der verletzten Pfl dies rechtfertigt, so wenn die Vermittlg von Urlaubsfreude VertrZweck ist (BGH NJW **56**, 1235, „Seereisefall"). Wird der Urlaub dch eine Körperverletzg beeinträchtigt, kann dies bei der Bemessg des SchmerzG berücksichtigt werden. Holt der Geschädigte den frustrierten Url nach, kann er seinen zusätzl finanziellen Aufwand schon nach der Differenzhypothese (Rn 8) ersetzt verlangen. 40

i) Verdienstausfallschaden. Der ArbN, Beamte od Gesellschter, der dch ein zum SchadErs verpflichtdes Ereign erwerbsunf wird, erleidet auch dann einen Schaden in Höhe seines Gehalts, wenn ihm dieses weitergezahlt w od er im Rahmen des Systems kollektiver Sicherg Leistgen mit LohnErsFunktion erhält (BGH **7**, 30, **21**, 112, **90**, 338). Die gewährten Leistgen sind beim Vergl der Güterlagen nicht zu berücksichtigen, da sie nach ihrem Zweck dem Geschädigten zugute kommen, aber nicht den Schädiger entlasten sollen (näher Rn 134–136). Die Differenzrechng ist daher normativ zu korrigieren (Rn 13). 41

k) Der Eheg od Elternteil, der inf einer Verletzg die ihm als UnterhBeitrag obliegde **Hausarbeit nicht leisten** kann, hat auch dann einen SchadErsAnspr in Höhe der Kosten einer ErsKraft, wenn eine solche nicht angestellt w (BGH **38**, 59, GrZS **50**, 305). Das ist als Ergebn der Lehre vom **normativen Schaden** (Rn 13) allg anerkannt (Lange § 6 IX 6), gilt aber nicht für den Partner einer nichtehel LebensGemeinsch (Raiser NJW **94**, 2672, aA LG Zweibr NJW **93**, 3207). Der Anspr besteht auch dann, wenn der Eheg neben der Hausarbeit einer Berufstätigk nachgeht (Ffm VersR **80**, 1122). Er kann auch bei einer MdE von nur 20% gegeben sein (Ffm VersR **80**, 1122), ist aber bei einer MdE von 10% wg der bestehden Kompensationsmöglichk ausgeschl (Oldenbg VersR **93**, 1491). Zur Höhe des ErsAnspr vgl § 843 Rn 8. 42

l) Vorsorgeaufwendungen. – aa) Ein Schaden im RSinne ist auch dann zu bejahen, wenn der Geschädigte zum Ausgl mögl Schäden **Vorsorgemaßnahmen** getroffen hat (BGH **32**, 284, krit Lange § 6 VIII 4). Die Schadensvorsorge entlastet den Schädiger nicht; er hat vielmehr die Vorsorgeaufwendgen bis zur Höhe des Schadens zu ersetzen, der ohne die Vorsorgemaßn entstanden wäre. Vgl RG **74**, 365 (Vorsorge für das Heben gesunkener Schiffe), BGH **32**, 284, **70**, 201 (Haltg von Reservefahrzeugen). Voraussetzg ist jedoch, daß die Reservehaltg mit Rücks auf fremdverschuldete Ausfälle meßbar erhöht ist (BGH **70**, 201). Die Schadenshöhe ist gem ZPO 287 nach den betriebswirtschaftl Kosten der Reservehaltg zu schätzen (BGH VersR **78**, 812, Brem VersR **81**, 861, AG Bonn NZV **98**, 118, Danner/Echtler VersR **90**, 1066). Wenn der Geschädigte Ers der Vorhaltekosten beansprucht, entfällt der EntschädiggsAnspr wg entgangener Gebrauchsvorteile (BGH **70**, 203, Rn 24). Eine Rückrufaktion ist als Maßn der Schadensvorsorge gerechtfertigt, wenn sie der Abwendg einer nahe bevorstehden od typw zu erwartden Gefahr von Sach- od PersSchäden dient (s Düss NJW-RR **97**, 1344). – 43
bb) Kosten von Überwachungs- und Sicherungsmaßnahmen sind kein zu ersetzder Schaden (Lange § 6 VIII 3, Staud/Schiemann § 249 Rn 115 ff). Das gilt für Vorbeugemaßn gg **Ladendiebstähle** (BGH **75**, 237), für Detekteikosten zur Aufkl (Verhinderg) von Parkverstößen (LG Mü DAR **88**, 383), aber auch für Vorsorgemaßn nach einem Störfall in einem benachbarten Chemiewerk (BGH NJW **92**, 1043). Da die Mühewaltg bei der Feststellg u Abwicklg eines Schadens zum eig Pfltenkreis des Geschädigten gehört, besteht auch kein Anspr auf Ers von Bearbeitgskosten (BGH **75**, 234, aA MüKo/Grunsky Rn 76 b). Dagg sind **Fangprämien** zu ersetzen, soweit sie in einem angem Verhältn zum Wert der gestohlenen Sache stehen (BGH **75**, 238, Deutsch JZ **80**, 102, aA MüKo/Grunsky Rn 76 a mwNw). Die Obergrenze bildet der Wert der gestohlenen Sache (aA BGH **75**, 240, der Prämien bis zu 50 DM auch bei geringwert Sachen für ersatzfäh hält). Bei wertvollen Sachen muß die Prämie deutl geringer sein als der Warenwert. Sie darf idR 500 DM nicht überschreiten (LG Bln DB **84**, 1029). – 44
cc) Bei **Verletzung musikalischer Urheberrechte** billigt die Rspr der Gema einen Anspr auf Ers von Kosten der Kontrollorganisation zu (BGH **17**, 383, **59**, 286: 100% Zuschlag auf den Normaltarif). Diese Rspr, die der besonderen Verletzlichk musikal UrhR Rechng trägt, hat inzw wohl den Rang von GewohnhR (Lange § 6 VIII 2). Sie kann keinesf auf and Fallgruppen übertragen w. 45

m) Ein ersatzfäh Vermögensschaden kann auch in der **Belastung mit einer Verbindlichkeit** bestehen. Ein Schaden ist auch dann gegeben, wenn der Belastete weder Vermögen noch Einkommen hat (BGH **59**, 148, **66**, 4, NJW **86**, 582, aA RG **147**, 280). Der Belastete hat gem § 249 S 1 einen FreihaltgsAnspr, der jedoch gem § 250 in einen GeldAnspr übergehen kann (dort Rn 2). Er kann aber nicht einerseits das Bestehen der Verbindlichk bestreiten u ands Freihaltg verlangen (BGH VersR **93**, 446). Auch die Abtr an den Gläub bewirkt die Umwandlg in einen GeldAnspr (BGH **71**, 170), ebso die KonkEröffng über das Vermögen des Belasteten (BGH **57**, 83, ZIP **81**, 131). Wird die Leasingsache zerstört, stellen die weiterzuentrichtden Raten keinen Haftgsschaden dar, da sie auf jeden Fall zu zahlen waren (BGH NJW **92**, 553); der ErsAnspr des LeasN bemißt sich nach § 251 Rn 15. 46

47 **n)** Die **Unterhaltspflicht gegenüber einem ungewollten Kind** ist nach der Differenzhypothese (Rn 8) ein Schaden im RSinne (RG **108**, 86, BGH **124**, 136). Wertgsgesichtspkte stehen dieser Beurteilg nicht entgg (BVerfG 1. Senat NJW **98**, 519, BGH aaO, Losch/Radau NJW **99**, 821, aA Stürner JZ **98**, 317, Laufs NJW **98**, 796, Weber VersR **99**, 389). Die vom BVerfG, 2. Senat (NJW **93**, 1751) vertretene Ansicht, das GG verbiete es, die UnterhPfl für ein Kind als Schaden anzusehen, überzeugt nicht (BVerfG 1. Senat, NJW **98**, 519, BGH **124**, 136) u hat als *obiter dictum* nicht die Bindgswirkg des BVerfGG 31 (BVerfG 1. Senat aaO, aA BVerfG 2. Senat NJW **98**,519/523). Der Schaden besteht nicht in der Existenz des Kindes, sond in der dch die planw Geburt des Kindes begründeten UnterhPfl; die Zubilligg eines SchadErsAnspr wirkt sich auf die Persönlichk u die Existenz des Kindes auch offensichtl nicht negativ aus. Ausgeschlossen ist eine ErsPfl aber, wenn ein SchwangerschAbbruch scheitert, für den keine medizinische, embryopathische od kriminologische
48 Indikation vorlag (Rn 48 a). **(1)** Grdl der SchadErsPfl ist der jeweils abgeschlossene **Vertrag**. Nach Ansicht des BGH hat die Mutter daneben auch einen Anspr aus § 823, weil die ungewollte Schwangersch u die Geburt eines ungewollten Kindes eine Körperverletzg iSd § 823 I sein soll (BGH NJW **80**, 1453, aA Köln VersR **97**, 1006). Der Vertr ist auch dann wirks, wenn eine rechtsw, aber nicht strafb Abtreibg dchgeführt werden soll (BVerfG NJW **93**, 1763). In den Schutzbereich des Vertr ist der Eheg miteinbezogen (BGH **76**,
48 a 262, NJW **81**, 631), wohl auch der Partner einer nichtehel LebensGemeinsch. **(2)** Nach stRspr des BGH, die vom 1. Senat des BVerfG (NJW **98**, 519) ausdrückl gebilligt worden ist, **besteht** eine **Ersatzpflicht** bei fehlerh genet Beratg (BGH NJW **94**, 788, **97**, 1635, 1638), mißlungener Sterilisation (BGH NJW **95**, 2409), Versagen des Verhütgsmittels (LG Itzehoe FamRZ **69**, 90) u bei verhindertem od fehlgeschlagenem SchwangerschAbbruch aus embryopathischer od kriminologischer Indikation (BGH **124**, 137, Naumbg MDR **98**, 1479). Bei Fehlschlagen einer medizinisch indizierten Sterilisation ist UnterhSchaden nur zu ersetzen, wenn
48 b er vom Schutzzweck des Vertr miterfaßt w (Zweibr NJW-RR **97**, 666). **(3) Ausgeschlossen** ist die **Ersatzpflicht,** wenn ein SchwangerschAbbruch scheitert, für den keine medizinische, embryopathische od kriminologische Indikation vorlag (s BGH **129**, 182). Auch wenn der SchwangerschAbbruch den vom BVerfG entwickelten Erfordern entspricht, bleibt er rechtsw, nur die Strafbark entfällt (BVerfG NJW **93**, 1751). Führt eine rechtsw Handlg nicht zu dem gewünschten Erfolg, so begründet das aber keine SchadErsPfl (s BGH aaO). Aus dem Fehlschlagen eines SchwangerschAbbruchs, der gem § 218 a aF wg einer Notlagenindikation versucht worden ist, kann nur dann ein SchadErsAnspr hergeleitet w, wenn nachgewiesen w, daß für die Schwangere eine mit der medizinischen od embryopathischen Indikation vergleichb Konfliktlage bestand
48 c (BGH aaO). **(4)** Die **Höhe** des Anspr wird vom BGH auf den einem dchschnittl Lebenszuschnitt entspr Unterh begrenzt (BGH **76**, 265). Maßgebd sind die RegelunterhSätze. Da neben dem BarUnterh auch der BetreuungsUnterh zu ersetzen ist, sind die doppelten Regelsätze, vermindert um das Kindergeld, zu zahlen (BGH **76**, 265, NJW **97**, 1638, 1640). Die ErsPfl erstreckt sich nicht auf den Verdienstausfall der Eltern, wenn diese wg der Kinderbetreuung nicht mehr erwerbstät sein können (BGH NJW **81**, 630, **97**, 1638) u auch nicht auf die Kosten der Beerdigg des Kindes, die dch einen SchwangerschAbbruch vermieden worden wären (Düss NJW **95**, 3059). Kommt es wg eines ärztl Verschuldens zur Geburt eines behinderten Kindes, erstreckt sich die ErsPfl auf den vollen UnterhBedarf (BGH **89**, 104, **124**, 136, zur Berechng des dch die Behinderg bedingten Betreuungsaufwands s Derleder in FS Heinrichs, 1998, 141). Gleiches gilt für die Adoptionsvermittlgsstelle, die in Verletzg von AufklPflten die Adoption eines geistig behinderten Kindes vermittelt hat (Hamm VersR **94**, 677), ferner allg für den RA, der die EhelichkAnfFr versäumt hat (BGH **72**, 299). **(5)** Die Verweigerg der Adoption begründet kein **Mitverschulden** (BGH **76**, 257). Die ErsPfl soll aber entfallen, wenn das Kind wg einer veränderten Einstellg seiner Eltern zu einem Wunschkind w (BGH **76**, 256, NJW **84**, 2626, **85**, 671, krit Stürner FamRZ **85**, 759). Gg den Ehebrecher besteht dagg auch nach erfolgreicher Anf nur der Anspr aus § 1607 III (§ 823 Rn 18). Zur Frage, ob dem mit schweren Mißbildgen geborenen Kind ein eig SchadErsAnspr zusteht, s Rn 89.

49 **o)** Ausnweise kann auch der Grds von **Treu und Glauben** normative Korrekturen rechtfertigen. Besteht der Schaden darin, daß ein VermögensGgst statt dem Geschädigten einem Angeh zugeflossen ist, kann § 242 die ErsPfl beschränken (BGH NJW **79**, 2033, krit Zimmermann FamRZ **80**, 99).

50 **4) Schadensberechnung. – a) Konkrete Schadensberechnung.** Der Schaden ist grdsl konkret zu berechnen. Maßgebd ist die tatsächl eingetretene Vermögensminderg **(damnum emergens)** u die ausbleibde Vermögensmehrg **(lucrum cessans).** Zu ersetzen ist das volle wirtschaftl Interesse des Geschädigten. **Affektionsinteressen,** dh persönl Erinnerungs- od Gefühlswerte, sind nicht zu berücksichtigen (§ 251 Rn 11). Bei Sachen mit einem Sammler- od Liebhaberwert besteht dagg ein GeldErsAnspr, sofern sich ein Marktpreis
51 gebildet hat (§ 251 aaO). – **b) Abstrakte Schadensberechnung.** Sie ist gem § 252 S 2 für entgangenen Gewinn zuläss. Sie stellt auf den gewöhnl Verlauf der Dinge u den typ Dchschnittsgewinn ab (§ 252 Rn 7). Systemat handelt es sich um eine **Beweiserleichterung.** Der GgBeweis, es sei kein od ein geringerer Schaden
52 entstanden, ist mögl. – **c) Abstrakt-normative Schadensberechnung.** Hier geht es um die Fälle, in denen das Ges unabhäng von dem konkret eingetretenen Schaden einen nach einem dchschnittl Maßstab ermittelten Betrag verbindl, ohne Möglichk eines GgBeweises, als Schaden od Mindestschaden festlegt. Bsp sind HGB § 376 II (Fixkauf), § 288 (Verzugszinsen) u § 849 (ZinsPfl des DeliktSchu). Bei der Verletzg von **Urheberrechten** u ähnl AusschließlkR kann der Verletzte wählen zw dem Anspr auf Herausg des Gewinns (UrhG 97 I 2, PatG 139 II 2, GeschmG 14 a I, GebrMG 15 II 2) u dem SchadErsAnspr. Den Schaden kann er konkret, aber auch normativ-abstrakt nach der angem Lizenzgebühr berechnen (BGH **20**, 345, **44**, 372, **119**, 20, Einzelh § 687 Rn 6). Diese dreifache Methode der Schadensberechng gilt auch für die Verletzg von Namens- u FirmenR (BGH **60**, 208), bei wettbewerbsw Nachahmg (BGH **122**, 266) u ähnl WettbewVerstößen (§ 687 Rn 6), nicht aber bei Verletzg des PerslkR dch Presseveröffentlichgen (BGH NJW **94**, 1953). Bei Vorenthaltg eines Patents muß der Verletzte dagg gem § 252 S 2 die Wahrscheinlichk eines Gewinns dartun (BGH **LM**
53 § 252 Nr 29). – **d)** Als **Mindestschaden** kann der Geschädigte den obj Wert (VerkWert) des beschädigten od zerstörten Vermögensgutes fordern (Larenz § 29 I b). Das ergibt sich für den Fall der Beschädigg aus § 249 S 2 (§ 249 Rn 8) u für den der Zerstörg od Entziehg aus der Differenzhypothese (Rn 8), da der Wert des Vermögens mindestens um den VerkWert des zerstörten od entzogenen Gutes gemindert w. Für eine MindestSchadErsPfl in Höhe des obj Wertes spricht auch der RFortsetzgsgedanke (Rn 5). Die Rspr folgt,

wenn auch unausgesprochen, dieser Ansicht, soweit sie merkantilen Minderwert unabhäng von einer Verkaufsabsicht des Geschädigten für einen zu ersetzden Schaden hält (BGH **35**, 396, § 251 Rn 19).

5) Zurechnungszusammenhang. – A) Allgemeines. – a) Die SchadErsPfl setzt voraus, daß der Schaden dch das zum SchadErs verpflichtde Ereign verursacht worden ist. Das Verhalten des Schädigers muß für den Schaden kausal sein. Der KausalZushang ist Grund u Grenze der zivilrechtl Haftg (Gottwald Karlsr Forum 1986, S 4). Dabei ist zu unterscheiden: – **aa)** Bei der **haftungsbegründenden Kausalität** geht es darum, ob zw dem Verhalten des Schädigers u der eingetretenen RGutVerletzg, im Fall des § 823 I etwa der Körperverletzg, ein Ursachenzushang gegeben ist. Systematisch gehört dieser Teil der Kausalkette zum Haftgs- u nicht zum SchadensR. – **bb)** Die **haftungsausfüllende Kausalität** ist der Ursachenzushang zw dem Haftgsgrund (RGutVerletzg) u dem entstandenen Schaden. Dabei können sich im Einzelfall Überschneidgen ergeben: Stürzt das mangelhaft errichtete Haus ein, so gehört die vom Eigtümer (Besteller) erlittene Körperverletzg beim Anspr aus pVV zur Haftgsausfüllg. Soweit es um den Anspr aus §§ 823, 847 od um die Verletzg eines Besuchers geht, handelt es sich dagg um haftgsbegründde Kausalität. Setzt die SchadErsPfl ein Verschulden voraus, gilt dies Erfordern nur für die Haftgsbegründg. 54 55 56

b) Äquivalente Kausalität. – aa) Nach dem UrsachenBegr der Logik u der Naturwissensch ist Ursache die Gesamth aller Bedinggen, Teilursache mithin jede einz Bedingg, die zum Erfolg beigetragen hat. Hieran knüpft die Bedinggs- od **Äquivalenztheorie** an: alle Bedinggen sind gleichwertig. Kausal ist jedes Ereign, das nicht hinweggedacht werden kann, ohne daß der Erfolg entfiele *(condicio sine qua non)*. – **bb)** Auch im bürgerl Recht setzt der Zurechngszushang voraus, daß das Verhalten des Schädigers iSd **condicio-sine-qua-non-Formel** ursächl für den eingetretenen Schaden geworden ist (BGH **2**, 141, **25**, 84). Diese legt das Mindestkausalitätserfordern sowohl für die Haftgsbegründg als auch für die Haftgsausfüllg fest. Zur Feststellg des UrsZushangs muß die pflichtwidr Hdlg hinweggedacht, aber nicht and hinzugedacht w (BGH **96**, 172, NJW **95**, 127). In den Fällen der alternativen od Doppelkausalität bedarf die *condicio-sine-qua-non*-Formel allerdings einer normativen Korrektur (Rn 86). 57

c) Adäquate Kausalität. – aa) Bedeutung. Die *condicio-sine-qua-non*-Formel ist ein notw, allein aber nicht ausr Kriterium der Schadenszurechng. Sie bedarf, um eine unerträgl Ausweitg der SchadErsPfl zu verhindern, eine Ergänzg dch weitere Zurechngskriterien. Diese hat die dch v Bar (1871) u v Kries (1888) begründete u 1902 von der Rspr (RG **50**, 222) übernommene Adäquanztheorie zu entwickeln versucht. Sie zielt darauf ab, aus der Schadenszurechng gänzl unwahrscheinl Kausalverläufe auszuscheiden. – **bb)** Zur Umschreibg der Adäquanz hat die Rspr unterschiedl **Formeln** verwandt. Die negativen lauten etwa: die Möglichkeit des Schadenseintritts darf nicht so entfernt sein, daß sie nach der Erfahrg des Lebens vernünftigerweise nicht in Betracht gezogen werden kann (RG **78**, 272); sie darf nicht außerh aller Wahrscheinlichk liegen (RG **152**, 401, **158**, 38, BGH **LM** (Bb) Nr 3). Positiv hat die Rspr das Adäquanzerfordern wie folgt umschrieben: das Ereign muß die Möglichk eines Erfolges der eingetretenen Art generell nicht unerhebl erhöht haben (RG **69**, 59, BGH **3**, 266, **57**, 255). Häufig werden beide Formuliergen verbunden: das Ereign muß im allg u nicht nur unter besonders eigenart, unwahrscheinl u nach dem gewöhnl Verlauf der Dinge außer Betracht zu lassden Umst geeignet sein, einen Erfolg der eingetretenen Art herbeizuführen (BGH **7**, 204, **57**, 141, NJW **95**, 127, **98**, 140). – **cc) Konkretisierung:** Bei Beurteilg der Adäquanz kommt es, and als beim Verschulden, nicht auf die Einsicht u Voraussicht des Schädigers an, sondern auf eine **objektive nachträgliche Prognose;** alle dem optimalen Betrachter zZ des Eintritts des Schadens erkennb Umst sind zu berücksichtigen (BGH **3**, 266, Bambg VersR **90**, 1015, Mü VersR **91**, 1391). Das gesamte zur Vfg stehde Erfahrgswissen ist heranzuziehen (BGH VersR **72**, 69). Tatfolgen, die vom Vors mitumfaßt sind, sind immer adäquat (BGH **79**, 262, BAG NJW **90**, 3228). Hat sich eine mögl Gefahr auf ungewöhnl Weise verwirklicht, so beseitigt das die adäquate Kausalität nicht (BGH VersR **61**, 465, Spitzhacke, krit Kramer JZ **76**, 338; VersR **67**, 113, Kamineinsturz). Sie ist in einem Impfschadensfall bejaht worden, obwohl die Schadenswahrscheinlichk geringer als 0,01% war (BGH **18**, 286). Bei der Gefährdgshaftg kommt es darauf an, ob der eingetretene Schaden eine spezifische Auswirkg der Gefahr ist, wg derer nach dem Sinn der HaftgsVorschr ein ErsAnspr gewährt w soll (BGH **79**, 262, NJW **82**, 1046, Schünemann NJW **81**, 2796).Bei der Prüfg der Adäquanz geht es im Ergebn darum, die Haftg des Schädigers für ganz unwahrscheinl Kausalverläufe auszuschließen. Dagg ist nicht darauf abzustellen, ob dem Schädiger nach den Umst des Einzelfalls eine Haftg noch *zugemutet* werden kann (BGH VersR **59**, 1000, **63**, 263, mißverständl BGH **3**, 267, **18**, 288). – **dd) Kritische Würdigung.** Ein Teil des Schriftt tritt dafür ein, die Adäquanztheorie aufzugeben u bei der Beurteilg des Zurechngszushanges allein auf den Schutzzweck der Norm abzustellen (MüKo/Grunsky Rn 42, Esser/Schmidt § 33 II). Dieser Ansicht ist nicht zu folgen. Die Adäquanzformel, die mit abgeschwächtem Inh das VorhersehbarkMerkmal übernimmt, ist sowohl für die Haftgsbegründg als auch für die Haftgsausfüllg ein brauchb Kriterium für die Bestimmg der äußersten Grenze der Zurechng (Larenz § 27 III, Lange § 3 VI 5, Staud/Schiemann § 249 Rn 19, Soergel-Mertens Rn 120). Richtig ist allerdings, daß Einschränkgen der Zurechng in der prakt RAnwendg idR auf eine wertde Beurteilg gestützt w. Es trifft auch zu, daß sich aus dem Schutzzweck der Norm eine Haftg für unwahrscheinl u inadäquate Folgen ergeben kann (BGH NJW **82**, 572, Schaden dch ZusWirken von BeurkMangel u grobem Fehler des Ger). Das rechtfertigt Einschränkgen der Adäquanztheorie, nötigt aber nicht dazu, diese guter RTradition entspr Theorie völlig aufzugeben. 58 59 60 61

d) Schutzzweck der Norm. – aa) Die auf eine WahrscheinlichkBetrachtg ausgerichtete Adäquanztheorie bedarf einer **Ergänzung** dch eine **wertende Beurteilung:** Eine SchadErsPfl besteht nur, wenn der geltd gemachte Schaden nach Art u Entstehgsweise unter den **Schutzzweck** der verletzten Norm fällt; es muß sich also um Nachteile handeln, die aus dem Bereich der Gefahren stammen, zu deren Abwendg die verletzte Norm erlassen od die verletzte vertragl od vorvertragl Pfl übernommen worden ist (BGH **27**, 140, **35**, 315, **57**, 256, MüKo/Grunsky Rn 44, stRspr, hM). Der entstandene Nachteil muß zu der vom Schädiger geschaffenen Gefahrenlage in einem inneren Zushang stehen; eine bloß zufäll äußere Verbindg genügt nicht (BGH NJW **86**, 1332). Soweit für die Schadenszurechng ein **Rechtswidrigkeitszusammenhang** gefordert w (Lange § 3 IX, Esser/Schmidt § 33 III), ist in der Sache dasselbe gemeint. Dieser erfaßt nur die Schadensfolgen, vor deren Eintritt die verletzte Norm schützen soll. – **bb) Anwendungsbereich.** Die auf Rabel 62 63

(Recht des Warenkaufs I S 495 ff) zurückgehde Schutzzwecklehre ist von der Rspr zunächst auf Anspr aus SchutzGesVerletzg (§ 823 II) angewendet worden (§ 823 Rn 159). Sie ist aber nunmehr für SchadErsAnspr aller Art anerkannt: so für Anspr aus § 823 I (BGH **27**, 138, **32**, 205); § 826 (BGH **93**, 236); § 839 (BGH **39**, 365, **90**, 312, NJW **90**, 2616); §§ 990, 989 (BGH WM **89**, 1799); BNotO 19 (BGH **70**, 377; VersR **85**, 669, NJW-RR **90**, 631); StVG 7 (BGH **37**, 315, NJW **71**, 461); ZPO 717 II (BGH **85**, 113); InsO 71 (BGH NJW **94**, 455); AMG 84 (Köln NJW-RR **94**, 91); Vertr (BGH NJW **90**, 2057, **95**, 451, **97**, 2947; § 463 (BGH **50**, 200, NJW **68**, 2375). Besteht eine umfassde **Aufklärungspflicht** u fehlt es an der erforderl GrdAufkl, haftet der AufklPfltige auch dann, wenn sich ein Risiko verwirklicht, über das nicht aufgeklärt zu werden braucht, so iF der Arzthaftg (BGH **106**, 396, NJW **91**, 2346) u der Prospekthaftg (BGH **116**, 212, **123**, 107, NJW **95**, 1026). Beschränkt sich die AufklPfl dagg auf best Einzelpunkte, entfällt die Haftg, wenn sich ein and, nicht aufklpflichtiges Risiko verwirklicht (BGH **116**, 212), so etwa, wenn über das Bestehen einer Sozialbindg aufgeklärt w mußte, SchadErs aber für Baumängel verlangt w (BGH aaO). Ebso entfällt ein ErsAnspr, wenn die Ausk nicht für den angegebenen, sond für einen and Zweck verwandt w (BGH NJW-RR **91**, 1265, Breinersdorfer WM **92**, 1557). Wird nicht über die Risiken eines Anlageprogramms aufgeklärt, besteht eine ErsPfl auch dann, wenn das Untern inf von Veruntreuungen zusbricht (BGH NJW **92**, 2561). –
64 **cc) Schutzzwecklehre als Teil des Schadensersatzrechts.** In ihrer klassischen Ausprägg gehört die Schutzzwecklehre zum Recht der Haftgsbegründg. Sie beantwortet die Frage, ob für die eingetretene Erstverletzg eine ErsPfl besteht u stellt dabei auf den konkreten HaftgsGrd ab. Die Schutzzwecklehre gilt aber auch im Bereich der haftgsausfülldn Kausalität u damit im SchadErsR (Lange § 3 IX 11). Es gibt eine Reihe von normativen Wertgen, die die Zurechng von Schadensfolgen unabhäng vom konkreten HaftgsGrd einschränken (s zB Rn 70, 71 u 88). Sie sind systemat den §§ 249 ff zuzuordnen.

65 **e)** Der Schaden muß gerade dch die **Pflichtwidrigkeit** der Hdlg verursacht worden sein. Die Nichteinhaltg des erforderl SicherhAbstandes ist für den Unfall nur ursächl, wenn dieser bei ausr Abstand vermieden worden wäre (BGHSt **11**, 1). Maßgebder **Zeitpunkt** für die Beurteilg ist der Eintritt der konkreten krit Lage, die unmittelb zum Schaden führt (BGH VersR **77**, 524, NJW **85**, 1350, **88**, 58). Eine GeschwindigkÜberschreitg ist nicht desh ursächl, weil der Fahrer ohne sie den Unfallort später erreicht hätte; entscheidd ist, wie der Vorgang von der Erkennbark der Gefahr ab bei richt Verhalten verlaufen wäre (BGH aaO, Oldbg NJW-RR **90**, 98).

66 **B) Einzelprobleme der Schadenszurechnung. – a) Mitwirkung weiterer Ursachen.** Die Zurechng wird nicht dadch ausgeschl, daß außer dem zum SchadErs verpflichtden Ereign noch and Ursachen zur Entstehg des Schadens beigetragen haben. Der zum SchadErs verpflichtde Umst braucht nicht die überwiegde od wesentl Ursache zu sein (BGH NJW **90**, 2883). Die im *common law* herrschde Theorie der *causa- proxima* ist im SchadErsR des BGB unanwendb.

67 **b) Schadensanlagen. – aa)** Ein Zurechngszushang besteht auch dann, wenn der Schaden dch eine **zum Schaden neigende Konstitution** des Geschädigten ermöglicht od wesentl erhöht worden ist. Wer einen Kranken od Geschwächten verletzt, kann nicht verlangen, so gestellt zu werden, als habe er einen Gesunden verletzt (BGH **20**, 139, NJW **74**, 1510, **96**, 2426, stRspr). Der Schädiger muß daher auch dann vollen SchadErs leisten, wenn der Verletzte Bluter ist u sich die Heilgskosten dadch um mehr als 300 000 DM erhöhen (Kblz VRS **72** Nr 145) od wenn seine VertrVerletzg wg der wirtschaftl Schwäche des VertrPart dessen Betr zusbrechen läßt (BGH **LM** (Ba) Nr 20). Erfüllt ein Behinderter (30 % MdE) wg des Unfalls (+ 30 % MdE) die Voraussetzgen des vorgezogenen Altersruhegeldes, kann er dieses zu Lasten des Schädigers
68 in Anspr nehmen (BGH NJW **86**, 2763). – **bb)** Eine **andere Beurteilung** ist geboten, wenn es sich um ganz ungewöhnl, keinesfalls zu erwartde Verläufe handelt, so wenn eine geringfüg Ehrverletzg zu einer Gehirnblutg führt (BGH NJW **76**, 1143), ein Beinaheunfall zu einem 40 Minuten später eintretden Herztod (Düss VersR **92**, 1233), eine AuseinanderS über einen VerkUnfall zu einem Schlaganfall (BGH **107**, 361, krit Lipp JuS **91**, 809), ein Tritt auf den Fuß zu einer Oberschenkelamputation (Karlsr VersR **66**, 741), eine verbale AuseinandS od eine Rauferei zw Hunden zu einem Herzinfarkt (KG VersR **87**, 105, Karlsr MDR **93**, 29). Nicht zu ersetzen sind auch die wg einer Alkoholabhängigk des Verletzten zusätzl entstehden Behandlgskosten (Brschw VersR **96**, 715). § 254 kann den ErsAnspr ausschließen, wenn sich ein gesundheitl Geschwächter einer vermeidb Gefahr aussetzt (Celle VersR **81**, 1058).

69 **c) Seelische Reaktionen. – aa)** Der Zurechngszushang erstreckt sich grdsl auch auf seelische Reaktionen des Verletzten, selbst wenn diese dch eine psychische Labilität wesentl mitbestimmt sind (BGH **20**, 139, **39**, 315, Rn 67) u hirnorganische Urs für die Ausfälle nicht festgestellt w können (BGH NJW **91**, 2348). Der Schädiger muß daher für auftretde Depressionen (BGH VersR **66**, 931) u Wesensverändergen des Verletzten (BGH VersR **60**, 225) einstehen. Ihm kann uU auch eine Selbstverstümmelg des Verletzten zugerechnet w
70 (BGH VersR **69**, 160). – **bb) Rentenneurose.** Der Schädiger haftet für eine beim Verletzten auftretde Rentenneurose (Begehrensneurose) nicht, weil es dem Zweck des SchadErs widerspricht, „wenn gerade dch die Tats, daß ein and SchadErs zu leisten hat, die Wiedereingliederg des Verletzten in den sozialen Lebens- od Pfltenkreis erschwert od unmögl gemacht w" (BGH **20**, 142, NJW **79**, 1936, VersR **86**, 242, aA RG **159**, 259). Der ErsAnspr ist auch dann ausgeschl, wenn nicht festgestellt w kann, daß der Verletzte seinen Versagenszustand bei Zurückweisg seiner Anspr überwinden wird (BGH NJW **65**, 2293, **79**, 1936). Anders zu beurteilen sind Rentenneurosen, die auf natsoz GewaltMaßn zurückzuführen sind (BGH **39**, 316). Grdsl von der ErsPfl erfaßt werden Angstneurosen (BGH VersR **70**, 272), traumatische Neurosen (Hamm VRS **82**, 9), uU Konversionsneurosen (BGH NJW **93**, 1523, Rn 70 a), doch ist gem § 254 zu prüfen, ob die Fehlhaltg dch einen zumutb Willensakt od dch RehabilitationsMaßn überwunden w kann (BGH VersR **62**, 280, **70**,
70 a 272, § 254 Rn 36). – **cc)** Steht die neurot Fehlhaltg in einem groben Mißverhältn zum schädigden Ereign, ist sie also Ausdr einer **offensichtlich unangemessenen Erlebnisverarbeitung,** ist ebso wie in den Fällen von Rn 68 eine ErsPfl ausgeschl (BGH VersR **70**, 283, Ffm VersR **93**, 853, im Ergebn auch Nürnbg VersR **99**, 1117: Selbstmord nach Auffahrunfall ohne körperl Verletzg). Nach neuerer Rspr soll eine SchadErsPfl aber grdsl auch bei einer offensichtl unangem ErlebnVerarbeitg bestehen (BGH **132**, 341, **137**, 142, mit Recht krit aus der Sicht eines versichergsrechtl Praktikers van Bühren MDR **98**, 159). Entfallen soll die ErsPfl nur iF einer prakt nicht nachweisb Begehrensneurose (BGH **132**, 341/346, **137**, 142, Rn 70), ferner, wenn das

SchadEreign ganz geringfügig ist (Bagatelle) u die psychische Reaktion im konkreten Fall wg des Mißverhältn zum Anlaß schlechterd nicht mehr verständl erscheint (BGH aaO). Bereits ein HWS-Schleudertrauma soll aber keine Bagatelle mehr sein u kann daher einen Anspr auf eine lebenslange Rente begründen, obwohl der behandelnde Arzt ledigl für 5 Tage ArbUnfgk attestiert hatte (BGH **137**, 142, DAR **98**, 67). Kein Anspr, wenn Zweifel an dem Ursachenzushang zw Unfall u den neurotischen Störgen bestehen (Celle DAR **98**, 473), wohl aber dann, wenn die Störg auf einem Ursachenbündel beruht (BGH NJW-RR **99**, 819). Der Tatrichter kann Dauer od Höhe des ErsAnspr beschränken, wenn eine Prognose mit einer für ZPO 287 ausreichden Wahrscheinlichk ernsth Risiken für die Berufslaufbahn des Geschädigten aufgrund seiner psychischen Struktur ergibt (BGH **137**, 142, Heß NZV **98**, 402).

d) Ein **Schockschaden,** den jemand dch den Tod od die Verletzg eines and erleidet, ist grdsl dem allg Lebensrisiko zuzuordnen (Rn 88). Ein SchadErsAnspr besteht nur unter folgden Voraussetzgen: – **aa)** Die GesundhBeschädigg muß nach Art u **Schwere** deutl über das hinausgehen, was Nahestehde als mittelb Betroffene in derart Fällen erfahrgsgem an Beeinträchtiggen erleiden (BGH **56**, 163, NJW **89**, 2317, Nürnbg NJW **98**, 2293, KG NZV **99**, 329: Gewicht psychopatholog Ausfälle). Nur wenn diese Grenze überschritten ist, liegt eine Körperverletzg iSd § 823 I vor. Der ErsAnspr besteht auch, wenn der Schock dch ein Ereign ausgelöst w, für das der Schädiger gem § 833 einzustehen hat (LG Gießen NJW **87**, 711). Er ist nicht gegeben, wenn sich inf des Todes des Eheg die Alkoholabhängigk verschlimmert (BGH NJW **84**, 1405). – **bb)** Der Anspr steht nur **nahen Angehörigen** zu (Stgt NJW-RR **89**, 478, LG Tübingen NJW **68**, 1187, Berg NJW **70**, 515, str). Geschützt sind aber auch Verlobte u der Partner einer Liebesbeziehg (LG Ffm NJW **69**, 2286, MüKo/Grunsky Rn 54a). Führt der Schock zu einer Frühgeburt, ist auch der *nasciturus* in den Schutz einbezogen (BGH NJW **85**, 1391). – **cc)** Der Schock muß im Hinblick auf seinen Anlaß **verständlich** sein. Das trifft bei Tod u schweren Verletzgen auch dann zu, wenn der Angeh das Ereign nicht selbst miterlebt, sond entspr benachrichtigt worden ist (BGH **93**, 351). Dagg besteht kein ErsAnspr, wenn der Schock dch die Nachricht von einem unbedeutden Sachschaden (LG Hildesheim VersR **70**, 720), den Tod eines Hundes (AG Essen JurBüro **86**, 1494, KreisG Cottbus NJW-RR **94**, 804) od dch polizeil Ermittlgen wg einer falschen Verdächtigg (LG Hbg NJW **69**, 615) ausgelöst wird. 71

e) Der ZurechngsZushang erstreckt sich grdsl auch auf **mittelbar verursachte** Schäden. Beispiele: Plangsfehler des Architekten u Wasserschaden am Mobiliar des Mieters (BGH NJW **87**, 1013); Sturz des Geschädigten über ein Warndreieck nach der UnfallAufn (LG Konstanz NJW-RR **90**, 43); Refraktur des Unterschenkels wg einer noch nicht ausgeheilten Primärverletzg (Hamm VersR **95**, 545); Sturz inf einer bei einem fr Unfall erlittenen Beinverletzg (RG **119**, 204, BGH VersR **71**, 443); and soll es liegen, wenn sich der Verletzte bei Artilleriebeschuß nicht rechtzeit in Sicherh bringen kann (BGH NJW **52**, 1010); Tod des Verletzten dch Infektion im Krankenhaus (RG **105**, 264); Organspende der Mu zur Rettg ihres verletzten Kindes (BGH **101**, 215); Produktionsausfall od Verderb von Sachen inf Beschädigg der Stromleitg u Unterbrechg der Stromzufuhr (BGH **41**, 125, NJW **68**, 1280), auch wenn Fehler bei der Notreparatur zur Schadensentstehg beigetragen haben (Hbg NJW **91**, 849), jedoch fehlt für nicht unter § 823 I fallde Schäden idR eine AnsprGrdl, da die einschläg Vorschr der LBauO keine SchutzG iSd § 823 II sind (BGH **66**, 388); Nichtausweisg eines Grdst als Bauland inf bergbaubedingter Bodensenkg (BGH **59**, 144); rechtsw Ausschl aus der HerdbuchGenossensch, Verzicht auf Vergrößerg der Herde u Zuteilg einer geringeren Milchquote (BGH NJW **95**, 126); rechtsw Verpfändg einer fremden Sache u Schaden dch öff Versteigerg (BAG NJW **90**, 3228); FdgsAusfälle des Käufers u Wiederverkäufers, weil dessen Abnehmer wg mangelhafter Lieferg ein ZbR geltd macht u später in Konk fällt (BGH **LM** (Bb) Nr 27). Auch der der **Leibesfrucht** dch Schädigg seiner Mutter mittelb zugefügte Schaden begründet eine SchadErsPfl (BGH **8**, 246, **58**, 48, NJW **85**, 1390). **Ausgeschlossen** ist eine SchadErsPfl, wenn das Risiko dem Schädiger nicht mehr zugerechnet w kann, so das Fehlschlagen eines weiteren Berufswechsels 20 Jahre nach dem Unfall (BGH NJW **91**, 3276) od Panikreaktionen von eingepferchten Schweinen wg VerkLärms (BGH **115**, 87, krit H. Roth JuS **93**, 716). Schäden aus der Befolgg einer ArbAnweisg sind nur zu ersetzen, wenn sie auch bei völl Beachtg der Anweisg entstanden wären; es genügt nicht, daß einz Elemente der Anweisg falsch waren (BAG DB **69**, 1466, krit Weitnauer **AP** Nr 9). 72

f) Fehlverhalten Dritter unterbricht den ZurechngsZushang idR nicht. – **aa)** Das gilt vor allem für Fehler der Pers, die der Geschädigte zur Abwicklg od **Beseitigg des Schadens** hinzuzieht. Der Schädiger haftet auch für Folgeschäden, die währd der Behandlg dch ärztl Kunstfehler entstehen (BGH **3**, 268, NJW **86**, 2368, **89**, 768, Hamm NJW **96**, 790). Entspr gilt für Folgeschäden aus Fehlern der Reparaturwerkstatt (BGH **63**, 183), des Anwalts (RG **140**, 9) od eines SchiffsFü (BGH VersR **77**, 325). Der ZurechngsZushang entfällt ausnweise bei ungewöhnl grobem Fehlverhalten, so bei schweren Kunstfehlern des Arztes (RG **102**, 231, BGH NJW **89**, 768, Köln VersR **94**, 989), Tierarztes (Köln VersR **90**, 389) od Anwalts (RG **140**, 9), bei einem inf grober Fahrlässigk bei der Reparatur entstandenen Brandschaden (BGH VersR **77**, 519). Für den dch eine fehlerh Beurk entstandenen Schaden haftet der Notar nach dem Schutzzweck seiner AmtsPfl dagg auch dann, wenn dieser vom **Gericht** dch Übersehen des § 313 S 2 grob fahrläss mitverursacht worden ist (BGH NJW **82**, 572, krit Hanau DNotZ **82**, 500). Der Beratgsfehler des RA bleibt weiter ursächl, auch wenn der Notar ihn bei der anschließden Beurk hätte berichtigen können (BGH NJW **90**, 2882). Auch dch gerichtl Fehlleistgen wird der UrsZushang zw dem Verschulden des RA od VersTrägers u dem Schaden nicht unterbrochen (BGH VersR **88**, 1274, NJW **98**, 138/140). Der ZurechngsZusHang entfällt aber, wenn der Mandant den Schaden nicht verhindert, obwohl er dazu aGrd einer andweitigen Beratg in der Lage war (BGH NJW **94**, 2822). – **bb)** Wer eine gesteigerte **Gefahrenlage** schafft, bei der Fehlleistgen and erfahrgsgem vorkommen, hat (auch außerh von Rn 73) den dch das Fehlverhalten Dritter entstehden Schaden idR zurechenb mitverursacht (BGH **43**, 181, **101**, 220); das gilt auch dann, wenn zw der Entstehg der Gefahrenlage u des Schadens ein längerer Zeitraum liegt (BGH NJW **82**, 2669, 6 Tage alte Fahrbahnverschmutzg). Zw der fehlerh Bauplang, die zum TEinsturz des Hauses geführt hat, u dem völl Abriß besteht auch dann ein UrsZusHang, wenn dieser aGrd einer rechtsw behördl Vfg vorgenommen worden ist (BGH **57**, 254). Der für eine rechtsw Inhaftierg Verantwortl haftet auch für den Schaden, der dem Inhaftierten dch die unberecht Künd von Krediten entsteht (BGH **106**, 316). Der EntschädiggsAnspr wg einer behördl Wiedereinweisg des Mieters erstreckt sich auch auf Schäden, die dieser dch unsachgem Gebr verursacht hat 73 74

(BGH **131**, 167). Wer auf einer Schnellstraße einen Unfall verursacht, haftet auch für Schäden, die dch das
75 Auffahren weiterer Kfz entstehen, sog **Kettenunfall** (BGH **43**, 181, Karlsr VersR **79**, 1013). Das gilt auch dann, wenn ein Kfz wg des Unfalls auf der nicht versperrten GgFahrbahn anhält u dort angefahren w (Köln VersR **71**, 574/1024). Die Haftg des für den Erstunfall Verantwortl erstreckt sich auch auf Verletzgen, die ein unbeteiligter Dritter dch einen Auffahrden erleidet (BGH NJW **72**, 1804); sie entfällt aber, wenn der Erstunfall nur der zufäll äußere Anlaß für den weiteren Unfall war (Karlsr DAR **91**, 300). Wer für den Untergang eines Schiffes verantwortl ist, muß für Schäden einstehen, die ein Dritter dch Auffahren auf das Wrack davon trägt (Hbg VersR **72**, 1119). Wer ein Schiff zu einem harten Rudermanöver veranlaßt, haftet, wenn dieses wg Verrutschens der Deckslादg untergeht (BGH **LM** (Bb) Nr 17). Veranlaßt ein Radfahrer schuldh ein Kfz zu einem Ausweichmanöver, bei dem 2 Fußgänger getötet w, ist der Radfahrer auch dann mitverantwortl, wenn das Kfz viel zu schnell gefahren ist (BGH VersR **63**, 262). Wer zur Sicherg der von ihm geschaffenen Gefahrenlage alle notw **Schutzvorkehrungen** trifft, haftet aber nicht, wenn es trotzdem zu Schäden kommt (BGH VersR **69**, 895, MüKo/Grunsky Rn 52a). Der ZurechngsZushang entfällt wg Fehlens einer Gefahrerhöhg, wenn der wg der Verletzg des Fahrers eingesetzte ErsFahrer einen Schaden verursacht (BGH VersR **71**, 81) od wenn das Kfz beim Abholen aus der Reparaturwerkstatt dch einen Dr beschädigt w (Düss
76 MDR **95**, 264). – **cc) Vorsätzliches Verhalten Dritter.** Auch hieraus entstehde Schäden können dem Erstschädiger nach dem Schutzzweck der verletzten Norm zuzurechnen sein (BGH **106**, 316). Wer für einen BeurkFehler verantwortl ist, haftet, wenn der hierdch Begünstigte den Fehler vorsätzl rechtsw zu seinem Vorteil ausnutzt (BGH NJW-RR **90**, 204). Wer fahrl eine Schwarzfahrt ermöglicht, haftet auch für vorsätzl Verhalten des Schwarzfahrers (BGH NJW **71**, 459). Wer den Geschädigten dch Beibringg von Gift in einen wehrlosen Zustand versetzt, haftet auch für die anschließde vorsätzl Mißhandlg dch einen Dr (BGH NJW **92**, 1382). Die SchadErsPfl erstreckt sich bei Beschädigg eines Weidezauns auch auf entlaufenes u von Dr entwendetes Vieh (BGH NJW **79**, 712), bei VerkUnfällen auch auf die aus dem beschädigten Fzg gestohlenen Ggst (BGH NJW **97**, 865). Bei Reizg zu einer gefährl Hdlg haftet der Provokateur neben dem Provozierten für die von einem Dritten erlittene Verletzg (BAG DB **68**, 1996). Wer auf einer stark befahrenen Straße eine Verkehrsstockg verursacht, ist ersatzpflichtig, wenn and Kfz den **Grünstreifen** od Fußweg befahren u hierdch Schäden entstehen, da auch der Straßeneigentümer in den Schutz der straßenverkehrsrechtl Normen einbezogen ist (Brem VersR **70**, 424, MüKo/Grunsky Rn 58, aA BGH **58**, 162). Hat jemand die Pfl, Schäden dch Dr zu verhindern (Veranstalter einer Massenveranstaltg), ist ihm auch vorsätzl Verhalten Dr zuzurechnen (BGH NJW **80**, 223).

77 **g) Willensentschlüsse des Verletzten. – aa)** Eine ErsPfl kommt auch dann in Betracht, wenn der Schaden dch eine Hdlg verursacht w, die auf einem Willensentschluß des Verletzten beruht (sog psychische vermittelte Kausalität). Voraussetzg ist, daß der Schaden nach Art und Entstehg nicht außerh der Wahrscheinlichk liegt u unter den Schutzzweck der Norm fällt (Rn 58ff u 62ff). Die Rspr bejaht diese Voraussetzgen, wenn die Hdlg des Verletzten dch das haftgsbegründde Ereign **herausgefordert** worden ist u eine nicht ungewöhnl Reaktion auf dieses darstellt (BGH **57**, 25, **63**, 189, NJW **95**, 127, 451). Die Beweislast für die Herausforderg trägt der Geschädigte (BGH NJW **81**, 570). Der Schädiger haftet entspr Rn 74 aber auch dann, wenn er eine gesteigerte Gefahrenlage geschaffen hat, bei der Fehlleistgen and erfahrgsgem vorkommen, so etwa, wenn der unzureichd beratene Mandant das gekaufte Grdst weiterverkauft u dadch den SchadErs-
78 Anspr wg NichtErf verliert (BGH NJW **95**, 451). – **bb) Nothilfe und rechtlich oder sittlich gebotene Handlungen.** Der Schädiger hat für Schäden einzustehen, die Dr bei einem mit einer Risikoerhöhg verbundenen Rettgs- od Hilfeversuch erleiden (Köln NJW-RR **90**, 669, Karlsr VersR **91**, 353), so bei Rettg aus einem brennden Kfz (RG **164**, 125, Stgt NJW **65**, 112), aus einem im Schienenbereich der Bahn liegen gebliebenen Pkw (Düss NJW-RR **95**, 1365), beim Anhalten dchgehder Pferde (RG **50**, 221, Celle NJW **79**, 723), beim Löschen des vom Schädiger verursachten Brands (BGH NJW **96**, 2646), iF einer Organspende der Mu zur Rettg ihres verletzten Kindes (BGH **101**, 215). Gleicht die MuGesellsch den bei ihrer Tochter entstandenen Schaden aus, sollen ihre Aufwendgen einen ersatzpflicht Schaden darstellen (Düss ZIP **97**, 34). Kein ZurechngsZushang besteht, wenn dem Helfer bei der Hilfeleistg eine Uhr gestohlen w (Ffm VersR **81**, 768) od wenn der Feuerwehrmann bei der Brandbekämpfung mit dem vorgeschädigten Fuß umknickt (BGH
79 NJW **93**, 2234). – **cc) Verfolgungsfälle.** Der nach einem VerkUnfall flüchtde Schädiger haftet für die bei seiner Verfolgg entstehenden Schäden (BGH NJW **64**, 1363, VersR **67**, 580). Entspr gilt für den nach einem and Delikt od einer Festn flüchtden Schädiger, sofern der Verletzte in vorwerfb Weise zur Verfolgg herausgefordert worden ist u sich im Schaden ein verfolggstypisches Risiko verwirklicht hat (BGH **57**, 25, **63**, 189, **132**, 164, NJW **71**, 1982, **90**, 2885, Saarbr NJW-RR **92**, 473, Weber FS Steffen, 1995, 507). Zw dem eingegangenen Risiko u dem erstrebten Erfolg muß ein angem Verhältn bestehen (MüKo/Grunsky Rn 62). –
80 **dd) Weitere Fälle.** Willensentschlüsse des Verletzten unterbrechen den ZurechngsZushang nicht, wenn sie nicht frei getroffen, sond dch das Verhalten des Schädigers herausgefordert od wesentl mitbestimmt worden sind. Die Zurechng entfällt daher nicht, wenn der Geschädigte nach Vortäuschg eines KündGrdes „freiwillig" der VertrAufhebg zustimmt (BGH BB **82**, 516, BayObLG NJW **82**, 2004), wenn der Geschädigte Aufwendgen zur Beseitigg des Schadens macht (Rn 83), wenn der Geschädigte wg einer falschen ärztl Diagnose iW vorweggenommener Erbfolge über sein Verm verfügt (Oldbg NJW-RR **96**, 666), wenn der Geschädigte wg der Unfallverletzg vorzeit in den Ruhestand geht (BGH NJW **86**, 2763), wenn der Geschädigte aus dem wg eines Notarfehlers formnicht Vertr in Kenntn der Nichtigk Anspr geltd macht (BGH NJW **88**, 1143, 1262), wenn der VertrSchl wg falscher Beantwortg einer Frage scheitert, die dem Geschädigten nur wg einer PflVerletzg des Schädigers gestellt worden ist (BGH NJW **92**, 2087), wenn der Geschädigte bei der Reparatur, die wg der Lieferg von mangelh Einbauteilen notwend ist, mangelfreie Sachbestandt zerstört (BGH NJW **92**, 1225), wenn der hirnverletzte Geschädigte strafb Hdlgen begeht u zwangsweise untergebracht wird (BGH NJW **79**, 1055), wenn der Halter sein verkehrsunsicheres Fzg einem fahruntüchtigen Jugdlichen ohne Führerschein überläßt (Köln VRS **83**, 167), wenn der Geschädigte in vertretb Würdigg der Sach- u RLage einem
82 **Vergleich** (BGH **101**, 219, NJW-RR **92**, 1197) od eine Abfindgsvereinbg (BGH NJW **93**, 1141) schließt, and aber wenn er seine RPosition leichtfert aufgibt (BGH NJW **93**, 1589) od wenn er Vorteile, die seine Schwägerin bei einer vermögensrechtl AuseinandS inf eines Anwaltsverschuldens erhalten hat, auch seiner

Schwester zubilligt (BGH NJW **97**, 253). Dagg besteht nach dem Schutzzweck der Norm kein ZurechngsZushang zw dem vom Notar verschuldeten Zweifel über die Wirksamk eines Vertr u den Kosten eines Proz, in denen ein Beteil erfolglos die Nichtigk des Vertr geltd gemacht hat (BGH **70**, 376). Führt ein Bauherr das Bauvorhaben wg Verzuges des Untern nicht zu Ende, wird der ZurechngsZushang idR unterbrochen (Hbg VersR **84**, 1048). Entspr gilt, wenn der Gläub wg einer unbedeutden VertrVerletzg des Schu grdlos vom Vertr zurücktritt (BGH NJW **87**, 253).

h) Aufwendungen. Der Geschädigte kann, soweit § 249 S 2 anwendb ist, den zur Schadensbeseitigg 83
erforderl Geldbetrag u damit im Ergebn Ers seiner Aufwendgen verlangen (§ 249 Rn 6 ff). Auch die ErsPfl gem § 249 S 1 erstreckt sich auf Aufwendgen des Geschädigten, soweit er sie nach den Umst des Falles als notw ansehen durfte (BGH **66**, 192, NJW **90**, 2061). **Eigene Arbeitsleistungen** des Geschädigten sind zu ersetzen, soweit sie einen Marktwert haben (BGH **131**, 220, Rn 37). Sein Willensentschluß unterbricht den ZurechngsZushang nicht, da er nicht frei getroffen, sond dch das Verhalten des Schädigers veranlaßt worden ist (Rn 77). Die ErsPfl besteht nur für Aufwendgen, die ein wirtschaftl denkder Mensch bei einer Betrachtg *ex ante* für notw halten durfte (BGH aaO). Sie betrifft auch Aufwendgen, die erforderl waren, um einen konkret drohden Schaden zu verhindern (BGH **123**, 309); sie ist zB gegeben, wenn der VertrPartner Aufwendgen macht, um die dch den VertrBruch des and Teils drohden Nachteile abzuwenden (BGH **LM** HGB 376 Nr 2, BAG JZ **76**, 721), wenn der Geschädigte zur Abwendg od Beseitigg des Schadens einen RAnw beauftragt (§ 249 Rn 20), wenn das Wasserwerk wg der Einleitg von Schadstoffen Kosten für Wasseranalysen aufwendet (BGH **103**, 140), wenn der Kraftwerksbetreiber nach einer Schornsteinbesetzg seine Wachen verstärkt (LG Itzehoe NJW **87**, 1269), wenn der Geschädigte sich gg Beeinträchtiggen seiner Ehre zur Wehr setzt (BGH **66**, 192, § 253 Rn 2), wenn der Geschädigte an einen Nichtberecht SchadErs leistet, den er irrtüml für den Berecht hielt (BGH NJW **91**, 1110). Keine ErsPfl besteht für Aufwendgen, die der Geschädigte hätte machen können, aber nicht gemacht hat (BGH VersR **70**, 121).

i) Unterlassen. Auch ein Unterlassen kann im RSinn einen Schaden zurechenb verursachen, sofern eine 84
Pfl zum Handeln bestand u die Vornahme der gebotenen Hdlg den Schaden verhindert hätte (BGH **7**, 204, Düss NJW-RR **86**, 576, s StGB 13). Die Pfl zum Handeln kann auf Ges, Vertr, vorangegangenem gefährl Tun od der Aufnahme von VertrVhdlgen (Karlsr VersR **78**, 61) beruhen. Gesetzl HdlgsPflten ergeben sich vor allem aus der VerkSichergsPfl (§ 823 Rn 58 ff) u aus den FürsorgePflten des FamR (BGH **73**, 194). Um den ZurechngsZushang zu bejahen, muß die unterbliebene Hdlg hinzugedacht u festgestellt w, daß der Schaden dann nicht eingetreten wäre, bloße Wahrscheinlichk des Nichteintritts genügt nicht (BGH **64**, 51, NJW **84**, 432, 434, BFH NJW-RR **94**, 102, BayObLG AnwBl **98**, 608). Voraussetzg ist weiter, daß der Schaden unter den Schutzzweck der verletzten Norm fällt, die HandlgsPfl also einen Schaden wie den eingetretenen verhindern sollte (BayObLG NJW-RR **94**, 337). Für die Verletzg von AufklPflten gilt uU eine Umkehr der BewLast (§ 282 Rn 15). Außerdem können die Grds des *prima-facie*-Beweises anwendb sein (Rn 167).

k) Hängt die Beurteilg des ZurechngsZushanges davon ab, wie ein **Gericht** od eine Behörde eine best 85
Frage **entschieden haben würde,** ist davon auszugehen, daß die Sache iS des jetzt zuständ Gerichts richtig entschieden worden wäre (BGH **36**, 154, **79**, 226, NJW **97**, 1009). Es dürfen sämtl BewMittel benutzt werden, auch solche die im fr Verfahren noch nicht zur Vfg standen (BGH **72**, 331). Für die BewLast gelten die gleichen Grds wie im nicht dchgeführten Verfahren (BGH **30**, 232, WM **85**, 203). Über den mutmaßl Ausgang eines VorProz ist im RegreßProz auch dann gem ZPO 287 zu entscheiden, wenn im VorProz der AmtsermittlgsGrds galt (BGH **133**, 110). Ein dch AnwVerschulden verlorener Proz begründet keinen Schaden im RSinn, wenn sich im RegreßProz herausstellt, daß der ErstProz materiellrechtl richt entschieden worden ist (BGH NJW **87**, 3255). Eine allg RAuffassg, die zZ des fr Verf bestand, ist aber der Kausalitätsbeurteilg auch dann zugrdezulegen, wenn sie inzw als unricht angesehen wird (Ganter NJW **96**, 1313). Bei Ermessensentscheidgen ist darauf abzustellen, wie die Behörde nach ihrer übl Praxis entschieden hätte (BGH NJW **59**, 1125, VersR **85**, 359, BVerwG **16**, 342, **31**, 1). Ist das Ermessen der Beh auf 0 reduziert, ist aber nicht auf die übl, sond die richt Entsch abzustellen (BGH NJW **96**, 842). Die Prüfg des hypothet Ablaufs entfällt, wenn sicher ist, wie entschieden worden wäre (BGH **79**, 226, NJW **86**, 1924). Ist dch ein schädigdes Ereign eine behördl **Maßnahme ausgelöst** worden, muß das Gericht diese als verbindl hinnehmen. Das gilt (abgesehen vom Fall der Willkür) insb für die vorzeitige Pensionierg eines verletzten Beamten (BGH VersR **69**, 76, 538, **72**, 976, Kblz NJW-RR **97**, 1455, krit Dunz VersR **84**, 906).

l) Mehrere Verursacher. Ein ZurechngsZushang ist auch dann gegeben, wenn die Hdlg des Schädigers 86
den Schaden nicht allein, sond nur im ZusWirken mit dem Handeln eines and herbeiführen konnte, sog **Gesamtkausalität,** auch kumulative Kausalität genannt (RG **69**, 58, **73**, 290, BGH NJW **90**, 2884). Bei Mittätern, Gehilfen od Anstiftern ist gem § 830 jeder für den Schaden verantwortl. Entspr gilt gem § 830 I 2, wenn sich nicht ermitteln läßt, wer von mehreren Beteiligten den Schaden dch seine Hdlg verursacht hat, sog **alternative Kausalität.** Haben zwei Ereign den Schaden herbeigeführt, von denen jedes auch allein den Schaden verursacht hätte, sind beide im RSinne ursächl, sog konkurrierde od **Doppelkausalität** (BGH VersR **71**, 819, **83**, 732, NJW **88**, 2882, **92**, 2692, **93**, 1723, Mü NJW-RR **90**, 42, krit Jung AcP **170**, 429);
die *condicio-sine-qua-non-* Formel (Rn 57) bedarf insow einer normativen Korrektur. Ist der Schaden **teilweise** 87
dch das eine u teilw dch das and Ereign verursacht worden, besteht dagg ledigl eine gem ZPO 287 voneinand abzugrenzde Teilverantwortlichk (BGH **LM** § 276 (Ca) Nr 11, § 823 (C) Nr 4, VersR **64**, 51). Eine bloß mögl Kausalität begründet außerh des Anwendgsbereichs von § 830 I 2 keine Haftg; das gilt auch für **Umweltschäden** (aA Hager NJW **86**, 1966).

m) Ein Schaden fällt nicht unter den Schutzzweck der verletzten Norm, wenn er bei wertder Beurteilg die 88
Verwirklichung eines allgemeinen Lebensrisikos darstellt (Deutsch JZ **93**, 1041). Entscheidd ist, ob der Schaden im inneren Zushang mit der vom Schädiger geschaffenen Gefahrenlage steht, od ob er zu dieser eine bloß zufäll äußere Verbindg hat. Der ZurechngsZushang entfällt daher, wenn bei der Behandlg der Unfallverletzg eine and, zur vorzeit Pensionierg führde Krankh entdeckt wird (BGH NJW **68**, 2287); wenn der Verletzte dch einen anläßl der Unfalloperation vorgenommenen, dch diesen aber nicht indizierten zusätzl Eingriff od dch eine der allg Vorbeugg diende Impfg geschädigt w (BGH **25**, 86, NJW **63**, 1671, VersR **65**,

349); wenn sich bei der Behandlg nach einem Unfall herausstellt, daß unfallunabhäng eine Bypassoperation notw ist (Düss DAR **91**, 148), wenn die wg eines Fehlers des Rentenberaters dchgeführte Überprüfg ergibt, daß sein Mandant zu viel Rente bezieht (BGH NJW-RR **89**, 530), wenn der argl getäuschte Pkw-Käufer in einen Unfall verwickelt w, sofern dieser mit der Täuschg in keinem Zushang steht (Honsell NJW **73**, 350, v Caemmerer FS Larenz 1973, 611, aA BGH **57**, 137), wenn bei der Aussonderg des angeschafften Ersatzbusses wg zu geringer Laufzeit kein öffentl Zuschuß gewährt wird (Hamm VersR **84**, 1051). Die ErsPfl für einen verspäteten Studiumsbeginn erstreckt sich auch auf Verzögergen dch einen Vorlesgsstreik (BGH NJW **85**, 792). Das mit schweren Mißbildgen geborene Kind kann keinen SchadErsAnspr darauf stützen, daß seine
89 Abtreibg wg einer fehlerh ärztl Beratg unterblieben ist, sog **wrongful-life** Problematik; es hat keinen Anspr auf Nichtexistenz (BGH **86**, 241). Dagg steht den Eltern ein SchadErsAnspr wg des gesamten UnterhBedarfs des Kindes zu, vorausgesetzt, es hat sich das Risiko verwirklicht, hins dessen der Arzt seine Pflten verletzt hat (BGH **89**, 104, Mü VersR **88**, 523).

90 **n) Kosten der Strafverfolgung. – aa) Maßnahmen gegen den Geschädigten.** Die hierdch nach einem Unfall entstehden Nachteile sind grdsl kein zu ersetzder Schaden (Rn 95). Die Strafverfolgg gg den Geschädigten beruht auf dem Verdacht, er habe eine strafb Hdlg begangen, nicht darauf, daß seine Rechte od RGüter verletzt worden sind. Zw dem zum SchadErs verpflichtden Ereign u den Kosten besteht daher kein UrsachenZushang iSd *condicio-sine-qua-non*-Formel (aA BGH **26**, 76); auf den Schutzzweck der Norm kommt es nicht an (aA BGH **27**, 137). Bei Anspr aus dem StrEG sind nach dem Normzweck auch Verteidigerkosten zu ersetzen (BGH **65**, 176, **68**, 87), ebso iF einer falschen Verdächtigg (§§ 823 II, StGB 164), nicht aber,
91 wenn der Anzeigde gutgl war (BVerfG NJW **87**, 1929). – **bb) Maßnahmen gegen den Schädiger.** Die hierdch dem Geschädigten entstehden Kosten fallen nicht unter den Schutzzweck der privrechtl Haftgsnormen (BGH **75**, 235). Eine SchadErsPfl ist daher ausgeschl für die Kosten einer Strafanzeige (BGH aaO), einer PrivKlage (Düss VersR **72**, 52), einer Nebenklage (BGH **24**, 266, Schlesw VersR **94**, 831), einer Vernehmg als Zeuge (AG Waiblingen VersR **77**, 922). Ist der ArbN wg dienstl Verrichtgen (Lkw-Fahrer) Strafverfolgsmaßn ausgesetzt, so gehört das grdsl zu seinem Risikobereich (LAG Hamm NJW **91**, 861); ein AufwendgsErsAnspr kann aber bestehen, wenn gg den schuldlos an einen Unfall beteiligten ArbN ein Verf eingeleitet w (BAG DAR **96**, 110) od wenn er im Ausl rechtsstaatsw VerfolgsMaßn ausgesetzt ist (BAG NJW **89**, 317).

92 **o) Verlust des Schadensfreiheitsrabatts. – aa)** Er ist in der **Kaskoversicherung** als Sachfolgeschaden zu ersetzen (BGH **44**, 387), ebso der Verlust des Anspr auf Beitragsrückerstattg (Köln VersR **90**, 908). Da die Schadensentwicklg hinsichtl zukünft Mehrprämien von einer Vielzahl von ungewissen Faktoren abhängt, steht dem Geschädigten insow nicht die Leistgs-, sondern nur die Feststellgsklage offen (BGH NJW **92**, 1035). Der Geschädigte darf die KaskoVers in Anspr nehmen, wenn er einen Teil des Schadens selbst tragen muß od wenn mit einer langwierigen Abwicklg der Schadensregulierg zu rechnen ist (Hamm VersR **93**, 1545). Der Anspr ist ausgeschl, wenn die KaskoVers nur wg der Neuwertklausel in Anspr genommen w (Saarbr NJW-
93 RR **86**, 194, LG Brem VersR **93**, 710). Vgl zu entspr Schäden bei and Versichergen § 249 Rn 19). – **bb)** In der **Haftpflichtversicherung** besteht gg den Unfallgegner kein ErsAnspr, da die Rückstufg nicht auf den vom Geschädigten erlittenen Schaden, sond darauf beruht, daß auch dem Gegner Schäden entstanden sind (BGH **66**, 398, BVerwG NJW **95**, 412). Ist der Unfall dch einen Mieter, einen ArbN od einen Schwarzfahrer verursacht worden, kann der Eigtümer umfassd für alle Vermögensschäden Ers verlangen; die ErsPfl erstreckt sich daher auf den Rückstufgsschaden (BAG NJW **82**, 846, Honsell JuS **78**, 747); uU wird das insow bestehde Schadensrisiko aber dch die dem ArbN od Beamten gewährte Kilometerpauschale mitabgegolten (BAG NJW **93**, 1028, BayVGH DVBl **93**, 396).

94 **p)** Ein ErsAnspr entfällt, wenn die ErsLeistg dem **Zweck des Schadensersatzes** zuwiderlaufen würde (s Rn 62). Entgangener Gewinn aus einer verbotenen Tätigk ist daher nicht zu ersetzen (§ 252 Rn 3). Entspr ein Urt der wirkl RLage, besteht keine ErsPfl, auch wenn der Proz nur wg eines AnwVerschuldens verloren gegangen ist (BGH NJW **87**, 3255). Wird gg ein richtiges Urt weisgswidr kein RMittel eingelegt, besteht wg des Schadens aus der vorzeit Vollstr keine ErsPfl (RG **162**, 68, Hamm MDR **87**, 582). Wird die Dchsetzg eines nicht der Sach- u RLage entspr Urt gg die InsMasse dch Mitgl des GläubAusschusses verhindert, besteht keine ErsPfl (BGH **124**, 95). Der Steuerberater ist nicht ersatzpflicht, wenn seinem Mandanten ein ungerechtfertigter Steuervorteil entgeht (BGH VersR **94**, 738). Versäumt der RA die Vollstr eines unricht rechtskr Urt, ist er dagg ersatzpflicht, sofern gg die Vollstr kein Einwand aus § 826 begründet ist (BGH NJW **96**, 48). Der dch eine Fälschg Begünstigte hat keinen ErsAnspr, wenn er wg eines Fehlers des Rpflegers die Vort der
95 Fälschg nicht realisieren kann (BGH **97**, 186). Der Täter kann aber wg der ihm auferlegten **Strafe** od Buße einen ErsAnspr gg einen VertrPartner haben, der ihn vor der Begehg der Straftat od Ordngswidrigk od deren Folgen zu schützen hatte od der ihn von einer strafbefreiden Selbstanzeige abgehalten hat (RG **169**, 267, BGH **23**, 225, NJW **97**, 519, krit Ebke/Mößle JZ **97**, 1179). Die Haftg für fehlerh Beratg erstreckt sich aber nicht auf die Folgen vorsätzl Taten (LG Bonn NJW **97**, 1449). Der ArbG braucht das dem ArbN auferlegte Bußgeld auch dann nicht zu ersetzen, wenn er überwiegd für die Ordngswidrigk verantwortl ist (LAG Hamm NJW **91**, 861, s aber BAG NJW **89**, 317). Bei Verletzg des Bankgeheimnisses keine ErsPfl für Nachteile, die der Kunde wg der von ihm begangenen strafb Hdlgen erleidet (Köln OLGZ **94**, 50).

96 **C) Hypothetische Schadensursachen und rechtmäßiges Alternativverhalten. – a)** Bei der hypothet od überholden Kausalität geht es um das **Problem,** ob sich der Schädiger darauf berufen kann, daß der von ihm verursachte Schaden aGrd eines and Ereign ohnehin eingetreten wäre. Systemat handelt es sich nicht um eine Frage der Kausalität, sond der Schadenszurechng. Real ursächl ist allein das Erstereign. Die Reserveursache hat sich nicht mehr ausgewirkt, weil der Schaden bereits eingetreten war (BGH **104**, 360).

97 **b)** Das **Gesetz** nimmt zu dem Problem nicht ausdrückl Stellg. § 249 S 1 sagt nur, daß das schädigde Ereign wegzudenken, nicht aber, daß hypothet Ursachen hinzuzudenken sind. §§ 287 S 2, 848 sehen für best Fälle die Berücksichtigg hypothet Ursachen vor, § 440 II u HGB 844 deren Nichtberücksichtigg. Dabei handelt es sich aber um SonderVorschr, die weder dch Analogie noch dch einen Umkehrschluß verallgemeinert werden können.

c) Rechtsprechung und Lehre haben trotz einer über 100jähr Diskussion keine allg anerkannte Lösg gefunden. Das RG hat in stRspr die Berücksichtigg hypothet Schadensursachen abgelehnt (RG **141**, 365, **144**, 80, **169**, 117), hiervon aber prakt wichtige Ausn zugelassen (Rn 99). Ein erhebl Teil des neueren Schrifttums tritt für die grdsl Beachtlichk hypothet Ursachen ein (MüKo/Grunsky Rn 79, Lange § 4 III–XI, ähnl OGH **1**, 308). Herrschd ist aber eine auch vom BGH favorisierte vermittelnde Ansicht (Rn 102). **98**

d) Weitgehde **Übereinstimmung** besteht über drei Grds: – **aa) Anlagefälle.** Bestand bei Eintritt des schädigden Ereign eine der geschädigten Pers od Sache innewohnde Schadensanlage, die zu dem gleichen Schaden geführt hätte, beschränkt sich die ErsPfl auf die dch den fr Schadenseintritt bedingten Nachteile (RG **156**, 191, BGH **20**, 280, NJW **85**, 676, allgM). Keine od eine nur beschränkte ErsPfl besteht daher bei Beschädigg einer Sache, die ihrer Anlage nach vor der Vernichtg stand (BGH **20**, 280), bei Schädigg eines GewBetr, der wg fehlder Rentabilität ohnehin hätte liquidiert werden müssen (BGH **LM** (Ba) Nr 20), bei Unterlassen von Schönheitsreparaturen, wenn das Gebäude abgerissen od umgebaut werden sollte (Köln MDR **71**, 665, s aber BGH **77**, 303 u § 157 Rn 6), bei unberecht Künd eines Handelsvertreters, wenn dieser ohnehin selbst kündigen wollte (BGH **LM** (Ba) Nr 23), bei Verletzg einer Pers, die inf Krankh od Alters ohnehin in Kürze erwerbsunfäh geworden wäre (RG **129**, 321, BGH **LM** § 840 Nr 7 a, VersR **65**, 491, Ffm NJW **84**, 1409), bei Versteifg eines Knies dch einen ärztl Fehler, wenn arthrotische Verändergen gleichf zu einer Versteifg geführt hätten (BGH NJW **85**, 676), bei Schäden dch eine schuldh fortgesetzte Fehlinjektion, wenn diese dch die ohne Verschulden vorgenommene Erstinjektion ebso entstanden wären (BGH **78**, 213); für einen Verdienstausfall dch eine Kur, wenn diese schon vor dem Unfall bewilligt war (LG Würzbg NJW-RR **86**, 1356). Keine Schadensanlage in diesem Sinne ist aber das allg Risiko von Kriegsschäden (BGH **29**, 216). – **bb) Hypothetische Verantwortlichkeit eines Dritten.** Die Reserveursache entlastet den Schädiger nicht, wenn sie einen ErsAnspr gg einen Dritten begründet hätte (BGH NJW **58**, 705, **67**, 552, Staud/Schiemann § 249 Rn 96). Der Schädiger kann sich nicht darauf berufen, daß der Anspr gg den Dr summenmäß beschränkt od nicht dchsetzb gewesen wäre. Er haftet für den von ihm verursachten Schaden, nicht für das Nichtentstehen des Anspr gg den Dr (Staud/Schiemann aaO). Der Geschädigte darf keinesf mit einem doppelten Insolvenzrisiko belastet w. – **cc) Beweislast.** Der Schädiger hat die BewLast dafür, daß der Schaden auch aGrd der Reserveursache eingetreten wäre (BGH **78**, 214, NJW **67**, 551, **83**, 1053). Das gilt auch dann, wenn es darum geht, ob ein 80jähr Verletzter unfallunabhäng pflegebedürft geworden wäre (Hamm NZV **98**, 374). Die gerade bei hypothet Verläufen vielf verbleibden Zweifel gehen daher zu Lasten des Schädigers (*arg* §§ 287 S 2, 848), jedoch kann im Bereich haftgsausfüllder Kausalität ZPO 287 anwendb sein. Geht es darum, welches von 2 realen Ereign den Schaden verursacht h (Unfall, Schlaganfall), ist der Geschädigte beweisbelastet (BGH VersR **87**, 179). Entspr gilt, wenn der wg Verletzg eines Kundenschutzabkommens in Anspr Genommene geltd macht, der geschütze Kunde hätte mit dem AnsprSteller ohnehin kein Gesch mehr getätigt (BGH NJW **96**, 311). **99** **100** **101**

e) Verbleibende Fälle: Umstritten ist, wie die Fälle hypothet Kausalität zu behandeln sind, die sich nicht mit den in den Rn 99ff dargestellten Grds lösen lassen. Bsp: Bei einem VerkUnfall erleidet eine Taxe Totalschaden. Sie wäre ohne den Unfall drei Tage später bei einem Garagenbrand vernichtet worden. Hier ist zu unterscheiden: – **aa) Objektschaden.** Der Geschädigte erwirbt mit dem Ztpkt der Schädigg einen SchadErsAnspr gg den Schädiger. Dieser Anspr ist Bestandt seines Vermögens. Er wird dch spätere Ereign, die das Schadensobjekt, existierte es noch, betroffen hätten, nicht berührt (BGH **29**, 215, **125**, 61, **LM** (Ba) Nr 15 u 23, NJW **94**, 1000). Der Geschädigte trägt mit dem Schadensfall das FdgsRisiko. Ihn zusätzl mit dem Sachrisiko zu belasten, ist nicht zu rechtfertigen. – **bb) Vermögensfolgeschäden.** Hier geht es nicht um den Ersatz eines abgeschl Schadens, sondern um Nachteile, die sich im Laufe der Zeit entwickeln. Der weitere Geschehensablauf einschließl hypothet Ursachen ist daher zu berücksichtigen (BGH DB **79**, 352 u die in Rn 102 Zitierten). Im BspFall braucht der Schädiger daher den Nutzgsausfallschaden nur für drei Tage zu ersetzen. – **cc)** Die **Gegenansicht,** die die hypothet Kausalität unter Berufg auf den AusglGedanken auch bei Objektschäden berücksichtigen will (s die in Rn 98 Zitierten), vermag nicht zu überzeugen. Sie zeigt nicht auf, wieso der einmal entstandene SchadErsAnspr wieder erlöschen soll u warum der Geschädigte neben dem Fdgs- auch weiterhin das Sachrisiko tragen soll. **102** **103**

f) Zeitliche und sachliche Grenzen. Ist der SchadErsAnspr dch Erf erloschen, sind spätere hypothet Ursachen nicht mehr zu berücksichtigen (Soergel-Mertens Rn 154, str). Entspr gilt für die Fixierg dch Urteil od Vergl, jedoch bleiben bei wiederkehrden Leistgen die Rechte aus ZPO 323 unberührt. Ggü Anspr auf Herausg od Rückgewähr (§§ 556, 604, 667, 696, 812, 985 usw) ist die Berufg auf hypothet Ursachen auch dann ausgeschl, wenn sie mit einem SchadErsAnspr konkurrieren (Lemhöfer JuS **66**, 339); entspr gilt für Anspr aus dem AnfG (BGH ZIP **88**, 1061). **104**

g) Rechtmäßiges Alternativverhalten. – aa) Umstr ist, ob der Schädiger geltd machen kann, der Schaden wäre auch entstanden, wenn er sich rechtsmäß verhalten hätte. Das RG hat diesen Einwand nicht zugelassen (RG **102**, 391, **163**, 138), wohl aber der OGH (OGH **1**, 308). Das BAG ist ursprüngl dem RG gefolgt (BAG **6**, 376), gestattet aber jetzt dem vertragsbrüch ArbN den Einwand, die geltd gemachten Inseratskosten wären bei vertrgem Künd ebso entstanden (BAG NJW **81**, 2430, **84**, 2846). Der BGH stellt bei der Lösg des Problems auf den Schutzzweck der verletzten Norm ab (BGH **96**, 157/173, **120**, 281/286). Nach seiner Rspr darf der auf SchadErs in Anspr genommene Arzt geltd machen, der Patient hätte die wg fehlder Aufklärg unwirks Einwilligg auch bei gehör Aufklärg erteilt (BGH **90**, 111, § 823 Rn 51); der Anspr aus § 839 entfällt, wenn die von einer unzuständ Behörde getroffene Maßn von der zuständ ebso erlassen worden wäre (BGH NJW **71**, 239); der in Verletzg der VOL od VOB/A übergangene Bieter hat keinen ErsAnspr, wenn die Ausschreibg wg eines schwerwiegden Grdes hätte aufgehoben w müssen (BGH **120**, 286, NJW-RR **97**, 1107). – **bb) Grundsatz.** Das rechtmäß Alternativverhalten ist grdsl beachtl (MüKo/Grunsky Rn 90, Esser/Schmidt § 33 III 2, Düss VersR **82**, 857). Schäden, die auch bei einem rechtmäß Verhalten des Schädigers entstanden wären, werden vom Schutzzweck der Haftgsnormen regelmäß nicht erfaßt. Der Schädiger trägt aber die BewLast dafür, daß der Schaden auf jeden Fall eingetreten wäre (BGH **29**, 187, **61**, 123, **120**, 287, NJW **91**, 167, Köln NJW-RR **97**, 542). Der Schädiger kann sich daher nicht damit verteidigen, daß der Schaden *möglweise* auch bei rechtmäß Verhalten eingetreten wäre (BGH NJW **59**, 1316, **105** **106**

NJW-RR **95**, 937). Der Schädiger kann auch nicht einwenden, daß die fehlde RGrdl dch einen Dr hätte geschaffen werden können (BGH **63**, 325, fehlde VO). Gleichf unzul ist die Berufg auf ein rechtsw, aber
107 schuldloses Alternativverhalten (Köln VersR **96**, 456). – **cc) Einschränkung.** Ausnahmsw kann sich aus dem Schutzzweck der verletzten Norm ergeben, daß die Berufg auf rechtmäß Alternativverhalten ausgeschl ist (BGH **96**, 173, VersR **86**, 1183, Lange § 4 XII 5). Im RestitutionsVerf nach dem VermG kann nicht eingewendet w, daß die rechtsw Überführg des VermWertes in VolksEigtum auch auf rechtmäß Weise hätte herbeigeführt w können (BVerwG VIZ **98**, 676). Der Notar, der die FälligkBestätigg vor Eintr der Aufl-Vormkg erteilt hat, kann nicht geltd machen, daß er dch pflgem Verhalten einen fr Eintritt der Fälligk hätte erreichen können (BGH **96**, 173). Auch bei Verletzg grdlegder Verfahrensnormen kann die Berufg auf ein rechtmäß Alternativverhalten unzul sein (Soergel/Mertens Rn 164), so bei einer verfahrensw Unterbringg eines psychisch Kranken (Oldenbg VersR **91**, 306), od bei einer rechtsw FreihBeraubg, wenn die Voraussetzgen des dingl Arrests vorlagen.

108 **6) Kreis der Ersatzberechtigten, Drittschadensliquidation. – a) Allgemeines. – aa)** Der Kreis der ErsBerecht wird dch das **Relativitäts-** und das **Tatbestandsprinzip** begrenzt. ErsBerecht ist bei VertrVerletzgen der VertrPart, bei Vertr zGDr od mit Schutzwirkg zGDr auch der begünstigte Dr (RelativitätsGrds, Einf 3 v § 241), bei unerl Hdlgen derjenige, dessen Rechte od rechtl geschützte Interessen verletzt worden
109 sind (Tatbestdsprinzip). – **bb)** Wer dch die **Verletzung eines anderen** nur mittelb in seinem Vermögen geschädigt wird, hat grdsl **keinen Ersatzanspruch.** Beispiele sind der dch die Verletzg seines Stars geschädigte Theaterveranstalter, der dch die Verletzg eines ArbN geschädigte ArbG (BGH **7**, 36, LG Hildesheim NJW-RR **86**, 453) u der ArbN, der dch Beeinträchtiggen des Betr seines ArbG Schaden erleidet. Von dem
110 Grds, daß dem nur mittelb Betroffenen kein ErsAnspr zusteht, gelten aber (scheinb u wirkl) **Ausnahmen:** **(1)** Bei unerl Hdlgen haben Dr in den Fällen u im Rahmen der §§ 844 II u 845 Anspr auf SchadErs. Diese Vorschr gelten auch für die Gefährdgshaftg (ProdHaftG 7 II, HaftPflG 5 II, StVG 10 II, LuftVG 35 II) u für DienstVertr (§ 618 III). **(2)** Ein ErsAnspr besteht, wenn dch die Verletzg eines and auch im Verhältn zu einem mittelb Betroffenen der Tatbestd einer haftgsbegründden Norm erfüllt wird. Bsp sind Schockschäden wg des Todes eines nahen Angeh (Rn 71) od die Schädigg der Leibesfrucht dch Verletzg der Mutter (Rn 72). Auch bei Anspr, die auf einen allg Vermögensschutz abzielen (Anspr aus Vertr, §§ 823 II, 826, 839), kann ein ledigl mittelb Betroffener ersberecht sein. So umfaßt der Anspr aus § 538 auch den Schaden, der dem Mieter dch Tötg eines Unterh- od Dienstverpflichteten entsteht (RG **77**, 100, BGH **LM** § 538 Nr 12/13). **(3)** Das Ges sieht in einer Reihe von Fällen vor, daß die Anspr des Verletzten ganz od teilw auf den mittelb Betroffenen übergehen. Beispiele sind EFZG 6 u SGB X § 116. **(4)** Für einige Fallgruppen ist anerkannt, daß der AnsprInh den Schaden des mittelb betroffenen Dritten liquidieren kann, sog Drittschadensliquidation
111 (Rn 112). – **cc)** Der Anspr des ErsBerecht **beschränkt** sich auf den von ihm selbst erlittenen Schaden (BGH **7**, 30). Der Erbe des Geschädigten kann daher nur für die dem Erblasser entstandenen Nachteile Ersatz verlangen (BGH NJW **62**, 911, **LM** § 823 (F) Nr 25, VersR **72**, 460). Dem Gter steht wg eines Schadens, der ihm als Reflex einer Schädigg der Gesellsch entstanden ist (Wertverlust der Aktie), kein eig SchadErsAnspr zu (BGH ZIP **95**, 829, krit Müller ZIP **95**, 1416). Eine KapitalGesellsch kann steuerl Nachteile ihrer Gter nicht als eig Schaden geltd machen (BGH NJW-RR **92**, 291). Umgekehrt kann der einer KapitalGesellsch dch Verletzg ihres Gters entstandene Schaden nicht als persönl Schaden des **Alleingesellschafters** gewertet w (MüKo/Grunsky Rn 115, Erm-Kuckuk Rn 147, Schulte NJW **79**, 2230, aA BGH **61**, 380, NJW **77**, 1283, NJW-RR **89**, 684). Der AlleinGter hat aber, wenn er der tatbestandl Verletzte ist, einen SchadErsAnspr wg des Wertverlusts seiner GeschAnteile (BGH NJW-RR **95**, 864, Staud/Schiemann Rn 60). Daneben kann ein eig SchadErsAnspr der jur Pers bestehen, soweit sie selbst Verletzte ist, so etwa wenn sie in den Schutzbereich des von ihrem Gesellschter geschlossenen Vertr einbezogen ist. Bei einer ggü der MuGesellsch u der Tochter begangenen PflVerletzg kann die MuGesellsch als Schaden die Aufwendgen ersetzt verlangen, die sie zur Wiederherstellg der Zahlgsfähigk der Tochter gemacht hat (Düss ZIP **97**, 33).

112 **b) Drittschadensliquidation** (DrSchadL). **– aa)** Der Schaden, der typischerw beim ErsBerecht eintreten müßte, wird vielfach aufgrd eines RVerhältn zw dem ErsBerecht u einem Dr auf diesen verlagert. Es besteht Einverständn darüber, daß der Schädiger aus dieser **Schadensverlagerung** keinen Vorteil ziehen darf. Rspr u Lehre lassen daher beim Auseinanderfallen von GläubStellg u geschütztem Interesse eine DrSchadL zu (BGH **40**, 100, **51**, 93, NJW **96**, 2735, Lange § 8 III, Larenz § 27 IV). Ein Teil der neueren Lit verneint die Zulässigk der DrSchadL, gelangt aber auf and, komplizierteren Begründgswegen zu prakt übereinstimmden
113 Ergebn (s Junker AcP **193**, 348, Büdenbender JZ **95**, 920). – **bb) Anwendungsbereich.** Die DrSchadL kommt idR nur bei vertragl Anspr in Betracht (Hamm NJW **70**, 1793). Bei Anspr aus **unerlaubter Handlung** ist sie nur in den Fällen der obligatorischen Gefahrentlastg (Rn 117) zul (BGH VersR **72**, 1139, Hbg MDR **74**, 668, str), ferner in der Fallgruppe mittelb Stellvertretg (Rn 115), soweit es um Anspr aus AmtspflVerletzg (BGH NJW **67**, 931, **91**, 2697), aus SchutzGesVerletzg (Rstk NJW-RR **98**, 688) od aus § 826 geht (s BGH **134**, 117, 126, TransferrubelGesch). Der GrdSchGläub kann bei einer AmtspflVerletzg des Notars nicht den Schaden des Eigtümers geltd machen (BGH VersR **83**, 460). Ausgeschlossen ist die DrSchadL bei Anspr aus § 906 II 2 (Salje DAR **89**, 302). Im öffR kann sie ausnw zul sein (BVerwG **12**, 254).
114 – **cc) Anspruchsinhaber** ist der Inh der verletzten RStellg; er kann auf Leistg an sich od den Geschädigten klagen (BGH NJW-RR **87**, 880, NJW **89**, 452, NJW-RR **96**, 724, Düss NJW-RR **96**, 591). Der geschädigte Dr kann idR gem § 281 Abtretg des SchadErsAnspr verlangen. Gg seinen Willen ist die Liquidation seines Schadens nicht zul (RG **115**, 426, BGH NJW **85**, 2412). Der Nachweis, daß die Geltdmachg des Anspr nicht dem Willen des Dr entspr, obliegt dem Schädiger (BGH NJW **98**, 1864). Mit dem ErsAnspr des Inh der verletzten RStellg kann ein (idR delikt) SchadErsAnspr des Dr konkurrieren (BGH NJW **85**, 2412, aA BGH NJW **84**, 2569). Beide sind in diesem Fall GesamtGläub (BGH NJW **85**, 2412). Der **Umfang** des Schadens richtet sich nach den Verhältn des Dr (BGH VersR **72**, 1140, str). Dieser muß sich MitVersch des AnsprInh, aber auch eig MitVersch anrechnen lassen (BGH NJW **72**, 289).

115 **c) Fallgruppen. – aa)** Wer als **mittelbarer Stellvertreter** für fremde Rechng einen Vertr geschlossen hat, kann den Schaden des GeschHerrn gg den zum SchadErs verpflichteten VertrGegner geltd machen (RG **90**, 246, **115**, 425, BGH **25**, 258, VersR **72**, 68, 199, 274, stRspr). Das gilt insb für den Spediteur (Hbg VersR

87, 558, Rabe TransportR **93**, 1), der sowohl für den Empfänger als auch für den Absender liquidieren darf (BGH NJW **89**, 3099), den Frachtführer (Ffm NJW-RR **86**, 577), den Empfänger (Piper VersR **88**, 202), den Kommissionär, den Beauftragten, den TrHänder (BGH NJW-RR **87**, 881) u den Notar (Düss WM **86**, 639); wg Fehlens einer Schadensverlagerg aber nicht der Beauftragte, der als verdeckter Stellvertreter eine Bankauskunft eingeholt hat (BGH **133**, 36, krit Traugott ZIP **97**, 876). Der Inkassozessionar ist berecht, den Schaden des Zedenten geltd zu machen (RG **107**, 132), auch iF der SichgAbtr soll der SichgN iW der DrSchadL befugt sein, den Zedentenschaden ersetzt zu verlangen (BGH NJW **95**, 1283, NJW-RR **97**, 663). Die Krankenkassen können als Einzugsstellen nach SGB IV gem §§ 823 II, StGB 266a auch den Schaden geltd machen, der dem Rentenversicherer u der BfA dch Nichtabführg von Beiträgen entstanden ist (Rstk NJW-RR **98**, 688). – **bb)** Wer als berecht Besitzer einer fremden Sache **116**
einen Vertr abschließt, der hinsichtl der Sache eine **Obhutspflicht** begründet, kann bei Verletzg dieser Pfl ggü dem VertrGegner den Schaden des Eigtümers geltd machen (BGH **40**, 101, NJW **69**, 790, **85**, 2412, Naumbg OLG-NL **94**, 174). Das ergibt sich für den Fall der Gastwirtshaftg aus § 701, gilt aber allg. Mit dem vertragl SchadErsAnspr des Besitzers kann ein delikt Anspr des Eigtümers konkurrieren (BGH NJW **85**, 2412, Rn 114). Ist umgekehrt der Eigtümer VertrSchließder u der Besitzer (Mieter) der Geschädigte, ist eine Drittschadensliquidation nicht zul (Hamm NJW-RR **87**, 725). Sie ist wg des **Vorrangs** des Vertr mit Schutzwirkg zGDr auch dann ausgeschl, wenn dem Geschädigten analog § 328 ein SchadErsAnspr zusteht (BGH **49**, 355, NJW **85**, 2411, § 328 Rn 29). – **cc) Gefahrentlastung.** Erleidet der zur **117**
EigtÜbertragg verpflichtete Eigtümer bei Beschädigg od Zerstörg der Sache keinen eig Schaden, weil er ggü seinem Gläub frei wird, kann er das Drittinteresse seines Gläub geltd machen (BGH **40**, 100, NJW **70**, 41, Düss NJW-RR **96**, 591). Hauptanwendgsfälle sind der Versendgskauf (§ 447) u das Vermächtn (§§ 2174, 275). Da HGB 421 I 2 nF dem Empfänger (Käufer/VermN) nunmehr einen eig SchadErsAnspr gg den FrachtFü einräumt, besteht in dieser Fallgruppe aber nur noch ausnw ein Bedürfn für eine DrSchadL. Beim WerkVertr kann der Besteller den Schaden des Untern geltd machen, wenn das bereits vor Abnahme (§ 644) in sein Eigtum übergegangene Werk dch Dr zerstört od beschädigt w (BGH NJW **70**, 41). Soweit der Untern aus Besitzverletzg einen eig SchadErsAnspr hat, besteht GesamtGläubigersch, § 428 (Rn 114, str). Ein Anspr in Höhe des VerkWertes der Sache steht dem Eigtümer auch nach der Lehre vom obj Schadenskern als Mindestschaden zu (BGH **49**, 361, Rn 53). Der SchadensAusgl darf aber nicht auf den obj Wert beschränkt w (Lange § 8 III 6; aA Peters AcP **180**, 336). Es entspr nicht dem Sinn der Gefahrtraggsregeln, das Risiko des ErsPflichtigen zu mindern u den Dr zu belasten. – **dd) Ver-** **118**
einbarung. Die Liquidation des Drittinteresses ist mögl, wenn die Part dies ausdrückl od stillschw vereinbart haben (RG **170**, 251, Neuner JZ **99**, 312). Für einen entspr Willen müssen aber konkrete AnhaltsPkte vorliegen (BGH NJW **69**, 271). Der LizenzG kann berecht sein, den Schaden weiterer NutzgsBerecht gg den LizenzN geltd zu machen (BGH NJW **74**, 502). Bei Kauf od WkVertr kann dagg bei einer sog **Verkäuferkette** nicht angenommen werden, daß der Käufer od Besteller berecht sein soll, den Schaden seines Abnehmers zu liquidieren (BGH **40**, 102, Hamm NJW **74**, 2092, offen BGH NJW **97**, 652). Das Problem der Produkthaftg läßt sich nicht über die DrSchadL lösen (BGH **51**, 93, § 823 Rn 201 ff). Eine DrSchadL kommt nicht in Betracht, wenn der dch ein WettbewVerbot Geschützte seinen Betr an einen Dr veräußert (Kblz NJW-RR **91**, 152). Entspr gilt, wenn ein GewerbeBetr dch die von einem Dr verursachte Beschädigg eines Stromkabels geschädigt w (BGH NJW **77**, 2209). Der General-Untern kann uU berecht sein, ggü dem SubUntern den Schaden des Bestellers od and SubUntern geltd zu machen (Fender BauR **84**, 257). Dagg ist bei Verletzg sonst bauvertragl Pflten eine DrSchadL, etwa des Schadens des NachUntern od des Architekten, nicht zul (BGH NJW **85**, 2477, krit Kraus BauR **86**, 27). Beim LeasVertr ist der Lieferant nicht berecht, den Schaden des LeasG zu liquidieren (Düss NJW-RR **89**, 884).

7) Vorteilsausgleichung. – A) Allgemeines. – a) Problem. Hat das zum SchadErs verpflichtde Ereign **119**
neben Nach- auch Vorteile gebracht, ergibt sich die Frage, ob diese auf den SchadErsAnspr anzurechnen sind. Das Gesetz nimmt zu dem Problem nicht ausdr Stellg. Einzelne Vorschr sehen eine Vorteilsanrechng vor (zB § 642 II), andere schließen sie aus (zB § 843 IV). Aus der Entstehgsgeschichte des BGB ergibt sich, daß der GesGeber die Lösg des Problems Rspr u Lehre überlassen wollte (Mot II 19).

b) Formel. Die Rspr macht die Vorteilsausgleichg von zwei Voraussetzgen, einer tatsächl u einer norma- **120**
tiven, abhängig: Zw dem schädigden Ereign u dem Vorteil muß ein **adäquater Kausalzusammenhang** bestehen (BGH **49**, 61, **81**, 275). Weiter muß die Anrechng des Vorteils aus der Sicht des Geschädigten zumutb sein (BGH **10**, 108); sie muß dem **Zweck des Schadensersatzes** entsprechen u darf den Schädiger nicht unbillig entlasten (BGH **8**, 329, **30**, 33, **91**, 210, 361, BAG NJW **68**, 222). Das neuere Schrifttum stimmt den Ergebn der Rspr weitgehd zu, hält aber die von der Rspr entwickelten Abgrenzgskriterien für unbrauchb (Esser/Schmidt § 33 V, Larenz § 30 II, Lange § 9 III). Dieser Kritik ist zuzugeben, daß die von der Rspr verwandten Begriffe (Zumutbark, Billigk, Zweck des SchadErs) wenig aussagekräftig sind u in Fallgruppen konkretisiert werden müssen (s Rn 125–147). Der Lit ist es aber nicht gelungen, einen der Rspr überlegenen, plausiblen Lösgsvorschlag zu entwickeln (s die Darstellg der Lehrmeingen bei Lange § 9 II 4), wenn sie auch einzelne brauchb Wertgsgesichtspunkte herausgearbeitet hat.

c) Kausalitätserfordernis. – aa) Das schädigde Ereign muß *condicio sine qua non* für den anzurechnden **121**
Vorteil sein. Der wg eines Kunstfehlers in Anspr genommene Arzt kann sich daher nicht darauf berufen, daß der Patient ohne die Operation verstorben wäre, denn der Behandlgsfehler, nicht die Operation ist das haftb machde Ereign (RG JW **34**, 869). Der für einen VerkUnfall Verantwortl kann dem von ihm Verletzten nicht entgghalten, dieser habe erbrechtl Vorteile, weil sein Bruder bei dem gleichen Unfall getötet worden sei (BGH NJW **76**, 747), denn die Verletzg des Geschädigten, nicht der Tod des Bruders ist der HaftgsGrd. – **bb)** Zw dem schädigden Ereign u dem Vorteil muß ein **adäquater** Ursachenzushang bestehen (RG **80**, 160, BGH **49**, 61, **81**, 275, NJW **89**, 2389, **90**, 1360, stRspr, aA die hL, s Staud/Schiemann § § 249 Rn 139). Inadäquate Vorteile, die wg der insoweit maßgebden Kriterien (Rn 58) schon in den aleatorischen Bereich gehören, sind in spiegelbildl Anwendg des Gedankens des allg Lebensrisikos (Rn 88) dem Geschädigten, nicht dem Schädiger gutzubringen.

122 **d) Wertungsgesichtspunkte.** Die Entscheidg, ob ein Vorteil anzurechnen ist od nicht, läßt sich nicht auf einen einzigen Grundgedanken zurückführen (Lange § 9 III 3). Sie muß vielmehr nach den für die einzelnen Fallgruppen maßgebden Sachgesichtspunkten getroffen werden. Im Anschluß an Thiele (AcP **167**, 193) läßt sich aber eine allg Voraussetzg der Vorteilsausgleichg formulieren: Zw Nach- u Vorteil muß ein **innerer Zusammenhang** bestehen, so daß beide bei wertder Betrachtg gleichsam zu einer RechngsEinh verbunden sind (BGH **77**, 154, **91**, 210, 363, **136**, 52, Rn 127). Auch den Vorschr über die **Legalzession** (SGB X 116, VVG 67, AFG 127, BBG 87a, BRRG 52, EFZG 6) liegt ein allg RGedanke zugrde: Sie setzen voraus, daß der ErsAnspr des Geschädigten dch die Leistg des Legalzessionars nicht berührt wird u schließen daher in ihrem Anwendgsbereich eine VorteilsAusgl aus (Rn 134ff u 148ff). Im übrigen gilt: Weder die Anrechng noch die Nichtanrechng des Vorteils ist die Regel (Staud/Schiemann § 249 Rn 140). Beides bedarf vielmehr einer auf die Eigenart der Fallgruppe abgestellten Begründg.

123 **e) Durchführung.** – **aa)** Der Vorteil wird, ohne daß es einer GestaltgsErkl des Schädigers bedarf, vom ErsAnspr abgezogen. Es handelt sich um einen Fall der **Anrechnung** nicht der Aufr (§ 387 Rn 2); die VorteilsAusgl findet daher auch bei gesetzl od vertragl AufrVerboten statt (BGH NJW **62**, 1909). Sind der ErsAnspr u der Vorteil nicht gleichartig, muß der Geschädigte den Vorteil Zug um Zug gg Erf des ErsAnspr herausgeben (BGH **27**, 248). Besteht der Vorteil in einem Anspr gg einen Dr, muß dieser abgetreten w (BGH NJW-RR **90**, 80, 1201). Der Vorteil ist auch dann anzurechnen, wenn der Geschädigte ihn aus eig Willensentschluß nicht realisiert (BGH NJW **97**, 251). – **bb)** Der Vorteil kann auch in der **Vermeidung von Verlusten** bestehen (BGH NJW **89**, 2117), so etwa wenn eine unricht BankAusk zur Weiterbelieferg u zu FdgsAusfällen führt, zugl aber auch zur Befriedigg älterer Fdgen (BGH NJW-RR **92**, 1397). – **cc) Kongruenz von Vor- und Nachteilen.** Der Vorteil ist bei der Schadensposition abzusetzen, der er sachl entspricht (BGH NJW **79**, 760). Erforderl ist ebso wie beim gesetzl FdgÜbergang sachl u zeitl Kongruenz (Rn 152). Auf die Kosten der Umschulg kann daher der später erzielte Mehrverdienst nicht angerechnet w (s BGH NJW **87**, 2741, Nürnbg VersR **91**, 1256); unfallbedingter Mehrbedarf kann nicht mit höherem ArbVerdienst verrechnet w (s Ffm MDR **83**, 752). Ersparte häusl Verpfleggskosten sind von den Heilbehandlgskosten, nicht vom Verdienstausfallschaden abzuziehen (Rn 141). Entgangene Miete für Sept kann nicht mit höherer Miete für Okt verrechnet w (Düss MDR **98**, 1404) – **dd) Quotenvorrecht.** Beschränkt sich die ErsPfl gem § 254 auf eine Quote od besteht eine summenmäß Haftgsbeschränkg, ist der Vorteil quotenmäß zu berücksichtigen (BGH NJW **70**, 461). Die Einnahmen aus der ersatzw aufgenommenen Tätigk darf der Geschädigte daher nicht vorweg mit seiner Mithaftgsquote verrechnen (BGH NJW-RR **92**, 1050, aA Karlsr VersR **98**, 1115); bei einem UnterhSchaden sind Einkünfte der Witwe/des Witwers aber in erster Linie auf den vom Schädiger nicht zu ersetzden Schadensteil anzurechnen (BGH **16**, 274, NJW **83**, 2316, NJW-RR **86**, 1402). – **ee)** Die **Beweislast** für die Voraussetzgen der VorteilsAusgl trägt der Schädiger (BGH **94**, 217, NJW **79**, 761, **83**, 1053, NJW-RR **92**, 1397).

124 **f) Anwendungsbereich.** Die Grds der VorteilsAusgl gelten für SchadErsAnspr aller Art, auch für den aus § 845 (Karlsr FamRZ **88**, 1051, Rn 142) u den nachbarrechtl AusglAnspr (BGH NJW **92**, 2884). Keine Anwendg finden sie auf ErfAnspr (RG **80**, 154, BGH BB **92**, 1162) u Anspr aus dem AnfG (RG **100**, 90). Auf NachbessergsAnspr ist der Gedanke der VorteilsAusgl anwendb (BGH **91**, 210, NJW **89**, 2389). Entspr gilt für Anspr aus Auftr od GoA, soweit die Aufwendg in einem Schaden besteht (Oldbg NdsRpfl **72**, 273). Zur VorteilsAusgl im EnteigngsR s Übbl 28 v § 903.

125 **B) Eigene Handlungen des Geschädigten.** Soweit der Geschädigte den Schaden dch eig Leistg abwendet od mindert, entscheidet § 254 II über die Anrechng od Nichtanrechng. Bei Maßn, zu denen der Geschädigte gem § 254 II verpflichtet ist, ist der Vorteil anzurechnen; Vorteile aus überpflichtmäß Anstrenggen des Geschädigten entlasten den Schädiger dagg nicht (BGH **55**, 332, allgM).

126 **a) Eigener Arbeitsverdienst.** Wg des Grds der Kongruenz (Rn 123) kommt eine Anrechng nur auf den Verdienstausfallschaden od den Anspr aus § 844 II in Frage. Maßstab für die An- od Nichtanrechng ist § 254 II (s dort Rn 36ff). Der Schädiger wird nicht entlastet, wenn der Geschädigte die verhinderte Tätigk dch Mehrarbeit nachholt (BGH **55**, 332), wenn er eine unzumutb Erwerbstätigk aufnimmt (BGH NJW **74**, 602), wenn der ArbG die Dienste des vertragsbrüch ArbN zusätzl selbst leistet (BAG NJW **68**, 222), wenn die Witwe, ohne hierzu verpflichtet zu sein, erwerbstät ist (BGH **4**, 176, VersR **69**, 469).

127 **b)** Vorteile aus einem vom Geschädigten abgeschlossenen **günstigen Vertrag** sind idR nicht anzurechnen (Müller-Laube JZ **91**, 162). – **aa)** Gewinn aus einem **Deckungsgeschäft** mindert die ErsatzPfl nicht, wenn der Geschädigte den neuen Käufer ohnehin hätte beliefern können (BGH **126**, 309). Auch wenn diese Möglichk nicht bestand, entfällt eine Anrechng, soweit der Mehrerlös den VerkWert der Sache übersteigt (BGH **136**, 52). Ein diese Grenze nicht übersteigder Mehrerlös ist dagg anzurechnen, aber nur auf korrespondierde Schadenspositionen (Rn 122), wie auf den entgangenen Gewinn aus dem Erstverkauf u die Kosten
128 des Deckgsverkaufs, nicht aber auf die frustrierten Aufwendgen des Erstverkaufs (BGH aaO). – **bb)** Verkauft der gutgl Käufer die Sache unter Vereinbg eines **Haftungsausschlusses** od sonst mit Gewinn weiter, so berührt das seinen ErsAnspr aus § 463 nicht (BGH NJW **81**, 45, **92**, 3175, Mü NJW **80**, 1581). Für SchadErs wg Nicht- od Schlechtlieferg gilt allg, daß der Schädiger nicht entlastet wird, wenn der Abnehmer des Geschädigten keine MängelAnspr geltd macht (BGH NJW **77**, 1819); and ist es bei SchadErsAnspr auf das negative Interesse (BGH NJW **92**, 3175). Der SchadErsAnspr des Vermieters wg unterlassener **Schönheitsreparatur** wird nicht dadch ausgeschlossen, daß der Nachmieter deren Kosten übernimmt (BGH **49**, 61,
129 Staud/Schiemann § 249 Rn 148, aA Hbg VersR **91**, 716). – **cc) Anzurechnen** ist der Vorteil, wenn er nach Art u Entstehg mit dem entstandenen Nachteil in einem unlösb inneren Zushang steht (BGH NJW **82**, 326). Wer für die NichtAbn od vorzeit Rückzahlg eines Darl Ersatz seines Zinsschadens verlangt, muß sich den Vorteil aus der (möglicherw höher verzinsl) anderweit Anlage des Kapitals anrechnen lassen (BGH NJW **96**, 3337). Wer rechtsw zum Kauf einer Sache veranlaßt worden ist, muß sich den Gewinn aus deren Weiterveräußerg anrechnen lassen (BGH NJW **84**, 229). Bei verspäteter Lieferg ist die Wertsteigerg der Sache anzurechnen, wenn der Geschädigte sie bei rechtzeitiger Lieferg sofort weiterveräußert hätte u nicht in den Genuß der Werterhöhg gekommen wäre (BGH **77**, 154).

c) Hat der Geschädigte bei Dchsetzg seiner Anspr eine Sache in der **Zwangsversteigerung** unter Wert ersteigert, ist der Vorteil idR nicht anzurechnen (s RG **80**, 155, Lange § 9 V 3). Etwas and gilt aber dann, wenn der Geschädigte die Sache ohnehin erwerben wollte u er ohne die Zwangsversteigerg ein höheres Entgelt hätte zahlen müssen (RG **133**, 221). Wird der Zuschlag amtspflwidr versagt, ist der Vorteil aus der späteren Ersteigerg anzurechnen (BGH NJW-RR **87**, 246). Erst nach dem Erwerb eintretde Wertsteigergen sind nicht zu berücksichtigen (BGH VersR **67**, 189). 130

C) Leistungen Dritter. – a) Freigiebige Leistungen Dritter sind nicht anzurechnen, wenn sie, wie idR, nicht den Schädiger entlasten, sond dem Geschädigten zugute kommen sollen (RG **92**, 57, BGH **21**, 117). Nicht auszugleichen sind daher: Ertrag einer Sammlg für den Geschädigten (RG JW **35**, 3369); freiw UnterhLeistgen eines Dritten (RG **92**, 57), etwa des Partners einer eheähnl LebensGemeinsch (BGH **91**, 363), Betreuung u and. Dienstleistgen von Angeh od Mitgesellschtern (BGH NJW **70**, 95, VersR **73**, 85), freiw Zuwendgen des ArbG (BGH **10**, 107), freiw Leistgen von Unterstützgskassen (Hamm VersR **69**, 1151), „Verwandtenrabatt" bei der ErsBeschaffg (Hamm VersR **77**, 735). Hat die Drittleistg den Zweck, den Schädiger zu entlasten, ergibt sich die Anrechenbark bereits aus § 267. Ist die geschuldete, aber nicht angebrachte Sichg der Giebelwand nicht mehr erforderl, weil der Nachbar inzw angebaut hat, entlastet dies den Schädiger nicht (BGH NJW **94**, 314, in der Begründg allerdings abweichd). Die ErsPfl für Schäden an der Kanalisation wird nicht dadch ausgeschlossen, daß die Gem die Kosten der Schadensbeseitigg dch eine **Gebührenerhöhung** auf alle Benutzer abgewälzt hat (BVerwG NJW **95**, 2305). 131

b) Leistungen aus einer Privatversicherung. – aa) In der **Schadensversicherung** scheidet eine VorteilsAusgl schon deshalb aus, weil der SchadErsAnspr hier gem VVG 67 auf den Versicherer übergeht. VVG 67 gilt für die Feuer-, Diebstahls-, Kasko- u TransportVers, ferner für die RSchutzVers (BGH VersR **67**, 774, Köln NJW-RR **94**, 956 u ARB 20 II) u die KrankenVers, soweit sie die Behandlgskosten betrifft (BGH **52**, 352). Der FdgsÜbergang beschränkt sich auf die Schäden, die dem versicherten Risiko kongruent sind (BGH **25**, 340, **44**, 383, Rn 152). Hat der Schädiger den Schaden wg MitVersch od einer summenmäß Haftgsbegrenzg nur teilw zu ersetzen, geht die Fdg nur über, soweit nach voller Befriedigg des Geschädigten noch eine ErsPfl des Schädigers verbleibt, Differenztheorie, QuotenVorR des VersN (BGH **13**, 28, **44**, 382, **47**, 308). Zur rechnerischen Abwicklg in der Kfz-KaskoVers s BGH **82**, 338, NJW **82**, 829, Groß DAR **99**, 339. – 132
bb) In der **Summenversicherung** ist VVG 67 unanwendb; gleichwohl mindert die VersLeistg die ErsPfl nicht, da sie als Ergebn privater Schadensfürsorge nicht den Schädiger entlasten, sond dem Geschädigten zugute kommen soll. Die Leistgen aus der LebensVers sind daher weder mit ihrem Stammwert noch mit ihren Erträgn anzurechnen (BGH **73**, 109). Das gilt nicht nur für die RisikoVers, sond auch für die SparVers (BGH **73**, 109, and noch BGH **39**, 249). Auch bei der UnfallVers ist weder die VersSumme anzurechnen (BGH **19**, 99, **25**, 328) noch deren Erträge (BGH NJW **57**, 905, VersR **69**, 351). Gleichgült ist, ob der Vertr vom Geschädigten od einem Dritten (Angeh, ArbG) abgeschlossen worden ist (BGH NJW **68**, 837). Hat der **Schädiger** zugunsten des Geschädigten eine Vers, etwa eine InsassenunfallVers, abgeschlossen, sind deren Leistgen aber auf ein entspr Verlangen des Schädigers anzurechnen (BGH **64**, 266). Entspr gilt, wenn ein naher Angeh des Schädigers VersN ist (BGH **80**, 11). 133

c) Leistungen des Sozialversicherungsträgers und andere Sozialleistungen führen zum FdgÜbergang kr Ges, nicht aber zur Entlastg des Schädigers, SGB X § 116 (s Rn 148 ff). Eine Anrechng kommt nach dem Zweck der Sozialleistg auch dann nicht in Betracht, wenn ausnw kein FdgsÜbergang stattfindet (BGH **4**, 178, FamRZ **92**, 42, Bambg VersR **94**, 995). Auch die Übernahme von Kosten dch die Streitkräfte od den staatl GesundhDienst entlastet den Schädiger nicht (BGH NJW-RR **89**, 671, Celle VersR **89**, 491). 134

d) Leistungen nach den Beamtengesetzen führen gem BBG 87 a, BRRG 52 zu einem Übergang des SchadErsAnspr auf den Dienstherrn u entlasten den Schädiger nicht. Der FdgÜbergang vollzieht sich bereits im Ztpkt des schädigden Ereign (BGH NJW **84**, 607, Ffm VersR **87**, 593). Gleichgült ist, ob der Dienstherr Dienstbezüge weiterzahlt od Versorggsleistgen erbringt. Beihilfeleistgen führen zum FdgÜbergang (BGH NJW **77**, 802, **LM** RVO 1542 Nr 122), sind aber auch dann nicht anzurechnen, wenn ausnw kein FdgsÜbergang stattfindet (BGH NJW **92**, 1557). Dieser bezieht sich auch auf vertragl SchadErsAnspr (BGH NJW **83**, 1377) u findet auch dann statt, wenn die Versorggslast des Dienstherrn bei Tötg eines pensionierten Beamten im Ergebn geringer w (BGH FamRZ **58**, 210). Der FdgÜbergang darf sich nicht zum Nachteil des Beamten auswirken. Seine volle Befriedigg hat daher vor der *cessio legis* den Vorrang (BGH **22**, 137, VersR **67**, 902). Sein Quotenvorrecht besteht auch dann, wenn seine private KrankenVers die Restkosten trägt (BGH NJW-RR **98**, 237, 1103) od er seine SchadensmindergsPfl verletzt hat (BGH NJW **84**, 354). Zur Höhe des übergehden Anspr s § 252 Rn 9, zum Ausschluß des Übergangs bei Anspr gg Angeh Rn 159. 135

e) Leistungen des Arbeitgebers. Erhält der verletzte ArbN nach dem EFZG od aGrd vertragl Vereinbg sein Gehalt weiter, so entlastet das den Schädiger nicht. Die Gehaltsfortzahlg muß nach ihrem Zweck (fürsorgerische Leistg zG des Geschädigten) bei der Schadensfeststellg unberücksichtigt bleiben (BGH **7**, 30, **10**, 107, **43**, 381). Das ergibt sich zugl aus dem in EFZG 6 angeordneten FdgÜbergang. Nicht anzurechnen sind auch: das Gehalt, das die OHG od KG ihrem verletzten Gesellschter weiterzahlt (BGH NJW **63**, 1051, **70**, 95); das Gehalt, das die Einmann-GmbH ihrem arbeitsunfäh AlleinGesellschter weitergewährt (BGH NJW **71**, 1136); das vom ArbG gezahlte Sterbegeld (BGH NJW **78**, 536); Ruhegehälter des ArbG od einer Unterstützgskasse; Abfindgen des ArbG (BGH NJW **90**, 1360). Der SchadErsAnspr des verletzten ArbN geht gem EFZG 6 jetzt auch iF des Angestellten auf den ArbG über. Ist EFZG 6 nicht anwendb, muß der Verletzte seinen Anspr analog §§ 255, 281 an den ArbG (Dienstberechtigten) abtreten (BGH **107**, 329). Das BefriediggsVorR steht wie bei VVG 67 u BRRG 52 dem Geschädigten zu (Lange VersR **70**, 486, 493). Das gilt jetzt insbes für den Fall, daß dem ArbN aGrd der gesetzl Neuregelg (§ 616 Rn 17 ff) nur 80% seines Gehalts weitergezahlt w. 136

f) Unterhaltsleistungen. – aa) Grundsatz. Für RentenAnspr aus §§ 843, 844 ist in §§ 843 IV, 844 II, 618 III, ProdHaftG 9 II, HaftpflG 8 II, UmweltHG 15 II, StVG 13 II, LuftVG 38 II ausdr bestimmt, daß UnterhLeistgen an den Geschädigten die ErsPfl des Schädigers nicht mindern. Diese Vorschr sind Ausdr des **allgemeinen Rechtsgedankens:** Leistgen des UnterhPflichtigen entlasten nach ihrem Zweck den Schädiger 137

nicht (BGH **9**, 191, VersR **70**, 41, NJW **71**, 2070). Nicht anzurechnen sind daher: auf den ErsAnspr gg den Vormd, der den UnterhAnspr gg den Vater verj ließ, die Leistgen der Mu (BGH **22**, 72); auf den ErsAnspr wg entgangener Sozialhilfe od entgangenen Pflegegelds die Leistgen von Angeh (Karlsr FamRZ **97**, 554, Ungewitter VersR **96**, 1466); auf den ErsAnspr wg Tötg der Mu die Leistgen des Großvaters u die nach seinem Tod gewährte Waisenrente (BGH NJW **74**, 1236/1653). Dagg sind UnterhVorauszahlgen u Abfindgen zu berücksichtigen (BGH NJW **71**, 2069). Ein SchadErsAnspr besteht nicht, wenn das Kind nach dem Tod des Vaters von der Mutter aus den Erträgen des gleichen Vermögens unterhalten w wie vorher (BGH NJW **69**,
138 2008). – **bb) Ausnahmen.** Besonders liegt es, wenn das den UnterhAnspr begründde RVerhältn erst dch das **schädigende Ereignis ermöglicht** worden ist. Auf den Anspr aus §§ 844 I od 845 sind nach **Wiederverheiratung** die Leistgen des neuen Eheg anzurechnen (BGH NJW **70**, 1127, Bambg DAR **77**, 300), jedoch lebt der Anspr nach Tod od Scheidg der neuen Ehe wieder auf (MüKo/Grunsky Rn 108 a). Dagg sind die Leistgen des Partners einer eheähnl LebensGemeinsch nicht anzurechnen (BGH **91**, 359, krit Lange JZ **85**, 90). Ebso bleibt der ErsAnspr der Unfallwaisen aus § 844 II im Fall der **Adoption** unberührt (BGH **54**, 269, § 1755 I 2).

138a **g) Schadensausgleich durch bestehende Sicherheiten.** Wird ein Schaden, etwa ein FdgsAusfall, dch zG des Geschädigten bestehde Sicherh ausgeglichen, so entlastet dies den Schädiger nicht (BGH NJW **94**, 511), zum einen, weil es sich um eine Maßnahme privater Schadensfürsorge handelt, zum and, weil hier idR eine *cessio legis,* etwa nach §§ 774, 1143 od 1225, vorgesehen ist (BGH aaO).

139 **D) Vorteile ohne Zutun des Geschädigten oder eines Dritten. – a) Erbrechtlicher Erwerb. – aa)** Die Hinterbliebenen brauchen sich den **Stammwert** der Erbsch od des Pflichtt auf den Anspr aus § 844 grdsl nicht anrechnen zu lassen, da ihnen dieser später ohnehin zugefallen wäre (BGH **8**, 328, NJW **57**, 905). Anzurechnen ist die Erbsch aber, wenn die Eheg aus dem Stamm ihres Vermögens lebten (MüKo/Grunsky Rn 109), wenn feststeht, daß der Getötete den Hinterbliebenen enterbt od sich wiederverheiratet hätte (Thiele AcP **167**, 232), od wenn der ErsBerecht eine erhebl geringere Lebenserwartg hatte als der Getötete (Lange § 9 IV 4 c bb, aA BGH VersR **67**, 1154). Die Vorteile aus dem gleichzeit verursachten Unfalltod seines
140 Bruders braucht sich der Geschädigte nicht entgghalten zu lassen (BGH NJW **76**, 747). – **bb) Erträgnisse der Erbschaft** sind anzurechnen, soweit sie ohne das schädigde Ereign vom Getöteten – etwa für den eig Unterh – verbraucht worden wären (BGH NJW **74**, 1236, **79**, 760, Ffm NJW-RR **90**, 1443). Das gilt auch dann, wenn der Geschädigte nur zur Nutznießg berecht ist (BGH VersR **69**, 951) od wenn er den ihm zustehden PflichttAnspr nicht geltd macht (BGH NJW **61**, 119). Maßgebd ist nicht der Brutto- sond der Nettoertrag (BGH VersR **62**, 323). Soweit die Bewirtschaftg der Erbsch ArbLeistgen des Erben erfordert, ist hierfür ein hypothet Gehalt (UnternLohn) anzusetzen (BGH **58**, 14). Der Anspr aus § 844 II wg Todes der Mutter entfällt, wenn das Kind wg des gleichzeitigen Todes des Vaters Vermögen erbt, dessen Erträge seinen UnterhBedarf decken (BGH **62**, 129). Nicht anzurechnen sind die Erträge, soweit der Getötete sie zur Vermehrg seines Vermögens verwandt hätte (BGH NJW **74**, 1236).

141 **b) Ersparte Aufwendungen** sind wg ihres engen Zushanges mit dem entstandenen Nachteil (Rn 122) nach der Differenzhypothese (Rn 8) grdsl anzurechnen (MüKo/Grunsky Rn 97, allgM), es sei denn, die Ersparn beruht auf einem überpflichtmäß Verzicht des Geschädigten. **Anzurechnen** sind daher: auf den Verdienstausfallschaden die ersparten Kosten für Fahrten zur auswärt Arbeitsstätte (BGH NJW **80**, 1787); bei Krankenhaus- od Kuraufenthalt die ersparten häusl **Verpflegungskosten** von iZw 10 DM pro Tag (Hamm NJW-RR **95**, 599), u zwar auf die Heilbehandlgskosten, nicht auf den Verdienstausfallschaden (BGH NJW **80**, 1787), jedoch erstreckt sich die *cessio legis* an den SozVersTräger in Höhe der Ersparn auch auf den Verdienstausfall (BGH NJW **84**, 2628, Schmalzl VersR **95**, 516); auf den SchadErsAnspr wg NichtErf bei konkreter Schadensberechng alle ersparten Aufwendgen (BGH NJW **69**, 879, **82**, 326); auf den ErsAnspr wg Bruch des ArbVertr das ersparte Gehalt (BAG DB **70**, 1646); auf den SchadErsAnspr gg den RAnw wg Einholg eines überflüss PrivGutachtens die ersparten Kosten des andf eingeholten Gutachtens (BGH NJW **97**, 250); bei SchadErs wg Verletzg einer WettbewAbrede die ersparte Karenzentschädigg (BGH VersR **75**, 132); bei verspäteter Fertigstellg eines Hauses die ersparten Zinsen (BGH NJW **83**, 2137); bei Anmietg eines Pkw die ersparten Eigenkosten (§ 249 Rn 14 a); bei Nachbessergskosten die sog **„Ohnehin"- Kosten,** um die das Werk teurer geworden wäre, wenn es von Anfang an ordngsmäß hergestellt worden wäre (BGH **91**, 210, NJW-RR **88**, 1045). Dabei sind die Sowieso-Kosten auf den Preisstand einer seinerzeitigen ordngsmäß Errichtg zu beziehen (BGH NJW-RR **94**, 148). Eine Anrechng ist aber ausgeschl, wenn der Gläub die Mehrkosten bei einem pflgem Verhalten des Schu auf einen Dr hätte abwälzen können (BGH BauR **90**, 84). Anzurechnen sind weiter: auf ErsAnspr wg pflichtw Kreditgewährg die Unterstützg, die die Gemeinde wg des
142 Hinausschiebens des UnternZusbruchs erspart hat (RG JW **37**, 740). Dagg kann der wg **Anstellungsbetrugs** Entlassene sich nicht darauf berufen, seine Arb habe die Vergütg für eine and Pers erspart (Mü MDR **65**, 988). Beim Anspr wg entgangener Dienste (§ 845) sind nur die ersparten Aufwendgen für Wohng u Verpflegg, nicht der gesamte ersparte UnterhAufwand anzurechnen (BGH **4**, 129, NJW **53**, 98, VersR **61**, 857, s aber Karlsr FamRZ **88**, 1050). Für den Anspr des Witwers wg **Wegfall der Haushaltsführung** (§ 844 II) gilt diese Beschränkg nicht (BGH **56**, 389, VersR **84**, 876), jedoch sind die ersparten UnterhLeistgen nur im Rahmen der Billigk auszugleichen (BGH aaO). Die beim Vater eintretde Ersparn mindert aber nicht den Anspr des Ki wg Todes der Mu (Hamm NJW-RR **87**, 539).

143 **c) Nutzungen.** Ist ein VertrVerh rückabzuwickeln, sind die vom Geschädigten gezogenen Nutzgen iW der Vorteilsausgleichg anzurechnen (BGH NJW **62**, 1909, Karlsr OLGZ **75**, 192). Das gilt jedoch nicht bei einer dch die Verhältn erzwungenen obj unzumutb Nutzg (Saarbr NJW-RR **87**, 471). Bewertgsmaßstab ist nicht der VerkWert, sond die ersparte Abnutzg der andf gekauften Sache. Diese können bei Pkw für 1000 km auf 0,5 %–1 % des Anschaffgspreises veranschlagt w (§ 347 Rn 9). Zu berücksichtigen ist aber auch der Vorteil aus der **vorzeitigen Rückgabe** der Sache (BGH **82**, 121, 132, NJW **95**, 1541).

144 **d) Steuerliche Vorteile** sind grdsl im Wege der VorteilsAusgl zu berücksichtigen (BGH **53**, 132, NJW **86**, 245, Kullmann VersR **93**, 388, zum umgekehrten Fall steuerl Nachteile s § 249 Rn 18). – **aa)** Die Steuerersparn aus folgden Vergünstiggen mindern die ErsPfl: Steuerfreih gem EStG 3 für Leistgen der Unfall-,

Kranken- u ArbLosenVers (BGH NJW **80**, 1788) u für ArbNAbfindgen (BGH NJW **89**, 3150); Steuerfreih gem EStG 22 für ErwerbsunfähigkRenten (BGH NJW **86**, 245, **87**, 1814); Abzugsfähigk von Schuldzinsen gem EStG 21 a (BGH NJW **83**, 2137); Steuerfreih des ErwerbsunfähigkSchadens gem GewStG 7 (BGH NJW **79**, 915, **87**, 1814); Steuervorteile aus erhebl Verlustzuweisgen (BGH NJW **84**, 2524, NJW-RR **88**, 161); Vorteile aus einer Verringerg der Progression bei einer nur quotenmäß Haftg des Schädigers (BGH NJW **95**, 391); Berechtigg zum **Vorsteuerabzug** gem UStG 15 (BGH NJW **72**, 1460); Umsatzsteuerfreih der Ers-Leistg (BGH NJW **87**, 1690, 1814); Erstattg der Umsatzsteuer wg Gemeinnützigk (LG Zweibr NJW-RR **98**, 1246); Berücksichtigg des Verspätgszuschlags als BetrAusgabe (BGH NJW-RR **91**, 794); Abschreibgsmöglichk gem EStG 7, 7 b (BGH NJW **90**, 571); die Nichtanwendg des ErbStG, wenn der Geschädigte statt der Erbsch SchadErs für deren Verlust erhält (Lange § 6 XIII 4 a). Die VorteilsAusgl entfällt, wenn die ErsLeistg gleichf der SteuerPfl unterliegt (BGH **74**, 114, NJW-RR **88**, 788, 856, Düss ZIP **97**, 35). – **bb)** Auch der **145** **Zweck der Steuervergünstigung** od and Wertgsgesichtspunkte können eine Berücksichtigg des Vorteils ausschließen (BGH NJW **93**, 1643, Kullmann VersR **93**, 390). Nicht anzurechnen sind: Vorteile aus dem Pauschbetrag für Behinderte gem EStG 33 b (BGH NJW **86**, 245) u aus Sonderregelgen bei der MWSteuer für Landwirte (Hbg NJW **91**, 849); die Vergünstigg nach EStG 34 (BGH **74**, 116, § 252 Rn 11); Vorteile aus der Verj der Steuerschuld (BGH **53**, 137); Ersparn dch eine Tarifsenkg, die inf der Verzögerg der ErsLeistg anwendb wird (BGH WM **70**, 637); Vgl hierzu u zum Wegfall von SozialVersBeiträgen auch § 252 Rn 11 ff.

e) Abzug neu für alt. Wird eine gebrauchte Sache dch eine neue ersetzt od dch den Einbau von Neuteilen **146** repariert, kann dies zu einer Werterhöhg führen. Diese ist unter folgden Voraussetzgen vom SchadErsAnspr abzusetzen: – **aa)** Dch die Schadensbeseitigg muß eine meßb **Vermögensvermehrung** eingetreten sein. Diese ist zu bejahen bei Einbau eines generalüberholten Motors (Kblz VRS **88**, 170) u bei Anschaffg eines neuen Druckbehälters mit wesentl längerer „Lebenserwartg“ (BGH NJW **96**, 584). Die Höhe des Abzugs ist nach der Relation der Nutzgsdauer des alten u neuen Ggst zu bemessen (BGH **30**, 33), nicht zu berücksichtigen sind aber schadensbedingte Erhöhgen der Wiederherstellgskosten (BGH NJW **97**, 2879). Eine meßb Wertsteigerg ist idR zu verneinen bei Ers einer Zahnprothese od Krone (AG Landshut NJW **90**, 1537, LG Hanau DAR **99**, 365), bei Erneuerg einer 8 Jahre alten Abwasserleitg (Kblz NJW-RR **90**, 149) u bei Ers von Teilen, die im allg die „Lebensdauer“ des Kfz erreichen (KG NJW **71**, 144, § 251 Rn 24). – **bb)** Die Werterhöhg muß sich für den Geschädigten wirtschaftl **günstig auswirken** (Celle VersR **74**, 1032). Diese Voraussetzg ist bei Neuerrichtg einer Baulichk wg der längeren Lebensdauer u der Ersparn von Reparaturaufwendgen idR erfüllt (BGH **30**, 34, **102**, 331, NJW **97**, 520). Entspr gilt für die Erneuerg des Daches (Ffm BauR **87**, 323), einer Mauer (BGH NJW **92**, 2884, Düss NJW-RR **93**, 664), von Teilen der Kanalisation (BVerwG NJW **95**, 2305), od der Stoßschutzeinrichtg eines Schleusentors (Karlsr VRS **90**, 407), jedoch müssen bei der Ermittlg der Wertsteigerg Nebenkosten uU unberücksichtigt bleiben (BGH **102**, 331). Auch bei Erneuerg des Anstrichs kann ein Abzug neu für alt gerechtfertigt sein (Hamm NJW-RR **93**, 1236), ebso bei der dem Mieter geschuldeten Beseitigg der Folgen eines Wassereinbruchs, wenn dieser Kosten der Schönheitsreparatur spart (LG Bln NJW-RR **97**, 265) u bei der Reparatur einer Eisenbahnbrücke, wenn diese eine kostengünstigere Dchführg künft Reparaturen ermöglicht (Hamm NJW-RR **94**, 345). Wird allein der Verkaufswert erhöht, muß der Ausgl uU bis zum tatsächl Verkauf zurückgestellt w (Saarbr VersR **75**, 189). – **cc)** Die VorteilsAusgl muß dem Geschädigten **zumutbar** sein (BGH **30**, 34) u darf nicht gg rechtl Wertgen verstoßen. Sie entfällt, wenn wenig getragene Kleidg einer Unterstützgsempfängerin beschädigt wird (Schlesw MDR **52**, 747) od eine Baufirma Nachbessergsarbeiten mit erhebl Verspätg ausführt (BGH **91**, 215, Hamm NJW-RR **96**, 272).

f) Verschiedenes: – aa) Glücksfälle (Schulbeispiel: bei der Entferng des beschädigten Baumes wird ein **147** Schatz entdeckt): Der Vorteil ist als inadäquat nicht anzurechnen (Rn 121). Außerdem ist der Gedanke des allg Lebensrisikos (Rn 88) spiegelbildl anzuwenden (Lange § 9 IV 5). – **bb) Wertsteigerungen** der verspätet zurückgegebenen Sache sind anzurechnen, sofern der Geschädigte sie bei rechtzeit Leistg zu einem geringeren Preis verkauft hätte (BGH **77**, 154). Sie sollen auch bei Bausummenüberschreitgen die ErsPfl mindern (BGH NJW **70**, 2018, krit Steinert BauR **88**, 555). Zu berücksichtigen ist auch die dch den Wegfall des Denkmalschutzes eintretde Werterhöhg (BGH NJW **88**, 1838). Keine VorteilsAusgl, wenn der Schädiger das **entwendete Geld** bei der bestohlenen Spielbank wieder verspielt (BGH NJW **80**, 2183).

E) Forderungsübergang gemäß § 116 SGB X

§ 116. Ansprüche gegen Schadensersatzpflichtige. *(1) Ein auf anderen gesetzlichen Vorschriften beruhender Anspruch auf Ersatz eines Schadens geht auf den Versicherungsträger oder Träger der Sozialhilfe über, soweit dieser auf Grund des Schadensereignisses Sozialleistungen zu erbringen hat, die der Behebung eines Schadens der gleichen Art dienen und sich auf denselben Zeitraum wie der vom Schädiger zu leistende Schadensersatz beziehen. Dazu gehören auch Beiträge, die von Sozialleistungen zu zahlen sind.*

(2) Ist der Anspruch auf Ersatz eines Schadens durch Gesetz der Höhe nach begrenzt, geht er auf den Versicherungsträger oder Träger der Sozialhilfe über, soweit er nicht zum Ausgleich des Schadens des Geschädigten oder seiner Hinterbliebenen erforderlich ist.

(3) Ist der Anspruch auf Ersatz eines Schadens durch ein mitwirkendes Verschulden oder eine mitwirkende Verantwortlichkeit des Geschädigten begrenzt, geht auf den Versicherungsträger oder Träger der Sozialhilfe von dem nach Absatz 1 bei unbegrenzter Haftung übergehenden Ersatzanspruch der Anteil über, welcher dem Vomhundertsatz entspricht, für den der Schädiger ersatzpflichtig ist. Dies gilt auch, wenn der Ersatzanspruch durch Gesetz der Höhe nach begrenzt ist. Der Anspruchsübergang ist ausgeschlossen, soweit der Geschädigte oder seine Hinterbliebenen dadurch hilfebedürftig im Sinne der Vorschriften des Bundessozialhilfegesetzes werden.

(4) Stehen der Durchsetzung der Ansprüche auf Ersatz eines Schadens tatsächliche Hindernisse entgegen, hat die Durchsetzung der Ansprüche des Geschädigten und seiner Hinterbliebenen Vorrang vor den übergegangenen Ansprüchen nach Absatz 1.

(5) Hat ein Versicherungsträger oder Träger der Sozialhilfe auf Grund des Schadensereignisses dem Geschädigten oder seinen Hinterbliebenen keine höheren Sozialleistungen zu erbringen als vor diesem Ereignis, geht in den Fällen des

Absatzes 3 Satz 1 und 2 der Schadensersatzanspruch nur insoweit über, als der geschuldete Schadensersatz nicht zur vollen Deckung des eigenen Schadens des Geschädigten oder seiner Hinterbliebenen erforderlich ist.

(6) Ein Übergang nach Absatz 1 ist bei nicht vorsätzlichen Schädigungen durch Familienangehörige, die im Zeitpunkt des Schadensereignisses mit dem Geschädigten oder seinen Hinterbliebenen in häuslicher Gemeinschaft leben, ausgeschlossen. Ein Ersatzanspruch nach Absatz 1 kann dann nicht geltend gemacht werden, wenn der Schädiger mit dem Geschädigten oder einem Hinterbliebenen nach Eintritt des Schadensereignisses die Ehe geschlossen hat und in häuslicher Gemeinschaft lebt.

(7) Haben der Geschädigte oder seine Hinterbliebenen von dem zum Schadensersatz Verpflichteten auf einen übergegangenen Anspruch mit befreiender Wirkung gegenüber dem Versicherungsträger oder Träger der Sozialhilfe Leistungen erhalten, haben sie insoweit dem Versicherungsträger oder Träger der Sozialhilfe die erbrachten Leistungen zu erstatten. Haben die Leistungen gegenüber dem Versicherungsträger oder Träger der Sozialhilfe keine befreiende Wirkung, haften der zum Schadensersatz Verpflichtete und der Geschädigte oder dessen Hinterbliebene dem Versicherungsträger oder Träger der Sozialhilfe als Gesamtschuldner.

(8) Weist der Versicherungsträger oder Träger der Sozialhilfe nicht höhere Leistungen nach, sind vorbehaltlich der Absätze 2 und 3 je Schadensfall für nicht stationäre ärztliche Behandlung und Versorgung mit Arznei- und Verbandmitteln fünf vom Hundert der monatlichen Bezugsgröße nach § 18 des Vierten Buches zu ersetzen.

(9) Die Vereinbarung einer Pauschalierung der Ersatzansprüche ist zulässig.

(10) Die Bundesanstalt für Arbeit gilt als Versicherungsträger im Sinne dieser Vorschrift.

148 **(1) Allgemeines. – a)** Die Vorschr, die RVO 1542 ersetzt hat, ist **keine Anspruchsgrundlage;** ihr RegelgsGgst ist der FdgÜbergang auf den SozVersTräger. Dieser setzt voraus, daß in der Pers des Geschädigten
149 ein übergangsfäh SchadErsAnspr entstanden ist. – **b) Zeitlicher Anwendungsbereich.** § 116 gilt für alle seit dem 1. 7. 1983 entstandenen SchadErsAnspr. Für ältere Anspr bleibt das fr Recht (s 42. Aufl) auch dann maßgebd, wenn sich der Schaden weiter entwickelt od der Geschädigte den SozVersTräger wechselt (Einl 29 v
150 § 241). – **c) Sachlicher Anwendungsbereich.** Die Vorschr gilt für alle SozVersTräger (Kranken-, Unfall- u RentenVers), gem dem dch das ReformG zum AFG eingefügten Abs 10 auch für die BfA. Einbezogen sind auch die SozHilfeTräger. Die nach BSHG 90, 91 grdsl notw Überleitgsanzeige ist bei SchadErsAnspr des Hilfeempfängers nicht erforderl.

151 **(2) Voraussetzungen. – a)** Dem Geschädigten od seinem Hinterbliebenen muß ein **Schadensersatzanspruch** zustehen. Der FdgÜbergang erfaßt neben ErsAnspr aus Delikt od Gefährdg auch solche mit vertragl Grdl (BGH **26**, 371, Vers **69**, 954) u aGrd ausländ Rechts (BGH NJW **85**, 1082), auch DirektAnspr gg den KfzHaftPflVers gehen über (BGH NJW **96**, 2933), nicht aber AufwendgsErsAnspr (Karlsr NJW **88**, 2677). Er setzt voraus, daß dem Verletzten ein Schaden iSd §§ 249 ff entstanden ist. Der VersTräger, der eine Teilrente zahlt, hat daher keine Regreßmöglichk, wenn der Verletzte weiter in der bisher Stellg zu unverändertem Lohn
152 arbeitet (BGH VersR **67**, 1069). – **b)** Der VersTräger muß kr Ges **verpflichtet** sein, eine **Sozialleistung** zu erbringen. Ein Fdgsübergang findet auch statt, wenn ein fr Schaden dch Nachversicherg in den VersSchutz einbezogen w (v Einem VersR **92**, 382, str). Er ist aber ausgeschlossen, soweit ZuzahlgsPflten des Verletzten bestehen (Breuer/Labuhn VersR **83**, 914). Zw der SozLeistg u dem SchadErsAnspr muß sachl u zeitl **Kongruenz** bestehen (I). Der Anspr des Geschädigten auf SchmerzG geht daher nicht über (BGH VersR **70**, 1054), ebsowenig der ErsAnspr wg MehrAufwendgen für die 2. Pflegeklasse (BGH NJW **73**, 1196). Gleichart sind: SchadErs wg Erwerbsnachteile u SozVersLeistgen mit LohnErsFunktion (BGH **90**, 342); Anspr aus § 844 II od entspr Vorschr u Witwen- u Waisenrente (BGH NJW **97**, 2883); Waisenrente nach dem Tod der Mutter od Rente wg Minderg der Erwerbsfähigk u Anspr wg entgangener Betreuungsleistgen (BGH NJW **87**, 2295); vorgezogenes Altersruhegeld u Verdienstausfallschaden (BGH NJW **86**, 2763, Köln VRS **89**, 105); Rente wg Minderg der Erwerbsfähigk u SchadErsAnspr wg Beeinträchtigg der Haushaltsführg (Rn 42), soweit die Haushaltsführg einen UnterhBeitrag darstellt, nicht soweit diese den eig Bedürfn dient (BGH NJW **74**, 41, **82**, 1045, **85**, 735); häusl Pflegehilfe (jetzt SGB XI 36) u Anspr wg vermehrter Bedürfn (BGH NJW **97**, 256); Sterbegeld u SchadErsAnspr wg Beerdiggskosten (BGH VersR **86**, 698). Nicht kongruent sind dagg
153 VersLeistgen mit LohnErsFunktion u Anspr wg vermehrter Bedürfn (s BGH NJW **70**, 1685). – **c)** Der FdgsÜbergang ist **unabhängig** davon, ob der VersTräger inf des Unfalls **mehr leisten muß** als ohne ihn (BGH GrZS **9**, 189). Wird ein Rentner getötet, geht der seiner Witwe zustehde ErsAnspr aus § 844 II auf den VersTräger über, obwohl dessen LeistgsPfl sich im Ergebn verringert (BGH NJW **71**, 936, jetzt auch *arg* Abs V). Dagg gehen der Anspr des nichtehel Kindes wg des Todes seines Vaters nicht auf den VersTräger über, sofern es Waisenrente nach seinem Stiefvater bezogen hat u diese nunmehr wegfällt (BGH **54**, 380). –
154 **d) Beitragsregreß.** Der Schädiger muß nach dem dch das RRG 1992 eingefügten I 2 auch für die Zeiten Rentenbeiträge entrichten, die für den Verletzten beitragsfrei als Anrechngs- od Zurechngszeiten berücksichtigt w, SGB VI § 62 (BGH **116**, 263, **129**, 369). Auch in der KrankenVers wird derSchadErsAnspr dch die Beitragsfreih des Verletzten nicht mehr ausgeschlossen od gemindert, SGB V § 224. Diese Neuregelg trägt dem Gedanken Rechng, daß die Vergünstiggen, die das SozialR dem Verletzten einräumt, nicht zur Entlastg des Schädigers bestimmt sind (s BGH NJW **92**, 509). Für den Beitragsregreß gilt ergänzd SGB X 119 (Furtmayr VersR **97**, 38, Hänlein NJW **98**, 105). Er findet auch statt, wenn es um Beiträge für Monatsteile geht (BGH **97**, 336) u wenn Minderverdienst zu einem teilw Beitragsausfall führt (BGH **97**, 339). Er erfaßt auch die für PflegePers (Angeh) zu entrichtden Rentenbeiträge (BGH NJW **99**, 421).

155 **(3) Rechtsfolgen.** Der SchadErsAnspr geht kr Ges – auflösd bedingt dch den Wegfall der LeistgsPfl (BGH **140**, 39) – auf den VersTräger über (§ 412). Für die RBeziehg zw VersTräger u Schädiger gelten die §§ 399 ff, insb §§ 401, 404 u 407. Ist auch ein Versorggsträger leistgspflicht, geht der Anspr anteilig nach Maßg des Grds kongruenter Deckg auf beide Träger über (BGH NJW **95**, 2413). – **a)** Der FdgÜbergang auf den Träger der Kranken-, Unfall- u RentenVers vollzieht sich im **Zeitpunkt** des schädigden Ereign (BGH **48**, 188, stRspr). Er bezieht sich auf alle Anspr, die in diesem Ztpkt in dem bestehden SozVersVerhältn angelegt sind (BGH NJW **90**, 2934), auch auf künft Erhöhgen (BGH **19**, 179) u Anspr aus einer Veränderg des MitgliedschVerh, soweit dessen Identität gewahrt bleibt (BGH NJW **90**, 2935). Nicht erfaßt werden neue Leistgen, die dch eine

Systemänderg eingeführt w (BGH NJW **90**, 2936). Systemändergen idS haben bei den Pflegeleistgen dch den Übergang zum SGB V u nochmals dch den Übergang zum SGB XI stattgefunden (BGH **134**, 381, NJW-RR **99**, 1114). Auch der Übergang auf die BfA erfolgt, soweit diese ArbLosengeld od Reha-Leistgen zu gewähren hat, bereits im Ztpkt des Unfalls (BGH **108**, 299, **127**, 121), bei der Gewährg von ArbLosenhilfe ist dagg eine Überleitgsanzeige gem AFG 140 erforderl (BGH **108**, 299). Der Übergang auf den SozHilfeTräger vollzieht sich, wenn konkrete Anhaltspkte für eine künft Hilfebedürftigk vorliegen (BGH **131**, 274, **133**, 129, NJW **96**, 2934). Dem Gläub steht aber bis zum Eintritt der Hilfebedürftigk eine Einziehgsermächtigg zu (BGH aaO). Wenn schon im Ztpkt der Verletzg mit einer LeistgsPfl des SozHilfeTrägers ernsth zu rechnen ist, geht der Anspr sofort über (BGH **132**, 39). – **b)** Reicht der SchadErs wg einer MitVerantwortlichk des **156**
Geschädigten nicht zur Deckg des Schadens aus, gilt grdsl die sog **relative Theorie** (III 1). Bsp: Der Geschädigte erleidet einen Verdienstausfallschaden von 2000 DM monatl. Er erhält eine Erwerbsunfähigk-Rente von 1200 DM; seine MitVerschQuote beträgt 50%. Von dem ErsAnspr von 1000 DM gehen 600 DM (50% von 1200 DM) auf den SozVersTräger über; 400 DM (50% von 800 DM) verbleiben dem Geschädigten. – **c)** In vier Fällen räumt das Ges dem Geschädigten ein **Vorrecht** ein, u zwar iF bb ein Befriediggsvor- **157**
recht, in den drei übrigen Fällen ein Quotenvorrecht (s Hartung VersR **86**, 903). Das Vorrecht erstreckt sich auf den gesamten Schaden, nicht nur auf den kongruenten (BGH **135**, 170). – **aa)** wenn die Haftg des Schu dch Höchstsummen beschränkt ist **(II);** Bsp sind StVG 12, ProdHaftG 10, LuftVG 37, HaftpflG 9, 10; – **bb)** wenn der Dchsetzg des ErsAnspr tatsächl Hindern entggstehen **(IV);** Bsp sind mangelnde finanzielle Leistgsfähigk od unzureichender VersSchutz des Schu (Hessert VersR **97**, 41); – **cc)** wenn der VersTräger inf des schädigden Ereign keine höheren Leistgen zu erbringen hat als vorher **(V)** (so schon bish BGH **70**, 69), s Rn 153; – **dd)** soweit der Geschädigte dch den FdgsÜbergang sozialhilfebedürft w **(III 3).** Besteht zw der Legalzession u dem Eintritt der Hilfebedürftigk, wie iF des Fdgsübergangs auf den SozHilfeträger gem Rn 155, kein Kausalzushang, hindert III 3 den FdgsÜbergang nicht (BGH NJW **96**, 2508). Völlig mißlungen ist III 2. Er führt dazu, daß sich größeres Mitverschulden zG des Geschädigten auswirkt. Bsp: Schaden jährl 60 000 DM; Haftgshöchstgrenze 30 000 DM, kongruente Leistgen des VersTrägers 30 000 DM. Mitverschulden 20%; Anteil des VersTrägers 24 000 DM, des Geschädigten 6000 DM. Mitverschulden 50%; Anteil des VersTrägers 15 000 DM, des Geschädigten 15 000 DM. Ob u ggf wie dieses abwegige Ergebn korrigiert w kann, ist str, s Küppersbusch aaO, Plumeyer VerkGerT **84**, 163, Lange § 11 C II 7 c. – **d)** Dch den **158**
FdgsÜbergang rückt der VersTräger voll in die RStellg des Gläub ein. Er erwirbt auch die Befugn, Abändergsklage gem ZPO 323 zu erheben (BGH NJW **70**, 1319). Der FdgsÜbergang erfolgt auch dann, wenn der HaftPflVersicherer des regreßpflicht KfzFahrers leistgsfrei ist (BGH **88**, 296, **103**, 52). Der VersTräger ist aber gem SGB IV 76 II verpflichtet, den Regreß zur Vermeidg **unbilliger Härten** zu beschränken (BVerfG NJW **98**, 3557). Die RKontrolle obliegt insow nicht den ordentl Ger, sond den SozGer (BGH **88**, 301, BSG VersR **90**, 176, aA Ahrens NJW **89**, 1704).

(4) VI. SchadErsAnspr gg **Familienangehörige** des Geschädigten werden abgesehen vom Fall des Vors **159**
vom FdgsÜbergang nicht erfaßt. Die Vorschr entspr VVG 67 II u ist Ausdr eines allg RGedankens, der nicht dch eine Abtr umgangen w kann (Hbg VersR **92**, 686); er gilt auch für den FdgsÜbergang gem BBG 87 a, BRRG 52 (BGH **41**, 82, **43**, 77), gem EFZG 6 (BGH **66**, 107), nicht aber für den Regreß gem SGB X 119 (BGH **106**, 285) u auch nicht für den RegreßAnspr des HaftPflVers gg den unberecht Fahrer (BGH **105**, 142). Die Ausn für vorsätzl Handeln ist nur anwendb, wenn der Vors die Schadensfolge umfaßt (BGH VersR **86**, 233). Haftet neben dem Angeh ein Dr, beschränkt sich der FdgsÜbergang auf den Haftgsanteil des Dr, da andf der Angeh entgg dem RGedanken des § 116 VI ausglpflicht würde (BGH **54**, 256, § 426 Rn 21). VI schließt den Übergang des DirektAnspr gg den Kfz-HaftPflVersicherer des FamAngeh auf den SozHilfeträger nicht aus (BGH **133**, 192), and soll es dagg beim FdgsÜbergang auf einen SozVersTräger sein (BGH NJW **79**, 983, LG Trier NZV **98**, 416). Die häusl Gemsch (s BGH NJW-RR **86**, 385) muß im UnfallZtpkt bestehen, späterer Wegfall schadet nicht (BGH NJW **71**, 1938). Ausgeschl ist der Regreß auch, wenn es nach dem schädigden Ereign zur Eheschließg u Begründg einer häusl Gemeinsch kommt (Köln VersR **91**, 1238). Auch nach Scheidg besteht das Regreßverbot weiter (Breuer NJW **84**, 276, str). Dagg sind VVG 67 II, SGB X 116 VI auf den Partner einer eheähnl od homophilen LebensGemsch nicht anzuwenden (BGH **102**, 259, Hamm NJW-RR **93**, 1443, Ffm VersR **97**, 561, aA LG Potsdam VersR **97**, 93), wohl aber auf ein Pflegekind (BGH NJW **80**, 1468, Stgt NJW-RR **93**, 1418).

(5) VII–IX. – a) Hat der Geschädigte Leistgen empfangen, die gem § 407 ggü dem VersTräger wirks sind, **160**
besteht nach **VII 1** ein ErstattgsAnspr gg den Geschädigten, für den die Beschränkg des § 818 III nicht gilt. Hat die Leistg an den Geschädigten keine befreiende Wirkg, kann sich der VersTräger nicht nur an den Schädiger, sond auch an den Geschädigten selbst halten; beide haften als GesSchu (VII 2). Der Schädiger hat wg der Sonderregelg in VII 2 gg den Geschädigten keinen Anspr aus § 812; wenn er an den VersTräger geleistet hat, geht aber der Anspr aus VII 2 gem § 426 II auf ihn über. Trotz der Regelg im SGB haben die Anspr aus VII, die die Rückabwicklg von privatrechtl Leistgen betreffen, privatrechtl Charakter (Ffm NJW-RR **97**, 1087, Ebel VersR **85**, 897). – **b)** Gem VIII kann der VersTräger die Kosten der ambulanten **161**
Heilbehandlg pauschalieren. IX stellt klar, daß Teilgsabkommen weiterhin zul sind.

8) Beweisfragen. – a) Der Geschädigte hat die **Beweislast** für die obj u subj Voraussetzgen des **162**
SchadErsAnspr. Er muß das schädigde Handeln (Ereign) beweisen, wozu auch der Bew gehört, daß ein der Willenslenkg unterliegdes Verhalten gegeben war (BGH **39**, 103). Er hat weiter die BewLast für das Verschulden des Schädigers, den ursächl Zushang zw Handeln u Ersterfolg (haftgsbegründde Kausalität), die Entstehg des (weiteren) Schadens u den ursächl Zushang zw diesem Schaden u dem Ersterfolg (haftgsausfüllde Kausalität). Seine BewLast wird aber dch gesetzl u richterrechtl **Beweiserleichterungen** gemildert. Den Bew für den Ausschl der Widerrechtlichk sowie für mangelnde Zurechngsfähigk muß der Schädiger führen (BGH GrZS **24**, 28, **LM** § 828 Nr 3). Er ist auch dafür beweispflicht, daß wg seiner Bewußtlosigk keine Hdlg im RSinne vorgelegen habe (BGH **98**, 137). Ist die Berufg auf hypothet Ursachen zul, hat Schädiger BewLast dafür, daß der Schaden auch aGrd der Reserveursache eingetreten wäre (Rn 101). Die Part können Vereinbgen über die BewLast treffen, formularmäß Klauseln sind aber grdsätzl unwirks (AGBG 11 Nr 15). Zul sind

auch Vereinbgen über eine **Pauschalierung** der Schadenshöhe (§ 276 Rn 54), im AGB aber nur in den Grenzen von AGBG 11 Nr 5.

163 **b) Beweis des ersten Anscheins. – aa)** Die dem Geschädigten obliegde Beweisführg wird vielfach dch die von der Rspr herausgebildeten Grds des AnschBew (*prima-facie*-Bew) erleichtert. Steht ein Sachverhalt fest, der nach der Lebenserfahrg auf eine best Ursache od einen best Geschehensablauf hinweist, so ist diese Ursache od dieser Ablauf, wenn der Fall das Gepräge des Üblichen u Gewöhnl trägt, als bewiesen anzusehen (BGH **2**, 5, **31**, 357, **100**, 216). Beim AnschBew kann von einem feststehden Erfolg auf eine best Ursache, aber auch umgekehrt von einer feststehden Ursache (PflVerletzg) auf einen best Erfolg geschlossen w (BGH **LM** ZPO 286 (C) 26). Der AnschBew bedeutet nicht, daß die beweisbelastete Part ihre Darstellg nur wahrscheinl zu machen braucht (BGH NJW **66**, 1264); der streng nachgewiesene Teilsachverhalt (Ursache, PflVerletzg) und allg od bes Erfahrgssätze müssen vielmehr zusammen die volle Überzeugg des Richters von
164 dem behaupteten Geschehensablauf begründen (BGH NJW **98**, 79/81). Der AnschBew kehrt die **Beweislast nicht um,** er ist entkräftet, wenn der Gegner Tats behauptet u beweist, aus denen sich die ernsth Möglichk eines and Geschehensablaufs ergibt (BGH **8**, 239, VersR **95**, 723, stRspr). Entspr gilt, wenn dem Gegner schuldh die Möglichk abgeschnitten wird, den AnschBew zu erschüttern (BGH NJW **98**, 79). Die beweisbelastete Part muß sodann für ihre Behauptg den vollen Beweis erbringen (BGH **6**, 170, **39**, 108). Kann der Schaden auf mehrere typische Geschehensabläufe zurückzuführen sein, von denen nur einer zur Haftg des Bekl führt, muß der Geschädigte diesen Ablauf beweisen (BGH VersR **69**, 751), sofern auch die and Abläufe ernsth in Betracht kommen (BGH NJW **78**, 2033). Umfaßt der AnschBew mehrere schuldh Verursachgen, ist er erst entkräftet, wenn alle Verschuldensmöglichk ausgeräumt sind (BGH VersR **60**, 317, **62**, 60). Da die Verletzg von Erfahrgssätzen nach stRspr **revisibel** ist, wird die Anwendg des AnschBew vom RevGer prakt voll nachgeprüft (MüKo-ZPO/Prütting 286 Rn 65). Ob der AnschBew entkräftet ist, kann dagg als Frage tatrichterl Würdigg vom RevGer nur darauf überprüft werden, ob der Tatrichter von richt rechtl Voraussetzgen ausgegangen ist (BGH NJW **69**, 277).

165 **bb)** Der AnschBew gilt nur für **typische Geschehensabläufe** (BGH **100**, 33, NJW **82**, 2488, VersR **91**, 461). Er ist daher ausgeschlossen, wenn individuell geprägte Verhaltensweisen zu beurteilen sind, wie die Ursächlichk der argl Täuschg (BGH NJW **68**, 2139), die Richtigk der Angaben in einer polizeil Anmeldg (BGH **31**, 357), Vorsatz (RG **163**, 27, Ffm WM **84**, 1505), Freitod (BGH **100**, 214), die vorsätzl Herbeiführg des VersFalles (BGH NJW **88**, 2041) u die subj Voraussetzgen grober Fahrlässigk (§ 277 Rn 3). Ist zu beurteilen, ob ein Jugendl fahrläss gehandelt hat, ist der AnschBew zul, da es insoweit um obj Maßstäbe geht (BGH NJW **70**, 1038). Ist der Geschädigte pflichtw nicht od nicht vollständ über Gefahren od Risiken aufgeklärt worden, spricht der AnschBew dafür, daß er sich bei ordngsmäß Aufklärg aufklärgsricht verhalten
166 hätte (§ 282 Rn 15). Vom AnschBew zu unterscheiden ist der **Anzeichenbeweis** (BGH VersR **91**, 460). Er stellt nicht auf typ Geschehensabläufe sond auf Umst des Einzelfalles ab. Dabei können Erfahrgssätze, die für einen AnschBew nicht ausreichen, zusammen mit and Indizien dazu führen, den Beweis als erbracht anzusehen (BGH NJW **51**, 70, **LM** § 1006 Nr 8).

167 **cc)** Werden dch Ges od technische Normen vorgeschriebene **Schutzmaßnahmen** nicht getroffen u verwirklicht sich die Gefahr, die dch die SchutzMaßn verhindert w soll, spricht der AnschBew dafür, daß der Unfall (Schaden) bei Beachtg der maßgebden Vorschr vermieden worden wäre, so bei Verletzg von SchutzG (BGH NJW **84**, 432, Köln VersR **96**, 246), UnfallverhütgsVorschr (BGH NJW **83**, 1380), anerkannten Regeln der Technik (BGH VersR **72**, 767), DIN-Normen (BGH **114**, 276), VDE-Normen (Saarbr NJW **93**, 3078), FeuerverhütgsVorschr (BGH NJW **78**, 2032), der VerksichergsPfl (BGH NJW **94**, 945), aber auch der SchadMindergsPfl (Brem Vers **79**, 1061, Unterl von ärztl BehandlgsMaßn). Weitere Bsp sind das Fehlen eines Treppenhandlaufs (BGH DB **86**, 1815), eines Sichgsgitters an einer Maschine (Mü VersR **75**, 606), von sichtb Markiergen an Glasflächen im Fußgängerbereich (Köln NJW-RR **94**, 349) u das Unterl von gebotenen akustischen Signalen (BGH VersR **57**, 800, Hbg VersR **74**, 1200). Hat sich der Schädiger **objektiv pflichtwidrig** verhalten od einen offensichtl gefährl Zustand geduldet, spricht, sofern nicht § 282 anwendb ist, ein AnschBew für ein Verschulden (BGH NJW **86**, 2758). Bei erhebl Baumängeln ist *prima facie* ein Verschulden des aufsichtführden Architekten anzunehmen (BGH DB **73**, 1846).

168 **dd) Einzelfälle. Arzthaftung** s § 823 Rn 169. **(1) Straßenverkehr:** Ein AnschBew für ein **Verschulden** des Kfz-Fahrers besteht idR bei folgden Vorgängen: Zusammenstoß mit einem vorfahrtberecht Kfz (BGH NJW **82**, 2668, Köln VersR **94**, 191); Auffahren auf ein vorausfahrdes Kfz (BGH VersR **62**, 1101, **64**, 263), and aber, wenn die ernsth Möglichk besteht, daß der Vorausfahrde gerade die Spur gewechselt (Hamm MDR **98**, 713), grundlos gebremst hat (Köln DAR **95**, 485) od auf die BAB eingefahren ist (BGH VersR **82**, 627); Kollision mit dem vorausfahrden Kfz beim Überholvorgang (BGH VersR **75**, 331); Auffahren auf ein Hindern, auch wenn dieses zunächst verdeckt (BGH NJW-RR **89**, 670) od unbeleuchtet war (BGH NJW-RR **88**, 406); Anfahren eines Begrenzgspfostens (Mü VersR **70**, 630) od eines Baumes (BGH **8**, 239); Streifen eines haltden Kfz (BGH **LM** ZPO 286 (C) Nr 10); Abkommen von der richtigen Fahrbahnseite (BGH NJW-RR **86**, 383) od von der Fahrbahn, and jedoch wenn der Abkommde bei GgVerk überholt worden ist (BGH NJW **96**, 1828); Schleudern bei Glatteis (BGH VersR **65**, 690; **71**, 842), wenn Eisbildg voraussehb (Schlesw u Hamm VersR **99**, 375, 377), od inf Aquaplaning (Düss VersR **75**, 160). Aus der Art der Unfallverletzg kann sich *prima facie* ergeben, daß der verletzte Pkw-Insasse nicht angeschnallt war (BGH NJW **91**, 230). Die
169 **Ursächlichkeit** des Verschuldens für den Unfall ist prima facie zu vermuten: bei **alkoholbedingter** Fahruntüchtigk eines Fahrers (BGH NJW-RR **86**, 323), vor allem, wenn er in einer von einem nüchternen Fahrer zu meisternden VerkLage versagt (BGH **18**, 311, Stgt VersR **80**, 243), der prima-facie-Beweis kann aber dch den Nachweis grober Fahrlässigk des and Teils erschüttert w (Zweibr VersR **95**, 429); bei einem alkoholisiert (1,78‰) auf der Straße liegden Fußgänger (BGH NJW **76**, 897); bei fehlder Beleuchtg, wenn ein and Kfz auf das unbeleuchtete Fahrzeug auffährt (BGH VersR **64**, 296) od mit ihm zusammenstößt (Düss VersR **75**, 143); bei mangelh Sichg des liegengebliebenen Kfz (BGH NJW **71**, 431). Zum AnschBew bei Kettenunfällen s KG DAR **95**, 482. Fahren ohne Führerschein ist nur dann *prima facie* für den eingetretenen Unfall ursächl, wenn
170 konkrete Anhaltspkte für eine verkehrsw Fahrweise vorliegen (BGH VersR **62**, 374). **(2) Andere Unfälle:** AnschBew für Verschulden bei **Bauunfällen:** Einsturz der Decke kurz nach Fertigstellg (BGH VersR **58**,

107), Einsturz eines Gerüsts (Nürnbg VersR **56**, 557), Herunterfallen eines Reklameschilds (Köln VersR **54**, 295). Bei **Brandschäden** kann *prima facie* zu vermuten sein, daß der Schaden auf eine in der Nähe eingesetzte Feuerquelle zurückzuführen ist, etwa auf einen Propanbrenner (BGH VersR **80**, 532), Schweißbrenner (BGH VersR **84**, 64) od ein Heizgerät (BGH VersR **97**, 205). Platzt währd einer Frostperiode in einem ungeheizten Raum eine Wasserleitg, handelt es sich *prima facie* um einen Frostschaden (BGH NJW **72**, 35). Ein Eigenverschulden ist *prima facie* bei einem Stolpern (Ausrutschen) auf einer intakten Treppe anzunehmen (Düss VersR **97**, 1503), ebso bei einem Treppensturz nach erhebl Alkoholgenuß (Hamm VersR **72**, 244). **(3) Vertragsrecht.** 171 Hat der ArbN Schmiergelder angenommen, ist *prima facie* zu vermuten, daß der ArbG einen Schaden in Höhe dieses Betrages erlitten h (BGH NJW **62**, 1099). Zw dem Mangel einer Sache u Folgeschäden kann *prima facie* ein UrsachenZusHang anzunehmen sein (BGH NJW **69**, 1709).

c) Dem Geschädigten w die BewFührg weiter dch **ZPO 287** erleichtert, wonach das Ger nach **freier** 172 **Überzeugung** über Entstehg u Höhe des Schadens zu entscheiden h. ZPO 287 gibt dem Ger verfahrensmäß eine freiere Stellg, es ist an BewAntr u an die Regelg der BewLast nicht gebunden (RG **95**, 1, **155**, 39, BGH NJW **58**, 1579, VersR **62**, 1099). Als Beweismaß genügt überwiegde Wahrscheinlichk (BGH NJW **72**, 1516, **93**, 734). Der Bew der schädigden Hdlg u der haftgsbegründden Kausalität (UrsachenZushang zw Handeln des Schädigers u konkretem HaftgsGrd) fällt jedoch nicht unter ZPO 287, insow gilt vielmehr ZPO 286 (BGH **4**, 196, NJW **68**, 2292, **83**, 998); anzuwenden ist ZPO 287 dagg auf die haftgsausfüllde Kausalität, dh den UrsachenZushang zw konkretem HaftgsGrd u weiterem Schaden (BGH **29**, 398, NJW **76**, 1146, stRspr). Diese Abgrenzg gilt ebso bei MitVersch (BGH NJW **68**, 985). Im Fall der Arzthaftg ist HaftgsGrd die Körperverletzg, nicht der Behandlgsfehler (BGH NJW **87**, 705). Zu den BewAnfordergen bei Verletzg einer Leibesfrucht vgl BGH **58**, 48, bei Beurteilg des UrsachenZushangs zw Verletzg u späterem Tod, BGH NJW **73**, 1413, bei doppeltem Auffahrunfall, BGH NJW **73**, 1283, krit Henckel JuS **75**, 221.

d) Umkehr der Beweislast: Bei SchadErsAnspr wg Unmöglichk od Verzuges tritt hins des Verschuldens 173 des Schädigers eine echte Umkehr der BewLast ein (§§ 282 Rn 1, 285 Rn 1). Ähnl Grds gelten für die pVV u c. i. c. (§ 282 Rn 6 ff). BewErleichtergen zG des Geschädigten bestehen auch bei der Produzentenhaftg (§ 823 Rn 219), bei der Haftg für Immissionsschäden (BGH **92**, 149), bei groben Behandlgsfehlern od unzulängl ärztl Dokumentation (§ 282 Rn 20), bei grober Verletzg sonst BerufsPflten (§ 282 Rn 14), ferner bei Verletzg von AufklPflten (§ 282 Rn 15). Für Anspr aus dem **UmweltHG** gilt die Ursachenvermutg des UmweltHG 6 (s dazu Landsberg/Lülling DB **91**, 479, Hager NJW **91**, 137).

9) Der Anspr auf SchadErs in Geld bemißt sich grdsl nach den Wert- u Preisverhältn im **Zeitpunkt der** 174 **Erfüllung** (BGH **79**, 258, NJW **87**, 646). Verfahrensrechtl ist von den Verhältn zZ der letzten mdl Vhdlg vor dem Tatrichter auszugehen (BGH **10**, 10, **55**, 331, NJW **96**, 2654), wobei die weitere Entwicklg des Schadens bis zur voraussichtl Erf zu berücksichtigen ist (s BGH **27**, 188). Nachträgl Preisändergen rechtfertigen entspr Nach- od RückFdgen, unwesentl Ändergen bleiben jedoch außer Betracht (Lange § 1 IV 2 a, str, s Schultz AcP **191**, 433). Die Höhe des Anspr kann aber auch schon vor der Erf dch bes Umst endgült festgelegt w, so etwa, wenn der Geschädigte die Reparatur od ErsBeschaffg dchgeführt hat, wenn entgangener Gewinn für ein Gesch verlangt w, das zu einem best Ztpkt abzuwickeln war (BGH WM **74**, 391), od wenn die Schadensentwicklg aus sonst Grden endgült abgeschlossen ist. Bes Grds gelten für die Bemessg des merkantilen Minderwerts (§ 251 Rn 20), die abstrakte Berechng des SchadErsAnspr wg NichtErf (§ 325 Rn 19), ferner, wenn Parteien Schätzg auf best Ztpkt vereinbart h (BGH **LM** § 251 Nr 11). Entstehen nach der letzten mdl Vhdlg weitere Schäden, ist Verletzter nicht gehindert, diese notf in neuem RStreit geltd zu machen.

249 *Art und Umfang des Schadensersatzes.* **Wer zum Schadensersatze verpflichtet ist, hat den Zustand herzustellen, der bestehen würde, wenn der zum Ersatze verpflichtende Umstand nicht eingetreten wäre. Ist wegen Verletzung einer Person oder wegen Beschädigung einer Sache Schadensersatz zu leisten, so kann der Gläubiger statt der Herstellung den dazu erforderlichen Geldbetrag verlangen.**

1) Satz 1: – a) Der Schaden ist grdsl dch **Naturalrestitution** auszugleichen. Diese bedeutet Herstellg 1 des gleichen wirtschaftl Zustandes, der ohne das schädigde Ereign bestehen würde (BGH NJW **85**, 793). Die hypothet Weiterentwicklg des fr Zustandes ist zu berücksichtigen (RG **143**, 274). Naturalrestitution, für die das Gebot der Wirtschaftlichk gilt (BGH **125**, 61), zielt daher nicht notw auf „Wieder“herstellg ab (RG **131**, 178); uU genügt auch eine kostengünstigere Ausführg, etwa die Wiederauffüllg einer Kiesgrube mit Erdaushub (BGH NJW-RR **86**, 875). Auch bei immateriellen Schäden besteht ein Anspr auf Naturalrestitution (§ 253 Rn 2). Er ist aber bei AmtsPflVerletzgen idR ausgeschlossen (BGH **5**, 102, **34**, 104, § 839 Rn 79). Auch der nach dem PflVG haftde Versicherer schuldet ledigl GeldErs (PflVG 3 Nr 1 S 2). Bei Zerstörg od Verlust vertretb Sachen besteht die Naturalrestitution in der Leistg gleichartiger Sachen (§ 251 Rn 12 ff). Bei unvertretb Sachen wird idR gem § 251 I GeldErs geschuldet; bei gebrauchten Kfz soll aber auch die Beschaffg eines gleichwert ErsFahrzeugs eine Form der Naturalrestitution sein (§ 251 Rn 12 ff). Bei **Belastung mit einer Verbindlichkeit** geht der Anspr aus S 1 auf Freihaltg (Vorbem 46). – **b) Geld-** 2 **ersatz.** Ist für den Verlust von Geld od Einkünften od für die Belastg mit Ausgaben SchadErs zu leisten, so besteht bereits die Naturalrestitution in einer Geldzahlg. Unter den Voraussetzgen der §§ 249 S 2, 250 kann der Geschädigte „statt“ der Herstellg GeldErs verlangen. Ist die Herstellg unmögl od unverhältnismäß, ist gem § 251 SchadErs in Geld zu leisten. Der SchadAusgl dch GeldErs ist daher prakt die Regel. Die Verpflichtg, für eine best Schadensposition GeldErs zu leisten, kann je nach Lage des Falles auf einer unterschiedl RGrdl beruhen. So fallen **Mietwagenkosten** (Rn 13) bei Beschädigg des Kfz als Herstellgskosten unter § 249 S 2; bei Verlust od Nichtlieferg ist dagg § 251 I anwendb. Die dch **Fehlleistungen bei der Restitution** entstehenden weiteren Aufwendgen können als Teil der Herstellgskosten (§ 249 S 2), als ein zusätzlicher Schaden neben der Herstellg (§ 251 I), aber auch als eine unmittelb nach § 249 S 1 zu ersetzde AusgabenPosition gewertet w.

3 **2) Satz 2. – a)** Bei Verletzg einer Pers od Beschädigg einer Sache kann der Geschädigte statt Naturalrestitution **Geldersatz** verlangen. – **aa)** Konstruktiv handelt es sich um eine **Ersetzungsbefugnis** des Gläub (RG **71**, 214, BGH **63**, 184, **121**, 26). Sie ermöglicht einen SchadensAusgl, ohne daß der Geschädigte das verletzte RGut dem Schädiger zur Naturalrestitution anzuvertrauen braucht. Verlangt der Geschädigte GeldErs, ist er an die Wahl gebunden (BGH **121**, 26), jedoch kann § 242 ausnw den Widerruf rechtfertigen. Hat er sich für Naturalrestitution entschieden, kann er nur unter den Voraussetzgen von § 250 GeldErs fordern (Düss NJW-RR **96**, 1370). Das Urt, das den Anspr aus S 1 wg Fehlens einer ErsPfl abweist, schafft
4 auch für den Anspr aus S 2 RKraft (RG **126**, 403, BGH NJW **91**, 2014). – **bb)** Der geschuldete Geldbetrag bemißt sich nach dem, was zur Herstellg erforderl ist (Rn 6 ff). Gleichwohl ist der Geschädigte in der **Verwendung** der ErsLeistg frei. Wg der für ihn bestehden Dispositionsbefugn braucht er den ErsBetrag nicht zur Wiederherstellg zu verwenden (BGH **61**, 58, **66**, 241, **76**, 221, **81**, 391, NJW **96**, 2925, **97**, 520). Nur bei PersSchäden besteht für den Anspr aus S 2 eine Zweckbindg, da der Geschädigte andf entgg der Wertg des § 253 aus ideellen Schäden ein finanzielles Gesch machen könnte (BGH **97**, 15, Steffen NJW **95**, 2060). Der Geschädigte, der sich ohne den gebotenen Krankenhausaufenthalt behilft, kann daher keine fiktiven Krankenhauskosten ersetzt verlangen (LG Stgt NJW **76**, 1797). Entsprechdes gilt, wenn der Geschädigte eine gebotene
5 u mögl Narbenkorrektur od SchönhOperation nicht dchführen läßt (BGH **97**, 15). – **cc)** Der Anspr aus S 2 richtet sich ebso wie der aus S 1 auf **Restitution** u ist von dem auf Kompensation abzielden Anspr aus § 251 zu unterscheiden (BGH **5**, 109, NJW **85**, 793). Er setzt voraus, daß die Naturalrestitution **möglich** ist (BGH **102**, 325, NJW **84**, 2282, **85**, 2414, *arg* § 251 I, dort Rn 3). Es besteht daher kein Anspr aus S 2, wenn die zu reparierde Sache inzw untergegangen ist (BGH **66**, 243), wenn die notw Pflegekraft nicht eingestellt (aA RG **151**, 298) od das ärztl verordnete Stärkgsmittel nicht gekauft worden ist (aA BGH NJW **58**, 627). Wird die Sache unrepariert **veräußert,** bleibt die Restitution mögl; der Anspr aus S 2 besteht daher weiter (aA LG Hann NJW-RR **99**, 251). Das gilt nicht nur für die Veräußerg eines beschädigten Kfz (so BGH **66**, 244, NJW **85**, 2469), sond auch für den Verkauf eines reparaturbedürft od mit einem WkMangel versehenen Hauses (BGH **99**, 86, NJW **89**, 451, Brdbg OLG-NL **99**, 4, aA BGH **81**, 392, NJW **93**, 1793, **98**, 2905). Der Geschädigte kann den Anspr aus S 2 an den Erwerber abtreten. Der Anspr besteht aber auch dann weiter, wenn die Abtr unterbleibt (Werres NJW **83**, 2371). Ist die Naturalrestitution nur innerhalb eines **beschränkten Zeitraums** mögl (Bsp: Stärkgsmittelfall BGH NJW **58**, 627), wird der Schädiger nicht frei, soweit er sich bei Eintritt der Unmöglichk im Verzug befand (MüKo/Grunsky Rn 16, *arg* § 287 S 2).

6 **b) Sachschäden.** Satz 2 gilt nur für die Beschädigg, nicht für die Zerstörg der Sache. Die Zerstörg eines Hauses od Baumes fällt aber als GrdstBeschädigg unter S 2 (BGH **102**, 325, Stgt VersR **95**, 424). Dagg ist die Nichtbeseitigg von Umbauten keine Sachbeschädigg (BGH **104**, 16). – **aa)** Zu ersetzen ist der **erforderliche** Geldbetrag, dh die Aufwendgen, die ein verständiger, wirtschaftl denkder Mensch in der Lage des Geschädigten für zweckmäß u notw halten durfte (BGH **54**, 85, **61**, 349, NJW **92**, 1619). Dabei ist § 254 II entspr anzuwenden (BGH **63**, 186, NJW **85**, 794, Vorbem 83 v § 249). Der Geschädigte darf bei der SchadBeseitigg die SicherhStandards zugrundelegen, die er allg bei Reparaturen beachtet (BGH **LM** (Gb) Nr 18, Eisenbahnbrücke). Er muß sich uU mit einer Ausbesserg statt einer Erneuerg begnügen, auch wenn eine geringfüg opt Abweichg verbleibt (Hamm NJW-RR **95**, 17; Celle NJW-RR **94**, 1305). S 2 begründet einen auf SchadAusgleich gerichteten ErsAnspr, keinen bloßen VorschußAnspr (BGH NJW **97**, 520). Der Geschädigte kann der Schadensberechng ein **Sachverständigengutachten** zGrde legen (Hamm NJW-RR **99**, 253), nach der Rspr des BGH auch dann, wenn die Reparatur dchgeführt u der RechngsBetrag erhebl niedriger ist (BGH NJW **89**, 3009, dagg mit Recht Stgt VersR **74**, 374, Köln VersR **88**, 1165, Nürnbg VersR **90**, 391, LG Bochum VersR **95**, 1251 u Himmelreich/Klimke Rn 726 a mwNw). Die substantiierten Einwendgen, die der Schädiger auch nach BGH auf der Grdl der Rechng gg das Gutachten erheben kann, werden aber idR dazu führen, daß das Ger (nur) die Rechngssumme als den zur Herstellg erforderl Geldbetrag ansehen w (Hamm NZV **99**, 297: DM 15 585,48 statt DM 30 945,50). Im Gutachten angesetzte Reise- od Verbringgskosten (Überführg zum Lackierer) sind nicht zu ersetzen, wenn sie tatsächl nicht anfallen (Karlsr NJW-RR **98**, 1718, AG Kiel DAR **97**, 159, aA AG Göttingen DAR **99**, 173, sehr str, s § 251 Rn 13). Werden Teile einer **Sachgesamtheit** entwendet, fallen unter S 2 auch die Kosten der Ermittlg des Schadensumfangs (BGH **76**, 219). Soweit zur Schadensbeseitigg die Aufn eines Kredits erforderl ist, gehören auch die Finanziergskosten zum erforderl
7 Geldbetrag (BGH **61**, 346, NJW **66**, 1454, § 254 Rn 40). – **bb)** Die ErsPfl erstreckt sich auch auf Mehrkosten, die ohne Schuld des Geschädigten dch unsachgem Maßn der von ihm beauftragten **Werkstatt** verursacht worden sind (BGH **63**, 184, § 254 Rn 67). Auch das **Prognoserisiko** trägt der Schädiger (BGH **115**, 370, NJW **72**, 1800, **78**, 2592, Ffm NJW-RR **92**, 603). Er haftet daher für erfolglose Reparaturversuche u nicht notw Aufwendgen, sofern der Geschädigte die getroffene Maßn als aussichtsreich ansehen durfte
8 (BGH aaO, § 251 Rn 18). – **cc)** Der Geschädigte kann, wenn er **selbst repariert** od auf eine Reparatur verzichtet, die im Reparaturgewerbe entstehden Kosten einschließl MwSteuer ersetzt verlangen (BGH **61**, 56, NJW **85**, 1222, NJW **89**, 3009, Steffen NJW **95**, 2059). Das ergibt sich aus der Dispositionsfreih des Geschädigten (Rn 4). Nicht zu ersetzen sind aber fiktive Reise- od Verbringgskosten (Rn 6). Im Fall der Selbstreparatur können die geschätzten Kosten uU unabhäng vom eig Kostenaufwand bis zu 130% des Wertes der Sache ersatzfäh sein (§ 251 Rn 19). Unterhält ein VerkBetr eine eig Reparaturwerkstatt, kann er aber nur seine Selbstkosten zuzügl Gemeinkosten u nicht die höheren Kosten einer fiktiven Fremdreparatur fordern (BGH **54**, 83, Steffen NJW **95**, 2059). Bei einer Selbstreparatur dch die DB gehören zum ersatzfäh Schaden auch die Verw- u Fahrwegbenutzgskosten (BGH NJW **83**, 2815, Mü VersR **87**, 362). Eig Plangskosten sind nach ihrem obj Marktwert zu ersetzen (BGH NJW **97**, 2879). Unternehmergewinn darf der Geschädigte mitberechnen, wenn er gewerbsmäß auch Fremdreparaturen dchführt (BGH VersR **78**, 243, Düss NJW-RR **94**, 1375, VersR **96**, 71). Vergibt der Geschädigte die Reparatur, darf er keine Gemeinkosten berechnen, da die Mühewaltg bei der Schadensabwicklg zum eig Pfltenkreis gehört (Rn 23). Kann er die MwSteuer zum Vorsteuerabzug verwenden, entfällt insow wg VortAusgl ein ErsAnspr (BGH NJW **72**, 1460, Vorbem 144). –
9 **dd)** Als ErsLeistg wird idR ein einmaliger Kapitalbetrag geschuldet. Bei sich fortlaufd erneuernden Schäden kann der Geschädigte eine **Rente** beanspruchen (RG **68**, 430, **136**, 375). SchadBemessg bei **Kraftfahrzeugen** s § 251 Rn 12 ff.

c) Personenschäden. – aa) Die Herstellgskosten bei der Verletzg einer Pers bestehen vor allem in den Kosten der **Heilbehandlung.** Werden diese vom SozVersTräger od einem privaten Versicherer getragen, findet gem SGB 116, VVG 67 ein FdgÜbergang statt (Vorbem 148 ff v § 249). Die Aufwendgen müssen sich im Rahmen des Angemessenen halten (BGH NJW **69**, 2281: Behandlg im Ausl); der Verletzte darf aber den Leistgsstandard wählen, den er üblicherw in Anspr nimmt (BGH VersR **89**, 56). Die Aufwendgen für medizinische „Außenseitermethoden" sind ersatzfäh, wenn, wssenschaftl betrachtet, die realistische *Chance* eines Heilgserfolgs besteht (Karlsr VersR **98**, 1256, s BGH NJW **93**, 2369). Wer als Kassenpatient geschädigt worden ist, muß die Heilbehandlg im Rahmen der kassenärztl Versorgg dchführen lassen (Düss NJW-RR **91**, 1308), er darf sich aber priv behandeln lassen, wenn dadch keine Mehrkosten entstehen (Hamm NJW **95**, 786). Die Kosten für Einzelzimmer u Privatbehandlg sind zu ersetzen, wenn der Verletzte sie auch ohne die Regreßmöglichk aufgewandt hätte (BGH VersR **70**, 130, Düss NJW **66**, 397, Hamm VersR **77**, 151), außerdem wenn der Mehraufwand medizinisch geboten ist (s BGH VersR **64**, 257, Oldbg VersR **84**, 765). Entspr gilt für die Kosten eines Mietfernsehers (Köln NJW-RR **94**, 532, Pardey NJW **89**, 2314), dagg besteht für zusätzl Lesestoff keine ErsPfl (Köln VersR **89**, 1309). Ersparte häusl Verpfleggskosten sind abzuziehen (Vorbem 141 v § 249). Die Kosten einer aufwend kosmet Operation sind nicht zu ersetzen, sofern für sie kein ausr Grd vorlag (BGH **63**, 295). Das **Prognoserisiko** hat auch hier der Schädiger zu tragen (Rn 7). Verschlimmergen dch ärztl Kunstfehler gehen zu seinen Lasten (Vorbem 73 v § 249). – **bb)** Zu den Heilgskosten gehören auch die **Fahrtkosten von nahen Angehörigen** für Krankenhausbesuche (BGH NJW **85**, 2757, **89**, 766), auch wenn der Verletzte im Koma liegt (Saarbr NZV **89**, 25). Der Kreis der Anghörigen ist ebso abzugrenzen wie in Vorbem 71 v § 249. Zu ihm gehört daher auch die Lebensgefährtin (LG Münst NJW **98**, 1801), idR aber nicht der Bruder (Karlsr VersR **98**, 1256). Die ErsPfl beschränkt sich auf die unvermeidb Kosten (BGH NJW **91**, 2341), dh auf Fahrtkosten der wirtschaftlichsten Befördergsart (BGH aaO), – bei Pkw-Fahrten können 0,40 DM/km angesetzt werden (Hamm VersR **96**, 1515) –, auf Lohnausfall für nicht nachholb Arbeitsstunden u bei Selbständigen auf Gewinnentgang, der der Besuchszeit unmittelb zuzurechnen ist u sich auf and Weise nicht abfangen läßt (BGH aaO). Für entgangene Freizeit gibt es keinen Ersatz (BGH **106**, 30), idR auch nicht für entgangene Haushaltstätigk (BGH NJW **91**, 2341), wohl aber für die Kosten eines Babysitters (BGH NJW **90**, 1037). Dem Angeh selbst steht als mittelb Geschädigten kein SchadErsAnspr, uU aber ein Anspr aus GoA od § 812 zu (BGH NJW **79**, 598, Seidel VersR **91**, 1323). – **cc)** Zu den Herstellgskosten bei Verletzg einer Person gehören weiter Kur- u Pflegekosten (RG **151**, 299, BGH VersR **78**, 149), Betreuungsaufwand, sowie Aufwendgen für eine **berufliche Rehabilitation,** insb eine Umschulg (BGH NJW **82**, 1638, NJW-RR **91**, 854, Karlsr NJW **89**, 111) od die Arbeit in einer Behindertenwerkstatt (Hamm VersR **92**, 460); bei einer Umschulg zu einem höher qualifizierten Beruf kann sich die ErsPfl aber auf einen Teil der Kosten beschränken (BGH NJW **87**, 2741). Die nach einer schweren Körperverletzg notw (dch eine Pflegekraft nicht zu ersetzde) vermehrte Zuwendg der Eltern od des Partners ist kein ersatzfäh Vermögensschaden (BGH **106**, 28, NJW **99**, 2819). Tritt eine dauernde Vermehrg der Bedürfn ein, gilt die Sonderregel des § 843. Wird eine einmalige Maßn (Anschaffg eines medizinischen Hilfsgeräts, rollstuhlgerechte Einrichtg der Wohng) erforderl, ist § 249 anzuwenden (BGH NJW **82**, 757, Düss DAR **95**, 159), aus dem sich uU auch ein Anspr auf Errichtg eines priv Schwimmbades ergeben kann (s Huber VersR **92**, 545). 10 11

3) Miete einer Ersatzsache. – a) Kann der Geschädigte wg des schädigden Ereign die Sache nicht nutzen, hat ihm der Schädiger die Kosten für die Anmietg einer gleichwert Sache zu ersetzen (BGH GrZS **98**, 220). Das gilt allg (Mü VersR **88**, 1043: Flugzeug), hat aber vor allem für KfzSchäden prakt Bedeutg. Bei Verzicht auf die Anmietg einer ErsSache kann dem Geschädigten ein Anspr auf NutzgsAusfallEntsch zustehen (Vorbem 20 ff v § 249). 12

b) Mietwagenkosten. Der Geschädigte kann nur den Betrag ersetzt verlangen, der **objektiv erforderlich** ist od war (BGH NJW **85**, 2639), dh die Aufwendgen, die ein verständiger u wirtschaftl denkder Mensch in der Lage des Geschädigten machen würde (BGH aaO). – **aa)** Der Geschädigte darf sich grdsl ein **Fahrzeug gleichen Typs** mieten (BGH NJW **82**, 1519). Ist dieses nur zu einer bes hohen Miete zu haben, muß er sich mit einem etwas weniger komfortablen begnügen (BGH aaO). Hat der beschädigte Pkw Autotelefon, kann ein vorübergehder Verzicht hierauf zumutb sein (LG Traunstein NJW-RR **93**, 535). Bei älteren Pkws mit erhebl herabgesetztem Gebrauchswert sind nur die Kosten für einen in etwa wertgleichen MietPkw zu ersetzen (Hbg VersR **80**, 879, Stgt r + s **88**, 332, LG Freibg DAR **94**, 404, str, s Anhang Rn 3). – **bb)** Da nur der obj erforderl Betrag zu ersetzen ist, muß der Geschädigte zum **Preisvergleich** zwei od drei Konkurrenzangebote einholen (BGH NJW **85**, 2639, Mü DAR **95**, 255, Jena OLG-NL **95**, 221 mwNw, Hamm VersR **96**, 774) u sich über die in Betracht kommden Tarife informieren (Nürnbg NJW-RR **90**, 1502, VersR **94**, 235, Ffm NJW-RR **96**, 984, Hamm VRS **85**, 2). Zur Erf dieser Verpfl, die nichts mit „Marktforschg" zu tun hat, genügen wenige Telefon-gespräche. Sie besteht insbes, wenn höhere Kosten (mehr als 5000 DM) zu erwarten sind (BGH aaO, Düss NJW-RR **99**, 907: 24 000 DM, Porsche Carrera). Seitdem die Vermieter neben dem Normaltarif einen um 25% teureren **Unfalltarif** anbieten, muß sich der Geschädigte insoweit erkundigen u den günstigeren Tarif wählen (Köln VersR **93**, 767, **96**, 121, Nürnbg VersR **94**, 235, Mü NZV **94**, 360, Hamm NJW-RR **94**, 923, Mü VRS **87**, 321, Jena aaO, Etzel DAR **95**, 17). Die abw Entsch des BGH (NJW **96**, 1958, grdsl zustimmd Düss DAR **98**, 102), die den Geschädigten prakt von allen SorgfPfl freistellt u mißbräuchl Tarifgestaltgen im MietwagenGesch bestärkt, ist mit dem Grds, daß nur die Aufwendgen zu ersetzen sind, die ein wirtschaftl denkder Mensch für *erforderl* halten durfte (BGH **66**, 192, Vorbem 83 v § 249), unvereinb (Schiemann JZ **96**, 1077; Freyberger MDR **96**, 1091; Hootz BB **96**, 2215). Sie hat offenb auch Schwierigk sich in der Rspr der InstanzGer dchzusetzen (s LG Freibg NJW-RR **97**, 1069, LG Bonn NZV **98**, 417). Mietet der Geschädigte von einem Angeh, muß er sich um eine unterh der übl Sätze liegde Miete bemühen (BGH NJW **75**, 255, LG Mainz NJW **75**, 1421/2019). Bei Anmietg von einer PrivPers sind idR nur 50% der Preise gewerbl Anbieter zu ersetzen (Celle NJW-RR **93**, 1052). Bei **geringem Fahrbedarf** (20 km u weniger) darf der Geschädigte idR keinen Mietwagen in Anspr nehmen (Ffm VersR **92**, 620, Mü VersR **93**, 769, Harneit DAR **94**, 97). Entspr gilt, wenn dem Geschädigten neben dem beschädigten überwiegd freizeitgenutzten Kfz ein weiterer Pkw zur Vfg steht (Nürnbg NJW-RR **99**, 467). – **cc)** Der Geschädigte muß sich iW der VortAusgl **ersparte Eigenaufwendungen** anrechnen lassen (BGH 13 14 14 a

NJW **67**, 552, allgM). Die wohl noch hM bemißt den ErsparnAbzug auf 15–20% der Mietwagenkosten (Mü VersR **70**, 67, Köln NJW-RR **93**, 913, Hamm VersR **96**, 773) Die Ersparn beträgt nach den jetzt maßgebden techn u wirtschaftl Verhältn aber nur etwa 10% der Mietwagenkosten (LG Freibg VersR **92**, 250, LG Ravensbg NJW-RR **94**, 796). Stgt NJW-RR **94**, 921, Karlsr DAR **96**, 56, Düss VersR **96**, 987 u Notthoff VersR **98**, 144 wollen den Abzug im Anschl an Meinig (DAR **93**, 281) sogar auf 3 od 4% begrenzen. Mietet der Geschädigte ein einfacheres Fahrzeug, dessen Miete um 10% (od bei Zugrundelegg der hM um 15%) geringer ist als die Miete für ein mit dem geschädigten gleichwert Pkw, **entfällt** der **Ersparnisabzug,** da er der Billigk widersprechen würde u die VortAusgl nach Vorbem 120 v § 249 nicht zu einer unbilligen Entlastg des Schädigers führen darf (Celle NJW-RR **93**, 1052, Nürnbg NJW-RR **94**, 924, Ffm NJW-RR **95**, 664,
15 **96**, 984, Hamm NJW-RR **99**, 1119; aA BGH NJW **67**, 552). – **dd)** Der Anspr beschränkt sich auf die für die Reparatur od ErsBeschaffg **notwendige Zeit,** iF des Verzuges auf dessen Dauer (BGH **88**, 16). Sie beträgt, wenn Ers für einen gebrauchten Pkw zu beschaffen ist, 2–3 Wo (KG VersR **87**, 822). Werden gleichzeit unfallunabhäng Schäden beseitigt, muß die Ausfallzeit entspr geteilt w (BGH **81**, 274 zur Schiffsreparatur). Wird der Unfallschaden ohne Verlängerg der Reparaturzeit bei and Arbeiten miterledigt, besteht kein Ers-Anspr (BGH VRS **52** Nr 39). Kann der Geschädigte die ErsBeschaffg nicht finanzieren u erhält er trotz Mahng keinen Vorschuß, so geht das zu Lasten des Schädigers (Nürnbg DAR **81**, 14, LG Ffm NJW-RR **92**, 1183). Auch Schwierigk bei der ErsTeilBeschaffg sind dem Schädiger zuzurechnen (BGH NJW **82**, 1519: Mietwagenkosten 13 712 DM, Köln MDR **99**, 157, amerikan Modell). Der Geschädigte darf grdsl auch dann einen Mietwagen in Anspr nehmen, wenn sein Pkw kurz vor od währd einer **Reise** beschädigt w (BGH NJW **85**, 2639). UU ist aber eine provisorische Reparatur (Köln VersR **79**, 965, Stgt VersR **81**, 1061), die Anschaffg eines Interimsfahrzeugs (BGH NJW **82**, 1519, LG Bielefeld DAR **95**, 486), die Benutzg der Bahn (LG Freib DAR **84**, 153), od eine Umdisposition u der Verzicht auf wenige UrlTage zumutb (BGH NJW **85**,
16 2639). – **ee)** Der Schädiger hat auch die **Prämien** für eine **Haftungsfreistellung** zu ersetzen, sofern für das beschädigte Kfz eine entspr Versicherg besteht (BGH **61**, 331). Ist das nicht der Fall, gilt nach BGH eine mittlere Lösg (aaO u VersR **74**, 657): Die Prämie ist zu ersetzen, soweit mit der Mietwagennutzg ein Sonderrisiko verbunden ist; der Geschädigte muß sich aber das ersparte eig Schadensrisiko anrechnen lassen. Diese Ansicht verdient trotz der Schwierigk bei der Quantifizierg den Vorzug vor einer vollen Bejahg der ErsPfl (so Ffm NJW-RR **95**, 664, Hamm NZV **94**, 188) od deren Verneing (so Oldbg VersR **83**, 470, Hamm NJW-RR **94**, 793); iZw kann der zu ersetzde Prämienanteil gem ZPO 287 auf 1/2 geschätzt w (Schlesw VersR **75**, 268, Hbg VersR **76**, 371, Mü DAR **76**, 157).

17 **c)** Auch bei Ausfall eines **gewerblich genutzten Kfz** (Taxe, Lkw) kann der Geschädigte zu Lasten des Schädigers ein ErsKfz mieten. Die Mietkosten sind bis zur Grenze des § 251 II selbst dann zu ersetzen, wenn sie höher sind als die Einnahmen, die zu entgehen drohen (BGH NJW **85**, 793, **93**, 3321); sie können angebl auch dann noch verhältnmäß sein, wenn sie 283% der entgehden Einnahmen ausmachen (BGH aaO). Ein ErsAnspr ist. aber ausgeschlossen, wenn die Miete 3 1/2 mal so hoch ist wie der entgehde Gewinn (Celle NZV **99**, 209, vgl auch LG Nürnbg u LG Bonn NJW-RR **99**, 464). Der Schaden kann auch nach den Vorhaltekosten eines ErsKfz (Vorbem 43 v § 249) od nach dem entgangenen Gewinn berechnet w. Wenn die Miete eines ErsKfz mögl ist u ihre Kosten geringer sind als der entgehde Gewinn, steht dem Anspr aus § 252 aber § 254 II entgg.

18 **4)** Die SchadErsPfl erstreckt sich auch auf **Folgeschäden,** sofern diese mit dem schädigden Ereign in einem adäquaten UrsachenZushang stehen u in den Schutzbereich der verletzten Norm fallen (s Vorbem 58 u 62 u die Einzelfälle in Vorbem 66 ff). – **a) Steuerliche Nachteile** werden grdsl von der ErsPfl miterfaßt (Kullmann VersR **93**, 385, spiegelbildl zur VorteilsAusgl Vorbem 144). Zu ersetzen sind daher: die vom Geschädigten zu zahlde Umsatzsteuer (Hamm OLGZ **80**, 20), es sei denn, daß er zum Vorsteuerabzug berecht ist (BGH NJW **72**, 1460); die Gewerbeertragssteuer, die er auf den Verdienstausfallschaden zu leisten hat (BGH NJW **67**, 1462); die EinkSteuer, die er auf Renten gem § 844 II – trotz Steuerfreih der weggefallenen UnterhLeistgen – zahlen muß (BGH NJW **79**, 1501, NJW-RR **87**, 604); steuerl Vorteile, die ihm nach einer ständ, wenn auch gesetzwidr VerwPraxis zugute gekommen wären (BGH NJW **81**, 920, GrdErwerbsSteuerfreih für Ferienhäuser); Verlust von AbschreibgsMöglichk (BGH VersR **80**, 529, **90**, 748), Nachteile aus einer Erhöhg des Steuertarifs (Kullmann VersR **93**, 387). Bei Ehefr ist die im Fall getrennter Veranlagg entstehde EinkSteuer maßgebd, nicht die höhere, bei gemeins Veranlagg zu zahlde (BGH NJW **70**, 1271, aA Kullmann aaO). Bei Verdienstausfallschäden ist ein besonderer Ausgl für steuerl Nachteile idR nicht erforderl, da bei der SchadBemessg vom **Bruttolohn** auszugehen ist (§ 252 Rn 9). Nicht zu ersetzen sind: der Steuermehrbetrag, der wg Verlegg des ArbOrtes vom Aus- ins Inland zu leisten ist (LAG Ffm DB **86**, 52); die bei Tötg des Eheg
19 wegfallden steuerl Vorteile, wie Freibeträge u Splittingtarif (BGH NJW **79**, 1501). – **b) Höhere Versicherungsprämien** oder der Verlust eines BeitrNachlasses, die dch das schädigde Ereign verursacht w, gehören grdsl zum zu ersetzden Schaden (BGH NJW **84**, 2627, Zweibr VRS **89**, 10), auch wenn dieser mittelb Schaden erhebl größer ist als der unmittelb (BGH **107**, 260, krit Löwisch JZ **90**, 189). Einschränkgen gelten
20 aber für den Verlust des SchadensfreihRabatts in der HaftPflVers (Vorbem 93). – **c) Kosten der Rechtsverfolgung.** – **aa)** Die ErsPfl erstreckt sich auch auf die dch die Geltdmachg u Dchsetzg des SchadErsAnspr entstehden Kosten. Es besteht insow ein **unselbständiger** mat-rechtl KostenerstattgsAnspr. Die Kosten, die dch Geltdmachg eines nicht auf SchadErs gerichteten Anspr entstehen, kann der Gläub dagg nur unter den Voraussetzgen des Verzuges (§ 286 Rn 7), der pVV (§ 276 Rn 123), der unerl Hdlg (BGH **111**, 171) od der GoA (BGH **52**, 393) ersetzt verlangen. Das gilt entspr für Kosten der **Rechtsverteidigung** (BGH NJW **86**, 2244). Die Verletzg einer höchstpersönl familienrechtl Pfl begründet aber keine Pfl zum Ers von Kosten (BGH NJW **88**, 2033). Der mat-rechtl KostenerstattgsAnspr steht grdsl rechtl selbstd neben dem aus ZPO 91 ff (BGH **66**, 114). Die Klage ist aber wg Fehlens eines RSchutzbedürfn unzul, soweit sich beide Anspr decken (RG **130**, 218, LAG Hamm DB **92**, 431). Sie ist dagg zul, soweit vorprozessual entstandene Kosten geltd gemacht werden (BGH WM **87**, 248), insb dann, wenn die Kostenfestsetzg wg ZPO 92 zu einem für den Kläger ungünstigeren Ergebn führen könnte (BayObLG **79**, 20, Köln NJW **86**, 1546). Die Abweisg des matrechtl Anspr steht der Geltdmachg derselben Kostenposition im Verf nach ZPO 103 idR nicht entgg (Kblz VersR **75**, 932, Mü Rpfleger **76**, 255). Dagg ist die Klage unzul, wenn mit ihr bei unverändertem

Sachverhalt ein von der gerichtl KostenEntsch abweichdes Ergebn erstrebt wird (BGH **45**, 257, JZ **95**, 840, krit Becker-Eberhard JZ **95**, 814). And ist es aber, wenn die mat-rechtl ErsPfl weiterreicht als die aus ZPO 91 (BGH NJW **90**, 2062). Die SchadErsPfl des DrittSchu aus ZPO 840 II 2 umfaßt auch entstandene Ger- u RAnwKosten; ArbGG 12a schließt diesen Anspr nicht aus (BAG NJW **90**, 2643, LG Köln NJW-RR **90**, 125, and BAG NJW **73**, 1062). – **bb)** Der mat-rechtl KostenerstattgsAnspr erstreckt sich vor allem auf 21
Anwaltskosten (BGH **30**, 154, **LM** (Ha) Nr 15). Diese fallen auch bei Anspr aus pVV od c. i. c. (BGH NJW **86**, 2244) aber auch bei Anspr aus § 823 (Oldbg NJW **61**, 613) u StVG 7 in den Schutzbereich der verletzten Norm (Nürnbg OLGZ **69**, 140). Die ErsPfl besteht auch dann, wenn sich der RAnw selbst vertritt (BAG ZIP **95**, 502, LG Mainz NJW **72**, 161, LG Mannh AnwBl **75**, 68). Sie setzt voraus, daß die Inanspruchn eines RAnw erforderl war (Karlsr NJW-RR **90**, 929). Das trifft in einfach gelagerten Fällen nur zu, wenn der Geschädigte geschäftl ungewandt ist od die Schadensregulierg verzögert w (BGH **127**, 350), nicht auf Kosten für Vhdlgen über eine KreditAufn (Düss DAR **83**, 359), wohl aber auf die für die SchadRegulierg beim Kaskoversicherer (KG VersR **73**, 926, Hamm AnwBl **83**, 141, Karlsr VRS **77** Nr 2), auch wenn der Geschädigte LeasN ist (LG Bielefeld NJW-RR **89**, 1431). Beschäftigt der Geschädigte einen jur ausgebildeten ArbN, ist es Frage des Einzelfalles, ob die Kosten eines RAnw ersatzfäh sind (Notthoff DAR **95**, 843). Zu ersetzen sind bei Schiffsunfällen die Kosten des Verf vor dem Seeamt (BGH **81**, 276), nicht aber Kosten für ein StrafVerf gg den Schädiger (Vorbem 90). GeschWert ist der Betrag der begründeten Fdg (BGH **39**, 73, NJW **70**, 1122). Zur Berechng des RA-Honorars s die Vereinbg zw DAV u 29 KfzHaftPflVers NJW **97**, 243, 2661. Die Kosten des vom Zessionar beauftragten RAnw sind nur unter den Voraussetzgen des § 286 zu ersetzen, da sich die ErsPfl gem § 249 auf den beim Zedenten entstandenen Schaden beschränkt (LG Mosbach VersR **83**, 571, Riedl VersR **94**, 151, Schmalzl VersR **94**, 1315). – **cc) Weitere Kosten.** Der Schädiger hat die 22
Kosten von **Sachverständigengutachten** zu ersetzen, soweit diese zu einer zweckentspr RVerfolgg notw sind (BGH NJW **74**, 35, NJW-RR **89**, 956, Stgt NJW-RR **96**, 255; zur Höhe s Kääh/Jandel NZV **98**, 268), idR auch dann, wenn das Gutachten obj ungeeignet ist (Hamm BB **94**, 1525) od seine Kosten übersetzt sind (Köln NZV **99**, 88). In Kfz-Unfallsachen darf der Geschädigte – von Bagatellschäden bis 1400 DM abgesehen (AG Bln VersR **95**, 1322, AG Erding VersR **98**, 607), in den neuen BLändern bis 1000 DM (AG Chemnitz VersR **98**, 202) – auch dann einen Sachverst hinzuziehen, wenn der Schädiger bereits einen beauftragt hat (KG OLGZ **77**, 317): Kosten eines Kostenanschlags, wenn er anstelle eines teureren Gutachtens eingeholt worden ist (sehr str, s Notthoff DAR **94**, 419). Zu ersetzen sind weiter: die Kosten eines BeweissichergsVerf (Hamm NJW-RR **93**, 1045); Aufwendgen für das Wiederauffinden u die Rückführg eines entführten Kindes (Kblz NJW-RR **94**, 899); Detektivkosten (BGH NJW **90**, 2061), etwa zur Aufklärg eines VersBetruges (Oldenbg VersR **92**, 1150) od der Arbeitsunfähigk des ArbN (BAG NJW **99**, 308), aber nur iR der Verhältnismäßigk (BAG aaO, LAG Hamm DB **96**, 278); Dolmetscherkosten (AG Osnabrück VersR **89**, 1277); **Belohnungen** für die Wiederbeschaffg gestohlener Sachen (BGH VersR **67**, 1169, BAG DB **70**, 500), für die Überführg von Ladendieben (Vorbem 44), für Unfallzeugen, wg der Gefahr der Falschaussage aber nur in engen Grenzen (s Kblz VersR **75**, 933, Halvescheid DAR **82**, 223); Kosten eines erfolglosen **Vorprozesses** gg einen vermeintl Schädiger od HerausgPflichtigen (BGH NJW **69**, 1109, **71**, 135, NJW-RR **91**, 1428, Lenzen BauR **98**, 62, aA Nürnbg NJW-RR **96**, 1369) od zur Schadensabwehr (BGH VersR **76**, 731). – **dd)** 23
Kein ErsAnspr besteht dagg für den **Zeitaufwand des Geschädigten** bei der außergerichtl Abwicklg von SchadErsAnspr (BGH **66**, 114, **75**, 231, NJW **77**, 35, Hbg NJW **77**, 1347, Stoll JZ **77**, 97, aA Weimar NJW **89**, 3246). Das gilt auch dann, wenn der Geschädigte für diese Aufg besonderes Personal angestellt hat (BGH aaO). Sind Teile einer Sachgesamth entwendet worden, gehören die Kosten der Ermittlg des Schadensumfangs zum zu ersetzden Schaden (BGH NJW **80**, 1519).

5) Einzelfälle. Vgl die Nachw in der Vorbem vor allem in Rn 19ff u 66ff. – **a) Naturalherstellung:** 24
SchadErsLeistg dch Nenng eines vertragsbrüch Dr (RG **148**, 373); dch Nenng seiner Abnehmer (BGH **LM** (Fb) Nr 7) od Lieferanten (BGH WRP **88**, 50), zeitl u sachl begrenztes Beschäftiggsverbot für abgeworbenen ArbN (BGH GRUR **76**, 306; **LM** UWG 1 Nr 10); dch Bekanntgabe der Unwirksamk des Ausschl aus einem Verein (RG **107**, 386); dch Veröffentlichg, die Verwirrg im GeschVerk beseitigt (BGH **LM** UWG 23 Nr 2, GRUR **82**, 491, Leisse GRUR **88**, 88); dch Veröffentlichg eines UnterlVersprechens (BGH **46**, 305, **99**, 140); dch Veröffentlichg einer richtigstelldn Werbeanzeige in der Zeitg, die die unricht Darstellg gegeben h (BGH **70**, 42); dch Weiterbelieferg bei SchadErsAnspr aus GWB 26, 35 wg Diskriminierg (BGH **49**, 98); dch Schaffg einer and Zufahrt bei SchadErs für Verlust eines WegeR (BGH VersR **68**, 896); dch Aufhebg des inf c. i. c. zustandegekommenen Vertr (BGH NJW **62**, 1196, **68**, 986, § 276 Rn 78).

b) Geldentschädigung: Abzug neu für alt, vgl Vorbem 146. – Bei Unfällen ist dem Geschädigten, 25
sofern es sich um mehr als Bagatellschaden handelt, für Telefon, Porto u Fahrtkosten ohne weitere Spezifizierg eine **Auslagenpauschale** zuzuerkennen, idR 40 DM (Hamm VersR **97**, 640). – **Bäume:** Vgl § 251 Rn 11. 26
– Bei Überschreiten der vereinbarten **Baukosten** besteht eine SchadErsPfl, soweit ihr keine entspr Werter- 27
höhg korrespondiert (Köln VersR **96**, 458), sie entfällt, soweit der Mehraufwand zu einer Werterhöhg geführt hat (BGH NJW **70**, 2018, **94**, 856, Köln NJW-RR **93**, 986, Hamm NJW-RR **94**, 211, krit Anker/Adler BauR **98**, 465), angebl auch dann, wenn sich die Werterhöhg bei einem Verkauf nicht realisieren läßt (Celle BauR **98**, 1030). Sogar die zw dem Abschluß der Arbeiten u der letzten mdl Vhdlg eingetretene Wertsteigerg soll den ErsAnspr des Bauherrn ausschließen (BGH NJW-RR **97**, 402); haben sich die Zinskonditionen verschlechtert, kann aber auch in diesem Fall für die Zinsmehraufwendgen eine ErsPfl bestehen (Köln NJW-RR **94**, 981). Künd der Bauherr wg der Kostenüberschreitg, schuldet er für die unbrauchb Plang kein Honorar (Naumbg NJW-RR **96**, 1302). – Wegfall der **Beitragsvergünstigung** in der Berufsgenossensch ist bei Anspr wg pVV ein ersfäh Schaden (Nürnbg VersR **82**, 1176). – Verlust der **Beteiligung** an Abschreibgs-Gesellsch, wenn Geschädigter dch Verlustzuweisgen Steuervorteile erlangt hat (BGH **74**, 113). Vereitelg der Beteiligg an einer OHG (BGH NJW **84**, 2570). – **Besitzentziehung:** Der Geschädigte hat Anspr auf Rücktransport u Rückgabe der Sache, nicht auf Ers des Substanzwertes (Düss MDR **98**, 844). – Bei **Bruch** 28
des Arbeits- oder Dienstvertrages umfaßt die ErsPfl ggf entgangenen Gewinn (BAG DB **72**, 1299), zusätzl Aufwendgen für ErsKraft (LAG Bln DB **74**, 538), Kosten für Zeitgsinserate (Köln VersR **97**, 1539), Nachteile aus dem Wegfall des KonkurrenzSchutzes (BAG WM **76**, 136), nicht aber Wegfall des öff Zuschuß für Schaffg

eines DauerArbPlatzes, wenn ArbVerh jederzeit kündb (BAG DB **77**, 1854). Leistet ArbG die Arb des vertragsbrüch ArbN zusätzl selbst, so schließt das ErsPfl nicht aus (BAG NJW **68**, 221). Keine ErsPfl für Inserate, die auch bei fristgerechter Künd notw gew wären (BAG NJW **84**, 2846, Vorbem 105 ff). – Unter **Denkmalschutz** stehdes Haus s BGH NJW **88**, 1838, NJW-RR **90**, 1303. – SchadBemessg bei **Fischsterben** s BGH VersR **69**, 928. – SchadErs bei Verletzg einer **Freihalteverpflichtung,** BGH NJW **70**, 1595. – Der Wert von **Grundpfandrechten** ist bei einem SchadErsAnspr wg falscher Bewertg danach zu bemessen, welcher Erlös bei einer Veräußerg tatsächl zu erwarten ist (BGH NJW **99**, 430) – Wer SchadErs für einen inf **Immissionen** entstandenen GrdstMinderwert leisten muß, hat keinen GgAnspr auf Eintr einer entspr
29 DuldgsDbk (BGH NJW **70**, 856). – **Ladendiebstahl:** ErsPfl w nicht dadch ausgeschl, daß Untern Schaden kalkulator an GesKundsch weitergibt (Meier BB **74**, 1376). Kein Ers von pauschalierten Bearbeitgsgebühren, da Mühewaltg bei Feststellg u Abwicklg eines Schadens zum eig PfltenKreis der Geschädigten gehört (BGH **75**, 234, Rn 23). Kein Ers von Kosten der **Kontrollorganisation;** dagg sind **Fangprämien** im Rahmen des Angemessenen zu ersetzen (Vorbem 44). – Haben beide Parteien gleichart **Rabattverstöße** begangen, ist zu
30 vermuten, daß sie sich ggs nicht geschädigt h (BGH NJW **70**, 1365). Wird künft **Rentenanspruch** dch Nichtabführg von Beitr verkürzt, muß Schädiger (schon jetzt) den zur Sicherg der unverkürzten Rente erforderl Betr leisten (BGH **LM** (Ha) Nr 25, s § 252 Rn 14) – SchadBemessg bei Zerstörg einer **Ruine** vgl BGH **LM** (Hd) Nr 4. – Schadensbemessg bei **sicherungsübereigneten** Sachen vgl RG **143**, 376. – **Steuern:** Steuerl Nachteile als Schaden s Rn 18, Steuern u VorteilsAusgl s Vorbem 144, Steuern u Verdienstausfall § 252 Rn 8, u Reparatur Rn 8. – Bei widerrechtl **Stromentnahme** ist SchadErs in Höhe des tarifl Entgelts zu leisten (BGH **117**, 31. – Bei Verletzg von **Urheberrechten** u ähnl AusschließlichkR kann Schaden nach Lizenzgebühr berechnet w, idR auch nach Gewinn des Verletzers (§ 687 Rn 6). – SchadBemessg nach **Verkehrswert** eines Grdst, BGH NJW **70**, 2018. – **Verteidigerkosten** vgl Vorbem 90. – Ers von sog **Währungsschaden** (Geldentwertgsschaden) vgl § 286 Rn 6. – Schadensbemessg bei **Waldbrand** vgl BGH **LM** (Hd) Nr 5, bei unlauterem **Wettbewerb** (Marktverwirrgsschaden) s BGH NJW **82**, 2774, Leisse GRUR **88**, 88. – Bemessg des SchadErsAnspr gg **Wilderer** vgl BGH **LM** § 823 (F) Nr 10. – Verlust von **Zeitschriften** BGH DB **75**, 1073 (ErsPfl für Nachdruckkosten uU auch dann, wenn diese höher als VerkErlös).

Anhang zu § 249: Pkw-Nutzungsausfallentschädigung: Vgl jetzt Vorbem 23 vor § 249.

250 *Schadensersatz in Geld nach Fristsetzung.* **Der Gläubiger kann dem Ersatzpflichtigen zur Herstellung eine angemessene Frist mit der Erklärung bestimmen, daß er die Herstellung nach dem Ablaufe der Frist ablehne. Nach dem Ablaufe der Frist kann der Gläubiger den Ersatz in Geld verlangen, wenn nicht die Herstellung rechtzeitig erfolgt; der Anspruch auf die Herstellung ist ausgeschlossen.**

1 **1) Allgemeines.** § 250 eröffnet dem Geschädigten die Möglichk, unabhäng von den Voraussetzgen der §§ 249 S 2, 251 zu einem Anspr auf Geldersatz zu gelangen. Die Fristsetzg ist auch zul, wenn zweifelh ist, ob die §§ 249 S 2, 251 anwendb sind. In der Praxis spielt § 250 kaum eine Rolle; GeldErs wird idR auch dann einverständl geleistet, wenn die Voraussetzgen der §§ 249 S 2, 250, 251 nicht erfüllt sind. Wird als SchadErs die Herausg einer Sache geschuldet, sind nach § 250 nur die Kosten des Rücktransportes zu ersetzen, nicht aber der Substanzwert (Düss NJW-RR **98**, 1716).

2 **2) Voraussetzungen (Satz 1).** Erforderl ist eine Fristsetzg u eine Ablehngsandrohg. Die bloße Aufforderg, GeldErs zu leisten, genügt nicht (RG JW **37**, 1145), ebsowenig der Vorbeh, die spätere Herstellg abzulehnen (§ 326 Rn 18). Die mit einer Ablehngsandrohg verbundene Aufforderg, in angem Fr od unverzügl zu leisten, ist wirks (§ 326 Rn 17). Die Bestimmg einer zu kurzen Frist setzt eine angem in Lauf (RG **56**, 234). Die Fristsetzg hat keinen Erfolg, wenn vor FrAblauf die Naturalrestitution unmögl w od der ErsAnspr verjährt (s BGH NJW **88**, 1780). Sie ist **entbehrlich,** wenn der Schädiger die Leistg von SchadErs od die Naturalrestitution ernsth u endgült verweigert (BGH NJW **92**, 2222, **99**, 1542). Dem steht es gleich, wenn der Geschädigte, wie bei Unbenutzbark seines Pkw, raschen Ers benötigt u dieser vom Schädiger nicht zu erwarten ist (BGH **40**, 352). Beim Ers von Kreditzinsen (§ 288 Rn 7) erkennt die Rspr im Interesse beider Part gleichf auf Zahlg, weil die für den zukünft Anspr eigentl geschuldete Freihaltg (Vorbem 46 v § 249) in der Dchführg zu unzumutb prakt Schwierigk führen würde (krit Gottwald MDR **96**, 980). Im Prozeß kann die Frist gem ZPO 255, 510 b im Urteil gesetzt werden (BGH NJW **86**, 1677).

3 **3) Rechtsfolgen (Satz 2).** Währd des Fristlaufs kann der Geschädigte, auch wenn ein Fall des § 249 S 2 vorliegt, nur Naturalherstellg verlangen. Nach Fristablauf geht der HerstellgsAnspr endgült in eine GeldFdg über (BGH **LM** § 249 (Gb) Nr 3 Bl 2). Geschuldet wird der erforderl **Geldbetrag iS von § 249 S 2**, nicht die Entschädigg in Geld iSd § 251 (BGH **11**, 163, Soergel/Mertens Rn 6, aA Lange § 5 V).

251 *Schadensersatz in Geld ohne Fristsetzung.* **I Soweit die Herstellung nicht möglich oder zur Entschädigung des Gläubigers nicht genügend ist, hat der Ersatzpflichtige den Gläubiger in Geld zu entschädigen.**

II Der Ersatzpflichtige kann den Gläubiger in Geld entschädigen, wenn die Herstellung nur mit unverhältnismäßigen Aufwendungen möglich ist. Die aus der Heilbehandlung eines verletzten Tieres entstandenen Aufwendungen sind nicht bereits dann unverhältnismäßig, wenn sie dessen Wert erheblich übersteigen.

1 **1) Allgemeines. – a)** Der **Regelungsgegenstand** der beiden Abs des § 251 ist unterschiedl. Ist Naturalrestitution nicht mögl od für den Geschädigten nicht genügd, besteht nach I im GläubInteresse ein Anspr auf GeldErs. Dagg begünstigt II den Schu. Er kann Naturalrestitution ablehnen, wenn die Herstellg unver-
2 hältnismäß Aufwendgen erfordert. – **b) Anwendungsbereich.** § 251 gilt für alle SchadErsAnspr. Bei der

analogen Anwendg ist zu unterscheiden: I findet auf die Anspr aus § 985 u § 1004 keine Anwendg (BGH NJW **64**, 2414, MüKo/Grunsky Rn 1). Dagg ist II auf BeseitiggsAnspr aus § 1004 entspr anwendb (§ 1004 Rn 38). Sein RGedanke kann uU auch auf ErfAnspr angewandt w, die auf Herstellg gerichtet sind, so auf den pachtvertragl WiederherstellgsAnspr (BGH NJW **76**, 235), aber auch auf den Anspr aus § 667 (BGH NJW **88**, 699).

2) Unmöglichkeit oder Ungenügen der Herstellung (I). – a) I 1. Alt erfaßt alle Erscheingsformen der **Unmöglichkeit** (§ 275 Rn 4 ff), anfängl u nachträgl, obj u subj, tatsächl u rechtl. Wirtschaftl Unmöglichk fällt aber unter II. Unerhebl ist, wer die Unmöglichk zu vertreten hat. Hat der Geschädigte sie verschuldet, gilt aber § 254 (MüKo/Grunsky Rn 3). Unvermögen steht der Unmöglichk gleich; es schließt aber nur den Anspr aus § 249 S 1, nicht den aus § 249 S 2 aus (Staud/Schiemann Rn 9). Fälle einer Unmöglichk aus **tatsächlichen Gründen:** Dauernde Minderg der ErwerbsFgk (RG **80**, 28). Vereitelg des Rechts zum Eintritt in eine OHG (BGH NJW **84**, 2570). Widerrechtl Stromentnahme (BGH **117**, 29). Sachbeschädigg, wenn eine befriedigde Reparatur nicht mögl ist. Zerstörg einer unvertretb Sache (BGH **92**, 85/88, NJW **85**, 2413), bei gebrauchten Kfz soll die Beschaffg eines gleichart Fahrzeugs aber angebl eine Form der Herstellg sein (Rn 12). Bei Zerstörg eines Hauses (= Beschädigg des Grdst!) ist Naturalrestitution mögl, wenn trotz einer Wertsteigerg ein wirtschaftl-funktional gleichwert Zustand hergestellt w kann (BGH **102**, 322). – Unmöglichk aus **Rechtsgründen** ist gegeben: beim SchadErsAnspr wg NichtErf (§§ 325, 326, 463), da die Herstellg auf die kr Ges ausgeschl Erf der ursprüngl Fdg hinauslaufen würde; beim Anspr aus § 839, da die Herstellg einen unzul Eingriff in die Verw darstellen würde (RG **150**, 143, BGH **34**, 99). Entspr gilt, wenn die Herstellg in Rechte Dritter eingreifen würde (Kblz NJW-RR **91**, 944). – **b)** Ist die Herstellg **nicht genügend,** kann dem Geschädigten je nach Gestaltg des Falls ein den Anspr auf Naturalrestitution ersetzder od ergänzder GeldErsAnspr zustehen. I 2. Alt ist anwendb, wenn eine Reparatur dem Geschädigten wg des Schadensumfangs nicht zugemutet werden kann (Rn 28), wenn ein techn od merkantiler Minderwert verbleibt (Rn 19), wenn die techn mögl Herstellg unzumutb lange dauert (RG **76**, 146). Soweit die Herstellg nicht genügt, kann man sie auch als unmögl ansehen. Eine genaue Grenzziehg zw den beiden Alt von I ist daher schwierig, wg der Gleichheit der RFolgen aber auch unnötig. – **c)** In **Notzeiten** muß den bes Gegebenh, insb dem Interesse des Geschädigten an einer Naturalrestitution, Rechng getragen w. I 1. Alt ist nach 1945 auf vom Markt verschwundene Sachen nicht angewandt worden, da anzunehmen war, daß ein auf Herstellg gerichtetes Urt währd der VerjFr vollstreckt w konnte (Hamm SJZ **48**, 195, KG JR **48**, 282).

3 (Rn 3) · 4 (Rn 4) · 5 (Rn 5)

3) Unverhältnismäßigkeit der Herstellung. – a) II gilt nicht nur ggü dem HerstellgsAnspr (§ 249 S 1), sond auch ggü dem aus § 249 S 2 (BGH **63**, 295, **102**, 322). Konstruktiv handelt es sich um eine **Ersetzungsbefugnis** des Schu. Sie besteht auch bei Sachen unter Denkmalschutz, ist aber ggü Teilklagen unerhebl, wenn der eingeklagte Betrag auf jeden Fall gerechtf ist (BGH NJW-RR **90**, 1303, verfehlt Naumbg NJW-RR **95**, 1041, das die Anwendg von II auf Konsum- u Gebrauchsgüter beschränkt). Auf Verletzg von Pers findet II keine Anwendg (Soergel/Mertens Rn 9). Für Heilbehandlgskosten gilt aber die Grenze der Angemessenh (§ 249 Rn 10). Bei aufwend kosmet Operationen kann auch II herangezogen w (BGH **63**, 295). Zur Anwendg auf and als SchadErsAnspr s Rn 2. – **b)** Die **Unverhältnismäßigkeit** ergibt sich idR aus einem Vergl zw den Herstellgskosten – ggf nach einem Abzug „neu für alt" (BGH **102**, 322) – u dem gem § 251 geschuldeten GeldErs. Für Kfz-Schäden hat die Rspr als Faustregel eine **30 %-Grenze** herausgebildet: II ist anwendb, wenn die Reparaturkosten den Wert der Sache vor dem Unfall um mehr als 30 % überschreiten (Rn 25). Diese Grenze darf aber bei and als Kfz-Schäden nicht schemat angewandt w. Erforderl ist eine sorgfält Abwägg der beiderseit Interessen bei der auch der Grad des Verschuldens (BGH NJW **70**, 1180, **88**, 699, Lange § 5 VII 1) u immaterielle Interessen zu berücksichtigen sind (Oetker NJW **85**, 347). Bei einem Haus mit einen Wert von 428 000 DM können Reparaturkosten von 577 000 DM unverhältnismäß sein (Hamm VersR **99**, 237). – **c)** Heilbehandlgskosten eines verletzten **Tieres** sind nicht bereits dann unverhältnismäß, wenn sie dessen Wert erhebl übersteigen, **II 2**, eingefügt dch Ges v 20.8.90 (BGBl I 1762). Das war auch schon vor Einfügg des II 2 geltdes Recht (LG Mü NJW **78**, 1862). Bei einem Hund mit geringem VerkWert, aber auch bei einem Mischling od einer Katze ohne Marktwert, wird die Grenze des II dch Aufwendgen von 3000 DM noch nicht überschritten (LG Bielefeld NJW **97**, 3320) u auch 5500 DM können noch verhältnismäß sein (LG Ba-Ba NJW-RR **99**, 609). Zu berücksichtigen sind Alter u Gesundheitszustand des Tieres, aber auch die Intensität der gefühlmäß Bindgen, die bei einem Pferd od Hund ungleich stärker sein können als bei einem reinen Nutztier (MüKo/Grunsky Rn 32). Wird ein Rassehund dch einen Mischling gedeckt, braucht der Halter zur Schadensminderg keinen Abort dchführen zu lassen (Hamm NJW-RR **90**, 1054). SchadErs bei Tötg des Tieres s Rn 17. Eine II 2 entspr Regelg gilt für **ökologische Schäden** (UmweltHG 16) u nach GenTG 32 VII. – **d) Prognoserisiko.** Bei unverhältnismäß Aufwendgen richtet sich die ErsPfl nach dem Wiederbeschaffgswert (Rn 10) u nicht nach den höheren, noch verhältnmäß Aufwendgen (BGH **115**, 375). Der Schädiger trägt aber das Prognoserisiko: Er muß alle Kosten ersetzen, wenn sich die Unverhältnismäßigk ohne Verschulden des Geschädigten erst nachträgl herausstellt (BGH **115**, 364, NJW **72**, 1801).

4) Geldentschädigung. – a) Währd der GeldErs nach §§ 249 S 2, 250 auf das Integritätsinteresse abstellt u nach den Herstellgskosten zu bemessen ist, richtet sich der Anspr aus § 251 auf Ers des **Wertinteresses** (Summeninteresses). Zu ersetzen ist die Differenz zw dem Wert des Vermögens, wie es sich ohne das schädigde Ereign darstellen würde, u dem dch das schädigde Ereign verminderten Wert (BGH NJW **84**, 2570, **85**, 2413/2415). Bei Zerstörg (Verlust) eines Ggst bemißt sich der ErsAnspr nach dem **Wiederbeschaffungswert** (VerkWert) (BGH **92**, 85, **117**, 29, NJW-RR **96**, 56, Rn 13). Fehlt bei gebrauchten Sachen mangels ausr Nachfrage ein Marktpreis, kann der VerkWert dch Abschreibg aus dem Neupreis entwickelt w (Düss NJW-RR **97**, 181). Ist auch diese Ableitg, etwa bei einem nicht marktgängigen Bastlerstück (Unikat), unmögl, sind Marktpreise ähnl Objekte heranzuziehen (BGH **92**, 85). Nicht zu ersetzen ist ein **bloßes Affektionsinteresse** (Liebhaberwert). Hat sich für die Liebhaberei ein Markt gebildet (Briefmarken, Jagdtrophäen, Oldtimer), besteht aber eine ErsPfl in Höhe des Marktpreises (Staud/Schiemann § 253 Rn 16). Anhaltspkte für die Schätzg der Schadenshöhe (ZPO 287) können auch darstellen: der Sach- od Ertragswert

des Ggst (BGH NJW **75**, 2061, vgl aber Rn 11); der nach betriebswirtschaftl Grds zu ermittelnde Wert eines GesellschAnteils (BGH NJW **84**, 2570), die Kosten der Maßn, die anstelle der zu aufwendigen Herstellg
11 ausgeführt worden ist (Düss VersR **80**, 335, Mauer statt Hecke). – **b) Bäume:** Die Zerstörg od Beschädigg eines Baumes ist wg §§ 93, 94 rechtl eine Verletzg des Eigtums am Grdst (BGH NJW **75**, 2061). Die Kosten der Herstellg sind idR so hoch, daß § 251 II 1 anzuwenden ist (BGH aaO, Celle NJW **83**, 2391). Abzustellen ist iF der Zerstörg auf die Kosten einer Teilwiederherstellg, dh auf die Aufwendgen für den Erwerb u die Anpflanzg eines jungen Baumes (BGH aaO). Der verbleibde Restschaden wird dch die eingetretene **Minderung des Grundstückswerts** bestimmt (BGH aaO). Die Praxis ermittelt den Schaden vielfach nach der Methode Koch (zuletzt NVwZ **89**, 122, VersR **90**, 573), die jetzt von Breloer fortgeführt w (Was ist mein Baum wert? 3. Aufl 1995). Diese zunächst für das EnteigngsR entwickelte Methode ermittelt aber nicht die Wertminderg des Grdst, auf die es nach II ankommt (Rn 10), sond im SachwertVerf die schadensersatzrechtl irrelevanten Kosten des weiteren Aufwuchses (Herstellg). Dabei werden die erst künft entstehden Kosten nicht abgezinst u auch die längere Lebenserwartg des neuen Baumes u die dadch bedingte Hinausschiebg der erneuten Ersatzbeschaffg bleiben unberücksichtigt. Die Methode führt daher häufig zu weit übersetzten Beträgen, die mit Mehrpreisen, die bei GrdstVerkäufen für Baumbestand bezahlt w, offensichtl unvereinb sind (Mü VersR **95**, 843, Staud/Schiemann § 251 Rn 91, Kappus VersR **84**, 1021): 31 566 DM für 30jähr Buche u 36 879 DM für 30jähr BlauFichte (Breloer aaO), 21 269 DM für 20jährige Birke (vom BerGer auf 6617 DM reduziert, s Düss NJW-RR **97**, 856), 29 529 DM für 80jährige Roßkastanie (Düss VersR **87**, 1139) u 21 048 DM für 60jährige Kastanie (LG Bln VersR **95**, 107). Bei die nach § 251 II 1 gebotenen Orientierg an der *Wertminderg des Grdst* ergeben sich Beträge, die nur einen Bruchteil dieser Werte ausmachen u häufig gg 0 tendieren. Für die Beurteilg der eintretden Wertminderg des Grdst sind auch allein GrdstSachverst kompetent. Die Sachkunde der GehölzSachverst beschränkt sich auf die Kosten der nach § 249 geschuldeten Teilherstellg. Bei Bäumen von untergeordneter Funktion kann ein Abschlag von deutl mehr als 50% auf die Werte der Methode Koch u bei erhebl vorgeschädigten Bäumen eine Reduktion auf 0 sachgerecht sein (LG Arnsbg VersR **95**, 844). Auch bei unbefugtem Beschneiden von Bäumen wird sich idR ein VermSchaden nicht feststellen lassen (LG Bielef NJW-RR **92**, 26).

12 **5) Zerstörung oder Beschädigung von Kraftfahrzeugen.** Die Schadensbemessg richtet sich zT nach § 249 (Beschädigg, Zerstörg od Verlust von neuen Kfz), zT aber auch nach § 251 (Verlust od Zerstörg von gebrauchten Kfz, Staud/Schiemann Rn 43, Müko/Grunsky Rn 4, Roth JZ **94**, 1092; aA BGHZ **115**, 364 uö, der die Beschaffg eines gleichwert ErsFahrzeugs für eine Form der Naturalrestitution hält, dessen Ergebn aber mit denen der hL übereinstimmen). Aus prakt Grden werden die Probleme der Schadensbemessg hier zusfassd dargestellt, gleichgült ob § 251 od § 249 anwendb ist. Mitbehandelt wird zugl die Schadensbemessg bei and **gebrauchten Sachen**.

13 **a) Zerstörung oder Verlust. – aa)** Der Umfang des ErsAnspr richtet sich nach den Kosten der Wiederbeschaffg einer wirtschaftl gleichwert ErsSache (BGH **92**, 85/90, **115**, 364), bei Kfz daher nach dem Preis eines gleichwert gebrauchten Kfz; etwaige Finanziergskosten sind hinzuzurechnen, nicht jedoch ein Risikozuschlag (BGH NJW **66**, 1455, stRspr, Staud/Schiemann Rn 47). Maßgebd ist nicht der Preis, den der Eigtümer bei Verkauf erlöst hätte (Zeitwert), sond der, der beim Kauf an einen seriösen Händler zu zahlen ist, **Wiederbeschaffungswert.** Dieser liegt wg der Händlerspanne idR etwa 20–25% über dem Zeitwert (Stgt NJW **67**, 254, Celle NJW **68**, 1478); UStG 25 a (Steuer nur auf die PrDifferenz) hat insoweit nichts geändert, da fr idR im umsatzsteuerneutralen AgenturGesch verkauft worden ist (Reinking DAR **91**, 160). Handelt es sich um einen „Ersthandwagen", ist dies bei der Wertermittlg zu berücksichtigen, jedoch ist kein bes ausgeworfener Zuschlag zu machen (BGH NJW **78**, 1373). Als Teil des übl Preises ist die MwSt auch dann zu ersetzen, wenn der Geschädigte auf ErsBeschaffg verzichtet od aus priv Hand kauft (BGH NJW **82**, 1866, Staud/Schiemann Rn 52, vgl zur Reparatur § 249 Rn 8). Die vom tatsächl Aufwand unabhäng ErsPfl beschränkt sich aber auf den unmittelb Substanzschaden, erfaßt also nicht **Begleitschäden** (Schiemann DAR **82**, 309, § 249 Rn 6). Kosten für die An- u Abmeldg, für technische Untersuchgen u ähnl sind daher nur zu ersetzen, wenn sie tatsächl anfallen (Karlsr VRS **75**, Nr 151, Ffm VersR **87**, 1043, Saarbr VersR **89**, 1159, aA Ffm NJW **90**, 3213). Der dem Geschädigten eingeräumte **Werksrabatt** mindert die ErsPfl (Mü NJW **75**, 170, aA Celle VersR **93**, 624), nicht aber ein Verwandtenrabatt (Hamm VersR **77**, 735). Auch bei **LeasingKfz** bemißt sich der SchadErs nach dem Wiederbeschaffgswert u nicht nach den noch zu zahlden Leasingraten (BGH **116**, 23), jedoch erfaßt die ErsPfl auch Folgeschäden, etwa steuerl Nachteile u Finanziergskosten (BGH aaO). Ein geschädigter Händler ist mit EinkaufsPr zu entschädigen (Hamm NJW-RR **90**, 468). Wird ein bereits verkaufter Pkw zerstört, ist der Kaufpreis gem § 252 auch dann zu ersetzen, wenn er größer ist als der Wiederbeschaffgswert (BGH NJW **82**, 1748), jedoch sind strenge Beweisanfordergen zu stellen (Karlsr VersR **80**, 75).

14 **bb)** Bei prakt neuen Kfz ist bei der Schadensbemessg vom **Neupreis** auszugehen (BGH NJW **82**, 433), unabhäng davon, ob der Geschädigte ein ErsKfz anschafft od nicht (KG VersR **81**, 553, aA Eggert DAR **97**, 133). Die Schadensberechng auf Neuwagenbasis ist grdsl auf Kfz bis zu einer Fahrleistg von 1000 km (BGH NJW **82**, 433, Karlsr NJW-RR **86**, 254) u eine Zulassgsdauer von einem Mo beschränkt (s Hamm DAR **94**, 400; Nürnbg NJW-RR **95**, 919). Sie kann aber ausnw im ersten NutzgsMo bis auf 3000 km ausgedehnt w (BGH NJW **82**, 433, KG VersR **92**, 196), jedoch ist bei Fahrleistgen über 1000 km vom Neupreis ein Abschlag zu machen (BGH NJW **83**, 2694). Dieser kann pro 1000 km auf 1–1,5% des Neupreises bemessen w (Schlesw VersR **85**, 373). Entspr Grds gelten für sonst gebrauchte, aber neuwertige Sachen, zB Motorräder (Nürnb NJW **72**, 2042), Fahrräder (LG Frankenthal NJW-RR **91**, 352), für Wohnwagen aber nur im 1. ZulassgsMo (Köln DAR **89**, 228, Hamm NJW-RR **89**, 1433).

15 **cc)** Eine **Beschädigung** steht in drei Fallgruppen rechtl einer **Zerstöung gleich**: **(1)** Die Reparatur ist technisch nicht mögl od gewährleistet keine Betriebssicherh (BGH **LM** § 249 (Hd) Nr 10), sog technischer Totalschaden.**(2)** Die Reparatur ist unwirtschaftl, weil ihre Kosten 130% des Fahrzeugwerts vor dem Unfall überschreiten (Rn 19), sog wirtschaftl Totalschaden. Er liegt auch vor, wenn der Geschädigte nach sachverständ Beratg subj der Ans sein durfte, das Kfz sei nicht reparaturwürd (BGH VersR **66**, 490, Karlsr VersR **75**,

355). **(3)** Die Reparatur ist technisch mögl u wirtschaftl sinnvoll, dem Geschädigten ist aber die Weiterbenutzg des reparierten Fahrzeugs nicht zuzumuten, sog **unechter Totalschaden.** Er ist bei einem **neuen** Kfz gegeben, wenn es erhebl Beschädiggen erlitten hat (BGH NJW **76**, 1203, Köln VersR **90**, 1251). Die Grenze der Neuwertigk liegt ebso wie in Rn 14 bei einer Fahrleistg von 1000 km; kann aber auch hier ausnw bis auf 3000 km ausgedehnt w (BGH NJW **82**, 433). Bis zu 1000 km kann auch bei Reparaturkosten von DM 2000–2500 für Karosserie- u Lackschäden auf Neuwagenbasis abgerechnet w (Oldenbg MDR **97**, 349, 734). Bei einer Fahrleistg von mehr als 1000 km ist eine Abrechng auf Neuwagenbasis dagg nur zul, wenn durch eine Reparatur der fr Zustand bei obj Beurteilg auch nicht annähernd wiederhergestellt w kann (BGH VersR **84**, 46, Hamm DAR **89**, 188, Eggert DAR **97**, 131). Bei älteren Fahrzeugen ist entscheidd, ob das Kfz so umfangreiche Schäden erlitten hat, daß die Weiterbenutzg unter Berücksichtigg der Fahrleistg u des Alters sowie des Risikos verborgener Mängel nicht zuzumuten ist (Brem VersR **71**, 912, Hamm DAR **89**, 188); das ist nicht der Fall, wenn die beschädigten Teile „spurlos“ ausgewechselt w können (Köln VersR **89**, 60). Ein strengerer Maßstab gilt bei Nutzfahrzeugen; bei ihnen fallen ästhetische Beeinträchtiggen grdsl nicht ins Gewicht (Stgt VersR **83**, 92).

dd) Hat die zerstörte Sache noch einen **Restwert,** muß Geschädigter sie dem Schädiger herausgeben od sich den Wert anrechnen lassen (BGH NJW **92**, 903); der Geschädigte kann auch dann zw Herausg u Anrechng wählen, wenn er den ErsAnspr gg den HaftPflVers des Schädigers geltd macht (BGH NJW **83**, 2693). Eine Pfl zur Herausg besteht auch bei einer Abrechng auf Neuwagenbasis nicht (KG NJW-RR **87**, 16). Restwert ist der Preis, den der Geschädigte bei Inzahlggabe seines UnfallPkws bei einem seriösen Gebrauchtwagenhändler erzielen kann (BGH NJW **92**, 903, **93**, 1849). Der Mehrerlös, der bei einem Neuwagenkauf gezahlt w, ist nicht anzurechnen (BGH NJW **92**, 903, Köln NJW-RR **93**, 1437), wohl aber ein ohne überobligationsmäß Anstrenggen erzielter Mehrbetrag (BGH aaO). Die höheren Preise spezialisierter Restwertaufkäufer sind entgg der Rspr des BGH (aaO) zu berücksichtigen, aber nur, wenn der Schädiger od sein Versicherer rechtzeit eine entspr konkrete Verkaufsmöglichk nachweist (Ffm VersR **92**, 620, Düss VersR **98**, 518, LG Ffm NJW-RR **93**, 347, Dornwald VersR **93**, 1075, Rischar VersR **99**, 686). Der Geschädigte kann der Schadensberechng grdsl den vom SachVerst geschätzten Wert zugrde legen (BGH NJW **92**, 903), muß dem Schädiger aber das Gutachten übermitteln, damit dieser eine günstigere Verkaufsmöglichk nachweisen (Hamm NJW **92**, 3244, Dornwald aaO, aA BGH NJW **93**, 1849) od sein Versicherer die Übernahme des Fahrzeug zum vollen Wiederbeschaffgswert anbieten kann (Grunsky JZ **97**, 826). 16

ee) Auch bei Verlust eines **Tieres** ist SchadErs in Höhe des Wiederbeschaffgswerts zu leisten (Schlesw NJW-RR **94**, 289); nicht zu ersetzen sind die aufgewandten Ausbildgskosten (Schlesw aaO). Eine SchadBemessg nach dem Wiederbeschaffgswert scheidet aus, wenn gleichwert gebrauchte Sachen nicht erhältl sind od wenn diese Art der ErsBeschaffg aus and Grden, etwa Unzumutbark, nicht in Betr kommt. Hier kann der Schaden idR nur dch Anschaffg **neuer Sachen** beseitigt w. In diesem Fall ist vom Neupreis ein Abzug **neu für alt** zu machen (BGH **30**, 29/34, Vorbem 146 v § 249). Er ist idR dch (lineare od degressive) Abschreibg zu ermitteln (BGH NJW-RR **95**, 415/416 aE, Kblz VersR **91**, 1188; vgl auch Düss VersR **99**, 1033 zur Beschädigg einer nicht mehr lieferb Toiletteneinrichtg). Zum gleichen Ergebn führt es, wenn man aus dem Neupreis dch Abschreibg einen fiktiven Marktpreis für gebrauchte Sachen ableitet (Rn 10). Wird eine nicht verkäufl Sache zerstört u besteht keine Möglichk der Reproduktion, kann ein ErsAnspr entfallen (Mü NJW-RR **91**, 477). 17

b) Beschädigung. – aa) Der Umfang des ErsAnspr richtet sich nach den für die **Wiederherstellung** aufzuwendden Kosten einschließl der MwSt, unabhäng davon, ob die Reparatur tatsächl dchgeführt w od nicht (§ 249 Rn 18). Der Geschädigte braucht nicht die billigste Werkstatt zu beauftragen, muß aber die Kosten im Rahmen des Angem halten (Nürnb VersR **68**, 506, Köln VersR **69**, 1006). Für die Kfz-Rep dürfen **Gebrauchtteile** eingesetzt w; soweit ihre Verwendg die VerkSicherh des Fahrzeugs nicht beeinträchtigt u die berecht Belange des Geschädigten (Wert u Aussehen des Fahrzeugs) auch iü gewahrt sind (VerkGerTag NZV **99**, 120, Budel VersR **98**, 1460, Reinking DAR **99**, 56, Walter u Anselm NZV **99**, 19, 149). Die ErsPfl erstreckt sich in den Grenzen des § 254 auch auf die Kosten eines vergebl RepVersuchs (§ 249 Rn 7). Ein Abzug **neu für alt** setzt voraus, daß dch die Reparatur eine Wertsteigerg eintritt, die sich für den Geschädigten wirtschaftl vorteilh auswirkt (Celle VersR **74**, 1032, Vorbem 146 v § 249). Das ist bei Kfz-Reparaturen nur selten der Fall. Der Einbau von Neuteilen genügt nicht (Mü VersR **66**, 1192), insb dann nicht, wenn Teile ersetzt w, die idR die Lebensdauer des Kfz erreichen (KG NJW **71**, 142). Zur Abrechng auf der Grdl eines **Sachverständigengutachtens** s § 249 Rn 6. Die RepKosten von EinrichtgsGgst sind auch dann zu ersetzen, wenn diese wg ihres Alters unverkäufl sind (Düss NJW-RR **89**, 332). 18

bb) Integritätszuschlag. Der Anspr auf Ers der RepKosten u des etwaigen Minderwerts (Rn 21) besteht grdsl auch, wenn diese zus höher sind als der Wiederbeschaffgswert (Rn 13); nur wenn die bei Reparatur zu zahlde Entsch um mehr als 30% über diesem Wert liegt, greift § 251 II („unverhältnismäß Aufwendgen“) ein (BGH **115**, 375, NJW **92**, 1618, der aber entspr Rn 12 auf § 249 S 2 abstellt; zum Sonderfall der Verletzg von Tieren s Rn 8). Der **Zuschlag von 30%** ist ohne Abzug des Restwerts nach dem vollen Wiederbeschaffgswert zu bemessen (BGH **115**, 364, NJW **92**, 1618); er gilt auch für gewerbl u LeasFzge (BGH NJW **99**, 500, Hamm NJW **98**, 3500). Entstehen iF der Reparatur bes hohe Mietwagenkosten, kann die Abrechng auf RepKostenbasis aber unzul sein (BGH **115**, 364). Entscheidd ist die Sachlage bei der Entsch über die Art der Schadensbeseitigg; das Prognoserisiko trägt auch hier der Schädiger (BGH aaO). Der Anspr auf den Zuschlag besteht nur bei tats Dchführg der Reparatur (BGH NJW **92**, 1618, Köln VersR **93**, 898). Es genügt eine vollständ u fachgerecht dchgeführte Selbstreparatur (Schlesw VersR **99**, 202), auch wenn die Selbstkosten des Geschädigten erhebl niedriger sind als 130% des Wiederbeschaffgswerts (BGH aaO, Dresd DAR **97**, 54). Der Anspr ist ausgeschl, wenn der Pkw verkauft w soll (Hamm NJW-RR **93**, 1436), wenn die erforderl Reparatur zu einem erhbl Teil nicht od unzureichd dchgeführt worden ist (Karlsr DAR **99**, 313, Köln NZV **99**, 333) od der Geschädigte vor Dchführg der Reparatur auf Grdl eines Gutachtens abrechnen will (s BGH NJW **92**, 1618). And aber, wenn der Geschädigte die Reparatur nur wg fehlder Eigenmittel zurückgestellt hat (Mü NJW-RR **99**, 909). Sind die RepKosten um 41% höher als der Wiederbeschaffgswert, besteht auch dann kein Anspr auf den Zuschlag, wenn die Werkstatt ihre Rechng auf 130% des Wiederbeschaffgswerts beschränkt 19

(LG Brem NZV **99**, 253) Bei unverhältnismäß Aufwendgen richtet sich die ErsPfl nach dem Wiederbeschaffgswert u nicht nach den höheren noch verhältnismäßigen (BGH **115**, 375).

20 **ee)** Der Geschädigte kann den Schaden statt dch Reparatur auch dch **Anschaffung einer gleichwertigen Ersatzsache** ausgleichen. Ist eine Reparatur mögl, steht ihm – abgesehen von den Fällen der Rn 15 – ein Anspr nach den Grds der Rn 13 ff aber nur zu, wenn die Differenz zw Wiederbeschaffgs- u Restwert nicht höher ist als der iF einer Reparatur zu leistde Ers (s BGH **115**, 364/368, 375/378, Hamm NZV **99**, 297). Auch wenn sich der Geschädigte für eine ErsBeschaffg entscheidet, darf er auf RepKostenbasis abrechnen (§ 249 Rn 5); es entfällt aber der Integritätszuschlag (Rn 25); außerdem wird der Anspr auf Ers **fiktiver Reparaturkosten** dch die Kosten der ErsBeschaffg begrenzt(BGH NJW **92**, 903, Köln NJW-RR **93**, 1437), da der Geschädigte grdsl die kostengünstigere Art der Schadensbeseitigg wählen muß (BGH **115**, 364/368, 375/378).

21 **c) Minderwert. – aa)** Ein zu ersetzder Vermögensschaden ist auch der nach der Reparatur vielfach verbleibde **merkantile Minderwert**. Das gilt auch dann, wenn der Geschädigte die Sache behält u weiterbenutzt, der Minderwert sich also nicht in einem Verkauf konkretisiert (BGH **35**, 396, Vorbem 19 v § 249). Der merkantile Minderwert beruht darauf, daß ein Kfz, das Unfallschäden von einigem Gewicht erlitten hat, im Verk idR trotz ordngsmäß Reparatur geringer bewertet w als ein unfallfreies (BGH aaO). Entspr gilt für and beschädigte od mangelhafte Sachen (BGH NJW **81**, 1663). Der Minderwert bemißt sich bei Kfz abw von den sonst geltden Grds (Vorbem 174 v § 249) nach dem Ztpkt der Wiederingebrauchn (BGH NJW **67**, 552, Karlsr NJW-RR **97**, 1247). Keine ErsPfl, wenn es sich um eine vorübergehde, inzw endgült
22 weggefallene Wertminderg handelt (BGH NJW **78**, 262: vorübergehende Immissionen). – **bb)** Voraussetzg ist, daß ein **Markt** vorhanden ist, auf dem sich der Minderwert in Gestalt eines geringeren Erlöses auswirken kann (KG u Schlesw VersR **79**, 260 u 1037, 13. VerkGerT S 8, str). Denkb Objekte von Wertmindergen sind daher: Lkws (BGH NJW **80**, 281); Motorräder (LG Aschaffenbg VersR **91**, 355); Gebäude (BGH **9**, 98, **55**, 198, NJW **86**, 428); etwa bei Bestehen eines Schwammverdachts (BGH **LM** § 463 Nr 8) od bei unzureichendem Schallschutz (BGH BauR **89**, 740); restaurierte Bilder (RG JW **04**, 140), Musikinstrumente (BAG NJW **88**, 932). Bei **nicht marktgängigen** Obj scheidet dagg ein merkantiler Minderwert aus, so bei Straßenbahnwagen (Köln VersR **74**, 761), Krankenwagen (KG VersR **79**, 260), Bundeswehrfahrzeugen (Schlesw VersR **79**, 1037, aA Riecker VersR **81**, 517), Panzer der Bundeswehr (aA Frank MDR **85**, 721). –
23 **cc)** Bei **Kraftfahrzeugen** entfällt die Wertminderg idR bei älteren Fahrzeugen. Bei Pkw soll die Grenze bei 5 Jahren od 100 000 km liegen (Ffm DAR **84**, 319, Karlsr VRS **79**, 328), jedoch kann auch bei älteren Kfz mit größerer Fahrleistg ein merkantiler Minderwert zu bejahen sein (Düss MDR **87**, 1023, LG Oldenbg NZV **90**, 76). IdR keine Wertminderg bei erhebl Vorschäden (Celle VersR **73**, 717); bei reinen Blechschäden (LG Köln VersR **81**, 45) u sonst Bagatellschäden, wenn die RepKosten 10% des Wiederbeschaffgswerts nicht übersteigen (s Köln DAR **73**, 71, KG VersR **75**, 664, 13. VerkGerT S 8); bei neuen Pkw kann auch ein Reparaturaufwand unterhalb der 10% Grenze einen Minderwert begründen (LG Hanau
24 NJW-RR **88**, 862). – **dd)** Eine allg anerkannte **Schätzungsmethode** hat sich für den Minderwert von Kfz nicht dchgesetzt. Brauchbare Ergebn bringt bei Pkw die Methode von Ruhkopf u Sahm (VersR **62**, 593; zustimmd BGH NJW **80**, 281, Karlsr VersR **83**, 1065, Hamm DAR **87**, 83). Danach ist der Minderwert x% der Summe vom Wiederbeschaffgswert u Reparaturkosten. Ruhkopf/Sahm sprechen zwar vom Zeitwert; gemeint ist aber der Wiederbeschaffgswert (Himmelreich/Klimke Kfz-Schadensregulierg Rn 817 a, str). x ergibt sich aus der nach-folgenden **Tabelle:**

Zulassgsjahr	Verhältn der Reparaturkosten zum Wiederbeschaffgswert		
	10–30 %	30–60 %	60–90 %
1	x = 5	x = 6	x = 7
2	x = 4	x = 5	x = 6
3 u 4	x = 3	x = 4	x = 5

Brauchb ist auch die Methode Halbgewachs/Berger (Der merkantile Minderwert 11. Aufl, 1992) u das vom 13. VerkGerTag (S 8, 251) vorgeschlagene Berechngsmodell. Zu berücksichtigen sind aber auch die Umst des Einzelfalls, so die starke Nachfrage nach einem best Fahrzeugtyp (Köln MDR **92**, 646). Die Fdg, es müsse in jedem Fall ein Sachverst hinzugezogen w (Hörl ZfS **91**, 145), übersieht, daß der Markt bei Unfallfahrzeugen heute kaum noch PrAbschläge macht (Staud/Schiemann Rn 37) u die manchmal doch vorgenommenen Abschläge weder von den Beteiligten noch von einem Sachverst zuverläss quantifiziert werden können. Beim merkantilen Minderwert von Kfz spricht alles für eine **Restriktion** u vieles für eine Abschaffg (Staud/Schiemann aaO).

252 *Entgangener Gewinn.* **Der zu ersetzende Schaden umfaßt auch den entgangenen Gewinn. Als entgangen gilt der Gewinn, welcher nach dem gewöhnlichen Laufe der Dinge oder nach den besonderen Umständen, insbesondere nach den getroffenen Anstalten und Vorkehrungen, mit Wahrscheinlichkeit erwartet werden konnte.**

1 **1) Allgemeines. – a) Satz 1** hat nur klarstellde Bedeutg. Die Verpfl des Schädigers, entgangenen Gewinn zu ersetzen, folgt bereits aus § 249 S 1 (BGH GrZS **98**, 219, aA Halfpap, Der entgangene Gewinn, 1999). Unter den **Begriff** des entgangenen Gewinns fallen alle Vermögensvorteile, die im Ztpkt des schädigden Ereign noch nicht zum Vermögen des Verletzten gehörten, die ihm ohne dieses Ereign aber zugeflossen wären (BGH NJW-RR **89**, 981). § 252 ist daher auch anwendb, wenn der Geschädigte inf des schädigden Ereign in Aussicht stehde unentgeltl Zuwendgen nicht erhält (BGH NJW **73**, 700) od wenn sein Anspr auf ArbLosenUnterstützg entfällt (BGH **90**, 336). Die Vorschr erfaßt auch Nachteile aus dem Wegfall von **do-it-yourself-Arbeiten** (BGH NJW **89**, 2539, **90**, 1037, Hamm NJW-RR **89**, 160), jedoch sind

insoweit strenge BewAnfordergen zu stellen (Mü OLGZ **90**, 103), so etwa, wenn ein im Ztpkt des Unfalls 14jähr behauptet, er wäre ohne den Unfall in seiner HeimatGem wohnen geblieben u hätte dort dch EigenArb u NachbarschHilfe ein WoHaus errichtet (Hamm NJW-RR **96**, 170). Der Ausfall von Bußgeldern, etwa wg Beschädigg des Radargeräts der Gem, w nicht von § 252 erfaßt (LG Konstanz NJW **97**, 467, LG Aachen NJWE-VHR **97**, 23, Boon NVwZ **96**, 45). Entgangener Gewinn gehört zum sog mittelb Schaden (Vorbem 15 v § 249). Die Grenze zum positiven Schaden ist flüss, für die RAnwendg aber auch unerhebl, da das Ges beide Schadensarten gleich behandelt. ParallelVorschr zu § 252 S 1 sind § 842 (Nachteile für Erwerb u Fortkommen) sowie § 843 I–III (Aufhebg od Minderg der Erwerbsfähigk). – **b) Satz 2** enthält trotz seiner mißverständl Formulierg („gilt") keine mat-rechtl Begrenzg der ErsPfl, sond 2 ledigl eine **Beweiserleichterung** (BGH **29**, 399, **74**, 224, NJW **83**, 758). Der Geschädigte kann bis zur Grenze der Adäquanz auch ungewöhnl entgangenen Gewinn ersetzt verlangen, wenn er den dafür erforderl (vollen) Beweis erbringt (Lange § 6 X 1). – **c)** Nicht zu ersetzen ist der Gewinn, der nur dch eine 3 **rechtswidrige Tätigkeit** hätte erzielt werden können (BGH **75**, 368). Es besteht daher keine ErsPfl für entgangenen Gewinn, der dch unzul Werbemaßn (BGH NJW **64**, 1183) od dch eine Umgehg des PersBefG (KG OLGZ **72**, 408) erzielt werden sollte. Bei rechtsw Vertr ist entscheidd, ob das verletzte Ges ein VerbotsGes iSd § 134 ist (BGH **75**, 365). Gewinne aus Vertr, die gg baupolizeil od gewerberechtl Vorschr verstoßen, sind daher grdsl geschützt (BGH aaO, WRP **89**, 257); auch die Verletzg der MeldePfl aus SGB IV 104 schadet nicht (BGH DB **94**, 2286). Dagg besteht keine ErsPfl für entgangene Einkünfte aus verbotener Schwarzarbeit (LG Karlsr NJW **75**, 1420, LG Oldenbg NJW-RR **88**, 1496), für einen nach dem RabattGes unzul PrVorteil (Stgt VersR **73**, 773), bei Verstößen gg die AZO (BGH NJW **86**, 1486). Das Fehlen einer behördl Gen ist unschädl, wenn sie im Fall ihrer Beantragg erteilt worden wäre (BGH NJW **74**, 1376). Das gilt bei einer feststehden VerwPraxis auch dann, wenn die Gen an sich nicht hätte erteilt werden dürfen (BGH **79**, 231). Die ErsPfl ist aber ausgeschl, wenn der Verletzte die Gen bewußt nicht eingeholt hat (MüKo/Grunsky Rn 4, aA Stürner VersR **76**, 1014). Das Ausbleiben eines unrechtmäß **Steuervorteils** begründet idR keine SchadErsPfl (Kblz NJW-RR **93**, 714), and aber, wenn er aGrd einer ständ VerwPraxis gewährt worden wäre (BGH **79**, 229). – **d)** Auch Gewinn, der nur unter Verstoß gg die 4 **guten Sitten** zu erzielen ist, ist grdsl nicht zu ersetzen. Damit die verletzte Dirne nicht der öff Hand zur Last fällt, kann sie aber vom Schädiger den zu einer einfachen Lebensführg notw Betrag verlangen (BGH **67**, 127, str). Dieser liegt zZ bei etwa 1700 DM (s Düss NJW **84**, 2474: 1500 DM).

2) Satz 2. – a) Er enthält für den Geschädigten eine ZPO 287 ergänzde **Beweiserleichterung** (Rn 2). 5 Dieser braucht nur die Umstände darzulegen u in den Grenzen des ZPO 287 zu beweisen, aus denen sich nach dem gewöhnlichen Verlauf der Dinge od den bes Umständen des Falles die Wahrscheinlichk des Gewinneintritts ergibt (BGH **54**, 55, NJW **64**, 662). Dabei dürfen keine zu strengen Anfordergen gestellt w (BGH **29**, 398, **100**, 50, NJW **93**, 1990, BAG NJW **72**, 1437). Es genügt, wenn Ausgangs- u AnknüpfgsTats für eine SchadSchätzg vorgetragen w (BGH NJW **88**, 3017, **93**, 2673, **98**, 1633, 1635). Bei entgangenem Gewinn aus Vermietg ist es ausreichd, wenn die Höhe der erzielb Miete vorgetragen u die Einholg eines SachVerstGutachtens beantragt w (BGH NJW-RR **95**, 716). Steht fest, daß ein der Höhe nach nicht bestimmb, aber erhebl Schaden entstanden ist, ergibt sich idR aus den Umst eine hinr Grdl für die Schätzg eines Mindestschadens (BGH NJW **87**, 909, NJW-RR **96**, 1077). Nach den getroffenen Anstalten u Vorkehrgen kann auch ein Gewinn aus Aktienspekulationen hinreichd wahrscheinl sein (BGH NJW **83**, 758, Köln WM **89**, 1529). Bei einem Freiberufler kann aber nicht ow angenommen w, daß ihm wg Komplikationen bei einer Zahnbehandlg Gewinn entgeht (Düss NJW-RR **90**, 608). Wer zu Unrecht aus formellen Grden von der Teiln an einem PrAusschreiben ausgeschlossen worden ist, kann sich nicht auf S 2 berufen; die Vereitelg einer bloßen Gewinn*chance* begründet keinen – etwa auf einen best Prozentsatz zu schätzden – SchadErsAnspr (BGH NJW 83, 442, krit Fleischer JZ **99**, 766). Bei Pferderennen entspr es nicht dem gewöhnl Lauf der Dinge, daß das als Favorit gewettete Pferd auch tatsächl gewinnen w (Düss NJW-RR **86**, 517). Grdsl zu berücksichtigen sind auch die vom Geschädigten nach dem Schadensereign gefaßten Entschlüsse (BGH **74**, 225, NJW **83**, 442, Hbg NJW-RR **91**, 1431), es sei denn, daß es diesem wesentl darum geht, höheren SchadErs zu erlangen (BGH **74**, 225). S 2 begründet ledigl eine widerlegl **Vermutung.** Trotz der Ausdrucksweise des Ges („gilt") ist der GgBeweis zuläss (BGH **29**, 398, BAG NJW **85**, 2545). – **b) Maßgeblicher Zeitpunkt** für die Beurteilg gem S 2 ist der 6 der Erfüllg des Anspr, im Proz der Ztpkt der letzten mdl Vhdlg (BGH **29**, 398, Vorbem 174 vor § 249). Auf den Ztpkt des schädigden Ereign kommt es entgg dem mißverständl GesWortlaut nicht an. Bei der Schätzg der entgangenen Einkünfte sind auch Umst (Erkenntn) zu berücksichtigen, die sich aus der Entwicklg nach dem Unfall ergeben (BGH NJW **99**, 136). – **c)** S 2 ist zugl Grdl für die **abstrakte Schadensberechnung,** da er es 7 gestattet, bei der Ermittlg des Gewinns auf den **gewöhnlichen Lauf** der Dinge abzustellen (BGH **29**, 398, **62**, 105). Im HandelsVerk entspr es dem gewöhnl Lauf, daß der Kaufm Waren zum Marktpreis kaufen od verkaufen kann. Der Kaufm kann daher als abstrakt berechneten Schaden die Differenz zw MarktPr- (Selbstkosten) u VertrPr fordern (BGH **2**, 313, NJW **88**, 2236, WM **98**, 931, Mü NJW-RR **93**, 492). Einzelh s § 325 Rn 16ff, die entspr auch für and als KaufVertr gelten. Der GgBeweis, daß der Verlauf im Einzelfall and gewesen wäre, ist zul. Steht fest, daß Auftr entgangen sind, ist aber offen, wer die Auftr erhalten hätte, kann die Schadenshöhe für jedes der Untern uU gem ZPO 287 geschätzt werden (BGH **29**, 400). Auch bei and HandelsGesch ist die abstr Berechng zul: so für den Frachtvermittler (BGH **29**, 399), im FrachtR (BGH VersR **65**, 351, 374, KG VersR **76**, 464), beim Einbau von ErsTeilen (BAG NJW **72**, 1437), für den Verkäufer, dem die Ware nicht abgenommen worden ist (§ 325 Rn 18), für den Gewinn aus BankGesch (§ 288 Rn 6), idR aber nicht für GrdstGesch (BGH NJW **95**, 587).

3) Entgangener Verdienst aus abhängiger Arbeit. – a) Währd der Zeit der **Gehaltsfortzahlung** 8 (EFZG 1, HGB 63, BBG 87a, BRRG 52, Vorbem 135 u 136 v § 249) ändert sich an der steuerl u sozialversichergsrechtl Behandlg der Bezüge nichts. Der Schaden besteht daher in den Bruttobezügen einschließl der ArbGAnteile zur SozVers (BGH **42**, 76, **43**, 378, **87**, 182, NJW **95**, 390). Bei einem fakt ArbVerh (mitarbeitder Eheg) ist auf den übl Lohn abzustellen (Mü NJW-RR **93**, 1179). Zu ersetzen sind auch anteiliges Weihnachts- u Urlaubsgeld (BGH **59**, 109, 154, **133**, 1, Mü NJW-RR **96**, 736), Freistellgstage sind hierbei wie UrlTage zu behandeln (BGH **133**, 1), Beiträge zu den Sozialkassen des Baugewerbes (BGH NJW-RR **86**,

513), nicht aber die Winterbauumlage (BGH aaO), Beiträge zur Berufsgenossensch (BGH NJW **76**, 326) od ein Entgelt für den gem SchwerBG 44 zu gewährden ZusatzUrl (BGH NJW **80**, 285). Die ErsPfl erstreckt
9 sich auch auf **Zuschläge** zum Gehalt, wie ErschwernZulagen (BGH **LM** § 842 Nr 4), Auslöse (Mü VersR **86**, 69), Tantiemen (Hamm VersR **79**, 745), Rückstellgen für die betriebl Altersvorsorge (BGH NJW **98**, 3276), nicht aber auf Aufwandsentschädiggen, FahrtkostenErs, Trenngszulagen (BGH **LM** § 842 Nr 4, Düss
10 VersR **96**, 334, LG Flensbg DAR **91**, 460). Zum QuotenVorR des ArbN s Vorbem 136 v § 249. – **b)** Nach **Ende der Entgeltsfortzahlung** geht die Rspr bei der Schadensbemessg teils vom Bruttolohn aus (so der III. ZS VersR **73**, 1028, **75**, 37, gelegentl auch der VI. ZS NJW **86**, 245), teils aber auch vom Nettolohn (so idR der VI. ZS, NJW **95**, 389). Beide Theorien modifizieren ihren AusgangsPkt aber dch Abzüge (Bruttolohnmethode) od Zuschläge (Nettolohnmethode) u kommen daher zu prakt identischen Ergebnissen (BGH NJW **95**, 390, Lange JZ **95**, 407). Scheinb bleibt ein Unterschied bei der BewLast, weil nach der Bruttolohnmethode der Schädiger die anrechenb Vorteile nachweisen muß, nach der Nettolohnmethode dagg der Geschädigte zusätzl steuerl od sozialversichergsrechtl Nachteile; dieser Unterschied wirkt sich aber nicht aus, weil nach beiden Methoden idR der Geschädigte beweisbelastet ist, da die BewMöglichk in seiner Sphäre liegen (BGH **127**, 394). Im folgden wird entspr der überwiegden Praxis (trotz BGH **127**, 394) die **modifizierte Bruttolohnmethode** zugrde gelegt. Auszugehen ist vom Gesamtgehalt einschließl aller Zulagen (Rn 9); ein mögl berufl **Aufstieg** ist zu berücksichtigen, soweit er überwiegd wahrscheinl ist (BGH VersR **56**, 175). Vgl zur Meisterprüfg Köln NJW **72**, 59, zur Diplomprüfg BGH NJW **73**, 701. Lief das ArbVerh aus, muß der Geschädigte in Zeiten erhebl ArbLosigk wahrscheinl machen, daß er wieder Arbeit gefunden hätte (Karlsr VRS **78**, 1), zu Schädiggen von Arbeitslosen, Berufsanfängern u vor Eintritt in das Berufsleben s Rn 19. Ist der mutmaßl PensioniergsZtpkt zu ermitteln, ist auf die konkreten Verhältn des Geschädigten u nicht auf Dchschnittswerte abzustellen (Drees VersR **87**, 741); iZw ist auch bei Frauen die Vollendg des 65. Lebensjahres als Beginn des Ruhestandes anzunehmen (BGH NJW **95**, 3313). Ersparn an Steuern u
11 SozVersBeiträgen sind nach den Grds der VortAusgl wie folgt zu berücksichtigen: – **aa) Steuern** (Vorbem 144 v § 249). Gem EStG 24 Nr 1 unterliegen auch SchadErsRenten wg Erwerbsunfähigk der Einkommenssteuer (Weber-Grellet DAR **94**, 52). Die Vergünstiggen nach EStG 33 b (Freibetrag für Behinderte) u 34 (halber Steuersatz) sind nicht zugunsten des Schädigers zu berücksichtigen (BGH **74**, 116, NJW **80**, 1788, **86**, 245, **93**, 1643, DB **94**, 1132). Erhält der Verletzte Leistgen der Unfall-, Kranken-, Arblosen- od RentenVers, sind die Vorteile, die sich aus der Steuerfreih gem EStG 3 u 22 Nr 1 a ergeben, aber anzurechnen (BGH NJW **86**, 245, NJW-RR **86**, 1216, NJW-RR **88**, 470). Entspr gilt für den Vorteil aus EStG 19 II (BGH NJW-RR **92**, 1051), die Vergünstigg gem EStG 3 Nr 9 für Abfindgen (BGH NJW **89**, 3150) u die Vorteile aus der
12 Progressionsdifferenz bei einer nur quotenmäß Haftg des Schädigers (BGH **127**, 396). – **bb) Krankenversicherung.** Auch wenn der Verletzte von der BeitragsPfl freigestellt ist, besteht ab 1. 1. 92 eine SchadErsPfl, SGB V § 224 (Vorbem 154 v § 249). Ist der RentenVers leistgspflicht, geht der SchadErsAnspr gem SGB X 116 auf ihn über (BGH VersR **78**, 323, Hartung VersR **86**, 521). Entspr gilt, soweit die BerufsGenossensch als Rehabilitationsträger Beiträge für den Verletzten abführt (BGH **89**, 17). Ist der Geschädigte privat versichert, gehen verletzgsbedingte Prämienerhöhgen zu Lasten des Schädigers (§ 249 Rn 19). In der **Pflegeversicherung** besteht die BeitragsPfl idR fort. Der BeitragsSchu, manchmal der Verletzte, manchmal der SozVers-Träger, kann vom Schädiger Ers verlangen, der SozVersTräger gem SGB X § 116 (Hänlein NJW **98**, 105). –
13 **cc) Arbeitslosenversicherung.** Der Verletzte ist nicht beitragspflichtig u hat auch nicht die Möglichk zu einer freiw WeiterVers (BGH **87**, 181, 187, NJW-RR **88**, 149). Es besteht daher abgesehen vom Fall der Weiterversicherg dch den Rehabilitationsträger (BGH **89**, 17) keine ErsPfl. Etwa entstehde Nachteile sind erst zu ersetzen, wenn sie sich konkret auswirken (BGH **87**, 187, VersR **86**, 915). **Verliert** der Verletzte seinen Anspr auf **Arbeitslosenunterstützung,** besteht auch dann ein auf den VersTräger übergehder SchadErs-
14 Anspr, wenn er in gleicher Höhe Krankengeld erhält (BGH **90**, 336). – **dd) Rentenversicherung.** Der Verletzte kann die zur freiw Fortsetzg der Versicherg erforderl Beiträge ersetzt verlangen (BGH **46**, 332, Fuchs NJW **86**, 2344). Das gilt auch dann, wenn offen ist, ob die etwaige Beitragslücke zu einer Verkürzg der Rente führen wird (BGH **69**, 347, NJW **78**, 157, VersR **79**, 1104). Ausgeschlossen war die ErsPfl, wenn der Verletzte eine unfallfeste Position erlangt hatte u die Weiterversicherg daher unvernünft war (BGH **101**, 207, **106**, 293. Darauf kommt es aber seit dem 1. 1. 92 nicht mehr an (BGH **116**, 200). Nunmehr muß der Schädiger auch für die Zeiten Beiträge entrichten, die für den Verletzten beitragsfrei als Anrechngs- od Zurechngszeiten berücksichtigt w, SGB VI § 62 (von der Heide VersR **94**, 274). Kommt eine Weiterversicherg nicht in Betracht, sind etwaige Nachteile erst zu ersetzen, wenn sie sich konkret auswirken (BGH **87**, 189). Einen Anspr auf Finanzierg von privaten VorsorgeMaßn (Rücklagen, private Versichergen) hat der Verletzte nicht, sofern gg die dauernde Leistgsfähigk des Schu (HaftPflVers) keine Bedenken bestehen (BGH
15 aaO). Zum FdgÜbergang gem SGB X § 119 s Vorbem 154 vor § 249. – **ee) Vermindert** sich der ArbVerdienst inf des Unfalls, kann der Verletzte keinen Ers für die Minderg der SozVersBeiträge fordern (BGH **87**, 181, NJW-RR **88**, 149), jedoch steht dem RentenVers ein ErsAnspr aus SGB X 119 zu (Vorbem 154 v § 249). – **ff)** Kommt wg des Verschuldens eines Dr od des ArbG **kein wirksamer Arbeitsvertrag** zustande, kommen dem Geschädigten gleichfalls die Beweiserleichtergen der §§ 252, ZPO 287 zugute (v Hoyningen-Huene/Boemke NJW **94**, 1757).

16 **4) Entgangener Verdienst aus selbständiger Arbeit. – a)** Wird ein Gewerbetreibder od Freiberufler arbeitsunfäh, darf er den Schaden nach der Rspr nicht nach dem Gehalt für eine gleichwert, tatsächl nicht eingestellte **Ersatzkraft** bemessen; abgestellt werden soll vielm ausschließl auf die anhand des BetrErgebn konkret festzustellde Gewinnminderg (BGH **54**, 53, NJW-RR **92**, 852, Oldbg VersR **98**, 1285). Diese Rspr wird vom Schriftt mit Recht fast einmüt abgelehnt (Knobbe-Keuk VersR **76**, 408, Grunsky DAR **88**, 404, Staud/Schiemann Rn 43, Larenz § 29 III a). Der Verletzte kann sich auf die Vermutg berufen, daß seine ArbLeistg das übl Entgelt wert ist. Diese Vermutg zu entkräften, ist Sache des Schädigers. Wird der Ausfall des Inhabers dch überpflichtmäß Anstrenggen von leitden Mitarbeiter od Angeh ausgeglichen, so entlastet das den Schädiger nicht. Bei Unterbrechgen od Störgen des **Betriebsablaufes** besteht der Schaden in den entgangenen Roherlösen abzüglich ersparter BetrKosten (s BGH NJW **97**, 2943), zuzügl etwaiger Schadensmindergskosten. Betriebswirtschaftl kann die Differenz zw entgangenen Erlösen u ersparten Kosten („Deckgsbei-

trag") am zuverlässigsten dch eine kalkulatorische Rechng erfaßt w. An die Darstellg des hypothetischen Geschehensablaufs (GeschEntwicklg ohne das schädigde Ereign) dürfen keine zu hohen Anfordergen gestellt w (BGH NJW **93**, 2673). IZw ist anzunehmen, daß das BetrErgebn ohne die Verletzg des Untern nicht schlechter gewesen wäre als das mit einer ErsKraft tatsächl erzielte Ergebn (BGH NJW **97**, 941). Wg der Steuerfragen s Rn 8 ff u Vorbem 144 v § 249. – **b) Einzelfälle.** Zur Berechng des Gewinnentgangs vgl 17
Stürner JZ **84**, 463, Grunsky DAR **88**, 400. **Anlageberater** LG Dortm VersR **72**, 1180; **Architekt** Ffm VersR **79**, 87; Köln MDR **71**, 215; **Arzt** Düss VersR **73**, 929; Mü NJW **87**, 1484; Belegarzt BGH NJW-RR **88**, 410; **Bauunternehmer** LG Passau MDR **75**, 230; LG Rottweil VersR **73**, 1177; **Betriebswirt** BGH VersR **72**, 1068; **Elektromeister** BGH VersR **61**, 1140; **Erfinder** BGH VersR **67**, 903; **Fahrlehrer** BGH **55**, 329; **Fuhrunternehmer** BGH VersR **60**, 526; **71**, 82; Köln VersR **80**, 240; **Handwerksmeister** Stgt VersR **68**, 1074; LG Osnabrück VersR **82**, 255; **Kaufmann** BGH VersR **61**, 247; **62**, 49; **Kfz-Händler** BGH VersR **66**, 851; Celle VersR **70**, 472; Schleswig VersR **76**, 1183; **Kfz-Werkstatt-Inhaber** BGH VersR **69**, 466; VersR **76**, 663; **Landwirt** BGH VersR **66**, 1158; **Maschinenmeister** Ffm VersR **80**, 270; **Modellschneiderin** BGH VersR **64**, 76; **Schlachter** BGH VersR **65**, 141; **Steuerberater** BGH VersR **66**, 957; **Taxiunternehmer** BGH NJW **79**, 2244; KG VersR **76**, 888; Mü MDR **75**, 755; Spengler VersR **72**, 1008; Klimke VersR **73**, 397; **Unternehmensberater** in der Anlaufphase KG VRS **88**, 119; **Vertreter** BGH VersR **63**, 682; **70**, 860; Mü VersR **60**, 1101 (Versichergsvertreter); **Zahnarzt** Nürnb VersR **68**, 481; **77**, 63; **Zahntechniker** BGH VersR **66**, 445. – **c)** Wird dem verletzten **Gesellschafter-Geschäftsführer** das Gehalt 18
weitergezahlt, gilt Rn 9 entspr: Es besteht ein SchadErsAnspr in Höhe des Bruttogehalts (BGH NJW **63**, 1051, **70**, 95). Das gilt auch im Fall der Einmann-GmbH (BGH NJW **71**, 1136). Die ErsPfl erstreckt sich auch auf eine weiter gewährte Tantieme, soweit diese Vergütg für die tatsächl nicht erbrachten Dienste ist (BGH NJW **78**, 40, Kuckuk BB **78**, 283, Riedmaier DB **80**, 64).

5) Schädigung vor Eintritt in das Berufsleben, Berufsanfänger, Verletzte ohne feste Beschäftigung. Bei Unfällen vor Eintritt in das Berufsleben ist zu schätzen (ZPO 287), wie der berufl Weg des Verletzten nach seinen persönl Fähigk u Eigensch u den Bdggen des ArbMarktes voraussichtl verlaufen wäre (Köln NJW **72**, 59, Karlsr VersR **89**, 102, Hamm NZV **99**, 248). Stand der Verletzte (Fußballtrainer) am Anfang seiner Laufbahn, ist bei der Prognose der weiteren Entwicklg iZw von einem dchschnittlichen berufl Erfolg auszugehen; verbleibende Risiken können Abschläge rechtfertigen (BGH NJW **98**, 1633). Gibt es bei einem mit Verlust arbeitden Unternehmer (Berufsanfänger) keine ausreichden Anhaltspkte für eine künft Gewinnerzielg, muß bei der Prognose der weiteren Entwicklg die Möglichk einer abhäng Erwerbstätigk berücksichtigt w (BGH NJW **98**, 1635). Wird ein Behinderter dch einen ärztl Behandlgsfehler dauernd erwerbsunfäh, können die dch eine einf Bürotätigk zu erzielden Einkünfte der Bemessg der ErsPfl zGrde gelegt w (Stgt VersR **99**, 630). Stand der Verletzte nicht in einem festen ArbVerhältn, hat er seinen Unterh aber dch wechselnde Beschäftigg sichergestellt, liegt es nahe (ZPO 287), daß er ohne den Unfall bald wieder Arbeit gefunden hätte (BGH NJW **95**, 1024, 2228). Auch bei einem seit längerer Zeit **Arbeitslosen** ist iZw anzunehmen, daß er auf Dauer nicht ohne Einkünfte geblieben wäre (BGH NJW **97**, 937, NJW-RR **99**, 1039). Die dch eine rechtsw PrüfgsEntsch bedingte Verzögerg der Ausbildg begründet keinen SchadErsAnspr, wenn der Geschädigte das Ziel der Ausbildg ohnehin nicht erreicht hätte (BGH NJW **98**, 2738, 2740). 19

253 ***Immaterieller Schaden.*** **Wegen eines Schadens, der nicht Vermögensschaden ist, kann Entschädigung in Geld nur in den durch das Gesetz bestimmten Fällen gefordert werden.**

1) Eine **Geldentschädigung** für ideelle Schäden sieht das BGB in §§ 847, 611 a II u 651 f II vor. Außerh 1
des BGB besteht ein Anspr auf GeldErs für ideelle Schäden nach LuftVG 53 III, AtomG 43, 45, UrhG 97 II, GWB 35, 27, SeemannsG 40 III, StrEG 7 III u EMRK 50 (Deumeland DB **95**, 476). Nach einer inzw zu GewohnhR erstarkten richterl RFortbildg begründet auch eine **schwere Verletzung des allgemeinen Persönlichkeitsrechts** einen SchmerzGAnspr (§ 823 Rn 200).

2) § 253 schließt für **Nichtvermögensschäden,** soweit die in Rn 1 angeführten SonderVorschr unan- 2
wendb sind, den Anspr auf eine Geldentschädigg aus. Dagg besteht ein Anspr auf **Naturalherstellung** (§ 249 S 1) auch bei ideellen Schäden; er hat aber nur geringe prakt Bedeutg, da Naturalbeseitigg meist unmögl ist. Verletzter kann bei fortwirkden ehrverletzden Äußergen als SchadErs Widerruf verlangen (RG **88**, 133, **148**, 122, BGH NJW **53**, 1386). Dieser ein Versch voraussetzde Anspr w aber in der Praxis dch den aus § 1004 abgeleiteten schuldunabhäng BeseitiggsAnspr verdrängt. Bei Verletzg des Briefgeheimn kann Verletzter Herausg der gefertigten Abschr zwecks Vernichtg verlangen (RG **94**, 3). Auch der gleichf auf Herstellg gerichtete Anspr aus § 249 S 2 w dch § 253 nicht ausgeschl (hM). Die Kosten für die Beseitigg ehrverletzder Inschriften sind daher zu ersetzen, ebso die Kosten für die Richtigstellg unricht ehrverletzender Behauptgen, sofern diese notw ist u sich im Rahmen des Angem hält (BGH **66**, 191, **70**, 42, NJW **79**, 2197). Keine ErsPfl besteht, wenn der Verletzte einen presserechtl Anspr auf GgDarstellg hat u diese zum Ausgl der Rufschädigg ausr (BGH aaO). Bei Sachen, die ledigl einen Affektionswert haben, besteht ein Anspr auf Ers von Reparatur- od Reproduktionskosten, soweit diese mögl ist u die VerhältnismäßigkGrenze (§ 251 II) nicht überschritten w. Ers ideellen Schadens kann vertragl vereinbart w (BGH JZ **55**, 581); ebso ist die Vereinbg einer VertrStrafe zul. Zur **Abgrenzung von Vermögens- und Nichtvermögensschaden** vgl Vorbem 7 ff u 19 ff v § 249.

254 ***Mitverschulden.*** **I Hat bei der Entstehung des Schadens ein Verschulden des Beschädigten mitgewirkt, so hängt die Verpflichtung zum Ersatze sowie der Umfang des zu leistenden Ersatzes von den Umständen, insbesondere davon ab, inwieweit der Schaden vorwiegend von dem einen oder dem anderen Teile verursacht worden ist.**

II Dies gilt auch dann, wenn sich das Verschulden des Beschädigten darauf beschränkt, daß er unterlassen hat, den Schuldner auf die Gefahr eines ungewöhnlich hohen Schadens aufmerksam zu machen, die der Schuldner weder kannte noch kennen mußte, oder daß er unterlassen hat, den Schaden abzuwenden oder zu mindern. Die Vorschrift des § 278 findet entsprechende Anwendung.

1) Allgemeines 1–4
2) Anwendungsbereich 5–11
a) Schadensersatzansprüche 5
b) Entsprechende Anwendung 6
c) Anwendung im öffentlichen Recht 7
d) Erfüllungsansprüche 8, 9
e) Sondervorschriften 10, 11
3) Mitverschulden des Geschädigten 12–44
a) Bei Entstehung des Schadens 12–31
b) Schadensabwendung und Minderung 32–44
4) Abwägung 45–59
a) Allgemeines 45–51
b) Ergebnis der Abwägung 52–55
c) Abwägung bei mehreren Schädigern 56–59
5) Einstehen für mitwirkendes Verschulden Dritter 60–69
a) im haftungsbegründenden Vorgang 61–65
b) bei Schadensabwendung und Minderung . . 66, 67
c) Mittelbar Geschädigte 68, 69
6) Stillschweigender Haftungsausschluß, Handeln auf eigene Gefahr 70–81
a) Stillschweigender Haftungsausschluß 70–73
b) Stillschweigende Einwilligung 74, 75
c) Handeln auf eigene Gefahr 76–78
d) Gefälligkeitsfahrt 79–81
7) Verfahrensrechtliches 82

1 **1) Allgemeines. – a)** § 254 beschr die ErsPfl des Schädigers, wenn bei der Entstehg (I) od der Entwicklg (II) des Schadens ein „Verschulden" des Geschädigten mitgewirkt h. Dieser Begriff ist in § 254 in einem weiteren uneigentl Sinn gebraucht. Da die ROrdng die Selbstgefährdg u Selbstschädigg nicht verbietet, bedeutet Versch iS des § 254 nicht – wie sonst – eine vorwerfb, rechtsw Verletzg einer ggü einem and od der Allgemeinh bestehden RPfl; Versch iS des § 254 ist vielmehr der vorwerfb Verstoß gg Gebote des eig Interesses (Obliegenheiten); es handelt sich um ein **„Verschulden gegen sich selbst"** (RG **149**, 7, **156**, 207, BGH **3**, 49, **57**, 145, NJW **70**, 946, MüKo/Grunsky Rn 2, hM). § 254 beruht auf dem RGedanken, daß derjenige, der die Sorgfalt außer acht läßt, die nach Lage der Sache erforderl erscheint, um sich selbst vor Schad zu bewahren, den Verlust od die Kürzg seines SchadErsAnspr hinnehmen muß (RG **100**, 44, **112**, 287,
2 BGH **3**, 49, **9**, 318). Die Vorschr ist damit zugl eine **Ausprägung des Grundsatzes von Treu und Glauben** (BGH NJW **82**, 168). Wer für den von ihm erlittenen Schaden trotz eig Mitverantwortg vollen SchadErs fordert, verstößt gg das Verbot des *„venire contra factum proprium"* (§ 242 Rn 55, BGH **34**, 363, NJW **70**, 756, **78**, 2024, 2025, Henke JuS **88**, 753).

3 **b) Sach- oder Betriebsgefahr.** § 254 liegt der allg RGedanke zGrde, daß der Geschädigte für jeden Schaden mitverantwortl ist, bei dessen Entstehg er in zurechenb Weise mitgewirkt h (BGH **52**, 168). Eine auf seiten des Geschädigten mitwirkde Sach- od BetrGefahr beschr daher seinen SchadErsAnspr, u zwar auch dann, wenn der Schädiger aus Delikt od Vertr haftet (BGH **6**, 320, **12**, 128, VersR **81**, 355, stRspr). Der geschädigte Halter eines Kfz muß sich, wenn er nicht den AusschlTatbestd des StVG 7 II beweist, die BetrGefahr seines Kfz auch ggü dem SchmerzGAnspr anrechnen lassen (BGH **20**, 262, **26**, 75; stRspr). Im Verhältn zw Halter u Fahrer ist die BetrGefahr dagg nicht anzurechnen (BGH NJW **72**, 1415, aA Düss DAR **74**, 157); ebsowenig im Verhältn zw Fahrer u Dr, sofern Fahrer den EntlastgsBew gem StVG 18 führt (BGH VersR **63**, 380, Böhmer NJW **70**, 1724). Der Grds, daß die auf seiten des Geschädigten mitwirkde Sach- od BetrGefahr den ErsAnspr beschränkt, gilt auch für die Tierhalterhaftg (BGH **67**, 129, 134, Hamm NJW-RR **90**, 1054) u für WHG 22 II (BGH NJW **95**, 1150), nach Ans des BGH aber nicht iF des § 836 (BGH **79**, 264). Setzt der ErsAnspr kein Versch voraus, beruht er aber auch nicht auf dem Gedanken der Gefährdgshaftg,
4 rechnet der BGH dem Geschädigten eine **schuldlose Mitverursachung** auch dann an, wenn sie **nicht** Ausdr einer **Sach- oder Betriebsgefahr** ist, so iF des § 122 (BGH NJW **69**, 1380), des § 906 II 2 (BGH NJW-RR **88**, 138), des § 1004 (BGH NJW **95**, 396) u des ErsAnspr aus GoA bei Selbstaufopferg (BGH **38**, 278). Auf dem Gedanken, daß Haftgsbegründg u Beschrkg korrespondieren, beruht auch die Anwendung des § 829 im Rahmen des § 254 (Rn 13). Auch die Beschränkg der **Arbeitnehmerhaftung** dch das vom ArbG zu tragde BetrRisiko stützt die Rspr auf § 254 (BAG NJW **95**, 212, § 611 Rn 157).

5 **2) Anwendungsbereich. – a)** § 254 gilt, soweit nicht SonderVorschr (Rn 10) bestehen, ggü **allen Schadensersatzansprüchen,** gleichgült auf welchem RGrd sie beruhen (Henke JuS **88**, 759). Er ist daher anzuwenden auf SchadErsAnspr aus Vertr, auch aus §§ 325, 326, jedoch soll es insow allein auf das Verhalten nach VertrSchl ankommen (BGH NJW **72**, 1702, **87**, 253, s aber auch BGH NJW **93**, 1191), aus der Garantiehaftg gem § 538 (BGH **68**, 288, NJW-RR **91**, 971); aus c. i. c. (RG **151**, 360, BGH DB **67**, 1085, BAG **14**, 211); aus unerl Hdlg u zwar auch für Anspr aus § 839, sofern nicht das MitVersch den Anspr gem § 839 III ausschließt (BGH VersR **61**, 907, NJW **65**, 962); auf Anspr aus § 845 (BGH **69**, 3); auf Schmerz-GAnspr (§ 847 Rn 5); auf Anspr aus §§ 989, 990 (BGH **LM** HGB 366 Nr 4 Bl 3 R, § 989 Nr 12 Bl 2, krit Roth AcP **180**, 279); aus InsO 103, fr KO 17 (RG **140**, 14); auf SchadErsAnspr des Eigtümers gg den Finder (BGH NJW **90**, 1231); wg der Sonderregelg der §§ 439, 460 aber nicht auf SchadErsAnspr wg R- od Sachmängel (BGH **110**, 203, NJW **78**, 2240, aA Mittenzwei JuS **94**, 187). § 254 gilt auch ggü SchadErsAnspr aus Gefährdgshaftg. Das ist in StVG 9, HaftpflG 4, ProdHaftG 6, UmweltHG 11, GenTG 32 u AtomG 27 ausdr bestimmt, gilt aber allg, so für Anspr gg den Tierhalter (§ 833 Rn 13), gg den Gastwirt aus § 701 (RG **75**, 394) u für Anspr aus ZPO 302 IV, 600 II, 717 II u 945 (BGH NJW **78**, 2024).

6 **b)** § 254 ist **entsprechend** anzuwenden, wenn in sonstigen, gesetzl nicht geregelten Fällen **beiderseitiges Verschulden** vorliegt, das ggeinand **abzuwägen** ist (RG **71**, 191, BGH **LM** HGB 366 Nr 4 Bl 3, WM **78**, 367, MüKo/Grunsky Rn 13). Der RGedanke des § 254 gilt daher für den Ausgl zw mehreren erspflichtigen GesSchu (§ 426 Rn 10); für die beiders verschuldete Unmöglichk (Vorbem 4 vor § 323); beim VollmMißbr, wenn Versch des Vertretenen u seines VertrPartners ggeinand abzuwägen sind (BGH **50**, 112); bei Anspr aus einer Garantie (BGH NJW-RR **91**, 219); wenn der argl getäuschte Käufer den Untergang der Kaufsache verschuldet (BGH **57**, 144). § 254 ist ferner entspr anwendb auf Anspr aus § 1004 (BGH **110**, 317, **135**, 235)

u aus § 906 II 2 (BGH NJW-RR **88**, 138); auf Anspr aus § 667, wenn die Überweisg weisgswidr ausgeführt worden ist (BGH **108**, 391, **130**, 95); auf Anspr aus § 670, soweit dieser auf SchadErs geht (Celle NJW **65**, 2348, BAG NJW **81**, 702); auf ErsAnspr aus GoA (Düss DAR **62**, 150, BGH **38**, 278); auf Anspr aus NRWOBG (BGH NJW **86**, 182); auf den Anspr aus SGB VII 110 (fr RVO 640); da der Anspr jetzt ausdr auf die Höhe des zivilrechtl SchadErsAnspr beschränkt wird, ist die fr str Anwendg des § 254 (hier 56. Aufl) nicht mehr zweifelh (BGH NJW **98**, 298/301, Waltermann NJW **97**, 3401/3404).

c) Auch im **öffentlichen Recht** ist § 254 als Ausprägg des Grds von Treu u Glauben (Rn 2) sinngem 7 anzuwenden (BGH **56**, 57, MüKo/Grunsky Rn 18). § 254 gilt daher entspr für SchadErsAnspr aus AFG 145 (BSG VersR **85**, 159), Verletzg vertragsähnl öffrechtl Pflichten (BGH NJW **65**, 962, s § 276 Rn 130), soweit nicht SonderVorschr bestehen (vgl BGH **4**, 291 zu PostG 6 aF, jetzt PostG 14). Er ist auch auf AufopfergsAnspr entspr anwendb (Celle NJW **54**, 559, BGH **45**, 294, aA RG **149**, 37), vgl auch BSeuchenG 51 III; ebso auf EntschAnspr aus Enteigng u enteigngsgleichem Eingr (BGH **90**, 32, vgl die ausdrückl Regelg in BauGB 93 III, BLG 32 II, SchutzberG 13 II, LBG 17 II); ferner auf Anspr aus dem StrEG (Hamm NJW **75**, 2033), jedoch kann das (nur für das BetragsVerf zust) ZivGer den Anspr nicht mehr wg schuldh Mitverursachg der StrafverfolgsMaßn mindern (BGH **63**, 209). Auch auf RegreßAnspr des Staates gg Beamten ist § 254 entspr anzuwenden (s BVerwG **34**, 130, **50**, 108). Wg der gesschuldnerischen Haftg mehrerer Schädiger kann sich der Beamte jedoch idR nicht auf mangelnde Überwachg dch seinen Vorgesetzten berufen (BVerwG aaO). § 254 ist entspr anwendb auf den FolgenbeseitiggsAnspr (BVerwG NJW **89**, 2484, VGH Mannheim NJW **85**, 1482, aA Schenke JuS **90**, 370), nach VerwG Hannover ZBR **71**, 280 u VGH BaWü ZBR **72**, 344 auch auf den RückerstattgsAnspr wg überzahlten Gehalts (zweifelh, vgl Rn 8 aE).

d) Ausgeschl ist die Anwendg des § 254 auf **Erfüllungsansprüche,** u zwar auch dann, wenn ErfAnspr u 8 SchadErsAnspr nebeneinand bestehen (BGH **25**, 310, NJW **67**, 250, Kblz WM **89**, 1280; für eine analoge Anwendg aber Peters JZ **95**, 754). § 254 daher unanwendb auf MietzinsAnspr gg den nicht eingezogenen od vorzeit ausgezogenen Mieter (Ffm ZMR **70**, 49, Köln NJW-RR **92**, 443, s aber § 552 Rn 6); auf Anspr aus § 557 (BGH **104**, 290); auf den Anspr auf Auszahlg des Sparguthabens (BGH NJW **86**, 2106); auf LohnAnspr des unzul gekündigten ArbN (BGH NJW **67**, 250, vgl aber § 615); auf Anspr aus Bürgsch (RG JW **37**, 3104); auf Anspr des Verfrachters gg Empf auf Zahlg der Fracht (BGH **25**, 310). Dagg ist § 254 im Fall der MankoHaftg auf den Anspr aus § 667 entspr anwendb (BAG BB **71**, 705); das gilt ebso für den Anspr aus § 670 wg fehlgegangener Überweisgs- od AuszahlgsAuftr, wenn den AuftrG ein MitVersch trifft (BGH **87**, 380, **108**, 391, NJW **95**, 2485). Nicht anwendb ist § 254 auf HerausgAnspr aus § 985 (RG **93**, 281, BGH **LM** HGB Nr 4); auf GewlAnspr (BGH DB **71**, 1764); auf BereichergsAnspr (BGH **37**, 370, DB **70**, 2021); jedoch kann § 242 die Berücksichtigg schuldh Mitverursachg rechtf (BGH **57**, 152, BereichergsAnspr). Das gilt vor allem für **Gewährleistungsansprüche** (BGH NJW **72**, 447, **84**, 1677). Die Nach- 9 besserg hat in diesen Fällen Zug um Zug gg Ers eines Teils der entstehden Kosten zu erfolgen (BGH **90**, 347, **91**, 211).

e) Sonderregelungen. – aa) StVG 17 schließt § 254 aus, soweit es um die Haftgsverteilg zw KfzHaltern 10 u Fahrern geht, u ebso für das Verhältn zw Kfz u Eisenbahn od Tierhalter (BGH **LM** § 249 (Bb) Nr 3 Bl 2). Für Schiffskollisionen enthält HGB 736 eine § 254 verdrängde Sonderregelg (BGH VersR **59**, 506). StVG 17 u HGB 736 lassen aber § 254 II unberührt (BremVersR **76**, 559); sie verwenden iü prakt die gleichen AbwäggsGrds wie § 254. – **bb)** Der SchadErsAnspr aus §§ 122, 179, 307, 309 entfällt, wenn der Geschädigte 11 das zum Ers verpflichtde Ereign kannte od kennen mußte, MitVersch führt danach zum Verlust des Anspr. BGH NJW **69**, 1380 wendet § 254 auf Anspr aus § 122 aber entspr an, wenn Gläub Irrt schuldlos mitverurs hat (Rn 4). Dagg ist neben § 439 für eine Anwendg des § 254 kein Raum (BGH **110**, 203). Entspr gilt für §§ 460 u 640 II (BGH NJW **78**, 2240).

3) Mitverschulden des Geschädigten. – a) Mitverschulden bei der Entstehung des Schadens (I). – 12 **aa)** Den Geschädigten trifft ein MitVersch, wenn er diej Sorgf außeracht läßt, die jedem ordentl u verständ Menschen obliegt, um sich vor Schaden zu bewahren (BGH **3**, 49, **9**, 318, sog Versch gg sich selbst, s Rn 1). Ein schuldh Verhalten, das eine Haftg ggü einem and begründen könnte, ist nicht erforderl (BGH NJW **65**, 1075, **82**, 168). Der Geschädigte muß die ihm in eig Angelegenh obliegde Sorgf aber vorsätzl od fahrl verletzt h (RG **54**, 410, **59**, 221). Voraussetzg daher grdsätzl Vorhersehbark u Vermeidbark der Schädigg, bloße Mitverursachg genügt, sofern der Geschädigte für Sach- od BetrGefahr einzustehen h (Rn 3).

bb) Zum Versch gehört **Zurechnungsfähigkeit** (nicht Geschfgk), §§ 827, 828 gelten entspr (RG **108**, 13 89, BGH **9**, 317, **24**, 327), ebso § 827 S 2 (BGH VersR **71**, 473, 475). Dabei kommt es auf die Fähigk zur Einsicht an, daß man sich selbst vor Schad zu bewahren h (Celle NJW **68**, 2146). Da Haftgsbegründg u Haftgsbegrenzg korrespondieren (Rn 4), ist § 829 ebenf entspr anwendb (BGH **37**, 106, NJW **73**, 1795). Voraussetzg ist aber, daß die Billigk ausnahmsw die Mithaftg des Unzurechngsfäh gebietet (BGH NJW **69**, 1762). Es genügt nicht, daß für ihn VersSchutz besteht (BGH NJW **69**, 1762, **73**, 1795). Ist der Schädiger haftpflichtversichert, scheidet eine Anwendg der §§ 254, 829 idR aus (KG DAR **95**, 72).

cc) Das Versch des Geschädigten muß für die Schädigg **mitursächlich** iS der Adäquanztheorie (Vorbem 14 58 v § 249) gewesen sein (BGH **3**, 47, **61**, 147, NJW **57**, 217). Zeitl kann es dem Versch des Schädigers vorangehen od nachfolgen (BGH **3**, 47, VersR **88**, 570), jedoch soll bei SchadErsAnspr wg NichtErf od verspäteter Erf nur ein dem VertrSchl folgdes MitVersch erhebl sein (BGH NJW **57**, 217, **72**, 1702, s aber auch BGH NJW **93**, 1191). Wer unberecht vom Vertr zurücktritt, kann idR nicht geltd machen, Gegner habe Rücktr dch sein Verhalten mitverurs (BGH WM **74**, 1117). Fehlen der vom Geschädigten zu stellden Sichergsmittel ist unschädl, wenn Schädiger sie ohnehin nicht benutzt hätte (BGH VersR **70**, 813). War allein das MitVersch adäquat ursächl, entfällt eine Haftg, war umgekehrt allein das Versch adäquat ursächl, haftet allein der Schädiger (OGH **1**, 272). Auch für § 254 gilt, daß die Zurechng dch den **Schutzzweck der** 15 **Norm** begrenzt w (Vorbem 62 v § 249). § 254 setzt daher voraus, daß die vom Geschädigten verletzte Pfl den Zweck hatte, Schäden wie den eingetretenen zu verhindern (BGH VersR **70**, 813, **72**, 1016, **78**, 1071, Bambg VersR **88**, 586). Der Arzt kann bei einem Behandlgsfehler nicht geltd machen, der Patient habe die Behandlgsbedürftigk verschuldet (BGH NJW **72**, 334); bei einem Selbstmordversuch eines wg Suizidverdachts eingelieferten Patienten ist § 254 unanwendb (BGH **96**, 101, Kblz OLGZ **91**, 331); der Abschleppunternehmer kann sich nicht darauf berufen, der von ihm beschädigte Pkw habe wg falschen Parkens entfernt w müssen (BGH NJW **78**, 2503); die wg unrichtiger Aufstellg eines VerkSchildes haftpflicht Gemeinde kann sich nicht auf die Nichtbefolgg des Schildes berufen (Hamm NJW- RR **86**, 771).

16 **dd) Geschäfts- und Rechtsverkehr** (Einzelfälle, vgl auch § 276 Rn 22 ff): Jedermann hat in seinem geschäftl u priv Bereich im Rahmen des Zumutb die notw Vorkehrgen zu treffen, um sich vor Schad zu bewahren. Schuldh iS des § 254 handelt daher, wer sein eig Konto u seine Kontenauszüge nicht überwacht (BGH NJW **68**, 742, LG Lübeck WM **93**, 1131); wer die ordngsmäß Dchführg seiner Überweisgen nicht prüft (Hamm WM **89**, 1321); wer Scheckformulare unsorgfält verwahrt (BGH NJW **97**, 2237); wer bei Kreditgewährg die Bonität des KreditN od der Sicherh nicht prüft (Mü NJW **70**, 1926; BGH WM **70**, 1270); wer keine Vorsorge gg Veruntreugen od Unterschlagg dch ArbN trifft (BGH **108**, 391, BAG NJW **70**, 1861); wer sich, statt sich an Notar zu wenden, auf den Rat von dessen Angest verläßt (RG **162**, 29); wer als Mieter eine unberecht Künd widerspruchslos hinnimmt (BGH **89**, 307); wer ein Unternehmen beauftragt, gg dessen fachl Kompetenz erkennb Bedenken bestehen (BGH NJW **93**, 1192); wer Arb dch Nichtfachmann ausführen läßt (BGH VersR **88**, 570) od dch einen Schwarzarbeiter (Celle JZ **73**, 246; aA BGH NJW **91**, 165, Celle VersR **98**, 471); wer ArbN Verantwortg überträgt, die in auffäll Mißverhältn zu seinem Einkommen steht (LAG Bln BB **74**, 231); wer seine od „entliehene" ArbN nicht ausr überwacht (BGH DB **70**, 2224, Karlsr BauR **85**, 223); wer einen mißverständl gefaßten Vertr unterschreibt (Hamm NJW-RR **95**, 1267) od die Daten auf seiner Computer-Festplatte nicht od fehlerh sichert (Karlsr NJW **96**, 201, NJW-RR **97**, 554); wer als EDV-Anwder nichts unternimmt, um die dch das **„Jahr-2000-Problem"** drohden Schäden abzuwenden (Bartl NJW **99**, 2144, Heussen/Damm BB **99**, 481/487); wer einen Irrt des and Teils nicht richt stellt, obwohl das ohne weiteres mögl u der Irrt schädl Folgen h kann (BGH NJW **64**, 195); wer Koffer mit bes wertvollem
17 Inhalt als Reisegepäck aufgibt (BGH **24**, 188); wer auf einem Wertpaket den Wert statt mit 100 000 DM mit 3500 DM angibt (BGH NJW-RR **89**, 676); wer kostbare Schmucksachen im Hotelzimmer läßt, obwohl er sie im Safe hinterlegen könnte (LG Gießen VersR **97**, 1283); wer in dem in der Hotelgarage abgestellten PKW od in der Künstlergarderobe wertvolle Ggst beläßt (BGH NJW **69**, 789, Karlsr NJW-RR **91**, 1245); wer an ungesicherter Garderobe wertvollen Pelzmantel ablegt (BGH VersR **74**, 141); wer abgelegten Pelzmantel nicht überwacht, obwohl das mögl (Hbg MDR **70**, 842); wer als Gast in einem Ferienpark für sein wertvolles Gepäck keine Vers abschließt (Düss NJW-RR **90**, 38); wer grdlos die Abn einer Sache ablehnt, über die er bereits ein Empfangsbekenntn ausgestellt h (BGH NJW **64**, 36); wer sich bei einem UnternKauf keine Bilanz vorlegen läßt od Angaben vertraut, die mit der Bilanz offensichtl unvereinb sind (BGH NJW-RR **98**, 948); wer die gebotene Untersuchg der gekauften Ware unterläßt (BGH **101**, 346); wer ohne od aGrd einer nicht rbeständ behördl Gen zu bauen beginnt (BGH NJW **75**, 1968); wer baut, obwohl Nachb gg BauGen möglicherw begründete Einwendgen erhoben h (BGH NJW **85**, 265, 1692); wer als Besteller Hinweise des WerkUntern unbeachtet läßt, auch wenn diese nicht den FormVorschr der VOB entspr (BGH NJW **75**, 1217, WM **78**, 220), wer dch vertrwidr Verhalten einen VertrBruch des and Teils herausfordert (BGH NJW-RR **94**, 728); wer dch unbeherrschte Drohgen die Vollziehg eines unberecht Steuerarrests provoziert (BGH NJW **78**, 2024); wer auf mögl ZwVollstrMaßn in den GrdBesitz seines Schu verzichtet u statt dessen den im konkreten Fall wenig aussichtsreichen Weg einer FdgPfändg beschreitet (BGH DB **82**,
18 2684). **Kein Mitverschulden** trifft, wer einen Verrechngsscheck über 306 250 DM mit einfachem Brief übersendet (BGH NJW **98**, 2898), and aber, wenn er einen Fensterumschlag verwendet, in dessen Adressenfeld der Scheck sichtb ist (Ffm WM **99**, 1318); wer sich beim Aktienkauf auf Richtigk u Vollständigk des Prospektes verläßt (RG **80**, 202); wer unter Verzicht auf GrdBuchEinsicht auf Richtigk des GrdSchBriefes vertraut (RG HRR **28** Nr 2264); wer weiß, daß Verkäufer Ware erst beschaffen muß (BGH NJW **72**, 1702); wer mit einem zahlgsunfäh Käufer einen KaufVertr abschließt (Düss NJW **57**, 217, bedenkl). VertrPartner, der
19 unricht **Auskunft** erteilt, kann dem and Teil idR nicht entgghalten, daß dieser auf Ausk vertraut h (BGH **LM** § 276 (Hb) Nr 15, NJW-RR **88**, 855, **98**, 16). Auch auf die Ausk eines Beamten (BGH NJW **78**, 1522, **80**, 2575) od das Gutachten eines Fachmanns darf sich der Bürger verlassen (Köln NJW-RR **98**, 1320). MitVersch kann aber vorliegen, wenn nach den Umst des Falles (werbdes Auftreten eines Anlagevermittlers) Anlaß zu Mißtrauen bestand (BGH NJW **82**, 1095, Assmann NJW **82**, 1083). Schädiger kann sich idR auch nicht darauf berufen, er sei **nicht** ausr **überwacht** (BGH **76**, 218) od falsch ausgewählt worden (BGH NJW **83**, 1856); das gilt insb dann, wenn die nicht sachgem Auswahl od Überwachg einer Pers anzulasten ist, die neben dem Schädiger als GesSchu haftet (BGH NJW **85**, 2195). Den Eigtümer einer von einem Fachmann eingerichteten u gewarteten Heizölanlage trifft kein MitVersch, wenn der Öllieferant es versäumt, sich von der richt Stellg des Dreiwegeschiebers zu überzeugen (BGH NJW-RR **98**, 440).

20 **ee) Straßenverkehr** (Einzelfälle): **Fußgänger** muß sich vor Betreten der Fahrbahn überzeugen, daß sich kein Kfz nähert (BGH VersR **65**, 959, **68**, 603); er handelt aber nicht in jedem Fall schuldh, wenn er bei Annäherg eines PKW im letzten Augenblick zurückspringt (BGH VersR **70**, 819). Dagg ist es iS des § 254 schuldh, wenn er eine stark befahrene, 7,2 m breite Straße in Abschnitten zu überqueren versucht (Hamm VRS **78** Nr 6), od wenn er eine HauptVerkStraße überquert, ohne nahe gelegenen Überweg zu benutzen (BGH NJW **59**, 1363, Celle VersR **90**, 911: Überweg 60 m entfernt). Benutzg des Überwegs befreit nicht von jeder Sorgf (Hamm VersR **69**, 139), auch nicht bei Grünlicht (BGH NJW **66**, 1211), jedoch darf der Fußgänger idR darauf vertrauen, daß sein Vorrecht beachtet w (BGH DAR **82**, 289). Auch wenn VerkPosten Übergang freigibt, uU Vorsicht geboten (BGH NJW **60**, 2235). Höchste Sorgf, wenn Fußgänger ausnahmsw Autobahn überqueren darf (BGH **LM** StVO 1 Nr 11). Straßenbenutzg schuldh, wenn auf linker Straßenseite Fußweg (BGH VersR **64**, 1203), ebso wenn Pfad od Sandstreifen vorhanden (BGH VersR **60**, 149). Bei zul Benutzg der Fahrbahn besteht gesteigerte SorgfPfl (Oldbg DAR **61**, 256); bei einer erkennb Gefährdg muß der Fußgänger auf den Randstreifen ausweichen (Hamm VersR **85**, 357). MitVersch, wenn Fußgänger sich bei näherndem LKW dicht am Straßenrand aufhält (BGH NJW **65**, 1708) od wenn **Radfahrer** den Radweg in falscher Richtg
21 benutzt (KG DAR **93**, 257, LG Nürnbg DAR **93**, 265). **Kraftfahrer:** Nichttragen eines Sturzhelms dch Motorradfahrer ist MitVersch (BGH NJW **65**, 1075, VersR **83**, 440); das gilt auch für Motorroller (Hbg MDR **70**, 326), u Moped, für diese aber erst seit der nF des § 21 StVO (BGH NJW **79**, 980), nicht dagg für

Rennräder (Nürnbg NJW-RR **91**, 546) u für Fahrräder mit Hilfsmotor (BGH NJW **69**, 1898). Nimmt ein Bluter als Sozius auf einem Mokick am StraßenVerk teil, so liegt hierin kein MitVersch (Kblz VRS **72**, 145). Bei Kopfverletzgen ist *prima facie* zu vermuten, daß sie dch das Nichttragen des Helmes mitverursacht worden sind (BGH VersR **83**, 440). Die Nichtverwendg von **Sicherheitsgurten** ist MitVersch (BGH **74**, 25). § 21 a 22
StVO ist verfassgsrechtl unbedenkl (BVerfG NJW **87**, 180, BGH aaO). Er gilt auch für den Taxifahrer auf einer längeren Leerfahrt (BGH **83**, 73). Nichtangurten des Beifahrers ist auch dann MitVersch, wenn der Fahrer sich nicht anschnallt (Karlsr VRS **65** Nr 50). Gesundheitl Grde rechtfertigen ein Nichtangurten nur dann, wenn die Voraussetzgen von StVO 46 I Nr 5 b vorliegen (BGH **119**, 271). Mitursächlichk ist bei Verletzgen des Kopfes sowie der oberen u unteren Extremitäten *prima facie* zu vermuten, falls sie dch einen Frontalzusammenstoß, einen Auffahrunfall od dch Herausschleudern entstanden sind (Weber NJW **86**, 2671, s auch BGH NJW **91**, 231, Zweibr VRS **84**, 171). *Prima-facie*-Bew entfällt aber bei schweren Frontalzusammenstößen (Karlsr MDR **79**, 845), bei seitl Überschlagen des Kfz (Hamm VersR **87**, 206), od wenn sonst die ernsthafte Möglichk eines and Geschehensablaufs besteht (BGH NJW **80**, 2125). Besonders liegt es, wenn der Verletzte, ohne die Kausalität zu bestreiten, geltend macht, er hätte angeschnallt and ähnl schwere Verletzgen erlitten; insoweit trägt der Verletzte die BewLast (BGH NJW **80**, 2126, Karlsr DAR **90**, 342). Die Mithaftgsquote ist je nach Lage des Falles auf 1/5 (Karlsr VersR **91**, 83), 1/4 (KG DAR **80**, 341), 1/3 (Ffm Vers **87**, 670) od 1/2 (BGH NJW **81**, 288, Saarbr VersR **87**, 774) zu bemessen, sie kann bei einem schweren Verschulden des Unfallverursachers entfallen (BGH NJW **98**, 1137, krit Häublein VersR **99**, 163). Minderg betr nur die Schadenspositionen, für die das Nichtanlegen des Gurts mitursächl war (BGH NJW **80**, 2125), jedoch kann die Bildg einer einheitl Quote für alle Verletzgen gem ZPO 287 vertretb sein (BGH aaO). Voraussetzg ist jedoch, daß insow hinreichd konkrete Feststellgen getroffen w (BGH NJW **81**, 288). MitVersch eines Fahrschülers (LG Hann NJW-RR **88**, 1301), bei der Verfolgg eines Flüchtden (BGH VersR **67**, 580), bei Überlassg des Kfz an Fahruntüchtigen (BGH VersR **67**, 379). Wer vorsätzl einen groben VerkVerstoß begeht, kann sich idR nicht darauf berufen, der and Teil habe mit einem solchen Verhalten rechnen müssen (BGH NJW **82**, 1756). Im übr gilt § 823 Rn 94 ff für das MitVersch sinngem. **Insassen** des Kfz sind idR nicht verpfl, die Fahrweise des 23
Fahrers od die VerkLage zu beobachten (BGH VersR **61**, 919, **65**, 688). Ausn: mitfahrder Halter od WeisgsBerecht (BGH VersR **53**, 198, **59**, 890), ferner Co-Pilot bei einer Rallyfahrt (Brschw DAR **76**, 71); schuldh handelt aber, wer sich einem erkennb fahruntücht Fahrer anvertraut (Rn 76 ff). **Halter** handelt 24
schuldh, wenn er Kfz dch einen Fahrer ohne Führerschein lenken läßt (Ffm VersR **78**, 828).

ff) Mitverschulden gegenüber Verletzung der Verkehrssicherungspflicht (Einzelfälle): **Gebäude:** 25
MitVersch: unvorsicht Dchqueren eines dunklen Kellers (Hamm VersR **93**, 491); eiliges Begehen einer frisch gewachsten Bodenfläche (Karlsr VersR **56**, 556); Ausrutschen auf einem Gemüseblatt in der Gemüseabteilg eines Supermakts (Köln VersR **99**, 861); Verletzg dch Glaswand (BGH VersR **68**, 470); Nichterkennen von offensichtl Mängeln eines Gerüsts (Hamm VRS **85**, 87). Bes Vorsicht bei Aufsuchen unbekannter Örtlichk (BGH VersR **57**, 198), doch auch in vertrauter Umgebg Vorsicht notw (BGH VersR **61**, 464). MitVersch Benutzg einer dunklen Treppe, obwohl Beleuchtg mögl (Karlsr VersR **89**, 275). Bes Vorsicht bei Kenntn der Gefährlichk der Treppe (BGH VersR **65**, 190, **67**, 877); bei ausgetretenen Stufen (Karlsr VersR **53**, 342), Marmorstufen (Nürnb VersR **53**, 263). Treppenbenutzg in angeheitertem Zustand nicht ohne weiteres schuldh (BGH VersR **66**, 684). Ausgleiten auf Gemüseblatt idR schuldh (Neust VersR **55**, 90). Schlafen auf Boden einer für eine Fete zur Vfg gestellten Scheune kein MitVersch (BGH NJW-RR **89**, 280). **Straßen** 26
und öffentliche Anlagen: Fußgänger muß auf Weg achten u Gefahrenstellen ausweichen (BGH VersR **64**, 62); wieweit die SorgfPfl insow gehen, ist Frage des Einzelfalls (BGH VersR **69**, 515); das gilt auch in Badeanstalt (Düss VersR **65**, 818) u auf Festplatz (BGH VersR **65**, 515). MitVersch idR bei Sturz über herausragde Platten od Kanaldeckel (BGH VersR **81**, 482). Bes Vorsicht bei Betreten eines unbekannten Geländes (BGH VersR **59**, 889, **64**, 781). MitVersch des Kfz-Fahrers, der auf Ölspur ins Schleudern gerät (BGH VersR **64**, 925); der auf Straße mit Schlaglöchern unvorsichtig fährt (LG Itzehoe VersR **57**, 308); der auf unfert Straße gg Kanaldeckel fährt (Düss VersR **57**, 823); der Querrinne nicht beachtet (Schlesw VersR **64**, 982). **Schnee- und Eisglätte:** MitVersch: Betreten eines erkennb spiegelglatten Parkplatzes (BGH NJW 27
85, 483); Benutzg eines glatten Weges, wenn Benutzg eines and mögl u zumutb (Celle NJW-RR **89**, 1419, Hamm VersR **99**, 127); wieweit Umwege zuzumuten, ist Frage des Einzelfalls. Fußgänger handelt schuldh, wenn er den gestreuten Teil des Weges ohne zwingden Grd verläßt (Hbg VersR **54**, 358). Den Gast, der einen eisglatten Hotelweg 7 Tage rügelos benutzt, trifft bei einem späteren Unfall ein überwiegdes MitVersch (Düss NJW-RR **89**, 735). Keine Pfl für Berufstätigen, bei Glätte zu Hause zu bleiben (Stgt MDR **57**, 675). Ob Nichterkennen der Gefahr schuldh, hängt von den Umst ab (BGH NJW-RR **97**, 1109). Gehbehinderte Pers müssen Stock benutzen, das gilt uU auch für ältere Pers (Nürnb VersR **55**, 218, Oldbg VersR **56**, 523, Nürnb VersR **70**, 773). SorgfPfl des KfzFahrers bei Glatteisgefahr (Karlsr NJW-RR **89**, 612, Schlesw u Hamm VersR **99**, 375, 377). **Rennveranstaltung:** Ggü dem Besucher, der sich leichtfert auf die Rennstrecke begibt, entfällt idR eine ErsPfl (Kblz VRS **83**, 401). **Bauarbeiten:** MitVersch Eindringen u Herumklettern in einem 28
Rohbau (Karlsr VersR **82**, 1010) od bei gefährl Aufbauarbeiten (Düss NJW-RR **99**, 672); Sturz in offenen od ungesicherten Kellerschacht (Mü NJW-RR **94**, 1241, Hamm NJW-RR **96**, 1362). SorgfPfl des Bauhandwerkers bei Betreten eines morschen Dachs (BGH VersR **65**, 801), Benutzg einer fremden Leiter (BGH VersR **65**, 261, **67**, 187), Anbringg einer Dachrinne (Kblz VersR **62**, 624), zum MitVersch des AuftrG bei Beschädigg eines Kabels s Bambg VersR **70**, 843. **Betriebe und Maschinen:** MitVersch uU bei Sturz in 29
nicht ausreichd gesicherte Montagegrube (Celle VersR **55**, 357, Köln VersR **58**, 712). MitVersch von Kindern, die an gefährl Maschinen zu Schad kommen (s BGH VersR **65**, 877, Bambg VersR **65**, 989); unvorsicht Benutzg eines Fahrstuhls (Düss VersR **72**, 159), Unfall bei Besichtigg eines im Bau befindl Schiffes (BGH VersR **72**, 553).

gg) Tätlichkeiten (Einzelfälle): Schuldh iS des § 254 handelt, wer einen and zu tätl Ausschreitgen reizt od 30
herausfordert (BGH VersR **65**, 1152), etwa dadch, daß er mit dessen Ehefrau ein Liebesverhältn unterhält (LG Paderborn NJW **90**, 260), ihm Grd zur Eifersucht gibt (Köln NJW **82**, 2260) od ihm Slibowitz über die Kleidg schüttet (Kblz NJW-RR **89**, 476); uU tritt aber MitVersch ggü grobem Versch des Täters zurück (BGH VersR **56**, 431). MitVersch des Angreifers bei fahrl Notwehrüberschreitg (BGH VersR **67**, 477), desj,

der zur Eskalation einer AuseinandS beigetragen h (Schlesw DAR **93**, 150). Abgrenzg der Haftgsanteile bei Schlägerei (BGH VersR **66**, 282, Stgt VersR **56**, 701). Bei Gaststättenbesuch ist das Nichtanlegen eines Korsetts zum Schutz einer bes gefährdeten Bauchdecke kein MitVersch (BGH NJW **82**, 168).

31 **hh) Sonstige Einzelfälle:** MitVersch der Getöteten, die in Abtreibg eingewilligt h (BGH **7**, 198, 208), der Schwangeren, die nach der Sterilisation die empfohlene Kontrolluntersuchg nicht dchführen läßt (BGH NJW **92**, 2961). MitVersch bei Denunziation (Ffm NJW **47**, 24). MitVersch des geschädigten Veranstalters einer GesellschJagd, der nicht auf Einhaltg der SicherhVorschr hinwirkt (BGH VersR **58**, 851); eines Jagdteilnehmers, der sich in das Schußfeld der Jagdgenossen begibt (Oldbg VersR **80**, 339). Aufenth in der Nähe friedl Demonstration kein MitVersch (Köln NJW **70**, 1322), wohl aber die Teilnahme am Gotcha-Spiel ohne Schutzkleidg (Hamm NJW **97**, 949) u die an einer schwierigen reitersportl Übg trotz körperl Indisposition (BGH VersR **82**, 349). Schuldh handelt, wer sich ohne ausreichden Grd in die Nähe eines gefährl **Tieres** begibt; so wer eine fremde Katze streichelt (LG Rottweil NJW-RR **88**, 539), wer sich auf eine Wiese begibt, auf der Hunde spielen (Hbg NJW-RR **93**, 31), wer Warnschild vor biss Hund nicht beachtet (LG Memmingen NJW-RR **94**, 1435), wer sich ohne ausr Anlaß in den Einwirkgsbereich eines Hundes begibt (Hamm VersR **81**, 85), wer sich beißde Hunde mit ungeschützter Hand zu trennen versucht (Kblz NJW-RR **86**, 704), wer die zur Vermeidg von Hundebeißereien getroffenen Absprachen nicht einhält (Kblz NJW **88**, 1737).

32 **b) Schadensabwendungs- und -minderungspflicht. – aa) Allgemeines:** Nach II S 1 kann das MitVersch auch darin bestehen, daß der Geschädigte es unterläßt, den Schädiger auf die Gefahr eines ungewöhnl hohen Schad aufmerks zu machen od den Schad abzuwenden od zu mindern. II S 1 ist ledigl ein bes Anwendgsfall des in I ausgesprochenen allg Grds (MüKo/Grunsky Rn 38), der aber hinsichtl der Anrechng des MitVersch von gesetzl Vertretern u ErfGeh eine Sonderstellg h (Rn 66). Die Anwendg von II S 1 setzt – ebso wie die von I – keinen Verstoß gg eine bes RPfl voraus (BGH **4**, 174). MitVersch iS von II ist gegeben, wenn der Geschädigte die Maßn unterläßt, die ein ordentl u verständ Mensch zur SchadAbwendg od Minderg ergreifen würde (BGH NJW **51**, 797, VersR **65**, 1173, KG DAR **76**, 154); dabei ist der entscheidde
33 Abgrenzgsmaßstab der Grds von Treu u Glauben (BGH **4**, 174). **Aufwendungen,** die dem Geschädigten bei der Erf seiner Obliegenh aus II entstehen, sind vom Schädiger als adäquat verursachter Schaden zu ersetzen (BGH **122**, 179) u zwar auch dann, wenn die Maßn ohne Verschulden des Geschädigten erfolglos geblieben sind (BGH NJW **59**, 933). Zu den ersatzpflicht Aufwendgen kann auch der Wert der eingesetzten eig ArbKraft gehören (BAG NJW **68**, 222, Vorbem 37 v § 249). Der dem Geschädigten erwachsene Vorteil ist anzurechnen, es sei denn, daß er auf überobligationsmäß Anstrenggen beruht (Vorbem 125 v § 249). Bei Körperverletzgen obliegt die SchadMindergsPfl dem Verletzten, nicht seinem RNachfolger (BGH NJW **81**, 1100). Der aus SGB X § 116 klagde SozVersTräger muß sich aber Versäumn bei der Rehabilitation gem § 242 entgghalten lassen (BGH aaO).

34 **bb)** Die **Warnpflicht** des II S 1 ist eine bes Ausprägg der Pfl zur Schadensabwendg. Sie besteht nur, wenn der Geschädigte die Möglichk eines bes hohen Schadens erkannt hat od erkennen konnte (BGH VersR **64**, 950, **65**, 487). Sie entfällt, wenn der Schädiger gleich gute od bessere ErkenntnMöglichk hatte als der Geschädigte (BGH VersR **53**, 14). Ihre Verletzg bleibt wg fehlder Ursächlichk folgenlos, wenn der Schädiger die Warng nicht beachtet hätte (BGH NJW **89**, 292) od keine geeigenten GgMaßn ergreifen konnte (BGH VersR **96**, 380). Die Warng muß den drohden Schaden näher bezeichnen (BGH VersR **60**, 526), uU kann aber auch ein nicht konkretisierter Hinw genügen (BGH **LM** (Da) Nr 19). **Einzelfälle** einer WarnPfl: Möglichk einer ungewöhnl günstigen Kapitalanlage od Absicht zu spekulieren (RG JW **11**, 35, HRR **31** Nr 922, krit Meyer NJW **65**, 1419). Nichtbestehen einer KaskoVers für eine Überführgsfahrt (ArbG Mü DB **89**, 783). Schaden von tägl 22 600 DM bei Ausfall eines Druckers im Wert von 28 235 DM (Hamm NJW-RR **98**, 380). Schaden in 40-facher Höhe des Honorars bei einem Übersetzgsfehler (Hamm NJW **89**, 2066). Gefahr weiterer Schäden, wenn der geschädigte KfzHalter die Reparatur nicht finanzieren kann (Celle Vers **80**, 633). Drohen eines hohen Schadens bei Nichtherausgabe der ArbPapiere (LAG Ffm DB **84**, 2200).

35 **cc)** Der Verletzte muß sich bei nicht ganz geringfüg Körperverletzgen in **ärztliche Behandlung** begeben (RG **72**, 219, BGH VersR **64**, 94). Er hat die ärztl Verordngen zu befolgen; uU muß er diät leben (Hamm VersR **60**, 859); er kann auch verpflichtet sein, sich in geschlossener Nervenheilanstalt behandeln zu lassen (RG **60**, 149). Zur Beseitigg des Doppelbildsehens kann das vorübergehende Tragen einer Augenbinde zumutb sein (s BGH NJW **89**, 2251). Heranziehg eines Naturheilkundigen statt eines Arztes ist nicht ohne weiteres Versch (RG **139**, 135). Die Höhe der Heilbehandlgskosten müssen sich im Rahmen des Angemessenen halten (s § 249 Rn 10). Der Geschädigte ist zur Duldg einer **Operation** verpflichtet, sofern sie gefahrl u nicht mit bes Schmerzen verbunden ist, sichere Aussicht auf Heilg od wesentl Besserg bietet u der Schädiger für geeignete kostenl Vorn einsteht (BGH **10**, 19, NJW **94**, 1593, stRspr). Dementspr keine DuldgsPfl bei risikoreichen Operationen od wenn Aussicht auf Besserg zweifelh (Oldbg NJW **78**, 1200). IdR auch kein MitVersch, wenn Hausarzt von Operation abrät (RG **129**, 399).

36 **dd)** Der Geschädigte – auch der inf der Verletzg vorzeit pensionierte Beamte (BGH NJW **67**, 2053, **84**, 354) – ist im Rahmen des Zumutb verpflichtet, die ihm verbliebene **Arbeitskraft** zur Abwendg od Minderg des ErwerbsSchad zu verwenden (BGH **10**, 20, NJW **91**, 1413). Kann der ArbPlatz nur dch einen Pkw erreicht w, muß er einen Pkw anschaffen; die Kosten hat der Schädiger zu übernehmen od sind vorweg von den Einkünften des Geschädigten abzuziehen (BGH NJW **98**, 3706). Der Geschädigte muß alles Zumutb unternehmen, um einen geeigneten ArbPlatz zu finden; eine Meldg beim ArbAmt reicht nicht aus (Köln VRS **80**, 85, Düss FamRZ **80**, 1008). Ein Abzug von fiktiven Einkünften setzt aber voraus, daß nach den ArbMarktVerhältn für den Geschädigten eine tats ArbMöglichk bestand (BGH NJW **91**, 1413, **96**, 653). Als schadensmindernde Erwerbstätigk kommt auch die Übern der Haushaltsführg in Betracht; ihr Wert ist gem ZPO 287 zu schätzen (BGH **74**, 226). Der Geschädigte hat **Begehrensvorstellungen** zu bekämpfen (Vorbem 70 v § 249); er hat bei seiner Rehabilitation mitzuwirken, wobei der Vorschlag geeigneter Maßn jedoch idR Sache des Schädigers ist (BGH VersR **70**, 274). Der Geschädigte muß, sofern das zumutb, mit od
37 ohne Umschulg einen **Berufswechsel** vornehmen (BGH **10**, 19, VersR **61**, 1018); er kann auch verpflichtet sein, den Wohns zu wechseln (BGH VersR **62**, 1100); ein zweiter mit einem weiteren sozialen Abstieg

verbundener Berufswechsel ist aber idR unzumutb (Hamm VRS **88**, 90). Die entstehden Kosten hat der Schädiger vorzuschießen (RG **160**, 121, JW **38**, 1648). Verletzter GeschInh muß uU Betr mit Hilfskraft fortführen (BGH **LM** § 843 Nr 1, VersR **71**, 82) u ausgefallene Arb im Rahmen des Zumutb nachholen (BGH NJW **71**, 837). Erträge aus einer neu aufgenommenen Tätigk sind nicht anzurechnen, soweit für diese ohnehin freie Kapazitäten bestanden (Köln DB **84**, 2137). Aufgabe des ArbPlatzes, die behandelnder Arzt, wenn auch irrig, als notw ansieht, ist nicht schuldh (BGH NJW **51**, 797). MitVersch aber, wenn sich der Geschädigte dch gesundheitl überfordernde Arb (Ffm NJW-RR **96**, 1368) od dch Begehg von Straftaten weitere Erwerbstätigk unmögl macht (RG **164**, 85). – Ob eine gem § 844 schadersberecht **Witwe** den 38
Schaden dch ArbAufn mindern muß, hängt davon ab, ob ihr nach Treu u Glauben zur Entlastg des Schädigers eine Erwerbstätigk zuzumuten ist (BGH **4**, 170, **91**, 365). Dabei ist an die Erwerbsobliegenh des § 254 II nicht derselbe strenge Maßstab anzulegen, wie er im UnterhR für den geschiedenen Eheg gilt (BGH **91**, 368). IdR keine Pfl zur Erwerbstätigk, wenn mj Kinder zu versorgen sind (BGH **91**, 367), jedoch kann bei einem 15jähr Kind eine Halbtagstätigk zumutb sein (Düss VRS **72**, 27, Ffm NJW-RR **98**, 1699). Keine Erwerbsobliegenh, wenn Berufstätigk Aufg der bisherigen sozialen Stellg bedeuten würde (BGH VersR **60**, 159), auch nicht für 52 Jahre alte Frau, die drei Kinder groß gezogen h (BGH VersR **62**, 1176), wohl aber bei junger kinderloser Witwe (BGH NJW **76**, 1502). Vorteile aus einer eheähnl LebensGemsch sind nur anzurechnen, soweit eine ErwerbsObliegenh besteht (BGH **91**, 364, krit Dunz VersR **85**, 509). Die Witwe muß uU nicht benötigte Räume vermieten, ist aber nicht verpfl, von den fr mietfrei wohnden Kindern nunmehr Miete zu fordern (Brschw VersR **79**, 1125). Haftet der Schädiger nur für eine Schadensquote, ist ihr Verdienst zunächst auf den nicht zu ersetzden Schad anzurechnen (Vorbem 123 v § 249). Nimmt Geschädigter Arb auf, obwohl er dazu ggü dem Schädiger nicht verpflichtet ist, ist ihm Verdienst nicht anzurechnen (BGH **4**, 176, NJW **74**, 602, Vorbem 125 v § 249). Schädiger hat die **Beweislast** dafür, daß dem Geschädigten die 39
Aufn einer and Arb mögl u zumutb ist (BGH NJW **79**, 2142). Der Geschädigte muß jedoch darlegen, was er unternommen hat, um einen angem ArbPlatz zu finden (BGH aaO).

ee) Es hängt von den Umst des Einzelfalles ab, ob der Geschädigte verpflichtet ist, den zur SchadBeseitigg 40
erforderl Betr aus **eigenen Mitteln** od dch **Kreditaufnahme** vorzufinanzieren. Ein Einsatz eig Mittel ist ihm zuzumuten, wenn dies ohne Einschränkg der gewohnten Lebensführg mögl ist (BGH **61**, 350, Zweibr VersR **81**, 343). KreditAufn ist nur ausnweise zumutb, wenn der Kredit leicht zu beschaffen ist u den Geschädigten nur unerhebl belastet (BGH NJW **89**, 291). Vor der KreditAufn muß der Geschädigte dem Schädiger die Möglichk geben, die entstehden Kosten dch Zahlg eines Vorschusses abzuwenden (BGH **61**, 350, Düss NJW **69**, 2051, KG VersR **75**, 909). Er ist verpflichtet, eine wirtschaftl Finanziergsart zu wählen (BGH **61**, 350, Nürnb VersR **65**, 247) u muß ggf seinen KaskoVers in Anspr nehmen (Mü VersR **84**, 1054). Er darf nicht das Finanziergsangebot eines Unfallhelferringes annehmen, wenn er bei seinem Kreditinstitut einen billigeren Kredit bekommen kann (BGH **61**, 350). Die Finanziergskosten sind in den Grenzen des Erforderl u Angemessenen Teil des zu ersetzden Schadens (BGH **61**, 348, NJW **66**, 1455). Bei Einsatz eig Mittel muß der Schädiger den Zinsverlust ersetzen.

ff) Der **geschädigte KfzEigentümer** muß innerh angem Fr entsch, ob der Schad dch Reparatur od dch 41
ErsBeschaffg zu beseitigen ist (§ 251 Rn 26). Er darf die AuftrErteilg (vom Fall der Leistgsunfähigk abgesehen) nicht von einer ÜbernErkl abhäng machen (Hamm MDR **84**, 490). Er darf keine Wkstatt beauftragen, gg deren Leistgsfähigk erkennb Bedenken bestehen (Ffm DB **85**, 1837) u muß die Reparaturkosten im Rahmen des Angem halten (§ 251 Rn 18). Bei Kauf eines ErsKfz hat er gleichf jede Verzögerg zu vermeiden (Oldbg VersR **67**, 362), das totalbeschädigte Kfz kann er bei Anschaffg des ErsKfz beim Händler zu dessen übl Bedinggen in Zahlg geben (KG NJW **70**, 1048); bietet der Schädiger (HaftPflVersicherer) mehr, muß er darauf eingehen (§ 251 Rn 16). Den Ers von Mietwagenkosten u Nutzgsausfall kann er nur für die notw Zeit der Reparatur od ErsBeschaffg verlangen (§ 249 Rn 15). Um Mietwagenkosten gering zu halten, muß er uU PrVergleiche anstellen (§ 249 Rn 13); er kann auch verpflichtet sein, den PKW trotz geringer Schäden (vorübergehd) weiterzubenutzen (Stgt VersR **81**, 1061) od provisorische Reparatur vornehmen zu lassen (Köln VersR **67**, 1081). Taxenhalter muß uU bis zur Lieferg eines Neuwagens ein gebrauchtes InterimsKfz anschaffen (KG VRS **54** Nr 105). ReparaturPfl uU auch dann, wenn vor dem Unfall bereits neues Fzg bestellt w war (KG DAR **76**, 154). Der KfzHalter, der statt des Kaskoversicherers den berecht Fahrer seines Kfz in Anspr nimmt, verstößt nicht gg § 254 II; ob § 242 entggsteht, ist Frage des Einzelfalls (BGH NJW **86**, 1814).

gg) Der Nichtgebrauch von **Rechtsbehelfen** kann gg II verstoßen (BGH **90**, 32, **110**, 330). Der 42
Geschädigte darf aber bei gerichtl Entsch grdsl auf deren Richtigk vertrauen (BGH VersR **85**, 359). RBehelfe braucht er nur einzulegen, soweit hinr Erfolgsaussichten bestehen (BGH NJW-RR **91**, 1459). MitVersch kann vorliegen, wenn der dch einen VerwAkt in seinen Rechten Verletzte weder Widerspr noch AnfKl erhebt (BGH **90**, 32), wenn Geschädigter bei drohder Vollstreckg den mögl EinstellgsAntr nicht stellt (RG **167**, 81, JW **32**, 654), wenn der SichgEigtümer keine DrittwidersprKlage (BGH NJW **93**, 524), od Vermieter keine Klage gem § 561 II S 2 erhebt (RG **119**, 267, BGH ZMR **65**, 376), wenn der Geschädigte, gg den von einem Dr Anspr geltd gemacht w, die mögl u zumutb Einr der Verj nicht erhebt (Hamm NJW-RR **96**, 1338, LG Würzbg NJW **97**, 2606, aA Fuchs-Wissmann VersR **97**, 427, Protzen NJW **98**, 1920). Nichterhebg der UntätigkKl idR kein Versch (BGH **15**, 305), ebsowenig der Verzicht des Vermieters auf eine RäumgsKl gg den Untermieter (BGH NJW **84**, 1528), auch nicht die Hinnahme eines der hM entspr Steuerbescheids (BGH VersR **70**, 183).

hh) Die **Nichtgeltendmachung von Ansprüchen** gg gesschuldnerisch haftde Mitschädiger begründet 43
keinen Verstoß gg II, *arg* § 421 (vgl aber § 421 Rn 14). Der Gläub ist auch nicht verpflichtet, zur SchadAbwendg gg Bürgen vorzugehen (BGH **LM** (A) Nr 5 c). Gibt Käufer dem Eigtümer die abhanden gekommene Sache heraus, kann er aber ggü Verkäufer verpflichtet sein, gg den Eigtümer Verwendgsansprüche geltd zu machen (BGH **LM** (Dc) Nr 6).

ii) Verschiedenes: Bei SchadErsAnspr wg NichtErf kann eine Pfl zur Vornahme eines **Deckungsgeschäfts** bestehen (s § 325 Rn 17 u 21). Macht Behörde eine Maßn von einer nicht im Ges vorgesehenen Voraussetzg abhäng, braucht sich Gesuchsteller hierauf auch unter Berücksichtigg von II idR nicht einzulassen 44

(BGH **LM** (Dc) Nr 13). Hat sicherer Schu (BRD) einer unbestr Fdg baldige Zahlg zugesagt, verstößt Erteilg eines EinziehgsAuftr an RA uU gg II (Mü VersR **74**, 179).

45 **4) Folge der Mitverantwortlichkeit. – a) Allgemeines:** Trifft den Geschädigten MitVersch od ist ihm eine schuldl Mitverursachg anzurechnen (Rn 3), hängt der Umfang der ErsPfl von einer Würdigg u **Abwä-**
46 **gung** der Umst des Falles ab, I. – **aa)** Nach der Fassg des Ges („insbesondere") ist bei der Abwägg in erster Linie auf das Maß der beiders **Verursachung** abzustellen (RG **142**, 368, BGH NJW **69**, 790, **98**, 1137, stRspr); Verstoß hiergg ist revisibler RFehler (RG **169**, 95, BGH VRS **6**, 1). Entscheidd ist, mit welchem Grad von Wahrscheinlichk die beiders Verursachgsbeiträge zur Herbeiführg des schädigden Erfolgs geeignet waren; „vorwiegd verursachen" bedeutet soviel wie in höherem Grad wahrscheinl machen (BGH NJW **63**, 1447, 1449, **83**, 622, **94**, 379). Unerhebl ist, in welcher zeitl Reihenfolge die beiders Verursachgsbeiträge gesetzt worden sind (BGH VersR **88**, 1238).

47 **bb)** Daneben, aber erst in zweiter Linie, ist das Maß des beiders **Verschuldens** abzuwägen (RG **69**, 57, 59, BGH **33**, 293, 302, NJW **69**, 790, LAG Hamm DB **81**, 1573, stRspr). Das gilt auch für das beiden Teilen etwa anzurechnde Versch von Hilfspersonen (RG JW **38**, 2274). Bloß vermutetes Versch (§ 831) ist nicht zu berücksichtigen (BGH **LM** StVG 17 Nr 10, Ffm VersR **88**, 296, aA Belling/Riesenhuber ZZP **108**, 455); auch die Zahl der Haftgsgründe ist idR unerhebl (BGH **LM** (Ba) Nr 3). Der höhere Schuldgrad kann dazu führen, daß das mindere Versch des and Teils völl zurücktritt (Rn 53 ff). Versch von Kindern u Jugendl ist idR geringer zu bewerten als das von Erwachsenen (BGH NJW-RR **93**, 480, Köln VRS **89**, 93), das eines Achtjährigen geringer als das eines Jugendl (Brschw DAR **94**, 277).

48 **cc)** Ist an der Entstehg des Schad ein Kfz beteiligt, ist der dem Halter u Fahrer bei der Abwägg anzulastde Umst vor allem die **Betriebsgefahr** des Kfz, wobei zw aktiver u passiver BetrGefahr zu unterscheiden ist (Staud/Schiemann Rn 117). Das gilt ebso für sonst Fälle der Gefährdgshaftg (Rn 3). BetrGefahr ist die Summe der Gefahren, die das Kfz (die Eisenbahn, das Tier usw) dch seine Eigenart in den Verk trägt (BGH **LM** (Ba) Nr 3). Die dch ein Versch des Fahrers (BGH **12**, 128), die Bauart (BGH VersR **69**, 359) od Mängel des Kfz (BGH **LM** HaftpflG 1 Nr 5) erhöhte BetrGefahr ist bei der Abwägg verstärkt zu berücksichtigen, das Versch des Fahrers ohne die Entlastgsmöglichk des § 831 1 S 2 (BGH VersR **65**, 712). Zu berücksichtigen sind aber nur die nachweisl ursächl gewordenen Gefahrenmomente (BGH NJW **95**, 1029), daher nicht ein bloß vermutetes Versch (StVG 18) od eine absolute Fahruntüchtigk, wenn offen ist, ob sie sich auf die Entstehg des Schadens ausgewirkt hat (BGH aaO).

49 **dd)** Umstr ist, ob bei der Abwägg neben der Verursachg u dem Versch auch **sonstige Umstände,** wie wirtschaftl Folgen, das Bestehen von VersSchutz u verwandtschaftl Beziehgen, berücksichtigt w können (bejahd Schlierf NJW **65**, 676 u Celle NJW **79**, 724, das zw Eheg bei hälft MitVersch eine SchadErsPfl verneint). Diese Ans ist jedoch abzulehnen (Klausner NJW **65**, 1894, MüKo/Grunsky Rn 66). Nach § 254 ist die SchadVerteilg nicht nach allg BilligkGesichtspunkten, sond danach auszurichten, wieweit dem einen od and Teil der Schad zuzurechnen ist. Ein Teil der von den Vertretern der GgAns angeführten Umst (verwandtschaftl Beziehgen, Gefälligk) kann aber ggf bei der Schuldabwägg Berücksichtigg finden.

50 **ee)** Die Abwägg darf erst erfolgen, wenn die für das Maß der beiders Verursachg u des Versch entsch Umst aufgeklärt u **festgestellt** sind (BGH NJW **63**, 1447, 1449, VersR **67**, 1187, BAG VersR **66**, 1065). Unterstellgen sind nur ausnahmsw zul u setzen voraus, daß der unterstellte Vorgang hinreichd best ist. Wird MitVersch aGrd von Wahlfeststellgen bejaht, muß bei der Abwägg von der weniger belastden Alternative ausgegangen w (BGH NJW **78**, 421).

51 **ff)** Die dargelegten AbwäggsGrds gelten auch bei Verletzg der SchadAbwendgs- u MindergsPfl (RG **156**, 206, Soergel/Mertens Rn 109). Bei der **Verletzung von II** ist es jedoch – abgesehen vom Fall eines groben Verschuldens des Schädigers (Mü NJW-RR **90**, 829) – idR angem, den Mehrschaden allein dem Verletzten aufzuerlegen (Brem VersR **76**, 560, Kblz VersR **91**, 195, MüKo/Grunsky Rn 59).

52 **b)** Die Abwägg kann im **Ergebnis** zu einer SchadTeilg, zu einem Wegfall der ErsPfl od zu einer vollen Haftg des Schädigers führen. Ist eine Teilg, etwa iF der Naturalrestitution, nicht mögl, hat der Geschädigte Zug um Zug einen Anteil der entstehden Kosten zu übernehmen (s BGH **90**, 347, **91**, 211, BVerwG NJW **89**, 2484). Maßgebd sind die Umst des Einzelfalles. Allg Grds lassen sich kaum aufstellen. Haftgsanteile von weniger als 10% w von der Rspr idR nicht berücksichtigt, zT w diese Grenze sogar bei 20% gezogen (Hamm VersR **71**, 914). Soweit die Rspr Richtlinien herausgebildet h, sind sie nicht starr, sond unter Berücksichtigg
53 des jeweiligen Falles anzuwenden. – **aa)** Bei **Vorsatz** des Schädigers tritt ein fahrl MitVersch des Geschädigten idR zurück (BGH **98**, 158, NJW **80**, 1519), so vor allem iF des § 826 (BGH NJW **92**, 311, Karlsr NJW-RR **92**, 515); das gilt aber nicht für die Verletzg der SchadMindergsPfl (RG **148**, 58, Hbg NJW **77**, 1347, 1349). Vorsätzl Handeln eines gesetzl Vertreters (§ 31) steht eig Vors gleich (BGH NJW **84**, 922). Hat ein Erf- od Verrichtgsgehilfe vorsätzl gehandelt, kann sich der GeschHerr dagg auf Fahrlk des Geschädigten berufen (BGH NJW **84**, 2087, **97**, 2238). In bes gelagerten Fällen (bedingter Vors, Vors umfaßt nur PflVerletzg, nicht aber Schad) kann auch der vorsätzl Täter dem Geschädigten Fahrlk entgghalten (BGH **57**, 145, NJW **88**, 129, BAG NJW **70**, 1861). Ein solcher Sonderfall liegt auch vor, wenn der Geschädigte die vorsätzl Schädigg provoziert hat (LAG Hamm DB **81**, 1573, Düss NJW-RR **92**, 856). Fällt dem Geschädigten Vors zur Last, besteht idR keine ErsPfl (BAG NJW **98**, 2923, Köln VersR **91**, 565, MüKo/Grunsky Rn 62). Bei beiderseit Vors ist abzuwägen.

54 **bb)** Bei beiders **Fahrlässigkeit** ist idR eine SchadTeilg angem u zwar bei gleicher Ursächlichk je zur Hälfte (Soergel-Mertens Rn 117). Ist das Versch des einen Teils die weitaus überwiegde SchadUrsache, hat dieser den Schad allein zu tragen, so etwa, wenn der Geschädigte den Schädiger dch falsche Angaben leichtfert veranlaßt hat, seinen KontrollPflten nicht zu genügen (BGH NJW-RR **91**, 1240).

55 **cc)** Die **Gefährdungshaftung** w idR dch leichte Fahrlk des Geschädigten nicht ausgeschl (BGH NJW **51**, 110). Sie kann entfallen, wenn die im VorderGrd stehde SchadUrsache ein grob verkehrsw Verhalten des Geschädigten ist, vgl zB Abspringen vom fahrenden Zug (Ffm VersR **87**, 1118), leichtfertiges Verhalten am unbeschrankten Bahnübergang (BGH VersR **62**, 788), grobes Versch eines Radfahrers (BGH VersR **66**, 39,

69, 571), eines Fußgängers (Stgt VersR **80**, 243, KG VersR **93**, 201) od eines Straßenbahnfahrgasts (Celle VersR **81**, 1059), grobes MitVersch ggü Tierhalterhaftg (Hbg VersR **82**, 779). Umgekehrt kann ggü einer dch Versch erhöhten BetrGefahr ein leichtes MitVersch od eine nicht erhöhte BetrGefahr völl zurücktreten, so zB bei Unfall am Fußgängerüberweg (BGH NJW **66**, 1211, Köln DAR **75**, 17), Vorfahrtsverletzg (Köln VersR **92**, 978), ZusStoß mit unfallaufnehmden Polizisten (BGH VersR **69**, 570). Gesetzl Haftgshöchstgrenzen sind iF von MitVersch nicht herabzusetzen (BGH **32**, 149, DB **74**, 1713). Zur Quotelg bei Unfällen im **Straßenverkehr** s Splitter SchadVerteilg bei VerkUnfällen, 4. Aufl, 1998, Grüneberg, Haftgsquoten bei VerkUnfällen, 5. Aufl 1999, Himmelreich/Klimke, Kfz-Schadensregulierg Rn 4521–5225 u die Hbger u Mü Quotentabelle VersR **85**, 513, NZV **88**, 168. Quotelg bei Bauschäden s Kamphausen VersR **96**, 676.

c) Ist der Schaden dch **mehrere Schädiger** verurs worden, so ist bei der Abwägg zu unterscheiden: – 56
aa) Handelt es sich um **Mittäter,** muß sich jeder den Tatbeitrag des and anrechnen lassen. Bei Abwägg ist der Verursachgs- u Schuldbeitrag sämtl Mittäter dem des Geschädigten ggüzustellen (BGH **30**, 203, Saarbr OLGZ **70**, 11). Das gilt entspr iF der Anstiftg u der Beihilfe (Saarbr aaO).

bb) Handelt es sich um **Nebentäter,** ergibt sich die vom Geschädigten insges zu beanspruchde Quote aus 57
der Abwägg des Verursachgs- u Schuldbeitrags aller Nebentäter mit dem entspr Beitrag des Geschädigten („Gesamtschau"); wieweit der Geschädigte einen einzelnen Nebentäter in Anspr nehmen kann, bestimmt sich nach der beiders Verursachg u Schuld unter Nichtberücksichtigg der übr Schädiger, Einzelabwägg (BGH **30**, 211, **61**, 354, NJW **64**, 2011, Düss NJW-RR **95**, 281, aA Otzen VersR **97**, 808). Bsp: A, B u C haben einen Schad des G von 12 000 DM verurs; jedem der vier fällt ein gleicher Verursachgs- u Schuldbeitrag zur Last. Nimmt man mit der früher hM ledigl eine Einzelabwägg zw G u jedem der Schädiger vor, hat G nur $1/2$, also 6000 DM, von A, B u C als GesSchu zu beanspruchen, obwohl sein Verantwortungsanteil nur insges $1/4$ beträgt. Richt Abwägg unter Bildg von Solidar- u Separatquoten: G hat insg 9000 DM ($3/4$ von 12 000 DM – GesAbwägg) zu fordern, jedoch beschr sich die ErsPfl von A, B u C auf je 6000 DM ($1/2$ von 12 000 DM – Einzelabwägg). Ergebn: G kann von A, B u C als GesSchu 4500 DM u von jedem von ihnen als EinzelSchu 1500 DM verlangen (ebso Kirchhoff MDR **98**, 377, Erm/Kuckuk Rn 103). Solidar- u Separatquoten sind so aufeinand abzustimmen, daß Geschädigter das bekommt, was ihm nach der GesAbwägg zusteht u Schädiger insges auf das haftet, was nach der Einzelabwägg auf ihn entfällt (Düss NJW-RR **95**, 281).

cc) Die Trenng von GesSchau u Einzelabwägg ist ausgeschl, sow die Schädiger (Nebentäter) eine **Haftungseinheit** (Zurechngseinheit) bilden (BGH **54**, 285, **61**, 218, Celle VersR **70**, 1013), ferner bei Schmerz- 58
GAnspr (BGH **54**, 286, Düss NJW-RR **95**, 281). HaftgsEinh besteht zw Kfz-Halter u -Fahrer (BGH NJW **66**, 1262), Pferdehalter u Reiter (Schlesw SchlHA **97**, 158), Erf- od Verrichtgsgehilfe u GeschHerr (BGH **6**, 27), ferner immer dann, wenn sich die Verhaltensweisen der versch Schädiger in demselben Ursachenbeitrag ausgewirkt h (BGH **54**, 285, **61**, 218, NJW **96**, 2646, Jena NZV **98**, 28). Auf die HaftgsEinh fällt im Rahmen des Ausgl eine gemeins Quote (§ 426 Rn 11). Ggü dem Geschädigten haften die Schädiger nach Maßgabe ihres Verantwortgsanteils. Dem Schädiger darf über die HaftgsEinh nicht in Abänderg der ZurechngsGrds der Nebentätersch über die Fälle der §§ 31, 278, 830 hinaus FremdVersch zugerechnet w (BGH NJW **95**, 1150, str).

dd) Alternativtäter (§ 830 I 2) haften auf die geringste (hypoth) Quote (BGH NJW **82**, 2307). 59

5) Einstehen für das Mitverschulden Dritter: II S 2 ordnet nach seiner Stellg im § 254 eine ent- 60
sprechde Anwendg des § 278 nur für die Verletzg der Schadensabwendgs- u MindergsPfl (II) an; er bezieht sich aber nach allgM auch auf das MitVersch im haftgsbegründden Vorgang: II S 2 ist so zu lesen, als wäre er ein selbstd Abs III (stRspr seit RG **62**, 107). Bei der Bezugn auf § 278 handelt es sich um eine RGrdVerweisg, nicht um eine RFolgenverweisg. **Voraussetzung für die Anwendung des § 278** ist daher, daß zw den Parteien vertragl Beziehgen od eine sonstige **rechtliche Sonderverbindung** besteht; fehlt diese, ist nicht § 278, sond § 831 entsprechd anzuwenden (stRspr, BGH **1**, 249, **73**, 192, **103**, 342, NJW **80**, 2575, MüKo/Grunsky Rn 77, aA Lange § 10 XI 6). Für die hier vertretene Ans spricht, daß das schuldh Verhalten von Hilfspersonen bei der HaftgsBeschrkg nicht anders behandelt w sollte als bei der Haftgsbegründg.

a) Mitverschulden im haftungsbegründenden Vorgang. – aa) Besteht zw den Parteien **keine recht-** 61
liche Sonderverbindung, braucht sich eine verletzte natürl Pers das MitVersch gesetzl Vertreter überh nicht u das von sonstigen Hilfspersonen nur gem § 831 mit der dort gegebenen EntlastgsMöglk anrechnen zu lassen (stRspr, vgl die Nachw in Rn 60). Dagg ist bei jur Pers u OHG gem § 31 MitVersch ihrer Organe ohne EntlastgsMöglk zu berücksichtigen (BGH **68**, 151, **LM** HGB 126 Nr 1); der Schädiger kann sich jedoch nicht auf das MitVersch einer OrganPers berufen, die neben ihm als GesSchu haftet (BGH DB **85**, 1173). Der Halter eines Kfz muß sich das MitVersch seines Fahrers als einen die BetrGefahr erhöhden Umst (Rn 48) ohne die Entlastgsmöglk des § 831 I 2 entgghalten lassen (BGH VersR **59**, 731, **LM** (Ba) Nr 15 Bl 2). Nach StVG 9, ProdHaftG 6, HaftpflG 4, UmweltHG 12, LuftVG 34, GenTG 32, AtomG 27, BergG 118 muß sich der Geschädigte iF der Sachbeschädigg ggü dem Anspr aus Gefährdgshaftg das MitVersch seiner **„Bewahr-** 62
gehilfen" anrechnen lassen; das gilt aber nicht für Anspr aus §§ 823 ff od aus Vertr (BGH NJW **92**, 1095, Hamm NJW **95**, 2233, NJW-RR **96**, 282). Wird eine **Miteigentümern** gehörde Sache beschädigt, hat das MitVersch eines einz Miteigentümers idR GesWirkg (BGH aaO, NJW **97**, 3026). Eine Anrechng von MitVersch Dr kann sich nach der Rspr des BGH auch aus den Grds über die **Zurechnungseinheit** (§ 426 63
Rn 11 f) ergeben. Trifft den Geschädigten selbst ein MitVersch u bildet er mit einem der Schädiger eine ZurechngsEinh, weil sich ihr Verhalten in demselben Verursachgsbeitrag ausgewirkt hat, muß er sich dessen MitVersch im Verh zu and Schädigern zurechnen lassen (BGH **61**, 218, VersR **78**, 735, krit Hartung VersR **79**, 97). Das setzt jedoch SchuldFgk des Geschädigten u des Dr voraus (Düss VersR **82**, 300).

bb) Bestehen zw den Parteien **vertragliche Beziehungen,** ist dem Verletzten das MitVersch seiner gesetzl 64
Vertreter u ErfGeh entspr § 278 anzurechnen, soweit er sich ihrer zur Wahrnehmg seiner Interessen im Schuldverhältn bedient h (BGH **3**, 50, **36**, 339). Das Kind muß sich daher mangelnde Beaufsichtigg dch Mutter entgghalten lassen (BGH **9**, 319, NJW **68**, 1324); ebso sonstiges MitVersch der Eltern (BGH NJW **64**, 1670) od and AufsPers (BGH **24**, 327), soweit diese mit Willen des gesetzl Vertreters tätig geworden sind (BGH **LM** § 276 (Cg) Nr 6). Auch das MitVersch and vom Verletzten zur Wahrnehmg seiner Interessen

eingesetzter Pers ist zu berücksichtigen. Bsp: Ehefr (BGH **3**, 48); Architekt (§ 278 Rn 25), Bank (BGH **36**, 338), RAnw (BGH NJW **94**, 3105), Verhandlgsbeauftragter (Hbg DAR **72**, 16), ArbN (BGH NJW **65**, 962). § 278 Rn 18 gilt entspr. Für Herstellgs- u Installationsmängel der in seinem Besitz befindl Sache braucht der Verletzte idR nicht einzustehen, da ihm insow ggü dem Schädiger keine SorgfPflten obliegen (BGH NJW **83**, 1109, Öltank). Bei Bestehen vertragl Beziehgen ist § 278 **auch** anzuwenden, wenn Verletzter seinen Anspr auf **Delikt oder Gefährdung** stützt (BGH **9**, 316, **24**, 327, **LM** (E) Nr 2 Bl 3, NJW **64**, 1670) od wenn er einen allein delikt haftden GesSchu in Anspr nimmt (BGH **90**, 86).

65 **cc)** Verletzter muß sich entspr Rn 64 ein MitVersch von gesetzl Vertretern u Hilfspersonen anrechnen lassen, wenn zw den Part zwar kein Vertr, aber eine **sonstige rechtliche Sonderverbindung** besteht. Eine solche ist zu bejahen: bei einem mit dem Schädiger abgeschl Vertr zG oder mit Schutzwirkg zG des Verletzten (BGH **9**, 318, **24**, 327, **33**, 250, NJW **75**, 868); hier ist gem § 334 auch MitVersch des VertrPartners des Schädigers zu berücksichtigen (Rn 69); bei vertragsähnl Beziehgen zw Geschädigten u dem aGrd eines DienstverschaffgsVertr für ihn Tätigen (BGH VersR **70**, 934); iF der Drittschadensliquidation (BGH NJW **72**, 289, Hamm NJW **76**, 2078); im Verhältn zw VerglGläub u Verw (BGH NJW **94**, 3105); bei einer vertragsähnl öffrechtl Beziehg, so im Verh Schule-Schüler (BGH NJW **64**, 1670), Stiftgsaufsicht-Stiftg (BGH **68**, 151), Notar-Mandant (BGH DNotZ **81**, 775); bei Anbahng des VertrVerhältn (BGH NJW **68**, 1967); entgg RG **119**, 155 auch im Eigtümer-BesitzerVerhältn (§ 989 Rn 1). Dagg genügt zur Anwendg des § 278 nicht: das Bestehen einer konkreten Gefährdgssituation (BGH **5**, 384, aA Möllers VersR **96**, 158), der Besuch eines Friedhofs (BGH NJW **77**, 1392, 1394), eines öffentl Kinderspielplatzes (BGH **103**, 342), das Betreten eines fremden Grdst (BGH NJW **80**, 2080), die gemeins Teilnahme an einer Grillparty (Hamm NJW-RR **98**, 1181), das Verh zw VormschRi u Mündel (BGH **LM** (Ea) Nr 10).

66 **b)** Auf **Mitverschulden** von gesetzl Vertretern u Hilfspersonen nach Eintritt des schädigden Ereign, also **bei Schadensabwendung und -Minderung** ist § 278 gem II 2 uneingeschränkt entspr anwendb (BGH **9**, 319, allgM). Auch für die Zeit zw Begehg der unerl Hdlg u dem SchadEintritt gilt bereits II (vgl RG **141**, 356, BGH **33**, 140, **LM** (Ea) Nr 10, Düss NJW **73**, 1801). Voraussetzg ist, daß der gesetzl Vertreter in dieser Eigensch gehandelt h; das ist nicht der Fall, wenn Vormd jahrelang Veruntreuungen begangen h u die einz Möglichk der SchadMinderg die Offenbarg der Straftat war (BGH **33**, 137); ebsowenig, wenn gesetzl Vertreter für den Schädiger erkennb mißbräuchl zum Nachteil des Vertretenen gehandelt h (BAG DB **74**, 1632). Eltern eines vollj geschunfäh Kindes sind ohne eine Bestellg zum Bter für die SchadMinderg nicht dessen ErfGehilfen (s BGH VersR **70**, 273). Die vom Geschädigten mit der Schadensbeseitigg beauftragten Pers sind nicht seine ErfGeh, da diese nicht in Erf einer ggü dem Schädiger bestehden Verbindlichk tätig w (Düss VersR **80**, 681). Kein ErfGeh sind daher der vom Verletzten hinzugezogene Arzt (RG **72**, 219) od Sachverst (LG Lünebg
67 MDR **70**, 675, LG Köln NJW **75**, 57) u die von ihm beauftragte **Reparaturwerkstatt** (BGH **63**, 183, allgM, fr str). Das Verschulden eines Sachverst, der stellvertretd für den Geschädigten die Maßn der Schadensbeseitigg koordiniert, wird diesem dagg zugerechnet (Hamm NJW-RR **93**, 917), ebso das Verschulden seines RAnw (Naumbg VRS **87**, 2). Bei bes groben Fehlleistgen des Arztes od der Werkstatt kann der adäquate UrsachenZushang unterbrochen sein (Vorbem 73 v § 249). Außerdem sind Arzt u Werkstatt ggü Erstschädiger ausglpflichtig (§ 426).

68 **c)** Der ersatzberecht **mittelbare Geschädigte** (§§ 844, 845) muß sich gem § 846 (neben eig mitwirkdem Versch, s RG **55**, 29) auch das des unmittelb Verletzten anrechnen lassen. Das gilt entspr für VertrAnsprüche, die dem mittelb Geschädigten zustehen (RG **81**, 215, SchadErsAnspr des Ehem aus MietVertr wg Verletzg der Frau). Auch wer inf Tötg od Verletzg eines Angeh eine GesundhBeschädigg erleidet (Vorbem 71 v § 249), muß sich dessen MitVersch anrechnen lassen; das w aber entgg RG **157**, 13 nicht aus § 846, sond aus § 242 herzuleiten sein (BGH **56**, 163, KG VersR **99**, 504, Lange SchadErs § 10 XI 5 g). Keine Minderg des ErsAnspr, wenn der Schock auf dem Tod von zwei Angeh beruht, von denen nur einen ein MitVersch trifft
69 (Hamm VersR **82**, 557). Bei Vertr mit **Schutzwirkung zugunsten Dritter** (§ 328 Rn 13 ff) ist dem Dr nach dem RGedanken der §§ 334, 846 das MitVersch des Gläub anzurechnen (BGH **33**, 250, NJW **65**, 1757), dieses darf daher nicht etwa dem Schu angelastet w (BGH NJW **75**, 868, Köln NJW-RR **88**, 335). Die auf dem dispositiven § 334 beruhde Anrechng kann aber stillschw abbedungen sein, insbes dch die Natur des DeckgsVerhältn (BGH **127**, 385). Sie beschränkt sich auf den vertragl ErsAnspr, gilt also nicht für Anspr aus Delikt (BGH **33**, 251, NJW **85**, 1077). Bei nichtiger TestErrichtg kann die UrkPerson dem ausgefallenen Erben das MitVersch des Erbl entgghalten (BGH NJW **97**, 2327, and noch BGH NJW **56**, 260).

70 **6) Stillschweigender Haftungsausschluß, Handeln auf eigene Gefahr, Gefälligkeitsfahrt. – a) Stillschweigender Haftungsausschluß.** Vgl zu ausdr Abreden, deren Auslegg u Wirksamk § 276 Rn 57 ff; zu formularmäß Freizeichngen s AGBG 2 Rn 5 ff (Einbeziehg) u AGBG 9 Rn 36 ff (Wirksamk-Schranken). – **aa)** Die Haftg kann **stillschweigend** ausgeschl w. Dafür kommen konstruktiv zwei Wege in Betracht: **(1)** Der Wille zum HaftgsAusschl kann sich **konkludent** aus den Umst des Falles ergeben. Für einen entspr Willen der Part müssen aber konkrete Anhaltspkte vorliegen; das Zurückgreifen auf den PartWillen
71 darf keine Fiktion sein (BGH **41**, 81, **43**, 76). – **(2)** Der HaftgsAusschl kann sich aus einer **ergänzenden Vertragsauslegung** ergeben (BGH VersR **78**, 625, NJW **79**, 414, **80**, 1681). Sie kommt aber nur in Betracht, wenn feststeht, daß der Schädiger, wäre die RLage vorher besprochen worden, einen HaftgsAusschl gefordert u der Geschädigte diesen billigerw nicht hätte ablehnen dürfen (BGH aaO u NJW **89**, 3276). Beide Lösgswege, die die Praxis nicht immer unterscheidet, erfordern grdsl GeschFgk der Part; bei einem mj Verletzten ist daher Zust des gesetzl Vertreters erforderl (BGH NJW **58**, 904). Für die Beurteilg sind die versichergsrechtl Gegebenheiten von wesentl Bedeutg. Ein Haftgsverzicht, der nicht den Schädiger, sond seinen Versicherer entlastet, entspr idR nicht dem PartWillen (BGH **39**, 158, **63**, 59, NJW **93**, 3067). Andererseits kann es für einen HaftgsAusschl sprechen, daß der Geschädigte dch eine Versicherg geschützt ist od geschützt sein könnte, währd umgekehrt für den Schädiger, etwa wg der Benzinklausel der AHB, nicht die Möglichk bestand, sich dch Abschluß einer HaftPflVers zu sichern (BGH NJW **79**, 644, **80**, 1682). Der zG des Geschädigten eingreifde VersSchutz rechtfertigt aber allein nicht den Schluß auf einen stillschw Haftgsverzicht (*arg* SGB X 116, VVG 67), ebsowenig das Fehlen von VersSchutz für den Schädiger (BGH VersR

80, 385). Die mit dem Verletzten in häusl Gemeinsch lebden Angeh w dch SGB X 116 VI, VVG 67 II geschützt, die prakt wie ein Teilhaftgsverzicht wirken (Vorbem 159 v § 249). Der stillschw HaftgsAusschl gilt ledigl für **einfache Fahrlässigkeit** (BGH VersR **69**, 424 u die Rn 72 zitierten Entsch). Ein HaftgsAusschl für grobes Verschulden erfordert eine ausdr Abrede (s zum Vors aber § 276 II). – **bb) Bejaht** hat die nicht immer 72
widersprfreie Rspr einen stillschw HaftgsAusschl: zG des Kfz-Mieters u des berecht Fahrers, wenn die KaskoVersPrämie offen abgewälzt od auf das Bestehen einer KaskoVers hingewiesen w (BGH **22**, 113, **43**, 299, NJW **94**, 1409); zG des Mieters bei Überwälzg der FeuerVersPrämie im MietVertr (BGH NJW-RR **90**, 1176, NJW **96**, 715, Huber VersR **98**, 265); ebso bei teilw Überwälzg (Düss NJW-RR **98**, 1159) od bei ausdr Verpfl des Vermieters zum Abschluß einer FeuerVers (BGH WM **91**, 1079, Fuchs BB **92**, 1219); zG des Vermieters, wenn der Mieter sich ausdr zum Abschluß einer Versicherg verpflichtet hat (Düss VersR **95**, 55); zG des Kaufinteressenten währd der Probefahrt (BGH NJW **79**, 643, **80**, 1681, Köln NJW-RR **92**, 415), kein HaftgsAusschl aber bei Probefahrt mit dem Pkw eines privaten Anbieters (Köln NJW **96**, 1289); zG des LeasN, dem wg Nichteinhaltg des Liefertermins ein ErsPkw überlassen w (Hamm NJW-RR **90**, 955); zG des Fahrschülers (LG Freibg MDR **81**, 843); zG des Kunden, dem der Kfz-Händler währd der Garantiereparatur einen ErsPkw leiht, wenn für den Pkw des Kunden, wie der Händler weiß, eine KaskoVers besteht (BGH NJW **79**, 759); zG des Kollegen (Eheg, künft Eheg, Partners), der auf Wunsch des angetrunkenen od verletzten Kfz-Halters das Steuer übernimmt (BGH VersR **78**, 625, **80**, 385, Ffm NJW-RR **86**, 1350, Jena OLG-NL **99**, 153); zG des Fahrers, der auf einer gemeins, gesellschaftsähnl organisierten UrlFahrt den Kfz-Halter beim Fahren ablöst (BGH NJW **79**, 414); zG des Nachbarn, der dem and beim Umzug hilft (LG Bonn NJW-RR **94**, 797). Der HaftgsAusschl betrifft aber nur solche Schäden, für die dem Schädiger kein VersSchutz zusteht (s auch Rn 80). – **cc) Verneint** hat die Rspr einen stillschw HaftgsAusschl bei gemeins 73
Teiln an einer Kfz-ZuverlässigkFahrt (BGH **39**, 158); an einem Kfz-Gefahrentraining (BGH **96**, 28, Karlsr VersR **90**, 1405); an einer Motorradrallye (Kblz NJW-RR **94**, 1369); an einer mäß schwierigen Bergtour (Karlsr NJW **78**, 705); an einer JagdVeranstaltg (BGH **LM** (Da) Nr 7, Karlsr VRS **77** Nr 162); an Reitunterricht (Düss NJW **75**, 1893); bei gemeins Dart-Spiel (Köln NJW-RR **93**, 1499); bei Mitbenutzg des Pferdes eines Verwandten (BGH NJW **77**, 2159); bei Fahrt mit einem fahruntücht Fahrer od einem mangelh Kfz (BGH **LM** (Da) Nr 12, Köln VersR **70**, 914, s aber Rn 76); bei Fahrt mit einem kaskoversicherten Kfz (BGH **30**, 48, BAG JZ **69**, 75), jedoch wirkt AKB 15 II prakt wie ein TeilhaftgsAusschl (s § 242 Rn 36).

b) Stillschweigende Einwilligung. Währd der HaftgsAusschl die Widerrechtlichk der Verletzg unberührt läßt u als antizipierter Verzicht ledigl die Entstehg des SchadErsAnspr hindert, beseitigt die Einwilligg 74
die Widerrechtlichk der Schädigg u damit eine Voraussetzg der ErsPfl. Die Einwilligg erfordert bei höchstpersönl RGütern EinsichtsFgk (BGH **29**, 33, Überbl 6 v § 104), bei VermögensR GeschFgk. Sie ist unwirks, wenn sie gg das Ges od gg die guten Sitten verstößt (näher § 823 Rn 42). Die Einwilligg kann auch **stillschweigend** erfolgen. Für sie müssen aber konkrete Anhaltspkte vorliegen (BGH **34**, 360); der Lösgsweg 75
einer ergänzden VertrAuslegg (Rn 71) kommt nicht in Betracht, weil es um eine einseit Erkl des Verletzten geht. In den oben Rn 73 angeführten Fällen ist neben dem stillschw HaftgsAusschl zugl auch eine stillschw Einwilligg zu verneinen. Zur HaftgsFreistellg bei der Teiln am **Sport** s § 823 Rn 122.

c) Handeln auf eigene Gefahr. – aa) Der von Rspr u Lehre entwickelte Tatbestd des Handelns auf eig 76
Gefahr ist erfüllt, wenn sich jemand bewußt in eine Situation drohder Eigengefährdg begibt (BGH **2**, 163, **34**, 358). Währd die ältere Rspr in diesen Fällen eine konkludente Einwilligg in die mögl Schädigg bejaht hat (RG **141**, 265, BGH **2**, 162), besteht jetzt Einverständn darüber, daß Handeln auf eig Gefahr als **schuldhafte Selbstgefährdung** unter § 254 fällt (BGH **34**, 363, **43**, 77, MüKo/Grunsky Rn 34, ganz hM). Ledigl bei der Gefährdgshaftg kann das Handeln auf eig Gefahr ein HaftgsausschlußGrd sein, bei der Tierhalterhaftg aber nur, wenn sich der Verletzte bewußt Risiken aussetzt, die über die normale Tiergefahr hinausgehen (BGH NJW **92**, 2474, **93**, 2611, § 833 Rn 1). Abgesehen von diesem Sonderfall führt Handeln auf eig Gefahr zur Anwendg des § 254 u damit idR zu einer Schadensteilg (s BGH NJW-RR **95**, 857). Es setzt die Übernahme von Risiken voraus, die über das übl Maß deutl hinausgehen (BGH VersR **92**, 1146). – **bb) Zu verneinen** ist 77
eine vorwerfb Selbstgefährdg in den Fällen der Rn 73; bei einer freundschaftl Rangelei zw Partnern (Kblz NJW-RR **95**, 24); bei Teiln an einer Ballonfahrt (Mü NJW-RR **91**, 422); bei gemeins Skifahrt (Köln NJW **62**, 1110); bei Besuch eines Autorennens (aA RG **130**, 168) od eines Eishockeyspiels der Bundesliga (BGH NJW **84**, 801); bei rechtl od sittl gebotenen Hdlgen (Vorbem 78 v § 249); bei Fahrt mit Fahrer, der über geringe Fahrpraxis verfügt (BGH NJW **65**, 1075); bei Fahrt währd wittergsbedingter Glätte (Hbg VersR **70**, 188); bei Mitfahrt eines Bluters als Beifahrer auf einem Mokick (Kblz VersR **87**, 1225). – **cc) Bejaht** hat die 78
Rspr die Anwendg des § 254, sofern die die Gefährdg begründden Tats bekannt od erkennb waren: Bei Fahrt mit einem Fahrer ohne Führerschein (BGH **34**, 363, Bambg VersR **85**, 787), mit einem nicht zugelassenen Kfz (BGH VersR **69**, 424) od mit einem inf Alkoholgenusses (Übermüdg) fahruntücht Fahrer (BGH NJW **88**, 2366, Oldenbg VersR **98**, 1390), auch wenn der Geschädigte die Fahruntüchtigk des Fahrers wg eig Trunkenh nicht erkannt hat (Hamm MDR **96**, 149), die Schadensverteilg muß den Beitrag des Fahrers/Halters idR stärker gewichten (s BGH VersR **85**, 965, Mü VersR **86**, 925), jedoch reicht bloße Kenntn vom Alkoholgenuß od ein Verdacht der Übermüdg nicht aus (BGH NJW **88**, 2365, Ffm VersR **89**, 1097); bei Nichtbeachtg des Warnschildes vor einem bissigen Hund (Rn 31) od vor Dachlawinen (Karlsr NJW-RR **86**, 1404); bei wechselseit ins Wasserstoßen od Mitwirkg an einer Kraftdemonstration (BGH NJW-RR **95**, 857, Ffm NJW **86**, 2648); bei Teiln am Reitsport, obwohl damit wg gesundheitl Beeinträchtigen eine erhebl Gefährdg verbunden ist (BGH VersR **84**, 286); bei Ausführg von Bauarbeiten trotz fehlder Gen u vor dem Abschluß wirks Vertr (BGH **LM** § 276 (Fc) Nr 4).

d) Gefälligkeitsfahrt. – aa) Allgemeines. AnsprGrdl ggü dem Gefälligen ist in erster Linie § 823. Die 79
Gefährdgshaftg ist dch StVG 8 a ausgeschl. Vertragl Anspr scheiden aus, weil idR ein rgeschäftl VerpflWille fehlt (BGH **21**, 107, Einl 12 v § 241). Der Gefällige kann aber, soweit dch den sozialen Kontakt eine vertragsähnl Sonderverbindg entsteht, analog den Grds der c. i. c. auf SchadErs in Anspr genommen w (Einf 10 v § 241). Eine gesetzl Haftgsbeschrkg auf Vors u grobe Fahrlk besteht – abgesehen von den §§ 521, 599 – nicht (BGH **30**, 46, NJW **92**, 2475, Eimer GefälligkFahrt u SchadErs, 1994, 115, aA Hoffmann AcP **167**, 406). Es gelten im GgTeil nicht einmal die Haftgsmildergen der §§ 708, 1359, 1664, da der Haftgsmaßstab

der konkreten Fahrlässigk im StraßenVerk ungeeignet ist (BGH **46**, 313, **53**, 352, **61**, 104, **63**, 57, stRspr). –
80 **bb) Stillschweigender Haftungsausschluß.** Wer aus Gefälligk einen Fahrgast mitnimmt od sich aus Gefälligk als Fahrer zur Vfg stellt, haftet grdsl auch für einfache Fahrlässigk. Die Unentgeltlichk der Fahrt rechtfertigt noch nicht die Annahme eines HaftgsAusschl (BGH **30**, 46, **43**, 76, stRspr). Auch das Bestehen naher familiärer Beziehgen begründet keinen stillschw Haftgsverzicht (BGH **41**, 81, Eheg; **43**, 76, Vater/Sohn). Er widerspricht dem wohlverstandenen Interesse der Beteiligten, da er idR nicht dem Gefälligen, sond dem HaftPflVers zugute kommen würde, der nach AKB 11 auch für Anspr von Eheg u Kindern u PersSchäden des Halters einzustehen hat (s zu diesen versichergsrechtl Beurteilgskriterien Rn 70). Fehlt der erforderl HaftpflVersSchutz, sind Anspr des Halters gg den Fahrer wg aller Schäden ausgeschl, die von der Vers gedeckt wären (BGH VersR **69**, 50, BAG DB **70**, 546). Ein wirkl Interesse des Gefälligen an einer Haftgsfreistellg besteht daher nur hins der nicht vom VersSchutz erfaßten Sach- u VermSchäden des Halters od
81 Eigtümers, insb wg der Schäden am Kfz des Halters. Für diese Schäden kann iW **ergänzender Vertragsauslegung** ein stillschw HaftgsAusschl angenommen w, wenn der Halter ein bes Interesse daran hatte, daß der Gefällige sich als Fahrer zur Vfg stellte (s BGH VersR **78**, 625, **80**, 385, Mü DAR **98**, 17, Ffm NJW **98**, 1232), etwa deshalb, weil der Halter angetrunken war. Einzelfälle s Rn 72.

82 **7) Verfahrensrechtliches.** Die Beweislast für das Versch des Geschädigten u dessen Ursächlichk hat der ErsPflichtige (BGH **91**, 260, NJW **94**, 3105). Der Geschädigte muß aber, soweit es um Umst aus seiner Sphäre geht, an der Sachaufklärg mitwirken; er muß erfdlf darlegen, was er zur Schadensminderg unternommen hat (BGH **91**, 260, NJW **96**, 653, **98**, 3706). § 254 begründet keine Einrede, sond einen vAw zu berücksichtigenden Einwand (BGH NJW **91**, 167, BAG NJW **71**, 958). Für Bew des MitVersch gilt ZPO 286, wobei Grds des AnschBew anwendb sein können (Vorbem 163 v § 249); dafür, inwiew MitVersch sich ausgewirkt hat, gilt ZPO 287 (BGH NJW **86**, 2946). Bei der Abwägg gem § 254 ist die Beweislastregel des § 282 unanwendb (BGH **46**, 268). – Über den Einwand ist im Grundurteil nach ZPO 304 zu entscheiden, er darf aber dem BetragsVerf vorbehalten w, wenn er nicht zum völligen Wegfall der ErsPfl führen kann (BGH **110**, 196/202). Ist gleichzeitig über einen FeststellgsAntr zu entscheiden, darf der Einwand aber nicht in das NachVerf verwiesen w (BGH NJW **97**, 3176). Entspr gilt, wenn zwei versch Schadensabläufe mögl u das Ergebn der Abwägg bei beiden Alternativen unterschiedl (BGH NJW **79**, 1933). Beim SchmerzGAnspr ist im GrdUrt nicht auf eine Quote zu erkennen, sond auszusprechen, daß der Anspr unter Berücksichtigg eines MitVerschAnteil dem Grde nach gerechtf ist (BGH WM **91**, 1776, § 847 Rn 16). – Verurteilg zu zukünft Rentenzahlg kann unzul sein, solange die gem § 254 II gebotenen Heilgsversuche noch nicht erfolgt sind (BGH NJW **70**, 1229). Kürzt der Kläger den Anspr um seinen – richt bemessenen – MithaftgsAnteil, kann sich der Beklagte ggü der TKlage nicht mit Erfolg auf § 254 berufen (BGH NJW-RR **98**, 948, Schlesw VersR **83**, 932). – Die Abwägg der Verantwortlichk ist Tatfrage, also idR nicht revisibel (BGH **3**, 52, **51**, 279, NJW **83**, 622, NJW- RR **89**, 677).

255 *Abtretung der Ersatzansprüche.* **Wer für den Verlust einer Sache oder eines Rechtes Schadensersatz zu leisten hat, ist zum Ersatze nur gegen Abtretung der Ansprüche verpflichtet, die dem Ersatzberechtigten auf Grund des Eigentums an der Sache oder auf Grund des Rechtes gegen Dritte zustehen.**

1 **1) Allgemeines. – a)** Aus § 255 ergibt sich, daß der Geschädigte grdsl auch dann vollen SchadErs verlangen kann, wenn ihm zugl ein Anspr gg einen Dr zusteht (BGH NJW **82**, 1806, **98**, 749, 751, Vorbem 19 v § 249). Die Vorschr ist – ebso wie die Grds der VortAusgl (Vorbem 119 v § 249) – Ausdr des schadensersatzrechtl **Bereicherungsverbots** (s BGH **60**, 358, NJW **97**, 1008, 1012). Sie soll verhindern, daß der Geschädigte sowohl den Schädiger als auch den Dr in Anspr nimmt u einen doppelten Ausgl erhält. –
2 **b)** § 255 geht davon aus, daß im Ergebn allein der Dr, als der dem Schaden näher Stehde, belastet w soll. Das steht im Widerspr zu der im Grds gleichstuf Haftg der GesSchu, bei denen auf die interne Schadensverteilg § 254 entspr anzuwenden ist (§ 426 Rn 10). Besteht, wie idR zw mehreren für einen Schaden Verantwortlichen (§ 426 Rn 8), ein **Gesamtschuldverhältnis** ist nicht § 255, sond § 426 die maßgebde Regreßnorm (BGH **59**, 102, MüKo/Grunsky Rn 2). § 426 u § 255 sind alternative, einand ausschließde Regreßwege, § 426 gilt für gleichstufige Verpflichtgen, § 255 bei fehlder Gleichstufigk (Staud/Selb Rn 3, Mü NJW-RR **95**, 814, aA Roth FS Medicus, 1999, 495). Angesichts des weiten Anwendgsbereichs der GesSchuld, verbleiben für § 255 nur wenige Anwendgsfälle. Er gilt, wenn der Schädiger WertErs, der Dr aber Herausg od Rückgewähr schuldet (allgM), etwa wenn wg eines Versehens der SchuBank ein zu hoher Betrag an den Gläub überwiesen worden ist (s Mü NJW-RR **95**, 814), aber auch wenn der Sequester einen MasseGgst pflichtw an einen illiquiden Käufer verkauft hat (Hamm NJW-RR **99**, 1276). § 255 bleibt auch dann anwendb, wenn sich die HerausgPfl des Dr in eine Schad- od WertErsPfl verwandelt hat; der Inh der geschuldeten Leistg bleibt in Wahrh weiter ungleich, da der Dr (vollen) Ers, der Schädiger aber nur Übernahme des Ausfallrisikos schuldet (Staud-Selb Rn 18, Larenz § 32 I, str, aA BGH JZ **84**, 230). Der GgAns, die § 255 nur anwenden will, solange die Sache vorhanden ist u der Dr deren Herausg schuldet (so Lange SchadErs § 11 A II, Soergel/Mertens Rn 5), ist auch entggzuhalten, daß das Ges nicht von einem abzutretden
3 HerausgAnspr, sond (unter Verwendg des Plurals) allg von abzutretden Anspr spricht. – **c)** Auch die Vorschr über den **gesetzlichen Forderungsübergang** (VVG 67, SGB X 116, EFZG 6, BBG 87 a, s Vorbem 134 ff u 148 ff v § 249) gehen als speziellere u stärkere Vorschr dem § 255 vor. § 255 ist **keine Generalregreßnorm.** Sie kann aber, sow ausdr Regreßregelgen fehlen, zur Ausfüllg von Lücken mitherangezogen w (§ 421 Rn 12, Vorbem 136 v § 249), so wenn dem gem StrEG 7 EntschädiggsBerecht kongruente SchadErsAnspr gg einen Dr zustehen (BGH **106**, 313).

4 **2) Voraussetzungen. – a)** Die Rechte aus § 255 stehen grdsl **jedem Schädiger** zu, gleichgült ob er aus Vertr, Delikt od einem sonst RGrd haftet (MüKo/Grunsky Rn 3). Gleichf unerhebl ist das Maß des Verschuldens; auch der vorsätzl Handelnde, etwa der Verwahrer, der die Sache rechtsw verliehen hat, kann Abtr der Anspr gg den Dr verlangen. Etwas and gilt jedoch für den Dieb, der die gestohlene Sache an einen

gutgl Erwerber veräußert hat; die Abtr an ihn wäre sinnlos, da der Erwerber ihm entgghalten könnte, daß er
ihn von dem abgetretenen Anspr freihalten muß (BGH **52**, 42). Wer aus § 816 in Anspr genommen w, hat
keinen AbtrAnspr, da § 255 nur zG von SchadErsPflichtigen gilt (BGH **29**, 161, aA Reeb JuS **70**, 214); ihm
können jedoch AusglAnspr aus § 426 zustehen (BGH **52**, 43, aA). – **b) Verlust der Sache** liegt nicht nur 5
beim Verlust des Besitzes, sond auch beim EigtVerlust vor, gleichgült ob die Sache untergegangen od in das
Eigt eines and übergegangen ist (MüKo/Grunsky Rn 4, str). Auch wenn § 255 tatbestandl zutrifft, kann er
aber wg des Vorrangs von § 426 II unanwendb sein (Rn 2). – **c) Verlust eines Rechts.** Unerhebl ist, ob es 6
sich um ein dingl, obligatorisches od sonst Recht handelt. Nicht erforderl ist ein Erlöschen; es genügt eine
Entwertg, etwa dch Zahlgsunfähigk des Schu (Bambg OLGZ **76**, 451) od Eintritt der Verj. Der Verlust
braucht nicht endgült zu sein; ausr ist auch das vorläuf Wertloswerden einer Fdg (BGH **6**, 61). Auch hier ist
§ 255 aber unanwendb, sow die Beteiligten als GesSchu haften (Rn 2).

3) Rechtsfolgen. – a) Die Anspr gehen nicht kr Ges auf den Schädiger über. Dieser hat einen **Anspruch** 7
auf Abtretung, den er iW des ZbR (§ 273) geltd machen kann. Hat er bereits SchadErs geleistet, kann er die
Abtr nachträgl verlangen (RG **117**, 338, BGH **52**, 42). Keiner Prüfg bedarf, ob u welche Anspr der
Geschädigte gg den Dr hat; es genügt, daß Anspr möglicherw bestehen u hinr bestimmt bezeichnet w (BGH
6, 61, NJW-RR **90**, 407). – **b)** Abzutreten sind **alle Ansprüche,** die dem Geschädigten aufgrd des Eigt an 8
der Sache od aufgrd des Rechts zustehen. Darunter fallen alle abtretb HerausgAnspr (§§ 861, 1007),
SchadErsAnspr aus § 823 I od §§ 989, 990 (Erm/Kuckuk Rn 4, str, s Rn 2) u Anspr aus § 816 (BGH **52**, 42,
Roth, FS Medicus, 1999, 495) od § 812 (BGH WM **89**, 1785). Nicht abzutreten sind Anspr, die sich aus
einem die Sache betreffden bes Vertr, etwa einem VersVertr, ergeben. – **c)** Mit der Abtr des HerausgAnspr 9
erwirbt der ErsPflichtige gem §§ 929, 931 zugl das **Eigentum** (RG **59**, 371, Erm-Kuckuk Rn 5, str).
Erlangt der Geschädigte die Sache später zurück, kann der ErsPflichtige gem § 985 die Herausg der Sache
verlangen. Dagg ist er nicht berecht, die SchadErsLeistg zurückzufordern (aA Reeb JuS **70**, 215, MüKo/
Grunsky Rn 5). § 812 I 2 trifft nicht zu, da SchadErs geschuldet war u die ErsLeistg die Schuld zum
Erlöschen gebracht hat. Auch wenn der ErsPflichtige SchadErs geleistet hat, ohne den Anspr aus § 255 geltd
zu machen, ist er nach Wiederauftauchen der Sache auf die Rechte aus §§ 255, 929, 985 beschränkt. Dem
Geschädigten, der an der Sache ein bes Interesse haben kann, muß aber ein WahlR zugebilligt w (AK/
Rüßmann Rn 2). Er kann gg Rückgewähr der ErsLeistg die Rückübereigng u (od) Rückgabe der Sache
verlangen.

256 ***Verzinsung von Aufwendungen.*** **Wer zum Ersatze von Aufwendungen verpflichtet ist, hat den aufgewendeten Betrag oder, wenn andere Gegenstände als Geld aufgewendet worden sind, den als Ersatz ihres Wertes zu zahlenden Betrag von der Zeit der Aufwendung an zu verzinsen. Sind Aufwendungen auf einen Gegenstand gemacht worden, der dem Ersatzpflichtigen herauszugeben ist, so sind Zinsen für die Zeit, für welche dem Ersatzberechtigten die Nutzungen oder die Früchte des Gegenstandes ohne Vergütung verbleiben, nicht zu entrichten.**

1) § 256 setzt eine auf Vertr od RGesch beruhde Pfl zum Ers von Aufwendgen voraus. Sie kann sich zB aus 1
§§ 304, 347 S 2, 633 III, 670, 683 od 684 ergeben. **Aufwendung** ist die freiw Aufopferg von VermWerten
im Interesse eines and (BGH **59**, 329, NJW **60**, 1568, **89**, 2818). Unter den vom Ges nicht definierten Begriff
fällt auch die Übernahme (Eingehg) von Verbindlichk (RG **151**, 99), nicht aber UnterhLeistgen, die ein Eheg
anstelle des and für das gemeins Kind erbringt (BGH NJW **89**, 2816). Mitumfaßt sind dagg Verwendgen iSd
§ 994. Dch das Merkmal der Freiwilligk unterscheidet sich die Aufwendg vom Schaden. Schäden, die mit
dem Einsatz für fremde Interessen verknüpft sind, werden aber Aufwendgen gleichgestellt (§ 670 Rn 11).
Umgekehrt können Aufwendgen des Verletzten unter den Schadensbegriff fallen (Vorbem 83 v § 249).

2) Aus der Verwendg des Wortes „Betrag" in § 256 S 1 ergibt sich, daß der Anspr grdsl auf **Geldersatz** 2
gerichtet ist (BGH **5**, 199). In Zeiten verminderter Kaufkraft od fehlden Tauschwertes des Geldes kann der
Schu aber nach § 242 verpflichtet sein, NaturalErs zu leisten (Brschw BB **47**, 349). AufwendgsErs umfaßt,
sofern keine Möglichk zum Vorsteuerabzug besteht, auch die MWSt (Düss NJW-RR **96**, 532, Schaumburg
NJW **74**, 1737). Ob auch für den Einsatz der eig ArbKraft GeldErs gefordert werden kann, richtet sich nach
der für das RVerhältn maßgebden AnsprGrdl (BGH **59**, 330, NJW **83**, 1556, Köhler JZ **85**, 359). Diese
entscheidet auch darüber, ob bei der Ermittlg der AnsprHöhe ein kalkulatorischer Gewinn zu berücksichtigen
ist (s BGH **87**, 43). Die **Zinspflicht** setzt keinen Verzug voraus, sond beginnt im Ztpkt der Aufwendg.
Zinshöhe: § 246. Zu Satz 2 vgl §§ 99 u 100.

257 ***Befreiungsanspruch.*** **Wer berechtigt ist, Ersatz für Aufwendungen zu verlangen, die er für einen bestimmten Zweck macht, kann, wenn er für diesen Zweck eine Verbindlichkeit eingeht, Befreiung von der Verbindlichkeit verlangen. Ist die Verbindlichkeit noch nicht fällig, so kann ihm der Ersatzpflichtige, statt ihn zu befreien, Sicherheit leisten.**

1) § 257 gibt dem ErsBerecht einen **Befreiungsanspruch,** wenn die Eingehg der Verbindlichk eine 1
Aufwendg iSd § 256 war. Ein BefreigsAnspr kann sich auch aus der SchadErsPfl (Vorbem 46 v § 249) u für
den Bürgen aus § 775 ergeben. Der BefreigsAnspr ist nur an den zu befriedigden Gläub, nicht aber an Dr
abtretb (BGH **12**, 141, § 399 Rn 4). Durch die Abtr an den Gläub **wandelt** er sich in einen ZahlgsAnspr um
(BGH **71**, 170); das gilt ebso, wenn der Gläub den Anspr pfändet (BGH **7**, 246). Im InsVerf über das
Vermögen des ErsBerecht gehört der BefreigsAnspr zur Masse; er verwandelt sich auch in diesem Fall in einen
ZahlgsAnspr (RG **139**, 321, BGH **57**, 78, NJW **94**, 49); and aber, wenn der Schu des BefreigsAnspr neben
dem Gläub dieses Anspr zur Leistg verpflichtet ist (Hbg NJW-RR **95**, 673).

2) Der Schu kann **wählen,** wie er die Befreig vornehmen will (BGH **91**, 77). – **a)** Er kann gem § 267 als 2
Dr zahlen od mit dem Gläub eine SchuldÜbern (§ 414) od einen Erlaß (§ 397) vereinbaren. Dagg wird er

dch Zahlg an den ErsBerecht nur dann frei, wenn dieser einverstanden ist (Karlsr NJW-RR **94**, 1159). Der ErsBerecht ist idR **nicht** befugt, **Zahlung** des zur Tilgg erforderl Geldbetrages an sich zu verlangen. And kann es liegen, wenn die Inanspruchnahme dch den Dr mit Sicherh alsbald zu erwarten ist (Schlesw SchlHA **98**, 212). Auch aus der für das RVerhältn maßgebden AnsprGrdl kann sich ein entspr VorschußAnspr ergeben, so iF des Auftr u des GeschBesorggsVertr aus §§ 669, 675 (Reiche WM **88**, 853), iF des WkVertr aus einer erweiternden Auslegg des § 633 III (BGH **47**, 273), iF der SchadErsPfl aus § 250. Die dch die Aufwendgen erlangten Vorteile sind auf den BefreigsAnspr wg des AusglZwecks der §§ 256, 257 anzurechnen (BGH
3 MDR **55**, 283). – **b) Satz 2** ist Ausdr eines allg RGedankens. Er ist auch auf nicht unter § 257 fallde BefreigsAnspr anwendb (Rimmelspacher JR **76**, 89, str), auf vertragl Anspr aber nicht, sofern dieser erst nach Fälligk der Verbindlichk fällig w soll, auf die sich die FreihaltgsVerpfl bezieht (BGH **91**, 77). Die Vollstr des Urt auf Befreig richtet sich nach ZPO 887 (BGH **25**, 7).

258 ***Wegnahmerecht.*** **Wer berechtigt ist, von einer Sache, die er einem anderen herauszugeben hat, eine Einrichtung wegzunehmen, hat im Falle der Wegnahme die Sache auf seine Kosten in den vorigen Stand zu setzen. Erlangt der andere den Besitz der Sache, so ist er verpflichtet, die Wegnahme der Einrichtung zu gestatten; er kann die Gestattung verweigern, bis ihm für den mit der Wegnahme verbundenen Schaden Sicherheit geleistet wird.**

1 1) § 258 regelt nur die **Ausübung des Wegnahmerechts,** setzt also dessen Bestehen voraus. Das BGB gibt insb dem Mieter (§ 547 a), Pächter (§ 581 II), Besitzer (§ 997) u dem Vorerben (§ 2125) ein WegnR. **Einrichtung** ist eine Sache, die mit einer and körperl verbunden ist u deren wirtschaftl Zwecken dient. Eine Verbindg zu einem vorübergehenden Zweck genügt. § 258 gilt aber auch dann, wenn die Einrichtg wesentl Bestandt geworden ist (s § 997). Einrichtgen iSv § 258 sind zB Öfen, Beleuchtgsanlagen, Anschlußgleise (BGH BB **66**, 304), Pflanzen (Düss NJW-RR **99**, 160), nicht aber Zwischendecken u eingezogene Wände (Celle NdsRpfl **69**, 283).

2 **2) Rechtsfolgen. – a)** Solange der WegnBerecht die Sache besitzt, hat er ein TrenngsR. Ist die Einrichtg wesentl Bestandt der Hauptsache u damit Eigt des and geworden, umfaßt das TrenngsR zugl ein AneigngsR (BGH **81**, 150). Nach dem Besitzübergang verwandelt sich das TrenngsR in den Anspr auf Gestattg der Wegn
3 (S 2), der dingl Natur sein soll (BGH **81**, 150, **101**, 42). – **b)** Der Berecht hat den vor der Hinzufügg der Einrichtg bestehden **Zustand wiederherzustellen.** Ist das nicht mögl, ist das WegnR gleichwohl gegeben, der Berecht hat aber SchadErs zu leisten (MüKo/Keller Rn 10). Neben den Schienen des Anschlußgleises hat der Berecht auch den Schotter zu entfernen (BGH BB **66**, 304). Keinesf darf er sich auf die Wegn der verwertb Bauteile beschr u alles and zurücklassen (BGH NJW **70**, 754). Auf das LeistgVR des Gestattgsverpflichteten (S 2, 2. Halbsatz) sind §§ 273 f anzuwenden, auf die SicherhLeistg §§ 232 ff.

259 ***Umfang der Rechenschaftspflicht; eidesstattliche Versicherung.*** **I Wer verpflichtet ist, über eine mit Einnahmen oder Ausgaben verbundene Verwaltung Rechenschaft abzulegen, hat dem Berechtigten eine die geordnete Zusammenstellung der Einnahmen oder der Ausgaben enthaltende Rechnung mitzuteilen und, soweit Belege erteilt zu werden pflegen, Belege vorzulegen.**

II Besteht Grund zu der Annahme, daß die in der Rechnung enthaltenen Angaben über die Einnahmen nicht mit der erforderlichen Sorgfalt gemacht worden sind, so hat der Verpflichtete auf Verlangen zu Protokoll an Eides Statt zu versichern,

daß er nach bestem Wissen die Einnahmen so vollständig angegeben habe, als er dazu im Stande sei.

III In Angelegenheiten von geringer Bedeutung besteht eine Verpflichtung zur Abgabe der eidesstattlichen Versicherung nicht.

260 ***Pflichten bei Herausgabe oder Auskunft über Inbegriff von Gegenständen.*** **I Wer verpflichtet ist, einen Inbegriff von Gegenständen herauszugeben oder über den Bestand eines solchen Inbegriffs Auskunft zu erteilen, hat dem Berechtigten ein Verzeichnis des Bestandes vorzulegen.**

II Besteht Grund zu der Annahme, daß das Verzeichnis nicht mit der erforderlichen Sorgfalt aufgestellt worden ist, so hat der Verpflichtete auf Verlangen zu Protokoll an Eides Statt zu versichern,

daß er nach bestem Wissen den Bestand so vollständig angegeben habe, als er dazu im Stande sei.

III Die Vorschrift des § 259 Abs. 3 findet Anwendung.

261 ***Abgabe der eidesstattlichen Versicherung.*** **I Die eidesstattliche Versicherung ist, sofern sie nicht vor dem Vollstreckungsgericht abzugeben ist, vor dem Amtsgericht des Ortes abzugeben, an welchem die Verpflichtung zur Rechnungslegung oder zur Vorlegung des Verzeichnisses zu erfüllen ist. Hat der Verpflichtete seinen Wohnsitz oder seinen Aufenthalt im Inlande, so kann er die Versicherung vor dem Amtsgericht des Wohnsitzes oder des Aufenthaltsorts abgeben.**

II Das Gericht kann eine den Umständen entsprechende Änderung der eidesstattlichen Versicherung beschließen.

III **Die Kosten der Abnahme der eidesstattlichen Versicherung hat derjenige zu tragen, welcher die Abgabe der Versicherung verlangt.**

1) Allgemeines. – a) Zweck. Die Geltdmachg u Dchsetzg von Anspr ist vielfach nur mögl, wenn der Berecht in die Lage versetzt w, sich Informationen über ihm unbekannte Verhältn u Vorgänge zu verschaffen. Dem trägt das BGB dadch Rechng, daß es Anspr auf Ausk u RechenschLegg begründet; bei letzteren verwendet es „Rechensch ablegen" (zB § 666) u „Rechng legen" (zB § 1840) als Synonyma (Rn 17). Die Pflten zur Ausk u RechenschLegg sind nur graduell verschieden. Die RechenschLegg setzt eine mit Einn u Ausg verbundene Verw voraus; sie ist eine rechtfertigde, besondere u genauere Art der Ausk (BGH **93**, 329). – **b)** Die Pfl zur Ausk u RechenschLegg ist im BGB nicht zushängd u nur unvollkommen geregelt. **§ 259** bestimmt lediglich die **Art und Weise** der **Rechenschaftslegung; § 260** betrifft AuskFälle, in denen der Schu ein **Bestandsverzeichnis** vorzulegen hat. **§ 261** regelt verfahrensrechtl Fragen für die nach §§ 259 II, 260 II abzugebende **eidesstattliche Versicherung.** 1 2

2) Auskunftspflicht. Das BGB kennt **keine allgemeine** AuskPfl (RG **102**, 236, BGH **74**, 380, NJW **78**, 1002, **81**, 1733), ebsowenig die ZPO (BGH NJW **90**, 3151, krit Schlosser JZ **91**, 599, Stürner ZZP **104**, 208). Der AuskAnspr setzt eine besondere RGrdl voraus. – **a)** Er kann sich aus einem **Auskunftsvertrag** ergeben, der auch stillschw zustandekommen kann (näher § 676 Rn 3 ff). 3 4

b) Bei vielen vertragl od gesetzl SchuldVerh besteht aGrd **ausdrücklicher gesetzlicher Vorschrift** eine AuskPfl, so zB nach §§ 402 (Zedent), 444 (Verkäufer), 666 (Auftr), 675 (GeschBesVertr), 681 (GoA), 687 II (unerl EigenGeschFührg), 713 (GesellschVertr), 1379 (ZugewGemsch), 1580, 1605, 1361 IV (Unterh), 1634 III, 1711 III (nichtsorgeberecht ElternT), 1839, 1799 (Vormd), 1908 i (Betreuer), 2027 (ErbschBesitzer), 2057 (Miterbe), 2127 (Vorerbe) u 2314 (Erbe ggü PflichttBerecht). AuskPflten sind auch in InsO 97, 167, MarkenG 19, UrhG 101 a, UmweltHG 9–11, OASG 4 (Nowotsch NJW **98**, 1831), GenTG 35 u BDSG 13, 26, 34 vorgesehen. Sie können sich auch aus §§ 249 S 1 od 1004 ergeben, soweit die Ausk zur Beseitigg eines Schadens od einer Störg notw ist (Rn 16). Dagg begründet ZPO 840 keinen klagb AuskAnspr gg den DrittSchu (BGH **91**, 126). 5

c) § 260 begründet eine AuskPfl für jeden, der einen Inbegriff von Ggst herauszugeben hat. Auch wenn die AuskPfl bereits unabhängig von § 260, etwa aGrd von § 666 od § 2027, besteht, richten sich Inh u Umfang der Ausk bei einem Inbegriff von Ggst nach § 260 (Rn 22). – **aa)** Eine Mehrheit von Ggst (Sachen od Rechte, s Übbl 5 v § 90) bildet einen **Inbegriff,** wenn sie von einem einheitl RVerh zusgefaßt w u der Berecht von sich aus nicht in der Lage ist, die einz Ggst zu bezeichnen (RG **90**, 139). Als Inbegriff kommen daher neben Sachgesamth (Bibliothek, Warenlager, Inventar) u Sondervermögen (Nachlaß) etwa in Betracht: die Buchhaltgsunterlagen (Stgt BB **98**, 2210) od die Kundsch eines Untern (RG DR **42**, 465); eine Gesamth von Vermittlgsgebühren, VerkErlösen, Mietzahlgen, SchadErsAnspr od Provisionen (BGH **55**, 202, Köln ZIP **96**, 830); die Gesamth der unter EigtVorb gelieferten Waren (Köln HRR **38** Nr 758); die Gesamth der aus der Tätigk des beauftragten Architekten erwachsenen Rechte u Pflichten (s BGH **41**, 321). – **bb)** Die **Herausgabepflicht** kann sich aus Vertrag (zB § 667), aber auch aus dem Gesetz ergeben, so etwa aus § 812 (RG **90**, 139, Köln ZIP **96**, 830), aus § 985 (BGH **98**, 164) od aus § 249 (RG HRR **28**, 1726). 6 7

d) Nach **Treu und Glauben** (§ 242) besteht eine AuskPfl, wenn die zw den Part bestehden RBeziehgen es mit sich bringen, daß der Berecht in entschuldb Weise über Bestehen od Umfang seines Rechts im Ungewissen ist u der Verpflichtete die zur Beseitigg der Ungewißh erforderl Ausk unschwer geben kann (RG **108**, 7, BGH **10**, 387, **81**, 24, NJW **95**, 387, stRspr), ein RGrds, der inzw zu GewohnhR erstarkt ist (Köhler NJW **92**, 1480). – **aa)** Zw den Part muß eine **Sonderverbindung** bestehen (BGH **95**, 279, 288, NJW **78**, 1002, NJW-RR **89**, 450). Die Tats, daß jemand Informationen besitzt, die für einen and bedeuts sind, begründet keine AuskPfl (BGH NJW **80**, 2463). Bei der Sonderverbindg kann es sich um einen Vertr (BGH **LM** § 242 (Be) Nr 5), ein AbwicklgsVerhältn nach Rücktr vom Vertr (BayObLG **94**, 21), um ein gesetzl SchuldVerh aus unerl Hdlg (BGH **95**, 288, NJW **62**, 731), aus einem AnfTatbestd (BGH **74**, 381, Köln OLGZ **85**, 376) od aus der Anbahng eines Vertr (BGH **LM** § 242 (Be) Nr 23) handeln; es genügt aber auch eine RBeziehg des SachenR (BGH NJW-RR **86**, 876, Oldbg WM **85**, 748), des FamR (BGH **82**, 137) od des ErbR (BGH **61**, 184). **(1)** Innerhalb eines **Vertragsverhältnisses** reicht es aus, daß für den LeistgsAnspr od die Einwendg, die geltd gemacht w soll, eine überwiegde Wahrscheinlichk besteht (BGH **LM** § 242 (Be) Nr 19, BAG BB **67**, 839, DB **72**, 1831, Soergel-Wolf § 260 Rn 25 u 28). Das gilt entspr für Anspr aus c. i. c. (Hamm DB **91**, 799). **(2)** Geht es um Informationen zur Dchsetzg eines **gesetzlichen Anspruchs,** muß dargetan w, daß er dem **Grunde nach** besteht; daß die AnsprVoraussetzgen wahrscheinl gemacht w, genügt grdsl nicht (BGH **74**, 381, NJW **78**, 1002, NJW-RR **87**, 1296, Schlesw NJW-RR **97**, 1092). Hiervon läßt die Rspr aber fallbezogen Ausn zu. Der PflichtBerecht od der VertrErbe hat gg den mutmaßl vom Erbl Beschenkten bereits dann einen AuskAnspr, wenn er hinr Anhaltspkte für eine unentgeltl Vfg dartut (BGH **61**, 184, **97**, 191, NJW **93**, 2737). Das gilt ebso für den Nacherben wg etwaiger Schenkgen des Vorerben (BGH **58**, 239). Dagg genügt Wahrscheinlichk des AnsprGrdes nicht für den AuskAnspr des InsVerw gg einen mutmaßl AnfGegner (BGH **74**, 381), den des Erben gg einen mutmaßl DarlN des Erbl (BGH NJW **70**, 751) u den des Zessionars gg den GrdSchGläub wg eines mutmaßl Übererlöses aus der Verwertg einer GrdSch (BGH NJW-RR **87**, 1297). Bei delikt SchadErsAnspr müssen bis auf die Entstehg des Schadens alle AnsprVoraussetzgen, auch das Verschulden feststehen (BGH NJW **90**, 1358). Ausr ist es aber auch, wenn eine feststehde RVerletzg mit hoher Wahrscheinlichk auf weitere gleichart Verstöße schließen läßt (BGH NJW **62**, 731, **86**, 1245, and BGH NJW **80**, 2807). 8 9 10 11

bb) Der Berecht muß in entschuldb Weise über das Bestehen od den Umfang seines Rechts im **Ungewissen sein** u sich die erforderl Informationen **nicht selbst** auf zumutb Weise **beschaffen** können. Der Anspr ist daher ausgeschlossen, wenn der Berecht sich aus ihm zugängl Unterlagen informieren kann (BGH **LM** § 242 (Be) Nr 25, WM **71**, 1196) od wenn ihm ein vorrangiger AuskAnspr gg einen and Beteiligten zusteht (Karlsr NJW-RR **96**, 1059). Der InsVerw, der sich gem InsO 97 an den GemSchu halten kann, hat daher keinen AuskAnspr gg den mutmaßl AnfGegner (BGH **74**, 381, NJW **78**, 1002), die Ehefr des 12

AnfGegners (BGH NJW **87**, 1812) od einen ArbN (BAG DB **90**, 2075). Der Verkäufer kann einen weiteren Beteiligten nicht in Anspr nehmen, soweit ihm der Käufer auskpflicht ist (BGH NJW **80**, 2463). Wg seines Anspr gg den Vorerben hat der Nacherbe keinen AuskAnspr gg den mutmaßl vom Vorerben Beschenkten (BGH **58**, 239). Der Anspr ist grdsl auch dann ausgeschl, wenn der Berecht eine fr Informationsmöglichk schuldh nicht genutzt hat (BGH NJW **90**, 1358). Bei KreditVertr kann der Schu, der keine Unterlagen mehr besitzt, aber gg Kostenerstattg vom Gläub die zur Wahrnehmg seiner Rechte aus §§ 138, 826 notw Informationen verlangen (s BGH NJW-RR **92**, 1073).

13 **cc)** Der Verpflichtete muß **„unschwer"** in der Lage sein, die Ausk zu erteilen. Entscheidd ist, ob ihm der mit der AuskErteilg verbundene ArbAufwand zugemutet w kann (BGH **81**, 25). Steht eine RVerletzg des Verpflichteten fest, ist das bei der ZumutbarkPrüfg zu seinen Lasten zu berücksichtigen (BGH **95**, 281, 293). Ausk über die Verhältn seines Eheg braucht der Verpflichtete grdsl nicht zu erteilen (BGH NJW **79**, 2351). Über strafb Hdlgen kann der Berecht nur Ausk fordern, wenn dies zur Berechng seines ErsAnspr unerläßl ist (BGH NJW **76**, 193).

14 **dd) Schuldner des Auskunftsanspruchs** ist idR der Schu des HauptAnspr, dh derjenige, gg den der LeistgsAnspr geltd gemacht w soll (BGH **56**, 262). Aus Treu u Glauben kann sich aber ausnw auch eine AuskPfl von **Dritten** ergeben, die nicht Schu des HauptAnspr sind. Der Kunde kann vom E-Werk Ausk verlangen, wer irrtüml über seinen Zähler mitversorgt worden ist (LG Bln NJW **82**, 2782). Der HausVerw muß dem Mieter Name u Anschrift des Vermieters bekanntgeben (AG Köln u Hbg NJW-RR **89**, 269, 666), der Krankenhausträger dem Patienten Name u Anschrift des behandelnden Arztes (Düss NJW **84**, 670, AG Offenbach NJW **90**, 2321), der Sportverein dem bei einer Veranstaltg Verletzten Name u Anschrift des Verletzers (LG Köln NJW-RR **86**, 832), der fr gutgl Besitzer einer gestohlenen Sache dem Eigtümer Name u Anschrift des Erwerbers (Hamm NJW **93**, 2623, aA Lorenz NJW **94**, 173, der Vertreiber einer in Verletzg eines LeistgsschutzR in den Verk gebrachten Ware seine Bezugsquelle (BGH **125**, 329), der Vertreiber einer schwarzen Liste (InsListe) den Betroffenen den Namen des Urhebers der Liste (BGH NJW **95**, 1965). Der Urheber hat gg den Kunsthändler od Versteigerer einen AuskAnspr, wenn dieser ein dem FolgeR (UrhG 26) unterliegdes Gesch vermittelt hat (BGH **56**, 262).

15 **ee) Einzelfälle. – Abwicklung von Verträgen.** Auskberecht sind: der VertrPartner (Makler, Architekt) u sein Erbe gg den and VertrPartner wg der BemessgsGrdl seines Anspr (BGH NJW-RR **90**, 1370, Köln NJW-RR **91**, 279, Ffm NJW-RR **94**, 405, Düss NJW-RR **96**, 1464); der Käufer, der zu den Gestehgskosten gekauft hat, wg der Höhe dieser Kosten (BGH DB **70**, 1533); der VersN gg den Versicherer wg der Grde für die Prämienerhöhg (AG Kblz NJW-RR **93**, 1239); der Mieter wg der tats Voraussetzgen der preisrechtl zul Miete, zB Umfang von Modernisiergsaufwendgen (LG Bln NJW-RR **97**, 10); der Vermieter, der Räumgsklage erheben will, hinsichtl der sich in der Wo aufhaltden Pers (Hbg ZMR **99**, 106); der Eigtümer wg der vom Besitzer gezogenen Nutzgen (RG **137**, 211, BGH JR **54**, 460); der Eigtümer ggü der Bank wg der Höhe des zur GrdSchAblösg erforderl Betrages (Oldenbg WM **85**, 748); der ArbG gg den ArbN wg anrechenb Einkünfte (BAG NJW **94**, 2041, DB **96**, 2182); der ArbG wg einer etwaigen Tätigk des ArbN (Lehrers) für das MfS (BAG BB **96**, 749); der SichgG (ggf der SichgN) wg des Verbleibs des SichgGutes (Brschw BB **56**, 903); der VorbehEigtümer beim verlängerten EigtVorbeh auch wg der Außenstände aus Weiterverkäufen (Köln NJW **57**, 1032); dieser Anspr richtet sich im InsVerf uU gg den InsVerw (BGH **49**, 11). Dagg ist der Heimbetreiber nicht verpflichtet, den Bewohnern über die Höhe seiner Personal- u Sachkosten Ausk zu geben (BGH NJW **95**, 1222, Karlsr NJW **95**, 464). Ein AuskAnspr besteht insbes nicht, wenn das Erhöhgsverlangen des Betreibers nicht den Anfordergen des HeimG 4 c III entspr (BGH NJW **95**, 2923). – **Anfechtungstatbestände** s Rn 11 u 12. – Beim **Arztvertrag** erstreckt sich die AuskPfl auf Diagnose, Art u Verlauf der Behandlg u auf etwaige Komplikationen (MüKo/Keller § 260 Rn 15). Der AuskAnspr umfaßt hier auch das Recht auf Einsicht in die Krankenunterlagen (BGH **85**, 327); entspr gilt beim Vertr mit einem Heilpraktiker (LG Köln NJW-RR **94**, 1539). Einzelheiten s § 810 Rn 4. – **Erbrecht.** Auskberecht sind: der weichde Erbe gg den Hoferben wg der BemessgsGrdl seines AbfindgsAnspr (BGH **91**, 171); der PflichtBerecht, VertrErbe od Nacherbe wg etwaiger Schenkgen des Erblassers od Vorerben (Rn 11); der ursprüngl aus einem LebensVersVertr BezugsBerecht gg die Erben des VersN wg etwaiger Änd des BezugsR (BGH NJW **82**, 1807). Zw Miterben besteht keine allg AuskPfl, insbes nicht über Umst, die die Testierfähigk des Erblassers betreffen (BGH NJW-RR **89**, 450). Vgl im übrigen bei den einz in Rn 5 aufgeführten erbrechtl Vorschr. – **Familienrecht.** Auskberecht sind: der UnterhBerecht u der UnterhPflichtige wg der BemessgsGrdl des UnterhAnspr (§§ 1605, 1361 IV, 1580), wg Ändergen des GesundhZustandes (Schlesw FamRZ **82**, 1018), wg der Bemühgen um einen ArbPlatz (Brschw FamRZ **87**, 284) u der Anlage von Kapital (Karlsr FamRZ **90**, 756); die Eltern eines vollj Kindes wg der Voraussetzgen für ihre pro-rata-Haftg (BGH NJW **88**, 1906); die Eheg untereinand über Vermögensmindergen gem § 1375 II (BGH **82**, 137), über VersorggsR zG des Partners (Düss NJW-RR **90**, 710) u zur Vorbereitg einer HausratAuseinanderS (KG FamRZ **82**, 68). Zum Anspr des Kindes u des Scheinvaters gg die KiMutter auf Benenng des leibl Vaters s Einf v § 1591 Rn 6 u 7. Vgl im übr bei den einz in Rn 5 angeführten familienrechtl Vorschr. –
16 **Schadensersatzansprüche.** Der AuskAnspr kann auch iF der Amts- od Staatshaftg im ordentl RWeg geltd gemacht w (BGH **78**, 276, **81**, 24). Nach OASG 4 besteht jetzt auch ein AuskAnspr, wenn der Schädiger dch **Vermarktung** seiner Taten od Lebensgeschichte in den **Medien** EntgeltsFdgen erwirbt (Nowotsch NJW **98**, 1833). AuskAnspr kommen außerdem in Betracht: bei Verletzg von WettbewVerboten (BAG NJW **67**, 1879, BGH NJW **96**, 2098), in den Fällen des ergänzden wettbewerbsrechtl Leistgsschutzes (BGH **125**, 329), bei Verletzg von AlleinverkaufsR (BGH NJW **57**, 1026), Kundenschutzabkommen (BGH **LM** § 242 (Be) Nr 17), Marken (MarkenG 19), UrhR (Mü NJW-RR **92**, 749), von musikal VerwertgsR (BGH **95**, 279, 288), bei Produktmängeln ggü dem Lieferanten hins des Herstellers (Spickhoff NJW **92**, 2055), bei Versteigerg eines fremden Warenlagers (BGH NJW **90**, 1358) u beim Kiesabbau in Überschreitg der bestehden Dbk (BGH NJW-RR **86**, 876). Auch wenn der Berecht gem **§ 1004** Beseitigg verlangen will, kann ihm ein AuskAnspr zustehen (RG **158**, 379, BGH BB **84**, 2086, Ffm NJW **71**, 245).

17 **3) Pflicht zur Rechenschaftslegung.** Sie setzt eine besondere RGrdl voraus, entweder einen Vertr, ein Ges od einen allg RGrds (RG **102**, 236, BGH NJW **57**, 669). Sie betrifft eine mit Einn u Ausg verbundene

Verw u ist eine rechtfertigde, besonders genaue Art der Ausk (BGH **93**, 329). – **a)** Bei vielen vertragl u gesetzl SchuldVerh hat das Ges eine Pfl zur RechenschLegg **ausdrücklich angeordnet,** so in §§ 666 (Auftr), 675 (GeschBesVertr), 681 (GoA), 687 II (unerl EigenGeschFührg), 713 (GesellschVertr) 1698 (Eltern), 1890, 1908 i (Vormd u Betreuer), 2130 II (Vorerbe), 2218 (TestVollstr), RechenschPflten iS des § 259 sind auch die Pflten zur Rechngslegg, die nach §§ 1840, 1841, 1667 II, 1908 i ggü dem VormschG bestehen (Soergel-Wolf Rn 4). Auch außerhalb des BGB sind RechenschPfl vorgesehen, so in WEG 28 III u IV (Verwalter), in MaBV 8 (Bauträger u Makler) u in HGB 87 c (Unternehmer ggü Handelsvertreter).

b) Besorgung fremder Angelegenheiten. – aa) Aus den angeführten Vorschr, insbes aus §§ 666, 675, 681, 687 II, ergibt sich iVm § 242 der **allgemeine Rechtsgrundsatz,** daß rechenschpflicht jeder ist, der fremde Angelegenh besorgt od solche, die zugl fremde u eig sind (RG **73**, 288, BGH **10**, 385, NJW **59**, 1963, **79**, 1304, stRspr). RechenschPflten bestehen daher: für den ArbG ggü dem ArbN wg der BerechngsGrdl der ArbN-Erfindervergütg (BGH NJW **98**, 3492), beim MietVertr hinsichtl der Nebenkosten (BGH NJW **82**, 574, KG NJW-RR **98**, 1305), bei LizenzVertr, soweit der LizenzGeb am Gewinn beteiligt ist (RG **127**, 243), bei einem partiarischen Darl (KG OLG **19**, 390), u zwar auch dann, wenn eine Verlustbeteiligg ausgeschlossen ist (Soergel-Wolf § 259 Rn 9, aA RG **73**, 288), bei einer VermögensVerw aGrd eines nichtigen Vertr (RG HRR **33**, 3). Dagg besteht **keine** RechenschPfl: bei einer Verpfl zur Herausg von Nutzgen (RG **137**, 212, BGH **19**, 68), bei WärmeliefergsVertr, wenn es für die Höhe des Entgelts nicht auf die tats entstandenen Kosten ankommt (BGH NJW **79**, 1304). – **bb)** Auch ein **rechtswidriges Verhalten** kann eine Re- 18 chenschPfl begründen, *arg* § 687 II. Die SchadErsPfl umfaßt zwar idR keine RechenschPfl (RG HRR **30**, 966), wohl aber dann, wenn der Verletzer obj ein Gesch des Verletzten geführt hat, so bei Verletzg eines vertragl AlleinVerkR (RG **92**, 201), bei verbotsw abgeschl Gesch eines Handelsvertreters (RG JW **28**, 2092), bei Vereitelg eines Vertr, der eine RechenschPfl begründet hätte (RG **89**, 103, BGH MDR **63**, 300), vor allem aber bei der Verletzg von UrheberR (UrhG 97 I) u gewerbl SchutzR (BGH **92**, 64, § 687 Rn 6), aber auch wenn der ArbG eine Dienstefindg unbeschränkt in Anspr genommen h (BGH **126**, 114, DB **98**, 771). Auch iF einer Eingriffskondiktion kann der Schu rechenschpflicht sein (BGH **5**, 123), auch hier vor allem bei der Verletzg von ImmaterialgüterR (BGH **60**, 172, § 687 Rn 6). 19

4) Inhalt des Anspruchs. – a) Auskunftsanspruch. – aa) Die Ausk ist eine WissensErkl; sie bedarf grdsl der Schriftform (s Mü FamRZ **95**, 737), kann aber in einf Fällen auch mdl abgegeben w (Soergel-Wolf § 260 Rn 57). Sie muß die zur Dchsetzg des GläubAnspr notw Informationen enthalten (BGH **126**, 109/116, **137**, 162), uU auch die Namen der Abnehmer (Mü MDR **97**, 678), u muß dem Gläub eine Nachprüfg ihrer Richtigk ermöglichen (RG **127**, 244). Der Schu kann in den Grenzen des § 242 zur Wiederholg der Ausk verpfl sein (BGH NJW-RR **88**, 1073). Der Inh der Ausk kann auch darin bestehen, daß der Schu einen auskpflicht Tatbestd verneint (BGH BB **69**, 1014). Zur Erf genügt es aber nicht, daß der Schu das Bestehen einer AuskPfl bestreitet (BGH NJW **59**, 1219, WM **71**, 443). Etwa entstehde Kosten gehen zu Lasten des Schu (BGH **84**, 32). Sie dürfen aber nicht in einem Mißverhältn zur Bedeutg der Ausk stehen, jedoch kann der Gläub in diesem Fall die erforderl Arbeiten selbst übernehmen (BGH **70**, 91). – **bb) Belege, Werter-** 20 **mittlung.** And als der RechenschAnspr u viele auf ausdr gesetzl Anordng beruhde AuskAnspr (zB §§ 666, 1605) umfaßt der Anspr aus § 242 grdsl keine Pfl zur Vorlage von Belegen (BGH **LM** § 810 Nr 5, Kblz WM **97**, 871); der Makler kann, auch wenn sich sein ProvAnspr aus einem komplexen Vorgang ergibt, nicht Vorlage der einschläg Vertr verlangen (aA Düss NJW-RR **96**, 1464). Auch ein WertermittlgsAnspr, wie ihn §§ 1379 u 2314 vorsehen, besteht grdsl nicht; er ist aber ausnw gegeben, wenn der Berecht darauf angewiesen ist, daß der Wert von Ggst sachverständ u obj ermittelt w (BGH **108**, 395, NJW **86**, 127), so etwa der PflichttBerecht wg seines Anspr gg den vom Erbl Beschenkten (BGH aaO). Etwaige Kosten gehen zu Lasten des Berecht (BGH **108**, 397). – **cc) Bestandsverzeichnis.** Hat der Schu über einen Inbegriff von Ggst Ausk 21 zu geben (Rn 6), hat er gem § 260 I ein Bestandsverzeichnis vorzulegen, in dem die Aktiva u Passiva übersichtl zusgestellt sind (BGH **33**, 374). Es kann, sofern die Übersichtlichk gewahrt ist, aus einer Mehrh von Teilverzeichnissen bestehen (BGH **LM** § 260 Nr 14). Ein Anspr auf **Ergänzung** besteht, wenn der Schu inf eines Irrt einen Teil des Bestandes weggelassen hat (RG **84**, 44, BGH **LM** § 260 Nr 1), wenn in der Aufstellg best sachl od zeitl Teile völlig fehlen (BGH **92**, 69, NJW **83**, 2244, Köln FamRZ **85**, 935), wenn die Angaben erkennb unvollständ sind (BGH DB **82**, 2393, Oldbg NJW-RR **92**, 778) od wenn das Verzeichn aGrd gefälschter Unterlagen aufgestellt worden ist (RG HRR **33**, 465). Hat der Schu seine Ausk als unricht widerrufen, ist er zur Wiederholg der Ausk verpflichtet (BGH NJW **86**, 424). Im übrigen begründen materielle Mängel der Ausk grdsl keinen Anspr auf NachErf, sond auf Abgabe der eidesstattl Vers (BGH **LM** ZPO 254 Nr 3 u 6). 22

b) Anspruch auf Rechenschaftslegung. Die RechenschLegg erfordert eine übersichtl in sich verständl 23 ZusStellg der Einnahmen u Ausg (BGH NJW **82**, 573, **85**, 2699). Sie muß nicht nur den derzeitigen Zustand, sond auch die Entwicklg zu ihm im einz aufzeigen (Köln NJW-RR **89**, 528). Belege sind, soweit solche üblicherw gegeben w, vorzulegen, beim Auftr sind sie herauszugeben (§ 667). Die Angaben müssen so detailliert u verständl sein, daß der Berecht ohne fremde Hilfe in der Lage ist, seine Anspr u die gg ihn gerichteten Anspr nach Grd u Höhe zu überprüfen (BGH NJW **82**, 573, BayObLG NJW-RR **88**, 18). Die bloße Vorlage von Belegen mit dem Angebot einer mdl Erläuterg genügt nicht (BGH **39**, 95, Köln NJW-RR **89**, 568). Bei **Unvollständigkeit** der Rechng besteht ein Anspr auf Ergänzg (BGH **92**, 69, Rn 22). Einen Anspr auf Überprüfg der Rechng dch einen Sachverst sieht das Ges dagg nicht vor (BGH **92**, 64).

c) Grenzen des Auskunfts- und Rechenschaftsanspruchs. Der Umfang der Ausk- u RechenschPfl 24 wird wesentl dch den Grds der Zumutbark mitbestimmt (BGH NJW **82**, 574). Besteht die Gefahr, daß der Berecht Informationen zu vertragsfremden Zwecken, insbes zum Wettbew, mißbrauchen könnte, braucht der Verpflichtete diese nicht zu offenbaren (RG **127**, 245, BGH **10**, 387, NJW **66**, 1119); er muß sie aber auf Verlangen des Berecht einer zur Verschwiegenh verpflichteten Vertrauensperson mitteilen (BGH **LM** § 260 Nr 6, PatG 47 Nr 5, Kblz VersR **91**, 1192). Der Anspr entfällt, wenn feststeht, daß der Gläub aGrd der Ausk od RechenschLegg keinesfalls etwas fordern könnte (BGH **108**, 399, BAG ZIP **94**, 644), aber auch, wenn der Schu einer SchweigePfl unterliegt u der Berecht nicht „Herr des Geheimnisses" ist (BGH NJW **90**, 512).

Dagg kann sich der Schu nicht darauf berufen, daß er sich bei wahrheitsgem Erkl einer strafb Hdlg bezichtigen müßte (BGH **41**, 318, NJW **90**, 511). Auch Störgen des Erinnergsvermögens befreien den Schu nicht (RG DR **41**, 2325), zumal ihm auch and ErkenntnQuellen, uU auch AuskAnspr gg Dr (BGH **107**, 109), zur Vfg stehen. Langes Zuwarten kann Verwirkg begründen (BGH **39**, 92); and ist es aber, wenn nachträgl Bedenken gg die Zuverlässigk auftreten (BGH aaO).

25 **5) Rechtsnatur und Verhältnis zum Hauptanspruch. – a)** Der Ausk- u RechenschAnspr ist im Verhältnis zum HauptAnspr, dessen Dchsetzg er dient, ein HilfsAnspr (Reischl JR **97**, 408). Er beruht auf **dispositivem Recht** u kann daher abbedungen w (Stgt NJW **68**, 2338). Der Verzicht in einem BaubetreuungsVertr verstößt aber idR gg MaBV 5, 8, ein formularmäß Verzicht gg AGBG 9 II Nr 1. Die Entggn von Leistgen des Schu enthält iZw keinen Verzicht auf Ausk oder RechenschLegg (Mü HRR **41**, 628). Der Berecht verliert seinen RechenschAnspr nicht dadch, daß er zunächst nur Ausk verlangt hat (BGH NJW **73**,
26 1839). – **b)** Der Ausk- od RechenschAnspr kann idR nur zus mit dem HauptAnspr **abgetreten** w (BGH **107**, 104, Karlsr FamRZ **67**, 692). Ist der Gläub (Erbe) seinerseits einem and (PflichttBerecht) auskpflicht, kann er den Anspr aber an diesen abtreten (BGH aaO). Die Abtr des HauptAnspr erstreckt sich iZw auch auf den Ausk- u RechenschAnspr (§ 401 Rn 4). Dieser ist aktiv u passiv vererbl, jedoch kann sich der Erbe uU auf Unvermögen berufen (RG HRR **33**, 569, s aber BGH **107**, 104). Der Ausk- u RechenschAnspr hat iZw den gleichen ErfOrt wie der HauptAnspr (Karlsr NJW **69**, 1968, Düss NJW **74**, 2185). Bei mehreren Berecht ist § 432 od § 428 anwendb; neben dem gemeinschaftl Anspr aus § 432 besteht aber bei einem berecht Interesse ein IndividualAnspr des MitGläub (BGH NJW **96**, 656, Heinrichs EWiR **96**, 447). Zum ZbR s
27 § 273 Rn 17. – **c)** Der Ausk- u RechenschAnspr **verjährt** selbständ, idR gem § 195 in 30 Jahren. Die kürzere VerjFr für den HauptAnspr (Bsp: § 2332) gilt für den Ausk- u RechenschAnspr nicht (BGH **108**, 399, NJW **85**, 384, and noch BGH **33**, 379). Wenn der HauptAnspr verjährt ist, kann aber der Ausk- od RechenschAnspr wg Wegfalls des Informationsinteresses idR nicht mehr erhoben w (BGH aaO).

28 **6) Verfahrensrechtliches.** Mit dem Anspr auf Ausk (Rechenschlegg) kann iW der **Stufenklage** (ZPO 254) zugl der Anspr auf eidesstattl Versicherg u (od) Leistg geltd gemacht w; der Klage darf hinsichtl einer späteren Stufe erst stattgegeben w, nachdem über die fr (Ausk, eidesstattl Versicherg) dch TUrt entschieden worden ist (BGH **10**, 386, **LM** ZPO 254 Nr 3 u 7). Die Klage muß die zu erteilde Ausk konkret bezeichnen, jedoch kann je nach den Umst des EinzFalles auch eine allg Fassg ausr sein (BGH DB **70**, 1533). Der Übergang von der Ausk- zur Zahlgsklage u umgekehrt ist nach ZPO § 264 Nr 2 keine KlÄnderg u daher grdsl jederzeit mögl (BGH NJW **79**, 926). Die ZwVollstr richtet sich nach ZPO 888, da AuskErteilg u RechenschLegg unvertretb Hdlgen sind (KG NJW **72**, 2093, Ffm FamRZ **84**, 271).

29 **7) Eidesstattliche Versicherung** (§§ 259 II u III, 260 II u III, 261. – **a)** Sie ist aGrd des Ges vom 27. 6. 70 (BGBl 911) an die Stelle des Offenbargseides getreten. Es handelt sich um eine **materiellrechtliche** Pfl, die über die tatbestandl Grenzen der §§ 259, 260 hinaus auch bei AuskAnspr ähnl Inh gegeben sein kann (Hbg NJW-RR **93**, 868), so vor allem iF der AuskPfl des ArbN gem § 615 (BAG NJW **94**, 2044). Sie kann auch dch mehrere Versichergen erfüllt w (BGH NJW **62**, 245). Die Verpfl ist höchstpersönl Natur; sie kann nur vom Verpflichteten selbst, nicht von einer HilfsPers erfüllt w (KG NJW **72**, 2093), geht aber auf den Erben über (BGH **104**, 371). Die Versicherg ist nach dem Ges das einzige Zwangsmittel zur Sicherstellg der Richtigk u Vollständigk der Ausk (Rechngslegg); einen Anspr auf Überprüfg dch einen Sachverst od dch Bucheinsicht sieht das BGB nicht vor (BGH **92**, 64, s aber Rn 31).

30 **b) Voraussetzungen.** Es muß Grd zu der Ann bestehen, daß die in der Rechng enthaltenen Angaben über die Einnahmen (§ 259 II) od das Bestandsverzeichn (§ 260 II) nicht mit der erforderl Sorgf erstellt worden sind. Maßgebd ist das GesVerhalten des Schu (BGH **LM** § 259 Nr 8). Es genügt nicht, daß er fr die Ausk verweigert hat (BGH NJW **66**, 1117), daß das Verzeichn ohne Zuziehg von Zeugen aufgestellt worden ist od daß der Schu Belege verspätet vorgelegt hat (KG JR **49**, 410). Auch Unrichtigk od Unvollständigk begründen keinen Anspr auf Abgabe der Versicherg, wenn sie auf entschuldb Unkenntn od einem unverschuldeten Irrt beruhen (BGH **89**, 140); and ist es aber, wenn sie bei gehöriger Sorgf hätten vermieden w können (BGH aaO). Auch wenn inhaltl Mängel nicht feststehen, kann Grd für die Annahme einer SorgfPfl-Verletzg gegeben sein (BGH **89**, 139), so etwa bei mehrf berichtigten Angaben (Köln NJW-RR **98**, 126) od wenn der Schu mit allen Mitteln versucht hat, die AuskErteilg zu verhindern (Ffm NJW-RR **93**, 1483). And als beim Bestandsverzeichn des § 260 I (BGH **33**, 375) bezieht sich die eidesstattl Versicherg bei der RechenschLegg nur auf die Vollständigk der **Einnahmen**, da sich der Schu dch eine Unvollständigk der Ausgaben idR nur selbst benachteiligt. Der TestVollstr u der zur Ermittlg der Höhe eines SchadErsAnspr (Verletzergewinn) RechenschPflicht hat aber auch hinsichtl der Ausg eine Pfl zur eidesstattl Versicherg (BGH **92**, 68).

31 **c)** Der Anspr auf eidesstattl Vers ist bei Angelegenh von geringer Bedeutg **ausgeschlossen** (§§ 259 III u § 260 III). Das gilt nicht nur, wenn die Angelegenh insges unbedeutd ist, sond auch, wenn der beanstandete Mangel unbedeutd ist. Der Erbe wird von der Pfl zur eidesstattl Versicherg frei, wenn er die Mängel der Abrechng des Erbl behebt (BGH **104**, 369). Dagg ist es kein BefreiungsGrd, daß der Schu eine strafb Hdlg offenbaren müßte (BGH **41**, 322). Hat der Berecht einen gesetzl od vertragl Anspr auf Bucheinsicht, auf Überprüfg dch einen Sachverst od kann er sonst auf **einfachere Weise** eine umfassde Klarstellg erreichen, kann im Einzelfall für den Anspr auf eidesstattl Versicherg das RSchutzinteresse fehlen (BGH **55**, 201, NJW **98**, 1636). Im HandelsvertreterR ist er ggü dem Anspr aus HGB 87 c IV subsidiär (BGH **32**, 302, Saarbr OLGZ **88**, 234).

32 **d) Verfahren** (§ 261). – **aa)** Der Schu kann die Versicherg **freiwillig** vor dem Ger der freiw Gerichtsbk abgeben (FGG 163, 79), zuständ ist der RPfleger (RPflG 3 Nr 1 b). Das Ger hat nicht zu prüfen, ob Grd zur Annahme eines SorgfMangels bestehe (KGJ **45**, 112). Der Berecht muß die Versicherg aber dch Klage od in sonst Weise verlangt haben (BayObLG **53**, 135). Das FGG-Verfahren ist auch noch nach Erlaß eines Urt
33 mögl. Die Abg vor einem Notar ist nicht ausr (Zweibr MDR **79**, 492). – **bb)** Wird die Versicherg verweigert, muß der Berecht **Klage** erheben, die er gem ZPO 254 mit der Klage auf Ausk (RechenschLegg) u Leistg verbinden kann (Rn 28). VollstrGer ist das AmtsGer, zuständ ist der Rpfleger (RpflG 20 Nr 17), jedoch ist

die Anordng der Erzwinggshaft dem Ri vorbehalten (RPflG 4 II Nr 2). – **cc)** Die Formel der eidesstattl Versicherg kann zur Verdeutlichg geändert w (§ 261 II). Bsp: RG **125**, 260, BGH **33**, 375. Zust ist bei freiw Abgabe das Ger der freiw Gerichtsbark, sonst das Proz- oder VollstrG. Das VollstrGer darf auch dann ändern, wenn die Formel in einem rechtskr Urt festgelegt worden ist (Bamberg NJW **69**, 1304/2204, str). – **dd)** Die **Kosten** der eidesstattl Versicherg trägt gem § 261 III, wer diese verlangt, idR also der Berecht. III gilt für die Abgabe im FGG-Verfahren u vor dem VollstrGer (KG JW **34**, 1982), nicht aber für die Kosten des RStreits um den Anspr auf eidesstattl Versicherg u auch nicht für die Kosten des ErzwinggsVerf nach ZPO 889 II, 888 (MüKo/Keller Rn 5). Auch auf sonst Kosten des Schu ist III weder direkt noch analog anwendb, insbes nicht auf die Kosten der DrittschuldnerErkl nach ZPO 840 (BAG NJW **85**, 1182). 34 35

262 *Wahlschuld; Wahlrecht.* **Werden mehrere Leistungen in der Weise geschuldet, daß nur die eine oder die andere zu bewirken ist, so steht das Wahlrecht im Zweifel dem Schuldner zu.**

1 **1) Wahlschuld. – a)** Sie liegt vor, wenn mehrere **verschiedene Leistungen** in der Weise geschuldet w, daß nach späterer Wahl nur eine von ihnen zu erbringen ist. Es besteht nur ein einheitl Anspr mit alternativen Inh (Köln VersR **93**, 322). Die zunächst unbest, aber bestimmb Leistg wird dch die Wahl auf eine best Leistg konkretisiert. Eine Wahlschuld ist auch gegeben, wenn sich das WahlR nicht auf verschiedene LeistgsGgst, sond auf versch **Modalitäten der Erfüllung** (Zeit, Ort) bezieht (RG **57**, 141, Ziegler AcP **171**, 198, MüKo/Keller Rn 4, aA RG **114**, 395). Dagg sind die §§ 262 ff unanwendb, wenn für eine geschuldete Leistg, etwa SchadErs od Honorar, versch **Berechnungsarten** bestehen (BGH NJW **66**, 826, Stgt NJW **70**, 287). – **b)** Das **Wahlrecht** ist ein GestaltgsR. Nach § 262, der keine bloße Ausleggsregel, sond eine Ergänzg des PartWillens ist, steht es iZw dem Schu zu. In der Praxis wird es dagg idR dem Gläub übertragen. Es kann dch vertragl Abrede auch einem Dr überlassen w; in diesem Fall sind die §§ 317 ff entspr anwendb (Staud-Selb Rn 13, str). – **c) Entstehung.** Die Wahlschuld kann dch Vertr, Vfg vTw (§ 2154) od Ges begründet w. Bsp vereinbarter Wahlschulden sind: WahlR zw Geld- u Naturalpacht (BGH **81**, 137, NJW **62**, 1568), zw versch Währgen (RG **126**, 197, **168**, 247), zw versch Arten der AuseinandS (s RG **114**, 395), zw versch zu stellden od freizugebden Sicherh (BGH WM **83**, 926, 928), Gutschrift für eine vom Käufer zurückgegebene Sache (AG Hbg NJW **90**, 125). Ges Wahlschulden sind selten. Die insoweit oft genannten §§ 179, 280 II u 557 I sind nach richt Ans Fälle der elektiven Konkurrenz (Rn 6). 2 3

4 **2)** Die Wahlschuld hat im BGB eine **wenig überzeugende Regelung** gefunden. Ihr enger Begriff umfaßt von den SchuldVerh mit Wahlmöglichk nur einen Teil, u zwar gerade den, der in der Praxis selten vorkommt. Die §§ 262 ff, insb der § 264, sind in „Gesetzesform gegossene schlechte Begriffsjurisprudenz" (Ziegler AcP **171**, 216). Wenn einer Part nach RGesch od Ges Wahlbefugn zustehen, ist vielf keine Wahlschuld, sond je nach der Interessenlage eine der ihr ähnl RFiguren (Rn 5 ff) anzunehmen.

5 **3) Abgrenzung. – a) Gattungsschuld.** Über die Abgrenzg zw der beschr Gattgsschuld (§ 243 Rn 3) u der Wahlschuld entscheidet der PartWille. Bei der beschr Gattgsschuld verstehen die Part den Vorrat, aus dem geleistet w soll, als eine Menge gleichart Ggst, bei der Wahlschuld als eine Anzahl von individuell geprägten verschiedenartigen Ggst (MüKo/Keller Rn 6). Bei der Gattgsschuld sind Sachen mittlerer Art u Güte zu liefern (§ 243), dagg ist der Berecht bei der Wahlschuld in der Leistgsbestimmg frei (§ 263 Rn 1). In der Praxis überwiegt die Gattgsschuld. Der **Spezifikationskauf** (HGB 375), bei dem der Käufer über Form, Maß od ähnl Modalitäten der Kaufsache bestimmen kann, ist idR eine Gattgsschuld (hM); er kann aber im Einzelfall als eine Wahlschuld ausgestaltet sein (Ziegler AcP **171**, 207). Mögl ist auch eine Kombination von Wahl- u Gattgsschuld in der Weise, daß jeder der wahlw geschuldeten Ggst nur nach Gattgsmerkmalen bestimmt ist (BGH NJW **60**, 674).

6 **b) Elektive Konkurrenz.** Währd bei der Wahlschuld nur eine Fdg mit alternativen Inh besteht, stehen dem Gläub bei der elektiven Konkurrenz wahlw **mehrere,** inhaltl verschiedene **Rechte** (Fdgen od GestaltgsR) zu (MüKo/Keller Rn 15). Bsp für eine solche Mehrh von GläubR sind: Wandlg u Minderg (§ 462); SchadErs wg NichtErf u Rücktr iF der §§ 325, 326 (RG **109**, 186, Düss NJW **72**, 1051); WegnR u VergütgsAnspr iF des § 951 (BGH **LM** § 946 Nr 6); ErfAnspr u VertrStrafe iF des § 340 (Ziegler AcP **171**, 205, str); Minderg u Nachbesserg iF der §§ 633, 634 (MüKo/Keller Rn 16, aA Köln OLGZ **68**, 259); Erf- u SchadErsAnspr iF des § 179 (Hilger NJW **86**, 2237, aA RG **154**, 62); SchadErsAnspr u Anspr aus § 281 (Soergel/Wiedemann § 281 Rn 41, str); KündR aus 564 b II Nr 1 u IV (Hbg NJW **83**, 183). §§ 262 ff sind weder unmittelb noch analog anzuwenden. Das gilt insb für § 263 (allgM). Ob die Wahl bindd ist od ein *jus variandi* besteht, ist dem RegelgsZusHang der Norm zu entnehmen, die die konkurrierden GläubR begründet.

7 **c) Ersetzungsbefugnis** *(facultas alternativa).* – **aa)** Das BGB hat sie nicht geregelt, obwohl sie in der Praxis häufiger vorkommt als die Wahlschuld. Die §§ 262 ff sind weder unmittelb noch entspr anwendb (RG **132**, 14, **136**, 130). Ob die Wahl bindet od der Berecht ein *jus variandi* hat, ist dch Auslegg des Ges od RGesch zu entscheiden, auf dem die *facultas alternativa* beruht (Brdbg VIZ **97**, 697). – **bb)** Die Schuld mit einer **Ersetzungsbefugnis des Schuldners** hat im Ggs zur Wahlschuld von Anfang an einen best Inh. Der Schu ist aber berecht, anstelle der an sich geschuldeten Leistg eine and als Leistg an Erf Statt zu erbringen. Ges Bsp sind ua §§ 244 I (RG **101**, 313), 251 II, 528 I S 2, 775 II, 1973 II S 2, 2170 II S 2. Ersetzgsbefugn des Schu können auch dch Vertr begründet w, dch formularmäß Klauseln aber nur in den Grenzen von AGBG 10 Nr 4 (s dort). Gibt der Kfz-Käufer seinen Gebrauchtwagen in Zahlg, liegt darin die Begründg einer Ersetzgsbefugn (BGH **46**, 338, **89**, 128). Das gilt aber nicht, wenn der KfzHändler zur Vermeidg einer MWStPfl ledigl als Vermittler auftritt (s BGH NJW **80**, 2191). Wird die Primärleistg dch Zufall unmögl, wird der Schu auch dann frei, wenn die ErsLeistg weiterhin erbracht w könnte (Esser-Schmidt § 14 III 1, hM). Dagg bleibt der Anspr auf die Primärleistg unberührt, wenn die ErsLeistg unmögl w (RG **94**, 60). – **cc)** Bei der Schuld mit einer **Ersetzungsbefugnis des Gläubigers** hat dieser das Recht, statt der an sich geschuldeten Leistg 8 9

eine and zu fordern. Ges Bspe sind § 249 S 2 (BGH **5**, 209) u der ZahlgsAnspr gem Art 233 § 11 III 4 EG im Verhältn zum AuflAnspr gem § 11 III 1 (Brdbg VIZ **97**, 697). Vertragl Abreden über die Begründg einer *facultas alternativa* des Gläub dienen vielf der Wertsicherg; sie sehen zu diesem Zweck vor, daß der Gläub statt des geschuldeten Geldbetrages Naturalleistgen verlangen kann (BGH **81**, 137, NJW **62**, 1568). Der Schu kann die Verbindlichk (and als iF der Wahlschuld) erfüllen, ohne die Wahl des Gläub abwarten od eine Fr gem § 264 II setzen zu müssen. Für die Unmöglichk der Primär- od ErsLeistg gilt dasselbe wie bei der Ersetzgsbefugn des Schu (Rn 8). Im übrigen ist der Unterschied zur Wahlschuld mit einem WahlR des Gläub gering.

263 *Ausübung des Wahlrechts; Wirkung.*

I Die Wahl erfolgt durch Erklärung gegenüber dem anderen Teile.

II Die gewählte Leistung gilt als die von Anfang an allein geschuldete.

1 **1)** Das WahlR ist ein GestaltgsR. Es gehört zum Inh des SchuldVerh u geht daher mit auf den RNachfolger des wahlberecht Gläub od Schu über. Es wird dch eine einseit, empfangsbedürft WillErkl **ausgeübt.** Die Erkl ist wie alle rechtsgestaltden WillErkl grdsl bedinggsfeindl (Einf 13 v § 158). Sie kann auch dch schlüss Hdlg erfolgen, etwa dch Angebot od Ann der Leistg od dch Klage. Schlüss Verhalten ist aber nur dann als WillErkl zurechenb, wenn der Berecht die mögl Deutg seines Verhaltens als WahlErkl erkennen konnte (§ 133 Rn 11). Steht das WahlR mehreren gemeins zu, muß die Wahl von ihnen übereinstimmd erklärt w (s BGH **59**, 190). § 243, wonach iZw eine Sache mittlerer Art u Güte zu leisten ist, ist nicht entspr anwendb (Staud/Selb Rn 3). Die Wahl ist an Treu u Glauben gebunden (BGH WM **83**, 926, 928); sie kann, auch wenn sie vor der
2 Leistg erfolgt, **nicht widerrufen** od geändert w (Celle VIZ **96**, 104). Da § 263 dispositives Recht ist, können die Part aber vertragl ein *jus variandi* begründen (RG **136**, 130). Die WahlErkl ist nach Maßg der §§ 119ff anfechtb. Bereits erbrachte Leistgen können nach wirks Anf gem § 812 zurückgefordert w. Auch bei Leistg in Unkenntn des WahlR besteht ein Anspr aus § 812. Auf die Fälle der elektiven Konkurrenz u der Ersetzgsbefugn findet § 263 keine Anwendg (§ 262 Rn 6 u 7).

3 **2)** Dch die WahlErkl tritt eine **rückwirkende Konzentration** des SchuldVerhältn auf die gewählte Leistg ein **(II).** Auch die Verzinsg gem HGB 353 beginnt rückwirkd (Mü NJW-RR **98**, 1189). Bei Unmöglichk einer einzelnen Leistg w § 263 II dch § 265 modifiziert (s dort).

264 *Verzug des Wahlberechtigten.*

I Nimmt der wahlberechtigte Schuldner die Wahl nicht vor dem Beginne der Zwangsvollstreckung vor, so kann der Gläubiger die Zwangsvollstreckung nach seiner Wahl auf die eine oder auf die andere Leistung richten; der Schuldner kann sich jedoch, solange nicht der Gläubiger die gewählte Leistung ganz oder zum Teil empfangen hat, durch eine der übrigen Leistungen von seiner Verbindlichkeit befreien.

II Ist der wahlberechtigte Gläubiger im Verzuge, so kann der Schuldner ihn unter Bestimmung einer angemessenen Frist zur Vornahme der Wahl auffordern. Mit dem Ablaufe der Frist geht das Wahlrecht auf den Schuldner über, wenn nicht der Gläubiger rechtzeitig die Wahl vornimmt.

1 **1)** Die Vorschr, bes ihr Abs 1, zeichnet sich dch Lebensferne u Schwerfälligk aus (s auch § 262 Rn 4). Die Wahlschuld begründet **keine Pflicht zur Wahl.** Eine Kl auf Vorn ist nicht mögl. Verzögert der Schu die Wahl, kommt er nicht in Verzug.

2 **2)** Ist der **Schuldner wahlberechtigt,** gibt das Ges dem Gläub nicht die Möglichk dch FrSetzg den Übergang des WahlR herbeizuführen. Der Gläub muß vielm LeistgsKl mit alternativen KlAntrag erheben. Nach Erlaß eines entspr Urt kann er bestimmen, wg welcher Leistg vollstreckt w soll **(I 1, 1. Halbsatz).** Gleichwohl hat der Schu weiterhin das WahlR; nach Beginn der ZwVollstr (ZPO 750, 803ff, 829) kann er es aber nicht mehr dch Erkl, sond nur noch dch tats Leistg ausüben, **I 1, 2. Halbsatz** (BGH NJW **95**, 3190). Sobald der Gläub (teilw) befriedigt ist, erlischt das WahlR des Schu. Gem ZPO 815 III, 819 tritt Befriedigg des Gläub bereits ein, wenn der GVz das gepfändete Geld od den Versteigergserlös in Besitz nimmt.

3 **3)** Ist der **Gläubiger wahlberechtigt,** kann der Schu dch FrSetzg den Übergang des WahlR auf sich herbeiführen (II). Die FrSetzg setzt AnnVerzug voraus. Dazu genügt gem § 295 ein wörtl Angebot. Die FrSetzg ist entbehrl, wenn der Gläub die DchFührg des Vertr ernsth u endgült verweigert (RG **129**, 145). Auf das WahlR, das dem ArbN bei einem unverbindl nachvertragl WettbewVerbot zusteht, ist II 1 entspr anwendb (BAG DB **91**, 709).

265 *Unmöglichkeit bei Wahlschuld.*

Ist eine der Leistungen von Anfang an unmöglich oder wird sie später unmöglich, so beschränkt sich das Schuldverhältnis auf die übrigen Leistungen. Die Beschränkung tritt nicht ein, wenn die Leistung infolge eines Umstandes unmöglich wird, den der nicht wahlberechtigte Teil zu vertreten hat.

1 **1) Allgemeines.** Die Vorschr trägt den mögl verschiedenart Interessenlagen nicht ausr Rechng (s Ziegler AcP **171**, 211). Sie ist aber nachgieb Recht. Stillschw Abbedingg ist anzunehmen, wenn ihre Anwendg den VertrAbs widerstreiten würde (RG **90**, 395). Der Unmöglichk steht es gleich, wenn das Versprechen einer der Leistgen gg ein ges Verbot (§ 134) verstößt od formunwirks (§ 125) ist (RG Gruch **48**, 973); Voraussetzg ist jedoch, daß die verbleibde Leistg auch ohne die ungült vereinb worden wäre (RG aaO, § 139).

2 **2) Unmöglichkeit. – a)** Bei **anfänglicher** Unmöglichk aller Leistgen ist der Vertr gem § 306 nichtig; ggf ist § 307 anwendb. Ist nur eine Leistg unmögl, tritt in Dchbrechg des § 139 keine GesNichtigk ein; das SchuldVerh beschränkt sich vielm auf die mögl Leistg **(Satz 1).** Zu prüfen ist aber jeweils, ob der Wille der

Part diesem Ergebn entggsteht (Rn 1). – **b) Nachträgliche** Unmöglichk **vor der Wahl:** Werden alle 3
Leistgen unmögl, gelten die allg Regeln (§§ 275 ff, 323 ff). Wird nur eine Leistg unmögl, beschränkt sich das Schuldverh auf die mögl Leistg **(Satz 1).** Das gilt jedoch nicht, wenn die Unmöglichk von der nicht wahlberecht Part zu vertreten ist **(Satz 2).** Wählt in diesem Fall der wahlberecht Schu die unmögl Leistg, gilt § 275 (ggf mit § 324). Der wahlberecht Gläub kann bei Wahl der unmögl Leistg gem § 280 od § 325 SchadErs verlangen. – **c)** Unmöglichk **nach der Wahl:** Unmöglichk der nicht gewählten Leistg ist für das 4
SchuldVerh unerhebl. Wird die gewählte Leistg unmögl, gelten gem § 263 II die allg Bestimmgen (§§ 275 ff, 323 ff); interessengerecht wäre zumindest in diesem Fall ein *jus variandi.*

266 *Teilleistungen.* **Der Schuldner ist zu Teilleistungen nicht berechtigt.**

1) § 266 hat den **Zweck,** Belästiggen des Gläub dch mehrfache Leistgen zu verhindern (RG **79**, 361). 1

2) Teilleistung. – a) Der Begriff wird vom Ges nicht definiert. Die §§ 280 II, 320 II, 323 I 2, 325 I 2, 2
420, 427, 431, 432, die and Probleme der Teilleistg regeln, sind für die Auslegg des § 266 unergieb. Eine einheitl BegrBildg ist nicht mögl, da jede Vorschr entspr ihrer Zweckbestimmg ausgelegt w muß (Coing SJZ **49**, 532). Teilleistg iS des § 266 ist jede unvollst Leistg (MüKo/Keller Rn 3). Dabei sind die obj Gegebenh maßgebd, nicht die Auffassg des Schu. § 266 ist auch dann anwendb, wenn der Schu die obj unvollst Leistg subj für vollst hält (Soergel-Wolf Rn 15, fr str). Von der TeilLeistg begriffl zu unterscheiden ist die Leistg eines *aliud.* Für die Abgrenzg kommt es darauf an, ob die erbrachte Leistg dch weitere Leistgen zu der geschuldeten GesLeistg ergänzt w könnte (Teilleistg) od nicht („AndersLeistg"). Die prakt Bedeutg der Unterscheidg ist jedoch gering, da Gläub in beiden Fällen ein AblehngsR hat. Das Verbot des § 266 gilt auch für die **Hinterlegung** u die Künd eines TeilBetr dch den Schu (RG **111**, 401).

b) Der Begr der **teilbaren Leistung** (§§ 420, 427, 431, 432) stimmt mit dem der Teilleistg weder überein 3
noch ist er aus ihm ableitb. Er ist aber deshalb für § 266 von Bedeutg, weil die ausnw bestehde Pfl zur Ann von Teilleistgen (Rn 6 ff) grdsl nur bei teilb Leistgen in Betracht kommt. Teilb ist eine Leistg, wenn sie ohne Wertminderg u ohne Beeinträchtigg des LeistgsZwecks in Teilleistgen zerlegt w kann (Staud-Selb Rn 3). Das trifft idR zu bei Anspr auf Leistg od Herausg von Geld od and vertretb Sachen (BGH **90**, 196), GattgsLeistgen, mehreren geschuldeten Sachen od Dienstleistgen (RG JW **11**, 756). Unteilb sind Leistgen, deren Ggst nicht geteilt w kann, wie die Verpfl zur Herstellg eines Werkes (RG aaO), zur tatsächl Übergabe (Herausgabe) einer best Sache (BGH **65**, 227, **131**, 176, *arg* 432 I 2), zur Übereigng eines Grdst (BayObLG NJW-RR **92**, 1370) od zur sonst Verschaffg des Eigt od eines Rechts (RGRK § 420 Rn 11: TeilEigt ist ggü VollEigt nicht *minus* sond *aliud,* str), zur Naturherstellg gem § 249 S 1 (RG **67**, 275), zur RückÜbertr einer GrdSch (BGH WM **69**, 211), uU zur Gebrauchsgewähr an einer Mietsache (BGH **116**, 337), zur Unterlassg (Übbl 11 vor § 420). Auch bei einer im natürl Sinn teilb Leistg kann sich aus dem **Leistungszweck** die Unteilbark der 4
Leistg (rechtl Unteilbark) ergeben (§ 432 Rn 2).

3) Sind aus einem SchuldVerh **mehrere Forderungen** entstanden, so ist die Erf einer dieser Fdgen keine 5
Teilleistg, sond vollst Erf. § 266 ist dementspr unanwendb bei Zahlg einer von mehreren rückständ Mietzinsraten (KG OLG **22**, 290). Das gilt ebso für Unterhalt, HypZinsen, Beiträge u Renten. Anspr auf VerspätgsSchaden u VertrStrafe sind nicht Teil der HauptFdg, sond auf einem zusätzl RGrd beruhde NebenFdg (§ 284 Rn 29, str, aA Staud-Selb Rn 3). § 266 daher unanwendb, wenn Schu allein die HauptFdg (NebenFdg) bezahlt. Das gilt ebso für das Verh von HauptFdg zu Zinsen u Kosten (Weber MDR **92**, 328), jedoch ist die Leistg vorbehaltl der Sonderregelg in VerbrKrG 11 III gem § 367 zunächst auf Zinsen u Kosten anzurechnen. Schuldet der Schu neben einer noch mögl Teilleistg SchadErs wg des unmögl gewordenen Teils, handelt es sich gleichf um zwei Anspr (str).

4) Teilleistungen sind zulässig: – **a)** Bei einer entspr **Parteivereinbarung,** die auch stillschw zustande 6
kommen kann; in AGB sind Teilzahlgsklauseln ohne Einschränkg dch ein ZumutbarkKriterium aber unwirks (Stgt NJW-RR **95**, 116). Beim SukzessivliefergsVertr (Einf 26 ff v § 305) ist die Abwicklg dch Teilleistg VertrInhalt. § 266 gilt für die jeweilige Teilleistg.

b) Aufrechnung: Es darf mit einer geringeren gg eine größere Fdg aufgerechnet w (allgM). Die §§ 387 ff 7
wären sonst weitgehd leerlaufd, da gleich hohe Fdgen sich selten aufrechenb ggüstehen. Zul auch Aufr mit einem Teil der GgFdg (RG **79**, 360, hM); TeilAufr kann aber gem § 242 unzul sein, wenn sie eine für den Gläub unzumutb Belästigg darstellt.

c) Der **Wechsel- und Scheckinhaber** muß Teilzahlgen annehmen (WG 39 II, ScheckG 34 II). Eine Pfl 8
zur Ann von Teilzahlgen besteht auch bei VerbrKrediten (VerbrKrG 11 III 2), bei Mietkautionen gem § 550 b I 3, in der Zwangsvollstreckg (*arg* ZPO 757) u im InsVerteilgsVerf (InsO 187) sowie nach Erlaß eines TeilUrt (MüKo/Keller Rn 13). Im **Enteignungsverfahren** darf Eigtümer die behördl festgesetzte Entschädigg auch dann nicht zurückweisen, wenn sie zu niedr ist (BGH **44**, 59, NJW **67**, 2011).

d) Treu und Glauben: § 266 wird auch dch § 242 eingeschränkt. Der Gläub darf Teilleistgen nicht 9
ablehnen, wenn ihm die Ann bei verständ Würdigg der Lage des Schu u seiner eig schutzwürd Interessen zuzumuten ist (BGH VersR **54**, 298, **LM** Nr 2, Baumgärtel VersR **70**, 971). Ist die Höhe des SchadErsAnspr str, besteht eine AnnPfl des Gläub, wenn Schu in vertretb Würdigg der Umst der Ans sein durfte, er leiste alles, was er schulde (Düss NJW **65**, 1763, Hamm VersR **67**, 383) oder wenn nur ein geringfüg SpitzenBetr fehlt (Schlesw FamRZ **84**, 187, Brem NJW-RR **90**, 6). Auch wenn der Schu nach seiner finanziellen Lage zur vollst Leistg außerstande ist od wenn er sich zur zusätzl Zahlg bereit erklärt, sofern ein weitergehder Anspr bewiesen w, muß der Gläub annehmen (Nürnb VersR **65**, 1184). Dagg ist die Ann von Teilleistgen unzumutb, wenn sie als Verz auf die MehrFdg gedeutet w könnte (Düss VersR **66**, 1055) od wenn ein leistgsfähiger Schu eine offensichtl nicht ausr Leistg anbietet.

10 **5)** Der Gläub kann die Teilleistg ablehnen, er muß es nicht. Für den Schu treten iF der Ablehng die **Nichterfüllungsfolgen** (§§ 286, 320, 326) hins der GesLeistg ein. Nimmt der Gläub die Teilleistg widerspruchslos an, obwohl Schu sie als vollst bezeichnet, gilt § 363. Die **Zuvielleistung** hat das Ges nicht geregelt (s Reichelt AcP **130**, 176). Gläub kann bei Unteilbark ablehnen. Bei Teilbark muß er das Geschuldete annehmen, sofern dch Trenng keine unzumutb Aufwendgen entstehen u Schu zur Rückn der Mehrleistg bereit ist (Werner BB **84**, 221).

11 **6)** § 266 gilt nicht **für den Gläubiger.** Dieser kann Teilleistgen fordern u einklagen, es sei denn, daß ausnw § 242 entggsteht. Zul daher auch TeilKl auf Übereigng eines GrdstTeils (BGH WM **78**, 193). Bei Teilklagen kann Gläub den aufrechnden Bekl nicht auf den nicht eingeklagten FdgsTeil verweisen (§ 388 Rn 4). Das gilt entspr bei TeilErf (BGH WM **66**, 160). Bei TeilErf vor Klagerhebg kann Gläub aber den verbleibden Rest (ganz od teilw) geltd machen u dadch Anrechng auf den nicht eingeklagten FdgsTeil herbeiführen (BGH aaO). Zul ist auch die TeilVollstr (Schlesw Rpfleger **76**, 224).

12 **7)** Das **Gericht** kann grdsl keine Teilzahlgen bewilligen. Ausn: § 1615 i (rückständ Unterh), § 1382 (ZugewinnAusgl), § 2331 a (PflTAnspr); ausnw kann das Gericht auch gem § 242 Teilzahlgen bewilligen, so uU beim RückzahlgsAnspr des Wucherers (RG **161**, 58) od dem VergütgsAnspr eines Fluchthelfers (BGH NJW **77**, 2358). Im VollstrVerf können gem ZPO 813 a ZahlgsFr bewilligt w.

267 *Leistung durch Dritte.*

I Hat der Schuldner nicht in Person zu leisten, so kann auch ein Dritter die Leistung bewirken. Die Einwilligung des Schuldners ist nicht erforderlich.

II Der Gläubiger kann die Leistung ablehnen, wenn der Schuldner widerspricht.

1 **1) Allgemeines.** § 267 beruht auf dem Gedanken, daß der Gläub idR nur an der Herbeiführg des LeistgsErfolgs, nicht aber an der Pers des Leistden interessiert ist. Er gilt grdsl für alle SchuldVerhältn, auch für GrdSchulden (BGH NJW **69**, 2238, WM **70**, 1517) u für SchuldVerhältn des öffR (s AO 48). Er ist unanwendb, wenn der Schu **in Person** zu leisten hat. Das ist nach gesetzl Ausleggsregeln iZw anzunehmen beim Dienstverpflichteten (§ 613), Beauftragten (§ 664), Verwahrer (§ 691) u geschäftsführden Gesellschafter (§ 713). Die höchstpersönl LeistgsVerpfl kann sich auch aus einer ausdr od stillschw ParteiVereinbg od der Natur der Sache ergeben, so etwa bei UnterlVerpfl u bei Geldstrafen (BGH **23**, 224, RGSt **30**, 232).

2 **2) Abgrenzung.** Dritter ist nicht: – **a)** Wer als **Vertreter** od ErfGehilfe (§ 278) des Schu leistet. – **b)** Wer in Erf einer **eigenen Verbindlichkeit** leistet, so der GesSchu (§ 421), der Bürge (BGH **42**, 56), der Versicherer, der aufgrund eines TeilgsAbk zahlt (BGH NJW **70**, 134), and aber – abgesehen vom Fall des DirektAnspr – der HaftPflVersicherer (BGH **113**, 69), der DrittSchu iFd ZPO 829 (LG Brem NJW **71**, 1366), die einen Wechsel einlösde Bank (BGH **67**, 79), der FdgKäufer (RG **167**, 298, 301, BGH Rpfleger **82**, 412, Mü WM **88**, 1847); die Bank, die einen Ablösgsbetrag gg Abtr des abgelösten Anspr leistet (BGH NJW **97**, 730). Mögl ist aber auch eine doppelte TilggsBestimmg (Rn 4), dh eine Leistg zugl auf die eig Schuld u als Dritter auf die Verbindlichk des Schu (Rn 4).

3 **3) Voraussetzungen. – a)** Der Dritte muß die **Leistung** bewirken. Zu ErsLeistgen ist er nicht berecht; er kann nicht aufrechnen (RG **119**, 4), nicht hinterlegen (MüKo/Keller Rn 13, aA KG JW **28**, 2563) u keine Leistg an Erf Statt erbringen. Erbringt er eine Leistg erfhalber (Hingabe eines Schecks od Wechsels), stehen
4 ihm alle Einwendgen aus dem GrdGesch zu (s Bilda NJW **91**, 3251). – **b)** Der Dr muß mit dem **Willen** leisten, die Verpfl des Schu zu tilgen (BGH **46**, 325, **75**, 303, NJW **95**, 129, **98**, 377/379). Dabei kommt es nicht auf den inneren Willen des Dr, sond darauf an, wie der Gläub sein Verhalten verstehen durfte (BGH **40**, 276, **72**, 248). Das gilt auch dann, wenn zweifelh ist, ob der Leistde als Dr od als Bü gezahlt hat (BGH NJW **86**, 251). Der Dr kann Bdggen für den Eintritt der Tilggswirkg setzen (BGH **92**, 284, NJW **97**, 2597). Fehlt eine TilggsBest, etwa bei der Leistg eines PutativSchu, liegt keine wirks Erf vor; der Anspr des Gläub besteht weiter. Der BereichergsAusgl findet zw dem Dr u dem Gläub statt (Rn 8). Der Dr hat aber in den Grenzen von § 242 die Möglichk, die TilggsBestimmg nachzuholen (BGH NJW **64**, 1898, **83**, 814, **86**, 2700, str, offen gelassen in BGH **75**, 303). Mögl ist auch eine doppelte TilggsBestimmg, wonach zugl die Verpfl des Schu u eine eig Verbindlichk erfüllt w soll (BGH **70**, 396). Auch insow kommt es aber nicht auf den inneren Willen,
5 sond auf den obj ErklWert an (BGH **72**, 249). – **c)** Der Gläub kann die Leistg **ablehnen,** wenn der Schu widerspricht **(II).** Der Widerspr kann ggü dem Gläub od ggü dem Dr erklärt w. Er bindet den Gläub nicht; dieser bleibt in seiner Entscheidg frei. Ist dem Gläub die Pers des Leistden nicht zuzumuten (zB Ehebrecher), kann er gem § 242 auch ohne Widerspr des Schu ablehnen. Hat der Gläub dem Schu eine Sache unter EigtVorbeh geliefert, entfällt das KlRecht des Gläub aus ZPO 771, wenn der PfändgsGläub den RestKaufPr gem § 267 zahlt, da dch die Zahlg die aufschiebde Bdgg eintritt u der Schu Eigtümer der gepfändeten Sache w. Das WidersprR des Schu aus § 267 II kann der PfändgsGläub dadch ausräumen, daß er das AnwartschR gem ZPO 857 pfänden läßt (BGH **75**, 228, NJW **54**, 1328). Das gilt entspr bei einer auflösd bedingten SichgÜbereigng (Celle NJW **60**, 2196).

6 **4) Rechtsfolgen. – a)** Das SchuldVerhältn **erlischt** (§ 362), ebso die für den Gläub bestellte Sicherh (BGH DB **75**, 2432). Lehnt der Gläub die Leistg ab, gerät er (vorbehaltl Rn 5) in AnnVerzug. Die mangelh Drittleistg bewirkt ebso wie die mangelh SchuLeistg idR keine Erf (§ 362 Rn 2). Für Folge- u Begleitschäden
7 u SchutzPflVerletzgen haftet der Dr (Rieble JZ **89**, 830). – **b)** Der **Rückgriff des Dritten** regelt sich nach seinem RVerhältn zum Schu. Mögl AnsprGrdl sind Auftr, GoA od Gesellsch. Ein gesetzl FdgÜbergang findet nicht statt. Bei einer **rechtsgrundlosen** Drittleistg ist zu unterscheiden: – **aa)** Bestand zw dem Dritten u dem Schu kein gült RVerhältn, richtet sich der BerAnspr gg den Schu (BGH **70**, 396, DB **75**, 2432). Ein
8 BerAnspr gg den Gläub ist nicht gegeben (BGH **72**, 248, LG Zweibr VersR **96**, 179). – **bb)** Bestand der Anspr nicht, den der Dritte tilgen wollte, hat er einen BerAnspr gg den ScheinGläub (BGH **113**, 69, Jakobs NJW **92**, 2524). – **cc)** Leistet der Dritte in der irrigen Annahme, er sei selbst der Schu, erlischt der Anspr

nicht (Rn 4). Der BerAnspr richtet sich (vorbehaltl einer nachträgl TilggsBestimmg) gg den Gläub (§ 812 Rn 62).

268 *Ablösungsrecht des Dritten.* **I Betreibt der Gläubiger die Zwangsvollstreckung in einen dem Schuldner gehörenden Gegenstand, so ist jeder, der Gefahr läuft, durch die Zwangsvollstreckung ein Recht an dem Gegenstande zu verlieren, berechtigt, den Gläubiger zu befriedigen. Das gleiche Recht steht dem Besitzer einer Sache zu, wenn er Gefahr läuft, durch die Zwangsvollstreckung den Besitz zu verlieren.**

II Die Befriedigung kann auch durch Hinterlegung oder durch Aufrechnung erfolgen.

III Soweit der Dritte den Gläubiger befriedigt, geht die Forderung auf ihn über. Der Übergang kann nicht zum Nachteile des Gläubigers geltend gemacht werden.

1) Allgemeines. § 268 gibt dem Dritten, wenn er dch ZwVollstr ein Recht od den Besitz am Ggst der ZwVollstr verlieren könnte, ein eig **Ablösungsrecht** u damit eine wesentl stärkere RStellg als die des § 267: Die Ablösg führt nicht zum Erlöschen, sond zum Übergang der Fdg (Rn 6); der Widerspr des Schu ist ohne Wirkg. § 268 gilt auch bei der Ablösg öffrechtl Fdgen (BGH **75**, 24, NJW **56**, 1197). Entspr Vorschr enthalten §§ 1142, 1143, 1150, 1223 II, 1224, 1249. 1

2) Voraussetzungen. – a) Der Gläub muß die ZwVollstr betreiben. Nicht erforderl ist, daß das Vollstr-Organ bereits tätig geworden ist. Ein VollstrAntr des Gläub genügt. Soweit die in Rn 1 angeführten Sonder-Vorschr anwendb sind, setzt der Schutz bereits früher ein. Das AblösgsR entfällt mit der Beendigg der Vollstr, dh idR mit der Erteilg des Zuschlags (s RG **123**, 340, **146**, 322). – **b)** Die ZwVollstr muß wg einer GeldFdg betrieben w (Staud-Selb Rn 3) u sich gg einen dem **Schuldner gehörenden** Ggst (Übbl 2 v § 90) richten. Ist das nicht der Fall, bleibt dem Dritten nur der Weg des § 267. Wenn er selbst Eigtümer ist, kann er gem ZPO 771 intervenieren. – **c) Drohender Rechts- oder Besitzverlust.** Erforderl ist grdsl das Bestehen eines dingl Rechts. Eine ZwangsHyp genügt (LG Verden Rpfleger **73**, 296), ebso eine Vormkg (BGH NJW **94**, 1475). Geschützt sind der unmittelb u der mittelb Besitz. Das AblösgsR besteht grdsl auch dann, wenn der Ablösde unberecht Besitzer ist. Ein Wille des Dritten, die drohde ZwangsVollstr abzuwehren, ist nicht erforderl (BGH NJW **94**, 1475, aA RG **146**, 323). 2 3 4

3) Der Dritte hat das Recht, den Gläub **zu befriedigen.** Er übt dabei – and als iF des § 267 – ein eig Recht aus (RG **150**, 60), ist aber, ebso wie der Schu, zu Teilleistgen nicht berecht (BGH NJW **90**, 260). Er kann auch hinterlegen, **II,** aber nur, wenn die Voraussetzgen des § 372 erf sind (BGH ZIP **94**, 1839). Ebso ist trotz fehlder Ggseitigk der Fdgen Aufr mögl **(II).** Ein Widerspr des Schu berecht den Gläub nicht, die Leistg abzulehnen. 5

4) Rechtsfolgen. – a) Mit der Befriedigg des Gläub geht die Fdg kr Ges (§ 412) mit allen NebenR (§ 401) auf den Dritten über **(III 1).** Das gilt auch für eine öffrechtl Fdg; sie verwandelt sich aber dch die cessio legis in einen privrechtl Anspr (BGH **75**, 25, Rimmelspacher ZZP **95**, 281). – **b)** Der Gläub darf dch den FdgÜbergang nicht schlechter gestellt w, als wenn der Schu selber geleistet hätte **(III 2):** nemo subrogat contra se (s die entspr Regelgen in §§ 426 II 2, 774 I 2, 1143 I 2, 1164 I 2, 1607 II 3 u Herpers AcP **166**, 454). Bei einer Teilbefriedigg hat die dem Gläub verbleibde TeilFdg den **Vorrang**, auch wenn der Dritte den abgelösten Teil als rangersten bezeichnet hat (Celle Rpfleger **90**, 379); dementspr erwirbt der Dritte auch an den akzessorischen SichergsR (Hyp, PfandR) eine nachrangige Teilberechtigg (RG **131**, 325, BGH **LM** § 426 Nr 26, Celle NJW **68**, 1140/1936). Der Dritte kann eine GrdSch auch dann ablösen, wenn die GrdSch zugl der Sichg weiterer Fdgen dient u der Gläub die Zahlg entspr der SichgAbrede auf eine and Fdg anzurechnen will (LG Memmingen NJW-RR **98**, 1512). Im InsVerf des Schu darf der Dritte seine nachrangige Fdg anmelden (RG **82**, 403), muß aber die auf ihn entfallde Quote an den Gläub auskehren, soweit das zu dessen Befriedigg erforderl ist (BGH NJW **97**, 1015). Der Vorrang des Gläub beschränkt sich auf die (teilw) abgelöste Fdg u die aus ihr entstandenen sekundären Anspr (SchadErs, Zinsen, Kosten); and Fdgen w von ihm nicht erfaßt (RG **76**, 195, **136**, 43, BGH **92**, 379, Herpers aaO S 456). 6 7

269 *Leistungsort.* **I Ist ein Ort für die Leistung weder bestimmt noch aus den Umständen, insbesondere aus der Natur des Schuldverhältnisses, zu entnehmen, so hat die Leistung an dem Orte zu erfolgen, an welchem der Schuldner zur Zeit der Entstehung des Schuldverhältnisses seinen Wohnsitz hatte.**

II Ist die Verbindlichkeit im Gewerbebetriebe des Schuldners entstanden, so tritt, wenn der Schuldner seine gewerbliche Niederlassung an einem anderen Orte hatte, der Ort der Niederlassung an die Stelle des Wohnsitzes.

III Aus dem Umstand allein, daß der Schuldner die Kosten der Versendung übernommen hat, ist nicht zu entnehmen, daß der Ort, nach welchem die Versendung zu erfolgen hat, der Leistungsort sein soll.

1) Allgemeines. – a) Leistgsort ist der Ort, an dem der Schu die **Leistungshandlung** vorzunehmen hat. Begriffl davon zu unterscheiden ist der Ort, an dem der Leistgserfolg eintritt (Erfolgsort). Beide Orte können zusfallen, müssen es aber nicht: Bei der **Bringschuld** ist der Wohns des Gläub sowohl Leistgs- als auch Erfolgsort. Bei der **Schickschuld** (Hauptanwendgsfälle: Geldschuld, § 270, u Versendgskauf, § 447) ist der Wohns des Schu LeistgsOrt; der LeistgsErfolg tritt dagg am Wohns des Gläub ein. Bei der **Holschuld** nimmt der Schu die LeistgsHdlg an seinem Wohns vor; dort tritt auch der LeistgsErfolg ein. Den LeistgsOrt bezeichnet das Ges auch als **Erfüllungsort** (s §§ 447 I, 644 II, ZPO 29). Das ist nicht unproblemat, weil unter „Erfüllg" nicht die Vornahme der LeistgsHdlg, sond die Herbeifühg des LeistgsErfolgs zu verstehen ist (§ 362 1

Rn 1). Der Terminus „ErfOrt" hat sich aber so allg dchgesetzt, daß Kritik nicht mehr sinnvoll ist. –
2 **b) Bedeutung:** § 269 legt fest, an welchem Ort der Schu zu leisten hat. Nur wenn er am LeistgsOrt handelt,
kann er den Gläub in AnnVerzug setzen, selbst dem SchuVerzug entgehen u bei GattgsSchulden die
Konkretisierg herbeiführen (§ 243 Rn 6). Die Part dürfen aber iZw mehr tun, als sie zu tun verpflichtet sind;
der Schu darf daher bei Holschulden auch bringen od schicken, der Gläub bei Bring- od Schickschulden auch
3 holen. Mittelbare Bedeutg: – **aa)** Für Streitigk aus einem VertrVerhältn u über dessen Bestehen ist nach ZPO
29 das Ger des Ortes zuständ, an dem die str Verpfl zu erfüllen ist. Zur internationalen Zuständigk vgl
EuGVÜ 5 Nr 1. AnknüpfgsPunkt für den **Gerichtsstand** des ZPO 29 ist der gesetzl LeistgsOrt. Vereinbgen
über den ErfOrt sind für den GerStand ohne Wirkg; etwas and gilt nur dann, wenn die Part Vollkaufleute, jur
4 Pers des öffR od öffrechtl SonderVerm sind (ZPO 29 II). – **bb)** Welches **Recht** auf das SchuldVerhältn
anzuwenden ist, richtet sich nach dem PartWillen (EG 27). Fehlt eine PartVereinbg, unterliegt der Vertr gem
EG 28 ff dem Recht des Staates, mit dem er die engste Verbindg aufweist. Die fr übl hilfsweise Anknüpfg an
5 das Recht des Erfüllgsortes (BGH **57**, 72) spielt keine Rolle mehr. – **cc)** Welche **Verkehrssitte** auf das
SchuldVerhältn anzuwenden ist, bestimmt sich bei regionalen Unterschieden nach den Grds der Rn 4 (BGH
6 **LM** HGB 346 (B) Nr 7 u 8, str). – **c) Anwendungsbereich:** § 269 gilt für SchuldVerhältn aller Art, auch für
UnterlAnspr (BGH NJW **74**, 410, Rn 11). Er ist auch auf sachenrechtl Anspr anzuwenden, etwa auf den
Anspr aus § 985 (BGH **79**, 214), ebso auf Anspr aus familien- od erbrechtl Tatbestd (Einl 24 v § 241). § 269
bestimmt an sich nur den Leistgsort iSd kleinsten polit Einh (Gemeinde). Er ist aber auf die Leistgsstelle innerh
7 des Ortes entspr anzuwenden, gilt also auch für **Platzgeschäfte** (RG **78**, 141, BGH **87**, 110). – **d)** Der
Leistgsort ist grdsl **für jede** einzelne **Verpflichtung besonders** zu bestimmen (BayObLG NJW-RR **97**,
699). Das gilt auch für ggs Vertr (RG **140**, 69, Karlsr NJW-RR **86**, 351) u für GesSchuldVerhältn (RG LZ
19, 148). Aus Abreden der Part (Rn 8 ff) od der Natur des SchuldVerhältn (Rn 11 ff) kann sich aber ein
einheitl Leistgsort ergeben. **Nebenpflichten** sind iZw am Ort der Hauptverpflichtg zu erfüllen (RG **70**,
199). Das gilt zB für Rechensch- u AuskPfl (Karlsr NJW **69**, 1968, Düss NJW **74**, 2185) sowie für den
VertrStrafAnspr (RG **69**, 12). Anspr gg den Bürgen haben dagg ihren selbstd Leistgsort (RG **137**, 11), ebso
die Verpfl aus einer Schuldmitübernahme (Ffm MDR **80**, 318, Schlesw SchlHA **81**, 189).

8 **2)** Wo der LeistgsOrt ist, unterliegt in erster Linie der **Bestimmung der Parteien.** – **a)** Erforderl ist eine
ausdr od stillschw getroffene **Vereinbarung** der Part. Einseit Erkl nach VertrSchl, insb Vermerke auf
Rechngen, genügen nicht (RG **57**, 410, **65**, 331). Sie können aber bei ständ GeschVerbindg zw Kaufleuten
uU VertrInh w (AGBG 2 Rn 24). Ausr ist die Festlegg in einem kaufm BestätiggsSchreiben, sofern der
Empfänger nicht widerspricht (§ 148 Rn 8). Erfüllen beide Teile den Vertr sogleich nach Abschluß am selben
Ort, so kann darin die stillschw Vereinbg dieses Orts als LeistgsOrt liegen (RG **102**, 283). Bei ggs Vertr ist
9 iZw anzunehmen, daß sich die ErfOrtAbrede auf die beiderseit Verpfl erstreckt. – **b)** Die Vereinbg muß den
Ort der Leistungshandlung (Rn 1) **festlegen.** Vielfach hat die Vereinbg eines ErfOrts nur den Zweck, den
GerStand zu bestimmen (Rn 3). Derart „abstrakte" ErfOrtVereinbgen sind für den LeistgsOrt iSd § 269 ohne
Bedeutg (s EuGH NJW **97**, 1431, BGH NJW-RR **98**, 755); sie ist auch hins des GerStandes nur im kaufm
Verk wirks (Rn 3). Bei Schickschulden ist Leistgsort der Wohns des Schu (Rn 1). Die Verpfl zur Übersendg
10 der Sache od die Übernahme der **Versendungskosten** ändern daher den Leistgsort nicht. Das gilt ebso für
die Übernahme der Versendgsgefahr (RG **68**, 78, **114**, 408, *arg* § 270 I, IV), die Festlegg eines Abliefergsortes
(Schlesw NJW-RR **93**, 314) u die ledigl den § 270 I wiederholde Abrede „zahlb in" (Hbg JW **38**, 1891).
Auch die Vereinbg einer Akkreditivgestellg läßt den LeistgsOrt unberührt (BGH NJW **81**, 1905, **93**, 1076),
idR auch Klauseln wie „frei Hbg" (RG **111**, 24), „bahnfrei" und „franko" (RG **114**, 408). Sie können bloße
Kostenklauseln od Gefahrtraggsregeln darstellen, ausnw aber auch den LeistgsOrt festlegen (s BGH NJW **84**,
567, **97**, 872). Die im ÜberseeGesch übl Transportklauseln verändern den LeistgsOrt; nach der cif-Klausel ist
der Verschiffgshafen Leistgsort (RG **87**, 134, Schüssler DB **86**, 1163), ebso nach der fob-Klausel (RG **106**,
212, LG Bochum AWD **76**, 42, Hüffer JA **81**, 148).

11 **3) Natur des Schuldverhältnisses. – a)** Bei fehlder PartBestimmg entscheiden die **Umstände,** insb die
Natur des SchuldVerhältn, über den LeistgsOrt. Zu den wesentl Umst gehört die VerkSitte (§ 157), bei Gesch
des HandelsVerk der Handelsbrauch (HGB 346). Bei LadenGesch des tägl Lebens ist nach der VerkSitte für
beide Part das Ladenlokal LeistgsOrt (Stgt OLG **41**, 244). Übernimmt der Verkäufer bei Gesch des AlltagsVerk
die Anlieferg der Ware, ist idR eine Bringschuld anzunehmen (MüKo/Keller Rn 24), LeistgsOrt ist also die
Wohng des Käufers, so etwa bei Lieferg von Heizöl od Kohle, aber auch von Möbeln (Oldenbg NJW-RR **92**,
1527). Ist die Zeitg „frei Haus" zu liefern, genügt die Zustellg an der GrdstGrenze (AG Hanau NJW **89**, 398).
Warenschulden im HandelsVerk sind iZw Schickschulden (§ 447), LeistgsOrt ist der Wohns des Verkäufers
(BGH **113**, 111). Bei reinen GefälligkVertr ist der jeweilige Aufenthaltsort des Schu LeistgsOrt, bei der Verpfl
zur Aufl od HypBestellg der Ort des GBAmtes (Stgt Recht **08**, 3399), bei SchadErsAnspr wg der Verpfl zur
Naturalrestitution (§ 249 S 1) der Ort der Schädigg, uU aber auch der Ort, an der sich der entzogene od
beschädigte Ggst ohne das schädigde Ereign befinden würde (BGH **5**, 143). Für UnterlAnspr ist nicht der Ort
der ZuwiderHdlg LeistgsOrt, sond der Wohns des Schu (BGH NJW **74**, 410), für DarlAnspr nicht das
GeschLokal der Bank, sond ebenf der Wohns des Schu (BayObLG NJW-RR **96**, 956). Für die Verpflichtg des
Gläub, die zur Sichg der HauptFdg bestellte GrdSchuld an den Bürgen abzutreten, ist der Wohns des Gläub
ErfOrt (BGH NJW **95**, 1546).

12 **b)** Bei **gegenseitigen Verträgen** ist der LeistgsOrt für die beiderseit Verpfl nicht notw einheitl (Rn 7).
Daß die beiderseit Leistgen Zug um Zug zu erbringen sind, reicht zur Bejahg eines gemeins LeistgsOrtes
nicht aus (RG **49**, 421, Hamm NJW-RR **95**, 187, LG Krefeld MDR **77**, 1018, aA Stgt NJW **82**, 529). Die
Rspr tendiert aber vorsichtig dahin, den Ort, an dem die **vertragscharakteristische Leistung** zu erbringen
ist, als Schwerpunkt des Vertr u als ErfOrt für die beiderseit Verpfl anzusehen (krit M. Schmidt MDR **93**,
13 410). – **aa)** Als **gemeinsamer Erfüllungsort** in diesem Sinn sind anerkannt: der Ort der ArbStätte beim
ArbVertr (BAG DB **83**, 395, NZA **86**, 366, s auch BGH **23**, 54), u zwar auch für den Anspr auf Herausg von
ArbPapieren (LAG Ffm DB **84**, 2200) u des Zeugnisses (BAG NJW **95**, 2373) sowie den RückFdgsAnspr bei
Überzahlgen (BGH NJW **85**, 1286); bei einem Reisden ist aber dessen Wohns ErfOrt (BAG NJW-RR **88**,

482, aA Ehler BB **95**, 1849); gemeins ErfOrt ist die Kanzlei des RA beim AnwVertr (BGH NJW **91**, 3096, BayObLG NJW-RR **96**, 52, Köln NJW-RR **97**, 825); and in atyp Fällen, wenn die Leistg überwiegd außerh der Kanzlei an einem dch die VertrUmst festgelegten Ort zu erbringen ist (Henssler AnwBl **99**, 186), der Ort der Dienstleistg beim DienstVertr (Düss DB **72**, 1065), nicht dagg beim Handelsvertreter (BGH NJW **88**, 966); wohl aber der Kursusort beim UnterrichtsVertr (Karlsr NJW-RR **86**, 351); der Sitz des Internats beim InternatsVertr (Hamm NJW-RR **89**, 1530); der Ort der Werkstatt bei Kfz-Reparaturen (Düss MDR **76**, 496, Ffm DB **78**, 2217); der Klinikort beim KrankenhausVertr (Celle NJW **90**, 777); der Ort des Bauwerks beim BauVertr (BGH NJW **86**, 935, Kblz NJW-RR **88**, 1401, Saarbr NJW **92**, 988) u beim ArchitektenVertr (Stgt BauR **77**, 72, aA Nürnb BauR **77**, 70, EuGH NJW **87**, 1132 zu EuGVÜ 5); getrennte ErfOrte aber, wenn dem Architekten nur Plangsleistgen übertragen sind (KG BauR **99**, 940, Köln NJW-RR **94**, 986 LG Mainz NJW-RR **99**, 670, str); der Ort der Energieabnahme beim EnergieversorggsVertr (Jena MDR **98**, 828, aA LG Leipzig MDR **99**, 1086); der BeherberggsOrt beim BeherberggsVertr (Nürnbg NJW **85**, 1297, LG Kempten BB **87**, 929, Joachim DB **90**, 1603); der jeweilige Sitz der Gesellsch beim GesellschVertr (Rn 18), jedoch nicht bei der BGB-Gesellsch, für die das Ges keinen Sitz vorsieht (BayObLG NJW-RR **90**, 742); der Ort der Wohng beim MietVertr über eine FerienWo (LG Flensb SchlHA **67**, 267, AG Neuss NJW-RR **86**, 1210). Auch sonst ist bei Miet- u PachtVertr über Grdst der Ort der belegenen Sache vielf als ErfOrt für beide Teile anzusehen (Hamm OLGZ **91**, 80, Düss OLGZ **91**, 491), jedoch kann auch eine and Beurteilg in Betracht kommen (RG **140**, 69, LG Trier NJW **82**, 286). – **bb)** Bei **Kaufverträgen** sind idR getrennte LeistgsOrte 14
anzunehmen, auch beim Kauf auf einer Kunstauktion (Düss NJW **91**, 1492) od dem Kauf einer Zahnarztpraxis (Hamm NJW-RR **95**, 187). Ein einheitl LeistgsOrt ist aber zu bejahen, wenn der LeistgsAustausch nach ausdr vertragl Abrede Zug um Zug in der gewerbl Niederlassg des Verkäufers erfolgen soll (s Stgt NJW **82**, 529), wenn das EKG anzuwenden ist (BGH **74**, 141, NJW **92**, 2428: Niederlassg des Verkäufers), ferner in den in Rn 11 angeführten Fällen. Auch beim WerkVertr sind getrennte ErfOrte die Regel (Schlesw NJW-RR **93**, 314), vgl aber zu den Ausn Rn 13.

c) Rückgewähransprüche. Gemeins LeistgsOrt für die Wandlg ist der Ort, an dem sich die Sache 15
vertragsgem befindet (RG **55**, 112, **57**, 12, BGH **87**, 109, Stgt MDR **99**, 469, § 467 Rn 5). Entspr gilt für das gesetzl RücktrR (BGH WM **74**, 1073, Nürnb NJW **74**, 2237, differenzierd Döhmel, Der Leistgsort bei Rückabwicklg von Vertr, 1997, 134 ff) u die Rückabwicklg iF des großen SchadErsAnspr (Hamm MDR **89**, 63, aA LG Lünebg MDR **91**, 992). Beim vertragl RücktrR ist iZw anzunehmen, daß der vertragl ErfOrt auch für die RückgewährPfl maßgebd sein soll (Hamm MDR **82**, 141, str). Dagg sind Anspr aus § 812 am Wohns des RückgewährSchu zu erfüllen (BGH MDR **62**, 399). Vgl aber auch Köhler, FS Heinrichs, 1998, S 367, der grdsl den Empfangsort als ErfOrt für RückgewährAnspr ansieht. Für den MindergsAnspruch ist der Wohns des Verkäufers LeistgsOrt (RG Gruch **47**, 1150, MüKo/Keller Rn 45), ebso für den Anspr auf Kaufpreisrückgewähr nach Maßg des EKG (BGH **78**, 260) od des CISG.

4) Gesetzlicher Leistungsort. – a) Versagen PartBestimmg u Umst, so ist LeistgsOrt der **Wohnsitz** (§ 7) 16
des Schu bei Entstehg des SchuldVerhältn (I), für Gewerbeschulden der Ort der **gewerblichen Niederlassung** (II). Dieser Begriff ist ebso zu verstehen wie der in AGBG 14 (s dort Rn 5). Fehlt ein Wohns, so ist der Aufenthaltsort LeistgsOrt; bestehen mehrere Wohns, kann der Schu wählen (§ 262). – **b)** § 269 ist 17
unanwendb, soweit das **Gesetz** dch Sonderregeln einen **Leistungsort** bestimmt so etwa in §§ 261 I, 374, 604 I, 697, 700, 811, 1194, 1200 I, VVG 36, ScheckG 2 II u III, WG 2 III, 75 Nr 4, 76 III. Das Ges über Zahlg aus öff Kassen v 21. 12. 38 (RGBl I S 1899) enthält hins des LeistgsOrtes keine bes Bestimmg; es gelten vielmehr §§ 269, 270 (s BGH **LM** § 2 des Ges über Zahlg aus öff Kassen Nr 1).

5) Änderung der Verhältnisse, Beweislast. – a) Der LeistgsOrt wird dch die **Verhältnisse bei Entstehung des Schuldverhältnisses** bestimmt. Bei bedingtem (befristeten) Gesch ist der AbschlZtpkt entscheidd, nicht der des Bdggseintritts (Stgt NJW-RR **87**, 1076). Die Part können **nachträglich** einen and LeistgsOrt vereinbaren (RG **106**, 211). Dagg ändert ein WohnsWechsel den LeistgsOrt nicht (BGH **36**, 15, LG Bln WM **77**, 327), auch nicht bei einem DauerschuldVerh (BGH NJW **88**, 1914), ebsowenig der Wechsel der gewerbl Niederlassg (BayObLG NJW-RR **96**, 956). Bei GesellschVertr (ausgenommen GbR) ist jedoch iZw anzunehmen, daß für die Rechte u Pflten aus dem Vertr der jeweilige Sitz der Gesellsch LeistgsOrt sein soll (BayObLG DB **96**, 1819, Jena NZG **99**, 34) u auch beim BAFöG-Darl ist ErfOrt der jeweilige Wohns des ErfOrt (OVG Münst WM **99**, 904). Ist die Erf am ursprüngl LeistgsOrt unmögl od unzumutb, ist gem § 242 ein neuer nach der Sach- u RLage **angemessener** LeistgsOrt zu bestimmen (RG **107**, 122, OGH **1**, 367, BGH BB **55**, 844, Celle NJW **53**, 1831). – **b)** Gem § 269 I ist iZw der Wohns des Schu LeistgsOrt. Wer aus 19
einer Vereinbg od best Umst einen and LeistgsOrt herleiten will, trägt dafür die **Beweislast** (Baumgärtel-Strieder Rn 1).

270 *Zahlungsort.* **I Geld hat der Schuldner im Zweifel auf seine Gefahr und seine Kosten dem Gläubiger an dessen Wohnsitz zu übermitteln.**

II Ist die Forderung im Gewerbebetriebe des Gläubigers entstanden, so tritt, wenn der Gläubiger seine gewerbliche Niederlassung an einem anderen Orte hat, der Ort der Niederlassung an die Stelle des Wohnsitzes.

III Erhöhen sich infolge einer nach der Entstehung des Schuldverhältnisses eintretenden Änderung des Wohnsitzes oder der gewerblichen Niederlassung des Gläubigers die Kosten oder die Gefahr der Übermittelung, so hat der Gläubiger im ersteren Falle die Mehrkosten, im letzteren Falle die Gefahr zu tragen.

IV Die Vorschriften über den Leistungsort bleiben unberührt.

1) Allgemeines. – a) LeistgsOrt für Geldschulden ist idR der Wohns des Schu zZ der Entstehg des 1
SchuldVerhältn (§ 269 I iVm § 270 IV). Der Schu ist aber verpflichtet, das Geld auf seine Gefahr u Kosten an den Wohns des Gläub zu übermitteln. Die Geldschuld ist danach Schickschuld mit der Besonderh, daß der

Schu die Gefahr der Übermittlg trägt (**„qualifizierte Schickschuld"**). Dch die Regelg der Gefahrtragg ist die Geldschuld einer Bringschuld angenähert. Sie unterscheidet sich von dieser aber dadch, daß es für die Rechtzeitigk der Leistg auf die Vornahme der LeistgsHdlg am Wohns des Schu ankommt (Rn 6) u daß der
2 GerStand des ErfOrtes (ZPO 29) der Wohns des Schu ist. – **b)** § 270 gilt für **Geldschulden** jeder Art (§ 245 Rn 6), gleichgült ob es sich um Geldsummen- od Geldwertschulden handelt. Geldschuld iSd § 270 ist, zumindest wenn man der KonsensualVertrTheorie (Einf 2 v § 607) folgt, auch der AuszahlgsAnspr aus einem DarlVertr (MüKo/Keller Rn 7). Dagg ist § 270 nicht anwendb, wenn der Beauftragte gem § 667 zur Herausg von Geld verpflichtet ist (BGH **28**, 128); er haftet für die Übermittlg nur im Rahmen der §§ 276, 278 (Ostler NJW **75**, 2275). Entspr gilt für den Anspr aus § 812. Der Schu kann gem § 818 III die Kosten der Überweisg absetzen. Er wird, falls er nicht gem §§ 818 IV, 819, 279 verschärft haftet (BGH **83**, 297), frei, wenn der Geldbetrag bei der Übermittlg ohne sein Verschulden verloren geht (MüKo/Keller Rn 6). Nach CISG 57 I a
3 u vielen ausl ROrdngen ist die Geldschuld dagg Bringschuld. – **c)** § 270 gilt (ebso wie § 269) auch im **Platzverkehr** (RG **78**, 140, BGH NJW **69**, 875, **LM** Nr 3 Bl 3). Er kann, sow Sondervorschr fehlen, entspr auf **öffentlichrechtliche** Geldschulden angewandt w. Das gilt auch für den Grds, daß der Gläub die
4 Verzögergsgefahr (Rn 6) trägt (Picker RentenVers **84**, 182). – **d)** § 270 gibt nur eine **Auslegungsregel.** Sie tritt zurück, sow dch Ges od PartVereinbg etwas and bestimmt ist. Bei **gegenseitigen Verträgen** ist der Ort, an dem die vertragscharakteristische Leistg zu erbringen ist, vielfach auch für die vom and Teil geschuldete Geldleistg ErfOrt (§ 269 Rn 12); in diesen Fällen ist die Geldschuld daher Bringschuld. Gem AO 224 ist auch die Steuerschuld Bringschuld. GeldFdgen aus Nachnahmesendgen sind dagg Holschulden (s Karlsr WM **96**, 1960), ebso Anspr aus Präsentationspapieren (§ 269 Rn 17). Eine **Holschuld** liegt auch vor, wenn die Part Zahlg im **Lastschriftverfahren** (§ 675 Rn 13 ff) vereinbart haben (BGH NJW **84**, 872, WM **85**, 462) od mit der **Kreditkarte** gezahlt worden ist (Vollrath, Die Endgültigk bargeldloser Zahlgen, 1997, 144). Der Schu hat das seinerseits Erforderl getan, wenn auf seinem Konto Deckg vorhanden ist (BGH **69**, 366). Für die rechtzeit Einziehg (Abbuchg) ist der Gläub verantwortl. Er trägt neben dem Verzögergs- auch das Verlustrisiko (Canaris, BankVertrR Rn 642, Soergel/Wolf Rn 11). Weitere Einzelheiten s § 675 Rn 14 a.

5 2) Der Schu hat das Geld an den Wohns des Gläub zu **übermitteln (I).** – **a)** Die **Art der Übermittlung** wird, soweit PartAbreden fehlen, vom Schu bestimmt. Eine Barzahlg kommt bei DistanzGesch kaum noch vor; sie ist bei größeren Beträgen selbst bei PlatzGesch selten. An ihre Stelle sind die verschiedenen Formen der bargeldlosen Zahlg getreten: Banküberweisg, Scheck, Postanweisg u Postscheck. Wird im LastschriftVerf od dch Kreditkarte, POS od POZ gezahlt, ist I dagg unanwendb; aus der Schickschuld wird eine Holschuld (Rn 4). Die Überweisg ist Leistg an den Gläub, nicht an die Bank (BGH **53**, 142, **72**, 319). Zur Schuldtilgg dch Überweisg ist der Schu berecht, wenn der Gläub sein Konto dch Aufdruck auf Briefen, Rechngen od dergleichen bekannt gegeben (BGH NJW **53**, 897) od in der Vergangenh Überweisgen widerspruchslos hingenommen hat (MüKo/Heinrichs § 362 Rn 16). Die Tats, daß der Gläub ein Girokonto eröffnet hat, reicht dagg – abgesehen vom Verk zw Kaufleuten – als Einverständn mit einer Überweisg nicht aus (BGH
6 aaO, Möschel JuS **72**, 298, str). Die Übersendg von Schecks erfolgt iZw erfüllgshalber (§ 364 II). – **b) Leistungsort** ist idR der Wohns des Schu (§ 269 I iVm § 270 IV). Für die **Rechtzeitigkeit** der Leistg ist daher entscheidd, wann der Schu das zur Übermittlg des Geldes seinerseits Erforderl getan hat (BGH **44**, 179, NJW **64**, 499, Köln NJW-RR **90**, 285). Die **Verzögerungsgefahr,** dh das Risiko verspäteten Eingangs trotz rechtzeit LeistgsHdlg, geht zu Lasten des Gläub; sie fällt nicht unter § 270 I (MüKo/Keller Rn 18, hM, krit Schöne AcP **198**, 443). Die mit der Übermittlg befaßten Stellen (Post, Bank) sind insow keine ErfGehilfen des Schu. Aus der Vereinbg der Part, vor allem einer **Rechtzeitigkeitsklausel**, kann sich aber ergeben, daß es für die Rechtzeitigk der Leistg auf den Eintritt des Leistgserfolges ankommen soll (BGH NJW **98**, 2664, Kblz NJW-RR **93**, 583, Soergel/Wolf Rn 20). Nach der gesetzl Regel ist die Leistg bereits rechtzeit, wenn der Schu den Geldbetrag vor FrAblauf am LeistgsOrt bei der Post auf Postanweisg od Zahlkarte eingezahlt hat (RG **78**, 140). Bei einem vom Gläub angenommenen **Scheck** kommt es bei Übersendg dch die Post auf den Ztpkt der Absendg an (BGH NJW **98**, 1302, OVG Münst WM **99**, 904), bei Übermittlg dch den Schu selbst od dch einen Boten auf den Ztpkt, in dem die VfgsGewalt dch Übergabe od Einwerfen in den Briefkasten auf den Gläub übergeht (BGH NJW **69**, 875, BFH DB **69**, 420). Das gilt auch bei Zahlg dch einen vordatierten
7 Scheck (BGH **44**, 180). Bei Zahlg dch **Überweisung** ist die LeistgsHdlg rechtzeitig, wenn der ÜberweisgsAuftr vor FrAblauf bei dem Geldinstitut (Bank, Postscheckamt) eingegangen u auf dem Konto Deckg vorhanden ist (Düss DB **84**, 2686, Kblz NJW-RR **93**, 583, Nürnbg MDR **99**, 858). Eine Gutschrift auf dem GläubKonto ist nicht erforderl, da für die Rechtzeitigk auf die LeistgsHdlg abzustellen ist (BGH NJW **64**, 499, Karlsr NJW-RR **98**, 1483). Auch auf die Abbuchg des überwiesenen Betrages vom SchuKonto kommt es daher nicht an (MüKo/Keller Rn 22, str). Auch wenn es beim Skonto um die Rechtzeitigk der Leistg
8 geht, trägt grdsl der Gläub die Verzögergsgefahr (§ 157 Rn 15). – **c)** Das Geld ist an den **Wohnsitz** des Gläub zu übermitteln, bei gewerbl Anspr an den Ort der gewerbl Niederlassg **(II).** Empfangsort ist der **jeweilige** Wohns des Gläub od seine jeweilige Niederlassg. Der Gläub trägt jedoch die dch Änderg des Empfangsortes entstehden Mehrkosten; führt die Änderg des Empfangsortes zu einer Gefahrerhöhg, wird der Schu von der Gefahrtragg im ganzen frei **(III).** Diese AusnRegel ist aber weder unmittelb noch entspr anwendb, wenn der Gläub nachträgl verlangt, die Überweisg solle auf ein and (auswärt) Konto erfolgen u der Schu diesem Verlangen freiw nachkommt (BGH NJW **52**, 929). Hat der Gläub keinen Wohns, ist das Geld an seinen
9 Aufenthaltsort zu übermitteln. **Erfüllung** tritt ein, wenn der Geldbetrag an den Gläub ausgezahlt w. Bei einer Zahlg dch Überweisg, Lastschrift od Scheck erlischt die Schuld dagg bereits, sobald der geschuldete Betrag dem Konto des Gläub von seiner Bank vorbehaltlos gutgeschrieben worden ist (BGH **6**, 124, **53**, 203). Einzelheiten s § 362 Rn 8 ff.

10 **3) Transportgefahr, Kosten.** – **a)** Die Gefahr, die I dem Schu auferlegt, ist die **Verlustgefahr** (Transportgefahr, Übermittlgsgefahr). Der Schu wird von seiner LeistgsPfl nur frei, wenn das zu übermittelnde Geld beim Gläub eingeht. Die Transportgefahr umfaßt auch die Gefahr der Geldentwertg u der Beschlagn (Hbg HansGZ **24**, HauptBl 131, Mü BayZ **25**, 98, MüKo/Keller Rn 17). Bei außergewöhnl Störgen kann nach § 242 eine Teilg des Verlustes gerechtf sein (s BGH **2**, 218, **10**, 320, steckengebliebene Banküberweisgen). Für Gefahren, die aus der Sphäre des Gläub stammen, braucht der Schu nicht einzustehen, so nicht für die Ins der

Empfängerbank (Canaris BankVertrR Rn 478). Läßt der Gläub seine Postsendgen aus einem Postfach abholen, gehen dabei entstehde Verluste zu seinen Lasten (RG **69**, 139). – **b)** Die Pfl des Schu zur **Kosten- tragung** besteht idR auch bei einfachen Schickschulden. Sie erstreckt sich bei Geldschulden auch auf Zustellkosten, nicht aber auf die vom Gläub an sein Kreditinstitut zu zahlde Kontoführgsgebühr (BAG DB **77**, 679, OVG Brem ZBR **76**, 90). Zu III s Rn 8. 11

4) Der Schu hat die Absendg, die Rechtzeitigk der Absendg sowie den Eingang des Geldes zu **beweisen** (Baumgärtel-Strieder Rn 1). Der Postanweisgsabschnitt begründet eine tatsächl Vermutg für die Absendg u Ankunft des Geldes. Wird Geld od ein Scheck in einem Brief abgesandt, besteht dagg, auch wenn es sich um eine Einschreibsendg handelt, kein AnschBew für den Zugang (BGH **24**, 312, § 130 Rn 21). 12

271 *Leistungszeit.* [I] **Ist eine Zeit für die Leistung weder bestimmt noch aus den Umständen zu entnehmen, so kann der Gläubiger die Leistung sofort verlangen, der Schuldner sie sofort bewirken.**

[II] **Ist eine Zeit bestimmt, so ist im Zweifel anzunehmen, daß der Gläubiger die Leistung nicht vor dieser Zeit verlangen, der Schuldner aber sie vorher bewirken kann.**

1) Allgemeines. – a) Zu den wesentl Modalitäten der Leistg gehört – neben dem Ort der Leistg (§ 269) – die LeistgsZeit. Dabei sind zwei Begriffe zu unterscheiden: – **aa)** Unter **Fälligkeit** versteht man den Ztpkt, von dem ab der Gläub die Leistg verlangen kann. Sie ist – zumindest idR – Voraussetzg für die Erhebg einer LeistgsKlage u den VerjBeginn (§ 198 Rn 1). – **bb)** Die **Erfüllbarkeit** bezeichnet den Zpkt, von dem ab der Schu leisten darf, der Gläub also dch Nichtannahme der Leistg in AnnVerzug kommt. IdR wird die Fdg **gleichzeitig** fällig u erfüllbar. Sie kann jedoch, obwohl noch nicht fällig, erfüllb sein, II (Rn 11). Umgekehrt ist es bei den sog **verhaltenen Ansprüchen.** Bei ihnen darf der Schu nicht von sich aus leisten, der Gläub kann aber jederzeit die Leistg fordern (MüKo/Keller Rn 2). Bsp sind der Anspr auf Herausg der ErsVorteile (§ 281) u der Anspr auf Rückg aus der Verwahrg (§§ 695, 696 S 2). – **b)** Die Leistgszeit kann dch vertragl Abreden (Rn 4), dch gesetzl Vorschr (Rn 8) od die Umst (Rn 9) festgelegt sein. Fehlen Sonderregelgen, gilt als Ausdr des typischen Partwillens u **ergänzender Rechtssatz** sofort Fällig u Erfüllbark. Wenn der Schu sich auf eine die Fälligk hindernde Nebenabrede beruft, ist er daher **beweispflichtig** (Mü NJW-RR **92**, 819, LAG Ba-Wü DB **70**, 886, Baumgärtel-Strieder Rn 2). Die GgAns (RG **68**, 306, BGH NJW **75**, 206, LG Tübingen NJW **90**, 1186), die Bestreiten des KlagGrdes annimmt, begünstigt den zahlgsunwilligen Schu u ist praktisch unbrauchbar. Unstreitig ist die BewLast des Schu wg der Vermutg der Vollständigk u Richtigk der VertrUrk jedenf dann, wenn der schriftl Vertr keine Anhaltspkte für eine Hinausschiebg der Fälligk enthält (s BGH NJW **80**, 1680). – **c)** § 271 gilt für **Schuldverhältnisse aller Art,** auch für solche, die aus sachen-, familien- od erbrechtl Tatbestden hervorgegangen sind (Einl 24 v § 241). Hinsichtl der **Tageszeit** der Leistg gelten § 242, HGB 358. Danach darf der Schu nicht zu unpassder Zeit leisten, bei HandelsGesch muß er die gewöhnl GeschZeit einhalten. 1 2 3

2) Die Part können die LeistgsZeit in unterschiedl Weise dch **Vertrag** festlegen. – **a)** Soweit die Vereinbg für die Leistg Fristen od Termine vorsieht, gelten die Ausleggsregeln der §§ 187–193. Wird die LeistgsZeit dch unbestimmte Formuliergen wie „in Kürze“ od „möglichst bald“ festgelegt, ist der Beurteilgsspielraum nach billigem Ermessen auszufüllen. Sollen Möbel „baldigst“ geliefert werden, w der Anspr spätestens nach 6–8 Wochen fällig (Nürnbg NJW **81**, 1104). Soweit AGB im nichtkaufm Verk unbestimmte od unangemessen lange Leistgsfristen vorsehen, sind sie wg Verstoßes gg AGBG 10 Nr 1 unwirks (s dort). – **b)** Typische **Klauseln und Abreden:** „Kasse gg Faktura“ bedeutet Fälligk des ZahlgsAnspr schon gg Empfang der Rechng ohne Rücksicht auf die Absendg der Ware (RG **69**, 126). „Zahlg gg Dokumente“ macht die Fälligk von der Vorlage der VerladgsNachweise abhängig (BGH **55**, 342). BessergsKlauseln s Rn 15. – **c)** Mögl ist auch, daß die Festlegg der LeistgsZeit einer **Vertragspartei überlassen** wird. – **aa)** Hat der **Schuldner** die LeistgsZeit zu bestimmen, so hat er sie nach § 315 iZw nach billigem Ermessen festzulegen. Ist die Bestimmg in das freie Belieben des Schu gestellt, hat er gleichwohl die Grenzen des § 242 einzuhalten. § 2181, wonach der Vermächtnisbeschwerte iZw erst mit seinem Tode zur Leistg verpflichtet sein soll, kann im SchuldR als GüterVerkR nicht entspr herangezogen w (Staud-Selb Rn 4). Die Festlegg der LeistgsZeit gehört zur LeistgsPfl des Schu, ihre Nichtvornahme führt zum SchuVerzug (Nastelski JuS **62**, 290, str). Im Streitfall hat das Ger die LeistgsZeit festzusetzen. Erst danach steht dem Gläub der Weg des § 326 offen (§ 315 Rn 13). Im HandelsVerk entspr es aber idR dem PartWillen, daß der Gläub die NachFr gem § 326 auch ohne vorheriges Urt setzen darf (RG **90**, 29). – **bb)** Hat der **Gläubiger** das BestimmungsR, gelten die Ausführgen zu Rn 6 entspr. HauptBsp ist der Kauf auf Abruf. NichtAbruf führt gem § 295 zum GläubVerzug, bei Pfl zur Abnahme auch zum SchuVerzug (s RG SeuffA **63**, 6, § 293 Rn 6). – **d)** Die Erteilg einer **Rechnung** ist grdsl **keine Fälligkeitsvoraussetzung,** auch dann nicht, wenn der Schu gem UStG 14 (s dazu BGH **103**, 285, **120**, 316) od nach der VerkSitte (§§ 157, 242) einen Anspr auf eine spezifizierte Rechng hat (BGH **79**, 178, Grimme NJW **87**, 468), der Schu kann aber Verspätgsschaden ersetzt verlangen (BGH NJW-RR **91**, 793) u hat ein ZbR (Mü NJW **88**, 270). Eine and Beurteilg würde auch den Interessen des Schu zuwiderlaufen, da sie den VerjBeginn von der RechngsErteilg abhängig machen würde (§ 198 Rn 3). Dch SonderRegelgen kann die Fälligk aber bis zum Zugang einer Rechng hinausgeschoben w, so für WerklohnFdgen, wenn VOB/B 16 Nr 3 anwendb ist (BGH **53**, 225, **105**, 293), das Architektenhonorar, HOAI 8 (BGH NJW-RR **86**, 1279), das Arzthonorar (GOÄ 12 II), Fdgen von Telekom, TKV 13, den NachfordergsAnspr von VersorggsUntern (BGH NJW **82**, 931), den HeizkostenAnspr des Vermieters (BGH NJW **82**, 574) u sonst Mietnebenkosten (Ffm MDR **83**, 757). 4 5 6 7

3) Fehlt eine vertragl Regelg, gilt die **gesetzliche Leistungszeitbestimmung** des I. – **a)** I tritt jedoch zurück, wenn die LeistgsZeit dch gesetzl **Sonderregeln** festgelegt ist, so bei Miete (§ 551), Pacht (§ 584), Leihe (§ 604), Darl (§§ 608f), DienstVertr (§ 614), WerkVertr (§ 641), Verwahrg (§§ 695ff, s Rn 1), Gesellsch (§ 721), Unterh (§§ 1361 IV, 1585 I, 1612 III, Leistgen des Versicherers (VVG 11). – **b)** Die 8 9

LeistgsZeit kann sich aus den **Umständen** ergeben (§ 271 I). Zu berücksichtigen sind – ebso wie iF des § 269 – die Natur des SchuldVerh, die VerkSitte u die Beschaffenh der Leistg. Beim WerkVertr ist auf die für die Herstellg des Werkes erforderl Zeit abzustellen (Kühne BB **88**, 713). Beim BauVertr tritt Fälligk erst nach Erteilg der BauGen ein (BGH NJW **74**, 1080). Der AbfindgsAnspr des ArbNeh w nicht schon mit der Künd sond erst mit dem Ausscheiden fällig (BAG NJW **84**, 1650, LAG Düss DB **89**, 2031). Der Anspr auf Rückzahlg der Kaution wird fällig, sobald nach Beendigg des MietVerh die GgAnspr des Vermieters betragsmäß festliegen (LG Stgt NJW **77**, 1885). Der BefreigsAnspr wird uU erst fällig, wenn die Verbindlichk fällig
10 geworden ist, auf die sich die FreihaltgsVerpfl bezieht (BGH **91**, 77). – **c)** Fehlt eine abweichde Bestimmg, hat der Schu **sofort** zu leisten (§ 271 I). Das Ges stellt damit and als beim Begriff „unverzügl" (§ 121 Rn 3) auf einen ausschließl objektiven Maßstab ab. Zu warten braucht der Gläub, wenn überhaupt, nur in engen Grenzen (s Mü NJW-RR **92**, 820). Devisenrechtl Verbote hindern die Fälligk idR nicht (BGH NJW **64**,
11 100). – **d)** Eine Hinausschiebg der LeistgsZeit wirkt iZw nur **zugunsten des Schuldners (II).** Er darf vor Fälligk leisten; nimmt der Gläub die Vorausleistg nicht an, gerät er in AnnVerzug. II ist jedoch unanwendb, wenn der Gläub dch die vorzeit Tilgg ein vertragl Recht verliert od wenn seine rechtl geschützten Interessen beeinträchtigt w. Das Recht zur Voraustilgg ist daher ausgeschlossen bei verzinsl Darl, § 609 III (s aber VerbrKrG 14 S 1), bei GrdSchulden u Hyp (KG JW **35**, 1641), bei Wechsel (BGH NJW **70**, 42), bei BauDarl, wenn es ein WohngsBeleggsR begründet (BGH NJW **70**, 603). Beim Ruhegehalt u Unterh sind VorausZahlg nur für eine angemessene Zeit (6 Mo) zul (BGH NJW **72**, 154, BGH **123**, 53).

12 **4) Stundung. – a) Begriff.** Stundg bedeutet das Hinausschieben der Fälligk einer Fdg bei Bestehenbleiben der Erfüllbark (BGH NJW **98**, 2060). Sie beruht idR auf vertragl Abrede. Der Richter ist nur in den Fällen der §§ 1382, 2331 a berecht, die Fdg zu stunden; ausnw kommt auch § 242 als Grdl für eine Stundg in Betracht (BGH NJW **77**, 2358). Stundgen können als Vereinbgen über einen Zahlgsaufschub unter VerbrKrG
13 1 II fallen (dort Rn 6). – **b)** Von der Stundg sind zu **unterscheiden –: aa)** Die aufschiebde **Befristung** iSd § 163. Sie schiebt die Entstehg des SchuldVerh u der Fdg hinaus; dagg ist die gestundete Fdg bereits entstanden, aber noch nicht fällig. – **bb)** Die Abrede, die Fdg zeitweilig nicht geltd zu machen **(pactum de non petendo).** Sie gibt dem Schu eine Einr, führt im Proz zur Klagabweisg als unzul (BGH NJW-RR **89**, 1048), die Fälligk bleibt aber bis zur Erhebg der Einr bestehen. – **cc)** Das Versprechen des Gläub, aus einem Titel zeitweilig **nicht zu vollstrecken.** Es handelt sich um eine Abrede mit ausschließl vollstreckgsrechtl Inh (BGH NJW **68**, 700). Die Fälligk der Fdg u der SchuVerzug bestehen weiter. Wie eine getroffene Vereinbg einzuordnen ist, hängt von den Umst des Einzelfalls ab u ist erforderlf dch Auslegg (§§ 133, 157) zu
14 entscheiden (BGH NJW-RR **87**, 907). – **c)** Die Stundg kann schon bei VertrSchluß vereinbart w (s § 509). Die Einräumg von Skonto kann eine Stundg bis zum Ablauf der SkontoFr enthalten (§ 157 Rn 15). Die nachträgl Stundg ist VertrÄnderg (s § 305 Rn 2) u unterliegt als solche bei formbedürft Vertr grdsl dem Formzwang (§ 313 Rn 41); sie kann sich uU aus einer ergänzden VertrAuslegg ergeben (BGH **86**, 102). Wird auf **unbestimmte Zeit** gestundet, kann der Gläub die LeistgsZeit gem §§ 316, 315 nach billigem Ermessen festsetzen (BGH NJW-RR **91**, 822). Die Stundg bis zur Zahlg der Abnehmer des Schu entfällt, wenn diese nicht in angem Frist leisten (Hamm MDR **77**, 928), die bis zu einem geplanten Verkauf, wenn die dafür angem Frist abgelaufen ist (BGH NJW-RR **92**, 1141), die bis zur Schadensregulierg, wenn diese 4 Jahre nach dem Unfall immer noch nicht erfolgt ist (Hamm NJW-RR **93**, 181), die bis zur Aufn des Obj in ein Investitionsprogramm, wenn hierauf auch nach 4 Jahren noch keine Aussicht besteht (Oldbg NJW-RR **97**, 785). Die Stundg bis zur **Besserung** der VermVerhältn des Schu endet, sobald u soweit der Schu zur Leistg
15 imstande ist; der Schu muß unaufgefordert zahlen (RG **94**, 290, BGH WM **75**, 975). – **d)** Der Gläub kann die Stundg **widerrufen,** wenn der Schu den gestundeten Anspr bestreitet od ihn in sonst Weise erhebl gefährdet (RG **90**, 180, BGH NJW **81**, 1667, Celle MDR **62**, 569). Der Gläub ist bei einer nachträgl Stundg auch dann zum Widerruf berecht, wenn sich die Verhältn des Schu wesentl verschlechtern (BGH FamRZ **74**, 652). Ist die Stundg bereits bei VertrSchluß vereinbart worden, gilt § 321. **Verfallklauseln,** die an die nicht rechtzeit Zahlg von Raten die sofort Fälligk od Kündbark der RestFdg knüpfen, sind nicht anwendb, wenn die Nichtzahlg vom Schu nicht zu vertreten ist (BGH NJW **85**, 2330.

16 **5) Rechtsfolgen. – a)** Hält der Schu die LeistgsZeit nicht ein, kommt er, soweit die Voraussetzgen der §§ 284 f erfüllt sind, in SchuVerzug. – **b)** Beim **absoluten Fixgeschäft** begründet die Nichteinhaltg der LeistgsZeit dagg Unmöglichk (BGH **60**, 16); anzuwenden sind daher §§ 275, 280, 323 ff. Eine absolute (uneigentl) Fixschuld liegt vor, wenn die Einhaltg der LeistgsZeit nach dem Zweck des Vertr u der gegebenen Interessenlage für den Gläub derart wesentl ist, daß eine verspätete Leistg keine Erf mehr darstellt. Bsp sind etwa die Taxenbestellg für einen bestimmten Zug, die Buchg einer Flugreise (LG Bln NJW **82**, 343), der auf eine best Zeit abgestellte ReiseVertr (BGH **60**, 16, NJW **74**, 1047), Verzögergen des Beginns sind aber gem § 242 zu würdigen (LG Hannover NJW-RR **86**, 603); der Vertr über regelmäß dchzuführde Wartgen (Stgt BB **77**, 118), nicht aber die vom Mieter dchzuführden SchönhReparaturen (aA Enderlein AcP **192**, 298). Fixcharakter haben idR auch **Dauerverpflichtungen,** wie die ArbPfl des ArbN (BAG NJW **86**, 1832) od die Pfl des ArbG zur Überlassg eines FirmenPkw (BAG NJW **96**, 1772) sowie UnterlPflten. Ausnahmsweise kann es aber so liegen, daß das Interesse des Gläub dch eine Nachholg der Leistg befriedigt w kann (§ 284
17 Rn 3). – **c)** Beim **relativen Fixgeschäft** (eigentl FixGesch) tritt bei Nichteinhaltg der LeistgsZeit keine Unmöglichk ein; der Gläub ist aber nach Maßgabe des § 361 berecht, vom Vertr zurückzutreten. Wann ein absolutes od ein relatives FixGesch vorliegt, ist Ausleggsfrage (§§ 133, 157). Auch zur relativen Fixschuld genügt eine genaue Festlegg der LeistgsZeit nicht. Die Einhaltg der LeistgsZeit muß vielmehr so wesentl sein, daß mit der zeitgerechten Leistg das Gesch „stehen u fallen soll" (näher § 361 Rn 2).

272 *Zwischenzinsen.* **Bezahlt der Schuldner eine unverzinsliche Schuld vor der Fälligkeit, so ist er zu einem Abzuge wegen der Zwischenzinsen nicht berechtigt.**

1 **1)** Die vorzeitige Zahlg einer unverzinsl Fdg gibt dem Schu nicht das Recht zum Abzug von Zwischenzinsen, da die Zahlg auf seinem freien Entschluß beruht. Auch wenn der Schu irrtüml zu früh leistet, ist die

Erstattg von Zwischenzinsen ausgeschlossen (§ 813 II letzter Halbs). Zum Abzug eines **Barzahlungsskonto** ist der Schu nach § 272 gleichf nicht berecht (§ 157 Rn 15). Ein Umkehrschluß aus § 272 ergibt, daß bei einer verzinsl Schuld nach einer berecht vorzeit Zahlg die weitere Verzinsg entfällt (Hammen DB **91**, 957).

2) Das Ges läßt den Abzug von Zwischenzinsen in §§ 1133 S 3, 1217 II, InsO 41 II, ZVG 111 ausdr zu; SchadErsAnspr sind abzuzinsen, soweit schon jetzt Ers für erst künft entstehde Nachteile zu leisten ist (BGH **115**, 309). Die Berechng erfolgt nach der von Hoffmann (1731) entwickelten Methode. Sie wird in der InsO u im ZVG (aaO) ausdr für anwendb erklärt, gilt aber allg. Danach ist der Betrag zu zahlen, der mit dem gesetzl Zinssatz verzinst bei Fälligk die volle Schuldsumme ergeben würde. Formel s BGH **115**, 310. 2

273 *Zurückbehaltungsrecht.* **I Hat der Schuldner aus demselben rechtlichen Verhältnis, auf dem seine Verpflichtung beruht, einen fälligen Anspruch gegen den Gläubiger, so kann er, sofern nicht aus dem Schuldverhältnisse sich ein anderes ergibt, die geschuldete Leistung verweigern, bis die ihm gebührende Leistung bewirkt wird (Zurückbehaltungsrecht).**

II Wer zur Herausgabe eines Gegenstandes verpflichtet ist, hat das gleiche Recht, wenn ihm ein fälliger Anspruch wegen Verwendungen auf den Gegenstand oder wegen eines ihm durch diesen verursachten Schadens zusteht, es sei denn, daß er den Gegenstand durch eine vorsätzlich begangene unerlaubte Handlung erlangt hat.

III Der Gläubiger kann die Ausübung des Zurückbehaltungsrechts durch Sicherheitsleistung abwenden. Die Sicherheitsleistung durch Bürgen ist ausgeschlossen.

1) Allgemeines. – a) Normzweck. Das ZbR gewährt dem Schu das Recht, seine Leistg zu verweigern, 1
bis die ihm gebührde Leistg bewirkt w (s die Legaldefinition in I). Es beruht auf dem Gedanken, daß derj treuwidr handelt, der aus einem einheitl RVerh die ihm gebührde Leistg fordert, ohne die ihm obliegde GgLeistg zu erbringen (RG **152**, 73). Das ZbR ist damit eine besondere Ausformg des § 242; daraus ergeben sich Einschränkgen (Rn 18). Ands kann der Schu nach § 242 aber auch dann zur LeistgsVerweigerg berecht sein, wenn die Voraussetzgen des § 273 nicht erf sind (s § 242 Rn 52 *„dolo facit, qui petit, quod statim redditurus est"*). And als das kaufm ZbR (Rn 25) enthält es kein BefriediggsR, sond sichert den GgAnspr des Schu nur dadch, daß es mittelb auf den Gläub Zwang zur Erfüllg seiner Verbindlichk ausübt. Gleichwohl ist das ZbR ein **wesentliches Schutzrecht** zG des Schu. Es kann zwar dch IndVereinbg (Rn 13), nicht aber dch formularmäß Klauseln abbedungen w (AGBG 11 Nr 2). Mögl ist auch die **vertragliche Begründung** eines ZbR; die unwirks Bestellg eines PfandR an einem HypBrief kann daher uU in die Vereinbg eines vertragl ZbR umgedeutet w (RG **66**, 28). Das vertragl ZbR kann sich auch auf nichtfällige u nicht konnexe GgFdgen beziehen (s AGB der Kreditinstitute u BGH NJW **85**, 849). – **b) Anwendungsbereich.** § 273 gilt für 2
SchuldVerh aller Art grdsl auch für SchuldVerh, die aus sachen- od erbrechtl Tatbestden entstanden sind (s Einf 24 v § 241). Ein ZbR kann daher geltd gemacht w ggü dem HerausgAnspr des Eigtümers (BGH **64**, 124, NJW-RR **86**, 282), dem GBBerichtiggsAnspr (BGH **41**, 35), dem Anspr auf Einwilligg in die Löschg einer AuflVormerkg (RG **163**, 62), dem Anspr auf Erbauseinandersetzg (Dütz NJW **67**, 1105). Ggü familienrechtl Anspr ist § 273 aber nur anwendb, soweit dies mit der Eigenart des familienrechtl RVerh vereinb ist (Diederichsen FS Heinrichs, 1998, S 181). Ein ZbR ist daher ausgeschl ggü dem UnterhAnspr od dem den UnterhAnspr vorbereitden AuskAnspr (Hamm NJW-RR **96**, 4), im HausratsVerf (Hamm FamRZ **81**, 877), ggü der Verpflichtg zur ehel LebensGemeinsch, dem Anspr auf Herausg des Kindes (Düss HRR **40**, 1104) u dem UmgangsR (s KG ZbJR **78**, 372). Ggü dem AuskAnspr aus § 1379 kann dagg wg eines entspr GgAnspr ein ZbR geltd gemacht w (Stgt FamRZ **82**, 282, § 1379 Rn 3, str). – **c)** Im **öffentlichen Recht** ist der 3
GrdGedanke des § 273 gleichf anwendb (Stober DVBl **73**, 351); er muß aber uU hinter höherrangigen RGrds zurücktreten (OVG Hbg NJW **77**, 1251). So kommt bei einem hoheitl Anspr eine Verurteilg Zug um Zug (§ 274) nicht in Betracht (VGH Mü NVwZ- RR **90**, 625), u auch ggü Anspr auf soziale Leistgen ist ein ZbR ausgeschl (VGH Kassel NJW **96**, 2746). Hat die Polizei ein verbotsw parkdes Kfz abgeschleppt, kann sie im Rahmen der VerhältnMäßigk bis zur Bezahlg der Abschleppkosten an dem Kfz ein ZbR geltd machen (aA Würtenberger DAR **83**, 158). Auch ggü dem Anspr auf Erstattg von Beiträgen nach Ausscheiden aus dem Versorggswerk kann ein ZbR geltd gemacht w (OVG Saarlouis NJW-RR **99**, 134). Dagg kann die Vornahme einer AmtsHdlg nicht dch die Zb von Kosten erzwungen w (KG OLGZ **91**, 21). Begriffl ausgeschlossen ist das ZbR ggü FeststellgsKl (RG **163**, 62) u GestaltgsKl wie der VollstrGgKl (BGH **71**, 19, 22).

2) Gegenstand des ZbR kann grdsl jede Leistg sein. Der Schu kann Sachen jeder Art zurückbehalten, 4
auch solche, die keinen selbständ VermWert haben u daher nicht selbständ pfändb sind, wie etwa Versicherungsscheine (RG **51**, 87), Hyp- u Grdschuldbriefe (RG **66**, 28), Sparkassenbücher (RG **68**, 282) u and Legitimationspapiere (s aber Rn 15). Verweigert werden kann auch die Vornahme von Hdlgen jeder Art, etwa von Dienstleistgen der SchiedsRi (BGH **55**, 347), die Erf von BefreigsVerpfl (BGH NJW **84**, 2152), GBBerichtiggen (BGH **41**, 35, **75**, 293) u die Freigabe von hinterlegtem Geld (BGH **90**, 196). Der ArbN kann an der ArbLeistg ein ZbR ausüben (BAG NJW **97**, 274, Heiderhoff JuS **98**, 1087), so wg seines Anspr aus § 618, wenn er an einem asbestbelasteten ArbPlatz arbeiten soll (BAG **AP** Nr 4), er muß aber die sich aus § 242 ergebden Schranken beachten (BAG ZIP **85**, 303). Auch die Erfüllg von DuldgsPfl, wie die aus § 917, kann Ggst des ZbR sein (BGH DB **76**, 2399), ebso die Einhaltg von **Unterlassungspflichten.** ZuwiderHdlgen gg 5
UnterlPflten sind aber dann nicht dch § 273 gedeckt, wenn sie den UnterlAnspr endgült vereiteln (RG **152**, 73, BAG NJW **83**, 2896, BayObLGZ **95**, 345). Umgekehrt kann der (einmalige) Verstoß gg eine UnterlPfl nur ausnw die NichtErf einer Pfl zur Vornahme einer Hdlg rechtf (RG DR **40**, 795). **Sonderregelungen** bestehen in BRAO 50 (BGH NJW **97**, 2944), StBerG 66 IV und WirtschPrüferO 51 b III für das ZbR an Handakten u ähnl.

3) Gegenanspruch des Schuldners. – a) Der zurückhaltde Schu muß zugl Gläub des GgAnspr u der 6
Gläub des Anspr zugl Schu des GgAnspr sein, **Gegenseitigkeit** der Anspr. Besteht der GgAnspr nur ggü einem MitGläub, ist § 273 unanwendb (BGH DNotZ **85**, 551). Dagg genügt es, wenn der GgAnspr dem

Schu gemeinschaftl mit and zusteht (BGH **5**, 176, **38**, 125, NJW-RR **88**, 1150). Dch Abtr wird das ZbR des Schu nicht berührt (BGH **19**, 162, **64**, 126, § 404 Rn 6), dagg entfällt das ZbR des Zedenten (BGH **92**, 196). Beim Vertr zGDr wirkt das ZbR gem § 334 auch ggü dem Dr (BGH NJW **80**, 450), bei mehrseit RVerh uU ggü allen Beteiligten (Gernhuber FS Larenz, 1973, 465). Auch familienrechtl Anspr können ein ZbR begründen (BGH **92**, 196). Liquidität (sofortige Beweisbark) des GgAnspr ist nicht erforderl, ebsowenig Gleichartigk der Anspr. Bei gleichart Anspr ist die Geltdmachg eines ZbR uU als Aufr zu werten (Rn 14). –
7 **b)** Der GgAnspr muß **vollwirksam** u **fällig** sein. Anspr aus Spiel u Wette begründen kein ZbR, ebsowenig bedingte od künft Anspr, wie der erst mit Beendigg des Güterstandes fäll werdde Anspr auf ZugewinnAusgl (Düss NJW-RR **99**, 444) u Anspr, denen eine Einr entggsteht (§ 390 S 1). Es genügt, wenn der GgAnspr mit der Erbringg der geschuldeten Leistg entsteht u fällig w (BGH **73**, 319, **111**, 156, **116**, 248); daß sie erst nach der Fdg des Gläub fäll geworden ist, schadet nichts (RG **92**, 217, BGH NJW **71**, 421). Der Anspr auf Quittg (§ 370), auf Rückgabe des Schuldscheins (§ 371), auf eine Rechng gem UStG 14 (BGH NJW **80**, 2710) u auf Rückgabe der Pfandsache gg Tilgg der Schuld (BGH **73**, 319) begründen daher ein ZbR. Unschädl ist, daß dem GgAnspr ein fr geltd gemachtes ZbR des Gläub entggsteht, da dieses dch die Leistg des Schu entfällt (BGH **116**, 248). Die Gesellsch kann ggü dem ausgeschiedenen Gter ein vorläuf ZbR geltd machen, wenn das AuseinandSGuthaben des Ausgeschiedenen mit großer Wahrscheinlichk negativ ist (BGH NJW **81**, 2802, **98**, 1551). Abgesehen von diesem Sonderfall kommen nicht fällige Anspr höchstens nach § 1000 od bei entspr vertragl Abreden (Rn 1) als Grdl für ein ZbR in Betracht (s BGH NJW-RR **86**, 543). Auch ein bereits
8 **verjährter** Anspr begründet in entspr Anwendg von § 390 S 2 das ZbR, wenn die Verj noch nicht vollendet war, als der Anspr des Gläub entstand (BGH **48**, 116). Das gilt auch für den verj MängelbeseitiggsAnspr nach VOB/B, sofern die Anzeige (§§ 639, 478) rechtzeitig erfolgt ist (BGH **53**, 122). Nicht erforderl ist, daß der Schu das ZbR vor Eintritt der Verj geltd gemacht hat (BGH aaO, Keller JuS **82**, 666, str). Dagg gibt der dch Ablauf einer AusschlußFr erloschene GgAnspr dem Schu kein ZbR (§ 390 Rn 3). Ein ZbR scheidet auch aus, wenn die Erf des GgAnspr unmögl geworden ist (RG JW **19**, 105).

9 **4) Konnexität. – a)** Der Anspr des Gläub u der GgAnspr des Schu müssen auf „demselben rechtl Verhältn" beruhen. Dieser Begriff ist im weitesten Sinne zu verstehen. Es ist nicht erforderl, daß die beiderseit Anspr im selben Vertr od SchuldVerh ihre Grdl haben; es genügt, wenn ihnen ein innerl zushängdes **einheitliches Lebensverhältnis** zugrunde liegt (BGH **92**, 196, **115**, 103). Zwischen den beiden Anspr muß ein „innerer natürl u wirtschaftl ZusHang" in der Weise bestehen, daß es gg Treu u Glauben verstoßen würde, wenn der eine Anspr ohne Rücks auf den and geltd gemacht u dchgesetzt w könnte (RG **134**, 146, BGH **47**, 167, **64**,
10 125, **115**, 103, NJW **97**, 2945, stRspr). – **b)** Konnexität ist daher zu **bejahen:** bei beiderseit Anspr aus einem nicht zustande gekommenen, angefochtenen od nicht Vertr (RG **108**, 336, BGH NJW- RR **90**, 848); bei Anspr aus ständ GeschVerbindg, sofern die verschiedenen Vertr wg ihres zeitl od sachl ZusHangs als eine natürl Einh erscheinen (s BGH **54**, 250, Düss NJW **78**, 703, OLGZ **85**, 78); bei Anspr aus dem Kauf von Kunstwerken desselben Künstlers bei einem Galeristen, wenn die Vertr innerhalb eines Jahres abgeschlossen worden sind (Düss NJW **97**, 1156); Anspr aus zeitl aufeinand folgden VersorggsVertr (BGH **115**, 103), and aber, wenn der eine die Wo u der and den berufl Bereich betrifft (BGH aaO), zw Anspr aus dem Wechsel od Scheck u dem GrdGesch (BGH **57**, 300, **85**, 348, NJW **76**, 1451); zw dem GBBerichtiggsAnspr u dem Anspr auf Ers von aufgewendeten HypZinsen (RG Warn **11**, 391); zw dem Anspr aus ZVG 50 (Erhöhg des Bargebots) u dem Anspr auf Herausg des GrdSchBriefes (Hamm FamRZ **94**, 247); zw SchadErsAnspr wg Lieferg eines aliuds u GgAnspr wg Verwertg der gelieferten Sache (BGH NJW **79**, 812), zw beiderseit Anspr aus einer aufgelösten Gemeinsch oder Gesellsch (BGH NJW **90**, 1172); zw beiderseit vermögensrechtl Anspr aus der ehel LebensGemeinsch (BGH **92**, 196, NJW-RR **90**, 134, Diederichsen, wie Rn 2, S 182) od einem eheähnl ZusLeben; zw dem Anspr auf Herausg des abgeschleppten Kfz u dem (abgetretenen) Anspr auf
11 Erstattg von Abschleppkosten (Karlsr OLGZ **78**, 206, aA Dörner DAR **80**, 105). – **c)** Konnexität ist dagg zu **verneinen:** bei ggs Anspr, die versch Bauvorhaben betreffen, es sei denn, daß eine ständ GeschVerbindg (Rn 10) besteht (Naumbg BauR **97**, 1049); zw Anspr aus dem GesellschVerh u Verbindlichk, die der Gter als Kunde der Gesellsch (Bank) eingegangen ist (RG **118**, 300); zw Anspr aus dem VersVerh u GgAnspr aus versichergsfremden Gesch (RG **158**, 15); zw MietzinsAnspr u Anspr auf Erteilg der NebenkostenAbrechng (Kblz NJW-RR **95**, 394); zw dem Anspr auf Zustimmg zur Löschg einer EigtümerGrdschuld u dem GgAnspr aus Verwendgen auf das Grdst (BGH **41**, 33); zw dem Anspr auf Zustimmg zur Auskehrg des Versteigergserlöses u Anspr, die keine Zuteilg aus dem Erlös rechtf (BGH NJW-RR **87**, 892); zw dem Anspr aus ZPO 717 II od III u dem Anspr aus dem materiellrechtl Verhältn (RG **123**, 395).

12 **5) Ausschluß des Zurückbehaltungsrechts. – a) Gesetzlich ausgeschlossen** ist das ZbR an der VollmUrk (§ 175); das ZbR des Mieters oder Pächters unter den Voraussetzgen der §§ 556 II, 580, 581 II, 596 II; das ZbR des GmbH-Gesellschafters ggü der Fdg auf Zahlg der Stammeinlage (GmbHG 19 II); das ZbR des Handelsvertreters an ihm zur Vfg gestellter Unterlagen (HGB 88 a II); das ZbR des Dienstherrn bei Beamtenbezügen (BBG 84 II). Eine bedenkl Einschränkg des ZbR von Fernsprechteilnehmern auf offensichtl Fehler enthält TKV 14 II (s dazu AG Ffm u Leipzig NJW-RR **94**, 1394 ff).

13 **b)** Das ZbR kann dch **Vereinbarung** ausgeschl w. Erforderl ist aber eine IndVereinbg, formularmäß Klauseln sind gem AGBG 11 Nr 2 im nichtkaufm Verk unwirks. Die Ausschlußabrede kann konkludent zustandekommen (RG **146**, 59), etwa dch Vereinbg einer VorleistgsPfl (§ 320 Rn 15), einer Barzahlgsklausel (§ 387 Rn 14) od dch Begründg eines neuen RVerh in Kenntn des Bestehens von GgFdgen (BGH NJW-RR **90**, 49). Ein vertragl AufrVerbot schließt das ZbR aus, wenn die Zb in der Wirkg einer Aufr gleichsteht (BGH NJW **84**, 129, Rn 14). Trotz einer entggstehden Abrede kann der Schu zur Zb berechtigt sein, wenn er das ZbR auf einen liquiden GgAnspr stützt (BGH NJW **60**, 859, DB **77**, 627) od wenn dem Gläub eine grobe VertrVerletzg zur Last fällt (BGH **48**, 270, DB **72**, 868).

14 **c)** Gesetzl **Aufrechnungsverbote** bedeuten nicht notw, daß auch das ZbR ausgeschlossen ist (RG **85**, 110). Die Aufr ist ein zum Erlöschen des Anspr führdes RGesch; die Zb die Geltdmachg einer aufschiebden Einrede, die nicht auf Tilgg, sond auf Sicherg des Anspr abzielt. Trotz dieser begriffl Unterschiede kann sich aus dem Zweck der Verbotsnorm ergeben, daß sie neben der Aufr auch das ZbR miterfassen will. Das ist vor

allem für § 393 u VAG 26 anerkannt. Das ZbR entfällt daher ggü dem SchadErsAnspr aus vorsätzl unerl Hdlg (BAG NJW **68**, 565; BayObLG NJW-RR **91**, 1235, aber nur für den Fall gleichart Fdgen) u ggü dem BeitrAnspr des VersVereins (BGH **16**, 49). Die anderen AufrVerbote (§§ 394, 392, 395) schließen das ZbR aus, wenn seine Ausübg einen der unzul **Aufrechnung gleichkommenden** Erfolg haben würde (BGH **38**, 129, NJW **84**, 129, **87**, 3254). Das ist der Fall, wenn der Schu weiß, daß seine GgFdg wg der schlechten Vermögenslage des Gegners nicht beigetrieben w kann (BGH **LM** § 395 Nr 2) od wenn Fdg u GgFdg auf Geld gerichtet u beide Fdgen fällig sind (BGH NJW **74**, 367, **LM** HGB 355 Nr 12). Die Zb bedeutet in diesem Fall in Wahrh die Erkl der Aufr; der angebl abw Wille des Schu ist unbeachtl, da er auf GesUmgehg abzielen würde (RG **85**, 110). Das AufrVerbot steht dem ZbR ausnahmsweise nicht entgg, wenn es wg einer vorsätzl unerl Hdlg im Rahmen desselben RVerhältn geltd gemacht w (BGH **30**, 38, § 394 Rn 2).

d) Der Ausschluß des ZbR kann sich aus der **Natur des Schuldverhältnisses** ergeben. Die hierher gehörden Fälle entziehen sich einer abschließden Systematisierg. – **aa)** Der Grd für den Ausschluß des ZbR kann die **Eigenart des Gegenstandes** sein, den der Schu zurückhalten will. Kein ZbR besteht an Reisepässen (LG BaBa NJW **78**, 1750), Führerscheinen (LG Limburg NJW-RR **90**, 1080), Lebenslaufakten eines Flugzeugs (Köln NJW-RR **97**, 57), Schuldscheinen od Wechseln, gleichgült ob die Schuld getilgt od nie entstanden ist (BGH NJW **58**, 2112, DB **83**, 2621), Quittgen od Löschgsbewilliggen (BGH **71**, 21, ZIP **88**, 831), es sei denn wg Kosten dieser Unterlagen (Köln Rpfleger **83**, 307), ArbPapieren (Peterek DB **68**, 173), BetrMitteln u Werkzeugen des ArbG (LAG Düss DB **75**, 2040), GeschPapieren (BGH NJW **97**, 2944), Krankenunterlagen (AG Freibg NJW **90**, 770), Miet- od Pachtkautionen, wenn nach Beendigg des Vertr eine angem Fr für die Abrechng abgelaufen ist (Celle OLGZ **66**, 6), zur Ansicht überlassenen Waren (BGH **LM** Nr 16); Paletten, die als Transportmittel mitgeliefert worden sind (Ffm MDR **85**, 503); Zuchtpudel (LG Stgt NJW-RR **91**, 446); Sachen, deren Verderb od Entwertg zu besorgen ist, EnteigngsEntsch (BGH **44**, 58). Ggst eines ZbR können dagg sein: die Kundenkartei des Handelsvertreters (BGH WM **83**, 864), das dem SubUntern überlassene Gerät (Düss NJW-RR **93**, 886), der vom ArbG zur Vfg gestellte Dienstwagen (Düss NJW **86**, 2513), die Handakten des RA, BRAO 50 (BGH NJW **97**, 2944) u des StBeraters, StBerG 66, einschließl der Buchhaltgsunterlagen (LG Heidelbg NJW-RR **98**, 1072), insbes, wenn sie eine ArbLeistg des StBeraters verkörpern (BGH NJW **88**, 2607), die vom Architekten gefertigten Pläne (Bruns BauR **99**, 529), ein VollstrTitel, jedenf wenn er nach Rücktr vom Vertr entspr §§ 346, 348 herauszugeben ist (BGH NJW **94**, 1162). 15

bb) Das ZbR kann wg der **Natur des Gläubigeranspruchs** ausgeschlossen sein. Kein ZbR besteht ggü dem Anspr auf Unterh od Altenteilsleistgen (Soergel-Wolf Rn 40, 38). Dagg ist es ggü einem schuldrechtl Anspr, der die Grdl des künft Unterh sichern soll, grdsl gegeben (BGH NJW **80**, 450). Das ZbR ist 16
ausgeschlossen ggü dem Anspr auf Zustimmg zur Mieterhöhg gem MHRG 2 (LG Bln MDR **84**, 582, 17
Mutter ZMR **92**, 185); ggü dem Anspr auf Stellg einer Mietkaution wg etwaiger Mängel (Celle NJW-RR **98**, 585); ggü dem Anspr auf Ausk od RechenschLegg (RG **102**, 110, BGH NJW **78**, 1157), and nur iF des § 1379 wg eines entspr GgAnspr (Rn 2); ggü dem Anspr auf Aufhebg der Gemeinsch (BGH **63**, 350); ggü dem RäumgsAnspr nach Beendigg der nichtehel LebensGemeinsch (Hamm NJW **86**, 728, Brdbg OLG-NL **97**, 14); ggü SchadErsAnspr, wenn dieser auf NichtErf eines Anspr beruht, dem kein ZbR entggstand (BGH WM **75**, 425); ggü dem VorschußAnspr der EigtGemsch aus WEG 16 II (BayObLG MDR **72**, 145, Ffm OLGZ **79**, 391); ggü dem Anspr auf Zust zur Veräußerg von WoEigt (BayObLG Rpfleger **77**, 173); ggü dem Anspr gg den GmbHGesellschafter auf Zust zur KapitalErhöhg (BGH DB **87**, 1413); ggü dem Anspr auf Anschluß an Versorggsleitgen. sofern er sich gg die EigtGemsch gem WEG richtet (Hamm NJW **84**, 2708); ggü dem Anspr auf Herausg des Nachl wg eines PflichtteilsAnspr (KG FamRZ **74**, 386); ggü dem Anspr auf Rückg von Sicherh nach Wegfall des Sichergszwecks (s BGH NJW **68**, 2139, Karlsr NJW-RR **98**, 533); ggü dem Anspr auf Herausg des dch die GeschBesorgg Erlangten (RG **160**, 59, BGH **LM** § 313 Nr 15); ggü dem Anspr gg den VersVertreter auf Herausg der eingezogenen Prämien (LG Bonn VersR **71**, 543, Höft VersR **70**, 461); ggü dem Anspr, eine Sache zum Zweck der Vernichtg herauszugeben (Karlsr MDR **92**, 450); ggü dem Anspr auf Beglaubigg der HypAbtr (BGH NJW **72**, 44). Zul ist das ZbR dagg ggü dem GrdBBerichtiggs-Anspr (BGH **41**, 35, NJW **90**, 1171), and aber, wenn die Eintragg wg GeschUnfähigk nichtig ist (BGH NJW **88**, 3261), ggü dem NotwegR (BGH MDR **76**, 917), ggü dem Anspr aus InsO 143 (BGH NJW-RR **86**, 991) u ggü Wechsel- u ScheckAnspr (BGH **85**, 348, NJW **76**, 1451).

cc) Das ZbR ist nach **Treu u Glauben** ausgeschlossen, wenn der Schu für seinen GgAnspr ausr Sicherh besitzt (BGH **7**, 127, BAG ZIP **85**, 304, *arg* § 273 III), wenn der Schu wg einer unverhältnismäß geringen Fdg die ganze Leistg zurückbehalten will (RG **61**, 128, Köln VRS **85**, 243, *arg* § 320 II), wenn ggü einer unbestr Fdg ein GgAnspr geltd gemacht wird, dessen Klärg so schwierig u zeitraubd ist, daß die Dchsetzg der unbestr Fdg auf unabsehb Zeit verhindert w (BGH **91**, 83, NJW **90**, 1172, Ffm OLGZ **94**, 538), § 242 verbietet aber nicht, daß die WoEigtGemsch ein Mitgl wg Nichtbezahlg von Heizkosten von der Wärmeversorgg ausschließt (Celle NJW- RR **91**, 1118, Hamm OLGZ **94**, 269). Das ZbR der **Versorgungsunternehmen** wird dch den in § 33 (AVBEltV, WasserV, GasV u FernwärmeV) konkretisierten Grds der Verhältnismäßigk beschränkt. Seine Geltdmachg in den Grenzen dieser Vorschr verstößt nicht gg § 242 (LG Ffm NJW-RR **98**, 1467). VersorggsUntern steht grdsl auch wg Anspr aus fr Vertr ein ZbR zu (BGH **115**, 103), and aber, wenn ein Vertr die Wo u der and den berufl Bereich betrifft (BGH aaO). 18

6) Rechtsfolgen. – a) Das ZbR gibt dem Schu eine aufschiebde **Einrede.** Es ist nicht vAw zu berücksichtigen, sond muß ausdr od stillschw geltd gemacht w, damit der Gläub von seiner AbwendgsBefugn (III) Gebrauch machen kann (RG **77**, 438, BGH WM **71**, 1021, NJW **83**, 565). Einer bes Geltdmachg bedarf es aber nicht, wenn der Gläub dem Bestehen des ZbR von sich aus Rechng trägt u Leistg Zug um Zug verlangt (BGH **60**, 323). Die Ausübg des ZbR setzt voraus, daß die Leistg noch zurückgehalten w kann, also noch nicht bewirkt ist; iF des § 273 II ist erforderl, daß der Schu noch Besitz der Sache hat. Hat der Schu in Unkenntn des ZbR geleistet, steht ihm kein RückgewährAnspr aus § 813 zu, da § 273 keine dauernde, sond eine aufschiebde Einr begründet (RG **139**, 21). Auch bei einem unfreiwilligen Besitzverlust endet das ZbR. Vollstreckt der Gläub aus einem vorläuf vollstreckb Urt, kann der Schu nicht über ZPO 717 II od III die Wiederherstellg der ZbLage fordern (RG **109**, 105, JW **27**, 1468). – **b)** Die Ausübg des ZbR hat **rechtsge-** 19 20

staltende Wirkung (BGH NJW-RR **86**, 992). Sie schränkt den Anspr des Gläub dahin inhaltl ein, daß der Schu nur noch zur Zug-um-Zug-Leistg verpflichtet ist. Das ZbR beseitigt nicht die Fälligk u hindert nicht, daß auf den mit der Einr des ZbR behafteten Anspr seinerseits ein ZbR gestützt w (BGH NJW **92**, 557). Seine Geltdmachg schließt aber den SchuVerzug u den Anspr auf ProzZinsen aus (§ 284 Rn 12, § 291 Rn 5). Ist bereits vorher Verzug eingetreten, genügt die Ausübg des ZbR zur Heilg des Verzuges nicht; der Schu muß vielmehr seine eig Leistg Zug-um-Zug gg Erfüllg des GgAnspr anbieten (§ 284 Rn 30). Das ZbR begründet ein Recht zum Besitz (BGH **64**, 124, NJW **98**, 2045, str s § 986 Rn 4), aber kein BenutzgsR (BGH **65**, 57, NJW-RR **98**, 801/805). Im **Insolvenzverfahren** ist das ZbR grdsl ohne Wirkg (*arg* InsO 51 Nr 2 u 3, RG **149**, 94); das ZbR wg Verwendgen u das handelsrechtl ZbR begründen aber nach InsO 51 Nr 2 u 3 ein AbsondergsR. – **c) Prozessuale Wirkungen** s § 274.

21 **7) Absatz II. – a)** II betrifft das ZbR ggü HerausgAnspr. Die Vorschrift enthält keine abschließde Sonderregelg. Daneben gelten § 273 I (BGH **64**, 125) sowie § 1000 (BGH **75**, 293). – **b)** Die Verpfl zur **„Herausgabe eines Gegenstandes"** ist im weitesten Sinne zu verstehen. Unter § 273 II fallen auch schuldrechtl HerausgAnspr. Ggst (Übbl 2 v § 90) sind neben Sachen auch Rechte, Fdgen u der Buchbesitz, dh die sich aus einer (unricht) GrdBucheintragg ergebde RPosition (BGH **75**, 293). HerausgAnspr iSd § 273 II sind daher auch Anspr auf GrdBuchberichtigg (BGH **41**, 33), auf Aufl (BGH **LM** Nr 6) od auf Löschg einer AuflVor-
22 merkg (RG **163**, 63). – **c)** § 273 II begründet keinen Anspr auf **Verwendungsersatz,** sond setzt dessen Bestehen voraus. AnsprGrdl können §§ 304, 683 f od 812 f sein. Da es genügt, daß der VerwendgsersatzAnspr gleichzeit mit der Herausg fällig wird, kommen auch §§ 994 ff als AnsprGrdl in Frage (BGH **75**, 293, **87**, 277, Rn 7). Die Verwendg muß auf den Ggst des ZbR gemacht worden sein (Schlesw WM **72**, 1259). An dieser Identität fehlt es, wenn dem Anspr auf Löschg einer Grdschuld od Hyp Anspr aus Verwendgen auf das belastete Grdst entgegehalten w (RG **141**, 226, BGH **41**, 37, DB **70**, 2434). § 273 II ist auch dann anwendb, wenn der Schu dch den herzugebden Ggst (Tier) Schaden erlitten hat u der Gläub zum Ers des Schadens
23 verpflichtet ist. Eine bes Prüfg der Konnexität ist für das ZbR des § 273 II nicht erforderl. – **d)** Hat der Schu den Ggst dch eine vorsätzl begangene **unerlaubte Handlung** (Diebstahl, Erpressg, Betrug) erlangt, entfällt sein ZbR aus § 273 II. Das gilt auch dann, wenn sein Vertreter die unerlaubte Hdlg begangen hat (BGH **LM** Nr 6). Der Ausschluß betrifft aber nur GgAnspr wg Verwendgen od SchadErs; iü bleibt das ZbR aus § 273 I unberührt (Kblz MDR **77**, 667). Auf vorsätzl VertrVerletzgen ist § 273 II letzter Halbs nicht entspr anwendb (Staud-Selb Rn 37, aA Schlesw WM **72**, 1259, 1478).

24 **8)** Da das ZbR kein Befriedigs- sond ein SichergsR ist, kann der Gläub es – and als iF des § 320 – **durch Sicherheitsleistung abwenden (III).** Es genügt nicht, daß der Gläub die SicherhLeistg anbietet; sie muß tats erbracht w (RG **137**, 355). UU kann aber die Vollstr des Urt vom Nachweis der SicherhLeistg abhäng gemacht w (RG aaO). Für die Art der SicherhLeistg gelten die §§ 232 ff (BGH NJW **88**, 484), jedoch ist die SicherhLeistg dch Bürgen ausgeschlossen (III 2). Die Höhe der SicherhLeistg richtet sich nach dem Wert des GgAnspr des Schu; ist der Wert der zurückgehaltenen Ggst geringer, ist dieser maßgebd (RG **137**, 355, aA RG **152**, 75). Ist der Schu anderweit ausr gesichert, entfällt das ZbR. Das kann aus einer entspr Anwendg von III, aber auch aus § 242 hergeleitet w (Rn 18).

25 **9) Sonderfälle. – a)** Das **kaufmännische Zurückbehaltungsrecht** (HGB 369 ff) setzt keine Konnexität der beiderseit Anspr voraus u kann auch an eig Sachen geltd gemacht w. Es begründet ein BefriedigsR (HGB 371) u im InsVerf ein AbsondergsR (InsO 51 Nr 3). – **b)** Die ZbR der §§ 1000 u 2022 sind Unterfälle des ZbR gem § 273 II. Beide ZbR setzen keine Fälligk der GgFdg voraus u begründen uU ein BefriedigsR. – **c)** Nach richtiger, allerdings bestrittener Ans ist auch die **Einrede des nichterfüllten Vertrages** ein
26 Unterfall des § 273 (§ 320 Rn 1). – **d)** Muß sich der Besteller gem § 254 od nach den Grds der VortAusgl an den **Kosten der Mängelbeseitigung** beteiligen, kann der Untern lediglich eine Absicherg seines Beteiligs-Anspr verlangen (BGH **90**, 350), im RStreit hat eine „doppelte Zug-um-Zug-Verurteilg" zu erfolgen (§ 274 Rn 2). – **e)** Zum vertragl ZbR s Rn 1.

274 ***Wirkungen des Zurückbehaltungsrechts.*** **I Gegenüber der Klage des Gläubigers hat die Geltendmachung des Zurückbehaltungsrechts nur die Wirkung, daß der Schuldner zur Leistung gegen Empfang der ihm gebührenden Leistung (Erfüllung Zug um Zug) zu verurteilen ist.**

II Auf Grund einer solchen Verurteilung kann der Gläubiger seinen Anspruch ohne Bewirkung der ihm obliegenden Leistung im Wege der Zwangsvollstreckung verfolgen, wenn der Schuldner im Verzuge der Annahme ist.

1 **1) Wirkung im Rechtsstreit (I). – a)** Das ZbR wird im RStreit nicht vAw beachtet, sond muß vom Schu dch Einr geltd gemacht w (§ 273 Rn 19). Nicht erforderl ist, daß der Bekl formell einen Antrag zur Verurteilg Zug um Zug stellt (BGH NJW-RR **86**, 992). Es genügt, wenn sich aus der Gesamth seines Vorbringens ergibt, daß er ein ZbR geltd machen will. Im 2. RZug ist das erstinstanzl geltd gemachte ZbR auch ohne ausdr Wiederholg zu beachten (BGH NJW-RR **86**, 992). Die außergerichtl erhobene Einr ist auch dann zu berücksichtigen, wenn der Kläger die maßgebden Tats in den Proz einführt (Münzberg NJW
2 **61**, 542). – **b)** Die Geltdmachg des ZbR führt nicht – wie sonst bei aufschiebden Einr – zur KlAbweisg, sond zur **Verurteilung Zug um Zug (I),** u zwar auch dann, wenn das ZbR iW einer VollstrGgKl geltd gemacht w (BGH NJW **97**, 1272). Die Verurteilg Zug um Zug ist ggü der unbeschränkten kein *aliud,* sond ein *minus.* Sie erfolgt daher unter entspr Teilabweisg auch, wenn der Kläger unbeschränkte Verurteilg beantragt (BGH **117**, 3). Auch wenn der Bekl bereits im AnnVerzug ist, ist zur Leistg Zug um Zug zu verurteilen (BGH **90**, 358, **116**, 248, Köln NJW-RR **96**, 500); stellt das Urt den AnnVerzug fest, gilt für die Vollstr aber § 274 II (Rn 4). Ist die gleichzeit Ausführg der beiderseit Leistgen nicht mögl, muß das Ger gem § 242 eine and zweckentspr Lösg finden (Ffm BB **78**, 323). Ist die vom Gläub zu erbringde Leistg von einer (weiteren) GgLeistg des Schu abhäng (Bsp: Zuzahlg zur Nachbesserg), ist auch eine „doppelte Zug-um-Zug-Leistg" zul

(BGH **90**, 349, 357). Steht dem Anspr des Gläub gg einen Miterben ein aufrechenb Anspr der ErbenGemsch ggü, führt die Geltdmachg des ZbR ausnw zur KlAbweisg (BGH **38**, 129). Dch die Verurteilg erwächst nur die Feststellg der LeistgsPfl des Schu in RKraft, nicht die Pfl des Gläub zur GgLeistg (BGH **117**, 3). Zur KostenEntsch bei Zug-um-Zug-Urt s Hensen NJW **99**, 395. Die **Beweislast** für die Voraussetzgen des § 273 hat der Schu (RG JW **14**, 188). – **c)** Die Einr des ZbR braucht im GrdUrt (ZPO 304) nicht erledigt zu 3
werden (RG **123**, 7). Bei TeilUrt muß das Ger das ZbR berücksichtigen (BGH NJW **92**, 1633); es hat Zug-um-Zug der vollen GgLeistg zu verurteilen (BGH NJW **62**, 628). Die Einr kann in der RevInstanz nicht mehr erhoben w (BGH NJW-RR **93**, 776). Sie ist auch dann ausgeschlossen, wenn der Gläub den Anspr bereits aufgrund eines vorläuf vollstreckb Urt beigetrieben hat (§ 273 Rn 19). Zur revisionsrechtl Behandlg, wenn nur die Entscheidg über die GgLeistg fehlerh ist, s BGH **45**, 287 u NJW **66**, 2356.

2) Zwangsvollstreckung (II). Das Zug-um-Zug-Urteil gibt nur dem Gläub eine VollstrMöglichk, nicht 4
dem zurückhaltden Schu (RG Warn **21**, 22). Der Gläub erhält eine vollstreckb Ausfertigg des Urt – abgesehen vom Fall der Verurteilg zur Abgabe einer WillErkl – ohne den Nachweis, daß der Schu befriedigt od in AnnVerzug ist (ZPO 726 II). Die Vollstr setzt aber entweder Befriedigg od AnnVerzug des Schu od ein Zug-um-Zug-Angebot des Gläub bei Dchführg der Vollstreckg voraus (ZPO 756, 765). Es empfiehlt sich, daß der Gläub den etwaigen AnnVerzug des Schu dch FeststellgsUrt ausdr feststellen läßt (Doms NJW **84**, 1340, Schibel NJW **84**, 1945). Es genügt aber auch, daß sich der AnnVerzug liquide aus dem UrtInh ergibt (KG OLGZ **74**, 312, Köln JurBüro **89**, 873).

Leistungsstörungen (§§ 275 ff)

Vorbemerkungen

1) Allgemeines. – a) Das SchuldVerh ist eine RBeziehg zw zwei Pers, kraft deren die eine, der Gläub, 1
von der and, dem Schu, eine Leistg zu fordern berecht ist (§ 241). Zweck des SchuldVerh ist es, daß die **Leistung** erbracht w; mit dem Eintritt des LeistgsErfolgs, der Erfüllg (§ 362), hat es seinen Zweck erreicht u erlischt. Unterbleibt die Leistg od wird sie unvollständ erbracht, kann der Gläub seinen ErfüllgsAnspr iW der Klage u anschließend iW der Vollstr dchsetzen. Das Proz- u VollstrR ist damit eine wesentl Ergänzg des Schuld- u VermögensR. Es gewährleistet die Dchsetzg der GläubR u unterwirft den Schu einem **rechtlichen Erfüllungszwang. – b)** Die Erfüllg ist der regelmäß, aber nicht der allein denkb ErlediggsTatbestd des 2
SchuldVerh. Bei seiner Abwicklg können Hindernisse auftreten, die eine ordngsmäß Erfüllg erschweren od ausschließen; ebso kann es zu einer Schädigg der einen Part dch die and kommen. Für diese Störgsfälle verwendet man seit Heinrich Stoll (Die Lehre von den Leistgsstörgen, 1936) den Sammelbegriff **„Leistungsstörungen"**. RFolge der LeistgsStörg ist eine inhaltl Änderg des SchuldVerh; die ursprüngl LeistgsPfl kann ganz od teilw entfallen, sich in eine Rückgewähr- od SchadErsPfl umwandeln od dch eine SchadErsPfl ergänzt w. **Kein** Fall der LeistgsStörg ist die **bloße Nichtleistung.** Sie gibt dem Gläub ledigl den ErfüllgsAnspr. Erst wenn Verzug (§ 284) od ein vertragsgefährddes Verhalten (§ 276 Rn 114) hinzukommt, liegt tatbestandl eine LeistgsStörg vor.

2) Die Verfasser des BGB haben das Recht der Leistgsstörgen nur unvollständ u nicht in jeder Beziehg 3
überzeugd geregelt. Der **Zentralbegriff** des Rechts der Leistgsstörgen ist die prakt nur selten vorkommde **Unmöglichkeit.** Sie wird in doppelter Funktion verwandt: Sie ist einerseits SchuldbefreiungsGrd (§ 275), zugleich aber auch HaftgsTatbestand (§§ 280, 324, 325). Weitere **gesetzlich geregelte Fälle** von Leistgsstörgen sind der Verzug des Schuldners (§§ 284 ff), der GläubVerzug (§§ 292 ff) sowie die Sonderregeln der Mängelhaftg bei Kauf, Miete, Werk- u Reisevertrag (§§ 459 ff, 537 ff, 633 ff, 651 c ff). Den prakt wichtigsten Fall der Leistgsstörg, die **positive Vertragsverletzung,** hat das Ges dagg ungeregelt gelassen (s § 276 4
Rn 104 ff). Auch für das Verschulden bei den VertrVhdlgen (§ 276 Rn 65 ff), das anfängl Unvermögen des Schu zur Leistg (§ 306 Rn 9 ff) u den Wegfall der GeschGrdl (§ 242 Rn 110) fehlt eine gesetzl Normierg. Die Lücken, die das geschriebene Recht insoweit enthält, sind aber dch RichterR geschlossen. Das Recht der Leistgsstörgen umfaßt heute zwei in ihrem GeltgsGrd u ihrer Struktur unterschiedl Normen-bestände: das aus der Tradition der Pandektenwissenschaft stammende, streng begriffl geschriebene Recht u die in ihren begrifflichen Konturen weniger scharfen, dafür aber elastischeren u für neue Problemstellgen offenen richterrechtl Grds. Ein neues, einheitl konzipiertes LeistgsstörgsR könnte die Praxis u Dogmatik des SchuldR vereinfachen u die Chancen des BGB, sich bei der europäischen RVereinheitlichg (Einf 28 v § 241) im Wettbew der Kodifikationen zu behaupten, verbessern. Ein entspr **Reformvorschlag** liegt vor (Abschlußbe- 5
richt der SchuldRKommission, 1992). Er will die PflVerletzg zum GrdTatbestand der Leistgsstörg machen u die vielen Friktionen u Wertgswiderspr zw LeistgsstörgsR u GewLR abbauen (vgl das positive Votum des DJT [NJW **94**, 3069], sowie Rolland, Medicus, Haas u Rabe NJW **92**, 2377 ff, Brambring DNotZ **92**, 691, Heinrichs, Jur Gesellsch Mittelfranken zu Nürnbg, Heft 5 mwN, Schlechtriem ZEuP **93**, 217, Rolland FS Medicus, 1999, 469). Ein Teil der Vorschläge wird möglicherw in dem Entw zur Umsetzg der RiL über den Verbrauchsgüterkauf (Einl 27 v § 241) übernommen u in das GesGebgsVerf eingebracht.

3) Die §§ 275–283 regeln die **nachträgliche Unmöglichkeit.** Sie stellen obj Unmöglichk u Unvermö- 6
gen gleich (§ 275 II) u unterscheiden in der RFolge danach, ob der Schu die Unmöglichk zu vertreten hat od nicht. Bei zu vertretder nachträgl Unmöglichk ist der Schu schadensersatzpflichtig (§ 280), bei nicht zu vertretder nachträgl Unmöglichk w er von der LeistgsPfl frei (§ 275). Wie sich die Unmöglichk der Leistg bei ggs Vertr auf die beiderseit Rechte u Pflten auswirkt, regeln die §§ 323 ff. Die anfängl (obj) Unmöglichk behandelt das Ges in §§ 306 ff. Die §§ 276–279 legen fest, wann der Schu die nachträgl Unmöglichk **„zu vertreten"** hat. Sie enthalten Zurechngsnormen, die auch für den Verzug (§ 285), die pVV (§ 276 Rn 104) u die c. i. c. (§ 276 Rn 65) gelten. Dabei geht das BGB vom **Verschuldensprinzip** aus. Der Schu hat nach § 276 Vorsatz u Fahrlässigk zu vertreten. Das Verschuldensprinzip wird aber dch Garantieelemente modifiziert. Der Schu muß nach § 278 für das Verschulden von gesetzl Vertretern u ErfGeh unabhäng von einem eig Verschulden einstehen. Auch für das finanzielle Leistgsvermögen u das Beschaffgsrisiko bei Gattgsschulden besteht eine schuldunabhäng EinstandsPfl des Schu (§ 279).

275 *Nicht zu vertretende Unmöglichkeit.* **I Der Schuldner wird von der Verpflichtung zur Leistung frei, soweit die Leistung infolge eines nach der Entstehung des Schuldverhältnisses eintretenden Umstandes, den er nicht zu vertreten hat, unmöglich wird.**

II Einer nach der Entstehung des Schuldverhältnisses eintretenden Unmöglichkeit steht das nachträglich eintretende Unvermögen des Schuldners zur Leistung gleich.

1 **1) Allgemeines. – a) Bedeutung.** Die nicht zu vertretde Unmöglichk ist nach § 275 ein BefreigsGrd. Der Schu wird von seiner LeistgsPfl frei, ohne daß eine sekundäre EinstandsPfl entsteht (Rn 24). Für ggs Vertr
2 gilt ergänzd § 323. – **b) Anwendungsbereich.** § 275 gilt grdsl für alle SchuldVerh, auch für ArbVertr (BGH NJW **90**, 2549, BAG NJW **77**, 1023), gleichgült, ob es sich um Haupt- od NebenleistgsPflten handelt. Auf Geld- od Gattgsschulden ist § 275 II aber unanwendb (§ 279 Rn 1 u 4). Für die Anwendg auf Anspr aus sachen-, fam- od erbrechtl Tatbest gilt Einl 24 v § 241: Danach können die §§ 275 ff auf LeistgsPflten aus einer Reallast u auf InstandhaltgsPflten aus einer DbK angewandt w, nicht aber auf Anspr aus §§ 985, 1004
3 (Staud-Löwisch Rn 15 v § 275). – **c)** Die **Erläuterungen** in Rn 4–22 beziehen aus prakt Grden die **anfängliche** Unmöglichk mit ein; sie gelten daher auch für §§ 306 ff.

4 **2) Objektive Unmöglichkeit.** Sie liegt vor, wenn die Leistg von niemandem, weder vom Schu noch von einem Dr, erbracht werden kann. Unmöglichkeit ist gleichbedeutd mit genereller Unerfüllbark. Dagg ist **keine** Unmöglichk gegeben, wenn nur die ursprüngl vorgesehene ErfArt undchführb geworden ist, die Leistg aber vom Schu in and Weise erbracht w kann u die Änderg beiden Part zumutb ist (BGH **38**, 149, **LM** § 242
5 (Ba) Nr 18). – **a) Naturgesetzliche Unmöglichkeit.** Die Leistg ist unmögl, wenn sie nach NaturGes od nach dem Stand von Wissensch u Technik nicht erbracht werden kann. Bsp: Untergang der geschuldeten Speziessache od Verschlechterg in einem solchen Maße, daß es sich wirtschaftl um eine and Sache handelt (Oldbg NJW **75**, 1788). Untergang der Mietsache (BGH **66**, 350, vgl auch Rn 8). Kauf od LizenzVertr über ein GeheimVerf, das bei VertrSchl bereits offenkund ist (RG **163**, 7, BGH GRUR **63**, 209). Lieferg einer Sache aus einer Gattg, die nicht mehr hergestellt wird (Hamm DAR **83**, 79). Verzicht auf ein nicht existierdes Recht (RG **78**, 431, Mü NJW **71**, 1807). Übertragg eines solchen Rechts. Herbeiführg eines Erfolgs (Abschirmg gg Erdstrahlen), (1) der nach physikal Erkenntn nicht erreicht werden kann (aA LG Brschw NJW-RR **86**, 479), (2) dch Einsatz magischer Kräfte (LG Kassel NJW **85**, 1642, NJW-RR **88**, 1517). Vertr über eine Beratg auf astrolog Basis (Düss NJW **53**, 1553, str). Lebenshilfe auf parapsycholog Grdl (AG Grevenbroich NJW-RR **99**, 633). Unausführbark der geschuldeten Dienst- od WkLeistg: Tod des Dirigenten, auf dessen Pers das Konzert abgestellt ist (AG Mannh NJW **91**, 1490); endgült Zurückweisg des ins Ausl zu transportierden Frachtguts an der Grenze (Köln NJW-RR **95**, 671). Vgl auch Rn 9 ff.

6 **b) Unmöglichkeit durch Zeitablauf, Unterlassungspflichten.** Die Leistg kann dch bloßen Zeitablauf unmögl werden, so vor allem beim absoluten FixGesch (§ 271 Rn 16) u bei zeitgebundenen DauerschuldVerhältn (§ 284 Rn 3). Auch in and Fällen kann Zeitablauf die Leistg unmögl machen: Die Verpfl zum Abschluß eines Erb- od PflichttVerzVertr endet mit dem Tod des Erbl (BGH **37**, 319, **134**, 60). Die Verpfl zur Lieferg von Software wird unmögl, wenn die Software wg der Weiterentwicklg der EDV-Technik wertlos geworden ist (Ffm NJW **98**, 84). Vorübergehde Unmöglichk kann dauernder Unmöglichk gleichstehen (Rn 17). Bei UnterlPflten tritt mit der ZuwiderHdlg Unmöglichk ein, es sei denn, daß sie rückgäng gemacht od das Unterl nachgeholt w kann (BGH **37**, 151, **52**, 398); bei einer DauerVerpfl begründet die ZuwiderHdlg Teilunmöglichk (Köhler AcP **190**, 517).

7 **c) Rechtliche Unmöglichkeit.** Die Leistg ist unmögl, wenn sie aus RGründen nicht erbracht w kann. – **aa)** Das ist der Fall, wenn der Schu sich zur Herbeiführg eines **bereits bestehenden Erfolgs** verpflichtet. Bsp: Verpfl zur Übereigng einer Sache, die dem Gläub bereits gehört (BGH VIZ **96**, 519) od die er inzw von einem Dr erworben hat (RG JW **10**, 805). Abtr des MietzinsAnspr an den Nießbraucher (RG **80**, 316). Vereinbg eines NutzgsR, das dem Gläub bereits kr GemeinGebr zusteht (RG **150**, 218). – **bb)** Unmöglichk liegt auch vor, wenn der Erbringg der Leistg **dauernde Rechtshindernisse entgegenstehen.** Bsp: Enteigng des zu übereignden Grdst (BGH DtZ **96**, 26). Überführg des Grdst in VolksEigt (Brdbg VIZ **97**, 360). Beschlagn der zu liefernden Sache (RG **95**, 22, BGH **90**, 292). Inländ od ausländ Lieferverbot ohne Dispensmöglichk (BGH NJW **83**, 2873). Abrede, daß der Veräußerer Eigtümer eines wesentl GrdstBestandt bleiben soll (KG OLGZ **80**, 199). Vertr über die Bestellg eines ErbbR an einem nicht bebaub Grdst (BGH **96**, 387). Verpfl zur Bestellg eines dingl VorkaufsR am Teil eines Flurstücks (Hamm NJW-RR **96**, 849). Verkauf einer nicht übertragb Konzession (BGH Warn **79**, 279). Verbot, die übernommene Architektenbindg weiter zu übertragen (BGH NJW **82**, 2190). Vertr über eine nicht genfäh Bauleistg (Ffm NJW-RR **89**, 982, Köln VersR **97**, 850). Vertr über die Beschaffg öff Fördermittel, die es nach den gesetzl Vorschr nicht gibt (Hamm NJW-RR **98**, 631). Einreiseverbot beim ReiseVertr (BGH **60**, 16). Entzug der GewerbeErlaubn, die der zur BetrFortführg verpfl Pächter benötigt (BGH **LM** Nr 3 u § 323 1 Nr 5). Auslaufen der ArbErlaubn eines ausl ArbN (BAG NJW **77**, 1023). Erkrankg des ArbN od BeschäftiggsVerbot nach MuSchG währd der einverständl festgesetzten UrlZeit (BAG NJW **95**, 1774). Ist der Vertr wg anfängl rechtl Unmöglichk nichtig, kann sich die Nichtigk zugl auch aus § 134 ergeben (§ 306 Rn 4). Bei LizenzVertr über gewerbl SchutzR führt die Schutzunfähigk des LizenzGgst idR nicht zur Anwendg des § 306, sond zu einem KündR (§ 306 Rn 15). Zur Versagg der für den Vertr erforderl Gen s 5 Rn 26 ff.

8 **d) „Praktische" Unmöglichkeit.** Die Leistg ist auch dann unmögl, wenn sie zwar theoret erbracht, der damit verbundene Aufwand aber in einem offensichtl Mißverhältn zu ihrem Wert steht (BGH NJW **83**, 2874). SchulBsp sind der Ring auf dem Meeresboden u die Münzsammlg unter dem Fundament eines Hochhauses. Prakt Unmöglichk liegt auch vor, wenn dem Vermieter die Wiederherstellg der zerstörten Mietsache nicht zuzumuten ist (BGH NJW-RR **91**, 204, Karlsr NJW-RR **95**, 849). Entspr gilt, wenn die verkaufte Sache von unbekannten Tätern gestohlen w (RG **105**, 351, str, für Unverm BGH **8**, 231).

9 **e) Unmöglichkeit und Zweckstörungen.** Unter Leistg iSd § 275 ist nicht die LeistgsHdlg, sond der Leistgserfolg zu verstehen. Unmöglichk liegt daher auch vor, wenn die LeistgsHdlg weiterhin mögl ist, sie aber den Leistgserfolg nicht mehr herbeiführen kann. Diese Ans hat sich im Anschluß an Beuthien (Zweck-

erreichg, 1969) u Köhler (Zweckstörgen, 1971) allg dchgesetzt (Soergel/Wiedemann Rn 33, vgl auch § 293 Rn 5). – **aa) Zweckerreichung.** Die Leistg ist unmögl, wenn der Leistgserfolg ohne Zutun des Schu eintritt. Bsp: Das freizuschleppde Schiff kommt wieder frei, der zu behandelnde Patient wird vor Eintreffen des Arztes gesund. – **bb) Zweckfortfall, Leistungshindernisse in der Person des Gläubigers.** Das gleiche gilt, 10 wenn der Leistgserfolg wg Wegfalls od Ungeeigneth des vom Gläub zu stellden Leistgssubstrats nicht mehr herbeigeführt werden kann od wenn die Leistg aus Grden unmögl wird, die in der Pers des Gläub liegen. Bsp: Das zu streichende Haus brennt ab, der aufgrd eines HeimpflegeVertr zu Betreuende stirbt (LG Düss NJW-RR **91**, 184), die Reise kann nicht dchgeführt w, weil sich der Reisde nicht der notw Schutzimpfg unterziehen kann (BGH **60**, 14). Entgg der fr hM liegt in diesen Fällen kein AnnVerzug vor; dauernde Ann- od Mitwirkgshindern auf Seiten des Gläub begründen Unmöglichk (§ 293 Rn 5). Für die GgLeistg gelten die §§ 320 ff. Der von der SachleistgsPfl freigewordene Schu behält daher seinen VergütgsAnspr, wenn der Gläub die Zweckerreichg od den Zweckfortfall zu vertreten hat (§ 324 Rn 4 ff). Aber auch wenn das nicht zutrifft, hat der freigewordene Schu in entspr **Anwendung des § 645** (dort Rn 9) einen Anspr auf eine Teilvergütg. § 645, der auch auf Dienstvertr anzuwenden ist (Picker JZ **85**, 694), enthält den allg RGedanken, daß Leistgsstörgen, die auf dem Wegfall des Leistgssubstrats od fehlder Mitwirkg des Gläub beruhen, zur Sphäre des Gläub gehören u ihn daher zur Zahlg einer Teilvergütg verpfl (BGH **40**, 71, **60**, 14, **77**, 324, **78**, 354, **83**, 302). – **cc) Störung des Verwendungszwecks.** Unanwendb ist § 275, wenn der Leistgserfolg noch her- 11 beigeführt werden kann, der Gläub an ihm aber kein Interesse mehr hat. SchulBsp: Die Hochzeit, für die die Kapelle bestellt worden ist, findet nicht statt. Das Fußballspiel, zu dem eine Sonderfahrt dchgeführt werden soll, fällt aus. Das Verwendgsrisiko trägt der Gläub (BGH **74**, 374), ihm können aber ausnweise Rechte wg Wegfalls der GeschGrdl zustehen (§ 242 Rn 145).

f) Wirtschaftliche Unmöglichkeit. Um den dch Not u Inflation veränderten wirtschaftl Verhältn gerecht 12 zu werden, hat das RG nach dem 1. Weltkrieg den Grds entwickelt, unter § 275 falle auch die wirtschaftl Unmöglichk (RG **94**, 47, **102**, 273, **107**, 157). Sie soll vorliegen, wenn die Leistg zwar an sich mögl ist, ihr aber solche Schwierigk entggstehen, daß sie dem Schu wg Überschreitg der „Opfergrenze" nicht zugemutet werden kann. Seit RG **103**, 332 gehen Rspr u Lehre aber davon aus, daß iF übermäß Leistgserschwerg nicht das UnmöglichkR, sond die Grds über den Wegfall der GeschGrdl die sach- u interessengerechte Lösg darstellen (Larenz § 21 I e, Staud/Löwisch Rn 6, Soergel/Wiedemann Rn 38). Dem ist zuzustimmen: Bei Störgen des ÄquivalenzVerhältn ist nicht Befreig von der LeistgsPfl sond Anpassg an die veränderten Verhältn die angem RFolge (§ 242 Rn 140). Der BGH hat den Grds, daß wirtschaftl Unmöglichk die Anwendg von § 275 rechtf kann, nicht ausdr aufgegeben, er wendet aber bei übermäßigen Leistgserschwergen u Äquivalenzstörgen in stRspr die Grds über den Wegfall der GeschGrdl an (BGH **LM** § 242 (Bb) Nr 12 u 50 Bl 2; § 242 Rn 135 u 140). Zum Wegfall der Verpfl des Vermieters, die zerstörte Mietsache wiederherzustellen s Rn 8.

3) Unvermögen. – a) Unverm (subj Unmöglichk) ist gegeben, wenn der Schu zur Leistg außerstande ist, 13 sie aber von einem and od unter Mitwirkg eines and erbracht werden könnte. Voraussetzg ist, daß der Schu auch zur Beschaffg od Wiederbeschaffg nicht in der Lage ist (BGH NJW **88**, 700, **92**, 3225). Nach § 275 II stehen nachträgl Unmöglichk u nachträgl Unverm einand gleich. Das gilt auch iF des § 280 (RG **52**, 95). Für die §§ 275 ff ist die Abgrenzg von obj u subj Unmöglichk daher, abgesehen vom Fall der Gattgsschuld (§ 279), unerhebl. And ist es dagg iF des § 306: Bei anfängl Unmöglichk besteht keine LeistgsPfl, für anfängl Unverm muß der Schu dagg einstehen (§ 306 Rn 9). – **b) Unvermögen** kann auf tats od rechtl Grden 14 beruhen. – **aa) Tatsächliches** Unverm: Dauernde Arbunfähigk bei einem DienstVerpflichteten (Stgt FamRZ **85**, 285), ebso bei einem HandelsVertreter (LG Bln NJW **69**, 514, Nürnbg VersR **69**, 1136, offen BGH **52**, 17), and aber, wenn der Vertr dch einen Vertreter erfüllt w kann (BGH **LM** § 323 I Nr 5). Abschl eines 2. ArbVertr für dieselbe Zeit (BAG **AP** § 306 Nr 1). ArbZeitregelg, die dem ArbN die aus gesundheitl Grden notw Ruhezeiten versagt (BAG NJW **82**, 2142). Doppelvermietg (BGH **85**, 271). Mittellosigk des Schu, der Schu kann aus ihr aber wg § 279 keine Rechte herleiten (§ 279 Rn 4). Beschaffgsschwierigk bei Gattgsschulden (§ 279 Rn 6 ff). – **bb) Rechtliches** Unverm: Verkauf od Vermietg einer fremden Sache ohne Zust 15 des Eigtümers (BGH **85**, 271, DNotZ **72**, 530). Veräußerg der verkauften Sache an einen Dr (BGH WM **73**, 1202), aber kein Unverm, wenn ein Rückerwerb mögl od der Dr zur Zust bereit ist (BGH NJW **84**, 2031, **97**, 938, Oldbg MDR **98**, 1406). Verkauf einer eig Sache ohne die erforderl Zust des Eheg (BGH **47**, 269). Verkauf einer Sache, für die ein relatives Veräußergsverbot besteht, aber and wenn der Geschützte zur Gen bereit ist (BGH NJW **97**, 1582). Der RäumgsAnspr (§ 556) besteht wg der Einwirkgsmöglichk auf den Mitmieter auch ggü dem ausgezogenen Mieter (BGH **131**, 183). Es ist auch nicht ow Unverm, wenn der Vermieter beim Abschluß eines weiteren MietVertr den einem and Mieter zugesagten Konkurrenzschutz nicht berücksichtigt (BGH NJW **74**, 2317). Bei höchstpersönl Leistgen begründet Unverm zugl Unmöglichk (§ 306 Rn 4).

4) Für die Unterscheidg zw **anfänglicher** (ursprüngl) Unmöglichk (§§ 306 ff) u **nachträglicher** Unmög- 16 lichk (§§ 275 ff, 323 ff) kommt es darauf an, ob das LeistgsHindern vor od nach Begründg des SchuldVerh entstanden ist. Bei vertragl SchuldVerh ist daher der VertrSchl der für die Abgrenzg maßgebde Ztpkt (BGH **47**, 50, **60**, 16). Das gilt auch dann, wenn der Vertr aufschiebd bedingt od befristet ist. Wird die Leistg nach Abschluß des Vertr, aber vor Eintritt der Bedingg unmögl, liegt daher nachträgl Unmöglichk vor (Staud-Löwisch Rn 43). Ist für die Leistg (das ErfGesch) die Gen eines Dritten erforderl, begründet deren Versagg gleichf keine anfängl, sond nachträgl Unmöglichk (BGH **37**, 240, Rn 34).

5) Dauernde und vorübergehende Unmöglichkeit. – a) Voraussetzg für die Anwendg der §§ 275, 17 280, 306 ist eine dauernde Unmöglichk (BGH **LM** Nr 4 u 7, str, aA Huber, FS Gaul, 1997, S 218). **Vorübergehende Leistungshindernisse** begründen Verzug, sofern sie der Schu zu vertreten hat. Ist das nicht der Fall, ist die LeistgsPfl des Schu für die Dauer der zeitweil Unmöglichk nach dem RGedanken des § 275 ausgeschlossen (Erman-Battes Rn 10). Im RStreit ist der Schu daher nicht zur sofort, sond zur künft Leistg zu verurteilen (s RG **168**, 328, ähnl MüKo/Emmerich Rn 28 v § 275, der jedoch eine Einr des Schu für erforderl hält). – **b)** Vorübergehde Unmöglichk (Unvermögen) steht **dauernder Unmöglichkeit gleich,** 18

wenn sie die Erreichg des GeschZweckes in Frage stellt u dem and Teil die Einhaltg des Vertr bis zum Wegfall des LeistgsHindern nicht zuzumuten ist (BGH **47**, 50, **83**, 200, Mü NJW-RR **96**, 48). Ob das zutrifft, ist unter Berücksichtigg aller Umst u der Belange beider Part nach Treu u Glauben zu entscheiden (BGH **LM** Nr 4, BAG BB **93**, 727). Bei Gesch des Warenhandels ist zu berücksichtigen, daß der Handel kurzfrist zu disponieren pflegt, dem Gläub also ein langes Warten nicht zugemutet w kann (BGH **LM** Nr 4). Dagg kann bei einem GrdstKaufVertr längeres Zuwarten uU zumutb sein (OGH **2**, 252). Wird die Erfüllg eines Vertr dch den Ausbruch eines Krieges unmögl, ist idR dauernde Unmöglichk anzunehmen (RG **94**, 49, **101**, 80). Diese kann auch zu bejahen sein, wenn Bauarbeiten wg der polit Verhältn im Lande des Bestellers (Iran) seit 3 Jahren nicht begonnen w konnten u eine Änderg nicht zu erwarten ist (BGH **83**, 200). Beim absoluten FixGesch begründen vorübergehde LeistgsStörgen dauernde Unmöglichk (§ 271 Rn 16); bei **Dauerverpflichtungen** führen sie idR zu einer teilw dauernden Unmöglichk (§ 284 Rn 3). Die Versagg der erforderl devisenrechtl Gen ist dagg iZw vorübergehde Unmöglichk (RG **151**, 38, Kühn NJW **83**, 1233). Bei der Abwägg ist auch das Verhalten der Part mitzuberücksichtigen. Hat der Schu zu erkennen gegeben, daß er ein Herstellgsverbot als ein vorübergehdes LeistgsHindern ansieht, so kann ihn der Gläub hieran festhalten (s
19 OGH **3**, 397). Das gilt ebso umgekehrt für eine entspr Erkl des Gläub (s RG **168**, 327). – **c) Maßgebender Zeitpunkt** für die Beurteilg, ob vorübergehde od dauernde Unmöglichk vorliegt, ist grdsl der Eintritt des LeistgsHindern (BGH **LM** Nr 4, 7). Die LeistgsPfl lebt nicht wieder auf, wenn die Leistg infolge einer unerwarteten Entwicklg wieder mögl w (RG **158**, 331, BGH **LM** Nr 4). Aus § 242 kann sich aber eine Verpflichtg zum Neuabschluß ergeben (RG **158**, 331). Im RStreit ist die Bedeutg des LeistgsHindern – bezogen auf den Ztpkt seines Eintritts – *ex post* nach dem Kenntnisstand der letzten mdl Vhdlg zu beurteilen (so im Ergebn BGH **83**, 201). Ist die Unmöglichk bei einer alsbald erhobenen Klage bis zur letzten mdl Vhdlg behoben, ist sie idR als vorübergehd anzusehen. Entspr gilt, wenn sie bei einem bedingten od befristeten Anspr bis zum Eintritt der Bedingg od der Fälligk wieder entfallen ist (s § 308 II). Ist eine vom Schu zu vertretde od eine währd des SchuVerzuges entstandene Unmöglichk weggefallen, kann sich der Schu nach Treu u Glauben nicht auf Unmöglichk berufen (RGRK-Alff Rn 23).

20 6) **Teilweise und völlige Unmöglichkeit. – a)** Teilunmöglichk, vom Ges in §§ 280 II, 323 I u 325 I „teilw Unmöglichk" genannt, setzt voraus, daß die Leistg teilb ist (BGH **116**, 337, § 266 Rn 3). Bei ihr treten die RFolgen der Unmöglichk grdsl nur hins des unmögl Teils der Leistg ein (BGH **77**, 322, Teilunmöglichk bei Schiffspauschalreise). Hins des noch mögl Teils der Leistg bleibt der Schu weiter leistgspflicht (§ 275 I „soweit"). Die Verpflichtg zur GgLeistg wird entspr gemindert (§ 323 I). Hat der Schu die Teilunmöglichk zu
21 vertreten, gelten §§ 280 II, 325 I 2. – **b)** Die Teilunmöglichk kann der **vollständigen Unmöglichkeit gleichstehen** (s Scherner JZ **71**, 533). – **aa)** Handelt es sich um eine **unteilbare** Leistg (§ 266 Rn 3), begründet die Teilunmöglichk idR zugl vollständ Unmöglichk (BGH VersR **77**, 527). Bsp: Das verkaufte
22 Schiff wird teilw zerstört. – **bb)** Die Leistg ist im ganzen unmögl, wenn der Gläub nach dem Inh u Zweck des Vertr nur an der vollständ Leistg ein Interesse hat, die mögl gebliebene **Teilerfüllung** für ihn also **sinnlos** ist (RG **140**, 383, BGH NJW-RR **95**, 854). Vollständige Unmöglichk ist daher anzunehmen, wenn die Teilleistg nicht mehr im Rahmen des konkreten SchuldVerh liegt, sond wirtschaftl etwas and bedeutet als die volle Leistg (Scherner JZ **71**, 533). Ausnw kann auch die Unmöglichk von Nebenleistgen dazu führen, daß die
22a Leistg im ganzen als unmögl anzusehen ist (RG **88**, 37, Unmöglichk der Versendg). – **c) Qualitative Unmöglichkeit.** Bei einer Verschlechterg des LeistgsGgst finden die Grds der Sachmängelhaftg u der pVV Anwendg (Soergel/Wiedemann Rn 48, str); die Einordng der Leistgsverschlechterg als qualitative Unmöglichk (MüKo/Emmerich Rn 62) ist mit der Systematik des von Rspr u Lehre entwickelten LeistgsstörgsR, dessen Zentralbegriff die pVV ist, unvereinb. Das schließt aber bei Leistgsverschlechtergen einen Rekurs auf SonderVorschr des UnmöglichkR, etwa § 281, nicht aus (s BGH **127**, 314).

23 7) Der Schu wird nur dann frei, wenn er die Unmöglichk (das Unvermögen) **nicht zu vertreten** hat. Ist er für die Unmöglichk verantwortl, haftet er nach § 280 od § 325 auf SchadErs. Was der Schu zu vertreten hat, ergeben die §§ 276–279. Die Haftg ist erweitert, wenn der Schu in Verzug ist (§ 287 S 2), sie ist eingeschränkt, wenn sich der Gläub in AnnVerzug befindet (§ 300 I). Bei der Prüfg des Verschuldens (§ 276) ist zu berücksichtigen, daß der Schu verpflichtet ist, alles ihm Mögl u Zumutb zu tun, um bei Fälligk leisten zu können (§ 242 Rn 27). Er haftet daher, wenn er es verabsäumt, sich rechtzeit einzudecken (RG **95**, 264), od wenn er sich uneingeschränkt zur Leistg verpflichtet hat, obwohl er das später aufgetretene LeistgsHindern schon bei VertrSchl voraussehen mußte (BGH NJW **99**, 635, **LM** § 325 Nr 8, § 242 (Be) Nr 24). Vfgen hoher Hand, wie Beschlagn u polizeil Verbote, hat der Schu idR nicht zu vertreten (RG JW **11**, 94), wohl aber einen freihänd Verkauf der geschuldeten Sache, auch wenn der Verkauf zur Abwendg der Enteigng erfolgt ist (s BGH NJW **83**, 275).

24 8) **Rechtsfolgen. – a)** Nachträgl Unmöglichk u nachträgl Unvermögen lassen die LeistgsPfl des Schu **erlöschen.** Das gilt entgg dem Wortlaut des § 275 auch dann, wenn der Schu die Unmöglichk zu vertreten hat (Staud-Löwisch Rn 56, aA Huber, FS Gaul, 1997, S 238), der Schu ist in diesem Fall jedoch gem § 280 schadensersatzpflicht. Die Schuldbefreiung tritt kr Ges ein; sie ist daher unabhäng von einer Einr des Schu zu berücksichtigen. Sie betrifft aber nur die einzelnen LeistgsPfl, nicht das SchuldVerh im ganzen. Der Schu ist daher gem § 281 zur ErsHerausg verpflichtet. Außerdem trifft ihn die Verpfl, dem Gläub die Unmöglichk anzuzeigen. Wird die Leistg wieder mögl, kann er uU zur Neubegründg des SchuldVerh verpflichtet sein (Rn 19). Aus § 275 ergibt sich, daß die **Leistungsgefahr** der Gläub trägt. Für ggs Vertr wird § 275 dch § 323 ergänzt. Danach erlischt bei nicht zu vertretder Unmöglichk mit der LeistgsPfl zugl die Verpfl zur
25 GgLeistg. Das bedeutet, daß die GgLeistgs- od **Preisgefahr** der Schu trägt. – **b) Verfahrensrechtliches.** Steht fest, daß die Leistg obj od subj unmögl ist, ist die auf Verurteilg zur Leistg gerichtete Klage abzuweisen (BGH **68**, 372/377, **97**, 178/181). Ist die Unmöglichk streitig, kann der Schu ohne Beweiserhebg über die Unmöglichk zur Leistg verurteilt w, sofern feststeht, daß er die etwaige Unmöglichk zu vertreten hat (RG **54**, 28, **107**, 18, BGH NJW **74**, 1554, Düss NJW-RR **91**, 138, Karlsr NJW-RR **98**, 1761, str, aA Wittig NJW **93**, 635). Der Gläub kann sich aufgrund des Urt dch einen VollstrVersuch selbst davon überzeugen, ob die Erf nicht doch mögl ist. Liegt wirkl Unmöglichk vor, kann er gem § 283 vorgehen. Fehlde VfgsMacht schließt

die Verurteilg nur aus, wenn der Schu nachweist, daß ein Rückerwerb unmögl ist (Rn 15). Wird ein AuflAnspr gg einen nicht mehr im GrdB eingetragenen Schu geltd gemacht, muß aber der Gläub die Leistgsfähigk des Schu beweisen (BGH NJW **99**, 2034). Vgl zur BewLast auch § 282 Rn 1 ff.

9) Genehmigungsbedürftige Rechtsgeschäfte. Die in einer Reihe von Ges für RGesch vorgesehene behördl Gen kann für das VerpflGesch (Rn 27), das ErfGesch (Rn 32) oder für beide erforderl sein. UU betrifft das GenErfordern beide Gesch nicht, sond hindert den Schu an der Beschaffg des LeistgsGgst u der Erf der eingegangenen Verbindlichk. In diesen Fällen liegt rechtl Unmöglichk (Rn 7) od Unvermögen (Rn 14) vor, auf die die §§ 275 ff, 306, 323 ff anzuwenden sind. Wird ein einseit GestaltgsGesch ohne die erforderl Gen vorgenommen, ist es nichtig (§ 134 Rn 12). Bezieht sich das GenErfordern auf das Verpfl- od ErfGesch u enthält das die GenPfl begründde Ges keine Sondervorschriften, gilt folgdes: 26

a) Genehmigungsbedürftige Verpflichtungsgeschäfte. Bsp sind die GenErfordern nach dem GrdstVerkG (Übbl 22 ff v § 873), nach der GrdstVerkO der neuen BLänder (Böhringer DtZ **93**, 141, Heckschen DB **94**, 364), nach VO aGrd des AWG, nach PrAngaben- u PrKlauselG (§ 244 Rn 24), ferner die Gen der AufsBeh nach den GemOrdngen (§ 125 Rn 3). Die Gen ist hier RBdgg des VerpflGesch; sie ist Voraussetzg für seine Wirksamk, nicht aber Teil des rechtsgeschäftl Tatbestdes (Rstk OLG-NL **97**, 125). – **aa)** Bis zur Entsch der Beh ist das VerpflGesch **schwebend unwirksam** (BGH **23**, 344, BVerwG NJW **78**, 338, Kblz NJW **88**, 3099, stRspr, Begriff Übbl 31 v § 104), auch wenn feststeht, daß das Gesch nicht genehmiggsfäh ist (BGH NJW **93**, 650). Die Part sind gebunden, es bestehen aber noch keine ErfAnspr (BGH NJW **93**, 651). Auch eine Klage auf Leistg für den Fall der Gen ist nicht mögl (RG **98**, 246, BGH NJW **76**, 104). Zul dagg eine Klage auf Feststellg, daß ein Vertr best Inh geschl worden ist (RG **121**, 157). Sow der Zweck des GenErfordern nicht entggsteht, können sich die Part verpfl, die VertrAbwicklg dch geeignete Maßn vorzubereiten. Bei einem dem GrdstVerkG (GrdstVerkO) unterfalldn Vertr können die Part daher wirks vereinbaren, daß der KaufPr bereits vor der Erteilg der Gen beim Notar hinterlegt w soll (BGH DNotZ **79**, 306, NJW **99**, 1329, krit Armbrüster NJW **99**, 1306). Die Part sind verpflichtet, alles zu tun, um die Gen herbeizuführen u alles zu unterlassen, was die Gen **gefährden** od vereiteln könnte (BGH **14**, 2, **67**, 35, § 242 Rn 33). Bei Verletzg dieser Pfl besteht Anspr auf SchadErs wg c. i. c. (RG **114**, 159), der sich uU auf das ErfInteresse erstrecken kann (§ 276 Rn 101). Wird eine Gen für den Fall einer VertrÄnd erteilt, kann sich aus § 242 die Pfl zum Abschl eines entspr ÄndVertr ergeben (§ 242 Rn 33). Keine schwebde Unwirksamk, sondern **Nichtigkeit** tritt ein, wenn der Vertr von beiden Seiten in UmgehgsAbs abgeschl w (§ 134 Rn 12). – **bb)** Mit der **Erteilung der Genehmigung** w der Vertr **vollwirksam.** Die Gen hat idR rück- 28 wirkde Kraft. Das ergibt sich aber entgg der älteren Rspr (RG **123**, 330, **157**, 211) nicht aus einer entspr Anwendg des § 184, sond aus dem Zweck des GenErfordern (BGH **32**, 389, Einf 6 v § 182). Einen Grds, daß Gen wg ihrer privatrechtsgestaltden Wirkg nicht zurückgenommen w dürfen, gibt es nicht (BVerwG NJW **78**, 338, BGH **84**, 71, str). Die erforderl Abwägg zw den öff u priv Belangen w aber idR zum Ausschluß der Rückn (VwVfG 48) führen. Das gilt erst recht für den Widerruf (VwVfG 49). Im übrigen bestehen iF der Rückn u des Widerrufs EntschädiggsAnspr gem VwVfG 48 III u 49 V. Wird der GenBeh zum Zweck der Täuschg ein unvollständ od unricht beurkundeter Vertr vorgelegt, ist die Gen grdsl unwirks, ohne daß eine Rückn erforderl ist (s BGH NJW **81**, 1958). – **cc)** Ein unricht **Negativattest** kann, auch wenn eine entspr 29 ges Regelg fehlt, einer Gen gleichstehen (BGH **1**, 301, DevisenGen; **14**, 4, preisrechtl Gen). Der Zweck des GenErfordern kann aber uU eine Gleichstellg ausschließen (BGH **44**, 325 zur Gen des VormschG; BGH NJW **80**, 1692 zu BBauG 19 aF). Der **Wegfall des Genehmigungserfordernisses** macht das Gesch gleichf vollwirks, sofern der Zustand schwebder Unwirksamk noch bestand (BGH **37**, 236, **127**, 375, stRspr). Die Wirksamk tritt aber ex nunc ein (aA BGH NJW **65**, 41, Zweibr OLGZ **85**, 362). – **dd)** Mit der **Versagung** 30 **der Genehmigung** w der Vertr nichtig, grdsl aber erst, wenn der Bescheid unanfechtb geworden ist (BGH NJW **93**, 650). Ersetzt die Beh ihren noch nicht rechtsbeständ AblehngsBescheid dch eine Gen, wird der Vertr wirks (BGH **84**, 71). Dagg hat es bei der Nichtigk sein Bewenden, wenn der unanfechtb gewordene VersaggsBescheid nachträgl aufgehoben w (BGH NJW **56**, 1918, JZ **72**, 368) od die GenPfl wegfällt. Nichtigk tritt aber auch ein, wenn die oberste GenBehörde rechtsverbindl bekannt macht, daß Gen nicht mehr erteilt werden (BGH **127**, 376, krit K. Schmidt NJW **95**, 2255). **Verzögerungen** stehen der Verweigerg nur gleich, 31 wenn sie die Erreichg des VertrZwecks gefährden od den Part ein längeres Zuwarten nicht zuzumuten ist (BGH NJW **78**, 1262, **93**, 651, Rn 17). Die aGrd des nichtig gewordenen Vertr erbrachten Leistgen sind nach § 812 zurückzugewähren. SchadErsAnspr können sich aus c. i. c. ergeben (Rn 27). Die Regeln über die Unmöglichk finden keine Anwendg.

27

b) Genehmigungsbedürftige Erfüllungsgeschäfte. Bsp sind die TeilgsGen nach BauGB (Übbl 18 v 32 § 873). – **aa)** Das VerpflGesch ist, sow es nicht selbst der Gen bedarf, **von Anfang an wirksam.** Es bestehen beiderseits ErfAnspr. Eine Klage auf Leistg ist grdsl zul (BGH **82**, 296, NJW **78**, 1262); ob der GenVorbeh ausdr in die UrtFormel aufgen w muß, hängt von einer Auslegg des Ges ab, auf dem das GenErfordern beruht (BGH aaO). Aus ihm kann sich auch ergeben, daß eine vorzeit Leistgsklage ausgeschl sein soll (RG **143**, 328). Die Pfl der Part, auf die Erteilg der Gen hinzuwirken (Rn 27), ist echte VertrPfl (RG **151**, 39). Ihre Verletzg begründet einen vertragl SchadErsAnspr. Wird die Gen nur iF einer VertrÄnd erteilt, kann sich aus § 242 die Pfl zur VertrAnpassg u Wiederholg des ErfGesch ergeben (§ 242 Rn 33). Das bereits vorgenommene Erf-Gesch (Bsp: Aufl) ist bis zur Entscheidg über die Gen **schwebend unwirksam.** Ausnw kann das Fehlen der 33 Gen auch zivilrechtl unschädl sein, wenn die das GenErfordern begründde Norm eine bloße OrdngsVorschr ist (BGH **LM** § 134 Nr 59). Wird die Gen od ein der Gen gleichstehdes Negativattest erteilt od fällt das GenErfordern weg, w auch das ErfGesch wirks, u zwar grdsl mit rückwirkder Kraft. Insoweit gilt Rn 28 entspr. – **bb)** Wird die **Genehmigung** endgült **versagt** u scheidet eine Anpassg aus, wird die Erf des Vertr 34 nachträgl unmögl. Die RFolgen beurteilen sich in diesem Fall nach den §§ 275 ff, 323 ff (BGH **37**, 240, NJW **80**, 700, **93**, 651, VersR **97**, 1415), uU kann aber auch die stillschw Vereinbg einer Bdgg angenommen w (BGH NJW-RR **92**, 558). Die etwaige Rückwirkg des Ablehngsbescheids begründet keine anfängl Unmöglichk, da das Gesch, auf das sich die Rückwirkg bezieht, nicht das VerpflGesch, sond das ErfGesch ist. Die Unmöglichk (Ablehng der Gen) ist idR von keiner Part zu vertreten, so daß beide Teile gem §§ 275, 323 von ihrer LeistgsPfl frei werden (BGH NJW **69**, 837, DtZ **94**, 247). Es können aber auch die §§ 280, 324, 325 anwendb sein, wenn eine Part die Ablehng der Gen verschuldet od insow das Risiko übernommen hat (BGH NJW **80**, 700, BB **97**, 1554).

276 *Haftung für eigenes Verschulden.*

[I] Der Schuldner hat, sofern nicht ein anderes bestimmt ist, Vorsatz und Fahrlässigkeit zu vertreten. Fahrlässig handelt, wer die im Verkehr erforderliche Sorgfalt außer acht läßt. Die Vorschriften der §§ 827, 828 finden Anwendung.

[II] Die Haftung wegen Vorsatzes kann dem Schuldner nicht im voraus erlassen werden.

1) Allgemeines . . . 1–4
2) Verschulden . . . 5–9
a) Begriff . . . 5
b) Zurechnungsfähigkeit . . . 6
c) Schuldausschließungsgründe . . . 7
d) Rechtswidrigkeit . . . 8, 9
3) Vorsatz . . . 10, 11
4) Fahrlässigkeit . . . 12–51
A) Allgemeines . . . 12–14
B) Sorgfaltsmaßstab und Voraussetzungen . . . 15–21
C) Einzelfälle . . . 22–51
5) Haftungsverschärfungen und -milderungen . . . 52–64
a) Haftungsverschärfungen . . . 52–55
b) Haftungsmilderungen . . . 56–58
c) Wirkung zugunsten Dritter . . . 59–61
d) Arbeits- und Dienstverhältnisse . . . 62–64
6) Verschulden bei Vertragsverhandlungen . . . 65–103
A) Allgemeines . . . 65–70
B) Fallgruppen . . . 71–91
a) Körper- und Eigentumsschäden . . . 71
b) Nichtzustandekommen eines Vertrages . . . 72–76
c) Unwirksamkeit des Vertrages . . . 77
d) Inhaltlich nachteiliger Vertrag . . . 78–90
C) Gehilfen . . . 91–98
D) Rechtsfolgen . . . 99–102
E) Dauernde Geschäftsverbindung . . . 103
7) Positive Vertragsverletzung . . . 104–129
A) Allgemeines (Haftungsgrund, Begriff) . . . 104–108
B) Schlechtleistung . . . 109–112
C) Verletzung von Nebenpflichten . . . 113–120
D) Nachvertragliche Pflichten . . . 121, 122
E) Rechtsfolgen . . . 123–129
8) Öffentlichrechtliche Verhältnisse . . . 130–133
9) Verfahrensrechtliches . . . 134
10) Schuldunabhängige Haftung . . . 135, 136

1 **1) Allgemeines.** Die §§ 276–279 legen fest, was der Schu zu vertreten hat. Sie gelten nicht nur für die Unmöglichk (§§ 275, 280, 325), sond immer, wenn das Ges den Begriff vom Schu „zu vertreten" verwendet (§§ 285, 439 I, 538 I, 548 usw) od wenn es, wie im Fall der pVV u der c. i. c., nach allg RGrds auf das Vertretenmüssen des Schu ankommt. § 276 ist eine der zentralen Normen des BGB; er umfaßt Vorschr von
2 ungleichart Inh u mit unterschiedl AnwendgsBereich. – **a) I 1** bestimmt, daß der Schu Vors u Fahrlässigk zu vertreten hat. – **aa)** Die Vorschr regelt damit, ebso wie etwa §§ 278, 279, eine HaftgsVoraussetzg, ist aber selbst **keine Anspruchsgrundlage** (BGH **11**, 83, Larenz § 24 I, MüKo/Hanau Rn 1). Die fr vom RG vertretene u unter Hinw auf die EntstehgsGeschichte wiederbelebte GgAns, I 1 enthalte eine HaftgsAnordng (so RG **66**, 291, **106**, 25, Westhelle NichtErf u pVV, 1978), ist mit Wortlaut u Systematik des Ges (offensichtl)
3 nicht zu vereinbaren (Rn 104 f). – **bb)** I 1 legt das **Verschuldensprinzip** fest. Der Schu haftet für LeistgsStörgen idR nur, wenn er die Störg dch ein vorwerfbares Verhalten verursacht od mitverursacht hat. Das Ges führt diesen Grds jedoch nicht streng dch. Schuldunabhäng EinstandsPfl bestehen für das Verschulden von gesetzl Vertretern u ErfGeh (§ 278), für die finanzielle LeistgsFähigk u das BeschaffgsRisiko bei Gattgs-Schulden (§ 279), für Sachmängel bei Kauf (§ 459), Miete (§ 537), Werk- u ReiseVertr (§§ 633, 651 c), nach § 676 b für Überweisgen sowie in den Fällen der ErklHaftg (§§ 122, 307). Auch die Objektivierg des FahrlässigkBegriffs (Rn 15) modifiziert den VerschuldensGrds u führt zur Berücksichtigg von Garantieelementen. Das Deliktsrecht geht gleichfalls vom Verschuldensprinzip aus; es unterliegt aber auch dort Ein-
4 schränkgen (Rn 136). – **b) I 2** enthält die Begriffsbestimmg der Fahrlässigk (Rn 12). Sie gilt für das **gesamte Privatrecht** innerhalb u außerhalb des BGB (BGH **LM** (Be) Nr 2), auch für das öffR (BAG **AP** RVO §§ 394, 395 Nr 5), nicht aber für das Strafrecht. – **c) I 3** legt dch eine Verweisg auf §§ 827, 828 fest, daß vertragl Verschulden ebso wie deliktisches ZurechngsFähigk voraussetzt. – **d) II** enthält ein FreizeichngsVerbot. Er gilt – ebso wie I 2, aber and als I 1 u 3 – auch für SchadErsAnspr aus unerl Hdlg (Rn 57).

5 **2) Verschulden. – a)** Der **Begriff** des Verschuldens ist im BGB nicht definiert. Er ist nach der Systematik des Ges Oberbegriff der Schuldformen Vorsatz u Fahrlässigk u erfordert als weiteres Verschuldenselement ZurechngsFähigk. Schuldh kann nur ein obj rechtsw (pflichtw) Verhalten sein (Rn 8). Es ergibt sich daher folgde Begriffsbestimmg: Verschulden ist obj rechtsw (pflichtw) u subj vorwerfb Verhalten eines Zurech-
6 ngsFäh. – **b)** Für die **Zurechnungsfähigkeit** gelten gem der Verweisg in I 3 die §§ 827, 828 (s dort). Die Prüfg der ZurechngsFähigk u der Frage, ob die Part im konkreten Fall schuldh (fahrläss) gehandelt hat, sind sorgfält von einand zu trennen (BGH **LM** § 828 Nr 1). § 829 wird in I 3 nicht in Bezug genommen. Er kann aber im Bereich des VertrR entspr angewandt w (Staud/Löwisch Rn 61, sehr str, aA Böhmer NJW **67**, 865). Für diese Analogie spricht auch, daß § 829 nach stRspr im Rahmen des § 254 anwendb ist (§ 254 Rn 13),
7 obwohl § 254 auch außerh des DeliktsR gilt. – **c)** Vorschr über **Schuldausschließungsgründe** enthält das BGB nicht. Die EntschuldiggsGrde des StrafR, vor allem StGB 35, haben für das bürgerl Recht keine unmittelb Bedeutg. Sie schließen das nach obj Maßstäben zu beurteilde zivilrechtl Verschulden nicht ohne weiteres aus (§ 228 Rn 2). Im BGB kann aber ausnw der – restriktiv zu handhabde – Gesichtspunkt der **Unzumutbarkeit** den Schuldvorwurf entkräften (BGH **LM** § 828 Nr 1, MüKo/Hanau Rn 72). Auch echte Gewissensnot kann in AusnFällen ein EntschuldiggsGrd sein (§ 242 Rn 9). Selbstmord des Schu ist im
8 Verhältn zum Gläub kein Verschulden (BGH NJW-RR **91**, 76, BAG DB **79**, 1803). – **d)** Verschulden setzt notw **Rechtswidrigkeit** voraus. Rechtsw ist jede Verletzg eines fremden Rechts od RGuts, die nicht dch einen bes RFertiggsGrd gedeckt ist (§ 823 Rn 33). Im VertrR ist rechtsw gleichbedeutd mit obj pflichtw. Der Begriff der PflWidrigk ist – ebso wie der Begriff der RWidrigk im DeliktsR – **erfolgsbezogen.** Obj PflWidrigk ist gegeben, wenn der äußere Tatbestd einer LeistgsStörg vorliegt. Es genügt daher, daß die Leistg unmögl ist, der Schu trotz Mahng nicht od schlecht leistet, od der Gläub dch das Verhalten des Schu einen Schaden erleidet. Ausnw kann die PflWidrigk auch verhaltensbezogen sein (MüKo/Hanau Rn 31), so etwa iF

der Begehg dch Unterl (Vorbem 84v § 249). Die im DeliktsR anerkannten RFertiggsGrde (§ 823 Rn 36) gelten wg der Einheit der ROrdng auch im VertrR. Eine Sonderstellg hat der von der Rspr als Korrektiv der schuldunabhäng Haftg aus § 831 herausgebildete RFertiggsGrd des verkehrsrichtigen Verhaltens (BGH **24**, 21). Wird die Leistg infolge eines allen Sorgfaltsanfordergen genügden Verhaltens des Schu unmögl, entfällt nicht der obj Tatbestd der LeistgsStörg, wohl aber ein Verschulden u damit eine Haftg. – **e)** Nach der im 9
Schriftt vertretenen Lehre vom **Handlungsunrecht** soll dagg ein nicht vorsätzl Verhalten nur dann rechtsw sein, wenn der Schu die im Verk erforderl Sorgf außer acht gelassen od gg eine spezielle Verhaltensnorm verstoßen hat (so ua Nipperdey NJW **57**, 1777, Esser/Schmidt § 25 IV). Diese Lehre ist jedoch abzulehnen (MüKo/Hanau Rn 27, § 823 Rn 33). Wie § 823 I u die Normen des LeistgsStörgsR zeigen, geht das BGB davon aus, daß die Haftg sowohl RWidrigk (PflWidrigk) als auch Fahrlässigk voraussetzt. RWidrigk (PflWidrigk) u Fahrlässigk sind nach dem Ges zwei verschiedene, von einand zu trennde HaftgsVoraussetzgen. Eine Notwendigk, das Gesetz in diesem Pkt zu korrigieren, hat die Lehre vom HandlgsUnrecht nicht aufgezeigt.

3) Vorsatz. – a) Vors ist das Wissen u Wollen des rechtsw Erfolges (MüKo/Hanau Rn 49); das gilt sowohl 10
für das VertrR als auch für das R der unerl Hdlgen. Der Streit zw Vorstellgs- u Willenstheorie ist dch die Erkenntn überholt, daß zum Vors sowohl ein Wissens- als auch ein Willenselement gehört: Der Handelnde muß den rechtsw Erfolg vorausgesehen u in seinen Willen aufgenommen h. Nicht erforderl ist, daß der Erfolg gewünscht od beabsichtigt war (RG **57**, 241), ebso ist der BewegGrd unerhebl. Der Vors braucht sich idR nur auf die Verletzg des Vertr zu erstrecken, nicht auf den eingetretenen Schaden (BGH MDR **55**, 542). Das gilt im R der unerl Hdlgen sinngem: Bei § 823 I genügt Wissen u Wollen der Verletzg des geschützten R od RGutes, bei § 823 II Wissen u Wollen der SchutzGVerletzg, bei § 839 Wissen u Wollen der AmtsPflVerletzg, der eingetretene Schaden braucht vom Vors nicht umfaßt zu sein (BGH **34**, 381, **59**, 39, **75**, 329, VersR **72**, 492, stRspr). Beim SchmerzGAnspr muß sich der Vors dagg auch auf die Verletzg der in § 847 aufgezählten Lebensgüter beziehen (RG **142**, 122). Auch der Anspr aus § 826 setzt voraus, daß sich der Vors auf die Schadensfolgen erstreckt (§ 826 Rn 10). Wie im StrafR umfaßt der VorsBegr im ZivilR neben dem unbedingten auch den bedingten Vors. Bedingt vorsätzl handelt, wer den als mögl erkannten rechtsw Erfolg billigd in Kauf nimmt (BGH **7**, 313, NJW **84**, 801, **86**, 180, 182). Bewußte Fahrlässigk liegt dagg vor, wenn der Handelnde darauf vertraut, der Schaden werde nicht eintreten (BGH NJW **71**, 460, NJW-RR **98**, 34, BAG VersR **71**, 528).

b) Der Irrt über tatsächl Umst, aber auch der RIrrt schließt den Vors aus (RG **72**, 6, **84**, 194, **119**, 267). 11
Zum Vors gehört nach hM im ZivilR das **Bewußtsein der Rechtswidrigkeit,** sog VorsTheorie (BGH **69**, 142, **118**, 208, MüKo/Hanau Rn 55, aA BAG **1**, 79 uö). Die zivilrechtl Lehre steht damit in Widerspr zu der im StrafR geltenden sog Schuldtheorie (StGB 16, 17, BGH GrStS **2**, 194), nach der ein vorwerfb VerbotsIrrt die Schuld nicht beseitigt. Bei Verletzg eines strafrechtl SchutzG ist Bewußtsein der RWidrigk nicht erforderl, es genügt vorsätzl Schuld iS der Schuldtheorie (BGH NJW **62**, 910, **85**, 135). Auch die ErsPfl aus § 826 setzt kein Bewußtsein der Sittenwidrigk voraus, Kenntn der Umst, die das Verhalten als sittenw erscheinen lassen, reicht aus (§ 826 Rn 11). Daraus ist allg abzuleiten, daß der Irrt über grdlegde Anfordergen des Rechts (RBlindh) den Vors nicht beseitigt (Mayer-Maly AcP **170**, 162, str). Unerhebl ist auch der RFolgenIrrt u der Irrt über Einzelh des Kausalverlaufs (Erman/Battes Rn 18). Bei vorsätzl Verstoß gg grdlegde allg RPfl ist vorsätzl VertrVerletzg auch dann gegeben, wenn Schu nicht weiß, daß sein Verhalten zugl eine VertrVerletzg darstellt (BGH NJW **70**, 1082). Wer sich auf einen den Vors ausschließden RIrrt beruft, trägt insow die BewLast (BGH **69**, 143, Düss WM **95**, 1496). Entfällt Vors inf Irrt, besteht vielf Haftg wg Fahrlk, zum RIrrt vgl § 285 Rn 4. UnzurechngsFgk schließt Vors aus, auch wenn sie auf Alkoholgenuß beruht (BGH NJW **68**, 1132), nicht aber verminderte ZurechngsFgk (BGH VersR **67**, 126).

4) Fahrlässigkeit. – A) Allgemeines. – a) Fahrlässigk ist nach der für das gesamte bürgerl Recht geltden 12
Begriffsbestimmg in I 2 **Außerachtlassung der im Verkehr erforderlichen Sorgfalt.** Sie ist kein Element der RWidrigk, sond eine Schuldform (Rn 8). Fahrlässigk setzt Voraussehbark (Rn 20) u Vermeidbark (Rn 21) des rechtsw (pflichtw) Erfolges voraus (BGH **39**, 285, **LM** § 828 Nr 1, MüKo/Hanau Rn 75). –
b) Arten der Fahrlässigkeit. Bei **bewußter** Fahrlässigk hat der Handelnde mit dem mögl Eintritt des schädl 13
Erfolges gerechnet, hat aber fahrl darauf vertraut, der Schaden werde nicht eintreten. Sie unterscheidet sich vom bedingten Vorsatz dadch, daß der Handelnde den rechtsw Erfolg nicht billigd in Kauf nimmt (Rn 10). Bei **unbewußter** Fahrlässigk hat der Handelnde den mögl Eintritt des schädl Erfolges nicht erkannt, hätte ihn aber bei gehöriger Sorgf voraussehen u verhindern können. – **c) Grade der Fahrlässigkeit. Grobe** Fahr- 14
lässigk liegt vor, wenn die im Verk erforderl Sorgf in bes schwerem Maße verletzt worden ist (§ 277 Rn 2). **Einfache** (leichte, gewöhnl) Fahrlässigk ist gegeben, wenn die bes Merkmale grober Fahrlässigk nicht erfüllt sind. Nachdem das BAG bei der ArbNHaftg nicht mehr zw einfacher u leichtester Fahrlässigk unterscheidet (§ 611 Rn 158), ist er dabei, eine neue Unterscheidg zw grober u **besonders grober** Fahrlässigkeit zu entwickeln (BAG VersR **98**, 895).

B) Sorgfaltsmaßstab und Voraussetzungen der Fahrlässigkeit. – a) Abweichd vom StrafR gilt im 15
BGB kein individueller, sond ein auf die allg VerkBedürfn ausgerichteter **objektiver Sorgfaltsmaßstab** (BGH **39**, 283, **80**, 193, NJW **80**, 2465, **88**, 909, NJW-RR **96**, 980). Der entscheidde Grd hierfür ist der Gedanke des Vertrauensschutzes. Im RVerk muß jeder grdsl darauf vertrauen dürfen, daß der and die für die Erf seiner Pflten erforderl Fähigk u Kenntn besitzt. Der obj FahrlässigkBegriff gilt auch im Rahmen des § 254 (MüKo/Hanau Rn 89) u des § 823 II, u zwar selbst dann, wenn als SchutzGes eine strafrechtl Norm anzuwenden ist (BGH **LM** § 823 (B b) Nr 2). Der Schu kann den FahrlässigkVorwurf daher nicht dadch ausräumen, daß er sich auf fehlde Fachkenntnisse, Verstandeskräfte, Geschicklichk od Körperkraft beruft. Keine EntlastgsGrde sind auch: Sehfehler eines Kfz-Fahrers (BGH JZ **68**, 103); vorhersehb alters- od krankheitsbedingte Ausfallerscheingen (BGH NJW **88**, 909); mangelnde Ausbildg od Erfahrg eines Kfz-Fahrers (BGH VersR **58**, 268, **68**, 395); seelische Erregg eines Notars (BGH **17**, 72); mangelndes Fachwissen des Bürgermeisters einer kleinen Gemeinde (RG **152**, 140); Überbeanspruchg eines Operateurs (BGH VersR **53**, 338). Da die Objektivierg dem Schutz des Verk dient, ist es nicht ausgeschlossen, bes Kenntn u Fähigk zu Lasten des Schu zu berücksichtigen (BGH VersR **64**, 831, **67**, 777, **68**, 1059), so etwa bes Ortskenntn (BGH

VersR **58**, 94, **71**, 667, Ffm VersR **75**, 381). Bei Vertr kann der Sorgfaltsmaßstab dch vertragl Abreden verstärkt od abgemildert w (RG **119**, 399). Die gelegentl Versuche, äußere u innere Sorgf von einand zu trennen, haben sich mit Recht nicht dchgesetzt (Fabarius, Äußere u innere Sorgf, 1991).

16 **b)** Der im Ges dch Blankett umschriebene SorgfMaßstab bedarf der **Konkretisierung. – aa)** Die nach I 2 maßgebde **erforderliche** Sorgf entspr nicht notw der übl (BGH **8**, 141, NJW **65**, 1075, Düss DB **84**, 1772). Eingerissene VerkUnsitten u Nachlässigk entschuldigen nicht (BGH **5**, 319), auch nicht das Bestehen eines „verbreiteten Brauchs" (BGH **23**, 290). Eine etwaige tatsächl Übg muß aber bei der Festlegg der SorgfAnfordergen mitberücksichtigt w (BGH **65**, 308, MüKo/Hanau Rn 80). Wenn der Schu sich so verhalten hat, wie es ihm von kompetenten Fachleuten empfohlen worden ist, kann ihm idR kein Schuldvorwurf gemacht w (BGH NJW **71**, 1882). Erforderl ist das Maß an Umsicht u Sorgf, das nach dem Urteil besonnener u gewissenhafter Angehöriger des in Betracht kommden VerkKreises zu beachten ist (BGH NJW **72**, 151, Köln NJW-RR **90**, 793). Wie die zur Risikovermeidg erforderl Ausstattg beschaffen sein muß, hängt von den Umst des Falles ab (s Damm NJW **89**, 737); iZw muß sie mindestens dem Normalstandard entspr. Wer eine weitgehd unerprobte Technik anwenden will, muß über deren Risiken informieren (BGH NJW-RR **93**, 26). Bei der Beurteilg kommt es auf den Erkenntnisstand zZ der Verursachg des Schadens an (BGH **80**, 193), jedoch trifft den Warenhersteller nach dem Inverkbringen eine **Produktbeobachtungspflicht** auf noch unbekannt gebliebene gefährl Eigensch (§ 823 Rn 208). Werden SichergsVorkehrgen unterlassen, die im maßgebden Ztpkt weder von der Rspr gefordert wurden, noch in deren Tendenz lagen, entfällt ein Schuldvorwurf (BGH NJW **85**, 620, **95**, 2632, krit Möllers VersR **96**, 158). Besonderh der örtl Verhältn können
17 berücksichtigt w (RG **113**, 426, BGH MDR **82**, 387). – **bb)** Die SorgfAnfordergen sind für die einz **Handlungstypen,** je nach der Größe der damit verbundenen Gefahr, unterschiedl (RG **147**, 356). Sie sind nach dem jeweiligen **Verkehrskreis** (Berufs-, Alters-, Bildgs-, Lebenskreis) zu bestimmen (BGH **39**, 283, NJW **70**, 1038). Bsp: „ordentl" Kaufm (HGB 347), Gewerbetreibder (BGH **31**, 358), Facharzt/Heilpraktiker (BGH **113**, 304), Bauherr (BGH NJW **94**, 2233), Berufsanfänger (BGH NJW **88**, 2299, **92**, 1560, **93**, 2989, Gounalakis NJW **91**, 2946), Hausfrau (Düss NJW **75**, 171), Auszubildder (BGH NJW **79**, 864), Jugendl (BGH **LM** (Be) Nr 2, VersR **67**, 159), Kind (BGH NJW **70**, 1038, NJW-RR **97**, 1110). Auch alte Menschen u **Behinderte** sind in diesem Sinne eine Gruppe, deren Besonderh sich auf den SorgfMaßstab auswirken kann (MüKo/Hanau Rn 85). An untergeordnete Mitarbeiter können nicht die gleichen Anforderungen gestellt w wie an leitde (BGH NJW **88**, 48). Zu prüfen ist aber jeweils, ob ein Übernahmeverschulden vorliegt. Zu berücksichtigen ist auch die **besondere Lage,** in der der Betroffene sich befunden hat. Unsachgem Verhalten in einer unverschuldeten u nicht vorhersehb Gefahrenlage ist nicht in jedem Fall schuldh (BGH NJW **76**,
18 1504, Hbg VRS **84**, 173, Karlsr VersR **87**, 693). – **cc)** Zur Ausfüllg des in I 2 verwandten Blanketts kann auch auf RVorschr, etwa die StVO zurückgegriffen w. Der Ri kann auch and **Regelwerke** heranziehen, so etwa UnfallverhütgsVorschr (BGH NJW **57**, 499, VersR **62**, 358), techn Regeln (BGH **54**, 335, Hamm OLGZ **90**, 119, Marburger VersR **83**, 598), DIN-Normen (BGH **103**, 341, BB **98**, 1604), Richtlinien des Spitzenverbandes der Banken (Köln NJW **90**, 2262) od Sportregeln (BGH **58**, 40, Scheuer DAR **90**, 121); er ist aber zur eig Prüfg u Bewertg verpfl (BGH VersR **84**, 165). Auch wenn der Handelnde die maßgebden technischen Regeln eingehalten hat, kann ausnw ein Verschulden zu bejahen sein (BGH NJW **85**, 621,
19 Hamm BauR **83**, 173). – **dd)** Soweit es ausschließl um Sachschäden geht, ist auch eine **Nutzen-Kosten-Analyse** entspr der ökonomischen Analyse des Rechts (Einl 32 v § 1) ein zul Hilfsmittel, um den Umfang der erforderl Sorgf zu bestimmen: SorgfMaßn sind mindestens dann erforderl, wenn der für sie notw Aufwand geringer ist als der dch ihre Nichtanwendg möglw entstehde Schaden.

20 **c)** Voraussetzg der Fahrlässigk ist **Vorhersehbarkeit** der Gefahr (BGH **39**, 285, **LM** § 828 Nr 1). Sie braucht sich nur auf den HaftgsTatbestd zu beziehen, dagg nicht auf die weitere Schadensentwicklg. Es genügt die allg Vorhersehbark eines schädigden Erfolges, der konkrete Ablauf braucht in seinen Einzelh nicht vorhersehb gewesen zu sein (s BGH **57**, 33, **59**, 39, NJW-RR **93**, 346, Düss NJW-RR **95**, 1482). Wann Vorhersehbark zu bejahen ist, hängt von den Umst des Einzelfalles ab. Der Schu muß für mögl Störgen die notw **Vorsorge** treffen (Ehmann NJW **87**, 402). Vorkehrgen für alle abstrakt denkb Schadensrisiken können aber idR nicht verlangt w; es muß vielmehr die nicht ganz fern liegde Möglichk einer Schädigg bestehen (BGH VersR **75**, 812, **LM** § 823 (Dc) Nr 121 Bl 3 R). Die Voraussehbark kann trotz entggstehder Umst zu bejahen sein, weil den Schu nach Maßg des konkreten SchuldVerh eine **Prüfungspflicht** trifft (MüKo/Hanau Rn 101). Ein **Irrtum** des Schu schließt Fahrlässigk nur aus, wenn er unvermeidb ist. Das trifft beim RIrrt ledigl in AusnFällen zu (§ 285 Rn 4).

21 **d)** Der Schu handelt nur dann fahrlässig, wenn er den Eintritt des schädigden Erfolges **vermeiden** konnte u mußte (BGH **39**, 285, **LM** § 828 Nr 1). Grdsl ist der Schu gehalten, jede vorhersehb Verwirklichg eines HaftgsTatbestd zu verhindern. Ein jegliche Gefahr vermeiddes Verhalten wird jedoch nicht verlangt, sond ein sachgerechter Umgang mit der Gefahr (Deutsch NJW **92**, 74). Erforderl Sichergsvorkehrgen sind auch dann zu treffen, wenn sie mit Unbequemlichk, Zeitverlust od finanziellen Opfern verbunden sind (BGH NJW **53**, 258); sind die Schäden nicht zu verhindern, besteht eine HinwPfl (LG Bln DB **83**, 652). Etwas and gilt, wenn sich das Verhalten des Schu im Rahmen der Sozialadäquanz u damit des **erlaubten Risikos** hält (MüKo/Hanau Rn 128, Esser/Schmidt § 25 IV). In diesen Fällen ist jedoch uU schon der Zurechngszushang (Vorbem 58 ff v § 249) od die RWidrigk ausgeschlossen. Die Vermeidbark kann auch dann fehlen, wenn es inf **Streiks** zu einer Leistgsstörg kommt (Strohmaier BB **93**, 2031).

22 **C) Einzelfälle der Fahrlässigkeit.** Vgl zur c. i. c. Rn 72 ff, zur pVV Rn 109 ff; s ferner § 242 Rn 28 ff, § 254 Rn 16 ff, sowie bei den einzelnen SchuldVerh, insb bei §§ 611, 675, 823, 839. – **a) Anlagevermittlung und Prospekthaftung:** Lit: v Heymann NJW **90**, 1137; **99**, 1577; Reithmann/Thode, Kauf vom Bauträger, 7. Aufl, N Rn 1 ff. – **aa)** Der **Anlagevermittler** muß den Kunden richtig u vollständ über alle für die Anlage wichtigen Umst informieren (BGH **74**, 106, NJW **82**, 1095, **83**, 1730). Er handelt schuldh, wenn er nicht offenlegt, daß seine positive Beurteilg ausschließl auf nicht überprüften Informationen der Börsenzulassg (BGH **123**, 123) od des betreffden Untern beruht (BGH NJW-RR **93**, 1115). Entspr gilt für den Herausgeber eines Börsendienstes (BGH **70**, 356). Die Bank genügt ihrer SorgfPfl, wenn sie auf ihre mangelnde Sachkunde hinweist; zur Ablehng eines VertrSchlusses ist sie nicht verpflichtet (BGH NJW **98**,

2675). Für den Anlagevermittler kann auch nach VertrEnde eine Pfl zur Richtigstellg unricht Informationen bestehen (BGH NJW **98**, 448). Der Vermittler einer fremdfinanzierten LebensVers muß unzweideut auf das Verlustrisiko hinweisen, wenn der DarlZins höher ist als der Ertrag der Vers (BGH NJW **98**, 2898). Die **Bank** schuldet eine „anlegergerechte" Beratg, die den Wissensstand des Kunden u seine Risikobereitsch berücksichtigt, u eine „objektgerechte" Beratg, die diesen Kriterien entspricht (BGH **123**, 126). Sie trifft eine Pfl zur sorgfält Prüfg bei Befürwortg einer Anlage (BGH **100**, 122, NJW **92**, 2562), bei einer Anlageempfehlg, auch an einen unbest PersKreis (BGH NJW **79**, 1595), bei Aufn der Anlage in das Beratgsprogramm (Nürnb WM **86**, 124), wenn sie sich als Referenz benennen läßt (BGH NJW **92**, 2149) od die Anlage als bankgeprüft bezeichnet (BGH NJW-RR **86**, 1102, aA Düss ZIP **94**, 1256). Bei einem Immobilienfond muß sie auf Risiken hinweisen, die sich aus kapitalmäß u personellen Verflechtgen der Beteil ergeben (Karlsr NJW-RR **99**, 990). Bei einem Kunden, der dch einen VermBerater betreut wird od einen gezielten Auftr zum Kauf best Wertpapiere erteilt, darf die Bank aber idR davon ausgehen, daß er über die gewählte Anlage im erforderl Umfang informiert ist (BGH NJW **96**, 1744). Auch bei offensichtl spekulativen Anlagen entfällt die umfassde BeratgsPfl (Ffm WM **95**, 24). **Einzelfälle** (ja = Empfehlg pflw; nein = nicht): BondAnleihe ja ab Juli 88 (BGH **123**, 126), nein für Juni 88 (LG Hbg ZIP **94**, 1439), ja bei fehlder Aufkl über das eig Unvermögen zur Beurteilg der Anlage (BGH aaO); ebso bei der Polly-Peck-Anleihe (Brschw ZIP **93**, 1460, **96**, 1242, aA Düss ZIP **94**, 1256, Ffm WM **96**, 2049). Terramar-Aktien ja (Köln ZIP **97**, 1372). Fokker-Anleihe nein für Juni 93 (LG Bln, Hbg u Nürnbg WM **97**, 1413 ff); ja für Oktober 93 (Nürnbg ZIP **98**, 380, Kblz BB **99**, 1677) u ggü einem konservativen Anleger auch schon für April 93 (Brschw NJW-RR **98**, 626). Die Bank, die ledigl zur Finanzierg eingeschaltet w, trifft dagg grdsl keine PrüfgsPfl (Rn 30). Steht der Vermittler erkennb auf der Anbieterseite, kann der Anleger zur bes Vorsicht verpflichtet sein; strenge SorgfAnfordergen sind dagg an denj zu stellen, der als individueller Berater auftritt (BGH NJW **82**, 1096, **90**, 2463, NJW-RR **89**, 150). Die Empfehlg an einen nicht termingeschfäh Kunden, ein BörsenterminGesch abzuschließen, ist aber nicht ow pflwidrig (BGH **107**, 193). Zu **Warenterminoptionen,** BörsenterminGesch u ähnl RisikoGesch s § 764 Rn 8 ff.

bb) Eine von der Rspr des BGH entwickelte **Prospekthaftung** besteht für die Beteiligg an einer PublikumsKG (BGH **71**, 284), an Bauherrnmodellen (BGH **111**, 314), Mischformen dieser Anlagearten (BGH **115**, 213), and Kapitalbeteiliggen in ZusHang mit Immobilienanlagen, etwa beim ImmobilienLeas (Seibel/v Westphalen BB **98**, 169) u dem Erwerb von Aktien außerh geregelter Märkte (BGH **123**, 106). Die Haftg ergänzt die dch SpezialGes (BörsG 45 ff, 77, VerkProspG 17, KAGG 20, AuslInvestmentG 12) geregelte Prospekthaftg (Sittmann NZG **98**, 490). Sie geht davon aus, daß der Emissionsprospekt idR die einzige Informationsquelle des Anlegers ist (BGH **111**, 314). Sie knüpft nicht an persönl, sond an typisiertes Vertrauen an (BGH **123**, 106) u setzt nicht voraus, daß der Anleger die für den Prospekt Verantwortl u ihre Mitwirkg kannte (BGH **72**, 387, **79**, 340). Auf Prospekte des normalen GeschVerk findet die Prospekthaftg keine Anwendg (BGH NJW **81**, 2810), ebsowenig auf Prospekte für WarenterminGesch (§ 764 Rn 11). **(1) Richtigkeit und Vollständigkeit.** Der Prospekt muß über sämtl Umst, die für die Anlageentscheidg von Bedeutg sind, richt u vollstd informieren (BGH **123**, 106/110). Nachträgl Ändergen verpflichten zu einer entspr Richtigstellg (BGH aaO). Sondervorteile, die den GründgsGtern gewährt w, müssen offen gelegt w (BGH NJW **95**, 130), ebso eine Mietausfallgarantie, wenn sie die Baukosten erhöht (BGH aaO). Der Anleger, der die Beteiligg aGrd eines unricht od unvollst Prospekts erworben hat, kann auch dann Rückgängigmachg des Erwerbs fordern, wenn nicht die unricht dargestellten, sond and Risiken zum Wertverfall geführt haben (BGH **123**, 106). **(2) Kreis der Haftenden.** Für die Richtigk u Vollständigk des Prospekts haften: die Gründer, Initiatoren u Gestalter der Gesellsch (BGH **71**, 284; **115**, 213, NJW **95**, 1025), ebso alle Pers, die hinter der Gesellsch stehen u auf ihr GeschGebaren entscheidden Einfluß ausüben (BGH **79**, 337, **115**, 213, NJW **95**, 1025), uU auch diej, die im Prospekt als Referenz benannt w (BGH NJW **92**, 2149). Die Haftg erstreckt sich auch auf Garanten des Prospekts, die als WirtschPrüfer, StBerater, RA od ähnl einen Vertrauenstatbestd für die Richtigk des Prospekts geschaffen haben, vorausgesetzt ihre Mitverantwortlichk ist nach außen hervorgetreten (BGH **77**, 172, NJW-RR **92**, 879). Keine Prospektverantwortlichk begründet die Mitgliedsch im Beirat (BGH **79**, 337/348) od die Benenng als TrHänder zur Überwachg der Anlegerkonten (BGH NJW **95**, 1025). Der TrHandkommanditist muß für Prospektfehler auch dann einstehen, wenn der Text ohne sein Wissen in den Verk gebracht worden ist (BGH **84**, 141). **(3) Verjährung** s § 195 Rn 11.

23

23 a

24

cc) Neben der eigentl Prospekthaftg aus typisiertem Vertrauen (Rn 23) besteht eine **uneigentliche Prospekthaftung:** Wer bei den VertrVhdlgen mit dem Anleger als Vertreter, Sachwalter oder Garant persönl Vertrauen in Anspr genommen hat, haftet für Mängel des Prospekts nach den allg Grds der c. i. c. (BGH **83**, 222/227, NJW **95**, 130, Stüsser NJW **99**, 1586) u daher mit einer VerjFr von 30 Jahren (§ 195 Rn 11). In die Haftg einbezogen ist auch ein VHdlgsGehilfe, wenn er dch Hinw auf seine Sachkunde u sein Ansehen wie ein Garant aufgetreten ist (BGH WM **86**, 1047). Unricht Informationen über das Bestehen einer AusfallBürgsch (s BGH NJW **82**, 1095), die AbnVerpfl eines Dritten (s BGH NJW **83**, 1731) od eine Wiederverkaufsmöglichk begründen auch dann eine Haftg, wenn keine Garantie übernommen worden ist (BGH BB **90**, 13). Entspr gilt, wenn verschwiegen wird, daß für das Bauvorhaben noch keine BauGen erteilt worden ist (KG NZG **99**, 199). Der künft VertrPartner des Anlegers, etwa der TrHandKommanditist od der Gründgskommanditist, haftet wg § 278 auch dann, wenn einem seiner VhdlgsGehilfen ein Schuldvorwurf zu machen ist (BGH NJW **85**, 380, **87**, 2677, NJW-RR **91**, 804); entspr gilt für den Kommanditisten, der die KG dch Bürgsch am Leben hält (BGH NJW **91**, 1608). Dem Gter ist das Verschulden Dritter nicht zuzurechnen, wenn der Prospekt u die BeitrittsVhdlgen typw seinem Einflußbereich entzogen sind (BGH NJW-RR **92**, 542). 25

Architekt: vgl Einf 7 v § 631. – **Arzt:** Bei ihm fallen die Voraussetzgen für eine vertragl u delikt Haftg idR zus, s daher § 823 Rn 66 ff u „Krankenhaus". Zur AufklärgsPfl des Arztes bei Operationen u sonst gefährl BehandlgsMaßn s § 823 Rn 45. Auch zur Wahrg von Vermögensinteressen des Patienten kann der Arzt verpflichtet sein (Michalski VersR **97**, 144), so bei Zw hins der EintrittsPfl des Versicherers (BGH NJW **83**, 2630) od des SozVersTrägers (Köln OLGZ **88**, 212). Entspr Pflten des Arztes bestehen aber nur, wenn sich ihm die Möglichk einer wirtschaftl Schädigg aufdrängen mußte (Köln NJW **87**, 2304, Hamm NJW-RR **91**, 1141, Brem NJW **92**, 2366, Baden NJW **88**, 746). Das gilt etwa dann, wenn der Arzt eine teure, medizinisch 26 nicht anerkannte Krebstherapie empfiehlt (Hamm NJW **95**, 790). Für eine Wahlleistg kann er kein Honorar verlangen, wenn er verschweigt, daß er diese für Kassenpatienten ebso erbringt (LG Hanau NJW **89**, 2335). Haftg wg Verletzg der SchweigePfl (BGH NJW **68**, 2288); für Diebstahl im Sprechzimmer (RG **99**, 35), ebso im Krankenhaus (Karlsr NJW **75**, 597).

27 **b) Bank. – aa)** Zur Haftg für **Auskünfte** s § 676 Rn 7, bei der **Anlagenberatung** s Rn 22, aus c. i. c. Rn 84. – **bb) Überweisungsverkehr, Lastschriftverfahren,** ScheckVerkehr, Wechsel s § 675 Rn 7–18
28 (GiroVertr). – **cc) Kreditgewährung. (1) Allgemeines.** Wenn der Kunde es wünscht, muß die Bank ihn vollständ u richtig über die Vor- u Nachteile der in Frage kommden Finanziergsmodelle beraten (Celle WM **93**, 2085). Stellt die Bank für den Kunden Berechngen an, haftet sie für Fehler, so bei falscher Ermittlg des für die Umschuldg erforderl Betrages (Mü NJW-RR **90**, 438) od bei unricht Information über die beim Hauserwerb zu erwartde Belastg (BGH ZIP **91**, 645, Celle NJW-RR **87**, 1261). Bei der Beratg über eine Baufinanzierg handelt sie nicht pflichtw, wenn sie in einer Hochzinsphase eine fünfjähr Zinsfestschreibg von 55% des Kredits empfiehlt (Hamm ZIP **97**, 360). Die Bank hat ggü dem Kunden keine Verpfl, seine Kreditwürdigk u Leistgsfähigk zu überprüfen (Ffm WM **98**, 337); KWG 18 begründet nur eine öffr Pfl (Früh WM **95**, 1701). Sie handelt aber pflichtw, wenn sie den Kunden zur Aktienspekulation auf Kredit verleitet (BGH NJW **97**, 1361) od wenn sie einem hochverschuldeten Kunden den Kauf einer EigtWo finanziert, um ihm Sicherh für einen Konsumentenkredit zu verschaffen (Düss MDR **93**, 1197). Auf Bedenken gg die Zweckmäßigk der gewählten Kreditart braucht sie idR nicht unaufgefordert hinzuweisen, wohl aber auf belastde Besonderh des angebotenen Kredittyps (BGH WM **91**, 181), so etwa auf die für den Normalkunden undurchschaubaren Nachteile der Kombination von KreditVertr u LebensVers (BGH **111**, 124, NJW **89**, 2882) u auf die überdchschnittl Belastg dch ein als „Wunsch-Kredit" angepriesenes Darl (LG Darmstadt NJW-RR **95**, 1513). Bietet sie eine RestSchuldVers an, trifft sie gleichf eine BelehrgsPfl (Nürnb u LG Köln NJW-RR **89**, 815). Sie braucht aber nicht darüber aufzuklären, daß DarlZinsen am Markt ständ Schwankgen unterliegen (Hamm NJW-RR **93**, 54), den Vollkaufm auch nicht darüber, daß es zweckmäß ist, das Habenkonto mit dem Sollkonto zu verrechnen (Düss NJW-RR **97**, 426). Zu einer weiteren Kreditgewährg ist sie nicht verpflichtet, auch wenn ein aussichtsreiches Saniergskonzept besteht (Baterreau WM **92**, 1519). Sie haftet aber wg c. i. c., wenn sie über die Aussicht, eine LandesBürgsch zu erhalten, schuldh unricht
29 Angaben macht (BGH VersR **78**, 822). **(2) Rechtliche Risiken.** Beim finanzierten Kauf muß die Bank auf die möglicherw von Lieferg u Mängelfreih unabhäng ZahlgsPfl hinweisen u vor unricht Empfangsbekenntn warnen (BGH NJW **47**, 212, 222). Eine entspr Pfl besteht beim Personalkredit, sofern ein Irrt des KreditN über die RisikoVerteilg naheliegt u der Bank die IrrtGefahr zuzurechnen ist (BGH NJW **79**, 2093, **80**, 177).
30 **(3) Verwendung.** Über Risiken der geplanten Verwendg des Kredits braucht die Bank idR nicht zu belehren (BGH **72**, 101, **107**, 101, NJW-RR **92**, 880, Früh WM **98**, 2176, Bruchner WM **99**, 825). Will der KreditN mit dem Kredit ein Grdst, eine EigtWo, eine Beteiligg an einem Bauherrnmodell od ein Untern erwerben, schuldet die Bank nicht ungefragt eine Obj- od Unternehmensberatg (Ffm ZIP **94**, 1014, Hamm WM **99**, 1056, Stgt NJW-RR **99**, 1138). Dch die Erkl, sie halte das Obj für finanziergswürd, übernimmt sie keine Haftg für die Bonität der Anlage (Mü WM **97**, 255). Soll ein fr Kredit abgelöst w, braucht sie nicht nachzuforschen, ob dieser sittenw war (BGH NJW **90**, 1597, § 138 Rn 31) od ob für ihn öff Zinssubventionen gegeben worden sind (BGH NJW-RR **90**, 623). Sie muß aber belehren, wenn die Umschuldg zu einer Mehrbelastg führt (BGH NJW-RR **91**, 502, Singer ZBB **98**, 148). Eine Beratgs- Warn- od AufklPfl besteht auch, wenn die Bank aGrd eines **konkreten Wissensvorsprungs** die bes Gefährlichk des Gesch kennt (BGH NJW **89**, 2881, **92**, 2147, Fuellmilch/Rieger ZIP **99**, 466, Spickhoff/Petershagen BB **99**, 165), so wenn die Bank bei der Finanzierg eines „Kaufs" von DarlVertr weiß, daß zwei der Darl ungesichert sind (BGH NJW **99**, 2032), wenn ihr bekannt ist, daß die Initiatoren des Fonds vermögenslos sind (BGH NJW **92**, 2146) od daß sich die Rentabilität eines Immobilienfonds dch einen SicherhEinbehalt erhebl verschlechtert (Karlsr NJW-RR **99**, 124, aA Früh ZIP **99**, 529). Entspr gilt, wenn die Bank über die Rolle des **Kreditgebers hinausgeht** u gleichsam als Part des zu finanzierden Gesch erscheint (BGH NJW **88**, 1583, NJW-RR **92**, 879/882, Fuellmilch u Spickhoff aaO), wenn sie als Anlagevermittlerin od -beraterin aufgetreten ist (Karlsr WM **99**, 1059, v Heymann NJW **99**, 1577, Rn 22) od den Kunden bei gescheiterten Immobilien-TrHand-Modellen fahrl getäuscht hat (Stüsser NJW **99**, 1586). Auf das Bankgeheimn kann sie sich nicht berufen, wenn sie weiß, daß der Anleger voraussichtl sein Geld verlieren w (BGH NJW **91**, 693). Fälle einer AufklPfl: Kredit für die Beteiligg an einer saniergsbedürft PublikumsKG, deren HauptGläub die Bank ist (BGH NJW **78**, 2547). Kredit für die Beteiligg an einer Gesellsch, die, wie die Bank weiß, vor dem ZusBruch steht (BGH NJW-RR **86**, 1167). Finanzierg der mit erhebl Risiken verbundenen Beteiligg von ArbN an der ArbGFirma (BGH **72**, 103, NJW **93**, 2107). Beteiligg an einem Bauherrnmodell, das, wie die Bank weiß, mit erhebl
31 Risiken belastet ist u möglicherw scheitern w (BGH DB **90**, 1182, NJW-RR **92**, 374). **(4) Abwicklung.** Die Bank hat keine AufsPfl hins der ordngsmäß Verwendg der abzurufden Finanziergsmittel (BGH WM **87**, 1417). Sie haftet aber, wenn sie das dch eine GrdSch zu sichernde Darl vorzeit auszahlt (BGH WM **70**, 710) od wenn sie dem Kunden rät, den KaufPr statt auf Notaranderkonto auf ein Konto des Verkäufers zu überweisen (BGH NJW **95**, 2218).

32 **dd) Sicherungsgut.** Bei der Verwertg von SichgGut muß die Bank auf die Interessen ihrer Kunden Rücksicht nehmen (BGH NJW **80**, 226, **97**, 1064; zur entspr Pfl des LeasG s BGH NJW **91**, 224). Hat der SichgG vorweg einer best Art der Verwertg zugestimmt, handelt sie idR nicht pflichtw, wenn sie diese Verwertg vornimmt u sich nicht um einen höheren Erlös bemüht (BGH NJW **97**, 1063). Auf günstigere Angebote, die der SichgG nachweist, braucht sie sich nur einzulassen, wenn eine risikolose Abwicklg gesichert erscheint (Ffm WM **91**, 931). Sie muß aber einem freihänd Verkauf zustimmen, wenn dieser ein deutl besseres Ergebn erwarten läßt als die Versteigerg (Köln ZIP **95**, 1668). Sie handelt pflw, wenn sie für die Veräußerg des SichgGutes eine Maklerprovision fordert (BGH NJW **97**, 2672). Bei der Hereinnahme einer Sicherh hat sie aber ggü dem Kunden nicht die Pfl, deren Werthaltigk zu prüfen (BGH NJW **82**, 1520, **92**, 1820). GesÄndergen, die sich steuerschädl auf Sicherh auswirken, begründen kein AufklPfl der Bank (BGH NJW **98**,
33 305). – **ee) Verschiedenes.** Die Bank haftet, wenn sie ihre VerschwiegenhPfl verletzt (BGH **27**, 241), auch für eine PflVerletzg nach Beendigg des VertrVerhältn (Köln BB **92**, 2174), wenn sie bei einer WertpapierVerw

70% des Depots in Standardaktien anlegt (Düss NJW-RR **91**, 308), wenn sie beim steuerbegünstigten Sparen nicht auf die Steuerschädlichk einer Vfg hinweist (BGH NJW **64**, 2059), wenn sie die Überwachg eines zu sanierden Betr übernommen hat u dieser Pfl nicht nachkommt (BGH DB **84**, 2133), wenn sie ihren Kunden nicht über den Verdacht unterrichtet, daß sein Vertreter seine Vertretgsmacht mißbraucht (BGH WM **84**, 730), wenn sie eine gem AGBG 9 unwirks SichgAbtretg offenlegt (BGH NJW **94**, 2754).

Bankkunde: § 676f Rn 16. **Bauherrenmodell:** Prospekthaftg Rn 23. Haftg bei Angabe einer falschen WoGröße (BGH NJW-RR **91**, 217, 663). Pfl des TrHänders zu umfassder Interessenwahrg (BGH **102**, 224). Haftg des TrHänders, der den Prospekt nicht auf seinen WahrhGehalt überprüft (Stgt NJW-RR **88**, 277), der Kapitalraten des Bauherrn ohne ausr Sicherg weitergibt (BGH NJW-RR **87**, 20, 273), der gg Kostenüberschreitgen nichts unternimmt (BGH NJW-RR **88**, 916), der mögl Nutzgsbeschränkgen nicht prüft (BGH NJW **90**, 2464), der die Einhaltg der für die Gewährg von Steuervorteilen notw Voraussetzgen nicht überwacht (BGH NJW-RR **91**, 661). Pfl des „MittelverwendgsTrHänders" (BGH NJW-RR **89**, 1102); AufklPfl der Bank, die als Kapitalsammelstelle tät w (BGH NJW-RR **86**, 1433), der Bank als KreditG Rn 30. – **Bausparkasse:** Pfl zum Hinw auf Untragbark der Belastg, wenn sie Grdst vermittelt od den Sparer bei der GesFinanzierg berät (Düss WM **86**, 253, Karlsr VersR **96**, 109). BeratgsPfl hins RisikolebensVers (s BGH NJW-RR **90**, 108). Haftg für eine schuldh unricht Zuteilgsprognose (BGH NJW **91**, 694); sie braucht aber nicht ungefragt darüber aufzuklären, daß sich die bisher übl ZuteilgsFr verlängern können (BGH NJW **76**, 892, 2257). Unter Umst Pfl zur Warng vor einem vorzeit VertrSchl (Karlsr WM **95**, 748). – **Bundesbank:** Keine Pfl, in Zahlgsschwierigk geratene Bank vom AbrechngsVerk auszuschließen (BGH NJW **78**, 1853). Haftg für Fehler beim Scheckeinzug (BGH **99**, 16, NJW-RR **88**, 560). 34 35

c) Fahrlehrer: (BGH NJW **69**, 2197, Düss u Ffm NJW-RR **88**, 24, 26, Mü DAR **88**, 55). – **Fahrschüler:** (Düss VersR **79**, 649). – **Friseur** ist auch bei Hautempfindlichk nicht unaufgefordert verpfl, vor einer Dauerwelle die in Betr kommden Präparate auf ihre Verträglichk zu prüfen (Ffm VersR **81**, 579). – **Gastwirt:** Haftg für Gefahrlosigk der Räume (§ 823 Rn 94ff); Sicherg vor randalierden Gästen (KG VersR **72**, 157); Haftg für Garderobe, die der Wirt außerh des Sichtbereichs des Gastes aufhängt (LG Hbg NJW-RR **86**, 829, aA AG Bad Neuenahr VersR **93**, 58); keine Haftg, wenn die Garderobe im Sichtbereich des Gastes bleibt (BGH NJW **80**, 1096). – **Heilpraktiker:** BGH **113**, 302, Stgt VersR **99**, 1027, Taupitz NJW **91**, 1505. – Anlieferg von **Heizöl** s § 823 Rn 113. – **Kraftfahrer:** § 823 Rn 94ff. – **Kfz-Betriebe:** Nachfüllen von Frostschutzmitteln (Ffm DAR **73**, 296); Schließen der Motorhaube, (Oldbg DAR **67**, 274); Nichtmitteilg des festgestellten zu geringen Getriebeölstandes (Düss DAR **77**, 322); Betanken mit falschem Kraftstoff (LG Hann ZfS **81**, 3); Versagen der Tankautomatik einer Selbstbediengstankstelle (AG Bambg DAR **82**, 330); Kontrolle des Luftdrucks (Celle VersR **83**, 877); Hinw auf nötigen Ölwechsel (LG Nürnb NJW-RR **88**, 313); Waschanlage (BGH NJW **75**, 685, Mü OLGZ **82**, 381, LG Köln NJW-RR **88**, 801, AGBG 9 Rn 58); Fremdkörper in Waschbürste (LG Dessau NJW-RR **97**, 180); Auffahrunfall in Waschanlage (AG Ffm VersR **85**, 150); Pfl zur Sicherg vor Diebstahl (BGH NJW **74**, 900, Düss NJW **75**, 1034, Nürnbg OLGZ **79**, 220, LG Hbg NJW-RR **92**, 924). – **Krankenhaus:** Sichergsmaßn gg Diebstahl (Karlsr NJW **75**, 597, Hbg VersR **89**, 1268); Pfl, die Errichtg von öff Test zu ermöglichen (BGH NJW **58**, 2107). § 823 Rn 110. 36 37 38

d) Rechtsanwalt (Borgmann/Haug, AnwHaftg, 3. Aufl 1995; Rinsche, Haftg des RAnw u Notars, 6. Aufl 1998; Vollkommer, AnwHaftgsR, 1989). Zur Haftg von AnwSozietäten s § 425 Rn 8. – **aa)** Soweit der AuftrG nicht unzweideut zu erkennen gibt, daß er des Rates nur in einer best Richtg bedarf (BGH NJW **96**, 2931, **97**, 2169), ist der RA zu einer **umfassenden und möglichst erschöpfenden Belehrung** des AuftrG verpflichtet (BGH NJW **88**, 566, **91**, 2079, NJW-RR **90**, 1241). Er muß auch über konkrete wirtschaftl Gefahren des beabsichtigten Vorgehens u die erforderl VorsichtsMaßn aufklären (BGH NJW **98**, 900). Soll er für den Mandanten Anspr nach dem VermG geltd machen, muß er wg etwaiger weiterer Anspr auf die gesetzl AuschlFr hinweisen (BGH WM **98**, 2246). Die BelehrgsPfl besteht grdsl auch, wenn der Mandant rechtskund ist (BGH NJW **92**, 820) od wenn im Anschl an die Beratg ein Notar tät werden soll (BGH NJW **90**, 2884). Sie kann je nach Lage des **Einzelfalles** betreffen: Eine möglw bestehde PfltenKollision des RA (Düss NJW **97**, 529). FreihaltgsPflten, die sich aus einer Vereinbg ergeben können (BGH AnwBl **90**, 37). Möglichk, sich freiw in der gesetzl KrankenVers weiterzuversichern (Hamm NJW **88**, 2383). Bedenken, die der Dchführg eines KaufVertr über eine EigtWo entggstehen (BGH NJW **88**, 566). Bedenken gg die Wirksamk einer Klausel über die Abfindg zu Buchwerten (BGH NJW **94**, 1472). Risiko einer Haftg aus HGB 25 (BGH NJW **86**, 581). Risiken eines UmgehgsGesch (BGH NJW **92**, 1160). Möglichk, den Anspr auf ZugewinnAusgl zu sichern (Hamm NJW-RR **92**, 1410). Klagerhebg vor Ablauf des Trenngsjahres, um den vertragl Ausschluß des VersorggsAusgl gem § 1408 II 2 unwirks zu machen (Karlsr NJW-RR **95**, 374). Regreßrisiko gem AFG 128a bei einem arbeitsgerichtl Vergl (Düss VersR **88**, 1048). Möglichk, im KündSchutzProz einen Auflösgs- u AbfindgsAntr zu stellen (Bambg NJW-RR **89**, 223). Möglichk die Fdg, für die ein Vorrecht beansprucht w, vorsorgl als einf VerglFdg anzumelden (BGH NJW **94**, 3105). Möglichk, Kaug (jetzt InsGeld) zu beantragen (AG Siegburg NJW-RR **89**, 155). Der RA muß sicherstellen, daß seinem Mandanten keine RNachteile dch **Verjährung** entstehen. Er muß den VerjBeginn u die Länge der VerjFr prüfen (Düss NJW **86**, 1938), bei einer Teilklage auch hinsichtl des nicht eingeklagten Restes (Düss VersR **89**, 850). Er muß für die rechtzeit Unterbrechg der Verj sorgen (BGH NJW **81**, 2741, **92**, 840) u bei Zweifel über das Ende der VerjFr den Grds des sichersten Weges beachten (Rn 42). Er muß gewährleisten, daß der UnterbrechgsTatbestd nachgewiesen w kann (Köln OLGZ **77**, 324). Er muß darüber belehren, daß die Zustellg der Klage erforderl ist u daß diese die Einzahlg des Kostenvorschusses voraussetzt (BGH NJW-RR **95**, 252). Bei einem MusterProz hat er sicher zu stellen, daß auch die Anspr gg die übrigen Beteiligten nicht verjähren (BGH NJW **93**, 1779). Übernimmt er die Vertretg in einem FinanzGerVerf, muß er auch die Verj von mögl RegreßAnspr gg den Steuerberater prüfen (BGH NJW **93**, 2045). Bei Mandatsende muß er auf die drohde Verj jedenf dann hinweisen, wenn er sie dch eig Untätigk mitverursacht hat (BGH NJW **97**, 1302). Pfl zum Hinweis auf die eig RegreßPfl s Übbl 16v § 194. Der Mandant muß **beweisen,** daß ihm dch die PflVerletzg des RA (falsche Beratg) ein Schaden entstanden ist (BGH NJW **98**, 1860). Dabei hilft ihm die Vermutg aufklärgsricht Verhaltens (§ 282 Rn 15). 39

40 **bb) Klärung des Sachverhalts.** Der RA muß dch Befragg seines AuftrG die für die rechtl Beurteilg wesentl Pkte klären (BGH NJW **61**, 602). Er darf diese Aufg nicht seinem Büropersonal überlassen (BGH NJW **81**, 2741). Er darf idR den tats Angaben seines Mandanten vertrauen (BGH NJW **94**, 2293), muß aber bei lückenhafter Information auf Vervollständigg drängen (BGH NJW **82**, 437) u bei Mitteilg von sog RTats die zugrde liegden tats Umst aufklären (BGH NJW **94**, 2293, **96**, 2931). Er muß sich die für die rechtl Beurteilg wesentl Unterl vorlegen lassen (BGH VersR **83**, 34) u diese sorgf auswerten (Düss NJW **71**, 1641). Er handelt pflw, wenn er in einer UnterhSache ohne sorgfält Auswertg der vorliegden Titel Leistgs- statt Abändergsklage erhebt (BGH NJW **98**, 2048) od wenn er in einer KündSchutzsache nicht dem Verdacht
41 nachgeht, daß zuvor schon einmal gekündigt worden ist (BGH NJW **99**, 1391). – **cc) Rechtliche Prüfung.** Der RA hat grdsl jeden RIrrt zu vertreten (BGH VersR **59**, 641, Kblz NJW **89**, 2699, krit Vollkommer Rn 122). Er muß die einschläg Ges, auch die aus neuester Zeit, kennen od sich die für die Beurteilg des Falles erforderl RKenntn verschaffen (BGH NJW **71**, 1704, **78**, 1486, **82**, 97). Über den Stand der höchstrichterl Rspr muß er sich laufd in den Fachzeitschriften informieren (BGH NJW **52**, 425, **79**, 877), eine Pfl zur laufden Lektüre von Spezialzeitschriften besteht dagg grdsl nicht (BGH Vers **79**, 376, Mü NJW-RR **91**, 803). Er muß den Palandt einsehen (Rinsche I 118) u sich grdsl an den Ergebn der höchstrichterl Rspr orientieren (BGH NJW **93**, 3324; aA Ernst ZIP **94**, 605), auch wenn diese in der Lit bekämpft werden u eine Änderg der Rspr nicht auszuschließen ist (BGH NJW **93**, 2799). Wg der Verpflichtg, den sichersten Weg zu wählen (Rn 42), muß er uU auch eine sich abzeichnde Änderg der BGH-Rspr berücksichtigen (s BGH NJW **93**, 3325); für Schäden aus einer nicht vorhersehb Änderg der Rspr ist er aber nicht verantwortl (BGH aaO). Er braucht auch nicht damit zu rechnen, daß ein LG von der Rspr des BGH abweicht, ohne den nach ZPO 541 gebotenen REntscheid einzuholen (Brschw NJW-RR **98**, 350). Bei einer höchstrichterl noch nicht entschiedenen Frage muß er sich über die OLG-Rspr informieren (BGH NJW-RR **93**, 245). Ist das LG letztinstanzl zuständ, muß er dessen Rspr auch dann berücksichtigen, wenn diese von der hM abweicht (KG AnwBl **93**, 35). Bei der rechtl Dcharbeitg des Falles muß der RA nach der allg anerkannten juristischen Methode verfahren (BGH **97**, 380) u erfdlf auch das EuropaR berücksichtigen. Übernimmt der RA ein Mandat in einem ihm weniger vertrauten RGebiet, muß er sich die erforderl Kenntn verschaffen (s BGH NJW **83**, 1665, Kblz NJW **89**, 2699). Wird er in einer ArbRSache tät, muß er sich auch über etwaige tarifl AusschlFr informieren (BGH aaO, aA Weisemann AnwBl **84**, 174, Lang MDR **84**, 31). Bei einem entspr Mandat muß er auch Fragen des ausl Rechts sorgf prüfen (Sieg NJW **96**, 2211, Gruber MDR **98**, 1399). Ist unter Beteiligg eines ausl RA ein Vertr nach ausl Recht geschl worden, darf er aber idR auf dessen Wirksamk vertrauen (BGH NJW **72**, 1044). Wird der Mandant in einem ausl Proz von einem ausl RA vertreten, darf er sich iZw auf dessen RKenntn verlassen (Bambg MDR **89**, 542). Hat ein KollegialGer die RAnsicht des RA geteilt, entfällt idR ein Verschulden (Vollkommer Rn 299, Rinsche I 154, aA BGH **85**, 261, NJW-RR **86**, 1281,
42 B. Schmidt NJW **93**, 1630). – **dd) Sicherster Weg, Weisungen.** Der RA hat im Interesse seines Mandanten den sichersten Weg zu wählen (BGH NJW **81**, 2742, **88**, 487, 566, NJW-RR **90**, 205). Ist die Länge der VerjFr zweifelh, muß er die Verj innerh der in Betracht kommden kürzesten Fr unterbrechen (BGH NJW **81**, 2741). Geschieht das nicht, ist der RA haftb, auch wenn der Anspr nicht geltd gemacht wird, weil alle Beteiligten ihn wg Ablauf der kurzen Fr als verjährt angesehen haben, u zwar auch dann, wenn in Wahrh eine längere Fr maßgebd war (BGH NJW **93**, 2797). Ist unklar, ob ein dch Niederlegg bei der Post zugestelltes Schriftstück ein Mahn- od ein VollstrBescheid ist, muß der RA die für den Mandanten ungünstigere Alternative zugrde legen (BGH NJW-RR **90**, 204). Soll er sicherstellen, daß die dch ErbVertr zur Alleinerbin eingesetzte Ehefrau von der Erbfolge ausgeschlossen wird, u besteht für den Ehemann eine lebensbedrohde Situation, muß er veranlassen, daß neben der Einreichg der Scheidgsklage auch das im ErbVertr vorbehaltene RücktrR ausgeübt wird (BGH NJW **95**, 52, krit Bartsch FamRZ **95**, 1339). Wird ihm das Mandat in einem Ztpkt entzogen, in dem keine Nachteile dch bald FrAblauf drohen, ist er nicht verpfl, Ratschläge für die weitere Sachbehandlg zu erteilen (BGH NJW **97**, 254). Will der RA seiner von der obergerichtl Rspr oder der hM abweichden RAns folgen, muß er den Mandanten umfassd u eindringl belehren (Ernst ZIP **94**, 607), u zwar am besten schriftl. **Weisungen** des Mandanten (Köln NJW-RR **94**, 956) muß der RA grdsl befolgen (§§ 675, 664). Er muß aber über etwaige Bedenken belehren u den richtigen Weg aufzeigen (BGH NJW **85**, 42). Beharrt der Mandant trotz Belehrg auf seinem Standpunkt, handelt der RA aber nicht pflichtw, wenn er die Weisg befolgt (BGH NJW-RR **90**, 1243). Will er ein im ZusHang mit einem fr Auftr stehdes neues **Mandat ablehnen,** muß das unverzügl geschehen (BGH DB **96**, 470).

43 **ee) Prozeßführung. (1)** Der RA muß die **Erfolgsaussichten** der RVerfolgg od RVerteidigg sorgf prüfen (Rinsche I 123) u den Mandanten über das Ausmaß des ProzRisikos informieren (BGH **89**, 182), insbes auch über BewRisiken (Ffm VersR **80**, 289). Ist sicher od in hohem Maße wahrscheinl, daß der Mandant den Proz verliert, muß der RA hierauf nachdrückl hinweisen (BGH **97**, 397, NJW **84**, 791, Köln NJW-RR **94**, 28). Das gilt auch ggü dem rschutzversicherten Mandanten (Köln NJW-RR **94**, 956), zumal diesem bei aussichts-
44 losen Maßn Kostennachteile entstehen können (s Schiefer AnwBl **89**, 606). **(2)** Der RA muß alle für einen ProzErfolg **notwendigen Maßnahmen** treffen. Er muß Angriffs- u Verteidiggsmittel rechtzeit geltd machen (Hamm VersR **88**, 192, Düss NJW-RR **89**, 1197) u darf bei zweifelh RLage die RVerteidigg nicht auf ZulässigkRügen u Einwendgen zum KlagGrd beschränken (BGH NJW-RR **90**, 1242). Er muß die notw BeweisAntr stellen u soweit erforderl, Beweise sichern (BGH NJW **93**, 2676). Benennt der Mandant 2 Zeugen, braucht der RA aber idR nicht nach weiteren zu fragen (Köln NJW **86**, 725). Er muß alle prozessualen Fr wahren (Rinsche I 415) u den Mandanten auf die bei verspäteter Zahlg des Kostenvorschusses drohden RNachteile hinweisen (BGH NJW **74**, 2319). Er ist auch dann verantwortl, wenn er den Schriftsatz eines VerkAnwalts übernimmt (BGH NJW **88**, 1079). Die Erhebg der Scheidgsklage darf der RA wg der beim VersorggsAusgl etwa drohden Nachteile nicht verzögern (Hamm FamRZ **91**, 1049); er muß auch für seinen Mandanten den Vorbeh der beschränkten Erbenhaftg geltd machen (BGH NJW **92**, 2649). Nach ZPO 139 gegebene Hinw hat der RA vorsorgl auch dann zu beachten, wenn er sie für unricht hält (BGH NJW **74**, 1866). Drohen Nachteile aus einem erkennb Fehler des Ger, muß er auf eine Berichtigg des Fehlers hinwirken (BGH NJW **88**, 3016, **95**, 1420). Steht die gerichtl Empfehlg, ein **Rechtsmittel** wg Aussichtslosigk zurückzunehmen, mit der höchstrichterl Rspr im Widerspr, muß der RA hierauf nachdrückl hinweisen (BGH NJW

94, 1213, Köln NJW-RR **95**, 1401). IdR ist die BerufgsRückn auf Anraten des Ger mit Zust des Mandanten aber nicht pflichtw (Köln NJW **89**, 1159). Bei der Entscheidg über die Annahme eines **Vergleichsvorschlages** muß der RA gründl über das Für u Wider beraten (Oldenbg NJW-RR **91**, 1499). Wird eine vom Mandanten für wicht gehaltene RPosition in dem Vergl nicht gewahrt, muß der RA die Zustimmg des Mandanten einholen (BGH NJW **93**, 1326, NJW-RR **96**, 567) od sich den Widerruf des Vergl vorbehalten (Hamm FamRZ **97**, 939). Einen AbfindgsVergl von nicht unerhebl Tragweite darf er idR nur abschließen, wenn sein Mandant belehrt ist u zugestimmt hat (BGH NJW **94**, 2085). Die Weisg, einen unter WiderrVorbeh abgeschl Vergl zu widerrufen, hat er unverzügl auszuführen, den Eingang des Widerr zu überwachen u zu gewährleisten, daß dessen rechtzeit Eingang bewiesen w kann (BGH NJW **95**, 521). **(3) Kosten.** Eine Pfl 45 über das Kostenrisiko u dessen Höhe zu belehren, besteht zwar nicht allg, wohl aber dann, wenn sich der Mandant hierüber möglicherw falsche Vorstellgen macht (Rinsche I 421). Der RA muß in geeigneten Fällen auf die Möglk hinweisen, PKH zu beantragen (Düss AnwBl **87**, 147). Er muß den seinem Mandanten etwa zustehden VersSchutz prüfen u die insoweit zur RWahrg notw Schritte unternehmen (BGH **LM** § 675 Nr 46, Düss VersR **85**, 92). Ist der Mandant rschutzversichert, muß er die DeckgsPfl klären (Nürnbg NJW-RR **89**, 1370) u das Mandat so führen, daß der Mandant nicht mit Kosten belastet w. Der RA muß auf die fehlde KostenerstattgsPfl im ArbGerVerf hinweisen (Mü AnwBl **81**, 68) u auf das mit dem Beitritt zu einem verwaltgsgerichtl Proz verbundene Kostenrisiko (Düss AnwBl **87**, 283). Den zur Einzahlg bei Ger best Vorschußbetrag darf er auch dann nicht mit eig Fdgen verrechnen, wenn er PKH beantragen soll (BGH NJW **89**, 1148). – **ff)** Auch bei **außergerichtlicher Rechtsbesorgung** besteht die Pfl zur umfassden Belehrg, zur Klärg des Sachverh, sorgfält rechtl Prüfg u zur Wahl des sichersten Weges (Rn 39–42). Einzelfälle einer Haftg: Ausspruch einer unzul TeilKünd (BGH NJW **93**, 1179). Bezeichng einer Künd als Rücktr (BGH NJW **96**, 2649). Vornahme eines einseit RGesch ohne Vorlage einer Vollm, § 174 (BGH NJW **94**, 1472). Vorschlag eines mißverständl VertrTextes (Hamm NJW-RR **95**, 1267). Vorschlag einer TestFassg, die zum Verlust von GesellschAnteilen führt (BGH NJW **95**, 2551). Unricht Beratg bei der Abwicklg eines GrdstKaufVertr (BGH NJW **98**, 900), über die Bonität eines Käufers (BGH NJW **99**, 2437). Abgabe einer AbfindgsErkl für einen erhebl verletzten 27Jähr trotz des Risikos einer Verschlechterg (Köln NJW-RR **95**, 1529). PfändgsAntr gg Bank, ohne das etwaige Wertpapierdepot des Schu einzubeziehen (Düss VersR **91**, 424). Soll er bei einem UnternKauf mitwirken, muß er auf die für ihn entstehden Kosten (von rund ¼ Mio DM) hinweisen, wenn der VertrInh bereits weitgehd feststeht (BGH NJW **98**, 2460). Wird er mit dem Entw eines Vertr betraut, der not Beurk bedarf, muß er auf die entstehden weiteren Kosten hinweisen (BGH NJW **98**, 136). Geht der Mandant im Vertrauen auf die RAusk seines RA, der einen Vertr zu Unrecht als nichtig bezeichnet hat, weitere Verpfl ein, haftet der RA auch für den insoweit entstehden Schaden (BGH NJW **97**, 2946).

e) Rechtsberatung dch RBeistände u berufsständ Vereinigg en: Sie sind ebso wie der RA verpflichtet, die 46 Sache umfassd zu prüfen u alle geeigneten Schritte zu ergreifen, um den AuftrGeber vor Schaden zu bewahren (BGH NJW **81**, 1553, **85**, 44, Düss DB **87**, 1837, LG Essen NJW-RR **90**, 1180: RBeratg dch Gewerksch). Hins der RKenntn, insb bei Anwendg von neuen Ges, sollen dagg an den RBeistand geringere Anfordergen zu stellen sein als an den RA (BGH VersR **71**, 866). Sow der RBeistand aGrd des Ges vom 18. 8. 1980 Mitgl der RA-Kammer geworden ist u wie ein RA liquidiert, müssen für ihn aber uneingeschränkt die gleichen SorgfAnfordergen gelten wie für einen RA. – **Reeder:** Haftg für körperl Unversehrth der Fahrgäste (RG **126**, 330). – **Reinigungsunternehmen** (LG Freibg NJW-RR **87**, 89). – **Reitlehrer** (Kblz NJW-RR **91**, 150). – **Sachverständiger:** s § 823 Rn 117, § 328 Rn 32. – **Schiedsrichter:** s § 675 Rn 6. Schiedsgut- 47 achter s § 317 Rn 10. – **Schornsteinfeger:** (Ffm VersR **75**, 244). – **Skisport, Sport:** § 823 Rn 119 ff.– **Sprengarbeiten:** (BGH **LM** (Cd) Nr 5, VersR **70**, 139, **73**, 1069). – Herabfallen von Drähten bei **Starkstromleitungen:** (RG **147**, 356).

f) Steuerberater (Gounalakis, NJW **98**, 3593) – **aa)** Die Aufg des StBeraters richten sich nach Inh u 48 Umfang des erteilten **Mandats** (BGH **128**, 361). Seine ErsPfl kann sich uU auch auf die gg seinen Mandanten verhängten Strafen u Bußgelder erstrecken (Vorbem 95 v § 249). Sind ihm die Buchhaltg u die Abgabe der StErkl übertragen, haftet er nicht für Nachteile, die sich für seinen Mandanten aus der Beteiligg an StSparmodellen ergeben (BGH aaO); bei einem Mandat nur für die Buchhaltg braucht er nicht über das InvZulagenG aufzuklären (Karlsr VersR **95**, 800). Auf **außerhalb seines Auftrags** (BetrAufspaltg) liegde steuerl FehlEntsch (GrdErwerbsSt) muß er nur hinweisen, wenn sie auf den ersten Blick ersichtl sind (BGH **128**, 362). Dagg hat er im Rahmen des erteilten Auftr die steuerl Interessen seines Mandanten umfassd wahrzunehmen (BGH NJW **98**, 1221) u muß den für seinen Mandanten **sichersten Weg** wählen (BGH NJW-RR **92**, 1112). Er muß über alle auftretden steuerl Fragen belehren u auf Möglichk von StErsparn hinweisen (Stgt NJW-RR **90**, 792). Bei einem Dauermandat muß er auch ungefragt über steuerl bedeutsame Fragen u bestehde zivilrechtl Gestaltgsmöglichk informieren (BGH NJW **98**, 1221). Berät er bei einer aus steuerl Grden vorgenommenen BetrAufspaltg, ist er ohne konkrete VerdachtsGrde nicht verpflichtet, die ordngsmäß Dchführg der von ihm vorgeschlagenen Maßnahmen zu überwachen (BGH NJW **95**, 2842). Ist er mit der Vorbereitg einer Stiftgsgründg beauftragt, muß er ungefragt über mögl StErsparn informieren (BGH NJW-RR **92**, 157). Er ist aber nicht verpflichtet, ohne ausr Anhaltspkte nach einer Änderg des Güterstands seines Mandanten zu fragen (BGH VersR **80**, 264). Wird er bei der Entsch über den Abschluß einer LebensVers hinzugezogen, muß er genau darüber aufklären, unter welchen Voraussetzgen die Prämie als BetrAusgabe anerkannt w (BGH NJW **96**, 312). Er hat ähnl wie der RA (Rn 41) grdsl **jede unrichtige Beurteilung** einer steuerl Frage zu vertreten (s BGH NJW-RR **95**, 621). Ein obj fehlerh Verhalten spricht zunächst für ein Versch (BGH u Stgt NJW-RR **86**, 1348, **90**, 792). Er muß die einschläg Rspr des BFH kennen (BGH NJW-RR **93**, 212, **95**, 621). Ist sie od eine VerwÜbg seinem Mandanten günstig, muß er von ihr auch dann ausgehen, wenn sie fehlerh ist (BGH NJW **93**, 2799, **95**, 3248, Ganter NJW **96**, 1310). Andf ist ein ihm zurechenb Schaden auch bei einer späteren Änderg zu bejahen, wenn der Nachteil bei rechzeit Befolgg der fr Grds nicht eingetreten wäre (BGH aaO). Für nicht voraussehb Ändergen der Rspr des BFH haftet er nicht (Kblz NJW-RR **93**, 714). Die für die Abgabe von StErkl geltden gesetzl Fr sind für die VertrVerhältn zum Mandanten nur verbindl, wenn sie zum VertrInh gemacht worden sind (BGH **115**, 383); fehlt eine vertragl Regelg, haftet er für Verzögergen nach den Grds der pVV (BGH aaO). Erforderl Unterlagen hat er rechtzeit

anzufordern (BGH NJW-RR **86**, 1348). RMittelFr muß er sorgf wahren u das Zugangsdatum von Bescheiden beweiskräft festhalten (BGH NJW **92**, 1695). Er muß über die RMittelFr auch dann belehren, wenn er das RMittel für aussichtslos hält (BGH NJW **99**, 2435). Auch ggü dem StBerater gilt die Vermutg, daß sich der Mandant bei ordngsmäß Beratg aufklärgsricht verhalten hätte (§ 282 Rn 15). Macht der StBerater geltd, daß der StNachteil, den eine von ihm empfohlene Maßn verursacht hat, ohne diese Maßn aus and Grden ebso entstanden wäre, trifft ihn die Darleggs- u Beweislast (BGH NJW **83**, 1052). Auf den Ablauf der VerjFr des StBerG 68 (§ 195 Rn 9 ff) kann sich der StBerater nicht berufen, wenn er nicht auf seine Regreßpfl
49 hingewiesen hat (Einf 16 v § 194). – **bb) Einzelfälle.** Falsche Beratg über die steuerl günstigste GesellschForm (BGH NJW-RR **87**, 647), über die bei einer Ausweitg der Tätigk steuerl günstigste Gestaltgsform (BGH NJW **98**, 1221), bei der Verschmelzg von zwei KapitalGesellsch (BGH NJW **97**, 1001). NichtAufkl über die Nichteigng der gewählten Vertragskonstruktion zur Erreichg der erstrebten StBefreig (BGH NJW-RR **90**, 918), über die MwStPfl für Pachtnebenkosten (BGH NJW-RR **94**, 535), über Risiken, die sich aus der VertrGestaltg für den Vorsteuerabzug ergeben (BGH NJW **97**, 1011, NJW-RR **93**, 212), über das Risiko, daß eine nur mdl vereinbarte Erhöhg des GeschFüGehalts als verdeckte Gewinnausschüttg gewertet w kann (BGH NJW **97**, 2238, **98**, 1487, krit Schmitz/Wichmann DB **99**, 732), über die Möglichk, gewinnmindernde Rücklagen zu bilden (BGH NJW-RR **96**, 569). Nichtgeltdmachg von Abschreibgen u Umbaukosten (BGH NJW-RR **86**, 1348). VertrGestaltg, die zu vermeidb Gewinnausschüttgen (BGH **83**, 262) od zur steuerl Nichtanerkenng des GeschFüGehalts führt (BGH NJW-RR **87**, 1379). Empfehlg einer Regelg, die gem AO 42 als Gestaltgsmißbr verworfen w (BGH NJW-RR **95**, 621). Beratgsfehler bei Übertragg des Grdst an Ehefr (Saarbr VersR **83**, 177). Mangelh Überwachg der Buchführg des Mandanten (BGH DB **73**, 520, Düss DB **74**, 1616). Unricht Behandlg ausl Umsätze in der StAnmeldg (BGH DB **99**, 1262). Fehlerh Beratg über die geplante Beteiligg an einem and Unternehmen, das keine ordngsmäß Buchhaltg u kein Eigenkapital hat (BGH DB **84**, 1138). Verschweigen negativer Umst bei der Empfehlg einer VermAnlage (BGH **83**, 333). Beratg über die bei einer VermAnlage zu erwartde Verlustzuweisg (BGH NJW-RR **91**, 1125). Führen eines aussichtlosen Proz (BGH VersR **98**, 1158). Offenlegg der Provision, die er für die vom ihm empfohlene VermAnlage erhält (BGH **78**, 268, NJW-RR **87**, 1381). Prospekthaftg s Rn 23. – **Vermögensverwalter** s
50 § 675 Rn 19. – **Warenhausunternehmer:** Keine Pfl zur ständ Überwachg der in Garage abgestellten KundenFzge, sofern übl VollkaskoVers zG der Kunden besteht (BGH NJW **72**, 151, vgl auch Güllemann NJW **72**, 889). – **Warentermingeschäfte** s § 764 Rn 11. – **Wirtschaftsförderungsgesellschaft:** Haftg für
51 Empfehlg, sich an einem Unternehmen zu beteiligen (BGH VersR **93**, 477). – **Wirtschaftsprüfer:** Haftg für Richtigk des von ihm geprüften JahresAbschl ggü Kreditgeber (§ 328 Rn 32), für Empfehlg, sich an einem Untern zu beteiligen (BGH WM **75**, 763).

52 **5) Haftungserweiterungen und -milderungen.** Sie können sich aus Ges od Vertr ergeben, **I** 1. – **a) Haftungserweiterungen. – aa)** Das **Gesetz** sieht sie innerh bestehder SchuldVerh in den Fällen der Rn 3 vor. Außerh bestehder SchuldVerh beruhen sie idR auf dem Gedanken der Gefährdgshaftg (Rn 135). –
53 **bb) Vertragliche** Haftgsverschärfgen sind in IndVereinbgen bis zur Grenze des § 138 wirks (BGH **115**, 38/43, **119**, 152/168), etwa dch Übernahme einer Garantie od einer schuldunabhäng Haftg (Gefährdgshaftg). Diese kann aber nicht bereits aus dem Angebot einer vollautomat Leistg hergeleitet w (BGH NJW **75**, 685). Haftgserweitergen dch AGB sind in VerbrVertr unwirks u auch ggü einem Untern als Verwendgsgegner nur
54 ausnw zul (AGBG 9 Rn 91). – **cc)** Abreden, die die Höhe des Schadens **pauschalieren,** sind aGrd der VertrFreih zul (BGH NJW **70**, 32, 2017), in AGB aber nur, wenn die Pauschale den bei normalem Ablauf zu erwartden Schaden nicht übersteigt u dem and Teil der Beweis offensteht, daß der Schaden geringer ist als die Pauschale, AGBG 11 Nr 5 (s dort). Auf Pauschalen in IndVereinbgen ist der RGedanke des AGBG 11 Nr 5 entspr anwendb (Schlesw DNotZ **85**, 310, str, für eine analoge Anwendg des § 343 LAG Düss DB **73**, 85).
55 Von Schadenspauschalen zu unterscheiden ist die **Vertragsstrafe.** Währd die Schadenspauschale allein den Schadensbeweis ersparen soll, hat die VertrStrafe einen *doppelten* Zweck: Sie soll die Erf der Hauptverbindlichk als Zwangsmittel sichern u iF einer Leistgsstörg den Schadensbeweis entbehrl machen (Vorbem 1 v § 339). Für die Abgrenzg ist entscheidd, ob die Abrede ausschließl der vereinfachten Dchsetzg eines SchadErsAnspr dienen soll – Schadenspauschale – od ob es auch u vor allem darum geht, „Druck" auf den Schu zur Erf seiner Verbindlichk auszuüben – VertrStrafe (BGH **49**, 84, NJW **83**, 1542, Schlesw DNotZ **85**, 310). Zwar kann auch der Wortlaut Hinw geben: „SchadErs", „entgangener Gewinn" u ähnl sprechen für eine Pauschale (BGH NJW **70**, 32). Ausschlaggebd ist aber letztl, ob es sich um den ernsth Versuch einer antizipierten Schätzg des typw zu erwartden Schadens handelt od nicht (Köln NJW **74**, 1953). **Einzelfälle** zur Abgrenzg von der VertrStrafe Vorbem 3 v § 339.

56 **b) Haftungsmilderungen. – aa) Gesetzliche** HaftgsBeschränkgen betreffen idR den Schuldgrad (s § 277 Rn 4 u 6). Sie können aber auch, so vor allem in den Fällen der Gefährdgshaftg (Rn 136), in der Festlegg von Haftgshöchstsummen bestehen. Für **Gefälligkeitsverhältnisse** enthält das BGB keine generelle
57 Haftgsmilderg (§ 254 Rn 79). – **bb) Vertragliche** HaftgsBeschränkgen sind gleichfalls grdsl zul, u zwar auch für Anspr aus unerl Hdlg (RG **88**, 433/436, BGH **9**, 295/306). **(1) Schranken.** Nicht abbedungen werden kann die Haftg des Schu für Vors, **II.** Summenmäß Haftgsbegrenzgen sind insoweit unwirks; Abkürzgen der VerjFr dagg zul (RG **135**, 174, BGH **9**, 1/5). Daneben bestehen zahlreiche spezialgesetzl Verbote, so insb in §§ 619, 651 h, 676 g V, 702 a, StVG 8 a II, HaftPflG 7, LuftVG 49, ProdHaftG 14, VerbrKrG 18, BRAO 51 b, BerBG 5 II u HGB 449, 451 h, 466, 475 h. Für Haftgsbeschränkgen in **AGB** gelten die strengen Schranken des AGBG 9 I, 9 II Nr 2 u 11 Nr 7 (vgl dort, vor allem AGBG 9 Rn 36 ff). Sie sind in VerbrVertr gem AGBG 24 a auch auf DrittBdggen u EinzelVertrKlauseln anzuwenden (s dort). Für IndVereinbgen gilt die Schranke des § 138. Sie hindert den Arzt nicht, für eine nach seiner Beurteilg nicht indizierte Fingeramputation mit dem Patienten (Veterinärmediziner) einen Haftgsausschluß zu vereinbaren (Saarbr NJW **99**, 873). –
58 **(2) Auslegung.** Haftgsmildergen sind iZw **eng** u gg den auszulegen, der die Haftg abbedingen will (BGH **22**, 90/96; **40**, 65/69; **47**, 312/318; **54**, 293/305, stRspr). Das ergibt sich für formularmäß Klauseln aus AGBG 5 (s dort), gilt aber auch für IndVereinbgen (s BGH NJW **78**, 261), Satzgen (BGH **54**, 293/305) u VO (Hamm NJW-RR **95**, 218 zu TKV 17). Der GewLAusschl erfaßt nicht SchadErsAnspr aus Delikt (BGH **67**, 359/366), wg falscher Beratg (BGH **47**, 312/318), fehlerh Abliefergsinspektion (BGH NJW **69**, 1708) od

Verletzg der NachbesssergsPfl (BGH NJW **76**, 235). Vertragl Haftgsbeschränkgen erfassen uU nicht delikt Anspr, so iF des Lagerhalters (BGH VersR **71**, 617) od des Architekten (BGH WM **75**, 579). TKV 20 schließt die Haftg nur für PflVerletzgen aus, die dem betriebstyp Risikobereich (MassenVerk) zuzurechnen sind (AG Heilbronn NJW-RR **99**, 132). Die HaftgsBeschränkg des TrHänders eines Bauherrenmodells auf unmittelb Schäden schließt den Anspr auf Ersatz von Zinsmehraufwendgen nicht aus (BGH NJW **94**, 2228). Eine Haftgsmilderg kann ausnw auch **stillschweigend** vereinbart w (§ 254 Rn 70).

c) Wirkung zugunsten Dritter. – aa) Im **Transportrecht** wirken gesetzl u vertragl Haftgsbeschränkgen auch zG der „Leute" des FrachtFü u Spediteurs sowie des UnterFrachtFü u seiner Leute (so ab 1. 7. 98 ausdr HGB 436, 437, 461 u 607 a II). Die Drittwirkg gilt auch für Abkürzgen der VerjFr (BGH **130**, 223). – 59
bb) Vertragliche Haftgsmildergen erstrecken sich iZw auch ohne eine entspr ausdr Klarstellg auf die ArbN des Schu, u zwar trotz der UnklarhRegel (AGBG 5) auch iF einer formularmäß Freizeichng (BGH **130**, 223/228, NJW **62**, 388, VersR **85**, 595). Eine and Auslegg würde die Klausel im Ergebn sinnlos machen; denn wird dem ArbN der Schutz der Haftgsmilderg versagt, würde ihm ein FreihaltgsAnspr gg den ArbG zustehen (§ 611 Rn 157) u dieser im Ergebn doch belastet. UU sind auch and ErfGeh wg ihrer bes Nähe zum Vertr in die Freizeichng einzubeziehen (BGH **130**, 223). Besteht für den Mieter eines Kfz eine Haftgsmilderg, so gilt diese iZw auch für den berecht Fahrer (§ 254 Rn 72). Der vom Mieter einer Sache mit dem Benutzer vereinbarte Haftgsausschluß begünstigt uU auch den Eigtümer (Hamm DB **75**, 1649). Haftgsbeschränkgen im Vertr mit einem Parkplatzbetreiber können aber nicht ohne Anhaltspkte im Wortlaut auf rechtl selbstd Tochterfirmen des Betreibers ausgedehnt w (LG Hbg NJW-RR **94**, 1312). – **cc) Gesetzliche** Haftgsbeschränkgen sind uU auf delikt Anspr gg ArbN des Schu zu erstrecken, wenn dem ArbN andf ein Freihaltgs-Anspr gg den ArbG zustehen würde (§ 611 Rn 157), eine Freizeichng ohne seine Einbeziehg also sinnlos wäre (s Taupitz VersR **82**, 315, Hübsch VersR **97**, 799, Rn 60). 60 61

d) Im **Arbeitsrecht** besteht eine richterrechtl entwickelte Haftgsmilderg, die entgg der fr Rspr nicht nur gefahrgeneigte Arbeit, sond die gesamte betriebl Tätigk betrifft (§ 611 Rn 156). Sie gilt aber nur für SchadErsAnspr des ArbG, nicht für **Ansprüche Dritter** (BGH **108**, 305, NJW **94**, 852, **95**, 1159). Die Freistellg entfällt, wenn der ArbN in den Schutzbereich einer PflVers einbezogen worden ist (BGH **116**, 207) od dch einen geschäftsplanmäß Regreßverzicht begünstigt w (BGH **117**, 151). Auf **Beamte,** die im fiskalischen Tätigkeitskreis tät sind, sind die arbeitsrechtl Grds entspr anzuwenden (OVG Saarl NJW **68**, 1796), nicht aber bei einem hoheitl Handeln, da der Beamte dem Dienstherrn hier ohnehin nur bei grober Fahrlässigk haftet, BBG 78, BRRG 46 (BVerwG **19**, 249). Die arbeitsvertragl Haftgsmilderg gilt auch für VereinsMitgl, die ehrenamtl für den Verein tät sind (BGH **89**, 153/158, § 27 Rn 4) u kr ausdr Regelg für den Seelotsen (SeelotsenG 25 II). Sie ist dagg unanwendb auf AuftrVerh (BGH **30**, 40/49), Schwarzarbeiter (Celle JZ **73**, 246), DienstVertr mit Organen jur Pers (BGH WM **75**, 469) od mit selbstd Tätigen (BGH NJW **63**, 1100, **70**, 34). 62 63 64

6) Verschulden bei Vertragsverhandlungen (culpa in contrahendo). – **A) Allgemeines. – a) Rechtsgrund der Haftung.** Eine Reihe von gesetzl Vorschr verpfl zum SchadErs wg Versch währd der VertrVerhandlgen, ohne daß ein wirks Vertr od der Tatbestd einer unerl Hdlg gegeben zu sein braucht (vgl §§ 122, 179, 307, 309, 463 S 2, 663). Aus diesen EinzVorschr haben Rspr u Lehre iW der RFortbildg den Grds abgeleitet, daß bereits dch die Aufn von VertrVerhandlgen od einen diesem gleichzustellden geschäftl Kontakt ein vertragsähnl VertrauensVerh entsteht, das die Partner zur Sorgf von „Schuldnern" verpfl (RG **95**, 58, **120**, 251, **162**, 156, BGH **6**, 333, **66**, 54). Das „RVerhältn der VertrVerhandlgen" (Stoll) u die daraus folgde Haftg für c. i. c. sind heute gewohnheitsr anerkannt (BGH NJW **79**, 1983, Staud/Löwisch Rn 39 v § 275); sie w im AGBG 11 Nr 7 als selbstverständl bestehd vorausgesetzt. Das dch die Aufn von VertrVerhandlgen entstehde gesetzl SchuldVerh ist dadch gekennzeichnet, daß es keine primär LeistgsPflten kennt, sond ledigl Pflten zur ggs Rücks, Fürsorge u Loyalität. Der Grd für die Verpfl ist mit Ballerstedt (AcP **151**, 507) in „der Gewährg von in Anspr genommenem **Vertrauen**" zu erblicken (s BGH **60**, 226, NJW **81**, 1035: Haftg für „enttäuschtes" Vertrauen). Es handelt sich zugl um einen Fall von gesteigertem „sozialen Kontakt" (Dölle ZStaatsW **43**, 67); dieser reicht aber allein zur HaftgsBegrdg nicht aus. Die Haftg tritt unabhäng davon ein, ob es überh zu einem Vertr kommt. **Voraussetzung** ist aber ein Verhalten, das auf Abschl eines Vertr od Anbahng geschäftl Kontakte abzielte. SchadErs wg c. i. c. kann daher nur geltd machen, wer sich als mögl Kunde in Verkaufsräume begeben h, nicht ein sonst Besucher (BGH **66**, 54); ergänzd sind aber die Grds über Vertr mit Schutzwirkg zGDr heranzuziehen (BGH aaO). Im WettbewR begründet eine rechtmäß Abmahng (s BGH NJW **95**, 715) eine Sonderverbindg, innerhalb der für c. i. c. gehaftet wird (Selke WRP **99**, 286). Die Verpfl aus c. i. c. erfordert GeschFgk, nicht dagg die Berechtigg (Canaris NJW **64**, 1987, BGH NJW **73**, 1791). Wird eine Sache von mehreren gemeins verkauft, ohne daß zw ihnen ein bes RVerh besteht, haften sie einand in entspr Anwendg der Grds über c. i. c. (BGH NJW **80**, 2464). **Grund** der Ausgestaltg der Lehre von der c. i. c.: die Haftg aus unerl Hdlg, die sonst eintreten würde, ist gerade für die fahrl VermSchädigg unzulängl geregelt (keine allg Haftg für fahrl VermSchädigg, eingeschränkte Haftg für Gehilfen, § 831). 65 66 67

b) Abgrenzung. Die generalklauselartige Haftg aus c. i. c. entfällt, soweit abschließde Sonderregelgen bestehen. Beim Kauf schließen die §§ 459 ff die Haftg für c. i. c. aus, soweit sich das Verschulden auf Fehler u zugesicherte Eigensch bezieht; unberührt bleibt jedoch die Haftg für falsche Informationen über den KaufGgst, die nicht in den Anwendgsbereich der §§ 459 ff fallen (Rn 80), für vorsätzl Handeln (BGH NJW-RR **90**, 79, 971) u die Eigenhaftg des Vertreters (Rn 93 ff). Entspr Abgrenzgen gelten für den MietVertr (BGH NJW **80**, 777, krit Littbarski DB **81**, 409) u den WerkVertr (BGH DB **76**, 958, Vorbem 21 v § 633). Dch die §§ 119 ff u delikt Anspr wird die Haftg für c. i. c. nicht ausgeschlossen (s Rn 78). 68

c) Anwendungsbereich. Die Grds der c. i. c. gelten für das gesamte PrivR. Sie finden auch auf **öffentlichrechtliche Körperschaften** Anwendg (Jäckle NJW **90**, 2521), u zwar auch dann, wenn für sie ein nicht abschlußberecht Vertreter verhandelt (BGH **6**, 333, **92**, 175) od die erforderl aufsichtsbehördl Gen fehlt (BGH **LM** (Fc) Nr 4). Bei Vhdlgen über einen GrdstKauf zur Abwendg der Enteigng richtet sich die Haftg nach c. i. c. u nicht nach § 839 (BGH NJW **81**, 976). Die Gem kann bei privr VertrVhdlgen aus c. i. c. haften, wenn sie den and Teil nicht auf öffr Bedenken gg das geplante Bauvorhaben hinweist (BGH **LM** (Fa) Nr 71) od die Absicht einer Umplang verschweigt (BGH WM **91**, 1733). Der SozVersTräger kann aus einem auf 69 seine Veranlassg abgegebenen unricht SchuldAnerkenntn wg c. i. c. keine Rechte herleiten (Stgt NJW **82**, 2608). Die Grds der c. i. c. sind auch im **öffentlichen Recht** anwendb (BGH **71**, 392, **76**, 349, BVerwG DÖV **74**, 133), so etwa bei Vhdlgen über einen ErschließgsVertr (BGH VersR **90**, 271), aber auch im BeamtenR (Battis ZBR **71**, 300). Für Anspr aus öffr c. i. c. ist, soweit ein SachZushang mit § 839 besteht, der ordentl RWeg gegeben (BGH **76**, 348, NJW **86**, 1109, str).

70 **d) Ausgestaltung der Haftung.** Es wird wie in einem bestehden SchuldVerh gehaftet, also für Vorsatz u Fahrlässigk. Auch § 278 ist anzuwenden (Rn 92). Das Verschulden kann in der Verletzg einer Pfl zur Aufkl, Beratg, Schutz, Obhut od Fürsorge bestehen (s Rn 71 ff). Bestehen für das angebahnte RVerh gesetzl Haftgsmildergen (zB §§ 521, 690), gelten diese auch für die Haftg aus c. i. c. (str, s Gerhardt JuS **70**, 597), nicht aber iF der Verletzg von SchutzPflten, die nicht im ZusHang mit dem VertrGgst stehen (BGH **93**, 27). Die Haftg kann vertragl beschr w, dch AGB aber nur in den Grenzen von AGBG 9, 11 Nr 7 (s dort).

71 **B) Fallgruppen. – a) Körper- und Eigentumsschäden.** Bereits währd der VertrVhdlgen besteht die Pfl, sich so zu verhalten, daß Körper, Leben, Eigt u sonst RGüter des and Teils nicht verletzt w (§ 242 Rn 35). Die Verletzg dieser **Schutzpflicht** begründet neben konkurrierden delikt Anspr einen SchadErs-Anspr aus c. i. c., s RG **78**, 239 (Linoleumrolle), BGH **66**, 54 (Gemüseblatt), BGH NJW **62**, 32 (Bananenschale), BGH BB **86**, 1185 (Fußbodenbelag). Der Schutz beginnt mit Erreichen des Eingangsbereichs der Verkaufsräume (s BGH NJW **62**, 32, VersR **68**, 993). Er setzt voraus, daß der Kunde die Räume zur Anbahng geschäftl Kontakte betritt (BGH **66**, 55, Köln VRS **87**, 164, str), u erstreckt sich in entspr Anwendg von § 328 auch auf BegleitPers (BGH aaO, § 328 Rn 15). Ebso haften aus c. i. c.: der Untern, der die vor VertrSchl in Obhut genommene Sache des Kunden beschädigt (BGH NJW **77**, 376); der Kaufinteressent, der den Pkw währd der Probefahrt beschädigt (BGH NJW **72**, 1363, zur Haftgsminderg s § 254 Rn 72); der Ladendieb (Soergel-Wiedemann Rn 175 v § 275, BGH **75**, 231 läßt offen).

72 **b) Nichtzustandekommen eines Vertrages. – aa) Abbruch der Vertragsverhandlungen.** Die Part sind bis zum endgült VertrSchl in ihren Entschließgen grdsl frei, u zwar auch dann, wenn der and Teil in Erwartg des Vertr bereits Aufwendgen gemacht hat (BGH NJW **67**, 2199, **75**, 43, **96**, 1885). Eine ErsPfl besteht nur, wenn eine Part die Vhdlgen ohne triftigen Grd abbricht, nachdem sie in zurechenb Weise **Vertrauen auf das Zustandekommen** des Vertr erweckt hat (BGH **71**, 395, **76**, 349, NJW **75**, 1774); das gilt grdsl auch, wenn der angebahnte Vertr formbedürft ist (BGH **92**, 175, einschränkd aber BGH NJW **96**, 1884, s n 73 aE). Da noch keine vertragl Bindg besteht, sind an das Vorliegen eines triftigen Grdes keine zu hohen Anfordergen zu stellen (Soergel/Wiedemann Rn 22). Das günstigere Angebot eines and Interessenten kann ausr sein, ebso die Verschlechterg der Absatzchancen für RGW-Produkte (BGH DB **96**, 777). Sachfremde Erwäggen können dagg den Abbruch der Vhdlgen nicht rechtfertigen (BGH **76**, 351, Fdg einer
73 überhöhten Sicherh). Hins der Schaffg des VertrauensTatbestdes ist zu unterscheiden: – **(1) Verschulden bei den Verhandlungen.** Wer Vertrauen auf das Zustandekommen des Vertr erweckt, obwohl dem VertrSchl ein dem and Teil unbekanntes u verschwiegenes Hindern entggsteht od entggstehen könnte, haftet wg c. i. c. (BGH **71**, 396, NJW **75**, 44). Beispiele sind: fehlde Vertretgsmacht des Verhandelnden (s BGH **6**, 333, BAG NJW **63**, 1843); GenBedürftigk des Vertr (BGH **LM** (Fc) Nr 4); Bedenken gg die Dchführbark (BGH **71**, 397); Bedenken wg einer EinstellgsVoraussetzg (BAG DB **74**, 2060); innerbetriebl Schwierigk (BGH NJW **84**, 867); fehlder od zweifelh AbschlWille (BGH **LM** § 313 Nr 80 Bl 5; NJW **75**, 44). Bei einem formbedürft Vertr besteht nach neuerer Rspr ein SchadErsAnspr aber nur bei einem schweren Verstoß gg die Pfl zum redl Verhalten; erforderl ist idR ein vorsätzl Verstoß (BGH NJW **96**, 1884, Kblz NJW-RR **97**, 974, Ffm MDR
74 **98**, 957, krit Kaiser JZ **97**, 448). – **(2) Vertrauenshaftung.** Aus c. i. c. ist auch derjenige haftb, der ohne Verschulden bei der VhdlgsFührg Vertrauen auf das Zustandekommen des Vertr erweckt u anschließd ohne trift Grd den VertrSchl verweigert (BGH **71**, 395, NJW **75**, 1774, **LM** (Fa) Nr 28, grdlegd, Weber AcP **192**, 402). Das gilt jedoch nicht für Vertr, die kr Ges formbedürft sind (BGH NJW **75**, 44, DNotZ **83**, 623, Hamm NJW-RR **91**, 1043, Kblz MDR **97**, 811) alle zu § 313; Stgt DB **89**, 1817, Müller DB **97**, 1905 zu GmbHG 15). Erforderl ist außerdem ein qualifizierter Vertrauenstatbestd. Er ist gegeben, wenn der Abbrechde den VertrSchl als sicher hingestellt hat (BGH NJW **70**, 1840, NJW-RR **89**, 627); wenn er den and Teil zu Vorleistgen veranlaßt hat (BGH **92**, 176, NJW **61**, 169, **LM** (Fa) Nr 3); wenn die Part mit der Dchführg des Vertr begonnen haben (BGH **6**, 334, **LM** (Fa) Nr 11); wenn die Gen zu einer Abtr od VertrÜbertragg als sicher in Aussicht gestellt worden ist (BGH WM **68**, 531, **84**, 205). – **(3) Einschränkungen.** Die Bindg an den VertrauensTatbestd beschränkt sich auf eine angem Fr (BGH NJW **70**, 1840). Zu ersetzen sind ledigl Aufwendgen, die nach Lage des Falles vertretb waren, § 254 (BGH **LM** (Fc) Nr 4; WM **76**, 923). Macht der Verbr von seinem WiderrufsR nach dem HausTWG od einem entspr Ges Gebrauch, so ist das keine c. i. c.
75 (BGH **131**, 1). – **bb)** Für **Verzögerungen** bei der VertrAnn od Ablehng wird idR nicht gehaftet (BGH NJW **66**, 1407). And kann es liegen, wenn der VhdlgsPart dch beruhigde Erkl von einem anderweit VertrSchl abgehalten w (BGH NJW **84**, 867, Grunewald JZ **84**, 709). Auch der Versicherer darf die formularmäß festgelegte AnnFr grdsl voll ausnutzen (BGH NJW **66**, 1407, Kblz VersR **77**, 320, Hamm VersR **78**, 1014). Er muß aber aufklären, wenn sich der and Teil über die Länge der AnnFr u der Bearbeitgsdauer erkennb irrt (BGH VersR **75**, 1093, Rn 90). Verletzt der ArbG seine Pfl zum **Abschluß eines unbefristeten Arbeitsvertrages,** muß er sich behandeln lassen, wie wenn ein unbefristeter Vertr zustande gekommen wäre (BAG
76 DB **95**, 2347). – **cc) Öffentliche Ausschreibung.** Sie begründet ein verträhnl Vertrauensverhältn, das zur ggs Rücksn u Loyalität verpflichtet (BGH **49**, 79, **60**, 223). Der Ausschreibde kann zum SchadErs verpflichtet sein, wenn er unter Überschreitg seines Beurteilgsspielraums einen and Bewerber aus unsachl Grden bevorzugt (BGH NJW **85**, 1466, Düss NJW- RR **90**, 1046), wenn er bei einer Ausschreibg nach der VOB/A od VOL/A deren Vorschr nicht einhält u dadch das berecht Vertrauen des Bieters enttäuscht (BGH **120**, 281/284, **124**, 64, NJW **98**, 3634, 3640), wenn er die Ausschreibg zu Unrecht aufhebt (BGH NJW **81**, 1673, **98**, 3636) wenn er in der Ausschreibg nicht darauf hinweist, daß das Projekt finanziell nicht gesichert ist (Düss NJW **77**, 1064) od er einen Bewerber rechtsw vom Wettbewerb ausschließt (BGH NJW **83**, 442). Ein SchadErsAnspr auf das positive Interesse besteht nur, wenn der ausgeschriebene Auftr tatsächl erteilt worden ist (BGH NJW **98**, 3636) u der Bewerber nachweist, daß er bei ordngsmäß Abwicklg den Auftr erhalten hätte (BGH **120**, 284) od hätte erhalten müssen (Düss BauR **89**, 198, Feber BauR **89**, 553).Werden die europarechtl geprägten

Vergabegrundsätze der GWB 97 ff verletzt, ist der AuftrG nach GWB 126 jedem Untern, der eine echte Chance gehabt hätte, den Auftr zu erhalten, zum Ers des negativen Interesses verpflichtet (Byok NJW **98**, 2778, Gröning ZIP **99**, 52, Jebens DB **99**, 1741).

c) Unwirksame Verträge. Beruht die Unwirksamk auf einem WirksamkHindern, das aus der **Sphäre** 77 einer Part stammt, kann diese wg Verursachg der Unwirksamk od wg mangelnder Aufkl über das WirksamkHindern aus c. i. c. schadersatzpfl sein. Fälle: Dissens wg schuldh unklarer AusdrWeise (RG **104**, 267, Weinsteinsäurefall). Fehlen einer devisenrechtl Gen (BGH **18**, 252). VertrSchl dch einen nicht vertretgsberecht Vhdlgsführer (BGH **6**, 333, **92**, 175). Verwendg von sittenw od gg das AGBG verstoßde VertrBdggen (BGH **99**, 106, NJW **84**, 2816, **87**, 640, Köln NJW-RR **95**, 1333, KG MDR **98**, 760). Vgl auch die Sonderregeln in §§ 122, 179, 307 u 309. Handelt es sich um ein **allgemeines** WirksamkHindern, das nicht dem Verantwortgsbereich einer Part zuzuordnen ist, bestehen grdsl keine Anspr wg c. i. c. (s BGH **116**, 257, Hamm NJW-RR **94**, 245, Ffm NJW-RR **97**, 172). Die Wirksamk des Vertr sicherzustellen, ist ein Gebot des eig Interesses, aber keine RPfl ggü dem and Teil. And ist es nur, wenn eine Part der and aus Ges, Vertr od vorangegangenem Tun Betreuung od zumindest Aufkl schuldet.

d) Inhaltlich nachteilige Verträge. – aa) Allgemeines. Bei wirks, aber inhaltl nachteiligen Vertr 78 können Anspr aus c. i. c. bestehen, wenn der Vertr dch eine pflichtwidr Einwirkg auf die Willensbildg des Geschädigten zustande gekommen ist. IdR geht es darum, daß der Schädiger dem Geschädigten unricht od unvollständ **Informationen** gegeben hat. Unricht tats Informationen sind auch dann c. i. c., wenn keine OffenbargsPfl bestand (BGH NJW-RR **97**, 144). Das Verschweigen von Tats begründet dagg nur dann eine Haftg, wenn der andere Teil nach Treu u Glauben unter Berücksichtigg der VerkAnschauung redlicherw Aufkl erwarten durfte (s dazu grdsl § 123 Rn 5, Einzelfälle Rn 80 ff). Der **fahrlässig Getäuschte** kann wg c. i. c. iVm § 249 S 1 die Rückgängigmachg des Vertr verlangen (BGH NJW **62**, 1196, **93**, 2107, **98**, 302, stRspr, sehr str, s Grigoleit, Vorvertragl Informationshaftg, 1997). Voraussetzg ist jedoch, daß dem Getäuschten ein Vermögensschaden entstanden ist (BGH NJW **98**, 302, 899, aA Lorenz ZIP **98**, 1053, Wiedemann, JZ **98**, 1176, Grigoleit NJW **98**, 900 : bereits der Eingriff in die persönl Entscheidgsfreih begründet den Anspr auf VertrAufhebg). Ein Schaden liegt vor, wenn die rechnerische GgüStellg der Vor- u Nachteile des Vertr ein Überwiegen der Nachteile ergibt (BGH aaO, Vorbem 19 v § 249. Der Anspr aus c. i. c. ist nicht an die Fr des § 124 gebunden (§ 124 Rn 1). Die §§ 123 f sind ggü der c. i. c. keine abschließde Sonderregelg. Im Fall der argl Täuschg od widerrechtl Drohg besteht neben dem AnfR ein Anspr wg c. i. c. (BGH NJW **79**, 1983, **LM** § 123 Nr 47 Bl 2). Auch das bei irreführden **Werbeangaben** nach § 13 a UWG bestehde RücktrR läßt die 79 Rechte aus c. i. c. unberührt (Medicus JuS **88**, 6, 7, Köhler JZ **89**, 270). Das Recht auf Rückabwicklg des Vertr kann sich auch daraus ergeben, daß der Vertr dch **Überrumpelung** zustande gekommen ist (Bambg NJW-RR **97**, 694). Die Rspr gibt dem Geschädigten neben dem Anspr auf Rückgängigmachg auch ein Recht auf **Anpassung des Vertrages** (Rn 102).

bb) Kaufvertrag. (1) Unrichtige Informationen über die Beschaffenh des KaufGgst (Fehler u Eigensch) 80 begründen keinen Anspr aus c. i. c., da die §§ 459 ff insoweit eine abschließde Sonderregelg enthalten (BGH **60**, 319, **88**, 314, **114**, 266, stRspr). Das gilt nach neuerer Rspr auch für zusichergsfäh, aber nicht zugesicherte Eigensch (BGH **114**, 266, NJW **92**, 2564). Nicht ausgeschl ist die Haftg für c. i. c., wenn dem Verkäufer Vorsatz zur Last fällt (BGH NJW **92**, 2565, **95**, 2160, KG NJW-RR **98**, 1132) u im Fall der RMängelHaftg (BGH NJW-RR **92**, 91). Auch wenn der Verkäufer ausdr od konkludent eine **Beratungspflicht** übernommen hat, tritt die Haftg für c. i. c. (od pVV) neben den etwaigen GewLAnspr (BGH **88**, 135, NJW **97**, 3228). BeratgsPflten kommen insbes bei Vertr über EDV-Anlagen in Betracht (BGH NJW **84**, 2938, Köln NJW **94**, 1355, Dresd NJW-RR **98**, 1352), sie können aber auch in and Fällen zu bejahen sein (Thamm/Pilger BB **94**, 729), so bei Verkauf eines Haartonikums (BGH **64**, 46), eines Klebers (BGH **88**, 135), eines Pflanzenschutzmittels (BGH WM **77**, 1027), eines Fertighauses (LG Bln NJW-RR **97**, 852), wenn bei einem auf Steuerersparnis angelegten Immobilienkauf ein „persönl Berechngsbeispiel" erstellt w (BGH NJW **98**, 638), od wenn der Verkäufer den Käufer veranlaßt, statt des bestellten Artikels einen and zu kaufen (Düss NJW-RR **96**, 498). Vgl auch Rn 112. – **(2)** Bei fahrläss falschen od unvollständ Informationen über **wertbil-** 80 a **dende Merkmale** des KaufGgst haftet der Verkäufer nur dann nach den Grds der c. i. c., wenn es sich um Umst handelt, die keine Eigensch iSd § 459 II (dort Rn 20) sind. Die Grenzziehg zw Eigensch u „Umst außerh des KaufGgst" ist schwierig, die Rspr nicht immer einheitl (Müller ZIP **93**, 1045): **Unternehmen und Beteiligungen** (ja = Anspr aus c. i. c., nein = kein Anspr aus c. i. c.). Falsche Angaben über den Gewinn od Umsatz, ja (BGH NJW **77**, 1538, NJW-RR **89**, 307). Vorlage einer falschen Bilanz, ja (BGH NJW **91**, 1224), aber Frage des Einzelfalles (Hbg ZIP **94**, 945). Falsche Information über GesellschSchulden, ja (BGH NJW **80**, 2408). Verschweigen einer erhebl Steuerschuld, ja (Naumbg NJW-RR **95**, 799). Verschweigen eines unmittelb vor VertrSchl eingetretenen Umsatzrückgangs um 40%, ja (BGH NJW-RR **96**, 429). Verschweigen der charakterl Unzuverlässigk eines leitden Angestellten, uU ja (BGH NJW **91**, 1223). Verschweigen, daß ein Dr die weitere Produktion aGrd seines PatentR verbieten lassen kann, ja (Stengel/Scholderer NJW **94**, 161). Verschweigen, daß der Eheg ein Konkurrenzuntern eröffnen will, auch beim Verkauf mit einem WettbewVerbot, nein (BGH NJW **87**, 909). – **Grundstücke.** Falsche Angaben über Einnahmen u Ausg des Grdst, Verschweigen einer Sozialbindg, ja (BGH NJW **98**, 898). Falsche od unvollständ Angaben über Steuervorteile, ja (BGH **114**, 266, NJW-RR **88**, 350, Köln NJW-RR **94**, 144), wg des Vorrangs des GewlR aber idR nein, soweit es um objektgebundene Voraussetzgen des steuerl Vorteils geht (BGH NJW **99**, 683); über die GrdErwerbssteuerFreih, ja (Karlsr **80**, 226), mißverständl Information über die Bezahlg der Erschließgskosten, ja (BGH NJW-RR **94**, 77). Unricht Zusicherg, Zinsen u Tilgg würden dch Mieteinnahmen u Steuerersparn ausgeglichen (BGH NJW **98**, 302). Verschweigen einer behördl Umbauauflage, ja (BGH NJW **89**, 1794), einer geplanten öffr Nutzgsbeschränkg, ja (BGH **LM** (Fb) Nr 10), eines Baustopps, der wg eines Nachbarsch-Streits angeordnet worden ist, ja (Ffm MDR **98**, 41). Verschweigen, daß auf dem NachbarGrdst Unterkünfte für Asylbewerber errichtet w sollen, nein (Karlsr NJW **91**, 2494). Verschweigen eines jahrelangen schikanösen Verhaltens des Nachbarn, ja (BGH NJW **91**, 1673). Verschweigen der tiefgreifden Zerstrittenh der WoEigt bei Verkauf einer EigtWo, ja (Düss NJW **97**, 1079). Täuschg über Bauabsichten des Nachbarn, ja (BGH NJW **93**, 1324). Nichtaufklärg über Risiken bei der in Aussicht genommenen Vermietg, uU ja (BGH NJW-RR

88, 350). Nichtaufklärg über die Unkündbark einer Hyp, wenn es dem Käufer erkennb auf deren Ablösg
80b ankommt, ja (BGH WM **71**, 1096). – **Maschinen, Kraftfahrzeuge, andere Gegenstände.** Falsche, die geplante Aufstellg der Maschine verhindernde Maßangaben, ja (BGH NJW **62**, 1196). Verschweigen, daß die Maschine in den vom Verkäufer vermittelten Räumen wg entggstehder UnfallverhütgsVorschr nicht betrieben w darf, ja (BGH NJW **85**, 1771). Nichtaufklärg des geschäftl erfahrenen Käufers, daß die zu einem „Sondernettopreis" angebotene Maschine ein älteres Modell ist, nein (BGH **96**, 312). Nichtaufklärg über einen bevorstehden Modellwechsel od techn Verbessergen, grdsl nein (Feudner BB **89**, 788). Nichtaufklärg beim Kauf eines parallel-importierten Kfz, daß die VertrHändler die Dchführg von GewLArb verweigern, ja (EuGH EuZW **93**, 743, Brüsselbach JuS **95**, 21). Falsche Zusicherg, für den verkauften Pkw bestehe VersSchutz, ja (BGH NJW-RR **89**, 211). Unricht Information, die Umsatzsteuer für die verkaufte Segelyacht sei bereits im Ausland gezahlt worden, ja (BGH **111**, 80). Nichtaufklärg des unerfahrenen Erwerbers über die Risiken des
81 AutomatenaufstellGesch, ja (Hamm MDR **63**, 48, Ffm NJW **64**, 257). **(3)** Keine Abgrenzgsprobleme zu den §§ 459 ff bestehen, wenn sich die Verletzg der AufklärgsPfl auf Umst bezieht, die in **keinem Zusammenhang mit**, der Beschaffenheit der Kaufsache stehen. Beim Kreditkauf haftet der Käufer wg c. i. c., wenn er seine erhebl wirtschaftl Schwierigk verschweigt (BGH **87**, 31, NJW **83**, 677). Hat der Käufer, der seinen Pkw in Zahlg gibt, erkennb zu hohe Vorstellgen über den Anrechngspreis (DAT-Schätzpreis), muß der Verkäufer aufklären (Ffm MDR **82**, 847). Haben die Part vereinb, daß der Großhandelspreis berechnet w soll, ist die Vereinbg eines höheren Preises eine c. i. c. (BGH **80**, 84). Der Verkäufer haftet auch dann wg c. i. c., wenn er Diamanten „als Kapitalanlage" zu einem Preis verkauft, der um 100% über den Juweliereinkaufspreis liegt (LG Darmstadt NJW-RR **97**, 1277). Bei einem Kalkulationsfehler besteht ein Anspr aus c. i. c. grdsl nur, wenn der and Teil den Fehler erkannt hat; Erkennenkönnen genügt nicht (BGH NJW **80**, 180, Hundertmark BB **82**, 16).

82 **cc)** Zu **Warenterminoptionen, Börsentermingeschäften** u ähnl RisikoGesch s § 764 Rn 8 ff.

83 **dd) Werkverträge:** Sow sich das Versch auf Fehler od zusichergsfäh Eigensch bezieht, w Anspr aus c. i. c. dch die §§ 633 ff verdrängt (BGH DB **76**, 958, Vorbem 21 v § 633). Der Architekt muß den erkennb nicht informierten AuftrGeb uU auf das Entstehen od die Höhe einer VergütgsPfl hinweisen (Stgt NJW **89**, 2402, für eine Beschränkg auf eng begrenzte AusnFälle Köln NJW-RR **94**, 340). Er handelt pflichtw, wenn er die entstehden Kosten mit ca 119 TDM statt richtig mit 417 TDM angibt (Rstk OLG-NL **95**, 145). Wer sich fälschl als Architekt ausgibt, kann wg c. i. c. kein Honorar verlangen (Köln BauR **80**, 372). Der Baubetreuer muß darüber informieren, daß er nicht nach den WoBauVorschr zugel ist (Düss MDR **72**, 688). Er muß den Kunden über Belastgen richtig u vollständ aufklären (BGH NJW **74**, 851). Der BauUntern darf eine den Preis erhöhde Provisionsabrede nicht verschweigen (BGH **114**, 90). Er haftet nicht für Rechenfehler, wenn der AuftrG das Angebot nach VOB (A) 23 rechnerisch zu prüfen hat (BGH **60**, 225). Umgekehrt hat der BauUntern keinen ErsAnspr, wenn der AuftrG die für die PrErmittlg maßgebden Umst erkennb lückenh angegeben hat (BGH NJW **66**, 498, NJW-RR **88**, 785). Zur Haftg für fehlerh Ausschreibgen s Rn 76. Reparaturwerkstatt muß AuftrG darüber informieren, daß sich die Reparatur nicht lohnt (Hamm NJW-RR **92**, 1329), aber auch darüber, daß sie den Auftr gg einen Aufschlag von 10% an fremden Untern vergibt (Köln OLGZ **74**, 383). Beim AnzeigenVertr muß der Untern darauf hinweisen, daß es im Einzugsgebiet des AuftrG nur etwa 40 Abonnenten gibt (LG Hann NJW-RR **99**, 53).

84 **ee) Kreditverträge, Bürgschaften.** Der Kreditvermittler, der ein erfolgsunabhäng Entgelt verlangt, muß darauf hinweisen, daß ihm noch nie eine Kreditvermittlg gelungen ist (BGH ZIP **98**, 1753). Zu den SorgfPflten des KreditG vgl Rn 28 ff. Nach bisheriger Rspr obliegen dem Gläub ggü dem Bü (Schuldmitübernehmer) grdsl keine SorgfPflten. Er braucht die LeistgsFgk des Bü nicht zu prüfen u diesen nicht über die mit der Bürgsch verbundenen Risiken aufzuklären (BGH NJW **94**, 2148, **96**, 1206), u zwar auch dann nicht, wenn der Bü das mit der Bürgsch verbundene Risiko erkennb zu gering veranschlagt (BGH NJW **88**, 3206). Auch ggü dem ausl Bü soll grdsl keine AufklPfl bestehen (BGH NJW **97**, 3230). Nur wenn der Gläub einen Irrt über den Umfang des übernommenen Risikos veranlaßt hat, ist eine AufklPfl u eine Haftg aus c. i. c. bejaht worden (BGH NJW-RR **87**, 1291, **91**, 170). Gleichbehandelt wird der Fall, daß der spätere Bü, der die Bestellg einer GrdSch abgelehnt hat, nicht darauf hingewiesen worden ist, daß auch die Bürgsch einen Zugriff auf das Grdst ermöglicht (BGH ZIP **99**, 1345). Nach der von BVerfG NJW **94**, 36 ausgehden Änderg
85 der Rspr zu § 138 (dort Rn 37) müssen aber auch die Voraussetzgen der Haftg für c. i. c. **neu bestimmt** w. Die SorgfPflten der Banken ggü Bü (Schuldmitübernehmern) dürfen nicht hinter denen zurückbleiben, die die Rspr für das Verhältn zu Kapitalanlegern entwickelt hat (Rn 28 ff u § 764 Rn 11). Einkommenslose Angeh, die eine Bürgsch übernehmen sollen, müssen über die drohden Risiken (rasches Ansteigen der Schuld dch Kosten u Zinsen, Wertverlust der dingl Sicherh in der ZwVollstr, lebenslanger Schuldturm) eindringl u unmißverständl belehrt w (Groeschke BB **94**, 727, 1313, Grün NJW **94**, 2937, Hommelhoff VerbrSchutz im dtschen u europäischen PrivR, 1996, S 24). Dem Bü möglicherw unbekannte, das Risiko erhöhde Umst (Überschreitg des Kreditrahmens) müssen offenbart w (aA Köln NJW-RR **90**, 756). Verbürgt sich der Onkel für die Nichte, kann der Gläub aber davon ausgehen, daß der Bü die Verhältn der HauptSchu (OffenbargseidsVers) kennt (Kblz BB **97**, 648). Wird der Eheg (Partner) nicht darüber belehrt, daß die Bürgsch (Schuldmitübern) auch bei Scheitern der Ehe (Partnersch) wirks bleibt, kann die Bank unabhäng von den in § 242 Rn 156 dargestellten Grds nach Scheitern der Ehe (Partnersch) wg c. i. c. aus der Bürgsch (Schuldmitübern) keine Rechte mehr herleiten (Brandner ZHR **153**, 159, aA BGH NJW **90**, 1035).

86 **ff) Gesellschaftsverträge:** Die Gründer u Initiatoren einer PublikumsKG haften für schuldh falsche Prospektangaben (Rn 23). Die Gründer einer nicht eingetragenen GmbH haften, wenn ihr GeschF neue Gter über wesentl Umst täuscht (BGH **15**, 205). AG-Gründer muß uU bei VertrSchl mit Dritten auf Bedenken gg die Kreditwürdigk hinweisen (RG **159**, 55). Er kann ggü den Mitgründern schaderspflicht sein, wenn er dch sein Verhalten die Gründg gefährdet (BGH MDR **61**, 832).

87 **gg) Miete, Pacht, Franchising.** Hier werden ebso wie beim KaufVertr (Rn 80) Anspr aus c. i. c. dch die Vorschr des GewLR verdrängt (BGH NJW **80**, 777), es sei denn, daß dem Vermieter Vors zur Last fällt (BGH NJW **97**, 2813). Der Vermieter muß den Mieter über alle Umst aufklären, die für dessen Entschluß, den Vertr abzuschließen, erkennb von Bedeutg sind. Das gilt etwa für die Höhe von Nebenkosten (AG Rendsbg NJW-

RR **88**, 398), eine für den Vertr od die geplanten baul Ändergen erforderl Zust des Eigtümers (BGH **LM** (Fa) Nr 22 u 14), bei der Vermietg einer Halle für eine geplante Konkurrenzveranstaltg (BGH VersR **71**, 155). Bei Miete eines Pkws nach einem VerkUnfall muß der gewerbl Vermieter darauf hinweisen, daß der angebotene Preis („Unfalltarif") über den Sätzen liegt, die von den HaftPflVersicherern übernommen w (Karlsr VersR **93**, 229, Mü VRS **87**, 321, LG Halle OLGNL **94**, 80, Stgt NZV **99**, 169, AG Ffm NJW-RR **99**, 708, s auch BGH NJW **96**, 1966 u § 249 Rn 14); er muß zugl über seine weiteren günstigeren Tarife informieren (Kblz NJW-RR **92**, 820). Beim Franchising muß der FranchiseG den FranchiseN richtig u vollständ über die Rentabilität des Systems informieren (Mü NJW **94**, 667, Böhner NJW **94**, 635, Braun NJW **95**, 504, Flohr WiB **96**, 1137).

hh) Makler darf die Unterzeichng eines AlleinAuftr nicht als bloße Formsache hinstellen (BGH NJW **69**, 88
1625). Er muß den bereits anderweit gebundenen VertrPartner über die rechtl Auswirkgen des AlleinAuftr aufklären (Celle NdsRpfl **63**, 277). Er darf nicht die Voraussetzgen für den Baubeginn bejahen, wenn weder Bebauungsplan noch BauGen vorliegen (Köln NJW **72**, 1813).

ii) Dienst- und Arbeitsverträge: Lehrinstitut, das EDV-Programmierer ausbildet, muß Interessenten 89
eingehd über Anfordergen u Berufsaussichten informieren (Stgt MDR **71**, 216). Dagg hat eine Sprachschule ggü einem berufserfahrenen Vollj mit mittlerer Reife keine entspr AufklPfl (Nürnb BB **72**, 61). ArbN braucht Fragen nach Vorstrafen, die das ArbVerh nicht berühren, nicht wahrhgem zu beantworten (§ 123 Rn 6), er darf aber nicht verschweigen, wg Krankh arbunfäh zu sein (BAG NJW **64**, 1197). ArbG muß wirtschaftl Bedrängn offenbaren, wenn diese den LohnAnspr gefährdet (BAG NJW **75**, 708) od zur vorzeit Beendigg eines AusbildgsVerh führen kann (BAG DB **77**, 1323). Beim Abschluß eines AufhebgsVertr braucht der ArbG nicht ungefragt zu offenbaren, daß ein Sozialplan vorbereitet w (BAG NJW **97**, 3043).

kk) Der **Versicherer** braucht den VersN grdsl nicht ungefragt über den genauen Umfang des VersSchutzes 90
aufzuklären, falls nicht die Vorstellgen des VersN erkennb unricht sind (BGH NJW **63**, 1979, Ffm VersR **87**, 579). Er braucht nicht ow auf einz AusschlBest hinzuweisen (BGH aaO). Er haftet aber aus c. i. c., wenn er die AufklPften aus VAG 10 a nicht erfüllt (Dörner NJW **96**, 157), wenn der Vertr entgg dem Wunsch des VersN, umfassd gesichert zu w, best wesentl Risiken nicht abdeckt (Hamm VersR **84**, 853, Nürnbg NJW-RR **94**, 1515), wenn schuldh der unricht Anschein erweckt worden ist, es bestehe sofort VersSchutz (BGH VersR **78**, 458), wenn der Agent, der das Ausfüllen des AntrFormulars übernommen hat, dies falsch od unvollständ ausfüllt (Hamm VersR **91**, 914), wenn er über die steuerl Behandlg der Prämie unricht Angaben macht (Hamm VersR **88**, 623), wenn er bei Abschluß einer RentenVers nicht darauf hinweist, daß bei einem Tod währd der Garantiezeit der Rest des Kapitals verfällt (Oldenbg VersR **98**, 220). Hat der VersAgent den VersN fehlerh beraten, muß der Versicherer den VersN so stellen, wie er bei richtiger Beratg gestanden hätte (BGH **40**, 27, § 278 Rn 22). Weist der Versicherer bei einer VertrVerlängerg nicht auf seine neuen, für den VersN günstigeren AVB hin, muß er sich uU so behandeln lassen, wie wenn die neuen AVB VertrInh geworden wären (BGH NJW **82**, 926). Täuscht der VersN fahrl über gefahrerhebl Umst, gelten die VVG 16 f, die Grds über c. i. c. sind unanwendb (BGH NJW **84**, 2815).

C) Erfüllungsgehilfen. – a) Haftung für Erfüllungsgehilfen. Der GeschHerr haftet gem § 278 für das 91
Verschulden seiner Vertreter u VhdlgsGeh (BGH NJW **91**, 2557, allgM); er muß für alle Pers einstehen, denen er sich bei der VertrAnbahng bedient; eine Wissenszurechng kann auch für HilfsPers erfolgen, die währd der Vhdlg anwesd sind, ohne in diese einzugreifen (BGH NJW **90**, 1662). Nimmt der VhdlgsGeh als Fachmann in bes Weise Vertrauen in Anspr, muß sich der Schu dessen Versch zurechnen lassen, auch wenn er selbst kein Fachmann ist (BGH **114**, 272). Schließt ein VhdlgsGeh ohne od in Überschreitg seiner Vertretgsmacht einen Vertr, haftet der Vertretene aus c. i. c. auf das Vertrauensinteresse; die Vertreterordng hat insoweit keinen Vorrang, da sie nur das ErfInteresse betrifft (BGH **92**, 175, NJW **95**, 3390); ausgeschlossen sind aber Anspr auf das positive Interesse (BGH NJW-RR **92**, 1436). § 278 bezieht sich auch im Anwendgsbereich der c. i. c. auf den gesamten PflenKreis des GeschHerrn (§ 278 Rn 16 ff), dh auf ein sorgfält Verhalten währd der Anbahng u des Abschl des Vertr. § 278 ist daher anzuwenden, wenn der Vertreter den and Teil argl täuscht (BGH NJW **74**, 1505); wenn er das vom and Teil zu unterschreibde Formular schuldhaft unricht ausfüllt (BGH NJW **72**, 822, Nürnb VersR **82**, 361); wenn der Vertreter einen irreführden Prospekt verwendet (BGH **84**, 143); der Kommanditist einer Publikums-KG muß sich das Verschulden des Komplementärs aber nur zurechnen lassen, wenn er zu den Initiatoren der KG gehört (BGH NJW **85**, 380, Rn 23). Die Bank muß sich beim AbzahlgsGesch das Verhalten des für sie tät Verkäufers anrechnen lassen (BGH **33**, 312, **47**, 230), der LeasingG das des Herstellers od Händlers (BGH **95**, 179, § 278 Rn 33). Der VhdlgsGeh kann bei seinem rechtsw Verhalten den GeschHerrn als gutgl Werkzeug benutzen (BGH VersR **89**, 466: VersBetrug). Der Makler ist aber idR nicht VhdlgsGeh, sond Dritter (Kblz NJW-RR **93**, 180). Der GeschHerr haftet auch nicht für Pers, die ohne sein Wissen u gg seinen Willen handeln (BGH NJW **58**, 57, WM **69**, 524).

b) Eigenhaftung des Vertreters oder Verhandlungsgehilfen. Die Haftg aus c. i. c. trifft grdsl allein die 92
Partner des angebahnten Vertr; Vertreter u VhdlgsGeh können idR nur aus Delikt in Anspr genommen w (BGH **56**, 83, **88**, 68). Nach einem von der Rspr entwickelten Grds ist der Vertreter od VhdlgsGeh aber persönl aus c. i. c. haftb, wenn er am VertrSchl ein unmittelb eig wirtschaftl Interesse hat od wenn er ein bes persönl Vertrauen in Anspr genommen u hierdch die VertrVhdlgen beeinflußt hat (BGH **14**, 318, **88**, 68, NJW **90**, 1907, stRspr). An das Vorliegen dieser Voraussetzgen stellt vor allem die neuere Rspr des BGH strenge Anfordergen (s BGH NJW-RR **91**, 1242, 1313, **92**, 605). – **aa) Eigenes wirtschaftliches Interesse.** 93
Die Eigenhaftg tritt nur ein, wenn der Vertreter, wirtschaftl betrachtet, gleichsam in eig Sache tät w; er muß als QuasiPart, als wirtschaftl Herr des Gesch od eigentl wirtschaftl Interessenträger anzusehen sein (BGH **56**, 84, NJW **86**, 587, NJW-RR **91**, 1242, **92**, 605). Das kann anzunehmen sein, wenn ein Eheg das Gesch des and wie ein eig führt (BGH **14**, 318, **LM** § 278 Nr 49), wenn der Gebrauchtwagenhändler den in Zahlg genommenen Pkw des Kunden in dessen Namen verkauft (Rn 98) od wenn er die Leistg des and Teils für sich verwenden will (BGH NJW **86**, 587). Ein bloß mittelbares Interesse, etwa die Aussicht auf eine Provision od ein Entgelt genügt nicht (BGH NJW **90**, 506, NJW-RR **91**, 1242, **92**, 605), ebsowenig das allg Interesse des GeschFü od des Gters am Erfolg der Gesellsch (Rn 97) od eine Mithaftg des Vertreters für die Schulden

94 des Vertretenen (BGH NJW **94**, 2221). Aus c. i. c. **haften** daher grdsl **nicht:** der Angestellte (BGH **88**, 67, Hamm BB **99**, 1679), der Handlgsbevollmächtigte (BGH NJW-RR **88**, 328), der VersAgent (BGH NJW-RR **91**, 1242), der Bezirksleiter einer LottoGesellsch (Celle NJW-RR **86**, 833), der Vermittler (BGH NJW-RR **88**, 366), das Reisebüro (LG Ffm NJW-RR **99**, 1145), der Eheg (BGH NJW **87**, 2512), der Autor, dessen Werk
95 gedruckt w soll (BGH NJW-RR **89**, 111), der StimmRVertreter (BGH **129**, 170). – **bb) Besonderes persönliches Vertrauen.** Der Verhandelnde haftet, wenn er in bes Maße persönl Vertrauen in Anspr genommen u dadch die Vhdlg beeinflußt hat (BGH **56**, 84, NJW **87**, 2512). Voraussetzg ist jedoch, daß er eine über das normale VhdlgsVertrauen hinausgehde persönl Gewähr für die Seriosität u die Erf des Vertr übernommen hat (BGH **88**, 69, NJW-RR **91**, 1242, 1314, Celle NJW-RR **94**, 615). Das kann bei Vhdlgen mit einem Verwandten (BGH **87**, 33) od dem Partner einer nichtehel LebensGemeinsch (BGH NJW-RR **91**, 290) zu bejahen sein, aber auch, wenn der Verhandelnde erklärt, er „verbürge" sich für die Seriosität des Gesch (Hamm WM **93**, 241). Für das erforderl qualifizierte Vertrauen sind dagg idR nicht ausreichd: Der Hinweis auf eine bes eig Sachkunde (BGH NJW **90**, 506, Köln VersR **98**, 606), private Kontakte od eine langjähr GeschBeziehg (BGH NJW-RR **92**, 605), das Auftreten als Wortführer (BGH ZIP **93**, 363), die Stellg als Anlageberater der Bank (Brschw ZIP **93**, 1458), das Auftreten als ausgewiesener Fachmann (BGH ZIP **93**, 1787). Ein die Eigenhaftg begründder od mitbegründder Umstand kann die berufl Stellg des Verhandelnden, seine Funktion od seine Stellg als **Sachwalter** sein. Die Voraussetzgen für eine Eigenhaftg können daher vorliegen beim UnternSanierer (BGH NJW **90**, 1907), Eigtümer, dessen Kohlevorräte ausgebeutet w sollen (BGH NJW-RR **86**, 1478), KfzHändler, der sich zur Sichg seines KaufPrAnspr unter Vorspiegelg falscher Tats maßgebd an den Vhdlgen über den Weiterverkauf beteiligt (BGH NJW **97**, 1233, krit Schautes/Mallmann JuS **99**, 537), Generalkonsul, der für einen ausl Staat auftritt (Hbg MDR **67**, 491), Versichergsmakler (BGH **94**, 359, Düss NJW-RR **98**, 395), Kunstauktionator (Düss OLGZ **78**, 317), Urheber einer PatronatsErkl (Düss NJW-RR **89**, 1118), Vermittler von Warenterminoptionen (BGH **80**, 82, NJW **87**, 641) od von Time-Sharing-Vertr (Köln NJW-RR **95**, 1333, **97**, 308, aA Düss NJW-RR **98**, 196). Wie ein Sachwalter haftet wohl auch der Generalmanager eines sittenw Unternehmensspiels (Schneeballsystem), soweit
96 er Geschädigte zur Teilnahme bestimmt hat (AG Nürtingen NJW-RR **96**, 40). Dagg kommt eine **Eigenhaftung** idR **nicht** in Betracht bei dem in Rn 95 angeführten PersKreis (BGH **88**, 69, NJW-RR **88**, 328, **91**, 1242), beim InsVerw (BGH **100**, 352, NJW-RR **90**, 96), Sequester (BGH **105**, 234), Mitgl des GläubAusschusses (BGH **LM** (Fa) Nr 68), Betreuer (BGH NJW **95**, 1213) u bei dem von einer Part hinzugezogenen RAnw (BGH NJW **89**, 294) od Architekten (Kblz VersR **92**, 1099). **Sonderfälle** sind die Haftg des Gebrauchtwagenhändlers (Rn 98) u die Prospekthaftg der Gründer, Initiatoren Trhänder einer PublikumsKG
97 od eines Bauherrenmodells u die Garanten ihres Prospekts (Rn 23). – **cc) GmbH-Geschäftsführer, Gesellschafter.** Das allg Interesse des GeschFü od Gters am Erfolg seines Untern begründet keine Eigenhaftg (BGH **126**, 183, NJW **90**, 389, **95**, 1544, Köln BB **97**, 112, stRspr, überholt BGH **87**, 34). Tritt der GeschFü od Gter für die Gesellsch auf, nimmt er idR nur normales VhdlgsVertrauen in Anspr (BGH **126**, 183); auch wenn er den VhdlgsPartner dch positiv täuschdes Verhalten schädigt, haftet er daher idR nicht aus c. i. c. (BGH NJW-RR **91**, 1314). Eine Eigenhaftg kommt in Betracht, wenn er die persönl Gewähr für die Seriosität u die Erf des Vertr übernommen hat (Rn 96). Dagg reicht es für eine Eigenhaftg nicht aus, daß er als Bürge od mit einer GrdSch für die Gesellsch haftet u dch den Vertr das Risiko einer persönl Inanspruchnahme verringern will (BGH **126**, 181, ZIP **95**, 31, Geißler ZIP **97**, 2186, gg die fr Rspr, zuletzt BGH NJW **88**, 2235). Sie wird auch nicht dadch begründet, daß die GgAnspr gg den Gläub an den GeschFü (Gter) zur
98 Sichg abgetreten worden sind (BGH NJW **95**, 1544). – **dd)** Der **Gebrauchtwagenhändler,** der ein in Zahlg genommenes Kfz im Namen des Kunden verkauft, haftet als Sachwalter u „Quasi-Verkäufer" für c. i. c. persönl (BGH **63**, 382, **79**, 286, **87**, 304, NJW **80**, 2185, Müller BB **90**, 2136). Seine Haftg tritt ggf neben die der Part (BGH **63**, 388, NJW **77**, 1914, Köln NJW-RR **90**, 1144). Sie ist ausgeschl, sow die Gewährleistg wirks abbedungen ist; der HaftgsAusschl ist aber analog § 476 bei Argl nichtig (BGH **63**, 388, NJW **79**, 1707). Der Händler muß prüfen, ob die Marken- u Typenbezeichngen zutreffen (BGH NJW **83**, 217). Er ist auch dann zur Untersuchg verpflichtet, wenn UnfallFreih zugesichert w (Düss VersR **93**, 1027) od die Angaben des Verkäufers Anlaß zu Bedenken geben (Ffm NJW-RR **92**, 186). Der Erwerber darf unabhäng von den Umst des Einzelfalls grdsl davon ausgehen, daß der Händler den Pkw untersucht hat; ist das nicht geschehen, muß der Händler dies offenbaren (Hbg NJW-RR **92**, 1399, Köln NJW-RR **97**, 1214). Der Händler haftet für das Fehlen von zugesicherten Eigensch (BGH **87**, 305), für das Verschweigen wesentl Mängel (§ 123 Rn 7) u ins Blaue hinein abgegebene obj unricht Erkl (Köln NJW-RR **93**, 1138, § 123 Rn 11). Der SichgG, der beim Verkauf formell im Namen des SichgN handelt, haftet als QuasiVerkäufer gleichf persönl aus c. i. c. (Karlsr OLGZ **79**, 431).

99 **D) Rechtsfolgen.** Der Geschädigte kann gem § 249 verlangen, so gestellt zu werden, wie er ohne das schädigde Verhalten des and Teils gestanden hätte (BGH NJW **81**, 1673). Trifft den Geschädigten ein MitVersch, gilt § 254; die Sonderregelgen der §§ 122 II, 179 III, 307 I 2 sind nicht anzuwenden (RG **151**, 360, BGH DB **67**, 1085, WM **87**, 136, BAG **14**, 211). Für die **Verjährung** gilt idR § 195 (dort Rn 10), soweit nicht die kürzeren Fr des angebahnten Vertr etwa § 196 (BGH **58**, 123), § 477 (dort Rn 6) od § 638
100 (dort Rn 2) eingreifen. Für Anspr aus Prospekthaftg ist KAGG 20 V entspr anzuwenden (§ 195 Rn 11). – **a)** Der Anspr geht idR auf Ers des **Vertrauensschadens** (BGH **114**, 94, Vorbem 17 v § 249). Er ist and als iF der §§ 122, 179, 307 der Höhe nach nicht auf das ErfInteresse beschränkt (RG **151**, 359, BGH **57**, 193, **69**, 56). Der Schaden kann in der Aufwendg von RA-Kosten bestehen (Rn 123). Ist inf des pflwidrigen Verhaltens des and Teils ein Vertr zustande gekommen, hat der Geschädigte Anspr auf Rückgängigmachg des Vertr (BGH NJW **62**, 1196, Rn 78), nicht aber auf Ers des Gewinns, den er sich aus der DchFührg des Vertr erhofft hatte (Mü OLGZ **83**, 463). Ein Schaden ist auch dann zu bejahen, wenn die GgLeistg zwar werthalt ist, aber eine ganz and als die vom Getäuschten gewollte (BGH **115**, 222, Nürnbg NJW-RR **94**, 1515). Hätte der Geschädigte ohne das schuldh Verhalten des Gegners einen Vertr mit einem and geschlossen, gehört zum negativen Interesse auch der aus diesem Vertr entgangene Gewinn (BGH NJW **88**, 2236). Wird eine Ausschreibg ohne ausr Grd aufgehoben, kann der Bieter nur dann SchadErs verlangen, wenn er iF der Dchführg des Auftr den Zuschlag erhalten od bei gehör Aufkl auf eine Teiln an der Ausschreibg verzichtet

hätte (BGH NJW **81**, 1673). Obergrenze seines Anspr ist der entgangene Gewinn aus dem nicht erteilten Auftr (BGH NJW **83**, 444). – **b)** Der ErsAnspr erstreckt sich auf das **Erfüllungsinteresse,** wenn der Geschädigte ohne die c. i. c. mit einem Dr wirks kontrahiert hätte (BGH NJW **88**, 2234). Entspr gilt, wenn der Vertrag ohne die c. i. c. mit dem Schädiger zu günstigeren Bdggen zustande gekommen wäre (BGH **108**, 200, NJW **98**, 2900). Ist ein GrdstkaufVertr wg Versch des Verkäufers formnichtig, kann Käufer als SchadErs den Kaufpreis eines gleichwertigen Grdst verlangen (BGH NJW **65**, 813). Es besteht aber kein Anspr auf Naturalrestitution, dh auf VertrSchl u Lieferg des Grdst (BGH WM **68**, 1402; für Ers des Vertrauensschadens BGH DB **88**, 223. – **c)** Ist der Vertr inf der c. i. c. zu ungünstigen Bdggen zustande gekommen (Rn 78), hält der Geschädigte aber gleichwohl am Vertr fest, gibt ihm die Rspr einen Anspr auf **Vertragsanpassung.** Er kann Herabsetzg seiner Leistg auf das angem Maß u Rückzahlg des Mehrbetrages fordern, so der Untern-Käufer, dem eine unricht Bilanz vorgelegt od falsche Umsatzzahlen genannt worden sind (BGH **69**, 56, NJW-RR **89**, 307), der GrdstKäufer, dem eine ihn benachteiligde Provisionsabrede, Geruchsbelästiggen, Lagenachteile od Bauabsichten des Nachbarn verschwiegen worden sind (BGH **114**, 94, NJW-RR **88**, 10, **89**, 151, NJW **93**, 1324) od in dem der Irrt hervorgerufen worden ist, die Erschließgskosten seien im wesentl bezahlt (BGH NJW-RR **94**, 77), der Käufer einer Motoryacht, dem fälschl erklärt worden ist, die Einfuhrumsatzsteuer sei bezahlt (BGH **111**, 83), der Käufer einer Ladeneinrichtg, der wg einer unricht Standortanalyse zu aufwendig gekauft hat (BGH NJW **94**, 664), der „Käufer" von DarlVertr, dem zwei ungesicherte Vertr mitverkauft worden sind (BGH NJW **99**, 2032). Mehraufwendgen, die der Käufer inf des pflichtw Verhaltens gemacht hat, sind zu ersetzen (BGH NJW-RR **91**, 600). Die VertrAnpassg setzt aber voraus, daß das Gleichgewicht von Leistg u GgLeistg gestört ist od der Geschädigte Mehraufwendgen für den Erwerb des Obj machen muß (s BGH **111**, 83). Falsche Informationen über steuerl Abschreibgsmöglichk od HypZinsen begründen keinen Anspr auf VertrAnpassg (aA Kblz WM **93**, 1241). Hätte der Geschädigte bei pflgem Aufklärg einen DarlVertr u einen GrdstKaufVertr nicht abgeschlossen, müssen bei der Schadensermittlg auch die vermögensmäß Auswirkgen des GrdErwerbs mitberücksichtigt w (BGH NJW **91**, 1881). Der Geschädigte wird damit so behandelt, als wäre es ihm bei Kenntn der wahren Sachlage gelungen, den Vertr zu günstigeren Bdggen abzuschließen, obwohl feststeht od doch wahrscheinl ist, daß sich der andere Teil auf diese Bdggen nicht eingelassen hätte; im Ergebn wird entgg der Wertg des § 463 S 2 für eine fahrläss falsche Information eine ErfHaftg begründet. Die Konstruktion eines solchen SchadErsAnspr, der auch iF einer delikt Haftg bestehen soll (BGH NJW-RR **92**, 255), ist mit §§ 249, 463 nicht zu vereinbaren (Tiedtke WM **93**, 1231, S. Lorenz NJW **99**, 1001), aber vielleicht als Ergebn richterl RFortbildg hinnehmb.

Margin numbers: 101 (at "wenn der"), 102 (at "hält").

E) Aus **dauernder Geschäftsverbindung,** dch die sich ein **Vertrauensverhältnis** herausgebildet hat, kann sich eine Haftg nach VertrGrdsätzen auch für Hdlgen ergeben, die nicht unmittelb auf Erf einer VertrPfl od Anbahng eines Vertr gehen, aber mit dem Vertr in Zushang stehen, insb für Ausk- u Ratserteilg (RG **126**, 52, **131**, 246, BGH **13**, 199, **49**, 168, Müller/Graff, Auswirkgen einer laufden GeschVerbindg, 1974, S 247 ff, § 676 Rn 12). Der Umfang der Verpfl ist nach Lage des Falles verschieden. Die Haftg ist ein Parallelfall, kein Unterfall der Haftg für c. i. c. Weitere Parallelfälle: Haftg aus der **Nachwirkung** eines Vertrages (Rn 121); Haftg in GefälligkVerh (Einl 10 vor § 241); Haftg des Vertreters od Vermittlers, der nach VertrSchluß den GeschGegner falsch informiert (Canaris VersR **65**, 114). 103

7) Positive Vertragsverletzung. – A) Allgemeines. – a) Die Verfasser des BGB sind davon ausgegangen, daß dch die Vorschr über Unmöglichk u Verz einers u die gesetzl GewährleistgsVorschr bei Kauf, Miete u WerkVertr ands alle denkb Arten von Leistgsstörgen (Vorbem 3 v § 275) geregelt seien. Wie zuerst Staub (1902) nachgewiesen hat, gibt es aber zahlreiche weitere Fälle von VertrVerletzgen, die sich unter keinem dieser rechtl GesichtsPkte einordnen lassen. So zB, wenn der zur Bilanzaufstellg verpflichtete Gesellschafter die Bilanz vor Ablauf der festgesetzten Fr fahrl falsch zieht u die Gesellsch hierdch zu schädl Abschlüssen veranlaßt w, od wenn der Schu fahrl krankes Vieh liefert, das das Vieh des Gläub ansteckt. In beiden Fällen ist der Schaden weder dch Unmöglichk noch dch Verz entstanden; ebsowenig läßt sich aus dem GewährleistgsR eine SchadErsPfl begründen. Staub hat für diese im BGB nicht ausdrückl geregelte dritte Art der Leistgsstörg die Bezeichng **positive Vertragsverletzung** (pVV) geprägt u den Grds entwickelt, daß der Schu für pVV ebso einzustehen habe wie für Unmöglichk u Verz. Dieser Grds hat sich allg durchgesetzt; er bildet einen **gesicherten Bestandteil des Schuldrechts** (RG **54**, 98, **106**, 22, BGH **11**, 83); über den RGrd der Haftg u Einzelfragen der tatbestandl Abgrenzg bestehen allerd unterschiedl Ans (Rn 105 f). Die Bezeichng pVV ist an sich ungenau. Die Haftg für pVV greift nicht nur beim Verstoß gg vertragl Pflten, sond auch bei Verletzg von Pflten aus gesetzl SchuldVerh ein, etwa bei PflVerletzgen zw WoEigtümern (Karlsr OLGZ **85**, 138). Die Verletzg braucht auch nicht in einem pos Handeln zu bestehen, auch ein Unterl kann eine pVV darstellen. Der Name pVV hat sich aber so sehr eingebürgert, daß man an ihm festhalten sollte, zumal die vorgeschlagenen and Bezeichngen (pFV, SchutzpflVerletzg, sonst Fdgsverletzg) entweder gleichf zu eng od zu farblos sind. 104

b) Rechtsgrundlage der Haftung: Die seit mehr als 70 Jahren in stRspr angewandten Grds über die Haftg für pVV stellen inzw **Gewohnheitsrecht** dar (Larenz § 24 I a, Staud/Löwisch Rn 21 v § 275, Wertheimer/Eschbach JuS **97**, 606). Der Streit um den RGrd der Haftg hat daher heute im wesentl nur noch dogmengeschichtl Bedeutg. Das RG hat die Haftg für pVV unmittelb aus § 276 hergeleitet: die Vorschr, daß der Schu Vors u Fahrlk zu vertreten habe, bedeute zugleich, daß der Schu bei VertrVerletzg SchadErs leisten müsse (RG **66**, 291, **106**, 25). Diese Ans hat der BGH mit Recht nicht übernommen (BGH **11**, 83). § 276 regelt nur den Haftgsmaßstab, sagt aber nichts über die RFolge, die bei einer schuldh VertrVerletzg eintritt (Rn 2). Die Fallgruppen der pVV lassen sich auch nicht unter den Begr der Teilunmöglichk einordnen (Schünemann JuS **87**, 3, aA Himmelschein AcP **135**, 255; **158**, 273). Es bestand daher für die pVV eine – inzw gewohnheitsrechtl geschlossene – Regelgslücke, die dch eine entsprechende Anwendg der Bestimmgen über Verzug (§§ 286, 326) u Unmöglichk (§§ 280, 325) auszufüllen war (Larenz § 24 I a, BGH **11**, 83), wobei zugleich der RGedanke des § 242 herangezogen w konnte (BGH **11**, 84). Eine neuere Ans (Canaris JZ **65**, 475) betrachtet als Grdlage der Haftg für pVV nicht den Vertr, sond ein diesem ggü rechtl selbstd allg **Schutzverhältnis,** auf dem auch die Haftg für c. i. c. (Rn 65 ff) u beim Vertr mit Schutzwirkg zGDr (§ 328 Rn 13 ff) beruhen soll (Einl 8 vor § 241). Gg die Ans spricht, daß sie die Grenze zw vertragl u delikt Haftg verwischt (Giesen NJW **69**, 583). Ihr ist weiter entggzuhalten, daß die pVV neben der Verletzg von Schutz- 105 106 pflichten die Fälle der Schlechtleistg umfaßt, in denen es nicht um Verletzg von Pflten aus dem SchutzVerh sond eindeut um VertrVerletzg geht (Huber AcP **177**, 296). Sie vermag das RücktrR wg pVV nicht zu erklären u läuft im Ergebn auf eine sachw Zweiteilg der pVV hinaus. Beim nichtigen Vertr sind, soweit einem Teil ein schuldh Verhalten zur Last fällt, Anspr aus c. i. c. gegeben; für Anspr aus pVV besteht insow weder eine Grdlage noch ein Bedürfn (wie hier im Ergebn auch Larenz § 9 II, Gernhuber § 2 IV 4, Staud-Löwisch Rn 22 v § 275).

107 **c)** Unter den **Begriff** der pVV fallen alle PflVerletzgen im Rahmen eines bestehden SchuldVerh, die weder Unmöglichk noch Verz herbeiführen u deren Folgen nicht von den gesetzl GewährleistgsVorschr erfaßt w (BGH **11**, 83, NJW **78**, 260). Die pVV ist damit in Wahrh der GrdTatbestd der VertrVerletzg (Vorbem 4 vor § 275). Wg der Vielfalt der VertrInhalte u der denkb Arten von VertrVerletzgen ist eine abschließde Tat-
108 bestdbildg nicht mögl; als **Haupttypen** der pVV lassen sich aber die Schlechtleistg (Rn 109 ff) einers u die Verletzg von Nebenpflichten (Rn 113 ff) ands unterscheiden. Die Gefährdg des VertrZwecks (Rn 114) w man dagg (entgg Staud-Löwisch Rn 20 v § 275) nicht als selbstd Fallgruppe ansehen können, da sie idR Folge einer Schlechtleistg od der Verletzg von NebenPfl ist. Zur Einpassg der Haftg für pVV in die Sonderregelgen des **Frachtrechts** s Dubischar, FS Heinrichs, 1998, S 207.

109 **B) Schlechtleistung. – a)** Bei **Verträgen ohne gesetzliche Gewährleistungsvorschriften** richten sich die RFolgen der vom Schu zu vertretden Schlechtleistg (vorbehaltl von delikt Anspr) allein nach den Grds über die Haftg für pVV (BGH NJW **83**, 1188). Das gilt insbes für Dienst- u GeschBesorggsVertr (Ullrich NJW **84**, 588), etwa des RA (Rn 39 ff), des Steuerberaters (Rn 48), des Architekten, sofern es sich ausnahmsw nicht um einen WkVertr handelt (Hamm NJW-RR **95**, 400), des Arztes (Rn 26) u der Bank (Rn 27 ff), für MaklerVertr (BGH **36**, 326, NJW **82**, 1146, Hamm NJW-RR **89**, 631), GesellschVertr (BGH **25**, 49, NJW **83**, 1188) u AuftrVerhältn (BGH VersR **93**, 1274). Bei ArbN besteht aber für pVV die Haftgsmilderg gem § 611 Rn 156.

110 **b)** Bei **Verträgen mit gesetzlichen Gewährleistungsvorschriften** finden die Grds über die Haftg für pVV auf die mangelh Erfüllg nur Anwendg, soweit das GewLRecht Regelgslücken enthält. – **aa)** Im **Kaufrecht** regeln die §§ 459 ff abschließd die Rechte, die dem Käufer wg der unmittelb Wirkg der mangelh Lieferg zustehen. Die Haftg für die dch die Lieferg entstehden weiteren Schäden **(„Mangelfolgeschäden")** richtet sich nach den Regeln über die pVV (BGH **77**, 217, **86**, 260, **101**, 339, Vorbem 6 v § 459). Nur iF des § 463 erstreckt sich der GewLAnspr uU auch auf Folgeschäden (§ 463 Rn 15). Zu den nicht von der Haftg für pVV erfaßten Mangelschäden gehören die Reparaturkosten (BGH **77**, 218), der verbleibde Minderwert, Nutzgsausfall und Gewinnentgang (BGH aaO), aber auch die Kosten eines Deckgskaufs u Gutachterkosten (Kblz NJW-RR **89**, 337). Mangelfolgeschäden sind die Schäden, die der Käufer an seinen RGütern außerh der Kaufsache erleidet, etwa an Leben, Gesundh, Eigt (BGH **77**, 218), Verlust von Daten (BGH NJW **96**, 2924/2926), uU aber auch die Belastg mit einer SchadErsPfl ggü einem dch die Sache geschädigten Dr (BGH NJW-RR **96**, 951). Die für die Haftg aus pVV erforderl **Pflichtverletzung** liegt – auch beim Stückkauf – bereits in der Lieferg der mangelh Sache (U. Huber AcP **177**, 293, sehr str, s Soergel-Wiedemann Rn 419 v § 275 mNw). Beim Verkäufer, der nicht selbst Hersteller ist, wird es aber vielf am Verschulden fehlen; dem **Zwischenhändler** obliegt nach stRspr grdsl hinsichtl der Kaufsache keine UntersuchgsPfl (BGH NJW **68**, 2238, **81**, 1269). Ihm kann auch das Verschulden des Herstellers nicht gem § 278 zugerechnet w, da die Herstellg der Kaufsache nicht zum Pfltenprogramm des Verkäufers gehört (§ 278 Rn 13). Auch auf Schäden,
111 die währd der Nachbesserg entstehen, finden die Grds der pVV Anwendg (BGH **62**, 87, NJW **97**, 727). – **bb) Fälle:** Lieferg einer nicht **„Jahr 2000 festen"** Computer Soft- od Hardware nach Bekanntwerden od Erkennbark des Problems (§ 459 Rn 50). Eigenmächtige Veränderg der Kaufsache (EigtWo) in der Zeit zw Gefahrübergang u Übereigng (Düss NJW-RR **99**, 929). Explosion von Propangas wg unzureichder Abdichtg der Flasche (BGH DB **72**, 1335). Tod von Tieren des Käufers wg der Lieferg von vergiftetem Viehfutter (RG **66**, 290). Erkrankg wg der Lieferg von nicht pasteurisierter Milch od vergiftetem Tee (BGH VersR **54**, 100, Karlsr VersR **89**, 805). Folgeschäden dch Verarbeitg von mangelh Baustoffen (BGH MDR **62**, 965, NJW-RR **96**, 951). Lieferg von verschmutztem Mörtel (BGH NJW-RR **94**, 601) od fehlerh Fertigteilschächten (BGH NJW **99**, 1541). Lieferg eines aliuds, die zu ZollNachFdgen führt (BGH NJW **94**, 2230), Verderb von Wein wg der vom Verkäufer gelieferten mangelh Korken (BGH NJW **90**, 908). Löschg von Daten wg Mängel der Software (Meier/Wehlau NJW **98**, 1586). – **cc)** Bei **Mietverträgen** besteht für Sachmängel die umfassde, die Haftg für pVV verdrängde SchadErsRegelg des § 538 (s dort). Das **Werkvertragsrecht** enthält in § 635 eine ähnl umfassde SchadErsRegelg. § 635 ist aber nach stRspr u hM nur auf Mangelschäden u eng mit dem Mangel zusammenhängder Schäden anzuwenden (VerjFr § 638); für entferntere Mangelschäden hat der Untern nach den Grds über die Haftg für pVV einzustehen (VerjFr § 195). Vgl näher Vorbem 23 ff v § 633.

112 **c) Verletzung von leistungsbezogenen Nebenpflichten.** Der Schlechtleistg nahe stehen die (systemat unter C gehörden) Fälle, in denen der Schu mangelfrei leistet, der Gläub aber Schaden erleidet, weil der Schu leistgsbezogene NebenPflten zur Aufkl, Beratg, Verpackg, ordngsgemäßen Anlieferg od Auslieferg verletzt. Anspr aus pVV werden insoweit dch das GewLRecht nicht verdrängt, bei PflVerletzgen des Verkäufers ist aber uU § 477 anwendb (dort Rn 6). Bsp: NichtAufkl über die Risiken der Verwendg eines Klebers (BGH **88**, 135). NichtAufkl eines Dauerabnehmers über eine Änd der Produktbeschaffenh (BGH **107**, 336, **132**, 175). NichtAnz eines an sich zul Chlorzusatzes zum Leitgswasser, der bei Konservenfabrik zu Schäden führt (BGH **17**, 131). Verletzg einer kaufvertragl BeratgsPfl dch falsche Angaben über SachEigensch (BGH NJW **62**, 1197). Lieferg von Maschinen mit fehlerh Bediengsanleitg (BGH **47**, 312) od ohne die geschuldete Herstellergarantie (BGH **132**, 320). Mangelschäden inf schlechter Verpackg (BGH **87**, 92). Schaden dch Auslieferg geladener u gefüllter Batterien ohne Verpackg (BGH **66**, 208). Schaden dch Nichtentfernen des Farbsichergsetiketts (LG Siegen NJW-RR **92**, 794). Einfüllen von Normalbenzin in den Tank für Superbenzin (BGH **107**, 251). Nichtmitteilg von weiteren Schäden, die der Untern bei den Reparaturarbeiten bemerken mußte (BGH **LM** § 242 (Cd) Nr 37). NichtAufkl darüber, daß das zu reparierde Gerät nicht mehr den geltden Vorschr entspricht (Ffm NJW **80**, 2756). Soweit es um Warngs- u AufklPflten geht, ist zu berücksichtigen, daß den **Zwischenhändler** grdsl keine UntersuchgsPfl trifft (Rn 110). Seine Haftg entfällt daher

vielfach mangels Verschuldens, dafür besteht aber uU ein delikt Anspr gg den Hersteller wg eines Instruktionsfehlers (§ 823 Rn 207).

C) Verletzung von Nebenpflichten. Sie ist neben der Schlechtleistg der zweite Hauptanwendgsfall der pVV. Anspr aus pVV werden wg der insoweit bestehden Regelgslücke nicht dch das GewLR verdrängt. Angesichts der Vielfalt der in Frage kommden, vom jeweil Vertrlnh abhäng NebenPflten können hier nur einige typ Bspe angeführt w. Vgl auch Rn 22–51 u bei den einz VertrTypen. **113**

a) Verletzung der Leistungstreuepflicht, dh der Pfl, den VertrZweck nicht zu beeinträchtigen od zu gefährden (§ 242 Rn 27). Welche Pflten sich aus ihr im einz ergeben, hängt von Inhalt u RNatur des jeweil Vertr ab. Bei ggs Vertr können schwerwiegde PflVerletzgen für den and Teil ein RücktrR od einen SchadErsAnspr wg NichtErf des ganzen Vertr begründen (Rn 124f u zum SukzessivliefergsVertr Einf 33 v § 305). – **aa)** Eine Verletzg der LeistgstreuePfl und pVV ist vor allem die **Erfüllungsverweigerung** (BGH **49**, 59, **65**, 374); betrifft sie eine fällige HauptPfl aus einem ggs Vertr ist ein Rekurs auf die Grds der pVV allerdings nicht erforderl, § 326 ist unmittelb anwendb (§ 326 Rn 20). An die Bejahg einer endgült ErfVerweigerg sind strenge Anfordergen zu stellen (Nachw in § 326 Rn 20). Bereits die Ankündigg einer ErfVerweigerg kann aber einen SchadErsAnspr begründen (BGH **90**, 308). Die Ablehng der VertrErf dch den **Insolvenzverwalter** begründet nach InsO 103 einen insolvenzrechtl SchadErsAnspr; die Wertg der ErfAblehng als pVV ist überholt (s BGH **68**, 379). – **bb)** Auch eine unberecht **Kündigung** ist eine pVV (BGH **115**
89, 296, NJW **88**, 1269, aA Klinkhammer NJW **97**, 221). Das gilt vor allem für die Künd eines MietVertr wg eines in Wahrh nicht bestehden Eigenbedarfs (§ 564 b Rn 60), aber auch für die unberecht Künd eines HandelsvertreterVertr (Mü NJW-RR **95**, 294), eines Dienstvertr od eines WkVertr (BGH **51**, 192, **53**, 151) u wohl auch für die Androhg einer unberecht Künd (aA Hamm NJW-RR **96**, 1294). Auch wenn der Kündigde den maßgebden Sachverhalt wahrheitsgem angibt, ist die unberecht („unschlüss") Künd eine pVV (aA Hamm NJW **84**, 1045), idR wird aber § 254 anwendb sein. Fällt der Eigenbedarf nachträgl weg, bleibt die Künd wirks, der Vermieter kann aber gem § 242 verpflichtet sein, dem Mieter die Fortsetzg des Vertr anzubieten (v Stebut NJW **85**, 289). – **cc)** Auch in folgden Fällen liegt eine **Verletzung der Leistungstreuepflicht** u eine **116**
pVV vor: Weigerg, die vereinbarten VertrBdggen einzuhalten (BGH NJW **78**, 103). Verlangen von Barzahlg statt der vereinbarten Zahlg dch Wechsel (BGH **LM** (Hd) Nr 2). Unberecht Versagg des VersSchutzes (BGH VersR **72**, 970). Unbegründete Mängelrüge (LG Hbg NJW-RR **92**, 1301, Malotki BauR **98**, 682, aA Düss NJW-RR **99**, 746). Unbegründete Abmahng (LAG Köln MDR **98**, 1036). Täuschg des and Teils dch unricht Angaben über die VertrErf (BGH **11**, 86). Nichteinholg einer behördl Gen für eine Tarifunterschreitg (BGH MDR **98**, 914). Ausstellen einer unricht ÜbernBestätigg (Hamm BB **93**, 681). Bestechg eines ArbN des Gläub, um diesen zu einem illoyalen Verhalten ggü seinem ArbG zu veranlassen (RG **149**, 189). Einziehg der abgetretenen Fdg dch den Zedenten (RG **111**, 303). Gefährdg des dingl nicht gesicherten WohnR dch hohe Belastg des auf Rentenbasis gekauften Hauses (BGH **LM** (Hb) Nr 10). Vollstr aus einer vollstreckb Urk wg eines nicht bestehden Anspr (s BGH NJW **94**, 2756). Auch die Geltdmachg einer unberecht Fdg kann eine pVV sein (AG Mü NJW-RR **94**, 1261, AG Bonn MDR **99**, 347), nicht aber deren **gerichtliche Geltendmachung** (BGH **20**, 169, **95**, 18), zumal der Schu hier dch ZPO 91 geschützt ist. Zu beleidigden Äußergen s Rn 125.

b) Verletzung der Schutzpflicht, dh der Pfl, sich bei Abwicklg des SchuldVerh so zu verhalten, daß **117**
Körper, Leben, Eigt u sonst RGüter des and Teils nicht verletzt w (§ 242 Rn 35). Die VerkSichgPfl (§ 823 Rn 58) ist innerh eines VertrVerhältn zugl eine VertrPfl (MüKo/Emmerich Vorb 295 v § 276). Die Haftg aus pVV setzt voraus, daß die RGutVerletzg im Zushang mit der dch die Sonderverbindg begründeten erhöhten Einwirkgsmöglichk steht (Saarbr NJW-RR **95**, 23). Bei Schäden dch Gasexplosionen od dem Austritt von Wasser ist es daher Frage des Einzelfalles, ob dem AnschlußN neben dem Anspr aus Delikt od Gefährdgshaftg auch ein vertragl (od bei einem öffr Anschlußverhältn) vertragsähnl Anspr gg das VersorggsUntern zusteht (BGH **LM** (Ci) Nr 33, NJW **92**, 40, Saarbr aaO). Die SchutzPfl begründet zugl die Pfl, für den nach den Umst erforderl **Versicherungsschutz** zu sorgen (§ 242 Rn 36). **Einzelfälle:** Fälle der Rn 71, wenn die Pfl erst nach Zustandekommen des Vertr verletzt w. Verletzg von Eigt od Pers des Bestellers bei Dchführg des WerkVertr, etwa Verbrenngen beim Legen einer Wasserwelle (RG **148**, 150) od Brandschäden bei Ausführg von Arbeiten (BGH VersR **76**, 166). Verletzg der Obhuts- od VerwahrgsPfl, die hins der zu reparierden Sache besteht (BGH NJW **83**, 113). Die für den Besteller bestehden korrespondierden Pflten leitet die Rspr aus einer entspr Anwendg des § 618 her (dort Rn 1). Schädigg beim Einfüllen von Heizöl (§ 823 Rn 113). Schädigg des Mieters od Vermieters dch einen vom and Teil verschuldeten Wassereinbruch od Brand (BGH NJW **64**, 35, Hamm NJW-RR **92**, 906). Vom Mieter verschuldeter Unfall mit dem MietKfz, der für den Vermieter eine Haftg aus StVG 7 begründet (BGH **116**, 203). Unzureichde Sichg vor Tätlichk beim GastAufnVertr (Hamm VersR **79**, 191). Dem ArbG obliegt eine weitgehde in § 618 normierte SchutzPfl (s dort), aber auch der ArbN kann wg Verletzg der SchutzPfl schadensersatzpflichtig sein: Schwarzfahrt mit einem Pkw des ArbG od eines Kunden (BAG NJW **68**, 718). Nichtmitteilg von schädigden Hdlgen and ArbN trotz Wiederholgsgefahr (BAG DB **70**, 1598). Entspr gilt für freie Mitarbeiter, es besteht aber keine Pfl zur Selbstbezichtigg (BGH NJW-RR **89**, 614). Der RA verletzt seine SchutzPfl bereits dch ein Verhalten, das den Verdacht der Unterschlagg von Mandantengeldern begründet (BGH NJW **95**, 1955). Zu den SchutzPflten gehört auch die **Geheimhaltungspflicht** beim ChiffreAnzeigenVertr (Oldenbg NJW-RR **89**, 1454), beim Vertr über Modeneuheiten (BGH **16**, 11) u beim BankVertr (BGH **27**, 246), uU auch beim KaufVertr, wenn dem and Teil dch die Offenlegg ein unverhältnmäß hoher Schaden droht (BGH NJW **62**, 2198). Zur VerwahrPfl des Gastwirts, RA od Arztes für Garderobe des Kunden s Einf 3 vor § 688.

c) Verletzung der Mitwirkungspflicht, dh der Pfl, im ZusWirken mit dem and Teil die Voraussetzgen **118**
für die Durchführg des Vertr zu schaffen u ErfHindern zu beseitigen (§ 242 Rn 32). Bspe: Nichteinholg der erforderl AusfuhrGen (Mü BB **54**, 547). Weigerg des Bestellers, die zur Herstellg des Werkes notw MitwirkgsHandlgen vorzunehmen (BGH **11**, 89, **50**, 179). Mangelnde Mitwirkg des Mieters od Bestellers bei der vereinbarten Entwicklg neuer Software (BGH DB **88**, 2249).

119 **d) Verletzung der Aufklärungspflicht,** dh der Pfl, den and Teil unaufgefordert über entscheidgserhebl Umst zu informieren (§ 242 Rn 37). Sie betrifft vielfach die Phase der VertrVhlgen und führt dann zu einer Haftg aus c. i. c. (Rn 78 ff). Für die Zeit nach Vertragschluß ergibt sich aus der fallbezogenen Rspr der Grds, daß der Schu, insbes der Fachmann, zur Aufkl verpflichtet ist, wenn Gefahren für das Leistgs- od Integritätsinteresse des Gläub bestehen, von denen dieser keine Kenntn hat (BGH **36**, 328, **64**, 49). Die AufklPfl überschneidet sich daher mit den leistgsbezogenen NebenPflten (Leistgsinteresse) u den SchutzPflten (Integritätsinteresse); vgl dazu die Nachw in Rn 112 u 116. AufklPfl des Architekten (Einf 7 v § 631), des Arztes (Rn 27), der Bank (Rn 28), des Bankkunden (Rn 34), des Maklers (§ 654 Rn 3), des RA (Rn 39 ff), des Steuerberaters (Rn 49), des Verkäufers (§ 433 Rn 17), des Untern (§ 631 Rn 13). Weitere **Einzelfälle:** Bei Verhandlgen über die VertrAufhebg muß der KreditG darüber informieren, daß die vorgesehene, das KündR nach § 247 aF ausschließde Art der Refinanzierg nicht dchgeführt worden ist (BGH NJW-RR **90**, 431). Der Untern muß den Handelsvertreter über mögl Lieferschwierigk (BGH DB **88**, 2402) u eine beabsichtigte BetrStillegg rechtzeit informieren (BGH NJW **74**, 795), der Vertreter den Untern über Bedenken gg die Kreditwürdigk des Kunden (BGH BB **69**, 1196). Der Schu muß dem Gläub zumindest auf ausdr Befragen den wirkl Grd für das Ausbleiben seiner Leistg mitteilen (BGH WM **95**, 441). Der Stromerzeuger muß seine Abnehmer über längere Abschaltgen rechtzeit informieren (BGH VersR **71**, 155). Die Werbeagentur muß auf rechtl Bedenken gg die geplante Werbeaktion hinweisen (BGH **61**, 120), der Lagerhalter auf drohde Entwertg od Entwendg des Lagerguts (OGH **1**, 383). Der Versicherer muß darü aufklären, daß der ÄndVertr erst mit der Ann wirks w (BGH NJW-RR **88**, 23), aber auch darü, daß die Verlegg des VersOrtes zum Erlöschen des FeuerVersSchutzes führt (Hamm NJW-RR **94**, 484).

120 **e) Verletzung sonstiger Nebenpflichten:** Verletzg der TreuePfl dch rechtsw Ausschl aus Genossensch (OGH **1**, 379). ZuwiderHdlg gg ein sich aus dem VertrZweck ergebdes WettbewVerbot (BGH **16**, 11). Erteilg eines unricht Zeugnisses dch den ArbG (§ 630 Rn 5). Verstoß gg die tarifvertragl FriedensPfl (BAG **6**, 341). Abschl eines ungünstigen Vergl dch den HaftPflVersicherer (BGH **24**, 320, **28**, 244) od den Zessionar, an den die Fdg erfhalber abgetreten worden ist (RG **160**, 1).

121 **D)** Das Verbot, dem Gläub die dch den Vertr gewährten Vorteile zu entziehen u die Pfl, alles zu unterlassen, was den VertrZweck gefährden od vereiteln könnte, besteht im Rahmen des Zumutb auch **nach Vertragserfüllung** fort (BGH NJW-RR **90**, 142), u zwar auch bei WarenumsatzGesch (BGH **LM** § 362 Nr 2). Der Verstoß gg diese nachvertragl Pfl begründet eine Haftg wg pVV. Es ist aber nicht pflichtw, wenn eine VertrPart vermeintl Rechte dch Klage geltd macht (BGH **20**, 169, NJW **80**, 190) od einen unbegründeten Antr auf Eröffng des InsVerf stellt (BGH **36**, 18). Bei einem GrdstKaufVertr kann es eine pVV darstellen, wenn der Verkäufer das RestGrdst bebaut (RG **161**, 338) od es and bebaut als zugesagt (LG Hann NJW-RR **86**, 1278) od die Verpflichtg zur Nichtbebaug nicht auf den RNachfolger überträgt (LG Hbg NJW-RR **94**, 1472). Entspr gilt, wenn er die im Verhältn zum Käufer von ihm zu tragden Erschließgskosten von der Gem zurückfordert (Karlsr NJW-RR **87**, 344). Der Vermieter verletzt eine nachvertragl Pfl, wenn er das Verm-
122 PfandR an unpfändb Sachen ausübt (Ffm BB **79**, 136). Als **weitere Vertragsnachwirkungen** kommen in Frage: ein aus dem VertrZweck sich ergebdes WettbewVerbot (RG **113**, 72, **117**, 178); Benachrichtiggspflichten (OGH **1**, 384, BGH **61**, 178). ObhutsPfl hinsichtl zurückgelassener Sachen des Mieters (BGH Warn **71** Nr 126) od des Taxenkunden (LG Tübingen NJW-RR **89**, 1053); Pfl, schädigde Äußergen zu unterl (BGH NJW **62**, 2198); Pfl, Falschbuchgen anzuzeigen (Ffm WM **72**, 436); Pfl, bei Neuvergabe eines Girokontos auf die Belange des fr Inhabers Rücks zu nehmen (Köln NJW **90**, 2262). Der Widerruf eines EchthGutachtens wg eines nachträgl aufgekommenen Fälschgsverdachts ist aber keine pVV (KG NJW **98**, 1408).

123 **E) Rechtsfolgen. – a)** Die vom Schu zu vertretende pVV begründet für den and Teil einen **Schadensersatzanspruch,** der sich auf alle unmittelb u mittelb Nachteile des schädigden Verhaltens erstreckt u auch ProzKosten erfaßt (Düss NJW-RR **96**, 729), ausgenommen aber Folgeschäden, die außerh des Schutzzwecks der verletzten VertrPfl liegen (Vorbem 63 vor § 249). Der Anspr besteht grdsätzl auch dann, wenn dem Gläub ebenf eine VertrVerletzg zur Last fällt (RG **123**, 241, BGH NJW **62**, 2198, **71**, 1747 mwN); doch kann die VertrVerletzg des Gläub das Versch des Schu ausschließen od zur Anwendg des § 254 führen. Der SchadErs-Anspr tritt grdsätzl nicht an die Stelle, sond neben den ErfAnspr (BGH **11**, 84). Er unterliegt der 30 jährigen Verj (BGH **67**, 9, **71**, 151), soweit nicht die für den entsprechden VertrTyp geltden kürzeren VerjFr eingreifen (§ 195 Rn 9). Er kann bei NichtErf einer Wiederverkaufszusage auf Freistellg u Zahlg Zug um Zug gg Rückgabe der Sache gerichtet sein (BGH NJW **94**, 1654), bei unberecht Künd auf Wiedereinräumg des Bes (Karlsr NJW **82**, 54, BayObLG NJW **82**, 2004), aber auch auf Ers der AnwKosten für die Zurückweisg der Künd (Anf) od eines unberecht geltd gemachten Anspr (BGH NJW **86**, 2244, Mü DAR **85**, 383, AG Ffm WM **95**, 194), wenn die Einschaltg des RA zur Schadensabwendg od Minderg vernünftig u zweckmäß war (BayObLG NJW-RR **98**, 519, ähnl LG Zweibr NJW-RR **98**, 1105). Bei falscher Beratg kann er dahin gehen, daß ein verj Anspr als nicht verj zu behandeln ist (Übbl 16 v § 194). Dauert die VerletzgsHdlg od der pflichtw geschaffene Zustand an, kann sich aus der pVV auch ein **Unterlassungsanspruch** ergeben (BGH NJW **95**, 1285).

124 **b) Gegenseitige Verträge. – aa)** Bei ggs Vertr kann die pVV ebso wie Unmöglichk u Verz (§§ 325, 326) ein **Rücktrittsrecht** od einen **Schadensersatzanspruch wegen Nichterfüllung** des ganzen Vertr begründen. Voraussetzg ist, daß die pVV den **Vertragszweck** derart **gefährdet,** daß dem and Teil nach Treu u Glauben das Festhalten am Vertr nicht zugemutet werden kann (BGH **11**, 84, NJW **69**, 975, NJW-RR **96**, 950, stRspr). Ob das zutrifft, ist Frage des Einzelfalls. Bei einem auf dauerndes ZusWirken der Part angelegten Vertr sind an das beiders Verhalten strengere Maßstäbe anzulegen als bei einf WarenumsatzGesch. Es muß sich unter Berücksichtigg des jeweiligen VertrZweckes um schwere, die VertrGrdlage erschütternde Verstöße handeln (RG JW **38**, 2010). Hierher gehören die Fälle der ernsth u endgült Weigerg, den Vertr zu erfüllen, der unberecht Lossagg vom Vertr sowie sonst Fälle, in denen der eine Teil die VertrauensGrdlage des Vertr zerstört hat (Rn 114 f). Die **Erfüllungsverweigerung** rechtfertigt nur dann ein RücktrR od einen SchadErs-Anspr wg Nichterfüllg, wenn sie ernsth u endgült erklärt w; insow sind strenge Anfordergen zu stellen (§ 326 Rn 20). Liegt keine ernstl u endgült ErfVerweigerg vor, kann der Gläub idR erst nach einer NachFrSetzg
125 SchadErs wg NichtErf verlangen od vom Vertr zurücktreten (BayObLG **85**, 66). – **bb)** Ein RücktrR od ein

SchadErsAnspr wg Nichterfüllg ist – neben den zu Rn 114f angeführten Beispielen – in folgden **Fällen** gegeben: erhebl Leistgsverzögerg, wenn sie allein od zus mit and Umst schwerwiegde Unzuverlässigk des Schu erkennen läßt (BGH NJW **69**, 975); Einbau alter Teile in einen verkauften fabrikneuen Pkw (BGH NJW **78**, 260); wiederholte Nichtzahlg der Nutzgsentschädigg für eine verkaufte, aber noch nicht dingl übertr EigtWohng (BGH NJW **72**, 1668); schwerwiegde Verletzg der LeistgstreuePfl (BGH DB **76**, 1956); NichtErf des Anspr auf SicherhLeistg aus MaBV (Brem NJW **77**, 638, s aber BGH NJW **78**, 1054); Beleidiggen od schwere Kränkgen des and Teils (RG **140**, 385, DR **39**, 1441); and ist es idR bei einf GüterumsatzGesch (RG **102**, 409, BGH **LM** § 276 (Hd) Nr 1) od einem Vergl (BGH WM **71**, 1055, vgl aber Hbg BB **73**, 1409). Ein RücktrR ist nicht gegeben, wenn Gläub mit dem Abruf der Leistg säum ist (BGH NJW **72**, 99) od wenn eine Part der and den Schiedsrichter abspenst macht (BGH **23**, 204). – **cc)** Ebso wie im Fall des § 326 steht das RücktrR u der SchadErsAnspr wg Nichterfüllg auch bei pVV grdsätzl nur dem zu, der selbst **vertragstreu** ist (RG **109**, 55, **149**, 40, § 326 Rn 10ff), doch w der den ErfAnspr nur ergänzde SchadErsAnspr dch eig vertrwidr Verhalten idR nicht berührt (Rn 123). Eine Nachfristsetzg od Abmahng ist idR erforderl (BGH DB **68**, 1575, NJW **78**, 260), nur bei bes schwerwiegden Verstößen kann auf sie verzichtet w. RücktrErkl muß angeben, in welchem Verhalten die pVV erblickt w (BGH **LM** (Hd) Nr 1), ein Nachschieben neuer Grde ist unzul (BGH **11**, 80/86, Nürnbg NJW-RR **99**, 676), Gläub kann aber nach Kenntn neuer Umst ggf erneut zurücktreten, wenn GesTatbestd Rücktr rechtf (BGH **LM** § 326 (H) Nr 4). 126

c) Dauerschuldverhältnisse. – aa) Bei vollzogenen DauerschuldVerh tritt an die Stelle des RücktrR das KündR aus wicht Grd (BGH NJW **81**, 1264, **86**, 125). so beim Miet- u PachtVertr (BGH **50**, 312, Hamm OLGZ **84**, 346), beim DienstVertr (RG **92**, 158, BAG NJW **67**, 2030), aber auch bei den übrigen in Einl 20 v § 241 angeführten Vertr. Voraussetzg für eine Künd ist idR eine Abmahng; sie ist nur entbehrl, wenn sie keinen Erfolg verspricht od das VertrauensVerh so schwerwiegd gestört ist, daß die sofortige Beendigg des Vertr gerechtfertigt erscheint. Vgl Einl 19v § 241. – **bb)** Beim **Schadensersatzanspruch** ist zu unterscheiden: **(1)** Der Gläub kann beim Vertr stehen bleiben u entspr Rn 123 SchadErs fordern (BGH NJW **86**, 125, **96**, 1542); in diesem Fall bedarf es grdsl keiner Abmahng (BGH NJW-RR **88**, 417). **(2)** Der Gläub kann aber auch den Vertr kündigen u nach den GrdGedanken der §§ 326, 628 den dch die Künd (NichtErf) entstehenden Schaden ersetzt verlangen (BGH **82**, 129, **94**, 194, **95**, 43, NJW **84**, 2687, Gernhuber, SchuldVerh, § 16 II 9). Der ErsAnspr ist in der Weise zu errechnen, daß die Summe der noch ausstehenden Entgelte um einen Abzinsgsfaktor, ersparte Aufwendgen u die Erträge aus einer and Verwertg der VertrGgst vermindert w (BGH **82**, 129, **94**, 194, NJW **96**, 456). Bei einem LeasVertr ist auch die vom LeasN zu leistde Restzahlg, ands aber auch der Vorteil aus der vorzeit Rückg der LeasSache zu berücksichtigen (BGH NJW **95**, 1541). Die ErsPfl beschränkt sich auf die Zeit bis zum nächsten ordentl KündTermin (BGH **82**, 130, **95**, 147), so auch iF der Miete (BGH **95**, 49, 60), des Leasing (BGH NJW **91**, 223), des HandelsvertreterVertr (BGH **122**, 12) u des Darl (BGH **104**, 343, NJW **90**, 2677, § 246 Rn 14). Verlangt umgekehrt der Mieter SchadErs wg NichtErf, ist er nicht verpflichtet, den Vertr dch Künd aus wicht Grd vorzeit zu beenden (BGH NJW-RR **95**, 716). Der SchadErsAnspr besteht auch dann, wenn sich der Berecht wg des zur Künd berechtigden Verhaltens des and Teils mit einer Aufhebg des Vertr einverstanden erklärt hat (BGH NJW **82**, 2432, BayObLG NJW **82**, 2003), er entfällt aber, wenn auch der and Teil zur Künd aus wicht Grd berecht war (BGH **44**, 277, NJW **81**, 1265). Zu Sukzessivliefergsverträgen s Einf v § 305. 127 128

d) Der Schu muß bei pVV ebso wie bei Verz u Unmöglichk für das Verschulden seiner **Erfüllungsgehilfen** einstehen (§ 278). Der ErfGeh selbst haftet uU aus unerl Hdlg, vertragl Anspr gg ihn bestehen grdsätzl nicht (BGH NJW **64**, 2009, **LM** (Ha) Nr 4). Eine eig vertragl ErsPfl des ErfGeh ist aber in entspr Anwendg der für c. i. c. geltden Grds (Rn 93) dann zu bejahen, wenn die pVV nicht in einer eigentl Leistgsstörg sond in einer Verletzg von NebenPfl besteht, u der ErfGeh bei Anbahng u Abwicklg des VertrVerh für sich Vertrauen in Anspr genommen h (BGH **70**, 337, 342, NJW-RR **90**, 461, weitergehd Canaris VersR **65**, 114, Müller NJW **69**, 2172, Hohloch NJW **79**, 2369, Düss NJW **71**, 942). 129

8) Öffentlich-rechtliche Sonderbeziehungen. – a) Die RGedanken der §§ 276, 278 gelten auch für öffrechtl Verhältn, soweit diese schuldrechtsähnl Pflten begründen u die Eigenart des öffR nicht entggsteht (BGH **17**, 142, **54**, 299, BVerwG **13**, 20). §§ 276, 278 sind daher auf öffrechtl Vertr (Einf 5 v § 305) u auf sonst öffrechtl **Sonderverbindungen** entspr anwendb, soweit diese eine einem privatrechtl SchuldVerh vergleichb Leistgs- u Obhutsbeziehg begründen (BGH **21**, 214, **59**, 303, **135**, 341, stRspr). Die verletzten Pflten müssen über allg AmtsPflten iSd § 839 hinausgehen; zw der öffrechtl Körpersch u dem Betroffenen muß ein „bes enges Verhältn" bestehen (BGH **21**, 214/218, **131**, 200/204, NJW **63**, 1828). – **b)** Der **Anspruch aus §§ 276, 278** hat ggü dem aus AmtsPflVerletzg den Vorteil der Nichtanwendbark des § 839 I 2 (BGH **63**, 167/172) u § 839 III, der BewLastVerteilg nach § 282, der Anwendg der Grds über die Schutzwirkg zGDr (BGH NJW **74**, 1816) sowie der 30 jähr Verj (BVerwG NJW **95**, 2303). Ands führt die Haftg aus §§ 276, 278 dazu, daß sich der Geschädigte das MitVersch von gesetzl Vertretern u ErfGeh anrechnen lassen muß (§ 254 Rn 64) u daß die Haftg uU dch Satzg beschränkt werden kann (BGH **61**, **7**, BayObLG **89**, 193). Der Anspr aus §§ 276, 278 besteht auch umgekehrt, wenn in einer öffrechtl Sonderverbindg die **öffentliche Hand geschädigt** worden ist (BVerwG NJW **95**, 2303, BGH **43**, 269, **135**, 341). – **c)** Für den SchadErsAnspr ist gem VwGO 40 II der **ordentliche Rechtsweg** eröffnet (BGH **43**, 34, **59**, 303/305). Das gilt jedoch nur für Anspr gg die öff Hand, nicht umgekehrt (BGH **43**, 269). Anspr wg Verletzg öffrechtl Vertr sind vor den VerwG geltd zu machen (VerwGO 40), ebso Anspr wg Verletzg der beamtenrechtl FürsorgePfl (BVerwG **13**, 17, BGH **43**, 178/184). 130 131 132

d) Einzelfälle. Zw Strafgefangenen u **Strafanstalt** (BGH **21**, 214/220, **25**, 231/238, **135**, 341/344) sowie zw Schüler u **Schule** (BGH NJW **63**, 1828) besteht nach der Rspr des BGH keine schuldrechtsähnl Sonderverbindg, ein Ergebn, das mit den sonst angewandten Abgrenzgskriterien kaum zu vereinbaren ist. Bei Körperschäden von Schülern hat sich das Problem aber dch Einbeziehg in die gesetzl UnfallVers erledigt, da SGB VII 106, 104 (fr RVO 363) privatrechtl SchadErsAnspr u damit auch etwaige Anspr aus §§ 276, 278 ausschließt (BGH NJW **77**, 296, **93**, 3269/3272, Dresd NJW-RR **99**, 296). Auch in folgden Fällen hat die Rspr eine schuldrechtsähnl Sonderverbindg **verneint**: Beziehg zw Finanzbehörde u Bürger (BGH WM **96**, 133

1015, aA Lembke/Emde DB **97**, 1267); Beziehg zw **Gericht u** Zuhörer in einer Vhdlg (Köln NJW-RR **98**, 1144). Dagg hat die Rspr in folgden Fällen eine entspr Anwendg der §§ 276, 278 **bejaht:** Beziehg zw gemeindl **Deckstation** u Benutzer (BGH VersR **78**, 254). Inanspruchnahme von Leistgen der **Feuerwehr** (s BGH **63**, 167/172, zur GoA). Behandlg in Ausübg öff Gewalt in einer **Heil- und Pflegeanstalt** (BGH **21**, 214/219). Beziehg zw Gemeinde u GrdstEigtümer hinsichtl Kanalisation (BGH **54**, 299, NJW **77**, 197, BVerwG NJW **95**, 2303, Düss VersR **96**, 725). Betreuung von Kindern in einer **Kindertagesstätte** (KG VersR **74**, 368). Unentgeltl **Krankenhausbehandlung** aGrd öffR (BGH **4**, 138). Verhältn zw **Notar** u Mandanten (BGH **131**, 200/205). Verhältn zw **Schulträger** u Lehrer (Köln NVwZ **90**, 618, Maurer JuS **94**, 1015); uU Benutzg von gemeindl **Schlachthof** (BGH **61**, 7, NJW **74**, 1816; Hamm VersR **87**, 789); uU Verhältn zw **Sozialversicherungsträger** u Versichertem (BSozG NJW **70**, 1254). Beziehg zw Land einers u Universität u Studentensch ands (Karlsr NJW **74**, 1824). Öffrechtl **Verwahrung** (BGH **3**, 164/173, NJW **90**, 123, VGH Mü NVwZ **98**, 421), auch soweit Bürger Verwahrer (Müller JuS **77**, 232, Einf 7 vor § 688). Benutzg gemeindl **Versorgungsbetriebe** wie Wasser- u Gaswerke (BGH VersR **80**, 356). Beziehg zw Wasserverband u Mitgl hinsichtl MeliorationsMaßn (BGH VersR **87**, 768). Beziehg zw Bund u Beschäftiggsstellen des **Zivildienstes** (BGH **135**, 341).

134 **9) Verfahrensrechtliches. Beweislast** s Vorbem 162 ff v § 249 u § 282 Rn 1 ff, für den den Vorsatz ausschließdn Irrt Rn 11. Der Begriff des Verschuldens u der der einz Arten des Verschuldens, wie einfache od grobe Fahrlässigk, sind RBegriffe (BGH **10**, 16, 74, **LM** § 277 Nr 1, BAG NJW **68**, 908, **71**, 957). Die Feststellg ihrer Voraussetzgen liegen aber im wesentl auf tatsächl Gebiet (BGH **LM** § 823 Nr 44 zur Vorhersehbark). Das RevGer kann ledigl nachprüfen, ob der Tatrichter von den richtigen rechtl BeurteilgsMaßstäben ausgegangen ist u DenkGes, ErfahrgsSätze od VerfVorschr verletzt hat (BGH **10**, 16, 74).

135 **10) Haftung ohne Verschulden. – a)** Der Schu haftet grdsl nur für Verschulden (Rn 3). Entsteht ein Schaden od ein rechtsw Zustand ohne Verschulden, beruht er im RSinn auf **Zufall.** Dabei ist zw einfachem Zufall (§§ 350, 848) u **höherer Gewalt** (§§ 651 j, 701 III) zu unterscheiden. Zufall liegt vor, wenn keinen der Beteil ein Verschulden trifft; höhere Gewalt erfordert dagg ein außergewöhnl Ereign, das unter den gegebenen Umst auch bei äußerster nach Lage der Sache zu erwartder Sorgf nicht verhindert w konnte
136 (Hamm NJW **80**, 244, § 203 Rn 4). – **b)** Zu den Fällen einer schuldunabhäng Haftg **innerhalb eines bestehenden Schuldverhältnisses** s Rn 3. **Außerhalb bestehender Schuldverhältnisse** ist vor allem der Gedanke der **Gefährdungshaftung** Grdlage für eine schuldunabhäng SchadErsPfl. Das vom Verschuldensprinzip ausgehde BGB sieht eine GefährdgsHaftg ledigl in §§ 833, 701 u 231 vor. Im übrigen gelten SonderGes: HaftpflichtG, StVG, ProdHaftG, LuftVG, BergG, UmweltHG, GenTG (Luttermann JZ **98**, 174), WHG, AtomG, ArznMG. Eine über diese gesetzl geregelten Fälle hinausgehde GefährdgsHaftg läßt sich weder iW der Einzel- noch der GesAnalogie begründen (RG **147**, 353, BGH VersR **72**, 1047). Weitere Fälle einer schuldunabhäng EinstandsPfl sind: die BilligkHaftg gem § 829, AusglAnspr aus Aufopferg od enteigngsgleichem Eingriff (Übbl 4 ff u 50 ff v § 903), der nachbarrechtl AusglAnspr (§ 906 Rn 42 ff) u der SchadErsAnspr wg der Vollstr aus einem später aufgehobenen Titel (ZPO 717 II, 945).

277 *Sorgfalt in eigenen Angelegenheiten; grobe Fahrlässigkeit.* **Wer nur für diejenige Sorgfalt einzustehen hat, welche er in eigenen Angelegenheiten anzuwenden pflegt, ist von der Haftung wegen grober Fahrlässigkeit nicht befreit.**

1 **1)** Zu den **Fahrlässigkeitsgraden** s § 276 Rn 14. Das Ges unterscheidet drei Stufen der Fahrlässigk: einfache (leichte), grobe u Verletzg der Sorgf in eig Angelegenh. Für einfache Fahrlässigk, deren Begriff in § 276 bestimmt ist (dort Rn 12 ff), wird idR gehaftet. Eine eingeschränkte Haftg nach einem der beiden and FahrlässigkeitkGrade tritt nur ein, soweit das dch Ges od PartAbrede bes bestimmt ist (Rn 4 u 6).

2 **2) Grobe Fahrlässigkeit. – a)** Sie liegt vor, wenn die verkehrserforderl Sorgf in bes schwerem Maße verletzt w, schon einfachste, ganz naheliegende Überleggen nicht angestellt werden u das nicht beachtet w, was im gegebenen Fall jedem einleuchten mußte (BGH **10**, 16, **89**, 161, NJW **92**, 3236, NJW-RR **94**, 1471). Währd der Maßstab der einfachen Fahrlässigk ein ausschließl obj ist (§ 276 Rn 15), sind bei der groben Fahrlässigk auch subj, in der Individualität des Handelnden begründete Umst zu berücksichtigen (BGH **10**, 17, **119**, 149, BAG DB **72**, 780, stRspr), etwa die Tats, daß er ungeübt u Nichtfachmann ist (Hamm NJW-RR **93**, 536). Den Handelnden muß auch in subj Hins ein schweres Verschulden treffen (BGH NJW **88**, 1265, NJW-RR **89**, 340). Ein Augenblicksversagen ist idR kein Grd, grobe Fahrlässigk zu verneinen (BGH **119**, 147, Ffm NJW-RR **95**, 1368), and für das VersR BGH NJW **89**, 1354, Haberstroh VersR **98**, 943). Sie kann aber bei einem obj schweren Verstoß wg erhebl geminderter Einsichtsfähigk des Handelnden entfallen (BGH NJW **85**, 2648). Sie setzt idR das Bewußtsein der Gefährlichk voraus (BGH VersR **85**, 1061, NJW-RR **89**, 991), kann aber auch dann zu bejahen sein, wenn der Handelnde die Gefährlichk seines Tuns leichtfertig nicht erkennt. Sie braucht sich idR nur auf den haftgsbegründdn Tatbestd, nicht auf den konkret
3 eingetretenen Schaden zu erstrecken (BGH VersR **85**, 1061 zu CMR 29 II). **Einzelfälle** grober Fahrlässigkeit: Überschreiten der zul Höchstgeschwindigk um mehr als 100% (Mü DAR **83**, 78); Einfahren in eine Kreuzg bei Rotlicht (BGH NJW **92**, 2418); KfzFahren nach erhebl Alkoholgenuß (BGH VersR **85**, 441, Köln VersR **89**, 139: 1,30/00); Überfahren eines Stoppschildes (Zweibr VersR **93**, 218, aA Hamm VersR **93**, 826); „scherzhaftes" Abfeuern einer Schußwaffe in Richtg auf einen Menschen, die der Handelnde ohne Nachprüfg für ungeladen hielt (Hamm VersR **83**, 566); Fällen eines Baumes, in dessen Fallbereich sich zwei Menschen aufhalten (Mü VersR **87**, 596). Weitere Einzelfälle aus dem StraßenVerk Riedmaier VersR **81**, 10; aus dem Bereich der ArbUnfälle Plum VersR **83**, 905, ferner MüKo/Hanau Rn 9 ff. Die Abgrenzg zw einfacher u grober Fahrlässigk kann vom RevGer nur darauf überprüft w, ob der Tatrichter den Begriff grober Fahrlässigk verkannt od die Grenzen tatrichterl Ermessens überschritten hat (BGH **89**, 160, NJW **92**, 3236). Grobe Fahrlässigk kann wg ihrer subj Voraussetzgen nicht iW des AnschBew nachgewiesen w (BGH NJW
4 **74**, 1377, VersR **83**, 1011, Vorbem 163 v § 249). – **b) Anwendungsbereich.** Das BGB sieht in §§ 300 I,

521, 599, 680 u 968 eine HaftgsBeschr auf grobe Fahrlässigk vor. Entspr HaftgsBeschr bestehen nach AVBEltV, AVBGasV, AVBWasserV, AVBFernwärmeV je 6 Nr 2, 3 u nach SeelotsG 21 III, der auch für Binnenlotsen gilt (BGH **107**, 32). Grobe Fahrlässigk ist Voraussetzg für den RegreßAnspr des Dienstherrn gg den Beamten (BBG 78 I 2, BRRG 46 I 2) u den Regreß des SozVersTrägers gem SGB VII 110, fr RVO 640 (s BGH NJW **88**, 1265). Sie schließt im SachenR gutgl Erwerb aus (§ 932 II) u ist eine Schranke für die **Freizeichnung** dch AGB (AGBG 11 Nr 7). Weitere Fälle: VVG 61 (LeistgsFreih des Versicherers), WG 16 II (Ausschluß gutgl Erwerbs), ausdr od stillschw vertragl HaftgsBeschr auf grobe Fahrlässigk (§ 254 Rn 71 u 79 f). Der in CMR 29 enthaltene Begriff eines dem Vors gleichstehden Verschuldens ist gleichbedeutd mit grober Fahrlässigk (BGH **88**, 157, Thume VersR **93**, 932, bewußte Fahrlässigk genügt nicht (BGH NJW-RR **98**, 35). Für alle AnwendgsFälle gilt der Begriff grober Fahrlässigk einheitl in dem dargelegten Sinne (BGH VersR **59**, 223, **66**, 1150).

3) Konkrete Fahrlässigkeit (diligentia quam in suis, Sorgf in eig Angelegenh). – **a)** Abweichd von § 276 5
gilt hier kein obj, sond ein subj, auf die Veranlagg u das gewohnheitsmäß Verhalten des Handelnden abgestellter Maßstab (MüKo/Hanau Rn 25). Verfährt der Handelnde in eig Angelegenh bes sorgfält, so haftet er auch iF des § 277 nur für die erforderl Sorgf iSd § 276. Der subj Maßstab des § 277 soll die Haftg nicht verschärfen, sond mildern. Die HaftgsMilderg findet aber ihre Grenze daran, daß der Handelnde für grobe Fahrlässigk (Rn 2) auf jeden Fall einstehen muß. Die Beweislast dafür, daß er in eig Angelegenh nicht sorgfältiger zu verfahren pflegt als im konkreten Fall, obliegt dem Handelnden (Karlsr NJW **94**, 1966). –
b) Anwendungsbereich: Das Ges sieht für den unentgeltl Verwahrer (§ 690), den Gesellschafter (§ 708), die 6
Eheg (§ 1359), die Eltern (§ 1664), den Vorerben (§ 2131) u den Verbraucher nach HausTWG 3 II, VerbrKrG 7 IV eine HaftgsBeschr auf eigenübl Sorgf vor. Die ein wenig antiquierte HaftgsErleichterg hat ihren rechtspolit Grd in der engen persönl Beziehg der Beteiligten. Sie gilt idR auch für konkurrierde delikt Anspr (MüKo/Hanau Rn 16), ist aber nach ihrem Sinn u Zweck auf die gemeins Teiln am StraßenVerk unanwendb (BGH **46**, 313, **53**, 352, **63**, 57, aA Hamm NJW **93**, 543: Wegfall des Haftgsprivilegs nur bei Führen eines Kfz).

278 ***Verschulden des Erfüllungsgehilfen.*** **Der Schuldner hat ein Verschulden seines gesetzlichen Vertreters und der Personen, deren er sich zur Erfüllung seiner Verbindlichkeit bedient, in gleichem Umfange zu vertreten wie eigenes Verschulden. Die Vorschrift des § 276 Abs. 2 findet keine Anwendung.**

1) Grundsätzliches. – a) Grundgedanke. Währd außerhalb eines SchuldVerh für HilfsPers gem § 831 1
idR nur bei eig allerd vermutetem Auswahl- od ÜberwachgsVersch gehaftet w, stellt § 278 bei bestehden SchuldVerh das Versch von gesetzl Vertretern u ErfGeh eig Versch gleich; er begründet damit eine Art von **Erfolgshaftung,** ist aber selbst keine AnsprGrdl, sond eine Zurechngsnorm. § 278 beruht auf dem Gedanken, daß der Schu ggü dem Gläub für seinen Gesch- u Gefahrenkreis verantwortl ist u daß zu diesem auch die vom Schu eingesetzten HilfsPers gehören (BGH **62**, 124, NJW **96**, 465). Wer den Vorteil der ArbTeilg in Anspr nimmt, soll auch deren Nachteil tragen, nämlich das Risiko, daß der an seiner Stelle handelnde Gehilfe schuldh rechtl geschützte Interessen des Gläub verletzt (BGH **95**, 132).

b) Anwendungsbereich: – aa) Die Haftg für fremdes Versch nach § 278 gilt nur **innerhalb bestehender** 2
Schuldverhältnisse (BGH **58**, 212). Gleichgültig ist, ob es sich um ein vertragl od gesetzl SchuldVerh handelt. Es genügt, daß zw Gläub u Schu eine rechtl **Sonderverbindung** besteht, aus der sich Verbindlichk ergeben. § 278 findet daher auf die Haftg für c. i. c. Anwendg (§ 276 Rn 92, allgM). Er gilt auch für das Verhältn zw PfändgsGläub u DrittBerecht (BGH **58**, 214), die Beziehg zw KonkVerw u MasseGläub (BGH **93**, 283), das Verhältn zw Notar u Mandanten (BGH **131**, 204), die dch einen WettbewVerstoß entstandene RBeziehg (s BGH NJW **90**, 1905, **95**, 715), eine ständ GeschVerbindg (§ 276 Rn 103), die Nachwirkgen eines Vertr (§ 276 Rn 121). Dagg kommt bei unerlaubten Hdlgen nur die Haftg aus § 831 mit der Möglichk des EntlastgsBew in Betr. Besteht ein SchuldVerh, kann die unerl Hdlg aber zugl einen Verstoß gg eine schuldrechtl Verpfl darstellen u daher dem Schu gem § 278 zuzurechnen sein (s Rn 16). Auf die RGemsch (§§ 741 ff) ist § 278 anwendb (Schubert JR **75**, 363, aA BGH **62**, 246 u hM, s auch Rn 3), nicht aber auf bloße tatsächl GemschVerh ohne schuldr Beziehgen der Beteiligten zueinand (Erm/Battes Rn 6), so nicht auf das Verh zw mehreren Mietern eines Hauses od das Verh zw ArbN desselben Betr. Bei GefälligkVerh kann dagg ein vertragsähnl VertrauensVerh vorliegen, § 278 also anwendb sein (s Einl 10 v § 241). – **bb)** Auch auf 3
sachenrechtliche Sonderverbindungen findet § 278 Anwendg (Einl 24 v § 241), so auf das Eigt-Bes-Verh (§ 990 Rn 8), auf das Verh zw WoEigtümern (BGH NJW **99**, 2108, BayObLG NJW-RR **92**, 1102), das gesetzl SchuldVerh beim Nießbr u and beschr dingl R (BGH **95**, 146), die Pflten des Finders (Erm/Battes Rn 5). Auf den BesErwerb ist § 278 dagg unanwendb, da er das Eigt-Bes-Verh erst begründet u es hier auch nicht um die Zurechng von Versch, sond von Kenntn geht (BGH **16**, 262). Auf das nachbarrechtl GemschVerh (§ 903 Rn 13) wendet die hM § 278 nicht an (BGH **42**, 377, NJW **77**, 375, Staud/Löwisch Rn 5). Das soll auch für die halbscheid Giebelmauer gelten (BGH **42**, 379), für Verstöße gg § 909 (BGH NJW **60**, 335) u für die dch wasserrechtl Best geregelten Beziehgen (BGH VersR **65**, 689). Das ist prakt unbefriedigd u veranlaßt die Rspr zur Überspanng der Haftg aus § 831. Auch dogmat vermag die hM nicht zu überzeugen. Das dch Bundes- u LandesR geregelte RVerh zw Nachbarn erfüllt alle Merkmale einer rechtl Sonderverbindg, § 278 ist daher anwendb (Mühl NJW **60**, 1136, Westermann § 63 IV 2). Das gilt zumindest für das RVerh hinsichtl einer gemeins Kommunmauer (Düss NJW **59**, 580, § 922 Rn 5). – **cc)** Der RGedanke des § 278 4
gilt ebso wie der des § 276 auch im **öffentlichen Recht** (§ 276 Rn 130). – **dd)** Wo das Ges ausdr od dem Sinne nach **eigenes Verschulden voraussetzt,** genügt Versch einer HilfsPers nicht, so nicht für den Ausschl des AusglAnspr des HandelsVertr gem HGB 89 b III (BGH **29**, 278).

2) Gesetzliche Vertreter. – a) Der Begr ist im **weiteren Sinn** des Handelns mit Wirkg für and zu 5
verstehen (BGH NJW **58**, 670). Unter § 278 fallen daher nicht nur der Inh der elterl Sorge, der Vormd, der Betreuer, Pfleger u Beistand, sond auch sonst Pers, die aGrd gesetzl Vorschr mit Wirkg für and handeln

können (BGH aaO), so der TestVollstr (RG **144**, 402, BGH **LM** § 823 (Ad) Nr 1), NachlVerw, InsVerw, ZwVerw, TrHänder (BGH NJW **58**, 670), ferner der Eheg iF des § 1357 u der Eheg, der bei Verw des GesGutes mit Wirkg für den and handelt (Erm-Battes Rn 13). Bei GesVertretg genügt das Versch eines
6 Vertreters (RG **110**, 146). – **b)** Dagg ist § 278 nicht anwendb auf **verfassungsmäßig berufene Vertreter** („Organe", Begr § 31 Rn 6) einer **juristischen Person.** Ihr Versch gilt nicht nur bei unerl Hdlgen, sond auch innerh bestehder SchuldVerh nach §§ 31, 89 als eig Versch der jur Pers (MüKo/Hanau Rn 11, Soergel/Wolf Rn 20, RG LZ **33**, 310, aA RG **122**, 358, **152**, 132, unentschieden BGH NJW **77**, 2259). Die Haftg für Vorsatz von Organen kann daher nicht ausgeschl w, Satz 2 findet keine Anwendg. Für die OHG gilt gewohnheitsrechtl dasselbe wie für jur Pers (BGH **45**, 312, NJW **52**, 537). Dagg w für den Vorstd eines nichtrechtsf Vereins nach § 278 gehaftet (RG **143**, 214).

7 **3) Erfüllungsgehilfe. – a)** ErfGeh ist, wer nach den tatsächl Gegebenh des Falles mit dem Willen des Schu bei der Erf einer diesem obliegden Verbindlichk als seine HilfsPers tät w (BGH **13**, 113, **50**, 35, **62**, 124, **98**, 334). Währd § 831 idR auf selbstd Untern unanwendb ist (§ 831 Rn 6), kann ErfGeh auch derj sein, der in seinem Verhalten keinem WeisgsR des Schu unterliegt (BGH **62**, 124, NJW **96**, 451). Die Art der zw dem Schu u der HilfsPers bestehden rechtl Beziehg ist gleichgült (BGH **13**, 113, **50**, 35). Sie kann auch öffrechtl gestaltet sein (BGH **62**, 124, NJW **84**, 1748) od in rein tatsächl ZusArbeit bestehen (BGH NJW **85**, 915). Auch wenn das RVerh zw Schu u HilfsPers nichtig ist, ist § 278 anwendb. Gleichgültig ist auch, ob der Schu zu einer Kontrolle u Überwachg des ErfGeh in der Lage ist (BGH **58**, 211, RA; **62**, 124, Notar; Grunewald NJW **80**, 1926). Für das Verhalten eines GeschF oA haftet der Schu dagg nur iF nachträgl Gen (BGH NJW **55**, 297). Unerhebl ist, ob die HilfsPers eine eig Verbindlichk erf will (BGH **13**, 114), ob sie überh weiß, daß sie dch ihre Tätigk eine Verpfl des Schu erf (BGH **13**, 114, VersR **69**, 1108), u ob der Schu imstande wäre,
8 die Leistg in eig Pers auszuführen (RG **64**, 234, **160**, 314). Dagg braucht sich der Schu iF eines **Streiks** das Verhalten seiner ErfGeh (ArbN) nicht zurechnen zu lassen (hM, s zu den unterschiedl Begründgen u Abgrenzgen Kreissl JZ **95**, 695 u Löwisch AcP **174**, 202, 251, aA für den ReiseVertr LG Ffm NJW-RR **87**, 824). And liegt es aber iF eines rechtsw Streiks (BGH NJW **77**, 1875 zu § 839, GG 34). Der ErfGeh kann dem Schu dch den Gläub gestellt w, so etwa ein Pilot, der dem Untern vom Best zur Prüfg zur Vfg gestellt w (Hamm NJW **74**, 1090), ein ArbN des Käufers, der bei der Nachbesserg hilft (BGH DB **75**, 2426), ein LkwFahrer des Anlieferers, der den Leuten des LuftfrachtFü beim Umladen hilft (BGH VersR **79**, 83). Müssen bei einer WkLeistg mehrere Untern zuswirken, so haftet jeder MitUntern für den vom and Teil best ErfGeh (BGH NJW **52**, 217).

9 **b) Hilfspersonen des Erfüllungsgehilfen** sind ErfGeh des Schu, sofern dieser mit ihrer Heranziehg einverst war (BGH NJW **83**, 448, 632, **LM** Nr 76, Hamm NJW-RR **99**, 1123/1125). Das Einverständn kann auch stillschw erklärt w. Der Schu braucht nicht zu erfahren, welche weiteren Geh der erste ErfGeh beauftragt (BGH NJW **52**, 217). War der Schu nicht einverst, hat er für das Verhalten der HilfsPers des ErfGeh nicht einzustehen. Er haftet aber idR gleichwohl, weil die Eigenmächtigk der ersten HilfsPers als Versch ggü dem Gläub anzusehen ist (LG Ffm NJW-RR **96**, 1425).

10 **c) Substitution:** War bei Auftr od Verwahrg dem Schu gestattet, die gesamte Ausführg einem and (dem Substituten) zu übertragen, so haftet er nicht für dessen, sond nur für eig Versch bei der Übertr (nach § 276), insb bei der Auswahl des Betrauten (culpa in eligendo), §§ 664 I 2 (dort Rn 1), 691 S 2. Auf entgeltl GeschBesVertr ist der RSatz des § 664 I 2 nicht anwendb, da § 675 nicht auf § 664 verweist (RG **161**, 70, MüKo/Hanau Rn 16, unklar BGH **LM** § 664 Nr 1). Der WkUntern haftet daher auch dann gem § 278, wenn er die DchFührg der Arb mit Zust des Best einem and Untern überläßt (Hamm NJW **74**, 1090). § 278 u nicht § 664 I 2 gilt auch für den amtl best Vertreter des RA (RG **163**, 377).

11 **d)** Bedient sich der Schu zur Erf seiner Verpfl **elektronischer Hilfsmittel** (Datenverarbeitg), haftet er für Versch bei Betr u Wartg der Anlage. Das gilt auch dann, wenn es sich um einen Fehler ohne sachl od zeitl Bezug zu dem konkreten VertrVerhältn handelt (Köhler AcP **182**, 160) od wenn der Schu insow ein and Untern beauftragt (Rn 7). Bei einem unverschuldeten techn Versagen ist § 278 dagg unanwendb (Köhler aaO, MüKo/Hanau Rn 25, aA Wolf JuS **89**, 901).

12 **4)** Der ErfGeh (gesetzl Vertreter) muß **in Erfüllung einer Verbindlichkeit** des Schu handeln, dh die von ihm verrichtete Tätigk muß im Bereich des vom Schu geschuldeten GesVerhaltens liegen (BGH **123**, 14). Die Haftg des Schu greift auch ein, wenn der von ihm eingesetzte ErfGeh untät bleibt (MüKo/Hanau Rn 13, Kaiser/Rieble NJW **90**, 219, str). Das Verhalten der HilfsPers fällt idR in die Zeit nach Entstehg der Verpflichtg. § 278 ist aber auch dann anzuwenden, wenn die HilfsPers des Schu die Leistg schon vor dem VertrSchl hergestellt od vorbereitet haben (MüKo/Hanau Rn 12).

13 **a)** Inwieweit dem Schu fremdes Versch zuzurechnen ist, richtet sich nach seinem konkr **Pflichtenkreis,** wie er dch Art u Inhalt des jew SchuldVerh festgelegt ist. – **aa)** Beim **Kaufvertrag** ist der **Hersteller** (Lieferant) im Verh zum Käufer nicht ErfGeh des Verk, da sich dessen Pflten nicht auf die Herstellg der Sache erstrecken (RG **101**, 158, BGH NJW **68**, 2238, NJW-RR **89**, 1190, aA E. Schmidt, FS Heinrichs, 1998, 511). Das gilt entspr beim WerkliefergsVertr über eine vertretb Sache (BGH **48**, 121, **LM** § 463 Nr 13). Der Hersteller w auch nicht dadch ErfGeh des Verk, daß dessen UntersuchgsPfl (§ 276 Rn 111) inf seines berecht Vertrauens auf die Zuverlässigk des Lieferwerkes entfällt (BGH **LM** § 276 (Hb) Nr 2). Ist der Verk selbst Hersteller od tritt er als solcher auf, muß er sich dagg das Versch seiner HilfsPers anrechnen lassen (Medicus Rn 806). Liefert der Hersteller auf Weisg des Verk unmittelb an den Käufer, ist er hins der Lieferg, nicht aber iü ErfGeh des Verk (BGH WM **71**, 1122, weitergehd offenb RG **108**, 223, Hertin MDR **70**, 883, Rathjen MDR **79**, 446). Benutzt der Verk zur Erf der ihm obliegden UnterweisgsPfl eine Bediengsanleitg des HerstWerkes, so ist dieses insow sein ErfGeh (BGH **47**, 316). Dagg haftet der Verk für Fehler der Gebrauchsanweisg nicht, wenn er diese ohne eig Untersuchgs- od InstruktionsPfl lediglich mitliefert (BGH NJW **81**, 1269). Auch hins der Rechtzeitigk der Leistg muß sich der Verk das Versch des Lieferanten anrechnen lassen (stillschw GewährÜbern, Ffm BB **77**, 13). Beim **Werkvertrag** ist der SubUntern ErfGeh (BGH **66**, 48), ebso die in die Produktion eingeschaltete MutterGesellsch (Nürnbg NJW-RR **93**, 1304); der Zulieferer dagg idR nicht (BGH NJW **78**, 1157, LG Bln NJW-RR **97**, 1176, aA Wolf ZIP **98**, 1658); and aber, wenn der

Zulieferer in den PftenKreis des Untern einbezogen ist (Celle BauR **96**, 263, Kblz ZIP **98**, 1689), so etwa wenn der Untern das betreffde Teil nach dem VertrInh (§ 157) nicht nur zu beschaffen, sond herzustellen hat (Karlsr NJW-RR **97**, 1240), od wenn es um die Rechtzeitigk der Leistg geht (BGH WM **79**, 724). – **bb)** Beim **Versendungskauf** sind die BefördergsPers wg § 447 keine ErfGeh des Verk (RG **115**, 164, BGH **50**, 35). Übernimmt der Verk die Ausliefer g mit eig Leuten, ist dagg § 278 anzuwenden (MüKo/Hanau Rn 18, Hüffer JuS **88**, 129, aA Faust DB **91**, 1556), zumal die Verwendg eig Leute den Anspr des Käufers gg den FrachtFü (HGB 421) abschneidet.. ErfGeh sind auch der Fahrer od SubUntern, die für den Verk die Auslieferg u das Einfüllen von Heizöl übernehmen (BGH NJW **71**, 1036, 1038). – **cc)** Beim **Dienstverschaffungsvertrag** hat der Verpflichtete die Dienste zu verschaffen, aber nicht für ihre Ordngsmäßigk einzustehen; er braucht sich daher das Versch des zur Dienstleistg Bestellten nicht anrechnen zu lassen (BGH **LM** Nr 40, VersR **70**, 934, Becker NJW **76**, 1827). Das gilt entspr beim LeihArbVerh (BGH NJW **71**, 1129), jedoch muß der „Verleiher" die Eigng des ArbN sorgf prüfen (BGH NJW **75**, 1695; vorbestrafter Buchhalter). Beim sog LohnfuhrVertr (Stellg eines Kfz mit Fahrer) ist der Fahrer dagg idR ErfGeh des Untern (BGH NJW **75**, 780); ebso bei Stellg eines Krans mit Bediengspersonal (Mü BB **97**, 1918; nach Sattler/Winter VersR **97**, 1191, 1489 Frage des Einzelfalls). – Unanwendb ist § 278 auf Verbindlichk, die den Schu ledigl zur Beauftragg eines Dr verpflichten, sich aber nicht auf die Tätigk des Dr erstrecken (Erm-Battes Rn 21). So ist der Arzt weder ErfGeh des zur Vorlage eines ärztl Zeugnisses verpflichteten ArbN (RG **101**, 154) noch des dch eine Körperverletzg Geschädigten (RG **72**, 220). Entspr gilt für die vom Geschädigten beauftragte **Reparaturwerkstatt** (BGH **63**, 184) u den von ihm hinzugezogenen Sachverst (§ 254 Rn 67). Zu den ErfGeh des **Reiseveranstalters** s § 651 a Rn 6.

The margin numbers 14 and 15 appear beside the lines beginning "bb) Beim Versendungskauf" and "Dienstver-".

b) Der Ausdr Verbindlichk umfaßt die **gesamte Verpflichtung** des Schu (BGH **95**, 179). – **aa)** Er bezieht 16
sich nicht nur auf die Haupt- u NebenleistgsPflten, sond auch auf die dem Schu obliegden **weiteren Verhaltenspflichten** (Einl 6 vor § 241). § 278 gilt daher auch für die Verletzg der **Schutzpflicht,** dh der Pfl, sich bei Abwicklg des SchuldVerh so zu verhalten, daß Pers, Eigt u sonst RGüter des and Teils nicht verletzt w (§ 242 Rn 35). Welche Pers aus dem GeschKreis des Schu insoweit als ErfGeh anzusehen sind, richtet sich nach der Art des SchuldVerh u der Stellg der HilfsPers. Beim MietVertr hat der Vermieter einzustehen für den Hauswart (RG **103**, 143), den Verwalter (BGH NJW **68**, 1323), den von ihm beauftragten RepUntern (RG **102**, 234), Arb, die in seinem Auftr Arbeiten ausführen (BGH **LM** Nr 39), den Nachbarn, der mit seinem Einverständn Abrißarbeiten ausführt (Karlsr NJW-RR **88**, 528), nicht dagg für den einen Mieter im Verh zum and (RG **103**, 374, BGH VersR **69**, 754). Der Mieter haftet gem § 278 für seine FamAngeh (LG Köln NJW-RR **86**, 1087), soweit diese die Mietsache mit seinem Wissen und Wollen benutzen (AG Ffm NJW-RR **88**, 198), den Untermieter (§ 549 III), Dr, den er den Besitz der Sache überlassen hat (Hamm NJW-RR **87**, 1142), für seinen Prokuristen auch iF einer vorsätzl Brandstiftg (Düss NJW-RR **97**, 1097), sowie für Hauspersonal u Angest (RG **84**, 224). Er ist ferner für Gäste, Kunden u Lieferanten verantwortl (auch für den Spediteur, der die Wohng beim Abholen von Sachen beschädigt, RG **106**, 134), nicht dagg für Dr, die ohne sein Zutun mit der Mietsache in Berührg kommen (BGH NJW **91**, 1752, Hbg NJW-RR **91**, 1167), wie Hausierer u Bettler, auch nicht für den Hauswart, selbst wenn dieser Hdlgen im Mieterinteresse vornimmt (KG ZMR **76**, 204). – **bb)** Bei **Offenbarungspflichten** hängt die Anwendg des § 278 auf HilfsPers davon 17
ab, welche Aufgaben diesen zugewiesen sind. Vgl dazu § 638 Rn 3.

c) Die schuldh Hdlg muß in innerem **sachlichem Zusammenhang** mit den Aufg stehen, die der Schu 18
dem ErfGeh im Hinbl auf die VertrErf zugewiesen hatte (BGH **114**, 270, NJW **93**, 1705); für schuldh Hdlgen des ErfGeh nur bei **Gelegenheit** der VertrErf haftet der Schu nicht (RG **63**, 343, BGH NJW **65**, 1709, VersR **66**, 1154). – **aa)** Die Hdlg des ErfGeh muß in den allg Umkreis des AufgBereichs gehören, zu dessen Wahrnehmg ihn der Schu best hat (BGH **31**, 366, NJW **65**, 1709, NJW-RR **89**, 725). Der Zushang mit der VertrErf w nicht dadch unterbrochen, daß der ErfGeh von den Weisgen des Schu abweicht (BGH aaO) od in die eig Tasche wirtschaften will (BGH NJW **77**, 2259). Er kann auch bei strafb u vorsätzl Hdlgen gegeben sein (BGH NJW **91**, 3210, **94**, 3345, **97**, 1360, 2237), sogar dann, wenn der ErfGeh im Zuge des von ihm geplanten VersBetruges den Schu ermorden will (BGH NJW-RR **89**, 1184). **Anwendungsfälle:** Bankfilialleiter nimmt unter Ausnutzg seiner Stellg betrügerische Hdlgen zum Nachteil eines Bankkunden vor (§ 31 Rn 11). ArbN mißbraucht seine BankVollm in strafb Weise zum Nachteil seines ArbG (BGH NJW **91**, 3210, aA BGH **108**, 392). Der mit einer Rep beauftragte ArbN beschädigt bei den RepArb eine Sache (RG **63**, 343). ArbN des Schu zerstört mutwill Teile der hergestellten Leistg (Ffm BauR **96**, 394). Lager- od Transportpersonal stiehlt eingelagerte od zu befördernde Sachen (BGH VersR **81**, 732, **83**, 352, Düss TranspR **91**, 239). Fahrer des Mieters entwendet den gemieteten Pkw (Mü NJW-RR **87**, 727). Fahrer des FrachtFü gefährdet die Ladg dch einen Schmuggelversuch (BGH DB **85**, 2675). HotelAngestellte unternimmt mit einem GästePkw eine Schwarzfahrt (BGH NJW **65**, 1709); er fordert eine Reisegruppe auf, Gästeautos von Schnee zu befreien (LG Freibg NJW-RR **96**, 1425). ArbN verursacht dch einen unsachgem Gebrauch einer Lötlampe einen Brand (BGH **31**, 366). Frau des KlinikVerw verursacht bei Benutzg der klinikeigenen Bügelanlage einen Brand (BGH **23**, 323). AbschlußGeh macht bei den VertrVhdlgen falsche Angaben (BGH **LM** Nr 79) od schließt den Vertr ohne Vollm ab (§ 276 Rn 92). – **bb)** Dagg ist § 278 **unanwendbar,** wenn 19
der mit Rep beauftragte ArbN bei Ausführg der Arb stiehlt od den Gläub mißhandelt (Hbg MDR **77**, 752); wenn Bauführer als vollmachtloser Vertreter an Handwerker erhebl Auftr vergibt (BGH NJW **63**, 2167); wenn derj, der die Verspätg des Piloten entschuldigen soll, selbst als Pilot einspringt (BGH NJW-RR **89**, 725); wenn eine Aushilfskraft mit and AufgKreis sich vorcodierte Formulare verschafft u diese zu Überweisgen auf ihr Konto mißbraucht (BGH NJW **94**, 3344). Die Abgrenzg ist vielf schwier u unsicher (krit Zunft AcP **153**, 378, Schmidt AcP **170**, 505, Rathjen JR **79**, 232). § 278 sollte in Weiterentwicklg der bisherigen Rspr immer angewandt w, wenn dem Gehilfen die Schädigg dch die übertragene Tätigk erhebl erleichtert worden ist (Soergel/Wolf Rn 37, 41, Medicus SchuldR AT § 30 III 1 d).

d) § 278 gilt auch für **Unterlassungspflichten** (RG **63**, 117, **79**, 42, **160**, 313). Bei primären UnterlPfl ist 20
dch Auslegg (§ 157) zu ermitteln, ob u inwieweit der Schu für seine HilfsPers einzustehen h (so wohl Ffm NJW **74**, 2239, aA Ulmer ebd). Bei den UnterlPflten, die sich als NebenPflten aus § 242 ergeben, muß sich der Schu die ZuwiderHdlgen derj Pers anrechnen lassen, deren Tätigk mit der UnterlPfl in innerem sachl

Zushang steht (BGH **23**, 323, WM **78**, 248, Rn 18). Hins der Pfl des Mieters, Schädiggen der Mietsache zu unterl, sind alle Pers ErfGeh, denen er die Benutzg der Mietsache gestattet (Rn 16).

21 **e)** § 278 gilt gem § 254 II 2 für die Verl der sich aus § 254 ergebden **Obliegenheiten** (dort Rn 60 ff). Er ist ferner in § 351 für anwendb erkl. Auf den **Annahmeverzug** ist er gleichf entspr anzuwenden (Anrechng des Verhaltens der HilfsPers des Gläub), da die RStellg des Gläub zugl eine PfltenStellg ist. Aus den gleichen Erwäggen muß der Gläub sich auch im Rahmen des § 324 das Versch seiner HilfsPers analog § 278 anrechnen lassen. Für die Verl von sonst Obliegenh (Einl 16 vor § 241) gilt § 278 dagg nicht (RG **159**, 352). Er ist insb auf Obliegenh des VersN unanwendb, dieser muß sich aber das Verhalten seiner **Repräsentanten** anrechnen lassen (BGH **11**, 122, stRspr). Repräsentant ist, wer in dem GeschBereich, zu dem das versicherte Risiko gehört, aGrd eines Vertretgs- od ähnl Verhältn an die Stelle des VersN getreten ist (BGH **107**, 230, **122**, 250); der Repräsentant muß zum selbstd Handeln befugt sein („RisikoVerw"), jedoch ist rgeschäftl VertrMacht nicht erforderl (BGH **122**, 250). Repräsentant ist der gesetzl Vertreter des mj VersN (RG **135**, 372), in der RSchutzVersicherg der vom VersN beauftragte RA (Hamm VersR **84**, 31), nicht aber eine untergeordnete HilfsPers (BGH **11**, 123), nicht der Eheg od Partner einer nichtehel LebensGemeinsch, dem der VersN vorübergehd die Obhut od dauernd die Mitobhut über den versicherten Ggst übertragen hat (RG **117**, 329, BGH VersR **86**, 331, Hamm VersR **89**, 509, Karlsr VersR **91**, 1048); nicht der Mieter in der FeuerVers (BGH **107**, 229); nicht der Sohn, der den Hof gemeins mit seiner Mu (der VersN) verwaltet (Hamm VersR **77**, 1145); nicht der SchiffsFü für den Eigner des Binnenschiffs (Karlsr VersR **83**, 310). In der Kfz-Versicherg ist Repräsentant, wer die Verantwortg für die VerkSicherh übernommen h (BGH NJW **70**, 43). Das trifft auf den Mieter nicht ow zu (BGH NJW **69**, 1387), auch nicht auf den abhäng Fahrer (BGH VersR **71**, 538), wohl aber auf den Fahrer, dem die Prüfg der VerkSicherh übertr worden ist (BGH VersR **75**, 229). Hat der VersN eine Pers mit der Erf seiner AufklObliegenh beauftragt, muß er für deren Versch einstehen, auch wenn diese
22 die Voraussetzgen der RepräsentantenEigensch iü nicht erf (s BGH NJW **81**, 1952). – Für den **Versicherungsagenten** gilt neben der Haftg für c. i. c. (§ 276 Rn 90) der gewohnheitsrechtl Satz, daß der Versicherer den vom Agenten fehlerh beratenen u unvollst aufgeklärten VersN so stellen muß, wie er iF richtiger Beratg gestanden hätte (RG **147**, 188, BGH **2**, 92, **40**, 27, **108**, 206). Der Anspr kann jedoch bei erhebl MitVersch des VersN entfallen (BGH **40**, 24, VersR **86**, 329, Köln VersR **95**, 157).

23 **f) Höchstpersönliche Schuldnerpflichten:** § 278 ist unanwendb, wenn der Schu die VertrErf einem and überträgt od sich zur Erf einer HilfsPers bedient, ohne hierzu berecht zu sein. Hier haftet der Schu bereits gem § 276 aus eig Versch. Einer entspr Anwendg des § 278 (so RG **152**, 128) bedarf es nicht.

24 **5)** Der ErfGeh (gesetzl Vertreter) muß **schuldhaft** gehandelt h, also vorsätzl od fahrl. Für die Zurechngsfähigk (§ 827) kommt es auf seine Pers an (Düss NJW-RR **95**, 1165). Besteht Haftgsmilderg, haftet Schu nur für den VerschGrad, für den er selber einzustehen h (RG **65**, 20). Der SorgfMaßstab richtet sich nach der Stellg des Schu, nicht der des ErfGeh (BGH **31**, 358/367). Gesetzl HaftgsMildergen gelten grdsl auch für den ErfGeh (VGH Mü NVwZ **98**, 421, MüKo/Hanau Rn 35). Nimmt der ErfGeh als Fachmann in bes Weise Vertrauen in Anspr, ist aber auf den für ihn maßgebden höheren SorgfStandard abzustellen (BGH **114**, 272).

25 **6) Einzelfälle** (ja = ErfGeh; nein = nicht ErfGeh). – **a) Architekt:** Ggü Bauherrn die von ihm zur Erf seiner VertrPflten hinzugezogenen Sonderfachleute, ja (BGH NJW **97**, 2173). Architekt für Bauherrn ggü Untern, ja hins PlangsVersch (BGH NJW **84**, 1677); nein im Verhältn zum bauleitden Arch (Düss NJW-RR **98**, 741); ja hins Pfl zur Koordinierg (BGH WM **70**, 357); ja hins Fehler der Ausschreibg (BGH NJW-RR **91**, 276); dagg nein, soweit Arch Pfl zur BauAufs verl (BGH **95**, 131, NJW-RR **89**, 87). Das gilt entspr für and Sonderfachleute (BGH NJW-RR **91**, 276, Ffm NJW-RR **90**, 1497) u auch im Verhältn zw Haupt- u
26 SubUntern (BGH NJW **87**, 644). – **Ärzte** u HilfsPers (Laufs ArztR Rn 177): Bei einem sog „totalen KrankenhausVertr" (Einf Rn 19 vor § 611) sind Ärzte u sämtl Klinikpersonal ErfGeh des Krankenhausträgers (BGH **23**, 321, **LM** Nr 24). Das gilt auch hins der Leistgen, für die ein eig LiquidationsR des Chefarztes besteht (BGH **95**, 67); bei einer ambulanten kassen- od privärztl Versorgg im Krankenhaus ist dagg der Arzt VertrPartner des Patienten (BGH **100**, 363, **105**, 194). Beim „gespaltenen Arzt-KrankenhausVertr", der seit dem Inkrafttreten der BPflVO prakt nur noch bei Belegärzten vorkommt, ist Arzt hins der ärztl Betreuung selbst VertrPart (BGH NJW **75**, 1463) u nicht ErfGeh des Krankenhauses (BGH **129**, 13). Bei den HilfsPers kommt es darauf an, ob sie im PfltenKreis des Arztes od des Krankenhausträgers tät sind (BGH **5**, 324, **LM** Nr 24, NJW **62**, 1763. Franzki/Hansen NJW **90**, 740); der Krankenhausträger haftet idR für das nichtärztl Personal u die weiter hinzugezogenen Ärzte and Fachgebiete (Düss NJW-RR **93**, 488, Franzki/Hansen aaO). Hat der Belegarzt eine Entbindg übernommen, ist die von ihm hinzugezogene Hebamme seine ErfGeh (BGH **129**, 15). Apotheker für Arzt im Verh zum Patienten, nein (RG **125**, 377). Zur Anwendbark von § 278 auf Verl der ärztl SchweigePfl s Kleinwefers u Wilts NJW **63**, 2345, **65**, 333. – **Auslobung:** PreisGer für Auslobden ja (BGH NJW **83**, 442).

27 **b) Banken:** Kontoführde Bank für KontenInh ggü Überweisdem, ja (Hbg HEZ **2**, 84). Bezogene Bank ist ErfGeh des Ausstellers, nicht des vom ScheckInh mit der Einziehg beauftragten KreditInst (Köln BB **53**, 305). Beim LastschriftVerf (§ 676f Rn 26) sind die beteil Banken ErfGeh des Gläub (LG Bln WM **75**, 530). Vom Käufer zZw der Zahlg eingeschaltete Bank, ja (RG **105**, 34). BankAngest für Bank ggü Kunden, ja (RG **84**, 353). Die von der beauftragten Bank im LastschriftVerf od Scheckeinzug in die Abwicklg eingeschalteten weiteren Banken, nein (BGH **4**, 248, NJW **91**, 2210, Mü WM **96**, 1038, Häuser NJW **94**, 3124, aA Einsele AcP **199**, 145/177); für den ÜberweisgsVerk gilt aber jetzt § 676c I 3 (s dort). Bauträger im Verh zw finanzierder Bank u GrdstErwerber, idR nein (BGH NJW **76**, 2213); Kreditvermittler, ja (Düss ZIP **93**, 1376), aber Frage des Einzelfalls (BGH WM **86**, 1032); Makler, der als VertrauensPers der Bank aufgetreten ist, ja (BGH WM **91**, 890); Makler, dem das von der Bausparkasse beauftragte VermittlgsUntern die Vhdlgsführg überlassen hat, ja (BGH NJW-RR **97**, 116); ArbG im Verh zw Bank u ArbN bei finanzierter UnternBeteiligg, ja, wenn Beteiligg u DarlGewährg eine wirtsch Einh bilden (BGH **72**, 97). Eheg für KontenInh, ja, soweit er vom KontenInh in die Abwicklg der Kontenangelegenh einbezogen w (KG NJW **92**, 1051, Schlesw NJW-RR **96**, 687). Buchhalterin für KontenInh, ja (BGH NJW **97**, 2237), and ArbN Frage des Einzelfalls (BGH NJW **94**, 3344). BankAngest, auch ausgeschiedene, hinsichtl der Pfl zur Wahrg des

Bankgeheimnisses, ja (Köln, OLGZ **94**, 49). – **Bauvertrag:** BauUntern, insbes VorUntern, für den Bauherrn ggü and BauUntern, nein (BGH **95**, 131, Hamm NJW-RR **98**, 163). Statiker für Bauherrn ggü Arch, ja (Düss NJW **74**, 704, Oldbg BauR **81**, 400); BauFü für Bauherrn ja, wenn er im Zushang mit seinem AufgKreis unricht Ausk erteilt; nein, wenn er ohne VertrMacht Auftr größeren Umfangs erteilt (BGH **LM** Nr 37). Verschw von Baumängeln s Rn 17. Arch s Rn 25. – **Bürgschaft:** HauptSchu für Gläub ggü Bü, idR nein (BGH **LM** § 765 Nr 19). 28

c) Chartervertrag: Vercharterter für Verfrachter (Charterer) nein (Hbg MDR **70**, 56). – **Culpa in contrahendo:** s § 276 Rn 92. – **Dienst- u Arbeitsverträge:** Fügt ein ArbN dem and Schaden zu, so begründet das nicht ow eine Haftg des ArbG, da nicht jeder ArbN hins der dem ArbG obliegden FürsPfl ErfGeh ist (RG **102**, 374, **106**, 294). Anwendb ist § 278, wenn dem schädigden ArbN die Erf von ArbG-Funktionen übertr ist (BAG NJW **69**, 766, LAG Ffm DB **91**, 552). – **Dienstverschaffungsvertrag:** s Rn 15. 29

d) Gastaufnahmevertrag: Mitwirkde einer Unterhaltgsvorführg für Gastwirt ggü Gästen, ja (RG **169**, 215). „Aufpasser" für Gastwirt ggü Gästen, ja (BGH VersR **75**, 520). Mit Pkw eines Gastes schwarzfahrder Angest für Hotelier ggü Gast, ja (BGH NJW **65**, 1709); nein, wenn Angest dem Gast aus eig Antrieb anbietet, dessen Pkw zu einer Tankstelle zu fahren (BGH NJW **64**, 718). – **Gerichtsvollzieher,** der im Auftr des Käufers verderbl Sachen versteigert, ggü Verk nein, da er hoheitl u nicht als Beauftr tät w (RG **104**, 285; vgl aber BGH **62**, 122). – **Gesellschaftsrecht:** Der zur unechten GesVertr einer Gesellsch berufene Prokurist ist nicht ErfGeh des von ihm ersetzten OrganMitgl (BGH **13**, 64), and aber, wenn sich das OrganMitgl des Prokuristen zur Erf eig Pflten bedient (BGH aaO). Gter einer BGB-Gesellsch haben bei GesHandSchulden u GesSchulden für das Versch ihrer MitGter einzustehen (BGH NJW-RR **90**, 701). – **Gewerkschaftssekretär:** Für Gewerksch hins FriedensPfl, ja (BAG **3**, 284). – **Handwerker** (Heizgsinstallateur) für HausEigtümer im Verhältn zum Heizöllieferanten nein (BGH VersR **83**, 395). – Hilfen eines **Heimbewohners** für den and, § 278 nur bei einem konkreten Auftr des Betreibers (LG Görlitz NJW-RR **98**, 778). – Beim **Internatsvertrag** ist das untergebrachte Kind ErfGeh seiner Eltern (BGH NJW **84**, 2093; aA Picker JZ **85**, 644). – **Jagdgast:** Für Jagdherrn ggü and Jagdgästen, nein (RG **128**, 42). 30 31

e) Kaufvertrag: Keine Haftg des Verk für den Hersteller, s Rn 13, wohl aber für Abrechngsmanipulationen der Mitarbeiter (BGH **90**, 302). Beim Versendgskauf keine Haftg des Verk für das Befördergspersonal s Rn 14. Verschw von Mängeln s Rn 17. Lagerhalter ist ErfGeh des Verk ggü Käufer (Hertin MDR **70**, 884); ebso sonst Pers, denen Verkäufer die Sache in der Zeit zw VertrSchl u Lieferg überläßt, ferner Steuerberater, dessen Bilanz vom Verk dem Käufer eines GmbH-Anteils vorgelegt w (BGH DB **76**, 37, 38). – **Lagervertrag:** Hersteller der Lagerräume, nein (Hbg VersR **88**, 634). – **Leasingvertrag:** Einf 38 v § 535. – **Leiharbeitsverhältnis:** s Rn 15. – **Makler** s Einf 9 v § 652. – **Mietverhältnis:** s Rn 16. – **Nachbarrecht:** s Rn 3. – **Notar:** Für Verk ggü dem Käufer hins der EigtVerschaffgsPfl, ja, wenn er mit Abwicklg beauftragt (BGH **62**, 121, dazu krit Lüderitz NJW **75**, 1); ebso für Käufer im Verhältn zum GBAmt (BGH **123**, 13, NJW **84**, 1748) u hins der ZahlgsPfl (Kblz WM **84**, 928); aber nein hins der Erf von HinwPflten (BGH NJW **93**, 652). Angest eines Not hins der Erf seiner AmtsPfl, ja, zumindest bei Übertragg von originären NotAufg (Preuß DNotZ **96**, 506) wie der GBEinsicht (BGH **131**, 200). 32 33 34

f) Rechtsanwalt: Für PfändgsGläub ggü dem der Pfändg widersprechden DrittBerecht, ja (BGH **58**, 215). Bürovorsteher für RAnw ggü Mandanten, ja (RG **101**, 249); ebso amtl bestellter Vertreter (RG **163**, 377), VerkAnw für HauptBevollm od umgekehrt, nein (BGH NJW **88**, 1082, Mü NJW-RR **91**, 1460); für Part im Verh zum HauptBevollm, idR nein (RG **167**, 80); aber ja HausAnw, der den ProzAnw für den Mandanten über den Sachverhalt informiert (BGH NJW **97**, 2168); ZweitAnw im Verhältn des Mandanten zum ErstAnw, idR nein (BGH NJW **93**, 1779); and aber, wenn der ZweitAnw im Rahmen der Obliegenh des Mandanten zur Schadensabwehr tätig w (BGH NJW **94**, 1211, 2822). – **Reisevertrag:** s § 651 a Rn 6. – **Tankstellen:** Gehilfe für Inh hins NebenPfl zur sicheren Aufbewahrg des zum Waschen gegebenen Kfz, ja (BAG NJW **68**, 717). Tankwart, der vom Kunden mit Rückführg seines Kfz beauftragt ist, kein ErfGeh des TankstellenInh (BGH VersR **68**, 472). – **Transportverträge**: Haftg des FrachtFü u Spediteurs für seine „Leute" s HGB 428, 462. Seefrachtvertrag s Kronke TranspR **88**, 39. – **Versicherungsvertrag:** s Rn 21. – **Vertragsstrafe:** s § 339 Rn 3. 35

g) Werkvertrag: Monteur, der Gasuhr unsachgem anbringt, ist ErfGeh des Untern ggü Kunden u dessen ArbN (RG **127**, 224), ebso die Drittfirma, die für den Untern auf dessen Grdst Arbeiten ausführen läßt (BGH NJW-RR **90**, 309). TransportPers, dch die HauptUntern den zu bearbeitden Ggst zum SubUntern befördern läßt, ja (RG **101**, 152). SubUntern, ja (BGH **66**, 43); Zulieferer, idR nein (Rn 13); VorUntern für AuftrG im Verhältn zum NachUntern, nein (Rn 28); Beim **Fracht-** u **Speditionsvertrag** erweitern HGB 428, 462 die GehHaftg des FrachtFü u Spediteurs zu einer „Leutehaftg". FrachtFü im Verhältn zum Spediteur, ja (BGH NJW **95**, 2992, jetzt HGB 462); UnterfrachtFü im Verhältn zum FrachtFü, ja (Düss NJW-RR **95**, 1312, jetzt HGB 428); Zollagent im Verhältn zum TransportUntern, nein (BGH NJW-RR **98**, 102); Rennfahrer für Veranstalter ggü Zuschauern, ja (RG **127**, 314). Lehrer u AufsPers bei Vertr zw Schulträger u BusUntern, ja (BGH VersR **91**, 693). Schiffsbesatzg für Reeder hins der mit der Beförderg zushängden Pflten, ja (RG **124**, 50). Verschw von Mängeln s § 638 Rn 3. BauVertr s Rn 28. – **Wettvertrag:** Buchmacher für TotalisatorUntern, uU ja (BGH **LM** Nr 17). 36

7) Umfang der Haftung: Sie entspr dem der Haftg für eig Versch bei Erf der Verbindlichk. Haftg besteht nur ggü dem Gläub u den Pers, die in den Schutzbereich des Vertr einbezogen sind (§ 328 Rn 13). Dritten ggü haftet der Schu nur gem § 831. Der ErfGeh selbst haftet nicht aus Vertr, uU aber aus unerl Hdlg. Für ein Versch bei den VertrVerhandlgen kann der ErfGeh ausnahmsw auch selbst in Anspr genommen w (s § 276 Rn 93). 37

8) Gläub h die **Beweislast** für das Versch der HilfsPers, es sei denn, daß § 282 anwendb ist (vgl dort). Es brauchen jedoch keine VerschTats hins best HilfsPers bewiesen zu w, da der Gläub sonst in BewNot geriete. 38

Ist str, ob ein Helfer des Schu sein ErfGeh war, gehen Zw zu Lasten des Schu (Fuchs-Wissemann VersR **96**, 686).

39 **9)** Satz 2 ermöglicht einen **Haftungsausschluß** für vorsätzl Verhalten von ErfGeh u gesetzl Vertretern. Das gilt nicht für Organe jur Pers (Rn 6) u wird für ErfGeh dch AGBG 11 Nr 7 begrenzt (s dort).

279 *Unvermögen bei Gattungsschuld.* **Ist der geschuldete Gegenstand nur der Gattung nach bestimmt, so hat der Schuldner, solange die Leistung aus der Gattung möglich ist, sein Unvermögen zur Leistung auch dann zu vertreten, wenn ihm ein Verschulden nicht zur Last fällt.**

1 **1) Allgemeines. – a)** § 279 geht davon aus, daß der Schu, der sich zur Lieferg einer Gattgssache verpflichtet, idR die Gewähr für die Beschaffgsmöglichk u zugl das BeschaffgsRisiko übernimmt. Er begründet daher für den Schu insoweit eine **schuldunabhängige Einstandspflicht.** Dabei hat § 279 aber im wesentl nur klarstellde Bedeutg. Da der Schu einer GattgsSchuld nicht ein bestimmtes, sond irgendein Stück der Gattg schuldet, ergibt sich schon aus dem Inh seiner LeistgsPfl, daß seine Schuld fortbesteht, solange die
2 geschuldete Leistg beschafft w kann (Larenz § 21 I d). – **b) Anwendungsbereich. – aa)** § 279 gilt für die sog marktbezogene **Gattungsschuld.** Soll der Schu nach dem Inh des abgeschlossenen Vertr nicht zur Beschaffg verpflichtet sein, sond aus seinem Vorrat liefern **(Vorratsschuld),** ist § 279 unanwendb (RG **108**, 420, Karlsr JZ **72**, 120, § 243 Rn 3). Auf Gattgsschulden kr Ges findet § 279 nur Anwendg, wenn das Ges eine schuldunabhäng EinstandsPfl begründen will (BGH NJW **99**, 1470 zu EG 233 § 16 II 2). Die Anwendg des § 279 entfällt, sobald aus der GattgsSchuld dch Konkretisierg eine Stückschuld geworden ist (§ 243 Rn 5 ff). Auf den Anspr aus § 667 kann § 279 nicht angewandt w (BGH **28**, 128, OGH **3**, 285). Er gilt aber ggü dem gem §§ 818 IV, 819 verschärft haftden BereichergsSchu, da sich die Verweisg in § 818 IV auch auf
3 § 279 bezieht (BGH **83**, 300, krit Wilhelm AcP **183**, 1, Wandt MDR **84**, 535). – **bb)** Auf **Stückschulden** ist § 279 entspr anzuwenden, wenn der Schu die Verpfl übernommen hat, den geschuldeten Ggst zu beschaffen (RG **75**, 335, sog BeschaffgsSchuld). Auch der WkVertr enthält vielf Elemente einer BeschaffgsSchuld. Die BeschaffgsPfl kann ausdr, aber auch konkludent übernommen w. Ihr Umfang ist erforderlf dch Auslegg
4 (§ 157) festzustellen. – **cc)** Dagg fällt die **Geldschuld** nicht unter § 279 (Staud-Löwisch Rn 2; Soergel-Wiedemann Rn 7, Larenz § 21 I d, aA BGH **83**, 300, VIZ **99**, 176). Sie ist Wertschuld, von der der Schu auch bei Untergang der ges Geldsorte nicht frei wird. Der allg anerkannte Grds, daß der Schu für seine finanzielle LeistgsFähigk einzustehen hat (RG **106**, 181, BGH **63**, 139, NJW **89**, 1278), bedarf keiner Ableitg aus § 279. Er ist ein unserer R- u WirtschOrdng immanenter allg RGrds; er kommt in dem Prinzip der unbeschr Vermögenshaftg zum Ausdr u wird verfahrensrechtl dch das ZwVollstr- u InsR verwirklicht (Medicus AcP **188**, 501).

5 **2) Inhalt und Grenzen der Einstandspflicht. – a)** Nicht § 279, sond § 275 I ist anzuwenden, wenn die Leistg obj **unmöglich** w. Zum Begriff der Unmöglichk s § 275 Rn 4. AnwendgsFälle sind der Untergang od die Beschlagn der ges Gattg. Die genaue Abgrenzg der Gattg ist dch Auslegg (§§ 133, 157) festzustellen. Handelt es sich um ein absolutes FixGesch, tritt mit Ablauf der für die Erfüllg in Betracht kommden Zeitspanne Unmöglichk ein (§ 271 Rn 16). Für die Frage, ob der Schu diese Unmöglichk zu
6 vertreten hat, kann aber neben § 276 auch § 279 von Bedeutg sein. – **b)** Liegt keine Unmöglichk, sond **Unvermögen** (§ 275 Rn 13) vor, besteht grdsl eine EinstandsPfl des Schu. Dabei ist aber zu differenzieren. – **aa)** Der Schu ist **verantwortlich,** wenn die Beschaffg an fehlden finanziellen Mitteln, an mangelnder GeschErfahrg, an nicht rechtzeit Eindeckg od sonst an Grden scheitert, die seinem GeschKreis zuzurechnen
7 sind. – **bb)** Nicht § 279, sond §§ 275 II, 276 sind dagg heranzuziehen, wenn das Unvermögen auf **persönlichen Hinderungsgründen,** wie Krankh od FreihBeschränkgen, beruht, die nicht mit der Eigenart der Schuld als GattgsSchuld zushängen (RG **99**, 1, Erm/Battes Rn 6, hM). So kann auch das Unvermögen wg eines Streiks einzuordnen sein (Kreissl MDR **94**, 958). Es besteht kein Anlaß, GattgsSchulden insow and
8 zu behandeln als Stückschulden. – **cc)** Die Verantwortlichk aus § 279 entfällt, wenn inf nicht vorhersehb Umst so erhebl LeistgsHindern entstanden sind, daß dem Schu die Beschaffg **nicht** mehr **zugemutet** w kann (BGH NJW **72**, 1703, **94**, 515). Das kann zu bejahen sein, wenn der Hersteller die Belieferg des Verkäufers für diesen unvorhersehb ablehnt (BGH NJW **94**, 515), od wenn bei einem reinen InlandsGesch eine Beschaffg nur noch im Ausl mögl ist (s RG **107**, 158). Str ist die Begründg für dieses prakt allg anerkannte Ergebn. Währd die Rspr des RG auf den (inzw aufgegebenen) Gesichtspkt der wirtschaftl Unmöglichk (§ 275 Rn 12) abgestellt hat, werden im Schriftt die unterschiedlichsten Lösgsansätze befürwortet: Auslegg u ergänzde Auslegg der Vereinbg über die BeschaffgsPfl, teleolog Reduktion des § 279, Heranziehg des Begriffs der erforderl Sorgf od des § 242 (s Erm-Battes Rn 8). Nach richt Ans sind auch hier – ebso wie in den and fr mit wirtschaftl Unmöglichk gelösten Fällen – die Grds über den Wegfall der
9 GeschGrdl (§ 242 Rn 140) anzuwenden (BGH NJW **94**, 515). – **dd)** Der Gläub kann sich auf § 279 nicht berufen, wenn er das Unvermögen des Schu dch eine rechtsw Hdlg **selbst herbeigeführt** hat (RG **97**, 6). Weiß der Gläub bei VertrSchluß, daß sich der Schu die Ware erst beschaffen muß, so steht das der Anwendg des § 279 aber nicht entgg (BGH NJW **72**, 1703).

10 **3) Rechtsfolgen.** § 279 schränkt § 275 II ein. Der ErfAnspr bleibt, solange Stücke aus der Gattg erhältl sind, bestehen, auch wenn der Schu wg finanzieller Schwierigk zur Leistg außerstande ist (Roth JuS **68**, 101, MüKo/Emmerich Rn 18, aA Coester-Waltjen AcP **183**, 283). Sofern der Schu sich auf Unvermögen beruft, kann der Gläub statt Erfüllg auch SchadErs wg NichtErf (§§ 280, 325) verlangen; ihn in diesem Fall auf §§ 283, 326 zu verweisen, wäre ein überflüssiger Formalismus.

11 **4) Abweichende Vereinbarungen.** § 279 ist dispositiv. Für formularmäß Freizeichngen im nichtkaufm Verk ergeben sich aber aus AGBG 10 Nr 1 Beschränkgen (s dort). Die Selbstbeliefergsklausel befreit den Schu, wenn er von seinem Lieferanten, mit dem er ein kongruentes DeckgsGesch abgeschl hat, im Stich

gelassen w (BGH **49**, 383, **92**, 396, NJW-RR **92**, 611, DB **95**, 1557). Enger ist die Klausel „Liefergsmöglichk vorbehalten"; hier muß sich der Schu im Rahmen des Zumutb um anderweit Deckg bemühen (BGH NJW **58**, 1628, **94**, 515). Zu Arbeitskampfklauseln s Löwisch BB **74**, 1497, Schmid NJW **79**, 15.

5) Der Schu ist dafür **beweispflichtig,** daß die Leistg aus der Gattg unmögl ist (Staud-Löwisch Rn 14). Im übrigen gilt § 282. 12

280 ***Haftung bei zu vertretender Unmöglichkeit.*** **I Soweit die Leistung infolge eines von dem Schuldner zu vertretenden Umstandes unmöglich wird, hat der Schuldner dem Gläubiger den durch die Nichterfüllung entstehenden Schaden zu ersetzen.**

II Im Falle teilweiser Unmöglichkeit kann der Gläubiger unter Ablehnung des noch möglichen Teiles der Leistung Schadensersatz wegen Nichterfüllung der ganzen Verbindlichkeit verlangen, wenn die teilweise Erfüllung für ihn kein Interesse hat. Die für das vertragsmäßige Rücktrittsrecht geltenden Vorschriften der §§ 346 bis 356 finden entsprechende Anwendung.

1) Allgemeines. – a) Die Vorschr ergänzt § 275. Hat der Schu die Unmöglichk nicht zu vertreten, wird er nach § 275 von seiner LeistgsPfl frei, ohne daß das Ges ihm eine SchadErsPfl auferlegt. Handelt es sich um eine vom Schu zu vertretde Unmöglichk, fällt die sinnwidr gewordene ursprüngl LeistgsPfl gleichf weg (Soergel-Wiedemann Rn 30, str); sie setzt sich aber in der **Schadensersatzpflicht** fort. Es entsteht kein neuer Anspr, sond der ErfAnspr wird dch InhÄnderg zu einem SchadErsAnspr. Sicherh, wie Bürgen u Pfänder, bleiben daher verhaftet (§§ 767 I, 1210). – **b)** § 280 gilt für alle **einseitig verpflichtenden Schuldverhältnisse,** gleichgült ob sie auf RGesch od Ges beruhen. Bei ggs Vertr gelten für die im Synallagma stehden LeistgsPflten die Sonderregelgen in §§ 324, 325; auf Anspr, die nicht unter das GgseitigkVerh fallen, ist dagg § 280 anzuwenden. § 280 ist auch anwendb, wenn der zur Duldg der Wegnahme Verpflichtete diese unmögl macht (Oldenbg NJW-RR **95**, 151). Er gilt auch für den Anspr des AussondergsBerecht gg die InsMasse (BGH NJW **58**, 1534). 1 2

2) Voraussetzungen. – a) Der SchadErsAnspr aus § 280 setzt voraus, daß die Leistg **unmöglich** geworden ist. Gleichgültig ist, ob es sich um objektive Unmöglichk (§ 275 Rn 4) od um Unvermögen (§ 275 Rn 13) handelt (Prot 1, 321). § 280 betrifft nur die **nachträgliche** Unmöglichk (§ 275 Rn 16); auf die anfängl sind §§ 306, 307 u die in den Erläutergen zu § 306 dargestellten allg RGrds anzuwenden. Es muß sich um einen Fall **dauernder** Unmöglichk (§ 275 Rn 17 ff) handeln, vorübergehde begründet unter den Voraussetzgen der §§ 284 f Verzug. – **b)** Die Unmöglichk muß vom Schu **zu vertreten** sein (s § 275 Rn 23). Ist die Unmöglichk dch das Verschulden beider Teile herbeigeführt worden, ist § 280 anzuwenden, jedoch wird der SchadErsAnspr des Gläub entspr § 254 gemindert (BGH **40**, 326, 332). 3 4

3) Rechtsfolgen. – a) Der Gläub hat einen SchadErsAnspr wg NichtErf. Der Anspr richtet sich auf das sog **positive Interesse** (BGH NJW **83**, 443). Der Gläub kann verlangen, so gestellt zu werden, wie er bei gehöriger Erfüllg dastehen würde. Der Anspr geht idR auf SchadErs in Geld, da eine Herstellg in Natur wg der Unmöglichk der Leistg im allg ausgeschlossen ist (BGH NJW **84**, 2570, *arg* § 251). Ist die Naturalrestitution, etwa dch Lieferg von vertretb Sachen od Wertpapieren, ausnw mögl, kann der Gläub aber Ersatz in Natur fordern (RG **106**, 88, **107**, 17, BGH WM **71**, 1414, str, aA Staud/Löwisch Rn 9). Für den SchadErsAnspr gilt dieselbe **Verjährungsfrist** wie für den ErfAnspr (§ 195 Rn 8), die Verj beginnt aber erst mit dem Eintritt der Unmöglichk (§ 198 Rn 9). Verlangt der Gläub die Herausg des stellvertretden commodum (§ 281 I 1), ist dessen Wert auf den ErsAnspr anzurechnen (§ 281 II). – **b) Verfahrensrechtliches.** Verlangt der Gläub SchadErs wg NichtErf, trägt er für die Unmöglichk der Leistg die Beweislast (§ 282 Rn 1). Hinsichtl des Vertretenmüssens ist dagg der Schu beweispflicht (§ 282). Bei Zweifeln über die Möglichk der Leistg kann es sich für den Gläub empfehlen, zunächst auf Leistg zu klagen. Wendet der Schu Unmöglichk ein, kann der Gläub gem ZPO 264 Nr 3 zum SchadErsAnspr übergehen, ohne die Einr der Klagänderg befürchten zu müssen (§ 283 Rn 1). ZPO 264 Nr 3 gilt auch dann, wenn die Unmöglichk bereits vor Klagerhebg eingetreten ist, sofern der Gläub erst nach RHängigk von ihr Kenntn erlangt hat (RG **88**, 405, Ffm FamRZ **81**, 979). Zu den verfahrensrechtl Fragen der ErfKlage s § 275 Rn 25. 5 6

4) Teilweise Unmöglichkeit. – a) Bei Teilunmöglichk beschränkt sich der SchadErsAnspr wg NichtErf grdsl auf den unmögl gewordenen Teil der Leistg; im übrigen bleibt die LeistgsPfl des Schu bestehen (*arg* I „soweit"). Die Teilunmöglichk kann jedoch ausnw der vollständ Unmöglichk gleichstehen (§ 275 Rn 21). Ist das der Fall, hat der Gläub bereits nach I einen SchadErsAnspr wg NichtErf der ganzen Verbindlichk; auf II kommt es nicht an. – **b)** Auch bei bloßer Teilunmöglichk kann der Gläub SchadErs wg NichtErf der ganzen Verbindlichk fordern, wenn er an der teilweisen Erfüllg **kein Interesse** hat (II 1). Maßgebd ist eine obj Beurteilg, nicht das Belieben des Gläub. Ein Interessenwegfall kann zu bejahen sein, wenn sich der Gläub neu eindecken mußte u es zweckmäß war, wg der gesamten Menge neu zu kontrahieren. Hat der Gläub eine Teilleistg angenommen, besteht das AblehngsR aus II nur dann, wenn die Annahme unter dem Vorbeh der Ergänzg erfolgt ist. Dieser Vorbehalt ergibt sich aber idR aus dem Umst (MüKo/Emmerich Rn 17). Für das Fehlen eines Vorbeh ist der Schu beweispflicht (Staud-Löwisch Rn 15), für den Interessenwegfall der Gläub. – **c)** Wg des AblehngsR verweist II 2 auf die **Rücktrittsvorschriften.** Danach erfolgt die Ablehng dch rechtsgestaltde Erkl des Gläub (§ 349). Der ErfAnspr erlischt (Köln VersR **98**, 499/501 zu § 286 II). Die Ablehng ist ausgeschlossen, wenn der Gläub sich die Rückg der empfangenen Teilleistgen schuldh unmögl gemacht hat (§§ 350, 351). Die beiderseits geschuldeten Leistgen (Rückg der Teilleistg, SchadErs) sind Zug um Zug zu erbringen (§ 348). Der Schu kann dem Gläub für die Ausübg des AblehngsR eine AusschlußFr setzen (§ 355). Hat der Schu die GgLeistg des Gläub bereits ganz od teilw erhalten, richtet sich seine RückgewährPfl nach SchadErsR, nicht nach § 346 (v Jaschke MDR **54**, 202). Bei ggs Vertr gilt § 325 I 2. 7 8 9

5) § 280 ist **dispositives Recht.** Einschränkgen des I dch AGB sind aber im nichtkaufm Verkehr nur in den Grenzen von AGBG 11 Nr 7 u 8 zul (s dort). II ist gem AGBG 11 Nr 9 dch AGB nicht abdingb. 10

281 *Herausgabe des Ersatzes bei Unmöglichkeit.* **I Erlangt der Schuldner infolge des Umstandes, welcher die Leistung unmöglich macht, für den geschuldeten Gegenstand einen Ersatz oder einen Ersatzanspruch, so kann der Gläubiger Herausgabe des als Ersatz Empfangenen oder Abtretung des Ersatzanspruchs verlangen.**

II Hat der Gläubiger Anspruch auf Schadensersatz wegen Nichterfüllung, so mindert sich, wenn er von dem im Absatz 1 bestimmten Rechte Gebrauch macht, die ihm zu leistende Entschädigung um den Wert des erlangten Ersatzes oder Ersatzanspruchs.

1 **1) Allgemeines. – a)** § 281 zeigt, daß die nachträgl Unmöglichk nur die LeistgsPfl, nicht aber das SchuldVerh im ganzen erlöschen läßt. Die Vorschr beruht auf dem Gedanken, daß dem Gläub, der den Anspr auf die Leistg verloren hat, als Ausgl das stellvertretde commodum gebührt, das im Vermögen des Schu an die Stelle der unmögl gewordenen Leistg getreten ist; sie hat den Zweck, eine in der Sache unricht Verteilg von Vermögenswerten auszugleichen (RG **120**, 349, **157**, 44, BGH **LM** Nr 1). Konstruktiv handelt es sich um einen Fall **schuldrechtlicher Surrogation** (Esser/Schmidt § 22 IV 2, Larenz § 22 I). Die in § 281 angeordnete RFolge entspricht idR dem mutmaßl PartWillen. Man kann die Vorschr daher als einen gesetzl
2 geregelten Fall ergänzder VertrAuslegg bezeichnen (BGH **25**, 9). – **b)** § 281 ist grdsl auf **alle schuldrechtlichen Ansprüche** anzuwenden (BGH **75**, 206). Der RGrd des Anspr ist gleichgült. § 281 gilt auch für Anspr aus unerl Hdlg, GoA od Rücktr (BGH NJW **83**, 930, BayObLG **94**, 21), ist aber unanwendb, soweit das GewLR das allg LeistgsstörgsR verdrängt (Vorbem 2 vor § 459). Wird eine verkaufte Sache, für die VersSchutz besteht, vor Gefahrübergang beschädigt, sind aber §§ 323, 281 anwendb (BGH **129**, 103, aA Schwarze JuS **98**, 13). Hat der Verkäufer einer unter GewLAuschl verkauften mangelh Sache gg den Vorverkäufer einen SchadErsAnspr, ist er wohl gem § 281 zur Abtr dieses Anspr an seinen Käufer verpflichtet (Reinicke/Tiedtke ZIP **97**, 1093 zu BGH NJW **97**, 652). Für die ungerechtf Ber enthält § 818 II u III eine Sonderregelg (BGH **75**, 206). Auf den verschärft haftden BereichergsSchu ist § 281 dagg anzuwenden, da sich die Verweisg auf die allg Vorschr (§ 818 IV, 819) auch auf § 281 bezieht (BGH **75**, 206, Frank JuS **81**, 102). Der UrlAbgeltgsAnspr
3 ist kein unter § 281 falldes Surrogat (BAG DB **89**, 2175). – **c)** Auf den **dinglichen Herausgabeanspruch** des Eigtümers gg den Besitzer (§ 985) findet § 281 keine Anwendg (RG **115**, 33, **157**, 44, Staud-Löwisch Rn 6, stRspr u hM, and fr RG **105**, 88). Die §§ 989, 990 enthalten für die schuldrechtl Folgen der Unmöglichk der Herausg eine Sonderregelg. Es wäre auch offensichtl sinnwidr, wenn dem Eigtümer einer abhanden gekommenen Sache neben dem HerausgAnspr gg den Erwerber gem § 281 ein Anspr auf den VerkErlös gg den Veräußerer zustehen würde. Nur wenn der Eigtümer die Veräußerg genehmigt, kann er gem § 816 die Herausg des Verkaufserlöses verlangen. § 281 scheidet insow auch deshalb als AnsprGrdl aus, weil er nur BesSurrogate betreffen würde, währd der VerkErlös, ebso wie die VersichergsSumme, ein Surrogat des Eigtums ist (Jochem MDR **75**, 177, Merle AcP **183**, 85, Rn 7).

4 **2) Voraussetzungen. – a)** Der Anspr muß auf **Leistung eines Gegenstands** (Übbl 2 v § 90) gerichtet sein. Hdlgen u Unterlassgen sind keine Ggst iSd § 281 (Staud-Löwisch Rn 9). § 281 gilt daher nicht für den WerkVertr (RG **97**, 90); eine HerausgabePfl kann sich aber aus einer ergänzden VertrAuslegg ergeben (Dresd NJW-RR **98**, 373). Ist der ArbG verpflichtet, das Gehalt an den verletzten ArbN weiter zu zahlen, geht der etwaige SchadErsAnspr des ArbN gem EFZG 6 auf den ArbG über (Vorbem 136 v § 249). Findet, wie beim selbständ DVerpflichteten, kein gesetzl FdgÜbergang statt, besteht eine Verpfl zur Abtretg des SchadErsAnspr (§ 616 Rn 33), die auch auf den RGedanken des § 281 (Rn 1) gestützt w (BGH **107**, 328). § 281 gilt auch für bedingte Anspr (BGH **99**, 388). Er setzt voraus, daß ein bestimmter individueller Ggst geschuldet w (RG **108**, 187). Er ist daher **auf Gattungsschulden unanwendbar** (RG **88**, 288, **108**, 187), solange diese nicht dch Konkretisierg (§ 243 II) zu Stückschulden geworden sind. Das gilt grdsl auch für die Vorratsschuld (beschränkte Gattgsschuld, § 243 Rn 3). Auf diese kann § 281 aber angewandt w, wenn der UnmöglichkGrd (Beschlagn,
5 Brandschaden) den gesamten Vorrat betrifft (RG **93**, 143, **95**, 23). – **b)** Die Leistg muß **nachträglich unmöglich** geworden sein. Die in § 275 II angeordnete Gleichstellg von Unvermögen u obj Unmöglichk gilt auch hier. Gleichgült ist, ob der Schu die Unmöglichk zu vertreten hat od nicht (BGH WM **87**, 988). Sogar wenn der Gläub die Unmöglichk zu vertreten hat, ist § 281 grdsl anwendb (BGH **LM** Nr 1). Hat der Schu die Leistg dch eine pVV entwertet u dadch für die Leistg ein Surrogat erlangt, findet § 281 entspr Anwendg (Erm-Battes Rn 7, ebso im Ergebn BGH **127**, 314, der „qualitative" Unmöglichk annimmt). Beispiel: Einziehg der
6 abgetretenen Fdg dch den Zedenten (RG **111**, 303, JW **26**, 981). – **c)** Der Schu muß **infolge** des Umstandes, der die Leistg unmöglich gemacht hat, für den geschuldeten Ggst **Ersatz** od einen Anspr auf Ers erlangen (sog stellvertretdes commodum). Zw dem Ereign, das die Unmöglichk herbeigeführt hat, u der Erlangg des stellvertretden commodum muß ein adäquater UrsachenZushang bestehen (RG **102**, 205); es genügt jedoch Mitursächlichk (RG aaO, BGH **LM** Nr 1). Beispiele sind: SchadErsAnspr gg Dritte wg Zerstörg, Beschädigg od Entwendg der geschuldeten Sache; Anspr auf die VersSumme (BGH **99**, 389, **129**, 103), Versteigergserlös (BGH WM **87**, 988), Vergütg wg Aufgabe der Milchreferenzmenge (BGH **135**, 284), EntschädiggsAnspr wg Beschlagn (RG **93**, 143, **95**, 21), RestitutionsAnspr nach dem VermG (BGH DtZ **96**, 26). Ersatz ist auch das zur Befriedigg dieser Anspr an den Schu Geleistete. Auch die Befreiung von einer Schuld kann ein auszugleichdes Surrogat darstellen (RG **120**, 350), nicht aber mildtät Zuwendgen Dr an den Schu. Sind das Ereign, das die Leistg unmögl macht (Bsp: Übereigng der Sache), u der Umst, der den ErsAnspr begründet (Bsp: Verk der Sache), nicht identisch, ist § 281 gleichwohl anwendb, sofern beide Ereign wirtschaftl eine Einh bilden. Unter § 281 fällt daher auch das dch RGesch, insb dch Verk, vom Schu erzielte Entgelt, sog **commodum ex negotiatione** (BGH **46**, 264, **75**, 206, NJW **83**, 930, prakt allgM). § 281 gilt auch dann, wenn das VeräußergsGesch gg ein gesetzl Verbot od gg die guten Sitten verstieß (RG **105**, 90, Haselhoff NJW **48**, 289). –
7 **d)** Zw dem Ggst, dessen Leistg unmögl geworden ist, u dem Ggst, für den der Schu Ers erlangt hat, muß **Identität** bestehen (BGH **25**, 9, MüKo/Emmerich Rn 17). Ein EigtSurrogat ist daher nur herauszugeben, wenn der Schu zur EigtVerschaffg verpflichtet war, nicht aber wenn er ledigl die Übertragg des Besitzes schuldete (Jochem MDR **75**, 179). Der Mieter, der sein GebrauchsR verloren hat, hat keinen Anspr auf Einräumg eines MietR am ErsObjekt (BGH **8**, 64). Auch hins der für die Sache gezahlten Enteigngsentschädigg stehen dem Mieter keine Rechte aus § 281 zu (BGH **25**, 9). War an einem Grdst eine Dienstbark zu

bestellen, kann der Gläub nicht den Mehrerlös herausverlangen, der dch den lastenfreien Verk des Grdst erzielt worden ist (BGH **46**, 264, aA Staud/Löwisch Rn 19). Ein AnkaufsR begründet für den Pächter nur dann einen Anspr auf das EigtSurrogat (BrandVersSumme), wenn es vor Eintritt der Unmöglichk ausgeübt worden ist (BGH **LM** Nr 5). ErsLeistgen gerade für den Nutzgsausfall gebühren dagg dem Mieter (MüKo/Emmerich Rn 18). Wird dem Mieter bei vorzeitiger Beendigg des Vertr eine Abfindg gezahlt, ist § 281 daher zG des Untermieters anwendb (BGH NJW-RR **86**, 234). Mögl ist auch, daß dem Gläub nach den Grds der ergänzden VertrAuslegg (§ 157 Rn 2 ff) weitergehde Rechte als die des § 281 zustehen (BGH **25**, 10).

3) Rechtsfolgen. – a) § 281 hat keine dingl Wirkg (RG **94**, 23); er regelt vielmehr (ähnl wie §§ 667, 8
816) einen Fall schuldrechtl Surrogation (Rn 1). Der dch § 281 begründete Anspr ist weder ein SchadErs- noch ein BereichergsAnspr, sond ein **Ausgleichsanspruch eigener Art.** Er entsteht nicht kr Ges, sond nur wenn der Gläub es verlangt (sog verhaltener Anspr). Da er auf dem ursprüngl SchuldVerh beruht, haften für ihn Bürgen u Pfänder weiter. Der Anspr setzt voraus, daß der Schu den Ers od ErsAnspr wirkl **erlangt** hat (BGH **114**, 39); es genügt nicht, daß er etwas hätte erlangen können. Ein Verkaufserlös ist in voller Höhe herauszugeben, nicht nur in Höhe des gemeinen Wertes (RG **138**, 48, MüKo/Emmerich Rn 25). Späterer Verlust befreit den Schu nur, wenn er ihn nicht zu vertreten hat (§ 275). Andf gilt § 280, nicht § 818 III (BGH ZEV **97**, 500). Für das Vertretenmüssen gilt der gleiche Maßstab wie der für die zunächst geschuldete Leistg (BGH VIZ **99**, 176) Die HerausgPfl erstreckt sich auch auf gezogene Nutzgen (BGH NJW **83**, 930). Eig Aufwendgen darf der Schu nur abziehen, soweit ihm ein Anspr aus GoA od § 812 zusteht (BGH VIZ **97**, 297); soweit er im Rahmen seines Gewerbes tät geworden ist, gebührt ihm auch ein Ausgl für den Wert seiner
Dienste. – **b)** Hat der Gläub neben dem Anspr aus § 281 einen **Schadensersatzanspruch** (§ 280 od § 325), 9
besteht zw beiden Anspr eine elektive Konkurrenz (§ 262 Rn 6). Der Gläub hat – and als iF der Wahlschuld – ein jus variandi. Auch wenn er über den einen Anspr ein rechtskr Urt erstritten hat, kann er noch den weitergehden and Anspr geltd machen (BGH NJW **58**, 1041). Der Schu ist dagg nicht berecht, den Gläub auf
das stellvertretde commodum zu verweisen (RG **105**, 155). – **c)** Nach **II** ist der Wert des Ers auf den 10
SchadErsAnspr **anzurechnen.** Die Vorschr beruht auf dem Gedanken der VortAusgl. Stellt sich der abgetretene ErsAnspr als nicht dchsetzb heraus, entfällt die Anrechng (Staud/Löwisch Rn 27, str). II soll einen ungerechtfert Gewinn des Gläub verhindern, ihm aber nicht das Risiko der Bonität des DrittSchu über-
bürden. Bei **gegenseitigen Verträgen** gilt für die Pfl zur GgLeistg § 323 II. – **d)** Die **Beweislast** dafür, daß 11
der Schu Ers od einen ErsAnspr erlangt hat, trägt der Gläub. Ist dieser Bew gelungen, steht ihm hins der Höhe ein AuskAnspr zu (BGH NJW **83**, 930, Hamm VersR **87**, 316).

282 ***Beweislast bei Unmöglichkeit.*** **Ist streitig, ob die Unmöglichkeit der Leistung die Folge eines von dem Schuldner zu vertretenden Umstandes ist, so trifft die Beweislast den Schuldner.**

1) Beweislastverteilung bei Unmöglichkeit. – a) Bedeutung des § 282. § 282 enthält für den 1
SchadErsAnspr aus §§ 280, 325 eine Beweislastumkehr zG des Gläub. Da das Vertretenmüssen in §§ 280, 325 AnsprVoraussetzg ist, müßte es nach allg BewLastGrds an sich vom Gläub nachgewiesen w. § 282 weicht hiervon ab u legt dem Schu den Bew des Nichtvertretenmüssens auf. Das entspr der BewLastVerteilg iF des Verzugs (§ 285 Rn 1). Verlangt der Gläub Erf, gelten dagg die allg Grds der BewLastVerteilg u nicht § 282; der Schu, der sich auf § 275 beruft, muß dessen Voraussetzgen beweisen (Hamm NJW-RR **88**, 1087). Ist str, ob überhaupt Unmöglichk vorliegt, hat derj die BewLast, der **Rechte** aus der Unmöglichk **herleiten** will, also der Gläub, wenn er auf SchadErs klagt, der Schu, wenn er ggü der ErfKlage Unmöglichk einwendet (allgM). Das gilt auch, wenn str ist, ob der Schu, der nicht mehr im Besitz der Sache ist, zum Rückerwerb in
der Lage ist (BGH NJW **82**, 883, **92**, 3225). – **b) Grund** für die in § 282 angeordnete BewLastUmkehr ist 2
der Gedanke, daß idR der Schu am besten die Umst aufklären kann, die die Leistg unmögl machen (BGH NJW **65**, 1584, **LM** § 688 Nr 2 Bl 3). Die § 282 zGrde liegde Vermutg, daß der Schu die Unmöglichk zu vertreten hat, ist zugl Ausdr des mit der Schuld übernommenen Leistgsrisikos (Soergel-Wiedemann Rn 3). –
c) Anwendungsbereich. § 282 gilt für alle vertragl u gesetzl SchuldVerh. Gleichgültig ist, welche RFolge 3
der Gläub aus der Leistgsstörg herleiten will. § 282 gilt nicht nur für SchadErsAnspr, sond auch, wenn der Gläub zurücktritt, eine VertrStrafe verlangt, od eine Verfallklausel geltd macht. Auch RückgewährPflten werden erfaßt, so die des Mieters (BGH NJW **53**, 59, Düss OLGZ **75**, 319), des Verwahrers (BGH **LM** § 688 Nr 11) u des Käufers nach Wandlg (BGH NJW **75**, 44). § 282 ist auf alle Arten der nachträgl Unmöglichk anzuwenden, auch auf das Unvermögen u die Teilunmöglichk. Er gilt daher auch dann, wenn die herauszugebde Sache nur in beschädigtem Zustand zurückgewährt w kann (BGH **3**, 174, Düss MDR **74**, 1017). Nicht anwendb ist § 282 auf delikt Anspr (Rn 24) u iF des § 254 (BGH **46**, 268). Zur Anwendg im öffR s
Rn 22. – **d) Vertretenmüssen.** Der Schu muß dartun, daß er die Unmöglichk nicht zu vertreten hat. Der 4
EntlastgsBew muß sich daher auch auf das Versch von ErfGehilfen erstrecken (RG **101**, 153, BGH Warn **69** Nr 41). Besteht eine Haftgsmilderg, genügt der Bew, daß der Grad an Sorgf beobachtet worden ist, für den der Schu einzustehen hat (BGH **46**, 267, BAG NJW **85**, 220, BVerwG **52**, 260); dagg soll es nach der ADSp Sache des AuftrGeb sein, das grobe Verschulden des Spediteurs zu beweisen (BGH NJW-RR **93**, 863, Mü
NJW-RR **93**, 926, Köln VersR **93**, 1255). – **e) Entlastungsbeweis.** An ihn dürfen **keine zu hohen** 5
Anforderungen gestellt w (Mot II S 48, BGH NJW **53**, 59, NJW-RR **90**, 447: Verdacht vorsätzl Brandstiftg). Er ist erbracht, wenn der Schu die Ursache der Unmöglichk nachweist u dartut, daß er diese nicht zu vertreten hat. Es genügt aber auch, daß der Schu den Grund der Unmöglichk wahrscheinl macht u beweist, daß er für diesen nicht einzustehen hat (BGH **116**, 337). Ist die Ursache unaufklärb, kann sich der Schu dch den Bew entlasten, daß er alle ihm obliegde Sorgf beobachtet hat (RG **74**, 344, BGH NJW **65**, 1585). Der Schu ist aber beweisfäll, wenn die ernsth Möglichk offen bleibt, daß er die NichtErf zu vertreten hat (BGH NJW **52**, 1170, Warn **69** Nr 41). Hat er mehrere mögl Ursachen für die Unmöglichkeit gesetzt, muß er für jede den EntlastgsBew erbringen (BGH NJW **80**, 2187 zur pVV). Ist str, ob ein Helfer des Schu sein ErfGeh war, gehen Zw zu Lasten des Schu (§ 278 Rn 37). Wird der Anspr erst viele Jahre nach Eintritt der Unmöglichk geltd gemacht, kann sich die BewLast umkehren (BGH WM **72**, 19).

6 **2) Beweislastverteilung bei positiver Vertragsverletzung. – a) Allgemeines.** Rspr u Lehre stimmen darin überein, daß dem Gläub auch iF einer pVV nicht einschränkgslos die BewLast für alle Voraussetzgen des SchadErsAnspr auferlegt werden kann. Streit herrscht aber darüber, in welchem Umfang BewErleichtergen
7 zG des Gläub zul sind u auf welches RPrinzip die BewLastUmkehr gestützt w kann. – **aa)** Das **Schrifttum** hat im Anschluß an Raape (AcP **147**, 212) ursprüngl überwiegd die Ansicht vertreten, § **282** sei auf die pVV **entsprechend anwendbar.** Der Gläub habe die obj PflWidrigk zu beweisen, der Schu das Nichtvertretenmüssen. Die nunmehr hL stellt bei der BewLastVerteilg dagg auf die **Art der verletzten Pflicht** ab (Stoll AcP **176**, 145, Baumgärtel Anh § 282 Rn 51, Heinemann BewLVerteilg bei pFV, 1988). Ist ein best **Erfolg geschuldet,** muß sich der Schu iF des Nichteintritts entlasten, dh er muß beweisen, daß das Ausbleiben des Erfolges nicht von ihm zu vertreten ist. Erfolg kann auch die Vermeidg eines Schadens, etwa eines Transport- od Diebstahlsschadens, sein. Ist nur ein best **Verhalten geschuldet,** so hat der Gläub die Verletzg der VerhaltensPfl u deren Kausalität für den Schaden zu beweisen. Auch die BewLast für das Vertretenmüssen soll grdsl dem Gläub obliegen; in welchem Umfang hiervon Ausn zu machen sind, ist ebso str wie die Abgrenzg
8 zw erfolgs- u verhaltensbezogenen Pflten. – **bb)** Die **Rechtsprechung** des RG hat für Wk-, Dienst- u GastaufnVertr eine BewLastUmkehr bejaht, wenn die Schadensursache aus dem Gefahrenkreis des Schu hervorgegangen ist u die Sachlage zunächst den Schluß rechtfertigt, daß der Schu die ihm obliegde SorgPfl verletzt hat (RG **112**, 42, **148**, 150, **171**, 171). Der **BGH** hat diese Rspr, teils unter Hinw auf § 282, teils ohne Bezugn auf die Vorschr, zu einer BewLastVerteilg nach **Gefahren- oder Verantwortungsbereichen** weiterentwickelt (BGH **64**, 51, **66**, 53, NJW **78**, 2197, **80**, 2186 uö mit Hinw auf § 282; BGH **8**, 241, **48**, 312, NJW **87**, 1938 uö ohne Hinw auf § 282). Danach gilt der Grds: Fällt dem Schu obj eine PflVerletzg zur Last od ist die Schadensursache in sonst Weise aus seinem Verantwortgsbereich hervorgegangen, so muß er beweisen, daß er die PflVerletzg nicht zu vertreten hat. Diesen Grds erstreckt die Rspr auf alle VertrTypen u
9 auch auf vertragsunabhängige SchutzPflten (Rn 10). – **cc) Eigene Stellungnahme.** Der Rspr des BGH ist zuzustimmen. Ihre Grds sind entgg der Kritik in der Lit hinr bestimmt (s Rn 11–16), ihre Ergebn sachgerecht. Zu berücksichtigen ist auch, daß das **AGBG** in § 11 Nr 15 a die BewLastVerteilg nach Verantwortgsbereichen als einen dch RFortbildg geschaffenen **Rechtssatz anerkennt.** Der Vorschlag, zw erfolgs- u leistgsbezogenen Pflten zu unterscheiden, kann ohne Bruch in die von der Rspr entwickelte BewLastVerteilg übernommen w (Rn 12); allerdings ist die Abgrenzg zw erfolgs- u leistgsbezogenen Pflten unsicherer als die der Verantwortgsbereiche der Beteiligten.

10 **b) Anwendungsbereich.** Die BewLastVerteilg nach Verantwortgsbereichen gilt für **alle Vertragstypen** (s aber zum ArztVertr u zu weiteren Sonderfällen Rn 17 ff), so für BeherberggsVertr (RG **169**, 97), GastAufnVertr (RG **160**, 155), WkVertr (BGH **23**, 290, **48**, 312), BefördergsVertr (BGH **8**, 241), SchleppVertr (BGH **27**, 238), ReiseVertr (BGH NJW **87**, 1938), EntsorggsVertr (Hamm NJW-RR **90**, 667). VerwahrgsVertr (BGH **3**, 174), DienstVertr (BGH **28**, 254, NJW **85**, 264), Auftr (BGH VersR **93**, 1274), GeschBesorggsVertr (BGH WM **72**, 583), MietVertr (BGH **116**, 278/289, **131**, 95/103), KaufVertr (BGH **64**, 51, **LM** § 326 (H) Nr 8), MaklerVertr (BGH NJW **82**, 1147). Sie erfaßt neben den Anspr aus pVV auch **andere Ansprüche,** soweit deren BewSituation vergleichb ist. Das gilt für den Anspr aus § 635 (BGH **48**, 312), aus § 651 f (BGH **100**, 188), aus **culpa in contrahendo** (BGH **66**, 54, **67**, 387, NJW **62**, 31, **87**, 640, DB **96**, 1636), aus dem gesetzl SchuldVerh zw Ladgsbeteiligten u Schiffer (BGH VersR **77**, 326, Köln OLGZ **72**, 26, Hbg VersR **72**, 658), aus § 989 (dort Rn 1). Auf delikt Anspr ist die BewLastVerteilg nach Verantwortgsbereichen dagg nicht übertragb; eine Ausn bildet allein die Produzentenhaftg (BGH **51**, 104, NJW **92**, 1039).

11 c) Der **Gläubiger** trägt die BewLast dafür, daß der Schu **objektiv** eine ihm obliegde **Pflicht verletzt** hat (BGH **28**, 253, **48**, 312, NJW **85**, 264). Dabei ist zu unterscheiden: – **aa)** IdR muß der Gläub den **vollen Beweis** einer PflVerletzg erbringen. Das gilt auch, wenn die PflVerletzg in einem Unterl, etwa der Verletzg einer Beratgs- od AufklPfl, besteht (BGH NJW **87**, 1322, **88**, 202, **99**, 2437, Hamm, NJW-RR **99**, 217). Der zur Aufkl od Beratg Verpflichtete, insbes der Steuerberater, muß aber zunächst im einzelnen darlegen, in welcher Weise er seinen Pflten nachgekommen ist (BGH NJW **86**, 2570, **95**, 2842, **96**, 2571). And ist es, wenn für den Dienstleister ausnw eine DokumentationsPfl besteht (Rn 20). Beim Wk-, Reise- od KaufVertr genügt es, wenn eine im RSinn mangelh Leistg nachgewiesen w (BGH **48**, 312, **100**, 188, **LM** § 433 Nr 36, NJW-RR **95**, 684), wenn nachweisl eine gebotene Aufkl unterlassen worden ist (BGH **66**, 53, NJW **78**, 2197), wenn im Verantwortgsbereich des Schu ein verkehrsunsicherer Zustand bestanden hat (BGH **66**, 53, Gemüseblatt; DB **86**, 1771, gefährl Bodenbelag; BGH BB **95**, 1611, gesundheitsgefährdder ArbPlatz) od wenn beim PferdepflegeVertr verdorbenes Futter verfüttert worden ist (BGH NJW **80**, 2186). Die BewLast-
12 Umkehr rechtfertigt sich in diesen Fällen aus dem Bestehen einer ggständl VertrWidrigk. – **bb)** Die PflVerletzg des Schu kann sich auch daraus ergeben, daß der Gläub bei Durchführg des Vertr einen **Schaden** erlitten hat (Hamm NJW-RR **89**, 468). Ein solcher Schluß vom Schaden auf die PflVerletzg ist zul, wenn der Schu nach dem VertrInh die **erfolgsbezogene** Pfl hatte, einen Schaden wie den eingetretenen zu verhindern (Rn 7). Beim BefördergsVertr muß der Untern dafür sorgen, daß die zu befördernde Pers „wohlbehalten" am Bestimmungsort anlangt (BGH **8**, 242). Eine Schädigg beweist daher zugl eine PflVerletzg (BGH aaO), so die Verletzg des Patienten währd eines Transports im Krankenhaus (BGH NJW **91**, 1541), aber auch das Vernageln des Hufschmieds (Köln VersR **90**, 389). Entspr gilt für den SchleppVertr (BGH **27**, 239), den VerwahrVertr (BGH **3**, 174), den LagerVertr (BGH **41**, 153), den BewachgsVertr (LG Mö-Gladb NJW-RR
13 **89**, 859), u den Beherberggs- u GastaufnVertr (RG **160**, 155, **169**, 97). – **cc)** Der Schluß von einer Schädigg auf eine PflVerletzg ist auch dann gerechtfertigt, wenn der Gläub dartut, daß die SchadensUrs allein aus dem **Verantwortungsbereich** des Schu herrühren kann (BGH NJW-RR **91**, 576, **93**, 795, NJW **93**, 1706). So liegt es, wenn der Schaden entweder dch das Personal od das Gerät des Schu verursacht worden ist (BGH BauR **85**, 705), wenn bei der Arbeit des Untern ein Brand entsteht (BGH VersR **60**, 345), wenn der Pkw beim Dchlaufen der Autowaschanlage beschädigt w (Hbg DAR **84**, 260, Kblz NJW-RR **95**, 1135, LG Bayr NJW **82**, 1766, Pardey DAR **89**, 337, differenzierd Bambg NJW **84**, 929), wenn ein Wasserschaden den Umst nach seine Urs in der Sphäre des Vermieters hat (BGH NJW **64**, 33, AG Wedding NJW-RR **92**, 968), wenn für Schäden an der Mietsache allein Ursachen aus dem Gefahrenkreis des Mieters in Betracht kommen (BGH **126**, 124/129, **131**, 95/103, DB **98**, 2264), wenn bei der Anlieferg Heizöl überläuft (BGH NJW **78**, 1576,

LG Trier NJW-RR **92**, 1378), wenn der gemietete Flüssiggastank bei der Erstbefüllg explodiert (Hamm NJW-RR **99**, 707), wenn die persönl GeheimNr (PIN) mißbraucht worden ist (Zweibr NJW-RR **91**, 241). Wird die wg Eigenbedarf gekündigte Wohng anderweit vermietet, muß der Vermieter nachweisen, daß der Eigenbedarf nicht vorgetäuscht war (LG Hbg NJW-RR **93**, 333).

d) Für den **Kausalzusammenhang** zw der PflVerletzg u dem Schaden trägt der Gläub die BewLast (BGH NJW **78**, 2197, **80**, 2186, **88**, 203, **89**, 2946). Es gelten aber drei Ausn: – **aa)** Hat ein Arzt einen **groben Behandlungsfehler** begangen, der geeignet war, einen Schaden wie den eingetretenen herbeizuführen, tritt hins der Ursächlichk eine Umkehr der BewLast ein (§ 823 Rn 170). Das gilt entspr für die grobe Verletzg **sonst Berufspflichten,** sofern sie dem Schutz von Leben u Gesundh dienen. Bsp: Krankenpflegepersonal (BGH NJW **71**, 243), Bademeister (BGH NJW **62**, 959), Kirmeskiosk (Köln OLGZ **70**, 315), Warenproduzenten (aA BGH NJW **92**, 563), aber auch Tierärzte (Mü NJW-RR **89**, 988). Eine entspr BewLUmkehr ist auch bei Vermögensschäden zu bejahen, wenn eine grobe PflVerletzg eines **Rechtsanwalts** od eines Freiberuflers mit ähnl Vertrauensstellg nachgewiesen ist (s Heinemann NJW **90**, 2352, aA BGH **126**, 221, NJW **88**, 203, **97**, 1011). – **bb)** Wer vertragl od vorvertragl Beratgs- od **Aufklärungspflichten** verletzt hat, ist bewpflicht dafür, daß der Schaden auch bei pflichtgem Verhalten entstanden wäre, es besteht die Vermutg, daß sich der Geschädigte „aufklärgsrichtig“ verhalten hätte (BGH **61**, 118, **72**, 106, **124**, 159). Das gilt zB für AufklFehler des Verkäufers (BGH **64**, 51, **111**, 82, NJW **98**, 302), des RAnw (BGH NJW **92**, 240, **93**, 3259, **98**, 749), des Steuerberaters (BGH NJW-RR **92**, 1115), des Notars (BGH NJW **96**, 3010), der Bank (BGH **72**, 106), des Arztes (BGH **89**, 103), des Terminoptionsvermittlers (BGH **124**, 159), bei den VertrVhdlgen (BGH DB **96**, 1636) u iF der Prospekthaftg (BGH NJW **92**, 3296). Dabei handelt es sich aber wohl nicht um eine Umkehr der BewLast, sond um einen Anwendgsfall des AnschBew (BGH **123**, 314, **126**, 223, NJW **94**, 1472, Stodolkowitz VersR **94**, 11; aA zu Vertr mit rechtl Beratern BGH **124**, 151/160). Die Vermutg gilt auch bei Vertr zw FamAngeh (BGH NJW **96**, 3010) u auch ggü demj, der, ohne selbst aufklärgspflicht zu sein, die Aufkl argl verhindert hat (BGH NJW **84**, 1688). Sie gilt auch für konkurrierde delikt Anspr (BGH NJW **84**, 1688, WM **86**, 735) u auch für Instruktionsfehler des Warenproduzenten (BGH **116**, 73). Die Vermutg betrifft allein die mögl Nichtbefolgg des Hinw, im übr bleibt es bei der BewLast des Geschädigten (BGH NJW **74**, 795). Sie setzt voraus, daß ein auf ein best Verhalten gerichteter Rat zu erteilen war (BGH NJW **81**, 630, **89**, 2946, Saarbr NJW **89**, 2759), gilt also nicht, wenn mehrere Verhaltensalternativen in Frage kamen (BGH, **123**, 311, NJW **94**, 2541, BB **99**, 287). Sie kann entfallen, wenn die Befolgg des Rats neben Vorteilen auch wesentl Nachteile gebracht hätte (BGH NJW-RR **89**, 153). Sie ist widerlegt, wenn der Geschädigte entspr fr Belehrgen unbeachtet gelassen hat (Stgt ZIP **95**, 641) od das schädigde Verhalten trotz Aufkl fortsetzt (Köln NJW-RR **95**, 112, Düss WM **95**, 1751). – **cc)** Ergibt sich die PflVerletzg daraus, daß der Gläub bei der Abwicklg des Vertr einen Schaden erlitten hat (Rn 12 u 13), entfällt ein bes Kausalitätsbeweis.

14

15

e) Hat der Gläub den ihm gem Rn 11 ff u 14 ff obliegden Bew erbracht, muß der **Schuldner beweisen,** daß er die VertrVerletzg **nicht zu vertreten** hat (BGH **8**, 241, **23**, 290, **27**, 238). Er muß eigenes Versch u das von ErfGeh ausschließen (BGH NJW **87**, 1938). Die Ausführgen in Rn 4 u 5 gelten entspr. Kommen als SchadUrs zwei obj pflichtwidr Hdlgen des Schu in Betracht, w er nur dann von der Haftg frei, wenn er hins beider Urs seine Schuldlosigk dartut (BGH NJW **80**, 2186). 16

3) Sonderfälle. – a) Im **Arbeitsrecht** ist § 282 auf die Haftg des ArbG für pVV entspr anwendb (BAG **AP** Nr 7). Auf die Haftg des ArbN, auch soweit es um Mankohaftg geht, kann § 282 dagg nach der Rspr des BAG nicht angewendet w (BAG NJW **98**, 1011, **99**, 1049 unter Aufg der fr Rspr). – **b) Arzthaftung.** Der Patient hat idR sowohl den Behandlgsfehler als auch den UrsachenZushang zw diesem u dem Schaden zu beweisen (§ 823 Rn 169). Steht eine PflVerletzg (Behandlgsfehler) des Arztes (Tierarztes) fest, soll § 282 nach der Rspr unanwendb sein (BGH NJW **78**, 1681, **80**, 1333, **91**, 1540, Weber NJW **97**, 761, Müller NJW **97**, 3049). Das überzeugt nicht. Der ArztVertr kann hins der BewLast für Verschulden nicht and behandelt w als alle and SchuldVertr (Giesen ArzthaftgsR 4. Aufl 1995, Rn 375). Bes Bedeutg hat dieser Streit allerdings nicht. Der Fall, daß ein Ger einen Behandlgsfehler feststellt, ein Verschulden des Arztes aber als nicht bewiesen ansieht, kommt prakt kaum vor (Baumann JZ **83**, 168). Zur BewErleichterg bei **groben Behandlungsfehlern** des Arztes s § 823 Rn 170. Auch eine unricht od unzulängl **Dokumentation** kann BewErleichtergen zG des Patienten rechtf (§ 823 Rn 169). Entspr gilt, wenn der ZwVerwalter (BGH NJW **86**, 61) od der RAnw (Heinemann NJW **90**, 2353) gg seine DokumentationsPfl verstoßen hat. – **c) Mankohaftung.** Für sie gelten im ArbR die allg Grds der ArbNHaftg (§ 611 Rn 158), § 282 ist weder direkt noch analog anwendb (BAG NJW **99**, 1049). Ein Beamter od GeschFü ist für ein Manko nur haftb, wenn nachgewiesen w, daß der Fehlbestand in seinem Verantwortgsbereich entstanden ist. Dazu gehört idR der Nachw, daß er allein Zugang u Vfg über die Kasse (den Bestand) hatte; erst danach ist es gem § 282 Sache des Beamten od GeschFü, sich zu entlasten (BGH **5**, 23, NJW **86**, 54, BVerwG **37**, 199, **52**, 260). – **d)** Der RGedanke des § 282 ist auch im **öffentlichen Recht** anzuwenden, so insb bei öffentl Verwahrg (BGH **3**, 174, **4**, 195, NJW **90**, 1230), öffrechtl Leistgsbeziehgen (BGH **59**, 309, Düss VersR **96**, 725), öffrechtl TrhdVerhältn (BGH NJW **52**, 659), Haftg des Kassenbeamten für Fehlbestände (Rn 21), dagg nicht auf die Haftg des Soldaten für den Verlust von AusrüstgsGgst (BVerwG NJW **86**, 2523).

17

18

19

20

21

22

4) a) § 282 ist **dispositives Recht.** Er kann dch IndVereinbg, nicht aber dch AGB abgeändert w (AGBG 11 Nr 15). Wird in einem Vertr das Versch ausdr als AnsprVoraussetzg genannt, so enthält das iZw keine Änd des § 282 (Hbg GRUR **80**, 874). – **b)** Die BewLastUmkehr für vertragl Anspr gilt nicht für die konkurrierenden Anspr aus **Delikt** (RG **160**, 156, **169**, 97, stRspr). Der Verletzte muß daher, auch wenn für den VertrAnspr § 282 gilt, für den SchmerzGAnspr das Versch des Schädigers beweisen. Die BewErleichtergen bei groben PflVerletzgen (Rn 14), bei Verletzg der DokumentationsPfl (Rn 20) u bei Verletzg der AufklPfl (Rn 15) ist aber auch im DeliktsR anwendb.

23

24

283 ***Fristsetzung nach Verurteilung.*** **I Ist der Schuldner rechtskräftig verurteilt, so kann der Gläubiger ihm zur Bewirkung der Leistung eine angemessene Frist mit der Erklärung bestimmen, daß er die Annahme der Leistung nach dem Ablaufe der Frist ablehne. Nach dem**

Ablaufe der Frist kann der Gläubiger Schadensersatz wegen Nichterfüllung verlangen, soweit nicht die Leistung rechtzeitig bewirkt wird; der Anspruch auf Erfüllung ist ausgeschlossen. Die Verpflichtung zum Schadensersatze tritt nicht ein, wenn die Leistung infolge eines Umstandes unmöglich wird, den der Schuldner nicht zu vertreten hat.

II Wird die Leistung bis zum Ablaufe der Frist nur teilweise nicht bewirkt, so steht dem Gläubiger auch das im § 280 Abs. 2 bestimmte Recht zu.

1 **1) Allgemeines. – a)** Bestehen AnhaltsPkte dafür, daß dem Schu die Leistg unmögl ist, hat der Gläub für die Geltdmachg seiner Rechte folgde Möglichk: – **aa)** Er kann **Klage auf Erfüllung** erheben. Für sie besteht wg der SchadErsPfl aus § 283 auch dann ein RSchutzInteresse, wenn das ErfUrt nicht vollstreckt werden kann (BGH **56**, 308, 312, NJW **74**, 2317). Die ErfKl ist allerd abzuweisen, wenn Unmöglichk od Unvermögen feststehen (§ 275 Rn 25). Der Gläub kann aber zum Antr auf SchadErs od Herausg des Erlangten (§ 281) übergehen, ohne daß ihm der Einwand der KlÄnd entggehalten w kann (ZPO 264 Nr 3). – **bb)** Der Gläub kann auch alsbald **Klage auf Schadensersatz wegen Nichterfüllung** erheben. Abgesehen von Sonderregelgen, insb im GewlR, besteht SchadErsAnspr wg NichtErf aber nur; **(1)** wenn die Leistg inf eines vom Schu zu vertretden Umst unmögl gew ist (§§ 280, 325); **(2)** wenn die Leistg inf des Verz für den Gläub kein Interesse mehr h (§§ 286 II, 326 II); **(3)** bei ggs Vertr nach FrSetzg gem § 326 I u in best Fällen der pVV (§ 276 Rn 124). – Stützt der Gläub seinen SchadErsAnspr auf § 280 od § 325, muß er den uU schwier Bew der Unmöglichk führen (§ 282 Rn 1). Soweit die §§ 286 II, 326 I u II unanwendb sind, w sich der Gläub daher vielf für den Weg der ErfKl entscheiden.

2 **b)** Hat der Gläub ein Urt auf Erf erwirkt, **erleichtert § 283** den **Übergang zum Schadensersatzanspruch** wg NichtErf. Er braucht dem Schu nach Rechtskr des Urt nur eine angem Fr zu setzen u zu erkl, daß er die Leistg nach FrAblauf ablehnen w. Mit Ablauf der Fr endet die Bindg des Gläub an den ErfAnspr: er kann ohne UnmöglichkBew u ohne VollstrVersuch SchadErs verlangen. Er hat alternativ die Möglichk, nach Maßg der §§ 286 II, 325, 326 zum SchadErsAnspr übergehen (RG Warn **12** Nr 375), muß aber die Voraussetzgen dieser Vorschr dartun. – § 283 ist auf die Haftgs- u GefahrtraggsGrds der §§ 275, 280 (§§ 323, 325) zugeschnitten (K. Schmidt MDR **73**, 974). Er gilt aber grdsätzl auch dort, wo SonderVorschr die Geltg der §§ 275, 280 ausschließen; jedoch muß sichergestellt w, daß etwaige für den Schu günstigere HaftgsBest dch Anwendg des § 283 nicht unterlaufen w (§ 985 Rn 18).

3 **2) Anwendungsbereich.** § 283 ist grdsätzl bei allen SchuldVerh anwendb. Er gilt nicht nur für ErfAnspr ieS, sond auch für Anspr aus Künd, § 556 (BGH **56**, 308, 312), Rücktr, Wandlg (RG **66**, 67), ungerechtf Ber (vgl K. Schmidt MDR **73**, 973), Anspr auf Veröffentlichg eines Widerrufs (KG NJW-RR **95**, 479) u Anspr aus dem AnfG (Köln ZIP **91**, 1370). Unanwendb ist er bei Urt auf Abgabe einer WillErkl, weil bei diesen mit Rechtskr Erf eintritt, ZPO 894 (BGH **53**, 29/34, NJW **99**, 2034). Bei einseit ZahlgsAnspr ist § 283 ebenf funktionslos; and aber bei ZahlgsAnspr aus ggs Vertr, da § 325 II dem Gläub hier (neben dem SchadErsAnspr) ein RücktrR u die Rechte aus § 323 gewährt. Auf den Anspr auf Naturalrestitution (§ 249 S 1) ist § 283 entspr anwendb (BGH **97**, 178, NJW **96**, 2233). Auch auf dingl Anspr findet § 283 Anwendg (Einl 24 vor § 241). Er gilt insb für den Anspr aus § 985 (§ 985 Rn 18).

4 **3) Voraussetzungen. – a)** Erforderl ist ein **rechtskräftiges Urteil.** Das VorbehUrt im UrkProz sowie der VollstrBescheid sind ausr, nicht aber ein vorläuf vollstreckb Urt u ein gerichtl Vergl (LG Trier NJW
5 **90**, 2391, K. Schmidt ZZP **87**, 51). – **b)** Erforderl ist weiter **Fristsetzung** u Erkl der **Ablehnung** (§ 326 Rn 14ff u 19ff). Die FrSetzg kann gem ZPO 255 bereits im ErstUrt erfolgen. Sie ist entbehrl, wenn der Schu erkl od im ErstProz erkl h, daß er nicht leisten könne od wolle (RG **96**, 21, **109**, 236), ebso, wenn Gläub die Vollstr fruchtlos versucht h (RG **109**, 236). Währd des FrLaufs besteht LeistgsAnspr fort. Der Gläub muß die angebotene Leistg annehmen, sonst gerät er in AnnVerz. Er kann vollstrecken u, wenn sein Interesse nach FrSetzg entfällt, gem § 286 II od § 326 II vorgehen. Nach fruchtlosem FrAblauf
6 entfällt der LeistgsAnspr; er wandelt sich ipso jure in SchadErsAnspr um. – **c)** Der Anspr aus § 283 geht auf SchadErs wg NichtErf des LeistgsAnspr, nicht etwa auf SchadErs wg Nichtbefolgg des ErstUrt (RG **117**, 67). Der Gläub kann seinen SchadErsAnspr daher auch auf Umst stützen, die vor der letzten mdl Verh im ErstProz eingetreten sind (RG aaO); den UnmöglichkBew braucht er nicht mehr zu führen. Die **Rechtsnatur** des Anspr aus § 283 u ZPO 767 II schließen es aus, daß sich der Schu auf eine vor dem ErstUrt eingetretene, nicht zu vertretde Unmöglichk berufen kann (BGH **53**, 33, Hbg MDR **68**, 666). Auch alle übrigen vor dem ErstUrt entstandenen Einwendgen sind ausgeschl (RG **107**, 19, **117**, 68); and ist es allein beim Einwand, der Gläub habe auf Anspr aus § 283 verzichtet. Der Schu kann nur geltd machen, daß die Erf nach der letzten mdl Verh des ErstProz dch einen von ihm nicht zu vertretden Umst unmögl gew sei (**I 3**). Die prakt Bedeutg dieser Vorschr ist gering: Da der Schu sich wg der Verurteilg, zumindest aber wg der FrSetzg im Verz befindet, hat er gem § 287 S 2 idR auch für zufäll Unmöglichk einzustehen. Zul ist der Einwand, der Gläub habe das ErstUrt sittenw erschlichen (RG HRR **28**, 2265),
7 ferner die Aufr mit GgFdgen (BGH NJW **75**, 1119). – **d) Verfahrensrechtliches.** Örtl u sachl ausschl zust ist das ProzGer des ErstProz (ZPO 893, 802). Der SchadErsAnspr kann nicht bereits hilfsw mit dem LeistgsAnspr im ErstProz verbunden w. Ein derart (unechter) HilfsAntr ist aber unter den Voraussetzgen des ZPO 259 zul, u zwar auch dann, wenn der HilfsAntr später entscheidgsreif ist als der HauptAntr (BGH NJW **99**, 954, aA Kblz AnwBl **90**, 108). Bei Kl vor dem AmtsG auf Vornahme einer Hdlg ist evt Verurteilg zu SchadErs gem ZPO 510b statth, in diesem Fall schließt aber ZPO 888a die Vollstr des LeistgsAnspr aus.

8 **4) Inhalt des Anspruchs. – a)** Der Anspr aus § 283 geht gem § 249 S 1 auf Naturalherstellg; der SchadErs darf aber nicht zur Wiederherstellg des gem I S 2 Halbs 2 erloschenen ErfAnspr führen (RG **96**, 24). Prakt ist daher idR GeldErs zu leisten (BGH NJW **94**, 314), doch sind auch and Fälle denkb (vgl RG **73**, 21: Anspr auf SicherhLeistg, SchadErs dch gleichwert and SicherhLeistg). Der Umfang des Anspr bemißt sich nach dem Wert der ausgebliebenen Leistg (BGH NJW **94**, 314). Der säumige Schu kann sich, wenn es um

den Ausgleich einer vorübergehden Beeinträchtigg ging, nicht darauf berufen, daß diese inzw entfallen ist
(BGH aaO). – **b)** Bei **gegenseitigen Verträgen** geht der Anspr aus § 283 gem § 325 II auf SchadErs wg 9
NichtErf des ganzen Vertr. Für ihn gilt die zu §§ 325, 326 entwickelte Differenztheorie (RG **66**, 68, § 325
Rn 11). Die ersparte GgLeistg des Gläub w Rechngsposten; dem Gläub steht es jedoch frei, die GgLeistg
anzubieten od sie iF einer Vorleistg dem Schu zu belassen (§ 325 Rn 12f, RG **96**, 20, für die an sich nicht
unter §§ 320ff fallde Wandlg). Bei ggs Vertr kann Gläub nach FrAblauf statt SchadErs zu verlangen auch vom
Vertr zurücktreten od die Rechte aus § 323 geltd machen (§ 325 II mit I 3). – **c)** Für den Ztpkt der
SchadBemessg gilt das gleiche wie für den Anspr aus § 325 mit der Maßg, daß an die Stelle des Eintritts der
Unmöglichk der Ablauf der Fr tritt (näher § 325 Rn 19).

5) II. Vgl dazu § 280 Rn 7ff. 10

284 *Verzug des Schuldners.* [I] **Leistet der Schuldner auf eine Mahnung des Gläubigers nicht, die nach dem Eintritte der Fälligkeit erfolgt, so kommt er durch die Mahnung in Verzug. Der Mahnung steht die Erhebung der Klage auf die Leistung sowie die Zustellung eines Mahnbescheids im Mahnverfahren gleich.**

[II] **Ist für die Leistung eine Zeit nach dem Kalender bestimmt, so kommt der Schuldner ohne Mahnung in Verzug, wenn er nicht zu der bestimmten Zeit leistet. Das gleiche gilt, wenn der Leistung eine Kündigung vorauszugehen hat und die Zeit für die Leistung in der Weise bestimmt ist, daß sie sich von der Kündigung ab nach dem Kalender berechnen läßt.**

1) Allgemeines. – a) Begriff. Der Verzug des Schu ist ein Unterfall der **Leistungsstörung** (Vorbem 2 v 1
§ 275). Er liegt vor, wenn der Schu die Leistg aus einem von ihm zu vertretden Grd rechtsw verzögert. Vom
SchuVerzug ist der in §§ 293ff bes geregelte AnnVerzug zu unterscheiden. Währd der SchuVerzug Verletzg
einer rechtl Verpflichtg ist, verstößt der Gläub dch die NichtAnn der Leistg ledigl gg ein Gebot des eig
Interesses; er ist zur Ann der Leistg berecht, aber nicht verpflichtet. Sofern die Abn der Leistg, wie in den
Fällen der §§ 433 II, 640 I, ausnw eine echte RPfl ist, gerät der Gläub dch NichtAbn der Leistg zugl in Ann-
u SchuVerzug (§ 293 Rn 6).

b) Abgrenzung. – aa) SchuVerzug setzt voraus, daß die Leistg noch mögl, dh **nachholbar** ist (BGH **84**, 2
248, BAG NJW **86**, 1832). Dauernde **Unmöglichkeit** (Unvermögen) schließen daher den SchuVerzug aus
(RG **97**, 9). Vorübergehde vom Schu zu vertretde Unmöglichk begründet dagg Verzug. Ob im Einzelfall
dauernde od vorübergehde Unmöglichk anzunehmen ist, ist unter Berücksichtigg des VertrZweckes u der
Belange der Part nach Treu u Glauben zu beurteilen (§ 275 Rn 17ff). Beim absoluten **Fixgeschäft** begründet
die Nichteinhaltg der Leistgszeit dauernde Unmöglichk (BGH **60**, 16, § 271 Rn 16). Auch bei **Dauerver-** 3
pflichtungen ist die Leistg idR für die zurückliegde Zeit nicht nachholb; eine Leistgsverzögerg führt daher
zur Teilunmöglichk (BGH **10**, 189), so bei GebrauchsüberlassgsVertr (BGH NJW-RR **91**, 268), aber auch bei
Arb- u DienstVertr. Ausnw kann es aber so liegen, daß ein Nachholen der Leistg mögl ist u das GläubInteresse
befriedigt (MüKo/Thode Rn 26). Bsp: Nacharbeiten von Fehlstunden, Verlängerg der Mietzeit für die
verspätet übergebene FerienWo. Auch bei **Unterlassungspflichten** begründet ein Verstoß idR Unmöglichk,
bei DauerVerpfl Teilunmöglichk (§ 275 Rn 6). Kann die ZuwiderHdlg rückgäng gemacht od das Unterlassen
nachgeholt w, tritt Verzug ein (Köhler AcP **190**, 522). Bsp: Pfl zur Nichtbenutzg eines Grdst, um die
DchFührg von Reparaturarbeiten zu ermöglichen. Tritt **Unmöglichkeit während des Schuldnerverzuges**
ein, entfallen die Verzugsfolgen mit Wirkg ex nunc. Dafür gelten die UnmöglichkRegeln mit der sich aus
§ 287 S 2 ergebden Haftgsverschärfg. Der SchadErsAnspr aus § 280 od § 325 tritt grdsl neben den Anspr auf
Ers des Verzugsschadens (§§ 286 Rn 3, § 326 Rn 26). – **bb)** Die §§ 284ff gehen als SonderVorschr den Grds 4
über die Haftg für **positive Vertragsverletzung** vor (§ 276 Rn 107). Die Verzögerg der Leistg ist daher
keine pVV (§ 286 Rn 8). Dagg kann eine pVV vorliegen, wenn der Schu die Erfüllg der Fdg ernsth u endgült
verweigert (§ 276 Rn 114) od wenn er seiner AnzeigePfl bei unverschuldeten Leistgshindern nicht nach-
kommt (RG **68**, 194). – **cc) Gläubigerverzug** s § 293 Rn 6.

c) Anwendungsbereich. – aa) Die §§ 284ff gelten grdsl auch für SchuldVerh, die aus sachen-, familien- 5
u erbrechtl Tatbestden entstehen arg §§ 990 II, 1613 (Einl 24 v § 241). Die Besonderh des jeweiligen
RGebietes sind jedoch zu beachten. Bei dingl Anspr ist die Anwendbark der §§ 284ff für jeden Anspr bes zu
prüfen (BGH **49**, 266). Auf den Anspr des VormerkgsBerecht aus § 888 gg den vormerkgswidr eingetragenen
Eigtümer sind die VerzugsVorschr nicht anzuwenden (BGH aaO, krit Reinicke NJW **68**, 788). Bei Anspr aus
§§ 985 od 894 sind die §§ 284ff nur unter den Voraussetzgen des § 990 anwendb (Saarbr OLGZ **87**, 223).
Im FamR begründet Verzug mit einer AuskPfl eine SchadErsPfl gem § 286 (Karlsr FamRZ **79**, 170). –
bb) Verzögert der Schu die Erfüllg einer öffrechtl LeistgsVerpfl, bestimmen sich die eintretden RFolgen in 6
erster Linie nach **öffentlichem Recht** (Einl 25 v § 241). Einschlägig sind AO 233ff, SGB I 44. Soweit das
öffR Lücken enthält, können die §§ 284ff entspr angewandt w (BGH **36**, 344, sehr str, s Czybulka NVwZ
83, 125, v Heinegg NVwZ **92**, 524). Eine entspr Anwendg setzt aber voraus, daß zw den Part ein Verhältn
der Gleichordng besteht; sie scheidet bei Über- u Unterordngsverhältn auch dann aus, wenn es sich um
GeldFdgen handelt (BGH NJW **82**, 1277). §§ 284ff sind daher unanwendb bei beamtenrechtl Anspr
(BVerwG **16**, 346, **24**, 191), bei RegreßAnspr gg Beamte (BVerwG NVwZ **88**, 440) od seine Erben (BVerwG
NVwZ **91**, 168), bei Anspr nach dem BEG (BGH **LM** BEG 1965 § 3 Nr 2) u dem LAG (BVerwG **21**, 44),
bei Anspr aus dem SozialversichergsR (BSG NJW **69**, 575), u zwar auch im Anwengsbereich von SGB X
§ 61 (BSG VersR **87**, 944), bei Anspr auf Erschließgsbeiträge (BVerwG NJW **71**, 1148), auf Beiträge im
FlurbereiniggsR (BVerwG NVwZ **89**, 878) auf Investitionszulagen (BFH NJW **76**, 1863), auf Enteigngsent-
schädigg (BGH NJW **82**, 1277), auf Rückerstattg von rgrdlos empfangenen Entschädiggen (BVerwG DVBl
78, 609), auf GebührenAnspr der Notare (BGH **108**, 268, Hansens NJW **90**, 1831) u Schornsteinfeger
(BVerwG NJW-RR **94**, 972). **Anwendbar sind** die §§ 284ff, insb § 288, dagg auf Anspr aus öffrechtl Vertr, 7
VwVfG 62 (BVerwG NVwZ **89**, 878, aA BVerwG NVwZ **86**, 554) u auf Rückzahlg von Studienbeihilfen
(BVerwG DÖD **79**, 189). Zuständ zur Entscheidg sind gem VerwGO 40 II, GG 34 grdsl die ordentl Ger

(BVerwG **14**, 4, DVBl **71**, 412). Das gilt aber nur dann, wenn der SchadErsAnspr unmittelb u ausschließl Ggst der Kl ist (BVerwG **27**, 132, NJW **71**, 1148). Vgl auch § 291 Rn 2.

8 **d) Voraussetzungen** (Übersicht). Sie ergeben sich aus den §§ 284, 285: Der Anspr muß vollwirks u fäll sein (Rn 11 ff). Erforderl ist grdsl eine Mahng (Rn 15 ff; Ausn s Rn 22 ff). Der Schu muß die mögl Leistg nicht od nicht rechtzeit erbringen (Rn 26 f) u muß die Verzögerg zu vertreten haben (§ 285).

9 **e) Rechtsfolgen** (Übersicht). Sie sind in den §§ 286–290, 326 geregelt. Der Gläub kann Ersatz des Verzögergsschadens verlangen (§ 286), bei Geldschulden als Mindestschaden Verzugszinsen (§ 288). Unter den Voraussetzgen des § 286 II steht ihm ein SchadErsAnspr wg NichtErf der ganzen Verbindlichk zu. Beim ggs Vertr kann er nach Maßg des § 326 SchadErs wg NichtErf fordern od vom Vertr zurücktreten. Verschärfgen u Erweitergen der Haftg ergeben sich aus §§ 287–290. SonderVorschr enthalten die §§ 339, 354, 455, 538, 554, 557, 633 III, 636.

10 **f)** Die §§ 284 ff sind **dispositives Recht.** Ändergen dch AGB unterliegen aber den sich aus dem AGBG ergebden Schranken. Einschlägig sind neben der Generalklausel (AGBG 9) die Klauselverbote in AGBG 10 Nr 1 u 2, 11 Nr 4, 5 a, 7, 8 u 9 (s dort).

11 **2)** Der Anspr muß **vollwirksam und fällig** sein. – **a)** Bei einem schwebd unwirks Vertr ist Verzug währd des Schwebezustands grdsl ausgeschl; soweit nach § 275 Rn 27 eine wirks Verpflichtg zur Hinterlegg des KaufPr begründet w kann, ist aber ein Verzug des Käufers mögl (BGH NJW **99**, 1329). Das Bestehen einer **dauernden oder aufschiebenden Einrede** (§§ 202 I, 222, 379, 478, 771, 821, 853, 2014 f) schließt den Verzug aus, u zwar auch dann, wenn der Schu die Einr (zunächst) nicht erhebt (RG **126**, 285, BGH **48**, 250, **104**, 11). Der Verzug erfordert einen dchsetzb Anspr, der schon dch das Bestehen des EinredeR ausgeschlossen ist (MüKo/Thode Rn 13, str, s Diederichsen JuS **85**, 829). Voraussetzg ist jedoch, daß der Schu die Einr im Proz wirkl erhebt; geschieht das nicht, muß er sich so behandeln lassen, wie wenn er in Verzug gekommen
12 wäre (Larenz § 23 I c mwNw). – **b)** Besonderheiten gelten für das **Zurückbehaltungsrecht** (§ 273) u die **Einrede des nichterfüllten Vertrages** (§ 320). Das ZbR schließt den Verzug nur aus, wenn es vor od bei Eintritt der Verzugsvoraussetzgen ausgeübt w, da der Gläub Gelegenh haben muß, von seiner Abwendgsbefugn (§ 273 III) Gebrauch zu machen (RG **77**, 438, BGH WM **71**, 1021). Eine bes Geltdmachg ist nicht erforderl, wenn der Gläub dem Bestehen des ZbR Rechng trägt u Leistg Zug um Zug verlangt (BGH **60**, 323). Ausübg des ZbR nach Eintritt des Verzuges beseitigt den Verzug nicht. Erforderl ist vielmehr, daß der Schu seine Leistg Zug um Zug anbietet (BGH NJW **71**, 421, Rn 30). Für § 320 gilt die allg Regel, daß bereits das Bestehen des später geltd gemachten EinredeR den Verzug ausschließt (BGH **84**, 44, **113**, 236,
13 NJW **93**, 2674, **99**, 53, 2110). Verzug setzt voraus, daß der Gläub die ihm obliegde **Gegenleistung** anbietet, u zwar in einer AnnVerzug begründden Weise (BGH **116**, 249); die bloße Bereitsch des Gläub zur Erbringg der Leistg reicht nicht aus (BGH aaO, NJW **96**, 923, § 320 Rn 12). Das Angebot der GgLeistg kann iF des § 295 in der Mahng konkludent mitenthalten sein (BGH MDR **91**, 1039). Hat der Gläub die GgLeistg
14 hinterlegt, genügt eine Verweisg auf den hinterlegten Betrag (BGH **LM** § 320 Nr 8). – **c)** Zur **Fälligkeit** s § 271. Bei Fdgen, deren Höhe dch GestaltgsUrt zu bestimmen ist, tritt Fälligk erst nach RKraft des Urt ein (BGH **122**, 45, NJW **96**, 1058, § 315 Rn 17). Die Gewährg einer richterl RäumgsFr (ZPO 721) beseitigt die Fälligk u den Verzug nicht (BGH NJW **53**, 1586, vgl aber § 557 III), ebsowenig die Abrede, aus einem Titel zeitweilig nicht zu vollstrecken (BGH NJW **68**, 700), wohl aber die Stundg der Fdg (RG **147**, 381). Beruht die Verspätg darauf, daß der Gläub einer **Mitwirkungspflicht** nicht nachkommt, tritt kein Verzug ein (BGH NJW **96**, 1746, s auch Rn 20).

15 **3) Mahnung. – a)** Sie ist die an den Schu gerichtete Aufforderg des Gläub, die geschuldete Leistg zu erbringen. Sie ist eine nicht formgebundene, einseit empfangsbedürft Erkl. Sie ist kein RGesch, sond eine geschäftsähnl Hdlg (BGH **47**, 357, NJW **87**, 1547, ÜbblG v § 104). Die Vorschr über RGesch u WillErkl sind aber entspr anwendb(BGH aaO). Die Mahng des GeschBeschränkten ist gült, da sie ledigl Vorteile bringt, § 107 (KG FamRZ **89**, 537), die des GeschUnfähigen ist dagg nichtig (§ 105). Soll ein GeschBeschränkter od
16 ein GeschUnfähiger gemahnt w, gilt § 131. Die Mahng muß **nach Fälligkeit** erfolgen, vorher ausgesprochen ist sie wirkgslos (BGH **77**, 64, NJW **92**, 1956). Es ist jedoch zul, die Mahng mit der die Fälligk begründden Hdlg (zB Abruf) zu verbinden (RG **50**, 261, BGH WM **70**, 1141, KG DNotZ **87**, 34). Währd eines Streiks kann der ArbN wg seines UrlAnspr nur mahnen, wenn er erklärt, daß er seine ArbPfl wieder erf w (BAG DB **97**, 679). Die Mahng braucht nicht am ErfOrt (§ 269) zu erfolgen. Bei einer Mahng am unpassden Ort kann sich aber aus § 242 ergeben, daß Verzug erst nach angem Fr eintritt (Rn 27).

17 **b)** Die in der Mahng enthaltene Aufforderg zur Leistg muß **bestimmt** u **eindeutig** sein (RG **93**, 301, BGH FamRZ **83**, 52). Eine FrSetzg ist nicht nötig, ebsowenig die Androhg best Folgen. Es genügt, wenn der Gläub unzweideut zum Ausdr bringt, daß er die geschuldete Leistg verlange (BGH NJW **98**, 2132). Der häufig zitierte Satz, die Mahng müsse erkennen lassen, daß das Ausbleiben der Leistg Folgen haben w (BGH **LM** Nr 1, AG Gütersloh NJW **83**, 1621), trifft nicht zu (Hamm NJW-RR **92**, 668). Eine bedingte Mahng begründet keinen Verzug (RG **75**, 333, MüKo/Thode Rn 32), ebsowenig eine vorsorgl Geltdmachg (BAG DB **86**, 2684), wohl aber die befristete Mahng, wobei die Fr iZw mit dem Datum der Mahng beginnt (Ziegeltrum JuS **86**, 709). Die Mahng hins eines hilfsw geltd gemachten Anspr ist wirks (BGH NJW **81**, 1732). Auch ein in höfl Form od in Versen abgefaßtes Schreiben kann eine Mahng darstellen (BGH NJW **98**, 2132, LG Ffm NJW **82**, 650). Die Erkl, der Leistg werde gern entggesehen, ist dagg keine Mahng, ebsowenig die Aufforderg, sich über die Leistgsbereitsch zu erklären (Düss NJW-RR **98**, 1749), die Mitteilg, die Fdg sei nunmehr fäll (Düss DNotZ **85**, 767), od die Äußerg des Gläub, er wäre dankb, wenn er die Leistg erwarten dürfe (RG **93**, 301). Die Mahng kann auch konkludent erfolgen, etwa dch Übersendg eines ProzKostenhilfe-Antr od eines Antr auf Erlaß einer einstweil Anordng (BGH NJW **83**, 2320), eines Antr beim FamG gem § 1612 II 2 (Hbg FamRZ **93**, 102), eines Schreibens, das den Verzugseintritt feststellt (BGH **80**, 269/276, Düss NJW-RR **97**, 1516), einer quittierten Rechng, dch wiederholte Übersendg einer Rechng od dch Abruf der Ware beim Kauf auf Abruf (Dresden SeuffA **72**, 135). Die Wechselvorlage ist Mahng hins der Wechselschuld, nicht aber hins der Fdg aus dem KausalVerhältn (BGH **96**, 193). Die Überleitgsanzeige gem AFG 140 stellt keine Mahng dar (BGH FamRZ **83**, 52), ebsowenig die Einleitg eines StrafVerf (BGH NJW **87**, 1149),

wohl aber die Anzeige gem UVG 7 II Nr 2. Auch die erstmalige Zusendg einer Rechng ist keine Mahng (RG **118**, 354). Wenn diese einen Vermerk über den gewünschten ZahlgsZpkt enthält („zahlb binnen 2 Wo"), so ist das iZw als Einräumg eines Zahlgsziels u nicht als befristete Mahng aufzufassen (s auch LG Paderborn MDR **83**, 225, aA Wilhelm ZIP **87**, 1497). Stehen dem Gläub **mehrere** Anspr zu, muß erkennb sein, worauf sich die Mahng bezieht (BGH **LM** § 346 Nr 6).

c) Bei betragsmäß **unbestimmten** Anspr (SchmerzG, PflTeil, Unterh) braucht die Mahng nicht in jedem 18
Fall eine Bezifferg zu enthalten. Beim SchmerzGAnspr genügt es, wenn ausr konkrete Tats zur Höhe vorgebracht w (s BGH VersR **63**, 726). Für den PflTeilsAnspr u den Anspr auf VersorggsAusgl ist anerkannt, daß der auskpflicht Schu dch eine unbezifferte, einem zuläss Antr in einer StufenKl entspr Mahng in Verzug kommt (BGH **80**, 277, Bambg FamRZ **98**, 1367). Bei **Unterhaltsansprüchen** steht die Aufforderg an den Verpflichteten, Ausk über seine Einkünfte u sein Vermögen zu geben, u die RHängigk des UnterhAnspr (ZPO 261, nicht 270 III !) iRv § 1613 I nF der Mahng ausdr gleich. Wenn der Verpflichtete kein für die UnterhBemessg relevantes Vermögen hat, muß aber trotz des mißverständl GesTextes auch das AuskVerlangen nur hinsichtl des Einkommens ausreichen. Wird der Verpflichtete zugl wg eines best Betrages gemahnt, gilt § 1613 I aGrd des AuskVerlangens auch für einen etwaigen MehrBetrag (and fr Brschw FamRZ **95**, 875). Die Mahng muß so konkretisiert sein, daß der Schu weiß, welcher Unterh von ihm verlangt w (BGH NJW **84**, 868). Es genügt, wenn der Gläub ggü dem Schu zum Ausdr bringt, daß er weiterhin einen best Mindestbetrag benötigt u fordert (Celle FamRZ **80**, 914). Nicht ausr ist es dagg, daß der Schu unter Inanspruchn fachkund Beratg den geschuldeten Unterh ziffernmäß ermitteln kann (BGH NJW **84**, 868), auch die Mitteilg von UnterhRichtl genügt nicht (Soergel/Häberle § 1613 Rn 3, aA Karlsr FamRZ **80**, 917). Kennt der Schu Grd u Höhe des gg ihn bestehden Anspr, so tritt bei Einstellg der bisher von ihm geleisteten Zahlgen ohne Mahng Verzug ein (BGH NJW **87**, 1551). Solange die anspruchsbegründden Voraussetzgen des UnterhR fortbestehen, braucht die Mahng **nicht periodisch wiederholt** zu werden (BGH **103**, 62), es sei denn, die Verhältn haben sich wesentl geändert (Bambg FamRZ **90**, 1235). Eine erneute Mahng ist aber bei einem Wechsel der AnsprIdentität erforderl (BGH aaO u NJW **92**, 1956: Trenngs- u nachehel Unterh; krit Spangenberg u Bentert FamRZ **93**, 28, 980), ebso, wenn der Gläub seine Fdg dch teilw Rückn od dch AntrErmäßigg reduziert hat (Hamm FamRZ **89**, 1303), od wenn eine Mehrzahlg über den gezahlten Unterh hinaus beansprucht w (Oldbg FamRZ **82**, 731). Auch die Mahng zur Vornahme von Schönheitsreparaturen ist nur wirks, wenn sie die vorzunehmden Reparaturen näher bezeichnet (LG Bln MDR **83**, 319, BGH NJW-RR **92**, 1227 läßt offen). Die Mahng für eine **Mehrheit** von Gläub ist nur wirks, wenn der für jeden Gläub geforderte Betrag konkret bezeichnet w (Hamm NJW-RR **97**, 962).

d) Bei einer **Zuvielforderung** ist die Mahng wirks, wenn der Schu die Erkl des Gläub nach den Umst des 19
Falles als Aufforderg zur Bewirkg der tatsächl geschuldeten Leistg verstehen muß u der Gläub zur Annahme der ggü seinen Vorstellgen geringeren Leistg bereit ist (BGH **LM** § 286 Nr 3, FamRZ **83**, 352, Ffm NJW-RR **89**, 409, Bambg NJW-RR **90**, 903, Zweibr WM **96**, 625). Entspr gilt, wenn der Gläub eine Leistg zu Bdggen verlangt, die vom Vertr abweichen (BGH WM **89**, 1898: Leistg an RA statt auf Notaranderkonto). Entgg der älteren Rspr (RG JW **24**, 1137 uö) ist nicht entscheidd, wie sich der Schu iF richtiger Mahng verhalten hätte (Staud-Löwisch Rn 25). Es kommt vielmehr darauf an, ob die Erkl des Gläub gem §§ 133, 157 als Aufforderg zur Erbringg der geschuldeten Leistg aufzufassen ist. Der Gläub kann aber aus der Mahng keine Rechte herleiten, wenn er einen weit übersetzten Betrag geltd macht (BGH NJW **91**, 1288, ZIP **93**, 423), insbes dann nicht, wenn der Schu den wirkl geschuldeten Betrag nicht zuverläss feststellen kann (BGH aaO). Die Fdg einer **zu geringen Summe** begründet nur hins des angemahnten Betrages Verzug (BGH NJW **82**, 1985). – **e)** Ist zur Vornahme der Leistg eine **Mitwirkung des Gläubigers** notw, ist die Mahng nur 20
wirks, wenn der Gläub die erforderl Hdlg vornimmt od anbietet (BGH DB **71**, 2155). Das gilt etwa bei Holschulden, beim Spezifikationskauf u bei Wahlschulden; bei einer ErfVerweigerg des Schu ist die MitwirkgsHdlg des Gläub aber entbehrl (BGH NJW-RR **90**, 444). Bei einem Anspr aus einem ggs Vertr muß der Gläub mit der Mahng die ihm obliegde GgLeistg anbieten (Rn 13). – **f)** Der **Mahnung gleichgestellt** ist 21
dch **I 2** die Erhebg der Leistgsklage u die Zustellg eines Mahnbescheids. Eine Widerklage genügt, ebso ein HilfsAntr (RG **108**, 281, BGH NJW **81**, 1732) u eine Stufenklage (BGH **80**, 277), vorausgesetzt der AuskAnspr besteht u ist fällig (Düss NJW **93**, 1080). Dagg reichen nicht aus die Feststellgsklage, die Klage auf künft Leistg nach ZPO 257 ff u die Anmeldg der Fdg im Konkurs (RG **121**, 211).

4) Verzug ohne Mahnung. – a) Eine Mahng ist entbehrl, wenn für die Leistg dch Ges od RGesch eine 22
Zeit nach dem **Kalender** bestimmt ist **(II 1).** Erforderl ist eine vertragl Vereinbg, eine einseit Bestimmg dch den Gläub genügt nicht (LG Paderborn MDR **83**, 225, aA Fahl JZ **95**, 341). Als Leistgszeit muß unmittelb od mittelb ein best Kalendertag festgelegt sein (s RG **103**, 34, BGH WM **71**, 615). Es genügt daher die Bestimmg, „im August" (BGH NJW-RR **99**, 593/595), „Mitte des Monats" (BAG WM **82**, 246), „1. Dekade des Monats" (BGH NJW **84**, 49), „8. KalenderWo" (BGH WM **96**, 1598), „3 Wochen nach Ostern", od „bis Ende 1983", „14 Tage ab Bestellg" (BGH WM **92**, 823), Zahlg „4 Wochen nach Beurk" (BGH WM **95**, 440). Dagg ist bloße Berechenbark nach dem Kalender nicht ausreichd (Umkehrschluß aus II 2, RG **103**, 33, Oldbg NJW **59**, 888). Bei folgden Abreden tritt Verzug daher erst nach Mahng ein: „Bezahlg 2 Wochen nach Lieferg", „Lieferg 3 Wochen nach Abruf" (RG **68**, 22, **103**, 33), „Zahlg bis zum 1. 2., sofern bis dahin die AuflVormkg eingetragen ist" (LG Gießen NJW-RR **96**, 497, 589), Zahlg bei Übergabe (Köln NJW-RR **94**, 916), „60 Tage nach Rechngsstellg" (BGH **96**, 315), „1 Jahr nach Baubeginn" (Hamm MDR **81**, 844); Fertigstellg binnen 160 ArbTagen (BGH NJW **86**, 2049). Der Ablauf der WiderrFr für einen Vergl fällt schon deshalb nicht unter II 1, weil die Fr nicht die Leistgszeit, sond die Ausübg des WiderrR betrifft (s Ffm NJW-RR **96**, 304); and ist es aber, wenn im Vergl ausdrückl „Zahlg nach Ablauf der WiderrFr" vereinbart worden ist (s Düss MDR **87**, 495). Die für den Steuerpflichtigen maßgebden Fr des SteuerR gelten für den Vertr mit dem Steuerberater nur, wenn sie VertrInh geworden sind (BGH **115**, 387). Bei wiederkehrden kalendermäß bestimmten Leistgen tritt Verzug auch dann ein, wenn der Gläub in der Vergangenh wiederholt unpünktl Leistgen widerspruchslos angenommen hat (BGH NJW **59**, 766). II setzt voraus, daß der Anspr im maßgebden Ztpkt vollwirks u fäll ist (Karlsr NJW-RR **86**, 57). – **b) Unterhaltsansprüche.** Daß der Unterh nach 23
§ 1612 III monatl im voraus zu zahlen ist, begründet keine Kalenderfälligk iSv II (Karlsr FamRZ **81**, 384,

MüKo/Hinz § 1613 Rn 4). Dagg ist II anwendb, wenn die Part den Unterh vertragl geregelt haben od der Unterh gerichtl ausgeurteilt ist (BGH NJW **83**, 2320, FamRZ **89**, 150). Das gilt auch, wenn die UnterhHöhe vertragl an einen Index geknüpft ist (Köln FamRZ **83**, 178). Hat sich der Schu zur Zahlg des jew RegelUnterh verpflichtet, tritt iF einer Erhöhg Kalenderfälligk jeweils für den erhöhten Betrag ein (Oldenbg u Düss FamRZ **79**, 627 u 1057); das gilt auch für eine UnterhRegelg, die zw den Eltern in einer ScheidgsVereinbg getroffen worden ist (Mü FamRZ **79**, 1057). Unter den Voraussetzgen des **§ 1613 II nF** besteht ein Unterh-Anspr für die Vergangenh auch dann, wenn der Schu nicht in Verzug geraten ist (s dort). – **c)** Eine Mahng ist nicht erforderl, wenn der Leistg eine **Kündigung** vorauszugehen hat u sich die Leistgszeit von der Künd ab nach dem Kalender berechnen läßt **(II 2).** Bsp sind die Räumg einer Wohng od die Rückzahlg eines Darl „3 Monate nach Künd." Eine entspr Anwendg dieser Vorschr auf and Fälle ist nicht mögl. Bei einer Abrede „Lieferg 2 Wochen nach Abruf" ist daher eine Mahng erforderl (RG **103**, 34). Entspr gilt, wenn die Leistgszeit von einem sonstigen künft ungewissen Ereign abhängig gemacht w, etwa von einer Lieferg od einer Rechng
24 (RG aaO, Oldbg NJW **59**, 888, LG Mannh BB **68**, 269). – **d)** Nach **Treu und Glauben** ist die Mahng entbehrl: – **aa)** wenn der Schu die Leistg vor od nach Fälligk ernsth u endgült **verweigert** (BGH **2**, 312, **65**, 377, NJW-RR **92**, 1227, Saarbr NJW **96**, 3086), etwa dch die Weisg an den Notar nicht zu zahlen (Ffm DNotZ **89**, 254); Verzug tritt mit Wirkg *ex nunc* ein (BGH NJW **85**, 488); – **bb)** wenn der Schu, wie er weiß, eine falsche od fehlerh Leistg erbracht hat, gleichwohl aber die geschuldete Leistg nicht bewirkt (RG SeuffA **60**, 28, BGH NJW **70**, 1502, **85**, 2526); – **cc)** wenn eine Mahng aus Grden, die im Verantwortgsbereich des Schu liegen (Untertauchen, häuf Wechsel des Aufenh) nicht **möglich** ist (Köln NJW-RR **99**, 4, § 1613 II 2); – **dd)** wenn sich die **besondere Dringlichkeit** der Leistg aus dem VertrInhalt ergibt (RG JW **33**, 2204, BGH NJW **59**, 933, **63**, 1823). Bsp sind die Reparatur eines Wasserrohrbruches od die sonst Zusage
25 „schnellstmögl Reparatur" in einem dringl Fall (BGH NJW **63**, 1823). – **e)** Die Mahng kann dch **Parteiabrede** erlassen w. Dazu bedarf es aber einer Individualvereinbarg. Entspr Klauseln in AGB sind gem AGBG 11 Nr 4 unwirks (s dort). – **f)** Eine Mahng ist entbehrl, wenn der Schu zur Herausg einer dch **unerlaubte Handlung** entzogenen Sache verpflichtet ist: fur semper in mora (Kiel SeuffA **59**, 259). Die §§ 848, 849, die ausdr einige Verzugsfolgen ohne Mahng eintreten lassen, stehen einer solchen allg Beurteilg nicht entgg (hM).

26 **5) Verzögerung der Leistung.** – **a) Leistet** der Schu auf die Mahng **nicht,** gerät er in Verzug. Für die Rechtzeitigk der Leistg kommt es bei Schickschulden auf die Vorn der LeistgsHdlg an, nicht auf den Eintritt des Leistgserfolgs (§ 270 Rn 6). Der Schu gerät nicht in Verzug, wenn der Gläub zZ der Mahng od am kalendermäß best Termin nicht in der Lage od nicht willens ist, die Leistg anzunehmen (Gursky AcP **173**,
27 450; entspr Anwendg von § 297). – **b)** Der Verzug **beginnt** mit dem Zugang der Mahng (I), bei kalendermäß festgelegter Leistgszeit (II) mit dem Ablauf des Tages, an dem die Leistg (spätestens) zu erbringen war. Bei **Unterhaltsansprüchen** wirken Mahng und die gleich stehden Ereign im Rahmen von § 1613 I S 3 nF auf den Ersten des Mo zurück, in den das Ereign fällt, wenn der UnterhAnspr dem Grunde nach schon zu diesem Ztpkt bestanden hat. Haben sich die für die UnterhBemessg maßgebden Umst verändert, richtet sich der Unterh für die Vergangenh nach Verhältn vor der Änderg. Für den Tag des Zugangs der Mahng wären daher an sich anteilige Verzugszinsen (§ 288) zu zahlen. Der RGedanke des § 187 (dort Rn 1) rechtfertigt es aber, den Zinslauf erst am nächsten Tag beginnen zu lassen. Eine Prüfgs- od NachFr steht dem Schu grdsl nicht zu. Treu u Glauben können aber ausnw eine and Beurteilg rechtfertigen, so wenn die Erteilg der Rechng u die Mahng gleichzeit erfolgt sind (BGH Warn **70**, 191), wenn der Anspr auf Freihaltg von einer Verbindlichk gerichtet ist (BGH NJW **83**, 1729), od wenn ein Anspr geltd gemacht w, dessen Berechtigg einer Überprüfg bedarf, so bei Anspr aus VersVertr (BGH **LM** VVG 11 Nr 1, Köln VersR **83**, 451, Saarbr AnwBl **91**, 343), wettbewerbsrechtl UnterlAnspr (KG NJW-RR **87**, 995) u Aussondergs- u AbsondergsR im InsVerf (AG Bonn ZIP **94**, 1880).

28 **6) Beendigung des Verzuges.** – **a)** Der Verzug endet für die Zukunft, wenn eine seiner Voraussetzgen entfällt. Der häufigste BeendiggsTatbestd ist die nachträgl Erbringg der **Leistung.** Bei Schickschulden tritt Heilg entspr § 270 Rn 6 bereits mit Vornahme der LeistgsHdlg ein (Düss NJW-RR **98**, 780, Ffm MDR **99**, 667). Auch dch eine Leistg zur Abwendg der ZwVollstr endet der Verzug, obwohl das SchuldVerh noch nicht
29 erlischt (BGH NJW **81**, 2244, aA Braun AcP **184**, 161, vermittelnd Krüger NJW **90**, 1209). – **b)** Der Verzug wird auch dann geheilt, wenn der Schu die Leistg in einer AnnVerzug begründden Weise **anbietet.** Dazu ist notw, daß die Leistg vollständ angeboten w. Ein gleichzeit Angebot von Verzugszinsen u Schaden ist nicht erforderl, da die Anspr aus §§ 286, 288 nicht Teil der HauptFdg, sond auf einem zusätzl RGrd beruhde NebenFdgen sind (Eisenhardt JuS **70**, 489, Scherner JR **71**, 441, MüKo/Thode Rn 46, § 266 Rn 5, str). Auch wenn man die ursprüngl Leistg als Teilleistg ansieht, ist der Gläub uU nach Treu u Glauben zur Ann
30 verpflichtet (BAG BB **75**, 1578, § 266 Rn 9). – **c)** Weiter können folgde Grde zur Beendigg des Verzuges führen: – **aa) Stundung** (BGH NJW-RR **91**, 822); – **bb) Verjährung** des Anspr (BGH **34**, 197, **104**, 11); – **cc) Untergang** des Anspr dch Anf, Rücktr od Unmöglichw der Leistg (Rn 3); – **dd)** Ausübg eines **Zurückbehaltungsrechts** (RG **120**, 197, BGH NJW **71**, 421, Rn 12). Der Erwerb des ZbR genügt nicht. Erforderl ist, daß der Schu das ZbR geltd macht u seine Leistg Zug um Zug anbietet (BGH aaO); zur nachträgl Berufg
31 auf § 321 s dort Rn 5, auf § 410 s dort Rn 3; – **ee) Rücknahme** der Mahng od der Klage (BGH NJW **83**, 2320) nicht aber ow die Ablehng des Antr auf Erlaß einer einstweil AO (BGH NJW **95**, 2033). Der Verzug endet mit Wirkg *ex nunc* (BGH NJW **87**, 1546, FamRZ **88**, 479); bereits eingetretene Verzugsfolgen, zB die Verpfl zur UnterhZahlg für die Vergangenh (§ 1613), bleiben bestehen (BGH aaO). – **d)** Ein aGrd des Verzuges entstandenes gesetzl **Rücktritts- od Kündigungsrecht** entfällt mit der Beendigg des Verzuges, sofern es nicht vorher ausgeübt worden ist (BGH **34**, 197, WM **91**, 467). Dagg kann bei einem entspr vertragl Recht die Auslegg ergeben, daß es auch nach Beendigg des Verzuges ausgeübt w kann (BGH WM **79**, 422).

32 **7)** Der Gläub trägt für die tatbestandl Voraussetzgen des Verzuges die **Beweislast** (Baumgärtel-Strieder Rn 1), die Leistg u ihre Rechtzeitigk hat dagg der Schu zu beweisen (BGH NJW **69**, 875). Der Schu ist außerdem für die fehlde AnnBereitsch des Gläub beweispflicht (Gursky AcP **173**, 450), ferner für die Voraussetzgen des § 285 (dort Rn 1) u für die Beendigg des Verzuges (BGH NJW **69**, 875).

285 *Kein Verzug ohne Vertretenmüssen.* **Der Schuldner kommt nicht in Verzug, solange die Leistung infolge eines Umstandes unterbleibt, den er nicht zu vertreten hat.**

1) Allgemeines. Verzug tritt nur ein, wenn die Verzögerg der Leistg auf einem vom Schu zu vertretden Umst beruht. Was der Schu zu vertreten hat, regeln die §§ 276–279. Danach hat der Schu für eig Verschulden u das seiner ErfGehilfen u gesetzl Vertreter einzustehen (§§ 276, 278). Bei Gattgs- u Beschaffgsschulden ist der Schu entspr § 279 auch dann für die Verzögerg der Leistg verantwortl, wenn sie in mangelnder finanzieller Leistgsfähigk od in Fehlern bei den geschäftl Dispositionen ihren Grd hat (BGH **36**, 345, WM **82**, 400). Das BGB sieht das Vertretenmüssen nicht als Voraussetzg des Verzuges, sond das Nichtvertretenmüssen als BefreiungsGrd an. Die **Beweislast** trifft damit insow den Schu (BGH **32**, 222, VersR **83**, 61). 1

2) Als **Entschuldigungsgründe,** die den Eintritt des Verzuges hindern, kommen in Betracht: – **a) Unverschuldete tatsächliche Leistungshindernisse** vorübergehder Natur. Bsp sind: eine schwere Krankh des Schu (RG JW **03**, Beil 114); Unkenntn der geänderten Anschrift des Gläub (RG SeuffA **60**, 27) od der Anschrift des Zessionars (RG SeuffA **68**, 32); Unkenntn der Erben des verstorbenen Gläub (BGH **LM** § 581 Nr 35); Änd der Grdl des Bauzeitplanes aus vom AuftrN nicht zu vertretden Grden (Hamm NJW-RR **96**, 1364); Unkenntn der genauen TatUmst bei Anspr aus unerl Hdlg od Gefährdg (BGH BB **64**, 820, Celle NJW **63**, 1205, § 284 Rn 27); Nichtzurverfüggstellg der für die Anfertigg der Steuererklärg erforderl Unterlagen (BGH VersR **83**, 61); uU Schwierigk bei der Beschaffg von ErsRaum (Braunschw NJW **63**, 1110, Celle MDR **67**, 1013); BetrStörgen dch Naturereign od sonst höhere Gewalt. Dagg kann sich der UnterhSchu nicht darauf berufen, er habe die für die Bemessg der UnterhHöhe maßgebden Umst nicht zuverläss gekannt (Stgt FamRZ **84**, 1234). – **b) Unverschuldete rechtliche Leistungshindernisse** vorübergehder Natur. Bsp sind: Einfuhrbeschränkgen od Beschränkgen im internationalen ZahlgsVerk (RG **161**, 105); befristetes Neubauverbot (BGH **LM** § 275 Nr 7); nicht voraussehb Verzögergen bei der Erteilg der erforderl behördl Gen. – **c) Rechtsirrtum** (Lit: J. Mayer, RIrrt, 1989). Die neuere Rspr geht abw von einer fr strengeren Auffassg zutreffd einmütig davon aus, daß der Schu für einen unverschuldeten RIrrt nicht einzustehen braucht (RG **156**, 120, BGH NJW **51**, 398, 758, **72**, 1045, **LM** Nr 4). An den Entlastgsbeweis sind jedoch strenge Anfordergen zu stellen (BGH NJW **94**, 2755). Der Schu muß die RLage sorgfält prüfen, soweit erforderl, RRat einholen u die höchstrichterl Rspr sorgf beachten (BGH **89**, 303, NJW **94**, 2755). Er handelt idR schuldh, wenn er sich auf eine von zwei entggesetzten RAusk verläßt (BGH VersR **68**, 148). Die unricht Ausk eines RA ist kein EntschuldiggsGrd, wenn der Schu sich das Versch des RA gem § 278 zurechnen lassen muß (LG Bln NZM **98**, 573), aber auch dann nicht, wenn ein erkennb sittenw Verhalten für rechtl unbedenkl erklärt w (BGH **74**, 281). Auch wenn ein KollegialGer die RAns des Schu gebilligt hat, ist dieser nicht in jedem Fall entlastet (BGH NJW **74**, 1903, VersR **90**, 153, **91**, 333), vor allem dann nicht, wenn er bewußt das Risiko eines VerbotsIrrt eingegangen ist (BGH NJW **82**, 635), wenn das Ger das Verhalten des Schu aus RGrden billigt, die dieser selbst nicht erwogen hat (BGH NJW **82**, 36) od wenn es sich um eine vorläuf Entscheidg aGrd einer summar Prüfg handelt (BGH NJW **83**, 2318). Muß der Schu mit einer abw Beurteilg dch das zuständ Ger ernsth rechnen, handelt er auch dann auf eig **Risiko** u damit schuldh, wenn er seine eig RAnsicht sorgfält gebildet hat (BGH **89**, 303, NJW **74**, 1904, NJW-RR **90**, 161, Köln NJW-RR **98**, 1017, MüKo/Hanau § 276 Rn 120. Hat der Verw einer WoEigtGemeinsch über die Erteilg einer VeräußergsGen od der ArbG über die tarifl Einstufg eines ArbN zu entscheiden, zieht die Rspr den Gedanken der Risikoübernahme dagg (ohne das zu problematisieren) nicht heran u verneint ein Verschulden, wenn der Schu seine RAnsicht sorgf gebildet hat (BGH **131**, 346, BAG DB **98**, 87). Ebso verfährt sie, wenn es bei erbrechtl Anspr (BGH NJW **99**, 1467/1474) od im gewerbl RSchutz od UrhR um die Beurteilg von schwier u in Fachkreisen str Fragen geht (BGH **17**, 295, **62**, 36). Entschuldigt ist der Schu, wenn beide Part längere Zeit von derselben RAnsicht ausgegangen sind (RG **96**, 316, LG Duisbg NJW-RR **96**, 719), wenn seine RAns der damals hM entsprach (BGH NJW **72**, 1045, Köln DB **85**, 2403) od wenn er bei einer zweifelh, höchstrichterl noch nicht geklärten Ausleggsfrage der GesBegründg folgt (BAG DB **93**, 1037). – **d)** Das Vorliegen eines EntschuldiggsGrdes ist eine vAw zu berücksichtigde **Einwendung,** keine Einrede. Der Schu ist idR nach § 242 verpflichtet, dem Gläub von dem Leistgshindern Mitteilg zu machen. Bei schuldh Verletzg dieser Anzeigepfl haftet der Schu wg pVV auf SchadErs. Fällt der EntschuldiggsGrd weg, tritt Verzug ein, ohne daß es einer erneuten Mahng bedarf (MüKo/Thode Rn 11). Ein nach Eintritt des Verzuges entstehder EntschuldiggsGrd beseitigt den Verzug nach dem RGedanken des § 287 nicht (RG **156**, 121, BGH NJW-RR **96**, 460). 2 3 4 5 6

286 *Verzugsschaden.* [I] **Der Schuldner hat dem Gläubiger den durch den Verzug entstehenden Schaden zu ersetzen.**

[II] **Hat die Leistung infolge des Verzugs für den Gläubiger kein Interesse, so kann dieser unter Ablehnung der Leistung Schadensersatz wegen Nichterfüllung verlangen. Die für das vertragsmäßige Rücktrittsrecht geltenden Vorschriften der §§ 346 bis 356 finden entsprechende Anwendung.**

1) Allgemeines. – a) § 286 regelt neben den §§ 287–290 die **Rechtsfolgen des Verzuges.** I gilt für SchuldVerh jeder Art, auch für ggs Vertr u Anspr aus sachen-, familien- od erbrechtl Tatbestden (BGH NJW **84**, 868, Karlsr FamRZ **79**, 170, § 284 Rn 5). Er wird beim Räumgsverzug dch § 557 II u III eingeschränkt. II gilt gleichf für vertragl u gesetzl Anspr (str), wird aber bei ggs Vertr dch § 326 ersetzt. – **b)** § 286 ist **dispositives Recht.** Für Ändergen dch AGB gelten jedoch die sich aus dem AGBG ergebden Schranken. Formularmäß Klauseln, die die Haftg des Verwders begrenzen sollen, können gg AGBG 11 Nr 7, 8 od 9 od gg die Generalklausel des AGBG 9 verstoßen (s dort). Formularmäß Erweitergen der Verzugsfolgen können die Klauselverbote der AGBG 9, 10 Nr 7, 11 Nr 5 u 6 entggstehen (s dort). 1 2

2) I. – a) Der Anspr auf Ers des **Verzögerungsschadens** tritt **neben** den bestehenbleibden LeistgsAnspr. Zu ersetzen ist der dch den Verzug entstandene Schaden; zw dem Verzug u dem Schaden muß daher ein 3

UrsachenZusHang bestehen (Vorbem 54 v § 249). Gleichgült ist, ob die Entstehg des Schadens für den Schu voraussehb war. Sein Verschulden braucht sich nur auf den Eintritt des Verzuges, nicht auf die Entstehg des Schadens zu beziehen. Bei einem Verzug mit einem Teil der Leistg kann der Gläub den Anspr aus I nur hins dieses Teils geltd machen. Der Anspr auf Ers des Verzögergsschadens bleibt auch dann bestehen, wenn dem Gläub nachträgl gem §§ 325 od 326 ein SchadErsAnspr wg NichtErf erwächst (BGH NJW **75**, 1740, Hamm NJW **83**, 1332). Der Gläub kann aber wahlweise den Verspätgsschaden als Rechngsposten in den NichtErf-Schaden einbeziehen (RG **94**, 206, **105**, 281). Macht der Gläub beide Anspr nebeneinand geltd, darf die
4 gleiche Schadensposition nur einmal berücksichtigt w (BGH NJW **53**, 337). **Schadensersatz wegen Nichterfüllung** kann nicht aGrd von I, sond nur unter den Voraussetzgen von II od von § 326 gefordert w (RG **105**, 281). Die Kosten eines DeckgsGesch fallen daher idR nicht unter I (Mü NJW **95**, 2363). And kann es liegen, wenn der Gläub (Käufer) von seinem Abnehmer mit den Kosten eines DeckgsGesch belastet worden ist (BGH NJW **89**, 1215) od wenn der drohde Verspätgsschaden größer ist als die Kosten des DeckgsGesch (Peters NJW **79**, 688). Auch die Kosten einer ErsVornahme fallen als NichtErfSchaden nicht unter I (Baier NJW **84**, 2931, Benicke JuS **96**, 196, aA BGH **87**, 111). Für den Anspr aus I gilt die VerjFr des HauptAnspr; die Verj beginnt mit der Entstehg des Schadens (BGH **LM** Nr 3, WM **73**, 489). Der Anspr verjährt aber gem § 224 spätestens mit dem HauptAnspr (RG **156**, 121, § 224 Rn 1).

5 **b) Inhalt und Umfang** des Anspr richten sich nach den §§ 249–255. Der Gläub ist so zu stellen, wie er bei rechtzeit Leistg des Schu stehen würde. Für den Anspr aus I gilt der Grds der Naturalrestitution (§ 249 S 1). Diese ist aber prakt nur in AusnFällen mögl, so etwa wenn der Gläub inf des Verzuges mit einer Verbindlichk belastet worden ist (BGH BB **61**, 803). IdR ist der Verzögerungsschaden gem § 251 I in Geld zu ersetzen. Die ErsPfl erstreckt sich ggf auch auf die vom Gläub zu zahlde MWSt (Hamm OLGZ **80**, 20, s aber § 288 Rn 8). Die vorbehaltl Ann der verspäteten Leistg enthält iZw keinen Verzicht auf den Anspr aus I (MüKo/Thode Rn 15).

6 **c) Einzelfälle. – aa) Wert- und Kursverluste.** Bei einer Fremdwährgsschuld ist ein währd des Verzuges entstandener Kursverlust als Verspätgsschaden zu ersetzen (RG **147**, 381, JW **38**, 946, BGH **LM** § 282 Nr 25, Mü NJW **79**, 2480, LAG Hbg DB **72**, 1587); der Gläub muß aber darlegen, daß er die Valuta wertbeständ angelegt hätte (Alberts NJW **89**, 614) od daß sich der Kursverlust sonst für ihn (konkret) nachteilig ausgewirkt hat (Mü NJW-RR **88**, 1019); allerdings besteht bei einem Inländer die Vermutg, daß er Valuta alsbald in DM umtauscht (Düss WM **89**, 57). Eine ErsPfl besteht auch dann, wenn sich währd des Verzuges des Versicherers die für die Bemessg seiner Leistg maßgebden Taxwerte verschlechtert haben (Hbg VersR **75**, 660). Auch bei einer Fdg auf dtsche Währg kann inf des Verzuges ein zu ersetzder Entwertgsschaden entstehen (RG **107**, 213, Staud-Löwisch Rn 15), etwa wenn der Gläub das Geld in ausl Valuta (Wertpapieren, WirtschGütern) anlegen will u deren Kurs (Preis) angestiegen ist. Derartige SchadErsAnspr scheitern aber vielf an Beweis-
7 schwierigk od wg der Möglichk der KreditAufn an § 254. – **bb) Kosten der Rechtsverfolgung. (1)** Zu ersetzen sind die Kosten von **Mahnschreiben,** sofern die Mahng nach Eintritt des Verzuges erfolgt ist u eine zweckentspr Maßn der RVerfolgg darstellt (BGH VersR **74**, 642). Wenn die Bank ihren Verzugsschaden abstrakt berechnet, sind aber Mahnkosten nicht anzusetzen (§ 246 Rn 11). Die ErsPfl erstreckt sich auch auf die dch die Zuziehg eines RAnw entstehden Kosten, da seine Beauftragg dem adäquaten Kausalverlauf entspr u im allg nicht gg § 254 verstößt (s BGH **30**, 156, § 249 Rn 21). Das gilt auch dann, wenn sich der RA selbst vertritt (BAG DB **95**, 835). Zu ersetzen sind auch die Kosten eines KündSchreibens, das wg des Verzuges notw wurde (Köln NJW-RR **87**, 593). Auch die dem Gläub im PKHVerf entstandenen Kosten w trotz ZPO 118 I 4 von der ErsPfl umfaßt (Schlesw SchlHAnz **78**, 170). Eine ErsPfl besteht für alle sachdienl Maßn prozessualer RDchsetzg, auch wenn eine prozeßrechtl Kostenerstattg ausgeschl ist. Bsp sind Klageerhebg od VollstrMaßn in Unkenntn der inzw geleisteten Zahlg (s KG NJW-RR **92**, 1298) u der mangels Masse erfolglose Antr auf Eröffng des InsVerf (LG Essen MDR **83**, 753, s auch § 249 Rn 21), nicht aber der von Anfang an unbegründete Antr auf Erlaß einer einstweil Vfg (Dresd NJW **98**, 1872). Die Kosten der den
8 Verzug begründden **Erstmahnung** (Künd) kann der Gläub dagg nicht ersetzt verlangen, weil sie nicht dch den Verzug verursacht worden sind u die nicht rechtzeit Leistg keine pVV darstellt (BGH NJW **85**, 324, BayObLG NJW-RR **93**, 280). And kann es liegen, wenn dem Gläub ein SchadErsAnspr wg NichtErf zusteht (Gottwald JR **98**, 95). Der Zeitaufwand des Gläub für Mahnschreiben u Besuche beim RAnw (Freizeitein-
9 buße) ist nicht erstattgsfäh (§ 249 Rn 23). **(2)** Kosten eines **Inkassobüros** kann auch der Kaufm ersetzt verlangen (aA AG Hombg MDR **83**, 840, LG Bln WM **90**, 62). Keine ErsPfl aber, wenn ein zum Konzern gehördes ausgegliedertes Untern das Inkasso übernimmt (Michalski ZIP **94**, 1501, DB **95**, 2511). **Obergrenze** für die ErsPfl sind wg § 254 die **Sätze der BRAGO** (Köln OLGZ **72**, 411, Hamm JurBüro **84**, 1534, Bambg NJW-RR **94**, 412, MüKo/Thode Rn 8, Soergel/Wiedemann Rn 27), ein RGrds, der sich nun endl auch in der Rspr der InstanzGer dchzusetzen beginnt (s zB AG Peine u Celle JurBüro **96**, 648, 649). Wer die Bereitsch von fast 100 000 RA zum Inkasso nicht nutzt u sich für das teurere Angebot der Inkassoinstitute entscheidet, muß die entstehden Mehrkosten selbst tragen. Kommt es anschließd zum Proz, können die Inkassokosten idR nicht zusätzl zu den RAKosten beansprucht w, da der Gläub zur Schadensminderg den RA sogleich hätte beauftragen können (Düss OLGZ **87**, 494, Karlsr Rpfleger **87**, 422, Dresden NJW-RR **94**, 1139, Jena OLGNL **94**, 107, LG Rottweil NJW **94**, 266, LG Bln BB **96**, 290, Peter JurBüro **99**, 174, sehr str). Eine ErsPfl besteht insb dann nicht, wenn der Schu erkennb zahlgsunwill od -unfäh u daher voraussehb ist, daß später doch ein RA beauftragt w muß (Mü NJW **75**, 832, Karlsr NJW-RR **87**, 15). Sie kann ausnw gegeben sein, wenn der Gläub aus bes Grden darauf vertrauen durfte, daß der Schu ohne gerichtl Hilfe leisten w (Mü MDR **88**, 407, Düss JurBüro **88**, 1513; and ein erhebl Teil der Rspr, zB Ffm NJW-RR **90**, 729, der
10 den Anspr nur bei erkennb Zahlgsunwillen od Zahlgsunfähigk verneint). – **cc)** Zu ersetzen sind in den Grenzen des § 254 auch alle sonst dch den Verzug verursachten **Aufwendungen** (Vorbem 83 v § 249). Bsp sind die Miete für eine ErsWohng bei verspäteter Herstellg des Wohnhauses (BGH **66**, 281); **Finanzierungskosten** bei verspäteter Fertigstellg eines Bauvorhabens (BGH **121**, 212, NJW-RR **90**, 980, Kapellmann BauR **97**, 48), aber nur bis zur Höhe des obj Nutzwerts des Obj (AG Stgt NJW-RR **94**, 980); Mehrkosten bei ArbErschwernissen od Verzögerg der Bauzeit (BGH **97**, 164); Belastg mit einer für den Fall der Verspätg versprochenen VertrStrafe (BGH NJW **98**, 1493, aA Dresd NJW-RR **97**, 83, krit v Wietersheim BauR **99**,

526); steuerl Nachteile (LG Freibg NJW-RR **95**, 1206, Solidaritätszuschlag); die währd des Verzuges weiter zu entrichtde KreditVersPrämie (LG Hbg BB **71**, 932); Kreditzinsen (§ 288 Rn 7). – **dd)** Zu ersetzen sind, 11
soweit nicht § 254 entggsteht, auch weitere Folgeschäden (Honsell FS Lange, 1992, S 517) u **entgangener Gewinn** (BGH DB **56**, 110). Bsp sind das Scheitern des gewinnbringden Wiederverkaufs wg der verspäteten Lieferg, der währd des Zahlgsverzuges entgangene Anlagezins (§ 288 Rn 6), aber auch entgangener Gewinn aus einem Spekulationsgeschäft (BGH NJW **83**, 758), sofern der Gläub diesen „wirkl hereingeholt" hätte (Ffm NJW-RR **88**, 1109). Dagg stellen die dch den Verzug entgangenen **Nutzungsmöglichkeiten** grdsl keinen ersatzfäh Schaden dar (Vorbem 20 ff u 25 ff v § 249).

3) II gibt dem Gläub die Möglichk, anstelle der Leistg **Schadensersatz wegen Nichterfüllung** zu 12
verlangen. Voraussetzg ist, daß die Leistg für ihn inf des Verzuges kein Interesse mehr hat. Das gleiche Merkmal verwendet das Ges in dem prakt wichtigeren § 326 II (dort Rn 21). Interessenwegfall kann zu bejahen sein, wenn eingelagerte Möbel beim Lagerhalter nicht auffindb sind u der dringd auf Möbel angewiesene Einlagerer sich daher neues Mobiliar anschafft (Düss NJW-RR **96**, 480). Für den Inh u Umfang des SchadErsAnspr gelten die §§ 249 ff. Der Anspr richtet sich auf GeldErs, da Naturalrestitution prakt Erf wäre, das Ges den ErfAnspr aber ausschließt (MüKo/Thode Rn 13). Der Schaden kann konkret, uU aber auch abstrakt bemessen w (s § 325 Rn 9 ff). Bei abstrakter Schadensberechng ist als Stichtag nach Wahl des Gläub entweder der Verzugseintritt od der Interessenwegfall zugrde zu legen (RG **96**, 160). Vgl im übrigen zur Schadensbemessg §§ 326 Rn 26 u 325 Rn 9 ff. Will der Gläub nach § 286 II vorgehen, muß er die Leistg ablehnen. Wg der Ausübg des AblehngsR verweist II 2 auf die **Rücktrittsvorschriften.** Eine entspr Verweisg 13
auf die §§ 346 ff enthält § 280 II 2. Die Ausführgen zu § 280 II 2 (dort Rn 9) gelten sinngem.

287 ***Erweiterte Haftung.*** **Der Schuldner hat während des Verzugs jede Fahrlässigkeit zu vertreten. Er ist auch für die während des Verzugs durch Zufall eintretende Unmöglichkeit der Leistung verantwortlich, es sei denn, daß der Schaden auch bei rechtzeitiger Leistung eingetreten sein würde.**

1) Satz 1 erweitert das **Haftungsmaß:** Auch wenn für den Schu Haftgserleichtergen gelten (§ 277 1
Rn 4 u 6), muß er währd des Verzuges für jede Fahrlässigk einstehen. Da der Schu nach S 2 für die währd des Verzuges eintretde Unmöglichk unabhäng von einem Verschulden haftet, ist die prakt Bedeutg von S 1 gering. Er betrifft nur solche Schäden, die nicht auf einer Unmöglichk der Leistg beruhen (allgM).

2) Satz 2. – a). Er erweitert die Haftg des Schu auf die währd des Verzuges **durch Zufall** eintretde 2
Unmöglichk, wobei Zufall hier auch höhere Gewalt umfaßt (Knütel NJW **93**, 900). Ist die Unmöglichk eine adäquate Folge des Verzuges, ergibt sich die Haftg des Schu bereits unmittelb aus §§ 280, 285, 286. Der UrsachenZusHang zw Verzug u Unmöglichk gehört zum Bereich der haftgsausfülldn Kausalität, auf den sich das Verschulden nicht zu erstrecken braucht (Vorbem 56 v § 249). Satz 2 ist daher nur für die Fälle prakt bedeuts, in denen zw Verzug u Unmöglichk **kein adäquater Kausalzusammenhang** besteht, zB wenn der ArbN währd des Verzuges des ArbG mit der Pfl zur UrlAbgeltg stirbt (BAG DB **97**, 1472, aA Hohmeister BB **97**, 1901). Er gilt auch für die teilw Unmöglichk, insb für den Fall der Verschlechterg (Erm/Battes Rn 3). Auch auf die vorübergehde Unmöglichk (zeitweil gesetzl Zahlgsverbot) ist die Vorschr anzuwenden (BGH **LM** § 286 Nr 3). Der Schu hat SchadErs wg NichtErf zu leisten (§§ 280, 325). Seine ErsPfl beschränkt sich auf den adäquat verursachten Schaden, da die Haftgserweiterg nicht für den KausalZushang zw Unmöglichk u Schaden gilt. – **b) Halbsatz 2** schließt die Zufallshaftg aus, wenn die Unmöglichk auch bei **rechtzeitiger** 3
Leistung eingetreten wäre. Er gestattet damit die Berufg auf ein hypothet SchadensEreign. Gleichgült ist, ob dasselbe od ein and Ereign die Unmöglichk beim Gläub herbeigeführt hätte. Der dch Untergang der Sache bereits entstandene SchadErsAnspr wird aber dch eine nachträgl im Bereich des Gläub auftretde hypothet Schadensursache nicht mehr beseitigt. And liegt es nur, wenn der Sache zZ ihres Untergangs eine Schadensanlage innewohnte (Vorbem 99 v § 249). Die **Beweislast** dafür, daß die Unmöglichk auch bei rechtzeit Leistg 4
eingetreten wäre, trägt der Schu. Macht der Gläub geltd, er hätte die Sache bei rechtzeit Leistg vor Eintritt der Zweitursache verbraucht od weiterveräußert, muß der Schu dieses Vorbringen widerlegen. Haftet der Schu nach allg RGrds für die Unmöglichk, ist Halbsatz 2 unanwendb; für die Berücksichtigg von hypothet Schadensursachen gelten die allg Regeln (Vorbem 96 v § 249).

288 ***Verzugszinsen.*** I **Eine Geldschuld ist während des Verzugs mit vier vom Hundert für das Jahr zu verzinsen. Kann der Gläubiger aus einem anderen Rechtsgrunde höhere Zinsen verlangen, so sind diese fortzuentrichten.**

II Die Geltendmachung eines weiteren Schadens ist nicht ausgeschlossen.

1) Verzugszinsen (I). – a) Der Gläub einer Geldschuld kann iF des Verzuges als **Mindestschaden** Zinsen 1
iH von 4% verlangen. Dabei ist gleichgült, ob dem Gläub tatsächl ein Schaden entstanden ist od nicht (BGH **74**, 231, BFH NJW **82**, 792). Die ZinsPfl besteht bei Geldschulden jeder Art (§ 245 Rn 6 f), auch bei SchmerzGAnspr (§§ 284 Rn 18, 291 Rn 3), VorschußAnspr aus § 633 III od VOB (B) § 13 Nr 5 (BGH **77**, 62, NJW **83**, 2191), ohne daß die Zinsen in die Abrechng des Vorschusses einzubeziehen sind (BGH **94**, 333), bei unverzinsl Fdgen (RG **92**, 284, BGH NJW **53**, 337), BereichergsAnspr (RG **154**, 265) u UnterhFdgen (Hbg, Mü u Hamm FamRZ **84**, 87, 310, 478, s auch BGH NJW-RR **87**, 386 zu § 291), bei KostenerstattgsAnspr von BetrRMitgl (BAG BB **89**, 1618), bei KaufPr- od WkLohnFdgen auch für die im Rechngsbetrag enthaltene MwSteuer (BGH NJW-RR **91**, 484), nicht aber beim Anspr auf Zustimmg zur MietErhöhg (LG Duisbg NJW-RR **99**, 12). Bei GehaltsAnspr betrifft sie den gesamten Bruttobetrag (BAG ZIP **98**, 1848 [AnfrageBeschl], Soergel-Wiedemann Rn 12; aA BAG **AP** TVAL II § 21 Nr 2). Bei Verzug mit der DarlGewährg braucht sich der Gläub nicht die Zinsen anrechnen zu lassen, die er bei rechtzeit Zahlg des Darl zu leisten gehabt hätte (RG **92**, 284). Bei schuldhafter Nichtbeschaffg eines langfrist zinslosen Darl

steht dem Schu in entspr Anwendg von § 288 als Mindestschaden 4% Zinsen zu (BGH **74**, 231). I gilt nicht für die Schenkg (§ 522) u wg der Sonderregelg in WG 48 nicht für Wechselunkosten u Provision (BGH NJW **77**, 1396). Zur Anwendg von I im öffR s § 284 Rn 6. Bei einem SchadErsAnspr wg NichtErf kann der Gläub Verzugszinsen von dem Ztpkt an verlangen, der der Bemessg des NichtErfSchadens zugrde gelegt w (s BGH
2 NJW **53**, 337). – **b)** Die **Höhe** der Verzugszinsen von 4%, bei beiderseit HandelsGesch von 5% (HGB 352), ist unangem niedrig. Die **notwendige Anpassung** an die veränderten wirtschaftl Verhältn muß aber dem GesGeber überlassen bleiben; die Voraussetzgen für eine richterl RFortbildg contra legem liegen nicht vor (Bartsch NJW **80**, 2564, aA Gelhaar NJW **81**, 859). Im Anwendgsbereich des **VerbrKrG** beträgt der Verzugszins nunmehr 5% über dem Basiszinssatz (VerbrKrG 11), beiden Teilen steht aber der Nachw eines höheren od niedrigeren Schadens offen (Rn 6). Der RiL-Entw über ZahlgsVerzug im HandelsVerk (EuZW **98**, 417) will die Verzinsg sogar auf 8% über Basiszins erhöhen. Wird bei Überweisgen die AusführgsFr nicht
3 eingehalten, beträgt der Verspätgszins 2% über Basiszins, mindestens aber 6% (§ 676 b I 2). – **c) I 2** bedeutet nach seiner Entstehgsgeschichte u seinem Wortlaut, daß der vertragl vereinbarte Zins auch iF des Verzuges maßgebd bleibt (Rieble ZIP **88**, 1028, Nassall WM **89**, 705, Hamm ZIP **90**, 641). Für DarlVertr gilt aber der vom BGH entwickelte u in VerbrKrG 11 I anerkannte RGrds, daß die Verpfl zur Zahlg des VertrZinses mit
4 der Fälligstellg des Darl endet (BGH **104**, 341, NJW **92**, 109). – **d) Beginn** der Zinspflicht s § 187 Rn 1 aE, **Ende** mit Ablauf des Tages an dem gezahlt worden ist (Pleyer/Huber DB **89**, 1859).

5 **2)** Der Gläub kann gem II eine **höhere Zinsforderung** geltd machen, soweit die Voraussetzgen des § 286 vorliegen; auch wenn die Part den Verzugszins vertragl auf 14% festlegen, ist II iZw nicht abbedungen (Ffm DNotZ **89**, 256). Der Zinsschaden kann entweder im Verlust von Anlagezinsen od in der Aufwendg von
6 Kreditzinsen bestehen. – **a) Verlust von Anlagezinsen.** Der Zinsverlust muß grdsl konkret dargelegt u bewiesen w. Die Anfordergen an die Darleggs- u BewLast des Gläub dürfen aber nicht überspannt w. Zu seinen Gunsten ist ZPO 287 anwendb, uU auch § 252 S 2. Eine **Bank** kann ihren Schaden abstrakt berechnen (§ 252 Rn 7), u zwar, wenn sie verschiedene GeschArten betreibt, nach ihrem dchschnittl Bruttosollzinssatz (BGH **62**, 103, **104**, 347). Bei VerbrKrediten kann die Bank gem § 11 I VerbrKrG 5% Zinsen über Basiszinssatz beanspruchen; diese abstrakte Schadensberechng läßt der BGH uU auch bei Krediten zu, die nicht unter das VerbrKrG fallen (§ 246 Rn 12). Handelt es sich um einen größeren Geldbetrag, bei dem nach der Lebenserfahrg eine gewinnbringde Anlage (zB in verzinsl Wertpapieren od als Festgeld) anzunehmen ist, sind zG des Gläub die Grds des AnschBew anzuwenden (s BGH **80**, 269/279, VersR **80**, 194, NJW **81**, 1732, BB **92**, 232), die Untergrenze liegt bei 5000 DM (Ffm ZIP **98**, 1713). Als Schaden kann gem ZPO 287
7 die in der Statistik der DBB ausgewiesene dchschnittl Umlaufrendite angesetzt w (Ffm aaO). – **b) Aufwendung von Kreditzinsen.** Wird Ers von Kreditkosten verlangt, genügt zunächst die allg Behauptg, der Gläub habe einen mit x % verzinsl Bankkredit in Anspr genommen (BGH DB **77**, 582). Bestreitet der Schu, ist eine konkrete Darlegg erforderl (BGH aaO u NJW-RR **91**, 1406). Nicht notw ist, daß der Gläub gerade wg der KlFdg Kredit aufgenommen hat, s BGH NJW **84**, 371 (Kaufmann), BGH **LM** Nr 7 (öff Hand), Karlsr VersR **92**, 173 (Rentner). Beim Kaufmann besteht auch eine tatsächl Vermutg, daß er eingehde Zahlgen zur Rückführg des Kredits verwendet (BGH NJW-RR **91**, 793). Dagg muß der PrivatGläub substantiiert dartun, daß eine Verringerg des Kreditvolumens mögl u beabsichtgt war (LG Kblz NJW-RR **91**, 171). Zum Beweis dch Vorlage einer Zinsbescheinigg s Doms NJW **99**, 2649. Auch soweit es um zukünft Zinsen geht, besteht ein Zahlgs- u nicht nur ein FreihaltgsAnspr (§ 250 Rn 2). Die öff Hand sowie Bundespost u Bahn können Verzugszinsen in Höhe des Zinssatzes fordern, den sie für ihre zuletzt aufgelegte Anleihe zu zahlen hat (BGH NJW-RR **89**, 672, **LM** Nr 7, Hamm VersR **79**, 191, krit Schön NJW **93**, 962). Der ErsAnspr besteht auch bei einer Kreditgewährg dch ein verbundenes Unternehmen (BGH NJW **75**, 867). Der Einwand, die Anspr, für die eine Verzinsg gem §§ 288 II, 286 in Frage kommt, seien insgesamt höher als der aufgenommene Kredit, ist wg der für die alternative Kausalität geltden Grds unerhebl (Hbg MDR **74**, 930, Vorbem 86 v § 249). Zu ersetzen sind auch Überziehgszinsen (Karlsr VersR **92**, 174). Da für Zinsen and als fr (BGH NJW **79**, 540) keine **Mehrwertsteuer** zu entrichten ist, besteht insoweit keine ErsPfl (EuGH NJW **83**, 505, BFH NJW **95**, 1240, BGH **90**, 209, Erlaß des BFM vom 24. 2. 83 UStR **83**, 78).

289 *Keine Zinseszinsen.* **Von Zinsen sind Verzugszinsen nicht zu entrichten. Das Recht des Gläubigers auf Ersatz des durch den Verzug entstehenden Schadens bleibt unberührt.**

1 **1) Satz 1.** Er erweitert das in § 248 enthaltene Verbot der Zinseszinsvereinbg u schränkt zugl den Anwendgsbereich von § 288 I ein. Gleichgült ist, ob die Zinsschuld auf Ges od Vertr beruht. **Zinsen** (§ 246 Rn 1) sind auch Kreditgebühren, nicht aber Bereitstellgszinsen, in Zinsform zu entrichtde EnteigngsEntsch od ErstattgsAnspr wg rechtsw gezogener Zinsen (KG OLG **24**, 285). Gem ErbbVO 9 I, § 1107 ist die Vorschr auf ErbbZinsen u Einzelleistgen aus Reallasten entspr anwendb (BGH NJW **70**, 243, **78**, 1261), nicht aber auf den mit nur schuldrechtl Wirkg vereinbarten ErbbZins (BGH NJW-RR **92**, 592). Dagg gilt sie für den kaufm KontokorrentVerk nicht (HGB 355).

2 **2) Satz 2.** Das Zinseszinsverbot schließt, wie auch VerbrKrG 11 II 2 zeigt, den SchadErsAnspr wg verzögerter Zinszahlg (§§ 288 II, 286) nicht aus (BGH NJW **93**, 1260). Ein ErsAnspr besteht aber nur dann, wenn die Verzugsvoraussetzgen auch hins der ZinsFdg vorliegen (BGH aaO). Der Verzögergsschaden kann entspr § 288 Rn 5 ff auch im Verlust von Anlagezinsen od der Aufwendg von Kreditzinsen bestehen. Der Schaden muß konkret dargelegt u nachgewiesen w (s RG **152**, 174); Banken können den Zinsschaden aber auch hier abstrakt berechnen (BGH NJW **93**, 1260), im Anwendgsbereich des VerbrKrG jedoch nur bis zur Höhe des gesetzl Zinssatzes, VerbrKrG 11 II 2 (dort Rn 6).

290 *Verzinsung des Wertersatzes.* **Ist der Schuldner zum Ersatze des Wertes eines Gegenstandes verpflichtet, der während des Verzugs untergegangen ist oder aus einem während des Verzugs eingetretenen Grunde nicht herausgegeben werden kann, so kann der Gläubiger**

Zinsen des zu ersetzenden Betrags von dem Zeitpunkt an verlangen, welcher der Bestimmung des Wertes zugrunde gelegt wird. Das gleiche gilt, wenn der Schuldner zum Ersatze der Minderung des Wertes eines während des Verzugs verschlechterten Gegenstandes verpflichtet ist.

1) Die Vorschr setzt voraus, daß der Schu zum **Wertersatz** eines Ggstdes (Begriff Übbl 2v § 90) **verpflichtet** ist, der währd des Verzuges mit der HerausgPfl untergegangen (Satz 1) od verschlechtert (Satz 2) worden ist. Wann eine solche Wertersatzschuld besteht, ergibt sich nicht aus § 290, sond aus §§ 280, 325 iVm §§ 285, 286 u vor allem mit § 287. Welcher Ztpkt der Wertermittlg zugrde zu legen ist, richtet sich nach den allg Grds des SchadErsR (§ 286 Rn 12). 1

2) Der ZinsAnspr ist ebso wie iF des § 288 gesetzl **Mindestschaden.** Seine Höhe ergibt sich aus § 288, bei beiderseit HandelsGesch aus HGB 352. Die Geltdmachg eines weitergehden SchadErsAnspr ist nicht ausgeschl (s § 288 II). Für das Gebiet der unerl Hdlgen enthält § 849 eine entspr Vorschr. 2

291 *Prozeßzinsen.* **Eine Geldschuld hat der Schuldner von dem Eintritte der Rechtshängigkeit an zu verzinsen, auch wenn er nicht im Verzug ist; wird die Schuld erst später fällig, so ist sie von der Fälligkeit an zu verzinsen. Die Vorschriften des § 288 Abs. 1 und des § 289 Satz 1 finden entsprechende Anwendung.**

1) Allgemeines. – a) Nach § 291 ist die ZinsPfl eine materiellrechtl Folge der RHängigk. Die prakt **Bedeutung** der Vorschr ist beschränkt. Der ZinsAnspr des Gläub ergibt sich idR schon aus § 288, da der Schu grdsl dch Zustellg der Kl od des Mahnbescheids in Verzug kommt (§ 284 I 2). Für § 291 bleiben die Fälle, in denen der Schu die Verspätg der Leistg, etwa wg eines entschuldb RIrrt, nicht zu vertreten hat (RG **92**, 285; § 285). Auch bei der Klage auf künft Leistg (Satz 1 Halbs 2), die noch keinen Verzug begründet, hat § 291 selbstd Bedeutg. – **b)** Bei öffrechtl GeldFdgen richtet sich die Verzinsg in erster Linie nach **öffentlichem Recht** (§ 284 Rn 6). Einschlägig sind AO 236, 237 u SGB I 44. AO 236f sind auch auf öffrechtl Gebühren u Beiträge anwendb (BVerwG **37**, 159, OVG Lünebg VerwRspr **23**, 201). Soweit das einschlägige FachG keine ggteilige Regelg enthält, kann § 291 entspr angewandt w (BVerwG NJW **95**, 3135, **98**, 3368, BGH NJW **70**, 1637), aber nur auf Leistgs- u VerpflKlagen (BVerwG NJW **94**, 3116, **95**, 3135, Rstk OLG-NL **98**, 4), so etwa bei Anspr aus dem BeamtenVerh (BVerwG **48**, 136, NVwZ **91**, 169), AusglAnspr gem SVG 85 (BSG NJW **89**, 3237) u öffrechtl ErstattgsAnspr (BGH NJW **70**, 1637, BVerwG NJW **73**, 1854), nicht aber bei VerpflKlagen, die auf den Erlaß eines VerwAktes gerichtet sind (BVerwG NJW **98**, 3368). 1 2

2) Voraussetzungen. – a) Es muß sich um eine **Geldschuld** (§ 245 Rn 6ff) handeln. Gleichgült ist, auf welchem RGrd sie beruht. Auch der unbeziffert geltd gemachte SchmerzGAnspr ist ab RHängigk zu verzinsen (BGH NJW **65**, 531 u 1376, KG VersR **72**, 281), ebso der UnterhAnspr (BGH NJW-RR **87**, 386), die FremdwährgsFdg (K. Schmidt NJW **89**, 68) u die in § 288 Rn 1 angeführten Anspr. Die ZinsPfl besteht auch dann, wenn der Gläub den geschuldeten Betrag an einen Dr weiterzuleiten hat (Düss VersR **74**, 1075). Stützt der Kläger seinen Anspr im 2. RZug statt auf Wandelg auf Minderg, stehen ihm ProzZinsen schon seit RHängigk der WandlgsKl zu (Hamm NJW-RR **89**, 1272). SchadErs wg künft Gewinnentgangs ist erst von dem Ztpkt an zu verzinsen, in dem der Gewinn erzielt worden wäre (BGH **115**, 309). Auf Wechselunkosten u Provision ist § 291 wg der Sonderregelg in WG 48 unanwendb (BGH NJW **77**, 1396). – **b)** Voraussetzg ist die Erhebg einer **Leistungsklage** od die Zustellg eines Mahnbescheids (ZPO 690). Ein HilfsAntr genügt (BGH NJW- RR **90**, 519), ebso eine Stufenklage (BGH **80**, 277 zu § 284 I 2), nicht aber eine FeststellgsKl (s BGH **93**, 186, aA für Eingruppiergsstreitigk BAG NJW **70**, 1207). Der Eintritt der **Rechtshängigkeit** bestimmt sich nach ZPO 253, 261, 302 IV, 696 III, 700 II; bloße Anhängigk genügt nicht. – **c)** Der Anspr muß **fällig** u dchsetzb sein. Bei Kl auf künft Leistg (ZPO 257ff) beginnt daher die ZinsPfl erst mit der Fälligk des Anspr (Satz 1 Halbs 2). Steht dem Anspr die Einr des ZbR od des nichterf Vertr entgg, entfällt eine Verzinsg (BGH **55**, 198, Düss NJW **71**, 2310). Bei einer Kl gem § 315 III wird der Anspr erst mit Erlaß des Urteils fäll (§ 315 Rn 17). Entspr gilt für den AbfindgsAnspr gem KSchG 7, 8 (BAG NJW **69**, 1735, LAG Brem NJW **78**, 126) u die verwgerichtl VerpflKlage (BVerwG NJW **95**, 3135, **98**, 3368). 3 4 5

3) Rechtsfolgen. Der Gläub kann ProzZinsen von 4% beanspruchen (Satz 2 iVm § 288 I), bei beiderseit HandelsGesch 5% (HGB 352). Auf Zinsen sind keine ProzZinsen zu entrichten (Satz 2 iVm § 289 I). Das gilt ebso, wenn vom Schu erzielte Zinsen als Nutzgen herausverlangt w (Saarbr ZIP **97**, 1961). Einen weitergehden Schaden kann der Gläub nur ersetzt verlangen, wenn zugl die Voraussetzgen des Verzuges vorliegen. Ist das der Fall, besteht zw den Anspr aus § 288 u § 291 AnsprKonkurrenz; der Gläub kann nicht etwa Proz- u Verzugszinsen kumulativ geltd machen (RG **92**, 285, Saarbr NJW-RR **87**, 471). 6

292 *Haftung bei Herausgabepflicht.* **I Hat der Schuldner einen bestimmten Gegenstand herauszugeben, so bestimmt sich von dem Eintritte der Rechtshängigkeit an der Anspruch des Gläubigers auf Schadensersatz wegen Verschlechterung, Unterganges oder einer aus einem anderen Grunde eintretenden Unmöglichkeit der Herausgabe nach den Vorschriften, welche für das Verhältnis zwischen dem Eigentümer und dem Besitzer von dem Eintritte der Rechtshängigkeit des Eigentumsanspruchs an gelten, soweit nicht aus dem Schuldverhältnis oder dem Verzuge des Schuldners sich zugunsten des Gläubigers ein anderes ergibt.**

II Das gleiche gilt von dem Anspruche des Gläubigers auf Herausgabe oder Vergütung von Nutzungen und von dem Anspruche des Schuldners auf Ersatz von Verwendungen.

1) Allgemeines. Die Vorschr begründet als materiell-rechtl Wirkg der RHängigk eine **Mindesthaftung** für den zur Herausg verpflichteten Schu. Soweit wg Verzuges (§ 287) od nach der Art des SchuldVerhältn (zB § 819 I) eine strengere Haftg besteht, bleibt diese unberührt (I letzter Halbs). Da die Klagerhebg idR Verzug 1 begründet (§ 284 I 2), ist die unmittelb Bedeutg des § 292 gering. Zu den Fällen, in denen ausnw trotz KlErhebg kein Verzug eintritt, s § 291 Rn 1. Aufgrund der Verweisg in § 818 IV gilt § 292 auch für BereichergsAnspr (§ 818 Rn 52).

2 **2) Voraussetzungen. – a) Gegenstand** ist nach dem Sprachgebrauch des BGB alles, was Objekt von Rechten sein kann (Übbl 2 v § 90). § 292 gilt daher auch für den Anspr auf Herausg eines PatentR (RG **62**, 321), eines Erbteils (RG **137**, 179) od einer Apotheke (BGH **LM** § 987 Nr 3). Da es sich um einen
3 „bestimmten" Ggst handeln muß, ist die Vorschr auf Gattgsschulden nicht anzuwenden. – **b)** Eine Verpflichtg zur **Herausgabe** ist sowohl die zur Rückg (zB bei Miete od Leihe) als auch die zur Lieferg (zB beim Kauf). Dagg findet § 292 auf die Verpflichtg zur Vorlegg von Sachen (§§ 809, 810) keine Anwendg. – **c) Eintritt der Rechtshängigkeit** s § 291 Rn 4.

4 **3) Rechtsfolgen.** Die Vorschr, die ab RHängigk für das Eigtümer-BesitzerVerhältn gelten, sind anzuwenden, u zwar in drei Richtgen: – **a)** Der Schu haftet entspr § 989 auf **Schadensersatz,** wenn der geschuldete Ggst nach RHängigk dch sein Verschulden verschlechtert w, untergeht od aus einem sonst Grd nicht herausgegeben w kann. Sofern die Voraussetzgen des Verzuges vorliegen (§ 291 Rn 1), haftet der Schu gem § 287 S 2 auch für Zufall. Auch die strengere Haftg gem § 819 I bleibt unberührt (s RG **137**, 179), da
5 § 292 ledigl ein Mindestmaß an Haftg festlegt (Rn 1). – **b)** Der Schu hat entspr § 987 die ab RHängigk gezogenen **Nutzungen** herauszugeben; für schuldh nicht gezogene Nutzgen hat er SchadErs zu leisten. –
6 **c)** Der Anspr auf Ersatz von **Verwendungen** richtet sich nach §§ 994 II, 995. Eine ErsPfl besteht nur bei notw Verwendgen u nur nach Maßg der Vorschr über die GoA (s näher § 994 Rn 5). Bei nützl Verwendgen (§ 996) hat der Schu ledigl das WegnR des § 997. Entspr anzuwenden sind auch die §§ 1000–1003.

Zweiter Titel. Verzug des Gläubigers

293 *Annahmeverzug.* **Der Gläubiger kommt in Verzug, wenn er die ihm angebotene Leistung nicht annimmt.**

1 **1) Allgemeines. – a) Begriff.** Der GläubVerzug (AnnVerzug) ist das Ggstück zum SchuVerzug (§§ 284 ff) u fällt wie dieser unter den Oberbegriff der Leistgsstörg (Vorbem 3 v § 275). Er liegt vor, wenn die Erf des SchuldVerh dadch verzögert w, daß der Gläub die seinerseits erforderl Mitwirkg, insb die Ann der Leistg, unterläßt. Die §§ 293 ff gehen davon aus, daß der Gläub zur Ann der Leistg nur berecht, aber nicht verpflichtet ist (BGH NJW-RR **88**, 1265, Ausn Rn 6). GläubVerzug ist daher nicht Verletzg einer RPflicht, sond ledigl Verstoß gg eine **Obliegenheit** (Larenz § 25 I). Er begründet keine SchadErsPfl, setzt aber auch
2 kein Verschulden od ein sonstiges Vertretenmüssen voraus. – **b) Anwendungsbereich.** Die §§ 293 ff gelten für alle LeistgsPflten, zu deren Erf eine Mitwirkg des Gläub erforderl ist. Sie sind daher idR auf die Pfl zum Unterlassen, zur Abgabe einer WillErkl u zu einer GeschBesorgg nicht anwendb (Staud-Löwisch Rn 3 v § 293). Bei sachen-, familien- od erbrechtl Anspr ist GläubVerzug mögl, soweit nicht die Eigenart des betreffden Anspr entggsteht. Im öffR ist eine (entspr) Anwendg der §§ 293 ff nicht ausgeschlossen. Sie gelten aGrd der Verweisg in VwVfG 62 S 2 insb für Anspr aus öffrechtl Vertr.

3 **2) Abgrenzung. – a) Unmöglichkeit** der Leistg u Unvermögen des Schu schließen den AnnVerzug aus, *arg* § 297 (RG **106**, 276, BGH **24**, 96, BAG **AP** § 615 Nr 29). Die Grenzziehg zw Unmöglichk u AnnVerzug ist, insb bei Dienst- u WerkVertr, bestr u zweifelh. Sie ist beim DienstVertr von erhebl Bedeutg, da der VergütgsAnspr bei Unmöglichk der Leistg entfällt (§ 323), bei AnnVerzug aber weiterbesteht (§ 615). Die fr hM ging bei der Abgrenzg von der sog Abstrahiergsformel aus (BGH **24**, 96): Entscheidd sei, ob der Schu, wenn man die Mitwirkg des Gläub unterstelle, die Leistg erbringen könne. Bei ArbVertr hat sich die Rspr seit 1923 von den §§ 293 f, 323, 615 gelöst u stattdessen darauf abgestellt, in wessen Gefahrenkreis die Störgsur-
4 sache fällt, sog **Sphärentheorie** (RG **106**, 276, § 615 Rn 22 f). Diese Theorie ist vorübergehd auch außerh des ArbR angewandt worden; sie hat aber inzw im allg bürgerl Recht keine Bedeutg mehr. Im Anschluß an Beuthien (Zweckerreichg, 1969) u Köhler (Zweckstörgen, 1971) hat sich mit Recht die Ans dchgesetzt, daß
5 für die Abgrenzg von AnnVerzug u Unmöglichk allein entscheidd ist, ob die Leistg noch **erbracht werden kann** od nicht. AnnVerzug liegt nur vor, wenn der Gläub die Leistg nicht annehmen will od wenn ein vorübergehdes Ann- od Mitwirkgshindern besteht. Unmöglichk ist dagg bei allen dauernden Leistgshindern anzunehmen, gleichgült worauf diese im einzelnen beruhen (BGH **60**, 17, MüKo/Thode Rn 5, Staud/Löwisch Rn 4 v § 293). Sie ist auch gegeben, wenn die an sich weiterhin mögl LeistgsHdlg wg Hindern aus der Sphäre des Gläub nicht mehr den Leistgserfolg herbeiführen kann (§ 275 Rn 9 ff). Unmöglichk u nicht AnnVerzug liegt daher vor, wenn der Leistgserfolg ohne Zutun des Schu eintritt; wenn das Leistgssubstrat wegfällt; wenn die Leistg wg einer dauernden Ann- od Mitwirkgsunmöglichk des Gläub nicht erbracht w kann; wenn der ReiseVertr undchführb w, weil dem Reisenden eine erforderl Schutzimpfg nicht zugemutet w kann (BGH **60**, 17); wenn die geschuldete Beratgstätigk wg Aufg des GeschBetr des Gläub nicht mehr fortgesetzt werden kann (s BGH **24**, 96, der aber AnnVerzug bejaht). Stammt das Leistgshindern aus der Sphäre des Gläub, kann dem Schu aber gem § 324 od § 645 ein VergütgsAnspr zustehen (§ 275 Rn 10). –
6 **b)** Der Gläub kann dch NichtAnn der Leistg gleichzeit in **Schuldnerverzug** kommen, wenn die Ann zugleich als RPflicht geschuldet w, so nach § 433 II beim KaufVertr u nach § 640 I beim WkVertr (s RG **57**, 109, 405). Beim Spezifikationskauf (HGB 375) begründet das Unterlassen der vom Käufer geschuldeten Spezifikation ebenf zugleich Schu- u AnnVerzug. Entspr gilt, wenn der Käufer beim Kauf auf Abruf den geschuldeten Abruf verzögert (BGH NJW **72**, 100, Köln NJW-RR **97**, 1533). Sofern die Abn od die sonst
7 geschuldete Mitwirkg HauptPfl ist, ist neben § 286 auch § 326 anwendb (dort Rn 7). – **c)** Nimmt der Gläub die ihm angebotene Leistg nicht an od unterläßt er eine ihm obliegde MitwirkgsHdlg, so ist das keine **positive Vertragsverletzung,** da der Gläub ledigl eine Obliegenh verletzt. AnnVerzug u pVV können aber zusammentreffen, wenn die Weigerg des Gläub, die Leistg anzunehmen od in der erforderl Weise mitzuwirken, als

Lossagg vom Vertr od eine erhebl Gefährdg des VertrZweckes zu werten ist (BGH **11**, 88, **50**, 178, § 276 Rn 114f). RFolge der pVV ist ein SchadErsAnspr; außerdem kann § 326 entspr anwendb sein (§ 276 Rn 124f).

8 **3) Voraussetzungen.** Sie sind in den §§ 293–299 geregelt. – **a)** Der Schu muß so, wie er die Leistg anbietet, **leisten dürfen.** Ist für die Leistg eine öffrechtl Gen erforderl, kommt der Gläub nur in AnnVerzug, wenn die Gen vorliegt (BGH **13**, 329, NJW **52**, 743). Der AnnVerzug des ArbG ist ausgeschlossen, wenn der ArbN (Arzt) nicht die erforderl Erlaubn zur Berufsausübg besitzt (BAG **AP** § 615 Nr 29) od wenn dieser einem gesetzl Beschäftiggsverbot (MuSchG 8) unterliegt (BAG **9**, 300). – 9 **b)** Der Schu muß zur Leistg **bereit und imstande** sein (§ 297 Rn 2). – **c)** Der Schu muß die Leistg dem Gläub od einem empfangsberecht Vertreter, so wie sie geschuldet w, **anbieten** (§§ 294–296). – 10 **d)** Der Gläub muß die Leistg **nicht annehmen** od die erforderl Mitwirkg unterlassen. Es genügt ein bloßes Unterlassen; eine ausdrückl Ablehng ist nicht erforderl. Gleichgült ist, aus welchem Grd der Gläub nicht annimmt. Er kommt, abgesehen vom Fall des § 299, auch dann in AnnVerzug, wenn er die NichtAnn od Nichtmitwirkg **nicht zu vertreten** hat; der AnnVerzug setzt kein Verschulden des Gläub voraus (BGH **24**, 96, NJW-RR **94**, 1470, BAG NJW **73**, 1949). AnnVerzug tritt daher auch ein, wenn der Gläub das Angebot inf eines entschuldb Irrt für nicht ordngsmäß hält (BAG aaO), od wenn er es wg Streiks seiner ArbN nicht annehmen kann (Richardi JuS **84**, 833). Der ArbG gerät aber nicht in AnnVerzug, wenn er währd eines Streiks das Arbeitsangebot der gewerkschaftl nicht organisierten ArbN nicht annimmt (BAG NJW **95**, 477, krit Schulte Westenberg NJW **96**, 1256). Konnte der Gläub davon ausgehen, daß der Schu mit der vorgeschlagenen Verlegg des AbnTermins einverstanden sei, gerät er nicht in AnnVerzug (BGH NJW-RR **91**, 914).

11 **4) Rechtsfolgen.** Sie sind in den §§ 300–304 geregelt (s dort). Darüber hinaus besteht ein Recht zur Hinterlegg od zum Selbsthilfeverkauf (§§ 372, 383, HGB 373). Vgl die Übersicht in § 300 Rn 1.

12 **5) Beendigung. – a)** Der AnnVerzug endet für die Zukunft, wenn eine seiner Voraussetzgen entfällt. Der prakt wichtigste BeendiggsTatbestd ist der, daß der Gläub die Leistg **annimmt** od die ihm obliegde Mitwirkgs Hdlg vornimmt. Die BereitErkl des Gläub reicht aus, wenn der Schu die zweite Andieng aus von ihm zu vertretden Grden verzögert. Die nach §§ 304, 615 geschuldeten Beträge braucht der Gläub nicht mitanzubieten (MüKo/Thode Rn 12); der Schu kann aber wg der ihm insoweit zustehden GgAnspr ein ZbR geltd machen u dadch gem § 298 die Beendigg des AnnVerzuges verhindern (s BGH **116**, 249, BAG NJW **82**, 122). Der AnnVerzug des ArbG heilt iF einer unberecht Künd nicht schon dadch, daß er sich zur vorläufig weiteren Entggnahme der ArbLeistg bereit erklärt (BAG NJW **82**, 122). Erforderl ist vielmehr, daß er der weiteren DchFührg des Vertr zustimmt u die Unwirksamk der Künd anerkennt (BAG NJW **86**, 2846, aA Staud-Löwisch Rn 26). Es soll angebl nicht genügen, wenn er den Abschluß eines befristeten ArbVertr bis zur Klärg der Wirksamk der Künd anbietet (BAG NJW aaO, aA Schäfer NZA **84**, 110). In dem nachträgl Bereiterklären zur Entggnahme der Leistg kann zugl hins des GgAnspr eine Mahng liegen; mit der Beendigg des AnnVerzugs kann daher gleichzeit SchuVerzug eintreten. – 13 **b)** Weiter können folgde Grde zur Beendigg des AnnVerzugs führen: – **aa) Erlöschen** des Anspr, etwa dch Hinterlegg (§ 378), Aufr (§ 389) od Erlaß (§ 397): – **bb) Unmöglichwerden** der Leistg (BGH **117**, 6); – **cc)** Erklärg des Schu, daß er sein Angebot **zurücknimmt.** – 14 **c)** Der AnnVerzug entfällt mit **Wirkung ex nunc.** Die gem § 300 II eingetretene Konkretisierg der Gattgsschuld bleibt daher bestehen (Staud-Löwisch Rn 32).

15 **6)** Der Schu trägt für die Voraussetzgen des AnnVerzuges die **Beweislast.** Er muß insb nachweisen, daß er die Leistg ordngsmäß angeboten hat. Der AusnTatbestd des § 297 muß dagg vom Gläub bewiesen w.

294 *Tatsächliches Angebot.* **Die Leistung muß dem Gläubiger so, wie sie zu bewirken ist, tatsächlich angeboten werden.**

1 **1) Allgemeines.** Die Vorschr ergänzt u konkretisiert § 293. Sie legt fest, daß der AnnVerzug ein tatsächliches Angebot voraussetzt (Rn 2). Sie stellt außerdem klar, daß AnnVerzug nur dch ein zur Erf taugl Angebot begründet w kann (Rn 3ff).

2 **2) Tatsächliches Angebot.** Es ist keine zusätzl zur Leistg vorzunehmde Hdlg, sond der **Beginn der Leistung** („Anleistg"). Es muß so vorgenommen w, daß der Gläub nichts weiter zu tun braucht, als zuzugreifen u die Leistg anzunehmen (BGH **90**, 359). Seiner RNatur nach ist das tatsächl Angebot ein in der LeistgsHdlg mitenthaltener Realakt, kein RGesch (Larenz § 25 I a). § 130 ist nicht anwendb; der Gläub kommt auch dann in AnnVerzug, wenn er wg Ortsabwesenh von dem Angebot zunächst keine Kenntn erhält (s aber § 299). Bloße Leistgsbereitsch ist nicht ausreichd. Bei Geldschulden genügt es daher nicht, daß die Bank des Schu das Geld bereit hält (RG **108**, 160). Auch eine Mitteilg der Bank, sie sei vom Schu mit der Leistg beauftragt, stellt kein tatsächl Angebot dar (RG **109**, 328). Sucht der Schu den Gläub selbst auf, genügt es, daß er das Geld bei sich führt u sich zur Aushändigg bereit erklärt; ein Vorweisen des Geldes ist nicht erforderl (RG **85**, 416). Bei Nachnahmesendgen liegt ein tatsächl Angebot dagg nur vor, wenn die Post dem Empfänger die Sendg vorgezeigt hat (RG **102**, 372). Bei einer **Schickschuld** muß die Leistg dem Gläub am Bestimmgsort angedient w; der bereits mit der Absendg eintretde Gefahrübergang (§§ 270, 447) ist insow ohne Bedeutg (RG **106**, 297, MüKo/Thode Rn 3, aA RG JW **25**, 607).

3 **3) Ordnungsmäßiges Angebot.** Die Leistg muß so, wie sie geschuldet w, am rechten Ort, zur rechten Zeit u in rechter Weise angeboten w. – **a)** Anzubieten ist die **geschuldete Leistung.** Das Angebot einer Leistg an ErfStatt od einer Leistg erfhalber (Scheck) genügt nicht (BGH WM **83**, 864, s aber § 364 Rn 8). Bei der Verpfl zur GrdstÜbereigng gehört zu einem ordngsgem Angebot die Mitteilg eines Termins bei einem zur Beurk bereiten Notar (BGH **116**, 249, NJW **97**, 581). Wird die Zahlg des einem Ausländer geschuldeten Geldbetrages dch die Devisengesetzgebg verboten, begründet das Angebot der allein noch zul Zahlg auf Sperrkonto kein AnnVerzug (RG **151**, 116, BGH **13**, 332), es sei denn, die gesetzl Regelg ändere den Inh des SchuldVerh entspr ab. – 4 **b)** Die angebotene Leistg muß nach **Art, Güte und Menge** dem Inh des SchuVerh

entsprechen. Weist der ArbG einen betrunkenen ArbN zurück, tritt kein AnnVerzug ein (LAG Schlesw DB **89**, 630). Aus der Vereinbg der Part, etwa der Verwendg einer Barzahlgsklausel („cash against documents"), kann sich ergeben, daß der Gläub auch eine mangelh Leistg zunächst abnehmen muß (BGH NJW **87**, 2436). Die Mietsache muß der Vermieter auch im beschädigten od verwahrlosten Zustand zurücknehmen (BGH **86**, 210). Dch ein Teilangebot kommt der Gläub nur in AnnVerzug, wenn eine Teilleistg ausnw zul ist (§ 266 Rn 6 ff). Ein Mehrangebot begründet AnnVerzug, wenn der Gläub dch die notw Aussonderg nicht unzumutb beschwert w (RG **23**, 126). Ein Herausgeben von Geld (Geldwechseln) ist dem Gläub im Rahmen des Verkehrsübl zuzumuten (§ 242). Die Zurückweisg einer mangelh Leistg begründet auch dann keinen AnnVerzug, wenn der Gläub sich nicht auf den Mangel berufen od diesen nicht einmal erkannt hat (RG **111**, 89). Entspr gilt, wenn die Leistg nicht der vereinbarten Gattg entspr od mangelh verpackt ist (Ffm DB **84**, 1521). Der Gläub handelt jedoch auf eig Gefahr. Ist die angebotene Leistg in Wahrh mangelfrei, tritt AnnVer-
5 zug ein (BAG NJW **73**, 1949). Zum Angebot unter Vorbehalt s § 362 Rn 11. – **c)** Der Schu muß die Leistg zur rechten **Zeit** (§ 271) u am rechten **Ort** (§§ 269, 270) anbieten. Ist für den ArbVertr, wie idR, die BetrStätte ErfOrt, tritt kein AnnVerzug ein, wenn der ArbNeh seinen ArbPlatz wg wittergsbedingter Schwierigk nicht erreicht (BAG DB **83**, 396). Auch bei VerkStörgen, Smogalarm u ähnl trägt der ArbN das
6 **Wegerisiko** (§ 615 Rn 22). – **d)** Die Leistg muß dem **Gläubiger** od einem empfangsberecht Vertreter angeboten w. Handelt es sich um GesamtGläub gelten die §§ 428, 429. Das Angebot muß vom **Schuldner** od einem ErfGehilfen gemacht w. Unter den Voraussetzgen der §§ 267, 268, 1150, 1249 kann auch das Angebot eines Dr AnnVerzug begründen.

295 ***Wörtliches Angebot.*** **Ein wörtliches Angebot des Schuldners genügt, wenn der Gläubiger ihm erklärt hat, daß er die Leistung nicht annehmen werde, oder wenn zur Bewirkung der Leistung eine Handlung des Gläubigers erforderlich ist, insbesondere wenn der Gläubiger die geschuldete Sache abzuholen hat. Dem Angebote der Leistung steht die Aufforderung an den Gläubiger gleich, die erforderliche Handlung vorzunehmen.**

1 **1) Allgemeines.** Die Vorschr legt fest, daß in zwei AusnFällen (Rn 4 u 5) statt eines tatsächl ein **wörtliches Angebot** ausreichd ist. And als das tatsächl (§ 294 Rn 2) ist das wörtl Angebot, wie die Mahng, eine geschäftsähnl Hdlg (MüKo/Thode Rn 2). Die §§ 130 ff sind anwendb (hM). Die Aufforderg zur Vornahme der MitwirkgsHdlg steht dem wörtl Angebot gleich **(S 2).** Das Angebot bedarf keiner Form; es kann auch stillschw erfolgen u in der Klage auf Unwirksamk der Künd od in einem Widerspr gg die Künd liegen (BAG
2 3, 74, NJW **75**, 1335). Für das **Arbeitsverhältnis** hat die Rspr inzw den RGrds herausgebildet, daß der ArbG bei einer unberecht Künd gem § 296 auch ohne jedes Angebot des ArbN in AnnVerzug kommt (s dort). Werden selbstd Dienste geschuldet, ist dagg auch iF einer rechtsw Künd ein wörtl Angebot erforderl (BGH NJW-RR **86**, 794), dafür kann ein Widerspr gg die Künd od die Gehaltsklage ausr sein (BGH aaO, NJW-RR **97**, 537). And als iF des § 294 kann das Angebot gem § 295 nur der Schuldner abgeben. Ein Dritter ist hierzu nicht schon unter den Voraussetzgen des § 267, sond nur dann berecht, wenn ihm gem §§ 268, 1150, 1249 ein AblösgsR zusteht (RG **83**, 393). Das Angebot muß der geschuldeten Leistg entspr
3 (RG HRR **28**, 414). Es ist nur wirks, wenn der Schu leistgsfäh u **leistungsbereit** ist, § 297 (RG **103**, 15, BAG MDR **74**, 433, NJW **75**, 1336). Bei Gattgsschulden ist eine vorherige Aussonderg nicht erforderl (BGH WM **75**, 920), sie ist jedoch Voraussetzg für den Gefahrübergang (§ 300 Rn 4). Es genügt, daß sich der Schu die geschuldete Ware jederzeit beschaffen kann (RG **50**, 260). Hat der Gläub die VertrErf ernsthaft u endgült verweigert, kann der Schu auch dann wirks anbieten, wenn er das geschuldete Werk noch nicht vollständ hergestellt hat (BGH **LM** § 651 Nr 3). Besteht Streit, ob der Schu zur Leistg imstande war, trifft die **Beweislast** den Gläub (§ 297 Rn 3).

4 **2) Fall 1:** Die Erkl des Gläub, er werde die Leistg **nicht annehmen,** muß bestimmt u eindeutig sein. Sie ist ebso wie das wörtl Angebot (Rn 1) eine zugangsbedürft geschäftsähnl Hdlg (BGH ZIP **99**, 441/445). Ein bloßer Vorbehalt genügt nicht, auch nicht bloßes Schweigen auf die Anzeige des Schu, er sei leistgsbereit (Köln NJW-RR **95**, 1393), wohl aber die Erkl des Gläub, er halte den Vertr für nichtig, annulliere ihn od trete zurück (RG **57**, 113). Auch eine unberecht Künd kann eine AnnVerweigerg sein (BAG NJW **63**, 1124), ebso ein sonst schlüssiges Verhalten, das den fehlden AnnWillen unzweideut erkennen läßt (BGH **LM** § 651 Nr 3). Die AnnVerweigerg muß zeitl **vor** dem Angebot erklärt worden sein (BGH NJW **88**, 1201, Hamm NJW-RR **92**, 668). Sie macht das wörtl Angebot nicht überflüssig (BGH NJW **97**, 581). Ist offenkund, daß der Gläub auf seiner Weigerg beharrt, ist aber auch ein wörtl **Angebot nicht erforderlich,** da es eine leere Form wäre (MüKo/Thode Rn 6, str, s auch § 296 Rn 1). Widerruft der Gläub die Ablehng, muß der Schu nunmehr tatsächl anbieten.

5 **3) Fall 2** liegt vor, wenn eine zur Bewirkg der Leistg erforderl **Handlung des Gläubigers** unterblieben ist. Beispiele für derart MitwirkgsHdlgen: Abholg bei Holschulden, Abn beim WkVertr (§ 640 I), Erteilg einer Rechng, sofern der zu zahlde Betrag einer Festlegg bedarf (Celle NJW **86**, 327), Bereitstellg von Verpackgsmaterial, Abruf von Waren (RG **73**, 260), Ausübg des GläubWahlR bei Wahlschuld (§ 262), nähere Bestimmg des LeistgsGgst, etwa beim Spezifikationskauf (RG Warn **18** Nr 177). Hat der Zug um Zug leistgspflicht Gläub (§ 298) erklärt, er werde die GgLeistg nicht erbringen, genügt ein wörtl Angebot (BGH NJW **97**, 581). Ob eine Mitwirkg des Gläub erforderl ist, muß uU dch VertrAuslegg entschieden w (RG **168**, 327). Hat der Verzug des Schu die Mitwirkg des Gläub erschwert, genügt ein diese Erschwern nicht berücksichtigdes bloß wörtl Angebot nicht (BGH NJW **86**, 987). Nimmt der Gläub die MitwirkgsHdlg nachträgl vor, endet der AnnVerzug; der Schu muß nunmehr tatsächl anbieten.

296 ***Überflüssiges Angebot.*** **Ist für die von dem Gläubiger vorzunehmende Handlung eine Zeit nach dem Kalender bestimmt, so bedarf es des Angebots nur, wenn der Gläubiger die Handlung rechtzeitig vornimmt. Das gleiche gilt, wenn der Handlung eine Kündigung voraus-**

zugehen hat und die Zeit für die Handlung in der Weise bestimmt ist, daß sie sich von der Kündigung ab nach dem Kalender berechnen läßt.

§ 296 enthält eine ergänzde Regelg zu § 295 Fall 2 (dort Rn 5). Unterläßt der Gläub eine MitwirkgsHdlg, 1
für die eine Zeit nach dem Kalender bestimmt ist, gerät er in AnnVerzug, ohne daß es eines Angebots bedarf. Bsp: Nichteinhaltg eines Übergabetermins (BGH NJW-RR **91**, 268); Unterl der Abbuchg beim Lastschrift-Verf (Schwarz ZIP **89**, 1445). Die übrigen Voraussetzgen des AnnVerzugs, insb Leistgsvermögen u Leistgswille, müssen aber auch hier vorliegen. Für die kalendermäß Bestimmth (S 1) u Berechenbark (S 2) gelten die Ausführgen in § 284 Rn 22ff entspr (s BGH WM **95**, 440). Erscheint der Patient zu einem fest vereinb Arzttermin nicht, ist § 296 anwendb (s AG Brem NJW-RR **96**, 819, aA AG Diebg NJW-RR **98**, 1520). Die dem ArbG obliegde Zuweisg von Arb ist eine kalendermäß bestimmte MitwirkgsHdlg (BAG NJW **85**, 935,
2662). Der **Arbeitgeber,** dessen **Kündigung unwirksam** ist od der ArbN rechtsw die ArbMöglichk 2
verweigert, kommt daher in AnnVerzug, ohne daß es eines ArbAngebots des ArbN bedarf, iF einer unwirks ordentl Künd allerdings erst mit Ablauf der KündFr (BAG aaO u DB **94**, 2552). Auch ggü dem bei Zugang der Künd arbunfäh ArbN tritt ab Wiedergenesg AnnVerzug ein (BAG NJW **92**, 933). Eine Anzeige der ArbFgk soll auch dann nicht erforderl sein, wenn der ArbN eine unbefristete ArbUnfgkbescheinigg eingereicht hat (BAG NJW **95**, 2653). Holt der Gläub die Hdlg nach, wird der AnnVerzug mit Wirkg *ex nunc* geheilt (§ 293 Rn 12). Der Schu muß nunmehr tatsächl anbieten.

297 ***Unvermögen des Schuldners.*** **Der Gläubiger kommt nicht in Verzug, wenn der Schuldner zur Zeit des Angebots oder im Falle des § 296 zu der für die Handlung des Gläubigers bestimmten Zeit außerstande ist, die Leistung zu bewirken.**

1) Allgemeines. AnnVerzug tritt nur ein, wenn der Schu zur **Leistung imstande** ist. Ist die Leistg 1
dauernd unmögl, gelten die Vorschr des UnmöglichkR, u zwar auch dann, wenn die Ursache der Unmöglichk aus der Sphäre des Gläub stammt (§ 293 Rn 4). § 297 schließt den AnnVerzug auch für den Fall aus, daß der Schu **vorübergehend** zur Leistg außerstande ist, die Regeln über die Unmöglichk also unanwendb sind (Larenz § 25 I c). Bsp sind etwa Hinderg dch Krankh, auch wenn der ArbN sich subj für leistgsfäh hält (BAG DB **99**, 805), Ortsabwesenh od Inhaftierg (Staud/Löwisch Rn 4). Wird dem als Lkw-Fahrer angestellten ArbN der Führerschein entzogen, kommt der ArbG nur in AnnVerzug, wenn eine vorübergehde and Beschäftigg mögl u zumutb war (BAG DB **87**, 1359).

2) Voraussetzgen des AnnVerzuges sind nach § 297 **Leistungsvermögen und Leistungswille** des Schu (s 2
BAG NJW **73**, 1949). Der maßgebde Ztpkt für die Leistgsbereitsch ist iF des tatsächl Angebots (§ 294) dessen Vornahme, iF des wörtl Angebots (§ 295) dessen Zugang, iF des § 296 der Termin, an dem die GläubHdlg vorzunehmen ist. Bei einem DauerSchuldVerh, insb einem ArbVertr, setzt die Fortdauer des AnnVerzuges voraus, daß die Leistgsbereitsch fortbesteht (BAG NJW **75**, 1336). Zu ihr gehört auch der ernsth Wille, die angebotene Leistg, so wie sie geschuldet ist, zu erbringen (BAG aaO). Für die Fälle des wörtl Angebots (§ 295) u des § 296 ist jedoch die Bereitsch zur sofort Leistg nicht erforderl. Es genügt, wenn die Leistg so weit vorbereitet ist, daß geleistet w kann, sobald der Gläub zur Ann od sonst Mitwirkg bereit ist (RG **50**, 255). Bei der Gattgsschuld ist daher die Ausscheidg nicht notw (BGH WM **75**, 920, s aber § 300 Rn 4). Es ist ausreichd, wenn sich der Schu den LeistgsGgst dch einen VertrSchl mit einem Dr jederzeit verschaffen kann (RG **34**, 99, **45**, 30, **50**, 260). Bei einer hartnäckigen AnnVerweigerg des Gläub genügt es uU, daß der Schu den LeistgsGgst in Kürze herstellen kann (BGH **LM** § 651 Nr 3). Hat der Gläub die Leistgsunfähigk des Schu herbeigeführt, kann er sich gem § 242 nicht auf § 297 berufen.

3) Wie sich aus der Fassg der Vorschr unzweideutig ergibt, trägt der Gläub die **Beweislast** für das 3
Leistgsunvermögen u den fehlden Leistgswillen des Schu (KG NJW-RR **97**, 1059, allgM).

298 ***Zug-um-Zug-Leistungen.*** **Ist der Schuldner nur gegen eine Leistung des Gläubigers zu leisten verpflichtet, so kommt der Gläubiger in Verzug, wenn er zwar die angebotene Leistung anzunehmen bereit ist, die verlangte Gegenleistung aber nicht anbietet.**

1) Schuldet der Gläub dem Schu eine **Zug-um-Zug-Leistung,** steht nach § 298 das **Nichtanbieten der** 1
Gegenleistung der NichtAnn der Leistg gleich. § 298 gilt nicht nur für ggs Vertr (§ 320), sond für alle Fälle des ZbR (§§ 255, 273, 281, 410, 797, 1144, 1233), auch wenn es sich bei der Ggleistg um eine Nebenverpflichtg (§ 368, Quittg, § 371 Schuldschein) handelt. Hat der Gläub vorzuleisten, ist § 298 erst recht anzuwenden (Staud/Löwisch Rn 3). Zur Anwendg des § 298 bei einem Grdstkauf s BGH **116**, 249.

2) Voraussetzung ist, daß der Schu die ihm gebühride GgLeistg **verlangt** hat. Eine ausdr Verweigerg der 2
GgLeistg dch den Gläub ist nicht erforderl, bloßes Nichtanbieten genügt. Wie anzubieten ist, richtet sich nach den entspr anwendb §§ 294, 295 (BGH **90**, 359). Auf ein Verschulden des Gläub kommt es nicht an, § 299 gilt aber analog. Das Verlangen des Schu stellt gleichzeit eine Mahng dar. Mit dem AnnVerzug tritt daher zugl hinsichtl der GgLeistg **Schuldnerverzug** ein, es sei denn, daß § 285 entggsteht. Währd der Dauer des AnnVerzugs ist ein Leistgsverzug des Schu ausgeschlossen. Um den AnnVerzug zu beenden, muß der Gläub alle GgLeistgen anbieten, wg der der Schu ein ZbR geltd macht (BAG NJW **82**, 122).

299 ***Vorübergehende Annahmeverhinderung.*** **Ist die Leistungszeit nicht bestimmt oder ist der Schuldner berechtigt, vor der bestimmten Zeit zu leisten, so kommt der Gläubiger nicht dadurch in Verzug, daß er vorübergehend an der Annahme der angebotenen Leistung verhindert ist, es sei denn, daß der Schuldner ihm die Leistung eine angemessene Zeit vorher angekündigt hat.**

1 **1) Allgemeines.** Der Grds, daß der AnnVerzug kein Verschulden des Gläub voraussetzt (§ 293 Rn 10), wird dch § 299 für den Fall einer vorübergehden Verhinderg des Gläub eingeschränkt. Die Vorschr beruht auf dem Gedanken, daß es dem Gläub bei unbestimmter Leistgszeit nicht zugemutet w kann, ständ annahmebereit zu sein. Sie ist eine bes Ausformg des § 242.

2 **2) Voraussetzungen. – a)** Die **Leistungszeit** darf **nicht bestimmt** sein. Gleichgestellt ist der Fall, daß die Leistgszeit zwar bestimmt ist, der Schu aber entspr § 271 II schon vorher leisten darf. In beiden Fällen schließt eine vorübergehde AnnHinderg (Abwesenh, Krankh, zeitweiliger Platzmangel) den AnnVerzug aus. –
3 **b)** Der Gläub kommt aber in AnnVerzug, wenn der Schu die Leistg eine angem Zeit vorher **angekündigt** hat. Die Ankündigg ist eine empfangsbedürft geschäftsähnl Mitteilg. Sie kann auch von einem leistgsberecht Dritten ausgehen. Trotz rechtzeit Ankündigg tritt kein AnnVerzug ein, wenn dem Gläub die Ann nach Treu u
4 Glauben (§ 242) nicht zuzumuten ist (plötzl Krankh, Todesfall). – **c)** Der Gläub trägt die **Beweislast** für die vorübergehde Behinderg, der Schu für die rechtzeit Ankündigg.

300 *Haftungsminderung; Gefahrübergang.* **I Der Schuldner hat während des Verzugs des Gläubigers nur Vorsatz und grobe Fahrlässigkeit zu vertreten.**

II Wird eine nur der Gattung nach bestimmte Sache geschuldet, so geht die Gefahr mit dem Zeitpunkt auf den Gläubiger über, in welchem er dadurch in Verzug kommt, daß er die angebotene Sache nicht annimmt.

1 **1) Allgemeines.** Die §§ 300–304 regeln die **Rechtsfolgen** des AnnVerzuges. Im Ggs zum SchuVerzug begründet der AnnVerzug **keine Schadensersatzpflicht** (§ 293 Rn 1). Nur wenn zugl die Voraussetzgen des SchuVerzuges od der pVV vorliegen, steht dem Schu ein SchadErsAnspr zu (§ 293 Rn 6 u 7). Richtet sich die AnnVerweigerg gg einen gem §§ 1150, 1249 AblösgsBerecht, kommt auch eine SchadErsPfl aus § 823 I in Betracht (RG **83**, 393, **123**, 341). Der AnnVerzug bewirkt, abgesehen vom Fall des DienstVertr (§ 615), **keine Befreiung des Schuldners.** Er gibt dem Schu aber die Möglichk, die Schuld dch Hinterlegg des SchuldGgst (§ 372) od des Erlöses aus dem Selbsthilfeverkauf (§ 383) zum Erlöschen zu bringen. Bei einem Grdst tritt an die Stelle der §§ 372, 383 das Recht zur Besitzaufgabe gem § 303 (s dort). Ein Rücktr- od KündR steht dem Schu nur zu, wenn das Verhalten des Gläub zugl eine pVV darstellt (§ 293 Rn 7). Weitere Folgen des AnnVerzuges ergeben sich aus §§ 274 II, 322 III sowie aus §§ 264 II, 642–644.

2 **2) Haftungsminderung (I).** Sie ist das Ggstück zu der Haftgsverschärfg, die § 287 S 1 für den SchuVerzug vorsieht. Die Haftgserleichterg betrifft trotz des weitergehden Wortlauts nur die Haftg für den LeistgsGgst (BGH **LM** § 651 Nr 3 Bl 2 R, Staud/Löwisch Rn 8). Die Haftg für die Verletzg sonst Pflten richtet sich nach dem allg Verschuldensmaßstab (MüKo/Thode Rn 2, aA RG **57**, 107). Das gilt auch für die Vornahme des Selbsthilfeverkaufs (RG SeuffA **76**, 96, JW **21**, 394, Köln NJW-RR **95**, 53). Die Vorschr ist auf alle SchuldVerh anwendb, auch auf das RückgewährSchuldVerh aus Wandlg (RG **56**, 270). Sie erstreckt sich auch auf konkurrierde Anspr aus unerl Hdlg (Köln NJW-RR **95**, 53). Vorsatz s § 276 Rn 10, grobe Fahrlässigk s § 277 Rn 2, Beweislast s § 282 Rn 4.

3 **3) Gefahrübergang bei Gattungsschulden (II). – a) Allgemeines.** Die Vorschr gilt für alle Arten der Gattgsschuld. Sie ist auch auf die beschränkte Gattgsschuld (Vorratsschuld, § 243 Rn 3) u (analog) auf Geldschulden anwendb. Sie betrifft ausschließl die **Leistungsgefahr** (§ 275 Rn 24): Der Schu wird gem §§ 275, 300 II u I von seiner LeistgsPfl frei, wenn die von ihm erfolglos angebotene Gattgssache währd des AnnVerzuges dch Zufall od leichtes Verschulden untergeht od verschlechtert w. Die Preisgefahr, dh die Frage, ob der Schu trotz des Untergangs der von ihm geschuldeten Sache den Anspr auf die GgLeistg behält, ist nicht in § 300 II, sond in § 324 II geregelt (s RG **103**, 15, Staud/Löwisch Rn 13, hM). Die prakt Bedeutg des § 300 II ist gering. Die Leistgsgefahr geht bei Gattgsschulden idR nicht aGrd des § 300 II, sond gem § 243 II
4 dch Konkretisierg auf den Gläub über (s Rn 5). – **b) Voraussetzungen. – aa)** Der Gläub muß in AnnVerzug geraten sein. Die Vorschr gilt auch, wenn der AnnVerzug auf § 295 (wörtl Angebot) beruht (allgM). Sie ist auch iF des § 296 anwendb (MüKo/Thode Rn 4). – **bb)** Der Schu muß die zur Erfüllg erforderl Sachen **ausgesondert** haben, auch wenn dies, wie in den Fällen der §§ 295, 296, für den Eintritt des AnnVerzugs nicht erforderl war (RG **57**, 404, BGH WM **75**, 920, Hönn AcP **177**, 390, Wertheimer JuS **93**, 646). Die Aussonderg kann dem Angebot zeitl nachfolgen (BGH u Hönn aaO, str). Eine Mitteilg der Aussonderg an
5 den Gläub ist dagg nicht notw (Staud/Löwisch Rn 19, Erm/Battes Rn 5, aA RG **57**, 404). – **c) Anwendungsfälle.** Geht die ganze Gattg od bei der beschränkten Gattgsschuld (§ 243 Rn 3) der ganze Vorrat unter, ist § 300 II unanwendb. Der Schu wird gem § 275 von seiner LeistgsPfl frei. Eine weitere Einschränkg des § 300 II ergibt sich aus § 243 II. Hat der Schu das zur Leistg seinerseits Erforderl getan, wird die Gattgs- zur Stückschuld u die Leistgsgefahr geht gem § 243 II auf den Gläub über (§ 243 Rn 5 ff). Für § 300 II bleiben daher im wesentl nur folgde Fälle: – **aa)** Der Gläub einer Bring- od Schickschuld ist dch ein wörtl Angebot (§ 295) od (str, s MüKo/Thode Rn 4) gem § 296 in AnnVerzug geraten. Der Schu hat die Sache ausgesondert (Rn 4). Die Voraussetzgen des § 300 II liegen somit vor. Dagg ist § 243 II nicht erfüllt, da die Absendg od Übermittlg der Leistg an den Gläub noch aussteht. – **bb)** Der dem Gläub erfolglos angebotene Geldbetrag wird dem Schu auf dem Rückweg gestohlen. §§ 243 II, 275 kommen wg § 270 I nicht als Grdl für einen Gefahrübergang in Frage. – **cc)** Die Part haben § 243 II abbedungen.

301 *Wegfall der Verzinsung.* **Von einer verzinslichen Geldschuld hat der Schuldner während des Verzugs des Gläubigers Zinsen nicht zu entrichten.**

1 **1) Grundsatz.** Die Vorschr befreit den Schu währd des AnnVerzuges von jeder ZinsPfl. Sie gilt für alle Arten von Zinsen (§ 246 Rn 1), gleichgült ob diese kr Ges od RGesch geschuldet w. Die Verpflichtg zur Entrichtg von Verzugszinsen (§ 288 I) entfällt allerdings unabhäng von § 301 schon deshalb, weil der AnnVer-

zug den SchuVerzug hinsichtl derselben Leistg ausschließt. Die nach § 301 eintretde RFolge ist keine Stundg, sond endgült Befreiung. Aus der Vorschr ergibt sich iW des Umkehrschlusses, daß vertragl Zinsen über den FälligkZtpkt hinaus bis zum Eintritt des AnnVerzuges (od bis zum Erlöschen der Schuld) weiterzuentrichten sind (RG JW **36**, 2858, Mü OLGZ **78**, 452, aA BGH **104**, 341). Für DarlVertr ist dieser Umkehrschluß aber wg VerbrKrG 11 nicht mehr mögl (§ 246 Rn 13).

2) Ausnahmen. Hat der Schu tatsächl Zinsen gezogen, muß er diese gem § 302 herausgeben, sofern nach der Art des SchuVerh eine Verpflichtg zur Herausg von Nutzgen besteht (BGH NJW **58**, 137). §§ 668, 1834, die eine ZinsPfl bei der Verwendg von Fremdgeld begründen, gehen § 301 vor (MüKo/Thode Rn 3). 2

302 *Nutzungen.* **Hat der Schuldner die Nutzungen eines Gegenstandes herauszugeben oder zu ersetzen, so beschränkt sich seine Verpflichtung während des Verzugs des Gläubigers auf die Nutzungen, welche er zieht.**

Die Vorschr gilt (nur) für solche SchuldVerh, die eine Verpflichtg zur Herausg von Nutzgen (§ 100) begründen (s §§ 292 II, 347, 987 II, 990). Sie beschränkt die HerausgPfl auf die tatsächl gezogenen Nutzgen, u zwar auch dann, wenn der Schu es grob fahrlässig od vorsätzl unterlassen hat, weitere Nutzgen zu ziehen. Bei einem krassen Verstoß gg Treu u Glauben kann sich der Schu aber nicht auf den Schutz des § 302 berufen. Bei Transferschwierigk, die den AnnVerzug ausschließen (§ 293 Rn 8), muß der Schu die tatsächl gezogenen Nutzgen nach dem GrdGedanken des § 302 an den Gläub herausgeben (BGH NJW **58**, 137). 1

303 *Recht zur Besitzaufgabe.* **Ist der Schuldner zur Herausgabe eines Grundstücks oder eines eingetragenen Schiffs oder Schiffsbauwerks verpflichtet, so kann er nach dem Eintritte des Verzugs des Gläubigers den Besitz aufgeben. Das Aufgeben muß dem Gläubiger vorher angedroht werden, es sei denn, daß die Androhung untunlich ist.**

1) Allgemeines. Vgl zunächst § 300 Rn 1. Der Schu hat bei bewegl Sachen iF des AnnVerzuges die Möglichk, sich dch Hinterlegg (§ 372) od dch Hinterlegg des Versteigergserlöses (§ 383) von der Schuld zu befreien. Diese Regelg ist auf Grdst u gem § 383 IV auch auf eingetragene Schiffe u Schiffsbauwerke (§ 929 a Rn 1 f) unanwendb; stattdessen besteht nach § 303 **ein Recht zur Besitzaufgabe.** Bis zur BesAufgabe besteht die ObhutsPfl des Schu auch dann weiter, wenn er dem Gläub mitgeteilt hat, er werde sich nicht mehr um die Sache kümmern (BGH **86**, 208). 1

2) Einzelheiten. – a) § 303 gilt sowohl für die Pfl zur Heraus- od Rückgabe, etwa gem § 556 (Düss MDR **99**, 538), als auch für die zur Übereigng, gleichgült ob sie auf einem schuldrechtl od sonst RGrd beruht. Der Schu ist nur zur Aufg des Besitzes (§ 856), nicht zur Aufg des Eigt (§ 928) berecht. Dch die BesitzAufg nach vorheriger Androhg wird er von der Pfl zur Besitzübertragg u von der Haftg für das weitere Schicksal des Grdst **frei** (RG **73**, 70, Düss MDR **99**, 538). Dagg besteht eine etwaige Pfl zur Übereigng weiter. – **b)** Der Aufg hat eine **Androhung** vorauszugehen. Diese ist eine zugangsbedürftige geschäftsähnl Erkl, die bereits mit dem Angebot der Leistg verbunden w kann (RG **73**, 70). Untunl u daher unnötig ist die Androhg, wenn sie mit unverhältnmäß Kosten od mit einer unzumutb Verzögerg verbunden ist. Die BewLast trägt insow der Schu. – **c)** Mit dem Grdst darf der Schu den Besitz am **Zubehör** aufgeben. In freier Anwendg der §§ 242, 303 hat RG **60**, 163 dem Verkäufer von Kuxen gestattet, die dem Käufer erfolglos angebotene Kuxe der Gewerksch zur Vfg zu stellen, um sich von Zubußen zu befreien. 2 3 4

304 *Ersatz von Mehraufwendungen.* **Der Schuldner kann im Falle des Verzugs des Gläubigers Ersatz der Mehraufwendungen verlangen, die er für das erfolglose Angebot sowie für die Aufbewahrung und Erhaltung des geschuldeten Gegenstandes machen mußte.**

1) Allgemeines. Vgl zunächst § 300 Rn 1. Der AnnVerzug begründet für den Gläub keine SchadErsPfl. Er wandelt eine Bring- od Schickschuld auch nicht in eine Holschuld um (Staud-Löwisch Rn 1). Der Schu hat aber nach § 304 das Recht, die erforderl **Mehraufwendungen** ersetzt zu verlangen. Die ErsPfl erstreckt sich auch auf die Kosten des erfolglosen Angebots, nicht aber auf die des erfolgreichen Zweitangebots. Nach den Grds des SchadensErsR wäre eine umgekehrte Regelg sachgerecht. 1

2) Einzelheiten. Der ErsAnspr beschränkt sich auf den obj erforderl Mehraufwand (RG **45**, 302, MüKo/Thode Rn 1). Zu den Kosten des erfolglosen Angebots gehören auch die einer etwaigen Mahng od Androhg; zu den der Aufbewahrg u Erhaltg rechnen auch VersPrämien. Zu ersetzen sind aber nur tatsächl aufgewandte Beträge. Ein Entgelt für den Einsatz der eig ArbKraft steht dem Schu nur zu, wenn die Leistg in seinen gewerbl od berufl TätigkKreis fällt (wie bei GoA, § 683 Rn 8). Der Kaufm kann gem HGB 354 die übl Lagerkosten beanspruchen (BGH NJW **96**, 1464). Wg seines ErsAnspr hat der Schu gem § 273 ein ZbR. §§ 256 (Verzinsg) u 257 (Befreiung von etwaigen Verbindlichk) sind anzuwenden. Will der Gläub den AnnVerzug beenden, so muß er auf Verlangen des Schu auch den Ers der Mehraufwendgen anbieten (§ 293 Rn 12). Weitergehde Anspr können sich aus GoA ergeben. 2

Zweiter Abschnitt. Schuldverhältnisse aus Verträgen

Erster Titel. Begründung. Inhalt des Vertrags

Einführung

1 **1) Allgemeines.** Die §§ 305–361 enthalten allg Regeln für SchuldVerh aus Vertr. Sie ergänzen damit die Vorschr des Allg Teils (§§ 145–157), in denen der Abschluß des Vertr normiert ist. Die §§ 305 ff gelten für **alle Schuldverträge** (Rn 3), sind aber auf Vertr des Sachen-, Fam- u ErbR grdsl nicht anwendb (RG **66**, 99; RGRK-Ballhaus Rn 17). Dagg können sie auf öffrechtl Vertr, soweit diese verpflichtden Charakter haben, entspr angewandt w (Rn 35). Auch auf SchuldVerh aus einseit RGesch sind die §§ 305–361 analog anwendb, soweit nicht ein VertrSchl od ein VertrVerh vorausgesetzt w (hM).

2 **2) Entstehung von Schuldverhältnissen. – a)** SchuldVerh (Begriff Einl 1 v § 241) können auf **Rechtsgeschäft** od **Gesetz** beruhen. Die weiter angeführten Entstehgsgründe, wie sozialer Kontakt (§ 276 Rn 66) od HoheitsAkte (Einf 12 v § 145) haben ggü dieser Zweiteilg keine selbstd Bedeutg. In den angeführten Fällen handelt es sich, soweit schuldrechtl Beziehgen entstehen, um gesetzl SchuldVerh.

3 **b)** Die typische Art der Entstehg von SchuldVerh dch RGesch ist, wie § 305 hervorhebt, die dch **Vertrag.** Das PrivatR geht von dem Grds der VertrFreih aus. Jeder Bürger hat im Rahmen der Ges das Recht, seine LebensVerh dch Vertr eigenverantwortl zu gestalten (Einf 7 v § 145). In § 305 wird die VertrFreih nicht statuiert, sond als bestehd vorausgesetzt. Die wesentl Aussage des § 305 ist, daß idR nur das vom and Teil angenommene Versprechen RBindgen erzeugt, eine bloß einseit Erkl aber unverbindl ist.

4 **c)** Ausnw kann ein SchuldVerh auch dch ein **einseitiges Rechtsgeschäft** (Übbl 11 v § 104) begründet w. Beispiele sind die Stiftg (§ 82), die Auslobg (§ 657) u das Vermächtn (§§ 1939, 2147), nach der Kreationstheorie ferner die Schuldverschreibg auf den Inh u die Ann der Anweisg (§ 784 Rn 3). Dagg ist der VertrAntrag kein einseit RGesch, sond soll Teil des zweiseit RGesch „Vertr“ w (§ 145 Rn 1) u begründet kein SchuldVerh. Das währd der VertrVhdlgen bestehde ggs SchutzVerh beruht nicht auf RGesch sond auf Ges (§ 276 Rn 65). Einseit GestaltgsGesch, wie Anf, Rücktr, Widerruf, Künd u Aufr, begründen kein SchuldVerh, sond verändern den Inh eines bereits bestehden SchuldVerh (Übbl 17 v § 104).

5 **d) Gesetzliche Schuldverhältnisse** entstehen, wenn die Voraussetzgen der maßgebl RNorm erfüllt sind. Beispiele sind vor allem die SchuldVerh aus unerl Hdlg (§§ 823 ff), Gefährdgshaftg (§ 276 Rn 136), Billigk-Haftg (§ 829), ungerechtf Ber (§§ 812 ff) u GoA (§§ 677 ff). Weitere Anwendgsfälle sind die Gemeinsch (§§ 741 ff), das Einbringen von Sachen bei Gastwirten (§§ 701 ff), die VorleggsPfl gem §§ 809 ff u die Schuld-Verh aus Tatbeständen des Sachen-, Fam- od ErbR (Einl 24 v § 241). Auch der Eintritt in VertrVhdlgen begründet ein gesetzl SchuldVerh (§ 276 Rn 65); dch ständ GeschBeziehgen kann gleichf ein gesetzl Schuld-Verh entstehen (§ 276 Rn 103).

6 **3) Arten der Schuldverträge. – a) Verpflichtende und verfügende Verträge.** Der verpflichtde („obligatorische“) Vertr ist der eigentl schuldrechtl Vertr (SchuldVertr ieS). Er begründet die LeistgsPfl u damit das SchuldVerh. Der verfügde Vertr wirkt auf ein bestehdes Recht od RVerh unmittelb ein; er ändert es ab, hebt es auf od überträgt die Gläub- od SchuStellg auf einen Dritten (BGH **75**, 226, Übbl 16 v § 104). Das Hauptanwendgsgebiet der Vfgen ist das SachenR. Auch das SchuldR kennt aber VfgsVertr: den Ändergs- u AufhebgsVertr (§ 305 Rn 2 u 7), den AufrVertr (§ 387 Rn 19), den Erlaß (§ 397), die Abtretg (§§ 398 ff), die VertrÜbern (§ 398 Rn 38) u die befreide Schuldübernahme (§§ 414 ff). Der schuldrechtl VfgsVertr setzt als Objekt der Einwirkg ein bestehdes SchuldVerh voraus.

7 **b) Kausale und abstrakte Verträge** (Übbl 19 v § 104). Kausale Vertr enthalten neben dem Leistgsversprechen zugl die Einigg über den RGrd („causa“) der zu erbringden Leistgen. Bei abstrakten Vertr ist der RGrd dagg nicht Bestandt des Vertr; sie sind unabhäng (losgelöst) vom RGrd gült. Kausale Vertr sind grdsl alle verpflichtde Vertr, abstrakte Vertr alle verfügde Vertr, auch die des SchuldR (Rn 6). Einz VerpflGesch hat das Ges aber als abstrakte RGesch ausgestaltet, so das SchuldVerspr (§ 780), das Schuldanerkenntn (§ 781), die Ann der Anweisg (§ 784) u die Verpflichtg aus umlauffäh Wertpapieren, wie Wechsel, Scheck u Inhaberschuldverschreibg.

8 **c) Entgeltliche und unentgeltliche Verträge.** Entgeltl Vertr zielen auf einen Austausch von Leistgen ab (RG **163**, 356). Erforderl ist eine rechtl Verknüpfg von Leistg u GgLeistg (Mü NJW **83**, 759). Sie kann hergestellt w dch Begründg eines GegenseitigkVerh (Synallagma), dch Vereinbg einer Bedingg (§ 158) od dch die Abrede, daß die eine Leistg den RGrd für die and darstellen soll (Einf 7 v § 320). Unentgeltl Vertr begründen LeistgsPflten, denen keine Ggleistg ggüstehen. Beispiele sind die Schenkg (§ 516), die Leihe (§ 598), der Auftr (§ 662), die unentgeltl Verwahrg (§ 690), die Bürgsch u das unverzinsl Darl. – **d) Einseitige, zweiseitige und gegenseitige Verträge:** s Einf 1 v § 320.

9 **e) Konsensual- und Realverträge.** Beim KonsensualVertr entstehen die LeistgsPflten dch bloße Willenseinigg der VertrPart. Beim RealVertr werden dagg LeistgsPflten erst begründet, wenn zu der Willenseinigg ein reales Moment, die Sachhingabe, hinzutritt. Die Unterscheidg entstammt dem röm Recht. Sie war dort sinnvoll, weil die bloße Willenseinigg nur bei Vertr des tägl Lebens eine klagb Verbindlichk begründete (MüKo/Thode Rn 13). Im geltden Recht, das vom Grds der Vertr- u Formfreih ausgeht, ist der Begriff des RealVertr ohne innere Berechtigg u ersatzlos entbehrl. Die fr als RealVertr angesehenen Vertr sind daher als KonsensualVertr aufzufassen. Das gilt auch für das Darl (Einf 2 v § 607).

10 **f) Formlose und formgebundene Verträge.** Für SchuldVertr gilt der Grds der FormFreih (§ 125 Rn 1). Sie können daher grdsl ohne Einhaltg einer Form abgeschl w. Notarielle Beurk ist vorgesehen in §§ 311, 312 II, 313, 518, Schriftform in den in § 126 Rn 1 angeführten Fällen.

4) Typische und atypische Verträge. – a) Wg des im SchuldR herrschden Grds der VertrFreih (Einf 7 v § 145) sind die Part in der Ausgestaltg ihrer vertragl Beziehgen grdsl frei. And als im SachenR besteht im SchuldR **kein Typenzwang.** Für bes wichtige u häufig vorkommende Vertr hat der GesGeber aber spezielle RNormen aufgestellt u zugl die Vertr mit einem Namen bezeichnet, sog **typische** („benannte") **Verträge.** Benannte Vertr sind die in §§ 433 ff geregelten Vertr, ferner die außerh des BGB in SonderGes normierten Vertr, wie das KommissionsGesch (HGB 383 ff), das Fracht- u SpeditionsGesch (HGB 407 ff), das LagerGesch (HGB 467 ff), der FernunterrichtsVertr (FernUSG), der VersVertr (VVG) u der VerlagsVertr (VerlG). Die benannten Vertr kommen nicht nur in Reinform vor; die Part können sie dch Ändergen od Vermischgen umgestalten. Für die Einordng eines VertrVerh unter einen best VertrTyp ist nicht die von den Part gebrauchte Bezeichng, sond der VertrInh entscheidd (BGH **71**, 191, **74**, 207 u 268, **75**, 301). Vgl näher Rn 24. 11

b) Die Bedürfn des Rechts- u WirtschVerk haben dazu geführt, daß sich neben den vom Ges ausdr normierten u benannten Vertr weitere typ Vertr herausgebildet haben, sog **verkehrstypische Verträge.** Dabei handelt es sich zT um Neubildgen eig Art (Bsp: GarantieVertr), zT um Abwandlgen normierter Vertr (Bsp: StahlkammerVertr = abgewandelter MietVertr, s RG **141**, 99), vielfach aber auch um gemischte Vertr (Rn 19 ff). Beispiele: **Arbeitnehmerüberlassungsvertrag** s Einf 38 ff vor § 611; **Automatenaufstellvertrag** s Einf 19 vor § 535; **Bartersystem** s BGH NJW **99**, 635, Heermann JZ **99**, 183; **Bankvertrag** s § 675 Rn 9 ff; **Baubetreuungsvertrag** s § 675 Rn 15 ff; **Bauherrenmodell** s § 675 Rn 18 Vertrag über **Bausatzhäuser** zum Selbstbauen s BGH **78**, 378, Becker BauR **80**, 493; **Beherbergungsvertrag** s Einf 3 vor § 701; **Belegarztvertrag** s Franzki/Hansen NJW **90**, 737, Narr, Ärztl BerufsR, 2. Aufl, 1977, Rn 492 ff; **Breitbandkabelanschlußvertrag** s BGH NJW **93**, 1133; **Bühnenaufführungsvertrag** s BGH **13**, 119; **Dienstverschaffungsvertrag** s Einf 25 vor § 611; **Diskontierung** von Wechseln, idR Kauf od kaufähnl Vertr s BGH **19**, 292, NJW **72**, 1084, Stgt ZIP **93**, 1783; **EDV-Verträge** s § 433 Rn 5, Einf 12 vor § 631, ProviderVertr Müller-Hengstenberg NJW **96**, 1780; **Energieversorgungsvertrag** s BGH **64**, 288 u 355, **66**, 62, AVBEltV u die AVBGasV u Rn 30; **Factoringvertrag** s § 398 Rn 35; **Fernunterrichtsvertrag** s Einf 13 22 vor § 611; **Fernwärmelieferungsvertrag** s BGH NJW **81**, 1361, Köln BB **81**, 1489, AVBFernwärmeV; **Filmbezugsvertrag** s BGH **LM** § 325 Nr 8, Haeger NJW **59**, 656; FilmverwertgsVertr s BGH **2**, 331, **9**, 264; **Franchisevertrag** s Einf 22 ff vor § 581; **Garantievertrag** s Einf 16 vor § 765; der **Gegenkauf** im Osthandel s Füllbier DB **92**, 977; Vertr über **Geldautomatensystem** s Bieber WM **87**, Beil 6; **Heimvertrag** s BGH **73**, 351, **110**, 237, Einf 25 v § 535; **Hofübergabevertrag** s BGH **3**, 211; **Hotelreservierungsvertrag** s Düss NJW-RR **91**, 1403; **Inzahlunggabe** von Altwagen bei Neuwagenkauf s § 515 Rn 5; **Konzessionsvertrag** s BGH NJW-RR **91**, 176, NJW **96**, 3409; **Kreditkartenvertrag** § 675 Rn 6; **Leasingvertrag** s Einf 27 ff vor § 535; **Lizenzvertrag** s Einf 7 v § 581; **Nichteheliche Lebensgemeinschaft** s Einl 27 v § 1297; **Patronatserklärungen** Einf 19 v § 765; **Qualitätssicherungsvereinbarung** s Schmidt NJW **91**, 144, Steinmann BB **93**, 873, Ensthaler NJW **94**, 817; **Schiedsgutachtenvertrag** s § 317 Rn 4; **Schiedsrichtervertrag** s § 675 Rn 20; **Schuldmitübernahme** s Übbl 2 vor § 414; **Tischreservierungen** s LG Kiel NJW **98**, 2539; **Theaterbesuchsvertrag** s Fessmann NJW **83**, 1164; **Time-Sharing-Verträge** s TzWrG 1 Rn 2: **Werkförderungsvertrag** s Einf 87 vor § 535; **Wohngemeinschaften** s Bume MDR **89**, 127; **Zeitungsbezugsvertrag** s BGH **70**, 358, Schmidt NJW **79**, 15. 12

c) Ein **atypischer Vertrag** ieS liegt vor, wenn der Vertr wg seiner individuellen Prägg weder einem gesetzl normierten VertrTyp (Rn 11) noch einem verkehrstyp Vertr (Rn 12) zugeordnet w kann. Beispiele sind etwa der Vertr mit einem GrdstEigt über die Aufstellg von Leitgsmasten (BGH **LM** § 241 Nr 11) u der Vertr zw Gemeinde u einem Untern über das alleinige Recht zum Aufstellen von Reklameflächen (BGH NJW **52**, 620). Ein atypischer Vertr, der dabei ist, sich zu einem typischen zu entwickeln, ist der **Sponsoringvertrag** (BGH **117**, 353, NJW **92**, 2690, Weiand NJW **94**, 227, Kolvenbach AnwBl **98**, 289). 14

d) Rechtliche Behandlung. Sowohl für verkehrstyp Vertr als auch für atyp Vertr ieS gilt das allg SchuldR. Vielf kann das Recht ähnl gesetzl geregelter VertrTypen herangezogen w, u zwar, wenn es sich um gemischte Vertr handelt, nach den in Rn 24 dargestellten Grds. Bei verkehrstyp Vertr sind über § 157 die VerkGewohnh mitzuberücksichtigen. Bei typ Vertr kann das Recht des betreffden VertrTyps ausdr od stillschw abbedungen w. So können die Part etwa auf einen DienstVertr Regeln des WkVertrR für anwendb erklären (BGH **LM** § 611 Nr 3). Das gilt aber nur für IndVereinbg; dch AGB kann der Vertr nicht abweichd von seinem Inhalt dem Recht eines and VertrTyps unterstellt w (BGH **74**, 269, Rn 11). 15

5) Vertragsverbindungen und gemischte Verträge. – a) Mehrere Vertr zw denselben Part sind idR voneinand unabhängg u rechtl selbstd, u zwar auch dann, wenn zw ihnen ein tatsächl od wirtschaftl Zushang besteht (RG **97**, 439). Der PartWille od der Grds von Treu u Glauben kann aber zw den Vertr eine Verbindg herstellen. Dabei kommen vor allem folgde Möglichk in Betracht: – **aa) Zusammengesetzte Verträge.** Der PartWille kann mehrere Vertr derart zu einem GesVertr zusfassen, daß sie für die rechtl Beurteilg eine Einh bilden (RG **79**, 220, BGH **76**, 49). Ob ein solcher einheitl GesVertr vorliegt, ist dch Auslegg (§§ 133, 157) zu entscheiden (BGH **50**, 13, **78**, 348, § 139 Rn 5, § 313 Rn 32). In den zusgesetzten Vertr kann auch der Vertr mit einem Dr einbezogen w (BGH NJW **76**, 1931). Entscheidd ist, ob nach dem PartWillen die einzelnen Vertr miteinander stehen u fallen sollen (BGH **76**, 49, **78**, 349, **101**, 396, NJW **87**, 1069). Der Abschl in einer Urk kann für einen einheitl Vertr sprechen (BGH NJW **70**, 1415), dagg läßt die UrkTrenng Selbständigk vermuten (BGH DNotZ **68**, 665, **75**, 87). Beim zusgesetzten Vertr erstrecken sich die für einen VertrTeil geltde FormVorschr (zB § 313) auf den GesVertr (BGH **76**, 49). **Mängel** eines VertrTeils machen iZw den GesVertr nichtig (§ 139 Rn 5). Auch für die Abwicklg gem §§ 325, 326 u den Rücktr (§ 346) bildet der zusgesetzte Vertr eine Einh (BGH NJW **76**, 1931). Einzelfälle: s § 139 Rn 5, § 313 Rn 32. Der Vorschlag von Möschel (AcP **186**, 211), für organisatorisch u funktionell aufeinand bezogene Vertr, etwa beim bargeldlosen ZahlgsVerk, als neue dogmat Kategorie den **Netzvertrag** zu etablieren, hat sich nicht dchgesetzt. – 16
bb) Zwei rechtl selbstd Vertr können auch dadch miteinand verbunden sein, daß die Wirksamk u Durchführbark des einen Vertr **Geschäftsgrundlage** (§ 242 Rn 152) für den and ist. Beispiele: Architekten- u GrdstKaufVertr (BGH DNotZ **70**, 540); Leasing- u KaufVertr (BGH **68**, 126, **97**, 140, § 242 Rn 165); Kauf- u FinanziergsVertr (Ffm BB **77**, 1573); Neuwagenkauf u Vertr über die Inzahlungnahme des Gebrauchtwagens 17

(Hansen NJW **75**, 1521, BGH NJW **80**, 2191); Scheidgsfolgen- u GrdstÜbertraggsVertr (BGH NJW **93**,
1590). Ebso kann die Auflösg des einen Vertr einen wicht Grd für die Künd des and darstellen (BGH MDR
59, 483, Miet- u DienstVertr). Wird ein Vertr verletzt, kann der verbundene Vertr aber nicht aus wicht Grd
18 gekündigt w, wenn der verletzte aufrecht erhalten w soll (BGH JZ **72**, 493). – **cc)** Wird ein wirtschaftl
einheitl, innerl zusgehördes Gesch in zwei rechtl selbstd Vertr aufgespalten, kann Treu u Glauben es bei
auftretden Störgen rechtfertigen, die Trenng nicht zu beachten u den sog **Einwendungsdurchgriff** zuzulas-
sen (BGH **83**, 303, NJW **92**, 2562, stRspr). Das **VerbrKrG** hat den EinwendgsDchgriff in § 9 geregelt (s
dort). Außerh des Anwendgsbereichs des VerbrKrG kann der Einwendgs-Dchgriff, etwa bei nicht unter das
HGB fallden KleinUntern, auf § 242 gestützt w, aber nur dann, wenn die Verbindg zw den beiden Vertr bes
eng ist od zusätzl Umst den Schutz des KreditN rechtfertigen (Canaris ZIP **93**, 411, BankVertrR Rn 1447).
Ausgeschlossen ist der EinwendgsDchgriff beim finanzierten Beitritt zu einer AbschreibgsGesellsch (BGH
NJW **81**, 389, BB **86**, 1178) od zu einem Bauherrnmodell (BGH NJW-RR **87**, 523); u ebso beim
finanzierten Erwerb eines HausGrdst (Köln WM **94**, 200, Brschw WM **98**, 1223, Hamm WM **98**, 1230), es
sei denn, die Bank hat Aufg u Funktion des Baubetreuers im ZusWirken mit diesem übernommen (BGH
NJW **80**, 41).Vgl aber auch Karlsr ZIP **98**, 1711, das VerbrKrG 9 auf den finanzierten Kauf von Anteilen eines
Immobilienfonds anwendet (krit Früh ZIP **99**, 701).

19 **b)** Währd beim zusgesetzten Vertr mehrere dch den Parteiwillen verbundene, aber gedankl voneinand
trennb Vereinbgen vorliegen, sind beim **gemischten Vertrag** Bestandt versch VertrTypen derart verbunden,
daß sie nur in ihrer Gesamth ein sinnvolles Ganzes ergeben. Die Grenze zw zusgesetztem u gemischtem Vertr
ist fließd, vgl zur Abgrenzg BAG DB **72**, 2358. Die Lehre unterteilt die gemischten Vertr in vier Gruppen
20 (Larenz II § 62, Staud-Löwisch Rn 33 ff): – **aa) Typischer Vertrag mit andersartiger Nebenleistung:**
Die von den Part zu erbringden HptLeistgen entspr einem typ Vertr, eine Part schuldet jedoch zusätzl eine
andart Nebenleistg, Bsp: Miete eines Zimmers mit Bedieng, Kauf mit MontageVerpfl (diese kann aber auch
HptPfl sein, BGH NJW **98**, 3197), Vertr über zahnprothet Heilbehandlg (BGH **63**, 306, DienstVertr mit
WkVertrNebenleistg), Kauf von Wein in zurückzugebden Flaschen, Kauf einer GastWirtsch mit Bierbe-
21 zugsPfl. – **bb) Kombinationsvertrag:** Eine Part schuldet mehreren versch VertrTyp entspr HptLeistgen.
Bsp: PensionsVertr über Kost u Unterkunft, EigenheimerwerbsVertr (Kauf- u WerkVertr, BGH **68**, 374, **72**,
232, **74**, 207); AltenheimVertr (BGH **73**, 351, NJW **81**, 341), BewirtgsVertr (AG Hbg NJW **73**, 2253), Miete
einer Maschine mit DienstverschaffgsVertr hinsichtl des Bediengspersonals (RG **69**, 128), FactoringVertr
(§ 398 Rn 35); Schlüsselfunddienst (GeschBesorgg u Versicherg, BGH NJW **95**, 324); wohl auch der Trans-
22 portVertr im multimodalen Verk (Koller VersR **89**, 770). – **cc) Gekoppelter Vertrag** (doppeltyp Vertr): Die
Part tauschen Leistgen aus, die versch typ Vertr entspr. Bsp: HausmeisterVertr (BAG **21**, 340); Bürgsch gg
Dienstleistgen, Warenlieferg gg Werkleistg. Beim ArbVertr u MietVertr über eine WkDienstWo handelt es
sich sowohl um einen Kombinations- als auch um einen gekoppelten Vertr (Gaßner AcP **186**, 332). –
23 **dd) Typenverschmelzungsvertrag:** In der von einer Part geschuldeten Leistg sind Elemente versch Vertr-
Typen untrennb miteinand verbunden. Bsp: Vergl mit KaufVertr (OGH **3**, 26); Abonnement eines Börsen-
dienstes (BGH **70**, 356, 359: Kauf u Übern von entgeltl BeratgsPflten); gemischte Schenkg (§ 516 Rn 13 ff),
wohl auch Vertr über Theaterbesuch (Faude JuS **69**, 434), Konzert (AG Passau NJW **93**, 1473, AG Herne
NJW **98**, 3651, Einf 15 v § 631), Schiffspassage, SanatoriumsAufenth.

24 **c)** Für die rechtl Behandlg sind drei Theorien entwickelt worden: – **aa)** Die **Absorptionstheorie** hält das
Recht der HptLeistg für anwendb. – **bb)** Die **Kombinationstheorie** wendet die jeweils für den betreffden
VertrBestandt maßgebden RNormen an und versucht, sich dabei ergebde Ggsätzlichk nach dem mutmaßl
PartWillen auszugleichen. – **cc)** Die **Theorie der analogen Rechtsanwendung** entspr im prakt Ergebn der
Kombinationstheorie, hat aber einen and Ansatz. Sie nimmt an, daß das Ges die Mischformen nicht regelt, die
Vorschr des bes SchuldR also nur entspr angewandt w können. – Keine dieser Theorien ist angesichts der
Vielgestaltigk der auftretden Mischformen in der Lage, die rechtl Behandlg der gemischten Vertr allein sinnvoll
zu lösen (MüKo/Thode Rn 45, Esser-Schmidt § 12 II 2). Wenn ausdr Abreden fehlen, ist vom mutmaßl
PartWillen auszugehen, für den der VertrZweck, die Interessenlage u die VerkSitte AnhaltsPkte geben
können. Dabei w idR folgde rechtl Einordnung sachgerecht sein: Für jede Leistg sind die Vorschr des entspr
VertrTyps heranzuziehen (Hbg VersR **77**, 567); das gilt grdsätzl auch für typ Vertr mit andersart NebenLeistg
(BGH NJW **72**, 46, BGH **63**, 312). Kollidieren die ges Vorschr, ist das Recht des VertrTyps heranzuziehen,
25 der den rechtl oder wirtsch **Schwerpunkt** bildet (BGH **2**, 333, NJW **81**, 342, **95**, 326); bei einem Bewirtgs-
Vertr kann sich ein MindergsR auch daraus ergeben, daß erst mit erhebl Verzögerg serviert w (LG Karlsr
NJW **94**, 947). Auch bei der Auflösg, insb der Künd, ist grdsl auf den Schwerpkt des Vertr abzustellen (BGH
NJW **79**, 1288, BAG NJW **69**, 1192, Köln NJW **80**, 1395, Gaßner AcP **186**, 342). Sind die VertrTypen
gleichwert vertreten (wie idR beim gekoppelten u KombinationsVertr, uU aber auch beim Typenver-
schmelzgsVertr), ist die Vorschr anzuwenden, die dem VertrZweck am besten entspr. Auf Vertr über Trans-
26 porte im **multimodalen** Verk finden seit dem 1 .7. 98 nach HGB 452 ff iZw HGB 407 ff Anwendg (Herber
NJW **98**, 3297, 3306, Looks VersR **99**, 31). Beim TypenverschmelzgsVertr muß uU für best Fragen (zB Länge
der KündFr) iW der RAnalogie aus versch Vorschr eine „mittlere Lösg" abgeleitet w (s Raisch BB **68**, 530).
Soweit ein wicht Grd vorliegt, kann die Künd auf einen VertrTeil beschränkt w (BGH **96**, 280). Zur Verj s
§ 194 Rn 10. Die gerichtl Zustdgk hängt von der Art des geltd gemachten Anspr ab; maßgebd kann der
Schwerpkt des Vertr sein (BAG NJW **69**, 1192), uU aber auch der VertrTeil, aus dem der Anspr hergeleitet w
(BAG DB **76**, 539, **AP** ArbG 2 ZuständigkPrüfg Nr 2; ArbVertr mit Zusage gesellschaftsrechtl Beteiligg).

27 **6) Sukzessivlieferungsverträge und ähnliche Verträge. – a) Begriffe.** Der SukzessivliefergsVertr ist
ein einheitl Kauf- od WerkliefergsVertr, der auf die Erbringg von Leistgen in zeitl aufeinand folgden Raten
gerichtet ist (BGH NJW **77**, 35, **81**, 680). Er kommt in zwei Unterarten vor: – **aa)** Beim **Ratenlieferungs-
vertrag** („echter" SukzessivliefergsVertr) wird eine von vornherein fest bestimmte Menge geschuldet, die in
Teilmengen zu liefern ist (MüKo/Emmerich Rn 375 v § 275). Es handelt sich um einen zeitl gestreckten
Kauf- od WerkliefergsVertr. Da das Merkmal ständiger Leistgsbereitsch fehlt, handelt es sich nicht um ein typ
DauerschuldVerhältn (s BGH NJW **81**, 680), jedoch können einzelne der für DauerschuldVerhältn geltden
28 Regeln (Einf 17 v § 241) anwendb sein. – **bb)** Der **Bezugsvertrag** (DauerliefergsVertr) wird auf unbest,

zumindest aber auf längere Zeit ohne Festlegg einer best Liefermenge geschlossen (Musielak JuS **79**, 97). Die Leistgsmenge richtet sich nach dem Bedarf des Abnehmers. Beispiele sind Bierliefergs- u VersorggsVertr (Rn 30), vor allem aber ZulieferVertr, jetzt idR mit QualitätsSichgVereinbgen (AGBG Rn 119) u „Just in time"-Klauseln (§ 361 Rn 2). Der BezugsVertr erfordert ständ Lieferbereitsch u ist daher ein echtes Dauer-
schuldVerh. – **cc)** Der **Alleinvertriebsvertrag** legt als RahmenVertr eine ZusArbeit der Part fest u verpflich- 29
tet den einen Teil (VertrHändler), Waren des and (Hersteller) im eig Namen u für eig Rechng zu verkaufen (BGH NJW **86**, 126). Er ist wie der BezugsVertr ein echtes DauerschuldVerh.

b) Versorgungsverträge über Strom, Gas, Wasser, Fernwärme sind BezugsVertr iSv Rn 28. Ihre Ab- 30
wicklg im **Insolvenzverfahren** bereitet keine Schwierigk mehr. Wählt der InsVerw gem InsO 103 Erf, wird nur der ZahlgsAnspr für die nach Eröffng des InsVerf erbrachten Leistgen Masseverbindlichk; die ZahlgsAnspr für vorher erbrachte Leistgen werden nach InsO 105 einfache InsFdgen (vgl dazu bereits BGH **129**, 336/342 u DtZ **97**, 196). Die Regelg, daß das ErfVerlangen des InsVerw auch die ZahlgsAnspr aus der Zeit vor Eröffng des InsVerf zu Masseschulden machte, gilt nicht mehr; die zur Vermeidg dieses Ergebnisses entwikkelten Lösgsvorschläge („WiederkehrschuldVerh", Kombination von Künd u Abschluß eines neuen Vertr) sind überholt. Der ZahlgsAnspr besteht bei Manipulationen des Kunden unabhäng davon, ob der Verbrauch meßtechnisch richt erfaßt ist od nicht (Düss NJW-RR **98**, 490).

c) Leistungsstörungen beim Ratenlieferungsvertrag („echter" SukzessivliefergsVertr, Rn 26). – 31
aa) Verzug. Kommt der Schu mit einer od mehreren Raten in Verzug, hat der Gläub nach seiner Wahl folgde Rechte: **(1)** Anspr auf Erfüllg des Vertr (§ 433) u Ers des Verspätgsschadens (§ 286), Einrede des nichterfüllten Vertr auch ggü nicht korrespondierenden Anspr (Saarbr NJW **96**, 3086). **(2)** Nach Fristsetzg u Ablehngsandrohg gem § 326 SchadErs wg NichtErf od Rücktr hinsichtl der verzögerten Leistg. In den Fällen des § 326 Rn 19 ff ist die FrSetzg entbehrl. **(3)** SchadErs wg NichtErf od Rücktr vom Vertr hinsichtl **aller noch ausstehender Raten** (RG **58**, 421, BGH NJW **81**, 680). Die Geltdmachg dieser Totalrechte des § 326 setzt aber eine entspr erweiterte Ablehngsandrohg voraus (RG **61**, 130, BGH NJW **77**, 35, WM **89**, 646). Außerdem sind §§ 326 I S 3, 325 I S 2 zu beachten. Der Gläub muß dartun, daß er an der Erfüllg des Vertr kein Interesse mehr hat (MüKo/Emmerich Rn 381 v § 275, str). Das ist bereits dann zu bejahen, wenn es für
ihn günstiger ist, im ganzen neu abzuschließen (§ 325 Rn 27). – **bb) Unmöglichkeit.** Wird die Erfüllg 32
hinsichtl einer Teilleistg unmögl, hat der Gläub folgde RBehelfe: **(1)** Er kann die Rechte des § 325 (SchadErs wg NichtErf, Rücktr, Rechte des § 323) bezügl der unmögl gewordenen Rate geltd machen. **(2)** Er kann diese Rechte auf alle noch ausstehden Raten ausdehnen, vorausgesetzt sein Interesse an der weiteren Dchführg des Vertr ist entfallen, § 325 I S 2 (§ 325 Rn 27). Der bereits abgewickelte Teil des Vertr bleibt ebso wie im
Fall des § 326 unberührt (BGH NJW **76**, 1354, **91**, 2699). – **cc) Schlechterfüllung.** Der Gläub hat hinsichtl 33
der einzelnen Rate die Rechte der §§ 459 ff. Soweit die SchlechtErf od ein sonstiges vertragswidr Verhalten des Schu den Zweck des Gesch u dessen ordngsmäß Dchführg ernsth gefährdet u dem Gläub ein Festhalten am Vertr wg endgült Zerstörg der VertrauensGrdl nicht zugemutet w kann, kann der Gläub die Totalrechte des § 326 ohne Ablehngsandrohg geltd machen (BGH NJW-RR **95**, 243, § 276 Rn 124). Voraussetzg ist aber grdsl eine NachFrSetzg (Abmahng) u eine gem Rn 31 erweiterte Ablehngsandrohg (BGH DB **77**, 159, NJW **77**, 35, **81**, 679, einschränkd Musielak JuS **79**, 96); außerdem muß ggf HGB 377 gewahrt sein (RG **65**, 49, BGH **LM** HGB 377 Nr 3). Entbehrl ist die FrSetzg bei ernstl u endgült ErfVerweigerg (§ 326 Rn 20), bei irreparabler Zerstörg der VertrauensGrdl des Vertr (RG **104**, 41, BGH NJW **72**, 246, Hbg VersR **82**, 805), nach dem RGedanken von CISG 73 II aber wohl auch dann, wenn berecht Anlaß für die Befürchtg besteht, die PflVerletzg werde sich wiederholen.

d) Leistungsstörungen beim Bezugsvertrag und Alleinvertriebsvertrag (Rn 27 u 29). Die Rechte 34
des Gläub beschränken sich grdsl auf die gestörte Teilleistg (BGH NJW **86**, 125, Musielak JuS **79**, 97). Da es sich um ein DauerschuldVerh handelt, treten an die Stelle der Totalrechte der §§ 325, 326 das KündR aus wichtigem Grd u der SchadErsAnspr wg schuldh Herbeiführg der Künd (§ 276 Rn 127).

7) Öffentlichrechtliche Verträge. – a) Auch auf dem Gebiet des öffR können RVerh dch Vertr 35
begründet, geändert od aufgeh w (VwVfG 54). Bei den öffrechtl Vertr ist zw koordinationsrechtl Vertr (zw Gleichgeordneten) u subordinationsrechtl Vertr (im Über- u UnterordngsVerh) zu unterscheiden. Die fr str **Zulässigkeit** von subordinationsrechtl Vertr w dch das VwVfG 54 ff ausdr anerkannt.

b) Maßgebd für die oft schwier **Abgrenzung** zw öffrechtl u privrechtl Vertr ist der VertrInhalt, entscheidd 36
ist also, ob sich der Vertr auf einen von der ROrdng öffrechtl od privrechtl geregelten Ggst bezieht (GmS-OGB BGH **97**, 314, BGH **32**, 216, BVerwG **22**, 140, Scherzberg JuS **92**, 202). Betrifft der Vertr Ggst des öffR u des PrivR, entscheidet sein Schwerpunkt (BGH NJW **80**, 826, Mü OLGZ **80**, 476). Mögl ist aber uU auch eine Trenng der Vereinbg in einen öffrechtl u einen privrechtl Teil (BVerwG NVwZ **94**, 1012). Auch Vertr zw PrivPers können öffrechtl Charakter haben (s Karsten/Rapsch NVwZ **86**, 708), auf sie findet die
FormVorschr des VwVfG 57 aber keine Anwendg (BVerwG NJW **92**, 2908). – **aa) Öffentlichrechtlich** sind 37
zB: Pflegesatzvereinbgen gem BSHG 93 II (BGH **116**, 339, BVerwG NJW **94**, 3027); Einiggen gem VZOG 2 I Nr 6 (Fehr/Nolte VIZ **97**, 321); Vertr über Beseitigg eines nicht genehmigten Bauwerks (OVG Münst DÖV **60**, 798); Vertr über eine „freiwill" Umlegg (BVerwG NJW **85**, 989); GrdstTausch in verwgerichtl Vergl (BVerwG NJW **76**, 2360); ErschließgsVertr gem BauGB 124 (BVerwG NJW **69**, 2162, BGH **54**, 287, **58**, 388, NJW **86**, 1109); Vertr mit der BAnst für Straßenbau über die Teiln an einer Materialprüfg (BGH **87**, 12); Vergl über öff Last (BGH WM **71**, 195); Vertr über Steuer mit Steuerpflichtigen (BVerwG **8**, 329, nur aGrd ausdr gesetzl Ermächtigg zul); KostenÜbern des SozAmtes ggü dem Vermieter (BVerwG NJW **94**, 2968); SchuldAnerkenntn, das an die Stelle einer mögl Regelg dch VerwAkt getreten ist (BGH **102**, 343, BVerwG NJW **95**, 1104); GarnisonsVertr (BVerwG **25**, 301); Vertr zw Dienstherrn u Beamten über Studienförderg (BVerwG NJW **82**, 1412, **86**, 2589, BGH **LM** § 13 GVG Nr 126); Ausbildgsförd ergsVertr mit einem Angestellten, der dessen Übernahme in das BeamtenVerh vorbereiten soll (BAG NJW **91**, 943); Vereinbg über die Erstattg von Ausbildgskosten (BGH DVBl **94**, 1240); Einiggen über öffrechtl Entsch (BGH NJW **73**, 656), dagg können Vertr zur Abwendg der Enteigng od über die unentgeltl Abtr von Straßenflächen privatrechtl sein (BGH aaO, BayObLG **73**, 176). Öffrechtl waren nach fr Recht auch: Vertr zw Bahn u Gemeinde

über Bahnanschluß (BGH **34**, 88), Vertr über den Bahnhofsnamen (BGH NJW **75**, 2015) u der zw der Bundesbahn u einer Gem über die Beförderg von Schülern (BVerwG NVwZ **89**, 877). **Städtebauliche Verträge** (BauGB 11, 12) können je nach dem geregelten Ggst öffrechtl od privrechtl sein (BVerwG NJW
38 **93**, 2696, Grziwotz NJW **97**, 237, Oerder NVwZ **97**, 1190, BauR **98**, 22). – **bb) Privatrechtlich** zB: KaufVertr zur Abwendg der Enteigng (BGH **95**, 4, BayObLG **92**, 34); Vertr zw Verk u Käufer über Tragg öffrechtl Folgelasten (OVG Lünebg DVBl **72**, 154); GrdstVertr mit Gemeinde trotz „Bauplangsabrede", sofern diese keine unmittelb Verpfl begründet, sond die Übern einer GewährPfl beinhaltet (BGH **76**, 16, Papier JuS **81**, 500); Verpfl ggü Gem, sich bei einem Bauvorhaben an einen noch nicht bestandskr BebauPlan zu halten (BGH NJW **85**, 1892); Vertr mit Gem zur Förderg des Eigenheimbaus für einheimische Fam (BVerwG NJW **93**, 2696, krit Grziwotz NJW **97**, 237); KonzessionsVertr zw Gemeinde u VersorggsUntern über Leitgsverlegg in öff Straßen (BGH **15**, 114, **LM** FStrG Nr 6, BVerwG **29**, 251); PrivatisiergsVertr der **Treuhand** (Rn 41); Vertr über Wasserentnahme aus öff Gewässern (BGH **28**, 41); 1909 geschl Vertr über die unentgeltl Belieferg mit Wasser (BGH NJW **79**, 2615); JagdpachtVertr mit öffr Körpersch (VGH Kassel NJW **96**, 474); PflegekindVertr zw PflegePers u Jugendamt (OVG Münst NJW-RR **86**, 1012); Vertr mit Künstler od Sammler über die Ausstellg seiner Werke (BVerwG VerwRspr **28** Nr 65, Düss NJW **90**, 2000); Vertr über ZusatzVersorgg dch Versorggsanstalt des Bundes (BGH **48**, 35, **69**, 175, BSozG NJW **72**, 2151); mit PrivFirma über Suche nach Bodenschätzen (BVerwG DVBl **70**, 735); mit jur Pers des PrivR über den Betr eines Krankenhauses (OVG Münster NJW **91**, 61); zw Flughafen u Benutzer (BGH VRS **86**, 11); zw Bundeswehr u dem Betreiber einer Bundeswehrkantine (BGH **LM** GVG § 13 Nr 150); Vertr des SozVersTrägers über die Belieferg der Versicherten mit Heil- u Hilfsmitteln (GmS-OGB BGH **97**, 315) od über die häusl Krankenpflege (BGH NJW **92**, 1561); Vertr über die Behandlg eines mit Gen des VormschGer untergebrachten psychisch Kranken (Nürnbg NJW-RR **99**, 1237); **Bürgschaft** für SozVersBeiträge (BGH **90**, 189, Ffm NVwZ **83**, 573) od für sonst öffrechtl Fdg (Hamm NVwZ **92**, 205); Hermes-Bürgsch (BGH NJW **97**, 328). Handelt es sich um einen privrechtl Vertr, der unmittelb der Erfüllg öff Aufgaben dient, unterliegt die Verw den Beschränkgen des **Verwaltungsprivatrechts** (s § 242 Rn 11).

39 **c) Rechtliche Behandlung.** Maßgebd sind §§ 54–62 VwVfG. Das VwVfG unterscheidet VerglVertr (§ 55) u AustauschVertr (§ 56). Der VerglVertr ist auch dann wirks, wenn er mit der GesLage nicht voll übereinstimmt, sofern die Beh den VerglSchl zur Beseitigg der Ungewißh nach pflichtmäß Ermessen für zweckmäß hält. Dagg gelten für den AustauschVertr strengere WirksamkVoraussetzgen. Er ist nichtig, wenn ein VerwAkt entspr Inhalts sachl rechtswidr wäre (VwVfG 59 II Nr 3). Auch bei Verstoß gg das in VwVfG 56 kodifizierte Verbot von KoppelgsGesch (§ 138 Rn 89) tritt Nichtigk ein. Öffrechtl Vertr bedürfen der Schriftform (VwVfG 57). Haben sie eine Pfl zur Übereigng od zum Erwerb eines Grdst zum Ggst, gilt § 313 (dort Rn 15). Soweit das öffR keine Sonderregeln enthält, sind die Vorschr des bürgerl Rechts als allg RGedanken entspr anzuwenden (VwVfG 62). Wg aller Einzelh vgl die Kommentare zum VwVfG.

40 **d)** Bei **Anstalten** u ähnl Einrichtgen kann das BenutzgsVerh dch privrechtl Vertr, öffrechtl Vertr od VerwAkt zustandekommen, die Zulassg kann auch zweistuf geordnet sein (Rn 41). Maßgebd für die Zuordng ist der in der rechtl Ordng des BenutzgsVerh zum Ausdruck kommde Wille des Anstaltsträgers (BGH NJW **92**, 172). Er kann grdsl zw öffrechtl u privrechtl Ausgestaltg des NutzgsVerh wählen (von Danewitz JuS **95**, 1). Privatrechtl Benutzg ist auch dann mögl, wenn Anschl- u Benutzungszwang besteht (BGH aaO). Seit der Privatisierg (Vorbem 2 v § 89) ist die Benutzg der Einrichtgen der Bundespost – mit Ausn des hoheitl Bereichs gem PostG 16 – privrechtl geregelt (BGH **111**, 336, Gramlich NJW **96**, 617); bei der Bundesbahn waren die BenutzgVerh auch schon vorher privrechtl (BGH **6**, 309). Privrechtl NutzgsVerh bestehen idR bei E-Werken (BGH NJW **54**, 1323), Einrichtgen der Abwasserentsorgg (BGH NJW **92**, 172), Krankenhäusern (BGH **4**, 148, **9**, 145, **89**, 252), auch bei psychiatr Landeskrankenhäusern (Schlesw SchlHAnz **94**, 171, Fischer/Mann NJW **92**, 1539), and bei Einweisg in geschl Anstalt (BGH **38**, 39). Privrechtl gestaltet ist idR auch die Benutzg von Flughäfen (BGH DB **69**, 1970, VRS **86**, 11), Kindertagesstätten (KG OLGZ **74**, 193, VGH Kassel NJW **77**, 452, Celle NJW **77**, 1295), Müllkippen (BGH NJW **75**, 106), uU auch bei einer gemeindl Kanalisation (BGH NVwZ **83**, 59). Öffrechtl ist die Benutzg dagg idR bei kommunalen Badeanstalten (VGH Mannh NJW **79**, 1900, Mü VersR **80**, 725, Hamm VersR **96**, 728, aA AG Würzbg NJW-RR **93**, 1332), öff Bibliotheken (OVG Brem NJW **98**, 3583) u bei kommunalen Wasserwerken (BGH **17**, 192, BayObLG **68**, 35), jedoch ist auch privatrechtl Ausgestaltg mögl (BGH **65**, 285, OVG Lünebg NJW **77**, 450). Auf öffrechtl ausgestaltete AnstaltsnutzgsVerh finden die §§ 276, 278 entspr Anwendg (§ 276 Rn 130).

41 **e)** Für Darl u Bürgsch im Rahmen öff Programme haben Rspr u Lehre die sog **Zweistufentheorie** entwickelt: Die Entsch über die Gewährg des Darl od der Bürgsch ist VerwAkt, der in Vollzug des Bewilliggsbescheids geschl Vertr gehört dem PrivR an (BGH **40**, 206, NJW **97**, 328, Einf 18 v § 607). Dagg soll die Gewährg von Darl gem BSHG 89 ausschließl öffr zu beurteilen sein (Schlesw NVwZ **88**, 76). Bei verlorenen Zuschüssen u bei sonst nicht als Darl gewährten Zuwendgen gilt für das SubventionsVerh idR allein öffR (BVerwG NJW **69**, 809, BGH **57**, 130, VGH Mannh NJW **78**, 2050), so auch bei Subventionen für die Instandhaltg u Modernisierg von Wo (BGH WM **99**, 150). Umgekehrt ist allein PrivR anwendb, wenn die öff Hand den Kredit ledigl refinanziert u sich für ihn verbürgt h (BVerwG **30**, 211), ebso idR bei WoBauDarl an Angeh des öff Dienstes (BVerwG DVBl **73**, 416). Auch die Benutzg öff Einrichtgen ist vielf zweistuf geordnet; die Entsch über die Zulassg erfolgt dch VerwAkt, der anschließd geschl Vertr ist privatrechtl (BVerwG **32**, 334, NVwZ **91**, 59, Lässig NVwZ **83**, 18). Das gilt auch für Einrichtgen, die die öff Hand dch jur Pers des PrivR betreiben läßt (BVerwG NJW **90**, 134). Die **Treuhandanstalt,** jetzt BvS, wird beim Verkauf u der Verpachtg von Untern u Grdst ausschließl privatrechtl tät (OVG Bln NJW **91**, 715, KG NJW **91**, 2299, Brdbg VIZ **97**, 375, Horn DB **95**, 310, Hormann VIZ **96**, 1, 71, aA OVG Magdebg EuZW **98**, 669), unterliegt aber den Bindgen des VerwPrivR (§ 242 Rn 11).

305 ***Begründung.*** **Zur Begründung eines Schuldverhältnisses durch Rechtsgeschäft sowie zur Änderung des Inhalts eines Schuldverhältnisses ist ein Vertrag zwischen den Beteiligten erforderlich, soweit nicht das Gesetz ein anderes vorschreibt.**

1) Allgemeines. § 305 legt fest, daß zur rechtsgeschäftl **Begründung** eines SchuldVerh idR ein Vertr erforderl ist. Vgl dazu Einf 2. Zu den Art der SchuldVertr, zu typ u atyp Vertr, zu VertrVerbindgen u gemischten Vertr sowie zu öffrechtl Vertr s Einf 6–34. 1

2) Änderungsvertrag. – a) Auch zur rechtsgeschäftl Änderg des SchuldVerh bedarf es nach § 305 grdsl eines Vertr. Die Änderg kann die Hauptleistgen (BGH NJW **92**, 2283), Nebenverpflichtgen od Leistgsmodalitäten betreffen. ÄndVertr sind auch Vereinbgen über die Änd der RNatur (Celle WM **88**, 1815, Bürgsch in Darl) sowie die nachträgl Stundg (§ 271 Rn 14). Der ÄndergsVertr läßt das ursprüngl SchuldVerh unter Wahrg seiner **Identität** fortbestehen (s RG **65**, 392). Bürgsch u PfandR haften daher weiter, erstrecken sich aber nicht auf eine Erweiterg der Schuld (§§ 767 I 3, 1210 I 2). Ob im Einzelfall ein ÄndergsVertr, ein AufhebgsVertr, verbunden mit dem Abschluß eines neuen Vertr, od ein weiterer rechtl selbst Vertr vorliegt, ist Ausleggsfrage; maßgebd ist in erster Linie der Wille der Part (BGH NJW **92**, 2283, **99**, 575); daneben sind die wirtschaftl u rechtl Bedeutg der Abänderg u die VerkAnschauung zu berücksichtigen (BGH **119**, 116). Auch bei einem Austausch od einer Erweiterg des Mietobjekts kann ein ÄndergsVertr zu bejahen sein (BGH NJW **92**, 2283, AG Bad Hombg NJW-RR **94**, 143). Der ÄndergsVertr verändert unmittelb den Inh des SchuldVerh, ist also verfügder Natur (Einf 6). Er ist idR abstrakt (Einf 7), dh von der Einigg der Part über den RGrd unabhäng. Eine VertrÄnderg ist auch die Verlängerg der VertrDauer (s Kleveman/Ziemann DB **89**, 2608), etwa dch einverständl Aufhebg der ausgesprochenen Künd (BGH NJW **74**, 1081). Ein bereits erloschenes SchuldVerh kann aber nicht dch ÄndergsVertr, sond nur dch Neuabschluß wiederbegründet w (RGRK-Ballhaus Rn 4). VertrÄndergen iwS sind auch die Abtretg (§§ 398 ff), die SchuldÜbern (§§ 414 ff) u die VertrÜbern (§ 398 Rn 38). Für diese Fälle des Personenwechsels gelten aber Sonderregelgen. 2

b) Der ÄndergsVertr bedarf grdsl der für die Begründg des SchuldVerh vorgeschriebenen **Form** (§ 125 Rn 8). Das gilt insb iF des § 313 (dort Rn 41). And liegt es dagg bei rgeschäftl FormVorschr. Werden sie bei Abschluß eines ÄndergsVertr nicht beachtet, kann iZw angenommen w, daß die Part die Formabrede stillschweigd aufgeh haben (§ 125 Rn 14). Auch die Änderg eines nicht formgebundenen Vertr kann formbedürft sein, so etwa wenn bei Verlängerg eines MietVertr ein VorkaufsR für das Grdst begründet (§ 313) od die Verlängerg für mehr als ein Jahr fest abgemacht w (§ 566). Sollen dch die Änderg nachträgl AGB in das VertrVerh einbezogen w, ist AGBG 2 entspr anzuwenden (dort Rn 19). Soweit der ÄndergsVertr formfrei ist, kann er auch **stillschweigend** abgeschl werden. Ein ÄndergsVertr kann daher zu bejahen sein, wenn der Vertr nach Mitteilg von veränderten VertrBdggen einverständl fortgesetzt w (Frage des Einzelfalls s BAG DB **76**, 2478, NZA **86**, 474), wenn der Mieter die SchönhReparaturen mehr als 40 Jahre dchgeführt hat (Ffm MDR **81**, 498), wenn bei einem DauerrechtsVerh eine vom allg Einverständn getragene dem Vertr widersprechde Übg besteht (BGH NJW **96**, 1680 u **66**, 826: Gewinnverteilg); wenn der Besteller der vom Untern vorgeschlagenen Verlegg des AbnTermins nicht widerspricht (BGH NJW **91**, 914). Keine ÄndergsVereinbg ist dagg anzunehmen, wenn eine Part aGrd einer unwirks AGB den Pr erhöht u die GgPart die Erhöhg für wirks hält u hinnimmt (BGH **90**, 71). Haben die Part einen Vertr längere Zeit zu abgeänderten Bdggen durchgeführt, besteht uU eine tatsächl Vermutg für das Zustandekommen eines entspr ÄndergsVertr (BGH **LM** Nr 17). Sie gilt insbes für Personalgesellsch (BGH NJW **66**, 826), nicht aber für Publikums KG (BGH NJW **90**, 2684). 3 4

c) Die **Pflicht** zum Abschluß eines ÄndergsVertr kann sich aus vertragl Abreden, aus bes gesetzl Vorschr (Bsp: MHRG 2 I) od aus § 242 ergeben (Bsp: nicht genehmiggsfäh Wertsicherungsklausel, § 245 Rn 20). Die **Beweislast** für eine VertrÄnd trägt derj, der Rechte aus ihr herleitet (BGH NJW **95**, 49); das gilt für den Umfang der Änderg auch dann, wenn die Part unstr einen Teil ihrer Vereinbg dch eine Neuregelg ersetzt haben (BGH aaO). 5

d) Eine Änderg dch **einseitiges Rechtsgeschäft** ist nur mögl, soweit Ges od vertragl Abreden dies zulassen. Bsp sind die gesetzl eingeräumten GestaltgsR, wie die Wahl iF des § 263 od die Fristsetzg iF des § 326, außerdem die dch Anpassgsklauseln für eine Part begründeten Rechte (s Bilda DB **69**, 427, MDR **79**, 89). Zu Ändergsvorbehalten in AGB s AGBG 10 Nr 4 u 11 Nr 1. 6

3) Aufhebungsvertrag. Die Part können das SchuldVerh, obwohl das Ges dies nicht bes ausspricht, dch vertragl Abrede aufheben. Der AufhebgsVertr unterscheidet sich vom ErlaßVertr (§ 397) dadch, daß er nicht die einzelne Fdg, sond das gesamte SchuldVerh betrifft. Er bedarf nicht der Form des BegründgsVertr (§ 125 Rn 8). Besteht für VertrÄndergen eine vertragl Formabrede, so gilt diese iZw nicht für den AufhebgsVertr (§ 125 Rn 13). Die auf Aufhebg des Vertr gerichteten WillErkl können auch stillschw abgegeben w (s LG Köln NJW-RR **93**, 1096: Auszug einer MietVertrPart). Um SchutzVorschr nicht leerlaufen zu lassen, bedarf das Vorliegen eines AufhebgsVertr aber sorgfält Prüfg, vor allem im ArbeitsR (Vorbem 5–7 v § 620). Die Hinnahme einer Künd kann nicht ohne weiteres als stillschw Abschluß eines AufhebgsVertr aufgefaßt w (BGH NJW **81**, 43, Kliemt DB **93**, 1874/1876). Dagg ist es nach der Interessenlage als Angebot einer einverständl Aufhebg u nicht als Künd anzusehen, wenn der Handelsvertreter erklärt, er könne den Vertr wg seines GesundhZustandes nicht länger erfüllen (BGH **52**, 16). Die TAufhebg eines Vertr dch Ausscheiden einer Part (eines Mieters) verändert den VertrInh u bedarf daher der Zust der verbleibden VertrPart (BayObLG **83**, 32, Celle NdsRpfl **82**, 60). Ob die Aufhebg ex tunc od ex nunc wirkt, ist Frage der Auslegg (BGH NJW **78**, 2198). Die beiderseit Leistgen sind iZw entspr §§ 346 ff (u nicht gem §§ 812 ff) zurückzugewähren (BGH NJW-RR **96**, 336, MüKo/Thode Rn 27, str). 7

4) Novation (Schuldersetzg). – **a)** Sie liegt vor, wenn die Part die Aufhebg des SchuldVerh derart mit der Begründg eines neuen SchuldVerh verbinden, daß das neue an die Stelle des alten tritt (RG **134**, 155, **162**, 245). Die Zulässigk der Novation ergibt sich aus dem Grds der VertrFreih (RG **119**, 24). Ob eine Novation od ledigl ein ÄndergsVertr (Rn 2) vorliegt, ist Ausleggsfrage (RG aaO). Eine Novation darf wg ihrer weitreichenden Folgen nur bejaht werden, wenn der auf Schuldumschaffg gerichtete Wille der Part deutl hervortritt (BGH NJW **86**, 1490). Sie läßt and als der ÄndergsVertr (Rn 2) Bürgsch u PfandR erlöschen (RG **134**, 155). IZw ist anzunehmen, daß keine Novation, sond ledigl ein ÄndergsVertr gewollt ist (BGH NJW **87**, 3126). – **b)** Die Novation kann kausal od abstrakt gestaltet sein (Staud/Löwisch Rn 72 ff). Bei der **kausalen** 8 9

Novation („Schuldumschaffg") ist die Entstehg des neuen SchuldVerh davon abhäng, daß die alte Schuld bestanden hat (RG **62**, 52). Bei der **abstrakten** Novation („Schuldneuschaffg") ist das neue SchuldVerh dagg vom Bestand des alten unabhäng (BGH **28**, 167). Der Schu kann sein Anerkenntn allenfalls nach § 812 II kondizieren od die Einr aus § 821 erheben. Auch diese Möglichk entfällt, wenn das Anerkenntn ohne Rücks auf das Bestehen der alten Schuld abgegeben worden ist (RGRK-Ballhaus Rn 12). Die kausale Novation ist grdsl formfrei; für die abstrakte gelten dagg §§ 780, 781, falls nicht § 782 od HGB 350, 351 anwendb sind. –
10 c) **Einzelfälle** (ja = Novation; nein = keine): Anerkenng des Kontokorrentsaldos (HGB 355) ja (BGH **26**, 150, **84**, 376, stRspr), jedoch mit der Besonderh, daß Sicherh nicht erlöschen (HGB 356); Übersendg von Tagesauszügen im Sparkassenkontokorrent nein (BGH **50**, 277, **73**, 210); VereinbgsDarl (§ 607 II), Frage des Einzelfalls (§ 607 Rn 15 f); Leistg an Erf Statt ja, auch wenn an Zahlgs Statt ein abstraktes SchuldVerspr od eine SchuldVerschreibg gegeben w (RG **119**, 12, **124**, 365); Abrede zw RA u Mandant, daß der zur Weiterleitg an den Gegner best Geldbetrag vorübergehd zinsgünst angelegt werden soll nein (BGH NJW **86**, 1490); Prolongationswechsel gg Rückg des alten Wechsels ja (RG **107**, 35); Vergleich idR nein (BGH **52**, 46, NJW-RR **87**, 1426); deklaratorisches SchuldAnerkenntn nein (§ 781 Rn 3).

306 *Unmögliche Leistung.* **Ein auf eine unmögliche Leistung gerichteter Vertrag ist nichtig.**

1 1) **Allgemeines. – a)** § 306 übernimmt den röm-rechtl Satz: *impossibilium nulla est obligatio.* Die Vorschr läßt aber nicht nur die Verpflichtg zur Leistg entfallen, sond ordnet zugl die Nichtigk des Vertr an; SchadErsAnspr werden dementspr auf das negative Interesse beschränkt (§ 307). Diese Regelg wird dch Ges der Logik nicht gefordert u ist interessenwidr (MüKo/Thode Rn 3). Wenn die anfängl Unmöglichk von einer Part zu vertreten ist, wäre, ebso wie iF nachträgl Unmöglichk (§§ 280, 324 f), die Einräumg eines SchadErs-Anspr auf das positive Interesse sachgerecht. § 306 ist daher restriktiv auszulegen. Es ist jeweils zu prüfen, ob für das anfängl Leistgshindern Sonderregelgen bestehen (Rn 11) od der Schu ausdr od stillschw die **Garantie**
2 für die Möglichk der Leistg übernommen hat (Staud-Löwisch Rn 3). – **b) Anwendungsbereich.** § 306 gilt für alle Vertr, die eine Verpflichtg zu einer Leistg begründen. Er ist auf SchuldVerh aus einseit RGesch entspr anzuwenden. Dagg findet § 306 auf Vfgen keine Anwendg (BGH NJW **93**, 2750). Bei einer Anzahl von Vertr wird § 306 dch Sonderregeln verdrängt (Rn 11).

3 2) **Voraussetzungen.** § 306 gilt nur, wenn es sich um eine anfängl, obj u dauernde Unmöglichk handelt; er ist unanwendb, wenn der scheinb obj unmögl Leistgserfolg auf einem and zumutb Weg herbeigeführt w kann (BGH DB **90**, 1559). – **a)** Für die Abgrenzg zw **anfänglicher** (ursprüngl) Unmöglichk u nachträgl ist entscheidd, ob das Leistgshindern vor od nach Begründg des SchuldVerh entstanden ist (§ 275 Rn 16). Bei Vertr ist der VertrSchl der maßgebde Ztpkt (BGH **47**, 50, **60**, 16, Hamm NJW-RR **88**, 1117), u zwar bei rückdatierten Vertr der des tatsächl Abschl (Karlsr SJZ **49**, 412). Wird bei einem bedingten od befristeten Vertr die Leistg nach VertrSchl aber vor BdggsEintritt od Fälligkeit unmögl, ist nachträgl Unmöglichk gegeben (MüKo/Emmerich Rn 37 v § 275). Ist für die Leistg die Gen eines Dritten erforderl, begründet deren Versagg
4 gleichf nachträgl Unmöglichk (§ 275 Rn 34). Vgl auch Rn 5. – **b)** § 306 setzt voraus, daß die Leistg **objektiv** unmögl ist. Auf anfängl Unvermögen sind nicht die §§ 306 ff, sond die in Rn 9 dargestellten Grds anzuwenden. Gleichgült ist, ob die Unmöglichk auf tatsächl od rechtl Grden beruht. Ist die Leistg wg Verstoßes gg ein gesetzl Verbot unmögl, tritt Nichtigk sowohl nach § 134 als auch nach § 306 ein (RG **95**, 348, **120**, 45, s auch § 309). Zur Abgrenzg von obj u subj Unmöglichk s § 275 Rn 4 ff u 3. Bei höchstpersönl Leistgen begründet Unvermögen zugl obj Unmöglichk (MüKo/Söllner Rn 7, aA Staud/Löwisch Rn 20). Der Schu haftet aber aGrd einer EinstandsPfl auf das ErfInteresse (Neumann/Duesburg BB **70**, 1462). –
5 **c)** Wie § 275 betrifft auch § 306 nur die **dauernde** Unmöglichk. Vorübergehde Unmöglichk steht dauernder aber dann gleich, wenn sie die Erreichg des VertrZweckes gefährdet (s näher § 275 Rn 17). Ist bei einem bedingten od befristeten Vertr die Unmöglichk bis zum Eintritt der Bdgg od des Termins behoben, ist der Vertr wirks (§ 308 II). Haben die Part für den Fall kontrahiert, daß das Leistgshindern wegfällt, ist der Vertr gleichf wirks (§ 308 I). Sind die Part insow von falschen zeitl Vorstellgen ausgegangen, gelten die Grds über
6 den Wegfall der GeschGrdl (BGH **47**, 52). – **d)** Ist die Leistg **teilweise** unmögl, gilt § 306 nur für den unmögl Teil (§ 275 Rn 20, s auch § 307 II). Die Frage, ob der Vertr auch im übrigen nichtig ist, ist nach
7 § 139 zu beurteilen (RG **51**, 94). – **e)** Ob eine der Part die Unmöglichk zu **vertreten** hat, ist für die Anwendg des § 306 unerhebl, hat aber für die in § 307 geregelte SchadErsPfl Bedeutg.

8 3) **Rechtsfolgen.** Der auf eine obj unmögl Leistg gerichtete Vertr ist nichtig. Ein SchadErsAnspr besteht nur unter den Voraussetzgen des § 307. § 281 ist nicht anwendb. Er setzt einen gült Vertr voraus u betrifft daher nur die nachträgl Unmöglichk (Staud-Löwisch Rn 29).

9 4) **Anfängliches Unvermögen. – a)** § 306 ist auf anfängl Unvermögen (§ 275 Rn 13) unanwendb; er enthält keine dem § 275 II entspr Vorschr. Der auf eine sub unmögl Leistg gerichtete Vertr ist wirks (allgM, s bereits Mot II 45 f) u begründet einen ErfAnspr (RG **80**, 249, hM, aA Wolff JZ **95**, 280). Der Schu übernimmt dch sein LeistgsVerspr stillschw eine Garantie für sein Leistgsvermögen; der Gläub kann iF anfängl Unvermögens (ohne den Umweg über § 283 od § 326) **Schadensersatz wegen Nichterfüllung** (positives Interesse) verlangen (RG **69**, 355, BGH **8**, 231, **11**, 22, **47**, 269, NJW **97**, 938, stRspr, hM) od vom Vertr zurücktreten (BGH NJW **88**, 2878). Handelt es sich um einen KaufVertr, ergibt sich der SchadErsAnspr (auch) aus §§ 440, 325 (BGH NJW **97**, 938, 3164/3165, § 441 Rn 4). Da der Vertr wirks ist, kann der Gläub auch auf Erf klagen (RG **80**, 250, krit Wagner JZ **98**, 482, 485). Bei ggs Vertr steht ihm auch die Einr aus § 320 zu (BGH NJW **97**, 938) u ebso die Rechte aus § 323 II u III (Planck Anm 8). Bei vorübergehdem Unvermögen kann der Gläub den Schu in **Verzug** setzen u die Rechte aus §§ 286, 326 geltd machen (Karlsr
10 NJW-RR **89**, 1246). Bei teilw Unvermögen gilt § 325 I 2 (§ 325 Rn 26) entspr. – **b)** Ein Teil der Lit tritt dafür ein, die **Einstandspflicht** des Schu **zu beschränken.** Einige Autoren wollen die für die nachträgl Unmöglichk geltden Vorschr (§§ 275, 280, 323, 325) entspr anwenden, den Schu also nur haften lassen, wenn

er das anfängl Unvermögen zu vertreten hat (so Wagner JZ **98**, 482, 492, Esser/Schmidt § 22 III, s auch BGH **85**, 271). And folgen im Ausgangspunkt der hM, bejahen aber für den Fall einen Haftgsausschluß, daß das Leistgshindern nicht aus dem Risikobereich (GeschKreis) des Schu stammt (so Larenz § 8 II). Demggü ist an der stRspr u hM festzuhalten; sie entspricht dem Willen des GesGebers (Mot II 45) u ist grdsl interessengerecht. Handelt es sich um ein unvorhersehbares, nicht aus der Sphäre des Schu stammendes Leistgshindern, kann die Auslegung (§§ 133, 157) od § 242 (dort Rn 140) ergeben, daß die EinstandsPfl des Schu ausgeschlossen ist (Staud-Löwisch Rn 47, ähnl BGH DB **72**, 1336).

5) Sonderregelungen. § 306 u die für anfängl Unvermögen geltden RGrds (Rn 9 f) finden keine Anwendg, soweit sie dch SonderRegelgen verdrängt w. – **a)** Hat der Schu für die Leistg eine **Garantiehaftung** übernommen, haftet er auch iF obj Unmöglichk auf das positive Interesse (RG **137**, 84, BGH **93**, 145). § 306 kann auch stillschw abbedungen w (Rn 1). – **b) Forderungskauf.** Der Verkäufer einer nicht bestehden Fdg od eines sonst nicht existierden Rechts haftet gem § 437 für den Bestand des Rechts. Das gilt grdsl auch dann, wenn anfängl Unmöglichk vorliegt (RG **90**, 244, Mü NJW **71**, 1807). § 306 ist nur dann anzuwenden, wenn das verkaufte Recht von vornherein aus RGründen nicht entstehen konnte (RG **68**, 293, Mü aaO, § 437 Rn 1). – **c) Rechtsmängelhaftung beim Kauf.** Im Fall anfängl Unmöglichk (Bsp: Verkauf einer nicht existierden Sache) gilt § 306 (Schlesw NJW-RR **95**, 554), soweit nicht eine bes GewährPfl übernommen worden ist (Rn 11); anfängl Unvermögens s Rn 9. – **d) Sachmängelhaftung.** Auch wenn die verkaufte Speziessache einen obj nicht behebb Mangel hat od ihr eine zugesicherte Eigensch fehlt, deren Herstellg ausgeschlossen ist, ist § 306 unanwendb. Die GewährleistgsVorschr gehen dem § 306 vor, u zwar auch dann, wenn die Gewährleistg vertragl abgewandelt od eingeschränkt ist (BGH **54**, 238). Das gilt ebso für den WerkVertr (BGH aaO), den ReiseVertr (Vorbem 9 v § 651 c) u den MietVertr (§ 537 Rn 6). Die Anwendg des § 306 ist auch schon für die Zeit vor Übergabe (Abnahme) ausgeschlossen (s BGH **54**, 238 zum Kauf- u WerkVertr, BGH **93**, 142 zum MietVertr, aA BGH **136**, 102, NJW **99**, 635). Eine NichtigkVorschr kann nicht je nach dem Stand der VertrDchführg angewandt od nicht angewandt w. Es wäre auch sachwidr, dem Verk (Untern, Vermieter) bis zur Übergabe (Abnahme) die Möglichk zu geben, sich dch Berufg auf §§ 306, 139 seiner Garantiehaftg zu entziehen. Der and Teil kann sich ggf durch Anf (§ 119 II) od Wandlg (Künd) vom Vertr lösen. – **e)** Bei LizenzVertr über **gewerbliche Schutzrechte** führt die Schutzunfähigk des LizenzGgst idR nicht zur Anwendg des § 306, sond zu einem KündR ex nunc (BGH **115**, 72).

11 12 13 14 15

307 *Negatives Interesse.*

I Wer bei der Schließung eines Vertrags, der auf eine unmögliche Leistung gerichtet ist, die Unmöglichkeit der Leistung kennt oder kennen muß, ist zum Ersatze des Schadens verpflichtet, den der andere Teil dadurch erleidet, daß er auf die Gültigkeit des Vertrags vertraut, jedoch nicht über den Betrag des Interesses hinaus, welches der andere Teil an der Gültigkeit des Vertrags hat. Die Ersatzpflicht tritt nicht ein, wenn der andere Teil die Unmöglichkeit kennt oder kennen muß.

II Diese Vorschriften finden entsprechende Anwendung, wenn die Leistung nur teilweise unmöglich und der Vertrag in Ansehung des möglichen Teiles gültig ist oder wenn eine von mehreren wahlweise versprochenen Leistungen unmöglich ist.

1 **1) Allgemeines.** § 307 begründet eine Haftg für Verschulden beim VertrSchl (BGH **76**, 22). Er war zus mit §§ 122 u 179 II Anlaß, die inzw gewohnheitsrechtl anerkannte Haftg für c. i. c. herauszubilden (§ 276 Rn 65). § 307 gilt auch für öffrechtl Vertr (VwVfG 62) u ist auf einseit RGesch entspr anwendb.

2 **2) Voraussetzungen. – a)** Der Vertr muß gem § 306 **nichtig** sein. § 307 gilt nicht, wenn noch ein weiterer NichtigkGrd (zB Formmangel, GeschUnfähigk) gegeben ist. Die Haftg tritt auch bei Teilnichtigk ein (II, s § 306 Rn 6). Über die Unmöglichk bei Wahlschulden s § 265. – **b)** AnsprVoraussetzg ist **Kenntnis** od **fahrlässige Unkenntnis** (§ 122 II) der Unmöglichk dch eine der Part. Die PartStellg ist gleichgült. Die Part muß sich das Verhalten ihrer Vertreter u VhdlgsGehilfen anrechnen lassen (§ 276 Rn 92). Zurechngsnorm ist § 278, nicht § 166. Bestehen für den Vertr gesetzl Haftgsmildergen (zB §§ 521, 690), gelten diese auch für die Haftg aus § 307 (§ 276 Rn 71). – **c)** Die Haftg **entfällt,** wenn auch der and Teil die Unmöglichk kannte od fahrl nicht kannte **(I 2).** Die Vorschr schließt eine Abwägg gem § 254 aus (BGH **76**, 22). Auch wenn auf der einen Seite Vors u auf der and leichte Fahrlässigk vorliegt, besteht keine ErsPfl (RG **110**, 55); sie kann sich aber aus § 826 od § 823 II iVm StGB 263 ergeben. Auf den Anspr aus c. i. c. ist I 2 nicht anzuwenden (RG **151**, 361), ebsowenig auf den aus § 839, GG 34 (BGH **76**, 30).

3 4

5 **3) Rechtsfolgen. – a)** § 307 beschränkt die ErsPfl auf den **Vertrauensschaden,** dh die Nachteile, die dch das Vertrauen auf die Gültigk des Vertr entstanden sind (Vorbem 17 v § 249). Diese Regelg ist rechtspolit verfehlt (§ 306 Rn 1); sie ist Folge der in § 306 ausgesprochenen Nichtigk des Vertr u der Vorstellg, daß aus einem nichtigen Vertr kein Anspr auf das ErfInteresse gegeben w kann (Mot II 178). Der ErsAnspr w dch das ErfInteresse nach oben begrenzt. Es besteht daher keine ErsPfl, wenn die DchFührg des Vertr dem ErsBerecht keine Vermögensvorteile gebracht hätte. Für Anspr aus c. i. c. gilt diese Begrenzg nicht (§ 276 Rn 100). – **b)** Der ErsAnspr **verjährt** gem § 195 in 30 Jahren; § 852 findet keine Anwendg. Gilt für den VertrAnspr eine kürzere VerjFr, ist diese auch für den Anspr aus § 307 maßgebd (BGH **49**, 83, **73**, 269). – **c)** Anspr aus den allg **Grundsätzen über c. i. c.** sind im Anwendgsbereich des § 307 ausgeschlossen (s BGH **76**, 22). Dagg können delikt Anspr mit dem aus § 307 konkurrieren. – **d)** Ob die für den VertrAnspr bestellten **Sicherheiten** auch für den Anspr aus § 307 haften, ist Frage der Auslegg des einzelnen Vertr (MüKo/Thode Rn 14); iZw ist die Frage zu bejahen.

6 7 8

308 *Vorübergehende Unmöglichkeit.*

I Die Unmöglichkeit der Leistung steht der Gültigkeit des Vertrags nicht entgegen, wenn die Unmöglichkeit gehoben werden kann und der Vertrag für den Fall geschlossen ist, daß die Leistung möglich wird.

II Wird eine unmögliche Leistung unter einer anderen aufschiebenden Bedingung oder unter Bestimmung eines Anfangstermins versprochen, so ist der Vertrag gültig, wenn die Unmöglichkeit vor dem Eintritte der Bedingung oder des Termins gehoben wird.

1 **1) Allgemeines.** Nichtigk gem § 306 tritt ein, wenn die Leistg im Ztpkt des VertrSchl unmögl ist (§ 306 Rn 3); ein späteres Möglichwerden der Leistg ändert an der Nichtigk des Vertr idR nichts (BGH ZIP **95**, 1018). Von diesem Grds macht § 308 für zwei Fallgruppen eine Ausn (Rn 2f). Wenn die Voraussetzungen des § 308 vorliegen, ist der Vertr von **Anfang an wirksam** (MüKo/Thode Rn 2); es handelt sich nicht um eine nachträgl Heilg zunächst bestehder Nichtigk. – Die Formulierg, die Unmöglichk werde **„gehoben"** entspr dem Sprachgebrauch des 19 Jhdts; sie ist heute iSv „behoben" zu verstehen.

2 **2) Einzelheiten. – a) Absatz 1.** Der auf eine unmögl Leistg gerichtete Vertr ist gült, wenn die Unmöglichk behebb ist u die Part ihn für diesen Fall geschlossen haben. Das Ges betrachtet das Möglwerden der Leistg als aufschiebde Bdgg (s II „and Bdgg"); die §§ 158 ff sind daher anzuwenden. Die Vereinbg kann auch stillschw getroffen w (RG **138**, 55), so etwa, wenn ein GrdstkaufVertr für den Fall der Erteilg der erforderl Gen geschlossen (BGH NJW-RR **92**, 559) od die Lieferg beschlagnahmter Ware für den Fall der Freig versprochen w (RG **102**, 255). Sie kann auch einer ergänzden VertrAuslegg (§ 157 Rn 2 ff) zu entnehmen sein (MüKo/Thode Rn 3). Dagg entfällt § 308, wenn eine sofort Leistg gewollt ist (OGH **3**, 60). Im ArbR ist I bei sog überwindb BeschäftiggsVerboten anwendb, falls die Part die Voraussetzgen für eine zul Beschäftigg herbeiführen wollen (BAG **AP** BBiG 15 Nr 1). Gehen die Part hins des Ztpkts des Möglwerdens der Leistg
3 von unricht Vorstellgen aus, kann die GeschGrdl fehlen (BGH **47**, 51). – **b) Absatz 2.** Ein unter einer aufschiebdn Bdgg od Befristg geschlossener Vertr ist gültig, wenn die Leistg vor Eintritt der Bdgg od des Termins mögl wird. Es genügt der obj Tatbestd des MöglWerdens, ein entspr PartWille ist nicht erforderl. Wird die Unmöglichk erst später behoben, kann der Vertr gem I gült sein. Wird die Leistg zunächst mögl, noch vor BdggsEintritt aber wieder unmögl, handelt es sich um einen Fall nachträgl Unmöglichk.

309 *Gesetzwidriger Vertrag.* **Verstößt ein Vertrag gegen ein gesetzliches Verbot, so finden die Vorschriften der §§ 307, 308 entsprechende Anwendung.**

1 **1) Allgemeines.** Der auf eine verbotene Leistg gerichtete Vertr ist sowohl nach § 306 als auch nach § 134 nichtig (§ 306 Rn 4). §§ 307 u 308 sind daher direkt anwendb; § 309 hat insoweit nur klarstellde Funktion. Soweit sich das Verbot nicht auf die Leistg, sond auf den VertrSchl bezieht, ist § 309 dagg **konstitutiv.** Verstößt der Vertr gg die guten Sitten (§ 138), ist § 309 nicht anwendb, u zwar auch dann nicht, wenn zugl ein Verstoß gg ein gesetzl Verbot vorliegt (MüKo/Thode Rn 2).

2 **2) Einzelheiten. – a) Anwendung des § 307.** Da bereits fahrl Unkenntn des Verbots den SchadErsAnspr ausschließt (§ 307 I 2), hat der Anspr nur geringe prakt Bedeutg. Auch bei argl Täuschg über das Verbot beschränkt sich der SchadErsAnspr auf das Vertrauensinteresse (RG **105**, 366). Mit dem Anspr aus § 307 kann
3 ein delikt Anspr konkurrieren (§ 307 Rn 7). – **b) Anwendung des § 308.** Der gg ein gesetzl Verbot verstoßde Vertr bleibt auch dann nichtig, wenn das Verbot nachträgl wegfällt (RG **138**, 55, § 134 Rn 13). Die Anwendg des § 308 I setzt voraus, daß der Vertr von vornherein für den Fall der Aufhebg des Verbots geschlossen worden ist u das Verbot bis dahin beachtet w sollte (BGH **LM** § 134 Nr 7, BVerwG NJW **82**, 2293, BAG DB **87**, 2048). Im Fall des § 308 II genügt dagg der obj Tatbestd, daß das Verbot bis zum Eintritt der Bdgg od des Termins außer Kraft getreten ist (s RG **105**, 137).

310 *Vertrag über künftiges Vermögen.* **Ein Vertrag, durch den sich der eine Teil verpflichtet, sein künftiges Vermögen oder einen Bruchteil seines künftigen Vermögens zu übertragen oder mit einem Nießbrauche zu belasten, ist nichtig.**

1 **1) Allgemeines. – a)** § 310 hat den **Zweck,** die wirtschaftl BetätiggsFreih des einz vor übermäßigen Beschränkgen zu schützen. Er soll verhindern, daß jemand sich seiner Vermögensfähigk begibt u dadch zugl jede Motivation für eine Erwerbstätigk verliert (Mot II 186). Soweit die Vorschr Vertr über Bruchteile eines
2 zukünft Vermögens verbietet, will sie prakt Schwierigk vermeiden (Mot II 187). – **b) Anwendungsbereich.** Die Vorschr gilt für schuldrechtl VerpflichtgsVertr (Einf 6 v § 305). Sie ist auf einseit schuldrechtl Verpflichtgen entspr anwendb. Dagg werden ErbVertr (§§ 2274 ff) u Vertr des FamGüterR (§§ 1415 ff) von ihr nicht erfaßt. Auch auf Vfgen findet § 310 keine Anwendg. Eine Vfg über das ges künft Vermögen od einen Bruchteil davon ist ohnehin nicht mögl. Auf die Verschmelzg u Vermögensübertragg von jur Pers ist § 310 nach UmwG §§ 4 I S 2, 176 nicht anzuwenden.

3 **2) Voraussetzungen. – a)** Es muß sich um einen **Verpflichtungsvertrag** handeln (Rn 2). Die Art des Vertr ist gleichgült, ebso die Frage, ob die Part eine GgLeistg vereinb haben od nicht. § 310 erfaßt neben Kauf u Schenkg auch GesellschVertr u Leibrentenversprechen. Er gilt auch für **juristische Personen** (RG **169**,
4 83), soweit keine gesetzl AusnVorschr (Rn 2) eingreifen. – **b)** Der Vertr muß sich auf das **künftige Vermögen** des Versprechden od einen Bruchteil davon beziehen. Der Vertr über künftiges fremdes Vermögen verstößt nicht gg § 310 (RG **79**, 285 zu § 311). Unter Vermögen iSd §§ 310, 311 sind nur die Aktiva zu verstehen (RG **69**, 285 u 420). Die Verpflichtg muß die Gesamtheit der Aktiva od eine Quote betreffen. Unanwendb ist § 310 bei Vertr über einzelne VermögensGgst (BGH WM **76**, 744, Kaufhold ZEV **96**, 454) od über Sondervermögen (§ 311 Rn 5). Die Verpfl zur Abtr aller künft GeschFdgen wird daher nicht von § 310 erfaßt (Staud/Wufka Rn 11, aA RG **67**, 168), erst recht nicht die Abtr des künft pfändb ArbEinkom-
5 mens (BGH **107**, 92, NJW **90**, 1035, **91**, 2018). – **c)** Das Verbot gilt für die Verpflichtg zur **Übertragung** od zur Bestellg eines Nießbr. Es erfaßt auch die Verpflichtg zur Sichergsübereigng, nicht aber die zur Verpfändg od zur Übertragg der Verw an einen TrHänder (RG **72**, 118 zu § 311).

3) Rechtsfolgen. Der Vertr ist nichtig. Wenn das Vermögen erst im Ztpkt des Todes des Schu übergehen 6
soll, ist aber eine Umdeutg in einen ErbVertr mögl (BGH **8**, 34). Die ErfGesch sind wirks, das Geleistete kann, soweit nicht § 814 entggsteht, gem § 812 zurückgefordert w. § 310 ist als ein gesetzl Verbot aufzufassen, nicht als ein tatbestandl bes festgelegter Fall des § 138. Aus §§ 309, 307 kann sich daher ein Anspr auf Ers des **Vertrauensschadens** ergeben (Staud-Wufka Rn 17). Dieser wird aber meist an § 307 I 2 scheitern, da idR beiden Part mindestens Fahrlässigk vorzuwerfen ist.

311 *Vertrag über gegenwärtiges Vermögen.* **Ein Vertrag, durch den sich der eine Teil verpflichtet, sein gegenwärtiges Vermögen oder einen Bruchteil seines gegenwärtigen Vermögens zu übertragen oder mit einem Nießbrauche zu belasten, bedarf der notariellen Beurkundung.**

1) Allgemeines. – a) § 311 soll vor dem übereilten Eingehen einer bes gefährl Verpflichtg schützen 1
(Mot II 188, RG **94**, 314, BGH **25**, 5). Der im VorderGrd stehde **Formzweck** (§ 125 Rn 1) ist die Warnfunktion, zugl soll eine sachkund Beratg der Beteil sichergestellt w (BeurkG 17). – **b) Anwendungsbereich.** 2
§ 311 gilt (ebso wie § 310) für VerpflichtgsVertr, nicht aber für Vfgen. Auf einseitige schuldrechtl Verpflichtgen ist § 311 entspr anwendb. Sondervorschriften bestehen für die Umwandlg dch Verschmelzg, VermögensÜbertragg od Spaltg (UmwG 6, 125, 176). – **c)** § 419, der eine Haftg des Vermögensübernehmers 3
vorsah, aber von einem and Vermögensbegriff ausging als § 311, ist dch das EGInsO aufgehoben worden.

2) Voraussetzungen. Sie entsprechen, abgesehen davon, daß sich § 311 auf gegenwärtiges Vermögen 4
bezieht, denen des § 310. – **a)** Es muß sich um einen **Verpflichtungsvertrag** handeln. Gleichgült ist die Art des Vertr, ebso die Frage, ob eine GgLeistg vereinb worden ist od nicht. § 311 gilt auch für **juristische Personen** (RG **76**, 2, **137**, 348), jedoch bestehen für die Verschmelzg u die Umwandlg SonderVorschr (Rn 2). – **b)** Die Verpflichtg muß auf Übertragg des **Vermögens** des Versprechden od eines Bruchteils davon 5
gerichtet sein. Unter Vermögen iSd § 311 sind nur die Aktiva zu verstehen (RG **69**, 285 u 420). Die Vorschr gilt nicht, wenn die Verpflichtg die Übertragg fremden Vermögens betrifft (RG **79**, 282). Sind die Ggst im Vertr einzeln od dch Sammelbezeichngen angeführt, ist § 311 auch dann unanwendb, wenn die angeführten Ggst prakt das ges Vermögen ausmachen (RG **69**, 420, BGH **25**, 4, ZIP **90**, 1544). Entscheidd ist, ob der Vertr nach dem Willen beider Parteien auf die Übertragg des ges Vermögens in „Bausch u Bogen" gerichtet ist (RG **69**, 420, **94**, 315, Staud/Wufka Rn 13). Das kann auch dann zu bejahen sein, wenn einzelne Ggst von verhältnismäß untergeordneter Bedeutg von der Übertragg ausgenommen w (RG **137**, 349, stRspr). Unanwendb ist § 311, wenn VertrGgst ein **Sondervermögen** ist, zB ein Unternehmen (RG Gruch **63**, 88, Warn **17** Nr 49), das Verm einer OHG (RG JW **10**, 242), ein Fideikommiß (RG **137**, 349) od AllodialVerm (BGH **25**, 4). – **c)** Der Vertr muß auf die Verpflichtg zur **Übertragung** od zur Bestellg eines Nießbr gerichtet sein; 6
insow gelten die Ausführgen in § 310 Rn 5 entspr.

3) Rechtsfolge des Formmangels ist **Nichtigkeit** des Vertr (§ 125). Der Mangel wird dch Erf nicht geheilt 7
(RG **76**, 3, BGH DNotZ **71**, 38). Der Schu kann die von ihm erbrachten Leistgen zurückfordern, sow nicht § 814 entggsteht. Bei einer unentgeltl Übertragg bedarf nicht nur das SchenkgsVersprechen (§ 518 I), sond der ganze Vertr der Beurk. Der Vollzug der Schenkg heilt nur den Mangel der Form des § 518 I, nicht den des § 311 (Marienwerder OLG **17**, 376). Das gilt entspr, wenn der Vertr sowohl gem § 313 als auch gem § 311 formbedürft ist. Geht die Verpflichtg auf Übertragg des ggwärt u des künft Vermögens, kann der Vertr hins des ggwärt Vermögens gem § 139 gült sein (RG Recht **12**, 3180). Eine **Umdeutung** eines gg § 311 verstoßden Vertr in entspr EinzelVertr ist nicht ausgeschl (RG **76**, 3).

312 *Vertrag über Nachlaß eines lebenden Dritten.* **I Ein Vertrag über den Nachlaß eines noch lebenden Dritten ist nichtig. Das gleiche gilt von einem Vertrag über den Pflichtteil oder ein Vermächtnis aus dem Nachlaß eines noch lebenden Dritten.**

II Diese Vorschriften finden keine Anwendung auf einen Vertrag, der unter künftigen gesetzlichen Erben über den gesetzlichen Erbteil oder den Pflichtteil eines von ihnen geschlossen wird. Ein solcher Vertrag bedarf der notariellen Beurkundung.

1) Das Verbot des Absatzes 1. – a) Grundgedanke: Die Vorschr beruht auf sittl u wirtschaftl Erwäggen 1
(Mot II 182, BGH **37**, 323). Abmachgen über den Nachl eines lebden Dritten sind nach der § 312 zGrde liegden Wertg sittl verwerfl, da sie mit dem Tod des Dr spekulieren. Vor allem soll § 312 aber gefährl Gesch unter Ausbeutg des Leichtsinns u eine VermVerschleuderg verhindern; darin liegt heute seine entscheidde ratio (BGH **104**, 281, NJW **95**, 448, DNotZ **97**, 122, Limmer DNotZ **98**, 927). – **b)** § 312 gilt (ebso wie die 2
§§ 310, 311) nur für **schuldrechtliche Verträge** (BGH **37**, 324, s aber Rn 4). And als die §§ 310, 311 betrifft § 312 aber nicht nur Verpfl zur Übertr od NießbrBestellg, sond grdsätzl alle VerpflGesch mit Bezug auf den Nachl eines lebden Dr. Dem Nachl gleichgestellt sind Pflichtt u Vermächtn (I S 2) sowie der ErbErsAnspr (arg § 1934 b II). Unter § 312 fallen die Verpfl zur ErbschAnn od Ausschlagg, zur Nichtgeltdmachg des Pflichtt od zur Unterlassg der TestAnf (Staud-Wufka Rn 4). Auch AbfindgsVereinbg zw Schlußerben eines Berliner Test sind gem § 312 nichtig (BGH **37**, 323, krit Wiedemann NJW **68**, 771), jedoch kommt uU eine Umdeutg in einen ErbverzichtsVertr in Betr (BGH NJW **74**, 43, krit Blomeyer FamRZ **74**, 421). Dagg sind Vertr über das AnwR des Nacherben zul (§ 2100 Rn 11). Gleichgült ist, ob sich der Vertr auf den Nachl (Pflichtt usw) im ganzen od nur einen Bruchteil bezieht (BGH **26**, 324). Der Vertr braucht auch nicht auf eine unmittelb Beteiligg am Nachl abzuzielen; es genügt, daß sich der Umfang der Leistg nach dem NachlWert richtet (BGH aaO). Gült ist dagg der Vertr über einz NachlGgst (RG LZ **24**, 3
587, OGH NJW **49**, 623, BGH **LM** Nr 3, Kaufhold ZEV **96**, 455, stRspr), ebso die Verpfl, aus dem Nachl eine betragsmäß best Leistg (Rente) zu erbringen (BGH **26**, 325) u die Verpfl, vom Erblasser zu dessen Lebzeiten keine Zuwendgen anzunehmen (BGH WM **77**, 689). Etwas and gilt aber, wenn die Verpfl prakt

alle NachlAktiven erfaßt (OGH NJW **49**, 623, BGH **LM** Nr 3, hM). Maßgebd ist insow der Ztpkt des VertrSchl (BGH aaO). Die VollmErteilg dch einen künft Erben fällt nicht unter § 312 (MüKo/Thode Rn 6); unzul ist jedoch die Erteilg einer unwiderrufl Vollm, da sie zur Umgehg des § 312 mißbraucht w könnte. Die Zust des Dritten ändert an der Nichtigk nichts. Maßgebd ist, ob die VertrPart den Dritten als lebd gedacht haben; insow kommt es also nicht auf die obj Sachlage, sond auf die subj Vorstellgen der Part an (RG **93**, 297,
4 MüKo/Thode Rn 10, hM). – **c)** Auch **Verfügungen** über den Nachl eines lebden Dritten sind nichtig (BGH **37**, 324). Das ergibt sich bereits aus allg RGrds (BGH aaO), kann aber auch aus einer entspr Anwendg des § 312 hergeleitet w. Verträge des **Erblassers selbst** fallen nicht unter § 312. Für sie sind die Vorschr des ErbR (ErbVertr §§ 1941, 2274 ff; ErbVerzichtVertr §§ 2346 ff; Vertr über vorzeit ErbAusgl §§ 1934 d, e) maßgebd.

5 **2) Erbschaftsverträge (II).** – **a)** II soll eine **vorgezogene Auseinandersetzung** zw gesetzl Erben ermöglichen, gilt aber auch dann, wenn der Vertr einem and Zweck (Sichg) dient (Kaufhold ZEV **96**, 455). Alle VertrSchließden müssen künft gesetzl Erben sein. Nicht erforderl ist, daß es sich um die nächsten gesetzl Erben handelt; es genügt, daß sie zZ des VertrSchl zu den gem §§ 1924 ff möglicherw zur Erbf berufenen Pers
6 gehören (RG **98**, 332, BGH NJW **56**, 1151). – **b)** Der Vertr, für den sich die Bezeichng „ErbschVertr" eingebürgert h (BGH NJW **95**, 448), muß sich auf den **gesetzlichen Erbteil** od den Pflichtt beziehen. Vertr über testamentar Erbteile u Vermächtn stehen gleich, allerd nur bis zur Höhe des gesetzl Erbteils (BGH **104**, 279, Kuchinke JZ **90**, 601, aA BGH NJW **56**, 1151). Der Vertr ist auch dann wirks, wenn die Part, die sich zur Vfg über ihren Erbteil verpflichtet hat, nicht kr Ges, sond aGrd lwVfg Erbe w (RG **98**, 333, BGH NJW **56**, 1151, MüKo/Thode Rn 13). Wird der Verpflichtete nicht Erbe, sind die Grds über den Wegfall der GeschGrdl anwendb (Wiedemann NJW **68**, 773). Wertändergen (Zuerwerb od Veräußerg von Teilen des
7 künft Nachl) begründen dagg grdsl keinen Anspr auf Anpassg (BFH NJW-RR **98**, 1379). – **c)** Die in II zugel Vertr haben nur **schuldrechtliche Wirkung.** Das VollzugsGesch, etwa die Übertr des ErbAnteils (§ 2033), muß nach dem Erbfall dchgeführt w (BGH **104**, 280). Der PflichttAnspr kann dagg als künft Fdg auch schon vor dem Erbfall abgetreten w (s § 398 Rn 11). Die FormVorschr des II 2 gilt auch für VertrKombinationen, bei denen der Erblasser dem Vertr ausdr zustimmt (BGH NJW **95**, 448). Ein nach § 312 nichtiger Abfindgs-Vertr kann uU in einen ErbVerzVertr od eine Verpfl zum Abschl eines ErbVerzVertr umgedeutet w (BGH NJW **74**, 44, BGH **37**, 328). Umgekehrt ist uU die Umdeutg eines nichtigen ErbVertr in einen Vertr nach § 312 II mögl (RG JR **27** Nr 1403).

313 *Form der Verpflichtung zur Veräußerung oder zum Erwerb eines Grundstücks.*

Ein Vertrag, durch den sich der eine Teil verpflichtet, das Eigentum an einem Grundstück zu übertragen oder zu erwerben, bedarf der notariellen Beurkundung. Ein ohne Beobachtung dieser Form geschlossener Vertrag wird seinem ganzen Inhalte nach gültig, wenn die Auflassung und die Eintragung in das Grundbuch erfolgen.

1 **1) Allgemeines.** – **a) Fassung** des Ges vom 30. 5. 73 (BGBl S 501). Auch die Begründg von Erwerbsver-
2 pflichtgen ist seit dem 1. 7. 73 – and als nach fr Recht (BGH **57**, 394, **61**, 20) – formbedürft. – **b) Zweck.** Der BeurkZwang soll die Part auf die Bedeutg des Gesch hinweisen u vor dem Eingehen übereilter Verpflichtgen schützen (Warnfunktion); er soll zugl den Beweis der getroffenen Vereinbg sichern (Beweisfunktion), die Gültigk des RGesch gewährleisten (GültigkGewähr) u eine sachgem Beratg der Part (BeurkG 17) sicherstellen (Beratgsfunktion); vgl BGH **87**, 153, NJW **74**, 271. Der Schutz der Part ist aber nur gesetzl Motiv, nicht TatbestdMerkmal; § 313 gilt auch dann, wenn wg bes Umst des Einzelfalles die Part nicht schutzbedürft erscheinen (BGH **16**, 335, **53**, 194, NJW **94**, 3347).

3 **2) Grundstück als Vertragsgegenstand.** – **a)** Der Vertr muß sich auf die Übereigng eines **Grundstücks** beziehen. Dem Grdst stehen gleich MitEigtAnteile (BayObLG DNotZ **99**, 212)), das WohnEigt (WEG 4 III), das ErbbR (ErbbRVO 11), u jetzt das SonderEigt an Gebäuden nach ZGB (EG 231 § 5 Rn 2). Die Einräumg od Veräußerg von Wohnbesitz sind formbedürft, da sie eine bedingte Verpfl zur Übertr od zum Erwerb von WohnEigt begründen (Brambring NJW **76**, 1439, Staud-Wufka Rn 22). Nicht formbedürft sind Vertr über GrdstZubehör (s aber Rn 33), Scheinbestandt (§ 95 Rn 1) od wesentl GrdstBestandt (RG Warn
4 **25**, 56). – **b)** Gleichgült ist, ob der Vertr ein eig od ein **fremdes** Grdst betrifft (RG **77**, 131, Mü NJW **84**, 243). Der AusspielVertr ist daher auch dann formbedürft, wenn das als Gewinn ausgesetzte Grdst noch nicht dem Veranstalter gehört (aA Nürnbg OLGZ **66**, 278). § 313 gilt auch für den Vertr über ein **ausländisches** Grdst, sofern auf ihn dtsches Recht anwendb ist (BGH **52**, 239, **53**, 194, **73**, 394). Für den im Ausl über ein dtsches Grdst geschl Vertr genügt nach EG 11 I die Einhaltg der Ortsform (RG **121**, 156, BayObLG DNotZ
5 **78**, 58, EG 11 Rn 12). – **c)** Die Verpflichtg, **Gesellschaftsanteile** zu übertragen od zu erwerben, ist formfrei, auch wenn das GesellschVermögen im wesentl aus GrdBes besteht; denn der GrdstErwerb ist nicht VertrGgst, sond ledigl RFolge des AnteilsErwerbs (BGH **86**, 367). Nur iF der GesUmgehg ist § 313 anwendb, so insbes, wenn die Anteilsübertragg bei wirtschaftl Betrachtg auf GrdstÜbereigng gerichtet ist (Ulmer/Löbbe
6 DNotZ **98**, 711). – **d)** Für die Übertragg des **Anwartschaftsrechts** des AuflEmpfängers gilt § 925 (BGH **49**, 197). Es ist dem VollR sow angenähert, daß die Verpflichtg zur Übertragg od zum Erwerb des AnwR vom Normzweck des § 313 miterfaßt w (BGH **83**, 400). Dagg fällt die **Abtretung** des Anspr auf Übereigng eines Grdst nicht unter § 313, weil sie ein VfgGesch ist, währd § 313 nur für VerpflGesch gilt (BGH **89**, 46, BayObLG NJW **76**, 1895). Auch die Verpflichtg zur Abtr ist formfrei, da sie die Übertr u den Erwerb eines Anspr u nicht den eines Grdst betrifft (BGH **89**, 45, NJW **94**, 1346). § 313 ist aber anzuwenden, wenn der Vertr für den Zessionar eine Erwerbsverpflichtg hins des Grdst begründet (Soergel-Wolf Rn 14, unten Rn 13). Die Abtr von Anspr auf Rückübertragg von Grdst, Gebäuden u Unternehmen nach dem **VermG** bedarf nebst dem zGrde liegden KausalGesch notarieller Beurk, VermG 3 I 2 (Weimar/Alfes DNotZ **92**, 624).

3) Übertragung oder Erwerb. Der Vertr muß zur Übertragg od zum Erwerb eines Grdst verpflichten. – 7
a) Erforderl ist, daß der Vertr auf eine **Änderung der Eigentumszuordnung** gerichtet ist (MüKo/Kanzleiter Rn 17). Die Verpflichtg zur Belastg eines Grdst ist formfrei (Ausn: ErbbR, ErbbRVO 11, dingl VorkaufsR, Rn 11), ebso der Verz auf ein schuldrechtl WiederkaufsR (BGH DNotZ **88**, 560). Die Verpfl des Nacherben, dem Verkauf eines NachlGrdst zuzustimmen, steht der Begründg einer VeräußergsPfl gleich u ist daher formbedürft (BGH **LM** § 2120 Nr 2/3). Entspr gilt für die Verpfl, den BerichtiggsAnspr auf Wiedereintragg als Eigtümer nicht geltd zu machen (Kblz RzW **52**, 252). § 313 gilt auch dann, wenn die EigtÄnderg nicht dch Aufl, sond dch **Zuschlag** in der ZwVerst erfolgen soll (BGH **85**, 250, NJW-RR **92**, 14). Der ErsteigergsAuftr ist daher wg der für den AuftrG u den Beauftragten begründeten ErwerbsPfl idR formbedürft (BGH aaO), ebso die Ausbietgsgarantie (BGH **110**, 321, Celle NJW-RR **91**, 867, einschränkd Münch DNotZ **91**, 533). – **b)** Formbedürft sind auch Vereinbgen über die Umwandlg von **Gesamthands- in** 8
Bruchteilseigentum od AlleinEigt (RG **57**, 432, **129**, 123, Mü DNotZ **71**, 544). Das gilt ebso für die Übertragg des Grdst einer GesHandsGemsch auf eine and (BayObLG **80**, 305), etwa von einer ErbGemsch auf eine persgleiche OHG od BGB-Gesellsch (KG DR **40**, 977) od von einer Gesellsch auf eine and persgleiche Gesellsch (RG **136**, 405, KG NJW-RR **87**, 1321), nicht aber für die Umwandlg einer OHG in eine BGB-Gesellsch (RG **155**, 186). – **c) Gesellschaftsvertrag** (Wiesner NJW **84**, 95, Ulmer/Löbbe 9
DNotZ **98**, 733). Er ist formbedürft, wenn sich ein Gesellschter bei Gründg der Gesellsch od späterem Beitritt zur Einbringg eines Grdst verpflichtet (BGH BB **55**, 203, Kblz NJW-RR **92**, 614), es sei denn, daß das Grdst nur zur Nutzg od nur dem Werte nach eingebracht w soll (BGH WM **67**, 952, Hbg NJW-RR **96**, 803) od eine bloße InnenGesellsch gegründet w (BGH NJW **74**, 2279). Auch hier besteht aber Formzwang, wenn, etwa für den Fall der Auflösg, eine bedingte ÜbereigngsPfl vorgesehen ist (Hamm MDR **84**, 843). Die Gründg einer Gesellsch zum Zweck des GrdstErwerbs ist nicht formbedürft, wenn es sich um eine bloße Zweckangabe handelt (BGH NJW **96**, 1279, **98**, 376), and aber, wenn eine, auch bedingte, ErwerbsPfl begründet w (Schwanecke NJW **84**, 1588). Der Beitritt zu einer PublikumsKG ist formbedürft, wenn damit eine Pfl zum Erwerb einer EigtWo verbunden ist (BGH NJW **78**, 2505). Keiner Form bedarf es in allen Fällen, in denen der EigtÜbergang dch **Anwachsung** (§ 738 I 1) erfolgt, da hier keine rgeschäftl Übertr stattfindet. Formfrei sind daher: die Übertragg von MitglschR an einer GrdstGesellsch, der Eintritt in eine solche Gesellsch u entspr VerpflGesch (BGH **86**, 370, NJW **98**, 376, Rn5); der Beitritt zu einem geschlossenen Immobilien-Fond (Reinelt NJW **92**, 2054, Schippel Notartag **93**, 27); die Aufg der Mitglsch an einer ErbenGemsch, der Grdste gehören, es sei denn die Abfindg besteht in einem Grdst (BGH **138**, 8). Auch bei einer zweigliedrigen OHG u GbR kann das GVerm dch Anwachsg formfrei auf den allein verbleibden Gesellschafter übergehen (RG **65**, 240, **136**, 99, BGH **32**, 307/317, NJW **90**, 1171, str, aA Staud/Wufka Rn 97). – **d) Negative Verpflichtungen.** Die Verpfl, ein Grdst nicht od nicht an eine best Pers zu 10
veräußern, ist formfrei (BGH **31**, 19, **103**, 238). Entspr gilt für die Verpfl, ein Grdst nicht zu erwerben, etwa in einer ZwVersteigerg kein Gebot abzugeben (Hamm OLGZ **74**, 123, s aber Köln NJW **78**, 47 zu § 138). Ausnweise ist § 313 anzuwenden, wenn die Verpfl die Erf einer formbedürft positiven Verpfl sichern soll (BGH DNotZ **66**, 364, Köln NJW **71**, 1942).

4) Verpflichtung. Formbedürft ist die Verpflichtg zur Übertragg od zum Erwerb eines Grdst. – **a)** Nicht 11
notw ist, daß der Vertr unmittelb auf die Übertr od den Erwerb gerichtet ist. Formbedürft sind auch **bedingte Verpflichtungen** (BGH **57**, 394, Celle NJW **77**, 52, stRspr, allgM). Kein Formzwang besteht jedoch bei reinen Willensbedinggen (Einf 10 v § 158), da hier eine wirkl Bindg nicht begründet w (str) u auch nicht beim Letter of Intent (Wolf DNotZ **95**, 193). Dagg ist der **Vorvertrag** formbedürft (BGH **82**, 398, **97**, 147, NJW **70**, 1915), ebso die Einräumg eines VorkaufsR (RG **72**, 385, **148**, 108, Kblz NJW-RR **96**, 744), die Verpfl zur Bestellg eines dingl VorkaufsR (RG **110**, 333, BGH NJW-RR **91**, 206) u die Begründg eines WiedererwerbsR beim Sale-and-lease-back-Verf (LG Düss WM **89**, 1127). Bei dem gleichf formbedürft **Ankaufsrecht** ist zu unterscheiden (BGH **LM** § 433 Nr 16): – **aa)** Wird ein einseit bindender VorVertr (Einf 21 v § 145) abgeschlossen, ist auch der HauptVertr formbedürft. – **bb)** Wird für den Käufer dch einen aufschiebd bedingten Vertr ein OptionsR begründet (Einf 23 v § 145), ist die OptionsErkl formfrei (RG **169**, 70, BGH NJW **91**, 2698, NJW-RR **96**, 1167, aA Einsele DNotZ **96**, 835 ff). – **cc)** Wird das OptionsR dch ein langfrist VertrAngebot eingeräumt, ist auch die OptionsErkl (AnnErkl) formbedürft (RG u BGH aaO). –
b) Formzwang besteht auch dann, wenn die Verpfl zG eines **Dritten** begründet w (BGH **92**, 171, NJW **83**, 12
1545). Die Vereinbg einer **Wahlschuld** od einer facultas alternativa mit einem Grdst als mögl LeistgsGgst ist gleichf formbedürft (Köln VersR **93**, 321). Das gilt wg der aufschiebd bedingten ErwerbsVerpfl des Gläub auch bei einem WahlR des Schu. Die alternativ zu einer Ausbietgsgarantie übernommene Verpfl zur Leistg einer Geldsumme kann aber gem §§ 139, 265 wirks sein (BGH NJW-RR **93**, 14). – **c)** Formbedürft sind alle 13
Vereinbgen, die für den Fall der Nichtveräußerg od des Nichterwerbs ins Gewicht fallde wirtschaftl **Nachteile** vorsehen u so einen Zwang zur Veräußerg od zum Erwerb begründen (BGH **76**, 46, NJW **90**, 391). Das gilt für VertrStrafVerspr (BGH NJW **70**, 1916, VersR **84**, 946), für das Entgelt, das der Erwerbsinteressent für einen vorweg dchzuführden Umbau zusagt (Hamm DNotZ **92**, 423), u für Vergütgen, die sich der **Makler** für den Fall versprechen läßt, daß ein Grdst nicht veräußert od nicht erworben w (BGH NJW **71**, 93, 557, **80**, 1622, NJW-RR **92**, 818, stRspr). Beim Beitritt zu einem Bauherrnmodell begründen die im TrHandVertr übernommenen Verpfl idR einen Zwang zum Erwerb des Grdst (BGH NJW **92**, 3238), uU aber auch das an den Anlageberater zu entrichtde Entgelt (BGH NJW **90**, 391). Gleichgült ist, wie das Entgelt bezeichnet w („Abstandssumme", „Provision", „Aufwandsentschädigg"). Unbedenkl ist die Verpfl zum Ers nachgewiesener Aufwendgen. Pauschaliergen sind nur formfrei, wenn sie sich am wirkl Aufwand orientieren. 30% od 25% der übl Provision sind zuviel (BGH NJW **80**, 1622, Hbg NJW **83**, 1502), ebso 10% (Dresd BB **97**, 2342) u Beträge von 76 665 DM, 41 040 DM od 10 000 DM, mag er auch im Verhältn zur Provision relativ niedrig sein (BGH NJW **87**, 54, BB **89**, 1015, Ffm NJW-RR **86**, 597). Wird ausdr eine KaufVerpfl übernommen, kommt es auf die Höhe des Entgelts nicht an (BGH NJW-RR **90**, 57). ReserviergsVereinbgen sind formbedürft, wenn sie wg der Höhe des **Bindungsentgelts** auf den Interessenten einen Druck zum Erwerb des Grdst ausüben (BGH **103**, 239); die krit Grenze liegt bei 10% der übl Maklerprovision (BGH aaO, s auch Hbg NJW-RR **92**, 21: 100 000 US $ bei einem Preis von 12 Mio US $). Bau- und ArchitektenVertr, die im

Hinblick auf einen beabsichtigten GrdstErwerb geschl w, sind nicht formbedürft (Köln NJW-RR **90**, 1112). Der vom präsumtiven Erwerber an den Veräußerer erteilte entgeltl PlangsAuftr kann aber formbedürft sein (Düss NJW-RR **93**, 667), ebso der dem GrdstVermittler erteilte BauAuftr (Hamm MDR **93**, 537). Auch der **Fertighausvertrag** ist nicht schon deshalb formbedürft, weil der Besteller zum Erwerb irgendeines Grdst gezwungen ist (BGH **76**, 43, Kblz NJW-RR **94**, 295, krit Wolf DNotZ **94**, 773). § 313 ist aber anwendb, wenn bei einem Fertighaus- od BauVertr ein rechtl ZusHang mit einem GrdstKaufVertr besteht (BGH **78**, 348, ZIP **85**, 292), etwa weil der BauVertr mit dem Kauf eines Grdst „stehen u fallen" soll (Schlesw NJW-RR **91**, 1175, Hamm NJW-RR **91**, 1369, **95**, 1045), weil er auf den Erwerb eines bestimmten Grdst abgestellt ist (Köln NJW-RR **96**, 1384) od weil er Zwang zum Erwerb eines bestimmten Grdst begründet (BGH NJW **94**,
14 721, Hbg DNotZ **83**, 626). – **d) Schuldübernahme.** Die Übern der Veräußergs- od ErwerbsPfl ist formbedürft, nicht dagg die Übern der KaufPrSchuld (BGH NJW **96**, 2503, Staud/Wufka Rn 63). Die **Bürgschaft** u die Garantie für eine Veräußergs- od ErwerbsPfl sind formfrei (RG **140**, 218, BGH NJW-RR **88**, 1197). Das gilt jedoch nicht, wenn sie Bestandt des VeräußergsVertr sein sollen (BGH NJW **62**, 586).

15 **5) Begründung durch Vertrag. – a)** Die Verpfl muß dch Vertr begründet w. In Betracht kommen nicht nur Kauf od Tausch, sond jeder Vertr, der eine Verpfl zur Veräußerg od zum Erwerb eines Grdst zum Ggst hat. Der WkVertr, dch den sich der Untern zur Bebauung u Übereigng eines Grdst verpflichtet, ist auch dann formbedürft, wenn die Bebauung die Hauptleistg ist (BGH **LM** Nr 48). § 313 gilt auch für **öffentlich-rechtliche** Vertr (VwVfG 62 u bereits fr BGH **58**, 386, BVerwG DVBl **85**, 299). Ausn ergeben sich aber aus SonderVorschr, so im BauGB 110 für die Einigg im EnteigngsVerf (BGH NJW **73**, 657). Formfrei ist auch die Einigg im Verf nach dem PrEnteigngsGes (BGH **88**, 173, Schlesw DNotZ **81**, 563) u die vor Einleitg eines EnteigngsVerf abgeschlossene Teileinigg über den BesÜbergang (BayObLG DVBl **82**, 360). Dagg bedarf die außerh des förml EnteigngsVerf getroffene Einigg über den EigtÜbergang der Form des § 313 (BGH **88**, 171), ebso die Verpfl zur FlächenAbtr im Vorgriff auf eine spätere Umlegg (VGH Mannh NJW-RR **95**,
16 721). – **b)** Die Zuweisg von Grdst gem der **Satzung einer Genossenschaft** ist nicht beurkundgsbedürft (BGH **15**, 182, **LM** Nr 59, Karlsr OLGZ **80**, 447). Dagg unterliegt die Satzg einer PublikumsKG, die eine Pfl zum Erwerb einer EigtWo vorsieht, dem Formzwang (BGH NJW **78**, 2505). Im SiedlgsR ist § 313 anzuwenden (BGH **16**, 334), jedoch kann sich die Pfl zur Übertr einer Siedlerstelle aus dem GleichhGrds ergeben (s BGH **29**, 81, **31**, 37, **45**, 179). Auf **einseitige Rechtsgeschäfte** (StiftgsGesch, Auslobg) ist § 313 entspr anwendb (Wochner DNotZ **96**, 773, aA Schlesw ebda), nicht aber auf lwVfg (OGH **1**, 166). –
17 **c)** § 313 gilt nicht, wenn die Verpfl zur Veräußerg od zum Erwerb **kraft Gesetzes** od aus einem sonst selbstd RGrd entsteht, das RGesch der Part also nicht RGrdl der Veräußergs- od ErwerbsPfl ist. Formfrei ist daher der Vertr über die Wandlg eines GrdstKaufs, da die Rückgewähr gesetzl Folge der Wandlg ist (RG **137**, 296). Auch die Ausübg von **Gestaltungsrechten** (Rücktr, Anf) bedarf nicht der Form des § 313 (Soergel/Wolf Rn 41, Wufka DNotZ **90**, 354). Formfrei ist auch die Erkl, dch die das **Vorkaufsrecht** od WiederkaufsR ausgeübt w, §§ 497 I 2, 505 I 2 (s dort). And ist es jedoch iF des § 570b (s dort, sehr str), u immer dann wenn das WiederkaufsR nach dem Inh des Vertr kein GestaltgsR, sond ein schuldrechtl Anspr auf Abschl eines RückKaufVertr ist (BGH ZIP **99**, 143). Hängt der Eintritt der Veräußergs- od ErwerbsVerpfl von der Erkl eines Beteil als Bedingg ab, ist die Erkl gleichf formfrei, da die Verpfl in dem geschlossenen Vertr ihre RGrdl hat (MüKo/Kanzleiter Rn 28). Entspr gilt, wenn der VertrInh von einer Part od einem Dr dch Ausübg eines **Bestimmungsrechts** (§§ 315ff) konkretisiert werden soll (RG **165**, 164, OGH NJW **50**, 463, BGH Rpfleger **73**, 356, Wolf DNotZ **95**, 183, Staud-Wufka Rn 155). Die Ausübg des ÜbernR aus § 1477 II ist formfrei (Mü FamRZ **88**, 1277); der Vertr über die AuseinandS einer Gemeinsch dagg nur dann, wenn er der Regel des § 752 voll entspr (OGH NJW **49**, 64); in allen and Fällen ist er formbedürft (BGH DNotZ **73**,
18 472). – **d) Auftrag und Geschäftsbesorgungsvertrag.** Der Auftr od der GeschBesorggsVertr (§ 675), der auf die Beschaffg eines Grdst abzielt, ist idR formbedürft. Die 1. Alternative des § 313 ist allerdings unanwendb, weil die Pfl zur Übereigng an den AuftrG nicht Inhalt, sond gesetzl Folge des Vertr ist, § 667 (BGH **85**, 248, NJW **81**, 1267, **96**, 1960, stRspr); das gilt auch dann, wenn es um die Verschaffg eines MitEigtAnteils geht (BGH **127**, 170). Der Vertr ist aber idR deshalb formbedürft, weil er eine **Erwerbspflicht** begründet, u zwar für den AuftrN (BGH **85**, 245, **127**, 175) u bedingt auch für den AuftrG (BGH **85**, 245, **127**, 175, NJW **96**, 1960). § 313 gilt auch dann, wenn der Erwerb in der ZwVersteigerg erfolgen soll (BGH **85**, 245, NJW **96**, 1960). Wenn der AuftrN das Grdst parzellieren u an Dr übereignen soll, ist der Vertr aber nicht deshalb formbedürft, weil der AuftrG bei Scheitern des Projekts fakt zur Übernahme des Grdst gezwungen sein kann (BGH NJW **87**, 2071). **Baubetreuungsverträge** sind bereits nach der 1. Alternative formbedürft, wenn der Betreuer ein eig Grdst bebauen u liefern od wenn er das Grdst für eig Rechng erwerben soll (BGH **LM** Nr 40, 48). Soll der Betreuer das Grdst für Rechng des AuftrG erwerben, greift die 2. Alternative (bedingte ErwerbsPfl) ein (BGH NJW **85**, 730).

19 **6) Vollmacht.** Die Vollm zum Abschluß eines gem § 313 formbedürft Vertr ist grdsl formfrei, § 167 II. And ist es nur in folgden Fällen: – **a)** Ist die Vollm Teil eines einheitl Veräußergs- od ErwerbsVertr, erstreckt sich die für den **Gesamtvertrag** geltde FormPfl (Rn 25ff) auch auf sie (RG **94**, 150, **103**, 300, BGH NJW-RR **89**, 1099). Das gilt aber nicht, wenn die Vollm gerade die Vollziehg des Vertr sichern soll (BGH aaO,
20 NJW **90**, 1722). – **b)** Die Erteilg einer **unwiderruflichen** Vollm ist formbedürft, da sie bereits eine bindende Verpfl zur Veräußerg od zum Erwerb des Grdst begründet (RG **110**, 320, BGH **LM** § 167 Nr 18, DNotZ **65**, 549, Karlsr NJW-RR **86**, 101, stRspr). Das gilt auch für eine zeitl begrenzte unwiderrufl Vollm (BGH WM **67**, 1039) u die Verpfl zur Erteilg einer solchen Vollm (BGH NJW-RR **88**, 351). Formbedürft ist der der Vollm zGrde liegde Vertr, da das WiderrufsR nur dch ihn, nicht aber dch eine einseit Erkl des VollmG
21 ausgeschlossen w kann (BayObLG NJW-RR **96**, 848). – **c)** Auch die **widerrufliche** Vollm ist formbedürft, wenn sie eine rechtl od tatsächl Bindg des VollmG zur GrdstVeräußerg od zum GrdstErwerb begründet (BGH **LM** § 167 Nr 18, DNotZ **65**, 549, NJW **79**, 2306, Korte DNotZ **84**, 84, stRspr). Die Vollm mit der Befugn zum Selbstkontrahieren ist aber nicht schon desh formbedürft, weil der VollmG beabsichtigt, die Vollm nicht zu widerrufen (BGH NJW **79**, 2306). Entscheidd ist vielmehr, ob nach den Umst des Falles, insb nach dem zGrde liegden RVerhältn, eine Bindg besteht (BGH aaO u BGH NJW **52**, 1210, DNotZ **66**, 92). Das ist vor allem dann der Fall, wenn der Bevollmächtigte den Weisgen des GeschGegners zu folgen hat (RG **108**, 126,

Ffm Rpfleger **79**, 133). – **d)** Die Vollm, die dem TrHänder beim **Bauherrnmodell** erteilt w, ist idR nach Rn 19 u 20 formbedürft (BGH NJW **92**, 3238, **97**, 312). – **e)** Für die **Auflassungsvollmacht** gelten die dargestellten Grds entspr (BGH DNotZ **63**, 672, KG OLGZ **85**, 187). Obwohl sich die AuflVollm nicht auf das Verpfl-, sond auf das VfgsGesch bezieht, kann auch sie die äußere Einkleidg einer formunwirks begründeten Veräußergs- od ErwerbsVerpfl sein (Korte DNotZ **84**, 88, aA MüKo/Kanzleiter Rn 44); sie ist wg der Möglichk zur Änderg der dingl RLage sogar bes gefährl. Auch die unwiderrufl Vollm ist aber formfrei, wenn sie zur Ausführg eines bereits formwirks geschlossenen Vertr erteilt w (Zweibr Rpfleger **82**, 216). – 22
f) Schließt der Bevollm in den Fällen Rn 19–21 ab, so handelt er als **Vertreter ohne Vertretungsmacht.** Der Vertretene kann das Gesch genehmigen (§ 177). Der VertrGegner kann sich nicht auf guten Glauben berufen, wenn sich die dem zugrundeliegden RVerhältn anhaftenden Formmängel aus der VollmUrk ergeben (RG **108**, 128); ist das nicht der Fall, können die §§ 170 ff anwendb sein (BGH NJW **85**, 730). 23

7) Einzelne Rechtsgeschäftstypen: Abtretung Rn 6; **Ankaufsrecht** Rn 11; **Auftrag** Rn 18; **Ausbietungsgarantie** Rn 7; **Baubetreuungsvertrag** Rn 18; **Bauherrenmodell** Rn 22 u 33; **Bindungsentgelt** Rn 13; **Bürgschaft** Rn 14; **Einseitige Rechtsgeschäfte** Rn 17; **Fertighausvertrag** Rn 13; **Garantievertrag** Rn 14; **Gesellschaftsvertrag:** Rn 9; **Gesellschaftsanteile** Rn 5; **Gemeinschaft** Rn 17; **Maklervertrag** Rn 13; **Nichtbieten** Rn 10; **Öffentlich-rechtlicher Vertrag** Rn 15; **Parzellierungsvertrag,** dch den sich der eine Teil verpflichtet, sein Grdst an Dr zu veräußern, ist formbedürft (RG **50**, 108, **68**, 261, Mü OLGZ **72**, 271); **Reservierungsvereinbarung** Rn 13; **Schuldübernahme** Rn 14 u 25; Beim gerichtl **Vergleich** wird die not Beurk dch die gerichtl Protokollierg ersetzt (§ 127 a). Der außergerichtl Vergl ist formbedürft, wenn in ihm eins Verpfl zur Übereigng od zum Erwerb eines Grdst übernommen od verschärft w (RG **94**, 152; **109**, 26, BGH **LM** Nr 5). Formfrei ist der Vergl über die vom Käufer beanspruchte Wandlg od Minderg (RG **137**, 296). **Vertragsstrafversprechen** Rn 13; **Vollmacht** Rn 19; **Vorvertrag** Rn 11; **Wahlschuld** Rn 12; **Werkvertrag** Rn 15. 24

8) Umfang des Formzwanges. – a) Grundsatz. Das BeurkErfordern erstreckt sich nicht nur auf die Veräußergs- u ErwerbsVerpfl, sond auf den Vertr im ganzen. Formbedürft sind alle Vereinbgen, aus denen sich nach dem Willen der Part das schuldrechtl VeräußergsGesch zussetzt (BGH **63**, 361, **74**, 348, BGH NJW **74**, 271, **84**, 974, stRspr). Es genügt, daß der eine Teil die Abrede zum VertrBestandt machen will, wenn der and dies erkannt u hingenommen h (BGH **76**, 49, **78**, 349, NJW **82**, 434). Gleichgült ist, ob es sich um eine obj wesentl od unwesentl Abrede handelt (RG **97**, 220, BayObLG DNotZ **79**, 180). Hätten die Part auch ohne den nicht beurk Teil abgeschlossen, ist der Formverstoß aber gem § 139 unschädl (BGH NJW **81**, 222, NJW-RR **93**, 14). Auch die zw Angebot u Ann getroffenen Vereinbgen sind formbedürft (BGH **LM** Nr 27). Der Formzwang betrifft aber nur Erkl, die eine Regelg enthalten, dh Rechtswirkgen erzeugen (BGH **85**, 317). Dazu gehören auch die Vereinbgen, die Inh u Umfang der Leistg beschreiben u konkretisieren (BGH **74**, 351, Brambring DNotZ **80**, 282). Dagg sind bloße Erläutergen nicht formbedürft (BGH NJW **79**, 1498). Übernimmt eine Part eine Verbindlichk aus einem and **Schuldverhältnis** od wird eine BauGen mitübertragen, muß deren Inh nicht mitbeurkundet w; die Bezeichg der Verpflichtg (Gen) ist hier nur ein Identifiziergsmittel (BGH **125**, 238, NJW **98**, 3197). Auch beim KaufVertr unter der Bdgg, daß die beabsichtigte Bebauung behördl genehmigt wird, bedarf die Planskizze keiner Beurk (BGH DNotZ **98**, 944) Eine ungenaue mehrdeut Formulierg wahrt die Form, wenn das Gewollte in ihr jedenfalls andeutgsweise zum Ausdr kommt (BGH NJW **96**, 2792, § 133 Rn 19). 25

b) Einzelfragen. – aa) Das zu veräußernde **Grundstück** muß im Vertr hinreichend best bezeichnet w. Beim Verkauf eines Grdst im ganzen genügt die Grdbuch- oder Katasterbezeichng, jedoch ist auch eine and Individualisierg mögl (BGH NJW **69**, 132). Ist WoEigt VertrGgst, so genügt die Angabe des betreffden WoGrdBuchs (BGH **125**, 235). Bei einem noch nicht vermessenen GrdstTeil können die Grenzen dch eine Beschreibg im VertrText, dch Verweisg auf Merkmale in der Natur, wie Gräben, Bäume, Hecken, Zäune (BGH NJW **69**, 502) od Zeichen wie Pflöcke (Mü DNotZ **71**, 544) festgelegt w, vorausgesetzt sie sind wirkl vorhanden (BGH NJW **89**, 898). Zul ist auch die Verweisg auf einen maßstabsgerechten Lageplan (BGH NJW-RR **99**, 1030). Soweit dieser den Umfang der VeräußergsPfl nicht nur erläutert, sond inhaltl bestimmt, ist er gem BeurkG 9 I 3, 13 I 1 mitzubeurkunden. Textteile des Plans werden nur dch Verlesen UrkBestandt (BGH **139**, 160/162). Die Angabe der GrdstGröße genügt allein nicht (BGH NJW **69**, 132). Nicht ausr ist auch die Erkl, die Part seien über den Grenzverlauf einig (BGH NJW **79**, 1350); der Vertr ist aber formwirks, wenn die Festlegg der Grenze der nachträgl Bestimmg einer Part überlassen w (BGH NJW-RR **88**, 971). Wird die verkaufte Fläche dch einen beigefügten Plan u eine ca-Größe bestimmt, hat bei einem Widerspr iZw der Plan den Vorrang (BGH DNotZ **81**, 235). – **bb)** Ergibt sich der Inh u Umfang der Pflten einer Part aus einer **Baubeschreibung,** einem Bauplan od einer **Teilungserklärung,** gilt das FormErfordern auch für diese (BGH **69**, 266, **74**, 348, NJW **79**, 1495, 1498, 1984, allgM). Die Beurk kann gem BeurkG 9 I 3, 13 I 1 dch Verweisg auf beizufügde Anlagen erfolgen. – **cc)** Der Formzwang erstreckt sich auf alle Abreden über die **Gegenleistung,** auch soweit diese an Dr zu erbringen sind (BGH **11**, 101). Formbedürft sind auch Abreden über **Vorauszahlungen** (BGH **85**, 318, NJW **84**, 974, **86**, 248, **94**, 720), die Verrechng von GgFdgen (BGH NJW-RR **99**, 927), über die Tragg von Steuern, Provisionen u Finanziergskosten (RG **112**, 68, Düss BB **71**, 846, Pieler DNotZ **83**, 23, 229), über die besondere Ausweisg der MwSteuer (Stgt NJW-RR **93**, 1365), über Zusatzentgelte etwa für baldige Räumg (RG **114**, 233). Regelgen über Zahlgsmodalitäten bedürfen gleichf der Beurk (Düss DNotZ **73**, 602), es sei denn, daß sie ohne Begründg einer rechtl Bindg ledigl ZweckmäßigkGrden dienen sollen (Soergel-Wolf Rn 63). Die Erkl, über die GgLeistg bestehe Einigk, genügt nicht (BGH DNotZ **68**, 481), ebsowenig die Erkl, der Preis sei bezahlt; auch bereits bewirkte Leistgen müssen beurkundet w (BGH NJW **69**, 1629, **86**, 248) – **dd) Leistungs-bestimmungsrechte.** Der Vertr kann die Bestimmg des zu übereigndem Grdst, der GgLeistg, von Leistgsmodalitäten od des Berecht gem §§ 315 ff einer Part oder einem Dr überlassen (BGH **71**, 280, NJW **86**, 845, **LM** Nr 33, DNotZ **87**, 744, stRspr). Voraussetzg ist jedoch, daß die Bestimmgsbefugn im Vertr genügd abgegrenzt w (BGH NJW **86**, 845, Brdbg NJW-RR **99**, 741). Der KaufVertr über eine EigtWo kann daher schon vor der beabsichtigten Vorratsteilg wirks geschlossen w (BGH NJW **86**, 845, KG OLGZ **84**, 423, BayObLG NJW-RR **92**, 1041, Reinelt NJW **86**,

827). Die Ausübg des formwirks begründeten BestimmgsR unterliegt nicht dem Formzwang (Rn 17). –
30 **ee)** Zum formbedürft VertrInh gehört auch die **Individualisierung der Vertragsparteien.** Bei einem VertrAngebot ist daher die Festlegg der Pers des Empfängers Bestandt des Angebots (Karlsr NJW-RR **89**, 19). Mögl ist aber auch, die Bestimmg des VertrPart entspr Rn 29 einem Dr zu überlassen (MüKo/Kanzleiter Rn 50, aA Ludwig DNotZ **88**, 697); die Bestimmgsbefugn des Dr muß aber im Vertr hinreichd abgegrenzt w. Bei einem **Vertretergeschäft** genügt es, wenn sich der Vertretene u das VertretgsVerh andeutgsweise aus
31 der Urk ergeben (BGH ZIP **97**, 1045): – **ff)** Auch Abreden über aufschiebde u auflösde **Bedingungen** (BGH ZIP **99**, 32) u **Nebenabreden** bedürfen der Form, wenn sie nach dem Willen der Part Bestandt des HauptVertr sein sollen (Rn 25). Formbedürft sind daher: Vertragl Zusichergen (BGH WM **73**, 612), SichgAbreden bei einem Verkauf zu Sichgzwecken (BGH NJW **83**, 565), Kostenübernahme für den Fall der Nichtannahme (Mü NJW-RR **91**, 86), Vereinbgen über Maklerkosten (Pieler DNotZ **83**, 23, 229) od die Zahlg einer Ernteentschädigg (BGH NJW **89**, 898). Formbedürft ist auch die Regelg der RücktrVoraussetzgen. Hat der Verkäufer ein RücktrR, falls der Käufer nicht einen best FormularVertr abschließt, muß das Formular daher mitbeurkundet w (LG Ellwangen BWNotZ **86**, 148). Dagg gilt § 313 nicht für den gem ZPO 1031 III in bes Urk errichteten SchiedsVertr (BGH **69**, 264).

32 **c) Gemischte und zusammengesetzte Verträge. – aa) Grundsatz.** Bei gemischten od zusgesetzten Vertr erstreckt sich der Formzwang auf den gesamten Vertr, sofern dieser rechtl eine Einh bildet (BGH **76**, 48). Das ist der Fall, wenn die Vereinbgen nach dem Willen der Part nicht für sich allein gelten, sond miteinand „stehen u fallen" sollen (BGH **101**, 396, NJW **87**, 1069, **94**, 2885, **97**, 252). Es genügt ein entspr Wille des einen Teils, wenn der and ihn erkannt u hingenommen hat (BGH **76**, 49, **78**, 349). Ein tatsächl od wirtschaftl ZusHang (gleichzeit Abschl, Veranlassg des einen Vertr dch den and) ist nicht ausr. Erforderl ist grdsl eine ggs Abhängigk derart, daß die Vereinbgen nur zus gelten sollen (BGH **50**, 13, NJW **84**, 870, **86**, 1984). Genügd ist aber auch eine einseit Abhängigk des GrdstGesch von dem and Vertr (RG **97**, 222). Wird dagg der GrdstVertr unbedingt abgeschl u soll der NebenVertr nur iF der GrdstVeräußerg gelten, erstreckt sich § 313 nicht auf den NebenVertr (Korte DNotZ **84**, 10, Sigle NJW **84**, 2660, Soergel-Wolf Rn 68, wohl auch BGH NJW **86**, 1984, aA BGH NJW **83**, 565, **95**, 2548). Die Abgrenzg ist vielf zweifelh. UrkTrenng od Mündlichk der Zusatzabrede läßt Selbständigk vermuten (BGH **76**, 49, NJW **87**, 1069), ZusFassg in einer Urk dagg Einheitlichk (BGH **89**, 43). Liegt ein einheitl Vertr vor, muß der rechtl Zushang bei getrennter
33 Beurk in der zeitl später errichteten Urk verlautbart w (BGH **104**, 23, KG NJW-RR **91**, 688). – **bb) Einzelfälle.** Der Vertr über den Verkauf u die Bebauung eines Grdst bilden eine Einh, wenn GrdstKauf u Bau als Einh angeboten w (s BGH **78**, 348, Koeble NJW **92**, 1143). Keine Einh besteht idR, wenn beim GrdstErwerb der spätere Abschluß eines BauVertr vereinb w (Hamm DNotZ **96**, 1048). Sie kann aber trotz UrkTrenng gegeben sein zw dem zunächst geschlossenen auf ein best Grdst abgestellten BauVertr u dem GrdstKauf (BGH NJW **94**, 721, Hamm BauR **98**, 545); uU beim FertighausVertr (Rn 13); zw zwei dch eine Verrechngsabrede verbundenen KaufVertr (BGH NJW-RR **89**, 1493); beim Verkauf eines Untern (AG) u des BetrGrdst (BGH **LM** Nr 80, krit Sigle NJW **84**, 2660), zw zwei GrdstKaufVertr, die trotz getrennter Beurk eine rechtl Einh bilden (KG NJW-RR **91**, 688), zw GrdstKaufVertr u TrHandAuftr zur Hausrenovierg (BGH NJW-RR **93**, 1421), zw Options- u MietVertr im Rahmen des sog Mietkaufmodells (BGH NJW **87**, 1069), zw Kauf- u vorgeschaltetem MietVertr (Mü NJW-RR **87**, 1042), zw PachtVertr u Begründg eines ErwerbsR für den Pächter (BGH NJW **88**, 2881, Basty DNotZ **96**, 631), zw KaufVertr u Schuldanerkenntn (BGH NJW **88**, 131); zw KaufVertr u einer SichgÜbereigng zG eines KäuferAnspr (BGH NJW **94**, 2885). Beim **Bauherrenmodell** sind neben dem KaufVertr über den MitEigtAnteil idR formbedürft: der TrHandVertr u der GesellschVertr unter den Miteigtümern (BGH **101**, 396, NJW **92**, 3238), uU der den Erwerb vorbereitde MaklerDienstVertr (BGH NJW-RR **90**, 341), die dem TrHänder erteilte Vollm (BGH NJW **97**, 312), nicht aber die Bau- u FinanziergsVertr (Hamm BB **85**, 1420; s zum ganzen auch Gruner/Wagner NJW **83**, 193). Beim DarlVertr begründet ein bloß wirtschaftl ZusHang mit dem GrdstVertr keine Formbedürftigk (BGH NJW **86**, 1984). Sie ist aber gegeben, wenn das Darlehn (Teil der) GgLeistg ist (BGH DNotZ **85**, 279) od wenn der GrdstVertr von der DarlGewährg abhängen soll (BGH NJW **86**, 1984). Beim DarlVertr zur WoBau-Förderg erstreckt sich die Formnichtigk der dem DarlNeh auferlegten VeräußergsPfl uU nicht auf den GesVertr (BGH WM **79**, 868). Der Vertr über GrdstInventar ist auch dann formfrei, wenn die Preishöhe dch den gleichzeit GrdstKauf beeinflußt w (BGH DNotZ **75**, 89). Er ist dagg formbedürft, wenn der Abschluß od der Inh des GrdstVertr von ihm abhängen (BGH NJW **61**, 1764). Beim Mitverkauf von Zubehör brauchen die einzelnen Zubehörstücke nicht angeführt zu werden, arg §§ 314, 97 (Celle NJW-RR **98**, 1168). –
34 **cc)** Vereinbgen mit **Dritten** sind nur formbedürft, wenn die Abrede nach dem Willen der Beteiligten in den rechtl Zushang des GrdstVertr einbezogen w soll (BGH **11**, 101, NJW-RR **89**, 199, KG NJW-RR **91**, 688). Rn 32 gilt entspr. Soll vom Käufer eine Leistg an einen Dr erbracht w, ist die Abrede nur formbedürft, wenn dem Verkäufer das Recht zustehen soll, Leistg an den Dr zu verlangen (BGH **11**, 101, Brdbg NJW-RR **96**, 979). Ein Einbeziehgswille ist idR nicht anzunehmen, wenn die KaufVertrPart an der Abrede nicht beteiligt sind (BGH NJW-RR **91**, 1032) od wenn eine Part ohne Beteiligg der and Abreden mit einem Dr trifft (BGH NJW **83**, 2495). And ist es, wenn der Dr eine Schwarzgeldzahlg leisten soll (BGH NJW-RR **98**, 950). Ein Einbeziehgswille kann auch bei einer Bürgsch für die KaufPrSchuld gegeben sein, wenn der GrdstVertr mit der Bürgsch stehen u fallen soll (BGH NJW **62**, 586). Die Vereinbg mit dem vollmlosen Vertreter über die Gen des von ihm geschl Vertr ist idR formfrei (BGH **LM** Nr 10).

35 **9) Erfüllung des Formerfordernisses. – a)** Für die **notarielle Beurkundung** gilt § 128 u das BeurkG. Der gerichtl Vergl ersetzt die notarielle Beurk (§ 127 a). Bei **Verweisungen** auf and Urk, Zeichngen od Abbildgen ist zu unterscheiden: Wird der VertrInh dch die in Bezug genommenen Urk (Zeichng usw) mitbestimmt, gelten die FormErfordern der §§ 9, 13, 13 a BeurkG. Dienen die in Bezug genommenen Urk ledigl der Erläuterg, ist die Verweisg dagg an keinerlei Förmlichk gebunden (BGH NJW **79**, 1498, **89**, 165). Hat der Wille der Part in der Urk nur unvollkommen Ausdr gefunden, gelten die allg Grds über die **Auslegung** formbedürft Erkl (§ 133 Rn 19). Zur Beurk von Versteigergen s BGH NJW **98**, 2350.

36 **b) Unrichtige Beurkundung. – aa)** Haben die Part **bewußt** Unrichtiges beurkunden lassen (Bsp: einen zu niedrigen KaufPr), ist der beurk Vertr als ScheinGesch (§ 117) u der wirkl gewollte Vertr wg Formmangels

(§ 125) nichtig (BGH **54**, 62, **89**, 43, Ffm NJW **91**, 1958, allgM). Der verdeckte Vertr kann aber gem § 313 S 2 wirks werden. Bei Ausübg des gesetzl VorkR des SiedlgsUntern ist gem RSiedlgsGes 4 III der beurk Pr maßgebd (s BGH **53**, 52). – **bb)** Haben die Part **unbewußt** Unrichtiges beurkunden lassen, obwohl sie über das in Wahrh Gewollte einig waren, ist der Vertr gült: falsa demonstratio non nocet (BGH **87**, 152, NJW-RR **88**, 971, Düss NJW-RR **95**, 784, stRspr seit RG **46**, 227). Als Bsp unschädl Falschbezeichng hat die Rspr anerkannt: falsche Kataster- od Grdbuchbezeichng (BGH NJW **69**, 2045); versehentl Weglassen eines Flurstücks (BGH **87**, 152); falsche Beschreibg der Grenzlinie (BGH WM **71**, 1085); Falschbezeichng der Zahl der zum WoEigt gehörden Räume (Hamm NJW-RR **93**, 785); versehentl Weglassen von Klauseln, die in einer in Bezug genommenen Urk enthalten sind (BGH **LM** Nr 30), unricht Angabe der Höhe der übernommenen Hyp (RG JR **27**, 1010), unricht Bezeichng des Verpflichteten (BGH WM **73**, 869). Ist der Verkauf eines ganzen Grdst beurkundet, währd in Wahrh nur eine noch nicht vermessene Teilfläche verkauft werden soll, ist der Vertr jedoch nichtig, da die Beurk auch bei Protokollierg des Gewollten mangelh wäre (BGH **74**, 117, NJW-RR **88**, 265). 37

c) Ist der Vertr **unvollständig** beurkundet, sind die nicht beurkundeten Abreden nichtig. Die Gültigk des Vertr im übrigen richtet sich nach § 139 (BGH NJW **81**, 222). Wußten die Part um die Formnichtigk eines Teils ihrer Abreden, so ist allein das Beurkundete gült (RG **122**, 140, BGH **45**, 379); das gilt jedoch nicht, wenn die Part anstelle des aufschiebd bedingten Vertr einen unbedingten haben beurkunden lassen (BGH ZIP **99**, 32). 38

10) Aufhebung und Änderung. – **a)** Beim **Aufhebungsvertrag** ist zu differenzieren: – **aa)** Ist der KaufVertr dch Aufl u Eintragg vollzogen, begründet seine Aufhebg eine Verpfl zur Übertragg u zum Rückerwerb des Grdst. Der Vertr ist daher formbedürft (BGH **83**, 397, Köln NJW-RR **95**, 1107, allgM). – **bb)** Ist der KaufVertr noch nicht vollzogen u besteht für den Käufer auch noch kein AnwartschR, begründet seine Aufhebg weder eine Übertraggs- noch eine ErwerbsPfl. Der Vertr ist daher formfrei (BGH **83**, 398, allgM). Entspr gilt für den Erlaß des AuflAnspr (RG **127**, 218) od den Verz auf ein WiederkaufsR (BGH **103**, 179). – **cc)** Hat der Erwerber nach Aufl dch Stellg des EintraggAntr od dch Eintr einer AuflVormerkg ein **Anwartschaftsrecht** erworben, ist die Verpflichtg zur Aufhebg des AnwR formbedürft, da dieses dem VollR gleichsteht (BGH **83**, 398, NJW-RR **88**, 265, Pohlmann DNotZ **93**, 357, aA Müller-Michaels NJW **94**, 2742); das gilt aber nur dann, wenn der Vertr ausdr od stillschw vertragl Pflten zur Rückabwicklg begründet, nicht wenn die Rückabwicklg nach § 812 erfolgen soll (BGH **127**, 173, aA Eckardt JZ **96**, 934). Durch Eintragg einer AuflVormerkg vor Aufl entsteht kein AnwR (BGH **103**, 179). Wird zunächst od gleichzeit das AnwR aufgegeben, etwa dch formlose Aufhebg der Aufl od dch Rücknahme des EintraggsAntr, entfällt das FormErfordern (BGH NJW **93**, 3325). Bei einer späteren Aufhebg des AnwR tritt Heilg ein (Rn 52). 39 40

b) Änderung, Grundsatz. Ändergen od Ergänzgen des GrdstVertr sind grdsl **formbedürftig** (BGH **66**, 271, NJW **73**, 37, **82**, 434, stRspr). Gleichgült ist, ob es sich um wesentl od unwesentl Ändergen handelt (s aber Rn 43). Der Formzwang gilt auch dann, wenn die Änderg in einem Vergl erfolgt (RG **109**, 26, BGH **LM** Nr 5). Formbedürft sind zB: Erlaß od Herabsetzg des KaufPr (BGH NJW **82**, 434), es sei denn, sie beruht auf einem berecht Mindergsverlangen (RG **137**, 296); Erhöhg des KaufPr, es sei denn, es handelt sich um eine gem § 242 gebotene Anpassg (RG HRR **28**, 1469); Änderg eines BauträgerVertr in einen BaubetreuungsVertr mit Vollm zur Verpflichtg des Bauherrn (Hamm NJW-RR **94**, 1296); Vereinbg über die Anrechng od Aufr von Leistgen (BGH NJW **84**, 974); Vereinbg einer Leistg an ErfStatt (BGH **56**, 162); Vereinbg über die Übertragbark eines VorkR (RG **148**, 108); Änderg eines bedingten in ein unbedingtes Kaufangebot (BGH NJW **82**, 882); Verlängerg der Fr für ein Wiederkaufs- od AnkaufsR (BGH NJW **96**, 452); Vorverlegg od Hinausschiebg der Lieferzeit (BGH NJW **74**, 271, **LM** Nr 50); Stundgsabreden (BGH NJW **82**, 434, s aber Rn 43); Änderg des Zeitpkts der grundbuchrechtl Vollziehg der EigtUmschreibg (Düss NJW **98**, 2225); Erschwerg des Rücktr (BGH NJW **88**, 3263); NeuÜbern der ÜbereigngsPfl (RG **109**, 27, BGH DB **66**, 978). Die Nichtigk **beschränkt** sich auf die ÄndVereinbg, läßt also die Wirksamk des ursprüngl Vertr unberührt (RG **65**, 392, Soergel/Wolf Rn 86); and aber, wenn ein (noch) schwebd unwirks Vertr geändert w (BGH NJW **88**, 3263). 41

c) Änderung, Formfreiheit. Von dem Grds, daß ÄndergsVertr formbedürft sind, gelten drei **Ausnahmen: – aa)** Vertr, die die Veräußergs- od ErwerbsPfl weder unmittelb noch mittelb verschärfen od erweitern, sind formfrei (BGH **66**, 270, Soergel-Wolf Rn 81, aA MüKo/Kanzleiter Rn 55). Der Anwendgsbereich dieses AusnTatbestd ist aber eng. Einziges RsprBsp ist die FrVerlängerg für ein vertragl RücktrR (BGH **66**, 270). – **bb)** Vereinbgen, die ledigl der Beseitigg einer bei **Abwicklung des Geschäfts** aufgetretenen Schwierigkeit dienen u den Inh der ggs LeistgsPfl im Kern unberührt lassen, sind nicht formbedürft (RG **140**, 339, BGH NJW **73**, 37, **74**, 271, NJW-RR **88**, 186, ZIP **99**, 143). Das gilt sicher für nur deklaratorische Ändergen, bei der sich die festgestellte RFolge schon aus einer ergänzden VertrAuslegg ergibt. Formfreih besteht aber auch dann, wenn der Vereinbg konstitutive Bedeutg zukommt (Hagen DNotZ **84**, 277, str). Die Ausn ist jedoch restriktiv zu handhaben. Wenn die Part einen Teilerlaß des KaufPr od eine langfrist Stundg vereinbaren, besteht Formzwang (BGH NJW **82**, 434). Formfrei können dagg sein: Festlegg eines and Zahlgsweges (NJW **98**, 1482, 1483); Übernahme von Verbindlichk (BGH ZIP **99**, 143); kurzfrist Stundgen (RG Warn **27** Nr 89), FrVerlängerg für ein Wiederkaufs- od RücktrR (BGH NJW **73**, 37, Brdbg NJW-RR **96**, 724), Vereinbgen über R- od Sachmängel (s BGH WM **72**, 557). – **cc)** Ändergen **nach Auflassung** sind nicht formbedürft, weil die Übereigngs- u ErwerbsPfl mit der Aufl erlischt u daher nicht mehr besteht (BGH NJW **85**, 266, **LM** Nr 49, Bambg MDR **99**, 151); and aber, wenn die Abrede geändert werden soll, die den Vollzug der Eintragg in das Belieben des Verkäufers stellt (Düss DNotZ **98**, 949). Formfrei sind Ändergen nach Aufl u Eintragg; formbedürft ist aber eine RückkaufsVereinbg (BGH **104**, 276). 42 43 44

11) Rechtsfolge des Formmangels ist **Nichtigkeit** des Vertr (§ 125). Sie ist vAw zu beachten, u zwar auch dann, wenn die Part den Vertr als gült behandelt wissen wollen (BGH **LM** § 125 Nr 29) od auf den Einwand der Formnichtigk „verzichten" (BGH NJW **69**, 1167). Die Nichtigk erstreckt sich auf den **gesamten** Vertr, jedoch ist § 139 Halbs 2 anzuwenden. Der Formmangel der Nebenabrede, daß auf den Preis eine schon geleistete Zahlg anzurechnen ist, braucht dann nicht zur Nichtigk des GesVertr zu führen, wenn der Käufer diese Zahlg ow zu belegen vermag (BGH NJW **94**, 720). Die mit dem formnicht Vertr verbundene 45

Aufl ist idR gült (BGH NJW **79**, 1496, § 139 Rn 9). Das gilt auch für Schwarzkauffälle u für AuflVollm (RG **103**, 302, **137**, 339, BGH NJW **76**, 237, Mü NJW-RR **86**, 13). Ausn: Rn 19f. Bei Formnichtigk kann gg den VertrPartner ein Schadensersatzanspruch wg c. i. c. bestehen (§ 276 Rn 77u 101). Ausnahmsw kann der Berücksichtigg des Formmangels **Treu und Glauben** entggstehen (§ 125 Rn 16ff).

46 **12) Heilung (Satz 2). – a) Allgemeines.** Um ein formnicht RGesch gült zu machen, bedarf es grdsl einer formgerechten NeuVorn (§ 141 I). Von diesem Grds macht § 313 S 2 eine Ausn. Der formnicht Vertr wird mit Aufl u Eintragg wirks, weil es mit dem Gedanken der RSicherh unvereinb wäre, trotz Erf der die Formbedürftigk begründden Pfl 30 Jahre (§ 195) BerAnspr bestehen zu lassen (BGH NJW **78**, 1577). Die Heilg setzt voraus, daß der Formmangel der alleinige UngültigkGrd ist. **Andere Mängel,** wie Willensmängel, fehlde Vertretgsmacht, fehlde behördl Gen (RG **137**, 352), werden von der Heilg nicht erfaßt (BGH DNotZ **69**, 350). Daß die Part den Formmangel bei VertrSchl kannten, hindert die Heilg dagg nicht (BGH NJW **75**, 205). Die Heilg erstreckt sich auf den Vertr im ganzen. Sie erfaßt auch VertrÄndergen (Köln VersR **99**, 117) u **Rückübereignungsverpflichtungen,** ohne daß bereits eine RückAufl erforderl ist (BGH NJW **75**, 206, **LM** Nr 15).

47 **b) Auflassung. – aa)** Sie muß **rechtswirksam** sein (BGH **29**, 9). Die Aufl dch einen Bevollmächtigten heilt nur, wenn die AuflVollm gült ist (BGH DNotZ **66**, 96). Die Unwirksamk, insb die Formungültigk, des GrdstVertr erstreckt sich aber iZw nicht auf die AuflVollm (Rn 45). Ist das ausnw doch der Fall (Rn 22), tritt Heilg erst mit der formlos mögl Gen ein (§ 177). Bedarf die Aufl einer behördl Gen wird der Vertr nur wirks, wenn die Gen erteilt w (BGH DNotZ **69**, 350). Die Aufl muß in Erf des formunwirks Vertr vorgenommen w (BGH NJW **83**, 1545). Sie kann gleichzeit mit Abschl des Vertr erfolgen od ihm nachfolgen. Eine vorher erklärte Aufl genügt dagg nicht (BGH aaO). Heilg tritt auch beim gutgl Erwerb von einem NichtBerecht ein
48 (BGH **47**, 270). – **bb)** Die Aufl muß sich auf das **gesamte Vertragsobjekt** beziehen. Betrifft der Vertr mehrere Grdst, muß sich die Aufl auf alle erstrecken (RG **68**, 386), jedoch kann eine TeilAufl den Vertr nach dem RGedanken des § 139 teilw wirks machen (BGH NJW **96**, 397). Beim TauschVertr müssen beide Grdst aufgelassen w (RG **56**, 386, s auch BGH **59**, 271). Bei einer **Veräußerungskette** heilt die Aufl an den Letzterwerber bei einem entspr ErfWillen auch die formlosen KaufVertr der ZwPers (RG **85**, 274, **132**,
49 290). – **cc)** Die **Willensübereinstimmung** der Part muß bis zur Aufl fortbestehen (BGH **127**, 136, NJW **78**, 1577, **94**, 588). Sie muß sich auf den ganzen VertrInh erstrecken (BGH **54**, 64) u wird vermutet, solange nicht eine Part erkennb einen abweichden Willen äußert (s BGH NJW-RR **93**, 522, **94**, 318). Wegfall der Übereinstimmg in der Zeit zw Aufl u Eintragg schadet auch dann nicht, wenn Aufl u VertrSchl in derselben Urk erfolgt sind (BGH WM **73**, 612).

50 **c) Eintragung** im GrdBuch. – **aa)** Sie muß tatsächl **vollzogen** sein u das VertrObjekt betreffen (RG **78**, 44). Die Eintragg auf einem falschen GrdBBlatt heilt auch iF einer falsa demonstratio nicht (BGH NJW **93**, 3197), obwohl diese für die Aufl unschädl ist (Rn 37). Die Eintragg einer AuflVormerkg genügt nicht (BGH **LM** Nr 19), die eines Widerspr ändert wg seiner and Zweckrichtg an der Heilg nichts (RG **109**, 334). –
51 **bb)** Bis zur Eintragg kann der Veräußerer die Aufl **kondizieren** (RG **108**, 329, **109**, 354, stRspr), es sei denn, daß er die Formnichtigk kannte, § 814 (RG **133**, 276). RHängigk der Kondiktionsklage hindert die Heilg nicht. Der Veräußerer kann aber iW einstw Vfg ein **Erwerbsverbot** erwirken (§ 888 Rn 11). Die dennoch erfolgte Eintragg ist analog §§ 136, 135 relativ unwirks u heilt nicht (RG **117**, 291, **120**, 120, Hamm DNotZ **70**, 662). Heilg mit Wirkg ex tunc tritt jedoch bei Aufhebg des Verbots ein (Mü OLGZ **69**, 196).

52 **d) Sonderfälle, entsprechende Anwendung.** Der Wortlaut des § 313 S 2 ist auf den typischen dch Aufl u Eintragg zu erfüllden Vertr zugeschnitten. Auf Vertr, die nicht diesem Normaltyp entspr, ist Satz 2 mit Modifikationen anzuwenden: – **aa) Vorverträge** u ähnl Abreden werden bereits mit dem Abschluß des HauptVertr wirks (BGH **82**, 398). Voraussetzg ist, daß Vor- u HauptVertr inhaltl korrespondieren u der Inh des VorVertr nicht über den des HauptVertr hinausreicht (BGH NJW-RR **93**, 522). Die formunwirks Verpfl, an einen Dr zu verkaufen od ihm ein ErbbR zu übertragen, heilt daher, sobald der Vertr mit dem Dr formwirks abgeschlossen w (BGH **82**, 398, NJW **94**, 720). Der wg der ErwerbsVerpflichtg des AuftrN formunwirks Vertr heilt mit dem GrdstErwerb dch diesen, der Übertragg an den AuftrG bedarf es dazu nicht (BGH **127**, 175). Das formunwirks VertrStrVerspr heilt mit Abschl des HauptVertr (BGH NJW **87**, 1628), der unwirks ErsteigergsAuftr mit dem Erwerb in der ZwVollstr (BGH **85**, 245, NJW **96**, 1960), die ungült Verpfl zur Bestellg eines dingl VorkaufR mit dessen Bestellg (BGH DNotZ **90**, 660), die unwirks Verpfl zur Abgabe eines Angebots mit dessen formgült Abgabe (RG **169**, 190), der wg Bestehen eines AnwR unwirks AufhebgsVertr mit dem Erlöschen des AnwR (Düss DNotZ **90**, 370, Hamm DNotZ **91**, 149, Pohlmann
53 DNotZ **93**, 359, Ernst ZIP **94**, 609). – **bb)** Wenn § 313 auf Vertr über **ausländische Grundstücke** anzuwenden ist, tritt Heilg mit dem EigtErwerb nach ausl Recht ein (BGH **73**, 397). Eintragg in das ausl EigtRegister ist nicht erforderl, sofern sie nur deklarator Bedeutg hat (BGH aaO, Düss NJW **81**, 529). Heilg tritt aber nur ein, wenn die **Willensübereinstimmung** (Rn 49) bis zur Vollendg des RErwerbs fortbesteht
54 (Schlesw MDR **98**, 1473).– **cc)** Die Verpfl zur Übertragg eines **Erbbaurechts** heilt auch dann, wenn der Erwerber als Eigtümer eingetragen u das ErbbR gelöscht w (BGH **32**, 11). – **dd)** Auf **andere Formvorschriften** ist § 313 S 2 dagg nicht entspr anwendb (Pohlmann, Heilg formnicht VerpflGesch dch Erf, 1992, S 180), so nicht auf den ErbschKauf, § 2371 (BGH NJW **67**, 1128, DNotZ **71**, 38) u den ErbVerzicht, § 2348 (RG HRR **30**, 713).

55 **e) Wirkung der Heilung. – aa)** S 2 heilt nur die **Formnichtigkeit.** Andere Mängel werden nicht geheilt (Rn 46). Auch der Formmangel entfällt nicht, soweit eine vertragl Formabrede besteht (MüKo/Kanzleiter Rn 81). Die Heilg erstreckt sich auf den **gesamten Inhalt** des Vertr einschließlich aller mdl u schriftl Nebenabreden sowie aller formunwirks Ändergen u Ergänzgen, soweit die Willensübereinstimmg zZ der Aufl noch besteht (Rn 49). Auch die vereinb Verpflichtgen zur Rückübereigng werden wirks (BGH NJW **75**, 205, **LM** Nr 15), soweit sie nicht weiterreichen als der Ggst der Veräußerg. Die Verpfl des Eigtümers, das Grdst nach Beendigg des ErbbR an den ErbbBerecht aufzulassen, wird daher dch die Eintragg des ErbbR nicht geheilt (BGH **59**, 269). Die Heilg erstreckt sich auch auf ein entgg § 761 mdl abgegebenes zum Vertr

gehördes LeibrentenVerspr (BGH NJW **78**, 1577) u auf formbedürft Abreden mit Dr (BGH NJW **74**, 136, **81**, 2293). Dagg richtet sich die Wirksamk von vollstreckb Urk ausschließl nach VerfR (BGH NJW **85**, 2423). – **bb)** Der Vertr wird gült, die Heilg hat **keine Rückwirkung.** Eine vorher eingetragene AuflVormerkg bleibt wirkgslos (BGH **54**, 63, NJW **83**, 1545). Die VertrAnspr verjähren erst ab Eintragg u zwar auch bei fr Überg des Grdst (RG **75**, 114, **134**, 86). Auch für § 460 ist der Ztpkt der Heilg entscheidend (Hamm NJW **86**, 136). § 141 ist weder direkt noch analog anzuwenden. Es besteht aber die tatsächl Vermutg, daß die Part den Willen hatten, einand das zu gewähren, was sie haben würden, wenn der Vertr von Anfang an wirks gewesen wäre (BGH **32**, 13, **54**, 63, **82**, 398). Für die Vergangenh tritt jedoch kein Verzug ein (BGH DB **79**, 938), auch eine VertrStrafe wg verspäteter Erf ist iZw nicht verwirkt (Reinicke/Tiedtke NJW **82**, 1433, aA BGH NJW **82**, 759). 56

314 *Erstreckung auf Zubehör.* **Verpflichtet sich jemand zur Veräußerung oder Belastung einer Sache, so erstreckt sich die Verpflichtung im Zweifel auch auf das Zubehör der Sache.**

§ 314 enthält eine **Auslegungsregel,** nicht einen ergänzden RSatz. Der GgBew, daß die Verpflichtg das Zubeh nicht mitumfassen soll, ist daher mögl (s AG Esslingen NJW-RR **87**, 750). § 314 gilt für **schuldrechtliche** Verpflichtgen, gleichgült ob sie auf Vertr od einseit RGesch beruhen. Ein VeräußergsVertr ist neben Kauf u Tausch auch die Schenkg. Auf GebrauchsüberlassgsVertr (Miete, Pacht) ist § 314 entspr anwendb (BGH **65**, 88, hM). Sache: § 90. **Zubehör:** §§ 97, 98. § 314 gilt auch dann, wenn der Verpflichtete nicht Eigtümer des Zubeh ist (Düss DNotZ **93**, 345). Maßgebder Ztpkt für die ZubehEigensch ist der des VertrSchlusses (so ausdr Entw I, in Entw II als selbstverständl weggelassen), doch kann sich aus den Umst ein and Ztpkt ergeben. Für das Vermächtn gilt § 2164, für die GrdstÜbereigng § 926. § 314 ist als Ausdr eines allg Erfahrgssatzes analogiefäh (aA Kohler DNotZ **91**, 362); er ist entspr anzuwenden: bei Veräußerg eines Betr hinsichtl der zu ihm gehörden gewerbl SchutzR (RG **112**, 247, vgl jetzt MarkenG 27 II), einer EigtWo hinsichtl des Anteils am Instandhaltgsfond (Düss NJW-RR **94**, 1038). Nicht mögl ist eine analoge Anwendg auf RübenlieferR bei Verk einer landwirtschaftl Teilfläche (BGH **111**, 116, Oldenbg NdsRpfl **95**, 160, Uhlig DNotZ **91**, 669) od den Anspr auf Freistellg von Erschließgskosten (BGH NJW **93**, 2232). 1

315 *Bestimmung der Leistung durch eine Partei.* **I Soll die Leistung durch einen der Vertragschließenden bestimmt werden, so ist im Zweifel anzunehmen, daß die Bestimmung nach billigem Ermessen zu treffen ist.**

II Die Bestimmung erfolgt durch Erklärung gegenüber dem anderen Teile.

III Soll die Bestimmung nach billigem Ermessen erfolgen, so ist die getroffene Bestimmung für den anderen Teil nur verbindlich, wenn sie der Billigkeit entspricht. Entspricht sie nicht der Billigkeit, so wird die Bestimmung durch Urteil getroffen; das gleiche gilt, wenn die Bestimmung verzögert wird.

1) Allgemeines. – a) Ein wirks SchuldVerh setzt voraus, daß die geschuldete Leistg bestimmt od wenigstens **bestimmbar** ist (§ 241 Rn 3). Hinreichde Bestimmbark ist gegeben, wenn die Leistg nach obj Maßstäben (Marktpreis od ähnl, Rn 6) ermittelt w soll. Sie ist aber auch dann gewahrt, wenn die Bestimmg einem der VertrPart (§§ 315, 316) od einem Dritten (§§ 317–319) vorbehalten w. Voraussetzg ist jedoch eine – ausdr od stillschw – Einigg der Part darüber, daß eine derart Bestimmg erfolgen u wem das BestimmgsR zustehen soll (s RG **90**, 28, Düss DNotZ **96**, 41). Fehlt eine Einigg hierüber, kann hins der Pers des BestimmgsBerecht § 316 eingreifen. Wird die Lücke insoweit nicht dch § 316 geschlossen, ist der Vertr unwirks. Entspr gilt, wenn der Vertr für die Ausübg des BestimmgsR keine ausr Anhaltspkte enthält (s BGH **55**, 248, Verlängerg eines MietVertr; Düss NJW-RR **97**, 271, Bepflanzg einer Freifläche; § 241 Rn 3). – 1
b) Das BestimmgsR kann sich je nach der PartVereinbg auf die Leistg als solche, auf die Pers des VertrPartners (RG **20**, 37, **24**, 66), die Anpassg des Vertr an veränderte Verhältn (BGH DB **76**, 670), die Feststellg von AnsprVorausssetzgen (BAG **AP** § 611 GewerkschAngest Nr 2), die Ergänzg der VertrBdggen od auf Leistgsmodalitäten (Zeit, Ort) beziehen (Einzelfälle s Rn 8). Der **Anwendungsbereich** des § 315 reicht damit weit über den Wortlaut der Vorschr hinaus. § 315 bindet die Gestaltgsmacht des Berecht an billiges Ermessen u unterwirft die von ihm getroffene Bestimmg einer gerichtl **Billigkeitskontrolle**. Er schützt damit den and VertrPartner, typw den sozial Schwächeren. Diesen in § 315 enthaltenen „Schutzgedanken" (BGH **38**, 186) haben Rspr u Lehre dazu verwandt, um aus § 315 auch in and Bereichen eine Schranke gg den **Mißbrauch privatautonomer Gestaltungsmacht** abzuleiten: In den RGebieten, in denen die AGBG 9 ff nicht gelten, vor allem also im Arb- u GesellschR, ist § 315 zus mit § 242 Grdl der richterl InhKontrolle (AGBG 24 Rn 2). Bes Bedeutg haben die §§ 315 ff im ArbR. Auch das für das ArbVerhältn charakteristische **Direktionsrecht** unterliegt grdsl den sich aus § 315 ergebden Grenzen (BAG NJW **86**, 86, DB **96**, 1931, Leßmann DB **92**, 1137, str). – **c)** § 315 enthält **dispostives** Recht (BGH NJW-RR **86**, 164), kann aber dch AGB nicht abgeändert w (AGBG 9 II Nr 1). 2 3

2) Voraussetzungen, Abgrenzung. – a) § 315 setzt eine ausdr od stillschw **Vereinbarung** voraus, daß einer Partei ein LeistgsbestimmgsR zustehen soll (Rn 1). Haben sich die Part trotz eines offenen Einiggsmangels (§ 154) erkennb vertragl binden wollen, können zur Schließg der verbliebenen Lücken uU die §§ 315 ff herangezogen w (BGH **41**, 275, **LM** Nr 12, DB **83**, 875). Dch AGB können Leistgs- u PreisbestimmgsR des Verwders aber nur in den Grenzen von AGBG 10 Nr 4, 11 Nr 1 (s dort) u AGBG 9 (s dort Rn 106) begründet w. Auch das **Gesetz** kann einer Part ein unter § 315 falldes BestimmgsR zuweisen, so etwa DMBilG 32 (Rn 9) u ArbEG 12 III dem ArbG (BGH **126**, 120). Auf **faktische Bestimmungsrechte** findet § 315 grdsl keine Anwendg (Soergel-Wolf Rn 30). Tarife für Leistgen der Daseinsvorsorge, auf deren Inanspruchn der and Teil angewiesen ist, sind aber einer Kontrolle gem § 315 unterworfen (BGH **73**, 116), so 4

Flughafentarife (BGH NJW-RR **97**, 1019), Gasanschlußkosten (BGH NJW **87**, 1828), Stromtarife (BGH NJW-RR **92**, 183, Mü NJW **99**, 421, AG Neuenahr NJW **98**, 2540) u Abwasserentgelte (BGH NJW **92**, 172). Das gilt nicht nur für Sonderabnehmer, sond auch für Tarifkunden (BGH NJW **87**, 1828, Celle NJW-RR **93**, 630), nicht aber für IndVereinbgen (BGH NJW-RR **90**, 1204). Keiner InhKontrolle unterliegen die Tarife der Telekom (BGH DB **98**, 1812). Soll die Bestimmg dch eine VertrPart im **Einvernehmen mit einem Dritten** (zB BetrR) erfolgen, sind nicht §§ 315 f, sond §§ 317 ff entspr anwendb (BAG **21**, 311, **AP** 319 Nr 2).

5 **b)** § 315 I gibt die **Auslegungsregel,** daß die Bestimmg nach billigem Ermessen zu treffen ist. Die Part können auch einen and Bestimmgsmaßstab vereinbaren: Sie können den BestimmgsBerecht an Richtlinien binden, können seinen Spielraum aber auch erweitern (Rn 3). Auch wenn die Bestimmg in das freie Ermessen (RG **99**, 106, BAG DB **82**, 1939) od das **freie Belieben** (RG aaO) gestellt w, ist sie bei offenb Unbilligk unverbindl (RG u BAG aaO, BAG **AP** § 242 Nr 18). **Willkür** kann nicht zum Bestimmgsmaßstab erhoben w: Wird dem Schu Willkür gestattet, ist er in Wahrheit nicht gebunden (RG **40**, 199); wird dem Gläub gestattet, nach reiner Willkür zu verfahren, verstößt der Vertr gg § 138 (Erman-Battes Rn 5).

6 **c)** § 315 ist unanwendb, soweit der Umfang der Leistg dch **objektive Beurteilungsmaßstäbe** festgelegt ist. Beim Dienst-, Werk- u MaklerVertr wird, wenn die Höhe der Vergütg nicht bestimmt ist, die taxmäß, bei Fehlen einer taxmäß die übl Vergütg geschuldet (§§ 612 II, 632 II, 653 II). Für Kauf u Miete besteht keine derart Bestimmg. Soweit zum Tages-, Laden-, Markt- od übl Preis verkauft w, erfolgt die betragsmäß Festlegg notf dch das Ger, dessen Entsch hier (and als bei III) nicht gestaltden, sond feststellden Charakter hat. Entspr gilt für die Ermittlg des Honorars nach GOÄ od HOAI (s BGH **120**, 137), beim Kauf zum VerkWert (BGH NJW **89**, 2129), bei Verpachtg von Kleingärten zum angem Entgelt iSv BKleingG 18 II 2 (BGH **117**, 396) od bei Vermietg zur ortsübl Miete (BGH NJW-RR **92**, 517). Auch bei Verwendg eines obj Beurteilgsmaßstabes kann aber ein Spielraum bleiben, der dch eine Bestimmg gem §§ 315 f auszufüllen ist (BGH aaO). Haben die Part ein „angemessenes" Entgelt vereinb, sind idR §§ 315 ff anwendb, uU kann aber eine Bestimmg dch ergänzde VertrAuslegg od nach obj Maßstäben mögl sein (BGH BB **65**, 103; **LM** § 157 (Ga) Nr 14: MietVertr; WM **69**, 994: MaklerVertr). Entspr gilt, wenn Begriffe wie Billigk od Zumutbark verwandt w (BGH **62**, 314, Vollkommer JZ **85**, 879).

7 **d) Sonder- und Parallelvorschriften** enthalten: zur Festsetzg von Rahmengebühren des RAnw BRAGO 12, zur Anpassg der laufden Leistgen der betriebl Altersversorgg BetrAVG 16, zur Erhöhg des ErbbZinses ErbbRVO 9 a, zur Auslobg § 660, zum Vermächtn § 2156, zum Spezifikationskauf HGB 375.

8 **e) Einzelfälle: Altenheim:** Erhöhg des Entgelts (Karlsr NJW-RR **88**, 1402). – **Arbeitsrecht** (Rn 2), s Hrodmadka DB **95**, 1609. Ausgestaltg des BereitschDienstes (BAG DB **90**, 2026); Festsetzg der konkreten UrlZeit dch den ArbG (s BAG NJW **62**, 269, DB **71**, 295, Lepke DB **90**, 1133); Bestellg zum Zivildienstbeauftragten (BAG MDR **97**, 371); Kürzg der ArbZeit wg betriebl Erschwern (BAG DB **85**, 132) od wg Kinderbetreuung (BAG NJW **96**, 2750); Festsetzg von Nachtschichten (BAG DB **98**, 2325); AuswahlEntsch iF einer Künd, soweit nicht bereits KSchG 1 III eingreift (BAG DB **95**, 880); Eingruppierg in Vergütgsgruppen (BAG **AP** § 611 GewerkschAngest Nr 2), sofern sie keine reine RAnwendg ist (BAG DB **83**, 2313); Recht auf Änderg od Anpassg der VertrBdggen (BAG DB **83**, 1368, **93**, 1038); vertragl VersetzgsR des ArbG (LAG MDR **97**, 853); Widerruf von Leistgszulagen (BAG DB **96**, 1880, LAG Köln MDR **99**, 877); Vergütgsfestsetzgen für Lehrbeauftragte (VerwG Kassel DVBl **72**, 345); dch den ArbG gem ArbEG 12 III (BGH NJW **95**, 386); Anpassg von Ruhegehalt gem BetrAVG 16 (BAG **AP** BetrAVG § 16 Nr 5); Änderg der LeistgsOrdng für die Altersversorgg (BAG DB **93**, 743); Gewährg von BetrRenten an geschiedene Ehefr des ArbN aus BilligkGrden (BAG DB **82**, 1779); Anrechng von and Einkünften auf die betriebl Altersversorgg (BAG DB **83**, 289); Regelgen über das Erlöschen der Mitgliedsch in einer Pensionskasse (BAG ZIP **94**, 148); WahlR des ArbN hins arbeitsfreier Tage (BAG NJW **83**, 2600); Festsetzg des Honorars für Mitgl von Einiggsstellen (BAG DB **81**, 1192), s jetzt BetrVG 76 a u BAG ZIP **97**, 208. – **Anpassungsklauseln** in
9 DauerVertr s Lörcher DB **96**, 1269 u Rn 14. – **Auslobung:** Entscheidg über die Vergabe der Belohng (RG **167**, 235). – Anpassg der Nebenentgelte der **Banken,** s Derleder/Metz ZIP **96**, 580. – **Besserungsklauseln:** s Rn 13 u § 271 Rn 14. – **Genossenschaften:** Festsetzg des Entgelts für Leistgen der Genossen (BGH WM **83**, 1006, Schlesw NJW-RR **95**, 1062). – **Gesellschaftsrecht:** BestimmgsR hinsichtl der Art der AuseinandS (RG **114**, 393). Festsetzg einer Tantieme, für die die vorgesehene BemessgsGrdl noch nicht erarbeitet worden ist (BGH NJW-RR **94**, 1055). – **Grundstücksverkehr:** Bestimmg des ErwerbsPr dch BauGenossensch (RG **156**, 216); Festsetzg der Überbaurente dch Gemeinde (BGH **65**, 399); Anpassg des Erbbauzinses (ErbbRVO 9 a); Ändergs- od AnrechngsBefugn in Vertr über vorweggenommene Erbfolge (BGH NJW-RR **86**, 164). – Die Festsetzg von **Krankenhauspflegesätzen** unterliegt nicht der Nachprüfg dch die ordentl Ger (BGH **73**, 114, **105**, 161). – Wertsicherg dch **Leistungsvorbehalten** (§ 245 Rn 32): Haben die Part eine Anpassg dch Vereinbg vorgesehen, können iF der Nichteinigg §§ 315, 316 anwendb sein, mögl ist aber auch, daß die Leistgsbestimmg nach dem PartWillen dch Urt erfolgen soll (Rn 14). – Verteilg von **Mietnebenkosten** (Hamm NJW **84**, 984, Kblz NJW-RR **90**, 1038). – Die Klausel **„Preise freibleibend"** gibt dem Verkäufer die Befugn, den Pr unter Berücksichtigg der Marktlage nach billigem Ermessen zu bestimmen (RG **103**, 415). Der Vorbeh einer PrÄnderg ist iZw ebso auszulegen (BGH **1**, 354, § 157 Rn 14). – **Reisevertrag:** Bestimmg des Hotels bei einer sog „Fortuna-Buchg" (LG Ffm NJW **85**, 143). – **Sicherheiten:** Der FreigabeAnspr des SichgG iF einer Übersichg ist ermessensunabhäng (BGH GrZS NJW **98**, 671), nur hinsichtl der Auswahl der freizugebden Ggste entscheidet der SichgN gem § 315. – Festsetzg von **Vergütungen:** für Kindergärten (Celle NJW **77**, 1295/2166); für Leistgen der Daseinsvorsorge (Rn 4); für die Flughafenbenutzg (BGH MDR **73**, 999, WM **93**, 2054); für Gutachten von Kfz-Sachverständigen (AG Dortm NZV **99**, 254), für die Tätigk als Schiedsrichter (BGH BB **78**, 328), als Steuerberater (Hamm NJW-RR **99**, 510: Rahmengebühr) od Vorsitzder einer tarifl Schiedsstelle (Stgt ZIP **88**, 864). – **Versicherungsvertrag:** Anpassg der Prämien (BGH **119**, 59, Hamm NJW-RR **93**, 1501, Celle u Hbg VersR **93**, 1343, 1345, aA Köln VersR **99**, 87). – Festsetzg von **Vertragsstrafen** s § 339 Rn 5. – Festsetzg od Anpassg von **Zinsen** (BGH **97**, 212, NJW **91**, 833) od Überziehgszinsen (BGH NJW **92**, 1753).

3) Bestimmungsrecht (II). – a) Der Berecht hat, auch wenn er an billiges Ermessen gebunden ist, einen 10
Entscheidgsspielraum. Er ist rgestaltd, nicht rfeststelld tät (MüKo/Gottwald Rn 17). Soweit sein BestimmgsR
vom Vorliegen best Voraussetzgen abhäng ist, handelt es sich aber um R- u Tatfragen. Was **billigem**
Ermessen entspricht, ist unter Berücksichtigg der Interessen beider Part u des in vergleichb Fällen übl
festzustellen (BGH **41**, 271, BAG ZIP **94**, 148). Ist ein Entgelt festzusetzen, kommt es auf den Wert der zu
vergütden Leistg an (BGH NJW **66**, 540, WM **83**, 1006, Mü NJW-RR **94**, 161), bei einem Gutachten auf
die aufgewandte Arbeit u seine wirtschaftl Bedeutg (BGH aaO), bei einem AnkaufsR auf den VerkWert des
Grdst (BGH **71**, 276). Wird das Honorar eines Kfz-Sachverständ ohne Angabe des Zeitaufwands nach dem
GgstWert festgesetzt, ist die Bestimmg unbillig (AG Schwerin NJW-RR **99**, 510, AG Dortm NZV **99**, 253,
sehr str, aA AG Achern DAR **99**, 220). Das LeistgsbestimmgsR kann uU die Befugn mitumfassen, die Aufr u
das ZbR des and Teils auszuschließen (BGH NJW **83**, 1778). – **b)** Die **Bestimmung** erfolgt dch eine einseit, 11
empfangsbedürft WillErkl. Die Part können aber vorsehen, daß die Best dch Vfg vTw erfolgen soll (BGH
NJW-RR **86**, 164). Die Erkl konkretisiert den LeistgsInh u ist unwiderrufl (BAG VersR **81**, 942, Köln NJW-
RR **93**, 1073). Eine Regelg, wonach die bankinterne Festsetzg maßgebl ist, kann dch IndVereinbg, wg
AGBG 9 aber nicht dch AGB getroffen w (Saarbr NJW **88**, 3210, Derleder/Metz ZIP **96**, 581, aA Mü WM
83, 1275). Für die Erkl gelten die allg Nichtigk- u AnfGrde. Sie ist auch bei einem formbedürft RGesch
formlos gült (RG **165**, 163, BGH DNotZ **84**, 240) u kann daher auch dch schlüss Hdlg erfolgen (BGH **LM**
AbzG 5 Nr 2, Düss MDR **68**, 321). Die Erkl ist unwirks, wenn der Berecht von dem vertragl festgelegten
Vorgehen grdsl abweicht (BGH NJW-RR **90**, 28). Sie muß hinreichd bestimmt sein (BGH NJW **74**, 1465) u
kann in eine Teil- u Schlußbestimmg geteilt w (KG DB **79**, 1124). Sie wirkt, wenn es sich um die Bestimmg
der ursprüngl Leistg handelt, auch für die zurückliegde Zeit, iF der Leistgsanpassg (Wertsichergsklausel) dagg
iZw nur für die Zukunft (§ 245 Rn 33). – **c)** Steht dem **Gläubiger** das BestimmgsR zu, so obliegt ihm auch 12
die Pfl, die Bestimmg zu treffen. Das gilt auch dann, wenn er nach freiem Ermessen od Belieben entscheiden
kann (MüKo/Gottwald Rn 26, sehr str). Bis zur Bestimmg kann kein SchuVerzug eintreten. Der Gläub gerät
in AnnVerzug, wenn der Schu sich zur Leistg bereit erklärt od zur Bestimmg der Leistg auffordert. Hat der
Gläub nach billigem Ermessen zu entscheiden, kann der Schu gem III 2 Halbs 2 auf richterl Gestaltg klagen;
ist das freie Belieben des Gläub maßgebd, ist die Klage auf Vornahme der Bestimmg zu richten. Die Auslegg
der Vereinbg (§ 157) kann aber ergeben, daß das BestimmgsR, ebso wie beim Spezifikationskauf (HGB 375),
iF des Verzuges auf den Schu übergehen soll (Staud/Mader Rn 59). – **d)** Steht das BestimmgsR dem **Schuld-** 13
ner zu, ist die Bestimmg Teil seiner LeistgsPfl. Er ist iF des Verzuges schadensersatzpflicht (§ 286). Die Klage
ist, wenn der Schu nach billigem Ermessen zu bestimmen hat, gem III 2 Halbs 2 auf richterl Gestaltg zu
richten, in and Fällen auf Vornahme der Bestimmg. Soweit III 2 Halbs 2 anwendb ist, kann der Gläub iF des
Verzugs mit der Bestimmg nicht nach § 326 vorgehen. Verzug mit der Leistg selbst tritt erst ein, wenn das Ger
anstelle des Schu die Leistg bestimmt hat (RG **64**, 116, BGH **LM** Nr 11). Erst danach steht dem Gläub der
Weg des § 326 offen. Die Auslegg (§ 157) kann aber ergeben, daß das BestimmgsR – ähnl wie beim
Spezifikationskauf (HGB 375) – iF des Verzuges dem Gläub zufallen soll. Diese Auslegg liegt vor allem dann
nahe, wenn das BestimmgsR ausschließl die Leistgszeit betrifft (BGH NJW **83**, 2934). – **e)** Von dem Grds, 14
daß die Part das Ger nicht zum Dritten iSd § 317 bestimmen können (§ 317 Rn 2), läßt die Rspr Ausn zu. In
Anpassgsklauseln kann ausnw vereinbart w, daß die **Neufestsetzung** iF einer Nichteinigg entspr §§ 315 III,
319 unmittelb **durch Urteil** erfolgen soll (Lörcher DB **96**, 1269), so bei Festsetzg des ErbbZinses (BGH NJW
95, 1360) u bei Anpassg von Gehältern, wenn das für die Anpassg zunächst vorgesehene SchiedsGer wg
Mängel des SchiedsVertr nicht tät w (BGH NJW **98**, 1388).

4) Ersetzung durch Urteil. – a) III ist eine **Sondervorschrift** für den Fall der Bestimmg nach billigem 15
Ermessen. Bei einem and Bestimmgsmaßstab (Rn 6) ist III unanwendb: Die offenb unbillige u daher auch iF
freien Beliebens unzul Bestimmg ist ipso facto unverbindl. Ob der Berecht ein zweites Mal bestimmen darf od
das BestimmgsR auf den and Teil übergeht, ist Ausleggsfrage. Scheitert die Bestimmg endgült, wird der Vertr
(ähnl wie iF des § 319 II) unwirks. – **b)** Die Bestimmg ist **unverbindlich,** wenn sie nicht der Billigk entspr. 16
Das gilt auch dann, wenn die Bestimmg mit behördl Gen getroffen worden ist (BGH **LM** LuftVZO Nr 2).
Unverbindlichk ist nicht gleichbedeutd mit Nichtigk sond eine bes Art der Unwirksamk; sie kann nur dch
Klage gem III od Einrede (Rn 17) geltd gemacht w. Bis zur Ersetzg dch Urt ist die Bestimmg (vorläufig)
verbindl (Ffm ZMR **99**, 244). – **c)** Für die **Klage** besteht keine AusschlFr. Das KlagR kann aber verwirkt w, 17
wenn sie nicht in angem Fr erhoben w (BAG **18**, 59, BGH **97**, 220). Sie kann iF einer unverbindl Bestimmg
des Schu sogleich auf die Leistg gerichtet w, die bei einer der Billigk entspr Bestimmg geschuldet w (BGH **41**,
280, NJW **96**, 1055,). Ggü der LeistgsKl des bestimmgsberecht Gläub kann der Schu einredew geltd machen,
die Bestimmg sei unbillig, eine WiderKl ist nicht erforderl (BGH **LM** § 535 Nr 35). Auch wenn die
Leistgsbestimmg in den Grden erfolgt, handelt es sich um ein GestaltgsUrt („verdecktes" GestaltgsUrt). Erst
mit der RKraft des Urt wird die Fdg fällig (BGH NJW **96**, 1056), die Verj beginnt (BGH NJW **96**, 1054) u
der Schu kann in Verzug geraten (BGH NJW **96**, 1056). Aus der vertragl Abrede kann sich aber ergeben, daß
die Leistg rückwirkd neu festzusetzen ist (BGH NJW **96**, 1748). – **d)** Das KlagR gem III besteht auch dann, 18
wenn der Berecht die Bestimmg **verzögert** od verweigert. Es genügt eine obj Verzögerg; Verzug braucht
nicht vorzuliegen (BGH **74**, 345).

5) Beweislast. Wer das Recht der Leistgsbestimmg in Anspr nimmt, hat zu beweisen, daß ihm dieses 19
Recht eingeräumt worden ist (RG **57**, 49). Er hat nach hM auch die BewLast für die Billigk der getroffenen
Bestimmg (BGH **41**, 279, **97**, 220, Hamm NJW-RR **93**, 1501, *arg* III S 1; S 2 Halbs 1 spricht demggü eher
für die BewLast des Gegners) u kann daher zur Offenlegg seiner Kalkulation verpflichtet sein (BGH NJW **92**,
174, Düss NJW-RR **97**, 1004). Wer ein BestimmgsR ohne Bindg an billiges Ermessen beansprucht, hat eine
entspr Freistellg zu beweisen (RG JW **36**, 3111).

316 *Bestimmung der Gegenleistung.* **Ist der Umfang der für eine Leistung versprochenen Gegenleistung nicht bestimmt, so steht die Bestimmung im Zweifel demjenigen Teile zu, welcher die Gegenleistung zu fordern hat.**

1 **1) Allgemeines.** § 316 enthält eine **Auslegungsvorschrift** für den Fall, daß die Part den Umfang der GgLeistg im Vertr nicht bestimmt haben. Die Regel, daß iZw dem Gläub der GgLeistg das BestimmgsR zusteht, schränkt § 154 ein u ergänzt § 315. Sie beruht auf der Erfahrg, daß VertrSchließde über den Umfang der GgLeistg vielf keine Vereinbg treffen, obwohl an ihrem Willen, sich endgült zu binden, kein Zweifel besteht. Das gilt bes für die Inanspruchn von Diensten od WkLeistgen höherer Art, aber auch für and Fälle. Im einheitl KaufR wird § 316 dch CISG 55 verdrängt (s BGH NJW **90**, 3077).

2 **2) Voraussetzungen. – a)** § 316 gilt für **gegenseitige Verträge** (§§ 320 ff); er ist aber auch anwendb, wenn ausnw bei einem nicht ggs Vertr (Bsp: MaklerVertr) für eine Leistg eine GgLeistg geschuldet w (BGH **94**, 100). Er setzt voraus, daß die Leistg des einen Teils nach Art u Umfang, die GgLeistg des and aber nur der Art nach bestimmt ist. Die Vorschr ist unanwendb, wenn die Höhe der Vergütg nach dem PartWillen od nach dispositivem Recht (§§ 612 II, 632 II, 653 II) nach obj Maßstäben zu ermitteln ist (§ 315 Rn 6). Sie ist auch dann nicht anzuwenden, wenn die Auslegg ergibt, daß keiner Part ein BestimmgsR zustehen soll (BGH **94**, 102, NJW-RR **92**, 142) od daß die Festsetzg dch den Schu der GgLeistg (BGH **41**, 276, Milchpreis) od dch
3 das Ger (BGH **94**, 101, NJW-RR **86**, 50) erfolgen soll. – **b) Fälle** des § 316: VergütgsAnspr von Gutachtern (BGH NJW **66**, 539); Abrede, über den Umfang der Leistg werde man sich schon einigen (BGH NJW-RR **88**, 971). Sieht eine Anpassgsklausel vor, daß die Leistg einvernehml erhöht w soll, kann bei einem Scheitern der Einigg § 316 anwendb sein (§ 245 Rn 28); vielf w es aber dem PartWillen entspr, daß die LeistgsBe-
4 stimmg dch Urt erfolgen soll (§ 315 Rn 14). – **c)** Inh, Ausübg u **Rechtsfolgen** der Leistgsbestimmg richten sich nach § 315 (dort Rn 10 ff).

317 ***Bestimmung der Leistung durch einen Dritten.*** **[I] Ist die Bestimmung der Leistung einem Dritten überlassen, so ist im Zweifel anzunehmen, daß sie nach billigem Ermessen zu treffen ist.**

[II] Soll die Bestimmung durch mehrere Dritte erfolgen, so ist im Zweifel Übereinstimmung aller erforderlich; soll eine Summe bestimmt werden, so ist, wenn verschiedene Summen bestimmt werden, im Zweifel die Durchschnittssumme maßgebend.

1 **1) Allgemeines. – a)** Die Part können die Bestimmg der Leistg aGrd der VertrFreih einem Dr überlassen. § 317 I enthält für diesen Fall die **Auslegungsregel,** daß der Dr die Bestimmg iZw (ebso wie die Part iF des § 315) nach billigem Ermessen zu treffen hat. Mögl ist aber auch, die Bestimmg in das freie Ermessen od Belieben des Dr zu stellen. Das folgt aus dem Grds der VertrFreih, ergibt sich aber auch aus § 319 II. In **AGB** können BestimmgsR Dr nur dann wirks begründet w, wenn die Interessen des Verwendgsgegners ausr
2 gewahrt sind (AGBG 9 Rn 127). – **b)** Die Part müssen sich über die Person des **Dritten** einig geworden sein. Es genügt, wenn die Pers des Dr bestimmb ist. Seine Benenng kann einer Behörde od neutralen Stelle übertragen w. Das **Gericht** kann innerh seiner gesetzl Zuständigk nicht Dr iSd § 317 sein (BGH NJW **95**, 1360, **98**, 1388/1390). Es ist aber zur Entscheidg berecht u verpfl, wenn Art u Umfang der Leistg dch Auslegg zu ermitteln sind (BGH **LM** § 157 (Ga) Nr 14), es also um RFeststellg u nicht um RGestaltg geht. Bsp: „angem"Mietzins (BGH aaO); Umsatzpacht (BGH **LM** Nr 3), ferner Rn 6, 7 u § 315 Rn 6. In Anpassgsklauseln können die Part dem Ger für den Fall der Nichteinigg ausnw auch eine rgestaltde Leistgsbestimmg übertragen (§ 315 Rn 14). Eine VerwBeh kann als Dr iSd § 317 tät w, wenn die ZuständigkRegelg nicht entggsteht u die Gefahr von Interessenkollisionen ausgeschlossen ist (BGH NJW **55**, 665). Bei RAnwHonoraren kann die Bestimmg ausschließl der RAnwKammer übertragen w (BRAGO 3 II). Nicht § 317, sond § 315 ist anzuwenden, wenn das BestimmgsR in einem ArbVertr dem ArbGVerband übertragen ist (BAG DB **88**, 1273). Sind paritát besetzte u weisgsfreie Gremien zuständ, gilt aber § 317 (BAG DB **96**, 2630).

3 **2) Leistungsbestimmung. – a)** Die Part können dem Dr die Befugn übertragen, die Leistg od eine Leistgsmodalität zu bestimmen u dadch den VertrInh **rechtsgestaltend** zu ergänzen (Rn 5). Auf diesen Fall sind die §§ 315 ff unmittelb anzuwenden. Der Dr kann aber auch die Aufg haben, Tats od TatbestdMerkmale für die Part verbindl **festzustellen** (Rn 6 u 7). Hierauf sind die §§ 315 ff entspr anwendb (RG **69**, 57, BGH DB **70**, 827). Für beide Fallgruppen hat sich die Bezeichng **Schiedsgutachten** dchgesetzt, obwohl sie eigentl nur für die zweite paßt. Wird nach dem Inh der getroffenen Abrede eine rgestaltde „billige" Bestimmg geschuldet, handelt es sich um einen SchiedsGAVertr iwS, soll der Dr eine rfeststellde „richtige" Bestimmg treffen, spricht man von einem SchiedsGAVertr ieS. Wird eine Fdg eingeklagt, deren Höhe dch ein noch nicht eingeholtes SchiedsGA zu bestimmen ist, ist die Klage als zZ unbegründet abzuweisen (BGH NJW-RR **88**, 1405, Hbg NZV **98**, 414).

4 **b)** Der **Schiedsgutachtenvertrag** ist im Ggs zum SchiedsVertr (Rn 9) ein Vertr des mat Rechts (BGH **6**, 335, RGRK-Ballhaus Rn 19, str). Die FormVorschr des ZPO 1031 (fr 1027) gilt nicht (BGH NJW **75**, 1556). Er kann auch im ArbR geschlossen w, soweit die Part dispositionsbefugt sind (BAG NJW **58**, 315, MüKo/Gottwald Rn 14), ebso im öffR (BVerwG NJW **90**, 1926) u im WoMietR, bei MietPrErhöhgen aber nur, wenn der GAter an die formellen u mat Vorschr des MHG gebunden ist (MüKo/Voelskow MHG 10 Rn 2, str). Der SchiedsGAVertr ist nur wirks, wenn er ausreichde Anhaltspkte dafür enthält, wie der ausfüllgsbedürft Pkt geregelt werden soll (BGH **55**, 248). Nach der dem GAter übertragenen Aufg ist zu unterscheiden (Rn 3):

5 **aa) Rechtsgestaltende Ergänzung** des VertrInh. Das SchiedsGA iwS ergänzt den VertrWillen der Part. Bsp sind die Ausfüllg von VertrLücken (Vergütg, Laufzeit) od die Anpassg des VertrInh an veränderte Verhältn (s BGH **48**, 25, **55**, 248, **62**, 314, NJW **91**, 2761). Die Part können das Ermessen des GAters dch Festlegg von Anpassgskriterien beschränken (BGH NJW **96**, 452).

6 **bb) Feststellung von Tatsachen oder Tatbestandsmerkmalen.** Das SchiedsGA ieS legt Tats od and Umst verbindl fest, die für Art od Umfang der Leistg von Bedeutg sind. Die Feststellgsmacht kann sich auf die tatsächl Voraussetzgen beschränken; sie kann aber auch die Subsumtion u Beurteilg rechtl Vorfragen mitumfassen (s BGH **9**, 138/144, **48**, 25, NJW **75**, 1556, BAG NJW **58**, 318). Hierher gehören auch die im

Anschluß an RG **96**, 57 gelegentl als bes Fallgruppe eingeordneten SchiedsGA, die den VertrInh verbindl feststellen. **Einzelfälle:** Feststellg der ortsübl od angem Miete (BGH NJW **65**, 150, **75**, 1556), des SchätzPr für einen in Zahlg genommenen Pkw (BGH NJW **83**, 1854), des Zeitwertes der LeasSache (LG Ffm NJW-RR **88**, 1132), des Wertes eines GesellschAnteils (BGH WM **75**, 256), der AbschichtgsBilanz (BGH NJW **57**, 1834), der Baukosten (BGH NJW **74**, 896), von Reparaturmängeln dch eine Kfz-Schiedsstelle (LG Nürnbg NJW **76**, 972), eines KündGrdes (BGH **9**, 138), der Angemessenh von ErsRaum (BayObLG u Bambg NJW **50**, 909, 917) od einer Lohnkürzg (BAG **AP** § 611 (Akkordlohn) Nr 11), eines Schadens (BGH NJW **71**, 1455), des KausalZusHangs zw schädigdem Ereign u Schaden (BGH WM **75**, 1047), der Dienstunfähigk (BAG DB **79**, 947), wohl auch die TatsFeststellg eines FußballschiedsRi (AG Ettenheim NJW-RR **92**, 353). Hierher gehört auch die Feststellg der aGrd einer Gleitklausel eingetretenen PrErhöhg (§ 245 Rn 28); bei Leistgsvorbeh (§ 245 Rn 32) ist die Anpassg dagg ein Fall von Rn 5.

c) In der Gestaltg des **Verfahrens** ist der SchiedsGAter grdsl frei. Das gilt sowohl für das SchiedsGA ieS als auch das iwS. Die ZPO 1025 ff sind weder direkt noch analog anwendb (RG **152**, 201). Ein AblehngsR (ZPO 1036) besteht grdsl nicht (RG aaO). Die Part können es jedoch dch vertragl Abrede begründen (BGH NJW **72**, 827), es ist dann aber nicht im Verf gem ZPO 1037 geltd zu machen (Mü BB **76**, 1046). Befangenh kann auch ein wicht Grd zur Künd des SchiedsGAVertr sein (BGH DB **80**, 967). Das GA ist auch dann verbindl, wenn der GAter den Part kein rechtl Gehör gewährt hat (BGH **6**, 338, NJW **55**, 665, WM **68**, 751, stRspr, str). Die Kosten des SchiedsGA fallen den Part iZw je zur Hälfte zur Last (LG Hbg MDR **75**, 143). Die Part können vorgreifl RVerhältn, aber auch Kriterien, die der GAter bei der Ausübg seines Ermessens zu berücksichtigen hat, dch das StaatsGer feststellen lassen (BGH NJW **82**, 1879, **96**, 453). Maßgebder Ztpkt für die Leistgsbestimmg ist in Anpassgsfällen iZw der Zugang des Ändergsverlangens (BGH NJW **78**, 154, § 245 Rn 33, s aber auch § 245 Rn 29). 7

d) Abgrenzung zum Schiedsvertrag (ZPO 1025). Der SchiedsVertr ist auf Entscheidg eines RStreits gerichtet, dagg zielt der SchiedsGAVertr ieS (nur hier besteht ein Abgrenzgsbedürfn) auf die Feststellg einzelner TatbestdsMerkmale ab (Rn 6 u 7). Dabei kann dem SchiedsGAter auch die Entscheidg von rechtl Vorfragen mitübertragen w (Rn 6), das SchiedsGA unterliegt jedoch, and als der Schiedsspruch, gem § 319 I 2 einer inhaltl Kontrolle dch das StaatsGer. Die Abgrenzg ist manchmal zweifelh. Die von den Part gebrauchten Bezeichngen (SchiedsRi, Schiedsmänner, GAter, Sachverst, Arbitrage) erlauben vielf keine zuverläss Schlüsse. Auch die unterschiedl AufgStellg (Entscheidg eines RStreits, Feststellg eines TatbestdsMerkmals) ermöglicht nicht immer eine eindeut Abgrenzg. So kann etwa die Anpassg von Leistgen aus einem DauerschuldVerhältn od die Regelg einer AuseinanderS einem SchiedsGer, aber auch einem SchiedsGAter übertragen w (BGH **48**, 25/30, Kurth NJW **90**, 2038). Entscheidd ist, welche Wirkg die Feststellg nach dem Willen der Part haben soll: Soll eine Überprüfg auf offenb Unrichtigk (Unbilligk) dch das StaatsGer mögl sein, handelt es sich um ein SchiedsGA. Soll eine derart Überprüfg ausgeschlossen sein, handelt es sich um einen SchiedsVertr (BGH **48**, 25, NJW **75**, 1556); iZw ist ein SchiedsGAVertr als die weniger weitgehde Regelg anzunehmen (BGH BB **82**, 1077, MüKo/Gottwald Rn 15). PreisRi sind keine SchiedsGAter, sond haben eine dem SchiedsRi ähnl RStellg (BGH **17**, 366). 8

3) Der **Schiedsgutachtervertrag** zw den Part u dem GAter ist ein dem SchiedsRiVertr ähnl GeschBesorggsVertr (Meyer, SchiedsGAterVertr, 1995). Er begründet idR RBeziehgen zu beiden Part (RG **87**, 190/194). Der SchiedsGAter haftet nur, wenn sein GA wg offenb Unrichtigk (Unbilligk) unverbindl ist (BGH **43**, 374, Schlesw NJW **89**, 175, Hamm NJW-RR **89**, 681). Bei einer Mehrh von GAtern muß der überstimmte GAter den Part einen Hinw geben, wenn er das GA gem § 319 I 1 für unverbindl hält (BGH **22**, 343). 9

4) Mehrere Dritte (II). II ist dispositiv. Der EinstimmigsGrds (II 1. Halbs) wird in der Praxis vielf dch das MehrhPrinzip ersetzt. Ist II 1. Halbs nicht abbedungen u einigen sich die SchiedsGAter nicht, ist die Bestimmg gem § 319 I 2 dch Urt zu treffen (BGH NJW **82**, 1878/1879). Das Durchschnittsprinzip (II 2. Halbs) ist unanwendb, wenn die Beträge so stark von einand abweichen, daß eines od mehrere der GA offenb unricht sein müssen (BGH NJW **64**, 2401). 10

318 *Anfechtung der Bestimmung.*

I Die einem Dritten überlassene Bestimmung der Leistung erfolgt durch Erklärung gegenüber einem der Vertragschließenden.

II Die Anfechtung der getroffenen Bestimmung wegen Irrtums, Drohung oder arglistiger Täuschung steht nur den Vertragschließenden zu; Anfechtungsgegner ist der andere Teil. Die Anfechtung muß unverzüglich erfolgen, nachdem der Anfechtungsberechtigte von dem Anfechtungsgrunde Kenntnis erlangt hat. Sie ist ausgeschlossen, wenn dreißig Jahre verstrichen sind, nachdem die Bestimmung getroffen worden ist.

1) Bestimmungserklärung. I entspr § 315 II (s dort Rn 10 ff). Die Bestimmg ist ein einseit empfangsbedürft RGesch (hM). Die Abgabe ggü einer der Part genügt. Die Bestimmg wird mit dem Zugehen Inh des zw den Part bestehden RGesch. Sie ist unwiderrufl. Auch bei Schiedsgutachten ieS (§ 317 Rn 6 u 7) sind nachträgl Ändergen, etwa wg and Überzeuggen der Gutachter, ausgeschl (RG JW **31**, 3194, Schlesw SchlHAnz **57**, 341). Die Bestimmg ist bis zur Anf (II) od Aufhebg dch Urt (§ 319 Rn 8) für die Part verbindl (Ffm NJW-RR **99**, 379). 1

2) Anfechtbarkeit (II). Als WillErkl gelten für die Bestimmg die allg Nichtigk- u AnfRegeln. Die AnfGrde ergeben sich aus §§ 119, 120, 123, jedoch mit der Maßg, daß § 123 II unanwendb ist (MüKo/Gottwald Rn 3, hM). Das AnfR steht nach § 318 II nicht dem Dr, sond allein den VertrPart zu, da die Bestimmg nur für diese RWirkgen äußert. Der Dr ist aber verpflichtet, die Part auf Willensmängel hinzuweisen (Döbereiner VersR **83**, 712). Wenn eine Part selbst die Drohg od Täuschg verübt hat, ist sie im Hinblick auf § 242 nicht anfechtgsberecht. Abweichd von § 124 I muß auch bei Täuschg u Drohg unverzügl angefochten w (II 2). Wenn zugl die Voraussetzgen des § 319 I 1 vorliegen, hat die Part die Wahl, ob sie 2 anfechten od gem § 319 I 1 vorgehen will (RG DR **43**, 296). Ist die Bestimmg von mehreren Dr getroffen worden u liegt nur bei einem ein AnfGrd vor, hat die Anf gleichwohl Gesamtwirkg (RG SeuffA **97**, 15).

319 *Unwirksamkeit der Bestimmung; Ersetzung.* **I Soll der Dritte die Leistung nach billigem Ermessen bestimmen, so ist die getroffene Bestimmung für die Vertragschließenden nicht verbindlich, wenn sie offenbar unbillig ist. Die Bestimmung erfolgt in diesem Falle durch Urteil; das gleiche gilt, wenn der Dritte die Bestimmung nicht treffen kann oder will oder wenn er sie verzögert.**

II Soll der Dritte die Bestimmung nach freiem Belieben treffen, so ist der Vertrag unwirksam, wenn der Dritte die Bestimmung nicht treffen kann oder will oder wenn er sie verzögert.

1 **1) Allgemeines. – a)** § 319 unterscheidet sich von § 315 III dadch, daß die Leistgsbestimmg nicht schon bei einfacher, sond nur bei *offenbarer* Unbilligk unverbindl ist. Das ist deshalb sachgerecht, weil die Bestimmg dch einen Dr eine größere **Richtigkeitsgewähr** hat als die dch eine Part. Um Streit zu vermeiden, soll die Bestimmg des Dr kleinl Beanstandgen entzogen w u nur aus wicht Grd angreifb sein (OGH **4**, 39/44).
2 **Sonder- u Parallelvorschriften:** ErbbRVO 9a, VVG 64, 184. – **b)** Hat der Dr nach **freiem Belieben** zu entscheiden (II), unterliegt seine Bestimmg keiner BilligkKontrolle (Rn 9).

3 **2)** Bei Anwendg des § 319 I ist entspr § 317 Rn 5 u 6 zu unterscheiden:- **a)** Die **Leistungsbestimmung** nach billigem Ermessen (SchiedsGA iwS, § 317 Rn 5) ist bei **offenbarer Unbilligkeit** unverbindl (I 1). Diese liegt vor, wenn die Bestimmg in grober Weise gegen Treu u Glauben verstößt u sich die Unbilligk, wenn auch nicht jedermann, so doch einem sachkund u unbefangenen Beobachter sofort aufdrängt (BGH NJW **58**, 2067, **91**, 2761, **LM** Nr 13). Ein Verschulden des Dr ist nicht erforderl; es genügt, daß die Bestimmg *objektiv* offenb unbillig ist (MüKo/Gottwald Rn 11). „Offenb" ist nicht gleichbedeutd mit „offenkund". Eine Beweiserhebg ist nicht ausgeschlossen; sie muß sich aber darauf beschränken, ob die Unbilligk für einen Sachkundigen offensichtl ist (RG **96**, 57/62). Offenb Unbilligk ist gegeben, wenn der VertrInh außer Betracht gelassen u einseit auf die Interessen einer Part abgestellt w (BGH **62**, 314), wenn bei der Anpassg des ErbbZinses für ein gewerbl Grdst die Erhöhg des Bodenwertes nicht berücksichtigt w (BGH NJW **96**, 452) od wenn sich die Leistgsbestimmg völlig über die Entwicklg am betreffden Markt hinwegsetzt (BGH MDR **77**, 660). Fehlschätzgen auch erhebl Umfangs machen die Bestimmg nicht ow offenb unbillig (BGH **LM** § 317 Nr 8). Abweichgen von 17% können unschädl sein (BGH NJW **91**, 2761). Die Toleranzgrenze liegt bei 20–25% (s BGH aaO, Ffm NJW-RR **95**, 80; Soergel/Wolf Rn 8).

4 **b)** Auf **Schiedsgutachten ieS** (§ 317 Rn 6) ist I 1 nicht unmittelb, sond entspr anzuwenden. Da das SchiedsGA keine rgestaltde Bestimmg, sond eine kognitive Feststellg enthält, kann nicht seine Billigkeit, sond nur seine Richtigk PrüfgsGgst sein. Es ist unverbindl, wenn es **offenbar unrichtig** ist (BGH **43**, 374, **81**, 229/237, st Rspr). Das ist der Fall, wenn sich die Unrichtigk dem sachkund u unbefangenen Beobachter, wenn auch möglw erst nach gründl Prüfg, aufdrängt (BGH NJW **79**, 1885, **83**, 2244/2245, NJW-RR **93**, 1034). Bsp: Annahme eines Konstruktionsfehlers, währd in Wahrh ein Bediengsfehler vorliegt (BGH **LM** Nr 13). Anwendg unricht Bewertgs-Maßstäbe (BGH **9**, 195). Nichtberücksichtigg von VerglPr (BGH NJW **91**, 2698).

5 **c) Gegenstand und Zeitpunkt der Beurteilung. – aa)** Bei der Frage, ob die Bestimmg offenb unbill od unricht ist, kommt es grdsl allein auf das **Ergebnis** an, nicht auf die Art u Weise seines Zustandekommens (BGH **6**, 335, **9**, 195, **LM** § 157 (Ge) Nr 16 Bl 3 R). Ein im Ergebn nicht angreifb SchiedsGA ist auch dann verbindl, wenn den Part kein rechtl Gehör gewährt worden ist (§ 317 Rn 8), wenn der GAter wesentl Teile der Ermittlgen einer HilfsPers übertragen hat (LG Köln HuW **49**, 316) od wenn ein möglw befangener GAter mitgewirkt hat (RG **69**, 167). Im letzteren Fall ist es aber gerechtfertigt, den PrüfgsMaßstab dem des § 315 anzunähern (MüKo/Gottwald Rn 15). Fehler im BewertgsMaßst sind unschädl, wenn sie dch and sich ggteil auswirkde Fehler ausgeglichen w (BGH **9**, 195, NJW-RR **87**, 21). Nach neuerer Rspr sind SchiedsGA auch bei **schwerwiegenden Begründungsmängeln,** unabhäng vom Ergebn, offenb unricht u unverbindl (BGH NJW **79**, 1885, NJW-RR **88**, 506): so wenn das GA keine nachprüfb Begründg enthält (BGH aaO), wenn seine Erwäggen wg ihrer Lückenhaftigk nicht überprüfb sind (BGH NJW **91**, 228), wenn ein ungeeignetes BewertgsVerf od ein nicht aussagekräft Überprüfgsprogramm eingesetzt w (BGH WM **98**, 628, Köln NJW-RR **97**, 412), wenn bei der Bewertg von Grdst VerglPr nicht berücksichtigt od nicht genannt w (BGH NJW **91**, 2698). Es genügt, wenn die VerglObj nach Lage u Beschaffenh bezeichnet sind; weitergehde Angaben sind nicht erforderl (BGH NJW-RR **95**, 1225). Weichen zwei GA so weit von einand ab, daß entweder eines od beide unricht sein müssen, sind sie unverbindl, da die Unrichtigk sich auch auf den gem § 317 II
6 maßgebden Mittelwert auswirkt (BGH NJW **64**, 2401). – **bb)** Bei der Prüfg ist von dem im **Zeitpunkt** der GAErstattg bestehden Sachlage u den damaligen ErkenntnMöglichk auszugehen (RG **69**, 167). BeurteilgsGrdl ist der Sach- u Streitstand, den die Part den GAtern unterbreitet haben (BGH NJW **79**, 1885, NJW-RR **87**,
7 21). – **cc)** Die **Beweislast** für die offenb Unbilligk od Unrichtigk trägt die Part, die sie behauptet; das ist (and als iF des § 315, dort Rn 19) eindeut (MüKo/Gottwald Rn 2, allgM). Erforderl ist ein substantiierter u schlüssiger TatsVortrag, aus dem sich die offenb Unbilligk (Unrichtigk) ergibt (BGH NJW **84**, 43). Ist die Part zur Überprüfg des GA auf Informationen der GgPart angewiesen, kann ihr gem § 242 ein AuskAnspr zustehen (OGH **4**, 39).

8 **3) Ersetzung durch Urteil. – a)** Die unverbindl Bestimmg wird unter Aufrechterhaltg des Vertr dch eine gerichtl Entsch ersetzt (I 2 2. Halbs). Entspr gilt, wenn der Dr die Bestimmg **nicht** treffen **kann** od **will** od sie **verzögert** (I 2 2. Halbs). Fälle des „Nichtkönnens" sind der Wegfall des Dr (BGH **57**, 47) od seiner Eigng (BGH NJW-RR **94**, 1314: Erstattg eines unverbindl GA) u die Nichteinigg bei mehreren Dr (BGH NJW **64**, 2401). „Nichtwollen" ist gegeben, wenn der Dr sich weigert, den zwingd vorgesehenen Sühneversuch zu unternehmen (BGH NJW **78**, 631). „Verzögerg" ist obj zu verstehen u erfordert keinen Verzug (BGH **74**, 341/345, NJW **90**, 1231). Sie kann darauf beruhen, daß der Dr von der zuständ Stelle nicht ernannt w (BGH

74, 341) od daß die Part den VerfFortgang nicht fördern (BGH NJW **90**, 1231).– **b)** Für die Klage u das Urt gelten § 315 Rn 17f entspr.

4) Hat der Dr die Bestimmg nach **freiem Belieben** zu treffen, ist sie auch bei offenb Unbilligk verbindl (II), nur ein Verstoß gg § 134 od § 138 macht sie unwirks (OGH **4**, 39/45). Kann od will der Dr die Bestimmg nicht treffen od verzögert er sie, sieht das Ges keine gerichtl Leistgsbestimmg vor; der Vertr wird unwirks. Konstruktiv ist dieser Fall u der einer nichtigen Bestimmg ebso zu behandeln wie der Ausfall einer aufschiebdn Bdgg (str, s Soergel/Wolf Rn 23). 9

5) § 319 ist **abdingbar.** Die Part können eine Anf wg offenb Unbilligk (Unrichtigk) dch IndVereinbg, dagg nicht dch AGB ausschließen (BGH NJW **72**, 827, Zweibr OLGZ **71**, 396/399). Ein Ausschluß kann aber iZw nur angenommen w, wenn sich die Part in Kenntn der gesetzl Regelg auch einer offenb unbilligen Bestimmg unterwerfen wollen (RG **150**, 7). Die Entsch gem I 2 kann dch Vereinbg einem SchiedsGer übertragen w (RG **153**, 193/195; BGH **6**, 339/339). 10

Zweiter Titel. Gegenseitiger Vertrag

Einführung

1) Begriff und Abgrenzung. SchuVertr (Einf 6 v § 305) lassen sich wie folgt unterteilen: 1

a) Der **einseitig verpflichtende** Vertr begründet nur für eine VertrPart eine LeistgsPfl, die and ist nicht zu einer Leistg verpflichtet; sie schuldet aber wie jeder Partner einer Sonderverbindg Rücksichtn u Loyalität (Einf 7 v § 241). Bsp sind das SchenkgsVerspr (§ 518), idR die Bürgsch (§ 765) u das DarlVerspr (§ 610). 2

b) Beim **unvollkommen zweiseitigen** Vertr trifft eine Part die den VertrTyp bestimmde LeistgsPfl. UU kann auch der and Teil zu einer Leistg verpflichtet sein; die beiderseitigen Verpflichtgen stehen jedoch nicht im Verhältn von Leistg u GgLeistg. Es handelt sich daher, von AusnFällen (Rn 7) abgesehen, um unentgeltl Vertr. Bsp sind Leihe (§§ 598ff), Auftr (§§ 662ff, BGH **15**, 105), das unverzinsl Darl (§ 607) u die unentgeltl Verwahrg (§ 690). 3

c) Beim **vollkommen zweiseitigen (gegenseitigen)** Vertr stehen die beiderseit Verpflichtgen in einem AbhängigkVerhältn zueinand. Jeder VertrPartner verspricht seine Leistg um der GgLeistg willen; die Leistg des einen ist Entgelt für die des and (BGH **15**, 105, **77**, 363). Ggs Vertr sind daher notw entgeltl Vertr u können nie abstrakt sein (Übbl 19 v § 104). Kennzeichnend für sie ist die **synallagmatische Verknüpfung** der beiderseit Leistgspflichten (Rn 12ff), dh eine auf dem Grds *„do ut des"* beruhde ggs Zweckbindg. 4

d) Die ggs Vertr sind typischerw **Austauschverträge.** Gleichgült ist, **an wen** die Leistg zu erbringen ist. Auch Vertr zGDr können ggs Vertr sein (RG **65**, 48, **150**, 133). Mögl ist auch ein mehrseitiger ggs Vertr über einen ringförmigen LeistgsAustausch (Pfister JZ **71**, 284, Larenz § 15 II). Die Begriffe ggs Vertr u AustauschVertr sind aber nur zT deckgsgleich: – **aa)** Ggs Vertr ist auch der **Gesellschaftsvertrag,** obwohl bei ihm keine Leistgen ausgetauscht, sond zur Erreichg eines gemeins Zweckes vereinigt w (RG **76**, 279, **78**, 305, **147**, 342, BGH NJW **51**, 308, str). Auf den GesellschVertr sind die in erster Linie auf AustauschVertr zugeschnittenen §§ 320ff aber nur mit erhebl Einschränkgen anwendb (§ 705 Rn 8). – **bb)** Die für den AustauschVertr wesentl Verknüpfg von Leistg u GgLeistg braucht nicht notw synallagmatisch iSd §§ 320ff ausgestaltet zu sein. Mögl ist auch eine konditionelle od kausale Verbindg: Bei der **konditionellen** Verknüpfg wird die Erbringg der einen Leistg zur Bedingg (§ 158) für die Verpflichtg zur Erbringg der and gemacht (BGH NJW **82**, 436, Mü NJW **83**, 759). Der konditionellen Verknüpfg ähnl ist die beim MaklVertr bestehde Abhängigk von MaklLeistg u VergütgsAnspr (Einf 6 v § 652). Die **kausale** Verknüpfg hat in § 812 I 2 Alt 2 ihre Grdl: die eine Part verfolgt den Zweck, die and zur Erbringg der an sich nicht geschuldeten Leistg zu veranlassen. Wird diese Erwartg enttäuscht, kann sie ihre Leistg kondizieren. 5 6 7

e) Die Part des ggs Vertr suchen den GgWert für ihre Leistg in der des and. Sie gehen typischerw davon aus, daß die Leistg des and Teils der eigenen (mindestens) gleichwertig ist (RG **107**, 127, BGH **77**, 363, NJW **62**, 251). Die Vorstellg der Part von der **Äquivalenz** der beiderseitigen Leistgen ist daher bei ggs Vertr idR GeschGrdl (§ 242 Rn 135); wird das ÄquivalenzVerhältn dch unvorhersehb Ereign schwerwiegd gestört, ist der Vertr an die veränderten Verhältn anzupassen. Die subj Äquivalenz der beiderseitigen Leistgen ist aber kein notw Merkmal des ggs Vertr. Die Part können wg des Grds der VertrFreih auch Leistgen unterschiedl Werts ggeinand austauschen (Bsp: FreundschKauf u FreundschMiete). Bei einem bes groben Mißverhältn der beiderseitigen Leistgen kann aber uU § 138 anwendb sein. 8

f) Einzelne Anwendungsfälle. – **aa) Hauptbeispiele** für ggs Vertr sind Kauf u Tausch, Miete u Pacht sowie Dienst-, Wk-, Reise- u GeschBesorggsVertr. Darüber hinaus sind zahlreiche weitere typische u verkehrstypische Vertr (Einf 11 v § 305) ggs Vertr. Bsp sind das verzinsl Darl (Einf 2 v § 607), auch soweit vor Auszahlg Bereitstellgszinsen zu zahlen sind (Köln WM **89**, 526), der GesellschVertr (Rn 6), der Vergl (BGH **116**, 330), der jedoch je nach Lage des Einzelfalls auch ein nicht ggs Vertr sein kann (RG **106**, 87, BAG DB **70**, 259), der VersVertr (Schünemann JZ **95**, 430), der SponsoringVertr (Weiand NJW **94**, 230), der AlleinvertriebsVertr (BGH NJW **86**, 126), die Vereinbg eines WettbewVerbots gg Zahlg einer KarenzEntsch (BAG DB **82**, 125, **86**, 178), der ein WettbewVerbot enthaltde Vertr über das Ausscheiden eines Gesellschters (BGH WM **83**, 170), der dem Erbverzicht zugrde liegde AbfindgsVertr zw Erblasser u weichden Erben (BGH NJW **97**, 653), der Vertr über die Auflösg eines PachtVertr gg Zahlg einer Abfindg (LG Ffm NJW **76**, 572), wobei aber jeweils zu prüfen ist, welche der beiderseit Pflten im GgseitigkVerh stehen (Köhler JuS **76**, 785). – **bb)** Da nach dem Grds der VertrFreih der **Parteiwille** über das Vorliegen eines GgseitigkVerh entscheidet, können auch die an sich unter Rn 2 u 3 falldn Vertr als ggs Vertr abgeschl w, so die BürgschLeistg gg Entgelt (RG **66**, 426) u der MaklVertr (Einf 7 v § 652). Auch der idR außerhalb des rgeschäftl Tatbestd stehde mit der Leistg bezweckte Erfolg (§ 812 I S 2) kann zum Inh eines ggs Vertr gemacht w (RG **132**, 242, BGH MDR **52**, 33). **Kein** ggs Vertr ist dagg die Schenkg unter Aufl (RG **60**, 240, **112**, 212). Wenn die Aufl in ihrem Wert der Leistg des Schenkers nahekommt, ist aber, soweit Regelgslücken bestehen, eine entspr Anwendg der §§ 323ff 9 10

mögl (Staud/Otto Rdn 28). Kein ggs Vertr, sond ein RGesch des PersR ist der Beitritt zu einem Verein (RG **100**, 2). Zw dem VorkaufsBerecht u dem Verkäufer besteht nach Ausübg des Rechts ein ggs VertrVerhältn,
11 nicht aber zw dem Berecht u dem Käufer (BGH **15**, 105). – **cc) Gesetzliche Schuldverhältnisse.** Der Anwendgsbereich der §§ 320 ff beschränkt sich grdsl auf vertragl SchuldVerhältn. Einbezogen ist jedoch das RVerhältn zw dem vollmlosen Vertreter u der and VertrPart, sofern ein ggs Vertr abgeschl werden sollte u der and Teil Erf wählt (§ 179 Rn 5). Dagg ist das **Rückgewährschuldverhältnis,** das inf Rücktr od Wandlg entsteht, kein ggs VertrVerh (§ 348 Rn 1, str). Auch auf die Rückabwicklg nichtiger Vertr sind die §§ 320 ff unanwendb (RG **94**, 310), jedoch führt die Saldotheorie prakt zur Berücksichtigg des zw Leistg u GgLeistg bestehden Synallagmas (§ 818 Rn 48).

12 **2) Erscheinungsformen des Synallagmas.** Die wechselseitige Abhängigk der ggs Verpflichtgen (Rn 4) ist ein wesentl GrdGedanke der gesetzl Regelg iSd AGBG 9 II Nr 1 (BGH **82**, 127, **96**, 109). Sie wirkt sich
13 in dreifacher Beziehg aus: – **a) Genetisches Synallagma.** Die Entstehg der Verpfl des einen Teils ist von der des and abhängig. Zur Nichtigk des gesamten Vertr genügt die Unmöglichk (§ 306), Gesetzwidrigk (§ 134) od Unsittlichk (§ 138) einer Leistg. Eine Teilaufrechterhaltg des Vertr entspr § 139 kommt nicht in Betracht.
14 – **b) Funktionelles Synallagma.** Die Abhängigk der ggs Verpflichtgen wirkt sich auch bei der Dchsetzg der Anspr aus. Der Gläub einer im GgseitigkVerhältn stehden Fdg kann nicht Leistg schlechthin, sond nur Leistg **Zug um Zug** gg Erbringg der GgLeistg verlangen (§ 320). Der Anspr ist inhaltl beschränkt u richtet sich auf
15 DchFührg des LeistgsAustauschs (§ 320 Rn 1, str). – **c) Konditionelles Synallagma.** Treten bei einer ggs LeistgsPfl nachträgl **Störungen** auf, so wirkt sich dies auch auf die Verpflichtg zur GgLeistg aus (§§ 323 ff). Das Synallagma verhindert, daß eine Part leistgspflichtig bleibt, obwohl die GgLeistg ohne ihr Verschulden nicht mehr erbracht werden kann. Das Prinzip der konditionellen Verknüpfg kommt vor allem in § 323 zum Ausdr, liegt aber auch den §§ 324 ff zugrde.

16 **3) Gegenseitigkeitsverhältnis.** Die §§ 320 ff gelten nur für die LeistgsPflten, zw denen eine synallagmatische Abhängigk besteht. Auf die nicht im GgseitigkVerhältn stehden Verpflichtgen sind dagg die allg Regeln (§§ 273, 280, 286) anwendbar (RG **106**, 24). Das GgseitigkVerhältn erstreckt sich auf alle **Hauptleistungspflichten,** dagg grdsl nicht auf Nebenleistgs- u SchutzPflten. Maßgebd für die Abgrenzg ist der dch Auslegg zu ermittelnde Wille der Part. Handelt es sich nach dem Umst des konkreten Falles um eine wesentl VertrLeistg, sind die §§ 320 ff anzuwenden (RG **101**, 431, BGH NJW **53**, 1347). Das GgseitigkVerhältn bleibt bestehen, wenn an die Stelle der LeistgsPfl sekundäre Anspr treten, etwa die aus §§ 281, 283, 325, 326 (RG **149**, 328) od der NachbessergsAnspr (BGH **26**, 339, **73**, 144). Es erstreckt sich nicht auf die bei VertrBeendigg entstehden RückgPflten, wie zB die RückgPfl des Mieters (RG **108**, 138) od des Lagerhalters (Düss NJW-RR **96**, 480), wohl aber auf die bei Rückg fäll werdenden Anspr auf Wiederherstellg des fr Zustands od auf Beseitigg von Anlagen (BGH **104**, 10, **107**, 183). Einzelfälle: § 326 Rn 8, § 320 Rn 4.

17 **4) Abdingbarkeit und Konkurrenzen. – a)** Die §§ 320 ff können als **dispositives Recht** dch IndVereinbgen in den Grenzen der §§ 134, 138 abgeändert od abbedungen w. Ändergen dch AGB od dch Klauseln in VerbrVertr sind dagg wg AGBG 9 II 1, 10 Nr 2 u 3, 11 Nr 2, 4, 8 u 9 nur ausnw mögl (s bei den einz
18 Vorschr). – **b)** Die §§ 320 ff gehen hinsichtl der synallagmat Verpflichtgen den allg Regeln des ersten Titels vor. Soweit für einz ggs Vertr **Sondervorschriften** bestehen, haben diese vor den §§ 320 ff den **Vorrang.** Beim **Kaufvertrag** finden die §§ 320 ff auch bei Sachmängeln grdsl bis zum Gefahrübergang (§ 459 Rn 5) Anwendg (BGH NJW **98**, 2360/2363). Wird die Sache zw VertrSchluß u Gefahrübergang verschlechtert, gelten die §§ 323 ff (BGH **129**, 103). Der Käufer kann die mangelh Sache zurückweisen u den KaufPr gem § 320 zurückhalten. Bei einer Gattgssache kann er seinen Anspr auf eine mangelfreie Sache gem § 326 geltd machen, auch wenn er die Sache in Unkenntn des Mangels angenommen hat (BGH ZIP **99**, 1446), nicht aber bei einer Speziessache, da diese geschuldet wird, wie sie ist; dem Käufer stehen aber bereits vor Gefahrübergang die GewLR zu, wenn der Verkäufer den Mangel nicht beheben kann od seine Beseitigg verweigert
19 (BGH **34**, 32, § 459 Rn 7). Nach **Gefahrübergang** ist zu unterscheiden: Beim Spezieskauf tritt mit der Übereigng der mangelh Sache Erf ein; der Käufer ist unter Ausschluß der §§ 320 ff grdsl auf die Rechte aus §§ 459 ff beschränkt (BGH **10**, 248, **113**, 235, Vorbem 5 v § 459); ergänzd gelten aber die Grds der pVV (§ 276 Rn 110), auch für Mängel, die der Verkäufer nach Gefahrübergang schuldh verursacht hat (Düss NJW-RR **99**, 929). Der Käufer kann die allg MängelEinr (BGH **113**, 235) od die der Wandlg erheben, auf die gem §§ 467, 348 S 2 die §§ 320, 322 anzuwenden sind. Sofern ein Anspr auf NachErf besteht, sind auch die §§ 320 ff weiter anwendb, so, wenn dem Käufer gem § 480 od aGrd vertragl Abrede ein Anspr auf Nachlieferg od Nachbesserg zusteht (BGH NJW **95**, 187), bei teilw NichtErf, etwa bei Fehlen von Einzelstücken einer Sachgesamth (BGH NJW **92**, 3224) od des Computerhandbuchs (BGH NJW **93**, 462), bei RMängeln (RG **108**, 280, BGH NJW **98**, 534) u bei Lieferg eines *aliuds* (BGH NJW **69**, 787, **86**, 659, **94**, 2230, § 459 Rn 3). Beim Handelskauf wird der Anspr des Käufers auf NachErf bei Lieferg eines genehmiggsfäh *aliuds* aber dch das GewLR verdrängt (BGH **115**, 294). – Vorrang vor den §§ 320 ff besteht im Rahmen seines Anwendgsbereichs auch für das GewlR im **Mietrecht** (§ 537 Rn 7), **Werkvertragsrecht** (Vorbem 18, 19 v § 633, § 645 Rn 4) u **Reisevertragsrecht** (Vorbem 9 v § 651 c).

320 *Einrede des nichterfüllten Vertrags.*

I Wer aus einem gegenseitigen Vertrage verpflichtet ist, kann die ihm obliegende Leistung bis zur Bewirkung der Gegenleistung verweigern, es sei denn, daß er vorzuleisten verpflichtet ist. Hat die Leistung an mehrere zu erfolgen, so kann dem einzelnen der ihm gebührende Teil bis zur Bewirkung der ganzen Gegenleistung verweigert werden. Die Vorschrift des § 273 Abs. 3 findet keine Anwendung.

II Ist von der einen Seite teilweise geleistet worden, so kann die Gegenleistung insoweit nicht verweigert werden, als die Verweigerung nach den Umständen, insbesondere wegen verhältnismäßiger Geringfügigkeit des rückständigen Teiles, gegen Treu und Glauben verstoßen würde.

1 **1) Allgemeines. – a)** § 320 gibt jeder Part das Recht, die ihr obliegde Leistg bis zur Bewirkg der GgLeistg zu verweigern, **Einrede** des nicht erfüllten (nicht vollständ od nicht gehörig erfüllten) Vertr. Die Vorschr ist

Ausdr des funktionellen Synallagmas (Einf 14). Der aus einem ggs Vertr Berecht kann nicht Leistg schlechthin, sond nur Zug um Zug gegen Empfang der GgLeistg fordern. Die im GgseitigkVerhältn stehden Anspr sind **inhaltlich beschränkt** u richten sich auf Vollzug des Leistgsaustauschs (BGH **117**, 4, Larenz § 15 I, Roth, Einr des Bürgerl R, 1988, S 173, str). Die Mahng ist daher hins eines synallagmatischen Anspr nur wirks, wenn die GgLeistg angeboten w (§ 284 Rn 13). Die Ausgestaltg als Einr (Rn 13) beruht nach Mot II 204 auf prozessualen Überleggen: Der Berecht soll auf Leistg klagen können, ohne ausdrückl eig Erfüllg od die Vereinbg einer VorleistgsPfl behaupten zu müssen. Die Einr ist ein besonders ausgestalteter Fall des allg ZbR (§ 273). Ihr **Zweck** ist ein doppelter: Sie soll den Anspr sichern u auf den Schu Druck ausüben, damit dieser seine Verpflichtg alsbald erfüllt (BGH NJW **81**, 2801, **82**, 2494). Die Einr kann daher (and als das ZbR) nicht dch SicherhLeistg abgewandt werden (§ 320 I 3). Sie gibt kein BefriediggsR, wird aber dch InsO 103 (nicht InsO 51) geschützt. – **b) Anwendungsbereich.** § 320 ist auf alle ggs Vertr (Einf 4–11) anwendb. Besonderh 2
gelten beim GesellschVertr (§ 705 Rn 8) u beim VersorggsVertr (AVB EltV usw 33 u 30) Beim Kauf- u WerkVertr wird der Anwendgsbereich des § 320 ab Gefahrübergang dch die SonderVorschr des GewLR eingeschränkt (Einf 18, 19 v § 320, Vorbem 18 v § 633), and aber beim MietVertr (§ 537 Rn 5). Gem § 348 findet § 320 auch auf den Rücktr u die Wandlg Anwendg. Endet der ggs Vertr dch Zeitablauf od Künd, ist § 320 dagg unanwendb (RG **54**, 125, Einf 11). Auch auf die Rückabwicklg nichtiger u angefochtener ggs Vertr ist nicht § 320, sond § 273 anzuwenden (RG **94**, 310). – **c) Abdingbarkeit.** § 320 kann dch Indivi- 3
dualVereinbg abbedungen werden, insb dch Vereinbg einer VorleistgsPfl (Rn 15). Dagg sind Einschränkgen dch AGB im nichtkaufm Verk unwirks (AGBG 11 Nr 2 a). Der Ausschl des ZbR gilt iZw nicht für § 320 (Düss MDR **98**, 588).

2) Voraussetzungen. – a) Die Fdg, auf die das LeistgVR gestützt wird, muß auf einem ggs Vertr (Einf 1) 4
beruhen u mit der HptFdg in einem **Gegenseitigkeitsverhältnis** stehen. Dieses erstreckt sich auf alle HauptleistgsPflten sowie auf alle sonst vertragl Pflten, die nach dem VertrZweck von wesentl Bedeutg sind (Einf 16). Beim SukzessivliefergsVertr (Einf 26 v § 305) besteht wg der Einh des SchuldVerh Ggseitigk auch hins etwaiger Fdgen aus and Teilleistgen (RG **68**, 22, **120**, 196, Saarbr NJW **96**, 3086). Beim ArbVertr fallen auch rückständ LohnFdgen (Heiderhoff JuS **98**, 1089, str) u die FürsorgePfl des ArbG unter das Synallagma (BAG NJW **64**, 883, MüKo/Emmerich Rn 20, str). Solange der VertrPart Inhaber des erfüllgshalber gegebenen Wechsels (Schecks) ist, setzt sich § 320 auch ggü der WechselFdg dch (BGH **57**, 300, DB **83**, 762). Auch Abschlagzahlgen können Ggst der Einbehaltg sein (BGH NJW **91**, 566), ebso UnterlPfl; ZuwiderHdlgen sind aber nicht mehr dch § 320 gedeckt, wenn sie den UnterlAnspr endgült vereiteln (RG **152**, 73, BAG NJW **83**, 2896). Das LeistgVR besteht auch, wenn die Leistg vereinbggem nicht an den VertrPart, sond an einen **Dritten** zu erbringen ist (RG **65**, 48). Es wird nicht dadch ausgeschl, daß der Schu die GgFdg abgetreten hat (BGH **55**, 356, **85**, 348, NJW **95**, 187). Kein GgseitigkVerh besteht zw dem RäumgsAnspr des Vermieters u GgAnspr des Mieters (Einf 16).

b) Die GgFdg muß **vollwirksam** u **fällig** sein. Das LeistgVR ist daher idR ausgeschl, wenn der Schu 5
vorleistgspflicht ist (Rn 15). Auch ein bereits **verjährter** Anspr begründet in entspr Anwendg von § 390 S 2 ein LeistgsVR, wenn die Verj bei Entstehg der HptFdg noch nicht vollendet war (RG **149**, 328, BGH **53**, 125). Dagg begründet die dch Ablauf einer AusschlFr erloschene GgFdg kein LeistgVR (s § 390 Rn 3). Dieses scheidet auch aus, wenn die Erf des GgAnspr unmöglich geworden ist (RG Warn **17** Nr 135). Solange die Unmöglichk nicht feststeht, ist die Einr aus § 320 aber zul. Wandelt sich die GgFdg in einen ErsAnspr od in einen sonst **sekundären Anspruch** um, besteht das LeistgsVR weiter (RG **149**, 328). Bsp sind Anspr auf ErsHerausg (§§ 323 II, 281), Nachbesserg (BGH **61**, 45) od SchadErs (Einf 16 vor § 320). Bei SchadErsAnspr wg NichtErf scheidet ein LeistgVR aber idR aus, da die beiderseit Fdgen zu bloßen Rechngsposten in der Differenzrechng w (§ 325 Rn 10 f).

c) Eigene Vertragstreue. – aa) Sie ist ungeschriebene Voraussetzg für das LeistgVR. Der Schu kann sich 6
nach dem Zweck der Einr (Rn 1), den eig Anspr dchzusetzen, nur dann auf § 320 berufen, wenn er am **Vertrag festhält** (BGH **50**, 177, NJW **82**, 875, **89**, 3224). Will er sich endgült vom Vertr lösen, muß er die dafür in Frage kommden RBehelfe (§ 326, pVV) geltd machen. – **bb)** Der Schu darf sich nicht in **Leistungsverzug** befinden. Er kann die Einr aus § 320 nicht auf Tats stützen, die erst nach der eig VertrUntreue eingetreten sind (BGH NJW-RR **95**, 564). – **cc) Annahmeverzug** des Schu hins der ihm geschuldeten Leistg schließt das LeistgVR dagg nicht aus (RG **94**, 311, BGH **90**, 358, NJW **92**, 557, Hamm NJW-RR **96**, 86, Seidel JZ **94**, 384); Voraussetzg ist jedoch, daß er am Vertr festhalten will. Die Belange des and Teils werden dch §§ 372, 383, 322 III, 324 II, 274 II gewahrt.

d) Nichterfüllung durch den anderen Teil. – aa) Die GgLeistg muß noch ausstehen; sie darf nicht 7
bewirkt sein u auch nicht gleichzeitig bewirkt w. Die Grde für die NichtErf sind gleichgült; ein **Verschulden** des and Teils ist nicht erforderl (RG **145**, 282, HRR **32**, 438). – **bb)** Unerhebl ist, in welchem **Umfang** die 8
GgLeistg noch aussteht. Das Ges sieht eine Beschränkg des LeistgVR auf einen dem Wert der noch ausstehden Teilleistg entspr Betrag nicht vor. Der Schu kann seine Leistg grdsl **voll** zurückhalten, auch wenn die GgLeistg bereits teilweise erbracht worden ist (BGH **54**, 249), jedoch können sich aus II Beschränkgen ergeben (Rn 9). Sind **mehrere Gläubiger** anteilig fordergsberecht (§ 420), braucht der Schu gem **I 2** erst zu leisten, wenn die ganze GgLeistg bewirkt w; es genügt nicht, daß der Gläub, der seine TeilFdg geltd macht, die ihm obliegde Teilleistg erbracht h. – **cc)** Das LeistgVR besteht auch bei einer **nicht gehörigen Leistung** (RG **56**, 153, 9
BGH **55**, 356). Wird eine nicht vertragsgem Leistg angeboten, kann der Schu sie gem § 266 zurückweisen u die Einr aus § 320 wg vollständ NichtErf geltd machen. Der Schu ist aber auch dann zur LeistgV berecht, wenn er die mangelh Leistg angenommen hat, vorausgesetzt der Mangel ist behebb u der ErfAnspr besteht weiter. Für einz VertrTypen gelten aber Besonderh. Beim **Dienstvertrag** begründet eine mangelh Dienstleistg kein MindergsR (Hbg TranspR **89**, 66). Der Dienstberechtigte hat daher bei mangelh Leistg auch kein LeistgVR aus § 320, da dies im Ergebn auf eine Minderg hinauslaufen würde (BAG **AP** § 611 (Haftg des ArbN) Nr 71, Ullrich NJW **84**, 585). Zur Anwendg des § 320 auf **Kaufverträge** s Einf 18 v § 320. Beim **Werkvertrag** begründet der NachbessergsAnspr als ErfAnspr die Einr aus § 320 (BGH **26**, 337, **73**, 144, Vorbem 18 v § 633). Auch beim **Mietvertrag** behält der Mieter neben den Rechten aus §§ 537 ff den

ErfAnspr u damit die Einr aus § 320 (BGH **84**, 45, § 537 Rn 5), jedoch ist § 539 entspr anwendb (BGH NJW **89**, 3224).

10 **e)** Das LeistgVR ist **ausgeschlossen,** soweit Treu u Glauben entggstehen. **II** hebt das für einen wichtigen Sonderfall (Unverhältnismäßigk) zur Klarstellg besonders hervor. Die LeistgV kann treuwidrig sein, wenn die Art des Ggst die Zb verbietet (Bsp § 273 Rn 15) od wenn die Zb den Anspr des Gläub endgült vereiteln würde (BGH BB **74**, 671, BAG NJW **83**, 2896). Ist die Leistg bereits teilw erbracht, besteht trotz II grdsl das Recht, die volle GgLeistg zurückzuhalten (BGH **54**, 249, NJW **97**, 939). And ist es nur, wenn die volle Zb, insb wg der Geringfügigk des noch ausstehden Leistgsteils gg Treu u Glauben verstoßen würde. Das Ges gibt dem Ger insow einen Ermessensspielraum (BGH **56**, 316). Zu berücksichtigen sind alle Umst, so die sich aus der fehlden TLeistg für den Gläub ergebden Nachteile u Risiken (BGH NJW **97**, 939), bei Teilklagen die Sicherg dch den nicht eingeklagten FdgTeil (BGH **56**, 316), beim NachbessergsAnspr die Schwierigk bei der
11 Vergabe von Kleinreparaturen (Nürnbg OLGZ **65**, 13). Von erhebl prakt Bedeutg ist II bei **Mängeln von Bauleistungen** (Vorbem 18 v § 633). Weder eine Einbehaltg des vollen WkLohns ohne Rücks auf die Höhe der Nachbessergskosten noch eine Beschränkg der Zb auf den Wert der ausstehden Leistg ist mit dem Zweck des § 320 zu vereinbaren; ihm entspr eine mittlere Lösg: Der Besteller darf idR das Dreifache der zu schätzden Nachbessergskosten zurückbehalten (ähnl BGH NJW **81**, 1449, 2801, **84**, 727: Dreifache; BGH NJW **92**, 1633: Zwei- bis Dreifache; BGH **26**, 337: Vierfache). Für die Unverhältnismäßigk trägt der Untern die BewLast (BGH NJW-RR **97**, 18). Die Vereinbg eines SichgEinbehalts schließt die Anwendg des § 320 nicht aus (BGH NJW **82**, 2494, DNotZ **84**, 478), der Einbehalt ist aber in die Abwägg miteinzubeziehen (BGH NJW **82**, 2494, DNotZ **84**, 478). Befindet sich der Besteller hinsichtl der Nachbesserg im AnnVerzug, darf er nur einen Betrag in Höhe der Nachbessergskosten zurückhalten (Hamm NJW-RR **96**, 88). Sind mehrere Nachbessergsversuche fehlgeschlagen, kann die Zb von 21 000 DM bei Nachbessergskosten von 1000 DM gerechtfert sein (Oldbg NJW-RR **96**, 817). Auch bei Mängeln der Mietsache kann idR das Dreifache des Beseitiggsaufwandes einbehalten w (LG Hbg MDR **84**, 494, Joachim DB **86**, 2653). EnergieversorggsUntern haben trotz II bei Zahlgsverzug der Kunden grdsl das Recht, die **Stromversorgung** nach vorheriger Androhg einzustellen, § 33 II AVBEltV (LG Dortm NJW **81**, 764, BVerfG NJW **82**, 1511, § 273 Rn 18). Etwas and gilt bei vorübergehden Zahlgsschwierigk, wenn hinr Aussicht besteht, daß die Anspr in übersehb Zeit befriedigt w (§ 33 II AVBEltV). Leistet der Kunde deshalb nicht vollst, weil er **Kernkraftgegner** ist u das VersorggsUntern auch aus Kernenergie gewonnenen Strom liefert, steht weder § 320 II noch der Grds der Verhältnismäßigk der Einstellg der Stromversorgg entgg (§ 242 Rn 9).

12 **3) Rechtsfolgen. – a)** Das bloße obj Bestehen des LeistgVR **hindert** den Eintritt des **Schuldnerverzuges** (BGH **84**, 44, § 284 Rn 12); einer Geltdmachg der Einr bedarf es dazu – and als iF des ZbR nach § 273 – nicht. Solange das LeistgVR besteht, können weder Prozeß- noch FälligkZinsen gefordert werden, da der Anspr iSd §§ 291, 641 noch nicht fällig ist (BGH **55**, 198, **61**, 46). Der Schu kommt, wenn er nicht vorleistgspflicht ist, nur in Verzug, wenn der Gläub bei der Mahng die GgLeistg anbietet; es genügt nicht, daß
13 der Gläub zur Erbringg der eig Leistg bereit u imstande ist (§ 284 Rn 13, str). – **b)** Konstruktiv hat das Ges das LeistgVR als **aufschiebende Einrede** ausgebildet (BGH NJW **99**, 53). Sie hemmt die Verj nicht (§ 202 II) u kann wg ihres Zwecks, den and Teil zur VertrErf anzuhalten, nicht dch SicherhLeistg abgewandt w (§ 320 I 3). Sie erlischt mit dem Eintritt des Leistgserfolgs, nicht schon mit der Vornahme der LeistgsHdlg (Staud/Otto Rn 41). Die in Unkenntn der Einr erbrachte Leistg kann nicht zurückgefordert w, da § 813 nur
14 für dauernde Einr gilt (BGH NJW **63**, 1869). **Prozessuale Wirkungen** s § 322 mit Anm. – **c) Beweislast.** Wer die Einr aus § 320 erhebt, muß beweisen, daß die geltd gemachte Fdg auf einem ggs Vertr beruht u daß ihm eine unter das GgseitigkVerhältn fallde GgFdg zusteht. Demggü obliegt dem Gläub der Bew, daß er schon erfüllt hat od daß der Schu vorleistgspflicht ist. Ausn gelten gem § 442 bei RMängeln u analog §§ 345, 358 bei GgAnspr auf Unterl. Eine weitere Ausn ergibt sich aus § 363, sofern der Schu die GgLeistg des and Teils als Erf angenommen hat (§ 363 Rn 2).

15 **4) Vorleistungspflicht. – a) Allgemeines.** Der LeistgsAustausch Zug-um-Zug, der dem Modell des Barkaufs entspricht, stößt in der prakt Dchführg vielf auf Schwierigk (s zum ReiseVertr BGH **100**, 164, zur Mängelbeseitigg BGH **90**, 357). Es ist daher aus prakt Grden häufig notw, einer Part eine VorleistgsPfl
16 aufzuerlegen. – **b) Entstehung.** Das Ges selbst sieht eine VorleistgsPfl für den Vermieter (§ 551), den Dienstverpflichteten (§ 614), den WkUntern (§ 641) u den Verwahrer (§ 699) vor. Der Untern ist aber nur hinsichtl der Herstellg des Wk u der Nachbesserg bis zur Abnahme vorleistgspflicht; nach der Abnahme ist die Beseitigg von Mängeln u die Zahlg des restl WkLohns Zug um Zug abzuwickeln (BGH **61**, 45, **90**, 357, Rn 8 u 9). Die VorleistgsPfl kann auch ausdrückl od stillschw vereinbart w. Für entspr formularmäß Klauseln gelten aber die Beschränkgen des AGBG (AGBG 11 Rn 11 f). **Einzelfälle:** Der Käufer ist vorleistgspflicht bei Vereinbg „Kasse (bereits) gg Faktura" (RG JW **23**, 685, BGH **23**, 131), „Zahlg (Kasse) gg Dokumente" (BGH **41**, 221, **55**, 342), „cash against document" (BGH NJW **87**, 2435), Stellg eines Akkreditivs (RG **102**, 155), Kauf unter Nachnahme (keine Untersuchgsmöglichk vor Zahlg). Dagg ist der Verkäufer bei Vereinbg eines Zahlgsziels u beim Versendgskauf (BGH **74**, 142) vorleistgspflicht. Der ArbN, dem ein Anspr auf eine KarenzEntsch zusteht, ist mit seiner AuskPfl hins der anzurechnden Einkünfte vorleistgspflicht (BAG NJW
17 **78**, 2215). – **c) Rechtsfolgen.** Für den Vorleistgspflichtigen entfällt das LeistgVR des § 320. Er kann den and Teil nur in Verzug setzen, wenn er bereits geleistet hat od seine Leistg zumindest anbietet (BGH NJW **63**, 1149, **66**, 200, § 284 Rn 13). Soweit auch die Leistg des and Teils inzw fällig geworden ist, wird die VorleistgsPfl zur Pfl zur Zug-um-Zug-Leistg (BGH NJW **86**, 1164, NJW-RR **89**, 1357). Aus der gesetzl od vertragl Regelg, die die VorleistgsPfl begründet, kann sich aber ergeben, daß die GgLeistg notw erst nach Erbringg der Vorleistg fällig werden, die Umwandlg in eine Pfl zur Zug-um-Zug-Leistg also ausgeschl sein soll, sog **beständige** VorleistgsPfl (MüKo/Emmerich Rn 34). Zur Behandlg im Proz s § 322 Rn 4. –
18 **d) Schranken** der VorleistgsPfl ergeben sich aus § 321 (s dort), vor allem aber aus § 242. Die VorleistgsPfl entfällt, wenn der and Teil ernsthaft erklärt hat, er könne od wolle nicht erfüllen (BGH **88**, 247, NJW **97**, 939). Entspr gilt, wenn der Gläub die ihm obliegde Mitwirkg unterläßt (BGH **50**, 178, Hartmann BB **97**, 327) od wenn er bei einem SukzessivliefergsVertr eine fr Vorleistg noch nicht bezahlt hat (Düss NJW-RR **93**,

1206). And liegt es, wenn der Gegner die Leistg zu Recht verweigert u nur hilfsw unberecht Einwendgen erhebt (BGH DB **95**, 370). Entfällt die VorleistgsPfl, kann der Pflichtige auf Leistg klagen, ohne daß ihm der Einwand mangelnder Fälligkeit od die Einr aus § 320 entgggehalten werden kann (BGH **50**, 177, NJW **90**, 3009). Er ist auch befugt, die Rechte des § 326 geltd zu machen (BGH NJW **94**, 2026, NJW-RR **96**, 753). Wenn der VorleistgsBerecht nach nur vorübergehender Abwendg vom Vertr seine eig Pflten vorbehaltlos wieder anerkennt, entfallen aber die Beschränkgen seiner RStellg (BGH **88**, 96).

321 *Vermögensverschlechterung.*

Wer aus einem gegenseitigen Vertrage vorzuleisten verpflichtet ist, kann, wenn nach dem Abschlusse des Vertrags in den Vermögensverhältnissen des anderen Teiles eine wesentliche Verschlechterung eintritt, durch die der Anspruch auf die Gegenleistung gefährdet wird, die ihm obliegende Leistung verweigern, bis die Gegenleistung bewirkt oder Sicherheit für sie geleistet wird.

1) Allgemeines. § 321 ist eine nach Voraussetzg u Wirkg eng beschränkte Ausprägg der *clausula rebus sic stantibus* od nach heutiger Dogmatik der Lehre vom Wegfall der GeschGrdl (§ 242 Rn 110). Er gibt dem aus einem ggs Vertr Vorleistgspflichtigen ein LeistgVR, wenn sich die Vermögensverhältn des and Teils wesentl verschlechtern. Ähnl Regelgen enthalten §§ 610, 775 I Nr 1, 1133; es handelt sich aber um Sondervorschr, denen kein allg RPrinzip entnommen werden kann. § 321 läßt die sich aus and RGrds ergebden Schranken der VorleistgsPfl unberührt (Bsp: § 242, pVV, c. i. c., s § 320 Rn 18). Die Vorschr ist **abdingbar.** Einschränkgen dch AGB sind aber unwirks (AGBG 9 II Nr 1, 11 Nr 2 a), Erweitergen können gg AGBG 9 (BGH **112**, 283, NJW **85**, 1220, Oldbg NJW-RR **91**, 633), vor allem aber gg 10 Nr 3 verstoßen (s dort). 1

2) Voraussetzungen. – a) § 321 gilt nur für ggs Vertr (Einf 4 ff vor § 320), bei denen die eine Part eine **Vorleistungspflicht** trifft (§ 320 Rn 18). Gleichgült ist, ob sich die VorleistgsPfl aus dem Ges od aus Vertr ergibt. Potentielle GewLAnspr begründen iF einer Ins des WkUntern kein ZbR, da der Besteller hinsichtl der WkLohnFdg nicht vor- sond nachleistgspflicht ist (Hamm NJW-RR **97**, 1242). – **b) Wesentliche Vermögensverschlechterung.** Sie muß nach VertrSchluß eingetreten sein. Wenn die den Anspr gefährdde Vermögenslage bereits bei VertrSchl bestanden hat, ist § 321 weder direkt noch analog anwendb (BGH WM **58**, 1546, RGRK Rn 3, hM, aA Flesch BB **94**, 877). Der Vorleistgspflichtige kann aber gem § 123 od § 119 II (Irrt über Kreditwürdigk) zur Anf berecht sein; ihm kann auch wg Verletzg der AufklPfl ein Anspr aus c. i. c. zustehen (§ 276 Rn 78 ff). Außerdem ist mögl, daß sich die von Anfang an schlechten VermögensVerhältn weiter verschlechtern u § 321 aus diesem Grd anwendb ist (BGH NJW **64**, 100). Maßgebd ist eine obj wirtschaftl Beurteilg. Bsp für eine Anwendbark des § 321 sind insb: Eröffng des InsVerf (Kornmeier BB **83**, 1312, s aber Rn 3), Einzelvollstreckg (BGH NJW **64**, 100), Ablehng eines wichtigen Kredits (BGH aaO), Hingabe ungedeckter Schecks (BGH WM **61**, 1372), Wechselprotest u Ausfall einer Vormerkg (Celle DB **70**, 581), Einstellg der Ratenzahlg beim LeasingVertr (Ffm NJW **77**, 200). Eine allg Verschlechterg der WirtschLage, etwa dch Inflation oder Krieg, ist für die Anwendg des § 321 nicht ausreichd (RG Warn **16** Nr 5). – 2
c) Anspruchsgefährdung. Sie ist eine weitere selbständ Voraussetzg. § 321 ist daher trotz einer erhebl Verschlechterg der VermögensVerhältn unanwendb, wenn eine ausreichde Sicherh vorhanden ist (RG **53**, 246), wenn der InsVerw gem InsO 103 Erf verlangt u die Befriedigg der Masseschulden nicht gefährdet erscheint (Düss MDR **70**, 1009), wenn der and Teil Dienstleistgen od eine Unterl schuldet u mit einer Umwandlg des Anspr in eine GeldFdg nicht ernstl zu rechnen ist. – **d)** Maßgebder **Beurteilungszeitpunkt** ist die Fälligk der VorleistgsPfl. Bei nachträgl Besserg der Vermögenslage entfällt die Einr (Staud-Otto Rn 28). Das gilt auch dann, wenn der Vorleistgspflichtige vom Wegfall der Gefährdg nichts weiß (str). Der Vorleistgspflichtige wird jedoch dch § 285 geschützt, solange er von der Änderg keine Kenntn hat. Eine ErkundiggsPfl trifft ihn nicht (RG Gruch **52**, 412). § 321 ist grdsl auch anwendb, wenn der Vorleistgspflichtige bei Eintritt der VermVerschlechterg bereits im Verzug ist (MüKo/Emmerich Rn 27), and aber, wenn der Verzug die Verschlechterg mitverursacht h. 3 4

3) Rechtsfolgen. Der Vorleistgspflichtige erwirbt ein LeistgVR (Einr), bis die Leistg bewirkt od Sicherh für sie geleistet ist. Gem § 232 II ist auch SicherhLeistg dch einen taugl Bürgen zul. Der Vorleistgspflichtige kann die bereits auf dem Transport befindl Ware zurückrufen, sog StoppgsR (s Staud/Otto Rn 34, CISG 71 II). Sein Verzug wird nicht *ipso facto,* sond nur geheilt, wenn er nunmehr seine Leistg gg Bewirkg der GgLeistg anbietet (BGH NJW **68**, 103). Ist auch der Anspr des Vorleistgspflichtigen auf die GgLeistg inzw fällig geworden (sog unbeständ VorleistgsPflten), kann er auf Leistg Zug-um-Zug klagen u gem § 326 vorgehen (§ 320 Rn 17, MüKo/Emmerich Rn 18, str). And liegt es bei dem sog beständ VorleistgsPflten. Hier kann der Vorleistgspflichtige mangels eines fäll Anspr weder Leistgsklage erheben noch die Rechte aus § 326 geltd machen (RG **53**, 62, Oldbg NJW-RR **91**, 633, Staud/Otto Rn 36, aA Kornmeier BB **83**, 1312); ihm steht aber ein TeilvergütgsAnspr zu, wenn er bereits eine Teilleistg erbracht hat (BGH NJW **85**, 2696). Erklärt der and Teil ernsth u endgült, er könne od wolle nicht leisten, ist der Vorleistgspflichtige wg pVV berecht, SchadErs wg NichtErf zu verlangen od vom Vertr zurückzutreten (§ 276 Rn 124). Ein **Rücktrittsrecht** aus § 242 (kein SchadErsAnspr) od bei DauerSchuldVerh ein KündR ist bereits gegeben, wenn der and Teil trotz Aufforderg zur Leistg Zug-um-Zug od zur SicherhLeistg nicht bereit ist (BGH **11**, 85, **112**, 287, hM). Es entfällt aber, wenn der Vorleistgspflichtige bereits vollst geleistet hat (BGH aaO). 5 6

322 *Verurteilung zur Leistung Zug-um-Zug.*

I Erhebt aus einem gegenseitigen Vertrage der eine Teil Klage auf die ihm geschuldete Leistung, so hat die Geltendmachung des dem anderen Teile zustehenden Rechtes, die Leistung bis zur Bewirkung der Gegenleistung zu verweigern, nur die Wirkung, daß der andere Teil zur Erfüllung Zug-um-Zug zu verurteilen ist.

II Hat der klagende Teil vorzuleisten, so kann er, wenn der andere Teil im Verzuge der Annahme ist, auf Leistung nach Empfang der Gegenleistung klagen.

III Auf die Zwangsvollstreckung findet die Vorschrift des § 274 Abs. 2 Anwendung.

1 **1) Allgemeines.** Die Vorschr regelt die verfahrens- u vollstreckgsrechtl Folgen der Einr aus § 320 (I u III). Sie ist dem § 274 nachgebildet u stimmt mit dessen Inh jedenf im prakt Ergebn vollständ überein (Rn 2). § 322 enthält außerdem eine Sonderregelg für die Klage des Vorleistgspflichtigen (II, Rn 4).

2 **2) Einrede des nicht erfüllten Vertrages. – a)** Sie wird trotz der ggs Verknüpfg von Leistg u GgLeistg im **Prozeß** nicht vAw berücksichtigt, sond muß vom Schu geltd gemacht w (BGH NJW **99**, 53, § 320 Rn 1). Ein formeller Antrag des Bekl zur Verurteilg Zug um Zug ist nicht erforderl (BGH aaO, § 274 Rn 1). Es genügt, wenn sich aus der Gesamth seines Vorbringens ergibt, daß er sein LeistgVR geltd machen will. Hat er die Einr außergerichtl erhoben, ist sie auch dann zu beachten, wenn der Kläger hierauf im RStreit hinweist (§ 274 Rn 1). Die Geltdmachg des LeistgVR führt zur **Verurteilung Zug-um-Zug.** Vgl näher § 274 Rn 2f. Die Ausführgen zur verfahrensrechtl Behandlg des ZbR gelten auch für das LeistgVR aus § 320; zur
3 BewLast s aber § 320 Rn 14. – **b)** Hinsichtl der **Zwangsvollstreckung** verweist § 322 III auf § 274 II. § 274 Rn 4 gilt daher entspr.

4 **3) II. Vorleistungspflicht** (§ 320 Rn 15). – **a)** Klagt der **Vorleistungsberechtigte,** gelten keine Besonderh. Der Vorleistgspflichtige ist ohne Einschränkg zur Leistg zu verurteilen. – **b)** Klagt der **Vorleistungspflichtige,** ohne die Vorleistg bereits bewirkt od angeboten zu haben, ist die Klage mangels Fälligk des Anspr abzuweisen (BGH **61**, 44, BAG NJW **78**, 2215). Ist der Berecht im AnnVerzug (§ 298), gibt II dem Pflichtigen das Recht, „auf Leistg nach Empfang der GgLeistg“ zu klagen. Mit dieser Einschränkg ist der Klage auch dann stattzugeben, wenn der Vorleistgspflichtige einen unbedingten KlAntr stellt, weil der Antr gem II ggü dem unbedingten kein *aliud,* sond ein *minus* ist (BGH **88**, 94, **117**, 3). AnnVerzug kann sich auch daraus ergeben, daß der Gläub eine ihm obliegde MitwirkgsHdlg nicht vornimmt (Hartmann BB **97**, 327). Die ZwVollstr aus einem Urt auf „Leistg nach Empfang der GgLeistg“ wird ebso bewirkt wie die eines Zug-um-Zug-Urt, da III sich auch auf II bezieht (Karlsr MDR **75**, 938, Köln JurBüro **89**, 873). Handelt es sich um eine sog unbeständ VorleistgsPfl u ist auch der Anspr auf die GgLeistg fällig geworden, kann der Vorleistgspflichtige auch ohne die Beschränkg des II auf Leistg klagen (§ 320 Rn 17).

Nachträgliche Unmöglichkeit bei gegenseitigen Verträgen (§§ 323–325)

Vorbemerkung

1 **1) Bedeutung.** Wg der synallagmat Verknüpfg der beiderseit Verpflichtgen (Einf 12 v § 320) muß sich die Unmöglichk der Leistg des Schu beim ggs Vertr auch auf die GgLeistgsPfl des Gläub auswirken. Die §§ 323–325 enthalten daher für die nachträgl Unmöglichk bei ggs Vertr ergänzde, zT aber auch ersetzde Vorschr. Sie gehen ebso wie die allg Bestimmgen (§§ 275, 279, 280–283) davon aus, daß die Unmöglichk als Zentralbegriff des Rechts der LeistgsStörgen sowohl SchuldbefreigsGrd als auch HaftgsTatbestd sein kann (Vorbem 3 v § 275). Die §§ 323 u 324 betreffen die Unmöglichk als SchuldbefreigsGrd. Sie regeln, wie sich der Wegfall der LeistgsPfl des Schu (§ 275) auf die GgLeistgsPfl des Gläub auswirkt. Ist die Unmöglichk vom Schu zu vertreten, gilt § 325, der für Anspr im GgseitigkVerhältn § 280 ersetzt.

2 **2) Anwendungsbereich. – a)** Die §§ 323–325 gelten nur für die **nachträgliche** Unmöglichk (§ 275 Rn 16), der entspr § 275 II auch hier nachträgl Unvermögen gleichsteht (KG OLG **33**, 221). Bei anfängl Unmöglichk sind auch bei ggs Vertr die §§ 306ff anwendb (RG **105**, 351), bei anfängl Unvermögen die in § 306 Rn 9 dargestellten Grds. Bes liegt es jedoch beim KaufVertr: Wie sich aus § 440 I ergibt, haftet der
3 Verkäufer für anfängl Unvermögen gem § 325 (§ 441 Rn 4). – **b)** Die §§ 323ff gelten für **alle gegenseitigen Verträge** (Einf 4–11 v § 320), soweit keine Sondervorschr eingreifen. Zur Anwendbark auf GesellschVertr s § 705 Rn 8, auf **Kaufverträge** s Einf 18 v § 320. Vgl iü bei §§ 323–325.

4 **3)** Die von **beiden Teilen zu vertretende Unmöglichkeit** ist im Ges nicht geregelt. – **a)** Die **Rechtsprechung** wendet idR je nach dem überwiegden Verschulden ausschließl § 324 od § 325 an, kürzt aber in einem zweiten Schritt den Anspr aus § 324 od § 325 in Anwendg von § 254 (RG **71**, 191, **94**, 140, BGH WM **71**, 896, **LM** § 254 (Bb) Nr 7). Dieser Lösgsvorschlag einer **alternativen** Anwendg der §§ 324, 325 versagt bei beiderseits gleichem Verschulden, da § 323 (entgg RG JW **10**, 936) für diesen Fall offensichtl nicht paßt (Ffm NJW-RR **95**, 435, Staud/Otto § 324 Rn 56). Er läßt auch offen, was gelten soll, wenn der Gläub
5 nicht SchadErs, sond Rücktr od einen der RBehelfe des § 325 I 3 wählt. – **b)** Die **Literatur** hat eine Fülle von unterschiedl Lösgsvorschlägen entwickelt (Baumann/Hauth JuS **83**, 273, Staud/Otto aaO, Soergel/Wiedemann Rn 150). Sie will zT in allen Fällen § 325 anwenden (Hadding AcP **168**, 162) od über die im Einzelfall angem RFolge iW der RFortbildg entscheiden (Soergel/Wiedemann Rn 158). Am überzeugdsten ist der Lösgsvorschlag, §§ 324 u 325 **kumulativ** heranzuziehen (Ffm NJW-RR **95**, 435, Baumann/Hauth u Staud/Otto aaO, Larenz § 25 III). Das muß auf der Basis der Surrogationstheorie (§ 325 Rn 10) geschehen, da andf die GgLeistg zweimal angesetzt würde (Ffm, Baumann/Hauth, Staud/Otto, alle aaO, Medicus Rn 270). Diese ist nur einmal, aber ungekürzt, in Ansatz zu bringen, da sie sogar bei einer allein vom Schu zu vertretden Unmöglichk entweder tatsächl (Surrogationstheorie) od rechnerisch (Differenztheorie) voll zu berücksichtigen ist, u eine Kürzg gem § 254 dazu führen würde, daß der Schu mit seinem MitVersch zweimal
6 belastet wird. – **c) Beispiel:** Der Wert der verkauften, aber noch nicht gelieferten u bezahlten Sache beträgt 15000 DM (Alt 1) bzw 5000 DM (Alt 2), der Kaufpreis 10000 DM, der Käufer hat Folgeschäden von 3000 DM erlitten. Das Verschulden beider Part wiegt gleich schwer. **Alt 1:** Der Käufer kann 9000 DM SchadErs verlangen (1/2 von 15000 DM + 1/2 von 3000 DM), der Verkäufer 10000 DM; zG des Verkäufers bleibt ein Überschuß von 1000 DM. **Alt 2:** Der Käufer kann 4000 DM SchadErs verlangen (1/2 von 5000 DM + 1/2 von 3000 DM), der Verkäufer 10000 DM; zG des Verkäufers bleibt ein Überschuß von
7 6000 DM. – **d)** Das **Rücktrittsrecht** ist bei gleichem Verschulden der Part ausgeschl; überwiegt das Verschulden einer Partei, ist nur die GgPart zum Rücktritt berecht (Soergel/Wiedemann u Staud/Otto aaO, str). Das gilt entspr für den Anspr auf Rückgewähr der Leistg (§ 325 I 3 iVm § 323 III), dagg besteht kein Grd, dem Gläub das Recht zu versagen, gem § 325 I 3 iVm § 323 II ein etwaiges Surrogat zu beanspruchen.

4) Terminologie. Das Ges bezeichnet den Schu der unmögl Leistg als „den einen Teil", den Gläub u Schu der GgLeistg als „den and Teil". Da bei Geldschulden Unmöglichk im RSinne nicht in Betracht kommt, ist Schu der unmögl Leistg dchweg der SachleistgsSchu (Verkäufer, Vermieter, Verpächter, Dienstverpflichtete, Unternehmer, Reiseveranstalter), Gläubiger, abgesehen vom Fall des Tauschs, der zu einer GgLeistg in Geld Verpflichtete (Käufer usw). 8

323 *Nicht zu vertretendes Unmöglichwerden.* **I Wird die aus einem gegenseitigen Vertrage dem einen Teile obliegende Leistung infolge eines Umstandes unmöglich, den weder er noch der andere Teil zu vertreten hat, so verliert er den Anspruch auf die Gegenleistung; bei teilweiser Unmöglichkeit mindert sich die Gegenleistung nach Maßgabe der §§ 472, 473.**

II Verlangt der andere Teil nach § 281 Herausgabe des für den geschuldeten Gegenstand erlangten Ersatzes oder Abtretung des Ersatzanspruchs, so bleibt er zur Gegenleistung verpflichtet; diese mindert sich jedoch nach Maßgabe der §§ 472, 473 insoweit, als der Wert des Ersatzes oder des Ersatzanspruchs hinter dem Werte der geschuldeten Leistung zurückbleibt.

III Soweit die nach diesen Vorschriften nicht geschuldete Gegenleistung bewirkt ist, kann das Geleistete nach den Vorschriften über die Herausgabe einer ungerechtfertigten Bereicherung zurückgefordert werden.

1) Allgemeines. – a) § 323 ist Ausdr des konditionellen Synallagmas (Einf 15 v § 320). Hat der Schu die 1
Unmöglichk nicht zu vertreten, wird er gem § 275 von seiner LeistgsPfl frei; er verliert aber gem § 323 den Anspr auf die GgLeistg, soweit nicht § 324 od and SonderVorschr eingreifen. Der Schu der unmögl gewordenen Leistg trägt damit die **Vergütungsgefahr** (GgLeistgs- od Preisgefahr). Diese schließt das Investitionsrisiko in sich; Aufwendgen, die der Schu zur **Vorbereitung** der unmögl gewordenen Leistg gemacht hat, kann er grdsl nicht ersetzt verlangen (Ausn § 275 Rn 10). Die Leistgsgefahr hat dagg der Gläub der unmögl gewordenen Leistg zu tragen (§ 275 Rn 24). – **b)** Die Gefahrtragg beginnt mit dem VertrSchl u **endet** idR 2
mit vollständ Erfüllg. Das Ges ordnet aber für eine Reihe von Fällen einen **vorzeitigen Gefahrübergang** an, so in § 446, 447 für den Kauf, in §§ 644 u 645 für den WkVertr u in § 324 II für sämtl ggs Vertr bei AnnVerzug des Gläub. Besteht ein gesetzl od vertragl RücktrR ist der Schu auch nach der Erf weiterhin mit der Vergütgsgefahr belastet (§ 350). – **c) Anwendungsbereich.** § 323 wird bei einigen ggs Vertr dch 3
Sonderregelungen eingeschränkt od modifiziert. Vorrang vor dem allg LeistgsstörgsR haben im Rahmen ihres Geltgsbereichs vor allem die Vorschr des GewlR. Vgl zum KaufVertr Einf 18 vor § 320, zum WerkVertr § 645 Rn 4, zum ReiseVertr Vorbem 9 v § 651 c. Für MietVertr gilt § 323, wenn die Mietsache gestohlen w (Köln NJW **93**, 1273, Düss NJW **97**, 2528) od ihre Wiederherstellg dch den Vermieter die Opfergrenze überschreiten würde (BGH NJW-RR **91**, 204). Dagg wird § 323 dch § 552 verdrängt. Er ist nach Überlassg der Mietsache grdsl unanwendb, soweit die Unmöglichk auf einem Sachmangel beruht (§ 537 Rn 7). Auf Dienst- u ArbVertr findet § 323 grdsl Anwendg (BGH **10**, 190), Ausn ergeben sich aus §§ 615, 616 u der von der Rspr entwickelten Sphärentheorie (§ 615 Rn 21). – **d)** § 323 ist dch IndVereinbg **abdingbar.** Dagg sind 4
Ändergen dch AGB wg AGBG 9 II Nr 1 grdsl ausgeschlossen (BGH NJW **82**, 181). Zul sind aber die im Handel übl Klauseln über einen vorzeitigen Gefahrübergang, wie cif, fob, „ab Wk" usw.

2) Voraussetzungen. – a) Die unmögl gewordene LeistgsPfl muß auf einem ggs Vertr (Einf 4–11 v § 320) 5
beruhen u im **Gegenseitigkeitsverhältnis** (Einf 16 v § 320) stehen. – **b)** Die **Leistung** muß **nachträglich unmöglich** geworden sein (Vorbem 2 v § 323). Erforderl ist dauernde Unmöglichk, jedoch kann vorübergehde Unmöglichk dauernder gleichstehen (§ 275 Rn 18). Dauerverpflichtgen wie die des Vermieters od ArbN haben idR Fixcharakter. Wenn die Leistg nicht nachholb ist, begründen vorübergehde Leistgshindern daher Teilunmöglichk (BGH **10**, 189, BAG NJW **69**, 766). – **c)** Die Unmöglichk muß auf **Zufall** beruhen, weder der Schu noch der Gläub darf sie zu vertreten haben. Vgl zum Vertretenmüssen des Schu § 275 Rn 23, zu dem des Gläub § 324 Rn 3. Beiderseits zu vertretde Unmöglichk s Vorbem 4 v § 323.

3) Rechtsfolgen. – a) Es **erlischt** der Anspr auf die GgLeistg, nicht das SchuldVerh im ganzen (Mü NJW- 6
RR **96**, 48). Das gilt entspr § 275 Rn 24 – abweichd vom Normtext – auch, wenn der Schu die Unmöglichk zu vertreten hat (Braun JuS **88**, 215). Für Aufwendgen, die der Schu zur Vorbereitg der unmögl gewordenen Leistg gemacht hat, kann er keinen Ers verlangen; ein Anspr auf eine Teilvergütg kann sich aber aus einer entspr Anwendg des § 645 ergeben (§ 275 Rn 10). – **b)** Der Gläub kann gem § 281 das **Surrogat** der 7
unmögl gewordenen Leistg verlangen, **II**, auch wenn dieses wertvoller ist als der ursprüngl LeistgsGgst. Macht er von dieser Befugn Gebrauch, bleibt er bei geringerem Wert des Surrogats entspr dem WertVerhältn zw der unmögl gewordenen Leistg u dem Surrogat zur GgLeistg verpflichtet. Wg der vom Verkäufer übernommenen Garantie kann der Käufer das EigtSurrogat (BrandEntsch) auch dann verlangen, wenn der Verkäufer wg des Eigt eines Dr zur EigtVerschaffg außerstande war (BGH **129**, 106). – **c)** Der Gläub hat einen Anspr auf 8
Rückgewähr, soweit er die GgLeistg, zB eine Sonderzahlg beim LeasVertr (Düss NJW **97**, 2528), bereits erbracht hat, **III.** Da das SchuldVerh nicht erlischt, ist III als RFolgenVerweisg aufzufassen (RG **139**, 22). § 818 III ist anwendb (BGH **64**, 324). Haben beide Part Teilleistgen erbracht, gilt die Saldotheorie (§ 818 Rn 48). Der Schu kann sich aber nicht darauf berufen, daß er die Anzahlg für die Vorbereitg der unmögl gewordenen Leistg verbraucht hat (BGH **LM** § 818 III Nr 6, Rn 1). Haben die Part mit dem Eintritt der Unmöglichk gerechnet, gilt für den Umfang der BerHaftg § 820 I (BGH **64**, 324).

4) Teilunmöglichkeit steht auch bei teilb Leistgen nach dem VertrZweck vielf vollständ Unmöglichk 9
gleich (§ 275 Rn 21 f). Die Regelg des I 1 Halbs 2 gilt nur, wenn die mögl gebliebene Teilleistg für den Gläub noch Interesse hat (Scherner JZ **71**, 533). Sie ist insb anwendb, wenn bei DauerschuldVerh die Leistg des SachleistgsSchu vorübergehd od für die Zukunft unmögl w (§ 275 Rn 18), so etwa, wenn der GmbH-GeschFü schuldh der Arbeit fernbleibt (BGH NJW-RR **88**, 420). Das Recht auf die GgLeistg mindert sich im Verhältn des Wertes der vollständ Leistg zum Wert der noch mögl Teilleistg. Maßgebd sind die WertVerhältn im Ztpkt des VertrSchl. Zur Berechng s RG **92**, 14, Zweibr OLGZ **70**, 310. Schlechtleistg steht der Teilunmöglichk nicht gleich u begründet daher kein MindergsR (Jaspersen VersR **92**, 1433, § 320 Rn 9).

324 *Vom Gläubiger zu vertretendes Unmöglichwerden.* **I Wird die aus einem gegenseitigen Vertrage dem einen Teile obliegende Leistung infolge eines Umstandes, den der andere Teil zu vertreten hat, unmöglich, so behält er den Anspruch auf die Gegenleistung. Er muß sich jedoch dasjenige anrechnen lassen, was er infolge der Befreiung von der Leistung erspart oder durch anderweitige Verwendung seiner Arbeitskraft erwirbt oder zu erwerben böswillig unterläßt.**

II Das gleiche gilt, wenn die dem einen Teile obliegende Leistung infolge eines von ihm nicht zu vertretenden Umstandes zu einer Zeit unmöglich wird, zu welcher der andere Teil im Verzuge der Annahme ist.

1 **1) Allgemeines. – a)** § 324 beruht auf dem Gedanken, daß niemand aus einem rechts- od pflwidr Verhalten Rechte herleiten darf. Er legt daher in Abweichg von § 323 dem **Gläubiger** die **Gegenleistungsgefahr** auf, wenn er die Unmöglichk zu vertreten hat od die Unmöglichk währd seines AnnVerzugs eintritt. –
2 **b) Anwendungsbereich.** § 324 gilt grdsl für alle ggs Vertr (Vorbem 3 v § 323). Wg der bei einz VertrTypen anzuwendden Sonderregelgen s § 323 Rn 3. – **c)** § 324 ist dch IndVereinbg **abdingbar.** Ändergen dch AGB sind dagg wg AGBG 9 II Nr 1 grdsl unwirks. Klauseln, die die beiderseit Risikosphären (Rn 6) ggeinand abgrenzen, sind aber zul, sofern sie mit Inh u Zweck des Vertr im Einklang stehen.

3 **2) Voraussetzungen.** Eine im GgseitigkVerhältn (Einf 16 v § 320) stehde Verpfl muß nachträgl unmögl geworden sein (Vorbem 2 v § 323). Die Unmöglichk od das Unvermögen muß der **Gläubiger** zu vertreten haben. Das Ges sagt nicht ausdr, wann das der Fall ist. Die für den Schu geltden §§ 276 ff sind aber entspr anzuwenden. Der Gläub muß daher für eig Verschulden einstehen u analog § 278 auch für das seiner
4 **Hilfspersonen** (BAG NJW **69**, 766, BGH BB **69**, 601). – **a)** Der Gläub hat die Unmöglichk zu vertreten, wenn er sie dch einen Verstoß gg **vertragliche Pflichten** herbeigeführt hat. Dabei kann es sich um eine Verletzg von HptPflten handeln, so etwa, wenn die verkaufte od vereinbgsgem zurückzugewährde Sache wg Zahlgsverzugs des Käufers zwangsversteigert w (RG **66**, 348, Hamm NJW-RR **97**, 272). Entspr gilt, wenn sich der Gläub unberecht vom Vertr lossagt (BGH NJW **87**, 1693) od er die dem Schu obliegde Hdlg (Ablösg eines R) selbst vornimmt (Stgt NJW-RR **87**, 722). Es genügt aber auch die Verletzg von NebenPflten. Bsp: Vom ArbG verschuldete ArbUnfähigk des ArbN (SchiedsGer NJW **95**, 904); ArbAusfall inf eines vom ArbG verschuldeten Brandes (BAG NJW **69**, 766); Untergang der Mietsache inf eines Verschuldens des Mieters (BGH **66**, 349). Auch bei Verstößen gg MitwirkgsPflten od **Obliegenheiten** ist § 324 I anwendb, so insb wenn der Gläub die Pfl (Obliegenh) verletzt hat, den VertrZweck zu fördern u alles zu unterlassen, was die
5 Dchführg des Vertr gefährden könnte (RG **166**, 147, BGH **38**, 192). – **b)** Der Gläub hat die Unmöglichk zu vertreten, wenn diese Folge einer von ihm begangenen **unerlaubten Handlung** ist. Dieser Fallgruppe kommt aber prakt keine eigenständ Bedeutg zu, da die Zerstörg od Beschädigg des LeistgsGgst dch unerl
6 Hdlg idR zugl den Tatbestd einer VertrVerletzg (§ 242 Rn 27) erfüllt. – **c)** § 324 I ist auch anwendb, wenn der Gläub nach der **vertraglichen Risikoverteilung** die Gefahr für ein best LeistgsHindern übernommen hat (BGH NJW **80**, 700, **98**, 2284, 2286). Eine stillschw Risikoübern darf aber nur bei ausr Anhaltspkten bejaht w. In den Fällen der Zweckerreichg u des Wegfalls des Leistgssubstrats ist § 324 daher idR nicht anwendb; ein Anspr des Schu auf eine Teilvergütg ergibt sich aber aus dem RGedanken des § 645 (§ 275 Rn 10). Die **Sonderregelung des § 645**, die einen Kompromiß zw §§ 323 u 324 enthält, kann uU auch bei sonst LeistgsHindern aus der Sphäre des Gläub analog angewandt w, ohne daß eine stillschw Risikoübern konstruiert zu werden braucht (§ 645 Rn 9). Wird eine Reise wg schwerer Erkrankg eines Angeh nicht angetreten, gilt aber nicht § 645, sond § 324 II (LG Ffm NJW-RR **87**, 494). Scheitert die DchFührg des Vertr am finanziellen Unvermögen des Gläub, ist § 324 I anwendb, da der Gläub ebso wie der Schu für seine Leistgsfähigk einzustehen hat (BGH **LM** Nr 5, Köln NJW-RR **91**, 1023).

7 **3) Rechtsfolgen. – a)** Der Schu wird gem § 275 von seiner **Leistungspflicht frei. – b)** Er behält das Recht auf die **Gegenleistung,** kann nicht zusätzl eine Nutzgsentschädigg beanspruchen (BGH NJW-RR **90**, 651) u muß sich gem I 2 die dch den Wegfall der eig LeistgsPfl entstehden Vorteile anrechnen lassen (ähnl §§ 552 S 2, 615 S 2, 649 S 2). Anzurechnen ist auch der etwaige Rest des LeistgsGgst od ein Erlös aus seiner Verwertg. Böswilliges Unterl erfordert keine SchädiggsAbs; es genügt, daß der Schu eine zumutb Erwerbsmöglichk kennt u vorsätzl ausläßt (§ 615 Rn 20). Die Anrechng erfordert keine bes Erkl u ist keine Aufr (§ 387 Rn 2). Sie scheidet aus, wenn der Schu die Erwerbsmöglichk auch bei Dchführg des Vertr hätte wahrnehmen können. – **c)** Ein **Schadensersatzanspruch** kann sich für den Schu aus pVV od § 823 ergeben. – **d)** Dem Gläub steht der Anspr auf **Ersatzherausgabe** gem § 281 zu (BGH **LM** § 281 Nr 1).

8 **4) Absatz II. – a)** Wird die Leistg unmögl, nachdem der Gläub in **Annahmeverzug** (§§ 293 ff) geraten ist, behält der Schu den Anspr auf die GgLeistg, **II.** Mit dem Eintritt des AnnVerzug geht daher die Vergütgsgefahr auf den Gläub über. Hat der Schu mehrfach verkauft u befinden sich alle Käufer im AnnVerzug, haften sie als GesSchu (Braun JuS **88**, 217). Da der Schu währd des AnnVerzugs gem § 300 I nur Vors u grobe Fahrlässigk zu vertreten hat, erstreckt sich der Gefahrübergang auch auf die vom Schu leicht fahrläss
9 verursachte Unmöglichk. – **b) II** gilt auch für **Gattungsschulden.** Voraussetzg ist jedoch eine Konkretisierg der Leistg, auch wenn diese, wie in den Fällen der §§ 295, 296, für den AnnVerzug nicht erforderl war (§ 300 Rn 4). Erstreckt sich die Unmöglichk auf die ganze Gattg, ist II dagg anwendb, ohne daß es auf eine Aussonderg ankommt (RG **103**, 15). Für den Dienst- u den WkVertr enthalten §§ 615, 642, 644 **Sonderregeln.** Bei AnnVerzug des Mieters (Nichtbezug der Wohng) ergibt sich die Pfl zur Zahlg der Miete nicht aus § 552, sond aus § 324 II (BGH NJW-RR **91**, 267, aA Rädler NJW **93**, 689).

10 **5) Beweislast.** Der Schu muß beweisen, daß die Unmöglichk auf einem Ereign beruht, das aus dem Organisations- od HerrschBereich des Gläub stammt. Sodann obliegt analog § 282 dem Gläub der Nachw, daß er die Unmöglichk nicht zu vertreten hat (MüKo/Emmerich Rn 51, Müller NJW **93**, 1678, aA BGH **116**, 288). Auch für die AnrechngsVoraussetzgen (I 2) trägt der Gläub die BewLast (BGH NJW **91**, 167). Steht fest, daß die Mietsache dch den Mietgebrauch zerstört worden ist, muß sich der Mieter (Gläub des SachLeistgsAnspr) auch wg § 548 entlasten (BGH **126**, 129). Im Fall des § 324 II muß der Schu beweisen,

daß die Unmöglichk währd des AnnVerzugs eingetreten ist. Sodann muß der Gläub nachweisen, daß der Schu die Unmöglichk dch Vors od grobe Fahrlässigk (§ 300 I) herbeigeführt hat (BGH WM **75**, 920, aA Müller aaO).

325 *Vom Schuldner zu vertretendes Unmöglichwerden.* **I Wird die aus einem gegenseitigen Vertrage dem einen Teile obliegende Leistung infolge eines Umstandes, den er zu vertreten hat, unmöglich, so kann der andere Teil Schadensersatz wegen Nichterfüllung verlangen oder von dem Vertrage zurücktreten. Bei teilweiser Unmöglichkeit ist er, wenn die teilweise Erfüllung des Vertrags für ihn kein Interesse hat, berechtigt, Schadensersatz wegen Nichterfüllung der ganzen Verbindlichkeit nach Maßgabe des § 280 Abs. 2 zu verlangen oder von dem ganzen Vertrage zurückzutreten. Statt des Anspruchs auf Schadensersatz und des Rücktrittsrechts kann er auch die für den Fall des § 323 bestimmten Rechte geltend machen.**

II Das gleiche gilt in dem Falle des § 283, wenn nicht die Leistung bis zum Ablaufe der Frist bewirkt wird oder wenn sie zu dieser Zeit teilweise nicht bewirkt ist.

1) Allgemeines. – a) § 325 regelt die vom Schu zu vertretde nachträgl Unmöglichk. Er tritt für die im 1
GegenseitigkVerhältn stehden Anspr an die Stelle des § 280. Ziel des § 325 ist es, die Interessen des Gläub umfassd zu wahren. Die Vorschr räumt dem Gläub daher in einer komplizierten Regelg ein ganzes Bündel von Rechten ein (Rn 5), von denen vor allem dem SchadErsAnspr (Rn 9) u dem RücktrR (Rn 24) Bedeutg zukommen. – **b) Anwendungsbereich.** § 325 gilt ebso wie §§ 323, 324 für alle ggs Vertr (Vorbem 3 v 2
§ 323), soweit keine **Sonderregeln** eingreifen. Vorrang vor § 325 haben im Rahmen ihres Geltgsbereichs die Vorschr des GewlR. Vgl zum KaufVertr Einf 18 v § 320, zum MietVertr § 537 Rn 7, zum WerkVertr Vorbem 19 v § 633 u § 645 Rn 4, zum ReiseVertr Vorbem 9 v § 651 c. Für den DienstVertr gehen die SonderVorschr der §§ 626–628 dem § 325 vor (RG **158**, 326); an die Stelle des Rücktr tritt die Künd (BGH DB **90**, 2017). Zum GesellschVertr s § 705 Rn 8. – **c)** § 325 kann dch IndVereinbg **abbedungen** w. Für Ändergen dch 3
AGB gelten aber die Schranken des § 11 Nr 5, 8 u 9 (s dort).

2) Voraussetzungen. Ebso wie die §§ 323, 324 setzt auch § 325 einen ggs Vertr u den Eintritt nachträgl 4
Unmöglichk (Unvermögens) bei einer im GgseitigkVerhältn stehden Verpfl voraus (s dazu Einf v § 320 u Vorbem v § 323). § 325 betrifft im Ggs zu §§ 323, 324 den Fall, daß der **Schuldner** die Unmöglichk **zu vertreten** hat. Maßgebd sind insow die §§ 276–279 (s dort u § 275 Rn 23). **Eigene Vertragstreue** ist für die Rechte des Gläub aus § 325 und als bei § 326 (dort Rn 10) keine Voraussetzg (Staud/Otto Rn 24, Erman/Battes Rn 4, str). Sind Schu u Gläub für den Eintritt der Unmöglichk verantwortl, gelten die in der Vorbem 4 v § 323 dargestellten Grds. Bezieht sich das Mitverschulden des Gläub nur auf den Schaden, ist § 254 anzuwenden. Ausgeschlossen sind die Rechte aus § 325, wenn der Gläub den Anspr auf die Leistg bereits vor Eintritt der Unmöglichk dch pVV od gem § 326 wg Verzuges verloren hat.

3) Rechte des Gläubigers. – a) Dem Gläub stehen wahlweise (Rn 7) folgde Rechte zu: – **aa)** Anspr auf 5
SchadErs wg NichtErf (Rn 9 ff). – **bb)** Recht auf Rücktr vom Vertr (Rn 24). – **cc)** Rechte aus § 323. Dabei handelt es sich um drei konkurrierde Befugn: Der Gläub kann sich darauf beschränken, den Wegfall der eig LeistgsPfl geltd zu machen (§ 323 I). Er kann aber auch das stellvertretde commodum fordern (§ 323 II) od seine GgLeistg nach BereichergsR zurückverlangen, § 323 III (Rn 29). Die Rechte des Gläub erstrecken sich auf den **Vertrag im ganzen** (BGH NJW **96**, 1747); ob eine Mehrheit von Vertr od ein einheitl Vertr vorliegt, beurteilt der BGH and als bei § 139 (dort Rn 5) und bei § 313 (dort Rn 32) nicht nach dem PartWillen, sond nach der VerkAnschauung, berücksichtigt dabei aber auch die Absichten der Part u die VertrZiele (BGH aaO: Einh des Vertr über Hard- u Software). – **b) Unabhängig von § 325** kann der Gläub, solange die 6
Unmöglichk (das Unvermögen) nicht feststeht, – **aa)** den ErfAnspr geltd machen u entweder im ErstProz od nach Erlaß des Urt auf dem Weg des § 283 zum SchadErsAnspr übergehen (Rn 30), – **bb)** die Einr des nicht erfüllten Vertr (§ 320) erheben, soweit er nicht vorleistgspflicht ist. – **c) Wahlrecht.** Die Rechte des Gläub 7
stehen im Fall der §§ 325, 326 zueinander im Verhältn der elektiven Konkurrenz (§ 262 Rn 6); die Grds der Wahlschuld (§§ 262 ff) sind unanwendb. Schon vor der Wahl entfällt wg des konditionellen Synallagmas die LeistgsPfl des Gläub (MüKo/Emmerich Rn 30). Die Wahl hat der Gläub, nicht das Ger vorzunehmen (BGH NJW **71**, 1560). Das WahlR ist unbefristet. Der Schu kann dem Gläub aber für die Ausübg des RücktrR gem §§ 327 S 1, 355 eine Fr setzen (RG **73**, 62). Mit FrAblauf erlischt das RücktrR, währd die and RBehelfe weiterbestehen. Hat der Gläub SchadErs verlangt, kann er zum Rücktr **übergehen** (RG **109**, 184, BGH **16**, 393, KG DB **83**, 1354, stRspr). Auch zw dem SchadErsAnspr u den Rechten aus § 323 kann der Gläub variieren (RG **108**, 187, Rn 29). Erst wenn der von ihm gewählte Anspr dch Erfüllg erloschen ist, endet sein *jus variandi* (RG **85**, 283). And ist es aber beim **Rücktritt.** Wg seiner rechtsgestaltden Wirkg ist der Übergang 8
vom Rücktr zum SchadErsAnspr ausgeschlossen (RG **107**, 348, BGH NJW **82**, 1280, **88**, 2878, Köln VersR **96**, 721, aA MüKo/Emmerich Rn 34). Die Androhg des Rücktr beseitigt dagg das *jus variandi* des Gläub noch nicht (BGH NJW **79**, 762). Ist die Erkl mehrdeut, ist sie iZw als Wahl des SchadErsAnspr u nicht als Rücktr aufzufassen (BGH NJW **82**, 1280, NJW-RR **88**, 1100, Hamm NJW **87**, 2089). Auch wenn das Wort „Rücktr" verwandt w, kann die Erkl des Gläub uU als Geltdmachg von SchadErs verstanden w (BGH **LM** § 326 (Ea) Nr 5). Dabei ist zu berücksichtigen, daß der Rücktr für den Gläub idR der ungünstigere RBehelf ist (Rn 25). Der Rücktr kann **widerrufen** w, wenn das Geleistete beim Gegner ohne Verschulden untergegangen ist, der Rücktr also dazu führen würde, daß der Berecht nichts erhält, aber seine Leistg zurückgewähren müßte (§ 347 Rn 2).

4) Anspruch auf Schadensersatz wegen Nichterfüllung. – A. Allgemeines. – a) Als Grdl für einen 9
SchadErsAnspr wg NichtErf kommen neben § 325 auch § 326 u die Grds über pVV (§ 276 Rn 124 ff) in Betracht. Der Inh des Anspr u die Methode der Schadensermittlg sind in den drei Fällen grdsätzl gleich (BGH **99**, 189). Die folgden Ausführgen gelten daher auch für den SchadErsAnspr **aus § 326** u aus **positiver Vertragsverletzung** (vgl aber für DauerSchuldVerh § 276 Rn 128). Zur **Verjährung** s § 195 Rn 8.

10 **b)** Ziel des SchadErsAnspr wg NichtErf ist es, den Gläub so zu stellen, wie er stehen würde, wenn der Schu den Vertr ordngsmäß erfüllt hätte (BGH NJW **98**, 2901). Dabei kommen für die Schadensermittlg zwei Wege in Betracht: – **aa)** Die **Austausch- oder Surrogationstheorie** stellt bei der Schadensermittlg allein auf die unmögl gewordene od trotz NachFr nicht erfüllte Verpflichtg des Schu ab. Die Verpflichtg des Gläub zur GgLeistg bleibt bestehen. An die Stelle der Leistg des Schu tritt als „Surrogat" ihr Wert. Diesen kann der Gläub im Austausch gg seine GgLeistg verlangen. Schuldet der Gläub als GgLeistg Geld, können beide Part aufrechnen u dadch den Leistgsaustausch hinfällig machen. – **bb)** Nach der **Differenztheorie** ist SchadErs wg NichtErf des ganzen Vertr zu leisten. Die Verpflichtg des Gläub, die GgLeistg zu erbringen, entfällt. Der Schaden besteht in der Differenz zw dem Wert der Leistg des Schu zuzügl etwaiger Folgeschäden u der ersparten GgLeistg des Gläub. Das SchuldVerh wandelt sich in einen einseit Anspr des Gläub auf SchadErs um. Leistg u GgLeistg sowie die entstandenen Folgeschäden sinken zu bloßen Rechngsposten herab (RG **50**, 262, BGH **87**, 159, WM **83**, 559). Bei der Feststellg der Differenz zG des Gläub handelt es sich um einen Fall der Anrechng (§ 387 Rn 2), nicht um Aufr (RG **141**, 262, BGH NJW **58**, 1915).

11 **c)** Dchgesetzt hat sich in Rspr u Lehre die den Interessen beider Part gerecht werdende **abgeschwächte Differenztheorie** (RG **96**, 22, BGH **20**, 343, **87**, 158, Staud/Otto Rn 40 mwN). Der SchadErs ist danach grdsl nach der Differenzmethode zu ermitteln; nur iF der von beiden Teilen verschuldeten Unmöglichk gilt die Surrogationstheorie (Vorbem 5 v § 323). Der Anspr richtet sich abw von § 249 S 1 auf SchadErs in Geld
12 (RG **127**, 248, BGH **LM** Nr 3). Von der Differenztheorie gelten aber zwei **Ausnahmen: – aa)** Der **Gläubiger** hat iF des § 325 das vertragl Recht, die ihm obliegde GgLeistg zu erbringen. Er ist daher **berechtigt,** nicht verpflichtet, SchadErs nach der **Austauschmethode** zu fordern. Er kann dem Schu die GgLeistg anbieten u Ers wg der weggefallenen Verbindlichk (zuzügl etwaiger Folgeschäden) verlangen (RG **96**, 22, BGH **20**, 343, **87**, 158). Das gilt aber nicht iF des § 326, weil mit Ablauf der NachFr der ErfAnspr
13 erlischt (BGH NJW **94**, 3351). – **bb)** Hat der **Gläubiger die Gegenleistung** bereits **erbracht,** führt der Gedanke der endgült Liquidation des SchuldVerh u der Beschrkg des Gläub auf einen GeldAnspr dazu, daß er dem Schu die GgLeistg zu belassen hat u entspr der Austauschmethode Ers für die weggefallene Verbindlichk fordern kann (BGH **87**, 159, aA Soergel/Wiedemann Rn 35). Will der Gläub seine GgLeistg zurück haben, muß er vom Vertr zurücktreten od gem § 325 I 3 iVm § 323 vorgehen. Etwas and gilt aber, wenn der Gläub noch Eigtümer der gelieferten Sache ist, etwa im Fall der Lieferg unter EigtVorbeh od der Übergabe des Grdst vor Umschreibg im Grdbuch. Hier kann der Gläub die Sache mit dem Anspr aus § 985 herausverlangen u im übrigen SchadErs wg NichtErf nach der Differenzmethode fordern (RG **141**, 261, BGH **87**, 159, **126**, 136, NJW **81**, 1834). Ist für den Schu eine AuflVormerkg eingetragen, kann der Gläub sowohl SchadErs als auch Löschg der Vormerkg verlangen (BGH **87**, 159, WM **66**, 576, Paschke DB **83**, 1587). Hat der Gläub (Käufer) seine in Geld bestehde GgLeistg bereits erbracht, scheidet eine RückFdg aus § 985 aus; er kann das Entgelt aber als Mindestschaden zurückverlangen (BGH **62**, 120, Rn 15).

14 **B. Berechnung des Schadens. – a)** Zu ersetzen ist das **positive Interesse** (BGH NJW-RR **97**, 654). Der Schaden besteht in der Differenz zw der VermLage, die eingetreten wäre, wenn der Schu ordngsmäß erfüllt hätte, u der dch die NichtErf tatsächl entstandenen VermLage (BGH NJW **98**, 2901). Im Rahmen des SchadErsAnspr kann auch, ohne anteilige Verpflichtg zur GgLeistg, aber unter Anrechng auf den Schaden, das vom Schu erlangte **Surrogat** herausverlangt werden (RG **108**, 186). Grdsätzl ist der Schaden **konkret** zu ermitteln, dh entspr den im Einzelfall wirkl erlittenen VermEinbußen (Rn 20 ff). Bei einer konkreten Schadensermittlg muß der Gläub aber GeschInterna (Kalkulation, Abnehmer, Lieferanten) offenlegen; überdies können sich trotz ZPO 287 BewSchwierigk ergeben. Die Rspr gestattet dem Gläub daher, den Schaden auch **abstrakt** zu berechnen (Rn 16 ff). Zw beiden Berechngsmethoden hat der Gläub die **Wahl** (BGH **2**, 313). Er kann – auch noch im Proz – von der einen zur and Berechngsweise übergehen (RG Warn **20**, 153, KG OLG **40**, 210). Ein einheitl Schaden kann aber stets nur nach der einen od and Methode berechnet w (BGH **2**, 313). Nur wenn der Schaden aus mehreren selbstd Positionen besteht, dürfen beide Berechngsarten
15 nebeneinand angewandt werden (BGH **2**, 313). – **b) Mindestschaden.** Zugunsten des Gläub gilt die Vermutg, daß die vom Schu nicht erbrachte Leistg der GgLeistg des Gläub gleichwertig war. Der Gläub kann daher zwar nicht die GgLeistg zurückfordern, wohl aber einen Gldbetrag in gleicher Höhe als Mindestbetrag seines Schadens (BGH **62**, 120, NJW **82**, 1280, **98**, 2360/2364). Zusätzl kann der Gläub die für den Vertr gemachten u jetzt nutzlos gewordenen **Aufwendungen** ersetzt verlangen, da vermutet w, daß er diese bei ordngsmäß Erfüllg des Vertr wieder eingebracht hätte (BGH **57**, 80, **71**, 238, **114**, 196, NJW **91**, 2708, Vorbem 32 v § 249). Die **Rentabilitätsvermutung** gilt auch für Aufwendgen, die zu einer Zeit gemacht worden sind, als der Vertr noch schwebd unwirks war (BGH NJW **99**, 2269). Sie gilt aber nur für Aufwendgen zu erwerbswirtschaftl Zwecken, nicht für solche zu ideellen Zwecken (BGH **71**, 239, **99**, 198, aA Köln NJW-RR **94**, 687, Soergel/Wiedemann Rn 53). Sie betrifft das AustauschVerhältn von Leistg u GgLeistg u erfaßt auch Maklerkosten (BGH **123**, 96), nicht aber Aufwendgen für weitere Gesch, die der Gläub im Hinbl auf den ErstVertr geschl hat (BGH **114**, 196). Sie ist widerlegl u entfällt bei einem RücktrR des and Teils (BGH NJW **93**, 2527); der Schu kann den GgBeweis erbringen, daß der Gläub bei ordngsmäß VertrAbwicklg Verlust gemacht hätte u mit den str Kosten ganz od teilw belastet geblieben wäre (BGH aaO), so etwa, wenn es sich um einen aus Grden der WirtschLenkg geschlossenen Vertr ohne GewinnErwartg handelt (BGH NJW **86**, 659).

16 **C. Abstrakte Schadensberechnung. – a)** Vgl zunächst Rn 14. Die abstrakte Schadensberechng ist, jedenf im Anwendgsbereich der §§ 325, 326, lediglich eine Beweiserleichterg (Staud/Otto Rn 62, Soergel/Wiedemann Rn 43, Larenz § 29 III). Sie hat in § 252 S 2 ihre rechtl Grdl (dort Rn 7) u beruht auf der **Vermutung,** daß der Gläub aus dem nicht dchgeführten Vertr den in seiner Branche übl Gewinn gemacht hätte. Sie gilt für Kaufleute u Gewerbetreibde, nicht aber für Private od den Fiskus (BGH NJW **80**, 1742, str). Hauptanwendgsfall ist der KaufVertr; die abstrakte Berechng ist auch bei and Vertr zul (§ 252 Rn 7), idR aber nicht bei Vertr über Grdst od EigtWo (BGH NJW **95**, 587). Der Gläub kann den entgangenen Gewinn in seinen AGB pauschalieren, muß aber die Grenzen des AGBG 11 Nr 5 beachten (s dort). Bei Vereinbg einer circa-Menge ist diese der Schadensberechng zugrde zu legen, mögl Abweichgen nach unten oder oben bleiben außer Betracht (Düss NJW-RR **91**, 679, aA Mü NJW-RR **94**, 887). Da der entgangene Gewinn

nicht der MwSteuer unterliegt, ist bei der Differenzrechng auf die Nettopreise abzustellen (BGH NJW **87**, 1690, NJW-RR **92**, 411). – **b)** Der nicht belieferte **Käufer** kann als Schaden die Differenz zw VertrPreis u 17
Marktpreis (hypothet DeckgsGesch) od die zw VertrPreis u Weiterverkaufspreis (hypothet GewinnGesch) verlangen (BGH **2**, 313, NJW **98**, 2901). Bei einer marktgäng Gattgsware beschränkt sich die ErsPfl aber auf die Differenz zw dem VertrPreis u dem Markteinkaufspreis (Düss NJW-RR **88**, 1383). Ein Abzug für allg GeschUnkosten erfolgt nicht, dagg sind ersparte spezielle Kosten (Transportkosten, Provisionen) abzuziehen (BGH **107**, 70). Hat der Käufer nachweisl für den eig Verbrauch gekauft, kann er den Schaden nicht auf der Basis eines hypothet Weiterverkaufs berechnen (Soergel/Wiedemann Rn 46, aA RG **105**, 294). Entspricht der VertrPreis dem Marktpreis ist eine abstrakte Schadensberechng ausgeschl, sofern es sich um eine Ware handelt, die sich der Käufer anderweit beschaffen konnte (MüKo/Emmerich Rn 101). Eine Verpflichtg zu einem Deckgskauf besteht nicht schlechthin (Ffm NJW **77**, 1015); sie kann aber im Einzelfall (schwankde Preise, bes günstige Einkaufsmöglichk) eine sachl gebotene u zumutb Maßn der Schadensminderg sein (BGH WM **65**, 102). – **c)** Der **Verkäufer** kann als Schaden die Differenz zw seinen Herstellgskosten (Anschaffgs- 18
preis) u dem VertrPreis (entgangener Gewinn) od die zw dem (niedrigeren) Marktpreis u dem VertrPreis (hypothet DeckgsGesch) geltd machen (BGH **107**, 69, NJW **70**, 32). Vorteile aus dem anderweit Verkauf der Ware braucht er sich nicht anrechnen zu lassen, da anzunehmen ist, daß er den Zweitabnehmer bei Dchführg des ErstVertr mit and Waren beliefert hätte (BGH **126**, 309, Ausn s Rn 22). – **d) Zeitpunkt** (Stichtag) der 19
abstrakten Schadensberechng ist für den Anspr aus § 325 der Eintritt der Unmöglichk od, falls der Schu vorher im Verzug war, nach Wahl des Gläub der des Verzugseintritts (RG **96**, 159, **149**, 137, Lent DJ **41**, 770). Ist § 326 AnsprGrdl, kann der Gläub zw dem Verzugseintritt u dem Ablauf der Nachfrist wählen (RG **90**, 424, **91**, 31, **149**, 137); im Fall der endgült ErfVerweigerg tritt an die Stelle des Ablaufs der Nachfrist der Ztpkt, in dem der Gläub vom Erfüllgs- zum SchadErsAnspr übergeht (RG **91**, 31, **103**, 293, BGH **2**, 313). And mit beachtl Grden Soergel/Wiedemann Rn 49: Abzustellen sei darauf, wann der Gläub das hypothet Deckgs- od GewinnGesch dchgeführt hätte.

D. Konkrete Schadensberechnung. Vgl zunächst Rn 14. Zur konkreten Schadensberechng ist ein 20
Gesamtvermögensvergleich dchzuführen, bei dem sämtl Vor- u Nachteile des nicht erfüllten Vertr zu saldieren sind (BGH NJW **81**, 1834, **82**, 326). Der Gläub ist so zu stellen, wie er gestanden hätte, wenn der Schu im Ztpkt der Fälligk ordngsmäß geleistet hätte (BGH **126**, 131). Den Verlust aus einem DeckgsGesch kann er iF des § 326 auch dann ersetzt verlangen, wenn er dies vor Ablauf der NachFr abgeschlossen hat (BGH aaO u NJW **98**, 2902. – **a)** Der nicht belieferte **Käufer** kann konkret darlegen, daß wg der Nichtlieferg der geplante Weiterverkauf nicht habe dchgeführt werden können (BGH NJW **79**, 812, **80**, 1742, Köln NJW-RR **93**, 949). Entgangener Gewinn ist auch dann zu ersetzen, wenn er das 29-Fache des EinkaufsPr ausmacht (BGH NJW **93**, 2104). Als Schaden kommt neben dem entgangenen Gewinn auch die Belastg mit SchadErsPflten ggü dem Abnehmer in Frage. Der Käufer kann seinen Schaden auf der Grdl eines konkreten DeckgsGesch berechnen od an Stelle der zu liefernden Ware früher von ihm erworbene verwenden (RG **98**, 272). Eine Pfl zum Deckgskauf besteht, wenn sie zur Schadensminderg sachl geboten u zumutb ist (BGH NJW **89**, 291, Karlsr NJW **71**, 1809). Der Käufer darf das DeckgsGesch nicht verzögern (s BGH NJW **97**, 1231) u muß mit der erforderl Sorgf vorgehen (BGH NJW **68**, 985). Den Gewinn aus dem Weiterverkauf braucht der Käufer sich nicht anrechnen zu lassen, da dieser auch bei ordngsmäß Erfüllg erzielt worden wäre (RG **52**, 150, **90**, 161). – **b) Verkäufer. – aa)** Er kann in konkreter Berechng den dch einen **Deckungsverkauf** entstandenen 21
Schaden geltd machen (Mindererlös, zusätzl Kosten), s BGH NJW-RR **97**, 654. Die ErsPfl erstreckt sich auch auf den mit dem Deckgsverkauf verbundenen Kursverlust (BGH WM **76**, 352). Der Verkäufer muß, wenn dies zur SchadMinderg geboten ist, unverzügl ein DeckgsGesch vornehmen (BGH **136**, 52, Köln OLGZ **90**, 341: gebrauchter Pkw). Er haftet gem § 254 für jede Fahrlässigk (BGH NJW **68**, 985). Der Selbsthilfeverkauf des HGB 373 unterscheidet sich dadch vom Deckgsverkauf, daß er auf Rechng des Käufers geht (RG **110**, 159). Wenn der Verkäufer den Selbsthilfeverkauf mit der erforderl Sorgf dchgeführt hat, kann er aber auch diesen der Schadensberechng zugrde legen (RG **61**, 281). Hat der Verkäufer die Ware selbst ersteigert, muß er sich die Differenz zw ihrem Wert u dem von ihm gezahlten Entgelt anrechnen lassen (RG **110**, 156). –
bb) Der Verkäufer kann als Schaden die Differenz zw seinen **Selbstkosten** u dem VertrPreis geltd machen; 22
Skonto ist nicht abzuziehen, da es nur iF rechtzeit Zahlg zu gewähren ist (Karlsr NJW-RR **94**, 347). Die Prov des Handelsvertreters ist mit anzusetzen, es sei denn, daß HGB 87 III 2 den ProvAnspr ausschließt (s AG Haldensleben NJW-RR **95**, 1245). Behält er die Ware, od verkauft er sie anderweit mit Gewinn, so berührt das seinen SchadErsAnspr grdsätzl nicht; denn es ist zu vermuten, daß er bei Bedarf Waren gleicher Art u Güte zu gleichen Kosten hätte beschaffen können (BGH **126**, 309). Trifft die Vermutg, etwa bei einem Grdst, nicht zu, gilt für die Anrechng Vorbem 127 v § 249. Behält der Verkäufer den nicht reproduzierb KaufGgst, mindert sich sein SchadErsAnspr um die Differenz zw Anschaffgspreis u VerkWert (s RG **89**, 282). –
cc) Andere Verträge. DauerschuldVerh § 276 Rn 128, nicht abgenommenes Darl § 246 Rn 14. – **c)** Wird 23
aufgrd eines konkreten DeckgsGesch abgerechnet, so ist für die Schadensbemessg der **Zeitpunkt** der Vorn dieses Gesch maßgebd (Karlsr NJW **71**, 1809, Lent DJ **41**, 770). Wird die Differenz zw Selbstkosten u VertrPreis geltd gemacht, ist für die Selbstkosten auf den Ztpkt der Anschaffg (Herstellg) abzustellen. Zu berücksichtigen sind alle in der letzten TatsVhdlg erkennb Umst (RG **149**, 137). Der Ztpkt der letzten mdl Vhdlg hat aber auch hier nur verfahrensrechtl Bedeutg (Vorbem 174 v § 249).

5) Rücktritt. – a) Auf das gesetzl RücktrR finden gem § 327 die Vorschr über das vertragl RücktrR, 24
wenn auch mit Modifikationen, Anwendg (s daher bei § 327 u §§ 346 ff). Das RücktrR kann dch AGB nicht ausgeschl w (AGBG 11 Nr 8a). Es wird dch Erkl ggü dem Schu ausgeübt (§ 349). Der Rücktr ist grdsl unwiderrufl (Ausn: § 347 Rn 2). – **b)** Währd der Gläub vom SchadErsAnspr zum Rücktr übergehen kann, 25
ist der umgekehrte Übergang vom Rücktr zum SchadErs wg der GestaltgsWirkg des Rücktr ausgeschlossen (Rn 8). Dch den Rücktr **verliert** der Gläub endgült die Möglichk, **Schadensersatz wegen Nichterfüllung** zu verlangen. SchadErsAnspr aus c. i. c., pVV u unerl Hdlg bleiben bestehen, umfassen aber nicht den Nichterfüllgsschaden (Einf 2 v § 346). Der Rücktr ist daher idR im Vergl zum SchadErsAnspr der **ungünstigere Rechtsbehelf.** Unklare Erkl des Gläub sind demgem iZw nicht als Rücktr aufzufassen (Rn 8). Der Anwalt, der zum Rücktr rät, läuft Gefahr, sich regreßpflicht zu machen (BGH NJW **95**, 451). Nur wenn die

GgLeistg des Gläub einen höheren Wert hat als die Leistg des Schu zuzügl etwaiger Folgeschäden, kann der Rücktr der richtige Weg sein. Auch in diesem Fall ist es aber uU günstiger, SchadErs zu fordern u die GgLeistg aufgrd Eigtums (Rn 13) od als Mindestschaden (Rn 15) zurückzuverlangen.

26 **6) Teilunmöglichkeit, I Satz 2.** Sie steht der Vollunmöglichk gleich, wenn die Leistg unteilb ist. Die Unteilbark kann sich aus obj Kriterien od dem ausdr od konkludent erklärten PartWillen ergeben (BGH NJW **90**, 3012, NJW-RR **90**, 1464). Kann der Verkäufer dem Käufer nur den Besitz, aber nicht Eigtum verschaffen, liegt Gesamtunmöglichk vor (BGH NJW-RR **99**, 347). Besteht Teilbark ist zu unterscheiden: – **a)** Die TeilErf hat für den Gläub **Interesse.** Der Vertr zerfällt in zwei rechtl selbstd Teile (BGH **36**, 318). Die mögl Teilleistg wird mit einer entspr verminderten GgLeistg ausgetauscht. So liegt es idR, wenn bei einem DauerSchuldVerh die dem einen Teil obliegde Leistg zeitweil unmögl w (BAG NJW **86**, 1192: WettbewVerbot gg Zahlg einer KarenzEntsch). Hinsichtl des unmögl Teils hat der Gläub die Rechte des § 325 (RG **73**, 61). Wählt er den SchadErsAnspr, kann er mit diesem gg den TeilvergütgsAnspr des Schu aufrechnen (BGH **36**, 218). Ein TeilRücktr ist nur zul, wenn er mit Inh u Zweck des Vertr vereinbar ist (RG **79**, 311, BGH **LM** § 634 Nr 7 Bl 2). Ist der Vertr nicht in selbstd Teile zerlegb, erstreckt sich der Rücktr auf den Vertr im ganzen
27 (RG **67**, 104, BGH NJW **90**, 3012). – **b)** Die TeilErf hat für den Gläub **kein Interesse, I 2.** Diese Voraussetzg ist gegeben, wenn der Gläub an dem eingeschränkten Leistgsaustausch nicht interessiert ist, etwa weil es für ihn günstiger ist, im ganzen neu abzuschließen (BGH NJW **90**, 2550). And als bei § 280 II ist nicht erforderl, daß die Teilleistg selbst für ihn ohne Interesse ist (RG **50**, 143; **67**, 104, s auch RG **126**, 67). Der Gläub hat die **Rechte** des § 325 hinsichtl des ganzen Vertr. Auf den SchadErsAnspr finden gem §§ 325 I 2, 280 II die Vorschr über den Rücktr entspr Anwendg. Wenn der Schu dem Gläub gem § 355 eine Frist setzt (Rn 7), kann diese auch die Wahl des SchadErsAnspr einbeziehen. Die Rechte des Gläub aus § 325 I 2 können dch
28 AGB nicht abbedungen w (AGBG 11 Nr 9). – **c)** Zum **Sukzessivlieferungsvertrag** vgl Einf 32 v § 305.

29 **7) Rechte aus § 323.** Nach § 325 I 3 kann der Gläub die RBehelfe des § 323 geltd machen. Voraussetzg ist, daß der Gläub sich auf den Standpunkt des § 323 stellt, dh dem Schu keinen SchuldVorwurf macht (BGH NJW **71**, 1560). Der Gläub kann nachträgl noch zum SchadErs wg NichtErf od Rücktr übergehen (RG **108**, 187, and evtl BGH aaO). Er kann nach seiner Wahl, (1) den beiderseits noch nicht erfüllten Vertr für **erledigt** erklären, (2) das **Surrogat** der unmögl gewordenen Leistg gg eine evtl entspr herabgesetzte GgLeistg verlangen, (3) die **Rückgewähr** des Geleisteten nach BereichergsR fordern (§ 323 Rn 6 ff). Der Weg (2) ist idR unzweckmäß, weil der Gläub das Surrogat auch bei Geltdmachg von SchadErs verlangen kann, § 281 II, u zwar unter Wegfall seiner GgLeistgsPfl (RG **108**, 186); iZw ist anzunehmen, daß der Gläub diese für ihn günstigere Lösg will (RG aaO). Ggü dem Weg (3) ist der Rücktr wg der strengeren Haftg (§§ 346 ff) idR der günstigere, jedoch bleibt dem Gläub im Fall von (3) sein WahlR (Rn 7).

30 **8) II** gibt dem Gläub die Rechte aus § 325 I, wenn im Fall des § 283 die Leistg bis zum FrAblauf ganz od teilw nicht bewirkt ist. Der Gläub hat danach abw von § 283 ein RücktrR u einen SchadErsAnspr wg NichtErf des ganzen Vertr (Einzelh s bei § 283, insbes dort Rn 9). Beim Kreditkauf steht dem Verkäufer das RücktrR aus § 325 II nicht zu, wenn er voll erfüllt hat (§ 454).

326 *Verzug; Fristsetzung mit Ablehnungsandrohung.*

[I] Ist bei einem gegenseitigen Vertrage der eine Teil mit der ihm obliegenden Leistung im Verzuge, so kann ihm der andere Teil zur Bewirkung der Leistung eine angemessene Frist mit der Erklärung bestimmen, daß er die Annahme der Leistung nach dem Ablaufe der Frist ablehne. Nach dem Ablaufe der Frist ist er berechtigt, Schadensersatz wegen Nichterfüllung zu verlangen oder von dem Vertrage zurückzutreten, wenn nicht die Leistung rechtzeitig erfolgt ist; der Anspruch auf Erfüllung ist ausgeschlossen. Wird die Leistung bis zum Ablaufe der Frist teilweise nicht bewirkt, so findet die Vorschrift des § 325 Abs. 1 Satz 2 entsprechende Anwendung.

[II] Hat die Erfüllung des Vertrags infolge des Verzugs für den anderen Teil kein Interesse, so stehen ihm die im Absatz 1 bezeichneten Rechte zu, ohne daß es der Bestimmung einer Frist bedarf.

1 **1) Allgemeines. – a)** Auf den SchuVerzug beim ggs Vertr finden grdsl die allg Regeln (§§ 284 ff) Anwendg. Es gilt insb § 286 I, wonach der Schu den Verspätgsschaden zu ersetzen hat. Die §§ 284 ff berücksichtigen aber nicht, daß die gestörte Leistgspfl synallagmatisch mit einer GgLeistgsPfl verbunden ist. Dem Gläub ist im Fall des SchuVerzuges nicht zuzumuten, auf unbestimmte Zeit leistgsbereit zu bleiben u auf die Dchführg des Vertr zu warten. § 326 gibt ihm daher die Möglichk, den **Vertrag im ganzen** zu liquidieren. Das kann nach Wahl des Gläub dch Geltdmachg von SchadErs wg NichtErf od Rücktr geschehen. Voraussetzg ist der Ablauf einer Nachfrist (§ 326 I) od (ausnahmsweise) der bloße Wegfall des Interesses (§ 326 II). § 326 ergänzt § 286 I u verdrängt § 286 II. Er ist die **wichtigste Vorschrift des Rechts der Leistungsstörungen.** Auch wenn der Gläub Unmöglichk od Unvermögen vermutet, wird er idR gem § 326 vorgehen, um nicht den Beweis der Unmöglichk führen zu müssen. Bei schweren **positiven Vertragsverletzungen** werden die RFolgen gleichf dem § 326 entnommen (§ 276 Rn 124 ff).

2 **b) Anwendungsbereich.** § 326 gilt grdsl für alle ggs Vertr (Einf 4–10 v § 320), auch für gemischte Vertr (RG **67**, 104, **79**, 310) u für VorVertr (BGH **LM** § 145 Nr 8); abgesehen vom Fall der ErfHaftg des § 179 findet er aber auf gesetzl SchuldVerhältn wie das der Wandlg keine Anwendg (Einf 11 v § 320). SonderVorschr enthalten § 315 III 2 Halbs 2 für den Verzug mit dem LeistgsbestimmgsR (§ 315 Rn 13), VVG 39 für die Folgeprämie u ZPO 1035 III 3 für die Schiedsrichterernenng. Besonderheiten bestehen aber auch bei folgden SchuldVerhältn: – **aa)** Beim **Kaufvertrag** schließt § 454 das RücktrR aus, wenn der Verkäufer vollständ erfüllt u dem Käufer den Kaufpreis gestundet hat. Beim Kauf unter EigtVorbeh kann der Verkäufer gem § 455 auch ohne FrSetzg zurücktreten. Zur Abgrenzg von §§ 459 ff vgl Einf 18 v § 320. – **bb)** Beim **Werkvertrag** kann der Besteller wg seines Anspr auf fehlerfreie Herstellg des Werkes bis zur Abnahme gem § 326 – aber auch schon nach § 634 (BGH NJW **99**, 2046) – vorgehen (BGH NJW-RR **88**, 311, NJW **97**, 50); dem Untern steht der Weg des § 326 offen, wenn der Besteller mit der Zahlg od der Abnahme des Werkes in

Verzug kommt (Soergel/Wiedemann Rn 5). Nach Abnahme des Werks schließen die §§ 633ff für den Besteller die Anwendg des § 326 aus (BGH **62**, 83/86, Vorbem 19 v § 633). Beim ReiseVertr verdrängen die GewLVorschr die allg Regeln des LeistgsstörgsR (Vorbem 8 vor § 651c). – **cc)** Auf den **Leibrentenvertrag** ist § 326 unanwendb, wenn nur die Bestellg des StammR geschuldet war; and aber, wenn die laufden Zahlgen Ggst des ggs Vertr ist (BGH NJW-RR **91**, 1035). Beim **Erbbaurechtsvertrag** ist der Rücktr nach dem dingl Vollzug im GrdBuch ausgeschlossen (BGH NJW **69**, 1112); bei der Veräußerg von **Wohnungseigentum** geht WEG 18 § 326 vor (BGH **59**, 106). – **dd)** Zu **Dauerschuldverhältnissen** s § 276 Rn 127ff u zu 3
Sukzessivlieferungsverträgen s Einf 31 v § 305.

c) § 326 ist **dispositiv.** Die Voraussetzgen eines vertragl RücktrR richten sich nicht nach § 326, sond nach 4
dem Vertr (BGH NJW **82**, 1036, **85**, 268). Die Part können insb auf das Erfordern der FrSetzg u der Ablehngsandrohg verzichten (BGH aaO). Ob § 326 neben einer vertragl RücktrRegelg anwendb ist, ist Ausleggsfrage (Hamm BB **89**, 1438). Der Grds, daß der Gläub nur bei eig VertrTreue zum Rücktr berecht ist, gilt iZw auch für das vertragl RücktrR (Rn 13). Ändergen dch AGB unterliegen den Beschränkgen des AGBG. Nach AGBG 11 Nr 4 kann das Erfordern, den Kunden zu mahnen u ihm eine NachFr zu setzen, nicht abbedungen w. Die Rechte aus § 326 werden dch AGBG 11 Nr 7, 8, 9 u 10 Nr 2 geschützt (s dort).

2) Übersicht. Ist der Schu bei einem ggs Vertr im Verzug, kann der **Gläubiger** zw folgden Möglichk 5
wählen: – a) Er kann die eig Leistg gem § 320 **verweigern** u die weitere Entwicklg abwarten. – **b)** Er kann Erfüllg der Verpflichtg u daneben gem § 286 I **Ersatz des Verspätungsschadens** verlangen. Im RStreit kann der Gläub gem ZPO 264 Nr 3 vom ErfAnspr zum Anspr auf SchadErs wg NichtErf übergehen. Nach Erlaß des ErfüllgsUrt steht ihm zusätzl der Weg des § 283 offen (§ 283 Rn 2). Beim Übergang zum SchadErsAnspr wg NichtErf bleibt der Anspr auf den vorher entstandenen Verspätgsschaden unberührt (Rn 26); der spätere Verzögergsschaden ist Bestandteil des Anspr aus § 326 (s RG **94**, 206, **105**, 281, HRR **32**, 437). Bleibt der Gläub beim Vertr stehen, kann er die eig Leistg auch dann nicht zurückfordern, wenn er unter EigtVorbeh geliefert hat (BGH **54**, 214, aA § 455 Rn 27). – **c)** Der Gläub kann den Vertr wg des 6
Verzugs des Schu liquidieren u **Schadensersatz wegen Nichterfüllung** verlangen od vom Vertr **zurücktreten.** Diese Rechte erfassen den Vertr **im ganzen** (§ 325 Rn 5); sie bestehen nur, wenn die strengen Voraussetzgen des § 326 erfüllt sind: Der Schu muß sich mit einer HauptleistgsPfl im Verzug befinden (Rn 7ff); der Gläub muß vertragstreu sein (Rn 10ff). Voraussetzg ist weiter der fruchtlose Ablauf einer vom Gläub mit Ablehngsandrohg gesetzten NachFr (Rn 14ff u 23). Eine FrSetzg ist jedoch bei Interessenwegfall sowie bei ernsth u endgültiger ErfVerweigerg entbehrl (Rn 19ff).

3) Verzug mit einer Hauptleistungspflicht. – a) Die **Voraussetzungen des Schuldnerverzuges** 7
(§§ 284f) müssen erfüllt sein. Auch ein Teilverzug kann genügen (Rn 28). Ist Zug-um-Zug zu leisten, setzt eine wirks Mahng voraus, daß der Gläub die eig Leistg anbietet (§ 284 Rn 13). – **b)** Der Schu muß sich mit einer im GgseitigkVerhältn stehden **Hauptleistungspflicht** im Verzug befinden (Einf 16 v § 320). Das GgseitigkVerhältn erstreckt sich auf die den VertrTyp bestimmden Pflten. Es erfaßt aber auch alle sonstigen Pflten, die nach dem Willen der Part für die DchFührg des Vertr von wesentl Bedeutg sind (RG **101**, 431, BGH NJW **72**, 99). Beim WkVertr ist die AbnPfl des Bestellers (§ 640) HauptPfl (RG **171**, 300). Dagg stellt die AbnPfl des Käufers (§ 433 II) idR keine HauptPfl dar (RG **53**, 161, **57**, 108); das gilt ebso für die Pfl zum Abruf (BGH NJW **72**, 99). Aus den Umst des Einzelfalls kann sich aber ergeben, daß die Pfl zur Abn od zum Abruf als HauptPfl eingeordnet werden muß, so wenn die Ware leicht verderbl ist, ihr Besitz mit Lasten od Risiken verbunden ist od der Verkäufer sein Lager räumen will. Bsp sind der Verkauf von Massengütern (RG Recht **05** Nr 1835, **07** Nr 428), von Lagerbeständen (RG Recht **23** Nr 1229), der Verkauf auf Abbruch (RG Warn **22** Nr 96), aber auch BierliefergsVertr (Mü NJW **68**, 1881). Auch die Entggn der Aufl kann HauptPfl sein, vor allem wenn von ihr wichtige RFolgen abhängen (RG **69**, 106). Weitere **Einzelfälle** (ja = HauptPfl; 8
nein = keine): Bestellg eines Akkreditivs ja (Mü NJW **58**, 752); Lieferg des Kfz-Briefs beim Kfz-Kauf ja (BGH NJW **53**, 1347, Schlechtriem NJW **70**, 1995); Verschaffg der Zulassg u der Gebrauchsmöglichk beim Kfz ja (Karlsr OLGZ **69**, 317), Übertragg der Konzession beim Verkauf einer Taxe ja (Mü VersR **80**, 95); MontageVerpfl ja (BGH NJW **98**, 3197); Anschließen des verkauften Geräts ja (Stgt Justiz **66**, 283); Anleitg u Einarbeitg bei Kauf einer EDV-Anlage ja (s Stgt BB **86**, 1675); Benutzerhandbuch bei Lieferg von Hard- od Software ja (BGH NJW **93**, 462); Pfl zur Spezifikation gem HGB 375 ja; Ausstellg der zur Bahnkontrolle erforderl Rechng ja (RG **101**, 431); Abn im Rahmen eines Lizenz- u AlleinVertriebsVertr ja (Ffm NJW-RR **92**, 1200); Abn beim Darl wohl ja (aA Derleder JZ **89**, 169); die vom Mieter geschuldeten **Schönheits-** 9
reparaturen ja (BGH **92**, 367, **104**, 10, **108**, 6, s auch Rn 20). Anspr des Verpächters auf Beseitigg von umfangreichen Anlagen ja (BGH **107**, 183); Vorlage eines Mustertextes für die Finanzierg nein (Karlsr NJW-RR **93**, 1368).

4) Ungeschriebene Voraussetzg des § 326 ist grdsl **eigene Vertragstreue** des Gläub (RG **152**, 123, BGH 10
NJW **71**, 1747, **84**, 869, NJW-RR **91**, 898, stRspr, krit die Lit s MüKo/Emmerich Rn 24). An diesem aus § 242 (dort Rn 46) abgeleiteten Erfordern, das dem *„tu quoque"* Argument Geltg verschafft, ist trotz der Kritik des Schrifttt festzuhalten. Sein Anwendgsbereich ist aber enger als die gelegentl verwandten Formuliergen vermuten lassen. – **a)** Die VertrUntreue des Gläub führt vielf dazu, daß **kein Schuldnerverzug** eintritt (s 11
BGH NJW **87**, 253, Köln VersR **92**, 721). Da hier bereits die geschriebenen Voraussetzgen des § 326 nicht vorliegen; hat das Erfordern der VertrTreue keine eigenständ Bedeutg. Beispiele: Der Gläub hat seine VorleistgsPfl nicht erf (BGH NJW-RR **96**, 754); er befindet sich bereits selbst im Verzug (RG **120**, 193); er hat bei seiner Mahng die GgLeistg nicht angeboten (§ 284 Rn 13); er ist außerstande, die GgLeistg zu erbringen (BGH NJW **74**, 36); der Schu hat wg einer schweren VertrVerletzg des Gläub bereits seinerseits die Rechte des § 326 geltd gemacht (§ 276 Rn 124ff). – **b)** Auch wenn **Schuldnerverzug vorliegt,** kann dem 12
Gläub mangelnde VertrTreue vorzuwerfen sein. Beispiele: Der nachleistgspflichtige Gläub ist zur GgLeistg nicht bereit (BGH **50**, 176) od nicht in der Lage (BGH NJW **74**, 36), der Gläub hat sich vom Vertr losgesagt (BGH ZIP **99**, 367), dch sein Verhalten den VertrZweck gefährdet (BGH **LM** § 346 Nr 6 Bl 4) od wicht NebenPfl verletzt. Der Grds, daß eig VertrUntreue die Rechte aus § 326 ausschließt, unterliegt aber **Einschränkungen.** Die PflVerletzg des Gläub ist unschädl, wenn sie dch die VertrUntreue des Schu erst hervor-

gerufen worden ist (RG **109**, 56), wenn sie mit der Pfl des Schu in keinem inneren ZusHang steht (BGH NJW-RR **94**, 372), wenn sie nach Art u Schwere nicht geeignet ist, den VertrZweck zu gefährden (BGH NJW **87**, 253), wenn der Schu auf die Erf der Pfl offenb keinen Wert gelegt hat (BGH **LM** (C) Nr 1 a, WM **72**, 1056), od er sich unabhängig vom Verhalten des Gläub vom Vertr losgesagt hat (BGH NJW **77**, 581, Ffm JZ **79**, 529). Kehrt der Gläub zu einem vertragstreuen Verhalten zurück, stehen ihm die Rechte des § 326 wieder zu (BGH **LM** (A) Nr 12, § 325 Nr 6, WM **72**, 1056). Sein verbales Bekenntn zur DchFührg des Vertr reicht aber nicht aus, wenn tatsächl keine ErfMöglichk mehr besteht (BGH NJW **74**, 36, WM **78**, 732). Nicht erforderl ist, daß der Schu sich schon ggü der NachFrSetzg auf die VertrUntreue des Gläub berufen hat; es genügt, wenn dies im RStreit geschieht (RG **152**, 124, KG MDR **74**, 319). Unberührt bleibt der ErfAnspr des Gläub u sein SchadErsAnspr aus § 286, der aber gem § 254 gemindert sein kann. Der Schu, der den *„tu quoque"*-Einwand erhebt, braucht nur zu **beweisen,** der Gegner habe sich vom Vertr losgesagt, es obliegt dann
13 dem and Teil, die Berechtigg seiner Lossagg nachzuweisen (BGH ZIP **99**, 367). – **c)** Stellt ein **vertragliches Rücktrittsrecht** auf eine VertrVerletzg des and Teils ab, so gilt das Erfordern eig VertrTreue auch für dieses Rechts (BGH NJW **83**, 990, **85**, 266, ZIP **99**, 367/369).

14 **5) Fristsetzung und Ablehnungsandrohung. – a) Allgemeines.** Die NachFrSetzg u die Ablehngsandrohg müssen in derselben Erkl des Gläub enthalten sein (RG **120**, 195, BGH **74**, 203, **LM** § 242 (Be) Nr 24 Bl 3 R). Die Erkl muß wg ihrer Warnfunktion die im Ges festgelegten Förmlichk strikt einhalten. Sie soll dem Schu eine letzte Chance zur ordngsmäß DchFührg des Vertr eröffnen. Die Erkl ist eine einseitige empfangsbedürftige **Willenserklärung** (RG **53**, 167, Lindacher JZ **80**, 49). Sie ist wg ihrer Gestaltgswirkg bedinggsfeindl u unwiderrufl (RG aaO, BGH **114**, 366). Die Erkl kann an sich erst **nach Verzugsbeginn** wirks abgegeben werden (BGH NJW **96**, 1814, NJW-RR **97**, 622). Es ist aber zul, sie mit der den Verzug begründden Mahng zu verbinden (RG **50**, 262, **93**, 181, BGH NJW-RR **90**, 444, stRspr).

15 **b) Fristsetzung. – aa)** Der Gläub muß den Schu **auffordern,** die **Leistung zu bewirken.** Die Aufforderg an den Schu, sich über seine LeistgsBereitsch zu erklären, genügt nicht (RG **101**, 399, aA Peters JR **98**, 186). Sie ist aber ausnahmsweise ausreichd, wenn der Schu sich zuvor zur fristgerechten Leistg außerstande erklärt hat (BGH **LM** (Dc) Nr 4). Entspr gilt, wenn bei einem langfristigen Vertr Leistgshindern in der Sphäre des Schu entstanden sind (BGH **LM** § 242 (Be) Nr 24, NJW **83**, 990), ferner dann, wenn der Gläub wg einer pVV des Schu die Rechte des § 326 geltd machen will (§ 276 Rn 124 ff). Hat der Besteller das mangelh Wk nicht abgenommen, genügt für § 326 die Aufforderg zur VertrErf, eine genaue Bezeichng der Mängel ist nicht erforderl (BGH NJW-RR **88**, 311). Für die **Zuvielforderung** gelten die Ausführgen in § 284 Rn 19 entspr. Eine ZuvielFdg erhebl Umfangs kann aber unter dem Gesichtspkt eig VertrUntreue die
16 Rechte des § 326 ausschließen (BGH **LM** § 346 Nr 6 Bl 4, Celle MDR **94**, 137). – **bb)** Die NachFr muß **angemessen** sein; sie soll dem Schu eine letzte Gelegenh zur VertrErfüllg eröffnen u braucht daher nicht so bemessen zu werden, daß der Schu die noch gar nicht begonnene Leistg erst anfangen u fertigstellen kann (BGH NJW **85**, 323, 857, Düss NJW-RR **92**, 951). Der Schu soll vielmehr in die Lage versetzt werden, die bereits in Angriff genommene Leistg zu vollenden (BGH NJW **82**, 1280). Bei ZahlgsFr ist zu berücksichtigen, daß der Schu für seine finanzielle Leistgsfähigk verantwortl ist (BGH NJW **85**, 2640). Einzelfälle s AGBG 10 Rn 11. Eine NachFr von 2 Tagen kann bei bes Eilbedürftigk ausr sein (Köln NJW-RR **93**, 949). Die Part können über die Dauer der NachFr vertragl Abreden treffen, Festsetzgen in AGB sind aber nur in den
17 Grenzen von AGBG 10 Nr 2 wirks (s dort). – **cc)** Die Bestimmg einer **zu kurzen Nachfrist** setzt idR eine angem NachFr in Lauf (RG **56**, 234, BGH NJW **85**, 2640). Die FrSetzg ist aber wirkgslos, wenn die zu kurze Fr dch AGB festgelegt ist, da der Rekurs auf die angem Fr gg das Verbot geltgserhaltder Reduktion verstoßen würde (Hamm NJW-RR **95**, 503). Gleiches gilt, wenn der Gläub zu erkennen gibt, daß er die Leistg nach Ablauf der von ihm gesetzten zu kurzen Fr keinesfalls annehmen werde, auch wenn sie innerhalb der obj angem Fr erfolgt (RG **91**, 207), od wenn der Gläub eine vor VerzEintritt endende Nachfrist setzt (BGH NJW **96**, 1814). Die Aufforderg, in angem Fr od „unverzügl" zu leisten, ist zuläss (RG **75**, 357). Der Gläub kann die Fr bis zu ihrem Ablauf dch einseit Erkl **verlängern.** Nach FrAblauf ist dagg der Abschluß eines neuen uU formbedürft Vertr erforderl (BGH **20**, 340).

18 **c)** In der **Ablehnungsandrohung** muß klar u unzweideut zum Ausdr kommen, daß der Gläub nach FrAblauf die **Annahme der Leistung ablehnen werde** (BGH NJW **77**, 36, **83**, 1732). Die Wiederholg des GesWortlautes ist nicht erforderl, wg der strengen Anfordergen der Rspr aber ratsam. Der Gläub braucht nicht anzugeben, welchen RBehelf er nach FrAblauf geltd machen will. Er kann sich aber insow bereits festlegen (RG **61**, 131, BGH NJW **82**, 1280); auch wenn er sich für den Rücktr entscheidet, bleibt ihm jedoch bis zum FrAblauf ein *jus variandi* (BGH NJW **79**, 762, Düss NJW **72**, 1051, Bülow JZ **79**, 430). **Einzelfälle** (ja = ausreichde Ablehngsandrohg; nein = nicht); Erkl, sich den Rücktr od sonstige Rechte „vorzubehalten", nein (RG **91**, 164, BGH **LM** (D) Nr 2), jedoch ist im Einzelfall eine abweichde Beurteilg denkb (Köln NJW **91**, 301). Androhg der übl Schritte od der Übergabe an einen Anwalt nein (BGH NJW **68**, 103). Androhg, den VertrAnspr dchzusetzen, nein (BGH NJW **97**, 51). Androhg einer SchadErsFdg, ja, wenn sich die Androhg eindeut auf den NichtErfSchaden bezieht (BGH **74**, 202, **114**, 277, Düss WiB **97**, 604), nein, wenn auch der Verzögergsschaden gemeint sein könnte (RG **120**, 194). Androhg des Rücktr ja (Staud/Otto Rn 95), von Zwangsmaßn nein (BGH WM **85**, 391), der anderweitiger Vfg über die Ware nein (RG JW **21**, 1359). Drohg, vom Vertr „abzugehen", ihn „aufzuheben" od zu „annullieren", ja, aber Frage des Einzelfalls (BGH NJW **83**, 1732).

19 **6) Entbehrlichkeit der Fristsetzung. – a) Verzicht.** Da § 326 dispositiv ist (Rn 4), kann das Erfordern der FrSetzg ausdr od konkludent abbedungen werden (s RG **96**, 257, BGH NJW **82**, 1036). Mögl ist auch eine einseit VerzichtsErkl des Schu (s RG **104**, 375). Es muß sich aber um eine IndividualErkl des Schu handeln; ein formularmäß Verzicht in den AGB des Gläub ist gem AGBG 11 Nr 4 unwirks.

20 **b) Erfüllungsverweigerung.** Wenn der Schu die Erfüllg bestimmt, ernstl u endgült verweigert, ist die FrSetzg wg offensichtl Zwecklosigk entbehrl (BGH **2**, 312, **49**, 60, NJW **82**, 2316, **92**, 971, allgM). Dabei ist konstruktiv zu unterscheiden (and aber Gernhuber FS Medicus, 1999, 145): Verweigert der Schu die Erf **nach Fälligkeit** u handelt es sich um eine HauptleistgsPfl, ist § 326 unmittelb anwendb (Staud/Otto

dar; er kann aber auch als RücktrR aufzufassen sein (BGH **46**, 279, NJW **84**, 312). Der Widerr kann iZw wahlweise ggü dem Ger od dem Gegner erklärt w (Düss OLGZ **87**, 111). – **d)** Die **Anfechtung** (§§ 119 ff) betrifft Mängel, die dem RGesch von vornherein anhaften; sie macht das RGesch von Anfang an nichtig (§ 142). Die Rückabwicklg richtet sich nach §§ 812 ff, nicht nach §§ 346 ff (RG **101**, 390). – **e)** Auf die 11
Wandlung (§§ 462, 634) finden die §§ 346 ff gem § 467 mit Abweichgen entspr Anwendg. Die Wandlg wird jedoch noch nicht dch einseit Erkl wirks sond erst mit Vollziehg (§ 465). – **f)** Der **Umtauschvorbehalt** 12
ist idR kein RücktrVorbeh, sond eine Ersetzgsbefugn des Käufers (Vorbem 2 vor § 494). – **g)** Zum **Aufhebungsvertrag** s § 305 Rn 7.

346 *Wirkung des Rücktritts.* **Hat sich in einem Vertrag ein Teil den Rücktritt vorbehalten, so sind die Parteien, wenn der Rücktritt erfolgt, verpflichtet, einander die empfangenen Leistungen zurückzugewähren. Für geleistete Dienste sowie für die Überlassung der Benutzung einer Sache ist der Wert zu vergüten oder, falls in dem Vertrag eine Gegenleistung in Geld bestimmt ist, diese zu entrichten.**

1) Voraussetzungen. – a) Das **Rücktrittsrecht** kann auf Vertr, aber auch auf Ges beruhen (Einf 6). Das 1
vertragl RücktrR („RücktrVorbeh") erfordert eine schuldrechtl Vereinbg. Sie kann ausdr aber auch stillschw zustande kommen (Ffm NJW-RR **86**, 1229), iZw gelten die allg AusleggsGrds (§§ 133, 157). RücktrR kr Handelsbrauchs sind im Rahmen des HGB 346 zu berücksichtigen (BGH NJW **77**, 386, Ffm NJW-RR **86**, 911). Ein RücktrVorbeh in **AGB** ist im nichtkaufm Verkehr nur wirks, wenn er auf einen sachl gerechtf Grd abstellt u dieser in den AGB angegeben w (AGBG 10 Nr 3, s dort). Ist das vertrwidr Verhalten des and Teils RücktrGrd, setzt das RücktrR grdsl eig VertrTreue des Berecht voraus (BGH **LM** Nr 6, NJW **85**, 266, § 326 Rn 13). **Einzelfälle** (ja = RücktrVorbeh): Klausel „freibleibend" ja (RG **105**, 370); „höhere Gewalt"-Klausel ja (RG **87**, 92); RückverkaufsR in EigenhändlerVertr ja (BGH NJW **72**, 1191); Vertr unter Verwendg eines Formulars, das fälschl auf ein gesetzl WiderrufsR hinweist, ja (BGH NJW **82**, 2313); RücknGarantie, ja (LG Hbg NJW-RR **91**, 823). – **b)** Erforderl ist weiter eine **Rücktrittserklärung;** s dazu § 349. Der Rücktr ist 2
grdsl auch dann wirks, wenn der Berecht zur Rückgewähr der empfangenen Leistg außerstande ist (§ 350). Nur in den Fällen der §§ 351–353 ist der Rücktr ausgeschlossen.

2) Rechtsfolgen. – a) Der Rücktr gestaltet das VertrVerhältn in ein AbwicklgsSchuldVerhältn um (Einf 3
2). Er erstreckt sich auf den Vertr im ganzen (BGH NJW **76**, 1931), hat aber keine Auswirkg auf Dr. Die Leistgen sind dem VertrPartner zurückzugewähren, bei gekoppelten Vertr ausnw auch an od über Dr (Hbg NJW **58**, 1781). Zum **Erfüllungsort** für die RückgewährPflten s § 269 Rn 15. Eine Pfl zur Rückn (Beseitigg) der Leistg besteht beim gesetzl RücktrR jedenfalls dann, wenn der RücktrBerecht ein schutzwürd Interesse an der Rückn hat (BGH **87**, 109 zur Wandlg). § 818 III ist unanwendb; Wegfall der Bereicherg befreit den RückgewährSchu nicht (BGH **77**, 310, 320, **85**, 59); and ist es jedoch beim gesetzl RücktrR für den RücktrBerecht (§ 327 Rn 2). – **b) Einzelne Rückgewährpflichten: – aa) Sachen** u **Rechte** sind in 4
Natur zurückzugewähren. Bei Untergang od Verschlechterg gelten §§ 347, 350, uU aber auch §§ 351 ff. – **bb)** Bei **Geldleistungen** wird die Rückgewähr des Geldwertes, nicht die Rückgabe der individuellen Geldzeichen geschuldet. Der abgezogene Skonto mindert die RückgewährPfl (AG Freibg MDR **88**, 494). – **cc)** Für Dienstleistgen u die Überlassg von Sachen zum Gebrauch ist **Wertersatz** zu leisten (S 2). Das gilt entspr für sonst Leistgen, die, wie vielf WkLeistgen, ihrer Natur nach nicht zurückgewährt w können. Satz 2 betrifft aber nur vertragl HauptPflten; ist Nutzg Nebenfolge, gilt § 347 S 2 (Köln OLGZ **80**, 211). Hat sich der GrdstVerkäufer ohne zusätzl Vergütg zum Abriß von Baulichk verpflichtet, steht ihm iF des Rücktr für den Abriß kein Anspr aus § 346 Satz 2 zu (BGH NJW **98**, 1079). Satz 2 Halbs 2, der auf die vertragl Entgeltsabrede verweist, zeigt das Fortwirken des Vertr (Einf 2 vor § 346). Fehlt eine Entgeltsabrede, ist der gemeine Wert im Ztpkt der Leistg zu vergüten (MüKo/Janßen Rn 18). Die Part können über die zu entrichtden Vergütgen Vereinbgen treffen, formularmäß Klauseln zG des Verwders sind aber nur in den Grenzen von AGBG 10 Nr 7 wirks. – **c) Verjährung** s § 196 Rn 11. – **d)** Die strenge Haftg des Rückge- 5
währSchu kann, uU auch stillschw, **abgemildert** w. Daraus, daß der RückgewährSchu die empfangene Leistg an Dr (Subunternehmer) weiterleiten wollte, ergibt sich aber noch nicht, daß ihm die Einr aus § 818 III zustehen soll (Ffm NJW **67**, 984, aA Kblz DRZ **49**, 112).

347 *Haftung bei Rückgewähr.* **Der Anspruch auf Schadensersatz wegen Verschlechterung, Unterganges oder einer aus einem anderen Grunde eintretenden Unmöglichkeit der Herausgabe bestimmt sich im Falle des Rücktritts von dem Empfange der Leistung an nach den Vorschriften, welche für das Verhältnis zwischen dem Eigentümer und dem Besitzer von dem Eintritte der Rechtshängigkeit des Eigentumsanspruchs an gelten. Das gleiche gilt von dem Anspruch auf Herausgabe oder Vergütung von Nutzungen und von dem Anspruch auf Ersatz von Verwendungen. Eine Geldsumme ist von der Zeit des Empfanges an zu verzinsen.**

1) Allgemeines. – a) Die im Eigtümer-BesitzerVerhältn ab RHängigk vorgesehene **strenge Haftung** gilt 1
nach § 347 iF des Rücktr bereits vom Ztpkt des Leistgsempfangs an. Diese Regelg beruht auf dem Gedanken, daß die Part wg des RücktrVorbeh mit dem Rücktr rechnen mußten u sich auf ihn einrichten konnten (BGH **87**, 300), eine Überlegg, die jedoch auf den Rücktr kr Ges nicht zutrifft (s daher Rn 6 ff). § 347 gilt sowohl für den RücktrGegner als auch für den RücktrBerecht, für diesen jedoch mit der Maßg, daß sein RücktrR bei verschuldetem Untergang od wesentl Verschlechterg vor Ausübung des RücktrR entfällt (§§ 351 ff). – **b)** § 347 schließt die Anwendg **anderer Haftungsvorschriften** nicht aus. Bei Verzug mit der Rückgewähr 2
verschärft sich die Haftg gem §§ 286, 287, bei AnnVerzug mildert sie sich nach § 300 I. Bei Verzug des RücktrBerecht kann der Gegner auch gem § 354 vorgehen. – **c)** Trotz der strengen Haftg des § 347 kann der Rücktr dazu führen, daß der RücktrBerecht nichts erhält, das seinerseits Empfangene aber zurückgewähren muß. Bsp: Rücktr des Verkäufers; die verkaufte Sache ist ohne Verschulden des Käufers abhanden gekommen.

Rn 136). Der Schu muß sich an der von ihm abgegebenen Erkl festhalten lassen; ein Rückgriff auf die Grds der pVV ist nicht erforderl. Handelt es sich um eine ErfVerweigerg **vor Fälligkeit** od betrifft sie keine HauptPfl, sind dagg die Grds der pVV anzuwenden (BGH NJW **86**, 843, § 276 Rn 124ff). An die Bejahg einer endgült ErfVerweigerg sind strenge Anfordergen zu stellen (BGH **104**, 6/13, NJW-RR **99**, 560). Die Weigerg des Schu muß als sein letztes Wort aufzufassen sein (BGH NJW **86**, 661, ZIP **91**, 508). Nicht ausr sind daher: Ausweichen des Schu (RG **67**, 318); Bitte um Stundg u Erkl, zZ nicht zahlen zu können (RG **66**, 430); Äußerg rechtl Zweifel (BGH DB **71**, 1203); zweimaliges Nichteinhalten eines verbindl zugesagten Termins (Kblz MDR **92**, 344); Erkl, der Übergabetermin könne nicht eingehalten w (Hamm NJW-RR **96**, 1098); Meingsverschiedenh über den Inh des Vertr (BGH NJW **71**, 798); Einstellg der Arbeiten od Ablehng mit der Erkl, zu Verhandlgen über Streitpunkte bereit zu sein (BGH NJW-RR **99**, 560, **LM** (Dc) Nr 2; Weigerg mit der Begründg, die erbrachte Leistg sei ordngsmäß (BGH NJW **86**, 661, NJW-RR **93**, 883) od er wisse nicht, wann er die beim Vorlieferanten bestellte Sache liefern könne (BGH NJW **92**, 235); Nichtleistg trotz ständ Drängens des Gläub, wenn dieser statt Erf Rückabwicklg des Vertr verlangt (BGH NJW **96**, 1814). Eine Fristsetzg ist dagg entbehrl, wenn der Schu ohne Grd endgült erklärt, er trete vom Vertr zurück (BGH NJW **87**, 253, § 276 Rn 114ff). Entspr gilt, wenn er nach seinen Erkl erst zu einem Ztpkt leisten kann, der nach Ablauf der angem NachFr liegt (BGH NJW **84**, 49). Auch in der Stellg des KlAbweisgsAntr kann eine endgült ErfVerweigerg liegen (BGH NJW **84**, 1460). Zieht der Mieter aus, ohne die ihm obliegden **Schönheitsreparaturen** auszuführen, so stellt das idR eine endgült ErfVerweigerg dar (BGH **49**, 56, NJW **91**, 2417, **98**, 1303, zT and die Praxis der LG). Die Umstände können aber eine and Beurteilg rechtfertigen, so etwa iF einer Zwangsräumg nach Beginn der Reparaturarbeiten (BGH NJW **77**, 36, s auch Rn 21) od bei Streit über die Wirksamk der Künd (BGH **104**, 14). Beim **Sukzessivlieferungsvertrag** kann der Gläub bei schweren Vertragsverletzgen des Schu die Rechte des § 326 uU ohne NachFrSetzg geltd machen (Einf 31 v § 305); die insoweit geltden Grds können aber auf rechtl selbstd Vertr, auch wenn sie wirtschaftl zushängen, nicht angewandt w (BGH NJW-RR **95**, 243).

c) Interessewegfall (II). Der Gläub muß infolge des Verzugs das Interesse am Austausch der beiderseit Leistgen verloren haben. Zwischen dem Verzug u dem Interessewegfall muß daher ein KausalZusHang bestehen (RG **70**, 129, BGH **LM** Nr 3 Bl 3). Dagg ist nicht erforderl, daß der Schu den Interessewegfall voraussehen konnte (RG **94**, 326, BGH NJW **71**, 798). Der KausalZusHang fehlt, wenn das Interesse bereits vor Verzugsbeginn, etwa dch Abschluß eines DeckgsGesch, entfallen ist (RG **96**, 129, BGH WM **71**, 617, Peters NJW **79**, 688) od wenn unabhäng vom Verzug Absatzschwierigk entstanden sind (BGH NJW **70**, 1502). § 326 II ist auch dann anwendb, wenn das Interesse währd des Laufs der NachFr wegfällt (RG **89**, 124). Um die Regelvoraussetzgen des § 326 I 1 nicht auszuhöhlen, sind an den Interessefortfall aber strenge Anfordergen zu stellen. Er ist in folgden Fällen zu **bejahen:** Verzug mit der Lieferg von Saisonartikeln (BGH **LM** (Ed) Nr 3); Kunde des Gläub verweigert wg der Verzögerg die Abnahme (BGH NJW-RR **98**, 1489/1491); Erhöhg der mit dem Weiterverkauf verbundenen Risiken (RG **104**, 375); wesentl PrErhöhg beim Lieferanten des Gläub (RG JW **25**, 935); Auszug des Mieters ohne die Schönheitsreparaturen dchzuführen, sofern die Zeit bis zum Beginn des neuen MietVerhältn für eine NachFrSetzg nicht ausreicht (BGH WM **81**, 798). Dagg genügen **nicht:** Preisschwankgen auf dem Absatzmarkt des Gläub (Mü NJW **58**, 752); Möglichk des Gläub, die Ware anderweitig zu einem höheren Pr zu verkaufen (BGH NJW **80**, 449); Weiterverkauf des mit einem RMangel behafteten Grdst dch den Käufer (BGH NJW **98**, 534); hohe Kosten der weiteren Aufbewahrg, etwa bei Chinchillas (Ffm OLGZ **85**, 93). 21

d) Rechtsfolgen. In den Fällen zu Rn 19–21 entfällt ledigl das Erfordern der NachFrSetzg. Der Gläub behält zunächst seinen ErfAnspr. Will er den Vertr gem § 326 liquidieren, muß er dch eine gestaltde Erkl die Erfüllg ablehnen u SchadErs verlangen od zurücktreten (BGH NJW-RR **88**, 1100, **95**, 1329). 22

7) Versäumung der Nachfrist. Der Schu muß sich bei FrAblauf weiter im Verzug befinden. Das ist nicht der Fall, wenn der Anspr verjährt ist (BGH **104**, 6) od der Verzug aus einem and Grd (§ 284 Rn 30) geendet hat. Die Frist ist gewahrt, wenn der Schu die LeistgsHdlg innerh der Frist vornimmt; daß der LeistgsErfolg erst nach FrEnde eintritt, ist unschädl (BGH **12**, 269). Beim Versendgskauf genügt daher rechtzeitige Absendg (BGH aaO), bei Geldschulden rechtzeitige Erteilg des Überweisgsauftrags (§ 270 Rn 7). Der Schu kann aber gehalten sein, seine Bank auf beschleunigte DchFührg zu drängen (BGH NJW **59**, 1176). Der Gläub kann die NachFr bei Schickschulden nicht so setzen, daß der Schu vor ihrem Ablauf den LeistgsErfolg herbeizuführen hat (RG **68**, 331, BGH **12**, 269). Die Frist ist auch bei geringer Überschreitg versäumt (BGH NJW **74**, 360), doch kann in besonders liegden AusnFällen § 242 anwendb sein. Der Schu muß vollständ u in der geschuldeten Qualität leisten. Erbringt er statt dessen eine Teilleistg, so kann der Gläub sie nach § 266 zurückweisen. Nimmt er die Teilleistg an, gilt Rn 28. 23

8) Rechtsfolgen. – a) Mit fruchtlosem Ablauf der NachFr erlischt der ErfAnspr des Gläub (BGH BB **99**, 1842); wg der Verbindg von Leistg u GgLeistg entfällt gleichzeit auch der ErfAnspr des Schu, eine etwa eingetragene AuflVormerkg wird wirkgslos (Muscheler BB **89**, 1440). Das Recht des Käufers zum Besitz der Sache erlischt (BGH **54**, 216, **96**, 187) u das vertragl Austauschverhältn verwandelt sich in ein **Abwicklungsverhältnis.** Bei ErfVerweigerg treten diese RFolgen erst ein, wenn der Gläub eines der Rechte aus § 326 geltd macht (Rn 22). Zur Wiederherstellg der beiderseit LeistgsPflten bedarf es eines neuen Vertr, der die etwa bestehden Formerfordern (zB § 313) wahren muß (BGH **20**, 344). 24

b) Die Rechte des Gläub erfassen den Vertr **im ganzen** (§ 325 Rn 5). Er hat die **Wahl** zw SchadErs wg NichtErf u Rücktr. Für dieses WahlR u alle damit zushängden Fragen gelten die Ausführgen in § 325 Rn 7f entspr. 25

c) Der **Schadensersatzanspruch wegen Nichterfüllung** stimmt nach Inhalt u Umfang mit dem Anspr aus § 325 überein. § 325 Rn 9ff erstrecken sich daher auch auf den Anspr aus § 326; die meisten dort zitierten Entsch betreffen Fälle des § 326. Hinzuzufügen ist ledigl: – **aa)** AnsprGrdl für den bis zum Ablauf der NachFr entstandenen Verspätgsschaden bleibt § 286 (BGH **88**, 49, NJW-RR **97**, 622). Der Gläub kann den Verzögergsschaden aber auch in den NichtErfSchaden einbeziehen (RG **96**, 159, BGH NJW **97**, 1231). – **bb)** Der Gläub hat nicht das Recht, SchadErs nach der Austauschmethode zu fordern, da mit dem Ablauf der 26

NachFr der ErfAnspr erlischt (BGH NJW **94**, 3351, BB **99**, 1842). – **cc)** Wird die Leistg bis zum Ablauf der NachFr **unmöglich,** endet der Verzug (§ 284 Rn 3), an die Stelle des § 326 tritt § 325. Der Gläub kann als Stichtag der Schadensermittlg den Verzugseintritt wählen u dadch den Verspätgsschaden auch hier in den NichtErfSchaden einbeziehen (RG **94**, 206, BGH **LM** § 198 Nr 3).

27 **d)** Das **Rücktrittsrecht** des § 326 entspricht dem des § 325. Es gilt § 325 Rn 24 f. Wirkgslos wird auch die Vereinbg über die vorzeit BesÜbertragg nebst zugehöriger Entgeltsabrede (BGH NJW-RR **99**, 346). Auch im Fall des § 326 ist der Rücktr idR der ungünstigere RBehelf; er ist aber dann der richtige Weg, wenn es dem Gläub ausschließl darum geht, vom Vertr loszukommen.

28 **9) Teilverzug.** Seine Probleme treten nur auf, wenn der Gläub eine Teilleistg als Erf angenommen hat. Hat der Gläub die Teilleistg gem § 266 zurückgewiesen, liegt Totalverzug vor, für den die allg Regeln gelten. § 326 I 3 betrifft seinem Wortlaut nach ledigl die Teilleistg nach FrSetzg; er gilt aber entspr für die vor Setzg der NachFr (RG **50**, 141). Unabhäng von I 3 stehen dem Gläub die TotalR zu, wenn die Leistg nach obj
29 Kriterien od nach dem PartWillen unteilb ist (§ 325 Rn 26); im übrigen ist zu unterscheiden: – **a)** Die TeilErf hat für den Gläub **Interesse.** Der Vertr zerfällt in zwei selbstd Teile (BGH **36**, 318). Der Gläub hat für die bewirkte Teilleistg einen entspr Teil der GgLeistg zu erbringen. Das setzt allerdings voraus, daß neben der Leistg auch die GgLeistg teilb ist (RG **50**, 143). Bezügl des ausstehden Teils hat der Gläub die Rechte des § 326. Wählt er den SchadErsAnspr, kann er mit diesem ggf gg den TeilentgeltsAnspr des Schu aufrechnen (BGH **36**, 318). Ist der Vertr nicht in selbstd Teile zerlegb (Bsp: Verkauf einer Sache), erstrecken sich die Rechte des § 326 notw auf den Vertr im ganzen. – **b)** Die TeilErf hat für den Gläub **kein Interesse.** Der Gläub hat die Rechte des § 326 hinsichtl des ganzen Vertr. Die Ausführgen in § 325 Rn 27 gelten entspr. – **c) Sukzessivlieferungsvertrag** s Einf 31 v § 305.

30 **10)** Die **Beweislast** für die Voraussetzgen des § 326 trägt vorbehaltl § 282 u § 363 Rn 1 der Gläub (Köln VRS **96**, 10). Er ist auch beweispflicht dafür, daß er seine Leistg bereits erbracht od ordngsmäß angeboten hat (s RG HRR **32**, 436, BGH **LM** (H) Nr 8). Hat der Schu sich unberecht vom Vertr losgesagt, muß er aber beweisen, daß der Gläub bis zum Ztpkt der VertrDchFührg nicht hätte leistgsbereit werden können (BGH WM **74**, 327). Verweigert der Vorleistgspflichtige seine Leistg, muß er beweisen, daß der and Teil zur Erbringg der GgLeistg außerstande ist (BGH NJW **65**, 1270).

327 *Regelung des gesetzlichen Rücktrittsrechts.* **Auf das in den §§ 325, 326 bestimmte Rücktrittsrecht finden die für das vertragsmäßige Rücktrittsrecht geltenden Vorschriften der §§ 346 bis 356 entsprechende Anwendung. Erfolgt der Rücktritt wegen eines Umstandes, den der andere Teil nicht zu vertreten hat, so haftet dieser nur nach den Vorschriften über die Herausgabe einer ungerechtfertigten Bereicherung.**

1 **1) Satz 1.** Das Ges verzichtet auf eine eigenständ Regelg des gesetzl RücktrR u verweist statt dessen auf die Vorschr über das vertragl RücktrR. Das ist angesichts der unterschiedl Interessenlagen in beiden Fallgruppen wenig überzeugd. Da die RFolgenverweisg des § 327 Satz 1 eine „entsprechende" Anwendg der §§ 346 ff anordnet, ist es aber mögl, den beim gesetzl RücktrR bestehden besonderen Gegebenh Rechng zu tragen. Dabei geht es vor allem darum, die in §§ 346, 347 vorgesehene strenge Haftg für den RücktrBerecht zu mildern; vgl dazu § 347 Rn 6 ff u unten Rn 2 f. Die Bezugn erstreckt sich auch auf die **Ausschlußgründe** der §§ 351 ff. Wg der Einzelh s die Erläutergen zu den §§ 346 ff.

2 **2) Satz 2** ist eine AusnVorschr zu den §§ 346, 347. Er ersetzt die in § 347 bestimmte strenge Haftg nach den §§ 987 ff dch eine Haftg nach **Bereicherungsrecht;** anwendb ist vor allem § 818 III. Begünstigt wird nach dem GesWortlaut der RücktrGegner, sofern er den RücktrGrd nicht zu vertreten hat. Das ergibt keinen Sinn, denn in den Fällen der §§ 325, 326, auf die sich Satz 2 bezieht, hat der RücktrGegner den Rücktr immer zu vertreten. Nur bei § 636 kann es ausnahmsweise and liegen. Das ändert aber nichts daran, daß Satz 2 bei wörtl Auslegg leerlaufd ist. Die Auslegg muß sich daher vom GesWortlaut lösen u auf die in ihm
3 zum Ausdr kommde grdsätzl Aussage abstellen. Satz 2 enthält den **allgemeinen Rechtsgedanken,** daß derj, der den Rücktr nicht zu vertreten hat, nur nach BereichergsR haftet, gleichgült, ob er od der and Teil den Rücktr erklärt (RG **130**, 123, BGH **53**, 148, JZ **87**, 676, Köln OLGZ **70**, 455, Staud/Otto Rn 46, RGRK-Ballhaus Rn 3, str). Dieser Grds gilt auch für and als die in § 327 S 1 genannten gesetzl RücktrR (RG JW **28**, 57), so für sondergesetzl RücktrR (RG **116**, 380, BGH **6**, 230) u für die Wandlg (Köln OLGZ **70**, 455, Muscheler AcP **187**, 367, str, s § 347 Rn 6 ff). Die GgAnsicht, die im Anschl an Glaß (Gefahrtragg u Haftg beim gesetzl Rücktr, 1959) für eine wörtl Auslegg des Satzes 2 eintritt (Huber JZ **87**, 650, Kohler Jura **94**, 524, Soergel-Wiedemann Rn 34) kann nicht überzeugen. Sie beruht auf einer unangebrachten Überbewertg der EntstehgsGeschichte, zT auch auf einer unzul Gleichsetzg von Erörtergen in der 2. Kommission (Prot I 652) mit dem klaren Willen des GesGebers (so MüKo/Emmerich Rn 13). Ausgeschlossen ist es aber auch, als „and Teil" den RücktrBerecht anzusehen (so Woopen JZ **91**, 539). Satz 2 stellt das Höchstmaß der Haftg dar. Wenn die Normalhaftg nach § 347 geringer ist, bleibt es bei dieser (Nürnb MDR **72**, 238, Fuchs NJW **60**, 2177). Einzelheiten s § 347 Rn 6 ff.

Dritter Titel.
Versprechen der Leistung an einen Dritten

Einführung

1 **1)** Das SchuldVerh ist grdsl eine Zweiparteienbeziehg zw Gläub u Schu; es begründet Rechte u Pflten nur für die an ihm unmittelb Beteiligten (Einf 3 v § 241). Diese Beschränkg w aber dch zahlreiche Ausn dchbrochen. Die wichtigste ergibt sich aus §§ 328 ff. Danach können die VertrPart vereinbaren, daß der Schu (Versprechde) die Leistg an einem vom Gläub (VersprEmpf) verschiedenen Dr zu erbringen hat. Die RStellg

des Dr kann unterschiedl ausgestaltet sein. Beim **echten** (berechtigden) Vertr zGDr erwirbt er einen eig Anspr gg den Schu. Beim **unechten** (ermächtigden) Vertr zGDr ist der Schu ermächtigt, mit befreider Wirkg an den Dr zu leisten; das Recht, die Leistg an den Dr zu verlangen, steht aber allein dem Gläub zu. Die RFortbildg hat als weitere Art der Drittberechtigg den Vertr mit **Schutzwirkung** zGDr herausgebildet (§ 328 Rn 13 ff). Er unterscheidet sich vom echten Vertr zGDr dadch, daß der Dr keinen eig Anspr auf die Hauptleistg erwirbt; der Dr ist aber in der Weise in die vertragl Schutz- u ObhutsPflten einbezogen, daß er bei deren Verletzg vertragl SchadErsAnspr geltd machen kann. **Regelungsgegenstand** der §§ 328 ff ist der echte Vertr zGDr. Der unechte Vertr zGDr bedarf keiner bes Vorschr. Er wird in den §§ 328 ff nur angesprochen, soweit es um die Abgrenzg zum echten Vertr zGDr geht (s §§ 328 II, 329, 330).

2) Zweck des Vertr zGDr ist vielf, die Versorgg des Dr sicherzustellen od zu ihr beizutragen. Diese Fallgruppe (Versichergs-, Leibrenten- u HofübergVertr) stand bei den Beratgen des BGB im VorderGrd (Mot II 265). Zweck des Vertr zGDr kann aber auch sein, den Leistgsweg zu verkürzen, dh die doppelte Leistg (Versprechder an VersprEmpf, dieser an Dr) dch eine direkte Leistg des Versprechden an den Dr zu substituieren. Da es sich um ein DreipersonenVerh handelt, sind drei RBeziehgen zu unterscheiden: 2

a) Das Deckungsverhältnis. Der Vertr zw Versprechdem (Schu) u VersprEmpf (Gläub) bestimmt die zu erbringde Leistg u die Pers des Dr u ist das die RBeziehgen prägde GrdVerhältn; es wird als DeckgsVerh bezeichnet, weil der Schu aus ihm Deckg, dh den GgWert für seine Leistg, erhält. Der Vertr zGDr ist kein bes VertrTyp. Jeder schuldrechtl VerpflVertr kann als Vertr zGDr abgeschl w (s § 328 Rn 1). Auf **Mängel** des GrdVerh kann sich der Schu auch ggü dem Dr berufen (§ 334). 3

b) Das Zuwendungs- oder Valutaverhältnis zw VersprEmpf (Gläub) u Dr. Aus dieser RBeziehg ergibt sich der RGrd für die Zuwendg an den Dr; es entscheidet darüber, ob der Dr die Leistg behalten darf (BGH **91**, 290, NJW **75**, 383). IdR handelt es sich um ein vertragl Verh, der Gläub kann aber auch als GeschF oA od in Erf einer gesetzl Verpfl handeln. Als RGrd der Zuwendg kommen vor allem Schuldtilgg, aber auch Schenkg in Betracht. Mögl ist, daß das ValutaVerh erst nach dem Tod des VersprEmpf zustande kommt (§ 331 Rn 4). **Mängel** des ZuwendgsVerh lassen die Wirksamk des Vertr zGDr unberührt. Ein etwa erforderl BerAusgl erfolgt grdsl in der Beziehg zw VersprEmpf u Dr (§ 334 Rn 3 f). 4

c) Das Vollzugs- oder Drittverhältnis zw Versprechdem (Schu) u Dr ist kein vertragl RVerh (BGH **54**, 147). Für den Dr besteht ledigl ein aus dem Vertr zGDr abgespaltenes FdgR u für den Schu eine korrespondierde Verpfl. Das VollzugsVerh begründet aber ein vertragsähnl VertrauensVerh. Die dem Schu obliegden NebenPflten bestehen auch ggü dem Dr; umgekehrt obliegen dem Dr aGrd seiner RStellg die vertragl NebenPflten eines Gläub (BGH **9**, 318, § 328 Rn 19). 5

3) Das **Forderungsrecht** des Dr entsteht ohne seine Mitwirkg allein aGrd des Vertr zw Versprechdem u VersprEmpfänger. Eines Beitritts des Dr bedarf es nicht, er hat aber das ZurückweisgsR des § 333. Der Dr erwirbt das FdgsR **originär** in seiner Pers. Der Anspr gehört nicht, auch nicht dchgangsw, zum Vermögen des VersprEmpf (BGH **91**, 291). Er ist daher dem VollstrZugriff der Gläub des VersprEmpf entzogen. Entsteht das Recht erst mit dem Tod des VersprEmpf, gehört es nicht zum Nachl (BGH **41**, 96, § 330 Rn 2). 6

4) Die **Form** des Vertr zGDr bestimmt sich nach dem GrdVerh (Rn 3), dh nach dem zw Versprechden u VersprEmpf geschlossenen Vertr (RG **106**, 2, BGH **54**, 147). Es gilt daher § 313, wenn sich der Versprechde zur Übereigng eines Grdst an den Dr verpfl; § 518 ist anzuwenden, wenn der Versprechde schenkw eine Leistg verspricht. Dagg ist das Zuwendgs- od ValutaVerh (Rn 4) für die vom Vertr zGDr zu wahrde Form ohne Bedeutg. Der Vertr zGDr wird nicht deshalb formbedürft, weil die Zuwendg des FdgsR in der RBeziehg zw VersprEmpf u Dr eine Schenkg darstellt (BGH **54**, 147). Im Fall des § 331 ist die Einhaltg der Formen des ErbR auch dann nicht erforderl, wenn im ValutaVerh eine Schenkg vorliegt, die erst bei od nach dem Tod des Schenkers wirks wird (BGH **41**, 96, **66**, 12, § 331 Rn 1). 7

5) Nach der systemat Stellg u dem Wortlaut der §§ 328 ff geht das BGB davon aus, daß nur **schuldrechtliche Verpflichtungsverträge** als Vertr zGDr abgeschlossen w können. Daraus ergibt sich: – **a) Schuldrechtliche Verfügungsverträge** (Einf 6 v § 305). Eine direkte Anwendg der § 328 ff scheidet aus (allgM). Auch eine analoge Anwendg der §§ 328 ff ist nicht mögl (BGH **41**, 96, stRspr, str). Es gibt daher keine Abtr zGDr (LAG Düss BB **58**, 1169, Ffm VersR **84**, 755), keine VertrÜbertr zGDr (BGH **68**, 231) u auch keinen Erlaß zGDr (BGH NJW **94**, 2483, KG OLGZ **78**, 71). Nur für die befreide SchuldÜbern gilt im Rahmen der Sonderregelg des § 414 eine Ausn. Die im Schriftt gg diese stRspr erhobenen Einwendgen (s Larenz § 17 IV, Staud/Jagmann Rn 89 ff) überzeugen schon desh nicht, weil ein prakt Bedürfn für eine entspr Anwendg der § 328 ff auf Vfgen nicht erkennb ist. Das wirtschaftl Ergebn der Abtr zGDr kann dadch erreicht w, daß die Fdg des „Zedenten“ erlassen u zG des nicht beteiligten „Zessionars“ (Dr) gem § 328 eine inhaltsgleiche Fdg begründet w. Der Erlaß kann, sow er einen Dr begünstigen soll, als schuldr *pactum de non petendo* zGDr aufgefaßt w (RG **127**, 129, BGH **LM** § 328 Nr 15, zu Teilgsabkommen s § 328 Rn 11). Bes liegt es beim **Haftungsausschluß** zGDr (§ 276 Rn). Er verhindert od begrenzt das Entstehen eines SchadErsAnspr, ohne daß es auf § 328 ankommt (Gernhuber JZ **62**, 553, MüKo/Gottwald § 328 Rn 137, str). 8

b) Dingliche Verträge. Die §§ 328 ff sind weder unmittelb noch analog anwendb (BGH **41**, 95, NJW **93**, 2617, stRspr, str). Das gilt für die Übereigng u die Übertragg beschränkter dingl Rechten (RG **98**, 282, BGH **41**, 95); die §§ 328 ff sind aber auch dann unanwendb, wenn ein dingl Recht auf Leistg aus dem Grdst begründet w soll, wie iF der Hyp (RG **66**, 97, JW **31**, 525), der GrdSch, des MobiliarpfandR (RG **124**, 221) u der Reallast (BGH NJW **93**, 2617). Der Dr erwirbt die Hyp od das sonst Recht erst dch Einigg mit dem Eigtümer, die aber formlos (§ 873) u auch stillschw erfolgen kann. Die Lit ist auch hier – ebso wie bei den schuldr VfgsVertr – überwiegd aA. Einige Autoren halten die §§ 328 ff allgemein auf dingl Vertr für entspr anwendb, verlangen aber, daß die Publizitätsakte (BesErwerb, Eintragg) in der Pers des Dr vollzogen w müssen (Larenz § 17 IV, Erman-Westermann Rn 3). And beschränken die analoge Anwendg auf die Begründg von dingl Rechten, aGrd deren Leistgen aus dem Grdst zu erbringen sind (MüKo/Gottwald § 328 Rn 155, Baur § 5 II 2). Für beide Lösgsvorschläge besteht kein Bedürfn. In der Praxis ist es dchweg ein gangb Weg, den „VersprEmpf“ als Vertreter ohne Vertretgsmacht für den Dr auftreten zu lassen. 9

10 **c) Verträge zu Lasten Dritter** sind mit dem Grds der Privatautonomie unvereinb u unzul (BGH **54**, 247, **61**, 361, **78**, 374f, BayObLG **84**, 201). Unwirksam ist demgem eine Nachfolgeregelg, wonach die Mitgliedsch in einer PersonalGesellsch ipso jure auf einen Nachfolger übergehen soll (BGH **68**, 231, Martens AcP **177**, 139). Auch wenn der Dr sich mit seiner Belastg einverstanden erkl hat, ist der Vertr unwirks: Eine VerpflErmächtigg ist mit den Grds des BGB unvereinb (Peters AcP **171**, 243, MüKo/Gottwald § 328 Rn 139, str). Wenn der Handelnde die Drittbezogenh seines Handelns nicht offenlegt, gilt § 164 II; erfolgt eine entspr Klarstellg, ist der Handelnde als Vertreter anzusehen. Dagg kann sich der Schu selbstverständl verpflichten, sich um die Leistg des Dr zu bemühen od für diese zu garantieren. In den Grenzen von § 138 ist es auch zuläss, daß der Vertr einen Dr wirtschaftl benachteiligt (Grziwotz NJW **95**, 1928).

328 *Vertrag zugunsten Dritter.* **I Durch Vertrag kann eine Leistung an einen Dritten mit der Wirkung bedungen werden, daß der Dritte unmittelbar das Recht erwirbt, die Leistung zu fordern.**

II In Ermangelung einer besonderen Bestimmung ist aus den Umständen, insbesondere aus dem Zwecke des Vertrags, zu entnehmen, ob der Dritte das Recht erwerben, ob das Recht des Dritten sofort oder nur unter gewissen Voraussetzungen entstehen und ob den Vertragschließenden die Befugnis vorbehalten sein soll, das Recht des Dritten ohne dessen Zustimmung aufzuheben oder zu ändern.

1 **1) Echte Verträge zugunsten Dritter. – a) Allgemeines.** S zunächst Einf v § 328. – **aa)** Der Vertr zGDr ist **kein besonderer Vertragstyp.** Jeder schuldr VerpflVertr kann dch eine entspr Abrede der VertrSchließden zu einem Vertr zGDr ausgestaltet w (RG **150**, 133), so etwa Kauf-, Miet-, Dienst- u WkVertr, Schenkg, Auftr u VersVertr. Auch der VorVertr kann als Vertr zGDr abgeschl w (LG Bonn NJW **70**, 1083, Schmalzl AcP **164**, 446). Mögl ist auch, daß das FdgR des Dr abstrakt ausgestaltet w (RG **71**, 187). Die an den Dr zu erbringde Leistg kann jede rechtl zul Inh haben. – **bb) Öffentlich-rechtliche Verträge** können als Vertr zGDr abgeschlossen w (VwVfG 62). Ausnw können sogar völkerrechtl Vertr Anspr von PrivPers begründen (RG **117**, 284, **121**, 9), idR aber erst nach ihrer Übern als innerstaatl Recht (BGH **17**, 313). Dagg sind die §§ 328ff auf VerwAkte nicht anwendb. Der dch eine Aufl Begünstigte hat daher gg den Adressaten des VerwAktes keinen Anspr auf Erf der Aufl (BGH NJW **57**, 668: Aufl bei der Bewilligg öff Mittel). Wenn sich der Veranstalter eines **Motorradrennens** ggü der Behörde verpfl, für Schäden Dr aufzukommen, w aber ein geschädigter Teiln u der geschädigte Straßeneigtümer unmittelb berecht (Mü VersR **51**, 21, BGH VersR **63**, 431).

2 **b) Voraussetzungen. – aa)** Erforderl ist ein wirks **Vertragsschluß** zw Versprechdem u VersprEmpf. Etwaige Mängel dieses GrdVerh kann der Versprechde auch dem Dr entgghalten (§ 334), dagg lassen Mängel des ZuwendgsVerh die Wirksamk des Vertr zGDr unberührt. – **bb)** Begünstigter **Dritter** kann jede natürl od jur Pers sein. Es können aber auch Rechte für noch nicht einmal gezeugte natürl od für erst geplante jur Pers bedungen w (RG **65**, 280, BGH **129**, 305, Hamm VersR **73**, 810). Es genügt, daß der Dr bestimmb ist (RG **106**, 126). Mögl ist daher die Begründg eines AuflAnspr für den jeweil Eigtümer eines and Grdst (RG **128**, 249, krit Liedel DNotZ **91**, 860), eines WettbewVerbots für den jeweil BetrInh (RG **102**, 129), einer Herstellergarantie für den jeweil Endabnehmer (BGH **75**, 78), eines UnterhAnspr für ein Kind, das dch
3 Fremdinsemination gezeugt w soll (LG Duisbg NJW **87**, 1485). – **cc) Ob** der Dr das **Recht erwirbt,** ob also ein echter Vertr zGDr vorliegt, ist dch Auslegg zu ermitteln **(II).** Bes Bedeutg hat der von den VertrSchließden verfolgte Zweck (RG **127**, 222, BGH NJW **91**, 2209). Der RErwerb des Dr kann sich auch aus einer ergänzden VertrAuslegg ergeben (BGH NJW **75**, 344). War der VertrSchl ein Akt der Fürsorge für den Dr od ist aus sonst Grden ausschließl im Interesse des Dr kontrahiert worden, kann idR ein RErwerb bejaht w. Eine
4 entspr Vermutg besteht aber nicht. Vgl auch die Ausleggsregeln der §§ 329, 330. – **dd)** Das Recht des Dr muß nicht notw alsbald nach VertrSchl als VollR entstehen. Es kann auch **bedingt** od befristet begründet w (BGH NJW-RR **87**, 114). Mögl ist auch, daß sich die Part eine **Aufhebung** od Änderg des Rechts des Dr vorbehalten (II). Der Vorbeh kann sich aus einer ausdr Regelg, aber auch aus den Umst u dem Zweck des VertrSchl ergeben. Eheg können ScheidgsVereinbgen über Zuwendgen an ihre Kinder iZw ohne deren Mitwirkg aufheben (LG Mosbach MDR **71**, 222). Die KaufVertrPart sind iZw berecht, die zG des Maklers getroffene Vereinbg über die Tragg seiner Provision aufzuheben (Celle WM **85**, 1455, Ffm NJW-RR **86**, 1176, Hamm VersR **98**, 858, aA aber auf den Einzelfall abstelld BGH NJW **86**, 1165, Hbg NJW-RR **99**, 351).

5 **c) Rechtsfolgen. – aa)** Der **Dritte** erwirbt – ohne Dchgang dch das Vermögen des VersprEmpf – den LeistgsAnspr (Einf 6 v § 328). Er rückt aber nicht in die Stellg des VertrSchließden ein, sond hat nur das FdgR. Bei Leistgsstörgen stehen ihm die Anspr aus §§ 280, 281, 283, 286 u pVV zu (Köln NJW-RR **97**, 542), idR aber nicht die Rechte wg NichtErf des Vertr aus §§ 325, 326 (Mü Rpfleger **72**, 32, Gottwald JZ **85**, 576, str, aA Soergel/Hadding Rn 42ff). Die Auslegg des Vertr kann aber ergeben, daß dem Dr die Rechte aus §§ 325f zustehen sollen (s zur Abtr § 398 Rn 18f). Bei Wegfall der GeschGrdl kann der Dr Anpassg an
6 die veränderten Verhältn fordern (BGH NJW **72**, 152/1191). – **bb)** Der **Versprechensempfänger** hat iZw einen Anspruch auf Leistg an den Dr (§ 335, zu SchadErsAnspr s dort). Außerdem stehen ihm die das VertrVerh als ganzes betreffden GestaltgsR zu, wie Anfechtg, Rücktr, Künd (VVG 165, 178), aber auch Wandlg, Minderg u der SchadErsAnspr wg NichtErf (§§ 325, 326). Die Auslegg des Vertr kann jedoch ergeben, daß die den Vertr als ganzes betreffden Rechte dem Dr zustehen sollen; mögl ist auch eine Abtr an den Dr (§ 398 Rn 18f). Ist das Recht des Dr unentziehb, darf der VersprEmpf die GestaltgsR nur mit Zust des Dr ausüben (RG **101**, 276, Lange NJW **65**, 661). Das gilt aber nicht für die Anf, weil hier der Schutz der
7 Willensbildg des VersprEmpf im VorderGrd steht (§ 413 Rn 7, aA Köhler JZ **89**, 267). – **cc)** Dem **Versprechenden** können SchadErsAnspr gg den Dr zustehen, wenn dieser Pflten aus dem vertragsähnl VertrauensVerh verletzt (Einf 5 v § 328). Zugl haftet auch der VersprEmpf, da ihm das Verhalten des Dr gem § 278 zuzurechnen ist (RGRK-Ballhaus Rn 27). Zu den Einwendgen des Versprechden ggü dem Dr s § 334.

2) Einzelfälle („volle" Vertr zGDr). – **a)** Die Beauftragg eines **Anwalts** dch den HaftpflVers ist idR ein Vertr zG des VersN (Köln NJW **78**, 897). Der RSchutzVers tritt dagg bei der AuftrErteilg idR als Vertreter des VersN auf (BGH NJW **78**, 1003). – **Arbeitsrecht:** Vertr, die der ArbG zur Altersversorgg mit Betr- od Unterstützgskassen schließt, sind Vertr zG des ArbN, uU auch zG der Witwe (BAG NJW **73**, 963, 1947). Bei LeiharbeitsVerh kann die Übern der LohnzahlgsPfl dch den Entleiher ein Vertr zG des ArbN sein (BAG **AP** § 611 (Lehrer, Dozenten) Nr 1). Der TarifVertr ist in seinem schuldrechtl Teil, insb hins der FriedensPfl, ein Vertr zG der Mitgl der TVPart (BAG **6**, 340). Der gem BetrVG 112 I vereinbarte Sozialplan ist uU ein Vertr zG der leitden Angestellten (BAG NJW **79**, 1621, krit Spinti DB **86**, 1571). – Die ggü der **Ausländerbehörde** abgegebene SicherstellgsErkl ist ein Vertr zG aller staatl Kostenträger (Saarbr NJW **98**, 2746), iZw aber nicht zG des Ausl (BGH NJW **91**, 2209). Zur DrWirkg der VerpflErkl gem AuslG 84 s BVerwG NVerwZ **99**, 779. 8

b) Banken. Der ScheckVertr zw Aussteller u Bank ist kein Vertr zG des ScheckN (BGH NJW **74**, 456, zur Scheckkarte s Einf 17 v § 765); ebso erwirbt der ÜberweisgsEmpf dch den ÜberweisgsAuftr keinen ZahlgsAnspr gg eine der beteiligten Banken (BGH **LM** Nr 19, Düss WM **87**, 1009). In AusnFällen kann aber aGrd bes Umst ein Vertr zG des Empfängers gegeben sein (Celle OLGZ **71**, 6, LG Köln NJW-RR **93**, 114). Der Vertr über Anderkonten von RAnw u Notaren ist idR kein Vertr zGDr (BGH NJW **54**, 191, Nr 6 der AGB für Anderkonten NJW **79**, 1441). Er begründet keine Pfl zur Überwachg des Notars (LG Bln WM **88**, 1309), kann aber Schutzwirkg zG des Begünstigten haben (Düss WM **86**, 637). Vertr zG des Aktionärs ist dagg der Vertr zw der AG u der Emissionsbank über die Ausg neuer Aktien (BGH **114**, 208, **118**, 97). – 9
Bank- und Sparkonten. Die Einrichtg eines Kontos auf den Namen eines and läßt idR für sich allein nicht den Schluß auf einen Vertr zGDr zu (BGH **21**, 150, **28**, 369, WM **90**, 537, Düss MDR **99**, 174). Entscheidd ist, wer nach der Vereinbg zw Bank u dem das Konto Eröffnden KontenInh werden soll (BGH NJW **94**, 931). Darüber gibt vielf der Inh des KontoeröffngsAntr Aufschluß (BGH aaO, Kblz u Zweibr NJW **89**, 2545 f, Nürnbg NJW-**90**, 881). Ein wesentl Indiz kann auch sein, wer Besitzer des Sparbuchs ist (BGH NJW **70**, 1181). Maßgebd ist die Willensrichtg bei Errichtg des Kontos (BGH ZIP **94**, 218); zu späteren Ändergen ist eine Abtr erforderl (Mü WM **83**, 1295). Die Begünstigg des Dr kann sich auch auf einen Sparbrief erstrekken, der mit Mitteln des Guthabens erworben w (Köln WM **96**, 1365). Beim GiroVertr wird idR derj Konteninhaber, auf dessen Namen das Konto eröffnet w (BGH **127**, 231, NJW **96**, 840, Brdbg WM **99**, 267). Legen Eltern od Verwandte ein Sparbuch für das Kind an u behalten dieses in Besitz, wollen sie iZw Gläub des Kreditinstituts bleiben (BGH **46**, 201, Düss NJW-RR **92**, 625, Köln NJW-RR **96**, 236); vielf soll dem Benannten der Betr aber mit dem Tod des Einzahlden zugewandt w (BGH **66**, 8, NJW **84**, 480, § 331 Rn 2), uU auch bereits zu einem fr Ztpkt (Düss MDR **99**, 174: Hochzeit). Beim. Sparkassenbrief ist dagg idR der in der Urk Benannte fordergsberecht (Hamm NJW-RR **92**, 46, Celle WM **94**, 1069, Köln NJW-RR **95**, 1224). 9 a

c) Die im KaufVertr über ein Grdst übernommenen **Baubeschränkungen** wirken uU zG der Nachbarn (BGH NJW **75**, 344, LG Brschw NdsRpfl **75**, 273). – Die im PachtVertr übernommene **Bierbezugspflicht** wirkt zG der Brauerei (BGH **54**, 147, DNotZ **70**, 240). – Auch der **Bürgschaftsvertrag** kann als Vertr zGDr zw Bü u HauptSchu abgeschl w (BGH NJW-RR **89**, 317). Der AvalVertr (GeschBesorggVertr) zw Bank u HauptSchu begründet aber idR noch keine Rechte für den Gläub (BGH NJW **84**, 2088). – Die vom Hauptaktionär gegebene **Dividendengarantie** kann ein Vertr zG der Aktionäre sein (RG **147**, 47) –. Der einen Dr begünstigde **Erbvertrag** ist kein VzGDr (BGH **12**, 119, Karlsr NJW-RR **97**, 708). – Der **Frachtvertrag** wirkt gem HGB 421 zG des Empfängers, ebso der CMR-FrachtVertr (BGH **75**, 92, NJW **99**, 1110). – Der **Gesellschaftsvertrag** kann LeistgsPflten ggü außenstehden Dr begründen (RG **145**, 294) od Dr ein EintrittsR einräumen (BGH WM **77**, 1324). Die Begründg einer organschaftl RStellg zGDr wird wg der mit ihr verbundenen Pflten erst wirks, wenn der Dr sie annimmt (Hammen WM **94**, 765). – Die **Herstellergarantie** kann als Vertr zG des Endabnehmers ausgestaltet w (BGH **75**, 77). – Das Einverständn des Ehem mit einer **heterologen Insemination** enthält idR stillschw ein UnterhVerspr zG des Kindes (BGH **129**, 305). Das gilt aber nicht, wenn die Ehefr die Insemination erst nach Trenng vornehmen läßt (LG Zwickau FamRZ **95**, 959). 10

d) Krankenhaus, ärztliche Behandlung. Der von der Krankenkasse abgeschl KrankenhausVertr ist Vertr zG des Patienten (BGH **1**, 386, **80**, 368, **89**, 252, NJW **92**, 2962). Entspr gilt, wenn der Sorgeberecht od Eheg einen Vertr zG des Kindes od Partners als PrivPatient abschließt (BGH **89**, 266). Der Kassenpatient hat gem SGB V 27 ff (fr RVO 368 d IV) gg den Arzt einen privrechtl Anspr auf sorgf Behandlg (BGH **97**, 276, **100**, 367). Der SchiedsgutachtenVertr zw kassenärztl Vereinigg u Arzt kann als Vertr zG des Patienten aufzufassen sein (KG NJW **80**, 1342). – Vertr zw **Kreditkarten- oder Geldkartenausgeber** u VertrUntern ist ein Vertr zG des KartenInh (LG Düss NJW-RR **91**, 311, Pfeiffer NJW **97**, 1036). – **Maklerklauseln** in GrdstVertr s § 329 Rn 5. – **Patronatserklärung** zG einer TochterGesellsch ist iZw nur unechter Vertr zGDr (Michalski WM **94**, 1229). – Der **Prozeßvergleich** kann Vertr zGDr sein. Der Dr kann aber nur vollstrekken, wenn er dem Vergl beigetreten ist (Mü NJW **57**, 1367, Celle NJW **66**, 1367, KG NJW **73**, 2032). Regeln die Eltern in einer ScheidgsVereinbg den KindesUnterh, gilt jetzt § 1629 III 2. – Die Vertr zw **Reiseveranstalter** u Leistgsträgern sind iZw Vertr zG der Reisenden (§ 651 a Rn 6). – **Teilungsabkommen** u Regreßverzichtsabkommen zw Versicherern sind *pacta de non petendo* zG der VersN (BGH NJW **78**, 2507, NJW-RR **93**, 1111). – Der **Treuhandvertrag,** der dem TrHänder die Sanierg od Liquidation eines Betr überträgt, ist idR Vertr zG der Gläub (BGH **55**, 309, **62**, 3, **109**, 52). Auch wenn der GeschNachf dch Vertr die Sanierg übernimmt, kann ein Vertr zG der Gläub vorliegen (Hamm WM **73**, 743). 11

e) Versicherungsvertrag. Die Vers für fremde Rechng (VVG 75 I 1) ist Vertr zG der mitversicherten Pers (RG **130**, 241). Der HaftPflVersVertr begründet für den geschädigten Dr keine Anspr gg den Versicherer, der KrankenVersVertr keinen Anspr für den behandelnden Arzt (Köln VersR **84**, 1165). Der vom ArbG abgeschlossene ParkplatzVersVertr kann dagg Vertr zG der ArbN sein (LG Essen VersR **98**, 618). Zur Lebens-Vers s § 330 Rn 2 ff. Geschäftsplanmäß Erkl des Vers ggü der AufsBeh können für den VersNeh entspr § 328 eig Rechte begründen (BGH **105**, 151). – **Werkförderungsvertrag** (Aufbaufinanzierg mit BeleggsR) ist uU Vertr zG der vom Förderer vorgeschlagenen Mieter (BGH **48**, 245, NJW **67**, 2261). – Vereinbg über die Forfaitierg eines **Wechsels** enthält einen Verzicht auf RückgriffsAnspr ggü allen Wechselbeteiligten (BGH 12

126, 263). – **Wertpapierdepot:** An den im Depot verwahrten Wertpapieren kann nicht iW eines Vertr zGDr Eigt eines and begründet w (RG **98**, 283, Einf 9 v § 328). Dem Dr kann aber ein Anspr auf Übereigng zugewendet w (BGH **41**, 96).

13 **3) Verträge mit Schutzwirkung zugunsten Dritter. – a) Allgemeines.** Neben dem eigentl Vertr zGDr, der für den Dr einen Anspr auf die vereinb (Haupt-)Leistg begründet, hat die Rspr als bes Art der Drittberechtigg den Vertr **mit Schutzwirkg** zGDr (Ausdr von Larenz) herausgebildet. **Wesen:** Der Anspr auf die geschuldete (Haupt-)Leistg steht allein dem Gläub zu, der Dr ist jedoch in der Weise in die vertragl Sorgf- u Obhutspflichten einbezogen, daß er bei deren Verletzg vertragl SchadErsAnspr geltd machen kann (BGH **49**, 353, NJW **59**, 1676). Der Vertr mit Schutzwirkg zGDr war der Sache nach schon in der Rspr des RG anerkannt (zB RG **91**, 24, **102**, 232, **127**, 222). Die Erkenntn, daß es sich um einen bes, vom eigentl Vertr zGDr zu unterscheidden VertrTyp handelt, hat sich jedoch erst später im Anschl an die Untersuchgen von Larenz (NJW **60**, 78) u Gernhuber (FS Nickisch, 1958, 249) dchgesetzt (BGH **49**, 353, NJW **59**, 1676). Grd für die Herausbildg des Vertr mit Schutzwirkg zGDr war die Unzulänglichk des DeliktR, insb die unbefriedigde Regelg der Gehilfenhaftg in § 831 u das Fehlen eines umfassden Vermögensschutzes. Dch die Einbeziehg in den Vertr w der Dr hinsichtl der Haftg für Hilfspersonen (§ 278 statt § 831), der BewLast (§ 282 Rn 6 ff) u der Verj ggü einer bloßen Haftg nach §§ 823 ff besser gestellt; soweit es um § 254 geht, wirkt sich der Vertr mit Schutzwirkg zGDr dagg zum Nachteil des Dr aus: er muß sich auch ggü delikt Anspr MitVersch seiner gesetzl Vertreter u Hilfspersonen anrechnen lassen (§ 254 Rn 65), das MitVersch des Gläub allerdings nur in den Grenzen von § 254 Rn 69.

14 **b) Rechtsgrundlage** der Schutzwirkg zGDr ist eine ergänzde VertrAuslegg (RG **127**, 222, BGH **56**, 273, NJW **84**, 356, Dahm JZ **92**, 1167). Die Lit nimmt dagg überwiegd an, es handele sich um eine auf § 242 beruhde richterl Fortbildg des dispositiven Rechts (Bayer JuS **96**, 475, MüKo/Gottwald Rn 80). Im prakt Ergebn stimmen beide Ans weitgehd überein (s BGH **56**, 273, NJW **77**, 2074). Die Auffassg der Rspr macht aber mit Recht den (hypoth) PartWillen (§ 157 Rn 2) zur Grdl der Anspr des Dr u ermöglicht dadch, den Besonderh des Einzelfalls Rechng zu tragen (s BGH NJW **84**, 356, NJW-RR **86**, 485).

15 **c) Anwendungsbereich.** Schutzwirkgen zGDr können sich aus schuldr VerpflVertr jeder Art ergeben (Rn 20 ff). Der Drittschutz erstreckt sich entgg einer fr Ans nicht nur auf Körper-, sond auch auf Vermögensschäden (BGH **49**, 355, Hübner VersR **91**, 497). Er besteht nicht nur bei der Verletzg von weiteren VerhaltensPflten (Einl 7 v § 241), sond auch von **Leistungspflichten** (BGH NJW **65**, 1955, **95**, 52: RAnw, BGH **76**, 262, **89**, 104: Arzt; BGH **69**, 85, **96**, 9: Kreditinstitut). Auch bei c. i. c. u einem nichtigen Vertr kann ein Dr nach dem RGedanken des § 328 in den Schutz der geschuldeten Obhut u Sicherg einbezogen sein (BGH **66**, 56). Entspr gilt für öff-rechtl NutzgsVerhältn (BGH NJW **74**, 1817).

16 **d) Geschützter Personenkreis.** Damit die Haftg des Schu nicht uferlos ausgedehnt w, sind an die Einbeziehg von Dr in vertragl Schutz strenge Anfordergen zu stellen (BGH **51**, 96, NJW **76**, 1844, Strauch JuS **82**, 826). Zwar brauchen Namen u Zahl der Geschützten bei VertrSchl nicht bekannt zu sein (BGH NJW **84**, 355); mögl ist auch die Einbeziehg des *nasciturus* in den VertrSchutz (BGH NJW **71**, 242, KG VersR **81**, 682). Es müssen aber folgde Voraussetzgen erf sein: – **aa) Leistungsnähe.** Der Dr muß bestimmgsgem mit der Leistg in Berührg kommen u den Gefahren von SchutzPflVerletzgen ebso ausgesetzt sein wie der Gläub selbst (BGH **49**, 354, **70**, 329, **129**, 168). Es muß sich daher um ein Leistgsverhalten handeln, das inhaltl
17 (auch) drittbezogen ist. – **bb) „Gläubigernähe". (1)** Die Rspr hat die Schutzwirkg zGDr ursprüngl nur bejaht, wenn der Gläub für das **„Wohl und Wehe"** des Dr mitverantwortl ist (BGH **51**, 96, **56**, 273, NJW **70**, 40). Inzw hat sie den Kreis der in den VertrSchutz einbezogenen Dr ausgedehnt, s (2). Es bleibt aber dabei, daß DrSchutz vor allem für die besteht, denen der Gläub Schutz u Fürsorge schuldet; das ist der Fall, wenn zw ihm u dem Dr eine RBeziehg mit personenrechtl Einschlag besteht etwa ein familienrechtl, arbeitsrechtl od mietvertragl RVerhältn (BGH NJW **68**, 1931, **77**, 2208). **(2)** Drittschutz besteht aber auch dann, wenn der Gläub an der Einbeziehg des Dr in den Schutzbereich des Vertr ein bes Interesse hat u der Vertr dahin **ausgelegt** werden kann, daß der VertrSchutz in Anerkenng dieses Interesses auf den Dr ausgedehnt werden soll (BGH **127**, 378, **128**, 168/173, NJW **76**, 1844, **83**, 1053, **84**, 356, **85**, 489; krit Martiny JZ **96**, 19). SchutzPflten zGDr bestehen daher beim Lastschriftverfahren (BGH **69**, 82), im GiroVerk (Rn 23), beim Scheckinkasso (BGH **96**, 17), bei der ObhutsPfl über fremde Sachen (BGH **49**, 354, Rn 29 f) u bei der Beauftragg von Sachverständigen od sonst Fachleuten (BGH **127**, 378, Rn 32). Dagg hat der KaufVertr zw
18 Produzenten u Händler keine Schutzwirkg zG der Endverbraucher (BGH **51**, 98, Rn 27). – **cc) Erkennbarkeit.** Der Schu haftet nur, wenn die Drittbezogenh der Leistg u die GläubNähe des Dr für ihn erkennb sind (BGH **49**, 354, **75**, 323, NJW **85**, 489, 2411, **96**, 2929). Name u Zahl der zu schützden Dr brauchen ihm aber nicht bekannt zu sein (BGH NJW **95**, 392). – **dd)** Der Dr muß **schutzbedürftig** sein (MüKo/Gottwald Rn 92). An der Ausdehng des VertrSchutzes muß nach Treu u Glauben ein Bedürfn bestehen, weil der Dr andf nicht ausr geschützt wäre. Ein zusätzl Drittschutz ist ausgeschlossen, wenn der Dr wg des Sachverhalts, aus dem er seinen Anspr herleitet, einen inhaltsgleichen Anspr gg den Gläub hat (BGH **70**, 330, **129**, 169, NJW **96**, 2929).

19 **e) Rechtsfolgen. – aa)** Dem Dr steht ein eig vertragl **Schadensersatzanspruch** zu (Rn 13). Die Schutzwirkg kann sich auch auf Sach- u **Vermögensschäden** erstrecken (BGH **49**, 355, **69**, 82, NJW **77**, 2074). Werden Sachen Dr, die sich bestimmgsgem in gemieteten Räumen befinden, beschädigt u hat der Vermieter die Beschädigg zu vertreten, schließt der Anspr aus § 328 die Schadensliquidation des Drittinteresses aus
20 (BGH **49**, 355, Vorbem 116 v § 249). – **bb) § 334** ist entspr anwendb. Gesetzl Haftgsbeschränkgen wirken daher zu Lasten des Dr (Köln NJW-RR **88**, 157, krit Klein JZ **97**, 396), ebso vertragl **Freizeichnungen** u Abkürzgen der VerjFr, sofern sie die sich aus § 138 u dem AGBG ergebden Grenzen einhalten (BGH **56**, 269, Oldbg NJW-RR **98**, 1746). Der Dr muß sich grdsl MitVersch des Gläub anrechnen lassen (§ 254 Rn 69). – **cc)** Ist umgekehrt der **Dritte schadensersatzpflichtig,** wirken die zw den Part vereinbarten Haftgsbeschränkgen idR zu seinen Gunsten (§ 276 Rn 60). Ebso kann er sich auf die kurze Verj gem §§ 558, 606 od vertragl Abkürzgen der Verj berufen (BGH **49**, 278, **61**, 232, **71**, 178, NJW **76**, 1844, Celle VersR **93**, 1493).

4) Einzelfälle (Vertr mit Schutzwirkg zGDr). Ja = Einbeziehg des Dr; nein = Nichteinbeziehg. – **a) Anwaltsvertrag.** Ja: Kinder des Mandanten, wenn ihnen dch eine ScheidgsVereinbg Vermögenswerte übertragen w sollen (BGH NJW **77**, 2073); wenn sie dch Enterbg der Mu begünstigt w sollen (BGH NJW **95**, 52); wenn die Ehelichk eines scheinehel Kindes angefochten w soll (Hamm MDR **86**, 1028); wenn zu ihren Gunsten eine Wohng gekündigt w soll (LG Mü NJW **83**, 1621); nein: bei allg Beratg in ErbschAngelegenh (LG Köln NJW **81**, 351); der Eheg u ProzGegner bei ScheidgsfolgenVereinbgen (Düss NJW-RR **86**, 730); ja: Ehefrau des Mandanten iF einer RuhegehaltsVereinbg (BGH NJW **88**, 201); die vom Mandanten beherrschte jur Pers (s BGH **61**, 380); die vorgesehenen Erben, wenn ein TestEntw geprüft werden soll (BGH NJW **95**, 2551); uU ja: die vorgesehene Erbin, zu deren Gunsten ein Testament errichtet w soll (BGH NJW **65**, 1955, krit Zimmermann FamRZ **80**, 99). **Arbeitsvertrag** mit LeihArbN: ja: Entleiher (Walker AcP **194**, 314); mit Wachmann: nein: Eigtümer der zu bewachden Sache (BGH NJW **87**, 2511); mit Umschülern: nein: Kind des Umschülers (Hamm OLGZ **94**, 295). – **b) Ärzte, Krankenhaus.** Ja: zu behandelndes Kind (RG **152**, 176, 22 BGH NJW **84**, 1400); *nasciturus* u Vater bei Vertr über Entbindg (BGH **86**, 253, **106**, 162, Ffm VersR **94**, 942); Eltern des zu behandelnden Kindes (BGH NJW **92**, 2962); Eheg bei Vertr über Sterilisation (BGH **76**, 262, NJW **95**, 2407) od über Behandlg der Schwangeren (BGH **86**, 247, **96**, 368); der dch ein Test Begünstigte, wenn dieses wg eines Organisationsfehlers des Krankenhauses formnichtig ist (BGH NJW **89**, 2945). Nein: Angehöriger als Krankenhausbesucher (BGH **2**, 94), Mutter des bei der Behandlg verstorbenen Patienten (Düss NJW **75**, 596); UnfallVersTräger des Patienten (BGH NJW **94**, 2417); ArbG bei Vertr über eine ärztl ArbUnfgkBescheinigg (Weiland BB **79**, 1098). – **c) Banken.** Ja: Interessierter Dr bei Ausk, wenn 23 die Bank wußte, daß die Ausk für den Dr bestimmt war u dieser die Ausk zur Grdl wesentl Vermögensdispositionen machen w (BGH **LM** § 676 Nr 42, NJW-RR **91**, 1265, Breinersdorfer WM **91**, 977). Überweisder u ÜberweisgsEmpf im ÜberweisgsVerk (Düss NJW-RR **99**, 1123, Mü DNotZ **87**, 694, Ffm BB **95**, 1208, WM **99**, 1208), so insbes beim Blitzgiro (LG Köln WM **93**, 895); jedoch obliegen den beteiligten Banken grdsl keine WarnPflten (BGH NJW **87**, 317); Lieferant des KontenInh, wenn Bank sich ggü diesem zur Überweisg best eingehder Beträge an den Lieferanten verpflichtet hat (Düss NJW-RR **87**, 1327, Oldenbg NJW-RR **98**, 918), nein bei Fehlen einer solchen VerpflErkl (s Brdbg ZIP **98**, 953). Nein: Kunde einer betrüger Anlagefirma, der deren Giro-Bank einen Scheck zur Vermögensanlage einreicht (Hamm NJW-RR **98**, 337). Berecht bei dem vom NichtBerecht erteilten InkassoAuftr (Ffm WM **97**, 24). Dr, der ohne RGrd auf ein Girokonto überweist (BGH NJW **83**, 1779). Vgl aber jetzt SGB VI § 118 II. LastschriftVerf u Schekkeinzug s Rn 17. – **d) Beförderungsverträge.** Ja: mitbeförderte BegleitPers, insb Angeh (RG **87**, 65, BGH 24 **24**, 327); Urabsender bei Vertr zw Spediteur/FrachtFü u UnterFrachtFü (Koller VersR **93**, 925); Pkw-Halter bei Vertr zw Polizei u AbschleppUntern (BGH NJW **78**, 2502). Die Schutzwirkg besteht aber nicht umgekehrt zG des FrachtFü. Der UnterfrachtFü hat wg Mängel der Ladg keinen vertragl SchadErsAnspr gg den Absender (Hamm NJW-RR **99**, 1123). Nein: Begleiter des Käufers, der bei Auslieferg der Kaufsache mitfährt (BGH VersR **60**, 153); Käufer bei Vertr zw Verkäufer u FrachtFü iF des Versendgskaufs (BGH NJW **78**, 1577, Mü NJW **58**, 424, aber HGB 421 I 2 u Vorbem 117 v § 249). **Bewachungsvertrag.** Ja: Eigtümer der zu bewachden Sache (Dubischar NJW **89**, 3245); Angeh des AuftrG (Kblz VRS **96**, 243: Parkplatz). – **e) Dienstvertrag und Dienstverschaffungsvertrag.** Ja: Angeh u ArbN des DienstVerpflichteten nach 25 Maßg des Einzelfalls (BGH **26**, 371, NJW **75**, 868); GmbH & Co KG bei Vertr zw Komplementär-GmbH u GeschFü (BGH **75**, 332, **100**, 193, NJW **95**, 1357); Gesellschter bei Vertr zw Gesellsch u Steuerberater od RAnw (BGH NJW **83**, 1054, **88**, 556); mittelb Beschäftigter beim DienstverschaffgsVertr (RG **164**, 399); ArbN bei Vertr zw ArbG u Strafanstalt über die Beschäftigg von Strafgefangenen (BGH **LM** § 157 (D) Nr 5); Hausbewohner bei Vertr zw Eigtümer u Hausverwalter (BGH NJW **68**, 1324). Nein: Bank bei Vertr zw Kunden u Steuerberater (Schlesw VersR **61**, 1148). – **f) Gaststätten, Hotel.** Ja: Gäste bei Vertr zw 26 Reiseveranstalter u Hotelier (§ 651 a Rn 6), ebso bei der Zurverfüggstellg von Gaststättenraum für eine Veranstaltg (RG **160**, 155). – **Gesellschaftsrecht:** UU ja: die Gesellschter bei Vertr mit der GmbH (Zweibr WM **84**, 1636); die Kommanditisten bei Vertr zw Gesellsch u BeiratsMitgl (BGH DB **85**, 165) od bei Vertr mit TrHänder über die vertragsgem Verwendg der Einlage (BGH NJW-RR **86**, 1158); s auch Rn 25. – **g) Kinder.** Ja bei Vertr über Beaufsichtigg (Koblenz NJW **65**, 2347), über Heimunterbringg (Schlesw VersR **78**, 237), über Aufenth im Jugendlager (Mü VersR **79**, 747), über PrivSchulbesuch (RG **127**, 223). – **h) Lieferverträge.** Nein: Hersteller hins des zw Käufer u Verkäufer vereinbarten Veräußergsverbotes (Düss 27 WM **86**, 397); Endverbraucher bei Vertr zw Hersteller u Händler (BGH **51**, 96, NJW **74**, 1503, BB **89**, 20, krit Steinmeyer DB **88**, 1049); Spediteur in die dem Verkäufer ggü dem Käufer obliegde VerpackgsPfl (Düss NJW-RR **96**, 1380). Ja: Angeh des Käufers (Hamm VersR **77**, 842, LG Ffm NJW-RR **91**, 225); ArbN des Käufers, die bestimmgsgem mit der Sache in Berührg kommen (BGH NJW **56**, 1193, Dreschmaschine; BGH NJW **59**, 1676, Rostschutzmittel); der Abholer der Ware (LG Ffm NJW-RR **86**, 966, aA Strauch JuS **87**, 947); Mieter bei Vertr zw Hauseigtümer u Gemeinde über die Lieferg von Leitgswasser (RG JW **37**, 737).

21

i) Mietverträge. Der Jahrmarktsbesucher ist weder in den Schutzbereich des MietVertr zw Organisator u 28 Standbetreiber noch des Vertr zw Veranstalter u Organisator einbezogen (Düss NJW-RR **97**, 1314). – **aa) Wohnräume.** Ja: die zur HausGemsch des Mieters gehörden Pers, insb seine FamAngeh u Hausangestellte (BGH **61**, 233, **77**, 124, VersR **83**, 442); der Partner einer eheähnl LebensGemsch (Hbg NJW-RR **88**, 1482, aA Hamm FamRZ **77**, 320); die Aufwartefrau (Zunft AcP **153**, 389), die VereinsMitgl bei MietVertr mit Verein (BGH NJW **65**, 1757; ebso bei Gesellsch (BGH DB **72**, 577). Nein: Besucher u Gäste (BGH **2**, 97, Hummel ZMR **71**, 1); Lieferanten (Weimar ZMR **70**, 225); Untermieter, da sie einen eig VertrAnspr gg den Hauptmieter haben (BGH **70**, 327, WM **79**, 307, Krause JZ **82**, 16). – **bb) Geschäftsräume.** Ja: die 29 vom Mieter in diesen Räumen beschäftigten Pers (BGH **61**, 233); Eigtümer von Sachen, die sich berechtigterw in den Räumen befinden (BGH **49**, 355, JZ **68**, 304, **70**, 375, Vorbem 116 v § 249), insb Sichg- u VorbehEigtümer u Einlagerer von Waren; aber nein, wenn die Einlagerg nicht zum bestimmgsmäß Gebrauch gehört (BGH NJW **85**, 489). Nein: Untermieter (Rn 28). – **cc) Bewegliche Sachen:** Ja: Angeh u HilfsPers 30 des Mieters einschließl selbstd Untern beim bestimmgsmäß Gebrauch (BGH **49**, 281, **61**, 233, NJW **76**, 1843), Kind, das mit dem gemieteten Pony reiten soll (Köln OLGZ **93**, 199). Das gilt entspr beim LeihVertr

(Köln NJW-RR 88, 157). – **dd) Schutzpflicht des Mieters.** Nein: Mitmieter (BGH NJW **69**, 41, DB **74**, 1222, Köln NJW-RR **95**, 1480), Angeh des Vermieters (Mü VersR **77**, 654, bedenkl). – **j) Steuerberater:** Ja: Ehefr bei gemeins Veranlagg (Löwe EWiR **85**, 705), od wenn sie Bürgsch übernehmen soll (BGH VersR **94**, 787); Sohn auf den Vermögen übertragen w soll (Mü NJW-RR **91**, 1128), Mitgl der Gemeinsch bei gemeins Feststellg der Einkünfte (Celle NJW-RR **86**, 1315); s auch Rn 25 u 32. **Verwahrungsvertrag** zw
31 Land u Tiersammelstelle ja zG des Tierhalters (KG NJW-RR **94**, 688). – **k) Werkverträge. – aa) Schutz- und Obhutspflicht des Unternehmers.** Ja: FamAngeh des Best, wenn sie gerade als Angeh mit der WkLeistg in Berührg kommen (BGH NJW **94**, 2231), od wenn sie Eigtümer der zu bearbeitenden Sache sind (Nürnb MDR **74**, 401), u zwar auch in den zw Haupt- u SubUntern bestehden Vertr (Brschw NJW-RR **86**, 1314), nicht aber wenn sie später WoEigt in dem errichteten Haus erwerben (BGH NJW **94**, 2231). Ja: ArbN des Best (BGH **33**, 249, **55**, 18); die Aufwartefrau u sonst Pers, denen der Best gem § 618 III Schutz u Fürsorge schuldet (RG **127**, 224); idR seine Mieter u deren Angeh (BGH VersR **59**, 1009), and aber bei fehlder Nähe zw dem MietObj u den vom Untern auszuführden Arbeiten (Oldenbg MDR **97**, 451), ja: Kinder in den von der Kindertagsstätte abgeschlossenen MähVertr (Düss NJW-RR **98**, 99); bei einem vom Mieter abgeschl AufbauVertr uU der Vermieter (BGH NJW **54**, 874, Stgt VersR **83**, 891); der GrdstEigtümer bei Vertr der Stadt über Trümmerbeseitigg (KG NJW **58**, 185); die Mieter bei einem vom Vermieter abgeschl HeizVertr (Köln VersR **76**, 1182); der anbauberecht Nachbar bei fehlerh Errichtg einer Kommunmauer (Düss NJW **65**, 539). Nein: and vom Best beauftragte Untern (BGH NJW **70**, 40); ausnw ja, wenn der Besteller einen Untern beauftragt, den and zu unterstützen (BGH BauR **85**, 705); nein: Besteller in den von einem and Besteller mit dem Untern geschlossenen Vertr (BGH **133**, 168/173, krit Traugott ZIP **97**, 872); am Bau tät Arbeiter hins des Vertr zw Bauherrn u Architekt (BGH NJW **71**, 753); künft Mieter hins des Architekten- od BauVertr über die Herstellg des Mietobjekts (BGH NJW-RR **90**, 727, Hamm NJW-RR **87**, 725); dch Stromausfall geschädigter GewBetr bei Vertr der Stadt über Erdarbeiten (BGH NJW **77**, 2208); GrdstEigtümer bei Vertr zw VersorggsUntern u Baufirma über Rohrverlegg (BGH VersR **62**, 86); Gemeinde bei Vertr der Post über KabelVerlegg (Köln VersR **84**, 340). – **bb) Schutzpflichten des Bestellers,** soweit er Räume od ArbGeräte zur Vfg zu stellen hat. Ja: ArbN des Untern u SubUntern (BGH **5**, 67, **26**, 371), aber nein, wenn die Gefährlichk der Tätigk auf einer Anweisg des Untern beruht (Ffm NJW-RR **99**, 532) od sich der Best
32 ggü dem Untern freigezeichnet hat (BGH **56**, 274). – **l)** Vertr zw **Zertifizierungsstelle** u ZertifikatInh nach dem SigG. Ja: Dritte, insb Empfänger von Dokumenten mit digitaler Signatur, die dch fehlerh Handeln der
33 Zertifiziergsstelle geschädigt w (Haas FS Heinrichs, 1998, 261). – **m) Zustimmungsvertrag** mit Gemeinde über Verlegg von Versorggsleitgen. Nein: and Versorggsuntern (BGH NJW-RR **90**, 1173).

34 **n) Gutachterverträge/Expertenhaftung**. Aus dem Vertr zw AuftrG u Sachverst kann der dch ein unrichtiges Gutachten (Testat) geschädigte KreditG, Bü, Käufer od Versicherer SchadErsAnspr herleiten, wenn sich aus den Umst des Falles hinreichde Anhaltspkte für einen auf DrSchutz gerichteten PartWillen ergeben (BGH **127**, 378, NJW **84**, 356, **87**, 1758, **97**, 1235, stRspr, Bayer JuS **96**, 471, aA überwiegd die Lit vgl zB Honsell FS Medicus, 1999, 211, Canaris, Schneider, Bosik, alle ZHR **163**, 206 ff; für einen direkten Vertr zw Bank u Dr BGH NJW-RR **98**, 1343, krit Musielak WM **99**, 1593; für ein Abstellen auf die dch die fakt Leistgsbeziehg begründete Sonderverbindg Picker FS Medicus, 1999, 397). DrSchutz ist idR zu bejahen, wenn das Gutachten erkennb für einen Dr bestimmt ist (BGH aaO) u der Sachverst über bes, dch staatl Anerkenng od einen vergleichb Akt ausgewiesene Sachkunde verfügt (BGH **127**, 378/380, NJW **84**, 355, NJW-RR **89**, 696). Gleichzustellen sind trotz fehlder staatl Anerkenng Kfz-Sachverst (Mü r+s **90**, 273, LG Bochum NJW-RR **93**, 29, Nickel ZfS **98**, 409, Kirchhoff MDR **99**, 274), deren Gutachten nach der BGH-Rspr uU bindende Grdl für die Abwicklg von Kfz-Schäden sind (Steffen DAR **97**, 298), u Sachverst, die wie ein staatl anerkannter Sachverst auftreten (aA wohl Dresd NJW-RR **97**, 1001, 1456). Dem Drittschutz steht nicht entgg, daß die Interessen des AuftrG u des Dr gglãufig sind (BGH **127**, 378); auch wenn der AuftrG dem Dr bewußt Mängel verheimlicht, entfällt der DrSchutz nicht (BGH aaO). Er besteht aber nur im Rahmen des uU eingeschränkten PrüfgsAuftr (Brem VersR **99**, 499). Einzelfälle: Bei falscher Bewertg eines Grdst DrSchutz für den KreditG (BGH aaO, NJW **82**, 2431, Karlsr NJW-RR **90**, 861), Bürgen (BGH NJW **98**, 1059, Kiss WM **99**, 117, Schlechtriem FS Medicus, 1999, 529) od Käufer (BGH NJW **84**, 356). Bei unricht Testat (Prüfgsbericht) eines StBeraters od WirtschPrüfers besteht DrSchutz für den KreditG (BGH NJW **87**, 1758, **97**, 1235, NJW-RR **86**, 1307, **93**, 944), u zwar auch bei **Pflichtprüfungen**, wenn die VertrPart übereinstimmd davon ausgehen, daß die Prüfg auch im Interesse eines best Dr dchgeführt w u ihr Ergebn diesem als EntscheidgsGrdl dienen soll (BGH **138**, 257, krit od aA Ebeke JZ **98**, 991,Weber NZG **99**, 1, Feddersen WM **99**, 105, LG Hbg WM **99**, 139). DrSchutz für Käufer bei unricht Gutachten der Schiffsklassifikations-Gesellsch (Hbg VersR **91**, 476) od unricht Gesundheitszeugn des Tierarztes (Köln NJW-RR **92**, 49), wenn das Gutachten zur Verwendg ggü Dr in Auftr gegeben worden ist.

329 *Auslegungsregel bei Erfüllungsübernahme.* **Verpflichtet sich in einem Vertrage der eine Teil zur Befriedigung eines Gläubigers des anderen Teiles, ohne die Schuld zu übernehmen, so ist im Zweifel nicht anzunehmen, daß der Gläubiger unmittelbar das Recht erwerben soll, die Befriedigung von ihm zu fordern.**

1 **1) Allgemeines. – a)** Die **Erfüllungsübernahme** ist ein Vertr zw Schu u Übernehmer, dch den sich der Übernehmer verpflichtet, eine Verbindlichk des Schu zu erfüllen. Der Gläub erwirbt aus der Vereinbg keine Rechte; die ErfÜbern ist damit der typ Fall eines unechten Vertr zGDr (Einf 1 v § 328). Eine gesetzl
2 ErfÜbern sieht § 415 III vor. – **b)** Der Schu u der Übernehmer können die Vereinbg auch zu einem echten Vertr zGDr ausgestalten (Rn 5). Ist ein solcher Wille der VertrSchließden gegeben, handelt es sich rechtl um einen **Schuldbeitritt** (Schuldmitübern), dch den der Beitretde als GesSchu neben den bisherigen Schu in das
3 SchuVerh eintritt (Übbl 2 f v § 414). – **c)** Auch die in §§ 414 ff geregelte **befreiende Schuldübernahme** kann nach § 415 zw Schu u Übernehmer vereinbart w, bedarf aber der Gen des Gläub (§ 415). Sie führt zu einem SchuWechsel; der Übernehmer tritt an die Stelle des Schu, dieser wird frei.

2) Zustandekommen. – **a)** Die **Erfüllungsübernahme** ist grdsl **formfrei.** Wird die Erf einer BürgschVerpfl übernommen, ist § 766 unanwendb (BGH NJW **72**, 576). Erfolgt die ErfÜbern schenkweise, gilt aber § 518 II, ebso iF eines abstrakten Verspr, § 780 (RG **58**, 201). Soweit die ErfÜbern keiner Form bedarf, kann sie auch stillschw vereinbart w. In der Ann der Abtr des Anspr aus einem ggs Vertr kann etwa zugl die Übern der korrespondierden Verpfl enthalten sein (RG **130**, 118). – **b)** § 329 enthält die **Auslegungsregel,** daß das Verspr, eine Verbindlichk des VertrPart zu erf, iZw als ErfÜbern aufzufassen ist, nicht aber als befreide SchuldÜbern od als Schuldbeitritt. Übernimmt eine Part die Kosten des von der and beauftragten Anw ist iZw § 329 anwendb (BGH NJW **73**, 1373), ebso bei Vereinbgen über die MaklerProv (Schlesw DNotZ **82**, 366). Es ist aber jeweils sorgf abzuwägen, ob die Umst des Einzelfalls die Ann eines echten Vertr zGDr rechtf (BGH NJW **80**, 2127). Ist die Maklerklausel ein echter Vertr zGDr (§ 652 Rn 40), begründet sie idR nur dann einen ProvAnspr, wenn der Makler eine § 652 entspr Leistg erbracht hat (BGH **138**, 170). Ob der Anspr aus der Maklerklausel bei Aufhebg des KaufVertr entfällt, hängt gem § 328 II von den Umst des Einzelfalles ab (§ 328 Rn 4). Wird das Verspr, eine Verbindlichk zu erf, nicht ggü dem Schu sond einem außenstehden Dr abgegeben, ist es Frage des Einzelfalls, ob neben dem Dr auch dem Gläub od Schu ein eig FdgsR zusteht (s RG **114**, 301). Die im HGB 25 III geregelte Haftg des Übern eines HandelsGesch ist ein einseit rgeschäftl Schuldbeitritt (MüKo/Gottwald Rn 5), begründet also für die Gläub ein eig FdgR. Übernimmt der LeasGeb die „Erf" des vom LeasNeh mit dem Lieferanten geschlossenen KaufVertr, kann ein Schuldbeitritt od eine SchuldÜbern vorliegen (BGH NJW-RR **93**, 308). 4 5

3) Rechtsfolgen. Die ErfÜbern begründet für den Schu einen BefreiungsAnspr. Dieser kann nur an den Gläub der zu tilgden Schuld, nicht aber an Dr abgetreten w; dch die Abtr wandelt er sich in einen ZahlgsAnspr um (§ 257 Rn 1). Ob sich die ErfÜbern auch auf spätere Erweitergen der Schuld erstreckt, ist Ausleggsfrage (RG SeuffA **62**, 204). Der Gläub muß sich bei Leistgsstörgen an den Schu halten; bei der Verletzg von SchutzPflten hat er aber auch einen Anspr gg den Übernehmer (MüKo/Gottwald Rn 18). Zum BereichergsAusgl bei nichtiger ErfÜbern s § 812 Rn 58ff. 6

330 *Auslegungsregel bei Lebensversicherungs- oder Leibrentenvertrag.* **Wird in einem Lebensversicherungs- oder einem Leibrentenvertrage die Zahlung der Versicherungssumme oder der Leibrente an einen Dritten bedungen, so ist im Zweifel anzunehmen, daß der Dritte unmittelbar das Recht erwerben soll, die Leistung zu fordern. Das gleiche gilt, wenn bei einer unentgeltlichen Zuwendung dem Bedachten eine Leistung an einen Dritten auferlegt oder bei einer Vermögens- oder Gutsübernahme von dem Übernehmer eine Leistung an einen Dritten zum Zwecke der Abfindung versprochen wird.**

1) Allgemeines. § 330 stellt als Ausleggsregel für 4 Fälle die **Vermutung** auf, daß ein echter Vertr zGDr vorliegt. Ein GgBew ist mögl. Hinsichtlich des Ztpkts des RErwerbs gelten §§ 328 II, 331; auch hinsichtl der Ändergs- u WiderrufsMöglichk folgen die unter § 330 fallden Vertr den allg Regeln (§§ 328 II, 332); s aber Rn 4f. 1

2) Lebensversicherungsverträge (VVG 159ff). – **a)** § 330 gilt für alle Arten von LebensVers, Kapital- u RentenVers, auf den Todes- od Erlebensfall, auch für die KapitalunfallVers (VVG 180). Die Anspr aus dem VersVertr stehen grdsl dem VersN zu, iF des Todes seinen Erben u zwar als Teil des Nachl (BGH **32**, 46). Vertr zGDr wird der VersVertr nur, wenn der Versicherer zur Leistg an den Dr, den **Bezugsberechtigten,** verpfl w. Der Anspr auf die VersSumme entsteht in diesem Fall ohne Dchgang dch das Vermögen des VersN unmittelb in der Pers des Bezugsberecht, fällt also bei einer Vers auf den Todesfall **nicht** in den **Nachlaß** (BGH **13**, 232, **32**, 47, **130**, 381, Ffm NJW-RR **98**, 795). Ist Zahlg „an die Erben" ausbedungen, ist bei KapitalVers nach VVG 167 II iZw anzunehmen, daß diese den Anspr auf die VersSumme nicht kr ErbR, sond als Bezugsberecht erwerben sollen u daß diej bezugsberecht sind, die iF des Todes zu Erben berufen sind, selbst wenn sie die Erbsch ausschlagen. Ist die **Ehefrau** als Bezugsberecht bezeichnet, erlischt ihr BezugsR mit der Scheidg 3 nur dann, wenn der Bestimmg eine hinr deutl auflösde Bdgg beigefügt ist. § 2077 ist nicht analog anwendb; es bedarf vielmehr idR eines Widerr (BGH **79**, 298, NJW **87**, 3131, Karlsr VersR **98**, 219, aA Ffm VersR **97**, 1216). Das gilt auch dann, wenn die Ehefr ohne Zusatz des Namens benannt ist (BGH aaO, Köln VersR **83**, 1182, LG Saarbr NJW **83**, 180); sie darf die VersSumme aber nur behalten, wenn dafür in der Beziehg zum Erbl ein RGrd besteht (BGH NJW **87**, 3131); das ist nicht der Fall, wenn das ValutaVerh wg Wegfalls der GeschGrdl rückabgewickelt werden muß (BGH NJW **95**, 1082, Karlsr VersR **98**, 219). Bei einer LebensVers, die der betriebl Altersversorgg dient, ist iZw die Ehefr begünstigt, die bei Eintritt des VersFalls mit dem VersN verheiratet ist (BGH **79**, 295); entspr gilt für die UnfallVers (Stgt NJW-RR **88**, 1180). 2

b) Währd nach § 328 zur Bestimmg u Aufhebg des Rechts des Dr grdsl ein Vertr zw Versprechdem u VersprEmpf erforderl ist, steht bei der KapitallebensVers dem VersN nach VVG 166 iZw das Recht zu, ohne Zustimmg des Versicherers einen Dr als Bezugsberecht zu bezeichnen, an dessen Stelle einen and zu setzen od die Bestimmg zu widerrufen, u zwar auch dann, wenn die Bezeichng im Vertr erfolgt ist. Bei and als KapitalVers bedarf es zur Begründg eines entspr WiderrR einer bes Vereinbg. **Bestimmung und Widerruf** sind einseit WillErkl u zugl rgestaltde Vfgen (BGH NJW-RR **89**, 22). Das BestimmgsR ist keine höchstpersönl Befugn, sond abtretb u pfändb (BGH **91**, 289). Die Erkl müssen dem Versicherer zugehen, können aber auch in einer Vfg vTw enthalten sein (§ 332). Erkl ggü dem Dr od and Beteil genügen dagg nicht (RG **140**, 34, **153**, 225). Die Abtr u die Verpfändg der Rechte aus dem VersVertr stellt daher keinen Widerr eines bestehden BezugsR dar (RG **127**, 272, **153**, 226); auch die Anzeige der Abtr od Verpfändg ist idR kein Widerruf (s BGH **109**, 70). Der im Zushang mit einer SichgsAbtr formularmäßig erklärte Widerruf ist idR dahin zu verstehen, daß das BezugsR nicht erlöschen, sond hinter den vereinbarten Sichergszweck zurücktreten soll (BGH aaO, Düss VersR **97**, 1215). Die SichgsAbtr hindert den VersN daher idR auch nicht, einen and BezugsBerecht zu bestimmen (Köln VersR **90**, 1339, Hamm VersR **94**, 1053). Der Widerr des BezugsR ist iZw bis zum Eintritt des VersFalls mögl (VVG 166 II). Er kann aber auch schon vorher auf Antr des VersN dch schriftl Bestätigg des Versicherers **ausgeschlossen** w (ALB 13 II). Hierdch entsteht abw von § 331 bereits 4 5 vor dem Tod des VersN ein eig FdgsR des Bezugsberecht (BGH **45**, 165). Dagg wirkt ein mit dem Bezugsberecht vereinbartes WiderrVerbot nur schuldrechtl (BGH NJW **75**, 1360). Trotz Ausschl des WiderrR bleibt der VersN VertrPart u kann daher kündigen (BGH **45**, 167). Seine Gläub können mit dem Anspr aus dem VersVertr gem ZPO 857 II auch das (nicht höchstpersönl) WiderrR pfänden u nach Überweisg ausüben (RG **153**, 225). Auch der InsVerw kann widerrufen (BAG ZIP **96**, 966).

6 **c)** Die Zuwendg des BezugsR kann wg **Gläubigerbenachteiligung** anfechtb sein. Dabei ist nach hM zu unterscheiden: – **aa)** Ist das BezugsR dem Dr **von Anfang an** eingeräumt worden, unterliegt das BezugsR selbst nicht der Anf, da es nur dem VersN zugestanden hat; zurückzugewähren ist gem AnfG 7, InsO 143 nur die Prämienzahlg der letzten ein od zwei Jahre (RG **51**, 403, **153**, 220). – **bb)** Wurde das BezugsR erst **nachträglich** eingeräumt, ist die Begründg des BezugsR selbst anfechtb, vorausgesetzt, sie fällt in die krit Zeit (RG **66**, 158, **153**, 220). Herauszugeben ist daher der Anspr auf die VersSumme od die VersSumme selbst. Ist die Einräumg des BezugsR wg Zeitablaufs nicht mehr anfechtb, sind auch hier nur die Prämien der letzten ein od zwei Jahre zurückzugewähren. Die Unterscheidg gilt für den etwaigen BereichergsAusgl im ValutaVerh entspr.

7 **d)** § 330 gilt nicht für and VersichergsArten, insbes nicht für die **Versicherung für fremde Rechnung.** Zwar ist diese Vertr zGDr (des Versicherten), es gelten jedoch die Sonderregeln der VVG 74 ff. Wird eine Vers gg Unfälle eines Dr genommen, handelt es sich iZw um eine Vers für dessen Rechng (VVG 179 II, s auch III). Der Dr ist Versicherter u hat daher ein eig FdgR; bei seinem Tod fällt der Anspr in seinen Nachl (BGH **32**, 50, BFH NJW-RR **94**, 918).

8 **3)** Die Vermutg des § 330 gilt außerdem für folgde **weitere Fälle:** – **a) Leibrentenverträge** zGDr (der Witwe, Kinder), vgl §§ 759 ff. – **b) Unentgeltliche Zuwendungen.** Der Begriff umfaßt neben der Schenkg auch die Leihe u unverzinsl Darl. Maßgebd ist, ob im GrdVerh zw Versprechdem u VersprEmpf eine unentgeltl Zuwendg vorliegt; auf das ValutaVerh kommt es nicht an, da allein das GrdVerh über die Entstehg des FdgR des Dr entscheidet (Soergel-Hadding Rn 22, str). Ob ein Vertr zGDr od ledigl eine Aufl vorliegt,
9 ist AusleggsFrage (Ffm WM **87**, 1249). – **c) Vermögens- oder Gutsübernahme** (s §§ 311, 312, EG Art 96, Pr AGBGB Art 15). Gut iSd § 330 ist jede landwirtschaftl Besitzg, auch wenn sie kein Hof iSd HöfeR (EG Art 64) ist. Dem Zweck der Abfindg dient die Leistg, wenn der bedachte Dr ein mögl Miterbe ist. Bei Übern eines gewerbl Betr gilt § 330 entspr (RG JW **05**, 717).

331 *Leistung nach Todesfall.* **I Soll die Leistung an den Dritten nach dem Tode desjenigen erfolgen, welchem sie versprochen wird, so erwirbt der Dritte das Recht auf die Leistung im Zweifel mit dem Tode des Versprechensempfängers.**

II Stirbt der Versprechensempfänger vor der Geburt des Dritten, so kann das Versprechen, an den Dritten zu leisten, nur dann noch aufgehoben oder geändert werden, wenn die Befugnis dazu vorbehalten worden ist.

1 **1) Allgemeines.** – **a)** § 331 begründet als Ausleggsregel eine **Vermutung** für den Ztpkt des RErwerbs, wenn die Leistg nach dem Tode des VersprEmpf erfolgen soll. Aus § 331 ergibt sich zugl, daß dem Dr dch Vertr zGDr ohne Einhaltg erbrechtl od sonst FormVorschr mit dem Tode des VersprEmpf ein schuldrechtl Anspruch zugewendet w kann, u zwar auch dann, wenn im ValutaVerh eine Schenkg auf den Todesfall
2 vorliegt (BGH **41**, 96, **66**, 12, WM **83**, 1356, stRspr, str, s Einf 7 v § 328). – **b)** § 331 gilt für **alle** Vertr zGDr, die als LeistgsZtpkt den Tod des VersprEmpf festlegen. **Anwendungsfälle:** LebensVersVertr auf den Todesfall, soweit das BezugsR widerrufl ist (RG **51**, 404, § 330 Rn 4); BausparVertr mit Drittbegünstigg auf den Todesfall (BGH NJW **65**, 1913); Witwenversorgg im Rahmen der betriebl Altersversorgg od der UnfallVers (BGH Warn **70** Nr 52); gesellschaftsvertragl Eintritts- od NachfKlauseln (RG **80**, 177); Vereinbg mit Bank, nach dem Tod des KontenInh einen Betrag an einen Dr zu zahlen (BGH **66**, 13, WM **83**, 1356); Vereinbg, daß die bei der Bank deponierten Wertpapiere nach dem Tod des DepotInh einem Dr auszuhändigen sind (BGH **41**, 96); Anlegg eines Sparkontos auf den Namen eines Dr mit dem Vorbeh eig VfgsBefugn bis zum Tode (BGH **46**, 198, § 328 Rn 9 a) Bei Vorversterben des Dr steht der Anspr, soweit keine and Begünstigten benannt sind, dem VersprEmpfänger zu (BGH NJW **93**, 2172).

3 **2) Rechtstellung der Beteiligten.** – **a) Bis zum Eintritt des Todesfalls.** Die Anspr aus dem Vertr gehören zum Vermögen des VersprEmpf (BGH **81**, 97) u sind für dessen Gläub pfändb (§ 330 Rn 5). Die RStellg des Dr ist frei änderb, sei es dch Vertr zw Versprechdem u VersprEmpf, sei es (kr Vorbehalts) dch einseit Akt des VersprEmpf (§ 330 Rn 4). Der Dr hat weder ein Recht noch eine Anwartsch, sond ledigl die „Hoffng" (Chance) auf einen künft RErwerb (BGH NJW **82**, 1808, Ffm NJW-RR **90**, 968). Leistet der Versprechde an den VersprEmpf, erlischt die Erwerbsaussicht des Dr (Celle WM **95**, 1953). And liegt es, wenn die Bezugsberechtigg nach den getroffenen Vereinbgen unwiderrufl ist; auch in diesem Fall ist der VersprEmpf
4 aber zur Künd des Vertr berecht (§ 330 Rn 5). – **b) Zeit nach Eintritt des Todesfalls.** Der Dr erwirbt den LeistgsAnspr gg den Versprechden (Einf 6 v § 328). Die Möglichk zu Ändergen ohne seine Zustimmg entfällt. Auch die vom Erbl vor seinem Ableben abgegebene ÄndBestimmg bleibt wirkgslos, wenn sie dem Versicherer erst nach dem Erbfall zugeht (BGH WM **94**, 903). Auch wenn es sich im Verhältn zw Erbl u Dr um eine Schenkg handelt, ist § 2301 I unanwendb, da die Schenkg vollzogen ist (Rn 1 u § 2301 Rn 8). Im Verh zu den Erben des VersprEmpf ist der RErwerb aber nur dann gesichert, wenn das ValutaVerh wirks ist. Der RGrd zum Behalten kann entfallen, wenn die Erben das ValutaVerh, etwa wg Wegfalls der GeschGrdl, rückabwickeln können (BGH **128**, 133). Hat der Erbl in Kenntn der veränderten Verhältn sein WiderrR nicht ausgeübt, kann das aber für die Aufrechterhaltg des ValutaVerhältn sprechen (s BGH WM **96**, 1497, Hamm WM **98**, 2236). Ist zu Lebzeiten des VersprEmpf zw diesem u dem Dr formlos eine Schenkg vereinbart worden, w der Formmangel dch den Erwerb des LeistgsAnspr geheilt, § 518 II (BGH **91**, 291, Köln NJW-RR **95**, 1224, Düss NJW-RR **96**, 1329). Fehlt eine derart Vereinbg, kann eine **wirksame Schenkung** auch noch **nach dem Tode** des VersprEmpf zustandekommen: Übermittelt der Versprechde die DrittbegünstiggsErkl auftr-

gem an den Dr, so liegt hierin eine wirks Schenkgsofferte des Erbl (BGH **91**, 291). And ist es aber, wenn der Erbl keinen ÜbermittlgsAuftr erteilt hat u der Dr von der Begünstigg nur zufäll erfährt (Hamm NJW-RR **96**, 1328) od wenn der Erbl die Begünstigg im Test widerruft u der Widerr dem Dr spätestens gleichzeit mit der BegünstiggsErkl zugeht (Düss VersR **96**, 591). Die Schenkgsofferte kann der Dr gem §§ 130 II, 153, 151 stillschw annehmen (BGH **91**, 291, NJW **84**, 481); die Erben können den VertrSchl aber dch Widerr des Angebots verhindern (BGH **66**, 13, NJW **75**, 383, sehr str, s Muscheler WM **94**, 921); es sei denn, daß der Erbl das WiderrR ausdrückl ausgeschl h (Celle WM **96**, 851). – **c) II.** Ist der Dr beim Tod des VersprEmpf noch **nicht geboren,** kann der in I vorgesehene RErwerb noch nicht stattfinden. II begründet aber für den Ungeborenen od noch nicht Erzeugten eine idR unentziehb Anwartsch, die mit der Geburt zum VollR erstarkt. Für den Dr kann gem §§ 1912, 1913 ein Pfleger bestellt w. 5

332 ***Änderung durch Verfügung von Todes wegen bei Vorbehalt.*** **Hat sich der Versprechensempfänger die Befugnis vorbehalten, ohne Zustimmung des Versprechenden an die Stelle des in dem Vertrage bezeichneten Dritten einen anderen zu setzen, so kann dies im Zweifel auch in einer Verfügung von Todes wegen geschehen.**

1) Zur Aufhebg des Rechts des Dr bedarf es grdsl eines Vertr zw Versprechdem u VersprEmpf (§ 328 II). Mögl ist aber auch, daß dem VersprEmpf vertragl das Recht eingeräumt w, die Pers des Dr dch einseit Erkl zu ändern. Für diesen Fall best § 332, daß die Auswechselg des Dr auch dch **Verfügung von Todes wegen** (Test od ErbVertr) erfolgen kann. Er schwächt damit die Regel ab, daß für die Ausübg des BestimmgsR eine Erkl ggü dem Versprechden erforderl ist (§ 330 Rn 4). § 332 gilt auch dann, wenn der VersNeh gem VVG 166, 180 die Befugn hat, die Bezugsberechtigg dch einseit Erkl erstmals zu begründen od ohne Benennung eines and zu widerrufen (MüKo/Gottwald Rn 1). Dagg wird der im Test erklärte Schenkgswiderr erst wirks, wenn er dem Beschenkten zugeht (RG **170**, 383). Die Bezeichng od Auswechselg des Dr kann der einz Inh der Vfg vTw sein (MüKo/Gottwald Rn 2). Leistet der Versprechde in Unkenntn der Vfg vTw an den fr Bezugsberecht, gilt § 407 (RG **154**, 109). 1

2) Auch der dch Vfg vTw Begünstigte erwirbt **nicht** aus dem **Nachlaß,** sond ohne DchgangsErwerb unmittelb vom Versprechden (Einf 6 v § 328). Als **Auslegungsregel** tritt § 332 zurück, soweit dch Vertr od AGB etwas and bestimmt ist (BGH **81**, 98). Für LebensVers gilt ALB 13 III, wonach die Begründg od der Widerruf eines DrittR erst mit schriftl Anzeige an den Versicherer wirksam w; die Vorlage des Test beim Versicherer nach dem Tod des Erbl genügt nicht (BGH NJW **93**, 3134). Der im DeckgsVerh wirkgslose Widerruf des BezugsR kann aber als Rückn der Schenkgsofferte des Erbl aufzufassen sein (§ 331 Rn 4) u dadch im ValutaVerhältn einen RErwerb des BezugsBerecht verhindern (Schmalz-Brüggemann ZEV **96**, 88, Düss VersR **96**, 591). 2

333 ***Zurückweisung des Rechts durch den Dritten.*** **Weist der Dritte das aus dem Vertrag erworbene Recht dem Versprechenden gegenüber zurück, so gilt das Recht als nicht erworben.**

1) Allgemeines. – a) § 333 beruht auf dem **Gedanken,** daß niemandem gg seinen Willen ein endgült RErwerb aufgezwungen w soll. Er gibt daher dem Dr die Befugn, das ohne sein Zutun erworbene Recht zurückzuweisen. ParallelVorschr enthalten § 516 II (Schenkg) u § 1942 (ErbschAusschlagg). Auf Gutschriften im GiroVerhältn ist § 334 nicht anzuwenden; inwieweit der KontenInh Gutschriften zurückweisen darf, bestimmt allein der GiroVertr (BGH **128**, 135). – **b)** Die Zurückweisg geschieht dch einseit empfangsbedürft WillErkl ggü dem Versprechden (BGH NJW **99**, 1110/1112). Sie ist erst ab Anfall des Rechts mögl (str). Der Dr kann sich aber schon vorher verpfl, von dem Recht keinen Gebrauch zu machen (RG **101**, 306). Für das ZurückweisgsR besteht keine AusschlFr. Es fällt aber weg, wenn der Dr das R ausdr od dch schlüssiges Verhalten **angenommen** hat (RG **119**, 3). Zurückweisg, um die Entstehg einer AufrLage zu verhindern, ist zul (RG aaO). 1 2

2) Die Zurückweisg hat die **Wirkung,** daß das Recht des Dr rückwirkd als niemals erworben gilt. Die RFolgen für das DeckgsVerh zw Versprechdem u VersprEmpf ergeben sich aus einer Auslegg des geschl Vertr. Folgde Möglichk kommen in Betracht: – **a)** Das Recht steht nunmehr dem VersprEmpf od seinen Erben zu (so VVG 168, 180). – **b)** Der VersprEmpf kann einen and Berecht best (so VVG 166). – **c)** Die Leistg w dch die Zurückweisg nachträgl **unmöglich** (§ 275). Für den Anspr auf die GgLeistg gilt idR § 323, die Auslegg kann aber auch ergeben, daß zu Lasten des VersprEmpf § 324 anwendb ist. Bei UnterrichtsVertr sind regelmäß §§ 275, 323 anzuwenden (LG Limbg MDR **79**, 580, aA LG Freibg MDR **81**, 141). 3 4

334 ***Einwendungen des Schuldners gegenüber dem Dritten.*** **Einwendungen aus dem Vertrage stehen dem Versprechenden auch gegenüber dem Dritten zu.**

1) Allgemeines. – a) Das Recht des Dr beruht ausschließl auf dem Vertr zw Versprechdem u VersprEmpf (DeckgsVerh, s Einf 3 v § 328). Der Versprechde darf nicht deshalb schlechter gestellt w, weil er statt an den VersprEmpf an den Dr leisten soll. Hieraus zieht § 334 folgericht die Konsequenz, daß dem Schu **alle Einwendungen** aus dem Vertr auch ggü dem Dr zustehen. § 334 gilt auch für den Vertr mit Schutzwirkg zGDr (§ 328 Rn 20) u für die Vers für fremde Rechng (BGH **26**, 287), dort jedoch mit der Beschränkg des VVG 158i (Johannsen VersR **91**, 500). Er ist eine ParallelVorschr zu § 404. – **b)** § 334 ist **dispositiv** (BGH **127**, 385). Die Verteidiggsmöglichk des Schu können dch vertragl Abreden erweitert od eingeschränkt w. Beim Vertr zw Reiseveranstalter u FlugGesellsch zG der Reisden kann der VertrInh ergeben, daß die FlugGesellsch das Risiko einer Insolvenz des Veranstalters zu tragen hat (BGH **93**, 275, vgl aber jetzt § 651 k). 1 2

3 **2) Einwendungen. – a)** Der Schu kann dem Dr alle Einwendgen **aus dem Vertrag** entgghalten. Der Begriff der Einwendg ist im weitesten Sinn zu verstehen; auch Einr u Rechte aus prozessualen Abreden (SchiedsVertr, GerStandVereinbg) sind miterfaßt. Bsp: Nichtzustandekommen des Vertr (§§ 154, 155); Nichtigk (§§ 104, 125, 134, 138) od Anfechtbark (§§ 119 ff); Widerr, Rücktr, Wandlg, Minderg; Verj, vertragl Abkürzg der VerjFr (Oldbg NJW-RR **98**, 1746), Ablauf einer AusschlFr, Wegfall der GeschGrdl (BGH **54**, 145), das ZbR aus § 273 (BGH NJW **80**, 450), die Einr aus §§ 320, 321, die Rechte aus §§ 323, 325 u 326 u aus § 254 (BGH **33**, 250), beim Vertr mit Schutzwirkg zGDr mit den in § 254 Rn 69 dargestellten Einschränkgen. Die Einwendg muß sich aus dem DeckgsVerh ergeben. Es genügt, daß sie im Ztpkt des RErwerbs des Dr im DeckgsVerh „im Keime" angelegt war (s § 404 Rn 4). Auf spätere Vereinbgen mit dem VersprEmpf (Stundg, Erlaß) kann sich der Schu dagg nur berufen, soweit § 328 Rn 4 zutrifft. Wenn sich der Dr (Brauerei) des VersprEmpf (Verpächter) zur Dchsetzg seiner Interessen bedient, ist bei der Beurteilg der Sittenwidrigk auch das Verhältn zw Dr u Schu (Gastwirt) zu berücksichtigen (BGH DNotZ **70**, 240). GestaltgsR sind ggü dem VersprEmpf, nicht ggü dem Dr geltend zu machen. Der Anspr des Schu aus § 346 richtet sich sowohl gg den Dr als auch gg den VersprEmpf (Düss VersR **70**, 739, str, für Anspr gg den Dr Soergel-Hadding Rn 14; für Anspr gg den VersprEmpf Esser/Schmidt § 36 III 2). Zum **Bereicherungsaus-**
4 **gleich** bei Nichtigk des Vertr zGDr s § 812 Rn 55. – **b) Ausgeschlossen** sind alle Einwendgen aus dem ValutaVerh (BGH **54**, 146, Rn 4 v § 328). Nur wenn das ValutaVerh GeschGrdl für das DeckgsVerh ist, kann seine Nichtigk ausnw einen gem § 334 erhebl Einwand begründen (BGH **54**, 156). Der Schu kann sich ggü dem FdgsR des Dr auch nicht auf GgR aus and RBeziehgen zum VersprEmpf berufen. Er kann daher nicht mit Fdgen gg den VersprEmpf aufrechnen (BGH MDR **61**, 481), wohl aber mit Anspr gg den Dr (RG **119**, 3).

335 ***Forderungsrecht des Versprechensempfängers.*** **Der Versprechensempfänger kann, sofern nicht ein anderer Wille der Vertragschließenden anzunehmen ist, die Leistung an den Dritten auch dann fordern, wenn diesem das Recht auf die Leistung zusteht.**

1 **1)** § 335 gibt die **Auslegungsregel,** daß neben dem Dr iZw **auch der Versprechensempfänger** berecht ist, die Leistg an den Dr zu verlangen. Die Befugn des VersprEmpf ist ein selbstd FdgsR, keine bloße Einziehgsermächtigg (Hamm NJW-RR **96**, 1157, hM); es kann dch eine Vormerkg gesichert w (BGH NJW **83**, 1543, Denck NJW **84**, 1009). Zw dem Dr u dem VersprEmpf besteht keine GesGläubsch, sond eine bes Art der FdgMehrh, die sich nicht in die in §§ 420 ff geregelten Fälle einfügen läßt. Das von od gg einen Berecht erstrittene Urt wirkt weder für noch gg den and (BGH **3**, 389, aA Schwab ZZP **77**, 149).

2 **2)** Das Recht des VersprEmpf ist vererbl u zumindest an den Dr abtretbar (RG **150**, 133). Es erstreckt sich auch auf FolgeAnspr, insb auf **Schadensersatzansprüche** wg Schlecht- od NichtErf (RG HRR **35**, 342, BGH NJW **67**, 2261, **74**, 502). Ist dem VersprEmpf dch die Leistgsstörg ein eig Schaden entstanden, kann er diesen ersetzt verlangen, u zwar dch Leistg an sich selbst (RG HRR **35** Nr 342, BGH WM **72**, 488). Die Auslegg des Vertr kann aber ergeben, daß bei Leistgsstörgen nur der Schaden des Dr ersatzfäh sein soll (s BGH **89**, 266, ArztVertr). Zu den dem VersprEmpf zustehden **Gestaltungsrechten** s § 328 Rn 6.

Vierter Titel. Draufgabe. Vertragsstrafe

336 ***Auslegung der Draufgabe.*** **I Wird bei der Eingehung eines Vertrags etwas als Draufgabe gegeben, so gilt dies als Zeichen des Abschlusses des Vertrags.**

II Die Draufgabe gilt im Zweifel nicht als Reugeld.

337 ***Anrechnung oder Rückgabe der Draufgabe.*** **I Die Draufgabe ist im Zweifel auf die von dem Geber geschuldete Leistung anzurechnen oder, wenn dies nicht geschehen kann, bei der Erfüllung des Vertrags zurückzugeben.**

II Wird der Vertrag wieder aufgehoben, so ist die Draufgabe zurückzugeben.

338 ***Draufgabe bei zu vertretender Unmöglichkeit der Leistung.*** **Wird die von dem Geber geschuldete Leistung infolge eines Umstandes, den er zu vertreten hat, unmöglich oder verschuldet der Geber die Wiederaufhebung des Vertrags, so ist der Empfänger berechtigt, die Draufgabe zu behalten. Verlangt der Empfänger Schadensersatz wegen Nichterfüllung, so ist die Draufgabe im Zweifel anzurechnen oder, wenn dies nicht geschehen kann, bei der Leistung des Schadensersatzes zurückzugeben.**

1 **1) Allgemeines. – a)** Die **Draufgabe** (Angeld, Handgeld), die fr in ländl Verhältn (GesindeVertr, Viehkauf) gebräuchl war, heute aber kaum noch vorkommt, ist Hingabe einer Leistg als BewZeichen für den VertrSchl (§ 336 I). Sie begründet eine widerlegl Vermutg für den VertrSchluß (ZPO 292), ersetzt aber nicht die etwa erforderl Form. Die Draufgabe ist idR eine Geldleistg, kann aber auch in jedem and Ggst (Übbl 2 vor § 90) bestehen. Sie geht idR dch Übereigng od Abtr in das Vermögen des Empfängers über, denkb ist
2 aber auch eine Überlassg des Ggst zum Gebrauch. – **b)** Die Draufgabe ist nach der Ausleggsregel des § 336 II iZw kein **Reugeld** (Vorbem 6 vor § 339), dh der Leistde ist nicht berecht, unter Preisgabe des Geleisteten
3 vom Vertr zurückzutreten. Besteht dieses Recht nach der getroffenen Vereinbg doch, gilt § 359. – **c)** Keine Draufgabe ist die **Anzahlung.** Sie ist nicht Zeichen des VertrSchl, sond TeilErf, evtl auch VorausErf des Anspr des Empfängers (§ 362 Rn 10).

2) Rechtsfolgen. – a) Die Draufgabe ist nach § 337 I iZw keine Zugabe, sond ein **Angeld,** das auf die Leistg anzurechnen, od wenn dies nicht mögl ist, zurückzugewähren ist. Wird der Vertr aufgehoben, besteht gem § 337 II gleichf eine **Rückgewährpflicht.** Diese ist in beiden Fällen VertrPfl. Bei Störgen gelten daher die §§ 275 ff u nicht die §§ 812 ff (Erm/Westermann Rn 1, str), die aber wg § 820 zu ähnl Ergebn führen würden. – **b)** § 338 Satz 1 enthält eine Ausn von § 337. Hat der Geber die Unmöglichk der Leistg od die Aufhebg des Vertr zu vertreten, darf der Empfänger die Draufgabe behalten, sog **Verfall** der Draufgabe. Diese ist damit zugl Mindestentschädigg. § 338 Satz 1 gilt für die Fälle der §§ 280, 286, 325, 326, 462; iF des § 346 ist § 338 Satz 1 nur anzuwenden, wenn RücktrGrd ein vertragswidr Verhalten des Gebers ist; iF der §§ 360, 361 kommt es darauf an, ob der Geber schuldh Veranlassg zum Rücktr gegeben hat. In allen and Fällen, insb iF des § 323, bleibt es bei § 337. – **c)** Verlangt der Empfänger **Schadensersatz wegen Nichterfüllung,** ist die Draufgabe nach § 338 Satz 2 entweder anzurechnen od zurückzugewähren. Diese Regel enthält eine Ausn von § 338 Satz 1 u stellt den Grds des § 337 wieder her. Sie ist folgerichtig, da die SchadErsLeistg an die Stelle der Erf tritt. – **d)** Ist der Vertr **nichtig,** erstreckt sich die Nichtigk auch auf die Nebenabrede über die Draufgabe. Diese ist daher gem § 812 zurückzugewähren (RG **53**, 238).

(Margin numbers: 4 at "2) Rechtsfolgen", 5 at "würden. – b)", 6 at "iF des § 323")

Vertragsstrafe (§§ 339–343)

Vorbemerkung

1) Allgemeines. – a) Begriff: Die VertrStrafe ist eine meist in Geld bestehde Leistg, die der Schu für den Fall der NichtErf od nicht gehör Erf einer Verbindlichk verspricht. Ihr Zweck ist, die Erf der Hauptverbindlichk als „Druckmittel" zu sichern u dem Gläub den SchadBew zu ersparen (BGH **49**, 89, **63**, 259, **85**, 312, **105**, 27). Dch diese doppelte Zwecksetzg unterscheidet sie sich von der Vereinbg einer Schadenspauschale (s näher § 276 Rn 54 f). Soll die Abrede ein Verhalten in der **Vergangenheit** sichern, handelt es sich um ein garantieähnl Versprechen, nicht um eine VertrStrafe (BGH **105**, 27). Keine Strafe ist die Versagg einer **Belohnung.** Die Regelg in einem Vergl, nach der bis zu einem best Termin ein geringerer Betrag zu zahlen ist, fällt daher nicht unter § 339 (BGH NJW **80**, 1043, **81**, 2686, Mü NJW-RR **98**, 1663). 1

b) VertrStrafe iSd §§ 339 ff ist nur das **unselbständige,** an eine Hauptverbindlichk angelehnte StrafVersprechen, *arg* § 344, hM. Der RGrd u der Inh der HauptVerbindlichk sind gleichgült. Auch gesetzl Pflten können dch Strafversprechen gesichert w (BGH NJW **93**, 1787); die HauptVerbindlichk kann auf ein Tun od Unterl gerichtet sein. Besteht die HauptVerbindlichk nicht, ist sie nichtig, wirks angefochten od erloschen, entfällt der StrafAnspr (Mü BB **84**, 630). Er ist auch dann ausgeschlossen, wenn die VertrErf ohne Verschulden des Schu unmögl w (BGH **LM** Nr 2). Der StrafAnspr bleibt aber grdsl bestehen, wenn nachträgl die gesicherte Hauptverbindlichk mit Wirkg *ex nunc* wegfällt (KG NJW **95**, 268, aA LG Mü NJW **75**, 784). Kündigt der Gläub wg der PflVerletzg, verliert er den StrafAnspr (BGH NJW **62**, 1341, Düss MDR **71**, 217); die Part können aber vereinbaren, daß die PflVerletzg zugleich zum Verfall der VertrStrafe u zur Auflösg des Vertr berecht soll (BGH **LM** Nr 2). Der StrafAnspr kann wg seiner **Akzessiorität** (dazu K. Schmidt, FS Heinrichs, 1998, 529) vor Verwirkg der Strafe nicht selbstd abgetreten w (s BGH NJW **90**, 832) u hat den gleichen ErfOrt wie der HauptAnspr (RG **69**, 12). Er geht aber mit der HauptFdg über, wenn diese abgetreten (§ 401 Rn 6) od iF des HGB 25 von einem UnternNachf übernommen wird (BGH NJW **96**, 2866). 2

c) Das StrafVerspr ist eine **vertragliche Abrede,** keine einseit Erkl. Es kann, sow das AGBG nicht entggsteht, auch in AGB enthalten sein (BGH **72**, 223, AGBG 11 Rn 28 ff). Mögl ist auch, daß Strafbestimmgen in VO VertrInh w (BGH MDR **62**, 209, s jetzt AVB Elt/Gas/Fernwärme/WasserV jeweils § 23). Ein StrafVerspr zur Sicherg arbeitsvertragl Pflten ist grdsl zul (BAG NJW **83**, 1575, v Hoyningen-Huene BB **92**, 2142). Es kann auch formularmäß vereinbart w (BAG NJW **85**, 91, DB **86**, 1979). Das StrafVerspr bedarf der Form des HauptVertr (§ 313 Rn 13) u unterliegt den AusleggsGrds der §§ 133, 157 (BGH **33**, 164). Einen allg Grds, daß das Verspr iZw eng auszulegen ist, gibt es nicht (BGH NJW-RR **91**, 1319). Aus der Strafhöhe kann sich aber ergeben, daß bloße VorbereitgsHdlgen nicht erfaßt w sollen (Hamm NJW-RR **93**, 1383). Das Verspr muß die die Strafe auslösde PflVerletzg u die zu leistde Strafe bestimmt od bestimmb bezeichnen (BGH **LM** Nr 19, Kblz WRP **86**, 694); wird Strafe iF des „Vertragsbruchs" zugesagt, so ist das hinr bestimmt (LAG Bln **AP** Nr 4, aA Düss DB **92**, 86). Die Festsetzg der Strafhöhe kann gem §§ 315 ff dem Gläub od einem Dr überlassen w (§ 339 Rn 5). Die ausdr Bezeichng als VertrStrafe ist unnötig (§ 133). Als **Vertragsstrafen** können anzusehen sein: Flaschenpfand (BGH **LM** Nr 10); WertErs für nicht zurückgegebenes Leergut (LG Waldshut EWiR **87**, 105); Abstandszahlgen (Ffm BB **84**, 1967); „Reueprovisionen" in MaklerVertr (Rn 6); Blockiergshonorar in AGB einer Bildagentur (Hbg NJW-RR **86**, 1178); Überziehgs- u Verzugsgebühren (BGH NJW **94**, 1533, s aber auch BGH NJW **92**, 2625); Zinserhöhgsklauseln, wenn sich die Kosten der Refinanzierg dch den Verzug nicht erhöhen (aA BayObLG BB **81**, 1418). Zu §§ 134, 138 als Grenze für StrafVerspr s § 343 Rn 3. StrafVerspr sind auch in öffr Vertr, etwa in StudienfördergsVertr, zul (BVerwG NJW **86**, 2589). 3

2) Ähnliche Rechtsgebilde. – a) Beim **selbständigen Strafversprechen** fehlt eine erzwingb Hauptverbindlichk (BGH **82**, 401). Die Strafe wird für den Fall versprochen, daß eine Hdlg vorgenommen od unterlassen w, ohne daß sich der Versprechde zu der Hdlg od Unterlassg verpflichtet (s § 343 II). Das selbstd Strafgedinge kann Zusagen gesellschaftl Art schützen, doch wird hier vielfach § 138 entggstehen. Es kann auch auf das Verhalten eines Dr abgestellt w (BGH NJW **67**, 1319, Hamm BauR **95**, 548). Das selbstd Strafgedinge ist dch die §§ 339 ff nicht geregelt (dazu K. Schmidt, FS Heinrichs, 1998, 529, der das selbstd StrafVerspr als GarantieVertr ansieht). Die §§ 343, 344 sind aber anwendb (s dort), ebso der Grds, daß die Verwirkg der Strafe iZw ein Verschulden voraussetzt (RG **95**, 203), nicht aber § 341 III (BGH **82**, 401). Zur Rückzahlg von **Gratifikationen** iF der Künd des ArbVertr s § 611 Rn 89. 4

b) Verfallklauseln (Verwirkgsklauseln). Währd der Schu beim StrafVerspr eine zur Hauptleistg hinzutretde meist in Geld bestehde Leistg zu erbringen hat, hat die Verfallklausel den Inh, daß der Schu bei NichtErf od nicht gehör Erf seiner Verbindlichk eig Rechte verliert. Sollen alle Rechte wegfallen, so gilt das gem § 360 5 iZw als RücktrVorbeh (s dort). Abreden, die den Wegfall od die Beschränkg einz Rechte vorsehen, fallen nicht unter § 360, sind aber zul (BGH NJW-RR **93**, 464). Der RVerlust tritt ipso facto ein. Auf Verfallklauseln sind aber die §§ 339 ff entspr anwendb: der nur formale Unterschied zw zusätzl Leistg u dem Wegfall eig Rechte rechtfertigt sachl keine unterschiedl Behandlg (BGH NJW **60**, 1568, NJW-RR **91**, 1015, **93**, 246). § 343 ist daher analog anzuwenden (BGH NJW **68**, 1625), ebso der aus § 339 S 1 zu entnehmde VerschuldensGrds (RG **95**, 202, **145**, 31, **152**, 258, die aber zT auf § 242 abstellen). Auf Vereinbgen über eine **vorzeitige Fälligkeit** iF eines Zahlgsrückstandes sind die §§ 339 ff dagg nicht anwendb (BGH **95**, 372), sie können aber gem AGBG 9 (dort Rn 144) unwirks sein. Der uU existenzvernichtde Wegfall des VersSchutzes wg der Verletzg einer **Obliegenheit** kann in seiner Wirkg einer VertrStrafe nahestehen (BGH **52**, 90). Gleichwohl sind die §§ 339 ff, insb § 343, unanwendb (BGH VersR **72**, 363, Hüffer VersR **74**, 617, Zuther VersR **74**, 630, aA Düss VersR **73**, 1157, Klein BB **80**, 391). Aus § 242 kann aber der Grds entnommen w, daß keine Leistgsfreih eintritt, wenn diese in einem auffäll Mißverhältn zur Schwere od Bedeutg der ObliegenhVerletzg stehen würde (BGH aaO, § 242 Rn 84).

6 **c) Reugeld** (§ 359). Der Anspr auf Reugeld setzt den Rücktr vom Vertr voraus, der StrafAnspr dagg das Weiterbestehen des Vertr (BGH **21**, 372). Die Strafe soll den Schu anhalten zu erfüllen, das Reugeld gibt ihm die Möglichk, sich vom Vertr zu lösen. Die §§ 339 ff, insbes § 343, gelten für das Reugeld nicht (Köln MDR **68**, 48). Die in einem MaklerVertr vereinbarte Reueprovision ist idR eine VertrStrafe (BGH NJW **70**, 1915, Celle NJW **78**, 326).

7 **d) Vereinsstrafe.** Sie ist Ausfluß der in der Satzg begründeten Ordngsstrafgewalt des Vereins. Sie ist keine VertrStrafe iSd §§ 339 ff, sond ein eigenständ verbandsrechtl Institut (BGH **21**, 374, § 25 Rn 12 ff). Die in GemschOrdngen von WoEigtGemeinsch vorgesehenen Strafen fallen gleichf nicht unter die §§ 339 ff, sond entspr den Vereinsstrafen (BayObLG **59**, 463).

8 **e) Betriebsbuße.** Sie erfordert als RGrdl einen TarifVertr od eine BetrVereinbg. Die BetrBuße ist keine VertrStrafe (BAG **20**, 97, str, aA Staud-Rieble Rn 102), ihre Festsetzg ist aber dch das ArbG voll nachprüfb (BAG aaO). Zur Abgrenzg von der auch im ArbR mögl echten VertrStrafe (Rn 3) s BAG DB **86**, 1979, Langheid DB **80**, 1219.

9 **f)** Zur Abgrenzg der VertrStrafe von Abreden über **pauschalierten Schadensersatz** s § 276 Rn 54 ff.

10 **3) Konkurrenz mit öffentlichen Strafen und Zwangsmitteln. – a)** Das die VertrStrafe auslösde Verhalten kann eine mit öff **Strafe** bedrohte Hdlg sein (BGH **21**, 374). Bsp sind die VertrStrafe bei Entziehg von Energie (AVB Elt/Gas/Fernwärme/WasserV jeweils 23) u das erhöhte Fahrgeld für Schwarzfahrer (AGBG 11 Rn 30). Hinw, die dem Ladendieb eine VertrStrafe androhen, w dagg idR nicht VertrInh (MüKo/
11 Gottwald Rn 21, aA AG Schöneberg NJW **74**, 1823). – **b)** Die Sicherg dch ein VertrStrafVerspr schließt ein RSchutzinteresse für eine UnterlKl u den Antr gem **ZPO 890** nicht aus (BGH NJW **80**, 1843). Bei Verstoß gg die in einem gerichtl Vergl übernommene UnterlVerpfl kann der Gläub gleichzeit die vereinbarte VertrStr fordern u Antr nach ZPO 890 stellen (s BGH **138**, 67 mwNw). Die zuerst verhängte Sanktion kann sich aber mindernd auf die Festsetzg der zweiten auswirken (BGH aaO).

339 ***Verwirkung der Vertragsstrafe.*** **Verspricht der Schuldner dem Gläubiger für den Fall, daß er seine Verbindlichkeit nicht oder nicht in gehöriger Weise erfüllt, die Zahlung einer Geldsumme als Strafe, so ist die Strafe verwirkt, wenn er in Verzug kommt. Besteht die geschuldete Leistung in einem Unterlassen, so tritt die Verwirkung mit der Zuwiderhandlung ein.**

1 **1) Allgemeines.** Zum Begriff der VertrStrafe, zum StrafVerspr u zur Abgrenzg von ähnl RFiguren s Vorbem. § 339 regelt die Verwirkg der VertrStrafe, dh er legt fest, unter welchen Voraussetzgen der StrafAnspr entsteht. Er unterscheidet dabei, ob der Schu ein Handeln (Rn 2 f) od ein Unterl (Rn 4) schuldet.

2 **2) Satz 1** betrifft den Fall, daß die VertrStrafe für die NichtErf od nichtgehör Erf einer **Handlungspflicht** vereinbart ist. Der StrafAnspr entsteht, wenn der Schu in Verzug kommt. Verschuldete Unmöglichk steht dem Verzug gleich (BGH **LM** Nr 2). Geringfügige PflVerletzgen sind nach § 242 unerhebl; dagg begründen UmgehgsHdlgen einen StrafAnspr (§ 157, s RG **96**, 174). Auf die Entstehg eines Schadens kommt es nicht an (§ 343 Rn 5). Der Einwand überholder Kausalität ist daher nur im Rahmen des § 343 von Bedeutg (BGH NJW **69**, 461, **74**, 2089). Der StrafAnspr entfällt, wenn der Schu beweist, daß er die PflVerletzg nicht zu
3 vertreten hat (§ 285). Der Schu muß aber nicht nur für eig **Verschulden,** sond gem § 278 auch für das von HilfsPers einstehen (BGH NJW **86**, 127, **87**, 3253), uU auch für das seiner Handelsvertreter (Hamm MDR **88**, 143), seines Zeitgsverlages (BGH NJW **88**, 1907, **98**, 3342), seiner Werbeagentur u seiner Druckerei (Karlsr GRUR **92**, 883). Das Verschuldenserfordern ist nicht zwingd. Die VertrStrafe kann unabhäng von einem Verschulden versprochen w (BGH **72**, 178, **82**, 402, NJW **71**, 883, NJW-RR **97**, 686, 688, aA Börgers BauR **97**, 917), so idR bei Investitions- u ArbPlatzzusagen ggü der TrHandanstalt (Köln WM **95**, 1595); sie ähnelt dann einem GarantieVerspr (zur Abgrenzg s BGH NJW **58**, 1483). Erforderl ist hierfür aber grdsl eine IndVereinbg. Entspr formularmäß Klauseln sind nur wirks, wenn für sie wicht Grde vorliegen (BGH **72**, 179, Celle NJW-RR **88**, 947, Hamm OLGZ **89**, 462). Die Verwirkg der Strafe kann vereinbargsgem von einem qualifizierten Verschulden abhäng gemacht w. Der ArbN, der für den Fall des VertrBruchs eine Strafe versprochen hat, verwirkt diese nur bei Vors, nicht aber bei einem entschuldb RIrrt (LAG Bln **AP** Nr 4). Beiderseitige Verstöße gg ein zweiseit StrafVerspr begründen idR für beide Part einen StrafAnspr (RG **96**, 174). Der StrafAnspr entfällt aber, wenn die PflVerletzg des Schu eine Folge des vertragswidr Verhaltens des Gläub ist (BGH NJW **66**, 971, **71**, 1126, NJW-RR **91**, 569).

4 **3) Satz** 2 ist anwendb, wenn die geschuldete Leistg, wie etwa bei einer VerschwiegenhPfl (BGH NJW-RR **86**, 1160), in einem **Unterlassen** besteht. Nach dem Wortlaut der Vorschr genügt für die Verwirkg der Strafe (scheinb) die obj ZuwiderHdlg. Auch für Satz 2 gilt aber der VerschuldensGrds: Der Schu w frei, wenn er beweist, daß er die ZuwiderHdlg nicht zu vertreten hat (BGH NJW **72**, 1893/2264 gg Mot II 270 u die fr

Rspr). Die Strafe kann aber ebso wie iF des Satz 1 unabhäng von einem Verschulden versprochen w (BGH NJW **72**, 1893). Sie entfällt, wenn der Gläub den Schu zu der ZuwiderHdlg verleitet hat (Karlsr GRUR **84**, 75). Für den Umfang der UnterlVerpfl gilt die sog Kerntheorie (Ffm OLGZ **88**, 351).

4) Rechtsfolge der Verwirkg ist die Entstehg des StrafAnspr. – **a)** Inh u **Höhe** der Strafe richten sich nach 5
der getroffenen Abrede. Die Festsetzg kann dem Gläub, § 315 (BGH NJW **85**, 191), einem Dr, § 317 (BGH WM **71**, 165), einem SchiedsGer (§ 343 Rn 2), nicht aber dem staatl Ger übertragen w (BGH **LM** Nr 21, DB **81**, 533, BAG NJW **81**, 1799, § 317 Rn 2). Bei derart Abreden hat die Herabsetzg gem §§ 315 III, 319 vor der nach § 343 den Vorrang (BGH NJW **94**, 45). – **b)** Ob bei **mehrmaligen** Verstößen die Strafe einmal 6
od mehrf anfällt, ist Frage der Auslegg (RG **112**, 367, BGH NJW **84**, 920). Hat eine Hdlg mehrere Verletzgsfolgen od verstößt sie gg zwei UnterlVerspr, verfällt die Strafe nur einmal (Hamm NJW-RR **90**, 1197, Ffm NJW-RR **92**, 620). Unbedenkl ist es aber, wenn sich die Strafhöhe in einem HandelsvertreterVertr nach der Zahl der zurückbehaltenen Kundenanschriften richtet (BGH NJW-RR **95**, 1244). Im FortsetzgsZusHang stehde Hdlgen sind grdsl zu einer Hdlg im RSinn zuszufassen, u zwar auch dann, wenn ein GesVorsatz fehlt u die Strafe für jeden Fall der ZuwiderHdlg versprochen worden ist (BGH **33**, 163, Köhler WiB **94**, 101). Daran ist festzuhalten, obwohl der BGH (NJW **94**, 1663) den Begriff der fortgesetzten Hdlg für das StrafR inzw weitgehd aufgegeben hat (Ffm WRP **95**, 647, Ulrich WRP **97**, 73, krit Tausch NJW **97**, 2656, BGH NJW **98**, 1146 läßt offen). Der Verzicht auf die Einr des FortsetzgsZusHangs in formularmäß VertrStrafVerspr ist unwirks (BGH **121**, 18); er kann aber ausnw dch ein schutzwürd Interesse des Verwenders gerechtfertigt sein (BGH NJW **93**, 1786, Mü BB **94**, 1105).

340 *Strafversprechen für Nichterfüllung.*

I Hat der Schuldner die Strafe für den Fall versprochen, daß er seine Verbindlichkeit nicht erfüllt, so kann der Gläubiger die verwirkte Strafe statt der Erfüllung verlangen. Erklärt der Gläubiger dem Schuldner, daß er die Strafe verlange, so ist der Anspruch auf Erfüllung ausgeschlossen.

II Steht dem Gläubiger ein Anspruch auf Schadensersatz wegen Nichterfüllung zu, so kann er die verwirkte Strafe als Mindestbetrag des Schadens verlangen. Die Geltendmachung eines weiteren Schadens ist nicht ausgeschlossen.

1) Allgemeines. – a) Die §§ 340, 341 (sowie § 342) regeln das **Verhältnis** der verwirkten Strafe zum Erf- 1
u SchadErsAnspr. Sie bestimmen zum Schutz des Schu, daß der Gläub iF des § 340 nur die Strafe od Erf fordern kann u daß iF eines SchadErsVerlangens die VertrStrafe stets anzurechnen ist. – **b)** § 340 gilt, wenn 2
die Strafe für den Fall der (gänzl od teilw) **Nichterfüllung** versprochen ist; § 341, wenn das StrafVerspr den Fall nicht gehöriger Erf betrifft. Bei Zweifeln muß dch Auslegg ermittelt w, ob die Strafe das Interesse an der Erf als solcher od nur das an der ordngsmäß Erf (zB Unterl einz ZuwiderHdlgen) sichern soll (RG **112**, 366, BAG NJW **71**, 2008). Erfaßt die Strafhöhe auch den NichtErfSchaden, gilt § 340 (Bambg ZMR **99**, 414, s auch Rn 5). Ein StrafVerspr für NichtErf ist iF nicht gehöriger Erf unanwendb (BAG **AP** Nr 3). – **c)** Die 3
§§ 340, 341 sind **nicht zwingend.** Die Part können zB vereinbaren, daß der Vertr iF einer VertrVerletzg unter Verfall der Strafe hinfäll sein soll (BGH **LM** § 339 Nr 2). Die Änderg erfordert aber eine IndVereinbg, eine formularmäß Klausel reicht nicht aus (BGH **63**, 256, AGBG 11 Rn 33). – **d)** Für Wettbewerbsverbote von ArbN gilt die Sonderregel des HGB 75 c.

2) Konkurrenz mit Erfüllungsanspruch (I). – a) Der Gläub kann zw Strafe u Erf **wählen.** Es handelt 4
sich nicht um eine Wahlschuld, sond einen Fall elektiver Konkurrenz (Soergel-Lindacher Rn 6, § 262 Rn 6). Die Wahl erfolgt dch einseitiges RGesch. Sie kann auch konkludent, etwa dch KlErhebg, vorgenommen w. Das ErfVerlangen bindet noch nicht (RG JW **13**, 319), wohl aber die ErfAnn. Dagg schließt das Verlangen der VertrStrafe, sofern der StrafAnspr begründet ist (RG **77**, 292, BGH **LM** UWG 17 Nr 2), den ErfAnspr aus (Satz 2). – **b)** Das **Erlöschen** des ErfAnspr erstreckt sich beim ggs Vertr iZw auch auf den GgAnspr 5
(Ausleggsfrage; Anhaltspkt: Strafhöhe). Ein UnterlassgsAnspr erlischt nur für die Zeit, auf die sich die verwirkte Strafe bezieht (LAG Mannh NJW **73**, 533); für die verbleibde Zeit besteht der ErfAnspr weiter (BAG NJW **73**, 1717). – **c)** Der StrafAnspr wird erst dch die Wahl **erfüllbar** (BAG NJW **70**, 1146, sog 6
verhaltener Anspr). Solange der Gläub nicht gewählt hat, kann er auch die Erf der HauptVerbindlichk zurückweisen.

3) Konkurrenz mit Schadensersatzanspruch (II). Als Grdl für einen SchadErsAnspr kommen §§ 280, 7
286 II, 325, 326 od pVV in Betracht. Der Gläub kann zw Strafe u SchadErs wählen. Der StrafAnspr besteht auch dann, wenn kein Schaden entstanden ist (RG **103**, 99, BGH **63**, 260). Die Wahl der VertrStrafe, die Mindestentschädigg ist, schließt es nicht aus, nachträgl weitergehden Schaden geltd zu machen (Satz 2). Im Einzelfall kann die Auslegg ergeben, daß der Anspr auf höheren SchadensErs ausgeschlossen sein soll (Düss MDR **94**, 1186).

341 *Strafversprechen für nicht gehörige Erfüllung.*

I Hat der Schuldner die Strafe für den Fall versprochen, daß er seine Verbindlichkeit nicht in gehöriger Weise, insbesondere nicht zu der bestimmten Zeit, erfüllt, so kann der Gläubiger die verwirkte Strafe neben der Erfüllung verlangen.

II Steht dem Gläubiger ein Anspruch auf Schadensersatz wegen der nicht gehörigen Erfüllung zu, so finden die Vorschriften des § 340 Abs. 2 Anwendung.

III Nimmt der Gläubiger die Erfüllung an, so kann er die Strafe nur verlangen, wenn er sich das Recht dazu bei der Annahme vorbehält.

1) I und II. – a) Der Gläub kann die Strafe wg nicht gehöriger Erf (Verzug, pVV, Schlechtleistg) u Erf – 1
abweichd von der Regel des § 340 – **nebeneinander** fordern (Kumulation). Entspr gilt, wenn an die Stelle

des ErfAnspr ein SchadErsAnspr wg NichtErf getreten ist (RG **94**, 207). Der Gläub kann neben der VertrStrafe auch Verzugszinsen auf die Hauptverbindlichk für die Zeit ab Strafverwirkg fordern (BGH NJW **63**,
2 1197). – **b)** Für das Verhältn zw Strafe u SchadErs wg nicht gehöriger Erf gelten die Ausführgen in § 340 Rn 7 entspr. Es besteht ein durch AGB nicht abänderb **Anrechnungszwang** (BGH **63**, 256).

3 **2) Vorbehalt bei Annahme der Erfüllung (III). – a)** Währd iF des § 340 der StrafAnspr mit der Erf des HauptAnspr erlischt (§ 340 Rn 4 ff), tritt diese RFolge iF des § 341 nicht ein. Zur Erhaltg des StrafAnspr ist aber ein **Vorbehalt** bei Ann der Erf erforderl (vgl dazu § 363 Rn 2). Der Vorbeh muß ausdr erklärt w, ein stillschw genügt höchstens in AusnFällen (BGH **73**, 246). Erforderl ist ein Vorbeh **„bei"** Ann der Erf. Dieses Erfordern ist, and als in §§ 464, 640, streng auszulegen. Ein fr (od späterer) Vorbeh genügt nicht (BGH **33**, 237, **85**, 309, NJW **77**, 898, stRspr). Ein Vorbeh ist auch dann erforderl, wenn der Gläub den StrafAnspr bereits dch Streitverkündg od Aufr geltd gemacht hat (BGH **68**, 368, **85**, 243) od wenn über den StrafAnspr eine vollstreckb Urk errichtet worden ist (BGH **73**, 246). Er ist ausnahmsw entbehrl, wenn der StrafAnspr bereits rhängig ist (BGH **62**, 328) od der Gläub seinen GewLAnspr iW der ErsVornahme (§ 633 III) dchsetzt (BGH NJW **97**, 1982). Eine formularmäß Erkl genügt (BGH NJW **87**, 380). Der Vorbeh muß bei Ann der Hauptleistg erfolgen, bei TeilliefergsVertr bei jeder Teillieferg (BGH **82**, 402). Bei VOB-Vertr ist er gem VOB (B) 12 Nr 4 in das AbnProtokoll aufzunehmen (LG Tüb NJW **73**, 1975); bei einer Abn gem VOB (B) § 12 Nr 5 gilt die in dieser Vorschr festgelegte 6 TagesFr (BGH **33**, 239, NJW **75**, 1702). Bei Abn dch einen vollmlosen Vertreter muß der Vorbeh unverzügl nachgeholt w (BGH BauR **92**, 232). Mit der vorbehaltlosen Ann **erlischt** der Anspr *ex lege;* ein VerzWille ist nicht erforderl (BGH **97**, 227). Der RVerlust tritt auch ein, wenn der Gläub von der Existenz des Anspr u der RFolge des III nichts wußte. Zur BelehrgsPfl des
4 Architekten s BGH **74**, 238 u Vygen BauR **84**, 245. – **b)** III ist **dispositiv.** Eine Vereinbg, wonach die Strafe bei ZuwiderHdlg sofort fällt ist, enthält aber keine Abbedingg des III (BGH NJW **71**, 883). Dch AGB kann III abgeschwächt w, etwa dch die Bestimmg, daß die Strafe bis zur Schlußzahlg geltd gemacht w kann (BGH **72**, 224), aber nicht vollständ abbedungen w (BGH **85**, 310).

342 *Andere als Geldstrafe.* **Wird als Strafe eine andere Leistung als die Zahlung einer Geldsumme versprochen, so finden die Vorschriften der §§ 339 bis 341 Anwendung; der Anspruch auf Schadensersatz ist ausgeschlossen, wenn der Gläubiger die Strafe verlangt.**

1 Die §§ 339–341 sind nach § 342 auch anzuwenden, wenn die Strafe in einer **anderen Leistung** als einer Geldsumme besteht. Es gilt jedoch eine Modifikation: das Strafverlangen schließt abweichd von §§ 340 II, 341 II den Ers weiteren Schadens aus. Die in § 342 nicht erwähnten §§ 343 ff gelten ohnehin auch für and als Geldstrafen. Ob im Einzelfall eine Strafabrede od eine Verfallklausel vorliegt, kann zweifelh sein, ist aber im Ergebn gleichgült, da die §§ 339 ff auch auf Verfallklauseln anzuwenden sind (Vorbem 5 vor § 339).

343 *Herabsetzung der Strafe.* **I Ist eine verwirkte Strafe unverhältnismäßig hoch, so kann sie auf Antrag des Schuldners durch Urteil auf den angemessenen Betrag herabgesetzt werden. Bei der Beurteilung der Angemessenheit ist jedes berechtigte Interesse des Gläubigers, nicht bloß das Vermögensinteresse, in Betracht zu ziehen. Nach der Entrichtung der Strafe ist die Herabsetzung ausgeschlossen.**

II Das gleiche gilt auch außer den Fällen der §§ 339, 342, wenn jemand eine Strafe für den Fall verspricht, daß er eine Handlung vornimmt oder unterläßt.

1 **1) Allgemeines. – a)** Währd die Ger im VertrR idR auf eine RKontrolle beschränkt sind, gibt § 343 dem Ri ausnahmsw eine freiere Stellg: Er kann VertrStrafen aGrd einer **Billigkeitskontrolle** rechtsgestaltd auf den angemessenen Betrag herabsetzen. Eine ähnl Gestaltgsmacht räumen §§ 315 III, 319 I dem Ger ein; dagg hat der Ri bei Anwendg des § 242 die Grenzen der RAusübg nicht zu gestalten, sond ledigl festzustellen (§ 242
2 Rn 2). – **b) Anwendungsbereich.** § 343 gilt auch für and als Geldstrafen (§ 342) u für Strafen, die auf einer dch VO zum VertrInh gewordenen Vorschr beruhen (BGH **23**, 183). Er ist auf das **selbständige Strafversprechen** gleichf anzuwenden, **II** (Vorbem 4), ebso auf Verfallklauseln, wenn die Art des Nachteils eine Herabsetzg zuläßt, u wohl auch auf Schadenspauschalen (§ 276 Rn 54), nicht aber auf das Reugeld, die Vereinsstrafe u die Betriebsbuße (Vorbem 6, 7, 8), für die and Regeln gelten. SonderVorschr enthalten HGB 75 c I 2, 75 d. Auf **Vollkaufleute** ist § 343 nicht anwendb (Rn 9). – **c)** § 343 ist **zwingendes Recht** (BGH **5**, 136, NJW **68**, 1625). Ein nach Verwirkg der Strafe erklärter Verzicht auf Herabsetzg ist aber wirks. Die Entscheidg über die Herabsetzg, aber auch die Festsetzg selbst kann einem SchiedsGer übertr w (RG ZAkDR **37**, 655, Bötticher ZFA **70**, 32).

3 **2)** § 343 setzt ein **wirksames Vertragsstrafversprechen** voraus. Dazu ist die Wirksamk der zu sichernden Hauptverbindlichk erforderl (§ 344). Das StrafVerspr selbst (Vorbem 3) kann nach allg RGrds, insb gem §§ 134, 138 nichtig sein, was über § 139 uU auch die Nichtigk der HauptVerbindlichk begründet (RG **158**, 301). Gesetzl Verbote enthalten: § 550 a, § 622 V (BAG DB **72**, 1245), §§ 723 III, 1297 II, BerBiG 5 II (BAG NJW **83**, 1575), FernUSG 3 V Nr 1, WoVermG 4 (Einf 14 v § 652), nicht aber ZPO 888 II (hM). § 138 ist nicht schon bei unverhältnismäß Höhe anwendb, es müssen vielm bes Umst in bezug auf Inh, BewegGrd od Zweck der Abrede hinzutreten (RG **114**, 307, BGH **LM** Nr 1 b, WM **71**, 441, 443, Weyer BauR **88**, 29). Bsp: Knebelg u Verpfl dch Ehrenwort (RG **68**, 229); Gefährdg der wirtschaftl Existenz (RG **85**, 100); Ausnutzg wirtschaftl Macht ggü ArbN (RG **90**, 181); Koppelg mit familienrechtl Pflten (RG **158**, 300); Verfallklauseln, die nach ihrer Ausgestaltg mit den Zwecken der VertrStrafe offensichtl unvereinb sind (BGH NJW-RR **93**, 247). Für die Beurteilg der Sittenwidrigk ist, wie auch sonst, der Ztpkt der VersprAbgabe maßgebd (RG JW **36**, 179, § 138 Rn 10). Weitere Schranken ergeben sich aus **AGBG** 11 Nr 6 (s dort) u der **Generalklausel** des AGBG 9: Diese kann bereits dann die Unwirksamk der Strafklausel begründen,
4 wenn die Strafe unverhältnismäß hoch ist. Das gilt vor allem für VertrStrafen in **Bauverträgen** für Termin-

überschreitgen. Stellen sie auf einen Vomhundertsatz pro Tag ab, halten sie der InhKontrolle auch im kaufm Verk nur bei Festlegg einer Obergrenze stand (BGH NJW-RR **88**, 146). Das gilt auch bei kleineren Auftr (BGH NJW- RR **89**, 527) u bei Vertr mit einem verhältnismäß geringen Vomhundertsatz (BGH NJW-RR **89**, 916). Die Abrede ist unwirks, wenn die Strafe 1,5% der AuftrSumme je ArbTag (BGH NJW **81**, 1509), 0,5% je Kalendertag ohne zeitl Beschränkg (BGH **85**, 312) od 0,5 od 0,2% je Tag mit einer Höchstgrenze bei 40 od 20% der AuftrSumme (Hamm NJW-RR **92**, 1206, Zweibr NJW-RR **94**, 1365) beträgt. Das gilt ebso, wenn bereits für die NichtEinhaltg von ZwFr Strafe verfällt u dadch eine unangem Kumulierg eintreten kann (Brem NJW-RR **87**, 469); wirks ist dagg eine Klausel, wonach 0,3% je Tag höchstens jedoch 10% der Angebotssumme zu zahlen ist (BGH **72**, 222, Düss NJW-RR **97**, 1516). Weitere Einzelfälle AGBG 11 Rn 32 f. Auch wenn das Verspr wirks ist, kann die Geltdmachg des StrafAnspr eine gem § 242 **unzulässige** 5
Rechtsausübung sein, so etwa wenn der Gläub selbst vertrbrüch ist (BGH NJW-RR **91**, 569), wenn er sich mit seinem eig Verhalten in Widerspr setzt, od wenn seine Interessen dch die VertrVerletzg des Schu weder beeinträchtigt noch ernsth gefährdet worden sind (aA BGH NJW **84**, 920).

3) Herabsetzung der Strafe. – a) Sie ist erst **nach Verwirkung** der Strafe mögl, eine vorherige 6
FeststellgsKl ist unzul (RG JW **13**, 604). Entrichtg schließt die Herabsetzg aus (I 3), and aber, wenn ausdr unter Vorbeh geleistet worden ist (str). Aufr dch den Gläub des StrafAnspr fällt nicht unter I 3 (Schlesw MDR **97**, 914). Bei Verfallklauseln (Vorbem 5) steht der Verfall der Entrichtg nicht gleich. **„Auf Antrag"** schließt eine Herabsetzg vAw aus (BGH NJW-RR **93**, 464), es genügt aber jede Äußerg des Schu, die seinen Willen erkennen läßt, eine Aufhebg od Herabsetzg der Strafe zu erreichen (BGH NJW **68**, 1625), ein beziffeter Antr ist nicht erforderl. Die AntrBefugn des Schu ist weder abtretb noch pfändb (LG Hannover NJW **59**, 1279). – **b)** Für die **Angemessenheit** der Strafe sind vor allem Schwere u Ausmaß der ZuwiderHdlg u das 7
Verschulden des Verletzers entscheidd (BGH NJW **94**, 45, krit Köhler GRUR **94**, 260); das Abstellen auf einen Bruchteil des gerichtl Streitwertes kommt nicht in Betracht (BGH aaO). Zu berücksichtigen sind alle Umst des Einzelfalles, insb die Funktion der Strafe als Druck- u Sichergsmittel (BGH NJW **83**, 942) u als pauschalierter SchadErs (BGH NJW **94**, 45), das Interesse des Gläub an der Verhinderg der Hdlg (BGH NJW **84**, 921), die Art des Verstoßes, der VerschGrad u die wirtschaftl Lage des Schu. Das Fehlen eines Schadens rechtf allein eine Herabsetzg nicht (RG **103**, 99); entscheidd ist, welchen Schaden der VertrBruch hätte herbeiführen können (BGH **LM** § 339 Nr 2). Übersteigt die Strafe den entstandenen Schaden nicht, kann sie idR nicht herabgesetzt w (Nürnb MDR **68**, 920). Eine Strafe von 50 DM wg einer Unterschreitg des FahrPr um 0,08 DM kann unverhältnismäß sein (AG Hannover NJW-RR **91**, 883). Wäre der Schaden aGrd einer ReserveUrs auch bei VertrTreue des Schu eingetreten, so ist das bei der AngemessenhPrüfg zu berücksichtigen. – **c)** Unverhältnismäß Höhe ist **Tatfrage;** revisibel ist nur, ob der TatRi von richt rechtl Ge- 8
sichtsPkten ausgegangen ist (BGH **LM** § 339 Nr 2, BAG NJW **71**, 2007). **Beweislast** für die Tats, aus der die Unverhältnismäßigk hergeleitet w soll, hat der Schu (BGH GRUR **53**, 264, LAG BaWü DB **63**, 1224). Maßgebder **Zeitpunkt** für die Beurteilg ist die Geltdmachg des StrafAnspr, da es sich um eine Kontrolle der RAusübg handelt (Sieg NJW **51**, 508, Bötticher ZFA **70**, 25, str, RG Recht **12** Nr 1761 stellt auf Verwirkg ab, RG **64**, 293 läßt offen).

4) § 343 gilt nicht für **Kaufleute** (HGB 348). Entscheidd für die KaufmannsEigensch ist die VersprAbgabe 9
(BGH **5**, 136, NJW **54**, 998); zur BewLast s RG HRR **32** Nr 1645. In bes liegden Fällen kann auch bei Nichtkaufleuten, etwa dem AlleinGesellschter u GeschF einer GmbH, der RGedanke des HGB 348 eine Herabsetzg der Strafe ausschließen (BGH **5**, 133). Auch bei Kaufleuten ist aber eine Herabsetzg der Strafe gem § 242 mögl (LG Bln NJW **96**, 1142), insbes wg Fehlens od Wegfalls der GeschGrdl (BGH NJW **54**, 998). Außerdem ist bei formularmäß Klauseln AGBG 9 anwendb, der bei unverhältnis Höhe der Strafe zur Unwirksamk der Strafklausel im ganzen führt (BGH **85**, 314 u Rn 3).

344 ***Unwirksamkeit.*** **Erklärt das Gesetz das Versprechen einer Leistung für unwirksam, so ist auch die für den Fall der Nichterfüllung des Versprechens getroffene Vereinbarung einer Strafe unwirksam, selbst wenn die Parteien die Unwirksamkeit des Versprechens gekannt haben.**

1) Allgemeines. § 344 ist Ausdr der Akzessorietät der VertrStrafe (Vorbem 2 v § 339). Die Unwirksamk 1
der Hauptverbindlichk erstreckt sich auf das StrafVerspr, selbst wenn die Part die Unwirksamk der Hauptverbindlichk kannten. § 344 gilt auch für selbständ StrafVerspr (Vorbem 4 v § 339), sofern der Zwang zur Erf des Verspr gg §§ 125, 134, 138 od and tragde Prinzipien der ROrdng verstoßen würde (BGH NJW **80**, 1623, MüKo/Gottwald Rn 8).

2) Fälle zB: §§ 134, 138, 306; Nichtigk nach Anf od wg Formmangels; daher kein StrafVerspr für die Erf 2
einer formungült Verpfl zur GrdstÜbereigng (BGH NJW **70**, 1916, **80**, 1622); Fälle der §§ 762–764; Unverbindlichk gem HGB 74 ff (Ffm DB **72**, 292) od gem HGB 75 f (BGH DB **73**, 428, NJW **74**, 1282).

345 ***Beweislast.*** **Bestreitet der Schuldner die Verwirkung der Strafe, weil er seine Verbindlichkeit erfüllt habe, so hat er die Erfüllung zu beweisen, sofern nicht die geschuldete Leistung in einem Unterlassen besteht.**

§ 345 verteilt die **Beweislast** ebso wie § 358. Er bestätigt den allg geltden Grds, daß bei Verpflichtgen zu 1
einem Tun der Schu die Erf auch dann zu beweisen hat, wenn der Gläub aus der NichtErf Rechte herleitet (§ 363 Rn 1). Bei Unterl hat dagg der Gläub die ZuwiderHdlg zu beweisen. § 345 gilt auch iF nichtgehöriger Erf, jedoch ist § 363 zu beachten.

Fünfter Titel. Rücktritt

Einführung

1 **1) Allgemeines. – a) Begriff.** Rücktr ist Rückgängigmachg eines wirks zustande gekommenen Vertr dch einseit Erkl einer Part aGrd einer entspr vertragl od gesetzl Befugn. Das RücktrR ist ein **Gestaltungsrecht.** Es ist daher unverjährb (§ 194 Rn 3). Für seine Ausübg kann aber eine AusschlußFr gesetzt w (§ 355), außerdem unterliegt es der Verwirkg (§ 349 Rn 1). Das RücktrR ist nicht höchstpersönl Natur, sond mit and VertrR übertragb (BGH NJW **73**, 1793, § 413 Rn 7).

2 **b)** Der Rücktr wirkt nur schuldrechtl, **nicht dinglich** (RG **108**, 27). Anspr gg Dr begründet er nur, wenn das ErfGesch auflösd bedingt vorgenommen worden ist u der Dr bösgläub (§ 161 III) war (Rn 4). Dch den Rücktr wird der Vertr in ein **Abwicklungsverhältnis** umgestaltet (BGH **88**, 48, NJW **98**, 3268), gleichgült, ob das RücktrR auf Vertr od Ges beruht (BGH NJW **90**, 2068). Die fr hM, die im Rücktr einen ErlöschensTatbestd u im AbwicklgsVerhältn ein modifiziertes BereichergsVerhältn sah (RG **50**, 266, **75**, 201), ist überholt. Dch den Rücktr erlöschen die beiderseit ErfAnspr u die mit den ErfAnspr zushängden sekundären Anspr. Der Rücktr hebt den Vertr aber nicht als Ganzes auf, sond verändert seinen Inh. Das dch ihn entstehde AbwicklgsVerhältn ist kein gesetzl SchuldVerhältn, sond das dch einseit RGesch umgestaltete ursprüngl VertrVerhältn (BGH **86**, 319, NJW **90**, 2068, **98**, 3268). Neben dem vom rechtl Bestand des Vertr unabhäng Anspr aus c. i. c. u Delikt bleiben auch Anspr aus pVV bestehen, soweit sie sich auf Schäden außerh des ErfInteresses beziehen. Das gilt bei einem gesetzl RücktrR auch für den Anspr aus § 286 (BGH **88**, 46), and aber angebl bei einem vertragl RücktrR (BGH NJW **98**, 3268). Da der RGrd der Leistg nicht entfällt, sind die §§ 812 ff nur anwendb, soweit das Ges dies ausdr bestimmt (§ 327 S 2). Konkurrierde Anspr aus
3 § 812 I 2 bestehen nicht. § 988 ist unanwendb (aA BGH NJW **52**, 779). Ob **Sicherheiten** dch den Rücktr frei werden, hängt von der jeweiligen Sichergsabrede ab (BGH **66**, 171, MüKo/Janßen Rn 56). Da der Erf- u der RückgewährAnspr trotz der gemeins Grdl einen versch Inh haben, wird es vielf dem PartWillen entspr, daß die Sicherh nicht für den RückgewährAnspr haftet (BGH **51**, 73: Wechsel des AbzKäufers).

4 **2) Anwendungsbereich. – a)** Die §§ 346 ff gelten nur für **schuldrechtliche** (verpflichtde) **Verträge,** nicht für dingl (Vfgen). Eine ähnl Wirkg läßt sich bei dingl Vertr aber dadch erreichen, daß der Rücktr vom GrdGesch zur auflösden Bdgg gemacht wird (KG NJW-RR **97**, 1259). Dch eine solche Regelg erlangt der Rücktr auch Wirkg ggü bösgläub Dr (Rn 2). Sie ist aber ausgeschl, soweit § 925 II od ErbbauRVO 11 I 2
5 entggstehen. – **b)** Die §§ 346 ff sind (unmittelb) anzuwenden, wenn das RücktrR auf einer **vertraglichen Vereinbarung** der Part („RücktrVorbeh") beruht; um ein vertragl RücktrR handelt es sich auch, wenn seine Grdl, wie iF des § 455, eine Ausleggsregel ist (BGH NJW **84**, 2937). Auf diesen primären Anwendgsfall sind die Vorschr der §§ 346 ff zugeschnitten. Der RücktrVorbeh kann je nach dem verfolgten Zweck unterschiedl ausgestaltet sein. Er kann der ErfSicherg dienen (s §§ 357, 358, 455 VerbrKrG 13) u daher sachl u zeitl beschränkt w. Er kann aber auch allg gefaßt w, um einer noch nicht endgült entschlossenen Part eine Lossagg
6 vom Vertr zu ermöglichen. Einzelfälle s § 346 Rn 1. – **c)** Die Hauptbedeutg der §§ 346 ff liegt darin, daß sie aGrd von VerweisgsVorschr auf den **Rücktritt kraft Gesetzes** entspr anzuwenden sind. Das gilt insb für den Rücktr gem §§ 325, 326 (§ 327), aber auch für die Wandlg (§§ 467, 634 IV). Auf die RückgewährPflten im ZusHang mit SchadErsAnspr (§§ 280 II, 286 II, „großer" SchadErs gem §§ 463, 635) sind die §§ 346 ff gleichf entspr anwendb. Die entspr Anwendg bedeutet, daß die auf den vertragl RücktrVorbeh zugeschnittenen §§ 346 ff nicht schemat auf den Rücktr kr Ges übertragen w können. Modifikationen sind wg der unterschiedl Interessenlage vor allem bei der strengen Haftg des Rückgewährpflichtigen erforderlich (§ 347
7 Rn 6 ff). – **d)** Soweit das Ges RücktrR vorsieht, ohne auf die §§ 346 ff zu verweisen, sind die §§ 346 ff idR **nicht anwendbar** (RG **116**, 377). Das gilt etwa für den Rücktr gem UmstG 20 (BGH **6**, 230) u wg Wegfalls der GeschGrdl (RG **130**, 123). – **e) Sonderregelungen** bestehen beim RücktrR wg falscher Werbeangaben (UWG 13 a), bei der Wohngsmiete (§ 570 a), beim ReiseVertr (§ 651 i), beim Verlöbn (§§ 1298 ff), beim ErbVertr (§§ 2293 ff) u beim VersVertr (VVG 16 ff). § 13 VerbrKrG verweist auf die BGB 346 ff, enthält aber zugl ergänzde Sonderregelgen (s dort).

8 **3) Ähnliche Gestaltungsrechte.** Zu den GestaltgsGesch allg s Übbl 17 v § 104. – **a)** Die **Kündigung** (§ 564 Rn 8 ff, Vorbem 28 ff v § 620) beendet das SchuldVerh für die Zukunft. Die bereits erbrachten Leistgen sind nicht zurückzugewähren (RG **90**, 330, BGH **73**, 354), die §§ 346 ff gelten nicht. Wird der ReiseVertr gem § 651 e gekündigt, ist § 346 aber entspr anzuwenden (BGH **85**, 59). Bei DauerschuldVerh (Einl 17 ff v § 241) ersetzt die Künd das gesetzl RücktrR. In and Fällen (zB beim Darl) dient sie dazu, die Leistgszeit festzulegen u dadch die Fälligk der Fdg herbeizuführen (BGH VersR **88**, 1013). Eine Rückn der Künd ist nach Zugang der KündErkl nur dch Vertr mit dem KündEmpfänger mögl. Bei Aufhebg der Künd vor FrAblauf handelt es sich nicht um einen neuen Vertr, sond um die Fortsetzg des bisher (BGH NJW **98**, 2664). Eine TeilKünd ist bei einem einheitl VertrVerhältn grdsl nur iF einer gesetzl Gestattg (§ 564 b II Nr 4) od bei einer entspr vertragl Abrede zul (BGH NJW **93**, 1320, BAG DB **83**, 1368); sie kann aber ausnw aus wicht Grd statth sein (BGH **96**, 280). Beim Darl rechtfertigt iZw bereits die Absicht, die Schuld zu
9 reduzieren, eine TeilKünd (BGH NJW **99**, 2269). – **b)** Der **Widerruf** bedeutet idR, daß die RFolgen einer noch nicht endgült wirks WillErkl *ex tunc* beseitigt w (§§ 109, 130, VerbrKrG 7, HausTWG 1, TzWrG 5, VVG 8, FernUSG 4, AuslInvestmG 11). Die §§ 346 ff sind, auch wenn man das WiderrufsR mit BGH **131**, 82 nicht als GestaltgsR, sond als rechtshindernde Einrede ansieht, nicht anwendb. Der Widerruf der Schenkg gem §§ 530 f führt zur Rückabwicklg nach §§ 812 ff; das gilt ebso für den Widerspruch gem VVG 5 a, soweit er zur Unwirksamk des Vertr führt (Dörner NJW **96**, 157). Der Widerruf des Auftr (§ 671) u des DarlVor-
10 Vertr (§ 610) ist der Sache nach eine Künd. – **c)** Die **auflösende Bedingung** (§ 158) führt zur Unwirksamk des RGesch, ohne daß es einer entspr WillensErkl der Part bedarf. Die §§ 346 ff gelten nicht; die Rückabwicklg erfolgt nach §§ 812 ff. Der **Widerrufsvorbehalt im Vergleich** stellt idR eine aufschiebde Bdgg

In diesem Fall kann der Berecht den Rücktr wg Fehlens der GeschGrdl **widerrufen** (Larenz § 26 I b). Zum prakt gleichen Ergebn führt es, wenn man die IrrtAnf zuläßt (Esser/Schmidt § 19 II 3, Staud/Kaiser § 349 Rn 35) od § 812 I 2 anwendet (Saarbr DRZ **49**, 280).

3 **2) Vertragliches Rücktrittsrecht. – a)** Ein **Schadensersatzanspruch** besteht gem S 1 iVm § 989 bei Unmöglichk der Rückg od Verschlechterg, sofern den RückgewährSchu ein Verschulden trifft; er umfaßt auch entgangenen Gewinn (BGH NJW-RR **93**, 627). Der Begriff des Verschuldens ist iSd § 276 zu verstehen (BGH NJW **84**, 2937, str, für eine Ausdehng entspr § 351 Rn 3 auf jede freie Hdlg Leser, Rücktr, 1975, S 194); auch § 278 ist anwendb, ebso § 282 (BGH NJW-RR **93**, 628). Bsp für Verschulden: sorgfaltswidr od
4 übermäß Gebrauch, Weiterveräußerg, Verbrauch. – **b)** Herauszugeben sind gem S 2 iVm § 987 die tatsächl gezogenen aber auch die schuldh nicht gezogenen **Nutzungen.** Zu vergüten sind auch Gebrauchsvorteile (Rn 9). § 818 III ist nicht anwendb (BGH NJW **80**, 1632). War die Sache zum Gebrauch überlassen, gilt
5 § 346 S 2. – **c)** Zu ersetzen sind gem S 2 iVm §§ 994 II, 995, 998 notw **Verwendungen.** § 996 gilt nicht; bei nützl Verwendgen besteht daher nur ein WegnR (§ 997), aber kein ErsAnspr (BGH **87**, 301, NJW **80**, 1632, **LM** Nr 4, Dresd MDR **99**, 539), auch kein Anspr aus § 812 (BGH aaO). Gewöhnl Erhaltgskosten (§ 994 I 2) sind nicht zu ersetzen, wenn dem RückgewährSchu die Nutzgen verbleiben (BGH **44**, 239). – **d)** Die **Zinspflicht** (S 3) betrifft ausschließl empfangene Geldleistgen, nicht aber Anspr aus § 347 (BGH **115**, 55). – **e)** Für den **Verbraucherkreditvertrag** gilt die Sonderregelg des VerbrKrG 13 (s dort).

6 **3) Gesetzliche Rücktrittsrechte.** Der der strengen Haftg des § 347 zugrunde liegde Gedanke, daß die Part sich auf den Rücktr hätten einrichten können (Rn 1), trifft auf den Rücktr kr Ges u die Wandlg nicht zu. Bei der entspr Anwendg des § 347 auf die Fälle der §§ 325, 326, 467, 634 IV muß daher unterschieden
7 w: – **a)** Für den **Rücktrittsgegner** gilt seit dem Empfang der Leistg die strenge Haftg gem § 347. Zwar mag es sein, daß der Rücktr auch für ihn nicht voraussehb war. Die volle Anwendg des § 347 ist aber deshalb gerechtfertigt, weil er den Rücktr zu vertreten hat (BGH NJW-RR **93**, 627, Soergel/Hadding Rn 9). Der Verschuldensmaßstab ist unterschiedl: § 276 gilt, wenn der RücktrGegner von den RücktrVoraussetzgen wußte od wissen konnte. Vorher ist das Verschulden ebso wie in § 351 (dort Rn 3) als schuldh Unachtsamk in
8 eig Angelegenh zu verstehen. Für Verwendgen gilt Rn 5 (Dresd MDR **99**, 539). – **b) Rücktrittsberechtigter. – aa)** Bei ihm setzt die strenge Haftg erst mit Kenntn von den RücktrVoraussetzgen ein (BGH **53**, 148, Köln OLGZ **70**, 455, Hbg VersR **81**, 138, Soergel-Hadding Rn 10, str, aA RG **145**, 82, Huber JZ **87**, 654). Vorher richtet sich seine Haftg nach BereichergsR, unterliegt also der Beschränkg des § 818 III. Dieses Ergebn rechtfertigt sich aus einer teleologischen Reduktion der in §§ 327, 467, 634 IV bestimmten entspr Anwendg der RücktrVorschr; es entspr zugl dem in § 327 S 2 zum Ausdr kommden RGedanken (s dort Rn 2f). Abw Auffassgen: (1) Für die strenge Haftg genügt Kennenmüssen des RücktrGrdes (MüKo/Janßen Rn 15a). (2) Verschulden ist bereits anzunehmen, wenn der Schaden auf eine freie, das Risiko erhöhde Hdlg
9 des Berecht zurückgeht (Leser wie Rn 3). – **bb) Nutzungen.** Die HerausgPfl richtet sich bis zur Kenntn vom RücktrGrd nach BereichergsR (BGH NJW **92**, 1965). Der Wert der Nutzg ist dch Schätzg der zeitanteiligen linearen Wertminderg im Vergl zw tatsächl Gebrauch u voraussichtl Gesamtnutzgsdauer zu ermitteln (BGH **115**, 54, NJW **96**, 250), jedoch ist iF der Wandlg vom Preis der mangelbedingte Minderwert abzuziehen (Köln VersR **93**, 109, Düss NJW-RR **99**, 278, Köln NJW-RR **99**, 774). Für Pkw kann die Nutzgsentschädigg idR gem ZPO 287 für 1000 km auf 0,5% bis 1% des AnschaffgsPr geschätzt w (Mü NJW **87**, 3012, Hamm NJW-RR **94**, 375, Brschw NJW-RR **98**, 1586, Kblz NJW-RR **99**, 702), bei Nutzfahrzeugen auf 0,5% dieses Betrages (Stgt DAR **98**, 393). Auch bei and Sachen können die Gebrauchsvorteile nach der Gleichg „KaufPr: voraussichtl GesNutzg × Nutzg beim Käufer“ ermittelt w (Saarbr NJW-RR **90**,
10 493). – **cc)** Der ErsAnspr für **Verwendungen** des RücktrBerecht richtet sich bis zur Kenntn vom RücktrGrd nach BereichergsR u erst danach nach § 347 (MüKo/Janßen Rn 28). § 467 S 2 ist weder direkt noch analog anwendb (BGH NJW **85**, 2697, krit Muscheler NJW **85**, 2686); idR ergibt sich aber aus c. i. c. ein ErsAnspr
11 hins der VertrKosten u sonst Aufwendgen (s BGH aaO). – **c)** Die **Zinspflicht** gem S 3 gilt auch für den RücktrBerecht (Thielmann VersR **70**, 1079), zumindest dann, wenn er Kaufm ist (Hbg MDR **74**, 42).

348 ***Erfüllung Zug um Zug.*** **Die sich aus dem Rücktritt ergebenden Verpflichtungen der Parteien sind Zug um Zug zu erfüllen. Die Vorschriften der §§ 320, 322 finden entsprechende Anwendung.**

1 Das dch Rücktr entstandene AbwicklgsVerhältn (Einf 2 vor § 346) ist **kein gegenseitiges Vertragsverhältnis** (MüKo/Janßen Rn 2, str). Entspr anwendb sind ledigl die §§ 320, 322, die auch für den Fall des Rücktr nicht dch AGB abbedungen w können, AGBG 11 Nr 2 (BGH **63**, 238, NJW **80**, 1632). An die Stelle des § 323 tritt § 350 (s dort); § 325 wird dch § 347 ersetzt, § 326 dch § 354. § 348 u der Ausschluß der §§ 323 ff gelten auch für das gesetzl RücktrR u die Wandlg.

349 ***Erklärung des Rücktritts.*** **Der Rücktritt erfolgt durch Erklärung gegenüber dem anderen Teile.**

1 Das RücktrR ist ein **Gestaltungsrecht** (Einf 1 vor § 346). Es wird dch eine einseit empfangsbedürft WillErkl ausgeübt. Sie bedarf keiner Form, kann daher auch konkludent erfolgen. Die Rückn der gelieferten Sache kann eine RücktrErkl darstellen, kann aber auch der Realisierg eines SchadErsAnspr dienen (BGH NJW **88**, 2877). Die Angabe des RücktrGrdes ist nicht erforderl (BGH **99**, 192), ebsowenig ein Angebot zur Rückgewähr der empfangenen Leistg (RG **49**, 40). Als GestaltgsGesch ist der Rücktr grdsl unwiderrufl u bdggsfeindl (Übbl 17 vor § 104). Ein **Widerruf** ist ausnw zul, wenn die vom RücktrGegner herauszugebde Sache ohne dessen Verschulden untergegangen ist (§ 347 Rn 2). Eine Bdgg ist unbedenkl, wenn für den RücktrGegner keine unzumutb Ungewißh über die RLage entsteht (BGH **97**, 264). Der Rücktr ist grdsl nicht fristgebunden (BGH NJW-RR **89**, 625, s aber § 355). Bei ungebührl Verzögerg kann der Berecht aber das RücktrR **verwirken** (BGH **25**, 52). Mögl ist auch die Verwirkg der dch den Rücktr entstandenen Anspr

(BGH NJW **60**, 2331). Der Rücktr ist wg Verstoßes gg das Verbot widersprüchl Verhaltens unzul, wenn der Zurücktretde die an ihn erbrachte Leistg ganz od teilw behalten will (BGH NJW **72**, 155, s auch § 351 Rn 5).

350 *Zufälliger Untergang.* **Der Rücktritt wird nicht dadurch ausgeschlossen, daß der Gegenstand, welchen der Berechtigte empfangen hat, durch Zufall untergegangen ist.**

1) Allgemeines. – a) Die **§§ 350–353** regeln, wann Verändergen an dem zurückzugewährden Ggst den **Rücktritt ausschließen.** Sie betreffen ausschließl Verändergen vor Erkl des Rücktr, bei der Wandlg vor der Vollziehg dch Einigg od Urt (§ 465). Sie beziehen sich auch nur auf Verändergen des Ggst, den der RücktrBerecht zurückzugewähren hat, u setzen eine wesentl Veränderg voraus. Nicht §§ 350 ff, sond §§ 347, 989 sind einschlägig: **(1)** bei allen Verändergen an dem vom RücktrGegner zurückzugewährden Ggst; **(2)** bei Verändergen an dem vom RücktrBerecht zurückzugewährden Ggst, sofern diese unwesentl od nach Ausübg des RücktrR entstanden sind. – **b)** Die §§ 350 ff sind **dispositiv.** Sie können auch stillschw abbedungen w; für einen entspr PartWillen müssen aber konkrete Anhaltspunkte vorliegen. 1 2

2) § 350 ist eine **Gefahrtragungsregel.** Der RücktrBerecht (wandlgsberecht Käufer) soll so gestellt w, als wenn er sich auf den Vertr nicht eingelassen hätte (Mot II S 282). Die Gefahr des zufäll Untergangs der vom RücktrBerecht zurückzugewährden Sache wird daher dem RücktrGegner auferlegt. Diese Regelg steht in Widerspr zu dem für ggs Vertr maßgebden § 323 u zu der im BereichergsR geltden Saldotheorie (§ 818 Rn 48). Sie ist sicher angem, wenn der Untergang auf einem von Anfang an bestehden, vom RücktrGegner (Verkäufer) zu vertretden Mangel beruht (BGH **78**, 223); im übrigen ist sie dagg **rechtspolitisch umstritten** (Leser, Rücktr vom Vertr, 1975, S 192, Staud/Kaiser Rn 7). Das ändert aber nichts an der Verbindlichk der Vorschr; nach HausTWG 3 I 2, VerbrKrG 7 IV u UWG 13 a besteht das Widerrufs- od RücktrR sogar dann, wenn der Berecht den Untergang od die Verschlechterg der Sache, sei es auch vorsätzl (Düss NJW **89**, 3163), verschuldet hat, eine Regelg, die nach den Vorschlägen der SchuldRKommission für das BGB übernommen werden soll (Abschlußbericht S 174 ff). Abzulehnen sind die in der Lit unternommenen Versuche, den § 350 dch kunstvolle jur Konstruktionen beiseite zu schieben: so etwa dch Anwendg des § 323 (Leser aaO S 215), dch den Gedanken einer GefahrÜbern (Wieling JuS **73**, 397) od dch eine Beschränkg auf den Fall, daß der Untergang auf einem bei Überg vorhandenen Mangel beruht (Honsell MDR **70**, 719). Wie hier: MüKo/Janßen Rn 4, Esser/Schmidt § 19 II, Staud/Kaiser Rn 10. 3

3) Voraussetzungen. – a) Untergang. Der Begriff steht *pars pro toto.* Er umfaßt alle Fälle der Unmöglichk der Herausg sowie Verschlechtergen (s § 351 Rn 2). – **b) Zufall.** Der Begriff korrespondiert mit den §§ 351 ff. Zufall liegt vor, wenn der RücktrBerecht die Veränderg nicht iSd §§ 351–353 zu vertreten hat. 4

351 *Verschuldeter Untergang.* **Der Rücktritt ist ausgeschlossen, wenn der Berechtigte eine wesentliche Verschlechterung, den Untergang oder die anderweitige Unmöglichkeit der Herausgabe des empfangenen Gegenstandes verschuldet hat. Der Untergang eines erheblichen Teiles steht einer wesentlichen Verschlechterung des Gegenstandes, das von dem Berechtigten nach § 278 zu vertretende Verschulden eines anderen steht dem eigenen Verschulden des Berechtigten gleich.**

1) Allgemeines. Vgl § 350 Rn 1 f. Der Ausschluß des RücktrR dch § 351 beruht auf dem Verbot des *venire contra factum proprium* (BGH NJW **72**, 155). Er gilt sowohl für vertragl als auch für gesetzl RücktrR, iF der §§ 463, 635 für den großen SchadErsAnspr (LG Saarbr NJW **96**, 1971), nicht aber für die Anf (§ 143 Rn 1) od für das WiderrufsR nach HausTWG 3 I 2 u VerbrKrG 7 IV. 1

2) Objektiver Tatbestand. Den im Ges ausdr aufgeführten AusschlGrden – wesentl Verschlechterg, Untergang u sonst Unmöglichk der Herausg – stehen gleich: Unvermögen der Herausg (BGH NJW **97**, 3164), zumal der RücktrGegner den Rücktr sonst dch FrSetzg (§ 354) hinfäll machen könnte (RG **102**, 315); teilw Untergang (S 2); Belastg mit dem Recht eines Dr (§ 353). Eine bloß unwesentl Verschlechterg schließt das RücktrR nicht aus, kann aber gem § 347 zum SchadErs verpflichten. Die Abgrenzg ist Tatfrage; maßgebd ist eine obj Beurteilg. Weiterveräußerg begründet, abgesehen vom Fall der SichgÜbereigng (Köln BB **93**, 1617), Unvermögen, es sei denn, daß der Berecht zum Rückerwerb in der Lage ist (RG **56**, 261, **128**, 367, stRspr). Unmöglichk od das gleichstehde Ereign muß bis zur Abgabe der RücktrErkl (§ 349), iF der Wandlg bis zu deren Vollzug eingetreten sein (BGH NJW **97**, 3164). 2

3) Verschulden. – a) Der **Begriff** ist iF des vertragl RücktrR ebso wie im § 347 im techn Sinn des § 276 zu verstehen. Wenn sich der RücktrBerecht die Herausg unmögl macht, verletzt er eine sich aus dem RücktrVorbeh ergebde RPfl (Soergel-Hadding Rn 4, Medicus SchuldR I § 48 I 2 a aa, str). Beim **gesetzlichen Rücktrittsrecht** gilt der techn Verschuldensbegriff dagg erst, wenn der Berecht den RücktrGrd kannte od kennen mußte. Die Ans, die entspr §§ 327 S 2, 819 allein auf die Kenntn abstellen will (Soergel/Hadding Rn 5), übersieht, daß § 327 S 2 für den Anwendgsbereich des § 351 ohne Bedeutg ist. Vor Kenntn od Kennenmüssen des RücktrGrds bedeutet Verschulden beim gesetzl RücktrR ähnl wie in § 254 (dort Rn 1) zurechenb Unachtsamk in eig Angelegenh (MüKo/Janßen Rn 4, Medicus JuS **90**, 692); der Berecht kann sein RücktrR daher auch verlieren, wenn er von ihm weder weiß noch wissen kann (MüKo/Janßen Rn 4, Nierwetberg JuS **84**, 35). Ein Teil des Schriftt nimmt dagg an, jede risikoerhöhde menschl Hdlg, die den Untergang zurechenb bewirkt habe, sei iSd § 351 schuldh (v Caemmerer FS Larenz, 1973, S 623). Damit wird aber das vom Ges festgelegte VerschErfordern prakt aufgegeben. Erforderl ist eine Verletzg der in eig Angelegenh gebotenen Sorgf. Die Zerstörg od erhebl Beschädigg des zurückzugewährden Pkw bei einem VerkUnfall führt nur dann zur Anwendg des § 351, wenn der RücktrBerecht den Unfall verschuldet hat (s Düss NJW-RR **98**, 1587). – **b) Verschulden liegt vor,** wenn der Berecht den Ggst in zurechenb Weise einer 3 4

über das normale Maß hinausgehden Gefahr ausgesetzt hat. Das Verhalten der Pers, deren sich der Berecht zur Erhaltg od Verwahrg bedient hat, steht gem § 278 eig Versch gleich. Überwiegdes Versch (§ 254) genügt (RG **56**, 270). Versch liegt auch vor, wenn der Berecht die Sache ohne Rückerwerbsmöglichk veräußert (RG **56**, 261), wenn er sie als mangelh wegwirft (Huber ZIP **93**, 896) od er es zur ZwVollstr der Sache kommen läßt (RG **59**, 93). Herausg einer gestohlenen Sache an den Eigtümer ist dagg kein Versch (BGH **5**, 340, vgl zu diesem Urt aber Wolf NJW **53**, 166, AcP **153**, 130, Boehmer JZ **53**, 392 u Müller-Laube AcP **183**, 243. –
5 c) Bei der **Wandlung** ist § 351 auch anwendb, wenn die Sache in der Zeit zw dem Verlangen nach Wandlg u deren Vollzug (§ 465) untergeht (wesentl verschlechtert w). Ob der Käufer nach der WandlgErkl die Sache weiterbenutzen darf, hängt von einer Abwägg der Interessen beider VertrPart ab (BGH NJW **92**, 171, aA RG **145**, 83). IdR ist die Weiterbenutzg im Rahmen des Übl unbedenkl (BGH aaO), vor allem dann, wenn der Verkäufer etwaige Kosten für die Anmietg einer ErsSache gem § 286 ersetzen müßte (Kblz MDR **86**, 317). Die Verkäuferinteressen werden dch den Anspr auf WertErs für die Gebrauchsvorteile gewahrt (BGH NJW **92**, 171, **94**, 1005). Vielf wird auch § 300 (Haftgsmilderg auf grobe Fahrlässigk) anwendb sein, weil der Verk dch die Zurückweisg der Wandlg in AnnVerzug gerät (s RG **145**, 84). Der Käufer, der den Pkw 15 Mo
6 (Fahrtleistg 50 000 km) weiterbenutzt, verliert aber sein WandlgsR (Ffm NJW-RR **94**, 120). – **d)** Die **Beweislast** für NichtVersch trägt in entspr Anwendg des § 282 der RücktrBerecht (BGH NJW **75**, 44, Rstk OLG-NL **97**, 193, Düss NJW-RR **98**, 1587).

352 ***Verarbeitung oder Umbildung.*** **Der Rücktritt ist ausgeschlossen, wenn der Berechtigte die empfangene Sache durch Verarbeitung oder Umbildung in eine Sache anderer Art umgestaltet hat.**

1 Nach § 352 genügt für den Ausschluß des Rücktr der obj Tatbestd der Verarbeitg od Umbildg (§ 950); ein Versch ist nicht erforderl. Die Vorschr beruht auf dem Gedanken des *venire contra factum proprium* (Wolf AcP **153**, 137). Sonderregelg für die Wandlg §§ 467, 487.

353 ***Veräußerung oder Belastung.*** **I Hat der Berechtigte den empfangenen Gegenstand oder einen erheblichen Teil des Gegenstandes veräußert oder mit dem Rechte eines Dritten belastet, so ist der Rücktritt ausgeschlossen, wenn bei demjenigen, welcher den Gegenstand infolge der Verfügung erlangt hat, die Voraussetzungen des § 351 oder des § 352 eingetreten sind.**

II Einer Verfügung des Berechtigten steht eine Verfügung gleich, die im Wege der Zwangsvollstreckung oder der Arrestvollziehung oder durch den Insolvenzverwalter erfolgt.

1 § 353 erweitert den Kreis der Pers, deren Verhalten sich der RücktrBerecht zurechnen lassen muß. Er ist unanwendb, wenn bereits die Veräußerg od Belastg ein Verschulden des Berecht darstellt (§ 351 Rn 4). Das Verhalten des Dr schließt den Rücktr aus, wenn ein entspr Handeln des Berecht zur Anwendg der §§ 351 od 352 führen würde.

354 ***Verzug; Fristsetzung für Rückgewähr.*** **Kommt der Berechtigte mit der Rückgewähr des empfangenen Gegenstandes oder eines erheblichen Teiles des Gegenstandes in Verzug, so kann ihm der andere Teil eine angemessene Frist mit der Erklärung bestimmen, daß er die Annahme nach dem Ablaufe der Frist ablehne. Der Rücktritt wird unwirksam, wenn nicht die Rückgewähr vor dem Ablaufe der Frist erfolgt.**

1 **1)** § 354 ersetzt den auf das RückgewährSchuldVerh nicht anwendb § 326 (RG **93**, 48). Er gibt dem RücktrGegner die Möglichk, für klare Verhältn zu sorgen, wenn der Berecht nach der RücktrErkl die Rückabwicklg verzögert. **Voraussetzungen:** Bereits erklärter Rücktr; Verzug mit der Rückgewähr (§§ 284, 285), fruchtlose FrSetzg nebst Ablehngsandrohg. Diese ist entbehrl, wenn der Berecht die Rückabwicklg ernsth u endgült verweigert (§ 326 Rn 20). § 354 gilt auch bei Verzug mit der Rückgängigmachg einer wesentl Belastg od mit einer gem §§ 346, 347 geschuldeten ErsLeistg. Er ist dagg auf das gesetzl SchuldVerh zw dem Miterben, der sein VorkaufsR ausgeübt hat, u dem Erwerber des MiterbenAnteils nicht anwendb (Mü ZEV **94**, 43).

2 **2) Rechtsfolgen.** Der Rücktr w mit FrAblauf unwirks. Das VertrVerhältn lebt mit dem vor dem Rücktr bestehden Inh, aber ohne den RücktrVorbeh wieder auf (RG **123**, 393). Der RücktrGegner kann statt nach § 354 auch nach §§ 283 od 286 vorgehen (K. Schmidt MDR **73**, 976). Zur Verwirkg s § 349 Rn 1.

355 ***Erlöschen des Rücktrittsrechts nach Fristsetzung.*** **Ist für die Ausübung des Rücktrittsrechts eine Frist nicht vereinbart, so kann dem Berechtigten von dem anderen Teile für die Ausübung eine angemessene Frist bestimmt werden. Das Rücktrittsrecht erlischt, wenn nicht der Rücktritt vor dem Ablaufe der Frist erklärt wird.**

1 **1) Fristsetzung.** Sie gibt dem RücktrGegner die Möglichk, die Ungewißh über die Ausübg des RücktrR zu beenden. **Voraussetzungen:** Fehlen einer vertragl Fr u Eintritt des RücktrGrdes (BGH NJW-RR **89**, 626). Eine formularmäß Beschränkg des gesetzl RücktrR auf 1 Wo verstößt gg AGBG 11 Nr 8 (BGH aaO). **Rechtsfolge:** Das RücktrR erlischt mit fruchtlosem FrAblauf.

2 **2) Verzicht.** Ebso wie auf and GestaltgsR kann auch auf das RücktrR dch einseit Erkl verzichtet w (BGH **LM** § 326 (J) Nr 2). Der Verzicht kann auch konkludent erfolgen, etwa dch Ann der GgLeistg od Erbringg

der eig Leistg in Kenntn der RücktrVoraussetzgen, ebso dch langes Zuwarten, wenn nach Treu u Glauben eine unverzügl Erkl zu erwarten war (RG **107**, 109). Vgl auch § 144 Rn 2 zum konkludenten Verzicht auf das AnfR. Nach Ausübg des RücktrR ist ein Verzicht ausgeschl; erforderl ist ein Neuabschluß unter Wahrg der etwa bestehden FormVorschr (RG **66**, 432). Zur Verwirkg s § 349 Rn 1.

356 ***Unteilbarkeit des Rücktrittsrechts.*** **Sind bei einem Vertrag auf der einen oder der anderen Seite mehrere beteiligt, so kann das Rücktrittsrecht nur von allen und gegen alle ausgeübt werden. Erlischt das Rücktrittsrecht für einen der Berechtigten, so erlischt es auch für die übrigen.**

1) Allgemeines. Bei einer Mehrh von Beteiligten kann das RücktrR nach § 356 nur einheitl ausgeübt w, gleichgült ob es sich um eine Mehrh von Berecht od Verpflichteten handelt. Auf die Art der Beteiligg (§§ 420, 427, 428, 709, 747, 2039, 2040) kommt es nicht an, doch gehen etwaige Sonderregeln der betreffden Gemeinsch vor (RG **151**, 312). Der RücktrGrd braucht nur in der Pers eines Beteiligten vorzuliegen (BGH NJW **76**, 1931). Gemeins Ausübg erfordert nicht, daß die Erkl gleichzeit abgegeben w. § 356 gilt auch bei VertrVerbindgen (BGH aaO). Besteht das RücktrR ggü mehreren, erlischt es bereits dch Verzicht ggü einem (BGH NJW **89**, 2388). 1

2) Die Vorschr ist **abdingbar.** Bei einem außergerichtl Vergl kann das RücktrR idR von jedem Berecht selbstd geltd gemacht w (RG **153**, 398, Mü NJW **56**, 1802), ebso uU auch bei einem gerichtl Vergl (BGH **46**, 279, VersR **62**, 155). Die Vorschr gilt nicht für die Anf (RG **56**, 424, **65**, 405) u die Künd (RG **90**, 330), jedoch kann die Künd bei einem MietVertr ebenf nur einheitl erfolgen (BGH NJW **72**, 249). **Satz 2** setzt voraus, daß jedem Beteiligten ein selbstd RücktrR zusteht; er gilt nicht, wenn, wie iF der ErbenGemeinsch, nur ein einheitl RücktrR besteht (RG **151**, 312). ParallelVorschr: §§ 474, 502, 513. 2

357 ***Rücktritt wegen Nichterfüllung.*** **Hat sich der eine Teil den Rücktritt für den Fall vorbehalten, daß der andere Teil seine Verbindlichkeit nicht erfüllt, so ist der Rücktritt unwirksam, wenn der andere Teil sich von der Verbindlichkeit durch Aufrechnung befreien konnte und unverzüglich nach dem Rücktritte die Aufrechnung erklärt.**

Anwendungsbereich. § 357 gilt, wenn der Rücktr nur für den Fall der NichtErf vorbehalten worden ist. Er ist auf den RücktrVorbeh wg nicht rechtzeit od nicht gehöriger Erf entspr anzuwenden, ebso auf den Rücktr kr Ges, sofern dieser wg NichtErf od nicht gehöriger Erf erfolgt. Die **Heilungswirkung** der unverzügl (§ 121) abgegebenen AufrErkl beruht auf dem Gedanken, daß wg der bestehden AufrLage ein Rücktr nicht zu erwarten war. Der Vertr lebt mit dem vorher bestehden Inh wieder auf. 1

358 ***Beweislast bei Rücktritt wegen Nichterfüllung.*** **Hat sich der eine Teil den Rücktritt für den Fall vorbehalten, daß der andere Teil seine Verbindlichkeit nicht erfüllt, und bestreitet dieser die Zulässigkeit des erklärten Rücktritts, weil er erfüllt habe, so hat er die Erfüllung zu beweisen, sofern nicht die geschuldete Leistung in einem Unterlassen besteht.**

§ 357 Rn 1 gilt hins des Anwendgsbereichs entspr. § 358 ist – ebso wie § 357 – auch iF nicht gehöriger Erf anwendb (BGH NJW **81**, 2404). Die in § 358 angeordnete **Beweislastverteilung** entspr § 345 u allg Grds. Die Vereinbg des RücktrVorbeh hat der Berecht zu beweisen. 1

359 ***Rücktritt gegen Reugeld.*** **Ist der Rücktritt gegen Zahlung eines Reugeldes vorbehalten, so ist der Rücktritt unwirksam, wenn das Reugeld nicht vor oder bei der Erklärung entrichtet wird und der andere Teil aus diesem Grunde die Erklärung unverzüglich zurückweist. Die Erklärung ist jedoch wirksam, wenn das Reugeld unverzüglich nach der Zurückweisung entrichtet wird.**

Die ReugeldVereinbg gibt dem Begünstigten das Recht, sich gg Zahlg einer Abfindg vom Vertr zu lösen. Das Reugeld ist keine VertrStrafe u kann daher nicht gem § 343 herabgesetzt w (Vorbem 6 vor § 339). Der Rücktr ohne Zahlg des Reugeld w nur unwirks, wenn der RücktrGegner die Erkl unverzügl (§ 121) zurückweist. Unterbleibt eine Zurückweisg, hat der RücktrGegner neben dem RückgewährAnspr auch Anspr auf das Reugeld (KG NJW-RR **89**, 1078, aA Mü NJW **69**, 1630). Entsteht für den Berecht ein gesetzl RücktrR, entfällt eine Reugeldzahlg (RG JW **13**, 918, BGH DB **84**, 2293). Die Beweislast für die Reugeldzahlg hat trotz des scheinb entggstehden Wortlauts der Zurücktretde (Baumgärtel/Strieder Rn 1). 1

360 ***Verwirkungsklausel.*** **Ist ein Vertrag mit dem Vorbehalte geschlossen, daß der Schuldner seiner Rechte aus dem Vertrage verlustig sein soll, wenn er seine Verbindlichkeit nicht erfüllt, so ist der Gläubiger bei dem Eintritte dieses Falles zum Rücktritte von dem Vertrage berechtigt.**

1) Allgemeines. – a) § 360 betrifft die (prakt kaum vorkommde) Abrede, daß der Schu bei NichtErf seiner Verbindlichk alle Rechte aus dem Vertr verlieren soll (Verfall- od Verwirkgsklausel). Er bestimmt im Interesse des SchuSchutzes, daß eine solche Klausel entgg ihrem Wortlaut **nur ein Rücktrittsrecht** begründet. Das Ges berücksichtigt dabei, daß die Aufrechterhaltg des Vertr u der ErfAnspr auch im Interesse des Gläub liegen kann. Auf Verwirkgsklauseln für den Fall nicht rechtzeit od nicht gehöriger Erf ist § 360 entspr 1

2 anwendb (BGH WM **68**, 1300). – **b)** § 360 ist **dispositiv** (BGH NJW **72**, 1894). Sieht die Klausel einen *ipso facto* eintretden RVerlust vor, sind aber die §§ 339 ff, insb § 343, anzuwenden (Vorbem 5 vor § 339).
3 Schranken ergeben sich aus AGBG 10 Nr 3 u 11 Nr. 6. – **c)** Bei Abreden über den Eintritt von **einzelnen Rechtsnachteilen** gilt § 360 nicht. Die Nachteile treten von selbst ein, die §§ 339 ff sind aber entspr anwendb (Vorbem 5 vor § 339).

4 **2) Voraussetzungen.** Die Vereinbg muß vorsehen, daß der Schu bei NichtErf alle seine Rechte verliert (Rn 3). Sie kann neben der NichtErf auch die nicht rechtzeit od nicht gehörige Erf umfassen. Aus § 242 kann sich ergeben, daß geringfüg PflVerstöße, zB unwesentl FrÜberschreitgen, nicht ausr (KG OLG **22**, 162 u RG **117**, 356 zu § 361). Wenn nichts and vereinb ist, setzt das RücktrR voraus, daß der Schu die VertrVerletzg zu vertreten hat (RG **145**, 30, BGH **LM** § 273 Nr 6, NJW **81**, 1601). Die BewLast für die ordngsmäß Erf u für das NichtVersch trifft den Schu (§§ 358, 282).

5 **3) Rechtsfolgen.** Der Gläub kann zw Rücktr, Erf u SchadErs wg NichtErf wählen (Rn 1). Er verwirkt das RücktrR, wenn er es nicht innerh angem Fr geltd macht (RG Warn **13**, 223, § 349 Rn 1).

361 *Fixgeschäft.* **Ist in einem gegenseitigen Vertrage vereinbart, daß die Leistung des einen Teiles genau zu einer festbestimmten Zeit oder innerhalb einer festbestimmten Frist bewirkt werden soll, so ist im Zweifel anzunehmen, daß der andere Teil zum Rücktritte berechtigt sein soll, wenn die Leistung nicht zu der bestimmten Zeit oder innerhalb der bestimmten Frist erfolgt.**

1 **1) Allgemeines. – a)** Ein **Fixgeschäft** liegt vor, wenn die Einhaltg einer genau bestimmten Leistgszeit (fester Ztpkt od best Fr) wesentl Inh der vertragl LeistgsPfl ist. Dabei ist zu unterscheiden: Beim **absoluten Fixgeschäft** begründet die Nichteinhaltg der Leistgszeit dauernde Unmöglichk; nicht § 361, sond §§ 275 ff, 323 ff sind anwendb (§ 271 Rn 16). Beim **relativen Fixgeschäft** (eigentl FixGesch) tritt bei verspäteter Leistg keine Unmöglichk ein; der Gläub ist aber gem § 361 berecht, vom Vertr zurückzutreten. – **b) Sondervorschriften** enthalten HGB 376 (Fixhandelskauf), BörsenG 50 ff (BörsenterminGesch) u InsO 104.

2 **2) Voraussetzungen. – a)** § 361 gilt nur für ggs Vertr. Es genügt nicht, daß die Leistgszeit genau best ist. Die Einhaltg der Leistgszeit muß nach dem PartWillen derart wesentl sein, „daß mit der zeitgerechten Leistg das Gesch **stehen u fallen** soll" (RG **51**, 347, BGH **110**, 96, NJW-RR **89**, 1373). Auf einen solchen Willen können Klauseln wie „fix", „genau", „präzis", „prompt", „spätestens" iVm einer best Leistgszeit hindeuten (BGH DB **83**, 385, Mü DB **75**, 1789), ebso die Abrede „Lieferg zum Verkauf für Weihnachten" (Kassel OLG **43**, 38). FixGesch ist idR der FlugbefördergsVertr (Düss NJW-RR **97**, 930, Ffm NJW-RR **97**, 1136), das Devisen-TerminGesch (RG **108**, 158), das AktienoptionsGesch (BGH **92**, 321), uU das überseeische Ablade-Gesch (RG **88**, 73, BGH NJW **91**, 1293) u das „Just-in-Time" – Gesch (Nagel DB **91**, 320). Dagg sind die cif-Klausel u die Klausel „ohne NachFr" allein nicht ausr (BGH NJW **59**, 933), auch nicht die Abrede „Liefertermin Ernte" (Hamm NJW-RR **95**, 350) od die Vereinbg eines Liefertermins für die Installation von
3 Hard- u Software (Düss NJW-RR **96**, 40). – **b)** Es genügt, daß die Leistg **nicht zeitgerecht** erbracht w. Auf Verzug od Versch kommt es nicht an; Mahng, FrSetzg u Ablehngsandrohg sind unnöt (RG **108**, 159). Das Anbieten der eig Leistg ist, vom Fall der VorleistgsPfl abgesehen (BGH **LM** Nr 1), nicht erforderl (RG **108**, 159). Leistgsbereitsch des Gläub genügt (RG HRR **26**, 1116). Bei geringer FrÜberschreitg ist das RücktrR uU ausgeschlossen (RG **117**, 356); ebso, wenn die NichtErf vom Gläub zu vertreten ist. Erklärt der Schu ernsth u endgült, er könne nicht fristgerecht leisten, ist der Gläub zum sofort Rücktr berecht (BAG NJW **67**, 415).

4 **3) Rechtsfolgen.** Der Gläub kann zw Rücktr (§ 361), Erf u Ers des Verspätgsschadens (§ 286) sowie SchadErs wg NichtErf (§ 326) wählen. Anspr aus §§ 286, 326 kann er jedoch nur dann geltd machen, wenn deren Voraussetzgen vorliegen. Das RücktrR aus § 361 erlischt, wenn es nicht alsbald ausgeübt w, § 242 (RG Recht **30** Nr 1245). Für den Handelskauf gilt die Sondervorschrift des HGB 376.

Dritter Abschnitt. Erlöschen der Schuldverhältnisse

Überblick

1 **1) Begriffe. – a) Erlöschen** iS der §§ 362 ff bedeutet, daß das SchuldVerh beendigt w u wegfällt. Es begründet keine bloße Einr, sond ist als rechtsvernichtde Einwendg im Proz vAw zu berücksichtigen. Das Erlöschen kann nicht dch einen vertragl Verz rückgäng gemacht w. Zur Wiederherstellg des SchuldVerh bedarf es vielmehr einer – ggf formbedürft – vertragl Neubegründg (RG **66**, 432, BGH **20**, 340). Sie kann bei formfreien Vertr in der Rückg des Schuldbetrages liegen (BAG DB **72**, 782). Rechte gg Bürgen u Pfänder leben nicht wieder auf. Nach dem Erlöschen wirkt der Anspr als RGrd für die empfangene Leistg fort; er
2 begründet für den Gläub das Recht, die Leistg behalten zu dürfen (BVerwG NVwZ **84**, 168). – **b)** Unter SchuldVerh ist in den §§ 362 ff das **Schuldverhältnis ieS** (Einl 1 v § 241), dh der einz schuldrechtl Anspr, zu verstehen (BGH **10**, 395, **97**, 197). Die in den §§ 362 ff geregelten ErlöschensGrde haben aber zugl für das SchuldVerh iwS mittelb Bedeutg (Rn 5). Die §§ 362 ff gelten für alle LeistgsPflten, auch für (selbstd) UnterlPflten. Dagg fallen Schutz- u ErhaltgsPflten nicht in den Anwendgsbereich der §§ 362 ff (MüKo/Heinrichs Rn 1). Sie erlöschen nicht dch Erf, sond nach den für das SchuldVerh iwS geltden Grds, können aber als nachwirkde VerhaltensPflten fortbestehen.

3 **2) Erlöschensgründe. – a)** RegelgsGgst des 3. Abschnitts ist das Erlöschen des SchuldVerh dch **Befriedigung** des Leistgsinteresses des Gläub. Die §§ 362 ff behandeln zunächst die Erf, sodann die Hinterlegg, die Aufr u den Erlaß. – **b)** Das SchuldVerh kann aber auch erlöschen, ohne daß das Leistgsinteresse des Gläub befriedigt w, so etwa dch Unmöglichk (§§ 275, 323), Zeitablauf (§ 163), Eintritt einer auflösden Bdgg

(§ 158), Verwirkg (§ 242 Rn 87 ff), AufhebgsVertr od Novation (§ 305 Rn 7 u 8). – **c)** Das SchuldVerh setzt voraus, daß Gläub u Schu **verschiedene Personen** sind (BGH **115**, 122). Daraus ergeben sich zwei vom Ges nicht bes geregelte ErlöschensGrde: – **aa)** Das SchuldVerh erlischt dch **Konfusion,** wenn sich Fdg u Schuld in einer Pers vereinigen (BGH **48**, 219, WM **80**, 199, Köln NJW-RR **92**, 1337). Trotz Vereinigg der Gläub- u SchuStellg bleibt die Fdg bestehen, wenn gesetzl Vorschr dies vorsehen, so die §§ 1976, 1991 II, 2143, 2175 u 2377, die das Vermögen des Erben u den Nachl als gesonderte VermMassen behandeln. Entsprechdes gilt, wenn eine bes Interessenlage das Bestehenbleiben der Fdg rechtf, so bei einem SchadErsAnspr, für den HaftPflVersSchutz besteht (Hamm VRS **89**, 409) od bei einem dch eine Vormkg gesicherten schuldrechtl VorkaufsR des Erben (Schlesw SchlHA **99**, 208). Hat der Beschenkte den Schenker beerbt, besteht der Anspr aus § 528 weiter, wenn der SozHilfeTräger ihn auf sich überleiten will (BGH NJW **95**, 2287, § 528 Rn 4). Bei Fdgen aus Wertpapieren bewirkt die Konfusion ledigl ein Ruhen; sie leben mit Neubegebg des Papiers wieder auf (RG **147**, 243). Zugunsten von Nießbrauchern u PfandGläub gilt die Fdg trotz Konfusion als fortbestehd (MüKo/Heinrichs Rn 4). – **bb)** Das SchuldVerh erlischt, wenn der **Schuldner ersatzlos wegfällt** (RG **148**, 67; **153**, 343). Das ist wg §§ 1922, 1967 nur bei jur Pers vorstellb. Erforderl ist, daß die RPersönlichk endgült erloschen ist; die Löschg im Register genügt wg ihrer nur deklaratorischen Bedeutg nicht (BGH **48**, 307). Sicherh, auch Bürgsch, haften weiter (BGH **82**, 326, Schlesw NJW-RR **93**, 754). Die Fdg gilt bis zur Abwicklg der Sicherh als fortbestehd (MüKo/Heinrichs Rn 5). Auch der ersatzlose Wegfall des Gläub würde zum Erlöschen des SchuldVerh führen; ein solcher Fall ist aber auch bei jur Pers nicht vorstellb (MüKo aaO). 4

3) Das **Schuldverhältnis iwS** (Einl 2 v § 241) ist als Rahmenbeziehg mit dem Bestand der aus ihm erwachsenen Anspr verknüpft. Es endet erst, wenn alle LeistgsPflten einschließl etwaiger Ersatz- u AbwicklgsPflten erfüllt od sonst erledigt sind. Die beiderseit SchutzPflten können auch nach Beendigg des SchuldVerh als nachwirkde TreuePflten fortbestehen (§ 276 Rn 121). 5

Erster Titel. Erfüllung

362 ***Erlöschen durch Leistung.*** **I Das Schuldverhältnis erlischt, wenn die geschuldete Leistung an den Gläubiger bewirkt wird.**

II Wird an einen Dritten zum Zwecke der Erfüllung geleistet, so finden die Vorschriften des § 185 Anwendung.

1) Erfüllung ist Schuldtilgg dch Bewirken der geschuldeten Leistg. – **a)** Unter **Leistung** ist im § 362 nicht die LeistgsHdlg, sond der Leistgserfolg zu verstehen (BGH **12**, 268, **87**, 162, NJW **94**, 2948). Hängt dessen Eintritt von weiteren Voraussetzgen, etwa einer Eintr im GrdBuch ab, ist der Schu daher uU zur Wiederholg der LeistgsHdlg verpfl (BGH **LM** § 157 (D) Nr 25 Bl 2). Der Gläub muß zur freien Vfg über den LeistgsGgst berecht sein; Erf tritt nicht ein, wenn der Gläub den LeistgsGgst nicht behalten darf (BGH NJW **96**, 1207). Tritt der Leistgserfolg ohne eine Hdlg des Schu ein (Bsp: Überweisg ohne Auftr), liegt keine Erf vor (MüKo/Heinrichs Rn 2). Nicht erforderl ist aber, daß der Leistgserfolg allein auf das Handeln des Schu zurückzuführen ist. Die Schuld erlischt auch dann, wenn der Gläub das zu übertragde Eigtum nur kr guten Glaubens erwirbt. – **b)** Erf tritt nur ein, wenn die **geschuldete** Leistg bewirkt w. Ihr Inh ergibt sich aus dem zu erfüllden SchuldVerh. Für die Leistgszeit gilt § 271, für den Leistgsort §§ 269 f. Vom Sonderfall der höchstpersönl Leistg abgesehen, kann die Leistg auch dch einen ErfGehilfen (§ 278) od einen **Dritten** (§§ 267, 268) bewirkt w. Wird eine and, unvollständ od mangelhafte Leistg erbracht, tritt – abgesehen vom Sonderfall der mangelhaften Leistg beim Stückkauf (Vorbem 5 v § 459) – keine Erf ein. Nimmt der Gläub gleichwohl an, ist er dafür beweispflichtig, daß die Leistg nicht obligationsgem war (§ 363); nach den §§ 464, 640 II, HGB 377, 378 können auch materiell-rechtl Nachteile entstehen. Verweigert der Gläub die nach dem Inh der Schuld erforderl Ann, tritt keine Erf ein, gleichgült, ob die Weigerg berecht war od nicht. Der Gläub gerät dch eine unberecht Weigerg aber in AnnVerzug (§§ 293 ff). – **c)** Die Leistg muß **an den Gläubiger** bewirkt w. Die Leistg an einen Vertreter od eine HilfsPers steht gleich, sofern sie den geschuldeten Leistgserfolg herbeiführt (s Taupitz JuS **92**, 449). Erf tritt aber nur ein, wenn der Gläub zur Ann der Leistg befugt ist. Diese **Empfangszuständigkeit** (Larenz § 18 I) deckt sich, wie die §§ 1812, 1813, 362 II zeigen, mit der VfgsMacht. Die Leistg an den Gläub befreit daher nicht, wenn ihm die VfgsMacht über die Fdg entzogen ist (zB §§ 136, 2211, InsO 80, 82 ZPO 829) od wenn er geschäftsunfäh ist. Das gilt ebso für den beschränkt Geschäftsfähigen. Wird die geschuldete Sache an ihn übereignet, erwirbt er zwar Eigt, die Fdg erlischt aber nicht (§ 107 Rn 2, sehr str). Der Leistg an den empfangszuständigen Gläub steht die Leistg an einen Vertreter (Saarbr OLGZ **88**, 47), eine Zahlstelle (Rn 8) od einen Empfangsboten gleich. – **d)** Die Leistg an einen **Dritten** hat befreide Wirkg, wenn er vom Gläub zur Entggn der Leistg ermächtigt ist (II) od wenn ihm an der Fdg ein Nießbr- od PfandR zusteht (§§ 1074, 1282, ZPO 835, 836 I). Die Ermächtigg zur Leistg an den Dr kann widerrufl, aber auch unwiderrufl ausgestaltet sein (Bartsch BB **89**, 510). Die Bank ist bei Zahlg dch Überweisg kein Dr iSd § 362 II (Rn 8); auch auf Zahlgen an den Notar findet § 362 II keine Anwendg (Einf 4 v § 372). Der Gesellschafter wird von seiner Einlageschuld dch Leistg an Dr nur frei, soweit der Schutz der GesellschGläub nicht beeinträchtigt w (BGH NJW **86**, 989). Die Leistg an einen nichtberecht Dr erlangt gem § 362 II befreide Wirkg, wenn der Gläub sie nachträgl genehmigt od wenn einer der beiden and Fälle des § 185 II eintritt (Empfänger wird Gläub; Gläub beerbt den Empfänger u haftet unbeschränkt für die NachlVerbindlichk). Leistet der Schu an einen Nichtberecht, den er gutgläub für empfangsberecht hält, wird er nur in den gesetzl bes bestimmten Fällen (§§ 370, 407, 408, 893, 2367) frei; iF des HGB 354 a wird der Schu dagg dch Leistg an den Zedenten auch bei Kenntn von der Abtr (§ 399 Rn 9). 1 2 3 4

2) Erfüllung als objektive Tatbestandsfolge der Leistung. – a) Erf tritt als obj TatbestdsFolge der Leistg ein, ein subj Merkmal gehört nicht zum Tatbestd der Erf, **Theorie der realen Leistungsbewirkung** (BGH NJW **91**, 1295, **92**, 2699, BAG NJW **93**, 2398, Larenz § 18 I, Esser/Schmidt § 17, Medicus § 23 5

IV 3, Staud/Olzen Vorbem 14 v § 362, hM). Die fr vertretene VertrTheorie u die ZweckVereinbgsTheorie (Ehmann NJW **69**, 1833), die für die Erf eine vertragl Willenseinigg zw Gläub u Schu fordern, haben sich mit Recht nicht dchgesetzt. Nach § 366 hat der Schu zu bestimmen, welche von mehreren Schulden erlöschen soll. Die von ihm bezeichnete Schuld erlischt auch dann, wenn der Gläub sie and verrechnen will. § 366 wäre ersatzlos entbehrl, wenn die Erf eine Einigg zw Gläub u Schu über die Tilgg der Schuld voraussetzen würde.
6 Auch die Theorie der **finalen Leistungsbewirkung** (Gernhuber, Die Erf u ihre Surrogate, § 5 II, Bülow JuS **91**, 531), nach der zum Tatbestd der Erf neben dem Bewirken der Leistg eine Zweckbestimmg des Leistden gehört, überzeugt nicht. Ihr ist allerdings zuzugeben, daß Erf nur eintreten kann, wenn die Leistg einer best Schuld zugeordnet w. Diese Zuordng ergibt sich aber idR bereits daraus, daß die vom Schu bewirkte Leistg die allein geschuldete ist. Richtig ist auch, daß eine Tilggsbestimmg im Anwendgsbereich des § 366 mögl u in Sonderfällen, so etwa bei Drittleistgen (§ 267 Rn 4) od Vorausleistgen (Rn 10), erforderl ist. Außerdem kann der Schu die ErfWirkg dch eine „negative Tilggsbestimmg" od dch das Hinzufügen von Bdggen ausschließen (BGH NJW **72**, 1750, **85**, 377, Düss NJW-RR **87**, 364). Daraus kann aber nicht abgeleitet w, daß zum Tatbestd der Erf allg eine Tilggsbestimmg gehört. Die finale Theorie macht ohne trift Grd Mögliches zu Notwendigem u vermag auch § 366 II nicht schlüssig zu erklären (MüKo/Heinrichs
7 Rn 12). – **b)** Die mögl, aber nicht notw **Tilgungsbestimmung** des Leistden ist ein einseit RGesch, zumindest aber eine geschäftsähnl Hdlg, die bei Willensmängeln angefochten w kann (BGH **106**, 166, NJW **90**, 3195). Mögl ist auch eine sog doppelte Tilggsbestimmg, etwa die gleichzeit Zahlg auf die persönl u die dingl Schuld (BGH **105**, 157). Nach dem Grds der VertrFreih kann der Schu über die Zuordng der Leistg auch eine **Vereinbarung** mit dem Gläub schließen. Ggü einer solchen Abrede ist eine spätere abw Bestimmg des Schu wirkgslos (RG **66**, 59, BGH **91**, 379).

8 **3) Geldschulden** (§ 245 Rn 6) können dch Barzahlg, dh dch Einigg u Überg der erforderl Banknoten u Münzen, erfüllt w. Zur Zahlg dch **Banküberweisung** ist der Schu berecht, wenn der Gläub sein Konto dch Aufdruck auf Briefen, Rechngen od ähnl bekannt gegeben (BGH **98**, 30, LAG Stgt NJW **85**, 2728) od in der Vergangenh Überweisgen widerspruchslos hingenommen hat. Die Tats, daß der Gläub ein Girokonto eröffnet hat, reicht dagg – abgesehen vom kaufm Verk – als Einverständn mit einer Überweisg nicht aus (BGH NJW **53**, 897, str, aA Dücker WM **99**, 1257). Teilt der Gläub dem Schu ledigl ein best Girokonto mit, hat die Überweisg auf ein and Konto idR keine TilggsWirkg (BGH **98**, 30, Karlsr NJW **97**, 1587), jedoch kann Schweigen nachträgl Zust bedeuten (Karlsr NJW-RR **96**, 752) od zG des Schu § 242 anwendb sein (BGH NJW **91**, 3209). Teilt der Gläub dem Schu eine neue Bankverbindg mit, hat die Überweisg auf das fr Konto keine Tilggswirkg mehr (Ffm NJW **98**, 387); der Gläub muß aber so auf die Änderg hinweisen, daß sie vom Schu nicht übersehen werden kann (Ffm aaO): Erf tritt dch Überweisg auf ein defizitäres Girokonto nicht ein, wenn die Part Zahlg dch Scheck vereinbart haben (LG Wuppertal NJW-RR **95**, 178). – **a)** Die Banküber-
9 weisg (s jetzt § 676 a) ist **Erfüllung** nicht Leistg an Erf Statt (MüKo/Heinrichs Rn 22, sehr str, aA BGH NJW **53**, 897, Hamm NJW **88**, 2115). Leistgsempfänger ist der Gläub. Die Bank ist nicht Dr iSd § 362 II, sond Zahlstelle des Gläub (BGH **53**, 142, **72**, 319, NJW **85**, 2700). Erf tritt mit der Gutschrift auf dem Konto des Gläub ein (BGH **6**, 121, NJW **99**, 210), eine Mitteilg an den Gläub ist nicht erforderl (BGH **103**, 146, **LM** HGB 355 Nr 8). Die Buchg muß aber endgült geworden sein; das ist im belegbegleiteten u im beleglosen ÜberweisgsVertr der Fall, wenn die Bank die Daten der Gutschrift zur vorbehaltlosen Bekanntgabe an den Empfänger bereitgestellt hat, also „Abrufpräsens" besteht (BGH **103**, 146, Nürnbg NJW-RR **97**, 45). Die Eingabe in die EDV-Anlage genügt nicht (BGH aaO, Zweibr NJW **85**, 1034), auch nicht bei einer bankinternen Überweisg (Häuser/Welter WM **94**, 775, aA Hamm NJW-RR **93**, 690). Eine Buchg auf dem Konto pro diverse ist keine Erf (BGH NJW **87**, 55), ebsowenig die Buchg auf dem Sparkonto (Hamm NJW **87**, 70) od auf dem Konto eines Dr (Ffm NJW **98**, 387). Bei Überweisg auf ein aufgelöstes Konto tritt Erf ein, sobald dch eine entspr Buchg ein Anspr des Gläub gg die Bank begründet worden ist (FinG Hamm WM **95**, 1020). Wird vereinbgsgem auf ein Konto gezahlt, über das beide Part verfügen dürfen, ist es AusleggsFrage, ob Erf mit Gutschrift eintritt od erst mit Vfg des Gläub (BGH NJW **99**, 210). Zahlg auf **Notaranderkonto** s Einf 4 v § 372. Wenn der Gläub eine Information über den Verwendgszweck der Zahlg benötigt, tritt bei schlecht od nicht ausgefüllten Überweisgsträger Erf erst ein, wenn die Information nachgeliefert worden ist (AG Fürstenfeldbruck BB **88**, 1352, Braun ZIP **96**, 617). Dch Ausübg seines ZurückweisgsR (Krause JuS **91**, 104) kann der Gläub die Erf nicht verhindern, wenn er sich gem Rn 8 mit der Zahlg dch Überweisg einverstanden
9 a erklärt hat, § 242. – **b)** Bei Zahlg dch **POS** od **Geldkarte** gibt die Bank währd der Transaktion ggü dem Händler ein abstraktes SchuldVerspr ab od garantiert die Zahlg (Gößmann WM **98**, 1270, Pfeiffer NJW **97**, 1039). Entspr gilt, wenn im **Internet** mit Kreditkarte unter Verwendg einer verschlüsselten digitalen Unterschrift (SET) gezahlt wird (Pichler NJW **98**, 3234). Der Händler erlangt eine vergleichb RPosition wie iF der Banküberweisg nach endgültiger Gutschrift; die hL wertet die Entstehg von Buchgeld hier aber nicht als Erf, sond als Leistg erfhalber (Pfeiffer aaO, Kümpel WM **97**, 1037, § 364 Rn 6), vielleicht deshalb, weil das
9 b Buchgeld von der Bank des Schu noch zur Bank des Händlers transferiert w muß. – **c)** Bei Zahlg im **Lastschriftverfahren** (§ 675 Rn 13) genügt die Gutschrift auf dem GläubKonto nicht. Voraussetzg ist weiter, daß die SchuBank das Konto des Schu wirks belastet u der GläubBank den Betrag gutgeschrieben hat (Bauer WM **83**, 198, LG Regensbg NJW-RR **92**, 718). Mögl ist aber auch, daß die SchuBank das Einlösgsrisiko übernimmt. Hier erlischt die Fdg ohne Rücks auf die Wirksamk der Belastg des SchuKontos (BGH **74**, 355, NJW **83**, 220). Besteht, wie beim sog EinzugsermächtiggsVerf, ein WidersprR, tritt Erf erst mit Ablauf der WiderrufsFr ein (MüKo/Heinrichs Rn 26, Häuser WM **91**, 4). Die Zahlg dch **POZ** ist and als die dch POS (Rn 9 a) ledigl eine Sonderform des LastschriftVerf (Wand ZIP **96**, 219, Gößmann WM **98**, 1270); s iü zur Zahlg dch **Scheck,** Kreditkarte, Geldkarte u Wechsel § 364 Rn 10 u 7.

10 **4) Sonderfälle.** – **a)** Eine Zahlg vor Entstehg des Anspr kann je nach Lage des Falles als SicherhLeistg, Darl od **Vorausleistung** anzusehen sein. Aufgrd der Vorausleistg tritt mit der Entstehg des Anspr sogleich Erf ein (KG MDR **79**, 401). Voraussetzg ist aber eine entspr Anrechngsabrede der Part (BGH **85**, 318, NJW **86**, 248, aA Singer JR **83**, 356). Bei unabdingb Anspr können Abreden über eine VorausErf wg GesUmgehg unwirks sein (BGH **58**, 64); entspr gilt für formularmäß VorausErfAbreden bei BörsenterminGesch (BGH
11 **101**, 306, Häuser WM **88**, 1288). – **b)** Eine **Leistung unter Vorbehalt** ist eine ordngsmäß Erf, wenn der

Schu ledigl die Wirkg des § 814 ausschließen u sich den Anspr aus § 812 für den Fall vorbehalten will, daß er das Nichtbestehen der Fdg beweist (BGH NJW **82**, 2302, **84**, 2826). And liegt es, wenn der Schu unter der Bdgg des Bestehens der Fdg leistet u dem Gläub weiterhin die BewLast für das Bestehen der Fdg aufbürdet (BGH NJW **99**, 494). Eine Leistg mit einem solchen Vorbeh darf der Gläub zurückweisen (s BGH **86**, 269), nimmt er aber an, so kann darin ein Einverständn mit dem Vorbeh liegen (BGH NJW **89**, 162, Düss NJW-RR **89**, 28, **96**, 1430). Mögl ist auch, daß die Vornahme der LeistgsHdlg mit and **Bedingungen** verknüpft w (BGH NJW **85**, 377, Dresd NJW-RR **96**, 625). – **c)** Befriedigg iW der **Zwangsvollstreckung** führt zum 12
Erlöschen der Fdg (ZPO §§ 815 III, 819, 897). Ob das Erlöschen aufgrd des § 362 (so Schünemann JZ **85**, 49) od der Vorschr der ZPO eintritt, ist für die prakt RAnwendg gleichgült (BayObLG NJW-RR **89**, 1291). Erfolgt die ZwVollstr aus einem vorläuf vollstreckb Titel, bleibt die Tilgg bis zur RKraft in der Schwebe (BGH WM **65**, 1022, MDR **76**, 1005). Das gilt ebso, wenn der Schu erkennb zur Abwendg der Vollstreckg aus einem noch nicht rechtskräft Titel geleistet hat (BGH **86**, 269, NJW **90**, 2756, BAG DB **88**, 659). Die Leistg beendigt aber trotz des Weiterbestehens der Fdg den SchuVerzug (BGH NJW **81**, 2244, Karlsr VersR **92**, 370). Bei einer der Höhe nach variablen Fdg (Bsp: Abhängigk vom Valutakurs) entscheiden die Verhältn im Ztpkt der Leistg (Köln NJW-RR **92**, 237).

363 ***Beweislast bei Annahme als Erfüllung.*** **Hat der Gläubiger eine ihm als Erfüllung angebotene Leistung als Erfüllung angenommen, so trifft ihn die Beweislast, wenn er die Leistung deshalb nicht als Erfüllung gelten lassen will, weil sie eine andere als die geschuldete Leistung oder weil sie unvollständig gewesen sei.**

1) Der Schu trägt für die Erf die **Beweislast.** Das gilt sowohl für die Tats der Leistg als auch dafür, daß die Leistg obligationsgem war. Auch wenn der Gläub aus der NichtErf od der nicht ordngsmäß Erf Rechte herleitet, ist der Schu beweisbelastet (BGH **69**, 368, **83**, 267, NJW **93**, 1706, Staud/Olzen Rn 4, str). Nur bei UnterlPfl hat der Gläub die ZuwiderHdlg zu beweisen (*arg* §§ 345, 358). Außerdem gilt im KaufR für RMängel die Sonderregel des § 442. Eine **Umkehr der Beweislast** tritt ein, wenn der Gläub die Leistg als Erf angenommen hat. § 363 gilt für Leistgen jeder Art, auch für die des Vermieters (BGH NJW **85**, 2328). Bei Beratgs- u **Aufklärungspflichten** trägt der Gläub die BewLast, wenn str ist, ob er vom Schu richt u vollständ informiert worden ist (BGH NJW **85**, 264, **87**, 1322, NJW-RR **90**, 29, 1423, NJW **92**, 1697). Entspr gilt, wenn der Gläub behauptet, das Beratgsgespräch habe nicht stattgefunden (BGH NJW **96**, 2571). Eine Anwendg des § 363 ist weder nöt noch mögl (Laumen JR **87**, 62, aA BGH NJW **86**, 2570). 1

2) Eine **Annahme als Erfüllung** liegt vor, wenn das Verhalten des Gläub bei u nach Entggn der Leistg erkennen läßt, daß er sie als eine im wesentl ordngsmäß Erf gelten lassen will (RG **66**, 282, BGH NJW **58**, 1724, Stgt NJW **69**, 611). Die Ann als Erf entspr in ihren tatsächl Voraussetzgen der Abn iSd § 640 (BGH **33**, 238), sie ist aber and als die Abn kein RGesch, sond ein tatsächl Vorgang (MüKo/Heinrichs Rn 3). Ein allg Vorbeh des Gläub schließt die Ann als Erf nicht aus (RG **71**, 23), ebsowenig die Rüge einz Mängel. Sie kann je nach Lage des Falles zu bejahen sein bei längerem Schweigen (RG **86**, 214, Köln NJW-RR **95**, 751), Gebrauchen (BGH **33**, 238) od Weiterveräußern der Sache. Entggn verpackter Ware ist (noch) keine Ann (LG Ffm NJW-RR **86**, 1055), ebsowenig die Entggn zur Prüfg (RG **66**, 284, Ernst NJW **97**, 900). Bei EDV-Anlagen kann eine Ann idR erst nach Einweisg u Erprobg bejaht w (Düss DB **89**, 520, and Mü DB **90**, 1865). Eine ÜbernBestätigg beweist auch die Mitlieferg des Handbuchs (BGH NJW **89**, 3222), and aber, wenn sie ausdr nur die Übern der Hardware bestätigt (BGH NJW **93**, 461). Wer Geld in gebündelten Scheinen entggnimmt, muß sofort nachzählen u ggf Beanstandgen erheben (Mü OLG **43**, 39, s auch BGH NJW **84**, 722). 2

3) Die **Wirkung** des § 363 besteht in einer Umkehr der BewLast. Diese erstreckt sich auch auf Mängel der Leistg (RG **57**, 400, **109**, 296, BGH NJW **85**, 2328, Nierwetberg NJW **93**, 1747). Sie entfällt aber, wenn wg einer Mängelrüge eine ErsLieferg vereinbart worden ist (Hamm MDR **81**, 756). Materiellrechtl begründet § 363 für den Gläub keine RNachteile. Ihm bleiben alle Rechte, die ihm wg der nicht ordngsmäß Leistg zustehen. Ein Verlust von GewLAnspr kann sich aber aus §§ 464, 640 II, HGB 377, 378 ergeben. 3

364 ***Annahme an Erfüllungs Statt.*** **I Das Schuldverhältnis erlischt, wenn der Gläubiger eine andere als die geschuldete Leistung an Erfüllungs Statt annimmt.**

II Übernimmt der Schuldner zum Zwecke der Befriedigung des Gläubigers diesem gegenüber eine neue Verbindlichkeit, so ist im Zweifel nicht anzunehmen, daß er die Verbindlichkeit an Erfüllungs Statt übernimmt.

1) Allgemeines. – a) Die Part können dem Schu die Befugn einräumen, das SchuldVerh dch eine and als 1
die geschuldete Leistg zum Erlöschen zu bringen. Die Vereinbg über eine solche **Leistung an Erfüllungs Statt** kann (entspr dem Text von I) beim Bewirken der Leistg getroffen w. Sie kann aber auch vorher zustande kommen; sie begründet in diesem Fall eine **Ersetzungsbefugnis** des Schu (§ 262 Rn 7 ff). Leistet der Schu aufgrd einer vertragl Ersetzgsbefugn, erlischt das SchuldVerh nicht dch Erf, sond dch Leistg an ErfStatt (BGH **46**, 342, **89**, 128). – **b)** Die Leistg an ErfStatt ist kein entgeltl AustauschVertr (Erlaß der ursprüngl Fdg gg 2
Hingabe der Leistg an ErfStatt), sond eine Vereinbg (HilfsGesch) über die Erf der ursprüngl Schuld (MüKo/Heinrichs Rn 1, Staud/Olzen Rn 10 wohl auch BGH **89**, 133, aA BGH **46**, 342). **Rechtsgrund** der Leistg bleibt das ursprüngl SchuldVerh, aus ihm ergeben sich die Voraussetzgen für die RBeständigk u Rückforderbark der Leistg. – **c)** Die Leistg an ErfStatt kann **stillschweigend** vereinbart w. Das Verhalten des Gläub 3
muß aber unzweideut den rechtsgeschäftl Willen erkennen lassen, die ErsLeistg als Erf anzunehmen (BAG DB **76**, 60). Bei nicht klagb Anspr können Vereinbg über Leistgen an ErfStatt wg GesUmgehg nichtig sein (Loddenkämper NJW **84**, 160). – **d) Besteht** die zu erfüllde **Forderung nicht,** od fällt sie dch Rücktr od 4
Wandlg weg, hat der Gläub die Leistg an ErfStatt zurückzugewähren u nicht etwa den angerechneten Betrag zu vergüten (BGH **89**, 132, NJW **95**, 518, § 515 Rn 5). Bei Leistgsstörgen auf Seiten des Schu gilt § 365.

5 2) **Gegenstand** der Leistg an ErfStatt können Leistgen jeder Art sein, Sachen, Anspr gg Dr, aber auch Dienst- und WkLeistgen. Zum Zwecke der Schuldtilgg kann iW der **Novation** auch eine Fdg zw den VertrPart neu begründet u an die Stelle der alten gesetzt w (§ 305 Rn 8 ff), jedoch ist in diesem Fall iZw gem II eine Leistg erfhalber anzunehmen. Die Schuld erlischt nur, wenn das neue SchuldVerh wirks entstanden ist (BGH **LM** § 138 (Cf) Nr 11). Zur **Inzahlungnahme** eines Gebrauchtwagens s § 515 Rn 5.

6 3) Währd bei der Leistg an **Erfüllungs Statt** die Fdg mit dem Bewirken der Leistg erlischt, tritt bei der Leistg **erfüllungshalber** Erf erst ein, wenn sich der Gläub aus dem Geleisteten befriedigt hat (Rn 8 f). Ob Leistg an ErfStatt od erfhalber vorliegt, muß dch **Auslegung** ermittelt w. Übernimmt der Schu zur Befriedigg des Gläub eine neue **Verbindlichkeit,** so ist iZw eine Leistg erfhalber anzunehmen (**II**). Unter II fallen vor allem die Hing von Wechseln (RG **158**, 317, BGH **96**, 186) u Schecks (BGH **44**, 179, **83**, 101). Der Gläub ist grdsl nicht gehalten, sich auf eine Zahlg dch Scheck einzulassen (Ffm NJW **87**, 455). Größere Untern sind aber zur Ann von **garantierten Schecks** verpflichtet, § 157, die VertrUntern von Kreditkartenausgebern zur Ann von Belastgsbelegen (LG Düss NJW-RR **91**, 311), nicht aber solchen von Dritten (LG Düss aaO). Rückg des ursprüngl Wechsels gg Begebg eines Prolongationswechsels ist idR Leistg an ErfStatt (RG **107**, 35), aber nur hinsichtl der fr wechselmäß Verpfl, nicht hinsichtl der Fdg aus dem GrdGesch. Soll nach dem Willen der Part ein Rückgr auf die ursprüngl Fdg ausgeschl sein, ist eine Leistg an ErfStatt zu bejahen
7 (MüKo/Heinrichs Rn 7). Überträgt od begründet der Schu einen **Anspruch gegen einen Dritten,** gilt II nicht; auch hier ist aber iZw eine Leistg erfhalber anzunehmen (MüKo/Heinrichs Rn 8), so bei Zahlg mit **Kreditkarte** (Staud/Olzen Vorbem 54 v § 362), mit ec-Karte im POS-System od mit Geldkarte (Pfeiffer NJW **97**, 1036, Kümpel WM **97**, 1037), bei Abtr von VersAnspr (BGH NJW **93**, 1579), bei Bestellg eines Akkreditivs (BGH NJW **81**, 1905), bei Abtr einer GrdSchuld (Ffm MDR **79**, 313) od bei Hingabe eines Wechsels od Schecks eines Dr (BGH NJW **92**, 1380, Bilda NJW **91**, 3251). Mögl auch, daß die Fdg zugl sichergs- u erfhalber abgetreten w (BGH **58**, 369 für das unechte Factoring). Bei Hing von Sachen entscheiden die Umst des Einzelfalls. Will der Gläub die Sache verwerten, so spricht das für eine Leistg erfhalber (Köhler WM **77**, 243). And aber, wenn der Gläub die Sache zu einem best AnrechngsBetr hereinnimmt (BGH **46**, 340, **89**, 128). Werden in einem GrdstKaufVertr Belastgen übernommen, ist vielf der KaufPr nur Rechngsgröße u die SchuldÜbern die wirkl geschuldete Leistg (RG **120**, 169, BGH NJW **58**, 906, **96**, 2028, Schlesw NJW-RR **97**, 1036). Es kann aber auch and liegen; maßgebd ist der im Einzelfall zu ermittelnde Wille der VertrPart (RG **121**, 38, MüKo/Heinrichs Rn 10).

8 4) **Wirkung der Leistung erfüllungshalber. – a)** Der Gläub erhält bei Weiterbestehen der bisherigen Fdg eine zusätzl Befriediggsmöglichk. Welche Rechte er hinsichtl des erfhalber geleisteten Ggst erwirbt, hängt von den getroffenen Abreden ab. IdR w eine fiduziarische **Vollrechtsübertragung** ähnl einer SichgÜbereigng od Abtr anzunehmen sein (MüKo/Heinrichs Rn 11, Köhler WM **77**, 242). Der Gläub ist iZw verpflichtet, aus dem erfhalber angen Ggst mit verkehrsübl Sorgf Befriedigg zu suchen (RG **65**, 81, BGH **96**, 193, Köln VersR **92**, 1364). Zw den Part besteht ein RVerh eig Art, das einem Auftr ähnelt (RG **160**, 1). Keine Pfl des Gläub, sich aus dem übernommenen Wechsel dch Diskontierg vor Verfall zu befriedigen (RG HRR **29** Nr 191) od eine Klage mit zweifelh Erfolgsaussicht zu erheben (Nürnb WM **76**, 967). Hat er ohne Zust des Schu einen Vergl geschl, muß er darlegen, warum die volle Dchsetzg des Anspr nicht mögl war (RG **160**, 1). Die mit der Verwertg verbundenen Kosten gehen, sow nichts and vereinb ist, gem § 670 zu Lasten des Schu (BGH **92**, 127). Entspr gilt, wenn der Gläub von dem Erwerber wg Sach- od RMängel in Anspr
9 genommen w (MüKo/Heinrichs Rn 12). – **b)** Mit der Leistg erfhalber ist nach hM idR eine **Stundung** der ursprüngl Fdg verbunden, die entweder mit der Erf od dadch endet, daß der Versuch der andweit Befriedigg mißlingt (BGH NJW **74**, 1336, **86**, 426, **92**, 684). Es kann aber nicht ow angen w, daß der Gläub auf die Rechte aus einem bereits eingetretenen od drohden Verzug des Schu verzichten will. Die Auslegg w daher vielf ergeben, daß keine Stundg, sond ein vorübergehder Ausschl der Klag- od Vollstreckbark gewollt ist (MüKo/Heinrichs Rn 13). Die Fdg erlischt, wenn u soweit der Gläub die geschuldete Leistg aus dem erfhalber angen Ggst erlangt (BGH **96**, 182, 186, NJW **98**, 746, 748). Wird der dem Gläub abhanden gekommene Scheck zG eines Dr eingelöst, steht dem Schu ein dauerndes LeistVR zu (BGH NJW **96**, 1961,
10 Celle WM **96**, 1951, aA Kreissel WM **96**, 1074). – **c)** Bei Zahlg dch **Scheck** od Wechsel tritt Erf mit dessen Einlösg dch Barzahlg od Gutschrift ein (BGH **131**, 74), bei Zahlg dch **Kredit- oder Geldkarte** (§ 362 Rn 9 a) aufgrd der Überweisg des Kartenausgebers an das VertrUntern. Zahlt der Käufer, nachdem er den Wechsel als Akzeptantenwechsel hat diskontieren lassen, tritt Erf ein, obwohl der Verkäufer als Wechselaussteller weiter im Risiko ist (BGH **97**, 197, aA Honsell JZ **86**, 757).

365 ***Gewährleistung bei Hingabe an Erfüllungs Statt.*** **Wird eine Sache, eine Forderung gegen einen Dritten oder ein anderes Recht an Erfüllungs Statt gegeben, so hat der Schuldner wegen eines Mangels im Rechte oder wegen eines Mangels der Sache in gleicher Weise wie ein Verkäufer Gewähr zu leisten.**

1 1) **Allgemeines.** Die Vereinbg einer Leistg an ErfStatt schafft keinen neuen SchuldGrd; *causa* bleibt das ursprüngl SchuldVerh, zu dem § 365 als ergänzde Regelg hinzutritt (§ 364 Rn 2). Dabei geht § 365 von dem typ Fall voller Haftg aus. Er ist aber unanwendb, wenn sich aus dem ursprüngl SchuldVerh, wie iF der Schenkg (§§ 523, 524) od von Spiel u Wette (§ 762 II), etwas and ergibt (MüKo/Heinrichs Rn 1, sehr str). Auf die Leistg erfhalber findet § 365 keine Anwendg (RG **65**, 81). Übernimmt der Schu an ErfStatt ggü dem Gläub eine neue Verbindlichk, ist für seine Haftg das neue SchuldVerh maßgebd, nicht § 365.

2 2) Die **Rechte des Gläubigers** ergeben sich aus den Vorschr des KaufR über die Haftg für Rechts- u Sachmängel (§ 440 iVm §§ 325 ff; §§ 459 ff). Die ursprüngl Schuld lebt nicht von selbst wieder auf (hM). Der Schu ist aber (auch iF des Rücktr od der Wandlg) zur Wiederherstellg der erloschenen Fdg verpflichtet (Hamm NJW-RR **88**, 266); im Proz kann der Gläub unmittelb auf Erf der wieder zu begründden Fdg klagen (BGH **46**, 342). Haftgserweitergen sind mögl, so etwa dch GewährÜbern für die Bonität einer abgetretenen

Fdg (RG JW **07**, 105). Ebso sind Haftgsmildergen zul. Wird ein Gebrauchtwagen in Zahlg genommen (§ 515 Rn 5), kann ein stillschw Haftgsverzicht für nicht erkennb Mängel vorliegen (BGH **83**, 338); außerdem gilt § 460. Hat ein **Dritter** die Leistg an ErfStatt erbracht, so trifft ihn die GewlPfl (MüKo/Heinrichs Rn 4).

366 ***Anrechnung der Leistung auf mehrere Forderungen.*** **I Ist der Schuldner dem Gläubiger aus mehreren Schuldverhältnissen zu gleichartigen Leistungen verpflichtet und reicht das von ihm Geleistete nicht zur Tilgung sämtlicher Schulden aus, so wird diejenige Schuld getilgt, welche er bei der Leistung bestimmt.**

II Trifft der Schuldner keine Bestimmung, so wird zunächst die fällige Schuld, unter mehreren fälligen Schulden diejenige, welche dem Gläubiger geringere Sicherheit bietet, unter mehreren gleich sicheren die dem Schuldner lästigere, unter mehreren gleich lästigen die ältere Schuld und bei gleichem Alter jede Schuld verhältnismäßig getilgt.

1) Allgemeines. – a) Bestehen mehrere Fdgen u reicht das Geleistete nicht zur Befriedigg aller Fdgen aus, 1
kann Erf nur eintreten, wenn die Leistg einer Schuld zugeordnet w (§ 362 Rn 6). Nach I entscheidet über diese **Zuordnung** in erster Linie der Schu, hilfsw die in II festgelegte Tilggsreihenfolge. Aus § 366 ergibt sich zugl, daß die Theorien, die als subj Merkmal der Erf einen Vertrag fordern, mit dem Ges unvereinb sind (§ 362 Rn 5). – **b) Schuldverhältnis** iSd § 366 ist das SchuldVerh ieS, dh die einz Fdg. § 366 gilt daher 2
auch bei einer Mehrh von Fdgen aus demselben SchuldVerh, so etwa bei mehreren Mietzinsraten (BGH **91**, 379), mehreren Krediten (BGH WM **82**, 329), aber auch wenn eine GrdSchuld mehrere Fdgen sichert (BGH NJW-RR **89**, 1037, NJW **97**, 2046). Ist zweifelh, ob auf die GrdSch od die persönl Fdg geleistet worden ist, gilt § 1191 Rn 36. § 366 ist auf das Verhältn von rechtl verselbständ FdgsTeilen zueinand entspr anwendb, so, wenn eine Teilklage erhoben ist (BGH NJW-RR **91**, 170), wenn nur eine TeilFdg dch eine Hyp gesichert ist (BGH NJW **73**, 1689), wenn für die Fdg gg eine GbR eine quotal beschränkte Mithaftg der Gter mit ihrem PrivVermögen besteht (BGH **134**, 224), aA K. Schmidt NJW **97**, 2201) od wenn die Einräumg eines Vorranges nur den Teil einer GrdSchuld betrifft (BayObLG Rpfleger **85**, 434). – **c)** § 366 gilt auch bei 3
Forderungen verschiedener Gläubiger, sofern die Leistg an einen von ihnen ggü den and befreide Wirkg hat (BGH **47**, 170, NJW **91**, 2630). Bsp sind der verlängerte EigtVorbeh u die stille TeilAbtr. Wußte der Schu von der Aufspaltg der Fdg nichts, ist er hier ausnw zu einer nachträgl Bestimmg berecht (MüKo/Heinrichs Rn 3, aA Staud/Olzen Rn 23). Zum Rang der TeilFdgen s § 398 Rn 10. Auf das **Kontokorrentverhältnis** ist § 366 nicht anzuwenden, weil die Zahlgen hier nicht EinzelFdgen betreffen, sond Habenposten der künft GesAbrechng w (BGH **77**, 261, NJW-RR **91**, 564).

2) Bestimmungsrecht (I). – a) Es steht dem Schu od hilfsw dem für ihn leistden Dr zu. Bei Zahlg zur 4
Ablösg einer GrdSch ist die Bestimmg des Eigtümers/Schu maßgebd, auch wenn für ihn ein Dr (Käufer) leistet (BGH NJW **97**, 2046). Die Bestimmg erfolgt dch einseit empfangsbedürft WillErkl (§ 362 Rn 7). Sie muß **bei Leistung** getroffen w, jedoch können die Part dem Schu eine nachträgl Bestimmg vorbehalten (BGH **51**, 161, NJW **91**, 1605). Auch ein einseit vom Schu bei Zahlg erklärter „VerrechngsVorbeh" ist wirks (Ffm VersR **71**, 186), muß aber in angem Fr ausgeübt w. Geschieht das nicht, geht das BestimmgsR nicht auf den Gläub über (so Blumberg NZV **92**, 257), sondern es gilt § 366. Die Bestimmg ist unter den Voraussetzgen der §§ 119 ff anfechtb (BGH **106**, 166, Hamm NJW-RR **89**, 701); sie kann auch stillschw getroffen w, (BGH NJW-RR **91**, 565, **95**, 1258, Hamm FamRZ **93**, 75), zB dch Bezahlg gerade des Betrages einer der Schuldsummen (BGH WM **63**, 940) od des unstr Teils einer Fdg (BGH NJW-RR **91**, 170). Ein Erfahrgssatz, daß der Schu iZw auf die titulierte Fdg zahlen will, besteht nicht (Köln MDR **69**, 482, AG Westerstede NJW-RR **98**, 509). Ist der zu laufden Zahlgen (Gehalt, Miete, Unterh) verpflichtete Schu im Rückstand, kann nicht ow angenommen w, daß er die zuletzt fällig gewordene Rate bezahlen will; es gilt vielmehr II (BGH NJW **65**, 1373, aA AG Ulm FamRZ **84**, 415). Sonderzahlgen auf ein AmortisationsDarl sind iZw nicht auf die monatl Raten anzurechnen, sond dienen der außerplanmäß Tilgg (Köln ZIP **87**, 25). Bestreitet der Kfz-Fahrer ein Verschulden, können Zahlgen nur auf Anspr aus dem StVG u nicht auf das SchmerzG angerechnet w (BGH VersR **58**, 773). – **b)** I ist **nachgiebiges Recht.** Die Vereinbg einer abweichden Tilggsreihenfolge 5
ist auch dann verbindl, wenn der Schu bei Leistg eine abw Bestimmg trifft (RG **66**, 59, BGH **91**, 379, NJW-RR **95**, 1258); sie ist bis zur Grenze der §§ 138, 242 auch ggü Dr (SichgG) wirks (BGH NJW **93**, 2043). Sie kann auch nachträgl getroffen w, etwa dadch, daß der Schu der AnrechngsErkl des Gläub nicht widerspricht (BGH NJW-RR **95**, 1257). Formularmäß Klauseln, die dem Gläub erlauben, Zahlgen nach seiner Wahl zu verrechnen, sind unwirks (BGH NJW **99**, 2043). Eine Vereinbg, daß das BestimmgsR dem Gläub zustehen soll, ist bei Leistg eines Vorschusses od einer Sicherh (BGH ZIP **85**, 997), aber auch bei Zahlg im Lastschrift-Verf idR anzunehmen. – **c) Widerspricht** der **Gläubiger** der Bestimmg des Schu u lehnt er die Ann der 6
Leistg ab, so gerät er in AnnVerzug (§ 293); nimmt er gleichwohl an, so ist sein Widerspr unerhebl, es sei denn, daß der Schu nachträgl zustimmt. Der Bürge ist an die Bestimmg des HauptSchu gebunden, jedoch haben abw vertragl Abreden auch hier den Vorrang (RG **136**, 184). Hat der HauptSchu nichts bestimmt, ist der Bürge bestimmgsberecht.

3) II. – a) Die in II festgelegte gesetzl Tilggsreihenfolge beruht auf dem vermuteten, **vernünftigen** 7
Parteiwillen; sie ist daher unanwendbar, wo sie ausnahmsw zu Ergebn führt, die mit den berecht Interessen der Beteiligten offensichtl unvereinb sind (BGH NJW **69**, 1846, **LM** Nr 8). Bei VersVertr ist idR die dem VersN günstigste Anrechng vorzunehmen, dh diejenige, die zur Begründg od Aufrechterhaltg von VersSchutz führt (BGH NJW **78**, 1524, Kblz VersR **83**, 383). Verrechnet der Gläub Leistgen des Schu in der Reihenfolge des II, so ist das im Verhältn zum Bürgen nicht rmißbräuchl, es sei denn, daß er den Schu argl von einer Tilggsbestimmg zG des Bürgen abgehalten hat (BGH NJW-RR **86**, 519). – **b)** Die einz Tatbestdsmerkmale: – **aa) Fälligkeit:** Sie ist entscheidd, nicht die Erfüllbark (§ 271 Rn 1). – **bb) Geringere Sicherheit:** 8
Maßgebd ist eine wirtschaftl Beurteilg (MüKo/Heinrichs Rn 13). Die größere Sicherh kann sich aus der Mithaftg eines GesSchu (BGH NJW **93**, 322, 324, Düss NJW **95**, 2565), der von einem Dr bestellten GrdSchuld (BGH BB **97**, 1436), od dem Vorliegen eines VollstrTitels (BGH WM **83**, 1338, Hbg MDR **71**,

758) ergeben. Zw mehreren ungesicherten Fdgen bietet die die geringere Sicherh, die fr verjährt (BGH NJW **57**, 1314, **65**, 1374, Mü NJW-RR **97**, 944) od bei der der Ablauf einer AusschlFr droht (BGH VersR **76**, 138). – **cc) Größere Lästigkeit:** Das ist die höher verzinsl, die dch eine VertrStrafe verschärfte od die bereits rhängige Schuld (RG **66**, 275). Beim VersVertr ist es die, deren NichtErf zum Verlust von Deckgsschutz führt (Kblz VersR **80**, 617, s auch Rn 7). – **dd) Alter:** Entscheidd die Entstehgszeit, nicht die Fällig (BGH NJW **91**, 2630).

9 **4) Entsprechende Anwendung. – a)** Trotz der Einordng in den Titel Erf kann § 366 auch auf die Hinterlegg angewandt w. Für die Aufr enthält dagg § 396 eine Sonderregelg. In der ZwVollstr steht dem Schu das TilggsBestR (I) nicht zu (BGH NJW **99**, 1704), dagg ist II entspr anwendb (Düss HRR **37**, 792). Die Tilggsreihenfolge des II gilt auch bei der Verwertg von Sicherh (RG **114**, 211, BGH **132**, 224, 229; bei Belastg mehrerer Grdst mit TeilzwangsHyp (BGH NJW **91**, 2022); bei der Teilleistg auf eine Schuld, für die ein Gesellschter nur quotal (BGH **134**, 224) od ein GesSchu nur zT mithaftet (Düss NJW **95**, 2565); bei Zahlgen auf Geldstrafe u Mehrerlös (Hbg MDR **50**, 757). Für Ausschüttgen dch den InsVerw gilt § 366 II
10 dagg nicht, soweit die InsO die VerteilgsOrdng festlegt (BGH NJW **81**, 762, **85**, 3064). – **b) Öffentliches Recht.** Für das SteuerR enthält AO 225 eine dem § 366 vergleichb Vorschr. Für die Zahlg von SozVersBeiträgen gilt die BeitragszahlgsVO vom 22. 5. 89 idF der VO vom 20. 5. 97 (BGBl I S 1137). Danach kann der ArbG bestimmen, daß vorrang die ArbNAnteile getilgt werden. Geschieht das nicht, sind Zahlgen je zur Hälfte auf die ArbG- u ArbNAnteile anzurechnen (BGH NJW **98**, 1484). Die §§ 366, 367 sind nicht anzuwenden; die Rspr, daß die Anrechng wg geringerer Sicherh iZw auf den Rückstand erfolgen muß, für den der GeschFü nicht gem §§ 823 II, StGB 266 a haftet (so BGH NJW **85**, 3064), ist überholt.

11 **5) Beweislast.** Gläub, der die Leistg auf eine and Fdg anrechnen will, muß deren Existenz beweisen; erbringt er diesen Bew, muß der Schu dartun, warum die Leistg auf die str Fdg anzurechnen ist (BGH WM **78**, 1046, NJW-RR **93**, 1015). Wer sich auf eine vom Ges abw AnrechngsVereinbg beruft, ist für diese beweispflicht.

367 ***Anrechnung auf Zinsen und Kosten.*** **[I] Hat der Schuldner außer der Hauptleistung Zinsen und Kosten zu entrichten, so wird eine zur Tilgung der ganzen Schuld nicht ausreichende Leistung zunächst auf die Kosten, dann auf die Zinsen und zuletzt auf die Hauptleistung angerechnet.**

[II] Bestimmt der Schuldner eine andere Anrechnung, so kann der Gläubiger die Annahme der Leistung ablehnen.

1 **1) Allgemeines. – a)** § 367 schließt, soweit die Anrechng auf die HauptFdg od Kosten u Zinsen in Frage steht, das BestimmgsR des Schu aus u legt selbst die Tilggsreihenfolge fest. Der **Anwendungsbereich** der Vorschr deckt sich mit dem von § 366 (dort Rn 2, 9 f). § 367 ist unmittelb od entspr anwendb: bei Leistgen Dr, bei Erlösen aus der ZwVollstr od der Verwertg von Sicherh (BGH NJW **56**, 1595), es sei denn, die ZwVollstr wird ausdr nur wg der HauptFdg betrieben (LG Hbg NJW-RR **86**, 1445), bei freiw Versteigergen (Hbg MDR **68**, 47), bei Leistg von SozVersBeiträgen (BGH MDR **68**, 917). Für **Verbraucherkreditverträge** gilt zum Schutz des KredN zwingd die von § 367 abweichde Tilggsreihenfolge Kosten, HptFdg, Zinsen, VerbrKrG 11 III 1 (s dort). Auch auf das KontokorrentVerh ist § 367 nicht anwendb (BGH **77**,
2 262). – **b)** § 367 ist **nachgiebiges Recht.** Haben die Part eine and Anrechng vereinbart, gilt diese (RG **143**, 70, 76, BGH **LM** § 366 Nr 8, Hamm NJW **74**, 1952). Trifft der Schu eine von § 367 **abweichende Tilgungsbestimmung,** etwa dadch, daß er ausdr unter Vorbeh zahlt (Köln NJW-RR **98**, 955), darf der Gläub die Leistg ablehnen (II). Nimmt er an, so gilt die Bestimmg des Schu, *arg* II (Düss Rpfleger **75**, 355).

3 **2) Tilgungsreihenfolge. – a)** Bestehen **mehrere Schulden,** gilt zunächst § 366. Erst nach vollständ Befriedigg der bevorrechtigten Fdg ist die Leistg in der Reihenfolge des § 367 auf die nachrangige Schuld
4 anzurechnen (BGH NJW **69**, 1846). – **b) Kosten** sind Wechsel-, Prozeß- u VollstrKosten sowie alle sonst Aufwendgen, die der Gläub zur Dchsetzg seines Anspr gemacht hat u für die er vom Schu, gleichgült aus
5 welchem RGrd, Ers verlangen kann. – **c) Zinsen:** Es gilt die allg BegrBestimmg (§ 246 Rn 1). Kreditgebühren werden aber nach den getroffenen Abreden idR nicht vorrangig, sond *pro rata* mit dem Kredit getilgt (BGH **91**, 59). Diese Zweckbestimmg gilt, bis der Schu Einwendgen erhebt, auch wenn der Vertr, etwa gem § 138, nichtig ist (BGH NJW **87**, 830, aA Grunwaldt MDR **95**, 127). Hat der Gläub den Kredit insges fäll gestellt, gilt VerbrKrG 11 III 1 (s dort). Keine Anrechng auf verjährte Zinsen, auch wenn der Schu zahlt, ohne die VerjEinr zu erheben (Hamm MDR **81**, 844, Brdbg OLG-NL **95**, 266).

368 ***Quittung.*** **Der Gläubiger hat gegen Empfang der Leistung auf Verlangen ein schriftliches Empfangsbekenntnis (Quittung) zu erteilen. Hat der Schuldner ein rechtliches Interesse, daß die Quittung in anderer Form erteilt wird, so kann er die Erteilung in dieser Form verlangen.**

1 **1) Allgemeines. – a)** Da der Schu für die Erf die BewLast trägt, braucht er ein BewMittel, um zuverläss das Erlöschen der Fdg nachweisen zu können. Diesem Bedürfn trägt das Ges dadch Rechng, daß es dem Schu
2 einen Anspr auf Quittg einräumt. – **b) Quittung** ist das Bekenntn des Gläub, daß er die Leistg empfangen hat. Sie ist das Bekenntn einer Tats, eine WissensErkl, **kein Rechtsgeschäft** (RG **108**, 55, Ffm WM **90**, 2037). Das schließt nicht aus, daß mit der Erteilg der Quittg im Einzelfall rechtsgeschäftl Abreden einhergehen können, etwa ein Erlaß (§ 397) od ein Schuldanerkenntn (BGH DB **85**, 2402). Die sog AusglQuittg (§ 397
3 Rn 10) enthält sogar typw zugl einen rechtsgeschäftl Verz. – **c)** Die Quittg ist **schriftlich,** dh in der Form des § 126, zu erteilen (BGH NJW-RR **88**, 881). Erforderl ist eine eigenhänd Unterschrift; ein Stempel od eine faksimilierte Unterschrift genügen nicht (aA Köhler AcP **182**, 151). Aus der Quittg muß hervorgehen, auf

welche Schuld sie sich bezieht (RG **79**, 191). Der Gläub darf in die Quittg einen Vorbeh wg weiterer Anspr aufnehmen (KG JW **18**, 776); behält er sich das Nachzählen des geleisteten Geldes vor, handelt es sich aber nicht um eine ordngsmäß Quittg (Kiel JW **23**, 616). Die Erteilg in einer **anderen Form** kann der Schu nur bei einem rechtl Interesse fordern (S 2). Hauptanwendgsfall ist die notariell zu beglaubigde „löschgsfäh Quittg" für die Löschg od Umschreibg im GrdBuch, GBO 29 mit §§ 1144, 1167, 1192 (BGH **114**, 334, BayObLG NJW-RR **95**, 852). – **d)** Die ordngsmäß errichtete Quittg hat die formelle **Beweiskraft** des ZPO 4
416. Hinsichtl der mat BewKraft gilt der Grds freier BewWürdigg (ZPO 286). Aus einer Quittg, insbes einer Bankquittg, ist aber idR der Schluß zu ziehen, daß der Schu auch geleistet hat (BGH NJW-RR **88**, 881, Ffm NJW-RR **91**, 172, Köln ZIP **93**, 1156). Für diesen Bew kann auch eine Quittg ohne eigenhänd Unterschrift ausreichd sein (BGH aaO). Dem Gläub steht aber der GgBew offen. Hierfür genügt, daß die Überzeugg des Ger vom Empfang der Leistg erschüttert w (BGH WM **78**, 849, Hbg VersR **82**, 1009). Das kann bereits desh anzunehmen sein, weil die Quittg von einem GeschUnfäh stammt (Karlsr MDR **78**, 667). – **e)** Bei **Voraus-** 5
quittungen genügt der Bew der Vorauserteilg; wird er erbracht, muß der Schu die spätere Leistg beweisen (RG **108**, 56, BGH WM **79**, 1157). Die vor VertrSchl erteilte Quittg ist aber nicht notw eine Vorausquittg (Mü NJW-RR **93**, 123). Hat der Gläub dem Schu die Quittg längere Zeit unbeanstandet belassen, so kann das ein gewicht BewAnzeichen für eine nachträgl Leistg sein (RG aaO). Macht der Gläub geltd, die Quittg sei nur zum **Schein** erteilt worden, ist der GgBew nur geführt, wenn der Gläub sein Vorbringen wahrscheinl gemacht hat (Baumgärtel JR **78**, 418). Wird der Empfang eines Betrages als **Darlehen** quittiert, kann ein abstraktes od kausales Schuldanerkenntn vorliegen, das zu einer vollen Umkehr der BewLast führt (BGH DB **85**, 2402). Kein Schuldanerkenntn sond eine Quittg ist dagg das Empfangsbekenntn des LeasN (BGH NJW **88**, 206).

2) Anspruch auf Quittung. – a) Er besteht nur iF der Erf od der Leistg an ErfStatt, nicht dagg bei 6
Hinterlegg od Aufr. Er ist auch bei Teilleistgen gegeben, sofern sie der Gläub angenommen hat, ebso bei Leistgen Dr. § 368 ist grdsl auch bei KleinGesch anwendb (Grimme JR **88**, 179), kann hier aber gem §§ 157, 242 ausgeschl sein (MüKo/Heinrichs Rn 8). Bei Zahlg dch Scheck od Banküberweisg kann der Schu jedenfalls bei einem berecht Interesse eine Quittg fordern (Düss NJW-RR **92**, 439, Trölitzsch/Jaeger BB **94**, 2154).
– **b)** Der Gläub braucht die Quittg gem S 1 nur **auf Verlangen** zu erteilen (sog verhaltener Anspr). 7
Verweigert der Gläub die Quittg, steht dem Schu selbst dann ein ZbR zu, wenn er vorleistgspflichtig ist (RG **82**, 27). Dagg steht dem Gläub wg and Fdgen aus dem SchuldVerh kein ZbR zu (RG JW **11**, 808); er darf die Quittg allenfalls wg seines VorschußAnspr aus § 369 zurückhalten. Der Anspr auf Quittg kann auch **nach der Leistung** geltd gemacht w, erfdlfalls dch Klage (MüKo/Heinrichs Rn 10). IdR ist aber die negative Feststellgsklage (ZPO 256) wg der weitergehden RKraft des FeststellgsUrt der günstigere Weg.

369 ***Kosten der Quittung.*** **I Die Kosten der Quittung hat der Schuldner zu tragen und vorzuschießen, sofern nicht aus dem zwischen ihm und dem Gläubiger bestehenden Rechtsverhältnisse sich ein anderes ergibt.**

II Treten infolge einer Übertragung der Forderung oder im Wege der Erbfolge an die Stelle des ursprünglichen Gläubigers mehrere Gläubiger, so fallen die Mehrkosten den Gläubigern zur Last.

Da die Quittg im Interesse des Schu erteilt w, hat er die entstehden Kosten zu tragen. Die in I vorgesehene 1
Ausn gilt für RVerhältn, die ausschließl im Interesse des Gläub begründet worden sind, wie die unentgeltl Verwahrg (§ 690) od der Auftr (§§ 662, 667). Für seine ArbLeistg kann der Gläub keine Vergütg beanspruchen (BGH **114**, 333), sein Anspr beschränkt sich auf Kosten der Beglaubigg u Übersendg u ähnl. Mehrkosten, die dch eine Vervielfältigg der GläubZahl entstehen, gehen zu Lasten der Gläub (II). Das gilt ebso für sonst Mehrkosten, die ihre Ursache in der Sphäre des Gläub haben (MüKo/Heinrichs Rn 2, str).

370 ***Leistung an den Überbringer der Quittung.*** **Der Überbringer einer Quittung gilt als ermächtigt, die Leistung zu empfangen, sofern nicht die dem Leistenden bekannten Umstände der Annahme einer solchen Ermächtigung entgegenstehen.**

1) Allgemeines. In der Überg der Quittg an den Überbringer liegt je nach Lage des Falles die Erteilg 1
einer InkassoVollm, die Bestellg zum Empfangsboten od eine sonst Ermächtigg zum Empfang der Leistg (§§ 362 II, 185). Aber auch wenn eine solche Ermächtigg (Vollm) ausnw fehlt, hat die Leistg an den Überbringer der Quittg grdsl schuldbefreiende Wirkg. § 370 schützt das Vertrauen auf den dch die Ausstellg der Quittg geschaffenen **Rechtsschein** (BGH **40**, 304, MüKo/Heinrichs Rn 2). Geschützt wird dch § 370 aber ledigl der an den Überbringer Leistde; werden Dritte dch eine unricht Quittg zu nachteil VermDispositionen veranlaßt, kommen Anspr aus pVV od § 826 in Betracht (Hamm BB **93**, 681).

2) Voraussetzungen. – a) Es muß sich um eine vom Gläub od seinem Vertreter eigenhänd unterschrie- 2
bene Quittg handeln. Wer an den Überbringer einer gefälschten od verfälschten Quittg leistet, w nicht frei (RG **73**, 349, BAG NJW **61**, 622), kann aber uU, etwa bei nachläss Verwahrg der Quittgsformulare, einen GgAnspr wg pVV haben (RG **160**, 315). Dagg ist § 370 anwendb, wenn ein vom Gläub unterschriebenes Blankett abredewidr ausgefüllt u als Quittg vorgelegt w (s BGH **40**, 304). Der dch die Quittg begründete RSchein kann nicht dch Anf beseitigt w (MüKo/Heinrichs Rn 3); Zurechnungsvoraussetzg ist jedoch, daß der Aussteller geschäftsfäh ist (MüKo aaO). – **b)** Befreiende Wirkg hat nur die Leistg an den **Überbringer** 3
der Quittg, nicht die Leistg an denj, der sich auf eine bereits übermittelte Quittg bezieht (RG **102**, 345, HRR **28** Nr 1404). Die Quittg muß vorgelegt w, ihre Überg ist dagg nicht erforderl (MüKo/Heinrichs Rn 4). Die nachträgl Übersendg genügt nicht (RG HRR **30** Nr 602). Überbringer kann trotz seiner Amtsstellg auch der Notar sein (MüKo aaO, str). Der Schu w auch dann frei, wenn eine gestohlene od sonst abhanden gekommene Quittg vorgelegt w (Prot I 341, MüKo aaO, RGRK Rn 5, hM). – **c)** Der Schutz des 4
§ 370 entfällt bei **Bösgläubigkeit** des Leistden (Halbs 2), dh wenn er Umst kannte, die der Ann einer

Ermächtigg entggstehen. Kennenmüssen genügt nicht. Ausr ist Kenntn der entspr Tats, es kommt nicht darauf an, ob der Leistde die richt Folgergen gezogen hat. Die BewLast für die Voraussetzgen der Bösgläubigk hat
5 der Gläub (MüKo/Heinrichs Rn 6). – **d)** § 370 gilt nur, wenn die **geschuldete Leistung** bewirkt w, nicht bei Leistg an ErfStatt od and ErfSurrogaten. Geschützt w auch der für den Schu leistde **Dritte;** für den Ausschl der RScheinwirkg kommt es in diesem Fall allein auf die Kenntn des Dr an (MüKo/Heinrichs Rn 5).

371 ***Rückgabe des Schuldscheins.*** **Ist über die Forderung ein Schuldschein ausgestellt worden, so kann der Schuldner neben der Quittung Rückgabe des Schuldscheins verlangen. Behauptet der Gläubiger, zur Rückgabe außerstande zu sein, so kann der Schuldner das öffentlich beglaubigte Anerkenntnis verlangen, daß die Schuld erloschen sei.**

1 **1) Allgemeines. – a)** Der **Schuldschein** ist eine die Schuld begründde od bestätigde Urk, die der Schu zum Beweis für das Bestehen der Schu ausgestellt hat (RG **120**, 89, BGH WM **76**, 975). Auch die BürgschUrk fällt unter § 371 (Mü NJW-RR **98**, 992), ebso die Urk über eine SichgAbtr od -Übereigng (AG Mö-Gladbach NJW-RR **97**, 997). Mehrere äußerl getrennte Urk können zus einen Schuldschein bilden (RG **131**, 6). Das Eigt am Schuldschein steht dem Gläub zu (§ 952); es folgt dem Recht an der Fdg. Dch Tilgg der Fdg
2 geht das Eigt dagg nicht von selbst auf den Schu über (hM). – **b)** Der Schuldschein hat die formelle **Beweiskraft** des ZPO 416; für seine mat BewKraft gilt ZPO 286. Besitzt der Gläub den Schuldschein, so ist das ein Indiz für das Bestehen der Schuld (s BGH WM **76**, 975), umgekehrt ist der Besitz des Schu ein Indiz für das Erlöschen der Schuld (RG JW **10**, 64). Ist in dem Schuldschein zugl ein kausales od abstraktes **Schuldanerkenntnis** enthalten, trägt der Schu die volle BewLast dafür, daß die Verpflichtg nicht entstanden
3 ist (BGH NJW **86**, 2572). – **c)** Der RückgAnspr soll den Schu davor schützen, daß der Schuldschein nach Erlöschen der Schuld noch gg ihn als BewMittel verwandt w; er hat zugl den **Zweck** im allg VerkInteresse eine mißbräuchl Verwendg von Schuldscheinen zu verhindern.

4 **2)** Der **Rückgabeanspruch** besteht in allen Fällen des Erlöschens der Schuld. Er ist auch dann gegeben, wenn die Fdg nicht entstanden od inf Anf weggefallen ist (MüKo/Heinrichs Rn 5). Aktivlegitimiert ist der Schu, dem leistden Dr steht der Anspr nur iF eines gesetzl FdgÜberganges (§ 268) zu. Passivlegitimiert ist der Gläub, nicht dessen ProzBevollm (Köln AnwBl **80**, 505); besitzt ein Dr den Schuldschein, ist dieser zur Herausg verpflichtet (LG Darmstadt NJW-RR **99**, 584, MüKo Rn 6, hM). Schu kann in entspr Anwendg des § 371 auch die Herausg des VollstrTitels verlangen (BGH **127**, 148, NJW **94**, 1161), bei Streit um die Erf aber nur dann, wenn er gleichzeit VollstrGgKl erhebt (MüKo Rn 8, BGH aaO läßt offen).

5 **3)** Der Anspr auf ein öff beglaubigtes **Anerkenntnis** (S 2) besteht bereits dann, wenn der Gläub erklärt, zur Rückg außerstande zu sein. Geschuldet wird ein negatives Schuldanerkenntnis iSd § 397 II. Die Kosten hat der Gläub zu tragen. Der Schu kann auch auf Rückg des Schuldscheins klagen, der Gläub muß dann sein Unvermögen zur Rückg dartun. Nach Entggnahme des Anerkenntn besteht der Anspr aus S 1 aber nur noch bei Darlegg eines bes Interesses.

Zweiter Titel. Hinterlegung

Einführung

1 **1) Allgemeines.** Die §§ 372 ff geben dem Schu die Möglichk, sich dch Hinterlegg (erfdlf nach einem Selbsthilfeverkauf) von seiner Verbindlichk zu befreien, wenn er diese wg eines aus der Sphäre des Gläub stammden Grdes nicht od nicht mit Sicherh erfüllen kann. Die Möglichk besteht aber nur, wenn eine bewegl Sache geschuldet w. Sie ist bei Dienst- u WkLeistgen ausgeschlossen. Bei Grdst hat der Schu iF des AnnVerzuges ein Recht zur BesitzAufg (§ 303). Die Hinterlegg iS der §§ 372 ff ist ein **Erfüllungssurrogat.** Sie ist ein Recht des Schu, keine Pfl (RG **61**, 250, BGH NJW **69**, 1662). Der Gläub od iF des Prätendentenstreits die Gesamtheit der Gläub ist nicht berecht, die Hinterlegg zu verlangen. Auf öffrechtl Anspr können die §§ 372 ff entspr angewandt w.

2 **2) Regelungsgegenstand** der §§ 372 ff ist ausschließl die Hinterlegg als ErfSurrogat. Daneben kennt das Ges weitere Fälle der Hinterlegg, die sich in ihrem Zweck u ihrer rechtl Ausgestaltg von der Hinterlegg iS der §§ 372 ff unterscheiden: – **a)** In einigen Fällen ist die **Hinterlegung die geschuldete Leistung** (§§ 432 I, 660 II, 1077 I, 1281 I, 2039). Hier ist die Hinterlegg Pfl des Schu (RG **52**, 144), der Anspr setzt aber idR ein entspr Verlangen des Gläub voraus (sog verhaltener Anspr). Die Schuldtilgg beruht auf § 362. Die §§ 372 ff können analog angewandt w. Der Schu ist idR verpflichtet, unter Verzicht auf das RücknR zu hinterlegen. –
3 **b)** In and Fällen dient die Hinterlegg **Sicherungszwecken.** Auf diese Fallgruppe sind die §§ 372 ff weder unmittelb noch entspr anwendb. Es gelten §§ 232 ff u für die Hinterlegg aus prozessualen Grden die ZPO 108 ff. Die Hinterlegg zur Sicherh kann jedoch auf Antr des Schu in eine Hinterlegg gem §§ 372 ff
4 umgewandelt w (RG JW **14**, 466). – **c)** Auch die Verwahrg („Hinterlegg") bei einem **Notar** (BeurkG 54 a) ist keine Hinterlegg iS der §§ 372 ff. § 378 ist unanwendb. Zahlg auf **Notaranderkonto** ist keine Erf gem § 362 II; die Schuld wird iZw erst mit Auszahlg an den Gläub getilgt (BGH **87**, 162, **105**, 64, NJW **98**, 746); der Wille der Part kann aber dahin gehen, daß Erf schon mit Auszahlgsreife eintreten soll (BGH NJW **94**, 1404). Die Leistg erfüllt die Verpfl zur Hinterlegg nicht, wenn sie die Auszahlg an den Gläub von zusätzl, im Vertr nicht vorgesehenen Vorbeh abhäng macht (BGH NJW **97**, 2104). Wird der hinterlegte Betrag veruntreut, geht das grdsl zu Lasten des Schu (Stgt ZIP **98**, 1834), and aber, wenn die Hinterlegg aufgrd einer formularmäß Regelg des DarlG in seinem Interesse erfolgt ist (BGH ZIP **98**, 1631). Zahlt der Notar den hinterlegten Kaufpreis weisgswidrig aus, ohne die vom Käufer nicht übernommenen Belastgen abzulösen, tritt keine Erf ein (Hbg NJW **96**, 1289, aA Reithmann NJW **96**, 3328). Der Verkäufer hat einen mit dem
4 a KaufPrAnspr abtretbaren öffrechtl AuszahlgsAnspr gg den Notar (BGH **138**, 179). – **d)** Die Part können

aGrd der **Vertragsfreiheit** vereinbaren, daß die Hinterlegg beim Notar od die Einzahlg auf einem Konto die gleiche Wirkg wie die Hinterlegg gem §§ 372 ff haben soll (BGH **82**, 286, NJW **86**, 1038). Auch ein fehlder HinterleggsGrd (§ 372) kann dch eine PartVereinbg ersetzt werden (BGH NJW **93**, 55).

3) Verfahrensrecht. – a) Die verfahrensrechtl Seite der Hinterlegg ist – auch für die in Rn 2 u 3 angeführten Hinterleggsfälle – dch die HintO geregelt (Bülow/Mecke/Schmidt HintO 3. Aufl 1993). Die HintO hat das HinterleggsVerh als ein **öffentlich-rechtliches Verhältnis** ausgestaltet. – **b)** Die Aufg der Hinterleggsstelle ist dem AmtsG übertr (HintO 1 II), u zwar dem RPfleger (RPflG 30). Das HinterleggsVerh w dch einen Verwaltgsakt, die AnnVfg (HintO 6) iVm der Überg der zu hinterlegden Sache begründet. Es ist auch dann wirks, wenn die materiell-rechtl Voraussetzgen der Hinterlegg nicht vorliegen. Beteiligte (HintO 13) sind der Hinterleger – es sei denn, er hat auf das RücknR verzichtet (§ 376 II Nr 1) – sowie alle Pers, die nach dem HinterleggsAntr als EmpfBerecht in Frage kommen. Der Hinterleger kann auch iF des RücknVerz nachträgl weitere mögl EmpfBerecht benennen (BGH NJW **60**, 1003). Dch die Hinterlegg entsteht ein öffr HerausgAnspr gg die Hinterleggsstelle. Inh des Anspr ist der Gläub, bei einer Mehrh von Prätendenten der wahre Berecht. Solange der Schu zur Rückn der hinterlegten Sache befugt ist (§ 376), kann er jedoch den HerausgAnspr des Gläub dch Ausübg seines RücknR die Grdl entziehen. Gläub muß der Hinterleggsstelle seine Berechtigg dch Vorlage von ZustErkl der Beteiligten od rkräft Urt nachweisen (HintO 13). Die Klage gg den **Forderungsprätendenten,** der nicht freiw in die Herausg einwilligt, ist auf Abg einer FreigabeErkl zu richten (BGH **35**, 170, **82**, 286, **109**, 244). AnsprGrdl ist § 812 (§ 812 Rn 22). – **c)** Gg Entsch der Hinterleggsstelle ist die Beschw im AufsWeg u anschließd der Antr auf gerichtl Entsch gem EGGVG 23 gegeben, HintO 3 I u II (Düss OLGZ **93**, 444). Ist der Antr auf Herausg dch Entsch des LGPräs (AGPräs) abgelehnt, ist Kl im ord RWeg zul (HintO 3 III). Der Antr gem EGGVG 23 ist in diesem Fall nicht statth (Ffm OLG **74**, 538). – **d)** Das HinterleggsVerh ist ein Fall öffrechtl **Verwahrung.** Soweit seine öffrechtl Natur nicht entggsteht, sind die Grds des VerwahrgsVertr zGDr, vor allem §§ 278, 282, entspr anwendb (BGH NJW **90**, 1231, stRspr), nicht aber §§ 700, 607 I, 245 (BGH WM **66**, 1018). Für SchadErsAnspr aus der Hinterlegg steht gem VerwGO 40 II der ord RWeg offen.

5 6 7 8

4) Die **dinglichen Wirkungen** der Hinterlegg sind in den §§ 372 ff nicht geregelt. Aus HintO 7, 9 ergibt sich, daß inländ Geld Eigt des Landes w u daß and hinterlegte Sachen unverändert aufbewahrt w. Besteht eine ÜbereignsPfl u handelt es sich nicht um inländ Geld, liegt in der Hinterlegg zugl das Angebot auf EigtÜbertr, ggf an den, den es angeht (§ 164 Rn 8). Dieses Angebot nimmt der Gläub dch die ggü der Hinterleggsstelle erklärte Ann an. Hierdch w der Gläub mittelb Besitzer (RG **135**, 274) u erwirbt gleichzeit das Eigt (MüKo/Heinrichs § 372 Rn 14). 9

372 *Voraussetzungen.*

Geld, Wertpapiere und sonstige Urkunden sowie Kostbarkeiten kann der Schuldner bei einer dazu bestimmten öffentlichen Stelle für den Gläubiger hinterlegen, wenn der Gläubiger im Verzuge der Annahme ist. Das gleiche gilt, wenn der Schuldner aus einem anderen in der Person des Gläubigers liegenden Grunde oder infolge einer nicht auf Fahrlässigkeit beruhenden Ungewißheit über die Person des Gläubigers seine Verbindlichkeit nicht oder nicht mit Sicherheit erfüllen kann.

1) Allgemeines. Vgl zunächst die Einf. Zur Hinterlegg berecht ist der **Schuldner.** Ein Dr kann nur dann hinterlegen, wenn er gem § 268 II od aufgrd einer and Vorschr ablösgsberecht ist (RG **120**, 211, aA KG JW **28**, 2563). Die Fdg muß erfüllb sein (§ 271 Rn 1). Ist der Schu ausnw zur Teilleistg berecht (§ 266 Rn 6 ff), ist auch eine Teilhinterlegg statth (BGH **LM** § 378 Nr 6). Die Hinterlegg muß beim **Amtsgericht** erfolgen (Einf 6), jedoch können die Part auch die Hinterlegg bei einer and Stelle vereinbaren (Einf 4). Voraussetzg der Hinterlegg ist, daß der SchuldGgst hinterleggsfäh ist (Rn 2 f) u ein HinterleggsGrd vorliegt (Rn 4 ff). 1

2) Hinterlegungsfähige Gegenstände: – a) Geld sind die gesetzl u gesetzl zugelassenen Zahlgsmittel. Auch ausl Geld kann hinterlegt w (HintO 7 II). – **b) Wertpapiere** sind Urk, bei denen der Besitz des Papiers Voraussetzg für die Ausübg des Rechts ist. Legitimationspapiere (§ 808) sind keine Wertpapiere iSd § 372, sind aber als **Urkunden** hinterleggsfäh. Zu den Urk gehören auch VollmUrk (KG NJW **57**, 755) u Handakten (KG OLG **6**, 54). – **c) Kostbarkeiten** sind bewegl Sachen, deren Wert im Vergl zu ihrem Umfang u ihrem Gewicht bes hoch ist (KG Rpfleger **76**, 316). Sie müssen leicht aufzubewahren u unverderbl sein (MüKo/Heinrichs Rn 3). Bsp sind Gold, Edelsteine, Schmuck, Kunstwerke u ähnl, nicht aber ein Pelzmantel (Hbg VersR **82**, 1081 zu § 702) od Videokassetten (Ffm NJW-RR **88**, 444). – **d)** Wird eine **nicht hinterlegungsfähige Sache** geschuldet, kann sie der Schu unter den Voraussetzgen des § 383 öffentl versteigern lassen u den Erlös hinterlegen. Beim Handelskauf darf der Verkäufer iF des AnnVerzugs Waren aller Art hinterlegen (HGB 373). 2 3

3) Hinterlegungsgründe sind: – **a) Annahmeverzug** (§§ 293 ff). Er muß wirkl vorliegen, guter Glaube genügt nicht (BGH **7**, 305, Düss ZIP **94**, 960). Das HinterleggsR des Schu ist ausgeschl, wenn er den Gläub dch NichtErf einer AuskPfl daran gehindert hat, die Ordngsmäßigk der Leistg zu überprüfen (BGH **LM** § 2314 Nr 2). – **b)** Der Schu darf hinterlegen, wenn er aus einem and in der **Person des Gläubigers liegenden Grund** an der Erf od an der sicheren Erf gehindert w (S 2 1. Alt). Bsp sind unbekannter Aufenthalt, Verschollenh, GeschUnfgk, beschränkte GeschFgk iVm Fehlen eines gesetzl Vertreters. Dagg ist es kein HinterleggsGrd, wenn der Schu wg der für ihn geltden DevisenVorschr nicht leisten kann (BGH **13**, 332). – **c)** Ein HinterleggsGrd besteht auch dann, wenn der Schu seine Verbindlichk wg einer nicht auf Fahrlk beruhden **Ungewißheit über die Person des Gläubigers** nicht od nicht mit Sicherh erf kann (S 2 2. Alt). Die Ungewißh kann schon bei Begründg des SchuldVerh entstehen, etwa wenn unklar ist, wer VertrPart geworden ist (BGH WM **65**, 1210) od wem die beschädigte Sache gehört. IdR geht es aber um eine wirkl eingetretene od nur behauptete RNachfolge auf seiten des Gläub. Es genügt jedoch nicht, daß mehrere FdgsPrätendenten auftreten (BGH **7**, 307, Rpfleger **85**, 412). Es müssen vielm begründete, obj verständl Zweifel über die Pers des Gläub vorliegen: die Würdigg aller Umst muß ergeben, daß dem Schu nicht 4 5 6

zugemutet w kann, den Zweifel auf eig Gefahr zu lösen (BGH **7**, 307, Düss ZIP **94**, 960). Gleichgült ist, ob der Zweifel tatsächl Verh, die Wirksamk oder Auslegg eines RGesch (BGH WM **60**, 112, **65**, 1210) od sonst RFragen betrifft (BGH **7**, 307, **27**, 244). Der Zweifel muß im Ztpkt der Hinterlegg noch bestehen (RG **97**, 174). Er muß sich auf die Pers des Gläub beziehen. Verlangen mehrere Gläub aus versch RGründen eine Leistg (der Verkäufer gem §§ 326, 346 Rückg, der angebl bestohlene Eigtümer gem § 985 Herausg), ist § 372 unanwendb (BGH **92**, 385, NJW **86**, 1038, **93**, 55, Mü NJW-RR **88**, 1202). Auch wenn ggü dem Anspr aus einem Akkreditiv der Einwand des RMißbr erhoben w, findet § 372 keine Anwendg (Ffm NJW-RR **88**, 681). Die Ungewißh darf nicht auf Fahrlässigk beruhen. Eine Pfl, auf eig Kosten RRat einzuholen, besteht idR nicht (MüKo/Heinrichs Rn 10). Hat ein RKundiger die RLage als zweifelh bezeichnet, so darf der Schu dieser Ausk grdsl vertrauen. Bes liegt es aber beim Notar. Er muß die RLage umfassd prüfen u darf
7 höchstens in AusnFällen hinterlegen (Hamm DNotZ **83**, 61, **94**, 120). – **d)** Ein Recht zur Hinterlegg besteht auch dann, wenn zG des Schu die Vorschr anwendb sind, die die **gutgläubige Leistung** an einen NichtBerecht schützen (vgl zB §§ 370, 407, 409, 808, 893, WG 16). Das gilt sicher dann, wenn die Anwendg der SchutzVorschr zweifelh ist. Der Schu darf aber auch dann hinterlegen, wenn er eine nochmalige Inanspruchn nicht ernsth zu befürchten h (RG **89**, 403, BGH NJW **97**, 1501). Die GgAns würde für den Schu mittelb einen Zwang zur Leistg an den ScheinBerecht begründen (Staud/Olzen Rn 22).

373 *Zug-um-Zug-Leistung.* **Ist der Schuldner nur gegen eine Leistung des Gläubigers zu leisten verpflichtet, so kann er das Recht des Gläubigers zum Empfange der hinterlegten Sache von der Bewirkung der Gegenleistung abhängig machen.**

1 Die Vorschr gilt für alle ZbR (§§ 273, 320, HGB 369, 370). Der Vorbeh kann im HinterleggsAntr, aber auch später bis zum Ausschl des RücknR (§ 376) erklärt w. Die HinterleggsStelle hat das Bestehen des ZbR nicht zu überprüfen. Der Schu behält das Recht, den Anspr auf die GgLeistg iW der Klage geltd zu machen. Macht er die Hinterlegg von and Vorbeh abhäng, hat die HinterleggsStelle sie zurückzuweisen.

374 *Hinterlegungsort; Anzeigepflicht.* **I Die Hinterlegung hat bei der Hinterlegungsstelle des Leistungsorts zu erfolgen; hinterlegt der Schuldner bei einer anderen Stelle, so hat er dem Gläubiger den daraus entstehenden Schaden zu ersetzen.**

II Der Schuldner hat dem Gläubiger die Hinterlegung unverzüglich anzuzeigen; im Falle der Unterlassung ist er zum Schadensersatze verpflichtet. Die Anzeige darf unterbleiben, wenn sie untunlich ist.

1 **1) Hinterlegungsort** ist der Ort, an dem der Schu die LeistgsHdlg vorzunehmen hat, bei Schickschulden (§ 269 Rn 1) also der Wohns des Schu (MüKo/Heinrichs Rn 1, str). Hinterlegt der Schu an einem and als dem Leistgsort, ist er dem Gläub schaderspflicht, die Hinterlegg ist aber wirks.

2 **2)** NichtErf der **Anzeigepflicht** begründet eine SchadErsPfl, läßt aber die Wirksamk der Hinterlegg unberührt. Unverzügl s § 121; untunl ist die Anzeige, wenn die mit der Ermittlg der Anschrift des Gläub verbundenen Schwierigk unverhältnismäß sind. Der HinterleggsSchein braucht nicht beigefügt zu w (RG JW **03** Beil 79 Nr 182). Unter den Voraussetzgen von HintO 11 hat die HinterleggsStelle dem Gläub die Hinterlegg anzuzeigen.

375 *Rückwirkung bei Postübersendung.* **Ist die hinterlegte Sache der Hinterlegungsstelle durch die Post übersendet worden, so wirkt die Hinterlegung auf die Zeit der Aufgabe der Sache zur Post zurück.**

1 Die Gefahr, daß die Sache währd des Transports untergeht, trägt der Schu, soweit sich aus §§ 300 II, 324 II nichts and ergibt. Ist die Sache bei der Hinterleggsstelle eingetroffen, wird die schuldbefreide Wirkg der Hinterlegg (§§ 378, 379) aber auf den Ztpkt der Aufg zur Post vorverlegt. Für Verschlechtergen währd des Transports gilt daher § 379 II. Der Übermittlg dch die Post, inzw ein Zustelldienst unter and, steht die Übermittlg dch and Untern gleich (str).

376 *Rücknahmerecht.* **I Der Schuldner hat das Recht, die hinterlegte Sache zurückzunehmen.**

II Die Rücknahme ist ausgeschlossen:

1. wenn der Schuldner der Hinterlegungsstelle erklärt, daß er auf das Recht zur Rücknahme verzichte;
2. wenn der Gläubiger der Hinterlegungsstelle die Annahme erklärt;
3. wenn der Hinterlegungsstelle ein zwischen dem Gläubiger und dem Schuldner ergangenes rechtskräftiges Urteil vorgelegt wird, das die Hinterlegung für rechtmäßig erklärt.

1 **1)** Das **Rücknahmerecht** des Schu (I) ist ein GestaltgsR (WiderrufsR), kein Anspr (RG HRR **40**, 419). Der Widerr ist ggü der HinterleggsStelle zu erklären. Er wandelt das HinterleggsVerhältn in ein Abwicklgs-Verhältn um. Der Hinterleger erwirbt einen öffrechtl HerausgAnspr gg die HinterleggsStelle, der erfdlfalls im ord RWeg geltd gemacht w kann (Einf 7 v § 372). Solange die Hinterlegg widerrufl ist, hat sie keine befreide Wirkg, gibt dem Schu aber die Befugn des § 379.

2 **2) Ausschluß des Rücknahmerechts (II). – a)** Der **Verzicht** (Nr 1) ist eine einseit empfangsbedürft WillErkl. Er ist ggü der Hinterleggsstelle zu erklären. Dch den Verzicht scheidet der Schu aus dem Kreis der

Hinterleggsbeteiligten (HintO 13) aus, behält aber die Befugn, noch weitere mögl Gläub zu benennen (BGH NJW **60**, 1003). Zur Herausg an den Gläub ist eine Einwillig des Schu nicht mehr erforderl (HintO 13 II Nr 1) u iSd § 380 auch nicht mehr genügd. – **b)** Die **Annahme** dch den Gläub (Nr 2) ist eine einseit 3
empfangsbedürft WillErkl, die ggü der Hinterleggsstelle abzugeben ist. Bei einer Hinterlegg zG mehrerer ist das RücknR bereits ausgeschl, wenn einer der mögl Gläub annimmt. – **c)** Es genügt ein **Urteil** (Nr 3), das in einem RStreit mit einem der mögl Gläub ergangen ist. Es kann sich um ein Feststellgs- od ZwFeststellgsUrt handeln, aber auch um ein Urt, das die Klage des Gläub gem § 379 abweist. Dagg genügt das in einem Prätendentenstreit ergangene Urt nicht.

377 ***Unpfändbarkeit des Rücknahmerechts.*** **I Das Recht zur Rücknahme ist der Pfändung nicht unterworfen.**

II Wird über das Vermögen des Schuldners das Insolvenzverfahren eröffnet, so kann während des Insolvenzverfahrens das Recht zur Rücknahme auch nicht von dem Schuldner ausgeübt werden.

1) I erklärt das RücknR des Schu (§ 376 I) für unpfändb, weil die mit der Hinterlegg begonnene 1
Befriedigg des Gläub dch ZwVollstrMaßn Dr nicht verhindert w soll. Nach §§ 413, 400 ist das RücknR auch unübertragb, nach InsO 36 fällt es nicht in die InsMasse. Dch **II** wird erreicht, daß das RücknR währd des InsVerf auch vom Schu nicht ausgeübt w kann. Unberührt bleiben das Recht des Schu, auf die Rückn zu verzichten (§ 376 II Nr 1), das Recht des Gläub, die Hinterlegg anzunehmen (§ 376 II Nr 2) sowie das Recht des InsVerw od and Gläub, die Hinterlegg anzufechten.

2) § 377 ist unanwendb, wenn dem Schu aus einem and RGrund ein Anspruch auf die hinterlegte Sache 2
zusteht. Pfändb u übertragb sind daher: das RücknR des § 382; der nach Ausübg des RücknR entstehde HerausgAnspr des Schu (RG HRR **40** Nr 419), der Anspr aus § 812, der dem Schu bei Nichtbestehen der Fdg od bei Fehlen der HinterleggsVoraussetzgen zusteht (§ 378 Rn 2).

378 ***Wirkung der Hinterlegung bei ausgeschlossener Rücknahme.*** **Ist die Rücknahme der hinterlegten Sache ausgeschlossen, so wird der Schuldner durch die Hinterlegung von seiner Verbindlichkeit in gleicher Weise befreit, wie wenn er zur Zeit der Hinterlegung an den Gläubiger geleistet hätte.**

1) Wirkung der Hinterlegung. – a) Die **rechtmäßige** Hinterlegg hat schuldbefreide Wirkg, sobald das 1
RücknR des Schu gem § 376 II ausgeschl ist. Der Schu wird auch dann frei, wenn er der Hinterleggsstelle den wahren Gläub erst nachträgl benennt (BGH NJW-RR **89**, 200). Die Schuld erlischt mit Wirkg *ex tunc,* wie wenn der Schu im Ztpkt der Hinterlegg an den Gläub geleistet hätte. Bürgen u Pfänder w frei, Zinsen, VertrStrafen u and Verzugswirkgen fallen rückwirkd weg. Die RFolge des § 363 tritt aber erst ein, wenn die hinterlegte Sache an den Gläub ausgehändigt worden ist (RG HRR **31** Nr 683). – **b)** Eine **unrechtmäßige** 2
Hinterlegg, insb eine Hinterlegg, bei der die Voraussetzgen des § 372 fehlen, führt nur dann zur Schuldtilg, wenn der Gläub die Hinterlegg annimmt (BGH NJW **93**, 55). Bestand die zu tilgde Fdg nicht, od fällt sie nachträgl dch Anf weg, richtet sich die Rückabwicklg nach § 812 (Ffm NJW-RR **94**, 252, MüKo Rn 9).

2) Auf die Hinterlegg bei einem **Notar** ist § 378 nur anzuwenden, wenn die Part dies vereinbart haben 3
(Einf 4 v § 372). Zu den **dinglichen Wirkungen** der Hinterlegg s Einf 9 v § 372.

379 ***Wirkung der Hinterlegung bei nicht ausgeschlossener Rücknahme.*** **I Ist die Rücknahme der hinterlegten Sache nicht ausgeschlossen, so kann der Schuldner den Gläubiger auf die hinterlegte Sache verweisen.**

II Solange die Sache hinterlegt ist, trägt der Gläubiger die Gefahr und ist der Schuldner nicht verpflichtet, Zinsen zu zahlen oder Ersatz für nicht gezogene Nutzungen zu leisten.

III Nimmt der Schuldner die hinterlegte Sache zurück, so gilt die Hinterlegung als nicht erfolgt.

1) Die Schuld erlischt erst, wenn das RücknR des Schu ausgeschl ist (§ 378). Bis zu diesem Ztpkt hat die 1
Hinterlegg, sofern sie rechtmäß ist (RG **59**, 18), folgde **Wirkungen: – a)** Sie gibt dem Schu das Recht, den Gläub auf die hinterlegte Sache zu verweisen, dh ein **Leistungsverweigerungsrecht.** Dieses ist im Proz dch Einr geltd zu machen; bereits sein Bestehen hindert aber den Eintritt des Verzuges u hemmt gem § 202 I die Verj. Die Einr kann gem §§ 768, 1137, 1211 auch von Bürgen u Verpfändern geltd gemacht w. Sie stellt dagg keinen Verzicht auf das RücknR (§ 376 II Nr 1) dar. – **b)** Währd der Hinterlegg trägt der Gläub die **Gefahr** 2
(II). Hierunter ist die Preisgefahr zu verstehen (MüKo/Heinrichs Rn 3). Der Gläub bleibt daher zur GgLeistg verpflichtet, wenn die Sache währd der Hinterlegg untergeht od verschlechtert w. – **c)** Solange die Sache 3
hinterlegt ist, braucht der Schu weder Zinsen noch Ersatz für nicht gezogene **Nutzungen** zu leisten (II). – **d)** Ist wg **Annahmeverzuges** hinterlegt worden, ist II leerlaufd, da die in ihm bestimmten RFolgen gem §§ 300 II, 324 II, 301, 302 schon mit dem AnnVerzug eintreten.

2) Mit der **Rücknahme** (III) fallen alle RFolgen der Hinterlegg rückwirkd weg, der fr RZustand entsteht 4
ex lege wieder. Wirks bleibt jedoch das die Verj unterbrechde Anerkenntn (§ 208), das in der Anz gem § 374 II liegt. Da das RücknR ein GestaltgsR ist (§ 376 Rn 1), ist III bereits anwendb, wenn der Schu das Recht dch Erkl ggü der Hinterleggsstelle ausgeübt hat; die tatsächl Rückg der Sache ist nicht erforderl.

380 ***Nachweis der Empfangsberechtigung.*** **Soweit nach den für die Hinterlegungsstelle geltenden Bestimmungen zum Nachweise der Empfangsberechtigung des Gläubigers**

eine diese Berechtigung anerkennende Erklärung des Schuldners erforderlich oder genügend ist, kann der Gläubiger von dem Schuldner die Abgabe der Erklärung unter denselben Voraussetzungen verlangen, unter denen er die Leistung zu fordern berechtigt sein würde, wenn die Hinterlegung nicht erfolgt wäre.

1 **1)** Wann eine Erkl des Schu zur Dchsetzg des HerausgAnspr des Gläub „erforderl" od „genügd" ist, ergibt sich aus dem **formellen Hinterlegungsrecht,** insb aus HintO 13. Danach ist zu unterscheiden: – **a)** Hat der Schu auf das RücknR **verzichtet** (§ 376 II 1), ist er kein HinterleggsBeteiligter mehr. Seine FreigErkl ist nur erforderl, wenn er gem § 373 ein ZbR geltd gemacht hat. Ein Anspr aus § 380 besteht aber auch dann, wenn er die Fdg nachträgl bestreitet (RG **87**, 382). – **b)** Auch wenn der Schu auf das RücknR **nicht verzichtet** hat, ist seine FreigErkl idR entbehrl, da er sich bereits dch die Hinterlegg mit der Herausg an den von ihm bezeichneten Gläub einverstanden erklärt hat. Erforderl ist eine FreigErkl des Schu nur, wenn Zweifel an der Empfangsberechtigg des Gläub bestehen (MüKo/Heinrichs Rn 4).

2 **2)** Der Gläub muß im Streitfall **beweisen,** daß er der wirkl Berecht ist. Er trägt auch dafür die BewLast, daß die Fdg, wg der hinterlegt worden ist, besteht.

381 ***Kosten der Hinterlegung.*** **Die Kosten der Hinterlegung fallen dem Gläubiger zur Last, sofern nicht der Schuldner die hinterlegte Sache zurücknimmt.**

1 Die Vorschr regelt die Kostenpflicht nur im Verhältn der Part zueinand. Sie gilt nur für die rechtmäß od vom Gläub anerkannte Hinterlegg. Halbsatz 2 hat neben § 379 III ledigl klarstellde Bedeutg. Die KostenPfl ggü der Hinterleggsstelle regeln die JustizverwaltgskostenGes der Länder.

382 ***Erlöschen des Gläubigerrechts.*** **Das Recht des Gläubigers auf den hinterlegten Betrag erlischt mit dem Ablaufe von dreißig Jahren nach dem Empfange der Anzeige von der Hinterlegung, wenn nicht der Gläubiger sich vorher bei der Hinterlegungsstelle meldet; der Schuldner ist zur Rücknahme berechtigt, auch wenn er auf das Recht zur Rücknahme verzichtet hat.**

1 Die Vorschr legt für den HerausgAnspr des Gläub gg die Hinterleggsstelle eine **Ausschlußfrist** von 30 Jahren fest. Die Fr beginnt mit dem Zugang der Anzeige, od, wenn die Anzeige untunl war, mit der Hinterlegg. Mit dem Anspr gg die HinterleggsStelle erlischt auch die **Forderung gegen den Schuldner,** soweit sie nicht bereits vorher gem § 378 erloschen war (MüKo/Heinrichs Rn 3). Der Schu kann nach Ablauf der 30-JahresFr gem Halbsatz 2 auch dann die Herausg verlangen, wenn er auf sein RücknR verzichtet hat. Für seinen Anspr gilt aber gem HintO 19 eine AusschlFr von einem weiteren Jahr.

383 ***Versteigerung hinterlegungsunfähiger Sachen.*** **I Ist die geschuldete bewegliche Sache zur Hinterlegung nicht geeignet, so kann der Schuldner sie im Falle des Verzugs des Gläubigers am Leistungsorte versteigern lassen und den Erlös hinterlegen. Das gleiche gilt in den Fällen des § 372 Satz 2, wenn der Verderb der Sache zu besorgen oder die Aufbewahrung mit unverhältnismäßigen Kosten verbunden ist.**

II Ist von der Versteigerung am Leistungsort ein angemessener Erfolg nicht zu erwarten, so ist die Sache an einem geeigneten anderen Orte zu versteigern.

III Die Versteigerung hat durch einen für den Versteigerungsort bestellten Gerichtsvollzieher oder zu Versteigerungen befugten anderen Beamten oder öffentlich angestellten Versteigerer öffentlich zu erfolgen (öffentliche Versteigerung). Zeit und Ort der Versteigerung sind unter allgemeiner Bezeichnung der Sache öffentlich bekanntzumachen.

IV Die Vorschriften der Absätze 1 bis 3 gelten nicht für eingetragene Schiffe und Schiffsbauwerke.

1 **1) Allgemeines. – a)** Hinterleggsfäh sind nach § 372 nur Geld, Wertpapiere, Urk u Kostbark. § 383 ermöglicht dem Schu nicht hinterleggsfäh Sachen versteigern zu lassen u sich dch Hinterlegg des Erlöses von
2 seiner Schuld zu befreien. – **b)** Der Selbsthilfeverkauf ist nur bei **beweglichen Sachen** zul. Bei Grdst sowie eingetragenen Schiffen u Schiffbauwerken (IV) hat der Schu ledigl das Recht zur BesitzAufg (§ 303). Gleichgült ist, ob der Schu zur Übereigng od nur zur Herausg verpflichtet ist. Rechte Dr richten sich nach den allg
3 Vorschr (§§ 985 ff, 823 ff); die §§ 383 ff betreffen nur das Verhältn zw Schu u Gläub. – **c)** Der Schu ist zum Selbsthilfeverkauf berecht, wenn sich der Gläub in **Annahmeverzug** (§§ 293 ff) befindet. Die HinterleggsGrde des § 372 S 2 rechtfertigen einen Selbsthilfeverkauf dagg nur bei drohendem Verderb od unverhältnismäß Aufbewahrgskosten. Beim Handelskauf gilt die Sonderregelg in HGB 373.

4 **2) Öffentliche Versteigerung. – a)** Die in III enthaltene Legaldefinition gilt auch für §§ 489, 966, 1219, 1235 u 935 II (BGH NJW **90**, 899). Zuständ sind die GerVollz (GVGA 246), Notare (BNotO 20 III) u die gem GewO 34 b V bestellten Pers; §§ 156, 456, 458 sind anwendb. Sind wesentl, zum Schutz des Gläub bestimmte Vorschr verletzt worden, ist der Selbsthilfeverkauf unrechtmäß; dagg ist der Verstoß gg bloß
5 instruktionelle Vorschr unschädl (s MüKo/Heinrichs Rn 7). – **b)** Die Versteigerg an einem and als dem **Leistungsort** macht diese trotz des GesWortlautes nicht unrechtmäß. Der Schu ist aber schaderspflicht; er muß beweisen, daß die Versteigerg am LeistgsOrt keinen höheren Erlös erbracht hätte (RG **110**, 270).

6 **3) Rechtsfolgen. – a)** Dch den **rechtmäßigen** Selbsthilfeverkauf wandelt sich der Anspr des Gläub in eine GeldFdg auf den Erlös um (MüKo/Heinrichs Rn 8, str). Der Schu kann sich dch Hinterlegg des Erlöses befreien (§§ 378, 379); er kann die Schuld aber auch dch Zahlg des Erlöses od Aufr tilgen (RG **64**, 373). –

b) Der **unrechtmäßige** Selbsthilfeverkauf begründet idR eine SchadErsPfl des Schu gem §§ 280 od 325; die Haftgsmilderg des § 300 I ist nicht anwendb (dort Rn 2). Unabhängig vom Verschulden kann sich aus § 281 ein Anspr auf Herausg des Erlöses ergeben.

384 ***Androhung der Versteigerung.*** **I Die Versteigerung ist erst zulässig, nachdem sie dem Gläubiger angedroht worden ist; die Androhung darf unterbleiben, wenn die Sache dem Verderb ausgesetzt und mit dem Aufschube der Versteigerung Gefahr verbunden ist.**

II Der Schuldner hat den Gläubiger von der Versteigerung unverzüglich zu benachrichtigen; im Falle der Unterlassung ist er zum Schadensersatze verpflichtet.

III Die Androhung und die Benachrichtigung dürfen unterbleiben, wenn sie untunlich sind.

Zur „Androhg" u zu „untunlich" s § 303 Rn 3. Die Androhg bedarf keiner Form (RG **94**, 143); sie ist 1
aber – and als die Benachrichtigg – Voraussetzg für die Rechtmäßigk des Selbsthilfeverkaufs.

385 ***Freihändiger Verkauf.*** **Hat die Sache einen Börsen- oder Marktpreis, so kann der Schuldner den Verkauf aus freier Hand durch einen zu solchen Verkäufen öffentlich ermächtigten Handelsmäkler oder durch eine zur öffentlichen Versteigerung befugte Person zum laufenden Preise bewirken.**

Die Vorschr läßt bei Sachen mit einem Börsen- od Marktpreis ausnw einen **freihändigen Verkauf** zu. Sie 1
regelt ledigl die Art des Verkaufs eigenständ; iü gelten §§ 383, 384. Ein Börsen- od Marktpreis ist gegeben, wenn für Sachen der geschuldeten Art am Verkaufsort aus einer größeren Zahl von Verkäufen ein Dchschnittspreis ermittelt w kann (RG **34**, 120, s auch §§ 453). Der erzielte Erlös muß mindestens dem Dchschnittspreis entsprechen. Handelsmakler: HGB 93 ff; Kursmakler: BörsenG 34.

386 ***Kosten der Versteigerung.*** **Die Kosten der Versteigerung oder des nach § 385 erfolgten Verkaufs fallen dem Gläubiger zur Last, sofern nicht der Schuldner den hinterlegten Erlös zurücknimmt.**

§ 381 Rn 1 gilt entspr. Zu den Versteigergskosten gehört auch die MwSt (BGH WM **80**, 778). 1

Dritter Titel. Aufrechnung

387 ***Voraussetzungen.*** **Schulden zwei Personen einander Leistungen, die ihrem Gegenstande nach gleichartig sind, so kann jeder Teil seine Forderung gegen die Forderung des anderen Teiles aufrechnen, sobald er die ihm gebührende Leistung fordern und die ihm obliegende Leistung bewirken kann.**

1) Allgemeines. – a) Aufr ist die wechselseit Tilgg zweier sich ggüstehder Fdgen dch einseit RGesch. Die 1
Fdg, gg die aufgerechnet w, ist die HauptFdg (PassivFdg), die Fdg, mit der aufgerechnet w, die GgFdg (AktivFdg, AufrFdg). Die Aufr soll ein unwirtschaftl Hin u Her vermeiden. Sie hat eine **doppelte Funktion:** Sie bewirkt die Tilgg der HptFdg u ist damit ein ErfSurrogat. Zugl gibt sie dem Schu die Möglichk, seine GgFdg iW der Selbsthilfe dchzusetzen (RG **80**, 30/34, BGH **130**, 76/80, NJW **87**, 2998). Das Recht zur Aufr hat damit auch eine Sichergs- u VollstrFunktion (Bötticher FS Schima, 1969, 95), die vor allem bei Vermögensverfall des AufrGegners von Bedeutg ist (BGH NJW **95**, 1967). Aus ihr ergeben sich Schranken für den Anwendgsbereich von vertragl AufrVerboten (Rn 15 f). – **b)** Von der Aufr zu unterscheiden ist die 2
Anrechnung. Währd sich bei der Aufr zwei selbstd Fdg ggüstehen, sind bei der Anrechng von einem Anspr unselbst Rechngsposten in Abzug zu bringen. Das Ges erwähnt die Anrechng in §§ 324 I 2, 552 S 2, 615 S 2, 616 I 2 u 649. Um Anrechng geht es aber auch bei der VortAusgl (Vorbem 123 v § 249), der Schadensermittlg nach der Differenztheorie (§ 325 Rn 10) u der Anwendg der Saldotheorie im BereichergsR (§ 818 Rn 27), wie sich aus § 348 ergibt, aber nicht bei Rückabwicklg eines Vertr iF des Rücktr (aA BGH NJW **94**, 1790). Die Anrechng findet vAw statt, ohne daß es einer entspr PartErkl bedarf. AufrVerbote sind weder direkt noch analog anwendb (BGH NJW **62**, 1909, Hamm NJW **70**, 2296). – **c)** Aufr von **öffentlich-rechtlichen Forderungen** s § 395; Aufr im **Prozeß** s § 388 Rn 2 ff.

2) Voraussetzungen der Aufr sind die Ggseitigk u Gleichartigk der Fdgen (Rn 6 f, 8 ff); die GgFdg muß 3
vollwirks u fällig sein, die HptFdg erfüllb (Rn 11, 12). Die Voraussetzgen müssen im Ztpkt der **Abgabe der Aufrechnungserklärung** (§ 388) vorliegen (BAG NJW **68**, 813, s aber Rn 7). Rechtl ZusHang (Konnexität) zw den Fdgen ist nicht erforderl. Auch auf die Liquidität der GgFdg kommt es mat-rechtl nicht an (BGH **16**, 129, vgl aber ZPO 302). Die verschiedene Höhe der Anspr steht der Aufr nicht entgg (§ 266 Rn 7), ebsowenig Unterschiede beim Leistgs- od Abliefergsort (§ 391).

3) Gegenseitigkeit. Der Aufrechnde muß Gläub der GgFdg u Schu der HptFdg sein, der AufrGegner 4
Schu der GgFdg u Gläub der HptFdg. – **a)** Nur der **Schuldner** kann aufrechnen. Der Dr kann erfüllen (§ 267), die Schuld aber nicht dch Aufr zum Erlöschen bringen. Der Bü kann dch Aufr mit einer eig Fdg nicht die Hauptschuld, wohl aber die BürgschSchuld tilgen (RG **53**, 404). Soweit dem Dr ein AblösgsR zusteht, kann er ausnw auch aufrechnen (§§ 268 II, 1142 II, 1150, 1249). – **b)** Die GgFdg muß eine **eigene** 5
Forderung des Schu sein. Der GesSchu kann daher nicht mit der Fdg eines and GesSchu aufrechnen (§ 422 II), der Ehem nicht mit der Fdg der Ehefr (RG **78**, 382), der Nebenintervenient nicht mit einer Fdg der unterstützten Part (BGH **LM** ZPO 67 Nr 8), der Bü nicht mit einer Fdg des HauptSchu (RG **122**, 147, BGH **24**, 98), der GesHänder nicht mit Fdgen der GesHand (§§ 719 I, 2040 I), der Nießbraucher nicht mit

einer von ihm einzuziehenden Fdg (RG **103**, 29, str). Der Bü, der Gesellschter u der Miterbe haben jedoch in direkter od analoger Anwendg von § 770 II, HGB 129 III ein LeistgVR (s BGH **38**, 124). Mit der Fdg eines Dr kann der Schu auch mit dessen Einwilligg nicht aufrechnen (BGH NJW-RR **88**, 1150). And liegt es, wenn der Gläub gleichf einverstanden ist (Rn 22); iü ist jeweils zu prüfen, ob die Einwilligg als Abtr aufgefaßt w kann. Der PfandGläub kann mit der ihm verpfändeten Fdg gg eine Fdg des DrittSchu aufrechnen (RG **97**, 39); das gilt ebso für den PfändgspfandGläub hins der ihm zur Einziehg überwiesenen Fdg. Der VersN ist nach VVG 76 berecht, mit Anspr des Versicherten aus dem VersVertr gg den Vers
6 aufzurechnen (Köln u Lorenz VersR **97**, 1266). – **c)** Die GgFdg muß sich **gegen den Gläubiger** der HauptFdg richten. Ausgeschlossen ist daher die Aufr gg eine GesellschFdg mit einer Fdg gg den Gesellschter (§ 719 II), gg eine NachlFdg mit der Fdg gg einen Miterben (§ 2040 II), gg eine gemeinschaftl Fdg iSd § 432 mit der Fdg gg einen MitGläub (BGH NJW **69**, 839), gg den Anspr des Linienagenten mit Anspr gg den Reeder (Hbg VersR **86**, 1191), gg eine Fdg der WohnEigtümer mit einer Fdg gg den Verwalter (BayObLG MDR **80**, 57) od einz WohnEigtümer (BGH NJW **92**, 435), gg die Fdg des Alleingesellschters mit einer Fdg gg die GmbH (AG) (BGH **17**, 23), gg die PrämienFdg des Versicherers mit einer Fdg gg den VersAgenten (LG Stgt VersR **78**, 174). Dagg besteht zw der Fdg gg den GemeinSchu u der GgFdg der Masse ein GegenseitigkVerh (BGH NJW **87**, 1691). Mit Fdgen gg den TrHänder kann bei verdeckter TrHand aufgerechnet w, nicht aber bei offener (BGH **61**, 77, ZIP **87**, 971). Zul ist auch die Aufr gg die GesFdg mit einer Fdg gg einen GesGläub (BGH **55**, 33), jedoch sind abw Abreden mögl (BGH NJW **79**, 2038). Der VertrPartner des Kommissionärs kann trotz HGB 392 II gg die KommissionsFdg aufrechnen (BGH NJW **69**, 276, Düss NJW **98**, 690). Die bes ausgewiesene MwSt ist Teil der KaufPrFdg, so daß der Käufer auch insow aufrechnen kann (MüKo/v Feldmann Rn 8). Gg die Einforderg der Einlage dch den InsVerw kann der
7 Kommanditist mit Fdgen gg die KG aufrechnen (BGH **58**, 75, NJW **81**, 233). – **d) Ausnahmen** vom Erfordern der Ggseitigk ergeben sich aus §§ 406, 409, 575, aber auch aus allg RGrds. Bei einer Inkassozession (§ 398 Rn 26ff) kann der Schu ohne die Beschrkgen des § 406 mit Fdgen gg den Zedenten aufrechnen (BGH **25**, 367). Entspr gilt im Rahmen des § 242 für alle TrHandVerh, insbes in Strohmannfällen (BGH aaO, **110**, 81, NJW **89**, 2387). Die AufrBefugn steht aber nur dem Schu, nicht dem TrHänder zu (BGH NJW **89**, 2387). Zur Aufr mit Anspr gg den TrHänder s Rn 6. Gg die Fdg einer GmbH (AG) ist eine Aufr mit einer Fdg gg den AlleinGesellschter nur zul, wenn die Voraussetzgen der DchgriffsHaftg (Einf 12 vor § 21) vorliegen (BGH **26**, 33).

8 **4) Gleichartigkeit** des **Gegenstandes der Leistung. – a)** Unterschiede in den Leistgsmodalitäten, etwa hins der Verzinsg od des ErfOrtes (§ 391) hindern die Aufr nicht, ebsowenig eine Ungleichartigk des SchuldGrdes (BGH **16**, 127; BAG NJW **65**, 72). Fdgen des öffR u des PrivR können daher grdsl aufgerechnet w (§ 395 Rn 1f). Auch die für eine Fdg bestehde Zweckbindg begründet keine Ungleichartigk (BGH **54**, 244). Mit dem VorschußAnspr aus § 633 III od VOB/B 13 Nr 5 kann daher aufgerechnet w (BGH **54**, 244, Ffm NJW-RR **93**, 339), auch wenn der Aufrechnde sie dch Abtr erworben hat (BGH NJW-RR **89**, 406), ebso mit dem Anspr auf UrlAbgeltg (BAG NJW **65**, 72). Anspr aus § 667 auf Herausg einer Geldsumme ist mit GeldFdg gleichart (BGH **71**, 382, NJW **93**, 2042, **95**, 1426, str). Daß § 270 auf Anspr aus § 667 unanwendb ist (BGH **28**, 128), betrifft nur eine Leistgsmodalität. Bei Anspr aus § 667 w die Aufr aber dch § 242 beschr (Rn 16). Anspr auf DarlAuszahlg ist nach der KonsensualVertrTheorie (Einf 2 vor § 607) mit GeldFdg gleichart (aA RG **52**, 306 vom Standpkt der RealVertrTheorie), doch ist Aufr für den DarlG vielf dch den VertrZweck ausgeschl (§ 607 Rn 11). Gleichartigk muß im Ztpkt der Aufr gegeben sein (Celle OLGZ **70**, 8). Ausnahmsw kann es genügen, daß sie im Ztpkt der AufrLage bestanden h (BGH **2**, 308, **23**, 396, **35**, 253: RM-Fdg gg das Reich u in DM umgestellte RM-Fdg des Reiches).

9 **b)** Das Erfordern der Gleichartigk beschr die Aufr im wesentl auf beiderseit GeldFdgen; denkb ist sie allerd auch bei Gattgsschulden von vertretb Sachen. GeldFdgen in versch Währg sind ungleichart (RG **106**, 99, KG NJW **88**, 2181); die Aufr ist aber mögl, wenn dem Schu die Ersetzgsbefugn des § 244 I zusteht (RG **106**, 99, **167**, 62, Ffm OLGZ **67**, 17). Geldwert- u Geldsummenschulden (§ 245 Rn 9f) w mit der Aufr gleichart, weil diese die Wertschuld betragsmäß festlegt (Larenz § 18 VI 2 Fn 2, Reinicke NJW **59**, 361, str, s auch § 389 Rn 2). Mit GeldFdgen sind **gleichartig:** Anspr auf Herausg von Geld u auf Einwilligg in Auszahlg von hinterlegtem Geld (BGH NJW-RR **89**, 173); titulierter Anspr auf Zahlg an Dr (Hbg MDR **70**, 588); RückgewährAnspr aus InsO 143, sow er auf Geld geht (RG **136**, 161); Anspr des ReallastBerecht aus § 1108 (BGH **LM** Nr 60); uU Anspr auf Leistg börsengängiger Wertpapiere (RG **160**, 62, krit Grunsky JuS **63**, 103).
10 Mit GeldFdg **nicht gleichartig** sind: Anspr auf Befriedigg aus einem Grdst (RG JW **14**, 402, BGH WM **65**, 479), jedoch gibt § 1142 II dem Eigtümer (nicht dem Gläub) ein AufrR; der Anspr gg ein Kreditinstitut auf Erteilg einer Gutschrift (BGH NJW **78**, 699); der Anspr auf SchuldBefreiung (BGH **12**, 136, **47**, 166, NJW **99**, 1182); geht er auf den Gläub über, w er jedoch zu einem aufrechenb ZahlgsAnspr (BGH **35**, 325, § 257 Rn 1).

11 **5)** Die **Gegenforderung,** mit der der Schu aufrechnet, muß **vollwirksam** u **fällig** sein (BGH **2**, 302, Brem NJW **87**, 847), dh es muß sich um eine Fdg handeln, deren Erf erzwungen w kann u der keine Einr entggsteht (s dazu § 390). Nicht aufrechenb sind daher Anspr aus Spiel od Wette, aufschiebd bedingte Anspr, gestundete Anspr (s aber § 271 Rn 15), künft Anspr u dch FrAblauf erloschene Anspr (BAG NJW **68**, 813, § 390 Rn 3). Der AbfindgsAnspr des ausscheidden Gesellschters wird erst mit Beendigg der AuseinandS aufrechenb (RG **118**, 299), der GebührenAnspr des RA u Notars mit Erteilg einer Rechng gem BRAGO 18, KostO 154 (BGH AnwBl **85**, 257, KG AnwBl **82**, 71), der KostenerstattgsAnspr mit Erlaß einer vollstreckb KostenGrdEntsch (BGH WM **76**, 460), mit ihm kann aber nicht in demselben Proz aufgerechnet w (BGH WM **81**, 795), wohl aber außerh des Proz, auch gg die KlagFdg (Karlsr NJW **94**, 593, Schmitz NJW **94**, 567). Hängt die Vollstreckbark von einer SicherhLeistg ab, muß diese erbracht sein (LG Aachen NJW-RR **87**, 1406, aA Hamm FamRZ **87**, 1288, Düss NJW-RR **89**, 503, Karlsr NJW **94**, 593). Eine auflösde Bdgg hindert die Aufr nicht (Celle OLGZ **72**, 275), ebsowenig die Anfechtbark der GgFdg. Wird die Anf erklärt, wird die Aufr aber rückwirkd unwirks (hM). Rechnet der Schu in Kenntn seines AnfR auf, bestätigt er das anfechtb Gesch (§ 144). Im InsVerf behält der Schu seine AufrBefugn (InsO 94), die in der KO vorgesehenen

Erleichtergen der Aufr sind aber entfallen (InsO 95, 96). Zur Aufr mit GgFdgen, die auf einem angefochtenen VerwAkt beruhen, vgl Felix NVwZ **96**, 735.

6) Die **Hauptforderung,** gg die der Schu aufrechnet, muß **erfüllbar** (§ 271 Rn 1) sein; nicht erforderl ist dagg, daß sie vollwirks u fällig ist (BGH **17**, 29). Mögl ist daher die Aufr gg Anspr aus Spiel u Wette (§ 762 I 2), aus DifferenzGesch (§ 764), aus BörsenterminGesch (BörsenG 55, 56, s dazu BGH NJW **81**, 1897), gg gestundete, auflösd bedingte, anfechtb sowie einredebehaftete Anspr. Wer in Unkenntn einer dauernden Einr aufrechnet, kann das Geleistete aber gem § 813 zurückfordern. Unzul ist dagg die Aufr gg aufschiebd bedingte u künft Anspr (BGH **103**, 367). Die im InsVerf angemeldete Fdg wird erst mit der Feststellg zur InsTabelle für den InsVerw erfüllb (BGH **100**, 227, krit Eckardt ZIP **95**, 257). Gg WechselFdgen kann wg WG 40 vor Fälligk nicht aufgerechnet w (BGH NJW **70**, 41), gg künft Ruhegehaltsraten od Versorggsrenten nur für einen angem Zeitraum (BGH NJW **72**, 154, NJW-RR **90**, 160). Besteht die HauptFdg nicht od fällt sie inf Anf weg, ist die Aufr unwirks. 12

7) Ausschluß der Aufrechnung. – a) Er kann auf **Gesetz** beruhen: vgl §§ 390–395,AVBEltV 31, der auch im Proz gilt (Schlesw MDR **99**, 469), AktG 66, 114 II 2, GmbHG 19 II, GenG 22 V (RG **148**, 235), InsO 96, VAG 26 (BGH **16**, 38), BRAGO 96a (Düss JurBüro **93**, 730). Das Truckverbot des GewO 115 I enthält kein AufrVerbot (BGH NJW **75**, 1515). Aus dem Kreditiergsverbot des GewO 115 II können sich aber Beschränkgen der Aufr ergeben (BAG DB **79**, 1848, Denck JuS **81**, 484). Die Verrechng der Miete einer WerkWohng mit ArbLohn verstößt nicht gg GewO 115 ff (BAG **AP** Nr 2). 13

b) Die Aufr kann, soweit keine gesetzl Vorschr entggstehen, auch dch **Vertrag** ausgeschlossen w. Vertragl AufrVerbote haben verfügde Wirkg (BGH NJW **84**, 357). Sie können ausdr, aber auch stillschw vereinbart w. – **aa) Handels- u Barzahlungsklauseln.** AufrVerbote enthalten die Klauseln „netto Kasse gg Rechng u Verladepapiere" (BGH **14**, 62, **23**, 134); „Kasse gg Verladedokumente" (BGH NJW **76**, 852); „binnen 7 Tagen rein netto Kasse ohne Abzug" (Düss NJW-RR **96**, 115); „cash on delivery" (BGH NJW **85**, 550), iZw auch die Vereinbg Lieferg gg Scheck (Köln NJW **87**, 262). Barzahlgsklauseln begründen ein AufrVerbot, wenn sie in Kenntn einer aufrechenb GgFdg vereinbart w (BGH Warn **71** Nr 125); sie können aber auch sonst als AufrVerbot aufzufassen sein (Nürnb MDR **80**, 228). – **bb) Prozessuale Abreden.** Ist für die GgFdg die ausschließl Zustdgk eines ausl Ger vereinb, kann mit ihr vor einem inl Ger nicht aufgerechnet w (BGH **60**, 89, NJW **81**, 2645). Entspr gilt, wenn für die GgFdg ein SchiedsGer zuständ ist (BGH **38**, 254, WM **83**, 771, Düss NJW **83**, 2149). 14

c) Die Aufr ist (sei es nach § 157, sei es nach § 242) ausgeschlossen, wenn die **Eigenart des Schuldverhältnisses** od der Zweck der geschuldeten Leistg die Aufr als mit Treu u Glauben unvereinb erscheinen läßt (BGH **95**, 113, **71**, 383, **113**, 93). – **aa) Gegenüber folgenden Ansprüchen** ist die Aufr **unzulässig:** Anspr gg die Hinterleggsstelle auf Rückzahlg des hinterlegten Geldbetrages (BGH **95**, 113); Anspr auf Auszahlg des Betrages, der zur Aussetzg des Vollzugs eines Haftbefehls hinterlegt worden ist (Karlsr VersR **91**, 334); Anspr auf Auszahlg des Mehrerlöses aus dem Verkauf von SichgGut mit ungesicherter Fdg (BGH NJW **94**, 2885), and aber, wenn die Aufr Fdg vertrw ungesichert geblieben ist (BGH NJW **99**, 55); Anspr aus einem Akkreditiv (BGH **60**, 264); SchadErsAnspr wg unberecht Inanspruchnahme einer Bürgsch auf erstes Anfordern (Düss WM **96**, 1856); Anspr des GrdstErwerbers auf Übertragg der von den Mietern erbrachten Kautionen (Ffm NJW-RR **91**, 1417); Anspr auf Rückzahlg einer überhöhten Mietkaution (LG Brem NJW-RR **93**, 19); Anspr auf AusglZahlg gem HausrVO (Köln OLGZ **94**, 199); Anspr aus einem Vergl, wenn die GgFdg bei VerglSchl bekannt war u kein AufrVorbeh gemacht worden ist (BGH **120**, 394); Anspr aus einem **Treuhandverhältnis** mit nicht konnexen GgFgen (BGH **14**, 342, **113**, 90, NJW-RR **99**, 1192), insbes wenn der TreuN zweckgebundenes Fremdgeld herauszugeben hat (BGH aaO), ebso bei zweckgebundenen AufbauDarl (BGH **25**, 211), and aber, wenn der TrHandVertr den Zweck hatte, das Vermögen des AuftrG dem Zugriff der Gläub zu entziehen (BGH NJW **93**, 2042), Anspr gg den Handelsvertreter auf Herausg von Kundengeldern (Hamm NJW-RR **94**, 158), Anspr gg den Kommanditisten, soweit seine Einlage zur Befriedigg von Gläub der KG benötigt w (s Düss DB **91**, 1274); Anspr des LeasingN gg den LeasingG auf Herausg der zur Reparatur erforderl Leistg des Kaskoversicherers (BGH **93**, 394); Anspr des Kunden gg die Bank od den Versicherer mit GgFdgen, die zu dem Zweck erworben worden sind, dem Zedenten eine Befriediggsmöglichk zu verschaffen (§ 157 Rn 15); entscheidgsreife KlFdg, wenn der Bekl über die GgFdg pflwidr keine Abrechng erteilt hat (BGH WM **63**, 509) od er beim Fälligwerden seiner GgFdg bereits längere Zeit im Verzug war (Brem NJW **68**, 1139); wenn der Aufrechnde, um sich wg einer GgFdg zu befriedigen, bei seinem Schu Waren bestellt u er weiß, daß für diese Waren ein verlängerter EigtVorbeh besteht (BGH **LM** Nr 48). Ggü einem SchmerzGAnspr wg falscher ärztl Behandlg kann die Aufr mit Pflegekosten (teilw) unzul sein (Brem NJW **87**, 846). – **bb) Zulässig** ist die Aufr dagg ggü folgden Anspr: aus einer Festgeldanlage (BGH NJW **87**, 2998); aus einer Zahlgsgarantie auf erstes Anfordern mit nicht konnexen, aber liquiden GgFdgen (BGH **94**, 171); gg den RA aus § 667 mit HonorarAnspr aus and Auftr (BGH **71**, 382, NJW **95**, 1426); and aber, wenn sich der HonorarAnspr gg ein Elternteil richtet u der herauszugebde Betrag Kindesunterhalt ist (BGH **113**, 94), od wenn der Mandant mit unverzügl Auskehrg des Erlangten rechnen durfte (Düss NJW-RR **99**, 643); Anspr auf einen in Verwahrg gegebenen Geldbetrag mit NotariatskostenFdgen (Köln DNotZ **87**, 571, str); auf Berichtigg des Bargebots (BGH DB **87**, 1677); des Verletzten gg den VersN auf Auskehrg der UnfallVersSumme mit Anspr aus demselben Unfall (BGH NJW **73**, 1368); VorschußAnspr zur Beseitigg von Mängeln (BGH **54**, 246); Anspr auf UrlAbgeltg (BAG **16**, 235). 15 16

d) Schranken für vertragl AufrVerbote ergeben sich aus dem Ges (§ 552a), aber auch aus allg RGrds: – **aa)** Mit einer **unbestrittenen,** rkräft festgestellten od entscheidgsreifen GgFdg kann trotz eines formularmäß Verbots aufgerechnet w, AGBG 11 Nr 3. Das gilt auch für das in einer IndVereinbg enthaltene AufrVerbot, soweit es die zügige Dchsetzg der Fdg gewährleisten soll (BGH WM **75**, 616, **78**, 621). – **bb)** Das vertragl AufrVerbot tritt im **Insolvenzverfahren** idR zurück (BGH NJW **75**, 442, **81**, 762, **84**, 357). Entspr gilt bei sonst VermVerfall od wenn das Verbot aus and Grden die Dchsetzg einer konnexen GgFdg vereiteln od erhebl gefährden würde (s BGH **23**, 26, **35**, 254, NJW-RR **87**, 883, WM **91**, 732). And ist es aber, wenn die Fdg abgetreten ist u der Zessionar auf das Verbot vertraut hat (BGH **14**, 62, NJW-RR **89**, 124), od wenn das 17

Verbot im Interesse eines DarlG vereinbart worden ist (Düss ZIP **98**, 1790). – **cc)** Die Berufg auf das vertragl AufrVerbot verstößt gg § 242, wenn die GgFdg auf einer **vorsätzlich unerlaubten Handlung** beruht (RG **60**, 296, BGH ZIP **85**, 926). And liegt es, wenn zur Aufklärg der angebl unerl Hdlg eine umfangreiche, in ihrem Ergebn zweifelh BewAufn erforderl ist (RG **142**, 144). Bei GgFdg aus vorsätzl VertrVerletzgen hängt es von den Umst des Einzelfalls ab, ob das AufrVerbot zurücktritt (BGH NJW **66**, 1452, Nürnb WM **72**, 264). –
18 **dd)** Das AufrVerbot ggü einer **Mietkaution** entfällt, wenn der Vermieter nach VertrEnde für die Abrechng hinr Zeit gehabt hat (BGH NJW **72**, 721, Celle OLGZ **66**, 7); nach Ablauf dieser Fr, die längstens 6 Mo beträgt, entsteht umgekehrt ein AufrVerbot zum Nachteil des Vermieters (Celle NJW **85**, 1715, aA BGH **101**, 250). – **ee)** Formularmäß Aufrechngsverbote werden auch dch eine entspr Anwendg von **AGBG 11 Nr 2** begrenzt (§ 11 AGBG Rn 17).

19 **8) Aufrechnungsvertrag. – a)** Die Aufr kann statt dch einseit Erkl auch dch **Vertrag** vollzogen w. Der AufrVertr ist kein ggs ErlaßVertr, sond ein ErfErsetzgsVertr. Er hat verfügden Charakter. Seine Zulässigk ist (trotz des angebl *numerus clausus* der schuldrechtl VfgsGesch) allg anerkannt (s bereits Mot II 104). Der AufrVertr kann auch dch schlüss Verhalten abgeschlossen w (RG **104**, 188). Die bloße Übg, ggs Fdgen zu verrechnen, genügt aber nicht (BGH VersR **70**, 368). Ein AufrVertr ist auch der in § 782 erwähnte AbrechngsVertr sowie die sog Skontration, dh die Verrechng von Fdgen einer Vielzahl von Part aufgrd einer
20 allseit Vereinbg. – **b)** Die **Voraussetzungen** der einseit Aufr brauchen nicht vorzuliegen. So ist die Ggseitigk der Fdgen nicht erforderl (RG **72**, 378, BGH **94**, 135); es genügt, daß die Part über die von ihnen zur Aufr gestellten Fdgen verfügen können. Auch die übrigen Erfordern einseit Aufr können fehlen, so die Gleichartigk (MüKo/v Feldmann Rn 32, str), die Vollwirksamk u Fälligk der GgFdg (RG **104**, 188, BGH NJW **70**, 42) u die Erfüllbark der HauptFdg. Bezieht sich der Vertr auf künft Fdgen, w diese im Ztpkt ihrer Entstehg getilgt. Bei solchen aufschiebd bedingten AufrVertr kann es zu **Konflikten mit späteren Pfändungen** kommen (s dazu § 392 Rn 2). Unverzichtb ist, daß die zu verrechnden Fdgen **rechtsgültig** sind. Besteht eine Fdg nicht, ist der AufrVertr insow unwirks (BGH NJW **98**, 978, 979), es sei denn, daß die Fdg dch den Vertr neu begründet od in zul Weise anerkannt w. AufrVerbote gelten auch für die vertragl Aufr, soweit sie, wie GmbHG 19, AktG 66, Drittinteressen schützen (RG **85**, 354, **141**, 210, Dresd ZIP **98**, 609, Naumbg ZIP **99**, 118). Bezweckt das Verbot, wie §§ 393, 394, den Schutz des AufrGegners, ist der nach Fälligk der geschützten Fdg geschlossene AufrVertr wirks, da der Geschützte mit seiner fäll Fdg auch einseit aufrechnen könnte. –
21 **c) Abgrenzung. – aa) Im Aufrechnungsvorvertrag** verpflichten sich die Part, künft einen AufrVertr zu schließen. Kein AufrVorvertr, sond ein aufschiebd bedingter AufrVertr ist die Vereinbg, daß künft Fdgen, sobald sie entstehen, dch Verrechng erlöschen sollen. – **bb)** Das **Kontokorrentverhältnis** (HGB 355 ff) enthält einen AufrVertr, der idR dahin geht, daß sich die Verrechng am Ende der Rechngsperiode automat vollzieht (BGH **74**, 255). Vgl dazu die Kommentare zu HGB 355 ff. Zum SaldoAnerkenntn s § 305 Rn 10. –
22 **cc) Konzernverrechnungs-klauseln** räumen der begünstigten Part die Befugn zur Aufr mit Fdgen and zum Konzern gehörder Gesellsch ein (BGH **LM** Nr 43). Sie werden auch von der öff Hand zG von Fdgen and Körpersch vereinb (BGH WM **77**, 760). Die Klausel ist kein AufrVertr iSv Rn 19; sie bedingt vielmehr das Erfordern der Ggseitigk ab u ermöglicht damit eine **Drittaufrechnung.** Sie ist in IndVereinbgen wirks, auch wg der Wertg des § 455 II nF aber nicht in AGB (str, s BGH **81**, 17). Die Fassg der Klausel kann ergeben, daß auch der and Teil zur DrittAufr befugt ist (BGH **94**, 135). Im InsVerf des AufrGegners ist die Klausel wohl analog InsO 96 Nr 2 u 3 (fr KO 55 Nr 2 u 3) wirkgslos (BGH **81**, 17, Köln BB **95**, 1870).

388 *Erklärung der Aufrechnung.* **Die Aufrechnung erfolgt durch Erklärung gegenüber dem anderen Teile. Die Erklärung ist unwirksam, wenn sie unter einer Bedingung oder einer Zeitbestimmung abgegeben wird.**

1 **1)** Die **Aufrechnungserklärung** ist eine einseit empfangsbedürft WillErkl; sie ist ein GestaltgsGesch (Übbl 17 v § 104) u daher unwiderrufl u bedinggsfeindl (S 2). Unwirks ist die im voraus für den Fall der Entstehg der GgFdg abgegebene AufrErkl (RG JW **03** Beil 124), ebso die Aufr ohne eine erforderl behördl Gen (BGH **11**, 37). Die wg Fehlens der AufrVoraussetzgen od wg Verstoßes gg ein AufrVerbot unwirks Aufr muß nach Wegfall des Verbots wiederholt w (BGH NJW **84**, 357). Die Erkl braucht nicht ausdr abgegeben zu w; es genügt klare Erkennbark des AufrWillens (BGH **26**, 241, BVerfG NJW-RR **93**, 765). Sie kann in der Leistgsverweigerg ggü einer gleichart Schuld enthalten sein (§ 273 Rn 14). Gesetzl Fr bestehen nicht. Sieht der TarVertr für einen Anspr schriftl Geltdmachg innerh einer best Fr vor, gilt dieses Erfordern auch für die AufrErkl (LAG Düss DB **71**, 1015).

2 **2) Aufrechnung im Prozeß. – a)** Wird die Aufr im Proz erklärt, ist sie gleichzeit **Prozeßhandlung** (Übbl 5 v § 104) u materielles RGesch (BGH **23**, 23, hM). Scheitert die Aufr aus prozessualen Grden, etwa wg Zurückweisg des AufrEinwands gem ZPO 296 od 530 II, kann der Aufrechnde die GgFdg anderweit geltd machen (BGH **16**, 140, NJW **94**, 2769). Die verfahrensrechtl Nichtbeachtg der Aufr begründet nach dem RGedanken des § 139 auch ihre sachl-rechtl Unwirksamk (Rosenberg-Gottwald § 105 III 2 a, für eine stillschw Bdgg Musielak JuS **94**, 821). Dch Rückn wird die Aufrechng auch materiellrechtl unwirks (BGH NJW-RR **91**, 157). Wird der AufrEinwand berücksichtigt, bleibt er aber erfolglos, weil das zGrde liegde Vorbringen unsubstantiiert od verspätet war, kann die aberkannte Fdg dagg wg ZPO 322 II nicht mehr
3 anderweit geltd gemacht w (s BGH **33**, 242, NJW **94**, 1538 u Rn 6). – **b)** Die Aufr kann **hilfsweise** für den Fall erklärt w, daß das Ger die HauptFdg als begründet ansieht (Mot II 108, RG **97**, 273, allgM). § 388 S 2 steht nicht entgg, da das Bestehen der HauptFdg keine echte Bdgg, sond RBdgg ist (s auch §§ 209 II 3, 215 u GKG 19 III, die die Zulässigk der EventualAufr voraussetzen). Im Zw ist jede erst im RStreit erklärte Aufr bloße EventualAufr. Das Ger darf die Aufr erst berücksichtigen, wenn es die HauptFdg für begründet hält. Falls zur Entscheidg über die HauptFdg eine BewAufn erforderl ist, die zur Aufr gestellte GgFdg aber liquide ist, muß das Ger die angebotenen Bew erheben, sog Beweiserhebgstheorie (RG **167**, 258, BGH **LM** ZPO 322 Nr 21, Köln NJW-RR **92**, 260). Die insb von Stölzel (ZZP **24**, 50 uö) vertretene KlAbweisgstheorie hat keine Bedeutg mehr. Sofort Abweisg der Kl aufgrd der Aufr ist nur mögl, wenn der Beklagte die ansprbe-

gründden Behauptgen nicht mehr bestreitet u seine Verteidigg auf die Aufr beschränkt (RG **167**, 258). – **c)** Klagt der Kläger nur eine **Teilforderung** ein, entspr es dem Willen des Aufrechnden, aber auch der iF des Widerspr (§ 396) maßgebden gesetzl Tilggsreihenfolge (§ 366 II „lästigere Fdg"), daß die KlFdg getilgt w (RG **66**, 275, BGH **56**, 314, WM **75**, 796, stRspr, aA Mankowski JR **96**, 223). Um der KlAbweisg zu entgehen, muß der Kläger die Kl erweitern (ZPO 264 Nr 2). And liegt es, wenn der Beklagte vor KlErhebg aufgerechnet hatte (RG **129**, 65) od wenn der Kläger die GgFdg in der Kl absetzt u nur den Rest einklagt (RG **57**, 100, BGH **56**, 314); im Hinw auf eine angebl fr erklärte Aufr kann deren Wiederholg liegen (BGH NJW-RR **94**, 1203). Wird eine TeilFdg eingeklagt, die nach einzubehaltden Sicherh verbleibt, kann mit GgFdgen nur aufgerechnet w, sow sie die Sicherh übersteigen (BGH **56**, 314, NJW **67**, 34). – **d) Unterschiedliche Rechtswegzuständigkeiten.** Sie hindern bei unstr GgFdgen die Berücksichtigg der Aufr nicht (Düss NJW **95**, 1621). Bei str GgFdgen ist zu unterscheiden: Das ZivilGer kann u muß über die GgFdg auch dann entscheiden, wenn für diese die Ger der freiw Gerbark (BGH **40**, 338: LandwirtschGer; BGH NJW **80**, 2467: WoEigtGer), die FamGer (BGH NJW-RR **89**, 173) od die ArbGer (BGH **26**, 304) zuständ sind. Das gilt ebso umgekehrt für die Ger der freiw Gerichtsbk, das FamGer (Köln NJW-RR **92**, 1287) od das ArbGer (BAG NJW **72**, 2016, LAG Mü MDR **98**, 783), wenn die zur Aufr gestellte GgFdg zur Zuständigk der ord Ger gehört. Daß das Verhältn der ordentl Ger zu den ArbGer nunmehr die Zulässigk des RWegs betrifft, hat insow keine Änderg gebracht (Mayerhofer NJW **92**, 1604). And ist es dagg im Verh zw den ZivGer u den Ger der allg u bes VerwGerbark sowie umgekehrt. Hier muß das Ger gem ZPO 148, 302 verfahren u bei Streit über die GgFdg das **Urteil des zuständigen Gerichts abwarten** (BGH **16**, 124, BVerwG NJW **87**, 2530, BFH NVwZ **87**, 263). Die nF des GVG 17 hat insoweit keine Änderg gebracht (VGH Kassel NJW **94**, 1488, Rupp NJW **92**, 3247, Musielak JuS **94**, 825, Lüke FS Kissel, 1994, 721, aA Hess VGH DVBl **94**, 806, Schenke/Ruthig NJW **93**, 1374, Gaa NJW **97**, 3343); insb bleibt es dabei, daß die VerwG nicht über GgAnspr entscheiden dürfen, die GG 14 III 4 u 34 S 3 in den ordentl RWeg verweisen (BVerwG NJW **99**, 160, VGH Mannh NJW **97**, 3394). Die Ger der allg u bes VerwGerbark bilden dagg insow eine Einh, können also über str GgFdgen and VerwGerZweige mitentscheiden (BSozG NJW **69**, 1368). Ausgeschlossen ist die Berücksichtigg der Aufr, wenn für die GgFdg ein SchiedsGer od kr Prorogation ein ausl Ger zuständ ist (§ 387 Rn 14). – **e)** Die **Rechtskraft** des Urt erfaßt nach ZPO 322 II auch die Entscheidg über die zur Aufr gestellte GgFdg, aber nur bis zur Höhe der KlFdg. Das gilt für die im klagstattgebden Urt enthaltene Entscheidg, die GgFdg bestehe nicht. In RKraft erwächst aber auch der im klagabweisden Urt enthaltene Ausspruch, die an sich begründete GgFdg sei dch die Aufr verbraucht (RG **161**, 172, BGH **36**, 319). Dagg begründet die Aufr keine **Rechtshängigkeit** der GgFdg (BGH **57**, 242). Die zur Aufr gestellte Fdg kann daher anderweit eingeklagt w; ebso kann die rhäng Fdg in einem and Proz aufgerechnet w (BGH aaO, **136**, 199/202, NJW **99**, 1179). – **f) Prozeßkosten** s § 389 Rn 2.

4 (margin, at "c) Klagt der Kläger"); 5 (margin, at "d) Unterschiedliche"); 6 (margin, at "e) Die Rechtskraft")

389 *Wirkung der Aufrechnung.* **Die Aufrechnung bewirkt, daß die Forderungen, soweit sie sich decken, als in dem Zeitpunkt erloschen gelten, in welchem sie zur Aufrechnung geeignet einander gegenübergetreten sind.**

1 **1) Wirkung der Aufrechnung. – a)** Die Aufr bewirkt, daß Haupt- u GgFdg, soweit sie sich decken, **erlöschen.** Der AufrGegner kann daher nicht mehr anderweit aufrechnen, es gibt keine „Replik" der Aufr (RG **143**, 388, zT and Pawlowski ZZP **104**, 249). Er hat aber uU das WidersprR des § 396. Das Erlöschen der Fdgen kann nicht dch Widerr der Aufr, sond nur dch vertragl Neubegründg rückgäng gemacht w. – 2 **b)** Die Aufr tilgt die Fdgen **mit Rückwirkung** auf den Ztpkt, in dem sich Haupt- u GgFdg erstmals aufrechenb ggüstanden. Wer weiß, daß er aufrechnen kann, braucht sich wirtschaftl nicht mehr als Schu zu fühlen, auch wenn er die Aufr nicht sogleich erklärt. VertrStrafe, ZinsAnspr u Verzugsfolgen entfallen *ex tunc* (BGH **80**, 278, NJW-RR **91**, 569); hierauf bereits erbrachte Leistgen können gem § 812 zurückgefordert w. Bei Anspr mit **veränderlicher Höhe** (zB SchadErs für Aktien mit schwankendem Kurswert) ist die Höhe im Ztpkt des Eintritts der AufrLage entscheidd (BGH **27**, 125, aA K. Schmidt FS Odersky, 1996, S 685: Umrechng ex nunc); Erhöhgen bis zum Ztpkt des Zugangs der AufrErkl sind aber zu berücksichtigen, wenn allein der Gläub der SchadErsFdg zur Aufr berecht ist (BGH aaO, str). Das gilt ebso, wenn die Fdg wg einer Erweiterg des Leistgsumfangs (zB weitere Nutzg) angewachsen ist, (Staud/Gursky Rn 39). Wg der Rückwirkg trägt der Kläger die **Prozeßkosten** auch dann, wenn der Beklagte erst im Proz aufrechnet (RG **58**, 417). Dagg hat der Bekl die Kosten zu tragen, wenn seine GgFdg erst nach RHängigk entstanden ist u der Kläger nach Aufr die Hauptsache für erledigt erklärt (RG **57**, 384). – 3 **c)** Auch im **öffentlichen Recht** (§ 395 Rn 1) wirkt die Aufr auf den Eintritt der AufrLage zurück. Die ggü einem Abgabenbescheid nachträgl erklärte Aufr ist aber im gerichtl AnfVerf unerhebl, wenn sich der angefochtene Bescheid auf die Festsetzg der Abgabe beschränkt (BVerwG NVwZ **84**, 168). Nur wenn der Bescheid zugl eine ZahlgsAufforderg enthält, ist die Aufr zu berücksichtigen (BVerwG aaO).

4 **2) Bedeutung der Aufrechnungslage.** Hat der Schu in Unkenntn seines AufrR geleistet, steht ihm kein BereichergsAnspr zu. Er zahlt keine Nichtschuld, da erst die AufrErkl den Anspr zum Erlöschen bringt; auch § 813 ist weder direkt noch analog anwendb (RG **144**, 94, § 813 Rn 4). Die AufrLage hindert den Verzugseintritt nicht; die Verzugsfolgen entfallen aber dch die AufrErkl mit Wirkg ex tunc (BGH **102**, 50). Gleichwohl trifft es nicht zu, daß sich die beiderseit Fdgen „obj völlig fremd ggüstehen" (s BGH **2**, 303 gg RG **66**, 273). Das Ges knüpft in §§ 357, 390 S 2, 392, 406, 554 I 3, InsO 94 an die AufrLage wichtige RFolgen u begründet für Mithaftde ein LeistgVR, wenn sich der Gläub dch Aufr befriedigen kann (§§ 770 II, 1137 I 1, 1211 I 1, HGB 129 III). Dieses LeistgVR steht auch den MitErben zu (BGH **38**, 127).

390 *Keine Aufrechnung mit einredebehafteter Forderung.* **Eine Forderung, der eine Einrede entgegensteht, kann nicht aufgerechnet werden. Die Verjährung schließt die Aufrechnung nicht aus, wenn die verjährte Forderung zu der Zeit, zu welcher sie gegen die andere Forderung aufgerechnet werden konnte, noch nicht verjährt war.**

1 **1) Satz 1. – a)** Die Vorschr ist eine bes Ausprägg des Grds, daß die zur Aufr gestellte **Gegenforderung** vollwirks sein muß (§ 387 Rn 11). Sie betrifft zerstörde u aufschiebde Einr, aber nur materielle, nicht ProzEinr (RG **123**, 349, Hamm WM **88**, 519, vgl aber zur Einr des SchiedsVertr § 387 Rn 14). Die Aufr ist bereits ausgeschlossen, wenn die Einr besteht; es ist nicht erforderl, daß sie geltd gemacht w. Will der Schu gem § 406 ggü dem NeuGläub mit einer GgFdg gg den AltGläub aufrechnen, schließen auch die dem
2 AltGläub zustehden Einr die Aufr aus (BGH **35**, 327). – **b) Einzelne Einreden.** S 1 gilt ua für folgde Einr: ZbR (§ 273), aber nicht, wenn sich der Zurückhaltde in AnnVerz befindet (RG **94**, 309, BGH MDR **59**, 386) od das ZbR die Fdg sichert, die dch die Aufr erfüllt w soll (BGH NJW **90**, 3212). Einr gem § 320, es sei denn, daß sie beiden Teilen in gleicher Weise zusteht (RG **119**, 4, Karlsr OLGZ **83**, 465); die Einr fehlder Rechng (BGH AnwBl **85**, 257 zu BRAGO 18); Einr der beschränkten ErbenHaftg (§ 1990) bei Aufr gg Fdg des Erben (BGH **35**, 327), dagg nicht bei Aufr ggü NachlFdgen (§ 1990 Rn 14). Eine Einr iSd S 1 kann auch dch eine VermBeschlagn begründet w (BGH **23**, 399). Auf die Anfechtbark ist S 1 dagg nicht anwendb (§ 387 Rn 11).

3 **2) Satz 2** läßt die Aufr mit einer verjährten GgFdg zu, soweit diese bei Eintritt der AufrLage noch unverjährt war. Er gehört zu den Vorschr, die bereits an die AufrLage RFolgen knüpfen (§ 389 Rn 4), u gilt auch für die Aufr. Geschützt wird auch die Aufr mit verjährten Fdgen des Vermieters gg den Anspr des Mieters auf Rückzahlg der MietKaution (BGH **101**, 242, 252, NJW **98**, 981, 982) u die mit rechtskr wg Verj abgewiesenen Fdgen (BGH DB **71**, 1619). Ist die Fdg inf Ablaufs einer AusschlFr erloschen, ist S 2 weder direkt noch analog anwendb (BAG NJW **68**, 813, **AP** Nr 2 u 3, BGH DB **74**, 586 unter Aufg v BGH **26**, 308). Auch auf den gem § 1613 erloschenen UnterhAnspr findet S 2 keine Anwendg (BGH NJW **84**, 2160). Entspr anzuwenden ist S 2 dagg auf Fdgen, die wg vorbehaltloser Ann der Schlußzahlg gem VOB (B) 16 Nr 3 II 1 nicht mehr geltd gemacht w können (BGH NJW **82**, 2250, **83**, 817). Er ist auch iF des § 273 analog heranzuziehen (dort Rn 8). Zu beachten sind jedoch die SonderVorschr, die die Aufr mit verjährten Fdgen beschränken (s §§ 479, 639).

391 *Aufrechnung bei Verschiedenheit der Leistungsorte.*

I Die Aufrechnung wird nicht dadurch ausgeschlossen, daß für die Forderungen verschiedene Leistungs- oder Ablieferungsorte bestehen. Der aufrechnende Teil hat jedoch den Schaden zu ersetzen, den der andere Teil dadurch erleidet, daß er infolge der Aufrechnung die Leistung nicht an dem bestimmten Orte erhält oder bewirken kann.

II Ist vereinbart, daß die Leistung zu einer bestimmten Zeit an einem bestimmten Orte erfolgen soll, so ist im Zweifel anzunehmen, daß die Aufrechnung einer Forderung, für die ein anderer Leistungsort besteht, ausgeschlossen sein soll.

1 Die Aufr ist auch dann zul, wenn für die beiderseit Leistgen verschiedene Leistgs- od Abliefergsorte bestehen (I 1), der Aufrechnde ist dem and Teil aber schaderspflicht (I 2). Die ErsPfl erstreckt sich auf den gesamten adäquat verursachten Schaden. II gilt nur, wenn LeistgsZeit u -Ort vertragl festgelegt sind, nicht aber, wenn sie sich aus dispositivem Recht ergeben (BGH NJW **99**, 1179).

392 *Aufrechnung gegen beschlagnahmte Forderung.*

Durch die Beschlagnahme einer Forderung wird die Aufrechnung einer dem Schuldner gegen den Gläubiger zustehenden Forderung nur dann ausgeschlossen, wenn der Schuldner seine Forderung nach der Beschlagnahme erworben hat oder wenn seine Forderung erst nach der Beschlagnahme und später als die in Beschlag genommene Forderung fällig geworden ist.

1 **1)** § 392 betrifft die Beschlagn der **Hauptforderung,** gg die aufgerechnet w soll. Das in der Beschlagn enthaltene Verbot, die Fdg zu erfüllen (ZPO 829 I 1), erstreckt sich auch auf ErfSurrogate wie die Aufr. Das AufrVerbot gilt aber nicht, wenn im Ztpkt der Beschlagn die AufrLage (§ 389) bereits gegeben war oder begründete Aussicht auf Aufr bestand (ParallelVorschr: § 406). Es genügt, daß im Ztpkt der Beschlagn die GgFdg dem RGrd nach bestand (BGH NJW **80**, 584, Köln OLGZ **78**, 321), sofern sie spätestens gleichzeit mit der HptFdg fäll w (BGH JZ **78**, 799). Zahlt der Schu nach der Beschlagn an den Gläub, ist die Erf ggü dem PfändgsGläub unwirks (§§ 135, 136). Der Schu ist daher unter den Voraussetzgen von § 392 berecht, ggü der beschlagnahmten Fdg aufzurechnen (BGH **58**, 25, Staud/Gursky Rn 18, aA LAG Saarbr NJW **78**, 2055, für die nicht dch eine Zwangslage veranlaßte Zahlg). § 392 gilt entspr, wenn ggü einer beschlagnahmten Fdg GgFdgen von SozVersTrägern verrechnet w sollen (BSozG ZIP **91**, 390, **95**, 403). Für die Aufr im InsVerf gelten InsO 94–96. Weitere SonderVorschr: § 1125.

2 **2)** Der nach der Beschlagn geschlossene **Aufrechnungsvertrag** (§ 387 Rn 20) ist ggü dem PfändgsGläub unwirks (BAG **AP** Nr 1 u 2); ein fr geschlossener ist dagg ohne die Beschränkg des § 392 wirks, da die Beschlagn die Fdg nur in dem Zustand ergreifen kann, in dem sie sich befindet (BGH NJW **68**, 835, Hbg NJW **52**, 388, Staud/Gursky Rn 20). Der danach maßgebde Grds der Priorität gilt auch für den KleinVerk des tägl Lebens (MüKo/v Feldmann Rdn 3, aA RG **138**, 258). Bei Lohnpfändgen ergibt aber der RGedanke des ZPO 850h, daß der ArbN nach der Pfändg nicht mehr berecht ist, seine Vergütg von den für den ArbG vereinnahmten Beträgen abzuziehen (BAG NJW **66**, 469, str).

393 *Keine Aufrechnung gegen Forderung aus unerlaubter Handlung.*

Gegen eine Forderung aus einer vorsätzlich begangenen unerlaubten Handlung ist die Aufrechnung nicht zulässig.

1) Allgemeines. – a) § 393 soll dazu beitragen, daß der dch eine vorsätzl unerl Hdlg Geschädigte in angem Fr – ohne Erörterg von GgAnspr des Schädigers – zu seinem Recht kommt (BGH NJW **87**, 2998). Er soll zugl eine sanktionslose PrivRache verhindern (Deutsch NJW **81**, 735). Ohne § 393 könnte der Gläub einer nicht beitreibb Fdg dem Schu bis zur Höhe der Schuld vorsätzl Schaden zufügen, ohne zivilrechtl Nachteile befürchten zu müssen. – **b)** Die Vorschr verbietet die Aufr **gegen** eine Fdg aus vorsätzl unerl Hdlg. Sie betrifft also die HptFdg u richtet sich gg den Schädiger. Dagg steht es dem Geschädigten frei, **mit** der DeliktsFdg aufzurechnen. Das Verbot gilt auch für die jur Person, die für die vorsätzl unerl Hdlg ihres Organs haftet (BayObLG **84**, 272), den Schuldübernehmer, den nach HGB 25 haftden GeschÜbernehmer (RG **154**, 339) u den Bü. Es w dch den Abschl eines Vergl nicht berührt, sofern keine Schuldumschaffg (§ 779 Rn 11) vorliegt (MüKo/v Feldmann Rn 1). § 393 ist auf das ZbR entspr anzuwenden (BAG NJW **68**, 566), nicht aber auf die Anrechng von Vorteilen iW der VortAusgl (BGH NJW **67**, 2013, Hamm NJW **70**, 2296, § 387 Rn 2). Ggü dem GeldstrafAnspr ist Aufr ohnehin ausgeschl (§ 395 Rn 2), eine entspr Anwendg des § 393 ist daher nicht erforderl. Will der Geschädigte mit seinem ErsAnspr aus vorsätzl Schädigg aufrechnen, ist ein vertragl AufrVerbot idR unbeachtl (§ 387 Rn 17). 1 2

2) Voraussetzungen. – a) Unerl Hdlgen iS des § 393 sind die Delikttatbestände des BGB (§§ 823 ff) u der privatrechtl SonderGes. Strafbark ist nicht erforderl. Zum Vors s § 276 Rn 10. ErsAnspr aus vorsätzl VertrVerletzgen sind nicht geschützt (BGH NJW **75**, 1120). Konkurrieren delikt u vertragl SchadErsAnspr, ist § 393 dagg anzuwenden (BGH NJW **67**, 2013, **99**, 714). Das gilt selbst dann, wenn der delikt Anspr wg Verj nicht mehr geltd gemacht w kann (RG **167**, 259, BGH NJW **77**, 529, Zweibr NJW **91**, 1836). Unter § 393 fällt auch der Anspr des Dienstherrn gg den Beamten wg vorsätzl Verletzg von DienstPflten (VGH BaWü DÖD **80**, 62), nicht aber der Anspr aus ZPO 717 II (RG **76**, 408) od ZPO 600 II, 302 IV (RG JW **34**, 3193). – **b)** Das AufrVerbot erstreckt sich auch auf **Folgeschäden** einschl von KostenerstattgsAnspr (Karlsr MDR **69**, 483), auch soweit diese dch eine UnterlKl entstanden sind (Köln NJW-RR **90**, 829), nicht aber auf Anspr auf Ers von PrivKlKosten (s Glötzner MDR **75**, 718), auch nicht auf Fdgen, die in keinem inneren Zushang mit der unerl Hdlg stehen (Celle OLGZ **69**, 319). Stehen sich zwei Fdgen aus vorsätzl unerl Hdlgen ggü, gilt das AufrVerbot für beide Fdgen (RG **123**, 7, Celle NJW **81**, 766, str, differenzierd Deutsch NJW **81**, 735). – **c)** § 393 ist AusnTatbestd. Seine Voraussetzgen, auch den Vors, hat derj zu **beweisen,** der sich auf den AufrAusschluß beruft (BGH NJW **94**, 253). Der and Teil muß sich aber über die Vorgänge, die sich in seinem Wahrnehmgsbereich abgespielt haben, substantiiert erklären (BGH NJW **99**, 714). 3 4

394 ***Keine Aufrechnung gegen unpfändbare Forderung.*** **Soweit eine Forderung der Pfändung nicht unterworfen ist, findet die Aufrechnung gegen die Forderung nicht statt. Gegen die aus Kranken-, Hilfs- oder Sterbekassen, insbesondere aus Knappschaftskassen und Kassen der Knappschaftsvereine, zu beziehenden Hebungen können jedoch geschuldete Beiträge aufgerechnet werden.**

1) Allgemeines. Das AufrVerbot soll im öff Interesse verhindern, daß dem Gläub der unpfändb Fdg die LebensGrdlage gänzl entzogen w. Die Vorschr ist zwingd (RG **146**, 401), steht aber der Aufr mit der unpfändb Fdg nicht entgg. Sie gilt auch für AufrVereinbg (BGH ZIP **99**, 665,GH Kassel NJW **86**, 147), diese ist aber zul, wenn sie nach Fälligk der unpfändb Fdg geschl w (BAG NJW **77**, 1168). Anrechng von Vorschüssen ist keine Aufr u daher statth (RG **133**, 252, § 387 Rn 2). Als Umgehg unzul sind aber Vereinbgen, die best Leistgen entgg der wirkl Sachlage zu Vorschüssen erklären (BAG NJW **56**, 926, LAG Bln DB **90**, 639). § 394 gilt auch für die Zb, wenn diese, wie idR, einen der unzul Aufr gleichkommden Erfolg hat (§ 273 Rn 14). Nach Übergang der Fdg auf einen Dr, insb Träger der SozVers od SozHilfe, entfällt das AufrVerbot (BGH **35**, 327, LG Heilbronn NJW-RR **90**, 197), dagg soll es iF eines FdgÜbergangs gem RVO 182 X od gem SGB X § 115 fortbestehen (BAG DB **79**, 1848, **85**, 499), SonderVorschr für Aufr gg Anspr aus dem SozialR in SGB (AT) 51 (s dazu BVerwG DVBl **80**, 959). 1

2) Ausnahmen: Vgl zunächst S 2. Das AufrVerbot tritt zurück, soweit Treu u Glauben dies erfordern. Zul ist daher die Aufr mit SchadErsAnspr aus vorsätzl unerl Hdlgen, soweit diese aus demselben LebensVerh entstammen; das ergibt sich für das BeamtenR ausdr aus BRRG 51 II 2, BBG 84 II 2, gilt aber auch ggü Anspr aus ArbVerh (BAG NJW **60**, 1590, **65**, 70), ggü Anspr des Strafgefangenen auf ArbEntgelt (KG JR **85**, 218) u UnterhAnspr (BGH **30**, 39, **123**, 49), nicht aber ggü Anspr aus dem BEG (BGH NJW-RR **90**, 1500). Im ArbR ist idR auch die Aufr mit Anspr aus vorsätzl VertrVerletzg zul (BAG NJW **60**, 1590). Ggü UnterhAnspr kann mit Fdgen wg zuviel gezahlten Unterh aufgerechnet w (Hamm, Naumbg FamRZ **99**, 436), nicht aber ggü unpfändb RentenAnspr des Erben mit GgAnspr wg einer vorsätzl Schädigg dch den Erbl (RAG **11**, 44, BGH NJW-RR **90**, 1499). Die Privilegierg gilt nur für SchadErsAnspr, nicht für den Anspr auf VertrStrafe (Rostock NJW-RR **95**, 172). Wie weit die Aufr dchgreift, hängt von einer Abwägg der Umst des Einzelfalles ab (BAG NJW **65**, 70, LAG Hamm DB **95**, 2122). ZPO 850 f II gilt im Ergebn sinngem. IdR w dem Gläub das Existenzminimum (ZPO 850 d) zu belassen sein (BGH **123**, 57, BAG ZIP **97**, 935), da andf die Sozialhilfe eintreten müßte, die Aufr also im Ergebn zu Lasten der öff Hand gehen würde. Hat ArbN UrlGratifikation wg bestimmgswidr Verwendg zurückzuerstatten, kann ArbG mit ErstattgsAnspr gg Anspr auf UrlAbgeltg aufrechnen (BAG NJW **63**, 462). Ist Unterh dem mj Berecht zugeflossen u bestimmgsgem verwandt worden, steht § 394 der Aufr mit dem Anspr aus § 812 nach seinem Schutzzweck nicht entgg (Schlesw SchlHA **78**, 66). Entspr gilt für die Aufr mit einem GgAnspr aus ZPO 945 (Schlesw FamRZ **86**, 707). 2

3) Die **Pfändungsverbote** befinden sich in and Ges, insb in ZPO 850 ff; s aber auch SGB I § 54. Bedingt pfändb Anspr (ZPO 850 b) stehen unpfändb Fdgen gleich, es sei denn, daß das VollstrG die Pfändg zugel h (BGH **31**, 217, **70**, 206, 212, Oldenbg NJW-RR **94**, 479, Bambg FamRZ **96**, 1487). Grdsl unpfändb sind auch höchstpersönl Anspr (§ 399 Rn 6), wie der BeihilfeAnspr (BVerwG NJW **97**, 3256). Nicht anzuwenden ist § 394 auf Miet- u Pachtzinsen, da diese pfändb sind (ZPO 851 b), Aufr ist aber gem § 242 unzul, soweit 3

Pfändg gem ZPO 851 b aufzuheben wäre (LG Lünebg MDR **68**, 668). Werden Leistgen nach dem SGB auf ein Konto überwiesen, schließt SGB I § 55 für die Dauer von 7 Tagen die Verrechng mit einem Debetsaldo aus (BGH **104**, 311, OVG Münster u Hbg NJW **88**, 156, 157). Verweigert das Kreditinstitut die Auszahlg, ist der FrAblauf unschädl (OVG Lünebg NJW **87**, 91). Dagg besteht bei einer Zahlg auf das Konto des Eheg kein Pfändgsschutz (BGH NJW **88**, 709). InsO 89 ist kein Pfändgsverbot iS des § 394 (BGH NJW **71**, 1563), wohl aber das VerwertgsVerbot des ZPO 773 (RG **80**, 35). Wer schuldh das Entstehen eines unpfändb Anspr verhindert, kann ggü dem SchadErsAnspr nicht aufrechnen (RG **162**, 197, RAG **12**, 342, LAG Brem BB **56**, 596).

395 ***Aufrechnung gegen Forderungen öffentlich-rechtlicher Körperschaften.*** **Gegen eine Forderung des Reichs oder eines Bundesstaats sowie gegen eine Forderung einer Gemeinde oder eines anderen Kommunalverbandes ist die Aufrechnung nur zulässig, wenn die Leistung an dieselbe Kasse zu erfolgen hat, aus der die Forderung des Aufrechnenden zu berichtigen ist.**

1 **1) Allgemeines.** Auch **öffentlich-rechtliche Forderungen** sind grdsl ggeinand aufrechenb (BVerwG NJW **83**, 776, **87**, 2531, BFH NVwZ **84**, 199, BSG ZIP **95**, 397). Ebso ist es zul, öffrechtl u privatrechtl Fdgen ggeinand aufzurechnen (BGH **16**, 127, BFH WM **73**, 1006). Auf beide Fallgruppen finden die §§ 387 ff entspr Anwendg, soweit nicht SonderVorschr (etwa AO 226) eingreifen od die RNatur der öffrechtl Fdg entggsteht (allgM). Die Zugehörigk der Fdgen zu verschiedenen Teilen der ROrdng steht ihrer Gleichartigk nicht entgg; die Aufr scheitert auch nicht daran, daß die Fdgen in verschiedenen RWegen geltd zu machen sind (§ 388 Rn 5). Da die Aufr in erster Linie Tilgg der HauptFdg ist (§ 387 Rn 1), entscheiden iZw die für die HauptFdg maßgebden Vorschr über die Zulassg der Aufr (s Ffm NJW **67**, 502). Aufr gg eine
2 **Geldstrafe** ist ausgeschlossen, dagg ist die Aufr mit einer Geldstrafe zul (AG Hann NJW **75**, 178), Einschränkgen ergeben sich aber aus BRAGO 96 a (§ 387 Rn 13). Die Aufr mit einer öffrechtl Fdg gg eine öffrechtl Fdg ist eine verwaltgsrechtl WillErkl, kein VerwAkt (BVerwG NJW **83**, 776, BFH NVwZ **87**, 1119). Das gilt wohl auch für die Aufr im SozialR (VGH Mü NJW **97**, 3392, aA BSG MDR **97**, 275, OVG Münst NJW **97**, 3391). Zur Rückwirkg der Aufr im öffR s § 389 Rn 3.

3 **2) § 395** beschränkt die Aufr gg **Forderungen des Fiskus** dch eine Verschärfg des Merkmals der Ggseitigk. Er gilt sowohl für privrechtl als auch für öffrechtl Fdgen. Die Vorschr betrifft nur die Aufr des Schu; die AufrBefugn des Fiskus bleibt unberührt. **Kassen** iSd § 395 sind alle Amtsstellen mit selbstd Kassen-Verw (RG **82**, 236). Maßgebd ist die Kassenidentität zZ der AufrErkl; es genügt nicht, daß die gemeins Zuständigk bei Eintritt der AufrLage (§ 389) bestanden hat (RG **124**, 159, BGH **LM** Nr 2). Für die Aufr gg **Steueransprüche** gilt AO 226. Danach kann nur mit unbestr od rechtskr festgestellten GgFdgen aufgerechnet w; auf die Identität der für beide Anspr zuständ Kassen kommt es nicht an (BFH BB **90**, 342).

396 ***Mehrheit von Forderungen.*** **I Hat der eine oder der andere Teil mehrere zur Aufrechnung geeignete Forderungen, so kann der aufrechnende Teil die Forderungen bestimmen, die gegeneinander aufgerechnet werden sollen. Wird die Aufrechnung ohne eine solche Bestimmung erklärt oder widerspricht der andere Teil unverzüglich, so findet die Vorschrift des § 366 Abs. 2 entsprechende Anwendung.**

II Schuldet der aufrechnende Teil dem anderen Teile außer der Hauptleistung Zinsen und Kosten, so finden die Vorschriften des § 367 entsprechende Anwendung.

1 § 396 überträgt die Regeln der §§ 366, 367 auf die Aufr. Gleichgült ist, ob dem Aufrechnden, dem and Teil od beiden **mehrere aufrechenbare Forderungen** zustehen. Maßgebd ist (zunächst) die Bestimmg des Aufrechnden. Fehlt sie od widerspricht der and unverzügl (§ 121 I 1), so gilt § 366 II. Stehen dem Aufrechnden unverj u verj Fdgen zu, ergreift die Aufr iZw die verj, da diese geringere Sicherh bieten (BGH NJW **87**, 182). Das WidersprR besteht nur, soweit auch der Gegner zur Aufr befugt ist (LG Nürnbg MDR **54**, 100). Es kann daher vom Zessionar nicht für die beim Zedenten verbliebenen Fdgen ausgeübt w. Ist eine der HauptFdgen verjährt, ist iZw anzunehmen, daß sich die Aufr primär gg die nicht verjährten Fdgen richten soll (RG JW **38**, 2041). Schuldet der Aufrechnde auch Zinsen od Kosten, so enthält eine AufrErkl, die die Zinsen u Kosten nicht erwähnt, keine von § 367 abweichde Bestimmg (BGH **80**, 274). § 367 II gilt entspr: Die Aufr mit der Bestimmg, die HauptFdg solle vor Zinsen u Kosten getilgt w, ist unwirks, wenn der Gegner ablehnt (Staud/Gursky Rn 38). Auf AufrVertr ist § 396 nicht anwendb (RG **132**, 221).

Vierter Titel. Erlaß

397 ***Erlaßvertrag; negatives Schuldanerkenntnis.*** **I Das Schuldverhältnis erlischt, wenn der Gläubiger dem Schuldner durch Vertrag die Schuld erläßt.**

II Das gleiche gilt, wenn der Gläubiger durch Vertrag mit dem Schuldner anerkennt, daß das Schuldverhältnis nicht bestehe.

1 **1) Allgemeines.** Der Erlaß ist ein Vertr zw Gläub u Schu, dch den der Gläub auf die Fdg verzichtet. – **a)** Der Erlaß erfordert einen **Vertrag.** Einen einseit Verzicht auf schuldrechtl Fdgen sieht das Ges nicht vor (RG **72**, 171, **114**, 158, BGH NJW **87**, 3203). Mögl ist dagg ein einseit Verzicht auf Einr u GestaltgsR (§§ 376 II Nr 1, 671, 768 II), so etwa auf die Einr der Verj nach Ablauf der VerjFr (§ 222 Rn 5) od das RücktrR (BGH **LM** § 326 (J) Nr 2). Im SachenR genügt für den Verzicht idR eine einseit Erkl (§§ 875,

928, 959, 1064, 1255), so auch iF des EigtVorbeh (BGH NJW **58**, 1231). Entspr gilt für das ProzR (ZPO 295, 306, 346, 514) u das öffR (AO 227, 261, BHO 59). Dagg ist zum Verzicht auf ein VorkR ein Vertr erforderl (RG **110**, 418, MüKo/v Feldmann Rn 1, str). – **b)** Der Erlaß ist Verzicht auf eine **Forderung.** Er 2
betrifft das SchuldVerh ieS (Einf 1 v § 241) u unterscheidet sich dadch vom **Aufhebungsvertrag** *(contrarius consensus),* der das SchuldVerh iwS erlöschen läßt (§ 305 Rn 7). Der Erlaß setzt das Bestehen der Fdg voraus. Es genügt allerdings, daß die Fdg bedingt od befristet entstanden od dem RGrd nach angelegt ist. Ausgeschlossen ist dagg der Erlaß einer **künftigen Forderung** (RG **124**, 326, **148**, 262, aA BGH **40**, 330); ein derart antizipierter Verzicht hat aber die Folge, daß die Fdg gar nicht erst entsteht (BGH BB **56**, 1086). Eine bereits erloschene Fdg kann nicht mehr erlassen w (Übbl 1 v § 362). – **c)** Der Erlaß ist ein **verfügender** Vertr 3
(Einf 6 v § 305). Er bewirkt das Erlöschen des SchuldVerh u unterscheidet sich damit vom *pactum de non petendo,* das für den Schu ledigl eine Einr begründet. Haben die Part einen unbefristeten Einfordergsverzicht vereinb, ist iZw ein Erlaß anzunehmen (RG **127**, 129), jedoch ist auch ein unbefristetes *pactum de non petendo* vorstellb (Rn 3 a). Für den Erlaß als verfügden Vertr gilt § 185. Wird schenkw erlassen, ist der Erlaß bereits Vollzug der Schenkg; es gilt daher § 518 II (RG **53**, 296, Hbg NJW **61**, 76). – **d)** Der Erlaß erfordert einen 3 a
Vertr zw **Gläubiger** u **Schuldner.** Ein Erlaß zG eines Dr ist ausgeschlossen (Einf 8 v § 328, str). Wirtschaftl kann das gleiche Ergebn aber dch ein unbefristetes *pactum de non petendo* erreicht w, das als VerpflGesch unbedenkl zGDr geschlossen w kann (BGH JZ **56**, 119). – **e)** Für den Erlaß od das negative SchuldAnerkenntn trägt der Schu die **Beweislast** (BGH NJW-RR **92**, 1388).

2) Erlaßvertrag. – a) Er setzt **inhaltlich** den rechtsgeschäftl Willen voraus, auf die Fdg zu verzichten. An 4
die Feststellg eines solchen Willens sind strenge Anfordergen zu stellen. Es ist ein Erfahrgssatz, daß ein **Erlaß nicht zu vermuten** u iZw **eng** auszulegen ist (BGH NJW **84**, 1346, **96**, 588, NJW-RR **96**, 237, BAG DB **85**, 1950, stRspr). Unbekannte Rechte werden iZw vom Erlaß nicht erfaßt, insbes nicht Anspr aus unerl Hdlg (BGH NJW **84**, 1346); and kann es liegen, wenn der Gläub mit dem Bestehen der Fdg rechnet (BGH NJW **94**, 379). Da es auf die obj ErklBedeutg ankommt, kann ein Erlaß auch dann zu bejahen sein, wenn der Gläub subj keinen Erlaßwillen hatte; das gilt aber nur dann, wenn er bei pflichtgem Sorgf die mögl Deutg seines Verhaltens als Erlaß hätte erkennen können (BGH **109**, 171/177, Mü WM **94**, 21, § 133 Rn 11). – **b)** Der 5
ErlaßVertr ist **formfrei**, u zwar auch dann, wenn der Erlaß schenkw erfolgt (Stgt NJW **87**, 782 mwN) od die Begründg der Fdg formbedürft ist (s BGH NJW-RR **96**, 728, § 125 Rn 8). Er kann daher auch **konkludent** zustandekommen, zB dch Rückgabe des Schuldscheins, Erteilg einer Quittg od ein negatives Schuldanerkenntn, II (Rn 9). Erforderl ist aber ein unzweideut Verhalten, das vom ErklGegner als Aufgabe des Rechts verstanden w kann (BGH FamRZ **81**, 763). **Einzelfälle** (ja = Erlaß, nein = kein Erlaß): Erteilg od widerspruchslose Hinnahme einer Abrechng, nein (BGH NJW **94**, 379). Rücksendg der BürgschUrk, Frage des Einzelfalls (BGH BB **99**, 497). **Einlösung eines Schecks** über einen geringen Teilbetrag der Fdg, der mit dem Antr auf Erlaß der MehrFdg übersandt w, nein (§ 151 Rn 2). Reduktion der KlagFdg im Laufe eines RStreits, nein hinsichtl der MehrFdg (BGH NJW **97**, 3019). Geltdmachg von Zinsen im Proz, ohne diese als TFdg zu bezeichnen, ja hinsichtl ZinsMehrFdg (BGH NJW **79**, 720). Rückzahlg der Kaution trotz erkannter od erkennb Mängel, uU ja hinsichtl etwaiger SchadErsAnspr (Mü NJW-RR **90**, 20). Abschließde Berechng eines wg Unterschreitg der gesetzl Mindestsätze zu niedrigen Honorars, ja hinsichtl MehrFdg (Hamm NJW-RR **98**, 811). Wiederheirat geschiedener Eheg, nein hinsichtl Anspr auf ZugewinnAusgleich (Nürnbg MDR **80**, 668). IntimVerk zw nichtehel Partnern, nein hinsichtl eines rechtskr ausgeurteilten RäumgsAnspr (LG Oldenbg NJW-RR **90**, 590). – **c)** Das Erlaßangebot bedarf der **Annahme** dch den and Teil. Bei einem 6
Angebot des Gläub liegen idR die Voraussetzgen des § 151 vor, so daß die Ann nicht empfangsbedürft ist. Zur Ann eines Angebots auf unentgeltl Erlaß genügt idR bloßes Schweigen (RG JW **11**, 87, RAG HRR **32**, 1070). – **d)** Der Erlaß ist unwirks, sow er **unverzichtbare Ansprüche** betrifft. Der Verzicht auf UnterhAnspr 7
w dch die §§ 1360 a, 1614, 1615 eingeschr. Auf den Anspr auf Tariflohn kann nur in den Grenzen des TVG 4 IV verzichtet w (§ 611 Rn 69). Weitere VerzVerbote enthalten BBesG 2 II, EFZG 12, BUrlG 13 (vgl dazu § 134 Rn 15) sowie AktG 50, 66, GmbHG 9, 19, 25, 43 u GenG 34 u KapErhG 19 (BayObLG WM **89**, 1933). Bei einem **formularmäßigen** Verzicht kann sich die Unwirksamk auch aus AGBG 9 ergeben (Ffm NJW-RR **91**, 112). – **e)** Als Vfg (Rn 3) ist der Erlaß **abstrakt.** Schuldtilgg tritt daher auch ein, wenn das 8
KausalGesch unwirks ist (Übbl 19 v § 104). Fehlt der RGrd od fällt er weg, besteht nach § 812 ein Anspr auf Wiederbegründg der Fdg in gehör Form (RG **76**, 60, **108**, 107). GrdGesch u Erlaß können aber von den Part zu einer Einh iSd § 139 zusgefaßt w (§ 139 Rn 7 ff), mit der Folge, daß sich die Unwirksamk des GrdGesch auch auf den Erlaß erstreckt.

3) II. – a) Das **negative Schuldanerkenntnis** ist and als das positive (§ 781), aber ebso wie der Erlaß 9
formfrei. Es kann in einer negativen ProvKlausel (Düss NJW-RR **95**, 1524), aber auch in der Gutschrift auf einem Kontenauszug liegen (Düss ZIP **92**, 1462). Das Protokoll über die Rückgabe einer Miet- od Leasingsache kann ein negatives Schuldanerkenntn hinsichtl nicht aufgeführter erkennb Mängel sein (Celle DB **97**, 2215, LG Hbg ZMR **99**, 405); ebso die AusglKlausel in einem AufhebgsVertr hinsichtl des ArbGDarl (Düss BB **97**, 2237). Die Unterscheidg zw konstitutiven u deklaratorischen Anerkenntn (§ 781 Rn 3) ist auch beim negativen Anerkenntn begriffl mögl, wg der Formfreih auch des konstitutiven Anerkenntn prakt aber nicht sehr bedeuts. Wird das negative SchuldAnerkenntn in Kenntn des Bestehens od des mögl Bestehens der Fdg abgegeben, kann es idR nicht kondiziert w. Der RGrd ergibt sich aus § 518 od § 779; im übrigen gilt § 814. Ein Anspr aus § 812 ist dagg gegeben, wenn dem negativen Schuldanerkenntn ein unwirks KausalGesch zugrde liegt (Bsp: unwirks Vertr über Hergabe eines Anerkenntn gg Zahlg einer Abfindg). Er besteht auch dann, wenn die Part fälschl annehmen, die Fdg sei bereits erloschen, sie das Nichtbestehen also nur feststellen wollten (RG **83**, 116, **108**, 107). Der Gläub muß jedoch das Bestehen der Fdg u seinen Irrt beweisen. –
b) Die bei Beendigg des ArbVerh übl **Ausgleichsquittung** stellt idR ein negat Schuldanerkenntn dar 10
(Schulte DB **81**, 937). Sie ist iZw eng auszulegen (BAG NJW **79**, 2267, Plander DB **86**, 1874) u kann uU wg Irrt od argl Täuschg angefochten w (BAG BB **77**, 1401). Nicht erfaßt w idR Anspr auf KündSchutz (BAG NJW **79**, 2267, DB **85**, 2357), auf Lohnfortzahlg (BAG NJW **81**, 1285), auf KarenzEntsch (BAG NJW **82**, 1479), auf Ruhegehalt (BAG DB **90**, 1870) u der ZeugnAnspr (BAG NJW **75**, 407), doch kann es auch and liegen (LAG Köln MDR **95**, 613: ZeugnAnspr). Die bei Beendigg eines **Mietvertrages** erteilte General-

quittg betrifft uU nur den Zustand der Räume, läßt aber Anspr wg verspäteter Räumg unberührt (BGH
11 NJW-RR **99**, 593). – **c)** Die **Entlastung** im Vereins- u GesellschR ist ein einseit, keiner Ann bedürft RGesch (BGH NJW **59**, 192, **69**, 131). Sie läßt die dem Beschlußorgan bekannten od erkennb ErsAnspr erlöschen (BGH aaO u § 27 Rn 5). Die Entlastg des Verwalters dch die WoEigtümerGemeinsch hat die gleiche Wirkg (WEG 26 Rn 15). Anspr aus strafb Hdlgen bleiben aber unberührt (Celle NJW-RR **91**, 979). Die Entlastg kann auch wg Verletzg der gesellschaftsrechtl TreuePfl unwirks sein (Hamm ZIP **93**, 119). Für die GmbH gelten die Beschränkgen in GmbHG 9 b I, 43 III. Keinen FdgsVerzicht enthält die Entlastg iF der AG (AktG 120 II) u bei öffr Körpersch (BGH **106**, 201: RA-Kammern). Außerh des Vereins- u GesellschR kann die Entlastg ein negatives Schuldanerkenntn iSd § 397 II darstellen (RG **115**, 371).

Vierter Abschnitt. Übertragung der Forderung

398 *Abtretung.* **Eine Forderung kann von dem Gläubiger durch Vertrag mit einem anderen auf diesen übertragen werden (Abtretung). Mit dem Abschlusse des Vertrags tritt der neue Gläubiger an die Stelle des bisherigen Gläubigers.**

1 **1) Allgemeines. – a)** Nach den §§ 398 ff können grdsl alle Fdgen unter Wahrg ihrer Identität ohne Mitwirkg des Schu übertragen w. Fdgen sind inf dieser Regelg umlauffäh VermBestandt. Sie können vom Gläub in den **Güteraustausch** einbezogen w u fallen wirtschaftl, aber auch verfassgsrechtl unter den Begriff des Eigt (BGH NJW **80**, 2705). Mögl ist auch eine Sukzessivberechtigg, dh eine Regelg in Kombination einer auflösden u aufschiebden Bdgg, daß eine Fdg zunächst einem Berecht u dann ohne Abtr einem and zusteht
2 (s BayObLG NJW-RR **95**, 1297). – **b)** Die §§ 398 ff betreffen, abgesehen vom § 411, nur Fdgen des PrivR. Auch Anspr des öffR sind grdsl abtretb (BVerwG ZIP **95**, 1698). Für sie gelten aber in erster Linie die Vorschr des **öffentlichen Rechts,** vor allem AO 46 u SGB I 53. Soweit Bestimmgen fehlen, können die §§ 398 ff unter Berücksichtigg der Besonderh des öffR entspr angewandt w (BSozG NJW **59**, 2087, BFH WM **73**, 1007), u zwar, soweit es sich um Fdgen landesrechtl Ursprungs handelt, als LandesR (BVerwG NJW **93**, 1610). Die Übertragg von öffrechtl Anspr mit hoheitl Grdl an PrivPers ist nicht ausgeschlossen (s BGH **75**, 24 zur cessio legis, aA VerwG Düss NJW **81**, 1283, Stober JuS **82**, 742 zur Abtr). Sie wandeln sich dch die Übertragg in privrechtl Fdgen um (s BGH aaO, Walz ZIP **91**, 1410, str).

3 **2) Abtretungsvertrag. – a)** Die Abtr ist ein Vertr zw dem bisherigen Gläub (Zedent) u dem neuen (Zessionar), dch den der **Zedent** die Fdg auf den **Zessionar** überträgt. Sie ist ein VfgsGesch (Übbl 16 v § 104) u daher von dem schuldrechtl GrdGesch zu unterscheiden. **Rechtsgrund** der Abtr können Kauf, Schenkg, GeschBesorgg, SichergsVertr od sonst Vereinbgen sein. Mängel des KausalGesch lassen die Wirksamk der Abtr nach dem Abstraktionsprinzip unberührt (RG **87**, 71, **102**, 386). KausalGesch u Abtr können aber von den Part zu einer Einh iSd § 139 mit der Folge zusgefaßt w, daß sich die Unwirksamk des GrdGesch auch auf die Abtr erstreckt (BAG NJW **67**, 751, § 139 Rn 8). Auch in diesem Fall kann sich der Schu aber nicht auf Mängel des GrdGesch berufen, wenn der Zedent dch ein rechtskr Urt mit diesen Einwendgen ausgeschl ist (Nürnbg WM **84**, 607). Die Haftg des Zedenten ggü dem Zessionar richtet sich nach dem KausalGesch; sie betrifft iF des Kaufs nur das Bestehen der Fdg, nicht ihre Güte (§§ 437, 438). Vielfach ist die
4 Abtr im KausalGesch stillschw mitenthalten (RG **126**, 184, BGH NJW **69**, 40). – **b) Parteien** des AbtrVertr sind Zedent u Zessionar. Eine Abtr zGDr ist nicht mögl (Einf 8 v § 328). Rechtl zul ist dagg die **Blankozession,** bei der der Empfänger der blanko ausgestellten AbtrUrk ermächtigt w, sich selbst od einen Dr als Zessionar zu bestimmen (RG **90**, 279). Zweifelh ist die Zuordng der Fdg bis zum Ausfüllen des Blanketts. Sie als „subjektloses" Recht anzusehen (so Dölle FS Wolff 1953, S 24), widerspr den Grds unserer ROrdng. Auch der unbekannte Zessionar kann noch nicht FdgInh sein, da der AbtrVertr mit ihm noch nicht zustande gekommen ist. FdgInh ist daher idR als TrHänder die ZwischenPers (MüKo/Roth Rn 31, Dohm WM **73**, 886, 890). Die Interessenlage kann es jedoch rechtf, zunächst den Zedenten weiter als FdgsInh anzusehen (Esser-Schmidt § 37 I 2 d). Der Blankozessionar w frühestens mit Ausfüllg des Blanketts FdgInh, u zwar mit Wirkg *ex nunc* (MüKo/Roth Rn 30, RGRK Rn 33, Esser-Schmidt § 37 I 2 d; für Wirkg *ex tunc:* Enn-Lehmann § 78 II 5). Eine Rückwirkg kommt insb dann nicht in Betr, wenn die Übertr, wie zB bei GrdPfandR, der Schriftform bedarf (RG **63**, 235, **90**, 279, BGH **22**, 132). Hier geht die Fdg unmittelb vom AltGläub auf den Letzterwerber über; der „TrHänder" ist auch zwzeitl nicht FdgInh, da eine formwirks Abtr
5 an ihn fehlt. – **c)** Wird die Fdg **an den Schuldner** abgetreten, erlischt sie inf Konfusion (Übbl 4 v § 362). Das gilt jedoch nicht bei Wechseln (WG 11 III) u InhPapieren (RG **147**, 243). Auch iF einer auflösd
6 bedingten Abtr sowie einer SichgAbtr bleibt die Fdg bestehen (Dörstling NJW **54**, 1429, str). – **d) Inhalt** des AbtrVertr ist die Übertragg der GläubStellg. Zwar kann die Abtr aufschiebd od auflösd bedingt erfolgen (BGH **4**, 163, **20**, 131). Der Vertr muß aber – zumindest für die Zukunft – vorsehen, daß der Zessionar zur Einziehg der Fdg berecht ist. Wird ihm diese Befugn auf Dauer u bedinggslos versagt, ist die Abtr unwirks (RG JW **38**, 1330). Das gilt ebso, wenn der Zessionar nur für den Fall ein EinziehgsR haben soll, daß Dr gg den Zedenten VollstrMaßn ergreifen (RG **92**, 107, **160**, 207, BGH **LM** Nr 9). Zul ist dagg eine **stille Zession** (BGH **26**, 192). Sie verschafft dem Zessionar die volle GläubStellg, allerdings mit der schuldrechtl Abrede, von der Zession erst im SichgsFall Gebrauch zu machen (Rn 22); iZw bleibt der Zedent aufgrd einer entspr Ermächtigg (Rn 21) zur Einziehg der Fdg berecht. Soll an einer Fdg eine **Gesamtgläubigerschaft** iSd § 428 gebildet w, ist § 398 weder direkt noch analog anwendb; es handelt sich um ein RGesch eig Art, das der Zust des Schu bedarf (BGH **64**, 67).

7 **3) Form. – a)** Der AbtrVertr ist formfrei. Das gilt auch dann, wenn die abgetretene Fdg auf einem formpflicht Gesch beruht (BGH **89**, 46, § 313 Rn 6) od das der Abtr zugrde liegde KausalGesch formbedürft ist. Die Abtr von Anspr auf Rückübertragg von Grdst, Gebäuden u Untern nach dem **VermG** bedürfen nebst dem zGrde liegden KausalGesch not Beurk, VermG 3 nF (Weimar/Alfes DNotZ **92**, 620, Heckschen DB **94**, 366). Abgesehen von diesem Sonderfall kann die Abtr auch **stillschweigend** erfolgen u im KausalGesch

enthalten sein (Rn 3 aE). Wird die dch Abtretg gesicherte Fdg getilgt, kann in der Tilgg zugl die RückAbtr liegen (BGH NJW **86**, 977); werden dem Versicherer die Unterlagen für einen Schadensfall überlassen, so kann darin eine stillschw Abtr des SchadErsAnspr liegen (BGH NJW **97**, 729). Übernimmt der GrdstKäufer eine GrdSch nebst DarlFdg, so liegt darin idR die Abtr des aufschiebd bedingten Anspr auf Rückgewähr der GrdSch (BGH NJW **91**, 1821). Die stillschw Abtr setzt aber das Bewußtsein voraus, daß eine WillErkl wenigstens möglicherw erforderl ist (BGH **LM** Nr 20). LohnAbtrKlauseln in AGB s AGB 9 Rn 107, AbtrKlauseln in VollmUrk s AGBG 9 Rn 120. Für die **Auslegung** des AbtrVertr gelten die §§ 133, 157 (Rn 14). Die Abtr von GehaltsAnspr ist iZw dahin auszulegen, daß sie LohnsteuererstattgsAnspr mitumfaßt (BFH **AP** Nr 4). – **b)** Bei **verbrieften Forderungen** ist zu unterscheiden: – **aa) Inhaberpapiere** werden 8
ausschließl nach sachenrechtl Grds (§§ 929 ff) übertragen. Das Recht aus dem Papier folgt dem Recht am Papier. Eine Abtr ist nicht mögl (Einf 3 v § 793). – **bb) Orderpapiere** (Wechsel, Scheck) können außer dch Indossament auch dch Abtr übertragen w. Zur Einigg über den Übergang der Fdg muß jedoch die Übergabe des Papiers hinzutreten (BGH **104**, 149; nur beim präjudizierten Wechsel ist sie entbehrl (BGH **104**, 150). – **cc) Namenspapiere** (Rektapapiere). Bei BriefHyp u BriefGrdSch gilt für die AbtrErkl (nicht für die Ann) Schriftform; außerdem ist Überg des Briefs notw (§§ 1154 I, 1192). Bei and Rektapapieren ist die Abtr dagg idR formfrei. Zur Abtr eines Sparguthabens ist die Überg des Sparbuchs nicht erforderl (RG **89**, 402, BGH NJW **63**, 1631), sie kann aber als stillschw Abtr aufzufassen sein (BGH DB **72**, 1226).

4) Die abzutretende Forderung. – a) Fdgen sind grdsl **abtretbar,** es gibt jedoch zahlr Ausn (s §§ 399, 9
400). Übertragb sind auch Fdgen aus natürl Verbindlichk.

b) Die **Teilabtretung** ist zul, wenn die Fdg teilb ist u die Part sie nicht dch Vereinbg gem § 399 10
ausgeschlossen haben (hM). Die TeilFdgen sind selbstd Fdgen u haben gleichen Rang (BGH **46**, 243), jedoch sind abweichde Vereinbgen mögl (BGH NJW **91**, 2630). Diese erfordern aber eine ausdrückl Abrede (BGH aaO), der verlängerte EigtVorbeh begründet nicht ow einen Vorrang (BGH aaO), auch nicht eine fr Zession (RG **149**, 98). Besteht gleicher Rang, entscheidet der Schu bei Zahlg, welche TeilFdg er tilgen will (§ 366 Rn 1). Minderg kann dagg idR nur verhältnismäß geltd gemacht w (BGH **46**, 244, NJW **83**, 1902). Aktivposten einer Schlußrechng sind ledigl unselbstd Rechngspositionen u können daher als solche nicht abgetreten werden (BGH NJW **99**, 417). Entsteht für den Schu ein SchadErsAnspr aus § 326, w alle TeilFdgen zu bloßen Rechngsposten u fallen weg (BGH **LM** § 404 Nr 4). Die Verj der TeilFdgen läuft getrennt u w getrennt unterbrochen (BGH **44**, 388). Soweit die TeilAbtr für den Schu zu unzumutb Erschwernissen führt, ist sie gem § 242 unzul (BGH **23**, 55, Düss MDR **81**, 669). Der Anspr auf Übereigng eines Grdst kann hins einer realen Teilfläche abgetreten w, es sei denn, daß die Teilg den Erstveräußerer unzumutb belastet (BayObLG DNotZ **72**, 223). Bei **Anspruchskonkurrenz** (Einf 4 v § 823) würde die Beschränkg der Abtr auf einen Anspr zur Entstehg einer GesGläubigersch führen (Arens AcP **170**, 406), die aber nur mit Zust des Schu begründet w kann (BGH **64**, 69). Eine auf eine AnsprGrdl beschränkte Abtr ist daher nur mit Zust des Schu wirks (BGH NJW **99**, 715). Zur Abtr des Anspr gg einen der GesSchu s § 425 Rn 6; zur Abtr iF der GesGläubigersch s § 428 Rn 1.

c) Mögl ist auch eine Abtr **künftiger** Fdgen (RG **67**, 167, BGH **7**, 367, **88**, 206, **108**, 104, NJW **88**, 3204, 11
allgM). Das ergibt ein *argumentum a fortiori* aus § 185 II. Das RVerhältn od die RGrdl, aus der die Fdg erwachsen soll, braucht noch nicht zu bestehen (BGH NJW **65**, 2197). Auch Ungewißh über die Pers des künft Schu schadet nichts (BAG NJW **67**, 752). Der Erbl kann daher eine erst in der Pers des Erben entstehde Fdg wirks abtreten (BGH **32**, 367). Erforderl ist nur, daß die Entstehg der Fdg zZ der Abtr mögl erscheint (RG **134**, 227) u die abgetretene Fdg bestimmt od jedenf bestimmb bezeichnet ist (Rn 14). Vollendet ist der RErwerb erst mit der Entstehg der Fdg (BGH **88**, 206, NJW **95**, 1671), jedoch braucht die Willensübereinstimmg der Part in diesem Ztpkt nicht mehr fortzubestehen (Nörr-Scheyhing § 9 III 1). Die Abtr wird ggstlos, wenn die Fdg überhaupt nicht (BGH WM **73**, 489) od nicht in der Pers des Zedenten entsteht (BGH **88**, 207, NJW **97**, 3370), so etwa, wenn der abgetretene AuseinandSAnspr wg Übertragg des GesellschAnteils in der Pers des neuen Gters entsteht (BGH aaO). Im InsFall ist sie gem InsO 91 ggü den InsGläub unwirks, es sei denn, daß der RGrd der Fdg bereits bestand, die RStellg des Zessionars also zu einem AnwR erstarkt war (BGH NJW **55**, 544, Medicus JuS **67**, 386, str). Die dch die VorausAbtr geschaffene RPosition ist vererbl u gem §§ 413, 398 auch übertragb. Mögl ist auch die Abtr einer zwar bestehden, aber vom Zedenten erst zu erwerbden Fdg (§ 185). Str ist, ob die abgetretene künft Fdg unmittelb in der Pers des Zessionars entsteht, od ob sie eine „logische Sekunde" zum Verm des Zedenten gehört; für **Direkterwerb** Esser/Schmidt § 37 I 3.1, 12
Hbg MDR **56**, 227; für **Durchgangserwerb** Egert, RBdgg, 1974, S 60. Richt ist zu differenzieren: DirektErw findet statt, wenn die RGrdlage der Fdg bei Abtr schon u bei Entstehg der Fdg noch vorhanden ist (Armbrüster NJW **91**, 607); andf tritt DchgangsErw ein (Larenz § 34 III, Erm-Westermann Rn 12, Serick IV § 47 IV, vgl auch BGH **20**, 88, **49**, 205: DirektErw bei Übertr des AnwR aus bedingter Übereigng). Soweit DirektErw stattfindet, gelten die §§ 399 ff entspr (BGH **66**, 385, NJW **69**, 276). Der Schutz der §§ 406, 407 ist auch bei Kenntn von einer VorausAbtr ausgeschlossen (BGH **66**, 385, aA Serick BB **82**, 874). Für einand widersprechde Vfgen gilt auch iF des DchgangsErw der Grds der **Priorität.** Die zeitl spätere Abtr ist unwirks 13
(BGH **32**, 370), es sei denn, daß die ErstAbtr gg § 138 od AGBG 9 verstößt. Eine Pfändg, die erst nach dem Entstehen des RGrdes der Fdg zul ist (BGH **53**, 32, **LM** ZPO 857 Nr 4 Bl 3), ist ggü der zeitl fr Abtr ohne Wirkg (BAG WM **80**, 662). Dagg wird die VorausAbtr einer AuseinandSFdg gegenstandslos, wenn anschließd das StammR (der GesellschAnteil) übertragen od gepfändet w (BGH **88**, 207, **104**, 353, Armbrüster NJW **91**, 607).

d) Die abzutretde Fdg muß, wie jeder Ggst einer Vfg, bestimmt od **bestimmbar** sein (BGH **7**, 367, NJW 14
74, 1130, **95**, 1669). Dieses Erfordern hat vor allem bei der SichgAbtr künft Fdgen u beim verlängerten EigtVorbeh prakt Bedeutg (Rn 20 ff). Die Kautelarjurisprudenz muß bei der Formulierg zwei widerstreitde Risiken berücksichtigen: Eine weite Fassg hat idR keine Schwierigk mit dem BestimmthGrds, kann aber wg **Übersicherung** gg § 138 od AGBG 9 verstoßen. Eine enge Fassg vermeidet die Probleme der §§ 138, AGBG 9, kollidiert aber uU mit dem BestimmthErfordern. Unbedenkl ist, daß sich die Abtr auch auf die bes ausgewiesene MwSt bezieht (BGH NJW-RR **88**, 1013). Nicht erforderl ist, daß der Klausel für alle denkb

Fälle zweifelsfrei entnommen w kann, auf welche Fdgen sie sich erstreckt; es genügt, wenn im Ztpkt des Entstehens der Fdg bestimmb ist, ob sie von der Abtr erfaßt w (BGH **7**, 369, **26**, 183, stRspr, aA RG **155**, 29). Die Abtr ist auch dann wirks, wenn die Feststellg der abgetretenen Fdg erhebl Arb- u Zeitaufwand erfordert (BGH **70**, 90). Ist wg fehlder Aufzeichngen nicht aufklärb, welche Fdgen die Abtr (verlängerter EigtVorbeh) erfaßt, ist der Zedent schadenspflicht, der Zessionar aber nicht berecht, beliebige KundenFdgen in Anspr zu nehmen (BGH NJW **78**, 1632). Auch hins der Pers des Schu genügt Bestimmbark; unbedenkl daher die Abtr von Anspr gg die am Bau od am Transport Beteiligten (BGH NJW **78**, 635, Düss VersR **96**,
15 709). – **aa)** Bei Abtr einer **Forderungsmehrheit** hat die Rspr die Bestimmbark bejaht bei Abtr aller Fdgen aus einem best GeschBetr (RG JW **32**, 3760), aller Fdgen aus einer best Art von RGesch (BGH WM **61**, 350, Stgt NJW **64**, 666), aller Fdgen aus einem best Zeitraum, auch wenn einz Fdgen ausgenommen w (BGH WM **66**, 13), „aller künft Fdgen" (s aber § 138 Rn 77). Unwirks ist die Abtr mehrerer Fdgen in Höhe eines TeilBetr, wenn nicht erkennb ist, auf welche Fdgen od TeilFdgen sie sich bezieht (RG **98**, 202, BGH WM **70**, 848, Köln VersR **98**, 1279). Entspr gilt für die Abtr aller Fdgen bis zu einem Höchstbetrag, soweit sie künft
16 Fdgen betrifft u unbest ist, welche Fdgen jeweils „nachrücken" sollen (BGH **71**, 78). – **bb)** Wird der Umfang der Abtr von der **jeweiligen Höhe** einer and Fdg abhäng gemacht, so ist zu unterscheiden: Es genügt nicht, daß der Umfang der Abtr im Verhältn zw Zedent u Zessionar ermittelt w kann (s RG **92**, 238, aA Wolf NJW **66**, 107). Auch der Schu muß sich in zumutb Weise Gewißh darüber verschaffen können, an wen er zu leisten hat; ist das gewährleistet, ist die Abtr wirks (Dresden NJW-RR **97**, 1070), andf nicht (BGH NJW **65**, 2198, aA offenb Karlsr OLGZ **84**, 81). Unbedenkl ist daher eine GehaltsAbtr in Höhe der jeweils pfändb Bezüge (BAG **AP** Nr 3). Mögl ist auch eine **Mantelzession,** bei der sich der Zedent verpflichtet, Fdgen in best od variabler Höhe abzutreten u ihm zu best Ztpkten Listen der abgetretenen Fdgen zu übergeben. Da die Abtr erst mit Übergabe der Listen wirks w, ist dem BestimmbarkErfordern genügt (LG Bln WM **84**, 225), der
17 Zessionar hat aber bis zu diesem Ztpkt keinen Schutz gg Pfändgen od Abtr. – **cc)** Bei VorausAbtr dch **verlängerten Eigentumsvorbehalt** (§ 455 Rn 17) ist hinreichd bestimmt der Vorbeh „in Höhe des Rechngswertes unserer Fdg" (BGH **98**, 303, 312). Entspr gilt für den Vorbeh „in Höhe" od „entspr" „dem Wert der VorbehWare (Lieferg)" (BGH NJW **64**, 150, **68**, 1518, **75**, 1227). Ausreichd best ist auch der Vorbeh, der die gesamte aus der Veräußerg od Verarbeitg entstehde Fdg erfaßt (BGH **7**, 365 369, NJW **74**, 1130). Er ist aber wg Übersicherg gem AGBG 9 unwirks (BGH **98**, 303, 308). Nicht hinreichd konkretisiert ist der EigtVorbeh, der auf die an die Stelle der Kaufsache tretden Fdgen abstellt (BGH **26**, 178). Fehlt eine Konkretisierg, kann wg des Verbots geltgserhaltder Reduktion nicht angenommen w, daß die Abtr auf den Rechngswert der VorbehWare beschränkt w soll (s BGH **98**, 303, 311, and noch BGH **79**, 16, 20).

18 **5) Rechtsfolgen. – a)** Die **Wirkung** der Abtr ist der Übergang der GläubStellg vom Zedenten auf den Zessionar. Grdsl geht die gesamte Fdg über, wg Neben- u SichergsR vgl § 401. Die Zuständigk der ArbGer bleibt bestehen (BAG ZIP **93**, 848), aber auch SchiedsGerKlauseln (BGH **71**, 165, NJW **98**, 371) u GerStandsVereinbgen (Köln VersR **92**, 1152); dagg entfällt der VerbrGerStand des Art 13 EuGVÜ (EuGH ZIP **93**, 827). Bei Leistgsstörgen stehen ihm die Anspr aus §§ 280, 281, 283, 286 u pVV zu; iZw sind auch die GewLAnspr u die SchadErsAnspr wg NichtErf mitabgetreten (s Dörner Dynamische Relativität, 1985, S 304, 312, str). Leistgsbezogene SchutzPflten wirken bei offener Zession zG des Zessionars (Seetzen AcP **169**, 352, MDR **70**, 809). Bei **Leistungsstörungen** nach der Abtr bemißt sich der SchadErsAnspr wg Unmöglichk, Verz od pVV nach der Pers des Zessionars (BGH **128**, 376, NJW-RR **92**, 219, Hoffmann WM **94**, 1464). Der Inkassozessionarkann aber iW der Drittschadensliquidation den Schaden des Zedenten geltd machen (RG **107**, 135). Das soll auch iF der SichgAbtr gelten, wenn nur beim SichgG ein Schaden entstanden ist (BGH **128**, 376, VersR **97**, 1385). Das überzeugt nicht. Da Schaden dchaus auch beim SichgN entstehen kann, führt die SichgAbtr nicht notw zu einer Schadensverlagerg, wie sie für eine Drittschadensliquidation erforderl ist (Vorbem 112 v § 249). Auch bei Leistgsstörgen vor Abtr bestimmen vom Ztpkt der Zession ab die Verhältn des Zessionars die Schadenshöhe (Dörner aaO). Der Gedanke, daß sich die RLage des Schu dch die Abtr nicht verschlechtern darf, spricht aber dafür, ErsAnspr des Zessionars auf die Höhe des Schadens zu beschränken, der hypoth auch dem Zedenten entstanden wäre u die BewLast insoweit dem Zessionar aufzuerlegen (Junker AcP **195**, 1 mwNw). Selbstd **Gestaltungsrechte**, wie das Anf-, Rücktr- od KündR stehen weiterhin dem Zedenten zu, es sei denn, daß sie ausdr od stillschw mitübertragen worden sind (BGH NJW **85**, 2641, § 413 Rn 7). Der Zedent kann die Rechte aber nur mit Zust des Zessionars ausüben (Seetzen AcP **169**, 366, aA Schwenzer AcP **182**, 214); auch sonst Vfgen über den SchuldGrd, die einer bereits entstandenen Fdg die Grdl entziehen, sind nur mit Zust des Zessionars zul (s BGH **111**, 91, Deubner JuS **92**, 19). Der Leistgsort bleibt unverändert, da es gem § 269 I auf die Verhältn zZ der Entstehg des SchuldVerh
19 ankommt. – **b)** Wird eine Fdg aus einem **gegenseitigen Vertrag** abgetreten, bleibt die synallagmat Verbindg der beiderseit Anspr bestehen. Die Einr des nichterf Vertr verbleibt dem Zedenten (BGH **55**, 356, **LM** Nr 17, § 320 Rn 3); dagg stehen das Recht zur NachFrSetzg u der SchadErsAnspr wg NichtErf dem Zessionar zu (BGH NJW **85**, 2641, **91**, 2553). Zu Einwendgen u Einr des Schu s § 404.

20 **6) Sicherungsabtretung. – a)** Sie wird – ebso wie die SichgÜbereigng (§ 930 Rn 11 ff) – dch einen Widerspr zw ihrer rechtl Tragweite u ihrem wirtschaftl Zweck gekennzeichnet. Der SichgN erwirbt rechtl die volle GläubStellg, nach der getroffenen Zweckabrede sollen ihm aber nur Befugn ähnl denen eines Pfand-Gläub zustehen. Es muß daher ebso wie bei and **fiduziarischen Rechtsverhältnissen** unterschieden w: –
21 **aa)** Im **Außenverhältnis** zum Schuldner erlangt der SichgN alle GläubR. Er kann die Fdg gerichtl u außergerichtl geltd machen; eine von ihm vorgenommene WeiterAbtr ist auch dann wirks, wenn sie gg Abreden in InnenVerh verstößt (BGH WM **82**, 443). Der Schu hat keine Einwendgen aus der der Abtr zugrde liegden SichgAbrede (RG **102**, 386, BGH NJW **74**, 186). Diese kann jedoch stillschw ein *pactum de non petendo* zG des Schu enthalten (Nürnb OLGZ **83**, 481, Willoweit NJW **74**, 974). Bei offensichtl Mißbrauch ist § 242 anwendb (s Lange DR **39**, 851). Das Erlöschen der gesicherten Fdg kann eine auflösde Bdgg der Abtr darstellen; iZw ist das jedoch nicht anzunehmen (BGH WM **60**, 1407, NJW **84**, 1184). Bei der sog **stillen Zession** ist der SichgG ermächtigt, Leistg an sich zu verlangen u in gewillkürter ProzStandsch zu klagen (BGH **120**, 387/395, ZIP **99**, 927). Ein KlagR auf Leistg an den SichgN steht dem SichgG aber auch
22 iF offener Abtr zu (RG **155**, 52, BGH **32**, 71, WM **81**, 63). – **bb)** Im **Innenverhältnis** darf der SichgN nur

nach Maßg des SichgZwecks über die Fdg verfügen. Er ist iZw nur zur Einziehg berecht, wenn die gesicherte Fdg fällig ist (BGH NJW-RR **95**, 1369) u der SichgG in Verzug kommt (RG **142**, 141, BFH NVwZ **84**, 469). Bei einer formularmäß Abtr müssen die Voraussetzgen der Einziehgsbefugn bestimmt festgelegt w (BGH **108**, 106); der SichgG ist vor Offenlegen der Abtr zu informieren (BGH ZIP **94**, 1350). Bei der Einziehg muß er die Interessen des SichgG wahren u übersteigde Beträge herausgeben. Der SichgN ist verpflichtet, Sicherh freizugeben, wenn u soweit sie endgült nicht mehr benötigt w (BGH NJW **98**, 671). Die RückAbtr kann auch stillschw erfolgen u in der Tilgg der gesicherten Fdg mitenthalten sein (BGH NJW **86**, 977).

b) Vollstreckungsrecht. – aa) Der **Zessionar** (SichgN) kann der Pfändg der Fdg dch Gläub des Zedenten (SichgG) gem ZPO 771 widersprechen (Grunsky JuS **84**, 501, s auch RG **124**, 73); dagg hat er im InsVerf des Zedenten nur ein Absondergs-, kein AussondergsR (InsO 51 Nr 1). Der InsVerw ist nach InsO 166 II berecht, die Fdg einzuziehen od in and Weise zu verwerten. – **bb)** Pfänden Gläub des Zessionars die Fdg, steht dem **Zedenten** die DrittwidersprKl zu (BGH NJW **59**, 1224, MüKo/Roth Rn 108, aA Nörr-Scheyhing § 11 I 9b). Das gilt jedoch dann nicht, wenn hins der Fdg Verwertgsreife eingetreten ist (BGH **72**, 146 zur SichgÜbereigng). Im InsVerf hat der SichgG gem InsO 47 eine AussondergsR. 23

c) Die prakt wichtigsten Fälle der SichgAbtr sind die **Globalzession,** das typ SichgMittel des GeldkreditG, u der **verlängerte Eigentumsvorbehalt,** das typ SichgMittel des WarenkreditG. Beide sind nur wirks, wenn sie dem BestimmbarkErfordern genügen (Rn 14). – **aa)** Bei einem **Konflikt** zw Globalzession u verlängertem EigtVorbeh ist vom Grds der **Priorität** auszugehen (BGH **30**, 151, **32**, 363, stRspr), vorausgesetzt, daß beide Vfgen an sich wirks sind. Zur Globalzession s § 138 Rn 77. Sie kann ebso wie der verlängerte EigtVorbeh wg Übersicherg unwirks sein (AGBG 9 Rn 129). Der Verstoß gg § 138 kann sich auch daraus ergeben, daß beide Sichgen miteinander verbunden w (BGH NJW **77**, 2261). Die im fr Schriftt teilw vertretene Ans, der verlängerte EigtVorbeh habe aGrd Surrogation od wg „größerer Nähe" zur abgetretenen Fdg den Vorrang vor der Globalzession, findet im Ges keine Stütze (BGH **30**, 152). Beachtl, aber prakt undchführb sind die Versuche, die Fdg nach Wertquoten (Franke JuS **78**, 373) od nach der Kredithöhe (Beuthien BB **71**, 375) zw Geld- u Warenkreditgeber zu teilen (BGH **32**, 364, **51**, 118). – **bb)** Der Grds der Priorität w im Verh zw Globalzession u verlängertem EigtVorbeh aber dch § 138 od AGBG 9 modifiziert: Die **Globalzession** ist wg Verleitg des Zedenten zur Täuschg u zum VertrBruch **nichtig,** soweit sie sich auf Fdgen erstreckt, die von einem verlängerten EigtVorbeh erfaßt w (BGH **30**, 152, **72**, 310, NJW **91**, 2147 **99**, 940, ZIP **99**, 997). Das gilt auch dann, wenn Fdg nur mit Zust des Schu abgetreten w kann (BGH **55**, 34). Wenn der Globalzessionar einen Konflikt mit dem verlängerten EigtVorbeh für ausgeschl halten darf, ist § 138 aus subj Grden unanwendb (BGH **32**, 361, 366, NJW **95**, 1669). Die Globalzession ist wirks, wenn sie dem verlängerten EigtVorbeh den **Vorrang** einräumt. Das kann prakt nur dch eine sog dingl TeilVerzKlausel geschehen (BGH NJW **74**, 942, **91**, 2147, **99**, 940). Sie räumt Sittenwidrigk auch dann aus, wenn sie auf den branchenübl Vorbeh beschränkt w (BGH **98**, 303, 314). Nicht ausr ist die sog VerpflKlausel, die dem Schu die Verpfl zur Befriedigg des VorbehVerk auferlegt (BGH NJW **69**, 318, **74**, 942). Auch die sog schuldr TeilVerzKlausel (Anspr des VorbehVerk auf teilw Freigabe), genügt nicht, da sie die Dchsetzg der Rechte des VorbehVerk unangem erschwert u ihm das Risiko einer Insolvenz des Globalzessionars aufbürdet (BGH **72**, 308, NJW **95**, 1669). Die Nichtigk erstreckt sich auch auf Klausel, wonach der Globalzessionar Zahlstelle des Zedenten ist (BGH **72**, 316, Ffm ZIP **81**, 492). Der VorbehVerk kann daher den Anspr aus § 816 II gg den Globalzessionar richten (Ffm aaO). Globalzession bleibt aber iZw insow wirks, als sie nicht geschützte Anspr betrifft (BGH **72**, 315, DB **80**, 683). Diskontierg eines Wechsels verstößt auch dann nicht gg § 138, wenn Kunde die dem Wechsel zGrde liegde Fdg dch verlängerten EigtVorbeh seinem Lieferanten abgetreten hat (BGH NJW **79**, 1704, krit Muscheler NJW **81**, 657). 24 25

7) Inkassozession. – a) Sie ist ebso wie die SichgAbtr (Rn 20) ein fiduziarisches RVerh. Der Zessionar erlangt im AußenVerh die volle GläubStellg; nach den im InnenVerh getroffenen Abreden (§§ 675, 667) soll er die Fdg dagg ledigl einziehen u den Erlös an den Zedenten abführen (RG **99**, 143). Dch diese Zwecksetzg ähnelt die Inkassozession der Einziehgsermächtigg (Rn 29). Währd der Inkassozessionar VollGläub ist, überträgt die Einziehgsermächtigg aber nur eine Einziehgsbefugn. Zur Abgrenzg s Rn 30. – **b)** Der Inkassozessionar kann die Fdg ohne Nachw eines Eigeninteresses iW der Klage geltd machen (BGH NJW **80**, 991). Treuwidr Vfgen sind wirks (RG **99**, 143), es sei denn, daß der VfgsBegünstigte kollusiv mit dem Zessionar zuswirkt (RG **153**, 370). Die im Schriftt vertretene Ans, die Grds des VollmMißbr (§ 164 Rn 13) seien bei Mißbr der Rechte eines TrHänders entspr anwendb, hat sich in der Rspr nicht dchgesetzt (BGH NJW **68**, 1471, § 903 Rn 40). Einwendgen aus der der Abtr zugrde liegden ZweckVereinbg hat der Schu nur im Rahmen von Rn 21. Der Schu kann ohne die Beschränkg des § 406 mit Fdgen gg den Zedenten **aufrechnen** (BGH **25**, 367, § 387 Rn 7). Der SchadErs bemißt sich, da der Zessionar idR keinen eig Schaden erleidet, nach der Pers des Zedenten (RG **107**, 134, Vorbem 115 v § 249). Bei VollstrMaßn von Gläub des Zessionars hat der Zedent das KlagR aus ZPO 771 (BGH NJW **59**, 1224), im InsVerf steht ihm ein AussondergsR zu, InsO 47 (vgl zur KO RG **123**, 381, **153**, 369). Wird die Fdg vom Gläub des Zedenten gepfändet, soll auch der Zessionar gem ZPO 771 widersprechen können (BGH **11**, 41). Die Eröffng des InsVerf über das Vermögen des Zedenten beendet das TrHandVerh (InsO 115, 116). Der Zessionar hat kein Aussondergs- od AbsondergsR (s RG **145**, 256). – **c)** Die geschäftsmäß Inkassozession bedarf einer **Erlaubnis** nach dem RBerG. Fehlt die Erlaubn, ist die Zession nichtig (BGH **47**, 366, **61**, 318, § 134 Rn 21). 26 27 28

8) Einziehungsermächtigung. – a) Sie ist – and als die Inkassozession – ledigl Übertr eines FdgsAusschnitts. Die Fdg selbst verbleibt beim Gläub; der Ermächtigte kann die Fdg im eig Namen geltd machen u je nach dem Inh der Ermächtigg Leistg an den Gläub od an sich verlangen. Die Zulässigk der Einziehgsermächtigg w aus § 185 hergeleitet (s RG **133**, 241, BGH **4**, 164, **70**, 393). Dagg bestehen schon deshalb Bedenken, weil die Einziehg einer Fdg keine Vfg ist. Außerdem vermag die Anwendg des § 185 nicht zu erklären, warum der Schu zur Leistg an den Ermächtigten verpfl sein soll. Die seit vielen Jahrzehnten praktizierte u von den Ger als zul angesehene Einziehgsermächtigg ist aber als Ergebn richterl RFortbildg anzuerkennen (Rüssmann JuS **72**, 170). – **b) Hauptanwendungsfälle** sind das EinziehgsR des Zedenten iF 29 30

der SichgAbtr u des verlängerten EigtVorbeh (Rn 21), die Ermächtigg des Bauträgers zur Geltdmachg der an den Bauherrn abgetretenen GewlAnspr gg den BauUntern (Handwerker) (BGH **70**, 393, NJW **78**, 1375), des Verwalters zur Geltdmachg von Anspr der WoEigtGemsch (BGH **74**, 267, **81**, 37), des Fdgsverkäufers zur Dchsetzg der abgetretenen Fdg (BGH NJW **79**, 925), des herrschden Gters zur Geltdmachg von Anspr der Gesellsch (BGH NJW **65**, 1962). Ob eine VollAbtr od eine Einziehgsermächtigg vorliegt, ist dch Auslegg (§§ 133, 157) zu entscheiden. Ein wesentl GesichtsPkt kann sein, ob die Part die mit der VollAbtr verbundene überschießde Außenstellg des Zessionars gewollt haben od nicht (BGH WM **85**, 614). Soll einer Inkassostelle die Einziehg übertragen w, ist – wg der andf bei der gerichtl Geltdmachg entstehden Schwierigk – iZw eine
31 VollAbtr anzunehmen (Köln JMBlNRW **71**, 7). – **c)** Die **Befugnisse des Ermächtigten** richten sich nach dem Inh der Ermächtigg. Neben dem EinziehgsR (Rn 29) steht ihm iZw die Befugn zu, die Erkl für den Gläub abzugeben, die im ZusHang mit der Geltdmachg der Fdg erforderl w (Karlsr NJW-RR **96**, 752), wie Vorbeh, Ann als Erf (§ 363) usw (Nörr-Scheyhing § 11 IV 4 d). Zu Vfgen über die Fdg, insb zur Abtr od Übertragg der Ermächtigg, ist er grdsl nicht berecht (BGH NJW **98**, 3205). Der VorbehKäufer ist aber iZw befugt, die vom verlängerten EigtVorbeh erfaßte Fdg im Rahmen echten Factorings an den Factor abzutreten, dagg besteht diese Befugn iF unechten Factorings nicht (Rn 36 f). Der SichgG, der die Fdg dch Globalzession abgetreten hat, ist zur nochmaligen Abtr an einen Factor nicht befugt (BGH **75**, 394); er kann aber wirks über die Fdg verfügen, wenn er aufgrund der Abtr den GgWert der Fdg ungeschmälert u endgült erhält (BGH **82**, 283, krit Bülow NJW **82**, 1630). Die Einziehgsermächtigg ist iZw frei widerrufl (BGH **82**, 290), die iF der stillen SichgAbtr dem Zedenten erteilte Ermächtigg aber nur im Rahmen des SichgZweckes (Mü BB **85**,
32 2270). – **d)** Der Schu kann dem Ermächtigten alle ihm gg den Gläub zustehden **Einwendungen** entgghalten. Er kann, da der Ermächtigde weiterhin Gläub ist, auch mit Fdgen aufrechnen, die er nach Kenntn von der Einziehgsermächtigg gg den Ermächtigden erworben hat, nicht aber mit Fdgen gg den Ermächtigten (OLG **23**, 19). Auch aus dem InnenVerh zw Gläub u dem Ermächtigten kann er Einwendgen herleiten (RG **53**, 419), nicht aber aus seinen eig RBeziehgen zum Ermächtigten (BGH NJW **83**, 1424). Zugunsten des Schu finden die §§ 170 ff entspr Anwendg (§ 182 Rn 3). Die bes verlautbarte od dch Vorlage einer Urk belegte
33 Ermächtigg gilt daher ggü einem gutgl Schu auch dann, wenn sie inf Widerrufs nicht mehr besteht. – **e)** Zur gerichtl Geltdmachg der Fdg im eig Namen ist der Ermächtigte nur berecht, wenn er hieran ein eig schutzwürd Interesse hat (BGH **4**, 165, **92**, 349, **96**, 153, NJW **89**, 1933, stRspr), sog **gewillkürte Prozeßstandschaft.** Dieses fehlt, wenn der Ermächtigte vermögenslos ist (Frahm VersR **96**, 163). And liegt es jedoch, wenn der vermögenslos gewordene fr RInh die zur Sicherh abgetretene Fdg geltd macht (BGH NJW **99**, 2588) od wenn der Ermächtigte erst nachträgl in Vermögensverfall gerät od für die ProzKosten Sicherh leistet (BGH NJW **95**, 3186). Das Urt schafft für u gg den Ermächtigden RKraft (BGH NJW **57**, 1636). Der ProzGegner kann mit seinem KostenerstattgsAnspr gg Anspr des Ermächtigden aufrechnen (KG
34 MDR **83**, 752). – **f)** Ist die Fdg wg ihres höchstpersönl Charakters od wg § 400 **nicht abtretbar,** kann für sie auch keine Einziehgsermächtigg erteilt w (BGH NJW **69**, 1110, **LM** § 847 Nr 3). Bei vertragl Abtretgsverboten ist es Ausleggsfrage, ob auch eine Einziehgsermächtigg ausgeschlossen sein soll (BGH **56**, 236, NJW **92**, 1883). Dagg ist bei unübertragb vermögensrechtl Anspr eine Einziehgsermächtigg idR wirks (BGH **68**, 125, NJW **87**, 3122, Köln ZIP **87**, 868), es sei denn, daß das AbtrVerbot nach seinem Zweck die Geltdmachg der Fdg dch einen Dr ausschließen will (BGH NJW **96**, 3275). Sow das AbtrVerbot des § 400 nach dem GesZweck entfällt (§ 400 Rn 3), ist auch eine Einziehgsermächtigg zul (BGH **4**, 166).

35 **9)** Beim **Factoring** überträgt ein Unternehmer seine Fdgen gg seine Abnehmer dch Global- od Mantelzession auf den Factor. Nach Entstehg der Fdg zahlt der Factor deren GgWert, vermindert um seine Provision, an den Unternehmer u zieht die Fdg ein. Die RNatur des FactoringVertr ist str. Er wird von einigen als Kauf eingestuft (Blaurock ZHR **142**, 340, **143**, 71), von and als Darl (Canaris NJW **81**, 250). Der BGH unter-
36 scheidet wie folgt: – **a)** Beim **echten** Factoring trägt der Factor das Delkredererisiko. Rechtl handelt es sich um einen Fdgskauf (BGH **69**, 257, **72**, 20). Die Globalzession an den Factor ist auch insow wirks, als sie Fdgen betrifft, die von einem verlängerten EigtVorbeh erfaßt w, da der VorbehVerkäufer wirtschaftl u rechtl ebso dasteht, wie wenn der Käufer die Fdg selbst eingezogen hätte (BGH **69**, 258). Auch wenn die Abtr an den Factor der Vereinbg des verlängerten EigtVorbeh zeitl nachfolgt, ist sie wirks, da sie dch die dem VorbehKäufer erteilte Ermächtigg zur Vfg über die Sache u deren Ggwert gedeckt ist (BGH **72**, 20, **82**, 288). Dagg berecht die vom Globalzessionar erteilte Einziehgsermächtigg den SichgG nicht, die Fdg an einen Factor abzutreten. Bei einer Kollision von Global- u Factoringzession gilt daher der Grds der Priorität (BGH **75**, 391). Wenn der FactoringErlös nicht an den VorbehKäufer, sond an einen Dr abgeführt w soll, kann sich der Factor nicht auf sein VorR berufen (BGH **100**, 360, Ffm BB **88**, 233). Der VorbehVerkäufer kann sich gg mögl Gefahren dch entspr Klauseln sichern (s Peters/Wiechmann NJW **85**, 2932). Ist das Delkredere des Factors weitgehd
37 ausgehöhlt, gilt Rn 37 (Kblz WM **88**, 45). – **b)** Beim **unechten** Factoring trägt der Factoringkunde das Risiko des Fdgsausfalls. Die Gutschrift des GgWerts der Fdg ist rechtl als KreditGesch aufzufassen (BGH **82**, 61); die Abtr erfolgt zur Sichg des Kredits u zugl erfhalber (BGH **58**, 367, NJW **78**, 1521). Bei einem Konflikt mit dem verlängerten EigtVorbeh ist die Abtr an den Factor entspr der Vertragsbruchtheorie (Rn 25) grdsl unwirks (BGH **82**, 56, Serick NJW **81**, 794). Sie ist aber wirks, wenn die rückbelasteten od nicht bevorschußten Fdgen dch Vereinbg einer entspr auflösden Bdgg *ipso jure* an den Factoringkunden u damit gem § 185 II Fall 2 an den VorbehVerkäufer zurückfallen; denn bei einer solchen VertrGestaltg stehen echtes u unechtes Factoring, sow es um die Berücksichtigg der Interessen des VorbehVerkäufers geht, einand gleich.

38 **10) Vertragsübernahme. – a)** Das BGB regelt die Abtr einz Fdgen u die Übern einz Schulden. Es enthält dagg keine Vorschr über eine rechtsgeschäftl **Übertragung eines Schuldverhältnisses im ganzen,** dh den Eintritt einer VertrPart anstelle der bisherigen. Eine VertrÜbern sieht das Ges nur als Folge and RGesch vor, so in den §§ 571, 581 II, 613 a, 1251, VVG 69, UmwG 20 I Nr 1, 131 I Nr 1 (vgl ferner §§ 569 a, 651 b, VVG 151 II, 177). Rspr u Lehre haben aber iW der RFortbildg den nunmehr allg anerkannten Grds herausgebildet, daß die rgeschäftl Übertr eines ganzen SchuldVerh zul ist (BGH **95**, 94, Larenz § 35 III). **Einzelfälle:** PachtVertr (BGH **LM** § 581 Nr 16); MietVertr (BGH NJW **78**, 2504); Eintritt des LeasingG in den vom LeasingN abgeschlossenen KaufVertr (BGH **96**, 307); ArbVertr (BAG DB **73**, 924); ElektroVersorggsVertr (BGH NJW **61**, 454); SukzessivliefergsVertr (BGH WM **73**, 489); BierbezugsVertr (BGH NJW-

RR **93**, 562); PersonalGesellsch (BGH **44**, 231). Die VertrÜbern ist ein einheitl RGesch (BGH **LM** § 581 Nr 16, BAG DB **73**, 924, hM), nicht eine Kombination von Abtr u SchuldÜbern (so aber BGH NJW **61**, 454). Sie ist Vfg über das SchuldVerh im ganzen u bedarf der Zust aller Beteiligten. Sie kann als „dreiseitiger Vertr" abgeschl werden; (BGH **96**, 302, aA Dörner NJW **86**, 2916). Mögl u der Interessenlage idR besser entspr ist aber ein Vertr zw der ausscheidden u eintretden Part unter Zust des and Teils. Die Zust ist nur dann gem § 123 anfechtb, wenn die Täuschg beiden Part des ÜbernVertr zuzurechnen ist (BGH NJW **98**, 531); bei der Täuschg dch eine Part ist daher erforderl, daß der and Teil die Täuschg kannte oder kennen mußte (BGH aaO). Zust kann im voraus erteilt w (BGH DtZ **96**, 57), in AGB aber nur in den Grenzen von AGBG 11 Nr 13. Fehlt die Zust des Schu, kann die in der Übernahme mitenthaltene Abtr wirks sein (BGH ZIP **96**, 1519). Wird der ausscheidde VertrPartner insolvent, kann der verbleibde Partner die VertrÜbern auch noch nach Eröffng des InsVerf genehmigen (Lange ZIP **99**, 13173). – **b)** Der Vertr bedarf der **Form** des über- 39
nommenen Vertr (BGH **72**, 396, Nörr-Scheyhing § 19 III), jedoch ist die Zust des nicht am VertrSchl beteiligten Teils formfrei (BGH DtZ **96**, 57, Wagner JuS **97**, 693). Betrifft die Übernahme einen VerbrKrVertr, gelten die SchutzVorschr des VerbrKrG, insbes sein § 7, auch zG des Übernehmers (BGH **129**, 378, NJW **99**, 2664). Die auf dem VerbrKrG od dem HausTWG beruhde schwebde Unwirksamk wird dch die VertrÜbernahme nicht geheilt (BGH **129**, 375), auch wenn der Übernehmer nicht zu dem geschützten PersKreis gehört (BGH NJW **96**, 2156). Dem Eintretden stehen alle Einwendgen aus dem SchuldVertr zu. Außerdem kann er sich auf Mängel der VertrÜbern berufen, nicht aber auf Mängel des GrdGesch, da die VertrÜbern als Vfg abstrakt ist (Übbl 21 vor § 104). Ist der Vertr anfechtb, muß die Anf ggü den beiden übrigen Beteiligten erklärt w (BGH **96**, 309, krit Dörner NJW **86**, 2916). Die §§ 398 ff, 414 ff sind entspr anwendb, aber mit Einschränkgen. So sind insbes §§ 406–410 leerlaufd, da der verbleibde VertrPartner vom Wechsel seines Gegners idR Kenntn erhält; iF einer im voraus erteilten Zust sind §§ 406 ff jedoch entspr heranzuziehen; ebso ist § 418 anwendb (Hamm NJW-RR **91**, 48). In gleicher Weise ist auch ein VertrBeitritt zul, wobei die Art der Mitberechtigg u Mitverpflichtg von dem jeweiligen SchuldVerh abhängen. Beitritt zu MietVertr bedarf ggf der Form des § 566 (BGH **65**, 49, **72**, 397).

11) Der Zessionar trägt die **Beweislast** für die Abtr; für UnwirksamkGrde ist beweispflicht, wer sich auf 40
die Unwirksamk beruft (BGH NJW **83**, 2019). War die Fdg nach einem best Ztpkt nicht mehr abtretb, muß der Zessionar beweisen, daß die Abtr vorher erfolgt ist (BGH NJW **86**, 1925).

399 ***Ausschluß der Abtretung bei Inhaltsänderung oder Vereinbarung.*** **Eine Forderung kann nicht abgetreten werden, wenn die Leistung an einen anderen als den ursprünglichen Gläubiger nicht ohne Veränderung ihres Inhalts erfolgen kann oder wenn die Abtretung durch Vereinbarung mit dem Schuldner ausgeschlossen ist.**

1) Allgemeines. – a) Der Grds, daß Fdgen idR abtretb sind (§ 398 Rn 1), wird dch § 399 **eingeschränkt.** 1
Die Vorschr regelt zwei unterschiedl Fälle: Der Ausschluß der Abtretbark kann sich aus dem Inh der Leistg (Rn 4 ff) od aus einer Vereinbg der Part (Rn 8 ff) ergeben. – **b)** Die Regelg des § 399 ist **nicht abschließend.** 2
Das Ges enthält weitere AbtrVerbote (zB § 400), die zT auf dem gleichen RGedanken wie der 1. Halbs des § 399 beruhen. Schranken ergeben sich auch aus **§ 242**. Die Abtr ist eine unzul RAusübg, wenn sie den Schu unzumutb beschwert. Das kann in AusnFällen bei TeilAbtr zu bejahen sein (RG **146**, 402), die für den ArbG bei der TeilAbtr von LohnFdgen anfallde MehrArb genügt aber nicht (BGH **23**, 56). Anwendb ist § 242 dagg bei Abtr u Aufr mit dem Teilbetrag einer Fdg, über die seit vielen Jahren ein RStreit anhäng ist (Düss MDR **81**, 669), in krassen Fällen auch, wenn die Pers des Zessionars unzumutb ist. Die Abtretbark der Fdg kann auch dch TarifVertr u BetrVereinbgen ausgeschl w (BAG **AP** Nr 1 u 4, LAG Ffm DB **72**, 243). – **c)** § 399 gilt auch für 3
den **gesetzlichen Forderungsübergang,** § 412 (RG **97**, 78, Nörr/Scheyhing § 13 II 1). Aus dem Zweck der Norm, die die Legalzession anordnet, kann sich aber ergeben, daß sie auch unabtretb Fdgen erfassen will (Nörr/Scheyhing § 3 IV 1). Hat der SozVersTräger den Unterh des ArbN für einen best Zeitraum getragen, geht der entspr LohnAnspr trotz einer entggstehden Vereinbg über (BAG NJW **66**, 1727).

2) Unabtretbarkeit kraft Leistungsinhalts. Sie umfaßt drei ineinand übergehde Fallgruppen: – **a)** Die 4
Fdg ist nicht abtretb, wenn sich dch die Abtr der **Inhalt der Leistung** verändern würde. Fälle: Anspr auf Unterh in Natur (für UnterhRenten s § 400 iVm ZPO 850 b I Nr 2 u 3); VorkaufsR (§ 514); Anspr auf GebrauchsÜberl (RG **134**, 96); Anspr aus einem VorVertr auf VertrSchl; Anspr auf Bestellg einer persönl Dienstbark; Anspr auf Dienstleistgen (§§ 613 I S 2, 664 II), UnterlAnspr aus PrBindgsVertr (Hbg NJW **63**, 2128). **Abtretbar** sind dagg: der Anspr auf Wandlg u Minderg (BGH **95**, 252); der NachbessergsAnspr (BGH **96**, 147); der Anspr aus § 249 S 1 u 2 (aA offenb BGH **81**, 392); der Anspr aus einer Bankgarantie (BGH NJW **84**, 2031, Zeller BB **90**, 363); idR der Anspr auf EigtVerschaffg (BayObLG NJW-RR **99**, 309), das Recht, auf einem Golfplatz Werbetafeln aufstellen zu lassen (BGH NJW-RR **94**, 558). Der Anspr auf **Schuldbefreiung** kann nur an den Gläub der zu tilgden Schuld (ausnweise auch an den für die Schadensregulierg zuständ Versicherer) abgetreten w u wandelt sich dch die Abtr in einen ZahlgsAnspr um (BGH **12**, 136, NJW **93**, 2232, § 257 Rn 1). Eine Abtr an Dr ist erst mögl, wenn aus dem FreihaltgsAnspr gem § 326 ein SchadErsAnspr geworden ist (BGH aaO). Auch in and Fällen besteht eine AbtrMöglichk nur hinsichtl best Zessionare. Nur an den GeschNachf abtretb ist der Anspr aus einem WettbewVerbot (RG **96**, 172, **102**, 129), das BelegR aus einem WerkfördergsVertr (BGH NJW **72**, 2036) u der UnterlAnspr wg Verletzg des R am eingerichteten GewBetr (Reuter JuS **86**, 21). Der Anspr des VersprEmpfängers aus einem Vertr zGDr kann an den Dr abgetreten w (RG **150**, 133), das Recht eines WoBauUntern auf Zust zu baul Änd an einen zu diesem Zweck gegründeten eV (BGH NJW **79**, 1707), der BeihilfeAnspr gg den Dienstherrn an den Gläub der beihilfefäh Kosten (BAG DB **70**, 1327). Die **Zweckbindung** der Leistg kann die Abtretbark in weiteren 5
Fällen beschränken, so etwa bei AuskAnspr gg die Bank (BGH NJW **89**, 1601), AufbauDarl (s BGH **25**, 211), Anspr aus § 528 (BGH NJW **95**, 323), AusglFdgen gem HausRVO 8 III 2 (Köln NJW-RR **93**, 1031), zweckgebundene Erschließgskosten (Hamm NJW-RR **92**, 22), Anspr der TrHand-Kommanditistin gg die TrGeber (BGH NJW **91**, 2906). Abtretb sind dagg die ArbNSparzulage (BAG DB **76**, 2117), der Anspr aus

dem GiroVertr auf den Tagessaldo (BGH **84**, 374), der Anspr auf Auszahlg der DarlValuta (RG **68**, 356, LG
6 Hbg NJW **86**, 998, Wagner JZ **85**, 718, str). – **b)** Nicht abtretb sind **höchstpersönliche Ansprüche,** wobei jedoch vielf zugl die Voraussetzungen von Rn 4 vorliegen. Fälle: § 717, Anspr auf Urlaub u auf UrlaubsAbgeltg (BAG **AP** § 611 (UrlaubsR) Nr 3, 7, 17, 42), Anspr auf Unterl von Ehrverletzgen (RG HRR **33**, 919).
7 Weitere Bsp s Rn 4. – **c)** Nicht selbstd abtretb sind **Nebenrechte,** soweit sie akzessorisch od als bloße HilfsR rechtl unselbstd sind. Der Anwendgsbereich dieses AusschlußGrdes stimmt spiegelbildl mit dem des § 401 überein. Nicht selbstd abtretb sind der Anspr aus Bürgsch (BGH **95**, 93, **115**, 181), Hyp u PfandR (§§ 1153 II, 1250 I 2), der Anspr auf Rechngslegg (RG JW **31**, 525) u auf Quittg (Köln OLGZ **71**, 153), akzessor GestaltgsR (BGH NJW **73**, 1794, § 413 Rn 7), der Anspr aus § 894 (dort Rn 5) u aus § 985 (dort Rn 1). Anspr auf Zinsen u VertrStrafen können dagg abgetreten w, auch wenn sie noch nicht fällig sind.

8 **3) Unabtretbarkeit kraft Vereinbarung. – a)** Die Vereinbg kann bei Begründg der Fdg, aber auch später getroffen w. Mögl ist auch ein stillschw Ausschl. Er ist in der Kontokorrentabrede enthalten (BGH **70**, 92), idR auch in der Vereinbg einer vertragl VerschwiegenhPfl (Düss NJW-RR **94**, 438, s zur gesetzl VerschwiegenhPfl § 134 Rn 22), nicht aber in der Abrede über eine Sicherg der Fdg dch eine GrdSch (BGH NJW-RR **91**, 305); er ist auch bei LohnFdgen nicht anzunehmen (BGH **23**, 55). Die Klausel „Abtr w nicht anerkannt" enthält einen AbtrAusschl (BGH WM **68**, 195). § 399 gilt auch dann, wenn die Part die Wirksamk der Abtr von best Erfordern (Zust, AbtrAnzeige) abhäng gemacht h, diese aber nicht eingehalten worden sind (BGH **102**, 300, **108**, 174, **112**, 389, NJW **97**, 2747 zu ALB 13 III, NJW-RR **99**, 898 zu AVB 16 Nr 2). Ist die Abtr formbedürft, ist aber § 125 anzuwenden (BGH NJW **86**, 2107 zu PostG 23 IV 3, aA Wagner NJW **87**, 928). Der AbtrAusschluß kann auch hins zukünft Fdgen vereinbart w (RG **97**, 78); in diesem Fall w die Fdgen auch von einer fr VorausAbtr nicht erfaßt (BGH **27**, 306, **77**, 276, **LM** Nr 8, aA Hennrichs JZ **93**, 230). Unanwendb ist § 399 dagg, wenn die Vereinbg keine dingl, sond ledigl verpflichtde Wirkg haben soll (BGH
9 NJW **82**, 2769). – **b) Schranken. – aa)** Nach **HGB 354 a,** iKr seit dem 30. 7. 94, ist die Abtr von GeldFdgen aus einem beiderseit HandelsGesch trotz eines AbtrVerbots wirks; das Verbot hat aber die Wirkg, daß der Schu auch bei Kenntn der Abtr mit befreider Wirkg an den Zedenten leisten kann. Der Leistg stehen leistgsersetzde ErfHdlgen (Aufr, Verrechng) gleich (Saar ZIP **99**, 988); and RGesch „in Ansehg der Fdg" sind dagg ggü dem Zessionar nur wirks, wenn die Voraussetzgen des § 407 vorliegen (Henseler BB **95**, 5, aA Saar aaO). Nach einer im Schriftt vertretenen Ansicht soll der Schu nach Offenlegg der Zession (K. Schmidt NJW **99**, 400) iF drohder Insolvenz des Zedenten (Derleder BB **99**, 1561) nicht mehr berecht sein, an den Zedenten zu leisten. Die Neuregelg (vgl zu ihr die HGB-Kommentare u hier 56. Aufl) erfaßt auch Abreden, die die Abtr von einer Zustimmg des Gläub abhäng machen (Celle NJW-RR **99**, 618), gilt entspr EG 170 aber nur für AbtrVerbote, die nach dem 29. 7. 1994 vereinbart worden sind (Hamm NJW-RR **98**, 1248, LG Bonn WM **96**, 930, Henseler aaO, Grub ZIP **94**, 1649, BGH **44**, 194 zu Art 170 EG, aA für nach dem Stichtag entstandene Fdgen
10 Brschw WM **97**, 1214, Köln DB **97**, 2169 u BT Drs 12/7912 S 25). – **bb)** Neben HGB 354 a gelten die von der **Rechtsprechung entwickelten Rechtsgrundsätze** weiter (and Saar, ZIP **99**, 988: HGB 354 a schließt in seinem Geltgsbereich die Anwendg des AGBG 9 aus). Das formularmäß AbtrVerbot verstößt wg des berecht Interesses des Schu an einer Vereinfachg der VertrAbwicklg idR weder gg § 138 noch gg **AGBG 9** (BGH **51**, 113, **102**, 300, NJW **97**, 3434). Bei einem Konflikt mit einem verlängerten EigtVorbeh kann das AbtrVerbot aber zum Scheitern des gutgl EigtErwerbs (BGH NJW **99**, 425) u zur Haftg aus §§ 823, 990 führen (BGH **77**, 274, **109**, 302). Wirks ist das AbtrVerbot in AHB 7 III (BGH VersR **97**, 1090, Düss NJW-RR **97**, 1526), das formularmäß Abtr- u Weiterverkaufsverbot in den AGB für das Kfz-NeuwagenGesch (BGH NJW **82**, 180), u das AbtrVerbot für GrdSchRückgewährAnspr, zumindest wenn die GrdSch von einem Dr bestellt worden ist (BGH **110**, 243). Das Verbot gilt auch iF der Ins des Gläub (BGH NJW **97**, 3434). Die Abtr im Rahmen des Factoring ist aber trotz eines verlängerten EigtVorbeh unabhäng von HGB 354 a zul (BGH **72**, 22, § 398 Rn 36). Unwirks sind der formularmäß Ausschl des FdgÜbergangs gem VVG 67 (BGH **65**, 366) u der Abtr an den TransportVers (BGH **82**, 171), ferner das mit der Beschränkg aller Anspr auf den Anmelder gekoppelte AbtrVerbot in einem ReiseVertr (BGH **108**, 55). Ist die zur Reparatur des Kfz bestimmte Leistg des Kaskoversicherers an den LeasingG ausgezahlt worden, kann sich dieser ggü der Abtr des Anspr dch den LeasingN an die Reparaturwerkstatt nicht auf ein vertragl AbtrVerbot berufen (BGH **93**, 399). Trotz des AbtrVerbots bleibt die Fdg unter den Voraussetzgen von ZPO 851 II **pfändbar. – c)** Zur Vereinbg eines ÜbertraggAusschl bei beschr dingl Rechten s Einl 14 v § 854, bei sonst Rechten Däubler NJW **68**, 1117.

11 **4)** Die **gegen § 399 verstoßende** Abtr ist auch iF des vereinbarten AbtrAusschl **unwirksam** (BGH **40**, 159, **70**, 301, **102**, 301, Bülow NJW **93**, 901). Die Unwirksamk kann nicht nur vom Schu, sond von jedermann geltd gemacht w, soweit nicht § 242 entggsteht (BGH **56**, 176). Die Fdg gehört weiterhin zum Verm des Zedenten u kann bei diesem gepfändet w (BGH **102**, 301, **108**, 176). Die GgAns (RG **148**, 110, Scholz NJW **60**, 1837), nach der die Abtr idR entspr § 135 nur relativ unwirks sein soll, übersieht, daß § 399 keine das rechtl Dürfen beschränkde Verbotsnorm ist, sond der Fdg die VerkFähigk nimmt (BGH **40**, 160, krit Wagner AcP **194**, 451, § 134 Rn 1). Genehmigt der Schu die Abtr, liegt darin das Angebot zum Abschluß eines ÄndergsVertr (Aufhebg des AbtrAusschl). Eine einseit Zustimmg des Schu genügt nicht (BGH **108**, 176, aA BGH NJW-RR **91**, 764); §§ 185, 184 sind unanwendb; die Abtr wird nur mit Wirkg ex nunc wirks (BGH **70**, 302, **102**, 301, Lüke JuS **92**, 116, str). Das gilt auch dann, wenn die Abtr nicht gänzl ausgeschlossen, sond von der Zustimmg des Schu abhäng gemacht w (BGH **108**, 176). Bei mehreren Abtr kann der Schu wählen, zu wessen Gunsten er das Verbot aufhebt (Kblz WM **92**, 74).

400 ***Ausschluß bei unpfändbaren Forderungen.*** **Eine Forderung kann nicht abgetreten werden, soweit sie der Pfändung nicht unterworfen ist.**

1 **1) Allgemeines. – a)** § 400 ist – ebso wie das AufrVerbot des § 394 – zwingd; er soll im öff Interesse verhindern, daß dem Gläub der unpfändb Fdg die LebensGrdl gänzl entzogen w (RG **146**, 401). Das Verbot erstreckt sich auch auf die EinziehgsErmächtigg (RG **146**, 402, BGH **4**, 165) u auf Vereinbgen über die
2 „Verwaltg" von unpfändb Einkommen (Celle OLGZ **71**, 345). – **b)** Auf den **gesetzlichen Forderungs-**

übergang (§ 412) findet § 400 nur Anwendg, soweit der Gedanke des GläubSchutzes dies erfordert (BGH **13**, 370). Er ist daher auf den FdgÜbergang gem SGB X § 116, EFZG 6, BSHG 90 unanwendb. Die Unpfändbark des SteuerAnspr steht dem Übergang auf den Bürgen nicht entgg (RG **135**, 31).

2) Das AbtrVerbot des § 400 ist nach seinem **Zweck unanwendbar,** wenn der Zedent vom Zessionar eine 3
wirtsch gleichwert Leistg erhält (so auch SGB I § 53 II), sei es freiw (BGH **4**, 153), sei es aufgrd gesetzl Verpflichtg (BGH **13**, 360, **59**, 115, **LM** Nr 5). LohnFdgen können daher an die Gewerksch abgetreten w, die Streikunterstützg zahlt (BAG NJW **80**, 1652), der Anspr aus § 528 I an den SozHilfeTräger (BGH **127**, 356), Kaug an einen DarlG, der die Lohnfortzahlg vorfinanziert (BSG ZIP **95**, 935, 1053), jedoch mit der sich aus AFG 141 k II a ergebden Einschränkg (BSG ZIP **98**, 2169), InsGeld, das ab 1. 1. 99 Kaug ersetzt, nur noch mit Zust des ArbAmtes (Salzwedel BB **98**, 825, Hauser/Hawelka ZIP **98**, 1261, Zwanziger ZIP **98**, 2169). Dagg ist die Abtr von UnterhAnspr an den behandelnden Arzt ausgeschl (LG Mü NJW **76**, 1796, and LG Frankenthal NJW-RR **89**, 1352, wenn wg der Behandlg ein Anspr wg eines UnterhSonderbedarfs besteht). Unwirks ist auch die Abtr einer unpfändb Fdg (Blindengeld) zum Zweck einer unzul Anrechng (BGH NJW **88**, 819). Nach Übergang der unpfändb Fdg auf einen Dr kann dieser frei über die Fdg verfügen; § 400 ist unanwendb (BGH **35**, 327, NJW **96**, 3274).

3) Zu den **Pfändungsverboten** s § 394 Rn 3. Das VollstrVerbot des InsO 89 ist kein Pfändgsverbot iSd 4
§ 400 (BGH **125**, 116). Über Ändergen des pfändgsfreien Betrages (ZPO 850 f) entscheidet das ProzGer im Verf zw Zedenten u Zessionar (Köln NJW-RR **98**, 1689), nicht aber im RStreit zw Zedenten u Schu (BAG NJW **91**, 2038).

401 *Übergang der Neben- und Vorzugsrechte.* **I Mit der abgetretenen Forderung gehen die Hypotheken, Schiffshypotheken oder Pfandrechte, die für sie bestehen, sowie die Rechte aus einer für sie bestellten Bürgschaft auf den neuen Gläubiger über.**

II Ein mit der Forderung für den Fall der Zwangsvollstreckung oder des Insolvenzverfahrens verbundenes Vorzugsrecht kann auch der neue Gläubiger geltend machen.

1) Allgemeines. – a) § 401 hat den **Zweck,** dem Zessionar mit der Fdg zugl die zu ihr gehörigen 1
Neben- u VorzugsR zu verschaffen, zumal diese nach der Abtr für den Zedenten idR wertlos wären. Die Vorschr ist dispositiv; die Part des AbtrVertr können den Übergang der NebenR ausschließen (BGH **115**, 181). Die NebenR, die in direkter Anwendg des § 401 I mit der Fdg übergehen, können nicht selbstd abgetreten w (§ 399 Rn 7). NebenR, auf die § 401 I ledigl analog angewandt w, können dagg Ggst eines selbstd AbtrVertr sein (Rn 5 f). – **b)** Auf den **gesetzlichen Forderungsübergang** (§ 412) ist § 401 entspr 2
anwendb (BGH **46**, 15, NJW **72**, 439). Hat sich ein Angeh für VersorggsAnspr verbürgt, ist der Übergang auf den Träger der gesetzl Insolvenzversicherg nicht ausgeschlossen (BGH NJW **93**, 2935). Zweifel ergeben sich, wenn mehrere Sicherh bestehen u ein SichgG den Gläub befriedigt (s § 426 Rn 2).

2) Nebenrechte (I). – a) Mit der Fdg gehen wg ihrer Akzessorietät über: Hyp (§ 1153), SchiffsHyp (Fassg 3
der VO v 21. 2. 40, RGBl 1609), PfandR (§§ 1250, 1273), RegisterPfandR an Luftfahrzeugen (LuftfzRG 98 II) u die Bürgsch. Wird ihr Übergang ausgeschl, erlischt sie analog § 1250 II (RG **85**, 364). Die Bürgsch erstreckt sich nicht auf weitere Kredite aus der GeschVerbindg mit dem Zessionar (BGH **26**, 147), jedoch kann es bei einer GesRNachf auf der GläubSeite and liegen (BGH **77**, 170). Eine Mietbürgsch haftet iF einer VertrÜbern auch für die in der Pers des neuen Vermieters entstehden Anspr (BGH **95**, 97). Der Zessionar erlangt zugl das Recht, die zur Fälligstellg der Bürgsch erforderl Erkl abzugeben (BGH NJW **87**, 2075). –
b) In entspr Anwendg des § 401 I gehen auf den Zessionar über: – **aa)** And **unselbständige Sicherungs-** 4
rechte, wie der Anspr auf Bestellg von akzessor SichgR (RG **126**, 384), der Anspr aus § 648, die Vormerkg (BGH **25**, 23, NJW **94**, 2947), der aus der Hyp entstandene Anspr auf Befriedigg aus dem VersteigergsErlös (RG **65**, 418), der Anspr aus ErfÜbern (RG **65**, 170) od einer sichernden Schuldmitübern (BGH NJW **72**, 437, BAG WM **90**, 737), das kaufm ZbR (str). – **bb) Hilfsrechte,** die zur Dchsetzg der Fdg erforderl sind, wie Anspr auf Ausk u Rechngslegg (Mü VersR **85**, 846), so auch beim FdgÜbergang gem BSHG (BSHG 91 I 1 nF gg BGH NJW **86**, 1688), angebl and aber beim FdgÜbergang gem SGB X 116 (Hüpers VersR **94**, 653), der Anspr des Verkäufers gg den Notar auf Auszahlg des hinterlegten KaufPr (BGH NJW **98**, 2134), die GenBefugn (§ 185 II) bei einem Anspr aus § 816 (BGH NJW **71**, 1452), GestaltgsR, die sich auf die einz Fdg beziehen, so das FrSetzgs- u LeistgsablehngsR gem §§ 280 II, 283, 286, das Recht zur FrSetzg u Ablehngsandrohg gem § 326 (BGH **114**, 365, NJW **91**, 2553), das WahlR u die Ersetzgsbefugn des Gläub sowie das Recht zur FälligkKünd (BGH NJW **73**, 1794, § 413 Rn 6). – **cc)** Zum Übergang von **Schiedsklauseln** u GerStandVereinbgen s § 398 Rn 18.

3) Keine Nebenrechte iSv § 401 sind: – **a) Alle selbständigen Sicherungsrechte,** wie das Sichg- od 5
VorbehEigt (BGH **42**, 56), die SichgGrdSch (RG **135**, 274, BGH NJW **74**, 101) u die zur Sichg abgetretene Fdg (BGH **78**, 143, **LM** Nr 5). Der Zedent ist aber nach dem RGedanken des § 401 iZw schuldrechtl verpfl, die bestehden SichgR auf den Zessionar zu übertragen, sofern nicht die Abrede mit dem SichgG entggsteht (BGH **80**, 232, **92**, 378, **110**, 43, Köln NJW **90**, 3214). Mit dem SichgR hat er zugl die ihm auferlegten Beschränkgen (FreigabePfl) zu übertragen (BGH NJW **97**, 463). Eine solche AbtrPfl hat die Rspr bejaht: für eine SichgGrdSch iF eines gesetzl FdgÜbergangs gem § 426 II (BGH **80**, 232, NJW-RR **95**, 589), für das SichgEigt im gleichen Fall (LG Darmstadt NJW **77**, 251, 719) u für das VorbehEigt iF des gesetzl FdgÜbergangs auf den Bü (BGH **42**, 56). – **b) Andere Ansprüche und Rechtsstellungen** aus demselben SchuldVerh, wie 6
bereits entstandene SchadErsAnspr (RG **72**, 141), ZinsAnspr (BGH **35**, 173), VertrStrafen, Anspr aus Garantiezusagen (Hadding ZGR **82**, 493), Anspr auf Rückgewähr vorrangig eingetragener GrdSch (BGH **104**, 29), Kautionen (Ffm NJW-RR **89**, 891), GestaltgsR, die, wie das Rücktr- u KündR, das ganze SchuldVerh betreffen (§ 398 Rn 18); iZw ist aber anzunehmen, daß künft ZinsAnspr mitabgetreten sind (BGH **35**, 173), ebso künft VertrStrafAnspr (RG JW **07**, 171). Auch rückständ Zinsen können stillschw von der Abtr miterfaßt sein (BGH WM **72**, 560), uU auch Rücktr- u KündR (§ 413 Rn 7). Dagg ist das ZbR des § 273 nicht übertragb.

7 **4) Vorzugsrechte (II):** Vgl ZPO 804 II, InsO 49 ff. Bei Überleitg des UnterhAnspr gem BSHG 90, 91 geht das VorzugsR aus ZPO 850 d mit über (BAG NJW **71**, 2094, BGH NJW **86**, 1688, aA Bethke FamRZ **91**, 397). Auf den Bürgen od GesSchu, der iW des gesetzl FdgsÜberganges eine Steuer- od ZollFdg erwirbt, gehen die DchgriffsAnspr aus AO 34, 69 nicht mit über (BGH **75**, 24).

402 *Auskunftspflicht; Urkundenauslieferung.* **Der bisherige Gläubiger ist verpflichtet, dem neuen Gläubiger die zur Geltendmachung der Forderung nötige Auskunft zu erteilen und ihm die zum Beweise der Forderung dienenden Urkunden, soweit sie sich in seinem Besitz befinden, auszuliefern.**

1 **1) Allgemeines. – a)** Die Abtr ist ein VerfüggVertr; die Verpfl des Zedenten bestimmen sich nach dem KausalGesch. Gleichwohl knüpft das Ges die Pflten der §§ 402, 403 an die Abtr. Dabei handelt es sich aber um eine Typisierg des Inh des KausalGesch, der auch konkludent abgeändert w kann. Bei Nichtigk des KausalGesch entfallen die Rechte aus §§ 402, 403 (MüKo/Roth Rn 2). ParallelVorschr beim Kauf § 444. – **b)** § 402 gilt auch beim gesetzl FdgÜbergang (§ 412).

2 **2) Die einzelnen Pflichten. – a)** Die Pfl zur **Auskunft** bezieht sich auf alle Umst, die für die Fdg, die mitübergegangenen NebenR u deren Dchsetzg erhebl sind. Sie kann sich auch auf Umst erstrecken, die dem Zedenten erst nach der Abtr bekannt geworden sind. Sow zur RDchsetzg erforderl, kann der Zessionar auch
3 Ausk über persönl u wirtschaftl Verhältn des Schu verlangen. – **b)** Die Pfl zur **Auslieferung von Urkunden** erstreckt sich auf alle Urk, aus denen sich etwas BeweisErhebl über die Fdg ergibt. Ist die Übergabe der Urk Voraussetzg der Übertr (§ 398 Rn 7), hat § 402 nur iF des gesetzl FdgÜbergangs (§ 412) Bedeutg. § 402 betrifft ausschließl Urk, die sich im mittelb od unmittelb Bes des Zedenten befinden, verpfl also nicht zur Verschaffg aus dritter Hand. Bei TeilAbtr besteht entspr § 444 S 2 Anspr auf eine beglaubigte Abschr. Das gilt ebso, wenn die Urk sich nicht nur auf die abgetretene Fdg bezieht, sond auch noch einen and Inh hat. Der Zedent muß die Urk ausliefern, dh den Besitz übertragen, nicht übereignen. Eine Pfl zur Übereigng ergibt sich aber idR aus § 242 (hM). Bei Abtr von GewlAnspr erstreckt sich § 402 auch auf das Leistgsverzeichn, Ausschreibgsunterlagen, Zeichngen, Schlußrechngen u Korrespondenz (BGH NJW-RR **89**, 467).

403 *Pflicht zur Beurkundung.* **Der bisherige Gläubiger hat dem neuen Gläubiger auf Verlangen eine öffentlich beglaubigte Urkunde über die Abtretung auszustellen. Die Kosten hat der neue Gläubiger zu tragen und vorzuschießen.**

1 Vgl § 402 Rn 1. § 403 gilt auch beim gesetzl FdgÜbergang, § 412 (RG HRR **32**, 2141). Die Urk gibt dem Zessionar die Möglichk, den Anfordergen des § 410 zu genügen. Der Anspr besteht aber auch dann, wenn der Zedent die Abtr gem § 409 angezeigt hat. Der Zedent hat wg der Kosten ein ZbR (§ 273). Öffentl Beglaubigg: § 129.

404 ***Einwendungen des Schuldners. Der Schuldner kann dem neuen Gläubiger die Einwendungen entgegensetzen, die zur Zeit der Abtretung der Forderung gegen den bisherigen Gläubiger begründet waren.***

1 **1) Allgemeines. – a)** § 404 beruht auf dem Gedanken, daß der GläubWechsel den Inh der Fdg nicht verändert. Er **schützt** zugl die Interessen des Schu, der dch die ohne seine Mitwirkg vollzogene Abtr nicht benachteiligt w soll (s BGH **19**, 156). Auf guten Glauben kann sich der Zessionar nur im Sonderfall des § 405 berufen. Mögl ist aber, daß eine Fdg, deren Ausübg dch den Zedenten mißbräuchl gewesen wäre, in der Hand des Zessionars wieder inhaltswirks ist u umgekehrt (Mü NJW **70**, 664). – **b)** Auf den **gesetzlichen**
2 **Forderungsübergang** (§ 412) ist § 404 entspr anzuwenden (s Rn 5). – **c)** § 404 betrifft Einwendgen aus der RBeziehg zw Zedenten u Schu. Der Schu kann darüberhinaus die **Unwirksamkeit der Abtretung** geltd machen. Einwendgen aus dem der Abtr zugrde liegden KausalVerh sind dagg idR ausgeschl (§ 398 Rn 3).

3 **2) Einwendungen.** Der Begriff ist im weitesten Sinn zu verstehen. Er umfaßt alle rechtshindernden Einwendgen (zB §§ 104, 125, 134, 138) u ebso alle rechtsvernichtden (zB Anf, Widerr, Rücktr, Erf, Aufr, s aber § 406), unzul RAusübg (§ 242 Rn 41), Ablauf einer AusschlFr (BAG VersR **69**, 337), Bestehen einer FreihalteVerpfl (BGH NJW **85**, 1768), Erfordern einer spezifizierten Rechng (BAG DB **94**, 2297). Unter § 404 fallen auch alle Einr, so die der Verj (Rn 5), die aus §§ 273, 320 (Rn 6) u die aus § 821 (RG **86**, 304). Auch prozessuale Einr sind miterfaßt. Zu SchiedsVertr u GerStandsVereinbg s § 398 Rn 18.

4 **3)** Die Einwendg muß zZ der Abtr **begründet** gewesen sein. – **a)** Dazu ist nicht erforderl, daß alle ihre TatbestdVoraussetzgen im Ztpkt der Abtr bereits vorlagen. Es genügt, daß sie ihrem **Rechtsgrund** nach im SchuldVerh angelegt waren (BGH **25**, 29, **93**, 79, NJW **92**, 2222, NJW-RR **94**, 881). Beim ggs Vertr kann der Schu dem Zessionar auch Einwendgen entgghalten, die sich aus der Weiterentwicklg des VertrVerh ergeben (BGH NJW **83**, 1905, NJW-RR **89**, 1208). Will er gem § 326 vorgehen, muß er FrSetzg u Ablehngsandrohg ggü dem Zedenten erklären (Braga MDR **59**, 441). Auch GestaltgsR des Schu (Anf, Rücktr, Widerr) bestehen weiter (BGH NJW **86**, 919). Sie können auf ein Verhalten des Zedenten nach der Abtr gestützt w u sind diesem ggü auszuüben (RG **86**, 310), jedoch gilt für die Aufr die Sonderregelg des § 406. Aus der RBeziehg zw Schu u Zessionar kann sich die Verpflichtg ergeben, diesen unverzügl über die Ausübg des GestaltgsR zu informieren (BGH NJW-RR **93**, 532). Stehen der Geltdmachg des GestaltgsR tatsächl Hindern, zB der unbekannte Aufenth des Zedenten, entgg, hat der Schu ggü dem Zessionar die Einrede der Anfechtbark usw (Pick AcP **172**, 52, aA Köhler JZ **86**, 517, der den Schu auf § 132 II u § 242 verweist). Bei Abtr der Anspr aus einem GiroVertr kann die Bank dem Zessionar Lastschriften aus der Rückbelastg von Wechseln entgghalten (Mü NJW-RR **92**, 1137). Ein Vertr zw Zedent u Schu, der das

zugrde liegde SchuldVerh aufhebt oder zum Nachteil des Zessionars verändert, ist nur unter den Voraussetzgen des § 407 ggü dem Zessionar wirks (§ 407 Rn 4). – **b) Verjährung.** Die VerjFr läuft ohne Rücks auf die Abtr weiter (RG **124**, 114). Der Zessionar muß sich die für den VerjBeginn maßgebde Kenntn (§ 852) des Zedenten anrechnen lassen (BGH NJW **73**, 702). Das gilt grdsl auch für den gesetzl FdgÜbergang gem SGB X § 116 (BGH NJW **82**, 1762, VersR **84**, 136), and aber wenn die Fdg sofort mit der Entstehg übergeht (BGH **48**, 181). – **c)** Ein **Zurückbehaltungsrecht** (§ 273) kann dem Zessionar entggehalten w, wenn die GgFdg zZ der Abtr fäll war (BGH **19**, 162), so etwa dem Zessionar einer dch GrdSch gesicherten Fdg ein ZbR wg der Verpfl zur Rückgewähr der GrdSch (BGH NJW **91**, 1821). Wird die GgFdg erst später fäll, gilt § 406 entspr, dh der Schu darf nur zurückhalten, wenn sein GgAnspr spätestens mit der abgetretenen Fdg fäll w (BGH **58**, 331, **64**, 126). 5 6

4) § 404 ist **dispositives Recht,** and jedoch im Anwendgsbereich des VerbrKrG, VerbrKrG 10 I (s dort). 7
Der Schu kann dch Vertr mit dem Zedenten (RG **71**, 32) od dem Zessionar (BGH NJW **70**, 321) ganz od teilw auf den Schutz des § 404 verzichten. Der Vertr mit dem Zessionar ist auch dann wirks, wenn er vor der Abtr abgeschl w (BGH BB **64**, 1396). IdR handelt es sich darum, daß der Schu die Erkl abgibt, er **anerkenne** die Fdg, bestätige die Abtr od nehme sie an. Eine solche Erkl kann je nach Lage des Falles als schuldbestätigdes Anerkenntn (BGH NJW **70**, 321, **83**, 1904, § 781 Rn 3) od bloße WissensErkl (BGH **69**, 330, WM **85**, 1177) aufzufassen sein; eine Deutg als abstr Schuldanerkenntn (§ 781) ist dagg idR ausgeschlossen (BGH WM **76**, 1257). Ein Verzicht auf Einwendgen ist nur anzunehmen, wenn er unzweideut erklärt worden ist. Er ist iZw eng auszulegen, insb dann wenn er unter Verwendg eines ErklFormulars des Zessionars abgegeben w (BGH NJW **73**, 39, AGBG 5). Er betrifft idR nur die dem Schu bekannten od erkennb Einwendgen (BGH NJW **73**, 2019, **83**, 1904, WM **76**, 1257), kann aber bei einer eindeut Fassg ausnw auch weiterreichen (BGH NJW **70**, 321, **83**, 1904, § 781 Rn 4).

405 ***Abtretung unter Urkundenvorlegung.*** **Hat der Schuldner eine Urkunde über die Schuld ausgestellt, so kann er sich, wenn die Forderung unter Vorlegung der Urkunde abgetreten wird, dem neuen Gläubiger gegenüber nicht darauf berufen, daß die Eingehung oder Anerkennung des Schuldverhältnisses nur zum Schein erfolgt oder daß die Abtretung durch Vereinbarung mit dem ursprünglichen Gläubiger ausgeschlossen sei, es sei denn, daß der neue Gläubiger bei der Abtretung den Sachverhalt kannte oder kennen mußte.**

1) Allgemeines. – a) Von dem Grds, daß Fdgen nicht kr **guten Glaubens** erworben w können, macht § 405 eine eng begrenzte Ausn. Er schließt bei verbrieften Fdgen zG des gutgl Zessionars den Einwand des ScheinGesch (§ 117) u der vereinbarten Unabtretbark der Fdg (§ 399) aus. – **b)** Auf den gesetzl FdgÜbergang ist § 405 nicht anzuwenden (§ 412), wohl aber auf die Verpfändg (Weimar JR **73**, 277) u auf die Abtr and Rechte (§ 413), so auf die Abtr eines unübertragb VertrAngebots (RG **111**, 46). 1 2

2) Voraussetzungen. Die Urk muß dazu bestimmt sein, das Bestehen der Fdg zu beweisen. Ein Lagerschein genügt (BGH DB **75**, 831), nicht aber die gelegentl Erwähng in einem Schriftstück. Die Urk muß vom Schu ausgestellt u mit seinem Willen in den Verk gebracht worden sein. Eine abhanden gekommene Urk genügt nicht. Irrt, Drohg od Täuschg schließen die Anwendg des § 405 nicht aus. Die Vorlegg muß im zeitl Zushang mit der Abtr erfolgen; eine fr Vorlage genügt nicht (RG **111**, 47); § 173 Rn 6 gilt entspr. Der Zessionar muß gutgl sein; bereits einf Fahrlässigk schließt den Schutz des § 405 aus (§ 122 II). 3

3) Die **Wirkung** des § 405 besteht im Ausschluß der beiden genannten Einwendgen, alle and bleiben erhalten (RG **74**, 421). Ein ScheinGesch iSd § 405 liegt aber auch vor, wenn die Part eine Konstruktion wählen, die die Fdg von Anbeginn nicht entstehen läßt, etwa die Abtr der Fdg an den Schu (Ffm NJW-RR **92**, 684). Da die Fdg in der Pers des Zessionars entstanden ist, kommt es auf den guten Glauben eines Nacherwerbers nicht an, jedoch führt eine Rückübertragg auf den bösgläub Zedenten zum Wegfall der Fdg. Tritt der Gläub die Fdg mehrfach ab, ist nur der Ersterwerber geschützt (Weimar JR **80**, 406). Ggü der kr RScheins entstandenen Fdg kann der Schu aufrechnen (RG **87**, 420). 4

4) Ist eine Abtr zum Schein erfolgt, gilt § 405 **entsprechend;** der Zedent kann daher dem gutgl Zweiterwerber nicht den Einwand des Scheins entgghalten (RG **90**, 279, **115**, 308). Wird dch eine zum Schein über eine Fdg ausgestellte Urk der Eindruck der Kreditwürdigk hervorgerufen, kann ein etwaiger ErsAnspr auf Delikt od Vertr, nicht aber auf § 405 gestützt w (BGH **12**, 110). 5

406 ***Aufrechnung gegenüber dem neuen Gläubiger.*** **Der Schuldner kann eine ihm gegen den bisherigen Gläubiger zustehende Forderung auch dem neuen Gläubiger gegenüber aufrechnen, es sei denn, daß er bei dem Erwerbe der Forderung von der Abtretung Kenntnis hatte oder daß die Forderung erst nach der Erlangung der Kenntnis und später als die abgetretene Forderung fällig geworden ist.**

1) Allgemeines. – a) Der Gedanke, daß sich die RStellg des Schu dch die Abtr nicht verschlechtern soll (§ 404 Rn 1), gilt auch für die Aufr. Das Ges hat ihn für die Aufr in eine unnötig komplizierte Regelg umgesetzt: – **aa)** Für die vor der Abtr erklärte Aufr gilt § 404. – **bb)** Für die Aufr, die nach der Abtr aber in Unkenntn von ihr erklärt worden ist, gilt § 407 (BGH NJW-RR **86**, 538). – **cc)** Nur auf die Aufr **in Kenntnis der Abtretung** ist § 406 anwendb. Er legt fest, daß die AufrErkl (and als bei den übr Gestaltgs-Gesch, § 404 Rn 4) nicht ggü dem Zedenten sond ggü dem Zessionar abzugeben ist. Er erhält dem Schu die Vorteile einer bestehden **Aufrechnungslage** u schützt zugl die Aussicht, daß die AufrLage bis zur Fällig der Fdg eintreten könnte, ist aber gleichwohl enger als § 404. § 406 ist im Anwendgsbereich des VerbrKrG **halbzwingendes Recht,** dh nicht zum Nachteil des Verbrauchers abänderb (VerbrKrG 10 I); hins aller and Vertr enthält er dagg **dispositives Recht. – b)** § 406 gilt auch für den **gesetzlichen Forderungsübergang,** 1 2

§ 412 (BGH **35**, 325). Auf den AufrVertr ist nicht § 406 anwendb, sond § 404 od § 407. Beruft sich der Schu ggü dem Zessionar auf die Rechte aus §§ 320, 326, gilt § 404 (BGH NJW **58**, 1915, **83**, 1904). Eine § 406 ausschließde SonderVorschr enthält BRAGO 96a (§ 387 Rn 13). – **c)** Die Anspr des **Zessionars** gg den Zedenten richten sich nach § 816 II analog u dem KausalVerh (§ 437 od pVV).

3 **2) Voraussetzungen. – a)** § 406 erhält dem Schu die AufrBefugn, wenn die AufrLage (§ 389) bereits bestand, als er von der Abtr Kenntn erlangte. Die Vorschr gibt dem Schu aber auch dann eine AufrBefugn, wenn sich aus der RLage, wie sie bei Kenntniserlangg von der Abtr bestand, ohne die Abtr bis zur Fälligk der abgetretenen Fdg eine AufrLage entwickelt hätte (BGH **58**, 329, NJW **90**, 2544). Der Schu darf daher mit GgFdgen aufrechnen, die er vor Kenntn der Abtr erworben hat. Handelt es sich um eine GgFdg, die bei Kenntniserlangg von der Abtr noch nicht fäll war, besteht die AufrBefugn aber nur, wenn die GgFdg spätestens mit der abgetretenen Fdg fäll w. Diese Voraussetzgen w im Ges nicht positiv, sond im Halbs 2 als
4 AusnTatbestde formuliert. Dadch w klargestellt, daß insow der Zessionar die BewLast trägt. – **b) Erwerb vor Kenntnis der Abtretung:** Bei GgFdg aus eig R ist genügd, daß ihre rechtl Grdl im Ztpkt der KenntnErlangg besteht (BGH **58**, 330, **63**, 342, NJW **74**, 2001, **80**, 584). Unbedingth u Gleichartigk brauchen noch nicht vorzuliegen (BGH **12**, 144, **19**, 158, **35**, 326). Mit einer GgFdg aus dem VertrVerhältn, auf dem die abgetretene Fdg beruht, kann der Schu ggü dem Zessionar auch aufrechnen, wenn er schon bei VertrSchl von der Abtr wußte (BGH **56**, 114; **58**, 330, NJW **96**, 1057). Bei GgFdg aus abgeleitetem R muß Erwerb vor Kenntn der Abtr erfolgt sein (Hamm NJW-RR **89**, 51), fehlde Unbedingth u Gleichartigk in diesem Ztpkt ist auch hier unschädl (RGRK Rn 4). Wird ein BefreigsAnspr an den Gläub des zu tilgden Anspr abgetreten, kann der Befreigspflichtige aber nicht mit ZahlgsAnspr gg den Zedenten (Schu der zu tilgden Fdg) aufrechnen, da ihm hierdch ohne ausr Grd eine vor der Abtr nicht mögl Art der Schuldtilgg eröffnet würde (Olshausen AcP **182**, 255, aA BGH **12**, 144). Hat der Schu die GgFdg nach Entstehg der AufrLage zur Sichg abgetreten u nach KenntnErlangg von der Abtr der HauptFdg wiedererworben, ist er wohl (trotz des scheinb entggstehden Normtextes) zur Aufr berecht (Fricke NJW **74**, 1362, Kornblum BB **81**, 1303). – **c) Kenntnis der Abtretung.** Kenntn von der VorausAbtr steht Kenntn von der Abtr gleich (BGH **66**, 384, ZIP **91**, 1499).
5 Vgl iü § 407 Rn 6f. – **d) Rechtzeitige Fälligkeit.** War die GgFdg zZ der KenntnErlangg fäll, ist die Reihenfolge des Fälligwerdens ohne Bedeutg. In and Fällen kann der Schu nur aufrechnen, wenn die GgFdg spätestens mit der HauptFdg fäll w (BGH **35**, 326, BAG NJW **67**, 752). Eine Fdg, der ein ZbR entggsteht, gilt iSd § 406 als nicht fäll (BGH **58**, 331), NJW-RR **94**, 880, Düss ZIP **98**, 1790). Spätere Fälligk hindert die Aufr daher nicht, wenn die zur Aufr gestellte Fdg vorher für den Schu ein ZbR begründete (BGH NJW **96**, 1057). Spätestens mit Fälligk der HauptFdg muß die GgFdg auch gleichart geworden sein (BGH **19**, 158). Stammt die GgFdg aus demselben SchuldVerh, kommt eine Aufr daher auch bei späterer Fälligk in Betracht (s Kornblum BB **81**, 1306). So kann der Kommanditist ggü dem abgetretenen Anspr auf die Kommanditeinlage
6 mit einem später fäll ErsAnspr gg die KG aufrechnen (BGH **63**, 342, krit Recker DNotZ **76**, 237). – **e)** Der Zessionar kann sich ggü der Aufr auf alle **Gegenrechte des Zedenten** berufen (BGH **35**, 327, BFH WM **85**, 430), auch auf ein gesetzl AufrVerbot (BGH **95**, 117) od ein vertragl (BGH **LM** Nr 12, WM **80**, 215). Bei TeilAbtr kann der Schu wählen, gg welche TeilFdg er aufrechnen will. Bei mehrf Zession kann er auch mit Anspr gg ZwGläub aufrechnen. Selbstverständl zul ist auch die Aufr mit Fdgen gg den Zessionar.

407 *Leistung an den bisherigen Gläubiger.* [I] **Der neue Gläubiger muß eine Leistung, die der Schuldner nach der Abtretung an den bisherigen Gläubiger bewirkt, sowie jedes Rechtsgeschäft, das nach der Abtretung zwischen dem Schuldner und dem bisherigen Gläubiger in Ansehung der Forderung vorgenommen wird, gegen sich gelten lassen, es sei denn, daß der Schuldner die Abtretung bei der Leistung oder der Vornahme des Rechtsgeschäfts kennt.**

[II] **Ist in einem nach der Abtretung zwischen dem Schuldner und dem bisherigen Gläubiger anhängig gewordenen Rechtsstreit ein rechtskräftiges Urteil über die Forderung ergangen, so muß der neue Gläubiger das Urteil gegen sich gelten lassen, es sei denn, daß der Schuldner die Abtretung bei dem Eintritte der Rechtshängigkeit gekannt hat.**

1 **1) Allgemeines. – a)** § 407 ist **Schutzvorschrift** zG des Schu. Da die Abtr keine Unterrichtg od Mitwirkg des Schu voraussetzt, ist es ein Gebot der Gerechtigk, daß alle RHdlgen, die der Schu in Unkenntn
2 der Abtr ggü dem Zedenten vornimmt, im Verh zum Zessionar wirks sind. – **b)** § 407 gilt gem § 412 auch für den **gesetzlichen Forderungsübergang,** jedoch bestehen für ihn hins der Kenntn des Schu vom RÜbergang Besonderh (Rn 8). Ändert sich die Bezugsberechtigg aus einem VersVertr ohne Kenntn des Versicherers, ist § 407 entspr anwendb (RG **154**, 109). Für Anspr aus **Wertpapieren** gilt § 407 nicht, da der Schu nur gg Vorlage des Papiers zu leisten braucht u an dessen Inhaber mit befreiender Wirkg leisten kann, also nicht schutzbedürft ist. Das gilt auch für das **Sparbuch,** wenn die Sparkasse nach ihren Bdggen nur gg
3 Vorlage des Buches leisten durfte (Hamm WM **84**, 801, Düss NJW-RR **91**, 1337). – **c)** Die **Ansprüche** des **Zessionars** gg den Zedenten richten sich nach § 816u dem KausalVerh uU iVm den Grds der pVV (§ 276 Rn 116).

4 **2) Absatz 1. – a) I** gilt für: – **aa) Rechtsgeschäfte** in Ansehg der Fdg, wie Stundg, Erlaß (Köln VersR **98**, 1269), Vergl, ZwangsVergl (RG **125**, 410), Aufr (§ 406 Rn 1), AufrVertr (BGH **94**, 137), Künd (Düss WM **80**, 95), aber auch für geschäftsähnl Hdlgen wie Mitteilgen gem § 416 (RG **67**, 414) u das Anbieten der Leistg als Voraussetzg des AnnVerz. Vertr zw Schu u Zedenten, die das der Fdg zugrde liegde SchuldVerh aufheben od zum Nachteil des Zessionars verändern, sind nur unter den Voraussetzgen von § 407 wirks (BGH **111**, 91, Deubner JuS **92**, 19, Hennrichs WM **92**, 85). Die den Beteiligten bekannte Abtr der künft AuseinandSFdg hindert den Gesellschter aber nicht, seinen GesellschAnteil ohne Zust des Zessionars zu übertragen (BGH **88**, 207, § 398 Rn 11), u nach der Rspr des BAG kann der ArbN im KündSchutzProz trotz einer allen Beteiligten bekannten Abtr des LohnAnspr ohne Zust des Zessionars einen AufhebgsVertr schließen (BAG NJW **81**, 1059). – **bb) Leistung.** Hierunter fallen die Erf ggü dem Zedenten (RG **111**, 303) od seiner Bank als Zahlstelle (BGH **72**, 319), Leistg an ErfStatt u Leistg erfhalber, insb die Wechsel- od

Scheckhingabe (RG **158**, 137, BGH NJW **79**, 1704), wohl auch die Verschaffg eines GarantieAnspr (Schlesw NJW-RR **97**, 1415), u zwar auch dann, wenn Erf erst nach Bekanntwerden der Abtr eintritt (BGH **102**, 71, BB **90**, 2366). § 407 ist aber unanwendb, wenn der Schu den wirks gesperrten Scheck in Kenntn der Abtr wieder freigibt (BGH NJW **76**, 1842). – **b)** Da § 407 ausschließl den Schu schützen will, hat dieser eine 5
Wahlmöglichkeit: Er kann dem Zessionar die Wirksamk der Leistg od Hdlg entgghalten, muß dies aber nicht (BGH **52**, 153, **102**, 71). Er ist daher berecht, die Leistg beim Zedenten zu kondizieren (RG **83**, 188, BGH **LM** Nr 3, aA Dresden NJW-RR **96**, 444), etwa weil er sich ggü dem insolvent gewordenen Zessionar dch Aufr befreien kann. Der Schu ist aber an die einmal getroffene Wahl gebunden. RGesch, die die RStellg des Schu **verschlechtern,** etwa Mahng od FrSetzg des Zedenten, fallen nicht unter § 407, sond sind wg fehlder GläubStellg des Zedenten unwirks (RG **125**, 409, BGH **52**, 153). Der gem § 267 leistde Dr wird dch § 407 nicht geschützt, wohl aber der AblösgsBerecht u der Bürge (MüKo/Roth Rn 8). Die Klausel „Kasse gg Dokumente" begründet für den Schu keinen über § 407 I hinausgehden Vertrauensschutz (BGH NJW **97**, 1775).

3) Kenntnis. Entscheidd ist der Ztpkt der LeistgsHdlg, nicht der des Eintritts des Leistgserfolgs (BGH **105**, 6
360). – **a)** Erforderl, aber auch ausr, ist Kenntn der Tats, die den FdgÜbergang bewirken (RG **102**, 387, BGH **LM** Nr 7, Oldbg WM **86**, 1278). Kennenmüssen genügt nicht. Eine AbtrAnz des Zedenten macht idR bösgläub (RG **102**, 387, Köln VersR **94**, 114), die des Zessionars jedenfalls dann, wenn er vertrauenswürd erscheint (RG **74**, 120, BGH **102**, 74, Hamm VersR **85**, 582), nicht aber ein Aufkleber „wir nehmen am Factoring teil" (Brem NJW **87**, 912). Die dem LeasN angezeigte Abtr der LeasRaten verschafft ihm nicht die Kenntn, daß auch die bei VertrEnde fäll Restzahlg abgetreten ist (s Dresd BB **99**, 1237). Nicht jeder mögl, sond nur ein obj begründeter Zweifel schließt die Kenntn aus (RG **88**, 6). Verspricht der Zessionar, Bedenken des Schu dch Übersendg der AbtrUrk auszuräumen, ist der Schu bis zum Eintreffen der Urk idR gutgl (Brschw NdsRpfl **72**, 60). Eine Pfl des Schu, eig Erkundiggen einzuziehen, besteht grdsl nicht (Oldbg VersR **75**, 415). Bei einer VorausAbtr genügt die Kenntn vom AbtrGesch auch dann, wenn die Fdg noch nicht entstanden ist (BGH NJW **82**, 2372). Durfte der Schu annehmen, die ihm bekannte Abtr sei rückgäng gemacht worden, gilt er als gutgl (Ffm NJW-RR **88**, 1270). – **b)** Da es nicht auf den Zugang (§ 130), sond 7
auf Kenntn ankommt, reicht es nicht, daß eine AbtrAnz od Urk in den Bereich des Schu gelangt ist (RG **135**, 251). Die Berufg auf fehlde Kenntn trotz Zugangs kann aber mißbräuchl sein (BAG DB **84**, 2703). Kenntn einer **Hilfsperson** genügt grdsl nur, wenn diese hins der Erf der Fdg Vertretgsmacht hat (BGH NJW **60**, 1805). Der Schu muß sich aber als bösgläub behandeln lassen, wenn er seinen Betr so organisiert, daß die zuständ Mitarbeiter die für die KenntnErlangg wesentl Informationen nicht erhalten (BGH **135**, 39), so etwa, wenn der Einsatz einer EDV-Anlage dazu führt, daß Vermerke auf Rechngen nicht beachtet (BGH NJW **77**, 581) od wenn der Eingang dem Sachbearbeiter wg Verschuldens eines für die Weitergabe zuständ Mitarbeiters nicht vorgelegt wird (BGH **135**, 39). – **c)** Beim **gesetzlichen Forderungsübergang** dürfen an die Kenntn 8
des Schu keine zu hohen Anfordergen gestellt w, da sonst der Schutzzweck der *cessio legis* vereitelt w (BGH **127**, 128). Es genügen daher: iF des SGB X § 116 Kenntn der Tats, die versichergspflicht machen (BGH **19**, 181); ähnl iF des BVG 81 a (Ffm VersR **87**, 593); iF von AFG 127 die Kenntn von Tats, nach denen Reha-Leistgen ernsth in Betracht kommen (BGH **127**, 128); iF eines nachträgl FdgÜbergangs aufgrd von GesÄnd die Verkündg des Ges im BGBl (BGH NJW **84**, 608). Strengere Anfordergen sind dagg beim FdgÜbergang gem EFZG 6 zu stellen (Kblz VersR **80**, 971). Bloße Kenntn der Tats genügt nicht, wenn nach dem damaligen Stand der Rspr die Voraussetzgen für einen FdgÜbergang nicht vorlagen (Celle VersR **77**, 549). Geht die Fdg gem SGB X § 116 auf einen SozVersTräger über, behält der Geschädigte aber eine Einziehgsermächtigg (BGH NJW **96**, 729). – **d)** Die **Beweislast** für die Kenntn hat der Zessionar. Ist dem Schu eine AbtrAnz od 9
Urk zugegangen, wird jedoch prima-facie vermutet, daß er Kenntn von der Abtr hatte (BGH **135**, 39).

4) Absatz 2. – a) Ist die Fdg erst **nach Rechtshängigkeit** abgetreten worden, ist § 407 II unanwendb, es 10
gelten ausschließl ZPO 265, 325. Der Zedent bleibt aktivlegitimiert (ZPO 265), muß den Antr aber auf Leistg an den Zessionar umstellen (BGH **26**, 37). Das Urt schafft für u gg den Zessionar RKraft (ZPO 325). – **b)** Ist 11
die Fdg schon **vor Rechtshängigkeit** abgetreten worden, wird der Schu, sofern er bei Eintritt der RHängigk gutgl war, dch § 407 II geschützt. Die RKraft des ergehden Urt wirkt zG des Schu, nicht aber zG des Zessionars (BGH **52**, 152, oben Rn 5). Das Urt bindet den Zessionar in dem Umfang, in dem es nach ZPO 322 auch den Zedenten bindet (BGH **35**, 168), dh bei Identität des StreitGgst. Entspr ZPO 322 II wirkt das Urt auch insow gg den Zessionar, als es das Bestehen einer GgFdg des Schu feststellt (Olshausen JZ **76**, 85). Auf das SchiedsVerf zw Zedent u Schu ist § 407 II entspr anzuwenden (MüKo/Roth Rn 24), ebso auf die rechtskr Feststellg einer aufrechenb GgFdg im InsVerf gg den Zedenten (Hamm ZIP **93**, 447). Hat der Schu über die GgFdg, mit der er aufrechnen will, einen rechtskr Titel gg den Zedenten erlangt, ist § 407 II aber nicht analog anwendb (BGH NJW **94**, 252). Erfährt der Schu währd des RStreits von der Abtr, kann er sich hierauf berufen od nach ZPO 72, 75 vorgehen, er kann den Proz aber auch ohne Bestreiten der Aktivlegitimation weiterführen. Wird er verurteilt, darf er nach hM nicht an den Zedenten leisten, da § 407 II insow nicht zutrifft u § 407 I wg Kenntn der Abtr nicht anwendb ist. Da eine VollstrGgKlage an ZPO 767 II scheitert, bleibt nach hM nur die Hinterlegg (RG **84**, 291, BGH **86**, 340), die aber eine Vollstr aus dem Urt nicht hindert. Der Schu, der die ihm bekannt gewordene Abtr im Proz nicht vorträgt, handelt daher für den Fall des Unterliegens auf eig Risiko.

408 *Mehrfache Abtretung.* **I Wird eine abgetretene Forderung von dem bisherigen Gläubiger nochmals an einen Dritten abgetreten, so finden, wenn der Schuldner an den Dritten leistet oder wenn zwischen dem Schuldner und dem Dritten ein Rechtsgeschäft vorgenommen oder ein Rechtsstreit anhängig wird, zugunsten des Schuldners die Vorschriften des § 407 dem früheren Erwerber gegenüber entsprechende Anwendung.**

II Das gleiche gilt, wenn die bereits abgetretene Forderung durch gerichtlichen Beschluß einem Dritten überwiesen wird oder wenn der bisherige Gläubiger dem Dritten gegenüber anerkennt, daß die bereits abgetretene Forderung kraft Gesetzes auf den Dritten übergegangen sei.

1 **1) Absatz 1.** Bei mehrf Abtr wird wg des PrioritätsGrds der Erstzessionar der wirkl Gläub, der Zweitzessionar („Dritte") ist dagg NichtBerecht. Er steht bei der entspr Anwendg des § 407 als ScheinGläub dem Zedenten gleich. Geschützt w wie iF des § 407 die Unkenntn von der wirks ersten Abtr. Die weitere Zession muß tatsl stattgefunden haben. § 408 gilt auch dann, wenn die 2. Abtr unter der RBedingg erfolgt, daß keine 1. Abtr vorausgegangen ist (BGH NJW **89**, 899). Gleichgült ist, wie der Schu von ihr Kenntn erhalten hat u wie sicher seine Kenntn war (BGH Warn **66** Nr 253). Neben § 407 ist auch § 406 entspr anwendb (RGRK-Weber Rn 8, str). I gilt auch, wenn eine gepfändete Fdg abgetreten w u der Schu von der Pfändg nichts weiß. Nimmt der Schu, etwa wg einer Rückdatierg an, die Abtr sei vor der Pfändg erfolgt, wird er nicht geschützt (BGH **100**, 47).

2 **2) Absatz 2.** Weiß der Schu von der Abtr nichts, wird er dch II auch dann geschützt, wenn die Fdg dch einen (leerlaufden) gerichtl Beschl einem Dr als ScheinBerecht überwiesen w. Die bloße Pfändg od ein ZahlgsVerbot rechtf die Anwendg von II nicht (LG Hildesheim NJW **88**, 1916). II gilt aber entspr, wenn sich nach der Abtr scheinb der Tatbestd eines gesetzl FdgÜbergangs verwirklicht u der Zedent die *cessio legis* anerkennt. Gleichgült ist, ob das Anerkenntn schriftl od mdl abgegeben w (BGH **11**, 302). Dagg wird der Schu nicht geschützt, wenn er in Unkenntn der Abtr ohne ein Anerkenntn des Gläub an den aus einer Legalzession ScheinBerecht leistet (Nörr-Scheyhing § 7 II 5, aA MüKo/Roth Rn 12).

409 *Abtretungsanzeige.* [I] **Zeigt der Gläubiger dem Schuldner an, daß er die Forderung abgetreten habe, so muß er dem Schuldner gegenüber die angezeigte Abtretung gegen sich gelten lassen, auch wenn sie nicht erfolgt oder nicht wirksam ist. Der Anzeige steht es gleich, wenn der Gläubiger eine Urkunde über die Abtretung dem in der Urkunde bezeichneten neuen Gläubiger ausgestellt hat und dieser sie dem Schuldner vorlegt.**

[II] **Die Anzeige kann nur mit Zustimmung desjenigen zurückgenommen werden, welcher als der neue Gläubiger bezeichnet worden ist.**

1 **1) Allgemeines.** Währd der Schutz der §§ 407, 408 darauf abstellt, daß der Schu von der Abtr keine Kenntn erhalten hat, geht es in § 409 um den umgekehrten Fall: Der Schu nimmt im **Vertrauen** auf eine Erkl (Anz, AbtrUrk) des Gläub an, daß die Fdg an einen Dr abgetreten sei, währd sie in Wahrh weiter dem Gläub zusteht. § 409 gilt auch für öffrechtl Anspr, so für Anspr aus der SozialVers (BSozG NJW **59**, 2087), für Versorggsbezüge (BSozG NJW **60**, 264) u Anspr aus dem BEG (BGH MDR **65**, 119). Auch auf den
2 **gesetzlichen Forderungsübergang** ist § 409 anwendb (§ 412). Erforderl ist aber eine anerkennde Erkl des Zedenten (Denck DB **79**, 892), eine Anz des Legalzessionars (ScheinGläub) genügt nicht (aA LAG Düss DB **78**, 1087). § 409 gilt entspr für Erkl über das BezugsR aus einem VersVertr (RG **154**, 109). Der Ausgl zw dem wahren Berecht u dem ScheinGläub richtet sich nach § 816. Hat der Zessionar den Schu über den Fdgsübergang unricht informiert, haftet er wg pVV (Ffm NJW-RR **89**, 891).

3 **2) Abtretungsanzeige. – a)** Die **Anzeige** ist eine rechtsgeschäftähnl Hdlg (BGH **LM** § 399 Nr 17). Sie setzt GeschFgk voraus u ist anfechtb. Sie bedarf keiner Form, kann also auch mdl erfolgen. Für die AbtrUrk (I 2) genügt einf Schriftform. Sie muß vom wahren Gläub ausgestellt (BGH **100**, 46) u mit seinem Willen in
4 den Verk gebracht worden sein. Für die Vorlegg gilt § 173 Rn 6 entspr. – **b) Wirkung.** § 409 gilt nur, wenn die mitgeteilte Abtr nicht od nicht wirks erfolgt ist. In diesem Fall ist zu unterscheiden: – **aa)** Der **Gläubiger** ist weiterhin wirkl FdgInh. Er kann dch KlErhebg die Verj unterbrechen (BGH **64**, 119, NJW **78**, 2025). Dem Schu steht aber ein ZbR zu, das erst entfällt, wenn der Gläub gem **II** die **Zustimmung** des ScheinBerecht vorlegt (BGH aaO). Es ist auch dann ausgeschl, wenn eine Inanspruchn dch den ScheinBerecht mit Sicherh nicht mehr zu erwarten ist (BGH **56**, 349). Zur Zustimmg (II) ist der ScheinBerecht gem § 812
5 verpflichtet. – **bb)** Der **Scheinberechtigte** hat kein FdgR. Der Schu kann an ihn leisten, braucht es aber nicht (RG **93**, 75, Nürnbg WM **84**, 607). Er kann – allerdings auf sein Risiko – ggü dem Gläub erfüllen od hinterlegen (RG **70**, 89, Köln VersR **77**, 576). Auch wenn der Schu positiv weiß, daß die Abtr nicht od nicht wirks erfolgt ist, wird er dch § 409 geschützt (RG **126**, 185, BGH **29**, 82, BB **56**, 639, aA Karollus JZ **92**, 557). Der Schutz entfällt aber, wenn die fehlde Legitimation des ScheinBerecht offen zutage liegt (s BGH DB **55**, 603), wenn die Abtr gg ein gesetzl Verbot verstößt (BGH **56**, 345, BAG DB **87**, 2314, Oldenbg VersR **94**, 846, LG Stade NJW-RR **93**, 672), nicht aber bei einem Verstoß gg § 138, zumal dieser idR nur das KausalGesch betrifft (BAG NJW **91**, 2038).

410 *Aushändigung der Abtretungsurkunde.* [I] **Der Schuldner ist dem neuen Gläubiger gegenüber zur Leistung nur gegen Aushändigung einer von dem bisherigen Gläubiger über die Abtretung ausgestellten Urkunde verpflichtet. Eine Kündigung oder eine Mahnung des neuen Gläubigers ist unwirksam, wenn sie ohne Vorlegung einer solchen Urkunde erfolgt und der Schuldner sie aus diesem Grunde unverzüglich zurückweist.**

[II] **Diese Vorschriften finden keine Anwendung, wenn der bisherige Gläubiger dem Schuldner die Abtretung schriftlich angezeigt hat.**

1 **1) Allgemeines.** Die Vorschr soll dem Schu den Schutz des § 409 sichern. Sie begründet keinen Anspr auf Aushändigg, sond ein LeistgVR eig Art, auf das § 274 entspr anzuwenden ist (BGH NJW **69**, 1110, **86**, 977); beim Akkreditiv führt das Fehlen einer AbtrUrk dagg zur KlAbweisg (BGH WM **76**, 115).

2 **2)** Die **Urkunde** begründet keine Aktivlegitimation, sond hat quittgsähnl Eigensch (BGH NJW **93**, 1469). Sie muß den Anfordergen des § 126 genügen. Öff Beglaubiggen kann der Schu (and als der Zessionar, § 403) nicht verlangen, hat aber bei begründeten Zweifeln ein HinterleggsR (§ 372). Aushändigg einer Fotokopie soll genügen (BAG NJW **68**, 2078, bedenkl wg des Widerspr zu § 174 Rn 2). Kann (etwa wg des Todes des Zedenten) keine AbtrUrk vorgelegt w, muß der Zessionar eine and Erkl beibringen, die den Schu vor

doppelter Inanspruchn sichert (BGH **LM** § 285 Nr 10). Das gilt aber nicht, wenn der Zessionar ledigl Ausk verlangt u sich dch den Besitz des Sparkassenbuchs legitimiert (BGH WM **82**, 706). Beim gesetzl FdgÜbergang (§ 412) muß die Urk den RÜbergang anerkennen. Ist die Abtr schriftl angezeigt worden, entfällt das LeistgVR **(II).** Es genügt, wenn der Schu von der in seiner Ggwart protokollierten AbtrErkl eine Abschrift erhält (BGH WM **69**, 1416). I 2 gilt auch für and **Gestaltungsrechte** wie die Aufr (BGH **26**, 246). Unverzügl s § 121. Erhebt der Schu nachträgl die Einr aus § 410 wird der Verzug *ex nunc* geheilt.

411 *Gehaltsabtretung.* **Tritt eine Militärperson, ein Beamter, ein Geistlicher oder ein Lehrer an einer öffentlichen Unterrichtsanstalt den übertragbaren Teil des Diensteinkommens, des Wartegeldes oder des Ruhegehalts ab, so ist die auszahlende Kasse durch Aushändigung einer von dem bisherigen Gläubiger ausgestellten, öffentlich oder amtlich beglaubigten Urkunde von der Abtretung zu benachrichtigen. Bis zur Benachrichtigung gilt die Abtretung als der Kasse nicht bekannt.**

1) Allgemeines. Die Vorschr privilegiert ohne einleuchtden Grd die öff Hand u ist kaum noch zeitgem. 1
Sie betrifft Dienstbezüge (usw) der Beamten, Soldaten u Richter, wird aber von der hM auch auf die Angestellten u Arbeiter des öff Dienstes angewandt (BAG DB **66**, 1936, MüKo/Roth Rn 6). Zur öff Beglaubigg s § 129, zur amtl s BeurkG 65.

2) Die **Abtretung** ist auch ohne die förml Urk wirks (BGH **11**, 302). Die Kasse hat aber bis zur Vorlage 2
der Urk ein LeistgVR (S 1 mit § 410) u gilt bis zu diesem Ztpkt als gutgl (S 2 mit §§ 407, 406). Wird die Kasse nur von einer unwirks ZweitAbtr benachrichtigt, kann sie an den aus dieser Abtr ScheinBerecht nur unter den Voraussetzgen des § 408 mit befreider Wirkg leisten (BGH **11**, 302).

412 *Gesetzlicher Forderungsübergang.* **Auf die Übertragung einer Forderung kraft Gesetzes finden die Vorschriften der §§ 399 bis 404, 406 bis 410 entsprechende Anwendung.**

1) Fälle des gesetzl FdgÜbergangs sind vor allem: §§ 268 III, 426 II, 774 I, 1143 I, 1225, 1249, 1607 II, 1
BRAGO 130, EFZG 6, VVG 67, SGB X 116 (s Vorbem 148 ff v § 249), BSHG 91 (s Einf 24 v § 1601), UVG 7 (Düss, Nürnbg NJW-RR **99**, 587, 589). Die **Gesamtrechtsnachfolge** unter Lebden fällt unter § 412, so §§ 1416, 613 a, AktG 346 III (str), nicht aber die erbrechtl GesNachf (§ 1922). Der FdgsÜbergang kr **Hoheitsakts** (ZPO 835, BSHG 90, SGB I 50) steht dem gesetzl FdgÜbergang gleich (BAG NJW **71**, 2094).

2) Das Ges best eine **entsprechende Anwendung** u nimmt davon die auf den rgeschäftl Verk abstellden 2
§§ 405, 411 aus. Zu berücksichtigen ist daher jeweils der Zweck der Norm, der die *cessio legis* anordnet. Vgl iü bei den einz Vorschr jeweils Rn 1 od 2.

413 *Übertragung anderer Rechte.* **Die Vorschriften über die Übertragung von Forderungen finden auf die Übertragung anderer Rechte entsprechende Anwendung, soweit nicht das Gesetz ein anderes vorschreibt.**

1) Allgemeines. Die Vorschr spricht aus, daß auch and Rechte als Fdgen grdsl übertragb sind. Sie legt 1
zugl fest, daß zur Übertragg idR eine formlose Willenseinigg zw dem fr u dem neuen RInh ausr ist. **Andere Rechte** sind alle nicht unter § 398 fallden Rechte, vor allem also SachenR, UrhR u gewerbl SchutzR, Fam- u ErbR, MitgliedschR u GestaltgsR. Ob für Anspr aus Tatbestden des Sachen-, Fam- u ErbR (Bsp: §§ 985, 1360 a VI, 2174) § 398 od § 413 gilt, ist str, aber prakt gleichgült, da bei beiden rechtl Einordngen die gleichen Vorschr anwendb sind (s § 399 Rn 4). Die SchutzVorschr zG des Schu (§§ 404 ff) sind nur anwendb, wenn das übertragene Recht eine Pers ähnl einem Schu verpflichtet (BGH NJW-RR **93**, 1469); das ist bei UrhR (Rn 3) nicht der Fall (BGH aaO).

2) Da § 413 ggü spezialgesetzl Vorschr, die die Übertragbark ausschließen od and regeln, **subsidiär** ist, ist 2
seine prakt Bedeutg gering: – **a) Sachenrechte** werden nach den §§ 873, 925, 929 übertragen. Die Übertragg der EigtAnwartsch richtet sich gleichf nicht nach § 413, sond nach den Vorschr für das VollR (BGH **28**, 21, **49**, 202, NJW **70**, 699). – **b)** Das **Urheberrecht** ist unübertragb (UrhRG 29 S 2). Dagg können 3
NutzgsR an UrhR u **gewerbliche Schutzrechte** übertragen w. § 413 wird aber zT dch SonderVorschr verdrängt (PatG 15, GebrMG 13, MarkenG 27). – **c) Familienrechte** sind unübertragb, ebso das **Erbrecht** als solches. Die Vfg des Miterben über seinen Anteil am Nachl ist in § 2033 bes geregelt. – **d) Mitglied-** 4
schaftsrechte an Vereinen u PersonalGesellsch sind grdsl unübertragb (§§ 38, 719). Für die Übertragg von MitgliedschR an KapitalGesellsch gelten Sonderregeln (AktG 68, GmbHG 15). – **e)** Ein **Unternehmen** im ganzen kann nicht gem § 413 übertragen w. Es ist weder Sache noch Recht, sond ein Inbegriff von Ggst. Die Übertr richtet sich nach den für die einz Ggst maßgebden Vorschr (BGH **LM** Nr 2). Das gilt ebso für die Übertr des Nachl dch den Alleinerben (RG **88**, 117, BGH MDR **67**, 913).

3) Gestaltungsrechte: – a) Selbständige GestaltgsR sind grdsl übertragb, so das AneigngsR u das Wie- 5
derkaufsR (MüKo/Roth Rn 10), bei einer entspr Vereinbg auch das VorkaufsR (RG **148**, 112) u das Recht aus einem VertrAngebot (RG **111**, 47). – **b)** Unter den **unselbständigen** GestaltgsR gibt es **Hilfsrechte,** die 6
der Ausübg od DchSetzg der Fdg dienen u damit dem Gläub als solchem zustehen, zB das Recht auf FälligkKünd, das GläubWahlR, die Ersetzgsbefugn. Diese Rechte gehen notw mit der Fdg auf den neuen Gläub über u sind nicht selbstd abtretb (§ 401 Rn 4). – **c)** And **unselbständige** GestaltgsR dienen der 7
Umgestaltg des gesamten SchuVerh, so das Recht zur VertrKünd, zum Rücktr u das als Anspr konstruierte Recht auf Wandlg. Diese GestaltgsR sind nicht wesensmäß mit dem HauptR verbunden; sie können zus mit

der Fdg od auch nur einem Teil von ihr abgetreten w, ohne daß auf den AbtrEmpf sämtl Rechte u Pfl aus dem VertrVerh übergehen müssen. Das gilt vor allem für das KündR des Vermieters (Hamm NJW-RR **93**, 273, BGH NJW **98**, 896 läßt offen) u das gesetzl u vertragl RücktrR (BGH NJW **73**, 1793, **85**, 2640). Mögl ist auch, daß der GrdstVeräußerer den Erwerber zur Künd des MietVertr im eig Namen ermächtigt (BGH NJW **98**, 896). Wg seiner höchstpersönl Natur unübertragb ist dagg das AnfR (Larenz § 34 I, aA Steinbeck, Übertragbarkeit von GestaltgsR, 1994, S 44 ff).

Fünfter Abschnitt. Schuldübernahme

Überblick

1 **1)** Die in den §§ 414 ff geregelte **befreiende Schuldübernahme** ist das GgStück zur Abtr. Sie führt unter Wahrg der Identität der Schuld zu einem SchuWechsel. Der Übernehmer („Dritte") tritt an die Stelle des Schu; dieser wird frei. Der ÜbernVertr kann zw Gläub u Übernehmer (§ 414) od zw Schu u Übernehmer unter Zust des Gläub (§ 415) geschlossen w; das Einverständn des Gläub ist zwingdes Erfordern, da die Bonität des Schu für den Wert der Fdg von ausschlaggebder Bedeutg ist. Der ÜbernVertr hat **Verfügungscharakter** u ist daher **abstrakt** (§ 417 Rn 5). Er enthält aber zugl die Übern einer – mit der bisherigen Verpfl inhaltsgleichen – Verbindlichk u ist daher auch ein **Verpflichtungsgeschäft.** Übernommen wird die Schuld, wie sie bei Übern besteht (§§ 416, 417). Gleichwohl liegt keine RNachf iSd ZPO 265, 325, 727 vor (BGH **61**, 140, MüKo/Möschel Rn 6, str). Übernommen w können Schulden jeder Art, auch zukünft, klaglose u rhäng. Eine Ausn gilt für dingl Anspr, bei denen (wie iF des § 985) die Passivlegitimation dch die tatsächl Lage bestimmt w. Einer Einschränkg wie in § 399 bedarf es wg der Mitwirkg des Gläub nicht. Aus der SchuldÜbern kann sich für den Gläub die NebenPfl ergeben, das InnenVerh zw Alt- u NeuSchu zu beachten (BGH NJW-RR **90**, 812). Der ÜbernVertr ist grdsl **formfrei.** Wenn für die Begründg einer Verpfl eine FormVorschr besteht, gilt sie aber auch für die Übern der Verpfl; der ÜbernVertr ist daher in den Fällen der §§ 313 (dort Rn 14), 518 u des VerbrKrG 4 formbedürft.

2 **2) Schuldbeitritt** (Schuldmitübern, kumulative SchuldÜbern). – **a)** Beim Schuldbeitritt tritt der Mitübernehmer zusätzl neben dem bisher Schu in das SchuldVerh ein; beide werden GesSchu iSd §§ 421 ff. Das Ges sieht in einer Reihe von Fällen einen solchen Schuldbeitritt vor: §§ 556 III, 604 IV, 2382, HGB 25, 28, 130, WG 28. Dagg ist der **rechtsgeschäftliche** Schuldbeitritt im BGB nicht geregelt; er ist aber als reiner VerpflVertr nach § 305 zul (stRspr seit RG **59**, 233, allgM). Er kann zw Gläub u Beitretdem geschlossen w, jedoch bestehen dann Abgrenzgsprobleme zur Bürgsch (Rn 4). Part des SchuldmitübernVertr können auch der Schu u der Beitretde sein. In diesem Fall handelt es sich um einen Vertr zGDr mit dem Inh der bereits vorhandenen Schuld (BGH **72**, 250). Der Bejahg eines Vertr zGDr kann aber die Ausleggsregel des § 329 entggstehen (BGH DB **75**, 2081). Eine Zust des Gläub ist nicht erforderl, da sich seine RStellg nur verbessert; er hat aber das ZurückweisgsR des § 333. Der Schuldbeitritt kann sich auch auf ein DauerschuldVerh (Edenfeld JZ **97**, 1034) od auf künft Fdgen beziehen (BGH NJW-RR **93**, 308), muß aber den Umfang der
3 übernommenen Verpfl mit hinreichder Deutlichk abgrenzen (Hamm NJW-RR **93**, 113). Er ist grdsl **formfrei;** § 766 ist weder direkt noch analog anwendb, da der Beitretde and als der Bü typw ein eig unmittelb sachl Interesse an der Erf der Verbindlichk hat (stRspr seit RG **59**, 233, allgM, and aber jetzt Rüßmann, FS Heinrichs, 1998, S 451). Die für die Begründg einer Verpfl bestehden FormVorschr (zB §§ 313, 518, BRAGO 3) gelten aber auch für den Schuldbeitritt (BGH NJW **91**, 3098), ausgenommen § 781, da er angebl ausschließl BewZwecken dient (BGH **121**, 1, krit Dehn WM **93**, 2115). Der Schuldbeitritt eines **Verbrauchers** zu einem KreditVertr bedarf der Schriftform, gleichgült ob es sich um einen VerbrKredit od um einen gewerbl Kredit handelt (BGH **133**, 71, **134**, 94, 97, VerbrKrG § 1 Rn 5). Die vom Sozialamt zG eines Hilfeempfängers gegebene **Mietgarantie** kann eine öffrechtl Zusage (BVerwG NJW **94**, 2968), aber auch ein privrechtl Schuldbeitritt sein (OVG Bln NJW **84**, 2593). Sie begründet nur dann einen Anspr des Vermieters, wenn der Sozialhilfeträger seinen RBindgsWillen unzweideut zum Ausdr bringt (BVerwG aaO). Sie erstreckt sich iZw nicht auf Renoviergskosten (LG Lünebg NJW **89**, 1288) u wird nach Höhe u Dauer dch die Sozial-Hilfebedürftigk des Mieters begrenzt (BVerwG aaO, OVG Brem NJW **90**, 1314). Ob kumulative od befreide SchuldÜbern vorliegt, ist Ausleggsfrage; iZw ist Schuldbeitritt anzunehmen, da er den Gläub nicht belastet (BGH DB **78**, 2216). Bei der Übern einer dch Hyp gesicherten Schuld (§ 416) ist aber iZw eine befreide SchuldÜbern gewollt (§ 415 Rn 2).

4 **b)** Schuldbeitritt u **Bürgschaft** stimmen darin überein, daß sie dem Gläub als zusätzl Sicherh einen Anspr gg einen „Mithaftden" verschaffen. Dogmat bestehen allerdings grdlegde Unterschiede: Der Bürge haftet akzessorisch für fremde Schuld (§§ 765, 767), dagg begründet der Schuldbeitritt eine eig Verbindlichk gg den Beitretden, die nach dem Beitritt eig Wege gehen kann (Rn 5 f). Ob Schuldbeitritt od Bürgsch vorliegt, kann im Einzelfall zweifelh sein. Die prakt Bedeutg dieser Abgrenzgsfrage ist aber geringer geworden, da nunmehr auch der Beitritt zu einem VerbrKreditVertr der Schriftform bedarf (Rn 3). In der Diskussion um die Abgrenzg wird idR übersehen, daß die Einordng als Schuldbeitritt für den Mithafter auch Vorteile bringt, so hins der Haftg für Zinsen u Kosten (§ 425 Rn 2 u § 767 I 2). Entscheidd ist, ob nach dem Willen der VertrPart (§§ 133, 157) eine selbständige od nur eine angelehnte Schuld begründet w soll (BGH NJW **86**, 580, Hamm NJW **93**, 2625, Coester JuS **94**, 370). Bleiben Zw, ist eine Bürgsch anzunehmen (BGH aaO, DB **87**, 1139, Hamm aaO, LG Oldenbg NJW-RR **96**, 286). Entgg einer älteren Rspr (RG **90**, 417, Mü MDR **65**, 573) ist das beim Schuldbeitritt typw vorliegde eig wirtschaftl Interesse des Übernehmers an der Erf der Verbindlichk für die Bejahg einer Schuldmitübern weder erforderl noch ausr. Auf die Art des Interesses kommt es nicht an, wenn die abgegebene Erkl eindeut den Willen zum Schuldbeitritt erkennen läßt (BGH **LM** § 133 [C] Nr 33). Sind die Erkl mehrdeut, kann das eig sachl Interesse des Übernehmers ein wicht Indiz für das Vorliegen eines Schuldbeitritts sein (BGH NJW **81**, 47), jedoch ist auch hier bei verbleibden Zweifeln eine Bürgsch anzunehmen (BGH NJW **68**, 2332, BB **76**, 1431). Die Umdeutg einer formunwirks Bürgsch in einen Schuldbeitritt verstößt gg den Schutzzweck des § 766 u ist daher ausgeschlossen.

c) Rechtsfolgen: Der Schuldmitübernehmer tritt als **Gesamtschuldner** (and Bülow ZIP **99**, 985: nur subsidiäre Haftg) mit in das SchuldVerh ein: Seine Schuld richtet sich nach Inhalt u Beschaffenh der Hauptschuld im Ztpkt des Beitritts (BGH NJW **96**, 249). Für Einwendgen u Einr gilt § 417 entspr. Der Beitretde kann sich auf den Schutz des BRAGO 3 III berufen (BGH NJW **97**, 2398). Das WiderrR nach dem VerbrKrG besteht weiter (BGH **129**, 375); der Beitretde hat aber auch ein eig WiderrR (BGH **133**, 220). Besteht die mitübernommene Verbindlichk nicht, geht der Schuldbeitritt ins Leere (BGH NJW **87**, 1699), jedoch kann uU eine garantieähnl selbstd HaftgsÜbern vorliegen (BGH WM **71**, 1498). Der Beitretde kann die Unwirksamk des Beitritts einwenden. Ist der Beitritt dch einen Vertr zGDr erfolgt, kann der Beitretde in Abw von § 417 II gem § 334 auch Einwendgen aus dem KausalGesch erheben (BGH WM **59**, 22, **73**, 1291), jedoch können sich aus dem Gedanken des Vertrauensschutzes Einschränkgen ergeben (Oldbg BauR **86**, 586). Der vor dem Beitritt begonnene Lauf der **Verjährung** sowie Hemmgen u Unterbrechgen der Verj wirken auch für u gg den Beitretden (RG **143**, 157, BGH NJW **84**, 794). Die VerjFr der übernommenen Schuld gilt für den Beitretden selbst dann, wenn die für die FrLänge maßgebden Voraussetzgen (GewBetr) in seiner Pers nicht erfüllt sind (BGH **58**, 251, NJW **93**, 1915); liegt gg den Schu ein rkräft Urt vor, gilt § 218 auch ggü dem Beitretden (BGH NJW **87**, 2864). Nach dem Beitritt können die Anspr gg den ursprüngl Schu u den Beitretden eine unterschiedl Entwicklg nehmen (§ 425). Auch der LeistgsOrt kann verschieden sein (Schlesw NJW **52**, 1018). Der Beitretde kann, wenn er die Mithaftg für künft Verbindlichk übernommen hat, den Schuldbeitritt aus wicht Grd mit Wirkg ex nunc kündigen (s BGH NJW **86**, 253, Einf 20 v § 241). 5 6

414 *Vertrag zwischen Gläubiger und Übernehmer.* **Eine Schuld kann von einem Dritten durch Vertrag mit dem Gläubiger in der Weise übernommen werden, daß der Dritte an die Stelle des bisherigen Schuldners tritt.**

Vgl zunächst Übbl 1. VertrPart sind der Gläub u der Übernehmer. Rechtl handelt es sich um eine ausnw zul Vfg zG eines Dr, des Schu, zugl aber um einen VerpflVertr. Die Schuldbefreig tritt ohne Mitwirkg des Schu ein. Der Schu hat auch kein ZurückweisgsR; § 333 ist weder direkt noch analog anwendb (Weimar JR **72**, 285, MüKo/Möschel Rn 5, str). Der ÜbernVertr ist grdsl **formfrei** (Übbl 1). Er kann daher auch konkludent geschlossen w (RG **107**, 216), etwa dch Umschreibg eines Flugscheins (BGH **62**, 76), doch muß der Gläub den Entlassgswillen deutl erklären (RG HRR **28** Nr 8), sonst liegt ein bloßer Schuldbeitritt vor (Übbl 2). Inh u Modalitäten der Schuld w dch die Übern nicht verändert (§ 417 Rn 1 f). 1

415 *Vertrag zwischen Schuldner und Übernehmer; Genehmigung des Gläubigers.* **I Wird die Schuldübernahme von dem Dritten mit dem Schuldner vereinbart, so hängt ihre Wirksamkeit von der Genehmigung des Gläubigers ab. Die Genehmigung kann erst erfolgen, wenn der Schuldner oder der Dritte dem Gläubiger die Schuldübernahme mitgeteilt hat. Bis zur Genehmigung können die Parteien den Vertrag ändern oder aufheben.**

II Wird die Genehmigung verweigert, so gilt die Schuldübernahme als nicht erfolgt. Fordert der Schuldner oder der Dritte den Gläubiger unter Bestimmung einer Frist zur Erklärung über die Genehmigung auf, so kann die Genehmigung nur bis zum Ablaufe der Frist erklärt werden; wird sie nicht erklärt, so gilt sie als verweigert.

III Solange nicht der Gläubiger die Genehmigung erteilt hat, ist im Zweifel der Übernehmer dem Schuldner gegenüber verpflichtet, den Gläubiger rechtzeitig zu befriedigen. Das gleiche gilt, wenn der Gläubiger die Genehmigung verweigert.

1) Allgemeines. § 415 ermöglicht eine SchuldÜbern dch Vertr zw Schu u Übernehmer, der aber der Gen des Gläub bedarf. Der Vertr hat – ebso wie bei § 414 – einen Doppelcharakter: Schu u Übernehmer verfügen als Nichtberecht über die Fdg u begründen zugl eine mit der ursprüngl Schuld inhaltsgleiche Verpfl des Übernehmers, sog **Verfügungstheorie** (RG **134**, 187, BGH **31**, 325, Larenz § 35 I, hM). Die Angebotstheorie (Heck § 73 ua), die in der Mitteilg (I 2) die Offerte u in der Gen die VertrAnn sehen will, ist mit Wortlaut, Systematik u Entstehgsgeschichte des Ges unvereinb (Mot II 144 ff, MüKo/Möschel Rn 2). Genehmigt der Gläub aGrd einer Mitteilg des Übernehmers, kann aber im Einzelfall iW der Auslegg od Umdeutg ein ÜbernVertr nach § 414 angenommen w (BGH **31**, 323, § 417 Rn 6). Mögl ist auch ein VertrSchl zw Gläub u Schu unter Zust des Übernehmers u (wie iF der VertrÜbern, § 398 Rn 38) ein „dreiseitiger" VertrSchluß (Nörr-Scheyhing § 26). 1

2) Voraussetzungen. – a) Der **Vertrag** ist abstrakt u grdsl formfrei (Übbl 1). Er muß klarstellen, daß eine befreide SchuldÜbern u nicht bloß ein Schuldbeitritt od eine ErfÜbern gewollt ist (Übbl 3). Wird eine dch eine Hyp gesicherte Fdg in Anrechng auf den KaufPr übernommen, ist iZw eine befreide SchuldÜbern zu bejahen (RG **75**, 340, JW **32**, 1043, KG JW **38**, 1916). – **b)** Der Vertr bedarf der **Zustimmung** des Gläub. Obwohl das Ges nur von Gen (§ 184) spricht, genügt auch eine Einwilligg, § 183 (RG **60**, 415, BGH NJW-RR **96**, 194). Eine Mitteilg (I 2) ist in diesem Fall nicht erforderl. EinwilliggsKlauseln in AGB sind nur in den Grenzen von AGBG 11 Nr 13 wirks (s dort). Wird die Einwilligg in einem unter Beteiligg des Gläub geschlossenen notariell beurkundeten Vertr nicht erteilt, so kann das für das Vorliegen einer ErfÜbern sprechen (Köln NJW-RR **94**, 210). Der Gläub, der mit einer VorGesellsch kontrahiert hat, diese aber für eine bereits existierde GmbH hielt, erklärt sich nicht antizipiert damit einverstanden, daß die persönl Haftg der Gter mit Entstehg der GmbH entfällt (BGH NJW **98**, 1645). Die Zust kann dem einen od and Teil erklärt w (§ 182 I). Sie ist nach § 182 II auch dann formfrei, wenn der ÜbernVertr (entspr Übbl 1) ausnw formbedürft ist (and die Angebotstheorie, Rn 1). – **c)** Der Gen muß eine **Mitteilung** der SchuldÜbern dch einen der VertrPart an den Gläub vorangehen (I 2), sie setzt daher Kennt der ÜbernVereinbg voraus (BGH NJW-RR **91**, 818). Die Mitteilg ist eine geschäftsähnl empfangsbedürft Hdlg. Sie kann auch konkludent erfolgen (RG **125**, 104) u uU in jahrelanger Zinszahlg liegen (RG JW **37**, 1233); iF des ZVG 2 3 4

53 genügt die Mitteilg, daß das Grdst unter Bestehenbleiben der Hyp zugeschlagen worden sei (RG JW **29**, 733). Die Mitteilg eines Vertr, dessen Gültigk gleichzeit bestritten w, ist nicht ausr (RG **119**, 421),
5 ebsowenig eine anderweit KenntnErlangg (RG HRR **28** Nr 825, **37** Nr 500). – **d)** Die gem § 182 II formfreie **Genehmigung** kann auch dch schlüssige Hdlg erfolgen, etwa dch KlErhebg gg den Übernehmer (RG **107**, 216, BGH WM **75**, 331) od dch Fortsetzg der Bierabnahme nach Anzeige der Brauereiveräußerg (Nürnbg NJW **65**, 1919). Das Verhalten des Gläub muß aber unzweideut seine Zust zur Entlassg des Schu aus der Haftg erkennen lassen (BGH WM **78**, 352). Bloßes Schweigen auf die Anzeige der SchuldÜbern (BGH ZIP **96**, 846, LG Ffm NJW-RR **90**, 275) od die Mitteilg von der Umgründg in eine GmbH & Co genügt nicht (BGH NJW **83**, 679), ebsowenig die Ann von Leistgen des Übernehmers, die dieser auch nach § 267 erbringen könnte (RG JW **37**, 1233, LAG Hamm DB **90**, 941). Eine Einwilligg in eine SchuldÜbern dch eine erst noch zu gründde Gesellsch kann iZw nur bei einer ausdr Erkl angenommen w (BGH NJW **98**, 1645, Gehrlein ebda 2651). Die **Verweigerung** der Gen kann konkludent erfolgen, zB dch Bestreiten
6 der Wirksamk des ÜbernVertr (BGH NJW **96**, 927). – **e)** Bei einer **Kettenschuldübernahme** genügt Mitteilg u Gen der Übern, aus der der Gläub Rechte herleiten will (RG **121**, 316, stRspr). Eine bes Gen der vorangehden Übern ist nicht erforderl.

7 **3) Rechtsfolgen. – a) Bis zur Genehmigung** besteht ein Schwebezustand. Der Gläub hat auch nach Zugang der Mitteilg ggü dem Übernehmer keine Rechte. Die VertrPart können den ÜbernVertr ändern od aufheben (I 3). Jeder von ihnen kann dem Gläub eine Fr setzen (II 2); bei Schweigen gilt die Gen als verweigert. Bei mehrfacher FrSetzg ist die zuerst gesetzte maßgebd (MüKo/Möschel Rn 10). Im InnenVerh
8 ist der Übernehmer iZw zur rechtzeit Befriedigg des Gläub verpflichtet (III). – **b)** Durch die **Genehmigung** w die SchuldÜbern wirks u zwar gem § 184 I rückwirkd auf den Ztpkt des VertrSchl (RG **134**, 187, and die
9 Angebotstheorie Rn 1). – **c)** Wird die Gen **verweigert** (III 2) od gilt sie als verweigert (II 2), wird die SchuldÜbern endgült unwirks (RG **139**, 127). Die Verweigerg ist RGesch u daher anfechtb (§ 182 Rn 4). Die abgelehnte Gen kann, vom Fall der Anf abgesehen, nicht nachgeholt w. Die verspätete Gen u eine vorherige od nachträgl Zust des Übernehmers können aber als Vertr nach § 414 aufgefaßt w (Rn 1). Die gescheiterte SchuldÜbern gilt nach § 415 III iZw als **Erfüllungsübernahme** (§ 329); sie kann aber, wenn eine Anrechng auf den KaufPr vorgesehen war, in eine Verpflichtg zur Barzahlg umgedeutet w (BGH NJW **91**, 1822, krit Dinkmann WM **92**, 1257).

416 *Übernahme einer Hypothekenschuld.*

I Übernimmt der Erwerber eines Grundstücks durch Vertrag mit dem Veräußerer eine Schuld des Veräußerers, für die eine Hypothek an dem Grundstücke besteht, so kann der Gläubiger die Schuldübernahme nur genehmigen, wenn der Veräußerer sie ihm mitteilt. Sind seit dem Empfange der Mitteilung sechs Monate verstrichen, so gilt die Genehmigung als erteilt, wenn nicht der Gläubiger sie dem Veräußerer gegenüber vorher verweigert hat; die Vorschrift des § 415 Abs. 2 Satz 2 findet keine Anwendung.

II Die Mitteilung des Veräußerers kann erst erfolgen, wenn der Erwerber als Eigentümer im Grundbuch eingetragen ist. Sie muß schriftlich geschehen und den Hinweis enthalten, daß der Übernehmer an die Stelle des bisherigen Schuldners tritt, wenn nicht der Gläubiger die Verweigerung innerhalb der sechs Monate erklärt.

III Der Veräußerer hat auf Verlangen des Erwerbers dem Gläubiger die Schuldübernahme mitzuteilen. Sobald die Erteilung oder Verweigerung der Genehmigung feststeht, hat der Veräußerer den Erwerber zu benachrichtigen.

1 **1) Allgemeines. – a)** In GrdstKaufVertr wird, abweichd von § 439 II, häuf vereinb, daß der Käufer die auf dem Grdst lastde Hyp in Anrechng auf den KaufPr übernehmen soll. Eine solche Vereinbg, bei der die Übern iZw die ursprüngl geschuldete VertrLeistg ist (§ 364 Rn 7), enthält regelmäß zugl die Übern der persönl Schuld (RG JW **32**, 1043, BGH **LM** Nr 1, § 415 Rn 2). Für diese, aber auch für and Fälle gibt § 416 einen Weg, der die Gen erleichtern soll: Schweigen des HypGläub gilt unter den Voraussetzgen des § 416 als Gen (I 2). Das Ges will hierdch die unerwünschte Trenng von dingl u persönl Haftg nach Möglichk verhindern (RG **128**, 71). Es berücksichtigt zugl, daß bei dingl gesicherten Fdgen typw die Pers des Schu u dessen
2 VermögensVerh für den Gläub weniger wichtig sind. – **b)** § 416 **ergänzt** § 415. Die SchuldÜbern kann trotz des mißverständl „nur" in I 1 ohne Einhaltg der Voraussetzgen des § 416 nach Maßg der §§ 414, 415 erfolgen (RG **63**, 50, MüKo/Möschel Rn 2, allgM). Soweit § 416 keine Sonderregelg enthält, gilt § 415. § 415 III ist daher anwendb (RG Warn **08** Nr 136), die Gen wirkt *ex tunc* (RG **134**, 187), die Verweigerg der Gen kann
3 nicht zurückgenommen w (RG **139**, 127, § 415 Rn 9). – **c)** Die Vorschr setzt voraus, daß der Veräußerer zugl persönl Schu ist (BGH **LM** Nr 1). Sie gilt für vorgemerkte Hyp entspr (hM). Auch auf **Grundschulden,** die zur Sichg einer Fdg eingetragen sind, kann § 416 analog angewandt w (Brschw MDR **62**, 736, MüKo/Möschel Rn 4, str). ZVG 53 verweist ausdr auch für Grd- u Rentenschulden auf § 416. Auf SchiffsHyp ist § 416, der dch die VO v 21. 12. 40 (RGBl 1609) nicht geändert worden ist, unanwendb.

4 **2) Mitteilung. – a)** Sie muß vom Veräußerer ausgehen, schriftl sein u den Hinw des II 2 enthalten. Stellvertretg ist mögl, Handeln ohne Vertretgsmacht kann der Veräußerer genehmigen (RG **67**, 416). Sie kann erst nach Eintragg des Erwerbers im GrdBuch erfolgen. Späterer Verlust des Eigt ist unschädl (RG **56**, 203). Für die Hyp ist erforderl aber auch ausr, daß sie im Ztpkt des EigtErwerbs bestanden hat (RG **128**, 72). Alle angeführten Erfordern sind **zwingend,** jedoch bleibt den Beteiligten der Weg der §§ 414, 415 (Rn 2). –
5 **b) Schweigen des Gläubigers** gilt nach Ablauf von 6 Monaten als Gen (I 2); für die GeschFgk u ein etwaiges AnfR des Gläub gilt Einf 12 vor § 116. Die Verweigerg der Gen ist nur wirks, wenn sie ggü dem Veräußerer erklärt w u eindeut ist (RG HRR **32** Nr 713). – **c)** Bei Verletzg der Pflten aus **III** ist der Veräußerer schadenspflicht. Will der Gläub nach Verweigerg der Gen die ZwVollstr des Grdst betreiben, muß er den Veräußerer unverzügl benachrichtigen (§ 1166).

417 *Einwendungen des Übernehmers.* **[I] Der Übernehmer kann dem Gläubiger die Einwendungen entgegensetzen, welche sich aus dem Rechtsverhältnisse zwischen dem Gläubiger und dem bisherigen Schuldner ergeben. Eine dem bisherigen Schuldner zustehende Forderung kann er nicht aufrechnen.**

[II] Aus dem der Schuldübernahme zugrunde liegenden Rechtsverhältnisse zwischen dem Übernehmer und dem bisherigen Schuldner kann der Übernehmer dem Gläubiger gegenüber Einwendungen nicht herleiten.

1) **Allgemeines:** § 417 gilt für alle Fälle der Schuldübern. Er ist entspr anwendb, wenn ein Dr dch Begebg eines Schecks od Wechsels eine Leistg erfhalber erbringt (BGH **85**, 349, NJW **86**, 1873, and Bilda NJW **91**, 3251). – **a)** Die Schuld geht mit gleichbleibdem **Inhalt** u Leistgsmodalitäten (Zeit u Ort der Leistg) auf den Übernehmer über. Ob sich die Übern auch auf NebenVerpfl (Zinsen, VertrStrafe, SchadErsAnspr) erstreckt, ist Ausleggsfrage; § 401 Rn 6 gilt entspr. – **b)** Der Übernehmer hat alle **Einwendungen** aus dem Schuld- 1 2
Verh, die zZ der Übern „begründet" waren. Der Begriff der Einwendg ist ebso wie bei § 404 im weitesten Sinn zu verstehen (dort Rn 3). Er umfaßt rhindernde u rvernichtde Einwendgen, aufschiebde, dauernde u prozessuale Einr. Maßgebder Ztpkt ist auch iF des § 415 wg der Rückwirkg der Gen der VertrSchl (MüKo/Möschel Rn 3). Es genügt, daß die Einwendg im übernommenen SchuldVerh dem RGrd nach angelegt war (§ 404 Rn 4). Teilw Ablauf sowie Hemmgen u Unterbrechgen der Verj wirken fort (RG **135**, 107, **143**, 157). Der Übernehmer kann mit einer eig, nicht aber mit einer Fdg des Schu aufrechnen (I 2), auch eine dem § 770 II entspr Einr hat er nicht. Von den GestaltgsR gehen nur die über, die, wie das WahlR nach § 262, ausschließl die übernommene Verbindlichk betreffen. Alle and GestaltgsR (Anf-, Widerrufs-, Rücktr-, KündR) u das WandlgR bleiben grdsl beim Schu. Die SchuldÜbern kann aber die Übertragg ausdr od stillschw mitumfassen (§ 413 Rn 7). Mögl ist auch, daß der Übernehmer aus dem GrdVerh gg den Schu einen Anspr auf Ausübg der GestaltgsR hat.

2) Der Übernehmer haftet nur bei **Wirksamkeit** der Übern. Er kann daher dem Gläub alle Einwendgen entggsetzen, die die Gültigk des ÜbernVertr betreffen. Fälle: §§ 117, 118, 134, 138, Anf wg Irrt u Dissens (RG **119**, 420). Ist der Übernehmer vom Schu **getäuscht** worden, ist zu unterscheiden: Handelt es sich um einen Vertr gem § 414, ist der Schu Dr; ein AnfR besteht gem § 123 II nur bei Bösgläubigk des Gläub. Ist der ÜbernVertr gem § 415 zw Übernehmer u Schu geschlossen worden, ist der Schu ErklGegner; der Übernehmer kann auch bei Gutgläubigk des Gläub dch Erkl ggü dem Schu anfechten (BGH **31**, 323, **LM** Nr 2). Es ist aber jeweils zu prüfen, ob die Mitteilg der SchuldÜbern u ihre Gen als ein Vertr gem § 414 aufgefaßt w können (§ 415 Rn 1). Ein Teil des Schriftt will auch iF des § 415 die Anf nur bei Bösgläubigk des Gläub zulassen, zT in Anwendg der Angebotstheorie, zT unter Hinw auf den Normzweck des § 417 II, zT in analoger Anwendg des § 123 II 2, zT aus dem GesichtsPkt des Vertrauensschutzes (s Rimmelspacher JR **69**, 201, Esser/Schmidt AT § 37 II 1 b). Dieser Ans ist jedoch nicht zu folgen. Gg sie spricht bereits ein Umkehrschluß aus § 417 II; auch unter Wertgsgesichtspkten verdienen die Interessen des von seinem VertrPart argl getäuschten Übernehmer den Vorrang (im Ergebn ebso Larenz § 35 I b, Nörr-Scheyhing § 26 III, MüKo/Roth Rn 14). Hat der Übernehmer dem Gläub die Übern **mitgeteilt,** haftet er aber analog § 409 (Dörner 4
NJW **86**, 2918); trifft ihn ein Verschulden, ist er dem Gläub auch wg c. i. c. verantwortl. 3

3) **Einwendungen aus dem Grundverhältnis.** Die SchuldÜbern ist abstrakt (Übbl 1 v § 414). Mängel 5
der RGrdBeziehg berühren daher ihre Wirksamk nicht; iü ist zu unterscheiden: – **a)** Liegt der SchuldÜbern ein RVerhältn zw **Gläubiger und Übernehmer** zugrde, begründen Mängel des GrdGesch die Einr aus § 821. Der Übernehmer kann sich auch auf alle sonst Einwendgen aus seinen RBeziehgen zum Gläub berufen. – **b)** Liegt der SchuldÜbern dagg ein RVerhältn zw **Schuldner und Übernehmer** zugrde, so kann 6
der Übernehmer daraus keine Einwendgen gg den Gläub herleiten **(II).** Mögl ist aber, daß der Mangel, der das KausalGesch nichtig macht, zugl auch die Nichtigk des ÜbernVertr begründet (Übbl 23 v § 104). Außerdem kann der Wille der Part das GrdGesch u die SchuldÜbern zu einer Einh iSd § 139 mit der Folge zusfassen, daß die Unwirksamk des GrdGesch sich auch auf den ÜbernVertr erstreckt (RG **58**, 386, BGH **31**, 323, Hbg NJW **66**, 985, sehr str, aA Rimmelspacher JR **69**, 201). Für einen entspr PartWillen müssen aber konkrete Anhaltspkte vorliegen (§ 139 Rn 8). Außerdem ist ggf zu prüfen, ob die Mitteilg des Übernehmers als VertrAngebot gem § 414 u die Gen des Gläub als Ann aufgefaßt w können (§ 415 Rn 1).

418 *Erlöschen von Sicherungs- und Vorzugsrechten.* **[I] Infolge der Schuldübernahme erlöschen die für die Forderung bestellten Bürgschaften und Pfandrechte. Besteht für die Forderung eine Hypothek oder eine Schiffshypothek, so tritt das gleiche ein, wie wenn der Gläubiger auf die Hypothek oder die Schiffshypothek verzichtet. Diese Vorschriften finden keine Anwendung, wenn der Bürge oder derjenige, welchem der verhaftete Gegenstand zur Zeit der Schuldübernahme gehört, in diese einwilligt.**

[II] Ein mit der Forderung für den Fall des Insolvenzverfahrens verbundenes Vorzugsrecht kann nicht im Insolvenzverfahren über das Vermögen des Übernehmers geltend gemacht werden.

1) **I.** Die Größe des Risikos, das für die Sicherheiten einer Fdg besteht, wird wesentl dch die Solvenz des 1
Schu bestimmt. I sieht daher vor, daß alle akzessorischen SichgR dch die SchuldÜbern – and als iF der Abtr (§ 401) – erlöschen; er ist auf die VertrÜbern entspr anwendb (Hamm NJW-RR **91**, 48). Die Vorschr gilt auch für SchiffsHyp (Fassg der VO v 21. 12. 40, RGBl 1609) u das RegisterPfandR an Luftfahrzeugen (LuftfzRG 98 II), da sie von „bestellten" Sicherh spricht, aber nicht für gesetzl PfandR (RGRK-Weber Rn 1, str). Dagg ist sie auf die Vormkg (Hoche NJW **60**, 464), die SichgGrdSch (BGH DNotZ **66**, 667, Schlesw SchlHA **97**, 205, aA Scholz NJW **66**, 1740) u auf alle and selbstd SichgR (SÜ u Abtr) entspr anwendb (BGH WM **92**, 1315). I 2 bedeutet, daß das GrdPfandR auf den Eigtümer übergeht, nachgehde Rechte also nicht aufrücken (§ 1168). Bei **Einwilligung** des SichgG bleiben die SichgR bestehen (I 3). Bei Übern einer dch

GrdSch gesicherten Fdg genügt die Einwilligg des Eigtümers des belasteten Grdst; die Zust des Zessionars, an den der Anspr auf Rückgewähr der GrdSch abgetreten worden ist, ist nicht erforderl (BGH **115**, 243). Die Einwilligg des Bürgen bedarf der Form des § 766 (MüKo/Möschel Rn 6, aA RG **70**, 415). Eine nachträgl Zust (Gen) genügt nicht (RG HRR **33**, 1742, Soergel/Zeiss Rn 4, str); die Sicherh muß neu bestellt w.

2 **2) II** dient dem Schutz der Gläub des Übernehmers. Da die KonkVorrechte der KO 61 f dch InsO 38 f abgeschafft worden sind, hat II kaum noch prakt Bedeutg.

419 *(Betraf die Haftung des Übernehmers im Fall einer Vermögensübernahme. Aufgehoben zum 1. 1. 99 durch das EGInsO 33 Nr 16. Auf Vermögensübernahmen aus der Zeit vor dem 1. 1. 99 ist § 419 weiter anzuwenden, EG Art 223 a. Vgl im Bedarfsfall die 57. Aufl u Brdbg NJW-RR **99**, 59.)*

Sechster Abschnitt. Mehrheit von Schuldnern und Gläubigern

Überblick

1 **1)** Eine **Mehrheit von Gläubigern** kann in folgenden RFormen auftreten: – **a) Teilgläubigerschaft:** Sie besteht gem § 420 iZw bei teilb Leistgen. Die Fdg jedes Gläub ist ggü der des and rechtl selbstd (§ 420 Rn 1). Teilb sind idR nur Leistgen von Geld u and vertretb Sachen. Auch wenn die Leistg im natürl Sinne teilb ist, besteht vielf aGrd des RVerhältn zw den Gläub eine gemeins EmpfangsZustdgk u damit Unteilbark iS des § 420 (§ 432 Rn 2). Dann liegt keine Teil- sond Mitgläubigersch vor. Teilgläubigersch ist daher prakt die Ausn. Ihr GgStück ist die Teilschuld.

2 **b) Gesamtgläubigerschaft:** Jeder der GesGläub kann die ganze Leistg fordern, der Schu braucht aber nur einmal zu leisten (§§ 428–430). An welchen Gläub er leisten will, steht in seinem Belieben. Auch die GesGläubigersch ist prakt von geringer Bedeutg (§ 428 Rn 1 f). Ihr GgStück ist die GesSchuld.

3 **c) Mitgläubigerschaft** (Ausdr von Larenz § 36 I b): Die Fdg steht mehreren in der Weise gemschaftl zu, daß die Gläub nur Leistg an alle verlangen können u der Schu nur an alle leisten kann. Sie ist der prakt wichtigste Fall der GläubMehrh. Vgl zu ihr bei § 432.

4 **d) Keine Gläubigermehrheit** liegt vor, wenn an der Fdg ein Recht eines Dr besteht od die RStellg des Gläub dch ein Einziehgs- od ZustimmgsR eines Dr beschr ist. §§ 420 ff sind daher unanwendb auf das Verhältn zw Gläub u Nießbraucher (§ 1077), zw Gläub u Pfandgläub (§§ 1281, 1282), zw Gläub u EinziehgsBerecht (§ 398 Rn 29). Eine bes Art der FdgMehrh besteht beim echten Vertr zGDr, wenn sowohl der Versprechensempfänger als auch der Dr fdgsberecht ist (§ 335 Rn 1).

5 **2)** Bei der **Mehrheit von Schuldnern** treten die gleichen RFormen auf wie bei der GläubMehrh: – **a) Teilschuldnerschaft:** Sie besteht gem § 420 iZw bei teilb Leistgen. Der Gläub h ggü jedem Schu einen selbstd Anspr auf die von diesem zu erbringde Teilleistg. Die Teilschuld ist trotz § 420 prakt selten; vgl zu ihr § 420 Rn 2.

6 **b) Gesamtschuldnerschaft:** Jeder der Schu ist zur ganzen Leistg verpflichtet, der Gläub kann sie aber nur einmal fordern (§§ 421–427). Sie ist prakt die Regelform der SchuMehrh u gilt (insb aGrd der §§ 427, 840) entgg § 420 meist auch bei teilb Schulden. Zum Begr der GesSchuld vgl § 421 Rn 1 ff.

7 **c) Gemeinschaftliche Schuld:** Sie besteht, wenn die Schu in ihrer Verbundenh zu einer GesLeistg verpflichtet sind; die LeistgsPfl des einzelnen Schu beschr sich nicht (wie Rn 5) auf eine selbstd Teilleistg, erstreckt sich aber auch nicht (wie Rn 6) auf die ges Leistg, sond geht dahin, im ZusWirken mit den and Schu den Leistgserfolg herbeizuführen (Schlesw NJW **82**, 2672). Sie kommt als GesHandschuld u als gemeinschaftl
8 Schuld ieS vor: – **aa) Gesamthandschuld:** Die GesHänder schulden, soweit die Fdg das GesHandVerm als **Sondervermögen** betrifft, in geshänderischer Verbundenh, also gemschaftl (Soergel-Wolf Rn 12). Der Gläub muß ggü allen GesHändern kündigen, er bedarf zur Vollstr in das SonderVerm eines Titels gg alle (ZPO 736, 740 II, 747); der Titel braucht aber nicht einheitl zu sein, getrennte Titel genügen (RG **68**, 223, stRspr), doch müssen GesHänder aus demselben RGrd haften (BGH DB **70**, 1173). Bei GütGemsch u fortges GütGemsch reicht Titel gg den verwaltden Eheg aus (ZPO 740 I, 745). Gläub der GesHand kann auch ein GesHänder sein. Daneben **haften** die GesHänder idR **auch persönlich** mit ihrem nicht geshänderisch gebundenen Verm. Die GesHänder sind insow meist GesSchu, vgl bei der Gesellsch §§ 427, 431, bei der GütGemsch § 1437 II, bei der ErbenGemsch § 2058, bei der OHG HGB 128. Gelegentl haften sie aGrd bes
9 Abrede od gem § 420, § 2060 auch als TeilSchu. – **bb) Gemeinschaftliche Schuld ieS:** Sind mehrere, die keine GesHandGemsch bilden, zu einer Leistg verpfl, die sie nur zus erbringen können, ist es Ausleggsfrage, welche RForm der SchuMehrh vorliegt. Vielf ist GesSchuld gegeben, so etwa wenn mehrere Untern sich zur gemeins Herstellg eines Werkes verpflichten (BGH NJW **52**, 217), od wenn mehrere MitEigtümer gemeins eine Sache verkaufen (str). Eine schuldunabhäng gesschuldner Verantwortg besteht zumindest für die Verpfl, das Obj lastenfrei zu liefern (Brschw NJW-RR **97**, 1038). Daß der einzelne Schu nicht allein leisten kann, schließt die GesSchuld nicht aus (*arg* § 431); da auch ein auf eine subj unmögl Leistg gerichteter Vertr wirks ist (§ 306 Rn 9), kann Schu sich verpflichten, auch für das Verhalten des and miteinzustehen. Bei gemschaftl Verpflichtg mehrerer Musiker zu einer Orchesterveranstaltg w dagg iZw keine GesSchuld, sond eine gemschaftl Schuld ieS vorliegen. Sie kann auch kr Ges entstehen, so wenn mehrere MitEigtümer einen Notweg (§ 917) zu dulden haben (BGH **36**, 187) od wenn mehrere MitUntern gem UStG 14 die Ausstellg einer Rechng schulden (BGH NJW **75**, 311). Eine SchadErsPfl besteht nur für eig Verschulden (BAG NJW **74**, 2255). Zu GruppenarbeitsVerh (Eigengruppe, BetrGruppe) vgl Einf 31 ff vor § 611.

10 **d) Keine Schuldnermehrheit** bilden: – **aa)** der Schu u der akzessor haftde **Bürge** (Einf 3 v § 765). – **bb)** der ErsPflichtige u die gem § 839 I S 2 nur **subsidiär** haftde Körpersch (BGH **61**, 352, NJW **84**, 2097).

3) Sind mehrere zur **Unterlassung** verpflichtet, sind idR mehrere rechtl selbstd SchuldVerh anzunehmen, da jeder eine and Leistg schuldet (Kblz WRP **85**, 45, Köhler AcP **190**, 530). Das gilt ebso umgekehrt, wenn mehrere Gläub von einem Schu Unterlassg verlangen können (RGRK Rn 18). Treten mehrere in die UnterlassgsPfl ihres RVorgängers ein, so vervielfältigt sich die Schuld (Enn-Lehmann § 88 I 4). Mögl ist jedoch auch eine gesschuldnerische Verpflichtg idS, daß jeder auch für die Unterlassg des and einzustehen h (Tilmann GRUR **86**, 694, § 425 Rn 8). Auch die DuldgsPfl aus einer GesGrdSch od Hyp kann eine GesSchuld darstellen (BayObLG NJW **73**, 1881). 11

4) Stehen auf einer Seite des SchuldVerh mehrere Pers, sind häufig beide **sowohl Schuldner als auch Gläubiger.** Die Art ihrer Gläub- u SchuStellg ist dann vielf verschieden. So schulden mehrere **Käufer oder Mieter** das vertragl Entgelt iZw gem § 427 als GesSchu, sie sind aber idR gem § 432 nur gemeins fdgsberecht (§ 432 Rn 2). Das KündR kann von mehreren Mietern u ggü ihnen nur gemeins ausgeübt w (§ 425 Rn 9). Mehrere **Verkäufer oder Vermieter** schulden idR gem §§ 427, 431 als GesSchu; die Kaufpr- oder MietzinsFdg steht ihnen gem § 432 meist als MitGläub zu (§ 432 Rn 2), doch sind gem § 420 auch TeilFdgen mögl. Das KündR kann von mehreren Vermietern u ggü ihnen nur gemeins ausgeübt w (§ 425 Rn 9). 12

420 ***Teilbare Leistung.*** **Schulden mehrere eine teilbare Leistung oder haben mehrere eine teilbare Leistung zu fordern, so ist im Zweifel jeder Schuldner nur zu einem gleichen Anteile verpflichtet, jeder Gläubiger nur zu einem gleichen Anteile berechtigt.**

1) Allgemeines. Vgl Übbl 1 u 5. – **a)** Teilb ist eine Leistg, wenn sie ohne Wertminderg u ohne Beeinträchtigg des Leistgszwecks in Teilleistgen zerlegt w kann (s näher § 266 Rn 3). § 420 stellt bei teilb Leistgen zwei **Vermutungen** auf, die der Teilg des SchuldVerh sowie die der Gleichh der Anteile. Beide Vermutgen haben aber nur geringe prakt Bedeutg. 1

2) Mehrheit von Schuldnern oder Gläubigern. – a) Bei einer **Schuldnermehrheit** mit vertragl Grdl wird § 420 dch § 427 weitgehd verdrängt. Bei gesetzl Verpfl besteht idR gleichf GesSchuldnersch, §§ 830, 840 (§ 421 Rn 6ff). Bsp für Teilschulden sind: Verpfl aus BauVertr, wenn künft WoEigtümer die Bauarbeiten gemeins vergeben (BGH **75**, 27, Karlsr BauR **85**, 697) od wenn auf einem Grdst für mehrere AuftrG verschiedene Baulichk zu errichten sind (BGH **76**, 90); and aber bei AuftrErteilg dch eine Bauherrn-Gemeinsch (BGH NJW-RR **89**, 465); KaufPrVerpfl, wenn mehrere ein Grdst zu ideellen Anteilen kaufen (Köln OLGZ **79**, 487), doch w hier häuf gem § 427 eine GesSchuld anzunehmen sein; Verpfl aus § 906 II 2 (BGH NJW **79**, 165). Bsp für Unteilbark: Verpfl von MitEigentümern, aus dem Verkauf der gemeins Sache (RGRK Rn 2) sowie die in § 266 Rn 3 angeführten Fälle. – **b) Gläubigermehrheit:** Steht mehreren eine Fdg in Gemsch zu, ist sie wg der gemeinschaftl Empfangszuständigk im RSinn auch dann unteilb, wenn sie auf Geld od vertretb Sachen gerichtet ist (§ 432 Rn 2). Der Regelfall der GläubMehrh ist daher die MitGläubigersch. § 420 kann anwendb sein, wenn mehreren Eheg ein Anspr aus § 812 zusteht (Hamm NJW-RR **88**, 1006), od wenn der für mehrere Gläub zu leistde Unterh in einer Summe ausgedrückt ist (KG OLGZ **71**, 386). – **c)** Trotz der Teilg besteht zw den TeilSchuldVerh eine **Verbindung:** Die Einr aus § 320 hat GesWirkg (§ 320 I 2), RücktrR (356) u Minderg (474) sind gleichf unteilb. 2 3 4

421 ***Gesamtschuldner.*** **Schulden mehrere eine Leistung in der Weise, daß jeder die ganze Leistung zu bewirken verpflichtet, der Gläubiger aber die Leistung nur einmal zu fordern berechtigt ist (Gesamtschuldner), so kann der Gläubiger die Leistung nach seinem Belieben von jedem der Schuldner ganz oder zu einem Teile fordern. Bis zur Bewirkung der ganzen Leistung bleiben sämtliche Schuldner verpflichtet.**

1) Allgemeines. – a) Der Gläub einer GesSchuld kann die Leistg von jedem Schu nach seinem Belieben ganz od teilw fordern, er kann die Leistg aber insgesamt nur einmal beanspruchen. Die GesSchuld ist die für den Gläub **sicherste Form** der SchuMehrh (Heck: „PaschaStellg“). Da ihm alle Schu auf das Ganze haften, wird er befriedigt, auch wenn nur einer der Schu leistgsfäh ist. – **b)** Das **Gesetz** ordnet in einer Reihe von Fällen die gesschuldnerische Haftg **ausdrücklich** an, so vor allem in § 427 (gemeinschaftl vertragl Verpflichtg), § 431 (unteilb Leistg) u in §§ 830, 840 (gemeinsame delikt Verantwortlichk), aber auch in §§ 42 II, 53, 54, 86, 88, 89 II, 431, 556 III, 613a II, 651b II, 769, 1108 II, 1357 I 2, 1437 II, 1459 II, 2058, 2382, 2385, PartGG 8 I, VVG 59, HGB 128. Welche SchuMehrh auch **ohne** ausdrückl **gesetzliche Anordnung** unter die §§ 421ff fallen, ist str (Rn 6ff). 1 2

2) Mindestvoraussetzungen. Trotz des Streits um Begr u „Wesen“ der GesSchuld besteht Einverständn darüber, daß eine GesSchuld nur vorliegt, wenn die sich aus § 421 ergebden Mindestvoraussetzgen erfüllt sind: – **a)** Der Anspr des Gläub muß sich gg **mehrere** Schu richten. Nicht erforderl ist, daß jeder die Leistg auch tatsächl erbringen kann (BGH NJW **85**, 2644); anfängl Unvermögen macht die Verpflichtg zur Leistg nicht unwirks (§ 306 Rn 9). Auch wenn mehrere Schu eine identische Leistg schulden, liegt keine GesSchuld vor, falls ein Schu ggü einem Gläub verpflichtet ist u der zweite ggü einem and (BGH NJW **94**, 443). Haupt- u SubUntern sind daher keine GesSchu, da der Besteller nur Anspr gg den HauptUntern hat (BGH NJW **81**, 1779, NJW-RR **92**, 850). – **b)** Der Gläub darf die **Leistung** ledigl **einmal** fordern. Keine GesSchuld, sond sog Kumulation liegt vor, wenn der Gläub zur Befriedigg des Bedarfs vorsorgl mit mehreren Lieferanten selbstd Vertr abschließt. Besteht bei unterl SchönhReparatur Anspr gg den fr u den Neumieter, entscheidet nicht § 421, sond die Auslegg des Vertr, ob AnsprKumulation od GesSchuld vorliegt; idR ist Kumulation anzunehmen, da der Vermieter den Altmieter dch den Vertr mit dem Neumieter nicht entlasten will (BGH **49**, 56, Hbg OLGZ **84**, 106, aA Kassel NJW **75**, 1842). – **c)** Die Pflten der GesSchu müssen sich auf **dasselbe Leistungsinteresse** beziehen. NebenBü, die für versch Teile der Hauptschuld haften, sind daher keine GesSchu (Wolf NJW **87**, 2437). Eine völl **Identität** von LeistgsInh u -Umfang ist jedoch nicht erforderl; es genügt eine an der Grenze zur inhaltl Gleichh liegde bes enge Verwandtsch (BGH **43**, 233). Die eine Fdg 3 4 5 kann bedingt od befristet sein, die and nicht (RG Gruch **54**, 149). Auch in NebenBest können Unterschiede bestehen, so im Leistgsort (Schlesw NJW **52**, 1019). Die persönl Schuld u die inhaltl and angelegte GrdSchuld bilden aber keine GesSchuld (BGH DNotZ **89**, 359). Bei versch Umfang der Verpflichtgen ist eine GesSchuld insow gegeben, als sich die Pflten decken (RG **82**, 439, BGH **52**, 45, Düss NJW **95**, 2565). Die eine Schuld kann auf Naturalherstellg od Nachbesserg gehen, die and auf GeldErs (BGH GrZS **43**, 232). **Architekt** u **Bauunternehmer** sind zwar für die Errichtg des Bauwerkes keine GesSchu (BGH **39**, 264), wohl aber hinsichtl der von ihnen gemeins zu verantwortden Baumängel, u zwar auch dann, wenn der Arch auf SchadErs, der Untern dagg auf Nachbesserg od Wandlg haftet (BGH **43**, 227, **51**, 275, Rn 10). Das gilt entspr für die gemeins Verantwortlichk von Arch u Statiker (BGH VersR **71**, 667). Muß sich der Bauherr gem §§ 254, 278 das Versch des Arch anrechnen lassen, beschr sich die GesSchuld auf die gemeins Haftgsquote von Arch u Untern (BGH WM **70**, 355). Die Mithaftg des Arch entfällt, soweit der Bauherr dem BauUntern wg der vom Arch mit zu verantwortden Mängel keine Vergütg schuldet (BGH NJW **96**, 2370, krit Glöckner BauR **97**, 529).

6 **3) Gleichstufigkeit. – a)** Eine GesSchuld liegt nur vor, wenn die Verpflichtgen der Schu **gleichstufig** (gleichrangig) sind (BGH **106**, 319, **108**, 183, **137**, 77/82, Larenz § 37 I, Medicus § 35 II 1 b, MüKo/Selb Rn 8, hM). Die fr Rspr hat (neben den Voraussetzgen des § 421) als zusätzl Merkmal gefordert, zw den einzelnen Verbindlichk müsse eine rechtl **Zweckgemeinschaft,** ein innerer ZusHang, bestehen (BGH **13**, 365, **19**, 123, **43**, 229 uö). Dieses Kriterium hat der BGH mit Recht stillschw aufgegeben (krit bereits BGH **52**, 44, **59**, 99), wenn das Wort ZweckGemsch auch noch gelegentl in neueren Entsch auftaucht (s BGH NJW **92**, 2818). Die Rspr hatte das Merkmal der ZweckGemsch so weit ausgedehnt, daß es prakt mit der Identität des GläubInteresses (Rn 5) zusfiel u daher leerlaufd war (BGH **52**, 44). Das Erfordern der Gleichstufigk drückt prägnanter aus, worum es geht. Die GesSchuld ist dadch gekennzeichnet, daß dch die Erf einer Schuld auch die and erlöschen, **Tilgungsgemeinschaft.** Sie fehlt, wenn die Schulden sich im Rang unterscheiden, wie etwa die Verpflichtg des Schadensverursachers einerseits u die des UnterhPflichtigen od Versicherers ands. Allerdings muß der unterschiedl Rang der Verpflichtgen im AußenVerhältn zum Ausdr kommen (MüKo/Selb Rn 8). Daß im InnenVerhältn einer der Schu iW des Ausgl die gesamte geschuldete
7 Leistg zu tragen hat, schließt das Bestehen einer GesSchuld nicht aus. – **b)** Die **Gegenansicht** verzichtet auf das Merkmal der Gleichstufigk, sieht in **§ 421** eine **generelle Gesamtschuldanordnung** u will auch die Fälle des gesetzl FdgsÜbergangs (Rn 8) mit in den GesSchuldBegriff einbeziehen (Ehmann GesSchuld 1972, Esser/Schmidt § 59 I); sie hat sich mit Recht nicht dchgesetzt. Für nicht gleichstufige SchuMehrh passen die §§ 421–425 nicht, insb wäre es offensichtl verfehlt, AnnVerz ggü dem Schädiger anzunehmen, wenn der Geschädigte die Leistg des Versicherers- od UnterhPflichtigen zurückweist (§ 424). Da der SchadErsAnspr gem SGB X § 116 mit seiner Entstehg auf den SozVersTräger übergeht (Vorbem 148 ff v § 249), ist es auch unricht, daß der Geschädigte sich nach seinem Belieben (§ 421) an den SozVersTräger od Schädiger halten
8 könne. – **c)** Wg fehlder Gleichstufigkeit liegt eine GesSchu **nicht vor**, wenn es neben dem endgült ErsPflichtigen einen aufgrd einer gesetzl od vertragl **Fürsorgepflicht** nur zum vorläuf Eintreten Verpflichteten gibt, so insb wenn der Geschädigte neben dem Anspr gg den Schädiger einen Anspr gg einen Versicherer, SozVersTräger, ArbG, Dienstherrn, SozHilfeTräger, UnterhPflichtigen, Vermieter, (Mieter) od Baulastpflichtigen hat. Neben den §§ 421–425 ist auch die **Regreßnorm** des § 426 unanwendb. Hat der Vers, SozVersTräger, ArbG, Dienstherr od SozHilfeträger den Schaden wiedergutgemacht, geht der SchadErsAnspr kr Ges auf ihn über, VVG 67, SGB X 116, EFZG 6, BBG 87 a (Vorbem 132 ff u 148 ff vor § 249). Ausdr Regreßregelgen fehlen iF des Vermieters (Mieters), Baulast- u UnterhPflichtigen. GoA, auf die RG **82**, 214 u **138**, 2 abstellen, liegt idR nicht vor, weil der Leistde nicht den Willen hat, ein Gesch des Schädigers zu besorgen. § 812 scheidet aus, weil der Schädiger dch die Leistg des Dr nicht von seiner SchadErsPfl befreit w (Vorbem 131 u 137 vor § 249). Der Leistde hat aber analog § 255 u nach § 242 einen Anspr auf Abtr der SchadErsFdg (MüKo/Selb Rn 33, Larenz § 32 II).

9 **4) Anwendungsfälle – a)** Die §§ 421 ff setzen **nicht** voraus, daß die Verpflichtgen auf **demselben Rechtsgrund** beruhen (RG **77**, 323, BGH **19**, 124, **52**, 44). Der eine GesSchu kann aus Vertr, der and (ErfGehilfe) aus Delikt haften (BGH **59**, 101, **LM** § 426 Nr 9, Düss NJW **95**, 2565), die Straßenbahn aus Vertr, der Kfz-Halter aus Gefährdg (RG **84**, 415). Auch Verbindlichk aus **verschiedenen Verträgen** können, sofern sie gleichstufig sind (Rn 6), GesSchu sein. Ohne einheitl EntstehgsTatbestd u unabhäng vom Willen der Beteil entstehen daher GesSchuldVerh dch Doppelversicherg (VVG 59), dch Verbürgg mehrerer (§ 769), dch Beitritt zu einer Schuld (Überbl 5 v § 414), bei mehreren gleichzeit Beschenkten, die gem § 528 haften (BGH **137**, 77/82), u bei Bestellg mehrerer Sicherh (BGH **108**, 183)). GesSchulden sind aber auch: der vertragl Anspr auf Herausg von Nutzgen gg den Verkäufer u der gg den Besitzer aus § 987 (Köln OLGZ **83**, 446); der Anspr auf AufwendgsErs gg einen Schu aus Auftr u gg den and aus GoA (BGH NJW **92**, 2817/2818); der Anspr auf Leibrente u der Anspr aus der zur Sichg eingetr Reallast (BGH **58**, 191, **123**, 178). Mögl
10 ist auch, daß ein GesSchu aGrd öffR u der and aGrd PrivR haftet (Ffm NJW-RR **97**, 1087). – **b) Schadensersatzrecht.** Geht es um den Ausgl von Schäden, sind grdsl alle für den Schaden Verantwortl GesSchu, auch wenn die Voraussetzgen des § 840 nicht vorliegen u gleichgült, ob sie aus Vertr, Delikt, Gefährdg od sonst RGrden haften (RG **159**, 89, BGH **43**, 230, **59**, 101, NJW **91**, 1685, Ffm VersR **96**, 1405, Soergel/Wolf Rn 44). Auch wenn die Schädiger aGrd versch Vertr für denselben Schaden ersatzpflicht sind, wie etwa BauUntern u Architekt, besteht eine GesSchuld (BGH GrZS **43**, 227, **51**, 275, Rn 9). Nur in den Fällen der Rn 8 u des § 255 (s dort) schließt **fehlende Gleichstufigkeit** ein GesSchuVerh aus. GesSchu sind: mehrere BauUntern od Baubeteiligte, die für denselben Baumangel (Schaden) verantwortl sind (Hamm NJW-RR **96**, 273, Dresd OLG-NL **99**, 2, aA offenb Ffm NJW-RR **92**, 603, Zweibr NJW-RR **93**, 1237); der gem § 463 haftende Verkäufer u der wg Erstattg eines unricht Gutachtens ersatzpflicht Sachverst (aA Karlsr NJW-RR **98**, 601); der nach § 823 ersatzpflicht Verletzer u der Arzt, dessen Kunstfehler zu einer Verschlechterg geführt hat (Köln VersR **97**, 1367, Düss NJW-RR **99**, 99); der aus § 324 haftde VertrPartners u der aus Delikt haftde ErfGehilfe (BGH VersR **69**, 738); der Dieb u der aus § 816 haftde Abnehmer u Weiterverkäufer (BGH **52**, 43); der gem § 823 schadensersatzpflicht Verkaufskommissionär u die wg pVV mitverantwortl Bank (BGH **59**, 101); der aus Delikt haftde Architekt u der Nachbar, gegen den ein AusglAnspr besteht (BGH **85**, 386).

Wird ein Kind bei einem Unfall verletzt, sind der Schädiger u der für den Unfall mitverantwortl aufsichtspflicht Elternteil GesSchu (BGH **73**, 191), jedoch gilt für letztere die Haftgsvergünstigg des § 1664 (BGH **103**, 344). GesSchu sind auch: der wg einer Minusleistg ErsPflichtige u der wg des entspr Mehrempfangs AusglPflichtige (BGH NJW-RR **91**, 664); der dch eine Zuvielzahlg ungerechtfertigt Bereicherte u der wg der Zahlg zum SchadErs Verpflichtete (Düss BauR **92**, 653), str); der KfzHaftPflVers u dritte Unfallbeteiligte (Celle VersR **80**, 563, aA BGH NJW **81**, 681, Karlsr VersR **86**, 156); mehrere HaftpflVers, die einem SozVersTräger aGrd von TeilgsAbk für denselben Schaden erspflicht sind (BGH **LM** Nr 10 läßt offen); der KaskoVers u der LeasingN, die für einen Schaden des LeasingG haften (Mü OLGZ **83**, 446). Kein GesSchu-Verhältn besteht dagg zw dem Schädiger u dem gem StrEG nachrang entschädiggspflicht Land (BGH **106**, 319). – **c)** Zum Verhältn des § 421 zu § 255 s dort Rn 2. Zur Haftg der **Gesellschafter** für GesellschSchu s 11
§ 718 Rn 8.

12 **5) Rechtsfolgen. – a)** Der Gläub kann nach Belieben jeden GesSchu ganz od teilw in Anspruch nehmen. Er ist trotz entstehder Mehrkosten berecht, in getrennten Verf zu klagen, der GesSchu haftet aber nur für die Kosten der gg ihn gerichteten RVerfolgg (BGH NJW **90**, 910). Im InsVerf jedes GesSchu kann der Gläub bis zur vollen Befriedigg die ganze Fdg geltd machen (InsO 43). Nachlässigk bei der RVerfolgg gg einen GesSchu begründet, abgesehen vom Fall der Argl, keine SchadErsPfl ggü and GesSchu (BGH NJW **83**, 1424, WM **84**, 906). Auch wenn Architekt u BauUntern für einen Mangel als GesSchu haften, kann der Bauherr frei wählen, gg wen er vorgehen will (BGH WM **71**, 101). Zwar gilt auch hier die Grenze des § 242; RMißbrauch kann aber nur in kraß liegden AusnFällen angenommen w (Hamm NJW-RR **93**, 1071), nicht etwa schon dann, wenn im InnenVerh der and GesSchu allein haftet (BGH NJW **91**, 1289). Haften der ArbG u ein Dr (unmittelb Schädiger) als GesSchu, muß sich der ArbN uU in erster Linie an den Dr halten (BAG **18**, 199); das gilt ebso umgekehrt bei gesamtschuldnerischer Haftg des ArbN u eines Dr. Im öffR tritt an die Stelle des freien Beliebens pflichtmäß Ermessen (BVerwG NJW **93**, 1669). Der Dienstherr muß wg seiner FürsorgePfl prüfen, wer von den als GesSchu haftden Beamten in erster Linie für den Schaden verantwortl ist (s OVG Münster NVwZ **92**, 597). – **b)** Im **Prozeß** sind die GesSchu idR nur einf Streitgenossen (ZPO 59). Der 13
allein gerichtl in Anspr genommene GesSchu hat keinen Anspr darauf, daß die sich aus § 422 ergebde Beschränkg seiner Haftg in der UrtFormel zum Ausdr kommt (BGH NJW **90**, 2616). Die Verurteilg von Streitgenossen als GesSchu begründet für die am Verf nicht beteiligten GesSchu keine Beschwer (BayObLG NJW-RR **98**, 1164, 1165) u schafft für ihr Innenverhältn keine RKraft (Düss NJW-RR **92**, 922).

422 *Wirkung der Erfüllung.*

I Die Erfüllung durch einen Gesamtschuldner wirkt auch für die übrigen Schuldner. Das gleiche gilt von der Leistung an Erfüllungs Statt, der Hinterlegung und der Aufrechnung.

II Eine Forderung, die einem Gesamtschuldner zusteht, kann nicht von den übrigen Schuldnern aufgerechnet werden.

1 **1) I.** Da der Gläub die Leistg nur einmal zu beanspruchen hat, muß die **Erfüllung** nach dem Begr der GesSchuld notw **Gesamtwirkung** haben **(I).** Das gilt ebso für die Erf dch Dr (§§ 267 f) u die TeilErf (§ 266), sow sie zul ist od angenommen w. Auch alle ErfSurrogate wirken zugl für die übrigen Schu, so die Leistg an ErfStatt (§ 364), die Hinterlegg (§§ 372 ff) u die Aufr (§§ 387 ff). Sow der Schu, der geleistet hat, Ausgl von seinem MitSchu verlangen kann, erlischt die Fdg aber nicht, sond geht gem § 426 II über. § 422 ist **zwingendes Recht**. Die Abrede zw Gläub u einem GesSchu, die Leistg solle Einzelwirkg haben, ist unwirks (BGH VersR **84**, 327), ebso die Vereinbg, die die Leistg zur Benachteiligg der MitSchu als KaufPr für die abzutretde Fdg deklariert (BGH **17**, 222, NJW **63**, 2067).

2 **2) II.** Der GesSchu kann wg fehlder Ggseitigk nicht mit Fdgen and GesSchu **aufrechnen**. Dem als GesSchu in Anspr genommenen Miterben steht aber wg eines GgAnspr der ErbenGemsch analog §§ 770 II, HGB 129 II ein LeistgVR zu (BGH **38**, 127, § 387 Rn 5).

423 *Wirkung des Erlasses.*

Ein zwischen dem Gläubiger und einem Gesamtschuldner vereinbarter Erlaß wirkt auch für die übrigen Schuldner, wenn die Vertragschließenden das ganze Schuldverhältnis aufheben wollten.

1 **1)** Beim **Erlaß** (§ 397) bestimmt sein erfdlf dch Auslegg (§§ 133, 157) zu ermittelnder Inh, ob er Ges- od Einzelwirkg hat (Wacke AcP **170**, 42). Soweit er GesWirkg hat, ist er eine ausnw zul Vfg zGDr. Rechtl mögl ist aber auch die Vereinbg eines *pactum de non petendo* zG der übrigen GesSchu. Folgde Ausgestaltgen sind zu unterscheiden: – **a)** Der Erlaß hat **Gesamtwirkung.** Auch die Anspr gg die and GesSchu erlöschen; 2
AusglPflten (§ 426) entfallen. Erläßt der Geschädigte dem Schädiger den SchadErsAnspr, so wirkt das gem PflVersG 3 Nr 2 auch zG des HaftPflVers (Köln VersR **69**, 1027). Bei einem Vergl mit dem Schu, der im InnenVerh für den GesBetrag einstehen muß, kann iZw GesWirkg angenommen w (Köln NJW-RR **92**, 1398, Hamm NJW-RR **98**, 486), ebso bei einem TeilgsAbkommen in denen ein Regreßverzicht vorgesehen ist (BGH NJW-RR **93**, 1113). – **b)** Der Erlaß hat **Einzelwirkung.** Die Anspr gg die and GesSchu bleiben 3
bestehen; diese können beim Part des ErlaßVertr gem § 426 Regreß nehmen (BGH NJW **86**, 1098). Einzel-Wirkg hat der bestätigte InsPlan (InsO 254 II). – **c) Beschränkte Gesamtwirkung** (Hamm NJW-RR **88**, 4
1174): Der Partner des ErlaßVertr wird völlig frei, die and GesSchu hins des FdgsAnteils, den der begünstigte GesSchu im InnenVerh zu tragen hat. Ein Regreß gg den begünstigten GesSchu scheidet aus. Eine beschränkte GesWirkg ist idR anzunehmen, wenn der mit einem GesSchu geschlossene **Vergleich** dessen Verpfl endgült erledigen soll (Oldenbg VersR **92**, 957, Köln NJW-RR **94**, 1307, Brem NJW-RR **98**, 1745). Auch ein TeilgsAbk zw SozVersTräger u HaftPflVers ist iZw dahin auszulegen, daß dem SozVersTräger Anspr gg etwaige Zweitschädiger nur hins der von diesem im InnenVerh zu tragden Quote verbleiben (BGH **LM** TeilgsAbk Nr 5, Denck NJW **82**, 2052).

5 **2)** Erlaß der Fdg ggü der **OHG** bei Fortbestand der Fdg gg den Gesellschter ist unzul (BGH **47**, 379), es sei denn, daß dieser zustimmt (BGH WM **75**, 974). Mögl ist dagg ein Erlaß ggü dem Gesellschter bei Aufrechterhaltg der Fdg gg die OHG (BGH BB **71**, 975).

424 ***Wirkung des Gläubigerverzugs.*** **Der Verzug des Gläubigers gegenüber einem Gesamtschuldner wirkt auch für die übrigen Schuldner.**

1 Da die Erf GesWirkg hat (§ 422), muß konsequenterw auch der dch einen ErfVersuch begründete **Gläubigerverzug** (§§ 293 ff) für alle GesSchu wirken. Erklärt sich der Gläub ggü dem GesSchu zur Ann der Leistg bereit, der ihn in GläubVerz versetzt hat, so wird der AnnVerz mit GesWirkg geheilt (Erm-Westermann Rn 2, str), BereitErkl ggü einem and GesSchu hat dagg nur EinzWirkg.

425 ***Wirkung anderer Tatsachen.*** **I Andere als die in den §§ 422 bis 424 bezeichneten Tatsachen wirken, soweit sich nicht aus dem Schuldverhältnis ein anderes ergibt, nur für und gegen den Gesamtschuldner, in dessen Person sie eintreten.**

II Dies gilt insbesondere von der Kündigung, dem Verzuge, dem Verschulden, von der Unmöglichkeit der Leistung in der Person eines Gesamtschuldners, von der Verjährung, deren Unterbrechung und Hemmung, von der Vereinigung der Forderung mit der Schuld und von dem rechtskräftigen Urteile.

1 **1) Allgemeines** § 425 I legt den Grds der **Einzelwirkung** fest, soweit nicht §§ 422–424 anwendb sind od sich aus dem SchuldVerh etwas and ergibt (Rn 8 ff). Die Vorschr macht deutl, daß die zu einer GesSchuld verbundenen Fdgen, abgesehen von der bestehden TilggsGemsch, selbstd Fdgen sind. Aus ihr ergibt sich, daß sich die Fdgen gg die einz GesSchu unterschiedl entwickeln können. Für die GesSchuschaft gem PflVG 3 Nr 2 enthält PflVG 3 Nr 3 eine Sonderregelg (Rn 4).

2 **2) Fälle der Einzelwirkung.** Die Aufzählg in II bringt Bsp, ist aber nicht abschließd. – **a)** Die in II zunächst genannte **Kündigung** ist die FälligkKünd (s BGH NJW **89**, 2383), nicht aber die Künd zur Beendigg eines DauerSchuldVerh (Rn 9 f). – **b) Verzug.** Die Voraussetzgen, insb die Mahng, wirken nur ggü dem einz GesSchu. Die Mahng ggü dem KfzPflVers hat jedoch gem AKB 10 IV GesWirkg (Nürnb NJW **74**, 1950). Sind mehrere GesSchu in Verzug, erstreckt sich ihre gesamtschuldnerische Haftg nicht auf die Kosten eines RStreits, der nur gg einen von ihnen geführt w (BGH NJW **90**, 910). Verlangt der Gläub unter Ablehng der Erf gem §§ 286 II od 326 von einem GesSchu SchadErs, bleibt der ursprüngl Inhalt der Schuld ggü den and GesSchu bestehen; das gilt auch dann, wenn der Gläub alle Schu in Verzug gesetzt hat (RG **65**, 28, **140**, 18). Für den Rücktr gelten dagg §§ 356, 327. Er muß ggü allen GesSchu erklärt w; es genügt aber, wenn seine Voraussetzgen ggü einem GesSchu vorliegen (BGH NJW **76**, 1932, Hamm WM **87**, 105). Das für den SchadErsAnspr erforderl Vertretenmüssen ist idR ipso facto bei allen GesSchu gegeben (Düss NJW-RR **87**,
3 911). – **c) Verschulden.** Anspr wg pVV richten sich grdsl nur gg den GesSchu, der die VertrVerletzg zu vertreten hat (s aber Rn 8). Das **Mitverschulden** eines ErfGeh des Geschädigten wirkt zG aller GesSchu, auch zG derj, die allein aus Delikt haften (BGH **90**, 86, krit Hofmann MDR **86**, 981). – **d) Unmöglichkeit.** Obj nicht zu vertretde Unmöglichk (§ 275 I) hat GesWirkg, Unvermögen (§ 275 II) dagg EinzWirkg. SchadErsAnspr (§§ 280, 325, aber auch § 307) bestehen nur ggü dem GesSchu, der die Unmöglichk zu vertreten hat. Bei zu vertretdem Unvermögen haftet der betroffene GesSchu auf SchadErs, die and dagg weiter
4 auf Erf. – **e)** Ablauf, Hemmg u Unterbrechg der **Verjährung** haben EinzWirkg (RG **116**, 285). Das gilt auch für den rechtsgeschäftl od gesetzl Schuldbeitritt (BGH NJW **77**, 1879, **84**, 794), die vor der SchuldMitÜbern eingetretenen Tats (Beginn, Hemmg, Unterbrechg der Verj) bleiben aber für u gg den Beitretden wirks (BGH aaO, Übbl 6 v § 414). Die Unterbrechg dch Anerkenntn (§ 208) kann nach dem zw den GesSchu bestehden RVerh auch GesWirkg haben, so bei einer GbR (BGH NJW-RR **96**, 313) od einem gemeins Kauf von Eheg (Köln NJW **72**, 1899). Die Klage ggü der OHG unterbricht auch ggü den Gesellschtern (BGH **73**, 223), die gg eine aufgelöste OHG ggü allen Gesellschtern, die der OHG im Ztpkt der Auflösg angehört haben (HGB 159 IV). Hat der Gläub die Verj gg den Gesellschter rechtzeit unterbrochen, kann sich dieser nicht auf die ggü der OHG eingetretene Verj berufen (BGH **104**, 79, NJW **81**, 2579). Die Klage gg einen notw Streitgenossen unterbricht dagg nicht ggü dem and (BGH **131**, 376). Vgl auch die Sonderregelg in PflVersG 3 Nr 3 u dazu BGH **83**, 166. EinzWirkg hat auch das Erlöschen dch Ablauf einer **Ausschlußfrist** (Karlsr Vers **78**, 968). Bei einer tarifl AusschlFr wirkt die Geltdmachg des Anspr beim ArbG auch ggü einem Gesellschter (BAG DB **85**,
5 1536) u ggü dem Schuldmitübernehmer (BAG DB **72**, 396). – **f) Konfusion.** Der GesSchu, der RNachfolger des Gläub geworden ist, muß von der Fdg seinen AusglBetrag (§ 426) abziehen. Die and GesSchu haften ihm zur Vermeidg eines Regreßkarussells (entspr § 426 Rn 6) nur *pro rata* (BAG NJW **86**, 3104, aA Rüßmann JuS **88**, 186). Das gilt vor allem iF gewillkürter Konfusion (Abtretg gg Zahlg, s Stolterfoth Gedächtnisschrift Röding 1978, 240 ff). – **g)** Die Einzelwirkg der **Rechtskraft** w dch HGB 129 zu Lasten von OHG-Gesellschtern dchbrochen (BGH **64**, 156, NJW **80**, 785). HGB 129 gilt aber nicht ggü ausgeschiedenen Gesellschtern (BGH **44**, 233, NJW **81**,176) u auch nicht für and GesSchuldVerhältn (BGH
6 NJW-RR **93**, 1266). EinzWirkg hat auch die RHängigk (Celle OLGZ **70**, 360). – **h) Abtretung** der Fdg gg nur einen GesSchu ist mögl (RG JW **05**, 428, Derleder FS Heinrichs, 1998, 156). Sie bedarf aber der Zust des Schu (Hamm NJW-RR **98**, 486), da zw Zedent u Zessionar ein der GesGläubsch ähnl RVerhältn entsteht u eine GesGläubsch nur mit Einverständn des Schu begründet w kann (BGH **64**, 67, vgl zur entspr Problematik der Abtr iF der AnsprKonkurrenz § 398 Rn 10, aA aber nachdrückl Derleder aaO u Schlesw WM **98**, 2057). Einzelwirkg hat auch die **Pfändung** (BGH ZIP **98**, 1291). – **i)** Der **Schutz des Verbraucherkreditgesetzes** erstreckt sich grdsl auch auf den Schuldmitübernehmer (BGH **133**, 71, 220). Hat der Verkäufer neben dem Käufer die Mithaftg für den Kredit übernommen, haftet er iF des Widerrufs auf Rückzahlg des Nettokredits u
7 marktübl Zinsen (BGH NJW **93**, 1912). – **k) Änderungsvereinbarungen** wirken nur für u gg den

GesSchu, mit dem sie geschlossen worden sind (RG **102**, 399). Zur Mieterhöhg gem MHG 2 bei einer Mehrh von Mietern s MHG 2 Rn 27. – **l) Insolvenzverfahren.** Die ErfAblehng (InsO 103) hat grdsl EinzWirkg. Dagg wirkt sie im OHG-InsVerf auch ggü bereits ausgeschiedenen Gesellschtern (BGH **48**, 204). Bei einer BGB-Gesellsch (ARGE) ist sie ggü den nicht in das InsVerf einbezogenen u weiter erfbereiten Gesellschtern wirkgslos (BGH NJW **79**, 308).

3) Gesamtwirkung (vgl zunächst Rn 2 ff bei den einz Schlagworten). Sie kann sich aus der Vereinbg, 8
(KG NJW-RR **86**, 174), dem Inhalt od dem Zweck des SchuldVerh ergeben. – **a)** Der Vertr zw Gläub u GesSchu kann stillschw die Abrede enthalten, daß jeder GesSchu für das **Verschulden** des and einstehen soll. Eine solche Mithaftg für das Verschulden der and GesSchu ist anzunehmen, wenn mehrere Untern sich zur gemeins Herstellg eines Werks verpflichten (BGH NJW **52**, 217, Nürnbg NJW-RR **91**, 28), wenn die sich aus dem GastAufnVertr ergebde SchutzPfl von einem MitInhaber der Gaststätte verletzt wird (BGH VersR **69**, 830), wenn der gemietete Pkw von einem Mitmieter ohne Führerschein beschädigt w (BGH **65**, 226, Frage des EinzFalls). Bei zusarbeitden **Rechtsanwälten,** Steuerberatern u Ärzten haften alle Partner, auch wenn ledigl der Anschein einer Sozietät besteht (BGH **70**, 247, § 164 Rn 6). Nach PartGG 8 II, BRAO 51 a II kann die Haftg aus fehlerh Berufsausübg auf die Partner beschränkt w, die das Mandat bearbeiten (Arnold BB **96**, 597). Der Mandant muß dieser Beschränkg aber in einer besonders unterschriebenen Erkl zustimmen. Bei GbR kann auch sonst iZw angenommen w, daß jeder Gesellschter für das Verschulden seiner Partner mit einstehen soll (Beuthien DB **75**, 773). – **b)** Bei **Mietverträgen** kann das KündR von mehreren Mietern u 9
ggü ihnen nur gemeins ausgeübt w (RG **138**, 186, BGH **26**, 104, **LM** § 425 Nr 6). Das gilt für and DauerschuldVerh entspr (Edenfeld JZ **97**, 1034, 1039). Die Ins eines Mieters begründet für den Vermieter kein KündR (BGH **26**, 104), wohl aber für den InsVerw (Celle NJW **74**, 2012, InsO 109). Sow die Künd auf ein vertrwidr Verhalten (zB § 553) gestützt w, genügt es, wenn der KündGrd ggü einem Mieter vorliegt (Düss NJW-RR **87**, 1371), jedoch müssen alle abgemahnt worden sein (s LG Darmstadt NJW **83**, 52). Der mit einem Mieter geschlossene AufhebgsVertr ist nur wirks, wenn die and zugestimmt haben (BayObLG FamRZ **83**, 701). Der Vermieter kann verpflichtet sein, dem vertragstreuen Mieter einen neuen Vertr anzubieten (LG Darmstadt aaO). Einem Mieter kann ggü dem and ein Anspr auf Zust zur Künd zustehen (LG Aachen NJW-RR **96**, 462). Das KündR kann von mehreren Vermietern u ggü ihnen nur gemeins ausgeübt w (RG **138**, 186, BGH **96**, 310, Ffm NJW-RR **91**, 460). Läßt sich bei einem MietVertr mit mehreren Mietern nicht feststellen, wer von ihnen den Schaden verursacht hat, kommt eine gesamtschuldnerische Haftg in Betracht (Celle MDR **98**, 896). – Bei sonst **Dauerschuldverhältnissen** ist ebso wie bei der Miete idR nur eine 10
einheitl Künd zul, so beim Darl (Karlsr NJW **89**, 2136), beim GruppenArbVerh u bei einem einheitl ArbVerh mit mehreren ArbG (BAG DB **72**, 244, NJW **84**, 1703). Für die Künd des DarlVertr genügt idR, daß ggü einem DarlN ein wicht Grd besteht (Mü NJW-RR **96**, 370).

426 *Ausgleichungspflicht der Gesamtschuldner.* **I Die Gesamtschuldner sind im Verhältnisse zueinander zu gleichen Anteilen verpflichtet, soweit nicht ein anderes bestimmt ist. Kann von einem Gesamtschuldner der auf ihn entfallende Beitrag nicht erlangt werden, so ist der Ausfall von den übrigen zur Ausgleichung verpflichteten Schuldnern zu tragen.**

II Soweit ein Gesamtschuldner den Gläubiger befriedigt und von den übrigen Schuldnern Ausgleichung verlangen kann, geht die Forderung des Gläubigers gegen die übrigen Schuldner auf ihn über. Der Übergang kann nicht zum Nachteile des Gläubigers geltend gemacht werden.

1) Allgemeines. – a) § 426 regelt das InnenVerh zw den GesSchu. Er begründet ein gesetzl SchuldVerh 1
(AusglVerh), aus dessen Verletzg sich Anspr wg pVV ergeben können. Das gesetzl AusglVerh wird häufig dch ein zw den GesSchu bestehdes VertrVerh, etwa Gesellsch, od eine vertragsähnl RBeziehg, etwa GoA (BGH NJW **63**, 2068), überlagert. In diesen Fällen hat der RegreßAnspr des leistden GesSchu eine dreif Grdl, (1) die vertragl od vertragsähnl RBeziehg, (2) § 426 I u (3) die gem § 426 II übergegangene GläubFdg. In welchem Umfang er Ausgl verlangen kann, bestimmt der Vertr od das vertragsähnl Verh (Rn 8). – **b)** Grund der 2
AusglPfl ist die zw den GesSchulden bestehde innere Verbundenh (§ 421 Rn 6). Es muß daher ein wirkl GesSchuldVerh vorliegen. Bei der sog **scheinbaren Gesamtschuld** richtet sich der Regreß nicht nach § 426, sond nach § 421 Rn 8. Stehen mehrere **Sicherungsgeber** auf gleicher Stufe u sind §§ 774 II, 1225 nicht einschläg, kann § 426 entspr angewandt w (BGH **108**, 183, NJW-RR **91**, 171, 682, NJW **92**, 3228, Ehlscheid BB **92**, 1290), so insbes im Verhältn zw Bürgen u GrdSchBesteller (BGH aaO, aA Tiedtke DNotZ **93**, 291), aber auch zw Bürgen u Verpfänder (BGH NJW-RR **91**, 500). Für den AusglMaßstab gilt § 774 Rn 14 entspr.

2) Der Ausgleichsanspruch (I). – **a)** Die AusglPfl entsteht als **selbständige** Verpfl bereits mit der 3
Begründg der GesSchuld, nicht erst mit der Befriedigg des Gläub (BGH **35**, 325, **114**, 122, NJW **81**, 1667). Sie kann daher als BefreiungsAnspr auf Leistg an den Gläub bereits geltd gemacht w, bevor der ausglberecht GesSchu seinerseits geleistet hat (Rn 4). Der AusglPfl steht nicht entgg, daß der Anspr des Gläub gg den AusglPflichtigen inzw verjährt (RG **69**, 426, **146**, 101) od wg Ablauf einer AusschlFr erloschen ist (BGH NJW **81**, 681). Der AusglAnspr hat seine eig 30jähr **Verjährung,** § 195 (BGH **58**, 218), jedoch kann die für den Anspr des Gläub maßgebde VerjRegelg ausnw auch den AusglAnspr erfassen, so CMR 32 (BGH NJW-RR **90**, 1509). Tarifvertragl AusschlFr gelten uU auch für den AusglAnspr (BAG NJW **86**, 3104, Rüßmann JuS **88**, 185). Rechtskr Urt zw Gläub u einem GesSchu sind für das InnenVerh zw den GesSchu ohne Bedeutg (RG **69**, 426, BGH VersR **69**, 1039). – **b)** Die Selbständigk des AusglAnspr zeigt sich auch daran, daß er 3 a
priv-rechtl Charakter haben kann, obwohl das AußenVerh zw Gläub u GesSchu **öffentlich-rechtlich** ausgestaltet ist. Priv-rechtl ist die AusglPfl zw öff-rechtl Körpersch, die aus § 839, Art 34 GG haften (BGH **9**, 65), zw den Schu einer FehlbeleggsAbgabe (BVerwG NJW **93**, 1667), zw den nach § 96 PrWasserG Unterhaltspflichtigen (BGH NJW **65**, 1595) u zw gesamtschuldner haftden SteuerSchu (BGH **120**, 55), wie Eheg bei gemeins Veranlagg zur EinkSteuer (BGH **73**, 38) u ArbG u ArbN hins der Lohnsteuer (BAG **AP** Nr 3). Dagg ist § 426 auf das Verhältn zw mehreren **Störern iSd Polizeirechts** auch bei Altlasten unanwendb (BGH NJW **81**, 2457, Düss NVwZ **89**, 993/997, aA VGH Mü NJW **93**, 81), uU kann aber § 683 anwendb

sein (BGH **16**, 12, **110**, 314, NJW **87**, 187). Ab 1. 3. 99 besteht aber ein zivilrechtl ausgestalteter AusglAnspr nach BBodSchG 24 II (Pützenbecher NJW **99**, 1137, Riedel ZIP **99**, 99, Spieth/Wolfers NVwZ **99**, 355, Turiaux/Knigge BB **99**, 377, Schmitz/Rode DB **99**, 355).

4 **c)** Die GesSchu haben wechselseit die Pfl, zur Befriedigg des Gläub **mitzuwirken** (BayObLG NJW-RR **99**, 590). Der Anspr auf Mitwirkg besteht schon vor der eigenen Leistg (BGH **23**, 363). Er setzt die Fälligk der GesSchuld voraus (BGH NJW **81**, 1667, **86**, 979) u geht auf Befreiung von dem Teil der Schuld, den der MitSchu im InnenVerh zu tragen hat (BGH **47**, 166, NJW **86**, 3132, Schlesw MDR **98**, 1493). Er kann dch Kl u ZwVollstr dchgesetzt w (BGH NJW **58**, 497) u begründet unter den Voraussetzgen des § 273 ein ZbR (Celle OLGZ **70**, 359). Bei schuldh NichtErf der MitwirkgsPfl hat der AusglBerecht einen SchadErsAnspr (RG **79**, 291, **92**, 151). Dieser Anspr erstreckt sich uU auch auf ProzKosten der AusglBerecht (BGH NJW **74**, 694, Neust NJW **63**, 494), insb dann, wenn der AusglPflichtige den Schaden im InnenVerh allein zu tragen
5 hat (BGH VersR **56**, 161, **69**, 1039). – **d)** Nach Befriedigg des Gläub wird aus dem BefreiungsAnspr ein Anspr auf **Ausgleich** des Geleisteten. War eine Dienst- od WkLeistg geschuldet, ist Wertersatz zu leisten (BGH **43**, 234). Der AusglAnspr besteht auch dann, wenn der GesSchu den Gläub aus eig Interesse (Erhaltg von Sicherh) befriedigt hat (BGH NJW **80**, 339). Er setzt aber voraus, daß der GesSchu mehr als den von ihm im InnenVerh zu tragden Anteil geleistet hat (BGH NJW **86**, 1097). Dabei ist nur auf den fälligen Teil der Schuld abzustellen (Mü MDR **72**, 239). Mitbürgen können dagg nach jeder Teilleistg Ausgl verlangen (BGH **23**, 364, NJW **86**, 3132). Ihr AusglAnspr beschränkt sich nur dann auf den ihre Quote übersteigden Teil der Leistg, wenn der HauptSchu zahlgsunfäh ist (BGH NJW **86**, 1097, Köln NJW **95**, 1686). Die AusglPfl besteht nur zw GesSchu. Die Zahlg eines **Nichtschuldners** (§ 267) löst Anspr aus § 812, aber keine AusglPfl aus (RG **163**, 34). Haftet ein GesSchu auf mehr als der and, beschränkt sich der Ausgl auf den Teil der Leistg, für den beide einzustehen haben (BGH **12**, 220, NJW **66**, 1263). **Prozeßkosten** aus dem RStreit mit dem Gläub sind nicht ausglfäh (RG **92**, 148, BGH VersR **57**, 800, VRS **54** Nr 144). Werden die GesSchu gemeins verklagt, tragen sie die Kosten im InnenVerh nicht nach der AusglQuote sond idR nach Kopfteilen (BGH NJW **74**, 693). And liegt es, wenn ein GesSchu ProzKosten zur Abgeltg der HauptFdg übernommen hat (BGH NJW **71**, 884). Ein ErsAnspr kann sich auch daraus ergeben, daß der AusglSchu seine MitwirkgsPfl schuldh verletzt hat (Rn 4). –
6 **e)** Die AusglPfl beschränkt sich auf den vom AusglSchu zu tragden Anteil. Bei **Ausfall eines Gesamtschuldners,** insb wg Zahlgsunfähigk, erhöht sich der Anteil der verbleibden Schu entspr **(I 2)**, natürl auch der des AusglBerecht (RG **92**, 146). UU ist der AusglBerecht dem AusglSchu wg säumiger RVerfolgg gg den Ausgefallenen schaderspflicht (RG **142**, 267). Mehrere AusglPflichtige haften dem AusglBerecht **nicht gesamtschuldnerisch,** sond entspr ihren Anteilen (RG **92**, 146, BGH **6**, 25). Das gilt auch dann, wenn der AusglBerecht im InnenVerh von jeder Haftg freigestellt ist (MüKo/Selb Rn 12, aA RG **87**, 68, **136**, 287, BGH **17**, 222). Soweit mehrere GesSchu eine **Haftungseinheit** bilden, haften sie aber für ihre gemeins Quote auch im Rahmen des Ausgl gesamtschuldnerisch (BGH **55**, 349, **61**, 220, NJW-RR **89**, 920, Rn 11 f).

7 **3) Umfang des Ausgleichs.** Der AusglAnspr kann je nach Lage des Falles auf einen Anteil od vollen Ers gerichtet sein, er kann auch völlig entfallen. – **a)** Die in I 1 als Grundregel vorgesehene **Haftung zu gleichen Teilen** ist nur anzuwenden, wenn jeder and Verteilgsmaßstab fehlt. Sie ist daher prakt die Ausn u nicht mehr als eine bloße Hilfsregel. Aus ihr ergibt sich aber, daß der GesSchu, der eine von I 1 abw Verteilg verlangt, für die Tats **beweispflichtig** ist, die die Abw rechtfertigen sollen (RG **88**, 125, BGH NJW **88**, 134, Köln NJW-RR **96**, 557). Bsp für gleiche Anteile sind die VorschußPfl von Kläger u Bekl ggü den SchiedsRi (BGH **55**, 349) u das GesSchuldVerh zw dem Schu der Leibrente u dem der sichernden Reallast (BGH **58**, 191, Frage des Einzelfalls).

8 **b)** Eine anderweit Bestimmg kann sich aus dem zw den GesSchu bestehden **Rechtsverhältnis** ergeben, aber auch aus der Natur der Sache (BGH **120**, 59, NJW **92**, 2288). – **aa)** Besteht zw den GesSchu ein **Vertrag** od vertragsähnl RVerhältn, kann ihm idR der AusglMaßstab entnommen w: Gesellschter haften iZw nach dem BeteiliggsVerh (RG **88**, 125, BGH **47**, 165), u zwar auch, wenn sie sich im GInteresse verbürgt haben (BGH **LM** § 774 Nr 9, NJW-RR **89**, 685). Der AusglBerecht muß sich in erster Linie an das GVerm halten (BGH **37**, 303, **103**, 76, Köln VersR **93**, 61), hilfsw an die MitGter pro rata entspr ihrer VerlustBeteiligg (BGH aaO, Kblz NJW-RR **95**, 486). Mithaftde NichtGter sind ggü OHG-Gtern nicht ausglpflicht (BGH **LM** § 774 Nr 3). And kann es dagg liegen, wenn Außenstehde neben den Gtern die Mithaftg für eine GmbHSchuld übernommen haben (BGH NJW **86**, 1098). Befindet sich die Gesellsch im Abwicklgsstadium, wird der AusglAnspr zum unselbstd Rechngsposten der Auseinandersetzgsrechng (BGH **103**, 77). Aus dem ArbVerh ergibt sich, daß der ArbN dem ArbG für vorauslagte Lohnsteuer vollen Ausgl schuldet (BAG **AP** Nr 3); bei schadensgeneigter Arb ist beim Ausgl die FreistellgsPfl des ArbG zu berücksichtigen (BAG NJW **69**, 2299). Die GrdErwSt fällt iZw allein dem Erwerber zur Last (Karlsr NJW-RR **88**, 1238). Für WoEigt ergibt sich der VerteilgsMaßstab aus WEG 16 (BayObLG NJW **73**, 1881). Für die Pflichtteilslast gilt die Sonderregel des § 2320. Ist ein GesSchu für den and als Beauftragter od in GoA tät geworden, kann er gem §§ 670, 683 vollen Ausgl beanspruchen (BGH VersR **70**, 621). Zum Ausgl zw **Mitbürgen** s § 774 Rn 14. –
9 **bb)** Die AusglPfl zw gesamtschuld haftden **Ehegatten** w dch güterrechtl Regelgen, insbes dch die Vorschr über den ZugewinnAusgl, nicht verdrängt (BGH **87**, 273, NJW **88**, 134, Gernhuber JZ **96**, 696, Wever VermAuseinandS der Eheg, 1998, Rn 238 ff). **(1)** Das AusglVerhältn wird aber dch die ehel LebensGemeinsch überlagert. Verfügt bei **intakter Ehe** nur ein Eheg über Einkommen, währd der and die Haushaltsführg übernommen hat, entfällt idR eine AusglPfl (BGH **87**, 269, NJW **84**, 796, **95**, 653, allgM). Verdienen beide Eheg, gehören zu den Umst, die den Umfang der AusglPfl beeinflussen, die Relation der beiderseit Einkommen (BGH NJW-RR **88**, 966, **89**, 67), uU die Höhe der beiderseit Vermögen (BGH NJW-RR **88**, 259)
9a u die Verwendg des Kredits. **(2)** Nach **Scheitern der Ehe,** dh nach endgült Trenng oder Stellg des ScheidgsAntr, aber auch nach Tod eines Eheg (BayObLG VersR **98**, 1382), entsteht, insbes für die gemeins Lasten des Hauses od der EigtWo, grdsl eine AusglPfl (BGH **87**, 269, Kotzur NJW **89**, 817). Einer Erkl des ausglberecht Eheg, er werde die Lasten nicht mehr allein tragen, bedarf es nicht (BGH NJW **95**, 653). AusglMaßstab ist das Verhältn der MitEigtAnteile (BGH **87**, 269, Gernhuber JZ **96**, 770). Der AusglAnspr wird nicht dadch ausgeschl, daß ein Eheg den gemeins aufgenommenen Kredit iW der Umschuldg allein übernommen hat (BGH NJW-RR **91**, 578). Er entfällt auch nicht ipso facto dadch, daß der Ausgl verlangde

Eheg das Haus allein nutzt (BGH **87**, 271). Der and Eheg kann aber ggü dem AusglAnspr gem § 745 II u III (dort Rn 5) rückwirkd (Schlesw NJW-RR **93**, 1029) die Zahlg einer Nutzgsvergütg od die alleinige Bedieng der Hauslasten fordern (BGH **87**, 271, Köln NJW-RR **92**, 1348). Ist ein Eheg Alleineigtümer, hat er die Hauslasten grdsl allein zu tragen, auch wenn der and im AußenVerhältn als GesSchu mithaftet (BGH FamRZ **97**, 487, Köln NJW-RR **92**, 1286). Ausgeschl ist die AusglPfl, wenn der Kredit für den GewerbeBetr eines Eheg aufgenommen worden ist (Hamm FamRZ **94**, 960), soweit die Zins- u Tilggsraten bei der Bemessg des Unterh ansprmindernd berücksich-tigt worden sind (Köln NJW-RR **94**, 899, **95**, 1282, Mü FamRZ **96**, 291) od wenn der Anspr beim ZugewinnAusgl als Verbindlichk vom EndVerm eines Eheg abgesetzt worden ist (Karlsr FamRZ **91**, 1195, Wever [Rn 9] Rn 285 ff); and aber iF eines Widerspr des and Eheg od wenn sich die fehlde Aktivierg des AusglAnspr auf das Ergebn des ZugewinnAusgl nicht ausgewirkt hat (Hamm NJW-RR **97**, 262). Bei einem **Hausratskredit** ist idR ein hälft Ausgl angem (Kblz NJW-RR **99**, 1093), bei einem PKW-Kredit kann der Partner, der den Pkw seit der Trenng allein nutzt, keinen Ausgl beanspruchen (KG NJW-RR **99**, 1093). Korrespondiert einem gemeins aufgenommenen Kredit keine VermBildg, kann der AusglAnspr des alleinverdienenden Eheg auch für die nach Trenng geleisteten Zahlgen entfallen (s Hamm NJW-RR **93**, 197, LG Hildesh NJW-RR **92**, 1285). Bewohnt der Ehem die gemietete EheWo nach demAuszug der Ehefr allein, hat er hinsichtl der Miete keinen AusglAnspr (Mü FamRZ **96**, 291). Der Ehem ist ausglpflicht, wenn mit dem Erlös aus dem Verkauf des gemeins Hauses seine betriebl Schulden getilgt w (Düss NJW-RR **99**, 444). **(3)** Bei **steuerlicher Zusammenveranlagung** ist die Steuerschuld im InnenVerh **9 b**
der Eheg in der Relation aufzuteilen, die sich bei fiktiver getrennter Veranlagg ergäbe (BGH **73**, 29, Karlsr FamRZ **91**, 834, Hamm FamRZ **96**, 1413,, Köln NJW **98**, 3785, str). Steuererstattgen werden vom FinA im Verh der geleisteten Zahlgen (einbehaltenen Beträge) auf die Eheg verteilt (BFH NJW **91**, 2103, Liebelt NJW **94**, 611). Zur Frage, wem geleistete Zahlgen zuzurechnen sind, vgl OFD Kblz BB **96**, 411, OFD Chemnitz NJW **98**, 1692. Ist eine Aufkl nicht mögl, werden die Zahlgen den Eheg je zur Hälfte zugerechnet (BFH NJW **96**, 742). Beim internen Ausgleich sind die von den Eheg geleisteten Beträge mit den auf sie im Innenverhältn entfallden Anteilen der Steuerschuld zu saldieren; steht einem Eheg im InnenVerh ein höherer Erstattgsbetrag zu, als er vom FinA erhalten hat, ist der and ausglpfl. Für die interne Verteilg von Erstattgen werden aber auch and Lösgen vorgeschlagen (s Liebelt NJW **93**, 1741, Arens NJW **96**, 705, Ott/Nagel BB **97**, 185, Wever [Rn 9] Rn 564 ff): Aufteilg (1) entspr dem Verhältn der Einkommen, (2) nach Maßg der geleisteten Zahlgen, (3) Halbteilg. AusglPflten zw Partnern einer nichtehel LebensGemeinsch s Einl 32 ff v § 1297.

c) Das **Gesetz** enthält in §§ 840 II, III 1833, BNotO 46 S 2, VVG 59 II, PflVersG 3 Nr 9 ausdr Regelgen **10**
über den Ausgl. Bei **Schadensersatzansprüchen** richtet sich die Verteilg des Schadens auf mehrere ErsPflichtige nach § 254 (BGH **17**, 214, **59**, 103, stRspr) od den inhaltl übereinstimmden StVG 17, ProdHaftG 5, LuftVG 41, AMG 93. Entscheidd ist daher in erster Linie das Maß der Verursachg, daneben, aber erst in zweiter Linie, das Verschulden (§ 254 Rn 46 f). Dabei kann die Abwägg zu einer Schadensteilg, so zB iF einer gemeinschaftl betrügerischen KreditAufn (Stgt ZIP **94**, 201), aber auch zur alleinigen Belastg eines ErsPflichtigen führen (§ 254 Rn 52 f). Beruht die Mithaftg eines GesSchu allein darauf, daß er den and GesSchu nicht ausr beaufsichtigt hat, ist er idR nicht ausglpflicht (BGH NJW **80**, 2348, Jena VersR **98**, 990). Zu berücksichtigen ist auch, wenn der eine GesSchu ggü dem and eine bes VertrPfl verletzt hat (BGH VersR **84**, 444). Die Kirchhofsordng kann dem NutzgsBerecht an einer Grabstelle im InnenVerh allein den Schaden aus der Verletzg der VerkSichgPfl auferlegen (KG NJW **74**, 1560). § 254 bleibt auch dann AusglMaßstab, wenn der Gläub einem GesSchu seinen SchadErsAnspr gg einen and abtritt (BAG NJW **90**, 3229). Zur SchadVerteilg bei gemeins Verantwortlichk des Prozeß- u des VerkAnw s Düss BB **98**, 765. Der Augl nach §§ 426, 254 kann auch nicht dadch **unterlaufen** w, daß ein GesSchu die auf ihn entfallde Quote gem §§ 823 II od 839 als **Passivschaden** gg den and GesSchu geltd macht (BGH **20**, 378, **61**, 356). Etwas and gilt nur dann, wenn ein GesSchu den and vorsätzl in die Mithaftg gedrängt hat (BGH NJW **78**, 817, Fluglotsenstreik). Besteht ledigl eine subsidiäre Haftg, wie beim AufopfergsAnspr (BGH **20**, 81, **28**, 301) od gem § 839 I 2, liegt bereits begriffl keine GesSchuld vor (BGH **61**, 354). Wird ein Beamter dch einen and u zugl dch einen Dr geschädigt, besteht aber zw dem Dienstherrn u dem Dr eine AusglPfl, da der Dienstherr dem geschädigten Beamten auch wg Verletzg der FürsPfl haftet (BGH **43**, 184).

d) Mehrere GesSchu können aus rechtl od tatsächl Grden eine **Haftungseinheit** idS bilden, daß auf sie **11**
nur eine gemeins Quote entfällt, sie also für den Ausgl so behandelt w, als wären sie eine Pers. Bsp sind Kfz-Halter u Fahrer (BGH NJW **66**, 1262, VersR **70**, 64), Erf- od VerrichtgsGehilfen u GeschHerr (BGH **6**, 27, DB **70**, 1682) u ebso sonstige Schädiger, sofern sich ihr Verhalten in demselben Verursachgsbeitrag ausgewirkt hat (BGH **61**, 218, § 254 Rn 58). „HaftgsEinh" kommen aber auch **außerhalb des Schadensersatzrechtes** **12**
vor. Sie bestehen etwa zw den MitEigtümern einer EigtWo für den Ausgl gem WEG (Rn 8), zw Streitgenossen für die VorschußPfl ggü den SchiedsRi (BGH **55**, 349), bei einer entspr Abrede zw einem Ehepaar, das gemeins mit einem and einen Kredit aufgenommen hat (BGH NJW **86**, 1491, Füllbier NJW **89**, 2801). Die Leistg eines Mitgl der HaftgsEinh bringt die AusglPfl auch für die übr zum Erlöschen (s BGH NJW **96**, 2024). Hat ein and GesSchu erfüllt, haften die Mitgl der HaftgsEinh für seinen AusglAnspr als GesSchu (Rn 6). Auch der Geschädigte kann mit einem ErsPflichtigen eine HaftgsEinh bilden (BGH **61**, 218). Nimmt der Geschädigte in diesem Fall den außerh der HaftgsEinh stehden ErsPflichtigen in Anspr, kann dieser vom and ErsPflichtigen keinen Ausgl verlangen, weil dessen Tatbeitrag schon bei der Bemessg der vom Geschädigten zu tragden Quote berücksichtigt worden ist. Ist in einem VorProz die HaftgsEinh zw Geschädigten u einem ErsPflicht nicht berücksichtigt u ein Nebentäter daher mit einer zu hohen Quote belastet worden, soll dieser aber gem § 812 Regreß nehmen können (BGH NJW **78**, 2392).

e) Soweit sich aus RGesch, Ges od dem RVerh zw den GesSchu eine and Quotelg als die nach Kopfteilen **13**
ergibt, handelt es sich ledigl um eine Ausgestaltg der gesetzl AusglPfl. Der Anspr **bleibt,** auch wenn er mit Anspr aus dem InnenVerh konkurriert, der **gesetzliche Ausgleichsanspruch** aus § 426 I (RG **92**, 147, MüKo/Selb Rn 11).

4) Übergang der Gläubigerforderung (II). Sie erlischt nicht, sond bleibt für den Zweck des Rückgriffs **14**
erhalten (BGH NJW **91**, 98). Der Übergang tritt ein, wenn ein GesSchu den Gläub ganz od teilw befriedigt

hat, beschränkt sich aber auf den Umfang des AusglAnspr. Über § 412 finden die §§ 399ff Anwendg, vor allem §§ 404, 406, aber auch § 401, auch soweit es entspr § 401 Rn 5 um selbst SichgR geht (BGH WM **95**, 523). VVG 67 II (AngehPrivileg) ist weder direkt noch entspr anwendb (BGH VersR **84**, 327). Abreden, daß die GläubFdg nicht nur in Höhe des AusglAnspr sond voll übergehen soll, sind unwirks (BGH **17**, 221). Die übergegangene Fdg u der AusglAnspr bestehen nebeneinand (BGH NJW **81**, 681). Der GesSchu kann zw ihnen wählen (s BGH **59**, 102), kann sie aber nur zus abtreten (Larenz § 37 III). Beschränkgen od inhaltl Änd des AusglAnspr erstrecken sich uU auch auf die übergegangene Fdg (BGH **103**, 78); Einwendgen gg die übergegangene Fdg erfassen dagg nur bei einer entspr Vereinbg der GesSchu den AusglAnspr (Köln NJW-RR **93**, 1475). Zu **II 2** s § 268 Rn 7.

15 **5) Haftungsfreistellung und Ausgleichspflicht. – a) Vertragliche Haftungsfreistellung. – aa)** Dch einen **nach Entstehung** der GesSchuld vereinbarten Erlaß wird die AusglPfl des freigestellten GesSchu nicht berührt (BGH **11**, 174, NJW **92**, 2287, allgM). Etwas and gilt nur dann, wenn der Erlaß ausnweise GesWirkg
16 hat (§ 423 Rn 2). – **bb)** Umstr ist dagg, wie sich die **vor Entstehung** der GesSchuld mit einem GesSchu vereinbarte Haftgsfreistellg auf das GesSchuldVerh auswirkt. **(1)** Die Rspr erkennt der Haftgsfreistellg auch in diesem Fall für das InnenVerh zw den GesSchu keine Wirkg zu, bejaht also eine AusglPfl des haftgsbegünstigten GesSchu (BGH **12**, 213, **35**, 323, **58**, 220, NJW **89**, 2387). **(2)** Die hL löst den Konflikt zw Haftgsfreistellg u AusglPfl dagg zu Lasten des Geschädigten. Sein ErsAnspr gg den Zweitschädiger wird um den Haftgsanteil des freigestellten GesSchu gekürzt. Dieser dürfe, wenn er gemeins mit einem and hafte, nicht schlechter stehen als bei alleiniger Verantwortg (Larenz § 37 III, Esser/Schmidt § 39 II 2.2, Hager NJW **89**, 1642, Reinicke/Tiedtke GesSchuld 2. Aufl S 77). **(3)** Einhellig abgelehnt wird die fr gelegentl vertretene Ans, der nicht haftgsbegünstigte Zweitschädiger müsse den Schaden voll ersetzen, ohne vom freigestellten Schädiger Ausgl verlangen zu können. Für diese Lösgsmöglichk könnte aber die Argumentation von BGH
17 **103**, 346 (zu § 1664) sprechen. **(4) Eigene Stellungnahme.** Welche Tragweite die Haftgsfreistellg hat, ist dch Auslegg zu ermitteln. IdR handelt es sich um formularmäß Klauseln, die in Anwendg von AGBG 5 u des für Freizeichngen geltden Restriktionsprinzips (§ 276 Rn 58) eng, dh iS des Lösgsvorschlags der Rspr (1) auszulegen sind. Im Einzelfall kann sich aber aus dem Inhalt od dem Zweck der Haftgsfreistellg ergeben, daß die Vereinbg entspr dem Lösgsvorschlag des Schriftt (2) als *pactum de non petendo* zG des Zweitschädigers aufzufassen ist u seine ErsPfl um den Haftgsanteil des freigestellten GesSchu gemindert werden soll (im Ergebn
18 ebso BGH **58**, 220, NJW **89**, 2387, Hbg NJW-RR **87**, 915, MüKo/Selb Rn 20). – **cc)** Für sonst vertragl **Haftungsbeschränkungen,** etwa die Abkürzg der VerjFr, gilt Rn 16 entspr. Sie lassen die AusglPfl u die für sie geltde 30jähr VerjFr unberührt (BGH **58**, 216). And kann es liegen, wenn der Zweitschädiger gem § 328 in den Schutzbereich der Haftgsbeschränkg einbezogen worden ist.

19 **b) Gesetzliche Haftungsfreistellungen.** Auch hier gibt es für den Konflikt mit der AusglPfl die drei zu Rn 15ff dargestellten Lösgen: (1) Die Haftgsfreistellg ändert an der AusglPfl des haftgsbegünstigten GesSchu nichts. (2) Der ErsAnspr des Geschädigten mindert sich um den Verantwortgsanteil des freigestellten GesSchu. (3) Der nicht freigestellte GesSchu muß den Schaden voll ersetzen, kann aber vom Mitschädiger keinen Ausgl verlangen. Die hL spricht sich auch hier in allen einschläg Fällen für die Lösg zu Lasten des Geschädigten (2) aus (Medicus Rn 933, Hager NJW **89**, 1644, Reinicke/Tiedtke, aaO S 79). Das ist auch in der Mehrzahl der
20 Fälle, aber nicht in allen die richt Lösg: – **aa)** Ist ein **Arbeitsunfall** dch den ArbG od einen ArbKollegen u einen nicht dch SGB VII 104, 105 begünstigten Zweitschädiger verursacht worden, beschränkt sich der ErsAnspr des Geschädigten auf den Verantwortgsanteil des Zweitschädigers (BGH **61**, 53, NJW **81**, 760, **96**, 2023, Jena NZV **98**, 28, Hamm VersR **98**, 328). Das gilt entspr für **Schulunfälle,** sofern die Haftg eines Mitschädigers dch SGB VII 106 ausgeschlossen w (BGH VRS **73**, 20). Hat der nicht haftgsbegünstigte Zweitschädiger den Schaden weitaus überwiegd verursacht, haftet er voll (BGH NJW **76**, 1975, Düss VersR **89**, 1158). Ist umgekehrt der Haftgsbegünstigte weitaus überwiegd verantwortl, entfällt der Anspr gg den Zweitschädiger (Hamm VersR **88**, 191). Eine vom Erstschädiger übernommene Freihaltgsverpflichtg berührt den Anspr gg den Zweitschädiger nicht (BGH **110**, 117), uU aber Vereinbgen über die VerkSichergsPfl (BGH NJW **87**, 2669). Sind für einen **Dienstunfall** ein Beamter u ein nicht haftgsbegünstigter Zweitschädiger verantwortl, kann der Geschädigte gleichf nur den Schaden ersetzt verlangen, der dem Haftgsanteil des Zweitschädigers entspr (BGH **94**, 176).

21 **bb)** Ist ein Schaden von einem gem VVG 67 II, SGB X 116 VI haftgsbegünstigten **Angehörigen** u einem Zweitschädiger verursacht worden, beschränkt sich der ErsAnspr des Versicherers/SozVersTrägers/ArbG/Dienstherrn auf den Verantwortgsanteil des Zweitschädigers (BGH **54**, 256, **73**, 195, Hbg NJW-RR **93**, 40). Ebso muß der Kaskoversicherer beim Regreß gg den Zweitschädiger den Haftgsanteil des berecht **Fahrers** abziehen (BGH NJW **86**, 1814). Hat der Versicherer dch eine geschplanmäß Erkl auf Anspr gg einen Mitversicherten verzichtet, kann er Dr nicht in Anspr nehmen, sofern diesem gg den Mitversicherten eine RegreßFdg zusteht (BGH **117**, 153, krit Gärtner BB **93**, 1454).

22 **cc) Beschränkung der Arbeitnehmerhaftung** (§ 611 Rn 156ff). Der SchadErsAnspr des ArbG gg einen neben dem ArbN mitverantwortl Zweitschädiger vermindert sich um die auf den ArbN entfallende Haftgsquote (Karlsr OLGZ **69**, 158, MüKo/Selb Rn 25).

23 **dd) Haftungsvergünstigungen des bürgerlichen Rechts** (vor allem §§ 708, 1359, 1664). Währd der BGH den hier einschläg Haftgsvergünstiggen fr für das AusglVerhältn keine Wirkg zuerkannt u eine AusglPfl des haftgsbegünstigten Mitschädigers bejaht hat (BGH **35**, 317), hat sich die Rspr seit 1989 zu § 1664 für die Lösg zu Lasten des Zweitschädigers entschieden: Dieser haftet voll u kann von den haftgsbegünstigten Eltern keinen Ausgl verlangen (BGH **103**, 346, Düss NJW-RR **99**, 1042, aA Sundermann JZ **89**, 927, Schwab JZ **90**, 22, Muschler JR **94**, 441). Diese wenig überzeugde Lösg muß wohl auch für § 1359 gelten (Medicus Rn 932). §§ 708, 1359, 1664 sind aber nach stRspr des BGH auf das Verhalten im StraßenVerk nicht anwendb (BGH **46**, 313, **53**, 352, **61**, 104, **63**, 51, für eine Beschränkg dieser strengeren Haftg auf das Führen eines Kfz Hamm NJW-RR **93**, 543). Bei VerkUnfällen wird das GesSchuldVerh daher dch die §§ 708, 1359, 1664 nicht gestört; es bestehen gg Eltern, Eheg u Gesellschter AusglAnspr nach allg Grds.

427 *Gemeinschaftliche vertragliche Verpflichtung.* **Verpflichten sich mehrere durch Vertrag gemeinschaftlich zu einer teilbaren Leistung, so haften sie im Zweifel als Gesamtschuldner.**

1) § 427 enthält eine **Auslegungsregel.** – **a)** Er ist **Ausnahme** zu § 420 u schränkt dessen Anwendgsbereich wesentl ein. Eine gemeinschaftl Verpfl ist nicht nur bei einem gleichzeit Abschl gegeben, sond auch bei getrennten Vertr, sofern diese subj eine Einh bilden (RG **70**, 410, BGH NJW **59**, 2161). Ein Vertr, der von einem Vertreter für mehrere VollmGeb geschlossen w, genügt (Karlsr Justiz **67**, 313, einschränkd BGH NJW **77**, 295), ebso der Verkauf einer Mehrzahl von Sachen dch verschiedene Eigtümer, sofern es sich um eine wirtschaftl Einh handelt (Soergel/Wolf Rn 4), ferner der Übergang einer vertragl Pfl auf mehrere Nachf (BGH NJW **73**, 455). Unter § 427 fällt auch der RealVertr (RG **71**, 117) u die RückgabePfl des § 556 (Düss NJW-RR **87**, 1371). Die Vorschr ist auf einseit SchuldVerspr, wie die Auslobg (§ 657), entspr anwendb, ebso auf die GoA für mehrere GeschHerren (BGH **LM** § 426 Nr 26, BayObLG NJW-RR **87**, 1038). – **b) Einzelfälle.** Vergütgsanspr des SchiedsRi, auch wenn er ledigl von einer Part ernannt worden ist (BGH **55**, 347); Verpfl aus einem „Oder-Konto" (Nürnbg ZIP **90**, 1559), uU auch für Überziehgen allein dch den and Partner (Köln WM **99**, 1003); Vertr, die der Verwalter zur laufden Unterhaltg u Instandhaltg einer WoEigt-Anlage abschließt (BGH **67**, 235, NJW **77**, 1964); gemeins Heizöleinkauf von Nachbarn (LG Konstanz NJW **87**, 2521); GewLAnspr gg mehrere Verkäufer eines Unternehmens (Martin NZG **99**, 583); Bestellg von Fahrausweisen für eine Klassenfahrt (LG Wiesbaden NJW **85**, 1905, aA Ffm NJW **86**, 1942); Sammelbestellg dch einen „Studierendenrat" (Ffm NJW-RR **91**, 283); Übern einer ZahlgsPfl in einem gerichtl Vergl (KG MDR **89**, 77). Aus der **Interessenlage** kann sich aber ergeben, daß Teilschulden gewollt sind, so wenn bes umfangreiche Verpflichtgen kontrahiert worden sind (§ 420 Rn 2) od wenn es um den RegreßAnspr von Gesellschter-Ehefrauen geht, die sich für die Gesellsch verbürgt haben (BGH NJW-RR **93**, 1377). 1 2

2) Ist der Vertr **nichtig,** ist § 427 unanwendb. Jeder Schu haftet gem § 812 nur auf das Erlangte (Hamm NJW **81**, 877, hM, aA Berkenbrock BB **83**, 278). Das gilt auch für den dch Anf nichtig gewordenen Vertr (hM, aA RG **67**, 261). Ist das Erlangte GesHandVerm geworden, ist § 431 anzuwenden. Anspr aus Rücktr, Wandlg u Minderg sind als Nachwirkgen des Vertr GesSchulden (hM). Gesellschter haften für Anspr aus § 812 als GesSchu (Ffm NJW **86**, 3144, § 718 Rn 8, str); das gilt insb dann, wenn die Gesellsch aufgelöst u das Vermögen verteilt ist (BGH **61**, 342, NJW **83**, 1908, **85**, 1828). Aus § 427 wird auch hergeleitet, daß die Gesellschter nach Auflösg der Gesellsch u Verteilg des GesellschVermögens als GesSchu für die **Steuerschulden** der Gesellsch haften (BVerwG NJW **94**, 602, krit App NJW **94**, 2878). 3

428 *Gesamtgläubiger.* **Sind mehrere eine Leistung in der Weise zu fordern berechtigt, daß jeder die ganze Leistung fordern kann, der Schuldner aber die Leistung nur einmal zu bewirken verpflichtet ist (Gesamtgläubiger), so kann der Schuldner nach seinem Belieben an jeden der Gläubiger leisten. Dies gilt auch dann, wenn einer der Gläubiger bereits Klage auf die Leistung erhoben hat.**

1) **Allgemeines.** Die GesGläubschaft ist das GgStück zur GesSchuld (§ 421). Jeder Gläub kann die Leistg ganz od teilw fordern. Der Schu kann nach seinem Belieben an einen der Gläub leisten, auch wenn ein and schon Klage erhoben hat od die Vollstr betreibt. Vertragl Abreden, die die RStellg des Gläub stärken, sind zul (BGH NJW **79**, 2038, KG NJW **76**, 807). Ebso wie bei der GesSchuld bestehen mehrere selbstd, allein abtretb Fdgen (BGH **29**, 364, WM **84**, 411, Brem OLGZ **87**, 30), die aber dch die Einheitlichk der Tilggswirkg miteinand verbunden sind. Zum Nachw der Erf genügt die Quittg eines Gläub (KG OLGZ **65**, 95). Etwaige GestaltgsR (WahlR) können die GesGläub idR nur gemeins ausüben (BGH **59**, 187, NJW **79**, 2207); auch die Umwandlg in eine MitGläubigersch bedarf der Zust des Schu u aller GesGläub (BGH NJW **91**, 420, aA Köln OLGZ **90**, 489); sie kann aber aGrd einer formularmäß Ermächtigg ohne Zust der and GesGläub zul sein (BGH aaO, aA Wagner NJW **91**, 1790). Die GesGläubsch kann auf Ges od Vertr beruhen. Für sie besteht – and als für die GesSchuld – keine Vermutg (BGH NJW **84**, 1357). Im InnenVerh besteht zw den GesGläub, soweit vertragl Abreden fehlen, ein GemeinschVerh (Erbarth NJW **97**, 976, s auch BGH NJW **96**, 2153). 1

2) **Einzelfälle.** – **a)** Bsp für die GesGläubsch **kraft Gesetzes** sind: § 556 I u III (§ 556 Rn 20); § 2151 III; der Anspr auf Ers des Drittinteresses u der etwaige eig Anspr des tatsächl Geschädigten (BGH NJW **85**, 2412); der AusglAnspr von Mitbürgen gg einen and (RG **117**, 5); der GesSchu zustehde Anspr aus § 812 (Ffm OLGZ **82**, 358, abw BFH NJW **71**, 1288, **76**, 2040); mehrere KostenGläub aus einem KostenfestsetzgsBeschl (BGH Rpfleger **85**, 321, Düss JurBüro **87**, 1824, aA AG Wiesbaden NJW **86**, 1996); Anspr-Übergang auf mehrere SozVersTräger od Dienstherrn gem SGB X § 116, BBG 87 a (BGH **106**, 381). **Keine** GesGläubsch besteht dagg in folgden Fällen: Teilw FdgÜbergang gem VVG 67 (BGH **44**, 383); gleichzeit FdgÜbergang gem VVG 67 u SGB X 116 (BGH VersR **80**, 1072), SteuererstattgsAnspr der zus veranlagten Eheg (LG Düss NJW-RR **86**, 1333, LG Stgt NJW-RR **92**, 647, aA LG Hildesheim NdsRpfl **89**, 106); Anspr von Ehemann u Kind wg der dch Tötg der Ehefr (Mutter) entgehden Betreuungsleistgen (BGH NJW **72**, 1717, VersR **73**, 84). Auch bei der Verletzg eines „Hauskindes" entsteht keine GesGläubsch; der Anspr des Kindes aus § 842 hat vielmehr den Vorrang vor dem der Eltern aus § 845 (BGH **69**, 385). – **b)** Bei Anspr aus **Vertrag** besteht keine Vermutg für eine GesGläubsch. Eine EinzFdg kann nachträgl nur mit Zust des Schu in eine GesFdg umgewandelt w (BGH **64**, 67). Bsp für vertragl GesGläubsch: Empfänger u Absender wg der Anspr aus HGB 421 gg den FrachtFü (s BGH NJW **99**, 1110/1112), GemschKonten („Oder-Konten") mehrerer Inh (BGH **95**, 187, **93**, 320, BFH NJW **90**, 854, Karlsr NJW-RR **90**, 1285, Kblz NJW-RR **90**, 1386), jedoch mit der Besonderh, daß der Schu an den Fordernden leisten muß; die Umwandlg eines „Oder-Kontos" in ein „Und-Konto" bedarf der Zustimmg aller Beteiligten (BGH NJW-RR **93**, 233); „Oder-Depot" (BGH NJW **97**, 1434); BausparVertr von Eheg (Mü NJW-RR **92**, 498); von Eheg gegebene Mietkautionen (AG Itzehoe FamRZ **91**, 442); GewlAnspr von WoEigtümern hins des GemschEigt (BGH **74**, 2 3

265, str, s Vorbem 30 vor § 633). Keine GesGläubsch: HonorarAnspr einer RA-Sozietät (BGH NJW **96**,
4 2859), Fdgen eines GläubPools (BGH NJW **91**, 2629). – **c)** GesBerechtiggen gem § 428 können auch an **dinglichen Rechten** bestehen (allgM). Sie müssen wg GBO 47 im GB entspr gekennzeichnet w, etwa als „GesBerecht gem § 428" (BGH NJW **81**, 176, BayObLG Rpfleger **96**, 21); sie sind bei prakt allen beschr dingl Rechten zul, so bei Hyp (BGH **29**, 364), GrdSch (BGH NJW **75**, 445), ErbbauR (s LG Hagen DNotZ **50**, 381), Reallast (BayObLG Rpfleger **75**, 300), Nießbr (BGH NJW **81**, 176, BFH NJW **86**, 1634), WohnR (BGH **46**, 253, § 1093 Rn 6), GrdDbK (BayObLG NJW **66**, 56, LG Traunstein Rpfleger **87**, 242). Selbstverständl mögl ist auch eine AuflVormerkg für GesGläub (BayObLG **63**, 128, Kln Rpfleger **75**, 20).

429 *Wirkung von Veränderungen.* **I Der Verzug eines Gesamtgläubigers wirkt auch gegen die übrigen Gläubiger.**

II Vereinigen sich Forderung und Schuld in der Person eines Gesamtgläubigers, so erlöschen die Rechte der übrigen Gläubiger gegen den Schuldner.

III Im übrigen finden die Vorschriften der §§ 422, 423, 425 entsprechende Anwendung. Insbesondere bleiben, wenn ein Gesamtgläubiger seine Forderung auf einen anderen überträgt, die Rechte der übrigen Gläubiger unberührt.

1 I entspr § 424. Da die Erf GesWirkg hat, wirkt auch der dch ein ErfVersuch begründete AnnVerzug gg alle Gläub. Nach II hat die Konfusion and als nach § 425 GesWirkg, da der Schu sonst Leistg an sich selbst wählen könnte. Den and Gläub bleibt der Anspr aus § 430. Nach III findet iü die Regelg der GesSchuld (§§ 422, 423, 425) entspr Anwendg (s dort). Verlust der Anspr dch Versäumg der KlFr des Art 12 III NTSAG hat daher EinzWirkg (BGH NJW **79**, 2039), ebso die Verj (BGH NJW **85**, 1552) u ein Urt für od gg einen GesGläub (BGH NJW **84**, 127, **86**, 1047). Der GesGläub kann idR nicht mit GesWirkg erlassen (BGH NJW **86**, 1862, aA Brem OLGZ **87**, 29); mögl ist aber eine eingeschränkte GesWirkg spiegelbildl zu § 423 Rn 4 (BGH aaO, Weber DAR **87**, 166).

430 *Ausgleichungspflicht der Gesamtgläubiger.* **Die Gesamtgläubiger sind im Verhältnisse zueinander zu gleichen Anteilen berechtigt, soweit nicht ein anderes bestimmt ist.**

1 **1) Allgemeines.** § 430 entspr § 426 (s dort). Der AusglAnspr besteht nur, sow der Gläub mehr als den ihm zustehden Anteil erhalten hat (§ 426 Rn 5). Er ist unabhäng hiervon gegeben, wenn die RestFdg nicht beitreibb ist.

2 **2)** Die Regel, daß dem Gläub gleiche **Anteile** zustehen, ist ebso wie bei § 426 bloße Hilfsregel. Sie ist iF des § 2151 III 3 unanwendb. Dagg trifft sie beim Oder-Konto im Verhältn zw Eheg grdsl zu (Köln FamRZ **87**, 1139, Karlsr NJW-RR **90**, 1285), ebso zw den Part einer eheähnl LebensGemsch (Celle FamRZ **82**, 63). Die AusglPfl besteht auch bei eigenmächt Abhebgen zur Vorbereitg der Trenng (s Köln NJW-RR **99**, 1090). Sie betrifft auch GeschKonten, die als Oder-Konten geführt worden sind (BGH NJW **90**, 705). Die Tats, daß nur ein Eheg über Einkommen verfügt, reicht nicht, um die Vermutg zu entkräften (Köln FamRZ **87**, 1139). Die Einrichtg eines Oder-Kontos kann vor allem iF der Gütertrenng den Zweck haben, dem Eheg ohne eig Einkommen an den Ergebn der gemeins Arbeit zu beteiligen (BGH NJW **90**, 705). Die Zahlgen auf das Oder-Konto können auch ehebezogene Zuwendgen an den nicht verdienden Eheg sein (Wever [§ 426 Rn 9] Rn 532 ff). Nimmt der Gläub eines GesGläub iW der Pfändg mehr als dessen Anteil in Anspr, kann der and GesGläub gem ZPO 771 widersprechen (Kblz NJW-RR **90**, 1386, aA Rendels RProbleme der Konten von Eheg, 1994, S 110 ff). Beim Oder-Depot besteht keine Vermutg für ein hälftiges Eigt der Eheg (BGH NJW **97**, 1434, Hamm NJW-RR **90**, 708); and kann es liegen, wenn dch das Oder-Depot eine Beteiligg des Eheg an dem gemeins Erarbeiteten erreicht w sollte (s Düss NJW-RR **98**, 918). Ist das Oder-Depot dch Umwandlg aus einem Und-Depot entstanden, ist iZw anzunehmen, daß sich die EigtVerh nicht verändert haben (BGH aaO). § 430 begründet keine AusglPfl, wenn ein Eheg dem and die beiden gem §§ 428, 1093 gemeinschaftl zustehde Wo zur alleinigen Nutzg überläßt (BGH NJW **96**, 2153). Bei mehreren SozVersTrägern richtet sich die Verteilg nach den für den Verletzten erbrachten Leistgen (BGH NJW **69**, 1901, SGB X § 117).

431 *Mehrere Schuldner einer unteilbaren Leistung.* **Schulden mehrere eine unteilbare Leistung, so haften sie als Gesamtschuldner.**

1 Über Unteilbark der Leistg u damit zu den Anwendgsfällen des § 431 s § 266 Rn 3. And als §§ 420, 427 ist § 431 nicht nur eine Vermutg, sond zwingdes Recht. Wg der Unteilbark der Leistg kann eine Behandlg als Teilschuld nicht vereinb w. Sofern die Schu die Leistg nur gemeins erbringen können, ist aber jeweils zu prüfen, ob nicht die in den RFolgen weniger strenge gemschaftl Schuld vorliegt (zur Abgrenzg s Übbl 7 ff v § 420). Auf den RGrd der Leistg kommt es für die Anwendg des § 431 nicht an. Die GesHaftg bleibt auch bei nachträgl Umwandlg in eine teilb Leistg (SchadErs in Geld) bestehen (RG **67**, 275). Die Mithaftg erstreckt sich uU auch auf ErfGehilfen des MitSchu (BGH **LM** § 278 Nr 2/3). UnterlPfl s Übbl 11 v § 420.

432 *Mehrere Gläubiger einer unteilbaren Leistung.* **I Haben mehrere eine unteilbare Leistung zu fordern, so kann, sofern sie nicht Gesamtgläubiger sind, der Schuldner nur an alle gemeinschaftlich leisten und jeder Gläubiger nur die Leistung an alle fordern. Jeder Gläubiger kann verlangen, daß der Schuldner die geschuldete Sache für alle Gläubiger hinterlegt oder, wenn sie sich nicht zur Hinterlegung eignet, an einen gerichtlich zu bestellenden Verwahrer abliefert.**

II **Im übrigen wirkt eine Tatsache, die nur in der Person eines der Gläubiger eintritt, nicht für und gegen die übrigen Gläubiger.**

1) Voraussetzungen. Haben mehrere eine unteilb Leistg zu fordern, können sie GesGläub (§ 428) od MitGläub (§ 432) sein. GesGläubigersch kommt jedoch prakt nur selten vor (§ 428 Rn 2 ff); die **Mitgläubigerschaft** ist daher die Regel. Zum Begr der unteilb Leistg vgl § 266 Rn 3. Auch wenn die Fdg auf Geld od einen and teilb Ggst gerichtet ist, besteht aGrd des InnenVerh zw den Gläub (BruchteilsGemsch, GesHandsGemsch) vielf eine gemeins Empfangszuständigk. Auch auf diese Fälle ist § 432 grdsl anzuwenden (s Rn 2 f u 4 f, str), jedoch müssen die sich aus der Regelg des GemschVerhältn ergebden Besonderh berücksichtigt w. Für gemeinschaftl Fdgen von **Wohnungseigentümern** enthält WEG 21 I eine § 432 verdrängde Sonderregelg (BGH **115**, 257, **121**, 25, WEG 21 Rn 1). Gemeinschaftl Berechtiggen iSd § 432 können auch an dingl Rechten bestehen. Bei Eintraggen im GrdB muß aber die konkrete Art der gemeinschaftl Berechtigg angegeben w; ein bloßer Verweis auf § 432 genügt nicht (KG OLGZ **86**, 48). Folgde Arten der Mitgläubigersch sind zu unterscheiden: 1

a) Einfache Forderungsgemeinschaft. – aa) Steht mehreren Teilh ein Recht in BruchteilsGemsch (§ 741) zu, erstreckt sich die anteilige Berechtigg auch auf die der Gemsch erwachsden Fdgen. Für das InnenVerh zw den Teilh gelten die §§ 741 ff, für das AußenVerh ggü dem Schu ist § 432 maßgebd (BGH **106**, 226, **121**, 25, BayObLG **98**, 1412). Der Teilh kann daher auch hinsichtl seines Anteils nicht Leistg an sich sond nur Leistg an die Gemsch fordern. Das gilt auch bei einer im natürl Sinne teilb Leistg, da der gemeinschaftl Verwendgszweck (vgl insb § 748) eine rechtl Unteilbark begründet (BGH NJW **58**, 1723, **92**, 183, stRspr). Daneben ist entspr § 747 S 2 Geltdmachg der Fdg dch alle mögl (§ 747 Rn 6). Abreden, dch die das KlagR des einzelnen Teilh erweitert oder ausgeschl w, sind zul. Bsp einfacher FdgsGemsch: Anspr von Eheg auf Lieferg eines Grdst (BayObLG **92**, 136), KaufPrAnspr mehrerer Verkäufer (BGH NJW **98**, 1482, 1483), Anspr auf Rückübertragg einer GrdSchuld (BGH DNotZ **85**, 551, Bambg NJW-RR **97**, 81); Anspr mehrerer AuftrG auf Vorschuß zur Mängelbeseitigg (BGH **94**, 119); MietzinsAnspr mehrerer MitEigtümer (BGH NJW **58**, 1723 Düss NJW-RR **98**, 1412, BayObLG NJW-RR **99**, 310) od mehrerer Mieter gg Untermieter (BGH NJW **69**, 839); Anspr aus § 556, sofern sie einer BruchteilsGemsch zustehen (RG **124**, 199, Düss NJW-RR **98**, 11); SchadErsAnspr, soweit sie aus der Verletzg von gemeinschaftl Fdgen od Eigtum hervorgegangen sind (BGH NJW **84**, 796, Kblz NJW-RR **92**, 707). Zw mehreren Mietern kann eine GbR bestehen (BGH NJW **72**, 249), so vor allem, wenn Eheg gemeins einen MietVertr abschließen (Celle OLGZ **82**, 254: GesellschVerh mit familienrechtl Einschlag). – **bb)** Sind gem **§ 1357** I 2 beide Eheg aus einem Vertr berecht, ist idR eine FdgsGemsch auf familienrechtl Grdlage anzunehmen. Jeder Eheg ist gem § 432 klagberecht, die Klage ist jedoch auf Leistg an beide Eheg zu richten, soweit sich nicht aus den Umst etwas and ergibt (§ 1357 Rn 23). Der Schu kann jedoch an jeden Eheg mit befreider Wirkg leisten, da sie nach dem Sinn des § 1357 insow wechselseit zur Entggn der Leistg ermächtigt sind. 2 3

b) Gesamthandsgläubigerschaft: Sie liegt vor, wenn die Fdg zu einem SonderVerm gehört, das den Gläub **„zur gesamten Hand"** zusteht. Eine vertragl Begründg von GesHandsGemsch außerh der im Ges vorgesehenen Fälle (Einf 2 v § 21) ist nicht mögl (RG **152**, 355), jedoch kann eine derart Abrede als Abschl eines GesellschVertr aufzufassen sein. Die Fdgen der GesHand sind geshänderisch gebunden. Der einz GesHänder kann über sie weder ganz noch teilw verfügen; der Schu kann nur an die Gemsch leisten, Aufr mit einer Fdg gg einen GesHänder ist unzul (§§ 719, 1419, 2033 II, 2040). Außer bei der ErbenGemsch (§ 2033 I) kann der einz GesHänder auch nicht über seinen Anteil am ganzen SonderVerm verfügen (§§ 719 I, 1419 I). Da die Fdgen der GesHand wg der bestehden rechtl Gebundenh im RSinne unteilb sind, ist auf sie an sich § 432 anwendb (BGH **39**, 15, Soergel-Wolf Rn 5, str, aA Larenz § 36 Ib). Das **Forderungsrecht** des einz MitGläub **aus § 432** w aber dch die gesetzl Regelg der Verw des SonderVerm **weitgehend ausgeschlossen. – aa)** Bei der **Gesellschaft** ist die FdgEinziehg ein Akt der GeschFührg, für die unter Ausschl des § 432 die Regelg der GeschFührg maßgebd ist (BGH **39**, 15, **102**, 154). Ein EinzelklagR eines Gesellschafters besteht nur, wenn die and die FdgsEinziehg gesellschwidr verweigern u Schu am gesellschwidr Verhalten beteiligt ist (BGH **39**, 16, **102**, 155, § 709 Rn 2). Bei OHG u KG besteht aber auch in diesem Fall kein EinzelklagR (BGH NJW **73**, 2198). Zul ist dagg die **actio pro socio**, dh der Anspr eines Gesellschafters gg den and auf Leistg an die Gesellsch (§ 705 Rn 20). – **bb)** Bei der **Erbengemeinschaft** ist jeder Miterbe berecht, Leistg an die ErbenGemsch zu verlangen, § 2039, der insow § 432 entspricht. – **cc)** Bei der **ehelichen Gütergemeinschaft** ist allein der Verwalter einziehgs- u klageberecht (§ 1422). Der and Eheg hat nur in den Fällen der §§ 1428–1431, 1433 ein eig KlagR. Das gilt entspr bei der fortges GütGemsch (§ 1487). 4 5 6

c) Einfache gemeinschaftliche Berechtigung: § 432 gilt auch dann, wenn mehrere Gläub Anspr auf eine unteilb Leistg haben, ohne daß zw ihnen eine Bruchteils- od GesHandsGemsch besteht. Diese Gestaltg hat nur geringe prakt Bedeutg. Sie kann gegeben sein, wenn Besitzer u Eigentümer gemeins dch eine unerl Hdlg geschädigt worden sind (Köhler JuS **77**, 654). Bei den im Schriftt weiter angeführten Bsp (gemeins Bestellg einer Taxe usw) handelt es sich idR um GelegenhGesellsch, also um Fälle, die zu Rn 4 gehören. 7

2) Rechtsfolgen. – a) I 1: Jeder Gläub hat ein **Forderungsrecht**, aber nur auf Leistg an alle. Aufr mit GgAnspr gg einen der Gläub ist mangels Ggseitigk unzul (BGH NJW **69**, 839). Leistg an den einz Gläub befreit grdsl nicht. Etwas and gilt, wenn das Leistgsinteresse aller Gläub befriedigt wird (Zweibr NJW-RR **97**, 973) od wenn ein Gläub nach dem bestehden InnenVerh od kr Vollm zur Entggn der Leistg befugt ist. Soweit der Gläub selbstd fdgsberecht ist, kann er auch mahnen. Die Ausübg von GestaltgsR (Anf, Aufr, Künd) richtet sich nach dem zw den Gläub bestehden RVerh, u zwar nach den Vorschr über Vfgen (§§ 719, 747 S 2, 1422, 1487, 2040 I). Zum RücktrR vgl § 356. – **b)** Jeder Gläub kann außerdem **Hinterlegung** für alle fordern. Dieses Recht steht, wenn eine ErbenGemsch Teilhaberin einer MitEigtümerGemsch ist, trotz § 2039 jedem Erben zu (BGH NJW **83**, 2020); über Verwahrerbestellg vgl FGG 165. – Der Anspr geht auf Hinterlegg unter RücknVerzicht (Einf 2 v § 372). Erfolgt sie, dann ist sie Erf u befreit nach § 362. Aus der Interessenlage kann sich aber ergeben, daß der uU wenig prakt HinterleggsAnspr stillschw abbedungen ist. – **c) II. Andere** nur in 8 9 10

der Pers eines Gläub eintretende **Tatsachen** wirken grdsl nur für u gg diesen. Das gilt auch für die RKraft eines Urt (RG **119**, 169). Argl Verhalten eines MitGläub genügt nicht, um Einwand unzul RAusübg zu begründen (BGH **44**, 367); macht jedoch dieser den Anspr gg den Widerspr der and geltd, ist die Kl als unzul abzuweisen (BGH aaO). Kann ein MitGläub nach dem zw ihnen bestehden RVerh mit Wirkg für die and handeln, hat sein Verhalten GesWirkg (BGH **94**, 117, 120, LG Essen NJW-RR **98**, 874). Die für das InnenVerh geltde Sonderregelg geht insow § 432 II vor. – Verwandelt sich die Fdg in eine teilb, so entstehen
11 TeilFdgen (§ 420, hM, and bei der unteilb Schuld, § 431 Rn 1). – **d)** Über einen **Ausgleich** zw den Gläub sagt § 432 – and als iF der GesGläubigersch (§ 430) – nichts. Es gelten die für das Innenverhältn zw den Gläub maßgebden Grds, notf die §§ 741 ff (BGH NJW **82**, 928).

Siebenter Abschnitt. Einzelne Schuldverhältnisse

Überblick

1 **1) Schuldverhältnisse** als RBeziehg von einer Pers zu einer and Pers, die den einen (Gläubiger) zum Fordern einer Leistg vom and (Schuldner) berecht (vgl Einl 1 vor § 241) gibt es in vielen unterschiedl Formen. Bestimmte typ SchuldVerh sind ges geregelt, der wesentl Teil in den 25 Titeln des 7. Abschn (sog Bes SchuldR), weitere insb im 3.–5. Buch des BGB u in and Gen. Daneben gibt es typ SchuldVerh, die ges nicht bes geregelt sind u sog atyp SchuldVerh, die keinem bestimmten VertrTyp zugeordnet werden können (Einf 11–14 vor § 305).

2 **2) Einteilung.** Die einzelnen SchuldVerh werden nach dem RGrund ihrer Entstehg (vgl Einf 2 vor § 305) eingeteilt in: **a) Rechtsgeschäftliche** SchuldVerh: hierzu ist nach § 305 grdsätzl ein Vertr erforderl (zB Kauf, Miete, WerkVertr); nur wenn es das G vorschreibt genügt ein einseit RechtsGesch (zB Auslobg, Vermächtn). **b) Gesetzliche** SchuldVerh: sie entstehen kr G, indem bestimmte tatsächl Voraussetzgen erfüllt w (zB unerl Handlg, ungerechtfert Bereicherg, GeschFührg ohne Auftr, Eigtümer-Besitzer- Verh). **c) Sonstige** Entstehgsgründe von SchuldVerh sind entweder umstr (das soztyp Verhalten od fakt, dh ohne WillErkl zustandekommde VertrVerh) od prakt bedeutgslos.

3 **3) Zuordnung** eines SchuldVerh zu einem bestimmten Typ geschieht bei ges SchuldVerh (Rn 2) ausschl dch Subsumtion der Tats, bei rechtsgeschäftl, indem der Inhalt der zugrdeliegden WillErklen ermittelt u festgestellt wird, zu welcher Leistg (§ 241) sich die beteiligten Pers verpfl haben. Entspr diese einem bestimmten VertrTyp (zB § 433, § 535 od § 631), so ist ihm das SchuldVerh zuzuordnen, auch wenn der Vertr and bezeichnet ist. Wenn der LeistgsInhalt sich nicht od nicht eindeut feststellen läßt, entscheidet grdsätzl die Bezeichng, die dem RGesch im Einzelfall von den vertrschließden Pers gegeben wurde.

4 **4) Rechtsanwendung.** Für jedes einzelne SchuldVerh gilt das allg SchuldR (1.–6. Abschn) u der Allg Teil (1. Buch) soweit sie anwendb sind. Es wird rechtl beurteilt nach den zwingden ges Vorschr, nach den rechtsgeschäftl getroffenen Bestimmgen u den dispositiven ges Vorschr, soweit diese nicht dch Gläubiger u Schuldner abbedungen sind. Soweit eine ges Regelg des bes SchuldR für das einzelne SchuldVerh der des allg SchuldR widerspricht, geht sie als spezielleres G vor (zB § 690 dem § 276).

Erster Titel. Kauf. Tausch

Einführung

1 **1) Allgemeines. a) Begriff.** Kauf ist ein schuldrechtl ggs Vertr (§§ 320 ff). Er ist wg des geltden Abstraktionsprinzips stets vom ErfGesch zu trennen u zu unterscheiden (vgl Rn 4). Er begründet für den Verk die Pfl, dem Käufer den KaufGgst zu verschaffen, dh Sachen zu übergeben u zu übereignen, Rechte zu übertr; für den Käufer die Pfl zur KaufPrZahlg u Abn. Diese Pfl sind bei § 433 dargestellt. Kauf ist das häuf u wicht
2 UmsatzGesch mit dem Zweck des Austausches v Ggstden gg Geld. **b) Abschluß.** Es gelten die Regeln für den Vertr (§§ 145 ff). Im LadenGesch ist Kauf u Erf (Rn 4) ein einheitl Vorgang (Rn 7), der an der Kasse abgeschl ist (Hamm NJW-RR **98**, 199). Es haben sich im PrivRVerk, insb im kfm Bereich, zahlr Formen und typ Inhalte herausgebildet. Stets müssen beim Kauf bestimmte Pers (oder eine Mehrh v Pers) sich als Verk u
3 Käufer ggüb stehen. Notw ist die Einigg üb KaufGgst u KaufPr als MindErfordern des VertrInhalts. **c) Vertragspartner** sind diejen, in deren Namen der KaufVertr abgeschl w. Grdsätzl kann darin (dch ausdrückl Vereinbg) den Part vorbehalten w, daß ein Dr an ihrer Stelle in den Vertr (dch entspr WillErkl) eintritt, auch in einz Re u Pfl (zB im Wege der §§ 398, 414). Im AGBG ist das zwingd eingeschr dch § 11 Nr 13.

4 **2) Abgrenzung** des Kaufs als schuldrechtl Vertr (Rn 1): **a) Zu den Erfüllungsgeschäften** (KaufPrZahlg u Übertr des KaufGgst). Kauf verschafft nur einen schuldrechtl Anspr auf die Sache od das R. Das ErfGesch (insb Übereigng der gekauften Sache od des Bargelds, Abtretg des verkauften Rs, Überweisg des KaufPr) ist vom Kauf rechtl getrennt (hierzu Einl 16 vor § 854); das gilt auch dann, wenn Kauf u ErfGesch in einen einz
5 tats Vorgang zusfallen (sog Handkauf; vgl Rn 7). **b) Zum öffentlichen Recht.** KaufR ist entspr anwendb auf Liefergen dch öff VersorggsEinrichtgen, insb v Gemeinden für Strom, Wärme, Gas, Wasser (BGH NJW **72**, 2300); vgl auch § 433 Rn 4.

6 **3) Arten des Kaufs.** Es bestehen in der gesetzl Regelg zahlr Modalitäten je nach KaufGgst u VertrInhalt (insb Zahlgsw, Bedinggen) mit unterschiedl RFolgen. **a) Stück- und Gattungskauf:** Abgrenzg in § 243 Rn 1, 2. **b) Sach- und Rechtskauf:** Abgrenzg in § 433 Rn 1, 2. **c) Bar- und Kreditkauf.** Beim Barkauf findet Vorauszahlg oder Zahlg des KaufPr Zug um Zug gg Lieferg statt. Kreditkauf: alle Formen v vertragl bestimmter Zahlg des KaufPr nach Lieferg od Übertragg des KaufGgst, insb Zahlgsziel u Abzahlg. Fällt der
7 KredKauf in den AnwendgsBereich des VerbrKredG (dort § 1), gilt dieses. **d) Verpflichtungs- und Hand-**

kauf. Nach dem gesetzl Regelfall sind der schuldrechtl VerpflVertr (Kauf) u das ErfGesch (vgl Rn 4) auch getrennte RGesch in versch, zeitl getrennten tats Vorgängen. Beim Handkauf fallen KaufVertr u ErfGesch in einen einz Vorgang zusammen (vgl Rn 4). Für seine rechtl Behandlg ist die Auffassg vorzuziehen, daß VerpflGesch (§ 433) u ErfGesch (Rn 4) hinsichtl der RFolgen zu trennen sind (Fikentscher Rn 656).
e) Bürgerlich-rechtlicher Kauf und Handelskauf. Für den ein- u beiderseit Handelskauf gelten Sond- 8
Vorschr (§§ 373–382 HGB). Einordng dch den Begr des HandelsGesch (§§ 343–345 HGB). **f) Vorkauf.** Es gibt das schuldrechtl VorkR (§§ 504 ff) u das dingl (§§ 1094 ff; nur an Grdst). **g) Wieder- und Rückkauf:** vgl § 497 Rn 1 u 6, auch zur Unterscheidg vom WiederVerkR. **h) Probekauf.** Zu unterscheiden sind: Kauf nach Probe (§ 494), Kauf auf Probe (§ 495), Kauf auf Umtausch (Vorb § 494). Kauf zur Probe ist ein Kauf, bei dem die RFolgen des Kaufs nach Probe (§ 494) für spätere, neue KaufVertr über gleiche Waren eintreten.
i) Versteigerung. Bei der privat-rechtl Versteigerg (vgl Rn 17) kommt mit dem Ersteher (Bieter) ein Kauf- 9
Vertr zustande (v. Hoyningen-Huene NJW **73**, 1473), u zwar dch den Zuschlag (§ 156). Zur GewlBeschränkg: Vorbem 28 vor § 459. Ob Verk der Auktionator od dessen AuftrGeber ist, hängt davon ab, was der Versteigerer vorher erkl; entw handelt er im eigenen Namen (dann liegt Kommission vor, Rn 18) od als Vertreter (§ 164) im Namen seines AuftrGebers (Rn 17). Die Erf geschieht wie beim gewöhnl Kauf. Die privatrechtl Versteigerg gibt es als freiw (Auktion; hierzu Schneider DB **81**, 199) u als öffentl Versteigerg aGrd bes gesetzl Vorschr (§ 156 Rn 2). Davon zu untersch ist die öff Versteigerg iW der ZwVollstr (§§ 814 ff
ZPO). **j) Weiterverkauf** liegt vor, wenn der Käufer einer noch nicht übergebenen Sache mit einem Dr 10
vereinb, daß dieser mit od ohne Aufgeld od mit Abschlag den Vertr mit dem Verk übernimmt; Abwicklg nach §§ 398 ff, §§ 414 ff bei 2 getrennten KaufVertr. **k) Fixkauf.** Bei Handelskauf gilt § 376 HGB, sonst § 361. **l) Spezifikationskauf.** Ist ein SondFall des Gattgskaufs (Rn 6; § 375 HGB). **m) Sukzessivlieferungsvertrag.** Begr: Einf 26 vor § 305. RNatur: Kauf od WerkliefergsVertr (Rn 15). Die KaufVorschr finden (getrennt) für den ganzen einheitl Vertr u für die einz LiefergsRaten Anwendg. RFolgen bei Verz, Unmöglk u pos VertrVerl: § 326 Rn 3. Sach- u RMängelGewLeistg für die einz Liefergen beschränkt sich auf diese, zB Wandelg od Minderg einz Liefergen bei Fortbestand des ganzen Vertr. Auswirkg mangelh Einzelliefergen auf
den ganzen (einheitl) Vertr: Einf 33 vor § 305. **n) Konditionsgeschäft** (aufschiebd od auflösd bedingter 11
Kauf) liegt insb vor: bei Kauf mit RückgR (§ 158 II; Klausel: „Auswahl bis . . .“, Karlsr BB **72**, 552), Kauf bei vollz Weiterveräußerg (§ 158 I; BGH NJW **75**, 776). GefahrÜberg: § 446 Rn 6. Diese Gesch, im Sortimentsbuchhandel übl, im Textileinzelhandel vorkommd, werden häuf als Kommission bezeichnet. Abgrenzg: BGH aaO u Rn 18. **o) Factoringvertrag** (vgl § 398 Rn 35): Er kann nur insof einen KaufVertr enthalten, als der AuftrG seine KundenFdg auch verkaufen u dch Abtretg der Fdg erf kann (§ 398 Rn 35).
p) Erwerb vom Bauträger: § 633 Rn 4 u § 675 Rn 20. **q) Streckengeschäft** (Kettenhandel) liegt vor, 12
wenn dieselbe Ware, auch schon vor der Konkretisierg (§ 243 II), vom Käufer weiterverk w bis zum Letztkäufer, mögl üb mehrere Zwischenkäufer u -verkäufer. Die KaufVertrPfl bestehen nur zw den jeweil VertrPartnern. Die Übereigng geschieht nach Konkretisierg dch stillschweigde Einigg (§ 929 S 1) mit Abschl des KaufVertr; der Bes wird auf den Letztkäufer dadch übertragen, daß der ErstVerk üb die jeweil Käufer angewiesen w, seinen Bes auf den Letztkäufer zu übertr (BGH NJW **82**, 2371). **r) Testkauf** ist ein vollwirks KaufVertr, bei dem der Käufer den KaufGgst erwirbt, um ihn einem Test zu unterziehen. Damit ist kein
RücktrVorbeh verbunden (Zweibr JurB **83**, 1874). **s) Sale- and Leaseback-Vertrag** ist der Kauf einer Sache 13
verbunden mit ihrer Vermietg an den Verk. Ein solcher Vertr ist idR als FinanziergsLeasVertr ausgestaltet (Einf 30 vor § 535) u ist ein zusgesetzter Vertr (Einf 16 vor § 305).

4) Unterscheidungsmerkmale zu anderen Vertragstypen. a) Tausch (§ 515): An Stelle eines KaufPr 14
(§ 433 Rn 26) w ein VermWert (insb Sache od R) als vertrgem GgLeistg erbracht. **b) Auftrag** (§ 662): Der alltägl, insb der kfm SprachGebr sagt hierü nichts aus. Wenn der AuftrN für den AuftrG Ggste beschaffen soll, liegt Auftr vor, wenn Vertretg (Einf 1 vor § 164) od Vermittlg mit noch ungewissem Erfolg stattfindet.
Demggü setzt Kauf die unmittelb Verpfl aus § 433 I u II voraus. **c) Werklieferungsvertrag** (§ 651). Der 15
Vertr über vertretb Sachen (§ 91), sog Liefergskauf (für den sowieso KaufR gilt, § 651 I), setzt die HerstellgsPfl des WerkUntern als VertrGgst voraus (vgl § 651 Rn 1). Der sog Kauf eines FertHauses einschl
Aufstellg ist reiner WerkVertr (Graba MDR **74**, 975; vgl auch § 433 Rn 1). **d) Werkvertrag:** Einf 1 vor 16
§ 631. Kauf einer Sache mit Montage ist einheitl KaufVertr (BGH NJW **98**, 3197), wobei die Montage dem WerkVertrR unterliegt (Soe/Huber § 433 Anh 1 Rn 23). Kombination v Kauf (eines Grdst) mit WerkVertr (üb Errichtg eines Bauwerks) kann beim Erwerb vom Bauträger vorliegen (vgl § 675 Rn 20). **e) Pacht:** Einf 2 vor § 581. **f) Darlehen:** Einf 23 vor § 607. **g) Vergleich** (§ 779). Enthält der Vertr Austausch v Sachen od Ren gg Geld, daneben weitere (auch stillschw) Abreden, liegt ein Vergl, kein Kauf vor (OGH NJW **50**, 103).
Die RFolgen für diesen LeistgsAustausch richten sich nach KaufR (§ 779 Rn 1). **h) Versteigerung.** Zu 17
untersch ist das RVerh des Einlieferers zum Versteigerer (GeschBesorggsVertr, § 675, od Kommission, § 383 HGB, BGH **63**, 369) v dem Vertr, den der Versteigerer mit dem Ersteher abschließt; dieser ist eine bes Art des
KaufVertr (vgl Rn 9). Hierzu VO v 1. 6. 76 (BGBl 1345). **i) Kommission.** Der Kommissionär kauft u verk 18
(ggü Dr) im eigenen Namen, aber für Rechng des Kommittenten (bei gewerbsmäß Komm: §§ 383 ff HGB). Merkmale eines KommGesch (Verh Kommittent zu Kommissionär) sind: Vereinbg eines bestmögl Pr od MindestPr, Prov, WeisgsR, Auswahl des VertrGgst dch den Lieferanten, VerkAbrechng (Köln MDR **73**, 230). Bei „Auswahl bis . . .“ od R zur Weiterveräußerg od Rückg bis zu bestimmtem Ztpkt liegt ein Konditions-Gesch vor (Rn 11). Vereinbg eines FestPr spricht nicht zwingd gg ein KommGesch (BGH NJW-RR **91**,
994). **j) Lizenzvertrag.** Bei Übertr gewerbl SchutzRe (Patente, GebrMuster uä), liegt ein Kauf nur dann vor, 19
wenn das R voll (od im wesentl Umfang) u endgült übergehen soll. Indiz hierfür ist, wenn das R an Dr mitübertr od zur Benutzg überl w darf (umstr; vgl Soe/Huber 57). Beim LizenzVertr wird dem LizenzN nur
die Verwertg od Nutzg gestattet, nicht das R selbst übertr. **k) Transfer** eines Sportlers, insb Fußball- od 20
Eishockey-Spielers (als Spielerkauf bezeichnet), ist ein Vertr eigener Art, jedenfalls kein Kauf (hM; Wertenbruch NJW **93**, 179 [182] mwN). Die RsNatur ist umstr (vgl Reuter NJW **83**, 649 mwN). Begründg u DchFührg des Transfers unterliegen dem SatzgsR der zuständ SportVerb.

5) Internationale Kaufverträge (vgl Art 28 EG Rn 7, 8). Die Anwendbark des BGB sowie sonst 21
deutschen Rs regelt sich nach dtsch IPR u kommt in Betr infolge ausdrückl od stillschw Vereinbg, daß dtsch

R anzuwenden sei (Grdsatz der Parteiautonomie; Art 27 EG). Diese DispositionsFreih gilt auch für das UN-Kauf-ÜbK v 1980 (vgl Gaus WiB **95**, 273). Fehlt eine Vereinbg, ist Art 28 EG (dort Rn 1–8) anzuwenden. Für VerbrVertr gilt Art 29 EG.

I. Allgemeine Vorschriften

433 *Vertragliche Hauptpflichten.* [I] **Durch den Kaufvertrag wird der Verkäufer einer Sache verpflichtet, dem Käufer die Sache zu übergeben und das Eigentum an der Sache zu verschaffen. Der Verkäufer eines Rechtes ist verpflichtet, dem Käufer das Recht zu verschaffen und, wenn das Recht zum Besitz einer Sache berechtigt, die Sache zu übergeben.**

[II] **Der Käufer ist verpflichtet, dem Verkäufer den vereinbarten Kaufpreis zu zahlen und die gekaufte Sache abzunehmen.**

1 **1) Kaufgegenstand** sind Sachen (Rn 1) u Rechte (Rn 2) sowie sonst Ggst wirtschaftl TauschVerk. **a) Sachen. aa) Begriff.** Sachen sind körperl Ggste (§ 90) in jedem AggregatZust; daher insb Wasser, Gas jeder Art. Grdsätzl ist bedeutgslos, worin GebrZweck u Wert der Sache liegt; daher ist Kauf v Druckwerken, insb Zeitg u Zeitschr Sachkauf (BGH NJW **78**, 997); für WertP vgl Rn 2. Ausl Geldscheine u -münzen (als Devisen) u außer Kurs gesetzte (als SammelObj) sind Sachen. Zur Abgrenzg v der Geldschuld vgl Fülbier NJW **90**, 2797. Wechseln v Geld derselben geltden Währg ist nicht Kauf, sond Tausch (§ 515). **bb) Künftige Sachen,** die noch nicht entstanden sind, können verk w; hier sind folgde VertrGestaltgen mögl: **(1)** Kauf ist aufschiebd bedingt (§ 158 I) mit Entstehg der Sache; **(2)** Verk ist zur Herstellg der Sache verpfl (dann gilt § 651); **(3)** KaufPr ist auch geschuldet, wenn Sache nicht entsteht (Kauf einer Chance, vgl Rn 5 aE; sog Hoffngskauf, MK/Westermann 5). Bei Erwerb v Grdst u GrdstT verbunden mit Vertr üb zu errichtde Gebäude u GebäudeT, insb EigtWohng (Baubetreugs- u BauträgerVertr): § 675 Rn 20. **cc) Sachgesamtheit.** Es können mehrere Sachen dch einheitl Vertr als zusgehörd verkauft w (vgl § 469 S 2). Soweit einzelne Sachen od Teile der Sachgesamth nicht übeignet od übgeben w, liegt kein SachM (§ 459) vor, auch nicht ein solcher der übgebenen Haupts, sond idR teilweise NichtErf gem §§ 440 I, 325, 326 (BGH NJW **92**, 3224
2 mwN, grdsätzl zustimmd Tiedtke DB **93**, 3225; bestr). Besondh gelten für Untern (Rn 3). **b) Rechte** im weitesten Sinne: **aa) Begriff:** grdsätzl alle, soweit sie übertragb sind; auch bedingte u künft, dingl Re, Fdgen, AnwartschR, Anteile an Sachen u Ren, Gesellsch, Gemsch, gewerbl SchutzRe (BGH **83**, 285, insb Patente, GeschmMuster, Warenzeichen), VerlagsR, subj öff Re, soweit sie übertragb sind (zB Konzession); WohnBes (Einf 18 vor § 535). Nicht: Besitz (§ 854); höchstpersönl Re, zB NamensR (Ausn für Firma gem § 23 HGB). **bb) Wertpapiere:** in erster Linie RKauf, aber zugl hinsichtl der Papiere Sachkauf, hierzu: § 437 Rn 11–18. **cc) Gesellschaftsanteile:** Grdsätzl RsKauf (Rn 3). Das gilt stets auch für das ErfGesch, insb auch für den sog Mantelkauf (Kauf aller Anteile einer vermögensl gewordenen KapGesellsch); Zulässigk umstr (vgl Soe/Huber 213 vor § 433). Bei BeteiliggsErwerb kann aber SachkaufR, insb für Gewl eingreifen (Rn 3; Vorbem 16–20
3 vor § 459). **c) Unternehmen** (Lit: Beisel/Klumpp, Der UnternKauf, 3. Aufl 1996; Holzapfel/Pöllath, R u Praxis des UnternKaufs, 8. Aufl, 1997) als ZusFassg pers u sachl Mittel (Sach- u RGesamth), einschl aller zugehör Güter, näml Kundsch, Ruf, GeschGeheimnisse, Warenzeichen, Firma, Re aus Wettbewerbsregelg. Das kann dch EinzelRNachf (asset deal) od dch BeteiliggsErwerb (share deal) geschehen. Rspr-Bericht: Klein-Blenkers NZG **99**, 185. Zur zweckmäß Gestaltg der HaftgsKlauseln: Roschmann ZIP **98**, 1941. Ein VorVertr ist hinreichd best, wenn das Untern dch die Firma bezeichnet ist (BGH NJW **90**, 1234). Aus dem UnternKauf folgen Einweisgs-, Mitt- u AufklärgsPfl unmittelb aus dem KaufVertr. Zum Umfang Stangl/Scholderer NJW **94**, 158. Die ErfGesch (zB § 398, § 929) u RFolgen richten sich teils nach Sach-, teils nach RKauf, je nachdem, welcher BestdTeil betroffen ist (§ 437 Rn 4). Für Mängel des Untern als solches gilt SachmängelGewl (Vorbem 15 vor § 459). Der Kauf eines Untern ist jedenf reiner KaufVertr. Bei Kauf einer Gaststätte in gemieteten Räumen liegt NichtErf vor, wenn der Verk nicht die Zust gem § 549 beibringt (BGH NJW **86**, 308). UnternKauf liegt auch vor, wenn alle GesellschAnteile (zB alle Aktien, alle GeschAnteile einer GmbH) einheitl verk w (allgM). Bei Kauf einer GmbH & Co KG ist der Formzwang des § 15 GmbHG zu beachten (vgl Sieveking (MDR **84**, 989). Kauf v GesellschAnteilen ist RKauf (§ 437 Rn 10). Bei BestandT des BetrVermögens (Grdst, Warenvorräte, Außenstände) liegt Sach- od RKauf vor, nicht UnternKauf. Zur Abgrenzg v InvKauf vgl BGH NJW **88**, 1668. Auch der Kauf einer freiberufl Praxis ist zul, zB Arzt (BGH NJW **89**, 763; BayObLG NJW-RR **86**, 690; aber nicht mit Patientenkartei ohne Zust des Patienten (BGH **116**, 268), RA (BGH NJW **95**, 2026; Michalski/Römermann NJW **96**, 1305) u Steuerberater (BGH NJW **91**, 1223), nur bei Zust der Mandanten zur AktenÜberg (BGH NJW **96**, 2087; vgl
4 Gienapp/v. Hugo BB **97**, 2229); RBeistd (BGH NJW-RR **89**, 306). **d) Strom und Wärme:** (vgl Einf 30 vor § 305). Ihre Lieferg wird nach der VerkAuffassg wie die Lieferg v Waren behandelt, entspr dem Kauf bewegl Sachen (hM). VertrInhalt (SukzessivliefergsVertr) wird idR dch AVB gestaltet (vgl §§ 26, 27 AGBG).
5 **e) EDV.** Hardware ist Sachkauf. Bei Software sind außer Kauf je nach VertrInh and VertrTypen mögl (hierzu Stadler WiB **95**, 729). Streit ist, ob bei Einordng als Kauf ein Sachkauf (wohl hM; König NJW **90**, 1584 u **93**, 3121 mwN; vgl auch § 90 Rn 2) od Kauf eines Immaterialgutes vorliegt (Junker JZ **89**, 316 [321]). Für WerkVertr: Müller-Hengstenberg NJW **94**, 3128. Mind sind ohne Einordng unter § 90 die kaufrechtl Vorschr entspr anwendb (Kort DB **94**, 1505). Werden StandardProgr dauernd überlassen, liegt Kauf vor (vgl BGH **102**, 135; Köln VersR **93**, 1532; Henssler MDR **93**, 489 mwN; aA Mehrings NJW **88**, 2438: WerkVertr), auch bei einer ZusFassg standardisierter Software (Brdbg NJW-RR **99**, 850). Geschieht dies auf best Zt od mit KündR, so dürfte Miete od Pacht vorliegen (Henssler aaO). StandardProgr sind auch solche für einen best MarktBer (Celle NJW-RR **93**, 432; Köln NJW-RR **93**, 1140); nur bei individuell hergestellter Software ist WerkVertr gegeben (vgl BGH NJW **87**, 1259; König aaO), auch bei Umarbeitg für die Bedürfn des Kunden (vgl Junker NJW **93**, 824 [827] mwN) od Integration v Individualsoftware (Hamm NJW-RR **92**, 953). Bei Vbdg mit Kauf v Hardware liegt idR ein einheitl KaufVertr vor (BGH **102**, 135; Fritzsche JuS **95**, 497 [503], der eine schriftl BediengsAnleitg umfaßt (Köln NJW-RR **98**, 343). **f) Sonstiges.** KaufGgst können sein:

Reklameidee, Gewinnchance, HerstellgsVerf, know-how, eine Erfindg, auch wenn sie noch nicht geschützt ist; andere Sach- u RGesamth als Untern (Rn 3).

2) Verkäuferpflichten beim Sachkauf (Abs I S 1). Pfl zur Überg (Rn 7) u zur EigtVerschaffg (Rn 9–12) bestehen selbstd nebeneinander; außerdem die NebenPfl (Rn 16–25). Der Vertr ist nicht vollst erf, solange eine der beiden Pfl nicht erf ist; daher ist Unmöglk u Verz hinsichtl der einen Pfl Unmöglk od Verz für den ganzen Vertr (BGH NJW-RR **99**, 346). RFolgen der NichtErf: § 440. Identität der verkauften mit der zu übgebden u zu übeignden Sache wird vorausgesetzt (BGH NJW **95**, 957 bei TeilGrdst). 6

a) Übergabe der verk Sache (iZw einschließl Zubeh, § 314). **aa) Begriff:** Bedeutet Verschaffg unmittelb Bes gem § 854 I od II. ÜbergErs, näml Vereinbg eines mittelb BesVerh (§§ 930, 868) zw Verk u Käufer od Abtretg des HerausgAnspr (§ 931) genügt nur, wenn das im KaufVertr od später dch VertrÄnd (§ 305) vereinb w. Gleiches gilt für kfm TradPap (Konnossement, Ladeschein, Orderlagerschein); hier genügt insb die Klausel Zahlg gg Dokument. Die ÜbergPfl kann in gleicher Weise inf vereinb Überg an Dr (RG **74**, 354) od dch Dr (zB Lieferant des Verk) erf w. Beim VersendgsKauf (§ 447) genügt der Verk seiner ÜbergPfl dch Überg an den Beförderer. Vollzogen u erf ist die Überg aber erst, wenn der Käufer od sein BesDiener (§ 855; dieser ggf als befördernde Pers) den Bes erlangt (Soe/Huber 54; Jau/Vollkommer 7 d, aa). **bb) Ablieferung.** Sie ist von der Überg zu unterscheiden. Sie ist der Vorgang, dch den der Käufer tatsächl in die Lage versetzt w, sich den Gewahrs üb die Kaufsache zu verschaffen u sie zu untersuchen. Das geschieht, indem der Verk sie vertrgem aus seiner VfgsGewalt entläßt (vgl § 477 Rn 12). 7 8

b) Eigentumsverschaffung der verk Sache (iZw einschl Zubeh, § 314) bedeutet Übertr des Eigt auf den Käufer od auf v ihm benannte Dr (vgl § 328). **aa) Formen:** Übeignet wird gem §§ 929 ff, 873, 925 od Übeigng kfm TradPap (vgl Rn 7; §§ 424, 450, 650 HGB). Hierfür genügt nicht das Frachtbriefduplikat (BGH WM **71**, 742). Bei gutgl Erwerb verschafft auch der NichtBer Eigt u erf (§§ 932 ff, 892; § 366 HGB). **bb) Umfang:** Der Verk schuldet nicht den EigtÜberg, sond nur die Hdlgen, die seiners dazu erforderl sind, insb die rechtsgesch Erkl abzugeben, erforderl Zust Dr (zB des Eigt gem § 185) od die Gen einer Beh (zB § 19 II Nr 1 BBauG; BGH NJW **69**, 837) zu beschaffen, sow nicht im KaufVertr od später dch VertrÄnd (§ 305) etwas and vereinb w. Bei Grdst muß der Verk alles tun, um die Umschreibg des Eigt im GB zu fördern, insb die notw Erkl ggü dem GBA abzugeben, notw Voreintragg (§ 39 GBO) herbeizuführen (RG **113**, 405) u EintrHindern zu beseit (RG **118**, 100). Es ist das Eigt an der ges verkauften Sache zu verschaffen (vgl Köln NJW-RR **96**, 82 bei abweichder GrdstGröße; vgl aber § 459 Rn 22). Mangels and Vereinbg ist unbelastetes Eigt zu verschaffen (§ 434; Ausn: § 439). Bloßes BuchEigt (§ 891 I) genügt nicht (RG **132**, 148). **cc) Vorbehalte:** BewLast trägt Verk. **(1) Eigentum:** § 455 I; Erf tritt erst ein, wenn vertrgem der EigtVorbeh erlischt u Käufer Eigt erwirbt (vgl § 455 Rn 5, 6). **(2) Liefermöglichkeit.** Verk bleibt zur Lieferg verpfl, solange die Herstellg od Beschaffg der Sache mögl ist, ggf auch unter finanziellen Opfern (BGH NJW **58**, 1628). Der Verk wird von der LeistgsPfl erst frei, wenn er sich in zumutb Umfang erfolglos bemüht hat. **(3) Selbstbelieferung** (Salger WM **85**, 625) ist Kauf unter auflösder Bedingg (§ 158 II; Ffm NJW-RR **98**, 1130), daß dem Verk die Beschaffg der Sache von Dr nicht gelingt, mind RücktrVorbeh (§ 346). Ist im kaufmänn Verk üb § 9 AGBG nicht zu beanstanden (hM; BGH NJW **83**, 1320). Der Verk wird von der LiefergsPfl frei, wenn sein Lieferant nicht od nicht rechtzeit liefert (BGH **49**, 388); idR kann dann der Käufer auch nicht aus vom Verk abgetretenem R SchadErs vom sog ErstVerk (Lieferanten des Verk) verlangen. Nur ausnahmsw liegt bei Selbstbeliefergsklausel ledigl Freizeichng von der LiefergsFr vor (BGH **24**, 39). Das DeckgsGesch muß kongruent sein (BGH **92**, 396), was auch bei einem entspr Vorbeh des Vorlieferanten gegeben sein kann (Mü NJW-RR **91**, 874). Der Verk darf das Lieferrisiko aber nicht auf den Käufer abwälzen, wenn er selbst nicht die Sorgfalt eines ordentl Kaufmanns beachtet (BGH aaO). Die NichtBelieferg ist dem Käufer unverzügl anzuzeigen. **dd) Sachen des Käufers.** Die EigtVerschaffg ist obj unmögl (RFolgen § 306 od §§ 323–325); idR ist Umdeutg (§ 140) mögl u angebracht, entw in entgeltl Verzicht des Verk auf BesR od Aufhebg eines vorangegangenen Kaufs derselben Sache (§ 305). 9 10 11 12

3) Verkäuferpflichten beim Rechtskauf (Abs I S 2). Auch beim RKauf besteht das Abstraktionsprinzip (Einf 4): Der KaufVertr bewirkt noch nicht den Überg des Rs auf den Käufer, auch wenn hierfür ein forml Vertr genügt (vgl § 398); es ist als ErfGesch noch die RÜbertr notw (Rn 14). Auch für den RKauf gilt iü Rn 6. RFolgen bei NichtErf: §§ 440, 441. **a) Rechtsübertragung.** Sie geschieht in den Formen, die für das betr R vorgeschrieben sind, näml Fdg u and Re grdsätzl formfrei dch Vertr gem §§ 398, 413. Dieser Vertr w idR zugleich mit dem KaufVertr geschl, wobei die WillErkl, das R zu übertr, meist stillschw erfolgt. Stets müssen die ges FormVorschr eingehalten w: GBEintr (zB § 873), Schriftform (zB § 1154), not Beurk (zB § 15 III GmbHG). Bedinggen (§ 158) sind zul, sow sie bei dem betr R nicht ges verboten sind (Vorbem 12 vor § 158); insb ist zul: die vollst Zahlg des KaufPr (entspr § 455). Bei gutgl Erwerb (zB § 892, Art 16 WG) verschafft auch der NichtBer das R u erf. Für den Umfang der VerkPfl gilt Rn 10 entspr. **b) Übergabe von Sachen** an den Käufer ist HauptPfl des Verk nur, wenn das R zum Bes an der Sache berecht (Abs I S 2), zB ErbbauR (§ 1 ErbbRVO), Nießbr (§§ 1036 I, 1059), WohnR (§ 1093), DauerwohnR (§ 31 WEG). Die ÜbergPfl wird erf wie bei Rn 7. Über § 451 sind die §§ 446–450 entspr anwendb. Von dieser ÜbergPfl zu untersch ist die Eigt- u BesLage bei SchuldUrk (vgl § 952), bei WertP (insb Wechsel u Scheck), die zum Zwecke der RÜbertr (Rn 14) übereignet u übergeben w müssen, ferner bei BewUrk (vgl § 444). 13 14 15

4) Nebenpflichten des Verkäufers. Sie folgen unmittelb aus dem Vertr, auch wenn sie darin nicht ausdrückl übern sind. Sie stehen aber nicht im GgskVerh der §§ 320 ff u bestehen grdsätzl bei allen KaufGgst (Rn 1–5), je nach deren Art u dem Inhalt des Vertr. RFolgen der Verletzg: bei Unmöglk §§ 275, 280; bei Verzug § 286; bei SchlechtErf (pVV): § 276 Rn 104. Es gelten weder § 477 noch § 377 HGB (BGH **66**, 208 [213]; für § 377 III HGB and in NJW **96**, 1537), auch dann nicht, wenn eine NebenPfl verletzt ist u der Käufer deshalb die Sache für mangelh hält (aA Tiedtke NJW **90**, 14). **a) Auskunft und Urkundenübergabe.** Für Re gelten §§ 402, 413 schon für den KaufVertr; für Sachen: § 444. **b) Rat, Warnung, Belehrung, Offenbarung und Aufklärung.** Hierzu ist der Verk grdsätzl weder bei Abschl noch bei Erf des Vertr verpfl, ausnahmsw aber: wenn v der Sache best Gefahren ausgehen, die dem Käufer unbekannt sind, od 16 17

wenn der Verk eine derart Pfl vertr übern hat (Ffm NJW-RR **99**, 282 für EinbauAnleitg), wenn sie nach VerkSitte (§ 157) od nach Handelsbrauch (§ 346 HGB) besteht, ferner wenn der Käufer für den Verk ersichtl auf dessen Sachkunde vertraut hat (Giesen NJW **71**, 1798) od die Umst des Falles eine Aufklärg nahelegen, insb wenn der VertrZweck dch best Umst vereitelt w kann (BGH NJW-RR **88**, 394), zB bei einer zur Vermietg best EigtWo die SozBindg (BGH NJW **98**, 898) od wenn eine best irrtüml angenommene Eigsch für den KaufEntschl ursächl ist (KG NJW-RR **98**, 1132). EDV: Rn 25. Bsp: bei Grdst HochwasserGef (BGH NJW-RR **92**, 334); notw Unterweisg für Gebr, Behandlg u Wartg einer Kaufsache, insb einer Maschine (BGH **47**, 312); Hinw auf konkr GesundhGefährdg bei Körperpflegemittel, insb Gef allerg Reaktionen auch in seltenen Fällen (BGH NJW **75**, 824); Beratg wg Risiken bei Verwendg eines Pflanzenschutzmittels (BGH **LM** Nr 49); Einweisg in die GeschFührg bei Verk eines Untern; bei laufder GeschVerbindg HinwPfl auf veränd Beschaffenh einer mangelfr Ware, wenn sie zur Verarbeitg geliefert wird (BGH **107**, 331), insb längere Zt regelmäß (BGH NJW **96**, 1537). Eine AufklärgsPfl über warentyp Eigsch (§ 459 Rn 8 aE) besteht höchstens im Verh Fachhändler u Verbr (Schünemann BB **97**, 2061). Eine bestehde Ausk- od OffenbargsPfl
18 entfällt nicht dadch, daß sich der Käufer v steuerl Erwäggen leiten läßt (BGH NJW-RR **90**, 970). **c) Prüfung** der Kaufsache: wie Rn 17. Es besteht grdsätzl keine Pfl zu prüfen, ob die Sache für den Verwendgszweck beim Käufer geeignet ist, aber zu bejahen für Abliefergsinspektion eines fabrikneuen Kfz (BGH NJW **69**, 1708), Untersuchg v gefahrdrohden Vorrichtgen, zB Propangasflaschenventil (BGH VersR **72**, 953). Der ZwHändler hat grdsätzl nicht die Pfl, die Ware auf Mängel zu untersuchen (BGH stRspr, zB NJW **81**, 1269),
19 auch nicht, ob die GebrAnweisg richt ist (BGH aaO). **d) Schutz** des KaufGgst, insb Pflege, Obhut, Verwahrg od Lagerg (BGH DB **72**, 34) bis zum Gefahrüberg (§§ 446, 447). **e) Mitwirkung** des Verk bei Hdlgen des Käufers zur Verwendg der Kaufs (aus § 157), bei Kauf eines ErsT nur aGrd bes Abrede die Montage (Ffm NJW-RR **99**, 283). Abgabe erforderl Erkl für Zulassg des verkauften Kfz; bei Verwertg eines Warenlagers nach Beendigg eines EigenhändlerVertr (BGH **54**, 338); bei Verk eines Gesch in gemieteten Räumen hat der Verk iR des Zumutb auf den Verm einzuwirken, damit er den MietVertr mit dem Käufer fortsetzt (MK/Westermann 65). Nicht unter die NebenPfl, sond unter die HauptPfl fallen alle Hdlgen, die erforderl sind, daß
20 die Sache übereignet u übergeben, das verkaufte R verschafft w. **f) Unterlassung** v Wettbew bei Verk eines Untern od einer Praxis (nur örtl begrenzt) ist nach § 157 dann anzun, wenn der KaufPr überwiegd od zu
21 einem erhebl Teil für den Fassonwert gezahlt w (RG **163**, 311). **g) Verpackung** dch den Verk für den erforderl Transp zum Käufer ist so vorzun, daß Schäden bei normaler Behandlg vermieden w (vgl Zimmer BB **88**, 2192; Bsp: Batterien: BGH **66**, 208); Bodenplatten (BGH **87**, 91). Im Einzelfall kann Fehler vorliegen
22 (vgl § 459 Rn 32). Kosten: § 448. **h) Versendung** der Kaufsache: **aa)** Sie ist grdsätzl HauptPfl (Rn 2), weil § 433 I die Überg der Sache an den Käufer am regelm ErfOrt, dem Wohns oder der Niederlassg des Verk (§ 269 I, II) vorsieht, keine NebenPfl des Verk. **bb)** Beim Versendgskauf (§ 447) liegt Schickschuld vor. Verk ist verpfl, die Sache zum Transp zu bringen (an Bahn, Post, Frachtf od Spedition anzuliefern); zur Beförderg selbst ist der Verk nicht verpfl. Versch bei Auswahl v Befördergsart u -Pers führt zu pVV (§ 276 Rn 104). Führt der Verk den Transp selbst od dch eigenes Personal aus, so wird dadch zwar keine Pfl zum Transp begründet, jedoch haftet der Verk gem §§ 276, 278 (hM; aA Faust DB **91**, 1556: Haftg nach FrachtR). Für selbstd TranspBeauftragte haftet der Verk nicht gem § 278 (hM; Faust aaO mwN). **cc)** Bringschuld (mit Pfl des Verk zu Transp u Abliefer g beim Käufer) liegt grdsätzl nicht vor, nur ausnw bei ausdrückl od stillschw Vereinbg, die angenommen werden kann, wenn der Verk den Transp (auch mit eigenem Personal) über-
23 nimmt, weil dann Bringkauf vereinb ist (Jau/Vollkommer § 447 Rn 7, aa). **i) Erteilung von Schriftstükken.** Rechngen müssen im kfm Verk wg der MWSt immer erteilt w (vgl Rn 30); auch sonst, wenn es geschübl ist u der KaufPr vom Käufer nicht ohne weiteres errechnet w kann. Gesond ausgewiesen sein muß die MWSt bei Rechngen gem § 14 I UStG, insb wenn das FinAmt den Vorgang bestdskräft der UmsatzSt unterworfen hat (BGH **103**, 284). Nichterteilg berecht gg den KaufPr nicht zur Einr gem § 320, weil NebenPfl, wohl aber gem § 273 jedenf beim Handelskauf (Mü NJW **88**, 270). Streiten die Part üb die Höhe des MWSt-Satzes u ist der Betr aus dem Bruttoentgelt herauszurechnen, so erf der Verk seine Pfl, wenn der MWSt-Satz vertretb ist (BGH NJW **80**, 2710). Bescheiniggen zur Vorlage beim FinAmt müssen erteilt w,
24 wenn der Käufer sie für einen SteuerVort benöt (Hamm MDR **75**, 401). **j) Ersatzteile** bei Kfz, Maschinen und techn Geräten muß der Hersteller (nicht notw der Verk) serienmäß produzierter Sachen auch ohne bes Vereinbg, aber nur für eine gewisse Zeit zur Belieferg des Käufers bereithalten (Kühne BB **86**, 1527 mwN).
25 Das ist im Einzelfall nur aus § 242 zu begrden. **k) EDV.** Es bestehen umfangreiche Beratgs- u AufklärgsPfl (Rspr-Übbl Zahrnt NJW **95**, 1785). SachdErs wg c. i. c. ist mögl (Köln NJW-RR **98**, 1351). Bei Kauf v Software Beratg bei der Auswahl unter mehreren geeigneten Programmen (Köln NJW **94**, 1355). Einweisg (Einarbeitg) zum Gebr v Software. Eine solche Pfl kann im Einzelfall ohne ausdrückl Vereinbg bestehen (vgl
25 a Köln NJW-RR **99**, 1287). **l) Zahlungen.** Abführg der v Käufer gezahlten Umsatzsteuer im Fall des § 75 AO an das FinAmt (BGH NJW-RR **94**, 908). **m) Montage** der gekauften Sache ist nicht NebenPfl (Einf 16).

26 **5) Pflicht zur Kaufpreiszahlung** (Abs II) ist die stets im GgseitkVerh (§§ 320ff) stehde HauptPfl des Käufers, grdsätzl Zug um Zug (§§ 320 I, 322) gg die Übertr des KaufGgst (Rn 7, 9) zu erf. **a) Kaufpreis. aa) Begriff:** Ist das vereinb Entgelt für den KaufGgst; muß in Geld (auch in ausl Währg, vgl § 244) bestehen; anderenf liegt Tausch vor (§ 515); umfaßt die MWSt (BGH **103**, 287 mwN; vgl Rn 30), aber nicht die Zinsen für den gestundeten od verspätet gezahlten KaufPr (zur Abgrenzg BGH WM **71**, 42). Der KaufPr
27 kann als Rente gestaltet w; bei UnternKauf (Rn 3) häuf (Kiethe MDR **93**, 1034). **bb) Höhe:** Sie unterliegt der Vereinbg der Part u muß in Geld best od bestimmb sein. Auch Schiedsgutachterklausel (§§ 317ff) ist zul u wirks (§§ 5, 9 AGBG), zB SachverstSchätzPr, auch mit dem Zusatz abzügl 20% (vgl BGH WM **83**, 731).
28 Die Part können hierbei verpfl sein, eine best Höhe zu vereinb od nicht zu überschreiten. **Fehlen ausdrücklicher Vereinbarung** über die Höhe. Es ist mögl: **(1)** Offener EiniggsMangel (§ 154 I); **(2)** Börsen- od MarktPr (Begr: § 29 BörsG u § 453 Rn 2) als vereinb anzunehmen. **(3)** Der im GeschBetr des Verk übl Pr (insb Laden- u ListenPr) ist als vereinb anzunehmen. Das gilt bei derart KaufVertr idR. **(4)** Bestimmg dch Verk gem §§ 315, 316. **(5)** Ergänzde VertrAuslegg (Hamm NJW **76**, 1212). Gelten AGB, ist eine Erhöhg bei Lieferg innerh 4 Monaten nach VertrAbschl unwirks, zB TagesPrKlausel (§ 11 Nr 1 AGBG; BGH stRspr zur
29 LückenAusfüllg NJW **85**, 621). **Klauseln: (1)** „Börsenpreis": der zur ErfZt an der zum ErfOrt nächst-

gelegenen Börse amtl bekannt gegebene Pr (Kurs). **(2)** „Brutto für netto": KaufPr wird nach dem Gewicht der Ware zuzügl Verpackg berechnet. **(3)** „Preis freibleibend": Verk ist berecht, bei veränd wirtsch Verh zZt der Lieferg eine entspr Erhöhg des KaufPr einseit festzusetzen, wobei die Lieferg nicht unangem verzögert w darf (vgl OGHZ **4**, 172); od Vereinbg des MarktPr (§ 453 Rn 2) zZ der Lieferg; od Berechtigg des Verk, höheren Pr vorzuschlagen, der bei beiderseit HandelsGesch als vereinb gilt, wenn Käufer nicht unverzügl widerspricht (BGH **1**, 353). **(4)** „Kassenskonto . . . %": § 157 Rn 15. **(5)** „Tagespreis": grdsätzl wie „freibleibd" (vgl 3); jedoch darf der Verk nicht über den Pr hinausgehen, den er von and vergleichb Kunden fordert. **(6)** „Netto Kasse": Zahlg ist ohne jeden Abzug zu leisten. **(7)** „Selbstkostenpreis": Summe der GestehgsKosten, dh EinstandsPr zuzügl aller Unkosten (Hamm BB **65**, 1369), jedoch ohne einen Anteil an allg, auch ohne diesen Kauf anfallden GeschUnkosten. **cc) Mehrwertsteuer** (UmsatzSt). Sie ist Teil der 30
KaufPrFdg (vgl Rn 26). Ob der KaufPrBetr ohne od einschl MWSt vereinb ist, hängt von der ausdrückl od stillschw Vereinbg im Einzelfall ab. Hierzu § 157 Rn 13. **dd) Fälligkeit. Grundsätze:** Wg § 271 I ist der 31
Kaufpr mit seiner Entstehg (dh Abschl des KaufVertr) fäll; jedoch ist in der Praxis des kaufmänn Verkehrs die Ausn (näml spätere Fälligk) die Regel. Es besteht keine ges VorleistgsPfl des Verk. Wenn sich aus dem Vertr (insb aus FälligkKlauseln) u aus den Umst nichts and ergibt (§ 271 I), sind die Leistgen beider VertrPart sof fäll u bei Einr gem § 320 Zug-um-Zug zu erf (§ 322). **Klauseln: (1)** „Ziel": FälligkEintritt nach Ablauf der 32
dabei genannten Fr, iZw gerechnet ab Datum der Rechng. **(2)** „Valuta 1. 12. Ziel 30 Tage": Fälligk tritt am 31. 12. ein; kfm FälligkZins (§ 353 HGB) bleibt vorbehalten. **(3)** „Kasse gg Lieferschein": SofZahlg (unter Ausschl der Aufrechng) bei Lieferg mit VorleistgsPfl des Käufers (BGH NJW **65**, 1271). **(4)** „Kasse gg Faktura": Sof Fälligk bei Zugang der Rechng unter Ausschl der Aufrechng (BGH **23**, 131). **(5)** „Kasse gg Dokumente" (TradPap od DispositionsPap, zB FrachtbriefDuplikat): Käufer hat die Dokumente bei Vorlage dch KaufPrZahlg einzulösen, grdsätzl ohne vorher Besichtigg der Ware (vgl BGH WM **63**, 844; Ausn bei entspr Handelsbrauch, BGH **41**, 216); bei Zusatz des Ztpkts (zB „. . . bei Ankunft des Schiffs") auch ohne Rücks auf Beschaffenh der Ware (BGH WM **67**, 1215) u stets ohne Aufrechng (BGH **14**, 61). **(6)** „Dokumente gg Akkreditiv": Zahlg ist bei Vorlage der DispositionsPap (insb FrachtbriefDuplikat) von der Bank zu leisten, bei der Käufer das vertrgem Akkreditiv gestellt hat. **(7)** „Zahlg nach Belieben": KaufPr ist für eine angem, aus den Umstden des Einzelfalls zu bemessde Zeit gestundet. **(8)** „Lieferung gg Nachnahme": KaufPr ist bei Anlieferg u Vorlage des NachnScheins dch die Post fällig. **(9)** „Tagespreisklausel" bei Kfz-Kauf: § 11 AGBG Rn 8. **ee) Kaufpreisersatz:** Eine andersart Leistg des Käufers für den KaufPr anstelle v Geld 33
erfordert stets entspr vertragl Vereinbg; auch später (§ 305). Abgrenzg zum Tausch: Einf 14. Kauf liegt jedenf dann vor, wenn ein in Geld bemessener KaufPr ganz od teilw dch eine and Leistg an ErfStatt (§ 364 I) od erfüllgshalber (§ 364 II) beglichen (erlegt) w soll. Bsp: Inzahlgnehmen eines gebr Kfz (BGH **46**, 338); bei GrdstKauf Übern v Hyp od dch Grdschuld gesicherter Verbindlk (Schlesw NJW-RR **97**, 1036), wobei insow eine GeldFdg des Verk nicht ensteht. **b) Zahlung.** Sie hat grdsätzl in bar (dh Übereigng v Geldscheinen u 34
-stücken) zu erfolgen; in inländ Währg. Ist der KaufPr in ausländ Währg bestimmt, gelten §§ 244, 245. Vereinbg od Gestattg bargeldloser Zahlg ist in der Praxis häuf. Gestattg liegt insb in der Angabe der KontoNr auf Rechng u Auftragsbestätigg od Ann der EC-, Geld- od KredKarte. Erf (gezahlt) ist erst mit Gutschr auf Kto des Verk, u Nachn mit Zahlg an die Post. Grdsätzl gilt bei Scheck u Wechsel § 364 II, so daß die (bis dahin gestundete) KaufPrFdg iZw erst mit Einlösg erlischt (§ 364 Rn 10). Dasselbe gilt bei Akkreditiv. Nur ausnahmsw kann bei vereinb Zahlg dch Scheck bereits mit ScheckÜberg gezahlt sein; das ist insb bei ordngsgem ausgefülltem Euro-Scheck anzunehmen. Ist Übern v Kundenwechseln des Käufers vereinb, so müssen sie diskontfäh sein.

6) Abnahmepflicht (Abs II) des Käufers besteht nur bei Sachen (Rn 1). **a) Begriff.** Abn ist der tats 35
Vorgang, dch den der Verk vom Bes der Sache befreit w. Sie deckt sich idR mit der Handlg, dch die der Käufer bei der Überg (Rn 7) mitwirkt. **b) Voraussetzungen.** Der Verk muß zur Überg imstande sein, dh er od ein herausgabebereiter Dr muß die Sache in Bes haben und sie dem Käufer anbieten; außerdem muß die Sache vertrgem sein. Bei nur geringfüg Mängeln od Abweichgen ist der Bestand der AbnPfl nach § 242 zu beurteilen. **c) Rechtsnatur.** Sie ist idR NebenPfl (hM; MK/Westermann 75 mwN; dagg krit Soe/Huber 36
293), steht daher nur ausnahmsw im GgseitkVerh (§§ 320 ff), wenn sie im Vertr ausdrückl od stillschw zur Hauptpfl gemacht w. Bsp: Verk einer großen Warenmenge mit dem für Käufer erkennb Zweck der Lager-Räumg (RG **57**, 108); Verk v Abfallmaterial od leicht verderbl Ware. Andseits kann die AbnPfl dch Vertr (auch nachträgl, § 305) ausgeschl w, ohne daß das RGesch seine Eigensch als KaufVertr verliert. **d) Nichterfüllung** der AbnPfl dch Unterl od Verweigerg führt unter den Voraussetzgen der §§ 284, 285 zum SchuVerz 37
u zur SchadErsPfl des § 286; jedoch ist § 287 unanwendb, weil der Verk dch §§ 324 II, 300 II genügd geschützt ist. Bei GgseitkVerh (vgl Rn 36) können §§ 320 ff eingreifen. AnnVerz (§§ 293 ff) hinsichtl der VerkHauptPfl (Abs I) tritt unabhäng v NichtErf der AbnPfl idR gleichzeit mit dem SchuVerz ein. **e) Zurückweisung** (insb wg VertrWidrk) wird neuerdings in Anlehng an das UN-KaufR als eigene RFigur 38
begriffen (Ernst NJW **97**, 896; Rieble JZ **97**, 485). Sie ist eine empfangsbed WillErkl, mit der die Ann der angebotenen Sache als Erf verweigert w. Sie kann berecht od unberecht sein. Im ersten Fall führt sie in der HauptLeistgsPfl zum AnnVerz (§§ 293 ff), im and wird die Erf (§§ 362, 363) hinausgeschoben. Zu Vorauss u RFolgen im einz: § 464 Rn 1, 4; Ernst aaO. **f) Prozessuales.** Auf Abn kann geklagt w, unabhäng von od verbunden mit einer KaufPrKl; jedoch nie (Zug-um-Zug) gg Zahlg od die Verpfl aus Abs I. ZwVollstr: § 887 ZPO; vertretb Hdlg, da Einlagerg idR genügt.

7) Nebenpflichten des Käufers. Es gilt hierfür Rn 16 entspr. **a) Lasten** sind bei bewegl Sachen zu 39
tragen ab Überg (§ 446 I S 2), ab Eintr (§ 446 II) bei Grdsten u gleichstehden Ren. **b) Kaufpreisverzinsung** ab Übergang der Nutzgen (§ 452), dh ab Überg bei bewegl Sachen (§ 446 I S 2), ab Eintr bei Grdst u gleichstehden Ren (§ 446 II). Bei Handelskauf ab Fälligk des KaufPr (§ 353 HGB). **c) Versendungs- und Abnahmekosten:** nach Maßg des § 448. **d) Beurkundungs- und Eintragungskosten:** bei Grdsten, Ren an Grdst, Schiffen und Luftfz (§ 449). **e) Verwendungsersatz:** nur nach § 450. **f) Aufbewahrung** für 40
Sachen, die der Käufer beanstandet hat, bei Kaufleuten gesetzl (§ 379 HGB), bei Nichtkaufleuten aus § 242 abzuleiten. **g) Verpackungsrückgabe.** Pfl hierzu besteht bei den ggwärt WirtschVerh nur ausnahmsw bei entspr Vereinbg, die aber bei Behältern u Flaschen als Leihmaterial häuf ist. Kosten der Rücksendg trägt iZw

41 der Käufer. **h) Abruf.** Ist die Lieferg auf Abruf vereinb, ist der Käufer verpfl, innerh angem Fr den Ztpkt der Lieferg zu best. Unterbleibt dies, so kann wg der gem § 271 I eintretden Fälligk der Verk auf Zahlg u Abn klagen. **i) Untersuchung** der gelieferten Sachen bei beiderseit HandelsGesch (§§ 377, 378 HGB). **j) Aufklärung.** Hierzu ist der Käufer nur aGrd Vereinbg verpfl od aGrd bes Umstde (BGH NJW **92**, 1222 mwN), zB bei Kreditkauf (Einf 6), wenn der Käufer weiß, daß er zur Zahlg nicht imstande sein werde.

42 **8) Beweislast** trägt: **a) Verkäufer** für Abschl des Vertr, Einigg über den VertrInh, näml alle vom Verk behaupteten Teile u Pkte des Vertr, soweit sie der Käufer bestreitet. Das gilt auch für die Höhe des KaufPr, somit auch für das Fehlen v Waren- u ZahlgsSkonti, die beim KaufAbschl eingeräumt worden sein sollen (BGH NJW **83**, 2944; bestr). Beim Handkauf hat der Verk wg der Vermutg sof Barzahlg zu beweisen, daß
43 eine Zahlg des KaufPr (wenn sie der Käufer behauptet) unterblieben sei. **b) Käufer** für die KaufPrZahlg (bei Nachnahme vgl AG Bln-Tiergarten NJW **98**, 912); für Stundg des KaufPr (umstr; vgl MK/Westermann 70) u eine von der VerkSitte abweichde Vereinbg.

434 *Gewährleistung wegen Rechtsmängel.* **Der Verkäufer ist verpflichtet, dem Käufer den verkauften Gegenstand frei von Rechten zu verschaffen, die von Dritten gegen den Käufer geltend gemacht werden können.**

1 **1) Allgemeines. a) Zweck:** Ergänzg des § 433 I u Folge des ErfAnspr. Dem Käufer ist der KaufGgst so zu verschaffen, daß er darüber nach Belieben verfügen kann, ohne dch Re Dr beschr zu sein. **b) Abdingbarkeit** ist zu bejahen, uneingeschr bis zum völl Verzicht (BGH **11**, 24), zB dch „Übern mit allen Ren u Pfl" (RG **66**, 316), bei Grdst nur, soweit sie eingetragen sind. Jedoch Nichtigk bei Argl des Verk (§ 443).
2 **c) Anwendungsbereich:** Alle KaufGgstde, Sach- u RKauf, insb auch von Wertpapieren (BGH **8**, 222). Entspr anwendb beim VerlagsR (§ 39 VerlG). § 434 gilt nicht bei Veräußerg im Wege der ZwVollstr (§ 806 ZPO, § 56 ZVG). **d) Ausschluß der Gewährleistung:** Außer dch Vertr (Rn 1), insb dch § 439 sowie dann,
3 wenn der Käufer kr guten Glaubens lastenfrei erwirbt, insb gem §§ 936, 892. **e) Maßgebender Zeitpunkt** für die Freih von Ren Dr ist nicht der des KaufVertrAbschl, sond Übergang: bei bewegl Sachen der des Eigt (RG **120**, 295), bei EigtVorbeh daher zZ des Eintritts der Bedingg (BGH NJW **61**, 1252), auch bei Grdst der Ztpkt des EigtÜberg, bei Ren der der Übertragg (insb §§ 398, 413), bei GrdstRen der des RÜberg (zB § 873). Gleichgült ist, zu welchem Zeitpkt die Re Dr geltd gemacht w können (RG **111**, 86); entscheidd, daß das RVerh, auf dem das R beruht, zu diesem Ztpkt schon besteht. Verschlechterg der RLage dch spätere GÄnd hat der Käufer hinzunehmen (Köln NJW-RR **92**, 1099).

4 **2) Rechte Dritter.** Sie müssen an dem od in bezug auf den KaufGgst bestehen u auch nur möglw gg den Käufer bei od nach dem Kauf geltd gemacht w können (vgl Rn 3). **a) Dingliche Rechte:** alle außer dem Eigt (hierfür gilt § 433 I; bedenkl daher BGH NJW **97**, 1778). Bei bewegl Sachen insb AnwartschR, PfdR, RegPfdR (auch ausländ; BGH NJW **92**, 362), Nießbr, soweit sie GrdstZubeh od -Bestandt sind, auch die GrdPfdRe (wg §§ 1121 ff). Bei Grdst auch alle in Abt II des Grdbuchs eingetr Re, zB GrdDienstbk, insb Bau- (BGH NJW-RR **93**, 396) od NutzgsBeschränkg (Düss WuM **98**, 45); SoNutzgsR an Kfz-Stellplatz (Kblz MDR **98**, 341); VorkaufsR (RG **133**, 76); wenn eine Hyp entgg §§ 434, 439 übnommen w u Inhalt od Umfang v der Zusicherg des Verk abweichen (bestr; vgl Michaelis NJW **67**, 2391). NacherbenR (§§ 2113 ff). Nachbarrechtl Beschränkgen sind kein RMangel, können aber Sachmangel sein (BGH NJW **81**, 1362; § 459
5 Rn 22, 24). **b) Obligatorische Rechte:** nur soweit sie einem Dr berecht Bes verschaffen, dch ZbR dem Käufer entggesetzt w können od ihn in seiner VfgsBefugn in der Nutzg des KaufGgst beeinträcht, zB: Miet- u PachtR wg § 571, insb wenn es zu einem späteren Ztpkt endet, als im KaufVertr vorausgesetzt w (BGH NJW **91**, 2700 mwN), auch bestehde VerlängergsOption (BGH NJW **98**, 534); UnterlassgsGebot, das dem Vertrieb gekaufter Sachen entggsteht (BGH NJW **90**, 1106); bei Grdst u grdstgleichen Ren die dch Vormerkg gesicherten Anspr (RG **149**, 195); rückständ Einlage bei GesAnteil; Unbenutzbk wg entggstehden Patents (RG **163**, 1 [8]), Patentanmeldg (BGH NJW **73**, 1545; vgl § 30 I PatG) od GebrMuster; bei Kauf v Software vgl Rn 7 aE; bei Kauf v UrhR, Patent od GebrMuster erteilte Re, Lizenzen. **c) Öffentliche Rechte.** Bei
6 GrdstKauf gilt für Abgaben u and Lasten § 436. **aa) Rechtsmängel** können öff-rechtl Eingriffe, Bindgen od Beschrkgen darstellen (BGH **67**, 134 u NJW **83**, 275). Die Abgrenzg, ob ein Sachmangel vorliegt, ergibt sich aus der Art der Beschränkg. Solche, die aus Grden des Gemeinwohls bestehen u vom Verk nicht beseit w können, fallen nicht unter § 434, können aber einen Sachmangel (§ 459) darstellen. Als RsMängel werden behandelt: GenehmiggsZwang gem § 6 WoBindG (BGH **67**, 134 u WM **84**, 214); MietPrBindg gem § 8 WoBindG (Köln NJW-RR **92**, 1099); die Pfl, einen GrdstT als Straßengrund an die Gemeinde zu veräußern (BGH NJW **83**, 275); Sicherstellg mit VfgsVerbot (BGH **113**, 106 [Ölvermischg]); behördl Bauverbot bei Bestellg eines ErbbauR (BGH **96**, 385). Baulasten, die best Pfl in der Nutzg bereits errichteter Gbde begrden
7 (Hamm NJW-RR **89**, 524). **bb) Keine Rechtsmängel:** bloße Baubeschränkgen (BGH NJW **92**, 1384; § 459 Rn 22, 24, diffenzierd Michalski WuM **96**, 198); Baulasten, die eine Baubeschränkg zum Inh haben (BGH NJW **78**, 1429; Düss NJW-RR **92**, 87), Stellplatzbaulast (Ziegler BauR **88**, 18; aA Emde BauR **96**, 788); ZweckentfremdgsVerb (Düss NJW-RR **96**, 1353); priv-rechtl VfgsBeschränkgen, die den EigtErwerb hindern (Soe/Huber 13); versagte Steuerbegünstigg (Landsberg JuS **82**, 335 mwN), Beschlagn gem § 94 StPO (LG Bonn NJW **77**, 1822). **d) Sonstige Rechte.** Sie müssen ausschließl sein (vgl § 823 Rn 11), zB das R des Urh eines EDV-Programms bei Verk einer Raubkopie (Hamm NJW-RR **91**, 953) od an einem Etikett (Hamm NJW-RR **92**, 1201).

8 **3) Rechtsfolgen.** Es ist davon auszugehen, daß der Verk zur Erf seiner HauptPfl aus § 433 I dem Käufer den Ggst frei von Ren Dr verschaffen muß. Solange der Verk diese Re nicht beseitigt, hat der Käufer die Re aus § 440 I: Einr des nichterf Vertr (§§ 320, 321), Befreiung von der GgLeistg (§ 323), SchadErs (unter best Voraussetzgen, §§ 440 II–IV, 441) u Rücktr (§§ 325, 326). Das setzt nicht voraus, daß der Verk sich zur Beseitigg des RMangels verpfl hat, zB als Verm, daß der Mieter trotz § 571 räumt (BGH NJW **92**, 905). Der

ErfAnspr (auf Beseitigg der entggstehden Re) besteht bis zum Rücktr od bis Ablauf der NachFr (§ 326 I 2). BewLast für RMangel: Käufer (§ 442).

435 ***Nichtbestehende Buchbelastungen.*** **I Der Verkäufer eines Grundstücks oder eines Rechtes an einem Grundstück ist verpflichtet, im Grundbuch eingetragene Rechte, die nicht bestehen, auf seine Kosten zur Löschung zu bringen, wenn sie im Falle ihres Bestehens das dem Käufer zu verschaffende Recht beeinträchtigen würden.**

II Das gleiche gilt beim Verkauf eines eingetragenen Schiffs oder Schiffsbauwerks oder einer Schiffshypothek für die im Schiffsregister eingetragenen Rechte.

1) Allgemeines. Erweitert § 434 auf eingetragene, aber mat nicht bestehde Re. **a) Zweck.** Verk schuldet 1 diese sog Buchreinh, insb wg der Möglk gutgläub Erwerbs (§§ 892, 893), aber auch wg der Löschgskosten, der Möglk des Streits mit dem Eingetragenen u der Beeinträchtigg für einen WeiterVerk. **b) Anwendbar** bei 2 Kauf v Grdst, aller GrdstRe, auch inhaltl unzul (RG **88**, 22 [28]), unwirks Vormerkg (RG **149**, 195); für alle im SchiffsReg eingetr Re (Abs II). Entspr anwendb gem § 98 LuftfzRG. **c) Wirkung.** § 435 gibt dem 3 Käufer Anspr auf Löschg u stellt eine HauptLeistgsPfl dar, sodaß die §§ 320 ff gelten, insb auch § 326 u § 320 II nach Eintragg u Überg. Der Käufer kann desh auch bis zur Löschg die Mitwirkg bei der Auflassg verweigern. Sein eigener Anspr auf Löschg steht dem Anspr aus § 435 nicht entgg (allgM). Der Verk kann daher den Käufer nicht darauf verweisen (BGH NJW-RR **86**, 310).

2) Voraussetzungen und Durchführung. a) Der Anspr setzt voraus: **aa)** Nichtbestehen eines eingetr 4 Rs im AnwendgsBer (Rn 2). Unerhebl ist, ob es von vorneherein nicht bestanden hat od später weggefallen ist. **bb)** Beeinträchtigg des verk Grdst od Rs dch das eingetr R, falls es bestünde. Das trifft auch zu, wenn es im Rang (§ 879) vorgeht. **b)** Erfüllt wird, indem der Verk das Grdbuch bericht läßt (§ 894). Das kann er im 5 eigenen Namen auch noch nach EigtÜbergang, wenn der Käufer die Löschg v ihm verlangt (stillschw Ermächtigg).

436 ***Öffentliche Lasten bei Grundstücken.*** **Der Verkäufer eines Grundstücks haftet nicht für die Freiheit des Grundstücks von öffentlichen Abgaben und von anderen öffentlichen Lasten, die zur Eintragung in das Grundbuch nicht geeignet sind.**

1) Allgemeines. a) Zweck. Abgrenzg der VerkPfl zu §§ 434, 435. **b) Anwendbar** nur auf Grdst u 1 grdsgleiche Re, insb ErbbauR, WoEigt, DauerWoR (§ 31 WEG); entspr auf Re an Grdst; nicht auf bewegl Sachen (RG **105**, 391) u Schiffe. **c) Abdingbarkeit** ist zu bejahen (BGH NJW **93**, 2796 mwN); insb kann 2 Verk Haftg für Freih v best öff Lasten übernehmen. Ob Zusicherg v LastenFreih sich auch auf öff Lasten bezieht, ist Ausleggsfrage. Ausdrückl vertr Regelg für AnliegerBeitr u ErschließgsKosten ist idR geboten (hierzu Nieder NJW **84**, 2662).

2) Öffentliche Lasten richten sich nach Bundes- u LandesR. Unerhebl ist, ob sie im GrdB eingetr sind 3 od nicht. Für rückständ öff Lasten gilt § 436 nicht. **a) Begriff:** Leistgen, die kr öff Rs auf dem Grdst ruhen, od aus dem Grdst zu entrichten sind (St/Köhler 2 u 3). **b) Einzelheiten. aa)** Öff Lasten sind Grdst- u 4 Gebäudesteuer, kommunale Abgaben, ErschließgsKosten (BGH NJW **93**, 2796 mwN), Straßenanliegerbeiträge u -baukosten, Kirchen- u Schulbaulast (RG **43**, 207). **bb)** Nicht: GrdErwerbsteuer (RG **75**, 208); Müllabfuhrgebühr (LG Bln JR **56**, 185); Räum- u StreuPfl (Schlesw VersR **73**, 677); Baubeschränkg (vgl § 434 Rn 6).

437 ***Gewährleistung beim Rechtskauf.*** **I Der Verkäufer einer Forderung oder eines sonstigen Rechtes haftet für den rechtlichen Bestand der Forderung oder des Rechtes.**

II Der Verkäufer eines Wertpapiers haftet auch dafür, daß es nicht zum Zwecke der Kraftloserklärung aufgeboten ist.

1) Allgemeines. a) Verhältnis zu § 306: Hierzu stellt § 437 (dch die Gültigk des KaufVertr) eine Ausn 1 dar, aber nur sow das Bestehen des Rs od der Fdg zZ des VertrAbschl obj mögl war. § 306 gilt daher, wenn Bestand od Entstehg des Rs od der Fdg aus rechtl (nicht aber aus tats) Grden unmögl war (RG **90**, 240 [244]). Für die Veräußerg nicht bestehder gewerbl SchutzR kann das nicht allg gesagt w; es kommt auf den Einzelfall an, ob die Schutzfähigk klar ersichtl ausscheidet (vgl Soe/Huber 61). **b) Zweck:** Der Verk, der den Bestand 2 eines (sinnl nicht wahrnehmb) Rs dch den Verkauf behauptet, soll dafür grdsätzl uneingeschr einstehen müssen. **c) Abdingbarkeit:** ist zu bejahen (allgM), insb dch HaftgsAusschl (zB „ohne Gewähr") u dch Übern 3 weitergehder Haftg. Ist Zweifelhk des Rs dem Käufer bekannt, so kann stillschw HaftgsAusschl vorliegen. **d) Anwendungsbereich:** nur für den Kauf eines (auch künft) Rs; insb einer Fdg od einer Mehrh v Ren 4 (Fdgen), sog Pakete, wie zB beim Kauf v LeasingFdgen (hierzu Schölermann/Schmid-Burgk WM **92**, 933); aber auch dann, wenn das R zu einer Sach- u RGesamth (zB gewerbl Untern) gehört u diese verk w (Rn 10); in diesem Fall wird nach § 437 gehaftet, ggf neben §§ 459 ff (BGH NJW **70**, 556 u WM **75**, 1166; vgl § 433 Rn 3), näml soweit der RsMangel für den KaufGgst (Untern als solches) einen (Sach-)Mangel darstellt (Vorbem 15 vor § 459). FdgKauf kommt auch beim RahmenVertr zw Kreditkartenausgeber u VertrUntern in Betr (BGH NJW **90**, 2880). **e) Ausführung.** Es ist KaufVertr u ErfGesch, näml die Übertr des Rs (zB 5 §§ 398, 413) zu untersch. Beide Vertr können in einem einz Vorgang liegen u sich zeitl decken. Ist ein R verk, das zum Bes berecht, so ist der Bes zu verschaffen (§ 441). **f) Beweislast:** § 442.

2) Haftung. Zu den Besonderh beim Kauf v LeasFdgen vgl Schölermann/Schmid-Burgk WM **92**, 933. 6 **a) Voraussetzungen:** Im Anwendungsbereich (Rn 4) haftet der Verk allein aGrd des KaufVertr, ohne Rücks

7 auf Versch. **b) Umfang.** Es wird für den Bestand gehaftet, gleich ob das R nie entstanden, wieder erloschen (insb dch Anf od Aufrechng), mit einer Einr behaftet u aus diesen od and Grden nicht dchsetzb ist; zB inf einer Beschlagn (BGH NJW **63**, 1971). Die Haftg bezieht sich auf den Inhalt u Umf des Rs, wie es im KaufVertr best ist, ohne eine solche Bestimmg auf den gewöhnl, insb gesetzl Inhalt, ferner auf die NebenR des § 401 (RG **90**, 240). Für den Rang eines Rs am Grdst kommt es daher nur auf den Inhalt des KaufVertr an, ob ein best Rang darin angegeben od vorausgesetzt w (Soe/Huber 16). Der Verk haftet auch für die Übertragbark des Rs (BGH NJW **70**, 556), aber nur wenn sie rechtsgesch ausgeschl ist; denn bei gesetzl Unübertragbk gilt § 437 nicht (vgl Rn 1). Der Verk haftet nicht dafür, daß das R auch brauchb ist u den vertragl vorausgesetzten Wert hat; ohne bes Abrede, insb nicht dafür, daß eine Fdg eingebracht w kann (vgl § 438) u grdsätzl nicht für Mängel der Sache, auf die das R sich bezieht (Larenz § 45 I). Ausschl der Haftg bei
8 Kenntn des Mangels: § 439. **c) Maßgebender Zeitpunkt** ist grdsätzl der des KaufVertrAbschl, nicht der der Übertr des Rs. Es wird gehaftet, wenn der RGrd für das Erlöschen od die Beeinträchtigg zum maßgebden Ztpkt entstanden war. Ist ein künft R verkauft, wird für die Entstehg des Rs zur best Zeit gehaftet. Ist ein bedingtes R verk, wird nur dafür gehaftet, daß zZ des VertrAbschl die auflösde Bedingg noch nicht
9 eingetreten, die aufschiebde Bedingg nicht ausgeschl war. **d) Wirkung.** Der Käufer hat zunächst den Erf-Anspr u kann vom Verk die Verschaffg des Rs (§ 434) od ggf die Herstellg des dem KaufVertr entspr Inhalt des Rs verlangen. Davon unabhäng kann er auch über § 440 I die R aus §§ 320–327 geltd machen, insb
10 Leistgsverweigerg, SchadErs od Rücktr. **e) Besonderheiten bei Gesellschaftsanteilen.** Hier wird dafür gehaftet, daß der Anteil in der entspr Größe u die betr Gesellsch besteht u diese nicht in Liquidation ist, ferner für die rechtl Eigensch des GesAnteils, zB Höhe der Gewinnbeteiligg, Umfang des StimmRs (U. Huber ZfUG **72**, 395). Für den Wert des Anteils sowie für Mängel des von der Gesellsch betriebenen Untern od der Bestandt des GesellschVerm wird grdsätzl nicht gehaftet (hM; BGH **65**, 246), auch nicht für eine ÜbSchuldg (BGH NJW **80**, 2408, wohl aber aus c. i. c.), aus § 437 nur dann, wenn hierfür Gewl od Garantie vom Verk vertragl übern w (U. Huber aaO mwN). SachmängelGewl kann aber entspr §§ 459 ff ohne bes Vereinbg bestehen, wenn der od die verk Anteile mehr als eine MinderhBeteiligg darstellen (vgl 15 vor § 459). Entspr gilt für Aktien, insb Pakete (LG Bln WM **93**, 2248).

11 **3) Wertpapiere.** Ihr Kauf stellt in erster Linie einen RKauf dar. Da bei WertP aber das R nur dch Vorlage des Papiers, das eine Sache darstellt, ausgeübt w kann, liegt zugleich ein Sachkauf (§ 433) vor, dch den der Verk zur Überg u Übereigng der WertP verpfl ist (hM; RG **109**, 295). Davon zu unterscheiden sind die Urk, für die § 952 anwendb ist; bei diesen Urk folgt das R am Papier dem R aus dem Papier kraft G ohne
12 Übereigng (§ 952 Rn 5). § 437 setzt das alles voraus u erweitert ledigl in Abs II die Haftg. **a) Art der Gewährleistung:** Haftg für RMängel (§§ 437 ff) u Sachmängel (§§ 459 ff) sind nebeneinander anwendb,
13 soweit deren Voraussetzgen vorliegen. **aa) Rechtsmängel:** Formungültigk eines Wechsels od Schecks, Unwirksk einer Verpfl aus dem WertP, Künd des verbrieften Rs, Aufgebot zur KraftlosErkl (Abs II; § 947 II
14 ZPO); Zahlgssperre des § 1019 ZPO. **bb) Sachmängel** (§ 459) sind nur solche, die dem WertP als Sache anhaften, zB Abtrenng eines Teils, Fälschg einer notw Unterschr, Fehlen einer notw Stempelg, Zerstörg der Schrift (insb teilw). Bewirkt der Sachmangel zugleich einen Mangel des Rs (zB Verfälschg, Fehlen des notw BestandT eines Wechsels) so geht grdsätzl der RMangel vor u dem Käufer stehen allein die Re daraus zu (hM;
15 MK/Westermann 14 mwN). **b) Umfang, aa)** Bei RMängeln: Der Verk haftet grdsätzl wie in Rn 6–10 dargestellt. Er haftet insb nicht für den Kurs des WertP, seine Börsenfähigk, künft Dividende. **bb)** Bei Sachmängeln: Wandelg od Minderg (§ 462), ggf SchadErs (§ 463). Nachbesserg od Nachlieferg einer ein-
16 wandfreien Urk (abgesehen vom Gattgskauf, § 480) nur bei entspr Vereinbg der VertrPart. **c) Besonderheiten. aa) Banknoten:** KaufVertr kann, weil der Kaufpr in Geld bestehen muß (§ 433 Rn 26) nur vorliegen bei Kauf von Geld in and Währg. Sind die Banknoten gefälscht, verfälscht od außer Kurs, so liegt ein RMangel vor (MK/Westermann 15; aA St/Köhler 20; Soe/Huber 57), ein Sachmangel nur, wenn eine
17 Banknote umtauschunfäh beschäd ist. **bb) Inhaberpapiere:** Bei Kauf von Aktienpaketen beachte Rn 10 aE. **cc) Wechsel:** Es ist zu unterscheiden: die Haftg aus dem Wechsel (Art 9, 15, 28 WG) von der GewLeistg aus dem (häuf zugrdeliegden) Verkauf des Wechsels. Hierfür gilt § 437 unmittelb. Der Verk haftet (abdingb, Rn 3) insb für die Formgültigk des Wechsels (aber § 439 beachten), für die Echth der Unterschr, das Fehlen von dch Art 17 WG nicht ausgeschl Einwendgen, für die abredegem Ausfüllg eines Blankowechsels. Beim WechseldiskontGesch (idR RKauf, Einf 23 vor § 607) wird nicht für den unveränd Fortbestd des Devisenkurses gehaftet, so daß Währgsverluste dch Auf- od Abwertg der Diskontgeber (Käufer) trägt (vgl RG **142**, 23).
18 **dd) Scheck:** Wer einen Scheck verkauft (auch als dessen Aussteller), haftet aus dem KaufVertr nicht für die Einlösg (hierfür nur nach Art 12, 18 ScheckG), sond nur für die Echth u Formgültk (hM; Soe/Huber 55 mwN). Der Verkauf eines Schecks liegt aber nicht vor, wenn er (seinem Zweck entspr) gem § 364 II begeben od weiterbegeben w.

438 ***Haftung für Zahlungsfähigkeit.*** **Übernimmt der Verkäufer einer Forderung die Haftung für die Zahlungsfähigkeit des Schuldners, so ist die Haftung im Zweifel nur auf die Zahlungsfähigkeit zur Zeit der Abtretung zu beziehen.**

1 **1) Allgemeines. a) Bedeutung.** § 438 ist eine (abdingb) AusleggsRegel für den Fall, daß der Verk einer Fdg die Gewährleistg über § 437 hinaus auch für die Zahlgsfähk des Schu vertr übernimmt. **b) Anwendbar** bei Kauf einer Fdg (§ 398 Rn 1), entspr bei Kauf einer Hyp od GrdSch, ferner iF des § 365. **c) Rechtsnatur:** selbstd kaufrechtl Verbindlk, keine Bürgsch, daher keine Form. **d) Erweiterung** der Haftg auch für den ZtRaum nach Abtretg ist dch Vertr mögl, zB Übern der Haftg für Eingang od Einbringlk der Fdg.

2 **2) Voraussetzungen** der Haftg: **a) Übernahme** der Haftg dch den Verk im KaufVertr (als Nebenabrede)
3 od in einem gesond Vertr. Zahlgsfähigk od ein einspr Begr (zB Bonität) muß darin enthalten sein. **b) Zahlungsunfähigkeit** des Schu bedeutet, daß er nicht in der Lage ist, die Fdg bei Fälligk zu begleichen, od sie nur in Raten zahlen kann. Grdsätzl ist ein VollstrVersuch notw, wenn die Insolvenz nicht offenliegt, zB OffenbVers (§ 807 ZPO), KonkAblehng mangels Masse. GrdGedanken der §§ 773, 776 gelten entspr.

Unerhebl ist, ob Käufer die ZahlgsUnfähk kennt. **c) Zeitpunkt.** Die ZahlgsUnfähk muß auf die Abtretg (§ 398) nicht auf den KaufVertr (§ 433) bezogen w; jedoch geschieht dies meist gleichzeit. **d) Beweislast:** Käufer. Er genügt ihr, wenn er die ZahlgsUnfähigk für einen Ztpkt alsbald nach Abtretg beweist; dann trägt Verk die BewL für ZahlgsFähk zZ der Abtretg. 4 5

3) Wirkung. Der Verk haftet über § 437 nach § 440 auf Erfüllg (§ 438 ist als AusleggsRegel in § 440 nicht erwähnt) auch dann, wenn die ZahlgsUnfähk zw KaufVertr u Abtretg eintritt. Käufer kann dann die Erf (§ 398) ablehnen u sofort nach § 440 vorgehen. 6

439 ***Kenntnis des Käufers vom Rechtsmangel.*** **I Der Verkäufer hat einen Mangel im Rechte nicht zu vertreten, wenn der Käufer den Mangel bei dem Abschlusse des Kaufes kennt.**

II Eine Hypothek, eine Grundschuld, eine Rentenschuld, eine Schiffshypothek oder ein Pfandrecht hat der Verkäufer zu beseitigen, auch wenn der Käufer die Belastung kennt. Das gleiche gilt von einer Vormerkung zur Sicherung des Anspruchs auf Bestellung eines dieser Rechte.

1) Allgemeines. § 439 entspr dem § 460, der für Sachmängel gilt. Er befreit den Verk v der RMängel-Haftg. **a) Anwendungsbereich:** nur für die gesetzl Haftg, nicht wenn der Verk vertr zusichert, einen vorhandenen RMangel zu beseit (BGH NJW-RR **88**, 79). Abs II gilt entspr für das RegisterPfdR gem § 98 LuftfzRG. **b) Rechtsmangel:** § 434 Rn 4–7; nicht das Eigt (Knöpfle NJW **91**, 889 mwN). **c) Zeitpunkt.** Maßgebd ist allein der des VertrAbschl, bei formbedürft Vertr Ztpkt, zu dem die Form erf w. Der Verk haftet daher auch, wenn der Käufer später Kenntn erlangt u bei Erf die Sache vorbehaltlos annimmt. **d) Beweislast** für die Kenntn hat der Verk. **e) Abdingbarkeit** ist gegeben (BGH NJW-RR **88**, 79), insb für Abs II. Auch stillschw mögl. VertrAbschl in beiderseit Kenntn des Mangels kann bedeuten, daß Verk sich verpfl, den Mangel zu beseit. 1 2 3

2) Kenntnis (Abs I) ist pos Gewißh. Sie schließt Anspr des § 440 I aus, ebso aus c. i. c. (§ 276 Rn 65) u Wegfall der GeschGrdlage (§ 242 Rn 110; Karlsr WuM **91**, 251). Grob fahrläss Unkenntn genügt nicht. **a) Bestehen** der Kenntn. Die Kenntn der Tats allein reicht nicht aus; der Käufer muß daraus auch die zutreffden Folgergen ziehen u den RMangel (die rechtl Beschränkg od den fehlden Bestand des Rs) als solchen erkennen (BGH **13**, 341). Es genügt aber, wenn der Käufer darauf ausdrückl (wenn auch nicht auf alle RFolgen) hingewiesen w (BGH NJW **94**, 2768), mit dem Vorliegen des RMangels rechnet u dieses Risiko bewußt in Kauf nimmt (BGH NJW **79**, 713), zB Bestehen eines MietVertr üb eine als bewohnt erkannte Wo beim Hauskauf (vgl Köln ZMR **95**, 253); Hinw auf WoBindg für FehlbeleggsAbg (Hamm NJW-RR **97**, 773). **b) Keine Kenntnis** besteht, wenn der Käufer sich üb den Umfang des Rs irrt (BGH NJW **91**, 2700), zB, wenn er auf die Ankündigg des Verk vertraut, der Mieter werde die verkaufte EigtWo binnen best Fr räumen (BGH NJW-RR **92**, 201). Unkenntn v der Verlängerg eines dem Käufer bekannten MietVertr schließt die Haftg des Verk nicht aus (BGH NJW **92**, 905). Unerhebl ist auch ein Irrt üb die rechtl od wirtsch Tragweite des erkannten RMangels. **c) Beweislast.** Ein Käufer der im Vertr erkl, best RMängel zu kennen, trägt die BewL dafür, daß er sie nicht gekannt hat (BGH NJW-RR **88**, 79). 4 5 6

3) Pfandrechte, einschl GrdPfdR (Abs II). Hier besteht in Ausn zu Abs I BeseitigPfl (§§ 434, 435) trotz Kenntn des RMangels. Abs II ist auf and Re auch nicht entspr anwendb, wird aber häuf abbedungen, insb dch Übern der bestehden Belastgen. Gilt auch für bewegl Sachen, zB GrdstZubehör (BGH WM **61**, 484) u RegPfdR, auch ausländ (BGH NJW **92**, 362). 7

440 ***Rechte des Käufers.*** **I Erfüllt der Verkäufer die ihm nach den §§ 433 bis 437, 439 obliegenden Verpflichtungen nicht, so bestimmen sich die Rechte des Käufers nach den Vorschriften der §§ 320 bis 327.**

II Ist eine bewegliche Sache verkauft und dem Käufer zum Zwecke der Eigentumsübertragung übergeben worden, so kann der Käufer wegen des Rechtes eines Dritten, das zum Besitze der Sache berechtigt, Schadensersatz wegen Nichterfüllung nur verlangen, wenn er die Sache dem Dritten mit Rücksicht auf dessen Recht herausgegeben hat oder sie dem Verkäufer zurückgewährt oder wenn die Sache untergegangen ist.

III Der Herausgabe der Sache an den Dritten steht es gleich, wenn der Dritte den Käufer oder dieser den Dritten beerbt oder wenn der Käufer das Recht des Dritten anderweit erwirbt oder den Dritten abfindet.

IV Steht dem Käufer ein Anspruch auf Herausgabe gegen einen anderen zu, so genügt an Stelle der Rückgewähr die Abtretung des Anspruchs.

441 ***Weitere Rechte des Käufers.*** **Die Vorschriften des § 440 Abs. 2 bis 4 gelten auch dann, wenn ein Recht an einer beweglichen Sache verkauft ist, das zum Besitze der Sache berechtigt.**

1) Allgemeines. Nur die NichtErf der in § 440 I bezeichneten Pfl löst die allg Folgen der NichtErf von Vertr aus, u zwar gleicherm bei NichtErf dch Verk od dch Käufer. Wandlg u Minderg (§ 462) sind bei RMangel nicht mögl. Bei teilw Unmöglk gelten § 323 I Hs 2 u II Hs 2, somit die §§ 472, 473. Für Verletzg der VerkPfl hebt § 440 I ausdr hervor, daß jede der in §§ 433–437, 439 festgestellten Pfl die §§ 320–327 anwendb macht, es sich daher um Teile der HauptVerpfl des Verk handelt. Bei BesVerlust v verkauften bewegl Sachen stellen § 440 II–IV, § 441 zusätzl Erfordern auf. **a) Anwendungsbereich:** Kauf v Sachen u Ren. § 440 II–IV u § 441 nur bewegl Sachen u Re, die zum Bes berecht, zB Nießbr (§§ 1036, 1059), PfandR 1 2

3 (§ 1251): nicht Miete u Pacht. **b) Rechte des Käufers:** ErfAnspr, auch wenn seine GgLeistg dch Versch des Verk unmögl w (§ 324); Einr des nichterf Vertr (§§ 320, 322); SchadErs wg NichtErf (§ 325), bei behebb RMangel, zB Vermietg od Verpachtg nur gem § 326 (BGH stRspr NJW **91**, 2700 u NJW-RR **92**, 201); Rücktr nach §§ 325 od 326. Der Käufer hat diese Re auch dann, wenn der Verk trotz eines ihm zustehden ZbR vorzeit erf hat; auch in diesem Fall hat der Verk dafür einzustehen, daß die Sache im Ztpkt ihrer Überg nicht mit Ren Dr belastet ist, die ihre Benutzg dch den Käufer hindern. Keine Anwendg v § 254, wenn dem Käufer der RMangel schuldh unbekannt geblieben ist (BGH **110**, 196; aA Mittenzwei JuS **94**, 187). Wenn die Sache schon zZ des KaufAbschl dem Verk nicht gehört (BeschaffgsSchuld), ist jedenf § 326 anzuwenden
4 (Eckardt JR **96**, 397). **c) Verhältnis zu anderen Vorschriften:** Das RücktrR (§§ 325, 326) richtet sich nach den allg Vorschr, insb §§ 351, 352, 354; § 327 S 1; jedoch ist der Käufer trotz § 351 zum Rücktr berecht, wenn er die Sache dem bestohlenen Eigter zurückgegeben hat (BGH **5**, 337). Bei anfängl Unvermögen des Verk gilt § 325 entspr, nicht § 306, weil der Verk dieses Unvermögen stets zu vertreten hat (BGH **8**, 231; Soe/Huber § 440 Rn 15). IrrtAnf wg RMangel ist dch § 440 I nicht ausgeschl; jedoch die aus § 119 II, soweit wg der betr Eigensch Haftg aus § 440 in Betr kommt. Eigt ist keine Eigensch iS des § 119 II (BGH **34**, 32).

5 **2) Schadensersatzanspruch** bei bewegl Sachen (Abs II). Dem Käufer entsteht dch die bloße Behauptg eines zum Bes berecht Rs dch einen Dr noch kein Schad, solange er nicht herausgibt. Die Unbilligk, die darin liegt, daß der Käufer die Sache behält, dem RückgAnspr des Verk den Einwand aus dem KaufVertr entggsetzt u gleichzeit SchadErs verlangt, (doppelter Vorteil), soll Abs II verhindern. Zur Bedeutg dieser Best: RG **117**,
6 335 (für Veräußerg) u BGH **5**, 337. **a) Voraussetzungen: aa) Herausgabe an Dritten** (Abs II 1. Fall). Käufer gibt die Sache dem Dr mit Rücks auf dessen R heraus. Er ist nicht verpfl, aber berechtigt, sich mit dem den HerausgAnspr erhebenden Dr auf einen RStreit einzulassen u dem Verk den Streit zu verkünden. Gibt Käufer die Sache dem Dr freiw heraus, so trifft ihn hins des RMangels die BewL, wenn er dann den Verk in Anspr nimmt. Ist die Sache dem früh Besitzer abhanden gekommen, so genügt der Käufer seiner BewL mit Nachw dieses Tatbestdes; er braucht nicht zu beweisen, daß der Dr Eigtümer geblieben ist (BGH **16**, 307). Der Herausg steht nach Abs III gleich, wenn durch RNachfolge Identität zw Käufer u dem Dr entsteht; ferner eine Abfindg, dch die der Käufer die Anspr des Dr erwirbt od beseitigt; sie muß jedoch eine endgült sein. Maßgebder Ztpkt für die Berechng des Schad ist der Wert der Sache zZ der Herausg an den Eigtümer. Bei einem Kfz, das der Käufer bis zur Herausg ungestört nutzen kann, tritt der Schad überh erst mit der
7 Herausg ein (Hamm NJW **75**, 2197). **bb) Rückgabe an Verkäufer** (Abs II 2. Fall), Käufer braucht sich nicht mit dem Dr auseinanderzusetzen, kann vielm die Sache wg des Rs des Dr dem Verk zurückgeben od
8 den HerausgAnspr abtreten (Abs IV); auch dann ist der Weg für SchadErs (Abs I) frei. **cc) Untergang der Kaufsache** (Abs II 3. Fall). Ist die dem Käufer übergebene Sache bei diesem untergegangen, so entfällt auch der Grd, den SchadErsAnspr zu versagen; ebenso, wenn der Käufer dem Dr nach §§ 989, 990 wg verschuldeten Untergangs SchadErs leisten mußte. Bei zufäll Unterg der Sache ist nur der Schaden zu ersetzen, der unmittelb durch den RMangel entstanden ist (umstr; vgl Soe/Huber 47), zB wenn Käufer seinem weiteren Abkäufer vor Unterg der Sache SchadErs gg Rückgewähr der Sache hatte leisten müssen; denn die Gefahr des zufäll Untergangs geht trotz RMangels mit Übergabe auf den Käufer über (§ 446). Dem Käufer bleibt auch in
9 diesen Fällen der Rücktr (§§ 323 ff). **b) Umfang** des Anspr. Er richtet sich auf SchadErs wg NichtErf (§§ 325, 326) u umfaßt auch den Schad, den der Käufer wegen des RMangels dadch erleidet, daß er seinem Abnehmer den entgangenen Gewinn ersetzen muß (BGH NJW **92**, 905).

442 *Beweislast für Rechtsmängel.* **Bestreitet der Verkäufer den vom Käufer geltend gemachten Mangel im Rechte, so hat der Käufer den Mangel zu beweisen.**

1 **1) Allgemeines. a) Regelungsinhalt.** Verlangt der Verk den KaufPr (§ 433 II), so muß er nach allg Regeln die vollständ (mangelfreie) Erf beweisen, wenn er Verurteilg ohne Zug-um-Zug-Leistg (§ 322) erreichen will. Davon macht § 442 die Ausn dahin, daß den Käufer die BewL dafür trifft, daß ein RMangel
2 vorliegt. **b) Anwendungsbereich:** § 442 gilt für die Verschaffg des Eigtums, für alle Streitfälle des § 434 u für jeden daraus abgeleiteten RBehelf (§ 434 Rn 8), auch für NebenRe (MK/Westermann 2), nicht für die
3 Vornahme der Erfüllg (Einigg, Übergabe, Abtretg). **c) Verhalten im Prozeß:** Der Käufer ist bei einem Prozeß mit dem Dr gehalten, dem Verk den Streit zu verkünden (§§ 74, 68 ZPO), um im RegreßProz den RMangel nicht beweisen zu müssen. **d) Abdingbarkeit** ist zu bejahen (vgl § 443).

4 **2) Beweislastregelung.** Der beweisbelastete Käufer muß nicht nur Geltmachg, sond auch Berechtigg der Anspr des Dr, aus denen der RMangel (§ 434) folgen soll, beweisen. Verteidigt sich Verk damit, daß Käufer den RMangel gekannt habe (§ 439), so hat Käufer trotzdem die Tats darzulegen u zu beweisen, aus denen der RMangel folgt (BGH **40**, 264). Hat der Käufer einem Dr, dem die Sache gestohlen war, diese Sache freiwill herausgegeben, genügt der Nachw des Diebstahls, wenn der Dr sich auf § 1006 I 2 od § 1007 berufen kann (BGH **16**, 307). Entspr gilt, wenn Verk behauptet, die Haftg für diesen Mangel sei vertragl ausgeschl (§ 443). BewLast für diese Verteidigg trägt im übr der Verk, jedoch muß der Käufer die Replik, daß der Verk RMangel argl verschwiegen habe (§ 443), beweisen.

443 *Vertraglicher Ausschluß der Gewährleistung.* **Eine Vereinbarung, durch welche die nach den §§ 433 bis 437, 439 bis 442 wegen eines Mangels im Rechte dem Verkäufer obliegende Verpflichtung zur Gewährleistung erlassen oder beschränkt wird, ist nichtig, wenn der Verkäufer den Mangel arglistig verschweigt.**

1 **1) Allgemeines.** Vertr Vereinbg üb den Ausschluß der Haftg für RMängel sind wg der geltden VertrFreih grdsätzl zuläss, ebso wie bei Sachmängeln (Vorbem 4 vor § 459). § 443 hat dieselbe Funktion wie § 476 für Sachm. **a) Anwendbarkeit.** Der vorstehde Grdsatz u die Nichtigk bei Argl (§ 443) gilt für alle VerkäuferPfl,

die der GText aufführt, bei allen RMängeln (§ 434 Rn 4–6). **b) Abdingbarkeit.** § 443 ist zwingd; seine Wirkg kann nur dch wahrhgem Aufkl des Käufers beseit w. **c) Wirkung:** Dogmat ist Nichtigk (§ 139) gegeben. Prakt ist es zutreffdr anzun, daß der Verk sich auf den HaftgsAusschl nicht berufen kann (MK/Westermann 3; vgl weiter Rn 8). **d) Beweislast** für HaftgsAusschl trägt der Verk, für Argl der Käufer (Baumgärtel mwN). 2
3

2) Voraussetzungen. a) Haftungsausschluß: Vereinbg ausdrückl im KaufVertr, Zusatz od Nachtrag (§ 305), auch stillschweigd mögl, aber ebso wie bei Handelsbrauch, nur eng u zurückhaltd anzuwenden, idR nur bei RisikoGesch (MK/Westermann 2 mwN). **b) Unkenntnis** des Käufers hinsichtl des Mangels zZ des KaufAbschl. Später erlangte Kenntn u grobfahrl Unkenntn des Käufers stehen nicht entgg. Der Verk kann dem ArglEinwand nur entgghalten, daß der Käufer den Mangel zZ des VetrAbschl kannte (§ 439). **c) Arglist** (grdsätzl wie § 476). **aa) Des Verkäufers:** Kenntn des RMangels bei Abschl der Vereinbg, mind daß er mit seinem Bestehen rechnete. Wissen od damit rechnen, der Käufer kenne den Mangel nicht u würde bei Kenntn den Kauf od den HaftgsAusschl nicht vereinb (RG **62**, 300). **bb) Dritter.** Bei Stellvertretg gilt § 166. Der Verk haftet auch, wenn er das Verhalten Dr bewußt ausnützt. Keine Haftg nach § 278, da nicht bei Erf, sond bei Begründg einer Verbindlichk gehandelt w. Hingg ist Haftg nach § 831 denkb, da der Geh zur Verrichtg eines VertrAbschl bestellt sein kann. **d) Verschweigen** des RMangels. Kann aktives Tun zur Verdeckg des Mangels sein (MK/Westermann 3) od Unterlassen einer Aufklärg bei bestehder OffenbargsPfl. Bsp: Darstellen eines RMangels, der gewiß besteht, als zweifelh (RG **75**, 437). **e) Umfang.** Nur soweit die Voraussetzgen (Rn 4–7) vorliegen, gilt für diesen Mangel § 443. Auf andere Mängel bezieht sich § 443 deshalb noch nicht, sodaß der HaftgsAusschl für den einen nichtig, für einen and wirks sein kann. 4
5
6
7
8

444 *Auskunftspflicht; Urkundenherausgabe.* **Der Verkäufer ist verpflichtet, dem Käufer über die den verkauften Gegenstand betreffenden rechtlichen Verhältnisse, insbesondere im Falle des Verkaufs eines Grundstücks über die Grenzen, Gerechtsame und Lasten, die nötige Auskunft zu erteilen und ihm die zum Beweise des Rechtes dienenden Urkunden, soweit sie sich in seinem Besitze befinden, auszuliefern. Erstreckt sich der Inhalt einer solchen Urkunde auch auf andere Angelegenheiten, so ist der Verkäufer nur zur Erteilung eines öffentlich beglaubigten Auszugs verpflichtet.**

1) Allgemeines. Entspr der Regelg bei FdgsAbtretg (§ 402) u besteht nicht vor Abschl des KaufVertr. 1
a) Rechtsnatur des Anspr: grdsätzl NebenPfl; nur ausnahmsw HauptPfl (§§ 320 ff), wenn Gebr der Kaufsache ohne Ausk od Urk unmögl ist (allgM), zB KfzBrief (BGH NJW **53**, 1347). **b) Anwendungsbereich:** 2
nur Ausk u Urk, welche die rechtl Verh des KaufGgst (Sache od R) betr, insb den Bew des Rs, zB Eigt oder Inhsch. Die enge Fassg des § 444 rechtfert in der Praxis eine entspr Anwendg (vgl die Bsp zu Rn 5). Bei Kauf v Sachen für Gebr, Behandlg u Wartg besteht die NebenPfl gem § 433 Rn 17. **c) Unmöglichkeit:** bei 3
NebenPfl §§ 275, 280 ff; bei HauptPfl §§ 320 ff. **d) Verzug:** § 286 für VerzSchad, ggf § 326 bei HauptPfl. **e) Abdingbarkeit** ist gegeben (MK/Westermann 6).

2) Auskunftsanspruch (S 1 1. Fall) richtet sich auf Verschaffg der auf die rechtl Verhältn bzgl Unterlagen u ihre Erläuterg, nicht dagg auf eine RBelehrg u auf die mit SachEigensch verbundenen Gefahren. Auch wenn Käufer selbst die Möglichk hat, sich anderweit (zB dch GBEinsicht) die Ausk zu verschaffen, wird Verk von AuskPfl nicht befreit. 4

3) Urkundenauslieferung (S 1 2. Fall). Die Urk müssen sich auf das R an dem KaufGgstd beziehen. BewUrk sind solche üb Vorgänge u Tats (vgl §§ 415 ff ZPO), üb private u öff-rechtl Verh. Sie müssen in unmittelb od mittelb Bes des Verk sein, wenn vertr nichts anderes vereinb ist (vgl Rn 3); sonst Abtretg des HerausgAnspr. Ausliefern bedeutet Herausg. Im Einzelfall kann Pfl zur Erläuterg der Urk bestehen. Bsp: KfzBrief (vgl Rn 1); Miet- u VersVertr; Unterlagen zur Ermittlg der Kostenmiete (LG Essen NJW **65**, 920); die genehm Baupläne eines HausGrdst (AG Traunst NJW-RR **89**, 598), insb techn u wirtsch Planunterlagen des Bauträgers (MK/Westermann 4; umstr). 5

4) Auszugserteilung (S 2) beschr den UrkAusliefergsAnspr (Rn 5). Vorauss ist, daß der Verk die Urk noch für eine and Angelegenh als den KaufGgst benöt kann, weil sie sich auch auf and bezieht. Zu erteilen ist dann ein behördl od notariell begl Auszug auf Kosten des Verk. RFolge: § 810, wenn UrkAuszug erteilt ist. Dem Verk steht es jederzeit frei, eine begl Abschr der ganzen Urk zu erteilen. 6

445 *Kaufähnliche Verträge.* **Die Vorschriften der §§ 433 bis 444 finden auf andere Verträge, die auf Veräußerung oder Belastung eines Gegenstandes gegen Entgelt gerichtet sind, entsprechende Anwendung.**

1) Voraussetzungen der Anwendbk v § 445. Es darf kein Kauf (§ 433) vorliegen. **a) Begriffe.** Vertr: 1
Einf 1 vor § 145. Veräußerg ist Übertragg eines Ggst (Sache od R; Übbl 1, 2 vor § 90). Belastg: Begründg eines Rs an einem Ggst. Entgelt: vertragl GgLeistg (Geld, RVerschaffg, Handlg). **b) Entgeltliche Veräuße-** 2
rung: Einräumg eines ErbbauR gg Erbbauzins; FilmverwertgVertr; Vertr üb Auswertg gewerbl SchutzRe, wenn sie weder Kauf noch MietVertr sind; Übern von NachlaßGgst dch Miterben gg Entgelt (BGH **LM** § 433 Nr 4); Abgeltg des PflTAnspr gg Übereigng eines NachlaßGgst (BGH NJW **74**, 363 für § 493); Vergleich (§ 779) üb Veräußerg eines Ggst (RG **54**, 167); Kauf eines Vertr als Gesamth von Ren u Pfl (Koller JR **82**, 353); AuseinandersetzgsVertr des ausscheidden Gesellsch, dem ein Ggst zur Abfindg überl w (BGH WM **55**, 224). **c) Entgeltliche Belastung:** DarlGewährg gg SichergsÜbereigng; DarlGewährg gg Bestellg 3
eines GrdPfdR (Ffm NJW **69**, 327 m abl Anm v Schütze).

2) Unanwendbarkeit v § 445 ist gegeben: **a) Kraft ausdrücklicher gesetzlicher Regelung** gelten alle 4
od einzelne Vorschr des KaufR bei: § 365 (Hingabe an Erf Statt), § 515 (Tausch), § 651 (WerkliefergsVetr),

5 § 757 (GemeinschTeilg), § 2182 (Vermächtn), §§ 2374ff (ErbschKauf). **b) Wegen der Rechtsnatur** des Vertr, näml bei: **aa)** Unentgeltl Vetr, weil die Schärfe der VerkHaftg hier unangemessen wäre u eine bes Regelg besteht: § 523 (Schenkg), § 1624 (Ausstattg), § 2385 II (ErbschSchenkg). **bb)** Übereigng kraft hoheitl Handelns; insb Enteigng, Übereigng in der ZwVollstr (§ 806 ZPO, § 56 S 3 ZVG).

446 *Gefahrübergang; Nutzungen; Lasten.* **I Mit der Übergabe der verkauften Sache geht die Gefahr des zufälligen Unterganges und einer zufälligen Verschlechterung auf den Käufer über. Von der Übergabe an gebühren dem Käufer die Nutzungen und trägt er die Lasten der Sache.**

II Wird der Käufer eines Grundstücks oder eines eingetragenen Schiffs oder Schiffsbauwerks vor der Übergabe als Eigentümer in das Grundbuch, das Schiffsregister oder das Schiffsbauregister eingetragen, so treten diese Wirkungen mit der Eintragung ein.

1 **1) Allgemeines.** § 446 regelt unmittelb nur die GgLeistgsGef (Rn 5). Für die LeistgsGef gelten §§ 275, 279, 243 II (hierzu Pallasch BB **96**, 1121). Außerdem best § 446 den maßgebden Ztpkt für die Sachmängel-Gewl (§ 459 I). **a) Anwendungsbereich:** Nur Sachen iS des § 90, auch unter EV (§ 455) verkaufte, sowie analog für Re, die zum Bes an einer Sache berecht (§ 451). Gilt nicht bei Lieferg eines aliud, weil dieses nicht die verkaufte Sache ist, wohl aber bei Sachgesamth u Inbegriff von Sachen u R, insb von Untern (BGH NJW **98**, 2360; § 433 Rn 2, 3), bei dem eine der Überg entspr Verschaffg der tatsächl Herrsch in Betr kommt, ferner für BruchT v Sachen u WoEigt. Sonderregelg für Versendgskauf: § 447; für ErbschKauf: § 2380.
2 **b) Abdingbarkeit:** Vorverlegg u Verschiebg des GefÜberg ist mögl (BGH NJW **82**, 1278). Die Vereinbg wird bei Grdst vom Formzwang des § 313 erfaßt (BGH WM **71**, 636). **c) Beweislast,** daß Unmöglichk der Leistg nicht auf Zufall beruht, trägt der Käufer (Baumgärtel 1).

3 **2) Gefahrtragung. a) Begriff** der Gef: Das ist die Lage, bei welcher der Betroffene die NachTle, für die er die Gef trägt, nicht auf einen and (hier den VertrGegner) abwälzen kann. **b) Grundsatz.** Die Gef der zufäll (v keinem VetrTeil zu vertretden) Unmöglichk der Leistg trägt beim ggseit Vetr gem § 323 bis zur vollständ Erf der zu dieser Leistg Verpfl (§ 323 Rn 1). Davon machen §§ 446, 447 beim Kauf Ausn, aber nur für zufäll
4 (nicht verschuldeten) Unterg, Verl od Beschädigg der Kaufsache. **c) Zweck** der Vorschr: Dem Käufer wird die mit dem SachBes verbundene Gef deshalb auferlegt, weil der Verk sich nach Überg dagg nicht mehr schützen kann. **d) Untergang:** körperl Vernichtg u BesVerlust, insb widerrechtl Entziehg dch einen Dr. **e) Verschlechterung:** jede Qualitätsminderg, insb Beschädigg od Verderb der Sache. **f) Zeitpunkt.** Liegen die Umstde, die Unterg od Verschlechterg bewirken, vor der Überg u haften der Sache an, bleibt die Haftg aus § 323 unberührt.

5 **3) Wirkung** des § 446. Die GgLeistgs(Pr- od Vergütgs)Gef aus § 323 (für § 324 II vgl Rn 10) geht auf den Käufer üb; er muß den vollen KaufPr zahlen (§ 433 II), auch wenn er die Sache nicht od nur verschlechtert (beschäd) erhält. Dies gilt auch dann, wenn der Verk das Eigt noch nicht übertragen hat (§ 433 I, § 455) od Re Dr (§ 434) noch nicht beseit sind. Unabhäng davon verbleiben dem Käufer, wenn der Verk für den RMangel haftet, die Re aus §§ 440, 325, 326 (MK/Westermann 3), insb der Rücktr (§ 327; Soe/Huber 58). Bei Rücktr od Wandelg fällt die Gef auf den Verk zurück (§§ 350, 467 S 1). Für Störgen, die vom verk Grdst ausgehen, ist der Verk nicht mehr verantwortl (BGH NJW **98**, 3273).

6 **4) Eintritt des Gefahrübergangs** (Abs I S 1). Setzt stets gült (BGH NJW **98**, 2360 mwN), insb auch formgült KaufVertr voraus. **a) Zeitpunkt.** Maßgebd ist die Überg der Kaufs (§ 433 Rn 7), bei UnternKauf (§ 433 Rn 2, 3) die Überg des Untern (BGH aaO); früher ist der GefÜberg nur bei AnnVerz des Käufers (§§ 324 II, 300 II), VersendgsKauf (§ 447) u ErbschKauf (§ 2380) sowie bei Grdst u Schiff (Rn 11). Daß mittelb Bes (§ 868) verschafft w, genügt nur dann, wenn vertrgem nur dieser verschafft w soll. Abw Vereinbg über den Ztpkt des GefÜberg ist zul (Rn 2). Auf den EigtÜberg kommt es nicht an (Rn 5): EigtVorbeh
7 (§ 455) ist daher bedeutgsl. **b) Bedingter Kauf** (sog KonditionsGesch). Auch hier gilt der Grds, daß nur bei wirks KaufVertr ein GefÜberg stattfindet (Rn 6), sofern nichts and vereinb ist (vgl § 159). **aa) Auflösend** (§ 158 II): GefÜberg mit Überg der Sache. Bei Ausfall der Bedingg ist der Vertr wie von Anfang an unbedingt zu behandeln; bei Eintritt besteht kein Vetr mehr, der Verk hat keinen KaufPrAnspr, bei zufäll Unterg od
8 zufäll Verschlechterg der Sache auch keinen ErsAnspr (diesen nur bei Versch des Käufers). **bb) Aufschiebend** (§ 158 I): Wird die Kaufs schon vor BedinggsEintritt übergeben, ist Rückbeziehg (§ 159) als vereinb anzusehen. Tritt die Bedingg nach zufäll Unterg od Verschlechterg der Sache ein, muß KaufPr bezahlt w. Fällt
9 die Bedingg aus, besteht kein KaufVetr u kein KaufPrAnspr (BGH NJW **75**, 776). **c) Genehmigungsbedürftiger Kauf:** Bei rechtsgesch Gen (§ 182) gilt Rn 8 entspr. Wenn der Kauf v behördl Gen abhäng gemacht w, liegt sowieso ein aufschiebd bedingter Kauf vor.

10 **5) Nutzungen und Lasten** (Abs I S 2) gehen zugleich mit der Gef über (aber nicht bei § 447). Nutzgen: § 100. Lasten: § 103; auch die öff (vgl § 436 Rn 3); dazu gehört nicht die GrdErwerbsteuer, die der Käufer nach § 449 zu tragen hat. Abs I S 2 betrifft nur das InnenVerh zw Verk u Käufer.

11 **6) Grundstücks- und Schiffskauf** (Abs II). Es geht die Gef bereits über, wenn Käufer als Eigt ins GB eingetr w; das gilt aber nur, wenn der Käufer dadch auch das Eigt erwirbt (Brox JuS **75**, 1 [5]; bestr), sei es nur rückwirkd, zB dch Gen (§ 184 I). Wird jedoch Grdst vor Eintr übergeben, so bleibt es bei 446 I. Sonderregelg des GefÜberg bei ZwVerst: §§ 162, 56 ZVG.

447 *Gefahrübergang bei Versendungskauf.* **I Versendet der Verkäufer auf Verlangen des Käufers die verkaufte Sache nach einem anderen Orte als dem Erfüllungsorte, so geht die Gefahr auf den Käufer über, sobald der Verkäufer die Sache dem Spediteur, dem Frachtführer oder der sonst zur Ausführung der Versendung bestimmten Person oder Anstalt ausgeliefert hat.**

II Hat der Käufer eine besondere Anweisung über die Art der Versendung erteilt und weicht der Verkäufer ohne dringenden Grund von der Anweisung ab, so ist der Verkäufer dem Käufer für den daraus entstehenden Schaden verantwortlich.

1) Allgemeines. § 447 betrifft die BefördergsGef u ist eine AusnRegelg zu § 446 für den VersendgsKauf (Rn 5) mit erhebl rechtl Auswirkgen (Rn 13). Grdsätzl gelten die Anm zu § 446 (dort insb Rn 1). Die Versendg ist idR HauptPfl (§ 433 Rn 22). **a) Zweck.** Der Käufer, auf dessen Verlangen die gekaufte Sache nach einem and Ort als dem Erf(Leistgs)Ort (§ 269) versandt w, soll das dadch erhöhte Risiko ordnggem Erf tragen, insb das für TranspSchäd u Verluste (BefördergsGef). **b) Beförderer** (auch BefördergsPers genannt) 2 sind der Spediteur, der Frachtführer, die Bahn od der PostD, sowie sonst Pers, die den Transp dchführen. **c) Anwendungsbereich.** Nur bei Kauf bewegl Sachen; wg der VersendgsFähigk enger als § 446. § 447 gilt 3 unabhäng davon, ob der Verk die Versendg selbst ausführt od dch Dr ausführen läßt (Faust DB **91**, 1556). Nicht gilt § 447, wenn die Sache an den ErfOrt versandt w soll (Bringschuld); dann ist § 446 anzuwenden; ebso im Verh Verk zu DrAbnehmer (BGH NJW **68**, 1929). Wird eine bereits versandte (rollde) Ware verk, so gilt § 447 nur beschr (BGH **50**, 32). **d) Abdingbarkeit** ist zu bejahen (allgM). **e) Versandhandelskauf** fällt 4 unter § 447, wenn dch die übl AGB nichts anderes vereinb ist (umstr; aA Jost/Fitzer/Mohn BB **97**, 1165: § 446; Schildt JR **95**, 89 mwN: § 495). Oft liegt inf der AGB Kauf auf Probe vor, so daß mit der Versendg kein GefÜbgang stattfindet (§ 495 Rn 7).

2) Versendungskauf. a) Begriff. Versendgskauf ist ein gewöhnl Kauf, bei dem der Verk für die Versendg 5 der Ware an einen and Ort als den Erf(Leistgs)Ort (§ 269) zu sorgen hat (§ 433 Rn 22; Schickschuld, § 269 Rn 1). Dies setzt idR voraus, daß die Versendg v LeistgsOrt aus vorgen wird (hM); dies kann jedoch and vereinb w (Rn 4; BGH NJW **91**, 915). § 447 ändert nichts an der ÜbergPfl (§ 433 Rn 7). Der Verk kann zwar nicht am Ort seiner Niederlassg erf; denn der Käufer ist hier nicht anwesd. Der Verk befreit sich jedoch von der Gefahr des zufäll Unterg od der Beschädigg der Kaufs dadch, daß er sie dem Beförderer (Rn 2) übergibt. Warenschulden im kaufm Verkehr sind idR Schickschulden, so daß Versendgskauf vorliegt (BGH NJW **91**, 915 mwN). **b) Pflicht zur Versendung.** Ohne bes Vereinbg einer ÜbersendgsPfl wird eine solche 5 a idR nicht nach § 242 dem Verk aufzuerlegen sein, da er nur Zug um Zug zu leisten hat (§§ 320, 322) u Überg an den Beförderer regelm eine Vorleistg des Verk ist. Hat der Käufer Kaufpr u VersendgsKosten bezahlt, kann sich der Verk regelm nicht der Versendg entziehen, ohne in SchuVerzug zu geraten. Vielf besteht der Handelsbrauch, daß Verk bei allen Distanzkäufen (die Versendg erfordern) vor Zahlg die Ware übersenden u Untersuchg dch Käufer wg § 377 HGB ermögl muß.

3) Voraussetzungen des § 447 (Abs I). Stets muß ein wirks KaufVertr im AnwendgsBer (Rn 3) vorliegen 6 u die Sache verkauft sein. Ferner: **a) Versendungsverlangen** des Käufers. Es kann nach KaufAbschl ausgesprochen w. Versendg bei fehldem Einverständn des Käufers genügt nicht. **b) Versendung** nach einem and Ort als dem Erf(Leistgs)Ort (Rn 7). **c) Auslieferung** an Beförderer: Rn 10.

4) Versendung. Sie muß nach einem and Ort als dem ErfOrt geschehen. **a) Erfüllungsort** ist mangels 7 abweichder Vereinbg der WoSitz od die Niederlassg des Schu (§ 269), also des Verk für seine Übereigngs- u ÜbergPfl. Daran ändert sich nichts, wenn dem Vertr zufolge BesÜberg u Übereigng außerh des WoSitzes (Niederlassg) des Verk vollzogen w soll; denn der Verk hat am Erf(Leistgs)Ort diejen Hdlgen vorzunehmen, die den Eintritt des Erfolgs am AbliefergsOrt bewirken. Versendg nach außerhalb ist also mögl, ohne daß in der VersendgsPfl od Übern der Kosten dch den Verk (§ 269 III) eine Vereinbg üb den Erf(Leistgs)Ort liegt. **b) Umfang.** Auch eine Versendg innerh desselben Ortes (Stadt, Gem), sog Platzkauf, fällt unter § 447, weil 8 Erf(Leistgs)Ort nur die Wohng od die Niederlassg des Verk ist (§ 269). Zur Versendg gehört auch der Transp der Ware zur Bahn od Post, u zwar ohne Rücks darauf, ob der Verk sich hierbei eigener od fremder Geh od Pers bedient. § 447 gilt auch für den GesamtTransp dch Verk u seine ErfGeh (bestr; MK/Westermann 15). Auf jeden Fall gelten §§ 276, 278, sodaß der Käufer nur das Zufallsrisiko trägt (§ 433 Rn 22). **c) Durchführung.** Versandt werden muß grdsätzl vom Leistgs(Erf)Ort aus; andernf liegt kein Gesch des Käufers vor, 9 sond eine HauptPfl des Verk, sodaß dieser die TranspGef trägt (hM; aA Pallasch BB **96**, 1121 mwN: auch Versendg v einem dritten Ort aus, wenn das TranspRisiko nicht erhöht w). Es gilt jedoch § 447, wenn sich der Käufer mit einer solchen Versendg (zB ab auswärt Lager od ab Einfuhrhafen) einverst erkl (BGH **113**, 106). Dabei muß diese Versendg im Interesse des Käufers liegen.

5) Auslieferung. Erst sie bewirkt den GefahrÜberg, auch die Konkretisierg zur Stückschuld (§ 243 Rn 5; 10 § 269 Rn 2). Sie ist ein tats Vorgang u umfaßt alles, was erforderl ist, um den dch eine Beförderg vermittelten Eingang der Ware beim Käufer zu bewirken U erfordert die Überg der Sache zur Beförderg zu der v Käufer angegebenen Anschr. Sie verschafft dem Käufer weder Bes noch Eigt; denn zum BesÜberg (für § 929) bedarf es der tats Ann der Sache dch den Käufer. Das ist nur dann and, wenn der Beförderer ausnahmsw Vertr des Käufers ist od SondAbreden der Part über die Einlagerg der Ware bei einem Spediteur getroffen worden sind (BGH NJW **60**, 1952). Die Überg eines kaufmänn TraditionsPap an den Beförderer genügt nicht, da die Ware der KaufGgst ist.

6) Gefahrübergang (§ 446 I S 1). Verh zur LeistgsGefahr: § 446 Rn 1. **a) Umfang.** Die Gefahr umfaßt 11 den KaufPr, den Unterg (Verlust) u die Verschlechterg der Sache (wie § 446 Rn 3–5). Wirkg: Rn 13. § 447 bezieht sich nur auf die BefördergsGef, also auf solche Schäd, für welche die Beförderg ursächl od mitursächl ist, zB Fehler des Beförderers u seiner ErfGeh (BGH NJW **65**, 1324). **b) Nicht** gehören zur BefördergsGef: 12 behördl Beschlagn der Ware, die nicht dch den Transp verurs wurde (RG **106**, 17); Rückruf der rollden Ware dch den Lieferanten des Verk, weil dieser nicht bezahlt hat (RG **93**, 330); Unterg od Verschlechterg der Ware währd der Beförderg inf eines zZ der Überg zur Versendg bestehden Sachmangels (BGH **LM** Nr 3: Verk haftet nach §§ 459 ff); Unterg od Verschlechterg inf nicht ordngsgem Verpackg od Verladg (BGH NJW **68**, 1929: VerkHaftg bei Versch aus pVV; vgl hierzu Zimmer BB **88**, 2192).

13 **7) Wirkung** des § 447 infolge des GefÜberg. Sie entspricht grdsätzl § 446 Rn 5. **a) Beförderungsgefahr.** Sie trägt der Käufer. Er muß wg des Überg der GgLeistgsGef den KaufPr bezahlen, auch wenn die Sache nach Auslieferg verloren- od untergegangen, zerstört od beschäd ist. Der Käufer hat wg TranspSchäd keine GewlAnspr (§ 459 I). Er hat ab Ankunft der Sache am AbliefergsOrt gg den Frachtführer eigene Anspr
13 a (§ 421 HGB). **b) Abtretungsansprüche** gg den Verk hat der Käufer aus § 281. Diese sind idR gerichtet auf Abtretg der Anspr aus einer TranspVers od des Anspr gg denjen, der für den TranspSchad haftet, aus § 823 od aus Fracht- od SpeditionsVertr. Gesetzl geregelt sind diese VertrAnspr beim FrachtVertr (einschl DBahn) in den §§ 425–433 HGB, beim SpeditionsVertr in den §§ 461, 462 HGB, beim PostD dch die aGrd des § 18 PostG zu erlassde PostDLeistgsVO.

14 **8) Abweichung von Anweisung des Käufers** (Abs II). **a) Bedeutung.** Es bleibt beim GefÜberg gem Abs I, wenn der Verk von der Anweisg abweicht. Abs II gewährt jedoch dem Käufer einen SchadErsAnspr.
15 **b) Voraussetzungen** des SchadErsAnspr: **aa)** Vorliegen eines VersendgsKaufs (Rn 5). **bb)** Dch Käufer (formlos) erteilte bes Anweisg für eine best Art der Beförderg (Wahl der VersendgsArt, Verpackg, Verladg). Die Anweisg muß dem Verk bekannt sein. **cc)** Abweichg: tats u schuldh (Jau/Vollkommer 8) vorgenommene and Art der Beförderg. **dd)** Fehlen eines dringden Grdes; ein solcher liegt dann vor, wenn die Anweisg nach VertrSchl erfolgt ist u wg ungewöhnl Schwierigk, die damit verbunden sind, es unzumutb ist, sie zu befolgen.
16 **c) Wirkung:** Haftg des Verk für denjen Schad, der gerade dch die abweichde Art der Beförderg entstanden ist u nicht entstanden wäre, wenn der Verk die Anweisg eingehalten hätte. Es gilt § 287 ZPO. Der Verk ist verpfl, den Käufer auf die Unzweckmäßigk von Anweisgen aufmerks zu machen (BGH **LM** Nr 2) u (grdsätzl) eine Versendg zur Unzeit zu unterl.

17 **9) Beweislast.** Für Vereinbg eines VersendgsKaufs hat sie derjen, der sich darauf beruft (Baumgärtel 1). **a) Käufer:** für Bringschuld; für Vereinbg über die VersendgsArt; für VersendgsFehler des Verk u seiner ErfGehilfen; Abweichg von Anweisgen gem Rn 15; Kausalität des Schadens; Unzweckmäßigk der Versendgs-Anweisg (Rn 14). **b) Verkäufer:** für Überg an Beförderer; für fehldes Versch bei pVV; Vorliegen eines dringden Grdes (Rn 15); fehlde Kausalität bei Abweichg von der VersendgsArt (Rn 16).

448 *Kosten.*

I Die Kosten der Übergabe der verkauften Sache, insbesondere die Kosten des Messens und Wägens, fallen dem Verkäufer, die Kosten der Abnahme und der Versendung der Sache nach einem anderen Orte als dem Erfüllungsorte fallen dem Käufer zur Last.

II Ist ein Recht verkauft, so fallen die Kosten der Begründung oder Übertragung des Rechtes dem Verkäufer zur Last.

1 **1) Allgemeines. a) Grundsatz.** Der Verk muß den KaufGgst so anbieten, daß der Käufer am ErfOrt zur vertrgem ErfZt nur noch abzunehmen braucht. Dementspr sind die Kosten verteilt. **b) Anwendungsbereich:** Bewegl Sachen u Re. Für Grdst u Re an ihnen gilt § 449 als SoRegelg. **c) Abdingbarkeit** wird uneingeschr bejaht. Hierzu Klauseln gem Rn 4.

2 **2) Sachkauf** (Abs I) Begr: § 433 Rn 1. **a) Verkäufer** hat zu tragen: Kosten der Lagerg, der Übergabe (§ 433 Rn 7), also des Transp bis zum ErfOrt. Kosten des Messens u Wiegens trägt der Verk nur, wenn es zur Ausscheidg der Kaufsache aus größerem Vorrat erforderl ist od wenn ein TeilGrdst vermessen w (Soe/Huber 26, meist abbedungen), nicht aber, wenn nur Nachprüfg dch den Käufer bezweckt wird. Kosten der Verpackg bei Versendg zum ErfOrt. Verzollg, die zur Bereitstellg der Ware am ErfOrt notw ist (MK/Westermann 2).
3 Die zur Überg erforderl Verpackg (§ 433 Rn 21). **b) Käufer:** Kosten der Abnahme (§ 433 Rn 35). Das sind die dch Übern der Sache in VfgsGewalt des Käufers entstehden Kosten. Hierzu gehören auch Kosten der Untersuchg der Sache auf Mängel u zugesicherte Eigsch. VersendgsKosten ab ErfOrt (§ 447 Rn 7). Dazu gehören auch die dch die Versendg anfallden Abgaben ab Verlassen des ErfOrts, die TranspVergütg, Entgelt
4 für Mehrwegverpackg, die der Verk stellt. **c) Klauseln.** § 448 wird häuf abbedungen (Rn 1). Insb sind im internationalen HandelsVerk zu beachten die Incoterms u die Tradeterms (Anh 6 in Baumb/Hopt). Für den deutschen HandelsVerk s Baumbach/Hopt § 346 Rn 39.

5 **3) Rechtskauf** (Abs II). Begriff: § 433 Rn 2. Gesetzl SoRegelg für Re an Grdst: § 449. **a) Verkäufer** trägt grdsätzl die unmittelb anfallden Kosten der Begründg u Übertragg (§§ 398, 413), insb die Kosten einer
6 notw Beurk od notar Beglaubigg. **b) Käufer** trägt die Kosten, wenn es so vereinb ist (Rn 1) od wenn er eine nicht notw Beurk od Beglaubigg gem § 403 verlangt.

449 *Grundbuch-, Beurkundungs- und Schiffsregisterkosten.*

I Der Käufer eines Grundstücks hat die Kosten der Auflassung und der Eintragung, der Käufer eines Rechtes an einem Grundstücke hat die Kosten der zur Begründung oder Übertragung des Rechtes nötigen Eintragung in das Grundbuch, mit Einschluß der Kosten der zu der Eintragung erforderlichen Erklärungen, zu tragen. Dem Käufer fallen in beiden Fällen auch die Kosten der Beurkundung des Kaufes zur Last.

II Der Käufer eines eingetragenen Schiffs oder Schiffsbauwerks hat die Kosten der Eintragung des Eigentumsübergangs, der Käufer eines Rechts an einem eingetragenen Schiff oder Schiffsbauwerk hat die Kosten einer zur Begründung oder Übertragung nötigen Eintragung in das Schiffsregister oder das Schiffsbauregister mit Einschluß der Kosten der zur Eintragung erforderlichen Erklärungen zu tragen.

1 **1) Allgemeines. a) Anwendungsbereich:** Abs I gilt für Grdst u grdstgleiche Re, Abs II für eingetr Schiffe u Schiffsbauwerke (insb Docks), ferner entspr für Luftfahrz u die an ihnen bestellten RegPfdR (§ 98 LuftfzRG). Gilt nicht für Enteigng, auch nicht entspr für kaufähnl Vertr (vgl § 445; bestr; aA St/Köhler 1).

b) Abdingbarkeit: ist uneingeschränkt zu bejahen; and Vereinbg ist insb auch stillschw mögl. **c) Innen- und Außenverhältnis:** § 449 betr nur das InnenVerh der KaufVertrPart, nicht ihre Schuld od Haftg für die Kosten gg Dr, insb Behörden u Notare. 2

2) Kosten, a) Begriff: Darunter sind nur die dch den VeräußergsAkt (Eintr u Beurkundg) unmittelb verursachten Kosten zu verstehen, näml Gebühren u Auslagen gem KostO, nicht sonstige Aufwendgen der VertrPart; auch nicht sonstige Eintr- u BeurkKosten, die notw sind, um die Vorauss dafür zu schaffen, daß die Übereigng vorgen w kann (zB KaufPrHyp; aA St/Köhler 3), erst recht nicht Vermessgskosten, die unter § 448 fallen (dort Rn 2). **b) Voraussetzungen:** Die KostenPfl greift auch ein, wenn die Beurk nicht notw war, ist unabhäng vom Vollz im GrdBuch u besteht auch, wenn der KaufVertr später wieder aufgeh w (Karlsr DNotZ **63**, 242). **c) Einzelheiten:** Kosten einer AuflVormkg fallen unter § 449 (Hamm NJW **65**, 303; bestr), ebso im InnenVerh (Rn 2) die GrdErwerbsteuer (Brem DNotZ **75**, 95 mwN; bestr). 3 4 5

450 *Ersatz von Verwendungen.*

I Ist vor der Übergabe der verkauften Sache die Gefahr auf den Käufer übergegangen und macht der Verkäufer vor der Übergabe Verwendungen auf die Sache, die nach dem Übergange der Gefahr notwendig geworden sind, so kann er von dem Käufer Ersatz verlangen, wie wenn der Käufer ihn mit der Verwaltung der Sache beauftragt hätte.

II Die Verpflichtung des Käufers zum Ersatze sonstiger Verwendungen bestimmt sich nach den Vorschriften über die Geschäftsführung ohne Auftrag.

1) Allgemeines. a) Zweck. GefahrÜberg ist für die Interessenlage der VertrTeile zur Erhaltg der Kaufsache ein Wendepunkt. Daher knüpft das G an dieses Ereign eine Änderg der Anspr des Verk auf VerwendgsErs. **b) Anwendungsbereich.** GefahrÜberg vor Übergabe an Käufer kann eintreten nach § 446 II, § 447 od bei vertragl Ersetzg der Überg (§ 433) dch BesitzmittlgsVerh (§§ 868, 930). **c) Abdingbarkeit** ist gegeben (allgM). **d) Wirkung.** Die hier geregelten Anspr auf VerwendgsErs besagen nichts über Verpfl des Verk zu solchen Verwendgen. Anspr aus § 450 begründen für Verk ZbR (§ 273). 1 2

2) Verwendungen nach Gefahrübergang (Abs I, Rn 2). Notw Verwendgen wie § 994 Rn 1. Die Notwendigk muß nach GefÜberg eingetreten, die Verwendg vor der Überg (§ 929 S 1) gemacht worden sein. Der AnsprInhalt richtet sich iü nach den §§ 662 ff, daher insb nach § 670. 3

3) Sonstige Verwendungen (Abs II) sind solche vor GefahrÜberg nach KaufAbschl sowie solche Verwendgen (§ 994 Rn 1), die nicht zur Erhaltg der Kaufsache notw sind, zB nützl Verwendgen. Der Anspr richtet sich nach § 683 u zwar auch nach dessen Voraussetzgen u umfaßt nicht die Aufwendgen des Verk, die der Erhaltg der Kaufsache dienen; denn insow erf er eigene Pflichten. 4

451 *Gefahrübergang und Kosten bei Rechtskauf.*

Ist ein Recht an einer Sache verkauft, das zum Besitze der Sache berechtigt, so finden die Vorschriften der §§ 446 bis 450 entsprechende Anwendung.

Diese Re sind in § 433 Rn 15 aufgeführt. Entspr anwendb sind auch die §§ 459 ff (BGH **96**, 385). 1

452 *Verzinsung des Kaufpreises.*

Der Käufer ist verpflichtet, den Kaufpreis von dem Zeitpunkt an zu verzinsen, von welchem an die Nutzungen des gekauften Gegenstandes ihm gebühren, sofern nicht der Kaufpreis gestundet ist.

1) Allgemeines. § 452 ist anwendb auf alle KaufVertr (hM); bei Handelskauf aber wg § 353 HGB prakt bedeutgslos (vgl Rn 2). **a) Zweck:** Der Käufer soll nicht gleichzeit KaufGgst u KaufPr nutzen dürfen. **b) Abdingbarkeit** ist uneingeschr gegeben (BGH NJW **97**, 938), insb dch vereinb Fälligk bei Zug-um-Zug-Leistg (BGH NJW **92**, 2625), bei RechngStellg, nach Überg od best Zt danach; vereinb Verzinsg der gestundeten KaufPrFdg (BGH NJW **97**, 938 mwN), schlüss ZinsVerzicht dch SchlußRechng (MK/Westermann 3); v ÜbergZtPkt abweichder ZahlgsTerm (Düss NJW-RR **97**, 778). § 452 gilt nicht für TeilZKäufe u kaufähnl Vertr (§ 445). **c) Zinsen** sind die gesetzl in der Höhe v § 246 od § 352 HGB. Es tritt neben FälligkZ (§ 353 HGB) od VerzZ (§ 288) keine Kumulation ein (Soe/Huber 15; aA offenb Semler NJW **95**, 1727; dagg Becker NJW **96**, 645). 1 2

2) Voraussetzungen für Verzinsg. **a) Nutzungsrecht** des Käufers. Es genügt die bloße Möglichk, berecht Nutzgen (§ 100) zu ziehen (§ 446 I S 2). **b) Zeitpunkt.** Prakt ab Überg der Sache (§ 433 Rn 7) od Übergang des Rs (§ 398), wenn nichts and vereinb ist (Rn 1). Nicht vor Fälligk (hM; LG Hdlbg NJW **94**, 1225 mwN; Dänekamp NJW **94**, 2271; Schmenger BWNotZ **95**, 53 mwN; aA Hamm NJW-RR **89**, 333; Semler NJW **95**, 1727) u auch solange nicht, wie der Käufer die Erf verweigern darf. Unerhebl ist, ob der Käufer die Nutzgen tats zieht od ziehen kann. **c) Unterbliebene Stundung** (Begr: § 271 Rn 12). Vereinbg v Zug-um- Zug-Leistg od Vorleistg des Käufers ist keine Stundg; diese muß dem Käufer ein R auf Vorleistg des Verk gewähren. Bei gewährter Stundg ist iF einer VermVerschlechterg des Käufers § 321 anwendb, idR mit Folge der Zug-um-Zug-Leistg (§ 322). Nach Ablauf der Stundg beginnt die ZinsPfl von selbst (umstr). 3 4

453 *Marktpreis.*

Ist als Kaufpreis der Marktpreis bestimmt, so gilt im Zweifel der für den Erfüllungsort zur Erfüllungszeit maßgebende Marktpreis als vereinbart.

Rechtsnatur: § 453 ist eine Auslegungsregel. **Voraussetzung:** Vereinbg des MarktPr als KaufPr (§ 433 Rn 26). **Marktpreis** eines Ortes ist der DchschnittsPr, der sich unabhäng v bes zufäll Umst der PrBildg aus 1 2

dem Vergl einer größeren Anzahl an diesem Orte zur maßg Zeit geschlossener KaufVertr für Waren der betreffden Beschaffh ergibt. Ist am ErfOrt ein MarktPr nicht zu ermitteln, so ist Markt des Ortes maßg, zu dessen WirtschGebiet der ErfOrt gehört. Der ListenPr eines neuen Kfz ist nicht der MarktPr (vgl BGH **90**, 69
3 [72]). **Wirkung:** IZw gilt der MarktPr des ErfOrts (§ 447 Rn 7) als vereinb. ErfZt ist der Ztpkt, wann
4 vertrgem zu erf ist. **Beweislast** für Vereinbg des MarktPr trägt der Verk, wenn er ihn verlangt, der Käufer, wenn er nicht mehr als den MarktPr bezahlen will.

454 ***Ausschluß des Rücktrittsrechts.*** **Hat der Verkäufer den Vertrag erfüllt und den Kaufpreis gestundet, so steht ihm das im § 325 Abs. 2 und im § 326 bestimmte Rücktrittsrecht nicht zu.**

1 **1) Allgemeines. a) Zweck.** Der Käufer, der die Sache zur Benutzg, Weiterveräußerg od zum Verbrauch erworben u dieser Bestimmg zugeführt hat, soll dch die Rückg nicht unbill belastet w. § 454 ist eine eng
2 auszulegde AusnVorschr. **b) Anwendungsbereich.** Dem Wortlaut zufolge bei jedem KaufGgst u auch dann, wenn der Käufer neben dem KaufPr auch noch and Pfl übnommen hat (BGH NJW-RR **88**, 630). Gilt nicht bei EigtVorbeh, weil Erf erst mit Restzahlg eintritt u § 455 das RücktrR ausdrückl gewährt; beim Fixhandelskauf (§ 376 HGB) u TauschVertr (BGH **LM** Nr 1); auch keine entspr Anwendg. **c) Ab-**
3 **dingbarkeit** ist uneingeschr zu bejahen (allgM). **d) Verhältnis zu anderen Vorschriften:** vertr RücktrR (§§ 346, 360), SchadErsAnspr (§§ 325, 326) u Einreden aus §§ 320, 321 (BGH NJW **60**, 1568) bleiben unberührt (Rn 6).

4 **2) Voraussetzungen** sind kumulativ: **a) Erfüllung** der HauptPfl des KaufVertr dch den Verk gem § 433 (dort Rn 6), mindestens im wesentl (Soe/Huber 14). Bei Grdst genügt die lastenfreie Auflassg des übergebenen Grdst dch den eingetr Verkäufer noch vor Eintragg im GrdBuch (Soe/Huber 4). Der Erf steht nicht entgg, daß unwesentl Teile (zB Zubehör) noch ausstehen. Auch gilt § 454 bei vereinb TLeistg hinsichtl derer, die bereits erbracht sind (MK/Westermann 5 mwN); iü steht TLeistg des Verk dem Rücktr nicht entgg (RG **50**, 139). Hat der Verk den noch ausstehden Teil seiner Leistg schuldh nicht erbracht, ist ArglEinwand (§ 242)
5 des Käufers gg RücktrR mögl (vgl RG **118**, 100). **b) Stundung** des KaufPr (§ 271 Rn 12). Es muß also ein Kreditkauf (Einf 6 vor § 433) vorliegen. Vereinb ZahlgsZiel od Zahlg dch Wechsel ist Stundg u kann zur Anwendg v § 454 führen, wenn nicht ein EigtVorbeh vereinb ist (vgl Rn 2). Stundg kann vor od nach KaufAbschl gewährt sein; ihr Widerruf ist für § 454 unerhebl (BGH **LM** Nr 2). Die Stundg muß sich auf den KaufPr beziehen, sodaß Verz des Käufers mit nicht nebensächl GgLeistgen dem Rücktr des Verk nicht entggsteht (BGH **LM** Nr 1).

6 **3) Wirkung** des § 454. Das gesetzl RücktrR aus § 325 II u § 326 ist ausgeschl. Wg der gebotenen engen Auslegg (Rn 1) ebenf der RückFdgsAnspr aus §§ 283, 325 I, 323 III (MK/Westermann 8). Unberührt v § 454 bleiben vertr RücktrR (§§ 346, 360), SchadErsAnspr (§§ 325, 326) u Einreden aus §§ 320, 321 (BGH **LM** Nr 4). Bei Insolvenz des Käufers schützt nur der EigtVorbeh.

455 ***Eigentumsvorbehalt.*** **I Hat sich der Verkäufer einer beweglichen Sache das Eigentum bis zur Zahlung des Kaufpreises vorbehalten, so ist im Zweifel anzunehmen, daß die Übertragung des Eigentums unter der aufschiebenden Bedingung vollständiger Zahlung des Kaufpreises erfolgt und daß der Verkäufer zum Rücktritte von dem Vertrage berechtigt ist, wenn der Käufer mit der Zahlung in Verzug kommt.**

II Die Vereinbarung eines Eigentumsvorbehalts ist nichtig, soweit der Eigentumsübergang davon abhängig gemacht wird, daß der Käufer Forderungen eines Dritten, insbesondere eines mit dem Verkäufer verbundenen Unternehmens, erfüllt.

1 **1) Allgemeines.** Abs II ist angefügt dch Art 33 Nr 17 EGInsO (G v 5. 10. 94, BGBl 2911); in Kraft seit 1. 1. 99. Schrifft: Serick: EV u Sichergsübertragg (6 Bde) 1963/65/70/76/82/86. **a) Bedeutung.** Abs I ist eine Ausleggregel. Der EV hat im WarenVerk umfassde Bedeutg. Bei Zwischenhandels-, Fabrikations- u TeilZGesch w er regelm vereinb. Über Abs I hinausgreifd gibt es versch Formen (vgl Rn 14–22). Der EV
2 ist im WarenVerk das weitaus häufigste u wichtigste Kreditsichersmittel. **b) Zweck.** Der EV dient dem Sichergsbedürfn des Verk, der den Kaufpr nicht im voraus od Zug um Zug gg Überg der Kaufsache erhält. Dieser Zweck w erf, indem bei EV das Eigt nach aufschiebd bedingter Einigg (§§ 929, 158 I) mit der Zahlg des Kaufpr, ex nunc wirkd, ohne weitere WillErkl des Verk auf den Käufer übergeht. Dch diese Sicherg (in der Praxis dch gutgl Erwerb Dr u Verlust, insb Beseitigg, Verbindg, Verarbeitg u Verbrauch der Sache stark gefährdet) w die Neigg, auf Kredit zu verkaufen, damit der Umsatz gefördert. Zugl w dem Käufer vorzeit Gebr od Weiterverkauf ohne sofortige volle Bezahlg des Substanzwerts ermögl. Zweck u Wesen des EV erschöpfen sich nicht im Schutz des Verk vor unberecht Vfgen des Käufers u Schutz vor dessen Gläub (so aber offenb BGH NJW **70**, 1733), sond erstrecken sich neben der Sicherg der KaufprFdg auch auf die Funktion, den dingl RückFdgsAnspr (Rn 27) zu erhalten (Serick I S 77 f). Der Zweck des EV beschr sich nicht auf die Sicherg derjen Re des Verk, die diesem bei VertrAuflösg zustehen (vgl BGH **70**, 96).
3 **c) Verhältnis zur Sicherungsübereignung** (§ 930 Rn 11): Zweck u Art der Sicherg (idR dch besitzlose EigtStellg) sind teilw gleich, teilw ähnl; als (teilw gewohnhrechtl) Rechtsinstitute sind sie voneinander
4 unabhäng. **d) Anwendungsbereich:** nur bei Kauf u beim WerkliefergsVertr in den Fällen des § 651 I u nur bei bewegl Sachen, auch wenn sie unwesentl BestandT (vgl §§ 93 ff) od Zubeh (§§ 97, 98) sind, auch wenn sie zu einem GesPr verkauft w (RG **144**, 62). Bei Sachgesamth (insb Warenlager, Untern, Inv) muß sich der EV auf die einzelnen bewegl Sachen beziehen (SpezialitätsGrdsatz des SachenR); daher kann der EV nicht auf ein HandelsGesch im ganzen bezogen w (BGH NJW **68**, 392 für die SichergsÜbertr). Nicht anwendb: auf Grdst (§ 925 II), Fdgen u sonst Re, wesentl Bestandt einer and bewegl Sache (§ 93).
5 **e) Schuldrechtliche Seite:** Der Kauf ist unbedingt geschl. Wird der EV im KaufVertr vereinb, so ist der

Verk nur zur bedingten Übereigng (§§ 929, 158 I) verpfl u darf den Eintritt der Bedingg nicht verhindern (§ 160), währd die ÜbergPfl (§ 433 I) unberührt bleibt. Der KaufVertr ist mit bedingter Übereigng u Überg von Seiten des Verk noch nicht erf, sond erst mit Erwerb des VollEigt dch den Käufer (hM). Im Falle des Verzugs (§§ 284 ff) mit der KaufprZahlg (§ 433 II) ist der Verk zum sof Rücktr berecht (unabhäng von § 326). **f) Sachenrechtliche Seite** (§ 929 Rn 26). Der Käufer erlangt dch die aufschiebd bedingte Übereigng (§§ 929, 158 I) mit der Überg (od ihrem Ers, §§ 930, 931) zunächst ein (übertragb) AnwR (§ 929 6
Rn 37; Brox JuS **84**, 657), erst mit Eintr der Bedingg (gem § 455 iZw die vollst Bezahlg des Kaufpr) das volle Eigt. Bis dahin hat der Verk auflösd bedingt (§ 158 II) Eigt, sog VorbehEigt mit HerausgAnspr des § 985 (Rn 27). Er ist bis dahin mittelb Besitzer (hM; dagg krit Wochner BB **81**, 1802), der Käufer (als BesMittler) Fremdbesitzer (vgl § 929 Rn 27). **g) Abdingbarkeit.** Da Abs I ledigl eine Ausleggsregel 7
darstellt, können die VertrPart iR der VertrFreih (Grenze insb § 138) etwas and vereinb als Abs I vorsieht, insb für die Voraussetzgen des Rücktr, für den Inhalt der Bedingg u weitere Pfl des Käufers. **h) Zusätzliche** 8
Sicherung gg gutgl Erwerb Dr (§§ 932 ff) ist bei Kfz dadch mögl u übl, daß der Verk den Kfz-Brief einbehält, weil dadch bei WeiterVerk Gutgläubk gehindert w (vgl § 932 Rn 13; BGH NJW **65**, 687). Im Einzelfall ist auch unmittelb Kennzeichng der Ware mit EV denkb. **i) Insolvenz, Zwangsvollstreckung** 9
und Vergleich: § 929 Rn 51–61. **j) Beweislast** für die Vereinbg des EV trägt derjen, der sich auf ihn für sein Eigt beruft (BGH NJW **75**, 1269); für Eintritt der aufschiebden Bedingg trägt sie hingg der Erwerber. **k) Allgemeine Geschäftsbedingungen** des Verk. Der EV ist als angemessenes SichergsMittel bei Waren- 10
kreditGesch grdsätzl unbedenkl (allgM). Einzelh: § 9 Rn 78, 79 AGBG. **l) Abwehrklauseln.** In AGB für 11
Einkauf wird häuf ein EV des Verk ausgeschl (vgl Rn 18 u BGH NJW **81**, 281). Das ist aber, falls der Käufer die Sache abnimmt, unwirks, sodaß der EV besteht, wenn der Käufer den EV kannte od von ihm zumutb Kenntn nehmen konnte (hM; BGH NJW-RR **86**, 1378 mwN). Kommt bei verlängertem EV (Rn 17) die VorausAbtretg wg der Abwehrklausel nicht zustande, so kann sich der Käufer nicht auf eine Einwilligg zur Weiterveräußerg berufen (BGH aaO). Für Ausdehng auf einf EV: v. Westphalen ZIP **87**, 1361; LG Düss ZIP **87**, 1396.

2) **Eigentumsvorbehalt.** Anwendgsbereich: Rn 4. Sachenrechtl wird der EV idR dch aufschiebd be- 12
dingte Übereigng (§§ 929–931, 158 I) verwirkl (vgl Rn 23–25). Schuldrechtl muß der (vertrgem) EV Inhalt des KaufVertr sein; das wird meist dch AGB, FormularVertr, Aufdruck auf Briefbogen u Bestätiggsschreiben bewirkt (vgl Rn 10), kann aber auch ohne ausdrückl Erkl dch Auslegg (§ 157) sich ergeben (vgl hierzu Schulte BB **77**, 269), zB bei weiterer telefon Bestellg nach vorangegangenen Liefergen mit schriftl EV (Köln WM **96**, 214). Ist ausdrückl unter EV verkauft, kann angenommen w, daß auch ohne bes Erkl des Verk nur unter EV übereignet w. Wird ohne od entgg einer Vereinbg im KaufVertr nur unter EV geliefert (sog vertrwidr EV; vgl Rn 20), so verletzt der Verk seine VertrPfl (vgl § 433 Rn 6). Der EV muß spätestens bei Überg erkl w (hierzu § 929 Rn 29). Inwieweit dies stillschw oder ausdrückl geschehen muß, ist umstr; für deutl Erkl an Empf BGH **64**, 395; für geringere Anfdgen Schulte BB **77**, 269. Zeitl genügt die Erkl des (auch vertrwidr) EV im Lieferschein, aber nicht in der nach Überg übersandten Rechng (§ 929 Rn 29). Die nach unbedingter Übereigng u Überg zugehde Erkl des EV ist unwirks (vgl aber Rn 20). Auch der vertrwidr EV bewirkt sachenrechtl, daß der Verk Eigtümer bleibt. Dch Ann der Sache kann der Käufer ledigl bedingtes Eigt erwerben. **a) Einfacher Eigentumsvorbehalt** erstreckt sich ledigl auf die verkaufte, unter EV übereignete 13
Sache u erlischt dch: **aa)** Zahlg des KaufPr: hierzu Rn 24. **bb)** Erwerb des Eigt dch Dr über § 185 od §§ 932 ff. Der Verk kann dch Vertr die Vfg über die Sache verbieten. Das ergreift nur, wenn es ausdrückl erwähnt ist, auch die Vfg über das AnwartschR, wirkt dann aber ledigl nach § 137 (BGH NJW **70**, 699). Ist Käufer eine Pers, die die Sache zum Weiterverkauf erwirbt u ist dies für den Verk erkennb, so ist auch ohne ausdr Erkl trotz EV im Verkauf die Einwilligg (§ 185 I) zur Weiterveräußerg iR eines ordngsgem GeschBetr enthalten, vgl (auch zu § 185 II) § 929 Rn 33. Hierzu ist aber der Käufer grdsätzl nur ermächt, wenn er die Vorausabtretg nicht dch Vereinbg mit dem Abnehmer vereitelt (BGH stRspr NJW **88**, 1210). Der Verk kann sich dch verlängerten EV (Rn 17) sichern, die Einwilligg bis zur Veräußerg auch widerrufen (BGH NJW **69**, 1171). Die Einwilligg erstreckt sich idR nicht darauf, daß der Käufer an einen Dr veräußert u die Sache least (Einl 27 vor § 535), um sie dann unterzuvermieten, sog Sale-and-Lease-back-Vertr (BGH **104**, 129). **cc)** Einseit Verzicht des Verk. Er ist auch konkludent mögl, zB dch Herausg des KfzBriefes an den Käufer (BGH NJW **58**, 1231), nicht aber idR an das FinanziergsUntern (BGH **LM** Nr 15). **dd)** Realakte, insb Verbindg (§§ 946, 947), Vermischg (§ 948) u Verarbeitg (§ 950). RFolgen u Schutzmöglk für den Verk: Serick BB **73**, 1405. Außerdem erlischt der EV dch Untergang der Sache. **b) Erweiterter Eigentumsvorbehalt** ist in 14
5 Formen mögl u weitgehd übl. Sie können zT miteinander verbunden w. Grdsätzl gelten für sie die Regeln des einf EV. **aa) Weitergeleiteter** EV liegt vor, wenn der Käufer sich dem Verk ggü verpfl, die unter EV 15
gekaufte Sache nur in der Weise weiterzuübereignen, daß der Verk VorbehEigtümer bleibt. Ist in der Praxis ungebräuchl u verstößt bei vertr vorausgesetztem WeiterVerk gg § 9 I AGBG (BGH NJW **91**, 2286). Es kann geschehen dch Übertr des AnwartschR (§ 929 Rn 45) od dch bedingte Übereigng an den Dr mit Einwilligg des VorbehEigtümers (§ 185 I). Veräußert der Käufer, ohne den EV offenzulegen (dann gutgläub Erwerb dch Dr mögl; §§ 932 ff), so ist er seinem Verk nach § 280 schadersptl. Zur Sicherg des ErstVerk ist für diesen Fall eine vorherige (damit verbundene) Vereinbg eines verlängerten EV (Rn 17) sinnvoll. **bb) Nachgeschalteter** 16
EV (Begr v Serick I S 80 ff) liegt vor, wenn der Käufer ohne den EV offenzulegen, die Sache seiners unter (eigenem) EV weiterverkauft; insb im ZwHandel übl. Das kann mit dem (ersten) Verk vereinb sein (pflgem nachgeschalteter EV) u wird dann regelm mit der Vorausabtretg (Rn 17) verbunden (eigentl Anwendgsbereich des verlängerten EV als Sicherg des ersten Verk). Ist das nicht vereinb u veräußert der VorbehKäufer (mit Einwilligg des ersten Verk, Rn 13, § 185 I) unter eigenem EV weiter (freiw nachgeschalteter EV), so erwirbt der erste Verk die neue KaufprFdg nur, wenn Vorausabtretg (Rn 17) vereinb ist. Überträgt der erste VorbehKäufer abredewidr das Eigt bedingt od (ohne EV) voll, ist er dem ersten Verk schadersptl (§ 280), insb dann, wenn der Käufer das Eigt über §§ 932 ff gutgl erwirbt. Bei nachgeschaltetem (also doppeltem) EV tritt, weil 2 versch Erwerber auftreten, eine Verdoppelg des AnwR ein (§ 929 Rn 33). Der Verk verliert das Eigt erst, wenn eine der beiden KaufprFdgen getilgt w (BGH NJW **71**, 1038). **cc) Verlängerter** EV (vgl § 398 17
Rn 24) liegt vor, wenn Verk u Käufer vereinb, daß an Stelle des EV, wenn dieser erlischt (insb dch Weiter-

veräußerg, Verbindg, Verarbeitg, vgl Rn 13) die neue Sache (das ArbProd, § 950 Rn 3) od die daraus entstehde Fdg treten soll. Das setzt die Einwilligg zur Weiterveräußerg voraus (vgl Rn 15); sie erstreckt sich aber nicht auf die Veräußerg an einen Dr, der die Abtretg der von ihm geschuldeten Fdg von seiner Zust abhäng macht (BGH **27**, 306). Die Abtretg der künft Fdg (sog Vorausabtretg) ist eine Sichergsabtretg. Sie ist unwirks, wenn die Abtretg dch Vertr zw VorbehKäufer u Dr verboten war (hM; § 399 Rn 11; hierzu krit Wagner JZ **88**, 698 [701]). Liegt der Abtretg ein beiderseit HandelsGesch zugrde, muß § 354a HGB beachtet werden. Die nicht verbotene Abtretg ist wirks, auch wenn die Bestimmbark der einzelnen Fdgen weder zZ ihrer Abtretg noch zZ ihrer Entstehg in jedem Fall gewährleistet ist; es genügt, daß die Fdg individualisierb, dh von and unterscheidb ist (BGH **27**, 306). Der verlängerte EV ist an § 9 AGBG gemessen grdsätzl unbedenkl, jedenf im kfm Verk (BGH NJW **87**, 487 mwN). Bei Einstellg in ein Kontokorrent ist die Vorausabtretg wg Unabtretbk nur dann wirks, wenn sie sich auf den Schlußsaldo bezieht (BGH NJW **78**, 538). Wird bis zur Höhe des Wertes der VorbehWare od mit ähnl Klausel abgetreten, so ist der KaufPr maßgebd, den Verk mit dem (vorausabtretden) Käufer vereinb hat (BGH NJW **64**, 149). Darühinaus können Fdg aus D- od Werkleistgen (§§ 611, 631), dch die der EV inf der §§ 946–950 erlischt od die mit dem KaufGgst zushängen (insb ReparaturkostenFdg), voraus abgetreten w. Das bedarf aber einer ausdr Erkl. Sie liegt nicht in dem verlängerten EV, den die VertrPartner auf die verk Sache beziehen (BGH NJW **68**, 1516), u muß den Umfang der Abtretg erkennen lassen (BGH **26**, 178). Bei mehrf Abtretg gilt allg der Grdsatz zeitl Priorität; es ist nur die erste Abtretg wirks (BGH **32**, 361). Verh zum FactoringVertr: BGH **69**, 257; **72**, 15 u **75**, 391; Peters/
18 Wichmann NJW **85**, 2932. Verh zur Globalzession: § 398 Rn 25. **dd) Kontokorrentvorbehalt** liegt vor, wenn der EV nicht schon dann erlischt, sobald der Käufer den Kaufpr der VorbehSache bezahlt, sond erst, wenn er alle od einen best Teil der Fdgen aus der GeschVerbindg beglichen, insbes den Saldoausgleich herbeigeführt hat. Der KontokorrentVorbeh ist vor allem aGrd von AGB weitgehd übl, grdsätzl zul (hRspr; BGH **42**, 58 u NJW **78**, 632), jedenf unter Kaufleuten. Er kann aber aGrd unzureichder Freigabeklausel wg § 9 AGBG unwirks sein (BGH NJW **94**, 1154). Er erlischt mit jedem FdgAusgleich u lebt nicht wieder auf (BGH aaO). Über den ausdr im Einzelfall vereinb Umfang darf der KontokorrentVorbeh nicht ausgedehnt w. Er ist auch mögl, wenn kein KontokorrentVerh besteht (vgl BGH WM **69**, 1072) u wird dann auch
19 Globalvorbehalt (Braun BB **78**, 22) od GeschVerbindgsKlausel genannt. **ee) Konzernvorbehalt** (Abs II) liegt vor, wenn der EV (jeder Art) auf die Fdgen Dr, insb die verbundener Untern des VorbehEigtümers gehörde Gläub erstreckt w. Er ist seit 1. 1. 99 (vgl Rn 1) allg verboten u wg § 134 nichtig, auch wenn er vorher
20 vereinb wurde. Für den RZustd vor dem 1. 1. 99 vgl die 57. Aufl. **ff) Nachträglicher** EV. **(1) Einseitiger** EV ist der bei od nach Übereigng u Überg einseit bewirkte (vertrwidr) EV, insb dch einen Lieferschein, der auf jeden Fall dem Käufer bei der Lieferg zugehen muß (vgl BGH NJW **79**, 213), um einer bedinggsl Übereigng entgegenzustehen (BGH NJW **79**, 2199). Der Verk behält (bei kollidierden AGB) das Eigt auch, wenn der Käufer, der den EV kannte, in seinen Einkaufsbedinggen eine sog Abwehrklausel (Rn 11) hatte (BGH NJW **82**, 1749), sogar dann, wenn die Abwehrklausel VertrInhalt geworden ist (BGH NJW **82**, 1751); dies beruht sachenrechtl auf dem fehlden Übereigngswillen (vgl de Lousanoff NJW **82**, 1727).
21 (2) **Vereinbarter.** Der nachträgl vereinb EV kann üb § 140 in eine bedingte Rückübereigng umgedeutet w
22 (§ 929 Rn 29) u den KaufVertr entspr abänd. **gg) Anerkannter** EV. Dch Vertr (§ 779 od § 781) kann zw den Part mit schuldrechtl Wirkg festgelegt w, daß üb das VorbehEigt des Verk nicht gestritten werden solle u den RBeziehgen der VertrPart zugrdezulegen ist (BGH NJW **86**, 2948).

23 **3) Bedingung** (aufschiebd, § 158 I) für den Erwerb des VollEigt dch den Käufer. **a) Inhalt:** iZw die vollst Bezahlg des Kaufpr, einschl der MWSt. Dazu gehören vereinb Versandkosten u Abgaben, jedoch Zinsen (insb VerzZinsen), FinanziergsSpesen u ähnl NebenFdgen nur, wenn es vereinb ist (umstr; vgl MK/Westermann 23). Der KaufPrSchuld steht iZw die erfüllgshalber (§ 364 II) eingegangene WechselVerbindlk gleich (BGH **96**, 182), sodaß Verzug mit ihr grdsätzl zum Rücktr berecht (BGH aaO; vgl Rn 26); iZw erlischt die KaufPrFdg auch dann, wenn der Käufer im sog AkzeptantenwechselVerf zahlen läßt u der Verk noch dem Regreß ausgesetzt ist (BGH **97**, 197 mwN). Der Inhalt der Bedingg kann bis zu ihrem Eintritt dch Vertr (§ 305) geänd w (BGH **42**, 58); jedoch kann nach Übertr des AnwR zw den KaufVertrPart der EV wg § 185
24 ohne Zust des AnwRInh nicht mehr erweitert w (BGH NJW **80**, 175). **b) Eintritt** (vgl § 158 Rn 2) dch restlose Zahlg des Kaufpr (Rn 23). Bei Überweisg auf Konto erst mit Gutschr, bei Wechsel u Scheck mit Einlösg, bei Aufrechng (selbstverständl nur wenn sie wirks ist) mit Zugang der Erkl (§§ 388, 130); sonst mit Erlöschen der KaufprFdg aus and Grden. Teilzahlg bewirkt auch kein teilw Erlöschen des EV, auch nicht bei einem GesamtPr hinsichtl einzelner Sachen; and Vereinbg ist mögl (Rn 7). Bei FdgsMehrh ist § 366
25 anzuwenden, wenn nicht ein KontokorrentVorbeh (Rn 18) vereinb ist. **c) Wirkung.** Wg der sachenrechtl Lage: Rn 6. Solange der EigtErwerb dch den Käufer nicht vollz ist, hat der Verk nicht voll erf (vgl Rn 5), obwohl er seine Leistgshandlg vorgen hat; denn der Leistgserfolg ist noch nicht eingetreten (hM; vgl Rn 6). Ein and Ergebn ist dch entspr Vereinb zu erzielen, insb bei Gestattg der Weiterveräußerg od wenn nur die Übertragg des AnwartschR geschuldet ist.

26 **4) Rücktrittsrecht** (vom KaufVertr) steht dem Verk iZw bei ZahlgsVerz des Käufers zu. Verz muß sich auf den Kaufpr (wie Rn 23) beziehen; grdsätzl genügt der Verzug mit der erfüllgshalber (§ 364) eingegangenen WechselVerpfl (BGH **96**, 182). Die Voraussetzgen des § 326 müssen nicht erf sein (hM; BGH NJW-RR **95**, 365 mwN; aA Bydlinski JZ **86**, 1028); denn es handelt sich um einen vertr vorbehaltenen Rücktr, auf den die §§ 346ff unmittelb anzuwenden sind (BGH NJW **84**, 2937 mwN). Ab Verj der KaufprFdg ist Rücktr ausgeschl (hM; MK/Westermann 40). Will Verk dagg nicht zurücktreten, sond SchadErs wg NichtErf verlangen, so kann er dies nur gem § 326. NachFr ist nöt. HerausgVerlangen aus Eigt enthält Rücktr nur, wenn ein TZahlgsGesch vorliegt u § 13 VerbrKrG anwendb ist.

27 **5) Herausgabeanspruch** des Verk besteht (auch vor Rücktr) aus § 985 u aus Vertr (vgl § 985 Rn 3). Demggü hat der Käufer das R zum Bes (§ 986) aus dem KaufVertr. **a) Vertragsverletzung** dch den Käufer kann das R zum Bes (§ 986) beseitigen, insb dch Rücktr des Verk wg ZahlgsVerz; aber auch vorher bei einem nach der Differenztheorie berechneten SchadErsAnspr aus § 326, bei unsachgem Behandlg der Kaufsache od sonst vertrwidr Verhalten des Käufers, insb pflwidr Weitergabe (vgl K. Müller DB **69**, 1493 mwN; aA BGH

54, 214 mwN: kein RücknR wg Verz vor Rücktr aus § 455 od fruchtlosem Ablauf der Nachfr des § 326). Entspr geht in diesen Fällen das R zum Bes (§ 986) verloren (zu diesen Fragen näher § 929 Rn 40). Der BGH (**54**, 214) berücksicht weder den mietrechtl Einschlag des EV (§ 929 Rn 40) noch die vom Eigt des Verk unabhäng Funktion des EV, den RückFdgsAnspr zu sichern (Serick I S 136 ff). Solche RücknKl sind nicht wg § 9 AGBG unwirks (umstr). **b) Verjährung** der (auch restl) KaufprFdg u Erheben der Einr (zu 28
diesen Fragen Look/Stoltenberg WM **90**, 661) läßt den HerausgAnspr unberührt (hM; BGH **70**, 96), da der Verk mangels BedinggsEintritt (§ 158 I) Eigtümer geblieben ist. Der KaufVertr, der das R zum Bes gibt, bleibt aber mangels Rücktr bestehen (Rn 26). Der Verk kann die Sache jedoch in entspr Anwendg v § 223 herausverlangen (hM; BGH **34**, 197; aA Look/Stoltenberg aaO 666: § 242). Weitere Abwicklg: Der Käufer darf die Nutzgen vergütgslos behalten, aber den (teilw) bezahlten KaufPr nicht zurückfordern, weil der KaufVertr fortbesteht, solange Rücktr nicht wirks erklärt ist. Nach Serick I S 441 kann bei verjährter KaufPrFdg der Verk die herausverlangte Sache verwerten u sich für den RestKaufPr am Erlös befried, wenn der Käufer endgült die Zahlg verweigert, währd er keinen Anspr auf Rückzahlg der geleisteten Raten erlangt. Der ÜbErlös ist an den Käufer auszuzahlen.

456 *Ausgeschlossene Käufer bei Zwangsvollstreckung.*

Bei einem Verkauf im Wege der Zwangsvollstreckung dürfen der mit der Vornahme oder Leitung des Verkaufs Beauftragte und die von ihm zugezogenen Gehilfen, mit Einschluß des Protokollführers, den zum Verkaufe gestellten Gegenstand weder für sich persönlich oder durch einen anderen noch als Vertreter eines anderen kaufen.

Zweck: Unparteil Leitg des Verf. **Anwendungsbereich:** Verk (insb öff Verst) bewegl Sachen uRe gem 1
§§ 814–817 a, 821, 825, 844, 857 ZPO, sowie ZwVerst v GrdSt u grdstgleichen Ren (§ 866 I ZPO). Weitere Anwendbk: § 457. **Personenkreis:** Das Erwerbsverbot gilt insb für GerVollz (§ 814 ZPO), Versteigerer od 2
VerkBeauftragte (§ 825 ZPO), VerstRichter od -Rpfleger (§ 1 ZVG), alle HilfsPers auch mit untergeordneten Aufgaben. **Erwerbsverbot:** Auch in allen Formen der Vertr, insb auch mittelb StellVertr u TrHänder (vgl 3
Einf 6 vor § 164). **Wirkung:** § 458. Erwerb v Ersteher aGrd eines weiteren Kaufs berührt § 456 nicht. § 181 4
bleibt daneben anwendbar (RG **56**, 105 [108]).

457 *Ausgeschlossene Käufer bei Pfandverkauf.*

Die Vorschrift des § 456 gilt auch bei einem Verkauf außerhalb der Zwangsvollstreckung, wenn der Auftrag zu dem Verkauf auf Grund einer gesetzlichen Vorschrift erteilt worden ist, die den Auftraggeber ermächtigt, den Gegenstand für Rechnung eines anderen verkaufen zu lassen, insbesondere in den Fällen des Pfandverkaufs und des in den §§ 383, 385 zugelassenen Verkaufs, sowie bei einem Verkaufe aus einer Insolvenzmasse.

Fassung: aE statt „dch KonkVerw" „aus einer Insolvenzmasse" dch Art 33 Nr 18 EGInsO; in Kraft seit 1
1. 1. 99. **Anwendungsbereich:** Folgde Fälle v Verk, insb iW öff Verst: §§ 383, 385, 753, 966, 979, 983, 1003, 1219, 1221, 1228 ff, 2042 (753); weiter §§ 368, 371, 373, 376, 379, 388, 391, 437, 440 HGB sowie § 159 InsO. **Freiwillige Versteigerung:** Hierfür gelten die §§ 456, 457 nicht. Für gewerbsmäß Verst gelten 2
die dem § 456 ähnl Verbote des § 34 b VI GewO mit NichtigkFolge (§ 134) u die VO v 1. 6. 76 (BGBl 1345). Bei Verst dch Notare (§ 20 III BNotO) greift im engeren Umfang § 16 BNotO ein.

458 *Kauf trotz Kaufverbots.*

I Die Wirksamkeit eines den Vorschriften der §§ 456, 457 zuwider erfolgten Kaufes und der Übertragung des gekauften Gegenstandes hängt von der Zustimmung der bei dem Verkauf als Schuldner, Eigentümer oder Gläubiger Beteiligten ab. Fordert der Käufer einen Beteiligten zur Erklärung über die Genehmigung auf, so finden die Vorschriften des § 177 Abs. 2 entsprechende Anwendung.

II Wird infolge der Verweigerung der Genehmigung ein neuer Verkauf vorgenommen, so hat der frühere Käufer für die Kosten des neuen Verkaufs sowie für einen Mindererlös aufzukommen.

Zustimmungsbedürftigkeit: Bei einem Kauf, der gg §§ 456, 457 verstößt, besteht entgg § 134 1
schwebde Unwirksk. Zust: Einwilligg (§ 183) u Gen (§ 184). Sie muß v Seiten aller Beteil vorliegen; außer Schu, Gl u Eigt auch and PfandGl. **Rechtsfolgen:** Kauf (Verst) u ErfGesch (insb Übereigng) w nichtig, wenn 2
die Zust auch nur v einem der Beteil verweigert w. Erkl über die Gen kann nur derErwerber über § 177 II herbeiführen (Abs I S 2). **Ersatzansprüche:** Der Anspr aus Abs II ist v Versch unabhäng. Weiter können 3
Anspr aus § 823 II u aus § 839, Art 34 GG bestehen.

II. Gewährleistung wegen Mängeln der Sache

Vorbemerkung

1) Allgemeines. Bei der GewlPfl des Verk von Sachen ist zw RMängeln (§§ 439–443 mit RFolgen der 1
NichtErf gem §§ 320–327) u Sachmängeln (§§ 459–480) zu unterscheiden (vgl zur Abgrenzg Rn 13–20). **a) Abdingbarkeit:** die §§ 459–480 sind größtenteils dispositiv. Grenzen: § 476 u Rn 29. **b) Gewährleistungsansprüche** des Käufers sind (grdsätzl wahlw): Wandelg (§ 462), Minderg (§ 462), SchadErs wg NichtErf (§§ 463, 480), Nachlieferg (§ 480, nur bei Gattgskauf) u Nachbesserg (nur wenn vereinb, § 462 Rn 4–6). **c) Allgemeine Voraussetzungen** der GewlAnspr sind: Sachm (§ 459), fehlde Kenntn des Mangels ohne grobe Fahrlk beim Kauf (§ 460) u fehlde Kenntn od Vorbeh bei Ann (§ 464).

2 **2) Verhältnis zu anderen Rechten** ist sehr umstr. **Sonderregelung:** Einigk besteht darin, daß die §§ 459–480 eine SoRegelg darstellen, die in ihrem Anwendgsbereich alle allg Vorschr ausschließt. Daraus folgt zunächst unstreit, daß Anspr aus Verletzg von NebenPfl aus dem KaufVertr, die mit Sachmängeln nichts
3 zu tun haben, dch die §§ 459 ff nicht berührt w (vgl § 433 Rn 16–25). **Gefahrübergang:** Umstr ist, ob der GefÜberg (vgl § 459 I) auf die Anwendbk and Anspr einwirkt. Nach hRspr (BGH **114**, 34) sollen bis zum GefÜberg die allg Vorschr, insb die IrrtAnf gem § 119 II unbeschr zugelassen, GewlAnspr grds erst ab GefÜberg. Nach and Auffassg (Hamm NJW-RR **93**, 1366; Soe/Huber 173; Tiedtke NJW **95**, 3081) ist die Anwendg der allg Vorschr grdsätzl vor u nach dem GefÜberg in gleichem Umfang ausgeschl, weil die GewlAnspr auch schon vor GefÜberg entstehen können (vgl § 459 Rn 6). Zu den Konsequenzen bei not
4 Beurk: Weigl MittBayNot **96**, 344. **Gewährleistungsausschluß** (Rn 21): Die Anwendbk der wg der SoRegelg ausgeschl Re wird nicht dadch herbeigeführt, daß im Einzelfall Ausschl der Gewl zuläss vereinb ist (Soe/Huber 177). Die Rspr des BGH (Rn 3) tendiert dahin, trotz GewlAusschl die Re aus den allg Vorschr zuzulassen (vgl Weigl aaO). Eine entspr Anwendg v § 281 ist mögl, wenn die Sache vor Übgabe einen Mangel erleidet (Tiedtke NJW **92**, 3213; offengelassen v BGH NJW **91**, 1675) od ein solcher v Anfang an vorhanden war (Reinicke/Tiedtke ZIP **97**, 1093).

5 **a) Unmöglichkeit und Verzug.** Die §§ 306, 320–327 sind nur bis zum GefahrÜberg anwendb (BGH NJW **95**, 1737). Sie sind jedenf ab GefÜberg (vgl Rn 3 u § 459 Rn 5) ausgeschlossen, weil auch die Überg u Übereigng einer mangelh Sache Erf des KaufVertr ist (umstr; aA teilw NichtErf), solange ledigl ein Sachmangel vorliegt u nicht ein aliud (dh eine and als die verk Sache; § 459 Rn 3) geliefert ist (BGH NJW **86**, 659 u **94**, 2230). Das gilt aber nicht bei einem beiderseit Handelskauf, wenn das aliud genehmiggsfäh ist (§ 378 HGB, BGH **115**, 294). Eine Falschlieferg (aliud) kommt beim GattgsKauf (§ 480) in Betr, beim Stückkauf nur, wenn der Verk die Sache vertauscht od verwechselt. Diese RFolge (NichtErf) u ihre Begründg sind sehr umstr; von der wohl hM wird die Unanwendbk auf den Stückkauf beschr, weil bei Gattgskauf wg § 480 I Anspr auf Lieferg mangelfreier Sache besteht (Soe/Huber 170). Die richt Begründg ist, daß die NichtErf der LeistgsPfl u die Gewl für Sachmängel nach Vorauss u Wirkg zweierlei sind. Die Anwendbk der §§ 320–327 kommt auch dann in Betr, wenn eine SachGesamth (zB § 433 Rn 2) od mehrere Sachen als zusgehörd (§ 469) verk sind u nicht alle geliefert w, sog Quantitätsmangel (vgl § 459 Rn 2; BGH NJW **92**, 3225; zust Tiedtke DB **93**, 1071).

6 **b) Positive Vertragsverletzung** (vgl § 276 Rn 110) ist neben §§ 459 ff (mit Ausn der SoRegelg des § 463, vgl dort Rn 26) anwendb; denn GewlR enthält Sonderregelg nur bzgl der unmittelb Wirkg mangelh Lieferg, schützt jedoch mit dem Regelbehelf der Wandelg u Minderg den Käufer nicht hinreichd vor solchem Schad, der über den den Mangel begründden Nachteil an der verk Sache hinausgeht, sog Begleit- u MangelfolgeSchad (hM; stRspr des BGH, zB NJW **80**, 1950), insb dch Verarbeitg der mangelh Sache u dch diese Sache (zB Unfall) an and Sachen od RGütern verursachte Schäden (vgl auch § 463 Rn 15). Diese Schäd können aus pVV verlangt werden, wenn der Verk eine über die bloße Lieferg hinausgehde VerhaltensPfl schuldh verletzt, insb Aufklärgs-, Beratgs- u UntersuchgsPfl (hM; vgl § 433 Rn 16–25); Einzelfälle: § 276 Rn 110. Dazu gehört auch das schuldh Herbeiführen eines Mangels zw KaufAbschl u GefÜberg. In allen diesen Fällen kann jedoch im GeltgsBer der §§ 459 ff aus pVV immer nur der MangelfolgeSchad (§ 463 Rn 15) verlangt w; für den eigentl Mangel(NichtErf)Schad sind die §§ 463, 480 SondRegel (hM; BGH **77**, 215). Die Abgrenzg ist schwier. Mit dem Anspr kann gg die KaufprFdg ein ZbR (§ 273) geltdgemacht werden (BHG NJW **99**, 1541).

7 **c) Verschulden bei Vertragsverhandlungen** (c. i. c.; vgl § 276 Rn 80). Anspr daraus sind grdsätzl ausgeschl, soweit sich das Versch des Verk auf die Beschaffenh des KaufGgst (Fehler u zusichergsfäh Eigensch, § 459) bezieht, da die §§ 459 ff eine abschließde Sonderregelg darstellen (§ 276 Rn 80 mwN; § 463 Rn 25). Nur soweit das vorvertragl Versch des Verk vorsätzl ist (BGH stRspr NJW **92**, 2564 mwN; St/Honsell 33; aA Soe/Huber 228) od sich (auch fahrläss) nicht auf Fehler od zusichergsfäh Eigensch bezieht (vgl § 463 Rn 25) haftet der Verk aus c. i. c. auf Ers des VertrauensSchad (BGH **60**, 319 u NJW **92**, 2564 mwN), insb bei Verletzg von Offenb-, Aufklärgs- u BeratgsPfl (allgM; vgl § 276 Rn 80–82 mit Einzelh). Für weitergehde, freie Konkurrenz: Marutschke JuS **99**, 729.

8 **d) Anfechtung wegen Täuschung** (§ 123) ist grundsätzl neben GewlAnspr zul, da zu einer Begünstigg des betrüg Verk dch Beschrkg des Käufers auf Gewl kein Anlaß besteht (hM; RG **104**, 3). Daß ArglAnf mögl ist, bewirkt für den Verk keine zusätzl Belastg (Köhler JA **82**, 157). Da bei Anf nur SchadErsAnspr aus §§ 823 II, 826 (idR auf den VertrauensSchad gerichtet, Vorbem 18 vor § 249) od BereichergsAnspr (§§ 812, 818) bestehen, kann es im Einzelfall für den Käufer günst sein, nicht anzufechten u statt dessen SchadErs wg NichtErf (§ 463) zu verlangen (vgl Weitnauer NJW **70**, 637). Eine erfolgl AnfErkl kann in eine WandelgsErkl (§ 462) umgedeutet w. Anf u GewlAnspr (§§ 462, 480) schließen sich aus; jedoch hat der Käufer die Wahl, solange nicht eine der beiden Erkl zum erstrebten Erfolg geführt hat, insb schließt erst die begrdte Anf die Wandelg aus (Giesen zu BGH NJW **71**, 1795). Vgl weiter § 463 Rn 23, 24.

9 **e) Anfechtung wegen Irrtums. aa)** Die aus § 119 I ist zul, zB Inhaltsirrt üb die Erkl einer Zusicherg statt bloßer BeschaffenhAngabe (§ 459 Rn 17; Hattenhauer JuS **98**, 684 [689]). **bb)** Ausgeschl ist die des Käufers über verkwesentl Eigensch (§ 119 II), soweit aus gleichem Grd Gewl geltd gemacht w könnte (hM; BGH **34**, 32; Soe/Huber 175; dagg krit Wasmuth Fs Piper 1083), grdsätzl also ab GefÜberg; denn die §§ 459 ff regeln gerade den Fall, daß die Kaufsache verkwesentl Mängel aufweist u hieran RFolgen knüpfen, die als Sonderregelg der allg Vorschr des § 119 II vorgehen. Auch wird dch das GewlR mit seinen kurzen VerjFr (§ 477) eine schnelle, endgült Abwicklg bezweckt, die dch Zulassg der IrrtAnf wg Sachm (30 Jahre VerjFr) prakt wieder aufgeh würde. Der Ausschl der IrrtAnf bezieht sich jedoch wiederum nur auf den Ber des GewlR. **cc)** Eine Anf wg Irrt des Verk ist nur zul, soweit sich der Irrt nicht auf Vorhandensein eines Fehlers od auf zugesicherte Eigensch bezieht, weil er sich sonst der Gewl entziehen könnte (hM; BGH NJW **88**, 2597; hierzu
10 Köhler/Fritzsche JuS **90**, 16). **dd)** Der Käufer darf anfechten, wenn sich sein Irrt auf and verkwesentl Eigensch bezieht, die nicht zugleich GewlMängel darstellen (hM; BGH **16**, 54 u NJW **79**, 160; hierzu krit Müller JZ

88, 381 [385]). **ee)** Soweit die Gewl zul vertragl ausgeschl ist, bleibt auch die Anf ausgeschl (St/Honsell 23 mwN). **ff)** RFolgen der Anf: Nichtigk (§ 142), Anspr aus §§ 812, 818 u Ers des VertrauensSchad (§ 122).

f) Unerlaubte Handlung (§§ 823, 826). Anspr daraus werden dch §§ 459 ff nicht ausgeschl (hM; BGH **86**, 256, einschränkd Schwark AcP **179**, 58; krit Stoll JZ **83**, 501), selbst wenn die uH gleichzeit das argl Verschweigen eines Mangels enthält (BGH NJW **60**, 237; vgl auch § 463 Rn 23) od wenn nur ein Teil der verk Sache mangelh ist u ein and Teil od die Restsache als Mangelfolge später beschäd od zerstört w (aA LG Karlsr JZ **87**, 828). Bei der EigtVerletzg ist zu beachten, daß sie nur dann relevant ist, wenn die verk Sache nach dem GefÜberg weiter beschäd w, weil bei GefÜberg bereits eine beschäd Sache (Eigt) erlangt w ist (Ganter JuS **84**, 592 mwN). Der SchadErsAnspr aus §§ 823 ff unterliegt trotz § 477 der dreijähr Verj nach § 852 (BGH **66**, 315). 11

g) Fehlen und Wegfall der Geschäftsgrundlage. RFolgen daraus sind, soweit es sich um Fehler od Eigensch des KaufGgst handelt, ausgeschl (BGH **117**, 159 mwN; vgl § 242 Rn 118), auch bei vereinb Ausschl der SachmGewl (vgl Rn 41; BGH **98**, 103). Das gilt jedenf sow bei Fehlern der VertrZweck nicht inf eines außerh der Beschaffenh der Sache liegenden Umst (sog Umweltfehler) unerreichb w (vgl Köhler, Unmöglk u GeschGrdlage, 1971, S 176 ff). Ferner ist Wegfall der GeschGrdlage anwendb, wenn die Abweichg der Kaufsache von der beiderseits vorgestellten Beschaffenh nur zuungunsten des Verk wirkt. 12

3) Anwendungsbereich. Allg Vorauss ist, daß ein Kauf (§ 433) od kaufähnl Vertr (§ 493) vorliegt. Erwerb v Bauträger: § 633 Rn 4 u § 675 Rn 20. **a) Sachen** (vgl § 433 Rn 1): alle bewegl u unbewegl (§ 90), einschl ihrer Bestandt u Zubehör (§§ 93–98), auch wenn sie nicht dch Verk veräußert w (§ 493) u wenn es sich um MitEigtAnteile handelt (Hamm MDR **85**, 1026), insb gemschaftl Einrichtgen bei EigtWo (BGH WM **71**, 1251). Bei Standard-Software gelten die §§ 459 ff mindestens entspr (BGH **102**, 135; vgl § 433 Rn 5; aA Mehrings NJW **88**, 2438: §§ 633 ff). Bei Druckschr keine Anwendg für fehlerh Rat (BGH WM **78**, 306, Anlageempfehlg eines BörsenD). **b) Wertpapiere:** nur sow es sich um Mängel der Urk handelt (vgl § 437 Rn 14). Bei Aktienpaket vgl Rn 16. **c) Rechte:** grdsätzl nicht; es gilt § 437. Ausnahmsw anwendb in den Fällen des § 451 (BGH NJW **86**, 1605) u der Rn 6. Abzulehnen bei Patent, Erfindg, know-how-Vertr. **d) Unternehmen** (§ 433 Rn 3). Die GewL bedarf idR individueller Vereinbg (Merkt BB **95**, 1041 [1044 ff]). Grdsätzl gilt: §§ 459 ff sind einers für Mängel zugehör Sachen anwendb (Gewl für mangelh Einzelsache), entspr auch für Mängel des Untern als solchem (hM; BGH stRspr zB NJW **79**, 33 mwN; hierzu krit Zimmer NJW **97**, 2345 mwN). Mängel einzelner Substanzstücke begrden einen Mangel des Untern nur unter bes Umstden (vgl BGH NJW **70**, 556). Für einzelne RMängel vgl § 437 Rn 4; Sachmängel: § 459 Rn 43, 44. Für sog AbschlAngaben (zu Gewinn- u VerlRechng, Umsatz, Bilanz, Inv) haftet der Verk nach der Rspr (zB BGH NJW **70**, 653) nur aus c.i.c. (vgl Rn 7); ebso für sog GeschPlan (abw v. Bemuth DB **99**, 1689). Dies gilt auch bei Verletzg v AufklärgsPfl (Stengel/Scholderer NJW **94**, 159 mwN). Die häuf Prüfg der Untern vor KaufAbschl (sog due diligence) führt im Einzelfall zu den RFolgen des § 460 (Loges DB **97**, 965). Wissenszurechng bei Vertretg: § 166 (zu Einzelh Hartung NZG **99**, 524). **e) Gesellschaftsanteile** u MitgliedschR (§ 433 Rn 2). Ihr Kauf ist der eines Rs. Gewl grdsätzl nach § 437 (dort Rn 10); jedoch gelten die §§ 459 ff (BGH **85**, 367) unter Ausschl der IrrtAnf (BGH NJW **69**, 184) u mit Beschränkg der Wandelg (Mössle BB **83**, 2146; umstr), soweit es sich um Mängel des von der Gesellsch betriebenen Untern od einz ihrer VermGgst handelt (vgl die zusfassden Darstellgen: U. Huber ZGR **72**, 395; Mössle BB **83**, 2146). Solche Mängel des Untern können auch sein: nicht ausgewiesene GesellschSchulden, zu hoch bewertete Aktiva od zu hoch angegebene Erträge od Umsätze (Prölss ZIP **81**, 337). In diesen Fällen ist aber Vorauss, daß die Part des KaufVertr darin von einer best Beschaffenh des Untern od eines Ggst des GesellschVerm ausgegangen sind (U. Huber aaO [406]). **aa) Alle Anteile.** Damit ist nach der VerkAuffassg u dem wirtsch Zweck auch das Untern selbst (zusätzl) verkauft (hM seit RG **120**, 283; BGH NJW **69**, 184 u WM **78**, 59). Das gilt auch, wenn mehrere Verk u Käufer an einheitl Vertr beteiligt sind (RG **122**, 378). Zur zweckmäß Gestaltg der GewL, insb bei Erwerb v einer VerkäuferMehrh: Martin NZG **99** 583. **bb) Beherrschender Anteil** (insb MehrhBeteiligg; aA BGH NJW **80**, 2408), auch bei mehreren VertrPart (wie Rn 17): Kriterium ist, ob dadch unternehmer Leitgsmacht (satzgsändernde Mehrh) verschafft w (hierzu Hommelhoff ZHR **76**, 271 [283]). Die Rspr ist uneinheitl. Bejahd: BGH WM **70**, 819; Mü NJW **67**, 1327. Verneind: für einen GmbHAnteil v 49% BGH **65**, 246 mwN, für 60%, an satzgsändernden Beschlüssen orientiert: BGH NJW **80**, 2408. Die v Käufer bereits gehaltenen Anteile bleiben unberücksicht (Naumb NJW-RR **95**, 799). **cc) Kleinerer Anteil:** grdsätzl nicht, nur ausnahmsw dann, wenn der Verk eine beherrschde Stellg innehat u der Kaufpr am GesellschVerm orientiert ist (vgl Neumann-Duesberg WM **68**, 494 [502]). **dd) Haftung** aus c. i. c. (Rn 7) kann im Einzelfall gegeben sein (BGH NJW **80**, 2408; Naumb aaO). **ee) Verjährung** der GewlAnspr nach § 477 I 2. Alt (Mössle BB **83**, 2146 mwN; sehr umstr). 13 14 15 16 17 18 19 20

4) Vertragliche Abänderung bei Vertr außerh des GeltgsBer des AGBG, näml des sachl (§ 1 AGBG), zeitl (§ 30 AGBG) u des persönl (§ 24 AGBG). GewlAnspr können insb dch AGB ausgeschl u beschr (sog Freizeichngsklauseln), aber auch (insb dch EinkaufsBedingg) erweitert w. **a) Allgemeines.** Grdsätzl sind die GewlVorschr der §§ 459 ff vertragl abdingb. Auch bei völl Ausschl der GewL bleiben die and Re in gleicher Weise ausgeschl wie dch die ges SoRegelg (Rn 4). Ausn: Argl (§ 476) u zwingde gesetzl Vorschr. Grenzen: § 138 u § 242 (vgl § 276 Rn 57–62). Das gilt auch für formularmäß Regelg der GewlAnspr, soweit die Abweichg von dispositiven ges Vorschr nicht gg das ges Leitbild des VertrTyps verstößt (§ 9 AGBG). Für individuell vereinb Vertr sind die Regeln der Inhaltskontrolle (Einf 13–17 vor § 145) zu beachten. Ein Ausschl der GewlAnspr bezieht sich nicht auf Haftg aus c.i.c. (Rn 7). **b) Zweck** ist Ausnutzg der VertrFreih u je nach Interessenlage die Auswirkg auf den Kaufpr, der gerade auch in Hinbl auf den Umf der Gewl kalkuliert w, insb bei Beschrkg der Gewl niedr angesetzt w kann. **c) Form und Inhalt.** Notw ist die Form des KaufVertr (insb § 313), nicht nur bei ges, auch bei rechtsgeschäftl vereinb Form. RFolgen bei Verstoß: § 125 gilt nur für den GewlAusschl. Es ist nicht über § 139 der ganze Vertr nichtig. Die GewlBeschrkg muß eindeut sein. Beschr ein Händler ggü seinem Käufer die Gewl auf die des Herstellers der Sache, so liegt darin noch kein GewlAusschl (Hamm NJW **74**, 909). **d) Art der Mängel.** Es kann die Haftg für jeden Mangel in dem unter Rn 26–31) dargelegten Umf erweitert od ausgeschl w. Für zugesicherte Eigensch (§ 459 II) ist jedenf ein 21 22 23 24 25 formularmäß Ausschl nicht mögl, weil damit die Bedeutg der Zusicherg beseit w (vgl § 11 Nr 11 AGBG; dort Rn 73). Das gilt auch, wenn die gesamte Gewl ausgeschl w kann (zB bei gebrauchtem Kfz, Rn 27) u dann auch für Begleit(Mangelfolge)schäden, die gem § 463 zu ersetzen sind. Für sog Verschleißmängel eines Kfz ist die Gewl des GebrWagenVerk bei Fehlen anderweit vertr Regelg dann stillschweigd ausgeschl, wenn der NeuwagenVerk den GebrWagen auch in gesond KaufVertr in Zahlg nimmt (BGH **83**, 334; dagg krit Schack NJW **83**, 2806).

26 **5) Gewährleistungsausschluß.** Er umfaßt grdsätzl alle Mängel, für die der Verk ohne diese Vereinbg haften würde, gleichgült, wann der Mangel entstanden ist (Tiedtke NJW **95**, 3081 [3085]). Im Einzelfall kann SchadErs, Wandelg, Minderg u Nachlieferg ausgeschl, die Gewl auf Nachbesserg (§ 462 Rn 5, 6) beschr w. Mind dieser in den §§ 459 ff nicht vorgesehene Anspr muß dem Käufer verbleiben. Es können Fr festgelegt, verlängert u verkürzt, Mängelrügen in best Form u Fr verlangt w (im GeltgsBer des AGBG eingeschr dch § 11 Nr 10 e AGBG). Jedenf bei vertretb Sachen kann die Gewl auf Umtausch beschr w (umstr; vgl Muscheler BB **86**, 2279 mwN). Es kann auch das Verbot vereinb w, Kaufpr wg GewlAnspr zurückzuhalten (vgl § 433 Rn 31). Nur in engen Grenzen u nicht in den jew gegner Verantwortgsbereich hinein kann die BewLast umgekehrt w (BGH **41**, 151 [154]). Mögl ist Übern der Haftg des Verk für Mangelfolge- u BegleitSchad ohne Versch. Es ist zul, den Verlust von GewlAnspr daran zu knüpfen, daß die beanstandete Ware nicht auf Verlangen dem Verk zur
27 Untersuchg überl w. **a) Gebrauchte Sachen** (insb Kfz, Maschinen u Altbauten; BGH NJW **86**, 2824). Es kann auch der NachbessergsAnspr, damit jede Gewl ausgeschl w (hM; vgl BGH NJW **70**, 29 u WM **83**, 363; einschränkd Hager NJW **75**, 2276), insb dch die Klausel „gebraucht, wie besicht u unter Ausschl jeder Gewl" (BGH **74**, 383). Dies umfaßt auch verborgene Mängel u solche, welche die Verk- u BetrSicherh beeinträcht (hM; Köln NJW **93**, 271 mwN); jedoch immer nur für best Kfz, nicht für Lieferg eines belieb ErsKfz gleichen Typs, weil Besichtigg u Überprüfg vor dem KaufAbschl mögl sein muß. Das ist auch dch Formular zul, bei GebrWagenhändlern u bei priv Verk, die nicht ErstBes sind (BGH st Rspr, zuletzt NJW **84**, 1452). Die Klausel „wie besicht u probegefahren" schließt bei Kfz die Gewl für techn Mängel aus, die Fahrtüchtigk u BetrSicherh betreffen (Schlesw VersR **80**, 98); jedoch nur für solche techn Mängel, die auch ohne Hilfe eines SachVerst bei Besichtigg u Probefahrt idR festgestellt w können (Schlesw MDR **83**, 54). Grenzen: Argl (§ 476); Haftg besteht auch trotz allg vereinb HaftgsAusschl für wirks u konkret vereinb zuges Eigensch (BGH stRspr, zB NJW **93**, 1854), insb bei gebr Kfz (vgl Oldb NJW-RR **97**, 1213) für GebrWagenHändler so auch für priv Verk,
28 die wie Fachleute auftreten (LG Saarbr NJW-RR **99**, 1065). **b) Kunsthandel.** Für den Kunsthändler verbleibt es bei den allg Regeln (Rn 26). Beim kommissar Auktionator (Einf 9 vor § 433) ist die RLage umstr (Braun WM **92**, 893). Weitergehder GewlAusschluß, insb dch Katalog wird zugelassen u fällt dann unter das AGBG, auch wenn der Auktionator auf eigene Rechng versteigert (Düss NJW-RR **93**, 1522). Die ZustdsBeschreibgen werden darin idR ausdrückl als nicht zugesicherte Eigsch bezeichnet. Das ist zuläss (BGH **63**, 369) u verstößt nicht gg § 9 AGBG (wohl hM; Braun aaO mwN). Bestehen bleibt trotz vollem GewlAusschl jedoch die Haftg des Auktionators für falsche EigschBeschreibg im Katalog bei Versch, insb für Prüfg der Echth der Sache (BGH NJW **80**, 1619; Flume JZ **91**, 633) u mind für grobe Fahrlk (Hamm NJW **94**, 1967). Zweckmäß ist eine einschneidde Verkürzg der GewlFr (Braun aaO). Auch im Verh Einlieferer zu Auktionator (vgl 9, 17 vor § 433) werden die §§ 459 ff angewendet (vgl Ffm NJW **93**, 1477).

29 **6) Grenzen.** Die Gewl kann grdsätzl nicht ganz ausgeschl werden (BGH NJW **71**, 1795). Die Beschr auf Nachlieferg ist nicht mögl, wenn ein Konstruktionsfehler vorliegt, wohl aber bei Fabrikationsfehler od wenn dem Käufer ein RücktrR eingeräumt w, falls der Verk die Beschrkg auf Nach(Ers)Lieferg geltd macht (Schmidt-Salzer BB **72**, 1161). Wird der GewlAnspr, auf den der Käufer beschr ist, insb die Nachbesserg, nicht erf (Unmöglk od Verz) od nicht unter Beseitigg des Mangels od mit neuem Mangel erf, so kann der Käufer grdsätzl auf die ges GewlAnspr zurückgreifen (hM). Dieser Anspr kann wiederum nicht ausgeschl, wohl aber darauf beschr w, daß nur Wandelg, Minderg od Nachlieferg (od nur eins von diesen) verlangt w kann u SchadErs ausgeschl ist (im einzelnen bestr). Bei Nachbesserg sind je nach dem Einzelfall auch mehrere Versuche des Verk zuzulassen, bei Nachlieferg grdsätzl nur einer. Das WahlR zw den jeweils verbleibden GewlAnspr steht grdsätzl dem Käufer zu (BGH NJW **67**, 32). Die Verkürzg v MängelrügeFr darf nicht grob unbill sein (zB 3-T-Fr ab Überg bei einer Rechenmaschine, Hbg MDR **74**, 577).

30 **7) Abtretung** v GewlAnspr gg Dr als Ers für eigene Gewl. Bei Verkauf einer neu errichteten EigtWohng kann der Verk ggü dem Erwerber seine eigenen GewlPfl dch Abtretg der GewlAnspr gg die BauBeteil ersetzen; jedoch nicht im GeltgsBer des AGBG (dort § 11 Nr 10 a). Ist bei einem Kauf jede Gewl ausgeschl (zB gebr Kfz) u hat der gutgläub Verk als sog Erstkäufer gg seinen Verk Anspr aus § 463, so ist er verpfl, seinen Anspr an den (Zweit-)Käufer abzutreten (offengelassen v BGH NJW **97**, 652 mwN; bejaht v Reinicke/ Tiedtke ZIP **97**, 1093). Dieser abzutretde SchadErsAnspr ist nicht dch den Vorteil gemindert od ausgeglichen, der dch den günst WeiterVerk erwächst (Büdenbender JuS **76**, 153).

31 **8) Besonderheiten. a) Produzentengarantie** (Herstellergarantie) begrdet idR einen zusätzl, inhaltl freigestellten Vertr zw Käufer u Hersteller (Mischke BB **95**, 1093 [1095]), häuf dch Garantiescheine, die der Produzent dem dann vom Händler weiterverkauften Produkt (insb Geräte) beigibt. Dieser Vertr schließt GewlAnspr gg den Verk nicht aus (BGH **78**, 369 mwN), wobei der Produzent sich zur Erfüllg der Gewl seiner
32 VertrUntern bedienen kann (BGH aaO). **b) Gebrauchtwagengarantieversicherung.** Im GebrWagenhandel ist es weitgehd übl geworden (Finke/Spieß NJW **95**, 242) als Ers für den regelmäß GewLAusschl (Rn 27) eine v Händler abgeschlossene Vers des Käufers anzubieten. Diese führt nicht zu einem GarantieVerh, sond zu einem ErsAnspr des Käufers für RepKosten ohne WandelgsAnspr (Oldb NJW **95**, 2994).

459 *Haftung für Sachmängel.* [I] **Der Verkäufer einer Sache haftet dem Käufer dafür, daß sie zu der Zeit, zu welcher die Gefahr auf den Käufer übergeht, nicht mit Fehlern behaftet ist, die den Wert oder die Tauglichkeit zu dem gewöhnlichen oder dem nach dem Vertrage vorausgesetzten Gebrauch aufheben oder mindern. Eine unerhebliche Minderung des Wertes oder der Tauglichkeit kommt nicht in Betracht.**

II **Der Verkäufer haftet auch dafür, daß die Sache zur Zeit des Überganges der Gefahr die zugesicherten Eigenschaften hat.**

1) Allgemeines. § 459 ist die grdlegde Vorschr für die Sachmängelhaftg des Verk, zugleich Voraussetzg des Anspr aus § 462 u enthält den für § 463 S 2 maßg FehlerBegr. **a) Anwendungsbereich:** Rn 13–20 vor § 459. **b) Abdingbarkeit:** Vorbem 21 vor § 459. **c) Begriff des Sachmangels:** umfaßt Fehler (Rn 8) u Fehlen zugesicherter Eigensch (Rn 15, 20). Darühinaus als dritte Kategorie des Sachmangels die Abweichg v selbständ BeschaffenhVereinbg anzunehmen, dürfte abzulehnen sein (hM; aA Ramming MDR **94**, 330). **d) Quantitätsmängel:** Ist die Sache zu klein od zu groß, hat sie vom VertrInhalt abw Abmessgen, kann ein Sachm vorliegen. SoRegelg für Grdst: § 468. Sind in Behältn weniger Stücke od geringere Menge als vereinb (zB 45 statt 50 pro Kiste, 80 statt 90 kg pro Faß), liegt teilw NichtErf vor (§§ 320 ff). Bei beiderseit Handelskauf unterliegen Fehlmengen der RügePfl (§§ 377, 378 HGB). **e) Falschlieferung** (aliud = and als die gekaufte Sache): vgl Vorbem 5. Sie liegt vor, wenn die gelieferte Sache eine and als die verk ist. Dabei ist auf den ausdrückl vereinb od dem Verk bekannten VertrZweck abzustellen (BGH NJW **97**, 1914 mwN). AliudLieferg ist NichtErf u die §§ 320 ff sind grdsätzl anzuwenden, nicht die SachmHaftg. Dies gilt ausnahmsl für den Stückkauf (hM), auch wenn ein beiderseit HandelsGesch zugrdeliegt u ein genehmiggsfäh Mangel iS des § 378 HGB gegeben ist (BGH NJW **79**, 811 mwN). Beim Gattgskauf: § 480 Rn 1, 2. Bsp für aliud: bei PC ein Floppy-Streamer statt Steckmodul (Köln NJW-RR **96**, 1462). **f) Verschulden** (§§ 276, 278) ist für die Haftg aus § 459 bedeutgsl (auch bei § 463), weil ohne Versch gehaftet w. Versch ist aber Vorauss für die Haftg aus Anspr der Vorbem 5–7, 11. **g) Verhältnis zu anderen Rechten:** Vorbem 2–12.

1 2 3 4

2) Gefahrübergang ist der maßg Ztpkt für die SachmHaftg aus § 459 (vgl Abs I S 1, II). **a) Begriff.** Es ist der Übergang der Preis(Vergütgs)Gef bei zufäll Unmöglk (§ 323 I), Unterg od Verschlechterg der Kaufsache (§§ 446, 447) gemeint. **b) Zeitpunkt:** frühestens mit AnnVerz (§§ 293 ff) des Käufers, weil dadch VergütgsGef übergeht (§ 324 II). Grdsätzl mit Überg der Kaufsache (§ 446), bei VersendgsKauf nach § 447. **c) Entstehung des Sachmangels.** Seine Urs muß zZ des GefÜberg gesetzt (St/Honsell 33) od v Verk nach GefÜbgang schuldh herbeigeführt worden sein (Düss NJW-RR **92**, 87 für Baulast; aA Düss NJW-RR **99**, 929: nur pVV). Der Verk haftet auch für Mängel, die erst nach KaufAbschl aber bis zum GefÜberg entstanden sind; hingg nicht für solche, die bei VertrAbschl vorlagen, aber bis zum GefÜberg beseit sind; insb ist der Verk berecht, nach VertrAbschl bis zur Überg den Mangel zu beseit (hM; weitergehd Köhler JZ **84**, 393). Bei § 447 entfällt idR die SachmHaftg, wenn der Mangel nach GefÜberg, aber vor Ankunft beim Käufer entfällt (RG **55**, 201 [207]). **d) Vor Gefahrübergang** kann beim Stückkauf (bei Gattgskauf: § 480 Rn 2), wenn ein Sachm vorliegt, der Käufer die Ann der Sache verweigern u die Re aus den §§ 320 ff geltd machen (Vorbem 3) od SachmGewl vor Überg verlangen, auch bei behebb Mangel, wenn der Verk dessen Beseitigg endgült verweigert (hRspr; BGH **34**, 32 u NJW **95**, 1737; hierzu krit Weigl MittBayNot **96**, 349 mwN). **e) Nach Gefahrübergang** bestehen nur die Re aus SachmHaftg; die aus §§ 320 ff sind ausgeschl (vgl Vorbem 3).

5 6 7

3) Fehler (Abs I) ist die eine Art eines Sachm (vgl Rn 1). **a) Begriff.** Die Definition ist dem Abs I S 1 zu entnehmen. Ein Fehler liegt vor, wenn der tats Zustd der Kaufsache von dem Zustd abweicht, den die VertrPart bei Abschl des KaufVertr gemeins, ggf auch stillschweigd, vorausgesetzt haben (zB BGH NJW-RR **95**, 364) u diese Abweichg den Wert der Kaufsache od ihre Eigng zum vertragl vorausgesetzten od gewöhnl Gebr herabsetzt od beseit. Der Fehler kann in körperl (phys) Eigensch od in solchen (voraussichtl andauernden) tats, rechtl, soz u wirtsch Beziehgen zur Umwelt liegen, die nach der Verkehrsauffassg Wert u Brauchbk der Kaufsache unmittelb beeinflussen (allgM). Grdsätzl ist der jeweils vertragl vorausgesetzte bes Zweck (VertrZweck), Gebr od Zustd (Beschaffenh) der Kaufsache maßg (hM; sog subj od konkr FehlerBegr; hierzu Soe/Huber 39 ff vor § 459). Sind solche Voraussetzgen im Einzelfall nicht festzustellen, kommt es auf die Abweichg vom gewöhnl (normalen) Zustd (Beschaffenh) derart Sachen an (sog obj FehlerBegr; für dessen generelle Anwendg: Knöpfle NJW **87**, 801 mwN u JuS **88**, 767), auch Abweichg von der BeschaffenhAngabe (BGH NJW **91**, 912). Dies ist wohl hRspr u Meing (vgl MK/Westermann 11). Problemat ist die Einordng v sog warentyp Eigsch (Schünemann BB **97**, 2061), dh v Käufer als nachteil empfundene spezif Eigsch, die material-, konstruktions- od herstellgstechnbedingt sind. Sie sind nur dann ein Fehler wenn Vorliegen od Abwesenh dieser Eigsch vertr vorausgesetzt ist (vgl Rn 20). **b) Wert der Kaufsache** (Verkehrs- od Tauschwert). Er wird aus den sog wertbildden Faktoren ermittelt. Das ist nicht der KaufPr selbst, sond sind die Umst, die den KaufPr der Sache beeinflussen (zB Bebaubark eines Grdst, BauJ u Zustd des Kfz, Werk eines best Malers). Ein solcher Umstd kann (muß aber nicht) zugleich die GebrTauglk (Rn 10) beeinträcht. **c) Gebrauchstauglichkeit.** Auch hierbei ist darauf abzustellen, wie der Käufer es nach LebensErfahrg u dem Inhalt der VertrVerhandlg erwarten durfte. Gewöhnl Gebr ist die Benutzg gleichart Sachen bei dchschnittl LebensVerh (auch örtl) des konkr Falles (obj Maßstab). Subj Unfähigk des Käufers u dessen pers Anschauung bleiben außer Betr; ebso Häufigkeit od Seltenh des Fehlers. Fehlde techn Zuverlässk (Haltbark) allg u ohne bes AnknüpfgsPkte als Fehler anzusehen (so Gross/Wittmann BB **88**, 1126), ist mind sehr bedenkl. **d) Aufhebung** v Wert od GebrTauglk bedeutet deren völl Beseitigg (Wertlosk, GebrUntauglk). Sie ist immer erhebl (vgl Abs I S 2). Alternat Vorliegen genügt. **e) Minderung** v Wert od GebrTauglk bedeutet deren Herabsetzg od Beeinträchtigg ggü dem, was vertragl vorausgesetzt od bei derart Sachen gewöhnl (normal) ist (vgl Rn 8). Es kommt mithin darauf an, „als was" die Sache verkauft ist (BGH NJW **83**, 2242). **f) Erheblich** (Abs I S 2) muß Wert od GebrTauglk gemindert sein. Maßg ist hierfür die Verkehrsauffassg, ggf ein Handelsbrauch (§ 346 HGB), bei Mehrh v Fehlern ihre Auswirkg in Gesamth. Stellt Tat- u RFrage dar u ist insow der Rev zugängl (BGH **10**, 242). Unerhebl ist ein Fehler insb, wenn er in Kürze v selbst verschwindet od v Käufer mit nur ganz unerhebl Aufwand selbst schnell beseit w kann (KG NJW-RR **89**, 972 mwN), beim KraftstoffVerbr eines Kfz, wenn er weniger als 10–15% der VerkAngabe beträgt (vgl BGH NJW **96**, 1337 mwN).

8 9 10 11 12 13

4) Fehlen zugesicherter Eigenschaft (Abs II). Das ist neben dem Fehler (Rn 8) die and Art eines Sachm; im Ggsatz zum Fehler (vgl Rn 13) wird auch für das Fehlen einer unerhebl Eigensch gehaftet, selbst wenn Wert od GebrTauglk nicht beeinträcht w, sofern die Eigensch zuges ist. Hingg bleiben bedeutgsl Abweichgen v der Zusicherg außer Betr. **a) Zugesichert** ist, wenn der Verk dch eine ausdrückl od stillschw

14 15

Erkl, die VertrInhalt geworden ist, dem Käufer zu erkennen gibt, daß er für den Bestand der betr Eigensch u alle Folgen ihres Fehlens einstehen will. Die Abgrenzg zur unverbindl Beschreibg, Bewertg od Anpreisg der Kaufsache ist im Einzelfall zu treffen. Die neuerdings aufgekommene sog QualitätsSichergsVereinbg enthält
16 idR keine EigschZusicherg (vgl Sina MDR **94**, 332). **aa) Zustandekommen.** Zur vertrgem Vereinbg genügt Willensübereinstimmg der VertrPart ohne ausdrückl Bestätigg. Eine Zusicherg kann insb abgeleitet w aus VerkehrsÜbg u Handelsbrauch, bes Vertrauen des Käufers, bes Bedeutg der Eigensch u Eigng der Kaufsache für best vertragl Verwendgszweck (vgl Semler NJW **76**, 406), aus Eindringlk, auch Wiederholg der Angabe (BGH NJW **59**, 1489). Es kann auch der Käufer die Eigensch festlegen, deren Zusicherg verlangen u der Verk braucht ledigl zuzustimmen (BGH **LM** § 463 Nr 2). Hierfür genügt idR nicht, daß der KaufVertr aGrd eines mit einer Ausschreibg übereinstimmden Angeb geschl w (BGH NJW **81**, 222). Bei VertrAngebot des Verk muß dieses die zusichernde Erkl enthalten od sie muß bis zum VertrAbschl in den VertrInhalt aufgen
17 w. **bb) Stillschweigende Zusicherung** ist mögl (BGH st Rspr NJW **96**, 836), auch aGrd Handelsbrauchs (BGH aaO mwN). Sie ist nur mit Zurückhaltg anzun, insb wenn sie zugleich dazu dient, die Kaufsache zu beschreiben (BGH NJW **95**, 518) u nur ausnw bei neu hergestellten Sachen (BGH NJW **96**, 1465 mwN). Dabei ist der GesZusammenhang zu berücks. Dies ist vom sog EmpfHorizont aus vorzun (BGH stRspr NJW **96**, 1337 mwN), so daß das Vertrauen des Käufers in die Sachkunde des Verk zu berücks ist (BGH NJW-RR **91**, 1401), was jedoch VerkSitte od sonst geeignete Umstde erfordert (BGH NJW **96**, 1962). Eine Zusicherg ist idR nicht gegeben, wenn im KaufVertrFormular in der Spalte Zusicherg „keine" steht (BGH NJW **92**, 170 = JZ **92**, 365 m Anm v Flume; ablehnd Tiedtke DB **92**, 1562). Eine Zusicherg liegt grdsätzl nicht in der Beschreibg eines Auktionskatalogs (BGH NJW **80**, 1619; vgl Vorbem 28), in Angaben einer GebrAnweisg (BGH NJW **81**, 1269), im Inhalt einer ZeitgsAnz (Schlesw MDR **79**, 935) od in Bezugn einer DIN (BGH stRspr NJW **96**, 836 u 1962 mwN); ebsowen in der auf AnFdg des Käufers abgegebenen zusichernden Erkl des Verk, die Ware sei bisher noch nie aus diesem Grd beanstandet w (BGH WM **74**, 1204). Hingg kann die Zusicherg darin liegen, daß die Sache für einen VertrInhalt gewordenen od beiden VertrPart bekannten best Verwendgszweck geeignet sei (BGH **59**, 158 [Kunstharz]; hierzu v. Westphalen BB **72**, 1071 u Hüffer JuS **73**, 607); bei Verk v Sachen mit geschütztem Warenzeichen auch dch Bezugn auf bes gestaltete Werbg (Qualitätskontrolle; BGH **48**, 118 [Trevira]) u bei Verwendg eines Gütezeichens dafür, daß die Gütebedinggen erf sind
18 (K. Müller DB **87**, 1521). **cc) Form.** Da die Zusicherg VertrInhalt geworden sein muß, bedarf sie der für den Vertr vorgeschr Form (BGH WM **70**, 819); jedoch heilt der Formmangel bei Grdst dch Auflassg u Eintr gem § 313. **dd) Genehmigungen,** die ges vorgeschr sind (zB des VormschG), müssen sich auf die Zusicherg
19 erstrecken. **ee) Mehrere Verkäufer.** Nur wer (auch stillschw) zugesichert hat, haftet. Hat dies nur einer getan, haften die and nur, wenn der Zusichernde für sie VertretgsMacht hatte (§ 164). **ff) Zeitpunkt.** Die Zusicherg kann noch nach VertrSchl wirks vereinb w (Brandenb NJW-RR **97**, 428 mwN). Maßg für das Vorliegen der Eigsch ist der des GefÜberg (Rn 5). Darauf muß sich für § 459 auch die Zusicherg beziehen, nicht ohne weiteres darauf, daß die Eigensch danach auch bestehen bleiben soll. Hierfür ist die Übern einer unselbstd Garantie mögl (vgl § 477 Rn 21; Vorbem 6–9 vor § 633) od ein selbstd GarantieVertr (Vorbem 16 vor § 765). **gg) Kraft Gesetzes** ist dch bloßen KaufAbschl zugesichert: beim Kauf nach Probe (§ 494); bei Futtermittel für handelsübl Reinh u Unverdorbenh (§ 7 III FuttermittelG, BGH **57**, 292); bei Saatgut best
20 MindestAnfdgen (§ 24 SaatgutverkehrsG 1985). **b) Eigenschaft** ist jedes der Kaufsache auf gewisse Dauer anhaftde Merkmal, das für deren Wert, ihren vertragl vorausgesetzten Gebr od aus sonst Grd für den Käufer erhebl ist (allgM; zB BGH **87**, 302). Der Begr umfaßt daher alles, was (dch Vorhandensein od Abwesenh) einen Fehler ausmacht (Rn 8), darühinaus auch jedes der Sache anhaftde Merkmal, das ihren Wert od ihre GebrTauglk nicht beeinflußt, aber für den Käufer v Interesse sein kann (zB Liebhaberinteresse an Herkunft). Zu diesem EigschBegr gehören auch die sog warentyp Eigsch (Rn 8 aE). Auch die Abwesenh eines best Fehlers ist eine Eigensch; dann folgt bei Zusicherg die SachmHaftg sowohl aus Abs I wie Abs II, ggf neben § 463. Hingg ist allein Abs II (ggf § 463) anwendb, wenn die Eigensch nicht Wert u GebrTauglk berührt, aber der Käufer sich aus Interesse an der Eigensch diese sich hat zusichern lassen. Eine Eigensch können auch tats, wirtsch od rechtl Bezüge der Sache sein, wenn sie ihren Grd in der Beschaffenh der Sache selbst haben, ihr auch für eine gewisse Dauer anhaften (hM; BGH stRspr **111**, 75 mwN), ihr aber nicht unmittelb innewohnen od von ihr ausgehen müssen (BGH NJW **92**, 2564). Das sind aber nicht Umstde in der Pers des Erwerbers (BGH stRspr zB **114**, 263). Wird ein Umstd zugesichert, der keine Eigsch ist, kommt c. i. c. in Betracht (Vorbem 7). Keine Eigensch ist das Eigt an der Sache (BGH **34**, 32), die Freih v Ren Dr (es gilt § 434) od v öff Lasten (es gilt § 436), der Wert (auch Marktwert) od Preis (auch Fabrik- od GroßhandelsPr)
21 der Kaufsache selbst. **c) Fehlen** bedeutet, daß die Kaufsache die Eigensch nicht aufweist. Nur bedeutgslose Abweichgen v der Zusicherg bleiben außer Betr.

5) Einzelheiten

22 **a) Grundstücke. aa) Fehler:** beseitigter Schwammbefall, wenn Verdacht besteht, er könne neu auftreten (BGH NJW-RR **87**, 1415); Unbebaubk od beeinträcht Bebaubark eines Grdst, zB inf einer Baulast (Düss NJW-RR **92**, 87), einer Stellplatzauflage (Karlsr NJW-RR **92**, 1104), vor allem dch öff BauR (BGH stRspr; zB **117**, 159 mwN); beschr Vermietbk v Räumen wg baurechtl (BGH WM **70**, 162) od sonst Vorschr; baurechtswidr Zustd, sofern nicht zZ des GefÜbgangs v der BauBeh die künft Duldg zugesagt ist (BGH NJW-RR **87**, 457 mwN); and Lage u Größe eines Grdst als BeschaffenhAngabe, auch and WoFläche (BGH NJW **91**, 912); uU Bebaubk der NachbGrdst, wenn Unbebaubk vertragl vorgesehen ist (BGH NJW **93**, 1323); fehlde BauGen für Teile eines Gebdes (Hamm NJW-RR **97**, 47); wenn die vorausgesetzte Vermietbk ausgeschl ist (BGH NJW **87**, 2511), die Nutzg behördl untersagt w kann (BGH NJW **91**, 2138) od beeinträcht ist. Entschuldigter Überbau auf einem zwecks Bebauung gekauften Grdst (BGH NJW **81**, 1362); ungeeignete Bodenbeschaffenh (Karlsr NJW-RR **87**, 1231); Bodenverunreinigg, insb als sog Altlast (Knoche NJW **95**, 1985) u der bloße Verdacht hierauf (Mü NJW **95**, 2566 u NJW-RR **99**, 455; Düss NJW **96**, 3284); bestehder Denkmalschutz (Saarbr NJW-RR **96**, 692 mwN); abgedeckte Jauchegrube unter einem WoGbde (BGH NJW-RR **89**, 650); frühere Verwendg als wilde Müllkippe bei BauGrdst (BGH NJW **91**, 2900); frühere Benutzg als Werksdeponie (BGH NJW **95**, 1549); bei EigtWo tiefgreifde Streitigk der EigtGemsch

(KG NJW **92**, 1901; sehr bedenkl). **bb) Keine Fehler:** öff Lasten (§ 436); Rechte Dr (§ 434). GenZwang gem § 6 WoBindG für EigtWo (BGH **67**, 134 u WM **84**, 214: RMangel); vorübergehde Baufeuchtk; geringerer Mietertrag (BGH NJW **80**, 1457); fehlder Wille eines Nachb, bestehde Bauten zu ändern od zu erweitern (BGH NJW **93**, 1323 mwN); Fertigbauweise eines Hauses (Düss NJW **89**, 2001); bei Fertighaus die Formaldehydkonzentration der Raumluft bis 0,5 ppm (Düss DWW **92**, 140; aA Nürnbg DWW **92**, 143). Bei einer EigtWohng fehlde ZweckEntfremdgsGen (Düss NJW-RR **96**, 1353) der fehlde Ausschl gewerbl Nutzg and Wohngen (Hbg NJW-RR **89**, 1497); gezieltes Störverhalten and WoEigtümer (Düss NJW **97**, 1079). **cc) Eigenschaft:** Größe (§ 468); Mietertrag (nur zuläss erzielter, BGH NJW **98**, 445), auch bei preisgebundenem WoRaum (BGH NJW **89**, 1795) u zwar Zahlg der Miete (ohne erhebl Rückstände, Celle NJW-RR **99**, 280) sowie Zulässigk der Vermietg (BGH NJW-RR **90**, 1161), best WoFläche (BGH NJW **91**, 912); Imitation statt Steinverklinkerg (Köln NJW-RR **95**, 881); Bebaug mit bewohnb Haus (BGH NJW **96**, 2027); Bebaubk (wg RBehelf gg Ablehng vgl Karlsr NJW-RR **86**, 1205) sowohl sof (BGH NJW **87**, 2513) wie spätere zu best Ztpkt, zB GefÜberg (BGH NJW **79**, 2200), nicht aber die künft (BGH **117**, 159); Freih v GenHindern (BGH NJW-RR **99**, 308); Nichtbebaubk eines NachbGrdst (BGH NJW **93**, 1323 mwN); Höhe des GrdWasserspiegels (BGH NJW **93**, 1643); baurechtl zul Bewohnbk eines GbdeTeils (BGH WM **73**, 612); aber nur die in der Sache selbst liegden Vorauss (BGH NJW **91**, 2556) u auch der steuerl ObjektVerbr (BGH NJW-RR **90**, 970); Dauer eines bestehden MietVerh (BGH aaO); BauJ eines Hauses (Schleswig MDR **77**, 929); objektbezogene VersaggsGrde für GaststättenErl (BGH NJW-RR **87**, 908); objektbzeogene Vorauss für einen Steuervorteil (BGH NJW **99**, 638 mwN); Ruf einer auf dem Grdst betriebenen Gaststätte (BGH NJW **92**, 2564); Freih v Geruchsbelästiggen (BGH NJW-RR **88**, 10); erhebl Lärmbelästigg (Flugschneise) bei WohnGrdst (Köln NJW-RR **95**, 531 [bedenkl]). **dd) Keine Eigenschaft:** ständ Vermietbk u Belegg (RG **148**, 286 [Fremdenheim]); Jahresbierumsatz der Gaststätte (BGH NJW **90**, 1658); GrdErwerbssteuerFreih (Köln NJW-RR **93**, 784); Steuervorteile beim Erwerb (BGH **114**, 263); abgeschlossene Tilgg v Kosten eines priv Abwasserkanals (BGH NJW **81**, 1600); Bestehen u Entstehen v Anlieger- u ErschließgsKosten (BGH NJW **93**, 2796 mwN). **ee) Zusicherung:** Angabe eines best Mietertrags (Rn 24) idR (BGH NJW **93**, 1385). Zusicherg kann in der Angabe einer „ca-Größe" bestehen (Düss NJW-RR **96**, 693 mwN), versicherter Erteilg behördl Gen (BGH NJW **98**, 535) od in Vereinbg eines best Umfangs der Bebaubk (BGH NJW-RR **87**, 1158). **ff) Keine Zusicherung:** ObjektBeschreibg in Makler-Exposé (Celle MDR **97**, 926); Bezeichng als Bauplatz für die Bodenbeschaffenh (BGH NJW **88**, 1202); Bezeichng als BauGrdst für die Bebaubk, wenn nicht stillschweigde Garantie im Einzelfall vereinb (vgl Hamm NJW-RR **95**, 336). Angabe des Mietertrags (Rn 24), wenn der Käufer wg bes Umstde and Vorstellgen v Wert des Grdst hat (vgl BGH NJW **90**, 902); die Erkl des Verk, ihm seien versteckte Mängel nicht bekannt (BGH NJW-RR **92**, 333); langzeit Vermietg als Wo trotz Fehlens einer baurechtl Gen (Hamm NJW-RR **95**, 1481). 23 24 25 26

b) Kraftfahrzeuge. aa) Fehler. Das sind grundsätzl alle techn Mängel des Kfz, die die Zulassg od die TÜV-Plakette hindern. Stets ist zw Neu- u GebrWagen zu unterscheiden (beachte Vorbem 27, 32). Bei ImportKfz ist nicht auf den niedrigeren Standard des Herstellerlandes abzustellen (Köln NJW-RR **92**, 1147). Bsp: Fehlde Übereinstimmg v KfzBrief u Daten des Kfz (BGH **10**, 242; umstr), fehlder Originalrahmen bei MotorrLiebhKauf (Karlsr NJW-RR **93**, 1138); erhebl höhere tats km-Leistg als die gem Tachostand vertr vorausgesetzte (vgl BGH NJW **75**, 1693); bei Verk fabrikneuen Kfz Herkunft aus früherer Serie u Fehlen techn Veränd (Düss NJW **71**, 622), zB fehlder Beifahrer-Airbag (Kblz MDR **99**, 740); stördes Knarren des Fahrersitzes (Mü MDR **97**, 934 [bedenkl]); UnfallSchad bei Verk dch GebrWagenhändler (Düss NJW-RR **97**, 431); Rostflecken u Lackkratzer bei Lieferg zum WeiterVerk als fabrikneu (BGH BB **67**, 1268 [Vorführwagen]); ungewöhnl lange Lagerdauer bei einem als LagerFahrz verk Neuwagen (Kblz NJW-RR **97**, 430); mehrjähr Verwendg als Taxi (BGH MDR **76**, 1012) od Fahrschulwagen (Nürnb MDR **85**, 672); erhebl Abweichg des tats Benzinverbrauchs v den Werksangaben, mind üb 10% (BGH NJW **97**, 2590); Zugluft im Wageninnern (Düss NJW-RR **87**, 635). **bb) Kein Fehler:** Austausch- statt Originalmotor (BGH BB **69**, 1412); Fehlen einer einzelnen techn Neuerg der letzten Bauserie (KG NJW **69**, 2145; abl Anm v Weber NJW **70**, 430); kurzzeit Änd des Motorgeräuschs (Düss NJW-RR **97**, 1211); fehlde od verkürzte HerstGarantie (BGH NJW **96**, 2025; bestr); Eintragg eines VorEigt im Kfz-Brief bei fabrikneuem Kfz, wenn es tats noch nicht gefahren ist (aA Karlsr NJW **71**, 1809); bei fabrikneuem Kfz Herkunft aus Vorratsproduktion, wenn es keine Mängel aufweist (hM; BGH NJW **80**, 1097 mwN); serienbedingte Dröhngeräusche eines Kleinwagens (aA Köln NJW-RR **91**, 1339); Bremsgeräusche (LG Freibg MDR **93**, 119); Einstellg der Produktion eines Kfz-Typs (aA Celle BB **70**, 9). Bei GebrWagenKauf solche normalen Verschleißerscheingen, die die GebrTauglk beeinträcht (Hbg MDR **82**, 406; Kblz MDR **86**, 316); wg Rost vgl Karlsr NJW-RR **88**, 1138. Bei Kauf eines einwandfrei reparierten Unfallwagens die Art des Unfalls (BGH NJW **83**, 2242). **cc) Eigenschaften:** Marke mit Typ (BGH NJW **91**, 1880); Baujahr (BGH NJW **79**, 160 für § 119 II); ErstzulassgsDatum (BGH NJW **92**, 170); Hubraum u PS-Zahl (BGH NJW **81**, 1268); fabrikneu bedeutet (außer der Überführg) noch nicht benutzt (nicht notwend unbeschäd, Kblz NJW-RR **99**, 702), unveränderter Fortbau des Modells u Fehlen standzeitbedingter Mängel (BGH NJW **80**, 1097 u 2127), nicht notw fehlerfrei (BGH NJW **80**, 2127), zB dürfen produktionsbedingte LackiergsFehler dch überlange Standzeit nicht zu Rost geführt haben (Düss NJW **82**, 1156). Km-Leistg, auch des Motors (BGH NJW **75**, 1693; KG NJW-RR **96**, 173); TreibstoffVerbr u der v Öl (Kblz NJW-RR **90**, 60); Austausch- od Originalmotor (BGH BB **69**, 1412); Ausrüstg mit typengerechtem Motor (BGH NJW **83**, 1424) od ABS (BGH NJW **95**, 518); Zustd als werkstattgeprüft (BGH **87**, 302), fahrbereit (BGH NJW **93**, 1854; Köln VersR **98**, 592), als schadstoffarm u steuerermäß od -befreit (LG Köln MDR **91**, 55). Zahl der VorBes (Köln VersR **74**, 584, LG Saarbr VersR **85**, 507); Unfallfreih (BGH NJW **78**, 261 u **82**, 435), dh kein eine Blechausbesserg übersteigder Schad (vgl hierzu BGH NJW **82**, 1386); Einsatzfähk zu Ferntransp (BGH NJW **55**, 1313); Bezeichng als „generalüberholt" od „überholt" (Karlsr OLGZ **79**, 431). Übergabe in techn einwandfr Zustd (BGH NJW **78**, 2241); gebräuchl ZustdsNote für Oldtimer (Ffm NJW **89**, 1095) od „restauriert" (Köln NJW-RR **98**, 128). **dd) Zusicherung. (1) Neuwagen.** Verkauf als solcher bedeutet fabrikneu (BGH NJW **80**, 2127) mit voller HerstGarantie (Düss NJW-RR **93**, 57), nach techn neuestem Stand (Köln MDR **90**, 1114; Zweibr NJW-RR **98**, 1211; zur Wegfahrsperre vgl Düss MDR **98**, 1096), nicht Zusicherg, daß er noch nicht auf eine and Pers (ohne Nutzg) 27 28 29 30

zugelassen war (aA Dresd NJW **99**, 1036 mwN), weil es auf den tats Gebr ankommt; problemat bei Re-Import (BGH NJW **97**, 1847). Verkauf eines Neuwagens od fabrikneuen Kfz bewirkt die Zusicherg, daß das Kfz (abgesehen v der Überführg) noch nicht gefahren ist, nicht länger als ein Jahr gestanden (Ffm NJW-RR **98**, 1213 mwN) u keine nicht ganz unerhebl, wenn auch behobene Schäden aufweist (BGH NJW **80**, 2127). Vorhandensein best techn Einrichtgen (KG NJW **69**, 2145). Verk zum ListenPr mit für Neuwagenkauf typ
30 a Hdlgen führt zur Zusicherg der NeuwagenEigensch (LG Bln NJW **76**, 151). **(2) Gebrauchtwagen.** „TÜV neu . . ." (BGH **103**, 275) bedeutet mit der Abrede, das Kfz sei od werde noch einer Hauptuntersuchg unterzogen, nicht nur, daß sie dchgeführt ist, sond dann auch, daß das Kfz den entspr Zustd aufweist (hierzu krit Eggert NJW **90**, 549); and bei priv Verk (vgl Rn 31). Bezeichng des Kfz als „fahrbereit" (vgl Rn 29) bedeutet sofortige, gefahrlose Benutzg im StraßenVerk (BGH NJW **93**, 1854); ebso die Bezeichng als techn einwandfrei (Saarbr MDR **98**, 1028). Angabe v Marke u Typ bei GebrWagen dch Händler führt zur Zusicherg, daß der v Hersteller vorgesehene typgerechte Motor eingebaut ist (BGH NJW **83**, 217; einschränkd NJW **85**, 967); zweifelh, ob auch bei priv Verk (bejahd Düss NJW-RR **93**, 58), nicht für Fortbestd der BetrErl (BGH NJW **91**, 1880). Anbringen eines Beschriebzettels üb km-Leistg (BGH NJW **75**, 1693), was nicht mit Tacho-Stand ident sein muß (Hamm MDR **80**, 847). Angaben üb techn Daten auf dem Verkaufsschild eines KfzHändlers für gebr Kfz (BGH NJW **81**, 1268), die der GesFahrleistg in ZeitgsAnz
31 (Köln NJW-RR **90**, 758). **ee) Keine Zusicherung.** Bei einem priv Verk, daß der VerschleißZustd der (richt) angegebenen LaufLeistg entspr (BGH NJW **84**, 1454), auch die TypenBezeichng (Kblz OLGZ **92**, 453; LG Kiel NJW-RR **96**, 1142), daß bei der Angabe „TÜV neu bis . . ." der Zustd des Kfz verksicher sei (Mü NJW-RR **98**, 845; Köln NJW **93**, 231); PS-Zahl lt KfzBrief (BGH NJW **97**, 2318). Bloße Angabe der bisher GesFahrLeistg (Tachostand) in vorgesehener Rubrik der KaufUrk (umstr; Ffm NJW-RR **91**, 875; Nürnb NJW-RR **97**, 1212; LG Heilbr NJW-RR **99**, 775). Die Erkl bei PrivatVerk „Verk sichert zu . . . soweit ihm bekannt" (Köln NJW **99**, 2601); bei Verk eines LeasKfz die Bezeichng als unfallfrei, wenn Unfall nicht gemeldet wurde (Nürnb NJW-RR **99**, 1208). Die bloße Angabe eines best Schad enthält idR nicht die Zusicherg, daß and Schäd nicht vorhanden seien; das ist mind zweifelh (aA Bambg NJW-RR **94**, 1332; Saarbr NJW-RR **98**, 1273; offengelassen v BGH NJW-RR **87**, 436); bloße HerstAngabe dafür, daß das Motorrad noch den Originalrahmen habe (Karlsr NJW-RR **93**, 1138); Bezeichng als Geländewagen für funktionsfäh Allradantrieb (Köln VersR **94**, 110); Bezeichng eines Motors als einwandfrei (Karlsr VersR **92**, 1362) od „in Ordng" nach Beseitigg eines bei Probefahrt aufgetretenen Funktionsmangels (Hamm NJW-RR **97**, 429).

32 **c) Verschiedene Sachen. aa) Fehler:** nicht ausräumb Verseuchgsverdacht von Lebensmitteln (BGH **52**, 51 [abl Fabricius JZ **70**, 29] u NJW **72**, 1462). Verpackgsmängel nur, wenn Verderb eintritt od die Verkäuflk hiervon abhängt (Zimmer BB **88**, 2192); übschrittenes MindesthaltbkDatum bei verpackten Lebensmitteln (Michalski/Riemenschneider BB **93**, 2097 mwN), jedenf wenn sie zum WeiterVerk im Einzelhandel best sind; erhebl Formaldehyd-Konzentration in Schlafzimmerschrank (Stgt NJW-RR **92**, 187); bei Wasserbauklinkern fehlde Wasserfestk (BGH NJW-RR **96**, 951); Rostnarben am Jagdgewehr (Köln NJW-RR **98**,
33 1521). **bb) Kein Fehler:** sonst fehlerfreies Möbel, das als AusstellgsStück benutzt w, auch wenn als fabrikneu verkauft (vgl Rn 35; Düss NJW-RR **91**, 1464); Lieferg einer Ware, die nach EG-AgrarO entgg der Kauf-VertrBestimmg nicht interventionsfäh ist (BGH NJW **86**, 659: aliud); Leitgswasser mit Kolibakterien, das nicht gesundhgefährdd ist (AG Aach NJW-RR **94**, 50); glykolversetzter Wein statt Auslese (BGH NJW **89**, 219: aliud); Formaldehyd in Einbauküche (aA Ffm WuM **89**, 4); Gefahr behördl Beschlagn v Öl (BGH NJW **91**, 915); Abfüllg des gekauften Normalbenzins in den Superbenzintank (BGH NJW **89**, 2118); geringe Umsatzchancen; bei Massenartikel zum weiteren Verk fehlerh Zustd einzelner Stücke (vgl Soe/Huber 189);
34 sog warentyp Eigsch iR des vertr vorausgesetzten Gebr (Rn 8 aE). **cc) Eigenschaft:** Sterilität v Labormaterial (BGH NJW-RR **91**, 1401); Dauerklebefestigk (BGH NJW **81**, 1269); ReinhGrad v Edelsteinen (Mü OLG **22**, 224). **dd) Keine Eigenschaft:** beschränkte Versicherbk eines Tresors (BGH NJW **84**, 2289); zukünft Lieferbk v ErweitergsTeilen einer Einbauküche (Köln NJW-RR **93**, 823); Ursprung u damit verbundene
35 ZollFreih (BGH NJW **94**, 2230). **ee) Zusicherung:** Verwendg v Marken u Bezugn auf best Werbg (BGH **48**, 118 [Trevira]); Mitt eines pos VersuchsErgebn iVm Rat zur Verwendg eines Lacks (BGH **59**, 158). **ff) Keine Zusicherung:** dch Verk einer im Ausland hergestellten, als patentiert bezeichneten Sache für Patentschutz im Inland (BGH NJW **73**, 1545); idR die aus dem Pfandbuch übern Bezeichng der Pfands bei öff Verst (BGH **96**, 214); MindesthaltbkDatum verpackter Lebensmittel (Michalski/Riemenschneider BB **93**, 2097); Bezeichng als fabrikneu schließt beschädiggsfreie längere Lagerg nicht aus (Thamm BB **71**, 1543); Qualitätsbezeichng Güteklasse A (Schlesw MDR **83**, 1023).

36 **d) Maschinen, Geräte und Schiffe. aa) Fehler:** Ausstellgsstück statt fabrikneu (Hamm MDR **83**, 576 [Küchenblock]); öff-rechtl Beschränkgen der GebrTauglk (BGH **90**, 198 [Kran]). Abweichgen v SchutzBest gem § 3 I GeräteSicherhG idR (BGH NJW **85**, 1769; Kollmer NJW **97**, 2015) u v DIN- u VDE-Best bei entspr Vereinbg (Mü NJW-RR **92**, 1523); fehlde CE-Kennzeichng (Niebling DB **96**, 80); unzureichde ErfassgsKapazität eines Prüfgeräts (BGH NJW **96**, 1962); beschr Bewegk eines Mobilbaggers (BGH NJW-
37 RR **95**, 364); beschr BenutzgsMöglk einer Segelyacht (Hamm MDR **85**, 1026). **bb) Kein Fehler** ist das Alter (BauJ) bei gebr gekauften Sachen; fehlde Indikationsbreite eines medizin Geräts (BGH **16**, 54); fehlerh
38 Verpackg (BGH WM **83**, 1155). **cc) Eigenschaft:** fabrikneu, kaum gebraucht, fast neu od neuwert (BGH NJW **59**, 1489); generalüberholt (BGH NJW **95**, 955); das Alter (BGH BB **81**, 12); ISDN-Fähk einer Telefon-Anl (Köln NJW-RR **97**, 818). **dd) Keine Eigenschaft:** ein Umstd, der nicht in der Beschaffenh der Sache selbst, sond in der baul Gegebenh ihres AufstellgsOrts seinen Grd hat (BGH NJW **85**, 2472 [Wäschetrockner]); SteuerFreih (BGH **111**, 75 [Yacht]). **ee) Zusicherung:** Bezeichng als fabrikneu bedeutet, aus neuem
39 Material hergestellt u ungebr, so daß Lagerg nicht entggsteht (vgl Rn 35) u BauJ unerhebl ist (Ffm OLGZ **70**, 409). **ff) Keine Zusicherung:** Erkl des Verk, die Maschine könne an einem best Platz aufgestellt w (BGH NJW **62**, 1196; vgl aber § 433 Rn 17). Angebot eines Fernsehgeräts zum normalen Preis (aA LG Gött NJW-RR **89**, 698); bei einer neuen Maschine, daß sie keine Fehler habe (Köln NJW-RR **98**, 488).

40 **e) Kunstwerke, Literatur, Antiquitäten und Sammelobjekte.** Lit: Braun WM **92**, 893 mwN. **aa) Fehler** ist die Unechth (BGH NJW **80**, 1619; Hamm NJW **87**, 1028), zB Urhebersch eines and als desjen

Künstlers, der vertragl vorausgesetzt w (BGH **63**, 369), Herkunft aus einer and Manufaktur; StilmöbelNachfertigg aus späterer Zeit (Ffm NJW **82**, 651); statt Originalstanduhr zusgesetzte Teile (Hamm aaO); nicht fachgerechte Restaurierg (LG Gieß NJW-RR **96**, 429). Bei Druckwerken fehlde Teile, falsche Bindg, Verschmutzg; bei Druckfehlern ist zu differenzieren (vgl Röhl JZ **79**, 369). **bb) Kein Fehler:** unricht Expertise für Bild bei PrivVerk (Hamm NJW **95**, 2640); unerwünschte Tendenz eines Buches idR (BGH NJW **58**, 138). **cc) Eigenschaft:** Echth eines Kunstwerks (BGH NJW **93**, 2103 mwN); Zuordng als Werk 41
eines best Künstlers dch SachVerst (BGH NJW **72**, 1658; Flume JZ **91**, 633); Provenienz eines Orientteppichs (Kblz MDR **87**, 322); Original- u Nachgummierg einer postfrischen Briefmarke (LG Aach MDR **81**, 845); Katalogwert (sog Michelwert) einer Briefmarkensammlg (Stgt NJW **69**, 610 m Anm v Schmidt 1118); inhaltl Richtigk eines Anleitgsbuches (BGH NJW **73**, 843). **dd) Keine Eigenschaft:** Wert eines Kunstwerks (Flume aaO mwN). **ee) Zusicherung** kann dch Hinw auf Signatur iVm KaufPr erfolgen (v. Westerholt/Graupner 42
NJW **78**, 794), insb im Kunsthandel (Flume JZ **91**, 633). Sie kann, muß aber nicht in einer EchthBestätigg liegen (vgl BGH NJW **95**, 1673). Eine Beschreibg im Auktionskatalog ist stillschweigde Zusicherg nur unter ganz bes Umstden (BGH **63**, 369 [Jawlensky]), grdsätzl nicht (BGH NJW **80**, 1619; Düss NJW-RR **93**, 1522; vgl Vorbem 28; aA LG Mü I NJW **90**, 1999). **ff) Keine Zusicherung:** idR eine Expertise (Hamm NJW **95**, 2640).

f) Unternehmen (vgl Vorbem 15). **aa) Fehler:** bei Getränkegroßhandel unbekannter LagergsOrt des 43
mitverkauften Leerguts (BGH WM **74**, 312); bei SteuerberatgsPraxis nicht aufgearb Rückstände, für die VergütgsAnspr entfallen sind (Karlsr BB **74**, 1604); Brauchbk u kaufmänn Verwertbk des entwickelten Geräts (BGH WM **78**, 59); beträchtl Fehlbestd v Gerüstbaumaterial bei GerüstbauUntern (BGH NJW **79**, 33; daneben ist Fehlbestd RMangel, v. Friesen NJW **79**, 2288); Nichtbestehen u Unübertragbk v MietRen (BGH NJW **70**, 556). **bb) Kein Fehler:** Ertragsfähk u Umsätze (hM; Düss NJW-RR **93**, 377 mwN; aA Immenga AcP **171**, 1); unricht Bewertg v Sachen (BGH WM **79**, 944). **cc) Eigenschaft:** Ertragsfähk (BGH 44
NJW **95**, 1547 mwN) u Reinerträge (BGH NJW **77**, 1538); zurückliegde Jahresumsätze u Erträge nur, wenn sie sich üb einen längeren, mehrjähr ZtRaum erstrecken (BGH NJW **95**, 1547 mwN); sonst Bilanzwerte (vgl Düss NJW-RR **93**, 377 mwN; unricht od manipulierte Bilanz (Goltz DB **74**, 1609; aA BGH WM **74**, 51); Höhe der Verbindlk (RG **146**, 120 [124]; BGH WM **79**, 944); CharakterEigsch eines maßgebden MitArb (BGH NJW **91**, 1222). **dd) Keine Eigenschaft:** idR Umsätze u Erträge (BGH NJW-RR **96**, 429 [zu pauschal; vgl cc]).

g) Wertpapiere und ausländisches Geld (vgl § 433 Rn 1). Geldscheine, die nicht mehr ZahlgsMittel 45
sind, haben einen Fehler (LG Regbg NJW-RR **93**, 822). Kein Fehler ist der Kurs des WertP; ein best Kurs kann Eigensch sein. Keine Eigensch sind NebenRe einer Aktie (RG **56**, 255); es gilt § 437 I.

h) Computer (EDV). Umfaßt die Sachmängel sowohl bei Hardware als auch bei Software (§ 433 Rn 5). 46
aa) Fehler: bei Software (hierzu allg Redeker CR **93**, 193; Fritzsche JuS **95**, 497 [499]) gestörter ProgrAblauf (BGH **102**, 135), auch hinsichtl einzelner erhebl Funktionen (Köln NJW-RR **93**, 1140); regelmäß Programmabstürze (Köln NJW-RR **98**, 1353); Befall mit sog Computer-Virus uU (LG Regensb NJW-RR **98**, 1353), eingebaute ProgrSperre (Celle NJW-RR **93**, 432; vgl aber Rn 47); fehlde Einstellg für das Jahr 2000 (Rn 50–58), wenn vor dem 1. 1. 95 verk (Hohmann NJW **99**, 521); zu Besonderh beim LeasVertr: v. Westphalen BB **99**, 429; bei Kassenanlage der fortlaufde Ausfall notw Karten (Köln NJW-RR **97**, 1414). Bei FinBuchhaltgsProgr fehlde ÜbEinstimmg mit dem BiRiLiG (Hamm NJW-RR **95**, 941). Bei Hardware unzulängl Mengengerüst für zugleich gelieferte Software (Mü NJW-RR **88**, 436); unzureichde Speicherkapazität eines PC (Köln NJW **91**, 2156); Ann v Falscheingaben des Anwenders (LG Heilbr CR **89**, 603 m Anm v Schnell; sehr bedenkl); Inkompatabilität v Festplatte u Controller (Köln NJW-RR **97**, 557). **bb) Kein** 47
Fehler: systembedingte Gegebenh u Eigenarten eines Progr (Köln NJW-RR **95**, 1460); Software konzeptionell veraltet od nicht standardentspr (LG Oldb NJW **92**, 1771); 3–4 J zurückliegdes BauJ v Teilen grdsätzl (Düss NJW **93**, 3142); hoher Geräuschpegel innerh der Toleranzwerte (Köln NJW **93**, 3143). Fehlen einer schriftl BediengsAnleitg (BGH NJW **93**, 461: teilw NichtErf; bestr); ProgrSperre, die vertrgem Nutzg nicht beeinträcht (Celle CR **94**, 217) od nur kurzzeit (unerhebl iS v Abs I S 2; Wuermeling CR **94**, 585); raschere Erschöpfg eines Akkus im NichtBetr wg Abs I S 2 (Köln NJW-RR **93**, 950). **cc) Eigenschaft:** OriginalProd 48
eines best Herstellers (Oldb CR **89**, 107); Erweiterbk eines ArbSpeichers (Köln NJW-RR **98**, 925).
dd) Keine Eigenschaft: Aufwand für Weiterverarbeitg der Daten (Köln NJW **92**, 1772). **ee) Zusicherung.** 49
Hervorgehobene Angabe voller Quell-Code-Kompatabilität (Ffm NJW-RR **97**, 555). **ff) Keine Zusicherung:** Bezeichng als überarbeitete X-Lösg bedeutet nicht neuester techn Stand (BGH NJW **96**, 1465); die Erkl, Hard- u Software seien aufeinander abgestimmt (Düss WM **89**, 459); es könne ohne bes Anleitg u Schulg gearb werden (Düss NJW-RR **99**, 563).

6) Computer-Fähigkeit Jahr 2000 (Bartsch, Software für das Jahr 2000, 1998; v.Westphalen/Langheid/ 50
Stratz, Der Jahr-2000-Fehler, 1999; Hohmann NJW **99**, 521; Spindler DB **99**, 1991). Das 1988 entdeckte und seit 1998 zunehmd aktuell gewordene Problem ist in Umfang und Auswirkg noch schwer abzusehen.
a) Ausgangslage. Ursprüngl war bei Computer-Systemen die JZahl idR zweistell gespeichert. 1988 wurde 51
als internat Norm (ISO 8601) die vierstell JZahl eingeführt, für die BRep im Mai 1996 dch DIN 5008. Auch danach sind EDV-Programme oft noch zweistell hergestellt und geliefert worden, währd bei der Hardware die Speicherfähk meist vierstell vorhanden war. Die AnwendgsProbleme sind in Fachkreisen seit 1993/94 allg bekannt (Hohmann mwN). 2000-fest od -fäh ist ein EDV-System dann, wenn es Daten, die bis Ende 1999 gespeichert sind od eine JZahl bis 1999 aufweisen, im Jahr 2000 und danach ohne Datumsfehler verarbeitet. Ggüb der Haftg v GewL des Verk (wie Untern od Verm) bestehen auch Pfl auf Seiten der and VertrPartei als Anwender (Bartl NJW **99**, 2144). **b) Fehler** (Abs I). Er liegt bei kalenderspezif Software vor, wenn im Jahr 52
2000 (möglweise schon früher, Hohmann aaO) u danach die gespeicherten Daten in Bezug auf die JZahl nicht fehlerfrei verarb werden. 2000-Fähigk kann bei Programmen mit übl VerwendgsDauer (idR 10–15 J) bei GefÜbgang (Rn 5) ab 1. 1. 95 als nach dem Stand der Technik gewöhnl Zustd (Rn 8) erwartet werden (Hohmann aaO mwN). **c) Eigenschaft** (Abs II) ist für die 2000-Fähigk zweifellos zu bejahen (Rn 20). Auch 53
wenn die Software nicht kalenderspezif ausgerichtet und die 2000-Fähigk unerhebl ist, wird bei Zusicherg

54 (Rn 54) dafür gehaftet, sofern die Abweichg nicht bedeutgsl ist (Rn 14). **d) Zusicherung.** Sie ist idR bis zum Jahr 1999 nicht ausdrückl geschehen. Sie ist auch stillschweigd mögl (Rn 17), aber wohl nur ausnw, zB bei bes intensivem Vertrauen des Kunden (Hohmann aaO) , allgemeiner unbefristeter GarantieErkl od
55 Zusicherg der Verwendbk des Programms für einen über 1999 hinausreichden ZtRaum. **e) Arglist** in Bezug auf alle drei Formen des § 463 (dort Rn 11–13) setzt Kenntn des 2000-Problems beim Verk zZt des VertrAbschl voraus. Sie kann frühest ab GefÜbgang 1995 angenommen werden und nur dann, wenn die
56 2000-Fähigk des Programms für seine Verwendbk unerläßl ist (Hohmann aaO). **f) Rügefrist.** Beim Handelskauf (§§ 373 ff HGB) gilt § 377 HGB. Nach Hohmann aaO ist beim Käufer die Kenntn fehlender 2000-
57 Fähigk als Mangel (§ 377 III HGB) spätest ab Ende 1997 anzunehmen. **g) Rechtsfolgen.** Die Anwendg der §§ 462-475 (Wandelg u Minderg) ist bei Hardware als Sachkauf (§ 433) unmittelb, bei vorgefert (Standard)-Software als Sachkauf (vgl § 433 Rn 5) nur entspr vorzunehmen (BGH **102**, 135). Insb sind auch die §§ 460, 464 anzuwenden (Bartl NJW **99**, 2144). Der KaufVertr ist, sofern bei individuell hergestellter Software nicht ein WerkVertr vorliegt (Einf 12 vor § 631) dch begrenzte Anpassg an das WerkVertrR zu ergänzen, näml dch analoge Anwendg der §§ 633, 634, auch wenn dies im EinzelVertr od dch AGB nicht ausdrückl vorgesehen ist. Das bedeutet idR: Zuerst muß Nachbesserg verlangt werden (§ 633 II S 1). Bei Verzug des Verk kann der Käufer den Mangel selbst beseit lassen und AufwendgsErs fordern (§ 633 III). Der Anspr auf Wandelg od Minderg (§ 462) entsteht erst nach erfolgloser NachFrSetzg (§ 634). Bei unerhebl GebrMinderg geht § 459 I S 2 dem § 634 vor. Statt der Nachbesserg des gelieferten Programms wird man angesichts der Besonderh des KaufGgstds dem Verk eine ErsLieferg gestatten müssen, im Einzelfall auch dem Käufer einen Anspr darauf gewähren, selbst wenn kein GattgKauf (§ 480 I) vorliegt. Ein SchadErsAnspr besteht nur über § 463 (dort Rn 14–22) od im Einzelfall aus pVV (§ 276 Rn 110) für Begleit- od FolgeSchäd (6 vor § 459). Zur Anwendg
58 v § 254: Bartl NJW **99**, 2144 mwN. **h) Verjährung** (§ 477). Es gilt primär die vereinb Fr (§ 477 I S 2), insb die einer eingeräumten Garantie. Die Fr beginnt nicht schon mit der Ablieferg (§ 477 Rn 12), sond wg der Besonderh des Software-Kaufs nach den Grdsätzen der Rn 12a zu § 477 (ebso Hohmann aaO Fn 30), also nicht vor dem im wesentl störgsfreien Lauf des Programms. Wird der Mangel währd der GarantieFr entdeckt, ist es vertretb, den Beginn der VerjFr mit dem Ztpkt der Kenntn des Mangels anzunehmen (LG Ffm CR **91**, 733). Bei Argl ist die VerjFr stets 30 Je (§ 477 I S 1, § 195); jedoch ist frühzeit Verwirkg mögl (vgl § 242 Rn 93). Für 1 J ab Kenntn: Hohmann aaO.

59 7) **Beweislast. a) Beim Stückkauf.** Bei Kl auf KaufPr od SchadErs wg § 326 muß Verk bis zur Überg beweisen, daß die Sache fehlerfrei ist (hM; Baumgärtel 3 mwN). Nach Überg muß Käufer, der GewlAnspr
60 geltd macht, den Mangel, ggf Zusicherg beweisen (§ 363; hM; Baumgärtel 4). **b) Beim Gattungskauf.** Verk hat grdsätzl zu beweisen, daß die Sache mangelfrei ist, insb, wenn die Ann bei gleichzeit Fdg mangelfreier Lieferg verweigert w (hM; BGH **6**, 224), ferner die Ann der Sache als Erf dch den Käufer (Baumgärtel 6). Nach Ann der Sache hat der Käufer den Mangel zu beweisen (allgM), der Verk nur eine qualitätsmindernde
61 Abrede unterh der mittleren Art u Güte gem § 243 I (Nierwetberg NJW **93**, 1748). **c) Beim Versendungskauf** (§ 447) ist entspr der Ann maßgebder Ztpkt die Überg an den Beförderer, sodaß der Verk nur beweisen muß, daß damals die Sache mangelfrei war (St/Honsell 95; RG **106**, 294). Ab Überg trägt der Käufer die BewL. **d) Sonstiges.** Der Verk hat die Unerheblichk eines Fehlers zu beweisen (hM).

460 *Kenntnis des Käufers.* **Der Verkäufer hat einen Mangel der verkauften Sache nicht zu vertreten, wenn der Käufer den Mangel bei dem Abschlusse des Kaufes kennt. Ist dem Käufer ein Mangel der im § 459 Abs. 1 bezeichneten Art infolge grober Fahrlässigkeit unbekannt geblieben, so haftet der Verkäufer, sofern er nicht die Abwesenheit des Fehlers zugesichert hat, nur, wenn er den Fehler arglistig verschwiegen hat.**

1 **1) Allgemeines.** § 460 bewirkt HaftgsAusschl. **a) Zweck.** Er wird verschieden gedeutet (vgl Köhler JZ **89**, 761). Überzeugd ist die Ans, daß für beide Part die Kosten u die Risiken der VertrDchFührg gemindert w
2 sollen (Köhler aaO). **b) Untersuchung** der Kaufsache dch den Käufer ist weder Pfl noch Obliegenh (and § 377 HGB). Er muß nicht mehr tun, als grobe Fahrlk (S 2) vermeiden. **c) Anwendbar** ist § 460 nur beim Stückkauf (Begr: § 480 Rn 1; umstr; vgl BGH NJW **81**, 2640). S 1 für § 459 I u II, S 2 nur für § 459 I, auch
3 für die Fälle des § 463, die nicht von S 2 erfaßt sind (vgl Rn 13). **d) Abdingbarkeit** ist nur dch Vertr (§ 305) mögl u nicht iR des S 2 für Argl (Jau/Vollkommer 2). Keinesf genügt einseit Vorbeh des Käufers (St/Honsell 12). Daran könnte aber der KaufVertr scheitern (§ 150 II) od ein Dissens (§ 155) vorliegen (Koch NJW **89**,
4 1658). **e) Ausschluß anderer Vorschriften.** Soweit es sich um die RFolgen des Umstds handelt, daß dem Käufer Mängel der Kaufsache unbekannt geblieben sind, ist § 460 abschließde Regelg, insb ggü § 254 I
5 (BGH NJW **78**, 2240; vgl § 463 Rn 22; zT aA Mittenzwei JuS **94**, 187) u c.i.c. (Soe/Huber 1). **f) Beweislast** trägt der Verk für Kenntn des Käufers v Mangel sowie für grobfahrl Unkenntn (RG **102**, 394), der Käufer für Argl, Zusicherg od Verspr nachträgl Beseitigg.

6 **2) Kenntnis des Mangels** (S 1). **a) Kennen** bedeutet pos Wissen des Käufers (od seines Vertreters, § 166) vom Mangel in seiner Gesamth (nicht nur v Teilen), seiner rechtl Bedeutg u Erheblk (vgl BGH NJW **61**,
7 1860), sowie in seinem Umfang (RG **149**, 402). Dringender Verdacht genügt nicht. **b) Zeitpunkt.** Maßgebd ist der des VertrSchl, bei Grdst also die Beurk (§ 313 S 1). Das gilt auch bei Heilg gem § 313 S 2, sodaß die Kenntn des Mangels bei Eintragg im GB den S 1 nicht begrdet (Köhler JZ **89**, 761 [767]; einschränkd BGH NJW **89**, 2050), gleich ob der Käufer die FormNichtk des KaufVertr kannte (aA § 313 Rn 56 u Hamm NJW **86**, 136 = DNotZ **86**, 745 m abl Anm v Kanzleiter) od nicht. Ist der Kauf unter einer Bedingg (§ 158) geschl, ist maßgebd der Eintritt der Bedingg; daher bei Kauf auf Besicht (§ 495) die Billigg der Sache dch den Käufer (RG **94**, 287). Dies gilt nicht für Bedinggen, deren Eintritt v Käufer nicht beeinflußt w kann (vgl Köhler JZ
8 **89**, 761 [765]). Erlangt er die Kenntn später, bleibt § 464. **c) Wirkung.** Gewl des Verk für Fehler (§ 459 I) u zugesich Eigensch (§ 459 II) ist ausgeschl, auch bei argl Verschweigen (RG **55**, 214). Haftg des Verk bleibt aber bestehen, wenn er sich verpfl, den v Käufer beim Kauf erkannten Mangel bis zum GefÜberg (§§ 446, 447) zu beseit od eine Eigensch herzustellen (St/Honsell 6 mwN; vgl auch § 462 Rn 6).

3) Grobfahrlässige Unkenntnis (S 2). Sie muß sich auf einen Fehler (§ 459 I) beziehen; auf zuges 9
Eigensch (§ 459 Rn 14, also einschl der Abwesenh v Fehlern) darf sich hingg der Käufer immer verlassen. Bei Kauf dch Vertreter gilt § 166. **a) Zeitpunkt.** Die grobe Fahrlk muß bei VertrSchl od in den ZtRaum bis 10
dahin gegeben sein (RG **131**, 343 [353]). Für die Zt danach ist sie unbeachtl. **b) Grobe Fahrlässigkeit** 11
(§ 277 Rn 2–4) ist bes schwere Vernachlässigg der im konkreten Fall erforderl Sorgf (gebotener MindInformationsAufwand, Köhler JZ **89**, 761 [767]). Sie liegt idR nicht vor, wenn der Käufer sich auf die Angaben des Verk verläßt u keine Untersuchg der Sache vornimmt (St/Honsell 7) u bei sog warentyp Eigsch (§ 459 Rn 8 aE; Schünemann BB **97**, 2961). Der Käufer muß nicht in Grd- u Bauakten Eins nehmen (BGH NJW-RR **88**, 1291), auch nicht einen Sachkund zur Besichtigg der Sache zuziehen (Köln NJW **73**, 903). Bei einem EDV-Programm kann ein Probelauf geboten sein (Schlesw MDR **82**, 228). **c) Untersuchung** der Kaufsache 12
als Obliegenh des Käufers. Ihr Unterl kann ausnw grobe Fahrlässk begrden: **aa)** Bei bes Sachkunde des Käufers, falls diese dem Verk fehlt (RG **131**, 343 [354]), zB Kfz- Händler übernimmt gebr Auto von einem Nichtsachkund (Celle NdsRpfl **74**, 83). **bb)** Wg Verkehrssitte bei Kauf v Ggstden, wenn eingehde Besichtigg übl ist, insb Gebde, Kunstwerke, Antiquitäten, Kostbk. **cc)** Konkrete Warng vor Mängeln, entw dch Verk, Dr od bes Umstde (St/Honsell 8). HaltbkDatum bei verpackten Lebensmitteln (Köhler DB **85**, 215; aA Michalski/Riemenschneider BB **93**, 2097 [2101]). **d) Haftung** wegen Argl: § 463 Rn 11–13. 13

461 ***Pfandverkauf.*** **Der Verkäufer hat einen Mangel der verkauften Sache nicht zu vertreten, wenn die Sache auf Grund eines Pfandrechts in öffentlicher Versteigerung unter der Bezeichnung als Pfand verkauft wird.**

Bedeutung. Ausn v § 459, weil bei öff Versteigerg dem Verk die Haftg nicht zugemutet w kann. 1
Anwendbar nur bei § 1235 I, nicht bei SelbsthilfeVerk (§ 383 III) u bei freihänd PfandVerk nach §§ 1235 II, 1221, 1240 II, 1245, 1246. Gleiche Regelg in § 806 ZPO u § 56 ZVG. **Voraussetzungen:** Bestehen des 2
PfandR, Bezeichng der Sache als Pfand, Verk in öff Versteigerg; Beachtg derjen Vorschr der VO üb gewerbsmäß Versteigergen idF v 1. 6. 76 (BGBl I 1346), die eine angemessene BesichtiggsMöglk dch den Interessenten gewährt. Die Berufg auf § 461 ist nur ausnweise dch § 242 eingeschr (vgl BGH **96**, 214). **Wirkung:** 3
HaftgsAusschl für Fehler (§ 459 I), trotz des Wortlauts (Mangel), nicht für zuges Eigensch (§ 459 II), weil dch Zusicherg § 461 zuläss abbedungen ist (hM). Bei argl Verschweigen des Fehlers gilt § 461 auch nicht (hM; Köhler JZ **89**, 761 [775]). §§ 812, 123 u §§ 823 II, 826 sind sowieso nicht ausgeschl.

462 ***Wandelung; Minderung.*** **Wegen eines Mangels, den der Verkäufer nach den Vorschriften der §§ 459, 460 zu vertreten hat, kann der Käufer Rückgängigmachung des Kaufes (Wandelung) oder Herabsetzung des Kaufpreises (Minderung) verlangen.**

1) Allgemeines. § 462 gibt den Anspr auf Wandelg u Minderg (Inhalt: § 465 Rn 1). Gilt bei jedem Kauf. 1
Bei GattgsKauf gilt zusätzl § 480. Vollzogen u dchgeführt werden Wandelg u Minderg nach den §§ 465– 474. Grdsätzl nur ggü dem Verk (vgl BGH WM **85**, 917). **a) Gewährleistungsansprüche** sind außer Wandelg u 2
Minderg kraft G nur SchadErs wg NichtErf (§§ 463, 480 II) u Nachlieferg bei § 480 I. Vereinbart werden (Vorbem 21 vor § 459) kann Nachbesserg (Rn 4) u Nachlieferg (Rn 7) auch beim Stückkauf. **b) Wahlrecht** 3
des Käufers. Dem Käufer stehen die Anspr (Rn 2) alternativ zu, sofern sie nicht im Einzelfall ausgeschl sind. Bis das WahlR dch Vollzug (§ 465) od dch Erfüllg des geltdgemachten Anspr erlischt, kann der Käufer von einem zum and übgehen, die getroffene Wahl also frei widerrufen (allgM; BGH NJW **96**, 2647). Auch im HilfsVerh können die Anspr geltd gemacht w (BGH NJW **90**, 2683). Die Erkl der Wandelg kann auch nach wiederholten erfolgl NachbessergsArb verlangt w (Köln NJW-RR **93**, 565). **c) Nachbesserung** kann kraft G 4
u ohne Vereinbg nicht verlangt w (hM; vgl Köhler JZ **84**, 393 mwN), nur ausnw beim UnternKauf (Vorbem 15 vor § 459). Ist ein NachbessergsR vereinb u wird erfolgreich nachgebessert, entfallen and GewlAnspr (BGH NJW-RR **98**, 680 mwN). **aa) Vereinbart** werden kann der NachbessergsAnspr schon im KaufVertr 5
neben od anstelle von Wandelg u Minderg, auch als einz GewlAnspr (in AGB häuf) u nachträgl, insb nach verlangter Gewl. Davon zu untersch ist das NachbessergsR des Verk bis zum GefahrÜbgang (§ 459 Rn 5). **bb) Ablehnen** kann der Verk die Nachbesserg, wenn sie auf best Art vereinb ist u der Käufer sich nicht daran 6
hält (BGH NJW-RR **91**, 870); wenn sie zwar erfolgreich, aber eigenmächt dchgeführt w (BGH NJW **96**, 2647); der Käufer eines Kfz, wenn ein sog Mängelpaket vorliegt (Köln NJW-RR **92**, 1147). **cc) Fehlschlagen** (Unterbleiben od Mangelhaftigk) der Nachbesserg (§ 11 AGBG Rn 56) führt bei Anwendbark des § 11 Nr 10 b AGBG ohne weiteres zum Anspr auf Minderg od Wandelg. Soweit § 11 AGBG nicht anwendb ist, richten sich die RFolgen fehlgeschlagener Nachbesserg primär nach der getroffenen Vereinbg, die auch wiederholte Nachbesserg gestatten kann (Köln NJW **93**, 3143 für Hardware). Fehlt eine solche, bietet sich eine entspr Anwendg v § 634 I 2 (nach Köhler JZ **84**, 393 nur kfm Verkehr) u § 326 an, weil der Verk mit der vereinb Nachbesserg einen best Erfolg (wie bei § 631) schuldet. Daher muß der Käufer eine Fr setzen (hM; MK/Westermann 10 mwN; BGH NJW **76**, 234 für AGB). Bei deren fruchtlosem Ablauf od wg eines schon bei VertrSchluß erkannten, nicht beseitigten Mangels ohne Fr (BGH NJW **90**, 901) kann der Käufer den Mangel mit den Folgen des § 633 III (daher Anspr auf Kostenvorschuß, BGH NJW **92**, 3297) selbst beseit od beseit lassen (BGH NJW **91**, 1882), insb v einem and VertrHändler, ohne dies dem Verk anzeigen zu müssen (BGH aaO). Er kann von der vereinb Nachbesserg (nicht vom KaufVertr) zurücktreten (Köln NJW-RR **96**, 1463), SchadErs verlangen, aber nur bei Versch (§§ 276, 278) des Verk (hM; BGH aaO mwN). Unabhäng davon muß sich der Käufer nicht auf einen dritten NachbessergsVersuch einlassen (Köln NJW **87**, 2520). Bei wirks Rücktr v der Nachbesserg stehen dem Käufer Wandelg u Minderg offen (allgM), wenn die Wandelg nicht wirks ausgeschl ist. Wird schuldh ungeeignet od fehlerh nachgebessert, ist SchadErs wg pVV mögl (BGH NJW **97**, 727). **d) Nachlieferung** (in § 11 Nr 10 b AGBG Ersatzlieferg genannt). Hierfür gilt 7
grdsätzl das gleiche wie in Rn 4–6 u § 480 Rn 3–6. **e) Abtretung.** Die Anspr auf Wandelg u Minderg sowie auf Nachlieferg u -besserg sind selbstd (isoliert) abtretb (§ 399 Rn 4 mwN; bestr). Auf jeden Fall sind dies die

Anspr aus vollzogener Wandelg u Minderg (§ 465), näml auf Rückzahlg des (zuviel gezahlten) KaufPr; auch Anspr auf SchadErs. Stets wird man die Abtretg der Anspr auf Wandelg u Minderg zus mit den zugrdeliegden GewlAnspr od mit allen Anspr aus dem KaufVertr zulassen müssen, insb bei Weiterveräußerung der mangelh
8 Sache (BGH NJW **77**, 848; MK/Westermann 13 mwN). **f) Bürgschaft.** Wer für den KaufPr bürgt, hat die Einr aus § 768. Auch § 770 I gilt entspr (§ 770 Rn 4). **g) Passivlegitimation:** nur der Verk, nicht and Pers, die aGrd Vertr zur Nachbesserg verpfl sind (BGH NJW **85**, 2819 [Kfz-Marke]).

9 **2) Voraussetzungen** für Wandelg u Minderg, sowie Nachbesserg (Rn 4) u Nachlieferg (Rn 7). Für SchadErsAnspr gilt § 463. **a) Kaufvertrag.** Er muß bei GefÜberg (§ 459 Rn 5) wirks sein. **b) Sachmangel** (§ 459). Da der KaufVertr zu mangelfreier Lieferg verpfl, können die GewlAnspr schon vor dem GefÜbgang geltdgemacht w (§ 459 Rn 6–7). Nach GefÜbgang muß der Sachmangel zZ der Geltendmachg der GewlAnspr vorliegen bis zum Vollzug (§ 465; Düss NJW-RR **98**, 1587; aA Karlsr NJW-RR **99**, 279; offengelassen v BGH **90**, 198 u NJW **96**, 2647), so daß dch eine vereinb erfolgreiche Nachbesserg Wandelg u Minderg
10 entfallen (Düss aaO). **c) Verlangen** muß der Käufer Wandelg, Minderg, Nachbesserg od -lieferg. Das geschieht: **aa)** Außerprozessual dch formlose empfbedürft WillErkl (§ 130), auch konkludent; §§ 116 ff gelten (Jau/Vollkommer 5). **bb)** Prozessual schon dch LeistgsKl auf Rückzahlg des KaufPr (§ 465 Rn 6), aber auch dch Kl auf Einverständn zur Wandelg od Minderg (§ 465 Rn 3). Dch Erheben der Einr ggü der KaufPrKl,
11 auch schon vor Verjährg des GewlAnspr (§ 478). **d) Vertretenmüssen** des Mangels gem § 460. **e) Kein Erlöschen** des GewlAnspr: **aa)** Vorbehalt iF des § 464. **bb)** Wirksame Mängelrüge ist grdsätzl nur beim Handelskauf notw (§ 377 HGB), sonst nur bei vereinb Fr zur MängelAnz (vgl § 11 Nr 10e AGBG). Eine Verwirkg (§ 242 Rn 87) des GewlAnspr wg unterlassener Mängelrüge kann somit nur in AusnFällen befürwortet w (vgl St/Honsell § 464 Rn 12), da § 477 sowieso eine kurze VerjFr setzt. **cc)** Ingebrauchn od Weiterbenutzg hindert den Anspr nicht, kann aber wg unzuläss RsAusübg die Wandelg ausschließen (BGH NJW **84**, 1525 mwN; Hamm NJW-RR **88**, 1461).

12 **3) Wandelung.** Legaldefinition des § 462: Rückgängigmachg des KaufVertr. Der Anspr (§ 194 I), den § 462 gibt, ist schuldrechtl, gg den Verk gerichtet, kein GestaltgsR (hM; Jau/Vollkommer 3 mwN). Er richtet sich darauf, daß mit Einwilligg des Verk (§ 465) der KaufPr zurückgezahlt w od die offene KaufPrSchuld erlischt, mit den sonstigen RFolgen, auf die § 467 verweist.

13 **4) Minderung.** Legaldefinition des § 462: Herabsetzg des KaufPr. RNatur u Inhalt wie Rn 12; jedoch mit dem Unterschied, daß der KaufVertr mit allen sonstigen Ren u Pfl auch bestehen bleibt, wenn die Minderg gem §§ 472–474 dchgeführt w. Es entsteht, anders als bei Wandelg, kein RückgewährSchuldVerh (§ 465 Rn 12), sond die einseit RückzahlgsPfl od das teilw Erlöschen der KaufPrFdg. Kein MindAnspr, wenn der Wertverlust dch Umstde herbeigeführt w, die nicht unter § 459 od unter § 460 fallen (BGH NJW **90**, 2682).

463 ***Schadensersatz wegen Nichterfüllung.*** **Fehlt der verkauften Sache zur Zeit des Kaufes eine zugesicherte Eigenschaft, so kann der Käufer statt der Wandelung oder der Minderung Schadensersatz wegen Nichterfüllung verlangen. Das gleiche gilt, wenn der Verkäufer einen Fehler arglistig verschwiegen hat.**

1 **1) Allgemeines. a) Rechtsnatur:** Der SchadErsAnspr aus § 463 ist ein vertr GewlAnspr; er setzt daher einen gült KaufVertr voraus (allgM) u ist ausgeschl, wenn der Vertr wg § 123 angefochten ist (vgl Rn 23, 24).
2 **b) Anwendungsbereich:** Nur bei Spezies-(Stück-)Kauf; bei Gattgskauf gilt § 480 II. RGedanke des § 463 ist für entspr anwendb erkl auf LizenzVertr (BGH NJW **70**, 1503). Für Saatgut SoRegelg in § 24 II Saatgut-
3 verkehrsG 1985. **c) Abdingbarkeit:** Sie ist für die Tatbestde der Argl, dch § 476 ausgeschl; beim Fehlen einer zugesicherten Eigensch zZ des Kaufs (S 1), also ohne Argl, auch für den Fall, daß die Sache für den vorgesehenen Verwendgszweck ungeeignet ist, wenn die Eigng hierfür zugesichert wurde (BGH **50**, 200); iü kann S 1 abbedungen w (BGH NJW **70**, 2021 [2023]), jedoch nicht im GeltgsBer des AGBG, die Haftg auch
4 nicht eingeschr (§ 11 Nr 11 AGBG). **d) Verhältnis zu § 462 und zum Wahlrecht.** SchadErs aus § 463 kann nur statt Wandelg od Minderg (§ 462) verlangt w, also wahlw (BGH **29**, 148 [151]. Diese drei Anspr können im Proz daher im Eventual-Verh geltd gemacht w (BGH NJW **96**, 1962). § 263 ist unanwendb. Das WahlR (ius variandi) erlischt erst mit der RKraft eines Urt, das auf einen der 3 Anspr gerichtet ist (hM) od mit Vollz v Wandelg od Minderg dch Einverständn des Verk (§ 465), entspr dch Einverständn des Verk mit dem SchadErsAnspr (vgl § 465 Rn 1). Bis zur Bindg kann der Käufer noch v einem zum and Anspr übergehen (§ 465 Rn 15). SchadErsAnspr ist nicht ausgeschl, wenn der Käufer gg Rückg der Sache sich
5 KaufPr erstatten läßt, aber SchadErs vorbehält (RG **90**, 332). **e) Verjährung:** Für S 1 gilt § 477, für S 2 u die sonst Fälle v Argl § 195 (30 J). **f) Leistungsort** (§ 269): wie § 465 Rn 10 (Hamm MDR **89**, 63).

6 **2) Allgemeine Voraussetzungen:** Für alle aus § 463 abgeleiteten Anspr ist zu beachten: **a) Grundregel.** Es müssen die Vorauss für Wandelg u Minderg (§ 462) vorliegen, also § 459 u § 460. Daraus folgt, daß der Mangel noch bei GefÜberg (§ 459 I) vorliegen muß u daß Gewl trotz Argl u Zusicherg des Verk ausgeschl ist,
7 wenn der Käufer den Mangel kennt (§ 460 S 1). **b) Haftung für Dritte:** Handelt bei VertrAbschl für den Verk ein Vertreter, insb ein ges Vertr, gilt für Argl, Verschweigen u Vorspiegeln § 166 (dort Rn 4 mwN; hM; BGH **117**, 104; NJW **96**, 1205 u 1339 mwN; hierzu grdsätzl Waltermann NJW **93**, 889), auch für den sog WissensVertr (§ 166 Rn 5). Das ist problemat, wenn sich Wissen u weitere Erfordern der Argl nicht auf denselben Vertr beschr (Waltermann aaO). Verk haftet für seine ErfGehilfen (§ 278; dort Rn 7, 8, 32), die bei Abschl des KaufVertr mitwirken. Ein Vertr u Vermittler selbst kann unmittelb dem Käufer aus c. i. c. haften (sog Eigenhaftg, § 276 Rn 93–98). § 831 ist nur anwendb, wenn § 823 II vorliegt. Ist die argl Vorspiegelg v einem Dr begangen, für den § 278 nicht eingreift, haftet der Verk, wenn er diese Vorspiegelg ausnutzt. Überh keine Haftg für Boten (allgM). Bei Mehrh v Verk haftet nur derjen nach § 463, der argl handelt (RG **99**, 121). Nur bei Hinzutreten bes Umst liegt bei dem Verk, der selbst nicht arglist handelt, eine Übern der Haftg
8 gem § 463 vor (BGH WM **76**, 324). **c) Zeitpunkt.** Der Mangel muß sowohl bei VertrAbschl wie auch bei GefÜberg (vgl Rn 6) vorhanden sein; jeweils derselbe Mangel od ein and Mangel, der aus dem bei

VertrAbschl vorhandenen entstanden ist. Die Zusicherg beim Kauf kann auch darauf bezogen w, daß die Eigensch, die zZ des Kaufs noch fehlt, bei GefÜberg vorhanden sein w (vgl Rn 10); S 1 gilt dann jedenf entspr. Soll die Sache erst nach VertrAbschl hergestellt w (WerkliefergsVertr üb vertretb Sache, § 651), so liegt eine (beschr) Gattgsschuld vor u es gilt nicht § 463 sond § 480 II. **d) Ursächlichkeit** zw Zusicherg, argl 9
Verschweigen od Vorspiegeln u dem KaufAbschl muß v Käufer nicht dargelegt w; jedoch entfällt Anspr aus § 463, wenn der Verk beweist, daß Zusicherg, Verschweigen od Vorspiegelg für den KaufAbschl bedeutgsl waren (BGH NJW **81**, 45; KG NJW-RR **89**, 972; St/Honsell 11 mwN).

3) Besondere Voraussetzungen. Es muß alternativ vorliegen: **a) Fehlen zugesicherter Eigenschaft** 10
schon zZ des Kaufs (S 1). Zusicherg wie § 459 Rn 15. Eigensch wie § 459 Rn 20. Wie bei § 459 kommt es nicht darauf an, ob die Eigensch für Wert u Tauglk der Sache zum vertrgem Gebr erhebl ist od nicht, zB ein kleiner LackSchad am Pkw, wenn zusätzl zu unfallfrei zugesich w, der „Wagen habe noch nicht einmal eine Macke" (Hamm NJW-RR **95**, 48). ZZt des Kaufs: Damit ist das ZustdeKommen des KaufVertr gemeint. Die Zusicherg kann sich auf eine Eigensch beziehen, die zZ des Kaufs nach Kenntn der Part nicht vorliegt, aber bis zu einem späteren best Ztpkt gem Zusicherg eintreten werde (vgl Rn 8 u BGH WM **76**, 978). Der GewlAnspr setzt kein Versch voraus. Der Verk haftet gem S 1 auch, wenn er das Fehlen der Eigensch nicht kennen konnte u nicht kannte. **b) Arglistige Täuschung.** Maßgebder Ztpkt ist der des VertrSchl (BGH 11
NJW **92**, 1500 mwN). Kommt in den folgenden Formen vor: **aa) Verschweigen eines Fehlers** (S 2). **(1) Fehler:** wie § 459 Rn 8, u zwar nur erhebl gem § 459 I 2 (Soe/Huber 22; aA St/Honsell 10; Köln NJW-RR **86**, 988). **(2) Arglist:** § 123 Rn 2, 7, 8. **(3) Verschweigen:** § 123 Rn 5, 7, 8. **bb) Vortäuschen** 12
der Abwesenheit von Fehlern dch Hdlgen in argl Abs steht dem Verschweigen (Rn 11) gleich (allgM). Es kommt dann nicht auf die Pfl zur Aufkläg an. **cc) Vorspiegelung einer nicht vorhandenen Eigenschaft** 13
in argl Abs, ohne daß die Eigsch zugesichert ist, führt zu entspr Anwendg des S 2 (hM; BGH NJW-RR **92**, 950 u 1076 mwN u NJW **93**, 1643). Argl Vorspiegelg: § 123 Rn 2, 3, 7, 8.

4) Schadensersatz. Für Grd u Umfang muß im Einzelfall differenziert w. **a) Grundsätze.** Ein Ge- 14
wlAusschl entfällt (BGH NJW-RR **96**, 1332 mwN). **aa) Schadensersatz wegen Nichterfüllung** (sog pos Interesse) ist zu leisten (Vorbem 16 vor § 249). Bei Fehlen einer zugesicherten (S 1) od argl Vorspiegelg einer nicht vorhandenen Eigensch ist der Käufer so zu stellen, wie er stehen würde, wenn die Sache diese Eigensch besäße. Bei argl Verschweigen eines Fehlers od argl Vorspiegelg der Abwesenh v Fehlern (Fälle des S 2), ist der Käufer so zu stellen, wie wenn die Kaufsache den Fehler nicht hätte. Der SchadErs ist nicht dadch ausgeschl, daß der Käufer nicht mehr im Bes der Kaufsache ist (vgl Rn 21). Unter § 463 fällt auf jeden Fall der MangelSchad (unmittelb NichtErfSchad). **bb) Mangelfolgeschaden** (insb sog BegleitSchad). Ob er dazuge- 15
hört, ist im einz bestr (vgl St/Honsell 36–41). Er kann ggf aus pos VertrVerletzg verlangt werden (Vorbem 6 vor § 459). Zur Abgrenzg vgl Peters NJW **78**, 665. **(1)** Bei Argl (Rn 6) wird das für die pos VertrVerletzg erforderl Versch idR vorliegen, wenn hier die MangelfolgeSchäd nicht schon von vorneherein von § 463 umfaßt w (Larenz § 41 II c 3), weil er adaequat verurs ist u daher unter Rn 14 fällt (vgl Soe/Huber 65 mwN). **(2)** Bei Zusicherg von Eigensch fallen die MangelfolgeSchäd unter § 463, wenn sie vom obj Sinn der Zusicherg umfaßt werden, insb wenn die Zusicherg bezweckt, den Käufer vor solchen Schäd zu schützen (BGH **50**, 200 u NJW **73**, 843 mwN). Bsp: VerkUnfall inf Vertrauens auf zugesicherte Eigensch (BGH NJW **78**, 2241; jedoch als NichtErfSchad angesehen). **cc) Entgangene Gebrauchsvorteile.** Ers kann nur verlangt 16
w, wenn nach der VerkAuffassg die ständ Verfügbk der Sache einen geldwerten VermVorteil darstellt, zB eine Wohng, die v Käufer genutzt w soll (BGH **117**, 260), ein Auto, nicht ein Pelzmantel (vgl BGH NJW **75**, 733). **dd) Aufwendungen** des Käufers, die inf der Mangelhaftk der Sache nutzlos waren, sind nur zu ers, 17
wenn ihnen im Fall der MangelFreih ein GgWert ggügestanden hätte (BGH **114**, 193). Sind sie für weitere Geschäfte erfolgt, besteht keine Vermutg für einen solchen GgWert (BGH aaO). And Aufwendg sind nur zu ersetzen, wenn sie in ursächl Zushang mit dem Mangel entstehen (BGH NJW **91**, 2900 u **95**, 1549).

b) Berechnung ist auf zwei Arten zur Wahl des Käufers mögl, näml sog kleiner SchadErs (Rn 18) od 18
großer SchadErs (Rn 19). Übgang v großen zum kleinen SchadErs ist keine KlÄnderg (BGH NJW **92**, 566). **aa) Wertdifferenz.** Der Käufer kann Sache behalten u verlangen, so gestellt zu w, als ob gehör erf wäre, also Ers des Wertunterschieds zw mangelfreier u mangelh Sache (BGH **108**, 156 mwN), wobei er gg den KaufPr mit dem SchadErsAnspr aufrechnen kann (vgl § 479). Kein Anspr auf Beseitigg des Mangels od Herstellg zugesicherter od vorgespiegelter Eigensch, sondern Ers in Geld, zB Kosten der Umrüstg eines Kfz auf den typengerechten Motor (vgl BGH NJW **83**, 1424) od Differenz zum niedrigeren Preis, zu dem der Kauf zustdegekommen wäre (Kblz NJW-RR **91**, 847); nach BGH NJW **93**, 2103 (iE zust Hattenhauer JuS **98**, 684, jedoch in mehrf Hins bedenkl) sogar die Differenz zum höheren Wert bei unechtem Kunstwerk, das bes günst gekauf wurde (zust Lorenz JZ **98**, 943). Der Käufer kann Ers der zur Beseit des Mangels erforderl Kosten verlangen (BGH aaO; vgl Rn 17), bei Kauf v WoEigt u Fehler am gemeinsch Eigt nur den BruchT, der dem gekauften SoEigt zugeordnet ist (BGH **108**, 156). **bb) Austausch:** Der Käufer kann auch Ann der 19
Sache gänzl ablehnen oder angen Sache zur Vfg stellen u den dch NichtErf des ganzen Vertr entstandenen Schad verlangen (hM; BGH **29**, 148). Nachw fehlden Interesses des Käufers an mangelh Leistg ist nicht erforderl (Soe/Huber 42; BGH aaO; bestr); jedoch kann der Käufer gegen § 242 verstoßen, wenn er wg nur geringfüg Mängel den großen SchadErs verlangt (BGH NJW **86**, 920 mwN). Als SchadErs Erstattg des KaufPr (RG **134**, 90; ausgeschl bei §§ 351–353, LG Saarbr NJW **96**, 1971; vgl § 467 Rn 7–10) u der VertrKosten, sowie der Untersuchgskosten, ferner Kosten des RStreits, den Käufer gg seinen Abnehmer führen mußte. Ist v Käufer eine Sache in Zahlg gegeben w, kann er anstatt Rückg Zahlg des angerechneten KaufPrTeils fordern. Bei einem Grdst kann der Verk Mitwirkg zur RückAuflassg verlangen (BGH NJW-RR **89**, 650). **cc) Maßgebender Zeitpunkt** für SchadBerechng ist derjen, zu dem der KaufVertr vertrgem erf w 20
sollte; daher ist eine spätere Werterhöhg inf Beseitgg des Mangels dch Käufer unerhebl. Ebso, wenn es ihm später gelingt, die MietEinn zu erzielen, die bei KaufAbschl entgg der Zusicherg des Verk nicht erzielt w konnten (BGH WM **65**, 273). **dd) Weiterverkauf.** Der Verk wird im Verh zum Erstkäufer nicht dadch 21
entlastet, daß dieser die Sache günst weiterverk (hM); es findet also insoweit keine VorteilsAusgl statt (vgl Vorbem 119 vor § 249; BGH NJW **81**, 45). Den Gewinn hieraus, den der Käufer ohnehin gemacht hätte,

braucht er, wenn er Ers der Kosten des Deckgskaufs verlangt, bei der SchadBerechng nicht abzusetzen. Hat er die mangelh Sache weiterverk u hat der Abnehmer gewandelt (§ 462), so kann er den Gewinn nur verlangen, wenn er keine and Zusichergen als sein Verk gemacht hat (BGH NJW **68**, 2375). Andernf muß der Käufer den Schad berechnen, indem er von Bedeutg des Mangels ausgeht; so können auch die Kosten verlangt w, die aufgewendet w mußten, um die Sache in den mangelfreien Zust zu versetzen (BGH NJW **65**, 34). Hatte Käufer zwecks Weiterveräußerg gekauft, so besteht für abstr SchadBerechng die Vermutg, daß er zu dem Preise hätte weiterverk können, den andere für gleiche Ware zu derselben Zeit in demselben WirtschGebiet erzielt haben (RG **90**, 306). Adäquat verurs ist auch der Schad, der darin besteht, daß der Käufer seinem Abnehmer den von ihm geforderten entgangenen Gewinn ersetzt, der auf dem Mangel beruht (BGH NJW **82**, 435). Wg Haftg für Schad aus § 463 nach günst WeiterVerk dch den Erstkäufer u AbtretgsPfl: Vorbem 30
22 vor § 459. **ee) Mitverschulden** des Käufers: § 254 ist grdsätzl anwendb; jedoch nicht im AnwendgsBereich des § 460, der eine SondRegelg für Kenntn u grobfahrl Unkenntn v Mängeln auf Seiten des Käufers darstellt (hM; BGH NJW **78**, 2240 u **93**, 1643). Daher kann dem Käufer auch nicht Versch bei VertrSchluß entggesetzt w, wenn er eine zumutb Prüfg der Kaufs unterläßt u den Verk nicht über den Mangel belehrt od es unterläßt, den Verk auf solche Zweifel hinzuweisen, die diesen vom VerkEntschl abgehalten hätten.

23 **5) Anspruchskonkurrenzen.** Es kommen in Betr: **a) Unerlaubte Handlung** (§ 823 II wg § 263 StGB, § 826; vgl Vorbem 11 vor § 459). Nicht jede Argl erf schon die Voraussetzgen einer unerl Hdlg; nicht jede Haftg aus § 463 setzt Argl voraus. Anf des KaufVertr aus § 123 ist für Anspr aus unerl Hdlg unerhebl. Der SchadErsAnspr geht hier regelm auf das negat Interesse (Vorbem 17 vor § 249), wenn der KaufVertr angefochten w ist. Verk hat also den Käufer so zu stellen, wie er gestanden haben würde, wenn er nicht getäuscht worden wäre, wobei sich der Käufer den Vorteil anrechnen lassen muß, der ihm aus dem Gebr der Sache erwachsen ist (vgl Einf 119 vor § 249). Ist KaufVertr unangefochten geblieben, kann Käufer auch ErfInteresse (Vorbem 16 vor § 249) verlangen, aber nur, wenn er nachweist, daß der Kauf mit dem Verk bei Angabe der richt Tats zu günstigeren Bdggen zust gekommen wäre (vgl § 123 Rn 26). ErfInteresse kann auch verlangt w, wenn nach wirks Anf wg argl Täuschg der Käufer den SchadErsAnspr auf dieselben Grde stützt wie die Anf, sofern der Verk die Eigensch der Kaufsache vertragl zugesichert (BGH NJW **60**, 237; hierzu krit
24 Rust NJW **99**, 339) od eine Eigsch (ohne Zusicherg) argl vorgespiegelt hatte. **b) Ungerechtfertigte Bereicherung** (§ 812 I). Dieser Anspr besteht nach wirks Anf aus § 123 (Vorbem 8 vor § 459). Die Rückabwicklg des KaufVertr ist im Ergebn das gleiche, wie wenn Ers des negativen Interesses (wie bei Rn 23) verlangt w. Auch hier muß sich der Käufer den Wert der von ihm gezogenen Nutzgen anrechnen lassen (§ 818 I, II); ist er höher als der VorteilsAusgl (Vorbem 119 vor § 249), braucht nur dieser ausgeglichen zu w,
25 weil für die Differenz ein SchadErsAnspr besteht (BGH NJW **62**, 1909). **c) Verschulden bei Vertragsschluß** (c. i. c.; Vorbem 7 vor § 459): Obwohl § 463 in Bezug auf Fehler u Eigensch der Kaufsache eine abschließde SondRegelg darstellt, scheidet der Anspr aus c.i.c. dann nicht aus, wenn Vorsatz des Verk vorliegt (BGH stRspr NJW **92**, 2564 mwN; bestr). Er besteht, auf den VertrauensSchad gerichtet, neben dem aus § 463, der auf das ErfInteresse geht (BGH aaO). Auch bei Eigensch, die nicht zusicherungsfäh ist (§ 459 Rn 20), so daß § 463 ausscheidet, ist c. i. c. anwendb (BGH **114**, 263; Vorbem 7 vor § 459). Das ist offenb nicht
26 beachtet v BGH NJW **93**, 1703, wo c.i.c. bei einer zusichergsfäh Eigensch angewendet w. **d) Positive Vertragsverletzung** (Vorbem 6 vor § 459). Auch dieser Anspr scheidet wg der Grde der Rn 25 aus, soweit § 463 gilt. Nur wenn der Verk and Pfl verletzt als diejen, welche sich aus § 463 für den Abschl des KaufVertr ergeben (Verk darf nicht fehlde Eigensch zusichern usw, vgl Rn 10), kommt eine Haftg aus pVV in Betracht u zwar nur für den Schad, der inf eines Fehlers (§ 459 I) entsteht, sog MangelfolgeSchad (Rn 15; hM; Soe/Huber 66 mwN), also nicht für den eigentl MangelSchad (Rn 14).

27 **6) Beweislast. a) Grundsatz.** Für die Gewl kommt es allein auf den Zust der Sache zZ der Überg an. § 363 ist anzuwenden, obwohl die §§ 459 ff SchlechtErf, keinen Fall der NichtErf darstellen (Soe/Huber 102;
28 bestr). **b) Käufer** trägt die BewL für den Mangel, einschließl Zusicherg der Eigensch, hinsichtl der Argl für den ges Inhalt der Erkl des Verk, aus der die Argl zu entnehmen ist (BGH **117**, 260 mwN u RG **102**, 394; aA für den Fall, daß der Käufer, der auf Zahlg des KaufPr verklagt w, Fehlen einer zugesicherten Eigensch einwendet: St/Honsell 53); nicht für den Irrt (BGH NJW **90**, 42) u für die Ursächlk zum Kaufentschluß (allgM; zB BGH **117**, 363). Ob er beim kleinen SchadErs (Rn 18) zu günstigerem Pr gekauft hätte, ist keine
29 Frage der BewL, sond nach § 287 ZPO zu beurt (vgl Baumgärtel 7 mwN). **c) Verkäufer** hat BewL dafür, daß argl Verschw od Vorspiegelg für den KaufAbschl bedeutgsl gewesen sei (BGH NJW **81**, 45).

464 ***Vorbehalt bei Annahme.*** **Nimmt der Käufer eine mangelhafte Sache an, obschon er den Mangel kennt, so stehen ihm die in den §§ 462, 463 bestimmten Ansprüche nur zu, wenn er sich seine Rechte wegen des Mangels bei der Annahme vorbehält.**

1 **1) Allgemeines.** § 464 ist auf die Erf bezogen, § 460 auf den Kauf. Aus § 465 wird das R abgeleitet, die Ann (Rn 6) zu verweigern u die mangelh Sache zurückzuweisen (§ 433 Rn 38; Rieble JZ **97**, 485 mwN). **a) Zweck.** Er ist umstr. Übwiegd wird angen, daß das Schweigen als Verz auf die Geltdmachg der Gewl zu werten sei u eine EinFdg gg Tr u Gl verstoße (BGH **50**, 364 [366]) od einer Verwirkg gleichkomme (Jau/
2 Vollkommer 1 a). Nach aA bloße Obliegenh, die Gewl vorzubehalten (Köhler JZ **89**, 761). **b) Anwendungsbereich.** Grdsätzl wie Vorbem 13–20 vor § 459. Anspr aus §§ 462, 463, analog für pVV u c.i.c. (Vorbem 6, 7 vor § 459). § 464 gilt auch, wenn der Käufer sich in seinen AGB für Einkauf v MängelRügeFr freizeichnet (BGH WM **78**, 1094). § 464 gilt nicht, wenn Käufer den Mangel erst nach Ann erkennt (BGH NJW **58**, 1724). Entspr Anwendg auf RMängel ist ausgeschl; es gilt § 439 (MK/Westermann 2). Wg der Bezugn auf § 463 gilt § 464 auch bei Argl des Verk, aber nicht, wenn der Anspr auf §§ 823, 826 od §§ 812, 123 gegrdet ist (Köhler JZ **89**, 761 [770]). Fallen Kauf u Überg der Sache zeitl zus, wird § 464 dch den weitergehden
3 § 460 überflüss. **c) Mehrheit von Sachen.** Sind sie als zusgehörd verkauft (§ 469 S 2), muß der Vorbeh alle Sachen betr, wenn § 464 für alle eingreifen soll; sonst tritt die Wirkg des § 464 nur hins der einz mangelh Teillieferg ein; jedoch kann die vorbehaltl Ann einz Sachen in Kenntn des Mangels stillschw Verz auf Wandelg

wg dieses Mangels auch bezgl der übr Sachen enthalten. **d) Voraussetzung** für Erhaltg des GewlAnspr ist im Falle der Kenntn (Rn 5) u Ann der Sache(n) (Rn 6) der Vorbeh (Rn 8). **e) Wirkung:** Verlust des GewlAnspr bei unterbliebenem Vorbeh trotz Kenntn mit Ann der Sache(n). Auch bei Vorbeh geht mit Ann das Zurückweisgs R (Rn 1) verloren (Rieble JZ **97**, 485). **f) Beweislast:** Verk für Kenntn des Käufers bei Ann der Sache, Käufer für den Vorbeh bei Ann (Baumgärtel 1 mwN). 4

2) Kenntnis (vgl § 460 Rn 6) muß posit Bewußtsein vom Mangel umfassen, sowie die Erkenntn der Wert- od BrauchbarkMinderg (MK/Westermann 4 mwN). Kenntn des Vertr steht der des Käufers gleich (§ 166). Maßgebder Ztpkt ist der der Ann (Rn 6), auch wenn der Vertr noch nicht wirks geworden ist (Köhler JZ **89**, 761 [769]). Späteres Erkennen des Mangels führt zum Verlust des GewlAnspr nur bei Verzicht (vgl MK/Westermann 9). Grobfahrl Unkenntn des Mangels u dringender Verdacht reichen nicht aus (allgM). Mängelrüge nach § 377 HGB ist nur erforderl bei zweiseit HandelsGesch. Inwieweit Käufer auch außerh des § 377 HGB zu alsbaldiger Untersuchg der Sache u MängelAnz verpfl ist, beurteilt sich nach § 242 (RG **104**, 96; Lehmann WM **80**, 1162 [1166]). 5

3) Annahme. a) Begriff: wie § 363, nicht Abnahme (§ 433 II). Entggnahme der Sache als eine dem Vertr in der Haupts entspr Erf (hM; Soe/Huber 9 mwN; aA Rieble JZ **97**, 485: Ablieferg/Überg). Die Ann kann auf Teile der Lieferg beschr w (RG **54**, 165). Mit and Vorbehalten u Mängelrügen ist Ann vereinb. 6
b) Einzelheiten. Bei Grdst enthält sowohl Überg wie Auflassg eine Ann (BGH **50**, 364). Bei der Eintr ist Vorbeh selten mögl u nicht erforderl. Der bloße Einbau der mangelh Sache nach Mängelrüge ist keine Ann (Hamm NJW-RR **92**, 1012). Bei Versendgskauf braucht AnnWille nicht ggü Verk erkl zu werden. Bei Verk eines Warenlagers liegt Ann u Ztpkt für Vorbeh in Abschl der Inventur dch den Käufer. 7

4) Vorbehalt. a) Begriff. Der Vorbeh ist eine einseit empfangsbedürft WillErkl, in der der Käufer dem Verk einen bestimmten Mangel bezeichnet u aus der der Verk erkennen kann, daß der Käufer hierfür auf Gewl nicht verzichten will. Ein allg Vorbeh ohne Angabe einzelner Mängel ist unwirks (bei verpackter Ware problemat, vgl Rieble JZ **97**, 485). Eine MängelAnz muß RVorbeh ergeben, wie er für die Anz nach § 478 und § 377 HGB erforderl ist. **b) Form.** Der Vorbeh ist formlos, auch dch schlüss Verhalten mögl. **c) Zeitpunkt.** Der Vorbeh muß zZ der Ann (Rn 6) erkl w. Es genügt sofortiger schriftl Vorbeh nach Erhalt zugesandter Ware. Ein vorangegangener Vorbeh wirkt auch bei späterer Ann fort, ausnw dann nicht, wenn die Ann vorbehlos ist (Düss NJW-RR **96**, 693). **d) Empfänger.** Der Vorbeh muß ggü dem Verk od dessen Vertr, nicht bloßem Boten od Überbringer erkl w (vgl St/Honsell 5). 8 9 10

465 *Vollzug der Wandelung oder Minderung.* **Die Wandelung oder die Minderung ist vollzogen, wenn sich der Verkäufer auf Verlangen des Käufers mit ihr einverstanden erklärt.**

1) Allgemeines. a) Anwendungsbereich: Unmittelb auf Wandelg u Minderg; entspr auf Nachlieferg (§ 480), sow es sich um das Erlöschen des dem Käufer zustehden WahlR (§ 462 Rn 3) zw den GewlAnspr handelt, auch für den SchadErsAnspr (§ 463; MK/Westermann 1) u die vereinb Nachbesserg u Nachlieferg (BGH NJW **70**, 1502). **b) Abdingbarkeit** ist uneingeschränkt zu bejahen; insb kann nach vollz Wahl ein and GewlAnspr vereinbart w (§ 305). **c) Bedeutung.** Es bestehen versch Auffassgen, die in Bezug auf das Erlöschen des WahlR übereinst, aber das Zustandekommen der Wandelg u Minderg u den Inhalt der Anspr darauf unterschiedl beurt. § 465 gilt aber (abgesehen v WahlR, vgl Rn 1) nicht für Nachlieferg, Nachbesserg u SchadErs. **aa) Vertragstheorie:** (Leonhard: Bes SchuldR S 67 ff; Oertmann 1 d mwN). Der Käufer hat einen (Wandelgs- od Mindergs-)Anspr gg den Verk auf Abschl eines Vertr (übereinst WillErkl), durch den die Wandelg od Minderg vollz w. Erst mit der EinverständnErkl u dem dadch herbeigeführten Vertr wird der KaufVertr geänd (§ 305) u entstehen die RFolgen des § 467 (Wegfall der noch nicht erf Pfl aus dem KaufVertr od RückgewährAnspr) u des § 472 (Wegfall der ZahlgsPfl od RückgewährAnspr für den herabgesetzten Teil des Kaufpr). Kommt dieser Vertr nicht freiw zustande, kann der Käufer nur auf Einverständn zur verlangten Wandelg od Minderg klagen. Vollz u VertrAbschl treten erst über § 894 ZPO mit RKr ein. Erst dadch veränd sich die Re u Pfl aus dem KaufVertr u entstehen die Anspr auf Rückgewähr. Verj des Anspr aus dem Vertr: 30 J (§ 195); § 477 nur für Anspr auf Abschl des Vertr. Die VertrTheorie wird heute nicht mehr vertreten. **bb) Herstellungstheorie:** (Soe/Huber § 462 Rn 44; Jau/Vollkommer § 462 Rn 4). Der Käufer hat von vornherein den Anspr auf Herstellg des Zustds, der der Wandelg od Minderg entspr (§ 467 od § 472), näml Rückzahlg des Kaufpr od Befreiung von der ZahlgsPfl (bei Minderg zum entspr Teil). Die Bedeutg des § 465 erschöpft sich danach im Verlust des WahlR zw den GewlAnspr; denn auch die Herstellgstheorie läßt zu, daß der Verk sich freiw mit dem Anspr des Käufers einverst erkl u die Handlg vornimmt, die dieser RLage entspr. Andernf kann aber der Käufer sof u unmittelb auf Rückzahlg des KaufPr klagen u gg eine KaufPrKl Wandelg od Minderg mit der Wirkg geltd machen, daß die KaufPrFdg insoweit erlischt. Verj: § 477. Aus vollz Wandelg od Minderg: wie Rn 3. **cc) Theorie des richterlichen Gestaltungsakts:** (auch modifizierte VertrTheorie; Bötticher: Die Wandlg als Gestaltgsakt, 1938; Larenz § 41 II a). Wandelg u Minderg wird (wie bei der VertrTheorie) dch Vertr vollz, aus dem dann die Anspr auf Herstellg des entspr Zustands erwachsen. Schließt der Verk den Vertr nicht freiw ab, so kann der Käufer sof auf Leistg klagen od die Einwendg (Erlöschen des KaufprAnspr) unmittelb erheben. Das Urt (über die LeistgsKl) wirkt zugleich dahin, daß Wandelg od Minderg dch entspr Umgestaltg des KaufVertr vollz w, auch wenn die Formel ausdrückl nur über die LeistgsKl befindet. Der Vertr w dch das Urt ersetzt, der KaufVertr entspr umgewandelt. Verj wie bei der VertrTheorie (Rn 3). **dd) Gemischte Theorie:** Vom RG begründet, vom BGH **29**, 148 übernommen. Stellt auf die prakt Bedürfn ab u gestattet dem Käufer (wie bei der HerstellgsTheorie) sof die Kl auf die dem Wandelgs- u MindergsR entspr RFolgen, hält aber für die freiw vertragl Regelg der KaufVertrPart den Abschl eines Vertr für erforderl u genügd. In der Wirkg entspr sie (in der Praxis allg befolgt) der Theorie des richterl Gestaltgsakts (Rn 5), da auch die Verj nach der VertrTheorie (Rn 3 aE) behandelt w. Da die umständl, zeitraubden, uU 2 aufeinanderfolgde Klagen erfordernden Folgen der VertrTheorie vermieden w, sind trotz dogmat Bedenken (§ 349 in § 467 ausgelassen) die Theorien zu Rn 5 u 6 vorzuziehen. 1 2 3 4 5 6

7 **2) Geltendmachung** v Wandelg od Minderg gibt es als WillErkl, als Klage (Rn 8) u als Einrede (Rn 9). Aufrechng: § 467 Rn 12. **a) Verlangen. aa) Rechtsnatur:** einseit empfbed WillErkl des Käufers (stets an den Verk), die einen VertrAntr enthält, dementspr auch die Erkl des Verk. **bb) Form:** Keine, auch wenn der Kauf formbedürft war (RG **137**, 294). **cc) Inhalt:** Wird wahlw Wandelg od Minderg begehrt, geht WahlR auf Verk über. **dd) Einigung.** Abw v § 151 muß Einverständn des Verk mind stillschw erkl w, damit der Vertr (vgl Rn 3, 6) zustande kommt. Daher besteht bis zur EinverständnErkl keine Bindg des Käufers; er kann sein Verlangen bis zur Ann zurückziehen. In der Rückn der Kaufsache liegt nicht notw das Einverständn des Verk. **ee) Wirkung:** Berecht Wandelgsbegehren setzt den Verk in SchuVerz (Mü NJW-RR **98**, 379; Soe/Huber 9) u in AnnVerz (§§ 293 ff), wenn er die entspr angebotene Sache nicht zurücknimmt (Hamm NJW-RR **97**,
8 1418 mwN). **b) Klage** (vgl Rn 3–6). Es kann nur entweder Wandelg od Minderg verlangt w, auch als HilfsAntr mögl. Einverständn mit Verlust des WahlR kann dch den Verk im Proz erkl w. Sonst besteht das WahlR des Käufers (Rn 2) bis zur rechtskräft Verurt fort. Bis dahin kann v der Wandelg zur Mind (u umgekehrt) übgegangen w, auch nochmals gewechselt (BGH NJW **90**, 2682). Dies ist grdsätzl eine KlageÄnd (§ 263 ZPO; BGH aaO), auch der Überg zum SchadErs aus § 463 (BGH aaO). Bei Überg v Wandelg zu
9 Minderg im Proz können Zinsen ab RHängk verlangt w (Hamm NJW-RR **89**, 1272). **c) Einrede** der Wandelg od Minderg gg den KaufPrAnspr ist insb im Proz u bei Verj des GewlAnspr (§ 478) v Bedeutg.
10 Wirkg auf Verjährg u WahlR: Rn 14. **d) Leistungsort** (§ 269, auch ErfOrt) ist einheitl der Ort, an dem sich die Sache zZ der Wandelg vertrgem befindet (hM).

11 **3) Vollzug** setzt einen Vertr der Part (auch stillschweigd, BGH NJW **95**, 1481) od die rechtskräft Verurt voraus (vgl Rn 8), selbstverständl im Verh zw den Part des KaufVertr (vgl Kblz WM **89**, 222). Ein AufhebgsVertr (§ 305 Rn 7) wg Sachmangel steht der Wandelg gleich (vgl Brdb MDR **99**, 923). Vollz der Wandelg od
12 Minderg wirkt nur verpflichtd, nicht dingl. **a) Rückgewährschuldverhältnis** (§ 467). Anspr aus § 433 können nicht mehr erhoben w. §§ 325, 326 sind auf die vollz Wandelg od Minderg nicht anwendb, so daß insb
13 ein Rücktr v der Wandelg ausgeschl ist (RG **93**, 49). **b) Umfang der Rechtskraft.** Die Wandelgs- od
14 MindergsEinr äußert RKrWirkg nur iR der streit Anträge. **c) Verjährung.** Aus Rn 13 folgt: Wird Kl auf RestkaufPr wg WandelgsEinr abgewiesen, so kann der Verk ggü zweiter Kl auf Rückgewähr der Anzahlg Verj einwenden (§ 477; hM; St/Honsell 15). Klagt Käufer nur einen Teil des RückzahlgsAnspr aus Wandelg ein u verlangt er nach Obsiegen den Rest, kann der Verk die kurze Verjährg einwenden (§ 477; hM, St/Honsell 15 mwN). Hat der Käufer die Vollstreckg der RestKaufprKl über § 767 ZPO wg Minderg abgewehrt, kann der Verk ggü einer auf Minderg gestützten Kl auf Rückzahlg des geleisteten KaufprTeils sich auf § 477 berufen
15 (BGH **85**, 367). **d) Wahlrecht** zw den GewlAnspr (Rn 1) wg desselben Mangels erlischt. Das kann nicht mehr einseit rückgäng gemacht od geänd w (BGH **29**, 151). Macht der Käufer Wandelg od Minderg als Einr geltd, verliert er das WahlR keinesf vor Abweisg der Kl auf den vollen od einen entspr Teil des KaufPr (vgl St/Honsell 24 mwN). Ist KaufPrKl wg WandelgsEinr abgewiesen, so kann Käufer noch zu SchadErs (§ 463) übergehen: **aa)** Wenn nach Lage des Falles Wandelg u SchadErs sich weitgehd decken, insbes weil Rückg der Kaufsache auch bei Wandelg nicht mögl wäre (RG **147**, 390). **bb)** Wenn Überg zur Kl auf SchadErs nicht gg § 242 verstößt (BGH **29**, 148). Danach bleibt idR der Überg v der WandelgsEinr zum großen SchadErs (§ 463 Rn 19) u v der MindergEinr zum kleinen SchadErs (§ 463 Rn 18) mögl (BGH NJW **90**, 2680; St/Honsell 25).

466 *Ausschlußfrist für Wandelung.* **Behauptet der Käufer dem Verkäufer gegenüber einen Mangel der Sache, so kann der Verkäufer ihn unter dem Erbieten zur Wandelung und unter Bestimmung einer angemessenen Frist zur Erklärung darüber auffordern, ob er Wandelung verlange. Die Wandelung kann in diesem Falle nur bis zum Ablaufe der Frist verlangt werden.**

1 **Zweck.** Der Verk soll die Ausübg des WahlR herbeiführen können. Das WahlR (§ 465 Rn 15) kann dem Verk näml lästig sein, weil er sich bis zum Ablauf der Verj (§ 477) bei Wandelg auf die Rückn der Sache
2 einrichten muß u das WahlR erst mit Vertr od rechtskräft Verurteilg erlischt (§ 465 Rn 15). **Anwendbar** nur bei Wandelg, weil bei Minderg der Verk die Sache nicht zurücknehmen muß, auch weil bei SchadErs (§ 463)
3 dem Verk der Vorzug des § 466 nicht eingeräumt w soll. **Voraussetzungen. (1)** Behauptg eines Sachm (§ 459) dch den Käufer ggü dem Verk. **(2)** Angebot der Wandelg dch den Verk als VertrAngebot (vgl § 465 Rn 7) auf vorbehaltlose Rückabwicklg des KaufVertr (§ 465 Rn 12). **(3)** FrSetzg muß nur die Auffdg zur Erkl der Wandelg enthalten. Ist die Fr unangemessen kurz, verwandelt sich ihre Dauer v selbst in eine angemessene
4 (BGH WM **70**, 1421). **Wirkung.** Wandelg kann der Käufer nur bis zum Ablauf der Fr verlangen (S 2). Danach bleibt sie nur mit Einverständn des Verk mögl. Hat sich Verk ohne FrSetzg zur Wandelg erboten u lehnt sie der Käufer ab, ist die Wandelg ebenf ausgeschl (Hbg MDR **69**, 923). Beschränkg des WahlR (§ 465 Rn 15) auf Minderg, SchadErs, ggf Nachbesserg u Nachlieferg. Gg den FrAblauf gibt es keine Wiedereinsetzg analog § 233 ZPO. Einwand der Argl od unzul RAusübg ist denkbar (RG **166**, 276). Scheitert eine (nachträgl vereinb Nachbesserg, kann der Käufer Wandelg verlangen (Köln NJW-RR **98**, 1521).

467 *Durchführung der Wandelung.* **Auf die Wandelung finden die für das vertragsmäßige Rücktrittsrecht geltenden Vorschriften der §§ 346 bis 348, 350 bis 354, 356 entsprechende Anwendung; im Falle des § 352 ist jedoch die Wandelung nicht ausgeschlossen, wenn der Mangel sich erst bei der Umgestaltung der Sache gezeigt hat. Der Verkäufer hat dem Käufer auch die Vertragskosten zu ersetzen.**

1 **1) Allgemeines.** Die vollzogene Wandelg hat nur schuldrechtl Wirkg u führt zu einem Rückgewähr-SchuldVerh. **a) Bedeutung.** § 467 behandelt Durchf der nach § 465 bindd gewordenen Wandelg. Auf das RückgewährSchuldVerh finden best Vorschr des vertragsm RücktrittR entspr Anwendg. An Stelle des bisher Vertr tritt die Pfl aus § 346, einander die empfangenen Leistgen zurückzugewähren. Damit kann der Verk schon vor Vollz der Wandelg in SchuVerz geraten (Muscheler JuS **94**, 732 mwN; aA Hamm NJW **93**, 1930).
2 **b) Umfang:** Grdsätzl kann sich die Wandelg nur auf den gesamten einheitl KaufVertr u auf den vollen

KaufGgst beziehen, nicht auf einz mangelh Bestdteile (BGH NJW **72**, 155; hierzu krit Jakobs JuS **72**, 377). Ausn: bei einheitl KaufVertr über mehrere Sachen gem § 469. Klage des Käufers aus einem Teilbetrag bewirkt nicht Wandelg des gesamten KaufVertr (MK/Westermann § 465 Rn 12). **c) Verhältnis zum Rücktritt:** Für 3
Rücktr genügt einseit Erkl (vgl § 349), um die RFolgen auszulösen; die Wandelg erfordert entweder Einverständn des Verk od an dessen Stelle ein Urt (§ 465 Rn 11). Für die entspr Anwendg der §§ 346ff ist an Stelle der RücktrErkl (§ 349) nicht das (einseit) Wandelgsbegehren, sond die vollz Wandelg (§ 465 Rn 11) zu setzen, insb für den Ztpkt in den Fällen der Rn 7–11. **d) Erfüllungsort** ist einheitl, sowohl für begehrte wie 4
für vollzogene Wandelg der Ort, wo die Sache sich vertrgem befindet (umstr). Daher hat der Käufer idR nicht auf seine Kosten u Gefahr an den Verk zu senden (RG **57**, 15); er muß aber zB nicht die mangelh Dachziegel auf eigene Kosten abdecken lassen (BGH NJW **83**, 1479). **e) Mehrheit** v Verk od Käufern: Wandelg nur dch 5
alle u gg alle (allgM); and bei Minderg (§ 474 I). Erlöschen des WandelgsR für einen wirkt gg die übr (§ 356), insb wenn einem der Verk ggü verzichtet wird (BGH NJW **89**, 2388). **f) Beweislast.** Es gilt § 282. Daher hat 6
der Käufer in den Fällen der §§ 351, 353 (Rn 7–9, 10) sein NichtVersch zu beweisen, insb bei Untergang der Kaufsache (BGH NJW **75**, 44). **g) Abdingbarkeit** ist selbstverständl zu bejahen (Brdb MDR **99**, 923).

2) **Ausschluß** der Wandelg kann eintreten dch: **a) Fristablauf** iF des § 466. **b) Untergang** des KaufGgst, 7
aber nur bei Versch (§ 276) des Käufers od ErfGeh (§§ 278, 351), nicht bei Zufall (§ 350); § 323 gilt nicht (Belling/Grimm JuS **95**, 423 mwN). Umstr bei verzehrtem mangelh Essen in der Gaststätte (Jauch JuS **90**, 706 mwN [Schnecke im Salat]). Die Haftg für Versch kann sich wg § 300 auf grobe Fahrlässigk beschr, wenn der Verk dch berecht Wandelgsbegehren in AnnVerzug (§§ 293ff) gerät (RG **145**, 79 [84]). **c) Wesentliche** 8
Verschlechterung des KaufGgst (§ 351), nur bei Versch (wie Rn 7), wg Zufall vgl § 350 Rn 4. Ob Verschlechterg wesentl ist, stellt Tatfrage des Einzelfalls dar u ist nicht ow dch bloßen WeiterVerk u Gebr ausgeschl. **d) Unmögliche Herausgabe** (§ 351) nur bei Versch (dort Rn 3 u 5), so daß der Käufer, der die 9
mangelh Sache vorsätzl beseit, nicht mehr wandeln kann (U. Huber ZIP **93**, 896). Subj Unvermögen steht der obj Unmöglk gleich (§ 351 Rn 2). **e) Umgestaltung** des KaufGgst (§ 352) dch Verarbeitg od Umbildg (beides wie § 950), sowie untrennb Vermischg (Soe/Huber 182); auch dch Dr, wenn der Käufer diesen hierzu beauftragt od angewiesen hat. Versch ist bedeutgslos (vgl § 350). Trotz Umgestaltg ist Wandelg zul, wenn der Mangel sich erst dabei zeigt (S 1 Hs 2) od später (St/Honsell 9). **f) Veräußerung und Belastung** (§ 353) des 10
KaufGgst für sich allein schließen nur bei Versch u Unmöglk der Herausg (vgl §§ 350, 351) die Wandelg aus. Fehlt ein Versch des Käufers, so ist die Wandelg auch ausgeschl, wenn bei dem Dr, an den veräußert od für den belastet ist, die Vorauss der §§ 351, 352 (einschl Versch) erf sind. Auch da gilt dann S 1 Hs 2, weil § 353 auch auf § 352 verweist. § 353 geht davon aus, daß dem bei § 350 schuldlosen Käufer der Rückerwerb der mangelh Sache v Dr grdsätzl mögl ist. **g) Verwirkung** des WandelgsAnspr ist mögl (vgl § 242 Rn 92), dabei 11
auf die Umstde des Einzelf abzustellen (vgl BGH NJW **84**, 1525 mwN). Es ist Zurückhaltg angebracht, soweit die Anwendg der §§ 350–353 in Frage steht, wobei auch der ZtAblauf zw Ann u Geltdmachg des GewlAnspr bedeuts ist. Die übl Benutzg bis zum Wandelgsbegehren, selbst wenn sie zu Abnutzg führt, begründet idR keine Verwirkg insb nicht bei einem Kfz (BGH **115**, 47 mwN), gleichf nach dem Wandelgsbegehren, wenn der zu ersetzde GebrVorteil auch im Interesse des Verk liegen kann (vgl BGH NJW **58**, 1773), wohl aber, wenn dch Verhandlg über SachmängelGewl der Käufer den Verk zu erhebl Aufwendgen veranlaßt u der Käufer danach wg and Mängel Wandelg fordert (ähnl Köln MDR **73**, 314) od dch unangemessene Weiterbenutzg eines Kfz (Ffm NJW-RR **94**, 120).

3) **Durchführung.** Verk u Käufer haben sich grdsätzl so zu stellen, als ob der Kauf nicht geschl worden 12
wäre. Rückgewähr Zug um Zug (§ 348), bei VeränderGen (insb Verschlechterg, Verwendgen, Nutzgen) im Umfang des § 347. Aufrechng ist nach der VertrTheorie jedenf außerh des Proz ausgeschl (Thielmann VersR **70**, 1069), nach den and Theorien (§ 465 Rn 2–6) zuläss (BGH WM **83**, 1391).

a) Pflichten des Käufers. aa) Rückgabe der empfangenen Sache frei v Belastgen, die seit Empfang 13
begründet w (§ 346), u zwar in der für Übertragg jeweils vorgeschriebenen Form. **bb) Nutzungen.** Herausg der gezogenen u Ers für nicht gezogene richtet sich nach § 347 S 2 (vgl dort Rn 8), Verzinsg einer Geldsumme nach § 347 S 3 (dort Rn 10). Für den Wert der Nutzgen ist nicht vom übl od fiktiven MietZ auszugehen, sond v der geschätzten WertMinderg, wobei v BruttoKaufpr ausgegangen w kann (BGH NJW **91**, 2484), wenn die Nutzg beeinträcht war, vom mangelbedingten Minderwert (Köln OLGZ **93**, 332).
cc) Schadensersatz wg schuldh Verschlechterg od Untergang der Sache od Unmöglichk der Herausg nach 14
Erhebg des Wandelgsbegehrens (§§ 347, 989). Es ist umstr, ob die strenge Haftg, die den Besitzer erst mit RHängigk trifft, für den Käufer schon seit Empfang der Leistg besteht (vgl St/Honsell 16 mwN). Vertretb ist, die strengere Haftg erst beginnen zu lassen, sobald der Käufer Kenntn von den WandlgsVorauss erlangt (vgl § 347 Rn 8). **dd) Verzugsfolgen:** Kommt der Käufer mit Rückgewähr der Sache od sonst Verpfl aus 15
Wandelg in Verz, so kann ihm Verk nach § 354 Fr mit Ablehngsandrohg setzen. Mit fruchtl FrAblauf wird Wandelg unwirks u Käufer verliert GewlAnspr. Daneben bleibt der Weg des § 283.

b) Pflichten des Verkäufers. aa) Rückzahlung des empfangenen KaufPr, bei verändertem ListenPr 16
nicht der neue (aA falsch gefaßter Leitsatz zu Karlsr NJW **71**, 1809). 4%, bei zweiseit HandelsGesch 5% Zinsen seit Empfang (§§ 347 S 3, 246; § 352 HGB). Ist ein Ggst (insb eine gebrauchte Sache) in Zahlg gegeben, ist dieser, nicht sein Wert in Geld, zurückzugeben (BGH NJW **84**, 429; MK/Janßen § 346 Rn 11; bestr). Anders bei Doppelkauf u ähnl VertrGestaltgen, insb Inzahlgn eines gebrauchten Kfz, vgl § 515 Rn 2–5.
bb) Verwendungsersatz: Nur notw Verwendgen auf die Kaufsache sind zu ersetzen (§§ 347, 994 II). 17
Verwendgen sind nur solche Aufwendgen, die der Erhaltg, Wiederherstellg od Verbesserg der Sache dienen (BGH **87**, 104 [106]), nicht die der Finanzierg (Rn 18). Das Erlöschen dieser Anspr richtet sich nach § 1002 (BGH **87**, 104). **cc) Vertragskosten** (S 2) nach §§ 448, 449; Telegrammkosten; MaklerVergütg; Kosten der 18
erforderl MängelAnz; Fracht, Zölle, auch Einbau-, Montage-, Untersuchgs- u TranspKosten des Käufers (hM; BGH **87**, 104; St/Honsell 24); beim StreckenGesch (12 vor § 433) nur jeder für seinen Vertr (Escher-Weingart NJW **91**, 967). Nicht: Kosten der Rückabwicklg (Deckers NJW **97**, 158 mwN; bestr), zB die RA-Kosten, auch nicht bei schwieriger RLage (Soe/Huber 113), die Gutachterkosten zur Feststellg des Mangels (Kblz NJW-RR **89**, 337) u die FinanziergsKosten (Köln NJW-RR **96**, 560; LG Bonn NJW-RR **93**, 1269). S 2 gilt nicht bei

19 Rücktr gem §§ 440 I, 326 I (hM; BGH NJW **85**, 2697). **dd) Rücknahmepflicht.** Verk muß auch ohne bes Interesse des Käufers Sache zurücknehmen (St/Honsell 25); insow § 433 II entspr.

468 ***Zusicherung der Grundstücksgröße.*** **Sichert der Verkäufer eines Grundstücks dem Käufer eine bestimmte Größe des Grundstücks zu, so haftet er für die Größe wie für eine zugesicherte Eigenschaft. Der Käufer kann jedoch wegen Mangels der zugesicherten Größe Wandelung nur verlangen, wenn der Mangel so erheblich ist, daß die Erfüllung des Vertrags für den Käufer kein Interesse hat.**

1 **1) Allgemeines.** GrdstGröße ist Mengen- nicht EigenschAngabe. **a) Anwendbar:** als AusnVorschr nur bei Grdst u Teilen v solchen, nicht auf Wohnfläche (BGH NJW **91**, 912) u nicht bei bewegl Sachen, GrdstR u GrdstBestandT. **b) Voraussetzungen:** Der Zusicherg (§ 459 Rn 15) steht wg § 463 das argl Vorspiegeln einer best GrdstGröße gleich (RG **66**, 338); Größenangabe muß wie bei § 459 Rn 15 v der Zusicherg u v Vertr umfaßt sein. § 468 gibt keine Vermutg (Soe/Huber 1). Soll das Grdst erst aus einem größeren herausgemessen w, genügt für die Zusicherg die ungefähre Angabe der qm-Zahl dch „ca" (BGH WM **78**, 1291).
2 **c) Wirkung:** Bei Zusicherg wird Größe wie Eigensch (§ 459 Rn 20) behandelt. S 2 schränkt nur das R auf Wandelg ein; Gewl nach §§ 462, 463 bleibt mögl (hM; BGH **96**, 283); nur Wandelg nach S 2 (Rn 4) ist eingeschr. §§ 460, 464, 477–479 gelten. In einer (nicht zugesicherten) Mindergröße kann auch ein Fehler
3 (§ 459 I) liegen (KG NJW-RR **89**, 459). **d) Anfechtung** wg Irrt ist wie bei Vorbem 9 vor § 459 ausgeschl.

4 **2) Wandelungsanspruch** ist nach Maßg des S 2 beschr, nicht aber der SchadErsAnspr aus § 463 (BGH **96**, 283). Dies gilt jedoch nur für den Fall, daß die zugesicherte GrdstGröße fehlt. Setzt (üb § 459 hinaus) die Erheblk dieses Mangels voraus (mehr als der Maßstab des § 459 I 2), nicht Minderg des Wertes od der Tauglk. Es kommt auf den Einzelfall an. BewLast für Erheblk u ErfInteresse trägt der Käufer.

469 ***Wandelung bei Verkauf mehrerer Sachen.*** **Sind von mehreren verkauften Sachen nur einzelne mangelhaft, so kann nur in Ansehung dieser Wandelung verlangt werden, auch wenn ein Gesamtpreis für alle Sachen festgesetzt ist. Sind jedoch die Sachen als zusammengehörend verkauft, so kann jeder Teil verlangen, daß die Wandelung auf alle Sachen erstreckt wird, wenn die mangelhaften Sachen nicht ohne Nachteil für ihn von den übrigen getrennt werden können.**

1 **1) Grundsatz der Einzelwandelg** (S 1). Bei einheitl Kauf mehrerer Sachen, auch wenn ein GesamtPr vereinb ist, kann Wandelg nur für die mangelh Sachen verlangt w. In diesem Fall w der GesamtPr nach § 471 herabgesetzt. Die Wandelg w nicht dadch ausgeschl, daß mangelfreie Sachen weiterveräußert od aus and Grden nicht herausgegeben w können (vgl §§ 350–354), auch wenn der Rest der Sachen, für die gewandelt w kann, für den Verk dadch geringeren Wert hat (Ausn S 2). S 1 ist nicht anwendb auf Minderg od bei mangelh BestandT einer einheitl Sache (Rohlff zu BGH NJW **72**, 575; § 467 Rn 2), zB bei einem teilw defektem PC (Mü CR **92**, 469). Nebensachen: § 470. Teilw NichtErf liegt vor, wenn nicht alle als zusgehörd verk Sachen übeignet u übgeben w (§ 433 Rn 2).

2 **2) Gesamtwandelung** (S 2) ist die Ausn von S 1. **a) Anwendungsbereich:** Kauf mehrerer Sachen (wie Rn 1), auch wenn mehrere, äußerl selbstd VertrAbschl vorliegen, die ein einheitl RGesch bilden (Wallerath MDR **70**, 636). Gilt auch, wenn für einen Teil der Sachen die Mängelrüge nach § 377 HGB versäumt ist (RG **138**, 331). Entspr anwendb auf SchadErsAnspr aus §§ 463, 480 II, wenn ein Teil der gekauften Sachen dem Verk zur Vfg gestellt w (RG aaO). Nicht anwendb: wenn BestandT einer einheitl Sache mangelh sind (BGH **102**, 135 = JZ **88**, 460 m Anm v Junker); bei Minderg; bei SukzessivliefergsVertr in Bezug auf künft
3 Liefergen, weil hierfür selbstd RücktrR besteht (RG **57**, 115). **b) Voraussetzungen: aa)** Als zusgehörd verk: ist nach den Vorstellgen, Abs u Interessen der VertrPart zu beurt; idR zu bejahen, wenn die Part beabsicht, den Kauf nur in der dch den gemschaftl Zweck der Sachen hergestellten Verbindg abzuschließen, so daß die Sachen dazu best erscheinen (jedenf bis zur Erf eines best Zwecks) zuszubleiben, zB Hard- u Software bei EDV (BGH **102**, 135 u NJW-RR **89**, 559; Hamm MDR **95**, 245; LG Aach NJW-RR **95**, 49; krit Mehrings NJW **88**, 2438), insb Individualsoftware (Köln NJW-RR **93**, 566) od wenn zwecks umfassder EDV-Lösg zus gekauft (Köln NJW-RR **93**, 1140), wohl nicht für Monitor (so aber Oldb NJW-RR **96**, 1461); nicht bei Standardsoftware, wenn Hardware geleast u Software gekauft ist (Köln NJW-RR **91**, 1463); ein aus Serienteilen zusgesetzter PC (Mü NJW-RR **92**, 1269); mehrbänd Werk (Stgt NJW-RR **92**, 888); Tafelgeschirr; Zimmereinrichtg, HandelsGesch mit Grdst, GeschGebäude u -einrichtg, Maschinen für einheitl Fabrikationsanlage; zum WiederVerk best Waren derselben Art, wie der von einem Großhändler gekaufte Inhalt eines Waggons mit Obst. Umstr ist, ob das gemeins bestellte Essen mehrerer Pers in Gaststätte zusgehörd
4 verkauft u ohne NachT (Rn 4) zu trennen ist (vgl Jauch JuS **90**, 706 mwN [Schnecke im Salat]). **bb)** Trenng ohne NachT unmögl: u zwar für die VertrPart, die die Gesamtwandelg verlangt. NachT: ist weit auszulegen, damit die unwirtsch, wertmindernde Zerteilg von Sachgesamth verhindert w, insb gegeben, wenn die Sachen einzeln erhebl weniger brauchb sind, wenn der Käufer den restl Teil nicht gebrauchen, der Verk den gewandelten Teil allein nicht verkaufen kann, wenn passde ErsStücke nicht od nur schwer zu beschaffen sind, wenn Trenng nur dch kostenaufwendiges Aussortieren mögl ist. Zu verneinen, wenn die fehlerfreie Stand-
5 Software mit and Hardware benutzt w kann (Kblz NJW-RR **94**, 1206). **c) Wirkung:** Jede VertrPart kann verlangen, daß die Wandelg auch auf alle, also auch die mangelfreien Sachen erstreckt w, aber nur auf alle, nicht auf einen Teil des Rests. Es kann also auch der Verk Wandelg verlangen, wenn vorher der Käufer für
6 einen Teil Wandelg begehrt hat. Durchführg: §§ 465, 467. **d) Beweislast** für Zusgehörk u NachT trägt der, der GesamtWandelg verlangt.

470 ***Erstreckung der Wandelung auf Nebensache.*** **Die Wandelung wegen eines Mangels der Hauptsache erstreckt sich auch auf die Nebensache. Ist die Nebensache mangelhaft, so kann nur in Ansehung dieser Wandelung verlangt werden.**

Allgemeines. § 470 ist Ausnahmeregelg v § 469 S 2. **Haupt- und Nebensache.** Diese Beziehg besteht zw 2 Sachen, wenn die eine KaufS (NebenS) v der and (HauptS) so abhängt, daß sie ohne die HauptS nicht gekauft worden wäre (MK/Westermann 2). Dies wird nach Parteiwillen v VertrZweck beurteilt. Zubehör (§ 97) ist idR NebenS. **Wesen:** AusleggsRegel; daher abdingb. **Wirkung.** Liegen eine HauptS u eine od mehrere NebenS vor, so umfaßt krG od ergänzten Parteiwillens die Wandelg wg eines Mangels der HauptS ohne weiteres die NebenS (S 1). Nicht kann wg eines Mangels der NebenS hinsichtl der HauptS gewandelt w (S 2). **Beweislast** hat, wer sich auf das Verh von Haupt- u NebenS beruft. 1 2 3

471 ***Wandelung bei Gesamtpreis.*** **Findet im Falle des Verkaufs mehrerer Sachen für einen Gesamtpreis die Wandelung nur in Ansehung einzelner Sachen statt, so ist der Gesamtpreis in dem Verhältnisse herabzusetzen, in welchem zur Zeit des Verkaufs der Gesamtwert der Sachen in mangelfreiem Zustande zu dem Werte der von der Wandelung nicht betroffenen Sachen gestanden haben würde.**

1) Allgemeines. § 471 ist abdingb. **a) Anwendbar,** wenn ein GesPr im Falle der §§ 469 S 1, 470 S 2 vereinb ist. **b) Zweck:** wie bei Minderg gem § 472 Rn 1. **c) Kaufpreis** (§ 433 II) umfaßt auch Sachleistgen gem § 473 u Dienste, die als Entgelt geleistet w. Sie sind nach § 473 zu behandeln. 1

2) Errechnung. Für die Wertermittlg ist maßgebder Ztpkt der des Verkaufs. Im Regelfall ist der Pr u der Wert der verkauften Sachen ident. Dann ist zu berechnen wie bei § 472 Rn 7. Trifft dies nicht zu, ist folgde Rechng aufzumachen: GesWert der Sachen, wenn alle mangelfrei gewesen wären, ist 6000 DM = a. GesWert der von Wandelg unberührten Sachen ist 4000 DM = b. Vertragl GesPr ist 4500 DM = c. Herabgesetzter Pr (Ergebn) ist 3000 DM. Es ist nämlich a mit b zu dividieren u dieser Betrag mit c zu multiplizieren. Im Ergebn ist somit der GesPr um 1500 DM herabgesetzt. Entspricht der Wert dem vereinb KaufPr, wird einfach subtrahiert (St/Honsell 2). 2

472 ***Berechnung der Minderung.*** **I Bei der Minderung ist der Kaufpreis in dem Verhältnisse herabzusetzen, in welchem zur Zeit des Verkaufs der Wert der Sache in mangelfreiem Zustande zu dem wirklichen Werte gestanden haben würde.**

II Findet im Falle des Verkaufs mehrerer Sachen für einen Gesamtpreis die Minderung nur wegen einzelner Sachen statt, so ist bei der Herabsetzung des Preises der Gesamtwert aller Sachen zugrunde zu legen.

1) Allgemeines. a) Begriff der Minderg: Herabsetzg des KaufPr, legal definiert in § 462 (dort Rn 13). **b) Zweck:** Minderg dient als ein bes RBehelf dazu, bei FortBestd des KaufVertr die dch eine mangelh Kaufsache hervorgerufene Störg des AequivalenzVerh zwischen vereinb Pr u Wert der Kaufs zu beseit (Jau/Vollkommer 1 c, bb). **c) Anwendungsbereich:** direkt bei Sachkauf (Mangel, § 459); entspr bei § 323 I u II (daher beim RMangel, § 440 I u beim Kauf v Rechten; §§ 440, 441 Rn 2); § 515, § 537 I S 1, § 634 IV; § 651 d I. **d) Wirkung der Minderung.** Sie läßt (and die Wandelg, § 462) den KaufVertr bestehen u setzt (bei Vollzug, § 465) ledigl den KaufPr herab. **e) Verhältnis zu anderen Gewährleistungsansprüchen.** Minderg u SchadErs (§ 463) schließen sich ggseit aus (§ 463 Rn 4). Das WahlR zw Wandelg, Minderg u SchadErs erlischt grdsätzl mit Vollzug gem § 465 (dort Rn 15), RKraft des Urt auf SchadErsAnspr od Einverständn des Verk mit dem SchadErsAnspr (§ 465 Rn 1). **f) Abdingbarkeit.** Die Zulässigk v Vereinbg üb die Dchführg der Minderg ist grdsätzl zu bejahen. **g) Erfüllungsort** ist gem § 269 der (Wohn)Sitz des Verk (§ 269 Rn 15; bestr). Bes Gerichtsstand ist dann § 29 ZPO. 1 2 3 4

2) Durchführung. a) Voraussetzungen: aa) Bestehen des KaufVertr. **bb)** Anspr aus § 462 wg Sachmangels (od entspr im AnwendgsBer; Rn 2). **cc)** Kein Verlust des WahlR (Rn 2). **b) Art:** Der Anspr auf Minderg wird geltd gemacht dch WillErkl, Klage auf Herabsetzg des KaufPr (§ 465 Rn 8) od als Einrede gg die Klage des Verk (vgl § 478). **c) Umfang:** Berechng gem Rn 7–10. Keine Schätzg nach § 287 I ZPO. § 287 II ZPO ist anwendb. **d) Teilweise gezahlter Kaufpreis:** Die Minderg trifft nach hM den gezahlten u offenen KaufPrT gleich- u verhältnmäß, auch bei Stundg. Besser erscheint es, dem Käufer die Verteilg zu überlassen (MK/Westermann 11 mwN). **e) Teilweise Abtretung** der KaufPrFdg: Der Käufer kann ggü jeder TFdg nur anteil Minderg verlangen (St/Honsell 11; BGH **56**, 312 für Werklohn). 5 6

3) Berechnung. a) Grundregel. Es soll die Eigenart der vertr KaufPrBildg erhalten bleiben nach der sog relativen Methode zur Feststellg des geminderten (geschuldeten) KaufPr: Er verhält sich zum vereinb Pr wie der wirkl Wert der Sache zum Sollwert. Bsp: KaufPr 1000 DM – Wert einer beim Kauf mangelfreien Sache 1200 DM – der mangelh Sache 600 DM – MindergsBetr = 500 DM. **b) Maßgebender Zeitpunkt:** der des VertrAbschl. Spätere Wert-Verändergen od -erhöhgen bleiben außer Betr. **c) Wert:** Es gibt 3 Ansichten (hierzu krit Peters BB **83**, 1951): **(1)** Die Praxis richtet sich idR nach dem vereinb Pr, ausgehd davon, daß dieser idR dem obj Wert der Sache entspr u die RepKosten für Herstellg mangelfr Sache als Minderg abgezogen w (vielfach sehr bedenkl.). **(2)** Objektiver Wert der Sache (St/Honsell 4 mwN). **(3)** Wahrer Wert der Sache: das ist derjen, der für den Käufer nach Abzug des Werts der Mängel verbleibt (Peters aaO). **d) Wirkung:** Es entfällt der letzte Teil der KaufPrFdg, weil sie herabgesetzt w. Daher ist bei einer TKlage des Verk entscheidd, inwieweit nach der Minderg noch eine Fdg in Höhe der Klage übrigbleibt (BGH **56**, 312). Ist die Sache inf des Mangels wertlos, wird der KaufPr auf 0 herabgesetzt, jedoch muß der Käufer die Sache 7 8 9

10 dem Verk zurückgeben (St/Honsell 8 mwN). **e) Beweislast** für Verkauf über dem obj VerkWert trägt der Verk, für Vereinbg eines niedrigeren Pr der Käufer.

11 **4) Mehrere Sachen** (Abs II). Vgl § 471. Nur bei Verk gg GesamtPr, aber auch, wenn als zusgehörd gg getrennte Preise verkauft ist (allgM), weil sonst der Käufer immer zur Wandelg gezwungen wäre. Die eine Sache muß dch die Mangelhaftigk der and entwertet sein (BGH NJW **89**, 2388). Berechng wie Rn 7, 8; anstelle des Pr tritt der GesamtPr, anstelle des Wertes der Gesamtwert der mehreren Sachen.

473 ***Sachleistungen als Kaufpreis.*** **Sind neben dem in Geld festgesetzten Kaufpreise Leistungen bedungen, die nicht vertretbare Sachen zum Gegenstande haben, so sind diese Leistungen in den Fällen der §§ 471, 472 nach dem Werte zur Zeit des Verkaufs in Geld zu veranschlagen. Die Herabsetzung der Gegenleistung des Käufers erfolgt an dem in Geld festgesetzten Preise; ist dieser geringer als der abzusetzende Betrag, so hat der Verkäufer den überschießenden Betrag dem Käufer zu vergüten.**

1 **Anwendbar** bei Wandelg einzelner von mehreren verk Sachen (§ 471) u Minderg (§ 472). Für Wandelg
2 bei Einzelkauf gelten §§ 467, 346. Nicht vertretb Sache: andere als § 91. **Errechnung:** Es werden die nicht vertretb Leistgen dem KaufPr zugerechnet u dann VerhältnRechng nach § 471 od § 472 aufgestellt; der errechnete wg Gewl geminderte Preis ist v GesamtPr, wie nach § 473 berechnet, zu kürzen. Der Untersch ergibt den Betr, um den der bar vereinb KaufprT zu mindern ist. Der Verk muß zuzahlen, wenn der bar
3 vereinb KaufPr geringer ist als diese Minderg (RG **72**, 299). **Tausch:** Es ist statt KaufPr der Wert derj Sache zu setzen, die MindergsBerecht seiners schuldet, dann nach § 472 zu verfahren.

474 ***Mehrere Vertragsbeteiligte.*** **I Sind auf der einen oder der anderen Seite mehrere beteiligt, so kann von jedem und gegen jeden Minderung verlangt werden.**

II Mit der Vollziehung der von einem der Käufer verlangten Minderung ist die Wandelung ausgeschlossen.

1 **Minderung.** Für diese gilt Abs I. Für Wandelung gilt das EinhPrinzip (§ 467 Rn 3). **Beteiligte:** nur solche Pers, die dem VertrInh zufolge Verk od Käufer sind, gleich ob TeilSchu u -Gl, GesamtSchu u -Gl (§§ 420–432). Bei einer Gesamthand als Käufer ist § 474 unanwendb (St/Honsell 1), wohl aber, wenn eine
2 Mehrh v Käufer von einer Gesamthand gekauft hat. **Entstehung** der Mehrh ist gleichgült: direkt dch Vertr,
3 VertrÄnd (§ 305), Erbfolge, TeilAbtretg. **Wirkung.** Jeder Käufer kann von jedem Verk unabhäng v anderen Minderg verlangen. Für das InnenVerh gelten die §§ 420–432. Ob bei Mehrh v Verk jeder von ihnen unabhäng v and zum Einverständn (§ 465) berecht ist, hängt vom InnenVerh auf der VerkSeite ab. Im Zweifel ist es zu bejahen. Bei Argl nur eines v mehreren Verk besteht der Anspr aus § 463 nur gg den betrüg Verk, der
4 MindergsAnspr aber nur, wenn ein Fehler vorliegt (St/Honsell 2). **Abdingbarkeit** ist für Abs I zu bejahen, zB, daß die Minderg nur gemeins verlangt w kann od die vollzogene Minderg einzelner VertrPart die Wandelg
5 dch andere nicht ausschließt. **Ausschluß der Wandelung** (Abs II) ist notw wg ihrer Unteilbark. Er tritt erst mit Vollz der Minderg ein (§ 465).

475 ***Mehrmalige Gewährleistung.*** **Durch die wegen eines Mangels erfolgte Minderung wird das Recht des Käufers, wegen eines anderen Mangels Wandelung oder von neuem Minderung zu verlangen, nicht ausgeschlossen.**

1 **Anwendbar.** In allen Fällen bewirkter Minderg (§§ 472–474). **Zweck.** Das WahlR für eine zweite GewLeistg (§ 462 Rn 3) soll erhalten bleiben, weil sich die GewLeistg stets auf den einz Mangel bezieht.
2 **Voraussetzung.** DchFührg einer Minderg (Rn 1) wg eines Mangels, der zum damal Ztpkt noch nicht entdeckt war; denn in diesem Falle wird idR die GewLeistg für den nicht geltd gemachten Mangel verwirkt
3 sein (§ 242 Rn 87). **Berechnung** der zweiten Minderg. AusgangsPkt ist der bereits geminderte KaufPr. Es ist im Verh des Sollwerts (Wert der mit dem ersten Fehler behafteten Sache) zum Istwert (wirkl Wert der Sache mit den mehreren Fehlern) herabzusetzen (hM; St/Honsell 2).

476 ***Vertraglicher Gewährleistungsausschluß.*** **Eine Vereinbarung, durch welche die Verpflichtung des Verkäufers zur Gewährleistung wegen Mängel der Sache erlassen oder beschränkt wird, ist nichtig, wenn der Verkäufer den Mangel arglistig verschweigt.**

1 **1) Allgemeines.** Zur Zulässigk vertragl Abreden üb Ausschl od Beschränkg der Haftg für Sachmängel: Vorbem 21–32 vor § 459; für RMängel: § 434 Rn 1. **a) Zeitpunkt** für Argl (Rn 10): regelm bei VertrAbschl, bei GattgsKauf auch der GefÜbergang (§§ 446, 447; Soe/Huber 40). Für Verz auf GewL nach GefÜbergang gilt § 476 nicht; insb nicht für einen nachträgl GewlAusschl auch argl verschwiegener Mängel,
2 die dem Käufer dabei bekannt waren. War der Mangel dem Käufer unbekannt, gilt § 476 immer. **b) Form:** ausdrückl od stillschweigd; iü wie der KaufVertr (wichtig bei § 313). Der GewlAusschl kann sich aus VerkSitte
3 (§ 157) od Handelsbrauch (§ 346 HGB) ergeben. **c) Umfang:** Der GewlAusschl erstreckt sich nicht auf c. i. c. u eine im selben Vertr gewährte Zusicherg (hM; St/Honsell 29, 33 mwN). Erstreckg auf NebenPfl, die nicht Sachmängel betr (§ 433 Rn 16), muß unmißverständl vereinb sein. Ob sich der HaftgsAusschl auch auf
4 pVV erstreckt, ist AusleggsFrage (St/Honsell 32 mwN). **d) Beweislast** für Vereinbg u Voraussetzgen trägt der Verk (Ffm MDR **80**, 140). **e) Verhältnis zu AGBG.** Weitgehd unwirks ist der vertragl GewlAusschl im GeltgsBer des AGBG dch dessen § 11 Nr 10, 11.

2) Ausschlußklauseln sind idR ausleggsfäh u -bedürft (§§ 133, 157). **a) Arbitrage:** Käufer kann nur Minderg verlangen; wg Höhe soll Schiedsgutachten verbindl sein (RG **73**, 257; vgl hierzu § 317 Rn 4); hingg ist „Hamburger Arbitrage" od „Hamburger freundschaftl Arbitrage" SchiedsVertr (vgl § 317 Rn 9), beschr daher Nachprüfg nicht auf Qualitätsmängel (BGH BB **60**, 679). **b) Sache wie sie steht und liegt:** Ausschl jeder GewL auch für verborgene Fehler, selbst wenn hinzugefügt w, daß der Käufer besicht hat (St/Honsell 6 aE mwN). **c) Tel quel:** Verk kann die geringwertigste Qualität der vereinb Gattg (aber auch nur dieser) liefern (BGH BB **54**, 116). **d) Wie besichtigt:** nur solche Mängel sind v GewL ausgeschl, die bei ordnggem Besichtigg ohne Zuziehg v Sachverst wahrnehmb waren (St/Honsell 6). Dazu gehört zB die Untersuchg eines 10 Jahre alten Kfz auf Rost- und Schadstellen auch an der Unterseite (Köln NJW-RR **92**, 49). **e) In Bausch und Bogen** (Briefmarkensammlg, vgl Stgt NJW **69**, 610 u 1118): idR stillschw Ausschl der Gewl. **f) Grundstückskauf:** Die Klauseln sind hier eher eng auszulegen. Bsp: Zustd, wie es sich zZ befindet, ist kein GewlAusschl (St/Honsell 10). Bei neuen od zu errichtden Gbden kann nicht die gesamte Gewl formularmäß ausgeschl w (BGH **62**, 251), dch IndividualVereinbg nur bei vorher Erörterg (BGH **74**, 204). Bei Altbauten gilt dies nicht (BGH NJW **86**, 2824; Vorbem 27 vor § 459). Bei Ausschl jeder Gewl, kann sich der Käufer auch dann nicht auf den Mangel der Bebaubk berufen, wenn sie vertr vorausgesetzt war (BGH WM **69**, 273). 5 6 7 8

3) Nichtigkeit des GewlAusschl. Unwirks ist nur der GewlAusschl, nicht der ganze Vertr. § 139 ist unanwendb. **a) Mehrere Mängel:** Ist davon ein Teil dem Verk unbekannt, so ist der GewlAusschl nur hinsichtl der ihm bekannten Mängel nichtig (RG **62**, 125); jedoch ist der ganze Vertr nach § 123 anfechtb. **b) Mehrheit von Vertragsparteien:** Argl bei einem genügt (BGH NJW-RR **87**, 1415). **c) Arglist:** wie § 463 Rn 11; daher genügt grobe Fahrlk nicht (BGH NJW **77**, 1055). Es genügt aber, daß der Verk mit dem Fehler rechnet, zB der Gebrauchtwagenhändler aGrd seiner Erfahrung im konkr Fall mit starker DchRostg (BGH NJW **79**, 1707) od wenn er ohne tats Grdlage („ins Blaue hinein") eine obj unricht Erkl üb den Zustd des Kfz („nur kleine Blechschäden") abgibt (BGH NJW **81**, 1441); nicht jedoch, wenn er auf Frage wahrhgem erkl, er wisse nichts v einem Unfall, nachdem er die Untersuchg des verk (Unfall)Kfz unterl hatte (BGH NJW **81**, 928). Auch Ausschl der Haftg für Argl ist nichtig. **d) Verschweigen** von Mängeln (§ 459). Dem steht gleich (§ 463 Rn 12, 13): Vorspiegeln v Eigensch (auch dch Zusicherg, BGH NJW **68**, 1622) od der Abwesenh v Fehlern (RG **83**, 242): zB wenn Autohändler argl verschweigt, daß Kfz mit nicht typengerechtem Motor ausgerüstet ist (BGH NJW **83**, 1424) od unfallbedingten VorSchad hat (Köln NJW-RR **97**, 1214). Es muß eine AufklärgsPfl des Verk bestehen, die ihrerseits Kenntn des Mangels od Kennenmüssen inf eigener UntersuchgsPfl voraussetzt (BGH NJW **79**, 1707). Sie besteht (ohne Frage des Käufers) nicht darüber, daß ein Sachverst einen dem Käufer offenbarten Schad als wirtsch Totalschad eingestuft hat (Düss NJW-RR **91**, 1402). 9 10 11

476 a *Aufwendungen bei Nachbesserung.* **Ist an Stelle des Rechts des Käufers auf Wandelung oder Minderung ein Recht auf Nachbesserung vereinbart, so hat der zur Nachbesserung verpflichtete Verkäufer auch die zum Zwecke der Nachbesserung erforderlichen Aufwendungen, insbesondere Transport-, Wege-, Arbeits- und Materialkosten, zu tragen. Dies gilt nicht, soweit die Aufwendungen sich erhöhen, weil die gekaufte Sache nach der Lieferung an einen anderen Ort als den Wohnsitz oder die gewerbliche Niederlassung des Empfängers verbracht worden ist, es sei denn, das Verbringen entspricht dem bestimmungsgemäßen Gebrauch der Sache.**

1) Allgemeines. a) Zweck: Der häuf als einz GewlAnspr vereinb NachbessergsAnspr wird bes dch AGB in der Weise beschr, daß der Käufer einen Teil der damit verbundenen Kosten zu tragen hat. Volle KostenPfl des Verk wird für den Kauf in Angleichg an den WerkVertr (§ 633 II S 1 u 2) dch § 476a als ges Regelg eingeführt. **b) Anwendungsbereich:** Gilt für alle KaufVertr, auch wenn sie nicht unter den GeltgsBer des AGBG fallen. **c) Abdingbarkeit. aa)** Uneingeschr gegeben, wenn AGB bei VertrAbschl nicht verwendet od nicht wirks zugrdegelegt w (St/Honsell 1). Grenze: §§ 138, 242 u wenn dch IndividualAbrede vereinb. **bb)** Zwingd bei Verwendg v AGB beim Kauf neu hergestellter Sachen ggü Pers, die den KaufVertr nicht als Kaufmann für den Betr ihres HandelsGew abschl (§ 24 Nr 1 AGBG) u die nicht jur Pers des öffR od ein öffrechtl SoVerm darstellen (§ 24 Nr 2 AGBG); das folgt aus §§ 1, 11 Nr 10c AGBG. **cc)** Für KaufVertr, die unter AGB mit Kaufleuten für deren HandelsGew, jur Pers d öff R u öff SoVerm abgeschl w, wenn Nachbesserg in AGB vereinb ist, kann die Geltg des § 476a nur abbedungen w, wenn damit nicht gg § 9 AGBG (unangem Benachteiligg) verstoßen w (vgl hierzu Nickel NJW **81**, 1490). 1 2 3

2) Voraussetzungen (S 1). **a) Kaufvertrag,** bei dem die Wirkg des § 476a nicht zul abbedungen ist (vgl Rn 1). **b) Vereinbartes Nachbesserungsrecht** (§ 462 Rn 4). Es muß an Stelle, nicht wahlw neben Wandelg od Mind (§ 462) vereinb, somit der einz GewlAnspr des Käufers (abgesehen v § 463) sein; auch bei Nachbesserg dch Dr, insb Hersteller. Gilt entspr für Nachlieferg (§ 462 Rn 7; BGH NJW **91**, 1604 mwN). **c) Gewährleistungsanspruch** gem § 462 muß gegeben, daher auch § 459 erf sein, so daß der Verk zur Nachbesserg verpfl ist (vgl § 462 Rn 4). 4 5

3) Wirkung: Der Verk muß nicht nur die Nachbesserg selbst kostenlos dchführen, sond auch die Aufwendgen (Rn 7) tragen, entweder unmittelb selbst begleichen od dem Käufer ers. Er darf sie daher dem Käufer nicht in Rechng stellen. Ausn: Rn 8. **a) Aufwendungen:** Begr: § 256 Rn 1; insb die ausdrückl in § 476a genannten, auch die zum Auffinden der SchadUrs (BGH NJW **91**, 1604), zB Gutachten- u RA-Kosten (BGH NJW-RR **99**, 813); ferner Abschleppkosten. Sie müssen erforderl gewesen sein, um die Nachbesserg für den dem Käufer wirtsch u nicht unzumutb verzögernden Wege zu ermögl. **b) Erhöhte Aufwendungen** (S 2): Sind dem Käufer nicht zu ers u dürfen, soweit vom Verk erbracht, von ihm in Rechng gestellt w. Setzt voraus, daß die gekaufte Sache nach Lieferg (BesErlangg dch Käufer od dessen BesDiener od in den Bes eines vertrgem best Empf) an einen and Ort verbracht w ist, als an den Wohns od Sitz (§ 269 Rn 16) des Empf (nicht notw des Käufers), auch wenn dies nicht der LiefergsOrt ist. Ist nicht an diesen, sondern an einen anderen Ort geliefert worden, so ist der LiefergsOrt maßg. Ausn: (letzter Hs): bestimmgsgem Verbringen an einen and Ort kann insb vorliegen bei Kfz, mobilen Maschinen, Flugzeugen, nicht bei 6 7 8

Software, die von vorneherein im Ausl eingesetzt w soll (Düss NJW-RR **93,** 60). Die bloße Abs, die Sache
9 weiterzuveräußern, genügt nicht (BGH NJW **91,** 1604). c) Verjährung: § 477 vor Einigg üb die Nachbesserg (vgl § 477 Rn 8); danach § 195 (Bender MDR **97,** 793).

477 *Verjährung der Gewährleistungsansprüche.* **I Der Anspruch auf Wandelung oder auf Minderung sowie der Anspruch auf Schadensersatz wegen Mangels einer zugesicherten Eigenschaft verjährt, sofern nicht der Verkäufer den Mangel arglistig verschwiegen hat, bei beweglichen Sachen in sechs Monaten von der Ablieferung, bei Grundstücken in einem Jahre von der Übergabe an. Die Verjährungsfrist kann durch Vertrag verlängert werden.**

II Beantragt der Käufer das selbständige Beweisverfahren, so wird die Verjährung unterbrochen. Die Unterbrechung dauert bis zur Beendigung des Verfahrens fort. Die Vorschriften des § 211 Abs. 2 und des § 212 finden entsprechende Anwendung.

III Die Hemmung oder Unterbrechung der Verjährung eines der im Absatz 1 bezeichneten Ansprüche bewirkt auch die Hemmung oder Unterbrechung der Verjährung der anderen Ansprüche.

1 **1) Allgemeines. a) Zweck:** Verk soll nur kurze Zt mit Anspr aus Mängeln rechnen müssen, die ihm möglw selbst unbekannt waren; außerdem BewUnsicherh. Röm-rechtl Ursprungs. **b) Bedeutung:** echte Einr (§ 222), keine AusschlFr. **c) Abdingbarkeit:** Ausschl der Verj, and FrBeginn, Verkürzg (§ 225) u Verlängerg (Rn 18) ist
2 dch Vertr mögl. **d) Anwendungsbereich.** Grdsätzl keine entspr Anwendg, insb nicht des Abs II auf mietrechtl Anspr (hM; BGH **128,** 74 mwN), zB auf die Fälle des § 558 (Mü ZMR **95,** 590; aA Wichert MDR **96,** 973 [976] mwN), ebsowen auf konkurrierde Anspr aus § 823 (BGH **66,** 315; Ausn: BGH NJW-RR **93,** 1112; Hamm NJW-RR **98,** 1355). **aa) Sachkauf:** wie Vorbem 13 vor § 459. Gilt auch bei Kauf eines Untern (umstr; vgl Vorbem 15 vor § 459). § 477 gilt insb nicht (sond § 638) bei Kauf eines Grdst mit einem v Verk darauf zu errichtden Bauwerk für Mängel des Bauwerks (Einf 12 vor § 433; BGH NJW **79,** 1406), wohl aber dann, wenn es sich um Mangel des Grdst handelt (Karlsr NJW **91,** 1836). § 477 gilt nicht bei einem selbstd BeratgsVertr (BGH NJW-RR **92,** 1011). **bb) Sachmängel:** nur Anspr aus solchen, also wg Fehler od Fehlen zugesicherter
3 Eigensch (§ 459). Gleichgült ist, ob der Mangel erkennb od verborgen ist. **cc) Falschlieferung** (falsche Sache, Art od Menge). Grdsätzl ist nicht erfüllt (§ 440 I), § 477 unanwendb (BGH NJW **84,** 1955 mwN). Das gilt stets für den Stückkauf. Bei Gattgskäufen (vgl § 243 Rn 1) wird § 477 angewendet, sow dch § 378 HGB die Falschlieferg als Sachmangel behandelt w (BGH **LM** Nr 5). Das trifft nur innerh derselben Gattg zu, wenn and Art od Sorte geliefert ist (BGH NJW **68,** 640 mwN). Die Anwendg auch auf Käufe, die nicht HandelsGesch
4 sind, ist zweifelh (dafür: Soe/Huber 21). **dd) Ansprüche:** nur solche, die sich unmittelb aus Nachteilen wg eines Sachmangels ergeben, gleichgült, ob krG od vertragl modifiziert (BGH NJW **71,** 654 mwN u Anm v Schmidt-Salzer), auch wenn aus § 281 hergeleitet (BGH **114,** 34; aA Reinicke/Tiedtke ZIP **97,** 1093).
5 **(1)** GewlAnspr: Wandelg u Minderg (§ 462), Nachlieferg (§ 480 I 2) od Nachbesserg (§ 462 Rn 4), auch aus mangelh ausgeführter Nachlieferg u Nachbesserg (Soe/Huber 11, 17), einschl der wg eines bekannten Mangels bereits im KaufVertr übernommenen Pfl (Düss NJW-RR 98, 1354), SchadErs wg Fehlen zugesicherter Eigensch (§§ 463, 480 II), wg NichtErf des Anspr auf mangelfreie Nachlieferg (BGH NJW **99,** 2884 mwN), auch aus
6 § 326 (vgl § 480 Rn 7; BGH aaO); ferner aus § 281 auf das sog Fehlersurrogat (BGH NJW **91,** 1675). **(2)** Sonst Anspr: wg c.i.c. (RG **129,** 280) u pos VertrVerletzg, soweit sie auf Sachmängeln beruhen (BGH st Rspr zB **77,** 215; hierzu Köhler JuS **82,** 13, insb bei Verletzg einer NebenPfl (Beratg; vgl aber Rn 8), wenn sie sich auf Eigensch der Kaufsache bezieht (BGH **88,** 130 u NJW **97,** 3227) u wenn sie ausschließl zur Mangelhaftk der Kaufsache führt (BGH **87,** 88 [Verpackg] u NJW **89,** 2118) od wenn bei Aufkl u Beratg über eine Eigensch der Kaufsache, die keinen Mangel darstellt, deren Verwendgsmöglk abhängt (BGH **88,** 130). Das gilt auch, wenn die NebenPfl die Anleitg v Personal des Käufers betrifft (BGH NJW **83,** 392 u **84,** 2938) u wenn der Anspr sich nicht gegen den Verk, sond gg den Kfz-Agentur-Händler richtet (vgl § 276 Rn 98). Abs I gilt nicht, wenn das Versch
7 Umstde betr, die nicht zur Beschaffenh der Kaufsache zählen (BGH NJW **90,** 1658 u 1659). **(3)** Bei Sukzessivliefergs Vertr (BGH NJW **72,** 246), sofern sich das Versch auf Fehler oder Eigensch bezieht (BGH aaO). **(4)** Auf sog MangelfolgeSchäd (hM; BGH **60,** 9; Schmitz NJW **73,** 2081 mwN). **(5)** Auf GarantieAnspr gg den Waren-
8 hersteller, der nicht als Verk auftritt (BGH NJW **81,** 2248). **e) Nicht anwendbar** bei Anspr aus vollzogener Wandelg od Minderg u in den sonst Fällen, in denen sich die VertrPart über die Gewl geeinigt u damit neue Anspr begründet haben (vgl § 465 Rn 1), insb dch vereinb Nachlieferg od Nachbesserg (Karlsr MDR **97,** 813; Bender MDR **97,** 793 mwN; bestr), Vergl (§ 779) über Mängelhaftg (RG **90,** 169), insb SchadErsPfl; ausnw gilt dann aber § 477, wenn sich die Part über den Umfang, insb der Nachlieferg nicht geeinigt haben (BGH NJW **61,** 117). § 477 gilt nicht für Anspr aus Verletzg v NebenPfl (vgl aber Rn 6), die mit einem Mangel der Kaufsache in keinem unmittelb Zushang stehen (BGH **47,** 312 [319], NJW **97,** 3227; St/Honsell 19 mwN) od wenn ein Sachmangel nicht vorliegt, zB Normal- u Superbenzin bei Abfüllg verwechselt (BGH **107,** 249 = JZ **90,** 41 m krit Anm v Köhler); hierfür gilt § 195 (prakt unbefriedigd u umstr). Erst recht gilt § 477 nicht für selbständ Vertr
9 neben einem KaufVertr (zB Beratg, BGH NJW **97,** 3227). **f) Arglistiges Verschweigen** eines Fehlers: wie § 463 Rn 11. Dem steht nicht ein Organisationsmangel gleich (aA Oldbg NJW **91,** 1187). Beim Stückkauf bewegl Sachen ist auf den Ztpkt des VertrAbschl abzustellen (einschränkd Tiedtke JZ **96,** 549 [554] mwN), beim GattgsKauf (§ 480 I S 2) idR auf den GefÜberg (BGH **107,** 249). Es gilt dann § 195.

10 **2) Verjährung. a) Frist.** Bei bewegl Sachen 6 Mo, bei Grdst u Saatgut (§ 24 III SaatgutverkehrsG) 1 Jahr. Berechng: §§ 187–193. Sachen, die in Grdst eingefügt w, sind bewegl, zB Heizstrahler (LG Köln NJW-RR **93,** 1433), auch GrdstZubeh, wenn § 470 S 2 gilt. Bei SachInbegr (zB Untern) gelten für bewegl Sachen u
11 Grdst getrennte Fristen (umstr). **b) Beginn** setzt grdsätzl Entstehg des Anspr voraus. Daher kein Beginn vor Wirksk des KaufVertr, insb Erf der Form (RG **134,** 87 für § 313), Eintritt der aufschiebden Bedingg (§ 158), Erteilg behördl od rechtsgeschäftl Gen trotz Rückwirkg (allgM) u Entstehg des Anspr aus § 326 (vgl Rn 5; BGH NJW **99,** 2884). Umstr ist der VerjBeginn bei den and SchadErsAnspr. Der BGH (**77,** 215 u WM **81,** 525 mwN) behandelt den Mangel- u den MangelfolgeSchad insow gleich u läßt die Verj stets mit Ablieferg beginnen (dagg Littbarski NJW **81,** 2331: Beginn mit Erkennbark des Schad), neigt dafür zu geringeren

Vorauss für Mißbr der VerjEinr. **aa) Bewegliche Sachen** (krit Übbl Saenger NJW **97**, 1945). VerjBeginn erfordert: **(1) Ablieferung** (wie § 377 I HGB). Sie ist einseit Realakt, von der Überg (§ 433 Rn 7) zu untersch, muß sich daher mit ihr nicht decken. Ist aber übgeben, so ist idR abgeliefert. Die Ablieferg setzt voraus, daß der Verk in Erf des KaufVertr die Sache so dem Käufer überlassen hat, daß dieser sie, wo sie sich befindet, untersuchen kann (BGH stRspr **93**, 338 [345]). Hier ist zw SchickSchuld, VersendgsKauf (§ 447), Bring- u Holschuld (§ 269 Rn 1) zu untersch (Tiedtke JZ **96**, 549). Bei § 447 ist abgeliefert, wenn die Sache am BestimmgsOrt eintrifft u dem Käufer vertrgem zur Vfg gestellt w (BGH **93**, 338 [345]). Bei der Holschuld ist abgeliefert, wenn die Sache beim Verk abzuholen u dort tats übgeben ist (BGH NJW **95**, 3381), insb der (auch vorleistgspflicht) Käufer die Sache abgeholt hat. Bei der Bringschuld, wenn der Käufer die angebotene Sache annimmt (Tiedtke aaO). Für eine Ablieferg genügt nicht, daß der Käufer mit der AbnPfl in AnnVerz gerät (BGH NJW **95**, 3381). Ist der Verk zur Aufstellg od Montage verpfl, ist erst damit abgeliefert (BGH NJW **61**, 730). Auf Ablieferg des mitverk Zubehör (§ 97) kommt es nicht an, wenn der Mangel die Haupts betr (Düss NJW-RR **99**, 283). **(2) EDV-Anlagen.** Hier ist bes zu differenzieren (vgl Zahrat CR **93**, 134 mwN). Bei EDV-System u aufeinanderfolgde Lieferg ist erst dann abgeliefert, wenn die letzte ausstehde Leistg nachgeholt w (BGH NJW **94**, 1720). Für die Untersuchg ist eine kurzfrist EinarbeitgsPhase erforderl, mind ein Probelauf (Köln NJW-RR **93**, 1140), bei einheitl Kauf v Hard- u Software für das gesamte Programm (Brem NJW-RR **92**, 951; Köln VersR **93**, 1532). Ist Einweisg vereinb, beginnt die Verj nicht vor deren Beendigg (Köln NJW-RR **95**, 1457). IdR genügt die Erkl, die Anlage funktioniere (Köln NJW **92**, 1462). Bei Standardsoftware genügt idR die Überg mit BediengsAnleitg (Schneider CR **94**, 385). Probelauf ist nicht erforderl (LG Gieß NJW-RR **96**, 44). **bb) Grundstücke:** mit Überg; das ist die einverständl Übertr des unmittelb Bes (§ 854 I) dch den Verk auf den Käufer (hM: BGH NJW **96**, 586). **c) Eintritt** der Verj: auch bei versteckten Mängeln, ohne Rücks auf die Untersuchgsmöglichk (hM; Köln OLGZ **78**, 321 mwN).

12

12 a

13

3) Hemmung und Unterbrechung (Abs II). Sie kann mehrmals u gleichzeit geschehen (BGH NJW **90**, 826). Es gelten grdsätzl §§ 202–217; MängelAnz genügt zur Unterbrechg also nicht; vgl aber §§ 478, 479. Bei VglVerh wg der Gewl üb die VerjFr hinaus kann unzul RAusübg vorliegen (Übbl 10 vor § 194; Hbg VersR **78**, 45). Besonderh: **a) Klageerhebung** (§ 209 I) aGrd eines Anspr unterbricht auch für alle and Anspr (Abs III; RG **134**, 272), ohne Rücks darauf, ob sie sich ggs ausschließen (aA RG **93**, 160); für § 209 II Nr 1 wg Anf aus § 123 I für WandelgsAnspr bejaht v BGH NJW **78**, 261, obwohl nur wg des best, mit Kl geltd gemachten Sachmangels unterbrochen war, nicht wg and. Bei mehreren Sachen (§ 469) unterbricht Wandelg für einen Teil v ihnen nicht für die and Sachen (Kblz VersR **81**, 140). **b) Selbständiges Beweisverfahren** (§ 485 ZPO). Der AntrSteller muß ansprberecht sein (BGH NJW **93**, 1916) od im Laufe des Verf w (BGH aaO), insb dch Abtretg (§ 398); dann ist von da an unterbrochen (BGH aaO). Unzulässk des Verf steht nicht entgg, solange der Antr nicht als unstatth zurückgewiesen ist (BGH NJW **98**, 1305 mwN). **aa) Unterbrechung** (Abs II S 1). Zusätzl zu den in § 209 genannten Tatbestden. Das Verf muß sich gg den Schuldner richten (BGH NJW **80**, 1458) u sich auf einen best Mangel beziehen. Bei mehreren voneinander unabhäng Mängeln bezieht sich die Unterbrechg u ihre Dauer nur auf diejen, welche v BewVerf erfaßt w u welche das Gutachten des SV betrifft (BGH NJW **93**, 851), auch wenn der SV den Mangel nicht bestät (BGH NJW-RR **98**, 1475). Nicht unterbricht ein BewAntr im laufden Proz (BGH **59**, 323). **bb) Dauer** (Abs II S 2): bis zum Ende des Verf (Düss NJW-RR **96**, 1527). Haben beide Part das BewVerf beantragt, kommt es auf das Ende des v Käufer beantragten an (Karlsr MDR **91**, 536). Beendet ist das BewVerf mit seiner sachl Erledigg (BGH **53**, 43). Das ist der Fall, wenn ein Sachverst mdl sein GA erstattet oder erläutert, mit der Verlesg od Vorlage des Prot (BGH **60**, 212 u NJW **93**, 851); findet kein Termin statt od wird nicht mdl verhandelt, mit Zugang des schriftl GA an die Part (BGH aaO). **cc) Erneuter Fristenlauf** (Abs II S 3): Mit Abschl des dchgeführten BewVerf beginnt die VerjFr des Abs I erneut zu laufen (§ 217; hM; BGH **53**, 43 für § 639). Die entspr Anwendg v §§ 211 II, 212 bezieht sich auf Betreiben, Rückn, Zurückweisg od einen neuen BewVerfAntr als unzuläss (vgl § 212 Rn 4). **c) Bei Nachbesserung** wird Verj gehemmt entspr § 639 II (BGH **39**, 293), aber nur für solche Mängel, die Ggstd der vereinb Nachbesserg sind (BGH NJW **97**, 727), auch wenn sich der Verk auf eine Nachbesserg nachträgl einläßt (BGH NJW **84**, 1525). Die Hemmg beginnt mit Einigg üb die Nachbesserg (BGH NJW **97**, 727). In NachbessergsArb kann ein Anerkenntn (§ 208) liegen u damit eine Unterbrechg (BGH NJW **99**, 2961). Zur Abgrenzg v Hemung u Unterbrechg vgl BGH NJW **88**, 254 u Thamm BB **88**, 1477.

14

15

16

17

4) Verlängerte Verjährungsfrist (Abs I S 2) dch ausdrückl od stillschw Vertr; auch für best Mängel mögl. **a) Umfang:** Es kann FrBeginn hinausgeschoben, die Fr bis auf 30 Jahre erstreckt, Unterbrechg u Hemmung vereinb w. Zur Auslegg vgl Schmidt NJW **62**, 713. Auch im Rahmen des § 9 AGBG ist eine maßvolle Verlängerg unbedenkl. **b) Garantiefrist.** Dadch kann, üb den grdsätzl maßgebden Ztpkt des GefahrÜbgangs hinaus (vgl § 459 Rn 19), der Verk, insb Händler die Haftg dafür übernehmen, daß innerh der GarantieFr ein Mangel nicht auftreten werde. Das ist von der bloßen Zusicherg einer Eigensch (§ 463) abzugrenzen u es ist zu untersch (hierzu grdsätzl G. Müller ZIP **81**, 707; Mischke BB **95**, 1093): **aa) Selbständige Garantie** ist bei Kauf entspr Vorbem 9 vor § 633 mögl, aber nur ausnahmsw anzunehmen; führt zu 30jähr Fr (§ 195), § 477 gilt nicht. **bb) Unselbständige Garantie.** Die Fr läuft grdsätzl unabhäng von der VerjFr (RG **128**, 211 [213]). Reicht sie über die VerjFr nicht hinaus, berührt sie die Verj nicht (sond die BewL, Rn 22). Sie ist idR nicht zugleich RügeFr (BGH BB **61**, 228). Ist die GarantieFr länger als die VerjFr, so gilt grdsätzl: Wird innerh der GarantieFr ein Mangel entdeckt, so beginnt damit die VerjFr für diesen Mangel zu laufen (BGH NJW **79**, 645; Saarbr NJW-RR **97**, 1423 mwN) u bleibt bei Anz gehemmt bis der Mangel beseit ist (Saarbr aaO). Der Verk kann vereinb, daß der Käufer einen währd der GarantieZt entdeckten Mangel unverzügl mitt muß (Mischke BB **94**, 2156). Bei einem Konstruktionsfehler, der einer Vielzahl zu liefernder Ggstde anhaftet, genügt die Kenntn der Mangelhaftk v nur einigen Stücken (BGH WM **83**, 1391). Nur bei bes Umstd des Einzelfalls kann auch die VerjFr entspr der GarantieFr verlängert sein (BGH NJW **79**, 645 mwN). Ein solcher Umstd ist für sich allein noch nicht das wiederholte Auftreten eines Mangels währd der GarantieFr (KG MDR **81**, 403). **c) Beweislast.** Der Käufer muß bei einem währd der GarantieFr erkannten Mangel nicht beweisen, daß er schon bei GefÜberg vorlag (Soe/Huber § 459 Rn 211). Verk hat BewL dafür, daß der Mangel in den (schuldh) VerantwortgsBer des Käufers fällt (BGH NJW **95**, 516).

18

19

20

21

22

478 *Erhaltung der Mängeleinrede.* **I Hat der Käufer den Mangel dem Verkäufer angezeigt oder die Anzeige an ihn abgesendet, bevor der Anspruch auf Wandelung oder auf Minderung verjährt war, so kann er auch nach der Vollendung der Verjährung die Zahlung des Kaufpreises insoweit verweigern, als er auf Grund der Wandelung oder der Minderung dazu berechtigt sein würde. Das gleiche gilt, wenn der Käufer vor der Vollendung der Verjährung das selbständige Beweisverfahren beantragt oder in einem zwischen ihm und einem späteren Erwerber der Sache wegen des Mangels anhängigen Rechtsstreite dem Verkäufer den Streit verkündet hat.**

II Hat der Verkäufer den Mangel arglistig verschwiegen, so bedarf es der Anzeige oder einer ihr nach Absatz 1 gleichstehenden Handlung nicht.

1 **1) Allgemeines.** Abs I S 2 ist redaktionell geändert seit 1. 4. 91 dch Art 8 II RPflVereinfG (BGBl **90** I 2847). § 478 enthält eine Ausn zu § 477, indem er die MängelEinr unter best Voraussetzgen (Rn 3) perpetuiert u die kurze Verj des § 477 ausschaltet. Abs II ist wg der 30jähr Fr (§ 477 I S 1) prakt bedeutgsl. **a) Anwendungsbereich:** nur bei Wandelg u Minderg (§ 462), entspr bei Nachbessergs- u NachliefergsAnspr
2 (St/Honsell 16). Bei SchadErsAnspr gilt § 479). **b) Abdingbarkeit:** Die Fr für die MängelAnz kann verkürzt w (St/Honsell 6). Für nicht offensichtl Mängel ist dies im GeltgsBer des AGBG aber nicht zul (§ 11 Nr 10e AGBG). **c) Rechtskraft** v GewlKlagen, die wg Verj abgewiesen sind, steht nicht entgg, wenn bei der KaufPrKl die Mängelhaftg eingewendet w (Düss NJW-RR **92**, 113). **d) Beweislast** für Rechtzeitigk der Anz u der gleichgestellten Maßn (Rn 5) trägt der Käufer.

3 **2) Voraussetzungen** für das Fortbestehen der MängelEinr: **a) Anzeige** (Abs I S 1) des Mangels (§ 459) dch den Käufer. **aa) Rechtsnatur:** geschäftsähnl Hdlg (hM); nicht empfbedürft (Soe/Huber 10; aA BGH NJW **87**, 2235 mwN = JR **88**, 285 m Anm v Hager). **bb) Form** ist beliebig: mdl, telefon, auch dch Erhebg
4 der WandelgsKl (RG **59**, 150). **cc) Inhalt:** Die Anz muß den best Mangel (§ 459) bezeichnen, der später geltd gemacht w. Sie muß erkennen lassen, daß der Käufer daraus Re herleiten will. Allg Mißbilligg der
5 gekauften Sache genügt nicht. **dd) Zeitpunkt.** Die Anz muß vor Ablauf der nach § 477 zu berechnden VerjFr dem Verk zugegangen od an ihn abgesandt sein. Nicht notw muß die VerjFr laufen (St/Honsell 7
6 mwN). **ee) Empfänger:** Verk od Zessionar der KaufPrFdg (MK/Westermann 4). **b) Streitverkündung und Beweisverfahrensantrag** (§§ 72, 485 ZPO) stehen der Anz gleich (Abs I S 2). Sind wegen ihrer die Verj unterbrechden Wirkg (§ 477 II S 1 u § 209 II Nr 4) nur bedeuts, wenn die GewlAnspr erst nach beendeter VerjUnterbrechg verjähren. Sie müssen sich auf den Mangel beziehen.

7 **3) Wirkung.** § 478 gibt dem Käufer keinen Anspr, sond erhält ihm nur dauernd die MängelEinr (5 vor § 459) gg den fortbestehden KaufPrAnspr als ZbR iS des § 273 (allgM; BGH **53**, 122). **a) Teilzahlung.** Ist der KaufPr teilw gezahlt, kann (auch bei WandelgsEinr) nur der RestKaufPr verweigert w; es besteht kein Anspr auf Rückgewähr der geleisteten Anzahlg (allgM). Es besteht insoweit auch kein Anspr aus § 813 I (hM; RG **144**, 93). Die geleistete Anzahlg ist aber dann zurückzuzahlen, wenn der Verk die Sache wiedererlangt (Rn 8) od wenn nach erhobener WandelgsEinr die KaufPrKl abgewiesen w, weil die VertrPart dann so zu stellen sind, als hätte eine Wandelg stattgefunden (St/Honsell 14). Widerkl auf Rückgewähr der Anzahlg ist
8 für den Käufer zweckmäß (MK/Westermann § 465 Rn 17). **b) Rückforderung** der Kaufsache. Selbstverständl kann der Verk nach erhobener WandelgsEinr die Kaufsache zurückfordern u auf den KaufPr verzichten.
9 Das läuft auf DchFührg der Wandelg hinaus. **c) Umfang.** Die MindergsEinr steht dem KaufPrAnspr nur insoweit entgg, als Minderg verlangt w kann (§§ 472ff). Aufrechng od Einr gg einen and Anspr als den KaufPrAnspr ist ausgeschl (BGH WM **83**, 1391), wohl aber bleibt die Einr ggü dem für den KaufPr begebenen Wechsel erhalten (BGH NJW **86**, 1872; zust Tiedtke ZIP **86**, 953).

479 *Erhaltung des Aufrechnungsrechts.* **Der Anspruch auf Schadensersatz kann nach der Vollendung der Verjährung nur aufgerechnet werden, wenn der Käufer vorher eine der im § 478 bezeichneten Handlungen vorgenommen hat. Diese Beschränkung tritt nicht ein, wenn der Verkäufer den Mangel arglistig verschwiegen hat.**

1 **Allgemeines.** § 479 schränkt den § 390 S 2 ein, indem die Aufrechnung nur unter den Vorauss des § 478 (dort Rn 3) zugelassen w. **Anwendbar** auf die SchadErsAnspr aus §§ 463, 480 II od 639 I, ferner auf die aus NebenPflVerletzgen (pVV; Vorbem 6 vor § 459) u auf MangelfolgeSchad (§ 463 Rn 14). Vgl hierzu auch
2 Rn 2. **Arglist** (S 2). Die Beschränkg der Aufrechng gilt nicht; dies entspr § 478 Rn 2. **Wirkungen.** Nur gg
3 den KaufPrAnspr ist bei rechtzeit MängelAnz (§ 478) die Aufrechng zul. Das ist eine Einschränkg ggü § 390 S 2. Umfaßt der KaufVertr eine Mehrh v Sachen, so ist der Käufer nicht darauf beschr, nur gg den Teil des KaufPr aufzurechnen, der sich auf die mangelh Sachen bezieht (BGH NJW **88**, 1018 mit Anm Tiedtke JZ **88**, 233). Gg Anspr aus and RGesch zw denselben Part ist die Aufrechng ausgeschl (BGH **88**, 130; bestr), erst recht ggü Dr, zB bei Bürgsch (Hamm NJW-RR **93**, 1236). In bes gelagerten AusnFällen ist die Aufrechng auch gg solche Fdgen zugelassen worden, die mit der KaufPrFdg wirtsch eng zushängen (BGH NJW **61**, 1254). R zur Aufrechng bleibt bei einheitl SchadErsAnspr erhalten, wenn weiterer Schaden erst nach Ablauf der Verj eintritt (BGH **50**, 21 für § 639) od wenn sich der Käufer nach MängelAnz ggü dem Verk nicht mehr mit allen Ursachen des Mangels befaßt (BGH NJW-RR **89**, 667 für § 639). Zahlgen, die in Unkenntn der AufrechngsMöglk geleistet w, können nicht zurückverlangt w (RG **144**, 93).

480 *Gattungskauf.* **I Der Käufer einer nur der Gattung nach bestimmten Sache kann statt der Wandelung oder der Minderung verlangen, daß ihm an Stelle der mangelhaften Sache eine mangelfreie geliefert wird. Auf diesen Anspruch finden die für die Wandelung geltenden Vorschriften der §§ 464 bis 466, des § 467 Satz 1 und der §§ 469, 470, 474 bis 479 entsprechende Anwendung.**

II Fehlt der Sache zu der Zeit, zu welcher die Gefahr auf den Käufer übergeht, eine zugesicherte Eigenschaft oder hat der Verkäufer einen Fehler arglistig verschwiegen, so kann der Käufer statt der Wandelung, der Minderung oder der Lieferung einer mangelfreien Sache Schadensersatz wegen Nichterfüllung verlangen.

1) Allgemeines. a) Anwendbar nur bei Gattgskauf (§ 243 I), auch bei beschr. Bei Kauf best Sachen 1
(Stückkauf) gilt § 480 nicht (vgl auch § 463 Rn 1). Stückkauf liegt nur dann vor, wenn nach dem VertrInhalt die Erf nur dch die best Sache vorgesehen od mögl sein sollte. § 480 ist auch anwendb auf eine Falschliefreg (aliud) beim beiderseit Handelskauf, wenn sie iS des § 378 HGB genehmiggsfäh ist (hM; BGH **115**, 286 mwN u NJW-RR **92**, 1076; für Anwendg auch beim bürgerl-rechtl Kauf Singer ZIP **92**, 1058). Ist die ganze Gattg mangelh, steht es dem Käufer frei, statt Nachlieferg die Re aus §§ 462, 463 od Abs II geltd zu machen.
b) Verhältnis zur Nichterfüllung. Der Käufer hat Anspr auf Lieferg einer mangelfreien Sache mittlerer Art 2
u Güte (§ 243 I) u kann eine dem nicht entspr zurückweisen (allgM; vgl § 464 Rn 1). Mit Lieferg der mangelh Sache (zB des gebrauchten Vorführgeräts statt eines fabrikneuen gleichen Typs, Krlsr NJW-RR **93**, 631) od einer solchen, die nicht mittl Art u Güte ist (§ 243 I), hat der Verk noch nicht erf; die Schuld ist nicht konkretisiert (§ 243 II), sond besteht als GattgsSchuld weiter, auch wenn der Käufer die Sache als VertrErf abgen hat (BGB NJW **99**, 2884; aA § 243 Rn 6). § 326 bleibt anwendb (hM; Petersen Jura **98**, 294 mwN). Konkretisiert gem § 243 II wird bei der mangelh Sache erst, wenn Minderg gem § 465 vollz ist, die VerjEinr (§ 477) dchgreift od beim Handelskauf die RügeFr (§§ 377, 378 HGB) versäumt w (Soe/Huber 12; sehr umstr). Die Re aus § 326 hat der Käufer jedenf bei aliud-Lieferg (BGH NJW **97**, 1914), beim bürgerl-rechtl Kauf auch, wenn die FalschLieferg genehmiggsfäh ist (vgl Rn 1; hM; BGH **115**, 286 mwN). Der Anspr auf VerzögergsSchad (§ 286) bleibt mögl (Rn 6). **c) Vertragliche Abänderung** ist zuläss (Vorbem 21 ff v 3
§ 459). Insb kann die Gewl auf Wandelg auch dch AGB beschr w (Mü NJW **94**, 1661).

2) Nachlieferungsanspruch (Abs I). Der Sachmangel (§ 459) muß als Vorauss wie bei § 462 zZ des 4
GefÜbgangs vorliegen. **a) Rechtsnatur** ursprüngl (Nach)ErfAnspr (hM; BGH NJW **99**, 2884); wird daher als unechter GewlAnspr angesehen, weil nach hM die Konkretisierg (§ 243 II) ausbleibt, wenn der Käufer bei mangelh Sache nicht Wandelg od Minderg, sond Nachlieferg verlangt (vgl hierzu Rn 2). Kein Anspr auf Nachbesserg (vgl § 462 Rn 4). **b) Wahlrecht.** Es endet mit Vollzug v Wandelg Minderg od mit Einigg über 5
Nachlieferg entspr § 465 (hM). WahlR hat Käufer, Verk kann nicht Wahl der ErsLieferg erzwingen (BGH NJW **67**, 33). Ablehng einer dch Verk sof angebotenen ErsLieferg (zweite Andieng) kann jedoch gg Treu u Glauben verstoßen (RG **91**, 112, vgl hierzu auch BGH aaO). EventualVerh: wie § 463 Rn 4. **c) Wirkung.** 6
Verlangt der Käufer Nachlieferg, so hat der Verk, wenn er Einverständn erkl (§ 465), Anspr auf Rückg der mangelh Sache Zug um Zug (Abs I S 2; §§ 467, 348). Ist der NachliefergsAnspr berecht, so tritt mit dem NachliefergsVerlangen, in dem eine Mahng zu sehen ist, grdsätzl Verz (§ 284) ein u es besteht Anspr auf Ers des VerzögergsSchad (BGH NJW **85**, 2526); jedoch ist § 285 zu beachten. Unterbleibt Nachlieferg, ist § 326 anwendb (hM; BGH NJW **99**, 2884 mwN; vgl Rn 2). Ist auch die Nachlieferg mangelh, kann der Käufer wieder (wie bei § 462 Rn 3) auf die and GewlAnspr zurückgreifen (BGH NJW **83**, 1495). **d) Regelung** 7
(Abs I S 2) entspr der Wandelg. Über § 467 gelten auch RücktrVorschr. **e) Verjährung:** grdsätzl § 477 (Abs I S 2), auch für den Anspr aus § 326 (BGH NJW **99**, 2884); entfällt aber, wenn sich Verk u Käufer auf Nachlieferg u ihren Umfang geeinigt haben (BGH NJW **58**, 418 u **61**, 117; vgl § 465 Rn 1). **f) Beweislast** 8
für Mängel trägt ab GefÜberg der Käufer, bis dahin der Verk für Fehlen v Mängeln.

3) Schadensersatzanspruch (Abs II). Vorauss: wie § 463 Rn 6–13; jedoch ist hier maßgebder Ztpkt der 9
GefÜberg (§ 446), weil vorher die Sache, die geliefert w, noch nicht feststeht. Berechng u Umfang: § 463 Rn 14–24.

481

Viehkauf. **Für den Verkauf von Pferden, Eseln, Mauleseln und Maultieren, von Rindvieh, Schafen und Schweinen gelten die Vorschriften der §§ 459 bis 467, 469 bis 480 nur insoweit, als sich nicht aus den §§ 482 bis 492 ein anderes ergibt.**

Sonderregelungen ggü den §§ 459–480 (nicht ggü den allg KaufVorschr) mit kurzen GewährFr. Der Verk 1
haftet ges nur bei Hauptmängeln (§ 482), grdsätzl auf Wandelg (§ 487) u nur, wenn sie innerh der GewlFr hervortreten, mit 6-wöch VerjFr (§ 490). **Anwendungsbereich:** nur lebde Tiere, der in § 481 genannten 2
Tiergattgen; daher zB nicht Hunde, Katzen; hierfür gelten die §§ 459 ff. Bei and entgeltl Vertr ist § 481 gem § 493 anwendb. Gilt nicht, wenn Tiere als Zubeh eines Grdst mitverk w (RG **102**, 307). **Abdingbarkeit:** ist 3
für Verschärfg, Erweiterg (§ 492) u Milderg der Haftg zu bejahen (allgM); auch völl Ausschl mögl. Grenze: § 476. Auch können die §§ 481–492 überh abbedungen w, sodaß die §§ 459 ff, 469 ff uneingeschr gelten.
Wirkung. § 459 I ist völl unanwendb (allgM; RG **123**, 148), ebso sind es alle Vorschr, die die Minderg betr 4
(§ 487 I). Die Anwendbark der and in § 481 genannten Vorschr ist eingeschr, je nachdem, was die §§ 482 bis 492 and best. Bei Zusicherg od Argl ist § 463 anwendb (vgl § 492 Rn 5; umstr; aA Soe/Huber 4 vor § 481 mwN). Wg § 382 HGB gelten §§ 377, 378 HGB auch dann nicht, wenn ein Handelskauf vorliegt.

482

Hauptmängel und Gewährfristen. **I Der Verkäufer hat nur bestimmte Fehler (Hauptmängel) und diese nur dann zu vertreten, wenn sie sich innerhalb bestimmter Fristen (Gewährfristen) zeigen.**

II Die Hauptmängel und die Gewährfristen werden durch eine mit Zustimmung des Bundesrats zu erlassende Kaiserliche Verordnung bestimmt. Die Bestimmung kann auf demselben Wege ergänzt und abgeändert werden.

1) Allgemeines. § 482 beschr die ges Gewl auf die Hauptmängel, die in der VO v 27. 3. 1899 (RGBl 1
219) geregelt sind. **a) Abdingbarkeit:** § 481 Rn 3. **b) Andere Ansprüche: aa)** Gewl für and Mängel als 2

Hauptmängel, sog Nebenmängel, zB lahmdes Reitpferd, nur üb § 492 (vgl dort). **bb)** Keine Haftg aus c. i. c. für fahrl unricht Angaben od fahrl Verschw v Fehlern, die nicht Hauptmängel darstellen (BGH NJW **66**, 2353). **cc)** Anspr aus pVV nur für Hauptmängel, die sich innerh der GewlFr gezeigt haben (Soe/Huber 11 vor § 481). **dd)** Anf aus § 119 II ist auch für Nebenmängel (Anm aa) ausgeschl (allgM). Anf aus § 123 ist zul (BGH NJW-RR **88**, 1010). **ee)** SchadErsAnspr aus §§ 823, 826 sind mögl (BGH aaO). **ff)** HauptPfl iS der §§ 320 ff können bei Turnierpferden die AbstammgsPap sein (Stgt AgrarR **77**, 232).

3 **2) Voraussetzungen** für die ges Gewl: **a) Hauptmängel:** Nur die der VO, dch Auslegg nicht erweitergsfäh. Der Verk haftet auch ohne Nachw der Erheblichk od einer Wertminderg. Die VO untersch Nutz- u Zuchttiere (§ 1) sowie Schlachttiere (§ 2). Maßgebd für die ZweckBest ist der Abschl des KaufVertr. BewLast
4 für dem Kauf zugrdegelegten Verwendgszweck: Käufer. IZw ist als Nutztier verk. **b) Gewährfristen** sind AusschlFr (keine Hemmg od Unterbrechg) u in der VO festgesetzt. Sie können dch Vertr verkürzt od verlängert w (§ 486). Innerh dieser Fr muß sich der Mangel zeigen, nicht notw am lebden Tier. Er muß von irgend einer Pers, nicht notw vom Käufer wahrgenommen w. Es genügt nicht, daß der nach Ablauf der Fr erkannte Mangel innerh der Fr schon vorhanden war. Auch Argl des Verk hindert Ablauf der Fr nicht (BGH NJW-RR **88**, 1010), begründet aber Einr gem § 242 (offengel v BGH aaO).

5 **3) Wirkung. a) Haftung.** Der Käufer kann Wandelg verlangen (§ 487 I), SchadErs gem § 463 bei Zusicherg, daß Hauptmängel nicht vorliegen, od für argl Verschweigen (vgl § 490 I). Für Nebenmängel gilt
6 § 492. **b) Haftungsausschluß: aa)** Bei Kenntn des Mangels zZ des Kaufs (§ 460 S 1). **bb)** Bei Ann des Tiers in Kenntn des Mangels ohne Vorbeh (§ 464). Ist der Mangel erkennb u erkl Käufer, sich von Beschaffenh des Tieres überzeugt zu haben, besteht HaftgAusschl, wenn der Mangel wg grober Fahrlässk unerkannt blieb (§ 460 S 2). **cc)** Bei Vereinbg u HaftgsAusschl (§ 481 Rn 3) ohne Argl des Verk (§ 476).

483 *Beginn der Gewährfrist.* **Die Gewährfrist beginnt mit dem Ablaufe des Tages, an welchem die Gefahr auf den Käufer übergeht.**

1 **Gewährfrist:** vgl § 482 Rn 4; ist vAw zu beachten. **Beginn:** Gefahrübgang (§§ 446, 447, 300 II); mit Tagesablauf (§ 187). **Ende:** § 188. Unanwendb ist § 193, da Mangel sich auch an diesen Tagen zeigen kann u keine WillErkl abzugeben ist.

484 *Mängelvermutung.* **Zeigt sich ein Hauptmangel innerhalb der Gewährfrist, so wird vermutet, daß der Mangel schon zu der Zeit vorhanden gewesen sei, zu welcher die Gefahr auf den Käufer übergegangen ist.**

1 **Anwendbar:** Auch für Nebenmängel bei vereinb GewFr (§ 492). **Vermutung** des § 484 ist widerlegb. An einen GgBew, daß Mangel zZ des GefÜberg noch nicht vorlag, sind strenge Anfordergen angebracht.

485 *Rechtsverlust.* **Der Käufer verliert die ihm wegen des Mangels zustehenden Rechte, wenn er nicht spätestens zwei Tage nach dem Ablaufe der Gewährfrist oder, falls das Tier vor dem Ablaufe der Frist getötet worden oder sonst verendet ist, nach dem Tode des Tieres den Mangel dem Verkäufer anzeigt oder die Anzeige an ihn absendet oder wegen des Mangels Klage gegen den Verkäufer erhebt oder diesem den Streit verkündet oder das selbständige Beweisverfahren beantragt. Der Rechtsverlust tritt nicht ein, wenn der Verkäufer den Mangel arglistig verschwiegen hat.**

1 **Anwendungsbereich:** Hauptmängel (§ 482), Nebenmängel u Fehlen zugesich Eigensch, wenn GewFr vereinb ist (§ 492; RG **123**, 212; iü § 481 Rn 2). **Beweislast** für Ztpkt des Ablaufs der AusschlFr: Verk. Für
2 Ztpkt der Erstattg od Absendg der Anz u für argl Verschw dch Verk: Käufer. **Voraussetzungen** für Behalten der GewlAnspr (vAw zu prüfen): **(1)** RHandlgen (S 1). Wahlw: MängelAnz (formlos); genaue Bezeichng der Art des Mangels od der Merkmale; allg Rüge „krank" genügt nie; KlErhebg (§§ 253, 261 b III ZPO)
3 StreitVerkündg (§ 72 ZPO) od BewVerfAntr (§ 485 ZPO). **(2)** Fristwahrg. Die 2-TFr (bis 24 Uhr) schließt sich unmittelb dem Ablauf der GewFr an (§ 483 Rn 1). Im Ggsatz zu § 483 gilt § 193 (vgl dort Rn 2 für Anz). FrBeginn vor Ablauf der GewFr bei Tod des Tieres tritt ein (S 1), um GgBew (§ 484) zu ermögl.
4 **Wirkung.** Der GewlAnspr erlischt u kann auch nicht als Einr geltd gemacht w. Ausn nur bei argl Verschw des Verk (S 2); Argl: wie § 463 Rn 11.

486 *Änderung der Gewährfrist.* **Die Gewährfrist kann durch Vertrag verlängert oder abgekürzt werden. Die vereinbarte Frist tritt an die Stelle der gesetzlichen Frist.**

1 **Fristveränderung:** Der GewFr (§ 482 Rn 4) dch forml Vertr. Wird die Fr so verlängert, daß der GZweck v § 482 vereitelt w, ist die Verlängerg unwirks; ist sie unangemessen kurz (je nach Art der Krankh zu beurt),
2 kann § 138 od § 476 zutreffen. **Ausschluß** jeder GewFr ist unwirks, weil dies keine Abkürzg darstellt (hM).

487 *Ausschluß der Minderung.* **I Der Käufer kann nur Wandelung, nicht Minderung verlangen.**

II Die Wandelung kann auch in den Fällen der §§ 351 bis 353, insbesondere wenn das Tier geschlachtet ist, verlangt werden; anstelle der Rückgewähr hat der Käufer den Wert des Tieres zu vergüten. Das gleiche gilt in anderen Fällen, in denen der Käufer infolge eines Umstandes, den er zu vertreten hat, insbesondere einer Verfügung über das Tier, außerstande ist, das Tier zurückzugewähren.

III Ist vor der Vollziehung der Wandelung eine unwesentliche Verschlechterung des Tieres infolge eines von dem Käufer zu vertretenden Umstandes eingetreten, so hat der Käufer die Wertminderung zu vergüten.

IV Nutzungen hat der Käufer nur insoweit zu ersetzen, als er sie gezogen hat.

1 **1) Allgemeines. a) Ausschluß der Minderung** bei Viehkauf gem § 481 Rn 2. Es verbleiben Wandelg u SchadErsAnspr (§ 463), auch ErsLieferg (§ 491). Wird bei SchadErs Minderwert abgezogen (§ 463 Rn 18), darf nicht § 472 angewendet w (RG **60**, 234). **b) Abdingbarkeit** ist auch für Abs I zu bejahen. Wird 2
Minderg als GewlAnspr vereinb, gilt diese Abrede, nicht §§ 462, 467 (RG aaO). **c) Prozessuales:** für die 3
unter § 487 fallden Beträge gilt § 287 ZPO.

2) Erweiterte Wandelung (Abs. II) ist wg § 467 u des Auschl der Minderg nöt. **a) Voraussetzungen:** 4
aa) Allg: Hauptmangel (§ 482 Rn 1), Nebenmangel (§ 492) u GewährFr (§ 482 Rn 4), fehlder HaftgsAusschl (§ 482 Rn 6). **bb)** Bes (vgl Abs II): WgAusschl v §§ 351–353 darf die Unmöglk der Rückgewähr schuldh sein, insb auf Schlachtg od Weiterveräußerg beruhen, nur dann nicht, wenn die Weiterveräußerg in Kenntn des Mangels zwecks Schlachtg erfolgt. **b) Durchführung:** Rückgewähr Zug-um-Zug (§§ 467, 348). 5
Bei Verk mehrerer Tiere, auch Kuh mit Kalb gilt § 469. Ist Rückgewähr unmögl (Fälle der §§ 351–353) u S 2, muß der Käufer gg Rückgewähr des KaufPr den Wert vergüten (statt SchadErs, § 347). Maßgebd ist obj Wert des Tieres in mangelh Zustd für die Zt des Vollz der Wandelg (Soe/Huber 4 mwN; bestr). Abs III: Bei unwesentl Verschlechterg vor Vollz der Wandelg, vom Käufer zu vertr (§§ 276, 278), ist Rückg mit Vergütg der WertMind in Geld Zug-um-Zug gg KaufPr vorzunehmen. Bei wesentl Verschlechterg, die vom Käufer zu vertr ist (§§ 276, 278), muß er SchadErs leisten (§§ 467, 347). Ebso bei unwesentl Verschlechterg nach Vollz der Wandelg, weil Abs III diese Verschlechterg nicht umfaßt (allgM).

3) Nutzungen: Abs IV ändert §§ 467, 347 ab. Begr. § 100. Nutzg kann zur ordngsgem Behandlg erforderl sein. Wird sie unterl, kann die dadch eingetretene WertMinderg (Rn 5) eine ErsPfl nach Abs III begrden. 6

488 *Ersatz von Nebenkosten.*

Der Verkäufer hat im Falle der Wandelung dem Käufer auch die Kosten der Fütterung und Pflege, die Kosten der tierärztlichen Untersuchung und Behandlung sowie die Kosten der notwendig gewordenen Tötung und Wegschaffung des Tieres zu ersetzen.

Allgemeines. § 488 erweitert den Anspr des Käufers über § 467 S 2 (VertrKosten) u notw Verwendgen 1
(§§ 467 S 1, 347, 994, 995) hinaus, ist aber abdingb. Stellt eine von der Wandelg abhäng NebenFdg dar. Der Anspr entsteht mit vollz Wandelg (BGH NJW **95**, 1481) u verjährt mit dem WandelgsAnspr (§§ 224, 490) od mit dem R aus vollz Wandelg in 30 Jahren (§ 195; BGH aaO; Soe/Huber 2 mwN), aber mit frühzeit Verwirkg (§ 242 Rn 93). **Anspruchskonkurrenz.** § 488 schließt weitergehde Anspr auf Ers v Schad od Aufwendgen nicht aus; mögl aus vertragl HaftgsErweiterg (§ 481 Rn 3), pVV, unerl Hdlg od GoA. **Anspruchsumfang.** Als AusnVorschr ist § 488 eng auszulegen, Erweiterg dch entspr Anwendg unzul. Stets sind nur die nach Art u Umfang übl Kosten zu ers. Pflegekosten: auch solche, die wg des Mangels im bes Umfang erforderl sind. Tierarzt: auch wenn die Untersuchg sich auf and Mängel erstreckte. Tötg: sog Notschlachtg, um den Mangel festzustellen; auch bei Schlachtvieh. Wegschaffg: Damit ist nicht der RückTransp gemeint, sond Kosten zur Absonderg des Tiers, um Ansteckg zu vermeid od Transp zur Schlachtg. Kosten des Hin- u RückTransp sowie die der MängelAnz fallen unter § 467 (dort Rn 18). 2

489 *Versteigerung des Tieres.*

Ist über den Anspruch auf Wandelung ein Rechtsstreit anhängig, so ist auf Antrag der einen oder der anderen Partei die öffentliche Versteigerung des Tieres und die Hinterlegung des Erlöses durch einstweilige Verfügung anzuordnen, sobald die Besichtigung des Tieres nicht mehr erforderlich ist.

Allgemeines. VerfRegelg als SondVorschr ggü §§ 935, 937 ZPO. Keine Ablehng wg fehlder Dringlk zul. 1
Vollz: §§ 936, 929 II ZPO gelten. Zust ist das ProzGer (AG wg § 23 Nr 2 c GVG). HauptProz ist der üb die Wandelg. Öff Versteigerg: § 383. Der für beide Part zu hinterlegde VerstErlös (in einstw Vfg anzuordnen) tritt an Stelle des Tieres. Das ist bei Dchführg der Wandelg (§ 487 Rn 5) zu beachten. **Voraussetzungen.** 2
(1) Rechtsstr üb Wandelg (auch WandelgsEinr) muß anhäng (nicht notw rechtshäng, § 261 ZPO) sein. Bei Anspr auf SchadErs od Nachlieferg gilt § 489 nicht; nur §§ 935, 940 ZPO gelten. **(2)** Besichtigg des Tieres darf nicht mehr erforderl sein; regelm gegeben bei BewSicherg (§ 485 ZPO) od Gutachten eines unpart SachVerst. **(3)** Antrag an das ProzGer (Rn 1).

490 *Verjährung der Mängelansprüche.*

I Der Anspruch auf Wandelung sowie der Anspruch auf Schadensersatz wegen eines Hauptmangels, dessen Nichtvorhandensein der Verkäufer zugesichert hat, verjährt in sechs Wochen von dem Ende der Gewährfrist an. Im übrigen bleiben die Vorschriften des § 477 unberührt.

II An die Stelle der in den §§ 210, 212, 215 bestimmten Fristen tritt eine Frist von sechs Wochen.

III Der Käufer kann auch nach der Verjährung des Anspruchs auf Wandelung die Zahlung des Kaufpreises verweigern. Die Aufrechnung des Anspruchs auf Schadensersatz unterliegt nicht der im § 479 bestimmten Beschränkung.

1 **1) Allgemeines. a) Anwendungsbereich:** Alle GewlAnspr wg Hauptmängel (§ 482) u Nebenmängel (§ 492). **b) Verhältnis zu § 485:** Die Verj läuft neben der AusschlFr. Daher muß Käufer, wenn er MängelAnz erstattet, auch dch geeignete Handlgen die Verj unterbrechen (§ 209; deckt sich mit den die Anz ersetzden ProzHdlgen, § 485 Rn 2). **c) Abdingbarkeit:** Abkürzg (§ 225) u Verlängerg zul (§ 477 I 2).

2 **2) Dauer.** Beginn: Stets am Tage u unmittelb nach Ablauf der GewFr (Abs I 1, § 483). Sonderregelg in § 492 S 2. Berechng: §§ 187 I, 188 II. § 193 gilt. **a) 6 Wochen:** Anspr auf Wandlg (§ 487), SchadErs wg Hauptmangel, dessen Fehlen zugesichert ist (§ 463) u wg der Anspr aus § 492 (dh für Nebenmängel ohne vereinb GewährFr; hM; Hamm NJW **84**, 2298 mwN), auch wg des Schad, der nicht an dem betr Tier
3 entstanden ist. **b) 30 Jahre:** Bei Argl des Verk wg Abs I S 2 (§ 477 I S I) u bei Anspr aus vollz Wandelg (§ 477 Rn 8). **c) Unterbrechung und Hemmung:** nach allg Vorschr u mit gem Abs II verkürzten Fr (§§ 202 ff) Nur für den geltdgemachten Mangel (BGH **LM** § 477 Nr 1).

4 **3) Geltendmachung** der VerjEinr grdsätzl nach § 222 I. Die Einr gg die Zahlg des KaufPr ist üb § 478 hinaus erweitert (Abs III); sie bedarf nicht der Maßn des § 478, weil § 485 diese voraussetzt, um den GewlAnspr zu erhalten. Dasselbe gilt für Aufrechng hins § 479. Für Anspr aus § 492 ohne GewährFr dort Rn 7.

491 *Gattungstierkauf.* **Der Käufer eines nur der Gattung nach bestimmten Tieres kann statt der Wandelung verlangen, daß ihm anstelle des mangelhaften Tieres ein mangelfreies geliefert wird. Auf diesen Anspruch finden die Vorschriften der §§ 488 bis 490 entsprechende Anwendung.**

1 **Anwendbar:** bei Gattgkauf (§ 480 Rn 1). **Voraussetzung:** GewlAnspr gem § 482 Rn 3, § 492 Rn 2. **Wirkung:** ErsLieferg (S 1) kann an Stelle der Wandelg verlangt w (wie § 480 Rn 3–5), u zwar ein Tier mittlerer Art u Güte der betr Gattg (§ 243). Statt dessen kann auch SchadErs verlangt w, wenn die Voraussetzgen (§ 482 Rn 5, § 492 Rn 2, 5) vorliegen.

492 *Erweiterte Haftung beim Tierkauf.* **Übernimmt der Verkäufer die Gewährleistung wegen eines nicht zu den Hauptmängeln gehörenden Fehlers oder sichert er eine Eigenschaft des Tieres zu, so finden die Vorschriften der §§ 487 bis 491 und, wenn eine Gewährfrist vereinbart wird, auch die Vorschriften der §§ 483 bis 485 entsprechende Anwendung. Die im § 490 bestimmte Verjährung beginnt, wenn eine Gewährfrist nicht vereinbart wird, mit der Ablieferung des Tieres.**

1 **1) Anwendungsbereich:** Grdsätzl § 481 Rn 2. Nur die nicht zu den Hauptmängeln zählden Fehler u Eigensch, sog Nebenmängel (§ 482 Rn 2; vgl Hamm NJW **84**, 2298); denn soweit Zusicherg einen Hauptmangel betrifft, folgt Gewl schon aus § 482. Auch § 492 gilt nur für die in § 481 aufgeführten Tiergattgen.

2 **2) Voraussetzungen.** Die GewlÜbern u die Zusicherg erfordern ausdrückl rechtsgesch Willen u Erkl des Verk, sich zu verpfl (RG **161**, 337); sie müssen ausdrückl erkl w (LG MöGladb NJW-RR **99**, 709; für GewlÜbern aA LG Münst MDR **91**, 347), weil § 492 eine AusnVorschr darstellt (Schlesw MDR **78**, 314).
3 **a) Gewährleistungsübernahme:** für alle Nebenmängel mögl, auch insges u allg. **b) Zusicherung** einer
4 Eigsch (wie § 459 II; vgl dort). Sie muß diese best bezeichnen, kann aber auch den Inhalt haben, daß das Tier an keinen gesundheitl Fehlern leide (BGH NJW-RR **88**, 1010). Die Zusicherg kann sich insb auf Abstammg, Fähigk u GebrMöglk beziehen, zB als Turnierpferd (Mü NJW-RR **92**, 1081). „Vollgesund" kann Gewl für alle Krankh begründen. Ob Bezugn auf tierärztl Untersuchg u Überg eines Attests, eine GewlÜbern gem § 492 bedeuten, ist umstr (vgl BGH NJW-RR **86**, 1438 = JZ **86**, 955 m Anm v Kohler u Schlesw VersR **87**, 624 m Anm v Kiel). Angaben in einem Auktionskatalog sind idR als Anpreisg zu bewerten (Celle NJW **76**, 1507; bestr). Trächtk bedeutet nur, daß das Tier trägt; seine Eintrgg ins Zuchtbuch ist Eigensch (Karlsr NJW-RR **87**, 1397).

5 **3) Wirkung.** Es ist zu untersch: **a) Wandelung.** GewlÜbern iR des § 459 I od II führt zum Anspr auf Wandelg (§ 487 I). **b) Schadensersatzanspruch,** wenn die Vorauss des § 463 vorliegen (hM; Mü NJW-RR **92**, 1081; Dresd OLG-NL **97**, 194 mwN). Gilt auch für argl verschw Nebenmängel (Dresd aaO bestr; vgl
6 § 481 Rn 5). **c) Sonstige Ansprüche:** wie § 482 Rn 2. **d) Gewährfristen** für Hauptmängel eignen sich nicht für vertragl Zusicherg; desh entfällt GewFr hins vertragl Haftg für Nebenmängel u Eigensch, wenn nicht vertragl GewFr vereinb ist (BGH NJW-RR **88**, 1010). § 485 ist bei fehlder GewFr unanwendb. Der Beginn der VerjFr ist bei zugesicherter (Nicht)Trächtk bis zur Kenntn des Mangels, spätest bis zum Ende der längsten TrächtkDauer hinausgeschoben (Fellmer AgrarR **77**, 226).

7 **4) Verjährung.** Beginn nach § 490, wenn GewlFr (Rn 6) vereinb ist, sonst mit Ablieferg (S 2; § 477 Rn 12). Der verjährte Anspr aus § 492 kann als Einr geltd gemacht w, wenn eine Anz nach § 478 od gleichgestellte Maßn erfolgt ist (hM). TrächtigkZusage schiebt den VerjBeginn (§ 490) stillschweigd bis zur Kenntn des Mangels hinaus (hM; St/Honsell 13), äußerstenf bis zum Ablauf der längsten TrächtigkFr (LG Landsh RdL **60**, 49).

493 *Kaufähnliche Verträge.* **Die Vorschriften über die Verpflichtung des Verkäufers zur Gewährleistung wegen Mängel der Sache finden auf andere Verträge, die auf Veräußerung oder Belastung einer Sache gegen Entgelt gerichtet sind, entsprechende Anwendung.**

Allgemeines. Entspr allg RGedanken der Gewl im SchuldR; vgl auch § 445. **Anwendbar** bei: Hingabe 1
an Erf Statt (§ 365); Tausch (§ 515); SachDarl (§ 607; BGH NJW **85**, 2417); Einbringen in eine Gesellsch (§ 705); AuseinandS der Gesellsch od Gemsch (§§ 731 S 2; 757); Vergl (§ 779); insb über einen PflTeilAnspr (BGH NJW **74**, 363); Mischformen dieser VertrTypen; Lieferg von Sachen gg Leistg von Diensten; Zugabe, die wg Kaufs and Ware gewährt w; Bestellg eines Nießbr od ErbbR (BGH NJW **65**, 533). Verpfändg kann im
Einzelfall entgeltl sein, **Unanwendbar:** wg fehlden Entgelts bei Schenkg (vgl aber § 524 II); Ausstattg 2
(§ 1624); Vermächtn (vgl aber § 2183). Weil keine Veräußerg od Belastg vorliegt, bei Miete u Pacht. Desh keine Gewl des früh Pächters, wenn neuer Pächter von ihm das dem Verp gehörde Inv übnimmt (KG JW **31**, 3460), and aber, wenn Pächter Eigt am Inv hat (RG JW **36**, 3232). Grdsätzl nicht auf Re (vgl aber Vorbem 14 vor § 459), insb nicht auf Verpfl, die Re aus Meistgebot zu verschaffen (RG **150**, 397), od bei AusbietgsGa-
rantie (RG **157**, 177). **Entsprechende Anwendung** bedeutet, daß die §§ 459 ff nur so angewendet w 3
dürfen, wie es den Besonderh des jeweil Gesch entspricht.

III. Besondere Arten des Kaufes

Vorbemerkung

1) Kaufarten. Gewisse Formen des Kaufs sind so eigenart u häuf, daß sie eine besond gesetzl Regelg 1
erfordern: Kauf nach u auf Probe (§§ 494–496), Wiederkauf (§§ 497–503) u Vork (§§ 504–514). And Eigenarten von KaufVertr sind selten u müssen daher, wenn sie vorkommen, ausdrückl vertragl geregelt w, zB Kauf unter Vorbeh eines besseren Angebots, durch das Verk vom Vertr frei wird.

2) Kauf mit Umtauschvorbehalt. a) Begriff. Es ist ein unbedingter Kauf, bei dem der Käufer das R 2
hat, den KaufGgst umzutauschen. **b) Rechtsnatur.** Der UmtauschVorbeh ist die vereinb einseit Ersetzgs-Befugn des Käufers hinsichtl des dch das Umtauschbegehren (WillErkl, § 130) veränd KaufGgst (umstr; vgl
MüKo/Westermann § 494 Rn 11). Steht § 495 nahe. **c) Inhalt.** Im Zweifel kann zum selben Pr od gg AufPr 3
umgetauscht w, gg RückZahlg des KaufPr nur bei entspr Vereinbg, § 157 ist hierfür anwendb. Das UmtauschR kann nur in vertr best Fr od, falls eine solche nicht vereinb ist, innerh angemessener Fr ausgeübt w
(BGH BB **63**, 1237). **d) Wirkung.** Gg Rückg des unversehrten Ggst kann der Käufer Leistg eines and Ggst 4
verlangen, iZw einen aus dem Vorrat des Verk, zum gleichen Pr, gg AufPr od eine entspr Gutschrift; zu geringerem Pr mit Rückzahlg nur bei entspr Vereinbg. GefÜberg gem §§ 446, 447. AnnVerz des Verk ist
mögl. **e) Beweislast:** Käufer für Vereinbg des UmtauschVorbeh u TRückzahlg, Verk für Vereinbg u Ablauf 5
der Fr.

1. Kauf nach Probe. Kauf auf Probe

494 *Kauf nach Probe.* **Bei einem Kaufe nach Probe oder nach Muster sind die Eigenschaften der Probe oder des Musters als zugesichert anzusehen.**

1) Allgemeines. Bes Art eines Kaufs (§ 433). **a) Zweck:** Die Beschreibg von Eigensch der Kaufsache, die 1
zugesichert w sollen, ist oft schwier. Daher ist es einfacher u zweckmäß, diese Beschreibg dch eine Probe
(Muster) zu ersetzen. **b) Begriff:** Kauf nach Probe ist ein unbedingter Kauf (§ 433), bei dem die Eigensch 2
der Probe (des Musters) als bei der Lieferg der Sache vorhandene Eigensch der Kaufsache zugesichert sind
(MK/Westermann 2). **c) Abdingbarkeit** ist zu bejahen. Es kann die Wirkg des § 494 auf einzelne Eigensch 3
beschr, es kann die Haftg für heimtück Fehler der Probe ausgeschl w (RG **95**, 45; „nur nach Muster"). Auch
kann SchadErs (§ 463) ausgeschl u Gewl auf Wandelg u Minderg beschr w (BGH DB **66**, 415). **d) Anwen-** 4
dungsbereich: IdR bei GattgsKauf (§ 480); aber auch bei Stückkauf (der einer best Sache), wenn der Verkäufer von dieser Sache die Eigensch der Probe (des Musters) behauptet, die er dem Käufer vorgezeigt od zur Prüfg (Besichtigg) übergeben hat.

2) Voraussetzungen. a) Kaufvertrag (§ 433) über eine od mehrere gleiche Sachen, wie sie die Probe 5
(das Muster) darstellt. Bei Lieferg eines aliud (§ 378 Hs 2 HGB) ist § 494 ausgeschl (BGH MDR **61**, 50).
b) Nach Probe oder Muster. Daß deren Eigensch zugesichert sein sollen, muß VertrInh geworden sein. Ob 6
dies zutrifft, ist grdsätzl eine AusleggsFrage (§§ 133, 157). Ob zugesichert sein soll, entscheidet sich nach dem Zweck, der mit Vorlegg der Probe od Bezugn darauf verfolgt w. Die ZusichergsHaftg kann auf einzelne Eigensch der Probe beschr w (BGH NJW **88**, 1018). Bei VertrAngebot kann die Vorlage od Überg von Mustern verschiedenen Zwecken dienen, nicht notw der Zusicherg probemäß Eigensch (Hamm NJW-RR **96**, 1530), zB bei Kostproben, bloßen Orientiergs- od Ausfallmustern (RG **94**, 336). Die Probe muß nicht bei VertrSchluß vorliegen, kann sich bei Dr befinden, muß nicht noch vorhanden, kann schon früher an den Käufer geliefert u verbraucht sein. Es genügt, wenn die Probe einem BestätiggsSchreiben beigelegen hat od wenn auf früher gekaufte Ware „wie gehabt" nachbestellt w. Sind Eigensch der Probe zw deren Überg od Vorzeigen u Lieferg der Ware veränderl, wird iZw die Eigensch zugesichert sein, die die Probe bei Überg od Ankunft beim Käufer od beim Vorzeigen hatte. Bei Kauf „nach Typ" gelten nur die typ Eigensch der Probe (des Musters) als zugesichert (BGH NJW **58**, 2108). Ist die Probe nicht ausgehänd worden, spricht dies gg
§ 494; ebso, wenn sie noch veränd od ergänzt w soll (Hamm NJW-RR **96**, 1530). **c) Andere Eigenschaften** 7
können neben der Probenmäßigk zusätzl (gem § 459 II) zugesichert w.

3) Wirkung. a) Sachmängelgewährleistung. Die Eigensch der Probe gelten als zugesichert, sodaß 8
§ 459 II erf ist, uU § 463, wenn die gelieferte Kaufsache die Eigensch der Probe nicht aufweist. **b) Rechts-** 9
hindernde Einwendungen. Es gilt § 460, sodaß insb die Gewl für solche Mängel entfällt, die bereits der Probe (dem Muster) anhaften u v Käufer erkannt od grob fahrläss nicht erkannt w (BGH **LM** Nr 1). Bei Kauf „nur nach Muster" beschr der Verk seine Haftg auf diejen Mängel, welche aus der Probe (dem Muster) nicht

zu ersehen waren (BGH DB **57**, 66). Liefert der Verk eine Sache, die ggü der Probe (dem Muster) ein aliud
10 (§ 378 Hs 2 HGB) darstellt, hat der Verk nicht erfüllt (BGH MDR **61**, 50; vgl Rn 5 vor § 459). **c) Untersuchungs- und Rügepflichten** (§§ 377, 378 HGB; § 464) gelten auch beim Kauf nach Probe (nach Muster) uneingeschr.

11 **4) Beweislast** ist prakt erhebl, weil sehr häuf der Bew nur dch Vorlage v Probe od Muster geführt w kann. **a) Verkäufer** bei KaufPrKl für Fehlen einer ProbeVereinbg, wenn Käufer Probewidrigk einwendet; auch für eingeschr Bedeutg der Probe (Rn 4, 6); daß die gelieferte Ware der Probe entspr, wenn der Käufer deshalb die Ann als Erfüllg verweigert od die Einr des nichterf Vertr erhebt (Baumgärtel 4 mwN). **b) Käufer** für Vereinbg des Kaufs nach Probe (Muster) u für Probewidrigk, wenn er die Ware als Erf angen hat (§ 363) für Identität des vorgelegten Stücks als Probe (Muster); in diesem Fall auch dann, wenn der Verk sie vorlegt (MK/Westermann 9; bestr).

495 *Kauf auf Probe.*

I Bei einem Kaufe auf Probe oder auf Besicht steht die Billigung des gekauften Gegenstandes im Belieben des Käufers. Der Kauf ist im Zweifel unter der aufschiebenden Bedingung der Billigung geschlossen.

II Der Verkäufer ist verpflichtet, dem Käufer die Untersuchung des Gegenstandes zu gestatten.

1 **1) Allgemeines. a) Begriff.** Kauf auf Probe od auf Besichtigg ist ein KaufVertr (§ 433) unter der aufschiebden od auflösden Bedingg (§ 158), daß der Käufer den Kauf dch eine gesonderte WillErkl billigt od mißbilligt. Ist insb im Versandhandel vielf gebräuchl (vgl Bambg NJW **87**, 1644), auch beim sog Testkauf
2 (Köln NJW-RR **96**, 499). **b) Abgrenzungen. aa)** Zu § 494: Dort ist der KaufVertr unbedingt, bei § 495 bedingt. **bb)** Aufschiebd bedingter Kauf, bei dem der Eintritt der Bedingg nicht im Belieben des Käufers steht, zB Ausgang einer best Untersuchg (sog AnkaufsUntersuchg; Köln NJW-RR **95**, 113). **cc)** Zu UmtauschVorbeh (Vorbem 2–5 vor § 494): Dieser ist wie der Kauf nach Probe (§ 494) unbedingt; der Käufer kann nur dch das Umtauschbegehren den KaufGgst verändern. **dd)** Zum Erprobgs(Prüfgs)Kauf od Kauf zur Probe: Der KaufVertr steht unter der auflösden Bedingg (§ 158 II), daß die Kaufsache sich zum vorgesehenen Zweck nicht eignet, zB Kauf einer Maschine „auf Feldprobe“ (Mü NJW **68**, 109). Der Verk muß dem Käufer die Erprobg ermögl, der Käufer die Erkl, ob Eigng gegeben ist, so rechtzeit abgeben, als er dazu imstande ist; unterbleibt dies innerh angemessener Fr, wird der Kauf endgült wirks (BGH WM **70**, 877). **ee)** Bindendes VertrAngebot des Verk u Übergabe der Sache zum Zweck der Prüfg od Probe (RG **104**, 276); hier ist noch kein Vertr geschlossen, dies hängt v der Ann ab (§ 151). **ff)** Zum WerkVertr: Herstellg eines Portraits ist Kauf
3 auf Pr, wenn Bezahlg u Abnahme v Gefallen abhäng gemacht w (LG Regbg NJW **89**, 399). **c) Beweislast** trägt der Verk für das Zustdekommen des Vertr, daher für die vertragl Einigg, für das Eintreffen der Kaufsache beim Käufer (Bambg NJW **87**, 1644 mwN) u die Billigg gem § 496.

4 **2) Voraussetzungen. a) Kaufvertrag** mit den Erfordern der Einf 1–3 vor § 433. **b) Bedingung.** Sie muß aufschiebd (Billigg, § 158 I) od auflösd (Mißbilligg, § 158 II) sein. Dch Auslegg (§ 157) zu ermitteln. Abs I S 2 bestimmt als AusleggsRegel, daß iZw die aufschiebde Bedingg vorliegt. Für auflösde Bedingg
5 spricht, wenn der Käufer den KaufPr bereits bezahlt hat. **c) Billigung oder Mißbilligung** müssen in der Weise VertrInh sein, daß sie im freien Belieben des Käufers stehen (allgM). Umstr ist ledigl, ob die (Miß)Billigg als sog PotestativBedingg (Einf 10 vor § 158) echte Bedingg iS des § 158 sein kann. Nach hM ist das zu bejahen. Die (Miß)Billig ist eine rechtsgestaltde, dem Verk ggü abzugebde WillErkl (RG **137**, 299). Angabe v Grden ist nicht notw (RG **94**, 287). Sie beziehen sich auf den Kauf u sind auch dann wirks, wenn der KaufGgst nicht besicht w. § 162 ist unanwendb.

6 **3) Wirkungen.** Sie sind abdingb. Grenzen gem AGBG (Schildt JR **95**, 89). **a) Bindung** besteht währd des Schwebezustds bis zum BedinggsEintritt insofern, als eine einseit Änderg der VertrBedinggen ausgeschl ist.
7 Der Verk ist noch nicht gem § 433 I verpfl (Soe/Huber 8 mwN; bestr). **b) Gewährleistung** richtet sich nach den §§ 459 ff. Für § 460 ist maßgebder Ztpkt neben dem KaufAbschl auch der der Billigg (Soe/Huber 11). **c) Gefahrübergang** tritt bei aufschiebder Bedingg (Billigg) anders als bei §§ 446, 447 (vgl dort Rn 4)
8 erst mit der Billigg ein, sodaß bis dahin die Gefahr beim Verk verbleibt. **d) Untersuchungsanspruch** (Abs II) soll dem Käufer Entschließg über Billigg des Kaufs ermöglichen. Anspr auf Gestattg der Untersuchg ist selbstd klagb u nach § 888 ZPO vollstreckb. Eine vom Verk angediente Probe muß vertrgem sein (Hamm BB **95**, 1925). Weigert sich der Verk, kann der Käufer auch üb §§ 283, 326 SchadErs fordern. Gg Anspr auf Untersuchg kann Verk nicht einwenden, daß der Kauf wg Mangelhaftigk doch nicht gebilligt würde (RG **93**,
9 254). **e) Kosten** der Besichtigg u Aufbewahrg trägt der Käufer. Üb Kosten der Rücksendg entscheidet VertrAuslegg, ev Handelsbrauch. Kein Anspr des Verk auf NutzgsVergütg, wenn Käufer nicht billigt (Celle BB
10 **60**, 306). **f) Schadensersatz** wg schuldh Verletzg der Rückg- u ObhutsPfl. Der Anspr kann aus pVV (§ 276 Rn 104) od auf cic (§ 276 Rn 65) beruhen (BGH **119**, 35 mwN) u verjährt einschl der konkurrierden AnsprGrdlagen (vgl § 558 Rn 6) wie die Anspr gem § 558 u § 606 (BGH aaO).

496 *Billigungsfrist.*

Die Billigung eines auf Probe oder auf Besicht gekauften Gegenstandes kann nur innerhalb der vereinbarten Frist und in Ermangelung einer solchen nur bis zum Ablauf einer dem Käufer von dem Verkäufer bestimmten angemessenen Frist erklärt werden. War die Sache dem Käufer zum Zwecke der Probe oder der Besichtigung übergeben, so gilt sein Schweigen als Billigung.

1 **Frist** (S 1): Gilt für Billigg wie für Mißbilligg (§ 495 Rn 5). Die FrVereinbg kann ausdrückl od stillschw geschehen u muß sich auf die (Miß)Billigg beziehen. VertrVerlängerg ist zuläss. Die WillErkl (§ 495 Rn 5) muß innerh der Fr zugehen. Ist die Billigg verspätet, gilt § 150 I. Bitte um FrVerlängerg ist nach § 150 II zu behandeln. FrSetzg muß sich auf die (Miß)Billigg beziehen. Eine nicht angem Fr setzt eine angem in Lauf.

Billigungsfiktion (S 2) führt die aufschiebde Bedingg (§ 495 Rn 1) herbei. Setzt Überg der Kaufsache zum Zwecke der Probe (Besichtigg) zwingd voraus, ebso den Ablauf der Fr (S 1). Gilt auch nicht entspr, wenn Probe od Muster (nicht die Kaufsache selbst) übgeben od übsandt war (RG **137**, 297).

2. Wiederkauf

497 *Zustandekommen des Wiederkaufs.* **I Hat sich der Verkäufer in dem Kaufvertrage das Recht des Wiederkaufs vorbehalten, so kommt der Wiederkauf mit der Erklärung des Verkäufers gegenüber dem Käufer, daß er das Wiederkaufsrecht ausübe, zustande. Die Erklärung bedarf nicht der für den Kaufvertrag bestimmten Form.**

II Der Preis, zu welchem verkauft worden ist, gilt im Zweifel auch für den Wiederkauf.

1) Allgemeines. a) Zweck: Es kann wirtsch dasselbe erreicht w, wie bei einer SichergsÜbereigng od 1
einem FaustPfdR; ferner kann eine Zweckbindg verwirkl w. **b) Anwendbar** nur auf das nichtgewerbsmäß 2
eingeräumte WdkR (BGH **110**, 183), weil gewerbsmäß eingeräumtes Rück- od WdkR als PfandleihGewerbe gilt (§§ 34, 38 GewO) u üb Art 94 EGBGB hierfür LandesR anzuwenden ist. **c) Begriff.** Das WdkR ist die 3
Vereinbg in einem KaufVertr, dch das der Käufer aufschiebd bedingt verpfl w, den KaufGgst aGrd einer Erkl des Verk an diesen gg Zahlg des WdkPr zurückzuübereignen. Das Risiko des BesVerlusts trägt der WiederVerk (Karlsr MDR **98**, 93). Es wird ein aufschiebd bedingter KaufVertr geschl (BGH **29**, 107). Das bedingte R entsteht bereits mit Abschl der WdkVereinbg (BGH **38**, 369) u ist übertragb (Rn 8). Dem steht nicht entgg, daß nach aA die Erkl des WdKäufers die Ausübg eines GestaltgsRs darstellt (Mayer-Maly FS f Wieacker S 424 [433]). Der Eintritt der Bedingg (Ausübg des WdkR) steht grdsätzl im Belieben des Verk (PotestativBedingg, Einf 10 vor § 158), kann aber v and Bedinggen abhäng gemacht w (Rn 6 aE). **d) Abgrenzung. aa) Wiederverkaufsrecht.** Es steht dem Käufer das R zu, für gekaufte Ggst den Verk zum Rückkauf zu verpfl (BGH 4
NJW **84**, 2568). Das ist prakt bedeuts bei Beendigg eines EigenhändlerVertr od RücknGarantie des Vermittlers od Lieferanten eines LeasGgstds sowie bei BauBetreugsVertr (BGH NJW **94**, 1653). Die ErfVerweigerg führt zum SchadErsAnspr (BGH aaO). Die entspr Anwendg der §§ 497 ff ist grdsätzl zu bejahen (BGH **110**, 183 mwN); für § 498 II S 2 verneint v BGH aaO u NJW **72**, 1191; für Abs II S 1 verneint v BGH NJW **99**, 941; für Abs I ausdrückl bejaht v BGH aaO; jedoch kann vereinb werden, daß für den WiederVerk ein weiterer Vertr abzuschl ist (BGH aaO); dann ist Abs I nicht anwendb (BGH aaO) u es liegt ein Rückkauf vor (Rn 4b). **bb) Optionsvertrag** (Vorbem 16 vor § 504). Es liegt kein bedingter Kauf vor; ein Kauf kommt 4a
erst dch Ausübg des AnkaufsR zustande. WdkR zG eines Dr ist iR des § 305 mögl. Es gelten außer §§ 328 ff die §§ 497 ff entspr. **cc) Rückkauf,** in dem keine WdkAbrede zu sehen ist (vgl Rn 6), ist ein Vertr (§ 305), 4b
dch den sich der Verk verpfl, eine verkaufte Sache unter best Vorauss zurückzuerwerben (BGH NJW-RR **91**, 526 u NJW **99**, 941). **e) Beweislast** für Bestehen des WdkR trägt der Verk. 5

2) Voraussetzungen des WdkR (Abs I). **a) Kaufvertrag** (§ 433) üb einen Ggst (§ 433 Rn 1). **b) Wiederkaufabrede** (Vorbeh des WdkR). Sie muß nicht notw bei Abschl des KaufVertr vereinb w; auch nachträgl 6
mögl (RG **126**, 311; BGH **LM** Nr 1). Das Wort WdkR muß nicht ausdrückl verwendet w. Die Abrede kann insb in dem Vorbehalt des Rückkaufs gesehen w (BGH NJW-RR **91**, 526). Es muß die für den KaufVertr vorgeschr Form erf sein, insb § 313 (allgM; BGH NJW **73**, 37 mwN). Auch weitere Bedinggen als die Ausübg sind zuläss, zB daß der Käufer das Grdst an einen Dr veräußert (BGH NJW **94**, 3299). Das gilt grdsätzl nicht für die Veräußerg v Anteilen, kann aber bei einer ErbenGemsch auch dch Veräußerg v Erbanteilen geschehen, wenn der WdKaufGgstd den wesentl Nachlaß bildet. **c) Ausübung:** einseit empfangsbed unwiderrufl WillErkl, die der Verk dem Käufer ggü abgibt u die den WdKauf zustandebringt, wenn 7
sie fristgem erfolgt (§ 503). Bedarf nicht der Form des KaufVertr (Abs I S 2; hM; BGH NJW **99**, 941; aA Wufka DNotZ **90**, 339 [353] wg § 313 S 1), auch nicht der Form einer VerpflErkl v Gemeinden (BGH **29**, 107). Der WdkPr muß weder angegeben noch angeboten w (BGH **LM** Nr 2). Die Ausübg ist bedinggsfeindl (allgM); eine RBedingg (Einf 5 vor § 158) ist aber zul (RG **97**, 269 [273]: EventualErkl für den Fall vorrang erkl unwirks Anf des WdkVertr). Die Ausübg kann uU auf einen Teil des KaufGgst beschr w (BGH WM **78**, 192). Stets ist die Ausübg v dem ÜbereigngsAnspr (Rn 9) zu untersch (BayObLG NJW-RR **86**, 1209). Sie bringt den RückauflassgsAnspr zustde, der dch Vormerkg gesichert w kann (BGH NJW **94**, 3299).

3) Wirkung. a) Vor Ausübung besteht ein schuldrechtl bedingter Anspr auf Übereigng. Er kann dch 8
Vormerkg gesichert w (RG **125**, 247; BayObLG **61**, 63), ist übertragb (BGH NJW-RR **91**, 526), daher pfändb u verpfändb; dies kann in den Vereinbgen ausgeschl w. **b) Nach Ausübung.** Die Pfl des Käufers u 9
WdVerk sowie des Verk u WdKäufers werden schuldrechtl wirks. Bedarf die Ausübg behördl Gen, so wird auch ein wg fehlder Gen unwirks begrdetes WdkR wirks (BGH NJW **51**, 517).

4) Wiederkaufpreis (Abs II). Er ist wie der KaufPr frei vereinb. Es kann auch der SchätzPr vereinb w (vgl 10
§ 501). Ist eine Vereinbg unterblieben od ist sie unklar, gilt die AusleggsRegel des Abs II. Ist ein and Pr bezahlt worden als vereinb, so liegt darin eine PrÄnd, sodaß WdkPr der bezahlte KaufPr ist. Grdlegde GeldwertVeränd sind zu berücks (allgM).

498 *Haftung des Wiederverkäufers.* **I Der Wiederverkäufer ist verpflichtet, dem Wiederkäufer den gekauften Gegenstand nebst Zubehör herauszugeben.**

II Hat der Wiederverkäufer vor der Ausübung des Wiederkaufsrechts eine Verschlechterung, den Untergang oder eine aus einem anderen Grunde eingetretene Unmöglichkeit der Herausgabe des gekauften Gegenstandes verschuldet oder den Gegenstand wesentlich verändert, so ist er für den daraus entstehenden Schaden verantwortlich. Ist der Gegenstand ohne Verschulden des Wiederverkäufers verschlechtert oder ist er nur unwesentlich verändert, so kann der Wiederkäufer Minderung des Kaufpreises nicht verlangen.

1 **1) Herausgabepflicht** (Abs I). Sie ist nur als eine der dch den Wdk ausgelösten Pfl zu verstehen, die v G bes hervorgehoben sind. Die Pfl zur (Rück)Übereigng (vgl § 433 I) besteht im Umfang der HerausgPfl (allgM). Sie umfaßt das Zubehör (§§ 97, 98); auch wenn es erst nach WdkAbrede (§ 497 Rn 6) angeschafft wurde. Es kommt auf die ZubehörEigensch zZ der Ausübg des WdkR an (hM). Kaufsache u Zubeh sind im Zustd des HerausgZtpkts herauszugeben, Zug-um-Zug gg Zahlg des WdkPr. Nicht herauszugeben od zu ersetzen sind die gezogenen Nutzgen (allgM). Dementspr ist der Kaufpr nicht zu verzinsen.

2 **2) Verschlechterung, Untergang und Veränderung** der Sache (Abs II) ist darin für den ZtRaum zw WdkAbrede u Ausübg abschließd auch für Gewl geregelt (RG **126**, 313), jedoch nicht anwendb für Wiederverkr (§ 497 Rn 4, BGH **110**, 183 u NJW **99**, 941); ebensowen für den Rückkauf (§ 497 Rn 4b). Hierfür gelten die GewlVorschr (BGH aaO). Aus Abs II läßt sich eine Pfl zur Erhaltg der Sache entnehmen (MK/
3 Westermann 3). **a) Vor Ausübung** des WdkR: **aa)** Vom WdVerk versch (§§ 276, 278) Unterg od sonst Unmöglk der Herausg (zB infolge Vermietg) od Verschlechterg führt zur SchadErsPfl. Verschlechterg ist an einem ordngsgem Gebr zu messen. Bei zufäll Unterg gelten die §§ 323, 281. Bei zufäll Verschlechterg besteht keine ErsPfl; der Verk kann den Wdk unterl, uU Ausübg als WillErkl gem § 119 II anf. **bb)** Veränderg dch WdVerk: Haftg nur bei wesentl Veränderg. In allen Fällen, in denen keine SchadErsPfl besteht, ist nicht nur Minderg (Abs II S 2), sond jede Gewl ausgeschl. Da Re des WdKäufers währd der Schwebelage gg Vereitelg dch WdVerk geschützt w sollen, ist § 460 auch dann unanwendb, wenn WdKäufer Mängel bei
4 Ausübg des WdkR kennt. **b) Nach Ausübung** des WdkR haftet der WdVerk für danach eintretde Beschädigg, Unterg u Unmöglk der Herausg (insb wg Weiterveräußerg), wie bei jedem Kauf, ohne Beschränkgen des Abs II. Auch für Mängel, die vor Überg der Sache dch WdKäufer an WdVerk vorhanden sind, haftet letzterer nicht.

499 *Beseitigung von Rechten Dritter.* **Hat der Wiederverkäufer vor der Ausübung des Wiederkaufsrechts über den gekauften Gegenstand verfügt, so ist er verpflichtet, die dadurch begründeten Rechte Dritter zu beseitigen. Einer Verfügung des Wiederverkäufers steht eine Verfügung gleich, die im Wege der Zwangsvollstreckung oder der Arrestvollziehung oder durch den Insolvenzverwalter erfolgt.**

1 **Gesetzesänderung** aE statt KonkVerw nunmehr InsVerw dch Art 33 Nr 19 EGInsO, in Kraft ab 1. 1. 99. **Grund** der Vorschr: Das WdkR wirkt nur schuldrechtl, nicht dingl. Wg der Bedingg besteht ein Schwebe-
2 Zustd (§ 497 Rn 8), der den Käufer nicht hindert, üb den KaufGgst wirks zu verfügen. **Anwendbar** ist § 499 für alle Verfüggen (insb Belastgen) mit Ausn der Veräußerg; diese fällt unter § 498 II. Gleichgestellt sind
3 alle zwangsw Verfüggen gem S 2, zB Pfändg, öff Versteigerg, ZwVersteigerg. **Rechtsfolgen.** Der WdKäufer hat gg den WdVerk ab Ausübg des WdkR den endgült Anspr auf Beseitigg v Ren Dr (wie § 434 Rn 4–6). Ist dies unmögl, so besteht bei Versch (idR gegeben) der Anspr aus § 325. Nach Ausübg des WdkR gelten die
4 §§ 323ff direkt. **Ansprüche gegen Dritte** bestehen nur, wenn der bedingte Anspr (§ 497 Rn 8) dch Vormerkg gesichert ist, weil dann der WdKäufer nach §§ 883 III, 888 vorgehen kann.

500 *Ersatz von Verwendungen.* **Der Wiederverkäufer kann für Verwendungen, die er auf den gekauften Gegenstand vor dem Wiederkaufe gemacht hat, insoweit Ersatz verlangen, als der Wert des Gegenstandes durch die Verwendungen erhöht ist. Eine Einrichtung, mit der er die herauszugebende Sache versehen hat, kann er wegnehmen.**

1 **Zweck:** § 500 regelt die Risikogrenze des WdVerk für den Fall v Verwendgen (MK/Westermann 1). **Verwendungen** (S 1, Vorbem 5 vor § 994) können in der notw Erhaltg, einer wertsteigernden Verbesserg, der Beschaffg von Zubeh od von Einrichtgen bestehen. Verwendgen, die zur Erhaltg notw sind, müssen vom WdVerk geleistet w u sind nicht zu ersetzen. Andere Verwendg vor WdkAusübg sind zu ersetzen, soweit dadurch Werterhöhg eintritt. Wertberechng geschieht dch Vergl des obj Werts bei WdkRAbrede mit obj
2 Wert bei Herausg an den WdKäufer. Gilt nicht bei § 501. **Einrichtungen** (§ 258) können bei Wertsteigerg VergütgsAnspr begrden. Statt dessen kann WdVerk an Stelle des VergütgsAnspr die Einrichtg zurückbehalten. Auch Einrichtg, die nach WdkAusübg angebracht w, kann er wegnehmen.

501 *Wiederkauf zum Schätzungswert.* **Ist als Wiederkaufpreis der Schätzungswert vereinbart, den der gekaufte Gegenstand zur Zeit des Wiederkaufs hat, so ist der Wiederverkäufer für eine Verschlechterung, den Untergang oder die aus einem anderen Grunde eingetretene Unmöglichkeit der Herausgabe des Gegenstandes nicht verantwortlich, der Wiederkäufer zum Ersatze von Verwendungen nicht verpflichtet.**

1 **Wirkung:** beschr die ggseit Re aus §§ 498, 500. Es bleibt nur die Haftg für wesentl Verändg aus § 499 u das WegnR (§ 500 S 2) bestehen. **Unanwendbarkeit** des § 501 wird bei Argl des WdVerk bejaht (hM).

502 *Gemeinsames Wiederkaufsrecht.* **Steht das Wiederkaufsrecht mehreren gemeinschaftlich zu, so kann es nur im ganzen ausgeübt werden. Ist es für einen der Berechtigten erloschen oder übt einer von ihnen sein Recht nicht aus, so sind die übrigen berechtigt, das Wiederkaufsrecht im ganzen auszuüben.**

1 **Zweck:** Schutz des Käufers vor zwangsweisen Eintr in eine bestehde Gemsch v WdkBerecht. **Anwend-**
2 **barkeit** auf Mehrh v WdVerkVerpflichteten ist umstr (vgl MK/Westermann 3 mwN). **Gemeinschaft** (S 1) an WdkR liegt stets vor, wenn mehrere Berechtigte vorhanden sind. Gilt für alle Arten gemeins Berechtigg,

zB § 741 (BayObLG NJW-RR **86**, 1209) od eine GesHandGemsch (hM; vgl BayObLG NJW-RR **93**, 472 mwN). Die Mehrh v Berechtigten muß nicht schon bei WdkAbrede vorhanden gewesen sein. Die Ausübg (§ 497 Rn 7) muß bei GesHandGemsch gemeinsch sein (Soe/Huber 5). **Übergang** (S 2) findet statt, wenn 3
einer von mehreren WdKäufern das Recht verliert (§ 503) od zu erkennen gibt, daß er es nicht ausüben werde. Dann können die übr Berecht (gemeinsam; S 1) die Erkl nach § 497 abgeben; sie müssen den ganzen Ggst des WdkR übern. Re u Pfl aus Wdk erwachsen nur zw ausübenden WdKäufern u WdVerk.

503 *Ausschlußfrist.* **Das Wiederkaufsrecht kann bei Grundstücken nur bis zum Ablaufe von dreißig, bei anderen Gegenständen nur bis zum Ablaufe von drei Jahren nach der Vereinbarung des Vorbehalts ausgeübt werden. Ist für die Ausübung eine Frist bestimmt, so tritt diese an die Stelle der gesetzlichen Frist.**

Wesen: AusschlußFr (BGH **47**, 387), daher sind VerjVorschr über Hemmg u Unterbrechg auch nicht 1
entspr anwendb. **Anwendungsbereich:** nur WdkR; grdsätzl nicht bei AnkaufsR (vgl Vorbem 13 vor § 504), 2
KaufVorvertr (BGH aaO) u AnkaufsPfl (Düss NJW-RR **97**, 1174). **Berechnung** der Fr §§ 187 ff. Die Fr gilt 3
nur für die Ausübg des WdkR (§ 497 Rn 7), nicht für den ErfAnspr aus § 498 I. **Abweichende Vereinbarungen** sind zul (S 2), insb and Fr u Ablauf der Fr dch Eintritt eines best Ereign, auch Beginn dch ein best 4
künft Ereignis (Hbg MDR **82**, 668), zB Tod einer natürl od Bestand einer jur Pers (Schlesw NJW-RR **99**, 283), jedoch ist ein unbefristetes WdkR unzuläss (Düss Rpfleger **86**, 255; Soe/Huber 3). Daher muß bei einer aufschiebden Bedingg ein fester Endtermin gegeben sein. Ändergen der Fr sind auch nachträgl mögl, unterliegen nur ausnw nicht der Form des § 313 (vgl BGH NJW **73**, 37).

3. Vorkauf

Vorbemerkungen

1) Allgemeines. Schrifttum: Schurig, Das VorkR im PrivatR, 1975. **a) Begriff:** Das VorkR ist die Befugn, 1
einen Ggst dch einen Kauf zu erwerben, wenn der VorkVerpfl diesen Ggst an einen Dr verkauft. Mit der Ausübg des VorkR kommt dann der KaufVertr zw VorkBer u VorkVerpfl (Verk) mit dem gleichen Inhalt zustde wie der zw dem VorkVerpfl u dem Dr. Das schuldrechtl VorkR der §§ 504 ff ist ein GestaltgsR (hM). Verh zum dingl VorkR: Rn 5. **b) Anwendungsbereich:** Alles, was Ggst eines Kaufs sein kann (§ 433 Rn 1–5). Die §§ 504 ff 2
gelten auch für die gesetzl VorkRe, sind grdsätzl entspr anwendb auf Vorpacht u Vormiete (Einf 4 vor § 535).
c) Abdingbarkeit: ist zu bejahen, insb kann der KaufPr limitiert od die Ausübg in der Weise erleichtert w, daß 3
sie bereits vor Abschl des Kaufs vorgenommen w kann. **d) Gesetzliche Vorkaufsrechte:** Währd das VorkR 4
der §§ 504 ff dch Vertr begrdet w (§ 504 Rn 1), gibt es gesetzl VorkRe: Für Miterben (§ 2034), für Mieter öff geförderter MietWo (§ 2 b WoBindG) u v Wohngen, die in WoEigt umgewandelt w (§ 570 b), für Gemeinden (§§ 24–29 BauGB, § 3 BauGB-MaßnahmenG), für Nutzer im Beitrittsgebiet (§ 57 SchuldRAnpG), für ArbNErfinder (§ 27 ArbEG); ferner nach LandesR. Für diese gesetzl VorkRe gelten die §§ 504 ff grdsätzl (Rn 2).

2) Unterschied zum dinglichen Vorkaufsrecht (§§ 1094 ff). Die §§ 504 ff gelten für das dingl VorkR 5
ergänzd (§ 1098), die §§ 1094 ff aber nicht für das schuldrechtl VorkR. Währd das dingl VorkR eine unmittelb Belastg des Grdst mit Wirkg gg jeden Dr darstellt, kann das schuldrechtl VorkR bei Grdst nur dch eine Vormkg dingl gesichert w (RG **72**, 392). **a) Schuldrechtliches Vorkaufsrecht: aa)** Dingl Sicherg nur 6
dch Vormkg mögl (BayObLG NJW **78**, 700). **bb)** Verpflichtet nur denjen, der das VorkR bestellt hat (VorkVerpfl) u gilt nur für einen VorkFall. **cc)** Kann auf einen best KaufPr begrenzt w. **dd)** Ausschl des VorkR bei Verkauf in ZwVollstr u dch KonkVerw (§ 512). **b) Dingliches Vorkaufsrecht: aa)** Dingl Sicherg 7
dch unmittelb Belastg des Grdst u Eintr ins Grdbuch. **bb)** Verpflichtg für den jeweil Eigt. Bestellt werden kann für mehrere u alle VerkFälle (§ 1097). **cc)** Kann nicht für fest best KaufPr bestellt w (§ 1098 Rn 2). **dd)** Gilt auch bei ZwVerst u Verkauf dch InsVerw (§ 1098 I 2; § 1097 Rn 1).

3) Rechtsverhältnis zum Käufer (DrKäufer). Die §§ 504 ff regeln nur das Verh zw VorkBer u Vork- 8
Verpfl, nicht ihr RVerh zum sog DrKäufer. **a) Verkäufer** (VorkVerpfl). Sein KaufVertr mit dem DrKäufer wird dch die Ausübg des VorkR grdsätzl nicht berührt; der Vertr u die VertrPfl bleiben bestehen (RG **121**, 138). Gegen den Verk bestehen bei Ausübg des VorkR zwei ErfAnspr (des DrKäufers u des VorkBer). Je nachdem, wem ggü er erf, ist er dem and aus §§ 325, 326 zum SchadErs verpfl. Er muß selbst Vorsorge treffen, indem er den Verkauf an den Dr davon abhäng macht (Bedingg, § 158), daß das VorkR nicht ausgeübt w od ihm der Rücktr vorbehalten bleibt (vgl § 506). Eine Vereinbg, wonach dem VorkBer Gelegenh zur Ausübg des VorkR zu gewähren sei, ist nicht als Bedingg od RücktrVorbeh auszulegen, sond als Vertr zGDr, dch den der DrKäufer zur Weiterveräußerg an VorkBer verpfl sein kann (RG **163**, 155). **b) Vorkaufs-** 9
berechtiger: Es entstehen auch bei Ausübg grdsätzl keine RBeziehgen zum DrKäufer (RG **121**, 138), insb besteht kein ErstattgsAnspr des Dr für VertrKosten. Ausn: bei Vertr zGDr (Rn 8) u bei Vormkg (§§ 883, 888).

4) Abgrenzung. Es gibt zahlreiche Ausgestaltgen von Vertr, die dem VorkR u WdkR ähnl sind. Die 10
Terminologie ist uneinheitl. Die wicht Formen sind: **a) Vorvertrag.** Begr: Einf 19 vor § 145. Bei einem VorVertr für einen Kauf muß mind der KaufGgst best od bestimmb sein. **b) Vorhand.** Begr: Einf 24 vor 11
§ 145. In bezug auf KaufVertr ist zur Abgrenzg ggü dem AnkaufsR (Rn 13) ledigl die Pfl zu verstehen, dem VorhandBerecht die Angebote and VertrInteressenten mitzuteilen u ihm die Entscheidg vor den and zu überlassen, den Kauf abzuschließen. IZw ist mit Vorhand ledigl diese Verpfl gemeint. Sie kann sich auch auf künft Sachen od Re beziehen (RG **79**, 156). Schuldh Verletzg der Pfl aus der Vorhand kann SchadErsAnspr begrden (§ 280). **c) Eintrittsrecht** ist das R eines Dr, in einen bestehden KaufVertr mit dem gleichen od 12
veränderten Inhalt unter best Vorauss als Käufer einzutreten. Führt zu einer SonderRNachf mit den RFolgen einer FdgsAbtretg (§§ 398 ff) u einer SchuldÜbern (§§ 414 ff). **d) Ankaufsrecht** (vgl Einf 23 vor § 145). Ein 13

gesetzl AnkaufsR ist in den §§ 61–74 SachenRÄndG geregelt. Ein AnkaufsR kann vertragl auf verschiedene Weise begrdet w u ist im Einzelfall dch Auslegg zu ermitteln. Der Anspr aus dem AnkaufsR ist übertragb (§ 398); er unterliegt grdsätzl der 30jähr Verj (BGH **47**, 387); er kann dch Vormkg als künft Anspr auf EigtÜbertr (§ 883 I 2) gesichert w (BGH JR **74**, 513 m Anm v U.H. Schneider). Der Inhalt, insb der
14 KaufGgstd muß hinreichd best sein (vgl Düss NJW-RR **95**, 718). Es ist zu untersch: **aa) Bindendes Verkaufsangebot** (§ 145), das innerh einer best Fr angenommen w kann, so daß es allein vom AnkaufsBer abhängt, den KaufVertr zustdezubringen. Das AnkaufsR entsteht in diesem Fall ohne Vertr, allein dch das bindde Angebot, das aber so best sein muß (dh den notw VertrInhalt umfaßt), daß einf Ann genügt (§ 145 Rn 1). Das AnkaufsR ist in diesem Fall ein GestaltgsR (§ 145 Rn 5). Sobald das Angebot abgegeben ist, kann
15 der künft Anspr aus dem erst infolge Ann entstehden KaufVertr dch Vormkg (§ 883) gesichert w. **bb) Aufschiebend bedingter Kaufvertrag** od KaufVorvertr (Rn 10). Die Bedingg kann in den freien Willen beider VertrPart gestellt w (BGH NJW **67**, 153). Die erforderl WillErkl muß dem VertrPart, nicht einem GrdstEr-
16 werber zugehen. **cc) Optionsvertrag,** der dem Berecht das Recht einräumt, dch WillErkl (§ 130) einen KaufVertr mit festgelegtem Inhalt zustdezubringen. Der OptionsVertr ist nicht mit dem KaufVertr od VorVertr ident (and als bei Rn 14 u 15). Beim OptionsVertr kommt der KaufVertr erst dch die Ausübg des AnkaufsR zustande.

504 *Voraussetzung der Ausübung.* **Wer in Ansehung eines Gegenstandes zum Vorkaufe berechtigt ist, kann das Vorkaufsrecht ausüben, sobald der Verpflichtete mit einem Dritten einen Kaufvertrag über den Gegenstand geschlossen hat.**

1 **1) Allgemeines. a) Entstehung** des VorkR beruht auf G (Vorbem 4) od auf Vertr (VorkVereinbg) zw VorkVerpfl u VorkBerecht (üb deren RVerh zum sog DrKäufer vgl Vorbem 8). **b) Form:** Vertragl Begründg setzt formgült VorkVertr voraus: not Beurk bei Grdst (§ 313 Rn 11) u bei GmbH-Anteilen (§ 15 IV GmbHG). Auch Vorvertr über Verpfl zur Bestellg von VorkR bedarf der Form des KaufVertr (RG **107**, 39).
2 **c) Inhalt.** Für den Fall, daß das VorkR ausgeübt w, kann ein and Inhalt für den dch Ausübg des VorkR entstehenden Vertr vereinb w (BGH WM **71**, 46). Das VorkR kann auch für einen Dr begrdet w (§ 328). Das
3 VorkR ist iZw nicht übtragb u unvererbl (§ 514). **d) Verjährung** des VorkR ist ausgeschl. **e) Beweislast** für die Vorauss (Rn 4–6): VorkBerecht (BGH NJW **90**, 1473).

4 **2) Vorkaufsfall.** Er hat folgde Voraussetzgen: **a) Kaufvertrag** zw VorkVerpfl u DrKäufer. Er kann bedingt sein (§ 506 Rn 1; BGH NJW **98**, 2352). Das VorkR kann sich nur auf solche KaufVertr beziehen, die nach seinem Entstehen geschl w, auf frühere auch dann nicht, wenn sie erst nach der Begrdg des VorkR behördl genehmigt (BGH **LM** § 1098 Nr 4) od dch einen neuen Vertr ledigl abgeänd w (BGH WM **70**, 283). Das gilt auch dann, wenn es sich um gesetzl VorkRe handelt (BGH **32**, 383). Da ein KaufVertr vorliegen muß, gilt das VorkR grdsätzl nicht bei Einbringg in Gesellsch, Schenkg (BGH WM **57**, 1164), Tausch (BGH NJW **64**, 540; RG **88**, 361) od Ringtausch (BGH NJW **68**, 104); hingg gilt das VorkR bei UmgehgsGesch, die einem
5 Kauf gleichkommen (BGH **115**, 335 mwN), auch bei kaufähnl RGesch (BGH NJW **98**, 2137). **b) Wirksamkeit** des KaufVertr (Rn 4). Er muß rechtsgült sein (BGH WM **60**, 552). Es dürfen keine NichtigkGrde vorliegen (zB §§ 125, 134, 138). Eine Anfechtg muß trotz § 142, jedenf nach Ausübg des VorkR, diesem nicht entggstehen (vgl BGH NJW **87**, 890). Eine erforderl behördl Gen muß vorliegen (hM; BGH **14**, 1; **23**, 342; aA Dietzel JR **75**, 8); jedoch kann das VorkR mit Wirkg auf den GenZtPkt ausgeübt werden (BGH NJW **98**, 2352). Dch nachträgl Aufhebg des wirks DrKaufs wird jedoch VorkFall nicht beseitigt (RG **118**, 8), insb auch nicht dch Rücktr des Käufers vor Ausübg des VorkR (BGH NJW **77**, 762). Ein vertr RücktrR des DrKäufers steht nicht entgg (BGH **67**, 398); ebsowenig ein RücktrVorbeh des VorkVerpfl (Jau/Vollkommer
6 18). **c) Dritter** muß der Käufer des KaufVertr (Rn 4) sein. Daher ist kein VorkFall gegeben bei ErbTKauf u Miterbenauseinandersetzg (BGH WM **70**, 321), bei Veräußerg an MitEigt bei TeilgsVersteigerg (BGH **13**, 133); vgl aber § 513. In der VertrGestaltg ist der Verk mit dem Dr frei, darf aber keine Bestimmg vereinb, die auf Vereitelg des VorkR abzielt, andfalls ist dies ggü dem VorkBer unwirks (BGH WM **70**, 321; *arg* § 162 I). Abänderg des KaufVertr ist mit Wirkg gg den VorkBerecht nur zul, solange VorkR noch nicht ausgeübt ist (§ 505 II).

7 **3) Ausschluß der Ausübungsbefugnis** tritt ein dch: **a) Erlaßvertrag** (§ 397). **aa)** Vor Eintritt des VorkFalls (Rn 4) dch Vertr zw VorkBer u VorkVerpfl; damit entfällt die AusübgsBefugn beim VorkFall, auch ohne Aufhebg gem § 875 (BGH **LM** Nr 1). Der Vertr ist auch dch schlüss Verhalten mögl (BGH **LM** Nr 7). **bb)** Nach Eintritt des VorkFalls (Rn 4) ebfalls dch Vertr zw VorkVerpfl u dem zum Käufer gewordenen
8 VorkBerecht. **b) Nichtausübung** innerh der Fr des § 510 II. **c) Treuwidrigkeit** (§ 242 Rn 85) des VorkBerecht ist gegeben, wenn er dem DrKäufer zusagt, von seinem R keinen Gebr zu machen (BGH **37**, 147). **d) Gesetzlicher Ausschluß** in den Fällen der §§ 507 S 2, 511, 512. **e) Vereinbarter Ausschluß** dch die VertrPart, indem sie das VorkR davon abhäng machen, welches Ergebn ein v VorkVerpfl in Gang gesetztes MittVerf hat (vgl BGH NJW **93**, 324).

9 **4) Teilverkauf.** Der VorkFall (Rn 4–6) besteht auch bei einem TeilVerk hinsichtl dieses Teils. Wird das VorkR nicht ausgeübt, besteht es für den Rest des Ggst weiter.

505 *Ausübung.* **I Die Ausübung des Vorkaufsrechts erfolgt durch Erklärung gegenüber dem Verpflichteten. Die Erklärung bedarf nicht der für den Kaufvertrag bestimmten Form.**

II Mit der Ausübung des Vorkaufsrechts kommt der Kauf zwischen dem Berechtigten und dem Verpflichteten unter den Bestimmungen zustande, welche der Verpflichtete mit dem Dritten vereinbart hat.

1) Ausübung (Abs I) erfolgt dch einseit empfbedürft WillErkl ggü Verpfl od dch Vertr mit ihm (§ 305). 1
a) Wirksamkeit: Die Erkl ist ihrem Inhalt nach nicht nur Ausübg eines vertragl od gesetzl R, sond begrdet auch Pfl des Erklärden (Rn 4). Sie bedarf daher, soweit VerpflErkl genbedürft sind (zB nach GemO), der Gen (BGH **32**, 375). Die Erkl des VorkBerechtigten unterscheidet sich daher insow von der Erkl des Wdkäufers; hierzu § 497 Rn 7. AusübgsFr: § 510. AusübgsErkl ist bedinggsfeindl; daher muß auch eine gensbedürft AusübgsErkl innerh der AusschlFr des § 510 gen w (BGH **32**, 375). Die AusübgsErkl ist abzugeben ggü Verpfl auch dann, wenn der DrKäufer nach § 510 I VorkFall mitteilt. Die Erkl ist formfrei (Abs I S 2; hM; Ffm NJW-RR **99**, 16; Sarringhausen NJW **98**, 37 mwN), weil für die Begründg des VorkR Form schon gewahrt sein muß (§ 504 Rn 5); so daß mit forml Ausübg des VormietR (vgl Einf 4 vor § 535) der Vertr auf jeden Fall zustdekommt (BGH NJW **71**, 422 für Pacht). **b) Unwirksam** ist die AusübgsErkl, wenn sie gg Treu u 2
Glauben verstößt; zB wenn VorkBerecht offenb nicht in der Lage ist, seine Verpflichtg aus dem KaufVertr zu erfüllen, od deren Erf ablehnt (BGH NJW **62**, 1908); wenn er die Zahlg des Kaufpr von vorheriger gerichtl Prüfg abhäng macht, ob KaufprVereinbg Ausübg des VorkR erschweren od vereiteln sollte (§ 506; BGH **LM** Nr 6). Unwirks ist die Ausübg auch, wenn der VorkBerecht schuldrechtl verpfl ist, das VorkR nicht auszuüben (§ 504 Rn 8, BGH **37**, 147 zum dingl VorkR).

2) Wirkung (Abs II). **a) Zweck:** VorkBerecht soll sich nicht schlechtere Bedinggen gefallen lassen müssen 3
als der DrKäufer. Ebsowen soll der VorkVerpfl nicht schlechter gestellt w. Nicht: SchutzVorschr für den DrKäufer. **b) Allgemein:** Dch Ausübg wird neuer selbstd KaufVertr zw den Part des Vorkaufs begrdet. Der 4
Ausübende tritt also nicht in den DrKauf ein (allgM; zB BGH **98**, 188), hat jedoch alle Leistgen zu erbringen, die der Erstkäufer nach dem KaufVertr als KäuferPfl, die im GgseitkVerh steht (vgl BGH NJW **95**, 3183), zu erf hätte, sow sich nicht aus dem G (§§ 507–509) od aus dem KaufVertr etwas anderes ergibt (MK/Westermann 5 mwN). Er hat auch VorfälligksZ zu zahlen, aber erst, sobald er in den KaufVertr eingetreten ist (BGH NJW **95**, 1827). Vereinbg zw Verk u Erstkäufer, daß dieser einen Teil der KaufPrFdg dch Aufrechng tilgt, berührt AusübgsR nicht. Die Ausübg des VorkR schafft keine vertr Beziehgen zw VorkBer u DrKäufer.
c) Vertragsinhalt. Der Verk hat alle Leistgen zu erbringen, die der DrKäufer aus dem KaufVertr zu erf 5
gehabt hätte (BGH stRspr **77**, 359; zur sog MaklerKl vgl Rn 6 aE). Davon ausgenommen sind nur solche Vereinbg, die mit dem Wesen des Kaufs nichts zu tun haben (BGH aaO), insb nur den Vorkauf vereiteln sollen (Stgt ZMR **98**, 771). Entggstehende Erkl des Vorkäufers dahin, daß er zwar sein VorkR ausübe, jedoch best, hiermit verbundene Pfl ablehne, ist regelm bedeutgsl, wenn VorkVerpfl auf die RWirksamk der AusübgsErkl vertraut (BGH **LM** Nr 5 zur Vormiete). Falls bei Vereinbg des VorkR bes Bedinggen für Vertr zw Vorkäufer u VorkVerpfl festgelegt waren (zB fester VorkPreis, WdkR), so gelten zunächst diese, iü VertrInh des DrKaufs. SonderVereinbgen sind zul, da § 505 die VertrFreih nicht einschr (RG **104**, 123), u zwar bis zur Ausübg des VorkR (RG **118**, 5; BGH NJW **69**, 1959). Ein zugunsten Dr (§ 328) eingeräumtes NutzgsR kann auch gg den wirken der die Sache vom Vorkäufer erwirbt (vgl BGH NJW **87**, 396). **d) Pflichten.** Der Verkäufer u 6
VorkVerpfl ist dem Vorkäufer zur Gewl (§§ 459 ff) verpfl (Köln NJW-RR **95**, 1167). Er ist aber nicht gehalten, dem VorkBerecht die Ausübg des VorkR zu ermögl (BGH aaO), insb hat der Vorkäufer keinen Anspr auf and VertrInh u längere Fr wg Schwierigk bei Beschaffg des Kaufpr (BGH WM **73**, 1403). Bestimmgen des ErstVertr, die wesensgem nicht zum KaufVertr gehören, verpfl jedoch den Vorkäufer nicht (BGH **77**, 359). Dazu gehört nicht die sog MaklerKl (BGH NJW **96**, 654 mwN; vgl § 652 Rn 28, 40). Die Vereinbg zw VorkVerpfl u DrKäufer, die Kosten des Vertr zw ihnen seien v DrKäufer zu tragen, geht letztl zL des Vorkäufers (BGH **LM** Nr 2). **e) Verhältnis Verkäufer zu Drittkäufer.** Auf deren VertrVerh ist die 7
Ausübg des VorkR ohne Einfluß. Der VorkVerpfl muß daher als Verk den KaufVertr mit dem DrKäufer so gestalten, daß ihm daraus keine Nachteile erwachsen (RücktrR, auflösde Bedingg od Ausschl v Erf- u SchadErsAnspr); vgl § 506 u Vorbem 8 vor § 504.

506 *Unwirksame Vereinbarungen.* **Eine Vereinbarung des Verpflichteten mit dem Dritten, durch welche der Kauf von der Nichtausübung des Vorkaufsrechts abhängig gemacht oder dem Verpflichteten für den Fall der Ausübung des Vorkaufsrechts der Rücktritt vorbehalten wird, ist dem Vorkaufsberechtigten gegenüber unwirksam.**

1) Allgemeines. § 506 enthält allg RGedanken (BGH **110**, 230). **a) Grundsatz.** Der VorkVerpfl ist trotz 1
VorkR in der Gestaltg des Vertr mit dem Dr frei. Auch RücktrR od auflösde Bedingg für den Fall der Ausübg des VorkR (od als RBedingg dessen Bestehen, BGH NJW **87**, 890) ist dem DrKäufer ggü gült; sie ist für den VorkVerpfl sogar zweckm, um sich vor SchadErsAnspr des DrKäufers (Vorbem 8 vor § 504) zu schützen.
b) Zweck: Schutz des VorkBerecht vor UmgehgsGesch (vgl Rn 3–5). **c) Folge.** Die VertrTreue verlangt, 2
daß VorkVerpfl sich einer solchen Vereinbg nicht bedienen darf, um das VorkR zu vereiteln; desh ist sie im Verhältn zum VorkBerecht unwirks. Verpflichteter kann weder den VorkFall leugnen noch enthält der neue selbstd KaufVertr zw d Part des Vork (§ 505 Rn 4) eine solche Bedingg od ein RücktrR. BGH NJW **87**, 890 läßt zu, daß der Verk das Fehlen der GeschGrdl (§ 242 Rn 149 aE) beim KaufVertr auch dem Vorkäufer entgghalten kann (zust Burkert NJW **87**, 3157; dagg Tiedtke NJW **87**, 874). Nach BGH aaO fehlt die GeschGrdl, wenn Verk u DrKäufer irrtüml davon ausgehen, der Vertr unterliege nicht dem VorkR.

2) Verhinderungsgeschäfte. § 506 ist entspr anzuwenden (RFolge § 138): **a) Aufgehobener Dritt-** 3
kauf. Enthält dieser Klauseln, die das VorkR vereiteln sollen, kann sich der VorkVerpfl darauf nicht ggü dem VorkBerecht berufen (RG **118**, 8). **b) Umgehungsgeschäfte** (vgl Soe/Stürner 6–9 vor § 1094): Vereinbg 4
des VorkVerpfl mit einem Dr, wodch ein and, bes ausgestaltetes RVerh anstatt eines KaufVertr begrdet w, zB Bestellg eines Nießbr (BGH **34**, 200). Wenn über § 139 der KaufVertr dadch unwirks sein soll, daß für den VorkBerecht ein vollmachtl Vertr einen ErlaßVertr (§ 504 Rn 7) schließt (BGH **110**, 230). BewL für die Umgehg trägt der VorkBerecht (BGH aaO). **c) Vereitelungsgeschäft.** Hierfür reichen Absicht od Bewußts 5
nicht aus. Es müssen verwerfl Motive, Anwendg unlauterer Mittel od Zwecke hinzukommen (BGH NJW **62**, 1908, **64**, 540 u WM **70**, 321).

507 *Nebenleistungen.* **Hat sich der Dritte in dem Vertrage zu einer Nebenleistung verpflichtet, die der Vorkaufsberechtigte zu bewirken außerstande ist, so hat der Vorkaufsberechtigte statt der Nebenleistung ihren Wert zu entrichten. Läßt sich die Nebenleistung nicht in Geld schätzen, so ist die Ausübung des Vorkaufsrechts ausgeschlossen; die Vereinbarung der Nebenleistung kommt jedoch nicht in Betracht, wenn der Vertrag mit dem Dritten auch ohne sie geschlossen sein würde.**

1 **Grundsatz:** Vorkäufer muß jede Nebenleistg erbringen, wenn er dazu imstande ist. Ist er dazu außerstande, greift § 507 ein. **Abdingbar** ist S 2 bei Begrdg des VorkR. **Anwendungsfall:** Nebenleistg ist in Geld nicht schätzb, wenn Pflege dch Verwandte vereinb ist (RG **121**, 140). Anwendb ist § 507 auf Vormiete (Vorpacht) nicht durchweg (RG **125**, 127). **Scheinabreden,** die den VorkBerecht abhalten sollen, den Vork auszuüben, sind wg § 117 I nichtig (Hbg NJW-RR **92**, 1496).

508 *Gesamtpreis.* **Hat der Dritte den Gegenstand, auf den sich das Vorkaufsrecht bezieht, mit anderen Gegenständen zu einem Gesamtpreise gekauft, so hat der Vorkaufsberechtigte einen verhältnismäßigen Teil des Gesamtpreises zu entrichten. Der Verpflichtete kann verlangen, daß der Vorkauf auf alle Sachen erstreckt wird, die nicht ohne Nachteil für ihn getrennt werden können.**

1 **1) Allgemeines.** § 508 bewirkt, daß VorkR auch ausgeübt w kann, wenn sein Ggst mit and, v VorkR nicht erfaßten Ggsten zus verk w. **a) Anwendbar** auch, wenn VorkR nur einen als Teilfläche abtrennb Teil eines Grdst betrifft u das ganze Grdst verk w (allgM; BayObLG NJW-RR **92**, 1039 mwN); entspr auf Vormiete u Vorpacht (KG OLG **17**, 26). Dies trifft nicht zu, wenn bei einem gem § 2b WoBindG bestehden
2 VorkR das Grst verkauft w, ohne daß EigtWo aufgeteilt w (BayObLG aaO). **b) Abdingbarkeit** ist zu bejahen (RG **97**, 283). **c) Preisberechnung** (S 1) grdsätzl wie nach §§ 472 ff; zu Einzelh Karlsr NJW-RR **96**, 916. Bsp: GesWert aller verkauften Ggst (1000.–) verhält sich zu Wert der VorkSache (800.–) wie Kaufpr aller Ggst (900.–) zum Preis der VorkSache (720.–).

3 **2) Ausdehnung des Vorkaufs** auf alle Sachen (S 2). **a) Voraussetzungen: aa)** Ausübg des VorkR für einen Ggst, der mit and Ggsten zu einem GesPr verkauft w (S 1 Hs 1). **bb)** Trenng der Sachen v dem Ggst,
4 für den das VorkR ausgeübt w, darf nur mit Nachteil für den Verk mögl sein. BewLast: Verk. **b) Wirkung: aa)** Der Verk hat gem S 2 eine Einr. Diese Einr versagt wg § 242 dann, wenn die wirtsch Einh der mehreren Ggste schon bei Begrdg des VorkR bestand. **bb)** Der Vorkäufer kann nach Ausübg des Vork (§ 505) die Ausübg im ganzen ablehnen od es für alle verkauften Ggst gelten lassen (MK/Westermann 5).

509 *Stundung des Kaufpreises.* **I Ist dem Dritten in dem Vertrage der Kaufpreis gestundet worden, so kann der Vorkaufsberechtigte die Stundung nur in Anspruch nehmen, wenn er für den gestundeten Betrag Sicherheit leistet.**

II Ist ein Grundstück Gegenstand des Vorkaufs, so bedarf es der Sicherheitsleistung insoweit nicht, als für den gestundeten Kaufpreis die Bestellung einer Hypothek an dem Grundstücke vereinbart oder in Anrechnung auf den Kaufpreis eine Schuld, für die eine Hypothek an dem Grundstücke besteht, übernommen worden ist. Entsprechendes gilt, wenn ein eingetragenes Schiff oder Schiffsbauwerk Gegenstand des Vorkaufs ist.

1 Abs I: Stundg ist Angelegenh persönl Vertrauens. Vorkäufer kann insow nicht Gleichstellg mit DrKäufer verlangen; daher bewirkt Abs I Ausn vom Grds der Gleichh des Vorkaufs mit DrKauf. Abs II S 1: Wg HypÜbern in Anrechng auf Kaufpr (§ 416) kann der Verk die Auflassg auch vor Gen der SchuldÜbnahme nicht verweigern. Abs II S 2 ist entspr anwendb auf Luftfahrzeuge (§ 98 LuftfzRG).

510 *Mitteilungspflicht; Frist zur Ausübung.* **I Der Verpflichtete hat dem Vorkaufsberechtigten den Inhalt des mit dem Dritten geschlossenen Vertrags unverzüglich mitzuteilen. Die Mitteilung des Verpflichteten wird durch die Mitteilung des Dritten ersetzt.**

II Das Vorkaufsrecht kann bei Grundstücken nur bis zum Ablaufe von zwei Monaten, bei anderen Gegenständen nur bis zum Ablaufe einer Woche nach dem Empfange der Mitteilung ausgeübt werden. Ist für die Ausübung eine Frist bestimmt, so tritt diese an die Stelle der gesetzlichen Frist.

1 **Mitteilung** des DrKaufs (Abs I) kann sowohl dch VorkVerpfl (Abs I S 2) wie dch DrKäufer erfolgen. Vorkäufer hat aber nur gg VorkVerpfl Anspr auf Mitteilg. Dieser macht sich bei Unterl der Mitt schadenspflicht u verhindert FrBeginn nach Abs II. Die Mitt ist auch mdl zul (BGH **LM** Nr 3), muß sich nicht nur auf Tats, sond auf Inhalt des DrKaufs beziehen u den Vorkäufer so vollständ unterrichten, daß ihm Entscheidg über Ausübg seines VorkR innerh der gesetzten Fr mögl ist. Bei Verk einer GrdstTFläche genügt Vorlage der not Urk; nicht nöt ist die behördl TeilgsGen (BGH NJW **94**, 315). Mitzuteilen ist auch die GenBedürftigk des Vertr u daß Vertr erf worden ist (BGH aaO; BGH **23**, 342), auch VertrÄnd (BGH NJW
2 **73**, 1365). Die Mitt ist nicht WirkskVorauss für Ausübg des VorkR. **Fristen** (Abs II). Sie können vertragl verlängert od verkürzt w. Vorauss für FrBeginn ist Empf der vollst u richt Mitt gem Rn 1. Außerdem muß zu dieser Zeit bereits ein rechtswirks DrKauf vorliegen, einschl einer erforderl behördl Gen (BGH WM **66**, 891). Die Fr ist Ausschl-, nicht VerjFr, daher keine Hemmg od Unterbrechg. FrBerechng §§ 186 ff. Falls AusübgsErkl genbedürft ist (zB wg § 177, BGH **32**, 375), muß auch sie innerh der Fr des Abs II gen w. Bei
3 abgeänd VertrBedinggen beginnt die Fr neu (Karlsr NJW-RR **96**, 916). **Anwendbarkeit** (entspr) von Abs I

u II auf and Eintritt in Vertr mit Dr wird bejaht (RG **126**, 126), insb bei Vormiete u Vorpacht (BGH NJW **71**, 422).

511 *Verkauf an Erben.* **Das Vorkaufsrecht erstreckt sich im Zweifel nicht auf einen Verkauf, der mit Rücksicht auf ein künftiges Erbrecht an einen gesetzlichen Erben erfolgt.**

§ 511 ist eine AusleggsRegel. Ges Erbe ist nicht der Test- od VertrErbe, wohl aber der nachberufene ges Erbe, insb der Enkel, wenn dessen Eltern noch leben. Käufer darf gemeins mit dem ges Erben auch dessen Eheg sein. Die ErbenStellg kann ein Motiv unter and sein (BGH NJW **87**, 890). 1

512 *Ausschluß bei Zwangsvollstreckung und Insolvenz.* **Das Vorkaufsrecht ist ausgeschlossen, wenn der Verkauf im Wege der Zwangsvollstreckung oder aus einer Insolvenzmasse erfolgt.**

Zweck: Das VorkR darf als obligator R ZwVollstr u ZwVerk nicht beeinträcht; außerdem ist der Vollstr- 1
Schu nicht Verk. **Anwendbar** auf jedes VorkR (beim dingl aber eingeschr dch § 1098 I 2), auch das des Mieters aus § 570 b u § 2 b I WoBindG (BGH NJW **99**, 2045), gilt auch iF des § 2034 (BGH NJW **77**, 38). Entspr gilt § 512 für das vertr AnkaufsR (Vorbem 13 vor § 504; RG **154**, 355) u bei Verk dch den PfandGl (§ 1228). **Voraussetzungen:** Verk dch InsVerw (§ 80 InsO) aus der InsMasse (§ 35 InsO). ZwVollstr gem 2
§§ 814, 821, 825 ZPO sowie nach §§ 15 ff ZVG, jeweils in den Ggst des VorkR. Nicht bei Aufhebg der Gemsch (§ 753), auch wenn sie dch ZwVerst geschieht (§§ 180 ff ZVG); jedoch ist in diesen Fällen, obwohl § 512 nicht entggsteht, das VorkR wg § 504 dann ausgeschl, wenn ein MitEigter das Grdst ersteigert, weil er nicht Dr iS v § 504 ist (BGH **13**, 133), jedenf wenn das VorkR nur einen MitEigtAnteil belastet u den Zuschlag ein MitEigter erhält (BGH **48**, 1). ZwVerst gem §§ 175–179 ZVG steht der nach §§ 180 ff ZVG gleich (Stöber NJW **88**, 3121). **Wirkung.** Das VorkR kann für diesen Fall nicht wirks vereinb w; § 512 ist 3
zwingd. Der VorkBerecht hat daher grdsätzl auch keinen SchadErsAnspr gg den VorkVerpfl.

513 *Mehrere Vorkaufsberechtigte.* **Steht das Vorkaufsrecht mehreren gemeinschaftlich zu, so kann es nur im ganzen ausgeübt werden. Ist es für einen der Berechtigten erloschen oder übt einer von ihnen sein Recht nicht aus, so sind die übrigen berechtigt, das Vorkaufsrecht im ganzen auszuüben.**

Die auf Mehrh von Verpfl entspr anwendb Vorschr entspricht der Regelg des WdkR (§ 502). S 2 ist eng 1
auszulegde AusnVorschr, so daß ein VorkR nicht in BruchTGemsch bestellt werden kann (Ffm NJW-RR **99**, 17). § 513 gilt für ErbenGemsch (BGH NJW **82**, 330). Bei einem zu je 1/2 eingeräumten VorkR ist der eine Dr iS des § 504, wenn an ihn allein verkauft w (Hamm ZMR **89**, 374).

514 *Unübertragbarkeit.* **Das Vorkaufsrecht ist nicht übertragbar und geht nicht auf die Erben des Berechtigten über, sofern nicht ein anderes bestimmt ist. Ist das Recht auf eine bestimmte Zeit beschränkt, so ist es im Zweifel vererblich.**

Grundsatz. Das VorkR ist unübertragb. Hierdch wird der VorkVerpfl vor einem ihm nicht genehmen 1
Wechsel in der Pers des Berecht geschützt. **Abdingbarkeit** ist gegeben u folgt aus S 1. **Gesetzlicher Übergang** ist bei Tod des VorkBerecht dch Erbfolge vorgesehen, aber nur iZw (S 2). **Rechtsnatur.** Das Übertr- 2
Verbot ist relatives Veräußergsverbot iS des § 135 (RG **163**, 155). Bei formbedürft Vork ist Änderg des Vertr iS der Übertragbark formbedürft; Verpflichteter kann aber dch formfreie Erkl der schwebd unwirks Übertr volle Wirksamk verleihen (RG **148**, 105). Gesetzl VorkR des Miterben ist vererbl (§ 2034 II). **Übertragung** 3
liegt vor, wenn an Stelle des VorkBerecht eine and Pers tritt, gleich ob dch Einzel- od GesRechtsNachf. Wird ein Untern nach UmwandlgsG umgewandelt, so wechselt zwar begriffl die RPersönlichk, wirtschaftl wird jedoch die Identität gewahrt; daher liegt keine Übertr iS des § 514 vor u VorkR bleibt daher bestehen. **Ausgeübtes Vorkaufsrecht.** Hierfür gilt § 514 nicht. Die dch Ausübg des VorkR erwachsenen Rechte sind 4
frei übertragb (RG **163**, 154). Sie sind auch vererbl, wenn nicht der Sachverh ergibt, daß das VorkR nur zur eigenen Ausnutzg gewährt werden sollte. Daher verstößt es nicht gg § 514, wenn sich der Berecht einem Dr ggü zur Ausübg des VorkR u Übertragg der hieraus entstandenen Rechte verpfl (BGH WM **63**, 619). Befristg spricht für Vererblichk, nicht für Übertragbark.

IV. Tausch

515 **Auf den Tausch finden die Vorschriften über den Kauf entsprechende Anwendung.**

1) Allgemeines. a) Begriff. Ggseit Vertr über den Umsatz eines individuellen Werts gg einen and 1
individuellen Wert (Mot II 366) od eine GattgsSache (MK/Westermann 1). Wesentl ist Fehlen eines Kaufpr in Geld. Zahlt derj, der geringeren Ggst leistet, Wertunterschied in Geld, so wird dadch Tausch nicht ausgeschl, es sei denn, daß Geld die Hauptleistg ist. Vertragl genannter GeldBetr kann bloße Rechngssumme sein. **b) Ringtausch** liegt vor, wenn bei einem Tausch (mindestens) ein Dr eingeschaltet w, zB wenn A das Grdst 2
des B entgeltl erwirbt u zugl sein Grdst an C entgeltl veräußert, wobei B sein Grdst dem C für den Tausch zur Vfg stellt. Die §§ 320 ff sind mindestens entspr anwendb (Heermann JZ **99**, 183 mwN), die §§ 433 ff aGrd

2a des § 515. Die Alternative zum Ringtausch ist eine Abfolge v KaufVertr. **c) Tauschring** (BarterGesch) liegt vor, wenn eine Mehrh v Pers üb eine zentrale Vermittlg (sog Bartering-Organisator; vgl BGH NJW **99**, 635) einander vergütgspflicht Leistgen erbringen, die nach einem vereinb System verrechnet werden; umfaßt Waren-, Werk- u DLeistgsGesch. Zur rechtl Behdlg: Heermann JZ **99**, 183. Grdsätzl sind die RBeziehgen
3 zweiseit aufzulösen. **d) Abgrenzungen** von Tausch zu: **aa) Doppelkauf.** Hierbei ist der Wortlaut nicht entscheidd; getrennte Urk stehen nicht entgg; Tausch liegt vor, wenn nach dem VertrInhalt die Leistg jeden
4 Teils im Verschaffen des Ggst besteht (BGH **49**, 7). **bb) Wohnungstausch** ist nur BesWechsel, kein Tausch zw den Mietern, wenn neue MietVertr mit den Verm abgeschl w. Das ist and zu beurt, wenn die Re aus dem
5 MietVertr zG des and aufgegeben u übertr w. **cc) Inzahlungnahme** eines Ggst beim Kauf. Hierbei ist mögl: Kauf u Ann an Erf Statt (§§ 364 I, 365) mit Ersetzgsbefugn des Käufers (BGH **46**, 338, **89**, 126), Doppelkauf mit AufrechngsAbrede od einheitl gemischter Vertr aus Kauf u Tausch (Oldbg NJW-RR **95**, 689; LG Wuppt NJW-RR **97**, 1416). Beim Kauf eines neuen Kfz (typ Vertr, v RevGer frei nachprüfb, BGH **83**, 334) ist es wg der sonst zweimal anfallden MWSt allg übl, 2 Vertr abzuschl, näml Kauf des neuen Kfz u Vertr üb das gebr Kfz, als AgenturVertr (§ 675; BGH NJW **78**, 1482) od KommissionsVertr (BGH NJW **80**, 2190) mit MindestPrGarantie u Stundg des KaufPr bis zum Verk des Gebrauchtwagens sowie AufrechnungsAbrede (BGH aaO). Wg des § 25 a UStG wird zunehmd freie VertrPraxis geübt. Wird bei einem KfzKauf gewandelt, gilt nach BGH **89**, 126 aGrd der §§ 467, 346: War zZ der Wandelg der in Zahlg gegebene Wagen noch nicht weiterverk, kann nur dieser vom Käufer verlangt w. War er bereits an Dr verk od hat der Kfz- Händler den Selbsteintritt als Kommissionär erkl, kann der Wert in Geld gefordert w (vgl BGH **89**, 126). Bei InZahlg-Nahme iR einer VerschrottgsAktion kann nur der Verkehrswert des Kfz, nicht die (höhere) VerschrottgsPrämie verlangt werden (Düss NJW-RR **98**, 1752).

6 **2) Entsprechende Anwendung** der §§ 433 ff. Die Verweisg ist zu pauschal (MK/Westermann 6). Jedenf ist jede VertrPartei hinsichtl des hingegebenen Ggst Verk, hinsichtl des empfangenen Käufer. **a) Anwendbar** sind alle Vorschr üb Sach- u RMängel wie beim Kauf, wobei GewlAusschl mögl ist, aber beim GebrWagen-Tausch nicht stillschweigd anzun (Hamm NJW-RR **94**, 884). WandelgsAnspr (§ 462) führt direkt darauf, den Tausch rückgäng zu machen. Bei Minderg ist der vertragl etwa vorgesehene AnnPreis nicht als Kaufpr zu behandeln, vielmehr ist zunächst der obj Wert der Sachen in mangelfreiem Zustande zu ermitteln. Die Minderg (§ 472) berechnet sich aus dem Verhältn des Werts der Sache, wenn sie fehlerfrei wäre (1000.–), zu dem der mangelh Sache (800.–), das gleich ist dem Verhältn des obj Werts der GgLeistg (900.–) zum entspr GgWert (720.–). Der UnterschiedsBetr zw obj Wert der GgLeistg und den 720.– (180.–) ist der dem MindergsBerecht zu erstattende Betrag (RG **73**, 152). Uneingeschr passen §§ 446–450. Die Vereinbg eines
7 Vortauschs (§§ 504 ff) ist mögl (MK/Westermann 7). **b) Unanwendbar** sind alle Vorschr, die einen Kaufpr betreffen, insb §§ 452–458, 461.

Zweiter Titel. Schenkung

516 *Begriff.* [I] **Eine Zuwendung, durch die jemand aus seinem Vermögen einen anderen bereichert, ist Schenkung, wenn beide Teile darüber einig sind, daß die Zuwendung unentgeltlich erfolgt.**

[II] **Ist die Zuwendung ohne den Willen des anderen erfolgt, so kann ihn der Zuwendende unter Bestimmung einer angemessenen Frist zur Erklärung über die Annahme auffordern. Nach dem Ablaufe der Frist gilt die Schenkung als angenommen, wenn nicht der andere sie vorher abgelehnt hat. Im Falle der Ablehnung kann die Herausgabe des Zugewendeten nach den Vorschriften über die Herausgabe einer ungerechtfertigten Bereicherung gefordert werden.**

1 **1) Allgemeines.** Schenkg ist neben Leihe, Auftrag u unentgeltl Verwahrg eine Art des unentgeltl RGesch. **a) Begriff.** Die Schenkg ist ein Vertr u setzt voraus: **aa) Objektiv:** Bereicherg des Empf (Rn 6, 7) dch Zuwendg (Rn 5) aus dem Verm eines and. **bb) Subjektiv:** Einigg (Rn 11) über Unentgeltlk (Rn 8) der Zuwendg. **b) Form:** Die sof vollz Schenkg (Handschenkg; vgl § 518 Rn 8) ist forml gült. Für das Schenkgs-
2 Verspr gilt § 518. **c) Verträge zugunsten Dritter** (§ 328) kommen häuf im Zushang mit einer Schenkg vor: Mit sof Wirkg uU bei Zahlgen auf Sparguthaben eines Dr (BGH **46**, 198); mit Wirkg ab dem Tode des Zuwendenden, zB LebensVers zGDr (RG **128**, 189); BezugsBerechtigg eines Dr für den Fall, daß der Zuwendende nicht mehr die Re aus dem Vertr erwirbt (BGH NJW **65**, 1913 [BausparVertr]). Solche Vertr sind nicht nach ErbR als Vermächtn, sond allein nach den §§ 328 ff zu beurt (BGH NJW **65**, 1913). Ggst der Schenkg (Zuwendg, Rn 5) sind in diesen Fällen die Prämie, Beitr u sonst Zahlgen, die der Zuwendende
3 leistet (BGH WM **76**, 532). **d) Abgrenzung** zu and unentgeltl Zuwendgen unter Lebenden: Stiftg (§§ 81, 84), Auslobg (§ 657; vgl Mü JZ **83**, 955), Ausstattg (§ 1624), Leihe (Einf 4 v § 598), vorweggenommene Erbfolge (Einf 6, 7 v § 1922), die im Einzelfall Schenkg sein kann (zu aktuellen Problemen Kollhosser AcP **194**, 231); unbenannte Zuwendg unter Eheg (Rn 10; § 1372 Rn 3), Schenkg v Todes wg (§ 2301). **e) Verfügungsbeschränkungen** hinsichtl einer Schenkg bestehen für Vorerben (§ 2113 II), TestVollstrecker
4 (§ 2205), das Gesamtgut verwaltde Eheg (§ 1425), Eltern (§ 1641) u Vorm (§ 1804). **f) Rechtsstellung** des Beschenkten. Sie ist ggü Gläub des Schenkers schwächer als bei entgeltl Erwerb (vgl §§ 816 I S 2, 822); insb im InsVerf (§§ 134, 143 II, 39 I Nr 4 InsO) u bei GläubAnf (§§ 4, 11 II AnfG).

5 **2) Zuwendung** (Abs I) aus dem Verm ist Hingabe eines VermBestandT v einer Pers zG einer and. Das geschieht meist dch RGesch, insb Übertr od Belastg v Sachen u Ren, Erlaß einer Fdg, konstitutives Schuldanerkenntn (§ 781; BGH NJW **80**, 1158), bei Kommanditanteil (BGH **112**, 40) dch Einbuchg des Anteils an einer PersGesellsch (K. Schmidt BB **90**, 1993); dann ist SchenkgsGgstd idR der GAnteil, kann aber auch die Befreiung v der Einlagenschuld sein (K. Schmidt aaO, vgl BGH aaO; umstr). Begrdg eines Güterstandes dch Eheg kann nur ganz ausnw Schenkg sein (vgl BGH NJW **92**, 558). Dch tats Hdlgen; dch Unterl nur nach Maßg des § 517. Es muß VermVerminderg auf seiten des Zuwendenden eintreten. Das wird für die unentgeltl

GebrÜberlassg einer Wohng auf LebensZt verneint (BGH **82**, 354; Hamm NJW-RR **96**, 717 mwN; bestr). Nicht erforderl ist, daß geschenkter Ggstd zuvor Eigt des Schenkers war. Wenn GeldBetr zur Anschaffg einer Sache gegeben w, so kommt es auf den Einzelfall an, ob das Geld od die Sache geschenkt ist (BGH NJW **72**, 247). Schenkg des Verm im ganzen: § 311; nicht des künft Verm (§ 310).

3) Bereicherung des Beschenkten muß das Ergebn der Zuwendg (Rn 5) sein. Das ist rein obj zu beurt. 6
a) Absicht der Ber ist nicht erforderl. Das Motiv der Zuwendg kann daher selbstsüchtig sein (RG **95**, 14). **b) Fehlen** einer Bereicherg, wenn der VermGgst nur treuhänder übtragen wird od wenn ihn der Empf bestimmgsgem zu wohltät od gemeinnütz Zwecken zu verwenden hat (insb Spenden; allgM). Hingg ist die Zuwendg an eine jur Pers, die satzgsgem solche Zwecke verfolgt, Schenkg (allgM; MK/Kollhosser 8 mwN).
c) Sicherheitsbestellung: Geschieht sie für eigene Schuld, ist es nie Schenkg, weil der Gläub nicht 7
bereichert w (allgM). Geschieht sie für fremde Schuld, so kann der Gläub bereichert sein, wenn er dadch einen VermWert erlangt, indem beide Part üb die Unentgeltlichk einig sind. Bereichert ist aber auch der Schu, wenn es unter Verzicht auf Rückgriff geschieht (BGH **LM** Nr 2).

4) Unentgeltlichkeit. Sie ist stets nach der obj Sachlage zu beurt, muß aber v den VertrPart (subj) als 8
unentgeltl gewollt sein (Hamm NJW-RR **93**, 1412 mwN; vgl Rn 11). **a) Begriff.** Unentgeltl ist die Zuwendg (Rn 5), wenn sie unabhäng v einer GgLeistg (auch von od an einen Dr) geschieht (BGH NJW **82**, 436). Dies ist dem Inhalt des RGesch zu entnehmen. Unentgeltl bedeutet nicht kostenlos (RG [GZS] **163**, 355). Die GgLeistg muß nicht geldwert od vermögensrechtl sein (MK/Kollhosser 21 mwN). Ein bloßes MißVerh zw Zuwendg u GgLeistg genügt auch für eine teilw Schenkg nicht (BGH NJW **61**, 604; vgl aber Rn 13). Entgeltlichk (also eine GgLeistg) ist gegeben: **aa)** Beim ggseit Vertr (§§ 320 ff), aber nicht, wenn bei unentgeltl Üblassg eines Grdst dafür dingl Belastgen übnommen w (BGH NJW **89**, 2122). Die im ÜbgabeVertr übnommene Versorgg ist idR nicht Ggleistg (BGH aaO); jedoch ist dabei die „Vorwegnahme der Erbfolge" allein nicht ausreichend für die Unentgeltlk (BGH NJW **95**, 1349 mwN). **bb)** Bei kausaler Verknüpfg, dh wenn die Zuwendg rechtl (nicht nur tats od wirtschl) die GeschGrdlage hat, daß dafür (auch v einem Dr) eine Verpfl eingegangen od Leistg bewirkt w (RG **163**, 348), insb bei der unbenannten od ehebedgt Zuwendg (Rn 10). Davon ist die ZweckSchenkg (§ 525 Rn 11) zu unterscheiden. **cc)** Bei konditionaler Verknüpfg, dh wenn das Eingehen einer Verpfl od das Bewirken einer Leistg die Bedingg (§ 158) der
Zuwendg ist (BGH NJW **51**, 268). **b) Beispiele** für Unentgeltlichk: **aa) Zu bejahen:** bei belohnder 9
(remuneratorischer) Schenkg (allgM; Düss OLGZ **78**, 323; Bsp in Mü NJW **83**, 759; Hamm NJW-RR **95**, 567); Pfl- u Anstandsschenkg (§ 534); bei der sog Spende (steuerr Begr) zur Förderg mildtät, kirchl, relig, wissenschaftl, gemeinnütz u priv Zwecke im Verh zw Spender u Empf; Einräumg einer KommanditistenStellg (BGH **112**, 40), wobei GesellschR der Schenkg eines GesellschAnteils nicht entggsteht (Wiedemann/Heinemann DB **90**, 1649); Prämienzahlg auf Vers- od BausparVertr zGDr (vgl Rn 2) idR (BGH NJW **65**, 1913); finanzielle Zuwendgen iR eines LiebesVerh auf Dauer (vgl BGH NJW **84**, 797); möglw bei Gewährg zinsloser Darl; bei Abnahme einer für den Schenker zur Aufbewahrg lästigen Sache (BGH NJW **85**, 794); Trinkgelder
im Verh des Bedienten (Trinkgeldgeber) zu dem persönl DLeistden (TrinkgEmpf). **bb) Zu verneinen:** Leistg 9a
in Erf einer rechtswirks Schuld (wg § 362; RG **105**, 248), auch bei einer sog unvollkommenen Verbindlk. Aufn in eine oHG, auch wenn sie ohne EinlagePfl erfolgt (BGH **7**, 174 [178]; aA Kollhosser AcP **194**, 231 [244]; Brox FS für Bosch S 75), jedenf grdsätzl. Sie kann jedoch im Einzelfall Schenkg sein (K. Schmidt DB **90**, 1992 [1994]), zB bei Vereinbg eines ÜbernahmeR dch den überlebden Gesellsch bei Ausschl jegl Abfindg (BGH NJW **81**, 1956). Freiwill ZusatzLeistgen des ArbG (insb SoZahlgen, § 611 Rn 76; Mü FamRZ **95**, 1069); das Trinkgeld im Verh zw Empf (ArbN) u seinem ArbG (vgl Rn 9 aE u § 611 Rn 56); Ausstattg iR des § 1624; unentgeltl Arb- u DLeistgen (BGH FamRZ **87**, 910).

5) Zuwendungen unter Ehegatten (unbenannte od ehebedingte, vgl § 1372 Rn 3) sind Zuwendgen, 10
die der ehel LebensGemsch dienen. Sie sind keine Schenkgen (daher ist Widerr ausgeschl) u werden, wenn übhaupt, grdsätzl güterrechtl ausgeglichen (hM; BGH **87**, 145; **115**, 132 u **116**, 178 mwN). Ausnahmsw liegt eine Schenkg vor, wenn sich beide Eheg üb die Unentgeltlichk einig sind, diese ausdrückl not vereinb (Ffm FamRZ **86**, 576). Eine GgLeistg, die eine Schenkg ausschließt, muß nicht geldwerter od vermögensrechtl Art sein. Jedenf ist es für den Schenker zweckmäß, für den Fall der Scheidg ein RückFdgsR zu vereinb (Langenfeld NJW **86**, 2541). Für nehel LebensGemsch: Düss FamRZ **97**, 1110; and Köln FamRZ **97**, 1113).

6) Schenkungsabrede ist die Einigg der VertrPart (gem §§ 145 ff) üb die Unentgeltlk (Rn 8) der 11
Zuwendg (Rn 5). Sie ist erforderl, auch stillschw mögl (RG **111**, 151). Hierfür ist allein die obj Sachlage maßgebend, so daß eine obj unentgeltl Leistg nicht dch den Parteiwillen zu einer entgeltl gemacht w kann (sog verschleierte Schenkg). Es gilt dann § 117 (MK/Kollhosser 25). Es genügt nicht, daß den VertrPart das Fehlen einer GgLeistg bekannt ist (BGH WM **80**, 1286). Irrige Ann einer Partei, es bestehe eine Pfl zur Zuwendg, schließt die erforderl Einigg aus (allgM).

7) Zuwendung vor Schenkungsabrede (Abs II). Eine Zuwendg (Rn 5) kann auch ohne den Willen des 12
and (der beschenkt w soll) vollz w, zB dch Bezahlg einer Geldschuld. Das ist aber nur das Angeb (§ 145) einer Schenkg, an das der Zuwender gem § 146 gebunden ist. Diesen SchwebeZustd kann er abkürzen dch FrSetzg. Dies ist eine SondRegelg zu §§ 147–149, 151, weil der SchenkgsVertr dann auch ohne AnnErkl dch bloßes Schweigen bis FrEnde zustdekommt (Abs II S 2); denn die Ann w fingiert, wenn das Angeb nicht innerh der Fr dch empfbedürft WillErkl (§ 130) abgelehnt w. Selbstverstdl kann das Angeb auch schon vor FrAblauf angenommen w. RFolge der Ablehng: §§ 812 ff (Abs II S 3). Unanwendb ist Abs II bei gemischter Schenkg (Rn 13), bei § 525 u wenn zur Ann eine Hdlg (zB Ausstellen einer Urk) notw ist.

8) Gemischte Schenkung. a) Begriff und Abgrenzung. Ist ein einheitl Vertr, bei dem der Wert der 13
Leistg des einen dem Wert der Leistg des and nur zu einem Teil entspr, die VertrPart dies wissen u übereinstimmd wollen, daß der überschießde Wert unentgeltl gegeben w (BGH NJW-RR **96**, 754 mwN). Das obj MißVerh allein genügt nicht, ist aber oft ausreichdes Indiz (BGH aaO). Bei einer GgLeistg muß der unentgeltl Charakter des Gesch übwiegen (BGH **107**, 156 u NJW **99**, 1626). Ist die Leistg teilb, liegt keine gem Schenkg vor, sond es bestehen zwei voneinander unabhäng Vertr, zB Kauf od Tausch u Schenkg. Schenkg, nicht

gemischte Schenkg, ist die unter Aufl (§ 525) u ein Vertr, der dch seinen Inhalt u seine Form die Unentgeltlichk nur verschleiert (Soe/Mühl 22). HofüberlassgsVertr unter gesetzl Erben ist idR gemischte Schenkg (BGH **30**, 120 u FamRZ **67**, 214), and, wenn mit Leibgeding verbunden (BayObLG **96**, 20); auch mögl bei Gestattg des Eigt eines Grst, dieses gg Übertragg von WoEigt zu bebauen (BGH NJW **92**, 2566). Bei RGesch zw Verwandten u Freunden mit Entgelten unter dem übl VerkWert liegt gemischte Schenkg nur dann vor,
14 wenn die Einigg über teilw Unentgeltlk vorlag; das trifft oft nicht zu. **b) Behandlung.** Sie ist umstr. Es werden die Einheits- u TrenngsTheorie vertreten. Der BGH (zB NJW **72**, 247 u **92**, 2566) entscheidet eher pragmat, ohne dogmat Ansatz (vgl MK/Kollhosser 27 ff). Prakt brauchb Ergebn sind nur ohne konsequente Dchführg einer dieser Theorien mögl, indem auf den Zweck des jeweil Gesch abgestellt w (Zweckwürdiggs-
15 Theorie; MK/Kollhosser 31 mwN): **aa) Form.** Das RGesch ist in einen entgeltl u unentgeltl Teil zu zerlegen (MK/Kollhosser 32). § 518 trifft unmittelb nur den unentgeltl Teil. Nur wenn ein abtrennb Teil vorliegt, kann § 139 gelten (§ 139 Rn 10). Bei gem Schenkg liegt idR Unteilbk vor. Stets bleibt Heilg nach § 518 II
16 mögl. **bb) Rückforderungsrechte** (§§ 527, 528). Widerruf (§ 530) u NotbedarfsEinr (§ 519) erstrecken sich grdsätzl nur auf den unentgeltl Teil, auf den ganzen Ggst (unter Rückg der GgLeistg), wenn der SchenkgsCharakter (Unentgeltlk) des Geschäfts überwiegt (BGH **30**, 120; BayObLG **96**, 20); bei Grdst vgl
17 insb BGH NJW **72**, 247. **cc) Gewährleistung:** für den unentgeltl Teil nach §§ 523, 524, 526. Für den entgeltl: nach KaufR, Minderg (§ 472) nur nach dem entspr Anteil; Wandelg (§§ 467 ff) nur für die ganze Sache; SchadErs (§ 463) nur anteil.

18 **9) Beweislast. a) Herausgabeklagen. aa)** Aus § 985: Behauptet der Bekl Erwerb v Bes u Eigt dch Schenkg, so gilt für ihn § 1006 I (BGH NJW **60**, 1517). Behauptet der Bekl nachträgl Schenkg (zB nach vorangegangener Leihe), so gilt für den Kl § 1006 II (BGH NJW **67**, 2008). Bei Schenkg nach Abs II muß der Bekl nur die Zuwendg u die FrSetzg bew. **bb)** Aus Vertr (zB § 556): Behauptet der Bekl Schenkg, so muß
19 der Kl den v ihm behaupteten Vertr bew (hM). **b) Zahlungsklagen** aus Darl (§ 607) od Kauf (§ 433 II): ggü dem Einwand des Bekl, es sei geschenkt, muß der Kl den Darl- od KaufVertr bew (hM); entspr gilt für
20 WerkVertr (LG Oldbg MDR **70**, 326). **c) Gemischte Schenkung.** BewLast trägt derjen, der sich auf gem Schenkg beruft. Eine BewErleichterg dch tats Vermutg ist anzunehmen, wenn ein obj MißVerh v Leistg u GgLeistg üb ein geringes Maß deutl hinausgeht (BGH NJW **87**, 890 mwN).

517 *Unterlassen eines Vermögenserwerbs.* **Eine Schenkung liegt nicht vor, wenn jemand zum Vorteil eines anderen einen Vermögenserwerb unterläßt oder auf ein angefallenes, noch nicht endgültig erworbenes Recht verzichtet oder eine Erbschaft oder ein Vermächtnis ausschlägt.**

1 **Zweck:** Ergänzg des § 516 I dch Abgrenzg des rechtl SchenkgsBegr v dem des allg SprachGebr, indem die Schenkg auf eine Verminderg des ggwärt Verm beschr w. **Inhalt:** § 517 stellt keine bloße Ausleggsregel dar,
2 sond eine Negativdefinition (MK/Kollhosser 1). **Unterlassener Vermögenserwerb** (1. Alt): Verm ist jeder in Geld bewertb Ggst (Sachen od Re). Erwerb ist mit Dchführg des betr RGesch abgeschl, insb §§ 398, 873, 929. Unterl setzt voraus, daß der Erwerb des Ggst noch nicht stattgefunden hat. Bsp für 1. Alt: NichtAnn
3 eines VertrAngeb; Verweigerg der Gen eines RGesch; Unterl einer Anf. **Verzicht auf angefallenes Recht** (2. Alt). Der Erwerb (wie Rn 2) darf auch nicht endgült sein. Verzicht: wie § 397 Rn 1, 2. Befristete (künft) Re sind noch nicht angefallen. AnwRe (Einf 9 vor § 158) fallen dem Wortlaut nach unter die 2. Alt; jedoch ist die Anwendg des § 517 hierauf umstr. Richt dürfte sein, auf das GrdVerh zw Inh des Rs (insb Eigt) u dem
4 AnwBerecht abzustellen (MK/Kollhosser 3 mwN). **Ausschlagung** (3. Alt) einer Erbsch (§ 1953) od eines Vermächtn (§ 2180). Nicht entspr anwendb auf den PflichtTAnspr, weil dieser mit dem Erbfall im Verm des Berecht entsteht (§ 2317 Rn 2; hM).

518 *Form.* [I] **Zur Gültigkeit eines Vertrags, durch den eine Leistung schenkweise versprochen wird, ist die notarielle Beurkundung des Versprechens erforderlich. Das gleiche gilt, wenn ein Schuldversprechen oder ein Schuldanerkenntnis der in den §§ 780, 781 bezeichneten Art schenkweise erteilt wird, von dem Versprechen oder der Anerkennungserklärung.**

[II] **Der Mangel der Form wird durch die Bewirkung der versprochenen Leistung geheilt.**

1 **1) Allgemeines. a) Anwendungsbereich:** § 518 gilt für SchenkgsVerspr (Rn 2) jeder Art, auch für remuneratorische (belohnde) Schenkg, für HandelsGesch (§ 343 HGB), solche, die sittl od AnstandsPfl entspr (vgl § 534) od als Vertr zGDr gestaltet sind; ferner bei gemischter Schenkg (§ 516 Rn 15). Wg Änderg vgl Rn 5. § 518 gilt nicht für die sog Hand- od Realschenkg (vgl Rn 4) u die Schenkg v Todes wg (vgl § 2301; zur Abgrenzg BGH **99**, 97). **b) Zweck:** Nicht nur Verhütg übereilter SchenkgsVerspr, sond auch Klarstellg, ob ein ernstl gemeintes Verspr vorliegt. Dient ferner der Vermeidg von Streitigk über angebl Schenkg Verstorbener u will auch die Umgehg der FormVorschr für letztwill Vfgen vermeiden.

2 **2) Schenkungsversprechen. a) Begriff:** einseit verpflichtder Vertr, dch den der Schenker einem and eine Leistg (§ 241) verspricht, die unentgeltl (§ 516 Rn 8) erfolgen soll. Der Vertr kommt zustande, indem der Beschenkte erklärt, daß er das Verspr des Schenkers annimmt (§ 151). Der Form des § 518 unterliegt nur
3 die WillErkl des Schenkers (Rn 6). **b) Wirkung.** Ein wirks SchenkgsVerspr stellt bereits die Schenkg dar, weil dadch das R des Beschenkten, die versprochene Leistg zu fordern, begründet w. Ihm ist ein R (Anspr) zugewendet, das dch den Vollz (Leistg des versprochenen Ggst) nur noch erf w (hM; BGH NJW **92**, 2566
4 mwN). **c) Abgrenzung** von der Hand- od Realschenkg; eine solche liegt vor, wenn ohne ein vorangehdes SchenkgsVerspr der Ggst dem Beschenkten sofort verschafft w, insb dch Übereigng od Abtretg u dabei die Einigg üb die Unentgeltlk (§ 516 I) besteht. Bei der (formfreien) Hand- od Realschenkg liegt der RGrd (causa) zugleich im RGesch od Realakt, dch das der VermGgst auf den Beschenkten übergeht. Die Hand- od Realschenkg ist von der Heilg (Abs II; Rn 8) zu unterscheiden. Die formfreie Handschenkg kann wie der

Vollz (Abs II; Rn 9) bedingt od befristet sein (hM). **d) Änderung** des SchenkgsVerspr dch Vertr (§ 305). 5
Formbedürft ist die Änderg nur insow, als sie den Umfang der unentgeltl Zuwendg erweitert. Eine formgült
Abänd heilt das formunwirks urspr SchenkgsVerspr nicht (MK/Kollhosser 5).

3) Schuldversprechen und -anerkenntnis (Abs I S 2; §§ 780, 781). Soll der Anspr, der dch einen 6
solchen Vertr (Einf 3 vor § 780) begründet w, den Ggst der Schenkg bilden, so gilt für das Verspr (§ 780) od
das Anerkenntn (§ 781 S 1) des Schenkers die notar Form (Rn 7) wie für das SchenkgsVerspr (also nicht für
die AnnErkl des Beschenkten). Gilt auch, wenn dem schuldbegründden Vertr (§§ 780, 781) ein gesonderter
SchenkgsVertr (Rn 2) nicht vorausgeht, sond SchuldVerspr u -anerkenntn sofort unentgeltl abgeschl w, insb
bei einem fingierten SchuldGrd (BGH WM **80**, 195). Grd dieser Regelg: Der Formzweck (Rn 1) trifft ebso
zu. Abs I 2 wird entspr angewendet auf die Begründg and abstrakter SchuldVerh, insb wenn ein Wechselakzept
geschenkt w (hM; RG **71**, 289 [291]) od ein vom Schenker begebener Scheck (BGH NJW **75**, 1881). Heilg
dch Vollz: Rn 1.

4) Form für das SchenkgsVerspr (Rn 2) und die unter Abs I 2 fallden Erkl (Rn 6). Ist für den ganzen Vertr 7
Form vorgeschrieben (zB §§ 313, 2033), muß diese Form auch für die AnnErkl des Beschenkten erf w.
a) Beurkundung. Grdsätzl ist die notar Beurk notw (Abs I S 1; § 1 BeurkG); diese Form w dch Aufn in
einen ProzVergl ersetzt (§ 127 a). **b) Formmangel** bewirkt Nichtigk der formbedürft WillErkl (§ 125).
Heilg nur dch Vollz (Rn 9). **c) Heilung** des Formmangels (Rn 7). Nur dieser kann dch Vollz geheilt w, nicht 8
ein and Mangel des SchenkgsVerspr. Die Heilg tritt allein dch den Vollz (Rn 9–15) ein, unabhängig davon, ob
der Schenker die Unwirksamk des SchenkgsVerspr kennt.

5) Vollzug der Schenkg, indem der Schenker die versprochene Leistg freiwill bewirkt (erf, § 362 I), dch 9
RGesch u (od) Realakt (vgl § 362 Rn 1); auch in den Fällen § 364 I u § 376 II Nr 2. Für § 518 wird aber
nicht der Leistgserfolg verlangt, wenn der Schenker (Schu) alles das getan hat, was er für den Vollz tun muß, so
daß ein bedingter od befr Vollz (§§ 158, 163) genügt (hM: BGH NJW **70**, 941 u NJW-RR **89**, 1282). TeilVollz
bewirkt Heilg nur zum entspr Teil. Für den Vollz ist stets zu beachten, was SchenkgsGgst ist u nach welchen
Vorschr er übertr w, insb bewegl Sache (§§ 929 ff), Grdst u dingl Re (§§ 873, 925), Fdg (§§ 398 ff), Geld, bar
(über § 929), Überweisg u Gutschr (vgl § 675 Rn 8), Einlösg eines Schecks (BGH WM **78**, 844). Ein R kann
auch dch Vertr zGDr (§ 328) verschafft w (BGH **41**, 95 u **46**, 198). Stets muß das VollzGesch wirks sein.
Einzelh: **a) Forderungen** dch forml Abtretg (§ 398), auch bedingte od befr Fdg; EinziehgsErmächtigg genügt 10
nicht; das gilt auch bei Bank- u Sparguthaben, wobei Überg des Sparbuchs nicht notw, aber idR genügd ist (vgl
§ 808 Rn 2); Errichtg eines Oder-Kontos (§ 2301 Rn 12 mwN). Anspr auf Übereigng v hinterlegtem Geld
od Wertp, insb eines WertpDepots (BGH **41**, 95); Anspr auf Auszahlg eines GeldBetr v Konto des Schenkers
(vgl BGH NJW **75**, 382). Abtretg einer WechselFdg muß nach WG wirks sein; daher insb Überg notw, bei
einem Scheck die Einlösg (BGH **64**, 340); die Schenkg kann dch BedinggsEintritt mit dem Tode des Schenkers
wirks w (BGH WM **76**, 1130); auch kann die Leistg nach dem Tode des Schenkers bewirkt w (BGH NJW **86**,
2107). **b) Geld.** Übertr ist vollz: mit Ausführg des ÜberweisgsAuftr dch die Bank; bei Zahlg dch Scheck mit 11
Einlösg (Rn 9 aE); mit Errichtg eines Bank- od Sparguthabens dch Vertr zGDr auf dessen Namen u entspr
Willensrichtg des Schenkers (vgl BGH **46**, 198 u WM **66**, 1248); entspr mit Einzahlg auf ein solches Konto
(vgl BGH **21**, 150); mit Zahlg der Prämie od Beitr bei Vers- u BausparVertr (BGH NJW **65**, 1913); mit
Auszahlg dch die Bank, wenn der KontoInh zur Vfg über das Bankkonto dch den Beschenkten einwill u gem
§ 181 befreit (Mü DNotZ **74**, 229). **c) Befreiung** von einer Verbindlichk: dch Bewirken der Leistg an den Gl 12
(§ 267 I); Erlaß einer Fdg gem § 397, auch einer künft (Stgt NJW **87**, 782 mwN). **d) Sachen:** wenn das Eigt 13
geschenkt w, mit Vollendg des Erwerbsvorgangs; jedoch genügt Erwerb des AnwartschR, wenn der EigtErwerb
später ohne Zutun des Schenkers eintritt (BGH MDR **60**, 1004; aA Herrmann MDR **80**, 883). Wird nur Bes
od Nutzg unentgeltl überl, liegt Leihe vor, so jedenf bei einer Wohng (BGH NJW **82**, 820 u **85**, 1553;
Nehlsen/v. Stryk AcP **187**, 553 mwN). **e) Andere Rechte** dch AbtretgsVertr (§§ 413, 398), bei Gesellsch- 14
Anteil (vgl § 516 Rn 5), die wirks ÜbTragg (Ffm NJW-RR **96**, 1123) u die wirks Aufn in die Ges (K. Schmidt
BB **90**, 1992; § 719 Rn 3). **f) Wertpapiere:** EigtÜbertr dch (auch bedingte) Einigg u Abtretg des Herausg- 15
Anspr (§§ 929, 931) bei Verwahrg im Depot (BGH WM **74**, 450). **g) Bezugsberechtigung** aus einem
LebensVersVertr: Wird versprochen, sie unwiderrufl einzuräumen, tritt Vollz erst ein, wenn die Unwiderruflk
herbeigeführt od bis zum Tode des VN tats nicht widerrufen w (BGH NJW **75**, 1360).

6) Kein Vollzug liegt insb vor, wenn das VollzGesch nicht wirks od perfekt geworden ist od wenn der 16
Vollz nur vorbereitet od gesichert w soll. Einzelh: **a) Sachen:** Ermächtigg zur Abholg nach dem Tode des
Schenkers (RG LZ **19**, 692); Einräumg v MitBes, wenn der Schenker weiterhin Bes dch BesDiener ausübt
(BGH NJW **79**, 714). **b) Rechte:** Abschl eines VersVertr für einen Dr mit Zusage, für diesen die Prämien zu 17
zahlen (Brschw VersR **62**, 701); bloße Gutschr in den Handelsbüchern des Versprechden (BGH **7**, 378 für
GesellschAnteil); and bei typ stiller Ges (vgl Düss NZG **99**, 652 Anm Zeidler); Abrede zw Gl u Schu, daß der
Gl die Fdg an den Dr überträgt (RG **161**, 9).

519 *Notbedarfseinrede.* I **Der Schenker ist berechtigt, die Erfüllung eines schenkweise erteilten Versprechens zu verweigern, soweit er bei Berücksichtigung seiner sonstigen Verpflichtungen außerstande ist, das Versprechen zu erfüllen, ohne daß sein angemessener Unterhalt oder die Erfüllung der ihm kraft Gesetzes obliegenden Unterhaltspflichten gefährdet wird.**

II **Treffen die Ansprüche mehrerer Beschenkten zusammen, so geht der früher entstandene Anspruch vor.**

1) Allgemeines. a) Begriff. Die (aufschiebde) NotbedarfsEinr (beneficium competentiae) ist eine rechts- 1
hemmde Einwendg (Einr) gg den ErfAnspr. **b) Zweck.** § 519 ist eine BilligkRegelg; SonderRegelg des
Wegfalls der GeschGrdlage (§ 242 Rn 10), sodaß im Anwendgsbereich des § 519 dieser die allg Regelg des
§ 242 ausschließt. **c) Vorausverzicht** auf die Einr ist unwirks (allgM). **d) Anwendbar** ist § 519 nur für den 2

Schenker, für den unentgeltl Schuld(mit)übernehmer nur dann, wenn er selbst Notbedarf hat (hM; MK/Kollhosser 5). Für den Bürgen gilt § 519 jedenf, wenn die BürgschVerpfl selbst eine Schenkg darstellt (hM).
3 § 519 gilt nicht für den Erben (vgl § 226 II Nr 3 KO). **e) Prozessuales.** Die Kl gg den Schenker ist abzuweisen, ggf zT („soweit"). Bei Wegfall des Notbedarfs (BewLast: Beschenkter) kann erneut geklagt w. Tritt Notbedarf nachträgl ein: § 767 ZPO.

4 **2) Voraussetzungen** (Abs I). **a) Nichtvollzogene Schenkung:** Vollz wie § 518 Rn 9. Nach Vollz gelten nur §§ 528, 529. **b) Notbedarf.** Unerhebl ist seine (auch verschuldete) Ursache, sein Vorliegen schon zZ der Schenkg, seine Vorhersehbark. Abzustellen ist auf: **aa)** Sonstige Verpflichtgen. Sie sind auf das Verm des Schenkers zu beziehen. **bb)** Gefährdg des Unterh. Eigener angemessener Unterh: wie § 1610 I. Ges UnterhPfl: aus §§ 1360, 1361, 1569, 1601, 1615 a. Es genügt, daß für die Zukunft die begründete Besorgn nicht ausreichder Mittel besteht. Nicht zu berücks ist dabei ein UnterhAnspr des Schenkers iF eigener Bedürftigk (MK/Kollhosser 3).

5 **3) Mehrere Schenkungsversprechen** (Abs II). Maßgbd ist der Ztpkt, zu dem der SchenkgsAnspr entstanden ist, grdsätzl mit dem SchenkgsVerspr (§ 518 Rn 3); ggf mit Vereinbg der Bedingg (§ 158 I) od dem Anfangstermin (§ 163). Das ist hM. Bei Gleichzeitigk ist gleichmäß zu kürzen (hM).

520 ***Erlöschen eines Rentenversprechens.*** **Verspricht der Schenker eine in wiederkehrenden Leistungen bestehende Unterstützung, so erlischt die Verbindlichkeit mit seinem Tode, sofern nicht aus dem Versprechen sich ein anderes ergibt.**

1 **Rechtsnatur:** § 520 ist AusleggsRegel. Ein and Inhalt des Verspr (§ 518 Rn 2) ist vom Beschenkten zu beweisen. **Anwendbar** nur auf Renten (§ 759). § 520 gilt nicht für fäll u rückständ gewordene Beträge (allgM); sie sind NachlaßVerbindlichk (§ 1967).

521 ***Haftung des Schenkers.*** **Der Schenker hat nur Vorsatz und grobe Fahrlässigkeit zu vertreten.**

1 **1) Allgemeines. a) Zweck:** Wg der Uneigennützigk des Schenkers ist nur beschr Haftg gerechtf. **b) Abdingbarkeit.** Haftg kann (formbedürft, § 518) erweitert u bis auf Vors beschr w (§ 276 II). Aus der
2 Unentgeltlk allein darf auf keine über § 521 hinausgehde HaftgsBeschrkg geschl w (Soe/Mühl 1). **c) Haftungsmaß.** Vors: § 276 Rn 10. Grobe Fahrlk: § 277 Rn 2–4. Der Schenker haftet auch für ErfGeh (§ 278) nur gem § 521 (RG **65**, 17 [20]).

3 **2) Anwendungsbereich. a) Persönlich:** der Schenker, seine RNachfolger (insb Erben), MitSchu u
4 Bürgen. **b) Sachlich:** auch bei sog Handschenkg (allgM), für: Unmöglk der Erf (§§ 279, 280, 307), Eintritt des Verz (§ 285), RHängigkHaftg (§ 292), p VV (§ 276 Rn 104), c. i. c. (§ 122; § 276 Rn 65), verbotswidr Schenkg (§ 309). **c) Nicht:** für R- u Sachmängelhaftg, soweit §§ 523, 524 Spezialregeln darstellen; für Haftg aus eingetretenem Verz (§ 287; hM); im Ber des gesetzl SchutzVerh (§ 276 Rn 71) nur dann nicht, wenn die Verletzg der SchutzPfl nicht im Zushang mit dem SchenkgsGgst steht (BGH **93**, 23 mwN = JZ **85**, 383 m Anm v Stoll; umstr); nicht entspr für and unentgeltl R- od GefälligkVerh (MK/Kollhosser 8).

522 ***Verzugszinsen.*** **Zur Entrichtung von Verzugszinsen ist der Schenker nicht verpflichtet.**

1 **Anwendbar:** nur für § 288; nicht für § 291 (hM), § 286 u § 292 (allgM). **Wirkung:** auch bei Vors od grober Fahrlk (§ 521) schuldet der Schenker keine Verzugszinsen.

523 ***Haftung für Rechtsmängel.*** **I Verschweigt der Schenker arglistig einen Mangel im Rechte, so ist er verpflichtet, dem Beschenkten den daraus entstehenden Schaden zu ersetzen.**

II Hatte der Schenker die Leistung eines Gegenstandes versprochen, den er erst erwerben sollte, so kann der Beschenkte wegen eines Mangels im Rechte Schadensersatz wegen Nichterfüllung verlangen, wenn der Mangel dem Schenker bei dem Erwerbe der Sache bekannt gewesen oder infolge grober Fahrlässigkeit unbekannt geblieben ist. Die für die Gewährleistungspflicht des Verkäufers geltenden Vorschriften des § 433 Abs. 1, der §§ 434 bis 437, des § 440 Abs. 2 bis 4 und der §§ 441 bis 444 finden entsprechende Anwendung.

1 **Zweck und Abdingbarkeit:** wie § 524 Rn 1, 2. **Anwendbar** auf Sachen u Re (Ggstde, vgl § 90). Bei gemischter Schenkg nur für den unentgeltl Teil. Abs I gilt nur, wenn der Ggst im Verm (bei Sachen EigenBes) des Schenkers ist, Abs II, wenn er sich das Eigt od die Inhabersch zZ des SchenkgsVerspr erst verschaffen
2 muß. **Rechtsmangel:** wie §§ 434, 437. **Grundsätzliche Haftung** (Abs I). Der RMangel muß zZ des SchenkgsVollzugs vorliegen. Argl Verschweigen: wie § 463 Rn 11. Nur Ers des VertrauensSchad (Vorbem 17 vor § 249), zB Aufwendgen für den Ggst, Unterl anderw Erwerbs. Kennt der Beschenkte den RMangel, kann
3 die Ursächlk entfallen. **Besondere Haftung** (Abs II). Maßgebder Ztpkt: Rn 2. Kenntn u grobfahrl Unkenntn: wie § 460 S 1 u 2. Erwerb der Sache: auch hier ist Ggst gemeint. Gleichgült, ob Stück- od GattgsSchuld vorliegt. SchadErs wg NichtErf: Vorbem 16 vor § 249. Die DchFührg (Abs II S 2) entspr den Pfl u der Gewl des Verk.

524 *Haftung für Sachmängel.* [I] **Verschweigt der Schenker arglistig einen Fehler der verschenkten Sache, so ist er verpflichtet, dem Beschenkten den daraus entstehenden Schaden zu ersetzen.**

[II] **Hatte der Schenker die Leistung einer nur der Gattung nach bestimmten Sache versprochen, die er erst erwerben sollte, so kann der Beschenkte, wenn die geleistete Sache fehlerhaft und der Mangel dem Schenker bei dem Erwerbe der Sache bekannt gewesen oder infolge grober Fahrlässigkeit unbekannt geblieben ist, verlangen, daß ihm anstelle der fehlerhaften Sache eine fehlerfreie geliefert wird. Hat der Schenker den Fehler arglistig verschwiegen, so kann der Beschenkte statt der Lieferung einer fehlerfreien Sache Schadensersatz wegen Nichterfüllung verlangen. Auf diese Ansprüche finden die für die Gewährleistung wegen Fehler einer verkauften Sache geltenden Vorschriften entsprechende Anwendung.**

1) Allgemeines. a) Zweck: Haftg u Gewl des Schenkers wird aus dem gleichen Grd wie für § 521 1
eingeschr; auch weil davon auszugehen ist, daß der Schenker die Sache so verschenkt, wie sie ist. **b) Anwendungsbereich:** Nur bei Sachen. Bei gemischter Schenkg nur für den unentgeltl Teil (vgl § 516 Rn 17). Nur für Fehler (wie § 459 I), nicht für zugesicherte Eigensch (§ 459 II; hierzu Rn 3). Abs I gilt bei allen Schenkgen einer best Sache (Stückschuld), bei Gattgschuld (§ 243) nur dann, wenn sich die Sache zZ der SchenkgsVerspr schon im Verm des Schenkers befindet. Abs II gilt nur, wenn bei Gattgschuld der Schenker zZ des SchenkgsVerspr sich die Sache erst noch verschaffen muß, um die Schenkg erfüllen zu können.
c) Abdingbarkeit. Die Haftg kann (formbedürft, § 518) erweitert, beschr, aber nicht für Vors ausgeschl w 2
(§ 276 II), erst recht nicht für Argl. **d) Zusicherung von Eigenschaften** ist wirks mögl, aber formbedürft 3
(§ 518). Bei Fehlen der Eigensch hängen die RFolgen vom Inhalt des SchenkgsVertr ab (zur Auslegg: § 157); Wandelg (entspr § 462), ErsLieferg (entspr Abs II) od SchadErs (VertrauensSchad entspr Abs I) sind denkb.
e) Gefährliche Sachen. Sind sie fehlerfrei, so gilt § 521 für die Erf von AufklärgsPfl (c. i. c.; vgl § 521 Rn 2; 4
vgl Raape AcP **147**, 250). Liegt die Gefährlk od Schädlk gerade in dem Fehler, so gilt allein § 524, insb für die Folgeschäden.

2) Grundsätzliche Haftung (Abs I). **a) Voraussetzungen:** Fehler: wie § 459 I; er muß zZ des Vollz der 5
Schenkg vorliegen, also idR mit dem Übergang des Eigt (§§ 929 ff) od des AnwartschR. Argl Verschweigen: wie § 463 Rn 11. **b) Wirkung:** SchadErsPfl gem §§ 249 ff; aber nur Ers des VertrauensSchad (Vorbem 17 6
vor § 249), einschließl des FolgeSchad (hM). Kein Ers für das ErfInteresse, insb nicht für Aufwendg zur Beseitigg des Fehlers. Auch sonstige GewlAnspr sind ausgeschl.

3) Besondere Haftung (Abs II). **a) Voraussetzungen.** Fehler u Ztpkt: wie Rn 5. Kenntn u grobfahrl 7
Unkenntn: § 460; maßgebder Ztpkt hierfür ist der Erwerb des Eigt der Sache. Argl Verschweigen: wie § 463 Rn 11. **b) Wirkung.** Im Falle des Abs II S 1 nur Nachlieferg fehlerfreier Sache, bei Abs II S 2 wahlw (wie 8
bei § 480 I) auch SchadErs wg NichtErf (wie bei § 463). § 519 (Notbedarfeinrede) bleibt anwendb. § 279 gilt wg § 521 nicht. **c) Durchführung** (Abs II S 3) richtet sich nach VerkGewl, insb gelten notw Vorbeh 9
(§ 464), Verj (§ 477) u für die Nachlieferg die in § 480 I genannten Vorschr; soweit auf Versch abgestellt ist, gilt § 521.

525 *Schenkung unter Auflage.* [I] **Wer eine Schenkung unter einer Auflage macht, kann die Vollziehung der Auflage verlangen, wenn er seinerseits geleistet hat.**

[II] **Liegt die Vollziehung der Auflage im öffentlichen Interesse, so kann nach dem Tode des Schenkers auch die zuständige Behörde die Vollziehung verlangen.**

1) Allgemeines. a) Begriff. Auflage ist die einer Schenkg hinzugefügte Best, daß der Empf zu einer 1
Leistg (Tun od Unterl) verpfl sein soll, die aus dem ZuwendgsGgst zu entnehmen ist; auch in der Weise mögl, daß der Empfänger ledigl in der freien Vfg üb den Ggst beschr w soll. Der Wert des Ggst kann dadch vermindert sein. Das ändert aber nichts daran, daß die Zuwendg eine Schenkg ist. Aufl kann Hauptzweck des RGesch sein u dem Wert der Schenkg entspr. Inhalt der Aufl kann jede Leistg (Tun od Unterl) sein, gleichgült, ob sie VermWert hat od nicht. Die Aufl kann im Interesse des Schenkers, des Beschenkten od eines Dr liegen. **b) Form:** Es gilt § 518; auch für die Aufl. Nichtbeachtg der Form macht die Schenkg in vollem 2
Umfang nichtig. **c) Befreiung von der Auflage** ist mögl inf nachträgl Unmöglk gem § 275; bei Entwertg 3
des geschenkten Ggst kann der Beschenkte entspr § 526 die Erf der Aufl dch Einr verweigern (RG **112**, 210).
d) Nichtigkeit der Auflage, wenn gg § 134 od § 138 verstoßen w, ferner bei § 306. Ob die Nichtigk der 4
Aufl auch die Schenkg ergreift, best sich nach § 139. Bei Unsittlichk wird sich häuf die Nichtigk des ganzen Vertr, also auch der Schenkg, schon aus § 138 ergeben. **e) Sondervorschriften** bestehen im ErbR bei 5
letztwill Vfg: §§ 1935, 1940, 1967, 1972 ff, 1980, 1992, 2192 ff, 2322 ff.

2) Abgrenzung der Aufl v: **a) Wunsch, Rat oder Empfehlung.** Der Vollz kann nicht verlangt w; 6
unterbleibt er, treten keine RFolgen ein. Bsp: Geldzuwendg für einen ErholgsAufenth. **b) Verwaltungsanordnungen** hins des zugewendeten Verm, zB § 1418 II Nr 2. **c) Entgeltlicher Vertrag.** Maßg ist, ob nach 7
PartWillen Leistg u GgLeistg in dem Verh stehen sollen, daß die Aufl nur Einschränkg der Leistg ist u aus ihren Erträgn bewirkt w kann (dann liegt Aufl vor, vgl Coing NJW **49**, 260) od ob die Part Leistg u GgLeistg iS eines Ausgl einander gleichstellen (RG **112**, 211). AnhaltsPkt bietet der v den Part angen ggs Wert der Leistgen u ihrer Grdlage. Bsp für Schenkg mit Aufl: GrdstÜbereigng unter Vorbeh des Nießbr (Köln FamRZ **94**, 1242); Übertr eines Sparkontos gg verzinsl Darl aus diesem Geld (BayObLG NJW **74**, 1142). **d) Ge-** 8
mischte Schenkung. Diese setzt sich aus einem entgeltl u unentgeltl Teil zus (vgl § 516 Rn 13), währd bei Schenkg unter Aufl der ganze Ggst geschenkt ist. ÜbertrVertr mit Abfindgen an die Geschw des Übernehmden ist iZw Schenkg unter Aufl (OGH NJW **49**, 260; Köln FamRZ **94**, 1242). **e) Werkvertrag.** Es gilt 9
im Grds Rn 7. Schenkg eines Kap an KirchenGem mit Verpfl, eine Grabstätte zu pflegen, ist Schenkg mit

10 Aufl (RG **112**, 210). **f) Zuwendung zur Weitergabe** an einen Dr, ohne daß dem Empf etwas verbleiben
11 soll, ist keine Schenkg (RG **105**, 305; § 516 Rn 6), sond Auftr (§ 662). **g) Zweckschenkung** liegt vor, wenn nach dem Inhalt des RGesch od dessen GeschGrdlage ein über die Zuwendg an den Beschenkten hinausgehder Zweck verfolgt w, aber kein Anspr auf Vollziehg besteht (MK/Kollhosser 4); Schenkg der Eltern an Kind u Schwiegerkind in Erwartg des FortBestds der Ehe (Köln NJW **94**, 1540; aA Oldbg FamRZ **94**, 1245: Wegfall der GeschGrdLage). RFolgen bei NichtErreichg des Zwecks: § 812 I 2 (BGH NJW **84**, 233; Düss NJW-RR **96**, 517). Nicht bei Schenkg zw LebensPart zur Festigg der Beziehg (Köln NJW-RR **96**, 518).

12 **3) Erfüllungsanspruch.** Er ist aufschiebd bedingt dch die Erf des SchenkgsVerspr (Abs I; § 158 I). Der Schenker ist demnach vorleistgspfl, jedoch kann etwas and, insb Zug-um-Zug-Leistg vereinb w. Bei Kl auf Erf der Aufl muß der Schenker die Vollz der Schenkg beweisen. Der AuflAnspr kann dch einstw Vfg gesichert w. Vollz der Schenkg (vgl § 518 Rn 9) u Erf des AuflAnspr geschieht nach den allg Regeln (§§ 362 ff), ist bei formgerechten Schenkgen auch nach § 378 mögl. SchuldAnerkenntn od -Verspr (§§ 780, 781) genügen nicht. RFolgen bei NichtErf: § 527.

13 **4) Gläubigerstellung** hinsichtl der AuflErf: **a) Schenker** od dessen RNachf in erster Linie (Abs I). **b) Begünstigter** der Aufl: Ist an ihn auflgem zu leisten, hat er einen unmittelb Anspr gg den Beschenkten auf
14 Erf der Aufl (§ 330 S 2) neben dem Schenker, aber erst nach Vollz der Schenkg (§ 334). **c) Zuständige Behörde** (Abs II): Kein Anspr auf Erf vor dem Tod des Schenkers. Der Erbe des Schenkers bleibt neben der Beh ansprberecht, kann aber die Aufl ohne Zust der Beh nicht mehr erlassen (§ 397). Öff Interesse: jede Förderg des Gemeinwohls. Zustdgk der Beh richtet sich nach LandesR, zB *Nds* § 3 AGBGB; *BaWü* § 4 AGBGB; *SchlH* § 1 VO v 9. 9. 75, GVOBl 257. Kl auf Erf nur im ZivProz.

526 ***Leistungsverweigerung und Aufwendungsersatz.*** **Soweit infolge eines Mangels im Rechte oder eines Mangels der verschenkten Sache der Wert der Zuwendung die Höhe der zur Vollziehung der Auflage erforderlichen Aufwendungen nicht erreicht, ist der Beschenkte berechtigt, die Vollziehung der Auflage zu verweigern, bis der durch den Mangel entstandene Fehlbetrag ausgeglichen wird. Vollzieht der Beschenkte die Auflage ohne Kenntnis des Mangels, so kann er von dem Schenker Ersatz der durch die Vollziehung verursachten Aufwendungen insoweit verlangen, als sie infolge des Mangels den Wert der Zuwendung übersteigen.**

1 **1) Allgemeines. a) Zweck:** Der Beschenkte soll inf der Aufl nicht mehr leisten müssen als er erhält. Hierfür stellt § 526 eine (ggü § 242 besondere) BilligkRegelg dar. **b) Anwendbar** für AuflSchenkg (§ 525 Rn 1) bei Sach- u RsMangel (§§ 523, 524), insb auch, wenn der Schenker für den Mangel haftet (BGH NJW **82**, 818; hierzu krit Herrmann WM **82**, 1158), entspr, wenn aus and Grden der Wert der AuflLeistg den Wert
2 des SchenkgGgst übersteigt (hM; MK/Kollhosser 4 mwN), zB inf Inflation (RG **120**, 237). **c) Umfang:** Einr (Rn 3) u AufwendgsErs (Rn 4) kann nur für den konkreten Fehl- oder MehrBetr („soweit") geltd gemacht w. **d) Beweislast:** für Mangel, FehlBetr u fehlde Kenntn trägt der Beschenkte (hM).

3 **2) Leistungsverweigerungsrecht** (S 1) ist eine Einr u besteht ggü jedem VollziehgsBerecht (§ 525 Rn 13, 14). Sie ist auflösd bedingt für die gesamte Aufl bis zum Ausgleich des FehlBetr. Die Einr entfällt, wenn die Schenkg in Kenntn des Mangels (wie §§ 439, 460) angenommen w (hM).

4 **3) Aufwendungsersatzanspruch** (S 2). **a) Voraussetzungen: aa)** Vollzug der Aufl (vgl § 525 Rn 12). **bb)** Den Wert des SchenkgsGgst (zZ der Erf, § 518 Rn 9) übersteigde Aufwendgen (§ 256 Rn 1).
5 **cc)** Fehlde Kenntn, auch fahrläss Unkenntn des Mangels (wie §§ 439, 460) bei Vollzug der Aufl. **b) Wirkung.** Der Anspr (§§ 256, 257) richtet sich allein gg den Schenker, nicht gg den Begünstigten der Aufl.

527 ***Nichtvollziehung der Auflage.*** **I Unterbleibt die Vollziehung der Auflage, so kann der Schenker die Herausgabe des Geschenkes unter den für das Rücktrittsrecht bei gegenseitigen Verträgen bestimmten Voraussetzungen nach den Vorschriften über die Herausgabe einer ungerechtfertigten Bereicherung insoweit fordern, als das Geschenk zur Vollziehung der Auflage hätte verwendet werden müssen.**

II Der Anspruch ist ausgeschlossen, wenn ein Dritter berechtigt ist, die Vollziehung der Auflage zu verlangen.

1 **1) Allgemeines. a) Zweck:** Der HerausgAnspr (Rn 4) wird dem Schenker eingeräumt, weil seine sonstigen Re bei unterbliebenem Vollz (vgl Rn 3) meist keinen prakt Wert haben (Soe/Mühl 1). **b) Abding-**
2 **bar** ist § 527; auch dahin, daß dem Schenker ein vertr RücktrR eingeräumt wird (§ 346). **c) Andere Ansprüche** des Schenkers bei nicht vollzogener Aufl sind: ErfAnspr (§ 525 Rn 12); SchadErsAnspr aus §§ 280, 283 od 286, wobei Nachw eines Schad idR scheitert (MK/Kollhosser 1). Hingg wird der Beschenkte bei unversch Unmöglk frei (§ 275). Es besteht kein Anspr des Schenkers aus § 812 I S 2 2. Alt (MK/Kollhosser 3 mwN); auch nicht über Widerr (§ 530, vgl § 516 Rn 16 u § 531) oder über Wegfall der GeschGrdLage (§ 242 Rn 115), jedenf soweit der Fall im RegelgsBereich des § 527 liegt (umstr; vgl BGH NJW **72**, 247;
3 Kühne FamRZ **69**, 371 mwN). **d) Anspruchsinhaber** ist der Schenker od sein Erbe (§ 1922).

4 **2) Herausgabeanspruch** (Abs I, II). **a) Voraussetzungen: aa)** Vollz der Aufl ist ganz od teilw unterblieben. **bb)** Die Aufl erfordert zum Vollz einen VermAufwand (vgl Rn 5), der aus dem Geschenk oder seinem Wert erbracht w muß. **cc)** Verschuldete Unmöglk gem § 325 I S 1 u 2, erfolglose FrSetzg nach rechtskr Verurt (§§ 325 II, 283), erfolglose NachFrSetzg im Verz (§ 326 I) od bloßer Verz bei Wegfall des Interesses (§ 326 II). **dd)** Es darf nicht ein Dr berecht sein, den Vollz der Aufl zu verlangen (Abs II; rechtshindernde
5 Einwendg). Dr ist auch die zuständ Behörde bei § 525 II (hM). **b) Umfang.** Die Herausg richtet sich nach

§§ 812 I S 1, 818, 819 I. Sie ist beschr („insoweit") auf dasjen (uU ein Teil des Ggst), was zum Vollz der Aufl zu verwenden war, sodaß bei immaterieller AuflVerpfl nichts herauszugeben ist (MK/Kollhosser 4 mwN; bestr; aA: § 812 I S 2 [2. Alt]).

528 *Rückforderung wegen Notbedarfs.* **I Soweit der Schenker nach der Vollziehung der Schenkung außerstande ist, seinen angemessenen Unterhalt zu bestreiten und die ihm seinen Verwandten, seinem Ehegatten oder seinem früheren Ehegatten gegenüber gesetzlich obliegende Unterhaltspflicht zu erfüllen, kann er von dem Beschenkten die Herausgabe des Geschenkes nach den Vorschriften über die Herausgabe einer ungerechtfertigten Bereicherung fordern. Der Beschenkte kann die Herausgabe durch Zahlung des für den Unterhalt erforderlichen Betrags abwenden. Auf die Verpflichtung des Beschenkten finden die Vorschriften des § 760 sowie die für die Unterhaltspflicht der Verwandten geltende Vorschrift des § 1613 und im Falle des Todes des Schenkers auch die Vorschriften des § 1615 entsprechende Anwendung.**

II Unter mehreren Beschenkten haftet der früher Beschenkte nur insoweit, als der später Beschenkte nicht verpflichtet ist.

1) Allgemeines. Regelg für den Notbedarfsfall des Schenkers nach vollzogener (auch gemischter) Schenkg, entspr § 519 (dort vor Vollz der Schenkg). Zweck u Vorausverzicht wie § 519 Rn 1. Pfändbk: § 852 II ZPO. **a) Anwendbar** nur auf Schenkgen (§ 516), nicht auf Pfl- u AnstdsSchenkg (§ 534) sowie bei jur Pers als Schenker (allgM). **b) Mehrere Beschenkte** (Abs II) sind GesSchuldner (BGH NJW **98**, 537). Zu zahlr RFragen: Heiter JR **95**, 313. Die Nichtverpfl kann auf Herausg, Wegfall der Bereicherg od auf § 529 II beruhen. Gleichzeit Beschenkte haften iR des BereichergsR nicht nur anteil bis zur ObGrenze des Restbedarfs (BGH NJW **91**, 1824). Es kann ein Beschenkter allein in Anspr genommen w (Ffm NJW-RR **93**, 835). **c) Tod des Beschenkten** vor Verarmg des Schenkers: Anspr richtet sich gg dessen Erben (§ 1967; BGH NJW **91**, 2558). 1 2 3

2) Herausgabeanspruch (Abs I S 1). **a) Inhaberschaft.** Er steht dem Schenker selbst zu (Düss FamRZ **84**, 887), nach ÜbLeitg gem § 90 BSHG dem SozHilfeträger wg des Nachrangs der SozHilfe. Zum Überg des Anspr zusfassd Kollhosser ZEV **95**, 391; Haarmann FamRZ **96**, 522. Umstr ist, ob der Anspr mit dem Tod des Schenkers erlischt od vererbl ist (vgl die RsprNachw in BGH NJW **95**, 2287 u Franzen FamRZ **97**, 528 mwN). Der Anspr erlischt jedenf nicht mit dem Tod des Schenkers, wenn der Anspr vorher gem § 90 BSHG übgeleitet w (BGH **96**, 380), auch nicht, wenn dies nach dem Tod geschieht (BGH NJW **95**, 2287; Zeranski NJW **98**, 2574 mwN) od jedenf, wenn der Beschenkte den Anspr aus § 528 trotz Auffdg nicht erf hat (BGH **123**, 264). In diesen Fällen erlischt der Anspr auch nicht dch Konfusion (BGH NJW **95**, 2287). Auch ein Verz des Schenkers (§ 397) wäre ausgeschl (BGH aaO). Abgetreten werden kann der Anspr wg § 399 1. Alt, außer an den in Abs I S 1 genannten PersKreis (BGH NJW-RR **93**, 250; Wüllenkemper JR **88**, 353), jedenf an einen Zessionar, der den Unterh des Schenkers in Höhe des AnsprWerts bestr hat od sicherstellt (BGH NJW **95**, 323). Er geht dem UnterhAnspr des Schenkers vor (BGH NJW **91**, 1824). **b) Voraussetzungen** des Anspr (BewL: Schenker, BGH NJW **95**, 1349). **aa)** Vollzogene Schenkg: wie § 518 Rn 9. **bb)** Notbedarf: Er muß bereits vorliegen (zum Pflegefallrisiko vgl Schwarz JZ **97**, 545). Maßgebd ist der eigene angem Unterh (wie § 1610 I) u die ges UnterhPfl aus §§ 1360, 1361, 1569, 1601, 1615 a. Diese Vorauss ist nicht erf, wenn die Schenkg an einen Dr herausgegeben werden müßte (Celle NJW-RR **99**, 1971). Auf die sonstigen Verpfl kommt es (im Ggsatz zu § 519) nicht an. Zumutb Erwerbsmöglk des Schenkers sind zu berücks (hM), nicht aber ein UnterhAnspr (BGH NJW **91**, 1824; wie § 519 Rn 4 aE). Die Schenkg muß nicht Urs des Notbedarfs sein. **c) Umfang.** Der Anspr richtet sich der Höhe nach auf die Deckg des Bed, den Abs I S 1 schützt („soweit"), bei Unterh ein angem regelmäß wiederkehrder Betr bis der Wert des SchenkGgst erschöpft ist (BGH NJW **96**, 987). Es gelten §§ 818, 819 I; bei unentgeltl Weitergabe an Dr: § 822 (hM; BGH **106**, 354; dagg krit Koch JR **93**, 313). **d) Inhalt.** Grdsätzl ist der Ggstd zurückzugeben. Das ist bei Aufn in eine PersGes idR der GesAnteil (K. Schmidt BB **90**, 1992). WertErs (§ 818 II) ist zu leisten, wenn der Anspr teilweise (zB bei Unterh) auf einen unteilb Ggstd gerichtet ist (allgM; vgl BGH **94**, 141). **e) Einrede des Beschenkten:** § 529. 4 5 6

3) Abwendungsbefugnis (Abs I S 2, 3; § 262 Rn 7). Sie gibt dem Schenker keinen UnterhAnspr (Naumbg OLG-NL **97**, 27) u gilt nicht dafür, daß der Beschenkte sich dch Rückg des Geschenks v der ZahlgsPfl befreien könnte (BGH NJW **94**, 1655). Der Unterh ist als Geldrente zu zahlen (§ 760) u erlischt mit dem Tode des Schenkers nach Maßg des § 1615, nicht dem des Beschenkten. S 3 gilt nur im Falle des S 2 (Soe/Mühl 6; Düss FamRZ **84**, 887; aA Franzen FamRZ **97**, 528 mwN). 7

529 *Ausschluß des Rückforderungsanspruches.* **I Der Anspruch auf Herausgabe des Geschenkes ist ausgeschlossen, wenn der Schenker seine Bedürftigkeit vorsätzlich oder durch grobe Fahrlässigkeit herbeigeführt hat oder wenn zur Zeit des Eintritts seiner Bedürftigkeit seit der Leistung des geschenkten Gegenstandes zehn Jahre verstrichen sind.**

II Das gleiche gilt, soweit der Beschenkte bei Berücksichtigung seiner sonstigen Verpflichtungen außerstande ist, das Geschenk herauszugeben, ohne daß sein standesmäßiger Unterhalt oder die Erfüllung der ihm kraft Gesetzes obliegenden Unterhaltspflichten gefährdet wird.

Rechtsnatur: § 529 enthält eine Einr, nicht Einwendgen (hM), sodaß es dem Beschenkten überl ist, sie geltd zu machen. **Zweck:** BilligkRegelg, die eine Anwendg des § 242 nicht ausschließt (MK/Kollhosser 5). **Selbstverschulden** (Abs I 1. Alt): Vors (§ 276 Rn 10); grobe Fahrlk (§ 277). Bsp: Verschwendg, leichtsinn Spekulation. Die Bedürftk darf nicht dch die Schenkg herbeigeführt worden sein, zB um später SozHilfe zu erlangen. **Fristablauf** (Abs I 2. Alt): Es ist auf den Eintritt des NotBed abzustellen. Leistg: sie entspr dem 1 2

3 Vollz der Schenkg (§ 518 Rn 9–15; Köln FamRZ **86**, 988). **Notbedarf:** wie § 519 Rn 4. Statt standesmäß ist angem zu lesen (v GGeber übersehen).

530 *Widerruf der Schenkung.* **I Eine Schenkung kann widerrufen werden, wenn sich der Beschenkte durch eine schwere Verfehlung gegen den Schenker oder einen nahen Angehörigen des Schenkers groben Undankes schuldig macht.**

II Dem Erben des Schenkers steht das Recht des Widerrufs nur zu, wenn der Beschenkte vorsätzlich und widerrechtlich den Schenker getötet oder am Widerrufe gehindert hat.

1 1) **Allgemeines.** Der Widerr ist in den §§ 530–534 geregelt. **a) Rechtsnatur.** Das R zum Widerr ist höchstpersönl, nicht abtretb, daher unpfändb; nur eingeschr vererbl. **b) Anwendbar** auf SchenkgsVerspr u vollzogene Schenkg; auf gemischte Schenkg (BGH NJW **99**, 1623 mwN). Nur wenn der Schenker eine natürl Pers, nicht eine jurP ist (hM; BGH NJW **62**, 955); ebso beim Beschenkten (hM; Düss NJW **66**, 550), § 530 gilt auch bei Schenkg unter Eheg (BGH **87**, 145), wenn also keine ehebedingte Zuwendg vorliegt (vgl
2 § 516 Rn 10), u LebGefährten (BGH **112**, 259). **c) Vererblichkeit** ist dch Abs II eingeschränkt; auch die Hinderg am Widerr muß vorsätzl u rechtswidr sein. **d) Nahe Angehörige.** Maßgebd ist das tats pers Verh zum Schenker, nicht der Grad der Verwandtsch oder Schwägersch. Mögl auch bei Pflegekind u -eltern,
3 LebGefährten. **e) Folge des Widerrufs:** HerausgAnspr in Natur gem §§ 812 ff (hM; BGH NJW-RR **88**, 584 mwN); keine Änd der dingl RLage (BayObLG NJW-RR **92**, 1236). Auch bei gem Schenkg (BGH aaO). Der RückFdgsAnspr ist auch ohne Einr, also vAw zu beachten. Er ist so eingeschr, daß er nur Zug-um-Zug gg WertAusgl des entgeltl Teils geltd gemacht w kann (BGH **107**, 156).

4 2) **Voraussetzungen des Widerrufs,** sofern er nicht, was zuläss ist (fast allgM; Kollhosser AcP **194**, 231 [337]), bei Schenkg vorbehalten wurde; auch bei GesAntlen mögl (K. Schmidt BB **90**, 1992; Kollhosser aaO 338 mwN; bestr). Fehlen die Vorauss, ist RückFdg wg ZweckVerfehlg aus § 812 I S 2 2. Alt im Einzelfall
5 mögl (vgl Köln NJW **94**, 1540). **a) Schwere Verfehlung** des Beschenkten. Weitgehend tatrichtl Beurteilg (BGH NJW **99**, 1626). **aa) Allgemeines.** Sie ist auch dch Unterl mögl (vgl BGH **91**, 273) oder dch Mehrh v Handlgen (MK/Kollhosser 3 mwN). Obj muß die Verfehlg sich gg den Schenker od dessen Angeh richten, subj eine tadelnswerte, auf Undankbk deutde Gesinng offenb (BGH stRspr, zB NJW **92**, 183 mwN u NJW **99**, 1623). Die Verfehlg muß vorsätzl sein, nicht auch rechtswidr. § 166 gilt nicht. Schuld ist iS moral Vorwerfbk zu verstehen (hM). Zur Schwere der Verfehlg müssen die damit zushängden tats Umstde gewürd w (BGH NJW aaO). Bei mehreren Schenkern eines unteilb Ggst genügt Verfehlg gg einen (BGH MDR **63**,
6 575). **bb) Einzelfälle:** Bedrohg des Lebens; körperl Mißhdlg; grdlose StrafAnz (BGH **112**, 259); belastde Aussagen trotz ZeugnVerweigergsR (BGH **LM** Nr 6); schwere Beleidiggen; sof Verl einer Räumg (vgl BGH FamRZ **93**, 1297); Unterbinden eines NutzgsR (BGH NJW **99**, 1626); grdloser Antr auf BetreuerBestellg (Düss NJW-RR **98**, 1432); hartnäck Weigerg, ein v Schenker vorbehaltenes R zu erf (BGH NJW **93**, 1577
7 für Nießbr). **cc) Ehewidriges Verhalten** ist grdsätzl geeignet, er fordert aber bes Umstde (BGH NJW **99**, 1623). Es ist auf eine wertde Betrachtg des Gesamtverhaltens v Schenker (od dessen Angeh) u Beschenktem abzustellen (wohl hM seit BGH **87**, 145, **91**, 273 [278]). Danach indiziert die Verletzg der ehel TreuePfl (§ 1353 Rn 5), insb ein Ehebruch, nicht allein, wohl aber grdsätzl (BGH FamRZ **85**, 351) eine schwere Verfehlg (BGH aaO mwN; bestr; vgl Seutemann FamRZ **85**, 352). Dasselbe gilt im Verh zum Schwiegerkind (vgl BGH FamRZ **81**, 34 u **82**, 778 m abl Anm v Bosch; aA Karlsr NJW **89**, 2136; Köln NJW-RR **95**, 584).
8 **b) Grober Undank** ggü dem Schenker muß der schweren Verfehlg zu entnehmen sein; dabei kommt einem engen VerwandtschVerh zw Schenker u Beschenktem keine erhöhte Bedeutg zu (BGH NJW **78**, 213). Ein Zushang zw der Schenkg u der Verfehlg ist aber nicht erforderl; jedoch muß der Beschenkte bei der Verfehlg Kenntn v der Schenkg, dem Schenker od der AngehEigensch gehabt haben. Verfehlgen des Schenkers ggü dem Beschenkten können groben Undank ausschl. Undankb Gesinng ggü dem dch Aufl Begünst (§ 525) genügt nicht (BGH MDR **51**, 335).

531 *Widerrufserklärung.* **I Der Widerruf erfolgt durch Erklärung gegenüber dem Beschenkten.**

II Ist die Schenkung widerrufen, so kann die Herausgabe des Geschenkes nach den Vorschriften über die Herausgabe einer ungerechtfertigten Bereicherung gefordert werden.

1 **Form** des Widerr (Abs I): einseit empfangsbedürft WillErkl (§ 130) des Schenkers od dessen Erben (§ 530 II); auch im Test mögl (RG **170**, 380). **Wirkung.** Es entfällt der RGrd der Schenkg u entsteht ein Anspr aus unger Ber (§§ 812 ff) gg den Beschenkten (BGH **35**, 103 [107]). Geschenk ist das, was dem PartWillen bei der Schenkg entspr; muß nicht vorher im Eigt des Schenkers gestanden haben (RG **167**, 199 [202]). Nachträgl Verzeihg (§ 532) beseit vollz Widerr nicht. RückÜbtragg eines GesAnteils muß gesellschrechtl mögl sein
2 (BGH **112**, 40). **Gegenansprüche** des Beschenkten, die im Zushang mit dem Geschenk stehen, können üb § 818 III geltd gemacht werden (BGH NJW **99**, 1626).

532 *Ausschluß des Widerrufs.* **Der Widerruf ist ausgeschlossen, wenn der Schenker dem Beschenkten verziehen hat oder wenn seit dem Zeitpunkt, in welchem der Widerrufsberechtigte von dem Eintritte der Voraussetzungen seines Rechtes Kenntnis erlangt hat, ein Jahr verstrichen ist. Nach dem Tode des Beschenkten ist der Widerruf nicht mehr zulässig.**

1 **Allgemeines.** Die drei AusschließgsGrde (Verzeihg, ZtAblauf, Tod) greifen nur ein, wenn der Widerr
2 noch nicht vollzogen ist. Verzeihg ist Einrede; ZtAblauf u Tod sind rechtsvernichtde Einwendgen. **Verzeihung:** wie § 2337 (vgl dort). Tats Vorgang, kein RGesch, setzt Einsichtsfähigk voraus. Ein bloßer Versöhngs-

Vers genügt nicht (BGH NJW **99**, 1626). **Fristablauf:** AusschlFr; Berechng: § 187 I, § 188 II. Für jede Verfehlg läuft eine eigene Fr (BGH **31**, 79). Für den Erben des Schenkers beginnt die Fr nicht vor Kenntn seiner ErbenEigensch. **Tod des Beschenkten.** Der vor dessen Tod erkl wirks Widerr begrdet Anspr gg 3
dessen Erben.

533 *Verzicht auf Widerrufsrecht.* **Auf das Widerrufsrecht kann erst verzichtet werden, wenn der Undank dem Widerrufsberechtigten bekannt geworden ist.**

Anwendbarkeit. § 533 gilt für das WiderrufsR des § 530 u den daraus folgden RückFdgsAnspr, der 1
vertragl modifiziert w kann (BGH MDR **72**, 36). **Verzicht** (einseit empfbedürft WillErkl, § 130) ist erst ab Kenntn der den Undank bildden Tats wirks mögl.

534 *Pflicht- und Anstandsschenkungen.* **Schenkungen, durch die einer sittlichen Pflicht oder einer auf den Anstand zu nehmenden Rücksicht entsprochen wird, unterliegen nicht der Rückforderung und dem Widerrufe.**

Allgemeines. Auch die Pfl- u Anstandsschenkgen sind Schenkg iS der §§ 516 ff (BGH **3**, 206). Es gelten 1
wg § 534 aber nicht die §§ 528–533, wohl aber § 527 (MK/Kollhosser 1; bestr). Fällt die Schenkg nur teilw unter § 534, ist der entspr Teil v Rückfdg u Widerr ausgeschl, bei Unteilbk RückFdg Zug-um-Zug gg eine der sittl oder AnstandsPfl entspr Leistg (BGH MDR **63**, 575). Sonstige Regeln für Pfl- u Anstandsschenkgen: §§ 814, 1425 II, 1641, 1804, 2113 II, 2205, 2207, 2330. **Sittliche Pflicht.** Sie muß aus den bes Umst des 2
Einzelfalles erwachsen. Verm u Lebensstellg der Beteiligten sowie ihre pers Beziehgen sind zu berücks. Bsp: Unterh von bedürft Geschw, idR nicht die Belohng für Pflege dch nahe Verwandte (vgl BGH NJW **86**, 1926). **Anstandspflicht.** Gebräuchl GelegenhGeschenke, insb Geburtstags-, Weihnachts-, Neujahrs-, Hoch- 3
zeitsgeschenke. Es ist auf die Ansichten u Gepflogenh soz Gleichgestellter abzustellen, insb darauf, ob die Unterl des Geschenks zu einer Einbuße an Achtg in diesem PersKreis führen würde. Das ist einzelfallbezogen zu prüfen (BGH NJW **81**, 111) u bei ungewöhnl SchenkgsObjekten (zB Grdst) kaum zu bejahen, idR auch nicht bei Eheg, wenn SchenkgsGgst der MitEigtAnteil an einem Grdst ist (BGH NJW-RR **86**, 1202; aA Karakatsanes FamRZ **86**, 1049 mwN).

Dritter Titel. Miete. Pacht

I. Miete

Einführung

1) Begriffe und Rechtsnatur 1–8
a) Miete 1
b) Mietvertrag 1
c) Untermiete 2
d) Mietvorvertrag 3
e) Vormietrecht 4
f) Mietoptionsvertrag 5
g) Doppelvermietung 6
h) Anmietrecht 7
i) Zwischenmiete 8
j) Mietvertragsübernahme 8a
k) Kettenmietvertrag 8b
2) Abgrenzung zu anderen Verträgen 9–20
a) Pacht 10
b) Leihe 11
c) Werkvertrag 12
d) Verwahrungs- und Lagervertrag 13
e) Gesellschaft 14
f) Gemeinschaft 15
g) Verein und Genossenschaft 16
h) Dingliche Rechte 17
i) Öffentlich-rechtliche Nutzungsverhältnisse 18
j) Automatenaufstellvertrag 19
k) Reisevertrag 20
l) Duldung von Anlagen 20
m) Chartervertrag 20
3) Mischverträge 21–26
a) Verbundene Verträge 21–25
b) Gemischter Vertrag 26
4) Leasingvertrag 27–57
a) Allgemeines 27–31
aa) Begriff 27
bb) Rechtsnatur 28
cc) Arten 29
b) Abgrenzung 30
aa) Zu ähnlichen Geschäften 30
bb) Umgehungsgeschäfte 31
c) Vertrag 32–38
aa) Form 32
bb) Beginn 33
cc) Inhalt 34
dd) Anfechtung 35
ee) Änderung 36
ff) Instandhaltungspflicht 37
gg) Erfüllungsgehilfen 38
d) Nichterfüllung 39
e) Sachmängel 40–42
aa) Haftung 40
bb) Geltendmachung 41
cc) Rechtsfolgen 42
f) Sach-, Preis- und Leistungsgefahr 43
g) Kündigung 44–47
aa) Gründe 44
bb) Fristen 45
cc) Tod 46
dd) Ausgleichszahlung 47
h) Vertragsende 48–54
aa) Rechtsfolgen 49
bb) Verlängerung 50
cc) Rücknahme 51
dd) Schadensersatz 52
ee) Berechnung 53
ff) Verfallklausel 54
gg) Vertragsübernahme 54
i) Insolvenzrisiken 55
j) Verjährung 56
k) Sonstige Rechtsfolgen 57
5) Inhalt des Mietverhältnisses 58–64

a) Dauer . . . 59
b) Pflichten und Rechte . . . 60
aa) Pflichten des Vermieters . . . 61
bb) Pflichten des Mieters . . . 62
c) Rechte des Mieters gegen Dritte . . . 63
d) Rechte Dritter aus dem Mietverhältnis . . 64
6) Grundstücksmiete . . . 65–67
a) Anwendungsbereich . . . 65
b) Rechtsgrundlagen . . . 66
c) Abgrenzung . . . 67
7) Raummiete . . . 68
8) Geschäftsraummiete . . . 69
9) Wohnraummiete . . . 70–71
a) Anwendungsbereich . . . 70
b) Rechtsgrundlagen . . . 71
10) Mischmietverhältnisse . . . 72–74
a) Untrennbar vermietete Sachen . . . 73
b) Trennbar vermietete Sachen . . . 74
11) Miete beweglicher Sachen . . . 75–79
a) Begriff . . . 75
b) Anwendbare Vorschriften . . . 76
c) Formularverträge . . . 77
12) Finanzierungsbeiträge und andere Mieterleistungen . . . 80–93
a) Zulässigkeit . . . 81
b) Arten . . . 82
aa) Verlorener Baukostenzuschuß . . . 83
bb) Abwohnbarer Baukostenzuschuß . . . 84
cc) Mietvorauszahlung . . . 85
dd) Mieterdarlehen . . . 86
ee) Werkförderungsvertrag . . . 87
ff) Mietabstand . . . 88
13) Mietkaution . . . 89–95
a) Begriff . . . 89
b) Rechtsfolgen . . . 90
c) Aufrechnung . . . 91
d) Veräußerung . . . 92
e) Verzinsung . . . 93
f) Rückzahlung . . . 94
g) Prozessuales . . . 95
14) Soziales Mietrecht . . . 96–99
a) Bestandschutz . . . 96
b) Vertragliche Mieterhöhungen . . . 97
c) Einseitige Mieterhöhungen . . . 98
d) Mietpreisberechnungen . . . 99

1 **1) Begriffe und Rechtsnatur. a) Miete** (MietVerh) ist das vertragl R(Schuld)Verh zw Verm u Mieter, das auf GebrGewährg gg Entgelt gerichtet ist (BGH NJW **98**, 595). Zum vorvertr RVerh: Derleder/Pellegrino NZM **98**, 550. Das MietVerh ist ein DauerschuVerh. Ggst des MietVerh können nur Sachen (§ 90) sein. **b) Mietvertrag** ist ein schuldrechtl, entgeltl GebrÜblassgsVertr (wie Pacht u Leihe), ggs Vertr iS der §§ 320ff. Abschl des MietVertr (§ 535 Rn 1) u Beginn des MietVerh (Rn 1) fallen meist nicht auf denselben
2 Ztpkt. **c) Untermiete** (§ 549) ist ein MietVerh zw dem Mieter (dem sog Hauptmieter) u dem Untermieter; ein MietVerh 2. Stufe. Auch eine 3. Stufe ist mögl. Der UntermietVertr ist echter MietVertr (mit allen Ren u Pflen) u von der bloßen Üblassg des Gebr der Sache an einen Dr od der Abtretg des Rechts aus dem MietVertr
3 (§ 398) zu unterscheiden. **d) Mietvorvertrag** (ausführl Michalski ZMR **99**, 141) ist ein formloser (hM; § 566 Rn 3) VorVertr (Einf 19 vor § 145), dch den sich die künft Verm u Mieter bindd verpfl, einen MietVertr abzuschließen. VertrInhalt muß bestimmt od bestimmb sein, bei einem gewerbl MietVertr, mindestens aber auch ausreichd: MietGgst, -dauer u -zins (vgl BGH NJW-RR **93**, 139). Könnte der MietVertr sof geschlossen w, so müssen bes Gründe für die Ann vorliegen, daß rechtl Bindg u damit ein VorVertr gewollt war. Zur Abgrenzg v OptionsVertr (Rn 5): Köln ZMR **98**, 283, zum AnmietR (Rn 7). Aus einem VorVertr kann nur Abschl des MietVerh verlangt w, nicht Leistg od SchadErsAnspr aus dem MietVertr (Kblz NZM **98**,
4 405). Rücktr aus § 242 ist mögl (Kblz aaO). **e) Vormietrecht** (auch Vormiete; ausführl Michalski ZMR **99**, 1) ist das R aus einem Vertr, der dem Berecht ggü dem Verm das R einräumt, in einen vom Verm mit einem Dr geschl MietVertr (VormFall) als Mieter einzutreten. Zu untersch sind 3 Vertr: der VormietVertr zw Verm u Berecht – der MVertr zw Verm u dem Dr – der dch AusÜbg des Rs zustdekommde MVertr zw Verm u Berecht; hierfür gelten die §§ 504–514 (Vorkauf) entspr (allgM), insb § 505 (so daß dch formlose Erkl MietVertr zw Verm u Berecht zu den gleichen Bedinggen wie mit dem Dr vereinb, zustandekommt), § 508 (GesamtPr, RG **123**, 265), § 510 (AnzeigePfl, BGH MDR **58**, 234) u AnzFr (Kania ZMR **76**, 1); § 514 (Unübertragbk); § 507 (aber nicht ohne weiteres, RG **125**, 123). Schriftform des § 566 gilt nicht (§ 505 I S 2 entspr; BGH **55**, 71 [76f]; einschränkd Michalski aaO; aA Kania ZMR **76**, 1). Übergang auf GrdstErwerber gem § 571 (BGH NJW **71**, 422; bestr). Vereinb Vormiete kann (falsch bezeichnet) im Einzelfall eine
5 VerlängergsOption (Rn 5) darstellen (Hamm ZMR **95**, 248 für Pacht). **f) Mietoptionsvertrag** (vgl Einf 23 vor § 145) ist ein MietVertr, der unter der aufschiebden Bedingg geschl ist, daß der eine VertrPart innerh einer best Fr von dem ihm eingeräumten GestaltgsR, diesen MietVertr zustandezubringen od zu verlängern vor Ablauf des MietVertr od der für die Option vereinb Fr (Ffm NZM **98**, 1006), doch (grdsätzl) forml Erkl Gebr macht (vgl aber § 566 Rn 3). IdR ist eine AusübgsFr vereinb (Düss ZMR **91**, 378 u **92**, 52). Mit AusÜbg
5a erlischt die Mietoption, kann aber bei entspr Vereinbg wiederaufleben (BGH NJW-RR **95**, 714). **aa) Begründungsoption.** Es wird ein dem AnkaufsR (Vorbem 13 vor § 504) entspr AnmietR begründet (RG **161**, 267). Schriftform des § 566 (and als bei Rn 7) gilt für eine entspr lange Optionsdauer (Kania ZMR **76**, 1;
5b bestr). **bb) Verlängerungsoption** (vgl § 564 Rn 6). Es wird kein neues MietVerh begrdet, sond das alte fortges. Zur Miethöhe vgl § 535 Rn 30. Zur Auslegg: Haase WiB **97**, 1141. Eine nicht ausdrückl festgelegte Fr ist dch Auslegg zu ermitteln, wobei an KündFr angeknüpft w kann (Düss NJW **72**, 1674) od nach Künd unverzügl optiert w muß (BGH NJW **85**, 2581). Das OptionsR erlischt grdsätzl spätestens mit Ablauf der um die OptionsZt verlängerten VertrDauer (BGH NJW **82**, 2770). Bei mehrfachem OptionsR wird das nach-
6 folgde nur wirks, wenn das frühere rechtzeit ausgeübt ist (Hbg NZM **98**, 333). § 571 ist anwendb. **g) Doppelvermietung** liegt vor, wenn dieselbe Sache, die bereits dch wirks MietVertr vermietet ist, an eine and Person nochmals vermietet w. Die Vertr sind voll wirks. Re bei NichtErf: § 541 Rn 5. Zu Einzelh vgl
7 Derleder/Pellegrino NZM **98**, 550 [555]. **h) Anmietrecht** ist der Anspr eines Mietinteressenten gg den Verm, daß dieser ihm die Miets zur Miete anbietet (ähnl dem MietoptionsVertr Rn 5), bevor er sie an einen and vermietet. Im Inhalt des VertrAngeb ist der Verm frei. Vereinbg forml wirks. Vom MietVorvertr (Rn 3)
8 zu untersch. **i) Zwischenmiete** liegt vor, wenn vertrgem Gebr der Miets nicht im EigenGebr (insb Wohnen), sond in der gewerbl (vgl § 549a) od nicht gewerbl Weitervermietg an einen Dr (sog Endmieter) liegt. ZwMiete ist eine bes Form der Unterm (Rn 2), kein WoRaumMietVertr (hM; Düss ZMR **95**, 203; LG Hbg ZMR **99**, 107; Langenberg MDR **93**, 102 mwN), auch nicht, wenn ein ArbG zur Weitervermietg an seine ArbN mietet (BayObLG ZMR **95**, 585). Ein WoRaumMietVertr liegt nur im Verh zum Endmieter vor (Zweibr NJW-RR **95**, 270), so daß zB InstdsetzgsAnspr (§ 536 Rn 10) gg den ZwMieter geltd zu machen sind (Zweibr aaO). Zur Künd des ZwMietVerh: Langenberg aaO. Zum KündSchutz bei WoRaum:

§ 556 Rn 21. **j) Mietvertragsübernahme** ist die dch alle Beteil (Verm, Mieter, ÜbNehmer) vereinb (od mit Zust, § 182) versehene Übern der Stellg als Mieter od Verm dch einheitl RGesch (§ 398 Rn 38, 39). § 566 gilt. **k) Kettenmietvertrag** ist die wiederholte Befristg von mind 2 aufeinander folgden MietVertr (vgl § 565 a Rn 3; Hannemann NZM **99**, 581 [588]). 8 a 8 b

2) Abgrenzung zu anderen Verträgen. Sie ist nach dem ges Inhalt des Vertr vorzunehmen; die von den Part gewählte Bezeichng des Vertr ist nicht entscheidd. Maßgebl Ztpkt ist der des VertrAbschl; daher ist für die RNatur des Vertr insb unerhebl: späterer Eintritt eines Dr, Rückg od Kauf des Inventars dch den Pächter, Änderg des gepachteten Betr. **a) Pacht** (§ 581; Voelskow NJW **83**, 911): Miete bezieht sich nur auf Sachen (§ 90), Pacht auf Ggstände (Sachen u Re); Miete gewährt nur den Gebr, Pacht auch den Bezug der Früchte (§ 99). Werden dch einheitl Vertr mehrere Sachen teils nur zum Gebr, teils auch zum Fruchtgenuß, od Sachen u Re überlassen, so kommt es auf den HauptGgst u auf den wesentl VertrZweck an. Werden Grdste oder Räume für einen gewerbl oder freiberufl Betr überlassen, liegt Pacht nur dann vor, wenn Räume (od Grdst) für einen best Betr baul geeignet, auch so eingerichtet u ausgestattet sind, daß sie alsbald für den Betr mit Gewinn benutzt w können, auch wenn Inv noch ergänzt w muß. Wenn der stets erforderl Zushang zw Raum- u InvÜblassg besteht, kann das Inv auch von einem Dr überlassen w. Der Umst, daß die (auch leeren) Räume gewerbl od berufl benutzt w, genügt für Pacht nicht. Es müssen weitere geschuldete Leistgen (zB Nachw günst Bezugsquellen od Bereitstellg v AnschaffgsKred) hinzukommen (BGH NJW-RR **91**, 906). Ob bei Software, die auf Zt üblassen w, Miete od Pacht vorliegt, ist zweifelh, aber wg der gleichen RFolgen bei §§ 537 ff weitgehd unerhebl (vgl Köhler CR **87**, 827); zudem ist meist ein LeasVertr mit AGB vereinb (Junker NJW **90**, 1575 [1579] mwN). **b)** Leihe (§ 598) ist im Ggsatz zur Miete unentgeltl (vgl § 535 Rn 29). Auch bei WoRaum mögl, wenn zB abgegrenzte Teile einer Wohng ohne Entgelt überlassen w. Ist das Entgelt auch weit unter dem Marktpr (sog GefälligkMiete), liegt Miete vor (BGH **LM** § 535 Nr 45; Karlsr ZMR **88**, 431). **c) Werkvertrag** (§ 631): hier wird statt GebrÜblassg die Herbeiführg eines best Erfolges geschuldet (Einf 1 vor § 631). Bei Miete u WerkVertr sind MischVertr (Rn 21) häuf. WerkVertr mit mietrechtl Einschlag liegt zugrunde bei Besuch von Veranstaltgen (Theater, Konzert, Kino, Sport usw) als Zuschauer od Zuhörer). MietVertr ist der einfache CharterVertr (Rn 20), die Üblassg eines Zelts zur Bausicherg (Hamm NJW-RR **95**, 525), die eines Steinbruchs zwecks Auffüllg mit Klärschlamm (BGH **86**, 71), die einer bewegl Sache gg ein Entgelt, das nach dem Umfang des Gebr bemessen wird (Kblz NJW-RR **99**, 706 [Weinfilter]). **d) Verwahrungs- und Lagervertrag** (§ 688; § 467 HGB): Es wird nicht GebrÜblassg des Raums, sond die Aufbewahrg geschuldet. Nur für bewegl Sachen mögl. Liegt vor, wenn nicht nur Raum zur Aufbewahrg überlassen (zB Lagerraum Kblz NJW-RR **91**, 1317), sond auch Obhut übernommen w (BGH **3**, 200); prakt wichtig bei Einstellen von Kfz, wo Umst des Einzelfalls entscheiden. VerwahrgsVertr: bewachter Parkplatz (hM), Parkhaus (aA LG Brem NJW **70**, 2064), nicht der Stellplatz in der Sammelgarage eines Hotels (AG Ulm NJW-RR **87**, 1340; umstr). Miete: Einzelgarage; Bankschließfach trotz bestehder BewachgsPfl der Räume (hM); Gepäckschließfach (bestr). **e) Gesellschaft** (§ 705) ist ZusSchluß von Personen zu gemeins Zweck; hier kann GebrÜberlassg an Gesellsch vereinb Beitrag (§ 705) sein, auch bei den gesellschähnl partiar RechtsVerh (§ 705 Rn 50). Nicht Ges, sond Umsatzmiete liegt vor, wenn Verkaufsfläche zur Vfg gestellt u eingehende Umsatzmiete geteilt w (BGH ZMR **88**, 49). **f) Gemeinschaft** ist Gebr einer Sache aus eigenem Recht (§ 743 II). Es ist Miete, wenn alleiniger Gebr gem § 745 I gg Entgelt eingeräumt w (BGH NJW **74**, 364; Erbarth NZM **98**, 742). Bei GesHandGemsch (insb ErbenGemsch) ist entgeltl Gebr dch einen Miterben regelm Miete. Miete zu vereinb ist auch bei Gemsch (§ 741) stets mögl (§ 535 Rn 1; vgl auch BGH NJW **74**, 743). **g) Verein und Genossenschaft.** Benutzg ihrer Einrichtgen dch Mitgl ist als sog DauernutzgsVertr jedenf dann Miete, wenn der Gebr wenigstens für kurze Zeit ausschl u gg bes Entgelt überlassen w, insb eine Wohng (hM; Karlsr ZMR **85**, 122 mwN); nicht die Benutzg eines Fitness-Centers (aA LG Darmst NJW-RR **91**, 1015); Maschinen ohne Bediengspersonal (sonst gemischter Vertr, Rn 23); auch nicht mietähnl Verh, wenn ein Mitglied eine Festlk des Vereins gg Entgelt besucht (Mü VersR **76**, 99). **h) Dingliche Rechte:** WohngsR (§ 1093; zur Abgrenzg vgl dort Rn 2); Dauerwohn- u DauernutzgsR (§ 31 WEG), Nießbr (§ 1030) sind im Ggsatz zur Miete dingl Rechte, an Grdsten u Teilen eintraggsbedürft (§ 873). **i) Öffentlich-rechtliche Nutzungsverhältnisse** unterliegen nicht dem MietR des BGB, so insb DWohngen, Überlassg von kommunalen Einrichtgen, zB Marktstände, Vieh- u Schlachthofräume, Gräber. MietVertr ist bei SondNutzg öff Sachen (zB dch Verkaufsstand) mögl; stets gegeben, wenn priv Sachen entgeltl für öff Zwecke überl w (vgl Köln WuM **91**, 394). **j) Automatenaufstellungsvertrag** (vgl § 705 Rn 51) kann wohl überh nicht einem best VertrTyp zugeordnet w. Jedenf ist seine RNatur umstr (für Automatenaufstellg bei Gastwirten, vgl Weyland, Automatenaufstellg, 1989). Es entscheiden Vereinbg u Umst des Einzelfalls. Miete eines GrdstTeils liegt vor, wenn ein Raum allein zum Betr eines od mehrerer Automaten od ein Platz für einen Automaten (sog AutomatenAnbringgsVertr) gg festes Entgelt od best Anteil am Umsatz (sog Umsatzmiete) zur Verfügg gestellt w. Partiarisches RVerh, Gesellsch od gemischter Vertr (Rn 21) liegt vor, wenn der Automat in einen GewerbeBetr, insb Gastwirtsch, eingegliedert u Gewinnbeteiligg vereinbart ist (BGH **47**, 202). KündFr in diesen Fällen entgg § 723 I regelm 3. Werktag zum Ende des übernächsten Monats (hM: LG Köln NJW **72**, 2127 mwN). Zur NachfKlausel vgl Düss OLGZ **73**, 11. Stets ist Miete gegeben, wenn der Automat (mit od ohne Aufstellplatz) gg Entgelt an denjen überlassen w, der das Gesch damit betreibt. Bei Ausschließlk wird wg §§ 18, 34 GWB Schriftf verlangt (Celle BB **78**, 1488). **k) Reisevertrag** (§ 651 a). Die geschuldete Bereitstellg eines Ferienhauses od einer Ferienwohng zu UrlZwecken ist eher MietVertr als WerkVertr (vgl BGH NJW **85**, 907); zwar gilt § 651 f II entspr (BGH aaO), aber nicht das übr ReiseVertrR. **l) Duldung von Anlagen,** auch ausdrückl dch sog GrdstEigtErkl, zB für KabelverzweiggsAnl ist nicht MietVertr; insb gilt nicht § 571 (LG Ffm NJW **85**, 1228). **m) Chartervertrag** (vgl Einf 10 vor § 631), insb in Bezug auf ein Schiff ist eine frachtrechtl Vereinbg, im Einzelfall v Miete verbunden mit DienstVerschaffg abzugrenzen (BGH WM **86**, 26). 9 10 11 12 13 14 15 16 17 18 19 20

3) Mischverträge (Einf 16–24 v § 305). **a) Verbundene Verträge** (TypenkombinationsVertr u AustauschVertr mit atypischer GgLeistg; vgl Einf 20, 21 vor § 305). Der einheitl Vertr ist zu einem Teil Miete, iü mind einem and VertrTyp zuzuordnen. Für jeden Teil w das R des zutreffden VertrTyps angewendet. Allg gilt § 139. Die wichtigsten Formen sind: **aa) Mietkauf.** Das ist ein MietVertr, bei dem der Verm dem Mieter das 21 22

R einräumt, innerh einer best Frist die (idR neue) Sache zu einem vorher best Preis zu kaufen, wobei die bis dahin gezahlte Miete ganz od zT auf den Kaufpr angerechnet w (BGH WM **90**, 1307). Es genügt zB die Klausel „Bei Übernahme Mietanrechnung 50%" (BGH WM **85**, 634). Es ist also ein MietVertr mit einem KaufoptionsVertr verbunden. Miet- u KaufR w getrennt für jeden Teil angewendet. In der Ausübg der Kaufoption liegt die iZw damit zulässige fristlose Künd des MietVerh. MietPr ist meist überhöht, einers um den Mieter zum Kauf zu veranlassen, andseits weil bei neuer Sache dch Gebr starker Wertverlust eintritt. Verm ist hauptsächl am Verkauf interessiert. Anreiz für Mieter ist leichtere Finanzierg als bei sofort Kauf. Der Mietkauf fällt unter § 1 Rn 6 VerbrKrG. Der Unterschied zum LeasingVertr (Rn 28) liegt darin, daß beim
23 Mietkauf Gef, Gewl u Instandhaltg gem §§ 536–539 beim Verm liegen. **bb) Telekommunikationsanschluß** ist seit Privatisierg der Post privatrechtl, ggf Miete des Geräts; iü WerkVertrR. Es gelten die AGB der TelekomAG. **cc) Maschinen und Fahrzeuge.** Wird das Bediengspersonal gestellt, liegt idR Miete verbunden mit DVerschaffgsVertr vor (hM; Karlsr NJW **89**, 907; Celle NJW-RR **97**, 469 mwN), wenn Gebr überlassen (zur Disposition des Mieters), nach Zeit abgerechnet u Obhut (insb Wartg) dch Mieter übern w; sonst reiner D- od WerkVertr (Hbg MDR **68**, 1007; Karlsr MDR **72**, 325). Übernimmt der Verm Wartg od Einschulg des Mieters od dessen Personals zum Bedienen, ist der MietVertr mit WerkVertr verbunden.
24 **dd) Gastwirtschaft mit Bierlieferungsvertrag** ist Miet- (od Pacht)Vertr verbunden mit Sukzessivliefergs-Vertr (BezugsVertr, Einf 21 vor § 581, Einf 27 vor § 305 u § 138 Rn 81). **ee) Filmverleih.** Vertr zw Filmverleih u KinoUntern ist MietVertr, soweit der Film als Sache überlassen w (Celle NJW **65**, 1667), verbunden mit LizenzVertr, dch den urheberrechtl das VorführgsR (§§ 19, 94 UrhG) auf Zeit übertragen w. Davon zu unterscheiden ist der Vertr zw Filmhersteller u Verleiher, der zwar keine mietrechtl Elemente, dafür aber pachtrechtl mit der Folge des § 581 II aufweist (RG **161**, 321; BGH **2**, 331; Einf 9 vor § 581).
25 **ff) Heimpflegevertrag** ist insb in Altenheim, MietVertr verbunden mit DVertr, wobei einheitl KündR u KündFr auf beiden Seiten anzunehmen ist. Der Vetr unterfällt dem HeimG (Wiedemann NJW **90**, 2237). Auf den SchwerPkt (Miet- od DVertr) stellt der BGH in WM **89**, 799 ab. Für außerord Künd gilt § 626, der § 624 nicht (Köln NJW **80**, 1395). Für einseit EntgeltErhöhg (§ 4 c HeimG) wenden Mü NJW **95**, 465 u LG Hbg NJW **95**, 468 das MHG entspr an.

26 **b) Gemischter Vertrag** (TypenverschmelzgsVertr; vgl Einf 23 vor § 305). Der einheitl Vertr weist Merkmale der Miete u mind eines and VertrTyps auf. Der Vertr wird grdsätzl nach MietR behandelt, wenn die wesentl Leistg in entgeltl GebrÜberlassg besteht. Daneben können einzelne Vorschr der and VertrTypen direkt od entspr angewendet w, soweit sie dem MietR nicht widerspr. Im wesentl MietVertr sind: möblierte Zimmer mit Frühstück u Bedieng; BeherbergsVertr (Einf 3 vor § 701, BGH NJW **63**, 1449); GerüstGestellg (Hamm NJW-RR **94**, 1297); Benutzg von Vergnüggs- u Sporteinrichtgen (soweit nicht öff-rechtl NutzgsVerh vorliegen, vgl Rn 18), zB Sport- u FitnessCenter (umstr; vgl Hamm NJW-RR **92**, 242 mwN); Autoskooter (BGH NJW **62**, 908); Schiffschaukel (Köln NJW **64**, 2020); Schwimmbad (BGH VersR **75**, 766); Reklameflächen an Fahrz (daneben WerkVertr); nur Miete bei Hauswänden u freistehden Tafeln.

27 **4) Leasingvertrag** ist seit 1970 als atyp MietVertr (Rn 28) für zahlreiche WirtschGüter gebräuchl geworden. **a) Allgemeines. aa) Begriff.** Ein LeasVertr liegt vor, wenn der LeasGeber eine Sache od Sachgesamth dem LeasNehmer gg ein in Raten gezahltes Entgelt zum Gebr überläßt, wobei Gef od Haftg für Instandhaltg, Sachmängel, Unterg u Beschädigg der Sache allein den LeasN trifft (BGH NJW **98**, 1637 mwN), der LeasG dafür seine Anspr hieraus gg Dr (insb gg den Lieferanten) dem LeasN übträgt. IdR hat der Vertr eine feste GrdMietzeit, oft mit VerlängergsOption (Rn 50) des LeasN, die gewöhnl Miete sein kann; jedoch kommt auch Abschl auf unbestimmte Zeit vor. Kaufoption (AnkaufsR, 13 vor § 504) des LeasN od AnDiengsR des LeasG (vgl Rn 51; BGH NJW **96**, 923) ist häuf im Vertr enthalten, jedoch nicht begriffs-
28 notwend. **bb) Rechtsnatur.** Die Bezeichng des Vertr u der Part ist im Einzelfall nicht entscheidend (Kblz NJW-RR **89**, 1526), aber wesentl Indiz. Nach hM ist der LeasVertr wg der entgeltl GebrÜberlassg ein atyp MietVertr (BGH stRspr, zB NJW **90**, 1113 mwN; einschränkd Flume DB **91**, 265; aA mit beachtl Grden Canaris NJW **82**, 305, AcP **190**, 410 [446] u ZIP **93**, 401 [404] mwN: Vertr sui generis; gemischt-typ Vertr mit Dominanz von GeschBesorgg u Darl beim FinanziergsLeas; Übbl bei Knebel WM **93**, 1026). Keinesf ist es ein DarlVertr iS des § 56 I Nr 6 GewO (BGH NJW **89**, 460). Für das Operating-Leas (Rn 29) ist diese RNatur allgM, für das FinanziergsLeas (Rn 29) bestr, weil einerseits zum Schutz des LeasN die kaufrechtl Komponente stärker betont wird, andseits der Mischcharakter. Der LeasVertr bringt wirtsch Vorteile für den Lieferanten (Herst od Händler) dch Umsatz, dem LeasG dch günst KapNutzg u dem LeasN dch erleichterte
29 Finanzierg, indirekte Bilanz- u Steuervorteile (vgl v. Westphalen ZIP **83**, 1024). **cc) Arten. (1) Finanzierungsleasing.** Der Begriff ist in § 3 II Nr 1 VerbrKrG (dort Rn 7) vom GGeber verwendet u daraus abzuleiten (Canaris ZIP **93**, 401): LeasVertr, bei dem der LeasN für die Vollamortisation (auch zT dch anschließde Verwertg; BGH NJW **98**, 1637 mwN) der v LeasG für die Anschaffg der LeasSache gemachten Aufwendgen u Kosten einzustehen hat. FinanziergsLeas ist die weitaus häufigste Art des Leas, liegt auch beim KfzLeas mit km-Abrechng vor (BGH NJW **98**, 1637) u sie setzt eine längere Fest(Grund-) Mietzeit voraus (meist 3–7 J), oft mit Verlängergs- od Kaufoption (vgl Rn 27, 50), in der der LeasN dch die Ratenzahlg den KaufPr zuzügl aller Kosten, Zinsen, Kreditrisiko u Gewinn vergütet. Auch hier wählt der LeasN die Sache beim Lieferanten aus, der LeasG schafft sie dch Kauf an. **(2) Operatingleasing.** Die VertrDauer ist unbest od die GrdMietzeit sehr kurz, die Künd erleichtert od jederzeit mögl (BGH NJW **98**, 1637 mwN). Diese Art eignet sich vor allem für solche Sachen, bei denen für den LeasN ungewiß ist, wie lange er sie braucht u ob er sie erwerben will. Ist idR allein nach MietR zu beurt. **(3) Immobilienleasing** (Engel NZM **98**, 785) ist eine bes Form des FinanziergsLeas mit langer VertrDauer (bis 30 J), bei der der LeasG als Bauherr dem LeasN nach Ablauf der VertrZeit eine vormerkgsgesicherte Kaufoption (Rn 27) einräumt. Zur VertrGestaltg: Seibel NZM **99**, 197. **(4) Herstellerleasing** liegt vor, wenn der Lieferant (Herst od Händler) selbst LeasG ist. Es fehlt das für den LeasVertr typ DreiecksVerh (vgl Rn 27). IdR liegt ein Miet- oder TeilZahlgsKauf vor od reine Miete, wenn jedes OptionsR fehlt. **(5) Null-Leasing** (im Kfz-Handel u bei Fernsehgeräten gebräuchl geworden) liegt vor, wenn dem LeasN die Sache für einen best ZtRaum gg period fäll werdde Raten ohne Zins zum Gebr überlassen u nach Ablauf des Vertr von ihm für einen bei VertrSchluß festgesetzten Pr bindd zum Erwerb des Eigt angeboten w (hierzu Paschke BB **87**, 1193). **(6) Sale-and-lease-back.** Eigt des LeasGuts ist idR der

LeasN, der es an den LeasG verk u übereignet, um es von ihm zu leasen. Zur Haftg bei Gewl: v. Westphalen BB **91**, 150.

b) Abgrenzung des LeasVertr. **aa) Zu ähnlichen Geschäften: (1) Zum Kauf:** Statt der Pfl aus § 433 liegt ein DauerschuldVerh vor, bei dem die Übereigng entfällt oder ungewiß ist. **(2) Zum Mietkauf** (Rn 22): Es entfallen beim LeasVertr die §§ 536–539; er enthält nicht notw die Kaufoption (Rn 27). Der LeasVertr ist auf die teilw od volle Amortisation ausgerichtet. **(3) Zum finanzierten Kauf** (§ 9 Rn 1 VerbrKredG). Es liegt zwar auch ein DreiecksVerh vor (Verk – DarlG – Käufer u DarlN sowie Lieferant – LeasG – LeasN); jedoch findet der Kauf zw Lieferanten u LeasG statt u die Finanzierg ist im LeasVertr enthalten. Gleich ist, daß Käufer u LeasN die Sache wählen, an der sie (zunächst) unmittelb Besitz erlangen. 30
bb) Umgehungsgeschäfte. Soweit das AbzG noch anwendb ist (vgl Art 9 VerbrKrG) liegt eine Umgehg iS des § 6 AbzG vor, wenn dem LeasN das R eingeräumt w, nach Ablauf der MietZt einen Käufer (auch sich selbst) vorzuschlagen, der die Sache zum VerkWert erwirbt (BGH NJW **95**, 518). Dch das VerbrKrG wird der LeasVertr unmittelb erfaßt (§ 1 Rn 7 VerbrKredG), so daß UmgehgsGesch, die nach § 18 S 2 VerbrKrG verboten u nichtig sind, dch LeasVertr idR nicht vorkommen. 31

c) Einzelheiten zum Vertrag. Der LeasVertr muß vom KaufVertr zw Lieferanten u LeasG od LeasN (BeschaffgsVorgang) untersch w, wobei LeasG u Lieferant ident sein können (HändlerLeas; BGH NJW **98**, 1637 mwN). Hat der LeasN dem LeasG KaufAuftr erteilt, so ist nicht Bedingg des KaufVertr, daß der LeasN die ÜbernBestätigg unterzeichnet, auch wenn der LeasG erkl, bis dahin frei bleiben zu wollen (BGH NJW **93**, 1381). Handelt der Lieferant mit Wissen u Willen des LeasG, so ist er nicht Dr iS des § 123 II (BGH NJW **89**, 287). **aa) Form.** Bei Grdst gilt § 566; iü formfrei, soweit bei Grdst im Vertr nicht Pfl übern w, die unter § 313 fallen. IdR werden FormlVertr benutzt. Oft verwendet der Lieferant als Verk die Forml des LeasG, sodaß dieser den VertrAntr (§ 148) stellt. Untervermietg kann formlmäß ohne Verstoß gg § 9 AGB ausgeschl w (BGH **112**, 65). **bb) Beginn.** Die VertrZt beginnt grdsätzl mit der (iZw vollständ, BGH NJW **88**, 204) GebrÜberlassg, wenn nicht im Vertr der Beginn dch Datum best ist, od mit Unterzeichng der ÜbernBestätigg dch den LeasN (vgl Eckert ZIP **87**, 1510); diese fällt nicht unter § 781, sond kehrt nur die BewL um (BGH aaO). **cc) Inhalt.** Es gilt grdsätzl MietR (BGH stRspr, zB NJW **90**, 1113 mwN). Abschl auf unbest Zt verstößt weder gg § 3 noch § 9 AGBG (Köln NJW-RR **92**, 121 = JZ **93**, 740 m abl Anm v Tiedtke). Der LeasG hat als HauptPfl dem LeasN den Gebr der Sache für die VertrZt zu verschaffen (BGH NJW **88**, 204 stRspr) u hat die Vorfinanzierg zu leisten. Er ist dem Verk ggü VertrPartner mit Ren u Pfl aus den §§ 320 ff (BGH NJW-RR **90**, 1462). Nach Überg ist der LeasG nur noch verpfl, den LeasN im Bes nicht zu stören u bei Störg dch Dr ihn zu unterstützen (BGH NJW **88**, 198). Die LeasRaten sind betagte, nicht aufschiebd befristete Fdgen (BGH **109**, 368). Vorfällk (entgg § 551) ist bedenkenfrei (BGH NJW **95**, 1541). Eine NebenPfl ggü dem LeasN zur Aufklärg u Beratg wird nur sehr beschr angen (vgl Beckmann CR **94**, 600). **dd) Anfechtung** des LeasVertr wird in der Praxis häuf vom LeasN ggü dem LeasG erkl. Dabei wird meist übersehen, daß der Lieferant (Verk), dem die Täuschg angelastet wird, grundsätzl Dr iS des § 123 II ist, wenn er nicht als Vertreter des LeasG aufgetreten ist (Canaris NJW **82**, 305 [311]). Andseits muß der LeasG, der dch mehrseit VertrÜbern anstelle des LeasN dessen Re u Pfl übernimmt, sowohl ggü dem LeasN als auch ggü dem Lieferanten anfechten (BGH **96**, 302). **ee) Änderung.** Die beiderseit Re u Pflen können im Einzelfall u iR der VertrFreih üb § 305 geänd sein, soweit nicht das AGBG od die §§ 134, 138 entggstehen. Eine Abkürzg od Aufhebg des LeasVertr muß der Zessionar, an den die LeasRaten abgetreten sind, wg §§ 398, 407 nicht gg sich gelten lassen (BGH **111**, 84). Auch im kaufmänn Verkehr ist eine AGB-Klausel mit Ausschl jeder Haftg für Dr unwirks (BGH **95**, 170). **ff) Instandhaltungspflicht** (§ 536). Zuläss nach AGBG u für den LeasVertr charakterist ist, daß diese und die Gewl (§§ 537–539) ausgeschl w u dies dch Abtretg der Anspr des LeasG gg den Lieferanten (Verk od WerkUntern, § 651) aus §§ 459 ff od §§ 633 ff ersetzt (BGH **68**, 118), soweit nicht § 540 entggsteht. Hierfür ist aber erforderl, daß der LeasG dem LeasN diese Anspr ausdrückl u vorbehaltslos abtritt od ihn ermächt, sie geltd zu machen (BGH stRspr NJW **87**, 1072 mwN); denn dies wäre der RNatur des LeasVertr allein nicht zu entnehmen. Die KreditiergsPfl des LeasG umfaßt nicht die dch nachträgl Maßn angefallene MWSt (BGH WM **79**, 1040 u mit Anm v Ernst 1314). **gg) Erfüllungsgehilfen.** Im Verh zum Verk ist der LeasN ErfGeh des LeasG für die AbnPfl (§ 433 II), wenn direkt an den LeasN geliefert w (BGH **90**, 303; dagg Knops JuS **94**, 106 [109]). Andseits ist der Lieferant ErfGehilfe (§ 278) des LeasG idR bis zum Abschl des LeasVertr (BGH NJW-RR **89**, 1140) od bis zur Überg der Sache an den LeasN (BGH NJW **88**, 198), insb dann, wenn der Lieferant mit Wissen u Willen des LeasG mit dem LeasN die VorVhdlgen über den LeasVertr führt u Aufklärgs- od HinwPfl verletzt (BGH **95**, 170). Beschafft der LeasN die Sache dch Kauf im eigenen Namen, ist der LeasG im Verh zum Verk (Lieferanten) nicht ErfGeh des LeasN, sond Dr (Dresd NJW-RR **96**, 625). Überläßt der LeasN die Sache einem Dr, wird dieser ErfGeh des LeasN (Hamm NJW-RR **87**, 1142). UmtauschVereinbg zw Lieferanten u LeasN verpfl nicht den LeasG (Ffm NJW **86**, 2509). 32 33 34 35 36 37 38

d) Nichterfüllung inf Nichtlieferg u das Risiko verspäteter Lieferg. Die Haftg trägt grdsätzl der LeasG (hM). Trifft den LeasG keine Schuld, so steht dem LeasN kein SchadErsAnspr zu (BGH **96**, 103). RMängel kommen inf Entzugs des vertrmäß Gebr dch Dr, insb dch Lieferanten u SichergsEigt vor. Es gelten § 541 u § 542. Empfängt der LeasN nur einen Teil des LeasGgstds u bescheinigt er den VollEmpf, kann er dem LeasG ggü schaderspfl w (vgl BGH NJW **88**, 204), aber nicht, wenn er den LeasG zur vorzeit Zahlg mit Verlust des ZbR (§§ 320, 322) veranlaßt (Düss BB **97**, 544). Ein HaftgsAusschl ist iR der §§ 9, 11 Nr 7, 8 AGBG zuläss u wirks. Abtretg der Re an den LeasN führt dazu, daß dieser, wenn er den Proz gg den Lieferanten rechtskr verliert, die Re aus NichtErf (§§ 320 ff) nicht dem LeasG entgghalten kann (Mü NJW-RR **93**, 123). 39

e) Sachmängel (§§ 537–539). **aa) Haftung** des LeasG besteht bei dem regelmäß vereinb GewlAusschl jedenf dann nicht, wenn er seine GewlAnspr aus den §§ 459 ff (od §§ 633 ff) an den LeasN abgetreten hat (Rn 27; BGH stRspr **94**, 44; bestr) wobei die Abtretg auch nur teilweise zuläss ist (Celle VersR **96**, 1115). Das gilt auch für Grdst u Gbde (BGH NJW **89**, 1280); insb wenn der LeasN die Herstellg des Gbdes selbst übernommen hat (BGH aaO). **bb) Geltendmachen** muß der LeasN die GewlAnspr zunächst gg den Lieferanten, sofern die Dchsetzg der GewlAnspr nicht unmögl od unzumutb ist (BGH **82**, 121). Zur Rüge (Obliegenh der §§ 377, 378 HGB) ist der nichtkaufmänn LeasN dem LeasG ggü ohne bes Abrede nicht 40 41

verpflichtet (BGH NJW **90**, 1290; aA Tiedtke JZ **91**, 907). Vertragl Überbürdg auf den LeasN soll an § 9 II Nr 1 AGBG scheitern (v. Westphalen BB **90**, Beil Nr 19, S 16). Kann die vom LeasN beabsicht u berecht Wandelg wg Vermlosk des Lieferanten nicht realisiert w, wird der LeasN im Verh zum LeasG so gestellt, wie wenn der KaufVertr rückgäng gemacht wäre, so daß der LeasG den entstehden Ausfall zu tragen hat (BGH NJW **90**, 314 mwN). Dieses Risiko kann auch im kaufmänn Verkehr dem LeasN nicht dch FormularVertr
42 wirks überbürdet w (BGH NJW **91**, 1746 mwN). **cc) Rechtsfolgen. (1)** Kommt es zum Vollz der Wandelg (§ 465), wobei der LeasN auf Rückg an den LeasG klagen muß, fehlt dem LeasVertr die GeschGrdlage von Anfang an (BGH stRspr **109**, 139 mwN). Dasselbe gilt bei Insolvenz des Lieferanten für Feststellg zur Tabelle (BGH NJW **94**, 576). Nach BGH **97**, 135 kann der LeasG auch nicht vorläuf Zahlg der Raten verlangen, wenn die WandelgsKl erhoben ist. Auch wenn wg dieses Mangels der LeasN die Sache nur zeitweil od nur zT nicht in Gebr nehmen konnte, fehlt dem LeasVertr die GeschGrdlage u der LeasN wird von der ZahlgsPfl frei (BGH NJW **85**, 1535 mwN; aA Canaris NJW **82**, 305: Abwicklg nach § 347). **(2)** Der Ausgl soll nach den Regeln der §§ 812 ff stattfinden (BGH **109**, 139 u NJW **85**, 796; hierzu krit Schröder JZ **89**, 717). In den BereichergsAusgl sind die Nutzgen einzubeziehen, nicht die VertrKosten. **(3)** Bei Wandelg, an die der LeasG gebunden ist (BGH **114**, 57), obliegt dem LeasN ggü dem LeasG eine Sorgf- u NachrichtsPfl (BGH **94**, 44). **(4)** Bei Abtretg der Anspr des LeasG gg den LeasN (LeasRaten) an den Lieferanten kann der LeasN die GewlAnspr aus §§ 459 ff auch einredeweise geltd machen (BGH NJW **85**, 796); jedoch nicht, wenn dem LeasG ein SchadErsAnspr aus § 545 II zusteht (BGH NJW **87**, 1072). **(5)** Unterliegt der LeasN gg den Lieferanten im Wandelgs- od SchadErsProz, kann er dem LeasG Re aus Sachmängeln nicht entgghalten (Mü NJW-RR **93**, 123 mwN), auch nicht, wenn er den WandelgsProz nur wg Verj verloren hat. **(6)** ProzFührg des LeasN gg den Lieferanten aGrd unwirks HaftgsFreizeichng ist GoA (BGH NJW **94**, 576 mwN) u gibt dem LeasN Anspr auf Erstattg der ProzKosten (BGH aaO). **(7)** Besteht ein (vertragl) NachbessergsR (§ 462 Rn 5), kann der LeasG dem KaufPrAnspr des Lieferanten die Einrede aus § 320 auch dann entgghalten, wenn er die GewLAnspr an den LeasN abgetreten hat (BGH NJW **95**, 187). **(8)** Vereinb LeasG, LeasN u Lieferant einen Umtausch od Nachlieferg (§ 480), erf aber der Lieferant nicht, hat der LeasN § 320 u wird gestellt wie bei Wandelg (Nr 1; BGH NJW-RR **98**, 123).

43 **f) Sach-, Preis- und Gegenleistungsgefahr.** Sie betrifft die Frage, ob der LeasN auch bei einer von ihm nicht zu vertretden (§§ 276, 278), insb zufäll WertMinderg, Verschlechterg od Vernichtg der Sache zur Zahlg der LeasRaten verpfl bleibt u ob die §§ 320, 323, 542 ausgeschl sind. Die hM bejaht es (BGH **71**, 196 u NJW **88**, 198 mwN). Üblweise wird diese Gef (abweichd v der ges Regelg des MietVertr) im Vertr ausdrückl dem LeasN überbürdet, wohl auch die der teilw NichtErf (and BGH NJW **93**, 122). Er trägt sie dann, solange Vertr besteht (BGH NJW **95**, 1541 [1545]). Dies gilt nicht, wenn die Sache vertrgem dem Lieferanten zur Nachbesserg übergeben w u dort untergeht (BGH **94**, 44). Das alles verstößt jedenf bei kaufähnl Ausgestaltg nicht gg § 9 AGBG, wenn dem LeasN wahlw ein kurzfrist LösgsR eingeräumt wird, das einer Künd mit AusglZahlg entspr (BGH NJW **98**, 3270) od wenn alle ErsAnspr gg den Verk an den LeasN abgetreten w (Düss ZIP **83**, 1092), wohl aber bei einem rein mietrechtl Inhalt (BGH NJW **77**, 195), wenn bei Kfz-Leas das KündR des § 542 ausgeschl ist (BGH NJW **96**, 1888 u **98**, 2284) od wenn der LeasN bei Verl der Sache zur sofort Zahlg aller ausstehden LeasRaten verpfl sein soll (BGH NJW **88**, 198).

44 **g) Kündigung. aa) Gründe.** Währd der befr GrdMietzeit (§ 564 I) kann nur außerord gekünd werden. Bei unbest VertrDauer ist ord Künd mögl (vgl BGH NJW **90**, 247). Bei Insolvenz vgl Rn 55. Die Grde sind idR vertragl festgelegt, wobei der KündGrd, daß ZwVollstr in das Verm des LeasN betrieben werde, nicht gg § 9 AGBG verstößt (BGH NJW **84**, 871), wohl aber bei „sonstigen Umständen" (BGH **112**, 279) u bei KfzLeas, wenn ein kurzfr KündR auch für den Fall ausgeschl ist, daß das Fahrz gestohlen w (BGH NJW **98**, 2284; Köln NJW **93**, 1273), untergeht (TotalSchad, BGH NJW **96**, 1888) od erhebl beschäd w (BGH NJW **87**, 377 m krit Anm v Berger DB **87**, 367). Außerdem gelten § 542 (BGH NJW **88**, 204 u **93**, 122), §§ 553, 554 (BGH NJW **84**, 2687 für § 554), insb § 554 I Nr 1 (BGH **95**, 39 u NJW **95**, 1541). Wg der kaufähnl verteilten Sach- u PrGef (Rn 43) gilt § 542 nur, solange diese noch den LeasG trifft. Keinesf ist § 626 entspr
45 anwendb, insb nicht bei ZahlgsSchwierigk, Aufgabe, Verlegg od Änd des Betriebs (§§ 552, 570). **bb) Fristen.** Bei unbest VertrDauer (vgl Eckstein BB **86**, 2144) gelten die vertr vereinb Fr für ord Künd, sonst § 565
46 I od IV. **cc) Tod** des LeasN: § 569 gilt, sofern nicht abbedungen (LG Gießen NJW **86**, 2116), was insb dch
47 AGB zuläss ist (gg Anwendg des § 569: Gerken DB **97**, 1703). **dd) Ausgleichszahlung** (Rn 53) für den Fall der außerord Künd kann auch in AGB vereinb w (BGH **95**, 39 [49], **97**, 65 [74]). **ee) Schadensersatz:** Rn 52.

48 **h) Vertragsende** tritt ein: dch Kündigg (Rn 44), dch ZtAblauf (§ 564 I), auflösde Bedingg (§ 564 Rn 2; insb beim Kfz-km-Leasing, Nägele BB **96**, 1233) od VertrAufhebg (§ 305; insb bei Nachmieter, BGH NJW
49 **97**, 452), nach Tiedtke (JZ **93**, 742) auch mit Eintritt der Vollamortisation. **aa) Rechtsfolgen:** §§ 556, 557, insb auch bei FinanziergsLeas (BGH stRspr, zB **107**, 123; Hamm DB **99**, 892; aA Tiedtke ZIP **89**, 1437; Canaris JZ **93**, 742; einschränkd für § 557 Köln NJW-RR **93**, 121; Karlsr NJW **97**, 452; vgl § 557 Rn 5). IdR wird ein sog AusgleichsAnspr vereinb (vgl BGH **97**, 65), der den Restwert des LeasGgstds umfaßt (vgl BGH NJW **97**, 3166), wobei ein DrKäuferBenenngsR des LeasN vereinb werden kann (Dresd NJW-RR **99**, 703). Eine solche dch AGB vereinb AbschlußZahlg kann bei vertrgem Künd vor Ablauf der kalkulierten
50 AmortisationsZt unangem sein (vgl BGH NJW **86**, 1746). **bb) Verlängerung** ist dch Vereinbg od einseit mögl bei Option (Rn 5); diese erfordert Vereinbg im LeasVertr oder in einem selbständ Vertr (§ 305).
51 **cc) Rücknahme** des LeasGuts dch den LeasG vor Beendigg (Rn 48) od Künd des Vertr (Rn 44), insb wg ZahlgsVerzugs zur Sicherstellg der Anspr des LeasG führt grdsätzl zum Verlust des Anspr auf LeasRaten (BGH **82**, 121 u NJW **96**, 2367. Das folgt aus § 320. Beim AndiengsR (Rn 27) kommt kein SchadErsAnspr (§ 326)
52 zustde (BGH NJW **96**, 923). **dd) Schadensersatz** bei Kündigg. Der Anspr des LeasG richtet sich auf die abgezinsten restl Raten u den kalkulierten Restwert (auch bei Unmöglk der Rückg, BGH NJW **95**, 1541). Der Anspr entsteht mit Zugang (§ 130; BGH NJW **92**, 2150) wg ZahlgsVerzugs (§ 554) als NichtErfSchad (BGH **82**, 121), begrenzt dch das Erflnteresse bei vertrmäß Beendigg (BGH **95**, 39), auch dch den entgangenen Gewinn (BGH NJW **91**, 221). Eine NachFr gem § 326 ist nicht notw, wenn der Vertr wg Verletzg einer and Pfl fristl gekünd w (BGH NJW **84**, 2687). Der LeasG kann nicht die restl LeasRaten ohne

Abzinsg sofort fäll stellen u zugleich die Rückg der LeasSache verlangen (BGH aaO u NJW **85**, 796), aber nicht SchadErs wg NichtErf des dch das AndiengsR (Rn 51) mit dem beigetretenen Nachmieter zustdegekommene KaufVertr (BGH NJW **97**, 452). **ee) Berechnung.** Ein Schad muß konkr berechnet werden 53
(BGH **95**, 39). Bei HändlerKfz vgl Düss ZMR **97**, 287. Ausgeschl ist ein SchadErsAnspr, wenn das VerbrKrG anwendb ist u der LeasG bei noch laufder WiderrFr (§ 7 VerbrKrG) künd (BGH NJW **96**, 2367), insb bei unwirks vereinb pauschalem SchadErs (BGH NJW **96**, 456 mwN). Zum Modus: BGH NJW **85**, 1539 [1544], Hamm NJW-RR **87**, 1140 u Köln NJW-RR **93**, 1016. Der Vorteil, daß die vorzeit zurückgegebene Sache höherwert ist als bei VertrEnde, ist anzurechnen (BGH NJW **95**, 1541). MWSt zum SchadErsAnspr darf nicht verlangt w (BGH NJW **87**, 1690). Zur Abzinsg: Kranemann ZIP **97**, 1404. Eine Schadenspauschalierg kann gg § 9 AGBG verstoßen (BGH NJW **96**, 456 mwN). **ff) Verfallklausel** für die restl künft 54
LeasRaten bei fristl Künd wg ZahlgsVerz verbunden mit Rückn des LeasGuts ist unangem u nach § 9 AGBG unwirks (BGH **82**, 121), erst recht nach § 10 Nr 7 a AGBG (BGH NJW **82**, 1747). Der LeasG kann wg § 9 AGBG insb nicht Weiterzahlg der Raten u (nach Kündigg) Rückg der Sache verlangen (BGH aaO u **71**, 204). **gg) Vertragsübernahme** (§ 398 Rn 38) ist bei notleidden LeasVertr häuf. Zu den Auswirkgen v AGB u VerbrKrG: v. Westphalen NJW **97**, 2905.

i) Insolvenzen. Lieferant: Hier wird darauf abzustellen sein, ob der LeasN od der LeasG ihn ausgewählt 55
hat (vgl Rn 27). LeasN: Es gelten §§ 108, 109 InsO. Über § 242 ist eine Einschränkg geboten: der LeasG darf nicht fristl bei solchen Ggstden künd, die für die InsAbwicklg benöt w, zB EDV-Anlagen. Die nach InsVerfEröffng anfallden Raten sind Masseschulden (§ 55 I Nr 2 InsO). LeasG: § 108, 110 InsO (bei Refinanzierg Seifert NZM **98**, 217).

j) Verjährung richtet sich nach allg mietrechtl Vorschr; insb gilt § 558 (BGH stRspr NJW-RR **91**, 281 56
mwN). § 558 ist aber nicht anwendb für den Entgelt-(nicht SchadErs)Anspr auf RestwertAusgl od -absicherg (BGH NJW **96**, 2860). Das ist der Anspr auf Zahlg der Differenz zw dem bei VertrAbschl angen Restwert u dem tats VerkWert bei VertrEnde. Das gilt, selbst bei Beschädigg des LeasGgstds sowohl bei vorzeit Beendigg des LeasVertr (hM; BGH **97**, 65) wie bei vertrgem Beendigg (BGH NJW **96**, 2860 mwN; bestr), insb im Kfz-Leas (Engel DB **97**, 761). Anzuwenden ist einheitl § 196 I Nr 6 (BGH aaO). Im Verh zum Lieferanten gilt § 477 auch bei Verletzg der BeratgsPfl (BGH NJW **84**, 2938).

k) Sonstige Rechtsfolgen. Beim Kfz-Leas, das auf längere Zt vereinb ist, wird der LeasN Halter des Kfz 57
(BGH **87**, 133). Der LeasN ist nicht verpfl, für diejen Zeit die Raten zu zahlen, in der ihm der Gebr gem § 541 entzogen oder (noch) nicht gewährt wird (§ 320); and bei vereinb Nachlieferg eines Teils (BGH NJW **91**, 2135). VersichergsLeistgen bei TeilSchad stehen im InnenVerh dem LeasN zu (BGH **93**, 391).

5) Inhalt des Mietverhältnisses. In den §§ 535–580 a ist das MietVerh so geregelt, daß ein Teil der 58
Vorschr für MietVerh über alle Arten von Sachen gilt; daneben gibt es Vorschr, die nur für MietVerh über best Arten von Sachen gelten. Danach ist zu unterscheiden: MietVerh über bewegl Sachen (Rn 75), WoRäume (Rn 70), sonstige Räume (Rn 68) u Grdst (Rn 65), denen eingetr Schiffe u Luftfahrz gleichstehen (§ 580 a; § 98 LuftfzRG). Alle MietVerh unterstehen als DauerschuldVerh im verstärkten Maße Treu u Glauben. Es gilt VertrFreih (Einl 5 vor § 241); sie ist aber insb im WoMietR dch zahlr Vorschr eingeschränkt. **a) Dauer.** 59
Begründet w das MietVerh immer dch MietVertr (Rn 1; § 535 Rn 1), grdsätzl formfrei (Ausn: § 566 u § 125 S 2); beendet dch Zeitablauf (§ 564 I), dch jederzeit mögl Vertr zw Verm u Mieter (§ 305 Rn 7), dch außerord Künd (§§ 542, 544, 553–554 a), dch ord Künd, wenn MietVerh auf unbest Zeit eingegangen ist (§ 564 II). Ist bei Beendigg des MietVerh die gemietete Sache noch nicht gem § 556 I zurückgegeben, besteht ein sog AbwicklgsVerh (§ 557; Rn 18 vor § 987), Verlängerg des MietVerh ist VertrÄnd (§ 305) mit dessen Fortbestand u Identität. **b) Pflichten und Rechte** aus dem MietVerh. Den Pfl entspr auf Seiten des 60
VertrPartners Anspr. Im GgseitigkVerh stehen die GebrGewährgs- u ErhaltsgsPfl des Verm zur MietzahlgsPfl des Mieters (allgM). **aa) Pflichten des Vermieters:** den Gebr zu gewähren (§ 535 S 1), die Miets zu erhalten 61
(§ 536), für Sach- u RMängel Gewähr zu leisten (§§ 537–541), Lasten der Miets zu tragen (§ 546), Verwendgen des Mieters zu ersetzen (§ 547), Wegn von Einrichtgen des Mieters zu dulden (§ 547 a); SchutzPfl (§ 535 Rn 21); VerkSichergsPfl (§ 535 Rn 22). Darühinaus können sich weitere NebenPfl ergeben (§ 535 Rn 23, 24). **bb) Pflichten des Mieters:** den MietZ zu zahlen (§ 535 S 2); die SorgfaltsPfl u Pfl zur 62
Einhaltg des vertrgem Gebr (§§ 550, 553), die ObhutsPfl (§ 545); ferner gewisse DuldgsPfl (insb baul Maßn, §§ 541 a, 541 b, Besichtigg der Miets); bei Beendigg des MietVerh die RückgPfl (§ 556). Darühinaus können sich NebenPfl ergeben (vgl § 535 Rn 36–41). **c) Rechte des Mieters.** Da Miete nur schuldrechtl wirkt, hat 63
Mieter gg Dr unmittelb nur Anspr aus §§ 859–862, 869, 1007 u §§ 823 I, II, 858 (nicht auf Wasserversorgg, Hempel NZM **98**, 689; vgl § 535 Rn 26), soweit er Bes der Miets ist. Außerdem kann er bei Störg des vertragsgem Gebr dch Dr vom Verm verlangen, daß dieser gg den Dr vorgeht. Daß der MietBes an einer Wohng dem Mieter Eigt iS des GG 14 verschaffe (so BVerfG NJW **93**, 2035; dagg krit Depenheuer NJW **93**, 2561), änd an der zivilrechtl EigtStellg nichts. **d) Rechte Dritter aus dem Mietverhältnis** (sog Schutz- 64
wirkg): § 328 Rn 13, 28–30.

6) Grundstücksmiete. a) Anwendungsbereich: direkt auf Grdst (Übbl 1 vor § 873), alle unbebauten 65
Grdst, Teile eines Grdst od Gbdes, die nicht Räume, insb WoRäume, sind (vgl Rn 68, 69 u § 580), zB Wandaußen- und Dachflächen (hM), insb zum Anbringen v Warenautomaten (vgl aber Rn 19), Teilfläche eines Camping-Platzes (Ffm NJW-RR **86**, 108). Entspr auf eingetragene Schiffe und Luftfahrz (§ 580 a, § 98 LuftfzRG). Subsidiär auf Räume (Rn 68), insb Gesch- (Rn 69) u WoRäume (Rn 70); vgl § 580. **b) Rechts-** 66
grundlagen: SondVorschr für die GrdstMiete sind: §§ 551 II, 556 II, 559–563, 565 I, 566, 571–579. Sow nicht diese SondVorschr eingreifen, gilt das allg MietR (§§ 535 ff) u VertrFreih. **c) Abgrenzung.** Ob die 67
Miete sich auf WohnR (Rn 70), GeschRaum (Rn 69) od auf sonst Räume (Rn 68) bezieht, richtet sich primär nach der PartVereinbg (allgM). Fehlt sie, ist aus den obj Umst der Rückschl auf den PartWillen zu ziehen.

7) Raummiete. Umfaßt alle Räume, die nicht Gesch- od WoRäume (Rn 69, 70) sind. Wg der Änderg 68
des § 565 I u Einfügg des Abs I a auch dieser Unterschied (zu den GeschRäumen) notw geworden. **a) Anwendungsbereich:** Räume sind alle Gbde u Innenräume von Gbden, die nicht zum Zweck geschäftl

Nutzg od zum Wohnen vermietet sind, auch Schließfächer (bestr). Keine Räume sind: Plätze od Stände in Räumen (diese sind als R verpachtet), bewegl Sachen u deren Innenräume, zB Schiffsräume, Wohncontainer, Wohn- u Gerätewagen, demontierb Bürohaus (Düss WM **92**, 111); auch wenn sie an festem Platz aufgestellt sind. **b) Rechtsgrundlagen.** Es gelten die SondVorschr §§ 541 a, 541 b, 547 a II, 554 a, 565 I, 557 I u die für GrdstMiete (Rn 66). Soweit nicht diese SondVorschr eingreifen, gilt das allg MietR mit Ausn der Vorschr, die nur für WoRaum anwendb sind (Rn 70). Im übr besteht VertrFreih.

69 **8) Geschäftsraummiete.** Bislang konnte auf eine Definition verzichtet w, weil nur die Abgrenzg zum WoRaum wesentl war (Bub/Treier I 96) u im BGB die GeschRäume der RaumM zugeordnet waren. Das ist inf der Neufassg des § 565 and, weil die Regelg für GeschRäume and ist als für nicht geschäftl gemietete Räume, die nicht WoRäume sind (§ 565 I u I a). **a) Begriff.** GeschRäume sind solche Räume, die nach dem Zweck des Vertr zu geschäftl, insb gewerbl (hierzu Bub NZM **98**, 789) od freiberufl Zwecken angemietet w (vgl § 565 Rn 15). Das kann auch ein ganzes Gbde mit Grdst sein. Bsp: Büro, Laden, Lagerhalle, Werkstätte, Praxisräume. **b) Rechtsgrundlagen:** alle Vorschr üb Räume (Rn 68) sowie § 565 I a (statt I).

70 **9) Wohnraummiete** wird als eigenes RGebiet begriffen (Gärtner JZ **91**, 477). Die Zuordng richtet sich nach dem vereinb v Mieter verfolgten VertrZweck (BGH NJW **97**, 1845 mwN), der auf Wohnen dch den Mieter gerichtet sein muß (Düss WuM **95**, 434; Celle ZMR **99**, 469), nach der tats Nutzg nur dann, wenn ein VertrZweck nicht vereinb ist od gewerbl gemietete Räume lange Zt tats zum Wohnen genutzt werden (LG Hbg NZM **99**, 464). Daher begründet kein WoRaumMietVerh der MVertr zw dem Eigt u einer Pers, insb eV, die diesen WoRaum als sog ZwMieter (Einf 8; § 556 Rn 21) weitervermietet (hM; Hbg ZMR **93**, 271 mwN). Handelt der Verm in gewerbl oder berufl Tätk, ist der MietVertr idR VerbrVertr iS des § 24 a AGBG (dort Rn 5; Sternel NZM **98**, 833). **a) Anwendungsbereich:** WoRaum ist jeder zum Wohnen (insb Schlafen, Essen, Kochen, dauernder priv Benutzg) best Raum, der Innenteil eines Gbdes, nicht notw ein wesentl Bestandt eines Grdst ist, daher auch transportable Baracken; nicht aber bewegl Sachen u deren Innenräume, zB WoWagen, Schiffskajüten (vgl Rn 68). Zum WoRaum gehören auch die Nebenräume (zB Bad, Flur, Abstellraum, Kellerabteil). Unter dem Begriff Wohng versteht man die Gesamth der Räume, welche die Führg eines Haush ermögl (daher nicht ein einzelnes Zimmer). Nicht WoRaum sind die Räume
71 der Beherberggsbetriebe. **b) Rechtsgrundlagen.** Für MietVerh über WoRaum gilt das im 1.–4. MietRÄndG geschaffene soz MietR, dessen bürgerl-rechtl Teil im BGB (der prozessuale Teil in die ZPO) eingearbeitet ist (Rn 95–99). Es besteht grdsätzl, soweit die §§ 535–580 sie nicht in Einzelh einschränken, VertrFreih, insb freie Wahl des VertrPartners, mit Ausn bei SozWo (Rn 98) freie Vereinbg des MietPr u bes Mieterleistgen. KündSch wird dch die verlängerten Fr (§ 565 II, III), die §§ 564 b, 564 c, die sog SozKlausel (§ 556 a) u die beschränkte MietErhöhg (MHG) gewährt. Die §§ 535–579 gelten grdsätzl alle für das WoRaummietVerh, soweit sie nicht ausdr nur für Grdst u and Räume (zB § 565 I) od nur für bewegl Sachen (zB § 565 IV) anzuwenden sind. Nur für WoRaum gelten die §§ 547 a III, 550 b, 554 b, 556 a–c, 557 II–IV, 557 a II, 564 a, 564 c, 565 II, III, 565 a–e, 569 a, 569 b, 570 a u SonderGe. MischmietVerh vgl Rn 72–74.

72 **10) Mischmietverhältnisse** sind MietVerh, die auf einheitl MietVertr (zw den selben Part, LG Hbg WuM **91**, 672) beruhen, sich aber auf Sachen erstrecken, für die verschiedene mietrechtl Vorschr gelten; zB verbundene Wo- u GeschRäume, Wohng u Garage, möblierte WoRäume, WoRäume mit Garten, teils als Wohng teils als Atelier genutzter Raum. Hierbei können versch gesetzl Vorschr konkurrieren, insb für die KündFr (§ 565). Grdsätzl gelten für jede der verm Sachen die dafür anwendb Vorschr (Grdst-, Raum-, GeschRaum-, WoRaummiete, Rn 65–71, od für bewegl Sachen). Dch VertrAuslegg kann sich ergeben:
73 **a) Untrennbar vermietete Sachen:** dazu gehören idR möblierte Zimmer, WoRäume mit Laden. Es kann nicht zT gekünd w. Es sind die Vorschr anzuwenden, die für den Teil der vermieteten Sache gelten, worauf sich der vorherrschde, wahre VertrZweck bezieht (hM; BGH ZMR **86**, 278) od welche NutzgsArt überwiegt (Mü ZMR **95**, 295). Ist die NutzgsArt gleichwert, so wird auf Übergewicht des berechneten MietZ abzustellen sein; iZw gelten die längere KündFr gem § 565, § 564 b u das MHG. **b) Trennbar vermietete**
74 **Sachen:** idR Wo mit Garten od Garage (Ausn mögl, wenn auf dem selben Grdst, Nachw in BayObLG ZMR **91**, 176). Es kann getrennt mit der jeweils anwendb Fr gekünd w, wenn die Auslegg des Vertr die TeilKünd zuläßt (vgl § 564 Rn 11); für jeden Teil gelten getrennt die dafür anwendb Vorschr (vgl LG Duisbg NJW-RR **86**, 1211).

75 **11) Miete beweglicher Sachen** umfaßt den restl Bereich des MietR. **a) Begriff** der bewegl Sache: Übbl 3 vor § 90; daher auch Software (Fitzsche JuS **95**, 497 [502]), Tiere (zB Köln VersR **93**, 116). Für das
76 MietR vgl insb Rn 68. **b) Anwendbare Vorschriften:** §§ 535–569, soweit sich die jeweil Vorschr nicht
77 ausschließl auf Grdst-, Raum- od WoRaumMiete beziehen. **c) Formularverträge** fallen unter das AGBG (gem dessen § 1 II). Prakt bedeuts für Kfz, Baumaschinen und -geräte (Thamm BB **97**, 1270). Es gelten,
78 soweit anwendb (§ 24 AGBG beachten), die Kataloge der §§ 10, 11 AGBG. **aa) Unwirksam:** BewLast des Mieters für Nichtvorliegen grober Fahrlässk (BGH **65**, 118); Einschränkgen der HaftgsFreistellg, die mit dem Leitbild der Kasko-Vers unvereinb sind (BGH stRspr NJW **81**, 1211 mwN u WM **83**, 1009), zB Wegfall der HaftgsFreistellg bei Überlassg der Kfz-Führg an einen zur Führg v Kfz berecht Dr (BGH aaO); Pfl des Mieters, den Verm v allen Anspr Dr freizustellen (Ffm DB **82**, 948); Begrdg einer schuldunabhäng Haftg; Pfl zur Fortzahlg der vollen Miete währd einer RepZt (Ul-Br-He § 11 Rn 513; aA Zweibr VersR
79 **81**, 962). **bb) Wirksam:** Wegfall der HaftgsFreistellg bei Verzicht auf poliz UnfallAufnahme (BGH NJW **82**, 167).

80 **12) Finanzierungsbeiträge und andere Mieterleistungen** sind VermAufw, die der Mieter od ein Dr auf Grd von od iVm MietVertr neben der Mietzahlg zG des Verm od eines ausziehenden Mieters erbringt.
81 **a) Zulässigkeit** ist iR der VertrFreih grdsätzl gegeben. Bei SozWo sind einmalige Leistgen des Mieters nur
82 nach Maßg des § 9 WoBindG zuläss. **b) Arten.** Es haben sich verschiedene Arten von Mieterleistgen herausgebildet, die entw einen FinBeitr (Rn 83, 84, 86, 87), ein Überlassgsentgelt (Rn 85, 88) od eine SicherhLeistg
83 (Rn 89) darstellen. **aa) Verlorener Baukostenzuschuß** (seit längerem nicht mehr gebräuchl). **(1) Begriff:**

eine Geld- od Sachleistg, die der Mieter (od für ihn ein Dr) zG des Verm zum Neubau, Wiederaufbau, Ausbau, zur Erweiterg, Wiederherstellg od Instandsetzg von Räumen, insb Wo Räumen, erbringt, ohne daß der Verm zur vollen od teilw Rückerstattg dieser Leistg vertragl verpfl ist. Ob eine solche Vereinbg vorliegt, ist oft Ausleggsfrage (vgl BGH NJW **64**, 37). Sie ist meist Teil des MietVertr. **(2) Zulässigkeit** ist grdsätzl gegeben. Die Vereinbg ist nur in folgden Fällen unzuläss: Bei SozWo grdsätzl immer (§ 9 WoBindG). Bei öff gefördertem WoRaum sind verlorene BaukZuschüsse grdsätzl verboten (§ 50 II. WoBauG). **(3) Rechtsfolgen** unzuläss Vereinbg: Nichtigk aus § 134, wobei der MietVertr davon nicht erfaßt w (vgl § 139 Rn 14). RückzahlgsAnspr aus § 812 I. Ist gg § 9 WoBindG verstoßen, besteht ein vertr RückerstattgsAnspr (§ 9 VII WoBindG). **(4) Rückzahlung** bei zuläss Vereinbg: Der Anspr des Mieters od des Dr bei WoRaum ist ges geregelt dch Art VI des G zur Änd des II. WoBauG ua vom 21. 7. 61 idF des G v 24. 8. 65 (BGBl I 969).
bb) Abwohnbarer Baukostenzuschuß (kaum noch prakt) unterscheidet sich von Rn 83 ledigl dadch, daß 84
die Leistg des Mieters auf die Miete angerechnet w. Das ist als vorausbezahlter MietZ zu behandeln (BGH **29**, 289) u § 557 a anzuwenden. Vereinbg (wie Rn 83) ist grdsätzl zul, nicht bei SozWo, wenn gg § 9 II WoBindG verstoßen w. **cc) Mietvorauszahlung. (1) Begriff:** vorausbezahlter MietZ, der nicht vereinbgs- 85
gem zu Bau- od InstandsetzgsArb an der vermieteten Sache geleistet w u dessen Verwendg dem Verm freigestellt ist; darin liegt der Unterschied zum abwohnb BaukZusch. **(2) Zulässigkeit:** grdsätzl gegeben. Sie ist eingeschr nur bei SozWo (§ 9 II WoBindG). Bei öff gefördertem WoRaum ist die Ann v FinBeitr als MietvorausZahlg genehmbedürft (§ 50 II II. WoBauG). **(3) Wirkung:** Rückerstattg zul Mietvorauszahlg nach § 557 a. Bei RNachf auf der VermSeite gelten §§ 573, 574 (vgl dort Rn 2). Daß das Geld nicht für den Aufbau od Ausbau des MietGrdst best war u nicht hierfür verwendet w, kann dem Erwerber nicht entgegehalten w (BGH **37**, 346); anders bei Rn 84. Ord Künd ist ausgeschl. **dd) Mieterdarlehen. (1) Begriff:** Ist 86
ein Darl (§ 607), das der Mieter dem Verm mit Rücks auf den Abschl des MietVertr gewährt. Es ist ein FinBeitr, wenn es vereinbgsgem zu einem der in Rn 83 aufgeführten Zwecke verwendet w, sonst Überl-Entgelt. **(2) Zulässigkeit** ist bei SozWo u öff gefördertem WoRaum eingeschr, wenn es sich um zugel FinBeitr des Mieters handelt (§ 9 II–IV WoBindG, § 50 II II. WoBauG). **(3) Wirkung.** Die Rückzahlg des MieterDarl geschieht idR dch vertr Aufrechng gg die einzelnen MietZFdg nach Eintritt der vereinb Fälligk; bei Beendigg des MietVerh ist iZw der DarlRest zur Rückzahlg fällig. Handelt es sich um einen FinBeitr, so trifft über § 571 den Erwerber die Pfl zur Verrechng (BGH **16**, 31) u Rückzahlg (Ffm NJW **64**, 453). Bei unzuläss Vereinbg besteht ein vertr RückerstattgsAnspr (§ 9 VII WoBindG). **ee) Werkförderungsvertrag** ist 87
ein Vertr zw dem Verm u einem Geldgeber (idR ein ArbGeber), der einen FinBeitr (insb ein Darl) gewährt, wofür sich der Verm verpfl, MietVertr zu best Bedinggen mit den Pers abzuschließen, die der Geldgeber benennt (idR dessen ArbN). Auch bei öff geförderten Wohngen zul gem § 50 V lit a II. WoBauG. WerkfördergsVertr (uU Vertr zGDr, § 328 Rn 12) u MietVertr sind versch, getrennte Vertr. Dem Geldgeber steht gg den Verm ein schuldrechtl BeleggsR zu. Dieser Anspr ist gem § 398 abtretb; § 399 steht nicht entgg (BGH NJW **72**, 2036). Das BeleggsR erlischt grdsätzl nicht dadch vor der vereinb Zt, daß der DarlN das Darl vorzeit zurückzahlt (BGH NJW **75**, 381). § 571 gilt für das BeleggsR nicht (§ 571 Rn 13). Zur ord Künd ist iZw die Zust des Geldgebers erforderl; aber nur solange das BeleggsR besteht (BGH WM **69**, 1454). Der Verm kann jedoch nicht stets am MietVertr mit einem best Mieter festgehalten w (BGH aaO). Vereinbg der Kostenmiete bedeutet, daß sie nach der II. BV zu ermitteln ist (BGH WM **75**, 668). **ff) Mietabstand** ist in der Praxis 88
häuf. **(1) Begriff.** Ist ein Entgelt (Geld- od Sachleistg), das von dem neuen Mieter (Nachmieter) an den weichden Mieter dafür erbracht wird, daß dieser den WoRaum freimacht, damit der Nachmieter den WoRaum mieten od eher nutzen kann (BGH NJW **97**, 1845; vgl Wiek ZMR **82**, 356). Ist ein atypischer ggseit Vertr u zu untersch von der Ablösg (sog AblösgsVereinbg, BGH aaO). Diese ist eine Zahlg für die Übern v Mobiliar od EinrichtgsGgstden dch den neuen Mieter (als Kauf zu qualifizieren) od für nicht abgewohnte MieterLeistgen (Düss ZMR **82**, 388). Sie gehört zum weiteren Begriff des Mietabstands. Übersteigt die Ablösesumme den Wert der abgelösten (verk) Sachen od abgetretenen Re, so liegt in einem einheitl Vertr eine verdeckte AbstandsZahlg vor (BGH NJW **77**, 532). **(2) Zulässigkeit.** Bei GeschRaum ist der Abstand unbedenkl, bei Wo unzuläss (LG Bonn WuM **97**, 443). Unzuläss ist der Abstand auch bei der nichtgewerbl WoVermittlg, selbst wenn daran ein Dr beteil ist, jedoch mit Ausn der Umzugskosten (§ 4 a I WoVermG; Einf 14 vor § 652). Für die Ablösg v EinrichtgsGgst, die grdsätzl zuläss ist (Eisenhardt WuM **97**, 415), besteht bei der WoVermittlg eine SoRegelg (§ 4 a II WoVermG, Weyhe MDR **98**, 379). Rückabwicklg: § 5 II WoVermG. Im Einzelfall kann § 138 vorliegen (Düss ZMR **92**, 388; Bub/Treier V 369; ausführl Peters JR **92**, 225). Auch ScheinGesch (§ 117) kommen vor (vgl LG Ffm NJW-RR **92**, 715). Keinesf darf der Verm preisgebundenen WoRaums für den Abschl des MietVertr eine einmal Leistg entggnehmen (§ 9 I WoBindG). **(3) Wirkung.** Bei Unzulässk besteht grdsätzl TeilUnwirksk (BGH NJW **97**, 1845). Der Verm wird ohne eine Vereinbg, an der er beteil ist, aus dem AbstandsVertr zw den Mietern nicht verpfl, den neuen MietVertr abzuschließen (vgl § 535 Rn 3). Kommt der beabsicht Vertr mit dem Verm nicht zustande, gilt § 812 I S 2.

13) Mietkaution. Übbl: Kinne NZM **98**, 986; Rspr-Übbl: Geldmacher DWW **97**, 241, Bei Wo- 89
Raummiete SoVorschr für Anl u Verzinsg § 550 b. Bei GeschRaumM allg: Heintzmann WiB **95**, 569. Ebso für Pacht (§ 581 II). Anspr auf Mietkaution hat der Verm nur, wenn es vereinb ist. **a) Begriff.** Sie ist eine SicherhLeistg des Mieters für künft Anspr des Verm aus dem MietVerh, die in verschiedenen Formen gestellt werden kann (vgl § 232; LG Bln ZMR **97**, 431), zB dch Bürgsch (Wilms DWW **98**, 304 mwN; Durst NZM **99**, 64), Bargeld od Einzahlg auf Konto des Verm, der eine TrHdStellg hat (hM; Heintzmann aaO), mögl u zweckmäß auf Sperrkonto, dch Errichtg eines Sparkontos mit Sperrvermerk zG des Verm (PfdRBestellg, SichergsAbtretg (auch v Lohn- u GehaltsAnspr, Derleder/Stapelfeld ZMR **87**, 123) od schuldrechtl VfgsBeschränkg (BGH NJW **84**, 1749). Auch nach AGBG grdsätzl zul. SichergsUmfang: wie § 550 b Rn 7.
b) Rechtsfolgen. Bei WoRaum vgl § 550 b. Bei GeschR gilt freie Vereinbg, grdsätzl freie Vfg des Verm 90
(Bub/Treier/v. Mertius III A 790). Für Pfl zur vom Vermögen des Verm getrennten Anl: KG NZM **99**, 376. NichtZahlg der Kaution kann bei gewerbl MietVerh die Künd gem § 554 a schon vor Beginn des MietVerh begrden (Düss NJW-RR **95**, 1100), ein ZbR aGrd des § 273 (BGH NJW-RR **98**, 1464). Der Verm kann die (vertrwidr nicht gezahlte) Kaution auch noch nach Beendigg des MietVerh verlangen, sofern er noch Anspr gg den Mieter hat (BGH NJW **81**, 976 für Pacht). RückzahlgsPfl (Rn 94) erst bei Beendigg des MietVerh,

soweit alle Anspr des Verm erfüllt sind (BGH NJW **72**, 721) od verjährt (LG Wiesb WuM **86**, 253). Vorher ist die Kaution nur Sicherh, keine Erf. Bei Mehrh v Mietern müssen (wenn nichts and vereinb ist), alle zurück-
91 verlangen, auch wenn nur einer die Kaution gestellt hat (LG Gießen NJW-RR **96**, 1162 mwN). **c) Aufrechnung (1).** Der Mieter darf mit der RückzahlgsFdg nicht aufrechnen, solange noch and Anspr des Verm bestehen können, u Zahlg nicht zurückhalten (BGH NJW **72**, 721; LG Hbg ZMR **91**, 344). **(2).** Aufrechng dch Verm ist jedenf währd der MietZt nicht mit einer bestr Fdg zul, wohl aber bei rechtskräft festgestellter oder unbestr Fdg. Nur bei bes Vereinbg ist Befriedigg des Verm an der Kaution währd der MietZt zul u Anspr auf Auffüllg der Kaution gegeben. Der Verm ist nach Beendigg des MietVerh auch nicht gehindert, mit SchadErsAnspr aufzurechnen, die gem § 558 verjährt sind, auch wenn er innerh von 6 Mo nach Mietende üb
92 die Kaution nicht abgerechnet hat (BGH NJW **87**, 2372; bestr). **d) Veräußerung** des Grdst dch Verm. Es gilt § 572 (Peters JR **97**, 353). Der Anspr auf Rückzahlg der Kaution ist in der Ins des Verm nicht Masseschuld
93 (§ 55 I Nr 2 InsO), sond einf KonkFdg (umstr; wohl hM; vgl Jauch WuM **89**, 277). **e) Verzinsung.** Bei WoRaum gilt § 550 b. Bei GeschRaum richtet sie sich nach der Vereinbg. Fehlt sie, ist die Mietkaution idR
94 mit dem Satz wie bei § 550 b II zu verzinsen (BGH NJW **94**, 3287 mwN). **f) Rückzahlung** (vgl Rn 90); entspr Rückg einer BürgschUrk (Hamm NJW-RR **92**, 1036). Der Anspr ist dch das Ende des MietVertr aufschiebd bedingt (§ 158 Abs 1) u wird fäll nach Ende des VertrVerh u Erf aller Anspr (Düss ZMR **92**, 191) u nicht vor Ablauf einer angem Prüfgs- u ÜbleggsFr des Verm (BGH **101**, 244). Die Länge dieser Fr ist umstr (Kinne NZM **98**, 986 mwN); wenn kein Anspr gestellt w, spät 6 Mo nach Mietende (Hamm aaO; Ausn vgl Düss ZMR **96**, 493). Wird er vorbehaltlos erf, so kann darin Anerkenng des Zustds der zurückgegebenen
95 Sache als vertrgem liegen (Mü NJW-RR **90**, 20). **g) Prozessuales.** Bei Beendigg des MietVerh besteht oft Ungewißh üb die ggseit Anspr, insb wenn der Verm gg den RückzahlgsAnspr (Rn 90) aufrechnen kann (Rn 91). Daraus ergibt sich ein Kostenrisiko bei der sog KautionsKl des Mieters (Wiek WuM **89**, 549).

96 **14) Soziales Mietrecht** betrifft die WoMiete (70 vor § 535) u ist auf vielfält Weise verwirkl, primär dch Preis- u BestdsSchutz (vgl Gärtner JZ **91**, 473). **a) Bestandsschutz.** WoMietVerh können grdsätzl frei (ord od außerord) gekünd w; jedoch nicht zum Zwecke der Mieterhöhg (§ 1 S 1 MHG). Der Schutz des Mieters von WoRaum wird gewährt dch §§ 564 b, 564 c u dch die sog SozKlausel (§§ 556 a–c). Ein mittelb Bestandsschutz wird gewährt dch das Verbot der Zweckentfremdg bei SozWo (§ 12 WoBindG) u in sog Ballgsgebieten
97 nach landesrechtl VO (Art 6 MRVerbG). **b) Vertragliche Mieterhöhungen.** Grdsätzl kann die Höhe der Miete frei vereinb w, soweit nicht die MietPrBindg entggsteht. Eine allg Grenze gg überhöhten MietZ bilden § 291 I Nr 1 StGB u § 5 WiStG. Währd eines MietVerh kann die MietErhöhg, wenn der Mieter sie nicht vereinb, grdsätzl nur dch das MHG od dadch herbeigeführt w, indem der MietZ dch VertrÄnd (§ 305) neu
98 vereinb w. **c) Einseitige Mieterhöhungen** dch schriftl Erkl des Verm sind in best Umfang zugelassen, um die Miete an veränd wirtsch Verh od einen gesteigerten Mietwert des WoRaums (Vgl- od Kostenmiete) anzupassen (§§ 2–5 MHG u § 10 WoBindG) sowie die darauf anwendb Fälle (§§ 87 a, 88 b, 111 II. WoBauG). Einseit MietErhöhgen sind seit 11. 6. 95 auch in den neuen BLändern grdsätzl mögl (§§ 11–17 MHG). In allen Fällen einseit MietErhöhg kann der Mieter das MietVerh innerh best Fr künd wenn er die
99 MietErhöhg nicht hinnehmen will (§ 9 MHG, § 11 WoBindG). **d) Mietpreisberechnungen.** Soweit MietPrBindg besteht, sind für die Berechng der Mietentgelte anzuwenden die NMV 70 (idF v 12. 10. 90 BGBl 2203), für preisgebundene NeubauWo (bezugsfert nach dem 20. 6. 48), SozWo u öff geförderte Wo (Rn 98); die II. BV, soweit die Anwendg des WoBindG u des II. WoBauG sowie aGrd and Vorschr für die Bemessg der Kosten- u VerglMiete eine Berechng von Wirtschaftlk od WoFläche erfordert.

535 ***Vertragliche Hauptpflichten.*** **Durch den Mietvertrag wird der Vermieter verpflichtet, dem Mieter den Gebrauch der vermieteten Sache während der Mietzeit zu gewähren. Der Mieter ist verpflichtet, dem Vermieter den vereinbarten Mietzins zu entrichten.**

1 **1) Mietvertrag.** Begr u RNatur: Einf 1 vor § 535. **a) Abschluß** erfolgt gem §§ 145 ff. Erforderl ist Einigg über MietGgst, -zeit u -preis, sowie darüber, daß die Überlassg zum Gebr erfolgt; nicht notw ist idR die Einigg üb den konkr Umfang des Gebr (hM; vgl Leenen MDR **80**, 353). Nur einseit GebrAnmaßg ohne Zust des Verm ist kein MietVertr. Zusage iRv VertrVerhandlgen kann Haftg aus c. i. c. (vgl § 276 Rn 65) begründen (LG Mannh ZMR **71**, 133), falsche Selbstauskunft des Mieters die Anfechtg (hierzu Hille WuM **84**, 292 mwN; Schmid DWW **85**, 302). Form des MietVertr: Grdsätzl frei; Ausnahme: § 566. Stillschw Abschl eines MietVertr ist mögl, wenn eine Gemsch (§ 741) od eine GesHand einem ihrer Mitgl eine Sache, insb Räume, gg wiederkehrdes Entgelt überläßt (BGH WM **69**, 298; vgl aber Einf 15 vor § 535). Eintritt des Eheg oder and FamAngeh des verstorbenen Mieters in den MietVertr ist nach § 569 a mögl. Begründg eines MietVertr dch richterl Gestaltg ist bei Ehescheidg mögl (§ 5 HausratsVO). Besteht zw den VertrPart Einverständn mit vorzeit Einzug des Mieters, so ist ein vereinb vorzeit VertrBeginn (§ 305) mit allen Rechten u
2 Pfl anzunehmen. **b) Gegenstand.** Vgl hierzu Einf 65, 68, 70, 72, 75 vor § 535. Nur Sachen, nicht Rechte. Auch Teile von Sachen, zB Hauswände (für Reklamezwecke), Fenstermiete, Luftraum, Flächen im Innern von öff VerkMitteln. Sache ist auch die Software (Köhler CR **87**, 827). Ein einheitl MietVertr kann sich auf mehrere Sachen beziehen, insb auf Räume u Wohngen in verschiedenen Stockwerken (LG Bambg BlGBW **75**, 75). GebrGewährg öff Anlagen gg Gebühr ist regelm nicht Miete, sond RVerh öffrechtl Natur (Einf 18
3 vor § 535). **c) Pflicht zum Abschluß eines Mietvertrags** kann sich aus MietVorvertr (Einf 3 vor § 535) ergeben od aus sog Nachfolgeklausel. Das ist die Verpfl. ggü dem Mieter mit einem v diesem benannten neuen Mieter einen MietVertr abzuschließen (hierzu BGH NJW **66**, 1706); wg „solventen" MietNachf vgl BGH Warn **69**, 334. SchadErsPfl des Verm bei schuldh Verletzg dieser Pfl (BGH WM **67**, 788). Ohne vereinb NachfKlausel ist Verm nicht verpfl, mit einem vom Mieter vorgeschlagenen Nachf abzuschließen (vgl § 552
3 a Rn 8, 9). Bei Mietvorauszahlg vgl § 557 a Rn 9. **d) Unwirksamkeit** eines MietVertr kann sich insb aus Nichtigk od Anfechtg ergeben (hierzu Emmerich NZM **98**, 692).

4 **2) Mehrheit von Vertragspartnern.** Einheitl od (dch Beitritt, Düss ZMR **96**, 436) sukzessiver VertrAbschl mögl, ebso die Beendigg dch AufhebgsVertr (§ 305). Künd: § 564 Rn 13. ErhöhgsVerl: § 2 MHG

Rn 27. **a) Vermieter:** grdsätzl Gemsch (§ 741), insb bei bloßer Verbindg dch MitEigt, wobei nur derjen 5
MitEigt auch Verm ist, der als VertrPart den MietVertr mit abschließt, nicht aber, wenn er der Vermietg ledigl zust. Gesellsch nur, wenn Vorauss des § 705 vorliegen. Häuf ErbenGemsch (§ 2032). Die Verm sind MitGläub (§ 432); daher kann die Miete nur gem § 432, nicht anteil (§ 420) eingezogen w (BGH NJW **69**, 839).
b) Mieter. Es liegt grdsätzl Gemsch vor (§ 741; bestr). Gesellsch nur, wenn die Vorauss des § 705 erf sind 6
(LG Bln ZMR **99**, 112: idR; Horst MDR **99**, 266 mwN). Das ist sehr häuf der Fall bei GeschRaummiete, ebso bei WoGemschen (LG Saarbr ZMR **92**, 60; Schüren JZ **89**, 358 [360]). Eine solche setzt mind 3 Mieter voraus (hM; Horst aaO). Allg zur VertrGestaltg bei WoGemsch: Horst aaO. Bei ErbenGemsch gilt § 2032. Es besteht GesSchuld (§§ 421–427) für alle Pfl aus dem MietVerh, soweit nicht vertragl abgeändert (§ 305). Das gilt für Gemsch wie Gesellsch. Für Fdgen (zB auf InstdHaltg, § 536) gilt § 432 (LG Kass WuM **94**, 534 für Gemsch). Bei Eheg kommt es auf den Vertr an, ob beide Mieter sind od welcher von ihnen Mieter ist. Haben beide Eheg den Vertr abgeschl, so kann bei WoRaum Gesellsch (§ 705) angenommen werden (umstr; vgl § 432 Rn 2 aE mwN; aA Volmer FamRZ **99**, 262: auch keine InnenG), was nicht dazu führt, daß der bloße Auszug eines Mitmieters (auch Eheg) seine mietvertr Schuld u Haftg beendet (LG Bln NZM **99**, 758; aA LG Duisb NJW **98**, 1500; abl Anm Volmer aaO). Sind im Vertr beide Eheg aufgeführt u hat nur einer unterschrieben, kann Vertretg angen w (umstr; aA LG Mannh NJW-RR **94**, 274 mwN). Bei Tod eines Eheg: §§ 569a, 569b; bei Getrenntleben u Scheidg: §§ 5ff HausRVO. Kein Anspr des Verm auf Beitritt zum MietVertr, wenn der Eheg währd des MietVerh in die Wohng zieht (LG Aach NJW-RR **87**, 1373 mwN). Bei nichtehel LebensGemsch kommt es auf die VertrGestaltg im Einzelfall an. IdR dürfte Gesellsch vorliegen (Mü
ZMR **94**, 216). **c) Erklärungen** (insb WillErkl) sind v od ggü allen VertrPart abzugeben u zu empf (§ 130). 6a
Ggseit Bevollmächtig im MietVertr ist jedenf auf Mieterseite übl, auch dch FormlVertr wirks mögl (BGH NJW-RR **97**, 1437 für EntggNahme), ebenf für Abgabe zu bejahen (v BGH aaO offengelassen).

3) Wechsel der Vertragspartner ist mögl dch: **a) Vertrag** (§ 305), auch dch Eintritt eines and od 7
weiteren Mieter einer WoGemsch; für einzelne Rechte u Pfl nach §§ 398, 414, 415. Die vertr Zust kann schon im MietVertr erkl w. Zweifelh, ob die des Mieters zum VermWechsel bei WoRaum gg § 9 II Nr 1 AGBG verstößt (vgl Kummer WM **91**, 240). **b) Erbfolge:** §§ 1922, 1967. Der MietVertr behält grdsätzl seinen bisher Inhalt (BGH NJW **78**, 2504). KündR (§ 569) bei Tod des Mieters mit SoRegelg für FamAngeh bei WoRaum (§ 569a, b). **c) Grundstücksveräußerung:** §§ 571–576. **d) Umwandlung** nach dem UmwG. Der Wechsel der VertrPartei bedarf nicht der Zust (Düss DB **92**, 2338).

4) Gebrauchsgewährung (S 1) ist Haupt- u GgseitkPfl des Verm, für den VertrTyp Miete unerläßl. Ihr 8
Inhalt wird ergänzd dch § 536 best. Der Verm muß die Mietsache so bereitstellen, daß der Mieter in der Lage ist, den übl oder vertragl best Gebr zu machen (BewL vor Übergabe: Verm, Köln ZMR **97**, 230). Das wird bei Räumen aller Art Bezugsfertk genannt (vgl Düss ZMR **95**, 464). Dazu gehört das Überl der Miets (§ 536 Rn 6) u das Belassen, auch das Unterl eigener Störg. GebrGewährg ist nicht nur bloßes Dulden, sond ggf posit Tun (BGH **19**, 85), insb Schutz gg Störg am Gebr der Miets dch and Mieter (ggf Künd, LG Bln WuM **99**, 329) u sonst Dr in mögl u zumutb Umfang. Die GebrGewährg endet zB, wenn der GerVollz im Auftrag des Verm das Schloß austauscht (Kblz ZMR **93**, 68). **a) Zeitlich.** Erst ab vereinb Beginn des MietVerh.
Unterbleibt die Übgabe, wird dem Verm die Leistg dch ZtAblauf nachträgl unmögl (§ 275). **b) Räumlich.** 9
Alle BestandT der Miets, iZw auch das Zubehör (§ 314 enspr), insb (mind 2) Schlüssel zur WohngsTüre (Horst MDR **98**, 189 mwN) u zu GeschRäumen (Glaser DB **73**, 2176), ferner HaushGeräte (zB Öfen). Auch ohne bes Abrede sind bei gemieteten Räumen solche Grdst- od Gebdeteile (zB Hausflur, Hof, Dchfahrt, Treppen, GemschToiletten) mitvermietet, die nur für allein Benutzg des Mieters in Betr kommen od (zur Mitbenutzg) zum Gebr oder Zugang der Mieträume notw sind (BGH NJW **67**, 154). Zu den Besonderh des Lifts: Weimar ZMR **82**, 37. Mitvermietg wird bei KinderspielPl einer WoAnl (aA LG Bln NZM **98**, 860), Garage u Hausgarten eines MehrFamHauses iZw zu verneinen sein, bei Reklameschaukästen u Warenautomaten an Außenflächen ohne bes Abrede nur nach örtl VerkSitte (vgl BGH **LM** Nr 10).
c) Inhaltlich. Art u Weise des Gebr muß vertrgem gewährt w. Richtet sich nach dem VertrInh u 10
VertrZweck; Auslegg gem § 157; zB dürfen als Wo vermietete Räume nicht gewerbl genutzt w (LG Schwerin WuM **96**, 214) od gesundhgefährd sein (vgl LG Tüb ZMR **97**, 189). Die GebrGewährg deckt sich mit dem Umfang der ErhaltgsPfl (§ 536 Rn 8). Daraus ist auch die Pfl abzuleiten, dem Mieter ein best Verhalten zu gestatten. Bei RaumM u WohnRM (Einf 68–71 vor § 535) ist Anschl an öff Wasser- u StromVersorgg zu gewähren (hM; vgl BGH NJW-RR **93**, 1159).

5) Hausordnung. a) Grundsatz. Dch sie wird bei Häusern od Wohnanlagen für mehrere od zahlreiche 11
Mieter der VertrInh zusätzl bestimmt. Zu Begr, Inh v Wirkgen vgl grdlegd Schmid WuM **87**, 71. Die HausO umfaßt alle Regelgen, die den Gebr der gemieteten Räume u die Benutzg gemsch Einrichtgen betreffen. Diese HausO kann, muß aber nicht, dch einen Text festgelegt w. Sie bedarf der vertr Grdl (Schmid aaO) u wirkt auch im Verh der Mieter untereinander. Mit einem entspr DuldgsAnspr (Mü NJW **92**, 1097). Der Mieter muß Gelegenh haben, sie in zumutb Weise zur Kenntn zu nehmen (vgl BGH NJW **91**, 1750). Für Mieter einer EigtWo gilt die gem § 21 V Nr 1 WEG erlassene HausO auch ohne bes Vereinbg (aA Schmid aaO), weil der Mieter mit dem Bestehen einer solchen HausO vonvorneherein rechnen mußte. Die Regelg
im Vertr hat ggü der HausO Vorrang. **b) Einzelheiten.** Auch ohne bes Regelg in der HausO u ohne eine 12
solche gilt: **(1) Aufnahme Dritter.** Der Mieter darf in der Wo, soweit sie nicht überbelegt w, Pers, insb FamAngeh u HausPersonal zum dauernden Wohnen aufnehmen. Grenze ist die ÜbBelegg (§ 550 Rn 6). Der Mieter darf Besuche empf u für angem Dauer mit and Pers zusleben, soweit nicht GebrÜberl vorliegt (§ 549
Rn 3) od Beeinträchtigg des Verm od and Mieter entsteht. **(2) Haushaltsmaschinen,** die gg Wasserauslaufen 13
gesichert sind, dürfen in Küche od Bad verwendet w (vgl Glaser MDR **69**, 539, 577). Im MietVertr enthaltenes ausdrückl Verbot, eine Waschmaschine aufzustellen, ist zul u verbindl (vgl aber § 138 Rn 93). Entspr gilt für Geschirrspülmaschinen, aber nur, wenn nicht in FormularVertr enthalten (§ 3 od § 9 II Nr 1
AGBG; hM). **(3) Fernmeldeanlagen.** Der Verm muß bei WoRaum FernsehEmpf auch von priv Sender 14
ermögl u für die übl Anlagen hat er die erforderl Zust dem ausführd Untern ggü abzugeben. Ein Kabelanschluß erübr grdsätzl die Parabolantenne (umstr; vgl Ffm NJW **92**, 2490 mwN; Naumbg DWW **94**, 22;

Übbl bei Wiesner MDR **99**, 131). Das gilt grdsätzl auch für ausländ Mieter (BVerfG NJW **94**, 1147). Bei diesen kann ausnw Anspr auf Parabolantenne unter best Voraussetzgen bestehen (Karlsr NJW **93**, 2815), insb bei Häusern mit übwiegd ausländ Mietern (BVerfG ZMR **96**, 12). Das InformationsR (Art 5 I S 1 Hs 2 GG) des ausländ Mieters ist gg das EigtInteresse des Verm abzuwägen (BVerfG NJW **94**, 2143 u NJW-RR **94**, 1232), auch bei WoEigt (BVerfG ZMR **96**, 534). Das Anbringen v Einzelantennen, insb Parabolantennen (aktueller Übbl bei Mehrings NJW **97**, 2273; Rspr v LGen u AGen DWW **93**, 366 ff; hierzu krit Henninger ZMR **94**, 201) kann v Mieter verlangt w, solange der Verm keine ausreichde GemschAntenne zur Vfg stellt (BVerfG NJW **92**, 493; Ffm aaO; weitergehd Ricker NJW **91**, 602 [605]) od KabelnetzAnschl besteht (LG Klautern NJW-RR **93**, 272). Das ist für den Regelfall verfassgsrechtl einwandfrei (BVerfG NJW **93**, 1252). Für zusätzl Antenne ist Zust des Verm nöt (LG Stgt WuM **98**, 661); sie steht im Ermessen des Verm, das dch § 242 gebunden ist (BVerfG aaO). Der Mieter darf die Einzelantenne nicht eigenmächt anbringen (AG Krefeld DWW **93**, 79 mwN; aA AG Bonn DWW **93**, 82), nach Zust nur fachmänn. Bei Verstoß gilt § 550. Einen Kabelanschl muß der Verm genehm (umstr; vgl LG Heilbr NJW-RR **92**, 77). Sendeanlagen sind bei Wo an Zust des Verm gebunden (vgl BayObLG NJW **81**, 1275; LG Heilbr NJW-RR **92**, 10; umstr; vgl
15 Siegert NJW **96**, 2288). Keinesf muß der Verm für die Kosten aufkommen. **(4) Heizungsart.** Es besteht kein Anspr auf Beibehaltg v Gas od Strom (LG Hann NJW-RR **91**, 1355). Eine Umstellg muß der Verm dulden,
16 soweit damit nur eine geringfüg Beeinträchtigg seines Eigt verbunden ist (BGH NJW **63**, 1539). **(5) Fahrzeuge.** Die Zufahrt zur Haustüre hat der Verm zu dulden (LG Lüb NJW-RR **90**, 1353), das Abstellen v Kfz nur, wenn Abstellplatz vorgesehen ist; in der Wo nur Fahrräder (nicht Motorräder, Kunkel NJW **58**, 123), diese im Keller (Soe/Kummer 184). Nicht: Fahrz jeder Art in Hausflur, Dchfahrten, Treppenabsätzen u sonst
17 zur gemschaftl Benutzg best Räumen. **(6) Haustierhaltung** (aktuelle Übsicht: Blank NZM **98**, 5) ist grdsätzl nicht ohne Zust des Verm zuläss (hM; aA Dillenburger/Pauly ZMR **94**, 249; Dallemand/Balsam ZMR **97**, 621); sie richtet sich primär nach den Best des MietVertr. Nicht dch FormularVertr (BGH NJW **93**, 1061; Ffm NJW-RR **92**, 396), aber dch IndividualVereinbg kann sie ganz ausgeschl w (Schmid WuM **88**, 343 [345]). § 90 a ist hierfür bedeutgsl (aA Dillenburger/Pauly ZMR **95**, 193). Haustierhaltg erfordert iZw die Zust des Verm, die aber nicht aus RMißbr verweigert w darf. Die Praxis der AGe u LGe ist unterschiedl (zutreffde Kölner Rspr für Hunde: Koch WuM **97**, 148) u wird nicht selten v persönl Einstellg best. Bei sog MusterEntsch ist Vorsicht geboten. Kein RMißbr liegt vor, wenn die Zust verweigert od Unterl verlangt w (§ 550), nachdem der Mieter ohne die ausdrückl im MietVertr vorausgesetzte Zust des Verm Haustiere gehalten hat (LG Brschw ZMR **88**, 140) od es schon früher zu Störgen gekommen ist (LG Hbg ZMR **86**, 440). Es bedarf dann auch keiner Angabe v Grd (LG Bonn ZMR **89**, 179). Eine im MietVertr vorbehaltene Zust steht im Erm des Verm (Hamm ZMR **81**, 153; LG Hbg MDR **86**, 937; LG Bln NZM **99**, 455); für Einschränkg des Erm: LG Mü I NJW **84**, 2368; aA LG Mannh NJW **84**, 59: Versagg der Zust nur bei Vorliegen konkr Grde). Sie setzt nicht voraus, daß das Tier stört od beläst (hM; aA LG MönchGlad NJW-RR **89**, 145). Für einen Anspr des Mieters bei längerer Zt hingenommener vertr verbotener Tierhaltg u Gleichbehandlg mit and Mietern: LG Hbg MDR **82**, 146. Widerruf erteilter Zust aus wicht Grd ist zuläss (LG Hbg WuM **99**, 453), sonst nur nach bill Erm, da § 315 gilt, soweit nichts vereinb ist (alles sehr umstr, vgl Schmid WuM **88**, 343), aber ebso wie Untersagg bei sog Kampfhunden ohne weiteres zuläss (LG Nürnbg-Fürth ZMR **91**, 29; LG Mü I WuM **93**, 669; LG Kref NJW-RR **97**, 332 mwN). Kleintierhaltg (zB Wellensittich, Hamster, Zierfische) kann dch den Verm nicht verboten w, wenn Störg Dr ausgeschl ist (hM). Ratte ist kein Haustier (im Erg ebso LG Essen NJW-RR **91**, 908). Für CampingPl gelten and Grds (LG Hdlbg NJW-RR
18 **87**, 658). **(7) Wettbewerbsschutz** bei Raum- u GrstM dch ausdrückl Vereinbg ist häuf (RsprÜbbl bei Theißen/Misera WiB **95**, 66), auch bei Pacht (§ 581 II), für Gewerbe (auch freie Berufe, BGH **70**, 79; Hbg ZMR **87**, 94). Grdsätzl hat der Verm (davon zu unterscheid die Pfl des Mieters, vgl Rn 42), ebso bei UnterM, WettbSchutz auch ohne ausdrückl Regelg im MietVertr zu gewähren (BGH NJW **79**, 1404; sog LeistgsTreuePfl, § 242 Rn 27), nicht jedoch bei Vermietg einer geringen TFläche (Kblz NJW-RR **95**, 1352). Das gilt uU auch außerh des MietGrdst, auf jeden Fall im selben Gbde (Karlsr ZMR **90**, 214; Hamm NJW-RR **97**, 459) u auf dem selben Grdst (Ffm NJW-RR **88**, 396), bei unmittelb Nachbarsch in einem Einkaufszentrum (BGH NJW **79**, 1404), aber auch auf angrenzdem Grdst (Celle MDR **64**, 59); abgelehnt, wenn ein Grdst dazw liegt v Hamm NJW-RR **91**, 975. Formularmäß Ausschl verstößt nicht gg § 9 II Nr 1 AGBG (Düss ZMR **92**, 445 u 448 mwN). Der Verm darf nicht selbst konkurr u nicht an KonkurrUntern vermieten (KarlsrZMR **90**, 214 mwN) od nach Abtrenng (zum Zwecke der Umgehg) veräußern (Kblz NJW **60**, 1253). Es besteht aber kein DchgriffsAnspr gg Mitmieter (Vogt MDR **93**, 498). Was Konkurr ist, best sich nach dem Einzelfall (BGH NJW-RR **86**, 9). Bei Einkaufszentrum ist auf das Fachsortiment des EinzelhandelsGesch abzustellen (Celle ZMR **92**, 448; aA Dresd MDR **98**, 211); u zwar auf die Hauptart (Hamm NZM **98**, 511 [Supermarkt]). Überschneidg in NebenArt reicht grundsätzl nicht aus (Köln ZMR **98**, 347). Bsp: Metzgerei u Imbißstand (Hamm NJW-RR **88**, 911; verneint); Cafe u Eisdiele (Ffm DB **70**, 46; bejaht), Apotheke u Drogerie (stets zu bejahen; aA Ffm OLGZ **82**, 339); Arztpraxen ähnl Fachrichtg (Hamm ZMR **91**, 295; bejaht); Physiotherapie
19 u Orthopäde (Hamm ZMR **97**, 581: verneint). **(8) Störungsschutz** insbes vor Dr, auch Mitmietern; zB Eintritt Unbefugter (BGH **LM** Nr 2 [Kühlhaus]) u Immissionen (zB Geruch, Geräusch, Rauch). Schwier ist die Abgrenzg bei Musik (vgl Schmid ZMR **99**, 301). Bei Lärm im WoHaus: Pfeifer, Lärmstörgen, 7. Aufl 1995. Musikausübg kann im MietVertr ausgeschl w (vgl Mü NJW-RR **86**, 638; Gramlich NJW **85**, 2131; Pfeifer ZMR **87**, 361) u in der HausO (Rn 11) geregelt w (Mü NJW-RR **92**, 1097). Bei Lärmstörgen ist Mietminderg mögl: § 537 Rn 16. Gg Dr hat Mieter ggf BesStörgsKl (§§ 862, 865) u SchadErsAnspr (§ 823).
20 **(9) Substanzschäden** halten sich nur dann im Rahmen vertrgem Gebr (§ 548), wenn sie der vertr vorausgesetzten Abnutzg entspr; zB Dübellöcher in Fliesen nur im allg übl Maß (BGH NJW **93**, 1061); Abdruck v sog Pfennigabsätzen im Parkettboden jedenf bei gewerbl Miete (Karlsr NJW-RR **97**, 139).

21 **6) Nebenpflichten** des Verm (vgl Einf 62 vor § 535). Ihr Bestand u ihr Umfang richten sich nach dem Inhalt des MietVertr u der Art der Miets. **a) Schutzpflichten** (§ 242 Rn 35). Die meisten in Rspr u Lit daraus abgeleiteten EinzelPfl fallen unter die vertrgem GebrGewährg (Rn 8; zB BGH NJW-RR **89**, 76) u die VerkSichgPfl (Rn 22). Im Einzelfall kann Verm verpfl sein, den Mieter zu warnen (BGH NJW **57**, 826; übzogen v Hbg NJW-RR **88**, 1481 in Bezug auf EinbruchGef), über wesentl Vorkommnisse zu benachricht

od aufzuklären, zB Hinweis auf Erkrankg eines Pferdes im Mietstall (BGH NJW-RR **90**, 1422). Keine Pfl, die Mieter gleichzubehandeln (hM; stark einschränkd auch Schmid BlGBW **81**, 48 mwN) od bei einem 4stöck Haus einen Lift einzubauen (Karlsr ZMR **84**, 18). **b) Verkehrssicherungspflicht** (Einzelh: Gather DWW 22
96, 350; allg vgl § 823 Rn 58) nicht nur in Bezug auf die Miets selbst (insb Einhaltg der BauOVorschr, LG Hbg NZM **99**, 663), sond auch auf Zugänge, Treppen, Hausflur, Hofraum, Garten, Lift, insb auch für die StreuPfl bei Glatteis (BGH VersR **65**, 364; wg LandesR vgl Hurst ZMR **67**, 67), die Beleuchtg (vgl Gaisbauer DWW **69**, 278 mwN). Die VerkSichgPfl, insb der sog WinterD, kann auch dch FormVertr v Mieter übern w (Ffm WuM **88**, 399). Er wird davon nicht dch Alter od Gebrechlk befreit (LG Kass WuM **91**, 580; bestr), haftet aber and Mietern ggü nicht aus Vertr (Köln NJW-RR **95**, 1480). **c) Schutz Dritter.** Der MietVertr 23
gehört zu den RVerh, die den Schutz v Pers umfassen, wenn sie zu dem Mieter in einer Beziehg stehen, welche die Miets betrifft (§ 328 Rn 28, 29). **d) Schadensersatzanspruch** aus pVV (§ 276 Rn 104) bei 24
schuldh Verletzg v NebenPfl. Verj: § 195 (dort Rn 9) u § 558 (dort Rn 6).

7) Nebenleistungen. a) Allgemein. Bei Wo u gewerbl Räumen gehören Wasser- u Strom-, je nach Lage 25
auch GasAnschl, sowie Beheizbk zur GebrGewährg (Rn 8). Nebenleistg sind (neben Diensten wie Reiniggs-Arb) daher insb die Zufuhr von Strom, Wasser, Gas u Wärme, der Betr einer Sammelheizg, einer Gemsch-Antenne. Vergütg der NebenLeistg: Rn 37 a. AbrechngsPfl wg § 259 (vgl Rn 37). **b) Heizung.** Umfang der 25 a
Heizg bei Wo- u Büroräumen: 20–22 Zimmertemperatur (7 bis 23 Uhr bei WoRaum, für mind 22 Ffm NJW-RR **92**, 398); bei Schlafräumen 15, nur währd der AufenthZt. Andseits darf die Temp nicht zu hoch sein (für gewerbl Räume vgl Hamm NJW-RR **95**, 143). Zur Festlegg im MietVertr vgl BGH NJW **91**, 1750. Für die Verteilg der Kosten bei gelieferter Wärme gilt in ihrem AnwendgsBereich die HeizKostenV idF v 26. 1. 89 (BGBl 115); hierzu Pfeifer, Die HeizkostenVO, 5. Aufl 1997. **c) Zurückbehaltung** (insb v Wasser, 25 b
Gas u Wärme). Im Verh Verm-Mieter wg ZahlgsVerz in Nebenentgelten (§ 320 od § 273) darf nicht auf and (vertrtreue) Mieter erstreckt werden. Bei fehlder Lieferg dch das VersorggsUntern darf der Mieter die Zahlg zurückhalten (LG Ffm NZM **98**, 714), ähnl bei Gas (LG Gera NZM **98**, 715). Im Verh Mieter-VersorggsUntern besteht kein Anspr des Mieters, der nur an den Verm gezahlt hat, wenn das VersorggsUntern wg Verz des Verm zurückhält (Hempel NZM **98**, 689 u WuM **98**, 646; aA Schmitz-Josten WuM **98**, 520). Für neuen VertrAbschl der MieterGemsch: Röhl NZM **99**, 101 [108]).

8) Haftung für Dritte kommt nur in Betr für: **a) Erfüllungsgehilfen** (§ 278). Nur sow es sich um VertrPfl 26
des Verm handelt u Versch vorliegt: die im MietGbde tät ArbN des Verm (BGH **LM** § 278 Nr 39); Hausverwalter (BGH NJW **68**, 1323); Hausmeister; vom Verm für BauArb, Rep u Wartg beauftragte Untern (BGH BB **61**, 1302 [Lift]). Grdsätzl nicht: and Mieter (Köln ZMR **95**, 308); ausnahmsw dann, wenn sie vom Verm genutzte Räume, die eine GefQuelle darstellen, mit Willen des Verm mitbenutzen (BGH NJW **64**, 33 [Wasserhahn]) od mit Erf von VermPfl beauftragt sind. **b) Verrichtungsgehilfen** (§ 831). Haftg sow sie für den Verm, 27
aber nicht in Erf von MietVertrPfl handeln. Dafür kommen insb die in Rn 26 aufgeführten Pers in Betr.

9) Mietzinsentrichtung (S 2) ist Haupt- u GgseitkPfl des Mieters; für den VertrTyp Miete unerläßl; 28
andfalls liegt Leihe vor (11 vor § 535), bei einem Theater ein Vertr eigener Art (BGH NJW **92**, 496). Zw Kaufleuten kann § 354 HGB anwendb sein (Düss NJW-RR **96**, 287). **a) Art:** idR, aber nicht notw Zahlg in 29
Geld, u zwar in der vereinb Währg, also in DM noch üb den 1. 1. 99 hinaus (Kirchhoff NZM **98**, 900); mögl auch DLeistg (zB Hausmeister, vgl Einf 22 vor § 305), GebrÜberlassg and Sachen (BGH NJW-RR **94**, 971), Übern v Lasten, insb Steuern, auch einmal (BGH NJW-RR **92**, 779 mwN), nicht notw wiederkehrde, nach ZtAbschn bemessene Leistgen. **b) Höhe.** Sie muß best od bestimmb sein (zB Umsatzmiete; hierzu Lindner- 30
Figura NZM **99**, 492); vgl § 581 Rn 10 u zur Höhe BGH NJW **79**, 2351, unterliegt grdsätzl der VertrFreih, aber insb begrenzt dch MietPrBindg (Rn 32) u Wucherverbot in § 291 I Nr 1 StGB u MietPrÜbHöhg (§ 5 WiStGB). Bei Vorbeh späterer Vereinbg der Miethöhe ist bis dahin der angem MietZ zu zahlen (KG NJW **55**, 949). Fehlt eine Vereinbg od ist sie abgelaufen (Hbg NJW-RR **97**, 458), gilt § 315. Die Entsch darü obliegt dem Ger (BGH NJW **68**, 1229). Bei einer ausgeübten VerlängergsOption (5 vor § 535) ohne Regelg der Miethöhe ist eine angem od ortsübl Miete zu zahlen (BGH NJW-RR **92**, 517; Saarbr NJWE-MietR **97**, 104). Zur Miete gehören nicht die Entgelte für Nebenleistgen (Rn 25). Umsatzsteuer: grdsätzl ist die Miete v Grdst u Räumen umsatzsteuerfrei, jedoch kann der Verm uU auf die SteuerBefreig verzichten (§ 9 UStG). Das erstreckt sich dann auf NutzgsEntschädigg (§ 557 I) u Mietnebenkosten (Schmid NZM **99**, 294). Wg Berücksichtigg der MWSt bei Umsatzmiete: § 581 Rn 10. Bes ErhöhgsVorschr: Einf 98 vor § 535. **c) Er-** 31
höhungsanspruch. Für WoRaum SoRegelg im MHG. Für and Miets kann sich ein Anspr aus Wertsicherg-klauseln ergeben (§ 245 Rn 18–30). Bei ausdrückl vertragl Vorbeh einer Neufestsetzg wg Veränd der wirtsch Verh ist Erhöhg ausnahmsw mögl (BGH NJW **64**, 1021), auch einseit üb § 315 (Mü NJWE-MietR **96**, 9), sonst insb wg Geldentwertg od Kostensteigerg grdsätzl ausgeschl (vgl § 242 Rn 136). **d) Mietpreisbindung.** 32
Besteht für einen best Kreis von Wo (Einf 94 vor § 535). Eine die zul Kostenmiete übersteigde Vereinbg ist soweit u solange unwirks (§ 8 II 1 WoBindG), ebso eine unzuläss überhöhte einseit MietErhöhg (§ 10 WoBindG). Für den RückzahlgsAnspr aus überhöhter Miete gilt einheitl § 8 II WoBindG (Sonnenschein/ Weitemeyer NJW **93**, 2201). **e) Fälligkeit:** § 551. **f) Erfüllung:** Ob bar od dch Überweisg zu zahlen ist, 33
richtet sich nach Vertr. Scheck bedarf stets der Zust des Verm (§ 364). Da § 270 gilt, dürfen Überweisgs-kosten nicht abgezogen w. ErfOrt: § 269. Bei mehreren MietZFdgen gilt § 366 (BGH NJW **65**, 1373). Keine Pfl des Mieters, eine EinziehgsErmächtigg im LastschriftVerf zu erteilen (LG Mü I WuM **79**, 143).
g) Verjährung: §§ 197, 196 I Nrn 4, 6, § 201 (vgl § 197 Rn 6). **h) Verwirkung:** § 242 Rn 87, 103; Übbl 34
9 vor § 194. **i) Haftung Dritter** für die Miete. Soweit sie nicht Mitmieter sind (§ 427), ist bes VerpflGrd notw (vgl Einf vor § 765). KrG haften in das MietVerh eingetretene FamAngeh gem § 569 a III; darübhinaus besteht ohne bes VerpflGrd bei solchen Pers keine Schuld od Haftg für Miete. Wird an Minderj vermietet, ist Haftg des UnterhVerpfl über §§ 683, 679, 681 mögl. **j) Außerordentliche Entgelte.** Zur Bezahlg ist der 35
Mieter nur verpfl, wenn es ausdrückl vereinb ist. Das gilt insb für Mieterleistgen (Einf 75–88 vor § 535). Verj: § 195.

10) Nebenpflichten des Mieters (vgl Einf 62 vor § 535). Allg wie Rn 20. **a) Vertragsgemäßer Ge-** 36
brauch: Daß der Mieter ihn einzuhalten hat, ergibt sich aus den §§ 550, 553. Inhalt, Umfang u Grenzen:

wie Rn 20. RFolgen bei Verstoß: UnterlKl (§ 550); bei Versch SchadErs (§ 550 Rn 3), Künd (§ 553).
37 **b) Nebenentgelte.** Einordng u Umfang sind umstr. Übbl bei Pfeifer, Nebenkosten 4. Aufl 1994. Vorbehaltloser Ausgl des Nebenkostensaldos kann zum Ausschl v Rück- u NachFdgsAnspr führen (Klas WuM **94**, 595
37a mwN); MWSt § 157 Rn 13. Zur Verteilg bei leerstehden Räumen: Schmid ZMR **98**, 610. **aa) Nebenkosten** als Entgelt für Nebenleistgen des Verm (Rn 25; Schmid, Hdbuch der MNebenKosten, 4. Aufl 1998). Ob u in welchem Umfang sie der Mieter zu bezahlen hat, unterliegt der Vereinbg (hM); sie kann dch jahrelange Zahlg stillschweigd getroffen sein (LG Saarbr NZM **99**, 408). Sie kann auf §§ 315, 316 bezogen u v Verm für mehrere Häuser zusgelegt w (Kblz ZMR **90**, 297). Fehlt eine ausdrückl Vereinbg, so ist auszulegen. Danach richtet sich auch Umfang u Inhalt der Abrechng, die sich an § 259 zu orientieren hat (BGH NJW **82**, 573). Im allg werden Wärme, Strom u GemschAntenne v Mieter zu zahlen sein, bei Abtretg direkt an den Lieferanten (zB Fernwärme). Wasser, Kanalisation, Schornstein-, Innenhaus- u Straßenreinigg hat iZw der Verm zu tragen (beachte aber § 4 MHG). Es gelten grdsätzl die gleichen Regeln wie für die MietZahlg (Rn 29). Zur Problemat bei Wärme- u WarmwasserLieferg: Schmid ZMR **98**, 733. Ist vereinb, daß Kosten umgelegt w, so gehören die Aufwendgen für Bedieng, Wartg, Instandhaltg u Reinigg dazu. Verj: § 197 (dort Rn 6), auch für Rückzahlg v Vorschüssen (Hamm ZMR **95**, 294). Rückzahlg überhöht berechneter u
38 eingeforderter Nebenkosten aus § 812 (LG Offenb NZM **99**, 171). Beginn: § 198. **bb) Betriebskosten** gem Anl 3 zu § 27 I der II. BV (Begr: Geldmacher DWW **97**, 165) können vom Verm ohne weiteres verlangt w, wenn im MietVertr vereinb ist „BetrKosten gem § 27 II. BV" (BayObLG NJW **84**, 1761; Hamm ZMR **97**, 592). Hierbei muß der Verm den Grdsatz der Wirtschlk beachten (LG Hbg ZMR **95**, 32). Bei WoRaum ist eine LeistgsAbrechng zu erstellen (Lützenkirchen MDR **98**, 134 mwN), die ledigl der Anl 3 zu § 27 II. BV entspr muß u nicht die einzelnen RechngsPosten aufweisen (Schmid ZMR **96**, 415 mwN; aA LG Gieß NJW-RR **96**, 1163; Römer WuM **96**, 595). Zur RLage bei fehlder Abrechng: Schmid WuM **97**, 158. Fälligk richtet sich nach Vereinbg. Fehlt diese, tritt sie mit Zugang einer nachprüfb Abrechng beim Mieter ein (wofür LG Bln ZMR **98**, 166 sogar die RechngsDaten verlangt). Das gilt auch für die NachFdg (BGH **113**, 188, bestr; vgl Schmid WuM **96**, 319 mwN) u den VerjBeginn (§ 198; BGH aaO). Vorauszahlgen bedürfen einer Vereinbg (§ 4 MHG Rn 5, 8; Sonnenschein NJW **92**, 265 mwN). Für Wärme u Warmwasser ist bei Umlage, Abrechng u Verteilg auf mehrere Nutzer innerh eines Gbdes die HeizkostenVO idF v 26. 1. 89 (BGBl 115) anzuwenden (Rn 25 aE). Danach ist die sog Heizkostenpauschale unzuläss (§ 2; Hamm NJW-RR **87**, 8). Verj: § 197 (dort Rn 6; Fällk erhebl); RückzahlgsAnspr bei ÜbZahlg: § 195 (bestr). Verwirkg dch ZtAblauf
39 ist mögl (BGH NJW **84**, 1684; LG Hann NJWE-MietR **96**, 224). **c) Duldung der Besichtigung.** Bei Raummiete SoRegelg in §§ 541 a, 541 b. Daneben u davon unabhäng ist dem Verm nach vorher Ankünd die Besichtigg der Miets (nie zur Unzeit) zu gestatten, auch ohne Grd, wenn u soweit es vereinb ist (Franke DWW **98**, 298), auch dch FormularVertr. DuldgsPfl ohne Vereinbg: **(1)** Zur Feststellg des Zustds der Räume; bei Wohngen alle 1–2 J, insb bei angezeigten Mängeln. **(2)** Bei Verdacht vertrwidr Gebr od Vernachlässigg der ObhutsPfl (§ 545). **(3)** Vor Verk od Neuvermietg bei bevorstehder Beendigg des MietVerh auch Besichtigg
40 dch Interessenten. **(4)** Dch Sachverst zwecks Begutachtg gem § 2 MHG (Huber DWW **80**, 192). **d) Erhaltungs- und Verkehrssicherungspflichten** (§ 536 Rn 7): nur soweit sie der Mieter (entgg der ges Regelg) dem Verm abgen hat (vgl Rn 22 u § 536 Rn 3). **e) Gebrauchspflicht** der Miets besteht ohne bes Vereinbg nicht (vgl § 550 Rn 6). **f) Betriebspflicht** eines Untern in den gemieteten Räumen besteht ohne bes Vereinbg nicht (hM), auch nicht, wenn ledigl eine Umsatzmiete (Rn 30) vereinb ist (BGH NJW **79**, 2351). Die notw Vereinbg ist auch formularmäß mögl (Düss MDR **99**, 289), sogar stillschweigd (LG Lüb NJW-RR **93**, 78 mwN), insb in einem Einkaufszentrum (Peters/Welkerling ZMR **99**, 369). Folgen bei
41 Verstoß: pVV u fristl Künd mögl. **g) Obhutspflicht** (§ 545 Rn 1–4). Umfaßt die Pfl, alles zu unterl, was Schad an der u in bezug auf die Miets verurs kann (§ 242 Rn 35; § 276 Rn 116). Schuldh Verletzg verpfl
42 zum SchadErs. Besp: Verlust v Haus- u WoSchlüssel (Walker MDR **87**, 981). **h) Wettbewerb.** Daß der Mieter (Pächter) diesen ggü dem Verm (Verp) währd des Vertr zu unterl habe (and als der Verm, Rn 18), ist ohne bes Vereinbg nicht ohne weiteres anzun. Erlaubt ist dem Mieter währd der LaufZt des Vertr dch Eröffng eines weiteren Gesch sich selbst Wettb zu machen (Kblz ZMR **93**, 72 für zweites Kino).

536 ***Überlassungs- und Erhaltungspflicht des Vermieters.*** **Der Vermieter hat die vermietete Sache dem Mieter in einem zu dem vertragsmäßigen Gebrauche geeigneten Zustande zu überlassen und sie während der Mietzeit in diesem Zustande zu erhalten.**

1 **1) Allgemeines.** Ergänzt die HauptPfl des Verm (§ 535 S 1), so daß die Pfl aus § 536 zur HauptLeistgsPfl
2 (§§ 320 ff) gehören. **a) Recht des Mieters.** § 536 gibt dem Mieter einen klagb Anspr (ggf einstw Vfg) auf Herstellg des vertrgem Zustds; dementspr besteht DuldgsPfl (§ 541 a) u wird dch § 539 nicht ausgeschl (hM;
3 Köln NJW-RR **93**, 466 mwN). Bei PflVerletzg: Rn 17. **b) Abdingbarkeit** ist zu bejahen (MK/Voelskow 69); daher können insb Pfl aus § 536 vom Mieter übnommen w (§ 535 Rn 40). Der Verm kann diese im MietVertr dch eine HausO (aber nicht einseit, Ffm NJW-RR **88**, 783) dem Mieter übbürden (Ffm NJW **89**, 41) od im Turnus mehreren Mietern (Köln ZMR **95**, 308). Ob die vollständ Übbürdg der Instandsetzgs- u InstandhaltgsPfl auf den Mieter gg § 9 II Nr 1 AGBG verstößt, ist umstr, zweifelh auch, inwieweit dies bei WoRaum zul ist (vgl v. Westphalen DB Beil 8/**84** S 3). Bei Miet-AGB kann der Rücktr od SchadErs wg §§ 325, 326 bei verspäteter od ausgebliebener Bezugsfertigk nicht wirks ausgeschl w (§ 11 Nr 8 AGBG). Die Pfl zur Instandhaltg umfaßt nicht Instandsetzg oder Neuherstellg eines GbdeT (LG Hbg MDR **78**, 318).
4 **c) Beweislast** für vertrgem Zustd bei Üblassg trägt der Verm (allgM). Bei Miet-AGB ist die BestätiggsKl, die Sache in ordngem Zustd übern zu haben, wg § 11 Nr 15 b AGBG unwirks (v. Westphalen DB Beil 8/**84** S 2). Für SchadErsAnspr, zB Rn 18 u aus pVV vgl § 282 Rn 6–16.

5 **2) Vertragsmäßiger Zustand** der Miets muß so sein, daß sie zum vertrmäß Gebr geeignet ist. Inhalt u Umfang: § 535 Rn 7–19. Umfaßt also insb auch die Grdst- u GbdeTeile, die zur gemschaftl Benutzg dch die Mieter u zum Zugang zur Miets best sind. Dieser Zustd muß bei Überlassg u während der gesamten MietZt vom Verm gewährleistet w.

3) Überlassung liegt darin, daß der Mieter in die Lage versetzt w, die Sache vertrgem zu gebr. Rein tats Vorgang. Besitzverschaffg (§ 854) idR, aber nicht immer notw. Ist die BesÜbtragg zum vertrgem Gebr nicht erforderl, so kann das Gewähren darin liegen, daß dem Mieter Zugang zur Sache verschafft w (BGH NJW-RR **89**, 589). Wird der Mieter Besitzer, liegt § 868 vor. Ob ausschließl Gebr einzuräumen ist, richtet sich nach dem Inhalt des MietVertr (RG **108**, 204). VorleistgsPfl des Verm; vertragl oft and geregelt (vgl § 551 Rn 1). Anspr auf Überlassg ist ErfAnspr. Er erlischt mit Untergang der Miets, wenn den Verm kein Versch trifft (§ 275); dies ist bei wirtsch TotalSchad eines Kfz nicht der Fall (Düss NJW-RR **92**, 629). 6

4) Erhaltung im vertrgem Zustd umfaßt alle Maßn, die erforderl sind, um dem Mieter währd der gesamten MietZt den vertrgem Gebr (§ 535 Rn 7–19) zu ermögl. § 537 I S 2 gilt hierfür nicht. **a) Grundsätze.** Die Pfl kann dch Vertr (§ 305) auf den Mieter übertr w (Rn 3), auch nur bzgl der Kosten; jedenf bei gewerbl Miete auch dch AGB (Saarbr NJW-RR **97**, 248; aA Dresd NJW-RR **97**, 395 wg § 9 AGBG); dies gilt auch wenn bei verm EigtWo ein Eingriff in das gemeinsch Eigt nöt ist (KG NJW-RR **90**, 1166). Wird die Sache unbrauchb dch eine außerh des MietGebr liegde Ursache, so muß der Verm die Brauchbk wiederherstellen, auch wenn der Mieter die InstandHaltg im Vertr übern hatte (BGH ZMR **87**, 257). Völl Zerstörg (zB dch Brand) verpfl nicht zum Wiederaufbau; die Re u Pfl regel sich nach §§ 275, 280, 325 (vgl Karlsr ZMR **95**, 201). Der Verm ist verpfl, zum Zwecke der Erf der ErhaltgsPfl die Miets zu überprüfen, zB die Sicherh der elektr Anlage (Saarbr NJW **93**, 3077). Diese Pfl gilt aber nur eingeschr, wenn sich die Sache im ausschließl Bes des Mieters befindet. Zur Erhaltg gehört insb Reparatur u Renovierg (Rn 10–20), daneben: **b) Instandsetzung.** Sie ist v Instandhaltg (Rn 10, 13) zu untersch. Die Miets muß v Verm verkehrssicher gehalten w. Räume müssen in einem den öffrechtl BauVorschr entspr Zustd, mitvermietete GbdeTe u HaushGeräte gebrauchsfäh gehalten w (vgl Buss ZMR **99**, 627 [DachSanierg]). Besteht für die unverzichtb Instdsetzg auch bei stark beschäd Gbden, deren Abriß nicht unmittelb bevorsteht (BezG Dresd WuM **91**, 143). Die Kosten einer Umstellung von Stadt- auf Erdgas treffen den Verm (Gather DWW **71**, 359), wenn der Mieter diese Kosten nicht übern hat (Rn 3). Die Wasserleitg muß Werte ergeben, die der TrinkwasserVO entspr (LG Hbg NJW **91**, 1898). Kfz müssen fahrbereit sein u den Vorschr der StVZO genügen, Maschinen funktionsfäh u ausreichd Unfallschutz ermögl. Vgl § 535 Rn 21, 22. Zur AsbestBelastg dch Speicherheizgeräte, die vor 1977 hergestellt sind: LG Bln NJWE-MietR **97**, 53; Halstenberg WuM **93**, 155. **c) Modernisierung.** Im Einzelfall kann sich bei langdauerndem Mietverh ein Anspr des Mieters hierauf ergeben (Rathjen ZMR **99**, 458). **d) Reinigung** der Straße vor dem Haus (auch Schnee u Eis), gemschaftl benutzter Teile des Miethauses, Entleerg v Versitzgruben u Mülltonnen. Auch hierfür gilt Rn 3. 7 8 8a 9

5) Reparaturen oder Renovierung aller nicht vertrgem, insb beschäd, verunstalteten od abgenutzten Teile (auch der Außenfläche) der Miets gehören zur Erhaltg (Rn 7). Es sind zu untersch: **Instandhaltungsreparaturen:** dch Abnutzg, Alterg u WittergsEinflüsse entstandene Mängel (für WoRaum § 28 I, II der II. BV). Das umfaßt auch Austausch v Geräten, insb Zählern (AG Überlingen NJW-RR **95**, 268). AusführungsPfl: Rn 11, 13. **Schönheitsreparaturen.** Zum Begr Wolf WM **90**, 1769 (Ausführg Rn 11–16: streichen od tapezieren v Wänden (zur Übergabe nicht in ungewöhnl Farben (LG Hbg ZMR **99**, 409), Dekken, Böden, Heizkörpern einschl Heizrohre, Innentüren, sowie Fenster u Außentüren v innen (für WoRaum gem § 28 IV der II. BV), nicht Teppichböden (Hamm ZMR **91**, 219; Stgt NJW-RR **95**, 1101; bestr). Dies gilt sinngem für GeschRaumMiete. **Sonstige Reparaturen:** Das sind solche, die auf and Ursachen beruhen od and Zwecken dienen. Bsp: LeitgsWasserrohre bei Bleibelastg (LG Hbg NJW **91**, 1898). **a) Ausführungspflicht. (1) Allgemeines.** Sie trifft grdsätzl den Verm. Übern dch den Mieter im MietVertr (auch dch schlüss Verhalten mögl) ist eher eng auszulegen (Kblz ZMR **89**, 464 für Pacht), aber insb bei SchönhRep (Rn 10) allg übl u verstößt grdsätzl nicht gg § 9 AGBG (hM; BGH **92**, 363 mwN u **101**, 253), auch nicht, wenn der Verm bei VertrAbschl eine renoviergsbedürft, unrenovierte Wohng übgibt u die Renovierg dch den Verm vertr ausgeschl ist, jedenf dann, wenn die RenoviergsFr bei Anfang des MietVerh zu laufen beginnen (BGH **101**, 253). Nicht zuläss ist im FormularVertr die Übern der ges InstdHaltgsPfl (BayObLG NJW-RR **97**, 1371). **(2) Schönheitsreparaturen** (zur Fällk Rn 16). Für eine interessengerechte Neugestaltg: Mersson NZM **98**, 938. Wirks ist grdsätzl eine FormularKl, wonach der Mieter bei Ende des MietVertr je nach Ztpkt der letzten länger als ein J zurückliegden SchönhRep einen angem Teil der Kosten zu tragen hat (hM; BGH **105**, 71 u NJW **98**, 3114; dagg mit guten Grden Hensen NZM **98**, 937). Diese können nach dem Kostenvoranschlag eines Fachgesch errechnet w (BGH aaO). Dieser darf nicht ausdrückl für verbindl erkl sein; die KostenAbgeltg muß an den übl RenoviergsFr ausgerichtet u es darf dem Mieter nicht untersagt w, die SchönhRep vor dem Ende des MietVerh selbst auszuführen (BGH aaO), sodaß die Klausel zwingder Ausführg dch FachHandw unwirks sein soll (Stgt ZMR **93**, 513). Zur Problematik bei Herstellg der TapezierFähk: Lützenkirchen NZM **98**, 942. Als unwirks werden FormularKl angesehen, die ohne FrPlan (LG Aach NJW-RR **92**, 1485) zur SchönhRep „nach Bedarf" od nach einem „fingierten Bedarf" verpfl, wenn die Wohng bei Mietbeginn unrenoviert war (Stgt WuM **89**, 121). Wirks ist die allg erkl ÜbNahme dch den Mieter, wenn er die Anfangsrenovierg übern (aA Celle ZMR **99**, 469) u keine Endrenovierg dchzuführen hat (Karlsr NJW-RR **92**, 969 = JZ **92**, 1135 mit krit Anm v Gärtner). **(3) Instandhaltungsreparaturen** (vgl Rn 10). Bei preisgebundenem WoRaum dürfen nur die kleinen InstandhaltgsRep auf den Mieter überwälzt w (§ 28 III der II. BV), auch dch FormularVertr ohne Verstoß gg § 9 AGBG (Schmid ZMR **87**, 12; Gather DWW **86**, 306 [313] mwN). Auch bei preisfreiem WoRaum dürfen im FormularVertr die Kosten v BagatellRep (bis 100 DM) auf den Mieter überwälzt w, nicht aber die InstdHaltgs- u AusführgsPfl (BGH **118**, 194 wg § 537 III), wenn sie für den Fall mehrerer Rep innerh eines best ZtRaums an einen angemessenen HöchstBetr gebunden sind (BGH NJW **91**, 1750) u Teile der Miets betreffen, die dem häuf Zugriff des Mieters ausgesetzt sind (BGH **108**, 1). Eine fehlde Obergrenze begründet die Unwirksk der Klausel (BayObLG ZMR **97**, 405 mwN). **(4) Kostenbeteiligung.** Unwirks sind Klauseln, die eine Beteiligg des Mieters in Höhe v 100 DM an Rep od Neuanschaffgen vorsehen (BGH **108**, 1). **(5) Einzelheiten.** Zuläss ist die Beteiligg pro rata temporis (Stgt NJW **82**, 1294; Hamm NJW **81**, 2362), auch wenn dch AGB vereinb, jedenf bei Kostenmiete (BayObLG NJW-RR **87**, 1298). Die Vereinbg „bezugsfert od vertrgem" führt zur Pfl, die Räume in einen für den Nachmieter zumutb Zustd zu versetzen; das bedeutet, daß bei Rückg nur fäll SchönhRep auszuführen sind (vgl § 556 Rn 3, 5). Bei Umbau wird der Mieter v der Pfl, die SchönhReparaturen ausführen zu lassen, nicht befreit (hM; BGH **92**, 363 mwN; 10 11 12 13 14 15

16 Schlesw ZMR **83**, 305; vgl Rn 18 aE; bestr). **b) Fälligkeit:** Beschäd Teile sofort (§ 271 I). Maßgebd ist der idR formualrmäß vereinb FrPlan (Lützenkirchen ZMR **98**, 605 für flexible Regelg), eine Vereinbg „nach dem Grad der Abnutzg früher" ist zuläss (LG Duisb NJW-RR **99**, 736). Der ErfAnspr auf Dchführg der SchönhRep besteht auch während des MietVerh (BGH **111**, 301 = JZ **91**, 565 m Anm v Sonnenschein mwN), sobald sie erforderl sind, ohne Rücks auf das subj WertUrt des Mieters (hM). Sind aber die Räume noch vertrgem, so sind auch die SchönhRep noch nicht fäll, auch nicht anteil zu ersetzen. Re des Verm: Bei Ende des MietVerh hat der Mieter, wenn er die Pfl übern hat (Rn 11) diejen SchönhRep auszuführen, die notw sind, die Räume in einen vertrgem Zustd zu versetzen (BGH **49**, 56 mwN).

17 **6) Pflichtverletzung.** Wenn die Rep v dem Verpfl (Rn 11) nicht ausgeführt w: **a) Rechte des Mieters** (falls Verm verpfl ist). Neben dem HerstellgsAnspr mit Duldg (Rn 1): Befreig vom MietZ od Minderg (§ 537); SchadErs (§ 538), Künd (§ 542), Rücktr gem §§ 325, 326 nur bis zur Üblassg der Miets (vgl § 537 Rn 4). ZurückbehaltsgsR (§ 320; BGH **84**, 42 für Pacht). **b) Rechte des Vermieters: aa) Ersatzvornahme** falls der Mieter verpfl u dies vertragl vorgesehen ist (insb nach dem Auszug des verpfl Mieters) oder
18 nach § 887 ZPO iW der ZwVollstr. **bb) Schadensersatzanspruch** des Verm (Umfang: §§ 249 ff) gg den zur Rep verpfl Mieter ist mögl aGrd der §§ 325, 326, weil die Ausführg der SchönhRep eine HauptLeistgsPfl bleibt, auch wenn sie v Mieter übnern w (hM; BGH [st Rspr] **105**, 71 [79]; hierzu krit Schildt WuM **94**, 237; vgl § 326 Rn 9). Ob NachFr des § 326 notw ist, hängt v Einzelfall ab. Bei fortbestehden MietVerh ist § 326 unanwendb für den Schad, der in den Kosten der unterbliebenen Rep zu sehen ist (BGH **111**, 301; einschränkd LG Bln NJW-RR **96**, 523). Der SchadErsAnspr des Verm kann auch dann bestehen, wenn der Mieter bei Auszug in Verz ist (Nürnb ZMR **91**, 217), nach dem Auszug der NachM die Rep ausführt od die Kosten ggü dem Verm übernimmt (BGH **49**, 56 mwN; Hbg ZMR **84**, 342; bestr). Ein SchadErsAnspr wird teilweise verneint, wenn dch Umbau der Miets die SchönhRep sowieso beseit w (Rn 15); üb § 157 kann eine AusgleichsZahlg in Betr kommen (BGH **77**, 301 u **92**, 363; Oldbg NJW-RR **92**, 1036; bestr). Eine Selbstausführgsbefugn des Verm beseit seinen SchadErsAnspr nicht (Hamm WoM **83**, 76). Verj: § 558 für
19 Anspr auf DchFührg u SchadErsAnspr bei NichtErf (§ 558 Rn 6). **cc) Ausgleich.** Wenn der Anspr des Verm gg Vor- u Nachmieter besteht, wird versucht zw den 3 Beteil (Verm, Vor- u Nachmieter) dch Ann einer GesSchuld (§ 421) einen Ausgl zu erzielen. Dagg bestehen erhebl dogmat Bedenken (Bub/Treier V A 183 ff).
20 **dd) Aufwendungsersatz** kann der Verm verlangen, wenn ErsVorn vertragl vorgesehen ist, die Kosten nicht der Nachmieter übern (LG Bielef MDR **72**, 1037) od dieser den Anspr aus § 812 (vgl § 267 Rn 8) an den Verm abgetreten hat. **ee) Vorschuß** für Kosten der ErsVorn kann der Verm bei fortbestehdem MietVerh u Verz (§ 284) des Mieters verlangen (BGH **111**, 301).

21 **7) Wegfall der Erhaltungspflicht** tritt ein dch: **a) Vertragsende.** Damit entfällt § 536 grdsätzl. Einzelne ErhaltgsPfl des Verm bestehen bis zur Rückg (vgl § 557), insb iR der VerkSichergsPfl (LG Aach MDR **92**,
22 578). **b) Vertragsänderung** (§ 305), da § 536 abdingb ist (Rn 3). Das kann ausnahmsw angen w, wenn
23 Mieter in Kenntn eines Mangels die Miets vorbehaltlos annimmt (vgl § 539 Rn 1). **c) Untergang** (od Zerstörg) der Miets ohne Versch des Verm (§§ 323, 324); er wird v der Pfl zur GebrÜberl frei (§ 275) u ist nicht verpfl, die Miets wieder herzustellen (BGH NJW **92**, 1036). Bei teilw Zerstörg ist Pfl zur Wiederherstellg nur zu bejahen, wenn sie währd der MietZt mögl ist u die Opfergrenze nicht überschritten w
24 (§ 242; BGH NJW **59**, 2300). **d) Beschädigung** der Miets, die auf Versch des Mieters (§§ 276, 278) beruht, weil in diesem Fall SchadErs dch Mieter zu leisten ist.

537 ***Haftung für Sachmängel.*** **I Ist die vermietete Sache zur Zeit der Überlassung an den Mieter mit einem Fehler behaftet, der ihre Tauglichkeit zu dem vertragsmäßigen Gebrauch aufhebt oder mindert, oder entsteht im Laufe der Miete ein solcher Fehler, so ist der Mieter für die Zeit, während deren die Tauglichkeit aufgehoben ist, von der Entrichtung des Mietzinses befreit, für die Zeit, während deren die Tauglichkeit gemindert ist, nur zur Entrichtung eines nach den §§ 472, 473 zu bemessenden Teiles des Mietzinses verpflichtet. Eine unerhebliche Minderung der Tauglichkeit kommt nicht in Betracht.**

II Absatz 1 Satz 1 gilt auch, wenn eine zugesicherte Eigenschaft fehlt oder später wegfällt. Bei der Vermietung eines Grundstücks steht die Zusicherung einer bestimmten Größe der Zusicherung einer Eigenschaft gleich.

III Bei einem Mietverhältnis über Wohnraum ist eine zum Nachteil des Mieters abweichende Vereinbarung unwirksam.

1 **1) Allgemeines.** Gilt üb § 581 II auch für Pacht. **a) Rechtsnatur.** Abs 1 gibt dem Mieter keinen Anspr, sond ist rechtsvernichtde Einwendg ggü dem Anspr auf MietZ. Er mindert sich krG (allgM; vgl Rn 21).
2 **b) Abdingbarkeit** (Abs III). Nur bei WoRaum (Einf 70 vor § 535) ist § 537 zG des Mieters zwingd. Umfaßt auch Beschränkgen des ges MindergsAnspr. Wg § 9 AGBG keine Überbürdg der InstdHaltgsPfl auf den Mieter gestattet (BGH **118**, 194). Bei VorausZahlgsPfl der Miete darf nicht zugleich die Aufrechng ausgeschl w (vgl § 551 Rn 1). Bei GeschRaum u bei Pacht (§ 581 II) kann § 537 auch dch FormularVertr abbedungen w (BGH NJW-RR **93**, 519), auch üb VertrBeendigg hinaus (Hamm ZMR **98**, 343). Dch Ausschl des ZbR (Rn 5) ist nicht auch die Minderg ausgeschl (Düss NJW-RR **99**, 953). § 11 Nr 10 AGBG gilt für MietVertr nicht (§ 11
3 AGBG Rn 49). **c) Ausschluß** der Minderg krG: § 539, § 545 II, § 324 (Rn 2). **d) Voraussetzung** für § 537 ist stets die Überlassg (Überg) der Miets (BGH NJW **97**, 2813). Die Gewl erstreckt sich auf Fehler (Rn 12) u Fehlen zugesich Eigsch (Rn 18). Darühinaus als dritte Kategorie die Abweichg v selbständ BeschaffenhVereinbg
4 anzun, dürfte nicht haltb sein (hM; aA Ramming MDR **94**, 330). **e) Rückgriff** gg denjen, der den Fehler verurs hat, bleibt dem Verm offen. Gg and Mieter kann Anspr aus pVV (zB § 276 Rn 116) gegeben sein, insb bei Belästiggen (Pfeiffer DWW **89**, 38). **f) Beweislast:** Mieter für Vorliegen des Mangels u Beeinträchtigg der Tauglichk der Miets zu vertrgem Gebr. Dies umfaßt nicht das Maß der Minderg (BGH NJW-RR **91**, 779 für DarleggsLast). Verm: für die Unerheblk der TauglkMinderg, Versch des Mieters u Verursachg dch diesen.

2) Verhältnis zu anderen Vorschriften. a) Erfüllungsanspruch (Anspr auf GebrGewährg einer mangelfreien Sache, § 536) wird dch § 537 nicht beseit u gibt dem Mieter das ZurückbehaltgsR des § 320 (hM; BGH **84**, 42 für Pacht; Schenkel NZM **98**, 502 mwN; Gellwitzki WuM **99**, 10), solange er am Vertr festhält (BGH NJW **82**, 874) u nur für den entspr ZahlgsZtRaum (Ffm ZMR **99**, 628). **b) Unmöglichkeit. aa) §§ 306, 307:** Setzt voraus, daß die Leistg des Verm (GebrGewährg) von Anfang an obj unmögl ist (vgl § 306 Rn 3, 4), insb wenn die Sache nicht existiert u nicht hergestellt w kann. Die §§ 306, 307 sind vor Üblassg der Miets grdsätzl anwendb (vgl hierzu Oehler JZ **80**, 794), werden aber dch die §§ 537 ff verdrängt, wenn die Miets dem Mieter üblassen w ist (BGH **136**, 102; § 538 Rn 3), selbst wenn sie für den vertragl vorausgesetzten Gebr völl untaugl ist u dieser Fehler nie behoben w kann (BGH **93**, 142 mwN; Jau/Teichmann 1). Auch in diesen Fällen verbleibt es bei den Ren des Mieters gem Rn 21–24, vorausgesetzt die Miets ist überl. **bb) §§ 323–326:** Vor Üblassg der Miets gilt nicht § 537 (GWortlaut Abs I S 1, BGH NJW **78**, 103 u **80**, 777), sond es gelten §§ 323 ff, uU pVV (BGH aaO u NJW **99**, 635). Nach Üblassg der Miets gilt § 537 I, soweit eine GebrUntauglichk od -Verminderg der Miets vorliegt; er geht dem § 323 nur vor, wenn dem Verm die Beseitigg des SachMangels zugemutet w kann (hM; BGH NJW-RR **91**, 204). Soweit Unmöglk der VermLeistg auf and Grd als Sachmangel beruht (zB Untergang der Miets), gilt § 323. Ist der Fehler vom Mieter zu vertreten, wird § 324 I dch § 537 I nicht ausgeschl (Diederichsen JZ **64**, 2; Hassold NJW **75**, 1863). § 324 II gilt an Stelle des § 537 I nur, wenn der Mangel ohne den GläubVerz nicht eingetreten wäre. **cc) § 275** gilt bei nicht zu vertretder Unmöglk der VermLeistg, wenn die Wiederherstellg dem Verm nicht zugemutet w kann (hM; BGH NJW-RR **91**, 204). **c) Anfechtung** (§§ 119, 123) ist auch nach Üblassg der Miets grdsätzl mögl (vgl Emmerich NZM **98**, 692). **d) Geschäftsgrundlage** (§ 242 Rn 113). Soweit sich ihre Störg auf Fehler od Eigensch der Miets bezieht, gehen die §§ 537 ff als ausschließde SondRegelg vor (BGH NJW-RR **92**, 267). Iü können die in § 242 Rn 125–134, 166 dargestellten Regeln eingreifen. Hierbei ist auf die RisikoVerteilg zw den VertrPart zu achten (BGH NJW **81**, 2405); insb bei gewerbl Miet- u PVertr (Joachim BB **88**, 779 mwN). **e) Mieterhöhung.** Ggü § 2 MHG ist § 537 SoRegelg, sodaß der MietmindergsAnspr nicht üb § 320 dem ErhöhgsVerl gem § 2 MHG entggesetzt w kann (Ffm NZM **99**, 795), sond die ggf erhöhte Miete mindert. Bei gewerbl Miete wird von Düss NJW-RR **94**, 399 die Minderg ggü einem ErhöhgsAnspr (§ 535 Rn 31) zugelassen.

5
6
7
8
9
10
11

3) Fehler (Abs I). **a) Begriff.** Fehler ist eine für den Mieter nachteil Abweichg des tats Zustds der Miets vom vertragl vorausgesetzten; sie muß die Tauglk zu dem von den VertrPart konkret vorausgesetzten vertrgem Gebr (§ 536 Rn 5, 7) ganz aufheben od (erhebl, Rn 13) mindern. Ztpkt: maßgebd ist grdsätzl der Zustd zZ der Überlassg der Miets od späteren Auftretens des Fehlers. Bei gesundhgefährdder Beschaffenh kann auch der später veränd Standard techn-wissensch Erkenntn maßgebd sein (vgl BVerfG NZM **99**, 302; hierzu Asper NZM **99**, 691). Der Fehler muß nicht schon nach außen hervorgetreten sein, wenn nur seine Ursachen schon vorhanden sind (vgl Ffm MDR **85**, 1027). Er kann auch in einem tats bzw rechtl Verhältn bestehen (sog Umweltfehler), das nach den allg VerkAnschaugen für einen Mieter die Sache u deren GebrWert beeinträcht, u zwar unmittelb (BGH NJW **81**, 2405; hierzu krit Koller NJW **82**, 201). Verh zur Unmöglk: Rn 3–5. **b) Erheblichkeit** (Abs I S 2): Die Tauglk zum vertrgem Gebr (damit der GebrWert) muß erhebl gemindert sein. Unerhebl Minderg ist nur bei zugesicherter Eigensch (Rn 18–20) bedeuts (Angleichg an § 459). Bei bloßer Gefährdg sind zumutb VorsorgeMaßn unerhebl (LG Hbg NJW **91**, 1898). Daraus, daß der Fehler infolge seltener Benutzg für den Mieter sich nur gelegentl nachteil auswirkt, kann die Unerheblk nicht abgeleitet w. **c) Öffentlich-rechtliche Beschränkungen** können (auch bei PachtVerh, BGH **93**, 142) als rechtl Verhältn (vgl Rn 12) einen Fehler darstellen, wenn sie sich auf die Beschaffenh, Benutzbark od Lage der Miets (nicht auf die Person des Mieters, vgl § 552) beziehen (BGH stRspr zB NJW **77**, 1285; NJW-RR **92**, 267) u zwar konkret auf die Miets, zB KfzStellplätzenachweis für Gaststätte (Mü ZMR **95**, 401); fehlde Gen der NutzgsÄnd (Hbg NJW-RR **96**, 1356). Die Beschränkg muß grds bestehen, nicht ledigl in ferner Zukunft zu erwarten (BGH WM **68**, 1306). Sie darf nicht geduldet od auf ihre Dchsetzg darf nicht verzichtet sein (Nürnbg NZM **99**, 419 für Pacht mwN). Es genügt die Ungewißh über den Fortbestand, insb wenn ein RBehelf eingelegt ist (BGH MDR **71**, 294) u nur uU eine zeitweil Beschrkg, insb wenn es dadch für den Mieter unmögl w, den VertrZweck zu erreichen (RG **146**, 60), aber nicht die dch Widerspr Dr verursachte Verzögerg der Überg u das darin liegde zeitweil GebrHindern (BGH NJW **92**, 3226). Behördl Duldg der unzuläss Nutzg schließt den Anspr aus (Mü ZMR **96**, 496). **Beispiele:** Gebot, das Gebde abzubrechen (BGH MDR **71**, 294); dem vertrgem Gebr entggstehder Nutzgsplan (Düss OLGZ **73**, 311); erforderl u fehlde behördl Gen zur vertr vorgesehenen Nutzg (BayObLG NJW-RR **86**, 690, Köln ZMR **98**, 227), zB ZweckentfremdgsVerb (KG NJW-RR **96**, 1224; Hamm NJWE-MietR **97**, 201); EinstellgsAnordng für GewBetr des Mieters wg Geräuschbelästigg (Karlsr OLGZ **71**, 18); bei Verpachtg einer Gaststätte die Speisenkonzession, die aber nicht unbeschr sein muß (Oldbg ZMR **92**, 103). **d) Äußere Einwirkungen:** insb von Lärm (vgl § 535 Rn 19), Luftverschmutzg u Geruch begründen einen Fehler, wenn sie nicht vertr vorausgesetzt sind, und zwar unabhäng davon, ob sie vom Verm als Eigt gem § 906 geduldet w müssen (BayObLG NJW **87**, 1950; LG Kass NJW-RR **89**, 1292; Mü NJW-RR **94**, 654). Fehler bejaht: wenn SchallschutzVorschr vom Verm nicht beachtet w (Wiethaup ZMR **75**, 257 mwN); Beeinträchtigg des Lichteinfalls entgg öff-rechtl Vorschr dch NachbarBebaug (Hamm MDR **83**, 579); Großbaustelle in unmittelb Nähe eines für ErholgsUrl gemieteten Zimmers (LG Hbg NJW **73**, 2254). Für Straßenlärm vgl Speiser NJW **78**, 19. Auch eine GefQuelle außerh der Miets kann einen Fehler begrden (BGH NJW **72**, 944; Hamm NJW-RR **87**, 968; einschränkd Mü WuM **91**, 681) sowie Verletzg v WettbewSchutz (Düss NZM **98**, 307 mwN; vgl § 535 Rn 18). Schutzlosigk gg Überschwemmg nur dann, wenn sie wg Beschaffenh der Mieträume u bei nicht außergewöhnl WittergsVerh besteht (BGH NJW **71**, 424); LG Kass NJW-RR **96**, 1355), wobei aber § 538 zu beachten ist. **e) Einzelheiten. aa) Bewegliche Sachen und EDV:** Wasserdchläss Zelt (Hamm NJW-RR **95**, 525); Jahr-2000-Fähgk v Hard- u Software (vgl § 459 Rn 50–58); GebrUntauglk des Druckers einer EDV-Anl (Hamm NJW-RR **93**, 1527); nicht bloß kurzzt Programmsperre vor Ablauf der vereinb MietZt (Wuermeling CR **94**, 585 [588]). Reifenmängel eines Kfz (BGH DB **67**, 118); lockerer Lenkradgriff eines Fahrrads (BGH VersR **82**, 1145). **bb) Grundstücke und Räume:** Fehler kann auch das erhebl Abweichen v der vertrgem Mietfläche sein (Kraemer NZM 99, 156); Ungeziefer (AG Brem NJW 98, 3282); unzulängl Isolierg (BGH WM **62**, 271; aA LG Hbg NJW-RR **88**, 907); Stockflecken infolge Pilzbefalls dch Luftfeuchtk

12
13
14
15
16
17
17 a

(Celle ZMR **85**, 10; LG Brschw ZMR **88**, 142); fehlde Beheizbk (LG Bln ZMR **92**, 302) od ungenügde Beheizg (§ 535 Rn 25; Düss NJW-RR **94**, 399); sog Altlasten eines Grdst (Knoche NJW **97**, 2080); gesundhgefährdde Asbestfaserkonzentration (LG Dortm WuM **96**, 141); übdimensionierte LüftgsAnl (Hamm ZMR **87**, 300); Ausfall des Lifts für hoch gelegene Räume, der Zentralheizg u Warmwasserversorgg (Ffm ZMR **74**, 42). Schadh ZentrHeizgsAnl, die zu BrennstoffmehrVerbr führt (zB 60% Düss MDR **83**, 229). Bei Vermietg an KonkurrUntern (§ 535 Rn 18) kommt es auf den Einzelfall an (Düss ZMR **97**, 583 mwN). Baumsturzgefahr auf Camping-Platz (Ffm NJW-RR **86**, 108). Fehlder Rückstauschutz (Hamm ZMR **88**, 138) od Übschwemmung v Kellerräumen (Düss NJW-RR **88**, 906); absturzbereites Geäst (BGH NJW **75**, 645); BordellBetr in and Geschoß (LG Bln NJW-RR **96**, 264); Auswirkg der Drogenszene auf GeschRaum-Eingang (Hamm NJWE-MietR **96**, 80); Ausfall der Lüftg in Restaurant (BGH NJW-RR **91**, 779); uU Beeinträchtigg des Lichteinfalls (Hamm ZMR **83**, 273); bei einem Ladenlokal in attraktiver City-Lage fehlender PublikumsVerk inf sog endloser Baustelle (Dresd NJW-RR **99**, 448; aA Düss ZMR **99**, 471).

17b **cc) Fehler verneint:** bei Ladenlokal geringerer Besuch v kaufinteressiertem Publikum (BGH NJW **81**, 2405; Mü ZMR **96**, 256; Naumbg NZM **98**, 373), auch dch StraßenbauArb verurs (Düss NZM **98**, 481); Nichterreichen des erwarteten Umsatzes (Düss NJWE-MietR **96**, 154). WasserleitgsRohre mit Bleizusatz bei einem der TrinkwasserVO entspr Wasser (LG Ffm ZMR **90**, 17). Übsteigen solcher Grenzwerte ohne GesundhGefährdg (aA Köln NJW **92**, 51), auch bei Büroräumen (Köln ZMR **91**, 154); überh Schadstoffkonzentration, die unterh der behördl empfohlenen od erlaubten Werte liegt (vgl LG Traunst NJW-RR **94**, 1423); Drogenszene im Umfeld ohne Beeinträchtg (LG Düss NJW-RR **95**, 330); unerhebl Abweichen v der im Vertr angegebenen qm-Wohnfläche (Dresd NZM **98**, 184 mwN; Kraemer DWW **98**, 365); v Hd zu betätder RückstauVerschl (LG Mannh ZMR **91**, 386); Lage der Mieträume im hochwassergefährdeten Gebiet bei entspr Vorsorge (Kblz NJW-RR **97**, 331); wärmetechn Beschaffenh mit hohen Heizkosten (LG Hbg ZMR **88**, 63); aA LG Waldsh NJW-RR **91**, 592); Unterbringg Asylsuchder in der Nachbsch (AG Gronau NJW **91**, 2494); Einbruchserie mit Folge mangelnden VersSchutz (KG NZM **98**, 437; vgl § 542).

18 **4) Fehlen zugesicherter Eigenschaft** (Abs II) steht auch bei unerhebl Beeinträchtigg der Tauglk dem Fehler gleich, weil nur Abs I S 1, nicht Abs I S 2 entspr anwendb ist. Ob die fehlde Eigensch herbeigeführt w
19 kann, ist gleichgült (Hassold NJW **74**, 1743). **a) Zusicherung:** wie § 459 Rn 15–18. Sie liegt nicht in der bloßen Beschreibg der Sache u idR nicht in der Angabe einer qm-Zahl (Dresd NZM **98**, 184 mwN; Kraemer DWW **98**, 365), einer Umsatzhöhe (BGH NJWE-MietR **97**, 150; Hbg ZMR **98**, 221; Wiese ZMR **90**, 82
20 mwN; bestr); insb eine ca-Angabe spricht dagg (LG Münst DWW **90**, 310 mwN). **b) Eigenschaft** ist jede Beschaffenh der Sache selbst u jedes tats oder rechtl Verh, das für den Gebr der Miets von Bedeutg ist (vgl § 459 Rn 17). Fehlt eine Eigensch, die nicht zugesichert ist, kann ein Fehler (Rn 12) vorliegen. Eigensch ist zB: Größe des Grdst (Abs II S 2), üb § 580 überh v Räumen (ausführl Kraemer NZM **99**, 156), einer Wohng (LG MöGladb ZMR **88**, 178), eines GeschRaums (Köln NZM **99**, 73); Tragfähigk einer Decke (BGH **LM** Nr 12/13); zukünft Umsatz (Hbg NJW-RR **98**, 1091).

21 **5) Rechte des Mieters. a) Allgemeines:** Der Mieter hat einen ErfAnspr auf den vertrgem Gebr (§§ 535, 536). Wird er ihm dadch nicht gewährt, daß die Miets Fehler aufweist od zugesicherte Eigensch fehlen, hat der Mieter die Rechte gem Rn 22–24. Die Rechte aus § 537 bestehen unabhäng vom Versch des Verm. Sie sind nicht Anspr (wie beim Kauf, §§ 462, 465), sond ändern krG die VertrPfl (BGH stRspr, NJW **87**, 432 [433] u NJW-RR **91**, 779), unabhäng davon, ob der Mieter die Sache, wäre sie vertrgem gewesen, verwendet hätte od nicht (BGH NJW **58**, 785). Keine Verjährg, da es sich nicht um Anspr handelt (vgl § 194 I); vorausbezahlter MietZ kann gem § 812 zurückgefordert w. Verj dieses Anspr: § 195 (bestr; aA Sternel III 44: § 197). Ist die Sache außerh des MietGebr zerstört w, so gilt § 537 auch dann, wenn der Mieter die InstdHaltg u InstdSetzg im MietVertr übern hat (BGH NJW-RR **87**, 906). Beruht der Mangel auf einer v Mieter verlangten Änd der
22 Miets, trägt dieser das Risiko der GebrTauglk (Mü ZMR **96**, 434). **b) Befreiung vom Mietzins:** nur bei völl Beseitigg der GebrFähigk (v LG Saarbr NJW-RR **87**, 1496 wohl falsch unter § 323 eingeordnet, vgl Rn 4), jeweils nur für deren Dauer. Das ist insb für die Zt gegeben, in der der Verm die Sache in Bes nimmt, um den
23 Mangel zu beseit od beseit zu lassen (BGH NJW **87**, 432). **c) Minderung: aa) Eintritt** ohne daß der Mieter sich darauf berufen muß (vgl Rn 1), and als § 465. Wirkt dahin, daß der geminderte MietZ als der vereinb gilt. Berechng: §§ 472, 473 entspr; daher maßgebder Ztpkt der des VertrAbschl. Erstreckt sich nicht auf Umlagen und Zuschläge, die vom Mangel nicht betroffen sind (zB Heizg, Lift, Versicherg). Es ist also grdsätzl v der sog Kaltmiete auszugehen (hM; Mutter ZMR **95**, 189 mwN). Die Minderg erfaßt aber den Heizkostenanteil bei ungenügder Beheizg (Düss NJW-RR **94**, 399). Die Part können einen best MindBetr bindd vereinb. Bei gewerbl Räumen ist primär auf die Störg der BetrAusübg abzustellen (Düss BB **89**, 1934) u auf den Einzelfall (Karlsr NJW-RR **90**, 1234). **bb) Höhe** der Minderg hängt v Einzelfall ab. Zum Umfang der Minderg: Franke ZMR **96**, 297 [301]; Rspr-Übersicht Mutter ZMR **95**, 189. Sie ist v BruttoMietZ zu berechnen. Im Proz ist § 287 ZPO anzuwenden. Für Zulässk des selbstd BewVerf (§ 485 ZPO) gg die hM
24 zutreffd: Scholl NZM **99**, 108. **d) Sonstige Rechte: aa)** SchadErs nach § 538 ist neben Künd u Minderg mögl; jedoch können die Re aus § 537 daneben nur geltd gemacht w, wenn u soweit der SchadErs den Wert der Miets nicht umfaßt. **bb)** Anspr auf Erf, dh mangelfreie Leistg, also Beseitigg der Mängel (§ 536) bleibt von § 537 unberührt, so daß dem Mieter das ZbR des § 320 zusteht (vgl Rn 5). **cc)** AufwendgsErs (§ 538 II) bei Verz (§ 284) hinsichtl der Mängelbeseitigg. **dd)** Künd gem §§ 542–544. **ee)** Anspr aus § 812 aGrd der trotz Minderg gezahlten Miete (BGH NJW-RR **93**, 519 mwN) mit 4jähr VerjFr (Köln WuM **99**, 282 mwN).

25 **6) Unveränderter Mietzins** trotz Vorliegen eines Sachmangels. **a) Ausschluß der Minderung** ist nicht dch Ausschl des ZurückbehaltgsR (§§ 273, 320) anzunehmen (Düss ZMR **99**, 3) sond nur bei: **aa)** Kenntn od grob fahrl Unkenntn des Mangels (§ 539). Das gilt entspr, wenn der Mieter in Kenntn des nach Überg entstandenen Mangels vorbehaltlos den MietZ zahlt (§ 539 Rn 5). **bb)** Verletzg der AnzPfl (§ 545). **cc)** Verursachg des Mangels dch den Mieter od Versch des Mieters hinsichtl des Mangels, zB inf Änderg der Miets auf Verl des Mieters (Düss NJW-RR **93**, 976 mwN), ferner Entstehg des Mangels im RisikoBer des Mieters; zB
26 Sperre eines Zugangs, für dessen Aufrechterhaltg der Mieter zu sorgen hatte (BGH **38**, 295). **b) Verlust** des Rs, sich auf die MietZMinderg zu berufen, ist wg entspr Anwendg von § 539 anzun, wenn der Mieter in

Kenntn des Mangels u ohne Rüge (vgl LG Essen ZMR **97**, 28) üb längere Zt die Miete ungekürzt vorbehaltl zahlt (BGH NJW **74**, 2233; Düss ZMR **87**, 263; LG Bln NZM **99**, 170). Dies wg § 558 an 6 Mo zu orientieren (so AG Ffm NJW-RR **92**, 971), ist nicht bedenkenfrei.

538 ***Schadensersatzpflicht des Vermieters.*** **[I] Ist ein Mangel der im § 537 bezeichneten Art bei dem Abschluß des Vertrages vorhanden oder entsteht ein solcher Mangel später infolge eines Umstandes, den der Vermieter zu vertreten hat, oder kommt der Vermieter mit der Beseitigung eines Mangels in Verzug, so kann der Mieter unbeschadet der im § 537 bestimmten Rechte Schadensersatz wegen Nichterfüllung verlangen.**

[II] Im Falle des Verzugs des Vermieters kann der Mieter den Mangel selbst beseitigen und Ersatz der erforderlichen Aufwendungen verlangen.

1) Allgemeines. Der SchadErsAnspr kann v Mieter neben den Ren aus § 537 (Minderg) gefordert w. 1
Dieser ist daher berecht, neben der Mietminderg weitergehenden Schaden od Anspr auf AufwendgsErs nach Abs II geltd zu machen, wobei selbstverständl Vorteil aus Mietminderg bei Bemessg des Schad zu berücks ist. **a) Rechtsnatur** des Anspr. Er ist wg § 536 nicht auf Gewl gerichtet, sond ist ein Anspr wg NichtErf (hM). 2
b) Wegfall des Anspr wie bei § 537 (dort Rn 25, 26). **c) Verhältnis zu anderen Vorschriften: aa)** Wg der 3
Verweisg auf § 537 gilt § 538 grdsätzl erst ab Üblassg der Miets (BGH **136**, 102; dagg Tröster NZM **98**, 697; § 537 Rn 3). Vor Überlassg verdrängt § 538 die §§ 306, 307 nicht (BGH aaO; bestr, aA Timme NZM **98**, 396 mwN: genereller Vorrang des § 538), obwohl VertrAbschl idR vor Überg stattfindet. Unterbleibt die Überlassg, weil der vertrgem Zustd nicht herstellb ist, gilt § 325 (BGH NJW **99**, 635). Soweit es sich um die GebrTauglk handelt, verdrängt Abs I 2. Fall den § 325 (Hassold NJW **75**, 1863) u Abs I 3. Fall den § 326 (vgl Diederichsen JZ **64**, 25; BGH NJW **63**, 804). § 324 gilt wie bei § 537 (dort Rn 7). § 323 gilt, soweit § 538 reicht, überh nicht, weil Abs I 1. Fall eine anfängl Unmöglk verlangt, währd Abs I 2. u 3. Fall Versch oder Verzug des Verm voraussetzen. **bb)** KündR aus § 542 bleibt unberührt, besteht daneben, nicht alternativ 4
(MK/Voelskow 14). Der Mieter ist nicht zur Künd verpfl, auch nicht aus § 254 I. Unterläßt der Mieter die Künd, besteht sein SchadErsAnspr bis zum Ende des MietVerh, insb bis der Verm wirks das MietVerh kündigt. **cc)** Anspr aus pos VertrVerletzg sind allein od neben § 538 mögl bei VertrVerletzg, die nicht unmittelb die 5
Beschaffenh der Miets betreffen (BGH NJW **57**, 826); zB Aufklärgs-, Schutz- u FürsPfl (vgl § 535 Rn 21–24). **dd)** C. i. c. (§ 276 Rn 68) ist wg der SoRegelg in § 538 nur insow unanwendb, als der Verm fahrläss 6
handelt (BGH **136**, 102; hierzu krit Tröster NZM **98**, 697). **ee)** Anspr aus unerl Hdlg können mit § 538 konkurrieren. **d) Abdingbarkeit.** Vertragl Ausschl der Haftg ist grdsätzl zul (BGH **29**, 295), auch indirekt 7
dch ZustPfl zur UnterVermietg (LG Mannh ZMR **98**, 563 m Anm v Schläger). Abdingb auch dch AGB (BGH NJW-RR **93**, 519 mwN für Pacht) u (and als bei § 537 III; dort Rn 2) auch bei WoRaum (BGH NJW-RR **91**, 74; MK/Voelskow 16). Der Ausschl darf nicht gg § 11 Nr 7 AGBG (BayObLG ZMR **85**, 93) od allg RGrdsätze verstoßen (für § 9 AGBG wohl zu weitgehd Düss ZMR **92**, 446). HaftgsAusschl für nicht vorsätzl od grob fahrläss v Verm verurs Mängel der gewerbl genutzten Miets dch AGB ist zuläss (Düss NJW-RR **99**, 735), auch für FeuchtigkSchäd an Sachen des Mieters (Stgt NJW **84**, 2226). Der Ausschl vertragl SchadErsAnspr erstreckt sich auch auf außervertragl, die denselben Sachverhalt betr. Unabdingb ist das R des Mieters aus Abs II bei AGB-Vertr wg § 9 II Nr 1 AGBG u bei WoRaum das R zur Aufrechng sowie das ZbR (§ 552a). **e) Anwendungsbereich:** auch Pacht (§§ 581 II, 586 II); Abs II auch auf NutzgsVerh, insb bei 8
Bauträger (BGH **56**, 136). **f) Verjährung:** Anspr aus Abs I: § 195; aus Abs II: § 558 (BGH NJW **74**, 743).

2) Vorhandensein des Mangels bei Vertragsabschluß (Abs I 1. Fall). Haftg beruht auf gesetzl Garantie 9
des Verm, auch ohne Versch. **a) Voraussetzungen:** Mangel muß bei VertrAbschl ledigl vorh sein; daß er damals bereits hervorgetreten war u seine schädigden Wirkgen zeigt, ist nicht erforderl; ausreichd, wenn nur die Gefahrenquelle schon vorh war od die Ursache vorlag (Mü ZMR **96**, 322), zB eine Betonplatte im verpachteten Acker (Mü NJW-RR **90**, 1099); wenn eine Beh verpfl war, eine erforderl Erlaubn (§ 537 Rn 14) zu widerr od zu versagen (BGH NJW **77**, 1285). Der Mangel muß bei Überlassg der Miets noch vorliegen, weil § 538 den § 537 voraussetzt. Verm trägt die Gefahr aller geheimen Mängel (BGH NJW **63**, 805). Auf Kenntn vom Mangel od dessen Erkennbk kommt es nicht an (BGH **49**, 350), ebsowenig wie auf Möglk der Beseitigg (Hassold NJW **74**, 1743) u auf Versch des Verm (BGH NJW **75**, 645; Düss ZMR **99**, 24). **b) Zeitpunkt.** Maßgebd ist der des formlosen Vertr, wenn er später schriftl festgelegt w (vgl BGH NJW 10
68, 885). § 538 gilt entspr, wenn die Miets erst nach Abschl des Vertr hergestellt w soll (Mü ZMR **96**, 322). Die GewL bezieht sich hier auf Ztpkt der Fertigstellg u Überg der Sache (BGH **9**, 320).

3) Verschulden des Vermieters nach Vertragsschluß (Abs I 2. Fall). Für Mängel, die nach VertrSchl 11
auftreten, haftet Verm auf SchadErs nur dann, wenn ihn ein Versch trifft, dh bei vorsätzl od fahrl Verhalten (§§ 276, 278). BewLast: Mieter für alle Vorauss außer Versch (vgl BGH NJW **64**, 33). Der Mieter ist trotz § 545 nicht ErfGeh des Verm (BGH VersR **69**, 754). Dies ist jede Pers, die v Verm für Verrichtgen bei, in od an der Miets bestellt w (Karlsr ZMR **88**, 52); zB für BauArb (Hamm ZMR **96**, 199).

4) Verzug des Vermieters mit Mängelbeseitigung (Abs I 3. Fall) bedeutet SchuVerz (§ 284) des Verm 12
mit der aus § 536 folgden Pfl setzt eine auf Mängelbeseitigg gerichtete Mahng voraus (§ 284 I), Anzeige gem § 545 genügt nicht. Bei vereinb Mängelbeseitigg ist auch KalTagFälligk (§ 284 II 1) mögl. Fehldes Versch des Verm schließt Verz aus (§ 285). BeseitiggsPfl entfällt bei unzumutb hohen Kosten (Opfergrenze, Erm/Jendrek 14). Mangel muß behebb sein; sonst läge kein Verz vor, sond Unmöglk (Hassold NJW **74**, 1743).

5) Schadensersatzanspruch. Bei MitVersch (zB üb § 545) ist § 254 anwendb (insb für den 1. Fall, Rn 9; 13
BGH **68**, 281 [287]), auch wenn sich der Mangel dch die Fahrlässigk erst od bes schwer auswirkt (BGH NJW-RR **91**, 970). **a) Ersatzberechtigt** sind auch die in den Schutzbereich des MietVertr einbezogenen Pers; vgl § 328 Rn 13, 28, 29. **b) Umfang.** Nach allgM ist jedenf der eigentl NichtErfSchad zu ersetzen. Das ist der 14
Nachteil, der darin besteht, daß der Mieter die Leistg mangelh erhält: insb der Minderwert, die Mangelbeseitiggskosten, VertrKosten u entgangener Gewinn (§ 252; Mü ZMR **96**, 322). Aber alles nur für die Zeit,

in der Verm zur Leistg verpfl ist u am Vertr auch gg seinen Willen festgehalten w kann (BGH WM **72**, 335). Einzelh: MehrBetr des MietZ für neu gemietete Wo; MietvorausZahlg; Kosten einstw Unterbringg (auch der Sachen), Verdienstentgang. Auch für MangelfolgeSchad u sonstige Begleitschäden (hM; BGH NJW **71**, 424; Peters NJW **78**, 665), auch KündFolgeSchad (LG Saarbr NZM **99**, 411). Das sind alle Nachteile des Mieters, die dch den Sachmangel verurs sind u über das reine ErfInteresse hinausgehen (Todt BB **71**, 680 mwN), insb Schäden an and Sachen, am Körper (Verdienstausfall, BGH NJW-RR **91**, 970 mwN), zusätzl u nutzlose Aufwendgen (Düss ZMR **92**, 446), wie zB die MaklerProv (LG Köln NJW-RR **93**, 524; bestr; aA LG Mannh NJW-RR **99**, 1023: c.i.c mögl). Der BegleitSchad ist nach aA (Todt BB **71**, 680 mwN) nur dann zu ersetzen, wenn vertragl eine entspr Gewl übern w (insb aGrd von Zusicherg od bei Versch aus pVV).

15 **6) Mängelbeseitigung durch den Mieter** (Abs II). **a) Voraussetzungen:** Verz des Verm: wie Rn 12. Fehlt es daran, muß der Mieter die Kosten der von ihm vorgenommenen MängelBeseitigg selbst tragen. **b) Wirkung.** Abs II schließt SchadErsAnspr nicht aus. Stellt keine GoA (§ 677) dar, sond selbstd R aus dem MietVerh. Erstreckt sich auf die ganze gemietete Sache einschl Zubeh. Nur die Mängelbeseitigg fällt unter Abs II u schließt § 547 I aus (BGH NJW **84**, 1552), aber nicht § 547 II (Düss NJW-RR **92**, 716). Für Verwendgen gilt ausschließl § 547. Der Mieter ist zur Mängelbeseitigg nicht verpfl; Unterl kann aber bei Schad für Verm MitVersch (§ 254) begrden (RG **100**, 42). Von Beseitigg des Mangels an entfällt auch der Anspr aus § 537. Anspr aus ungerechtf Ber wg Mängelbeseitigg bei fehlden Verz sind nicht ausgeschl (BGH
16 NJW **74**, 743 [üb § 684]). **c) Inhalt und Umfang:** Es gelten die §§ 256, 257. Der ErsAnspr des Abs II umfaßt nur die erforderl Aufwendgen, dh solche, die ggf nach fachmänn Rat geeignet u notw sind, die Sache in vertrgem Zustd zu versetzen. VorschußPfl des Verm besteht idR aGrd des § 242 (BGH **56**, 136; KG NJW-RR **88**, 1039). Beseit der Mieter den Mangel selbst, kann er auch Ers für Aufwendgen verlangen.

17 **7) Beweislast.** Der Mieter hat die Vorauss des SchadErsAnspr zu beweisen, auch die Ursächlk (hM; Hamm ZMR **97**, 520 mwN). Hat Verm seine Pfl verletzt u liegt der Mangel in seinem GefBer (Hamm NJW-RR **99**, 707), muß er beweisen, daß er die Mängelbeseitigg vorgenommen (Hamm NJW-RR **95**, 525) od versucht hat u ihn kein Vorwurf trifft (BGH NJW **64**, 33; Hbg ZMR **91**, 262) od daß die Ursächlk fehlt (Saarbr NJW **93**, 3077 mwN).

539 *Kenntnis des Mieters.* **Kennt der Mieter bei dem Abschlusse des Vertrags den Mangel der gemieteten Sache, so stehen ihm die in den §§ 537, 538 bestimmten Rechte nicht zu. Ist dem Mieter ein Mangel der im § 537 Abs. 1 bezeichneten Art infolge grober Fahrlässigkeit unbekannt geblieben oder nimmt er eine mangelhafte Sache an, obschon er den Mangel kennt, so kann er diese Rechte nur unter den Voraussetzungen geltend machen, unter welchen dem Käufer einer mangelhaften Sache nach den §§ 460, 464 Gewähr zu leisten ist.**

1 **1) Allgemeines. a) Zweck** des § 539. Er wird unterschiedl gedeutet (vgl Köhler JZ **89**, 761 [770]). Überzeugd erscheint die Ans, daß unnöt Kosten u Risiken vermieden w sollen (Köhler aaO). **b) Anwendungsbereich:** nur vertragl Anspr aus §§ 537, 538 (einschl § 538 II, BGH MDR **76**, 571), auch wenn ein Fall des § 544 vorliegt (Rn 5; LG Saarbr NZM **99**, 411) nicht § 536 (hM; Köln NJW-RR **93**, 467 mwN) u Anspr aus unerl Hdlg (RG **165**, 159). Diese bleiben bestehen (BGH VersR **61**, 886). Bei RMängeln (§ 541) gilt nur S 1 entspr. Der ErfAnspr aus § 536 wird durch § 539 nicht berührt (hM: Köhler aaO mwN), sodaß § 320 anwendb bleibt (hM; Schenkel NZM **98**, 502). § 539 gilt auch bei Verlängerg des MietVertr dch eine Option des Mieters (BGH NJW **70**, 1740) u entspr für Künd gem § 542 (§ 543). S 1 wird auf Vertr, die vor dem 3. 10. 90 in der DDR
1 a abgeschl wurden, nicht angewendet (LG Potsd NZM **98**, 760). **c) Wiederentstehen** der Re aus §§ 537, 538 bei
1 b MietErhöhgsErkl (§ 2 MHG) nur für diesen Betr (Düss NJW-RR **94**, 399; bestr; aA LG Potsd aaO). **d) Beweislast.** Verm für Kenntn od grobfahrl Unkenntn bei VertrAbschl (Rn 2, 3) od Kenntn bei Ann (Rn 4; BGH WM **62**, 1379). Mieter für argl Verschweigen, Zusicherg der Beseitigg des Mangels u Vorbeh bei Ann (Rn 4).

2 **2) Kenntnis des Mangels** bei VertrAbschl (währd der MietZt, Rn 5) od bei VertrVerlängerg (BGH NJW **70**, 1740 [1742] Option) beseit Anspr des Mieters aus §§ 537, 538 auch dann, wenn Verm den Mangel argl verschwiegen hatte (BGH NJW **72**, 249), nicht aber wenn der Verm auf Verlangen des Mieters Abhilfe zugesagt hat. Kenntn ist auch gegeben, wenn der Mieter tats Umstde kennt, aus denen sich künft Beeinträchtigg ergibt (Mü NJW-RR **94**, 654 mwN), zB bei fehlder behördl NutzgsGen die Tats, aus denen sich die GenFähk ergibt (Hbg ZMR **95**, 533). Bei RMängeln (§ 541) kommt hinzu, daß der Mieter die RFolgen kennen muß u das Risiko der Geltdmachg des R dch Dr bewußt in Kauf nimmt (BGH NJW **96**, 46). Ob für sog typ Neubaumängel Kenntn angen w kann, wenn der Mieter weiß, daß er eine NeubauWo mietet, ist umstr (vgl LG Hbg BlGWB **76**, 215). Abzustellen ist auf § 537 I 2; häuf ist die Tauglk unerhebl gemindert od vertrgem. KündR trotz Kenntn besteht nur bei erhebl GesundhGefährdg (§ 544). Bei Mehrh von Mietern genügt die Kenntn von einem (BGH NJW **72**, 249).

3 **3) Grobfahrlässige Unkenntnis.** Anspr des Mieters besteht nur, wenn Verm Abwesenh des Fehlers ausdr zugesichert od den Fehler argl verschwiegen hat (§ 460). Das gilt nur für Mängel gem § 537 I, also nicht für zuges Eigsch; bei diesen schadet grobfahrl Unkenntn dem Mieter nicht. Grobe Fahrlk liegt vor, wenn dasjen unbeachtet gelassen w, was jedem hätte einleuchten müssen (BGH NJW **80**, 777) od bei einer Besichtigg ow auffällt (Düss ZMR **94**, 403; LG Saarbr NJW-RR **99**, 1240). Das liegt auch vor, wenn eine Beeinträchtigg (§ 557 Rn 16) im Laufe der MietZt eintritt, der Mieter damit aber bei VertrSchluß rechnen mußte (Mü NJW-RR **94**, 654). Grobe Fahrlk liegt nicht bereits darin, daß der Mieter die Miets nicht auf ihre Eigng untersucht hat (BGH ZMR **62**, 82 [86]).

4 **4) Annahme mangelhafter Sache.** Entspr § 464 Rn 6. **a) Ohne Vorbehalt.** Der Mieter verliert im Falle der Kenntn (Rn 2) seine Re, weil er zu erkennen gibt, daß der dch den Mangel beeinträcht Gebr vertrgem ist, auch bei argl Verschweigen des Mangels (BGH WM **78**, 227). **b) Mit Vorbehalt:** Entspr § 464 Rn 8–10. Dem Mieter verbleiben alle Re, auch das des § 542.

5) Nachträgliche Kenntnis des Mieters fällt an sich nicht unter § 539 (vgl Rn 2); setzt aber Mieter trotz Kenntn das VertrVerhältn ohne jeden Widerspr fort (Hamm MDR **88**, 410), bezahlt er insb den MietZ längere Zt (zB 6 Mo, Jena OLG-NL **97**, 104) vorbehaltlos, so ist § 539 analog anwendb (hM; BGH NJW **97**, 2674; Mü ZMR **93**, 466 mwN; Kblz WuM **99**, 330: für Pacht 1 J; differenzierd Börstinghaus MDR **97**, 1085; aA Riesenhuber ZMR **94**, 393: § 545 ist abschließde SoRegelg), jedenf bei gewerbl ZwMiete (LG Saarbr NJW-RR **99**, 1240), auch in den Fällen des § 544 (LG Saarbr NZM **99**, 411). Das gilt nicht ggü einem MietErhöhgsAnspr (Düss NJW-RR **94**, 399). Der Mieter darf nicht mehr nachträgl Abzüge vornehmen od künd (Düss ZMR **87**, 263). Er behält nur den HerstellgsAnspr (BGH WM **67**, 850). Der Mieter verwirkt seine Re aber nicht, wenn er in der erkennb oder mitgeteilten Erwartg zahlt, daß der Mangel demnächst beseit (Düss NJWE-MietR **96**, 4) od die Mietzahlg dch eine Vers ersetzt w (BGH **LM** Nr 6), ferner wenn gedroht w, zu künd od Miete zu kürzen, wenn der Verm die Mängel nicht beseit, auch wenn der Mieter noch einige Zt Miete weiter zahlt (BGH NJW **74**, 2233: 3 Mo), aber nicht 7 Mo (BGH NJW **97**, 2674). Keine entspr Anwendg des § 539, wenn der Verm die Mängelbeseitigg hinausschiebt u der Mieter nicht widerspr (RG **90**, 65). 5

540 ***Vertraglicher Gewährleistungsausschluß.*** **Eine Vereinbarung, durch welche die Verpflichtung des Vermieters zur Vertretung von Mängeln der vermieteten Sache erlassen oder beschränkt wird, ist nichtig, wenn der Vermieter den Mangel arglistig verschweigt.**

Vereinbarung: Vertr gem § 305. **Anwendbar** auf Sachmängel (§§ 537–539) u RMängel (§ 541). **Voraussetzungen.** Verschw: Verm gibt Mängel dem Mieter nicht bek, obwohl er gem § 242 sie offenb müßte. Argl: Verm handelt bei Abschl der Vereinbg in dem Bewußtsein, Mieter kenne den Mangel nicht u würde bei Kenntn des Mangels die Vereinbg nicht abschl. **Wirkung:** Vereinbg ist Teil des MietVertr. Inwieweit § 139 gilt, ist zweifelh. Soweit § 537 III für WoRäume GewlAusschl nicht verbietet, ist er grdsätzl für die Sach- u RMängel zul, wenn nicht § 540 eingreift. **Beweislast** für Argl trägt der Mieter; der Verm muß Mitt des Mangels od Kenntn des Mieters beweisen. 1 2 3

541 ***Haftung für Rechtsmängel.*** **Wird durch das Recht eines Dritten dem Mieter der vertragsmäßige Gebrauch der gemieteten Sache ganz oder zum Teil entzogen, so finden die Vorschriften der §§ 537, 538, des § 539 Satz 1 und des § 540 entsprechende Anwendung.**

1) Voraussetzungen für RsMängelGewl. **a) Allgemein.** Das Bestehen des R eines Dr ist unbeachtl, da Verm nicht Eigt zu sein braucht. Daher ist das SichEigt eines Dr an der Miets unerhebl (Düss BB **91**, 2331). Erst wenn der Dr sein R geltd macht und hierdch dem Mieter der vertrgem Gebr ganz od teilw entzogen od von vornherein nicht gewährt w, entsteht ein RMangel (BGH NJW **96**, 46 u NJW-RR **99**, 1239). 1
aa) Dritter ist insb der HauptVerm, der Rückg bzw Räumg verlangt, im Verh zum UnterM (BGH **63**, 132). Dies trifft auch für die gewerbl ZwMiete zu (LG Ulm WuM **89**, 285). Dr sind auch and WoEigt, die gg den Mieter eines SoEigt unmittelb Re geltd machen, zB aus § 1004 (BGH NJW-RR **95**, 715), Verbot der vereinb Nutzg (Düss ZMR **99**, 24). **bb) Zeitpunkt.** § 541 gilt auch für solche RMängel, die erst nach Überlassg der Miets an den Mieter entstehen (hM: BGH aaO; aA Hilger ZMR **88**, 41: § 325). **cc) Unanwendbar** ist § 541 bei Eingriffen einer Beh (vgl § 537 Rn 14) u nicht für Re, die sich ausschließl gg den Verm richten, zB ein von diesem mit einem Dr vereinb Konkurrenzverbot (BGH **LM** § 537 Nr 3). § 541 gilt überh nicht, wenn ein Dr ohne R die Miets in Bes hat, insb unterbliebene od verspätete Räumg nach Ablauf des MietVertr (BGH NJW **83**, 446; Mü ZMR **96**, 605) od der Unterm nur beanstandet, daß der Verm ledigl Hauptmieter ist u mit Erlaubn (§ 549 I) unterverm hat (Köln MDR **81**, 406). **b) Unmöglichkeit,** insb Doppelvermietg (hM; Düss ZMR **98**, 696 mwN). Dafür genügt ein bloßer VorVertr (LG Köln NJW-RR **92**, 77). Die Verweisg auf § 538 verdrängt die §§ 306, 275 u 325 (BGH NJW **96**, 714 mwN). Der Verm kann nicht aus wicht Grd künd (BGH aaO mwN). Der nichtbesitzde Mieter ist auf den SchadErsAnspr nach §§ 541, 538 u das KündR nach § 542 beschränkt, wenn der and Mieter rechtm besitzt (Düss NZM **99**, 24; dagg krit Scholl WuM **98**, 583); kein Anspr auf BesEinräumg nach § 536 (dort Rn 6) u auf einstwVfg (Ffm ZMR **97**, 22 m krit Anm v Wichert S 16). Nach Üblassg der Miets ist § 326 unanwendb (Düss ZMR **88**, 22; § 537 Rn 4). 2 3 4 5

2) Rechte des Mieters (§§ 537–540). Bei § 538 I muß der Verm den Mangel zu vertreten haben (BGH **63**, 132; MK/Voelskow 2 mwN); hierfür genügt § 279, wenn der HauptMietVertr wg ZahlgsVerz des HauptMieters beendet w u der Unterm daher vor Ablauf des UntermVertr zurückgeben muß (BGH aaO) od v sich aus das HauptMVerh künd (Düss ZMR **89**, 417). § 539 S 2 gilt nicht. Grobfahrl Unkenntn des Mangels beseit die Re des Mieters nicht (BGH **LM** § 539 Nr 1), ebsowen wie RIrrtum. Statt dessen kann der Mieter nach §§ 535, 536 VertrErf verlangen, dh Beseitigg entggstehder Re Dr, zB HerausgAnspr des HauptVerm gg den Unterm wg Erlöschen des HauptmietVertr (BGH **63**, 132). 6

541 a ***Maßnahmen zur Erhaltung der Mietsache.*** **Der Mieter von Räumen hat Einwirkungen auf die Mietsache zu dulden, die zur Erhaltung der Mieträume oder des Gebäudes erforderlich sind.**

1) Allgemeines. a) Zweck: Es soll dem Verm ermögl w, seine GewlPfl aus § 536 zu erf u sein Gbde zu erhalten. **b) Anwendungsbereich:** nur MietVerh über Räume, insb Gesch- u WoRäume (Einf 68–70 v § 535). Umfaßt auch die Unterm. Die Maßn zur Erhaltg des Gbdes müssen sich, wenn sie nur am Grdst vorgen w, auf das Gebde beziehen. § 541 a gilt nicht bei völl Umgestaltg der Miets od erhebl Vergrößerg, insb dch Anbau (LG Gött ZMR **90**, 59). **c) Abdingbarkeit** ist auch zuungunsten des Mieters gegeben (vgl Rn 8). Grenze: §§ 138, 157, 242, bis zur Zumutbk (Frost WuM **76**, 1). **d) Rechte des Mieters:** Anspr aus § 537, sow dessen Vorauss dch die Einwirkg der getroffenen Maßn erfüllt sind. **e) Prozessuales:** Klagb Anspr auf Duldg (einschl Unterl von Hinderg), uU auf Mitwirkg (Rn 7). Einstw Vfg (§ 940 ZPO) ist mögl. 1 2 3 4

5 **2) Erhaltungsarbeiten** sind insb Ausbesserg od Erneuerg schadh Teile; SchönhRep; auch Arb vorbeugder
6 Art u notw VorbereitgsMaßn (§ 536 Rn 10). **a) Duldungspflicht** des Mieters ist uneingeschränkt, da Verm zur Erhaltg der Miets ebenf uneingeschränkt verpfl ist (vgl § 536 Rn 7). Geht bis zur vorügehden Räumg; auf jeden Fall ist Zugang zur Miets für Plang u Ausführg der Arb zu gewähren, sow es erforderl ist. Der Mieter darf die Vorn der Arb nicht davon abhäng machen, daß der Verm für mögl Schäd aufkommt od die Kosten übern. Umfaßt das Unterl jeder Hinderg. Die Arb sind so auszuführen, daß unnöt Beeinträchtigg des Mieters
7 vermieden w. **b) Mitwirkungspflicht** des Mieters beschr sich darauf, daß er innerh der Mieträume dch Wegräumen od Entfernen seiner Sachen den notw Platz schafft u die Miets insow frei macht (Schläger ZMR **85**, 193 u **86**, 348; bestr; aA LG Bln NJW-RR **96**, 1163 mwN). Überläßt er die Arb dem Verm, besteht
8 Anspr auf AufwendgsErs aus GoA (Hummel ZMR **70**, 66) od § 286 II. **c) Ausführungspflicht** trifft den Mieter nur, wenn er sie vertragl übern hat (vgl Rn 3; § 536 Rn 11 ff).

541 b *Maßnahmen zur Verbesserung, zur Einsparung und zur Schaffung neuen Wohnraums.*

I Maßnahmen zur Verbesserung der gemieteten Räume oder sonstiger Teile des Gebäudes, zur Einsparung von Heizenergie oder Wasser oder zur Schaffung neuen Wohnraums hat der Mieter zu dulden, es sei denn, daß die Maßnahme für ihn oder seine Familie eine Härte bedeuten würde, die auch unter Würdigung der berechtigten Interessen des Vermieters und anderer Mieter in dem Gebäude nicht zu rechtfertigen ist. Dabei sind insbesondere die vorzunehmenden Arbeiten, die baulichen Folgen, vorausgegangene Verwendungen des Mieters und die zu erwartende Erhöhung des Mietzinses zu berücksichtigen. Die Erhöhung des Mietzinses bleibt außer Betracht, wenn die gemieteten Räume oder sonstigen Teile des Gebäudes lediglich in einen Zustand versetzt werden, wie er allgemein üblich ist.

II Der Vermieter hat dem Mieter zwei Monate vor dem Beginn der Maßnahme deren Art, Umfang, Beginn und voraussichtliche Dauer sowie die zu erwartende Erhöhung des Mietzinses schriftlich mitzuteilen. Der Mieter ist berechtigt, bis zum Ablauf des Monats, der auf den Zugang der Mitteilung folgt, für den Ablauf des nächsten Monats zu kündigen. Hat der Mieter gekündigt, ist die Maßnahme bis zum Ablauf der Mietzeit zu unterlassen. Diese Vorschriften gelten nicht bei Maßnahmen, die mit keiner oder nur mit einer unerheblichen Einwirkung auf die vermieteten Räume verbunden sind und zu keiner oder nur zu einer unerheblichen Erhöhung des Mietzinses führen.

III Aufwendungen, die der Mieter infolge der Maßnahme machen mußte, hat der Vermieter in einem den Umständen nach angemessenen Umfang zu ersetzen; auf Verlangen hat der Vermieter Vorschuß zu leisten.

IV Bei einem Mietverhältnis über Wohnraum ist eine zum Nachteil des Mieters abweichende Vereinbarung unwirksam.

1 **1) Allgemeines.** Abs I ist geändert dch Art 4 Nr 1 des 4. MietRÄndG vom 21. 7. 93 (BGBl 1257); iKr
2 seit 1. 9. 93. **a) Zweck.** Es sollen einerseits Verbesserg u Modernisierg von WoRaum ermögl u gefördert, andseits die Mieter vor dem sog Hinausmodernisieren geschützt werden. Zugleich wird die DuldgsPfl klarstelld
3 darauf erstreckt, daß der Mieter auch die Herstellg neuen WoRaums dulden muß. **b) Anwendungsbereich.** MietVerh über alle Arten von Räumen (wie § 541 a Rn 2), auch preisgebundene Wo (BayObLG ZMR **97**, 73 für § 10 WoBindG). **c) Abdingbarkeit.** § 541 b ist nur bei WoRaum zwingd, soweit die v Abs I–III abweichde Vereinbg für den Mieter nachteil ist (Abs IV). In diesem Rahmen sollten Vereinbgen (§ 305) angestrebt werden (Horst NZM **99**, 193). **d) Erhöhung der Miete** erfolgt bei WoRaum über § 2 od § 3
4 MHG, sofern die VertrPart sich nicht einigen, iü nach § 305. **e) Beweislast** für die Tats zur nicht zu rechtfert Härte (Rn 12) trägt der Mieter (Röder NJW **83**, 2665), für Abs I Hs 2 der Verm. **f) Modernisierung durch**
5 **den Mieter** (Sternel WuM **84**, 287) bedarf der Vereinbg mit dem Verm. Muster in ZMR **84**, 5. **g) Verjährung** des Anspr aus Abs III: § 195, nicht § 558 (dort Rn 9). Für DuldgsAnspr bedeutgslos.

6 **2) Voraussetzungen der Duldungspflicht** (Abs I). Sie besteht grdsätzl, wenn Rn 7, 8 od 9 erf sind; sie
7 entfällt, wenn die Interessenabwägg (Rn 10) zG des Mieters ausfällt od der Mieter künd (Rn 23). **a) Verbesserungsmaßnahme** ist jede baul Veränd der gemieteten Räume od des Gbdes, in dem sie sich befinden, die iR ihres Zwecks den GebrWert erhöht u eine bessere Benutzg ermöglicht. Die Maßn muß vom Verm ausgehen. Dabei darf die Miets nicht so veränd werden, daß etwas Neues entsteht (BGH NJW **72**, 723 für § 541 a aF) od der Inhalt des MietVertr veränd w. Baul Maßn zum Denkmalschutz können darunterfallen (Goliasch ZMR **92**, 129). Die Abgrenzg zu ErhaltgsMaßn ergibt sich aus § 541 a. Bsp für mögl VerbessergsMaßn (vgl Scholz WuM **95**, 12): Einbau von Toiletten u Badezimmer, Zentralheizg (LG Fulda ZMR **92**, 393), Steckdosen, Rolläden, GemschAntenne, Antennensteckdose; Anschl an Kabelfernsehen (hM; BGH NJW **91**, 1750; Übbl bei Pfeifer, Kabelfernsehen 3. Aufl, 1993); SatellitenEmpfAnlage (Engelhard ZMR **88**, 281); bessere Fußbodenart; Türschließanlage (AG Schöneb NJW **86**, 2059), eine solche mit GgSprechAnl u Lautsprecher aber nur dann, wenn ab- u mithörsicher (AG Schöneb aaO). Bau von Garagen für Mieter; Fahrstuhl (LG Bln NJW-RR **97**, 520), Arb außerh der Wohng an der Brandmauer (LG Bln MDR **84**, 669). Auch Austausch fehlerfreier Installationen ist denkb (vgl Pfeifer DWW **94**, 10). Nicht: Abgeschlossenh (LG Stgt WM **92**, 13); Umstellg auf Nah- od Fernwärme (Seitz ZMR **93**, 1); Umbau eines Balkons in Winter-
8 garten (LG Bln NZM **98**, 189). **b) Maßnahme zur Ersparnis** ist eine baul Maßn, die nachhalt Wasser u Heizenergie (gleich welcher Art) einsparen kann. Darunter fällt insb eine Verbesserg der Wärmedämmg.
9 **c) Neuer Wohnraum.** Geschaffen wird jeder WoRaum, der vorher als solcher nicht vorhanden war. Umfaßt nicht nur wie bish (als VerbessergsMaßn) den Ausbau u die Aufstockg, sond jede Ausbau- u AnbauMaßn, auch das Schließen v Baulücken.

10 **3) Interessenabwägung** (Abs I). Sie muß zG des Verm ausfallen, um die DuldgsPfl zu begrdn. Dies kann dch FormularVertr nicht ausgeschl w (BGH NJW **91**, 1750 [1754]) u hat zu erfolgen zw dem Verm u den and Mietern desselben Gebdes einers, sowie dem betroffenen Mieter anderers. Der Wortlaut ist angelehnt an

§ 556 a. **a) Vermieter.** Seine berecht Interessen sind: Pflege u WertErhöhg seines Eigtums; Möglk, mehr Miete od höheren VerkPr zu erzielen; Gelegenh, die Arb preisgünst ausführen zu lassen; umfangreichere u bessere Vermietbk; Breitbandkabelanschl (umstr; vgl Rn 7). Eine unangem LuxusModernisierg ist keinesf berecht. **b) Andere Mieter.** Ihr Interesse kann insb sein, einen erwünschten höheren Wohnkomfort zu 11
erlangen. Hierbei muß auf das konkrete Interesse des jeweil and Mieters abzustellen sein. **c) Mieter.** Die nicht 12
zu rechtfertigde Härte (vom G wörtl gefordert) muß für den betroffenen Mieter aus den konkreten Umstden abgeleitet werden; zu LebensGef vgl BVerfG NJW **92**, 1378. Familie: Eheg, Kinder, Eltern. Der GZweck (Rn 2), der auf wicht volkswirtsch Interessen abstellt, erfordert, daß im Einzelfall diese Vorauss streng geprüft wird. Die Aufzählg der GesichtsPkte in Abs I S 2 ist nicht erschöpfd: **aa) Vorzunehmende Arbeiten.** Es 13
kommt darauf an, inwieweit (zeitl u räuml) die Wohng für den Mieter u seine Fam vorübgehd unbenutzb wird, ferner auf das Ausmaß der Belästigg, insb dch Zutritt v arbeitden Pers. **bb) Bauliche Folgen.** Hier 14
kommt es auf Art u Weise der dch die Verbesserg insges bewirkten Veränd sowohl der gemieteten Räume wie des ganzen Gbdes an, insb ob u inwieweit der Mietzweck beeinträcht wird. **cc) Vorausgegangene Verwendungen:** wie Vorbem 5 vor § 994. Sie können sich außer auf die gemieteten Räume auch auf das Gbde 15
beziehen. Dadch soll der Mieter, der selbst (insb mit Zust des Verm) die Mieträume verbessert hat, mehr geschützt werden. Es ist auch erhebl, ob die Verwendgen mit od ohne Wissen des Verm ausgeführt w (Röder NJW **83**, 2665). Bsp: Kurzzeitig vorher v Mieter eingebauter Nachtspeicherofen ggü einer v Verm beabsicht Fernheizanlage mit Radiatoren (LG Hbg MDR **83**, 1026). **dd) Mietzinserhöhung** einschließl der Neben- 16
entgelte. Dies ist der wesentl Gesichtspkt zG des Mieters, wobei die Höhe des Einkommens zu berücksicht ist. Es ist grdsätzl derjen Betr anzusetzzen, den der Verm gem Abs II S 1 mitgeteilt hat. Daß ein höherer Betr letzten Endes zu erwarten sei, muß der Mieter darlegen u beweisen (Rn 4). Soweit das MHG anzuwenden ist, gilt dessen § 3. Bei Kostenmiete (vgl Einl 98 vor § 535) ist § 11 VI der II. BV anzuwenden (hierzu Hemming ZMR **89**, 4). **d) Zwingende Abwägungsregel** (Abs I S 3). Eine Modernisierg muß der Mieter hinsichtl des 17
MietZ immer dulden, wenn sie nur den allg übl Standard herbeiführt. Die örtl od regionalen Verh sind dabei zu berücksicht. Es kommt auf die konkr Verh an; allgemein übl bedeutet mind 2/3 in Gebden gleichen Alters (BGH **117**, 217 mwN = JZ **93**, 623 m Anm v Sonnenschein/Weitemeyer). Die MietZErhöhg, die sich aus einer solchen Modernisierg ergibt, ist bei der Interessenabwägg nicht zu berücksicht. Zur Problematik vgl Röchling WuM **84**, 203. Die (unerwünschten) Luxusmodernisiergen werden davon nicht umfaßt, sodaß hierbei der Mieter iR der Interessenabwägg stets geschützt bleibt. Es soll aber dem Verm mögl bleiben, Bausubstanz u Ausstattg seines Gebdes in allen Bereichen auf den übl Standard zu heben.

4) Mitteilungspflicht des Verm (Abs II S 1): bei mehreren Maßn für jede einzeln (LG Bln ZMR **92**, 18
546), aber nicht notw getrennt. Sie entfällt bei unerhebl Einwirkg u unterbliebener od nur unerhebl Erhöhg des MietZ, wobei unerhebl keinesf mehr als 5% sein dürfte (Abs II S 4; Bagatellklausel), zB Auswechslg v Heizkörperventilen (LG Bln ZMR **86**, 444); KabelAnschl (AG Karlsr DWW **87**, 164); Heizkostenerhöhg bis 5% der MoMiete (LG Bln NJW-RR **92**, 144). Die Mitt setzt die ÜberleggsFr in Lauf (vgl Rn 23). **a) Zeitpunkt:** Die 2-MoFr (AnkündiggsFr) ist eine MindestFr (Blümmel/Kinne DWW **88**, 302 [304]) u wird nach 19
§§ 187, 188 berechnet. Als Beginn der Maßn ist auf die AusführgsArb abzustellen, nicht auf die bloße Vorbereitg, soweit sie keine Auswirkg auf den Gebr der gemieteten Räume od des Gebdes herbeiführt. Trotz Abs IV kann auch der Mieter v WoRaum auf die Einhaltg der Fr verzichten; jedoch nicht voraus im MietVertr. **b) Form:** die des § 126, weil eine geschähnl Hdlg vorliegt (vgl Übbl 6–8 vor § 104). Kopie 20
genügt nicht (Kummer WuM **83**, 227). **c) Inhalt:** Der Beginn muß nicht nach Datum bezeichnet sein, 21
Anfang, Mitte od Ende eines Mo genügt, weil der Mieter rückfragen kann; „kurzfristig“ genügt nicht (LG Bln ZMR **86**, 441). Die geplanten Maßn müssen konkret bezeichnet w (hM; Blümmel/Kinne DWW **88**, 302 [304] mwN). Der zu erhöhde MietZ ist in einem best DM-Betr anzugeben, nicht notw Kosten u VerteilgsSchlüssel (LG Fulda ZMR **92**, 393). Prozentsätze allein genügen nicht. Der angegebene ErhöhgsBetr dient nur zur Feststellg der DuldgsPfl. Die tats Erhöhg erfolgt bei WoRaum sowieso aus § 2 od § 3 MHG, bei GeschRäumen nach § 305. Die vorgesehene Maßn muß kurz, aber konkr beschrieben sein. Bei schuldh falschen Angaben kann pVV vorliegen u SchadErsPfl bestehen.

5) Wirkungen. Es ist zu untersch. **a) Duldungspflicht.** Sie tritt nur ein, wenn alle Vorauss der Rn 6 erf 22
sind, insb die Mitt gem Rn 18 vorgenommen ist. Sie trifft auch den Unterm. Umfang: wie § 541 a Rn 6. Zwar hängt in den Fällen des Abs II S 4 die DuldgsPfl auch an den Vorauss der Rn 6–17, weil sich Abs II S 4 nicht auf Abs I bezieht; jedoch wird sie dann in aller Regel gegeben sein. Künd gem § 554 a nur unter bes Umstden. Verl der DuldgsPfl kann pVV begrden. Besteht keine DuldgsPfl, muß der Verm die Maßn unterl od die Plang (mit neuer MittPfl, Rn 13) anpassen. Prozessuales: wie § 541 a Rn 4. § 940 ZPO ist nur unter ganz bes Umstden anwendb, § 935 ZPO überh nicht (Horst NZM **99**, 193 [195] mwN). **b) Kündigungsrecht** des Mieters (Abs 23
II S 2) besteht nur bei MittPfl des Verm (vgl Rn 18). Es ist dem § 9 I MHG (mit and Fr) nachgebildet. Das SonderKündR ist außerord, befristet, aber unabhäng v der allg KündFr. Die ÜberleggsFr wird dch die Mitt (Rn 21) in Lauf gesetzt u beträgt mind einen Mo. Für die Künd gelten die allg Vorschr: § 564 Rn 8–16. Sie muß spät am letzten Tag des Mo, in dem die ÜberleggsFr endet, dem Verm zugehen (§ 130). Sie kann nur zum Ende des nächsten Mo erkl w. **c) Unterlassungspflicht** des Verm (Abs II S 3) besteht nur, wenn der Mieter wirks 24
gekünd hat (Rn 23). Andernf muß der Mieter die Maßn dulden. Die UnterlPfl besteht nur hinsichtl der Räume des Mieters u des Gbdes, sow der Mieter davon betroffen ist. Sie endet mit dem fristgerecht gekünd MietVerh, nicht notw mit Räumg. **d) Mitwirkungspflicht** des Mieters: wie § 541 a Rn 7. **e) Mietminderung** (§ 537) 25
bleibt unberührt (Horst NZM **99**, 193 mwN). **f) Wiederherstellungspflicht** des Verm (§§ 535, 536), wenn dch die Modernisierg vermeidb Verschlechtergen der Miets eingetreten sind (LG Bonn WuM **90**, 388).

6) Aufwendungsersatz (Abs III). **a) Begriff:** wie § 256. Die Maßn muß kausal, die Aufwendg in Erf der 26
DuldgsPfl geschehen sein. **b) Umfang.** Er muß den konkreten Umst nach angemessen sein, wobei Lebensweise oder GeschTätigk des Mieters zu berücks sind. Die ges Beschränkg auf „angemessen“ bedeutet, daß nicht generell alle Aufwendgen zu ersetzen sind, sond auf den Einzelfall abzustellen ist. Einzelh: Horst NZM **99**, 193. **c) Vorschußpflicht** (Abs III Hs 2). Das Verlangen des Mieters ist formlos; es müssen Art u Umfang 27
der voraussichtl Aufwendgen dargelegt, die Höhe muß aufgeschlüsselt werden.

542 *Fristlose Kündigung wegen Nichtgewährung des Gebrauchs.* **I Wird dem Mieter der vertragsmäßige Gebrauch der gemieteten Sache ganz oder zum Teil nicht rechtzeitig gewährt oder wieder entzogen, so kann der Mieter ohne Einhaltung einer Kündigungsfrist das Mietverhältnis kündigen. Die Kündigung ist erst zulässig, wenn der Vermieter eine ihm von dem Mieter bestimmte angemessene Frist hat verstreichen lassen, ohne Abhilfe zu schaffen. Der Bestimmung einer Frist bedarf es nicht, wenn die Erfüllung des Vertrags infolge des die Kündigung rechtfertigenden Umstandes für den Mieter kein Interesse hat.**

II Wegen einer unerheblichen Hinderung oder Vorenthaltung des Gebrauchs ist die Kündigung nur zulässig, wenn sie durch ein besonderes Interesse des Mieters gerechtfertigt wird.

III Bestreitet der Vermieter die Zulässigkeit der erfolgten Kündigung, weil er den Gebrauch der Sache rechtzeitig gewährt oder vor dem Ablaufe der Frist die Abhilfe bewirkt habe, so trifft ihn die Beweislast.

1 **1) Allgemeines.** Aktueller Übbl: Franke ZMR **99**, 83. § 542 gewährt dem Mieter ein außerord KündR. **a) Andere Kündigungsrechte.** § 544 geht vor. Daneben bleibt für Räume § 554 a anwendb. MietVerh über and Sachen können ohne die Vorauss des § 542 aus wicht Grd gekünd w (§ 554 a Rn 5, 6). Fehlen für diesen Grd aber die formalen Vorauss des § 542, müssen bes vertrgefährdde Umst hinzutreten (BGH NJW **88**, 204 = CR **88**, 111 m Anm v Bokelmann). Die Anspr aus §§ 537, 538 können neben § 542 bestehen, insb
2 auch bei LeasVertr (44 vor § 535). **b) Anwendungsbereich:** alle Arten von Miet- u PachtVerh (§§ 581 II, 594 e I) auf best od unbest Zeit. Schon vor Beginn des MietVerh, wenn der Verm die Überg verweigert od der Mangel nicht behoben w kann. Die bloße Ungewißh rechtzeit GebrGewährg reicht nicht aus (LG Hbg MDR **74**, 583). Nach Beginn des MietVerh wird jedenf Rücktr aus § 325 I v § 542 verdrängt (Hassold NJW
3 **75**, 1863). **c) Abdingbarkeit:** nur bei WoRaum ausgeschl (§ 543 S 2). **d) Verhältnis zu Unmöglichkeit**
4 **und Verzug**, wenn die Miets nicht überlassen w: Bei anfängl Unmöglk (zZ des VertrAbschl) gelten §§ 305, 306 (§ 537 Rn 6). Soweit es sich um die GebrTauglk der Miets handelt, verdrängen die §§ 537, 538 auch schon vor Überlassg die §§ 306, 307 (BGH **93**, 142; vgl § 537 Rn 6), sodaß § 542 anwendb ist. Das gilt insb auch, wenn die Miets von vorneherein völl ungeeignet ist u nicht in vertrgem Zust versetzt w kann. Bei nachträgl Unmöglk gelten bis zu Überlassg die §§ 323, 325, 326 neben § 542, währd § 324 den § 542 ausschließt.

5 **2) Vorenthaltung vertragsmäßigen Gebrauchs** dch Nichtgewähren od Wiederentziehen (Abs I S 1). **a) Vertragsgemäßer Gebrauch:** nur dieser Gebr ist geschützt, nicht der vertrwidr. Verschulden (§§ 276, 278) des Verm ist nicht erforderl. Auf Behebbk des Mangels kommt es nicht an. Vorenthalten kann sein: ein Sachmangel (§ 537 Rn 12, 18), ein RsMangel (§ 541), ErfVerweigerg (vgl § 535 Rn 7), eine nur teilw erbrachte Leistg, zB bei einem LeasVertr üb Hard- u Software die unterbliebene Überg der Software (BGH NJW **88**, 204); das Fehlen v Teilen der Hardware (BGH NJW **93**, 122). Nicht: schlechte Ertragslage bei GeschRaum (Düss BB **91**, 159); Einbruchserie mit Folge mangelnden VersSchutz (aA Naumb NZM **98**, 438; vgl § 537 Rn 17 b); die vorprogrammierte period Sperre eines Computer-Programms, die dem Schutz vor unbefugter Nutzg dient (BGH NJW **81**, 2684); die unberecht Verweigerg einer vertrmäß im Einzelfall zu erteilden Erl zur UnterVermietg (BGH NJW **84**, 1031; Düss WuM **95**, 585); eine unberecht außerord Künd
6 des auf best Zt abgeschl MietVerh (aA Michalski ZMR **96**, 364). **b) Erheblichkeit** der Behinderg des Gebr (Abs II). Damit soll unlauterem Mißbr des KündR begegnet w; zB, wenn für die Künd ein and BewegGrd vorliegt. Ausn gilt aber für den Fall, daß trotz Vorliegens obj unerhebl Behinderg ein bes Interesse des Mieters die Künd rechtfert; insbes, wenn er bei VertrAbschl eine bes Eigensch der Miets ausbedungen hat. Bsp: Änd der Miets u Störgen im Gebr; ungenügde Heizg (uU § 544); unangenehme Gerüche; Aufn v Prostituierten (LG Kass WuM **87**, 122); dauernde Behinderg v Ein- u Ausfahrt bei einem Kfz-Einstellplatz (LG Köln BlGBW **76**, 238); baurechtl unzul Benutzg der Miets (LG Ffm NJW **77**, 1885; LG Mannh NZM **99**, 406). Verweigerg der Schankerlaubn wg bauordngwidr Zustds der Miets (Düss NJW-RR **88**, 1424). Umstr, ob ZugangsBeschr bei StraßenbauMaßn (Düss NJW-RR **98**, 1236; bejahd Haase ZMR **99**, 448 mwN; verneind Düss ZMR **99**, 471; vgl § 537 Rn 17 b), wenn nicht „Top-Lage" an zentralem Platz in einer Großstadt vorausges ist (Dresd NJW-RR **99**, 448).

7 **3) Fristlose Kündigung** hat grdsätzl als weitere Vorauss (neben Rn 5, 6), daß Verm eine vom Mieter gesetzte angemessene Fr fruchtl hat verstreichen lassen (Abs I S 2). Gilt auch bei Mängeln der Miets. Freiwill
8 unterlassene Nutzg steht nicht entgg (LG Hbg ZMR **98**, 560). **a) Kündigung.** Es gilt § 130. Schriftform bei Künd v WoRaum, der nicht nur vorübergehd überlassen worden ist, u auch nicht für solchen nach §§ 565 III,
9 564 a III; iü nur, wenn vereinb. Wirkg ab Zugang der Erkl (ex nunc), nicht rückw (§ 564 Rn 8). **b) Länge der Frist** richtet sich nach den Umst des Einzelfalles. Genaue Best nach Tag oder Stde ist nicht erforderl. Verlangen „unverzüglicher" Abhilfe genügt (RG **75**, 354). Beginn der InstdsetzgsArb erst am Tag der Künd schließt deren Wirksk nicht aus (Düss NJW-RR **95**, 1353). Zur FrSetzg genügt die Bezugn auf eine behördl Vfg, die ihrerseits
10 eine Fr zur Beseitigg des Mangels setzt (BGH WM **83**, 660). Bestimmg im Urt: § 265 ZPO. **c) Ausschluß** des
11 KündR kann aus versch Grden bestehen (Rn 12). **d) Keine Fristsetzung** ist erforderl: **aa)** Wenn Verm die Abhilfe ernstl u endgült verweigert (BGH NJW **76**, 796). **bb)** Wenn die Beseitigg des Mangels binnen angemessener Fr unmögl erscheint (Karlsr ZMR **88**, 224) od mit unzumutb Belastgen für den Mieter verbunden ist (Brdbg NJWE-MietR **97**, 224), zB unverhältnism Zt in Anspr nimmt (vgl Düss ZMR **91**, 299), umfangreiche Bauarbeiten (Brdbg aaO), bei Zerstörg, behördl Verboten, wenn Abhilfe unmögl ist. **cc)** Wenn die Erf inf des die Künd rechtfert Umst für den Mieter kein Interesse mehr hat (Abs I S 3). **dd)** Bei § 361.

12 **4) Ausschluß des Kündigungsrechts:** wg § 543, falls § 539 vorliegt; bei unerhebl Hinderg od Vorenthaltg (Abs II; vgl Rn 6) u unterl MängelAnz (§ 545 II; dort Rn 11). Ferner: wenn die GebrUnmöglk auf Versch des Mieters (od MitVersch) zurückzuführen ist zB bei einem Brand (BGH NJW **98**, 594); dann § 324. Vereitelg der Maßn des Verm dch Mieter, zB wenn der Mieter die FertStellg der Miets verzögert (Düss ZMR **93**, 522). Unzul RAusübg: wenn er nach Kenntn des KündGrdes od nach FrAblauf die Künd unangem

verzögert (Celle ZMR **95**, 298; Saarbr MDR **99**, 86: 3 Mo nach AbhilfeFr); wg einer für den betreffden Mieter vorgen Umgestaltg der Miets (BGH **LM** Nr 3) u wenn unter FrSetzg nur ErsVornahme angedroht ist (Hamm NJW-RR **91**, 1035). Wenn der Mangel nach FrAblauf, aber vor Künd beseits w, hängt das KündR v den Umstden des Einzelfalls ab (umstr; vgl Emmerich/Sonnenschein 33; Sternel IV 467). Bloßer Beginn der BeseitiggsArb bei FrAblauf schließt das KündR nicht aus (Düss ZMR **95**, 351).

5) **Beweislast. a) Mieter** für Künd u FrSetzg; Mängel (BGH NJW **85**, 2328); Störgen, zB Lärm; evtl für bes Interesse nach Abs II; bei Zerstörg der Miets dch den MietGebr für fehldes Versch (BGH NJW **98**, 594). **b) Vermieter** für rechtzeit GebrGewährg od Abhilfe vor FrAblauf (Abs III), ferner im Fall des Abs II die Unerheblichk der GebrBehinderg u für das Versch od die Kenntn des Mieters (Rn 12). 13

543 ***Ausschluß der Kündigung.*** **Auf das dem Mieter nach § 542 zustehende Kündigungsrecht finden die Vorschriften der §§ 539 bis 541 sowie die für die Wandelung bei dem Kaufe geltenden Vorschriften der §§ 469 bis 471 entsprechende Anwendung. Bei einem Mietverhältnis über Wohnraum ist eine Vereinbarung, durch die das Kündigungsrecht ausgeschlossen oder eingeschränkt wird, unwirksam.**

Ausschluß der Kündigung (S 1, 1. Alt) neben § 542 Rn 12. Der Mieter kann (trotz Vorliegen des 1
§ 542) wg des Mangels nicht künd, wenn bei einem Sachmangel seine Re dch § 539 ausgeschl sind u bei einem RMangel dch § 541. Ein vereinb GewlAusschl schließt die Künd nicht aus, wenn der Verm den Mangel argl verschweigt (§ 540). **Mehrere Mietsachen** (S 1, 2. Alt): Nur die mangelh Sachen können 2
gekünd w (§ 469; Ausn dessen S 2), wobei der MietZ nach § 471 berechnet w. Bei Haupt- u Nebensache gilt § 470. **Unabdingbarkeit** des KündR aus § 542 gilt aGrd des S 2 nur bei WoRaum (Einf 70 vor § 535).

544 ***Fristlose Kündigung wegen Gesundheitsgefährdung.*** **Ist eine Wohnung oder ein anderer zum Aufenthalte von Menschen bestimmter Raum so beschaffen, daß die Benutzung mit einer erheblichen Gefährdung der Gesundheit verbunden ist, so kann der Mieter das Mietverhältnis ohne Einhaltung einer Kündigungsfrist kündigen, auch wenn er die gefahrbringende Beschaffenheit bei dem Abschlusse des Vertrags gekannt oder auf die Geltendmachung der ihm wegen dieser Beschaffenheit zustehenden Rechte verzichtet hat.**

Allgemeines. Aktueller Übbl Franke ZMR **99**, 83 [87]. Dient aus öff Interesse der Volksgesundh, daher 1
zwingd (allgM). Gibt fristlose, außerord Künd. Ist nicht an AbhilfeFr (§ 542) od Anz (§ 545) gebunden. Schriftform des § 564 a sollte nicht verlangt w (MK/Voelskow 10). Das KündR entfällt, wenn der Mieter den gesundhgefährdden Zust gem §§ 276, 278 herbeigeführt hat (MK/Voelskow 3; bestr; aA Harsch WuM **89**, 162 mwN). Außer dem KündR bestehen Re aus §§ 537, 538, 557 a. Dem SchadErsAnspr (aus § 538) kann aber uU wg § 254 Versch des Mieters entggstehen, wenn er die Künd unterläßt. **Anwendungsbereich:** alle 2
WoRäume (Einf 70 vor § 535), ferner alle für den (auch nur zeitweil) Aufenth von Menschen best Räume (Einf 68 vor § 535), zB Laden (Düss ZMR **98**, 622), Büro, Werkstatt, Gaststätte, uU Räume zur Tierhaltg (Kblz NJW-RR **92**, 1228). Bei Pacht gilt § 544 über § 581 II. TeilKünd kann zul sein, Künd der ganzen PSache nur, wenn ihre Bewirtschaftg ohne die betreffden Räume wesentl erschwert w würde (Celle MDR **64**, 924). **Erhebliche Gesundheitsgefährdg** ist erforderl. Sie muß obj, nicht nur in Bezug auf die Pers des 3
Mieters od seiner Angeh bestehen (hM; LG Bln NZM **99**, 614 mwN). Eine AnscheinsGef genügt nicht. Eine GesundhSchädigg muß noch nicht eingetreten, aber zu befürchten sein. Die Gefährdg muß auf einer dauernden Eigsch der Räume beruhen (Kblz ZMR **89**, 376); ist sie leicht behebb, kann vor Künd eine FrSetzg erforderl sein (vgl Kblz NJW-RR **92**, 1228). Maßstab ist die obj allg WohngsHygiene. Versch des Verm ist unerhebl. Ist nur ein Teil der Wohng gesundhgefährdd, besteht ein KündR nur, wenn dadch die Benutzbk der Wohng im ganzen erhebl beeinträchtigt ist (MK/Voelskow 6). Bsp: EinsturzGef (Kblz aaO); dauerndes Eindringen unerträgl Gerüche (RG **88**, 168); unerträgl Lärm (BGH **29**, 289); Feuchtk u unzureichde Beheizbk (LG Mannh ZMR **77**, 155); übmäß Formaldehyd-Konzentration (LG Mü I NJW-RR **91**, 975); PCP/Lindan (LG Lüb ZMR **98**, 433 m Anm Schläger); ÜbHitzg (Düss ZMR **98**, 622).

545 ***Obhutspflicht und Mängelanzeige.*** **I Zeigt sich im Laufe der Miete ein Mangel der gemieteten Sache oder wird eine Vorkehrung zum Schutze der Sache gegen eine nicht vorhergesehene Gefahr erforderlich, so hat der Mieter dem Vermieter unverzüglich Anzeige zu machen. Das gleiche gilt, wenn sich ein Dritter ein Recht an der Sache anmaßt.**

II Unterläßt der Mieter die Anzeige, so ist er zum Ersatze des daraus entstehenden Schadens verpflichtet; er ist, soweit der Vermieter infolge der Unterlassung der Anzeige Abhilfe zu schaffen außerstande war, nicht berechtigt, die im § 537 bestimmten Rechte geltend zu machen oder nach § 542 Abs. 1 Satz 3 ohne Bestimmung einer Frist zu kündigen oder Schadensersatz wegen Nichterfüllung zu verlangen.

1) **Allgemeines.** Eine ObhutsPfl wird vom G als selbstverständl vorausgesetzt. Die AnzPfl des § 545 ist 1
Folge der ObhutsPfl. **a) Anwendungsbereich:** auch Pacht (§ 581 II); § 545 gilt nicht für solche Mängel, die der Verm kennt od beim BeherbergsVertr alsbald selbst feststellen kann (MK/Voelskow 10 mwN). **b) Zeit-** 2
raum: beginnt, sobald die Miets üblassen ist; bis zur Rückg, ohne Rücks auf Ende des MietVerh (BGH **LM** § 556 Nr 2). **c) Umfang:** so weit sich die GebrGewährg dch den Verm räuml erstreckt (vgl § 535 Rn 9). 3
Eine üb § 545 hinausgehde, dem Mieter auferlegte ObhutsPfl verstößt gg § 9 II Nr 1 AGBG (Erm/Jendrek 1). **d) Inhalt** der ObhutsPfl: allg, die Miets so pflegd zu behandeln, daß sie nicht beschäd u nicht mehr als 4
vertrgem abgenutzt w (vgl § 548). Bsp: Vorsichtsmaßregeln gg Schäden dch Unwetter (LG Bln MDR **81**, 584) u Frost; Abg der Schlüssel bei längeren Reisen (LG Düss NJW **60**, 2101; Horst MDR **98**, 189 [192]);

5 Aufsicht bei Waschmaschinen in Räumen ohne Fußbodenentwässerg (LG Bln WuM **71**, 9). **e) Rechtsfolgen: aa)** Den Mieter trifft grdsätzl nicht die Pfl, den Mangel zu beseit; er darf jedoch nichts unterlassen, was eine weitere Beschädigg od Gefährdg der Miets verhindert. **bb)** Bei schuldh Verl der ObhutsPfl: SchadErs; zum Umfang vgl § 548 Rn 6; verstärktes BesichtiggsR (§ 535 Rn 39); außerord Künd unter den Vorauss des § 553. Verj des SchadErsAnspr: § 558 (dort Rn 6).

6 **2) Anzeigepflicht** (Abs I). Folgt aus der ObhutsPfl (Rn 1) u entsteht neu, wenn der Verm den Mangel nur unzureichd beseit (Düss ZMR **91**, 24). **a) Anzeige.** Sie ist formlos (Schriftform kann vereinb w), keine WillErkl, daher v GeschFähigk unabhäng. Sie ist an den Verm zu richten u muß ihm zugehen (entspr § 130).
7 Unverzügl: § 121. Wird die Anz verspätet, steht das dem Unterl gleich. **b) Voraussetzungen** sind (alternativ), sofern der Mieter die zugrdeliegdn Tats kennt od kennen muß, dh inf grober Fahrlk nicht kennt (BGH **68**, 281), jedenf nicht schuldlos (vgl Ffm NJW-RR **92**, 396 [401]). **aa)** Auftreten eines Mangels. Das ist weiter als § 537 jeder schlechte Zustd der Miets, ohne Rücks darauf, ob ihre Brauchbk dadch beeinträcht w (BGH **68**, 281), aber nur an der Miets od an den mitbenutzten Teilen (zB Hof, Treppen; RG **106**, 133). **bb)** Unvorhergesehene Gef: Das Erfordern v SchutzMaßn muß für den Mieter erkennb sein. **cc)** Geltendmachen von
8 Ren dch Dr: gleichgült ist die Art des Rs u ob es den Mieter berührt. **c) Entfallen** der AnzPfl: wenn der Verm auf and Weise (auch dch Dr) bereits Kenntn erlangt hat (Düss ZMR **91**, 24; Karlsr ZMR **88**, 52),
9 außerdem wenn die Beseitigg eines Mangels od die Abwendg der Gef unmögl ist (BGH **68**, 281). **d) Beweislast** für die TatsKenntn des Mieters u deren Ztpkt: der Verm. Rechtzeit Absendg der Anz u für TatsKenntn (einschl Ztpkt) des Verm: der Mieter.

10 **3) Rechtsfolgen** verletzter AnzPfl (Abs II): **a) Schadensersatz:** Setzt Versch (§§ 276, 278) bei Verl der AnzPfl u Verursachg des Schad dadch voraus (allgM). Dies gilt auch, wenn dch FormVertr die SchadErsPfl wie in Abs II vereinb w (BGH NJW **93**, 1061). Der SchadErsAnspr ist auf Herstellg des Zustd gerichtet, der bei
11 rechtzeit Anz hätte hergestellt w können (BGH NJW **87**, 1072). Verj: § 558 (dort Rn 6). **b) Rechtsverlust des Mieters:** Minderg (§ 537), SchadErs (§ 538) u KündR aus § 542 I S 3 entfallen. Das setzt bei Darleggs- u BewL des Verm voraus, daß er gerade wg Unterl od Verspätg der Anz eine ursprüngl mögl Abhilfe nicht schaffen konnte (BGH aaO), ggf für den betr ZtRaum. And SchadErsAnspr, insb aus § 823, auch solche des Mieters bleiben unberührt (MK/Voelskow 13), Verl der AnzPfl begründet MitVerurs (§ 254).

546 *Lasten der Mietsache.* **Die auf der vermieteten Sache ruhenden Lasten hat der Vermieter zu tragen.**

1 **Begriff** der Lasten: grdsätzl wie § 103; insb: Straßenanlieger-, Kanalisations-, Müllabfuhr-, Kaminkehrer-(Schornsteinfeger)gebühren(beiträge), BrandVers, Grundsteuer (Hamm ZMR **86**, 198). Die an die Pers
2 gebundenen Abgaben fallen nicht darunter. **Abdingbarkeit** ist zu bejahen; wird auch häuf praktiziert, wirkt aber nur im InnenVerh zw Verm (Verp) u Mieter (Pächter). Wenn Übern der Lasten vereinb w, betrifft dies nur die Lasten iS des § 546. Das sind nur solche, die nach den Regeln ordngsgem Wirtsch, nicht aus der Substanz bestr w (Celle MDR **83**, 402 mwN). Bei WoRaum wird eine Abwälzg der gesamten Lasten auf den Mieter dch FormulVertr wg § 9 II Nr 1 AGBG für unwirks gehalten (Emmerich/Sonnenschein 14); and bei BetrKosten iS v § 27 der II. BV (vgl § 4 II MHG).

547 *Ersatz von Verwendungen.* **I Der Vermieter ist verpflichtet, dem Mieter die auf die Sache gemachten notwendigen Verwendungen zu ersetzen. Der Mieter eines Tieres hat jedoch die Fütterungskosten zu tragen.**

II Die Verpflichtung des Vermieters zum Ersatze sonstiger Verwendungen bestimmt sich nach den Vorschriften über die Geschäftsführung ohne Auftrag.

1 **1) Allgemeines.** Für Grdst- u LandP SondVorschr in §§ 582, 582a, 590b, 591. **a) Anwendbar** ist § 547 bei allen Miets, aber nur, wenn die Verwendg v Mieter als solchem dchgeführt w, nicht, wenn er als MitEigt
2 handelt; dann gelten §§ 744 II, 748 (BGH NJW **74**, 743). **b) Zeitraum:** Nur für Verwendgen währd der
3 LaufZt des MietVertr (allgM). Für die Zt davor u danach: Emmerich NZM **98**, 49. **c) Abdingbarkeit** ist gegeben (allgM; BGH NJW **59**, 2163), zB Anrechng auf künft Miete (dann § 557a). **d) Verhältnis zu anderen Ansprüchen:** Bei Mängelbeseitigg dch den Mieter ist Abs I ggü § 538 II nicht anwendb (BGH NJW **84**, 1552; Emmerich aaO), wohl aber Abs II (Düss NJW-RR **92**, 716 mwN). Die §§ 987ff sind
4 unanwendb, weil der Mieter besitzberecht ist. **e) Entstehung** des ErsAnspr: zum Ztpkt der Verwendg (BGH **5**, 197). Die Fällk kann hinausgeschoben w (vgl BGH NJW **88**, 705). **f) Verjährung:** § 558, auch für konkurrierde Anspr, sofern sie mit dem MietVerh in Zushang stehen (vgl § 194 Rn 9; § 558 Rn 6); auch bei vertragl Vereinbg (BGH NJW **86**, 254). **g) Verwirkung** ist mögl (BGH NJW **59**, 1629).

5 **2) Notwendige Verwendungen** (Abs I). **a) Begriff** der Verwendg: er entspr dem des SachenR (§ 994; hM). Notw: wie § 994 Rn 1. Das sind Leistgen, die zur Erhaltg od Wiederherstellg der Miets erforderl sind (BGH NJW-RR **93**, 523 mwN), nicht solche Aufwendgen, die dazu dienen, den vertrgem Zustd der Sache herzustellen; diese fallen unter § 538 II (BGH NJW **84**, 1552; vgl Rn 3). Überh ist eng auszulegen
6 (Emmerich NZM **98**, 49 [52]). **b) Einzelheiten.** Für FüttergsKosten eines Tiers SondRegelg in Abs I S 2. Notw Verwendgen sind: Bei Kfz-Pannen u -Unfällen die Erhaltg der Fahrbereitsch u die Sicherg des Kfz. Bei Räumen ihre Wiederherstellg od die der GebrFähigk nur in Ausnahmefällen (MK/Voelskow 16). Ein solcher Fall kann bejaht w, wenn der Mieter ein Haus renoviert, das sich vertrgem in einem Zustd befand, der zum
7 Wohnen nicht geeignet war (BGH NJW-RR **93**, 523). **c) Wirkung.** Der Verm ist zum WertErs verpfl (nicht §§ 249ff); nur dann nicht, wenn der Mieter den Umstd, der die Verwendg notw macht, selbst zu vertr hat. Umfang u Inhalt des Anspr: §§ 256, 257. Nur ausnw iR seiner ObhutsPfl (§ 545 Rn 1) ist der Mieter zu den Verwendgen verpfl; sonst steht es ihm frei, sie vorzunehmen.

3) Sonstige Verwendungen (Abs II). **a) Begriff** der Verwendg: wie Rn 5. Sonstige Verwendgen sind alle, die nicht notw (Rn 5) sind, insb die nützl (Emmerich NZM **98**, 49 [53]), zB Renovierg u Modernisierg (Mü ZMR **95**, 406). **b) Ersatzfähig** (mit Wirkg wie Rn 7) sind nur solche Verwendgen, für die auch nach den Regeln der GoA (§§ 677–687) Ers verlangt w kann (RGrdVerweisg; hM), sodaß FremdGeschFührgs-Wille erforderl ist (Bsp Mü ZMR **97**, 236). Das setzt (alternativ) voraus: **aa)** Dem Interesse u wirkl od mutmaßl Willen des Verm entspr (§ 683). **bb)** Gen des Verm (§ 684 S 2); **cc)** Erf einer Pfl im öff Interesse (§ 679). **c) Einzelheiten.** Keine Verwendg ist die Bebauung eines unbebauten Grdst (BGH **41**, 157 [160]), wohl aber ein Anbau (Köln NJWE-MietR **96**, 199), uU ein Umbau (offengebl in BGH NJW **67**, 2255) od Ausbau (LG Bielef MDR **68**, 672). **d) Sonstige Ansprüche.** Bei Einrichtgen geht § 547 a als SondRegelg vor. Sind die Vorauss des § 547 nicht erf, verbleiben Anspr aus § 683 (BGH NZM **99**, 19), § 951 I u § 684 S 1, die auf ungerechtf Bereicherg (§§ 812 ff) verweisen (BGH aaO; Emmerich NZM **98**, 49 [53]). Sie müssen den Mietwert noch zZt der Rückg erhöhen (BGH aaO mwN), dürfen nicht auf Verwendgen beruhen, deren Beseitigg der Verm nach § 556 I verlangen kann (BGH NJW **74**, 1463). Sie können abbedungen w (vgl Karlsr NJW-RR **86**, 1394 mwN). § 684 gilt nicht bei EigenGeschFührg (Köln NJWE-MietR **96**, 200). 8 9 10 11

547 a *Wegnahmerecht des Mieters.* [I] **Der Mieter ist berechtigt, eine Einrichtung, mit der er die Sache versehen hat, wegzunehmen.**

[II] **Der Vermieter von Räumen kann die Ausübung des Wegnahmerechts des Mieters durch Zahlung einer angemessenen Entschädigung abwenden, es sei denn, daß der Mieter ein berechtigtes Interesse an der Wegnahme hat.**

[III] **Eine Vereinbarung, durch die das Wegnahmerecht des Mieters von Wohnraum ausgeschlossen wird, ist nur wirksam, wenn ein angemessener Ausgleich vorgesehen ist.**

1) Allgemeines. a) Einrichtung ist eine Sache, die mit der Miets verbunden u dazu best ist, dem Zweck der Miets zu dienen (vgl BGH **101**, 37 [41]), zB Maschinen, Lichtanlagen, Badeeinrichtg, Wandschrank, Waschbecken, umpflanzb Sträucher u Bäume im Garten (Köln ZMR **94**, 509; Düss VersR **99**, 453). Nicht: Möbel, Inventarstücke, idR Einbauküche (Düss ZMR **99**, 386 mwN); Heizöl im Tank eines EinFamHauses. Die Einrichtg kann dch die Verbindg wesentl BestandT der Miets w (§§ 93, 94, 946, 947). Der Zweck vorübgehder Verbindg (§ 95) kann nicht als Regelfall unterstellt w (MK/Voelskow 4). **b) Wegnahmepflicht** kann sich aus bes Vereinbg od aus § 556 (dort Rn 3) ergeben. **c) Verhältnis zum Wegnahmerecht des Besitzers** aus §§ 951 II, 997 I; diese sind nur beim unrechtm Bes anwendb; § 547 a u die vertr Regelg der MietPart gehen vor. **d) Nach Rückgabe** der Miets ist der Mieter auf das WegnR des § 258 beschr (vgl Rn 4; Düss ZMR **99**, 386). **e) Verjährung.** § 558 (vgl dort Rn 6), auch bei Verstoß gg die Verpfl, eine Einrichtg zurückzulassen (BGH NJW **54**, 37), nicht aber der Anspr auf Auszahlg einer vom Verm eingezogenen VersSumme (BGH NJW **91**, 3031). 1 2 3

2) Wegnahmerecht (Abs I). Es setzt kein Angebot einer Abwendg dch Übern (Rn 5) voraus (Köln ZMR **94**, 509). Der Mieter darf u muß die Sache auf seine eigenen Kosten wegnehmen. Kein HerausgAnspr, aber nach Rückg der Miets ein Anspr auf Duldg der Wegn (Rn 3). Das WegnR erstreckt sich auch auf Einrichtgen, die wesentl BestandT geworden sind (vgl Rn 1) u besteht auch dann, wenn die Sache im Eigt des Verm od Dr steht (BGH NJW **91**, 3031). Der Mieter hat dann außer dem TrenngsR auch ein dingl AneignsR (§ 258 Rn 2). Abs I ist abdingb (Erm/Jendrek 4). Der Anspr ist abtretb (§§ 413, 398), insb vom Vormieter an den Nachmieter (BGH aaO). Die Abtretg liegt idR in der entgeltl Veräußerg (BGH NJW **69**, 40). Nach Wegn hat der Mieter die Miets auf seine Kosten in den früh Zustd zu versetzen (§ 258 S 1). Das WegnR entfällt, wenn der Mieter sich dem Verm ggü zur Vorn der Einrichtg verpfl u das WegnR gem Rn 7 od 8 (auch stillschw) ausgeschl hat (MK/Voelskow 9). 4

3) Abwendungsbefugnis (Abs II) besteht nur bei Einrichtgen u Räumen (Köln ZMR **94**, 509). **a) Zeitpunkt:** Die Abwendungsbefugn ist bereits ausgeschl, wenn die Einrichtg ausgebaut u der frühere Zustand wiederhergestellt ist, auch wenn sie sich noch in den Mieträumen befindet (MK/Voelskow 12). Die Ausübg des WegnR braucht nicht vorher angezeigt zu w (hM; MK/Voelskow 11). Den MietPart ist vorherige Verständigg über Wegn od Entschädigg anzuraten. Berecht Interesse: auch Liebhaberinteresse. **b) Entschädigung:** Entspr ggwärt VerkWert der Einrichtg, wobei Kosten u WertVerl dch Ausbau u Aufwendgen für Wiederherstellg des früh Zustd zu berücks sind (umstr; Scholl WuM **98**, 327 mwN). Höhe: Einigg der Part, anderenf § 316 dch Mieter als Gläub; im Proz § 287 ZPO. BewSicherg (§ 485 ZPO) ist idR mögl. Der Anspr entsteht, sobald Verm erkl, daß er die Wegn abwenden will (BGH NJW **88**, 705). 5 6

4) Ausschluß des Wegnahmerechts (Abs III) dch das VermPfandR (§ 559; Stellwaag DWW **90**, 166), auch dch abweichde Vereinbg im MietVertr od später (§ 305). **a) Bei Wohnraum** (Einf 70 vor § 535): Zul nur bei angem Ausgl, nicht notw in Geld. Bei Verstoß: Nichtigkeit der Klausel gem § 134 (vgl § 139 Rn 14). Abs III ist zwingd. **b) Bei sonstigen Sachen:** Grdsätzl zul, auch entschädiggsl (Karlsr NJW-RR **86**, 1394). Bei langjähr MietVertr, in dem das WegnR entschädiggsl ausgeschl ist, kann BerAnspr (§ 812) des Mieters gegeben sein, wenn der Vertr vorzeit endet (Hbg MDR **74**, 584). Ausschl des EntschAnspr dch VerfallKl ist wie eine VertrStrafe zu behandeln (BGH WM **68**, 799). 7 8

548 *Abnutzung durch vertragsmäßigen Gebrauch.* **Veränderungen oder Verschlechterungen der gemieteten Sache, die durch den vertragsmäßigen Gebrauch herbeigeführt werden, hat der Mieter nicht zu vertreten.**

1) Allgemeines. Gilt auch im PachtR (§ 581 II). **a) Bedeutung.** Es obliegt grdsätzl dem Verm, die Miets im vertragsmäß Zustd zu erhalten (§ 536). Die Abnutzg der Miets dch Gebr fällt dem Verm zur Last; dafür 1

stellt der MietZ zT einen Ausgl dar; daraus folgt wiederum, daß der Mieter für die dch den vertragsgem Gebr bewirkte Abnutzg, die jede Veränderg u Verschlechterg der Miets darstellt, nicht aufzukommen hat, weder
2 dch Instandhaltg od Ausbesserg noch dch SchadErs. **b) Abdingbarkeit** ist zu bejahen (allgM). Grenze: § 138, nur ausnahmsw gegeben wie bei Freizeichngsklauseln (§ 276 Rn 58). **aa) Allgemein.** Die Klausel „Rückg der Sache in demselben Zustand wie übernommen" begründet nicht Haftg des Mieters für Zufall, sond bedeutet keine Abweichg von § 548, also daß die Sache in dem einem vertragsgem Gebr entspr Zustand zurückzugeben ist (allgM). Auch dch FormularVertr dürfen dem Mieter v gewerbl Räumen sämtl RepVerpfl auferlegt w, wenn die Schäd dem MietGebr u dem Risikobereich des Mieters zuzuordnen sind (Düss DWW
3 **92**, 241). **bb) Räume.** Unbeschr Pfl des Mieters zur Instdhaltg der Rolläden in FormularVertr kann gg § 9 AGBG verstoßen (LG Wiesb NJW **85**, 1562); ebso verschuldensunabhäng Haftg für Schäden (Celle WuM **90**, 103 [106]). Häuf werden auch „kleine Instandhaltgen" (BagatellSchäd bis etwa 100 DM) auf den Mieter abgewälzt (vgl MK/Voelskow 7). Enge Auslegg zG des Mieters ist geboten. SchönhRep w davon nicht erfaßt
4 (hM; LG Mü II WuM **85**, 62 mwN). **cc) Kraftfahrzeuge.** Für FormularVertr Einl 77 vor § 535. **c) Beweislast:** Verm für ordngsgem Zustd bei Überg nur für den Fall, daß die Miets dch MietGebr beschäd w (BGH **126**, 124 mwN). Steht das nicht fest, muß der Verm beweisen, daß die SchadUrs dem Obhutsbereich des Mieters entstammt (BGH aaO). Bei Schäd iR des MietGebr gilt: Verm trägt die BewL für MangelFreih bei Überg der Sache (BGH NJW **94**, 1880); Mieter dafür, daß die eingetretene Veränd od Verschlechterg nur auf vertrgem Gebr zurückzuführen (aA Saarbr NJW-RR **88**, 652: Verm muß vertrwidr Gebr beweisen) od von ihm nicht zu vertreten ist (analog § 282; hM; BGH **66**, 349 [Brand] u NJW **94**, 2019; Baumgärtel 3; aA für Anspr auf Fortzahlg des MietZ [§ 324] Schweer ZMR **89**, 287). Für die BewLVerteilg dch AGB u Form des Vertr ist § 11 Nr 15 AGBG zu beachten.

5 **2) Vertragsmäßiger Gebrauch** der Mietsache. **a) Voraussetzungen:** Umfang u Grenzen ergeben sich aus § 535 Rn 7–20. Vertragsmäß ist auch eine (bewußte) Veränd der Miets od ihres Zustd, die der Mieter mit
6 Zust des Verm vornimmt (vgl Weimar ZMR **70**, 4). **b) Rechtsfolgen:** Der Mieter haftet nicht für die Veränd od Verschlechterg; er hat weder eine Renoviergs- od Instandsetzgs- noch eine SchadErsPfl (vgl aber § 536 Rn 11, 18), selbst wenn die Miets unbrauchb w od wenn Dr, die die Sache iR des zuläss Gebr mitbenutzt haben (vgl § 549 Rn 3, 4), sie dadch veränd od verschlechtern.

7 **3) Vertragswidriger Gebrauch** der Miets. **a) Voraussetzungen:** Begr des vertragswidr Gebr: § 550 Rn 6. Das kann auch eine üb den vertrmäß Gebr hinausgehde Belastg des Grdst sein (Brdb ZMR **99**, 166 [Bodenkontamination]). Für Haftg ist Versch (§ 276) erforderl. ErfGeh (§ 278) sind FamAngeh, Untermieter
8 (§ 549 Rn 18), Gäste, bei gewerbl genützten Räumen auch ArbN, Hauspersonal. **b) Rechtsfolgen** (vgl auch § 550 Rn 1–3): Anspr des Verm aus pVV (§ 276 Rn 114), soweit der schuldh vertragswidr Gebr für einen Schad ursächl ist. Beschr Regreß bei SachVers wg § 67 VVG (BGH NJW **96**, 715; hierzu Armbrüster NJW **97**, 177). Liegt eine Veränderg, keine Verschlechterg vor, darf Vorteilsausgleich (Vorbem 119 vor § 249) nicht
9 übersehen w. Verj: § 558 (BGH NJW **68**, 2241). **c) Einzelheiten.** Bei Kfz: Schad ist auch der Verlust des SchadFreihRabatts (Schwerdtner NJW **71**, 1673). Bei BeherbergsVertr: Tod u Erkrankg des Gastes sind nur bei Selbstmord od Kenntn v Infektionskrankh vertrwidr Gebr.

549 ***Gebrauchsüberlassung an Dritte; Untermiete.*** **I Der Mieter ist ohne die Erlaubnis des Vermieters nicht berechtigt, den Gebrauch der gemieteten Sache einem Dritten zu überlassen, insbesondere die Sache weiter zu vermieten. Verweigert der Vermieter die Erlaubnis, so kann der Mieter das Mietverhältnis unter Einhaltung der gesetzlichen Frist kündigen, sofern nicht in der Person des Dritten ein wichtiger Grund vorliegt.**

II Entsteht für den Mieter von Wohnraum nach dem Abschluß des Mietvertrages ein berechtigtes Interesse, einen Teil des Wohnraums einem Dritten zum Gebrauch zu überlassen, so kann er von dem Vermieter die Erlaubnis hierzu verlangen; dies gilt nicht, wenn in der Person des Dritten ein wichtiger Grund vorliegt, der Wohnraum übermäßig belegt würde oder sonst dem Vermieter die Überlassung nicht zugemutet werden kann. Ist dem Vermieter die Überlassung nur bei einer angemessenen Erhöhung des Mietzinses zuzumuten, so kann er die Erlaubnis davon abhängig machen, daß der Mieter sich mit einer solchen Erhöhung einverstanden erklärt. Eine zum Nachteil des Mieters abweichende Vereinbarung ist unwirksam.

III Überläßt der Mieter den Gebrauch einem Dritten, so hat er ein dem Dritten bei dem Gebrauche zur Last fallendes Verschulden zu vertreten, auch wenn der Vermieter die Erlaubnis zur Überlassung erteilt hat.

1 **1) Allgemeines. a) Inhalt.** § 549 umfaßt die (auch unentgeltl) umfassde od teilw GebrÜblassg an Dr (Rn 3) u als deren bes (auch häufigste) Form, die Unterm (Begriff: Einf 2 v § 535). ZwMiete ist eine bes Form der UnterM (8 vor § 535). **b) Abdingbarkeit.** Abs II ist zG des Mieters von WoRaum zwingd (Abs II S 3). § 549 ist im übr und bei anderen MietVerh als solchen über WoRaum allg abdingb, zB dch Ausschl jeder UnterVermietg (BGH NJW **90**, 3016). Dch AGB kann bei GeschRäumen die UnterVermietg ganz ausgeschl w (offengelasssen v BGH NJW **95**, 2034; dagg Kandelhard BB **95**, 2596). Ist sie das nicht, kann dch AGB das SoKündR des Abs I S 2 nicht ausgeschl w (hM; BGH aaO mwN; vgl § 9 AGBG Rn 113). VorausAbtretg des UnterMZinses zur Sicherg der MietZFdg ist wg Unbestimmth (§ 398 Rn 11, 14) unwirks (Hbg WuM **99**, 278). Im FormularVertr ist bei WoRaum unwirks: **(1)** Ausschl des unselbständ MitGebr (Rn 4). **(2)** Ausschl der Untervermietg an Dr ohne ausdrückl schriftl Zust des Verm wg § 9 II Nr 1 AGBG (BGH NJW **91**, 1750). **(3)** Ausschl des KündR gem Abs I S 2 wg § 9 II Nr 1 AGBG (hM; LG Hbg ZMR **92**, 452 mwN).
2 **c) Mehrheit von Mietern.** Haben sie die gemsch gemietete Sache unterverm, so gilt, da Gemsch (§ 741) vorliegt, für den UntermietZ nicht § 420, sond § 432 (BGH NJW **69**, 839).

3 **2) Gebrauchsüberlassung an Dritte** (Abs I S 1). Die Vorschr ist kein ges Verb iS v § 134 (allgM). **a) Begriff:** tats (auch unentgeltl) Einräumg des ganzen MietBes (auch ZwMiete genannt) od eines Teils zum

selbständ, zB auf gewisse Dauer angelegten AlleinGebr sowie selbständ od unselbständ MitGebr (BayObLG NJW **98**, 1324 mwN). Unterm (Rn 1) ist eine der mögl Formen selbständ MitGebr. Zu den hierfür gebräuchl VertrKl bei Unterm, die nicht WoRaum betrifft, insb gewerbl Miete: Heintzmann NJW **94**, 1177. **aa) Unselbständiger Mitgebrauch** ist in einem gewissen Umfang auch ohne Erlaubn des Verm zuläss. Es 4 ist zw Besuch u Eingliederg in den Haushalt zu untersch (Schneider WuM **99**, 195; Meyer ZMR **90**, 444). Bsp: Eheg, FamMitgl (nicht der Bruder, BayObLG MDR **84**, 316), Hauspersonal, Eltern (BayObLG aaO), nichtehel LebensGemsch (vgl Bunn ZMR **88**, 9 u Battes JZ **88**, 957), solange sie besteht (LG Bln WuM **95**, 38). Solche Pers sind nicht Dr iS v § 549 (BayObLG NJW **98**, 1324). Bei ihrer Aufn auf Dauer besteht AnzPfl ggü Verm (Hummel ZMR **75**, 291). Vertragl Ausschl ist mögl, soweit nicht Abs II S 3 entggsteht. Zweifelh ist, wie weit die vollständ Aufn v bisher getrennt lebden FamMitgl noch unter den vertrgem Gebr der Miets fällt. Es kommt auf Art u Zuschnitt der Wohng an sowie darauf, ob der Verm bei VertrSchl mit der Aufn weiterer Pers rechnen mußte (BayObLG aaO). **bb) Identität.** Änderg der RPersönlk des Mieters (zB 5 Umwandlg v BGB-Gesellsch in oHG) ist unschädl (BGH NJW **67**, 821). Hingg begründet Veräußerg des EinzelhandelsUntern, auch wenn Firma fortgeführt w darf, Inh- u damit Mieterwechsel, ist folgl unzul GebrÜberlassg, wenn der Verm nicht zustimmt. Zul GebrÜberlassg od SelbstGebr ist gegeben, wenn Mieter die Räume für den gleichen Gebr einer jur Pers überlassen hat, deren Inh u ges Vertr er ist (BGH NJW **55**, 1066). **b) Erlaubnis** ist einseit empfbedürft WillErkl (§ 130), keine Einwilligg iS der §§ 182ff. **aa) Ertei-** 6 **lung.** Die Erlaubn ist forml gült u kann stillschw erteilt w. Schriftform kann vereinb w; im FormularVertr verstößt sie gg § 9 AGBG (BGH NJW **91**, 1750). Sie kann allg erteilt sein u bezieht sich auf die tats GebrÜberlassg, nicht notw auf einen best UntermietVertr. Sie erstreckt sich iZw auch auf eine weitere UnterVermietg (sog UnterUnterM; hierzu Heintzmann NJW **94**, 1177). Längere Duldg kann als Erlaubn ausgelegt w. Die allg erteilte Erlaubn für GewRäume berecht nicht zur Untervermietg für solche Gewerbe, die dem Mieter vertrgem nicht gestattet sind (BGH aaO). Bei WettbewLage: LG Traunst ZMR **98**, 566 m Anm Schmid. **bb) Verweigerung** der Erlaubn steht dem Verm wg Abs II nur bei bewegl Sachen, Grdst u 7 solchen Räumen frei, die nicht WoRaum sind. Die unberecht Verweigerg kann pVV sein (RG **138**, 359), insb wenn sie dem Vertr widerspr. Der Mieter ist wg Rn 15 verpfl, die Pers des Dr dem Verm zu benennen (nicht bei allg erkl ErlVerweigerg; hM; KG ZMR **96**, 648 mwN) u Fragen zu beantworten, wie sie üblweise bei Begrdg eines MietVerh gestellt w, aber nicht nach dem Einkommen (vgl Rn 20; LG Hbg NJW-RR **92**, 13). **cc) Widerruf.** Die erteilte Erlaubn kann nur bei Vorbeh (MK/Voelskow 16) od aus wicht Grd wider- 8 rufen w (BGH **89**, 308 [315]). Im FormularVertr ist der uneingeschr WiderrVorbeh wg § 9 II Nr 1 AGBG unwirks (BGH NJW **87**, 1692).

3) Kündigungsrecht des Mieters (Abs I S 2). Es kann dch provozierte ErlaubnVeweigerg takt herbeige- 9 führt werden (Schönleber NZM **98**, 948). **a) Voraussetzung.** ErlaubnVerweigerg (Rn 7) muß ausdrückl erkl w, nicht dch bloßes Unterl einer Antwort, falls nicht eine angem Fr gesetzt wurde (LG Bln NZM **99**, 405 mwN). Verweigert wird insb dch Nichterteilg der Erlaubn, auch allg, nicht auf best Pers bezogen (LG Bln NZM **99**, 405) od Erteilg unter Einschränkgen, die der MietVertr nicht vorsieht (BGH **59**, 3). Außerdem, wenn bei erlaubter TeilUntervermietg nur eine weitergehde Untervermietg wirtsch angem ist, diese Erlaubn aber vom Verm verweigert w (BGH WM **73**, 383). Das KündR entfällt, wenn die Untervermietg die NutzgsArt (WoRaum statt gewerbl Nutzg) ändert (Kblz NJW-RR **86**, 1343), zB Kleintierpraxis statt Zahnarzt (Köln ZMR **97**, 298). Es braucht nicht auf den ersten zul Termin gekünd zu w, aber in zumutb Fr, sonst Verwirkg. KündFr: § 565 V. Eine bereits erkl Künd mit der Fr des § 565 II steht nicht entgg (LG Hbg NZM **98**, 1003). Ist die Erlaubn nicht wg der Pers des UnterM verweigert, geht das KündR nicht dadch verloren, daß der Unterm räumt (BGH **59**, 3). Unberecht Verweigerg ohne ausreichden Grd im Einzelfall kann bei allg erteilter Erlaubn für den Mieter Grd zur außerord Künd nach § 542 sein (dort Rn 5). **b) Entfallen** des 10 KündR ist zu bejahen, wenn in der Pers des Dr ein wicht Grd vorliegt. Die Tats hierfür muß der Verm beweisen. Der wicht Grd muß in den persönl Verhältn des UnterM begrdet sein. RücksNahme auf die HausGemsch u auf die berecht Interessen des Verm sind maßgebd. ZahlgsUnfgk des UnterM allein ist nicht entsch, da Mieter für MietZ haftet. Auf Verl muß Verm dem Mieter den Grd angeben (RG **74**, 176). Nachschieben von Grden nach der Künd des Mieters ist nur zul, wenn der Verm zur Zeit der Verweigerg die neuen Grde entschuldb nicht gekannt hat (RG **92**, 118).

4) Unbefugte Gebrauchsüberlassung (vgl Rn 3). Das ist die ohne die erforderl Erl (Rn 6). Sie ist eine 11 VertrVerl (BayObLG ZMR **95**, 301 mwN) u führt zu nachstehden RFolgen: **a) Haftung** des Mieters für jeden Schad, der dch den Gebr des Dr entsteht, u zwar auch für Zufall, es sei denn, daß der Schad auch ohne die GebrÜberlassg an den Dr eingetreten wäre. **b) Überschießender Untermietzins** kann vom Verm nicht herausverlangt w, insb nicht aus § 812 (vgl dort Rn 34) od § 816 (hM; BGH NJW **96**, 838 mwN). **c) Unterlassungsklage:** § 550. **d) Kündigung** des Verm (§ 553), aber nicht, wenn der Mieter zZ der Künd einen Anspr auf ErlErteilg (Rn 12) hat (BayObLG ZMR **91**, 64). Dann bleibt bei WoRaum ord Künd gem § 564b II Nr 1 mögl (BayObLG ZMR **95**, 301; vgl § 564b Rn 38). **d) Erlaubniserteilung** kann nachträgl gemäß Abs II erzwungen werden.

5) Anspruch auf Erlaubniserteilung (Abs II). Steht (nur bei WoRaum) dem Mieter neben der Künd 12 (Abs I S 2) zur Wahl. Der Anspr gibt noch nicht die Befugn zur GebrÜblassg od Aufn zum unselbstd MitGebr (Rn 4; BayObLG ZMR **91**, 64 mwN; Pauly ZMR **95**, 579; bestr). Er ist klagb, ist aber nicht auf eine generelle Erl, sond auf einen best UnterM gerichtet (KG ZMR **92**, 382 mwN). Daß Untervermietg von vorneherein vertragl ausgeschl war, steht nicht entgg. Die Vermietg an eine WohnGemsch begrdet keine Pfl des Verm, bei Wechsel eines GemschMitgl vertränd zuzust (umstr; vgl Köln NJW-RR **91**, 1414). Vorausgesetzt wird: **a) Wohnraum.** Es darf nicht die GebrÜberlassg des gesamten Wohnraums, sond nur die eines 13 Teiles hiervon begehrt w. Soll der ges WoRaum untervermietet w, steht dem Mieter gg die Versagg der Erlaubn nur Künd zu (Abs I S 2), kein Anspr auf Erteilg der Erlaubn. **b) Berechtigtes Interesse** des Mieters 14 an GebrÜberlassg (BewL: Mieter). Es muß erst nach Abschl des MietVertr entstanden sein; anfängl Interesse genügt nicht. Es kann auf Veränderg der wirtschl od fam Verh des Mieters, bei §§ 569a–b auch seines Nachf beruhen, insb Verringerg der Fam (umstr) dch Tod, Auszug, andseits Aufn der Eltern (vgl BayObLG ZMR

98, 24), Heirat; gesunkenes Eink. IdR wird, wenn anderer, den veränderten Umst des Mieters entspr WoRaum zu zumutb Bedingg zur Vfg steht, berecht Interesse des Mieters zu verneinen sein. Nicht genügt der Auszug eines Mitmieters (LG Bln MDR **82**, 850), die Abs wirtsch Verwertg der Wohng bei längerer Abwesenh (LG Mannh WuM **97**, 369 mwN; Mutter ZMR **98**, 204). Der Mieter hat die tats Grde darzulegen. Es hängt hiervon im Einzelfall ab, ob der Wunsch des Mieters, eine WohnGemsch mit Dr zu bilden, für ein berecht Interesse ausreicht (BGH **92**, 213), v Hamm NJW **82**, 2876 generell bejaht (bestr). Dies soll für nehel LebensGemsch auch gelten, wenn Verm eine kirchl jurP ist (Hamm NJW **92**, 513; einschränkd LG Aach

15 NJW **92**, 2897). **c) Zumutbarkeit der Erlaubniserteilung** (Abs II S 1 Hs 2 u S 2). Die Belange des Verm sind nur unter diesem GesichtsPkt zu berücksicht (BGH **92**, 213) BewL: Verm. Es gibt 3 Fallgruppen: **aa)** Wicht Grd in der Pers des Dr: wie Rn 10. **bb)** Übermäß Belegg des v Mieter behaltenen od zu überlassenden

16 Teils des WoRaums. **cc)** Sonst Grde: Änderg des VerwendgsZwecks. **d) Angemessene Mieterhöhung.** Der Verm muß sie verlangen, der Mieter zust (§ 305). Verweigert sie der Mieter, liegt ein sonst Grd vor (Rn 15). Im Streitfall entscheidet das ProzGer, wenn der Verm auf Zahlg od Feststellg, der Mieter auf ErlaubnErteilg klagt. Angem ist bei preisgebundenem WoRaum der zuläss UntermZuschlag (§ 26 III NMV 1970), sonst die ortsübl VglMiete (§ 2 I S 1 Nr 2 MHG). Die Erlaubn kann von angem Erhöhg abhäng gemacht w (§ 158 I).

17 **e) Verjährung:** § 195.

18 **6) Haftung des Mieters für den Dritten** (Abs III). Nur für Versch des Dr (§ 278), insb UnterM. Erstreckt sich auf alle Hdlgen iR des MietVerh, zB wenn der UnterP einer Gaststätte vors eine Explosion herbeiführt (BGH NJW **91**, 489), der UnterM unterschlägt (Mü NJW-RR **87**, 727). Abs III (Folge des Grdsatzes aus § 278) gilt auch, wenn Verm die Untervermietg erlaubt hat. Auf das Versch des Mieters kommt es nicht an (RG **157**, 368). Hat der Mieter dem Dr den Gebr unerlaubt überlassen, so haftet er auch für Schäd, die der Dr unverschuldet verurs hat (allgM).

19 **7) Verhältnis Vermieter und Untermieter.** Es besteht keine unmittelb vertragl Beziehg. **a) Untermieter** ist in den Schutzbereich des MietVertr (vgl § 328 Rn 28 u 29 aE) grdsätzl nicht einbezogen (BGH **70**, 327). Jedenf hat er keine Anspr gg den Verm aus § 538 (BGH aaO u WM **79**, 307; sehr umstr; vgl Krause JZ **82**, 16 mwN u differenzierder Lösg). Auch § 556 a u § 564 b gelten nicht (allgRspr; BGH **84**, 90; dagg krit Crzelius JZ **84**, 70). Der Unterm hat, sobald er aGrd des § 556 III herausgeben muß, gg den Verm, auch wenn dieser verbotene Eigenmacht begangen hat, keinen Anspr aus §§ 823 II, 858 wg der Beeinträchtigg des

20 Gebr (BGH **73**, 355 u **79**, 232). **b) Vermieter** hat gg UnterM keinen Anspr auf Zahlg der Miete od NutzgsEntsch (§ 557 I dort Rn 5; Greiner ZMR **98**, 403), kein PfdR an dessen eingebrachten Sachen, keinen vertragl Anspr auf SchadErs im Falle der Beschädigg von Sachen des Verm. Dagg hat Verm bei Beendigg der Hauptmiete auch gg UnterM unmittelb KlageR auf Räumg gem § 556 III (vgl dort Rn 18–23) u ggf aus § 985. Dem kann der UnterM einer Wohng nur den Einwand des RMißbrauchs (§ 242) entggsetzen, wenn er sich bei Abschl des UnterMVertr gutgläub für den HauptM gehalten hat u dem HauptM ggü SchutzRe aus §§ 556 a, 564 b hätte (BGH **84**, 90), auch bei WerkWo wenn der UnterM (ArbN) nicht wußte, daß der ArbG nur HauptM ist (Karlsr Just **83**, 381). Nimmt der Verm nach Auszug des HauptM Mietzahlgen des UnterM an, so entsteht dadch kein neuer MietVertr mit dem UnterM (Düss NJW-RR **88**, 202).

21 **8) Verhältnis Hauptmieter und Untermieter** (vgl Einf 2 vor § 535). Hierauf finden alle Vorschr über die Miete Anwendg, auch § 566 (BGH **81**, 46). AufklärgsPfl des HauptM bei erhebl MietRückstd: Köln NZM **99**, 418. HauptM hat als Verm für die GebrÜberlassg einzustehen (BGH NJW **96**, 45 [48]). SchadErs wg Verletzg dieser Pflicht nach § 325 od § 326 nur üb § 541, § 538 I (BGH **63**, 132). Ist der UntermVertr ausdr od stillschw von der ErlaubnErteilg abhäng gemacht, liegt Bedingg (§ 158) vor u UntermVertr entfällt, falls Erlaubn verweigert w. Kenntn des Unterm davon, daß Erlaubn des HauptVerm erforderl ist, genügt für eine Bedingg aber nicht. Dch Beendigg des HauptmietVertr entfällt UntermietVertr nicht ohne weiteres; jedoch kann in der Mitteilg hiervon eine Künd liegen. Berechng des UnterMZinses bei preisgebundenem WoRaum: § 31 NMV 1970. Eintritt in MietVertr bei Tod des UnterM: § 569 a.

22 **9) Abtretung der Mieterrechte und Eintritt eines neuen Mieters.** Es ist zu differenzieren: **a) Abtretung** der Re des Mieters gem § 398, insb des Anspr auf GebrÜblassg, von der rein tatsächl GebrÜblassg zu unterscheiden, ist wg § 399 (hM) u wg Abs I S 1 nur mit Zust (Erlaubn) des Verm zul. Verweigerg der Zust kann KündGrd gem Abs I S 2 sein. Anspr auf ErlaubnErteilg kann bei WoRaum gegeben sein (Abs II).

23 Pfändg ist wg § 851 ZPO nur zul, sow abgetreten w kann. **b) Eintritt eines neuen Mieters** in den alten MietVertr anstelle des alten Mieters (ErsatzM) erfordert Vertr zw Verm u den Mietern od Vertr zw den Mietern u Zust (§ 182) des Verm (§ 535 Rn 7) od auch Vertr des Verm mit neuem Mieter unter Zust des alten Mieters. Der neue Mieter ist RNachf des alten. Die Auswechslg eines Mieters kann bei WoGemsch (vgl Rn 12) vonvorneherein vereinb sein (LG Köln NJW-RR **91**, 1414 mwN); dies ergibt sich aber nicht allein daraus, daß an eine student WoGemsch vermietet w (aA LG Gött NJW-RR **93**, 783). Grdsätzl gilt der Inhalt des alten Vertr auch für u gg den neuen Mieter (BGH WM **78**, 1017). Verweigert der Verm die Zust, so besteht KündR wie bei Rn 22. Der Verm kann zur Zust vertragl verpfl sein, jedoch ist Unzuverlässigk des neuen Mieters Grd, die Zust zu verweigern od von Weiterhaftg des alten Mieters für den MietZ abhängig zu machen. Nach Zust darf der Verm den Abschl mit dem ErsM nicht vereiteln (Düss NJW-RR **92**, 657). Für

24 FamAngeh gilt § 569 a als SondRegelg. **c) Abschluß eines neuen Mietvertrags** mit neuem Mieter anstelle eines gleichzeit aufgehobenen Vertr. Ob dies vorliegt, ist Ausleggsfrage; jedenf müssen Verm, früherer u neuer Mieter mitwirken (§ 305). **d) Änderung der Rechtsform** des Mieters, insb bei PersGesellsch u Umwandlg läßt die Stellg als VertrPart grdsätzl unberührt (Kandelhard NZM **99**, 440 u WuM **99**, 253).

549 a

Gewerbliche Zwischenmiete. I **Soll der Mieter nach dem Inhalt des Mietvertrages den gemieteten Wohnraum gewerblich einem Dritten weitervermieten, so tritt der Vermieter bei der Beendigung des Mietverhältnisses in die Rechte und Pflichten aus dem Mietverhältnis zwischen dem Mieter und dem Dritten ein. Schließt der Vermieter erneut einen Mietvertrag zum Zwecke der gewerblichen Weitervermietung ab, so tritt der Mieter anstelle des**

bisherigen Vertragspartners in die Rechte und Pflichten aus dem Mietverhältnis mit dem Dritten ein.

II Die §§ 572 bis 576 gelten entsprechend.

III Eine zum Nachteil des Dritten abweichende Vereinbarung ist unwirksam.

1) Allgemeines. a) Zweck. Klärg der rechtl Beziehgen zw Verm u Endmieter (Schilling/Meyer ZMR **94**, 497 [502]) sowie Bestandsschutz der Endmiete (hierzu Gärtner JZ **94**, 440), die rechtl ein SoFall des Unterm ist. Der EndM hat ein VertrVerh nur mit dem ZwischenM (§ 556 Rn 21). Er kann dem Rückg verlangden Verm (Eigt) nur den KündSchutz entgghalten (§ 556 Rn 21), auch dann, wenn das MietVerh zw Eigt u ZwischenM beendet ist. Der GGeber will daraus sich ergebde Unsicherh ausräumen (BR-Dr 396/93 S 14). **b) Anwendungsbereich:** MietVertr üb WoRaum (70 vor § 535), auch mit Garage od Abstellplatz (72 vor § 535), also nicht bei Miete v gewerbl zu nutzden Räumen, auch wenn sie dann als WoRaum weitervermietet w (BVerfG ZMR **93**, 500); nur bei ZwischenM (8 vor § 535), die gewerbl ist (hM; Schilling/Meyer ZMR **94**, 497 [502] mwN; aA AG Ffm WuM **94**, 276 m Anm v Eisenhardt; Pauly ZMR **97**, 275; analog für nichtgewerbl ZwMiete), also zum Zweck dauernder GewinnErzielg aus der ZwischenVermietg, zB bei ImmobilienUntern, HausVerwaltgen, BauträgerUntern; daher nicht bei einem caritativ tät gemeinnütz Verein (BGH NJW **96**, 2862 mwN; BayObLG ZMR **95**, 526 u 582). Für entspr Anwendg auf GeschBesorggsVertr (§ 675) zw Verm u ZwVerm: Derleder/Bartels JZ **97**, 981 [989]. **c) Unabdingbarkeit** (Abs III) zG des Dr (EndM) bedeutet, daß jede vertragl Abänderg der RWirkg des Abs I u II, die zu NachT des Dr führt, unwirks ist (§ 134), zB jede Abänderg des Inhalts der §§ 572–576, die Beschränkg des Eintritts in Re des EndM oder Pfl des Verm.
1
2
3

2) Eintritt des Vermieters in den MietVertr zw Mieter u EndM (Abs I S 1). **a) Voraussetzungen:** 4
aa) Nach dem Inhalt des MVertr (Einf 58–62 vor § 535) muß ausdrückl od stillschw vorausgesetzt sein, daß der ZwMieter den WoRaum mit Gewinn (wenn auch nur zur Deckg seines Aufwands) im eigenen Namen an den Dr (EndM) weiterverm. Der BewegGrd des Verm ist gleichgült. **bb)** Das MietVerh v Verm (Eigt) u ZwMieter muß beendet sein. Hierfür kommt jeder BeendiggsGrd in Betr (§ 564 Rn 1–4). **cc)** Im Verh ZwMieter zu EndM muß ein wirks MietVertr bestehen. Im Ggsatz zu § 571 I erfordert § 549 a keine Überl der Miets. **b) Wirkung:** Eintritt des Verm in alle bis dahin entstandenen ges u vertr Re u Pfl aus dem 5
MietVerh zw ZwMieter u Dr (EndM), krG u sofort. Der Verm (Eigt) ist von da an Verm des EndM.

3) Eintritt neuer Zwischenmieter. Der ZwMieter wird v der RückgPfl (§ 556 I) nicht frei; auch § 557 6
gilt (Leutner/Schmidt-Kessel JZ **96**, 649). (Abs I S 2). Dadch soll dem Verm ermögl w, einen neuen ZwMieter einzuschalten. **a) Voraussetzungen. aa)** Beendigg des MietVerh zw Verm (Eigt) u ZwMieter (wie Rn 4 bb). **bb)** Wirks MietVertr im Verh ZwMieter zum Dr (EndM; wie Rn 4 cc). **cc)** Abschluß eines neuen gewerbl ZwMietVertr (wie Rn 4 aa). Es kann auch derselbe ZwMieter sein, der nach Beendigg seines Vertr erneut abschließt. **b) Wirkung.** Eintritt des (neuen) ZwMieters in den MietVertr mit dem Dr (EndM); 7
wie Rn 5. Der Eintritt des neuen ZwMieters kann zeitl unmittelb (nahtlos) der Beendigg des vorangegangenen MietVertr (Rn 4 bb) folgen od, wenn der neue MietVertr erst später abgeschl od wirks w, erst nachdem der Verm (Eigt) unmittelb Verm des Dr (EndM) war (vgl Rn 5).

4) Sicherheitsleistung und Rechtsgeschäfte über den Mietzins (Abs II). Die entspr Anwendg der 8
§§ 572–576 gilt sowohl für den Eintritt des Verm gem Rn 4 wie den eines neuen ZwMieters (Rn 6). Dem in den §§ 572–576 vorausgesetzten EigtÜbgang steht für Abs I S 1 die Beendigg des MietVerh Verm/ZwMieter gleich, für Abs I S 2 der Abschl des neuen ZwMietVertr. Die Anwendbk des § 572 S 2 wird abgelehnt (LG Mü I NZM **98**, 329; Mutter DZWiR **94**, 168; Derleder/Bartels JZ **97**, 981 [988]).

550 *Vertragswidriger Gebrauch.* **Macht der Mieter von der gemieteten Sache einen vertragswidrigen Gebrauch und setzt er den Gebrauch ungeachtet einer Abmahnung des Vermieters fort, so kann der Vermieter auf Unterlassung klagen.**

1) Allgemeines. Bei vertrwidr Gebr ist zu untersch: **a) Unterlassungsanspruch:** Grdlage ist unmittelb 1
§ 550. Der Anspr kann währd der gesamten Dauer des MietVerh geltd gemacht w. Ist ErfAnspr, gg den Mieter gerichtet, nicht gg Unterm (§ 549 Rn 19, 20; aber ggf § 1004). **b) Kündigung:** Grdlage kann § 553 u ohne 2
Abmahng § 554 a sein, ferner § 564 b II Nr 1. **c) Schadensersatzanspruch:** Grdlagen sind § 823 I od pVV 3
(vgl § 548 Rn 8). Setzt Versch voraus, das bei baul Verändergen ohne Zust des Verm idR gegeben ist; der Anspr richtet sich auf Beseitigg u Wiederherstellg des früh Zust (BGH NJW **74**, 1463). **d) Verjährung:** 4
§ 195, § 198 S 2 (St/Emmerich § 558 Rn 14). Nicht § 558 (vgl dort Rn 9). **e) Prozessuales.** Liegen die 5
Vorauss (Rn 6–9) vor, so sind einstw Vfg u Kl auch ohne WiederhGef zul u begründet.

2) Voraussetzungen: a) Vertragswidriger Gebrauch (ZusStellg Gather DWW **95**, 234). Muß nur obj 6
vorliegen. Versch des Mieters nicht erforderl (wohl aber des Dr, § 549 III). Irrt ist bedeutgsl. Muß dch den Mieter od dch Dr ausgeübt w, denen der Mieter die Miets (auch mit Einwilligg des Verm) überlassen hat (insb Unterm). Allg ist die VertrWidrk aus VertrInhalt u -zweck zu best (vgl § 535 Rn 7–20), kann auch im vertrwidr NichtGebr liegen (allgM; § 535 Rn 40). Was nicht vertrgem ist, ist vertrwidr. **aa) Bejaht:** Unbefugte GebrÜberl (§ 549 Rn 11), auch an nahe Verwandte (LG Ffm NJW-RR **93**, 143); unerlaubte Haustierhaltg (vgl § 535 Rn 17); ruhestörder Lärm; Lagern od Benutzen hausgefährdder Ggstände; erhebl Geruchsbelästigg; unerl Beseit od Beschäd der Miets; Anbringen v Deckenplatten, sofern davon eine Gefährdg ausgeht (LG Brschw NJW **86**, 322); HeimArb nur, wenn mit unzumutb Belästigg, Gefährdg der Wohng od Änd ihrer Beschaffenh verbunden (LG Bln WuM **74**, 258); Benutzg einer Wo, die gewerbl Nutzg gleichkommt, uU Kindertagesstätte (LG Bln NJW-RR **93**, 907); Verwendg v WohngsFenstern zur Wahlwerbg (BVerfG NJW **58**, 259; LG Essen NJW **73**, 2291 m abl Anm v Bucher; MK/Voelskow 13 mwN) od polit MeingsÄußergen (vgl LG Darmst NJW **83**, 1201; LG Tüb NJW **86**, 320; aA LG Hbg NJW **86**, 320); Änd

des Zwecks einer Gaststätte (Mü ZMR **96**, 487); BetrErweiterg od -umwandlg, wenn es für den Verm od Verp unzumutb ist (§ 242; vgl Düss NJWE-MietR **96**, 126 mwN); Vermietg eines gepachteten Hotels zur Unterbringg v Asylanten (Hamm NJW **92**, 916); mangelh GeschFührg, wenn Miete an Umsatz od Gewinn orientiert ist u BetrPfl besteht (vgl § 535 Rn 40); baul Verändergen der Miets (Fassade, BGH NJW **74**, 1463), nicht aber dann, wenn die Miets erst dadch vertrgem gebraucht werden kann (Ffm NZM **99**, 125);
7 anordngswidr Benutzg des Lifts (Weimar DB **74**, 2292). **bb) Verneint:** Aufn v FamAngeh (insb Eheg) zu dauerndem Wohnen, soweit nicht Überbelegg entsteht (hM; Karlsr ZMR **87**, 263 mwN). Das gleiche gilt idR bei Aufn zum nehel ZusLeben auch gleichgeschlechtl Pers (LG Mü I NJW-RR **91**, 1112); dies ist zunächst iR des § 549 II S 1 zu würd (BGH **92**, 213, vgl § 549 Rn 15). Übernachtenlassen v Freunden u Bekannten, soweit nicht GebrÜblassg (§ 549 I) vorliegt (LG Aach ZMR **73**, 330). Anbringen einer Parabolantenne im Einzelfall (LG Karlsr NJW-RR **91**, 1163; vgl § 535 Rn 14). Teilw Nutzg v GeschRäumen für
8 and Gewerbezweig im Einzelfall (Düss ZMR **96**, 258). **b) Abmahnung** (bei WoRaum, Schläger ZMR **91**, 41). Entspr der Mahng (§ 284 Rn 15–21), daher gelten die Vorschr über RGesch entspr, zB § 174 S 1 (Celle NdsRpfl **82**, 60). Muß v Verm ausgehen, dem Mieter (nicht einem Dr) zugehen. Inhalt: Die VertrWidrk muß konkret bezeichnet, sie zu unterl aufgefordert w. Fr od Androhg von Folgen ist nicht notw. Entbehrl ist sie bei WoRaum idR nicht (Schläger aaO), nur ausnahmsw bei Argl des Mieters (BGH WM **68**, 252), bei endgült u ernsth ErfVerweigerg (BGH WM **75**, 365) od Wiederholg bei früher beanstandeter Unterverm
9 (LG Mü I ZMR **85**, 384). **c) Fortsetzung** des vertrwidr Gebr nach Zugang der Abmahng (Rn 8). Der Mieter muß ihn (ohne Rücks auf Versch) sof einstellen, wenn Handeln notw ist (zB Entferng Dr, insb Unterm). Er muß sof in mögl u zumutb Umfang tät w. Ungeachtet: bedeutet, daß Mieter von Abmahng Kenntn haben muß.

550 a *Unzulässige Vertragsstrafe.* **Eine Vereinbarung, durch die sich der Vermieter von Wohnraum eine Vertragsstrafe vom Mieter versprechen läßt, ist unwirksam.**

1 **Anwendbar:** nur bei WoRaum (Einf 70 vor § 535), für alle Verpfl, insb auch Räumg (allgM). **Vertragsstrafe:** §§ 339 ff, auch VertrStrVerspr Dr (MK/Voelskow 2); fingierte Gebühren für Mahng u Bearbeitg od übermäß VerzugsZ (AG Schöneb ZMR **99**, 489). Auch eine Verfallklausel kann einer VertrStrafe gleichzusetzen sein (BGH NJW **60**, 1568). SchadErsPauschalen fallen nur ausnw unter § 550 a (MK/Voelskow Rn 2 mwN), zB die PauschalAbgeltg in Höhe v einer MoMiete bei vorzeit Mietaufhebg, auch im Formular-Vertr, jedenf, wenn darin der MietVertr auf Wunsch des Mieters aufgehoben w (Hbg ZMR **90**, 270 mwN;
2 umstr). **Wirkung:** Nichtigk der VertrStrafe (§ 134); der MietVertr wird davon nicht berührt.

550 b *Mietsicherheiten bei Wohnraum.* **I Hat bei einem Mietverhältnis über Wohnraum der Mieter dem Vermieter für die Erfüllung seiner Verpflichtungen Sicherheit zu leisten, so darf diese das Dreifache des auf einen Monat entfallenden Mietzinses vorbehaltlich der Regelung in Absatz 2 Satz 3 nicht übersteigen. Nebenkosten, über die gesondert abzurechnen ist, bleiben unberücksichtigt. Ist eine Geldsumme bereitzustellen, so ist der Mieter zu drei gleichen monatlichen Teilleistungen berechtigt; die erste Teilleistung ist zu Beginn des Mietverhältnisses fällig.**

II Ist bei einem Mietverhältnis über Wohnraum eine als Sicherheit bereitzustellende Geldsumme dem Vermieter zu überlassen, so hat er sie von seinem Vermögen getrennt bei einem Kreditinstitut zu dem für Spareinlagen mit dreimonatiger Kündigungsfrist üblichen Zinssatz anzulegen. Die Zinsen stehen dem Mieter zu. Sie erhöhen die Sicherheit.

III Eine zum Nachteil des Mieters abweichende Vereinbarung ist unwirksam.

IV Bei Wohnraum, der Teil eines Studenten- oder Jugendwohnheims ist, besteht für den Vermieter keine Verpflichtung, die Sicherheitsleistung zu verzinsen.

1 **1) Allgemeines.** Mietkaution: 89–95 vor § 535. **a) Zweck.** Ausgleich zw SichergsBedürfn des Verm u Schutzbedürfn des Mieters. Zugleich sollte die umstr RLage bei der Mietkaution bereinigt u gesichert
2 werden. **b) Anwendungsbereich.** Nur MietVerh üb WoRaum (Einf 70 vor § 535) bei vertr vereinb SicherhLeistg (Kautionsabrede). Wg Mietkaution bei GeschRäumen u bewegl Sachen vgl Einf 89–95 vor § 535. Für WoRaum, der unter das WoBindG fällt, gilt § 550 b üb § 9 V WoBindG nur für Schäd wg unterl SchönhRep. Für MietVerh üb WoRaum mit einer vor dem Inkraftr des G (1. 1. 83) vereinb Kaution gilt nur der Abs II, aber nicht rückwirkd u wenn eine Verzinsg ausdrückl ausgeschl ist (MK/Voelskow 4; Pauly WuM
3 **96**, 599). **c) Inhalt:** mit § 572 abgestimmt, so daß alle Arten v Sicherheitsleistgen erfaßt w, zB Kautionskonto des Mieters, Hinterlegg, Bürgsch (BGH **107**, 210; vgl Rn 8), die auch 3 MoMieten nicht übsteigen darf (vgl Düss NJW-RR **98**, 81); jedoch ist eine Bürgsch von § 550 b unberührt, wenn sie der Bürge (als Dr) unaufgefordert unter der Bedingg (§ 158 I) eingeht, daß der WoRaumMietVertr zustdekommt (BGH **111**, 361; aA Tiedtke ZMR **90**, 399) od wenn sie an Stelle des § 554 II Nr 2 eingegangen wird, damit der Verm
4 die Künd zurücknimmt (LG Kiel NJW-RR **91**, 1291). **d) Unabdingbarkeit** (Abs III). Sie schützt den Mieter. Sie umfaßt den gesamten Inhalt der Abs I u II, insb die RatenZahlg, die Höhe der Raten u der Sicherh, Art der Anlage, ZinsAnspr u ihre Verwendg (Hirte MDR **93**, 500). Gg den BerAnspr aus überzahlter Kaution findet daher keine Aufrechng mit ErsAnspr des Verm aus dem MietVerh statt (LG Brem NJW-RR
5 **93**, 19). IR des § 550 b verstößt die Kautionsabrede nicht gg § 9 AGBG. **e) Nichterfüllung.** Erfüllt der Mieter die vereinb SicherhPfl nicht, kann auf Erf geklagt w, nach Ende des MietVerh aber nur ausnw bei SichergsInteresse (LG Saarbr WuM **96**, 616). Kein Anspr auf VerzugsZ (LG NbgFürth NJW-RR **92**, 335). Verj: § 195. Fristl Künd des MietVerh dch den Verm ist ausgeschl (vgl §§ 554–554 b), nicht eine ord Künd
6 gem § 564 b II Nr 1. Rücktr (vgl § 564 Rn 2) ist nur vor Übgabe der Miets mögl aus § 326. **f) Verjährung** des RückzahlgsAnspr einschließl Zinsen: § 195 (Sternel III 231). § 558 gilt nicht (St/Emmerich § 558

Rn 15; LG Köln WuM **89**, 290). **g) Vermieterwechsel:** § 572 Rn 1. Unübtragbk u ZustErfordern können vereinb w (Peters JR **97**, 353). **h) Kündigung** der Kautionsabrede ist aus wicht Grd mögl (Peters aaO).

2) Sicherheitsleistung (Abs I). Begriff: vgl Rn 3. Sie muß im MietVertr od in einem Nachtrag (§ 305) vereinb sein. **a) Gesicherte Verpflichtungen.** Die Sichergs(Kautions)abrede kann sich auf alle Verpfl des Mieters aus dem MietVerh beziehen. Für den Umfang kommt es auf die Abrede im Einzelfall an. Fehlt eine solche, sind auch Fdgen aus NebenLeistgen aus dem MietVerh (§ 535 Rn 25) umfaßt, selbst wenn sie noch nicht fäll sind (LG Regbg NJW-RR **95**, 907 mwN), weil Abs I S 2 sich nur auf Höhe u Berechng der Kaution (Rn 9) bezieht (aA LG Bln ZMR **99**, 257). **b) Art.** Sie umfaßt alle Sicherh, insb die des § 232 (vor allem Bürgsch, Durst NZM **99**, 64), aber auch die Barkaution (das an den Verm zur Sicherh geleistete Bargeld) sowie das Kautionskonto, das auf den Namen des Mieters angelegt ist, wobei er zur Vfg darüber aber der Zust des Verm bedarf. Die SichergsAbtretg, insb die Gehalts- od LohnAbtretg (Derleder/Stapelfeld ZMR **87**, 123) u die SichergsÜbereigng wird mit R kritisiert v Valentin ZMR **92**, 1. **c) Zulässige Höhe** ist das Dreifache des reinen monatl MietZ (zZ der Kautionsabrede) ohne Nebenentgelte (§ 535 Rn 37), über die wg wechselnder Höhe gesond abzurechnen ist (Abs I S 2). Eine Mietnebenkostenpauschale, üb die nicht gesond abzurechnen ist, gehört zum MietZ (AG Wuppert MDR **89**, 162 mwN). Der zul Betr wird nur dch die Zinsen erhöht (Abs II S 3). Eine sog DoppelSicherg (zB Barkaution u GehaltsAbtretg od Bürgsch) über die 3 MoMieten hinaus ist unzuläss (BGH **107**, 210). Folge: TeilNichtigk (vgl § 134 Rn 9). Ein geringerer Kautionsbetrag kann vereinb werden. Bei erhöhtem MietZ kann keine Erhöhg der Kaution verlangt w. **d) Teilleistung** (Abs I S 3). Diese Regelg gilt nur für Hinterlegg, Barkaution u Kautionskonto (vgl Rn 8). Ohne abweichde Vereinbg ist die erste Rate in Höhe v einem Drittel der vereinb Kaution (nicht notw eine MoMiete, vgl Rn 9) zu Beginn des MietVerh fäll; dies ist der vertrgem Ztpkt der Überlassg (LG Mannh ZMR **90**, 18). Bei unterbliebener Zahlg kann Verm zurückhalten. Wird die Kaution währd des MietVerh vereinb, ist die erste Rate sofort fäll; es gilt § 271. Die beiden weiteren Raten in Höhe je eines Drittels werden einen u zwei Mo später fäll, wenn die Fällk nicht für spätere Termine vereinb ist. Vereinbarg der sof Zahlg unter Verstoß gg Abs III führt zur TeilNichtigk (um str, vgl Peters/Nonhoff ZMR **99**, 602 mwN).

7 (2) · 8 (b) · 9 (c) · 10 (d)

3) Anlagepflicht des Verm (Abs II). Sie bezweckt, den RückzahlgsAnspr des Mieters im Falle einer ZahlgsUnfähigk des Verm vor dem Zugriff v Gläub des Verm zu schützen. **a) Anwendbar** nur bei der dem Verm überlassenen (eigentlichen) Barkaution (der in der Praxis häufigste Fall). **b) Anlage** des Geldes dch den Verm bei einem KredInstitut iS des KWG im gesamten EU-Bereich (Bub NJW **93**, 2897 [2902]). Die vorgeschriebene Trenng vom Vermögen des Verm hat am besten dch offene Bezeichng als Treuhandkonto zu erfolgen (vgl § 27 IV WEG). Dann ist die Kaution von der Ins des Verm nicht erfaßt, berecht zur Aussonderg (Düss NJW-RR **88**, 782) u ist vor der EinzelZwVollstr gg den Verm geschützt, auch wenn das Treuhandkonto erst später errichtet w (BayObLG NJW **88**, 1796). Unterbleibt die Trenng, steht dem Mieter nur eine einf InsFdg zu (Hbg ZMR **90**, 103; bestr). Die Anlage muß nicht notw als Sparguthaben erfolgen. Entscheidd ist, daß der ZSatz dem bei 3 Mo KündFr entspr. Es können mehrere Kautionen in einem Konto zusgefaßt werden. Eine v der Bank gewährte Prov steht dem Verm zu (vgl Derleder WuM **97**, 651). Für den übl ZSatz ist auf den Ztpkt der Anlage abzustellen. Diese Anlage ist einklagb NebenPfl des Verm (allgM; LG Köln NJW-RR **91**, 80 mwN) u geht iZw auf seine Kosten (LG Mü I NZM **98**, 32). Es dürfte keine gg Abs III verstoßde Vereinbg darstellen, wenn der Verm statt der Anlage als Treuhand-Sparkonto eine die Zinsen umfassde Bürgsch eines geeigneten KreditInst stellt (MK/Voelskow 16). Greift ein Gläub des Verm auf das Konto zu, ist § 771 ZPO gegeben. Verletzt der Verm seine Pfl, kann ein SchadErsAnspr entstehen (Ffm ZMR **90**, 9). **c) Zinsen.** Sie stehen zwingend dem Mieter zu (Hirte MDR **93**, 500), auch gem § 248 II gutgeschriebene ZinsesZ u die Zinsen aus einem vom Verm ausgehandelten höheren ZSatz (hM; Buß ZMR **96**, 8 mwN; Pauly WuM **96**, 599; aA AG Köln NJW-RR **94**, 275). Es besteht aber keine Pfl des Verm, mit bestmögl Zen anzulegen (hM). Die Zinsen müssen auf dem Kautionskonto stehen bleiben (Abs II S 2). Sie dienen in vollem Umfang der Erhöhg der Sicherh (Rn 7; Abs II S 3), auch wenn sie die zuläss Kautionshöhe überschreiten (vgl Abs I S 1). **d) Studenten- und Jugendwohnheime** (Abs IV). Die Ausn bezieht sich nur auf die Verzinsg, nicht auf die v Vermögen des Verm getrennte AnlagePfl. Im Einzelfall entscheidet die Vereinbg. Ohne Vereinbg ist der Verm weder verpfl, Zins zu zahlen, noch verzinsl zG des Mieters anzulegen. **e) Abrechnung.** Hierzu ist der Verm nach Beendigg des MietVerh verpfl, idR bis zu 3 Mo od bis die Anspr geklärt sind. Keine AbrechngsPfl, wenn für die Kaution ein ZwVollstrTitel besteht (Düss DWW **97**, 74; bestr).

11 (3) · 12 (b) · 13 (c) · 14 (d) · 15 (e)

551 *Fälligkeit des Mietzinses.* **[I] Der Mietzins ist am Ende der Mietzeit zu entrichten. Ist der Mietzins nach Zeitabschnitten bemessen, so ist er nach dem Ablaufe der einzelnen Zeitabschnitte zu entrichten.**

[II] Der Mietzins für ein Grundstück ist, sofern er nicht nach kürzeren Zeitabschnitten bemessen ist, nach dem Ablaufe je eines Kalendervierteljahrs am ersten Werktage des folgenden Monats zu entrichten.

Allgemeines. VorleistgsPfl des Verm u Fälligk des MietZ aE des jeweils vereinb ZtAbschnitts (Abs I S 2), sonst aE der MietZt (Abs I S 1). MietZ ist Schickschuld (§ 270). § 193 gilt bei Abs I S 2 (hierzu Blank WuM **95**, 569). **Abdingbarkeit** besteht iR des AGBG u § 242, insb bei Pacht unbedenkl (Mü ZMR **96**, 376). In der Praxis wird idR Vorauszahlg des MietZ vereinb. Das ist kein Verstoß gg § 9 AGBG (hM; BGH **127**, 245 mwN), auch nicht bei vorher AnzPfl od einmonat Vorankündigg (Hbg NZM **98**, 264 u Köln ZMR **98**, 763 für gewerbl Miete; aA Gellwitzki WuM **98**, 198) bei Aufrechng od Zurückbehaltg (Köln aaO; LG Lüneb ZMR **99**, 175). Die Klausel ist jedoch unwirks, wenn sie mit einem Ausschluß der Aufrechenbk einer Fdg aus § 537 (dort Rn 24 ee) od § 538 (dort Rn 14) verbunden ist (BGH aaO). Die Folge ist, daß sowohl die Vorausfälligk als auch das AufrechngsVerbot unwirks ist (BGH aaO). **Verjährung:** §§ 197, 196 I Nr 6. **Verwirkung:** nach allg Grdsätzen (§ 242 Rn 87, 103). Das gilt auch, wenn die Aufrechng v einer vorher Anz abhäng gemacht w (LG Oldbg NJWE-MietR **96**, 31). **Zahlungsverzug.** IdR gilt § 284 II (allgM; Geldmacher DWW **99**, 14 mwN).

Künd gem § 554 beachten. VerfallKl sind bei WoRaum unwirks (§ 9 II Nr 1 AGBG). **Grundstücke.** MietZ ist nach Ablauf je eines Quartals zu zahlen. Bei Bemessg des MietZ nach kürzeren ZtAbschnitten gilt Abs I S 2 (Abs II; beachte § 580). Meist wird Vorauszahlg vereinb (Rn 1); dies geht vor.

552 *Persönliche Verhinderung des Mieters.* **Der Mieter wird von der Entrichtung des Mietzinses nicht dadurch befreit, daß er durch einen in seiner Person liegenden Grund an der Ausübung des ihm zustehenden Gebrauchsrechts verhindert wird. Der Vermieter muß sich jedoch den Wert der ersparten Aufwendungen sowie derjenigen Vorteile anrechnen lassen, welche er aus einer anderweitigen Verwertung des Gebrauchs erlangt. Solange der Vermieter infolge der Überlassung des Gebrauchs an einen Dritten außerstande ist, dem Mieter den Gebrauch zu gewähren, ist der Mieter zur Entrichtung des Mietzinses nicht verpflichtet.**

1 **1) Allgemeines.** § 552 stellt Ausn von den allg Vorschr §§ 323, 324 dar (umstr; vgl Rädler NJW **93**, 689
mwN). Der Mieter trägt grdsätzl das VerwendgsRisiko (BGH NJW **97**, 193). **a) Anwendbar** ist § 552,
sobald MietVetr abgeschl, noch bevor die Miets überlassen ist (hM); Rädler aaO. Bes bedeuts bei befr
MietVerh (vgl § 564 Rn 5). § 552 gilt insb auch beim BeherberggsVertr (vgl Einf 26 vor § 535; Nettesheim
BB **86**, 547 u **89**, 1136), sofern er bereits abgeschlossen ist. Bei Unmöglk der GebrÜblassg aus and Grden als
2 S 3 gelten die §§ 323–325 (vgl Düss ZMR **92**, 536). **b) Beweislast:** Verm für ErfBereitsch, insbes für
Bereithalten der Miets, Mieter für alle Tats, die ihn v der Entrichtg des MietZ befreien sollen (MK/Voelskow
15; Oldb OLGZ **81**, 202), insb für ersparte Aufwendgen, wenn es sich nicht um tats Einzelh im Vermögens-
3 bereich des Verm handelt (Düss ZMR **85**, 382 mwN). **c) Abdingbarkeit** ist grdsätzl zu bejahen; jedoch
verstößt ein Ausschl v S 2 u 3 gg § 9 II S 1 AGBG. Zuläss u zweckmäß ist bei GeschRMiete wg mögl
BedarfsÄnd beim Mieter die Klausel, daß er aus dem MietVerh ausscheid kann, wenn er einen zumutb
ErsMieter stellt (vgl Kandelhard BB **95**, 2596 [2604]). AufhebgsVertr ist jederzt mögl, liegt aber nicht in
Neuvermietg nach unwirks Künd des Mieters (LG Mü I NJWE-MietR **97**, 25).

4 **2) Mietzahlungspflicht** (S 1) besteht allein aGrd des Vertr (§ 535 Rn 29) für die GebrÜberlassg, ohne
Rücks darauf, ob der Mieter den Gebr ausübt, ausüben kann od nicht; er trägt als SachLeistgsGläub das
VerwendgsRisiko. **a) Bestehen:** auch unversch persönl Verhinderg befreit den Mieter nicht, zB Tod, Krankh,
WohnortÄnd (Ausn § 570); berufl Veränd (LG Gieß NJW-RR **95**, 395), überh alles, was in seinen RisikoBer
fällt (BGH NJW-RR **91**, 267), ohne Rücks darauf, ob vor Üblassg der Miets (BGH aaO; zust Rädler NJW
93, 689) od ob er die Umstde beeinflussen kann, zB Zugangsverhinderg (BGH **38**, 298); LehrgTeiln; bei
Miete eines Messestands unterbliebene Zuteilg eines passden Messeplatzes (Ffm MDR **81**, 231). Das gilt erst
recht, wenn er Gebr machen könnte, es aber freiw unterläßt (hM; Düss NJW-RR **91**, 1143). Daher gilt § 552
insb, wenn der Mieter vorzeit auszieht. Der Verm verstößt nicht gg § 242, wenn er bis zum Ende der vereinb
5 VertrZt die Miete verlangt (Hamm ZMR **95**, 525). **b) Ausnahmen.** Die ZahlgsPfl entfällt bei S 3. Nicht
dazu gehören die Fälle, in denen die Grde im RisikoBer des Verm od in obj Umstd liegen, zB bei allg
Unzugänglk; hier entfällt die Pfl des Mieters zur MietZahlg (§§ 323, 536, 537).

6 **3) Verrechnungspflicht** (S 2). **a) Zweck:** Verm soll dch die pers Verhinderg des Mieters keinen Vorteil
haben. **b) Ersparte Aufwendungen:** zB Wegfall einer Instandhaltgs- u WartgsPfl (Düss ZMR **85**, 382);
grdlegde Sanierg (LG Gieß ZMR **96**, 143); verminderte BetrKosten (bei Hotelzimmer idR 20%, Düss NJW-
7 RR **91**, 1143). **c) Anderweitige Verwertung:** hierzu ist der Verm nicht verpfl. § 254 ist, weil es sich um
einen ErfAnspr handelt, keinesf anwendb.

8 **4) Ersatzmiete** (NachM; hierzu Heile ZMR **90**, 249) kann dch Eintritt eines neuen Mieters, insb dch
Vertr mit dem bisher Mieter (§ 415) u Zust (§ 182) des Verm (BGH NZM **98**, 113) od Abschluß eines neuen
MietVertr verwirkl w (§ 549 Rn 23, 24; § 564 Rn 1). **a) Grundsätze.** Der Verm ist grdsätzl nicht verpfl,
den MietVertr auf Verlangen des Mieters aufzuheben, auch wenn dieser einen zumutb, die VertrBedinggen
uneingeschr übernehmden Ersatzmieter stellt, gg den keine pers Einwendgen bestehen; denn dem Verm muß
es grdsätzl freistehen, nach Beendigg des MietVerh einen neuen Mieter frei auszuwählen u neue VertrBe-
dinggen auszuhandeln (Hbg NJW-RR **87**, 657; LG Landau ZMR **97**, 189). Ohne Vereinbg mit dem Verm ist
die Lage des Mieters daher problemat (Thaler NZM **98**, 994). Es besteht insb kein Anspr gg den Verm, mit
demjen ErsMieter abzuschließen, der die höchste Ablöse zahlen will (Mü ZMR **95**, 579; LG Düss DWW **99**,
156). Das Verhalten des Verm darf aber nicht gg § 242 verstoßen (allgM; zB Mü ZMR **95**, 156). Das kann
nur bei Vorliegen bes Umstde bejaht w (vgl Mü ZMR **95**, 579). Eine ErsMKlausel, auch mit dem Inhalt,
einen ErsM zu stellen, kann vereinb w (Ffm ZMR **91**, 383). Auch bei grdsätzl Einverständn hat der Verm eine
9 angem Nachforschgs- u ÜbleggFr (LG Gieß ZMR **97**, 80). **b) Wohnraum.** Hierbei ist eine Interessenab-
wägg vorzunehmen (hM), wobei dem Verm das alleinige Festhalten am Vertr nicht angelastet w darf (Karlsr
NJW **81**, 1741), schon gar nicht, wenn der Mieter aus vorhersehb Grden vorzeit auszieht (Oldbg aaO). Allg
muß das Festhalten am Vertr für den Mieter eine gewisse Härte darstellen u der VertrAbschl mit dem gestellten
Nachmieter annehmb sein (Heile ZMR **90**, 249 mwN). Der Mieter müßte jedenf einen geeigneten Ers-
Mieter stellen und sein Interesse müßte das des Verm erhebl überragen (Hamm ZMR **95**, 525). Gewerbl
NachM kann ungeeignet sein (LG Gieß NJW-RR **96**, 462). Für nichtehel LebensGemsch als ErsMieter vgl
10 Hamm NJW **83**, 1564. **c) Andere Räume** (68 vor § 535), insb gewerbl gemietete. Es gelten diese Grdsätze
trotz § 549 II S 1 in gleicher Weise; jedoch sind an die Eigng des Nachmieters höhere Anfdgen zu stellen
(Heile aaO). Er muß eine vglb wirtsch Sicherh bieten (Düss ZMR **95**, 467). Letzter Ausweg für den Mieter
bleibt § 549 I S 2 (hierzu Kandelhard BB **95**, 2596).

11 **5) Gebrauchsüberlassung an einen Dritten** (S 3) geschieht, um die Miets währd der pers Verhinderg
des Mieters zu nutzen. **a) Voraussetzungen.** Die GebrÜberlassg an Dr muß den Verm außerstande setzen,
dem Mieter den Gebr zu gewähren, insb bei endgült od vorübgehder Weitervermietg. Das gilt entspr, wenn
der Verm die Sache selbst benutzt (hM), auch im Fall einer Instandsetzg die übl AusbessergsArb überschreitet
u der Erzielg einer höheren Miete dient (LG Düss DWW **99**, 156) od bei einem Umbau. Die Vorauss sind

nicht schon dadch dargelegt, daß der Mieter in den Räumen einen Dr antrifft (KG NJW-RR **98**, 1383). **b) Wirkung.** Der Mieter ist von der MietZahlg befreit. Er hat grdsätzl nicht eine Mietdifferenz zu zahlen 12
(umstr; vgl BGH NJW **93**, 1645). Der Mieter kann sich aber nicht auf S 3 berufen, wenn dies RMißbr (§ 242 Rn 40) darstellt (BGH aaO), zB wenn der Mieter endgült ausgezogen ist u keine Miete mehr zahlt (Düss WuM **94**, 469); der Verm nach Anz an den Mieter zur erzielb MarktM weitervermietet (BGH aaO) od dem neuen Mieter die Räume vor Mietbeginn zur Renovierg u Umbau übläßt (Kblz NJW-RR **95**, 394), der Mieter bei Mietbeginn die Räume nicht bezieht u der Verm bei Neuvermietg den MietZ nicht erlangt (Naumbg ZMR **98**, 425). Kein RsMißbr, wenn der Mieter sich für kündberecht hielt, zB aus § 549 I S 2 (KG NJW-RR **97**, 333 mwN). Bei vorzeit Auszug des Mieters ist Vereinbg mit Verm angebracht. **c) Kündi-** 13
gung. Der Mieter darf idR nicht gem § 542 künd, weil die Entziehg des vertrgem Gebr der Miets auf in seiner Pers liegden Grden beruht, nicht aber vom Verm zu vertreten ist. Der Mieter darf künd (§ 542), wenn der Verm wg der Weitervermietg den vertrgem Gebr der Miets nicht einräumen kann, sobald die persönl Verhinderg des Mieters entfällt (BGH **38**, 295 [301]).

552 a *Aufrechnungs- und Zurückbehaltungsrecht.* **Der Mieter von Wohnraum kann entgegen einer vertraglichen Bestimmung gegen eine Mietzinsforderung mit einer Forderung auf Grund des § 538 aufrechnen oder wegen einer solchen Forderung ein Zurückbehaltungsrecht ausüben, wenn er seine Absicht dem Vermieter mindestens einen Monat vor der Fälligkeit des Mietzinses schriftlich angezeigt hat.**

1) Allgemeines. a) Zweck: Die Beschrkg des Verbots auf den Anspr aus § 538 beruht darauf, daß auch 1
der Verm schutzbedürft ist. Wg der Fremdfinanzierg, die den WoBau erst ermögl, ist idR der Verm auf pktl Eingang der Miete angewiesen, um seine Verpfl abzudecken. Das würde dch langwier RStreit wg Aufr u ZbR gefährdet w. **b) Anwendungsbereich:** Nur MietVerh üb WoRaum (Einf 70 vor § 535); daher ist der 2
Ausschl v Aufr (§ 387) u ZbR (§§ 273, 320) bei and MietVerh u bei Pacht grdsätzl unbeschr zul (vgl aber § 551 Rn 2). Analoge Anwendg des § 552 a auf and Anspr als die aus § 538 ist wg des Zwecks (Rn 1) u wg des Umkehrschlusses nicht vertretb. **c) Abdingbarkeit:** § 552 a ist insof zwingd als Aufrechng u ZbR bei 3
Anspr aus § 538 nicht wirks ausgeschl w können. Die Aufrechng mit and Anspr darf an die fristgem Anz auch im FormularVertr gebunden w (LG Bln ZMR **86**, 313). Bei Miet-AGB, ferner im Fall des § 551 Rn 1 können Verbote od Beschränkgen v Aufrechng od ZurückbehaltgsRen wg § 11 Nr 2, 3 AGBG unwirks sein. Einer vorher Anz bedarf es dann nicht. **d) Beweislast:** Verm für Vereinbg des Verbots, Mieter für wirks 4
Anzeige (Rn 7).

2) Aufrechnung und Zurückbehaltung sind auch im MietVerh grdsätzl zuläss, soweit die allg Vorauss 5
der §§ 387 ff od der §§ 273, 320 vorliegen; insb auch für Anspr, die nicht aus dem MietVerh stammen. § 552 a beschr nur den in FormularVertr häuf Ausschl der Aufrechng (§ 387 Rn 14) u des ZbR (§ 273 Rn 13) für die Anspr des § 538 (Rn 6). Für and Anspr des WoRaumMieters gilt § 552 a nicht (vgl Rn 2), so daß bei allen sonst Anspr aus dem MietVerh Aufr u ZbR wirks ausgeschl w können.

3) Verbot der Aufrechnung und Zurückbehaltung im Vertr ist in den Grenzen des § 552 a zuläss (vgl 6
Rn 3) u setzt eine iü wirks AufrechngsBeschränkg voraus (hM). Das Verbot wirkt üb VertrBeendigg u Rückg der Miets fort (Hamm NJW-RR **94**, 711 mwN; sehr bestr). Ausübg trotz Verbots ist zuläss bei: **a) Forderungen** aus § 538: jede darauf beruhde Fdg, näml auf SchadErs wg einer der 3 Fälle des § 538 I (dort Rn 9, 11. 12) od AufwendgsErs aus § 538 II (dort Rn 16). **b) Absichtsanzeige:** empfbed WillErkl (§ 130). 7
Schriftform § 126. Frist: 1 Mo (zu berechnen gem §§ 187 I, 188 II, III) vor der idR vertr festgesetzten Fälligk (§ 551) derjen MietZRate, od der folgden, gg die aufgerechnet w soll. Verspätete AbsichtsAnz gilt für die MietZRate, bei der die Anz fristgem wäre. Inhalt: Ankünd der Aufr od des ZbR, Grd u Höhe der GgFdg. Überflüss ist die Anz, wenn das MietVerh beendet od aufgeh ist, die Räume herausgegeben u nur noch wechselseit Anspr abzurechnen sind (BGH NJW-RR **88**, 329 für gewerbl Miete).

553 *Fristlose Kündigung bei vertragswidrigem Gebrauch.* **Der Vermieter kann ohne Einhaltung einer Kündigungsfrist das Mietverhältnis kündigen, wenn der Mieter oder derjenige, welchem der Mieter den Gebrauch der gemieteten Sache überlassen hat, ungeachtet einer Abmahnung des Vermieters einen vertragswidrigen Gebrauch der Sache fortsetzt, der die Rechte des Vermieters in erheblichem Maße verletzt, insbesondere einem Dritten den ihm unbefugt überlassenen Gebrauch beläßt, oder die Sache durch Vernachlässigung der dem Mieter obliegenden Sorgfalt erheblich gefährdet.**

1) Allgemeines. a) Anwendungsbereich: Miete u Pacht, nicht Leihe (BGH NJW **92**, 496); alle Miets. 1
Die Vorschr ist anwendb neben § 554 a (umstr; aA Kblz ZMR **97**, 578: § 554 a subsidiär), der nur für Räume gilt, keine Abmahng, aber Versch voraussetzt (vgl § 554 a Rn 3). **b) Abdingbarkeit** ist grdsätzl zu bejahen; 2
bei WoRaum ist sie aber eingeschr u es darf nicht zuungunsten des Mieters abbedungen w (§ 554 b). Davon abgesehen können weitere Grde für eine fristl Künd vereinb w. **c) Rücktritt** aus § 326 ist nach Überlassg der 3
Miets ausgeschl, wenn der Verm außerord künd kann (BGH **50**, 312), wohl aber mögl vor Überlassg, wenn der Mieter and Pfl verletzt als das Unterl vertrwidr Gebr, zB Verz mit MieterLeistgen (80 vor § 535). **d) Schadensersatz** kann der Verm nur bei Versch (§§ 276, 278) des Mieters verlangen (vgl § 550 Rn 3). 4
Umfaßt auch den dch die Künd entstandenen Schad, aber nur für die Dauer vertragl Bindg (allgM). **e) Mehr-** 5
heit von Mietern. Es genügt, wenn einer von ihnen die Vertrwidrk begeht (Düss ZMR **87**, 423).

2) Voraussetzungen. Versch (§§ 276, 278) muß weder beim Mieter noch beim Dr vorliegen. Vorausge- 6
setzt wird: **a) Vertragsverletzung** dch vertrwidr Gebr (1. Alt) od Vernachlässigg der Sorgfalt (2. Alt). Sie muß vom Mieter od einem ErfGehilfen (§ 278) ausgehen. Vertrwidr Gebr: § 550 Rn 6. Vernachlässigg der Sorgfalt: kann dch Verletzg der Obhuts- u AnzPfl (§ 545 Rn 4 u 6) geschehen od dch NichtErf einer

7 InstdsetzgS- u InstdhaltgsPfl (§ 536), die v Mieter übnommen ist. **b) Erheblichkeit.** Beim vertrwidr Gebr muß in dessen Fortsetzg die den Verm treffde RVerletzg erhebl sein, bei der Vernachlässigg die Gefährdg der Miets. Den gesetzl BspFall, bei dem immer die RVerletzg erhebl ist (BGH NJW **85**, 2527), stellt das Belassen des unbefugt einem Dr üblassenen Gebr dar (§ 549 Rn 3, 6). Das liegt auch vor, wenn der Mieter nicht verhindert, daß der Unterm unbefugt weitervermietet (Hamm NJW-RR **92**, 783), ebenso bei unbefugter UnterVermietg u Aufn zum MitGebr der Wohng (BayObLG ZMR **91**, 64; vgl § 549 Rn 12). Ein Anspr des Mieters auf ErlErteilg (§ 549 II) kann der Künd entggstehen (Pauly ZMR **95**, 574 mwN). Nicht Dr sind die FamAngeh des Mieters, insb seine Kinder (BGH NJW **93**, 2528). Auch eine erhebl Übbelegg einer Wo ist KündGrd nur dann, wenn dadch im Einzelfall die VermRe erhebl beeinträcht w (BVerfG NJW **94**, 41; BGH aaO; LG Hbg NJW-RR **96**, 264: bis 10 qm pro Pers); Wohnen in Räumen, die nur gewerbl gemietet sind (Düss ZMR **87**, 423; differenzierd Köln ZMR **96**, 24); Überg von priv zu gewerbl Nutzg (Karlsr Just **88**,
8 358); Benutzg zu Prostitution in bürgerl WoHaus (LG Lüb NJW-RR **93**, 525). **c) Abmahnung:** wie § 550 Rn 8. Sie muß sich immer an den Mieter richten, auch wenn der vertrwidr Gebr von einem Dr ausgeht (hM). Künd muß nicht angedroht w. Entbehrl ist die Abmahng, wenn sie ungeeignet ist, künft VertrVerl zu unterbinden (Düss JR **91**, 379: Fahren ohne Führerschein bei Kfz-Miete).

9 **3) Kündigung.** Es gilt grdsätzl § 564 Rn 8–16, bei WoRaum außerdem § 564 a. **a) Wirksamkeit.** Die Künd ist außerord u unheilb nichtig, wenn eine der Vorauss (Rn 6–8) fehlt (vgl auch § 554 Rn 2). Sie muß nach Abmahng (Rn 8), aber nicht vor Beendigg des vertrwidr Gebr erfolgen od gar zugehen (aA LG Duisbg NJW-RR **86**, 1345 mwN), kann aber, wenn sie nicht innerh angem Fr ausgeübt wird, verwirkt w (§ 242 Rn 103 aE). Inf unzuläss RAusübg kann die erkl Künd unwirks sein, wenn der Mieter im Ztpkt der Künd einen Anspr auf ErlaubnErteilg gem § 549 II (vgl dort Rn 12) hatte (hM; BayObLG ZMR **91**, 64 mwN).
10 SchadErsPfl des Verm bei unwirks fristl Künd wie § 564 Rn 15. **b) Weitere Kündigung.** Sie kann nach abgewiesener Klage wg § 322 ZPO grdsätzl nicht auf solche Grde gestützt w, die zZ der letzten mdl Vhdlg entstanden waren, ausnw dann, wenn ein beanstandetes Verhalten danach fortgesetzt wurde od der Kündigde den KündGrd nicht kannte (BGH NJW **98**, 374).

554 *Fristlose Kündigung bei Zahlungsverzug.*

I Der Vermieter kann das Mietverhältnis ohne Einhaltung einer Kündigungsfrist kündigen, wenn der Mieter

1. **für zwei aufeinanderfolgende Termine mit der Entrichtung des Mietzinses oder eines nicht unerheblichen Teils des Mietzinses im Verzug ist, oder**
2. **in einem Zeitraum, der sich über mehr als zwei Termine erstreckt, mit der Entrichtung des Mietzinses in Höhe eines Betrages in Verzug gekommen ist, der den Mietzins für zwei Monate erreicht.**

Die Kündigung ist ausgeschlossen, wenn der Vermieter vorher befriedigt wird. Sie wird unwirksam, wenn sich der Mieter von seiner Schuld durch Aufrechnung befreien konnte und unverzüglich nach der Kündigung die Aufrechnung erklärt.

II Ist Wohnraum vermietet, so gelten ergänzend die folgenden Vorschriften:

1. **Im Falle des Absatzes 1 Satz 1 Nr. 1 ist der rückständige Teil des Mietzinses nur dann als nicht unerheblich anzusehen, wenn er den Mietzins für einen Monat übersteigt; dies gilt jedoch nicht, wenn der Wohnraum zu nur vorübergehendem Gebrauch vermietet ist.**
2. **Die Kündigung wird auch dann unwirksam, wenn bis zum Ablauf eines Monats nach Eintritt der Rechtshängigkeit des Räumungsanspruchs hinsichtlich des fälligen Mietzinses und der fälligen Entschädigung nach § 557 Abs. 1 Satz 1 der Vermieter befriedigt wird oder eine öffentliche Stelle sich zur Befriedigung verpflichtet. Dies gilt nicht, wenn der Kündigung vor nicht länger als zwei Jahren bereits eine nach Satz 1 unwirksame Kündigung vorausgegangen ist.**
3. **Eine zum Nachteil des Mieters abweichende Vereinbarung ist unwirksam.**

1 **1) Allgemeines. a) Anwendungsbereich.** Abs I gilt für alle MietVerh, Abs II nur für WoRaum. **b) Abdingbarkeit:** Abs II ist zwingd, soweit die Vereinbg den Mieter rechtl od wirtsch benachteil. Das gilt nur bei WoRaum (Einf 70 vor § 535) u folgt unmittelb aus Abs II Nr 3. Bei MietVerh, die nicht WoRaum betr, sind Abänd zuungunsten des Mieters häuf u zuläss, erst recht zG des Mieters (BGH NJW-RR **87**, 903). Eine Abweichg zuungunsten des Mieters verstößt idR gg § 9 AGBG (hM; BGH NJW **87**, 2506); dies trifft schon zu, wenn die Heilg gem Abs II Nr 2 ausgeschl w (BGH NJW **89**, 1673) od bei Verz mit nur einer Rate auch
2 bei GeschRaumM (Düss WuM **96**, 411). **c) Allgemeine Voraussetzungen** der außerord Künd: zunächst § 564 Rn 8–16. Der Rückstd muß bezeichnet sein, nicht bloß der Saldo angegeben (LG Hbg ZMR **96**, 326). Grdsätzl keine Abmahng nöt (LG Hbg aaO). Außerdem ist zu beachten: Abtretg der MietZFdg berührt das KündR nicht. Das KündR u dessen auch nur teilw erf Vorauss gehen auf den Erwerber nur nach § 571 über (umstr; vgl Sonnenschein ZMR **92**, 417 [425]). Fehlt eine Vorauss der Künd, ist sie unheilb nichtig (wie § 553 Rn 7) u kann nicht in ein Angebot zur Aufhebg des MietVerh (§ 305) umgedeutet w (BGH NJW **84**, 1030 mwN). Bei einverständl Auszug (od Rückg der Miets) ist stillschw VertrAufhebg gem § 305 denkb. Dem Verm darf der RäumgsAnspr nicht aus dem Grd versagt w, er müsse erst gesondert den ZahlgsAnspr
3 einklagen (BVerfG NJW **89**, 1917). **d) Erlöschen** des KündR (ohne Einfluß auf SchadErsAnspr wg ZahlgsVerz). Verzicht kann in vorbehaltl Ann v TZahlgen liegen (vgl § 266). Nimmt der Verm mehrmals eine die Künd begrdde verspätete Zahlg an, muß er, um das KündR nicht über § 242 Rn 103 aE zu verlieren, den Mieter vorher darauf hinweisen, daß er in Zukunft sein KündR ausüben werde, oder er muß abmahnen (BGH NJW **59**, 766). Die Abmahng (formlos, Hamm ZMR **94**, 560) kann bei AnhaltsPkt für Fehlen v ZahlgsUnfähk od ZahlgsBereitsch geboten sein (Hamm ZMR **98**, 493). Sie kann in einer Räumgs(Herausg)Kl od in einer (unwirks) RücktrErkl liegen (BGH WM **71**, 1439). Der Verm muß aber nicht RäumgsKl erheben (BGH WM **88**, 62). Für Bew v Abmahng od Hinw empfiehlt sich schriftl Bestätigg des Mieters (§ 416 ZPO) od Einschreiben mit Rückschein. Die Abmahng begrdt keine SchadErsPfl (Hamm NJW-RR

96, 1294). **e) Schadensersatzanspruch. aa)** VerzSchad aus der verspäteten Zahlg (insb Zins) kann aus § 286 verlangt w. **bb)** Sonst Schad kann ohne FrSetzg u Androhg (BGH stRspr NJW **84**, 2687 mwN) verlangt werden (Ffm WuM **98**, 24) wohl aus pVV (vgl § 276 Rn 128), insb entgangener MietZ bis zur WeiterVermietg (Ffm aaO), um die sich der Verm bemühen muß (Düss ZMR **96**, 324), od eine MietZ-Differenz (Düss DWW **91**, 19), aber nur für die Dauer der vertragl Bindg (allgM), dh bis zur nächstmögl ord Künd. **f) Ordentliche Kündigung,** auch wg fortlaufd unpünktl Zahlg bleibt mögl (§ 564 b Rn 35, 36), kann auch vorsorgl od hilfsw erkl w (§ 564 Rn 12; hM; Nies NZM **98**, 398 mwN). **g) Prozessual.** Bei Eingang einer RäumgsKl wg Künd aGrd § 554 besteht MittPfl an den zuständ Träger der SozHilfe (§ 15 a II BSozHilfeG idF des G v 22. 7. 96, BGBl 1088). 4

2) Kündigungsgründe (Abs I S 1 Nr 1 u 2). Sie sind alternat u setzen voraus: **a) Mietrückstand** betr die MietZZahlg (§ 535 Rn 29) mit Einschl der laufden Nebenentgelte (§ 535 Rn 37; hM; Ffm NJW-RR **89**, 973; Naumb WuM **99**, 160), zB Heizkostenvorschüsse (LG Bln NJW-RR **86**, 236). Maßgebder Ztpkt ist spätestens Zugang (§ 130) der Künd (LG Köln NJW-RR **91**, 208). Es genügt, wenn neben einem Rückstd von einem Mo der Mieter erkl, er könne in Zukunft nicht mehr zahlen (Düss NJW-RR **91**, 1353). Ein einmaliger NebenentgeltsRückstd genügt nicht (Kblz NJW **84**, 2369 mwN; LG Hbg NJW-RR **92**, 1429: es bleibt § 564 b od § 554 a). Der MRückstd darf nicht verjährt sein (LG Bln MDR **83**, 843) u nicht aus einer rückwirkd erhöhten Miete stammen (LG Köln WuM **93**, 191). Die sog RechtzeitkKl (maßgebd ist Eingang auf VermKonto) ist zuläss (hM; LG Bln NJW-RR **93**, 144 mwN). Mit Termin ist die Fälligk gem § 551 II u die vertragl gemeint. Fehlgeschätzte MietZMinderg (§ 537) ist grdsätzl geeignet (vgl Rn 8; zu Ausn vgl LG Hann NJW-RR **95**, 331). Bei MietErhöhgsBetr ist § 9 II MHG zu beachten. Der Umfang des Rückstds muß betragen: **aa) Aufeinanderfolgende Termine** (Abs I Nr 1). Ob der nicht bezahlte Teil unerhebl ist, muß 6
im Verh zur vollen MietZRate mit Rücks auf die Umst des Einzelfalles (insb Kreditwürdk des Mieters) beurt w. MindBetr bei WoRaum: Abs II Nr 1; auch dabei sind Nebenentgelte einzurechnen (§ 535 Rn 37). Vermietg zu vorübgehdem Gebr: wie § 556 a Rn 5. Da Abs II Nr 1 eine SchutzVorschr für den bes schutzbedürft WoRaummieter darstellt, ist ein MietRückst v einem Mo bei and MietVerh erst recht erhebl (Both NJW **70**, 2197). Maßgebd ist immer der GesamtRückstd, bezogen auf die Summe der beiden Termine, nicht der Rückstd für den einzelnen Termin (BGH ZMR **87**, 289). **bb) Mehrere Termine** (Abs I Nr 2): Hier 7
muß der ZahlgsRückstd nicht wie bei Nr 1 in 2 aufeinanderfolgden Terminen, sond kann in einem längeren ZtRaum eintreten. Gekünd werden kann, sobald der GesamtRückstd 2 MoMieten erreicht; denn die Dauer des Verz ist unerhebl. Er muß sich nicht in Höhe von 2 MoMieten üb 2 Mo erstrecken (LG Bln ZMR **92**, 24; Nierwetberg NJW **91**, 1804 mwN). Entspr anwendb bei wöchentl MietZahlg, nicht bei längeren Zahlgs-Abschn (MK/Voelskow 8). **b) Verzug** gem § 284. Da die Fälligk kalmäß best wird (vgl § 551 Rn 1), bedarf 8
es keiner Mahng (§ 284 Rn 22). Eine KarenzZt zG des Mieters besteht nicht (Mezger NJW **72**, 2071; aA LG Bln NJW **72**, 1324). Zahlgsunfähk schließt den Verz nicht aus (§§ 279, 285). Der Verz kann aber unverschu ausgeschl sein (§ 285), zB rechtzeit abgesandtes Geld kommt verspätet an; Mieter hält sich irrtüml ohne Fahrlässk (LG Kiel NJWE-MietR **96**, 195) zur Aufrechng (§ 387) od Zurückbehaltg (§§ 273, 322) für berecht od auch zur Minderg gem § 537 (hierzu Fischer ZMR **94**, 309 mwN). Auch der Rat des RAs darf dann wg § 278 nicht schuldh falsch sein (Köln ZMR **98**, 763 mwN; bestr). Zum RIrrt insb § 285 Rn 4. Für milderen Sorgfaltsmaßstab bei Minderg u ZurückBehR: Kokemüller WuM **99**, 201.

3) Heilung der Verzugsfolgen hinsichtl der Künd. **a) Vor der Kündigung** (Abs I S 2). Ausgeschl ist sie 9
bei allen MietVerh, wenn der Verm vor dem Zugang der Künd (§ 130) befried w, vollständ für den ges Rückstd, nicht nur dch eine Teilleistg (BGH ZMR **71**, 27). Befriedigg kann auch dch ErfSurrogate, insb Aufrechng geschehen, aber nicht mit einer zur RückZahlg noch nicht fäll Mietkaution (LG Bln ZMR **98**, 231) u soweit nicht eine Vereinbg entggsteht od § 552 a eingreift, u zwar für alle bis Ablauf der SchonFr fäll gewordenen Beträge (MK/Voelskow 20; nicht nur derjen, auf die die Künd gestützt war). Bei Geldüberweisg kommt es auf die sog ZtGef an (vgl § 270 Rn 6, 7). Bei Einzahlg auf Bankkonto od Post am ErfOrt genügt immer die Einzahlg od Absendg der Überweisg vor dem Zugang der Künd (hM; Naumb WuM **99**, 160; LG Bln NJW-RR **93**, 144; LG Hdlbg WuM **95**, 485; LG Oldbg WuM **96**, 471; Blank WuM **95**, 569 mwN). Zahlg unter Vorbeh genügt (Nies NZM **98**, 398 mwN). BewL: Mieter, daß vor Künd gezahlt od nach Zahlg gekünd ist (hM; Bender ZMR **94**, 251 mwN). Verm für den Bestd der Fdgen, auf die er sich für die nicht vollständ Erf beruft. **b) Nach der Kündigung** (Abs I S 3, II Nr 2), dh nach ihrem Zugang (§ 130). Sie wird 10
unwirks, gleichbedeutd mit nichtig (vgl Übbl 26 vor § 104). Das alte MietVerh lebt wieder auf. **aa) Bei allen** 11
Mietverhältnissen (Abs I S 3) dch Bestehen einer AufrLage (§ 387) zZt der Künd u unverzügl (wie § 121) AufrErkl (§ 388), mehr als 2 Wo nach Künd (Köln ZMR **98**, 763). Die Aufr muß den ges Rückstd decken u zul sein. **bb) Bei Wohnraummietverhältnissen** (Abs II Nr 2; Einf 70 vor § 535). Für Rückstd aus 12
MietErhöhg SoRegelg in § 9 II MHG. **(1) Anwendbar** (nicht bei Künd gem § 564 b II Nr 1; hM) nur, wenn nicht innerh v 2 J vor der KündErkl eine an sich gem Abs I S 1 begründete Künd erkl w u allein dch Abs II Nr 2 S 1 unwirks gew ist (Abs II Nr 2 S 2). Der Ausschl des sog NachholgsRs müßte erst recht gelten, wenn die Künd wg ZahlgsVerz wirks war u der Verm aus Nachsicht od Entggkommen dann trotzdem das MietVerh fortges, insb Ratenzahlg gewährt hat (LG Stgt ZMR **95**, 470 mwN). **(2) Voraussetzungen:** 13
Befriedigg (wie Rn 9, auch unter Vorbeh) bis 1 Mo nach Eintritt der RHängk (§ 261 ZPO) des Räumgs-Anspr (§ 556). Es genügt, wenn der Verm schon zw Künd u RHängk der RäumgsKl befried w (hM; KG ZMR **85**, 52 mwN). Die Aufrechng ist dch § 552 a entscheidd beschr (Oske WuM **84**, 178). **(3) Umfang:** 14
gesamter MietRückst u der fäll Anspr aus § 557 I S 1, nicht der darü hinausgehde Schad (einschließl ProzKosten) u VerzZ (LG Bln MDR **89**, 357). § 367 I BGB ist anwendb (LG Stgt ZMR **97**, 301). Der Verm kann, wenn Kosten u Zinsen nicht bezahlt w, über § 367 II die Heilg nicht verhindern (Weber ZMR **92**, 41). Bei Fdgen, die der Verm bisher nicht geltd gemacht hat, kann zuG des Mieters § 242 eingreifen (Scholz WuM **87**, 135). **(4) Öffentliche Stelle:** insb die SozHilfeBeh; sie muß sich innerh der SchonFr bindd verpfl, 15
nicht nur bedingt (LG Essen ZMR **96**, 663; Karl NJW **91**, 2124), im selben Umfang den Verm zu befried. Die Erkl muß dem Verm od seinem ProzBev (LG Hbg ZMR **96**, 331) innerh der Fr zugehen (§ 130; BayObLG NJW **95**, 338).

554 a ***Fristlose Kündigung wegen Pflichtverletzung.*** **Ein Mietverhältnis über Räume kann ohne Einhaltung einer Kündigungsfrist gekündigt werden, wenn ein Vertragsteil schuldhaft in solchem Maße seine Verpflichtungen verletzt, insbesondere den Hausfrieden so nachhaltig stört, daß dem anderen Teil die Fortsetzung des Mietverhältnisses nicht zugemutet werden kann. Eine entgegenstehende Vereinbarung ist unwirksam.**

1 **1) Allgemeines.** § 554 a ist neben § 553 anwendb u nicht subsidiär (vgl dort Rn 1; umstr). Die Vorschr ist unabdingb (BGH NJW **92**, 2628). Rücktr aus §§ 325, 326 ist nach Überlassg der Miets ausgeschl, wenn Künd mögl ist (vgl § 553 Rn 2). Eine Künd vor Beginn des MietVerh lassen Düss NJW-RR **95**, 1100 u Mü NJWE-MietR **96**, 127 zu. Ausgeschl ist Wegfall der GeschGrdlage, soweit daraus ein RücktrR abgeleitet w (Stötter NJW **71**, 2281 mwN). Eine Künd aus diesem RGrd ist bei WoRaum ausgeschl (LG Bln WuM **86**, 251; für gewerbl Räume zugelassen v BGH WM **73**, 694), weil insow aus wicht Grd gekünd w kann (Rn 5, 6). Weitere Künd nach abgewiesener Klage: § 553 Rn 10.

2 **2) Voraussetzungen** der außerord Künd gem § 554 a sind nicht FrSetzg zur Abhilfe u Abmahng (BGH NJW **92**, 496; Schläger ZMR **91**, 41). Sie sind aber mögl u können Unzumutbk im Einzelfall begrden. Vorauss sind: **a) Kündigungserklärung:** § 553 Rn 9. Sie ist an keine Fr gebunden, insb gilt nicht § 626 II (Düss ZMR **95**, 469), jedoch kann langes Zuwarten Indiz für Zumutbk sein (BGH WM **83**, 660).
3 **b) Vertragsverletzung** (auch einmalige): wg § 553 nur solche, die keinen vertrwidr Gebr der Miets darstellen u wg des Wortlauts nicht unter §§ 542, 554 fallen (bestr). Gilt für Mieter u Verm. **c) Verschulden:** §§ 276, 278, auch UnterM (§ 549 III); nicht Dr, die nicht ErfGeh (§ 278) sind, zB das SozAmt (KG NJW
4 **98**, 2455; hierzu krit Schleusener NZM **98**, 992). **d) Unzumutbarkeit** der Fortsetzg des MietVerh. Maßstab wie Rn 5. **e) Beispiele:** Verstöße gg die HausO (§ 535 Rn 11) od bei gewerbl verm Räumen gg die Gebr- u BetrPfl (vgl § 550 Rn 6), zB dch Stillegg des Einzelhandels (LG Hann ZMR **93**, 280); fortwährde Belästigg der Hausbewohner, Wiederanbringen einer Parabolantenne trotz rkräft Verurt u Vollstr (BVerfG NJW **96**, 1736); Beleidigg (LG Stgt WuM **97**, 492) od Mißhandlg des Verm; trotz Mahng unterbliebene Abrechng u Zahlg von Nebenkosten (Düss DWW **91**, 79 für Pacht); NichtZahlg der Kaution (Mü NJWE-MietR **96**, 127 für Pacht); öff Anprangerg des Verm dch Aushängen eines Transparents (LG Mü I WuM **83**, 263); Täuschgs-Versuche einer VertrPart (LG Gieß NJWE-MietR **97**, 129), zB bewußt wahrhwidr Behauptg der Zweckentfremdg v WoRaum dch den Verm (LG Ffm NJW-RR **94**, 142); unberecht außerord Künd des Verm bei MietVerh auf best Zt (aA Michalski ZMR **96**, 364); wissenswidr Bestreiten des Zugangs einer Künd (LG Köln ZMR **96**, 666).

5 **3) Außerordentliche Kündigung aus wichtigem Grund** bleibt, auch wenn § 554 a nicht erf ist (insb bei bewegl Sachen, Köln NJW-RR **95**, 1292), mögl. **a) Allgemeines.** § 554 a ersetzt den allg RGrds, daß ein DauerschuldVerh entspr § 626 u aGrd des § 242 fristlos gekündigt w kann, nicht völlig, denn er bezieht sich nur auf schuldh VertrVerletzg. Das ist für MietVerh, die nicht WoRaum betreffen, allgM, gilt aber trotz § 554 b auch für MietVerh über WoRaum (vgl § 554 b Rn 1; MK/Voelskow 3). Zwar werden idR Grde nur als wicht anzusehen sein, wenn sie verschuldet sind; jedoch können auch unverschuldete Umst so bedeuts sein (vgl Rn 6), daß dem anderen Teil nicht zuzumuten ist, am Vertr festzuhalten (hM), auch wenn der Kündigde selbst einen wicht Grd erf hat (MK/Voelskow 7), sofern der Grd nicht aus dem eigenen RisikoBer des Kündigden stammt (vgl Mü NJWE-Mietr **97**, 202). Abmahng ist grds nicht notw (Mü ZMR **96**, 487).
6 **b) Wichtiger Grund. aa) Zu bejahen:** wenn das VertrauensVerh zw Verm u Mieter endgült zerstört ist (vgl BGH NJW **69**, 1845), auch dch Umst, die vor Beginn des VertrVerh liegen, wie Verletzg vorvertragl Pfl (Düss ZMR **95**, 465) u Versch bei VertrSchl (BGH NJWE-MietR **97**, 150). Nichtzahlg der Kaution jedenf ausnw (Celle NZM **98**, 265). Verletzg einer vereinb gewerbl BetrPfl (BGH NJW-RR **92**, 1032; Düss ZMR **97**, 296); wiederholte u nachhalt Störg des Hausfriedens dch unverschuldete, insb krankhbedingte Hdlgen, wenn fortgesetzt höchstpersönl RGüter verletzt od gefährdet w (LG Köln MDR **74**, 232; für entspr Anwendg des § 553: LG Bielefeld ZMR **68**, 172), wiederh grobe (LG Köln WM **93**, 349) od öff formale Beleidiggen (LG Köln DWW **88**, 325); andauernde unzumutb Belästigg and Mieter, auch wenn sie v Kindern ausgeht (aA LG Würzbg WuM **95**, 706) od nur dch Geruch (LG Bln NJW-RR **97**, 395); nicht zu beseitigder Befall mit Ungeziefer (AG Brem NJW **98**, 3283); unberecht Anzapfen einer Stromleitg (LG Köln NJW-RR **94**, 909).
7 **bb) Fortdauernde unpünktliche Zahlung** kann wicht Grd sein (BGH NJW-RR **88**, 77; bestr); jedenf bei gewerbl Miete od Pacht (BGH NJW-RR **97**, 203; Mü ZMR **96**, 376) u bei alsbald Künd (LG Heilbr NJW-RR **92**, 77). Abmahng mit Androhg der Künd ist dafür nicht zwingende Vorauss (Oldbg NJW-RR **92**, 79; aA LG Ffm WM **92**, 370), berecht dann aber umso eher (vgl LG Bln MDR **88**, 55; LG Hbg NJW-RR **86**, 11). Eine darauf gestützte fristl Künd wird dch § 554 nicht ausgeschl (BGH **LM** § 554 b Nr 1), eine ordentl gem § 564 b II Nr 1 (dort Rn 35, 36) bleibt mögl (Langenberg WuM **90**, 3); keine Heilg gem § 554 II Nr 2
8 (BGH NJW-RR **88**, 77). **cc) Kein wichtiger Grund** für Künd des Mieters ist die notw Einstellg od Umstellg eines GewerbeBetr in den hierfür gemieteten Räumen; das verschwiegene SichEigt Dr an der Miets (Düss DWW **91**, 16); eine den Interessen des Verm zuwiderlaufde StellgN ggü einer Beh (Kblz ZMR **97**, 578); nicht allein eine Vielzahl v Prozessen zw Verm u Mieter (Hamm NJW-RR **93**, 17); die unberecht außerord Künd des Verm (Düss ZMR **97**, 596), auch nicht bei MietVerh auf best Zt (aA Michalski ZMR **96**,
9 364). **c) Beweislast** trägt für den wicht Grd idR derjen, der künd. Ausn: Bei falscher Verdächtigg u übler Nachrede trägt sie der Behauptde (Reichert/Leininger ZMR **85**, 402).

10 **4) Sonstige Rechtsfolgen** der Künd gem § 554 a. **a) Schadensersatzansprüche. aa)** Aus pVV bei Versch sind mögl: **(1)** Bei beiderseit schuldh Zerrüttg des VertrauensVerh auch für den VertrGegner, der nicht kündigt, über § 254 I (BGH NJW **69**, 1845). **(2)** Bei grdloser, daher unwirks Künd mit Entziehg od Verweigerg des Gebr u Versch des Verm: wie § 564 Rn 15. **bb)** Die Kosten für Umzug u ErsRäume gehören nur dann zum Schad, der zu ersetzen ist, wenn gerade die VertrVerl zur Künd berecht (BGH MDR **74**, 838).
11 **b) Unterlassungsanspruch,** näml Anspr auf vertrgem Verhalten, steht dem Verm nach § 550 zu, dem Mieter nach § 536 (dort Rn 17).

554b *Vereinbarung über fristlose Kündigung.* **Eine Vereinbarung, nach welcher der Vermieter von Wohnraum zur Kündigung ohne Einhaltung einer Kündigungsfrist aus anderen als den im Gesetz genannten Gründen berechtigt sein soll, ist unwirksam.**

Anwendungsbereich: nur bei MietVerh über WoRaum (vgl Einf 70 vor § 535) u nur für die Künd des 1
Verm. Iü können best Grde als Vorauss einer fristl Künd frei vereinb w, ohne Rücks darauf, ob der vereinb Grd ein wicht Grd ist, der sowieso zur fristl Künd berecht (vgl § 554a Rn 5, 6). § 554b bezieht sich nur auf vereinb, nicht auf die ges KündGrde. **Wirkung:** die dem § 554b entggstehde Vereinbg ist unwirks, führt aber 2
nicht zur Unwirksk des ganzen Vertr. § 139 ist nicht anwendb, da § 554b, dessen Zweck auf den SozSchutz des Mieters gerichtet ist, die RFolge speziell regelt.

555 *(aufgehoben)*

556 *Rückgabe der Mietsache.* **I Der Mieter ist verpflichtet, die gemietete Sache nach der Beendigung des Mietverhältnisses zurückzugeben.**

II Dem Mieter eines Grundstücks steht wegen seiner Ansprüche gegen den Vermieter ein Zurückbehaltungsrecht nicht zu.

III Hat der Mieter den Gebrauch der Sache einem Dritten überlassen, so kann der Vermieter die Sache nach der Beendigung des Mietverhältnisses auch von dem Dritten zurückfordern.

1) Rückgabepflicht des Mieters (Abs I), auch des Unterm ggü dem Zw- od Hauptm (Mü NJW-RR 1
89, 524 für Pacht). Abweichde Vereinbg sind zul (allgM). Der RückgAnspr änd sich nicht dch Konk des Mieters (BGH NJW **94**, 3232). **a) Voraussetzung** ist allein die Beendigg des MietVerh, gleich auf welche Weise (vgl § 564 Rn 1–4), nicht daß der Mieter Bes hat (vgl Rn 2). **b) Rückgabe** geschieht grdsätzl dadch, 2
daß dem Verm der unmittelb Bes (§ 854) eingeräumt w. Das gilt auch, wenn der Mieter weder mittelb noch unmittelb Bes hat (BGH **56**, 308). Der MitM schuldet die Rückg weiter, auch wenn er bereits ausgezogen ist, solange seine MitM nicht zurückgegeben haben (BGH **131**, 176; vgl Rn 11). Erf wird auch bei ZwRäumg dch den GerVollz (BayObLG NJW-RR **89**, 1291). Der Anspr kann gem § 128 HGB auch gg den ggf ausgeschiedenen Gesellsch geltd gemacht w (BGH NJW **87**, 2367). Abtretg des HerausgAnspr gg einen Dr genügt nicht (BGH aaO); diesen Anspr hat der Verm sowieso (Abs III). Ebsowen genügt die Erkl, ein R auf Bes od Nutzg nicht mehr in Anspr zu nehmen (Brem OLGZ **72**, 417). Auch AnnVerz des Verm bewirkt keine Erf, bei Grdst u Räumen tritt diese erst über § 303 ein (Düss ZMR **99**, 326). Auch Nebenräume müssen leergemacht w (Hamm ZMR **96**, 372) Bei Räumen sind grdsätzl alle (auch selbst angefert) Schlüssel abzugeben (Düss MDR **97**, 342 mwN; Horst MDR **98**, 189 [193]; für Ausn: Hbg ZMR **95**, 18). Eingebrachte Sachen sind, auch wenn ihr Zustd veränd ist (BGH NJW **96**, 321), fortzuschaffen (Düss NJWE-MietR **97**, 200); Heizöl im Tank eines EinFamHauses fällt darunter (LG Mannh WuM **75**, 244); jedoch kann wg § 226 der Verm idR die Entferng nicht verlangen. Bei fehlder Einigg wird über § 812 ausgeglichen. Namensschilder sind zu entfernen; aber bei Gew u freiem Beruf HinwSchilder auf neue Gesch- od Praxisräume für angem Zeit zu gestatten (Düss NJW **88**, 2545). Einz zurückbleibde Sachen stehen der Erf nicht entgg (Mü ZMR **96**, 202); den Verm trifft die verkübl SorgfPfl (MK/Voelskow 10 mwN). **c) Zustand der** 3
Mietsache muß ordngsgem sein. Trifft dies nicht zu u nimmt der Verm die Sache an, so ist die Rückg gleichwohl wirks. Der Verm gerät aber nicht in AnnVerz, wenn die Miets sich nicht in vertrgem Zustand befindet (aA BGH **86**, 204 = JR **83**, 362 m abl Anm v Haase). **aa) Einrichtungen,** mit denen der Mieter die 4
Miets versehen hat, sind zu entfernen (BGH NJW **81**, 2564 mwN), auch wenn mit Zust des Verm geschehen (Düss ZMR **90**, 218; Köln NZM **98**, 767 für Pacht) u in dessen Eigt stehd (BGH NJW-RR **94**, 847 mwN) od vom VorM eingebaut (Hbg ZMR **90**, 341). Einzelh bei Horst DWW **96**, 180. Daher sind auch, wenn vertragl nichts and best ist, bei Grdst vom Mieter errichtete Gebde u Bauten zu beseit (BGH **96**, 141 [144] u NJW-RR **94**, 847; MK/Voelskow 9 mwN) u ist bei baul Verändergen der ursprüngl Zustd wiederherzustellen (vgl § 547a). Hat der Mieter diese Pfl bei Abschl des Vertr übern u ist ihre Erf mit erhebl Kosten verbunden, kann sie HauptleistgsPfl sein (vgl BGH **104**, 6 [11] u NJW **77**, 36; Mü NJWE-MietR **96**, 35; Brdbg ZMR **97**, 584; differenzierend Eisenhardt WuM **98**, 447). **bb) Fällig** sind die Anspr bei Beendigg des MietVerh 5
(wie Rn 9; BGH NJW **89**, 451 mwN; bestr). Verjährg: § 558 (dort Rn 2; BGH **128**, 74). **cc) Nichterfül-** 6
lung begründ SchadErsAnspr (vgl BGH **49**, 56 [59]; vgl auch § 548 Rn 6; hierzu krit mwN Lützenkirchen NZM **98**, 558). Verweigert der Verm die Rückn der Miets, tritt AnnVerz ein (§ 293), der aber nicht ow zur Erf führt (Düss NJWE-MietR **97**, 200). **dd) Mietnachfolge.** Ist bei einem gewerbl MietVertr die Wieder- 7
herstellg des früh Zustds vertr vereinb u übnimmt der MietNachf Um- u Einbauten, so hat er den früh Zustd auch dann herzustellen, wenn dies im Einvern mit dem Verm geschieht (Hbg ZMR **90**, 341). Beabsicht der Verm den Umbau der Räume derart, daß die WiederherstellungsArb des Mieters beseit w, entfällt der WiederherstellgsAnspr u dem Verm steht auch keine AusglZahlg zu (BGH **96**, 141). **ee) Wertminderung,** 8
insb Abnutzg dch vertragsm Gebr geht zL des Verm (§ 548). **d) Fälligkeit:** sofort nach Mietbeendigg (Rn 1). 9
Wird bei WoRaum RäumgsFr vom Gericht gewährt (§§ 721, 794a ZPO), so ist wg § 557 III SchadErs, nicht aber Verz ausgeschl (umstr). Das MietVerh bleibt beendet. Bei Miete v gewerbl Räumen ist die gerichtl RäumgsFr ohne mat-rechtl Wirkg (BGH NJW-RR **87**, 907). Bewilligt der Verm eine RäumgsFr, so muß ausgelegt w, ob die Herausg gestundet ist od nur auf zwangsw Räumg verzichtet w (BGH aaO). Ob Rückg von bewegl Sachen Bringschuld ist, erscheint zweifelh (vgl § 269 Rn 13). **e) Folgen verspäteter Rück-** 10
gabe: § 557. Mieter ist auch in der Zeit nach Beendigg des MietVerh bis zur Rückg der Miets obhutspflicht (vgl § 545 Rn 1). Verwirkg (§ 242 Rn 87) im Falle unterl UrtVollstr wird v Hamm MDR **82**, 147 im Einzelfall angenommen. **f) Mehrheit von Mietern.** Es gilt § 431. Der RäumgsAnspr richtet sich gg alle 11
MitM; er kann gemeins u v jedem gesondert geltd gemacht werden (LG Wuppt WuM **98**, 598). Kann die

Rückg nur dch einen v mehreren Mietern vertrgem erfolgen, so haften die and für die Verletzg der RückgPfl als GesSchu (BGH NJW **76**, 287 [Mietwagen]; Düss ZMR **87**, 423 [GewRäume]). Bei unbewegl Sachen bringt der Auszug eines Mitmieters als bloße BesAufgabe den Anspr aus § 556 mangels Rückg auch dieses Mieters nicht zum Erlöschen (Rn 2; BGH **131**, 176; LG Hann ZMR **99**, 407; aA MK/Voelskow 13 mwN;
12 Schlesw NJW **82**, 2672). **g) Mitbesitz:** vgl § 866. Solange der mitbesitzde Eheg des zur Räumg verpfl Mieters das BesR nicht vom Verm ableitet, ist ein RäumgsTitel (vgl § 885 ZPO) gg ihn nicht notw (LG Kiel
13 WuM **82**, 304). **h) Verfrühte Rückgabe** der Miets (bzw Auszug) dch den Mieter verpfl den Verm grdsätzl
14 nicht zur anderweit Vermietg (BGH WM **84**, 171 für Pacht). **i) Verjährung.** RückgAnspr: § 195 (einschl Zubehör; § 195 Rn 5); § 558 gilt nicht (dort Rn 9), wohl aber für den SchadErsAnspr wg Veränd od Verschlechterg (§ 558 Rn 6) u für den BeseitiggsAnspr (Rn 4; Düss DWW **93**, 138). **j) Beweislast** für Rückg trägt der Mieter.

15 **2) Ausschluß des Zurückbehaltungsrechts** (Abs II). **a) Zweck:** In diesen Fällen stehen die GgAnspr des Mieters in keinem Verh zum Wert der Miets; zudem besteht die Gef hohen Schadens. **b) Anwendbar:** Nur bei Miete eines Grdst, einer Wohng od sonst Raums (§ 580), auch iF des Abs III (allgM). Nicht bei WerkDWo (§ 565 e). Bei bewegl Sachen gelten §§ 273, 274, bei Fortsetzg des Gebr aber auch § 557 (BGH
16 NJW **75**, 1773). **c) Abdingbarkeit** ist zu bejahen (RG **139**, 17). **d) Anspruch des Vermieters** muß der RückgAnspr aus Abs I sein, so daß Abs II nicht gilt, wenn der MietVertr nichtig, insb wirks angefochten ist (hM; BGH **41**, 341), weil dann der HerausgAnspr nur auf § 985 od § 812 gestützt w kann, wofür Abs II unanwendb ist. Bei AnsprKonkurrenz zw Abs I u § 985 gilt Abs II, weil der Eigt als Verm nicht schlechter
17 gestellt sein darf als der vermietde NichtEigt. **e) Ansprüche des Mieters.** Es fallen grdsätzl alle unter Abs II. Bei vorsätzl unerl Hdlg kann unzuläss RAusübg (§ 242 Rn 38) entggstehen, zB wenn mit dem Mieter ein wirks VorVertr (3 vor § 535) besteht (Köln NJW-RR **92**, 1162).

18 **3) Herausgabeanspruch gegen Dritte** (Abs III) insb Unter- u Endmieter. **a) Zweck:** soll dem Verm den RückgAnspr auch für den Fall geben, daß er nicht Eigt ist. Abs III ergänzt daher § 549. **b) Anwendbar** auf alle Miet- u PachtVerh (§ 581 II), entspr auf and GebrÜblassgsVertr mögl (Soe/Kummer 31). **c) Rechtsnatur:** schuldrechtl Anspr ggf neben § 985 (BGH **79**, 232 [235]), auch gg den mittelb Besitzer (§ 868) gerichtet (Hamm NJW-RR **92**, 784) u solche Dr, die nicht Mieter geworden sind, zB der Eheg (Schlesw
19 ZMR **93**, 69). **d) Voraussetzungen: aa)** Wirks zustdegekommener (Haupt)MietVertr (RG **136**, 33). Ohne diesen besteht ggf nur Anspr aus § 985. **bb)** GebrÜblassg an Dr (§ 549 Rn 3) dch den (Haupt) Mieter od einen v mehreren (AG Stgt ZMR **75**, 305). Auch bei Einverständn des Verm. **cc)** Rechtl, nicht nur tats Beendigg des (Haupt)MietVerh. **dd)** Auffdg des (Haupt)Verm an den Dr, die Miets zurückzugeben (RG **156**,
20 150). Dies kann schon vor Ende des (Haupt)MietVerh geschehen (MK/Voelskow 26; bestr). **e) Wirkung. aa) Hauptmiete.** Der Anspr tritt neben den des (Haupt)Mieters aus Abs I (Düss ZMR **96**, 494). Für diese Anspr gilt § 428, sodaß der Dr dch die Leistg an einen v beiden befreit w. (Haupt)Mieter u Dr sind dem (Haupt)Verm ggü GesSchuldner (§ 431; allgM). Dem Eigt ggü kann der Unterm gem § 986 I S 1 die Einwendgen des HauptM entggsetzen. Ist das UntermietVerh noch nicht beendet, hat der Dr gg den HauptM Anspr aus § 541 (Jau/Teichmann 4). Gehindert ist der Anspr aus § 242, wenn der HauptMVertr einvernehml aufgeh wird, um den KündSchutz des UnterM zu umgehen (hM). Das gilt nicht bei gewerbl Räumen (KG
21 ZMR **88**, 137). **bb) Zwischenmiete** (Einf 8 vor § 535, § 549 a). Im Verh zum Verm steht der Mieter des ZwVerm (sog Endmieter) dem UnterM (vgl § 549) grdsätzl gleich. Insbes tritt auch der Anspr des Verm aus Abs III neben den Anspr des ZwVerm aus Abs I (Mü NJW-RR **89**, 524 für Pacht), so daß keine Abtretg des Anspr aus Abs III nöt ist (aA offenb BGH NJW **96**, 1886). Der ZwVerm kann auch Herausg an den Verm verlangen (Mü aaO). Bei WoRaum kann der Endmieter grdsätzl den KündSchutz (§ 556 a u 564 b) nicht nur dem ZwVerm uneingeschr entgghalten, sond auch dem Verm (Eigt). Das ist seit BVerfG NJW **91**, 2272 wohl allgM, gilt aber nicht, wenn der Zweck des HauptMVertr nicht in der WeiterVermietg zu WoZwecken besteht (BVerfG NJW **93**, 2601; LG Kiel NJW-RR **93**, 1162). Im Streitfall ist es interessengerecht, auf den Inhalt des MietVertr von ZwVerm u Mieter zurückzugreifen (Hornick ZMR **92**, 224). Der Grdsatz gilt daher nicht, wenn der ZwVerm ein WoHeim betreibt (LG Bln NJW-RR **92**, 1485), als caritativ tät gemeinnütz Verein die Wo zur Nutzg überläßt (BGH NJW **96**, 2862; BayObLG ZMR **95**, 526 u 582) od wenn die Weitervermietg nicht im Interesse des HauptVerm liegt (Hbg NJW **93**, 2322 mwN [Hafenstraße] sowie LG Hbg NJW-RR **92**, 842 [Verwendg für MitArb des ZwVerm]). Davon kann auch eine Ausn gemacht w, wenn ein ArbG ZwMieter ist, die Wo ArbN überläßt u die Interessen sich mit denen des Mieters decken (BayObLG
22 ZMR **95**, 585; abw LG Duisb ZMR **97**, 355). **f) Nichterfüllung** der RückgPfl des Dr ist nach §§ 284 ff u
23 §§ 275, 280 zu behandeln. Wg Geltg v § 557 vgl dort Rn 8. **g) Prozessuales.** Der Titel gg den (Haupt)-Mieter wirkt nicht gg den Dr (Ausn: § 325 ZPO). Daher ist Klage gg beide zugleich geboten, insb gg den Eheg des WoMieters (Schlesw ZMR **93**, 69). Bei Titel gg den (Haupt)Mieter ist auch Überweisg des HerausgAnspr mögl (§ 886 ZPO).

556 a

Sozialklausel. **I Der Mieter kann der Kündigung eines Mietverhältnisses über Wohnraum widersprechen und vom Vermieter die Fortsetzung des Mietverhältnisses verlangen, wenn die vertragsmäßige Beendigung des Mietverhältnisses für den Mieter oder seine Familie eine Härte bedeuten würde, die auch unter Würdigung der berechtigten Interessen des Vermieters nicht zu rechtfertigen ist. Eine Härte liegt auch vor, wenn angemessener Ersatzwohnraum zu zumutbaren Bedingungen nicht beschafft werden kann. Bei der Würdigung der berechtigten Interessen des Vermieters werden nur die in dem Kündigungsschreiben nach § 564 a Abs. 1 Satz 2 angegebenen Gründe berücksichtigt, soweit nicht die Gründe nachträglich entstanden sind.**

II Im Falle des Absatzes 1 kann der Mieter verlangen, daß das Mietverhältnis so lange fortgesetzt wird, wie dies unter Berücksichtigung aller Umstände angemessen ist. Ist dem Vermieter nicht zuzumuten, das Mietverhältnis nach den bisher geltenden Vertragsbedingungen fortzusetzen, so kann der Mieter nur verlangen, daß es unter einer angemessenen Änderung der Bedingungen fortgesetzt wird.

III Kommt keine Einigung zustande, so wird über eine Fortsetzung des Mietverhältnisses und über deren Dauer sowie über die Bedingungen, nach denen es fortgesetzt wird, durch Urteil Bestimmung getroffen. Ist ungewiß, wann voraussichtlich die Umstände wegfallen, auf Grund deren die Beendigung des Mietverhältnisses für den Mieter oder seine Familie eine Härte bedeutet, so kann bestimmt werden, daß das Mietverhältnis auf unbestimmte Zeit fortgesetzt wird.

IV Der Mieter kann eine Fortsetzung des Mietverhältnisses nicht verlangen,

1. wenn er das Mietverhältnis gekündigt hat;
2. wenn ein Grund vorliegt, aus dem der Vermieter zur Kündigung ohne Einhaltung einer Kündigungsfrist berechtigt ist.

V Die Erklärung des Mieters, mit der er der Kündigung widerspricht und die Fortsetzung des Mietverhältnisses verlangt, bedarf der schriftlichen Form. Auf Verlangen des Vermieters soll der Mieter über die Gründe des Widerspruchs unverzüglich Auskunft erteilen.

VI Der Vermieter kann die Fortsetzung des Mietverhältnisses ablehnen, wenn der Mieter den Widerspruch nicht spätestens zwei Monate vor der Beendigung des Mietverhältnisses dem Vermieter gegenüber erklärt hat. Hat der Vermieter nicht rechtzeitig vor Ablauf der Widerspruchsfrist den in § 564 a Abs. 2 bezeichneten Hinweis erteilt, so kann der Mieter den Widerspruch noch im ersten Termin des Räumungsrechtsstreits erklären.

VII Eine entgegenstehende Vereinbarung ist unwirksam.

VIII Diese Vorschriften gelten nicht für Mietverhältnisse der in § 564 b Abs. 7 Nr. 1, 2, 4 und 5 genannten Art.

1) Allgemeines. a) Praktische Bedeutung des sog SozWiderspr ist dch § 564 b weitgehd verringert. 1
§ 556 a bleibt aber nachrang anwendb für die Fälle, in denen der KündSchutz des § 564 b nicht zG des Mieters eingreift (hierzu allg Franke ZMR **93**, 93). Für die Interessenabwägg (Rn 14–18) sind die Belange von Verm u Mieter als von vornherein gleichwert anzusehen. **b) Wirkung.** Mieter kann gg eine ord Künd 2
Widerspr (Rn 9–11) erheben u hat Anspr auf (auch wiederholte, § 556 c) Fortsetzg des (ggf geänderten, Abs II S 2) MietVerh, wenn dessen Beendigg für ihn eine ungerechtf Härte darstellen würde (Abs I). Das MietVerh wird auf best, in Ausnfällen auf unbest Zt fortges (Abs III; vgl Rn 20). Wird das MietVerh nicht verlängert, ist bis zur Herausg die vereinb od ortsübl Miete zu zahlen (§ 557 I), SchadErs nur nach § 557 II. Versagt § 556 a, bleibt im RäumgsProz noch § 721 ZPO anwendb, darf aber nicht zG des Verm bei InteressenAbwägg berücks w (Rn 13). Der Schutz des Mieters dch die öfftl ObdachlosenFürs (Wiedereinweisg) besteht unabhäng daneben ohne Bindg der Beh an die RKr des ZivUrt (Ewer/v. Detten NJW **95**, 353). **c) Unabdingbarkeit** (Abs VII). § 556 a ist zwingd. Für Ausn: Adomeit NJW **81**, 2168. Der GZweck (Rn 1) führt 3
aber dazu, daß eine Vereinbg, die für den Mieter günst ist, wirks sein kann. Unwirks bedeutet unheilb nichtig (wie § 134).

2) Anwendungsbereich. a) Mietverhältnisse: auch UntermVerh, sow nicht Abs VIII entggsteht (vgl 4
Rn 5), nur im Verh der VertrPart (Mieter u Unterm), grdsätzl nicht im Verh Unterm zu HauptVerm ggü dem Anspr aus § 556 III, wenn der Unterm gewußt hat, daß er vom HauptM mietet (BGH **84**, 90; Karlsr NJW **84**, 313). Bei ZwMiete (vgl § 556 Rn 21) ist aber § 556 a anwendb (BGH NJW **91**, 2272). § 556 a gilt für unbefr (auf unbest Zt eingegangene), für befr mit VerlängergsKl (§ 565 a I, dort Rn 6), auflösd bedingte (§ 565 a II). Auch für MietVerh, die gem § 5 HausratVO begründet w. Ferner entspr aGrd v § 556 b. **b) Wohnraum:** Jeder Art (Einf 70 vor § 535), für WerkWo mit SoRegeln in § 565 d. Bei MischMVerh (Einf 5
72–74 vor § 535) ist § 556 a nur anwendb, wenn die WoRäume überwiegen (Schmidt-Futterer NJW **66**, 583). Unanwendb ist § 556 a nach Abs VIII bei vorübgehd vermietetem WoRaum (Nr 1), möbliertem (Nr 2), FerienWo (Nr 4) u WoRaum, der v JPöffR zu best Zwecken angemietet u weiterüblassen ist (Nr 5); vgl § 564 b Rn 9–21. **c) Kündigung** (Rn 8): Nur bei ord Künd des Verm (§ 565). Bei befr MietVerh gilt 6
§ 556 b, bei auflösder Bedingg § 565 a II. Bei außerord Künd nach §§ 553, 554, 554 a ist, auch wenn nicht fristl gekünd w, § 556 a unanwendb (allgM). Bei außerord Künd, die krG befr sind (zB § 569 I, § 57 a ZVG), ist § 556 a anwendb wie § 564 b (hM; BGH **84**, 90 für § 57 a ZVG). **d) Wiederholung:** § 556 c.

3) Verhältnis zur Vertragsfreiheit. Für die Beendigg von MietVerh über WoRaum gilt grdsätzl Vertr- 7
Freih, soweit nicht zwingde ges Vorschr sie einschr, insb §§ 554 b, 556 a VII, 564 b, 565 II S 3 u 4, 565 a III. Die dem Verm grdsätzl freigestellte ord Künd gem § 565 kann, unabhäng von § 556 a dch § 564 b eingeschr sein. Vertragl Vereinbgen zw Verm u Mieter über die Fortsetzg des gekünd MietVerh gehen der gerichtl Entsch vor (vgl Abs III).

4) Kündigung (Rn 6 u § 564 Rn 8–16). **a) Form:** Schriftform gem § 564 a I 1, andfalls Nichtigk (§ 125 8
S 1). **b) Frist:** § 565. **c) Inhalt.** Für die Angabe von Grden gilt § 564 a I 2 (Abs I S 3). Der Hinw gem § 564 a II kann, muß aber nicht im KündSchreiben enthalten sein. **d) Wirkung.** Die Künd löst das MietVerh auch, wenn die Vorauss des Abs I erfüllt sind, gem § 565 auf, wenn der Mieter den Widerspr (Rn 9) unterläßt od der Verm geltd macht, daß die WidersprFr versäumt ist (Rn 11).

5) Widerspruch und Fortsetzungsverlangen des Mieters (sog KündWiderspruch) ist eine einheitl u 9
einseit empfbedürft WillensErkl (§ 130). **a) Form:** Schriftform des § 126 I, III (Abs V), andfalls Nichtigk (§ 125 S 1); deshalb muß der Mieter unterzeichnen (Karlsr NJW **73**, 1001). Sind es mehrere gemeins, müssen alle, da der MietVertr nur einheitl verlängert od umgestaltet w kann. **b) Vertretung:** zuläss, aber § 174 zu beachten. **c) Inhalt:** Es genügt der erkennb Wille, der Beendigg des MietVerh zu widersprechen. Das Wort 10
Widerspr od ein best Verl sind nicht nötig. Grde sollten angegeben w (vgl Rn 13). **d) Frist:** ist keine 11
AusschlFr, sond wie eine VerjährgsFr nur auf Einr des Verm zu beachten (hM; MK/Voelskow 10). **aa) Normale Dauer** (Abs VI S 1): Die Fr läuft ohne Rücks auf die unterschiedl KündFr des § 565 einheitl bis 2 Mo vor Ablauf des MietVerh. Spätest an diesem Tag (Bsp: Ablauf am 31. 8., FrEnde 30. 6. 24 Uhr) muß das Schreiben dem Verm zugehen (§ 130). **bb) Verlängerte Frist** (Abs VI S 2): setzt voraus, daß der Verm den

Hinw auf Widerspr (§ 564 a II) nicht rechtzeit erteilt hat, dh noch vor Ablauf der Fr des Abs VI S 1 u soviele Tage vorher, daß der Mieter noch angem Zeit überlegen, einen Widerspr abfassen u gem § 130 I frgerecht zuleiten kann. Wird nicht, falsch od verspätet hingewiesen, so kann Widerspr bis zum Schluß des ersten
12 Termins (§ 220 ZPO) im RäumgsRStreit erkl w. **e) Wirkung:** Wirks Widerspr ist Vorauss für Anspr auf Fortsetzg (Rn 14) u verhindert die Beendigg des MietVerh, wenn es dch Vertr (Rn 23) od Urt (Rn 24) fortges w. Bis dahin ist die Künd schwebend unwirks; wird das MietVerh nicht fortges, beendet sie es aber
13 zum vertragsgem Ztpkt. **f) Auskunft über Gründe** ist auf Verlangen des Verm eine Obliegenh (keine Pfl) des Mieters (Abs V S 2), deren Verletzg zu ungünstiger KostenEntsch führen kann (§ 93 b II ZPO), Angabe der Grde im WidersprSchreiben ist wg § 93 b ZPO stets zu empfehlen.

14 **6) Anspruch auf Fortsetzung** (Abs I). **a) Voraussetzung** ist, außer dem wirks, nicht notw rechtzeit Widerspr (Rn 11), daß die vertragsmäß Beendigg des MietVerh (dh die dch Ztablauf, §§ 564 I, 556 b od zu dem aus der Künd gem § 565 sich ergebden Ztpkt) für den Mieter od seine Fam (Angeh die mit dem Mieter zus wohnen; kein best Grad von Verwandtsch od Schwägersch erforderl) eine nicht zu rechtf Härte bedeutet; dabei sind die berecht Interessen des Verm zu würd. Für die notw **Interessenabwägung** sind die Interessen von Verm u Mieter gleichwert (vgl Rn 1) zu berücks; SoRegelg in §§ 556 b, 565 a, 565 d zu beachten. Das Ger darf dabei nicht unzuläss in die Lebensplang der Part eingreifen (BVerfG NJW-RR **93**, 1358). Die Interessen Dr bleiben außer Betr (BayObLG NJW **72**, 685), sofern diese nicht HaushAngehör des Mieters sind (LG Kblz NJW-RR **91**, 1165). Die Grde müssen stets dch Angabe konkreter Tats dargelegt (Hamm WuM **92**, 230 mwN) u können auch gebündelt geltd gemacht w. Einzelfälle: Wetekamp DWW **90**, 102.
15 **aa) Für den Mieter:** In erster Linie zu berücksicht ist, dch Abs I S 2 herausgestellt, das Fehlen von angem ErsWoRaum zu (wirtsch u persönl) zumutb Bedinggen, insb: notf höherer MietZ bis zum ortsübl, tragb iR des GesamtEink der Fam, einschl WoGeld; Lage zum ständ ArbPlatz, Schule u Wohng and Pers, sofern dch bes Umst erforderl (zB Pflege, Aufs von Kindern Berufstät). Ab Künd ist der Mieter verpfl, sich um derart ErsWohng zu bemühen (hM; Gather DWW **95**, 5). Diese Bemühgen beschr sich aber auf eine angem ErsWo. Ferner ist zu berücks: Notw Umschulg von Kindern in ungünst Ztpkt (zB vor Schulabschl); größere Kinderzahl, fortgeschrittene Schwangersch; SchwBehEigensch; hohes Alter (LG Bonn NJW-RR **90**, 973), verbunden mit nachhalt Erkrankg (AG Landau NJW **93**, 2249). Keinesf muß sich der Mieter auf Unterbringg in einem Altenheim verweisen lassen (Karlsr NJW **70**, 1746). Verwurzelg insb alter Leute in Haus u Wohngegend (LG Hbg DWW **91**, 189 mwN). Einverständl erbrachte, erhebl Aufwendgen für die unrenoviert übnommene Wo bei Künd nach kurzer Zt (LG Kiel WuM **92**, 690 mwN); gewährtes MieterDarl (Graba WuM **70**, 129); notw doppelter Umzug (auch sog ZwUmzug) innerh kurzer Zeit (Gather DWW **95**, 5 [8]).
16 **Nicht** zu berücks: Instandsetzgsaufwendgen u ähnl Mieterleistgen, wenn sie schon abgewohnt sind (LG Düss WuM **71**, 98). Die notw mit Umzug verbundenen Nachteile (LG Bln ZMR **89**, 425); Mitgliedsch in örtl Vereinen; ansäss Freundes- u Bekanntenkreis (LG Mannh DWW **93**, 610); Einnahmequelle dch Unterverm (BayObLG NJW **70**, 1749); Examensbelastg bei StudentenWohnh (AG Gieß NJW-RR **90**, 653); sportl
17 Ambitionen (LG Bonn WuM **92**, 610); Schulwechsel des Kindes (LG Hbg NJW-RR **91**, 1355). **bb) Für den Vermieter:** Eigenbedarf, auch für nahe Verwandte u ArbN; Erf öff Interessen dch Gemeinde, die den WoRaum anderweit benöt (BayObLG NJW **72**, 685); unverschuldete persönl Spanngen, insb Streit mit dem Mieter od einem seiner FamAngeh; Zerrüttg des MietVerh im wie bei § 564 b IV selbst bewohnten ZweiFamHaus (AG Alsfeld NJW-RR **92**, 339); wiederh unpünktl Mietzahlg; Möglichk, höheren MietPr zu erlangen (dann aber Forts mit and MietPr mögl, Rn 21); Verbesserg der Verhandlgsposition bei VerkVerhandl-
18 gen, die dch bestehende MietVertr beeinträcht w (Karlsr ZMR **71**, 221). **Nicht** zu berücks: daß RäumgsFr (§ 721 ZPO) mögl u gewährt ist (Stgt NJW **69**, 240; Oldbg ZMR **70**, 329), weil Abs I allein auf die vertragsgem Beendigg abstellt; daß Verm einem and Mieter die Wo (ohne rechtl Bindg) zugesagt hat u der
19 widerspr Mieter selbst WoWechsel erstrebt (Karlsr NJW **70**, 1746). **cc) Ausgeschlossene Gründe:** (Abs I S 3). Der Mieter (Rn 15) kann alle für ihn günst Umst im Proz bis zum Schluß der mdl Vhdlg vorbringen (§ 296 a ZPO; LG Wiesb WuM **88**, 269), der Verm nur solche, die er im KündSchreiben benannt hat (§ 564 a I 2) od solche, die erst danach entstanden (dh tats eingetreten) sind. Dies gilt auch bei einer Künd, die gem § 564 b IV S 1 Nr 1 erkl w (hM; Hamm WuM **92**, 230 mwN). Bei mehraktigen od zushängden Umst kommt es idR auf den abschließden Vorgang an. BewLast für nachträgl Entstehen: Verm.Kenntn od schuldl Unkenntn der tats Umst ist unerhebl; hierin läßt der GWortlaut keine and Auslegg zu. Erfährt der
20 Verm solche Grde später, muß er ggf erneut künd. **b) Dauer.** Grdsätzl ist das MietVerh auf best Zeit zu verlängern (Abs III S 1), entw dch Vertr (Rn 23) od dch Urt (Rn 27). Das MietVerh darf nur für den ZtRaum verlängert w, für den (zunächst voraussichtl) die härtebegründden Umst bestehen. Da es ÜbergRegelg sein soll, ist im allg nicht um mehr als 3 Jahre zu verlängern; MindZeit nicht vorgeschrieben, aber idR unter 6 Mo kaum sinnvoll. Mögl RäumgsFr (§ 721 ZPO) bleibt unberücks (Rn 17). Ausnahmsw Fortsetzg des MietVerh auf unbest Zt (nicht auf LebensZt des Mieters, LG Lüb WuM **94**, 22 mwN), wenn ungewiß ist, wann die Härtegrde wegfallen; insb wenn ErsWoRaum fehlt (Stgt NJW **69**, 1070); aber nicht dann, wenn der Mieter selbst WoWechsel anstrebt (Karlsr NJW **70**, 1746). Gg die zum nächsten u zu späteren Terminen gem § 565
21 mögl Künd ist der Mieter dch § 556 c II geschützt. **c) Vertragsänderung** (Abs II S 2) dch Einigg (Rn 23) oder Urt (Rn 27). Betrifft insb die Höhe der Miete, gestattet eine Erhöhg u geht insoweit als SpezVorschr dem MHG vor (hM; MK/Voelskow 35). Unzumutb ist für den Verm ein erhebl (nicht ein nur geringfügiger)
22 Unterschied zur ortsübl Miete. Die VertrÄnd kann jeden VertrPkt betr (Gather DWW **95**, 5 [10]). **d) Ausschluß des Fortsetzungsanspruchs** (Abs IV): **aa)** Bei Künd des Mieters (Abs IV Nr 1); an sich selbstverständl (vgl Rn 6), aber auch für den Fall gedacht, daß Künd des Mieters mit der des Verm zustrifft. **bb)** Wenn obj ein Grund vorliegt, der eine außerord Künd rechtf (Abs IV Nr 2; §§ 553, 554, 554 a), der Verm aber ord u nicht fristl gekünd hat. Bei außerord Künd ist § 556 a sowieso unanwendb (Rn 6). **cc)** Auf
23 Einr (vgl Rn 11) des Verm, wenn der Mieter die WidersprFr versäumt hat (Abs VI). **e) Einigung** (Vertr) der VertrParteien (Abs I) über Fortsetzg des MietVerh auf best oder unbest Dauer u über VertrÄndg (Rn 21) geht zu jedem Ztpkt der gerichtl Entsch (Rn 24) vor. Es handelt sich dabei um eine gem § 305 dch Vertr geschehde Inhaltsänderg des alten MietVertr, dessen Identität gewahrt bleibt; es wird also kein neuer MietVertr geschl.

7) Prozessuales. Über RäumgsAnspr (§ 556) u über FortsetzgsAnspr (§§ 556 a–c) wird im UrtVerf entschieden; einstw Verfügg ist für Räumg von WoRaum nur bei verbotener Eigenmacht zul (§ 940 a ZPO). Zust ist sachl u örtl ausschließl das AG, in dessen Bezirk der WoRaum liegt (§ 29 a ZPO, § 23 Nr 2 a GVG). 24
a) Klage. Der Verm kann ggf auf künft Räumg (§ 259 ZPO) klagen (Karst ZMR **88**, 453). Das ist schon vor Ablauf der WidersprFr zul, wenn der Mieter zu erkennen gegeben hat, er werde die RäumgsPfl nicht od nicht rechtzeit erf (Henssler NJW **89**, 138), insbes der Künd widerspr hat (Karlsr NJW **84**, 2953; umstr). Mieter muß, um Anspr auf Fortsetzg (Rn 14) geltd zu machen, nur Tats hierfür vortragen. Widerkl (od GgAntrag) wg § 308 a ZPO nicht notw, auch wenn auf unbest Zeit verlängert w soll); denn § 308 a ZPO deckt seinem Zweck nach auch die unbest Dauer, ist auch da erst sinnvoll, weil best Dauer weniger iS des § 308 ZPO darstellen würde. Der Mieter kann stets von sich aus auf Fortsetzg des MietVerh klagen (GestaltgsKl); Verm kann dagg WiderKl auf Räumg erheben. **b) Beweislast.** Verm: für KündGründe bei Abs IV Nr 2, für seine Interessen (Rn 17). Mieter: für seine Interessen (Rn 15). **c) Urteil.** Maßg sind die tats Verh zZ der letzten mdl Vdlg. Wird auf Räumg erkannt u hat der Mieter nicht WiderKl erhoben, wird der FortsetzgsAnspr nur in den EntschGrden verneint. Wird die RäumgsKl abgewiesen, so wird in demselben Urt Fortsetzg des MietVerh, ggf Umfang u Ztpkt der VertrÄnderg in der UrtFormel, auch ohne WiderKl (§ 308 a ZPO) ausgespr (GestaltgsUrt; hM). Im RäumgsUrt kann RäumgsFr (§ 721 ZPO) von 1 J gewährt w. **d) Kosten.** Speziell in § 93 b ZPO geregelt; rechtzeit Angabe der Grde (Abs V S 2), ggf sof Anerkenntn führt uU zu günst, unterl od verspätete Angabe zu nachteil KostenEntsch. **e) Rechtsmittel.** In der Haupts: Berufg, §§ 511, 308 a II ZPO. Bei RäumgsFr: Selbstd mit sof Beschw anfechtb (§ 721 VI ZPO). Gg Kosten: Selbstd nur bei AnerkUrt (§§ 99 II, 93 b III ZPO). BerufgsUrt u BeschwEntsch des LG sind unanfechtb (§§ 545 I, 721 VI ZPO). **f) Rechtsentscheid.** Bei der Berufg muß das LG ggf dch VorlageBeschl einen REntsch des OLG herbeiführen (§ 541 ZPO). Bei der InteressenAbwägg (Rn 14) ist wg des Einzelfalls ein REntsch idR unzuläss (BayObLG WuM **84**, 9). **g) Rechtskraft.** Gestaltgswirkg des Urt (Fortsetzg u VertrÄnderg, Rn 20, 21) erst mit formeller RKraft (§ 705 ZPO), aber rückwirkd auf den best Ztpkt der VertrÄnderg. **h) Zwangsvollstreckung.** Bei RäumgsUrt nicht vor Ablauf der RäumgsFr (§§ 721, 751 I ZPO). VollstrSchutz: § 765 a ZPO mögl.
25
26
27
28
29
30

556 b *Sozialklausel bei befristetem Mietverhältnis.*

[I] Ist ein Mietverhältnis über Wohnraum auf bestimmte Zeit eingegangen, so kann der Mieter die Fortsetzung des Mietverhältnisses verlangen, wenn sie auf Grund des § 556 a im Falle einer Kündigung verlangt werden könnte. Im übrigen gilt § 556 a sinngemäß.

[II] Hat der Mieter die Umstände, welche das Interesse des Vermieters an der fristgemäßen Rückgabe des Wohnraums begründen, bei Abschluß des Mietvertrages gekannt, so sind zugunsten des Mieters nur Umstände zu berücksichtigen, die nachträglich eingetreten sind.

Anwendungsbereich. Befr MietVerh: wie § 564 c Rn 2; iü wie § 556 a Rn 4, 5. Bei VerlängergsKl gilt § 556 a unmittelb (§ 556 a Rn 4); Abs II bleibt anwendb. Auch MietVerh, die gem § 5 II HausratVO befr begrdet w sind (BayObLG NJW **73**, 2295). Bei außerord befr Künd gilt § 556 a. **Anwendung von § 556 a.** Sinngem (Abs I 2) bedeutet: Der Künd (§ 556 a Rn 8) entspr der Zeitablauf (§ 564 I). Widerspr u Fortsetzgs-Verlangen: wie § 556 a Rn 9–13. Es gilt auch § 556 a VI S 2 (hM; Hamm ZMR **91**, 375 mwN). Anspr auf Fortsetzg: wie § 556 a Rn 14. **Besonderheit für Interessenabwägung** (Abs II; vgl § 556 a Rn 14–19). Vorauss: Pos Kenntn des Mieters v den Tats, die das Interesse des Verm an rechtzeit Rückg zum Ztpkt des FrAblaufs begrden (vgl die Bsp bei § 556 a Rn 17). Kenntn muß zu der Zeit bestanden haben, als die Befr vereinb w. Wirkg: Der Mieter ist bei seinen Grden (§ 556 a Rn 15) beschränkt. Nachträgl eingetreten: bezieht sich nur auf Tats. Bei einer VerlängergsKl (vgl § 565 a Rn 4) gilt Abs II nur für die erste KündMöglk.
1
2
3

556 c *Wiederholte Anwendung der Sozialklausel.*

[I] Ist auf Grund der §§ 556 a, 556 b durch Einigung oder Urteil bestimmt worden, daß das Mietverhältnis auf bestimmte Zeit fortgesetzt wird, so kann der Mieter dessen weitere Fortsetzung nach diesen Vorschriften nur verlangen, wenn dies durch eine wesentliche Änderung der Umstände gerechtfertigt ist oder wenn Umstände nicht eingetreten sind, deren vorgesehener Eintritt für die Zeitdauer der Fortsetzung bestimmend gewesen war.

[II] Kündigt der Vermieter ein Mietverhältnis, dessen Fortsetzung auf unbestimmte Zeit durch Urteil bestimmt worden ist, so kann der Mieter der Kündigung widersprechen und vom Vermieter verlangen, das Mietverhältnis auf unbestimmte Zeit fortzusetzen. Haben sich Umstände, die für die Fortsetzung bestimmend gewesen waren, verändert, so kann der Mieter eine Fortsetzung des Mietverhältnisses nur nach § 556 a verlangen; unerhebliche Veränderungen bleiben außer Betracht.

1) Allgemeines. a) Zweck: ergänzt § 556 a dahin, daß die Zulässk (auch mehrmals) wiederholter Fortsetzg des MietVerh wg veränd od unerwartet gleichgebliebener Umst klargestellt w u die Vorauss hierfür geregelt w. Als Ergänzg des § 556 a ist § 556 c wg § 556 a VII zwingd (Emmerich/Sonnenschein 35). 1
b) Anwendungsbereich: wie § 556 a Rn 4–6; für Abs I (Rn 4), wenn dch Einigg (§ 556 a Rn 23) od dch Urt (§ 556 a Rn 27) das MietVerh fortges worden ist. Fortsetzg kann mehrmals wiederholt w. **c) Einschränkung:** Umst, die wie bei § 162 gg Treu u Glauben verhindert od herbeigeführt w, bleiben unberücks. 2
3

2) Bestimmte Dauer des fortges MietVerh (Abs I). **a) Voraussetzungen: aa)** Ablauf des MietVerh dch Eintritt des best Endtermins. Fortsetzg gem § 568 muß ausgeschl sein. Kein erneuter Widerspr notw (and bei Abs II, vgl Rn 6). **bb)** Wesentl Änderg der Umst, die für die Verlängerg od ihre Dauer bestd waren. Es genügt, wenn sie vorlagen, aber nicht ausdrückl berücks w, wie insb bei einer Einigg. Eine unwesentl Änderg reicht nicht aus. Bei der neuen Interessenabwägg (§ 556 a Rn 14–18) sind die gesamten neuen tats Verh (zZ der Einigg od beim Urt wie § 556 a Rn 27), zu berücks. **cc)** Nichteintritt best Umst (alternativ zu bb): ihr 4

Eintritt mußte erwartet w u für die Dauer der Verlängerg bestimmd sein. Hier werden nur diese, keine and
5 Umst berücks. **b) Wirkung:** Verlängg (ggf unter VertrÄnd, § 556 a Rn 21) grdsätzl auf best Zt, ausnahmsw nach § 556 a III S 2 auch auf unbest Dauer.

6 **3) Unbestimmte Dauer** des fortges MietVerh (Abs II). Es kann vom Verm jederzeit erneut fristgem nach § 565 gekünd w. Es gilt dann § 564 b. War auf Grund Einigg (§ 556 a Rn 26) fortges, so gilt für die neue Künd § 556 a. Nur wenn dch Urt fortges w, gilt Abs II. Neuer Widerspr (§ 556 a Rn 9) ist stets notw, im
7 Falle des Abs II S 1 aber form- u fristfrei, weil nicht auf § 556 a verwiesen ist. **a) Unveränderte Umstände** (S 1): unerhebl Veränderg steht gleich (S 2 letzter Halbs). Es kommt nur auf die (aber auch alle) Umst an, die für die Fortsetzg des MietVerh bestimmd waren. Mieter muß nur behaupten, daß Umst unveränd sind. Es findet keine neue Interessenabwägg statt. Fortsetzg des MietVerh stets auf unbest Zeit, wenn Verm nicht
8 Veränderg der Umst beweist. **b) Veränderte Umstände** (S 2): nur bei erhebl Veränderg (letzter Halbs) der Umst (vgl Rn 7). BewL trägt Verm, auch für Umst auf Seiten des Mieters (Pergande NJW **68**, 130). Völlig neue Interessenabwägg gem § 556 a Rn 14–18. Fortsetzg auf best od unbest Zeit, uU mit VertrÄnd mögl, ebenso daß Fortsetzg abgelehnt w.

557 *Ansprüche bei verspäteter Rückgabe.*

I Gibt der Mieter die gemietete Sache nach der Beendigung des Mietverhältnisses nicht zurück, so kann der Vermieter für die Dauer der Vorenthaltung als Entschädigung den vereinbarten Mietzins verlangen; bei einem Mietverhältnis über Räume kann er anstelle dessen als Entschädigung den Mietzins verlangen, der für vergleichbare Räume ortsüblich ist. Die Geltendmachung eines weiteren Schadens ist nicht ausgeschlossen.

II Der Vermieter von Wohnraum kann jedoch einen weiteren Schaden nur geltend machen, wenn die Rückgabe infolge von Umständen unterblieben ist, die der Mieter zu vertreten hat; der Schaden ist nur insoweit zu ersetzen, als den Umständen nach die Billigkeit eine Schadloshaltung erfordert. Dies gilt nicht, wenn der Mieter gekündigt hat.

III Wird dem Mieter von Wohnraum nach § 721 oder § 794 a der Zivilprozeßordnung eine Räumungsfrist gewährt, so ist er für die Zeit von der Beendigung des Mietverhältnisses bis zum Ablauf der Räumungsfrist zum Ersatz eines weiteren Schadens nicht verpflichtet.

IV Eine Vereinbarung, die zum Nachteil des Mieters von den Absätzen 2 oder 3 abweicht, ist unwirksam.

1 **1) Allgemeines. a) Zweck:** § 557 regelt die Anspr des Verm für die Zeit nach Beendigg des MietVerh bis die Miets gem § 556 I zurückgegeben w. Der Mieter, der dem Verm die Sache vorenthält, soll nicht besser stehen, als er stünde, wenn der MietVertr fortdauern würde. SchadErsAnspr des Verm schränken die Abs II–IV bei WoRaum aus soz Grden ein, sollen aber dem Mieter nicht ungerechtf Vorteile verschaffen; hierfür Abs 1
2 S 1 Hs 2. **b) Unabdingbarkeit** (Abs IV): bezieht sich nur auf Vereinbg gg Abs II–IV. **c) Verjährung** der Anspr: bei bewegl Sachen § 196 I Nr 6, sonst § 197 (dort Rn 6), also 4 J (hM). Diese Fr gilt auch für den
3 konkurrierenden Anspr gem Rn 17 u SchadErsAnspr aus Verz gem § 286 (BGH **68**, 309). **d) Fälligkeit** der NutzgsEntsch: grdsätzl wie für den MietZ (BGH NJW **74**, 556; vgl § 551). Kl auf künft Leistg (§ 259 ZPO) ist
4 zul (Henssler NJW **89**, 138). **e) Übergang** des MietVerh (§ 571) gibt dem Erwerber den Anspr (BGH NJW **78**, 2148). **f) Abtretbarkeit** des Anspr aus § 557 ohne den aus § 985 wird vom BGH NJW **83**, 112 offengelassen. **g) Aufrechnungsverbot** gg den MietZ gilt auch für die Anspr aus § 557 u entfällt nicht mit Rückg (hM; Düss NJW-RR **95**, 850 mwN).

5 **2) Anwendungsbereich. a) Mietverhältnisse:** § 557 gilt allg nur, wenn ein MietVerh (auch Unterm) beendet ist u RückgPfl (§ 556 I) nicht erfüllt w, zB auch bei RäumgsFr gem § 721 ZPO. § 557 gilt nicht im Verh Verm zu Unterm; dafür §§ 987 ff (Hbg ZMR **99**, 481; aA Greiner ZMR **98**, 403 u Anm zu Hbg), auch nicht bei ZwMiete (§ 556 Rn 21; zur RsLage vgl LG Köln NJW-RR **90**, 1231), Verm zu Eheg des Mieters (Hoffmann NJW **68**, 2327) u bei Einweisg dch ObdachlosenBeh (hM; Adler NJW **63**, 717). Bei LandP gilt § 597. Die Anwendbk auf FinanziergsLeasVertr ist hM (BGH **107**, 123; Hamm DB **99**, 892; aA Tiedtke ZIP
6 **89**, 1437). **b) Wohnraum** jeder Art (auch möblierter, nur vorübergehd überlassener). Es gelten Abs I S 1, Abs II–IV; Abs II gilt nicht, wenn der Mieter gekünd hat (Abs II S 2). **c) Sonstige Räume,** insb Gesch-Räume (Köln NZM **99**, 710) u Garagen (Einf 68 vor § 535). Es gilt nur Abs I, aber in vollem Umfang. **d) Grundstücke und bewegliche Sachen:** Es gilt nur Abs I S 1, 1. Hs u S 2.

7 **3) Nutzungsentschädigung** (Abs I S 1). Darauf hat Verm immer Anspr, solange ihm die Miets vorenthalten w, ab Beendigg des MietVerh dch Zeitablauf, Künd od Aufhebg. Es ist ein vertr Anspr,kein SchadErs-
8 Anspr (hM; BGH **104**, 285), so daß § 254 nicht anwendb ist. **a) Voraussetzungen** des Anspr. **aa) Vorenthalten** wird, indem der Mieter die Miets entgg § 556 I (dort Rn 2) nicht, verspätet od nicht vollständ geräumt (Hamm ZMR **96**, 372; Köln NJW-RR **96**, 1480) zurückgibt u das Unterl der Rückg dem Willen des Verm widerspr (BGH NJW **83**, 112), woran es fehlt, wenn er auf Fortsetzg des Vertr besteht (insow zutreffd Hamm NJW-RR **97**, 264 mwN). Ein (auch teilw) Vorenthalten kann darin liegen, daß der Mieter v ihm zu beseitde Einrichtgen nicht entfernt (BGH **104**, 285), soweit dadch die anschließde Nutzg verhind wird (Brdb ZMR **97**, 584). Vorenthalten wird auch, wenn dem Mieter die Rückg unmögl ist, insb dch BesAufgabe (BGH **90**, 145, bestr), nicht aber bei gewerbl ZwVermietg, wenn der EndM KündSchu geltd machen kann (BGH NJW **96**, 1886). Vorenthalten wird auch, wenn RäumgsFr (§§ 721, 794 a ZPO) gewährt w. **bb) Ausschluß** des Anspr. Daß ein AnnVerz des Verm den Anspr ausschließe (so offenb Köln ZMR **93**, 77), ist den §§ 300–304 nicht zu entnehmen. Eine geschehene Rückg schließt den Anspr aus, auch wenn der Mieter die Wo wieder übnimmt, um SchönhRep auszuführen (Wiek WuM **88**, 384; umstr). Kein Vorenthalten, wenn der Verm sein PfandR gem § 561 ausübt u der Mieter desh beim Auszug seine Sachen in den Mieträumen läßt (Hbg ZMR **90**, 141; Bub/Treier V A 72). Versch des Mieters ist nicht erforderl (BGH NJW **66**, 248); auch nicht Schad des Verm. Ausgeschl ist der Anspr auch, wenn die Rückg schon vor der Beendigg

des MietVerh obj unmögl gew ist; zB Untergang der Miets (Bub/Treier V A 74 mwN). **cc) Fälligkeit** des Anspr: wie für die Miete im Vertr, sonst § 551 (BGH NJW **74**, 556; bestr). **b) Umfang.** Der obj Mietwert, 9
mind der zZ der Beendigg des MietVerh vereinb, ggf gem § 537 gemind MietZ (BGH NJW-RR **90**, 884) samt NebenEntg (MK/Voelskow 10), nicht ein darühinaus erlangter UnterMZins (Düss ZMR **94**, 215). VertrPartner können and Höhe vereinb. Bei Räumen (Wohn-, Geschäftsraum usw) kann Verm wahlw statt vereinb MietZ den ortsübl verlangen (Abs I S 1, Hs 2), auch wenn die Vorauss der Abs II u III vorliegen, also auch bei RäumgsFr, u zwar auch ohne eine darauf gerichtete empfbedürft WillErkl des Verm (BGH NJW **99**, 2808 mwN; sehr bestr; aA 58. Aufl). § 2 MHG gilt nicht (allgM). Zeitraum: grdsätzl bis zum Tag der Rückg; geschieht sie zur Unzeit, bis zum Schluß der MietZBerechngsperiode (Schmidt-Futterer ZMR **68**, 161). Bei SozWo darf der Verm nicht mehr verlangen, als die nach dem WoBindG zuläss gebundene Miete. UmsatzsteuerPfl wie beim MietZAnspr (BGH **104**, 285). **c) Dauer.** Grdsätzl bis zur Rückg gem § 556. Bei Video- 10
kassetten soll wg § 254 die Dauer auf 2 Mo beschr sein (Hamm NJW-RR **88**, 661; aA LG Köln NJW-RR **88**, 1248: unbeschr). **d) Erlöschen** des Anspr: Außer nach allg Grds (insb Erfüllg, § 362) mit Rückg gem 11
§ 556 I (vgl Rn 8), auch wenn die Miets veränd, insb mit Einrichtgen versehen od beschäd ist (BGH NJW **83**, 1049). Als Rückg gilt auch, wenn der bisher Mieter die dem Verm vorenthaltene Sache an einen Dr dem der Verm die Sache weiterverm hat (BGH **85**, 267) untervermietet u übgibt. Es schuldet dann der neue Mieter die Miete, der bisher Mieter keine NutzgsEntsch (BGH aaO). Der Anspr erlischt ferner dch Unmöglichk der Rückg, die nach VertrEnde eintritt, inf Untergangs der Miets od BesVerl (vgl Rn 8 aE). RFolgen: §§ 275, 280. BewL trägt der Mieter (Schopp ZMR **77**, 354). Keine Rückg, wenn bei ZbR (§ 273) der Mieter die Sache weiterbenutzt (BGH NJW **75**, 1773). **e) Mitmieter** sind GesSchuldner (Düss NJW-RR 12
87, 911). Der ausgezogene Mitmieter schuldet daher bis zur Rückg dch die od den Mieter. **f) Sicherung:** VermPfdR mit der Beschrkg des § 559 S 2 (BGH NJW **72**, 721). **g) Insolvenz** des Mieters. Der Anspr auf SchadErs begrdet Masseschuld gem § 55 I Nr 2 InsO (BGH **90**, 145 für KO), aber nur, wenn das Miet (Leas)Verh nach Eröffng des InsVerf beendet w ist u der InsVerw die Miets nicht zur Masse gezogen hat (Hamm ZIP **92**, 1563 für KO).

4) Weitergehender Schadensersatz (Abs I S 2, II) setzt als AnsprGrdlage idR § 286 voraus; aber auch 13
pVV ist mögl (Schmidt-Futterer NJW **62**, 472); daher stets Versch (§§ 276, 278) erforderl (§ 285: § 276 Rn 105). § 557 betr nur den Schad der dch Vorenthaltg der Miets entsteht. AnsprKonkurrenz Rn 17, 18. **a) Unbeschränkt** (es gelten §§ 249–252) bei bewegl Sachen, Grdstücken u sonstigen Räumen (Rn 6), bei 14
WoRaum nur, wenn der Mieter gekünd hat (Abs II S 2). Schaden: insb, daß der Verm bei and Vermietg höheren MietZ erlangen könnte; der Mietausfall, wenn Verm wg verspäteter Rückg nicht sof einen neuen Mieter findet (KG NJW **70**, 951). Der Schad, den Verm dem Nachf wg NichtErf ers muß (Düss MDR **90**, 725); bei Eigenbedarf die Mehrkosten u sonst Aufwendgen. Dieser SchadErsAnspr kann üb § 254 ausgeschl sein, wenn der Verm an den NachM ab einem Ztpkt vermietet, von dem er weiß, daß der Mieter nicht rechtzeit räumen kann (Mü ZMR **89**, 224). **b) Beschränkt** (Abs II) bei WoRaum, wenn nicht der Mieter 15
gekünd hat (S 2) u nicht Abs III (Rn 16) eingreift, aber nur bei Versch (§§ 276, 278) des Mieters (S 1, Hs 1), das dch RIrrt ausgeschl sein kann (LG Duisb ZMR **96**, 664). Das Versch kann auch nur für einen Teil der Zeit vorliegen; iü setzen die AnsprGrdlagen sowieso Versch voraus (nicht aber bei Rn 17). Unversch unterbl die Rückg insb, wenn der Mieter ErsWoRaum nicht zu zumutb Bedingg bekommen kann, auch bei Erkrankg, die Umzug unmögl macht. Versuch, die Fortsetzg (§ 556 c) zu erlangen, ist nicht erforderl. Umfang: S 1 Hs 2; für Billigk sind alle Umst zu berücks; wg Abs I S 1, Hs 2 kaum noch prakt bedeuts, da nach Billigk nur selten mehr als ortsübl MietZ zuzusprechen ist. **c) Ausgeschlossen** bei WoRaum, wenn 16
Mieter unversch nicht zurückgibt (Abs II S 1; Rn 15) u bei RäumgsFr (Abs III); dann für den ges Zeitraum von Beendigg des MietVerh bis zum Ablauf der ggf verlängerten RäumgsFr; nach deren Ablauf gilt Rn 15. Abs III gilt auch, wenn der Mieter gekünd hat. Bei VollstrSchutz (§ 765 a ZPO) gilt Abs III nicht, sond nur Abs II (Rn 15). Wg RäumgsFr § 556 Rn 9.

5) Anspruchskonkurrenz, soweit Anspr aus unterbliebener Rückg der Miets erwachsen (vgl Rüber 17
NJW **68**, 1611). **a) Ungerechtfertigte Bereicherung** ist nicht ausgeschl (BGH **44**, 241 für aF); auch nicht dch Abs II, III, weil kein SchadErsAnspr. Der Anspr kann im Einzelfall weiter reichen als die aus Abs I od II, zB bei gewinnbringder Untervermietg. Der Fall des § 816 II liegt insb vor, wenn der bisher Mieter v seinem UnterM die dem Verm geschuldete NutzgsEntsch erhält (BGH NJW **83**, 446). **b) Eigentümer-Besitzer-** 18
Verhältnis. Die Anwendbk der §§ 987 ff ist umstr (vgl Vorbem 10 vor § 987). Sie wird bejaht v der hM, MK/Voeslkow 19 mwN. Es liegt aber nahe die §§ 987 ff nicht anzuwenden, weil § 557 ggü §§ 987 ff eine auf VertrVerh beruhde SoRegelg trifft, soweit es sich um Anspr wg verspäteter Rückg handelt (ebso Köln NZM **99**, 710). Für WoRaumMietVerh kann dieses Ergebn aus Abs IV abgeleitet werden.

557 a *Rückerstattung vorausbezahlter Miete.*

I Ist der Mietzins für eine Zeit nach der Beendigung des Mietverhältnisses im voraus entrichtet, so hat ihn der Vermieter nach Maßgabe des § 347 oder, wenn die Beendigung wegen eines Umstandes erfolgt, den er nicht zu vertreten hat, nach den Vorschriften über die Herausgabe einer ungerechtfertigten Bereicherung zurückzuerstatten.

II Bei einem Mietverhältnis über Wohnraum ist eine zum Nachteil des Mieters abweichende Vereinbarung unwirksam.

1) Allgemeines. a) Abdingbarkeit: Bei MietVerh über WoRaum (Einf 70 v § 535) ist Abs I zwingd 1
(Abs II); auch ggü einem künft Ersteher in der ZwVerst (BGH **53**, 35). Bei allen and MietVerh kann Abs I abbedungen w. **b) Andere Ansprüche:** Der von der Vorausentrichtg nicht erfaßte Teil des MietZ bis zur 2
Beendigg des MietVerh bleibt unberührt. Dem Mieter kann gg den Verm ein SchadErsAnspr (insb aus § 280) zustehen, wenn eine vereinb Vorauszahlg (vgl §§ 573, 574), insb wg Veräußerg, unwirks w (BGH NJW **66**, 1703). **c) Fälligkeit:** grdsätzl bei Beendigg des MietVerh. Kann nicht hinausgeschoben w, wenn ein Mieter- 3
Darl nicht od nur niedr verzinst w (BGH NJW **71**, 1658; LG Kassel WuM **75**, 172).

4 2) **Anwendungsbereich.** Gilt auch bei Pacht (Celle MDR **78**, 492). **a) Beendigung** des MietVerh gleich
welcher Art (vgl § 564), insb auch vertragl Aufhebg (Celle aaO), Künd des InsVerw (§ 109 InsO), des
5 Erstehers in der ZwVerst (§ 57 a ZVG). **b) Vorausentrichtung:** Mietvorauszahlg (Einf 85 vor § 535),
abwohnb BaukZusch (Einf 84 vor § 535) u MieterDarl (Einf 86 vor § 535; BGH NJW **71**, 1658), insb, wenn
die Tilgg dch den Verm erfolgt, indem die Rückzahlgsraten mit der Miete verrechnet w (BGH NJW **70**,
1124); ferner für FinanziergskostenBeitr bei Pacht (Mü NJW-RR **93**, 655) u VerwendgsErsAnspr, wenn er
vertrgem wie eine Mietvorauszahlg behandelt w (BGH **54**, 347; Düss ZMR **92**, 110).

6 3) **Rückerstattungsanspruch** (zufassd Schopp ZMR **69**, 161). **a) Rechtsnatur:** stets ein vertragl Anspr,
kein BereichergsAnspr (§ 812), weil Abs I letzter Hs keine RGrdVerweisg, sond eine RFolgeverweisg darstellt
7 (BGH **54**, 347; Wunner NJW **66**, 2285). **b) Rücktrittshaftung:** gem § 347 (insb auch Verzinsg) besteht
grdsätzl, wenn der Verm die Beendigg zu vertreten hat (§§ 276, 278); sie ist strenger als die nach Rn 8.
8 **c) Bereicherungshaftung:** Sie besteht nur, wenn Verm die Beendigg nicht zu vertreten hat. Versch des
Mieters beseit den Anspr nicht. Umfang: §§ 818, 819; entscheidd ist, ob die empf Vorauszahlg wirtsch noch
im Vermögen des Verm ist (BGH **54**, 347). Der Betr ist auf einmal, nicht in Raten zu zahlen (Ffm ZMR **70**,
9 181). **d) Mietnachfolger:** Zahlt er bei sog NachfolgeKl den nicht abgewohnten Teil an den Vormieter, so
kann er seiners bei vorzeit Beendigg des MietVerh den noch nicht verbrauchten Teil vom Verm fordern
10 (BGH NJW **66**, 1705). **e) Verjährung:** nach allg Vorschr (§§ 195, 198), nicht nach § 558 (BGH **54**, 347;
§ 558 Rn 9).

558 *Verjährung von Ersatzansprüchen.* [I] **Die Ersatzansprüche des Vermieters wegen Veränderungen oder Verschlechterungen der vermieteten Sache sowie die Ansprüche des Mieters auf Ersatz von Verwendungen oder auf Gestattung der Wegnahme einer Einrichtung verjähren in sechs Monaten.**

[II] **Die Verjährung der Ersatzansprüche des Vermieters beginnt mit dem Zeitpunkt, in welchem er die Sache zurückerhält, die Verjährung der Ansprüche des Mieters beginnt mit der Beendigung des Mietverhältnisses.**

[III] **Mit der Verjährung des Anspruchs des Vermieters auf Rückgabe der Sache verjähren auch die Ersatzansprüche des Vermieters.**

1 1) **Allgemeines.** Übbl bei Finger ZMR **88**, 1. **a) Zweck:** Es soll die rasche Abwicklg von NebenAnspr
aus dem MietVerh ermögl w, die vom Zustd der Miets zZ der Rückg abhängen (BGH **98**, 235 mwN).
2 **b) Verjährungsvorschriften** des Allg Teils (§§ 194–225) gelten auch für die Verj aller (auch nicht unter
§ 558 fallder) Anspr aus dem MietVerh, soweit § 558 nicht für die Dauer (Abs I), den Beginn (Abs II) u den
Ablauf (Abs III) SoRegeln enthält. Auch für diese Verj, die dem § 558 unterliegt, gelten iü die §§ 194 ff, insb
auch § 224 (dort Rn 1). FrBerechng: §§ 187 I, 188 II, 193. Die SchadErsKl wg Mietausfalls unterbricht
nicht für künft Mietausfälle (BGH NJW **98**, 1303). Hingg ist § 477 II nicht anwendb (hM; BGH **128**, 74
mwN; aA Haase ZMR **96**, 62 mwN). Geltendmachg des VermPfandR hemmt die Verj nicht (hM; § 202 II
analog; BGH **101**, 37). § 852 II ist entspr anzuwenden (hM; Kblz NJW-RR **99**, 706 mwN; aA AG Königs-
wusterhausen ZMR **98**, 442 mwN), auch wenn der Anspr ausschließl auf Vertr beruht (BGH **93**, 64),
daneben nicht der Einwand unzuläss RAusübg (BGH aaO). Das gilt auch dann, wenn die Veränd od
Verschlechterg auf vertrgem Gebr zurückzuführen ist, sofern der Mieter die ErsPfl vertr übnommen hat
3 (BGH NJW **87**, 2072). **c) Abdingbarkeit.** Es gilt § 225; daher ist eine FrVerlängerg nichtig, zB dch vereinb
VerjBeginn best Zt nach dem Auszug od bei Kfz-Miete ab Beginn der Möglk, in ErmittlgsAkten Einsicht zu
nehmen (BGH NJW **84**, 289). Jedoch kann der Beginn der Verj dch Vertr auf einen späteren Ztpkt gelegt w,
indem Entstehen des Anspr od die Fälligk hinausgeschoben w (BGH aaO). Eine Verkürzg ist mögl u zuläss,
kann bei AGB aber gg § 9 II Nr 1 AGBG verstoßen, wenn sich nicht eine angem zeitl Obergrenze ergibt
4 (BGH NJW **94**, 1788). **d) Aufrechnung** mit verj Fdgen bleibt gem §§ 387, 390 mögl (BGH **101**, 244).
e) Unzulässige Rechtsausübung (10 vor § 194) ist auch bei § 558 mögl (BGH NJW-RR **91**, 1033; vgl
auch Rn 2).

5 2) **Anwendungsbereich.** Miet-, Pacht- (§ 581 II) u LeihVerh (§ 606). Es muß grdsätzl beendet sein (vgl
Rn 8). Bei fortbestehdem MietVerh entspr anwendb für VermAnspr (BGH NJW **86**, 2103; weitergehd Düss
MDR **94**, 57). Auch Kauf auf Probe (§ 495 Rn 10). Für LandP gilt § 591 b. Für LeasVertr vgl 56 vor § 535.
a) Personenkreis: dem GWortlaut zufolge nur die VertrPart. Daher grdsätzl nicht für Anspr des Eigt, der
nicht Verm ist, ausnw aber dann, wenn zw Eigt u Verm eine enge wirtsch Verflechtg besteht (BGH **116**, 293
[TochterGes]), wenn der Eigt die Vermietg gestattet hat, im Verh zum Mieter (BGH NJW **97**, 1983) u wenn
ihm im Vertr unmittelb Re gg den Mieter eingeräumt w (Düss MDR **88**, 1056 für Pacht). Anwendb im Verh
Verm zu Unterm, jedenf bei VerwendgsErs (BGH NJW **86**, 254) u Eintritt des Unterm anstelle des HauptM
(Stgt NJW-RR **96**, 850), auch die HilfsPers des Mieters, wenn sie in den Schutzbereich des MietVertr (§ 328
Rn 13, 28) einbezogen sind (BGH **49**, 278), insb wenn ihnen entspr dem MietVertr der MitGebr übertr ist
(Hamm ZMR **82**, 113), ohne Rücks darauf, ob ihnen für Schäd ein FreistellgsAnspr (vgl § 611 Rn 169)
zusteht (BGH **61**, 227), auch wenn der Mieter übereinstimmd mit dem MietVertr einem WerkUntern die
Miets zur Benutzg überl hat (BGH NJW **76**, 1843). Nicht aber zG des Obdachlosen, der in das von der Beh
6 gemietete Hotelzimmer eingewiesen ist (aA Köln NJW-RR **91**, 1293). **b) Anspruchsarten. aa) Miete und
Pacht.** Abs I umfaßt die SchadErsAnspr (auf Geld, Wiederherstellg od Herstellg des vereinb Zustds, Jendrek
NZM **98**, 593 [595]) des Verm aus Verz (BGH **107**, 179) u vertrwidr Gebr (§ 548 Rn 7–9); aus übern
InstandhaltgsPfl (vgl § 536 Rn 10), aus Verz mit übernommener InstdHaltg (BGH NZM **98**, 148), auch
abhandengekommener Teile der Miets (Hamm NJW-RR **94**, 1297), wg unterl SchönhRep (Mü ZMR **95**,
20; Wichert MDR **96**, 973; LG Duisb NJW-RR **97**, 1291); aus Verl der Obhuts- u AnzPfl (§ 545 Rn 5, 10),
aber nur, wenn der Schad hinreichden Bezug zum Mietobjekt hat (BGH NJW **94**, 251); allg aus pVV (§ 276
Rn 113), insb von NebenPfl (BGH aaO), zB vertrwidr unterl BrandVers (BGH NJW **64**, 545). Anspr auf

Wiederherstellg des ursprüngl Zustds der Miet- od Pachts (vgl § 556 Rn 14), insb wenn vertragl übern (BGH NJW **80**, 389 mwN), Anspr auf SchadErs wg Verz mit dieser Verpfl (BGH **128**, 74), auf Renovierg, auch wenn statt dessen die Zahlg eines GeldBetr vereinb ist (Düss ZMR **90**, 340); Ausführg v SchönhRep (KG NJW-RR **97**, 392), aus bestimmgsgem Gebr, wenn eine ErsPfl hierfür vereinb ist (BGH **86**, 71). Anspr des Verp aus §§ 582, 582 a III S 3, 583, 586, 588, 589 II; ebso Anspr auf einen herzustellden Zustd (BGH aaO). Anspr des Mieters aus § 538 II (BGH NJW **74**, 743) u §§ 547, 547 a (BGH **81**, 146), des Pächters außerdem aus §§ 592 u 593 II u vertr VerwendgsErsAnspr (Hamm ZMR **96**, 653). **bb) Konkurrierende Ansprüche:** 7
alle mit den vertr Anspr konkurrierden Anspr aus demselben SachVerh, weil es sich dabei um solche handelt, die dem Ausgl der Beteil für den Fall dienen, daß eine vertr Regelg fehlt (allgM), auch für weitere Sachschäden, die nicht an der Miets selbst, aber dch den Schad an ihr entstanden sind (BGH **61**, 227 [nicht gemieteter GbdeT] u NJW **92**, 687). Es muß aber der Anspr aus Miet- (Pacht-) Vertr bestehen, damit § 558 auch für diese Anspr gilt. Außerdem darf die Schädigg nicht vorsätzl sein (umstr; aA BGH NJW **93**, 2797 mwN) mit Ausn des § 826. In diesem Rahmen gilt § 558 entspr für Anspr aus Eigt (BGH NJW **97**, 1983), unger Ber (vgl aber Rn 10), Auftr, GoA (BGH **71**, 175), unerl Hdlg außer § 826 (BGH stRspr; zB NJW **93**, 2797 mwN), auch wenn der Anspr auf die unerl Hdlg eines Dr gestützt w, der in den SchutzBereich des MietVertr einbezogen ist (BGH NJW-RR **88**, 1358); c. i. c. (BGH **98**, 235 [238]); Kfz-Halter-Haftg (BGH **61**, 227); weitergehd Celle NJW-RR **93**, 1242 für das berecht Führen eines geleasten Kfz; § 22 WHG (BGH **98**, 235); PensionsVertr eines Gastw (BGH **71**, 175). Ebso, wenn der Anspr abgetreten ist (BGH NJW **70**, 1736). Ferner grdsätzl für Anspr aus GebrÜblassg iR sich anbahnder Vertr (vgl § 276 Rn 91), zB Probefahrt eines Kfz (BGH NJW **68**, 1472), nichtiger MietVertr wg Mjk des Mieters (BGH **47**, 53). Nicht entspr anwendb auf AusglAnspr aus § 24 II BBodenschutzG (Schlemminger/Attendorn NZM **99**, 97). **c) Entstehungszeit.** 8
Entstanden sein kann der Anspr des Verm auch nach Beendigg des MietVerh, weil die Verj erst mit Rückg beginnt (BGH NJW **70**, 1182; Mü OLGZ **68**, 134). Bei Anspr des Mieters gilt § 558 nur für Anspr, die vor Beendigg des MietVerh entstanden sind (hM; BGH aaO u NJW **91**, 3031 mwN), weil hier die Verj schon mit Beendigg des MietVerh beginnt (Rn 12) u vor AnsprEntstehg die Verj nicht beginnen kann.
d) Gegenstand: alle Bestandt u Zubeh der gemieteten Sache, einschl des Grdst selbst, bei Pacht insb das 9
Inventar. Auch Bestandt, an denen der Mieter nur MitbenutzgsR hatte (zB Treppen, Hausflur), bei HausGrdst auch solche Teile, die nicht Ggst des MietVertr sind, selbst wenn die Schäd daran überwiegen (BGH **61**, 227). Auch Schäd, die zugleich an einer fremden Sache entstanden sind (Düss ZMR **88**, 256). Unter Veränd u Verschlechterg fällt nicht das Fehlen von Zubeh und InvStücken (BGH NJW **75**, 2103).

3) Unanwendbar ist § 558 auf mietvertr ErfAnspr (BGH NJW **96**, 2860), wenn sie nicht ihrerseits auf 10
Anspr iS des Abs I beruhen; aus Schad, der erst nach (schlechterf) Räumg entsteht (Schlesw WuM **96**, 220); wg nutzloser Aufwendgen in Hinblick auf den unwirks Vertr (Hamm NJW-RR **88**, 784); im Falle der völl Vernichtg der Miets (allgM; BGH NJW **81**, 2406); auf Anspr des Verm aus § 550 (zB vorsätzl FeuerSchad, Braun VersR **85**, 1119), aus §§ 556, 557; Anspr des Mieters aus §§ 538 I, 541 b III, ferner aus § 557 a (BGH **54**, 347), aus § 812, wenn der Anspr v den mietrechtl Beziehgen der Part unabhäng ist (BGH **108**, 256 [267]). Anspr aus §§ 744 II, 748, auch wenn der MitEigt Mieter ist (BGH NJW **74**, 743); Rückzahlg einer unter Vorbeh herausgegebenen Mietsicherh.

4) Verjährungsbeginn (Abs II). Die Fr läuft für jede Verschlechterg u Veränderg gesond (Düss ZMR **88**, 11
57). **a) Ansprüche des Vermieters:** sobald er die Sache zurückerhält (nicht notw endgült u nicht ident mit Rückg gem § 556, Hamm ZMR **96**, 372). Dies setzt grdsätzl die unmittelb Sachherrsch (§ 854) u eine BesVeränderg zuG des Verm voraus (BGH NJW **91**, 2416; Düss ZMR **93**, 519). Er muß die Sache auf Veränderg u Verschlechtergen ungestört untersuchen können (BGH aaO u **98**, 59 mwN). Wenn dies gewährleistet ist, kann freier Zutritt hierfür im Einzelfall genügen (BGH NJW **87**, 2072), nicht aber gestatteter Zutritt bei unveränd Bes des Mieters (BGH NJW **91**, 2416), zB zur Untersuchg u Rep einer HeizgsAnl (aA Düss DWW **93**, 139). Beginnt nicht vor Entstehen u Fällk des Anspr (BGH NJW **91**, 2416; KG NJW-RR **97**, 392; vgl Rn 7), die dch vereinb Renovierg hinausgeschoben w (Mü ZMR **97**, 178), bei VerzSchad grdsätzl nicht vor dem Ende des MietVerh (hM; vgl BGH **98**, 59; Mü ZMR **95**, 590), jedoch beginnt die Verj auch dann, wenn der Verm die Sache zur Instdsetzg zurückerhält u das MietVerh danach fortgesetzt w (BGH aaO). Der einvernehml Wechsel des HauptM führt für den ausgeschiedenen zum VerjBeginn (BGH NJW **92**, 687), auch wenn der Verm die Miets einvernehml nicht vorübgehd zurückerhält (Karlsr ZMR **94**, 161), zB indem er nahtl an den bisher UnterM vermietet (Mü ZMR **97**, 178). Hamm NJW-RR **96**, 176 läßt es für Leihe (§ 606 II) genügen, daß der Verm die tats Sachherrsch nicht übnimmt. Ist die Beseitigg von Anl HauptLeistgsPfl geworden (vgl § 556 Rn 4), so beginnt die Fr für diesen Anspr wg § 198 nicht, bevor der ErfAnspr in eine SchadErsFdg übgeht (BGH **107**, 179). Auch wenn der Verm vorher von der Veränd od Verschlechterg erfährt, beginnt die VerjFr nicht vor dem Zurückerhalten zu laufen. Die tats Rückg kann auch in der DchFührg der ZwVollstr liegen. Besteht die Miets aus mehreren Teilen od einer Sachgesamth beginnt die Verj erst mit Rückg des letzten Teils (Düss MDR **72**, 694; aA MDR **94**, 57 für Übern eines abgrenzb Teils). Bei Kfz-MietVertr ist im Falle der Beschädigg des Fahrz idR der SchadErsAnspr bis zur HaftgsFreistellg gestundet, sodaß die VerjFr später zu laufen beginnt (vgl Rn 3). Dem steht § 9 AGBG dann nicht entgg, wenn der Mieter vom Ende der Stundg zuverläss Kenntn erlangen kann (vgl BGH NJW **86**, 1608), wohl aber dann, wenn ohne angem zeitl Begrenzg der Beginn der VerjFr an die Einsichtn des Verm in die Ermittlgs-Akten geknüpft w (BGH **94**, 1788). **b) Ansprüche des Mieters:** mit der rechtl (nicht tats) Beendigg des 12
MietVerh od UnterMVerh (BGH NJW **86**, 254; Hamm ZMR **96**, 653), bei Veräußerg des MietGrdst also trotz § 571 mit dem Eintritt des neuen Verm, da die Anspr, die schon vorher entstanden sind, sich nur gg den Veräußerer richten (vgl § 571 Rn 17; BGH NJW **65**, 1225), aber nicht, bevor der Mieter v der Veräußerg Kenntn erlangt. Bei vereinb Fortsetzg des MietVerh beginnt die Verj nicht (RG **128**, 191), ebsowenig bei seiner Verlängerg nach §§ 556 a, 556 b. Verj währd der MietZt ist ausgeschl, da § 558 Spezialnorm ggü § 195 ist (hM; Krämer NJW **62**, 2301; aA Celle NJW **62**, 1918).

5) Verjährungseintritt. a) Berechnung der 6-Mo-Fr: § 187, nach dessen Abs I für Anspr des Verm wie 13
des Mieters, weil der Rückerhalt wie die Beendigg ein Ereign darstellen; ferner gelten §§ 188 II, 193.

b) Wirkung: § 222. Auch wenn es sich um einen HauptLeistgsAnspr handelt, kann er sich nicht mehr in einen SchadErsAnspr aus § 326 umwandeln (BGH **104**, 6). Dch Abs III wird der VerjEintritt wie für NebenAnspr (§ 224) an die Verj des RückgAnspr (§ 556) gebunden.

559 *Vermieterpfandrecht.* **Der Vermieter eines Grundstücks hat für seine Forderungen aus dem Mietverhältnis ein Pfandrecht an den eingebrachten Sachen des Mieters. Für künftige Entschädigungsforderungen und für den Mietzins für eine spätere Zeit als das laufende und das folgende Mietjahr kann das Pfandrecht nicht geltend gemacht werden. Es erstreckt sich nicht auf die der Pfändung nicht unterworfenen Sachen.**

1 **1) Allgemeines. a) Begriff.** Das VermPfdR ist ein besitzloses gesetzl PfdR, das dem Verm eines Grdst (vgl § 580) gewährt w. Es gelten die allg Best über rechtsgeschäftl PfdRe (§ 1257) mit Ausn der Bestimmgen, die einen unmittelb Bes des PfdGläub voraussetzen. Es ist deshalb ein gutgläub Erwerb des VermPfdR an Sachen, die nicht dem Mieter gehören, ausgeschl (§§ 1257, 1207). Das VermPfdR ist bei WoRaum kaum noch praktikabel (vgl Derleder/Stapelfeld ZMR **87**, 123), wohl aber bedeuts bei Gewerberäumen, insb bei
2 Leas (Weber/Rauscher NJW **88**, 1571). **b) Andere Pfandrechte.** Rechtsgeschäftl PfdR kann daneben bestellt w. Verm kann auch eingebrachte Sachen des Mieters gem § 808 ZPO pfänden (PfändgsPfdR). VermPfdR u PfändgsPfdR bestehen dann nebeneinander u der Verm hat die Wahl, wie er verwertet (Ffm
3 MDR **75**, 228). Über Zustreffen mit PfändgsPfdR Dr vgl § 563, mit SichEigt Rn 10. **c) Schutz.** Strafrechtl: § 289 StGB. Zivilrechtl: § 823 I. Bei Insolvenz des Mieters AbsondergsR gem § 50 InsO. **d) Lastenfreier Erwerb** der mit dem VermPfdR belasteten Sache dch Dr ist mögl: § 936; jedoch strenge Anfdgen an
4 Gutgläubk (Emmerich/Sonnenschein 32 mwN). **e) Abdingbarkeit.** Ist für S 1 und 2 gegeben (RG **141**, 99); S 3 ist zwingd (Rn 16).

5 **2) Entstehung** des PfdR setzt voraus: **a) Einbringen** (Rn 6) einer **b) Sache** (Rn 7), die im **c) Eigentum des Mieters** (Rn 8) steht; jedoch nur bei **d) Grundstücksmiete:** wie Rn 1. Daher nicht Tresor od Schrankfach, Schiff (BGH WM **86**, 26). **e) Pfändbarkeit** der Sache (S 3; Rn 16). **f) Forderungen** aus dem MietVerh (Rn 11, 12).

6 **3) Einbringen** erfordert ein vom Mieter währd der MietZt (dh vor deren Beendigg) gewolltes Hineinschaffen in die Mieträume (allgM; RG **132**, 116). Insoweit liegt ein Willensakt vor, ohne daß es jedoch auf den Willen der Entstehg des PfdR ankommt. Daher sind Willensmängel unbeachtl; Anfechtg ist ausgeschl. Ob GeschFähk notw ist, wird bestr (vgl Emmerich/Sonnenschein 10 mwN). Auch Sachen, die auf dem gemieteten Grdst erst erzeugt worden sind, wie zB Ziegel, sind in diesem Sinne eingebracht (RG **132**, 116). Nicht eingebracht sind vorübergehd eingestellte Sachen. Ein Kfz ist aber nicht vorübergehd eingestellt, wenn es regelm in (mit)vermieteter Garage (auch Einstellplatz) steht (Bronsch ZMR **70**, 1). Ebsowenig sind vorübgehd eingestellt solche Sachen, die bestgem zu vorübgehden Zwecken in den Räumen verbleiben sollen, insb Warenlager des Kaufmanns, sodaß daran das VermPfdR entstehen kann (allgM; dagg krit Eckert ZIP **84**, 663). Die Tageskasse gehört jedoch nicht dazu (Brschw OLGZ **80**, 239). Sind mehrere Räume getrennt an denselben Mieter vermietet (zB GeschRaum u Wohng), kommt es darauf an, worin die betreffden Sachen eingebracht sind (Emmerich/Sonnenschein 13 mwN).

7 **4) Sachen des Mieters** (S 1). **a) Sachen:** § 90. Darunter sind auch InhPapiere zu verstehen, ebso Geld, auch indossable Papiere (str), dagg nicht bloße Legitimationspapiere, wie zB Sparbücher, auch nicht Schuld-Urk, die nicht Träger des FdgsR sind, ebenso nicht Sachen ohne Vermögenswert, wie Briefe, FamBilder. Grdsätzl ist AlleinEigt des Mieters erforderl. Bei MitEigt unterliegt der MitEigtAnteil dem PfdR (RG **146**, 334). Dem VermPfdR unterliegen auch Sachen, an denen der Mieter auflösd bedingtes Eigt hat; nach Eintritt der Bedingg bleibt das PfdR bestehen (str). Dem PfdR unterliegen nicht: Sachen, die einer GesHand gehören, wenn nicht alle GesHänder Mieter sind od der Mieter für sie verfüggsbercht ist; dann auch nicht der pfändb
8 Anteil (S 3; § 859 ZPO). **b) Mieter.** Das PfdR besteht aber fort, wenn der MietVertr auch nur von einem Teil der Erben fortgesetzt w. Ebsowen sind Sachen des Mieters die eines Dr, auch nicht Sachen des Unterm, da kein VertrVerh zw HauptVerm u Unterm besteht; ferner Sachen der Ehefr od der Kinder des Mieters, es sei
9 denn, daß die Ehefr den MietVertr mitabgeschl hat; über EigtVermutg vgl § 1362. **c) Anwartschaftsrechte** des Mieters an Sachen eines Dr, insb alle unter EigtVorbehalt gekauften (§ 455 I). Das VermPfdR erstreckt sich hierauf (hM) u entsteht voll mit dem Eintritt der Bedingg (§ 455 Rn 24) an der Sache selbst (BGH **35**, 85 u NJW **65**, 1475). Das RücktrR des EigtVorbehVerk bleibt unberührt. Ein RückFdgsAnspr (§ 929 Rn 40) berührt das PfandR am AnwartschR nicht. Befriedigt der Mieter den bisher Eigt mit Mitteln eines
10 Dr, dem die Sache zur Sicherg übereignet war, tritt die gleiche Wirkg ein (BGH NJW **65**, 1475). **d) Sicherungsübereignung.** Geschah sie vor Einbringen, erwirbt der Verm kein PfdR (vgl Rn 8), auch wenn der Verm von der SichÜbereigng nichts wußte (vgl Rn 1). Eine nach Einbringen vorgenommene SichÜbereigng ändert nichts mehr am entstandenen vorrang VermPfdR (Düss NZM **98**, 237). Das gleiche Ergebn ist bei vorweggenommener SichÜbereigng anzunehmen (Düss ZMR **99**, 474). Bei einem RaumSichergsVertr (§ 930 Rn 3) behält bei den nach SichÜbereigng eingebrachten Sachen das VermPfdR den Vorrang (BGH **117**, 200; aA Gnamm NJW **92**, 2806). Eingehd zum Probl: Nicolai JZ **96**, 219.

11 **5) Forderungen.** Ob aus dem Verbot des Geltendmachens das Bestehen od Nichtentstehen des PfdR zu
12 folgern sei, ist umstr. **a) Aus dem Mietverhältnis.** Das PfdR besteht für alle diese Fdgen. Das sind diejen, die sich aus dem Wesen der entgeltl GebrÜblassg ergeben (BGH **60**, 22); MietZ- u EntschFdgen, aus Verletzg der RückgPfl (§ 556), des § 545; Beschädigg der Miets, Kosten der RVerfolgg gg den Mieter (RäumgsProz, VersteigergsKosten), VertrStrafen, auch für NebenFdgen, zB Verpflegg, Heizg (allgM). Bei Mieterwechsel haften die v and Mieter eingebrachten Sachen für Fdgen gg den jew and Mieter grdsätzl nicht, ausnw dann, wenn eine solche Haftg dreiseit vereinb ist (BGH NJW **95**, 1350). Auch übernommene MietZSchulden des Vorgängers sind Verbindlichk aus dem MietVerh (BGH NJW **65**, 1475). **Nicht:** für selbstd neben der Miete bestehende VertrAnspr, zB RückzahlgsAnspr eines vom Verm dem Mieter für einen Umbau gewährten Darl

(BGH **60**, 22), Fdg aus BierliefergsVertr (Emmerich/Sonnenschein 45), Kosten der RVerfolgg gg Bürgen (allgM). **b) Beschränkung bei künftigen Forderungen** (S 2). **aa) Entschädigungsforderung.** Dazu 13
gehört insb die wg Vorenthaltg (§ 557) u Mietausfall wg vorzeit Beendigg des MietVertr (BGH NJW **72**, 721). Hierfür darf das VermPfdR nie geltd gemacht w; sond nur für solche Fdgen, die zZ der ersten Geltdmachg des PfdR (Rn 15) schon bestehen, insb wenn bereits der Schad nach Grd u Höhe entstanden ist (Hamm NJW-RR **94**, 655). **bb) Mietzinsforderung:** nur für laufdes u folgdes Miet-(nicht Kal-)J, insb auch, 14
wenn MietVerh auf unbest Zt abgeschl ist (hM). **cc) Zeitpunkt:** Maßgebd dafür, ob eine zukünft Fdg 15
vorliegt, ist die erste, nicht notw gerichtl (BGH NJW **72**, 721) Geltdmachg, insb dch Besitznahme (vgl BGH aaO). Für später entstandene Fdgen kann das PfdR erneut geltd gemacht w, jedoch haben zweitl entstandene PfdRe Vorrang (Emmerich/Sonnenschein 52).

6) Unpfändbare Sachen (S 3) werden vom VermPfandR nicht erfaßt. **a) Anwendung:** zwingd u unver- 16
zichtb (Emmerich/Sonnenschein 37). VertrPfdR ist mögl, erfordert aber Überg (§ 1205). Vertragl ZurückbehaltgsR ist als Umgehg unzuläss. SondVorschr für LandP: § 592 S 3. Maßgebder Ztpkt: Geltdmachg des VermPfdR. **b) Umfang:** Darunter fallen die Sachen des § 811 I u § 811 c I ZPO (allgM) sowie die des § 812 17
ZPO (umstr), weil der gleiche sozpol Zweck vorliegt (Haase JR **71**, 323 mwN), nicht aber die des § 865 ZPO. Auch § 803 I 2 ZPO kommt nicht in Betr (aA Haase aaO), weil es im Ggsatz zur Pfändg des GerVollz an der erforderl Bestimmth fehlt u der Mieter dch § 560 S 3 geschützt ist. **c) Folgen.** Verwertet der Verm 18
unpfändb Sachen, so haftet er bei Versch (zu Einzelh vgl Wasmuth ZMR **89**, 42), auch aus Vertr (Ffm MDR **79**, 316), nicht nur aus § 823. § 811 a ZPO ist unanwendb.

7) Wirkungen. Das VermPfdR gibt dem Verm über §§ 1257, 1228 II zur Verwertg der Sache ein R auf 19
Herausg zur Versteigerg u daraus ein R zum Bes (vgl § 561 Rn 1), auch schon vor einem Auszug des Mieters. Beim Auszug gilt das SelbsthilfeR des § 561 II. Auch nach Einbehalt der Sache kein NutzgsR des Verm (Ffm NJW-RR **96**, 585). RsFolge: § 816.

8) Beweislast. Verm: Bestehen des gesetzl PfdR, also auch Eigt des Mieters sowie Entstehen des Anspr 20
(BGH NJW **86**, 2426). Mieter: aus welchen Grden er nicht Eigt ist (vgl RG **146**, 334); daß Anspr od PfandR erloschen sind (BGH aaO); Vorauss von S 3.

560 *Erlöschen des Vermieterpfandrechts.* **Das Pfandrecht des Vermieters erlischt mit der Entfernung der Sachen von dem Grundstück, es sei denn, daß die Entfernung ohne Wissen oder unter Widerspruch des Vermieters erfolgt. Der Vermieter kann der Entfernung nicht widersprechen, wenn sie im regelmäßigen Betriebe des Geschäfts des Mieters oder den gewöhnlichen Lebensverhältnissen entsprechend erfolgt oder wenn die zurückbleibenden Sachen zur Sicherung des Vermieters offenbar ausreichen.**

1) Allgemeines. a) Bedeutung: § 560 schafft einen bes RGrd für das Erlöschen des VermPfdR u kann 1
nicht abbedungen w. **b) Sonstige Erlöschensgründe** bestehen neben § 560, insb (über § 1257) nach 2
§§ 1242, 1252, 1255, 1256, weiter dch gutgläub rechtsgesch Erwerb (§ 936). **c) Kein Erlöschen:** insb dch 3
Veräußerg des Grdst, Übergang des Eigt auf Dr dch Veräußerg (Ausn § 936) od RNachfolge (zB Erbfall), Eintritt einer auflösden Bedingg (§ 559 Rn 7).

2) Erlöschen des PfdR (S 1, Hs 2) setzt grdsätzl die bloße Entferng der Sache voraus (Ausn: Rn 5, 6). Sie 4
bedeutet das rein tats Herausschaffen der Sachen aus den Mieträumen sowie aus dem Grdst des Verm (hM). Die Entferng muß nicht endüglt, sie kann vorübgehd sein (prakt bedeuts bei Fahrt mit Kfz); Erlöschen u nach Rückkehr Wiederentstehen des PfdRs ist zu bejahen (MK/Voelskow 4 mwN; bestr). Entferng ist auch die Wegnahme dch den Gerichtsvollzieher (hM); idR werden jedoch die Vorauss der Rn 5, 6 zutreffen so daß dem Verm ggf VorzugsKl (§ 805 ZPO) zusteht.

3) Fortbestand des PfdR (S 1, Hs 2) als Ausn zu Rn 4 setzt alternativ voraus (BewL: Verm): **a) Ohne** 5
Wissen des Verm od seines Vertr (entspr § 166 I). Muß sich auf die Tats beziehen. Grobfahrl Unkenntn steht Wissen nicht gleich. Die Sache muß nicht notw heiml entfernt w. Jedoch besteht das PfdR nur dann weiter, wenn der Verm nicht zur Duldg verpfl ist (vgl Rn 7–10). **b) Widerspruch** des Verm od seines Vertr, auch 6
stillschw mögl; ist eine rechtsgeschähnl Handlg (Übbl 6 vor § 104). Muß bei Entferng, nicht notw dem Mieter ggü (hM), kann vorher (bei Pfändg) aber nicht allg im voraus erkl w. Er kann gem Rn 7–10 unwirks sein. Unterl trotz Kenntn (Rn 5) führt zum Erlöschen des PfdR (Rn 4).

4) Duldungspflicht des Vermieters (S 2). Sie ist unabhäng v Widerspr (Rn 6). S 2 kann nicht abbe- 7
dungen w. Das PfdR erlischt bei bestehder DuldgsPfl, auch wenn ohne Wissen des Verm entfernt w (hM; Emmerich/Sonnenschein 15 a; aA Werner JR **72**, 235 mwN). Der Verm kann der Entferng, die das Erlöschen des PfdR bewirkt (Rn 4), nicht widerspr: **a) Regelmäßiger Geschäftsbetrieb** des Mieters. In diesem 8
Rahmen darf der Mieter die Sachen entfernen, insb normaler WarenVerk, Tageskasse eines Pächters (Brschw OLGZ **80**, 239), auch SaisonschlußVerk; nicht TotalAusVerk od tats Räumg, die den GeschBetr zum Erliegen bringt, auch dch Dr, insb Gläub (BGH NJW **63**, 147), dch Sequester nach Erlaß eines allg VeräußergsVerbots (Köln ZIP **84**, 89). **b) Gewöhnliche Lebensverhältnisse** des Mieters; ihnen entspr Mitnahme auf Reise, 9
Weggabe zur Rep, GefälligkLeihe. **c) Ausreichende Sicherung** dch die zurückbleibden Sachen. Der Wert 10
der Sachen ist am voraussichtl VerwertgsErlös zu messen. Sachen mit zweifelh EigtLage bleiben außer Betr (hM). Offenb: ohne nähere Untersuchg für den Verm ersichtl. Auch der PfdgsGläub kann sich dem ggü wie der Mieter auf die ausreichde Sicherg dch verbleibde Ggstde berufen (BGH **27**, 227). Bei Mehrh von PfdgGläub steht das R aus S 2 allen zu (offengelassen in BGH **27**, 227 [234] mwN). Bei HerausgVollstr (§§ 883, 897 ZPO) bestehen ab Überg an den Gl keine RBehelfe mehr. Bei RäumgsVollstr muß der Gl das VermPfdR währd der DchFührg (gem § 561) geltd machen.

561 *Selbsthilfe; Herausgabeanspruch; Erlöschen des Pfandrechts.* **I Der Vermieter darf die Entfernung der seinem Pfandrecht unterliegenden Sachen, soweit er ihr zu widersprechen berechtigt ist, auch ohne Anrufen des Gerichts verhindern und, wenn der Mieter auszieht, die Sachen in seinen Besitz nehmen.**

II Sind die Sachen ohne Wissen oder unter Widerspruch des Vermieters entfernt worden, so kann er die Herausgabe zum Zwecke der Zurückschaffung in das Grundstück und, wenn der Mieter ausgezogen ist, die Überlassung des Besitzes verlangen. Das Pfandrecht erlischt mit dem Ablauf eines Monats, nachdem der Vermieter von der Entfernung der Sachen Kenntnis erlangt hat, wenn nicht der Vermieter diesen Anspruch vorher gerichtlich geltend gemacht hat.

1 **1) Allgemeines. a) Zweck:** Abs I u Abs II S 1 sind auf die zusätzl Sicherg des VermPfdR gerichtet u berühren nicht seinen Bestand. Abs II S 2 gibt einen zusätzl ErlöschensGrd. **b) Ansprüche** des PfdGläub. Sie entspr aGrd des § 1257 denen eines jeden PfdGläub: **(1)** HerausgAnspr: §§ 1227, 985, 1004; auch gg Dr, der Bes geworden ist (§ 936 beachten). Das R zum Bes besteht auch schon vor dem Auszug des Mieters. **(2)** SchadErsAnspr aus unerl Hdlg: § 823 I, § 823 II üb § 289 StGB, auch auf Rückschaffg gerichtet (§ 249). **(3)** UnterlAnspr aus § 550 gg Entferng der Sachen. **(4)** Vertr SchadErsAnspr bei schuldh Verstoß gg § 550.
2 **(5)** ErlösHerausg bei unberecht Veräußerg (§ 816 I). **c) Rechtsbehelfe:** Klage auf Erf, uU einstw Vfg zur Sicherg der Anspr aus der Rn 1 (Stgt NJW-RR **97**, 521 mwN). Gg and PfdGläub Klage aus § 805 ZPO. Das SelbsthilfeR (Abs I u II S 1) dient daneben der faktischen Sicherg des Verm. Die Inbesitznahme ist keine
3 verbotene EigMacht (§ 858). **d) Abdingbarkeit.** § 561 ist jedenf insofern zwingd als das SelbsthilfeR (Rn 5)
4 nicht erweitert w kann, die AusschlFr (Abs II S 2) nicht verlängert. **e) Anwendbarkeit** ist zu verneinen, wenn die Sachen aGrd einer Pfändg (§ 808 ZPO) dafür and Gläub weggenommen w. Der Verm hat die Kl aus § 805 ZPO ohne die MoFr des Abs II.

5 **2) Selbsthilferecht** (Abs I). Es besteht selbständ neben dem aus § 229 u setzt wesentl weniger voraus. § 231 ist nicht anwendb. **a) Voraussetzungen** sind: **aa)** Bestand des VermPfdR gem § 559. **bb)** Entferng der Sachen (wie § 560 Rn 4), solange sie andauert, nicht vor ihrem Beginn (Düss ZMR **83**, 376; Celle DWW **94**, 117 mwN). Ist die Entferng beendet, bestehen nur die Anspr gem Rn 1; daher kein R zur Nacheile. **cc)** WidersprR des Verm gg die Entferng; dh er darf nicht zur Duldg gem § 560 Rn 7–10 verpfl
6 sein. **b) Wirkung.** Es ist zu unterscheiden: **aa)** Verhindern des Entfernens von (auch einzelnen) Sachen (§ 560 Rn 4), wenn der Mieter im Bes der gemieteten Räume bleibt. Zunächst ist wörtl Widerspr geboten. Gewaltanwendg ist bei Mißerfolg, in engen Grenzen nur gg den Mieter (hM; Emmerich/Sonnenschein 16 mwN) zuläss. **bb)** Inbesitznahme, wenn der Mieter auszieht, dh den Auszug unmittelb vorbereitet (LG Hbg MDR **77**, 933). Der Verm kann dann die Überg vom Mieter verlangen, die Entferng dch geeignete Mittel verhindern u die Sachen in Bes nehmen (vgl Rn 2), auch einlagern lassen. Es gelten §§ 1215, 1216, da der Verm die Stellg eines FaustPfdGläub (§ 1205) erlangt. Es gilt auch § 1223 II. **cc)** Befriedigg des Verm:
7 §§ 1228 ff. **c) Erlöschen** des SelbsthilfeR tritt ein, indem die Sachen entfernt w (wie § 560 Rn 4). Es besteht dann nur noch der RückschaffgsAnspr (Rn 10).

8 **3) Herausgabeanspruch** (Abs II S 1). Dieser Anspr ist der modifizierte Anspr eines PfdGläub (§ 1227). Er tritt an Stelle des SelbsthilfeR (Rn 5), sobald die Sachen entfernt sind (wie § 560 Rn 4). Der Anspr richtet sich auch gg einen Dr, der Besitzer geworden ist (allgM). Sein Inhalt ist verschieden u richtet sich danach, ob der Mieter ausgezogen ist oder nicht; denn es soll lediglich der Zustd vor Entferng wieder hergestellt w. Zur
9 Vorbereitg besteht ein AuskAnspr (Emmerich/Sonnenschein 28). **a) Voraussetzung** ist: **aa)** Entferng der Sachen (§ 560 Rn 4). **bb)** Ohne Wissen (Kenntn) des Verm od mit Wissen, aber unter Widerspr (§ 560 Rn 6) ohne bestehde DuldgsPfl (§ 560 Rn 7). Bei Dr versagt der Anspr, wenn sie die Sache gutgläub
10 lastenfrei erworben haben (§ 936). **b) Rückschaffung** auf das vermietete Grdst od in die vermieteten Räume darf v Verm verlangt w, wenn der Mieter nicht ausgezogen ist. Das bedeutet die Wiederherstellg des früheren
11 Zustd. Der Verm darf also vom Bes (Mieter od Dr) nicht Herausg an sich verlangen. **c) Herausgabe** an sich kann der Verm nach Auszug des Mieters verlangen; das verschafft ihm die RStellg eines FaustPfdGläub mit VerwahrgsPfl (§ 1215) u der Befugn, die Pfändg dch and Gläub zu verhindern (§ 809 ZPO).

12 **4) Ausschlußfrist** (Abs II S 2). **a) Zweck:** Sicherh des RVerkehrs. **b) Berechnung:** §§ 187 I, 188 II. FrBeginn mit Kenntn des Verm vom Auszug od der Entferng der betreffden Sache. Bei Vertretern gilt § 166 entspr. **c) Verlängerung** der Fr dch Vertr ist unwirks, kann aber in Bestellg eines PfdR (§ 1205) umgedeutet
13 w (§ 140). **d) Fristwahrung** geschieht, indem der Anspr (Rn 8) geltd gemacht w, insb dch Klage (§ 270 III ZPO gilt), Antrag auf Einstw Vfg (zur Rückschaffg od Herausg), Widerspr gg eine solche, dch die das Wegschaffen geduldet w soll; auch Antrag gem § 805 IV ZPO (Emmerich/Sonnenschein 43, 43 a mwN).
14 Für die Kl aus § 805 ZPO gilt Abs II nicht. **e) Wirkung:** Erlöschen des VermPfdRs. Anspr aus Vertr u unerl Hdlg wg schuldh, rechtswidr Verletzg des PfdR bleiben davon unberührt (hM; aA Emmerich/Sonnenschein 45); jedoch bleibt § 254 wg schuldh FrVersäumg anwendb (RG **119**, 265).

562 *Sicherheitsleistung.* **Der Mieter kann die Geltendmachung des Pfandrechts des Vermieters durch Sicherheitsleistung abwenden; er kann jede einzelne Sache dadurch von dem Pfandrechte befreien, daß er in Höhe ihres Wertes Sicherheit leistet.**

1 **Anwendbar** für Mieter, Pächter u Dr, denen das Eigt an eingebrachten Sachen zusteht (BGH WM **71**, 1086), nicht für nachrang PfdGläub (bestr). **Unabdingbar** (hM). **Art:** §§ 232 ff, auch Leistg dch einen Dr.
2 **Höhe:** die aller Anspr, für die das PfdR (§ 559) besteht, od der Wert der Sachen (bzw der einzelnen Sache), wenn er geringer ist (umstr; vgl Emmerich/Sonnenschein 9 mwN). **Wirkung:** Das PfdR darf nicht geltd gemacht w, insb nicht gem § 561. Das gilt insb für den Auszug.

563 *Pfändung durch andere Gläubiger.* **Wird eine dem Pfandrechte des Vermieters unterliegende Sache für einen anderen Gläubiger gepfändet, so kann diesem gegenüber das Pfandrecht nicht wegen des Mietzinses für eine frühere Zeit als das letzte Jahr vor der Pfändung geltend gemacht werden.**

1) Allgemeines. § 563 regelt die Konkurrenz des VermPfdR mit and PfdRen nur für einen best Fall. 1
a) Grundsatz. An den Sachen des Mieters können mehrere PfdRe bestehen mit Gleich-, Vor- od Nachrang (§§ 1209, 1257 u § 804 III ZPO), wobei der Ztpkt des Entstehens maßgebd ist. Einer Pfändg kann der Verm, wenn er nicht im Bes der Sache ist (vgl § 561 Rn 8, 11) nicht widerspr (§ 809 ZPO); er kann nur nach § 805 ZPO klagen. **b) Zweck** des § 563 ist die Beschränkg des Vorrangs für das VermPfdR auf den (rückständ) 2
MietZ für das letzte J vor dem Tag der Pfändg. Unberührt bleibt das PfdR für die nach Pfändg fäll werdden MietZFdgen. **c) Anwendbar** ist § 563 nur für das PfändgsPfdR, nicht für vertr u gesetzl PfdRe. 3

2) Einzelheiten. a) Erlöschen des VermPfdR (§ 561 Rn 14) infolge Verwertg dch Dr (§ 817 ZPO, 4
§ 1242 II): Dem Verm bleibt nur noch der Anspr auf Auszahlg des Erlöses aus § 816 gg den PfandGläub (RG **119**, 269), bei Vors od Fahrlässigk § 823 (vgl § 561 Rn 14). **b) Beschränkung** des VermPfdR: Es gilt ggü 5
den PfdGläub für die PfdFdg aus dem MietVerh, die spätestens das letzte J vor der Pfändg entstanden sind. Sonst Beschränkgen bestimmt § 563 nicht (vgl Rn 2), insb können auch SchadErsFdg aus dem MietVerh unbeschr geltd gemacht w. **c) Anwartschaftsrechte** auf das Eigt (vgl § 455): Der Verm erwirbt das 6
VermPfdR bereits am AnwartschR (hM). Er hat daher Vorrang vor nachfolgd begrdeten PfändgsPfdRen. **d) Insolvenz des Mieters.** Das PfdR gibt dem Verm ein AbsondergsR (§ 50 InsO). Es ist beschr wie bei 7
§ 563. Es muß nicht nach § 561 II S 2 gewahrt w.

564 *Ende des Mietverhältnisses.* **I Das Mietverhältnis endigt mit dem Ablaufe der Zeit, für die es eingegangen ist.**

II Ist die Mietzeit nicht bestimmt, so kann jeder Teil das Mietverhältnis nach den Vorschriften des § 565 kündigen.

1) Allgemeines. Ein MietVerh kann enden dch: **a) Zeitablauf** (Abs I); nur bei best MietZt (Rn 5). 1
b) Kündigung (Abs II; Rn 8). **c) Aufhebungsvertrag** ist dch Verm v Mieter gem § 305 Rn 7 jederzeit mögl, auch dch schlüss Verhalten (LG Köln ZMR **93**, 166 mwN), dies aber nur ausnw (Bub/Treier/Grapentin IV 286 mwN); erfordert best Ztpkt der Beendigg (LG Gieß ZMR **97**, 471). Häufig wird der AufhebgsVertr unter der aufschiebdn Bedingg geschl, daß der Mieter einen geeigneten NachM stellt (§ 552 Rn 8). **d) Bedingungseintritt** (§ 158 II). Ein MietVertr kann unter einer auflösdn Bedingg geschl w. (Bsp bei 2
Hannemann NZM **99**, 585). Das ist bei WoRaum eingeschr dch § 565 a II. **e) Rücktritt** (§ 346) bei Vorbeh auch nach Überlassg der Miets mögl, aber nicht bei WoRaum (§ 570 a). Ges RücktrRe (§§ 325, 326) sind nur vor Überlassg der Miets mögl. Danach ist Rücktr dch Künd ersetzt (hM). **f) Unmöglichkeit** der 3
GebrGewährg, sofern sie unverschuldet ist (§§ 275 I, 323 I; 536 Rn 22). Bei verschuld Unmöglk besteht das MietVerh fort, aber zugleich sind SchadErsAnspr od RücktrR mögl (Emmerich/Sonnenschein 56). **g) Anfechtung** (§ 142) einer der WillErkl, die den VertrAbschl herbeigeführt haben. Die Rückwirkg tritt auch 4
ein, wenn nach Überlassg der Miets angefochten w (hM).

2) Bestimmte Mietzeit (ZtMietVertr) bedeutet Festlegg der MietZt auf eine KalZt. Das liegt idR vor, 5
wenn vereinb ist, das MietVerh ende ohne Künd nach ZtAblauf (Dresd OLG-NL **99**, 19). Das ZtMietVerh birgt für beide VertrPart insb bei WoRaum viele Risiken (ausführl Hannemann NZM **99**, 585). Form: § 566. Ein für best Dauer festgelegter MietZ ist nicht so auszulegen, daß damit auch das MietVerh für diese Zt unkündb abgeschl sei (BGH NJW **66**, 384). Ausschl der Künd bedeutet idR eine MindestMietzZt. Keine best MZt bei offengehaltener Künd (LG Gieß NJW-RR **96**, 1293), wohl aber bei zeitl beschr Gebr od bis zum Eintritt eines best Ereign, zB des Todes (BayObLG NJW-RR **93**, 1164). Ist ungewiß, ob das Ereign überh eintritt, so handelt es sich um ein MietVerh unter auflösder Bedingg (Rn 2), das ein MietVerh auf unbest Zt darstellt (§ 565 a Rn 7). **a) Verlängerung.** Sie erfordert grdsätzl einen Vertr (§ 305), auch stillschw mögl 6
(Köln ZMR **96**, 433). Bei WoRaum gelten zusätzl die SoRegeln § 564 c, § 565 a. **aa) Verlängerungsklausel** ist die Vereinbg, daß das MietVerh sich auf best od unbest Zt verlängert, wenn nicht eine Partei erkl, es nicht verlängern zu wollen. Eine solche Erkl ist keine Künd (Düss ZMR **93**, 521 u NJW-RR **98**, 11), kann aber in eine Künd umgedeutet w (Rn 14). Wird die Erkl unterl, kommt stillschw die Verlängerg dch inhaltsgleichen MietVertr zustde. Für die Fr, innerh der diese WillErkl abzugeben ist, gilt § 193 entspr (BGH NJW **75**, 40). Wird verlängert, so w das alte MietVerh mit demselben VertrInhalt fortges, nicht etwa ein neues MietVerh begrdet (BGH NJW **74**, 1081). Es kann dann nur zum (verlängerten) EndZtpkt gekünd werden (LG Bln NZM **99**, 305). **bb) Verlängerungsoption** liegt vor, wenn eine VertrPart berecht ist, dch einseit Erkl das MietVerh auf best od unbest Zt zu verlängern (Einf 5 vor § 535). Die Option muß iZw vor Ablauf des MietVertr ausgeübt w (Köln ZMR **96**, 433 u 495). Mit Ausübg erlischt sie. **b) Vorzeitige Beendigung** 7
des MietVerh nur: dch AufhebgsVertr (Rn 1); Eintritt auflösder Bedingg (Rn 2); außerord Künd (§§ 542, 544, 549, 553–554 a, 567, 569, 569 a, 569 b, 570, ferner § 109 InsO, § 57 a ZVG, § 37 III WEG); bei vereinb KündGrd nur für den Mieter (§ 554 b); vorbehaltenem Rücktr (Rn 2), bei WoRaum aber nur, soweit nicht § 570 a entggsteht. Erkl des Verm zum freigestellten Auszug kann bedeuten, daß er sich nicht mehr auf die Befristg des MietVertr berufen kann (LG Kblz NZM **98**, 859).

3) Kündigung ist einseit empfangsbedürft WillErkl. Sie kann in einer ProzHdlg, insb einer KlErhebg 8
gesehen w (vgl § 564 a Rn 6), nicht in ÜbSendg der Schlüssel (Köln ZMR **98**, 91). Das KündR ist als unselbständ GestaltgsR nicht abtretb (§ 413 Rn 7; LG Hbg ZMR **93**, 169 mwN). **a) Wirksamkeit:** ab Zugang (§ 130 Rn 5), ex nunc. Bedarf nicht der Ann; kann nach Zugang nicht widerrufen od einseit zurückgen werden. Unwirksk kann bei Verstoß gg § 242 gegeben sein (Bsp bei Mü NJW-RR **92**, 1037). **b) Angabe des Grundes** ist nicht erforderl, es sei denn, daß vereinbargsgem die Künd nur aus best Grden zul 9

sein soll. Das gilt für die ordentl wie für die außerordentl (fristl) Künd (für letztere bestr, vgl AG Hbg MDR **85**, 144). Bei Künd v MietVerh üb WoRaum gelten die SondVorschr §§ 564 a I 2, 564 b III. Sie gelten nicht, wenn aus § 553 od § 554 gekünd w, sodaß in diesen Fällen die Grde im KündSchreiben nicht angegeben w
10 müssen u im Proz nachgeschoben w können (Karlsr ZMR **83**, 133). **c) Form** ist für MietVerh über WoRaum durch § 564 a vorgeschrieben (s dort). Sonst keine ges Form, aber vielf vereinb. Dch Ann kann formwidr Künd rechtswirks w, wenn § 144 analog angewendet w kann. Bei Vereinbg einer Künd dch eingeschr Brief genügt gewöhnl Brief, wenn der and Teil rechtzeit von der Künd Kenntn erhalten hat (§ 125 Rn 12). Künd
11 kann auch in schlüss Hdlgen liegen, zB im Auszug des Mieters. **d) Teilkündigung** eines einheitl MietVertr ist, wenn sie nicht im Vertr vorbehalten ist, grdsätzl unzul (hM), zB bei Wohng u Garage (LG Brschw ZMR **86**, 165), auch wenn die Garage später hinzugemietet ist (Karlsr NJW **83**, 1499; LG Köln ZMR **92**, 251; LG Wuppt NJWE-MietR **96**, 122). Davon zu untersch ist das Vorliegen von 2 getrennten Vertr über Wo u Garage mit voneinander unabhäng Künd (LG Hbg DWW **92**, 24), zB bei voneinander abw VertrDauer u KündFr (LG Bln ZMR **87**, 18). Ges zugelassen ist die TKünd für Nebenräume gem § 564 b II Nr 4 S 1 (dort Rn 56). Bei teilw EigBedarf vgl § 564 b Rn 42. Bei MischMVerh (vgl Einf 72–74 vor § 535) kommt es auf die Auslegg der Vertr im Einzelfall an. Danach ist Künd zul, wenn der restl Teil für den KündEmpf unverminderten Wert behält od erlangt (zu eng LG Mannh MDR **76**, 581). Ausgeschl ist die TeilKünd einz VertrBest od Nebenab-
12 reden (zB Erlaubn zum Anbringen von Schildern od Reklame). **e) Bedingte** Künd ist regelm unzul, da die Künd ein GestaltgsR ist (13 vor § 158). Eine Bedingg (§ 158), dch die der Empf nicht in eine ungewisse Lage versetzt w, macht die Künd nicht unzul (zB PotestativBedinggen; 13 vor § 158 mwN). Ferner ist eine bedingte Künd bei Zust des KündEmpf wirks. Hingg kann eine weitere Künd (hilfsw) für den Fall erkl w, daß eine
13 vorangegangene and Künd unwirks ist, weil eine RBedingg vorliegt (5 vor § 158). **f) Mehrheit** von Beteiligten. **aa) Erklärung.** Erforderl ist grdsätzl wg der Einheitlk des MietVerh Künd von allen an alle (allgM; vgl § 535 Rn 4–6 u § 564 b Rn 13), insb bei einer Gesellsch (§ 705; Düss ZMR **96**, 324), bei Eheg (LG Hann ZMR **87**, 18), auch wenn ein Mitmieter unbek verzogen ist, an die alte Adresse (Scholz ZMR **96**, 161). Das ist problemat bei WoGemsch (vgl Schüren JZ **89**, 358), insb der nehel LebensGemsch (vgl Finger WuM **93**, 581). Im InnenVerh kann sich ein Anspr auf Mitwirkg bei der Künd ergeben (LG Hbg WuM **93**, 343 mwN). Es kann vertragl vereinb w, daß die Künd v od ggü einem genügt. In AusnFällen kann dies auch ohne Vereinbg zutr (Ffm ZMR **91**, 103). Häuf ist im Vertr Vollm für Abg u Empf der Künd erteilt; auch formularmäß im MietVertr mögl. Auszug eines Mitmieters führt nicht zu seiner „Enthaftg" (aA LG Duisb NZM **98**, 73). **bb) Kündigungsgrund** in der Pers eines Mieters genügt (§ 564 b Rn 32), auch bei Wo-
14 Gemsch (aA offenb LG Lübeck NJW-RR **90**, 1429). **g) Umdeutung** (§ 140) u Auslegg (§ 133). Eine unwirks außerord Künd kann in ein Angebot zur VertrAufhebg umgedeutet w (LG Aach ZMR **97**, 25), auch in eine ord Künd (LG Mannh NJW **70**, 328), wenn sich aus den Umstden eindeut ergibt, daß Verm das MietVerh auf jeden Fall beenden will (BGH NJW **81**, 976). Schweigen des KündEmpf gilt idR nicht als Ann (BGH NJW **81**, 43). Angabe eines falschen KündTerm steht der Umdeutg in den nächst zuläss Termin nicht
15 entgg (hM; LG Köln WuM **93**, 542 mwN). **h) Unwirksamkeit** einer Künd des Verm, insb wg Fehlens einer Vorauss führt üb GebrVerweigerg wg Verl des § 535 bei Versch (§§ 276, 278) des Verm zur SchadErsPfl (BGH
16 NJW **84**, 1029 für gewerbl Räume u NJW **88**, 1268 für GaststP). **i) Wiederholung** einer Künd ist ein neues RGesch u kann auf denselben Grd gestützt w, der für die frühere Künd angegeben war.

564 a *Schriftform bei Kündigung von Wohnraum.* **[I] Die Kündigung eines Mietverhältnisses über Wohnraum bedarf der schriftlichen Form. In dem Kündigungsschreiben sollen die Gründe der Kündigung angegeben werden.**

[II] Der Vermieter von Wohnraum soll den Mieter auf die Möglichkeit des Widerspruchs nach § 556 a sowie auf die Form und die Frist des Widerspruchs rechtzeitig hinweisen.

[III] Die Absätze 1 und 2 gelten nicht für Mietverhältnisse der in § 564 b Abs. 7 Nr. 1 und 2 genannten Art. Absatz 1 Satz 2 und Absatz 2 gelten nicht für Mietverhältnisse der in § 564 b Abs. 7 Nr. 4 und 5 genannten Art.

1 **1) Allgemeines. a) Zweck:** dient der Klarstellg u RSicherh sowie der Aufklärg des Mieters, ferner
2 Gleichstellg mit Form des Widerspr (§ 556 a V). **b) Anwendungsbereich:** alle MietVerh (auch UnterMVerh) über WoRaum (Ausn: Abs III). Abs I gilt für alle ord u außerord Künd von Verm u Mieter; jedoch hat Abs I 2 unmittelb Bedeutg nur für die ord Künd des Verm (vgl § 564 b III u § 556 a I 3). § 564 a gilt nicht für andersart Beendigg des MietVerh (zB Rücktr, AufhebgsVertr). Abs II gilt nur für ord Künd des Verm, weil RFolgen sich nur darauf beziehen, wg § 556 b auch bei Beendigg des MietVerh dch ZtAblauf
3 (Rambach WuM **91**, 323 mwN; umstr) u bei vereinb RücktrR (§ 570 a). **c) Abdingbarkeit:** ist zu verneinen, für Abs I 2, II u III aus § 564 b VI u § 556 a VII, VI S 2 zu entnehmen, für Abs I 1 aus dem Grds, daß ges FormVorschr zwingd sind. Auch strengere Form ist wg SozCharakters des WoMietR unzul.

4 **2) Schriftform** (Abs I S 1) des § 126. Gilt wg Abs III S 1 nicht bei MietVerh des § 564 b VII Nr 1 u 2 (dort Rn 17, 18). Verstoß führt zur Nichtigk (§ 125), nur ausnahmsw nicht im Fall des § 125 Rn 16. **a) Inhalt** des Schreibens: es genügt erkennb Wille, MietVerh zu best Ztpkt zu beenden. Dieser Ztpkt muß nicht mit Datum benannt w (hM); es genügt zB „zum nächstzul Termin". Die Angabe eines falschen KündTerm macht die Künd nicht unwirks (hM; LG Köln ZMR **92**, 343 mwN). Das Wort Künd ist nicht
5 notw. KündGründe: Rn 8–10. **b) Zugang.** Zum Nachw (§ 130 I) ist Einschreiben mit Rückschein empfeh-
6 lenswert. **c) Schriftsatz** (insb KlSchrift) in einem RäumgsRStreit genügt der Form (hM; BayObLG NJW **81**, 2197); jedoch muß darin für den bekl Mieter eindeut erkennb sein, daß neben der KlSchrift (ProzHdlg) eine matrechtl WillErkl (Künd) abgegeben wird (hM; BGH ZMR **97**, 280; aA Baron ZMR **98**, 683). Unterzeichng der zuzustellden Exemplare statt Beglaubigg ist zu empfehlen (vgl Spangenberg MDR **83**, 807), aber nicht notw (Hamm NJW **82**, 452). Zusendg eines MietVertr mit and Inhalt erfüllt die Schriftform nicht.
7 **d) Vollmacht.** Sie ist formlos gült (§ 167 II). Es gilt § 174 (Schmid WuM **81**, 171). **e) Formularvertrag.** Es darf keine zusätzl Form verlangt w (§ 11 Nr 16 AGBG).

3) Kündigungsgründe (Abs I S 2). Gilt wg Abs III nicht bei MietVerh des § 564b VII Nr 1, 2, 4 u 5 8
(dort Rn 17, 18, 21). **a) Wirksamkeit.** Ihre Angabe ist nicht WirksamkVorauss (BGH NJW **87**, 432 [433]), auch nicht bei der außerord Künd v WoRaum, weil § 564b III nicht entspr gilt (Karlsr WuM **82**, 241 mwN; bestr; aA LG Darmst WuM **86**, 339). Eine Künd ohne Grde ist weder nach § 126 noch nach § 134 nichtig (BayObLG NJW **81**, 2197; bestr). Bei der ord Künd ist Angabe der Grde eine Obliegenh („soll") des Verm. Erf er sie nicht, treten die für ihn nachteil RFolgen der §§ 556a I 3 u 564b III ein. Die schriftl Angabe ist nicht entbehrl, wenn der Verm die Grde dem Mieter schon vorher mdl od schriftl mitgeteilt hat (BayObLG aaO). **b) Bezeichnung.** Die KündGrde sind so zu bezeichnen, daß sie (insb in einem nachfolgden Proz) 9
identifiziert w können (BayObLG aaO). Eine vollst Angabe der zugrdeliegden Tats ist nicht notw; sie können zur Ergänzg u Ausfüllg des KündGrdes nachgeschoben w (BayObLG aaO mwN; bestr). Nur wenn die Künd allein auf solche Tats gestützt w kann, die zZ der KündErkl noch nicht vorgelegen haben, ist (auch noch im Proz) eine neue KündErkl nöt (Zweibr MDR **81**, 585). **c) Weiterer Inhalt.** Der Verm ist nicht darauf 10
beschränkt, nur den unmittelb Anlaß der Künd als Grd anzugeben. Er kann, um den Ausschl nach § 556a I 3 zu vermeiden, alle Umst angeben, die bei der Interessenabwägg (§ 556a Rn 14–18) allein od mit and Grden seine Künd rechtf können.

4) Hinweis (Abs II) auf Widerspr, dessen Form u Frist (§ 556a Rn 9, 11). Gilt nicht im Umfang des Abs I 11
S 2 (vgl Rn 8). Der Hinw ist formfrei, kann, muß aber nicht im KündSchreiben enthalten sein. Er muß vollst u rechtzeit (vgl § 556a Rn 11) geschehen; daher ist zum Nachw des Zugangs Einschreiben mit Rückschein empfehlenswert. Der Hinw ist keine Pfl, aber Obliegenh des Verm („soll"). Unterlassg od Verspätg berührt Wirksamk der Künd nicht, führt aber zu verlängerter WidersprFr (§ 556a VI S 2).

564 b *Kündigungsschutz.* **I Ein Mietverhältnis über Wohnraum kann der Vermieter vorbehaltlich der Regelung in Absatz 4 nur kündigen, wenn er ein berechtigtes Interesse an der Beendigung des Mietverhältnisses hat.**

II Als ein berechtigtes Interesse des Vermieters an der Beendigung des Mietverhältnisses ist es insbesondere anzusehen, wenn

1. **der Mieter seine vertraglichen Verpflichtungen schuldhaft nicht unerheblich verletzt hat;**
2. **der Vermieter die Räume als Wohnung für sich, die zu seinem Hausstand gehörenden Personen oder seine Familienangehörigen benötigt. Ist an den vermieteten Wohnräumen nach der Überlassung an den Mieter Wohnungseigentum begründet und das Wohnungseigentum veräußert worden, so kann sich der Erwerber auf berechtigte Interessen im Sinne des Satzes 1 nicht vor Ablauf von drei Jahren seit der Veräußerung an ihn berufen. Ist die ausreichende Versorgung der Bevölkerung mit Mietwohnungen zu angemessenen Bedingungen in einer Gemeinde oder einem Teil einer Gemeinde besonders gefährdet, so verlängert sich die Frist nach Satz 2 auf fünf Jahre. Diese Gebiete werden durch Rechtsverordnung der Landesregierungen für die Dauer von jeweils höchstens fünf Jahren bestimmt;**
3. **der Vermieter durch die Fortsetzung des Mietverhältnisses an einer angemessenen wirtschaftlichen Verwertung des Grundstücks gehindert und dadurch erhebliche Nachteile erleiden würde. Die Möglichkeit, im Falle einer anderweitigen Vermietung als Wohnraum eine höhere Miete zu erzielen, bleibt dabei außer Betracht. Der Vermieter kann sich auch nicht darauf berufen, daß er die Mieträume im Zusammenhang mit einer beabsichtigten oder nach Überlassung an den Mieter erfolgten Begründung von Wohnungseigentum veräußern will. Ist an den vermieteten Wohnräumen nach der Überlassung an den Mieter Wohnungseigentum begründet und das Wohnungseigentum veräußert worden, so kann sich der Erwerber in Gebieten, die die Landesregierung nach Nummer 2 Satz 4 bestimmt hat, nicht vor Ablauf von fünf Jahren seit der Veräußerung an ihn darauf berufen, daß er die Mieträume veräußern will;**
4. **der Vermieter nicht zum Wohnen bestimmte Nebenräume oder Teile eines Grundstücks dazu verwenden will,**
   a) **Wohnraum zum Zwecke der Vermietung zu schaffen oder**
   b) **den neu zu schaffenden und den vorhandenen Wohnraum mit Nebenräumen und Grundstücksteilen auszustatten,**

   und er die Kündigung auf diese Räume oder Grundstücksteile beschränkt. Die Kündigung ist spätestens am dritten Werktag eines Kalendermonats für den Ablauf des übernächsten Monats zulässig. Der Mieter kann eine angemessene Senkung des Mietzinses verlangen. Verzögert sich der Beginn der Bauarbeiten, so kann der Mieter eine Verlängerung des Mietverhältnisses um einen entsprechenden Zeitraum verlangen.

III Als berechtigte Interessen des Vermieters werden nur die Gründe berücksichtigt, die in dem Kündigungsschreiben angegeben sind, soweit sie nicht nachträglich entstanden sind.

IV Ein Mietverhältnis über eine Wohnung in einem vom Vermieter selbst bewohnten Wohngebäude

1. **mit nicht mehr als zwei Wohnungen oder**
2. **mit drei Wohnungen, wenn mindestens eine der Wohnungen durch Ausbau oder Erweiterung eines vom Vermieter selbst bewohnten Wohngebäudes nach dem 31. Mai 1990 und vor dem 1. Juni 1999 fertiggestellt worden ist,**

kann der Vermieter kündigen, auch wenn die Voraussetzungen des Absatzes 1 nicht vorliegen, im Falle der Nummer 2 beim Abschluß eines Mietvertrages nach Fertigstellung der Wohnung jedoch nur, wenn er den Mieter bei Vertragsschluß auf diese Kündigungsmöglichkeit hingewiesen hat. Die Kündigungsfrist verlängert sich in diesem Fall um drei Monate. Dies gilt entsprechend für Mietverhältnisse über Wohnraum innerhalb der vom Vermieter selbst bewohnten Wohnung, sofern der Wohnraum nicht nach Absatz 7 von der Anwendung dieser Vorschriften ausgenommen ist. In

dem Kündigungsschreiben ist anzugeben, daß die Kündigung nicht auf die Voraussetzungen des Absatzes 1 gestützt wird.

V Weitergehende Schutzrechte des Mieters bleiben unberührt.

VI Eine zum Nachteil des Mieters abweichende Vereinbarung ist unwirksam.

VII Diese Vorschriften gelten nicht für Mietverhältnisse:

1. über Wohnraum, der zu nur vorübergehendem Gebrauch vermietet ist,
2. über Wohnraum, der Teil der vom Vermieter selbst bewohnten Wohnung ist und den der Vermieter ganz oder überwiegend mit Einrichtungsgegenständen auszustatten hat, sofern der Wohnraum nicht zum dauernden Gebrauch für eine Familie überlassen ist,
3. über Wohnraum, der Teil eines Studenten- oder Jugendwohnheims ist,
4. über Wohnraum in Ferienhäusern und Ferienwohnungen in Ferienhausgebieten, der vor dem 1. Juni 1995 dem Mieter überlassen worden ist, wenn der Vermieter den Mieter bei Vertragsschluß auf die Zweckbestimmung des Wohnraums und die Ausnahme von den Absätzen 1 bis 6 hingewiesen hat,
5. über Wohnraum, den eine juristische Person des öffentlichen Rechts im Rahmen der ihr durch Gesetz zugewiesenen Aufgaben angemietet hat, um ihn Personen mit dringendem Wohnungsbedarf oder in Ausbildung befindlichen Personen zu überlassen, wenn sie den Mieter bei Vertragsschluß auf die Zweckbestimmung des Wohnraums und die Ausnahme von den Absätzen 1 bis 6 hingewiesen hat.

1 **1) Allgemeines.** Die oftmals geänd Vorschr (vgl zB 55. Aufl) ist an 3 Stellen (Abs II Nr 4 S 1, Abs IV S 1 Nr 2 u Abs VII Nr 5) erneut geänd dch das G zur Übern befr KündMöglk als DauerR v 21. 2. 96, iKr seit 1. 3. 96. **a) Bedeutung.** § 564 b ist die grdlegde KündSchutzVorschr zG des WoRaumMieters. Verfassgsrechtl nicht zu beanstanden (BVerfG NJW **85**, 2633; Sonnenschein NJW **93**, 161 [167] mwN), wird aber als überzogen
2 kritisiert (Honsell AcP **186**, 116 [133 ff]). **b) Kündigung** (§ 564 Rn 8–16). Sie wird dch § 564 b beschr, indem weitere Zulässigk- u WirksamkErfordern aufgestellt w. **c) Unabdingbarkeit** (Abs VI): Abs I–V sind zwingd zG des Mieters. Für MietVerh üb WoRaum auf best Zt gilt § 564 c. Abs VI hindert nicht einen MietAuf-
3 hebgsVertr. **d) Verhältnis zu sonstigem Kündigungsschutz** (Abs V): Die §§ 556 a–556 c (SozKlausel) sind in Vorauss u Wirkg anders. Sie bleiben deshalb neben und unabhäng v § 564 b anwendb (allgM). § 564 b gewährt einen stärkeren Bestdsschutz, jedoch kann § 556 a inf der Interessenabwägg (dort Rn 14–18) prakt
4 bedeuts sein, wenn eine Künd nach § 564 b zul ist. **e) Vermieterwechsel** (insb dch Veräußerg, § 571) vor Wirkswerden der Künd: Alle KündGrde, die sich auf die Pers des Verm beziehen (insb EigBedarf) müssen beim Erwerber vorliegen (Sonnenschein ZMR **92**, 417 [424] mwN).

5 **2) Sondervorschriften,** die den § 564 b für best Bereiche abändern. **a) Gebiete mit gefährdeter Wohnungsversorgung,** die dch VO der jeweils zuständ LandesReg best sind. Diese Best kann seit 1. 5. 93 aGrd des G üb eine SozKlausel in Gebieten mit gefährdeter WoVersorgg (Art 14 InvestitionsErleichtergs- u WohnBaulandG v 22. 4. 93, BGBl 466) vorgen w. Die Vorauss (S 1) sind die gleichen wie bei § 564 b II Nr 2 S 3. Ob die betr Wohng unter den GeltgsBer einer VO fällt, muß dem jeweil LandesR entnommen w. Das G (sog SozKlErgänzgsG) lautet:

Die Landesregierungen werden ermächtigt, durch Rechtsverordnungen Gebiete zu bestimmen, in denen die ausreichende Versorgung der Bevölkerung mit Mietwohnungen zu angemessenen Bedingungen in einer Gemeinde oder in einem Teil einer Gemeinde besonders gefährdet ist. Ist an vermieteten Wohnräumen nach der Überlassung an den Mieter Wohnungseigentum begründet und das Wohnungseigentum veräußert worden, so gilt in den so bestimmten Gebieten abweichend von den Bestimmungen des Bürgerlichen Gesetzbuchs:

1. Bis zum Ablauf von zehn Jahren nach der Veräußerung werden berechtigte Interessen des Vermieters im Sinne des § 564 b Abs. 2 Nr. 2 und 3 des Bürgerlichen Gesetzbuchs nicht berücksichtigt.
2. Auch danach werden berechtigte Interessen des Vermieters im Sinne des § 564 b Abs. 2 Nr. 2 und 3 des Bürgerlichen Gesetzbuchs nicht berücksichtigt, wenn die vertragsmäßige Beendigung des Mietverhältnisses für den Mieter oder ein bei ihm lebendes Mitglied seiner Familie eine nicht zu rechtfertigende Härte bedeuten würde, es sei denn, der Vermieter weist dem Mieter angemessenen Ersatzwohnraum zu zumutbaren Bedingungen nach.

Eine ÜbLeitgsRegelg enthält das G nicht. Die VOErmächtigg ist nicht ident mit der aus § 564 b II Nr 2 S 4, so daß für die Anwendg des G v 22. 4. 93 eine eigene VO nöt ist. Das Verh dieses G zur Verlängerg der SperrFr in § 564 b II Nr 2 S 3 u Nr 3 S 4 ist mind problemat u kaum noch dchschaub. Überh wirft die Regelg zahlr Probleme auf (Börstinghaus/Meyer NJW **93**, 1353 mwN; Franke DWW **97**, 63). Nr 1 hat Bezug auf § 564 b II Nr 2 u 3, die Nr 2 auf die SozKl des § 556 a (Schilling ZMR **93**, 441). Sie sind nur anwendb, soweit § 564 b II Nr 2, 3 (für Nr 1) u § 556 a (für Nr 2) gelten (Sternel ZMR **95**, 1). Jedenf gilt die fünfjähr SperrFr auch für Künd weiter, die bei Veräußergen vor dem 1. 5. 93, aber erst nach diesem Termin erkl w (LG Ffm NJW-RR **94**, 657). Die Rückwirkg der zehnjähr Fr bei späteren Veräußergen (vgl Rn 50 b) ist nur für solche vor dem 1. 8. 90 (Einf der 5jähr SperrFr) zu bejahen (Stgt ZMR **95**, 200; KG ZMR **96**, 428: Hbg ZMR **97**, 136; Hamm ZMR **98**, 31; bestr). Selbstverständl ist, daß das G nicht für Künd gilt, die vor dem 1. 5. 93 wirks erkl w u zugegangen sind (BayObLG ZMR **95**, 304), auch nicht für solche, die vor
5 a Erlaß der VO wirks geworden sind (Franke DWW **97**, 6; vgl weiter Rn 50 b). **b) Neue Bundesländer:** Abs II Nr 3 ist bei sog AltVertr dauernd ausgeschl (Art 232 § 2 II EG).

6 **3) Anwendungsbereich. a) Kündigung.** Nur für die ord Künd des Verm, auch die gem § 565 a I; nicht für frlose, außerord Künd (allgM). Hingg ist § 564 b für außerord Künd anwendb, die unter Einhaltg der ges Fr erfolgen können, zB § 569 I (BGH NJW **97**, 1695); auch für Künd des Erstehers gem § 57 a ZVG (allgM;

BGH **84**, 90; Hamm NJW-RR **94**, 1496 mwN). **b) Mietverhältnis:** Anwendb nur auf WoRaumMietVerh 7
(Einf 70 vor § 535), einschließl der Unterm (Einf 2 vor § 535), aber nur im Verh zw HauptM u UnterM (allg Rspr; BGH NJW **82**, 1696; Hbg NJW **93**, 2322). Bei gewerbl ZwMiete: § 549 a u § 556 Rn 21. Auch auf MietVerh mit VerlängergsKl gem § 565 a (hM; LG Kaisersl NJW-RR **86**, 442 mwN). Nicht für WoRaumMietVertr, die unter Abs IV S 1 u VII fallen (Rn 14–21); Pacht u ähnl NutzgsVerh; GrdstMiete, wenn der Mieter darauf WoRaum errichtet (BGH **92**, 70), auch nicht Vertr über Aufn, Betreuung u Fürs (zB Altenpflege- u ResozialisiersgsHeime. **c) Wohnraum:** grdsätzl für jeden (Einf 70 vor § 535). Ausn in Rn 14– 8
21. § 564 b gilt auch für WerkmietWo (Vorbem 8 vor § 565 b) u WerkDienstWo, soweit MietR entspr gilt (§ 565 e); für möblierten WoRaum u Zimmer, die nicht unter Abs VII fallen (Rn 18). **aa) Wohnheime:** 9
nicht für Studenten u JugendWohnh (Abs VII Nr 3; Rn 20). § 564 b gilt in Alten- u ArbWoHeimen, wenn die Raumnutzg der Hauptzweck ist u nicht die sonst im Heim erbrachten Leistgen die RaumNutzg überwiegen (vgl BGH NJW **79**, 1288). **bb) Zweitwohnung.** Der Wortlaut des § 564 b nimmt sie vom Künd- 10
Schutz nicht ausdrückl aus (Schmid BlGBW **80**, 205; LG Hanau MDR **80**, 849); jedoch kann vorübgehder Gebr bezweckt sein (Rn 17), insb bei WoEnd- u FerienWo. Vom GZweck her sollte nur die Wohng am Erst- od Hauptwohns erfaßt sein (vgl Haake NJW **85**, 2935); indessen wird § 564 b zunehmd auf ZweitWo angewendet, insb (kaum vertretb) auf langfrist angemietete Ferienhäuser (Hbg ZMR **92**, 530). **cc) Misch-** 11
mietverhältnisse (Einf 72 vor § 535). § 564 b gilt nur, wenn der NutzgsAnteil des WoRaums überwiegt (hM; Schlesw NJW **83**, 49). **dd) Zwischenmiete** (vgl § 549 a u § 556 Rn 21). Bei MietVerh zum Zwecke 12
der (auch nicht gewerbl) Weitervermietg als WoRaum (ZwMiete) gilt § 564 b im Verh Verm zum ZwM nicht (hM; BGH **94**, 11 mwN), zB bei Vermietg dch Verein an seine Mitgl (Ffm ZMR **86**, 360), Benutzg als WoHeim (LG Mannh ZMR **89**, 426). Hingg besteht KündSch für den Mieter des ZwMieters (§ 556 Rn 21); auf diesen KündSchu kann sich der ZwM ggü dem Verm berufen. **d) Mehrheit von Mietern.** Zur Künd vgl 13
§ 564 Rn 13. Für Abs II Nr 1 genügt die schuldh VertrVerl nur eines der Mitmieter (LG Darmst NJW **83**, 52). Bei WoGemsch ist dies nicht unproblemat (vgl Schüren JZ **89**, 358 [362]).

4) **Ausnahmen vom Kündigungsschutz** (Abs IV, VII). Best MietVerh sind vom KündSchutz ausgen, 14
so daß sie ohne berecht Interesse (Abs I) gekünd w können. Die Grde für die Ausn sind verschieden: Die aus nahem Beieinanderwohnen folgde unzumutb Situation bei persönl Spanngen ohne Vorliegen v KündGrden (Abs II Nr 1 u 2), die geringere Bindg u größere Beweglk des Mieters bei überwiegd vom Verm eingericht WoRaum (Rn 17), die geringere Schutzbedürftigk (vorübgehder Wohnzweck, Rn 18); das Interesse an der Funktion eines soz Fluktuationssystems (Rn 20). Bei den MietVerh der Rn 15 u 16 ist neben der mögl Künd aus berecht Interesse (Abs I) eine ord Künd mit verlängerter Fr vorgesehen (Abs IV S 2; Rn 62, 63). Für die and ungeschützten MietVerh (Rn 17, 18, 20) ist der ganze § 564 b unanwendb. BewL für das Vorliegen der tats Vorauss trägt der Verm, da die Abs IV u VII die Ausn vom Grds des Abs I darstellen. **a) Zwei- und Dreifamilienhaus oder Einliegerwohnung** in einem EinFamHaus (Abs IV S 1; 15
zur Künd vgl Rn 61–64). Die EigtLage ist bedeutgsl. Hat der Verm des Einliegers das Haus gemietet, kann auch ein UntermVerh vorliegen, für das ein KündR aus Abs IV gilt. Begr der Wo: 70 vor § 535 (vgl LG Bonn WuM **92**, 24). Eine einheitl Wo kann auch auf versch Geschoßebenen liegen (LG Memm NJW-RR **92**, 523). Das Haus muß übwiegd als WoGbde genutzt w (hM; Karlsr ZMR **92**, 105 mwN); es steht nicht entgg, daß ein Teil dch den Verm gewerbl genutzt w (Karlsr aaO; aA Karl ZMR **93**, 361). Der Verm muß selbst in einer der Wohngen wohnen, nicht aber schon bei Abschl des zu künd MietVertr (BayObLG NJW-RR **91**, 1036 mwN; Karlsr NJW-RR **92**, 336; bestr). Dch Tod des Verm kann der KündGrd entfallen (Karlsr NJW-RR **94**, 80). Das WoGbde muß nicht gemeins Eingang od Treppenhaus haben (wohl hM; Saarbr NJW-RR **93**, 20 mwN). Häuf ZusTreffen ist aber nicht Vorauss der Ausn v KündSch (aA LG Boch WuM **87**, 158). Einzelne WoRäume (insb im Dach- od Kellergeschoß) außerh der 2 od 3 (getrennten) Wohngen stehen der Anwendg von Abs IV S 1 nicht entgg, ebsowen, daß der Verm wg Besitz einer weiteren Wohng die im ZweiFamHaus nicht dauernd benützt. Abs IV S 1 gilt in zwei Alt: **aa) Nr 1:** wie schon vor dem 1. 6. 90 im ZweiFamHaus. **bb) Nr 2:** nur für solche DreiFamHäuser, die dies erst dch Ausbau seit dem 1. 6. 90 u nunmehr (seit 1. 3. 96; vgl Rn 1) vor dem 1. 6. 99 fertgestellt, dh bezugsfäh geworden sind. Für MietVerh, die in der InterimsZt (1. 6. 95–29. 2. 96) abgeschl w, gilt die erleichterte KündMöglk nicht (Meyer NJW **96**, 1726). Der Hinweis auf die KündMöglk ohne berecht Interesse ist formfrei, zweckmäß aber schriftl im Vertr. **b) Einlieger in Vermieterwohnungen** (Abs IV S 3; vgl 16
Rn 15): Hier handelt es sich je nachdem, ob der Verm Eigt der Wohng ist, um Miet- oder UnterMVerh. Unter Wohng des Verm ist hier auch (aber selbstverständl nicht nur, LG Bln ZMR **80**, 339) ein EinFamHaus zu verstehen, (allgM), auch Wohngen in MehrFamHäusern (hM; KG NJW **81**, 2470). Nur anwendb, soweit Abs VII (Rn 17, 18) nicht zutrifft; näml in der v Verm bewohnten Wohng (als Lebens-Mittelpunkt, LG Bln NJW-RR **91**, 1227) gelegene WoRäume, die leer od nicht überwiegd mit dem Verm zu stellder Einrichtg vermietet sind; WoRäume in der vom Verm bewohnten Wohng, die zwar vom Verm überwiegd mit Einrichtg auszustatten, aber zum dauernden Gebr einer Fam best sind. Diese Mieträume (einer od mehrere) müssen innerh der abgeschl Wohng des Verm liegen. Getrennt zugängl Räume im selben Haus, insb Dachgeschoß u Kellerzimmer, sog Hobby-Räume, liegen nur dann nicht innerh der Wohng, wenn es sich um ein MehrFamHaus handelt, bei dem mehrere Wohngen abgeschl u getrennt sind. Im EinFamHaus liegen auch solche Räume stets innerh der Wohng (allgM). **c) Zum vorübergehenden Gebrauch** vermieteter 17
WoRaum (Abs VII Nr 1). Er kann auch leer vermietet sein. Es muß von vorneherein bei Abschl des MietVertr für eine kürzere, absehb Zeit vermietet sein, zB währd einer längeren Reise des Verm; bis Fertigstellg eines Neubaus; für Studenten, wenn sie ihren Wohns an einem and Ort haben u in der erkennb oder erkl Abs nur für die Zt des Studiums (od eines Teils davon) mieten (umstr; vgl MK/Voelskow 28 mwN), auch SaisonArb; nicht für GastArb, wenn sie für unbest, nicht von vornherein begrenzte, kürzere Zeit ein ArbVerh aufnehmen. Der ZtRaum ist auf den Einzelfall abzustellen u kann auch ein J übsteigen. Für KettenMietVertr (§ 564 c Rn 2) gilt Abs VII Nr 1 nicht; Ffm MDR **91**, 253). Auch bei ZweitWo darf nur auf den vorübgehden Gebr abgestellt w (Zimmermann WuM **89**, 1). **d) Möblierter Wohnraum** (Abs 18
VII Nr 2). **aa) Grundsatz:** kein KündSchutz. Der WoRaum muß innerh der Wohng des Verm liegen. Diese muß nicht dauernd bewohnt sein (LG Bln ZMR **80**, 145). EigtLage an der Wohng (auch EinFam-

Haus) u die Lage des WoRaums: wie Rn 16, ob auch hier entscheidd auf den getrennten Eingang abzustellen sei, ist bedenkl (aA LG Detm NJW-RR **91**, 77). Die Einrichtg (Möblierg) muß noch nicht vorgen sein; entscheidd ist, daß die Vermietg die entspr Verpfl des Verm zur Einrichtg umfaßt; bei ScheinGesch gilt § 117. Bei der Beurteilg, ob überwiegd möbliert ist, muß Zahl u Bedeutg der zu einer gewöhnl, nicht überfüllten Einrichtg gehörden Ggstände berücks w. Einzelne Ggstde genügen nie (Schopp ZMR **75**, 98). **bb) Ausnahme:** daß KündSchutz besteht: bei Vermietg zu dauerndem Gebr (das ist, was nicht als vorübergehd [Rn 17] eingeordnet w) einer Fam (vgl St/Sonnenschein § 565 Rn 53, 54); auch kinderl Ehepaar, ein (Groß-)Elternteil mit Kind, Geschw mit gemeins Haush; nicht: Alleinstehde; WohnGemsch v Pers, die
19 weder verh noch verwandt sind. Der dauernde Gebr für die Fam muß vertrgem sein. **e) Studenten- oder Jugendwohnheim** (Abs VII Nr 3). Begriff: LG Konstz WuM **95**, 539. Zweck: Rn 14. Für die Einordng als derart WoHeim ist die Widmg des Trägers maßgebd. Teil: jeder Raum. Auch anwendb auf MietVerh, die
20 vor dem 1. 1. 83 abgeschl w (Brem ZMR **89**, 218). **f) Ferienwohnraum** (Abs VII Nr 4). Der Begriff ist eng begrenzt. Er entspr § 10 IV BauNutzgsVO. Ferienhausgebiete: im BebaugsPlan festgesetzt (§ 1 II, III, § 10 BauNutzgsVO) od im ZusHang bebaute Ortsteile, die Ferienhausgebieten entspr (§ 34 II BauGB, § 10 IV BauNutzgsVO). Solche Wo konnten bis zum 1. 6. 95 unbefr mit ges KündFr u ohne KündSchutz vermietet w (Meyer NJW **96**, 1725). Die baurechtl Gen zum nicht nur vorübgehden Wohnen mußte üb § 4 I BauGB-MaßnG (BGBl 90 I 926) erwirkt w. Hinw auf den Ferienzweck des WoRaums u auf fehlden KündSchutz: formfrei; spät bei VertrAbschl. BewL: Verm; daher zweckmäß im Vertr. And FerienWo können
21 befristet vermietet w (§ 564 c I u II). **g) Öffentliche Aufgaben** (Abs VII Nr 5). Die JPöffR (Otto DWW **90**, 162; insb Gem) sind hier ZwischenM (Rn 12). Die Vermietg v WoRaum muß nicht zum satzgsgem AufgKreis gehören. Hinw: auf die Erf des öff Zwecks; iü wie bei FerienWoRaum (Rn 20). Die Regelg ist erst seit 1. 3. 96 DauerR (vgl Rn 1). Für MietVertr, die in der InterimsZt (1. 6. 95–29. 2. 96) abgeschl w, gilt die Ausn v KündSchutz nicht (Meyer NJW **96**, 1726).

22 **5) Kündigungsschreiben** (Abs III). Soll auch für eine SoKünd gem § 57 a ZVG gelten (Hamm NJW-RR **94**, 1496). **a) Inhalt:** Es gilt § 564 a I 2. Die Grde müssen ausreichd substantiiert sein; es darf aber nicht zuviel verlangt u die Künd nicht unzumutb erschwert w (BVerfG NJW **92**, 1877 mwN u 2411 sowie **94**, 310). An den Umfang der anzugebden Tats sollten (entgg der Rspr v InstanzGer, zB LG Bln NJWE-MietR **96**, 53) keine zu hohen Anfdgen gestellt w (BVerfG NJW **98**, 2662; MK/Voelskow 69). Es genügt, daß der KündGrd dch Angabe der Tats so ausführl bezeichnet w, daß er identifiziert u von and KündGrd (Sachverhalt) untersch w kann (BayObLG ZMR **85**, 96). Bei wiederholter Künd genügt Bezugn auf die vorangegangene u ihre Begrdg (BVerfG NJW **92**, 1877; einschränkd LG Hbg NJW-RR **93**, 145). EigBedarf ist dch Tats darzulegen (BVerfG NJW **89**, 970); zB Verwandtsch u bisher WoVerh (LG Boch WuM **93**, 540), nicht notw der Name des Angehör u der Pers, die den EigBedarf mitbegrden (LG Oldbg NJW-RR **96**, 653 mwN; bestr; aA LG Bln ZMR **99**, 32), aber konkret deren derzeit WoVerh (LG Gieß ZMR **95**, 72; aA Oldbg aaO). Bei EigBedKünd genügt der Wunsch, statt zur Miete mit geringerem Aufwand im eigenen Haus wohnen zu wollen (BVerfG NJW **94**, 311). Der Verm muß aber nicht persönl Daten offenlegen, die für den Widerspr des Mieters unerhebl sind (BVerfG NJW **92**, 1379). Wg der anspruchsvollen Rspr der AGe u LGe empfiehlt sich eine möglichst konkr Begrdg (vgl AG Ffm u LG Gött NJW-RR **90**, 591/592; LG Mannh ZMR **91**, 482 u **94**, 67; LG Hbg NJW-RR **92**, 1364). Bei Künd wg wirtsch Verwertg (Abs II Nr 3) ist keine Kalkulation nöt (LG Düss ZMR **91**, 438); jedoch verlangt LG Stgt ZMR **95**, 259 Angaben üb den (vermietet u unverm) erzielb KaufPr. Die AbbruchGen muß nicht erwähnt w (BayObLG NJW-RR **94**, 78). Auch Grde, die dem Mieter vorher schriftl od mdl mitgeteilt worden sind, müssen angegeben w (BayObLG NJW **81**, 2197); Bezugn genügt nicht (LG Bln ZMR **93**, 118). Bei dem KündSchreiben sollte § 564 a II beachtet w, weil die SozKl anwendb bleibt (Rn 4). Wenn aGrd des Abs IV gekünd w, ist auf dieses SoKündR hinzuweisen (Schmidt-Futterer/Blank B 697). Die Künd kann auf Abs II u IV im Haupt-HilfsVerh gestützt
22a w (LG Kiel DWW **92**, 85). **b) Grundlage** für die Künd sind nur diejen Grde, die im KündSchreiben gem § 564 a I 2 angegeben sind (Abs III). Alle Tats, die zu dem bezeichneten KündGrd gehören, ihn ausfüllen od mit ihm zushängen, sind zu berücks, soweit sie im Proz eingeführt w; denn § 564 a I 2 verlangt nur, daß der KündGrd im KündSchreiben identifiziert w (§ 564 a Rn 9). Vor Künd entstandene, dem Verm unbek gebliebene Grde sind auch bei schuldloser Unkenntn ausgeschl u können nur eine neue Künd rechtf.
23 Nachträgl entstandene Grd: Rn 24. **c) Zeitpunkt.** Es entspr einem allg RGrds, daß eine Künd, die dch Grde gerechtf sein muß, nur dch solche Grde gerechtf w kann, die zZ der KündErkl vorlagen, auch wenn sie dem Kündigden erst später bek geworden sind u von ihm zur Rechtfertigg der Künd (insb im Proz) nachgeschoben w können (vgl BVerfG NJW **88**, 2725). Das gilt grdsätzl auch für § 564 b, soweit Abs III nichts and best. Der Grdsatz ist auch für Abs IV anzuwenden (Karlsr WuM **93**, 405). Die Grde müssen noch zZt der letzten mdl Vhdlg vorliegen (Karlsr ZMR **93**, 335), nach umstr Ansicht auch noch zZt der Räumg, um die Gültk der Künd nicht zu beeinträcht. Keinesf müssen die Grde über die RKraft hinaus fortbestehen. Fallen die Grde weg, kann dem Mieter ein Anspr zustehen, das MietVerh fortzusetzen (v. Stebut NJW **85**, 296). Das kann insb bei Wegfall des EigBed gegeben sein (vgl Seier NJW **88**, 1617), der eine MittPfl des Verm begrdet (BayObLG NJW **87**, 1654). Verletzg der MittPfl kann SchadErsAnspr begrden (LG Bln ZMR **94**, 18). Für die Beurteilg des zul KündGrd ist der Schluß der letzten mdl Vhdlg (§ 296 a ZPO) maßgebd.
24 Welche Grde u Tats zugrdegelegt w dürfen, bestimmt Abs III (vgl Rn 22). **d) Nachträglich entstandene Gründe.** Es ist nicht erkennb, daß der Ggeber von dem in Rn 22 angeführten Grds abweichen wollte. Keinesf könnte eine Künd dch Grde gerechtf w, die erst nach der mit Rücks auf die KündFr (§ 565) feststehenden Beendigg des MietVerh entstanden sind. Ebsowen sollte eine mit VertrVerletzg (Abs II Nr 1) begrdete Künd dch einen Eigenbedarf (Abs II Nr 2) gerechtf w können, der zwar vor Beendigg des MietVerh, aber im Laufe der KündFr eingetreten ist u nur eine Künd zum späteren Ztpkt rechtfert könnte.
25 **aa) Zulassung** nachträglich entstandener Grde ist iü umstr. Gesichert dürfte sein: **(1)** Der nachträgl entstandene Grd kann die berecht Künd zusätzl stützen (für § 556 a I S 3). **(2)** Bei Wegfall des zuerst angegebenen Grdes kann der bislang ungenannte Grd, der rechtzeit vorlag, nunmehr die Künd begrden. **(3)** Anstatt einer unwirks ersten Künd können (auch noch im Proz bis § 296 a ZPO) die nachgeschobenen Grde eine
26 neue (formgerechte, § 564 a) Künd rechtfert. **bb) Weitere Kündigung.** Das Vorbringen nachträgl entstan-

dener Grde im Proz kann eine schlüss erkl neue Künd darstellen, die das MietVerh dann zu dem nach der KündFr zutreffden, späteren Ztpkt auflöst; von § 564 a I ist dann zul abgewichen u die vorliegde KlÄnd ist zuzulassen (aA LG Düss WuM **90**, 505).

6) Sonstige Kündigungsgründe (Abs I). Da Abs II Nr 1–4 die Fälle berecht Interesses nicht abschließd aufzählt, kommen weitere Grde in Betr, die denen des Abs II gleichgewicht sind (BVerfG NJW **92**, 105): **a) Wichtiger Grund** für fristl Künd (§§ 553, 554, 554 a), wenn er nicht für eine außerord, sond als Grd für eine ord Künd verwendet w od für eine außerord Künd nicht ausreicht (vgl §§ 553, 554 a); schuldl ZahlgsVerz (weil § 285 auf § 279 abstellt, vgl Rn 33). **b) Betriebsbedarf** insb Verwendg als Werkmiet- od DWo für einen and ArbN an Stelle eines ArbN, dessen ArbVerh beendet ist (allgM), erst recht, wenn die Wo an eine betrfremde Pers vermietet ist (LG Bln NJW-RR **96**, 907; einschränkd Stgt ZMR **91**, 260); jedoch muß die Wo für einen best BetrAngeh benöt w (AG Ffm NJW-RR **93**, 526), wofür ein besserer BetrAblauf genügt (aA LG Bln ZMR **97**, 472). Ferner Umwandlg in GeschRäume (aA LG Bln NJW-RR **92**, 1231 mwN u WuM **93**, 338: Abs II Nr 3), zB BotschGebde (LG Bln NZM **99**, 800). **c) Öffentlicher Bedarf** (wenn nicht Rn 21 gilt) bei einer Wo, die dem WoBindG unterliegt u an NichtwohnBerecht verm ist (fehlbelegte SozWo), die Absicht u behördl Auffdg, an WohnBerecht zu verm (MK/Voelskow 67; Hamm NJW **82**, 2563; BayObLG ZMR **85**, 335). Bei einer Gem das Benöt v WoRaum zur Erf öff-rechtl Aufgaben (BayObLG NJW **81**, 580; LG Hbg NJW-RR **91**, 649), zB famgerechten WoRaum bereitzustellen (vgl LG Mü I WuM **92**, 16); Unterbringen v Asylbewerbern (AG Waldshut NJW **90**, 1051). **d) Zweckbindung:** bei HausmeisterWohng, wenn der HausmeisterVertr beendet ist, Notwendigk, Hausmeister unterzubringen (LG Hbg MDR **80**, 315, LG Wiesb WuM **96**, 543). **e) Wohnungsgenossenschaft** (hierzu allg u umfassd Lützenkirchen WuM **94**, 5). Als Grde kommen in Betr: fehlde Mitgliedsch, insb bei Austritt (vgl Löwe NJW **75**, 9; aA LG Hbg WuM **88**, 430); Fehlbelegg, insb eine krasse Unterbelegg (Stgt NJW-RR **91**, 1226) od eine nur gelegentl Nutzg als StadtWo (LG Mü I NJW-RR **92**, 907); Erf vorrang Interessen (Lützenkirchen aaO 9). **f) Veränderte Umstände:** Überbelegg dch starken FamZuwachs (LG MöGladb NJW-RR **91**, 1113 mwN). Bei Unter- od ZwMiete genügt für sich allein nicht die Beendigg des HauptMVerh (LG Köln WuM **95**, 709 mwN). **g) Steuernachteile:** Wegfall v erhebl Steuervergünstiggen bei unterbleibder Eigennutzg (BayObLG NJW **84**, 1560 mwN; bestr; abw LG Ffm NJW-RR **87**, 720).

27 (beside line "aufzählt…"); 28 (beside "(weil § 285…"); 29 (beside "93, 338…"); 30 (beside "92, 16)…"); 31 (beside "f) Veränderte Umstände…")

7) Schuldhafte Vertragspflichtverletzung (Abs II Nr 1). **a) Voraussetzungen.** Keine Abmahng (Schläger ZMR **91**, 41), sondern nur: **aa) Verletzungshandlung** dch Tun od Unterl; sie muß sich auf eine der MieterPfl (§ 535 Rn 28) beziehen u vom Mieter od einem ErfGeh (§ 278) ausgehen. Für die ZahlgsPfl sind das nur diejen außer dem Mieter selbst, die die Zahlg neben ihm schulden od dafür haften, für den vertrgem Gebr u die ErhaltgsPfl auch die zum Hausstand gehörden Pers, insb FamAngeh u HausAngest, die nicht nur vorübgehd beschäft w; für Unterm u sonst Dr gem § 549 III. Der Abschl des MietVerh auf Probe rechtfert die Herabsetzg der Anfdgen (aA Stgt NJW **82**, 2673). Bei Mehrh v Mietern genügt die schuldh VertrVerletzg v einem (vgl LG Darmst NJW **83**, 52). **bb) Verschulden:** Vors u jede Fahrl (§ 276), nicht nur grobe (aA LG Aach DWW **91**, 116), auch für ErfGeh (§ 278; wie Rn 32). Da nicht (wie bei § 279) auf Vertretenmüssen, sond auf Versch abgestellt ist, genügt eine schuldl Zahlgsunfähigk nicht (vgl aber Rn 35). Bei SchuldUnfäh (insb Geisteskranken) entfällt nicht das Erfordern des Versch; jedoch kann die Künd nach Rn 27 od üb § 554 a begrdet w. **cc) Erheblichkeit:** sie muß sich auf die PflVerletzg (nicht auf das Versch) beziehen. Unerhebl kann sie insb sein, wenn die Re u Belange des Verm nur ganz geringfüg beeinträcht sind od ein Einzelfall ohne Wiederholgsgefahr vorliegt. Auf Zumutbk darf nicht abgestellt w. **b) Einzelfälle. aa) Zahlungsrückstand.** Soweit der KündGrd des § 554 erf w, ist die Künd auf jeden Fall gerechtf. Ein ZahlgsVerz (auch bei Nebenentgelten, § 535 Rn 37) in geringerem Umf als § 554 I Nr 1 u 2, aber wohl nicht geringer als eine MoMiete (umstr; vgl Schmidt-Futterer/Blank B 593) u nicht kürzer als ein halber Mo, nur sofern der ZahlgsRückstd dch Vors od Fahrlk (auch darauf beruhde Unkenntn) verurs ist, nicht dch schuldl Geldmangel, der für den Verz wg §§ 279, 285 genügen würde. Weil iR der Nr 1 (im Ggsatz zu § 554) der § 279 nicht gilt (Rn 33), ist eine analoge Anwendg von § 554 II Nr 2 abzulehnen (Stgt ZMR **91**, 429 mwN; Karlsr NJW-RR **93**, 79; aA Franke ZMR **92**, 81; Scholl WuM **93**, 99). Die leichteren Fälle von vereinzelter fahrl unterl Zahlg, insb aus Irrt od Unkenntn tats Umstde können aber im Einzelfall als unerhebl angesehen w, wenn innerh angem Zeit der Rückstd beglichen od von einer öff Stelle übern w. **bb) Verspätung.** Unpünktl Zahlg, die nicht einen KündGrd als ZahlgsRückstd darstellt (Rn 35), kann die Künd idR nur rechtf, wenn sie wiederholt u aus Absicht od Nachlässigk vorgekommen ist. Die Künd erfordert keine vorher Abmahng (Oldbg ZMR **91**, 427; bestr). **cc) Vertragswidriger Gebrauch,** auch in schwächerem Maße, als § 553 voraussetzt, auch ohne Abmahng, wenn andauernd od bei WiederhGef, Vors od eine grobe Fahrlk zugrde liegt. Es ist nicht erforderl, daß die Re des Verm in erhebl Maße beeinträcht, die Wohng od das Haus beschäd w, weil die Einschränkg „nicht unerhebl" sich auf die PflVerletzg, nicht aber auf ihre Auswirkgen bezieht. Bsp: unerlaubte Tierhaltg trotz Abmahng (LG Bln ZMR **99**, 28). Bei ÜbBelegg vgl LG Bonn NJW-RR **91**, 846. **dd) Unbefugte Gebrauchsüberlassung** an Dr zu selbstd Bes dch Verstoß gg § 549 wg PflVerl des Mieters (allgM; BayObLG ZMR **95**, 301 mwN); im Ggs zu § 553 genügt hier bereits die Überlassg des Gebr; ein Belassen nach Abmahng ist nicht notw, dafür jedoch ein Versch (Rn 33). Ein Anspr auf Erlaubn zur UnterVermietg (§ 549 II) kann dem berecht Interesse des Verm im Einzelfall entggstehen (vgl BayObLG aaO; Pauly ZMR **95**, 574). **ee) Vernachlässigung** der Wohng od der mit ihr verm Grdst- u GbdeTe (§ 535 Rn 9) dch Verl der ErhaltgsPfl (§ 535 Rn 39; LG Hbg ZMR **84**, 90 [SchönhRep]) u ObhutsPfl (§ 545 Rn 1), bei möbliertem WoRaum auch der Einrichtg (Schopp ZMR **75**, 97 [99]). **ff) Belästigung** des Verm od and Mieter kann, auch soweit die Vorauss für eine fristl Künd (§ 554) nicht erf sind, als sonst Grd (Rn 27) die Künd rechtf, nach Nr 1 aber nur, wenn Versch (Rn 33) vorliegt, auch dch Verletzg der AufsPfl. Verurs dch Schuldunfäh (insb Kinder, Geisteskranke) nur zur außerord Künd bei Unzumutbark führen (§ 554 a Rn 5, 6). Bsp: Störg des Hausfriedens; Verstöße gg die HausO; Beleidiggen (LG Hbg NZM 99, 304) u and Straftaten gg Verm, and Mieter u deren Angeh od Gäste; Beeinträchtigg dch Lärm, Geruch od Schmutz; Benutzg der Wohng zu v Verm nicht erlaubtem gewerbl Zweck od zur Prostitution. **c) Beweislast:** Verm für VertrVerletzg u Erheblk; für fehldes Versch je nach GefKreis (§ 282 Rn 9).

32 (beside "7) Schuldhafte…"); 33 (beside "VertrVerletzg v einem…"); 34 (beside "Rn 27 od üb…"); 35 (beside "od ein Einzelfall…"); 36 (beside "w, wenn innerh…"); 37 (beside "Abmahng (Oldbg…"); 38 (beside "RR 91, 846…"); 39 (beside "Pauly ZMR…"); 40 (beside "Rn 1), bei möbliertem…"); 41 (beside "Benutzg der Wohng…")

42 8) **Eigenbedarf** (Abs II Nr 2), u zwar als WoRaum. Die Praxis wird inzw weitgehd v der ausufernden Rspr des BVerfG best. a) **Allgemeines.** Die Vorschr ist mit Art 14 I S 1 GG vereinb (BVerfG stRspr; zB NJW **90**, 309), steht aber dazu in einem gewissen Konflikt (hierzu Henschel NJW **89**, 937; krit Roellecke NJW **92**, 1649). Der Entschluß des Verm, ihm gehörden WoRaum selbst zu nutzen od dch einen eng gezogenen Kreis best Dr nutzen zu lassen, ist grdsätzl zu akzeptieren u der RFindg zugrdezulegen (BVerfG NJW **89**, 970), nicht ein v Ger für angemessen erachteter Maßstab (BVerfG NJW **93**, 1637 u ZMR **94**, 61). Das gilt auch, wenn der Verm eine gewerbl genutzte Wo anstelle der vermieteten für den EigBedarf gebr könnte (BVerfG NJW **90**, 309) od den EigBedGrd dch Umbau selbst herbeigeführt hat (BVerfG NJW **92**, 3032). Die aus dem Eigt abgeleiteten Grde dürfen nicht zG eines Verm verwendet w, der nicht Eigt ist, insb nicht bei UnterM (Blank WuM **89**, 157 [162]). Welchem v mehreren Mietern der Verm künd, steht ihm frei (hM; BayObLG NJW **82**, 1159). Eine TeilKünd bei EigBedarf ist grdsätzl unzuläss (§ 564 Rn 11; Karlsr ZMR **97**, 283; insow zust Wiek WuM **97**, 654). Das ist verfassgsrechtl unbedenkl (BVerfG NJW **94**, 308).
42a Ausn: Rn 56 u LG Duisb ZMR **96**, 664; Karlsr aaO). **b) Rechtsmißbrauch** macht die Künd unwirks (BVerfG stRspr, zB NJW **93**, 1637; Sonnenschein NJW **93**, 161 [167] mwN). Dies wird insb bejaht bei vorhandener and Wo des Verm v BVerfG NJW **91**, 2273, wenn eine im selben Haus freigewordene Wo dem Mieter, der sich nicht vertrwidr verhalten hat (vgl LG Mannh NJW-RR **97**, 332), nicht angeboten w (Karlsr ZMR **93**, 159), aber nur, wenn der Verm beabsicht, sie dem freien WoMarkt zur Vfg zu stellen (BVerfG NJW **94**, 435); ferner wenn der SelbstnutzgsWille nur vorgeschoben ist (BVerfG NJW **89**, 970) od ein voraussehb EigBedarf zur Künd ganz kurze Zt nach Vermietg auf unbest Zt benutzt w (LG Trier NJW-RR **92**, 718; LG Bln NJW-RR **93**, 661; bedenkl). Sehr zweifelh ist, ob bei bestehdem EigBed (Rn 46) noch Treuwidrigk od RMißbr der Künd entggstehen kann (LG Stgt NJW-RR **91**, 77; LG Münst NJW-RR **91**, 846) u ein AuskAnspr üb sog AlternativWoRaum bejaht w darf (so LG Bln NJW-RR **94**, 850).

43 9) **Voraussetzungen des Eigenbedarfs** (Abs II Nr 2 S 1). Sie dürfen nach Künd (ggf bis zur Entsch) nicht wegfallen. Entfällt der EigBed nachträgl bis zum KündTermin (vgl Rn 47), so ist der Verm verpfl, dies dem Mieter mitzuteilen (hM; LG Boch NJWE-MietR **97**, 50 mwN; vgl Rn 23). Der EigenNutzgsWunsch des Eigt ist grdsätzl zu beachten (BVerfG stRspr ZMR **95**, 198 mwN). Die Interessen des Mieters bleiben (im Ggs zu §§ 556a–c) demggü unberücks (BGH **103**, 91; aA AG Hbg-Bergedorf NJW-RR **93**, 1292). Der EigBed ist als berecht Interesse nicht abschließd geregelt, so daß Bedarf für Dr aus Interesse des Verm ein sonst
44 Grd sein kann (vgl Rn 28, 29). **a) Vermieter.** Bei Mehrh (zB ErbenGemsch), auch Gesellsch bürgerl Rs (Karlsr NJW **90**, 3278), genügt es, wenn der EigBed für einen besteht (hM; LG Hbg DWW **91**, 189 mwN), jedoch muß diese Pers Part des MietVerh sein. Nicht genügt, daß der MitEigt dem MietVertr ledigl zugestimmt hat (LG Karlsr WuM **89**, 241). JurP, insb HandelsGesellsch, können keinen EigBed haben, da er auf
45 Wohnen gerichtet sein muß (hM); jedoch kann Rn 28, 30 in Betr kommen. **b) Hausstands- und Familienangehörige.** Dazu gehört jedenf die Mutter (LG Kaisersl MDR **82**, 56; LG Bln MDR **89**, 1104), Sohn od Tochter selbst dann, wenn sie die Wohng für eine nehel LebensGemsch nutzen wollen (Karlsr NJW **82**, 889; LG Gieß ZMR **94**, 565); der getrennt lebde Eheg (LG Ffm NJW-RR **96**, 396); der Bruder (BayObLG MDR **84**, 316); Stiefkind (LG Hbg WuM **97**, 177); Kind der Schwiegertochter (LG Stgt WuM **93**, 352). Es müssen familiäre Bindgen bestehen (Brschw NJW-RR **94**, 598); daher grdsätzl nicht ein Schwager (Oldbg NJW-RR **93**, 526 mwN), nur ausnw (LG Mainz WuM **91**, 554), ebso ein Neffe (LG Münst NJW-RR **91**, 1356), eine Großnichte (LG Wiesb NJW-RR **95**, 782) od eine Cousine (Brschw aaO). Ein best Grad v Verwandtsch od Schwägersch kann jedenf nicht gefordert w; § 8 II.WoBauG ist nicht anwendb (hM); ferner HausAngest u solche Pers, die der Verm schon bisher für dauernd in seinem Haush aufgen hat, nicht solche,
46 die er nunmehr (ohne Notwendigk) aufzun beabs. **c) Benötigen** muß der Verm für sich als WoInh od für einen FamAngeh (wie Rn 45) als neuen Mieter od unentgeltl NutzgsBer. Die Person kann noch im Laufe des RStreits wechseln (LG Limbg NJW-RR **98**, 1626). Der Bedarf kann sich ausnw auf einen Teil der Wo beziehen (vgl Rn 42 u § 564 Rn 11 aE). Der Grd, der zur EigBedLage geführt hat, ist unerhebl (BVerfG NJW **88**, 1075). Es genügt die bloße, aber ernsth Abs des Verm, im eigenen Haus zu wohnen (BVerfG NJW **90**, 3259), auch die einer Nutzg auf begrenzte Zt (BayObLG ZMR **93**, 327). Auch für eine ZweitWo kann EigBed bestehen (LG Hbg NJW-RR **92**, 1365 mwN). Notfall, Mangel od Zwangslage müssen nicht vorliegen (BVerfG NJW **94**, 309). Welcher Grad des EigBed erforderl ist, muß dem Einzelfall überlassen bleiben. Es genügen vernünft nachvollziehb Grde (BGH **103**, 91; vgl hierzu Wolf WM **90**, 1565); sie sind auch erforderl, so daß der bloße Wunsch des Verm nicht genügt (BVerfG NJW **89**, 3007). Der EigBedarf wird nicht dadch ausgeschl, daß and Wo des Verm frei w (zu Einzelh: Eisenhardt WuM **97**, 476). Darin muß der Verm auch wunschgem wohnen können (BVerfG NJW **91**, 158 u **94**, 995). Andseits kann das Freiwerden einer and Wo des Verm dem EigBed entggstehen (vgl BVerfG NJW **91**, 157), auch wenn nur ein RäumgsTitel dafür besteht (LG Bln NJW-RR **92**, 336). Stets wird genügen, daß der Verm selbst nur eine teurere od zum ArbPlatz wesentl ungünst gelegene Wohng hat, ganz allg eine weniger geeignete, od der Verm den Wunsch hat, Wohng u ArbStätte im selben Haus zu haben (BVerfG NJW **94**, 2605). Es genügen auch persönl Veränd, zB Heirat, ArbPlWechsel ohne Rücks darauf, ob der Eheg die Wo mitbeziehen will (aA LG Bln NJW-RR **95**, 783), Ruhestd od Getrenntleben, auch die Abs in nehel LebensGemsch zu wohnen (Battes JZ **88**, 957) u der bloße Wunsch, Kinder zu bekommen (BVerfG NJW **95**, 1480) od die Abs, die Wo nur für die Hälfte eines J zu benutzen (aA verfehlt AG Mü WuM **89**, 299), auch der Wunsch nach einer kleineren Wo wg geringeren WoBedarfs (LG Brschw NJW-RR **93**, 400). Es ist nicht erforderl, daß der Verm unzureichd untergebracht ist; es genügt bessere Lage u Schnitt (LG Landau NJW-RR **93**, 81). Entspr gilt für die FamAngeh, die die Wohng erhalten sollen, sodaß es für den EigBedarf des Verm genügt (vgl BayObLG WuM **86**, 271), wenn bei dem FamAngeh (Rn 45) der WoRaumBedarf besteht (Hbg NJW **86**, 852), selbst wenn ein Kind bei den Eltern ausreichd untergebracht ist (BGH **103**, 91), aber nicht, wenn es nunmehr übzogen großzüg wohnen soll (LG Ffm NJW **90**, 3277; LG Brem WuM **92**, 20). Es genügt, die beabsicht Unterbringg v Kindern in getrennten Zimmern (LG Hbg NJW-RR **91**, 1355), auch die eines au-pair-Mädchens (BVerfG NJW **94**, 994). Aufn von benöt PflegePers begrdet EigBed (BayObLG NJW **82**, 1159), selbst wenn diese Pers noch nicht feststeht (LG
47 Hbg NJW-RR **90**, 1295) od noch nicht benöt w (LG Ellwangen NJWE-MietR **96**, 124). **d) Zeitpunkt. aa) Grundsätze.** Für die Entscheidg maßg ist der Schluß der mdl Vhdlg (§ 296a ZPO), auch in der

BerufgsInst. Der EigBed muß grdsätzl nach Abschl des MietVertr entstanden sein, zZ der KündErkl u noch bei Ablauf der KündFr vorliegen (hM; Düss NJW-RR **92**, 1489). Er liegt in der Disposition des Verm (BVerfG NZM **99**, 659); er muß üb den Ztpkt der Künd hinaus Bestd haben (hM; Hamm ZMR **92**, 438) u kann daher dch den Tod des Verm entfallen (Karlsr NJW-RR **94**, 80). Hingg kann er schon vor EigtErwerb vorgelegen haben u dch den Kauf einer vermieteten Wohng erst geschaffen worden sein, sog selbstverurs EigBed (hM; BVerfG NJW **89**, 970). **bb) Zukünftig** mögl EigBed kann zZt der Vermietg schon vorgelegen **47 a**
haben (LG Münst NJW-RR **90**, 1354; aA LG Hdlbg NJW-RR **91**, 1164), auch wenn er vorhersehb war (aA LG Bln NJW-RR **98**, 1093), jedoch muß der Verm darüb aufklären (LG Hbg NJW-RR **94**, 465). Das Ger muß jedenf dem Verm seine LebPlang überl (BVerfG NJW **93**, 2166 u NJW-RR **93**, 1357). Das Interesse des Verm muß nicht ggwärt sein; wenn es vorauszusehen ist, kann es nach Künd eintreten; jedoch müssen hierfür Tats vorliegen; sog VorratsKünd sind unzul (hM; BVerfG NJW **90**, 3259). **cc) Veräußerung.** Es gilt § 571 **47 b**
(dort Rn 14); jedoch steht dem Mieter ein FortsetzgsAnspr zu, wenn der EigBed bei Ablauf der KündFr nicht mehr besteht (hM). Dies entfällt, wenn derjen Erwerber ist, für den der EigBed geltd gemacht war (Hamm NJW-RR **92**, 1164). **e) Beweislast:** grdsätzl der Verm, aber nicht dafür, daß die MietZt unbest ist (aA LG **47 c**
Aach NJW **90**, 1163).

48 **10) Eigenbedarf bei Umwandlung in Wohnungseigentum** (Abs II Nr 2 S 2–4). Die Vorschr gewähren einen zusätzl KündSch u beziehen sich nur auf Nr 2, nicht auf Nr 1 u 3 (vgl aber Rn 55 a). Der Mieter wird dch SperrFr u nach deren Ablauf dch eine SozKlausel (Rn 5, 51 a) geschützt. Selbstverständl muß der § 564 b anwendb sein, so daß die MietVerh des Abs IV u VII (Rn 14–21) nicht geschützt w (aA Börstinghaus/Meyer NJW **93**, 1353). Gilt auch bei öff geförd Wo, wenn der Eigt wohnberecht ist u der Mieter unter Fehlbelegg fällt (LG Tüb ZMR **96**, 563). **a) Voraussetzungen.** Es muß eine sog Umwandlg vorliegen, dh **49**
das WoEigt muß nach Überlassg (§ 536 Rn 6) an den betr Mieter begrdet (idR dch § 8 WEG) u danach veräußert w sein. Darunter fällt auch die ZwVerst, wenn danach gem § 57 a ZVG gekünd w (BayObLG NJW-RR **92**, 1166), u die NießbrBestellg nach Übereigng (LG Bln NJW-RR **92**, 1165). Es fällt nicht darunter: Ersterwerb des WoEigt vor od bei Errichtg des Gebdes, auch wenn die Wohng vorher wg Unverkäuflk vermietet w; ebensowen, wenn die Wohng nach Errichtg v Bauträger erworben w; bloße Teilg (§ 8 WEG) ohne Weiterveräußerg; ferner die Fälle des § 3 WEG, jeweils wenn eine best Wohng übern w (BGH NJW **94**, 2542 mwN); wenn eine GbR das erworbene Haus zur Nutzg aufteilt (Karlsr NJW **90**, 3278; aA Karl ZMR **91**, 289: entspr anwendb). Wird der Vertr so gestaltet, daß S 2 umgangen w, so muß die SperrFr eingehalten w (Karlsr NJW **93**, 405). **b) Sperrfristen.** Sie sind unterschiedl lang. Die SperrFr beginnt mit **50**
der Vollendg des EigtErwerbs gem § 925, idR also mit Eintr im GB. Ende: § 188 II. Bei einer weiteren Veräußerg beginnt sie nicht wieder von neuem zu laufen (BayObLG NJW **82**, 451 mwN; aA AG Spandau NJW-RR **93**, 584). **aa) Normale Dauer.** Die allg gült Dauer der SperrFr ist 3 J (S 2). **bb) Fünfjährige** **50 a**
Dauer. In Gebieten mit WoRaummangel, die dch VO der LandesReg (sog KündSperrFrVO) best w (S 4), ist sie, um dem Mieter besser zu ermögl, eine ErsWo zu finden, seit 1. 8. 90 auf 5 J erhöht (S 3; vgl Rn 1). Dies gilt nicht für WoVeräußergsVertr, die vor dem 1. 8. 90 abgeschl w (Art 2 G v 20. 7. 90, BGBl I 1456). Welche Fr gilt, hängt v Ztpkt der Künd ab. Die Verlängerg tritt nicht vor Erlaß der VO ein (S 4). Mit Aufhebg einer VO entfällt die KündSperre ohne Rücks auf den Ablauf der erhöhten SperrFr (BT-Dr 11/6374 S 7).
cc) Zehnjährige Dauer (Art 14 S 2 Nr 1 G v 22. 4. 93, BGBl 466; Wortlaut Rn 5). Gilt seit 1. 5. 93. **50 b**
AnwendgsBer: Rn 5. Vorher erkl Künd w davon nicht erfaßt (BayObLG ZMR **95**, 304; Schilling ZMR **93**, 441 [444]). Die SperrFr läuft ab der ersten Veräußerg (wie Rn 49). Sie hat zur Folge, daß der Verm auch bei berecht Interessen wg EigBedarf währd der SperrFr nicht wirks künd kann (Rn 51). Da es keine ÜbLeitgs-Vorschr gibt, erfordert eine verfassgsgem Auslegg, daß die WoVeräußerg erst nach dem 1. 8. 90 (vgl Rn 5) stattgefunden haben muß u die 10-JFr für frühere WoVeräußergen nicht gilt (sehr umstr). **c) Wirkung.** Der **51**
Verm darf erst nach (nicht zum) Ablauf der SperrFr künd, u zwar mit der Fr des § 565 (hM; Hamm NJW **81**, 584). Das gilt nicht, wenn für den Erwerber schon vorher wg EigBed (S 1) gekünd w (Hamm ZMR **92**, 438). Die trotzdem erkl Künd ist unwirks (wohl hM; Sternel ZMR **95**, 1 mwN; bestr; vgl Schilling/Meyer ZMR **94**, 497 [504] mwN). **d) Sozialklausel** (Art 14 S 2 Nr 2 G v 22. 4. 93; BGBl 466; Wortlaut Rn 5). Nach **51 a**
Ablauf der 10-jähr Dauer u bei Fortbestd ihrer Vorauss bleiben auch berecht Interessen des Verm unberücksicht, wenn die vertrmäß Beendigg des MietVerh für den Mieter od ein bei ihm lebdes Mitglied seiner Fam eine ungerechtfert Härte darstellt. Ausn: Nachw angem ErsWoRaums zu zumutb Bedinggen dch den Verm. Die ErsWo muß konkret nachgewiesen u für den Mieter zur Anmietg bereit sein (Sternel ZMR **95**, 1 [4]). Die Vorauss ähneln dem § 556 a (vgl dort Abs I S 1 u 2) u sind auch für den Nachw danach zu behandeln, so daß die SozKl im Ggsatz zu Art 14 S 2 Nr 1 (Rn 50 b, 51) kein KündHindern darstellt (Schilling ZMR **93**, 441 [443]); Sternel ZMR **95**, 1 mwN; bestr).

52 **11) Wirtschaftliche Verwertung** (Abs II Nr 3); sog VerwertgsKünd. Aktueller Übbl: Schönleber NZM **98**, 601. Die Vorschr ist verfassgskonform (BVerfG NJW **89**, 972), gilt aber nicht in den neuen BLändern bei sog AltVertr (Art 232 § 2 II EG). **a) Voraussetzungen** (S 1). Sie dürfen für den Verm nicht dadch erschwert **52 a**
w, daß eine übtriebene Substantiierg verlangt w (BVerfG NZM **98**, 618). Ztpkt: wie Rn 47. Für die Künd wg Abbruchs muß weder die Gen für den Neubau vorliegen noch die AbbruchGen im KündSchreiben erwähnt w (BayObLG NJW-RR **94**, 78), wohl aber eine überschläg Ertragskalkulation (LG Wiesb NZM **98**, 263).
aa) Hinderung angemessener Verwertung. Der Begr Verwertg umfaßt Abriß u Neubau (LG Bln NJW- **52 b**
RR **97**, 585), insb den Verk (BVerfG aaO; LG Trier WuM **91**, 273) u die Nutzg dch GebrÜberlassg, vor allem Vermietg als gewerbl od freiberufl Räume (vgl aber Rn 55), Begründg dingl Re (insb ErbbR). Der bloße Umstd, daß die Wo vermietet ist, hindert die angem Verwertg nicht (LG Bln NJW-RR **95**, 332). Bisher erfolglose VerkBemühgen sind ggf anzugeben (LG Stgt WuM **94**, 686), dürfen aber nicht als KündVorauss verlangt werden (BVerfG WuM **98**, 463). Die VerwertgsAbs muß sich nicht auf das ganze Grdst beziehen (umstr; vgl BVerfG NJW **92**, 105). Angem hierbei sind auch die wirtsch u pers Verh des Verm zu berücks, zG des Verm auch, ob die Art der Verwertg öff Interessen entspr. Insb ist angem: wenn Geldmittel für Unterh, Altersversorgg, Tilgg v Verbindlk (LG Mannh ZMR **95**, 315) zur Herstellg neuen WoRaums od Investitionen verwendet w sollen, das Grdst nach Beseitigg abbruchreifer Gebde neu bebaut w soll; überh beabsicht Sanierg (vgl Beuermann ZMR **79**, 97), die nicht üb § 541 a erzielt w kann (vgl LG Bln NJW-RR **96**, 266 mwN), zB

Ausstattg v AltbauWo mit Bad u eigenem WC, wenn dadch die betreffde Wo wegfällt (BayObLG NJW **84**, 372); Aufteilg einer 6-ZiWo in zwei mit 3 Zi (aA LG Hbg NJW **89**, 2699); Verkauf zwecks ErlösVerwendg zum Kauf einer and EigtWo für FamAngeh (LG Mü II NJW-RR **87**, 1165) od geringere Verschuldg bei Neubau eigenen WoRaums (LG Düss NJW-RR **91**, 1166), wohl aber nicht allein die Erwartg höheren Erlöses beim WeiterVerk (LG Bln NJW-RR **88**, 527). Hohes, dem VerkWert entspr Entgelt steht nicht entgg.
53 **bb) Erleiden erheblicher Nachteile** für den Verm dadch, daß das Grdst über längere Zt keine Nutzgen (§ 100) bringt u überwiegd Kosten verurs od einen wesentl geringeren KaufPr, wenn die Wohng nicht geräumt ist (hM; hierzu Brinkmann ZMR **92**, 520 mwN). Dieses Erfordern darf nicht so weit ausgedehnt w, daß verlangt w, der Verm müsse andfalls in Existenznot geraten (BVerfG NJW **89**, 972) od der Verk müsse als zwingd erscheinen (BVerfG NJW **91**, 3271). Es genügt, wenn der Verm den Erlös benöt, um einen verteuerten Kred auf dem selbst bewohnten EigHeim zurückzuführen (LG Düss NJW-RR **92**, 522). Andseits genügt nicht, daß der Verm beim Verk in vermietetem Zustd nur einen geringeren Pr erzielen kann (BVerfG NJW **92**, 361), wohl aber, wenn die fin Einbußen erhebl sind (BVerfG NJW **92**, 2752; bedenkl eng: LG Wiesb NJW-RR **93**, 1292). Das sind sie nicht, wenn der erzielb Erlös den Wert übsteigt u üb dem gezahlten KaufPr liegt (LG Gieß NJW-RR **95**, 331). Jedenf sind Angaben üb das Ausmaß der NachTe erforderl (LG Stgt WuM **95**, 686). Es steht der Künd grdsätzl nicht entgg, daß der Verm die Wohng bereits in vermietetem Zustd erworben hat (Kblz ZMR **89**, 216; aA LG Mü I NJW-RR **92**, 520). Auch die ZVerluste u die Vereitelg v geplanten Gesch inf der Vorenthaltg des KaufPr können genügen; jedoch sind die finanz NachT darzulegen (LG Bln NJW-RR **97**, 10), ferner der Wegfall erhebl Steuerbefreigen (LG Mü I ZMR **85**, 385). Ein überragdes Interesse des Verm kann darin bestehen, daß er ein behindertengerechtes Haus braucht (LG Trier
54 NJW-RR **91**, 1414). **cc) Kausalität:** Die Fortsetzg des MietVerh muß die Verwertg verhindern u die Nachteile verurs. Diese Kausalität w aber keinesf dadch ausgeschl, daß noch and MietVerh, die ebenf gekünd
55 sind od w sollen, weitere Hindern darstellen. **b) Ausgeschlossener Grund** (S 2) ist die Abs, eine höhere Miete (S 2) dch neues MietVerh mit and Mieter zu erzielen, aber nur, wenn wieder als WoRaum vermietet w soll, so daß Vermietg zu gewerbl od freiberufl Zwecken ein zul Grd ist. Dem kann aber andseits im Einzelfall das Verbot der Zweckentfremdg entggstehen (Art 6 MRVerbG). Die hierzu erforderl behördl Gen muß zZ der
55a Künd vorliegen (hM; Hbg NJW **81**, 2308). **c) Umwandlung in Wohnungseigentum** (S 3 u 4) nach Üblassg an den Mieter (wie Rn 49). **aa) Veräußerungsabsicht** des Verm ist als Grd für ein berecht Interesse ausgeschl (S 3). Dadch wird vermieden, daß die in Nr 2 S 2 festgelegte Einschränkg umgangen w kann, indem der Veräußerer das MietVerh beendet; iü Rn 49. **bb) Sperrfristen.** Es gilt wg S 4 die gleiche 5-JFr wie für Nr 2 (Rn 50). Seit 1. 5. 93 gilt eine 10-JFr aGrd v Art 14 S 2 Nr 1 G v 22. 4. 93, BGBl 466; Wortlaut Rn 5. Es gilt Rn 50 entspr. **cc) Sozialklausel.** Es gilt Rn 51 a entspr.

56 **12) Erweiterung des Gebäudes** (Abs II Nr 4). In Kraft seit 1. 6. 90; geänd seit 1. 9. 93 (vgl 55. Aufl Rn 1) u nochmals seit 1. 3. 96 (vgl Rn 1) dch Ausgestaltg als DauerR. Die zw 1. 6. 95 u 29. 2. 96 zugegangenen TKünd sind unwirks (Meyer NJW **96**, 1726). Verfassgsrechtl unbedenkl (BVerfG NJW **92**, 1498). Die SozKl des § 556 a bleibt unberührt. **a) Voraussetzungen** (S 1) für ein berecht Interesse iS des Abs II: **aa) Verwendungsabsicht.** Sie muß sich (alternativ) darauf richten **(1)** Buchst a: WoRaum (Einf 70 vor § 535) zu schaffen, der vermietet w soll, insb dch Aufstockg u Schließen v Baulücken. Dieser Zweck wird nicht erf, wenn die Abs besteht, die neu geschaffenen Räume selbst zu benutzen (BVerfG NJW **92**, 494; LG Stgt NJW-RR **92**, 206), ausnw aber dann, wenn der Verm die Räume zwar selbst bewohnen, aber dafür seine Wohng dem WoMarkt überläßt (MK/Voelskow 66 c). Diese Ausn trifft nicht zu, wenn der Verm seine bisher Wo veräußern will (LG Duisbg ZMR **96**, 664). **(2)** Buchst b: Ausstattg u WoRaum mit Nebenräumen u GrdstTeilen (wie bb), entw neu von vorneherein od nachträgl. **bb) Räume und Grundstücksteile:** Nebenräume, die nicht zum Wohnen best sind, zB Abstellraum, Speicher- u Kellerabteil, Werkstatt, Atelier. Als GrdstTeile (vgl § 94 I S 1) kommen in Betr: Garagen, Kfz-Abstellplätze, Gartenanteile. **cc) Teilkündigung** (vgl § 564 Rn 11) ist seit 1. 3. 96 ohne zeitl Beschrkg zul (vgl Rn 1). Sie muß sich auf die mitvermieteten Räume od GrdstTeile beschr, die zu den Zwecken der Buchst a) und b) verwendet w sollen. Bei Mehrh v Verm müssen alle künd (Celle NJWE-MietR **96**, 27). Mitt der Künd bedeutet Zugang iS des § 130. Die KündFr des S 2 bedeutet, daß eine Künd zum 30. Nov spät am 3. Sept zugehen muß, wenn dies ein Mittw, Do od Freit ist. Inhalt: Der Grd muß angegeben w, weil Mitt verlangt ist, nicht aber das Angebot der MietZSenkg (BT-Dr 11/
57 5972 S 17). **b) Mietzinssenkung** (S 3) kann der Mieter verlangen, forml u unbefr. Angem Herabsetzg: wie § 14 III NMV 1970. Sie ist am Nutzwert zu orientieren. Die GrdSätze des § 537 sind anwendb (Johann NJW **91**, 1100). Einigg gem § 305 sollte angestrebt w. **c) Verlängerung** (S 4) des MietVerh v Nebenraum od GrdstTeil üb den KündTermin hinaus kann der Mieter nur bei Verzögerg des Baubeginns verlangen. **d) Duldung** der Baumaßn: Der Mieter kann hierzu entspr § 541 b verpfl sein (Wiese WuM **91**, 371).

58 **13) Wirkung. a) Materiell-rechtlich:** Künd, die der Verm ohne berecht Interesse erkl, sind dch Abs I verboten u daher gem § 134 nichtig. Sie beenden das MietVerh nicht. Darauf kann der Mieter wg der Unabdingbk (Abs VI) nicht von vornherein verzichten. Bei Wegfall des KündGrds vgl Rn 23. Verbindl wird die Wirksk od Nichtigk der Künd erst dch RKraft (§ 322 ZPO) od dadch, daß nach erfolgter Künd die Part des MietVerh sich dch Vertr vergleichen (§ 779). Akzeptiert der Mieter die Künd stillschw, indem er die Wo räumt, so endet idR das MietVerh dadch, daß die nichtige Künd über § 140 in ein Angeb zur VertrAufhebg (§ 564 Rn 1) umgedeutet w, das der Mieter jederzeit ann kann (§ 151; LG Mosbach NJW-RR **95**, 1417;
59 einschränkd MK/Voelskow 17). **b) Prozessual.** Erst im RStreit über Räumg, MietZZahlg od Feststellg (soweit nach § 256 ZPO zul) ist dch das Ger über die Wirksk der Künd zu entscheiden. Die Part können sich im Proz vergleichen, insb einen RäumgsVgl schließen. Ist der Vgl unwirks (vgl ThP § 794 Rn 34–36), zB wegen § 123, ist grdsätzl der alte RStreit fortzusetzen (vgl Pankow NJW **94**, 1182).

60 **14) Unberechtigte Kündigung.** Es können SchadErsAnspr (insb Differenzmiete, Umzugskosten, MaklerProv) bestehen wg unberecht, insb vorgetäuschten EigBedarfs (vgl AG Düss DWW **97**, 156). Dem GZweck entspr wird der verantwortgsbewußte Verm nur dann künd, wenn er das Vorliegen von Grden gem Abs I u II geprüft u bejaht hat; hierzu veranlaßt schon § 564 a I 2 u das ProzKostenrisiko. Auszug des Mieters begrdet nicht § 254 (LG Mannh WuM **95**, 711). Der Anspr kann dch einen RäumgsVgl (insb bei Abstds- od

EntschädZahlg dch den Verm) ausgeschl sein (Ffm ZMR **95**, 67; LG Gieß ZMR **95**, 540). Es muß unterschieden w: **a) Unerlaubte Handlung.** Sind die als KündGrde geltdgemachten Tats vorgetäuscht, so kann § 823 II, § 263 StGB u § 826 erf sein (allgM; vgl Werle NJW **85**, 2913; Bub/Treier/Grapentin IV 29). Zur BewL: LG Hbg ZMR **93**, 281; LG Gieß ZMR **96**, 328. **b) Positive Vertragsverletzung** (§ 276 Rn 115) kommt insb bei unwahren, aber nicht vorgetäuschten Tats (vgl Rn 60 a) in Betr, nach LG Saarbr ZMR **98**, 233 auch bei angedrohter Künd u freiw Auszug. Wird mit der unwirks Künd (Rn 58) eine VertrPfl (zB Rn 43) verletzt, so besteht bei Versch des Verm (§§ 276, 278) ein Anspr aus pVV (hM; Karlsr NJW **82**, 54 mwN; BayObLG NJW **82**, 2004; aA Klinkhammer NJW **97**, 221 mwN). Zur BewL: LG Boch NJWE-MietR **97**, 50). Verwirklicht der Eigt den behaupteten SelbstNutzgsWillen nicht, trifft ihn die BewL (BVerfG NJW **97**, 2377), insb wenn im KündSchreiben als KündGrd Tats angegeben w, die nicht wahr sind od falsch bezeichnet. Liegt ein RIrrtum vor, weil die Künd v Ger als ungerechtfert angesehen w, aber auf wahre Tats gestützt ist, müßte für pVV der RIrrtum versch, also fahrläss sein (BGH **89**, 296 für gewerbl Miete). **c) Sonstiger Kündigungsgrund.** Besteht ein solcher, zB aus § 554 (LG Gieß ZMR **95**, 540), kann er den SchadErsAnspr ausschließen.

60 a: siehe oben; 60 b; 60 c

15) Kündigung bei Zwei- und Dreifamilienhaus oder Einliegerwohnung (Abs IV) bei MietVerh gem Rn 15, 16. **a) Grundregel:** Der Verm hat ein WahlR: er kann mit der gewöhnl ges Fr des § 565 II künd, wenn er glaubt, ein berecht Interesse (Abs I, II) zu haben, od er kann mit der verlängerten Fr des Abs IV S 2 (Rn 62) künd, ohne daß in diesem Fall ein berecht Interesse (Abs I, II) vorliegen muß. Bei der KündErkl muß das WahlR ausgeübt w (LG Landau ZMR **86**, 361). **b) Verlängerte Kündigungsfrist** (Abs IV S 2): Für die Berechng ist zunächst § 565 II S 1 der Tag (3. Werktag eines KalMo) festzustellen, an dem die ges KündFr für die erklärte od zu erklärde Künd beginnt od begonnen hat. Zum Tag des FrAblaufs (MoEnde) sind 3 Mo hinzuzurechnen. Ist die KündFr zG des Mieters vertragl verlängert, ist entspr zu verfahren. **c) Kündigungserklärung** (Abs IV S 4): Im KündSchreiben (§ 564 a I) müssen bei einer Künd mit ges Fr aus berecht Interesse die Grde hierfür angegeben w, wenn sie berücks w sollen. Angabe v Grd gem § 564 a I S 2 ist wg § 556 a I S 3 (dort Rn 19) geboten, weil § 556 a anwendb bleibt (Rn 3; hM; Hamm NJW **92**, 1969). Da die Künd mit verlängerter Fr (Abs IV S 2) keiner Grde bedarf, muß zur Klarstellg angegeben w, daß die Künd nicht auf Abs I gestützt w, sond auf Abs IV (Hamm aaO). Hierfür muß auch genügen, wenn die Künd eindeut mit verlängerter Fr gem Abs IV S 2 oder mit Bezugn darauf erkl w; keinesf muß der GWortl des Abs IV S 4 eingehalten w (vgl LG Bln ZMR **80**, 319). Es ist zuzulassen, daß der Verm primär mit ges Fr gem Abs I, II künd, hilfsw (für den Fall, daß diese Künd unwirks sein sollte) mit verlängerter Fr gem Abs IV S 2 (BayObLG NJW-RR **91**, 1036 mwN; bestr). Dasselbe gilt umgekehrt (Hbg NJW **83**, 182). Innerh der KündFr kann eine zuerst auf Abs I gestützte Künd, der der Mieter widerspr hat (auch konkludent), zurückgen u eine neue, ausdrückl auf Abs IV gestützte Künd erkl werden (Karlsr NJW **82**, 391). Eine Künd zum Zwecke der MietErhöhg ist auch hier ausgeschl (§ 1 S 1 MHG); BewL: Mieter. Ergeben sich aus der Wirksamk der Künd Zweifel, empfiehlt es sich, eine neue Künd zu erkl, da eine Wiederholg zul ist. **d) Wirkung:** Dem Mieter bleibt als Verteidigg gg die Künd nur § 556 a, in Extremfällen §§ 226, 242 (vgl Korff DWW **78**, 28).

16) Prozeßrechtliches. a) Zuständigkeit: ausschließl das AG, in dessen Bezirk der WoRaum liegt (§ 23 Nr 2 a GVG, § 29 a ZPO). **b) Klage.** Der Verm kann nur auf Räumg klagen, auf Feststellg, daß die Künd wirks ist, nur gem § 256 II ZPO; Mieter auf Feststellg (§ 256 I ZPO), daß die Künd nichtig ist od das MietVerh fortbesteht, auch dch Widerkl (§ 256 II ZPO). KlVerbindg mit FortsetzgKl (§§ 556 a–c) ist zul (§ 260 ZPO), insb auch auf Räumg gerichtete WiderKl dch den Verm. Wird dasselbe MietVerh mehrmals gekünd, ist Vbdg (§ 147 od § 260 ZPO) zul u idR angebracht, wenn nicht die nachfolgde Künd nur als vorgreifl RVerh in den anhäng Proz eingeführt w. Dies ist bei einer RäumgsKl des Verm die einz Möglk, da sonst eine unzul doppelte RHängigk vorläge. **c) Kosten:** Es verbleibt bei §§ 91 ff ZPO; von § 93 b ZPO ist nur Abs III anwendb. **d) Rechtsmittel.** Es verbleibt beim gewöhnl RMittelzug (LG als BerufgsGer). **e) Rechtsentscheid** (§ 541): wie § 556 a Rn 28. **f) Rechtskraft.** Bei abgewiesener RäumgsKl kann der Verm die dabei geltd gemachten KündGrde bei einer neuen Kl nur unterstützd heranziehen (allgM), nicht allein dieselben wiederholen (Stadie MDR **78**, 798 mwN).

564 c ***Mietverträge über Wohnraum auf bestimmte Zeit.*** **I Ist ein Mietverhältnis über Wohnraum auf bestimmte Zeit eingegangen, so kann der Mieter spätestens zwei Monate vor der Beendigung des Mietverhältnisses durch schriftliche Erklärung gegenüber dem Vermieter die Fortsetzung des Mietverhältnisses auf unbestimmte Zeit verlangen, wenn nicht der Vermieter ein berechtigtes Interesse an der Beendigung des Mietverhältnisses hat. § 564 b gilt entsprechend.**

II Der Mieter kann keine Fortsetzung des Mietverhältnisses nach Absatz 1 oder nach § 556 b verlangen, wenn

1. das Mietverhältnis für nicht mehr als fünf Jahre eingegangen worden ist,

2. der Vermieter nach Ablauf der Mietzeit

a) die Räume als Wohnung für sich, die zu seinem Hausstand gehörenden Personen oder seine Familienangehörigen nutzen will oder

b) in zulässiger Weise die Räume beseitigen oder so wesentlich verändern oder instandsetzen will, daß die Maßnahmen durch eine Fortsetzung des Mietverhältnisses erheblich erschwert würden, oder

c) Räume, die mit Rücksicht auf das Bestehen eines Dienstverhältnisses vermietet worden sind, an einen anderen zur Dienstleistung Verpflichteten vermieten will und

3. der Vermieter dem Mieter diese Absicht bei Vertragsschluß schriftlich mitgeteilt hat.

Verzögert sich die vom Vermieter beabsichtigte Verwendung der Räume ohne sein Verschulden oder teilt der Vermieter dem Mieter nicht drei Monate vor Ablauf der Mietzeit schriftlich mit, daß

seine Verwendungsabsicht noch besteht, so kann der Mieter eine Verlängerung des Mietverhältnisses um einen entsprechenden Zeitraum verlangen.

1 **1) Allgemeines. a) Zweck.** Abs I soll Umgehg des § 564b verhindern u gibt im Regelfall dem Mieter Bestdsschutz dch Gewährg des FortsetzgsAnspr. Davon macht Abs II Ausn bei fehldem Schutzbedürfn des Mieters od aus wohngsbaupolit Grden bei schutzwürd Interessen des Verm, der eine Vermietg zur Vermeidg v
2 KündSchutz des Mieters unterläßt. **b) Anwendungsbereich.** Nur befristete WoMietVerh (§ 564 Rn 5) ohne auflösde Bedingg, ohne VerlängergsKl (§ 565a) u ohne VerlängergsOption (umstr; vgl MK/Voelskow 7). Umfaßt auch die MietVerh, die zunächst auf unbest Zt abgeschl u danach über § 305 auf best Zt umgestellt wurden (BayObLG ZMR **90**, 179), u die mehrmals hintereinander auf best Zt geschl MietVerh, sog KettenMVertr (Ffm ZMR **91**, 63). Gilt nicht für MietVerh, die gem § 5 II HausratVO begrdet w (BayObLG NJW **73**, 2295; bestr) od gem §§ 556a, 556b auf best Zt fortges w (LG Siegen NJW-RR **91**, 1113). Wg entspr Anwendg des § 564b gelten auch dessen Abs IV u VII (Röder NJW **83**, 2665 [2668]), so daß auf die unter § 564b Rn 14–19 fallden MietVerh § 564c nicht anwendb ist; insoweit sind MietVertr auf bestimmte
3 Zeit unbeschr zuläss. **c) Unabdingbarkeit** zugunsten des Mieters gilt über Abs I S 2. **d) Verhältnis zu sonstigem Mieterschutz.** § 556b gilt grdsätzl (wie § 564b Rn 4); nur in den Fällen des Abs II ist § 556b
4 ausgeschl (Abs II S 1). **e) Außerordentliche Kündigung** des befr MietVerh wird dch § 564c nicht berührt. Der Verm kann auch noch außerord künd, nachdem der Mieter die Fortsetzung des MietVerh bereits verlangt hat. **f) Hinweispflicht** des Verm entspr § 564a II besteht nicht (§ 564a Rn 2).

5 **2) Voraussetzungen des Fortsetzungsanspruchs** (Abs I) sind: **a) Fortsetzungserklärung:** Schriftform (§ 126); ist einseit, empfbed WillErkl. Sie enthält zugleich das Angeb (§ 145), den MietVertr zu den selben Bedingg en auf unbest Zt fortzusetzen. Grde müssen nicht angegeben, das Wort Fortsetzg muß nicht
6 verwendet werden. BewL: Mieter. **b) Erklärungsfrist:** 2 Mo vor Beendigg des MietVerh, so daß wg § 130 die Erkl dem Verm (seinem Vertr od EmpfBoten) zB am 31. 7. bis 24 Uhr zugehen muß, wenn das MietVerh am 30. 9. enden würde. Zwingde AusschlFr ohne HinwPfl des Verm (hM; LG Hildesh WuM **90**, 209 mwN). Wird sie versäumt, kann der FortsetzgsAnspr nicht entstehen; nur § 556b bleibt mögl. BewLast für FrWahrg:
7 Mieter. **c) Fehlen berechtigten Interesses** auf Seiten des Verm (Abs I S 1; letzter Hs), bezogen auf Beendigg des MietVerh. Auf die Inter des Mieters kommt es nicht an, so daß er den Anspr auch hat, wenn ihm eine ErsWo zur Vfg stünde. Die Inter des Verm sind gem § 564b II Nr 1–3 (mit gleicher BewL) wie dort zu beurt (§ 564b Rn 27–56). Da auch § 564b IV, VII gelten (Rn 2), muß in diesen Fällen der Verm keine berecht Interessen haben; jedoch verlängert sich das MietVerh um 3 Mo (MK/Voelskow 21). Erkl des Verm: sie entspr der Künd; daher gilt Abs I S 2 Schriftform (§ 564a I S 1) u BegründgsPfl (§ 564b III). Die Erkl muß vor Ende des MietVerh zugehen (hM).

8 **3) Wirkung.** Stimmt der Verm zu (§ 151), gilt Rn 10. Lehnt er ab und ist die Ablehng rechtmäß, weil er berecht Interessen rechtzeit geltd gemacht hat (Rn 7), endet das MietVerh dch Zeitablauf (§ 564 I). Ist die
9 Ablehng rechtswidr, so gilt: **a) Materiell-rechtlich.** Es ist zu unterscheiden: **aa)** Liegen die Vorauss (Rn 5–7) vor, hat der Mieter einen Anspr auf Abschl eines MietVertr zu gleichen (nicht veränd) Bedingg en, aber nunmehr auf unbest Zeit, mit der Folge, daß dann ord Künd nach §§ 564 II, 564b, 565 grdsätzl mögl ist. Das
10 MietVerh bleibt ident. **bb)** Der Verm kann das VertrAngeb (vgl Rn 5) jederzeit, auch nach Beendigg des MietVerh (dann mit Rückwirkg) dch ausdrückl WillErkl ann od diese RFolge gem § 151 eintreten lassen, aber nicht dch bloßes Schweigen (MK/Voelskow 12). Dann ist das ident MietVerh auf unbest Zeit fortgesetzt. Lehnt der Verm das ab (ausdrückl od gem § 150 II), so bleibt die Mögl k, über § 305 das MietVerh mit and Bedingg en, auch mit erhöhtem MietZ fortzusetzen. **cc)** Fortsetzg des MietVerh nach § 568 bleibt grdsätzl mögl; jedoch muß der Verm, der dem FortsetzgsVerl des Mieters schon vor Beendigg des MietVerh entgegge-
11 treten ist, die Erkl innerh der Fr des § 568 S 2 nicht wiederh (hM). **b) Prozessual.** Der Anspr (Rn 9) ist dch LeistgsKl auf Abg der WillErkl zur Fortsetzg des MietVerh geltd zu machen (hM; LG Bln ZMR **99**, 486 mwN). Die Wirkg tritt mat-rechtl (rückwirkd auf den Ablauf der MietZt) mit formeller RKr ein (§ 894 ZPO). WiderKl ist nach den gleichen Grdsätzen wie § 564b Rn 65 zul.

12 **4) Ausschluß des Fortsetzungsanspruchs** (Abs II S 1). Auch § 556b ist dann ausgeschl. Die prakt Bedeutg liegt insb darin, daß infolge v Nr 2c bei WerkWohngen (§ 565b) die Fortsetzg befr MietVertr ausgeschl w kann (BT-Dr 12/3254 S 18). Die Vorschr gilt auch zG des Erwerbers (§ 571; LG Bln ZMR **99**, 30). **a) Voraussetzungen.** Abs II S 1 Nr 1–3 müssen kumulativ vorliegen. **aa) Nr 1:** Die best MietZt (§ 564 Rn 5) darf 5 J ab Vereinbg nicht übsteigen. Ist eine längere MietZt vereinb, besteht der FortsetzgsAnspr immer. Wird ein auf unbest Zt abgeschl MietVertr im Wege des § 305 auf best Zt verlängert (Rn 2), so
13 kommt es allein auf die (Rest)Dauer an (BayObLG ZMR **90**, 179). **bb) Nr 2:** a), b) u c) sind alternativ. Maßgebder Zpkt ist die Beendigg des MietVerh. Zu a: Im Ggsatz zu § 564b II Nr 2 genügt bereits der Wille zur EigtNutzg. PersKreis: wie § 564b Rn 44, 45. Zu b: Zulässigk der BauMaßn ist auf öff-rechtl GenFähk abgestellt. Wirtschaftlk ist unerhebl. Erhebl Erschwerg ist zB gegeben, wenn der Mieter bei Modernisierg zur Duldg nicht verpfl (§ 541a, § 541b) od nicht bereit ist. Beseitigg: vollständ od teilw Abbruch. Zu c: gilt seit 1. 9. 93. Es sind dieselben Vorauss wie § 565b. Der bloße Wille der Vermietg an einen and ArbN genügt.
14 **cc) Nr 3:** Schriftl Mitt bei VertrAbschl, nicht notw im MietVertr. Die VerwendgsAbs muß dch Tats belegt w (wie § 564b Rn 22; LG Hbg NJW-RR **93**, 201). Schriftform des § 126, weil jedenf eine geschähnl Hdlg
15 vorliegt (Übbl 6 vor § 104). **b) Wirkung.** Bei Vorliegen aller Vorauss (Rn 12) endet das MietVerh mit dem best Ztpkt. Fehlt eine, kann Fortsetzg des MietVerh nach Maßg der Rn 5–7 verlangt w.

16 **5) Verlängerungsanspruch** (Abs II S 2) des Mieters um best Zt („entspr ZtRaum"). **a) Voraussetzungen** sind alternativ: **aa)** Der Verm kann ohne Versch (§§ 276, 278; BewL: § 282) die beabsicht Verwendg bei Ablauf der MietZt noch nicht verwirklichen, insb wg Verzögerg der BauGen od der Finanzierg. **bb)** Unterlassene Mitt der fortbestehden VerwendgsAbsicht. Die 3 Mo sind eine MindestFr. Schriftform: wie Rn 14.
17 Bezugn ist zuläss. **b) Wirkung** tritt mit Zugang (§ 130) der (forml) Erkl des Mieters ein. Eine ErklFr sieht

das G nicht vor. § 556 b bleibt ausgeschl. Das MietVerh verlängert sich bei verspäteter Mitt um die entspr ZtSpanne, bei unterbliebener um längstens 3 Mo.

6) Prozeßrechtliches. Grdsätzl wie § 564 b Rn 65, 66. Der Mieter kann gg die RäumgsKl den Fortsetzgs-Anspr nicht als bloße Einwendg geltd machen, sond muß die Fortsetzg des MietVerh herbeiführen, indem er darauf klagt; nur zweckm dch WiderKl, auch noch in der BerInst (LG Bln ZMR **86**, 442). Da der Bestd des MietVerh für die RäumungsKl vorgreifl ist, muß mind zugleich über den FortsetzgsAnspr entschieden werden. RäumgsFr ist im Fall des Abs II ausgeschl: § 721 VII, § 794 a V ZPO. 18

565 *Kündigungsfristen.* **I Bei einem Mietverhältnis über Grundstücke, Räume oder im Schiffsregister eingetragene Schiffe ist die Kündigung zulässig,**

1. wenn der Mietzins nach Tagen bemessen ist, an jedem Tag für den Ablauf des folgenden Tages;
2. wenn der Mietzins nach Wochen bemessen ist, spätestens am ersten Werktag einer Woche für den Ablauf des folgenden Sonnabends;
3. wenn der Mietzins nach Monaten oder längeren Zeitabschnitten bemessen ist, spätestens am dritten Werktag eines Kalendermonats für den Ablauf des übernächsten Monats, bei einem Mietverhältnis über gewerblich genutzte unbebaute Grundstücke oder im Schiffsregister eingetragene Schiffe jedoch nur für den Ablauf eines Kalendervierteljahres.

Ia Bei einem Mietverhältnis über Geschäftsräume ist die Kündigung spätestens am dritten Werktag eines Kalendervierteljahres für den Ablauf des nächsten Kalendervierteljahres zulässig.

II Bei einem Mietverhältnis über Wohnraum ist die Kündigung spätestens am dritten Werktag eines Kalendermonats für den Ablauf des übernächsten Monats zulässig. Nach fünf, acht und zehn Jahren seit der Überlassung des Wohnraums verlängert sich die Kündigungsfrist um jeweils drei Monate. Eine Vereinbarung, nach welcher der Vermieter zur Kündigung unter Einhaltung einer kürzeren Frist berechtigt sein soll, ist nur wirksam, wenn der Wohnraum zu nur vorübergehendem Gebrauch vermietet ist. Eine Vereinbarung, nach der die Kündigung nur für den Schluß bestimmter Kalendermonate zulässig sein soll, ist unwirksam.

III Ist Wohnraum, den der Vermieter ganz oder überwiegend mit Einrichtungsgegenständen auszustatten hat, Teil der vom Vermieter selbst bewohnten Wohnung, jedoch nicht zum dauernden Gebrauch für eine Familie überlassen, so ist die Kündigung zulässig,

1. wenn der Mietzins nach Tagen bemessen ist, an jeden Tag für den Ablauf des folgenden Tages;
2. wenn der Mietzins nach Wochen bemessen ist, spätestens am ersten Werktag einer Woche für den Ablauf des folgenden Sonnabends;
3. wenn der Mietzins nach Monaten oder längeren Zeitabschnitten bemessen ist, spätestens am Fünfzehnten eines Monats für den Ablauf dieses Monats.

IV Bei einem Mietverhältnis über bewegliche Sachen ist die Kündigung zulässig,

1. wenn der Mietzins nach Tagen bemessen ist, an jedem Tag für den Ablauf des folgenden Tages;
2. wenn der Mietzins nach längeren Zeitabschnitten bemessen ist, spätestens am dritten Tag vor dem Tag, mit dessen Ablauf das Mietverhältnis endigen soll.

V Absatz 1 Nr. 3, Absatz 2 Satz 1, Absatz 3 Nr. 3, Absatz 4 Nr. 2 sind auch anzuwenden, wenn ein Mietverhältnis unter Einhaltung der gesetzlichen Frist vorzeitig gekündigt werden kann.

1) Allgemeines. Abs I ist geänd („GeschRäume" gestrichen) u Abs I a eingefügt dch Art 1 G zur Änd des 1
BGB v 29. 10. 93 (BGBl 1838), iKr seit 1. 1. 94. **a) Gliederung.** Die Vorschr ist SoRegelg ggü § 580 a u 2
unterscheidet: **(1)** Grdst, Räume, die nicht GeschRäume sind, u eingetr Schiffe (Abs I). **(2)** GeschRäume (Abs I a). **(3)** WoRaum; auch solcher, der möbliert vermietet ist (Abs II). **(4)** Möblierter WoRaum als Teil der vom Verm selbst bewohnten Wohng (Abs III). **(5)** Bewegl Sachen (Abs IV). **b) Anwendbar** ist § 565 nur für ord Künd (§ 564 Rn 8) des Verm u Mieters in gleicher Weise (hM; aA Looschelders/Roth JZ **95**, 1034). Nicht: bei außerord Künd (§§ 542, 544, 553–554 a), bei solcher mit ges Fr, soweit nicht Abs V einzelne Vorschr für anwendb erkl. Auch nicht anwendb bei MietVerh, die unter Ausschl ord Künd auf best Zt abgeschl sind (§ 564 Rn 5) u bei MietVerh, die auf best Zt mit VerlängergsKl für best ZtRäume abgeschl sind, für die Zt danach (Düss BB **93**, 682). **c) Begriffe.** KündFr ist der ZtRaum zw dem Zugang (§ 130) der 3
erkl Künd (KündTag) u dem KündTermin; das ist der Tag, an dem das MietVerh enden soll. **d) Fristberechnung:** 4
§§ 187–193. Die Fr sind grdsätzl für die VertrPart gleich. Maßgebd ist immer der Zugang (§§ 130–132). Ist der MietVertr abgeschl, kann der KündTag vor dem Beginn des MietVerh liegen (BGH **73**, 350). Ob die KündFr sofort zu laufen beginnt, hängt v der Vereinbg der Part ab (BGH aaO). Umstr ist, ob das auch zutrifft, wenn eine PartVereinbg fehlt (bejaht BGH aaO), od ob die KündFr dann erst ab Beginn (Vollzug) des MietVerh läuft (MK/Voelskow § 564 Rn 16 mwN). **e) Abdingbarkeit. aa)** Zwingd sind als MindestFr die 5
ges KündFr bei WoRaum zu dauerndem Gebr (Abs II S 1 u 2) aGrd von Abs II S 3. Zwingd ist Abs II S 4 bei sämtl WoRäumen des Abs II. **bb)** Abdingb ist § 565 iü. Das bedeutet: Grdsätzl können längere, kürzere, 6
auch für Verm u Mieter ungleiche Fr vereinb w, auch and KündTage u KündTermine (St/Sonnenschein 66), sofern nicht gg Abs II S 4 verstoßen w. Bei WoRaum können für den Mieter günstigere Fr vereinb werden (LG Mü I NZM **98**, 153), kürzere KündFr für die Künd des Verm nur, wenn der WoRaum ledigl zu vorübgehendem Gebr (Abs II S 3) od unter den weiteren Vorauss des Abs III möbliert vermietet ist (Rn 23). **cc)** Wirksamkeit: Sind für beide VertrPart kürzere KündFr vereinb, so gilt dies nur gg den Verm; ggü dem Mieter gilt die ges Fr wg §§ 134, 139 (vgl LG Köln WuM **88**, 404). Längere Fr bis zu einem J sind nicht wg § 9 AGBG unwirks (Zweibr ZMR **90**, 106), wohl aber der Ausschl der ord Künd für den Mieter jegl Art v Räumen (vgl Celle MDR **90, 1**54). **f) Vereinbarte Kündigungsfristen.** § 193 gilt idR nicht (vgl dort 7
Rn 3). Die KarenzZt der Abs I Nr 3 u Abs I a (3. Werktag) wird bei vereinb längeren KündFr in den Fällen v Abs I u I a angewendet (umstr; aA St/Sonnenschein 29 mwN). 14 Tage KündFr bedeutet iZw, daß tägl auf

den Schluß des 14. dem KündTag folgden Tages gekünd w kann, monatl KündFr, daß am letzten Tag des
8 vorangehden Mo zum Schluß des KalMo gekünd w kann. **g) Verspätete Kündigung** ist als Künd zum genannten Termin nichtig. Sie wirkt zum nächstzuläss Termin (Hamm MDR **94,** 56 für Pacht) od ist gem § 140 umzudeuten (vgl Ffm NJW-RR **90,** 337 für Pacht).

9 **2) Grundstücke, Räume und eingetragene Schiffe** (Abs I). **a) Begriffe. (1)** Grdst: wie Einf 65 vor § 535. Auch anwendb, wenn das Grdst gewerbl od freiberufl genutzt w. Steht auf dem Grdst ein Gebde, das als Wo- od GeschRaum vermietet ist, gilt nicht Abs I, sond Abs II od III. **(2)** Räume: grdsätzl wie Einf 68 vor § 535: Seit 1. 1. 94 (vgl Rn 1) fallen jedoch GeschRäume (Abs II Rn 15) nicht mehr darunter. Räume iS des Abs I sind alle Räume, die nicht Wo- od GeschRaum sind, insb priv genutzte Garagen, Lagerräume u Werkstätten, von Vereinen unmittelb genutzte Sporthallen. **(3)** Schiffe: nur eingetr See- od Binnenschiffe (§ 929 a Rn 5); and Schiffe sind bewegl Sachen (Rn 25). **(4)** MischMietVerh: Einf 71–74 vor § 535.
10 **b) Kündigungsfristen.** Maßgebd ist allein der BemessgsZtRaum (Tages-, Wo-, Mo- Quartals- od JMiete).
11 Unerhebl sind Fälligk u ZahlgsTerm. **Nr 1:** Da § 193 nicht gilt (Rn 7), kann auch an Sbd (Samstag), Sonn- u
12 Feiertagen gekünd w. **Nr 2:** Die Künd muß spät am Montag zugehen (§ 130), ist dieser ein Feiertag, dann am
13 Dienstag. Das gilt auch bei vereinb Künd für den Schluß der Wo. **Nr 3:** Gilt auch, wenn der MietZ nach Quartalen od J bemessen ist. Für die KarenzZt werden Sbd (Samstag), Sonn- u Feiertage nicht mitgezählt (Bottenberg/Kühnemund ZMR **99,** 221; bestr). Ist der 3. Werktag ein Samstag, kann daher noch am nächsten Werktag gekünd w. Ein Samstag, der 1. od 2. Werktag ist, ist aber mitzuzählen (LG Wuppt NJW-RR **93,** 1232 mwN; bestr).

14 **3) Geschäftsräume** (Abs I a). **a) Zweck.** Die seit 1. 1. 94 geltde (Rn 1) Verlängerg soll den Mieter von GeschRäumen dch eine prakt auf 6 Mo verlängerte KündFr schützen. Nicht berücks ist offenb, daß der Mieter (vgl Rn 4) seiners dch die längere Bindg (mögl bis zu fast 9 Mo) Nachteile hinnehmen muß.
15 **b) Begriff.** Er ist zwangsläuf enger als (sonstige) Räume (Abs I; Rn 9) u umfaßt alle Räume, die zu geschäftl Zwecken gemietet sind. Umfaßt jede Tätigk, die auf Erwerb gerichtet ist (St/Sonnenschein 28), näml gewerbl iS der GewO u freiberufl, insb Ärzte, RAe, Steuerberater, nicht die Tätigk v nichtwirtschl Vereinen ohne
16 GeschBetr (§ 21). **c) Kündigungsfrist.** Es kann nur zum 31. 3., 30. 6., 30. 9. u 31. 12. gekünd w mit jeweils 6 Mo Fr abzügl der KarenzZt bis einschl des 3. Werktags (wie Rn 13). VertrÄndg zur KündFr ist jederzt mögl (§ 305).

17 **4) Wohnraum** (Abs II). **a) Begriff:** wie Einf 70 vor § 535. Umfaßt grdsätzl auch möbliert vermieteten WoRaum. Zur Abgrenzg von GeschRäumen (Rn 14) kommt es auf den Zweck, zu dem vermietet w, nicht auf den tats Gebr an. Bewegl Sachen (Abs IV; Rn 25) sind Innenräume v Schiffen od Booten, WoWägen u
18 -container. **b) Allgemeine Kündigungsfrist** (S 1). Sie beträgt 3 Mo abzügl der KarenzZt. Diese wird wie
19 bei Abs I Nr 3 (Rn 13) behandelt. **c) Verlängerte Kündigungsfrist** (S 2) führt zur KündFr v höchstens 12 Mo. Die KarenzZt bis zum 3. Werktag bleibt in jedem Fall. Maßg für den ZtRaum der Üblassg (§ 536 Rn 6) ist die rechtl Dauer; fängt nicht vor Beginn des MietVerh an. Unerhebl ist der Abschl des MietVertr. Der Zugang der Künd (§ 130), nicht der KündTermin ist Stichtag für das Ende der Üblassgsdauer (St/Sonnenschein 43). Bei Überg v Unterm zu Hauptm u bei Miete einer and Wo desselben Verm beginnt die Üblassgsdauer grdsätzl von neuem (MK/Voelskow 14; aA LG Bonn WuM **87,** 322 mwN). VermWechsel läßt wg § 571 die Üblassgsdauer unberührt; hingg beginnt sie beim MWechsel von neuem (MK/Voelskow 14; sehr bestr); jedoch ist diejen Zt einzurechnen, die der jetzige Mieter aGrd des MietVertr seines Eheg berecht mitbewohnt hat (Stgt NJW **84,** 875). Das Hinzumieten, Wechseln od die Aufg einzelner Räume einer Wohng
20 steht nicht entgg. **d) Kürzere Kündigungsfrist** für den Verm (S 3). Sie bedarf einer Vereinbg der VertrPart. Ist nur zuläss u wirks, wenn der WoRaum zum vorübgehden Gebr vermietet ist (wie § 564 b VII Nr 1; dort Rn 17). Bei Verstoß ist der MietVertr iü wirks. Für den Mieter können kürzere KündFr vereinb w. And
21 KündTermine sind zuläss, soweit nicht S 4 entggsteht. **e) Bestimmte Kalendermonate** (S 4). Dient nicht dem BestdsSchutz des MietVerh, sond soll die Konzentration von Umzugsterminen verhindern. Unwirks ist nicht nur die Vereinbg von KündTerminen zum Quartalsende, sond zu jedem and best KalMo.

22 **5) Möblierter Wohnraum.** Grdsätzl gilt Abs II (Rn 17–21). **a) Anwendbar** ist Abs III nur, wenn ausnw
23 die 4 Vorauss der Rn 23 vorliegen. **b) Voraussetzungen.** Sie entspr wörtl dem § 564 b VII Nr 2. **aa)** Der WoRaum muß mind überwiegd vom Verm zu möblieren sein. Es kommt nur auf die vertragl übern Pfl an. Für den Umfang ist auf eine normale Lebensführg des (Unter)Mieters abzustellen (St/Sonnenschein 48 mwN). Überwiegd ist mehr als die Hälfte der erforderl vollen Ausstattg, insb (Einbau)Möbel, Betten, Herd, Spüle, Beleuchtgskörper, Teppiche. **bb)** Teil des vom Verm (Eigt, Hauptmieter) selbst (nicht notw dauernd) bewohnten Wohng (§ 564 b Rn 18) muß der dem (Unter-)Mieter überlassene WoRaum (wie Einf 70 vor § 535) sein. Teil: enger räuml Zushang; nicht nur innerh der abgeschl Wohng, auch innerh eines EinfamHauses gegeben (vgl § 564 b Rn 16). **cc)** Keine Üblassg zu dauerndem Gebr an eine Fam (wie § 564 b Rn 17, 18). Abs III ist also anzuwenden, wenn an eine Fam nur zum vorübgehden, an eine EinzelPers auch zu
24 dauernden Gebr vermietet ist. **c) Kündigungsfristen.** Sie sind kürzer als in Abs II, um eine schnellere Auflösg des MietVerh zu ermögl u dem Verm den Entschluß zur Vermietg zu erleichtern. Nr 1: wie Rn 11; Nr 2: wie Rn 12. Nr 3: Ist der 15. ein Sbd, Sonn- od Feiertag, ist § 193 unanwendb (St/Sonnenschein 11 mwN; bestr).

25 **6) Bewegliche Sachen** (Abs IV). Uneingeschr abdingb. **a) Begriff:** Übbl 3 vor § 90; auch nicht eingetr
26 Schiffe u Luftfahrzeuge. Entspr anwendb auf Tiere (§ 90 a S 3). **b) Kündigungsfristen.** Es kommt nur auf Bemessg des MietZ an. § 193 gilt nicht (St/Sonnenschein 63; bestr). **Nr 1:** wie Abs I Nr 1; Rn 11. Die Fr beträgt also mind 24 Stden. **Nr 2:** Es kann an jedem belieb Tag zu jedem belieb Termin gekünd w, nur müssen zw KündTag u KündTermin mind 2 T liegen.

27 **7) Sonderkündigungsrechte** (Abs V). Das sind insb folgde Fälle: §§ 549 I, 567, 569, 569 a V, VI, 569 b, 570, 1056, 2135; § 30 ErbbRVO, § 109 InsO, § 57 a ZVG. Bedeuts, wenn das MietVerh noch länger andauert u auf best Zt abgeschl ist (§ 564 Rn 5), wenn eine längere KündFr vereinb w (Rn 7) od wenn es auflösd bedingt ist (§ 565 a II). Die FrVerlängerg des Abs II S 2 ist unanwendb. Bei GeschRäumen ist Abs I a

anzuwenden (LG Kiel NJW-RR **95**, 586; Schultz NZM **99**, 651 mwN); denn die dch Einfügg des Abs I a (Rn 1) erforderl Änderg des Abs V (Aufn v Abs I a) ist vom GGeber offenb gewollt, aber wohl vergessen worden. Abweichde Vereinbgen zur KündFr können nur bei Identität der Part od bei RNachf wirks sein (St/Sonnenschein 76).

8) Mischmietverhältnisse. Kommen bei SachGesamth vor (Übbl 5 vor § 90) u bei verbundener Miete v 28
Gesch- u WoRaum od WoRaum mit and Räumen (Rd 9), insb mit Garagen. Es gelten die Grdsätze von Einf 72–74 vor § 535. Davon zu untersch sind Typenkombinations- u TypenverschmelzgsVertr (Einf 21–26 vor § 535), bei denen and KündVorschr als § 565 anzuwenden sind.

565 a *Verlängerung befristeter oder bedingter Mietverhältnisse.* **I Ist ein Mietverhältnis über Wohnraum auf bestimmte Zeit eingegangen und ist vereinbart, daß es sich mangels Kündigung verlängert, so tritt die Verlängerung ein, wenn es nicht nach den Vorschriften des § 565 gekündigt wird.**

II Ist ein Mietverhältnis über Wohnraum unter einer auflösenden Bedingung geschlossen, so gilt es nach Eintritt der Bedingung als auf unbestimmte Zeit verlängert. Kündigt der Vermieter nach Eintritt der Bedingung und verlangt der Mieter auf Grund des § 556 a die Fortsetzung des Mietverhältnisses, so sind zu seinen Gunsten nur Umstände zu berücksichtigen, die nach Abschluß des Mietvertrages eingetreten sind.

III Eine zum Nachteil des Mieters abweichende Vereinbarung ist nur wirksam, wenn der Wohnraum zu nur vorübergehendem Gebrauch vermietet ist oder es sich um ein Mietverhältnis der in § 565 Abs. 3 genannten Art handelt.

1) Allgemeines. a) Zweck: § 565 a, erstreckt dch die Notwendk der Künd den WoRaumMieterschutz 1
(§§ 556 a, 564 b, 565 II; § 1 MHG) auf befristete u auflösd bedingte MietVerh. **b) Anwendungsbereich:** nur MietVerh üb WoRaum (Einf 70 vor § 535); denn nur dafür wird im Ggsatz zu and Miet- u PachtVerh die Künd vorgeschrieben (hM; vgl § 564 Rn 6). And Fälle von Verlängerg eines MietVerh sind: § 568; ferner dch VerwAkt (§ 186 BauGB). **c) Abdingbarkeit:** Abs I u II sind zug des Mieters zwingd, so daß die Künd des 2
Verm ausgeschl, die Fr für ihn auch verlängert w kann; Ausn nur für WoRaum, der in Abs III aufgeführt ist. Vermietg zu vorübgehdem Gebr: § 564 b Rn 17. WoRaum der Art des § 565 III: § 564 b Rn 18. **d) Ket-** 3
tenmietvertrag ist der mehrfache Abschl unmittelb anschließden MietVertr auf best Zt üb die selbe Sache (8 vor § 535). Das ist auch bei WoRaum grdsätzl zuläss (vgl § 564 c Rn 2), soweit nicht der WoRaumKündSchutz des § 564 b umgangen w soll (Ffm ZMR **91**, 63 mwN).

2) Befristetes Mietverhältnis (Abs I) ist ein MietVerh auf best Zt (vgl § 564 Rn 5). **a) Voraussetzun-** 4
gen. Der MietVertr muß eine VerlängergsKl enthalten (wie § 564 Rn 6); sie kann auch nachträgl als VertrErgänzg vereinb w sein (§ 305). **b) Wirkung.** Das MietVerh wird verlängert, u zwar so, wie es vereinb 5
ist, auf best Zt od (das gilt iZw) auf unbest Zt. Ausgeschl wird diese Wirkg nur dch Künd gem Rn 6.
c) Kündigung (§ 564 Rn 8). Es muß stets die Fr des § 565 II eingehalten w. Zw Künd u Ablehng der 6
VertrVerlängerg begriffl zu untersch (vgl 564 Rn 6), ist bei WoRaum wg § 565 a überflüss; denn wg dessen Zweck (Rn 1) ist diese WillErkl wie eine Künd zu behandeln. Stets gelten §§ 556 a (nicht § 556 b I, dort Rn 2), 564 a, 564 b (LG Köln NJW-RR **90**, 520), 565 II, ebso § 1 MHG, so daß die Künd nichtig ist, wenn sie wg Mieterhöhg erfolgt. Für die Interessenabwägg bei der SozKlausel (§ 556 a) gilt § 556 b II (dort Rn 4).

3) Auflösend bedingtes Mietverhältnis (Abs II) ist ein MietVerh auf unbest Zt, weil Eintritt einer 7
Bedingg ungewiß ist; daher kann es stets ord gekünd w (§ 564 II), sodaß § 564 b gilt (hM) mit den Fr des § 565 II, III. **a) Voraussetzungen.** Der MietVertr muß eine auflösde Bedingg (§ 158 II) enthalten. Sie muß eingetreten sein (§ 158 Rn 2). **b) Wirkung.** Das MietVerh verändert sich ab Bedinggseintritt in ein solches 8
auf unbest Zt. Abs II S 2 beschr bei der Interessenabwägg (§ 556 a Rn 14–18) die Grde des Mieters.

Werkwohnungen (§§ 565 b–565 e)

Vorbemerkung

1) Allgemeines. a) Anwendungsbereich: nur ab Beendigg des D(Arb)Verh. Währd dessen Dauer gelten 1
die allg Vorschr, insb §§ 564 b, 565, 565 a (allgM). Dabei ist ein stillschw Ausschl ord Künd mögl, bedarf aber bes AnhaltsPkte. Sachl alle MietVerh, die mit Rücks (maßgebder Einfluß, LG Aach WuM **85**, 149, nicht bei geringfüg Den, LG Aach MDR **91**, 542) auf ein D(insbArb)Verh (Einf 3, 5 vor § 611) abgeschl sind (§ 565 b), auch nebenberufl, zB Hausmeister (LG Köln ZMR **96**, 666). Es ist gleichgült, ob der DBer (ArbG) der Verm ist od nicht. Auch Wohngen, die an Angest u Arb des öff Dienstes v DHerrn aGrd privrechtl MietVerh vergeben sind (OVG Münst WuM **75**, 154), aber nicht die DWohngen, die iR der öffrechtl DStellg an öff Bedienstete zugewiesen w (öffrechtl NutzgsVerh; allgM). Die außerord Künd wird dch die §§ 565 b–565 e nicht berührt. **b) Zweck:** Nach Beendigg des D(Arb)Verh soll dch verkürzte KündFr das MietVerh 2
schneller gelöst w können, da der Anlaß für das MietVerh weggefallen ist u der WoRaum für einen and DVerpfl (ArbN) frei w soll. **c) Abdingbarkeit.** Die §§ 565 c bis 565 e sind zuungunsten des DVerpfl (ArbN) 3
nicht abdingb, da sie die insow zwingden §§ 556 a, 565 II zG des Verm abändern. **d) Verhältnis zum** 4
Sozialschutz. Die SozKl (§§ 556 a, 556 b) gilt nach Maßg des § 565 d. Die Verwendg der Wohng für einen and ArbN wird idR für das berecht Interesse (iS des § 564 b) ausreichen (vgl Schmidt-Futterer NJW **72**, 5 u BB **72**, 1058). **e) Mitbestimmung** des BetrR gem § 87 I Nr 9 BetrVG (für Zuweisg u Künd) ist zu 5
beachten. Sie besteht auch für die Höhe des MietZ (hM; aA Giese BB **73**, 198). Die WillErkl des ArbG als Verm sind grdsätzl nicht wg fehlder Zust des BetrR unwirks; Ausn: Künd (Dietz-Richardi § 87 Rn 489). Stimmt der BetrR der Künd zu od läßt die Einiggstelle sie zu (§ 76 BetrVG), werden dadch die Re des ArbN auf SozSchutz (Rn 4) nicht berührt. **f) Mieterhöhungen** richten sich jedenf bei WerkmietWo nach MHG 6

(hierzu näher Röder MDR **82**, 276), aber auch bei WerkDWo (Gassner AcP **186**, 325 [343]); jedoch nicht für solche iR des öff D. Für diese bestehen SoVorschr. **g) Zuständigkeit:** § 29 a ZPO (BAG NZA **90**, 539) u § 23 Nr 2 a GVG; für alle Arten v WerkWo (LAG Hessen NZA-RR **98**, 556).

7 **2) Arten von Werkwohnungen.** Allg fällt darunter jeder WoRaum (Einf 70 vor § 535), der mit Rücks
auf ein D(insbArb)Verh vermietet w (vgl Rn 1), nicht notw v DBer (ArbG) selbst u an den DVerpfl (ArbN)
8 allein, insb auch an dessen Ehefr als Mitmieterin (MK/Voelskow 1). **a) Werkmietwohnungen** (§§ 565 b–
565 d). Es besteht neben dem D(Arb)Verh ein selbstd MietVertr (ggf UnterMVertr; vgl § 549 Rn 20), wobei
Verm der DBer(ArbG) selbst ist od ein zu ihm in Beziehg stehder Dr, insb eine ihm ganz od zT gehörde
WerkWoGesellsch od ein WoEigt, dem ggü ihm ein BeleggsR aGrd eines vom MietVertr zu unterscheiddén
9 WerkfördergsVertr zusteht (Einf 87 vor § 535). **b) Werkdienstwohnung** (§ 565 e). Lit: Gassner AcP **186**,
325. Die Überlassg des WoRaums ist BestandT des D(Arb)Vertr u Teil der Vergütg; es liegt ein aus D(Arb)Verh
u Miete (doppeltyp) gemischter Vertr vor (Einf 22 vor § 305). IdR steht die Lage des WoRaums in enger
Beziehg zur D(Arb)Leistg (zB HausmeisterWo). Da kein MietVertr vorliegt, können die MietVorschr nur
entspr angewendet w. Eine Pfl des ArbN, die DWohng zu bewohnen, gehört zum ArbVerh u kann wg unzul
10 TeilKünd nicht selbstd gekünd w (BAG NZA **90**, 191 mwN). **c) Bergarbeiterwohnungen** sind WoRäume,
die aus öff Mitteln aGrd des G zur Förderg des BergArbWoBaus im Kohlenbergbau (idF v 25. 7. 97, BGBl
1942) geförd w. Diese Wo dürfen nur an den Kreis v WoBerecht (§ 4) vergeben w. Die §§ 565 b–e gelten
nicht.

565 b *Werkmietwohnungen.* **Ist Wohnraum mit Rücksicht auf das Bestehen eines Dienstverhältnisses vermietet, so gelten die besonderen Vorschriften der §§ 565 c und 565 d.**

1 **Voraussetzungen.** Es muß sich um eine Werkmietwohng (Vorbem 8) iR des Anwendgsbereichs (Vorbem
1) handeln. Das Bestehen od der Abschl des D(Arb)Verh muß v maßgebdem Einfluß (LG Aach WuM **85**,
2 149) für die Begrdg od den Fortbestd des MietVerh gewesen sein, nicht notw der einzige. **Wirkung.** § 565 b
erklärt die §§ 565 c, 565 d als bes Vorschr für anwendb. Das bedeutet, daß die allg Vorschr über das MietVerh
gelten, soweit die §§ 565 c, 565 d nichts Abweichdes best, näml für § 556 a u § 565 II, jeweils indem das
MietVerh nach dem Ende des D(Arb)Verh leichter beendet w kann.

565 c *Kündigung von Werkmietwohnungen.* **Ist das Mietverhältnis auf unbestimmte Zeit eingegangen, so ist nach Beendigung des Dienstverhältnisses eine Kündigung des Vermieters zulässig**

1. bei Wohnraum, der weniger als zehn Jahre überlassen war, spätestens am dritten Werktag eines Kalendermonats für den Ablauf des
   a) übernächsten Monats, wenn der Wohnraum für einen anderen zur Dienstleistung Verpflichteten benötigt wird;
   b) nächsten Monats, wenn das Mietverhältnis vor dem 1. September 1993 eingegangen worden ist und der Wohnraum für einen anderen zur Dienstleistung Verpflichteten dringend benötigt wird;

2. spätestens am dritten Werktag eines Kalendermonats für den Ablauf dieses Monats, wenn das Dienstverhältnis seiner Art nach die Überlassung des Wohnraums, der in unmittelbarer Beziehung oder Nähe zur Stätte der Dienstleistung steht, erfordert hat und der Wohnraum aus dem gleichen Grunde für einen anderen zur Dienstleistung Verpflichteten benötigt wird.

Im übrigen bleibt § 565 unberührt.

1 **1) Allgemeines. a) Anwendungsbereich.** Nur bei Werkmietwohngen (Vorbem 8) und bei auf unbest
Zeit eingegangenen MietVerh. Dazu gehören auch diejen, die auflösd befr sind dch die Beendigg des D(Arb-)
Verh; das folgt aus § 565 a II 1 (Holtgrave DB **64**, 1101). Ferner gilt § 565 c bei MietVerh, die auf best Zeit
abgeschl sind (§ 564 I), wenn eine als erforderl vereinb Künd unterblieben ist u sich deshalb das MietVerh auf
unbest Zt verlängert (§ 565 a I). § 565 c gilt nicht (vgl § 564 c II Nr 2 c), wenn das MietVerh auf best Zt
eingegangen ist u eine Verlängerg nicht od nur auf eine best Zeit eintritt. In diesen Fällen ist es gleichgült, ob
das ArbVerh vorher, gleichzeit od später endet; insb können MietVerh u D(Arb)Verh auf dieselbe best Zeit
2 abgeschl w u enden dann gleichzeit. **b) Kündigung** v MietVerh u D(Arb)Verh sind zu unterscheiden. Die
beiden Künd können zugleich, aber auch getrennt erkl w. Sie sind unabhäng voneinander, auch in der rechtl
Beurteilg. Daher gilt für die WoRaumKünd der § 564 b III, wobei zB Abs I Nr 1 das berecht Interesse
begrdet (Celle ZMR **85**, 160). Das KündSchreiben darf sich daher nicht allein darauf berufen, daß die Wohng
für einen aktiven Bediensteten benöt w (Stgt ZMR **86**, 236). In der Künd des D(Arb)Verh liegt nicht auch
die des MietVerh (LG Itzehoe ZMR **69**, 86). Es kann schon vor Beendigg des ArbVerh das MietVerh gekünd
w (LG Köln ZMR **96**, 666), aber nicht bevor das ArbVerh gekünd ist. Vorher kann nur mit der Fr des § 565
gekünd w. Stets wird aber die KündFr des § 565 c von der Beendigg des ArbVerh an gerechnet, so daß bei
Beendigg des ArbVerh zum 31. 8. das MietVerh im Fall der Nr 1 frühestens zum 30. 11. (bei Nr 1 a) od
31. 10. (bei Nr 1 b), bei Nr 2 frühestens zum 30. 9. gekünd w kann. Unbenommen bleibt es dem DBer
(ArbG) wg S 2, vor Beendigg u Künd des ArbVerh sowie beim Fehlen der Vorauss der Nr 1 u 2 mit der Fr des
§ 565 zu künd. Die Künd gem § 565 c ist eine ord, keine außerord Künd. Nach Beendigg des ArbVerh ist die
Künd mitbestfrei (hM; Ffm NJW-RR **92**, 1294 mwN). Die WoRaumKünd gem § 565 c muß alsbald nach
Ende des ArbVerh ausgesprochen w (hM; aA LG Stgt DWW **91**, 112).

3 **2) Gewöhnliche Werkwohnungen** (Nr 1). **a) Begriff:** alle, die nicht unter Nr 2 (Rn 6) fallen, also
4 Wohngen, deren Funktion sich darin erschöpft, daß der DVerpfl (ArbN) darin wohnt. **b) Voraussetzungen.**
Die verkürzte KündFr (vgl Rn 2) gelten nur, wenn der WoRaum zZ des Zugangs der Künd noch nicht 10 J
lang üblassen war. Die Üblassg ist wie bei § 565 II zu beurt. Ist die Wohng länger üblassen, gelten die allg Fr

des § 565. Erforderl ist dringder Bedarf für einen and DVerpfl (ArbN). Hierfür genügt idR, daß dadch ein
D(Arb)Verh abgeschl od aufrechterh w kann, das für den Betr nützl ist. Außerdem muß der betreffde DVerpfl
(ArbN) die Wohng benöt od verl. **c) Wirkung:** auf mind 2 Mo verkürzte KündFr im Regelfall (Nr 1 a), auf 5
mind 1 Mo verkürzt nur bei MietVerh vor dem 1. 9. 93 u dringdem Bedarf (Nr 1 b). Werktag ist auch der
Samstag (Sbd). § 193 gilt nicht, weil sonst die zum Schutz (Nr 2) des KündEmpf best Fr verkürzt w (vgl
§ 193 Rn 3).

3) Funktionsgebundene Werkwohnungen (Nr 2). **a) Begriff:** Wohngen, die so gelegen sind, daß sie 6
eine unmittelb Beziehg zur D(Arb)Leistg haben. Bsp: Wohng für Verw, Hausmeister (LG Köln ZMR **96**,
666), BereitschD- u WachPers, abgelegene BetrStätten ohne sonst Wohngelegenh. **b) Voraussetzung:** 7
Gerade wg der gleichen Funktion muß für einen and ArbN, nicht notw für den Nachf am ArbPl, die Wohng
benöt w. Angaben zur Pers unnöt (LG Köln aaO). **c) Wirkung:** eine nochmals, auf weniger als 1 Mo 8
verkürzte KündFr (vgl Rn 5). Samstag wie Rn 5.

565 d ***Sozialklausel bei Werkmietwohnungen.*** **I Bei Anwendung der §§ 556 a, 556 b sind auch die Belange des Dienstberechtigten zu berücksichtigen.**

II Hat der Vermieter nach § 565 c Satz 1 Nr. 1 gekündigt, so gilt § 556 a mit der Maßgabe, daß der Vermieter die Einwilligung zur Fortsetzung des Mietverhältnisses verweigern kann, wenn der Mieter den Widerspruch nicht spätestens einen Monat vor der Beendigung des Mietverhältnisses erklärt hat.

III Die §§ 556 a, 556 b gelten nicht, wenn

1. der Vermieter nach § 565 c Satz 1 Nr. 2 gekündigt hat;

2. der Mieter das Dienstverhältnis gelöst hat, ohne daß ihm von dem Dienstberechtigten gesetzlich begründeter Anlaß gegeben war, oder der Mieter durch sein Verhalten dem Dienstberechtigten gesetzlich begründeten Anlaß zur Auflösung des Dienstverhältnisses gegeben hat.

1) Allgemeines. a) Anwendbar ist § 565 d nur für WerkmietWo (Vorbem 8 vor § 565 b). **b) Zweck:** 1
Einschränkg der SozKlausel (§§ 556 a, 556 b) zG des Verm, um WerkWo für die ArbN des betr Untern
bereitstellen zu können. **c) Wirkung:** Soweit die SozKlausel gilt (gem Rn 3), sind abgesehen v der Fr des 2
Widerspr u der Abwägg (vgl Abs I) dieselben Vorauss u Auswirkgen der §§ 556 a, 556 b gegeben.

2) Anwendbarkeit der Sozialklausel (Abs I, II). **a) Voraussetzungen: aa)** Nur bei gewöhnl Werk- 3
mietWo (§ 565 c Rn 3). **bb)** Bei allen ord Künd des MietVerh, soweit nicht die Vorauss des Abs III (Rn 5)
vorliegen, gleichgült ob mit der Fr des § 565 od der des § 565 c S 1 Nr 1 gekünd w. **b) Wirkung: aa)** Die 4
WidersprFr (§ 556 a Rn 11) ist nur dann auf 1 Mo verkürzt, wenn mit der Fr des § 565 c S 1 Nr 1 gekünd w.
bb) Bei der Interessenabwägg (§ 556 a Rn 14–18) sind neben den Belangen des Verm im selben Umfange
auch die des DBer (ArbG) zu berücks; das ist insb v Bedeutg, wenn Verm u DBer (ArbG) versch Pers sind (vgl
Vorbem 8 vor § 565 b). Der DBer (ArbG) muß den Bedarf dch TatsVortrag darlegen, idR auch den
vorgesehenen MietNachf benennen.

3) Unanwendbarkeit der Sozialklausel (Abs III). Alternativ: **a)** Bei funktionsgebundenen WerkWo 5
(Abs III Nr 1; wie § 565 c Rn 6, 7). **b)** Auflösg des D(Arb)Verh (gem Vorbem 6, 8 vor § 620) dch den Mieter
(Abs III Nr 2 1. Alt.), insb dch Künd, gleichgült ob ord (§§ 621, 622) od außerord (§ 626). Ausn: ein v DBer
(ArbG) verurs Anlaß, der für den DVerpfl (ArbN) einen wicht Grd (§ 626) darstellt. **c)** Auflösg des D(Arb)-
Verh (Vorbem 6, 8, 9, 22 vor § 620) dch den DBer (ArbG), insb dch außerord Künd gem § 626. Der DVerpfl
(ArbN) muß den Anlaß verurs haben. Liegt der wicht Grd (§ 626) vor, kann auch mit den Fr der §§ 621, 622
gekünd w. Nicht genügt, wenn der Anlaß nur einen Grd nach § 1 II S 1 KSchG darstellt.

565 e ***Werkdienstwohnungen.*** **Ist Wohnraum im Rahmen eines Dienstverhältnisses überlassen, so gelten für die Beendigung des Rechtsverhältnisses hinsichtlich des Wohnraums die Vorschriften über die Miete entsprechend, wenn der zur Dienstleistung Verpflichtete den Wohnraum ganz oder überwiegend mit Einrichtungsgegenständen ausgestattet hat oder in dem Wohnraum mit seiner Familie einen eigenen Hausstand führt.**

Allgemeines. Vorbem 9 vor § 565 b. Lit: Gassner AcP **186**, 325. Geltg des MHG: Vorbem 6 vor § 565 b. 1
Beendigung: Da ein einheitl gemischter Vertr vorliegt u idR das D(Arb)Verh vorherrscht, endet grdsätzl mit
ihm auch der Anspr des DVerpfl (ArbN), die Wohng zu benutzen. Hiervon schafft § 565 e zum SozSchutz
eine Ausn. **Voraussetzung** für den MietKündSchutz ist mind überwiegde Ausstattg mit EinrichtgsGgstden 2
dch den DVerpfl (ArbN), nicht notw mit solchen, die in seinem Eigt stehen, od eigener Hausstd mit Fam
(auch kinderl Ehepaar). **Wirkung:** Das R des DVerpfl (ArbN) zur Benutzg der DWohng endet unabhäng v 3
D(Arb)Verh nach MietR für WoRaum, aber nicht vor Beendigg des D(Arb)Verh. Grdsätzl gilt dasselbe wie
für WerkmietWo (§§ 565 b–565 d). Da DWo idR funktionsgebunden sind, gelten die entspr Regeln (vgl
§ 565 c Rn 1, 2, 6–8; § 565 d Rn 5).

566 ***Schriftform des Mietvertrags.*** **Ein Mietvertrag über ein Grundstück, der für längere Zeit als ein Jahr geschlossen wird, bedarf der schriftlichen Form. Wird die Form nicht beobachtet, so gilt der Vertrag als für unbestimmte Zeit geschlossen; die Kündigung ist jedoch nicht für eine frühere Zeit als für den Schluß des ersten Jahres zulässig.**

1) Allgemeines. Übbl bei Franke ZMR **98**, 529; Michalski WM **98**, 1993. **a) Zweck:** In erster Linie soll 1
dem späteren GrdstErwerber im Hinbl auf § 571 ermöglicht w, sich vollständ über die auf ihn übergehden R

2 u Pfl des MietVertr zu unterrichten; außerdem Klarstellgs-, Bew- u Warnfunktion (Franke aaO). **b) Abdingbarkeit:** ausgeschl, § 566 ist zwingd (allgM). **c) Anwendungsbereich. aa)** Miet- u PachtVertr (§ 581 II) über Grdst (nicht LandP, § 585 a), Teile eines Grdst, Wohng u Räume (§ 580), auch wenn ein schriftl VorVertr abgeschl war u sich der endgült Vertr darauf bezieht (BGH NJW **70**, 1596); für den UntermVertr (BGH **81**, 46); für MietoptionsVertr (Einf 5 vor § 535; BGH NJW-RR **87**, 1227; Ffm NZM **98**, 1006); für Ändergs- u VerlängergsVertr (Rn 15); für Einigg auf Fortsetzg des MietVerh nach wirks außerord Künd (BGH NJW **98**, 2664); für Eintritt eines weiteren Mieters (BGH **65**, 49); für Eintritt eines neuen Mieters an Stelle des bisher

3 (ErsMieter od Mieterwechsel; BGH NJW **98**, 62 mwN). **bb)** Nicht für MietVorVertr (Einf 3 vor § 535; hM; BGH stRspr NJW **80**, 1577; Heile NJW **91**, 6 mwN; aA Michalski WM **98**, 1993); für VormietVertr (Einf 4 vor § 535), für AutomatenAufstellVertr (Einf 19 vor § 535; BGH **47**, 202); für Zust bei Eintritt eines neuen Mieters dch Vertr zw den Mietern wg § 182 II (vgl § 549 Rn 23); für vereinb Rückn der Künd eines der Form des § 566 entspr MietVertr, wenn er im wesentl unveränd bleibt (Mü NJW **63**, 1619); für Eintritt von FamAngeh gem § 569 a; für Vertr zw Verm u GrdstErwerber (also nicht zw den Part des MietVertr), in dem die Verpfl begrdet w, dem Mieter innerh einer mehr als einjähr Fr nicht zu künd (RG **103**, 381); aus dem

4 gleichen Grd die Vereinbg zw Verm u einem Dr, den Mietpr für eine best Zt nicht zu erhöhen. **d) Zustandekommen** des Vertr (vgl § 151) ist zu verneinen, wenn die Part einen Vertr auf längere Zt als einj schriftl abschl wollen u dann die Schriftform nicht einhalten (Düss ZMR **88**, 54).

5 **2) Vereinbarte Dauer.** Sie muß ein Jahr überschreiten. Maßg ist der Beginn des MietVerh, nicht der Ztpkt des VertrAbschl (hM). **a)** Vertr mit best MietZt (§ 564 I) sind es idR, insb auch solche, die sich nach Ablauf eines J um best Zt verlängern, wenn nicht gekünd wird, oder die nach Ablauf eines J nur zu best

6 Terminen gekünd w können (Soe/Kummer 5). **b)** Vertr mit unbest MietZt fallen unter § 566, wenn sie auf LebZt einer VertrPart (BGH NJW **58**, 2062) od eines Dr geschl sind; ferner, wenn die KündFr so lang ist, daß der Vertr nicht mind jährl aufgelöst w kann (Emmerich/Sonnenschein 13).

7 **3) Schriftform** gem § 126 (vgl dort); keine höheren Anfordergen (BGH **136**, 357), so daß bei fehlder körperl Vbdg Verweisg auf unterschriebene Anl genügen kann (BGH NJW **99**, 1104 u 2591; Köln NZM **99**, 619). Gg das Erfordern einer Unterschr auf den in Bezug genommenen Anl: Emde WuM **99**, 251. Zur Auflockerg der Form zust Heiderhoff NZM **98**, 896; Leo ZMR **99**, 527). Folgerg für die Praxis: Schultz NZM **99**, 298. Gg Auflockerg der Form: Michalski WM **98**, 1993. Die Form des § 127 genügt nicht. **a) Notarielle Beurkundung** (§ 128) ersetzt die Schriftform (§ 126 III). Notw ist sie nur, wenn der MietVertr wesentl Bestandt eines unter § 313 fallden GrdstVeräußergsVertr ist (RG **103**, 381); Heilg ist dann mögl.

8 **b) Anspruch auf Einhaltung der Schriftform** ist begrdet, wenn die Part im Zushang mit dem mdl Abschl des MietVertr ausdr od stillschw vereinb, daß Pfl zur Einhaltg der Schriftform besteht (RG **104**, 131; BGH **LM** Nr 11; Schlemminger NJW **92**, 2249). Der Zweck des § 566 (Rn 1) wird auch in diesen Fällen erfüllt.

9 **c) Umfang.** Grdsätzl unterliegt der gesamte VertrInh der Form, aber nur mietvertr Regelgen, für die § 571 gilt (vgl Rn 1), nicht sonst Vereinbg (BGH NJW-RR **92**, 654). MindestInh sind die wesentl Bedinggen eines MietVerh (jedenf VertrPart [Hamm NJW-RR **99**, 232], MietGgst, MietPr, Dauer); sie müssen sich aus dem schriftl Vertr oder aus darin in Bezug gen Urk u Anlagen ergeben (Hamm NJW-RR **99**, 232). Nebenabreden unterliegen dann der Schriftform, wenn sie den Inh des MietVerh gestalten u (im Einzelfall) nach dem Willen der Part wesentl Bedeutg haben; das ist zB gegeben bei generell erteilter od verweigerter Erlaubn zur Untervermietg, idR bei Abreden über den MietZ u den Umfang des GebrR. Auch Nachträge u Ergänzgen, insb in Anlagen enthalten (KG NJW-RR **98**, 943), unterliegen der Schriftf u müssen v der Unterschr gedeckt

10 (vgl Rn 15–17), nicht notw angeheftet sein (Jena OLG-NL **99**, 15). **Nicht:** einmalige Zahlg an den Verm als Entgelt für den Abschl des MietVertr (BGH WM **64**, 184); Kauf von Inv- od EinrichtgsGgstden; idR alle Abreden, die eine einmal Leistg betreffen, weil hier der Zweck des § 566 (Rn 1) nicht entggsteht; Vereinbg mit Dr, soweit sie ledigl aus Anlaß des MietVertr getroffen sind od über § 328 nur Re zG der Mieter begrden.

11 Wg nachträgl Nebenabreden: Rn 15–20. **d) Berufung auf Formmangel** ist idR nicht argl (hM; Michalski WM **98**, 1993 [2008]), insb nicht dch den Erwerber im Fall des § 571 (Schlemminger NJW **92**, 2249). Unzuläss RAusübg (§ 242 Rn 78) ist aber im Einzelfall mögl, insb gegeben: wenn der Verm (dem Zweck des § 566 entspr) sich mdl verpfl hat, dafür zu sorgen, daß ein etwaiger GrdstErwerber von der bestehden Verpfl dch Eintr einer Dienstbk erfährt (BGH **LM** Nr 15); wenn bei mdl VertrAbschl spätere Einhaltg der Schriftform vereinb w (vgl Rn 9; Mü ZMR **96**, 603).

12 **4) Folgen des Formmangels. a) Gesetzliche Schriftform** (S 1). Vorauss ist, daß überh ein wirks mdl Vertr geschl ist; auch iF des Eintritts eines weiteren Mieters (BGH **65**, 49). Besonderh bei VertrÄnd: Rn 18. Keine Nichtigk, da S 2 ggü § 125 lex specialis darstellt, sond: Vertr gilt (Fiktion) als voll wirks auf unbest Zeit geschl u kann (frühestens) zum Ablauf des 1. VertrJ (unabhäng vom KalJ) mit der Fr des § 565 gekünd w (BGH **99**, 54). § 139 ist demggü unanwendb, so daß S 2 auch dann gilt, wenn die Part einen Vertr auf 1 J od auf unbest Zeit nicht geschl haben würden (BGH **LM** § 139 Nr 29). Nur bei einem (insb mit Kauf) gemischten Vertr kann sich daraus, daß die vereinb längere Dauer des MietVertr unwirks ist, die Nichtigk des ganzen gemischten Vertr ergeben (BGH aaO). Den Part bleibt Nachholg dch Abschl eines entspr MietVertr

13 unbenommen (Michalski WM **98**, 1993). **b) Vereinbarte Schriftform** wird dch § 566 nicht ausgeschl u führt über § 125 S 2 iZw zur Nichtigk. Nur wenn der MietVertr trotzdem wirks ist (vgl § 125 Rn 12), treten die RFolgen des § 566 ein. Das kommt aber nur in Betr, wenn der Vertr trotz § 154 II als geschl anzusehen ist (BGH BB **66**, 1081).

14 **5) Änderungen und Verlängerungen** des ursprüngl Vertr, insb Nachträge (BGH NJW **99**, 2517) u Zusätze. Darunter fällt nicht die Aufhebg (§ 305) des gesamten MietVertr (allgM), wohl aber: Aufhebg od Beschrkg, Begründg od Erweiterg von Pfl u Ren od des sonst VertrInh (hierzu BGH NJW **92**, 2283). Keine

15 Änd ist der Eintritt eines neuen Mieters gem § 549 Rn 22–24 (vgl Rn 4). **a) Formzwang.** Er ergreift grdsätzl jede Änd u jede Verlängerg des MietVertr; wenn der Vertr (unter Einschl der Änd) noch länger als ein J laufen soll (hM), nicht aber eine solche Änd, die ihrerseits nur für einen kürzeren ZtRaum gilt (K. Müller JR **70**, 86). Der Formzwang ergreift auch die Aufhebg u Beschrkg von Ren od Pfl aus dem MietVertr (hM). Formfrei sind ausnahmsw solche Änd, die unwesentl Nebenabreden darstellen (BGH WM **63**, 173; Mü NJW-RR **96**, 654;

wie Rn 10). **b) Einhaltung der Schriftform:** wie Rn 8–12, insb gilt § 126. Übbl zur Rspr: Schlemminger NJW **92**, 2249. Wird der VertrText nicht völl neu gefaßt, ist zusätzl notw, daß ein unmittelb räuml Zushang (feste, körperl Verbdg) mit der ursprüngl VertrUrk hergestellt w (hM), nicht notw bei allen VertrExpl (Lindner-Figura MDR **97**, 209), indem entw die Änd auf die ursprüngl Urk gesetzt od die neue Urk im Augenblick der Erf der Schriftform (BGH **50**, 42, nach dem übereinst Willen der Part) so mit der alten verbunden w, daß sie nur unter teilw Substanzverletzg entfernt w kann (BGH **40**, 255), zB Anheften (vgl Mü NJW-RR **96**, 654), nicht bloße Büroklammer (Jena ZMR **97**, 291). Dann genügt auch die Bezugn auf eine nicht unterzeichnete Urk über die Änd (BGH aaO; Düss NJW-RR **94**, 1235). Nachträge dürfen der Unterschr grdsätzl nicht räuml nachfolgen (BGH NJW-RR **90**, 518). Die räuml Verbindg ist nicht notw, wenn die neue Urk selbst die wesentl BestandT eines MietVertr enthält u auf die (formgerechte) ursprüngl Urk Bezug gen w (BGH **42**, 333), bei einem VerlängergsVertr, insb auch dann, wenn ohne Bezeichng des MietObj die Verlängerg vereinb u die sonst wesentl BestdTe des MietVertr aufgeführt sind (BGH **52**, 25) od wenn die NachtragsUrk auf den ursprüngl Vertr Bezug nimmt u ausgedrückt w, es solle iü bei dem verbleiben, was (formwirks) vereinb war (BGH stRspr zB NJW **92**, 2283 u NJW-RR **92**, 654 mwN; Düss ZMR **94**, 505). Diese AuflockergsRspr gilt auch für Vertr, die noch vor dem Beitritt abgeschl u nach dem 3. 10. 90 abgeändert wurden (BGH NJW **99**, 2517). Gg Auflockergen der Form: Haase WuM **95**, 625. **c) Folgen des Formmangels.** Grdsätzl ist der ganze (ursprüngl formgerechte) Vertr als auf unbest Zeit geschl anzusehen (hM), kann daher gekünd w, wobei die MindestLaufZt mit Abschl des ÄndVertr beginnt (BGH **99**, 54 u NJW-RR **90**, 518). Eine Ausn gilt, wenn der VerlängergsVertr in den Inhalt des ursprüngl Vertr nicht eingreift, sond nur einen weiteren ZtAbschn hinzufügt, sog reiner VerlängergsVertr. Dann ist nur dieser auf unbest Zt verlängert (BGH NJW **94**, 1649 mwN für § 585 a S 2).

17 (beside first line), 18 (beside "Auflockergen der Form")

567 *Vertrag über mehr als 30 Jahre.*

Wird ein Mietvertrag für eine längere Zeit als dreißig Jahre geschlossen, so kann nach dreißig Jahren jeder Teil das Mietverhältnis unter Einhaltung der gesetzlichen Frist kündigen. Die Kündigung ist unzulässig, wenn der Vertrag für die Lebenszeit des Vermieters oder des Mieters geschlossen ist.

1) **Allgemeines. a) Anwendungsbereich:** gilt für Pacht (§ 581 II), auch für VorVertr, entspr auch für miet- od pachtähnl Verh (hM; Elshorst NZM **99**, 449 mwN), zB Leihe (BGH NJW **94**, 3156); aber nicht beim KausalVerh für eine GrdDienstbk (BGH NJW **74**, 2123). S 1 gilt nicht, wenn ein auf unbest Zt geschl MietVertr länger als 30 J gedauert hat. **b) Abdingbarkeit.** § 567 ist zwingd, weil Erbmiete ausgeschl w soll (hM; Hamm NZM **99**, 753). **c) Lebenszeitverträge.** S 2 ist nur für natürl Pers anwendb. Auslegg (§ 157) aGrd eines Umstds in der Pers des Mieters ist mögl (vgl LG Stgt NJW-RR **92**, 908). Die ord Künd ist auch bei mehr als 30jähr VertrDauer ausgeschl. Außerord Künd ist immer mögl. **d) Umgehungsversuche** scheitern idR (hierzu Elshorst NZM **99**, 449). 1 2 3

2) **Voraussetzungen.** Der Vertr muß zZ des VertrAbschl auf mehr als 30 J abgeschl sein. **a) Mietzeit.** Es muß daher eine best MietZt von mehr als 30 J vereinb (§ 564 I) od das Ende des Vertr auf ein best Ereign gelegt sein, das später als 30 J nach VertrSchl eintreten kann (BGH **117**, 236 mwN), zB KündFr v einem J nach Ablauf v 30 Jen (Ffm NZM **99**, 419); § 567 gilt daher auch, wenn der Vertr auf unbest Zt geschl, aber die Künd eines VertrT für mehr als 30 J ausgeschl od unzumutb erschwert ist (hM; Hamm NZM **99**, 753; MK/Voelskow 2 mwN), auch dch Eintritt eines best Ereign herbeigeführt werden kann (Hbg ZMR **98**, 28). Das trifft auch zu, wenn der Vertr dch eine VerlängergsOption (5 vor § 535) auf mehr als 30 J verlängert w kann. **b) Kettenverträge.** Greifen mehrere aufeinanderfolgde MietVertr so ineinander, daß insges ihre Dauer 30 J übersteigt, darf nicht zusgerechnet w, wenn zum Abschl des spät Vertr kein Zwang bestand (RG **165**, 22). **c) Fristbeginn** bei einer Verlängerg des Vertr ist der Abschl des VerlängergsVertr (BGH NJW **96**, 2028). 4 5

3) **Wirkung.** Der Vertr ist für die abgeschl Zt wirks (RG **130**, 143); unwirks wg § 134 ist hingg der Ausschl der Künd (Finke ZMR **94**, 353). Es besteht nur das KündR mit der Fr des § 565. Dieses kann nicht vor 30 J (Celle NJW-RR **94**, 1473), muß aber nicht zum ersten mögl Termin ausgeübt w (BGH **117**, 236). Die Künd stellt nur in AusnFällen unzul RAusübg dar (vgl § 242 Rn 78). 6

568 *Stillschweigende Verlängerung.*

Wird nach dem Ablaufe der Mietzeit der Gebrauch der Sache von dem Mieter fortgesetzt, so gilt das Mietverhältnis als auf unbestimmte Zeit verlängert, sofern nicht der Vermieter oder der Mieter seinen entgegenstehenden Willen binnen einer Frist von zwei Wochen dem anderen Teile gegenüber erklärt. Die Frist beginnt für den Mieter mit der Fortsetzung des Gebrauchs, für den Vermieter mit dem Zeitpunkt, in welchem er von der Fortsetzung Kenntnis erlangt.

1) **Allgemeines. a) Zweck.** Soll RKlarh zw den VertrPart üb den Fortbestand des MVerh schaffen (BGH NJW-RR **88**, 76). Dient nicht dem Bestdsschutz (hM; aA LG Bochum ZMR **71**, 56 m abl Anm v Schopp), sond soll (statt vertrlosen Zust) Anwendbk des MietR gewährl, wenn der Gebr fortgesetzt wird (Schlesw NJW **82**, 449). Die Vorschr ist wg § 564 b nicht mehr interessengerecht (Gather DWW **80**, 293). **b) Anwendungsbereich:** alle Arten v MietVerh, Pacht (§ 581 II), insb UnterM, auch Kleing (11 vor § 581; BGH **113**, 290), nur grdsätzl beim LeasVertr (vgl Köln MDR **93**, 142), nicht LandP (vgl § 594). Grdsätzl jede Art der Beendigg des MietVerh (§ 564 Rn 1–4), insb auch bei außerord Künd (BGH NJW **80**, 1577); aber nicht bei vertragl Aufhebg des MietVerh, insb MietaufhebgsVertr u RäumgsVgl (MK/Voelskow 11 mwN; sehr bestr); auch nicht, wenn ein VertrTeil geschunfäh ist, weil wg Rn 8 WillErkl notw ist (hM). **c) Abgrenzung.** Von § 568 ist zu unterscheiden: **aa)** VerlängergsKl bei MietVerh über WoRaum (§ 565 a I). **bb)** Verlängerg des MietVerh dch Vertr (§ 305). **cc)** Gewährg einer RäumgsFr dch den Verm. **d) Abdingbarkeit:** § 568 ist nicht zwingd (BGH ZMR **66**, 241), auch in der Weise, daß die Anwendg des § 568 ganz ausgeschl bleibt. Die Fiktion der Weitergeltg kann auch in FormlMietVertr abbedungen w (hM; BGH NJW **91**, 1751; Schlesw NJW **95**, 2859). **e) Verhältnis zur Sozialklausel.** Hat Mieter der Künd nicht nach § 556 a widersprochen, 1 2 3 4 5

so gilt das MietVerh als auf unbest Zeit verlängert, wenn Verm nicht nach § 568 widerspricht. Das WidersprR des Mieters nach § 556 a ist dann ggstandslos. Der Anspr auf Feststellg der Dauer des MietVerh (§ 556 c II)
6 entfällt. Bei erneuter Künd ist § 556 a anwendb. **f) Beweislast.** Wer sich auf Verlängerg beruft, muß GebrFortsetzg bew. Wer Verlängerg trotz GebrFortsetzg bestreitet, muß rechtzeit Widerspr bew, der Mieter Verspätg des Widerspr wg Kenntn des Verm.

7 **2) Voraussetzungen. a) Fortsetzung des Gebrauchs** dch Nutzg auf der bisher VertrGrdlage nur dch den Mieter, nicht dch Dr, wohl aber dch weitere Überlassg dch den HauptM an den UnterM (trotz entggstehden, aber nicht erkl Willens, BGH NJW-RR **86**, 1020; Düss MDR **93**, 45 für Pacht) od an einen Miterben (BGH **LM** § 535 Nr 42). Nur tats Behalten, nicht Gebr ist entscheidd (hM; MK/Voelskow 13 mwN; aA Düss MDR **90**, 1115). Keine WillErkl, rein tats Vorgang, wobei Art u Umfang des Gebr, wie zZ der Beendigg des MietVerh, über diesen Ztpkt hinaus fortgesetzt w muß (BGH **LM** § 535 Nr 42), zB bei Asylbewerber im
8 Hotel bis zum Auszug (Hamm ZMR **95**, 206). Kenntn vom Ende des MietVertr ist bedeutgsl. **b) Unterlassung** der Erkl entggstehden Willens. Dieser ist eine formlose, empfbedürft (§ 130) WillErkl des Verm od Mieters. Kann schon vor Ablauf der MietZt, auch vor Ablauf der KündFr abgegeben w (hM; BayObLG NJW **81**, 2759), insb schon im Schreiben, das die fristl Künd enthält (hM; Hbg NJW **81**, 2258 mwN), weil „nach dem Ablaufe" sich auf den Gebr der Sache bezieht u jede fristgebundene Erkl auch vor FrBeginn abgegeben w kann; jedoch muß Kl nicht erhoben w (BGH NJW-RR **88**, 77). Wiederholg ist grdsätzl unnöt (BGH **LM** § 535 Nr 42), wenn ein nicht nur loser zeitl Zushang zw WidersprErkl u Ende der MietZt besteht (BayObLG NJW **81**, 2759; vgl LG Ansb NJW-RR **96**, 1479 mwN), ferner wenn RäumgsUrt ergangen u RäumgsFr abgelaufen ist (bestr). Die Erkl des Verm liegt insb im KlAbweisgsAntr (BGH **113**, 290), im Räumgsverlangen od dem Mieter mitgeteilter RäumgsKl (LG Wuppert ZMR **68**, 268). Die Erkl kann darin liegen, daß fristl gekünd w, insb gem § 554 a (BGH NJW-RR **88**, 76), in der Gewährg einer RäumgsFr (Schlesw NJW **82**, 449), auch in der Erkl, das MietVerh nur bei Zahlg einer höheren Miete fortsetzen zu wollen (BGH **LM**
9 § 535 Nr 42). Nicht genügt die bloße Fdg höheren MietZ (Hamm NJWE-MietR **97**, 268). **c) Frist:** Berechng §§ 187, 188, 193. Beginn (S 2): nicht vor Ende der MietZt; für Mieter, wenn er gekünd hat, mit dem Termin, zu dem er gekünd hat. § 270 III ZPO gilt nicht, weil die Fr nicht nur dch KlErhebg gewahrt w kann (hM; Stgt ZMR **87**, 179 mwN).

10 **3) Wirkung.** Fiktion der Verlängerg des (alten) MietVerh auf unbest Zt; ohne Rücks auf PartWillen. Daher keine Anf (hM), bei Argl od Drohg kann Einr nach § 242 erhoben w. Eine neue Künd ist nicht ausgeschl, insb kann die Künd auch mit den bereits verwendeten Grden neu erklärt w (§ 564 Rn 16). Da das alte MietVerh fortbesteht, gilt der vereinb Inhalt des MietVertr weiter, mit Ausn der Pkte, die der Fortsetzg auf unbest Zt entggstehen. Es gelten die ges KündFr. Eine erloschene Option (vgl § 564 Rn 6) lebt nicht wieder auf (Köln ZMR **96**, 433).

569 *Kündigung bei Tod des Mieters.*

I Stirbt der Mieter, so ist sowohl der Erbe als der Vermieter berechtigt, das Mietverhältnis unter Einhaltung der gesetzlichen Frist zu kündigen. Die Kündigung kann nur für den ersten Termin erfolgen, für den sie zulässig ist.

II Die Vorschriften des Absatzes 1 gelten nicht, wenn die Voraussetzungen für eine Fortsetzung des Mietverhältnisses nach den §§ 569 a oder 569 b gegeben sind.

1 **1) Allgemeines. a) Zweck.** § 569 berücksicht, daß der Verm idR die Miets nur einer best Pers üblassen
2 will u der gem § 1922 als Mieter eintretde Erbe die Miets häuf nicht benöt. **b) Anwendungsbereich:** Grdsätzl alle MietVerh, auch bewegl Sachen. Bei WoRaum wegen §§ 569 a, 569 b (vgl Abs II) nur dann, wenn der (verst) Mieter den WoRaum nicht mit seinem Eheg od mit FamAngeh bewohnt hat u diese nicht in das MietVerh eintreten. § 569 gilt, wenn der Mieter den WoRaum allein od mit Pers gemeins bewohnt hat,
3 die weder Eheg noch FamAngeh sind. Bei Pacht gilt § 584 a II. **c) Abdingbar** ist Abs I dch die MietVertrPart, indem er ganz ausgeschl od inhaltl geänd wird (hM; MK/Voelskow 10 mwN), auch zG des Verm (BVerfG NJW **97**, 2746). **d) Kündigung vor dem Erbfall** kann bis zur Beendigg des Vertr rückgäng gemacht w, aber nur einvernehml (Sonnenschein ZMR **92**, 417).

4 **2) Voraussetzungen. a) Bestehen des Mietverhältnisses** (wie Rn 2) insb, wenn es auf best Zt eingegangen (§ 564 I) od wenn die ges KündFr verlängert ist. Daß der Erbe die Firma fortführt, steht nicht entgg
5 (RG **130**, 52). **b) Tod des Mieters:** nur einer natürl Pers; auch bei Selbstmord (BGH NJW-RR **91**, 75). Entspr Anwendg auf jur Pers u HandelsGesellsch ist abzulehnen (hM; MK/Voelskow 5). Tod des Verm begrdet kein KündR (Emmerich/Sonnenschein 3). Bei mehreren Mietern ist, wenn nur einer stirbt, zu differenzieren: Das MietVerh kann, wenn überh, nur einheitl für alle Mieter aufgelöst w (allgM). Die übr RFragen sind umstr (MK/Voelskow 6 mwN). Grdsätzl besteht ein KündR der Mieter, wenn es gemeins ausgeübt w; iü ist das KündR des Verm u der Erben aus einer Interessenabwägg zu beurt; idR ist es aus dem Normzweck (Rn 1) zu bejahen (vgl MK/Voelskow 6).

6 **3) Kündigung.** Sie ist außerord mit ges Frist gem § 565 V, daher ohne die FrVerlängerg von dessen Abs II S 2. **a) Erklärung:** wie § 564 Rn 8–16; daher muß bei ErbenGemsch die Künd von allen od an alle Miterben erkl w (§ 2040 Rn 6; aA BGH **LM** § 2038 Nr 1: nur VerwHandlg, nicht Vfg). Ggf ist der TestVollstr, Nachlpfleger, -verw od -inskverw befugt. Zur Künd ist ein urkundl Nachw (nicht notw ein
7 ErbSch) erforderl. **b) Zeitpunkt.** Der erste mögl Termin, zu dem gekünd w kann, ist die einzige KündMöglichk. Er darf nicht abstrakt berechnet w, sond nur nach der konkreten Sachlage (Sonnenschein ZMR **92**, 417). Es kommt insb auf Kenntn v Tod u Erbfolge an (Düss ZMR **94**, 114), wobei auf VerschMaßstäbe abzustellen ist (hM; RG **103**, 271), daneben auch auf Zumutbk (Alexander NZM **98**, 253). Die Künd kann
8 auch schon vorher erkl w (Stellwaag ZMR **89**, 407). **c) Kündigungsschutz:** § 564 b soll auch anwendb sein, wenn der Erbe nicht in der Wo gewohnt hat (BGH NJW **97**, 1695 mwN = JZ **97**, 730 m abl Anm v Foerste; aA zutreffd Canaris FS Fikentscher S 11). Das ist verfgem (BVerfG NJW **97**, 2746; dagg krit Canaris aaO). Auch §§ 556 a, 556 c gelten (MK/Voelskow 9; Sonnenschein aaO).

569 a *Eintritt von Familienangehörigen in das Mietverhältnis.* **I In ein Mietverhältnis über Wohnraum, in dem der Mieter mit seinem Ehegatten den gemeinsamen Hausstand führt, tritt mit dem Tode des Mieters der Ehegatte ein. Erklärt der Ehegatte binnen eines Monats, nachdem er von dem Tode des Mieters Kenntnis erlangt hat, dem Vermieter gegenüber, daß er das Mietverhältnis nicht fortsetzen will, so gilt sein Eintritt in das Mietverhältnis als nicht erfolgt; § 206 gilt entsprechend.**

II Wird in dem Wohnraum ein gemeinsamer Hausstand mit einem oder mehreren anderen Familienangehörigen geführt, so treten diese mit dem Tode des Mieters in das Mietverhältnis ein. Das gleiche gilt, wenn der Mieter einen gemeinsamen Hausstand mit seinem Ehegatten und einem oder mehreren anderen Familienangehörigen geführt hat und der Ehegatte in das Mietverhältnis nicht eintritt. Absatz 1 Satz 2 gilt entsprechend; bei mehreren Familienangehörigen kann jeder die Erklärung für sich abgeben. Sind mehrere Familienangehörige in das Mietverhältnis eingetreten, so können sie die Rechte aus dem Mietverhältnis nur gemeinsam ausüben. Für die Verpflichtungen aus dem Mietverhältnis haften sie als Gesamtschuldner.

III Der Ehegatte oder die Familienangehörigen haften, wenn sie in das Mietverhältnis eingetreten sind, neben dem Erben für die bis zum Tode des Mieters entstandenen Verbindlichkeiten als Gesamtschuldner; im Verhältnis zu dem Ehegatten oder den Familienangehörigen haftet der Erbe allein.

IV Hat der Mieter den Mietzins für einen nach seinem Tode liegenden Zeitraum im voraus entrichtet und treten sein Ehegatte oder Familienangehörige in das Mietverhältnis ein, so sind sie verpflichtet, dem Erben dasjenige herauszugeben, was sie infolge der Vorausentrichtung des Mietzinses ersparen oder erlangen.

V Der Vermieter kann das Mietverhältnis unter Einhaltung der gesetzlichen Frist kündigen, wenn in der Person des Ehegatten oder Familienangehörigen, der in das Mietverhältnis eingetreten ist, ein wichtiger Grund vorliegt; die Kündigung kann nur für den ersten Termin erfolgen, für den sie zulässig ist. § 556 a ist entsprechend anzuwenden.

VI Treten in ein Mietverhältnis über Wohnraum der Ehegatte oder andere Familienangehörige nicht ein, so wird es mit dem Erben fortgesetzt. Sowohl der Erbe als der Vermieter sind berechtigt, das Mietverhältnis unter Einhaltung der gesetzlichen Frist zu kündigen; die Kündigung kann nur für den ersten Termin erfolgen, für den sie zulässig ist.

VII Eine von den Absätzen 1, 2 oder 5 abweichende Vereinbarung ist unwirksam.

1) Allgemeines. a) Zweck: BestdsSchutz des MietVerh für Eheg u FamAngeh. **b) Anwendbar:** nur 1
MietVerh üb WoRaum (Einf 70 vor § 535), möbliert od unmöbliert vermietet. § 569 a gilt auch für WerkWo, in keinem Falle aber bei Pacht (allgM). Entspr Anwendg auf eheähnl Gemsch (Rn 7). **c) Abdingbarkeit.** 2
Abs I, II u V sind zwingd (Abs VII); jede vertr Änderg ist ausgeschl. Abs III, IV u VI sind abdingb.

2) Eintritt des Ehegatten (Abs I) setzt voraus: **a) Mietvertrag.** Der verstorbene Eheg muß Alleinmieter 3
gewesen sein. Ist der Überlebde Mitmieter, gilt § 569 b (hM). **b) Ehegatte.** Richtet sich nach dem Bestd der 4
Ehe (§§ 1353 ff). Die nehel LebGemsch w ihr grdsätzl nicht gleichgestellt (vgl Rn 7 u BGH NJW **93**, 999).
c) Gemeinsamer Hausstand der Eheg bedeutet, daß die Wohng MittelPkt der gemeins Leb- u Wirtsch- 5
Führg war. Das kann bei Getrenntleben in derselben Wohng aufgeh sein.

3) Eintritt von Familienangehörigen (Abs II) setzt voraus: **a) Tod** des Alleinmieters. Ist der FamAngeh 6
Mitmieter, so wird dessen MietVerh nicht berührt. Best der Vertr für den Todesfall die Beendigg, gilt Abs II entspr (Jau/Teichmann II 3 a). **b) Familienangehöriger:** verwandt od verschwägert nach BGB, ohne best 7
Grad (hM). Eine entspr Anwendg ist nur für die eheähnl (nicht gleichgeschlechtl, LG Kiel NZM **98**, 327; aA Jacobs/Stüber NZM **98**, 796) Gemsch zu bejahen (wohl hM seit BGH NJW **93**, 999 m krit Anm v Medicus JZ **93**, 952). Das ist nicht jede so bezeichnete nehel LebGemsch, sond (nach BGH) nur eine solche die folgende Kriterien erf: auf Dauer angelegte LebensGemsch zw Mann u Frau (daher nicht gleichgeschlechtl; aA AG Bln-Wedding NJW-RR **94**, 524) – keine weitere bestehde LebGemsch (od Ehe) gleicher Art – innere Bindg mit ggseit Einstehen füreinander. Wicht Indizien: Dauer des ZusLebens, Versorgg v Kindern u (od) and Angehör, VerfüggsBefugn üb Eink u VermGgstde des Part. Darleggs- u BewL trägt der Eintretde (BGH aaO).
c) Gemeinsamer Hausstand: wie Rn 5. **d) Kein Ehegatteneintritt** (Abs II S 2) gem Rn 3, indem der 8
Eheg gem Abs I S 2 den Eintritt ablehnt (Rn 10).

4) Wirkung. a) Mieterstellung. Der Eintritt als Mieter geschieht außerhalb u unabhäng v der Erbf aGrd 9
einer SondRNachf krG (hM; aA Wenzel ZMR **93**, 439: SoErbf), ohne WillErkl. **b) Ablehnungsrecht** des 10
Eheg (Abs I S 2) u des eingetretenen FamAngeh (Abs II S 3 Hs 1). **aa) Frist:** ein Mo. Berechng: § 188. Beginn: Kenntn des Todes, für FamAngeh zusätzl mit Kenntn der Ablehng des Eheg (hM). **bb) Erklärung:** empfbedürft WillErkl (§ 130); formlos (allgM). Bei Mehrh v FamAngeh ist in der Ausübg jeder v and unabhäng. **cc) Rechtsfolge** (Abs I S 2 Hs 1): Mit wirks Ablehng wird der Eintritt als nicht erfolgt fingiert. Hat der Eheg abgelehnt, treten FamAngeh ein (Abs II S 2). Lehnen diese ab, wird das MietVerh mit den Erben fortges; denn es gilt Abs VI (Rn 16). **c) Mehrheit** v FamAngeh (Abs II S 4 u 5). Sie sind als Mieter 11
GesHandGläub (§ 432) u GesHandSchu (§ 421) für bereits entstandene od neu entstehde Verbindlk aus dem MietVerh. Bei Kollision v EintrittsR der nehel LebGemsch ist üb den Vorrang zu entsch (hierzu Stintzing JuS **94**, 550). **d) Erbenhaftung** (Abs III). Der Eheg od die FamAngeh haften bei Eintritt neben dem od den 12
Erben (vgl § 1967) als GesSchu (§ 421) für alle bis zum Tod entstandenen Verbindlk aus dem MietVerh.

5) Ausgleich von Mietvorauszahlungen (Abs IV). Begriff: wie § 557 a. Voraus ist der Eintritt gem 13
Abs I od II. Betr das Verh zu den Erben. Bei Mehrh v FamAngeh besteht GesSchuld (Abs II S 5). Herauszugeben (idR zu bezahlen) ist die ersparte Miete; ggf auch die erlangte bei nicht abgewohnter MietVorauszahlg. Verjährg: § 195.

14 **6) Kündigungsrecht des Vermieters** (Abs V). **a) Voraussetzungen.** Eintritt des Eheg od eines FamAngeh. Wicht Grd ist nicht gleichzusetzen mit dem, was zur außerord fristl Künd ggü dem Mieter berecht, weil Abs II sonst überflüss wäre u die gesetzl Fr nicht zuläss. Der wicht Grd entspr dem des § 549 I S 2 (hM). Er muß jedenf in der Pers od den damit zushängden Umstden liegen (Bsp bei Lützenkirchen WuM **90**, 413). Bei
15 Eintritt mehrerer Mieter als ausschließl neue VertrPart genügt der Grd in der Pers v einem (hM). **b) Kündigung.** Es gelten die allg Vorschr (§ 564 Rn 8–16). Es ist eine außerord Künd mit ges Fr; es gilt § 565 V, II S 1, somit die um 3 Werktage verkürzte 3-MoFr. Die KündErkl zum ersten zul Termin bedeutet, daß sie frühestens nach Ablauf der ErklFr des Abs I S 2 od Abs II S 3 ausgesprochen werden muß (hM; MK/Voelskow 18). Die SozKlausel (§§ 556 a–c) gilt, nicht § 564 b, weil der wicht Grd des Abs V eine üb § 564 b hinausgehde SoRegelg darstellt. Es muß daher nicht zugleich ein berecht Interesse iS des § 564 b vorliegen (Lützenkirchen aaO mwN; sehr bestr).

16 **7) Fortsetzung des Mietverhältnisses mit Erben** (Abs VI) od MiterbenGemsch (§ 2032). Sie kommt dann in Betr, wenn Eheg od FamAngeh die Fortsetzg ablehnen. Die RFolge entspr den §§ 1922, 1967. Eigentl ist Abs VI insow überflüss u bewirkt nur, daß statt ord Künd ein außerord KündR mit ges Fr gegeben w (Abs VI S 2, § 565 V). § 556 a ist nicht anwendb (bestr). Eintrittsberechtigg (Abs I od II) u Erbenstellg kann in einer Pers zustreffen. Erster zuläss Termin: wie Rn 9; für den Verm nicht vor Kenntn, daß das EintrR rückwirkd entfallen ist. Ist der EintrBerecht Erbe, muß u kann er nach od zugleich mit der Ablehng künd. Beides kann in einer einz Erkl gesehen werden (§ 133).

569 b

Gemeinsamer Mietvertrag von Ehegatten. **Ein Mietverhältnis über Wohnraum, den Eheleute gemeinschaftlich gemietet haben und in dem sie den gemeinsamen Hausstand führen, wird beim Tode eines Ehegatten mit dem überlebenden Ehegatten fortgesetzt. § 569 a Abs. 3, 4 gilt entsprechend. Der überlebende Ehegatte kann das Mietverhältnis unter Einhaltung der gesetzlichen Frist kündigen; die Kündigung kann nur für den ersten Termin erfolgen, für den sie zulässig ist.**

1 **Zweck:** wie § 569 a Rn 1. **Abdingbarkeit** ist zu bejahen. **Voraussetzungen: (1)** Eheg müssen ausschließl gemsch Mieter (Mitmieter), dh Part des MietVertr sein; es genügt späterer Beitritt (Emmerich/Sonnenschein 6). Auf eheähnl LebGemsch ist die entspr Anwendg von BGH NJW **93**, 999 (auf § 569 a II bezogen) nicht gedeckt, aber folgericht zu bejahen (vgl § 569 a Rn 4, 7). **(2)** Gemsch Hausstd: wie § 569 a
2 Rn 5. **(3)** WoRaum: wie Einf 70 vor § 535. **(4)** Tod eines Eheg. **Wirkung:** Fortsetzg des MietVerh mit dem üblebden Eheg als SoRNachf außerh u unabhäng v der Erbf. Der Eheg wird Alleinmieter. **Haftung** neben
3 den Erben u Ausgl im InnenVerh (S 2) wie § 569 a III (dort Rn 12). **Ausgleich** v MietvorausZahlg (S 2): wie § 569 a Rn 12. **Kündigungsrecht** (S 3) nur des Eheg, nicht des Verm. KündErkl wie § 564 Rn 8–16. Fr wie § 565 V (S 3 1. Hs) Ztpkt wie § 569 Rn 7 (S 3 2. Hs). Der MietVertr wird beendet u fällt nicht in den Nachl (Sonnenschein ZMR **92**, 417 [419]).

570

Versetzung des Mieters. **Militärpersonen, Beamte, Geistliche und Lehrer an öffentlichen Unterrichtsanstalten können im Falle der Versetzung nach einem anderen Orte das Mietverhältnis in Ansehung der Räume, welche sie für sich oder ihre Familie an dem bisherigen Garnison- oder Wohnorte gemietet haben, unter Einhaltung der gesetzlichen Frist kündigen. Die Kündigung kann nur für den ersten Termin erfolgen, für den sie zulässig ist.**

1 **Zweck** der Vorschr ist das öfftl Interesse. Aktueller Übbl: Both WuM **98**, 579. **Anwendbar** für alle Räume (Einf 68 vor § 535), nicht nur für WoRaum (Einf 70 vor § 535). Gilt auch, wenn der Eheg Mitmieter ist,
2 sodaß dann beide künd können. Gilt aber nicht für Pacht (§ 584 a III). **Familie:** Eheg, Enkel, Kinder, Eltern
3 u Schwiegereltern. **Unabdingbar** ist § 570, sodaß ein Verz auf das KündR nichtig ist (hM). **Personenkreis.** Maßgebd ist der Ztpkt der Künd. Beamte: gemeint ist der staatsrechtl Begr iS der verschiedenen BeamtenGe (allgM), sowie Richter u Angeh des BGrenzSchutzes, nicht Notare (BGH NJW **92**, 1158; bestr). Die Anwendbk auf ArbN im öffD ist zu bejahen (hM; Günther ZMR **93**, 249 mwN), für and ArbN zu verneinen (BayObLG ZMR **85**, 198). MilitärPers: alle Soldaten iS des SoldatenG. Geistliche: alle die hauptberufl für eine RelGemsch tät sind (MK/Voelskow 5). Lehrer: auch Hochschullehrer, PrivDoz, soweit sie nicht schon
4 unter den BeamtenBegr fallen. **Versetzung** (hierzu eingehd Günther ZMR **93**, 249) nach einem and Ort u zwar auf Dauer (hM); daher nicht bei vorübgehdem ZweitWohns (Both WM **98**, 579). Auch wenn sie auf Antr des Beamten erfolgt, nicht aber eine erstmal Berufg ins BeamtenVerh (Hamm ZMR **85**, 267; bestr). Versetzg ist auch gegeben, wenn ein Beamter in derselben Laufbahn bleibt od seinen DHerrn wechselt. Nicht: Übertritt in den D eines ausl Staates, Versetzg in den Ruhestd, vorügehde Abordng. Die Versetzg muß bereits
5 amtl angeordnet u dem Mieter mitgeteilt sein. Anderer Ort bedeutet eine and Gem. **Kündigung.** Außerord mit ges Fr (§ 565 V). Sie muß zum erstmögl Termin nach dem amtl Zugang der VersetzgsAnordng erfolgen u der KündTermin muß nach dem Ztpkt der Versetzg liegen.

570 a

Vereinbartes Rücktrittsrecht. **Bei einem Mietverhältnis über Wohnraum gelten, wenn der Wohnraum an den Mieter überlassen ist, für ein vereinbartes Rücktritts recht die Vorschriften dieses Titels über die Kündigung und ihre Folgen entsprechend.**

1 **Allgemeines.** Zweck des § 570 a ist zu verhindern, daß die zwingden, zum Schutz des Mieters erl KündVorschr umgangen w. **Anwendungsbereich:** WoRaum: Einf 70 vor § 535. Vereinb RücktrR: nur der allg vorbehaltene (§ 346) od an vertragl festgelegte Vorauss gebundene Rücktr; nicht der ges (zB des § 326).
2 Üblassen bedeutet Übertr des unmittelb Bes (§ 854). **Wirkung:** entspr Anwendg aller Vorschr über Künd u ihre Folgen, insb §§ 554 a, 554 b, 556 a, 564 a, 564 b, 565.

570 b *Vorkaufsrecht des Mieters.* **I Werden vermietete Wohnräume, an denen nach der Überlassung an den Mieter Wohnungseigentum begründet worden ist oder begründet werden soll, an einen Dritten verkauft, so ist der Mieter zum Vorkauf berechtigt. Dies gilt nicht, wenn der Vermieter die Wohnräume an eine zu seinem Hausstand gehörende Person oder an einen Familienangehörigen verkauft.**

II Die Mitteilung des Verkäufers oder des Dritten über den Inhalt des Kaufvertrages ist mit einer Unterrichtung des Mieters über sein Vorkaufsrecht zu verbinden.

III Stirbt der Mieter, so geht das Vorkaufsrecht auf denjenigen über, der das Mietverhältnis nach § 569 a Abs. 1 oder 2 fortsetzt.

IV Eine zum Nachteil des Mieters abweichende Vereinbarung ist unwirksam.

1) Allgemeines. Lit: Heintz, VorkR des Mieters, 1998. Verh zum EigtVerwertgsInteresse: Derleder NJW 1
96, 2819. **a) Zweck:** Schutz des Mieters vor einer Verdrängg im Zushang mit Umwandlg in WoEigt, auch bei freifinanz WoRaum. **b) Anwendungsbereich:** auch WoRaum, der vor dem 1. 9. 93 (Ztpkt des InKrafttr) umgewandelt w (hM; AG Charlottenb NZM **99**, 22 mwN; Langhein DNotZ **93**, 650); nur WoRaum (70 vor § 535), der nicht öff gefördert ist u daher nicht unter die Anwendbk des WoBindG fällt; für diese Wohngen gilt die SoRegelg des § 2b WoBindG. Bei MischmietVerh (72 vor § 535) muß das Wohnen übwiegen (Wirth NZM **98**, 390). Erstreckg auf Garagen u Stellplätze ist problemat (vgl Wirth aaO). § 570 b ist nur für den ersten Vorkaufsfall seit 1. 9. 93 (str) nach Aufteilg anwendb (BGH NJW **99**, 2045 mwN).
c) Unabdingbarkeit (Abs IV): nachteil für den Mieter ist jede Vereinbg, die sein VorkR od das des RNachf 2
(Abs III) beeinträcht, insb der Verzicht, der nur nach Eintritt des VorkFalls zuläss ist (Wirth aaO mwN).

2) Voraussetzungen (Abs I). Verm u Verk müssen nicht ident sein. **a) Vermietung.** Der WoRaum muß 3
zZt der Begrdg v WoEigt (sog Umwandlg) od der bestehden, nicht nur subj gebliebenen, sond konkretisierten (Langhein aaO 655; Schilling/Meyer ZMR **94**, 497 [503]) Abs der Umwandlg (Beurk der TeilgsErkl, Wirth NZM **98**, 390) an den betr Mieter wirks vermietet (solange das MVerh besteht; Wirth aaO) sowie tats schon u noch üblassen sein (wie § 536 Rn 6). Seit wann die Abs bestand ist unerhebl (Schilling/Meyer aaO; bestr). Kenntn des Mieters zZ der Üblassg schließt das VorkR aus (Wirth aaO; bestr). Bei Gesamt- od BlockVerk vgl Schilling/Meyer aaO u Wirth aaO. Eine Künd des Mieters steht bis zur Beendigg des MietVerh dem VorkR
grdsätzl nicht entgg (Commichau NJW **95**, 1010; Wirth aaO; bestr). **b) Kaufvertrag** zw Verm (Eigt) üb die 4
betr Wohng mit einem Dr. Früherer Verk steht nicht entgg (LG Oldbg WuM **97**, 436). Zuschlag gem ZVG genügt wg § 512 nicht (AG Ffm NJW **95**, 1034). Das WoGB muß bereits angelegt sein od die TeilgsErkl (§ 8 WEG) beurk, aber bei Üblassg noch nicht im GB vollzogen (AG Ffm NJW **95**, 1034 = Rpfleger **95**, 350 m
Anm v Langhein; Schmidt DWW **94**, 65). **c) Personenkreis.** Der Dr darf nicht zu den Pers gehören, für die 5
der Verm nach § 564 b II Nr 2 künd könnte (Abs I S 2); wie § 564 b Rn 45. Es kommt jedoch nicht darauf an, daß diese Pers darübhinaus EigBed haben (ebso Bub NJW **93**, 2897 [2902]); umstr, vgl Wirth aaO). Ein MitEigt der Wo ist nicht Dr (Wirth NZM **98**, 390 [393]).

3) Wirkung. a) Vorkaufsrecht. Es ist schuldrechtl. Erst ab Ausübg kann eine Vormkg erzwungen w 6
(Langhein in Anm zu AG Ffm Rpfleger **95**, 350). Es gelten grdsätzl die §§ 504–514; insb gilt die 2-MoFr des § 510 II S 1 (and als § 2 b I S 1 WoBindG). And als § 505 I S 2 muß die Ausübg des VorkR wg § 313 S 1 (ErwerbVerpfl) not beurk w (Hammen DNotZ **97**, 543; aA Düss NZM **98**, 1001; AG Charlottenb NZM **99**, 22). Die Anz (§ 510) muß bei mehreren Mietern an alle erfolgen (Schmidt DWW **94**, 65 [69]). Die grdsätzl Unübtragbk (§ 514 S 1) bei Tod des Mieters ist zG v Eheg u FamAngeh im gemeins Hausstd (wie § 569 a Rn 4, 5, 7) abgeänd, wenn sie das MietVerh fortsetzen (Abs III). Übgang des VorkR krG: §§ 413, 412. Ansonsten
verbleibt es bei der Unübtragbk des § 514 S 1. **b) Mitteilungspflicht** (Abs II): § 510 I ist dahin erweitert, daß 7
der Verm den Mieter (od den RNachf gem §§ 569 a, 569 b) auch üb das Bestehen des aus § 570 b folgenden VorkR unterrichten muß. Bei schuldh Verstoß SchadErsAnspr aus §§ 440, 325 mögl (AG Charlottenb NZM **99**, 22). **c) Sonstige Rechte des Mieters.** Mü NZM **99** 797 gewährt üb § 826 Unterl- u BeseitiggsAnspr.

571 *Veräußerung bricht nicht Miete.* **I Wird das vermietete Grundstück nach der Überlassung an den Mieter von dem Vermieter an einen Dritten veräußert, so tritt der Erwerber an Stelle des Vermieters in die sich während der Dauer seines Eigentums aus dem Mietverhältnis ergebenden Rechte und Verpflichtungen ein.**

II Erfüllt der Erwerber die Verpflichtungen nicht, so haftet der Vermieter für den von dem Erwerber zu ersetzenden Schaden wie ein Bürge, der auf die Einrede der Vorausklage verzichtet hat. Erlangt der Mieter von dem Übergange des Eigentums durch Mitteilung des Vermieters Kenntnis, so wird der Vermieter von der Haftung befreit, wenn nicht der Mieter das Mietverhältnis für den ersten Termin kündigt, für den die Kündigung zulässig ist.

1) Allgemeines. § 571 dchbricht als AusnRegel (BGH **107**, 315 [320]) den allg Grds, daß Re u Pfl nur 1
zw den am SchuldVerh beteiligten Pers entstehen. Bezweckt Schutz des Mieters u Pächters (BGH NJW **99**, 2177). § 571 ist davon zu untersch, daß der MietVertr dch dreiseit Vereinbg auf einen neuen Verm übtragen w (Sonnenschein ZMR **92**, 417 [421]; LG Hbg WuM **93**, 48). **a) Verträge:** nur Miete u Pacht (§§ 581 II, 593 b) mit dem Eigt od mit dessen Zust (LG Bln NJW-RR **94**, 781); DauernutzgsVertr mit einer Baugenossensch (Karlsr ZMR **85**, 122). Nicht: bei Wechsel des Haupt- od ZwM (BGH **107**, 315; hierzu Gather DWW **92**, 37 [44]); UntermVorVertr u and SchuldVerh, insb nicht bei Leihe (BGH NJW **94**, 3156), auch nicht für Verh zw VorEigtümer u dingl Berecht (BGH WM **65**, 649), insb nicht bei kaufw bestelltem
WohngsR (Haegele Rpfleger **73**, 349 [352]). **b) Grundstücke:** wie Einf 65 vor § 535, daher auch Teile, insb 2
TEigt (§ 1 III WEG); Außenwandflächen (bedeuts für Warenautomaten, Mü NJW **72**, 1995) u Reklameflächen (Hamm MDR **76**, 143 u NJW-RR **92**, 270), über § 580 für Wohngen u and Räume, insb Gesch-

Räume. Bei gemischten Vertr (zB AltenWoHeim) nur, wenn sie überwiegd GrdstMiete sind (hM; BGH NJW
3 **82**, 221). Gilt nicht für bewegl Sachen; bei diesen sind nur Einwendgen gem § 986 II mögl. **c) Entsprechende Anwendung** auf Gesellsch bei Wechsel eines Gesellschafters (BGH NJW **98**, 1220; hierzu krit Michalski NZG **98**, 372). Vermietg dch ErbbauBerecht (§ 11 ErbbRVO, BGH aaO); aber nur im Verh zum Mieter, nicht im Verh ErbbBer zum Erwerber des Grdst (BGH NJW **72**, 198 u NJW-RR **92**, 591); auf JagdP (§ 14 BJagdG) u FischereiP, auf den Nießbr (§ 1056) u den Vorerben (§ 2135), wenn diese Pers über die
4 Dauer ihres Rechts hinaus verm od verp haben (RG **81**, 149). AuflVormkg: Rn 7. **d) Abdingbarkeit** ist im Verh Verm-Mieter zu bejahen (allgM); bei WoRaum, der nach AGB vermietet wird, dürfte § 9 II Nr 1 AGBG entggstehen. Abweichde Vereinbg zw Verm u Erwerber üb das MietVerh ist gg Mieter nur gült, wenn
5 er zust od am (dreiseit) Vertr mitwirkt (LG Bln ZMR **96**, 326). **e) Übertragung von Rechten** aus dem MietVertr ist schon vor EigtÜbgang auf den Erwerber mögl (Mayer ZMR **90**, 121 [123] mwN). Das gilt insb für das KündR (Rn 14; BGH NJW **98**, 896; Mayer aaO). Bei WoRaum ist das umstr (vgl Scholz ZMR **88**, 285 mwN; bejahd Mayer aaO 124). Die ÜbTragg des KündR liegt noch nicht in der Vereinb, der Käufer trete mit Abschluß des KaufVertr auf VermSeite in das MietVerrh ein (Celle ZMR **99**, 618).

6 **2) Veräußerung des Grundstücks** (wie Rn 2). Sie muß dch den Verm (od dessen RNachf) an einen Dr erfolgen. **a) Vertragsparteien.** Verm u Veräußerer müssen also ident sein. Für entspr Anwendg, wenn ein Dr im Auftrag od mit Zust der Eigt vermietet hat: Eisenhardt WuM **99**, 20. Sie muß das ganze Grdst umfassen, auch wenn das Grdst geteilt u an versch Erwerber veräußert w (BGH NJW **73**, 455); es bleibt dann bei einem einheitl MietVertr mit mehreren Verm (hM; BayObLG ZMR **91**, 174 mwN; Celle NJWE-MietR **96**, 29). § 571 gilt auch, wenn ein MitEigt, der (mit)vermietet hat, seinen MitEigtAnteil veräußert (Beuermann WuM **95**, 5 mwN). Nichtveräußerg dch MitEigterGemsch, wenn nur einer der MitEigter Verm ist (BGH NJW **74**, 1551),
7 es sei denn die and MitEigter haben der Vermietg zugest (Mayer ZMR **90**, 121 mwN). **b) Veräußerungsgeschäfte** (mit EigtÜberg): insb Kauf (auch Wandelg, Ribka/Baier NJW **97**, 1221), Tausch, Schenkg, Vermächtn, Einbringen in eine Gesellsch (LG Bln ZMR **98**, 704), auch der Eintritt eines neuen Gesellsch (BGH NJW **98**, 1220; KG DWW **98**, 378); Aufteilg eines Grdst dch MitEigt nach § 8 WEG für die betr Wohng (BayObLG NJW **82**, 451; zu Einzelh Riecke WuM **97**, 88), insb mit anschließder Veräußerg (Weitemeyer NZM **98**, 169), auch dann, wenn ein mitvermieteter Raum GemschEigt wird (BGH NJW **99**, 2177 mwN; Weitemeyer NZM **99**, 111; Greiner ZMR **99**, 365). Jedenf muß zw Verm u Veräußerer Identität bestehen, die bei Veräußerg von Anteilen idR fehlt (vgl LG Bln ZMR **98**, 432). EigtÜberg ist notw, also Auflassg u Eintr (§ 925), weil Vollendg des RsErwerbs der maßgebde Ztpkt ist. AuflVormkg (§ 883) genügt daher nicht, die Wirkg des § 571 herbeizuführen (BGH NJW **89**, 451 mwN; Jauernig § 883 Anm 4 e; bestr; aA § 883 Rn 21 mwN). Daraus folgt: Vormkgswidr Vermietg dch den verkaufden Eigt ist wirks, kann aber zum SchadErs verpfl; der vormksgesicherte Käufer kann vor EigtErwerb nicht künd oder den MietVertr ändern (§ 305). Diese Wirkgen können zT dch Vertr (insb §§ 305, 398, 414) schon vor EigtÜberg abbedungen w. Auf Enteigng ist § 571 unanwendb; ebso bei
8 öff-rechtl vorläuf BesEinweisg (Bambg NJW **70**, 2109). **c) Zwangsversteigerung.** Maßg § 9 Nr 2, §§ 21, 57, 57 a bis 57 d ZVG. Entspr Anwendg des § 571 nur nach Maßg dieser Vorschriften. Bei Vermietg dch nur einen MitEigt, wird die Zust der and zur Vermietg verlangt (Karlsr NJW **81**, 1279). Entspr Anwendg auf den Ersteher eines ErbbauR (BGH WM **60**, 1125). KündR des Erstehers nach § 57 a ZVG; soweit nicht nach § 57 c ZVG eingeschr. Der Mieter hat SchadErsAnspr (§ 325) ggü Verm, wenn er inf Künd des Erstehers nach § 57 a ZVG räumen muß (allgM). ZwVerst zwecks Aufhebg einer Gemsch: § 183 ZVG. **d) Zwangsverwaltung.** Es gilt § 152 II ZVG; der ZwVerw tritt in den MietVertr ein. Eine Mietkaution muß er nur zurückgewähren, wenn er sie erhalten hat, ohne daß es auf die Anwendbark des § 572 S 2 ankäme (LG Köln NJW-RR **91**, 80 mwN; umstr). **e) Insolvenz.** Bei Veräußerg dch den InsVerw gilt § 111 InsO.

9 **3) Überlassung des Grundstücks** (wie Rn 2) an den Mieter ist weitere Vorauss des § 571. **a) Begriff:** wie § 536 Rn 6. Der Verm muß also seine ÜblassgsPfl aus §§ 535, 536 erf haben (BGH **65**, 137 [140]). Nicht notw ist, daß der Mieter die BesErlangg dch Hdlgen kenntl macht, zB Einzäung, Schilder (BGH aaO). BesÜberg auf Dr od vorübgehdes Verlassen des Grdst steht der Anwendg des § 571 nicht entgg, wohl aber völl BesAufg od Rückg an den Verm. Üblassen sein kann auch an den UnterM, wenn sich vereinbgem an den UnterMBes ein HauptMBes anschließt (BGH NJW-RR **89**, 77). Die Duldg einer Wasserleitg genügt nicht
10 (Düss MDR **76**, 142). **b) Zeitpunkt:** Die Veräußerg muß nach Überlassg erfolgt sein; bei Veräußerg vor
11 Üblassg des vermieteten Grdst gilt § 578. **c) Bestand** des MietVertr zZ der Üblassg. Es ist jedoch gleichgült, ob der MietZtRaum erst nach dem GrdstErwerb beginnt, zB bei VerlängergsVertr (BGH **42**, 333). Ist der MietVertr nichtig od v allein anfberecht Veräußerer wirks angefochten, bleibt Eintritt ausgeschl (Roquette NJW **62**, 1551). Ebso, wenn Vertr gekünd u KündFr vor dem EigtErwerb abgelaufen ist. Re aus dem MietVertr hat hier nur der Veräußerer; der Erwerber ist auf solche aus seinem Eigt beschr, ausgen die Anspr aus §§ 556 I, 557 (BGH **72**, 147), weil sie laufd neu entstehen. Der Erwerber tritt auch nicht in nachvertragl Pfl des Verm ein, wenn das MietVerh zZ des Erwerbs nicht mehr besteht.

12 **4) Rechtsverhältnis zwischen Erwerber und Mieter.** Erwerber tritt an Stelle des Verm in die sich aus dem MietVerh ergebden Re u Pfl ein, u zwar in alle, die zw dem veräußernden Verm u dem Mieter zZt der Veräußerg (Rn 6) bestehen u BestandT des MietVertr sind (einschl VertrÄnd), auch in das AbwicklgVerh nach Künd bis zur Rückg gem § 556 I (allgM; Hamm NJW-RR **92**, 1164 mwN). Das gilt nicht für Vereinbg des Verm mit Dr, zB aus § 14 ModEnG (BGH NJW **98**, 447). Besonderh bei Umwandlg in WoEigt: Sternel MDR **97**, 315. Unabhäng v Eintritt gem § 571 kann der Erwerber schon vor EigtÜbgang dch dreiseit Vertr
13 mit dem Veräußerer u Mieter in den MietVertr eintreten (vgl Rn 4). **a) Eintritt** krG, unmittelb im Anschl an den dingl VeräußergsAkt, u zwar kr selbstd R, nicht als RNachf des Verm (BGH NJW **62**, 1390); ohne Rücks auf Kenntn u auch, wenn das MVerh bereits gekünd ist. Mehrere Erwerber treten in ihrer Gesamth an die Stelle des Verm (BGH NJW **73**, 455). Kein Eintritt des Erwerbers in solche Re u Pfl, die nicht unmittelb im MietVerh begrdet sind, insb nicht in solche, die sich auf anderes als den MietGgst, seine Üblassg u Rückgewähr sowie die GgLeistg beziehen, selbst wenn sie mit dem MietVertr wirtsch zushängen u in einem gemischten Vertr (Einf 26 vor § 535) enthalten sind; zB Re zG Dr (§ 328), ein BeleggsR des ArbG (BGH **48**, 244) od eine aus der Gemeinnützk folgde MietPrBindg (Paschke/Oetker NJW **86**, 3174). Vereinb Veräußerer u

Mieter Abfindg des letzteren für vorzeit Beendigg des Vertr, so geht diese Verpfl nur dann auf den Erwerber über, wenn sie sich aus dem alten Vertr ergibt; wird sie erst im MietaufhebgsVertr vereinb, so bindet sie den Erwerber nicht (BGH **LM** Nr 4). **b) Rechte.** Alle vor dem EigtWechsel entstandenen u fäll gewordenen Re 14
(insb Anspr) bleiben beim bisher Verm (Veräußerer), auch das auf Leistg der Mietkaution (89 v § 535; Hbg ZMR **97**, 415; bestr). Die bis zum EigtWechsel entstandenen Anspr können dem Erwerber abgetreten w (vgl Düss ZMR **93**, 15). Die erst danach fäll werdden u bedingten (allgM; LG Hbg NJW-RR **93**, 18 mwN) Anspr stehen dem Erwerber zu, insb der RückgAnspr aus § 556 I nach Künd dch den bisher Verm (allgM; Hamm NJW-RR **92**, 1164 mwN). Vor EigtErwerb dch GBEintragg kann der Erwerber nur mit Zust des Veräußerers wirks künd (BGH NJW **98**, 896; vgl Rn 5). Ein DauerschuldVerh (zB WettbewSchutz, Celle ZMR **90**, 414) geht üb. Anspr auf Miete, soweit sie seit dem EigtErwerb fäll geworden ist; auch dann, wenn die erst nach Veräußerg fäll werdde Miete zT auf die Zt vor der Veräußerg entfällt (hM; Schenkel NZM **99**, 5 mwN). Das gleiche gilt grdsätzl für Anspr auf Nebenkosten (vgl Schenkel aaO 9) u deren Rückzahlg wg überhöhter AbschlagsLeistgen (Naumb NJW-RR **99**, 160). Sonst Rückstände aus der Zt des Vorbesitzers kann Erwerber nur verlangen, wenn sie ihm abgetreten sind. VorausVfgen: §§ 573, 574. Bei SchadErsAnspr kommt es darauf an, wann der Schad entstanden ist. Solche Anspr aus der Zt des Vorbesitzers gehen nicht über. Dem Erwerber können bei nicht ordngsgem Zustd der Miets SchadErsAnspr wg Verl des § 556 zustehen. Ihm ist der Schad aus RäumgsVerzug (§ 557 I S 2) seit EigtÜberg zu ersetzen, auch wenn das MietVerh vorher gekünd u beendet w (BGH **72**, 147). Die ges PfandRe des Veräußerers u Erwerbers wg MietRückstd sind gleichrang. Unkenntn des Mieters v Veräußerg steht dem RsÜberg nicht entgg (vgl aber § 574). VerjFr, auch die des § 558 laufen weiter. **c) Pflichten.** Alle ges u vertragl des Verm. Erwerber muß auch Verpfl gg sich gelten 15
lassen, die sich aus der Zusicherg einer nicht vorhandenen Eigensch des Grdst ergeben; Anspr des Mieters aus §§ 547, 547 a (BGH NJW **88**, 705); nach dem SchuVerz für den Anspr aus § 538 II (LG Bln NJW-RR **90**, 23); ferner Pfl aus vereinb VertrVerlängerg, Option (Einf 5 vor § 535; RG **103**, 349); aus VormietR (BGH **55**, 71 für Pacht). Eintritt auch in mdl Nebenabreden, soweit sie gült sind, u Haftg für Mängel (BGH **49**, 350). **d) Rechtsgeschäfte.** Für Sicherh u den MietZ gelten die §§ 572–576. Hat der Mieter keine Kenntn v 16
EigtWechsel, ist seine Künd entspr §§ 574, 576 wirks (LG Duisb NJW-RR **97**, 1171).

5) Stellung des bisherigen Vermieters. Dieser scheidet, nachdem das Eigt auf den Erwerber über- 16 a
gegangen ist (Rn 6), aus dem MietVerh aus; jedoch dauert seine Haftg fort. Erfüllg (GebrÜblassg) kann der Mieter aber nicht von ihm verlangen (allgM). **a) Haftung:** Es ist zu untersch: **aa) Bisherige Ansprüche.** 17
Das sind solche, die in der Zt vor der Veräußerg fäll geworden sind u in die der Erwerber daher nicht eingetreten ist, weil sie nicht in „die Dauer seines Eigentums" fallen. Hierfür haftet nur der Veräußerer (bisher Verm). Das gilt insb für VerwendgsErsAnspr gem § 547, die sich nur dann gg den Erwerber richten, wenn sie nach dem EigtWechsel entstanden od fäll geworden sind (BGH NJW **88**, 706 mwN; bestr) sowie für SchadErsAnspr wg unterbliebener Endrenovierg od Wiederherstellg des früh Zustds (BGH NJW **89**, 451). Verj dieser Anspr: § 558 Rn 5 (vgl BGH NJW **65**, 1225). **bb) Vermieterpflichten nach Veräußerung** 18
(Abs II S 1) od Weiterveräußerg (§ 579). Der bisher Verm haftet, wenn Erwerber diese nicht erfüllt. Hier haftet der bish Verm wie ein (selbstschuldner) Bürge, der auf die VorausKl verzichtet hat (§ 771 Rn 2), aber nur für VertrVerpfl (zB unberecht Künd, Thiel ZMR **94**, 307), einschließl Geldleistg (BGH NJW **69**, 417) des Erwerbers, nicht für dessen unerl Hdlgen. Haftg geht auf SchadErs, nicht auf unmittelb Erf der VermPfl (RG **102**, 177). Verj: grds § 195 (dort Rn 8; vgl auch § 765 Rn 4). **cc) Unmittelbare Haftung** des Verm 19
aGrd des mit dem Mieter abgeschl Vertr für Pfl, in die der Erwerber nicht eintritt. Dazu gehört insb die Pfl, dem Mieter das GebrR währd der ganzen MietVertrDauer zu verschaffen; daher haftet der Verm aus § 325, wenn der Erwerber dem Mieter den vertrgem Gebr nicht gewährt, zB wenn das Grdst zur ZwVerst kommt u der Erwerber gem § 57 a ZVG vorzeit künd, obwohl der MietVertr für einen längeren ZtRaum abgeschl ist. **b) Haftungsbefreiung** (Abs II S 2) kommt nur für die Anspr aus Rn 18 in Frage. Für den RückzahlgsAnspr 20
aus der Mietkaution gilt § 572 (vgl Ffm NJW-RR **90**, 274). **aa)** Vorauss: **(1)** Kenntn des Mieters von Veräußerg dch eine Mitt des Verm. Geschähnl Hdlg; Hinw auf RFolgen unnöt. Vertretg mögl (BGH **45**, 11). **(2)** Der Mieter muß eine Künd des MietVertr zum erstzuläss Termin unterl haben. **bb)** RFolgen: Verm wird von der Haftg frei von dem Ztpkt ab, zu dem die erstzuläss Künd das MietVerh beendet hätte. Im Fall der Künd zum erstzuläss Ztpkt besteht Haftg des Verm für die Anspr aus Rn 18 weiter. **c) Rückgriff** des in 21
Anspr gen bisher Verm gg den Erwerber ist aGrd v Abs II S 1, § 774 mögl.

572 *Sicherheitsleistung des Mieters.* **Hat der Mieter des veräußerten Grundstücks dem Vermieter für die Erfüllung seiner Verpflichtungen Sicherheit geleistet, so tritt der Erwerber in die dadurch begründeten Rechte ein. Zur Rückgewähr der Sicherheit ist er nur verpflichtet, wenn sie ihm ausgehändigt wird oder wenn er dem Vermieter gegenüber die Verpflichtung zur Rückgewähr übernimmt.**

Anwendbar: auf den Fall der iü anwendb bleibden (BGH NJW **99**, 1857) § 571 u § 549 a; auf alle 1
Formen einer (schon geleisteten) Sicherh, insb auf die Mietkaution (Einf 89 vor § 535; Düss ZMR **97**, 295; Kinne NZM **98**, 986). Ist sie noch nicht geleistet: § 571 Rn 14. Gilt auch für eine MietBürgsch (BGH **95**, 88). JagdP: § 14 BJagdG. Nicht anwendb auf bloße Guthaben (Düss NJW-RR **94**, 1101). **Eintritt** (S 1). 2
Bedeutet nicht Überg krG (so Düss aaO), sond Anspr auf Übertr (Rn 4) gg den Verm (M. Schmid DWW **97**, 209 mwN). Behält der Verm die Sicherh, richtet sich der RückgewährsAnspr nur gg ihn. Überträgt er die Barkaution auf den Erwerber, haftet er dem Mieter ggü neben dem Erwerber bis zur Beendigg des MietVerh weiter (BGH NJW **99**, 1857 mwN; bestr), aber nicht, wenn der Mieter die Herausg der Sicherh an den Erwerber verlangt od ihr zugestimmt hat (Karlsr ZMR **89**, 89; MK/Voelskow 7; Erm/Jendrek 3). Das gleiche gilt, wenn S 2 nicht erf wird (hM; Boecken ZMR **82**, 134 mwN). **Pflicht zur Herausgabe** (Übertr, 3
Weiterleitg, Auszahlg) der Sicherh an den Erwerber: Anspr darauf hat neben dem Erwerber auch der Mieter (hM; Karlsr ZMR **89**, 89 mwN), aber nur, wenn der Verm gg ihn keine Anspr mehr hat, die gesichert w sollen (Karlsr aaO). Der Erwerber kann vom Mieter keine neue Sicherh verlangen, wenn der Verm diese Pfl

nicht erf, zB wg Konk (AG Ffm NJW-RR **91**, 1165). Der Verm darf sich vorrang aus der Mietkaution befried
4 (Ffm NJW-RR **87**, 786). **Pflicht zur Rückgewähr** (S 2): besteht für den Erwerber zum vertragl best Ztpkt, iZw mit Beendigg des MietVerh (§ 564 Rn 1–4), nicht aus Anlaß der Veräußerg. Verj: wie § 557a Rn 10. Einer Aushändigg gleich stehen and Formen der Übertr, insb Überweisg u Aufrechng (Stückmann ZMR **72**, 328). Der Verm haftet auch in diesem Fall neben dem Erwerber weiter (vgl Rn 2). Davon zu untersch ist, ob der Verm ggü dem Erwerber aufrechnen darf (verneint von Ffm ZMR **91**, 340).

573 *Vorausverfügung über den Mietzins.*

Hat der Vermieter vor dem Übergang des Eigentums über den Mietzins, der auf die Zeit der Berechtigung des Erwerbers entfällt, verfügt, so ist die Verfügung insoweit wirksam, als sie sich auf den Mietzins für den zur Zeit des Übergangs des Eigentums laufenden Kalendermonat bezieht; geht das Eigentum nach dem fünfzehnten Tag des Monats über, so ist die Verfügung auch insoweit wirksam, als sie sich auf den Mietzins für den folgenden Kalendermonat bezieht. Eine Verfügung über den Mietzins für eine spätere Zeit muß der Erwerber gegen sich gelten lassen, wenn er sie zur Zeit des Überganges des Eigentums kennt.

1 **1) Allgemeines.** Gilt für den Fall des § 571 u des § 549a; stellt eine Ausn v darin enthaltenem Grdsatz her. **a) Zweck:** Die §§ 573–575 stellen sicher, daß bei VorausVfg üb den MietZ der Mieter vor Doppelzahlg
2 u der Erwerber vor dem Verlust des MietZAnspr geschützt w. **b) Anwendbar** nur bei einseit Vfg des Verm über den MietZ od dch Vfg mit Dr, insb dch Abtretg (§ 398) u Aufrechng (§ 387), nicht bei RGesch üb den MietZ zw Verm u Mieter, für die § 574 gilt. Das ist bestr für Änd des MietZAnspr (vgl Düss NJW-RR **94**, 1234). Unanwendb ist § 573 bei EigtWechsel dch Übertr v GesellschAnteilen (BGH NJW **99**, 715). Entspr anwendb ist § 573 gem § 14 BJagdG, bei Vermietg dch Nießbr (BGH **53**, 174) u Vorerben (§ 2135). Nicht
3 gilt § 573 für BaukZusch u ähnl MieterLeistgen (hM). **c) Abdingbarkeit** ist zu bejahen; jedoch ist stets die Zust des Dr notw. Abweichg im FormlVertr ist wg § 9 II AGBG unwirks.

4 **2) Vorausverfügung** üb den MietZ. **a) Begriff:** Vfg ist jedes RGesch, das zum völl od teilw Erlöschen des MietZ führt, sofern es v Verm einseit (zB § 387) od als RGesch mit einem Dr (zB § 398) herbeigeführt w
5 (vgl Rn 2). Dem stehen Pfdgen dch Gl des Verm gleich (hM). **b) Zeitpunkt** der Vfg. Sie muß vor der Veräußerg des Grdst (§ 571 Rn 6) wenigstens zT wirks geworden sein. Vfg nach EigtÜbgang fallen unter
6 § 185, wenn nicht § 574 gilt. **c) Wirksamkeit** der VorausVfg ist dch S 1 eingeschränkt. Es ist allein auf den KalMo, nicht den MietMo abzustellen. **d) Kenntnis** des Erwerbers v der VorausVfg zZ der Vollendg des Erwerbs (Eintragg, § 925) führt dazu, daß er sie einschränkgsl gg sich gelten lassen muß (S 2). Fahrläss Unkenntn genügt nicht. Unkenntn des Erwerbers bewirkt relative Unwirksk iS des § 136 (BGH ZMR **97**,
7 282). BewL für Kenntn: Mieter od Dr. **e) Ausgleich** zw Erwerber u Verm richtet sich nach dem RVerh, das zw diesen besteht. **f) Haftung** des Verm auf SchadErs besteht, wenn der Mieter doppelt MietZ zahlen muß, weil der Verm den Erwerber nicht in Kenntn gesetzt od ihn für den betreffden KalMo nicht von der Miete
8 freistellt. **g) Vertragsänderungen.** Da die RGesch zw Verm u Mieter in Bezug auf Mietvorauszahlg unter § 574 fallen (Rn 2), ist für § 573 allein darauf abzustellen, welchen Inhalt der MietVertr zZ des EigtÜbgangs hat; so tritt der Erwerber in den Vertr ein.

9 **3) Zwangsvollstreckung. a) Pfändung:** vgl Rn 4 u § 865 II S 2 ZPO. **b) Zwangsversteigerung.** Es gelten §§ 57, 57b I S 2 ZVG, damit § 573 S 1. **c) Zwangsverwaltung.** Ihre Anordng umfaßt auch die Miet- u PZen (§ 21 II ZVG) wg § 148 I ZVG. Es gilt bei GrdPfdGläub § 1124 BGB, für den ZwVerwalter § 57b III ZVG u damit § 573. **d) Insolvenz.** Es gilt hins der Wirksamk von MietZVfgen des InsSchu ggü der Masse § 110 InsO, aber AnfMöglichk nach §§ 129ff InsO.

574 *Rechtsgeschäfte über Entrichtung des Mietzinses.*

Ein Rechtsgeschäft, das zwischen dem Mieter und dem Vermieter in Ansehung der Mietzinsforderung vorgenommen wird, insbesondere die Entrichtung des Mietzinses, ist dem Erwerber gegenüber wirksam, soweit es sich nicht auf den Mietzins für eine spätere Zeit als den Kalendermonat bezieht, in welchem der Mieter von dem Übergang des Eigentums Kenntnis erlangt; erlangt der Mieter die Kenntnis nach dem fünfzehnten Tage des Monats, so ist das Rechtsgeschäft auch insoweit wirksam, als es sich auf den Mietzins für den folgenden Kalendermonat bezieht. Ein Rechtsgeschäft, das nach dem Übergange des Eigentums vorgenommen wird, ist jedoch unwirksam, wenn der Mieter bei der Vornahme des Rechtsgeschäfts von dem Übergange des Eigentums Kenntnis hat.

1 **1) Allgemeines. a) Zweck:** Grdsätzl wie § 573 Rn 1. § 574 schützt umfassd den gutgläub Mieter vor Zahlg an den NichtBerecht u der daraus resultierden Pfl zur DoppelZahlg. Er ist dem § 407 nachgebildet.
2 **b) Anwendbar.** Währd § 573 nur für einseit Vfgen des Verm u solche mit Dr gilt, ist § 574 nur für RGesch zw Verm u Mieter anzuwenden (vgl Rn 4). Inhalt: Änd des MietVertr (§ 305), die eine Mietvorauszahlg vertr festlegen, fallen nur unter § 571 (umstr; vgl Düss NJW-RR **94**, 1234 u Emmerich NZM **99**, 49). § 574 gilt
3 auch für § 549a. Entspr anwendb ist § 574 iü wie § 573 Rn 2. **c) Abdingbarkeit:** wie § 573 Rn 3. **d) Baukostenzuschüsse** (84 vor § 535), die als MietVorauszahlg behandelt w, fallen nicht unter § 574 (hM; BGH **37**, 346; Düss ZMR **94**, 505).

4 **2) Rechtsgeschäfte zwischen Vermieter und Mieter** über den MietZ. **a) Voraussetzungen: aa)** RGesch zw dem bisher Verm u dem Mieter; nicht mit Dr od dem neuen Verm. **bb)** Das RGesch muß sich auf den MietZ (nicht auf NebenFdgen; hM) beziehen: Erlaß (§ 397), Stundg, Vorauszahlg (BGH NJW **66**, 1704), auch als EinmalBetr, wenn der MIetZ nicht nach ZtAbschn bemessen ist (BGH **137**, 106; Anm Dedek ZMR **98**, 679; iE zust Emmerich NZM **99**, 49 üb § 571). Ann an ErfStatt (§ 364 I), AufrechngsVertr,
5 Aufrechng (bestr); nicht die Künd (hM; MK/Voelskow 2; aA LG Duisb ZMR **97**, 356). **b) Wirksamkeit** der Vfg. And als bei § 573 (vgl dort Rn 6) stellt § 574 auf den Ztpkt der pos Kenntn des Mieters vom EigtÜberg ab (S 1 Hs 2; S 2); das entspr dem § 407 I. Es ist zu untersch: **aa)** RGesch vor EigtÜberg: Die Wirksamk ist

dch S 1 für einen eng begrenzten ZtRaum der MietZPeriode begrenzt, Unkenntn des Mieters vorausgesetzt. Die Unwirksamk ist relativ; sie besteht dem Erwerber (neuen Verm, § 571) ggü. **bb)** RGesch nach EigtÜberg (S 2): Hatte der Mieter v EigtÜberg: Kenntn, ist das RGesch v Anfang an unwirks. Hatte er keine Kenntn, gilt das gleiche wie bei aa (S 1). **c) Beweislast:** für Kenntn des Mieters trifft den Erwerber. 6

575 *Aufrechnungsbefugnis.* **Soweit die Entrichtung des Mietzinses an den Vermieter nach § 574 dem Erwerber gegenüber wirksam ist, kann der Mieter gegen die Mietzinsforderung des Erwerbers eine ihm gegen den Vermieter zustehende Forderung aufrechnen. Die Aufrechnung ist ausgeschlossen, wenn der Mieter die Gegenforderung erworben hat, nachdem er von dem Übergange des Eigentums Kenntnis erlangt hat, oder wenn die Gegenforderung erst nach der Erlangung der Kenntnis und später als der Mietzins fällig geworden ist.**

Zweck: Schutz des Mieters; dem § 406 nachgebildet. **Anwendbar:** auch für § 549 a. § 575 bezieht sich auf § 574 für den Fall der Aufrechng, die der Mieter gg den Verm vornimmt (§ 574 Rn 5); ebso wie § 573 Rn 2. **Zulässige Aufrechnung** (S 1); nur iR des § 574. Sie wird dem Mieter mit Fdg gestattet, die er gg den bisher Verm vor Kenntn des EigtÜberg erlangt hat. Die Fdg muß nicht aus dem MietVerh stammen. Keine Aufrechng ist die bloße MietZMinderg der §§ 537, 538 (allgM). **Ausgeschlossene Aufrechnung** (S 2). Entspr § 406. Statt Kenntn der Abtretg ist bei § 575 auf Kenntn des EigtErwerbs abzustellen. 1 2 3

576 *Anzeige des Eigentumsübergangs.* **I Zeigt der Vermieter dem Mieter an, daß er das Eigentum an dem vermieteten Grundstück auf einen Dritten übertragen habe, so muß er in Ansehung der Mietzinsforderung die angezeigte Übertragung dem Mieter gegenüber gegen sich gelten lassen, auch wenn sie nicht erfolgt oder nicht wirksam ist.**

II Die Anzeige kann nur mit Zustimmung desjenigen zurückgenommen werden, welcher als der neue Eigentümer bezeichnet worden ist.

Zweck: Schutz des Mieters entspr § 409. **Anzeige:** ist eine RsHdlg, keine WillErkl (hM), wird aber wie eine empfangsbed formlose WillErkl behandelt; insb gilt § 130. **Anwendbar:** auch bei § 549 a: entspr, wenn der Mieter im Vertrauen auf den öff Glauben des GB (§ 893) an den eingetragenen Eigt zahlt (hM). **Wirkung** (Abs I) nur für MietZ. Der Mieter muß sich nicht auf Abs I berufen u kann, wenn das Eigt nicht übergegangen ist, befreiend an den Verm leisten (BGH **64**, 117). **Rücknahme** (Abs II): Die Zust ist WillErkl (§ 130). Pfl zur Zust bei unterbliebenem EigtErwerb folgt aus § 812. Bis zum Nachw der Zust kann der Mieter befreiend an denjen leisten, der als neuer Eigt bezeichnet w. 1 2 3

577 *Belastung des Mietgrundstücks.* **Wird das vermietete Grundstück nach der Überlassung an den Mieter von dem Vermieter mit dem Rechte eines Dritten belastet, so finden die Vorschriften der §§ 571 bis 576 entsprechende Anwendung, wenn durch die Ausübung des Rechtes dem Mieter der vertragsmäßige Gebrauch entzogen wird. Hat die Ausübung des Rechtes nur eine Beschränkung des Mieters in dem vertragsmäßigen Gebrauche zur Folge, so ist der Dritte dem Mieter gegenüber verpflichtet, die Ausübung zu unterlassen, soweit sie den vertragsmäßigen Gebrauch beeinträchtigen würde.**

Zweck: Schutz des Mieters gg Bestellg v gebrauchsentziehden od -beschränkden Ren in Ergänzg zu § 571. **Abdingbarkeit** ist wg § 9 II Nr 1 AGBG nur dch Individualvereinbg zu bejahen (Emmerich/Sonnenschein 27). **Anwendbar** bei Bestellg v ErbbR, Nießbr (Ffm ZMR **86**, 358), dingl WohnR (BGH **59**, 51), auch bei GrdDienstbk u pers Dienstbk mögl (vgl S 2). **Voraussetzungen.** Der MietVertr muß vor Bestellg des Rs (Rn 1) abgeschl sein. Das Grdst muß bereits dem Mieter überl sein; sonst gilt § 578. Ein R der in Rn 1 angeführten Art muß v Verm für einen Dr bestellt sein. Der Dr muß dem Mieter den vertrgem Gebr entziehen. **Wirkung.** Der Dr, der das R erworben hat, tritt in die Pfl u Re des Verm ein (§ 571 entspr) u muß dem Mieter den vertrgem Gebr gewähren. Bei VorausVfgen üb den MietZ gelten §§ 573–576 entspr. **Teilbeschränkung** (S 2) ist idR bei Dienstbk gegeben. Die §§ 571–576 gelten dann nicht. Der Mieter hat einen UnterlAnspr gg den DrBerecht, soweit der Gebr beeinträcht w. Verjährg: wie § 550 Rn 4. 1 2 3 4

578 *Veräußerung vor Überlassung.* **Hat vor der Überlassung des vermieteten Grundstücks an den Mieter der Vermieter das Grundstück an einen Dritten veräußert oder mit einem Rechte belastet, durch dessen Ausübung der vertragsmäßige Gebrauch dem Mieter entzogen oder beschränkt wird, so gilt das gleiche wie in den Fällen des § 571 Abs. 1 und des § 577, wenn der Erwerber dem Vermieter gegenüber die Erfüllung der sich aus dem Mietverhältnis ergebenden Verpflichtungen übernommen hat.**

1) Allgemeines. a) Grundsatz. § 571 I gilt nur, wenn das Grdst (§ 580) vor Veräußerg od Belastg (§ 577) an den Mieter bereits überlassen war. Demggü geht § 578 davon aus: Veräußerg bricht Miete, indem die §§ 571 I, 577 nur für den Fall anwendb erkl w, daß der Erwerber u Verm die Erf der Pfl aus dem MietVerh übern hat; dies geschieht im Einzelfall, um den Verm vor den SchadErsAnspr des § 325 I od § 538 I zu schützen. **b) Anwendbar** bei Miete (Pacht, § 581 II) eines Grdst (§ 580). Veräußerg: wie § 571 Rn 6. Vor Überlassg: vgl § 571 Rn 9. Entspr bei § 14 BJagdG, ErbbR, WohnR (§ 1093) u DauerWoR (§ 31 WEG). **c) Voraussetzung:** Der veräußernde Eigt muß der Verm sein. 1 2 3

2) Erfüllungsübernahme ist ein Fall des § 415, wobei jedoch Zust od Kenntn des Mieters nicht notw sind (allgM). Die ErfÜbern kann noch nach dem EigtÜberg od der Bestellg des belastden Rs vereinb w. 4

5 **a) Bei Vorliegen:** Es treten ohne weiteres die RFolgen der §§ 571 I, 577 ein (S 1), näml Eintr des Erwerbers
6 in den MietVertr an Stelle des bish Verm (Veräußerer). **b) Bei Fehlen:** Zw Erwerber u Mieter kommen keine RBeziehgen zustde. SchadErs nur bei § 826. Das MietVerh mit dem Verm bleibt bestehen u der Mieter hat Anspr aus § 325 od § 538 (iF des § 577 bei GebrBeschränkg).

579 *Weiterveräußerung.* **Wird das vermietete Grundstück von dem Erwerber weiterveräußert oder belastet, so finden die Vorschriften des § 571 Abs. 1 und der §§ 572 bis 578 entsprechende Anwendung. Erfüllt der neue Erwerber die sich aus dem Mietverhältnis ergebenden Verpflichtungen nicht, so haftet der Vermieter dem Mieter nach § 571 Abs. 2.**

1 **Weiterveräußerung** od -belastg (S 1) dch den Erwerber: Es gelten die §§ 571 I–578, so daß jeder nachfolgde Erwerber krG für die Dauer seines Eigt od seiner Berechtigg in die Re u Pfl des MietVertr eintritt.
2 **Haftung des Vermieters** (S 2) gem § 571 II bleibt bestehen; ist sie indessen nach § 571 II S 2 erloschen, so lebt sie nicht wieder auf; sie trifft dann den ZwErwerber (Emmerich/Sonnenschein 7).

580 *Raummiete.* **Die Vorschriften über die Miete von Grundstücken gelten, soweit nicht ein anderes bestimmt ist, auch für die Miete von Wohnräumen und anderen Räumen.**

1 Grdst: Einf 65 v § 535. WoRaum, GeschRaum u and Räume: Einf 68–70 v § 535.

580 a *Schiffsmiete.* **I Die Vorschriften der §§ 571, 572, 576 bis 579 gelten im Fall der Veräußerung oder Belastung eines im Schiffsregister eingetragenen Schiffs sinngemäß.**

II Eine Verfügung, die der Vermieter vor dem Übergang des Eigentums über den auf die Zeit der Berechtigung des Erwerbers entfallenden Mietzins getroffen hat, ist dem Erwerber gegenüber wirksam. Das gleiche gilt von einem Rechtsgeschäft, das zwischen dem Mieter und dem Vermieter über die Mietzinsforderung vorgenommen wird, insbesondere von der Entrichtung des Mietzinses; ein Rechtsgeschäft, das nach dem Übergang des Eigentums vorgenommen wird, ist jedoch unwirksam, wenn der Mieter bei der Vornahme des Rechtsgeschäfts von dem Übergang des Eigentums Kenntnis hat. § 575 gilt sinngemäß.

1 Gilt nur für eingetragene Schiffe. Für Luftfahrz, die gem § 98 LuftfzG eingetr sind, entspr (mit Ausn des § 577, Schmid-Burgk/Schölermann WM **90**, 1145). VorausVfg über MietZ ohne zeitl Beschrkg ist zul; einzige Grenze ist Kenntn des Mieters von Veräußerg (Belastg). Spätere RGesch zw Mieter u Verm sind dann unwirks. Gemeint sind RGesch, die sich auf den MietZ beziehen, der auf die Zeit der Berechtigg des Erwerbers entfällt. Sinngem Anwendg des § 575: Der Mieter kann mit einer gg den Verm bestehden Fdg ggü dem Erwerber aufrechnen, jedoch mit der Beschrkg des § 575 S 2.

II. Pacht

Einführung

1 **1) Begriff und Regelung. a) Pacht** ist ein schuldrechtl ggs Vertr; er verpfl den Verp, die Nutzg (vgl § 581 I, § 100) des PGgst in best Umfang zu gewähren. Pacht ist ein DauerschuldVerh. VorP u PVorvertr: wie Vormiet- u MietVorvertr; vgl Einf 3, 4 vor § 535. POption: wie Mietoption; vgl Einf 5 vor § 535.
2 **b) Gesetzesaufbau.** Im 7. Abschn ist der 3. Titel dch das G v 8. 11. 85 (BGBl 2065) in 3 Teile gegliedert: Miete (§§ 535–580); Pacht (§§ 581–584 b) u LandP (§§ 585–597). § 581 I enthält die HauptPfl der Pacht. Die §§ 582–584 b regeln die Pacht v Grdst, Betr, bewegl Sachen u Ren; hierfür gelten die MietVorschr subsidiär (§ 581 II). Für die LandP gelten §§ 581 I, 582–583 a (vgl § 585 II) und die §§ 585–597.

3 **2) Abgrenzung** zu and RVerh. **a) Miete:** Einf 10 vor § 535. **b) Kauf:** bei verbrauchb Sachen (zB Wasser, Gas) u Lieferg von Strom regelm Kauf (§ 433 Rn 1, 4). Pacht liegt idR vor: wenn ein R zum Gewinn verbrauchb Sachen VertrGgst ist, zB WassernutzgsR; Überlassg eines Grdst zur Gewinng von Bodenbestand, zB Sand (BGH WM **73**, 386), Kies (BGH WM **83**, 531), Kali (BGH NJW **66**, 105), Bims (BGH NJW **85**,
4 1025). **c) Werkvertrag:** Maßgebd ist, ob ein best Erfolg, insb die Herstellg eines Werks eigenverantwortl geschuldet w, od ob nur eine produktionsfäh Einrichtg einem and auf dessen Produktionsrisiko hin überlassen
5 w. WerkVertr ist zB ein Vertr über Herstellg u Auswertg eines Werbefilms (BGH MDR **66**, 496). **d) Dienstvertrag** (insb ArbVertr): Maßgebd ist, ob iR des für die Tätigk einer Pers überlassenen Ggst (zB Toilette, Büffet, Softeismaschine), diese Pers der Aufs u Weisg untersteht (dann D- od ArbVertr) od in der BetrGestaltg
6 unabhäng ist (dann PVertr). **e) Gesellschaft:** Bei Förderg eines gemeins Zwecks liegt Gesellsch vor (§ 705 Rn 14–16), ebso, wenn eine Verlustbeteiligg vereinb ist. Pacht liegt vor, wenn der überlassene Ggst ohne Einfluß des Verp vom Pächter benutzt od bewirtsch w. Gewinnbeteiligg schließt Pacht nicht aus (allgM; Erm/
7 Jendrek 13 mwN). **f) Lizenzvertrag** ist ein Vertr, dch den ein gewerbl SchutzR (insb Patent, GebrMuster) einem and (auch beschränkt) zur Benutzg überlassen w (vgl § 9 PatG; § 13 GebrMG); idR ein verkehrstyp, gemischter Vertr (Einf 20 vor § 305). Je nach Ausgestaltg ist PVertr mögl, idR aber mit gesellsch- u kaufrechtl Elementen versehen (vgl BGH NJW **70**, 1503). Auch beim LizenzVertr ist zw Verpfl- u ErfGesch zu untersch
8 (Lüdecke NJW **66**, 815). Für Gewl sind idR §§ 537, 538 entspr anwendb (BGH aaO). **g) Know-how-Vertrag** entspr dem LizenzVertr (Rn 7) für Ggstde, insb Fertiggs- u VertriebsVerf, die nicht schutzrechtsfäh sind. Die entgeltl Überlassg des know-how ist grdsätzl als PVertr anzusehen (Hamm NJW-RR **93**, 1270,
9 Pfaff BB **74**, 565 mwN). **h) Sonstige Mischverträge** (Einf 21–23 vor § 305) mit Elementen des PVertr

sind: **(1)** BühnenaufführgsVertr: aus Pacht, Werk- u VerlagsVertr sowie Gesellsch zusgesetzt (BGH **13**, 115). **(2)** FilmverwertgsVertr: zw Herst u Verleiher ist LizenzVertr mit Kauf (eines Rs) od Gesellsch verbunden (RG **161**, 324; BGH **2**, 331); Gewl für RMängel nach KaufR (§ 445), für Sachmängel (Beschaffenh des Films) nach PR (§§ 537 ff). **(3)** FilmverleihVertr: Miete verbunden mit LizenzVertr (Celle NJW **65**, 1667).

3) Landpacht. Seit 1. 7. 86 gelten für LandPVertr (P v Grdst zur landw Nutzg) die §§ 581–597 (Rn 2). **10**
Die mat-rechtl ÜbergRegelg ist in Art 219 EGBGB enthalten. In den neuen BLändern gelten die §§ 581–597 für die Flächen der früh LPG aGrd des Landwirtsch AnpassgsG v 29. 6. 90 idF v 3. 7. 91 (BGBl 1418).

4) Kleingartenpacht. Seit 1. 4. 83 gilt das BKleingG (BGBl 210), zuletzt geänd dch G v 8. 4. 94 (BGBl **11**
766). Das BKleingG enthält priv- u öffrechtl Vorschr. Es ist privrechtl ein SonderG zum PachtR des BGB (§ 4 I, II BKleingG). **a) Begriffe.** Kleing ist ein Garten, der dem Nutzer (Kleingärtner) zur nichterwerbsmäß **12**
gärtner Nutzg u zur Erholg dient, u in einer Anlage liegt, in der mehrere Einzelgärten mit gemeinsch Einrichtgen zusgefaßt sind (Kleingartenanlage: § 1). DauerKleing sind nur solche, die auf einer im BebaugsPlan für DauerKleing festgesetzten Fläche liegen (§ 1 III). Ihnen sind im ÜberleitgsR die Kleing gleichgestellt, die unter § 16 II, III fallen. Kleing sollen nicht größer als 400 qm sein u dürfen nur Lauben aufweisen, die nicht zum dauernden Wohnen geeignet sind (§ 3 I, II). **b) Anwendungsbereich.** Wie eine KleingP **13**
wird auch die ZwP behandelt; das ist ein PVertr, der mit einer gemeinnütz Kleingärtnerorganisation, der jeweil Gem od dem Stadtstaat Hbg (§ 19) abgeschl ist (§ 4 II). Wird der ZwPVertr mit einer nicht als gemeinnütz anerkannten Organisation abgeschl, so ist er nichtig, heilt jedoch, wenn die Gemeinnützigk später zuerkannt w (BGH **101**, 18). **c) Pachtzins.** Er ist auf einen HöchstBetr begrenzt (§ 5 I). Dieser war bei priv **14**
Verp verfwidr (BVerfG NJW-RR **93**, 971) u ist dch § 5 I idF des G v 8. 4. 94 angepaßt dch neue Bezugsgrößen. Er kann auf Antr einer Partei auf den HöchstPr herab- od heraufgesetzt w (§ 5 III). Vereinbgen, die gg § 5 I verstoßen, sind nichtig (§ 134, BGH **108**, 147) u unwirks seit 1. 4. 83, wenn sie vorher abgeschl w (BGH aaO). Anstelle des vereinb PZ gilt der zuläss Höchstbetrag (BGH aaO). Keine Rückwirkg üb den 1. 4. 83 hinaus (BGH NJW-RR **99**, 237). Die Begrenzg der PHöhe dch § 5 I S 1 nF ist nicht verfwidr (BVerfG NJW-RR **98**, 1166). Im Streitfall entsch das ord Ger. Neben dem PZins ist AufwendgsErs mögl (§ 5 IV; hierzu BGH NJW **97**, 1072). **d) Vertragsdauer.** Sie muß (nur bei Dauer- **15**
Kleing) zwingd auf unbest Dauer sein. Befr Vertr bei DauerKleing (§ 564 Rn 5) gelten als auf unbest Zt geschl. Für die Künd gilt zwingd Schriftform des § 126 (§ 7; vgl BGH NJW-RR **87**, 395). Fristl: bei ZahlgsVerz od schwerwiegder PflVerl. Ordentl: Sie ist nur aus best Grden zuläss (§ 9), auch bei ZwP (§ 10), selbst wenn sie mehrf gestuft ist (BGH **119**, 300); jedoch gilt § 10 III (Eintritt des Verp) nicht bei Künd gem § 9 (BGH aaO). Rückg kann üb § 4, § 556 III auch v zweiten ZwPächter verlangt w (BGH aaO), selbst wenn weiterhin nur kleingärtn Nutzg zuläss ist (BGH NJW-RR **94**, 779). Entschädigg des Kleingärtners dch den Verp ist bei Künd zul, die aus Interessen des Verp erfolgt (§ 11). Für Verlängerg gilt § 568 (BGH **113**, 290). Bei Tod des Pächters Fortsetzg nur mit dem Eheg entspr den Regeln des § 569 a (§ 12). Nach VertrEnde gilt das KleingPR weiter, insb für die PHöhe (BGH NJW-RR **96**, 142). **e) Unabdingbarkeit** des Vertr zum **16**
Nachteil des Pächters (Kleingärtner), bei ZwP der Kleingärtnerorganisation od Gem ist ausdrückl vorgeschr (§ 13). **f) Wohnlauben** auf Kleing, die bisher befugt als solche genutzt w, dürfen nach Maßg des § 18 **17**
weiterbenutzt w. Duldg eines Ausbaus kann zu seiner Rechtmäßigk führen (LG Hann ZMR **87**, 23). Zum angem Entgelt: BGH NJW **92**, 1833. **g) Neue Bundesländer.** Für KleingNutzgsVerh gilt das BKleingG mit **18**
der ÜbleitgsRegelg im neuen § 20 a (Anl I Kap XIV Abschn II Nr 4 EiniggsV). Für sog Datschen (keine KleinG) gilt die SoRegelg in Art 232 § 4 EG.

5) Jagd- und Fischereipacht. Für die JagdP gelten die §§ 11–14 BJagdG mit AusfG der Länder. Ggst des **19**
PVertr ist das JagdAusübgsR. Schriftform für den Vertr (auch den VorVertr, BGH NJW **73**, 1839) u AnzPfl bei der zust Beh. Kein KündSchutz. Zur Beteiligg Dr: Knops ZMR **97**, 9. Für die FischereiP gelten landesrechtl Vorschr, idR die FischereiG der Länder (vgl EG Art 69). PGgst ist das FischereiR, nicht das Gewässer.

6) Apothekenpacht. Ggst des PVertr ist die Apotheke als Untern. Die Verpachtg ist grdsätzl verboten **20**
(§ 9 ApG; hierzu Geldmacher DWW **99**, 109). Das hängt mit dem Verbot des sog MehrBes u MehrBetriebs zus (aus aktueller Sicht: Taupitz/Schelling NJW **99**, 1751). Verpachtg ist ausnahmsw zul, insb wenn der Verp die Apotheke aus einem in seiner Pers liegden wicht Grd nicht selbst betreiben kann od nach dem Tode des Apothekers erbberecht Kinder unter 23 Jahren vorhanden sind od der erbberecht Eheg des Apothekers bis zu seiner Wiederverheiratg verpachtet (§ 9 ApG), ferner bei dingl ApothekenBetrR (§ 27 ApG). Ein VerpVerbot w häuf dadch zu umgehen versucht (Mü ZMR **97**, 297), daß die Räume u Einrichtg vermietet w, weil die Vermietg grdsätz zuläss ist (zur Abgrenzg BGH NJW-RR **98**, 803), insb iVm UmsatzM (BGH NJW **79**, 2361), mit stiller Gesellsch aber nur dann, wenn der Apotheker nicht in eine pers u wirtschaft Abhängk gebracht w (BGH **75**, 214 mit Hinw auf BVerfG NJW **64**, 1067).

7) Gaststättenpacht ist PVertr über gewerbl genutzte Räume (Einf 69 v § 535), in denen eine Gastst **21**
betrieben w soll. Es kann mit od ohne Inv verpachtet w, auch wenn das Inv erst v Dr erworben w (Düss NJW-RR **94**, 399), sind häuf verbunden mit (ausschließl) Bier- u GetränkebezugsPfl (vgl Einf 24 v § 535 u § 138 Rn 81), die regelmäß im GgseitigkVerh (§§ 320 ff) steht (BGH **102**, 237). Ist ein VorPR (vgl Einf 4 v § 535) eingeräumt, enthält der Vertr nicht von vorneherein ohne ausdrückl vertr Absprache, daß bei Neuverpachtg keine Getr- od BierbezugsPfl des neuen Pächt ggü einem Dr vereinb w kann (BGH aaO). Eine grdlos ausgesprochene außerord Künd kann SchadErsAnspr begrden (vgl § 564 Rn 15), eine ord Künd wg § 242 unwirks sein (§ 564 Rn 8; Mü NJW-RR **92**, 1037). Der Pächter darf das (ihm gehörde) Inv od das Untern verkaufen (vgl § 433 Rn 3 u BGH NJW **88**, 1668), aber nicht die TelefonNr für seine neue Gastst mitnehmen (Nürnbg NJW-RR **99**, 737). Ist den Pächtern zugleich eine Wohng üblassen, so verbleibt es bei der Anwendg v PachtR, wenn das PachtVerh die Wohng umfaßt u einheitl ist.

8) Franchisevertrag. Emmerich JuS **95**, 760; Haager WiB **96**, 377. **a) Begriff.** Ein FranchV liegt vor, **22**
wenn ein Untern (FranchG) einem and Untern (FranchN) für dessen BetrFührg zur Nutzg gg Entgelt u

Übern best Pfl Handelswaren od -marke, Warenzeichen, GeschForm, Vertriebsmethoden u ErfahrgsWissen (know-how) sowie das R überläßt, best Waren od DLeistgen zu vertreiben. Die damit zushängde Überlassg von GeschRaum ist mögl, aber nicht notw. Der FranchV kommt als verkehrstyp Vertr in versch Formen vor, idR als Vertriebs- od DLeistgFranch. Der FranchV hat in den letzten 20 J zunehmd an Bedeutg gewonnen.
23 **b) Rechtsnatur.** Der FranchV ist ein als DauerschuldVerh (auf best od unbest Zt) ausgestalteter, einheitl (Düss NJW-RR **87**, 631), verktyp gemischter Vertr (Einf 12 vor § 305; ähnl Martinek ZIP **86**, 1440 [1448]). Am stärksten ist er mit Elementen der RP ausgestattet (Emmerich aaO), daneben mit solchen des Kaufs, der Miete sowie der GeschBesorgg (§ 675). Für LizenzVertr am Untern: Forkel ZHR **89**, 511. Außerdem ist, wenn ein gemeins unternehmer Zweck besteht, ein gesellschrechtl Einschlag gegeben. Bei weisgsgebundener AbsatzFördPfl des FranchN (SubordinationsFranch) ist HandelsVertrR anwendb; iü nicht (Martinek ZIP **88**, 1362). Der FranchN ist jedenf selbstd GewTreibder, handelt im eigenen Namen u auf eigene Rechng. Um den RSchein einer Vertretg (§§ 170–173 Rn 9) des FranchG vorzubeugen, muß der FranchN dies erkennb machen (Wolf/Ungeheuer BB **94**, 1027). Im Einzelfall kann bei einem Ein-Mann-Betr ein ArbVerh vorliegen
24 (Flohr WiB **97**, 281 mwN). **c) Vertragsinhalt.** Bei Abschl des Vertr besteht AufklärgsPfl des FranchG (Rn 26). Es besteht grdsätzl VertrFreih, begrenzt dch §§ 134, 138 (Mü NJW **86**, 1880 [Schneeball-System]) u § 242, dch das AGBG (grdsätzl § 9, Ekkenga, Inhaltskontrolle v FranchVertr, 1990), ferner dch § 15 GWB (BGH NJW **99**, 2671; Böhner NJW **85**, 2811 mwN) u Art 85 I EWG-Vertr (EuGH NJW **86**, 1415 [Pronuptia]), wonach zwar Richtpreise zul sind, nicht aber das Verbot, die VertrWaren in einem and als dem vertr festgelegten GeschLokal zu vertreiben, od vertr Absprachen üb MarktAufteilg. Zum Konkurrenzschutz: Liesegang DB **99**, 857. In der Praxis sind die Vertr gekennzeichnet dch eine straffe Einbindg des FranchN in das Vertriebssystem u die DLeistgsOrganisation des FranchG, insb dch AbnPfl, VerhaltensPfl u ZustErfordern für Vertrieb and Erzeugnisse sowie nachvertragl WettbVerbote. Bei der VertrAuslegg ist eine angem unternehmer Selbstdk des FranchN zu berücks (Böhner aaO). Der FranchV kann in mehreren VertrUrk, die nur inhaltl zushängen, abgeschl w. VertrÄnd ist üb § 305 mögl; einseit Vorbeh ist nach § 10 Nr 4 AGBG zu würd.
25 **d) Abgrenzung.** Der FranchV ist zu unterscheid vom EigenhändlerVertr (BGH **54**, 338, auch VertrHändler), der in ein Vertriebssystem eingliedert; vom LizenzVertr (Rn 7); vom AgenturVertr, den ein HandelsVertr (§ 84 HGB) abschließt; von der Mitgliedsch bei EinkaufsVereinigg od Genossensch, wobei aber im Einzelf ein FranchV nicht ausgeschl ist. Ein als FranchVertr bezeichneter u auch so ausgestalteter Vertr ist nicht als ArbVerh auszulegen (vgl aber 7, 9 vor § 611; Weltrich DB **88**, 806; Bauder NJW **89**, 78; aA LAG Düss NJW
26 **88**, 725) od es liegt eine FalschBezeichng vor. **e) Vertragsverletzung.** Der FranchG darf die Bestellgen des FranchN nicht willkürl od ohne vernünft Grd ablehnen (Hamm NJW-RR **94**, 243). Bei Unmöglk od Verz mit HauptLeistgsPfl: §§ 320–327; VerzögergSchad auch bei Verz mit and Pfl: § 286. Vor VertrAbschl trifft den FranchG eine AufklärgsPfl (Braun NJW **95**, 504, Flohr WiB **96**, 1137), aber nur für die allg Eigng u Rentabilität seines Systems (Mü NJW **94**, 667 m Anm v Böhner S 635). Zur BewL (entspr § 282) krit v. Dorp WiB **95**, 285. SchadErs wg Versch bei VertrSchl (Mü BB **88**, 865 m Anm v Skaupy) od wg SchlechtErf nur bei Versch (§§ 276, 278). Im Bereich gesellschrechtl Pfl gilt § 708. Bei fehldem Versch
27 bestehen Erf- u UnterlAnspr. Außerordl Künd nach Maßg der Rn 28. **f) Widerruf.** Die Pfl des FranchN, Waren vom FranchG zu beziehen, kann sich auch indirekt aus anders lautden Pfl ergeben (BGH **97**, 351), Diese Pfl ist wiederkehrder Bezug u fällt unter § 2 Nr 3 VerbrKrG; umfaßt ledigl den kaufrechtl Teil, sodaß der Widerr nur über § 139 den ganzen Vertr ergreifen kann (BGH aaO u **112**, 288). Hinsichtl der bestgem
28 weiterveräußerten Waren ist dann nach den §§ 812 ff abzuwickeln (BGH aaO). **g) Haftung** ggü den Kunden ergibt sich aus Vertr nur für den FranchN, delikt aus § 823 auch für den FranchG mögl; im Einzelfall kann
29 § 831 gelten (hierzu Bräutigam WM **94**, 1189). **h) Beendigung.** Dch ZtAblauf (§§ 581 II, 564 I) od Künd. Außerord Künd kann als befr od fristl vereinb w, auch dch Generalklausel (BGH NJW **85**, 1894). Ohne Vereinbg ist außerord Künd aus wicht Grd (Unzumutbk der Fortsetzg des VertrVerh) zul (BGH NJW **99**, 1178 mwN) u zwar analog § 626 I, § 89 a I HGB (KG BB **98**, 607). Bei unbest VertrDauer gilt für die ord Künd § 584 I. Die analoge Anwendg von § 89 b HGB (AusglAnspr) ist wg der ähnl Interessenlage vertretb (vgl Köhler NJW **90**, 1689 mwN; Bodewig BB **97**, 637 mwN). Bei nachvertragl WettbAbrede wird § 90 a HGB für entspr anwendb gehalten (Weber JA **83**, 347 [353]). Unterbleibt die rechtzeit Rückg der aGrd des Vertr üblassenen Sachen u Re, gilt § 584 b. Anspr auf Rückkauf des Warenlagers ist mögl (BGH NJW **98**, 540).

581 ***Vertragliche Hauptpflichten; Anwendbarkeit des Mietrechts.*** **I Durch den Pachtvertrag wird der Verpächter verpflichtet, dem Pächter den Gebrauch des verpachteten Gegenstandes und den Genuß der Früchte, soweit sie nach den Regeln einer ordnungsmäßigen Wirtschaft als Ertrag anzusehen sind, während der Pachtzeit zu gewähren. Der Pächter ist verpflichtet, dem Verpächter den vereinbarten Pachtzins zu entrichten.**

II Auf die Pacht mit Ausnahme der Landpacht sind, soweit sich nicht aus den §§ 582 bis 584 b etwas anderes ergibt, die Vorschriften über die Miete entsprechend anzuwenden.

1 **1) Allgemeines.** Begriff der Pacht u Abgrenzg: Einf 1–9. **a) Anwendbarkeit:** Abs I gilt für alle PVertr (auch LandP, § 585 II) u für gemischte Vertr, soweit PR gilt (vgl Einf 7–9). Abs II gilt wie Abs I, aber nicht
2 für die LandP. **b) Gegenstand** des PVertr können nicht nur Sachen, sond auch Re sowie Sach- u RGesamth (allg Vermögensgüter) sein (Cebulla, Pacht nichtsächl Ggstände, 1999), insb gewerbl Untern, auch Teile v diesen (BGH NJW-RR **86**, 1243). Erforderl ist, daß Sache od R noch bestehen u geeignet sind, GebrVorteile u Früchte (vgl §§ 99, 100) herzugeben. Bsp: Ausbeutg v BodenbestdT (BGH NJW **85**, 1025; vgl Einf 3); EinzelhandelsGesch; AnzeigenT einer Zeitg od Zeitschr, eines Theaterprogramms; Taxikonzession (Düss NJW-RR **90**, 1078); LinienVerkGen (BGH NJW-RR **86**, 1243); Bandenwerbg (BGH NJW-RR **99**, 845 [RechtsP]); zahlenmäß geregelter Abschuß jagdb Tiere (Düss MDR **75**, 228). Bei Verpachtg v Untern ist die Abgrenzg problemat, ob (echte) UnternP (mit Firma, know-how, good-will, Kundenstamm) od ledigl Raum- u EinrichtgsP vorliegt. Hier ist Parteiwille u VertrInhalt im Einzelfall zu ermitteln; der überwiegde
3 Teil gibt den Ausschlag (BGH NJW **53**, 1391), bestimmt den Inhalt u Umfang der Re u Pfl. **c) Vertragsparteien. aa)** Mehrh v Verp od Pächtern wie bei Miete (vgl § 535 Rn 4–6). **bb)** Wechsel, insb Eintritt in einen

PVertr: wie bei Miete (vgl § 535 Rn 7); hierzu BGH MDR **58**, 90 m Anm v Bettermann. **d) Abdingbarkeit** der Pfl aus § 581 ist grdsätzl nur in der Weise eingeschr, als der Fruchtbezug nicht ganz ausgeschl w kann, da er für die Pacht wesensnotw ist. Beschrkgen v Gebr u Fruchtbezug nach Art u Umfang sind zul u häuf, können aber aGrd des AGBG unwirks sein. **e) Pachtkaution.** Hierfür gelten die Grdsätze der Mietkaution entspr (Einf 89–95 vor § 535), nicht § 550 b. 4 5

2) Pflichten des Verpächters. Haupt- u GgseitigkPfl (§§ 320 ff) sind die zu Rn 6 u 7. **a) Gebrauchsgewährung** wie bei der Miete; vgl §§ 535, 536. Steht selbstd neben der Gewährg der Früchte (Rn 7). Dazu gehört die Abwendg v Beeinträchtigg des Gebr u der Fruchtziehg, zB Zufahrtswege, Erf der bau- u feuerpolizeil Vorschr. **b) Fruchtgenuß.** Früchte: § 99, also nur bestgem Erzeugn u Ausbeute; dch die Einschränkg „soweit . . ." nicht solche, die die Substanz der Sache mindern. EigtErwerb nach §§ 956, 957. **c) Nebenpflichten:** je nach VertrInhalt grdsätzl entspr der Miete (vgl § 535 Rn 21–24; insb Wettbew, dort Rn 18, 42). Bei Rückg eines gepachteten Gesch ist der Verp nicht verpfl, einen Ausgl für den sog good-will zu zahlen (BGH NJW **86**, 2306). Verj: wie § 535 Rn 24. 6 7 8 9

3) Pflichten des Pächters. Haupt- u GgseitigkPfl (§§ 320 ff) ist die Zahlg des PachtZ. **a) Pachtzins.** Entspr dem MietZ; vgl § 535 Rn 29. Er kann in einer einmal Zahlg u Übern best Leistgen (Bbg OLGZ **76**, 195), auch in einem Brucht od Prozentsatz des Umsatzes (sog UmsatzP) od Ertrages bestehen (partiarisches PVerh), daher zum Teil od vollk wegfallen. Ob bei UmsatzP die MWSt zum Umsatz gehört, hängt vom Inhalt des Vertr ab; ist nichts best, sind die Bruttoeinn einschl MWSt zugrdezulegen (vgl Celle BB **74**, 157). Bei vertrwidr BetrFerien ist uU PAusfall zu ersetzen (Hamm BB **74**, 1609). Bei garantierter MindP ist Verstoß gg § 138 I mögl. Herabsetzg des PZ bei Mängeln des PGgst: § 537; das setzt voraus, daß die Nutzgen (§ 100) beeinträcht w. WertsichergsKlauseln: § 245 Rn 18–23. Verj: wie § 535 Rn 24; jedoch gilt § 196 I Nr 6 nicht (umstr). **b) Obhutspflicht.** § 545 Rn 1 gilt entspr. **c) Benutzungspflicht:** Besteht grdsätzl nicht (Michalski ZMR **96**, 527 mwN), kann aber vereinb sein, auch stillschw, insb dann, wenn PZ nach dem Ertrag bemessen w (OGH MDR **49**, 281) od die Benutzg notw ist, um Wert u GebrFähigk des PGgst zu erhalten (MK/Voelskow 4), zB bei EinzelhandelsGesch. **d) Treuepflicht** kann sich aus dem pers VertrauensVerh zw Verp u Pächter ergeben. Verstoß hiergg, wenn der Pächter den gepachteten Betr aufgibt u (insb in kurzer Entferng) ein KonkurrenzUntern eröffnet od übernimmt (BGH **LM** Nr 8 [Apotheke]). **e) Sonstige Nebenpflichten:** entspr der Miete; vgl § 535 Rn 36–42. Verj: wie § 535 Rn 35, 37 aE. 10 11 12 13

4) Anwendung der Mietvorschriften (Abs II) ist entspr vorzunehmen, also mit den aus dem Wesen des PVertr sich ergebden Ändergen. Es ist zu unterscheid: **a) Bewegliche Sachen.** Es gelten insb die Vorschr über MängelGewl (§§ 537–541), für die Künd vor allem §§ 564 II, 565, 553–554. Lasten des PGgst (§ 546) werden häuf abbedungen. Unterverpachtg (§ 549) ist nur mit Zust des Verp zul; kein Anspr auf Gestattg der UnterP, wenn sie im PVertr nicht eingeräumt ist. Kein KündR gem § 549 I (§ 584 a I). Für Rückg gilt § 556, außerdem § 584 b. **b) Grundstücke** (auch Teile davon, insb Räume für and Zwecke als Wohnen), Betr mit Grdst od GrdstT mit Ausn der LandP (Rn 17). Es gelten grdsätzl die MietVorschr (Abs II), mit Ausn des hier unanwendb WoMietR. Die SoRegeln der §§ 582–584 b gehen vor. Für die RaumP gelten insb die §§ 541, 541 b, 544 (MK/Voelskow 13, 14). Überg bei Veräußerg: §§ 571–579 gelten für Grdst- u RaumP, auch für Pacht grdstgleicher Re (zB FischereiR). **c) Rechte** (nur solche, die geeignet sind unmittelb od mittelb Sach- od RFrüchte abzuwerfen (vgl Rn 2). Hierbei ist zu beachten, daß die auf Sachen zugeschnittenen §§ 535–580 a auf Re nur beschr entspr angewendet w können. Für die Künd gilt § 584 als SoRegelg. Die §§ 571–579 gelten nicht (vgl BGH MDR **68**, 233), mit Ausn der Pacht v JagdR (§ 14 BJagdG) u FischereiR (KG OLG **38**, 93). **d) Landpacht.** MietVorschr gelten nur aGrd der Verweisgen in den §§ 586 II, 587 II, S 2, 592 S 4, 593 b, 594 e I. 14 15 16 17

582 *Erhaltung des Inventars.*

I Wird ein Grundstück mit Inventar verpachtet, so obliegt dem Pächter die Erhaltung der einzelnen Inventarstücke.

II Der Verpächter ist verpflichtet, Inventarstücke zu ersetzen, die infolge eines vom Pächter nicht zu vertretenden Umstandes in Abgang kommen. Der Pächter hat jedoch den gewöhnlichen Abgang der zum Inventar gehörenden Tiere insoweit zu ersetzen, als dies einer ordnungsmäßigen Wirtschaft entspricht.

1) Allgemeines. § 582 (vgl Einf 10 vor § 581) entspr mit geringen sprachl Veränd dem früheren § 586. **a) Anwendungsbereich:** Alle Grdst (Übbl 1 vor § 873), insb die gewerbl, einschl der landw genutzten Grdst (§ 585 II); auch entspr anwendb, wenn das Grdst iR eines Untern (vgl § 581 Rn 2) verp w. Stets muß das Inv (Rn 2) mitverp sein, so daß § 582 unanwendb ist, wenn das Inv gekauft w (dann Rn 5). Ist es zum Schätzwert übnommen, gilt § 582 a. **b) Inventar** ist die Gesamth der bewegl Sachen, die in einem entspr räuml Verh zum Grdst stehen u dazu best sind, das Grdst entspr seinem wirtschaftl Zweck dch Betr zu nutzen (§ 98); Umfaßt das Zubeh (§ 97) u darübhinaus je nach VerkAuffassg weitere Sachen. Für die InvEigensch ist die EigtLage an der betreffden Sache bedeutgsl (Schlesw SchlHA **74**, 111). Nicht Inv ist der FernsprechAnschl (LG Konstanz NJW **71**, 515). Ein InvVerzeichn ist ledigl BewUrk. **c) Arten des Inventars. aa)** Mitverpachtetes Inv: dafür gilt § 582. **bb)** Sog eisernes Inv: dafür gilt § 582 a. **cc)** Dem Pächter gehördes Inv: Die VertrPart können vereinb, daß der Pächter das Inv od InvStücke zu Eigt erwirbt (vgl Rn 5) u § 583 a. **dd)** ÜberInv ist das v Pächter angeschaffte u üb den eigentl Ers hinausreichde Inv (vgl § 582 a Rn 12). **d) Abdingbarkeit** besteht uneingeschr; insb kann der Pächter die gesamte ErhaltgsPfl (Rn 6, 7) übern. **e) Kauf** des Inv liegt vor, wenn vereinb ist, daß das Inv in das Eigt des Pächters übergehen soll, entw endgült od mit WiederkaufsR (§§ 497–503; vgl RG **152**, 100). 1 2 3 4 5

2) Erhaltungspflicht (Abs I, II). **a) Verpächter.** Wg §§ 581 II, 536 hat grdsätzl der Verp das Inv in seinem GesamtBestd zu erhalten u daher die Pfl, bei zufäll Unterg od Verlust das InvStück zu ersetzen (Abs II S 1). Ausgen ist der TierBestd (Abs II S 2). **b) Pächter.** Abs I ändert den Grds der §§ 581 II, 536 ab. Den Pächter trifft die ErhaltgsPfl, näml Unterhaltg, insb Fütterg, Instandhaltg u Ausbesserg, auch infolge v gewöhnl 6 7

Verschleiß (Soe/Kummer 6; aA Loos NJW **63**, 990). Ergänzg dch Neuanschaffg (mit der Folge, daß das InvStück in das Eigt der Verp übergeht, § 930) ist nur iR einer ordgem Wirtsch vorzunehmen, dch Anschaffg od Eigenproduktion. Wg Abs II S 1 sind abgehde InvStücke v Pächter nur bei Versch (§§ 276, 278) zu ersetzen. Ausn für das sog eiserne Inv (§ 582a I) u Tiere (Abs II S 2). Es besteht keine VersichergsPfl des Pächters. Verj des ErsAnspr bei Verstoß: § 558 (dort Rn 6).

582 a *Inventarübernahme zum Schätzwert.* **I Übernimmt der Pächter eines Grundstücks das Inventar zum Schätzwert mit der Verpflichtung, es bei Beendigung der Pacht zum Schätzwert zurückzugewähren, so trägt er die Gefahr des zufälligen Untergangs und der zufälligen Verschlechterung des Inventars. Innerhalb der Grenzen einer ordnungsmäßigen Wirtschaft kann er über die einzelnen Inventarstücke verfügen.**

II Der Pächter hat das Inventar in dem Zustand zu erhalten und in dem Umfang laufend zu ersetzen, der den Regeln einer ordnungsmäßigen Wirtschaft entspricht. Die von ihm angeschafften Stücke werden mit der Einverleibung in das Inventar Eigentum des Verpächters.

III Bei Beendigung der Pacht hat der Pächter das vorhandene Inventar dem Verpächter zurückzugewähren. Der Verpächter kann die Übernahme derjenigen von dem Pächter angeschafften Inventarstücke ablehnen, welche nach den Regeln einer ordnungsmäßigen Wirtschaft für das Grundstück überflüssig oder zu wertvoll sind; mit der Ablehnung geht das Eigentum an den abgelehnten Stücken auf den Pächter über. Besteht zwischen dem Gesamtschätzwert des übernommenen und dem des zurückzugewährenden Inventars ein Unterschied, so ist dieser in Geld auszugleichen. Den Schätzwerten sind die Preise im Zeitpunkt der Beendigung der Pacht zugrunde zu legen.

1 **1) Allgemeines. a) Zweck** der Neuregelg ist die Anpassg an moderne betrwirtsch Erfordernisse, die für
2 den Pächter als selbstdgen Untern gelten. **b) Anwendungsbereich:** wie § 582 Rn 1; jedoch nur für das sog
3 eiserne Inv (Rn 3). **c) Inventar:** wie § 582 Rn 2. **d) Begriff** des sog eisernen Inv. Das Inv muß bei PBeginn übern sein: **(1)** in Pacht, also nicht dch Kauf (vgl § 582 Rn 5); **(2)** zum Schätzwert: Nicht nur bei der LandP ist es für die Schätzg zweckmäß, eine PBeschreibg (§ 585b) vorzunehmen. Der Schätzwert ist dann maßgebd
4 für den Ausgl (Rn 13). **(3)** RückgewährPfl zum Schätzwert (im PVertr vereinb). **e) Abdingbarkeit** ist iR des AGBG sowie der §§ 138, 242 zu bejahen. Die Part können vonvorneherein v der Vereinbg gem Abs I absehen.

5 **2) Rechtsfolgen** während der Pacht: **a) Gefahrtragung** (Abs I S 1): Abweichd v § 582 II trifft den Pächter auch die Gefahr zufäll Unterg u Verschlechterg. Gilt bis zur Rückg (Abs III S 1). Der PZ bleibt
6 unvermindert. **b) Verfügungsbefugnis des Pächters** (Abs I S 2) besteht währd der ganzen PZt üb alle einzelnen InvStücke (nicht üb das Inv als ganzes), obwohl sie im Eigt des Verp stehen; insb Veräußerg zwecks ErsAnschaffg, SichÜbeigng. Da die VerfBefugn v Verp abgeleitet ist, geht sie nicht weiter, als sie dem Verp ggü Dr zusteht. Dem Abs I S 2 liegt eine ges fingierte Einwilligg (§ 185 I) des Verp zugrde. Die Grenze ist
7 stets die ordngsmäß Wirtsch, die in Bezug auf den konkr Betr zu beurt ist. **c) Erhaltungspflicht** (Abs II S 1 1. Alt). Inhalt: wie § 582 Rn 6, 7. Abweichd v § 582 II trifft sie voll den Pächter. Ordngsmäß Wirtsch: wie
8 Rn 6. **d) Ersatzpflicht:** Sie ist an der ordngsmäß Wirtsch auszurichten, die der Betr erfordert, damit auch
9 die Modernisierg, die Anpassg an den jeweils geltden, gehobenen Standard u techn Fortschritt. **e) Eigentumslage** (Abs II S 2). Das ges Inv bleibt od wird Eigt des Verp, auch wenn eine Neuanschaffg nicht den Regeln einer ordngsmäß Wirtsch entspr, vorausgesetzt, daß das Eigt nicht Dr zusteht (insb bei EigtVorbeh od SichergsEigt); denn § 582a regelt nur das Verh Verp-Pächter. EigtErwerb gem Abs II S 2 krG dch Realakt (Übbl 9, 10 vor § 104), indem die Sache dem Inv (insb räuml) einverleibt w; daher gutgl Erwerb ausgeschl. Angeschafft: jede Art v EigtErwerb. Für Abs II S 2 steht dem Eigt die Anwartsch darauf gleich, so daß der
10 Verp das AnwartschR erwirbt. **f) Pflichtverletzung** führt bei Versch (§§ 276, 278) zu SchadErs (§ 280 od pVV), zu außerord Künd (§§ 553, 554a od § 594e) sowie Unterlassg (§ 550 od § 590a). Verj: wie § 582 Rn 7.

11 **3) Beendigung der Pacht** (Abs III). **a) Rückgewährpflicht** (Abs III S 1) entspr der Rückg (§ 556 Rn 2). Sie umfaßt das gesamte Inv des Verp (S 2) auch solche Stücke, die dem AblehngsR (Rn 12) unter-
12 liegen. **b) Ablehnungsrecht:** GestaltgsR, das dch empfbed WillErkl (§ 130) ausgeübt w. Es bezieht sich auf das sog ÜberInv (§ 582 Rn 3). Ordnmäß Wirtsch: wie Rn 8. Übflüss od zu wertvoll ist nach objektiven, nicht pers Maßstäben zu beurt. BewLast hierfür trägt der Verp. RFolge der Ablehng: EigtÜberg auf Pächter
13 mit Zugang der AblehngsErkl (§ 130). Zugleich scheidet das abgelehnte Stück aus dem Inv aus. **c) Wertausgleich** (Abs III S 3 u 4). Vertragl Abänd geht vor. Die GesSchätzwerte zZ der Übern u der Rückg des Inv sind ggüzustellen. Die Differenz ist in Geld auszugleichen. Unterschiede im Schätzwert, die nur eine Folge veränd Kaufkraft sind, bleiben unberücks (BT-Drucks 10/509 S 15), sodaß das PrNiveau bei PEnde maßgebd ist; denn der Verp muß das Inv, wenn nöt, zu den Preisen bei PEnde wiederbeschaffen (BT-Drucks 10/3830 S 28). Für Schätzg dch Dr gilt § 317 entspr; bei LandP wird regelm die SchätzgsO für das landw PWesen (Beschl des Verbandes der LandwKammern v 10./11. 11. 82) angewendet. Verj des Anspr: § 558 (hM; RG **95**, 302).

583 *Pächterpfandrecht am Inventar.* **I Dem Pächter eines Grundstücks steht für die Forderungen gegen den Verpächter, die sich auf das mitgepachtete Inventar beziehen, ein Pfandrecht an den in seinen Besitz gelangten Inventarstücken zu.**

II Der Verpächter kann die Geltendmachung des Pfandrechts des Pächters durch Sicherheitsleistung abwenden. Er kann jedes einzelne Inventarstück dadurch von dem Pfandrecht befreien, daß er in Höhe des Wertes Sicherheit leistet.

Anwendbar: wie § 582 Rn 1. **Forderungen des Pächters:** § 582 II S 1, § 582 a III S 3; ggf Fdg auf Rückg einer für das Inv gestellten Kaution. **Pfandrecht:** an allen InvStücken, deren Bes (§ 854) der Pächter erlangt, auch wenn sie im Eigt Dr stehen (BGH **34**, 153). Üb § 1257 (dort Rn 2 ff) gelten die PfandRVorschr entspr. **Abwendungsbefugnis** (Abs II). Entspr dem § 562 in umgekehrter Parteistellg; die Anm zu § 562 gilt sinngem. 1 2 3

583 a *Vertragspflichten zur Verfügung über Inventar.*

Vertragsbestimmungen, die den Pächter eines Betriebes verpflichten, nicht oder nicht ohne Einwilligung des Verpächters über Inventarstücke zu verfügen oder Inventar an den Verpächter zu veräußern, sind nur wirksam, wenn sich der Verpächter verpflichtet, das Inventar bei der Beendigung des Pachtverhältnisses zum Schätzwert zu erwerben.

Anwendbar: nur bei P v Betr, also einer organisierten Zusfassg v Sachen u Ren, die es ermögl, eine gewerbl, freiberufl od künstler Tätigk auszuüben. Umfaßt ausdrückl auch landw Betr (§ 585 II). § 583 a gilt nur für Inv, das dem Pächter od Dr (nicht dem Verp) gehört. **Zweck.** Vielf w zuläss im PVertr vereinb, daß der Pächter das ganze Inv (od Teile) gg Entgelt zu Eigt erwirbt, auch daß v ihm später angeschaffte InvStücke in sein Eigt fallen (vgl § 582 Rn 3). Zugleich werden oft weitere Pfl in Bezug auf das Inv vereinb. Zum Schutz des Pächters vor unbill Nachteilen darf seine Vfg üb InvStücke nicht v der Einwilligg (§ 185 I) des Verp abhäng gemacht w. **Abdingbarkeit** ist zu verneinen. **Voraussetzungen.** Das InvStück kann dem Pächter od einem Dr gehören (vgl Rn 1). Der PVertr muß den Pächter ausdrückl od stillschw verpfl, alternativ: (1) die Veräußerg des Inv (insb auch einzelner Stücke) zu unterl od nur mit Einw (§ 185 I) des Verp vorzunehmen; (2) Inv an den Verp zu veräußern, sodaß es in dessen Belieben stünde, angeschafftes Inv zu übnehmen. **Wirkung.** Die VertrBest ist grdsätzl nichtig (§ 134); führt über § 139 prakt nur zur TeilNichtigk. Ausn: der Verp verpfl sich, das ganze Inv zum Schätzwert (vgl § 582 a Rn 13) zu übernehmen. Bei Nichtigk wg fehlder ÜbernPfl des Verp gelten die allg ges Regeln: die Vfgen des Pächters sind wirks ohne Ausgl- od SchadErsPfl; bei PEnde ist das mitverp Inv zurückzugeben; der Pächter kann die ihm gehörden InvStücke mitnehmen. 1 2 3 4

584 *Kündigungsfrist bei Grundstücken oder Rechten.*

I Ist bei der Pacht eines Grundstücks oder eines Rechts die Pachtzeit nicht bestimmt, so ist die Kündigung nur für den Schluß eines Pachtjahres zulässig; sie hat spätestens am dritten Werktag des halben Jahres zu erfolgen, mit dessen Ablauf die Pacht enden soll.

II Diese Vorschriften gelten bei der Pacht eines Grundstücks oder eines Rechts auch für die Fälle, in denen das Pachtverhältnis unter Einhaltung der gesetzlichen Frist vorzeitig gekündigt werden kann.

Anwendungsbereich: Pacht v Grdst (nicht LandP), Räumen (Einf 68 vor § 535) u Ren, insb auch Re an einem Grdst. Ist mit dem Grdst einheitl WoRaum (PächterWohng) mitverp, gilt auch für den WoRaum PachtR und § 584. Nur bei unbest Dauer des PVerh unter Einschluß v § 566 S 2 (wg § 581 II). Für bewegl Sachen gilt § 565 IV (§ 581 II), für LandP § 594 a. **Abdingbarkeit** ist zu bejahen. **Kündigungsfrist** (Abs I): PJahr ist das im Vertr festgelegte; ist nichts best, beginnt das PJ mit dem Beginn des PVerh, sofern nicht GewohnhR (auch innerh der Länder oft unterschiedl) ein and PJ festlegt. Für verspätete Künd vgl § 565 Rn 8. Angabe eines KündTerm ist nicht notw; ein falsch angegebener Termin macht die Künd grdsätzl nicht unwirks (BGH NJW-RR **96**, 144). **Vorzeitige Kündigung** (Abs II): insb die Fälle der §§ 567, 569 (nur für den Erben, vgl § 569 II), § 109 InsO, § 57 a ZVG (gilt auch bei Pacht auf best Zt, vgl Celle NJW-RR **88**, 80). Abs II gilt nicht für außerord Künd (üb § 581 II insb gem §§ 542, 544, 553, 554, 554 a mögl). 1 2 3

584 a *Kündigung bei Unterpacht, Tod oder Versetzung.*

I Dem Pächter steht das in § 549 Abs. 1 bestimmte Kündigungsrecht nicht zu.

II Der Verpächter ist nicht berechtigt, das Pachtverhältnis nach § 569 zu kündigen.

III Eine Kündigung des Pachtverhältnisses nach § 570 findet nicht statt.

Abdingbarkeit ist zu bejahen. **Anwendbar** nur auf Grdst u Räume, außer WoRaum (Einf 68, 70 vor § 535); nur Abs I u II auch auf bewegl Sachen; nicht auf die LandP (vgl §§ 585 II, 589, 594 d). Abs II ist auch auf RechtsP anwendb. **Wirkung:** § 584 a schließt das R zu außerord Künd in best Fällen aus; eine trotzdem erkl Künd ist wirkgslos. **Unterpacht** (Abs I): Aus dem Ausschl des KündR folgt, daß der Pächter keinen Anspr auf die Erlaubn gem § 549 I S 1 hat (allgM). **Tod des Pächters** (Abs II): Das KündR der Erben des Pächters (§§ 581 II, 569 I) bleibt erhalten. **Versetzung** (Abs III): Grd für den Ausschl des KündR ist, daß der gesgeber Zweck des § 570 bei Pacht nicht zutrifft. Es empfiehlt sich für den Pächter, das KündR für den Fall der Versetzg vertragl vorzubeh. 1 2 3

584 b *Entschädigung bei verspäteter Rückgabe.*

Gibt der Pächter den gepachteten Gegenstand nach der Beendigung des Pachtverhältnisses nicht zurück, so kann der Verpächter für die Dauer der Vorenthaltung als Entschädigung den vereinbarten Pachtzins nach dem Verhältnis verlangen, in dem die Nutzungen, die der Pächter während dieser Zeit gezogen hat oder hätte ziehen können, zu den Nutzungen des ganzen Pachtjahres stehen. Die Geltendmachung eines weiteren Schadens ist nicht ausgeschlossen.

1 **Allgemeines.** Der § 584 b ist abdingb u SoRegelg zu § 557. **Anwendungsbereich:** Grdst u Räume außer WoRaum (Einf 68, 70 vor § 535), bewegl Sachen, auch RP, soweit eine Rückg in Betr kommt. Nicht: LandP (SoRegelg § 597); wenn PVertr gem §§ 568, 581 II verlängert w; wenn der Pächter künd u der Verp
2 Fortsetzg des PVerh fordert (vgl BGH NJW **60**, 909). **Verhältnis zu anderen Ansprüchen** (S 2): SchadErs wg Vorenthaltg der PSache kann der Verp neben der Entsch verlangen. AnsprGrdlagen wie § 557 Rn 13–16.
3 Anspr aus unger Ber sind ausgeschl (BGH NJW **68**, 197; dagg Rüber NJW **68**, 1613). **Voraussetzungen.** Beendigg des PVerh, gleich ob aGrd ZtAblaufs, Künd od AufhebgsVertr. Vorenthaltg des PGgst gg den Willen des Verp (KG NJW **71**, 432), dh unterbliebene rechtzeit Rückg gem § 556, ohne Rücks auf einen NutzgsWillen des Verp (Mü ZMR **93**, 466). Das muß dch den Pächter verurs sein, insb wenn er od sein UnterP
4 den Bes behält. Unabhäng v Versch (§§ 276, 278) u davon, ob der PGgstd weiter genutzt w. **Entschädigung.** Die Höhe ist nach S 1 zu berechnen (mit UmsSt, BGH NJW-RR **96**, 460); im Proz § 287 ZPO; nicht notw der PZ. Nutzgen: § 100. Grd: untersch Wert der Nutzg währd eines J. Der Verp darf nicht schlechter stehen als bei Fortdauer der Pacht. Fälligk: wie die des PZ. Verj: § 197 (BGH **68**, 307; § 557 Rn 2).

III. Landpacht

585 *Landpachtvertrag.* **[I] Durch den Landpachtvertrag wird ein Grundstück mit den seiner Bewirtschaftung dienenden Wohn- oder Wirtschaftsgebäuden (Betrieb) oder ein Grundstück ohne solche Gebäude überwiegend zur Landwirtschaft verpachtet. Landwirtschaft sind die Bodenbewirtschaftung und die mit der Bodennutzung verbundene Tierhaltung, um pflanzliche oder tierische Erzeugnisse zu gewinnen, sowie die gartenbauliche Erzeugung.**

[II] Für Landpachtverträge gelten § 581 Abs. 1 und die §§ 582 bis 583 a sowie die nachfolgenden besonderen Vorschriften.

[III] Die Vorschriften über Landpachtverträge gelten auch für die Pacht forstwirtschaftlicher Grundstücke, wenn die Grundstücke zur Nutzung in einem überwiegend landwirtschaftlichen Betrieb verpachtet werden.

1 **1) Begriffe** (Abs I). **a) Landpachtvertrag** (Legaldefinition in S 1) ist ein PVertr (§ 581 I), dch den ein landw Betr (Rn 3) od ein unbebautes Grdst überwiegd zur Landw (Rn 2) überlassen w. Die MitÜblassg v
2 WoRaum steht nicht entgg (Köln ZMR **87**, 428). **b) Landwirtschaft** (Abs I S 2) ist die Bodenbewirtschaftg u (nur) die mit der Bodennutzg verbundene Tierhaltg; also nicht solche Betr, die allein auf Zucht, Mast u Erzeugg tierischer Produkte ohne eigene Futtererzeugg ausgerichtet sind. Landw setzt den Zweck voraus, pflanzl od tier Erzeugn zu gewinnen. Dazu gehört Ackerbau, Wiesen- u WeideWirtsch, Gartenbau, auch bodenunabhäng Erzeugg in Behältern, Baumschule (LG Hbg ZMR **93**, 283 mwN), der Wein- u Obstbau, Fischerei in Binnengewässern u Imkerei, Forstwirtsch nur unter den Vorauss des Abs III. Nebenerwerb steht
3 nicht entgg. Nicht dazu gehört der Handel mit landw Prod. **c) Landwirtschaftlicher Betrieb** ist ein Grdst, das mit Wo- od WirtschGebden versehen ist, die der Landw für dieses Grdst dienen. Der Legaldefinition zufolge ist vorhandenes Inventar des Verp nicht notw. Bei MischBetr, insb mit Forstwirtsch (Abs III), muß der landw Zweck überwiegen.

4 **2) Anzuwendende Vorschriften** (Abs II). Für die HauptPfl gilt § 581 I. Für Pacht v Betr (Rn 3) mit Inventar gelten die §§ 582–583 a. Die §§ 585 a–597 gelten als SondVorschr u verweisen wiederholt auf MietR (§§ 586 II, 587 II S 2, 592 S 4, 593 b, 594 e I). Zu beachten ist die AnzPfl gem § 2 LPVerkG.

5 **3) Forstwirtschaft** (Abs III). Die Pacht v ForstGrdst u -Betr fällt grdsätzl unter die §§ 581–584 b. Für forstwirtsch genutzte Grdst gilt nur dann LandPR, wenn sie im Wege der Zupacht an einen Betr gelangen, der trotz des od der zugepachteten forstwirtsch Grdst noch übwiegd landw genutzt w. Überwiegend landw Betr mit forstwirtsch Anteil, die als ganzes verpachtet w, fallen vonvorneherein unter Abs I.

585 a *Schriftform.* **Ein Landpachtvertrag, der für länger als zwei Jahre geschlossen wird, bedarf der schriftlichen Form. Wird die Form nicht beachtet, so gilt der Vertrag als für unbestimmte Zeit geschlossen.**

1 **Zweck:** wie § 566 Rn 1 (Karlsr NJWE-MietR **96**, 157). **Abdingbarkeit** ist ausgeschl (vgl § 566 Rn 2). **Anwendbar** nur auf LandP (§ 585 Rn 1); geht dem § 566 vor. **Vertragsdauer:** Die 2 J sind dem § 594 a I S
2 1 angepaßt; diese Vorschr gilt, wenn Formnichtigk gegeben ist. **Formverstoß:** Es gilt S 2. Setzt voraus, daß ein Vertr formlos zustdegekommen ist (BGH NJW **94**, 1649). **Sonstiges:** Die Anm zu § 566 gelten entspr.

585 b *Beschreibung der Pachtsache.* **[I] Der Verpächter und der Pächter sollen bei Beginn des Pachtverhältnisses gemeinsam eine Beschreibung der Pachtsache anfertigen, in der ihr Umfang sowie der Zustand, in dem sie sich bei der Überlassung befindet, festgestellt werden. Dies gilt für die Beendigung des Pachtverhältnisses entsprechend. Die Beschreibung soll mit der Angabe des Tages der Anfertigung versehen werden und ist von beiden Teilen zu unterschreiben.**

[II] Weigert sich ein Vertragsteil, bei der Anfertigung einer Beschreibung mitzuwirken, oder ergeben sich bei der Anfertigung Meinungsverschiedenheiten tatsächlicher Art, so kann jeder Vertragsteil verlangen, daß eine Beschreibung durch einen Sachverständigen angefertigt wird, es sei denn, daß seit der Überlassung der Pachtsache mehr als neun Monate oder seit der Beendigung des Pachtverhältnisses mehr als drei Monate verstrichen sind; der Sachverständige wird auf Antrag

durch das Landwirtschaftsgericht ernannt. Die insoweit entstehenden Kosten trägt jeder Vertragsteil zur Hälfte.

III Ist eine Beschreibung der genannten Art angefertigt, so wird im Verhältnis der Vertragsteile zueinander vermutet, daß sie richtig ist.

1) Allgemeines. a) Zweck: Soll Streitigk vermeiden, die daraus entstehen, daß bei VertrAbschl od PBeginn der Zustd der PSache nicht od nur ungenau festgestellt w (sog eisernes Inv, Instandsetzg als gewöhnl Ausbesserg od Erhaltg der PSache). **b) Abdingbarkeit** ergibt sich schon daraus, daß es sich um eine Soll-Vorschr handelt. Auch der Inhalt ist freigestellt; in MusterPVertr idR vorgesehen. **c) Anwendbar** auf alle Arten der LPacht (§ 585 Rn 1). **d) Ähnliche Vorschriften** sind die §§ 1034, 1035, 1377, 2121, 2122); jedoch stellt § 585 b eine abschließde SoRegelg dar. **e) Besichtigung** der PSache muß der jeweil Bes (Pächter od Verp) gewähren. 1 2 3

2) Beschreibung durch die Vertragsparteien (Abs I). **a) Pflicht** zur Mitwirkg („sollen") besteht nicht; RFolgen bei Verweigerg: Rn 7–10. **b) Gemeinsame Ausfertigung** bedeutet, daß die Part zuswirken u über den Inhalt der Beschreibg einig sind. **c) Inhalt.** Er soll die ganze PSache umfassen; jedoch ist eine TeilBeschreibg nicht unwirks. Er ist je nach Art der PSache verschieden; soll alle der Pacht unterliegden Ggstde erfassen, zB die InvStücke einzeln od bei Gleichartigk in Zahlen; die Größe nach übl Maßen; den Zustand insb: funktionsunfäh od fehlde Teile, Alter, Schadstellen, Funktionsfähigk. **d) Zeitpunkt:** Die Beschreibg soll bei PBeginn (S 1) u bei PEnde (S 2) erstellt w; sie kann ohne Befristg nachträgl geschehen (vgl aber Abs II), auch einige Tage vorher. **e) Datum:** Soll angegeben w (S 3); fehlt es, ist die PBeschr deshalb nicht unwirks. **f) Unterschrift** beider Part (S 3) ist notw zur Wirksk gem Abs III. 4 5 6

3) Beschreibung durch Sachverständige (Abs II). **a) Voraussetzung** (alternativ): **aa)** Weigerg der einen VertrPart, bei der Beschreibg mitzuwirken, vonvorneherein, währd der Aufn od dch Verweigerg der Unterschr. Die Weigerg muß darauf gerichtet sein, eine Beschreibg überh fertigzustellen. **bb)** Tatsächl MeingsVerschh üb einen od mehrere Punkte, auf die sich die VertrPart nicht einigen. **b) Befristung** ist mit Rücks darauf eingeführt, daß die Beschreibg nur innerh eines kürzeren ZtRaums seit dem maßgebden Termin zuverläss erstellt w kann u einem RMißbr vorzubeugen ist. **c) Verlangen** einer VertrPart; auch derjen, die ihre Mitwirkg verweigert hat. Verlangt wird dch WillErkl (§ 130) ggü der and VertrPart. Die Part können sich auch danach noch einigen u die Vorauss (Rn 7) dadch beseit. **d) Sachverständigenernennung** dch das LandwGer (AG, § 2 I LwVG) aGrd des § 1 Nr 1 LwVG erfolgt auf Antrag einer der beiden VertrPart. Verf nach § 9 LwVG. ZuSEG gilt nicht (Jena OLG-NL **97**, 187; bestr). **e) Kosten** sowohl der Ernenng wie die der Tätk des SachVerst w gem S 2 verteilt. 7 8 9 10

4) Richtigkeitsvermutung (Abs III) ist die Folge einer v den Part od vom Sachverst angefert Beschreibg. Sie gilt nur im Verh der VertrPart zueinander. Die Unrichtigk muß v der Part, die sie behauptet, bewiesen w. Im Streitfall zw den VertrPart (Feststellg od Zahlg) ist das AG als LandwGer zuständ (§ 1 Nr 1 a LwVG). 11

586 *Überlassungs- und Erhaltungspflicht; Gewährleistung.*

I Der Verpächter hat die Pachtsache dem Pächter in einem zu der vertragsmäßigen Nutzung geeigneten Zustand zu überlassen und sie während der Pachtzeit in diesem Zustand zu erhalten. Der Pächter hat jedoch die gewöhnlichen Ausbesserungen der Pachtsache, insbesondere die der Wohn- und Wirtschaftsgebäude, der Wege, Gräben, Dränungen und Einfriedungen, auf seine Kosten durchzuführen. Er ist zur ordnungsmäßigen Bewirtschaftung der Pachtsache verpflichtet.

II Für die Haftung des Verpächters für Sach- und Rechtsmängel der Pachtsache sowie für die Rechte und Pflichten des Pächters wegen solcher Mängel gelten die Vorschriften des § 537 Abs. 1 und 2, der §§ 538 bis 541 sowie des § 545 entsprechend.

Anwendbar: wie § 585 b Rn 3. **Abdingbar** iR des AGBG u der §§ 138, 242. **Pachtsache:** entspr dem § 585 I S 1. Ist es ein Hof (Betr iS des § 585 I S 1), so geht das Milchkontingent auf den Pächter über (BGH **115**, 162). **Überlassungs- und Erhaltungspflicht** (Abs I S 1: entspr dem § 536). Wird ein Gbde zerstört, ist der Verp nicht zum Wiederaufbau verpfl, wenn die Nutzg des Anwesens mögl bleibt (BGH **116**, 334). WiederaufbauPfl kommt in Betr, wenn Verp die Zerstörg zu vertr hat (§§ 276, 278), entfällt aber, wenn sie der Pächter zu vertr hat (BGH aaO; vgl § 536 Rn 22). **Ausbesserungspflicht** des Pächters (Abs I S 2) umfaßt die laufden Wartgs- u PflegeArb, SchönhRep u Maßn wg laufder WittergsEinflüsse (BGH NJW-RR **93**, 521 mwN). Schränkt die ErhaltgsPfl des Verp ein; jedoch obliegen dem Verp die Ausbessergen, die aGrd außergewöhnl Umstde (zB Naturereign) notw w. Verj des ErsAnspr bei Verstoß: § 591 b. **Ordnungsmäßige Bewirtschaftung** (Abs I S 3) währd der ganzen PZt. Das bedeutet eine andauernde BetrPfl nach geltden landw Regeln. **Gewährleistung** des Verp (Abs II) entspr den Regeln für die Miete, insb § 538 I (BGH NJW-RR **93**, 521), § 538 II (BGH NJW-RR **91**, 75) u § 541 (BGH NJW **91**, 3277). Die Gewl erstreckt sich auf die ganze PSache einschl mitverp Inv. Kein R iS des § 541 ist das Milchkontingent; für dieses gilt § 326 (BGH **115**, 162). 1 2

586 a *Lasten.*

Der Verpächter hat die auf der Pachtsache ruhenden Lasten zu tragen.

Anwendbar: wie § 585 b Rn 3. **Abdingbar** wie Anm zu § 586. **Wirkung:** nur im InnenVerh, unabhäng davon, wer Steuerschuldner ist. **Lasten:** Öff- u privrechtl; wie Anm zu § 546. 1

587 *Pachtzins.* **I Der Pachtzins ist am Ende der Pachtzeit zu entrichten. Ist der Pachtzins nach Zeitabschnitten bemessen, so ist er am ersten Werktag nach dem Ablauf der einzelnen Zeitabschnitte zu entrichten.**

II Der Pächter wird von der Entrichtung des Pachtzinses nicht dadurch befreit, daß er durch einen in seiner Person liegenden Grund an der Ausübung des ihm zustehenden Nutzungsrechts verhindert wird. Die Vorschriften des § 552 Satz 2 und 3 gelten entsprechend.

1 **Anwendbar und abdingbar:** wie § 586 Rn 1. **Pachtzins** sind der vereinb GeldBetr u die sonst vertr
2 Leistgen des Pächters, die PEntgelt darstellen. **Fälligkeit** (Abs I): § 551 Rn 1–4 gelten sinngem. **Verhinderte Nutzung** (Abs II). Auch S 1 entspr mit Ausn des Wortes Nutzg statt Gebr wörtl dem § 552 S 1. Die Rn 4–11 zu § 552 gelten sinngem.

588 *Duldungspflicht des Pächters; Pachtzinserhöhung.* **I Der Pächter hat Einwirkungen auf die Pachtsache zu dulden, die zu ihrer Erhaltung erforderlich sind.**

II Maßnahmen zur Verbesserung der Pachtsache hat der Pächter zu dulden, es sei denn, daß die Maßnahme für ihn eine Härte bedeuten würde, die auch unter Würdigung der berechtigten Interessen des Verpächters nicht zu rechtfertigen ist. Der Verpächter hat die dem Pächter durch die Maßnahme entstandenen Aufwendungen und entgangenen Erträge in einem den Umständen nach angemessenen Umfang zu ersetzen. Auf Verlangen hat der Verpächter Vorschuß zu leisten.

III Soweit der Pächter infolge von Maßnahmen nach Absatz 2 Satz 1 höhere Erträge erzielt oder bei ordnungsmäßiger Bewirtschaftung erzielen könnte, kann der Verpächter verlangen, daß der Pächter in eine angemessene Erhöhung des Pachtzinses einwilligt, es sei denn, daß dem Pächter eine Erhöhung des Pachtzinses nach den Verhältnissen des Betriebes nicht zugemutet werden kann.

IV Über Streitigkeiten nach den Absätzen 1 und 2 entscheidet auf Antrag das Landwirtschaftsgericht. Verweigert der Pächter in den Fällen des Absatzes 3 seine Einwilligung, so kann sie das Landwirtschaftsgericht auf Antrag des Verpächters ersetzen.

1 **1) Allgemeines. a) Zweck:** Erhaltg u Verbesserg der PSache soll stets ermögl u letztere dch PZinsErhöhg ausgeglichen w, wenn sie den Ertrag steigert. **b) Anwendbar:** wie § 585 b Rn 3. **c) Abdingbarkeit:** Für Abs I wie § 541 a Rn 3; für Abs II wie § 541 b Rn 3, für Abs III in den Grenzen des AGBG u des § 242 zu
2 bejahen. **d) Beweislast:** Für Abs I der Verp, auch für Verbesserg in Abs II u Ertragssteigerg in Abs III. Für die Tats zur nicht zu rechtfert Härte (Abs II) u zur Unzumutbk (Abs III) der Pächter.

3 **2) Duldungspflicht** des Pächters. Ein Verstoß kann eine pVV sein (§ 276 Rn 113). **a) Erhaltung** der PSache (Abs I). Da sie grdsätzl dem Verp obliegt (§ 586 I S 1), hat der Pächter alle Einwirkgen inf der notw
4 Erhaltg zu dulden. § 541 a Rn 4–7 gelten sinngem. **b) Verbesserung** der PSache (Abs II S 1). Stellt eine gekürzte Fassg des § 541 b dar; weggeblieben ist, was sich für die Pacht nicht eignet (BT-Drucks 10/3830 S 29), sodaß die aus § 541 b nicht übern Substanz auch nicht entspr anzuwenden ist. Die DuldgsPfl erstreckt sich auf alle Maßn, nicht nur auf Verwendgen u entfällt nur, wenn ausnw eine nicht zu rechtfertge Härte vorliegt; dies erfordert eine Interessenabwägg, bei der auch die den Pächter treffden erhöhten UnterhKosten zu berücks sind. MitwirkgsPfl des Pächters: wie § 541 a Rn 7.

5 **3) Aufwendungsersatz** (Abs II S 2, 3). **a) Begriff:** wie § 541 b Rn 26. Bsp: anderweit Unterbringg v Vieh. **b) Umfang:** wie § 541 b Rn 26. **c) Vorschußpflicht:** wie § 541 b Rn 27. Gilt insb für einen Ertragsausfall. **d) Verjährung:** § 591 b.

6 **4) Pachtzinserhöhung** (Abs III). **a) Voraussetzungen** sind: **aa)** Höherer Ertrag u zwar auf die nach laufde Dauer der PZt bezogen. Er muß entw tats gezogen w od bei ordnmäß Bewirtsch erzielb sein. Die ordnmäß Bewirtsch ist an den allg geltden Regeln der Landwsch zu messen. BewL: Verp. **bb)** Kausalität der VerbessergsMaßn für die Ertragssteigerg. **cc)** PZErhöhg muß dem Pächter zumutb sein. Bei diesem AusnTatbestd („es sei denn“) trifft für die maßgebden Tats die BewL den Pächter. Entscheidd ist auf die konkr Verh
7 des PächterBetr abzustellen. **b) Wirkung.** Der Verp hat gg den Pächter einen Anspr auf Einwillig, die zur VertrÄnd (§ 305) führt. Der Anspr muß auf eine angem Erhöhg gerichtet w. Auch dafür gelten die Grds der Rn 6. PZErhöhgen gem §§ 70 I, 58 I S 2, § 71 FlurbG bleiben unberührt.

8 **5) Prozessuales** (Abs IV). Der GGeber geht davon aus, daß die berufsständ PSchlichtgsStellen in der Mehrzahl der Fälle eine gütl Einigg herbeiführen. Im Streitfall ist das AG als LandwGer zust (§ 1 Nr 1 LwVG). Es kann auf Antr die erforderl Einwilligg ersetzen, zur Zahlg v Vorschuß od AufwendgsErs verurt. Die Zahlg der erhöhten Pacht fällt unter § 1 Nr 1 a u § 48 LwVG.

589 *Unterpacht; Überlassung an Dritte.* **I Der Pächter ist ohne Erlaubnis des Verpächters nicht berechtigt,**

1. **die Nutzung der Pachtsache einem Dritten zu überlassen, insbesondere die Sache weiter zu verpachten,**
2. **die Pachtsache ganz oder teilweise einem landwirtschaftlichen Zusammenschluß zum Zwecke der gemeinsamen Nutzung zu überlassen.**

II Überläßt der Pächter die Nutzung der Pachtsache einem Dritten, so hat er ein Verschulden, das dem Dritten bei der Nutzung zur Last fällt, zu vertreten, auch wenn der Verpächter die Erlaubnis zur Überlassung erteilt hat.

Anwendbar: Abs I u II wie § 585 b Rn 3. Abs II nur bei UnterP. **Abdingbar:** wie Anm zu § 586. 1
Unterpacht (Abs I Nr 1): § 549 Rn 3–8, 11. Es besteht kein KündR des Pächters wie bei § 549 I S 2. Eine Ausn zu Abs I Nr 1 ist § 593 a. **Gemeinsame Nutzung** (Abs I Nr 2): stellt klar, daß es der Überlassg an Dr 2
gleichsteht, wenn der Pächter die PSache einem landw ZusSchl (zB BetrGemsch, MaschinenGemsch), dem er selbst angehört, zur gemeins Nutzg überläßt. **Haftung für Dritte** (Abs II): § 549 Rn 18 gilt sinngem. 3

590 *Landwirtschaftliche Bestimmung der Pachtsache.* **[I] Der Pächter darf die landwirtschaftliche Bestimmung der Pachtsache nur mit vorheriger Erlaubnis des Verpächters ändern.**

[II] Zur Änderung der bisherigen Nutzung der Pachtsache ist die vorherige Erlaubnis des Verpächters nur dann erforderlich, wenn durch die Änderung die Art der Nutzung über die Pachtzeit hinaus beeinflußt wird. Der Pächter darf Gebäude nur mit vorheriger Erlaubnis des Verpächters errichten. Verweigert der Verpächter die Erlaubnis, so kann sie auf Antrag des Pächters durch das Landwirtschaftsgericht ersetzt werden, soweit die Änderung zur Erhaltung oder nachhaltigen Verbesserung der Rentabilität des Betriebes geeignet erscheint und dem Verpächter bei Berücksichtigung seiner berechtigten Interessen zugemutet werden kann. Dies gilt nicht, wenn der Pachtvertrag gekündigt ist oder das Pachtverhältnis in weniger als drei Jahren endet. Das Landwirtschaftsgericht kann die Erlaubnis unter Bedingungen und Auflagen ersetzen, insbesondere eine Sicherheitsleistung anordnen sowie Art und Umfang der Sicherheit bestimmen. Ist die Veranlassung für die Sicherheitsleistung weggefallen, so entscheidet auf Antrag das Landwirtschaftsgericht über die Rückgabe der Sicherheit; § 109 der Zivilprozeßordnung gilt entsprechend.

[III] Hat der Pächter das nach § 582 a zum Schätzwert übernommene Inventar im Zusammenhang mit einer Änderung der Nutzung der Pachtsache wesentlich vermindert, so kann der Verpächter schon während der Pachtzeit einen Geldausgleich in entsprechender Anwendung des § 582 a Abs. 3 verlangen, es sei denn, daß der Erlös der veräußerten Inventarstücke zu einer zur Höhe des Erlöses in angemessenem Verhältnis stehenden Verbesserung der Pachtsache nach § 591 verwendet worden ist.

1) Allgemeines. Die Vorschr ist rechts- u agrarpolit bedeutsam. **a) Zweck:** Soll einerseits dem Pächter 1
BeweggsFreih für MarktAnpassg u Produktivität geben u andseits das VerpInteresse an gleichbleibdem, belastgsarmen Zustd ohne risikobehaftete Änd der PSache schützen. **b) Anwendbar** wie § 585 b Rn 3. **c) Abdingbar:** wie § 586 Rn 1. **d) Wirkung** der erteilten od ersetzten Erlaubn ist, daß der Pächter die 2
PSache im geänd Zustd zurückgeben darf.

2) Änderung der landwirtschaftlichen Bestimmung der PSache (Abs I). **a) Begriff:** Unter landw 3
Best fällt alles, was in § 585 Rn 2 dargestellt ist. **b) Änderung** ist jedenf die Verwendg als Sport-, Camping- od Lagerplatz, Nutzg der Gebde für and gewerbl Zwecke. **c) Erlaubnis** ist WillErkl. Sie muß vorher erteilt 4
sein. Sie kann nicht dch das LandwGer ersetzt w. Nachträgl Erlaubn ohne Vorbeh bindet u macht die Änd iZw rückw rechtm. **d) Verstoß** des Pächters gg Abs I begrdet Unterl- (590 a), Beseitiggs- u SchadErsAnspr, 5
letzteren nur bei (regelm gegebenem) Versch (§§ 276, 278). Verj: § 591 b.

3) Änderung der Nutzung der PSache (Abs II) iR ihrer landw Best (vgl § 585 Rn 2). **a) Erlaubnisfrei** 6
ist die Änd, wenn die NutzgsArt über die PZt hinaus nicht beeinflußt w. Bsp: Wald darf nicht für Ackerland abgeholzt w. Wiese darf als Acker (auch umgekehrt) genutzt w. wenn der alte Zustd bis PAblauf wiederhergestellt w. **b) Erlaubnisbedürftig** (stets vorher) ist die NutzgsÄnd, die nicht unter Rn 7 fällt, zB die 7
Aufgabe der Milcherzeugg (BGH **118**, 351), mit SchadErsPfl bei fehlder Erl (Oldb NJW-RR **97**, 48). Immer erlaubnbedürft ist die Errichtg v Gebden (S 2), gleich welcher Art. Die Erlaubn kann ersetzt w (Rn 8). Die Änd darf erst nach Ersetzg vorgen w. Bei Verstoß gilt Rn 5.

4) Ersetzung der Erlaubnis (Abs II S 3–6). **a) Voraussetzungen: aa)** Verweigerg der Erlaubn dch den 8
Verp, ausdrückl od stillschweigd dch NichtErteilg innerh angem Fr. **bb)** Die Änd muß geeignet erscheinen (erwarten lassen), daß die Rentabilität (Verh des Gewinns zum Einsatz v Kap u Arb) des Betr (vgl § 583 a Rn 1) erhalten bleibt od nachhalt (für längere Zt anhaltd) verbessert w. **cc)** Zumutbk für den Verp, wobei nur dessen berecht Interessen zu berücks sind. **b) Ausschluß** der ErlaubnErsetzg (S 4) tritt ein ab Künd (ord od 9
außerord) od 3 J vor Ablauf der vertrgem best PZt. **c) Entscheidung** des AG als LandwGer (§ 1 Nr 1 10
LwVG) auf Antr ersetzt ab Wirkswerden (gem FGG, vgl § 9 LwVG) die Erlaubn. Bedinggen (wie § 158), Aufl (wie Einf 4 vor § 158) u Anordng einer SicherhLeistg (§ 232) sind mögl, um im Einzelfall eine passde Regelg zu treffen.

5) Inventarveränderung (Abs III). **a) Voraussetzungen. aa)** Übern des Inv zum Schätzwert (§ 582 a). 11
bb) NutzgsÄnd (Rn 6, 7). **cc)** Verminderg des Inv (insb dch Veräußerg v InvStücken); sie muß wesentl sein (idR mehr als 10%) u mit der NutzgsÄnd zushängen. **dd)** Der Erlös darf nicht zu einem Mehrwert iS des § 591 I geführt haben. BewL hierfür trägt der Pächter („es sei denn“). **b) Wirkung:** Anspr des Verp auf Ausgl 12
gem § 582 a III (dort Rn 13) schon währd der PZt. Fälligk ab Eintritt der Vorauss (Rn 11).

590 a *Vertragswidriger Gebrauch.* **Macht der Pächter von der Pachtsache einen vertragswidrigen Gebrauch und setzt er den Gebrauch ungeachtet einer Abmahnung des Verpächters fort, so kann der Verpächter auf Unterlassung klagen.**

Anwendbar: wie § 585 b Rn 3. **Vertragswidriger Gebrauch:** Insb Best- od NutzgsÄnd ohne Erlaubn 1
(§ 590 I u II); Überl ohne Erlaubn (§ 589 I Nr 1). § 550 Rn 6 gelten sinngem. **Rechtsfolgen:** UnterlAnspr, außerord Künd (§§ 594 e I, 553, 554 a) u SchadErs; wie § 550 Rn 1–5. Verj: wie § 550 Rn 4.

590 b *Notwendige Verwendungen.* **Der Verpächter ist verpflichtet, dem Pächter die notwendigen Verwendungen auf die Pachtsache zu ersetzen.**

1 **Allgemeines.** Die Vorschr entspr dem § 547 I S. 1. **Anwendbar:** wie § 585 b Rn 3. **Voraussetzungen und Rechtsfolgen** wie § 547 Rn 1–7. Aufwendgen zur Herstellg des vertrgem Zustds gehören nicht dazu (BGH NJW-RR **91**, 75). Verj: § 591 b I u II S 2. **Gewöhnliche Ausbesserungen** gehören zu den Verwendgen; die Kosten sind aber wg § 586 I S 2 nicht zu ersetzen.

591 *Verwendungsersatz bei Mehrwert.* **I Andere als notwendige Verwendungen, denen der Verpächter zugestimmt hat, hat er dem Pächter bei Beendigung des Pachtverhältnisses zu ersetzen, soweit die Verwendungen den Wert der Pachtsache über die Pachtzeit hinaus erhöhen (Mehrwert).**

II Weigert sich der Verpächter, den Verwendungen zuzustimmen, so kann die Zustimmung auf Antrag des Pächters durch das Landwirtschaftsgericht ersetzt werden, soweit die Verwendungen zur Erhaltung oder nachhaltigen Verbesserung der Rentabilität des Betriebes geeignet sind und dem Verpächter bei Berücksichtigung seiner berechtigten Interessen zugemutet werden können. Dies gilt nicht, wenn der Pachtvertrag gekündigt ist oder das Pachtverhältnis in weniger als drei Jahren endet. Das Landwirtschaftsgericht kann die Zustimmung unter Bedingungen und Auflagen ersetzen.

III Das Landwirtschaftsgericht kann auf Antrag auch über den Mehrwert Bestimmung treffen und ihn festsetzen. Es kann bestimmen, daß der Verpächter den Mehrwert nur in Teilbeträgen zu ersetzen hat, und kann Bedingungen für die Bewilligung solcher Teilzahlungen festsetzen. Ist dem Verpächter ein Ersatz des Mehrwerts bei Beendigung des Pachtverhältnisses auch in Teilbeträgen nicht zuzumuten, so kann der Pächter nur verlangen, daß das Pachtverhältnis zu den bisherigen Bedingungen so lange fortgesetzt wird, bis der Mehrwert der Pachtsache abgegolten ist. Kommt keine Einigung zustande, so entscheidet auf Antrag das Landwirtschaftsgericht über eine Fortsetzung des Pachtverhältnisses.

1 **1) Allgemeines. a) Zweck.** Der Pächter ist oft zu Investitionen gezwungen, die den Wert der PSache erhöhen. Dafür wird ein WertAusgl vorgesehen, der dem Pächter den InvestEntschl erleichtert. Dem Verp soll jedoch eine zu teure, risikobehaftete Investition nicht aufgezwungen w. Seine Erlaubn u ihre Ersetzg sollen
2 den Interessenkonflikt ausgl. **b) Anwendbar:** wie § 585 b Rn 3. **c) Abdingbar:** wie Anm zu § 586. **d) Abgrenzung.** § 590 b betrifft die notw Verwendgen, § 591 die werterhöhden.

3 **2) Verwendungsersatz** für werterhöhde Verwendgen (Abs I). **a) Voraussetzungen. aa)** Verwendgen (wie Vorbem 5 vor § 994), die der Pächter auf seine Kosten vorgen hat. Der Überg der Milchreferenzmenge auf den Verp fällt nicht darunter (BGH **115**, 162). **bb)** WertErhöhg der PSache üb die PZt hinaus muß dch die Verwendg bewirkt w. **cc)** Zust (auch nachträgl, vgl § 184) des Verp muß vorliegen od gem Abs II gerichtl
4 ersetzt sein. **b) Anspruch.** Der (legal definierte) Mehrwert muß dem Pächter ersetzt w. Dabei ist auf die obj Erhöhg des Ertragswerts abzustellen. Obergrenze ist der GesBetrag der Verwendgen zuzügl Verzinsg u abzügl gezogener Nutzgen (Faßbender/Hötzel/Lukanow 44). Falls sich die Part nicht einigen, hat das LandwGer zu entsch (Abs III). Fälligk: Mit Erfüllg aller Vorauss gem Rn 3. Verj: § 591 b.

5 **3) Zustimmungsersatz** (Abs II). **a) Voraussetzungen. aa)** Verweigerg der Zust (wie die der Erlaubn, § 590 Rn 8). **bb)** Die Verwendgen müssen so geeignet sein, wie bei § 590 Rn 8. **cc)** Zumutbk: wie § 590
6 Rn 8–10. **b) Ausschluß** der ZustErsetzg: wie § 590 Rn 8. **c) Entscheidung** des LandwGer: wie § 590 Rn 10; aber keine SicherhLeistg.

7 **4) Weitere Entscheidungen** (Abs III) des LandwGer (AG gem § 1 Nr 1 LwVG) auf Antrag (§ 14 LwVG). Keine Zuständk des ProzGer (hM; BGH **115**, 162). **a) Mehrwert.** Er kann bereits mit der Entsch
8 gem Abs II festgesetzt w, wenn der Umfang der WertErhöhg schon feststeht. **b) Teilzahlungen** des Mehr-
9 werts unter Festsetzg von Bedinggen (§ 158); hierbei sind die wirtsch Verh des Verp zu berücks. **c) Verlängerung des Pachtvertrags** (zur Abgeltg) darf nur mit rechtsgestaltder Wirkg angeordnet w, wenn die TZahlgen dem Verp nicht zugemutet w können.

591 a *Wegnahmerecht.* **Der Pächter ist berechtigt, eine Einrichtung, mit der er die Sache versehen hat, wegzunehmen. Der Verpächter kann die Ausübung des Wegnahmerechts durch Zahlung einer angemessenen Entschädigung abwenden, es sei denn, daß der Pächter ein berechtigtes Interesse an der Wegnahme hat. Eine Vereinbarung, durch die das Wegnahmerecht des Pächters ausgeschlossen wird, ist nur wirksam, wenn ein angemessener Ausgleich vorgesehen ist.**

1 **Anwendbar:** wie § 585 b Rn 3. **Abdingbarkeit** ist nur dch S 3 beschr wie bei WoRaum (vgl § 547 a Rn 4). **Wegnahmerecht** (S 1): Grdsätzl wie § 547 a Rn 4. Es besteht nicht für Sachen, die zur Ausbesserg eingefügt w (§ 586 I S 2) od für notw Verwendgen (§ 590 b), weil sie dazu dienen, die PSache zu erhalten. Der Pächter darf auch nicht solche (nützl u werterhöhde) Verwendgen wegnehmen, die der Verp nach § 591 ersetzt od ersetzen muß; der Pächter hat aber nicht die Wahl zw ErsAnspr (§ 591) u Wegn (§ 591 a); Verj:
2 § 591 b. **Abwendungsbefugnis** (S 2): § 547 a Rn 5, 6 gelten sinngem. **Ausschluß des Wegnahmerechts:** § 547 a Rn 7 gilt sinngem. Ein angemessener Ausgl kann zB dch Herabsetzg des PZ od dch Verlängerg der PZt erzielt w. Die Art des Ausgl muß in der Vereinbg nicht festgelegt w.

591 b *Verjährung von Ersatzansprüchen.* **I Die Ersatzansprüche des Verpächters wegen Veränderung oder Verschlechterung der verpachteten Sache sowie die Ansprüche des Pächters auf Ersatz von Verwendungen oder auf Gestattung der Wegnahme einer Einrichtung verjähren in sechs Monaten.**

II Die Verjährung der Ersatzansprüche des Verpächters beginnt mit dem Zeitpunkt, in welchem er die Sache zurückerhält. Die Verjährung der Ansprüche des Pächters beginnt mit der Beendigung des Pachtverhältnisses.

III Mit der Verjährung des Anspruchs des Verpächters auf Rückgabe der Sache verjähren auch die Ersatzansprüche des Verpächters.

Inhalt: entspr wörtl dem § 558. **Anwendbar:** wie § 585 b Rn 3. **Abdingbar:** § 558 Rn 3 gilt sinngem. 1
Ersatzansprüche (Abs I) des Verp, insb gem § 586 I S 2, § 590 (BGH NJW **97**, 2316); des Pächters, insb aus §§ 588 II 2, 590 b, 591, 591 a, 596 a, 596 b. **Verjährungsbeginn** (Abs II): wie § 558 Rn 10–12 (BGH 2
aaO). Bei sog KreisPVertr war die Verj für SchadErsAnspr gg die LPG bis 31. 1. 95 gehemmt (BGH DtZ **95**, 280). **Verjährungseintritt** (Abs III): wie § 558 Rn 13, 14.

592 *Verpächterpfandrecht.* **Der Verpächter hat für seine Forderungen aus dem Pachtverhältnis ein Pfandrecht an den eingebrachten Sachen des Pächters sowie an den Früchten der Pachtsache. Für künftige Entschädigungsforderungen kann das Pfandrecht nicht geltend gemacht werden. Mit Ausnahme der in § 811 Abs. 1 Nr. 4 der Zivilprozeßordnung genannten Sachen erstreckt sich das Pfandrecht nicht auf Sachen, die der Pfändung nicht unterworfen sind. Die Vorschriften der §§ 560 bis 562 gelten entsprechend.**

Anwendbar: wie § 585 b Rn 3. **Abdingbar** sind S 1, 2 u 4, nicht aber ist es S 3 (vgl § 559 Rn 4). 1
Forderungen aus dem PVerh: Fdgen aller Art mit Ausn künft EntschFdgen (S 2; vgl § 559 Rn 12); künft PZFdg sind, and als bei § 559 nicht ausgen. **Eingebrachte Sachen:** nur solche, die dem Pächter gehören; vgl 2
§ 559 Rn 6–10; Früchte: § 99. **Unpfändbare Sachen** (S 3) sind ausgen (wie § 559 S 3). Nur das landw Inv (§ 811 I Nr 4 ZPO) unterliegt dem PfandR.

593 *Anspruch auf Vertragsänderung.* **I Haben sich nach Abschluß des Pachtvertrages die Verhältnisse, die für die Festsetzung der Vertragsleistungen maßgebend waren, nachhaltig so geändert, daß die gegenseitigen Verpflichtungen in ein grobes Mißverhältnis zueinander geraten sind, so kann jeder Vertragsteil eine Änderung des Vertrages mit Ausnahme der Pachtdauer verlangen. Verbessert oder verschlechtert sich infolge der Bewirtschaftung der Pachtsache durch den Pächter deren Ertrag, so kann, soweit nichts anderes vereinbart ist, eine Änderung des Pachtzinses nicht verlangt werden.**

II Eine Änderung kann frühestens zwei Jahre nach Beginn der Pacht oder nach dem Wirksamwerden der letzten Änderung der Vertragsleistungen verlangt werden. Dies gilt nicht, wenn verwüstende Naturereignisse, gegen die ein Versicherungsschutz nicht üblich ist, das Verhältnis der Vertragsleistungen grundlegend und nachhaltig verändert haben.

III Die Änderung kann nicht für eine frühere Zeit als für das Pachtjahr verlangt werden, in dem das Änderungsverlangen erklärt wird.

IV Weigert sich ein Vertragsteil, in eine Änderung des Vertrages einzuwilligen, so kann der andere Teil die Entscheidung des Landwirtschaftsgerichts beantragen.

V Auf das Recht, eine Änderung des Vertrages nach den Absätzen 1 bis 4 zu verlangen, kann nicht verzichtet werden. Eine Vereinbarung, daß einem Vertragsteil besondere Nachteile oder Vorteile erwachsen sollen, wenn er die Rechte nach den Absätzen 1 bis 4 ausübt oder nicht ausübt, ist unwirksam.

1) Allgemeines. a) Zweck. Die VertrDauer einer LandP ist oft lang, insb die v Betr. Die Anpassg an die 1
sich oft schnell ändernden MarktVerh ist notw, um den FortBestd des PachtVerh üb die VertrDauer zu angem Bedinggen zu ermögl u um Insolvenzen vorzubeugen. **b) Anwendbar:** wie § 585 b Rn 3. **c) Verhältnis zu** 2
§ 242. § 593 konkretisiert den Wegfall od die Änd der GeschGrdlage (§ 242 Rn 115) u schließt damit die Anwendg v § 242 aus. **d) Mängelgewährleistung** (§ 586 II) geht vor, sodaß § 593 nur gilt, wenn der Pächter nicht mindern kann. **e) Abdingbarkeit.** Sie ist dch Abs II wg des soz Schutzzwecks dahin ausgeschl, 3
daß die VertrÄnd nicht erschwert w darf. Hingg kann sie erleichtert u dafür in best Grenzen konkretisiert w. SoRegelg in Abs I S 2 für ErtragsÄnd. Verzicht ist dch Abs V ausgeschl. **f) Mehrmalige** Änd ist mögl.
g) Anzeige der VertrÄnd ist gem § 2 LPachtVG vorzunehmen. 4

2) Voraussetzungen (Abs I S 1, II). **a) Nachhaltige Änderung** der Verh (obj Umstde, nicht persönl), 5
die für Höhe u Umfang der vertr Leistgen maßgebd waren. Die Änd kann auch vor PBeginn eingetreten sein. Nachhalt: Nicht nur vorübgehd od in ihrer Dauer nicht übschaub. Maßgebd sind sämtl Umstde tats u rechtl Art, die das Interesse an Nutzg des PLands best (BGH NJW **97**, 1066), insb Zustd der PSache, BetrKosten, MarktPr der Erzeugn, Wegfall v Subventionen od erhöhte Lasten. Vgl mit Entwicklg der regionalen PachtPr u Verh zZt des VertrAbschl (BGH NJW-RR **99**, 890). Maßgebd ist der erzielb Betr, für den der DeckgsBeitr den wesentl AnhaltsPkt darstellt. Unerhebl ist die Änd des SchweinePr, wenn die Mast nicht mit den Erzeugn der PFläche betrieben w (Oldb RdL **89**, 301), nach Oldb NJW-RR **94**, 974 auch die Änd der Milchgarantiemengen VO. **b) Grobes Mißverhältnis** der ggseit VertrPfl als Folge der nachhalt Änd. Muß im Einzelfall 6

abgewogen w. **c) Zeitablauf** (Abs II). Bezieht sich auf den Eintritt der verlangten Änd, nicht auf das ÄndVerl (vgl Abs III).

7 **3) Wirkung** (Abs I). **a) Anspruch.** Liegen die Vorauss (Rn 5, 6) vor, so kann die VertrÄnd (§ 305) verlangt w. Gibt einen Anspr gg den VertrPart auf Abgabe der WillErkl zum VertrAbschl. Setzt daher einen best od bestb Inhalt wie bei einem VertrAntr voraus. Die Vorauss (Rn 5, 6) müssen konkr dargelegt w (Kblz RdL **90**, 93). Ann: Ausdrückl od § 151. Obergrenze der Anpassg ist dem § 4 I Nr 3 LPachtVG zu entn (BGH
8 NJW **97**, 1066). **b) Ausschluß** der VertrÄnd besteht in bezug auf die VertrDauer (Abs I S 1) u auf den PZins, wenn sich der Ertrag der PSache geändert hat (Abs I S 2), aber nur dann, wenn dies ausschließl auf der
9 Bewirtsch dch den Pächter, insb der ArbWeise, nicht auf and Umstden beruht. **c) Zeitraum** (Abs III). ÄndVerl ist eine empfbed WillErkl (vgl Rn 7), sodaß es auf den Zugang ankommt (§ 130). Die Änd kann nur auf den Beginn des jeweil PJ (§ 594 a Rn 2) zurückbezogen w.

10 **4) Gerichtliche Entscheidung** (Abs IV) setzt Weigerg, dh Ablehng des VertrAntr (Rn 7) voraus. Zuständigk des AG als LandwGer (vgl § 1 Nr 1 LwVG). Antr gem § 14 LwVG. Der Beschl des LandwGer ersetzt die zur VertrÄnd notw Ann (vgl Rn 7) od weist den Antr zurück. Wg Abs V ist ein SchiedsGer (§§ 1025 ff ZPO) ausgeschl, aber SchiedsGA zuläss (Karlsr NJW-RR **99**, 240).

593 a ***Übergabe bei vorweggenommener Erbfolge.*** **Wird bei der Übergabe eines Betriebes im Wege der vorweggenommenen Erbfolge ein zugepachtetes Grundstück, das der Landwirtschaft dient, mit übergeben, so tritt der Übernehmer anstelle des Pächters in den Pachtvertrag ein. Der Verpächter ist von der Betriebsübergabe jedoch unverzüglich zu benachrichtigen. Ist die ordnungsmäßige Bewirtschaftung der Pachtsache durch den Übernehmer nicht gewährleistet, so ist der Verpächter berechtigt, das Pachtverhältnis unter Einhaltung der gesetzlichen Kündigungsfrist zu kündigen.**

1 **Anwendbar:** Nur bei zugepachteten Grdst iR einer LandP (§ 585 Rn 1). **Abdingbar:** wie § 571 Rn 4;
2 auf die NachrichtsPfl (S 2) kann nicht verz w. **Voraussetzungen:** (1) Überg eines landw Betr (§ 585 Rn 3). (2) Vorweggen Erbf: Überg- u AltenteilVertr (Einf 6, 7 vor § 1922). (3) Zupacht eines landw Grdst (§ 585
3 Rn 2): Es muß zus mit dem Betr bewirtsch w. **Wirkung:** (1) Der Übnehmer wird nicht Unterpächter, sond VertrPart des Verp anstelle des bisher (übgebden) Pächters. VertrEintritt krG, unabhäng v einer Zust des Verp.
4 (2) KündR (§ 594 a II) des Verp unter den Vorauss des S 3. BewL hierfür: Verp. **Mitteilungspflicht** des Pächters od des Übnehmden (S 2). Sie bezieht sich auf die BetrÜberg. Unverzügl: § 121 I S 1.

593 b ***Veräußerung und Belastung.*** **Wird das verpachtete Grundstück veräußert oder mit dem Recht eines Dritten belastet, so gelten die §§ 571 bis 579 entsprechend.**

1 **Anwendbar:** wie § 585 b Rn 3. **Abdingbar:** nur in dem Rahmen, wie es bei den §§ 571–579 für zuläss erachtet w. **Voraussetzungen und Wirkung:** Die Anm zu §§ 571–579 gelten sinngem.

594 ***Ende und Verlängerung der Pacht.*** **Das Pachtverhältnis endet mit dem Ablauf der Zeit, für die es eingegangen ist. Es verlängert sich bei Pachtverträgen, die auf mindestens drei Jahre geschlossen worden sind, auf unbestimmte Zeit, wenn auf die Anfrage eines Vertragsteils, ob der andere Teil zur Fortsetzung des Pachtverhältnisses bereit ist, dieser nicht binnen einer Frist von drei Monaten die Fortsetzung ablehnt. Die Anfrage und die Ablehnung bedürfen der schriftlichen Form. Die Anfrage ist ohne Wirkung, wenn in ihr nicht auf die Folge der Nichtbeachtung ausdrücklich hingewiesen wird und wenn sie nicht innerhalb des drittletzten Pachtjahres gestellt wird.**

1 **1) Allgemeines.** S 1 entspr fast wörtl dem § 564 I. **a) Zweck:** Soll beide VertrPart davor schützen, bis kurz vor PEnde im Unklaren zu bleiben, ob das PVerh fortgesetzt w. **b) Anwendbar:** wie § 585 b Rn 3;
2 S 2–4 nur bei PVerh mit best Dauer. **c) Abdingbarkeit** ist bei S 1 prakt dadch gegeben, daß die VertrPart einvernehml jederzt den PVertr verlängern können. Bei S 2 rechtfert der Schutzzweck (Rn 3) die Unab-
3 dingbk. **d) Ende** des PVerh (S 1): § 564 Rn 1, 5–7 gelten sinngem.

4 **2) Verlängerung** des PVerh. **a) Voraussetzungen** (S 2): **aa)** PVertr mit einer vereinb MindDauer v 3 J. **bb)** Anfrage des Verp od Pächters an die and VertrPart. Empfbed WillErkl (§ 130) in Schriftform (S 3; § 126 I, III) mit einem Inhalt, der nicht notw wörtl dem S 2 entspr. Sie muß jedoch den in S 4 vorausgesetzten Hinw enthalten u spätestens am letzten Tag des drittletzten PJ (also 2 J vor PEnde) zugehen. **cc)** Unterbliebene Ablehng (§ 130) in Schriftform (wie bb). 3-MoFr mit Berechng (jeweils ab Empf) gem §§ 188 II,
5 187 I. **b) Wirkung.** Fortsetzg des PVerh auf unbest Zeit (S 1) vom Ende der best PDauer an. Von da an ist ord Künd mögl (§ 594 a).

594 a ***Ordentliche Kündigung.*** **I Ist die Pachtzeit nicht bestimmt, so kann jeder Vertragsteil das Pachtverhältnis spätestens am dritten Werktag eines Pachtjahres für den Schluß des nächsten Pachtjahres kündigen. Im Zweifel gilt das Kalenderjahr als Pachtjahr. Die Vereinbarung einer kürzeren Frist bedarf der Schriftform.**

II Für die Fälle, in denen das Pachtverhältnis unter Einhaltung der gesetzlichen Frist vorzeitig gekündigt werden kann, ist die Kündigung nur für den Schluß eines Pachtjahres zulässig; sie hat spätestens am dritten Werktag des halben Jahres zu erfolgen, mit dessen Ablauf die Pacht enden soll.

Anwendbar: wie § 585 b Rn 3. **Abdingbarkeit:** für Verlängerg der KündFr formlos mögl; für Abkürzg 1
Schriftform des § 126 (Abs I S 3). **Pachtjahr:** Die Vereinbg der Part geht vor. Landesübl beginnt das PJ ohne 2
ausdrückl Vereinb häuf am 1. Okt od 11. Nov (Martini); iZw das KalJ (AbsI S 2). **Kündigung:** Schriftf 3
(§ 594 f). § 564 Rn 8–16 gelten iü sinngem. **Frist** der ord Künd (Abs I S 1) beträgt prakt fast 2 J. **Vorzeitige** 4
Kündigung (Abs II) betrifft insb die §§ 593 a, 594 c; hier ist die Fr zur ord Künd prakt auf ein halbes J zum
Ende des PJ verkürzt.

594 b *Landpachtverträge über 30 Jahre und auf Lebenszeit.* **Wird ein Pachtvertrag für eine längere Zeit als dreißig Jahre geschlossen, so kann nach dreißig Jahren jeder Vertragsteil das Pachtverhältnis spätestens am dritten Werktag eines Pachtjahres für den Schluß des nächsten Pachtjahres kündigen. Die Kündigung ist nicht zulässig, wenn der Vertrag für die Lebenszeit des Verpächters oder des Pächters geschlossen ist.**

Inhalt. Die Vorschr entspr dem § 567. **Anwendbar:** wie § 585 b Rn 2. **Unabdingbar,** weil ErbP 1
ausgeschl sein soll. **Kündigungsfrist:** die der ord Künd (§ 594 a I S 1, 2). **Form:** § 594 f. **Lebenszeitverträge:** § 567 Rn 3 gilt sinngem. **Voraussetzungen und Wirkung:** § 567 Rn 4, 5 gelten sinngem.

594 c *Kündigung bei Berufsunfähigkeit.* **Ist der Pächter berufsunfähig im Sinne der Vorschriften der gesetzlichen Rentenversicherung geworden, so kann er das Pachtverhältnis unter Einhaltung der gesetzlichen Kündigungsfrist kündigen, wenn der Verpächter der Überlassung der Pachtsache zur Nutzung an einen Dritten, der eine ordnungsmäßige Bewirtschaftung gewährleistet, widerspricht. Eine abweichende Vereinbarung ist unwirksam.**

Anwendbar: wie § 585 b Rn 3. **Unabdingbar** wg S 2. Soz Schutzzweck. **Voraussetzungen** (BewL: 1
Pächter): (1) Berufsunfähigk des Pächters iS der gesetzl RentenVers. (2) Widerspr des Verp gg Überlassg an
geeigneten Dr ist empfbed WillErkl (§ 130). Formlos; erst mögl, nachdem der Pächter um die Erlaubn gem
§ 589 I Nr 1 nachgesucht hat. **Kündigung:** Fr gem § 594 a II; Form wie § 594 f. 2

594 d *Tod des Pächters.* **I Stirbt der Pächter, so sind sowohl seine Erben als auch der Verpächter berechtigt, das Pachtverhältnis mit einer Frist von sechs Monaten zum Ende eines Kalendervierteljahres zu kündigen. Die Kündigung kann nur für den ersten Termin erfolgen, für den sie zulässig ist.**

II Die Erben können der Kündigung des Verpächters widersprechen und die Fortsetzung des Pachtverhältnisses verlangen, wenn die ordnungsmäßige Bewirtschaftung der Pachtsache durch sie oder durch einen von ihnen beauftragten Miterben oder Dritten gewährleistet erscheint. Der Verpächter kann die Fortsetzung des Pachtverhältnisses ablehnen, wenn die Erben den Widerspruch nicht spätestens drei Monate vor Ablauf des Pachtverhältnisses erklärt und die Umstände mitgeteilt haben, nach denen die weitere ordnungsmäßige Bewirtschaftung der Pachtsache gewährleistet erscheint. Die Widerspruchserklärung und die Mitteilung bedürfen der schriftlichen Form. Kommt keine Einigung zustande, so entscheidet auf Antrag das Landwirtschaftsgericht.

III Gegenüber einer Kündigung des Verpächters nach Absatz 1 ist ein Fortsetzungsverlangen des Erben nach § 595 ausgeschlossen.

1) Allgemeines. a) Zweck: Das KündR wird auch dem Verp eingeräumt, weil die Erben des Pächters 1
häuf entweder nicht willens od nicht in der Lage sind, das PVerh fortzusetzen. **b) Anwendbar:** Wie § 585 b
Rn 3. **c) Unabdingbar** wg der auch ordngspolit ZielRichtg.

2) Kündigungsrecht (Abs I). **a) Voraussetzungen: aa)** Bestehen des PVerh (vgl § 569 Rn 4). **bb)** Tod 2
des Pächters: § 569 Rn 5 gilt sinngem. **b) Kündigung.** Erkl: § 564 Rn 8, 11–13 gelten sinngem. Angabe 3
des Grdes ist wg der Fr u Abs III geboten. **c) Form:** § 564 f. **d) Frist:** SoRegelg, die den § 594 a ausschließt.
Berechng: §§ 187 I, 188 II. **e) Ausschluß** (Abs I S 2): § 569 Rn 7 gilt sinngem. **f) Fortsetzungsverlangen** 4
(Abs III). § 595 ist immer dann ausgeschl, wenn der Verp aGrd des Abs I gekünd hat. Der Erbe od die Erben
sind allein u hinreichd dch Abs II geschützt. Erst nach vertrgem Beendigg kommt § 595 in Betr.

3) Fortsetzungsanspruch des od der Erben (Abs II). **a) Voraussetzungen: aa)** Wirks Künd des Verp. 5
bb) Ordnmäß Bewirtsch der PSache muß gewährleistet erscheinen (zu erwarten sein); gleichgült, ob dch
Erben, Miterben od Dr, die aber (vertr) beauftragt sein müssen; UnterP ist dabei ausgeschl. BewL: Pächter.
cc) Widerspr des od der Erben: empfbed WillErkl (§ 130). Schriftform des § 126 (Abs II S 3). Um das
AblehngsR (Rn 7) auszuschl, muß der Widerspr spätestens 3 Mo vor dem dch die Künd bewirkten Ablauf
des PVerh dem Verp zugehen u den in Abs II S 2 vorgeschriebenen Inhalt aufweisen. **b) Rechtsfolge.** Es 6
besteht ein schuldrechtl Anspr auf Fortsetzg des PVerh bis zum vertrgem Ablauf, sofern nicht Rn 7 dchgreift.
c) Ablehnungsrecht (Abs II S 2). Fehlen obj die Vorauss (Rn 5), so entsteht kein FortsetzgsAnspr. Liegen sie 7
vor, steht dem Verp die Ablehng (empfbed WillErkl) zu, wenn der Widerspr später als 3 Mo vor Ablauf des
PVerh erklärt od bis dahin die (tats) Umst zur ordngsmäß Bewirtschaftg nicht mitgeteilt sind. Schriftf des
§ 126 (Abs II S 3). **d) Gerichtliche Entscheidung** (Abs II S 4) dch das LandwGer (§ 1 Nr 1 LwVG) auf 8
Antr (§ 14 LwVG). Sie ergeht üb das Bestehen des FortsetzgsAnspr. Ein EiniggsVersuch der Part muß
vorangehen.

594 e *Außerordentliche Kündigung.* **I Ohne Einhaltung einer Kündigungsfrist ist die Kündigung des Pachtverhältnisses in entsprechender Anwendung der §§ 542 bis 544, 553 und 554 a zulässig.**

II Der Verpächter kann das Pachtverhältnis ohne Einhaltung einer Kündigungsfrist auch kündigen, wenn der Pächter mit der Entrichtung des Pachtzinses oder eines nicht unerheblichen Teiles des Pachtzinses länger als drei Monate in Verzug ist. Ist der Pachtzins nach Zeitabschnitten von weniger als einem Jahr bemessen, so ist die Kündigung erst zulässig, wenn der Pächter für zwei aufeinanderfolgende Termine mit der Entrichtung des Pachtzinses oder eines nicht unerheblichen Teiles des Pachtzinses in Verzug ist. Die Kündigung ist ausgeschlossen, wenn der Verpächter vorher befriedigt wird. Sie wird unwirksam, wenn sich der Pächter durch Aufrechnung von seiner Schuld befreien konnte und die Aufrechnung unverzüglich nach der Kündigung erklärt.

1 **Anwendbar:** wie § 585 b Rn 3. **Abdingbarkeit** ist zu bejahen bei Abs II, in Bezug auf § 542 (vgl § 543 Rn 1) und § 553 (dort Rn 1). Zwingd sind § 544 (dort Rn 1) u § 554 a (dort S 2). **Abmahnung:** idR bei § 553 erforderl (Rstk OLG-NL **97**, 143 mwN). **Kündigungserklärung:** § 564 Rn 8–16 sinngem. Schrift-
2 form: § 594 f. **Zahlungsverzug** (Abs II): Setzt voraus, daß idR der PZins jährl zu zahlen ist. Daher ist die VerzDauer auf 3 Mo erstreckt. Die Vorschr ist dem § 554 I S 1 Nr 1, S 2 angepaßt. Die dort Rn 5, 6, 8, 9–11 gelten sinngem.

594 f *Schriftform der Kündigung.* **Die Kündigung bedarf der schriftlichen Form.**

1 **Anwendbar:** wie § 585 b Rn 3. Gilt für alle Künd v LandPVertr: §§ 594 a–594 e. **Schriftform:** § 126. **Verstoß:** Nichtigk gem § 125. Unabdingb (MK/Voelskow; bestr).

595 *Anspruch auf Fortsetzung des Pachtverhältnisses.* **I Der Pächter kann vom Verpächter die Fortsetzung des Pachtverhältnisses verlangen, wenn**

1. bei der Betriebspacht der Betrieb seine wirtschaftliche Lebensgrundlage bildet,

2. bei der Pacht eines Grundstücks der Pächter auf dieses Grundstück zur Aufrechterhaltung seines Betriebes, der seine wirtschaftliche Lebensgrundlage bildet, angewiesen ist

und die vertragsmäßige Beendigung des Pachtverhältnisses für den Pächter oder seine Familie eine Härte bedeuten würde, die auch unter Würdigung der berechtigten Interessen des Verpächters nicht zu rechtfertigen ist. Die Fortsetzung kann unter diesen Voraussetzungen wiederholt verlangt werden.

II Im Falle des Absatzes 1 kann der Pächter verlangen, daß das Pachtverhältnis so lange fortgesetzt wird, wie dies unter Berücksichtigung aller Umstände angemessen ist. Ist dem Verpächter nicht zuzumuten, das Pachtverhältnis nach den bisher geltenden Vertragsbedingungen fortzusetzen, so kann der Pächter nur verlangen, daß es unter einer angemessenen Änderung der Bedingungen fortgesetzt wird.

III Der Pächter kann die Fortsetzung des Pachtverhältnisses nicht verlangen, wenn

1. er das Pachtverhältnis gekündigt hat;

2. der Verpächter zur Kündigung ohne Einhaltung einer Kündigungsfrist oder im Falle des § 593 a zur vorzeitigen Kündigung unter Einhaltung der gesetzlichen Frist berechtigt ist;

3. die Laufzeit des Vertrages bei der Pacht eines Betriebes, der Zupacht von Grundstücken, durch die ein Betrieb entsteht, oder bei der Pacht von Moor- und Ödland, das vom Pächter kultiviert worden ist, auf mindestens achtzehn Jahre, bei der Pacht anderer Grundstücke auf mindestens zwölf Jahre vereinbart ist;

4. der Verpächter die nur vorübergehend verpachtete Sache in eigene Nutzung nehmen oder zur Erfüllung gesetzlicher oder sonstiger öffentlicher Aufgaben verwenden will.

IV Die Erklärung des Pächters, mit der er die Fortsetzung des Pachtverhältnisses verlangt, bedarf der schriftlichen Form. Auf Verlangen des Verpächters soll der Pächter über die Gründe des Fortsetzungsverlangens unverzüglich Auskunft erteilen.

V Der Verpächter kann die Fortsetzung des Pachtverhältnisses ablehnen, wenn der Pächter die Fortsetzung nicht mindestens ein Jahr vor Beendigung des Pachtverhältnisses vom Verpächter verlangt oder auf eine Anfrage des Verpächters nach § 594 die Fortsetzung abgelehnt hat. Ist eine zwölfmonatige oder kürzere Kündigungsfrist vereinbart, so genügt es, wenn das Verlangen innerhalb eines Monats nach Zugang der Kündigung erklärt wird.

VI Kommt keine Einigung zustande, so entscheidet auf Antrag das Landwirtschaftsgericht über eine Fortsetzung und über die Dauer des Pachtverhältnisses sowie über die Bedingungen, zu denen es fortgesetzt wird. Das Gericht kann die Fortsetzung des Pachtverhältnisses jedoch nur bis zu einem Zeitpunkt anordnen, der die in Absatz 3 Nr. 3 genannten Fristen, ausgehend vom Beginn des laufenden Pachtverhältnisses, nicht übersteigt. Die Fortsetzung kann auch auf einen Teil der Pachtsache beschränkt werden.

VII Der Pächter hat den Antrag auf gerichtliche Entscheidung spätestens neun Monate vor Beendigung des Pachtverhältnisses und im Falle einer zwölfmonatigen oder kürzeren Kündigungsfrist zwei Monate nach Zugang der Kündigung bei dem Landwirtschaftsgericht zu stellen. Das Gericht kann den Antrag nachträglich zulassen, wenn es zur Vermeidung einer unbilligen Härte geboten erscheint und der Pachtvertrag noch nicht abgelaufen ist.

VIII Auf das Recht, die Verlängerung eines Pachtverhältnisses nach den Absätzen 1 bis 7 zu verlangen, kann nur verzichtet werden, wenn der Verzicht zur Beilegung eines Pachtstreits vor Gericht oder vor einer berufsständischen Pachtschlichtungsstelle erklärt wird. Eine Vereinbarung, daß einem Vertragsteil besondere Nachteile oder besondere Vorteile erwachsen sollen, wenn er die Rechte nach den Absätzen 1 bis 7 ausübt oder nicht ausübt, ist unwirksam.

1) Allgemeines. a) Zweck: sozpolit Schutz der ExistenzGrdlage landw Pächter. **b) Anwendbar:** LandP 1
(§ 585 Rn 1, 2) v Betr (§ 585 Rn 3) od existenznotw Grdst (vgl Abs I Nr 1 u 2). **c) Abdingbarkeit** 2
(Abs VIII) ist weitgehd eingeschr. Der Verz (§ 397) auf den FortsetzgsAnspr kann nur in Zushang u zwecks
Beilegg eines RStreits vor dem Ger od einer PSchlichtgsStelle vereinb w. Vorher od gleichzeit abgeschl
Vereinbg üb VorT od NachT für (Nicht)Ausübg aller Re aus Abs I–VII ist nichtig, insb auf FortsetzgsAnspr,
AblehngsR u Antrag auf gerichtl Entscheidg. Zul sind Vereinbg, die die Fortsetzg des PVerh erleichtern.
§ 139 ist unanwendb (Soe/Kummer 7). **d) Anzeigepflicht** gem § 1 LPachtVG bei Einigg der VertrPart üb 3
die Fortsetzg.

2) Fortsetzungsanspruch (Abs I, II, IV). **a) Rechtsnatur.** Schuldrechtl Anspr auf Abschl eines unter 4
§ 305 fallden VerlängergsVertr. **b) Voraussetzungen. aa)** Wirtschaftl LebensGrdlage (nicht notw die allein, 5
wohl aber die wesentl, Soe/Kummer 2 mwN) des Pächters muß der gepachtete Betr (§ 585 Rn 3) bei Abs I
Nr 1 od der eigene Betr bei Abs I Nr 2 sein. Ist auf NebenerwerbsLandw anwendb. **bb)** Angewiesen sein
(tatrichterl Frage, BGH ZMR **99**, 378) muß der Pächter eines od mehrerer Grdst auf diese, um seinen
EigenBetr (Nr 2) aufrechterhalten zu können. Es ist auf ausreichde wirtsch Rentabilität abzustellen (BGH
aaO). Pacht weiterer Grdst von and Verp steht nicht entgg. **cc)** Nicht zu rechtfertigde Härte: Für den Pächter
od seine Fam (wie § 556 a Rn 14). InteressenAbwägg ggü denen des Verp. Interessen Dr bleiben außer Betr.
Als Grde müssen konkr Tats angegeben w. Der bloße Umstd der wirtsch LebensGrdlage genügt für sich allein
nicht. **dd)** Zeitl BezugsPkt ist der vertrgem Ablauf der PZt. Diese kann auf Ende der PDauer wie auf Künd
beruhen. **c) Form** des FortsetzgsVerl (Abs IV): Schriftform des § 126 (S 1). Angabe der Grde ist zunächst 6
nicht erforderl, jedoch unverzügl (§ 121 I S 1) Ausk auf Verlangen des Pächters (S 2); beides formlos wirks.
d) Frist: Nur mittelb, weil eine Verspätg entgg Abs V ledigl zu einem AblehngsR führt (Rn 9–11). **e) Wir-** 7
kung. Das PVerh ist fortzusetzen aGrd vertr Einigg der Part od gerichtl Entsch (Rn 12, 13), u zwar auf best
(angem) Zt (Abs II S 1), ggf unter angem Änd des VertrInhalts (Abs II S 2), insb and PZ. Angem ist ein unbest
RsBegriff. InteressenAbwägg ist erforderl.

3) Ausschluß des Anspruchs (Abs III). Rechtshindernde Einwendg mit BewL des Verp. Alternativ: 8
a) Nr 1. Beendigg des PVerh inf Künd dch den Pächter. **b) Nr 2.** Berechtigg des Verp zur Künd aGrd des
§ 594 e od § 593 a; der Grd muß obj vorliegen u die Künd v Verp unterl sein. **c) Nr 3.** Bei den genannten
langfrist Vertr soll der Anspr ausgeschl sein, um den Verp nicht übmäß lange zu binden. Für bestehde (vor
dem 1. 7. 86 abgeschl) Vertr, wird eine geringere PDauer im Einzelfall dch InteressenAbwägg zu ermitteln
sein (vgl § 8 II a LPachtG). **d) Nr 4.** Soll die VerpachtgsBereitsch fördern. Vorübgehd ist die Verpachtg insb,
wenn auf best Zt verpachtet ist (Soe/Kummer 3). Dieser Wille muß beim VertrSchluß mind aus den Umstden
zum Ausdruck gekommen sein (BGH ZMR **99**, 378).

4) Ablehnungsrecht des Verp (Abs V). Ist dem § 556 a VI nachgebildet. Die Ablehng ist eine empfbed 9
(§ 130), formlose WillErkl. **a) Voraussetzungen** (S 1; alternativ): **aa)** FortsetzgsVerlangen (Abs IV) später als 10
1 J vor vertrgem Beendigg des PVerh. **bb)** Vorangegangene Ablehng einer FortsetzgsAnfrage (§ 594 S 2).
cc) Bei einjähr od kürzerer KündFr (S 2) muß das Verlangen später als einen Mo nach Zugang (§ 130) der
Künd gestellt w. FrBerechng §§ 187 I, 188 II. **b) Wirkung.** Bei wirks erkl Ablehng entfällt der (bis dahin 11
bestehde) FortsetzgsAnspr. Da die Fortsetzg wg § 305 einen Vertr erfordert, sind die §§ 145 ff anwendb.
Danach ist auch zu beurt, ob und wann die Ablehng erfolgt ist (wesentl wg Abs VI). Eine Einigg trotz
bestehdem AblehngsR ist nach § 151 zu beurt.

5) Gerichtliche Entscheidung (Abs VI). **a) Zuständig** ist das AG als LandwGer (§ 1 Nr 1 LwVG). 12
b) Voraussetzungen. aa) Antr (§ 14 LwVG) einer der beiden VertrPart. **bb)** Fehlde Einigg, entw dch Vertr
(§ 305) od vor der SchlichtgsStelle. **c) Antragsfrist** (Abs VII) gilt nur für den Pächter u gewährt eine
ausreichde ÜberleggsZt. Berechng: §§ 187 I, 188 II. **d) Inhalt:** Es wird entw der FortsetzgsAnspr zurück- 13
gewiesen od rechtsgestaltd die Fortsetzg angeordnet, dann auch die Dauer (Abs VI S 2 zu beachten) u der
VertrInhalt, zu den bisher Bedinggen od abgeändert, auch nur auf einen Teil der PSache beschr mögl.

595 a *Vorzeitige Kündigung; Abwicklung; Verfahren.*

I Soweit die Vertragsteile zur vorzeitigen Kündigung eines Landpachtvertrages berechtigt sind, steht ihnen dieses Recht auch nach Verlängerung des Landpachtverhältnisses oder Änderung des Landpachtvertrages zu.

II Auf Antrag eines Vertragsteiles kann das Landwirtschaftsgericht Anordnungen über die Abwicklung eines vorzeitig beendeten oder eines teilweise beendeten Landpachtvertrages treffen. Wird die Verlängerung eines Landpachtvertrages auf einen Teil der Pachtsache beschränkt, kann das Landwirtschaftsgericht den Pachtzins für diesen Teil festsetzen.

III Der Inhalt von Anordnungen des Landwirtschaftsgerichts gilt unter den Vertragsteilen als Vertragsinhalt. Über Streitigkeiten, die diesen Vertragsinhalt betreffen, entscheidet auf Antrag das Landwirtschaftsgericht.

Anwendbar: wie § 585 b Rn 3; Abs I nur bei vorzeit Künd, Abs II u III auch bei teilw. **Abdingbar** ist 1
Abs I nur, soweit auf das KündR verzichtet w kann; das ist für § 594 c u § 594 d I zu verneinen. Abs II u III
sind als VerfVorschr grdsätzl unabänderb. **Vorzeitige Kündigung** (Abs I); das sind die Fälle der §§ 593 a S 3, 2
594 c S 1, 594 d I. Sie wird dch VertrÄnd (§ 593) od Fortsetzg (§ 595) nicht ausgeschl. Außerord Künd
(§ 594 e) bleibt sowieso unbeschr mögl. **Abwicklungsanordnungen** (Abs II). Außerger Einigg ist stets 3

zuläss. Die teilw Beendigg kann auf Vertr (§ 305) od auf § 595 VI S 3 beruhen. Das LandwGer (§ 1 Nr 1
4 LwVG) entscheidet auf Antr (§ 14 LwVG) einer der beiden Part. **Wirkung** (Abs III). Die rechtskräft Entsch des LandwGer steht einer ParteiVereinbg (VertrInhalt, § 305) gleich. Das gilt für alle in LandPSachen ergangenen Entsch. Dch S 2 soll klargestellt w, daß eine ergangene Entsch einer neuen nicht entggsteht; dabei muß jedoch eine Änd der tats Verh gegeben sein (ähnl dem § 323 ZPO). Die Zuständigk erstreckt sich dabei auf den ganzen VertrInhalt, auch auf GgRe u GgAnspr. Antr (§ 14 LwVG) ist stets erforderl.

596 *Rückgabepflicht.* **I Der Pächter ist verpflichtet, die Pachtsache nach Beendigung des Pachtverhältnisses in dem Zustand zurückzugeben, der einer bis zur Rückgabe fortgesetzten ordnungsmäßigen Bewirtschaftung entspricht.**

II Dem Pächter steht wegen seiner Ansprüche gegen den Verpächter ein Zurückbehaltungsrecht am Grundstück nicht zu.

III Hat der Pächter die Nutzung der Pachtsache einem Dritten überlassen, so kann der Verpächter die Sache nach Beendigung des Pachtverhältnisses auch von dem Dritten zurückfordern.

1 **Anwendbar:** wie § 585 b Rn 3. **Abdingbar** sind Abs II u Abs I, soweit es den Zustd der PSache betr. **Rückgabe vom Pächter** (Abs I): entspr dem früheren § 591 S 1 u inhaltl dem § 556 I (vgl dort Rn 1–14). Die Bestellg (Bodenbearbeitg, Saat, Pflanzg) gehört zur ordnmäß Bewirtschaftg; auch die Beibehaltg der Milchreferenzmenge (BGH NJW **97**, 2316); bei einer Baumschule die Entferng v Baumstümpfen (LG Hbg ZMR **93**, 283 mwN); auch der Grenzstein (Kblz NJW-RR **94**, 86). **Verstoß:** vgl § 597. **Ausschluß des Zurückbehaltungsrechts** (Abs II): entspr § 556 II; die dort Rn 15–17 gelten sinngem. **Herausgabeanspruch gegen Dritte** (Abs III): entspr § 556 III; die dort Rn 18–23 gelten sinngem. Bei sog KreisPVertr gilt im Verh Eigt zu LPG Abs III nicht (BGH DtZ **95**, 280). **Zuständig** ist das AG als LandwGer (§ 1 Nr 1 a LwVG) im StreitVerf (§ 48 LwVG). **Verjährung:** wie § 556 Rn 14; nicht § 591 b (Oldb NJW-RR **97**, 48).

596 a *Ersatzpflicht bei vorzeitigem Pachtende.* **I Endet das Pachtverhältnis im Laufe eines Pachtjahres, so hat der Verpächter dem Pächter den Wert der noch nicht getrennten, jedoch nach den Regeln einer ordnungsmäßigen Bewirtschaftung vor dem Ende des Pachtjahres zu trennenden Früchte zu ersetzen. Dabei ist das Ernterisiko angemessen zu berücksichtigen.**

II Läßt sich der in Absatz 1 bezeichnete Wert aus jahreszeitlich bedingten Gründen nicht feststellen, so hat der Verpächter dem Pächter die Aufwendungen auf diese Früchte insoweit zu ersetzen, als sie einer ordnungsmäßigen Bewirtschaftung entsprechen.

III Absatz 1 gilt auch für das zum Einschlag vorgesehene, aber noch nicht eingeschlagene Holz. Hat der Pächter mehr Holz eingeschlagen, als bei ordnungsmäßiger Nutzung zulässig war, so hat er dem Verpächter den Wert der die normale Nutzung übersteigenden Holzmenge zu ersetzen. Die Geltendmachung eines weiteren Schadens ist nicht ausgeschlossen.

1 **Anwendbar:** grdsätzl wie § 585 b Rn 3; nur bei vorzeit PEnde währd eines PJ (§ 594 a Rn 2), insb wg VertrAufhebg (§ 305) od § 594 d I. **Abdingbar:** wie § 586 Rn 1. **Wertersatz** (Abs I) dch den Verp in Geld
2 nach der sog Halmtaxe. IR der Wertfeststellg sind ersparte Ernteaufwendgen zu berücksicht. **Aufwendungsersatz** (Abs II): wie § 258 nach spezieller Maßg des Abs II. Früchte: § 99. Nur anwendb, wenn Abs I aus
3 jahreszeitl bedingten Grden undurchführb ist. Verj: § 591 b. **Holzschlag** (Abs III): gleich ob das gepachtete Grdst ausschließl od teilw Forst umfaßt. S 1 gibt dem Pächter einen Anspr gem Abs I; bei übmäß Einschlag
4 dem Verp WertErs jeweils in Geld. **Weiterer Schaden** (Abs III S 3): Minderg zukünft Ertrags ist aus pVV (§ 276 Rn 123) zu ersetzen. **Zuständigkeit** bei Streit: wie § 596 Rn 2.

596 b *Rücklassungspflicht; Wertersatz.* **I Der Pächter eines Betriebes hat von den bei Beendigung des Pachtverhältnisses vorhandenen landwirtschaftlichen Erzeugnissen so viel zurückzulassen, wie zur Fortführung der Wirtschaft bis zur nächsten Ernte nötig ist, auch wenn er bei Antritt der Pacht solche Erzeugnisse nicht übernommen hat.**

II Soweit der Pächter nach Absatz 1 Erzeugnisse in größerer Menge oder besserer Beschaffenheit zurückzulassen verpflichtet ist, als er bei Antritt der Pacht übernommen hat, kann er vom Verpächter Ersatz des Wertes verlangen.

1 **Anwendbar:** nur bei BetrP (§ 585 Rn 3). **Abdingbar:** wie § 586 Rn 1. **Rücklassungspflicht** (Abs I). Bezieht sich nur auf die bei PEnde tats noch vorhandenen Erzeugn (nicht Dünger). Übereigng: § 929. Den
2 Überschuß darf der Pächter mitnehmen. BewLast für notw Umfang: Verp. **Wertersatz** (Abs II): in Geld. PAntritt ist auch bei Verlängerg der Beginn der ersten PPeriode (BGH **9**, 104). Maßg ist der Verkehrswert zZt der Rücklassg. ZbR aus § 273. BewL: Pächter. **Zuständigkeit** bei Streit: wie § 596 Rn 2.

597 *Schadensersatz bei Vorenthaltung.* **Gibt der Pächter die Pachtsache nach Beendigung des Pachtverhältnisses nicht zurück, so kann der Verpächter für die Dauer der Vorenthaltung als Entschädigung den vereinbarten Pachtzins verlangen. Die Geltendmachung eines weiteren Schadens ist nicht ausgeschlossen.**

1 **Inhalt** entspr dem § 557 Abs I S 1 Hs 1 u S 2. **Anwendbar:** wie § 585 b Rn 3. **Abdingbar:** wie § 586 Rn 1. **Nutzungsentschädigung** (S 1): § 557 Rn 7–12 sinngem. **Schadensersatz** (S 2): § 557 Rn 13–15

sinngem. **Anspruchskonkurrenz:** § 557 Rn 17, 18 sinngem. **Zuständigkeit** bei Streit: wie § 596 Rn 2. **Verjährung:** § 557 Rn 2 sinngem.

Vierter Titel. Leihe

Einführung

1) Grundlagen. a) Begriff. Leihe ist die unentgeltl Überlassg einer Sache zum Gebr für best od unbest Zeit. **b) Rechtsnatur.** Leihe ist ein (unvollkommen) zweiseit verpflichtder Vertr (Einf 3 vor § 320), daher ohne GgseitkPfl (allgM). Der Verl ist zunächt (einseit) zur GebrÜberlassg verpfl (§ 598); für den Entl entstehen erst nach Überlassg die Pfl aus §§ 601, 603, 604 ohne GgseitkVerh. Die §§ 320 ff sind unanwendb. 1
c) Vertragsschluß geschieht dch die bloße formlose Einigg (Willensübereinstimmg) der VertrPart, auch stillschweigd mögl (BGH **12**, 399), zB üb ein WohnR auf LebensZt (BGH NJW **85**, 1553; Köln NJW-RR **95**, 751); Duldg der Benutzg (Köln NJW-RR **92**, 1497). Die Leihe ist also KonsensualVertr (hM); nicht RealVertr (früher hM), der erst dch Überlassg der Sache zustandekäme. Die Konstruktion eines VorVertr (Einf 19 vor § 145) zur Begründg einer ÜberlassgsPfl ist daher entbehrl, im Einzelfall aber nicht ausgeschl. **d) Arten.** Bei der Handleihe wird die Sache zugleich mit VertrSchluß übergeben (vgl § 598 Rn 6), bei Versprechensleihe folgt die Überg nach. 2

2) Abgrenzung zu ähnl RVerh, insb zu GebrÜberlassgsVertr. **a) Miete** (§ 535): Der Unterschied liegt in der Unentgeltlk der Leihe. In der Umgangssprache w häuf das Wort Leihe verwendet, obwohl Miete vorliegt, zB Leihwagen (Miet-Kfz). 3
b) Schenkung (§ 516): Im Ggsatz zu ihr verbleibt bei der Leihe die Sache im Verm des Verl (zB eine unentgeltl GebrÜberlassg einer Wohng auf LebensZt, BGH **82**, 354 u NJW **85**, 1553; Kblz NJW-RR **96**, 843; Nehlsen-v. Stryk AcP **187**, 552); sie muß zurückgegeben werden gem §§ 604, 605. 4
c) Darlehen (§ 607): Bei der Leihe muß dieselbe Sache zurückgegeben werden; es findet keine EigtÜbertragg statt (vgl § 607 Rn 5). Zur Abgrenzg bei Verpackgsmaterial, insb Flaschen: Einf 24 vor § 607. 5
d) Verwahrung (§ 688): Die Sache ist nicht zum Gebr überlassen; auch kann die Verwahrg entgeltl sein. 6
e) Gefälligkeitsverhältnis ohne vertragl Bindg (Einl 10 vor § 241), so daß die zum Gebr überlassene Sache jederzeit zurückgefordert w kann. Es wird idR kein Bes übertragen (§ 854); der Gebrauchde wird dann BesDiener (§ 855). Ob nur ein GefälligkVerh vorliegt, ist im Einzelfall nach Anlaß u Zweck der GebrÜblassg, ihrer wirtsch Bedeutg u nach Interessenlage der Part zu beurt (vgl BGH **21**, 102 [107]; Köln NJW-RR **95**, 751), rechtl bedeuts vor allem bei Überlassg von Kfz (auch Reitpferd, BGH NJW **92**, 2474), insb zu einzelnen, gelegentl Fahrten, wobei idR keine Leihe vorliegt. Bejaht auch bei GebrÜblassg eines Ferienhauses an nahen Verwandten nebst Begleitg (Mü NJW-RR **93**, 215). Indiz für Leihe ist ein schutzwürd Interesse daran, daß die GebrMöglk nicht willkürl abgekürzt w kann (Jau/Vollkommer 5), zB bei Erprobg eines Pferdes (Düss MDR **98**, 409). Abzustellen ist auf den VerpflWillen. 7

598 *Begriff.* **Durch den Leihvertrag wird der Verleiher einer Sache verpflichtet, dem Entleiher den Gebrauch der Sache unentgeltlich zu gestatten.**

1) Allgemeines. a) Parteien des VertrVerh sind Verl und Entl. **b) Eigentumslage.** Der Verl muß nicht Eigtümer sein. Veräußerg der verliehenen Sache ändert nichts am LeihVertr. § 571 gilt auch nicht entspr. Es verbleibt ggf bei §§ 275, 280. **c) Besitz.** Der Entl erlangt unmittelb Bes über § 854 u vollen BesSchutz (§§ 858 ff). Verl ist mittelb Bes (§ 868). 1 2

2) Voraussetzungen der Leihe. VertrSchluß: Einf 2. **a) Sache:** Nur eine solche (§ 90) kann verliehen w, bewegl wie unbewegl (BGH NJW **85**, 313), Räume (BGH NJW **85**, 1553), Teil eines Grdst (Köln NJW-RR **92**, 1497), auch Sachgesamth (vgl Übbl 5 vor § 90); idR nicht verbrauchb Sachen (§ 92). Wird ein R unentgeltl zur Ausübg überlassen, ist grdsätzl PachtR (§§ 581 ff) entspr anzuwenden; die §§ 598 ff sind es nur, was die Unentgeltlichk betrifft, insb die §§ 599, 600 (Fikentscher Rn 841; bestr). 3
b) Unentgeltlich: grdsätzl wie § 516 Rn 8–10; jedoch schließt schon ein ganz geringes Entgelt die Leihe aus u begründet Miete (vgl MK/Kollhosser 13). 4
c) Gebrauch ist die tats Verwendg u Benutzg der Sache ohne Eingriff in ihre Substanz. Der Gebr muß vertrgem sein (§ 603). Das ist im Einzelfall verschieden u kann sich darauf erstrecken, die Sache als Pfand od Kaution zu verwenden (allgM; RG **36**, 161). Wird dem Entl Fruchtziehg (§ 99 I) gestattet, liegt keine Leihe vor, sond ein mit Schenkg gemischter Vertr (Einf 20 vor § 305). Probefahrt eines Kfz ist nicht Leihe, sond gehört zur VertrAnbahng v Kauf, Tausch od Miete (hM; vgl Jox NZV **90**, 53 mwN). Der Entl ist zum Gebr nur verpfl, wenn dieses zur Erhaltg der Sache erforderl ist (zB Reitpferd; vgl § 601 Rn 1); daher nicht, als Leihgabe empfangene Kunstwerke auszustellen (Düss NJW **90**, 2000). 5
d) Gestatten des Gebr umfaßt als Holschuld (§ 269 Rn 1) die BesÜbertragg (§ 854) zu Beginn der vereinb Leihzeit u das Unterl der BesStörg währd dieser. Im Ggsatz zur GebrGewährg bei Miete (§§ 535 S 1, 536) hat der Verl nicht die Pfl, die Sache für den vertrgem Gebr instandzusetzen od instandzuhalten. 6

599 *Haftung.* **Der Verleiher hat nur Vorsatz und grobe Fahrlässigkeit zu vertreten.**

1) Verleiherhaftung ist dch § 599 geregelt, abweichd v § 276. **a) Zweck:** wie bei § 521 wg der aus der Unentgeltlk folgden Uneigennützigk. Ein Interesse des Verl an der vorübgehden BesEntäußerg steht nicht entgg. 1
b) Anwendbar ist § 599 nur für VertrVerletzgen (Unmöglk, Verzug [nur § 285], SchlechtErf, ferner culpa in contrahendo), die das ErfInteresse des Entl an der GebrGestaltg betr, wobei für RMängel u Fehler § 600 als SondRegelg noch vorgeht. Bei Verletzg v Schutz- u VerkSichergsPfl, die dem Entl Schäd an seinen and RGütern (als den des ErfInteresses) zufügen (Mangelfolgeschäden), gilt jedoch § 599 nicht, so daß schon 2

für leichte Fahrlässigk (§ 276 I) gehaftet w (MK/Kollhosser 5). Ob die DeliktsHaftg dch § 599 beschr wird, ist bestr u wird v BGH **46**, 140 [146] offen gelassen, für § 833 v Düss OLGZ **91**, 84 bejaht. Prakt bedeuts ist
3 dies bei Überlassg eines nicht verksicheren Kfz od eines Reitpferds. **c) Erfüllungshilfen.** Der in Rn 2 dargestellte HaftgsMaßstab gilt auch iR des § 278. **d) Anspruchskonkurrenz.** Wenn aus Vertr u unerl Hdlg gehaftet w (vgl Rn 2), gilt der HaftgsMaßstab des § 599 auch für § 823 (hM; Köln NJW-RR **88**, 157 mwN).
4 **e) Abdingbarkeit.** Die Haftg kann erweitert, auch beschränkt, aber nicht für Vors ausgeschl w (§ 276 II). **f) Beweislast:** § 282 Rn 1–11 u § 285 Rn 1.

5 **2) Entleiherhaftung** für die Pfl aus §§ 601, 603, 604 wird v § 599 nicht berührt. Es verbleibt bei §§ 276, 278 (allgM), ggf § 287. Keine HaftgsBeschr auf grobe Fahrlk wg Vertrauens auf Vollkasko (aA Hamm NJW-RR **93**, 672). Für Verschlechterg, Verlust od Untergang der Sache aus Zufall trägt (abgesehen v § 287) der Verl die Gefahr. BewL: wie Rn 4.

600 *Mängelhaftung.* **Verschweigt der Verleiher arglistig einen Mangel im Rechte oder einen Fehler der verliehenen Sache, so ist er verpflichtet, dem Entleiher den daraus entstehenden Schaden zu ersetzen.**

1 **Zweck:** Haftgsbeschränkg wie bei Schenkg (§§ 523 I, 524 I) u SondRegelg ggü § 599 (dort Rn 2). **Abdingbar** wie § 599 Rn 4. **Arglistiges Verschweigen:** wie § 463 Rn 11. **Rechtsmangel:** wie § 434
2 Rn 4–6. **Fehler:** wie § 459 Rn 4–6. **Zeitpunkt:** maßgebd ist VertrAbschl (Einf 2 vor § 598) u BesÜbertragg
3 (§ 598 Rn 6) wie bei § 463 Rn 8. **Schadensersatz:** nur VertrauensSchad (Vorbem 17 vor § 249; allgM).
4 Hierfür ist § 600 die AnsprGrdlage. **Anspruchskonkurrenz:** Verursacht der Fehler einen Schad an and RGütern des Entl (Mangelfolgeschaden) haftet der Verl für gewöhnl Versch aus Vertr (§§ 276, 278) u ggf unerl Hdlg wie bei § 599 Rn 2 (bestr).

601 *Erhaltungskosten.* **I Der Entleiher hat die gewöhnlichen Kosten der Erhaltung der geliehenen Sache, bei der Leihe eines Tieres insbesondere die Fütterungskosten, zu tragen.**

II Die Verpflichtung des Verleihers zum Ersatz anderer Verwendungen bestimmt sich nach den Vorschriften über die Geschäftsführung ohne Auftrag. Der Entleiher ist berechtigt, eine Einrichtung, mit der er die Sache versehen hat, wegzunehmen.

1 **Gewöhnliche Erhaltungskosten** (Abs I): wie § 994 Rn 3: währd der ges LeihZt. **Erhaltungspflicht** des Entl ist aus Abs I abzuleiten (allgM); sie umfaßt auch eine ObhutsPfl (vgl § 605 Nr 2), die der eines Mieters entspr müßte (vgl § 545; RG JW **10**, 706), nicht aber das R, die entliehene Sache zu verbessern (zB Befestigg
2 eines Zufahrtwegs, LG Gieß ZMR **95**, 160). **Verwendungsersatz** (Abs II S 1): Verwendg wie Vorbem 5 vor § 994. Der ErsAnspr besteht nur für solche, die nicht unter Abs I fallen; er richtet sich nach §§ 677 ff, 670.
3 **Wegnahmerecht:** wie § 547 a Rn 4. WegnPfl kann sich aus § 604 I ergeben. Kein HerausgAnspr des Entl (RG **109**, 128). **Abdingbarkeit:** uneingeschr.

602 *Abnutzung der Sache.* **Veränderungen oder Verschlechterungen der geliehenen Sache, die durch den vertragsmäßigen Gebrauch herbeigeführt werden, hat der Entleiher nicht zu vertreten.**

1 **Zweck:** entspr dem § 548. **Abdingbar** wie § 601 Rn 3. **Vertragsmäßiger Gebrauch:** Sein Umfang richtet sich nach dem VertrInhalt, iü nach Art u ZweckBest der Sache sowie nach der VerkAnschauung. **Rechtsfolge** des § 602: Der Entl muß für vertrgem Abnutzg weder instandsetzen noch ausbessern od
2 SchadErs leisten. **Unanwendbar** ist § 602 für die schuldh Verschlechterg der Sache währd vertrmäß Gebr, die eine pVV (§ 276 Rn 116) darstellt, sowie für Verlust, Zerstörg od Vernichtg der Sache, für die §§ 275, 280 in bezug auf § 604 I gelten (RG **159**, 65).

603 *Vertragswidriger Gebrauch.* **Der Entleiher darf von der geliehenen Sache keinen anderen als den vertragsmäßigen Gebrauch machen. Er ist ohne die Erlaubnis des Verleihers nicht berechtigt, den Gebrauch der Sache einem Dritten zu überlassen.**

1 **Vertragswidriger Gebrauch** ist dch S 1 verboten. Vertrwidr ist jede Art v Gebr, die nicht vertrmäß ist (vgl § 602 Rn 1). **Gebrauchsüberlassung** an Dritte (S 2): wie § 549 Rn 3–11. Sie ist grdsätzl vertrwidr Gebr, ausgen bei Erlaubn (wie § 549 Rn 1) des Verl. Ist die GebrÜberl erlaubt, haftet der Entl für den Dr
2 nach § 278 (hM; MK/Kollhosser 5). **Rechtsfolgen** vertrwidr Gebr: (1) KündR gem § 605 Nr 2. (2) Unterl-Anspr aus § 550 analog. (3) HerausgAnspr gg den Dr aus § 604 IV. (4) SchadErsAnspr aus pVV (§ 276 Rn 109) bei schuldh vertrwidr Gebr (§§ 276, 278); dann auch für zufäll eintretden Schad, wenn dieser ohne vertrwidr Gebr nicht eingetreten wäre (BGH **37**, 310; bestr). Bei ErsKfz kann Vollkasko nicht stillschweigd vorausgesetzt w (LG Nürnb-Fürth NJW-RR **97**, 278).

604 *Rückgabepflicht.* **I Der Entleiher ist verpflichtet, die geliehene Sache nach dem Ablaufe der für die Leihe bestimmten Zeit zurückzugeben.**

II Ist eine Zeit nicht bestimmt, so ist die Sache zurückzugeben, nachdem der Entleiher den sich aus dem Zwecke der Leihe ergebenden Gebrauch gemacht hat. Der Verleiher kann die Sache

schon vorher zurückfordern, wenn so viel Zeit verstrichen ist, daß der Entleiher den Gebrauch hätte machen können.

III Ist die Dauer der Leihe weder bestimmt noch aus dem Zwecke zu entnehmen, so kann der Verleiher die Sache jederzeit zurückfordern.

IV Überläßt der Entleiher den Gebrauch der Sache einem Dritten, so kann der Verleiher sie nach der Beendigung der Leihe auch von dem Dritten zurückfordern.

1) Rückgabepflicht des Entl (Abs I–III). **a) Inhalt.** Es ist dem Verl der unmittelb Bes (§ 854) einzuräumen. Die Abtretg eines HerausgAnspr genügt nicht. Rückg ist Bringschuld, daher (ggf auf Kosten des Entl) am Wohnsitz des Verl zu erfüllen (allgM). **b) Umfang:** auch das Zubehör (§ 97) u die Früchte (§ 99 I, III) der Sache, falls nicht and vereinb (allgM). **c) Zustand.** Die Sache ist so zurückzugeben, wie es dem vertrmäß Gebr entspr (§ 602 Rn 1), falls erforderl, ausgebessert od repariert. **d) Fälligkeit:** mit Beendigg der Leihe (Rn 4–7). **e) Unmöglichkeit** der Rückg (insb wg Verlust od Untergang der Sache) ist nach §§ 275, 280 zu behandeln (§ 602 Rn 2), wobei das Versch (§§ 276, 278) in Bezug auf vertrwidr Gebr genügt, wenn die Unmöglk der Rückgabe darauf beruht (§ 603 Rn 2). **f) Zurückbehaltungsrecht** des Entl aus § 273 ist nicht ausgeschl (RG **65**, 270 [276]). **g) Eigentumslage:** Dem vertr RückFdgsAnspr des Verl kann der Entl nicht entgghalten, daß ein Dr Eigtümer sei. **h) Beweislast** für Vereinbg einer best Zt u damit Ausschl v Abs III trägt der Entleiher (LG Gött MDR **94**, 248; Baumgärtel 2 mwN. 1 2 3

2) Beendigung der Leihe bewirkt Fälligk des RückgAnspr (Rn 2) u tritt ein mit: **a) Ablauf** der für die Leihe best (vereinb) Zeit (Abs I). Der Entl darf, wenn nicht Interessen des Verl entggstehen, die Sache ohne Künd früher zurückgeben. **b) Gebrauchsbeendigung** dch Erf des Zwecks, der mit der Leihe beabs war (Abs II S 1). Bsp: bei Pfandsache der Wegfall des Sichergszwecks (RG **91**, 155); bei Kfz Abschl einer Fahrt od Erlangen eines ErsFahrzeugs; bei Maschinen Fertigstellg des Werks; bei sog Dauerleihgaben v KunstGgstden für Museen die öff Ausstellg (Celle NJW-RR **94**, 1473). **c) Rückforderung.** Sie darf (wie die Künd, Rn 7) nicht zur Unzeit erfolgen (Köln NJW-RR **92**, 1497). Sie ist mögl: **aa)** nach Abs II S 2 schon vor tats Gebr od dessen Beendigg (Rn 5), wobei die Möglk des GebrMachens bei Verhinderg des Entl obj zu beurt ist (MK/Kollhosser 3), ferner bei unvorhergesehener Verzögerg des Gebr; **bb)** nach Abs III jederzeit, wobei nur § 226 od § 242 entggstehen können. Daß die Rückg dem Entl ungelegen ist, genügt nicht. **d) Kündigung:** § 605. Mit Zugang (§ 130) od zu dem vom Verl darin best Ztpkt wird der RückgAnspr fäll (Stundg des RückFdgsAnspr od spätere VertrBeendigg). 4 5 6 7

3) Rückforderungsanspruch gegen Dritte (Abs IV). Entspr § 556 III. **a) Voraussetzungen:** Gebr-Überl an Dr (§ 603 Rn 1), gleich ob mit od ohne Erlaubn u Beendigg der Leihe (Rn 4–7). **b) Anspruchskonkurrenz** des vertr Anspr aus Abs IV besteht ggf mit § 985. 8

605 *Kündigungsrecht.* **Der Verleiher kann die Leihe kündigen:**

1. wenn er infolge eines nicht vorhergesehenen Umstandes der verliehenen Sache bedarf;
2. wenn der Entleiher einen vertragswidrigen Gebrauch von der Sache macht, insbesondere unbefugt den Gebrauch einem Dritten überläßt, oder die Sache durch Vernachlässigung der ihm obliegenden Sorgfalt erheblich gefährdet;
3. wenn der Entleiher stirbt.

1) Allgemeines. Neben dem KündR aus § 605 ist auch außerord Künd aus (and) wicht Grden mögl (BGH **82**, 354 [359] u WM **84**, 1613). **a) Kündigung:** Sie ist nur für den Verl vorgesehen (für Entl vgl § 604 Rn 4). Forml, empfangsbedürft WillErkl (§ 130), nicht notw (aber zweckmäß) mit Angabe des Grdes. **b) Anwendbar:** nur in den Fällen des § 604 I u II S 1; die RückFdg gem § 604 II S 2 u III ist keine Künd. **c) Rechtsnatur:** außerord Künd, weil sie einen Grd (Nr 1–3) erfordert. Sie ist iZw fristlos, kann aber mit AuslaufFr erkl w (vgl § 604 Rn 7). **d) Beweislast** für die Vorauss (Rn 3–5) hat der Verl. 1 2

2) Voraussetzungen. a) Nr 1. Der wirkl (nicht notw dringde, BGH NJW **94**, 3156) Eigenbedarf muß im Streitfall dch Tats belegt w. Der Verl muß seine Interessen denen des Entl nicht unterordnen (BGH aaO); daher KündR bei verliehener Wo, wenn der Verl das Grdst verkauft (Kblz NJW-RR **96**, 843). Auf Vorhersehbark u Vorliegen schon zZ des VertSchlusses kommt es nicht an, auch nicht auf Versch. Die Künd darf nicht für einen Ztpkt vor Eintritt des Eigenbedarfs erkl w. Da Nr 1 bereits ges BilligkRegelg ist, kann § 242 nicht entggstehen (allgM). **b) Nr 2.** Vertrwidr Gebr u unbefugte GebrÜberlassg: § 603 Rn 1. ObhutsPfl: § 601 Rn 1. Erhebl Gefährdg: auch eine mögl Beschädigg. Abmahng ist nicht erforderl. **c) Nr. 3:** Das KündR kann zu einem belieb Ztpkt ggü dem Erben ausgeübt w. Bei Tod des Verl ist Künd nach Nr 1 mögl. Die Erben des Entl können nach Maßg v § 604 Rn 4 zurückgeben. 3 4 5

606 *Verjährung.* **Die Ersatzansprüche des Verleihers wegen Veränderungen oder Verschlechterungen der verliehenen Sache sowie die Ansprüche des Entleihers auf Ersatz von Verwendungen oder auf Gestattung der Wegnahme einer Einrichtung verjähren in sechs Monaten. Die Vorschriften des § 558 Abs. 2, 3 finden entsprechende Anwendung.**

1) Allgemeines. a) Zweck. Es soll die rasche Abwicklg des Vertr dch Klärg des Sachzustands ermögl w; dabei ist § 606 weit auszulegen (BGH NJW **68**, 1472). **b) Verjährungsbeginn** (S 2): Es gilt § 558 Rn 10–12 entspr. **c) Fristberechnung:** §§ 186 ff. **d) Sonstige Ansprüche** verjähren nach § 195, näml die auf Rückg (§ 604) u SchadErs, soweit sie auf §§ 599, 600 beruhen. 1 2

3 **2) Anwendungsbereich.** S 1 gilt für Anspr v Verl u Entl, die auf §§ 601–603 beruhen, also auch pVV (§ 603 Rn 2) sowie für alle damit konkurrierden Anspr (allgM) aus Eigt (BGH **54**, 264), unerl Hdlg (BGH **47**, 55), GeschFg ohne Auftr, Kfz-HalterHaftg (BGH NJW **73**, 2059), ungerechtf Ber, analog wenn ein Kfz iR von KaufVerhdlgen (c. i. c., § 276 Rn 16) für eine Probefahrt (BGH **54**, 264) od einem ArbN auch zum priv Gebr überl u beschäd w (LG Stgt VersR **91**, 667), ferner für HilfsPers des Entl (BGH **49**, 278). Gilt nicht, wenn die Sache so zerstört ist, daß sie körperl nicht zurückgegeben w kann (hM; Köln NJW **97**, 1157 mwN); dies muß bei sog TotalSchad eines Kfz nicht vorliegen, so daß die 6-Mo-Fr gilt (Oldbg MDR **82**, 492).

Fünfter Titel. Darlehen

Einführung

1 **1) Grundlagen. a) Begriff.** Darl ist der schuldrechtl Vertr, der die Übertr vertretb Sachen od ihres Wertes in das Verm des DarlN sowie die Abrede umfaßt, Sachen gleicher Art, Güte u Menge zurückzuerstatten.
2 **b) Rechtsnatur.** Es ist umstr, ob das Darl nur dch die Übertr der Sachen (Geld od and vertretb Sachen, § 91) zustde kommt (einseit nur zur Rückzahlg verpfl Realvertrag, gemeinrechtl u aus § 607 I abgeleitet; RG **86**, 324; BGH **LM** § 607 Nr 11 u NJW **75**, 443; Enn/Lehmann § 142 I; Fikentscher 845) od dch zweiseit (auch zur Übertr) verpfl Vertr schon vor Übertr der Sachen (Konsensualvertrag: Larenz § 51 I; Esser/Weyers § 26 II; Haase JR **75**, 317; im Schriftt hM geworden). Die Rspr, insb die ältere, geht von der RealVertr-Theorie aus. Der Theorienstreit hat bei richt Handhabg wenig prakt Bedeutg (vgl Neumann-Duesberg NJW **70**, 1403). Vorzuziehen ist die Konsensualtheorie; sie erspart die umständl Konstruktion eines VorVertr u entspr besser der Praxis des modernen KreditVerk. Das Darl ist ein DauerschuldVerh (Larenz § 51 I). Ist es entgeltl (mit Zins), so liegt ein ggs Vertr vor (§§ 320 ff; hM); ist es zinslos, ledigl ein zweiseit verpfl Vertr. Im GgseitigkVerh stehen die Verschaffg u Belassg des Kapitals (Geldsumme od best Zahl vertretb Sachen) einers, Pfl zur Abnahme der vereinb DarlSumme (BGH NJW **91**, 1817; Köln ZIP **99**, 355), Zinszahlg, Bestellg vereinb Sicherh, Übern sonstiger Pfl (zB Bierbezug) ands (also nicht die Rückerstattg, insb Tilggsrate). Immer liegt ggs Vertr vor, wenn eine Bank Darl gewährt od wenn als Sicherh eine Sache belastet, insb eine Hyp
3 bestellt w, weil dann ein kaufähnl Vertr (§ 445) vorliegt (Ffm NJW **69**, 327 m abl Anm v Schütz). **c) Auszahlungsanspruch.** Aus dem DarlVertr kann unmittelb auf Übereigng (insb Auszahlg) des Kapitals geklagt w; das aber auch nach der RealVertrTheorie bei Abschl eines Vorvertr, sog DarlVerspr (BGH NJW **75**, 443).
4 **d) Vorvertrag** über ein Darl ist auch nach der KonsensualVertrTheorie mögl, insb veranlaßt, wenn die VertrBedingg im einz noch festgelegt w sollen. Nach der RealVertrTheorie gibt der VorVertr bereits den AuszahlgsAnspr (Rn 3). Gg VorVertr u für §§ 315 III 2, 319 I 2: K. Schmidt JuS **76**, 709.

5 **2) Zweck.** Die Sachübereigng (od bargeldlose Zahlg) beim Darl geht wirtsch auf Übereigng (RG [GZS] **161**, 52) u zeitl, also vorübergehde Nutzg, gg od ohne Entgelt. Insof ist das Darl wirtsch ähnl den GebrÜblassgsVertr (Miete u Leihe). Demgem ist dem DarlG bei Wucher (§ 138 II) die RückFdg der DarlSumme nicht endgült verschlossen (§ 817 Rn 23). Darl u DarlVorvertr gehören wirtsch zu den Kredit-Gesch, dh den Gesch, die eine Vorleistg eines der VertrPart zum Inhalt od zur Folge haben.

6 **3) Arten.** In der Praxis haben sich versch typ Arten von GeldDarl mit folgden Bezeichngen herausgebildet: **a) Personalkredit.** Darl, das allein dch die Pers des DarlN, Bürgen od MitSchu gesichert ist. Hierfür gelten
7 keine gesetzl SondBest. **b) Bodenkredit.** Darl, die dch Hyp, Grd- od Rentenschulden gesichert sind. Hierfür gelten die §§ 1113–1203 (vgl Übbl vor § 1113), mit bes, auf das schuldrechtl Darl bezogenen Vorschr.
8 **c) Lombardkredit.** Darl, die dch PfandR od Sichergsübereigng bewegl Sachen, insb auch WertP gesichert sind. Wenn ein PfandR bestellt ist, gelten die §§ 1204–1296, mit versch Vorschr, die sich auf die gesicherte (Darl)Fdg beziehen; bei SichergsÜbereigng, die von Rspr u Schriftt erarbeiteten Regeln (vgl § 930).
9 **d) Pachtkredit.** Darl, die dch PfandR an landw Inv gesichert sind. Es gilt das PachtKrG (Einf 2 vor § 1204). **e) Verbraucherkredit** ist ein Darl, das unter die Legaldefinition des § 1 II des VerbrKrG fällt u für welches
10 das VerbrKrG anzuwenden ist. **f) Mieterdarlehen.** Einf 86 vor § 535. **g) Baudarlehen** sind Darl, die gesichert dch Hyp od GrdSchuld am zu bebauenden Grdst, gewährt werden u deren Zweck vertragsgem auf die Verwendg für Neu-, Aus- od Umbau eines Gebäudes gerichtet ist (BGH NJW **88**, 263), u die Mehrwert schaffen (BGH NJW **91**, 728). Dazu gehören nicht verlorene Zuschüsse als staatl Fördermittel (Dresd OLG-NL **99**, 121). Es gilt das BauFdgG (vgl hierzu § 648 Rn 6 u § 823 Rn 145). Der BauDarlVertr begründet ein ggs VertrauensVerh. Die ausbezahlten DarlBetr, insb Raten, dürfen nicht für and Zwecke als für den Bau verwendet w. Grd: Sicherg des gewährten Bodenkredits (Rn 3) u der BauwerkUntern (§ 648). Daher ist Abtretg des Anspr auf Auszahlg des Darl nur zul, wenn die Verwendg der Gelder für den Bau gewährleistet ist od alle Betroffenen (DarlG u BauUntern) zust. Gilt auch für den NachUntern (BGH NJW-RR **90**, 342). Entspr eingeschränkt ist wg § 851 ZPO die Pfändg. Abtretg von Hyp u Veräußerg des Grdst währd des Baus ist nur zul, wenn der jeweil VertrPartner zust. Wg der ZweckBest kann gg den AuszahlgsAnspr auch nicht aufgerechnet w (vgl § 607 Rn 11). Kein BauDarl ist derjen Kredit, der vereinbgem od auf Veranlassg des DarlG zur Tilgg eines GrdstKaufKredites verwendet w (BGH NJW-RR **89**, 788). All das ist nicht abdingb.
11 **h) Bauspardarlehen:** Grdsätzl wie Rn 10 zu behandeln. Die FormularVertr der Bauspark enthalten dchweg zul VertrBedinggen. Die §§ 320 ff gelten, sow nicht zul abbedungen. Der ZwKredit vor Zuteilg ist echtes Darl, das unabhäng v der Zuteilg gewährt w (BGH WM **76**, 682). Anspr auf BausparDarl besteht nur in
12 Höhe der Differenz zw angespartem Betr u Bausparsumme (BGH aaO). **i) Brauereidarlehen:** Darl, die eine Brauerei einem Gastw iVm einer BierbezugsVerpfl gewährt. DarlVertr (§ 607) u BierbezugsVertr (§ 433 in Sukzessivlieferg) sind rechtl teils nach Darl, teils nach Kauf zu behandeln (Einf 22 vor § 305). Diese rechtl unbedenkl Verbindg führt grdsätzl nicht dazu, daß vorzeit Rückzahlg des Darl die BierbezugsVerpfl erlöschen läßt. Rückzahlg des Darl dch Verrechng mit best Anteil an Bezahlg der Bierlieferg ist übl u zul. Der Anspr auf das Darl steht mit der BierbezugsVerpfl im GgseitigkVerh (vgl Einf 4 vor § 320); §§ 320 ff sind anwendb. Nach Gewährg des Darl wird bei Unmöglk od Verz des zum Bierbezug verpfl DarlN statt Rücktr (§§ 325, 326) fristlose Künd des Darl zuzulassen sein. Iü kann KündR grdsätzl frei vereinb w. Bei übmäß Bindg kann

§ 138 erf sein (dort Rn 81). Übertr der Pfl an Erwerber (insb Käufer, neuer Pächter) der Gaststätte erfordert wg §§ 414, 415 Zust des DarlG. **j) Beteiligungsdarlehen** (partiarisches Darl) ist ein Darl, für das der DarlG (häuf neben festen Zinsen) einen Gewinnanteil an dem Gesch erhält, dem das Darl dient. Wg Abgrenzg zur Gesellsch: Rn 22. Das BeteiliggsDarl ist ein ggs Vertr wie das entgeltl Darl (Rn 2). Der DarlN ist zur Rechnungslegg gem § 259 verpfl (vgl BGH **10**, 385). Die Gewinnbeteiligg erstreckt sich iZw nicht auf den Gewinn, der dch den Verk des Untern erzielt w. **k) Krediteröffnungsvertrag** stellt nach der Konsensual-VertrTheorie den DarlVertr selbst od den RahmenVertr dar, nach der RealVertrTheorie einen VorVertr in der Form eines KonsensualVertr. Unterliegt der VertrFreih mit den allg Grenzen; idR gelten die AGB der betr Bank. **l) Akzeptkredit** liegt vor, wenn eine Bank einen Wechsel akzeptiert (Art 25 WG), um ihrem Kunden Kredit in der Weise zu verschaffen, daß er den Wechsel von einem Dr diskontieren läßt. Kann im Einzelfall Darl od GeschBesorggsVertr sein (BGH **19**, 282). Der DarlVertr, der dem Wechsel zugrdeliegt, besteht unabhäng von der wechselm Haftg (KG BB **54**, 671, vgl. auch Lehmann BB **55**, 937). Erf des DarlAnspr (§ 607 Rn 5) dch die Bank geschieht hier dch Begebg des Wechsels (§ 364 I). **m) Wertpapierdarlehen** liegt vor, wenn vertretb (§ 91) WertP (insb Aktien, InhSchVerschr) als Ggstd des Darl unter EigtÜbertr mit der Abrede übergeben w, daß sie in gleicher Art u Menge zurückzugewähren sind. Das RGesch ähnelt der unregelmäß Verwahrg (§ 700). Lit: Kümpel WM **90**, 909 u 949; Grimm, Das VertrR des WertPDarl, 1995). **n) Bank- und Sparkasseneinlagen** fallen grdsätzl unter § 700 (unregelm Verwahrg), so daß die DarlVorschr gelten. Hier gehen aber dch Vereinbg die AGB v Banken od Sparkassen vor. Echte Darl sind die sog aufgen Gelder, insb Fest-, Künd- od Termingelder. Die bloße Duldg einer Kontoüberziehg ist kein Darl (BGH NJW **85**, 1218). Zum BankVertr: § 675 Rn 7–18. **o) Öffentliche Darlehen.** Darunter sind Darl zu verstehen, die aus öff Mitteln, insb aGrd von staatl Kreditprogrammen gewährt w (zB LAG- u WoBauDarl). Hierzu haben Schriftt u Rspr die Zwei-Stufen-Theorie entwickelt, die die hM darstellt (BVerwG **1**, 308; BGH **40**, 206; **52**, 155). Sie gilt auch dann, wenn das Darl nicht unter Einschaltg einer Bank, sond unmittelb dch die öff Hand gewährt w. Die 1. Stufe (DarlBewilligg u -Bereitstellg) endet mit dem Bewilliggsbescheid, dch den der öff-rechtl Anspr auf Abschl eines bürglrechtl DarlVertr begründet w (Hamm WM **66**, 868 mwN). Die 2. Stufe beginnt mit Abschl des DarlVertr, auf den dann nur noch zivilrechtl eingewirkt w kann (BGH **40**, 206 u WM **68**, 916; aA BVerwG stRspr zB **13**, 47: paralleler Fortbestand der öff-rechtl Beziehgen mit der Möglk unmittelb Einwirkg auf das Darl). Wenn die DarlSchuld privrechtl erloschen ist, kann der DarlN auch öff-rechtl daraus keinesf mehr in Anspr gen w (BVerwG **18**, 46). Für die Künd des Darl ist nicht Vorauss, daß die öff-rechtl DarlBewilligg zurückgenommen w (BGH BB **73**, 258); aber uU muß Gelegenh zur begünst Ablösg gewährt w (BGH WM **77**, 1281). **p) Unfallhilfekredit.** Darl einer Bank, die dem Unfallgeschäd in ZusArb mit einem Unfallhelfer (vgl § 675 Rn 6) gewährt w, sind wg Verstoß gg das RBerG nichtig (§ 134), gleich, ob die SchadErsFdg abgetreten (BGH NJW **77**, 38) od ledigl eingezogen w (BGH NJW **77**, 431). **q) Ratenkredit** ist ein Darl, das vereinbgem in gleichbleibenden, im voraus festgelegten (idR monatl) Raten zurückzuzahlen ist, Zinsen u sog Kreditgebühren sind darin eingerechnet. Stellt meist, aber nicht notw einen VerbrKredit (Rn 9) dar. **r) Kontokorrentratenkredit** (Canaris WM-Beil **87** Nr 4) ist eine Vbdg von Kontok- u Ratenkredit, bei dem innerh eines best Rahmens der DarlN jederzt ganz od teilw den Kredit nehmen kann, Rückzahlgen jederzt mögl sind u eine mo Mindestrückzahlgsrate vereinb ist. Bei Verbr als DarlN gilt das VerbrKrG. Im Einzelfall kann Nichtigk (§ 138 Rn 24–33) u c.i.c. (§ 276 Rn 31, 32, 34) vorliegen.

13 14 15 16 17 18 19 20 21

4) Abgrenzung zu anderen Rechtsgeschäften. a) Gesellschaft. aa) GesellschDarl. Gewährt der Gesellschafter einer EinmannGmbH, OHG, KG, einer stillen od sonst Ges Kredit, so kann dieser bei Mißbr als Einlage behandelt w. **bb)** Partiarisches RVerh: ob Gesellsch (§§ 705 ff) od ein BeteiliggsDarl (Rn 13) vorliegt, ist im Einzelfall schwer zu entscheiden, da Grenzen fließd sind. Gesellsch liegt vor, wenn die VertrPart für den gemeins Zweck gemeins verantwortl auf gemeins Rechng tät w (wobei die KapHing des einen genügen kann); Darl, wenn die Mitwirkg des einen sich in der KapHing erschöpft u ihm nur KontrollR, auch MitspracheR eingeräumt sind. Bei Ausschl von Risiko u Verlustbeteiligg, der Höhe nach festgelegter, vom Gewinn nicht allein abhäng Entsch für die KapHing ist Darl anzunehmen. **b) Kauf.** Für SachDarl vgl § 493. **aa)** Entgeltl Darl, bei denen Sicherh bestellt w, sind idR kaufähnl ggs Vertr (§ 445; vgl Rn 2); Auf sie sind die §§ 433–440 anwendb. **bb)** Wechseldiskontierg ist grdsätzl Kauf einer WechselFdg (hM; BGH **19**, 282 [292]). Ausnw kann Darl vorliegen, wenn die Bank den Wechsel für Rechng des Kunden diskontiert u aus eigenen Mitteln sof Gutschr erteilt. Stets liegt Darl vor, wenn der Wechsel nur zur Sicherg eines Kredits dient (Sichergs-, Depot- od Kautionswechsel). **cc)** Erwerb von InhSchVerschreibg (§ 793), auch bei der Emmission, ist Kauf eines Rs. Davon zu unterscheiden sind die Darl, die dadch gewährt w, daß WertP zur Verwertg übertr w, um die DarlValuta zu gewähren (RG **127**, 86), od wenn vereinb ist, daß WertP gem § 607 I zurückzuerstatten sind (echtes WertPDarl). **c) Leihe.** Da beim Darl ledigl gleiche, bei Leihe dieselben Sachen zurückzuerstatten sind, ist Abgrenzg im Einzelfall bei wiederverwendb VerpackgsMat, insb von Getränkeflaschen u -kästen zweifelh (vgl Martinek JuS **87**, 514). Bei EinhFlaschen ist idR Darl anzunehmen (hM; BGH NJW **56**, 298 mwN; Kollhosser/Bork BB **87**, 909), bei Kästen mit GetränkeHerstBezeichng Leihe (aA Celle BB **67**, 778: Darl). **d) Erfüllung** (§§ 362 ff). Vorschüsse auf noch nicht fäll Anspr sind idR Vorausleistgen (§ 362 Rn 10). Trotz Bezeichng als Vorschuß kann ausnw Darl vorliegen, wenn später Verrechng mit and künft ungewissen Leistgen von vorneherein vereinb w.

22 23 24 25

607 *Vertragsabschluß; Rückerstattungspflicht.*

I Wer Geld oder andere vertretbare Sachen als Darlehen empfangen hat, ist verpflichtet, dem Darleiher das Empfangene in Sachen von gleicher Art, Güte und Menge zurückzuerstatten.

II Wer Geld oder andere vertretbare Sachen aus einem anderen Grunde schuldet, kann mit dem Gläubiger vereinbaren, daß das Geld oder die Sachen als Darlehen geschuldet werden sollen.

1 **1) Darlehensvertrag.** Begr u RNatur: Einf 1, 2. **a) Abschluß.** Nach der herrschden KonsensualVertr-Theorie kommt der DarlVertr dch übereinst WillErkl gem §§ 145 ff zustande. **aa)** Der Vertr hat folgenden

Inh: (1) Pfl des DarlG, das Kap (Geld od and vertretb Sachen, § 91) dem DarlN zu verschaffen u für best od unbest Zeit zu belassen; (2) Pfl des DarlN, das empfangene Kap zurückzuerstatten, nicht notw dieselben (wie
2 bei Leihe, § 598), sond and, gleiche Sachen, insb Geld. **bb)** Weiterer VertrInh (insb Zinsen, Fälligk, Sicherh) ist übl, aber nicht notw; jedoch kann im Einzelfall § 154 I einem VertrAbschl entggstehen. Hing u Empf sind lediglErf des Darl, nach der RealVertrTheorie aber VertrAbschlTatbestd; danach muß nur noch die rechts-
3 gesch Abrede hinzukommen, daß das Empfangene zurückzuerstatten ist, dh als Darl geschuldet w. **cc)** Das DarlVerspr (vgl § 610) ist nach der RealVertrTheorie nur ein VorVertr (dagg u für eine Anwendg der §§ 315 III 2, 319 I 2: K. Schmidt JuS **76**, 709). Scheitert der Abschl od die Erf des DarlVertr, insb weil der DarlN das Darl nicht abnimmt, stehen dem DarlG Anspr auf SchadErs zu, insb vereinb BereitstellgsProv (Zinsen) u SchadPauschale (BGH WM **78**, 422); er kann aber nicht Abn eines dch sog Aufrechngsvalutierg verminderten
4 TDarl verlangen (BGH NJW **78**, 883). **b) Gegenstand** eines Darl können nur vertretb Sachen (§ 91), insb Geld (jeder Währg) u WertP sein (Einf 16); auch genormte Paletten (Ffm ZIP **82**, 1331), OrangenKonzentrat (BGH WM **85**, 835); Flaschen (vgl Einf 24). Wird eine unvertretb Sache als vereinb Darl gegeben, od ein R abgetreten, so kann, insb bei vorgesehener Verwertg des Ggst, nur ein sog VereinbgDarl (Rn 15) in Betr kommen, bei dem der Erlös od eine and best Summe als Darl geschuldet w soll (dem gemeinrechtl contractus mohatrae entspr). Das ist von dem Fall (Rn 5) zu unterscheiden, daß zur Erf eines in Geld vereinb Darl
5 Sachen od R übertr w. **c) Erfüllung.** Kommt nach der RealVertrTheorie (da einseit verpfl Vertr) nur dch den DarlN in Betr (Rückerstattg, Rn 19, 20; Zinszahlg, § 608). Nach der KonsensualVertrTheorie hat der DarlG seine Pfl zur KapVerschaffg (Rn 1) zu erf und darf nur, wenn eine Sicherh vereinb ist, aus § 320 od
6 § 273 zurückhalten, solange der DarlN die Sicherh nicht bestellt. **aa)** Hing u Empfang bedeuten Übereigng (§§ 929 ff) od gleichbedeutd bei Geld bargeldlose Zahlg; auch dch Dr u an Dr (§ 362 II; allgM; BGH WM **97**, 1658); insb wenn die Zahlg an den Dr zur Tilgg v Verbindlk des DarlN dient (Oldb WM **88**, 1813). Das setzt voraus, daß der DarlN hierzu die erforderl Weisg od Zust erteilt (vgl BGH NJW **77**, 38 [Unfallhilfegesellsch] u NJW **78**, 2294 [DarlVermittler]) u der DarlBetr dem DarlN tats zufließt, wenn der Dr zur
7 Weiterleitg eingeschaltet ist (BGH NJW **85**, 1831). **bb)** Bei BankDarl genügt die Gutschr, dch die eine Fdg gg die Bank begrdet w (allgM; BGH WM **87**, 1125 mwN) od der Betr einem (auch überzogenen) Kto gutgeschrieben w (Ffm WM **88**, 370), auch bei Vfg des Bankkunden üb den Betr des eingereichten u später nicht gedeckten Schecks (Hamm WM **95**, 1441). IdR fehlt es an der Hingabe des Darl, wenn der Betr zwecks Sicherg auf das Anderkto eines Notars überw w (BGH NJW **86**, 2947); and wenn es ohne diesen Zweck abredegem auf das Anderkto überw w (LG Bln WM **87**, 1099). Eine Bankbuchg auf „Konto pro Diverse"
8 genügt grdsätzl nicht (BGH NJW **87**, 55). **cc)** Werden unvertretb Sachen od Re übertr, um das in Geld vereinb Darl zu erf (insb Wechsel, Scheck) kann § 364 anzuwenden sein od ein Auftr (§ 662) zur Verwertg des Ggst mit AufrechngsVertr (ErfAnspr aus Darl u Anspr aus § 667) vorliegen. **dd)** Die Gefahr geht vom
9 DarlG auf den DarlN mit der Übertr des Kap über. Gewl für Sachmängel: § 493. **d) Abtretung und Pfändung. aa)** Nicht abtretb ist der Anspr aus dem VorVertr (allgM). Hingg kann der Anspr auf Erf, insb auf Zahlg des Kap grdsätzl abgetr w (hM). Vereinbg der Unabtretbk ist aber häuf. Auch bei Abtr u Auszahlg an den Zessionar bleibt der Zedent DarlN u Schu des RückerstattgsAnspr. Gepfändet werden kann der Anspr grdsätzl, soweit er abtretb ist (§ 851 ZPO). Problemat u nur beschr wirks ist beim GiroVertr die Pfdg v ÜbZiehgs- u Dispositionskrediten (zusfassd Peckert ZIP **86**, 1232), eine Unterscheidg, die prakt fragwürd ist (Gaul KTS **89**, 3 [7]). Unpfändbark ist wg § 851 ZPO zu bejahen, soweit diese Kredite zweckgebunden sind (allgM). Bei ÜbZiehgsKr gibt die bloß geduldete ÜbZiehg keinen pfändb Anspr (BGH **93**, 315; aA Grunsky
10 JZ **85**, 490). **bb)** Ob ein DispositionsKr gepfändet w kann, ist vom BGH offengelassen (BGH aaO u **86**, 23 [30]), iü umstr (vgl Gaul aaO). Für die Verwertg (üb § 835 ZPO) wird der Abruf des Darl dch den Schu gefordert (Gaul aaO 18 mwN). Die Pfändbark dürfte nur bejaht w, wenn der DarlVertr schon mit der Einräumg des DispositionsKr abgeschl wurde. Iü kann aus § 399 nur im Einzelfall gefolgert w, daß die Fdg auf Erf des DarlVertr nicht abtretb ist (vgl Gaul aaO 12). Bei BauDarl ist Abtretg u Pfändg dch das GSB weitgehd
11 ausgeschl (Einf 10). **e) Aufrechnung.** Nach der KonsensualVertrTheorie bestehen keine Bedenken wg der notw Gleichartigk der Fdgen. Aufrechng dch den DarlN ist stets zul, die dch den DarlG aber idR wg des
12 VertrZwecks u wg § 157 ausgeschl, insb bei BauDarl (Einf 10). **f) Rücktritt** beider VertrPart vom DarlVertr ist jedenf nach der KonsensualVertrTheorie bis zur Erf dch den DarlG (Rn 5) mögl; von da an nur Künd (Jau/ Vollkommer § 609 Rn 3). Rücktr muß entw vorbeh (§ 346) od ges begrdet sein (§§ 325, 326; ferner § 242
13 Rn 132). Rücktr ist vom Widerruf (§ 610) zu untersch. **g) Abnahme** der DarlValuta dch den DarlN steht beim verzinsl Darl als Pfl zwar nicht im GgseitigkVerh; bei NichtErf wird aber § 326 angewendet, wobei
14 Mahng oft entbehrl ist (BGH NJW-RR **90**, 432). **h) Mehrheit** von DarlN. Sie kann gleichzeit od nachträgl vereinb w u begrdet grdsätzl eine GesSchuld (§ 421). Überweisg der DarlValuta an einen der DarlN gilt als Gewährg des Darl (Rn 5) an alle (Hamm WM **92**, 257). MitVerpfl v einkommens- u vermögensl Partner: § 138 Rn 37. **i) Nichtigkeit** des DarlVertr führt zur Rückabwicklg gem §§ 812 ff. Bei §§ 134, 138 ist § 817 anzuwenden. Grdsätzl u zu Einzelh: Lass WM **97**, 145.

15 **2) Umwandlung in Darlehen** (Abs II): VereinbgsDarl. Es erfordert einen Vertr (§ 305). Dieser ist unstr kein RealVertr. Vorauss für Schuldabänderg u kausale Schuldumschaffg ist, daß die alte Schuld (zB §§ 433 II, 667, 812) besteht u gült ist (BGH **28**, 164), daher muß sie insb formgült sein. Auch gleichzeit begründete u künft Fdgen können in allen Fällen umgewandelt w (RG **152**, 159 [165]); jedoch wirkt das Darl erst ab Entstehg der Fdg. Part können auch vereinb, daß eine and Verpfl, also auch eine solche auf Lieferg einer unvertretb Sache, in ein Darl umgewandelt w (BGH WM **63**, 699). Drei Möglichk der Umwandlg (Ausleggs-
16 frage); iZw ist Schuldabänderg (Rn 16) anzunehmen: **a) Schuldabänderung.** Die frühere Schuld bleibt bestehen u w nur inhaltl abgeänd (§ 305 Rn 2), indem jetzt in allem od im einz (Verzinsg, Tilgg, Verj usw) DarlGrdsätze gelten. Pfänder u Bürgen haften weiter, soweit die Schuld nicht erweitert w; Einwdgen aus dem alten SchuldVerh bleiben, soweit nicht die Abänderg entggsteht (RG **120**, 340), zB fallen verzögernde Einr
17 weg. **b) Kausale Schuldumschaffung** (§ 305 Rn 8). Beiderseit Ersetzgswille ist notw, da der Vertr sich darauf richtet; § 364 II gilt dann nicht (RG **119**, 21). Die frühere Schuld erlischt, mit ihr die SichergsR, insb
18 PfdR u Bürgsch. Einwdgen aus dem alten SchuldVerh entfallen (RG **134**, 153). **c) Abstrakte Schuldumschaffung** dch abstraktes SchuldAnerkenntn od -Verspr (§§ 780, 781). Daher Schriftform, wenn nicht

§ 782 od § 350 HGB eingreift. Die Ersetzgsabrede bleibt (formfrei) außerh der neuen Vereinbg. Besteht die alte Schuld nicht, ist der Gläub um das neugeschaffene R ungerechtf bereichert; ggf Anf (§§ 119 II, 123). Die Einwdgen aus dem alten SchuldVerh entfallen.

19 **3) Rückerstattungsanspruch.** Grdlage: Abs I. Pfl des DarlN. Sie steht nie im GgseitigkVerh zum Anspr auf Übertr des Kap. **a) Voraussetzungen:** Gültigk des DarlVertr u Empfang des Darl, dh Erf des KapVerschaffgsAnspr (Rn 1). Ist der DarlVertr nichtig, besteht nur ein RückerstattgsAnspr aus ungerechtf Ber.
20 **b) Umfang:** Sachen gleicher Zahl (ggf Gewicht), Art u Güte sind zurückzuerstatten, ohne Rücks darauf, ob der Pr sich geänd hat. Bei Geld hat es in derselben Währg zu geschehen, wie das Darl vertragsgem gewährt wurde, ohne Rücks auf Auf- od Abwertg. Abweichde vertragl Regelg ist zul. Iü gilt § 244. Vorteilsausgl gilt nicht (hM; vgl Vorbem 124 vor § 249). **c) Wertsicherung:** Das Risiko der Geldentwertg geht zL des Gläub.
21 Daher sind Wertsichergsklauseln (§ 245 Rn 18–23) häuf. **d) Nichterfüllung** bei SchuVerz (§ 284) begrdet SchadErsAnspr aus § 286. Der DarlG ist so zu stellen, wie er bei rechtzeit Leistg stehen würde. Zur Berechng BGH **104**, 337; Köln WM **89**, 247. **e) Restschuldversicherung** auf den Todesfall. Ist der DarlG VersN, muß er zunächst Befriedigg aus der Vers suchen (BGH NJW **79**, 974).

22 **4) Beweislast.** Der auf Rückzahlg klagde Gläub hat die Auszahlg u die Einigg der Hingabe als Darl zu bew (hM; BGH NJW **86**, 2571). Diese beweist der DarlSchuldschein (§ 371 Rn 1), wobei GgBew zul ist. Schuldschein mit Verpfl zu mo ZZahlg aus best Betr beweist noch nicht, daß der Betr als Darl gegeben w (BGH WM **76**, 974). Beweist der Schu, daß entgg dem auf Empf eines BarDarl lautden DarlSchuldschein kein BarDarl gegeben w ist, hat er wg Abs II, wenn der Gläub VereinbgDarl behauptet, ferner zu bew, daß auch kein solches abgeschl w ist (RG **57**, 320). Gelingt ihm das, steht also zB fest, daß er den Schein nur in Erwartg des DarlEmpf gegeben hat (vgl RG **127**, 169 [172]), so hat der Gläub nachträgl Hing zu bew, wobei seiner BewFührg zustatten kommen kann, daß Schu ihm den Schein längere Zeit hindch widerspruchslos belassen hat. Bestät der Schu schriftl den Empf des Darl u die Pfl, den DarlBetr zurückzuzahlen, hat er volle BewL, daß diese Pfl (auch aus Abs II) nicht entstanden ist (hM; BGH NJW **86**, 2571). VereinbgDarl: BewL für die alte Schuld hat der Gläub. Die Umwandlg (Rn 15–18) hat der Behauptde zu bew. Unwirksamk des VereinbgDarl wg Unwirksk alter Schuld, hat Schu zu beweisen. BewL für abstr Schuldumschaffg (Rn 18) hat stets der Gläub.

608 *Darlehenszinsen.* **Sind für ein Darlehen Zinsen bedungen, so sind sie, sofern nicht ein anderes bestimmt ist, nach dem Ablaufe je eines Jahres und, wenn das Darlehen vor dem Ablauf eines Jahres zurückzuerstatten ist, bei der Rückerstattung zu entrichten.**

1 **1) Zinsanspruch. a) Begriff** des Zinses u Abgrenzg insb auch bei Darl: § 246 Rn 1–3. **b) Anspruchsgrundlage.** Nach bürgerl R ist das Darl nur zu verzinsen, wenn dies (auch stillschw) vereinb w. Nur bei HandelsGesch besteht ZPfl ohne Vereinbg (§§ 353, 354 HGB). **c) Rechtsnatur.** Die ZPfl ist nicht NebenPfl, sond steht beim entgeltl Darl im GgseitkVerh der §§ 320ff (vgl Einf 2 vor § 607). **d) Entstehung.** IdR
2 beginnt die ZZahlgsPfl mit der Auszahlg des Darl; jedoch ist abweichde Vereinbg mögl u häuf (vgl BGH NJW **85**, 730). Ist das Darl nichtig, insb wg § 138, besteht kein ZAnspr. **e) Ende** der vereinb ZPfl tritt ein
3 mit Ablauf des Darl u Fälligk des RückErstattgsAnspr (§ 609). Zur Frage, ob von da an VerzZ (§ 288) zu zahlen, SchadErs (§ 286) zu leisten od weiter VertrZ zu entrichten ist, vgl § 246 Rn 10–12 u Gruber NJW **92**, 2274. **f) Fälligkeit:** § 271. Bei BankDarl wird sie häuf abbedungen. Dabei sind in FormularVertr Verstöße
4 gg § 9 AGBG mögl (dort Rn 62), aber nicht dadch, daß bei gleichbleibder JLeistg, die Zinsen u Tilgg enthält, die Zinsen vom VorJStand des Darl berechnet u unterjähr, insb vierteljährl Raten für Zinsen u Tilgg fäll gestellt w (BGH NJW **93**, 3261 mwN). **g) Verjährung:** § 197 (dort Rn 5). Dies gilt auch für die TilgsAnteile, wenn sie mit den Zinsen als Raten verschmolzen sind (Schwachheim NJW **89**, 2026).

5 **2) Zinshöhe.** Kann grdsätzl frei vereinb w. Grenze: Sittenwidrk u Wucher (vgl § 138 Rn 25, 67). Ist die Höhe der Zinsen nicht vereinb, gelten die ges ZSätze (4% gem § 246, 5% gem § 352 HGB). Zins kann auch dch feste Summen ausgedrückt, statt Zins Gewinnanteil vereinb sein (Einf 13 vor § 607). Das Disagio kann verdeckter Zins sein, näml die Spanne zw Nominal- u EffektivZ (vgl § 246 Rn 3). ZAnpassgsKlauseln mit Änd gem § 315 sind auch in AGB grdsätzl zuläss (BGH NJW **86**, 1803; hierzu krit Schwarz NJW **87**, 626). BewL für den Inhalt einer ZVereinbg: DarlG (BGH WM **83**, 447; Oldbg NJW-RR **95**, 1452).

609 *Fälligkeit der Rückerstattung.* **I Ist für die Rückerstattung eines Darlehens eine Zeit nicht bestimmt, so hängt die Fälligkeit davon ab, daß der Gläubiger oder der Schuldner kündigt.**

II Die Kündigungsfrist beträgt bei Darlehen von mehr als dreihundert Deutsche Mark drei Monate, bei Darlehen von geringerem Betrag einen Monat.

III Sind Zinsen nicht bedungen, so ist der Schuldner auch ohne Kündigung zur Rückerstattung berechtigt.

1 **1) Allgemeines. a) Bedeutung.** § 609 regelt die Fälligk des RückerstattgsAnspr (§ 607 Rn 19); § 271 I gilt nicht. Mit dieser Fälligk trifft die Beendigg des DarlVertr als DauerSchVerh zus. Von da an tritt das AbwicklgsVerh ein (Einf 2 vor § 346), das bis zur vollst Erf des RückerstattgsAnspr andauert. Der Anspr steht
2 nicht im GgseitkVerh. **b) Anwendungsbereich.** § 609 gilt grdsätzl für alle Arten von Darl (Einf 19 vor
3 § 607); jedoch ist im Einzelfall dch Vertr (vgl Rn 3) die Künd vielf and geregelt. **c) Abdingbarkeit** dch Vertr ist grdsätzl zu bejahen. Vielf wird die Auffassg vertr, daß für den DarlN die Künd nicht dauernd ausgeschl w dürfe; das ist unnöt, wenn eine außerord Künd aus wicht Grd (wie bei jedem DauerschuldVerh) auch ohne bes ges Regelg, bejaht w (vgl Rn 13). **d) Beendigungsgründe.** Der DarlVertr endet dch Zeitablauf (Rn 7),
4 Künd (Rn 10–16), Rücktr (§ 607 Rn 12), Widerruf (§ 610), Rückerstattg ohne Künd (§ 609 III), AufhebgsVertr (§ 305), Eintr einer Bedingg (§ 158) u Anfechtg (§ 610 Rn 5). Die BeendiggsGrde bestehen unabhäng

5 voneinander, haben aber jeweils versch Vorauss. **e) Kündigung** steht grdsätzl DarlG u DarlN zu (Abs I) u kann nicht vor Abn der Valuta erkl w (Monßen WM **78**, 1394). Sie ist einseit empfbedürft WillErkl (§ 130). Nicht widerrufl, ges formfrei, bedinggsfeindl (weil GestaltgsR). Das Wort Künd ist nicht nöt (§ 133). Ebsowen Ang des Ztpkts (BGH BB **65**, 104); iZw ist es der nächstzul Termin. Künd liegt insb in Kl auf Rückzahlg, ZwVollstr (BGH WM **65**, 767; Köln Büro **97**, 100), Aufrechng mit der RückerstattgsFdg ggü dem DarlN. Nicht genügt Zustellg der VollstrKlausel, Geltdmachen eines ZbR, Anmeldg in Konk. Vorzeit Künd ist auch nach § 609 a mögl, ebso eine ÄndergsKünd, zB wg der ZHöhe. Eine TeilKünd ist nicht
6 ausgeschl, wenn beiderseits jederzeit gekünd werden kann (BGH NJW **99**, 2270). **f) Beweislast:** Der DarlG, der Rückerstattg verlangt, muß Beendigg (Rn 4) beweisen, der DarlN die Tats, die zur Unwirksk führen, ferner die Stundg (§ 271).

7 **2) Zeitbestimmung.** Ggsatz ist der auf unbest Zeit geschl DarlVertr. Jedoch ist auch beim zeitl best Darl Künd unter den gegebenen Vorauss zul, ord Künd idR aber ausgeschl u nur über § 609 a mögl. **a) Ausdrückliche** ZtBest geschieht dch Laufzeitdauer oder RückzahlgsTermin, der auch zeitl ungewiß sein kann (zB Beendigg eines ArbVerh). Eine TilggsAbrede legt das Mindestmaß der Tilgg fest, im Einzelfall ist dch Auslegg
8 (§ 157) mögl, daß auch die Zeit zur Rückerstattg best ist (vgl BGH WM **70**, 402). **b) Stillschweigende** ZtBest ist mögl, insb bei best Zweck des Darl, der auch aus bes Umst ersichtl sein kann, zB Aufbau eines Gesch, Überbrückg vorübergehender Zahlgsunfähigk, Darl an Schwiegersohn od -tochter bei Bestd der Ehe, wenn der DarlZweck Verbesserg der wirtsch Lage od ExistenzSicherg ist (BGH NJW **95**, 2282; Düss NJW **89**, 908).

9 **3) Rückzahlung.** Ist sie im Vertr freigestellt, gilt § 315 (§ 271 Rn 6). **a) Nicht verlangte Rückerstattung** bei Ablauf des BeendiggsTermins. Es verlängert sich deshalb das Darl nicht in eines auf unbest Zeit, aber es können für die Zeit darauf VertrZ nur bis zur Rückzahlg od bis AnnVerz verlangt w (§ 301 Rn 1). **b) Vorzeitige Rückzahlung** (ohne Künd) dch den DarlN gem § 271 iZw nur bei unverzinsl Darl (Abs III), bei verzinsl (abgesehen v Fall der Künd gem § 609 a) idR ausgeschl (Hammen DB **91**, 953); auch bei HypDarl
9 a v Verbr (Wenzel WM **95**, 1433; Weber NJW **95**, 2951). **c) Aufhebungsvertrag** (§ 305; BGH NJW **97**, 2875) auf vorzeit Rückzahlg, worauf DarlN Anspr haben kann (BGH aaO), aber nur ausnw (Früh NJW **99**, 2623). Sie wird idR v einer VorfälligkEntschäd abhäng gemacht. Der DarlG darf daraus weder Vorteil noch Nachteil haben (BGH aaO u NJW **97**, 2878; hierzu eingehd Lang/Beyer WM **98**, 897 mwN). Umstr ist, ob der an den DarlG zu zahlde Betr AufwendgsErs, SchadErs od AufhebgsEntgelt darstellt (vgl Früh aaO 2626; Rösler BB **97**, 1369 mwN; Weber NJW **95**, 2952). Die Berechng ist zT umstr (Karlsr ZIP **97**, 498 mwN; Düss ZIP **97**, 500; Weber ZIP **97**, 481; Reifner NJW **95**, 86 u 2945). Eine Pauschalierg kann gg § 9 II Nr 1 AGBG verstoßen (BGH NJW **98**, 592). Fehlde Einwilligg zur Höhe der VorfällkEntsch steht der Wirksk der VertrÄnd nicht entgg (Oldb WM **96**, 1955). Der DarlG ist (ungefragt) nicht verpfl auf die Möglk vorzeit Rückzahlg gg VorfällkEntsch hinzuweisen (Stgt WM **99**, 1007).

10 **4) Ordentliche Kündigung. a) Voraussetzungen:** KündErkl (Rn 5). Grdsätzl nur bei Darl mit unbest Dauer zul (Abs I). Auf Grd des § 609 a auch bei Darl mit best LaufZt. Es kann (auch stillschw) vereinb sein, daß bei best LaufZt (Rn 7) die ord Künd zul ist. Ands kann die ord Künd auch bei unbest Dauer (für einen gewissen Zeitraum) ausgeschl w, zB auf LebensZt des DarlG. Beschränkt sein kann die ord Künd, wenn ein
11 langfrist HypDarl mit einem LebensVersVertr verbunden ist (BGH NJW-RR **87**, 1184). **b) Frist** (Abs II). Es gilt primär die vertragl Regelg. Es kann fristl Künd vereinb sein. Bei unverzinsl KleinDarl, die aus Gefälligk od Freundsch gewährt w, ist das idR über § 157 anzunehmen. Ges Regelg: wg Abs III gilt Fr für den DarlN bei unverzinsl Darl nicht, weil Künd in diesem Fall unnöt ist. 300 DM-Grenze, wg Geldentwertg an sich
12 überholt, gilt unveränd. **c) Wirkung.** Es wird der RückerstattgsAnspr (§ 607 Rn 19) fäll; ggf nach Maßg der
12 a vertr Vereinbg. ZAnspr: § 608 Rn 3. **d) Disagio** (Damnum). Wie es zu behandeln ist, richtet sich nach Auslegg des Vertr (BGH **81**, 124). IdR ist es laufzeitabhäng Ausgl für einen niedrigeren NominalZ sowie Aufwand für KapBeschaffg u wird als TVorauszahlg der Zinsen angesehen (BGH NJW **96**, 3337). Es ist nicht Vergütg für Bearbeitg u Risiko. Vom DarlN kann es anteil aus § 812 zurückgefordert w wenn er wirks künd (BGH NJW **96**, 3337 mwN), auch wenn vertragl vorzeit Künd u ZAnpassg vorgesehen war (BGH NJW **93**, 3257), nicht aber wenn der DarlG wg schuldh VertrVerl künd (BGH aaO) od wenn der unkündb DarlVertr auf Wunsch des DarlN aufgehoben w (BGH aaO). Zugrdezulegen ist idR nicht die GesLaufZt des Darl, sond die ZFestschreibg (BGH NJW **95**, 2778). Ist es and vereinb, so verbleibt das Disagio beim DarlG (vgl Köln NJW-RR **92**, 681). Davon ist bei öff geförderten Darl auszugehen (BGH NJW **92**, 2285; umstr; aA Koller DB **92**, 1125 mwN).

13 **5) Außerordentliche Kündigung,** dh ohne Bindg an KündFr u bei Darl, die auf best Zt gewährt sind, ist zuläss, wenn bei Vorliegen best Grde vereinb (in der Praxis häuf) od da auch das Darl ein DauerSchVerh ist, in entspr Anwendg von §§ 626, 554 a, aus wicht Grd (hM; BGH **95**, 372; Jau/Vollkommer 6). Hierbei ist eine Gesamtwürdigg aller Umstde des Einzelfalls u InteressenAbwägg vorzunehmen (BGH NJW **86**, 1928).
14 **a) Voraussetzungen:** KündErkl: Rn 5. Vorher Abmahng ist grdsätzl nicht erforderl (BGH WM **78**, 234). Wicht Grde können sein: Verzug bei Zins u Tilggsraten, Gefährdg der Sicherh, schuldh Zerrüttg eines bei VertrAbschl vorhandenen VertrauensVerh, bei GefälligkDarl dringder Eigenbedarf (Stgt NJW **87**, 782); Wegfall der GeschGrdlage (BGH WM **80**, 380), aber nicht aus dem RisikoBer des Kündigden (Weber NJW **95**, 2951); falsche Darstellg wesentl Tats nach VertrAbschl u vor Auszahlg (Karlsr BB **72**, 287); nicht: die bloße Verweigerg einer fäll Ratenzahlg aus erwägenswerten rechtl Zweifeln (BGH NJW **81**, 1666), die Abs (od der Vollz) des dch das Darl finanzierten Obj, insb Grdst zu veräußern (Ffm NJW-RR **96**, 814; Weber NJW aaO). Bei betriebsbezogenen Darl vgl BGH NJW **86**, 1928. Dieses R zur außerord Künd, das Unzumutbk der
15 Weiterbelassg des Darl voraussetzt, kann vertragl nicht ausgeschl w. **b) Frist:** Die Künd selbst kann fristl erkl w. Dies muß nicht innerh einer dem § 626 II entspr Fr ab Kenntn des KündGrdes geschehen (BGH WM **84**, 1273), unterliegt aber der Verwirkg (§ 242 Rn 93–95). Vor Künd entstandene Grde können nachgeschoben w (BGH stRspr zB NJW **86**, 1928). Die Künd kann iZw fristl geschehen, insb beim Girokonto (Hamm NJW-RR **92**, 686), aber auch vom Kündigden mit Angabe eines belieb Termins zur Rückzahlg versehen w.
16 **c) Wirkung:** Rn 12.

609 a *Kündigungsrecht.* **I Der Schuldner kann ein Darlehen, bei dem für einen bestimmten Zeitraum ein fester Zinssatz vereinbart ist, ganz oder teilweise kündigen,**

1. wenn die Zinsbindung vor der für die Rückzahlung bestimmten Zeit endet und keine neue Vereinbarung über den Zinssatz getroffen ist, unter Einhaltung einer Kündigungsfrist von einem Monat frühestens für den Ablauf des Tages, an dem die Zinsbindung endet; ist eine Anpassung des Zinssatzes in bestimmten Zeiträumen bis zu einem Jahr vereinbart, so kann der Schuldner jeweils nur für den Ablauf des Tages, an dem die Zinsbindung endet, kündigen;

2. wenn das Darlehen einer natürlichen Person gewährt und nicht durch ein Grund- oder Schiffspfandrecht gesichert ist, nach Ablauf von sechs Monaten nach dem vollständigen Empfang unter Einhaltung einer Kündigungsfrist von drei Monaten; dies gilt nicht, wenn das Darlehen ganz oder überwiegend für Zwecke einer gewerblichen oder beruflichen Tätigkeit bestimmt war;

3. in jedem Falle nach Ablauf von zehn Jahren nach dem vollständigen Empfang unter Einhaltung einer Kündigungsfrist von sechs Monaten; wird nach dem Empfang des Darlehens eine neue Vereinbarung über die Zeit der Rückzahlung oder den Zinssatz getroffen, so tritt der Zeitpunkt dieser Vereinbarung an die Stelle des Zeitpunkts der Auszahlung.

II Der Schuldner kann ein Darlehen mit veränderlichem Zinssatz jederzeit unter Einhaltung einer Kündigungsfrist von drei Monaten kündigen.

III Eine Kündigung des Schuldners nach den Absätzen 1 oder 2 gilt als nicht erfolgt, wenn er den geschuldeten Betrag nicht binnen zweier Wochen nach Wirksamwerden der Kündigung zurückzahlt.

IV Das Kündigungsrecht des Schuldners nach den Absätzen 1 und 2 kann nicht durch Vertrag ausgeschlossen oder erschwert werden. Dies gilt nicht bei Darlehen an den Bund, ein Sondervermögen des Bundes, ein Land, eine Gemeinde oder einen Gemeindeverband.

1) Allgemeines. Lit: Hopt/Mülbert WM SoBeil 3/**90**. **a) Zweck:** Ausgleich des Interesses v DarlG u DarlN dch VerbrSchutz. Unter dem Druck des KündR sollen marktgerechte Zinsen vereinb u notw UmschuldgsMaßn erleichtert w (Hopt/Mülbert 4). **b) Anwendungsbereich.** § 609 a gilt grdsätzl für alle Arten v Darl (Einf 6–21 vor § 607). Abs I nur für solche mit festem ZSatz, Abs II für solche mit variablem (veränderl) ZSatz. Umstr ist, ob SchVerschr, die Darl verbriefen, darunter fallen (vgl Hopt/Mülbert 5 mwN). **c) Abdingbarkeit** (Abs IV). Abs I u II sind zG des DarlN zwingd (Abs IV S 1). Entggstehde Vereinbgen sind nichtig (§ 134), zB VertrStrafe (v. Rottenburg WM **87**, 1 [6]). Ein Disagio (vgl § 609 Rn 12) ist zwar zuläss (v. Heymann BB **87**, 415 [420]), zweifelh aber, inwieweit es behalten w darf (Hopt/Mülbert 18). Eine VorfällkEntschäd (§ 609 Rn 9) muß auf VerwAufwand u ähnl Nebenkosten beschr w. Ob sie auf den ZVerl erstreckt w darf, ist umstr (bejahd Ffm NJW-RR **96**, 814; vgl Melzer BB **95**, 320; Reifner NJW **95**, 86 u 2945; Weber NJW **95**, 2951). ZG des DarlN können kürzere KündFr vereinb w. Ausn: Darl der öff Hand (Abs IV S 2). **d) Kündigung.** § 609 a betr nur die ord Künd (Hopt/Mülbert 3). Hierfür gilt § 609 Rn 10–12. Die außerord Künd (§ 609 Rn 13–16) bleibt unberührt. **e) Internationale Kredite.** § 609 a gilt, soweit deutsches R anwendb ist. Derogation ist grdsätzl mögl u zuläss. Nur Abs I Nr 2 ist zwingd iS des Art 34 EG. 1 2 3 4 5

2) Festverzinsliche Darlehen (Abs I). Begriff: Darl, bei denen für einen best ZtRaum ein fester ZSatz (idR dch Angabe in %) vereinb ist. Darunter fallen auch die zeitl begrenzte ZBindg (zB abschnittsw Finanzierg) u die ZVariabilität nach einem vereinb begrenzten ZtRaum (Hopt/Mülbert 5). Grdsätzl können Darl für die Dauer der ZBindg nicht ord gekünd w. **a) Voraussetzungen. aa) Nr 1: Kürzere Zinsbindung** als DarlLaufZt. Es ist zu unterscheiden: **(1)** Hs 1: Das Ende der Bindg an einen festen ZSatz muß vor dem RückzahlgsTermin (§ 609 Rn 7–9) des Darl enden. **(2)** Hs 2: Vereinb ZAnpassg (meist an einen vereinb ReferenzZSatz) bis zu höchstens einem J für jeweils im voraus best ZtRäume (sog roll-over-Kredite). Sind die ZinsPerioden länger, so verbleibt es bei Hs 1. **bb) Nr 2. Verbraucherkredite** (auch wenn im Einzelfall das VerbrKrG nicht anwendb ist): Nur für Darl an natürl Pers (auch SchuMehrh), ohne Sicherg dch Hypothek od GrdSch. Eine solche Sicherg setzt voraus, daß Hyp od GrdSch (vollwert gesichert) auch nur vereinb sind (Stgt WM **99**, 1007 mwN; bestr), ohne Rücks auf Einleitg u Stadium des GB-Verf. Kurzzeit vorübgehder Wegfall der dingl Sicherg dch Freigabe des DarlG schafft kein KündR (Stgt aaO). Auf Wert u Höhe der Sicherg kommt es nicht an (v. Heymann BB **87**, 415 [419]). Das Darl darf nicht ganz od übwiegd (v Betr her zu messen) für gewerbl od berufl Zwecke (Abgrenzg Hopt/Mülbert 10) best gewesen sein (BewL für Vorliegen dieses Zwecks: DarlG, Häuser/Welter NJW **87**, 17 [20]). Ist DarlN Kfm, so soll § 344 I HGB gelten (Bülow NJW **90**, 2534). Auf die spätere tats Verwendg kommt es nicht an (Hopt/Mülbert 9). Am besten wird der DarlZweck in die Urk aufgen. Fehlt eine vertr ZweckBest, kommt es auf den DarlN allein an (Hopt/Mülbert 9). **cc) Nr 3. Langfristige Kredite.** Gilt für alle Darl, insb auch für befristete (Hopt/Mülbert 15). **(1)** Hs 1: Empf ist selbstverständl auch die vereinb Zahlg an einen Dr. Vollständ: auch bei Disagio, bei TZahlgen die letzte Leistg; maßgebd ist Aushändigg od Gutschr. FrBerechng: §§ 187 I, 188 II. **(2)** Hs 2: Regelt die Fälle der ProlongationsVereinbg, v deren Abschl (§ 151) an, die 10-J-Fr neu zu laufen beginnt. Auszahlg ist ident mit Empf iS des Hs 1. **b) Wirkungen.** Gemeins ist allen Fällen ein KündR des DarlN, u zwar ord Künd (§ 609 Rn 10–12). Der DarlN kann die Künd belieb länger befristen. Für den nachvertr Zins bis zur Rückzahlg ist der DarlG auf § 286 angewiesen (vgl BGH NJW-RR **86**, 205; sehr umstr; vgl Killmann NJW **87**, 618 mwN). Bei den Fällen der Nr 1–3 ist zu untersch: **aa) Nr 1.** Für den ZtRaum, in dem ZBindg dauert, ist Künd ausgeschl („frühestens"), nur für diesen (ZBindgsAblaufTerm) od einen (beliebigen) späteren Termin zuläss. Erklärt werden kann die Künd schon vorher. VertrAnpassg der ZBedinggen ist jederzt mögl (v. Heymann BB **87**, 415 [418]). Mit einer neuen Vereinbg üb den ZSatz (unter § 305 einzuordnen) erlischt das KündR u entsteht neu für die vereinb weitere ZPeriode (v. Rottenburg WM **87**, 1). Kommt keine neue ZVereinbg zustde, kann der DarlG gem § 315 best (Hopt/Mülbert 6). Eine ZAnpassg gem § 315 kann vereinb w. Best der DarlG den Zins neu, so muß dem DarlN eine 2-WoFr für das KündR eingeräumt w (v. Rottenburg aaO 3). KündFr: 1 Mo zum Ende der ZBindg (auch zu den AnpassgsTerm des Hs 2 (Hopt/Mülbert 7) od belieb später (Berechng: § 188 II, III; Bsp: Künd zum 31. 3. muß am 28. 2. zugehen). Bei 6 7 8 9 10 11

kurzfrist period ZsAnpassg (Hs 2) jeweils nur zum Abschl einer Periode, nicht dazwischen. Die MoFr gilt auch, wenn die Mitt des neuen ZSatzes kürzer vor dem Abschl der ZPeriode dem DarlN zugeht (v. Rotten-
12 burg aaO 4). **bb) Nr 2.** Unkündb VorlaufZt v 6 Monaten; danach 3 Monate KündFr (Berechng Rn 11). Die Künd ist nicht auf einen best Ztpkt beschränkt u kann frühestens dch Zugang (§ 130) am 1. Tag nach Ablauf
13 der 6 Mo wirks w. Das bedeutet prakt eine MindestlaufZt des Darl v 9 Mo (Hopt/Mülbert 15). **cc) Nr 3.** Zur KündErkl: wie Rn 12. Berechng der KündFr: wie Rn 11 (Bsp: Künd zum 30. 7. kann noch am 31. 1. zugehen). Prakt MindestlaufZt langfrist Kredite beträgt 101/2 J bei Künd zum frühestmögl Ztpkt.

14 **3) Darlehen mit veränderlichem Zinssatz** (Abs II). **a) Begriff:** Darl, bei denen die Änderg des ZsSatzes jederzt eintreten kann, gleichgült aus welchem Grd (zB § 315, Bindg an Diskont- od Lombardsatz), auch bei ZAnpassgsKlauseln (Hopt/Mülbert 17). Nicht unter Abs II (sond unter Abs I) fallen Darl, bei denen
15 zunächst ein fester ZSatz für eine best Zt vereinb u danach eine Änderg vorgesehen ist. **b) Voraussetzungen.** Der veränderl ZsSatz kann auf vereinb Vorbehalt des DarlG od an von ihm nicht beeinflußb ZSätzen orientiert
16 sein (zB best Prozentzahl üb dem BBankDiskontsatz). **c) Wirkung.** Das KündR besteht „jederzeit", also ab Vereinbg des Darl, sodaß eine MindestlaufZt v 3 Mo besteht. FrBerechng: wie Rn 11–13 (Bsp: Künd am 15. 1. wirkt zum Ablauf des 15. 4.). Keine TKünd (Hopt/Mülbert 17).

17 **4) Fiktion** der unterbliebenen Künd (Abs III). **a) Zweck.** Dadch wurde § 609 a dem § 7 III VerbrKrG angepaßt, indem verhindert w, daß der DarlN, der das Darl für einen VerbrKred nicht gem § 7 III VerbrKrG widerruft, aber gekünd hat, statt des höheren VertrZ nur den niedrigeren VerzZ (vgl BGH NJW **88**, 1967 u
18 1971) bezahlen muß, ohne daß er (wie bei § 7 III VerbrKrG) das Darl zurückzahlt. **b) Anwendbar** auf alle Darl (wie Rn 2). **c) Voraussetzungen** der Fiktion: **aa)** Wirks Künd des DarlN aGrd des gem Abs I od II bestehden KündR. **bb)** Unterbleiben der DarlRückzahlg (Erf des RückerstattgsAnspr, § 607 Rn 19) innerh
19 2 Wo (§ 187 I, § 188 II) ab Wirkswerden, also nicht vor Zugang der Künd (§ 609 Rn 5). **d) Rechtsfolgen.** Es wird fingiert, daß die Künd unterblieben ist wie der Widerr des § 7 III VerbrKrG (dort Rn 14), sodaß der DarlVertr voll wirks weiterbesteht.

610 ***Widerruf eines Darlehensversprechens.*** **Wer die Hingabe eines Darlehens verspricht, kann im Zweifel das Versprechen widerrufen, wenn in den Vermögensverhältnissen des anderen Teiles eine wesentliche Verschlechterung eintritt, durch die der Anspruch auf die Rückerstattung gefährdet wird.**

1 **1) Allgemeines. a) Begriff.** DarlVerspr ist nach der KonsensualVertrTheorie (vgl Einf 2 vor § 607) der
2 Abschl des DarlVertr, nach der RealVertrTheorie der VorVertr eines DarlVertr. **b) Zweck.** Schutz des DarlG. Anwendgsfall der clausula rebus sic stantibus. Daneben bleibt § 242 anwendb. Das kann wg Wegfall der GeschGrdlage im Einzelfall zu bejahen sein (vgl § 242 Rn 114), wenn zB nur eine schlechte Sicherh gestellt w kann (BGH WM **64**, 62). Soweit das betr Darl ggs Vertr ist (Einf 2 vor § 607), gilt § 321 neben § 610, so daß DarlG
3 zw Auflösg des Vertr dch Widerruf u der Einr des § 321 die Wahl hat. **c) Anwendungsbereich:** alle DarlVertr, aber nur, wenn sie nicht valutiert sind (hM; aA Gruber NJW **92**, 419; dagg Beining NJW **92**, 2742); entspr auch Kreditzusagen, die sich nicht in einer DarlGewährg erschöpfen, zB wenn eine Bank sich verpfl, Wechsel od Scheck einzulösen, insb wenn eine Scheckkarte erteilt ist. § 610 gilt auch wenn die Verlängerg eines Darl zugesagt ist; ferner, wenn sich die bei Abschl des DarlVertr bekannt schlechten VermVerh noch weiter verschlechtern.

4 **2) Widerruf. a) Rechtsnatur** ist einseit empfbedürf WillErkl u beseit den DarlVertr. Von Künd (§ 609) u Rücktr (§ 607 Rn 12) zu unterscheiden, der insb bei ggs Vertr (vgl Einf 2 vor § 607) aus §§ 325, 326
5 begründet sein kann, wenn die bedungene Sicherh nicht gestellt w. **b) Voraussetzungen:** Allein die wesentl Verschlechterg der VermVerh (wie § 321 Rn 2) nach VertrAbschl. Lag sie schon vor, ist Anf (§§ 119 II, 123) im Einzelfall mögl. Sie darf nicht allein darauf beruhen, daß das Darl, um das es geht, nicht gewährt w.
6 **c) Wirkung.** Der Widerruf beseit die zum Vertr notw WillErkl des DarlG u damit den DarlVertr.

Sechster Titel. Dienstvertrag

Einführung

1) Grundbegriffe 1–5
a) Dienstvertrag 1
b) Dienstverhältnis 2
c) Arbeitsrecht 3
d) Arbeitsvertrag 4
e) Arbeitsverhältnis 5

2) Arbeitgeber 6

3) Arbeitnehmer 7–12
a) Unterteilung . . . . 8–8 b
b) Arbeitnehmerähnliche Personen 9
c) Abgrenzungen 10, 11
aa) Freie Mitarbeiter 10
bb) Scheinselbständige 11
d) Beispiele 12

4) Organisation 14, 15
a) Betrieb 14
b) Unternehmen 15

5) Dienstverträge und ihre Abgrenzung 16–26
a) Dienstverträge 16–22
b) Organmitglieder juristischer Personen . . . 23
c) Geschäftsbesorgungsvertrag 24
d) Dienstverschaffungsvertrag 25
e) Sonstige Verträge 26

6) Allgemeines zu Dienstverhältnissen 27, 28

7) Arbeitsverhältnisse 29–46
a) Mittelbares Arbeitsverhältnis 30
b) Gruppenarbeitsverhältnis 31–35
c) Doppelarbeitsverhältnis 36, 37
d) Leiharbeitsverhältnis 38–40
e) Kettenarbeitsverhältnis 41
f) Probearbeitsverhältnis 42
g) Aushilfsarbeitsverhältnis 43
h) Teilzeitarbeitsverhältnis 44
i) Partiarisches Arbeitsverhältnis 45

k) Abrufarbeitsverhältnis . . . 46
l) Telearbeitsverhältnis . . . 46
8) Arten von Arbeitnehmern . . . 47–57
9) Ausbildungsverhältnisse . . . 58–62
a) Lehrverhältnis . . . 59
b) Anlernverhältnis . . . 59
c) Volontärverhältnis . . . 60
d) Praktikantenverhältnis . . . 61
e) Fortbildungsverhältnis . . . 62
10) Arbeitsbedingungen . . . 63–79
a) Zwingende gesetzliche Vorschriften . . . 64
b) Tarifverträge . . . 65–72
c) Betriebs- und Dienstvereinbarungen . . . 73, 74
d) Einzelarbeitsvertrag . . . 75–77
e) Nachgiebige gesetzliche Vorschriften . . . 78
f) Weisungs(Direktions)recht . . . 79
11) Betriebliche Altersversorgung . . . 80
12) Arbeitnehmerschutzrecht . . . 81–89
a) Arbeitsschutz . . . 82
b) Arbeitszeitschutz . . . 83
c) Frauen- und Mutterschutz . . . 84
d) Jugendschutz . . . 85
e) Heimarbeiterschutz . . . 86
f) Schwerbehindertenschutz . . . 87
g) Arbeitsplatzschutz . . . 88
h) Kündigungsschutz . . . 89
i) Belästigungsschutz . . . 90

1) Grundbegriffe. a) Dienstvertrag ist ein schuldrechl ggs Vertr, dch den der eine Teil zur Leistg der 1
versprochenen Dienste (DVerpfl), der and Teil zur Leistg der vereinb Vergütg verpfl w (DBer). **b) Dienst-** 2
verhältnis ist das DauerSchuldVerh zw dem DBer u dem DVerpfl, das dch einen DVertr (Rn 16) begründet w. Daher fallen die öffrechtl geregelten DVerh nicht darunter. **c) Arbeitsrecht** ist das SonderR der ArbN. Es ist 3
seit dem späten 19. Jhdt entstanden, seit 1918 rasch u stark entwickelt, im geltenden R in zahlr G verstreut geregelt. Das ArbR w aufgeteilt in **(1)** ArbVertrR (IndividualArbR) grdlegd in den §§ 611–630, ferner insb im HGB, GewO, SeemannsG, KSchG usw geregelt, **(2)** ArbSchutzR (vgl Rn 81–89), **(3)** Berufsverbands- u TarifVertrR (insb im TVG geregelt), **(4)** BetrVerfR (insb im BetrVG geregelt) u **(5)** VerfahrensR der ArbGerichtsbk. Diese 5 Teile sind untereinander rechtl vielfält verbunden. Das ges ArbR gehört zT dem priv R, zT dem öff R an. Sein Zweck ist darauf gerichtet, den ArbN zu schützen u zugleich einen gerechten Ausgl der Interessen von ArbG u ArbN herbeizuführen. **d) Arbeitsvertrag** ist ein DienstVertr, der zw ArbN (Rn 7) u 4
ArbG (Rn 6) abgeschl ist. Der ArbVertr ist ein schuldrechtl ggs Vertr u begründet das ArbVerh (Rn 5). Der Inhalt ist grdsätzl frei. Prakt Hinw zur VertrGestaltg: Tschepe MDR **96**, 1081). **e) Arbeitsverhältnis** ist das 5
DauerschuldVerh zw ArbN u ArbG. **aa) Rechtsnatur.** Daß das ArbVerh ein GemeinschVerh darstelle (wie in den 20er bis 60er Jahren hM), wird bestr u auf die Entgeltlk (Ggseitigk ohne persrechtl Bindg u Fürs) abgestellt (ErfK/Preis § 611 Rn 4). Für die Praxis sollte der Theorienstreit dahingestellt bleiben u eine pragmat Behandlg vorgezogen w. Das ArbVerh ist jedenf eine bes Art des DVerh mit sozbest Gestaltg der Re u Pfl. Wesentl Unterscheidgsmerkmal ist, daß der DVerpfl ArbN ist, also abhäng Arb zu leisten hat. **bb) Begründet** w das 5 a
ArbVerh nach hM dch ArbVertr (VertrTheorie), nach der Eingliedergstheorie auch ohne ArbVertr bereits dadch, daß der ArbG den ArbN eingestellt u dieser seine ArbKraft zur Verfügg gestellt hat. Das trifft keinesfalls zu bei ZwangsArb in der NS-Zt (ArbG Kblz NJW **99**, 2838). Begrdg eines ArbVerh dch einseit Erkl ist als AusnFall mögl (§ 78 a BetrVG). Fehlde Zust v Betr- od PersRat steht der Begrdg eines ArbVerh nicht entgg. Es beginnt mit dem Tag, an dem der ArbN vertrgem die Arb aufzunehmen hat. Das ist schriftl festzuhalten (§ 2 I Nr 2 NachwG). **cc) Übertragung.** Das ArbVerh kann als Ganzes dch dreiseit Vertr auf einen and ArbG unter Wahrg 5 b
der Identität des ArbVertr übertr w (§ 305; BAG NJW **73**, 822). Überg eines ArbVerh krG: § 613 a. **dd) Internationaler Bezug.** Für das anzuwendde R gilt Art 30 EG. Die RWahl ist eingeschr.

2) Arbeitgeber ist, wer (mind) einen and in einem ArbVerh als ArbN beschäft u dafür eine Vergütg 6
schuldet. ArbG kann eine natürl od jur Pers sein, für die dann ges Vertr oder Bevollm die ArbGFunktion ausüben. Ein ArbG ist gewerbl, freiberufl od auch priv tät. Daß er selbst ArbN eines and ArbG ist, steht nicht entgg. Er muß keinen Betr od eine Einrichtg v BetrMitteln haben. Bei einem einheitl ArbVerh können mehrere Pers gemeins ArbG sein (BAG NJW **84**, 1703).

3) Arbeitnehmer ist, wer aGrd eines (privrechtl) ArbVerh einem and (ArbG) zur (fremdbest) ArbLeistg gg 7
Vergütg verpfl ist. Dieser Begr entspr der hM, die auch v BAG vertr wird; er ist in Einzelh umstr (vgl Hromadka NZA **97**, 569; Buchner NZA **99**, 1144; Reinecke ZIP **98**, 581). Über einen neuen ArbNBegr wird bereits diskutiert. Liegen die Vorauss tats vor, ist die Einordng als ArbN zwingd (ErfK/Preis § 611 Rn 48 mwN). Die Tätigk eines ArbN kann auch nebenberufl sein (BAG NZA **94**, 161 mwN). Die Eigensch eines Gesellsch (insb eines Kommanditisten) od VereinsMitgl schließt seine Stellg als ArbN grdsätzl nicht aus, wenn die WeisgsBefugn des ArbG (§ 611 Rn 45–48) besteht u dch and Pers ausgeübt wird. Das ist aber ausgeschl beim Gesellschter einer GmbH mit mehr als 50% Beteiligg (BAG NJW **98**, 3796). **a) Unterteilung** der 8
ArbN. Eine grdlegde Unterscheidg hat seit Entstehg des ArbR dch Einteilg in Arbeiter u Angestellte stattgefunden u ist noch heute im G verankert (vgl § 622 I; § 5 I S 1 ArbGG). Durch die techn u soz Entwicklg ist der Unterschied weitgehd eingeebnet, muß aber auch wg der SoRegelg (KüSchutz u BetrVerf) für ltde Angest, die zwar ArbN sind, aber ArbGFunktionen ausüben, aufrechterhalten werden. **aa) Ange-** 8 a
stellter ist ein ArbN, der eine AngestTätigk ausübt. Diese kann aus dem (nicht abschließden) Katalog des § 133 II SGB VI (typ AngestBerufe) abgeleitet werden. **bb) Arbeiter** sind ArbN, die nicht Angest sind. 8 b
Dieser Kategorie oder der der Angest muß jeder ArbN angehören. Daran ist (wie im SozVersR §§ 128, 133 SGB VI) auch aus arbrechtl Sicht festzuhalten.

b) Arbeitnehmerähnliche Personen (der Legaldefinition des § 12 a TVG folgd) sind wirtsch abhäng 9
von derjen Pers, für die sie aGrd eines D- od WerkVertr pers u im wesentl ohne Mithilfe and Pers tät werden u einem ArbN vergleichb schutzbedürft sind, weil die vom DBer (§ 611) od Besteller (§ 631) bezogene Vergütg die ExistenzGrdLage darstellt. Zum Begr: Hromadka NZA **97**, 1249. Die vertragl Tätigk für weitere Pers steht nicht entgg. Im GgSatz zum ArbN ist die arbnehmerähnl Pers persönl selbstd, in der Arb weisgsfrei, aber wirtsch abhäng u unselbstd (ErfK/Preis § 611 Rn 134). RFolge ist die Zustdk der ArbGer (§ 5 I S 2 ArbGG), die entspr Anwendg des TVG (dort § 12 a I) u die teilw Anwendg des AGBG (dort § 23 Rn 1; bestr). Sonst ist das ArbR grdsätzl unanwendb, insb das KSchG, der SoKündSchutz (zB MuSchG) u § 622. Im Einzelfall ist eine (zurückhaltde) Analogie zu einzelnen arbrechtl Vorschr mögl (ErfK/Preis § 611 Rn 136). ArbNÄhnl Pers sind hauptsächl HeimArb u Einfirmen-HandelsVertr. Für diese bestehen SoVorschr im HeimArbG u § 92 a HGB.

10 **c) Abgrenzungen** bei typ Gestaltgen v Dienst- u ArbVertr. **aa) Freie Mitarbeiter** stehen grdsätzl im DVertr, können aber trotz Bezeichng als solche aGrd des Inhalts ihres DVertr ArbN od arbnehmerähnl Pers sein. Maßgebd ist der Grad der pers Abhängk, insb die Eingliederg in die ArbOrganisat u der Umfang des WeisgsR (§ 611 Rn 45; BAG NJW **97**, 962 [Tankwart]). Umwandlg aus einem ArbVerh in die Stellg eines freien MitArb erfordert unzweideut Vertr (BAG NZA **97**, 194). Auf freie MitArb, die nicht ArbN od arbnehmerähnl Pers sind, sind arbrechtl Vorschr grdsätzl unanwendb, ausnw analog im Einzelfall unter best Umstden (vgl Müller MDR **98**, 1061). Häuf ist die Stellg eines freien MitArb anzutreffen in Presse, Rundfunk u Fernsehen (BAG NZA **95**, 160 u BB **92**, 1490; Bezani NZA **97**, 856). Eine Behandlg als ArbN od arbnehmerähnl Pers scheidet aus, wenn der freie MitArb Zt, Ort u Dauer der DLeistg frei best kann (BAG BB **90**, 779). Dies ist in der Rspr bejaht worden bei RAen, die in eine Sozietät aufgenommen (BAG NJW **93**,
11 2458) od bei Behörden als Honorarlehrkraft tät sind (BAG NJW **98**, 3661). **bb) Scheinselbständige** sind Pers, die für einen And (od einige wenige And) andauernd D- od WerkLeistgen erbringen u dabei wie ein ArbN weisgsgem od in wirtschaftl Abhängigk v dem (oder einem der) AuftrGeber tät werden, obwohl sie als VertrPart ausdrückl D- od WerkVertr abgeschl haben. Dieser arbrechtl Begr der ScheinSelbstdk ist nicht ident mit dem sozversrechtl Begr, der seit 1. 1. 99 infolge der Neuregelg des § 7 IV SGB IV gilt (hierzu Bengelsdorf NJW **99**, 1817). Für diese NeuRegelg wird schon wieder eine GÄnd vorbereitet (vgl Krebs DB **99**, 1602). Die ScheinSelbstdk (häuf bei sog Ein-Mann-Untern) hat seit 1990 prakt Bedeutg erlangt u wird zunehmd diskutiert (Bauer/Diller/Lorenzen NZA **99**, 169; Buchner DB **99**, 146; Hopt DB **98**, 863; Reiserer BB **98**, 1258). Sie wird in dem Bestreben benutzt, arbrechtl SchutzVorschr (insb Künd, EntgeltFortzahlg), SozVersBeitr u Lohnsteuer zu umgehen. Wer scheinselbstd (dh nicht wirkl selbstd) ist, muß entweder als ArbN (Rn 7) oder (wohl idR) als arbnehmerähnl Pers (Rn 9) eingeordnet werden (BAG NJW **97**, 2973). Die im Einzelfall getroffenen Vereinbg sind vielfält; die Abgrenzg ist schwier. § 7 IV S 1 Nr 1–4 SGB IV ist für die Bestimmg unbrauchb, weil nur eine Vermutg begrdet wird u bereits Nr 3 allein die Merkmale eines ArbVerh aufweist; daher müssen in diesem Fall für eine ArbNEigsch keine der Merkmale von Nr 1, 2 od 4 hinzutreten (Richardi DB **99**, 958). Außerdem können von § 7 IV S 1 SGB IV auch arbeitsrechtl echte Selbstd erfaßt werden. Die ScheinSelbstdk kommt im gewerbl und freiberufl Bereich vor, ist aber auch bei einem priv ArbG denkb. Die Rspr hat sich damit häuf auseinanderzusetzen, weil schon der RWeg davon abhängt (vgl zB BAG NJW **98**, 701). Typ Bsp für Tätk, in denen ScheinSelbstdk vorkommt: Kommissionär als Fahrer für Verk u Ausliefery von Konsumgütern (BAG aaO); ZeitgsZusteller (BAG NZA **98**, 368); Franchisenehmer (vgl 22 ff vor § 581; BAG NJW **97**, 2973; BGH NJW **99**, 218 [Eismann]; Beckmann/Zwecker NJW **99**, 1614); BeschäftiggsVertr eines Frachtführers im Verh zum Spediteur (BGH NJW **99**, 648 [verneint]; BAG NZA **99**, 374).

12 **d) Beispiele. aa) Arbeitnehmer** sind: Angest als Prokuristen, insb einer GmbH & Co KG, auch wenn sie MitGeschF der BetrGmbH sind (BGH NJW **95**, 3338); Auszubilddе (§ 5 I S 1 ArbGG); Lehrkräfte an priv Schulen (BAG NZA **97**, 601); Fußball-Lizenzspieler wg der WeisgsBefugn des Vereins (hM; BAG NJW **96**, 2388) u ähnl Berufssportler (Hilpert RdA **97**, 92); hauptamtl MitArb eines Vereins (BAG NJW **96**, 143 [Scientology]), auch als bes Vertr iS des § 30 (BAG NZA **97**, 959); problemat bei Vereinsbetreuer gem § 1791 a III (vgl Jaschinski NJW **96**, 1521 mwN); FamHelferin (NZA **98**, 873); Kundenberater (BAG NZA **99**, 205); unter best Umstden ein RA (LAG Thür NZA-RR **98**, 296); idR Beschäft in Tele-Arb (Wank NZA
13 **99**, 225). **bb) Keine Arbeitnehmer** sind: Pers, die als selbstd Untern, Gewerbetreibde od freiberufl tät sind (Abgrenzg Rn 16), idR Gesellschafter, VereinsMitgl, ges Vertr jur Pers (vgl Rn 23), zB der GeschF einer BetrKrKasse (BAG NJW **96**, 3293); weisgsfreie, unternehmerisch tät Berufssportler (zB Tennisprofis; Hilpert RdA **97**, 92 [95]); DRK-Schwestern (BAG MDR **96**, 75); OrdensAngeh (LAG Hamm DB **72**, 395); im MedienBer tät (echte) freie (insb programmgestaltde) MitArb (vgl Rn 10; ErfK/Preis § 611 Rn 110–113).

14 **4) Organisation.** Es müssen untersch w: **a) Betrieb** ist eine organisator Einh, innerh der ein Untern allein od in Gemsch mit seinen MitArb dch sachl u immaterielle Mittel best arbtechn Zwecke fortges verfolgt. Betr kann danach zB sein: ein einzelnes Büro, eine Kanzlei, ein Bauernhof, eine Werkstatt, eine Apotheke. Es gibt NebenBetr u BetrT (vgl § 4 BetrVG), die für sich selbst einen Betr darstellen können. Ein Betr kann
15 mehreren Untern gehören. Kein Betr ist der Haush. **b) Unternehmen** ist eine organisator Einh, die best wird dch den wirtschl od ideellen Zweck, dem ein Betr od mehrere organisator verbundene Betr desselben Untern dienen. Dieser Begr ist weiter als der des Betr, deckt sich aber im Einzelfall oft mit ihm. Ein Untern kann mehrere Betr umfassen.

16 **5) Dienstverträge und ihre Abgrenzung. a) Dienstverträge** (Begr Rn 1) liegen vor, wenn die De in persönl, wirtsch u soz Selbstdk u Unabhängk geleistet w. Das trifft insb zu, wenn der DVerpfl selbst Untern ist od einen freien Beruf ausübt. Oft kann in Wirklk ein WerkVertr (Rn 26) vorliegen od ein GeschBesorggsVertr (vgl Rn 24); dabei ist auf die Umst des Einzelfalls abzustellen. Bsp für typ DVertr: ges Vertr jur Pers, zB GeschF einer GmbH u Vorstd einer AG (Rn 23); WirtschPrüfer, Steuerberater u -bevollmächt (BGH **54**, 106); Dolmetscher; Detektiv (BGH VersR **91**, 103); UnterrichtsVertr (BGH **120**, 108; Celle NJW-RR **95**, 1465 mwN); PartnerschVermittlg (Karlsr NJW **85**, 2035; zum MeingsStand vgl Peters NJW **86**, 2676); Fitneßcenter (Celle NJW-RR **95**, 370); hochentgeltl Mitglsch in Club zur ZusFührg alleinstehder Menschen (Ffm NJW **84**, 180); Personalberater (Köln BB **96**, 1889); Manager eines Sportlers (Nasse SpuR **96**, 113); Verwaltg v EigtWo (Clasen BlGBW **72**, 110). Bücherrevisor, Sachverst, selbstd PrivLehrer; SchiedsRi (bestr; aA: Vertr bes Art); Lotse (jedenf der Rheinlotse, BGH NJW **73**, 101); iü ist ArbVerh im Einzelfall mögl
17 (BGH aaO mwN). Prakt bes bedeuts. **aa) Architekt:** Vertr mit dem Bauherrn ist idR WerkVertr, auch wenn nur Bauleitg od BauAufs übertr ist (BGH **82**, 100: vgl weiter Einf 7 vor § 631. DVertr liegt aber zB vor, wenn
18 die Beratg des Bauherrn wg Baumängel übern w (Hamm NJW-RR **95**, 400). **bb) Arzt:** ähnl bei HeilPrakt (vgl BGH NJW **91**, 1535). **(1) Patient.** Im Verh zu ihm idR DVertr (hM); auch bei honorarfreier Behandlg eines Kollegen kein GefällkVerh, sond DVertr mit Verzicht auf Vergütg (BGH NJW **77**, 2120). Das gilt auch für Brillenverordng (Narr MedR **86**, 170) u Operationen (BGH NJW **80**, 1452 für Sterilisation; bestr); auch kosmet (Köln MDR **88**, 317); hier spricht vieles dafür, daß ein gemischter Vertr vorliegt. Auch zahnärztl, insb zahnprothet Behandlg ist grdsätzl DVertr (Zweibr NJW **83**, 2094; Oldb NJW-RR **96**, 1267), auch bei sog

Brücke (Kblz NJW-RR **94**, 52). Nur für die techn Anfertigg der Prothese richtet sich Gewl nach WerkVertr (BGH **65**, 306; bestr). Für Anpassen u Eingliedern v Prothesen gilt jedoch ausnl DVertrR (MK/Söllner 46; bestr). **(2) Klinik:** beim angest Arzt ArbVertr, auch beim Chefarzt, in AusnFällen DVertr mögl (BAG NJW **61**, 2085). Bei Belegarzt kein DVertr, sond verktyp gemischter Vertr (12 vor § 305; BGH NJW **72**, 1128). **(3) Kassenarzt.** Das Verh zur Kassenärztl Vereinigg ist öffrechtl (BGH NJW **64**, 2208); kein direkter Anspr des Arztes gg die KrKasse, sond gg die Kassenärztl Vereinigg. Es besteht kein VergütgsAnspr gg den Kassenpatienten, sond ein BehandlgsVertr mit der übl Arzthaftg. **cc) Krankenhausvertrag.** Es haben sich 3 Formen 19
herausgebildet (Uhlenbruck NJW **73**, 1399): **(1) Totaler** KrHausAufnVertr (Vertr des Patienten mit dem KrHausTräger, gemischter Vertr, vorherrschd DVertr, ärztl Behandlg eingeschl). **(2) Aufgespaltener** KrHaus-AufnVertr (DVertr des Patienten mit KrHausträger u behandelndem Arzt, BGH **5**, 321; typ für Belegarzt). **(3) Arztzusatzvertrag** mit totalem KrHausAufnVertr: wie (1) u zusätzl Vertr des Patienten mit einem Arzt über zusätzl Behandlg (BGH NJW **98**, 1778 mwN). Dies gilt nicht nur für Privat-, sond auch für Kassenpatienten. **(4) Regelfall** ist im (weitreichden) GeltgsBer des KrankenhFinanziergsG idF v 10. 4. 91 (BGBl 886; wiederholt geänd) sowie dch die BPflegesatzVO v 26. 9. 94 (BGBl 2750; wiederholt geänd) der totale KrHausAufnVertr. Daneben bleiben ArztzusatzVertr bei sog LiquidationsR der (auch angestellten) Ärzte des KrHauses mögl u zul. **(5) Ambulanz.** Es besteht der Vertr des PrivPatienten mit dem zuständ Chefarzt (BGH **105**, 189). **dd) Künstler.** Ob DVertr, ArbVertr od WerkVertr vorliegt, hängt vom Einzelfall ab. 20
Abgrenzg zw D- u WerkVertr: Einf 15 vor § 631. **ee) Rechtsanwalt** (entspr RBeistand, BGH **34**, 64). Lit: 21
Borgmann/Haug, AnwHaftg, 3. Aufl 1995; Vollkommer, AnwHaftgsR, 1989. Es kommt auf den Einzelfall an. DVertr liegt vor, wenn DauerberatgsVertr abgeschl ist; GeschBesorggsVertr (§ 675) in allen and Fällen; als DVertr beim sog Mandat, dh ProzFührg od Besorgg einer sonst RAngelegenh; als WerkVertr bei Gutachtenerstattg od RAusk üb Einzelfrage. Bei AnwSozietät (Gesellsch, § 705) sind iZw alle RAe VertrPart (BGH **56**, 355; Kblz NJW-RR **97**, 952; umstr), auch wenn nach außen nicht erkennb, keine echte Sozietät besteht. Sie sind dann GesSchu (BGH **70**, 247). Ist ausnw nur ein RA VertrPart, so ist er aber berecht, jeden Sozius als Vertr od Substituten heranzuziehen, für den er nach § 278 haftet. Das gilt nicht im Verh Verk- zu ProzAnw (BGH NJW **88**, 1079). Haftg: § 276 Rn 39–46. **ff) Fernunterricht.** Zur Abgrenzg v Direktunterricht 22
(ebenf DVertr) u Einzelproblematik s Dörner BB **77**, 1739 u NJW **79**, 241. VertrInh ist großenteils zwingd ges geregelt dch das FernUSG (hierzu Dörner aaO u Bartl NJW **76**, 1993). Die §§ 611 ff gelten ledigl subsidiär. Schriftform für den Vertr (§ 3). Schriftl WiderrR für 2 Wo (§ 4 I). Ord Künd: 6 Wo zum 1. HalbJSchl u dann mit 3 MoFr (§ 5). Außerord Künd nach § 626. Für Rücktr v angekoppeltem Vertr üb Lieferg v Lehrmaterial (Kauf, auch Miete mögl) gilt § 6.

b) Organmitglieder juristischer Personen, insb Vorstd einer AG, GeschFührer einer GmbH (vgl 23
Rn 11 u Jaeger NZA **98**, 961). Der AnstellgsVertr (von der Bestellg zu untersch) ist DVertr, kein ArbVerh (BAG NJW **95**, 675). Er wird nicht dadch zum ArbVertr, daß die Bestellg zum OrganMitgl unterbleibt (BAG NJW **98**, 260). Zu Grdlagen u Einzelfragen eingehd Henssler RdA **92**, 289 u Oberrath MDR **99**, 135. BGH u BAG wenden trotz der Fiktion des § 5 I S 3 ArbGG (BAG NJW **99**, 3069) ArbR an, soweit es sich um Vorschr handelt, die sich auf das Schutzbedürfn v Pers beziehen, die aus ihrer persönl DLeistg ihren Lebens-Unterh beziehen (§ 621 Rn 1; BAG NJW **83**, 2405). Hierfür wird eine eindeut begrenzb Doppelstellg als ArbN u OrganVertr vorausgesetzt (BAG NZA **87**, 845). Eine solche kann vorliegen, wenn ein ArbN zum GeschF berufen w, auch ohne daß das ArbVerh eindeut aufgelöst wird (vgl ErfK/Preis § 611 Rn 163 mwN). Verneint werden muß idR eine solche Doppelstellg bei einem GeschF, der zugleich Gesellsch ist (BAG BB **91**, 479). Anspr aus betr Übg (Rn 75) sind zu verneinen (Nebendahl NZA **92**, 289).

c) Geschäftsbesorgungsvertrag (§ 675). Liegt ihm ein DVertr zugrunde, so handelt es sich um eine bes 24
Art des DVertr, bei dem über § 675 weitgehd AuftrR (§§ 662 ff) angewendet w. Wesentl Unterschied zum reinen DVertr ist, daß Ggst des DVertr eine ursprüngl dem DBer obliegde selbstd wirtsch Tätigk insb die Wahrnehmg best Vermögensinteressen ist (hM). Bsp: ProzVertretg (vgl Rn 21), VermVerw, Ausführg von BankGesch, Baubetreuung (§ 675 Rn 20).

d) Dienstverschaffungsvertrag liegt vor, wenn sich jemand verpfl, einem and die De od die Arb eines 25
Dr zu verschaffen. Ist ein schuldrechtl Vertr eigener Art (12 vor § 305), bei Vereinbg eines Entgelts ggs Vertr mit Haftg für die Eigng des Dr zur vorausgesetzen D- od ArbLeistg (BGH NJW **71**, 1129). Der Verpfl hat idR einen Anspr auf DLeistg gg den Dr, dessen D- od ArbLeistg er dann seinem VertrPartner überläßt (vgl aber § 613 S 2). Dadch entsteht keine VertrBeziehg zw dem and u dem Dr, der auch nicht ErfGeh ist. Ein DVerschaffgsVertr ist der ArbNÜberlassgsVertr (Rn 38–40). Zur Abgrenzg v DVertr: BAG NJW **79**, 2636.

e) Sonstige Verträge: aa) Werkvertrag. Einf 6 vor § 631. **bb) Werkverschaffungsvertrag** (grdlegd 26
Fikentscher AcP **190**, 34) ist ein Vertr, dch den der Untern dem Besteller verspricht, ihm das Werk eines Dr (statt dessen Den, vgl Rn 25) zu verschaffen; ist WerkVertr u im DLeistgsGew übl geworden. **cc) Auftrag** ist im Ggsatz zum DVertr immer unentgeltl. Ist Entgelt vereinb, liegt oft ein GeschBesVertr vor (vgl Rn 24). **dd) Entgeltliche Verwahrung** (§ 689) ist eine ges bes ausgestaltete Form der DLeistg. Die §§ 611 ff gelten nicht. **ee) Schenkung** liegt vor, wenn unentgeltl Dienste geleistet w, sofern es sich nicht um ein vertrloses GefälligkVerh (Einl 10 vor § 241) od um Auftr handelt. **ff) Öffentlich-rechtliche Dienstverhältnisse** sind kein DVerh des BGB. Angest u Arb des öff D unterliegen hingg dem ArbR (Rn 54).

6) Allgemeines zu Dienstverhältnissen. a) Entstehung dch Abschl eines DVertr (näher § 611 27
Rn 2–11). **b) Inhalt:** Es gilt zwar im Grds VertrFreih, jedoch sind zahlr ges Vorschr zwingd. Notw sind die im GgskVerh stehde DLeistgs- u VergütgsPfl (§ 611). Gemessen am ArbVerh bestehen zT eingeschränkte Fürsorge- u TreuePfl (vgl § 611 Rn 96–104, 39–44) u and NebenPfl (zB §§ 629, 630). **c) Beendigung:** 1–9 28
vor § 620. **d) Internationaler Bezug.** Es gelten Art 27, 28 EG.

7) Arbeitsverhältnis. Es ist ein bes ausgestaltetes DVerh (Rn 5) und wird begrdet dch einen ArbVertr 29
(§ 611 Rn 2–11), nur ausnw ohne (wirks) Vertr. Dann liegt ein fakt ArbVerh vor (§ 611 Rn 22), näml wenn ein ArbN ohne od ohne wirks ArbVertr Arb leistet. Das kommt vor, wenn der ArbVertr nichtig ist, die Nichtigk nicht erkannt, bewußt in Kauf gen od nicht die Konsequenz gezogen wird, nach Erkennen der Nichtigk des ArbVertr die ArbLeistg sof zu beenden. Darunter fällt auch die sog SchwarzArb. Das trifft insb

bei den sog Illegalen zu, näml Ausl, die ohne Aufenth- od ArbErl in der BRep wie ArbN beschäft w (hierzu
umfassd Mettardy RdA **94**, 93). Wg der Schwierigk einer RückAbwicklg wird das fakt ArbVerh v Rspr u hM
anerkannt u werden quasivertr Anspr bejaht. Währd der Dauer des fakt ArbVerh richten sich Rechte u Pfl von
ArbG u ArbN grdsätzl nach den Vorschr, die für ein wirks ArbVerh gelten (hM; stRspr des BAG). Es besteht
Anspr auf den angem, übl od den bisher geltden vereinb Lohn (BAG NJW **86**, 2133). Es gelten die arbrechtl
Schutznormen, auch das EFZG (allgM; BAG aaO). Es besteht aber keine Pfl zur weiteren ArbLeistg; es genügt
statt einer Künd einseit einf form- u fristl BeendiggsErkl (9 vor § 620). Ist jedoch die ArbLeistg ihrer Art nach
30 ges- od sittenwidr, greift volle Nichtigk dch (BAG NJW **76**, 1958). Arten v ArbVerh: **a) Mittelbares
Arbeitsverhältnis** (hierzu krit Waas RdA **93**, 153) liegt vor, wenn ein ArbN in einem ArbVerh zu einem
and, sog Mittelsmann steht, der seiners ArbN des sog HauptArbG ist und der ArbN die Dienste unmittelb für
den HauptArbG mit dessen Wissen leistet (Bsp: Musiker-Kapellmeister-GaststättenUntern; Heimarbeiter-
Zwischenmeister-Konfektionsfirma). Das ist eine Ausn v § 613 u vom LeihArbVerh (Rn 38–40) zu unter-
scheiden. Das mittelb ArbVerh ist nicht zwangsläuf vom Bestand des unmittelb ArbVerh (zw ArbN u Mittels-
mann) abhäng. Es endet bei gleichlautder Befristg od dch (getrennte) Künd (ErfK/Preis § 611 Rn 204).
LohnAnspr besteht nur gg den Mittelsmann, wenn nicht ein bes VerpflGrd des HauptArbG vorliegt (BAG **6**,
232). Dieser kann auch ErfGeh (§ 278) des Mittelsmannes sein. Eine KündSchKl ist grdsätzl gg den Mittels-
mann zu richten (BAG BB **90**, 1064 mwN). Mißbr dieser RForm des ArbVerh ist im Verh ArbG –
31 Hausmeister – Putzfrau mögl (BAG NJW **83**, 645). **b) Gruppenarbeitsverhältnisse** (Übbl bei Rüthers ZfA
77, 1) liegt vor, wenn mehrere ArbN zwecks gemeins Ausführg von Arb u gesonderter Entlohng bei
demselben ArbG zum selben ZtRaum in einem ArbVerh stehen. Es liegt eine Mehrh von unmittelb ArbVerh
vor, die untereinander nur dch die aus der gemeins Arb errechneten Entlohng zushängen (ErfK/Preis § 611
32 Rn 194). **(1) Eigengruppe** ist der ZusSchl von ArbN zum Zweck eines gemeins VertrAbschl mit einem
ArbG (zB Musikerensemble, Heinze NJW **85**, 2112). Die regelmäß RForm ist Gesellsch. Eine Künd ist
grdsätzl nur für alle ArbVerh gemeins zul, wobei als Grd der für eine Pers genügt (BAG **AP** GruppenArbVerh
33 Nr 1). **(2) Betriebsgruppe** ist ZusFassg von mehreren ArbN dch den ArbG zu gemschbedingter Arb (zB die
Akkordgruppe). Abgesehen von der Entlohngshöhe sind die ArbVerh voneinander grdsätzl unabhäng (BAG
NJW **74**, 2255); es besteht bei VertrVerletzg grdsätzl nur eine Haftg als TSchu (Rüthers ZfA **77**, 1 [25]).
Grdsatz für die Haftg ist, daß das einzelne GruppenMitgl für dch SchlechtLeistg verurs Schäd haftet, wenn es
selbst die VertrPfl verletzt hat (BAG aaO). Jedes GruppenMitgl hat die Pfl, Mängel zu beseit, die das
GruppenArbErgebn gefährden, u Gef abzuwenden (BAG aaO). BewL: ArbG für SchadVerursachg dch
SchlechtLeistg der Gruppe. GruppenMitgl für fehlde Verursachg dch seine Pers u fehldes Versch analog § 282
34 (BAG aaO). **(3) Arbeitsplatzteilung** (job- sharing) ist Aufteilg der Re u Pfl eines ArbVerh auf zwei od mehr
Pers in TZtArb (vgl Rn 44). Der Unterschied zur Eigengruppe ist das Fehlen vertr Beziehgen zw den ArbN,
zur BetrGruppe die eigenverantwortl Festlegg der ArbZt (ErfK/Preis 180 § 5 Rn 5). Im InnenVerh grdsätzl
wie eine Eigengruppe zu behandeln (BAG **AP**, Nr 1 zu § 611 ArbGruppe). Dch § 5 I u II BeschFG ist die
VertretgsPfl u die Künd eines ArbN für den Fall geregelt, daß der od ein and ArbN ausscheidet. Die Künd aus
einem solchen Grde ist unwirks (nach Löwisch BB **85**, 1200 [1204] eine Konkretisierg des § 1 II KSchG);
eine Künd des Partners kann aber aus and Grden zuläss sein (vgl v. Hoyningen-Huene NJW **85**, 1801 [1805]);
35 auch eine ÄndKünd (Vorbem 40 vor § 620) bleibt zul. **(4) Turnus-Arbeit** liegt vor, wenn Gruppen v ArbN
sich auf best ArbPlätzen in festgelegten ZtAbschn abwechseln (§ 5 III BeschFG). Gilt für Voll- u TeilZtArb
36 (Löwisch aaO). Die Regeln des § 5 I, II BeschFG sind entspr anwendb. **c) Doppelarbeitsverhältnis** liegt
vor, wenn ein ArbN in zwei ArbVerh bei versch ArbG steht. Auf Frage des ArbG ist das and ArbVerh zu
offenb (vgl BAG NZA **95**, 935). **(1) Vertragsmäßig** u zul ist es, wenn es zeitl nicht kollidiert, auch als sog
Nebentätigk. Es dürfen aber nicht WettbewVerbote (§ 611 Rn 42) entgegenstehen. Auch wenn Nebentätigk
gem ArbVertr der Gen des ArbG bedarf, ist diese nur notw, wenn die vertr geschuldete ArbLeistg dadch
37 beeinträcht w kann (BAG DB **77**, 545). **(2) Vertragswidrig** ist es bei zeitl Kollision (hierzu Neumann-
Duesberg DB **71**, 382). Das spätere ArbVerh ist nicht wg §§ 138, 306 nichtig. Es liegt am ArbN, welches er
erfüllt (wg Art 12 GG). Außerdem kann ein Urt auf ArbLeistg nicht vollstreckt w (§ 888 II ZPO). Die
RFolgen sind die des ArbVertrBruchs (§ 611 Rn 14). Außerord künd (§ 626) können nur die ArbG; der
neue ArbG kann ggf anfechten (§§ 119, 123). SchadErs des alten gg den neuen ArbG aus § 125 GewO od
38 § 826 (bei Verleitg zum VertrBruch), bei WiederholgsGef UnterlKl. **d) Leiharbeitsverhältnis** (ArbNÜber-
lassg) liegt vor, wenn ein ArbG einen ArbN für eine begrenzte Zt dch Vertr (auch konkludent) einem and
ArbG zum Zweck der ArbLeistg überläßt u der ArbN in dessen BetrOrganisation eingegliedert w (BAG NZA
95, 462). Das geschieht idR aGrd eines DVerschaffgsVertr (Rn 25) u erfordert die Zust des ArbN (§ 613 S 2).
Das ArbVerh besteht stets zum (verleihden) ArbG, zum Entleiher ledigl ein BeschäftVerh (ErfK/Wank 140
39 Einl Rn 50). Zu unterscheiden ist (vgl Kadel/Koppert BB **90**, 2331): **(1) Nichtgewerbsmäßiges Aus-
leihen.** Es kann vorübgehd od gelegentl sein. Der Verleiher haftet nicht für die ordngsgem DLeistg, sond nur
für die Auswahl (BGH NJW **71**, 1129), dafür daß der ArbN für die vorgesehene DLeistg taugl u geeignet ist
(wie Rn 25). Den sog Entleiher treffen aber (zusätzl) die FürsPfl u die Pfl aus dem ArbSchutzR. Bei
40 unerlaubter ArbNÜblassg besteht ein AuskAnspr (BAG NZA **84**, 161). **(2) Gewerbsmäßiges Ausleihen** ist
dch das AÜG (neu bekanntgem BGBl **95** I 158; geänd dch Art 63 AFRG v 24. 3. 97 BGBl 594) geregelt. Das
ArbVerh zw ArbG (Verleiher) u dem LeihArbN entspr den allg Regeln mit SondVorschr in §§ 9–11, 13
AÜG. Zw Entleiher u ArbN bestehen keine vertragl Beziehgen (Rn 39 aE). Zur Fiktion eines ArbVerh bei
längerer Üblassg vgl Groeger DB **98**, 470. Zur Abgrenzg v ähnl Formen des Personaleinsatzes: Marschner
NZA **95**, 668. Das gilt insb für D- u WerkVertr (BAG DB **93**, 2337) sowie GeschBesorggsVertr (Rn 24) u
DVerschaffgsVertr (Rn 25). Zur Unterscheidg (vgl Ivens WiB **95**, 694): Bei ArbNÜblassg setzt der Entleiher
den Üblassenen wie eigene ArbKräfte ein. Bei D- oder WerkVertr organisiert der Untern die zur Erf notw
Hdlgen selbst (BAG DB **93**, 2337). Dabei werden ArbN im fremden Betr als ErfGeh ihres ArbG tät (BAG
41 NZA **87**, 128 mwN). **e) Kettenarbeitsverhältnis** liegt vor, wenn zw demselben ArbG u ArbN mehrere zeitl
42 befr ArbVertr nacheinander u anschließd abgeschl w. Zur Wirksamk: § 620 Rn 4 u 28. **f) Probearbeits-
verhältnis** ist ein echtes, vollwirks ArbVerh, das aber wg der vereinb Erprobg des ArbN leichter lösb ist. Das
ProbeArbVerh kommt prakt in 2 Formen vor: als befr ArbVerh (§ 620 Rn 2) unter Ausschl ord Künd u als
ArbVerh mit unbest Dauer, bei dem die ord Künd kurzfrist gem § 622 zuläss ist (dort Rn 17–19). Ges Regelg

für ProbeZt bei AusbildgsVerh: § 13 BerBG. **g) Aushilfsarbeitsverhältnis** ist echtes vollwirks ArbVerh, das 43
im ArbVertr ausdrückl od stillschw erkennb zur vorübergehd Aushilfe abgeschl wurde, auf best (§ 620 I) od unbest Zeit (hM; vgl § 622 V S 1 Nr 1). **h) Teilzeitarbeitsverhältnis** (Schaub BB **90**, 1069) ist ein ArbVerh, 44
bei dem die regelmäß WoArbZt kürzer ist als die regelmäß WoArbZt vglbarer vollztbesch ArbN des selben Betr. Kommt auch bei ArbPlatzTeilg vor (Rn 34). Das TZtArbVerh ist ges geregelt im 2. Abschn (§§ 2–6) BeschFG u für die AltersTZt seit 1. 8. 96 in einem bes G (BGBl 1078). Zum Verbot unterschiedl Behandlg ggü VollZtBeschäft § 611 Rn 116. Kein Verstoß gg § 2 BeschFG, wenn bis zur Dauer der NormalArbZt keine ÜbStdenZuschläge bezahlt w (hM; BAG NZA **92**, 545; aA Schüren NZA **93**, 529). **i) Partiarisches** 45
Arbeitsverhältnis liegt vor, wenn das ArbEntgelt in Form einer Beteiligg am Untern des ArbG gewährt w. Neben dem Inhalt des ArbVerh als best VertrTyp sind in begrenztem Umfang NebenPfl gesellschrechtl Inhalts anwendb (Baier MDR **85**, 890). **k) Abrufarbeitsverhältnis** liegt vor, wenn der ArbN zu ArbLeistg innerh 46
best ZtRäume verpfl ist u dem ArbG vorbehalten bleibt, wann (od auch in welchem Umfang) er die ArbLeistg in Anspr nimmt (§ 611 Rn 30). Ist auf den ArbAnfall abgestellt, so muß die Dauer der ArbZt festgelegt w (§ 4 I BeschFG). **l) Telearbeitsverhältnis** liegt vor, wenn die ArbLeistg idR mittels EDV ganz od zT außerh der GeschRäume des ArbG erbracht wird. Hierzu u zur Abgrenzg v HeimArb Wedde NJW **99**, 527.

8) Arten von Arbeitnehmern. Je nachdem, welcher Gruppe der ArbN angehört, unterliegt das ArbVerh 47
einer ges Spezialregelg, wobei die §§ 611 ff nur subsidiär gelten. **a) Gewerbliche Arbeiter** sind alle Arb (Rn 13), die in einem GewerbeBetr (iS der GewO) ihres ArbG tät sind; FabrikArb, Handwerkergeh, BauArb, Raumpflegepersonal, auch alle bei einem Kaufmann tät Arbeiter (vgl § 83 HGB). Für diese ArbN gelten die §§ 105–139 aa GewO. **b) Technische Angestellte** sind solche Angest (Rn 12), die in einem GewerbeBetr 48
ihres ArbG tät u nicht kaufm Angest (Rn 49) sind; zB Bauingenieur, Techniker, Zeichner, AufsPersonal, Schreibkräfte. Für diese ArbN gelten die selben Vorschr wie für gewerbl Arbeiter (Rn 47) u speziell § 133 f GewO. **c) Kaufmännische Angestellte** sind Angest (Rn 12), deren ArbG Kaufmann iS des HGB ist u die 49
kaufm Dienste leisten, zB Verk, Einkäufer, Buchhalter, Kassierer, Korrespondenten; im Einzelfall auch ein VerkFahrer. Für dieseArbN gelten die §§ 59–75 h HGB. Angest eines Kaufmanns, die nicht kaufm De leisten, fallen unter Rn 48, sonstige Angest unter Rn 52–56. **d) Bergleute und Bergwerksangestellte** (RGRK- 50
Boldt § 630 Anh I). Es gilt das BGB u ein umfangreiches ArbSchutzR aGrd des BBergG u der BergVOen. Die TV werden auch ohne TarBindg allg in den Betr angewendet. **e) Schiffsbesatzung.** Es ist zu unter- 51
scheiden: Für alle ArbN der Binnenschiffahrt gilt das BinnSchG, für den Schiffsführer gelten §§ 7, 20 BinnSchG, für die übr Besatzg (Schiffsmannsch) die §§ 21–25 BinnSchG, subsidiär die GewO gem Rn 47, 48. Seeschiffahrt: Es gilt das SeemG für Kapitäne, Schiffsoffiziere, sonst Angest u Schiffsleute. Das ArbVerh heißt HeuerVerh. Der Seelotse ist nicht ArbN, sond Gewerbetreibder. **f) Land- und forstwirtschaftliche** 52
Arbeitnehmer. Für Arbeiter u Angest gilt grdsätzl das BGB, nicht die GewO. **g) Hausangestellte** (-gehilfen) 53
sind ArbN, die sozverspfl in priv Haush hauswirtsch Arb gg Entgelt verrichten. Darunter fällt auch die Beaufsichtg von Kindern; nicht: wenn überw im Gewerbe od Land- u Forstwirtsch des ArbG gearb w; die stundenw Beschäftigg von HaushHilfen (Putz- od Aufwartefrauen). Es gilt grdsätzl BGB. Da der Haush kein Betr ist, gelten die betrbezogenen Ge (insb das KSchG) nicht. **h) Arbeitnehmer im öffentlichen Dienst.** 54
Angest u Arb des Bundes, der Länder, Gem u sonst JP des öff R werden aGrd privrechtl ArbVertr beschäft. Als grdsätzl Regelg für den ArbVertr gilt ledigl das BGB; es gehen jedoch die Regeln der zahlr umfassden TarVertr vor, insb der BAT (BundesAngestTV) u die MantelTV für die Arb des Bundes u der Länder. **i) Arbeitnehmer** 55
der ausländischen Streitkräfte. Für die zivilen ArbN gilt Art 56 des ZusatzAbk zum NTS (BGBl 61 II 1218) u deutsches ArbR (Art IX Abs 4 NTS). Das ArbVerh stellt aber nicht deutschen öff Dienst dar (Art 56 I f ZusatzAbk). **j) Sonstige Arbeitnehmer.** Das sind alle, die nicht in eine der Gruppen Rn 47–54 einzuordnen 56
sind, insb die Angest u Arb, deren ArbG freiberufl tät sind, zB Ärzte, Zahnärzte, RAe, Steuerberater, od kein Gewerbe betreiben, zB Vereine, Stiftgen, TheaterBetr, sowie NotAngest, Redakteure, ArbN in Apotheken (§ 154 Nr 1 u 3 GewO). Es gilt das BGB, ggf das EFZG (vgl § 616 Rn 18), sow nicht TV od einzelvertragl Vereinbgen vorgehen.

9) Ausbildungsverhältnisse sind in den §§ 3–19 BerBG ges geregelt. Das G gilt aber nicht für öffrechtl 57
DVerh u für die Seeschiffahrt (§ 2 II BerBG). AusbildgsVerh sind bes ausgestaltete ArbVerh (vgl § 3 II BerBG); die Azubi sind ArbN (hM). Das BerBG regelt die Begründg, den Beginn u die Beendigg des AusbildgsVerh, die Pfl der VertrPart, die Vergütung (zur Höhe BAG NJW **99**, 1205) u die RFolgen der Weiterbeschäftigg. Die Vorschr sind zG des Azubi zwingend (§ 18 BerBG). Die Nichteinhaltg der Schriftf (§ 4 BerBG) führt nicht zur FormNichtk (BAG NZA **98**, 37). Die Zulässigk ord Künd kann nicht wirks vereinb w (BAG stRspr seit **4**, 274 [284]). Das gilt auch für ähnl, nicht arbrechtl AusbildgsVerh (zB Flugzeugführer, BAG NJW **73**, 166). Subsidiär sind die für das ArbVerh geltden Regeln anzuwenden (§ 3 II BerBG). Die Kosten der Ausbildg trägt der ArbG (BAG NJW **96**, 947). **a) Lehrverhältnis** ist der Regelfall des AusbildgsVerh. Es ist auf das Erlernen 58
eines Ausbildgsberufs in einem geordneten Ausbildgsgang gerichtet (vgl § 1 II BerBG). **b) Anlernverhältnis** 59
ist ausschließl auf das Erlernen best berufl Tätigk gerichtet (ErfK/Schlachter 150 § 19 Rn 5). Nur wenn zu diesem Zweck nicht ein ArbVerh vereinb ist, gelten die §§ 3–18 BerBG nach Maßg des § 19 BerBG. Anlernen iR eines ArbVerh fällt also nicht darunter. **c) Volontärverhältnis** ist darauf gerichtet, unentgeltl (vgl § 82 a 60
HGB) berufl Kenntn u Erfahrgen zu erwerben od zu erweitern. Die §§ 3–18 gelten nach Maßg des § 19 BerBG. **d) Praktikantenverhältnis** ist eine vertragl geregelte betriebl Tätigk u Ausbildg einer Pers idR gg 61
Entgelt ohne systemat Berufsausbildg mit dem Zweck auf einen best Beruf vorzubereiten (hierzu Scherer NZA **86**, 280). Wenn ein Praktikant wie ein ArbN beschäft w, liegt ein ArbVerh vor (LAG Rh-Pf NZA **86**, 293). **e) Fortbildungsverhältnis** ist auf Erhaltg u Erweiterg der berufl Kenntn u Fähigk, sowie auf ihre Anpassg an 62
die techn Entwicklg gerichtet od soll berufl Aufstieg ermögl (§ 1 III BerBG). Es w dch einen FortbildgsVertr begründet u setzt ein bestehdes ArbVerh voraus. Inhalt: Pfl des ArbG, den ArbN zu schulen od schulen zu lassen, Übern der Kosten, ggf (nach Vereinbg) Zahlg eines UnterhBetr (in Höhe der vereinb Vergütg mögl); daneben FürsPfl; keine VergütgsPfl (BAG **AP** Art 12 GG Nr 25). Pfl des ArbN ist die vereinb Fortbildg seiner berufl Fähigk, daneben ggf Ausführg prakt Arb; TreuePfl (§ 611 Rn 39). Wirkg auf ArbVerh: Es besteht weiter; jedoch ruhen Arb- u VergütgsPfl.

63 **10) Arbeitsbedingungen.** Darunter versteht man den Umfang u Inhalt der Re u Pfl der ArbN aus dem einzelnen ArbVerh, zB Lohnhöhe, ArbZeit, Urlaub. Sie werden grdsätzl im ArbVertr frei vereinb u sind schriftl nachzuweisen nach Maßg des NachwG (hierzu Birk NZA **96**, 281). Ihre Änderg kann vorbehalten w, aber es kann unter best Vorauss ihre Änderg auch ohne Vorbeh verlangt w (hierzu allg Hromadka RdA **92**, 234). Die ArbBedinggen werden in best Rangfolge gestaltet, nämlich dch:

64 **a) Zwingende gesetzliche Vorschriften:** Gesetz im mat Sinne, also auch RechtsVO. Verstoß bewirkt Nichtigk (§ 134), nach § 139 entweder des betroffenen Teils od des ganzen Vertr (dann ggf faktisches ArbVerh, vgl Rn 29). Vorrang hat das VerfassgR, soweit die Drittwirkg der GrdR bejaht w, prakt bedeuts bei Art 3 GG, der im ArbR nur bei gesamtheitl zustgekommenen ArbBedinggen bindet, insb für die Lohngleichh von Mann u Frau (BAG stRspr), in TV, BetrVereinbgen u ähnl allg Regelgen von ArbBedinggen, aber nicht im EinzelArbVertr (vgl § 611 Rn 106). Zwingde ges Vorschr im BGB sind zB §§ 617, 618, 629, weitgehd das BUrlG (vgl § 13), sowie zahlr Vorschr des ArbSchutzR (vgl Rn 81–89).

65 **b) Tarifverträge** sind privrechtl Vertr zw tariffäh Parteien (Gewerksch, einzelne ArbG u Vereiniggen von ArbG, ferner Spitzenorganisationen, § 2 TVG). TV haben schuldrechtl u normativen Teil (§ 1 TVG). Schriftform (§ 1 II TVG), auch für den ÄndergsVertr (allg M), aber nicht für den VorVertr (BAG NJW **77**, 318, dagg Mangen RdA **82**, 229), für den AufhebgsVertr nur beim normativen Teil (Mangen aaO). Der Abschl von TV kann dch Schlichtg gefördert w.

66 **aa) Geltungsbereich.** Nur im GeltgsBer besteht die sog TarGebundenh (§ 3 TVG) u kann ein TV für allgverbindl erkl w (§ 5 TVG), grdsätzl nicht rückwirkd (BAG DB **83**, 722). Man hat folgde GeltgsBer zu
67 beachten: **(1) Persönlich:** nur tarifgebundene ArbN (Mitgl einer TVPart); die ArbG, die Mitgl der Vereinigg sind, die den TarVertr abgeschl hat, die seine Geltg vereinb od die ihn selbst abgeschl haben (vgl aber Rn 71 aE). Zur Nachwirkg bei Austritt aus einem Verband: BAG NZA **96**, 2525; Hoß/Liebscher DB **95**, 2525.
68 **(2) Räumlich:** Bund, Land, Bezirk, Ort od einzelne Betr. **(3) Zeitlich:** iZw vom Abschl an auf unbest Zeit, aber idR auf best Zeit im Vertr festgelegt; Rückwirkg kann vereinb w u gilt auch für inzw ausgeschiedene ArbN, wenn zZ des Abschl des TV noch TarGebundenh besteht. Nachwirkg besteht aGrd des § 4 TVG
69 (Rn 71). **(4) Fachlich:** die Zugehörigk zu der betr ArbNGruppe (zB kfm od techn Angest, Vergütgs-
70 Gruppe). **(5) Betrieblich:** die Zugehörigk des Betr zu dem WirtschZweig, für den der TV abgeschl ist. Es gilt der Grds der TarEinh, dh daß für einen Betr grdsätzl nur ein TV gilt, wobei die überwiegde, speziellere BetrTätigk maßg ist (BAG stRspr; zust Säcker/Oetker ZfA **93**, 1 mwN; zu TarKonkurrenz u TarPluralität Müller NZA **89**, 449).

71 **bb) Normativer Teil.** Auf Grd der vom GGeber den TVParteien eingeräumten Autonomie können im TV RNormen über Abschl, Inhalt u Beendigg von ArbVerh erlassen, ferner betriebl u betriebsverfrechtl Fragen geordnet werden (§ 1 I TVG; § 3 BetrVG). Das ist wie ein G auszulegen u bindet an das Gleichh-Gebot (Wiedemann/Peters RdA **97**, 100). Es wirkt im GeltgsBer unmittelb auf die ArbVerh in der Weise ein, daß die ArbBedinggen des einzelnen ArbVerh so gestaltet werden, wie es im normativen Teil des TV vereinb w (§ 4 I TVG), bei AllgVerbindlErkl auch rückwirkd (BAG DB **97**, 433). Die Wirkg ist zwingd. Rechte daraus können nicht verwirkt w (§ 4 IV S 2 TVG). AusschlFr (§ 611 Rn 72) sind nur im TV zul (§ 4 IV S 3 TVG), ein Verz des ArbN nur mit Billigg der TVPart (§ 4 IV S 1 TVG). Abweichgen von normativen Teil sind nur bei ausdrückl Gestattg im TV (sog TarÖffngsKl) od zG des ArbN zul, wobei auf den konkr Einzelfall abzustellen ist, zB Verlängerg der ArbZt (Kramer DB **94**, 426). Diese Wirkg u die (dch die TVPart ausschließb, BAG NZA **98**, 492) Nachwirkg (Weitergeltg der TarNormen bis zu einer and Abmachg, § 4 V TVG) erfaßt nur die im GeltgsBer (Rn 66–70) des TV abgeschl ArbVerh. Im TV darf zw Mitgl der vertrschließden Gewerksch u nichtorganisierten ArbN nicht differenziert (ErfK/Schaub 600 § 1 Rn 32). Dieses Verbot sog DifferenziergsKl wird mit dem Fehlen der TarMacht u der Koalitionsfreih begründet (BAG [GS] NJW **68**, 1903).

72 **cc) Obligatorischer Teil.** Umfaßt die Pfl der TarVertrPart, näml die sog SelbstPfl (vor allem die FriedensPfl, BAG NJW **83**, 1750) u die EinwirkgsPfl (auf ein best Verhalten der Mitgl hinzuwirken; ErfK/ Schaub 600 § 1 Rn 66). In diesem Teil ist der TV ein Vertr zGDr, näml der Mitgl der TVParteien. Die Mitgl der TVPart treffen diese Pfl aber nicht. Auslegg: §§ 133, 157. RFolgen schuldh Verletzg der Pfl sind SchadErsAnspr aus pVV analog §§ 280, 325; zB wg Ausrufg eines rechtswidr Streiks (vgl Vorbem 12 vor § 620). Aber auch R zur fristl Künd des TV anstatt des Rücktr aus § 326.

73 **c) Betriebsvereinbarungen und Dienstvereinbarungen. aa) Betriebsvereinbarung** ist ein privatrechtl Vertr (hM, VertrTheorie) zw ArbG u BetrRat, der ihre Pfl, Angelegenh des Betr u der BetrVerf zum Ggst haben u sich auf die ArbVerh beziehen kann. Nach der Satzgstheorie ist die BetrV eine autonome Satzg, die dch gleichlautd aufeinander bezogene Beschlüsse von ArbG u BetrRat zustandekommt (§ 77 I, II BetrVG). Die BetrVereinbg regelt das ArbVerh, wenn u soweit sie einen dem TV entspr (vgl Rn 71) normativen Teil hat (hierzu Richardi ZfA **92**, 307). Insow werden die ArbBedinggen dch die BetrV unmittelb u zwingd gestaltet (§ 77 IV S 1 BetrVG) im Nachrang ggü zwingden ges Vorschr u TV (§ 77 III BetrVG). Daher ist eine BetrV nichtig (§ 134), wenn sie ArbBedinggen regelt, die üblw dch TV geregelt w u BetrV nicht ausdrückl im TV zugel sind (§ 77 III BetrVG; hM; dagg krit u zT aA Ehmann/Schmidt NZA **95**, 193). Soweit Einzelh zum Lohn u zur ArbZt nicht im TV geregelt sind, wird eine BetrV zugelassen, insb bei TarÖffngsKl (Rn 71) u iR des § 87 BetrVG. Die BetrV wirkt nur für u gg die (aktiven, eingegliederten) ArbN des Betr (BAG [GS] **3**, 1; aA Walterman NZA **96**, 357 [364]). Die BetrV hat Nachwirkg im Umfang des § 77 VI BetrVG. Entggstehde od weitergehde einzelvertr Re des ArbN können zL des ArbN dch BetrV nur geänd w, wenn sie unter dem Vorbeh einer ablösden (dh die vertr AnsprGrdlagen auswechselnde) BetrV stehen, also für eine BetrV offen sind (BAG NJW **83**, 68) od wenn die Neuregelg bei kollektiver Betrachtg für die ArbN insges nicht ungünst ist (BAG [GS] NZA **87**, 168; sog GünstkPrinzip; hierzu Blomeyer NZA **96**, 337). Die Normen der BetrV treten nicht an die Stelle des ArbVertr, sond verdrängen sie nur für die Dauer der BetrV (BAG NZA **90**, 351 m Anm v Richardi 331).

74 **bb) Dienstvereinbarung** ist ein öffrechtl Vertr (hM; VertrTheorie) zw der DStelle u dem PersRat über best gesetzl zugel soz Angelegenh (§ 73 PersVG). DVereinbg entspr für den öff Dienst der BetrV. Für den öff

Dienst des Bundes gilt das PersVG unmittelb (§ 1 PersVG), für den der Länder, Gem u nicht dem Bund unterstehden JP des öff R gelten die im wesentl gleichlautden PersVG der Länder. DVereinbgen haben bei Angelegenh der §§ 75, 76 PersVG, wie eine BetrV, zwingde normative Wirkg auf die ArbVerh der Angest u Arb, wobei im Ggsatz zur BetrV eine Nachwirkg bejaht w.

d) Einzelarbeitsvertrag. Soweit nicht zwingd mit normativer Wirkg geregelt (Rn 64, 65, 71, 73), können die ArbBedinggen frei dch den ArbVertr (Rn 4) best w. **aa) Vertragliche Regelung.** Zum Abschl: § 611 Rn 2–10. Die ausdrückl mündl od schriftl Vereinbg werden (auch dch ÄndergsVertr, Löwisch NZA **88**, 633, [641] gem § 305) abgeschl u nach § 133 u § 157 ausgelegt. Danach können auch Lücken geschl w. Wird die vertr Regelg einseit dch den ArbG best, sind übraschde Kl im FormlVertr wg § 9 AGB od § 242 unwirks (BAG NJW **96**, 2117). Es findet eine richterl BillkKontrolle statt (vgl §§ 23, 24 AGBG Rn 2). 75
bb) Betriebliche Übung. Zur rechtl Einordng Einf 14 vor § 116. Stillschweigd wird Ggstand des ArbVertr der Inhalt einer betriebl Übg, aber nur subsidiär, dh soweit keine sonst vertragl Regelg besteht, auch im öff D mögl (BAG NJW **96**, 1770). Bei SchriftformErfordern nicht forml mögl (hM; Pauly MDR **97**, 213). Es handelt sich um die über einen längeren Zeitraum (zB 3 Je, BAG NJW **98**, 475), auch zu ungunsten des ArbN (BAG aaO) zw ArbG u den ArbN des Betr ohne ausdrückl Vereinbg wissentl vorgen tats Gestaltg von ArbBedinggen, zB Ruhegehalt, Gratifikation, Jubiläumsgabe. Für Freizeitgewährg einschränkd BAG NJW **71**, 163; für tarifl Erhöhgen u sonst tarifl Leistgen verneind BAG DB **72**, 1168. Ebenf verneint für außertarifl Lohnerhöhg v BAG DB **86**, 1627. Erforderl ist stets, daß von Seiten des ArbN die Ann gerechtf ist, der ArbG wolle sich rechtl dahin binden, auch in Zukunft sich wie bisher zu verhalten (BAG NJW **98**, 475). Ein Vorbeh begrenzter Geltg schließt das aus (BAG NZA **95**, 418). Es genügt, daß der ArbN unter Geltg dieser betriebl Übg gearbeitet hat; er muß nicht schon v ihr betroffen sein. Änd erfordert Vertr (§ 305; BAG NJW **97**, 212), auch dch ggläuf betriebl Übg mögl (Tappe/Koplin DB **98**, 2114). Es genügt nicht eine länger praktizierte jährl GehaltsÜbPrüfg, die dch BetrVereinbg eingeführt war (BAG NZA **99**, 203). 76
cc) Bezugnahme auf Tarifvertrag kann auch zw Nichttarifgebundenen (Rn 67) vertragl vereinb w. Soweit Bezugn reicht, richtet sich der ArbVertr nach dem normativen Teil des TV (Rn 71), nicht weiter (LAG Hamm DB **75**, 1515). Zu aktuellen Fragen Gaul NZA **98**, 93. 77

e) Nachgiebige gesetzliche Vorschriften gestalten die ArbBedinggen nur, soweit sie nicht schon dch zwingde ges Vorschr, TarVertr, Betr- od DVereinbg sowie EinzelArbVertr festgesetzt sind. 78

f) Weisungsrecht des ArbG (§ 611 Rn 45–48); dadch gestaltet der ArbG die ArbBedinggen nur, sow sie nicht gem der Rn 64–78 best sind (Richter DB **89**, 2382 u 2430). Das Weisgs(Direktions)R kann zT unter MitBest des BetrR stehen (Richter aaO). 79

11) Betriebliche Altersversorgung erfolgt idR dch Ruhegeld. Das Ruhegeld ist eine Leistg des ArbG, die er wg des ArbVerh an den ArbN od an dessen Hinterbliebene erbringt, um sie für Alter od ArbUnfähk, als Witwe od als Waisen zu versorgen: Beruht formlos auf Einzel- od GesZusage (Vertr), betr Übg (Rn 76), Gleichbehandlg (§ 611 Rn 105), auf TarVertr (Rn 71) od BetrV (Rn 73). Unterliegt grdsätzl der VertrFreih. Die betriebl Altersversorgg ist lückenh u auf die Anpassg wg GeldEntwertg ausgerichtet, im BetrAVG geregelt (ErfK/Steinmeyer 200 Rn 1–4). 80

12) Arbeitnehmerschutzrecht iwS sind die RNormen, die den Schutz der ArbN bezwecken. Das geschieht auf zweierlei Weise: **(1)** Es werden dch zwingde ges Vorschr die ArbBedinggen gestaltet (vgl Rn 64); **(2)** Es werden ArbG u ArbN best öffrechtl Pfl auferlegt (ArbNSchutzR ieS). Die Vorschr sind zwingd, insb unverzichtb; ihre Verl führt zur Nichtigk (§ 134), begründet über § 823 II SchadErsPfl, kann ferner Straftat od Ordngswidrigk sein. Nach dem Zweck u GeltgsBer unterscheidet man. 81
a) Arbeitsschutz. Seit 21. 8. 96 gilt grdlegd das ArbSchutzG v 7. 8. 96 (BGBl 1246; Vogl NJW **96**, 2753), mit dem die EG-RiL 89/391 u 91/383 umgesetzt sind. Außerdem gelten zahlr Vorschr aus der Textsammlg Nipperdey II. 82
b) Arbeitszeitschutz: insb die Festsetzg der Höchstdauer, v RuheZten sowie arbfreien Tagen dch das ArbZG (iKr seit 1. 7. 94; Übbl: Nebendahl WiB **95**, 145). Das G gilt nicht für ArbN unter 18 J (§ 18 II; vgl Rn 85) u ltd Angest (§ 18 I Nr 1). 83
c) Frauen-, Mutter- und Elternschutz. Für (auch werdde) Mütter gilt das MuSchG idF v 17. 1. 97 (BGBl S 20) mit KündSchutz (Vorbem 79 vor § 620), Beschäftiggsverbot (§§ 3, 4, 6), Verbot von Mehr-, Nacht- u SonntagsArb (§ 8) bei EntgFortzahlg (§ 11). Für ErziehungsUrl u Künd gelten §§ 15–19 BErzGG. 84
d) Jugendschutz im JArbSchG dch Verbot der KinderArb (§§ 5–6) mit Ausn in der KinderArbSchVO (BGBl **98** I 1508), begrenzte ArbZeit (§§ 7–18), verlängerten Url (§ 19), Beschäft-Verbote u -beschrkgen (§§ 22–27 ff) sowie erhöhte FürsPfl (§§ 28–31) mit GesundhSchutz (§§ 32–46). SondRegelg im SeemannsG. 85
e) Heimarbeiterschutz. Es gilt das HeimArbG v 14. 3. 51 idF des G v 11. 10. 95 mit ArbZeitschutz (§§ 10, 11), Gefahrenschutz (§§ 12–16 a), Entgeltregelg (§§ 17–22) u Entgeltschutz (§§ 23–27) sowie KündSchutz (§§ 29, 29 a), ferner wirtschl Sicherg im KrhFall u FeierTEntgelt dch Art 53 PflegeVG, §§ 10, 11 EFZG. Bei der Dchführg nehmen die HeimArbAusschüsse wesentl Aufgaben als SelbstVerwKörper wahr. 86
f) Schwerbehindertenschutz. Schwerbehinderte u Gleichgestellte (§§ 1, 2) müssen unter best Vorauss vom ArbG in best Zahl eingestellt u beschäft w (§§ 5–12), haben Anspr auf fördernde u angem Beschäft (§ 14), genießen KündSch (§§ 15–22; 75–78 vor § 620), sind nicht zu MehrArb verpfl (§ 46) u erhalten ZusatzUrl (§ 47). Renten dürfen auf das ArbEntgelt nicht angerechnet w (§ 45). 87
g) Arbeitsplatzschutz ist vorgesehen bei WehrD, Eigngsübg u ArbVerpfl im Notstand (SpanngsZten u Verteidiggsfall). Wird dadch bewirkt, daß das ArbVerh währd dieses Zeitraums ruht od unter KündSch fortbesteht u dem ArbN best Rechte aus dem ArbVerh gewahrt bleiben (§§ 1–6 ArbPlSchG; §§ 1–2, 4, 6–10 EignÜbgG; §§ 1–14 ArbPlSchG). 88
h) Kündigungsschutz: Vorbem 61–74 v § 620. 89
i) Belästigungsschutz besteht aGrd des BeschäftigtenSchutzG v 24. 6. 94. Das G gewährt Schutz vor sexuellen Belästiggen am ArbPlatz. 90

611 *Vertragspflichten.*

[I] **Durch den Dienstvertrag wird derjenige, welcher Dienste zusagt, zur Leistung der versprochenen Dienste, der andere Teil zur Gewährung der vereinbarten Vergütung verpflichtet.**

[II] **Gegenstand des Dienstvertrags können Dienste jeder Art sein.**

1) Allgemeines 1–19
a) Begriffe 1
b) Abschluß 2–11
c) Änderung 12
d) Gegenseitigkeit 13
e) Vertragsverletzungen 14–18
f) Zwangsvollstreckung 19
2) Mängel des Vertrags 20–23
a) Dienstvertrag 21
b) Arbeitsvertrag 22–23
3) Dienstleistungs(Arbeits)pflicht 24–38
a) Art 25
b) Umfang 26
c) Zeit 27–31
d) Ort 31
e) Versetzung 32
f) Pflichtverletzung 33–37
g) Freistellung 38
4) Treuepflicht 39–44
a) Interessenwahrung 40
b) Verschwiegenheit 41
c) Wettbewerbsverbote 42–43
d) Sonstiges 44
5) Weisungs(Direktions)recht 45–48
6) Vergütung 49–75
a) Rechtsgrund 50
b) Höhe 51–54
c) Lohnformen 55–58
d) Lohn- und Gehaltszuschläge 59
e) Feiertagsentgelt 60–64
f) Öffentlich-rechtliche Lohnabzüge 65–67
7) Verlust des Vergütungsanspruchs 68
a) Rückzahlung 69
b) Verzicht 69
c) Verwirkung 70
d) Verjährung 71
e) Ausschlußfrist 72
f) Abtretung 73
g) Aufrechnung 74
h) Teilvergütung 75
8) Sonstige Vergütung 76–95
a) Prämie 77
b) Beteiligung 78
c) Provision 79
d) Vermögenswirksame Leistungen 80
e) Sonderzahlungen (Gratifikationen) 81–91
f) Arbeitgeberdarlehen 92
g) Zuschüsse 93
h) Aus- und Fortbildungskosten 94
i) Werksangehörigenrabatt 95
9) Fürsorgepflicht 96–104
a) Dauer 97
b) Schutzpflichten 98–101
c) Sorgfaltspflichten 102
d) Auskunfts-, Nach- und Hinweispflichten 103
e) Sonstiges 104
10) Gleichbehandlungspflicht 105–117
a) Rechtsgrundlage 111
b) Anwendungsbereich 112
c) Voraussetzungen 113
d) Inhalt 114–116
e) Wirkung 117
11) Beschäftigungspflicht 118–124
12) Aufwendungsersatz 125
13) Urlaub 126–150
a) Rechtsgrund 127–128
b) Voraussetzungen 129–131
c) Dauer 132
d) Teilurlaub 133
e) Anrechnung 134–136
f) Arbeitsplatzwechsel 137
g) Zeitpunkt 138
h) Erwerbstätigkeit 139
i) Urlaubsentgelt 140–143
j) Urlaubsabgeltung 144–149
k) Erlöschen 150
14) Haftungsmaß und innerbetrieblicher Schadensausgleich 152–159
a) Schädigung anderer Arbeitnehmer 153–155
b) Schädigung des Arbeitgebers 156–158
c) Schädigung Dritter 159

1 **1) Allgemeines. a) Begriffe:** DVertr, DVerh, ArbVertr u ArbVerh siehe Einf 1, 2, 4 u 5 v § 611; zu
2 Abs II u Abgrenzg siehe Einf 16–26 vor § 611. **b) Abschluß** von DVertr u ArbVertr. Der ArbG ist darin grdsätzl frei (vgl Buchner NZA **91**, 577). **aa) Form:** Grdsätzl formfrei, auch stillschw Abschl. Schriftform: zwingd in § 3 FernUSG, § 4 BerBG. Bei FormularVertr vgl § 24 Rn 2 AGBG. Das NachwG (vgl Rn 3 aE) bewirkt eine prakt Empfehlg, ArbVertr schriftl abzuschließen (Birk NZA **96**, 281 [283]). Gewillkürte Schriftform (§ 127) ist häuf in TV. Sie kann auch dch EinzelVertr vereinb w. Nur wenn echte Form u nicht bloßes BewMittel gewollt ist, gilt § 127. Unterliegen Änd u Ergänzgen der vereinb Schriftform (§ 125), so sind sie auch mdl wirks vereinb, wenn die Part dies übereinst gewollt haben (BAG NJW **89**, 2149; vgl § 125 Rn 14). Verletzgsfolgen: BerufsausbildgsVertr ist trotz Verletzg der FormVorschr wirks (BAG **AP** § 15 BerBG Nr 1);
3 iü tritt über § 125 Nichtigk des Vertr ein, ggf ein fakt ArbVerh (Einf 29 vor § 611). **bb) Nachweis von Arbeitsbedingungen** ist seit 28. 7. 95 geregelt dch das NachwG (Art 1 des G zur Anpassg arbrechtl Best an das EG-R, BGBl 946: Grünberger NJW **95**, 2809). Es schreibt für das ArbVerh keine Schriftform vor (vgl Rn 1), sond gibt dem ArbN einen unabdingb (§ 5) Anspr gg den ArbG, ihm spätestens einen Mo nach vereinb Beginn des ArbVerh in Schriftform die niedergelegten ArbBedinggen (§ 2 S 1) nach Maßg des § 2 I S 2 Nr 1–10 auszuhänd, mit zusätzl Angaben bei Tätigk im Ausland (§ 2 II). Teilw kann auf kollektive Regelgen (insb TV u Betr- od DVereinbg) verwiesen w. Die NachwPfl entfällt, wenn ein ausgehänd schriftl ArbVertr die geforderten Angaben enthält (§ 2 IV). Auch die Änd wesentl VertrBedinggen muß der ArbG schriftl mitteilen, wenn sie nicht auf G od kollektiver Regelg beruht (§ 3). Unanwendb ist das NachwG auf ArbN in Aushilfs- od geringfüg Tätigk sowie auf ArbN in einem FamHaush mit begrenztem Umfang (vgl § 1). Bei Verstoß gg das NachwG keine Nichtigk od sonst Sanktion (hM; Krauß WiB **95**, 819; vgl aber
4 Rn 103). **cc) Persönliche Voraussetzungen:** Abschl dch Bevollm ist mögl. Für Mje als ArbG gilt § 112, als ArbN § 113 I 1. Sow §§ 112, 113 nicht erfüllt sind, ist zu einem D- od ArbVertr die Zust des ges Vertr notw. Öffrechtl AbschlVerbote sind zu beachten, vor allem (mit RFolge des § 134) die BeschäftVerbote Ausländ ArbN bedürfen der Erlaubn gem § 19 AFG (hierzu ArbErlaubnVO idF v 21. 12. 90 BGBl 3009); ohne sie abgeschl ArbVertr sind zunächst schwebd unwirks (BAG NJW **69**, 2111; aA Eichenhofer NZA **87**, 732: § 134). Läuft die ArbErl ab, tritt nachträgl rechtl Unmöglk gem §§ 275, 323 ff ein u das (nicht etwa nichtig werdde) ArbVerh kann ord od außerord gekünd w (BAG NJW **77**, 1023). Dasselbe gilt, wenn ein unbefr
5 ArbVerh ohne ArbErlaubn längere Zt hindch besteht (BAG NJW **77**, 1608). **dd) Auskunft und Offenbarung** (Moritz NZA **87**, 329). Verl führt zu Anfechtg (Rn 9) od begrdet VertrSchlVersch (§ 276 Rn 118);
6 § 278 gilt auch ohne AbschlVollm (BAG DB **74**, 2060). **(1) Fragen** des ArbG. Sie müssen zuläss sein, damit die Täuschg arglist sein kann. Nur dann besteht Pfl zu wahrhgem Antwort auf zuläss Fragen des ArbG, insb nach früh ArbVerh (LAG Köln NZA-RR **96**, 403), GewerkschZugehörk (hM), zur Scientology-Org bei VertrauensStellg (Bauer/Baeck DB **97**, 2534), nach SchwBehEigensch od GleichStellg (BAG NJW **87**, 398),

jedenf wenn sie für die auszuübde Tätigk v Bedeutg sind (BAG NJW **94**, 1363), sogar tätigkneutral (BAG NJW **96**, 2323 u NZA **99**, 584), zB Stasi-MitArb (BVerfG NJW **97**, 2307; BAG NZA **98**, 1052); auch Vorstrafen u schwebde StrafVerf (Raab RdA **95**, 36 mwN; bestr), aber nur, soweit sie für das ArbVerh im Einzelfall wesentl sind (BAG NZA **99**, 975). Frage nach Aids-Erkrankg ist zuläss (Richardi NZA **88**, 73; Bruns MDR **88**, 95; einschränkd Lichtenberg/Schücking NZA **90**, 41), nach Infektion nur dann, wenn die Eigng für die vorgesehene Tätigk fehlen w (Richardi aaO). Aids-Test nur mit Einwilligg des Bewerbers. Die Frage nach der Schwangersch ist idR unzuläss (Rn 9 u § 611 a Rn 9). Hierzu allg mit HdlgHinw: Sowka NZA **94**, 967. **(2) Offenbarung.** Der ArbN darf nichts verschweigen, was die Erf der ArbPfl unmögl macht 7
od für den ArbPlatz v ausschlaggebder Bedeutg ist (BAG NJW **91**, 2727), zB bevorstehder Antritt einer FreihStrafe (LAG Ffm NZA **87**, 352); eine Schwangersch, wenn ein BeschäftVerbot (§ 8 MuSchG) entggstehen kann (BAG NJW **89**, 929). Ansteckde InfektionsKrankh sind stets anzugeben. Auch der Entschl od der Zwang, die Arb nicht anzutreten, ist dem ArbG unverzügl mitzuteilen, wenn dieser in Erwartg der zugesagten ArbAufn erhebl Aufwendgen tätigt (BAG NJW **85**, 509). **(3) Auskunft und Aufklärung** dch den ArbG. Er 8
hat auf Frage Ausk über tats Verh des Betr zu geben, sow sie das Entgelt, die ArbLeistg u die Pers des ArbN betr. Außerdem besteht in einem gewissen Umfang eine AufklärgsPfl (Rn 97; Kursawe NZA **97**, 245).
(4) Rechtsfolgen bei wahrhwidr Ausk od unterbliebener Offenbarg §§ 119, 123 (BAG stRspr zB NJW **94**, 9
1363 u NZA **99**, 975), wobei die Anf ausnw ausgeschl sein kann, wenn der AnfGrd zZ der Anf seine Bedeutg für das ArbVerh verloren hat (BAG NZA **88**, 731) od die RLage des Getäuschten im Ztpkt der Anf nicht mehr beeinträcht ist (BAG NZA **98**, 1052). § 123 ist ausgeschl, wenn auf unzuläss Fragen falsche Ausk gegeben w, wie insb bei Schwangersch (BAG NJW **93**, 1154); jedoch kann die Frage zuläss sein (vgl BAG NJW **94**, 148). Rückwirkg (§ 142) wird nach hM bei tats geleisteter Arb für ausgeschl gehalten, nicht aber dann, wenn die Arb tats nicht geleistet wurde. Das gilt auch bei Erkrankg (BAG NZA **99**, 584 unter Aufg fr Rspr). Wird Rückwirkg angenommen, besteht bei tats geleisteter Arb ein fakt ArbVerh (29 vor § 611). Künd gem § 626 (aber nicht bei Schwangersch, § 9 MuSchG), SchadErs (§ 276 Rn 118, 123). Schwangersch begrdet auch bei ArbVerbot (NachtArb) keine Nichtigk (EuGH NJW **94**, 2077). Sie fällt nicht unter § 119 II (BAG NJW **89**, 929). **ee) Zustimmungserfordernis** zur Einstellg v ArbN besteht für den BetrR (§ 99 10
BetrVG) u PersR (§§ 75, 77 BPersVG). Einstellg ist nicht schon der Abschl des ArbVertr, sond erst die tats Beschäft im Betr (BAG NZA **92**, 1141 mwN); daher auch eine Versetzg (BAG NZA **87**, 424). Ein ArbVertr, der ohne Zust abgeschl w, ist voll wirks (BAG NJW **81**, 703; bestr). Zul ist es, die Verweigerg dieser Zust als auflösd Bedingg in den ArbVertr aufzun (BAG **AP** § 620 Nr 79; dagg v. Friesen BB **84**, 677). Eine Beh darf den ArbN, solange die Zust fehlt, jedoch nicht beschäft (BAG aaO). Bei priv ArbG ist vorl Einstellg nach § 100 BetrVG mögl. **ff) Aufwendungsersatz** für ein v ArbG veranlaßtes VorstellgsGespräch ist grdsätzl zu 11
leisten, auch wenn der ArbN nicht eingestellt w (BAG NZA **89**, 468).

c) Änderung erfordert neuen Vertr (§ 305); dafür gilt Rn 2. Die Änd eines ArbVertr ist dch schriftl Mitt 12
spätest nach einem Mo dem ArbN nachzuw (§ 3 NachwG). Stillschw VertrSchl liegt idR im widerspruchsl WeiterArb, nachdem ArbG ohne ÄndKünd VertrÄnderg vorgeschlagen hat, sofern die Änderg sich unmittelb auswirkt. Änd bei ArbVertr häuf dch TV u BetrVereinbg (vgl Einf 65, 73), auch bei einzelvertr Abreden (BAG BB **82**, 2183). Die Einh des ArbVerh bleibt davon unberührt (BAG DB **76**, 488).

d) Gegenseitigkeit. Der DVertr ist ggs Vertr, der auf Austausch von DLeistg u Vergütg gerichtet ist. Das 13
gilt unbeschadet seines personenrechtl Charakters auch für den ArbVertr (vgl Einf 4). Daher gelten grdsätzl die §§ 320–327, insb die §§ 323 ff. Bei rückständ Lohn gilt § 273 (BAG NJW **97**, 274), weil die Ggseitk fehlt (Tscherwinka BB **95**, 618). Für § 320: Heiderhoff JuS **98**, 1087. An Stelle des Rücktr (§§ 326, 327) besteht das Recht zur außerord Künd (§§ 626–628). Zu § 323 bilden die §§ 615–617 eine AusnRegelg.

e) Vertragsverletzungen. aa) Begriff: Verl irgendeiner VertrPfl. Nicht jede VertrVerl ist ArbVertrBruch. 14
Darunter wird heute verstanden die rechtsw Beendigg der ArbLeistg vor dem Ende des ArbVerh od auch dch Nichtantritt der Arb (Stoffels, Der VertrBruch des ArbN, 1994). VertrVerl des ArbG ist Nichtzahlg der Vergütg (Rn 49–75); Verstoß gg Treue- u FürsPfl (Rn 39–44, 96–104), auch Gleichbehdlgs- u BeschäftPfl (Rn 105–117, 118–124). Allg RechtfertiggsGrde (zB § 904) schließen eine VertrVerl aus. **bb) Anspruchs-** 15
grundlagen: Es besteht zunächst der ErfüllgsAnspr, ggf auf Unterlassg (§ 241 Rn 5). Bei ArbVertrBruch folgt der SchadErsAnspr bei Versch (§ 276): aus §§ 280, 325 wg Unmöglichk (zB BGH VersR **91**, 104) u aus §§ 286, 326 bei Verzug, aus § 628 II nach Künd, aus pVV bei schuldh SchlechtErf, insb dch mangelh VertrAusführg (hRspr; BGH NJW **83**, 1188; hierzu krit Ullrich NJW **84**, 585). Ein Anspr auf Unterl v ArbLeistg bei einem and ArbG od in selbstd Stellg besteht grdsätzl nicht, nur ausnahmsw bei bes vertragl Abrede od Wettbew bei bestehdem ArbVerh (hM; LAG Hamm DB **72**, 1074 mwN). **cc) Allgemeine** 16
Rechtsfolgen: Außerord Künd (§ 626) kann begründet, eine ord Künd soz gerechtf sein (§ 1 KSchG). Dem kann § 273 entggstehen (BAG NZA **96**, 1085). Ein DLohnMindergsAnspr ist auch bei DVerh abzulehnen (Ffm MDR **92**, 347; bestr). VertrStrafe (§ 339) ist grdsätzl zul (hM; BAG NZA **84**, 254). Ausn: § 5 II BerBG. BetrBußen als DisziplinarMaßn sind davon zu unterscheiden, nur aGrd TV od BetrVereinbg zul (vgl Vorbem 8 vor § 339). Vor Eintritt dieser RFolgen wird bei Dauerverhalten od WiederhGef (nicht nur für eine) Künd vielf eine Abmahng (41 vor § 620) verlangt (Pauly NZA **95**, 450 mwN), auch im sog VertrauensBer (Gerhards BB **96**, 794; bestr). Ein LeistgVR hat der ArbG aus § 320 nur bei NichtErf der ArbPfl, nicht (auch nicht teilw) bei Minderleistg od SchlechtErf (allgM); aber ausnahmsw mögl, wenn der VergütgsAnspr insow nicht entstanden ist, wie zB bei Akkordlohn. Bei freiberufl DVertr (zB Arzt, RA) kann im Einzelfall die SchlechtErf die Einr des § 320 I geben (vgl Roth VersR **79**, 600). **dd) Schadensersatz:** §§ 249 ff mit Einschränkgen im 17
innerbetriebl SchadAusgl (Rn 152–157). Insb gilt: Fälligk des Anspr tritt mit der VertrVerletzg ein, auch bei SchlechtLeistg (BAG NJW **71**, 579); AusschlFr dch TV ist zul (BAG aaO). Bei ArbVertrBruch gelten die allg Vorschr. Dem bloßen Ausfall der ArbLeistg entspr die ersparte GgLeistg des ArbG, so daß nur Mehrkosten für die ErsKraft Schad sind: höhere Vergütg, Spesen, ÜberstdZuschläge (Knobbe-Keuk VersR **76**, 401 [410]). Minderg des UnternGewinns ist im Einzelfall zu ers, wenn feststellb; auch gerechtfert Detektivkosten (BAG NJW **99**, 308). Der Schad besteht auch, wenn der ArbG die ausgefallene ArbKraft dch eig ArbLeistg ersetzt (vgl BAG MDR **68**, 80; zur Berechng Knobbe-Keuk aaO). Pauschalierg u VertrStrafe sind zul (Popp NZA **88**, 455). Kosten v Stellenanzeigen sind nur dann zu erstzen, wenn diese Kosten vermeidb gewesen wären, falls

18 die KündFr eingehalten worden wäre (BAG **35**, 179 u NJW **84**, 2847). **ee) Beweislast:** Grdsätzl trägt sie der AnsprSteller für die obj Vorauss des Anspr (PflVerl, Ursächlk, Schaden). Für das Versch (§ 276) trägt sie in entspr Anwendg des § 282 der in Anspr Genommene, wenn die SchadUrs in seinen GefBer fällt (BAG **AP** § 282 Nr 7; BGH **AP** § 282 Nr 6; bestr).

19 **f) Zwangsvollstreckung.** Für das ArbEinkommen besteht PfändgsSchutz (§§ 850 ff ZPO). Der Anspr auf DLeistg (ArbLeistg) kann nicht vollstreckt w (§ 888 II ZPO). Aus diesem Grde ist bei ArbVertrBruch eine einstw Vfg auf Rückkehr zum ArbPlatz u auf Untersagg der DLeistg bei einem KonkurrenzUntern unzuläss (sehr bestr, vgl Wenzel DB **66**, 2024 mwN).

20 **2) Mängel des Vertrags.** Nichtigk ist insb mögl über §§ 105, 125, 134, 138, 142; auch bei sog Schwarz-Arb (G idF v 6. 2. 95, BGBl 165). Ob § 306 zur Nichtigk führt, ist umstr.

21 **a) Dienstvertrag.** Ist er nichtig, so bestehen keinerlei Pfl aus dem DVerh; es bestehen Anspr nur aus §§ 812 ff, uU aus § 823. Bei DVerh, denen eine Anstellg zugrundeliegt (insb VorstdsMitgl einer AG, GeschF einer GmbH), wird ein fakt DVerh entspr den für ArbVerh entwickelten Grdsätzen (Einf 29 vor § 611) anerkannt (BGH **41**, 282), iF des § 134 jedenf solange dem DVerpfl die GWidrigk nicht bek ist, weil das iR des Schutzzwecks liegt (BGH **53**, 158).

22 **b) Arbeitsvertrag. aa) Vor Beginn** der ArbLeistg wird Nichtigk u Rückwirkg der Anfechtg (§ 142) uneingeschränkt nach allg Regeln zugelassen; im Einzelfall kann Anf wg § 242 ausgeschl sein (zB wg ZtAblauf, BAG NJW **70**, 1565). Nur Teilnichtigk (ohne Rücks auf § 139) wird für einzelne Abreden angenommen: zB bei Lohnwucher; es gilt § 612 II. Bei Verstößen gg Best des ArbSchutzR (Einf 81–89 vor § 611) od and Vorschr, die zG des ArbN erlassen sind, gilt die jew ges Regelg (BGH **40**, 235 für § 89 HGB). Bei tarifwidr Abreden (§ 4 III TVG) gilt die tarifl Regelg (BAG **8**, 245). Bei einem voll nichtigen Vertr besteht
23 insb keine Pfl, die Arb aufzun od Lohn zu zahlen. **bb) Nach Beginn** der ArbLeistg sind NichtigkFolgen eingeschränkt anzuwenden. Es ist die Anfechtg der den ArbVertr bildden WillErkl (§§ 119, 123) mit Wirkg ex tunc grdsätzl ausgeschl (hM; hierzu krit Hönn ZfA **87**, 61), auch für die argl Täuschg (BAG NJW **84**, 446). Ex-tunc-Wirkg kann bei § 123 bejaht w (vgl Rn 9), wenn das ArbVerh zwzeitl außer Funktion gesetzt war (BAG NJW **85**, 646), auch im Falle einer Erkrankg (BAG NZA **99**, 584), ferner wenn unbill Ergebnisse dch Einrede der Argl (§ 242) vermieden w können. Liegen die Vorauss der §§ 119, 123 vor, so wird eine (von Künd streng zu unterscheidde, Picker ZfA **81**, 1) Anfechtg mit ex-nunc-Wirkg zugelassen (hM; vgl BAG aaO mwN). Unverzügl iS des § 121 I bedeutet eine 2-wöch Fr entspr § 626 II (BAG NJW **80**, 1302); sie gilt nicht iF des § 123 (BAG NJW **84**, 446). Für AnfVorauss vgl Rn 5–8. Die Nichtigk des ArbVertr, insb auch die eines rechtswidr (§§ 134, 138), führt zu einem fakt ArbVerh (Einf 29; bestr); die Nichtigk kann nicht für die Vergangenh geltd gemacht w, sond das ArbVerh wird mit allen Rechten u Pfl wie ein fehlerfreies behandelt (hM; BAG **5**, 58), kann aber für die Zukunft dch formlose Erkl fristlos beendet w (BAG NJW **62**, 555). Ausn v Bestehen eines fakt ArbVerh u damit Nichtigk ex tunc sind zuzulassen: wenn die ArbLeistg selbst sittenw od strafb ist. Bei einem ScheinGesch (§ 117) besteht auch kein fakt ArbVerh; es gilt § 817. Ist der ArbG nicht voll geschäftsfäh, so hat der ArbN nur BereichergsAnspr (bestr). Bei Nichtigk einzelner Abreden gilt Rn 22 entspr.

24 **3) Dienstleistungs(Arbeits)pflicht** ist die im GgskVerh stehde HauptPfl des DVerpfl od ArbN; iZw pers zu leisten, nicht übertragb (§ 613) u in den meisten DVerh, insb im ArbVerh meistens als Fixschuld nicht nachholb (hM); davon sind jedenf bei Möglk des Nachholens Ausn zu machen (v. Stebut RdA **85**, 66). Der Inhalt der DLeistgsPfl richtet sich nach den zwingden ges Vorschr, dem DVertr u den nachgieb ges Vorschr. Der Inhalt der ArbPfl wird dch die sog ArbBedinggen nach den in Einf 63–79 dargestellten Grdsätzen gestaltet. Das gilt insb für Art, Umfang, Zeit u Ort der ArbLeistg. Iü ist der wesentl Unterschied zw DLeistgsPfl u ArbPfl der, daß der DVerpfl bei der Ausführg der Dienste nicht weisgsgebunden ist, sond ihre Art u Weise, insb Zeit u Ort iR der VertrPfl frei best. Dem ArbG steht üb § 315 ein weitgehdes LeistgsBestR zu (im einzelnen Hromadka DB **95**, 1609; vgl Rn 45).

25 **a) Art.** Welche Arb der ArbN zu verrichten hat, best sich, soweit nicht vertragl festgelegt, nach der VerkSitte, welche Arb ArbN in vergleichb Stellg üblw verrichten. Stillschw Vereinbg ist von Fall zu Fall mögl dch widerspruchsl Verrichtg. UnterrichtsgsPfl des ArbG vor BeschäftiggsBeginn: § 81 BetrVG. Als allg Berufsbild nachzuw gem § 2 I S 2 Nr 5 NachwG (Grünberger NJW **95**, 2809). Versetzg an einen and ArbPlatz bedarf grdsätzl einer Änderg des ArbVertr (vgl Rn 32), soweit nicht das WeisgsR (Rn 45) eingreift. Wenn eine Versetzg (§ 95 III BetrVG), eine Ein- od Umgruppierg vorliegt, sind §§ 99, 100 BetrVG zu beachten.

26 **b) Umfang.** Wieviel Arb der ArN innerh der ArbZeit (Rn 27–31) zu verrichten hat, regelt sich wie Rn 25. Der ArbN schuldet diejen ArbLeistg, die er bei angem (dh auf Dauer ohne GesundhGef mögl) Anspanng seiner Fähigk u Kräfte erbringen kann (Rüthers ZfA **73**, 399). Die ArbLeistg muß bei den ArbN am gleichen ArbPlatz nicht notw gleich sein, da die LeistgsKapazität individuell verschieden ist. Keinesf darf die angem ArbLeistg bewußt zurückgehalten w. Das gilt auch für AkkordArb, bei der die ArbLeistg nicht etwa im Belieben des ArbN steht.

27 **c) Zeit.** ArbZt ist der Ztraum der vertragl ArbLeistg. Es gilt § 2 I S 2 Nr 7 NachwG. **aa) Grundsätze.** Die ArbZt ist mit AusnRegelgen zwingd festgelegt im ArbZRG (iKr seit 1. 7. 94; Übbl: Nebendahl WiB **95**, 145) mit einer werktägl ArbZt v 8 Std (max 10 Std) u wöchentl 48 Std (max 60 Std, jeweils mit Ausgl innerh best Zt, § 3 ArbZRG; Erasmy NZA **94**, 1105). In diesem Rahmen ist die ArbZt weitgehd dch TV u BetrVereinbg geregelt mit Vorrang des TV (BAG NZA **87**, 779). Sie unterliegt der MitBest (§ 87 I Nr 2 u 3 BetrVG), soweit der TV nicht vorgeht (hierzu Otto NZA **92**, 97). Im übr bedarf die Best der Dauer wöchentl u tägl ArbZt einer vertragl Vereinbg; nur Anfang u Ende der tägl ArbZt, auch die Pausen können in mitbestfreiem Betr dem WeisgsR unterliegen (Rn 45). Es gibt versch Formen flexibler ArbZt (vgl Heinze NZA **97**, 681). Die Vereinbg, eine vertr festgelegte ArbZt dch den ArbG einseit reduzieren zu lassen, ist wg Umgehg des KSchG nichtig (BAG NJW **85**, 2151). Die festgelegte ArbLeistg ist grdsätzl eine Fixschuld; sie kann nicht nachgeholt werden, wenn sie versäumt wird (hM). Das führt zur Unmöglk gem §§ 323–325. Zur

ArbZt gehört bei Beschäftigg außerh des Betr der Weg vom Betr zur ArbStelle (BAG **5**, 86), ggf der Mehraufwand an Zeit, aber nicht der Weg von der Wohng zum Betr, ferner idR die ArbBereitsch, BereitschD, auch die Rufbereitsch (Aufenth zu Hause). Sie ist RuheZt iS v § 5 ArbZRG (Erasmy NZA **94**, 1105 [1107]). Pfl, Dauer u Anrechng richtet sich nach dem ArbVertr. Ruhepausen sind ges zwingd vorgeschrieben (§ 4 ArbZRG). Ob Waschen u Umkleiden zur ArbZt gehört, hängt v den Umst des Einzelfalles ab (BAG BB **95**, 1692; Bosch BB **95** 1690). **bb) Verlängerte Arbeitszeit** ist iR des ArbZRG zuläss 28
(Einf 83). ÜbStden werden geleistet, wenn die für den ArbN geltde regelmäß ArbZt überschritten wird. MehrArb liegt vor, wenn die ges od tarifl HöchstArbZt überschritten w. Geleistete MehrArb muß bei geforderter Vergütg im Streitfall v ArbN substantiiert w (BAG NZA **94**, 837). Zweifelh ist, ob die Vereinbg v MehrArb gg höhere Bezahlg bei geltden TarVertr gg das GünstkPrinzip verstößt (bejaht v LAG BaWü DB **89**, 2029 m krit Anm v Buchner, verneint v Heinze NZA **91**, 329 mwN). Die vorübgehde Verlängerg der ArbZt bedarf grdsätzl einer Vereinbg (auch im TV) u unterliegt der MitBest (§ 87 I Nr 3 BetrVG). ÜbStden u MehrArb sind gesondert zu vergüten, aber nicht ohne Vereinbg bei Angest (LAG Köln NZA **90**, 349), insb bei ltd (BAG NJW **67**, 1631). **cc) Kurzarbeit** (Böhm BB **74**, 281; v. Stebut RdA **74**, 333) ist die Herabsetzg 29
der im Betr übl ArbZt, insb wg AuftrMangel. Setzt eine Änd des ArbVertr (Rn 12), daher grdsätzl einen Vertr voraus; entw EinzelArbVertr, TV od BetrVereinbg unter MitBest gem § 87 I Nr 3 BetrVG. Unabhäng davon kann der ArbG KurzArb einseit über eine ÄndKünd od über § 19 KSchG mit Gen des LArbAmts einführen, aber auch dann nicht ohne MitBest gem § 87 I Nr 3 BetrVG (v. Stebut aaO [345]). **dd) Nachtarbeit** ist ges 30
bes beschr (§ 6 ArbZRG) u darf 8 Std tägl nicht überschreiten. Einzelh hierzu: Erasmy NZA **94**, 1105 [1108]). **ee) Abrufarbeit** (angepaßte [variable] ArbZt) ist die je nach ArbAnfall zu leistde, vom ArbG nach Lage u Dauer best ArbZt (vgl Einf 46); dch § 4 BeschFG geregelt (vgl hierzu Hanau RdA **87**, 25 [27]). Ist für TeilZtBesch gedacht; jedoch auf VollZtArb entspr anwendb (Hanau aaO mwN). Ihre Vereinbg im ArbVertr erfordert eine best Dauer der ArbZt, auch für best Zahl v Mo u J mögl (Schwerdtner NZA **85**, 577 [582]). Unterbleibt diese Vereinbg, wird eine wöchentl ArbZt v 10 Stden als vereinb fingiert; das gilt auch dann, wenn dem ArbG das R eingeräumt ist, im Bedarfsfall eine längere ArbZt zu verlangen (Löwisch BB **85**, 1200 [1203]). Alle Vorschr des § 4 BeschFG sind MindBedingggen. Sog Rufbereitsch ist zu vergütde ArbZt. Kann der ArbG den ArbN währd der MindArbZt v 3 Stden nicht beschäft, gilt § 615.

d) Ort. Es gilt § 2 I S 2 Nr 4 NachwG. Wenn keine bes Vereinbg vorliegt, ist die Arb im Betr des ArbG 31
zu leisten (hM). Aus der Art der Arb kann sich eine stillschw and Vereinbg ergeben (zB bei BauArb, Außenmonteuren, VerkFahrern).

e) Versetzung (v. Hoyningen-Huene NZA **93**, 145) ist die Zuweisg einer and Tätigk (Arb). Sie kann dch 32
ÄndVertr (§ 305), ÄndKünd (§ 2 KSchG) od dch Ausübg des DirektionsR (Rn 45) herbeigeführt w. Betrverfrechtl gelten § 95 III S 1, § 99. Versetzg des ArbN innerh des Betr, in einen and Betr u Verlegg des Betr am selben Ort bei gleicher Art der Arb erfordert keine Änd des ArbVertr; sie unterliegt der MitBest gem §§ 99, 100 u § 111 BetrVG od dem WeisgsR (Rn 45–48), ist auch dch sog UmsetzKl häuf vertr vorgesehen (Stege DB **75**, 1506). Darühinaus erfordern Versetzg od BetrVerlegg an einen and Ort ÄndVertr od ÄndKünd u neuen VertrAbschl; bis dahin ist der ArbN nicht verpfl, an dem and Ort zu leisten; es gilt ggf § 324, wenn die ArbLeistg am vereinb Ort unmögl ist.

f) Pflichtverletzung kann dadch geschehen, daß der ArbN od DVerpfl überh od teilw nicht leistet 33
(Unmöglk od Verz) oder schlecht leistet (pos VertrVerl). Vorauss u RFolgen: Rn 14–18. **aa) Versäumte** 34
Arbeitszeit. Es besteht grdsätzl keine Pfl, die Arb nachzuholen (Beuthien RdA **72**, 20). And Vereinbg ist aber zul. Ungerechtf Fehlzeiten begründen entspr LohnKürzg (zum Nachw vgl LAG Hamm DB **70**, 161). Keine VertrVerletzg ist die Teiln an einem rechtm (legitimen, gewerkschl) Streik (allgM). Sie begr keine SchadErsPfl, aber den Verlust des VergütgsAnspr (vgl § 323 I). Ein ArbN, der währd seines Url erkrankt, den er vor dem Streik angetreten hat, nimmt am Streik nicht teil (BAG BB **91**, 2427). Nach begonnener Teiln am Streik ist der UrlAntr keine StreikUnterbrechg für die Zt des Url (LAG Nürnb NZA **95**, 854). Die Teiln an einem sog wilden Streik ist, gleichgült welches Ziel verfolgt w, nie rechtm u führt zur VertrVerletzg (Weitnauer DB **70**, 1639; einschränkd Rüthers JZ **70**, 625). **bb) Schlechtleistung** ist insb mögl dch Verursachen 35
fehlerh ArbProd, Verlust v Geld (BAG NZA **90**, 847) od Sachen des ArbG, Beschädigg von ArbGerät od fremden Sachen; hierbei ist aber die HaftgsBeschrkg (Rn 155, 156, 158) zu beachten (vgl dort). Verstoß gg wirks Rauchverbot (vgl Börgmann RdA **93**, 275). **cc) Minderleistung.** Das ist zu langs od zu geringe Arb. 36
Sie ist auch beim Leistgslohn (Akkord u Prämie) mögl u erhebl (Knevels DB **70**, 1388). Ob bei Minderleistg SchlechtErf od teilw NichtErf vorliegt, ist zweifelh (vgl BAG NJW **71**, 111). Teilversäumn ist jedenf TeilUnmöglk (BGH WM **88**, 298). **dd) Mitverschulden** (§ 254) des ArbG ist ggf zu beachten. **ee) Be-** 37
weislast trägt grdsätzl der ArbG (vgl Rn 18). **ff) Verjährung** v SchadErsAnspr. Es gelten die allg Regeln. Bei überlassenem Kfz nicht §§ 558, 606 (BAG NJW **85**, 759; bestr).

g) Freistellung v der ArbPfl geschieht idR dch Url (Rn 126), ausnw dch sog Suspendierg (Rn 120). 38
Erfordert grdsätzl das Einverständn des ArbG, wenn nicht unmittelb krG ArbBefreig eintritt, wobei den ArbN idR eine MittPfl ggü dem ArbG trifft. Darunter fallen §§ 7, 20, 37, 38, 43 BetrVG; § 26 IV SchwBG; § 14 ArbPlSchG; §§ 3, 6 I MuSchG. Darühinausgehde vertr Regelgen (§ 305), auch dch BetrVereinbg sind jederzt mögl. Lohnfortzahlg richtet sich nach den ges od vertr Regeln (Dütz DB **76**, 1428 u 1480). Unbezahlte Freistellg (v Url zu untersch) kann v ArbN unter verschiedenart Vorauss verlangt, insb auch nach § 305 vereinb w (vgl v. Hoyningen-Huene NJW **81**, 713). Zu den Auswirkgen vgl Faßhauer NZA **86**, 453. Der ArbG muß wg § 615 S 1 den Lohn fortzahlen, wenn er den ArbN einseit freistellt od suspendiert (Rn 120), auch Naturallohn (Rn 36; BAG NZA **94**, 1128). Der ArbN muß sich anderweit Verdienst anrechnen lassen (§ 615 S 2). Bei einvernehml Freistellg ist das AusleggsFrage (Bauer/Baeck NZA **89**, 784). Ist bei der Freistellg im Vgl keine AnrechngsKl vereinb, muß sich der ArbN iZw anderweit Verdienst nicht anrechnen lassen (LAG Hamm DB **91**, 1577).

4) Treuepflicht ist NebenPfl des DVerpfl u ArbN; beruht auf § 242 (umstr) u gehört insow zu jedem 39
SchuldVerh, hat aber im ArbVertrR eine bes starke Ausprägg (vgl Einf 5). Die gleichen Grdsätze gelten auch für solche DVertr, die ein AnstellgsVerh begründen, insb bei VorstdsMitgl u GeschF. Die TreuePfl ist um so

stärker, je enger das ggs VertrauensVerh gestaltet ist, bes bei Aufn in die häusl Gemsch u wenn dem ArbN bes Vertrauensaufgaben übertr sind (zB Prokuristen, HandlgsBevollm). Verletzg der TreuePfl führt bei Versch (§ 276) zu SchadErsAnspr (Rn 14–17); dabei ist § 254 zu beachten (BAG NJW **70**, 1861). Begründet auch ohne Versch einen UnterlAnspr; kann außerord Künd (§ 626), erst recht die ord Künd gem § 1 KSchG rechtf. Die TreuePfl des ArbN besteht in folgden EinzelPfl:

40 **a) Interessenwahrung.** Der ArbN muß die Interessen des ArbG u des Betr in dem ihm zumutb Umfang wahren. **aa) Zu bejahen:** Sachen des ArbG (insb ArbGeräte, Waren) vor Verlust u Beschädigg schützen, vor drohden Schäden warnen, im Notstand (§ 904) Schad abwenden (Konzen BB **70**, 1310), wesentl Vorkommn des Betr dem ArbG melden, insb wenn dch WiederhGef weiterer Schaden droht (BAG NJW **70**, 1861), bei Streik NotdienstArb zur Sicherg der BetrEinrichtgen verrichten (LAG Ffm **AP** Art 9 GG ArbKampf Nr 40 mwN); bei Stellenvakanz die anfallden Arb in gewissem Umfang mitübernehmen (BAG NJW **73**, 293; Vergütg vgl § 612 Rn 8); den sog BetrFrieden wahren, um Störgen des ArbAblaufs zu vermeiden (hierzu krit W. Blomeyer ZfA **72**, 85); Rauchen am ArbPl zu unterl u sog Tendenzförderg (Buchner ZfA **79**, 335). **bb) Zu verneinen:** Abwerbg and ArbN (LAG Rh-Pf NZA **93**, 265). Der ArbN muß nicht seine eigenen schutzwürd Interessen hinter die des ArbG stellen, insb sich nicht selbst bezicht (BGH DB **89**, 1464). Eine Nebentätk ist nicht grdsätzl verboten, kann aber vertragl v einer Gen abhäng gemacht w (Grunewald NZA **94**, 971).

41 **b) Verschwiegenheit,** insb Schutz v GeschGeheimn (zusfassd Kunz DB **93**, 2482). Allg hat der ArbN, auch nach Ende des ArbVerh (BAG NJW **88**, 1686; Gaul DB **95**, 874 [877]) über geschäftl u pers Belange des ArbG zu schweigen, soweit dadch die Interessen des ArbG beeinträcht w können (vgl Rn 40; LAG Hamm DB **89**, 783). Ausn sollen bei gewicht innerbetr Mißständen, von denen auch die Öffentlk betroffen ist, zuläss sein (BGH NJW **81**, 1089). Darühinaus ist in § 17 UWG der Verrat von Gesch- u BetrGeheimn unter Strafe gestellt. Die Verbindlk, best BetrGeheimn nicht zu nutzen od nicht weiterzugeben, ist v EntschPfl unabhäng (BAG NJW **83**, 134). Verl der VerschwhPfl kann SchadErs begrden (BAG DB **86**, 2289).

42 **c) Wettbewerbsverbote.** Sie sind mögl für ArbN (auch freie Berufe, insb angestellte RAe, BAG NJW **91**, 518) u freie MitArb. Ist es für die BRep vereinb, erstreckt es sich (dch Auslegg) auf die neuen BLänder (vgl LAG Bln BB **91**, 1197). WettbewVerb sind v der VerschwiegenhPfl (Rn 41) abzugrenzen (hierzu Kunz DB **93**, 2482). Neben dem unmittelb WettbewVerb gibt es in vielfält Formen indirekte, bei denen das freiwill Unterlassen v Wettbew v Vorteilen abhäng gemacht w. Dabei ist eine differenzierte Behandlg geboten (Bauer/
42 a Diller DB **95**, 426). **aa) Bei bestehendem Arbeitsverhältnis:** Ges geregelt für kaufm Angest (§§ 60, 61 HGB). Für sonst ArbN ergibt sich aus § 242 ohne bes Vereinbg, daß der ArbN seinem ArbG nicht unmittelb Konkurrenz macht: er darf nicht ohne Zust des ArbG in dessen MarktBer in eigenem Namen u Interesse Dr Leistgen anbieten (BAG NJW **77**, 646), auch nicht zT dch selbst verrechnete zusätzl Arb (auch bei angest RAen, Michalski/Römermann ZIP **94**, 433). § 61 HGB gilt aber keinesf entspr. Bei VertrBruch vor DAntritt gilt das nur ausnahmsw (BAG NZA **87**, 814). Unabhäng von der TreuePfl können WettbewVerbote (auch für unselbstd Tätigk) ausdrückl vereinb w. ‚Vorbereitgen für den Aufbau einer selbstd Existenz darf der ArbN auch währd des ArbVerh treffen (BGH **AP** Nr 3 zu § 611 TreuePfl; LAG Düss **AP** Nr 2 zu § 133 c GewO), aber nicht währd seines ArbVerh Gesch mit (auch nur mögl) Kunden des ArbG vorbereiten (BAG **AP** § 60 HGB Nr 5) u bereits Abwerbg and ArbN od HandelsVertr seines ArbG betreiben (LAG BaWü BB **69**, 759); jedoch erfordert die Abwerbg eine nachhalt Einwirkg, nicht nur eine bloße Anfrage (LAG BaWü DB **70**, 2325). Das WettbewVerbot dauert, solange das ArbVerh rechtl besteht, ohne Rücks auf tats Beschäftigg u nur, soweit der ArbN als Wettbewerber auftritt (BAG NJW **84**, 886 mwN für § 60 HGB). Es endet nicht schon dch die fristl Künd des ArbG dann, wenn der ArbN die Künd gerichtl angreift (BAG DB **92**, 479), nach LAG Köln NZA-RR **96**, 2 nur gg Angeb der KarenzEntsch. Es kann v der Bedingg abhäng gemacht w, daß das ProbeArbVerh (Einf 42) nicht vor Ablauf der ProbeZt gekünd w (BAG BB **83**, 1347). Der ArbG kann aber auf das WettbewVerb verz (BAG NJW **79**, 2166). Bei Verl kann ein UnterlAnspr (hM) od SchadErsAnspr bestehen, ferner außerordentl od verhaltensbedgte Künd (vgl § 626 Rn 46) u AuskPfl (BAG NJW **77**, 646); nicht aber gilt § 320 (BGH NJW-RR **88**, 352). StufenKl mögl (§ 254 ZPO). Diese unterbricht die 3mo VerjFr des
43 § 61 I HGB, die für alle konkurrierden Anspr gilt (BAG NZA **87**, 276). **bb) Nach beendetem Arbeitsverhältnis.** Grdsätzl steht jedem ArbN Wettbew in den Grenzen der §§ 823, 826, § 1 UWG frei (BAG NZA **99**, 200 mwN), selbst wenn der Ruhestd unter erhebl Aufstockg des Ruhegehalts vereinb w (BAG NZA **94**, 502), Verwertg erworbener Kenntn ist, auch im D eines Wettbew frei, soweit nicht die VerschwiegenhPfl (Rn 41) verletzt w. Die Verwertg ist nur iR v §§ 823, 826. §§ 1, 13 IV, 17 UWG verboten (BAG NZA **99**, 200). Zur Abgrenzg von sog GeheimnSchutzKl vgl LAG Hamm DB **86**, 2087. Jedes WettbewVerbot erfordert eine PartVereinbg (allgM), die auch im AufhebgsVertr geschl (BAG NJW **95**, 150) u die jederzt gem § 305 abgeänd w kann (Gaul DB **95**, 874). Es darf von (echten) Bedinggen, nicht aber v PotestativBedinggen (10 vor § 158) abhäng gemacht w (Bauer/Diller DB **97**, 94). War das WettbewVerb schon vor dem Ende des ArbVerh vereinb, kommt es für den FortBestd auf den BeendiggsGrd an (Wertheimer NZA **97**, 522). Bei außerord Künd (§ 626) wg vertrwidr Verhaltens kann sich der ArbG dch schriftl Erkl v WettbewVerbot u KarenzEntsch lösen (BAG NJW **99**, 1885). Wird das WettbewVerbot nach VertrEnde vereinb, ist es auch ohne KarenzEntsch zuläss (Wertheimer BB **96**, 1715 mwN). Ges geregelt ist das nachvertr WettbewVerb in §§ 74 ff HGB u § 133f GewO; nur in diesem Umf verbindl. Gilt entspr für alle and ArbVerh, insb für Höchstdauer u KarenzEntsch (BAG stRspr; ebso BGH NJW **84**, 116), die in der KarenzZt bezahlt w muß (BAG NJW **82**, 903). Das WettbewVerbot muß einem berecht Interesse des ArbG dienen u darf nur dem ArbN das berufl Fortkommen nicht unbeträchtl erschweren (BAG NJW **96**, 1364 mwN). Eine KarenzEntsch ist nicht in der Abfindg für den Verlust des ArbPl zu sehen (BAG NJW **95**, 150). Das WettbVerb kann auch währd des ProbeArbVerh vereinb w. Dabei kann die Wirksk auf einen Ztpkt nach Ablauf der ProbeZt hinausgeschoben u von der Bedingg abhäng gemacht w, daß das ArbVerh nicht davor gekünd wird (BAG NJW **83**, 135). Verj: § 196 I Nr 8. Beschr WettbewVerbote, zB MandantenschutzKl bei freien Berufen, sind entspr zu behandeln (BAG stRspr). Für die EntschPfl ist es unerhebl, aus welchem Grd sich der ArbN des Wettbew enthält (BAG stRspr BB **96**, 1720). Bei betrbedingten WettbVerb muß der ArbN zu Beginn der KarenzZt erkl, ob er Wettb unterläßt od sich auf Unverbindlk des WettbVerb berufen w (BAG NZA **87**, 592). Vereinbg eines Wett-

bewVerb für RuhestdsVerh ist zul. Es soll sowieso mit Eintritt in den Ruhestd iZw nicht außer Kr treten (BAG NZA **85**, 429). Verstößt der ArbN gg das WettbewVerbot, so entfällt die KarenzEntsch; hält er es wieder ein, läuft der Anspr auf Zahlg von da an weiter; jedoch bleiben dem ArbG die Re aus § 325 (BAG NZA **86**, 134). Das WettbVerb kann gem § 305 formlos aufgehoben w (BAG NJW **89**, 2149). Das liegt iZw nicht ow in der Aufhebg des ArbVertr (LAG BaWü NZA-RR **96**, 163).

d) Sonstiges. aa) Schmiergeldverbot. Der ArbN darf sich nicht bestechen lassen. Der ArbN darf auch nicht Prov v Dr für Gesch entggnehmen, die diese mit dem ArbG abschließen. Bei Verstoß § 626 u SchadErs. **bb) Außerdienstliches Verhalten** hat der ArbN so einzurichten, daß er seine Pfl aus dem ArbVerh erfüllen kann, zB darf ein Kraftfahrer auch nicht außerh der Arb unter AlkoholEinwirkg fahren u seine Fahrerlaubn gefährden. **cc) Überwachungspflicht:** Es obliegt leitden Angest (uU auch einf Angest, BAG NJW **70**, 1861), and ArbN zu überwachen u zu kontrollieren, auch wenn sie dazu nicht ausdrückl im Vertr verpfl sind (BAG **6**, 82). **dd) Auskunfts- und Offenbarungspflicht** nur in bes Fällen (vgl LAG Bln NZA **93**, 27). **ee) Anzeigepflicht** besteht, wenn der ArbN eine weitere Beschäftigg aufnimmt (sog DoppelArbVerh; BAG NZA **89**, 389). 44

5) Weisungsrecht (Direktionsrecht). **a) Begriff:** R des ArbG, dch das er einseit die ArbBedinggen, insb Art, Zeit (iR des ArbZRG) u Ort der ArbLeistg (BAG NJW **96**, 1770) sowie das arbbegleitde Verhalten im Betr best (hierzu Hromadka DB **95**, 1609 u 2601). Allg zum Umfang: Leßmann DB **92**, 1137 mwN u Rn 47. **b) Wirkung.** Der ArbN hat den Weisgen des ArbG Folge zu leisten, soweit dessen WeisgsR reicht (insb § 121 GewO; § 9 BerBG). Das folgt aus der DLeistgsPfl des ArbN. Wg RFolgen bei Verl dieser Pfl vgl Rn 16, 17. Reicht das WeisgsR nicht aus, muß der ArbG VertrÄnderg (§ 305) suchen od eine ÄndKünd erkl (vgl Weber/Ehrich BB **96**, 2246). **c) Umfang.** Der betroffene ArbN hat ein AnhörgsR (§ 82 BetrVG). Das WeisgsR besteht nur, sow die ArbBedinggen nicht gem Einf 63–78 gestaltet sind, kann aber dch TarVertr, BetrVereinbg od ArbVertr erweitert od beschr werden (BAG NJW **99**, 669 mwN). Dch die MitBest ist es betrverfrechtl weitgehd beschränkt, insb dch §§ 75, 87, 99, 111 BetrVG. Für die Ausübg gilt § 315 (BAG aaO). Die Grenzen des WeisgsR ergeben sich aus dem GgseitkVerh der HauptPfl (ArbZt, BAG NZA **85**, 321), den ArbSchutzVorschr (Einf 81–88), iR des ArbVertr aus §§ 157, 242 (BAG BB **62**, 297), aus dem PersönlkR des ArbN, zB Kleidg, Haarschnitt, außerdienstl Verhalten u aus dem R des ArbN gem §§ 675, 665 von Weisg abzuweichen (vgl BAG NJW **67**, 414). Der ArbN kann ohne nachteil Folgen eine Arb ablehnen, die ihm unter Überschreitg des WeisgsR zugewiesen w (BAG BB **81**, 1399), zB eine StreikArb (vgl 26 vor § 620) od eine Arb, die einen vermeidb Gewissenskonflikt hervorruft (BAG NJW **86**, 85). **d) Einzelheiten:** Ort der ArbLeistg nur, soweit der ArbVertr dies zuläßt (vgl Rn 32); Einteilg v Nachtschicht (BAG NJW **99**, 669); Zuweisg des ArbPlatzes; die (Um-)Versetzg wg Spanngen unter ArbN auch ohne Abmahng (BAG NJW **97**, 78) auf einen and (auch ltd, BAG DB **96**, 1931) ArbPlatz bei gleicher Entlohng (LAG Bln DB **88**, 1228; LAG Hamm NZA **89**, 600), nicht geringerer, u bei (Teil)ArbUnfähigk inf Erkrankg (LAG Bln DB **89**, 1293); vgl aber Rn 32. Verkleinerg des ArbBer (BAG BB **80**, 1267), Entziehg der Moderation einer Sendg (LAG RhPf NZA **90**, 527), geringerwert Arb auch bei gleicher Entlohng nur in Not- od AusnFällen, ebso bei lästigerer Arb; bei LeistgsLohn auch, wenn zunächst der Lohn gemindert w (LAG Düss BB **70**, 1176). Die Einteilg zu AufräumgsArb; die Festlegg des UrlZtpkts (vgl Rn 138). Unterschiedl Anfordergen an die ArbLeistg, insb an ltde Angest sind zul (BAG NJW **67**, 1631); Benutzg des DWagens (BAG BB **92**, 493); Unterbrechg priv TelefonGespr v ArbN zG dienstl Telefonate (vgl BAG NJW **73**, 1247 = JZ **75**, 258 m Anm v Fenn); gerechtf Rauchverbote (Fuchs BB **77**, 299; vgl auch Rn 40). 45 46 47 48

6) Vergütung. Deren Zahlg ist die HauptPfl des DBer od ArbG aus dem DVertr od ArbVertr u steht zur DLeistg (Arb)Pfl im GgseitigkVerh (Rn 13). Die Vergütg im ArbVerh besteht in erster Linie aus dem Lohn (Gehalt), wobei auch das 13. MoGehalt iZw Entgelt darstellt (BAG NJW **96**, 278; vgl Rn 81); daneben bestehen bes Arten der Vergütg (Rn 76–95). Für AusbildgsVerh gilt § 10 BerBG. Die Vergütg gehört zu den ArbBedinggen (Einf 63–78), ist nachzuweisen gem § 2 I S 2 Nr 6 NachwG. Ztpkt, Ort u Art der Auszahlg gehören zu den ArbBedinggen u unterliegen der MitBest (§ 87 I Nr 4 BetrVG). Ist dch TarVertr bargeldl Zahlg vereinb, trägt der ArbN die Kosten für das von ihm einzurichtde Konto (BAG BB **77**, 443). Fälligk: § 614. Bei ÜbZahlg besteht Anspr aus § 812 I; es gilt § 818 III (BAG BB **95**, 2214). Verzugszinsen: § 288 Rn 1. 49

a) Rechtsgrund der VergütgsPfl ist der DVertr od ArbVertr. Der Anspr entsteht auf Grd des Vertr u setzt nicht voraus, daß die Dienste geleistet w. Werden sie nicht geleistet, auch bei NaturalVergütg (Rn 55, BAG NJW **95**, 348) sind §§ 320–326, 615, 616 anwendb. Das gilt auch bei Streik; die ArbLeistg w dch Teiln verweigert (BAG stRspr NZA **91**, 604); diese ist nicht dch bloßes Fernbleiben v der Arb verwirkl, wenn der ArbN vorher von der Arb freigestellt (Rn 38) war (BAG NZA **93**, 37). Nicht zum Entgelt gehört das v Dr dem ArbN gezahlte Trinkgeld (BAG NJW **96**, 1012). 50

b) Höhe. aa) Grundsätze. Die Lohnhöhe richtet sich nach der Vereinbg im DVertr od ArbVertr. Soweit ein TarVertr gilt, wird die Lohnhöhe dadch best (Einf 71). Zur RLage bei untertarifl Bezahlg: v. Hoyningen-Huene/Wagner NZA **95**, 969. Die Vereinbg üb die Höhe kann sich auch aus betriebl Übg (Einf 76) ergeben (BAG DB **86**, 1627). Fehlt eine Vereinbg, gilt § 612. Der vereinb u verdiente Lohn, auf den der ArbN Anspr hat, ist iZw der Bruttolohn, jedoch kann der Nettolohn eingekl w (BAG BB **85**, 197). Lohnabzüge (Rn 65–67) sind vom ArbG vorzun, bei Vollstr ggf über § 775 Nr 4, 5 ZPO zu berücks. Wird Nettolohn vereinb, so ist der ArbG verpfl, Steuern selbst zu zahlen u abzuführen, ebso die SozBeitr. In der sog SchwarzlohnVereinbg (einvernehml Hinterziehg v Lohnsteuer u SozVersBeitr) liegt keine NettolohnVereinbg (BGH [St] NJW **92**, 2240 mwN). **bb) Erhöhung** des TarLohns beeinflußt den dch EinzelArbVertr vereinb übertarifl Lohn in folgder Weise: Der Lohn erhöht sich nur, soweit der neue TarLohn den bisher übertarifl Lohn überschreitet od wenn im EinzelVertr vereinb ist, daß ein best Zuschlag zum jew TarLohn zu zahlen ist (BAG stRspr), so daß der übtarifl Lohnzuschlag grdsätzl angerechnet w muß, insb bei AnrechngsVorbeh (BAG stRspr). Das liegt in der Disposition der ArbVertrPart; eine langjähr tats Übg erzeugt noch keinen Anspr des ArbN (BAG BB **80**, 1583). In jedem Fall ist der neue TarLohn der Mindestlohn iR des übertarifl Lohns. In der Praxis w jedoch stillschw (dch Änd des EinzelArbVertr) die Erhöhg dch TarVertr auf den übertarifl Lohn übertragen; er wird dadch nicht 51 52

TarLohn. Bei der Anrechng ist der Grdsatz der Gleichbehandlg (Rn 112) zu beachten (Schneider DB **93**, 2530
53 [2531] mwN). **cc) Effektivklauseln:** Dch TarVertr können die übertarifl Löhne u LohnBestandt nicht zum TarLohn w. Eine EffektivgarantieKl, dh eine Vereinbg, daß die bisher gezahlten übertarifl LohnBestandt zu TarLöhnen w, ist unwirks (hM), ebso eine begrenzte EffektivKl, dh eine Vereinbg, daß die bisherigen übertarifl LohnBestandt unvermindert über den neuen TarLohn hinaus gezahlt w. Negat EffektivKl (AnrechngsKl), dh eine Vereinbg im TV, wonach übertarifl LohnBestandt, die in EinzelArbVertr vereinb sind, in die TarLohnErhöhg eingerechnet (von ihr aufgesogen) w, sind wg Verstoß gg das GünstigkPrinzip des § 4 III TVG nichtig
54 (BAG **AP** § 4 TVG EffektivKl Nr 8 m Anm v Wiedemann). **dd) Kürzung:** nur dch Vertr für übertarifl LohnBestandt mögl (§ 305). Sie können unter einseit WiderrVorbeh gestellt w; dann Widerr wg § 315 nur nach bill Erm (BAG BB **73**, 292).

55 **c) Lohnformen.** Ihre Einführg u Änd unterliegt mit Vorrang des TarVertr der MitBest (§ 87 I Nr 10 BetrVG). **aa) Geldlohn** ist der Regelfall, statt DM auch Berechng in Euro zuläss (§ 115 I S 2 GewO idF des 2. EuroEG v. 29. 3. 99 BGBl 385). Bei bargeldl Zahlg, die fast ausnahmsl praktiziert w, treffen Ktokosten den
56 ArbG nur, wenn es dch TarVertr festgelegt ist (vgl BAG DB **85**, 130). **bb) Naturallohn** ist jeder Lohn, der nicht Geldlohn ist, zB Bezug von Waren, Kost, Schlafstelle, Überlassen eines Autos zur priv Nutzg (BAG NJW **95**, 348 u **96**, 1771). Auch die dch die Art der ArbLeistg eingeräumte Möglk zum Bezug v Trinkgeld wird als Naturallohn eingeordnet (vgl Rn50 aE u § 516 Rn 9 u 9 a). Eine Wohng ist Naturallohn, wenn sie im DVertr od ArbVertr ohne bes Entgelt überlassen wird; bei bes berechneter Miete handelt es sich um eine WerkmietWo (§§ 565 b–e). Naturallohn ist bei gewerbl ArbN eingeschr zul (§ 115 GewO), ebso bei Aus-
57 bildgsVerh (§ 10 II BerBG). **cc) Zeitlohn** ist der allein nach ZtAbschn berechnete Lohn. Er kann nach AkkGrdsätzen bemessen w, wenn Erfolg u Intensität der Arb erhebl über das bei Zeitlohn übl Maß hinausgeht.
58 **dd) Akkord- und Prämienlohn** liegt vor, wenn der Lohn nach dem erzielten ArbErgebn od nach der bes Leistg des ArbN bemessen w. Zur Abgrenzg: Gaul BB **90**, 1549. Es ist mögl, zum ZtLohn die Zahlg v Prämien als zusätzl Vergütg zu vereinb (Rn 77). Geld- u ZeitAkk sind nur unterschiedl Berechngsarten, Akk- u PrämienLohn bedarf bes Vereinbg, ebso der Überg zum od vom Zeitlohn (§ 305). Die Sätze werden im ArbVertr, TarVertr od dch BetrVereinbg mit zwingder MitBest (§ 87 I Nr 11 BetrVG; vgl Einf 73) festgesetzt; wenn nicht dadch, dann dch den ArbG (es gilt § 315). Änd erfordert wiederum grdsätzl einen Vertr, wenn nicht vereinb ist, daß der ArbG weiterhin einseit festzusetzen hat. Die dem Prämienendlohn zugrdegelegte PrämienendLeistg muß zumutb u erreichb sein. Der tarifl Lohn des AkkArb ist auch der aGrd seiner bes Leistgsfähigk über den AkkRichtsatz hinaus verdiente Lohn (BAG **6**, 204 u 215). Ein garantierter MindVerdienst (sog VerdienstsichergsKl) ist mögl; iü kann der bei schlechtem ArbErgebn erzielte AkkLohn unter dem AkkRichtsatz od dem tarifl Zeitlohn liegen; bei verschuldetem Mißlingen der Arb kann dch vertragl Regelg der LohnAnspr insow ausgeschl sein. Hat dies od die Unmöglk der ArbLeistg nicht der ArbN zu vertr, so gelten §§ 323, 615 od § 324.

59 **d) Lohn- und Gehaltszuschläge** sind Teile der Vergütg, die aus bes Grd gezahlt w: Nacht-, Sonntags-, Feiertags-, ÜberArb-, MehrArb-Zuschläge, Gefahren-, Schmutz-, Erschwern-, LeistgsZulagen, Trenngs-Entsch, Auslösgen, Kinderzulagen, Treuezuschlag, JLeistg (BAG DB **79**, 505); UmsatzBeteiligg (BAG NJW **99**, 1571). Diese Lohnzuschläge müssen nach Grd u Höhe grdsätzl vertragl vereinb sein; insb dch TarVertr u BetrVereinbg. Zur Sonn- u FeiertVergütg: Deckers NZA **99**, 964. Iü gilt § 612 II. Lohnzuschläge können auch unter den Vorbeh eines Widerrufs (TeilKünd) gestellt w; aber nur für die Zukunft, nicht rückwirkd u nur sow sie übertarifl sind (BAG BB **73**, 292). Kürzg nur nach bill Erm gem § 315 (BAG NJW **71**, 1149); dabei ist kein Unterschied zw VollZt- u TeilZtArb zul (LAG Düss DB **72**, 242). Der Zuschlag ist v FortBestd des ArbVerh unabhäng (BAG NJW **99**, 1571 [UmsatzBeteiligg]). Widerr einer vorbehaltl LeistgsZulage ist unzul; nur iW einer Änderg des ArbVertr mögl (BAG BB **76**, 1515). Einzelh: NachtArb ist die Arb v mind 2 Stden zw 23 u 6 Uhr (§ 2 III, VI ArbZRG), in TarVertr vielf von 22–6 Uhr. Die Zuschläge für Nacht-, Sonntags-, Feiertags-, Über- u MehrArb sind auch bei AkkLohn zu zahlen, aber nicht wenn ArbN von sich aus länger arbeitet. MehrArb kann auch pauschal abgegolten w (BAG BB **62**, 221). Zur Dauer der BetrZugehörigk gehört auch die AusbildgsZt, wenn der ArbN im Anschl daran im Betr bleibt (BAG DB **81**, 802). Rückzahlgs-Vorbeh sind grdsätzl nicht zul (LAG Düss NJW **67**, 846 mit abl Anm v Koenig). Eine mit der bisher Stelle verbundene Zulage kann nicht dch Versetzg iR des WeisgsR (Rn 45) beseit w (LAG Düss DB **73**, 875).

60 **e) Feiertagsentgelt.** Hierfür gilt das EntgeltFortzahlgsG (EFZG) aGrd des Art 53 S 2 PflegeVG. Darin ist
61 SpezRegelg für HeimArb enthalten (§ 11). Wesentl Inh ist: **aa) Grundsatz.** Für die wg eines ges Feiertags ausfallde ArbZt erhält der ArbN das Entgelt, das er ohne ArbAusfall erhalten hätte (§ 2 I). Das gilt auch für KurzArb (§ 2 II). **bb) Voraussetzungen.** Der Feiertag muß die allein Ursache des ArbAusfalls sein (BAG st Rspr für FeierTLG, zB NJW **89**, 122 u 123), daher kein Feiertagslohn, wenn der Feiertag in eine Aussperrg od einen Streik fällt (BAG aaO), hingg schon, wenn der Streik am Tag davor beendet (dch Verlautbarg, BAG NJW **97**, 1799) od am Tag danach aufgen w (BAG NJW **89**, 122) od wenn er für den Feiertag unterbrochen w (BAG NJW **93**, 2829 für FeierTLG). Der Anspr besteht auch, wenn der Feiertag auf einen Sonntag fällt, wenn sonst an diesem Sonntag gearbeitet worden wäre (BAG DB **97**, 480), ferner, wenn die an einem Feiertag ausgefallen Arb an einem sonst arbfreien Wochentag nachgeholt w u wenn der Feiertag in den Url fällt, dann
62 selbst bei einer Aussperrg (BAG NJW **89**, 124 für FeierTLG). **cc) Ausschluß** des Anspr ist die Folge, wenn der ArbN am letzten vor od ersten ArbTag nach dem FeierT unentschuld fehlt. Schuldh: obj vertrverletzd u subj schuldh (§ 276). Gilt auch bei sog BetrRuhe (zB zw Weihn u NeuJ), wenn der ArbN am letzten Tag vor
63 od am ersten Tag nach der BetrRuhe fehlt (BAG NJW **83**, 70 für FeierTLG). **dd) Höhe.** Es ist der Lohn zu zahlen, der für geleistete Arb zu zahlen gewesen wäre. Auch wenn der ArbG zur FortZahlg des ArbEntgelts wg Krankh verpfl ist (§ 3 EFZG), richtet sich die Höhe nach dem Entgelt, das für FeierT zu zahlen ist (§ 4 II EFZG; Raab NZA **97**, 1144). Zu zahlen ist auch der AkkLohn, die Provision u der Lohn für die ganze wg Feiertags ausgefallene Schicht. Bei wechselnder Höhe (zB Akkord) ist auf den Durchschn eines angem ZtRaums (etwa 1 Mo) vor dem Feiertag abzustellen. Bezahlte MehrArb w zugrde gelegt (BAG NZA **86**, 397 für FeierTLG), wenn sie nicht zum Ausgl des FeierT vorher geleistet w (BAG **10**, 35 für FeierTLG).
64 **ee) Unabdingbarkeit** ist dch § 12 EFZG vorgeschr (§ 616 Rn 20).

f) Öffentlich-rechtliche Lohnabzüge umfassen die Lohnsteuer u den ArbNAnteil der SozVersBeitr 65
(Rn 51). Die darauf bezogenen Unterlagen u Urk müssen v ArbG richt u vollst geführt w; darauf hat der
ArbN Anspr (zB Lohnnachweiskarte, LAG Düss DB **75**, 1465). Kommt der ArbG dieser Pfl nicht nach,
besteht der LohnzahlgsAnspr fort u der ArbG haftet auf SchadErs (Marschner DB **96**, 1825 mwN). **aa) Lohn-** 66
steuer wird stets vom Bruttolohn abgezogen u vom ArbG abgeführt. Behält der ArbG zu wenig Lohnsteuer
ein u muß er dem FinAmt desh Lohnsteuer nachbezahlen, so kann er entspr § 670 vom ArbN diese
Aufwendgen verlangen (BAG stRspr zB BB **74**, 1531). Der Anspr ist aus dem ArbVerh begrdet u unterliegt
daher tarifl AusschlFr (Rn 72; BGH aaO). Zur richt Lohnsteuerberechng ist der ArbG aGrd der FürsPfl
verpfl; schuldh Verletzg kann SchadErsAnspr des ArbN begründen (BAG stRspr, aaO); ist idR auf unterlassene
Inanspruchn von Steuervergünstiggen gerichtet (BFH NZA-RR **97**, 121). **bb) Sozialversicherungsbei-** 67
träge werden, sow nicht best Ausn vorliegen, dch den ArbG vom Lohn einbehalten u abgeführt. Die
ArbNAnteile dürfen nur vom Lohn abgezogen werden, so daß für Beitr, deren Abzug vom Lohn der ArbG
unterlassen hat, dem ArbG kein ErstattgsAnspr gg den ArbN zusteht (BAG NJW **78**, 1766).

7) **Verlust des Vergütungsanspruchs. a) Rückzahlung.** Zahlt der ArbG versehentl zuviel Lohn, so 68
besteht Anspr auf Rückzahlg grdsätzl nur über § 812 (hM). § 818 III wird bei geringfüg ÜbZahlg bejaht
(BAG DB **87**, 589). Wegfall der Bereicherg muß ArbN bew (BAG NJW **96**, 411). Im ArbVertr (insb dch
TarVertr) kann ein vertragl RückzahlgsAnspr vereinb w; dann ist § 818 (Wegfall der Bereicherg) ausgeschl
(BAG **15**, 270). Ebso ist ausgeschl ein an sich mögl SchadErsAnspr wg Verletzg der Pfl, den Lohn richt zu
berechnen (BAG aaO). Der RückzahlgsAnspr unterliegt der AusschlFr gem Rn 72 (BAG NZA **97**, 45). Zu
Brutto- od Nettobezug vgl Groß ZIP **87**, 5. VerjFr für den Anspr: 30 J (BAG **24**, 434). **b) Verzicht** auf 69
LohnAnspr (ErlaßVertr, § 397) ist grdsätzl zul, auch im voraus, soweit es sich nicht um TarLohn handelt (LAG
Bln NZA-RR **97**, 371). Verzicht auf TarLohn (bei untertarifl Bezahlg) ist nur wirks für die zurückliegde Zeit
in einem von den Part des TarVertr gebilligten Vergl (§ 4 IV TVG), sonst nichtig (§ 134). **c) Verwirkung.** 70
Allg Vorauss u RFolgen insb für Lohn: § 242 Rn 98. **d) Verjährung.** Für allg DVertr gilt § 196 I Nr 7; für 71
ArbN § 196 I Nr 8, 9; für VorstdsMitgl einer AG u GeschF einer GmbH § 197; wg der Einzelh vgl die Anm
dort. **e) Ausschlußfrist** (prakt Übbl Plüm MDR **93**, 14). Zweck: KlarstellgsFunktion (BAG NJW **84**, 510). 72
Tarifl auch einseit zuläss (BAG NZA **98**, 431) u für and Anspr aus dem ArbVerh. Ihre Versäumg bringt den
LohnAnspr zum Erlöschen (Übbl 7 vor § 194; BAG NJW **68**, 813); daher kann nach Ablauf der Fr auch nicht
aufgerechnet w (BAG JZ **74**, 29): Kann für TarLohn nur in TarVertr wirks vereinb w (§ 4 IV S 3 TVG), auch
für Abfindg gem § 113 III BetrVG (BAG NJW **84**, 323), iü in ArbVertr (vgl BAG NZA **89**, 101 mwN) u
BetrVereinbg, aber nicht einseit zu Lasten des ArbN (§ 622 VI analog: Kramer BB **97**, 731). Für die Wahrg
der Fr kann mdl Mahng, schriftl Geltdmachg (Auffdg zur Erf, BAG NZA **95**, 1068) od Klage vorgeschr sein,
auch zweistuf (erste Fr für schriftl Anfdg, zweite Fr für Klage). Es gilt § 130. Für die Kl genügt wg § 270 III
ZPO die Einreichg; aber nicht ein PKH-Gesuch (LAG Köln NZA-RR **98**, 226). Es ist zur Geltdmachg Mitt
an den Schu erforderl, in welch ungefährer Höhe u aus welchem Grd der Anspr erhoben w. KündSchKl reicht
für die tarifl LohnAnspr regelmäß aus (stRspr, BAG NZA **91**, 226). Es ist unerhebl, ob der ArbN die Fr
gekannt hat od nicht. Sie beginnt nicht vor Fälligk des Anspr. Geltdmachg ist übflüss, wenn die Fdg in einer
Abrechng des ArbG vorbehaltsl ausgewiesen ist (BAG DB **93**, 1930). **f) Abtretung** des VergütgsAnspr ist nur 73
mögl, soweit er gepfändet w kann (§ 400). ArbEinkommen ist nach den §§ 850 a–i ZPO zu einem best Teil
unpfändb. Auch VorausAbtr künft LohnAnspr, insb zur Sicherg, ist zul (BGH BB **76**, 227). Stets muß die
Höhe der abgetr Fdg best od bestimmb sein (BGH NJW **65**, 2197). Diese Abtretg geht späterer Pfändg vor
(Börker NJW **70**, 1104). **g) Aufrechnung** gg Lohn u Gehalt ist im gleichen Umfang wie Pfändg (Rn 19) 74
ausgeschl (§ 394). Über Ausn vgl dort Rn 2. **h) Teilvergütung.** Ist nur für einen Teil des VergütgsZtRaums 75
der Anspr entstanden, so ist bei WoLohn nach ArbTagen zu teilen, bei MoGehalt idR nach Dreißigstel (vgl
BAG BB **75**, 702).

8) **Sonstige Vergütung.** Neben Lohn u Gehalt w häuf weitere bes Entgelte vereinb, die zur Vergütg iS 76
des § 611 gehören u ArbEink darstellen. Sie werden meist SonderVergütg od SoZahlg genannt (Gaul BB **94**,
494). Sie können frei vereinb w. Es gelten dafür grdsätzl die allg unter Rn 49–75 dargestellten Regeln, insb
über RGrd, Höhe, Fälligk, Abzüge, Rückzahlg, Verzicht, Verwirkg, Verjährg, AusschlFr, Abtretg u Auf-
rechng. Diese Art v Vergütgen können nicht nur als Anspr, sond auch als freiwill, unter WiderrVorbeh stehde
Leistg des ArbG ausgestaltet w, insb bei SoZahlgen (Rn 81; BAG NJW **96**, 276 mwN). Best sie der ArbG,
muß er nach bill Erm verfahren (BAG NJW **71**, 1149), insb den Gbg (Rn 112) beachten. Sie dürfen nicht an
die Bedingg geknüpft w, daß das ArbVerh v keiner Seite gekünd wird (BAG BB **83**, 1347).

a) Prämie (v Prämienlohn zu untersch, Rn 58) ist ein zusätzl zu Lohn od Gehalt gewährtes Entgelt für 77
einen best vom ArbN od DVerpfl beeinflußb Erfolg, zB für ArbErgebn, auch Qualität u Materialverbr,
VerkMenge, unfallfreies Fahren, Ersparn, Sieg (Berufssport); BetrZugehörigk (Treueprämie). MitBest gem
§ 87 Nr 11 BetrVG. **aa) Voraussetzung** ist stets der Eintritt des vereinb Erfolgs. Ob eine Prämie neben dem
TarLohn zu zahlen ist, hängt von den getroffenen Vereinbgen ab (BAG **18**, 23). Darühinaus können weitere
Vorauss vereinb w, zB ein nicht dch EigenKünd beendetes ArbVerh (BAG BB **91**, 1045). Dabei u im übertarifl
Ber gilt der Grds der Gleichbehandlg (Rn 112). Allg gilt für Prämien auch die Zulässigk der Bindg dch
RückzahlgsKl (vgl Rn 89, 90; BAG BB **81**, 1217), insb wenn sie an eine Künd des ArbG geknüpft ist (BAG
stRspr BB **83**, 1347). **bb) Anwesenheitsprämie** ist eine SoVergütg, die bei krankhbedingter ArbUnfähk 77 a
gekürzt w. Sie ist iR der Anm aa) dch Vereinbg grdsätzl zuläss; seit 1. 10. 96 (vgl § 616 Rn 17) im Ber der
EntgFortZahlg dch § 4 b EFZG ges geregelt (Giesen RdA **97**, 193 [199]; aA Hanau RdA **97**, 205 [207]: nur
sonst SoVergütgen). Gilt auch für sog Aufbauprämien, bei denen die SoVergütg erst dch Anwesenh entsteht.
Das zuläss Maß der Kürzg ist begrenzt auf ein Viertel des ArbEntgelts, das im JDurchschn auf einen ArbTag
entfällt.

b) Beteiligung. Am Umsatz: Rn 59. **aa) Am Gewinn (Tantieme)**, von der Erfolgsbeteiligg mit Prov- 78
Charakter zu unterscheiden (Rn 79; BAG DB **73**, 1177), ist bei VorstdsMitgl u GeschFührern übl (Felix BB
88, 277), kommt auch bei ltd Angest vor u ist bei jedem ArbN mögl (krit Ricken NZA **99**, 236). Inhalt je
nach vertragl Vereinbg; iZw ist die Gewinnbeteiligg vom Jahresreingewinn zu zahlen, u zwar zu einem entspr

Teil auch dann, wenn der DVerpfl od ArbN im Laufe des GeschJ ausscheidet (BAG **5**, 317). Ist Mindesttantieme vereinb, ist sie v GeschErfolg unabhäng (Mü DB **99**, 327). Der Gewinn ist der, den die Handelsbilanz ausweist, wobei ungerechtfert u argl Abschreibgen u Rückstellgen für die Errechng der Gewinnbeteiligg unberücks bleiben. Ausk- u NachprüfgsAnspr dch Einsichtn (nach Wahl des ArbG) pers od dch eine zur Berufsverschwiegenh verpfl Pers. Ges Regelg für Berechng besteht bei VorstdsMitgl u AufsR einer AG (§§ 86, 113 III AktG). § 86 AktG kann für Angest analog angewendet w. Bei Vereinbg v Fall zu Fall gelten §§ 315 ff (BGH WM **75**, 761). **bb) Am Verlust.** Ist bei DVertr begrenzt zuläss, bei ArbN aber grdsätzl nicht, nur ausnw bei angem Ausgl (BAG DB **91**, 659).

79 **c) Provision** ist die Vergütg, die in einem best Prozentsatz des Werts eines abgeschl od vermittelten Gesch bemessen w (auch Erfolgsbeteiligg genannt). Kommt als Zulage zum Gehalt od mit vereinb Garantiefixum insb bei kaufm Angest vor, die im Verk tät, aber nicht HandelsVertr sind. Für den ProvAnspr gilt iZw HandelsVertrR (§ 65 HGB). Ein AusglAnspr (§ 89 b HGB) besteht nicht. Die VertrBedinggen können frei geregelt w, sow nicht die Vorschr, auf die § 65 HGB verweist, unabdingb sind. Eine Prov darf auch als Zulage zum Gehalt nicht v einer best Dauer der BetrZugehörigk abhäng gemacht w, da sonst eine unzul KündErschwerg vorliegt (BAG DB **73**, 1177). Das trifft auch zu, wenn ein ProvAnspr bei unterjähr Beschäft entfallen würde (BAG NJW **97**, 541).

80 **d) Vermögenswirksame Leistungen** des ArbG sind Teil der ArbVergütg. Für Leistgen des ArbG, die nach dem 31. 12. 93 zur VermBildg der ArbN erbracht w, gilt das 5. VermBildG idF v 7. 9. 98 (BGBl 2647). Für früher erbrachte Leistgen ist die Weitergeltg v früher ergangenen Vorschr in § 17 des G geregelt.

81 **e) Sonderzahlungen (Gratifikationen)** sind eine Vergütg, die ohne od aus bes Anlaß zusätzl zu den sonstigen Bezügen gewährt w. Ihr Zweck ist zusätzl ArbEntgelt od (u) Belohng für BetrTreue (Beckers NZA **97**, 129). Die Bezeichngen hierfür sind je nach Anlaß unterschiedl: Gratifikation, Weihnachts- u UrlGeld (hierzu Sibben DB **97**, 1178), Abschl-, J- u Treueprämie oder -leistg, AnwesenhPrämie (Rn 77 a), auch kombiniert mögl (vgl BAG BB **95**, 312); Jubiläumsgabe, Heirats- u Geburtsbeihilfe, Bonus (vgl BAG DB **74**, 1341); StammArbZulage (BAG DB **81**, 1470); Vereinbg eines 13. MoGehalts idR nur dann, wenn dabei ausdrückl als Weihnachtsgratifikation bezeichnet (BAG NZA **91**, 319). Auch die Erfolgsbeteiligg od JAbschl-Vergütg ist SoZahlg, nicht Tantieme (Rn 78; BAG BB **74**, 695); ebso eine als Darl bezeichnete Zahlg, die nur dann zurückzugewähren ist, wenn der ArbN vor Ablauf einer best Zt künd.

82 **aa) Voraussetzungen** für einen Anspr ist eine Vereinbg (Rn 83 a). Für eine freiwill Zahlg (Rn 83) kann sie der ArbG frei best (BAG stRspr NJW **95**, 2911) u sie auch schon für den laufden BezugsZtRaum ausschließen (BAG DB **96**, 2032). Die SoZahlg kann davon abhäng gemacht w, daß der ArbN eine best Zt gearb hat (BAG NJW **96**, 276). MuSchutzFr sind dabei nicht als tats ArbLeistg anzurechnen (BAG NJW **96**, 1077). Zu Ausfall u Kürzg wg FehlZten allg: Schwarz NZA **96**, 571. Die SoZahlg ist auch bei Freiwillk keine Schenkg, sond stets Entgelt. Ist daher auch iF des § 615 zu zahlen (BAG NJW **63**, 1123). Sie setzt nicht zwingd voraus, daß der ArbN im BezugsZtraum tats gearbeitet hat (BAG NZA **93**, 130), so daß inf TV die StreikTeiln der Zahlg nicht entggsteht (BAG NJW **97**, 342). Ist der Anspr aber vom tats ArbVerdienst abhäng, scheidet er aus, wenn das ArbEntgelt wg unterbliebener ArbLeistg nicht fortbezahlt w (BAG NZA **93**, 132). Unpfändbk: § 850 a Nr 2, 4, 5 ZPO.

83 **bb) Rechtsgrund.** Es ist von vorneherein zu unterscheiden, ob die SoZahlg freiw (ohne RAnspr) od aus vertragl Verpfl bezahlt wird. **(1) Freiwillig**, wenn der ArbG zu der geleisteten SoZahlg überh nicht od nicht in dieser Höhe verpfl ist, insb sich den Widerruf vorbehält (Reiserer DB **97**, 426). Der Vorbeh der Freiwilligk hindert dann die Entstehg eines Anspr für die Zukunft u für den laufden BezugsZtRaum, wenn der Vorbeh auch für den Fall wiederh Zahlg erkl w (BAG NJW **97**, 213). Außerdem kann ein Anspr aus dem Grds der Gleichbehdlg entstehen, wenn and vergleichb ArbN Gratifikation (freiw oder aus Verpfl) erhalten (Rn 86).

83 a **(2) Pflicht** zur SoZahlg kann beruhen: auf DVertr od ArbVertr (insb üb TV u BetrVereinbg), auf dem Gbg (Rn 117), auf Grd einer BetrÜbg (Einf 76) od stillschw Vereinbg, näml mind 3maliger Zahlg ohne den Vorbeh der Freiwilligk (BAG stRspr zB **14**, 174). Das gilt nicht bei Zahlg nach Gutdünken in unterschiedl Höhe (BAG NJW **96**, 3166).

84 **cc) Höhe.** Bei freiw SoZahlg best die Höhe der ArbG, der dabei den Grds der Gleichbehdlg befolgen muß (Rn 86). Bei Verpfl ist die Vereinbg (Rn 83) für die Höhe maßg. Sie kann sich aus stillschw Vereinbg u aus BetrÜbg (Einf 76) ergeben. Fehlt es auch daran, best der ArbG die Höhe gem § 315 unter Beachtg des Gbg, wobei auf die tats ArbLeistg Bezug gen w kann (vgl BAG NZA **93**, 130). **(1) Voller Betrag.** Ist eine ganze Wo- od MoVergütg od ein Teil zu zahlen, so ist die zZ des betr Ereign od ZtRaums für die NormalArbZeit zu zahlende Vergütg maßg (BAG NZA **97**, 552 für Mo). Sonstige Vergütgen bleiben unberücksicht.

84 a **(2) Kürzung** der SoZahlg dch den ArbG ist mögl: bei unzumutb Belastg (BAG NJW **62**, 173), zum Zweck der Erhaltg and ArbPlätze, wg krankhbedingter Fehlzeiten ohne EntgeltAnspr (BAG NJW **95**, 2806 mwN), bei entspr Vereinbg für jährl gezahlte Zuwendgen, wobei die KürzgsRate idR pro Tag 1/60 der SoZahlg nicht übsteigen darf (BAG DB **90**, 1416); auch Abzug für die Zt des ErziehgsUrl (BAG NJW **96**, 278; LAG Düss NZA-RR **96**, 441).

85 **dd) Erlöschen** des SoZahlgsAnspr tritt (außer nach den §§ 362, 364, 397) insb ein: **(1) Beendigung** des ArbVerh vor dem maßg Ztpkt, insb dem AuszahlgsStichtag, auch bei Befristg (BAG NZA **94**, 465). Dann besteht auch kein Anspr auf einen Teil der SoZahlg, ausnw aber dann, wenn ohne weiteres eine zusätzl JLeistg zugesagt w (BAG NJW **79**, 1223: Zwölftelg). **(2) Bedingungsausfall** bei aufschiebder Bedingg; eine solche ist aber idR nicht die günst wirtsch Lage des ArbG, wohl aber, daß das ArbVerh am StichT ungekünd ist; dem steht ein AufhebgsVertr nicht gleich (BAG NZA **93**, 948). **(3) Änderungskündigung** des ArbVerh, mit der bei NeuAbschl des ArbVerh eine SoZahlg ausgen w. Dies läßt das BAG BB **83**, 1413 nicht zu, wenn ein WiderrVorbeh (Rn 83) besteht. **(4) Verstoß** des ArbN gg die TreuePfl (Rn 39–44), die zur Verwirkg führt (§ 242 Rn 87). In AusnFällen aus den Grden, die zur Kürzg (Rn 84 a) berecht.

86 **ee) Gleichbehandlungspflicht** (Rn 111–117) ist bei SoZahlgen uneingeschränkt anwendb (allgM; Rn 83), auch wenn die Zahlgen in den vorangegangenen J unter dem erkl Ausschl eines RAnspr erfolgten (BAG stRspr BB **91**, 1715). Das hat folgde prakt Auswirkg: Der ArbN, der unter Verstoß gg den Gbg von einer

SoZahlg dch den ArbG ausgen w, hat Anspr auf sie in der Höhe, wie sie den and ArbN in gleicher Stellg bezahlt w. Der ArbG muß die AuszahlgsGrdsätze offenlegen (LAG Hamm NZA-RR **98**, 293). **(1) Kündigung.** Der ArbG darf von der freiwill gewährten SoZahlg ArbN in gekünd Stellg ausnehmen (BAG NJW **93**, 1414 mwN u **96**, 948), insb wenn der ArbN gekünd hat (BAG stRspr) u wenn der ArbG gekünd hat, auch iF einer betrbedingten Künd, gleich ob im TarVertr vereinb (BAG NJW **86**, 1063) od im EinzelVertr (BAG NJW **93**, 1414); Ablauf der Befristg steht der Künd nicht gleich (BAG NZA **94**, 463). **(2) Zweck.** Bei freiwill Gewährg kann der ArbG die Angest u Arb in der Höhe der SoZahlg grdsätzl nur ungleich behandeln, wenn ihr Zweck dies erfordert (BAG st Rspr NJW **94**, 3310 mwN u NZA **99**, 700), zB Ausgleich höherer tarifl Leistgen (BAG aaO), Tätk mit u ohne Trinkgeldbezug (BAG NZA **95**, 985), Anrechng v FehlZten (BAG NZA **96**, 531) od ow bei WeihnGratifikation die Vorauss, daß das ArbVerh noch an Weihn besteht (BAG NJW **94**, 2911) od am AuszahlgsTag auch dann, wenn sie als Anerkenng der Leistg gelten soll (BAG NJW **95**, 2181). **(3) Tarifvertrag.** Bei einer dch TV vereinb SoZahlg ist der ArbG nicht verpfl, auch den Nichttarifgebundenen Gratifikationen zu zahlen. **(4) Sonstige Fälle** vgl Rn 114–116. 87 87 a 88

ff) Rückzahlungsklauseln werden häuf in der Weise vereinb, daß sich der ArbN unter der Bedingg (§ 158 I) verpfl, die SoZahlg zurückzuzahlen, wenn er innerh eines best Zeitraums das ArbVerh auflöst (hierzu krit Beckers NZA **97**, 129). Das ist auch bei einer aGrd RAnspr geleisteten SoZahlg mögl, insb über einen TarVertr. Der RückzahlgsVorbeh bedarf, um wirks zu sein, bes Vereinbg mit eindeut best ZtRaum u best Vorauss, idR Künd des ArbN (BAG NZA **95**, 1034 mwN). Einverständl Aufhebg des ArbVerh genügt nicht, auch dann nicht, wenn im gerichtl Vgl vereinb (LAG Düss BB **75**, 562); eine betrbedingte Künd dch den ArbG nur dann, wenn der Zweck der RückzahlgsKl nicht darin liegt, den ArbN zur BetrTreue anzuhalten (Reiserer NZA **92**, 436 mwN; umstr; vgl hierzu BAG NZA **91**, 765). RückzahlsKl dürfen aber nicht für eine unangem lange Zeit vereinb w u müssen für den ArbN zumutb u überschaub sein (hM). Verstöße führen nur zur Teilnichtigk der Rückzahlgsklausel, nicht der SoZahlg, auch nicht über § 139 (BAG **15**, 17). Mehrere SoZahlgen w nicht zusgerechnet (BAG BB **69**, 583). Staffelg der Rückzahlg ist zul. Es liegt auch dann eine RückzahlgsPfl vor, wenn vereinb ist, daß für den Fall des Ausscheidens die SoZahlg als Vorschuß behandelt w soll. Es ist von der tats gezahlten, ggf gekürzten SoZahlg auszugehen, sow es auf MoVerdienste ankommt, vom Bruttoentgelt im AuszahlgsMo (BAG NJW **74**, 1671). Grdsätzl ist der Brutto-Betr zurückzuzahlen (Matthes DB **73**, 331). Das BAG hat Grdsätze aufgestellt, die im Betr v 200 DM (vgl Rn 90) inzw weit überholt sind, nicht aber dch die Neufassg des § 622 (LAG Hamm NZA-RR **99**, 292). Sie gelten nicht bei RückzahlgsKl, die im TarVertr vereinb sind (BAG **AP** Gratifikation Nr 54, 57); wohl aber bei solchen dch BetrVereinbg (BAG **AP** Gratifikation Nr 68), wobei der TarVertr Vorrang hat, wenn die BetrVereinbg zusätzl abgeschl ist (BAG aaO). Der maßg ZtRaum errechnet sich v Tag der Auszahlg an (LAG Brem BB **75**, 928) bis zum Tag der vertrgem Beendigg des ArbVerh. **(1) Kleine Sonderzahlung,** insb Gratifikation bis 200 DM (BAG NJW **83**, 67 für 1978, inzw 500 DM angem) u bis etwa 25% darü. Es kann damit keine RückzahlgsKl verbunden w (BAG **13**, 129). Diese Summe verbleibt dem ArbN aber bei höherer SoZahlg nicht als Sockelbetrag (BAG **16**, 107). **(2) Bis zu einem Monatsverdienst:** Bindg des ArbN bis zum 31. 3. des folgden J (BAG BB **93**, 1809), bei auch schon im Nov ausbezahlter Weihnachtsgratifikation (BAG NJW **73**, 1247), bei and SoZahlgen entspr 4 Mo (BAG aaO), so daß ArbN gem § 622 zum 31. 3. künd können ohne die SoZahlg zu verlieren (BAG NJW **93**, 3345). **(3) Ein Monatsverdienst:** bei nur einer KündMöglk bis 31. 3. ist Auslassen dieser zumutb (BAG **13**, 129 für § 622 aF), bei mehreren KündMöglkeiten das Auslassen aller bis einschl 31. 3. (BAG aaO). Der ArbN muß sich danach an die vertr od ges KündFr halten (aA LAG Rh-Pf NZA **96**, 1040). **(4) Mehr als ein Monatsverdienst:** keine Bindg über den 30. 6. hinaus (BAG **AP** Gratifikation Nr 99). **(5) Zwei Monatsverdienste:** Es ist bei Staffelg bis zu 1/2MoVerdienst Bindg bis 30. 9. zul (BAG **AP** Gratifikation Nr 69). 89 90

gg) Auszahlungsbedingungen, aufschiebd od auflösd für eine SoZahlg entspr den RückzahlgsKl (Rn 89, 90) soweit sie eine BetrBindg herbeiführen; jedoch sind längere Fr angem, weil eine Rückzahlg den ArbN idR stärker beeinflußt. Die Regeln für RückzahlgsKl sind daher nicht ow auf diese Fälle übertragb (vgl BAG **AP** Gratifikation Nr 64, 69). 91

f) Arbeitgeberdarlehen: sind Darl, die ein ArbG od ein Dr mit Rücks auf ein ArbVerh dem ArbN od einem Dr (zB dessen Eheg) gewährt. Die Rückerstattg geschieht idR in Raten dch Verrechng mit dem Lohn. Zweck: BetrBindg, zusätzl Vergütg u (od) Altersvorsorge. Vereinb Künd od ZtBest zur Rückzahlg mit Beendigg des ArbVerh ist bei unzul langer BetrBindg (vgl § 611 Rn 89, 90) unwirks. Fehlen derart RückzahlgsVereinbg, ist Künd wg Wegfalls der GeschGrdlage (§ 242 Rn 120) inf Beendigg des ArbVerh idR nicht begründet (vgl § 242 Rn 157; BAG NZA **93**, 936), aber zu bejahen, wenn der ArbN eine außerord Künd verschuldet, uU auch im Konk des ArbG (LAG Düss ZIP **86**, 1343). 92

g) Zuschüsse aus soz Anlaß (insb bei Umzug, Krankh, Notfall) stellen keine Gratifikation dar; eine Rückzahlg im Zushang mit einer Bindg an den Betr (Rn 89, 90) ist nicht ausgeschl (vgl LAG Düss MDR **73**, 1054), bei Umzugskosten v einem MoVerdienst BetrBindg bis zu 3 J zul (BAG BB **75**, 702). Das gilt nicht für Umzugskosten, wenn sie als Aufwendg zu ersetzen sind (BAG BB **73**, 983; vgl Rn 125). 93

h) Aus- und Fortbildungskosten, die der ArbG für den ArbN aufwendet, auch wenn sie als Darl vereinb sind (BAG BB **95**, 569), können als geldwerte Leistg des ArbG längerfrist, aber nicht unangem lange BetrBindg od Rückzahlg bei Ausscheiden rechtfert (BAG stRspr NJW **96**, 1916; Huber/Blömeke BB **98**, 2157); unwirks ist die RückzahlgsPfl für den Fall betrbedingter Künd (BAG NJW **99**, 443), idR 3 J bei höherwert Ausbildg, 2 J bei halbjähr Sprachaufenthalt (BAG BB **95**, 1191), bei Lehrgangsdauer bis zu 2 Mo längere Bindg als ein J nur bei Erwerb bes hoher Qualifikation u übdchschnittl Vorteilen od bes Kostenintensität (BAG DB **94**, 1040). Eine jährl Staffelg nach BetrZugehörigk ist zuläss (BAG NZA **86**, 741). IdR ist eine monatl Abstufg der RückzahlgsLeistg geboten (vgl BAG DB **94**, 1726); iü kommt es gem § 242 auf die Umstde des Einzelfalls an (vgl BAG NZA **92**, 211 mwN). Eine Rückzahlg, wenn vorzeit abgebrochen od erfolglos beendet w, kann vereinb w (Meier/Schulz NZA **96**, 742). 94

i) Werksangehörigenrabatt (insb bei Kfz übl). Umstr ist, ob es sich um ArbVergütg handelt (vgl LAG Brem DB **87**, 2368). RückzahlgsKl mit BetrBindg sind jedenf zuläss. 95

96 **9) Fürsorgepflicht** des DBer u ArbG entspr der TreuePfl des DVerpfl u ArbN. Sie hat ihre allg ges Grdlage in § 242. Sie wird im Zushang mit der Ablehng des GemschVerh (Einf 15) verneint (Weber RdA **80**, 289). Für AusbildgsVerh gilt bes § 6 I Nr 5, II BerBG. Sie wirkt sich auf zweierlei Weise aus: sie beeinflußt Umfang, Art u Weise der Pfl aus dem DVerh u ArbVerh u sie begrdet EinzelPfl zum Tun od Unterlassen. Die FürsPfl w begrenzt dch das R des DBer u ArbG seine gerechtf Interessen mit den ges zul Mitteln zu wahren. Diese Abgrenzg ist im
97 Einzelfall vorzunehmen. Rspr u Schriftt haben im wesentl folgde Grdsätze entwickelt: **a) Dauer. aa) Beginn.** Die FürsPfl entsteht (in schwächerem Umfang) schon mit dem Eintritt in VertrVerh u beeinflußt Anspr aus c. i. c. Der ArbG muß insb den ArbN über die zu erwartden Verh aufklären, soweit sie die erkennb Interessen des ArbN berühren (vgl Rn 8). SchadErsAnspr geht nur auf das negat Interesse (Vertrauensschaden). Die FürsPfl
97 a wirkt auch, währd das ArbVerh ruht (BAG **7**, 207), u bei Beendigg des ArbVerh. **bb) Ende.** Nach Beendigg besteht die FürsPfl abgeschwächt weiter, insb im RuhestandsVerh (Einf 80), aber auch unabhäng davon (BAG DB **73**, 622; vgl Rn 104). Sie kann ausnahmsw einen Anspr auf Wiedereinstellg begrden (vgl BAG NJW **85**, 342; Hambitzer NJW **85**, 2239), aber nicht die Übern aus dem Ausbildgs- in das ArbVerh (BAG DB **74**, 344), nach einem Fortbildgskurs (BAG BB **78**, 257) od bei SaisonArb (LAG Hamm NZA **86**, 751).

98 **b) Schutzpflichten. aa) Leben und Gesundheit:** ges geregelt in den §§ 617, 618; vgl dort auch wg der sonstigen hierzu geltden Vorschr; insb ArbSchG (82 vor § 611). Für das ArbNSchutzR (Einf 81–88) ist der ArbG neben seiner öffrechtl Pfl aus der FürsPfl auch vertragl verpfl, die Best zu befolgen, soweit ihr Zweck
99 auf den individuellen Schutz des ArbN gerichtet ist. **bb) Eigentum** des ArbN (zusfassd Monjau DB **72**, 1435). Der ArbG hat dafür zu sorgen, daß die Ggst des ArbN, die er berechtigterw zur Arb mitbringt (persönl unentbehrl u arbeitsdienl Sachen, zB Kleidg, Geräte, Fahrz), so aufbewahrt w können, um vor Verlust u Beschädigg sichergestellt zu sein (allgM). Der ArbG muß aber nur solche AufbewahrgsMöglk bereitstellen, die ihm zugemutet w können (BAG **17**, 229). Er ist nicht verpfl, für die eingebrachten Sachen eine Vers
100 abzuschließen (hM; aA zT Becker-Schaffner VersR **72**, 322). **cc) Parkplätze** muß der ArbG grdsätzl nicht, sond nur in AusnFällen zur Vfg stellen (hM; Kreßel RdA **92**, 169 mwN). Wenn er sie zur Verfügg stellt, muß er sie verkehrssicher anlegen, aber nur soweit erforderl u zumutb (BAG NJW **66**, 1534). Der ArbG haftet für jedes Versch (§ 276), aber nur subsidiär, also nicht, wenn Schädiger mit Erfolg in Anspr gen w kann (BAG aaO). Keine Haftg ohne Versch für Schäd, die dch Dr verurs w u denen der ArbN im Verk allg ausgesetzt ist, auch wenn für eine Unterstellg Entgelt bezahlt w (BAG JZ **75**, 675). Vertragl HaftgsAusschl ist zul (LAG Hbg
101 DB **68**, 761). **dd) Sonstiges.** Bei Kfz, mit dessen Führg der ArbG den ArbN betraut, hat der ArbG für ausr HaftpflVers zu sorgen (BAG NJW **66**, 2233 mwN), wenn der Vers Rückgr nimmt, den ArbN uU freizustellen (BAG BB **88**, 147). Eine Pfl des ArbG, bei einem langfrist inhaftierten ArbN auf den Freigängerstatus hinzuwirken (so BAG NZA **95**, 777), ist abzulehnen.

102 **c) Sorgfaltspflichten.** Der ArbG ist verpfl, den Lohn u die Lohnabzüge richt zu berechnen (vgl Rn 66– 68). Er hat auch aGrd der FürsPfl bei der SozVers alles rechtzt zu tun, was erforderl ist, um dem ArbN alle ihm zustehenden Rechte u Vergünstiggen zu erwerben u zu erhalten, insb die Beitr abzuführen, den ArbN anzumelden u das ArbEntgelt richt einzutr (BAG NJW **70**, 1654). Das gilt auch bei freiw WeiterVers u bei Zusatzversorgg. Bescheiniggen, Beurt uä dürfen keinen unzutreffden, den ArbN benachteilden Inhalt haben (BAG **7**, 267); jedoch kein Anspr auf Erteilg v Bescheinigg mit best Inhalt (LAG Hamm DB **76**, 923).

103 **d) Auskunfts-, Nach- und Hinweispflichten.** Ggü dem ArbG hat der ArbN einen AuskAnspr über die Berechng des Lohns u über Grdlagen seiner sonst Anspr auch bei einvernehml Auflösg des ArbVerh (BAG NJW **89**, 247). Dr ggü kann der ArbG über die ZeugnErteilg (§ 630) hinaus zur Ausk über den ArbN verpfl sein, wenn der ArbN es aus berecht Interessen verlangt. Die erteilte Ausk muß wahrhgem sein; ihr Inhalt muß dem ArbN auf Verlangen bekannt gemacht w (BGH NJW **59**, 2011). Eine umfangreiche NachweisPfl (vgl Rn 3) üb die VertrBedinggen besteht aufgrd des NachweisG v 20. 7. 95 (BGBl 946). Bei Verletzg ist SchadErsPfl des ArbG mögl (Leuchten/Zimmer NZA **99**, 969).

104 **e) Sonstiges.** AGrd der FürsPfl kann im Einzelfall bei der Ausübg des WeisgsR (Rn 45–48) der ArbG gehalten sein, eine Versetzg vorzunehmen (BAG **7**, 321) od zu unterlassen (BAG **8**, 338), wenn bes, vom ArbN nicht verschuldete Gründe in seiner Pers vorliegen; aber kein Anspr auf Beförderg (BAG BB **69**, 580). PersAkten dürfen keine unzutreffden, nachteil Schriftstücke enthalten (BAG NJW **86**, 1065); zur Abmahng vgl Rn 41 vor § 620. Das Suchen eines and ArbPlatzes darf auch nach Beendigg des ArbVerh nicht unnöt erschwert w (BAG DB **73**, 622).

105 **10) Gleichbehandlungspflicht.** Überblick zur aktuellen Rspr: Hunold DB **91**, 1670. Die unmittelb Gleichbehdlg (zum mittelb GleichbehandlgsGebot wg des Geschlechts vgl Kirsten RdA **90**, 282) hat folgde
106 rechtl Grd: **(1) Art 3 GG** hat prakt Bedeutg im ArbR, insb für die Lohngleichh von Mann u Frau; daran sind die TVPart unmittelb gebunden (BAG NZA **96**, 656), ebso alle Beteil, die ArbBedinggen gesamtheitl regeln (BAG **14**, 61); insb auch in BetrVereinbg (BAG **11**, 338; auch wg § 75 BetrVG). Im übr besteht für den ArbG keine Bindg an Art 3 GG, insb nicht im EinzelArbVertr u auch nicht für den ArbG im öff Dienst, weil es sich um privatrechtl Beziehgen handelt. Zu einer mittelb Bindg führt die Rspr des BVerfG bei der
107 NachPrüfg ger Entsch (vgl zB NJW **90**, 2093). **(2) § 75 BetrVG** u § 67 BPersVG bindet bei allen dem BetrVerfassgsR unterliegden Vorgängen (insb bei BetrVereinbg) den ArbG u den BetrRat. Sie dürfen ArbN wg der in § 75 BetrVG aufgeführten Merkmale nicht ungleich behandeln. Auswirkgen auf den ArbVertr hat § 75 BetrVG insofern, als bei Festlegg von ArbBedinggen in Betr- od DVereinbg (vgl Einf 73) über deren
108 normative Wirkg der Inhalt des ArbVertr gestaltet w. **(3) EU-Recht** schreibt dch Art 119 EGVertr Gleichbehdlg vor. Das ist unmittelb geltdes R. Es geht widersprechdem GesetzesR u TV vor (Franzen ZEuP **95**, 796). Bewirkt nicht, daß gleichgeschlechtl LebGemsch mit der Ehe gleichzubehandeln sei (EuGH NJW **98**, 969). Dch Art 48 II EGVertr ist die unterschiedl Behdlg v ArbN wg ihrer StaatsAnhörk verboten (Franzen
109 aaO 814). **(4) Geschlechtsbezogene Gleichbehandlung.** Hierzu ist der ArbG aGrd der §§ 611 a, 611 b, 612 III unmittelb verpfl. Diese SoRegelg geht der GleichbehdlgsPfl, diese dem allg arbrechtl Gbg insow vor (dh sie gilt allein), soweit es sich um das Verh Mann u Frau im Betr handelt (§ 612 Rn 1). Das ist auf Transsexuelle erstreckt (EuGH NJW **96**, 2421). Eine sog QuotenRegelg ist verboten (EuGH NJW **95**, 3109 u BAG NJW **96**, 2529).

(5) Arbeitsrechtlicher Gleichbehandlungsgrundsatz. Er wird im folgden dargestellt: 110

a) Rechtsgrundlage. Sie ist umstr. Der Gbg wird aus der FürsPfl (wohl hM), aus dem Wesen des Normenvollz od aus dem soz Schutzprinzip abgeleitet. 111

b) Anwendungsbereich. Der Gbg gilt auch für ausländ ArbN (vgl Bittner NZA **93**, 161). **aa) Bejaht** für alle freiw soz Leistgen des ArbG, insb SoZahlgen (Rn 81–91) u AltersVersorgg (BAG stRspr NZA **96**, 84), auch für ZusatzVersorgg (BAG NJW **93**, 874); für die Ausübg des WeisgsR (Rn 45–48). Der Gbg wird v BAG auch auf den Lohn u die sonst Vergütg angewendet, aber nicht im Ber individuell vereinb Vergütgen (BAG stRspr NJW **93**, 679 mwN), insb auf übertarifl Lohnzuschläge (BAG NJW **82**, 461 u 2838), auf freiwill Lohnerhöhgen, die nach abstrakten Regeln erfolgen (BAG NJW **87**, 1285; BB **95**, 409), bei Lohnnachzahlgen (BAG WM **74**, 444), HaushZulagen (BAG NJW **77**, 1742), übertarifl Leistgen (BAG NJW **83**, 190), SozPlanAbfindgen (BAG NJW **86**, 94 u NZA **94**, 788; Schrader DB **97**, 1714); einzelvertr Abfindgen (BAG NJW **95**, 3140); Streikbruchprämien (BAG NZA **92**, 154); Treueprämie für bloße NichtTeiln am Streik (BAG NJW **93**, 218). **bb) Verneint** für DVertr (BGH DB **79**, 256), für Einstellg u für Wiedereinstellg (umstr; v. Stein RdA **91**, 85 [92]), idR für Beförderg u bessere Einstufg, nach hM u Rspr nicht für die Künd, wohl aber mittelb (vgl BAG NJW **82**, 2687). 112

c) Voraussetzungen für die Anwendg des Gbg sind: **aa) Bestand** eines ArbVerh od RuhestandsVerh (Einf 80); keine Geltg des Gbg bis zum Abschl des ArbVertr iR der VertrVerh. **bb) Zugehörigkeit** zu dem selben Betr od Untern. Nach bisher hRspr war die Anwendg des Gbg auf den Betr beschr (zB BAG NZA **95**, 1063). Nach neuer Rspr wird die Geltg auf das Untern (desselben ArbG) ausgedehnt (BAG NZA **99**, 606 mwN). Das entspr der Tendenz im Schrifttum (zB ErfK/Preis § 611 Rn 847–849 mwN). Die Identität des ArbG ist auch gegeben, wenn das ArbVerh nach § 613a übergegangen ist (LAG Düss BB **76**, 1370). **cc) Rechtmäßigkeit** der Behandlg, auf die der ArbN Anspr erhebt; denn es gibt keinen Anspr auf Gleichbehandlg im Unrecht od im RIrrtum (BAG DB **81**, 274). **dd) Benachteiligung** ggü mind mehr als einem begünst ArbN. Grdsätzl ist die individual-rechtl Begünstigg auch mehrerer ArbN zuläss (LAG SchlH DB **87**, 442). Daher versagt der Gbg, wenn bei zwei beschäft ArbN der eine dch eine Leistg, insb SoZahlg, bevorzugt w (LAG Ffm NZA **85**, 188). 113

d) Inhalt. Der Gbg ist nicht zwingd; der ArbN kann sich (and als bei §§ 611a, 612 III) mit ungleicher Behandlg einverstanden erkl, insb dch (auch abändernde) Vereinbg im ArbVertr (BAG **13**, 103). Daher geht die getroffene vertragl Vereinbg stets vor u schließt die RFolgen des Gbg (Rn 117) aus. Der Gbg bedeutet, daß der ArbG einzelne ArbN (od Gruppen, BAG stRspr BB **98**, 1319) nach dem Zweck der Leistg nicht ohne billigenswerten Grd unterschiedl, insbes nicht schlechter behandeln darf, als solche in vergleichb Stellg (BAG stRspr NJW **93**, 874 mwN). **aa) Der Arbeitgeber darf:** einzelne ArbN besser stellen u sachgem Unterscheidgen, insb nach best Merkmalen treffen: zB auf sachgerecht gebildete ArbNGruppen unterschiedl VergütgsGrdsätze anwenden (BAG NZA **97**, 724), verheiratete ArbN and behandeln als gleichgeschlechtl LebPartner (BAG NJW **98**, 1012); bei der AltersVersorgg die BetrTreue fördern u belohnen (BAG BB **98**, 1319), zw ltden u sonst MitArb sowie zw ArbN im Außen- u InnenD differenzieren (BAG aaO); ArbN in gekünd Stellg (BAG stRspr, zB DB **91**, 1575 u **93**, 688, NJW **96**, 948) od streikde ArbN währd des Streiks von der SoZahlg ausnehmen (BAG **AP** Nr 7 zu § 611 Gratifikation); Ruheständlern weniger SoZahlg zuwenden als aktiven ArbN (LAG Düss NZA **87**, 706); Verheirateten höhere SoZahlg als Ledigen leisten, aber für Nachw bei verh ArbNinnen nicht höhere Anfdgen stellen als bei verh männl ArbN (BAG BB **77**, 1098); Lohnzuschläge nur an ArbN mit best Alter oder best Dauer der BetrZugehörigk zahlen od abstufen; SoZahlg nach Anwesenh im Betr staffeln, Tantiemen nach Beteiligg am GeschErfolg (BAG BB **71**, 523), Erreichen eines best Stichtags im ArbVerh u Meldg v FehlZten (BAG BB **72**, 1230); ltd ArbN bei Abfindgen im SozPlan ausnehmen (BAG NJW **85**, 94); währd des Streiks nichtstreikden ArbN Zulagen zahlen, wenn nicht ein tarifl MaßregelgsVerbot entggsteht (BAG NJW **94**, 74 mwN; hierzu krit Rolfs BB **94**, 1237). **bb) Der Arbeitgeber darf nicht:** ausgeschiedene ArbN v rückwirkder Lohnerhöhg ausnehmen (BAG BB **76**, 744); kranke od arbunfäh ArbN v Lohnerhöhg ausschließen (BAG NJW **82**, 461 u 2838); dem weit überwiegden Teil seiner ArbN mehrere Jahre hindch den Lohn erhöhen u den Rest der ArbN davon auszunehmen (BAG NZA **87**, 156); ArbN allein wg unterbliebener Teiln am Streik nach Beendigg des ArbKampf Zulagen zahlen, sog Streikbruchprämie (BAG NJW **93**, 218; zust Schwarze RdA **93**, 264); unsachgem gebildete Gruppen v ArbN bei sog Job-Tickets ausnehmen (BAG NZA **99**, 474); eine Gruppe geringer qualifizierter ArbN v Url- u WeihnGeld ausnehmen (BAG BB **99**, 1013); eine Versorgg v Witwen zusagen, ohne dies auch für Witwer zu tun (BAG BB **89**, 2400); ohne sachl Grd TeilZtBeschäft (Einf 44) allein wg der TZtArb unterschiedl zu VollZtBesch behandeln (§ 2 BeschFG; BAG NJW **93**, 874), auch wenn es nicht einseit, sond vertr geschieht (Friedhofen/Weber NZA **90**, 714 [716]). Es besteht Vorrang des TV (§ 6 BeschFG), in dem der TZtBeschäft ggü VollZtBeschäft nicht schlechter gestellt w darf, insb nicht deshalb, weil er eine HauptBeschäftigg ausübt (BAG NJW **96**, 2812), Ruhegeld bezieht (BAG NJW **96**, 2810) od nicht sozverspfl ist (BAG NJW **97**, 962). 114 115 116

e) Wirkung. Verl der ArbG den Gbg, so hat der ArbN daraus unmittelb Anspr auf dasjen, was ihm vorenthalten wurde, als ErfAnspr, unabhäng v Versch (BAG NJW **93**, 874), nicht auf SchadErs gerichtet. 117

11) Beschäftigungspflicht (entspr BeschäftiggsAnspr). Ruhl/Kassebohm NZA **95**, 497). **a) Begriff.** Darunter ist hier der priv-rechtl auf dem ArbVertr beruhde Anspr des ArbN zu verstehen, die im ArbVertr vereinb Arb (Tätigk) zu verrichten. Aus §§ 611, 613, 242 sowie Art 1, 2 GG abzuleiten (BAG [GS] NJW **85**, 2968). **b) Grundsatz.** Der ArbG ist verpfl, den ArbN währd des ArbVerh (nicht ohne ein solches, BAG NJW **84**, 829) so zu beschäft (arb zu lassen), wie es im ArbVertr vereinb ist. Diese Pfl wird aus unterschiedl Grden abgeleitet. Prakt bes bedeuts bei ArbN, die dch ihre Beschäft Leistgsfähigk, Geltg, Publizität uä erhalten, zB Berufssportler, Artisten, Künstler (BAG BB **86**, 1366). Der BeschäftAnspr kann jedenf bei unstreit bestehden ArbVerh grdsätzl abbedungen w (vgl Leßmann RdA **88**, 149). **c) Ausnahmen.** Die Beschäftigg kann vom ArbG dch Einrede (unter Fortzahlg des Entgelts, vgl § 615) verweigert w, wenn ein bes schutzwürd Interesse des ArbG besteht (Ruhl/Kassebohm NZA **95**, 497 [501] mwN); zB bei AuftrMangel, schädl Einflüssen auf and ArbN od auf das ArbErgebn, vorübergehd od bis zur Beendigg des ArbVerh (sog Freistellg). 118 119 120

Dies kann nur unter bes Umstden die Re des ArbN verletzen (vgl Luckey NZA **92**, 873). Vertr Ausschl der BeschäftPfl ist zul (§ 305). Diese Freistellg kann auch einseit vorgen werden, wenn es im ArbVertr vereinb ist
121 (Haß/Lohr BB **98**, 2575). **d) Nach Kündigung** (hierzu Pallasch BB **93**, 2225). Es besteht bis zur Beendigg des ArbVerh BeschäftPfl (hM; BAG [GS] NJW **85**, 2968 mwN; Künzl BB **89**, 1261 mwN; sehr bestr; aA Adomeit NJW **86**, 901 mwN; v. Hoyningen-Huene BB **88**, 264 für eine vollstr-rechtl Lösg; Ramrath DB **87**, 92). Gilt auch bei Streit um die Wirksk eines AufhebgsVertr (BAG NZA **96**, 1030 mwN). Freistellg ist nur bei überwiegdem, schutzwürd Interesse des ArbG zul (BAG aaO), insb während des KündSchProz, jedoch bei
122 LohnRisiko des ArbG (§ 615). **aa) Pflicht** des ArbG besteht nicht über den Ztpkt hinaus, zu dem die Künd, um deren Wirksk prozessiert w, wirken würde (BAG NJW **78**, 239). Hiervon macht das BAG (maßgebd GS NJW **85**, 2968) drei Ausn (auch bei Streit um Befristg od auflösde Bedingg, NZA **86**, 562) mit der RFolge, daß BeschäfAnspr besteht (aA oben Rn 121; krit Berkowsky BB **86**, 795; Dütz NZA **86**, 209; Bengelsdorf DB **86**, 168 u 222; zur VerfBeschw Berger-Delhey NZA **88**, 8; zu Einzelfragen Färber/Kappes NZA **86**, 215): **(1)** Unter den Vorauss des § 102 V BetrVG (hierzu LAG Mü NZA **94**, 997) od § 79 II BPersVG. **(2)** Wenn die Künd offenb unwirks, mißbräuchl od willkürl ist u schutzwerte Interessen des ArbG nicht entggstehen (InteressenAbwägg), bis zum rechtskräft Abschl des KSchProz (BAG GS aaO u NZA **87**, 809). Ist die Künd offenb unwirks, besteht grdsätzl BeschäftPfl. Ist dies nicht der Fall, besteht grdsätzl keine BeschäftPfl bis zur gerichtl Entscheidg, daß die Künd unwirks sei. **(3)** Ab erstinstanzieller Entsch, in der festgestellt w, daß die Künd unwirks sei. Von da an können schutzwerte Interessen des ArbG der BeschäfPfl nur ausnahmsw entggstehen (BAG GS NJW **85**, 2968), zB bei einer weiteren, auf neuen SachVerh gestützten Künd aus § 626
123 (BAG NJW **86**, 2965). **bb) Wirkung.** Es besteht bis zum rechtskräft Abschl des KündSchProz ein Anspr auf Weiterbeschäft, unabhängig v einer allg BeschäftPfl. Davon zu trennen ist der rechtl Fortbestd des ArbVerh, der zu verneinen ist (BAG BB **91**, 1413), auf jeden Fall bei wirks Künd (BAG BB **90**, 1488). Er kann aber zw den Part einvernehml bewirkt w (BAG NZA **87**, 373), insb indem der ArbN weiterarbeitet u der ArbG vorbehaltlos den TarLohn zahlt (BAG NJW **91**, 2589). Arbeitet der ArbN ohne eine solche Einigg weiter, indem er sie dch gerichtl Entscheidg erzwingt (Rn 124), so ist die Abwicklg bereichergsrechtl vorzunehmen, weil kein ArbVerh besteht u der ArbN keinen LohnAnspr hat, sond ledigl einen Anspr auf Wertersatz für die geleistete Arb (wohl hM; BAG NJW **87**, 2251 u **93**, 484; Walker DB **88**, 1596 mwN), der sich nach der übl Vergütg bemißt (BAG NJW **93**, 484); Obergrenze ist der vereinb Lohn (BAG aaO). Dies wird für Gratifikation bejaht v BAG BB **90**, 1488. Zahlt der zur Weiterbeschäft verurt ArbG den Lohn, ohne den ArbN weiterzubeschäft, geschieht dies iZw gem § 615 S 1 u der ArbG kann den Lohn gem §§ 812 I S 1, § 818 II
124 zurückfordern (BAG NJW **91**, 2589). **cc) Durchsetzung.** Grdsätzl nur im Klagewege (BAG [GS] NJW **85**, 2968), auch zugleich (§ 260 ZPO) mit der KündSchKl (BAG aaO); Aussetzg (§ 148 ZPO) ist nicht geboten (BAG aaO); § 717 ZPO ist anwendb (Barton/Hönsch NZA **87**, 721 [726]). Mit RegelgsVfg nur ausnahmsw (LAG Ffm NJW **77**, 269 u NZA **88**, 37; LAG BaWü NZA **95**, 683; aA Grunsky NJW **79**, 86: grdsätzl). Für Zulässigk v LeistgsVfg (§ 940 ZPO) auch Schaub NJW **81**, 1807. Zur Bestimmth des Titels: LAG Hamm NZA **90**, 327; Süß NZA **88**, 719 mwN. Vollstreckg: § 888 ZPO (LAG RhPf NZA **87**, 827).

125 12) **Aufwendungsersatz.** § 670 ist bei Besorgg einzelner Gesch iR des DVerh od ArbVerh anwendb (seit BAG GS 12, 15 stRspr; hierzu Reichold NZA **94**, 488 u Frieges NZA **95**, 403). Davon werden auch Schäden erfaßt, mit denen nach Art der Arb nicht zu rechnen war; das gilt insb bei SachSchad (BAG NJW **93**, 1028
125 a mwN). **a) Anspruch des Arbeitgebers** od DBer kann sich insb aus der Abführg der Lohnsteuer ergeben (vgl Rn 66, 67), auch aus vereinb Rückzahlg v AusbildgsKosten, ohne Vereinbg nur ausnw (vgl BAG NZA
125 b **91**, 178). **b) Anspruch des Arbeitnehmers** od DVerpfl. Es muß sich um Aufwendgen handeln, die dch Vergütg nicht abgegolten sind u die nach dem Vertr den ArbN od DVerpfl nicht treffen sollen (BAG NJW **63**, 1221). Die ErsPfl kann nicht mehr davon abhäng gemacht w, ob die Arb bes gefährl od gefahrgeneigt ist (Frieges NZA **95**, 403), orientiert an der ArbNHaftg (Rn 157), sodaß die ErsPfl bei leichter Fahrlässk besteht (BAG NJW **98**, 1170) u entfällt bei vorsätzl od grob fahrläss herbeigeführten Schäd (Frieges aaO mwN). Häuf problemat, wenn ArbN im eigenen Kfz für den ArbG tät w (vgl Schiefer NJW **93**, 966; Berndt NJW **97**, 2213). Einzelh: **aa) Bejaht:** für v ArbN angeschaffte SchutzKleidg (§ 618 Rn 4); Fahrtkosten im Interesse des ArbG; verfallene Kaution wg Strafverfolg außerhalb der BRep (BAG NJW **89**, 316); unverschuldeter UnfallSchad am Kfz des ArbN, wenn es im BetätiggsBer des ArbG eingesetzt ist u der ArbG sonst ein eigenes Kfz einsetzen müßte (BAG NJW **96**, 476 u 1301); StrafVerteidKost bei einem in betr Tätk verurs unversch VerkUnfall (BAG NJW **95**, 2372). Umzugskosten bei Versetzg, auch Rückumzug (BAG NJW **96**, 741). **bb) Verneint:** Verlust des SchadFreihRabatts bei km-Pauschale (BAG NJW **93**, 1028); Ers des Parkplatzgeldes für die Fahrt zur ArbStelle (BAG **AP** Nr 36 zu § 611 FürsPfl); ProzKosten eines Journalisten, der wg grobfahrläss verbreiteter unwahrer Tats verurteilt w (BAG NZA **92**, 692); Verschleiß einheitl DKleidg (BAG NZA **99**, 38).

126 13) **Urlaub.** Darunter ist allg die einem ArbN (DVerpfl) für eine best Zt gewährte Befreig von der Arb(D-)Leistg zu verstehen. Es gilt § 2 I S 2 Nr 8 NachwG. Der ErholgsUrl (Rn 127, 128) ist v der unbezahlten Freistellg (Rn 38) zu untersch. Gewährt w der Url dch Freistellg von der Arb od DLeistg; dies setzt eine WillErkl des DBer od ArbG voraus, die der Anf unterliegen kann; nach Antritt des Url aber nur mit ex-nunc-Wirkg, nach Beendigg des Url nicht mehr (BAG NJW **60**, 1734). Der Anspr auf Url ist nicht abtretb u nicht vererbl (allgM; BAG NJW **87**, 461); iW einstw Vfg dchsetzb (Boewer DB **70**, 632).

127 **a) Rechtsgrund. aa) Gesetzlicher Urlaub:** ArbN, einschl der TeilZtBeschäft (BAG NZA **93**, 991), der zur Berufsausbildg Beschäft u arbeitnehmerähnl Pers (hierzu BAG NJW **73**, 1994 u BB **79**, 1349) über 18 J haben Anspr auf ErholgsUrl (MindestUrl) nach § 3 BUrlG (24 Werktage), dh alle KalTage außer Sonn- u Feiertagen. Jugendl (§ 1 JArbSchG) erhalten MindestUrl gem § 19 JArbSchG, im Bergbau unter Tage 3 Werktage mehr (§ 19 JArbSchG). Die Schiffsbesatzg hat Anspr auf angem Url (§ 54 SeemG), mind den nach § 3 BUrlG. SchwerBeh haben Anspr auf einen zusätzl ErholgsUrl (ZusatzUrl) von 5 ArbTagen (§ 47 SchwbG), der nach der ArbZt zu berechnen ist (BAG BB **82**, 992). Zu RFragen des ZusatzUrl: Dörner DB **95**, 1174. ErzGeldBerecht haben Anspr nach Maßg der §§ 4 I, 15 BErzGG (zu RFragen Sowka NZA **94**,
128 102). **bb) Vertraglicher Urlaub:** Für ArbN, die nach BUrlG Anspr auf MindUrl haben, besteht ein weiter-

gehder Anspr auf ErholgsUrl nur, wenn es dch Vertr, TV od BetrVereinbg vertragl festgelegt ist. Er kann auch als TreueUrl für langjähr BetrZugehörk ausgestaltet sein. Soweit aus der FürsPfl Anspr auf ErholgsUrl besteht, ist dies dch das BUrlG konkretisiert (hM). DVerpfl, die nicht unter das BUrlG fallen, haben Anspr auf bezahlten ErholgsUrl aGrd der FürsPfl des DBer, jedenf dann, wenn ihre DLeistgsPfl fortlfd besteht u ihre ArbKraft weitgehd in Anspr nimmt. Vertragl Vereinbg geht vor.

b) Voraussetzungen des UrlAnspr. Maßg sind jeweils die Verh u Ereign im Laufe des Url (Kal)J (BAG 129 **AP** § 13 BUrlG Nr 11). **aa) Arbeitsverhältnis.** Nur währd des Zeitraums, in dem das ArbVerh od DVerh besteht, kann Url gewährt w, auch noch in der KündFr (BAG NZA **93**, 406). Danach ist nur noch Abgeltg mögl (Rn 146). Es ist nicht erforderl, daß das ArbVerh die volle ArbKraft od normale ArbZeit des ArbN umfaßt (BAG NJW **66**, 367). Bei zul DoppelArbVerh (Einf 36) besteht der UrlAnspr in jedem der beiden ArbVerh (BAG **8**, 47). **bb) Wartezeit:** beim ges MindUrl 6 Mo ab Beginn des ArbVerh (§ 4 BUrlG); kann 130 nur dch TV verlängert w (§ 13 I BUrlG), auch ausgeschl bei Ausscheiden vor erfüllter WarteZt (BAG BB **79**, 886). Iü ist Verkürzg dch TarVertr, BetrVereinbg u ArbVertr mögl; bei DVerpfl freie vertragl Gestaltg. Die Wartezeit ist von Fehlzeiten u KalJ unabhäng. FrBerechng nach § 188 II. Die Wartezeit ist auch erf, wenn das ArbVerh zugleich mit ihr endet (BAG **AP** Nr 1 zu § 4 BUrlG). Bei fortbestehdem ArbVerh entsteht mit Ablauf der Wartezeit der volle UrlAnspr. **cc) Arbeitsleistung** ist nicht Vorauss des UrlAnspr. Auch wenn der 131 ArbN im UrlJ nicht od weniger als die UrlDauer gearbeitet hat, steht das dem Geltdmachen des UrlAnspr nicht entgegen (BAG NJW **82**, 1548).

c) Dauer. Die MindDauer bei ArbN ergibt sich aus § 3 BUrlG (24 Werktage). Für Jugendl § 19 JArbSchG 132 (vgl Rn 127). Kann auch dch TarVertr nicht verkürzt w (§ 13 I BUrlG), im übr geht die vertragl Regelg vor; jedoch unterliegt nur der ges MindUrl den zwingden Best des BUrlG. Bei Ausscheiden nach dem 30. 6. darf der ArbN den vollen vertr zugesagten JUrl nehmen (BAG NJW **95**, 2244). ZusatzUrl (insb für SchwerBeh, Rn 127) ist dem Url hinzuzurechnen, den ein nichtschwerbeh ArbN unter den gleichen Vorauss erhält (BAG **2**, 317).

d) Teilurlaub (von UrlTeilg zu untersch, vgl Rn 138). Grdsätzl besteht der gesetzl UrlAnspr für das 133 Url(Kal)J auf die volle UrlDauer, aber nur nach erfüllter WarteZt (Rn 130), wenn das ArbVerh danach weiterbesteht. Besteht dieses nur für einen Teil des J, hat der ArbN unter den Vorauss des § 5 I BUrlG Anspr auf TeilUrl nach dem sog Zwölftelgsprinzip (§ 5 BUrlG), wobei Bruchteile, die mind einen halben UrlTag ergeben, auf ganze Tage aufzurunden sind (§ 5 II BUrlG, sog Ganztagsprinzip). Brucht von UrlTagen, die nicht einen halben Tag erreichen, sind dch Befreig v der ArbPfl auszugleichen od (gem Rn 144) abzugelten (BAG BB **89**, 2189). Diese Vorschr kann auf den nicht dem BUrlG unterliegden UrlAnspr entspr angewendet w. Abweichde vertragl Regelg ist zul, sow für den ArbN günst; ungünst auch nicht dch TV (BAG NZA **84**, 160). Der TeilUrlAnspr entsteht unabhängig davon, ob gg den früheren ArbG schon ein voller UrlAnspr erworben war (BAG **18**, 153); jedoch ist § 6 BUrlG anzuwenden, sow der Url gewährt wurde. Anspr auf Übertr des TUrl besteht nach § 7 III S 4 BUrlG.

e) Anrechnung des Url. **aa) Auf Kur** (medizin VorsorgeMaßn u Rehabilitation) war bis 31. 12. 98 nach 134 Maßg des § 10 BUrlG idF des Art 2 Nr 1 Arbrechtl BeschäftFördG v 25. 9. 96 (BGBl 1476) mögl u ist seitdem wg Neufassg des § 10 dch G v 19. 12. 98 (BGBl 3843) verboten. **bb) Bei Entgeltfortzahlung** ist bei Wahl des ArbN mögl nach Maßg v § 4a EFZG (vgl § 616 Rn 29). **cc) Bei Erkrankung** währd des Url 135 ist eine Anrechng verboten (§ 9 BUrlG), weil für die Zt der Erkrankg der UrlAnspr nicht erf w. Dies gilt ohne Vereinbg entspr auch außerh des BUrlG, so daß eine Erkrankg währd des über den ges MindUrl hinausgehden MehrUrl diesen unterbricht (BAG BB **73**, 89), ebso bei (zusätzl) unbezahltem ErholgsUrl (BAG DB **74**, 2114). **dd) Andere Ereignisse,** die in den Url fallen u die SondUrl veranlassen würden, sind 136 ohne Einfluß u stehen einer Erkrankg nicht gleich. ArbN, die an einem BetrAusflug nicht teiln, darf der ausfallde ArbTag nicht auf den Url angerechnet w (BAG BB **71**, 220). Keine Anrechng v BetrRuhetagen aus best Anlaß (zB 24. 12., LAG BaWü DB **70**, 2328).

f) Arbeitsplatzwechsel. Ist der Url vom früheren ArbG schon voll für das ganze J gewährt, so kann vom 137 neuen ArbG kein (weiterer) TeilUrl (Rn 133) verlangt w (§ 6 I BUrlG). Ist im neuen ArbVerh der UrlAnspr höher, kann Url für die überschießden Tage nur aus der entspr Dauer des neuen ArbVerh verlangt w (BAG NJW **70**, 678). Der frühere ArbG kann das UrlEntgelt (Rn 140) nicht aus § 812 zurückfordern (§ 5 III BUrlG). Hat der ArbN beim früheren ArbG noch nicht (vollen) Url erhalten, steht ihm (ggf für den TeilUrl, Rn 133) UrlAbgeltg zu (Rn 144). Dieser Anspr wird dch das Entstehen v UrlAnspr im neuen ArbVerh nicht berührt (BAG BB **91**, 1788 unter Aufgabe fr Rspr, zB NJW **71**, 534). Der ArbG ist in jedem Fall verpfl, den abgegoltenen od gewährten Url bei Ausscheiden zu beschein.

g) Zeitpunkt. Der ArbN hat Anspr auf UrlGewährg im Anschl an eine Kur, medizin VorsorgeMaßn od 138 Rehabilitation (§ 7 I S 2 BUrlG). Iü gilt primär, was die Part des DVertr od ArbVertr über den Ztpkt des Url vereinb, zB dch normative Wirkg der BetrVereinbg bei einem UrlPlan (§ 87 I Nr 5 BetrVG) od BetrFerien. Besteht keine Vereinbg, so best beim ArbVerh kraft des WeisgsR (aber MitBest, § 87 I Nr 5 BetrVG) der ArbG (BAG NJW **62**, 268), auch bei gekünd ArbVerh (umstr; vgl Gerauer NZA **88**, 154) u bei arbeitnehmerähnl Pers (hM; aA v. Hase/Lembke BB **97**, 1095). Das hat nach bill Erm zu erfolgen (§ 315), insb dch UrlGewährg währd der KündFr (BAG NZA **93**, 406) u kann auch nachträgl geänd w (vgl Lepke DB **90**, 1131). In Freistellg v Arb währd des KündFr oder im AufhebgsVertr (5 vor § 620) wird nur dann Url erteilt, wenn der ArbG dies hinreichd erkennb macht (BAG NJW **99**, 1496). Grdsätzl ist der Url zushängd zu gewähren; jedoch ist UrlTeilg als Ausn mögl nach § 7 II BUrlG (zwingd § 13 I BUrlG). Dabei muß einer der UrlTe mind 12 Werktage innerh v 2 Wo umfassen (§ 7 II 2 BUrlG); das ist abdingb (§ 13 I 3 BUrlG). Für den über den MindUrl hinausreichden Url, findet UrlTeilg dch Vereinbg od einseit iR des § 315 statt. Übertr des Url auf das nächste Url(Kal)J ist im Ber des BUrlG nur nach § 7 III mögl (bis 31. 3.), § 7 III ist zwingd wg § 13 I BUrlG, erfordert kein RGesch (hM; BAG NZA **88**, 243). Zum ErziehgsUrl vgl § 17 II BErzGG. Ein nicht übertragener Url verfällt mit Ablauf des ÜbtraggsZtRaums (BAG NZA **92**, 423; vgl Rn 150); ebso ein übertr, der nicht gem § 7 III BUrlG gen wurde. Der Url wird auch übertr, wenn er im UrlJ wg langdauernder Erkrankg nicht gen w (BAG NZA **88**, 243), nicht aber, wenn eine StreikTeiln die Ursache ist (LAG Nbg NZA **95**, 854).

139 **h) Erwerbstätigkeit** währd des Url muß der ArbN als VertrPfl unterl (§ 8 BUrlG). Ein Verstoß kann die ord Künd rechtfert (hM) u einen UnterlAnspr begrden; führt aber nicht dazu, daß das pflwidr vereinb ArbVerh nichtig wäre (bestr; aA § 134 Rn 15) u nimmt dem ArbN für die Zt des gesetzl MindestUrl nicht den Anspr auf das UrlEntgelt (BAG DB **88**, 1554).

140 **i) Urlaubsentgelt** ist eine währd der Dauer des Url fortbezahlte Vergütg. Es ist vom UrlGeld (SoZahlg, Rn 81) u von der UrlAbgeltg (Rn 144) zu unterscheiden u ist nicht Vorauss wirks UrlGewährg (BAG NZA **87**, 633). Als Vergütg ist § 611 AnsprGrdlage, pfändb als ArbEinkommen (umstr; aA Hohmeister BB **95**, 2110
141 mwN). **aa) Bemessung:** gem § 11 BUrlG der durchschn ArbVerdienst der letzten 13 Wo vor UrlBeginn. Hierbei ist auf die tats gewährte Vergütg abzustellen, die für einen best ZtAbschn gewährt w, so daß eine nicht nur vorübgehd gewährte Erhöhg berücks w, zB eine einmal tarifl AusglZahlg (BAG NZA **89**, 71), Einsatz- u SpielPrämien bei Lizenzspielern (BAG NJW **97**, 278 mwN). Kürzg wg ArbAusfall, KurzArb od unverschuldeter Versäumn (insb Krankh), SonderUrl aus pers Grden bleiben außer Betr. Unabhäng v der tats erbrachten ArbLeistg gezahlte Umsatz- u Gewinnbeteiligg w nicht hinzugerechnet (BAG **AP** Nr 3 zu § 11 BUrlG), ebsowenig FremdProv (BAG BB **70**, 581). Auch bei arbnehmerähnl Pers kann ein v Regelfall abw BerechngsZtRaum zugrdegelegt w (BAG BB **75**, 1578). Bei 5-Tage-Wo ist für Einzeltage der WoVerdienst zu
142 fünfteln. **bb) Fälligkeit:** vor UrlAntritt (§ 11 II BUrlG); keine Vorauss der UrlErteilg (BAG NZA **84**, 195).
143 **cc) Überzahltes** UrlEntgelt kann grdsätzl nicht zurückgefordert w (Kube BB **75**, 747 [750]). **dd) Schadensersatz** in Höhe des anteil UrlEntgelts kann an den ArbG (für Regreß) abgetreten w, soweit dieser für die Zt unfallbedingter ArbUnfähigk bezahlten Url gewährt (BGH **59**, 109).

144 **j) Urlaubsabgeltung** ist die Leistg von Geld od geldwerten Ggstden an Stelle eines vom ArbN od DVerpfl nicht gen Url, auch TUrl (BAG NZA **88**, 245). Der Anspr entsteht mit Ausscheiden des ArbN aus dem ArbVerh, ist vom UrlEntgelt (Rn 140) u vom UrlGeld (SoZahlg, Rn 81) zu untersch. Ist nicht ArbVergütg des § 611, sond WertErs (§ 7 IV BUrlG; BAG st Rspr NJW **95**, 2244). Setzt einen UrlAnspr voraus u daß der ArbN bei Fortdauer des ArbVerh die vertr geschuldete ArbLeistg hätte erbringen können (bei Tod Rn 148). Dem steht die ArbUnfähigk des ArbN u seine fehlde ArbBereitsch beim Ausscheiden grdsätzl entgg. Der AbgeltgsAnspr geht daher mit dem UrlAnspr ersatzl unter, wenn der ArbN bis zum Ende des UrlJ Fortdauernd erkr war (BAG stRspr NJW **95**, 2244 u NZA **96**, 594 mwN). Ohne eindeut Regelg im TV kann nicht v GgTeil ausgegangen w (BAG BB **95**, 48). Bei Fortbestd des ArbVerh ist nicht gewährter Url als
145 SchadErs dch Url zu leisten (BAG NZA **86**, 392). **aa) Bemessung** wie UrlEntgelt (Rn 141); es gilt das
146 Ganztagsprinzip des § 5 II BUrlG (BAG DB **69**, 354). **bb) Zulässigkeit.** UrlAbgeltg ist im Ber des ges MindUrl grdsätzl verboten, ausnahmsw dann zul, wenn der Url wg Beendigg des ArbVerh nicht mehr gewährt w kann (§ 7 IV BUrlG), auch bei befristeten ArbVerh u nicht auf den ges MindestUrl beschr (BAG NJW **95**, 2244 mwN), auch bei ZusatzUrl (Rn 127; BAG NZA **96**, 1153). Zu Besonderh bei Ausscheiden in der 2. JHälfte: Leuchten NZA **96**, 565. Dch TV können UrlAbgeltgsRegeln geschaffen w (BAG stRspr NZA **95**, 230), insb für den Fall der Krankh (BAG NZA **93**, 605) u die Gestaltg als Abfindg (BAG BB **95**, 48). Bei DVerh kann UrlAbgeltgsAnspr auch ohne bes Abrede entstehen (BGH WM **75**, 761). Außerh der Geltg des BUrlG wird man UrlAbgeltg insow zulassen müssen, als der MindUrl gewahrt bleibt. **cc) Anspruchsinhalt.**
147 Er geht auf Geld. **dd) Ausschluß** kann aus versäumter UrlAusschlFr (Rn 150) u fortdauernder ArbUnfähk (vgl Rn 144) folgen (BAG NJW **93**, 2555), nicht aus ArbVertrVerl, ist auch nicht dch TV mögl (BAG DB **80**,
148 2197). Es können aber AusschlFr (Rn 72) vereinb w (BAG NZA **93**, 759). **ee) Fälligkeit:** mit Beendigg des ArbVerh (BAG NJW **95**, 2244). Verz tritt nicht dch KündSchKl ein (BAG aaO). **ff) Übertragbarkeit.** Der UrlAbgeltgsAnspr ist abtretb u pfändb wie ArbEink (hM; LAG Bln NZA **92**, 122 mwN; aA § 399 Rn 6); ist aber nur als tarifl Anspr vererbl (BAG NJW **92**, 3317 mwN). Endet das ArbVerh dch Tod, entfällt ein ges UrlAbgeltgsAnspr (BAG aaO, vgl Rn 144). Ist der Anspr v ArbN rechtshäng gemacht u der ArbG in Verz,
149 geht der SchadErsAnspr (§ 287 S 2) auf den Erben üb (BAG NJW **97**, 2343). **gg) Aufrechnung** gg den UrlAbgeltgsAnspr ist mögl (LAG Nürnb NZA-RR **99**, 402 mwN). **hh) Verzicht.** Der ArbN kann auf den dem BUrlG unterliegden UrlAbgeltgsAnspr wg § 13 I BUrlG nicht verz, grdsätzl auch nicht in einem ger GesamtVgl (BAG NJW **79**, 566). Der Anspr erlischt aber, wie der UrlAnspr, wenn das ArbVerh rückwirkd (zB dch Vgl) beendet w (BAG NJW **87**, 798).

150 **k) Erlöschen** des UrlAnspr: IdR nur dch Erf (§ 362 I). Ausnahmen: **(1) Beendigung** des ArbVerh (dann UrlAbgeltgsAnspr, Rn 144). **(2) Verzicht** (§ 397), der auch stillschw mögl ist; er ist aber nur zul, wenn es
151 sich nicht um den ges MindUrl handelt (vgl § 13 I BUrlG; BAG NJW **99**, 1496). **(3) Verfall:** dch Ablauf einer VerfallFr, die aber nur dch TV vereinb w kann (BAG NZA **87**, 257), nicht aber für ges MindUrl (BAG NJW **96**, 3293); dch Verfallenlassen des Url, wenn er nach Übertragg nicht im Laufe der ersten 3 Mo des folgden J gen w (§ 7 III S 3 BUrlG; BAG NJW **87**, 798; aA LAG Düss DB **92**, 224). Diesen Verfall hindert auch nicht die Eigsch als SchwBehZusatzUrl (BAG NJW **96**, 76 mwN), wobei SchadErs aus § 286 mögl ist (BAG aaO). Sonst verfällt der Url grdsätzl mit Ablauf des KalJ, wenn er vorher nicht geltd gemacht w (§ 7 III BUrlG). Ausn: § 17 II BErzGG. Die KündSchKl stellt keine Geltdmachg des UrlAnspr dar (BAG BB **84**, 1299). **(4) Verwirkung** (§ 242 Rn 87) ist ausnahmsw mögl (BAG BB **70**, 581). **(5) Sonstige Fälle.** Unmöglk (§ 275), insb wg Beendigg des ArbVerh u wenn der vereinb, festgelegte Url bei späterer Schwangersch in die Zt des BeschäftVerbots (§§ 3–8 MSchuG) fällt (BAG NJW **95**, 1774).

152 **14) Haftungsmaß und innerbetrieblicher Schadensausgleich.** Die VertrPart haften aGrd des D- u ArbVerh grdsätzl für Vors u jede Fahrlk (§ 276) mit den allg RFolgen, insb SchadErs (vgl Rn 14–17). Für ArbVerh bestehen aber von diesem Grds wicht Ausn. Prakt Übbl bei Schnorbus MDR **94**, 961.

153 **a) Schädigung anderer Arbeitnehmer** desselben Betr dch einen ArbUnfall. Für GesundhSchäd greift statt der RVO seit 1. 1. 97 (Art 36 G v 7. 8. 96 BGBl 1254) die ges UnfallVers nach Maßg des SGB VII ein
154 (§ 7 SGB VII). Der ArbG kann aus Vertr nur bei Versch (§§ 276, 278) haften. **aa) Sachschäden,** die ein ArbN dch einen and ArbN desselben Betr erleidet: Es gilt § 823, weil zw den ArbN idR kein Vertr besteht. Im EinzFall aus Vertr, zB Leihe (LAG Düss NZA-RR **97**, 241). Hat ein ArbN den Schad fahrläss verurs, so

kann ihm ein FreistellgsAnspr gg den ArbG zustehen nach den Grds der ArbNHaftg (Rn 156). **bb) Personenschäden des Arbeitnehmers** (Übbl Rolfs NJW **96**, 3177). ArbG u and ArbN haften nur nach Maßg der §§ 104, 105 SGB VII, den SozVersTrägern ggü nach §§ 110, 111 SGB VII. Soweit bei Fahrlässk u betriebl Tätigk die ges UnfallVers eingreift (§ 7 SBG VII), haften weder ArbG noch and ArbN desselben Betr. Das setzt einen VersFall (ArbUnfall) voraus, dh ein den ArbN körperl schädigdes, zeitl begrenztes Ereign, das in ursächl, innerem Zushang mit der betriebl Tätigk steht (vgl § 8 I SGB VII). Ob ein VersFall (ArbUnfall) vorliegt, ist von den SozGer aGrd des SGB VII bindd festzustellen. 155

b) Schädigung des Arbeitgebers dch eine schuld- u fehlerh ArbLeistg des ArbN iR des ArbVertr. Die grdsätzl ges Regelg ist, daß der ArbN für Vors (idR BewFrage, BAG NJW **98**, 1011) u jede Fahrlässk (Rspr-Übbl Hübsch NZA-RR **99**, 393) haftet. Das ist seit den 30er J für die sog gefahrgeneigte Arb eingeschr u im einzelnen umstr (vgl bis 53. Aufl Rn 159–166). Dch eine Vorlage des BAG (GrSen NJW **93**, 1732) an den GemSenObGH u einen Beschluß des BGH (NJW **94**, 856) ist die Streitfrage zu einem vorläuf Abschl gelangt (vgl Richardi NZA **94**, 241) u entschieden (BAG NJW **95**, 210). Zu den GrdLagen krit Annuß NZA **98**, 1089. **aa) Grundsatz.** Die Haftg des ArbN, der den ArbG bei einer betriebl Tätigk (arbvertragl übtr od im Interesse des ArbG ausgeführt) fahrl schädigt, ist bei jeder (nicht nur gefgeneigter) Arb beschr, nicht allg auf grobe Fahrlässk, sond für jede bei einzelfallbezogener Abwägg (BGH NJW **96**, 1532). Keine betriebl Tätk ist die Fahrt von u zum ArbPl, auch wenn der ArbG hierfür das Kfz stellt (LAG Köln NZA **95**, 1163). In welchem Umfang diese Haftg (bis zum Ausschluß des SchadErsAnspr) beschr ist, hängt von einer Abwägg aller SchadRisiken ab (BAG NZA **98**, 140). Dazu gehören beim ArbG: BetrRisiko, Wert des geschäd WirtschGuts, OrganisationsVersch, Versicherbark des betr Risikos; beim ArbN: VerschGrad, Höhe der ArbVergütg u GefNeigg der Arb. Hierbei sind auch subj Umstde (zB Unerfahrenh, ÜbMüdg, Jugendlk) zu berücks, sowie § 254. Auch bei grober Fahrlässk (Rotlichtverstoß des Kraftfahrers), ist HaftgsErleichterg nicht ausgeschl (BAG NJW **99**, 966). In diesem Rahmen ist bei der Abwägg als ZurechngsGrd aufzunehmen, ob die zu leistde Arb gefgeneigt ist, dh wg ihrer Art eine große Wahrscheinlk in sich birgt, daß Fehler unterlaufen u dadch Schäd entstehen, die im unangem Verh zum ArbEntgelt stehen (BAG NJW **98**, 1810). Ergebn der HaftgsBeschränkg ist: gänzl Entfallen eines SchadErsAnspr, Anspr nur auf einen Teil od volle Haftg, je nach dem Einzelfall; bei Schädigg Dr (Rn 159) FreistellgsAnspr des ArbN (§ 257 Rn 1) ggü dem Anspr des Dr aus § 823 (Rn 153). Vonvorneherein entfällt der FreistellgsAnspr, wenn der ArbN in den VersSchutz einbezogen ist (BGH **116**, 200). Zu noch offenen RFragen vgl Schaub WiB **94**, 227; Hanau/Rolfs NJW **94**, 1439). Bsp: vergessener Reisepaß der Flugbegleiterin 50% (BAG NJW **95**, 3204). **bb) Ausnahmen: (1)** Sie sind von jeher für den Ber der Mankohaftg gemacht worden. Das ist die Haftg des ArbN für die Differenz zw Soll- u IstZustd (Fehlbetrag od -menge) eines anvertrauten Bestds an Ggstden, insb bei einer Kasse. Auch ohne bes Vereinbg (sog Mankoabrede) wird mit Einschränkgen (BewL, MitVersch des ArbG, mögl SchadEintritt trotz erhöhter Sorgfalt) die Haftg des ArbN als ArbVertrVerl für jede Fahrlk bejaht (hM); BAG NJW **99**, 1049; Lansnicker/Schwirtzek BB **99**, 259). Die Mankoabrede ist aber nur wirks, wenn der ArbN einen gleichwert Ausgl erhält (BAG aaO). BewL: ArbG; keine entspr Anwendg v § 282 (BAG aaO). Die Mankohaftg ist jedenf dem Grdsatz (Rn 157) zu unterstellen (BAG aaO; Pauly BB **96**, 2042). **(2)** Haftg für FehlBestd aus Verwahrg (§ 688) nur, wenn ArbN AlleinBes hatte (BAG NJW **98**, 1011). 156 157 158

c) Schädigung Dritter dch den ArbN iR der Tätigk im ArbVerh. Es gilt die normale Haftg des ArbN aus § 823, die des ArbG aus Vertr od § 831. Die HaftgsBeschränkg des ArbN ggü dem ArbG (Rn 156) gilt für den Dr nicht (BGH **108**, 305 u NJW **94**, 852); jedoch hindert eine zw Dr u ArbG vereinb HaftgsBeschränkg den Anspr des Dr gg den ArbN (BGH aaO). Haftet der ArbN dem Dr, kann er iR der HaftgsBeschränkg (Rn 156) vom ArbG Freistellg verlangen. 159

611 a ***Geschlechtsbezogenes Benachteiligungsverbot.*** **I Der Arbeitgeber darf einen Arbeitnehmer bei einer Vereinbarung oder einer Maßnahme, insbesondere bei der Begründung des Arbeitsverhältnisses, beim beruflichen Aufstieg, bei einer Weisung oder einer Kündigung, nicht wegen seines Geschlechts benachteiligen. Eine unterschiedliche Behandlung wegen des Geschlechts ist jedoch zulässig, soweit eine Vereinbarung oder eine Maßnahme die Art der vom Arbeitnehmer auszuübenden Tätigkeit zum Gegenstand hat und ein bestimmtes Geschlecht unverzichtbare Voraussetzung für diese Tätigkeit ist. Wenn im Streitfall der Arbeitnehmer Tatsachen glaubhaft macht, die eine Benachteiligung wegen des Geschlechts vermuten lassen, trägt der Arbeitgeber die Beweislast dafür, daß nicht auf das Geschlecht bezogene, sachliche Gründe eine unterschiedliche Behandlung rechtfertigen oder das Geschlecht unverzichtbare Voraussetzungen für die auszuübende Tätigkeit ist.**

II Verstößt der Arbeitgeber gegen das in Absatz 1 geregelte Benachteiligungsverbot bei der Begründung eines Arbeitsverhältnisses, so kann der hierdurch benachteiligte Bewerber eine angemessene Entschädigung in Geld verlangen; ein Anspruch auf Begründung eines Arbeitsverhältnisses besteht nicht.

III Wäre der Bewerber auch bei benachteiligungsfreier Auswahl nicht eingestellt worden, so hat der Arbeitgeber eine angemessene Entschädigung in Höhe von höchstens drei Monatsverdiensten zu leisten. Als Monatsverdienst gilt, was dem Bewerber bei regelmäßiger Arbeitszeit in dem Monat, in dem das Arbeitsverhältnis hätte begründet werden sollen, an Geld- und Sachbezügen zugestanden hätte.

IV Ein Anspruch nach den Absätzen 2 und 3 muß innerhalb einer Frist, die mit Zugang der Ablehnung der Bewerbung beginnt, schriftlich geltend gemacht werden. Die Länge der Frist bemißt sich nach einer für die Geltendmachung von Schadenersatzansprüchen im angestrebten Arbeitsverhältnis vorgesehenen Ausschlußfrist; sie beträgt mindestens zwei Monate. Ist eine solche Frist für das angestrebte Arbeitsverhältnis nicht bestimmt, so beträgt die Frist sechs Monate.

V **Die Absätze 2 bis 4 gelten beim beruflichen Aufstieg entsprechend, wenn auf den Aufstieg kein Anspruch besteht.**

1 **1) Allgemeines.** Abs II–IV sind neu gefaßt, Abs V ist redaktionell geänd dch G zur Änd des BGB u des ArbGG vom 29. 6. 98 (BGBl 1694); in Kraft seit 3. 7. 98. Die Änd war wg RichtlWidrigk (EG-RiL 76/207) der EntschBegrenzg (EuGH NJW **97**, 1839) veranlaßt. Zum GGebgsVerlauf: Freis NJW **98**, 2779. **a) Zweck.** Anpassg an die EG-RiL v 9. 2. 76 (Nr 76/207), sog GleichbehdlgsRiL, die zur Auslegg heranzuziehen ist. Die arbrechtl GleichbehandlgsPfl (vgl § 611 Rn 106, 108, 109) soll im Verh Mann u Frau unabdingb gestaltet w. Der GGeber geht erkennb davon aus, daß die Frauen ggü den Männern im ArbLeben allein ihres Geschlechts wg bislang benachteil seien. Dch Abs II–V soll ein diskriminiergsfreies StellenBesetzgsVerf gewährleistet, nicht ein RMißbr eröffnet w (Ehrich BB **96**, 1007), insb nicht für sog professionelle Diskriminiergskläger (Pfarr RdA **95**, 204 [208]; vgl Rn 9; aA Müller in Anm MDR **99**, 750: Sanktion und Prävention).
2 **b) Anwendungsbereich:** alle ArbVerh, daher alle ArbN (Einl 7–11 vor § 611), auch männl (LAG Hamm BB **97**, 524), inf der GleichStellg mit ArbN die arbnehmerähnl Pers, auch im Ber des BerBG. **aa)** Persönl nur im konkr ArbVerh. Das G wendet sich nicht ausdrückl an die TVPart, für die aber jedenf Art 3 GG gilt (BAG NJW **77**, 1742). **bb)** Zeitl: schon vor Abschl des ArbVertr (Rn 7), somit bei Begründg des ArbVerh bis zur Beendigg. **cc)** Räuml nur innerh eines Betr. **c) Abdingbarkeit** ist zu verneinen. Die
3 Vorschr ist zwingd, vom GGeber auch so gewollt. **d) Nichtigkeit** aus § 134 ist aus dem Verbot abzuleiten. Sie kann aber keinesf das ArbVerh des bevorzugten ArbN betr, weil nur die Benachteiligg verboten ist. § 134 kann sich auch nur auf RGesch beziehen, die das ArbVerh des Benachteiligten betr, zB eine Künd. Eine dch
4 Abs 1 verbotene Maßn ist nicht zu befolgen. **e) Anspruchkonkurrenz** mit §§ 823 I, 847 wg Persönlichk-RVerl (§ 823 Rn 175) w angen (hM; BAG NJW **96**, 2529; hierzu krit Herrmann ZfA **96**, 19 [41] mwN). Hingg sind § 823 II u pVV wg der SoRegelg des § 611 a nicht anwendb (Zwanziger DB **98**, 1330 mwN). **f) Bekanntmachung** v §§ 611 a, 611 b, 612 III, 612 a sowie des § 61 b ArbGG im Betr (Aushang od Auslegen) an geeigneter Stelle: Art 2 des ArbREG-AnpassgsG idF Art 9 des 2. GleiBG (BGBl **94** I 1404).

5 **2) Gleichbehandlungsgebot** (Abs I). Es ist dem ArbG ausdrückl verboten, einen ArbN wg seines Geschlechts rechtl od tats zu benachteil. Da dies an der Position eines ArbN and Geschlechts gemessen w muß, ist auch die Bevorzugg einz ArbN wg ihres Geschlechts verboten. Daher darf bei gleicher Qualifikation einem ArbN nicht wg seines Geschlechts automat der Vorrang eingeräumt w, auch wenn sein Geschlecht in der betr Gruppe v ArbN unterrepräsent ist (EuGH NJW **95**, 3109). Weil diese Pfl des ArbG vor VertrAbschl entsteht (Rn 7), führt Abs 1 insow ein vorvertragl SchuldVerh herbei. Gebunden ist der ArbG, damit alle an seiner
6 Stelle tät Pers, die für ihn im ArbVerh handeln (Rn 17). **a) Grundsatz** (Abs I S 1). Das GleichbehandlgsGebot bedeutet: Bei ArbN versch Geschlechts, die iü unter völl gleichen Bedinggen arb u dabei gleiches leisten, muß das ArbVerh ohne Rücks auf das Geschlecht in allen Ren u Pflen gleich gestaltet w. Innerh des
7 Geschlechts kann GBehdlg nur nach den Grds in § 611 Rn 111–116 verlangt w. **aa) Bei einer Vereinbarung.** Das kann nichts and sein als ein Vertr (§§ 145 ff), näml der ArbVertr (§ 611 Rn 2) od eine VertrÄnd (§ 305; vgl § 611 Rn 12). Aus Abs 2 folgt, daß der GGeber die Pfl des ArbG zur geschlechtsbezogenen Gleichbehdlg mit den Worten „bei der" auf einen Ztpkt vor VertrAbschl legen wollte. Dieser Ztpkt ist auf den Eingang (nicht die Abg) der Bewerbg um den Abschl eines ArbVertr festzusetzen. Bei bestehden ArbVerh, das der „berufl Aufstieg", aber auch jede VertrÄnd (§ 305) vorauss, muß dieser Ztpkt der der konkreten VertrÄnd mit einem ArbN and Geschlechts sein, den der ArbG wg seines Geschlechts bevorzugt haben soll, entweder
8 dch NeuAbschl eines ArbVertr (Begrdg des ArbVerh) od dch VertrÄnd (§ 305). **bb) Bei einer Maßnahme.** Das soll (wie Rn 7) einen weiten Begr darstellen, der bürgerlrechtl allerd kaum noch eingegrenzt w kann. Beispielh sind Weisgen (iR des § 611 Rn 45–48) u Künd (Vorbem 28–45 vor § 620) genannt. Darühinaus ist vorstellb, daß freiw soz Leistgen (§ 611 Rn 112) erfaßt w. Die Maßn muß jedenf irgendeinen konkr Bezug
9 zum ArbVerh haben. Soweit das BetrVG gilt, geht sowieso dessen § 75 vor. **b) Benachteiligung** ist die im Einzelfall bewirkte Schlechterstellg des betroffenen ArbN. Setzt dessen ernsth Bewerbg u objekt Eigng voraus (BAG NZA **99**, 371; aA Müller in Anm MDR **99**, 750). Benachteiligg ist auch die Vorenthaltg v Vorteilen, aber dann nicht, wenn sie sachl gerechtfert od in der ROrdng schon angelegt ist (BAG BB **95**, 312 mwN für § 612 a), daß ein ArbN and Geschlechts bevorzugt wird. Das kann dch eine Regelg bewirkt w, die für Männer wie Frauen gleichermaßen gilt (sog mittelb Geschlechtsdiskriminierg). Dies setzt voraus, daß der Anteil der nachteil Betroffenen erhebl höher ist u nur mit dem Geschlecht erkl w kann (BAG NJW **93**, 3011). Die Frage nach der Schwangersch ist unzuläss, gleichgült ob sich nur Frauen od auch Männer um den ArbPl bewerben (BAG NJW **93**, 1154 unter Aufgabe früh Rspr; krit Anm v Ehrich DB **93**, 431), aber ausnw dann zuläss, wenn ein BeschäftiggsVerbot besteht od eine Schwangere für den ArbPlatz ungeeignet wäre (BAG NJW **94**, 148 = DB **93**, 1371 u 1378 m Anm v Ehrich). Der ArbG muß iü, wenn er eine Schlechterstellg herbeiführt, die Geschlechtszugehörigk als BewegGrd aufnehmen. Keinesf dürfen geschlechtsbezogene Lohnzulagen ge-
10 währt w. **c) Wegen des Geschlechts.** Hierfür genügt, daß die GeschlZugehörk einen BewegGrd bildet.

11 **3) Ausnahme** (Abs I S 2). Die zuläss unterschiedl Behandlg setzt kumulativ voraus: **a) Art der Tätigkeit,** die der ArbN auszuführen hat. Das ist die Arbeit, die im Einzelfall zu leisten ist (BAG NZA **99**, 371). Die
12 Vereinbg (Rn 7) od die Maßn (Rn 8) muß sich darauf beziehen. **b) Unverzichtbare Voraussetzung** des best Geschlechts. Das ist aus der Sicht des zeitgem, sozbewußten ArbG zu beurt, der den (Fort)Bestand u die Leistgsfähigk seines Untern, seiner Beh od Anst anstrebt (BAG NZA **99**, 371). Ein sachl Grd allein genügt idR nicht (BAG aaO). Unverzichtb ist fast gar nichts. Angesichts der Unsicherh ist zu empf, iZw geschlechts-
13 neutral auszuschreiben (Göpfert WiB **97**, 750). **c) Beispiele.** Eine Frau als Arzthelferin (BAG aaO), MiederwarenVerk, Model für Damenbekleidg. Frauenreferentin einer polit Partei (LAG Bln NJW **98**, 1429). Ein Mann für die Chorsängerstelle eines Tenors od Bassisten; Dressman; Eigng als FrauengleichstellgsBeauftragter bejaht von BAG NZA **99**, 371.

14 **4) Beweislast** (Abs I S 3). Die Regelg entspr bereits der EGRiL 97/80 (Bergwitz DB **99**, 94). Hierzu Röthel NJW **99**, 611. Die BewL wird dch Abs I S 3 umgekehrt, da diese Tats idR der AnsprSteller bew müßte. **a) Voraussetzungen.** Mit Streitfall ist der RStreit (Proz) gemeint. Darin müssen vom ArbN

geeignete Tats glaubh gemacht (§ 294 ZPO), dh insb übwiegd wahrscheinl gemacht (Lorenz DB **80**, 1745) od vom ArbG unstreit gestellt sein, die eine geschlechtsmotivierte Benachteiligg (Rn 9) vermuten lassen, zB die wesentl größere Zahl der betroffenen ArbN and Geschlechts bei undchschaub EntlohngsPraxis (BAG DB **93**, 737). Dies ist aus der Sicht einer obj, verständ Pers zu beurt, die sich in der Position des betroffenen ArbN befindet. BewL trägt der ArbN für den Zugang der Bewerbg beim bekl ArbG (LAG Hbg DB **88**, 131). **b) Wirkung.** Der ArbG ist bewbelastet für: **aa)** Tats, aus denen sich Grde ableiten lassen, welche die im konkr Fall bewirkte Benachteiligg obj rechtf. Sie dürfen nicht geschlechtsbezogen sein. Das würde bedeuten, daß auch Eigensch der bevorzugten Pers, die notw aus deren Geschlecht abzuleiten sind, nicht berücks w dürften. Mit sachl ist alles gemeint, was aus obj Sicht des ArbG für Betr u ArbVerh sinnvoll ist, in jedem Fall: größere LeistgsFähk, bessere Vorbildg, sinnvolle Ergänzg zu and ArbN, größere Vertrauenswürdk. Der ArbG muß beweisen, daß die unterschiedl Behandlg ausschließl dch nicht geschlechtsbezogene Grde gerechtfert ist (BVerfG NJW **94**, 647) u daß er ohne geschlechtsbezogene BewegGrde gehandelt hat (hierzu krit Zimmer NJW **94**, 1203). **bb)** Best Geschlecht als unverzichtb Vorauss (Rn 12). Die BewLRegelg ist prakt sinnlos, weil hier regelm nur eine RFrage zu prüfen sein wird u Bew von bestr, subsumtionsfäh Tats kaum erforderl w dürfte; immerhin ist SachverstBew denkb. 15

5) Schadensersatz bei geschlechtsbezogener Benachteiligung (Abs II). Das bedeutet, daß der Bewerber eingestellt worden wäre, wenn er (sie) nicht geschlechtsbezogen diskriminiert worden wäre (Abs II); ist (abgesehen von Rn 25) nur bei Begrdg eines ArbVerh anwendb. **a) Voraussetzungen.** Dazu gehört nicht ein Versch (EuGH NJW **97**, 1839); ebsowen ist das Fehlen eines RechtfertiggsGrdes erforderl (EuGH NJW **91**, 628). Es genügt allein der Verstoß des ArbG gg Abs I, daß der Bewerber den ArbPl bloß wg seines Geschlechts nicht erhalten hat. Dafür gilt die BewL der Rn 14, 15. **b) Art** des EntschädAnspr. Es handelt sich um einen SchadErsAnspr, der aber (abweichd von den §§ 249–253) bes u and ges geregelt ist. Er geht nicht auf Naturalrestitution (§ 249 S 1), weil ein Anspr auf Begrdg des ArbVerh ausgeschl ist (Abs II Hs 2). Abs II stellt einen gesetzl AusnFall des § 253 (dort Rn 1) dar. **c) Umfang.** Zu den Grdfragen Annuß NZA **99**, 738. Der Anspr ist der Höhe nach nicht dch eine best Zahl v MoVerdiensten (so Abs II S 1 aF) begrenzt. Die zuzusprechde „angemessene" Entsch ist an den Gesichtspunkten zu orientieren (ähnl § 847), die zum Ausgl der Diskriminierg wesentl sind, insb Alter u ArbPl des Bewerbers, seine allg Aussichten auf berufl Verbesserg der Stellg, in der er verblieben ist, u eine and Position wg unterbliebener Bewerbg nicht erhalten hat. Interessen des ArbG, insb dessen geschäftl Lage (für Sanktion: Annuß aaO) müssen iR der Angemessenh berücks werden (Zwanziger DB **98**, 1330), ebso Schad des ArbN (Zwanziger aaO). Für eine Orientierg an § 10 KSchG: Wendeling-Schröder DB **99**, 1012. Die Höchstgrenze des Abs III stellt keine Untergrenze für Abs II dar. **d) Kein Anspruch auf Einstellung** (Abs II Hs 2). Diese Vorschr geht dem § 249 S 1 vor. Ein solcher Anspr darf auch nicht aus and Grden (zB § 242) abgeleitet werden.
16 17 18 19 20

6) Schadenersatzanspruch bei fehlender Benachteiligung (Abs III) betrifft diejen Fälle, in denen der Bewerber zwar wg seines Geschlechts nicht in die Auswahl für den ArbPl gelangt ist, aber die Stelle sowieso nicht erhalten hätte u zwar jeder diskriminierte Bewerber (Zwanziger DB **98**, 1330). AnwendgsBer: wie Rn 16. **a) Voraussetzungen:** grdsätzl wie Rn 17. And als dort ist jedoch nur erforderl, daß der Bewerber bei der Auswahl geschlechtsbezogen nicht berücks wurde, nicht aber, daß er nur deswegen nicht eingestellt worden ist. **b) Art** des Anspr: wie Rn 18. Selbstverständl ist ein Anspr auf Einstellg (vgl Rn 20) erst recht ausgeschl. **c) Höhe** des Anspr: grdsätzl wie Rn 19; jedoch gilt als HöchstBetr der dreif MoVerdienst, bemessen nach Abs III S 2. Eine MindGrenze gibt es nicht. Es sollten aber nicht BagatellBetr zugespr werden.
21 22 23 24

7) Beruflicher Aufstieg (Abs V). Das ist jede Verbesserg des ArbVerh nach Stellg u Bezahlg. Anwendb sind die Abs II bis IV (Rn 16–24) nur dann entspr, wenn aGrd des ArbVertr (insb üb TV) kein Anspr auf den berufl Aufstieg dch entspr Änd des ArbVertr (§ 611 Rn 12) besteht. Das bedeutet, daß ohne eine entspr vertr Regelg kein Anspr auf berufl Aufstieg aus Abs V hergeleitet w kann. 25

8) Ausschlußfrist (Abs IV). Sie ist bei Abs II u III sowie V anwendb. Begriff der AusschlFr: wie § 611 Rn 72. **a) Fristbeginn:** am Tag, nachdem die Ablehng der Bewerbg zugegangen ist (§ 130; § 187 I; dagg krit Hohmeister BB **98**, 1790). **b) Fristlänge.** Primär gilt die für das ArbVerh (insb dch TV) vereinb AusschlFr für SchadErsAnspr. Ist sie kürzer als 2 Mo, gilt die 2-MoFr des Abs IV S 2 Hs 2. Ist eine AusschlFr vertr nicht vorgesehen, gilt die 6-MoFr des Abs IV S 3. Berechng: §§ 187 I, 188 II. **c) Fristwahrung:** Zugang (§ 130) des Schreibens, mit dem der Anspr individualisierb geltd gemacht wird. Das kann sogleich dch Klage od Mahnbescheid mit Wirkg der §§ 270 III, 693 II ZPO geschehen. Versäumte Fr führt zum Erlöschen des Anspr.
26 27 28

9) Prozessuales. a) Klagefrist (§ 61 b ArbGG): 3 Mo ab schriftl Geltdmachg des Anspr gem Abs IV (Rn 28). Berechng: § 222 ZPO, §§ 187 I, 188 II. **b) Mehrere Bewerber.** Klagen sie auf Entschäd aus Abs II (nicht aus Abs IV), so gilt auf Antrag des ArbG die ZuständkRegelg des § 61 b II ArbGG zwecks einheitl Entscheidg der Frage, wer die Stelle erhalten hätte. 29

611 b

Arbeitsplatzausschreibung. **Der Arbeitgeber darf einen Arbeitsplatz weder öffentlich noch innerhalb des Betriebs nur für Männer oder nur für Frauen ausschreiben, es sei denn, daß ein Fall des § 611 a Abs. 1 Satz 2 vorliegt.**

Fassung. Die Vorschr ist geänd („darf" statt bisher „soll") dch Art 7 Nr 2 des 2. GleiBG vom 24. 6. 94 (BGBl 1406). Zweck: Anpassg an die EG-RiL v 1. 2. 76 Nr 207 (wie § 611 a Rn 1). **Arbeitsplatz:** Kann sich nur auf ein ArbVerh (wie § 611 a Rn 2) beziehen, das der ArbG zu begründen beabsicht. **Ausschreibung:** mit öff an einem unbest PersKreis ist die Bek insb dch Zeitgen, AnzBlätter gemeint (sog StellenAnzeige), gleich ob dch den ArbG od v ihm beauftr Dr. **Verstoß:** § 611 b ist eigentl eine öffrechtl SchutzVorschr. Ein individueller Schad ist kaum vorstellb, weil auch von einer Pers des and Geschlechts trotzdem eine Bewerbg eingereicht w kann. Die Nichtbeachtg des § 611 b ist jedenf ein schwerwiegdes BewIndiz (§ 611 a Rn 14, 15; Worzalla DB **94**, 2446). **Bekanntmachung:** § 611 a Rn 4.
1 2 3

612 *Vergütung.* **[I] Eine Vergütung gilt als stillschweigend vereinbart, wenn die Dienstleistung den Umständen nach nur gegen eine Vergütung zu erwarten ist.**

[II] Ist die Höhe der Vergütung nicht bestimmt, so ist bei dem Bestehen einer Taxe die taxmäßige Vergütung, in Ermangelung einer Taxe die übliche Vergütung als vereinbart anzusehen.

[III] Bei einem Arbeitsverhältnis darf für gleiche oder für gleichwertige Arbeit nicht wegen des Geschlechts des Arbeitnehmers eine geringere Vergütung vereinbart werden als bei einem Arbeitnehmer des anderen Geschlechts. Die Vereinbarung einer geringeren Vergütung wird nicht dadurch gerechtfertigt, daß wegen des Geschlechts des Arbeitnehmers besondere Schutzvorschriften gelten. § 611 a Abs. 1 Satz 3 ist entsprechend anzuwenden.

1 **1) Allgemeines. a) Zweck.** Abs I soll bei DLeistgen den D(Arb)Vertr von unentgeltl Auftr u Gefälligk-
Verh abgrenzen. Abs II soll mögl Lücken im ArbVertr schließen. Abs III will das GrdR in Art 3 II, III GG für
den ArbG bindd ausgestalten (vgl § 611 a Rn 1) u gilt für die geschlechtsbzogene Gleichbehdlg (§ 611
2 Rn 109) ausschließl (BAG NJW **97**, 2000). **b) Anwendungsbereich:** alle D(Arb)Verh, einschl GeschBe-
sorggsVertr (§ 675), auch bei Nichtigk des Vertr od wenn nur die VergütgsVereinbg ungült ist, ferner entspr
bei Verrichtg höherwert Arb dch Vertr für einen vakanten ArbPlatz (BAG **AP** Nr 31). Abs II, III gelten für
alle Arten v Vergütg (§ 611 Rn 49–95; BAG NJW **97**, 2000). Abs III gilt nur bei vereinb Vergütg. Für
3 AusbildgsVerh (Einf 58–62 vor § 611) gilt § 10 BerBG. **c) Mehrwertsteuer.** Soweit ihr die Vergütg unter-
liegt, ist sie im Entgelt enthalten. Ob sie ohne bes Vereinbg in der vertragl festgelegten Vergütg enthalten ist,
dürfte eher zu bejahen sein als bei Kauf- u WerkVertr (vgl § 157 Rn 13).

4 **2) Vergütungspflicht** (Abs I). **a) Voraussetzungen:** Es muß obj von seiten dessen, für den die De
geleistet w, ohne Rücks auf dessen pers Meing die Entgeltlk zu erwarten sein. VerkSitte, Stellg der Beteil
zueinander, Umfang u Dauer der De sind maßgebd. Sow die De in den Rahmen des vom DLeistden
ausgeübten Hauptberufs gehören, w idR Entgeltlk zu bejahen sein, nicht bei der sog Reisezeit (BAG NJW
98, 1581). Bei DLeistg für Verwandte, Freunde u im eheähnl Verh ist ein Indiz für Unentgeltlk, wenn die
Vergütg erst später, insb nach Zerwürfn verlangt w; aus der DLeistg allein folgt noch kein VergütgsAnspr
(BAG NJW **74**, 380). Sonderfall: Länger dauernde unentgeltl (od erhebl unterbezahlte) DLeistg in Erwartg
künft Zuwendgen (insb Erbeinsetzg), Heirat od Adoption, die dann nicht eintreten (sog zweckverfehlte
DLeistg). Hier wird v der Rspr § 612 I idR bejaht, auch wenn vom Empfänger der De keine sichere Auss auf
die Zuwendg eröffnet wurde (BAG **AP** Nr 23) od wenn die Zuwendg wg Testierverbots mißlingt (BAG **AP**
Nr 27). Bsp: unterbezahlte Arb im Betr des Onkels in Erwartg von Erbeinsetzg (BAG **AP** Nr 23); DLeistg in
5 einverständl Erwartg zukünft VermZuwendg unter Lebenden (BGH WM **70**, 90). **b) Wirkung.** Die Ver-
einbg, daß eine Vergütg zu zahlen ist, wird unwiderlegb vermutet. Die Höhe richtet sich nach Rn 7. Die
Fälligk folgt den allg Regeln (vgl § 614). Bei Erwartg v Erbeinsetzg od Vermächtn ist Stundg bis zum Tod des
6 DBer anzunehmen (BAG **AP** Nr 15 u 27); die Zusage ist frei widerrufl (BAG NJW **78**, 444). **c) Beweislast**
trägt der DLeistde für die Umstde des Abs I, der DBer für die Vereinbg v Unentgeltlk.

7 **3) Höhe** (Abs II). Sie wird in dieser Reihenfolge best: Ausdrückl od stillschw Vereinbg (§ 611 Rn 51),
taxmäß Vergütg, übl Vergütg (Rn 8), Best dch den DVerpfl (Rn 10); ist diese Best unbill, dch Urt (§ 315 III),
BewL trägt derjen, der sich auf Abs II als die für ihn günst Vorschr beruft. **a) Taxen:** Das sind nur nach B- od
LandesR zugelassene u festgelegte Gebühren (Vergütgssätze), die feste, Höchst- od Mindsätze darstellen, insb
8 die BRAGO (bestr), die GebO für Ärzte u Zahnärzte, die HOAI. **b) Übliche Vergütung** ist die für gleiche
od ähnl DLeistg an dem betr Ort mit Rücks auf die pers Verh gewöhnl gewährte Vergütg. Es ist auf die
Umstde des Einzelfalls abzustellen (BGH NJW-RR **90**, 349), insb bei MitArb v freiberufl tät Pers (zB
Zahnarzt, Hamm NJW-RR **93**, 593). **aa) Arbeitnehmer:** Es ist fast allg übl, daß auch bei nichttarifgebunde-
nen ArbN der entspr TarLohn (auch mit im Betr gewährten Zuschlägen) bezahlt w (LAG Düss DB **78**, 165).
9 Dem entspr auch die vielfach kritisierte hM. **bb) Selbständige:** GebO v Verbänden u priv erstellte (zB
AllGO für wirtschprüfde, wirtsch- u steuerberatde Berufe, BGH NJW **70**, 699 mwN) können nicht ow als
übl Vergütg angesehen w; idR wird eine allg Verkehrsgeltg bei den beteil Kreisen verlangt u festgestellt w
10 müssen (vgl § 632 Rn 8). Vergütg für RBeistde: Die BRAGO gilt sinngem (BGBl **80**, I 1506). **c) Einseitige
Bestimmung** (§§ 315, 316) dch den DVerpfl ist auch dann vorzunehmen, wenn eine übl Vergütg nicht nur
fehlt, sond einen Spielraum läßt.

11 **4) Geschlechtsbezogene Lohngleichheit** (Abs III). Ist als Benachteiliggsverbot konzipiert u soll den
§ 611 a I ergänzen, obwohl schon dadch die geschlechtsbezogene Vereinbg geringeren Lohns verboten ist.
Die SoRegelg in Abs III kann nur dahin verstanden w, daß and RFolgen als bei § 611 a eintreten sollen,
obwohl der GGeber nur „ausdrückl gesond normieren" wollte (BT-Drucks 353/79 S 16). Das kann sinnvol-
lerw nur der Anspr auf einen höheren Lohn sein (vgl Rn 14). **a) Anwendungsbereich:** wie § 611 a Rn 2.
12 **b) Voraussetzungen** (Abs III S 1): **aa)** Die geschuldete ArbLeistg (§ 611 Rn 24–32) muß im Verh zu mind
einem ArbN and Geschlechts (u desselben Betr) völl gleich sein (nach Art, Umf u Zt, wie § 611 Rn 25–27)
od gleichwert (BAG NJW **97**, 2000). Es ist ein GesVergl vorzunehmen (hierzu näher BAG NZA **96**, 579).
bb) Vereinbg geringerer Vergütg im ArbVertr (Einf 4 vor § 611) od bei VertrÄnd (§ 305) im Vergl zu mind
einem ArbN and Geschlechts im selben Betr. Es genügt die Vereinbg mit den begünst ArbN u es müssen nicht
13 sämtl ArbN des and Geschlechts besser entlohnt w (BAG DB **93**, 737). **cc)** Benachteiligg wg des Geschlechts:
wie § 611 a Rn 9. Die Grde der höheren Entlohng dürfen sich nicht auf das Geschlecht beziehen (BAG aaO).
c) Beweislast (Abs III S 3). Es gilt § 611 a Rn 14, 15. Die Anwendg des § 611 a I S 3 ist entspr, weil die
14 Vorauss unter § 611 a Rn 15 (dort bb) hier ggstandsl ist. **d) Wirkung.** Die Vereinbg gleichen Lohns (dh ein
entspr VertrAbschl) ist VertrPfl des ArbG. Der ArbN hat einen unmittelb ErfAnspr darauf, daß ihm gleicher
15 Lohn bezahlt w (BAG DB **93**, 737). Der Anspr auf die Lohndifferenz ist kein SchadErsAnspr. **e) Verjährung.**
Anzuwenden ist § 196 I Nr 8, 9. **f) Besondere Schutzvorschriften** (Abs III S 2; vgl Adams JZ **91**, 534),
die wg des Geschlechts gelten (Einf 84 vor § 611) sind kein Grd (vgl § 611 a Rn 11) für geringeren Lohn.
16 **g) Bekanntmachung:** § 611 a Rn 4.

612 a ***Maßregelungsverbot.*** **Der Arbeitgeber darf einen Arbeitnehmer bei einer Vereinbarung oder einer Maßnahme nicht benachteiligen, weil der Arbeitnehmer in zulässiger Weise seine Rechte ausübt.**

1 **Vereinbarung:** § 611 a Rn 7. Nicht eine solche, die der Maßn vorangeht (Thüsing NZA **96**, 728). **Maßnahme:** § 611 a Rn 8; insb Künd (BAG NZA **88**, 18). **Benachteiligung:** wie § 611 a Rn 9. Umfaßt sämtl Benachteiliggen, die mit der RAusübg zushängen (Thüsing aaO). **Rechtsausübung:** gilt für sämtl Re aus dem ArbVertr (Thüsing aaO). Grdsätzl darf jeder ein ihm zustehdes R geltd machen (zu Ausn vgl § 242 Rn 38–41, 61). Bsp: Antr auf Vorruhestandsgeld (BAG NZA **88**, 18); Vollstr eines WeiterbeschäftiggsAnspr (LAG Düss DB **89**, 685); Teiln am Streik (BAG NJW **93**, 218); Kl auf EntgFortZahlg (BAG NJW **96**, 1299). **Kausalität** der RsAusüb (ErfK/Preis 11). BewL: ArbN; jedoch genügt idR AnscheinsBew (ArbG Augsb NZA-RR **98**, 542). **Verstoß:** auch bei streikbedingten SoZuwendgen (vgl § 611 Rn 115, 116; Schwarze 2 NZA **93**, 967), die nur zuläss sind, wenn sie dazu dienen, bes Erschwern nichtstreikder ArbN auszugleichen (Gaul NJW **94**, 1025). **Rechtsfolge** ist Nichtigk (§ 134), sofern dch RGesch benachteil wird (iü vgl § 611 a Rn 3), u Anspr auf die den and ArbN gewährte Leistg (§ 611 Rn 116, 117). Kein Verstoß ist der streikbedingte Verlust einer AnwesenhPrämie (§ 611 Rn 77; BAG NJW **96**, 1844). SchadErsAnspr bei schuldh VertrVerl (§ 276 Rn 120) auch über § 823 II. **Bekanntmachung:** § 611 a Rn 4.

613 ***Persönliche Pflicht; Unübertragbarkeit.*** **Der zur Dienstleistung Verpflichtete hat die Dienste im Zweifel in Person zu leisten. Der Anspruch auf die Dienste ist im Zweifel nicht übertragbar.**

1) Dienstleistungspflicht. S 1 ist Ausleggsregel; daher abdingb. **a) Persönliche Dienstleistungspflicht** 1 besteht insb bei sog höchstpers, wenn es auf die bes Fähk der betr Pers ankommt (vgl Neumann-Duesberg BB **70**, 1462), zB Chefarzt bei Operation gg bes Vergütg (LG Fulda MDR **88**, 317). Bei ArbVerh darf der ArbN auch nicht vorügehd seine Arb dch betrfremde Pers leisten lassen (LAG Düss NJW **67**, 2177). Bei DVertr dürfen HilfsPers herangezogen w (Umfang: § 157), zB Delegation einzelner ärztl Aufgaben (insb Blutentn, Injektion) auf nichtärztl Assistenten (vgl Hahn NJW **81**, 1977). Nicht v RA auf Bürovorsteher (BGH NJW **81**, 2741). **b) Rechtsfolgen.** Bei Tod des DVerpfl, insb des ArbN endet das DVerh (Vorbem 2 vor § 620); die 2 Pfl geht nicht auf den Erben über. Anfängl Unmöglk: Anwendbk der §§ 306, 307 ist umstr (vgl Neumann-Duesberg aaO). Vertrwidr Übertr auf Dr: §§ 325, 326. **c) Dienstleistung durch Dritte.** Die Zulässigk muß 3 vereinb sein od sich aus den Umst ergeben. Bsp: Mandat an AnwSozietät (BGH NJW **63**, 1301); Hausmeisterehepaar (AG Ffm MDR **60**, 676); Oberarzt für verhinderten Chefarzt (umstr; vgl Celle NJW **82**, 2129 mwN u Rn 1).

2) Dienstleistungsanspruch. S 2 ist Ausleggsregel; daher abdingb. **a) Unübertragbarkeit:** Ausn v 4 § 398; hindert nicht, daß die De ganz od zT zG eines Dr geleistet w. Vererblk ist nicht ausgeschl. Wg Beendigg des DVerh inf Tod des DBer vgl Rn 2 vor § 620. **b) Übertragbarkeit** muß vereinb sein od sich aus 5 den Umst ergeben. Das ist insb bei sog ZeitArbUntern gegeben (vgl Einf 38–40 vor § 611). Mit Zust des DVerpfl kann der Anspr jederzeit übertragb w. Bei ArbGWechsel: § 613 a.

613 a ***Betriebsübergang.*** **I Geht ein Betrieb oder Betriebsteil durch Rechtsgeschäft auf einen anderen Inhaber über, so tritt dieser in die Rechte und Pflichten aus den im Zeitpunkt des Übergangs bestehenden Arbeitsverhältnissen ein. Sind diese Rechte und Pflichten durch Rechtsnormen eines Tarifvertrags oder durch eine Betriebsvereinbarung geregelt, so werden sie Inhalt des Arbeitsverhältnisses zwischen dem neuen Inhaber und dem Arbeitnehmer und dürfen nicht vor Ablauf eines Jahres nach dem Zeitpunkt des Übergangs zum Nachteil des Arbeitnehmers geändert werden. Satz 2 gilt nicht, wenn die Rechte und Pflichten bei dem neuen Inhaber durch Rechtsnormen eines anderen Tarifvertrags oder durch eine andere Betriebsvereinbarung geregelt werden. Vor Ablauf der Frist nach Satz 2 können die Rechte und Pflichten geändert werden, wenn der Tarifvertrag oder die Betriebsvereinbarung nicht mehr gilt oder bei fehlender beiderseitiger Tarifgebundenheit im Geltungsbereich eines anderen Tarifvertrags dessen Anwendung zwischen dem neuen Inhaber und dem Arbeitnehmer vereinbart wird.**

II Der bisherige Arbeitgeber haftet neben dem neuen Inhaber für Verpflichtungen nach Absatz 1, soweit sie vor dem Zeitpunkt des Übergangs entstanden sind und vor Ablauf von einem Jahr nach diesem Zeitpunkt fällig werden, als Gesamtschuldner. Werden solche Verpflichtungen nach dem Zeitpunkt des Übergangs fällig, so haftet der bisherige Arbeitgeber für sie jedoch nur in dem Umfang, der dem im Zeitpunkt des Übergangs abgelaufenen Teil ihres Bemessungszeitraums entspricht.

III Absatz 2 gilt nicht, wenn eine juristische Person oder eine Personenhandelsgesellschaft durch Umwandlung erlischt.

IV Die Kündigung des Arbeitsverhältnisses eines Arbeitnehmers durch den bisherigen Arbeitgeber oder durch den neuen Inhaber wegen des Übergangs eines Betriebs oder eines Betriebsteils ist unwirksam. Das Recht zur Kündigung des Arbeitsverhältnisses aus anderen Gründen bleibt unberührt.

1) Allgemeines. Übbl BAG-Rspr: NZA-RR **99**, 225. § 613 a steht iZushg mit der EGRiL v 14. 2. 77 1 (77/187), geänd u neu gefaßt dch RiL v 29. 6. 98 (98/50); hierzu Willemsen/Annuß NJW **99**, 2073. § 613 a ist nach dieser RiL auszulegen; daher ist Vorlage an den EuGH zur VorabEntsch gem Art 177 EG-Vertr auch dch InstanzGer zuläss. Auch dieser Umstd ist Urs vieler RProbleme (Henssler NZA **94**, 913). Die Vorschr steht

in rechtl Beziehg zu § 111 BetrVG (BetrÄnd; vgl Neef WiB **94**, 97). Zur RStellg des ArbN: Moll NJW **93**, 2016. Die Rspr neigt zu extensiver Anwendg. **a) Zweck.** Der ArbN soll dch den BetrÜberg keine NachT erleiden (zur Anwendg krit Feulner DB **96**, 830): **(1)** Schutz der ArbN dch Sicherg des ArbPl; nicht die Erhaltg v ArbPlätzen. **(2)** Schutz der Funktion u Kontinuität des Betr u des BetrRats. **(3)** Regelg der Haftg des bish u des neuen BetrInh (InsO geht als lex specialis vor). Das ist unabh v der Möglichk dch dreiseit Vertr das ArbVerh
2 zu übertr (vgl Einf 5 vor § 611). **b) Anwendungsbereich.** Im Beitrittsgebiet bestand eine SoRegelg bis 31. 12. 98 für GesVollstr u KündR gem Abs IV S 2 dch Art 232 § 5 II EGBGB (§ 16 II SpTrUG); hierzu Belling/Collas NJW **91**, 1919. Die entspr Anwendg auf Fälle, die keinen BetrÜberg darstellen, ist abzulehnen (Schiefer RdA **94**, 83, 85 mwN). **aa) Arbeitsverhältnisse.** Nur bei solchen (Einf 5 vor § 611), einschließl der gekünd, solange die KündFr läuft (BAG BB **78**, 914); auch die v ltd Angest (BAG aaO), Azubi (Lepke BB **79**, 526), VersorggsAnwartsch (BAG NJW **79**, 2533 u **80**, 1124). **Nicht:** HeimArbVerh (BAG NZA **98**, 1001), RuhestdsVerh (BAG NJW **77**, 1791 u NZA **88**, 246); das DVerh des GmbH-GeschF (Celle OLGZ **78**, 199),
3 DVertr mit and wirtsch Zweck (BGH NJW **81**, 1364). **bb) Erlöschen** des ArbG dch Umwandlg (Abs III). Bei Verschmelzg, Spaltg, VermÜbertr (§ 1 I Nr 1–3 UmwG) kommt ein Erlöschen des übertr RTrägers vor (§ 20 I Nr 2, § 131 I Nr 2 UmwG). Bei bloßem Formwechsel (§ 1 I Nr 4 UmwG) besteht Identität des ArbG fort (§ 202 I Nr 1 UmwG). Bei Verschmelzg, Spaltg u VermÜbertragg gehen alle Re u Pfl aGrd der §§ 20 I Nr 1 u 131 I Nr 1 UmwG über. Für ArbVerh verbleibt es aber bei der SoRegelg des Abs I u IV (§ 324 UmwG;
4 Wlotzke DB **95**, 40; Kreßel BB **95**, 925; Bachner NJW **95**, 2881). **cc) Erbfolge.** § 613 a gilt nicht. Dieselben
5 RFolgen wie bei Abs I treten dch § 1922 ein. **dd) Insolvenzen.** Die Fortführg des Betr dch den InsVerwalter ist kein BetrÜberg iS des § 613 a. Bei Veräußerg im InsVerf gilt § 128 InsO. Hat der InsVerwalter den Betr fortgeführt, so haftet der Erwerber für die dadch entstandenen Masseverbindlk (§ 55 I Nr 1 InsO; BAG NJW
6 **87**, 1966 für KO). **ee) Gesellschafter** (Eintritt od Ausscheiden). Hier gilt § 613 a nicht, weil die Identität der
7 Gesellsch fortbesteht (BAG NJW **91**, 247). **c) Abdingbarkeit.** Wg des SchutzZw (Rn 1) ist § 613 a zwingd (allgM; BAG NJW **82**, 1607). Das gilt insb auch für Vereinbg, wonach der Veräußerer ggü dem ArbN allein Schuldn der VersorggsVerpfl bleiben soll (BAG aaO). Vor dem BetrÜberg können die Wirkgen der Abs I u II nicht dch Vertr v dem bisher ArbG ausgeschl w. Umgehgen des § 613 a sind unzuläss (BAG **55**, 228) u daher unwirks (Schiefer RdA **94**, 83 [92]). Sie sind wirks nur mögl, wenn eine der Vorauss (Rn 10–16) vermieden w (hierzu Weimar/Alfes NZA **93**, 155). Vereinbg aus Anlaß des bevorstehden BetrÜberg, Aufhebg des ArbVertr u Änd seines Inhalts dch Vertr (§ 305) des neuen (u alten) ArbG u des ArbN sind auch vor BetrÜberg zuläss (BAG NZA **99**, 262; Moll NJW **93**, 2016 [2022] mwN; bestr), insb auch ein Lohnerlaß (BAG NJW **77**, 1168).
8 **d) Prozessuales.** BetrVeräußerer u -Erwerber können als Streitgen verklagt w (§ 59 ZPO); ggf § 36 I Nr 3 ZPO (BAG BB **96**, 2413 m Anm v Berscheid).

9 **2) Voraussetzungen** des Abs I S 1. ZusFassg Henssler NZA **94**, 913; aktuell Schiefer NZA **98**, 1095. Dch die Rspr, insb des EuGH, wird die Anwendg in einem für die Wirtsch oft schwer erträgl Maße weit ausgedehnt. **a) Begriff** des Betr (Abs I S 1). Er ist im Wandel (Preis/Steffan DB **98**, 309; Moll RdA **99**, 233) u wird weit ausgelegt (zB Schule, BAG NZA **96**, 424). **aa) Betrieb:** Einf 14 vor § 611. Bei ProduktionsBetr ist Überg der wesentl sachl u immat BetrMittel notw (BAG NJW **86**, 451), zB im Einzelfall auch das Know-how (BAG DB **94**, 1144). Es müssen nicht alle BetrMittel sein (BAG NJW **86**, 450), ohne daß es auf das Eigt ankommt (BAG NJW **98**, 2549). Übern einzelner Maschinen u v Teilen der ArbNsch ohne organisator Zusfassg genügt nicht. Erst recht nicht die Miete v Maschinen mit BediengsPers (Kania NZA **94**, 871). Bei DLeistgsUntern kann nur begrenzt auf immat Mittel abgestellt w (BAG aaO u NZA **91**, 305). Austausch auch wesentl ProduktionsAnl steht nicht entgg (BAG DB **87**, 991); auch nicht eine große Investition zur Ergänzg des Materiallagers (BAG NJW **95**, 1511). Die Übertr der BetrEinrichtg (BetrMittel) u Entferng vom bisher BetrGrdst kann den Betr darstellen, wenn er auf einem and Grdst fortgeführt w kann (BAG NJW **76**, 535; abw Hess DB **76**, 1154: nicht ohne ArbN). Bei Gaststätten vgl BAG NJW **98**, 1253, bei einem Theater LAG Bln NZA-RR **99**, 461; kein Betr ist ein Notariat (LAG Köln NZA **99**, 66); Abgrenzg zum sog Outsourcing
10 Schaub BB **98**, 2106. **bb) Betriebsteil** ist ein Anteil von BetrMitteln eines Betr mit Zushang für best arbtechn Zweck (BAG NZA **98**, 253), auch NebenBetr (Einf 14 vor § 611). Der EuGH NJW **99**, 1697 fordert eine wirtsch Einh (organisierte Gesamth v Pers u Sachen) zur Ausübg einer wirtsch Tätigk mit eigener Zielsetzg, gleichgült welcher Größe; auch der Vertrieb eines Untern (LAG Nds DB **82**, 1174) od eine Abteilg, die nur für den Betr ohne Auftr Dr arb (BAG NJW **95**, 73); zB ein Seeschiff (BAG NZA **98**, 97). Es ist der Überg einer organisierten Gesamth von Pers u Sachen mit eigener Zielsetzg erforderl (BAG NJW **98**, 2994 u NZA **99**, 420). Eine bloße BetrFunktion genügt nicht (BAG NJW **98**, 1885, NZA **99**, 149 u 486). Daher ist die ursprüngl Rspr des EuGH unhaltb (NJW **94**, 2343; inzw wohl überholt: Heinze DB **97**, 677; Baeck/Lingemann NJW **97**, 2492), eine einzelne ArbNin, die ReiniggD leistet, welcher einem and Untern übtragen w, als BetrT anzusehen (Lorenz ZIP **97**, 531). Hingg kann die Übern v Pers nach Zahl u Sachkunde als BetrT angesehen w (EuGH NJW **97**, 2039; BAG NJW **98**, 2306 mwN u **99**, 1884). Für die Zuordng zum BetrT ist primär der Wille der Beteil (Rn 1 aE) maßgebd. Iü ist das ArbVerh bei Beschäft für mehr als einen BetrT nach obj Kriterien zuzuordnen (Kreitner NZA **90**, 429 mwN), insb danach, wo der ArbN überwiegd beschäft
11 war (BAG **39**, 208). **cc) Stillegung.** Sie setzt den endgült Entschluß voraus (nicht notw einen AuflösgsBeschl der Gesellsch, BAG NJW **98**, 3370 für KSchG), den Betr auf unbest, nicht unerhebl Zt einzustellen, zB eine Unterbrechg v 9 Mo bei einem BekleidgsGesch (BAG NJW **97**, 3188). Nach Stillegg (auch gleichzeit, BAG NZA **98**, 1233) ist kein BetrÜberg iS des § 613 a mehr mögl (Moll NJW **93**, 2016; aA EuGH NJW **96**, 1199). Die Abs steht nicht entgg, wohl aber die tats u vollständ, nicht notw endgült BetrStillegg (BAG st Rspr NJW **97**, 3188 mwN; vgl Rn 12). Eine solche ist nicht die Veräußerg des Betr (BAG NJW **95**, 75) od die
12 Liquidation der Gesellsch, die BetrInh ist (LAG Bln NZA-RR **98**, 530). **b) Übergang** auf and Inh (auch v od auf JP öffR, BAG NZA **96**, 424) ist jeder Wechsel des BetrInh (auch bei Ges bürgerl Rs mögl, Schleifenbaum BB **91**, 1705). Es muß ein Wechsel in der Pers des Inh eintreten (BAG NJW **99**, 1130) und die Identität des Betr od BetrT gewahrt werden (BAG NJW **99**, 1884 u 2459). Fortführg des gemeins Betr zweier Untern dch eines (LAG Hessen NZA-RR **98**, 242), Überg von einem Pächter auf neuen (BAG NJW **81**, 2212) od Rückg v Pächter an den Verp (BAG NJW **95**, 3404), aber nur, wenn der Verp den Betr selbst weiterführt (BAG NJW **99**, 2461). Überg ist nicht der Wechsel eines Gesellsch (Rn 6). Das alles trifft auch auf einen

zweiten BetrÜberg zu (BAG NZA **94**, 1140). Der neue BetrInh muß den Betr als seinen eigenen weiterführen wollen, wofür die Übern v Pers u BetrMittel erforderl ist (BAG NZA **98**, 536). Überg ist noch nicht das VerpflGesch (Rn 13), sond erst die Erf dch Übertr der Sachen u Re, die den Betr od BertrT darstellen, u die auch bloße Möglk der Übern der LeitgsMacht des Untern dch den Erwerber (BAG stRspr NJW **93**, 2259 u **97**, 1027 mwN) im Einvern mit dem Veräußerer (BAG NJW **92**, 3188). Hierfür genügt die Übtragg v NutzgsRen (BAG aaO) od bei sukzessivem Überg derjen der wesentl BetrMittel (BAG NJW **93**, 2259), nach EuGH NJW **96**, 1199 sogar die Erteilg einer Vertriebsberechtigg. Vom Überg zu untersch ist die Stillegg (vgl Rn 11). **c) Rechtsgeschäft.** Es muß dem Überg zugrdeliegen, darf aber unwirks sein (hM; BAG NJW **86**, 13
453) u kann dem Überg nachf (BAG ZIP **89**, 795 m Anm v Gaul 757). Es müssen nicht unmittelb vertr Beziehgen zw dem früh u dem neuen BetrInh bestehen (EuGH NJW **96**, 1199; BAG NJW **95**, 73 mwN). Es kann insb im Wechsel von Untern liegen, die bei den selben (dritten) Untern bestimmte, einem BetrT entspr Funktionen ausüben (EuGH NJW **99**, 1697). Ein RGesch liegt nicht im Abwerben v Kunden u ArbN (LAG BaWü NZA-RR **98**, 10). Der Begr RGesch ist umfassd, lediglich als Abgrenzg zur GesRNachf zu verstehen (hM; hierzu krit Loritz RdA **87**, 65 [72]), auch zur sog AuffangGes. Als RGrd kommen in Betr: Kauf, Pacht (BAG st Rspr NZA **98**, 1233 mwN), Schenkg, sogar uU Künd des sog Einfirmenvertreters (BAG NZA **88**, 838), wobei es auf Motive des Erwerbers (auch StilleggsAbs, Rn 11) nicht ankommt (BAG DB **78**, 1453). Das RGesch muß sich auf den Betr beziehen; es genügt nicht die Miete der selben GeschRäume (LAG BaWü BB **85**, 123) od die Übern der Belegsch (BAG NJW **86**, 451). Es kann auch ein Bündel von RGesch sein, das dem BetrÜberg zugrdeliegt (BAG NJW **98**, 2306 mwN u NZA **99**, 648), zT auch mit den ArbN abgeschl. Der bisher BetrInh muß daran nicht beteil sein (BAG NJW **86**, 448; Backhaus DB **85**, 1131). **d) Bestehende** 14
Arbeitsverhältnisse aller Art, auch fakt (Einf 29 vor § 611), u zwar zZ des BetrÜberg (BAG NJW **87**, 3031). Auch gekünd, wenn sie inf der Fr noch nicht beendet sind. Ihre Aufhebg (5 vor § 620) zwecks endgült Beseitigg des ArbVerh ist zul, auch rückwirkd mögl, wenn es bereits tats außer Vollz gesetzt war (BAG NZA **99**, 422). **e) Beweislast** für Tats zum Überg trägt der auf Vergütg klagde ArbN. Zum Bew des ersten Anscheins: BAG NJW **86**, 454.

3) Widerspruch des ArbN (zum WidersprR einschränkd Commandeur NJW **96**, 2537). Seine Zust ist 15
grdsätzl nicht nöt; jedoch hindert ein Widerspr des ArbN den Überg seines (mit dem bisher ArbG fortbestehden) ArbVerh (vgl Rn 17, 18; BAG stRspr zB NJW **93**, 3156 mwN). Das WidersprR besteht nicht bei UnternSpaltg (Hennrichs ZIP **95**, 794). WidersprR wird dch die EG-Richtlinie 77/187 nicht eingeschr (EuGH DB **93**, 230; Ehrich NZA **93**, 635 mwN). Es kann zeitl unbefristet bis zum BetrÜberg ausgeübt w (BAG NJW **98**, 3138), auch noch danach, wenn der ArbN erst dann darü informiert w (BAG NJW **94**, 2170). Für den Widerspr kann dann eine ErklFr gesetzt w; idR muß unverzügl widerspr w (vgl BAG aaO), mit einer Fr v 3 Wo, entspr §§ 4, 7 KSchG ab Kenntn des Überg (hM; BAG NZA **98**, 750 mwN). Der Widerspr kann ggü dem BetrVeräußerer wie dem BetrErwerber erkl w (BAG NJW **94**, 2245). Das gilt auch, wenn der ges Betr übergeht (BAG NJW **80**, 2149); jedoch nicht mehr, wenn sich ArbN u neuer ArbG darü einig waren, daß das ArbVerh übergehe (BAG NZA **84**, 32). Ein Widerspr bedarf keines bes Grds (BAG aaO) u bewirkt den FortBestd des ArbVerh mit dem Veräußerer. Fortsetzg des ArbVerh mit neuem ArbG u Schweigen innerh angem ÜberleggsFr gelten als Zust (BAG NJW **78**, 1653). Widerspr der ArbN wg wesentl veränd ArbBedinggen darf nicht als Künd ausgelegt w u bedeutet Beendigg des ArbVerh dch den Veräußerer (EuGH NJW **96**, 1199). § 615 S 2 wg unterlassenen Erwerbs beim neuen BetrInh ist in Betracht zu ziehen (BAG NZA **98**, 750). Ggü dem widerspr ArbN verbleibt dem ArbG das R auf ord betrbedgte Künd gem § 1 KSchG (vgl Rn 30). Die Anhörg gem § 102 BetrVG kann uU entfallen (BAG NJW **97**, 410). Der ArbN, der widerspricht, ist bei einer betrbedgten Künd des bisher ArbG in die soz Auswahl (§ 1 KSchG) einzubeziehen. Widerspr aus sachl Grd darf sich aber nur auf fehlerh SozAuswahl berufen (BAG NJW **93**, 3156 mwN u NZA **99**, 870; LAG Bln NZA-RR **98**, 63).

4) Wirkung (Abs I S 1; aktuelle RFragen: Schiefer NJW **98**, 1817). Das ArbVerh geht auf den Erwerber 16
über; es besteht fort, einschließl der bestehden VersorggsAnwartsch (hM; Falkenberg BB **87**, 328 mwN). Hierauf abzielde rechtsgesch Erkl der Beteil sind unnöt, entggstehde wirkgsl (EuGH DB **96**, 2546). § 412 gilt. Bei einem BetrT (Rn 10) treten die Wirkgen nur für diejen ArbN ein, die dort beschäft waren (BAG NJW **98**, 1883). **a) Neuer Arbeitgeber** (Abs I). Diese RStellg erlangt der neue BetrInh mit dem Überg (Rn 12), zeitl zwingd (EuGH aaO). Er tritt im ArbVerh anstelle des bisher ArbG, wird Schu aller bisher entstandenen Pfl (zB rückständ Lohn, BAG NJW **77**, 1168) u Inh aller auf dem ArbVerh beruhden Re ggü dem ArbN. Anwendg v § 727 ZPO wird bejaht (LAG Düss NZA-RR **96**, 242). Das gilt insb für den Anspr auf ArbLeistg (Ausn von § 613). Er wird auch DrSchu der Lohnpfändg (LAG Hamm BB **76**, 364). Es trifft ihn der gg den früh Inh begründete AnnVerz für § 615 (BAG DB **91**, 1886) u der AuflösgAntr gem § 9 KSchG (BAG BB **97**, 1745). Beim zweiten BetrÜberg wird er Schu eines AbfindgsVertr (BAG NZA **94**, 1140). Bei bereits beendetem ArbVerh tritt der neue ArbG hingg nicht in die VergütgsPfl (BAG NJW **87**, 3031) od in die RuhegeldAnwartsch u -verbindlichk ein (BAG **29**, 94 [98] u NZA **88**, 246), dies regelt sich nach § 4 BetrAVG (Schaub ZIP **84**, 272 [275]). Bei FirmenÜbern gilt aber § 27 HGB (BAG NZA **88**, 246). Nicht gehaftet wird für ProvAnspr ausgeschiedener ArbN (BAG NZA **87**, 597). **b) Bisheriger** 17
Arbeitgeber (Abs II). Er verliert alle Re aus dem ArbVerh. Für die bis zum Überg (Rn 12) entstandenen Pfl haftet er dem ArbN weiter, ggf anteil (LAG Düss DB **77**, 502). Er bleibt für die KündSchKl passiv legitim (BAG BB **97**, 1745). GesSchuld gem §§ 421 ff mit anteil Ausgl, auch für gewährten Url (BGH NJW **85**, 2643). Vereinb AusschlFr laufen ab BetrÜberg (BAG NZA **95**, 742). Für Fälligk (wicht wg S 1) sind §§ 614, 271 zu beachten. Im Verh zum neuen BetrInh richtet sich die AusglPfl (§ 426) nach dem Vertr zw ihnen (Rn 13; vgl Löwisch ZIP **86**, 1101). Hierin kann insb vereinb w, daß der neue BetrInh die od best ArbN weiterbeschäft (vgl BGH NJW **87**, 2874). Eine AusleggsRegel, wonach der bisher ArbG bis zum Überg, ggf anteil, alle entstandenen u fäll Verbindlichk zu tragen habe, besteht nicht (Schreiber RdA **82**, 137), zB bei UrlAnspr (Ffm MDR **83**, 666). **c) Arbeitnehmer.** Grdsätzl besteht das ArbVerh weiter, auch 18
die ArbPfl ggü dem neuen ArbG (Ausn von § 613) mit gleichem Inhalt, insb LeistgsOrt (vgl BAG NZA **90**, 32). Die WeiterArb ist dem ArbN idR zumutb (BAG NZA **98**, 158). Dem ArbN steht jedenf ein Anspr auf Fortsetzg des ArbVerh zu, der unverzügl nach Kenntn des BetrÜbgangs gg den neuen BetrInh geltd zu

machen ist (BAG NJW **99**, 1132). Andseits steht dem ArbN frei, dem Überg des ArbVerh zu widerspr, mit der Folge, daß das ArbVerh mit dem bisher ArbG fortbesteht (BAG stRspr NJW **93**, 3156; vgl Rn 15). Es kann dann v diesem aus dringden betr Erfordern (§ 1 III KSchG) gekünd w (vgl Rn 15). Wenn nur ein BetrT übertragen ist, gilt das nur für ArbN, die in diesem BetrT gearb haben (BAG NJW **98**, 1883). Die BetrZugehörigk als Vorauss für die verlängerten KündFr (§ 622 II), für KündSchutz (§ 1 KSchG), RuhegeldAnwartsch (Einf 80 vor § 611; BAG NJW **79**, 2533) u SoZahlg (§ 611 Rn 82, 83) werden dch den BetrÜberg nicht unterbrochen, jedoch muß bei eigenen VersorggsZusagen des neuen ArbG die frühere BeschäftigsZt nicht angerechnet w (BAG NJW **80**, 416). Bei Übern von 2 Betr gilt der Gbg auch in seinem
19 AnwdgsBer (§ 611 Rn 112) nicht (BAG BB **77**, 145). **d) Rechte und Pflichten.** Nur solche aus dem ArbVertr u zwar alle, zB auch der UrlAnspr (BGH NJW **85**, 2643) u der Anspr auf betriebl AltersVersorgg (BAG stRspr NJW **92**, 708 u NZA **93**, 643). Umstr ist, ob auch das nachvertragl WettbewVerbot (§ 611 Rn 43) übgeht (Nägele BB **89**, 1480; Gaul NZA **89**, 697). Nicht dazu gehören rückständ SozBeitr (BayObLG BB **74**, 1582) u Lohnsteuer. Auch an selbstd VersorggsEinrichtgen des bisher ArbG erwirbt der
20 neue ArbG keine Re. **e) Betriebsvereinbarungen** (vgl Rn 21 ff). Ihre Fortgeltg ist üb die Wirkg v Abs I S 2–4 (Rn 21, 22) in der Weise anzun, daß der neue BetrInh in die betrverfrechtl Stellg des BetrVeräußerers eintritt (BAG DB **95**, 432 mwN).

21 **5) Einfluß von Tarifverträgen und Betriebsvereinbarungen** (Abs I S 2–4). Hierzu Zöllner DB **95**, 1401. Diese Regelg gilt auch bei Umwandlg (§ 324 UmwG; Wlotzke DB **95**, 40). Sie bezweckt ein Verschlechtergsverbot u soll die TarEinh im neuen Betr wahren (BAG NZA **86**, 687). Andseits würden Abs I S 2–4 als SoRegelg ggü dem Grdsatz der TarEinh begriffen u sollen die TarPluralität nicht verhindern können (Kania DB **94**, 529). Abs I S 2–4 gelten nur für diejen Fälle, in denen die TarZustdgk dch den BetrInhWechsel veränd w, dh TarVertr u BetrVereinbg nicht sowieso schon weitergelten, so daß Abs I S 2 eine AuffangRegelg bei Verbands- od FlächenTV darstellt (BAG NZA **98**, 1346). Es ist auch grdsätzl v der Kontinuität des BetrR
22 auszugehen (Henssler NZA **94**, 913 [920]). **a) Inhaltsfortsetzung** (S 2, 1. Teil). Daß die Re u Pfl aus dem ArbVerh, auch sofern sie dch die Wirkg eines TV od einer BetrVereinbg gestaltet sind, auch für u gg den ArbG wirken, ergibt an sich schon S 1. Aus S 2 folgt, daß die Wirkg der Kollektivnormen nunmehr individualrechtl (einzelvertragl) weitergilt (aA Zöllner DB **95**, 1401) u zwar zwingd gg den ArbG u zG des ArbN (vgl Rn 23). Betrifft nur die zZ des BetrÜberg geltden TarNormen (BAG NZA **86**, 422). Eine spätere
23 Änd des TV wirkt nicht zurück (BAG NZA **95**, 740). **b) Verschlechterungsverbot** (S 2, 2. Teil). Jede Änderg, die Re u Pfl des ArbVerh betr, fällt grdsätzl unter § 305. Zum Nachteil: Der notw Vgl (§ 611 a Rn 9) muß hier zw dem bisher u dem neuen Inhalt des ArbVerh gesucht w. Hierbei kann es vieles geben, bes in BetrVereinbg, was bei der beabsicht Änderg weder als Vorteil noch Nachteil od als gleichwert eingestuft w kann. Die Behandlg solcher Fragen muß der Praxis überlassen w. Eine Verschlechterg ist dch einen (vorgehden) jüngeren TV zuläss (BAG BB **95**, 2060). Fr: Beginn mit Überg (Rn 12). Berechng: §§ 187 ff. Änderg: nicht Abschl des RGesch (§ 305), sond Eintritt der Wirksamk. Ein Verstoß bewirkt Nichtigk (§ 134).
24 **c) Vorrang anderer Kollektivverträge** (S 3). Sie müssen für den neuen ArbG (u BetrInh) gelten; das bedeutet, daß dieser unter eine and TarifZustdgk fällt. Das setzt voraus, daß der neue ArbG (u BetrInh) bereits ein Untern betreibt, dem der übergehde Betr in irgendeiner Form an- od eingegliedert w. Die dafür geltden KollektivVertr regeln den Inhalt des ArbVerh zw ArbN u dem neuen ArbG (abweichd v S 1; Rn 22), soweit sie and Regelgen enthalten; iü gilt der Inhalt des (alten) ArbVertr weiter. Diese Wirkg tritt ein, auch wenn die Bindg an den neuen TV erst nach dem BetrÜberg beginnt u ohne Rücks darauf, ob die Normen der
25 KollektivVertr für den ArbN nachteil sind od nicht. **d) Zulässige Änderung** (S 4). Bezieht sich auf S 1 u ist kaum noch zu verstehen. Bezweckt wird die frühere Beendigg des Ändergsverbots (Rn 23) in 2 Fällen: **aa)** wenn der TV od die BetrVereinbg, die schon das frühere ArbVerh normierten, wg FrAblauf od Künd beendet w (1. Alt); **bb)** wenn der neue ArbG u der ArbN vereinb, daß ein anderer TV angewendet w; das darf aber nur der „einschlägige" sein (BT-Drucks 353/79 S 18).

26 **6) Zulässigkeit einer Kündigung** (Abs IV). Die Regelung ist anwendb auf alle ArbN, auch bei Umwandlg (§ 324 UmwG; Wlotzke DB **95**, 40; vgl Rn 3), bei GesellschWechsel (Rn 6) auch nicht entspr (BAG NJW **91**, 247). **a) Voraussetzungen. aa) Kündigung:** ordentl (§ 622) u außerordentl (§ 626), auch ÄndKünd. Sie muß vom bisher ArbG od v neuen ArbG (dem neuen BetrInh) ausgehen. Die KündKl ist gg
27 denjen ArbG zu richten, der gekünd hat (vgl BAG NJW **84**, 627). **bb) Betriebsübergang** (Rn 12). Er muß (nicht notw der allein) BewegGrd sein (BAG stRspr NJW **98**, 1885 u NZA **99**, 149). Der BetrÜberg muß für die Künd die überwiegde Urs sein (BAG aaO). Die Tats hierfür müssen zZ der Künd vorgelegen haben (BAG aaO). Für Künd, die unabhäng vom BetrÜberg sachl gerechtfert sind (insb bei § 1 KSchG), gilt Abs IV S 1 nicht, insb wenn zur Verkleinerg des Betr gekünd w, um die VerkChancen zu verbessern (BAG NZA **97**,
28 148). **cc) Beweislast** für Kausalität zw BetrÜberg u Künd trägt der ArbN, der die Unwirksamk der Künd im
29 Proz geltd macht (BAG NJW **86**, 2008). **b) Wirkung.** Es handelt sich um ein eigenständ, v KSchG unabhäng KündVerbot (hM; BAG NJW **86**, 87). Die verbotswidr erkl. Künd ist nichtig (§ 134) u fällt unter § 13 III KSchG, wenn für das ArbVerh das KSchG anwendb wäre (BAG aaO). Die Fr des § 4 KSchG gilt nicht (BAG aaO). Das KündVerbot ist unabhäng davon, ob das KSchG iü anwendb ist od nicht (BAG aaO). Zur Verwirkg des KlBegehrens bei verzögerter Kl des ArbN: BAG DB **88**, 2156. Eine Künd des ArbN kann wg Umgehg des Abs IV nichtig sein (§ 134), wenn sie der ArbG wg bevorstehder BetrVeräußerg veranlaßt (BAG NZA **88**,
30 198). **c) Andere Kündigungsgründe** (Abs IV S 2). Solche sind nur erforderl für die außerord Künd § 626) u für die ordentl Künd, die dem KSchG (§§ 1, 23) unterliegt, so daß aus diesen Grden auch bei BetrÜberg gekünd w kann (BAG NJW **86**, 91), insb wg betriebl Erfordern (§ 1 KSchG). And Künd bedürfen keines Grdes. Bei ArbVerh, für die das KSchG nicht gilt, muß also für die wirks Künd nur der BewegGrd des BetrÜberg fehlen (vgl hierzu Popp DB **86**, 2284; Berscheid AnwBl **95**, 8 [21]). Gilt dasKSchG, so ist die Stillegg des Betr nach § 1 II KSchG zu behandeln; eine solche Künd gehört zu denen iS des Abs IV S 2 (BAG NJW **86**, 91). Für eine solche Künd ist auf eine StilleggsAbs u auf die Verh zZ der KündErkl abzustellen
31 (BAG NZA **89**, 265). **d) Neue Bundesländer** (vgl Rn 2). Bis zum 31. 12. 98 galt anstelle von Abs IV S 2 die Vorschr des Art 232 § 5 II EG (dort Rn 11).

614 ***Fälligkeit der Vergütung.*** **Die Vergütung ist nach der Leistung der Dienste zu entrichten. Ist die Vergütung nach Zeitabschnitten bemessen, so ist sie nach dem Ablaufe der einzelnen Zeitabschnitte zu entrichten.**

Allgemeines. § 614 ist SoRegelg ggü § 271. Prakt geringe Bedeutg, da SoVorschr (§§ 64, 87c HGB, 1
§ 11 BerBG) bestehen u im ArbR § 614 dch TV u BetrVereinbg (§ 87 I Nr 4 BetrVG) häuf abbedungen ist. Eine VorLeistgsKl kann bei UnterrVertr gg § 9 AGBG verstoßen (Celle NJW-RR **95**, 1465). **Vorleistungs-** 2
pflicht des DVerpfl ist der Grdsatz. Daher hat er ein ZbR aus § 320 nur, wenn die fäll gewordene Vergütg nicht bezahlt ist od der DBer and Pfl nicht erf (vgl § 611 Rn 14). **Vorschüsse** u AbschlagsZahlg erfordern 3
grdsätzl ausdrückl od stillschw Vereinbg, idR anzunehmen bei AufwandsEntsch u Spesen (LAG BaWü BB **69**, 875), aus FürsPfl (§ 611 Rn 96) bei Notfällen (hM), Abschlag u Vorschuß mindern ohne Aufrechng od sonst Erkl als vorzeit Erf (§ 362 I) die Vergütg. Bei Beendigg des ArbVerh rückt die spätere Fälligk einer Vergütg nicht auf diesen Ztpkt vor (BAG BB **73**, 144).

615 ***Vergütung bei Annahmeverzug.*** **Kommt der Dienstberechtigte mit der Annahme der Dienste in Verzug, so kann der Verpflichtete für die infolge des Verzugs nicht geleisteten Dienste die vereinbarte Vergütung verlangen, ohne zur Nachleistung verpflichtet zu sein. Er muß sich jedoch den Wert desjenigen anrechnen lassen, was er infolge des Unterbleibens der Dienstleistung erspart oder durch anderweitige Verwendung seiner Dienste erwirbt oder zu erwerben böswillig unterläßt.**

1) Allgemeines. a) Grundgedanke. Der DVerpfl ist idR für seinen LebensUnterh auf die Vergütg 1
angewiesen. Er kann seine ArbLeistg, über die er dch das DVerh disponiert hat, nicht ow anderweit verwerten u nicht ohne Schädigg nachholen. **b) Anwendungsbereich:** alle DVerh, nicht nur ArbVerh, auch kurzzeit u 2
vorübergehde (zB Unterricht, Tagesaushilfen), auch wenn sie noch nicht angetreten sind. Zeitl nur bis zu ihrer Beendigg. Auch BeratgsVertr mit RAen (Mü NJW-RR **94**, 507); nicht eingehaltene Behandlungstermine bei Ärzten (LG Kstz NJW **94**, 3015; Wertenbruch MedR **91**, 167 mwN). **c) Rechtsnatur.** § 615 gibt keinen 3
selbstd Anspr, sond bewirkt, daß (abw v Grdsatz „Lohn nur für geleistete Dienste", vgl § 614) der VergütsAnspr (§ 611), also brutto, dem DVerpfl erhalten bleibt. Er ist ein ErfAnspr, kein SchadErsAnspr (BGH NJW **67**, 250). Daraus folgt: Fällig wie bei tats DLeistg, ebso der Umfang. Insb sind der vermutl Akkordlohn, Prov, SoZahlg u Zulagen zu zahlen. **d) Verhältnis zur Unmöglichkeit** (vgl § 293 Rn 3). Soweit § 615 erf 4
ist, kann § 323 nicht angewendet w. Beim VollzeitDVerh umfaßt § 615 nur die UnterbrechgsFälle, nicht den Abbruch des D(Arb)Verh; es gilt § 323. Wenn die DLeistg inf Versch des DBer unmögl w. gilt § 324 u es treten die gleichen RFolgen wie bei § 615 ein (§ 324 I). Für § 615 im Verh zu §§ 323–325 ist allg zu beachten: Eine DLeistg wird trotz ihres Fixschuldcharakters (vgl hierzu Nierwetberg BB **82**, 995) dadch, daß sie für einen best ZtRaum nicht erbracht w, nur unter der Vorauss unmögl, daß sie nicht nachgeholt w kann. Ist sie nachholb, so tritt Befreiung v der DLeistg nur über § 615 ein, da §§ 323–325 Unmöglk voraussetzen. Mit ihrem Eintritt endet auch der AnnVerzug od tritt gar nicht erst ein. Es gelten dann, je nachdem, ob Versch vorliegt oder nicht, § 325 (bei Versch des DVerpfl), § 324 (bei Versch des DBer) oder § 323 (fehldes Versch; hierzu Rn 21). **e) Schuldnerverzug** (§ 284) kann zugleich eintreten (§ 293 Rn 6), wenn Ann der 5
De (Arb) Pfl des Gl ist, insb bei BeschäftPfl v ArbN (§ 611 Rn 118). **f) Abdingbarkeit** ist für S 1 wie für S 2 6
zu bejahen (hM; BAG NJW **64**, 1243), muß (jedenf für S 2) zweifelsfrei vereinb sein (BAG aaO), zB dch bezahlte ArbFreistellg (LAG Hamm NZA-RR **97**, 287). Die Klausel, „bezahlt wird nur die Zt der geleisteten Arb" bezieht sich nur auf ArbVersäumn des § 616; S 1 ist beim LeihArbNVerh unanwendbar (§ 11 IV AÜG). BewL für abw Vereinbg trägt derjen, der sich darauf beruft (vgl BAG aaO).

2) Voraussetzungen des Annahmeverzugs. Es sind die §§ 293–300 anzuwenden. Der AnnVerz muß 7
für das Unterbleiben der D(Arb)Leistg (Rn 8) ursächl iS v 56 vor § 249 sein (S 1). **a) Möglichkeit** der DLeistg (tats u rechtl) ist Vorauss des S 1. Bei Unmöglk (vgl § 293 Rn 3) sind die §§ 323–325 anzuwenden (vgl Rn 4, 5). Außerdem tritt wg § 297 kein AnnVerzug ein. Das ArbVerh muß (fort)bestehen; das trifft zB zu, wenn eine Künd einvernehml zurückgen w (BAG **AP** Nr 40). Unmögl ist die DLeistg zB: wenn der ArbN inf v Hindern auf dem Weg zur Arb (Eisglätte) den ArbPlatz nicht erreicht (BAG DB **83**, 396), selbst wenn es an einem Werkbus des ArbG liegt (BAG aaO); wenn ein BeschäftVerbot entggsteht (vgl § 293 Rn 8). Ein solches besteht nicht, wenn von einem Arzt dringd ein Wechsel des ArbPl empfohlen wird (BAG NZA **99**, 33). Auch Wille u Bereitsch zur ArbLeistg müssen vorliegen (§ 293 Rn 9; Schaub ZIP **81**, 347).
b) Unterbleiben der D(Arb)Leistg inf einer NichtAnn dch den DBer (ArbG) für einen best ZtRaum, u zwar 8/9
nur völl Unterbleiben. Die NichtAnn kann ausdrückl od stillschw erkl w (MK/Schaub 28). Werden die Dienste iR der zeitl laufden DLeistg nur zT erbracht (zB Fahren ohne EntladeArb), kommt nur SchlechtErf in Betr (§ 611 Rn 35). **c) Angebot** der DLeistg dch den DVerpfl (ArbN), u zwar am rechten Ort, zur rechten 10
Zt u Weise. Angebot u AnnVerz entfallen nicht dadch, daß ein and D(Arb)Verh eingegangen w (arg S 2).
aa) Tatsächlich (§ 294). Der DVerpfl (ArbN) muß sich zum Ort der DLeistg (§ 611 Rn 32) begeben u 11
versuchen, mit der Arb zu beginnen, u zwar rechtzeit (vgl Schaub ZIP **81**, 347). Das gilt auch für einen Arzt, der mit VorlaufZt arbeitet, in seiner Praxis (LG Kstz NJW **94**, 3015). Das Angebot braucht nicht wiederholt zu werden (BAG **AP** Nr 20), solange nicht der DBer dazu übergeht, zur ArbLeistg aufzufordern. Stets muß bei andauerndem DVerh auch das LeistgsAngebot fortbestehen, am besten gem Rn 12 dch eine entspr Erkl.
bb) Wörtlich (§ 295). Diese Erkl muß gem § 130 dem DBer zugehen, auch stillschw mögl u muß den 12
ernsten Willen des DVerpfl zur DLeistg erkennen lassen. Diese sog LeistgsBereitsch muß tats bestehen (BAG NJW **75**, 1336). Auch die LeistgsFähk (§ 297) muß gegeben sein, insb darf der ArbN nicht arbunfäh krank sein (BAG NZA **97**, 27; Bauer/Hahn NZA **91**, 216). In diesem Fall genügt nicht, daß er sich subjekt in der Lage fühlt, die Arb zu leisten (BAG NZA **99**, 377). Der angestellte Kraftfahrer muß den Führerschein besitzen (BAG NJW **87**, 2837). Das wörtl Angebot genügt (vgl § 295), wenn der DBer vorher dem DVerpfl erkl hat, er werde die De nicht ann (zB Verbot, den Betr zu betreten) od wenn MitwirkgsHdlg des DBer erforderl ist

(zB Bereitstellg v ArbPlatz, -gerät u -material). Bei Künd kann schon in der bisher ArbLeistg dieses Angebot gesehen w, jedoch ist idR ein Widerspr des DVerpfl (ArbN) gg die Künd erforderl (BGH NZA-RR **97**, 329), insb KündSchKl (BAG stRspr zB DB **90**, 2073), mit der üb § 259 ZPO das Entgelt eingekl w kann (Zeuner RdA **97**, 6). Ob der bloße Widerspr bei BeratgsVertr mit RAen genügt, ist zweifelh (vgl Mü NJW-RR **94**, 507). Ein wörtl Angebot genügt nicht, wenn es schon vor der Künd des DBer erkl w (BGH NJW **88**, 1201). Ein AuflösgsAntr gem § 9 KSchG schadet nicht, wenn er zurückgen wird (BAG **AP** Nr 22). Bei vorangegangener KrMeldg muß der ArbN im KündSchProz das Ende der Erkrankg grdsätzl mitteilen (vgl Rn 13).
13 **cc) Überflüssig** ist das Angebot in den Fällen des § 296. Nach stRspr des BAG gerät der ArbG nach unwirks Künd idR in AnnVerz. Das BAG NJW **85**, 935 verneint das Erfordern eines Angebots der ArbLeistg auch, wenn der ArbG nach unberecht außerord, später für unwirks erkl Künd dem ArbN nicht einen funktionsfäh ArbPl u Arbeit zuweist sowie die geschuldete ArbLeistg konkretisiert (BAG NZA **99**, 925), damit der ArbN die geschuldete ArbLeistg erbringen kann (ebso BAG NJW **94**, 2846). Ist der ArbN zZ der fristl Künd od später nicht leistgsbereit od -fähig, muß er seine ArbBereitsch dann nicht mitteilen, wenn der ArbG nach der fristl Künd ernsth erkl hat, er verzichte auf die Arb auch für die Zt nach Ende der fehlden ArbBereitsch (BAG aaO). Dies alles gilt nach BAG NJW **85**, 2662 auch bei ord Künd, wenn der ArbG den ArbN, welcher der Künd widerspr od seine LeistgsBereitsch anzeigt, insb KündSchKl erhoben hat, für die Zt nach Ablauf der KündFr nicht zur Arb auffordert. Der wieder genesene ArbN, der seine LeistgsBereitsch erkennb gemacht hat, muß seine Fähigk zur ArbLeistg nicht bes anzeigen (vgl § 296 Rn 2), auch wenn die ArbUnfähk inf Krankh vorher mehrfach aufeinandfolgd befr festgestellt worden ist (BAG stRspr NJW **92**, 932 u **95**, 2653).
14 Das ist nicht anwendb bei DVerh mit weitgehd freier Gestaltg der Tätk (BGH NJW-RR **86**, 794). **d) Nichtannahme** dch den DBer (ArbG; § 293; § 611 Rn 120), ausdrückl od stillschw, ohne Rücks auf Versch. Bsp: fristl Künd, Abberufg v VorstdsMitgl einer AG od GeschF einer GmbH, Einf v KurzArb u BetrUrl, Zutrittsverweigerg zur ArbStelle, Beurlaubg, Suspendierg. Der AnnVerzug tritt nicht ein, wenn dem DBer die Beschäft ausnw unzumutb ist (BAG NZA **88**, 465), u entfällt von dem Ztpkt an, zu dem sich der DBer zur Weiterbeschäftigg bereit erkl, insb zur Aufnahme der Arb auffordert (BAG stRspr NJW **93**, 2637 mwN u NZA **99**, 925) od die Künd zurücknimmt. Es genügt aber nicht, daß sich der ArbG bereit erkl, den ArbN iR eines fakt ArbVerh (Einf 29 vor § 611) bis zum erstinstanzl Urt weiterzubeschäft (BAG NJW **82**, 121) od vorläuf bis zum ProzEnde (Denck NJW **83**, 255 mwN).

15/16 **3) Ende des Annahmeverzugs** (§ 293 Rn 12) tritt ein dch Beendigg des D(Arb)Verh od Wegfall der Vorauss der §§ 293–299, zB dch die Bereitsch des DBer (ArbG) die De (Arb) entggzunehmen; dch schuldnerisches Unvermögen (vgl § 297 u Rn 12 aE). Nach BAG NJW **86**, 2846 endet der AnnVerz nicht dadch, daß der ArbG vorsorgl ein für die Dauer des KündRStreits befr neues ArbVerh od eine dch die Wirksk der Künd auflösd bedingte Fortsetzg des ArbVerh anbietet. Die Ablehng des Angebots dch den ArbN ohne rechtl erhebl Grd kann unter S 2 (3. Fall) fallen (BAG NJW **82**, 121; LAG Köln NZA-RR **96**, 362).

17 **4) Rechtsfolgen. a) Wirkung.** Der DVerpfl behält den VergütgsAnspr (S 1) in Art u Umfang wie unter Rn 3 dargestellt. Mögik zur Minimierg des Anspr: Opolony DB **98**, 1714. Macht der ArbN diesen Anspr geltd, so ist er dem ArbG zur Ausk (Offenbg) üb andweit Erwerb verpfl (allgM; zB BAG NZA **94**, 116 mwN; Klein NZA **98**, 1208). Mehraufwendgen können gem § 304 verlangt w. Der Anspr kann nicht dch Mitverursachg (§ 254) herabgesetzt w, weil der Anspr nicht auf SchadErs gerichtet ist (BAG NJW **67**, 250). Der VergütgsAnspr geht verloren, wenn der DVerpfl keinen AnnVerz herbeiführt (BGH NJW **88**, 1201). Zu den Risiken des ArbG iF eines KündSchProz: Schäfer NZA **84**, 106. Verj des Anspr: § 196 I Nr 9. Keine
18 Unterbrechg (§ 209) od Hemmg (§ 202) dch KündSchutzKl (BAG stRspr NZA **92**, 1025). **b) Anrechnung** (S 2) beschr entspr § 324 I 2 den Anspr in seiner Entstehg (mit SondRegelg in § 11 KSchG). Sie erfordert keine bes Erkl u ist keine Aufrechng. ÜbZahlg ist üb § 812 auszugleichen (BAG NJW **94**, 2041). Behauptgs- u BewL trägt der DBer. Anzurechnen sind: **aa) Ersparnis,** soweit sie auf dem Unterbleiben der DLeistg
19 beruht, zB Fahrtkosten. **bb) Anderweitiger Erwerb:** die tats erzielte GesVergütg (Anrechng jeweils brutto, KG DB **79**, 170); eine noch nicht fäll u aufschiebd bedingte ProvFdg (LAG Düss DB **70**, 1277), auch öffrechtl Leistgen; denn § 11 Nr 3 KSchG gilt entspr (allgM). Nur derjen Erwerb, der dch die unterbliebene DLeistg (auch inf v Beurlaubg, BAG NJW **64**, 1243) u dch ArbKraft ermögl w (hM; BAG NZA **91**, 221 mwN). Daher nicht: der auch sonst mögl Nebenverdienst, die Verwertg der ArbKraft im eig Haush u Verdienst aus GelegenhGesch. Anzurechnen ist auf den ges ZtRaum des AnnVerzugs, nicht nur auf den entspr des anderweit Erwerbs (BAG NJW **94**, 2041 mwN; aA Boecker NJW **95**, 3218: pro rata temporis). Pfl zur Ausk entspr § 74 c II HGB, wobei der ArbG bis zur Erf die Einr des § 320 I S 1 hat (BAG NJW **74**, 1348 u **79**, 285). Bei unzureichder Ausk gilt § 260 II entspr (BAG NJW **74**, 1344). Der ArbG muß aber beweisen, daß der ArbN
20 anderweit gearbeitet u verdient hat (BAG NJW **79**, 285). **cc) Böswillig unterlassener Erwerb.** Böswill bedeutet, daß der DVerpfl eine zumutb ArbMöglk kennt u vorsätzl ausläßt. Das wird währd der Dauer eines KündSchProz idR zu verneinen sein, sow es sich um DauerArbVertr handelt. Widerspr (§ 613 a Rn 15) schließt böswill Unterl nicht aus (BAG NJW **98**, 3138). Unterl v Bemühgen, Arb zu finden, ist nur dann böswill, wenn konkr Auss auf Erfolg besteht (LAG Bln NZA **84**, 125). Hdlg des ArbN, die der Sicherg vertragl Re dienen, sind nicht böswill, zB die Künd eines neuen ArbVerh trotz Ablehng des DLeistgsAngebots dch den bisher ArbG (BAG BB **74**, 277). Der ArbN muß auch nicht eine Tätigk ausüben, die der ArbG ihm unter Überschreitg des WeisgsR (§ 611 Rn 45–48) übtragen will (BAG BB **81**, 1399).

21 **5) Beiderseits unverschuldete Unmöglichkeit** der DLeistg fällt nicht unter § 615 (vgl Rn 4), sond unter § 323, führt zum Verlust des VergütgsAnspr u desh bei D- u ArbVerh zu unangemessenen Ergebn, wenn die Unmöglichk auf einer BetrStörg beruht. Zur Lösg dieses Problems haben RG u RAG seit 1923 (RG **106**, 272) die Sphärentheorie entwickelt. Auch das Schriftt hat sich stänid mit dem Problem befaßt (vgl die Nachw bei Rückert ZfA **83**, 1), sich dabei von der Dogmatik des BGB entfernt. Der GGeber ist untät geblieben. Das BAG unterscheidet zw Betr- u ArbKampfrisiko (Rn 22–25). Zum BetrRisiko gehört das Untern- u Lohnrisiko. Es trägt grdsätzl der DBer (ArbG). Er bleibt damit (ggf nur in Höhe des Kurz-ArbGeldes, BAG NZA **91**, 67) zur Zahlg der Vergütg auch ohne DLeistg verpfl, insb bei AuftrMangel, Ausfall von Betr- u Hilfsstoffen (Strom, Heizg, ArbMaterial, Maschinen), Brand (BAG NJW **72**, 342), Explosionen,

Wetterstörgen, behördl Verboten, auch BetrVerbot bei Smog-Alarm (Richardi NJW **87**, 1231 [1235]; aA Ehmann NJW **87**, 401), jedoch trägt hier das Wege-Risiko selbst bei VerkVerbot der ArbN (Ehmann aaO). Die LohnzahlgsPfl kann ganz od zT entfallen, wenn andfalls der Bestand des Betr gefährdet wäre (Soe/Kraft 35 mwN; aA ErfK/Preis Rn 135). Für eine strikte BGB-Lösg (§§ 323, 615 S 1 Hs 2): Bletz JR **85**, 228.

6) Arbeitskampfrisiko bei ArbBereitsch der ArbN (od eines Teils der ArbN). Es ist vom BetrRisiko 22
(Rn 21) zu untersch (BAG NJW **81**, 937). **a) Teilstreik.** Ist die BetrStörg auf den Streik and ArbN desselben Betr zurückzuführen, so kann der ArbG den Betr od BetrT stillegen (BAG NJW **95**, 2869). Er wird damit auch ggü solchen ArbN frei, die ihre Arb anbieten (hM; BAG NJW **95**, 477 u aaO). Es kommt nicht darauf an, ob trotz des Streiks die BeschäftiggsMöglk fortbesteht (BAG aaO). Kommt es bei gleitder ArbZt zu Ausfällen, wird, wenn nicht and vereinb (BAG NJW **95**, 613), nicht das GleitZtKto belastet, sond es entfällt insow die ArbVergütg (BAG aaO). **b) Wellenstreik** liegt vor, wenn zeitl aufeinanderfolgd u insb überraschd, 23
Kurzstreiks stattfinden. Die streikden ArbN tragen das Lohnrisiko, wenn dem ArbG eine darauf eingestellte and ArbPlang unmögl od unzumutb ist (BAG NJW **97**, 1801). Das gilt auch, wenn der ArbG mit einer ErsMannsch die Produktion reduziert weiterführt (BAG NJW **99**, 2389). Hingg muß der ArbG den Lohn weiterzahlen, wenn beim Wellenstreik der erwartete Vollstreik ausbleibt u der ArbG die Arb an FremdUntern ausgegeben hat (BAG NJW **99**, 2388). **c) Fernwirkung.** Die ArbZtRegelg (insb KurzArb) unterliegt der 24
MitBest (§ 87 I Nr 2, 3 BetrVG; BAG NJW **97**, 1801), wenn nicht Te der vom Betr vertretenen Belegsch selbst streiken od ausgesperrt sind (BAG NJW **81**, 942). Beruht die BetrStörg auf einem Streik, der nur and Betr außerh des Kampfgebiets berührt, so tragen beide Seiten das ArbKampfrisiko (BAG NJW **81**, 937). Es ist darauf abzustellen, ob die Fernwirkg eines Streiks (wie einer Aussperrg, vgl BAG NJW **80**, 1653) geeignet ist, das KräfteVerh der kampfführden Part zu beeinflussen, zB wenn die für die betroffenen Betr zuständ Verbände od Gewerksch ident od organisator verbunden sind (tarifpolit Zushang). Besteht dieser Zushang, entfällt bei einem Streik oder einer AbwehrAussperrg, die einen DrBetr betr, der Beschäftiggs- u VergütgsAnspr (BAG NJW **81**, 937; gg diese Einschränkg: Lieb NZA **90**, 289); bei AngriffsAussperrg (Vorbem 19 vor § 620) in and Betr bleibt er bestehen. **d) Leiharbeitsverhältnisse** (Einf 38–40 vor § 611). Das ArbVerh besteht nur im 25
Verh zum Verl. Ist der Betr des Entleihers streikbetroffen, trägt er das volle Lohnrisiko, solange nicht alle vertragl vorgesehenen BeschäftMöglk wegfallen (BAG NJW **73**, 1296 m Anm v Becker 1629).

616 *Vergütungspflicht trotz vorübergehender Dienstverhinderung.*

Der zur Dienstleistung Verpflichtete wird des Anspruchs auf die Vergütung nicht dadurch verlustig, daß er für eine verhältnismäßig nicht erhebliche Zeit durch einen in seiner Person liegenden Grund ohne sein Verschulden an der Dienstleistung verhindert wird. Er muß sich jedoch den Betrag anrechnen lassen, welcher ihm für die Zeit der Verhinderung aus einer auf Grund gesetzlicher Verpflichtung bestehenden Kranken- oder Unfallversicherung zukommt.

1) Allgemeines. a) Anwendungsbereich. § 616 gilt für alle, nicht nur dauernde DVerh (Einf 2, 12 vor 1/2
§ 611). Für ArbVerh (Einf 5 vor § 611 sowie für AusbildgsVerh (Einf 57 vor § 611) ist im KrankhFall das EFZG anzuwenden (vgl Rn 1). Für alle ArbN mit Ausn der zur Berufsbildg Beschäft (Einf 57 v § 611), für welche die SoRegelg des § 12 BerBG gilt, bleibt § 616 anwendb, wenn die Verhinderg nicht auf Krankh iS des § 3 EFZG beruht, mit Ausn der EntgeltZahlg an Feiertagen, für die nunmehr § 2 EFZG gilt (Art 62 PflegeVG). **b) Verhältnis zu allgemeinen Vorschriften.** Die §§ 323–325 gelten bei Unmöglk der DLeistg 3
grdsätzl (BGH **10**, 187), auch für ArbVerh. **aa)** Von § 323 (beiderseits nicht zu vertretde Unmöglk) bildet § 616 eine Ausn (BAG NJW **65**, 1397); soweit § 616 gilt, ist § 323 nicht anwendb. **bb)** § 324 (die vom DBer od ArbG zu vertretde Unmöglichk) wird v § 616 nicht berührt u führt dazu, daß der DVerpfl den Anspr auf die Vergütg behält (BAG NJW **69**, 766; Neumann-Duesberg DB **69**, 305), insb wenn die ArbUnfähigk vom ArbG schuldh verursacht ist. **cc)** § 325 (vom DVerpfl od ArbN zu vertretde Unmöglk) wird von § 616 nicht berührt. Das Versch für § 325 muß sich auf die VertrPfl beziehen. Es ist insb gegeben, wenn der DVerpfl die Verhinderg zur DLeistg schuldh herbeiführt. RFolgen: § 325 Rn 5. Es gibt jedoch nach Beginn des DVerh keinen Rücktr, sond Künd. **c) Abdingbarkeit.** § 616 ist abdingb (BAG NJW **80**, 903), dch EinzelVertr (BAG [GS], **8**, 285 [292]) u TV (BAG stRspr NJW **83**, 1078 mwN), auch für den Fall des § 629 (BAG **4**, 189). Nur unter strengen Vorauss anzunehmen (BGH NJW **95**, 2629). **d) Sonstige Verhinderungsgründe** mit 4
Anspr auf EntgeltFortzahlg (zB § 9 BUrlG; § 11 I S 1 MuSchG) sind grdsätzl voneinander unabhäng; sie gehen dem § 616 u dem EFZG vor. **e) Einfluß von Streik.** War ein ArbN vor Beginn des Streiks von der ArbPfl für 5
best Zt befreit, behält er den Anspr (§ 611 Rn 50), solange er am Streik nicht teilnimmt (BAG BB **91**, 1195).

2) Verhinderung ohne Krankheit. Der AnwendgsBer erstreckt sich auch auf ArbN (vgl Rn 2). **a) Vor-** 6/7
aussetzungen. Die Behauptgs- u BewL hierfür trägt grdsätzl der DVerpfl od ArbN (Ausn Rn 10), da § 616 ggü § 323 eine rechtserhaltde Einwendg darstellt. **aa) Verhinderungsgrund.** Er muß in der Pers des DVerpfl 8
od ArbN liegen, sich speziell auf ihn beziehen. Der Grd darf sich nicht auf einen größeren PersKreis erstrekken od objektiv gegeben sein, wie zB bei allg StrVerkStörgen (LAG Hamm DB **80**, 311), Eisglätte, Schneeverwehgen od ähnl VerkStörgen (BAG NJW **83**, 1078 u 1079); VerkVerbote wg Smogalarm (Ehmann NJW **87**, 401 [403]). Die DLeistg muß dem DVerpfl od ArbN unmögl od unzumutb sein. Bsp: schwere Erkrankg od Tod eines nahen Angeh; notw Pflege eines erkrankten Kindes (BAG NJW **80**, 903; hierzu genauer Sowka RdA **93**, 34: 5 Tage u Kind bis 8 J), Eheschließg u Erf religiöser Pfl (BAG NJW **83**, 2600). Niederkunft der Ehefr, Teiln an seltener FamFeier (BAG NJW **74**, 663); uU Umzug (vgl BAG **9**, 179); unschuld erlittene UHaft; TätkVerbot aGrd BSeuchenG (BGH NJW **79**, 422). Wg Spielsperre eines Fußballspielers vgl BAG NJW **80**, 470. Nicht: Teiln an Sportveranstaltg. **bb) Verhinderungsdauer:** nur eine verhmäß nicht erhebl 9
Zeit. Maßg ist das Verh von VerhindergsZt zur ges, auch voraussichtl Dauer des D(Arb)Verh. Auch bei dauerndem DVerh werden idR nur wenige Tage von § 616 gedeckt sein (BAG VersR **77**, 1115). Bei längerer Dauer besteht kein Anspr, auch nicht für einen Teil od wenige Tage. **cc) Schuldlosigkeit:** in bezug auf den 10
VerhindergsGrd. Dabei ist nicht nur auf vertr PflVerl abzustellen (hM), sond auf das Versch gg sich selbst. Nur eine leichtsinn, unverantwortl Selbstgefährdg od ein grober Verstoß gg das von einem verständ Menschen im

eigenen Interesse zu erwartde Verhalten ist verschuldet. Der Umstd, daß die Verhinderg ihre Ursache in einer and vom ArbN ausgeübten entgeltl Tätigk hat, begrdet für sich allein kein Versch (umstr). Behauptgs- u
11 BewL für Versch trägt der ArbG (hM). **b) Wirkung.** Der VergütgsAnspr (§ 611 Rn 49–95) bleibt entgg § 323 bestehen. Ende: Rn 16. Bei längerer Verhinderg besteht auch kein Anspr auf Vergütg für eine verhältnism unerhebl Zeit (hM; vgl Rn 9).

12 **3) Verhinderung infolge Krankheit.** § 616 gilt für DVerpfl, die nicht ArbN od zu ihrer Berufsbildg Beschäft sind (vgl Rn 2). **a) Voraussetzungen.** Die Behauptgs- u BewL hierfür, insb daß die Kr auf Versch des DVerpfl beruht, trifft den DBer (hM). Von rechtzeit Mitt der Erkrankg ist der Anspr nicht abhäng (vgl
13 § 611 Rn 44); ebsowen v der Vorlage eines ärztl Attests. **aa) Krankheit** bedeutet arbunfäh krank, dh wenn der DVerpfl außerstande ist, die vertrgem De zu verrichten od die De nur fortsetzen kann in der Gef, seinen Gesundh- od KrZustd zu verschlechtern. Alkoholismus ist Kr (BAG NJW **83**, 2659; zur DarleggsLast BAG BB **91**, 2225), auch die Verletzg eines Berufsfußballspielers (BAG NJW **96**, 2388). Normale Schwangersch ist keine Kr (BAG NJW **85**, 1419), auch nicht die gesundheitl Beeinträchtigg des SchwBeh (BAG BB **92**, 211).
14 Die Kr muß als Ursache die DUnfähigk herbeiführen (BAG stRspr, zB NJW **80**, 470). **bb) Dauer:** wie Rn 9. Dieser ZtRaum ist für angestellte DVerpfl (VorstdMitgl, GeschF) zu kurz (vgl Schaub WiB **94**, 637). Das
15 EFZG ist nicht entspr anwendb (Schaub aaO). Vereinbg der DVertrPart ist geboten. **cc) Schuldlosigkeit:** wie Rn 10. Nicht bei Teiln an bes gefährl FreiZtTätk, auch wenn sie als Sport deklariert w, zB Bungee-Springen (Gerauer NZA **94**, 496 für ArbN). Versch ist insb gegeben bei grobem Verstoß gg Unfallverhütgs-Vorschr; bei VerkUnfall inf grob verkwidr Verhaltens, wofür geringfügig GeschwindkÜberschreitg nicht genügt, aber Nichtanlegen des Gurts (BAG NJW **82**, 1013 für § 1 LFZG). Rauschgift- u DrogenMißbr (Giese BB **72**, 360; einschränkd LAG Stgt NJW **82**, 1348), wobei auf den Ztpkt des Beginns abzustellen ist (BAG NJW **73**, 1430). Bei Alkoholismus ist auf den Einzelfall abzustellen (BAG NJW **83**, 2659). Rückfall nach EntziehgsKur dürfte idR schuldh sein (vgl BAG NJW **88**, 1546). Ein Sportunfall ist grdsätzl unversch, wenn es sich um eine nicht bes gefährl Sportart handelt, die die Leistgsfähigk des einzelnen nicht wesentl übersteigt (BAG NJW **58**, 1204). Bes gefährl Sportarten werden in der Praxis kaum noch als solche anerkannt (vgl MK/Schaub 69). Im Einzelfall können Unfälle jedoch versch sein. Ein mißlungener Selbstmordversuch
16 wird wg fehlder Zurechngsfähigk als unversch angesehen (vgl BAG NJW **79**, 2326 für LFZG). **b) Wirkung.** Der VergütgsAnspr bleibt bei DVerpfl wie bei Rn 11 bestehen, aber grdsätzl nur solange das DVerh dauert, weil der VergütgsAnspr dies voraussetzt.

17 **4) Verhinderung infolge Krankheit bei Arbeitnehmern** sowie bei einer Kur. Dafür gilt § 616 nicht, sond das EFZG (geänd dch G v 19. 12. 98, BGBl 3843). Es ersetzt die §§ 1–9 LFZG. Die für das Ausgleichs-Verf der ArbG weiter geltden §§ 10–19 LFZG sind inhaltl auf das EFZG zu beziehen (Boecken NZA **99**,
18 673). **a) Anwendungsbereich:** alle ArbN (einheitl Angest u Arb) nach mind 4wöch ununterbrochener Dauer des ArbVerh (§ 3 III); auch für nur geringfüg beschäft ArbN. Für HeimArb gilt die SoRegelg des § 10,
19/20 für Seeleute die der §§ 48 ff SeemannsG (Art 61 PflegeVG). **b) Unabdingbarkeit.** Vom EFZG kann zG des ArbN abgewichen w (§ 12). Auch zuungunsten des ArbN darf abgewichen w dch TV (dann auch dch EinzelVertr) von der BemessgsGrdlage (Methode u Berechng, Schmitt RdA **96** 5 [9]) der Höhe des Entgelts
21 währd einer Kr (§§ 12, 4 IV). **c) Voraussetzungen** der EntgFortZahlg (§ 3): **aa) Arbeitsunfähigkeit** inf unverschuldeter Krankh (§ 3 I). Zum Begr der Krankh: Lepke NZA-RR **99**, 57. Dem steht gleich rechtmäß Sterilisation od SchwangerschAbbruch (§ 3 II) sowie eine Kur (§ 9). Kr: wie Rn 13. Schuldlosigk: wie Rn 15. Eine teilw ArbUnfähk wird von der hM abgelehnt (aA Stückmann DB **98**, 1663 mwN). Der Anspr auf MutterschLohn (§ 11 I S 1 MuSchG) ist davon zu untersch (BAG NZA **98**, 194); er schließt den Anspr
22 aGrd § 3 EFZG aus (BAG BB **95**, 2531). **bb) Wartezeit.** Ein EntgeltFortzahlgsAnspr entsteht erst nach
23 4wöch ununterbrochener Dauer des ArbVerh (§ 3 III) u erstreckt sich üb 6 Wo (§ 3 I S 1). **cc) Ursache** der ArbUnfähk muß grdsätzl allein die Kr sein (hierzu krit Boecken NZA **99**, 673 mwN). Daher entfällt EntgFortZahlg, wenn die ArbUnfähk auf einen Tag fällt, der dch ArbZtVerlegg frei geworden ist (BAG BB **89**, 1777). Fehlde ArbErl eines Ausländers (§ 19 AFG) ist nur dann mitursächl, wenn sie nicht antragsgem erteilt
24 worden wäre (BAG NJW **97**, 820). **dd) Einheitlichkeit** der Verhinderg dch Kr ist in § 3 I S 2 ausdrückl geregelt. Wg derselben Kr behält der ArbN den Anspr auf das ArbEntgelt für höchstens 6 Wo grdsätzl nur einmal. Ausn: wenn er vor der erneuten ArbUnfähk mind 6 Mo nicht wg derselben Kr arbunfäh war (§ 3 I S 2 Nr 1) od seit Beginn der ersten ArbUnfähk inf derselben Kr eine Fr v 12 Mo abgelaufen ist (§ 3 I S 2
25 Nr 2). **ee) Arbeitsplatzwechsel** zu einem and ArbG. Es kommt nur auf das laufde ArbVerh an (BAG NJW
26 **84**, 994 für LFZG). **d) Höhe** des KrEntgelts ist seit 1. 1. 99 wieder 100% des Entgelts (§ 4 I S 1 idF Art 7 des G v 19. 12. 99 BGBl 3843), der für das betr ArbVerh maßg regelmäß ArbZt, bei KurzArb entspr verkürzt (§ 4 III). Das volle Entgelt erhält der ArbN auch im Fall des Zustreffens mit einem FeierT (§ 4 II; § 611 Rn 63), bei einem ArbUnfall od einer BerufsKr (§ 4 I S 2 idF v Art 12 G v 12. 12. 96 BGBl 1859; hierzu Waltermann NZA **97**, 177). Dch TV sind Abänd mögl (§ 4 IV EFZG). Umstr war für die Zt bis 31. 12. 98 (80% des Entgelts) die Wirkg bei laufden TVen. Hierbei muß untersch w: Anspr auf das volle ArbEntgelt besteht, wenn dies im TV konstitutiv (eigenständ) vereinb ist, dh im KrFall das volle Entgelt weiterzuzahlen ist od ab 7. Wo Zuschüsse zum KrGeld gezahlt werden (BAG NZA **98**, 1062). Wird für die EntgeltFortZahlg auf die ges Regelg, insb auf die jeweilige verwiesen (auch auf eine bereits außer Kraft getretene, BAG NZA **98**, 1066) od überh nichts vereinb, besteht tarifvertr der Anspr nur in Höhe von 80% (hierzu Buchner NZA **96**, 1177; Giesen RdA **97**, 193 [200]; umstr; aA Rieble RdA **97**, 134). Neue tarvertr Regelgen sahen bereits 100%
27 EntgeltFortZahlg vor (Bsp: Ahrens NZA **97**, 301); sie sind konstitutiv (Hanau RdA **97**, 205 [207]). **e) Mitteilungs- und Nachweispflicht** (§ 5; zusfassd Kramer BB **96**, 1662) besteht für alle ArbN einheitl, nicht nur ggü dem ArbG für jede ArbUnfähk, sond auch ggü der ges KrK, wenn die ArbUnfähk länger als 3 KalTage dauert (§ 5 I S 5) od im Ausland eintritt (§ 5 II S 3). Auch wenn die ArbUnfähk kürzer als 3 Tage ist, muß sie dem ArbG unverzügl (wie § 121) mitgeteilt w. Dauert sie länger als 3 KalTage, muß das ärztl Attest spätestens am darauffolgden ArbTag vorgelegt w (§ 5 I S 2). Dauert die ArbUnfähk länger als vorausgesehen, lebt die AnzPfl wieder auf (Hanau/Kramer DB **95**, 94). Der ArbG kann die Vorlage ohne Grde früher verl (§ 5 I S 3; hierzu Schaub BB **94**, 1629), auch vor dem 4. Tag (Hanau/Kramer aaO mwN; bestr), aber nicht vor dem 2. (Kramer BB **96**, 1662 [1664]); dies kann jedoch vereinb werden (BAG NJW **98**, 2762). Für eine kürzere

Erkrankg entfällt eine NachwPfl (Hanau/Kramer aaO; bestr). Tritt die ArbUnfähk im Ausland auf, muß der erkr ArbN die ArbUnfähk nebst ggwärt Adresse am AufenthOrt dem ArbG auf schnellstmögl Weg (idR Telefon, Telegramm od Telefax) mitteilen (hierzu Berenz DB **95**, 1462). Ausländ Attest muß zw Krankh u ArbUnfähk unterscheiden (BAG NJW **98**, 2764). Bei einer Kur gilt die SoRegelg des § 9 II EFZG). BewL für Erkr trifft den ArbN, der ihr idR mit dem ärztl Attest genügt (BAG NJW **98**, 2762). Dem kann der ArbG dch Indizien entggtreten (hierzu Hanau/Kramer aaO), jedenf mit dem Nachw v Mißbr od Betrug (EuGH NJW **96**, 1881 [Paletta II]; BAG NZA **97**, 705). Die Arztwahl steht dem ArbN jedenf frei (Boecken NZA **99**, 672 [679]). **f) Entgeltfortzahlung.** Der ArbG ist hierzu für die Dauer v 6 Wo verpfl, solange das ArbVerh 28
fortbesteht (§ 8 II) od wenn es aus Anlaß der ArbUnfähk gekünd w (§ 8 I). Der Anspr besteht auch ohne ärztl Attest, wenn die krankhbdgte ArbUnfähk unstreit ist (BAG NJW **97**, 962). Bei schuldh Verl der Nachw- od AuskPfl (§ 5 I S 2, § 6 II), nicht der AnzPfl, kann der ArbG die EntgFortzahlg verweigern (§ 7). Dieses R entfällt rückwirkd mit nachträgl Vorlage (Hanau/Kramer aaO; dagg krit Boecken NZA **99**, 673 [680]). Das ArbVerh kann aus Anlaß der ArbUnfähk einverständl aufgeh werden (Vorbem 5–7 vor § 620); jedoch wird davon die 6wö ZahlgsPfl nicht berührt. Erst nach Beendigg des ArbVerh kann der ArbN auf diesen Anspr wirks verzichten (§ 397). Die AusglQuittg (§ 397 Rn 10) enthält einen solchen Verz idR nicht (vgl BAG NJW **81**, 1285). **g) Anrechnung auf Urlaub** war bis 31. 12. 98 nach Wahl des ArbN in beschr Umfang 29
mögl (§ 4a). Diese Regelg ist inf Neufassg des § 4a dch Art 7 G v 19. 12. 98 (BGBl 3843) beseit; vgl iü 58. Aufl. **h) Kürzung von Sondervergütungen** (§ 611 Rn 81) ist nach Maßg des § 4b (jetzt § 4a) vorgesehen (vgl § 611 Rn 77). **i) Sonstige Wirkungen:** FdgsÜberg gg Dr auf den ArbG, wenn der ArbN aGrd ges Vorschr von einem Dr wg der ArbUnfähk SchadErs verl kann (§ 6 I), mit AuskPfl des ArbN zur Geltdmachg des Anspr (§ 6 II). Prakt bedeuts insb für § 823 u § 7 StVG. Verh v SchadErsAnspr zur EntgeltfortZahlg: Rn 30–33. Der Ausgl für ArbGAufwendgen u der ErstattgsAnspr für ArbG mit KleinBetr (bis 20 ArbN) richtet sich nach den weiter geltden §§ 10–19 LFZG.

5) Verhältnis von Entgeltfortzahlung zum Schadensersatzanspruch. Ist die D- od ArbUnfähigk dch 30
einen Dr verurs u hat der DVerpfl od ArbN daraus einen SchadErsAnspr wg Verdienstausfall (insb aus § 823 od § 7 StVG), so gilt folgdes: **a) Ausschluß.** Der Schädiger kann sich nicht darauf berufen, es sei dem 31
DVerpfl (ArbN) wg des Anspr auf Fortzahlg der Vergütg kein Schaden entstanden (vgl Vorbem 136 v § 249). **b) Umfang** der Anspr: Bruttoentgelt zuzügl ArbGAnteile der SozVersBeitr (BGH **49**, 378). **c) Übergang** 32
des Anspr auf den DBer od ArbG inf der Fortzahlg: bei ArbN krG dch § 6 EFZG, bei DVerpfl nur aGrd einer 33
Abtretg (§ 398), zu der sie in entspr Anwendg des § 255 verpfl sind. Mind müssen sie den Anspr gg den Dr selbst geltd machen, beitreiben u sich anrechnen lassen (BGH **7**, 30, 49 u NJW **54**, 1153). Sow der Anspr auf SozVersTräger übgeht, kann der ArbG nur hinsichtl des verbleibden Teils den Anspr geltd machen (BGH NJW **65**, 1592), Überg auf den SozVersTräger: Vorbem 148–158 vor § 249.

617 ***Pflicht zur Krankenfürsorge.*** **Ist bei einem dauernden Dienstverhältnisse, welches die Erwerbstätigkeit des Verpflichteten vollständig oder hauptsächlich in Anspruch nimmt, der Verpflichtete in die häusliche Gemeinschaft aufgenommen, so hat der Dienstberechtigte ihm im Falle der Erkrankung die erforderliche Verpflegung und ärztliche Behandlung bis zur Dauer von sechs Wochen, jedoch nicht über die Beendigung des Dienstverhältnisses hinaus, zu gewähren, sofern nicht die Erkrankung von dem Verpflichteten vorsätzlich oder durch grobe Fahrlässigkeit herbeigeführt worden ist. Die Verpflegung und ärztliche Behandlung kann durch Aufnahme des Verpflichteten in eine Krankenanstalt gewährt werden. Die Kosten können auf die für die Zeit der Erkrankung geschuldete Vergütung angerechnet werden. Wird das Dienstverhältnis wegen der Erkrankung von dem Dienstberechtigten nach § 626 gekündigt, so bleibt die dadurch herbeigeführte Beendigung des Dienstverhältnisses außer Betracht.**

II Die Verpflichtung des Dienstberechtigten tritt nicht ein, wenn für die Verpflegung und ärztliche Behandlung durch eine Versicherung oder durch eine Einrichtung der öffentlichen Krankenpflege Vorsorge getroffen ist.

Allgemeines. § 617 konkretisiert ges die FürsPfl (§ 611 Rn 96–104). AnwendgsBer: Alle DVerh; nicht 1
nur ArbVerh, sofern sie gem Vertr od nach den Umstden auf Dauer angelegt sind. SondVorschr: für Seeleute §§ 42–52 SeemG, für Jugdl § 30 I S 2 JArbSchG. § 617 ist zwingd (vgl § 619). **Voraussetzungen.** Häusl 2
Gemsch: muß nicht die pers des DBer (ArbG) sein. Aufn in einen v ArbG eingerichteten gemsch Haush für ArbN (insb WoHeim) genügt. Erkrankg: § 616 Rn 13. Vors: § 276. Grobe Fahrlk: § 277; vgl auch § 616 Rn 15. **Wirkung.** Der Anspr entsteht nicht, wenn u soweit Abs II zutrifft (auch priv KrVers). Iü gilt: Pfl zur 3
KrPflege u Auftr an Arzt mit ErsetzgsBefugn des Abs I S 2. Dauer: kürzer als 6 Wo nur, wenn das ArbVerh vorher aus and Grden als § 626 endet (Abs I S 4). Kosten: Trägt der DBer (ArbG). Anrechngsbefugn auf die Vergütg od VergütgsFortzahlg nach § 315. Abs I S 3 ist prakt ggstdlos.

618 ***Pflicht zu Schutzmaßnahmen.*** **I Der Dienstberechtigte hat Räume, Vorrichtungen oder Gerätschaften, die er zur Verrichtung der Dienste zu beschaffen hat, so einzurichten und zu unterhalten und Dienstleistungen, die unter seiner Anordnung oder seiner Leitung vorzunehmen sind, so zu regeln, daß der Verpflichtete gegen Gefahr für Leben und Gesundheit soweit geschützt ist, als die Natur der Dienstleistung es gestattet.**

II Ist der Verpflichtete in die häusliche Gemeinschaft aufgenommen, so hat der Dienstberechtigte in Ansehung des Wohn- und Schlafraums, der Verpflegung sowie der Arbeits- und Erholungszeit diejenigen Einrichtungen und Anordnungen zu treffen, welche mit Rücksicht auf die Gesundheit, die Sittlichkeit und die Religion des Verpflichteten erforderlich sind.

III Erfüllt der Dienstberechtigte die ihm in Ansehung des Lebens und der Gesundheit des Verpflichteten obliegenden Verpflichtungen nicht, so finden auf seine Verpflichtung zum Scha-

densersatze die für unerlaubte Handlungen geltenden Vorschriften der §§ 842 bis 846 entsprechende Anwendung.

1 **1) Allgemeines.** Wie § 617 ges konkretisierte FürsPfl (§ 611 Rn 96–104). **a) Anwendungsbereich:** alle DVerh. Für ArbVerh gilt Abs I nur, soweit nicht als SoRegelg das am 21. 8. 96 iKr getretene ArbSchutzG (BGBl **96** I 1246) anzuwenden ist. Dieses G läßt bestehde, insb dch VO vorgeschr SchutzVorschr unberührt (§ 1 III S 1). Abs I u III entspr auf Vertr, die Tätigk des Verpfl unter ähnl Verh verlangen, zB WerkVertr (BGH **56**, 269; Stgt NJW **84**, 1904; dagg krit Lewer JZ **83**, 336), Auftr (BGH **16**, 265), einschl ErfGeh (vgl
2 BGH **33**, 247). **b) Unabdingbarkeit.** § 618 ist zwingd (§ 619), auch bei Auftr od WerkVertr, soweit es sich um den Schutz abhäng ArbN handelt (BGH **26**, 365), nicht für den WerkUntern (BGH **56**, 269).

3 **2) Inhalt der Pflicht.** Hier ist der Grds der Verhmäßk anzuwenden (Kort NZA **96**, 854). Neben § 618 bestehen zahlr ArbSchutzVorschr. **a) Arbeitsplatzgestaltung** (Abs I Hs 1) umfaßt nicht nur den ArbRaum selbst (zB bei Asbestgefährdg, BAG NZA **97**, 821), sond das ges BetrGelände, das der ArbN im ZusHang mit seiner ArbLeistg aufsucht, soweit ihm der Zutritt nicht untersagt ist, auch Treppen u Zugänge (hM; BAG aaO); gilt auch für ArbPlätze im Freien, zB Baustellen, Gärten (BGH **26**, 371), Gerätsch, Vorrichtgen: Maschinen, Werkzeuge, Kfz, das zu verarbeitde Material. Unterhaltg: auch ausreichde Heizg (Weimar JR **74**,
4 101), Beleuchtg (BGH VersR **74**, 565). **b) Arbeitsregelung** (Abs I Hs 2). Gilt auch bei Arb in fremdem Betr, wenn der ArbG sie in eigener Regie ausführt. Verlangt insb Einhaltg v UnfallVerhütgsVorschr, Verwendg u Bereitstellg v Schutzkleidg (BAG BB **98**, 2527 mwN), einschl der Kosten, auch als AufwendgsErs (BAG aaO; eingeschr bei zusätzl vereinb Leistgen); Vermeiden v AnsteckgsGef. Bei GesundhGefährdg Anspr auf tabakrauchfreien ArbPl (BAG NJW **99**, 162); bei Flugbegleitern kein Anspr auf RauchVerb (BAG NJW **96**, 3028; hierzu krit Möllers JZ **96**, 1050). Allg zur RLage für RauchVerb: Schillo/Behling DB **97**, 2022.
5 **c) Häusliche Gemeinschaft** (Abs II); § 617 Rn 2. Das ArbSchutzG (Rn 1) gilt nicht (§ 1 II S 1). Abs II begrdet FürsPfl auch außerh der DLeistg. Erstreckt sich auch auf die Zugänge zu den Räumen. Gilt nur für die ausdrückl genannten RGüter. EigtSchutz: § 611 Rn 100.

6 **3) Rechtsfolgen.** Eine Verl der Pfl (Rn 3) gibt dem DVerpfl folgde Re: **a) Erfüllungsanspruch** auf Tun od Unterl jedfalls dann, wenn er tats beschäft w (allgM). Prakt kann sich der ArbN an den BetrR wenden
7 (§ 89 BetrVG). **b) Leistungsverweigerung** (hierzu Molketin NZA **97**, 849): nicht § 320, sondern § 273 (BAG NZA **97**, 821), da keine GgseitigkPfl. Das ZbR führt zu AnnVerzug (vgl § 295) u beläßt dem DVerpfl
8 den VergütgsAnspr (§ 615). **c) Schadensersatzanspruch** wg NichtErf beruht auf pos VertrVerl (§ 276 Rn 104) u wird in Abs III, der den Umfang regelt, dem RGrd nach vorausgesetzt. Ist trotz Verweisg auf §§ 842 ff ein vertragl Anspr. Setzt stets Versch (§ 276), ggf von ErfGeh (§ 278) voraus. Bei fehldem Versch kann Anspr aus § 670 gegeben sein (§ 611 Rn 125). AnsprUmfang: §§ 842–846. SchmerzG (§ 847) nur, wenn zugleich unerl Hdlg vorliegt (hM). Umstr ist, ob § 618 ein SchutzG iS des § 823 II ist. BewLast: DVerpfl für ordnungswidr Zustd, DBer für fehldes Versch (§ 282 Rn 16; BGH NJW **95**, 2629) u für Umstde,
9 die den ordngswidr Zustd als Ursache od Mitursache ausschließen (BAG **AP** Nr 1; BGH **27**, 79). **d) Haftungsausschluß** bei ArbUnfällen tritt ein, soweit die UnfallVers des SGB VII eingreift (§ 611 Rn 155). Das gilt insb auch für den auf § 618 beruhden SchadErsAnspr (Rn 8).

619 ***Unabdingbarkeit der Fürsorgepflichten.*** **Die dem Dienstberechtigten nach den §§ 617, 618 obliegenden Verpflichtungen können nicht im voraus durch Vertrag aufgehoben oder beschränkt werden.**

1 Gilt nur für § 617, 618, insb für die Kosten (BAG stRspr, zuletzt NZA **86**, 324), nicht für and FürsPfl (§ 611 Rn 96–104; vgl. BAG NJW **59**, 1555). Nach Eintr der PflVerl od des Schad kann auch bei fortbestehden DVerh auf Erf od SchadErs verzichtet w (§ 397). Grenze: § 138.

Beendigung des Dienstverhältnisses (§§ 620–628)

Vorbemerkungen

1 **1) Beendigung des Dienstverhältnisses** bedeutet das Ende des DauerschuldVerh mit den HauptPfl(DLeistg u Vergütg). Davon zu unterscheiden ist das Ruhen des ArbVerh bei ErzUrl (BAG stRspr FamRZ **95**, 1572); WehrD (§ 1 ArbPlSchuG), ziv ErsD (§ 78 ZErsDG), beim rechtm Streik (Rn 18), der suspendierden Aussperrg (Rn 21) u der Stillegg eines Betr inf Streiks, die auch der Erkl des ArbG ggü dem ArbN bedarf (BAG NJW **96**, 1227 u 1229). BeendiggsGrde neben dem ZtAblauf (§ 620 I) sind:

2 **a) Eintritt von Ereignissen.** Zur Zweckerreichg: Rn 3 u § 620 Rn 8. **aa) Erreichen einer Altersgrenze.** Das ArbVerh endet mit Vollendg eines best Lebensalters nicht v selbst. Die Beendigg kann im EinzelArbVertr vereinb werden. Altersgrenzen dch TV od BetrVereinbg sind jedenf mögl u wirks (BAG NZA **98**, 715 u 716; LAG Köln NZA-RR **96**, 131; Lehmann NJW **94**, 3054), zB 60 Je bei Cockpit-Personal (BAG aaO; LAG Hessen NZA-RR **99**, 429). Eine Vereinbg, welche die Beendigg des ArbVerh ohne Künd zu einem Ztpkt vorsieht, an dem der ArbN vor Vollendg des 65. LebensJ Rente beantragen kann, gilt grdsätzl als auf Vollendg des 65. LebensJ abgeschl, wenn die Vereinbg nicht innerh der letzten 3 J davor abgeschl od v ArbN bestätigt ist (§ 41 IV S 3 SGB VI). Die Vereinbarg ist einzelvertr zuläss (BAG NZA **97**, 1290; umstr; vgl Waltermann NJW **98**, 2488). **bb) Tod** des DVerpfl (ArbN) beendet (§ 613 S 1), der des DBer od ArbG grdsätzl nicht, ausnahmsw dann, wenn die Vorauss des § 620 Rn 2 vorliegen (zB KrPflege). **cc) Unmöglich-
3 keit** der DLeistg beendet das DVerh nicht (bestr). RFolgen: §§ 275, 323–325, 626. **dd) Wegfall der Geschäftsgrundlage** (§ 242 Rn 110 ff) beendet das DVerh nur in AusnFällen v selbst, insb bei Zweckerreichg (BAG stRspr NJW **96**, 476 mwN). Grdsätzl ist Künd notw. **ee) Insolvenz** des DBerecht führt zum
4 SoKündR des § 113 InsO. **ff) Auflösende Bedingung** (§ 158 II) des D(Arb)Verh fällt nicht unter § 620 I u ist zu untersch v aufschiebd bedingtem AufhebgsVertr (Rn 6) u der Befristg (§ 620 Rn 2). Die Abgrenzg ist

oft schwier (vgl Bauschke BB **93**, 2522). Bsp: Vermeiden einer Doppelbesetzg (Felix NZA **94**, 1111 [1116]); Aufhebg einer Beurlaubg (BAG BB **92**, 709); NichtAufn der Arb nach einem best Zpkt; Abschl eines DVerh als GmbHGeschF nach Ablauf eines ProbeArbVerh, das der EigngsFeststellg als GeschF diente (BAG NZA **94**, 212), gesundhl Eigng zB FlugUntauglk (BAG NZA **96**, 1312). Eine auflösde Bedingg ist bei ArbVerh nur wirks, wenn ein sachl gerechtfert Grd vorliegt u wenn sie nicht den ges Bestds- u KündSchutz vereitelt (BAG stRspr zB BB **92**, 709; Felix NZA **94**, 1111; bestr; aA Ehrich DB **92**, 1186: grdsätzl unwirks); insb darf sie nicht dazu dienen, das BeschäftRisiko einseit auf den ArbN abzuwälzen (BAG BB **82**, 368 m krit Anm v Böhm) od den KündSchutz zu umgehen (BAG NZA **96**, 1312 mwN), so daß das ArbVerh erst bei Fehlen eines zumutb ArbPlatzes endet (BAG aaO).

b) Aufhebungsvertrag (§ 305). Bauer, Arbrechtl AufhebgsVertr, 6. Aufl 1999; F. Ernst, AufhebgsVertr zur Beendigg v ArbVertr, 1993. Checkliste für solche Vertr, auch als ProzVgl: Bauer NZA **89**, 256. **aa) Allgemeines:** iR der VertrFreih (Bengelsdorff NZA **94**, 193) jederzeit (vgl § 305 Rn 7), auch stillschw mögl (Frölich NZA **97**, 1273), zB dch Bestellg zum Vorstd mit DVertr des arbgebden Vereins (BAG NJW **96**, 614), nicht ow dch Bestellg zum GeschF einer konzernabhäng GmbH (BAG NJW **96**, 1076); nicht verfrechtl eingeengt (hM; Bengelsdorf BB **95**, 978 mwN; krit Germelmann NZA **97**, 236). Dabei sind jedoch gewisse Anfdgen angebracht. Für weitgehde Erleichterg zutreffd: Schiefer/Köster WiB **95**, 489. Gg verstärkte Inhaltskontrolle: Bauer/Diller DB **95**, 1810. Der Vertr ist formlos mögl, wenn nicht Form vereinb ist (§ 125 S 2). Der Vertr liegt nicht in widerspruchsl Entggn einer Künd. KündBeschrkgen sind grdsätzl bedeutgsl; daher auch bei ges KündSchutz mögl; auch keine ZustBedürftk bei SchwBeh; denn § 22 SchwbG gilt nicht. Keine MitBest dch BetrR (vgl §§ 99, 102 BetrVG). HinwPfl des ArbG auf RFolgen nur in engen Grenzen (Bauer AnwBl **93**, 58 [61] mwN). Gg Einengg der Zulässk v AufhebgsVertr mit R: Wisskirchen/Worzalla DB **94**, 577. Anstelle eines AufhebgsVertr wird im Hinbl auf das AFG ein AbwicklgsVertr (Beendigg dch hingen Künd u vertr Vereinbg von KlVerz mit Abfindgen) für zweckmäß gehalten (Hümmerich NJW **96**, 2081 mwN u BB **99**, 1868). **bb) Einzelheiten.** Vereinb Abfindgen sind iZw mit Ende des ArbVerh fäll. Die Erkl, alle Anspr seien erf, umfaßt alle UrlAnspr mit Ausn des ges MindUrl (BAG NZA **98**, 816). Aufschiebd bedingter AufhebgsVertr mit ausländ ArbN liegt in der Vereinbg, das ArbVerh ende für den Fall, daß er nach UrlEnde nicht rechtzeit an den ArbPl zurückkehrt (LAG Mannh NJW **74**, 1919). Eine solche Vereinbg ist unwirks, wenn dadch der ges Bestds- u KündSchutz vereitelt w (BAG NJW **75**, 1531), näml das KSchG od § 626 umgangen w, zB dch Zusage einer Wiedereinstellg innerh best Fr nach UrlEnde (BAG NJW **85**, 1918) od auflösde Bedingg, daß ArbN weniger als eine best Zahl v Fehltagen inf Kr innerh einer Fr aufweist (LAG BaWü BB **91**, 209). Unwirks Künd kann in Angebot zum AufhebgsVertr umgedeutet w (§ 140); jedoch gilt dies nicht bei Erkl einer wirks Künd, weil dann § 140 unanwendb ist (aA LAG Bln BB **75**, 1388). Verlangen v ArbPap u Zeugnis kann eine Ann bedeuten. Herbeiführen eines AufhebgsVertr dch Drohg mit obj erwägenswerter außerord Künd od StrafAnz ist rechtm (BAG NZA **87**, 91). Rückwirkg kann nach Beginn des ArbVerh nicht wirks vereinb w. Auch Rückwirkg auf einen Ztpkt vor Künd ist ausgeschl (LAG Nds DB **76**, 1385). **cc) Beseitigung** eines AufhebgsVertr: Rücktr od Widerr nur bei Vereinbg. Aufschiebde Bedingg (§ 158 I), daß das ArbVerh bis zum AufhebgsZtpkt fortbesteht, ist idR vereinb (BAG NZA **97**, 813). Ausschl einer BedenkZt u Verz auf Widerr ist auch bei TV zuläss (BAG NJW **94**, 1021 u **96**, 2593 mwN). Auch das ges RücktrR aus §§ 325, 326 kann ausgeschl w (vgl Bauer/Haußmann BB **96**, 901). § 119 ist grdsätzl ausgeschl. Anf ist üb § 123 mögl (BAG stRspr NJW **97**, 1940 mwN; Weber/Ehrich NZA **97**, 414 mwN), sogar bei Drohg mit Künd (BAG NZA **92**, 1023), die aber dann nicht widerrechtl ist, wenn eine Künd ernsth in Betr kommt (BAG NJW **94**, 1021 m Anm v Bauer 980; zust auch Ehrich NZA **94**, 438); jedenf bei vorangegangener Aufklärg des KündGrds (BAG NJW **97**, 676). § 123 entfällt, wenn die Künd bereits erkl ist (LAG Brdbg NZA-RR **98**, 248). Ggstdsl wird der AufhebgsVertr, wenn das ArbVerh vor dem AufhebgsZtpkt dch außerord Künd endet (BAG NZA **97**, 813).

5 (b) · 6 (bb) · 7 (cc)

c) Gestaltungsrechte. aa) Kündigung: Rn 28–60. **bb) Anfechtung** der WillErkl (§§ 119, 123), die zum Abschl des DVertr geführt haben. Hierzu § 611 Rn 9. **cc) Rücktritt** vom D(Arb)Vertr kann bis zum Beginn des D(Arb)Verh vorbeh w (§ 346); bis dahin ist auch das ges RücktrR des § 325 mögl. Bei in Vollzug gesetzten DVerh ist § 326 ausgeschl (§ 326 Rn 3). Nach Beginn des DVerh ist Rücktr stets ausgeschl u dch KündR ersetzt. **dd) Beendigungserklärung** eines arbnähnl DauerRVerh (insb freie MitArb); von seiten des BeschäftGebers nur mit 2wöch AnkündiggsFr mögl (BAG stRspr **AP** § 611 Abhängk Nr 8). **ee) Auflösung** dch das ArbGer nach sozwidr Künd wg Unzumutbk (§ 9 KSchG; vgl Rn 68) od gem § 78a BetrVG bei Beendigg des AusbildungsVerh (BAG BB **95**, 1418). 8 9

2) Arbeitskampf. ArbKampfR ist dch den GGeber nur punktuell geregelt u weitestgehd RichterR des BAG (vgl Rüthers NJW **84**, 201; Kalb RdA **94**, 385). Das ist nicht verfwidr (BVerfG NJW **91**, 2549). 10

a) Streik. aa) Begriff: ist die gemeins u planmäß dchgeführte, auf ein best Ziel gerichtete ArbEinstellg einer verhmäß großen Zahl von ArbN, auch in Form kurzer Warnstreiks (BAG stRspr, zuletzt NJW **89**, 57; hierzu krit Lieb ZfA **90**, 357). Zur Abgrenzg von kollektiv ausgeübter ArbNiederlegg: Walker NZA **93**, 769. Der Streik suspendiert die ArbVerh für die v der Gewerksch dem ArbG mitgeteilte Zeit (BAG NJW **89**, 122). Ein StreikR haben nur ArbN, auch im öffD. Azubi (Einf 58–62 vor § 611) dürfen sich einem rechtmäß Streik der ArbN ihres Betr anschließen, jedenf einem Warnstreik, wenn es auch um AusbildgsBedinggen geht (BAG NJW **85**, 85 [90]), aber nicht selbstd streiken (Loritz ZfA **85**, 185 [209]; umstr, vgl Wohlgemuth BB **83**, 1103). Das StreikR deckt nicht die Hinderg arbwill ArbN am Zugang sowie des Zu- u Abgangs v Kunden od Waren (BAG NJW **89**, 61). **bb) Rechtswidrig** ist ein Streik nur dann, wenn er tarifwidr (Verstoß gg FriedensPfl), betrverfwidr (vgl § 74 II BetrVG), amtswidr (von Beamten, Köln NJW **76**, 295, Richtern u Soldaten) od aus and Grd widerrechtl ist. Nicht widerrechtl ist ein Streik, wenn er folgde Vorauss erf: **(1) Tariffähige Partei.** Von einer solchen muß er dchgeführt w (sonst liegt sog wilder Streik vor), auch bei sog ad-hoc-Koalitionen nicht rechtm (BAG NJW **79**, 236). **(2) Zulässiges Kampfziel.** Auf ein solches muß der Streik gerichtet sein. Zuläss ist nur das, was in TV geregelt w kann u darf (BAG DB **72**, 143). Dazu gehört nicht: die Erf eines gekünd TV (Walker NZA **93**, 769); ein nach GewerkschZugehörigk differenziertes UrlGeld; Wiedereinstellg v ArbN, denen aus betrbedingten Grd gekünd w (BAG NJW **79**, 236); zur Dchsetzg betrverfrechtl Streitfragen 11 12 13

(BAG NJW **77**, 918) od zw Rückn des Antr auf Ersetzg der Zust des BetrR zu einer Künd (BAG NJW **89**, 63). Ein Sympathie- od Solidaritätsstreik ist idR rechtswidr (BAG NJW **85**, 2545 mwN u **88**, 2061; v. Hoyningen-Huene JuS **87**, 505 [510]; bestr), ebso ein polit motivierter Streik (hM; Franke/Geraats DB **86**,
14 965 mwN). **(3) Verhältnismäßiges Mittel** [ultima ratio] muß der Streik sein. Das setzt insb voraus, daß die VerhandlgsMöglk vorher ausgeschöpft u mildere Kampfmittel nicht angem sind (BAG stRspr NJW **85**, 85 mwN). Dies gilt auch für den Warnstreik iR der „neuen Beweglk" (BAG NJW **89**, 57 = JZ **89**, 85 m Anm v Löwisch/Rieble sowie Hirschberg RdA **89**, 212, insow BAG unter Aufgabe von NJW **85**, 85). Das ultima-ratio-Prinzip ist auch dabei zu beachten (wohl hM; Rüthers/Bakker ZfA **92**, 199 mwN u zutreffder Kritik an
15 der Rspr des BAG). Die Länge des Streiks allein macht ihn nicht rechtswidr (BAG DB **72**, 143). **(4) Faire Durchführung,** insb ohne Gewaltanwendg. Nur wenn hiergg iR der beschl Streikmaßn verstoßen w, ist der
16 Streik im Ber dieser Maßn rechtsw (vgl BAG NJW **89**, 57). **cc) Abwehr** eines sozialinadäquaten Angriffs (prakt bedeutgsl) kann RWidrigk eines Streiks ausschließen. Das gilt alternativ für die kumulativen RMäßkEr-
17 fordern unter (1)–(4). **dd) Rechtmäßig** ist jeder nicht gg Rn 12–16 verstoßde Streik. Die Teiln ist keine Verl des ArbVertr, suspendiert das ArbVerh (vgl Rn 1), berecht nicht zur außerord Künd (§ 626), rechtf auch nicht eine ord Künd gem § 1 KSchG (alles hM seit BAG [GS] **1**, 291 = NJW **55**, 882). Die RMäßigk w vermutet,
18 wenn eine Gewerksch den Streik um Arb- od WirtschBedinggen führt (BAG NJW **73**, 1994). **ee) Rechtsfolgen.** Der ArbN, der sich an einem rechtswidr Streik beteiligt (bei oben 4 nur an den betr Maßn), verletzt den ArbVertr, ist schaderspfl (vgl § 611 Rn 33), begeht uU eine unerl Hdlg (§ 823 I) u begrdet eine außerord Künd (§ 626 Rn 43). Das gilt auch dann, wenn der ArbN sich aus Solidarität am Streik beteil (BAG **AP** Art 9 GG ArbKampf Nr 41). Auch derjen ArbN handelt rechtswidr, der üb die beschlossenen Streikmaßn hinaus unerlaubt handelt, insb Gewalt anwendet (BAG NJW **89**, 57). RFolgen für die Gewerksch wg Verl ihrer Pfl aus dem TV: 72 vor § 611. Auswirkung auf and Betr (sog Fernwirkg): § 615 Rn 24.

19 **b) Aussperrung** ist die auf ein best Ziel gerichtete planmäß Ausschließg einer verhmäß größeren Zahl von ArbN. Sie ist eine empfbed WillErkl (die eindeut sein muß, BAG NJW **96**, 1428), keine Künd (daher stets von ihr zu unterscheiden), zul Mittel des ArbKampfs gg streikde u nichtstreikde ArbN (hM; BAG NJW **80**, 1642 mwN), als AbwehrAussp grdsätzl zuläss (BAG NJW **89**, 186), auch gg Kurz(Warn)streiks (LAG Düss NZA-RR **97**, 167 mwN), muß aber verhältnmäß sein (Rn 20; BAG NJW **93**, 218) u bei einem ArbKampf des Verbands nicht ohne dessen Ermächtigg (sog wilde Aussperrg, BAG NJW **96**, 1844). AngriffsAussp liegt
20 vor, wenn ArbG ohne vorangegangenen Streik ArbN aussp. **aa) Grundsätze.** Der ArbG soll zw Gewerksch-Mitgl u Außenseitern nicht differenzieren dürfen (BAG NJW **80**, 1653). Auch erkrankte u schwerbeh ArbN dürfen ausgesp w (BAG NJW **89**, 315). Die Aussp (jedenf die suspend) ist auch in Hessen zul (BAG NJW **89**, 186 = JZ **89**, 750 m Anm v Konzen). Sie kann nur aus gleichem Grd wie ein Streik rechtsw sein (vgl Rn 12–17); insb muß sie den Grdsatz der VerhMäßigk wahren (BVerfG NJW **91**, 2549; BAG NJW **85**, 2548). Nur
21 die rechtsw Aussp ist Verl des ArbVertr. **bb) Suspendierende** Aussp ist zul u entspr den allg Vorauss rechtm ArbKampfs (BAG stRspr; zB NJW **89**, 123; vgl Rn 19; v BVerfG NJW **91**, 2549 bestät). Wirkg: das ArbVerh besteht weiter; die HauptPfl (Arb u Vergütg) entfallen für den best Zeitraum; nach Beendigg ist eine Wiedereinstellg überflüss. Wird die Aussp vom ArbG erkl, so ist sie iZw suspendierd. Der ArbG kann von der suspendierden zu lösden Aussp übergehen. Die suspend Aussp ist auch gg BetrRMitgl zul (BAG stRspr, zB
22 NZA **89**, 353). **cc) Lösende** Aussp (wenn gewollt, als solche ausdrückl zu erkl, um Zw auszuschließen) beendet das ArbVerh mit Verlust der betriebl AnwartschRe, ohne Rücks auf den allg KündSchutz. Auch (statt Künd, Rn 23) bei rechtsw Streik u nach vorangegangener suspendierder Aussp mögl, aber nur in ganz engen Grenzen zul (umstr; vgl Richardi NJW **78**, 2057). Stets unzul bei Betr- u PersRat (verfassgsgem, BVerfG NJW **75**, 968), ArbNAufsRat, SchwBeh u MuSchBerecht; bei and ArbN nur zul, wenn die VerhMäßk gewahrt ist. Das trifft insb zu: bei nicht nur geringfüg, eindeut rechtsw Streik; bei bes intensiven, insb längerdauernden Streik; endgült Wegfall des (inf Streiks) eingesparten ArbPlatzes. Wiedereinstellg ausgesp ArbN: dazu ist der ArbG auch ohne bes Vereinbg grdsätzl verpfl, ausnahmsw nicht, wenn der ArbPlatz endgült weggefallen od anderweit besetzt ist; wenn bei rechtsw Streik der ArbN die RWidrigk erkannt hat oder erkennen mußte.

22a **c) Betriebsstillegung** dch den ArbG inf des Streiks führt bei arbwill betrangeh ArbN zu einer Suspendierg des ArbVerh nur bei eindeut WillErkl des ArbG (BAG NJW **96**, 1227 u 1229). Führt zum Verl des LohnAnspr, wenn der ArbG sich nicht vorbehält, die ArbLeistg jederzt in Anspr zu nehmen (BAG aaO).

23 **d) Kündigung.** Eine außerord Künd ist nur bei rechtswidr Streik zul (Rn 17). Sie kann sog KampfKünd sein, steht außer AnhörgsPfl (§ 102 BetrVG; BAG NJW **79**, 236) u beendet das ArbVerh. Einen Anspr auf Wiedereinstellg haben stets SchwBeh (§ 21 VI SchwbG), and ArbN nur aGrd bes Vereinbg.

24 **e) Sonstiges. aa) Notdienstarbeiten** (Übbl Bauer/Haußmann DB **96**, 881) sind solche, die notw sind, um Anlagen u BetrMittel so zu erhalten, daß die Arb nach Beendigg des ArbKampfes fortgesetzt w kann. Sie sind auch währd des Streiks zu verrichten (allgM). Gestaltg u Auswahl des ArbN (dch NotDVereinbg) ist zunächst
25 gemeins Aufg v ArbG u Gewerksch (BAG NJW **95**, 2869). **bb) Übergriffe.** BetrBesetzg dch ArbN als ArbKampfmittel ist rechtswidr (Hellenthal NZA **87**, 52 mwN; v. Hoyningen-Huene JuS **87**, 503 [513]). Dasselbe gilt für BetrBlockaden (BAG NJW **89**, 61 u 1882). Sie können Unterl- u SchadErsAnspr begrden
26 (Käppler JuS **90**, 618). **cc) Streikarbeit** ist diejen Arb, die ohne Streik v streikden ArbN zu verrichten wäre u währd des Streiks statt dessen v nichtstreikden ArbN dchgeführt wird od w soll (ÜbStden od sog Umsetzg). AGrd des WeisgsRs darf sie nicht verlangt w (§ 611 Rn 47). Der nichtstreikde ArbN darf sie verweigern. Eine zw ArbG u ArbN vereinb StreikArb ist zuläss. Dafür darf der ArbG als zuläss Kampfmittel Streikbruchprämien bezahlen (v. Hoyningen-Huene DB **89**, 1466; offengeblieben bei BAG NZA **92**, 164; Einschränkgen dch
27 § 612a; dort Rn 2). **dd) Schadensersatz** aus § 823 I ist beim rechtswidr Streik stets (BAG NJW **89**, 63) u beim rechtmäß Streik für solche Eingr in den GewBetr zu leisten, die v Streik nicht gedeckt sind (BAG NJW **89**, 57 [60]). Zur SchadErmittlg Wendeling-Schröder NZA **93**, 49. **ee) Vergütung:** § 611 Rn 50: § 615 Rn 23.

28 **3) Allgemeines zur Kündigung.** Checkliste für Künd des ArbG: Wagner NZA **89**, 384. Sie kann dch jeden Vertr erkl w; der PersonalAbtLeiter muß ggü einem ArbN keine Vollm gem § 174 vorlegen (BAG NJW **93**, 1286). **a) Begriff:** Künd ist einseit, empfbedürft unwiderrufl WillErkl.Ges Grdlagen: §§ 620 II, 621,
29 622, 626, 627. Verh zum Rücktr: Einf 8 vor § 346. Wg KündFr vgl §§ 621, 622. **b) Zeitpunkt:** Die Künd

kann schon vor Beginn des ArbVerh erkl (Berger-Delhay DB **89**, 380 mwN), eine außerord Künd auch schon wirks w. Für die ord Künd ist das zu bejahen, wenn die kürzestmögl KündFr vereinb ist u der Wille, eine MindestRealisierg des ArbVerh herbeizuführen, ausgeschl w kann (BAG NJW **87**, 148). Die KündFr beginnt iZw mit Zugang der Künd (Caesar NZA **89**, 251). Dem Kündigden steht der ZtPkt seiner KündErkl grdsätzl frei (LAG Bln NZA-RR **99**, 473). Die Künd kann im (KündSchutz)Proz erkl w (sog SchriftsatzKünd). Sie ist keine Wiederh, sond eine weitere Künd. **c) Form:** keine ges Form, auch konkludent mögl (Bsp bei Frölich 30
NZA **97**, 1273). Ausn: Schriftf in § 62 SeemannsG, § 15 III BerBG, § 5 II FernUSG. Bei vereinb Form, insb in TV gilt § 125 S 2 (vgl dort Rn 6). Dieser Formzwang kann jederzt forml aufgehoben w (hM; § 125 Rn 14). Das liegt nicht allein in der widersprlosen Hinn einer formwidr Künd (umstr; Kliemt DB **93**, 1874 mwN). Ist Künd dch eingeschriebenen Brief vereinb, ist ledigl Schriftf gemeint, Einschreiben soll nur Zugang (§ 130) sichern (BAG BB **80**, 369). **d) Zugang:** § 130 Rn 5 ff. Zu Einzelh: Becker-Schaffner BB **98**, 422. 31
Verweigert ein als EmpfBote anzusehder FamAngeh (§ 130 Rn 9) die Ann, so ist die Künd nur dann zugegangen, wenn der ArbN die AnnVerweigerg beeinflußt hat (BAG NJW **93**, 1093). Der ProzBev ist wg § 81 ZPO zum Empf berecht für weitere (sog Schriftsatz)Kündgen, die das ArbVerh betreffen, das neben der KüSchutzKl (§ 4 KSchG) Ggst einer FeststellgsKl (§ 256 ZPO) üb den Fortbestd ist (BAG NJW **88**, 2691; vgl Weidemann NZA **89**, 246). Fr am betr Tag bis 24 Uhr, auch bei Aushändigg an den ZimmerVerm (BAG BB **76**, 696) u wenn der kündigde ArbG weiß, daß der ArbN infolge Url verreist ist (BAG NJW **89**, 606; bestr wg Zweck des Url; aA Nippe JuS **91**, 285 mwN) u auch dann, wenn der ArbN im Ausl inhaft ist (BAG NJW **89**, 2213). Wurde der Zugang der Künd dch das Verhalten des KündEmpf verzögert, kann § 242 einer Berücksicht der Verspätg entggstehen (BAG DB **77**, 1194). Der Zugang am 24. 12. macht die Künd nicht als „ungehörig" unwirks (BAG NZA **86**, 97; vgl Rn 49). **e) Inhalt.** Wille, das DVerh zu best oder bestimmb 32
Ztpkt zu beenden, muß erkennb sein (vgl § 133). Das Wort Künd ist entbehrl (BAG **AP** § 620 KündErkl Nr 1). Die Mitt, ein befr ArbVerh solle nicht verlängert w, ist keine vorsorgl Künd, wenn die Wirksk der Befristg noch nicht streit ist (BAG BB **79**, 1557). **f) Bedingung** ist grdsätzl unzul; zul nur solche, deren 33
Eintritt ausschließl vom Willen des KündEmpf abhängt; das trifft für die bedingte ÄndKünd zu (vgl Rn 40).
g) Teilkündigung ist Künd eines Teils od einz Abreden des ArbVerh; TKünd ist generell unzuläss (BAG BB 34
83, 1791); Ausn nur bei vertragl Vereinbg (G. Hueck RdA **68**, 201) od bei Vorbeh (Gumpert BB **69**, 409).
h) Begründung. (1) Ursprüngliche: Die ord Künd braucht nicht begründet zu w. Angabe der Grde ist auf 35
Verlangen des ArbN bei § 1 III KSchG notw. Ist Begründg im TarVertr vorgeschrieben, so ist Künd ohne solche nichtig (LAG Brem **AP** § 125 Nr 1). Bei außerord Künd vgl § 626 Rn 32. **(2) Nachgeschobene** 36
KündGrde (bei ord Künd für § 1 KSchG, bei außerord Künd für § 626) sind grdsätzl noch im RStreit zu berücks bis zum Schluß der mdl Vhdlg (§ 296 a ZPO). Die Grde können aber nach § 56 II ArbGG od nach § 528 II ZPO, § 64 VI ArbGG zurückgewiesen w (BAG NJW **80**, 2486, wo § 529 offenb einen Druckfehler darstellt). Die Grde müssen aber zZ der Künd schon vorgelegen haben, u dürfen grdsätzl dem Kündigden damals bekannt gewesen sein (hM; BAG NJW **86**, 3159 mwN). Sie dürfen nicht ausgeschl sein (vgl § 626 Rn 30) u müssen obj zZ der Künd diese rechtf. Für den GeltgsBer des § 102 BetrVG vgl Rn 50–57 u § 626 Rn 11. Nach der Künd entstandene Grde können neue Künd rechtf; diese kann im Nachschieben dch schlüss Verhalten erkl sein. Hierbei ist § 102 BetrVG zu beachten. **i) Frist und Termin.** Die Künd kann fristl sein 37
od das DVerh nach Ablauf einer best Fr od zu einem best Termin beenden (§§ 621, 622). **j) Rücknahme** der 38
KündErkl (hierzu Fischer NZA **99**, 459) ist nach Zugang (§ 130) bis zur Beendigg des DVerh (KündTermin) nur dch Vertr (§ 305) mit dem KündEmpf mögl, danach nur dch NeuAbschl des DVerh. In der Rückn einer KündErkl liegt das Angeb, die KündWirkg zu beseit u das ArbVerh fortzusetzen (BAG NJW **83**, 1628).
k) Zustimmung des BetrR als WirkskErfordern kann v ArbG u BetrR vereinb w (§ 102 VI BetrVG). Gilt 39
auch für außerordentl Künd, wenn vereinb w, daß die Zust dch die Einiggsstelle ersetzt w kann. **l) Wiederholung** einer Künd ist, auch wenn sie vorsorgl geschieht, eine neue Künd u erfordert erneute Anhörg des BetrR (vgl Rn 51; BAG DB **96**, 1042).

4) Änderungskündigung (Hromadka NZA **96**, 1; Zirnbauer NZA **95**, 1073; Boewer BB **96**, 2618) ist 40
legal definiert in § 2 S 1 KSchG u kann auch als außerord Künd erkl w (§ 626 Rn 7). Üb das Verh zum WeisgsR (§ 611 Rn 45) u TarV: Berkowsky NZA **99**, 293. Die ÄndKünd hat meist das Ziel, eine geringere Vergütg zu vereinb (hierzu Krause DB **95**, 574), zuläss auch die Umwandlg eines unbefr in ein befrist ArbVerh (§ 620 Rn 3; BAG NJW **97**, 1524). Sie erfordert bei bestehdem KündSchutz vorher Angebot zumutb Weiterbeschäft auf einem freien ArbPl zu geänderten Bedinggen (BAG NJW **85**, 1797). Für die soz RFertigg (§ 1 KSchG) kommt es nicht auf die Beendigg des ArbVerh, sond auf die Änd der ArbBedinggen an; von TeilKünd (Rn 34) zu unterscheiden, weil bei ÄndKünd das ganze ArbVerh gekünd w. **a) Arten.** Die 40a
ÄndKünd kommt in 2 Formen vor: **(1)** Künd wird unter der zul aufschiebdn Bedingg (Rn 33) erkl, daß der KündEmpf die vorgeschlagene Änd des ArbVertr ablehnt. **(2)** Unbedingte Künd verbunden mit dem Angebot, das ArbVerh zu geänd ArbBedinggen fortzusetzen (§ 2 S 1 KSchG). **b) Kündigungsschutz.** Ihm unterliegt die ÄndKünd (Rn 61), somit die AnhörgsPfl (Rn 50; BAG NJW **82**, 2839) u die Mitbest (Rn 50–60). 40b
Sie führt bei Ann des ÄndAngebots zur InhaltsÄnd des ArbVertr (Einf 75 vor § 611). Die Ann liegt nicht allein in sof widersprloser WeiterArb (BAG NZA **88**, 737) od einvernehml Fortsetzg des ArbVerh (LAG Hamm NZA-RR **97**, 419). Die ÄndKünd ist unwirks, wenn zZ ihres Zugangs ein KündVerbot besteht (BAG NJW **82**, 2859).

5) Abmahnung (Schaub NJW **90**, 872 u NZA **97**, 1185; Pauly NZA **95**, 449; Walker NZA **95**, 601); 41
RsprÜbbl Harsch MDR **99**, 333) ggü einem vertrwidr Verhalten kann für § 626 (dort Rn 18), für eine verhaltensbedingte Künd (§ 1 KSchG) od best Nachteile (§ 611 Rn 16; v. Hoyningen-Huene 205) erforderl sein. Abmahngsberecht ist jeder, der für den ArbG das WeisgsR ausübt, nicht notw der KündBerecht (hM; aA Adam DB **96**, 476). Die Abmahng muß in Bezug auf den KündGrd ein gleichart Verhalten betr (wohl hM; dagg krit u aA Sibben NZA **93**, 583; Walker NZA **95**, 601) u in Bezug auf die Vertrwidrk verhältnmäß sein (umstr; krit Walker NZA aaO 604), erfordert keine WiederhGef (Walker aaO 606; aA BAG NZA **95**, 225). Es liegt in der Entscheidg des ArbG, ob er sie vornimmt (BAG NZA **92**, 690). Sie ist nicht an eine Fr gebunden (BAG BB **87**, 1253), hat Warnfunktion, wirkt nicht unbegrenzt, sond für eine gewisse Dauer (Walker aaO 607) u ist idR Vorauss einer späteren Künd (BAG NJW **89**, 2493 u NZA **94**, 656). Sie muß dem

Empf zur Kenntn gelangen; § 130 gilt (BAG st Rspr NZA **94**, 656 mwN). Sie muß hinreichd best, kann auch bloße Sanktion sein u liegt in schriftl Rüge mit KündAndrohg (LAG Köln NZA-RR **96**, 204). Ohne diese Androhg liegt eine bloße Ermahng vor (Kranz DB **98**, 1464). Stets darf das zugrdeliegde Verhalten nicht als KündGrd herangezogen w (BAG NJW **89**, 2493), wohl jedoch der Umstd, daß abgemahnt w. Anspr auf Entferng aus der PersAkte nach Beendigg des ArbVerh nur dann, wenn Gef eines Schad besteht (BAG NJW **95**, 1236; vgl Pauly MDR **96**, 121) od die zugrdeliegden Tats unricht sind (vgl Düss NZA-RR **97**, 82). Bei rechtswidr Abmahng stets Anspr auf Beseitigg (hM; Pauly NZA **95**, 449 [453]).

42 **6) Ordentliche Kündigung** kommt nur in Betr bei D(Arb)Verh, die auf unbest Zeit eingegangen sind. **a) Begriff.** Ord Künd bedeutet Wahrnehmg einer vertragl od ges, bei regelm Verlauf des DVerh vorgesehenen Beendiggsmöglichk. Sie ist idR befr Künd. Ges Regelg der ord Künd: §§ 620 II, 621, 622; §§ 62 ff
43 SeemannsG. **b) Verbot.** Ausgeschl ist aGrd § 15 KSchG die ord Künd des Mitgl v Betr(See)Rat, Personal-, Jugend- oder BordVertretg, des BetrRWahlVorstd u v WahlBew (aber nicht v WahlBew zum WahlVorst, LAG Mannh NJW **75**, 232) sowie Vertrauensmänner der SchwBeh (§ 26 III SchwbG). Für ErsMitgl nur, wenn sie nachgerückt sind od währd der VertretgsDauer (BAG BB **79**, 888). In diesen Fällen ist nur außerord Künd (Rn 45) zul (§ 15 KSchG). Entspr gilt bei Mitgl v BetrR u WahlVorst, die HeimArb sind (§ 29 a HeimArbG).
44 § 15 KSchG gilt nicht für ArbNVertr im AufsR (BAG NJW **74**, 1399). **c) Vertragliche Kündigungsbeschränkungen** sind grdsätzl zuläss, insb dch Ausschluß der ord Künd, so daß nur außerord Künd mögl ist (hM; dagg krit Adam NZA **99**, 846). Das gilt auf Seiten des ArbN aber nur, wenn sie im Einzelfall nach § 242 ihm zuzumuten sind u einem begrdeten, zu billigden Interesse des ArbG entspr (hM). Das gilt insb für Rückzahlg von Ausbildgskosten, die der ArbG für den ArbN getragen hat (BAG BB **73**, 292), vom ArbG freiw übern Umzugskosten (vgl § 611 Rn 93), ferner für Rückzahlg v SoZahlgen (vgl § 611 Rn 89, 90) u VertrStrafe, sowie Verfall einer Kaution (idR unzul; BAG **AP** § 622 Nr 9), Fälligk eines ArbGDarl (§ 611 Rn 92), Auszahlg v Treueprämien (BAG MDR **73**, 81). Die Part können die Künd auch für den ZtRaum nach VertrAbschl u vor DAntritt vereinb (hM; Berger-Delhey DB **89**, 380 mwN), jedoch nicht einseit für den ArbN (LAG Hamm DB **89**, 1191).

45 **7) Außerordentliche Kündigung** ist sowohl bei DVerh auf best als auch auf unbest Zeit mögl. Sie ist nur zul, wenn die bes ges ausgesprochenen (od vereinb) Vorauss (KündGrde) vorliegen auch als ÄndergsKünd. Sie ist meistens fristl Künd, kann aber befr sein (sog soz AuslaufFr). Ges Fälle: §§ 624, 627 u insb 626 (Künd aus wicht Grd), ferner §§ 64 ff SeemannsG.

46 **8) Unwirksamkeit einer Kündigung** kann in den Fällen der §§ 105, 111, 125, 134, 138, 142, 242 gegeben sein. Abgesehen von den Fällen des KündSchutzes (Rn 61) kann die Unwirksk insb folgen aus:
47 **a) Verbotswidrigkeit** (§ 134) bewirkt Nichtigk. Gilt insb für alle Künd ggü Müttern (Rn 79), ord Künd
48 ggü BetrRMitgl u ähnl Pers (Rn 43), SchwerBeh (Rn 75) u Einberufenen (88, 89 vor § 611). **b) Sittenwidrigkeit** (§ 138) bewirkt Nichtigk. Sie kann von allen ArbN, auch den unter das KSchG fallden geltd gemacht w, unabhäng von den Vorschr des KSchG (vgl § 13 II KSchG). Für die Sittenwidrigk gelten die allg Grds des § 138, insb muß die Künd auf einem verwerfl Motiv beruhen (BAG **AP** § 138 Nr 22). Die Sittenwidrigk kann nicht auf solche Umst gestützt w, die sich auf die in § 1 KSchG normierte SozWidrigk beziehen; denn insow ist das KSchG eine Spezialregelg u bei ArbN, die nicht dem KSchG unterliegen, soll nach dem Willen des GGebers die Künd wg SozWidrigk nicht unwirks sein. Eine Künd verstößt auch nicht gg § 138, wenn sie auf Tats gestützt w, die an sich geeignet sind, eine Künd gem § 626 zu begrden, es sei denn, daß damit ein verwerfl Grd verdeckt w soll (BAG JZ **75**, 738 m Anm v Säcker). Auch kein Verstoß gg § 138 bei Künd v Aids-Erkr od -Infiziertem (BAG NZA **89**, 962; LAG Düss NJW **88**, 2970). **c) Zustimmungserfordernis** (zB von BetrR od GesVers) kann als Vorauss einer ord wie außerord Künd vereinb werden. Führt bei fehlder
49 Zust zur Unwirksk (vgl § 134 Rn 1 dd; BAG NJW **99**, 234 für GesVers). **d) Verstoß gegen Treu und Glauben** (§ 242) führt ohne weiteres zur Unwirksk der Künd (hM). Dem ArbG, der wg § 23 KSchG nicht in dessen AnwendgsBer fällt, darf aber auf diesem Weg nicht der KündSchutz des § 1 KSchG auferlegt werden. Zu § 242 gehört die Künd zur Unzeit od in verletzder Form, auch die Verwirkg (§ 242 Rn 87, 98; vgl BAG NZA **89**, 16 mwN). Das Verh zum KSchG entspr dem in Rn 48; denn der RGrds des § 242 ist dch § 1 KSchG konkretisiert (BAG **8**, 132 u NJW **73**, 77). Die 3-Wo-Fr des § 4 KSchG gilt nicht (BAG NJW **72**, 1878 vgl Rn 55). Aus § 242 wird für ArbVerh, die nicht dem KSchG unterliegen, ein Minimum an BstdsSchutz abgeleitet v Lakies DB **97**, 1078 mwN. Von der Unwirksk der Künd zu untersch ist der mögl Verstoß gg § 242 (dort Rn 55, 61), der darin liegt, daß sich eine VertrPartei auf die Unwirksk der eigenen
50 Künd beruft (BAG NJW **98**, 1659). **e) Mitbestimmung. aa) Anhörung des Betriebsrats** (§ 102 I BetrVG; hierzu Berkowsky NZA **96**, 1065), bei ltd Angest des SprecherAussch (Rn 59), im öff D des PersR vor jeder Künd (auch ÄndKünd, BAG BB **90**, 704), auch wenn das KSchG nicht anwendb ist (BAG NJW **99**,
51 1653), ist zwingd vorgeschrieben. Sie ist formfrei (Hohmeister NZA **91**, 209). **(1) Anwendbar.** Sobald ein BetrR, SprecherAussch od PersR konstituiert ist (BAG NZA **85**, 566). Anhörg ist entbehrl, wenn die Künd auf einem Verl des BetrR gem § 104 BetrVG beruht (Dietz/Richardi § 102 Rn 35). Sie entfällt nicht in sog Eilfällen, zB bei BetrStillegg (BAG NJW **77**, 727), od bei (auch vorsorgl) Wiederh einer Künd (BAG DB **96**, 1042). Gilt auch für ausl ArbN (BAG NJW **78**, 1124), aber nicht bei der KampfKünd (vgl Rn 23), wohl aber, wenn währd des ArbKampfs aus and Grd gekünd w (BAG NJW **79**, 2635). Es kommt darauf an, ob die obj
52 AnhörgsPfl bestand, nicht auf eine auch übereinst Ans v ArbG u BetrR. **(2) Voraussetzungen.** Das AnhörgsVerf ist forml (BAG NZA **97**, 656). Es erfordert idR: Angabe des ArbN, dem gekünd w soll, Art der Künd (insb ord, außerord Künd, ÄndKünd, BAG BB **90**, 2118), KündFr (BAG DB **90**, 2124), KündTermin (v BAG aaO offengelassen), die maßg KündGrd, näml die Tats od, wenn solche fehlen, der subjekt Grd, aus denen er seinen KündEntschl herleitet (BAG NJW **99**, 1693; Berkowsky NZA **96**, 1065), u solche, üb die der BetrR Aufschl verlangt (LAG Mü DB **76**, 1439); umstr ist, ob u in welchem Umfang die SozDaten (Opperts-häuser NZA **97**, 920) mitgeteilt werden dürfen. Stich- u Schlagworte genügen nur (BAG NJW **79**, 1677), wenn der BetrR bereits den erforderl KenntnStand hat (BAG BB **86**, 321). Bei wiederh Künd vgl BAG NJW **90**, 2489. Die Anfdgen sind für ArbN mit u ohne KündSchutz gleich (BAG BB **94**, 1783 mwN). Bei häuf Kurzerkrankgen sind die Fehlzeiten, die Art der Erkrankgen u die betriebl Auswirkgen mitzuteilen (BAG

NZA **84**, 93). Eine VerdachtKünd (Verhalten für § 1 KSchG od § 626 Rn 49) ist als solche zu kennzeichnen (Griese BB **90**, 1899 mwN). Auffdg zur Stellgn ist nicht erforderl. Notw ist Angabe der Grde für die soz Auswahl, auch ohne Verl des BetrR (BAG NJW **84**, 2374). Mitt u Erkl sind dem BetrRVorsitzden, dessen StellVertr od dem PersAusschVors ggü abzugeben. Anhörg des BetrRVorsitzden allein genügt nicht; das Gremium muß Gelegenh zur Stellungn haben (BAG DB **74**, 1294), mindestens ein Personalausschuß gem § 28 II BetrVG (BAG BB **85**, 1599 mwN). BeschlFähigk des BetrR besteht ggf für den RestBetrR (BAG NJW **83**, 2836). **(3) Unterbleibt** die Anhörg (auch ohne Versch des ArbG, insb inf Irrtums), wird sie nach 53
Abgabe der KündErkl vorgen (nachgeholt) od wird vor Ablauf der ÄußergsFr gekünd (LAG Köln NZA-RR **96**, 373), so ist die Künd stets unwirks (§ 102 I 3 BetrVG; BAG BB **76**, 227). Dasselbe gilt, wenn die Anhörg nicht ordngsgem war (BAG stRspr NZA **94**, 311). Vor Beendigg des AnhörgsVerf darf nicht gekünd w (BAG NJW **76**, 1470). **(4) Verhalten des Betriebsrats.** Schweigt er auf die Mitt des ArbG gem § 102 I BetrVG, 54
so kann der ArbG wirks erst nach Ablauf des Fr des § 102 II BetrVG künd; er muß aber innerh eines angem ZtRaumes die Künd aussprechen, bei wesentl Änd, insb neuen KündGrd, eine erneute Anhörg dchführen (BAG NJW **78**, 603), daher ist eine vorsorgl ausgespr ord Künd grdsätzl unwirks, wenn nur zu einer außerord Künd angehört w (BAG NJW **79**, 76), ausnw nicht, wenn der BetrR vorbehaltlos zugest hat u zu ersehen ist, daß er einer ord Künd nicht entggetreten wäre (BAG aaO). Der BetrR kann der beabsicht Künd widerspr (§ 102 V BetrVG). **(5) Kündigungserklärung.** Ausgesprochen ist die schriftl Künd mit Absendg (BAG BB 55
76, 694). Die KlFr des § 4 KSchG gilt nicht (§ 13 III KSchG; BAG DB **74**, 1294). **(6) Fehler** des ArbG beim 56
AnhörgsVerf verurs die Unwirksk der Künd (BAG BB **75**, 1435), nicht aber ein Verstoß gg § 102 IV BetrVG, der keine FormVorschr darstellt (Kliemt NZA **93**, 921 mwN). Wird ein ArbN irrtüml als ltd Angest angesehen, so ersetzt die Information (§ 105 BetrVG) nicht die Anhörg (§ 102 BetrVG), jedoch kann uU die Erklärg des ArbG dahin ausgelegt w, daß er zugleich ein AnhörgsVerf einleiten will (BAG BB **80**, 628). Nachträgl Zust des BetrR bewirkt keine Heilg. Mängel des AnhörgsVerf im Ber des BetrR berühren die Wirksk der Künd nicht, ohne Rücks auf Kenntn des ArbG (BAG NJW **76**, 1519). **(7) Nachschieben** v 57
KündGrden (vgl Rn 36) ist im Proz unzuläss, wenn sie dem BetrR vor Künd nicht mitgeteilt wurden (BAG NJW **81**, 2772). Es ist aber grdsätzl für solche Grde zul, die der ArbG zZ der Anhörg noch nicht kannte, wenn er den BetrR hierzu erneut anhört (BAG NJW **86**, 3159). Erneute Künd auch mit denselben Grden bleibt mögl. Unzuläss Nachschieben bewirkt nicht Unwirksk der Künd, sond nur Beschrkg des ProzStoffs (BAG NJW **81**, 2772). Vom unzuläss Nachschieben zu untersch ist die nachträgl Erläuterg (Konkretisierg u Substantiierg) v KündGrden (BAG NJW **81**, 2316 u **86**, 3159). **(8) Beweislast** trägt der ArbG für die Tats zur 58
Anhörg, wenn der ArbN sie bestreitet (hM; Oetker BB **89**, 417; dagg krit Spitzweg/Lücke NZA **95**, 406 mwN). Das gilt auch für das Vorliegen einer Ausn v der AnhörgsPfl. **bb) Anhörung des Sprecheraus-** 59
schusses ist dch § 31 II SprAuG vorgeschrieben. Verstoß wirkt wie bei Rn 50–57. **cc) Beteiligung des** 60
Personalrats bei ArbVerh im öffD ist dch § 79 PersVG vorgeschrieben; eine entspr Regelg ist den Ländern für deren PersVGe auferlegt (§ 104 PersVG). Wird eine Künd ohne die vorgeschriebene Beteiligg des PersR erkl, ist sie unwirks (§§ 79 IV, 108 II PersVG; BAG BB **79**, 1197).

9) Kündigungsschutz bei Arbeitsverhältnissen (KSchG idF v Art 1 Arbrechtl BeschäftFördG v 25. 9. 61
96, BGBl 1476). Auch außerh des KSchG besteht ein vielfält u unterschiedl KündSchutz (Übbl bei Preis NZA **97**, 1256). Das KSchG beschr grdsätzl nur die ord, nicht die außerord Künd des ArbG, auch die ÄndKünd (vgl § 2 KSchG), weil auch sie zur Auflösg des ArbVerh führt, wenn der ArbN der Änd der ArbBedingg nicht zust. Zu den Schranken ord Künd in kündschutzfreien Betr: Löwisch BB **97**, 782. Über den ges KündSch hinaus sind vertragl KündBeschrkgen zul. Alle gesetzl KündSchutzVorschr sind zwingd; ein im voraus erkl Verz ist nichtig (vgl Rn 74). **a) Anwendungsbereich:** Allg für die ord Künd, auch die ÄndKünd (§ 2); für außerord 62/63
Künd nur bezügl der KlFr, Auflösg u Abfindg (§ 13 I). Nur bei Betr, in denen (zZ des KündZugangs, BAG BB **77**, 296) seit 1. 1. 99 wieder idR mehr als 5 (v 1. 10. 96–31. 12. 98 zehn) ArbN ausschl der Azubi im Inland (BAG NJW **98**, 1659; Schmidt NZA **98**, 169) beschäft w (§ 23 I S 2 idF des G v 19. 12. 98 BGBl 3843). Die Begrenzg ist verfgem (BVerfG NJW **98**, 1475). TeilZtArbN werden nach dem Schlüssel des § 23 I S 3 gezählt (wie § 622 Rn 23). Von der vorübgehden Erhöhg auf 10 ArbN wurde die RStellg derjen ArbN nicht berührt, die am 30. 9. 96 aGrd der alten Fassg (5 ArbN) KündSchutz bereits erlangt hatten (§ 23 I S 4). Zu den hierfür notw Differenziergen: Richter/Mitsch DB **97**, 526. Das KSchG gilt nicht für AusbildgsVerh (umstr; vgl Sarge DB **89**, 878), hingg für ltd Angest (zB Gesch- u BetrLeiter, vgl § 14 II), aber nicht für OrganMitgl, insb VorstdsMitgl, GeschF einer GmbH (vgl BAG DB **86**, 2132), geschführde Gesellsch (§ 14 I; einschränkd BAG NJW **83**, 2405). Nicht für Aussperrg u Künd aus Anlaß eines ArbKampfs (§ 25).
b) Voraussetzung: zZ des Zugangs (§ 130) der Künd muß das ArbVerh länger als 6 Mo (für Schiffsbesatzg 64
vgl § 24 II) bestanden haben, ohne Rücks darauf, wie lange der ArbN tatsächl gearb hat, auch frühere ArbVerh mit demselben ArbG sind bei sachl Zushang einzurechnen (BAG NJW **77**, 1309 u 1311). Es ist zul, den Eintritt des ges KündSchutzes schon eher, auch ab Beginn des ArbVerh zu vereinb (BAG NJW **67**, 1152). Der KündSchutz kann ausnw aus § 242 gewährt w, wenn vor Ablauf der 6 Mo ohne sachl Grd gekünd w, um den KündSchutz zu vereiteln. **c) Wirkungen.** Es ist zu unterscheiden: **(1) Unwirksamkeit** der Künd (auch 65/66
der ÄndKünd, § 8), wenn sie soz ungerechtf ist (§ 1 I). Soz gerechtf ist sie nur, wenn sie dch Grde in der Pers od im Verhalten des ArbN od dch dringde betriebl Erfordern bedingt ist (§ 1 II). Außerdem kann die Künd soz ungerechtf sein, wenn bei Vorliegen best Vorauss der BetrR od die PersonalVertretg Einwendgen erhebt u wenn aus best Kriterien die Auswahl des gekünd ArbN grob fehlerh war (§ 1 II–IV). Zur RLage seit 1. 10. 96–31. 12. 98: Preis NJW **96**, 3369. **(2) Heilung** unwirks ord od außerord Künd tritt ein, wenn die KlFr 67
(Rn 71) versäumt w (§§ 7, 13 I S 2). **(3) Auflösung** des ArbVerh dch GestaltgsUrt auf Antr des ArbN oder 68
ArbG (§ 9), wenn die Künd gem (Rn 66) wg SozWidrigk das ArbVerh nicht aufgelöst hat. Bei außerord Künd (§ 13 I S 3) hat der ArbN diese AntrBefugn, wenn der wicht Grd fehlte u der Fortbestand des ArbVerh für den ArbN unzumutb ist (§ 626). Der ArbG hat bei außerord Künd keine AntrBefugn (§ 13 I S 3).
(4) Abfindung hat der ArbG in angem Höhe (bis zu 18 MoVerdiensten, § 10) zu zahlen, wenn das ArbVerh 69
gem Rn 68 aufgelöst w; Abfindg ist auch bei sittenw Künd mögl (§ 13 II). **(5) Wahlrecht** des ArbN zw altem 70
u neuen ArbVerh (§ 12), wenn die KündSchKl Erfolg hat u der ArbN ein neues ArbVerh eingegangen ist (hierzu Brill DB **83**, 2519). **d) Klagefrist** von 3 Wo ab Zugang der Künd (§ 4, für Schiffsbesatzg vgl § 24 III 71

S 1) gilt auch für außerord Künd (§ 13 I S 2), bei befr ArbVerh nur für die außerord Künd (BAG NJW **72**, 1878); nur für ArbN, die die Vorauss (Rn 64) erfüllen (BAG stRspr seit NJW **55**, 1086; bestr). § 85 II ZPO u § 276 gelten nicht (LAG Hamm MDR **96**, 1159 m Anm v Vollkommer; bestr). Zulassg verspäteter Klagen ist uU mögl (§ 5; hierzu Berkowsky NZA **97**, 352), auch kann die Fr unter best Vorauss verlängert sein (§ 6).
72 **e) Prozessuales.** Die sog KündSchKl ist eine FeststellgKl mit dem aus § 4 zu entnehmden KlAntr (hierzu Diller NJW **96**, 2141). StreitGgst ist nicht der Bestd des ArbVerh, sondern daß das ArbVerh dch die im KlAntr bezeichnete Künd zu dem darin best Ztpkt nicht aufgelöst ist (sog punktuelle StreitGgstdsLehre; hM; BAG stRspr, NJW **91**, 518; Boewer NZA **97**, 359) u zwar auch dann, wenn eine außerord Künd in eine ord umgedeutet w (Hager BB **89**, 693 [696]; vgl § 626 Rn 34–36). Zugleich wird rechtskr festgestellt, zZ des Zugangs dieser Künd habe ein ArbVerh bestanden. Daraus ist der Umfang der mat RKraft abzuleiten. Verbindg von KündSch- u ÄndSchKl (§ 2) ist zul. Daneben ist eine allg FestellgsKl auf Fortbestd des ArbVerh bei Möglk and BeendiggsGrde zul (BAG stRspr NJW **98**, 698 mwN), auch verbunden (BAG aaO; hierzu Wenzel DB **97**, 1869), u hat and StreitGgstd als die KündSchKl (BAG NJW **94**, 2780). Sie muß sich auf eine od mehrere best Künd beziehen, die nicht schon Ggstd der KündSchKl sind (BAG aaO). Zu den KlAnträgen:
73 Diller NJW **98**, 663. **f) Anzeigepflichtige Entlassungen** (§ 17 idF des G v 20. 7. 95 BGBl 946; sog Massenentlassg). Verstoß gg § 17 führt zur Unwirksk der Künd nur, wenn der ArbN sich dem ArbG ggü darauf beruft, (BAG stRspr; zB NJW **74**, 1263). Der allg KündSch (§ 1) bleibt auch bei Zust gem § 18 unberührt. Es bleiben solche ArbN außer Betr, denen aus pers- od verhaltensbdgten Grd gekünd w (BAG
74 NJW **84**, 1781). **g) Verzicht** auf KündSch ist nur nach Künd zul (hM). Kann in Erteilg einer AusglQuittg liegen (BAG BB **79**, 1197; vgl allg Plander DB **86**, 1873), insb in der Erkl, gg die Künd keine Einwendgen zu erheben (LAG Hamm NZA **85**, 292). Der Verz muß unmißverständl sein. Er kann auch nach Beginn des KündSchProz erkl, aber angefochten u kondiziert w (BAG BB **77**, 1400).

75 **10) Schwerbehinderte.** Geregelt dch SchwbG als bes Teil des SGB (Art II § 1 Nr 3 SGB I). Übbl bei Seidel MDR **97**, 804. **a) Voraussetzung** ist mind 50% Minderg der Erwerbsfähigk dch körperl, geist od seel Behinderg (§§ 1, 3). Personenkreis: vgl § 1; auch Azubi (BAG NZA **88**, 428). Die SchwBehEigensch muß im Ztpkt der Künd nicht nur vorliegen, sond dch Bescheid festgestellt od vom ArbN beantr sein (BAG stRspr zB DB **91**, 2676). Gilt entspr für einen Antr nach § 22 (BAG NJW **96**, 2052; vgl Rn 76). Liegt die SchwBehEigsch obj vor u wird sie nach Künd behördl festgestellt, so ist sie iR des § 1 KSchG u des § 626 zu berücks (BAG NJW **78**, 1397 u 2568), insb wenn das ZustVerf nicht erforderl ist (BAG aaO). Ferner können
76 dch das ArbAmt and Pers SchwBeh gleichgestellt w (§ 2). Dauer des Schutzes: § 38. **b) Kenntnis.** Der KündSchutz besteht ohne Rücks darauf, ob dem ArbG die SchwBehEigsch oder die AntrStellg bekannt war od ist (BAG NJW **79**, 2363). Das gilt auch für die NeuFassg des G (BAG NZA **91**, 669). Die SchwBeh-Eigensch (ohne behördl Feststellg) od die AntrStellg muß der ArbN jedoch dem ArbG od seinem kündber Vertr (BAG aaO) ggü innerh angem Fr nach der Künd geltd machen: näml 1 Mo für ord (BAG stRspr zB DB **91**, 2675) wie außerord Künd (BAG DB **82**, 1778), auch bei sog WiederhKünd (BAG NJW **84**, 1419). Das gilt entspr für § 22 (BAG NJW **96**, 2052; vgl Rn 75). Die Fr darf voll ausgeschöpft w (BAG NZA **86**, 31). Unterläßt der ArbN dies, ist die Künd nicht weg fehlder Zust der HauptFürsStelle unwirks (BAG NZA **91**, 667). Eine Vorlage des verneinden FeststellgsBescheids ohne Hinw auf eingelegten Widerspr genügt nicht
77 (BAG DB **82**, 2359), wohl aber nachträgl rückwirkde Feststellg (BAG DB **84**, 1047). **c) Zustimmung** der HauptFürsStelle ist notw, u zwar vorher Zust (§ 15), unabhäng davon, wann die KündGrde entstanden sind (BAG NJW **84**, 1419). Ausnw nicht bei einem ArbVerh, das noch nicht länger als 6 Mo besteht (§ 20 I Nr 1), also wie bei § 1 KSchG, od aus and Grden unter § 20 fällt. Die ges KündSperre (§§ 15 ff) entfällt, wenn die HauptFürsStelle dem ArbG auf form- u frgerechten Antr hin mitt, es bedürfe der Zust nicht, sog Negativattest (BAG BB **84**, 212). Auch die außerord Künd bedarf der Zust, auch wenn die SchwBehEigsch erst beantragt u noch nicht festgestellt ist (BVerwG NZA **89**, 554). Sie soll jedoch erteilt w, wenn sie nicht im ZusHang mit der Behinderg steht (§ 21 IV), schriftl sowie innerh v 2 Wo, wobei zur FrWahrg die Aufgabe zur Post genügt (BAG BB **94**, 1074). Die ZustFiktion kann dch forml (Moll NZA **87**, 550), insb (fern)mdl Mitteilg ausgeschl werden (BAG NJW **82**, 1015). Die Zust zur außerord Künd enthält nicht die zur ord Künd (LAG Ffm NJW **78**, 444), so daß einer Umdeut die fehlde Zust entggsteht (v. Friesen/Reinecke BB **79**, 1561). Die Zust muß v ArbG in einer 2-Wo-Fr (wie § 626 II) beantragt w (§ 21 II). Erteilg u Verweigerg w im VerwWeg nachgeprüft. Künd ohne Zust ist nichtig; jedoch darf das ArbG das AnhörgsVerf (§ 102 BetrVG) vor Abschl des ZustVerf einleiten (BAG NJW **81**, 2772). Keine aufschiebde Wirkg bei Widerspr gg Erteilg der Zust; die Künd ist zuläss u wirks, wenn die Zust unanfechtb w (Zanker BB **76**, 1181; aA Rewolle DB **75**, 1123; Otto
78 DB **75**, 1554). Der ArbG darf den SchwBeh nicht bis zum Eingang der Zust unbezahlt freistellen. **d) Kündigung.** Die Frist beträgt mind 4 Wo (§ 16) mit Ausn der ArbVerh des § 20, insb solcher bis 6 Mo Dauer u damit prakt aller ProbeArbVerh (Einf 42 vor § 611). Außerdem sind die ges, tarifl u vertr KündFr zu beachten. Der ArbG kann die ord Künd nur innerh eines Mo ab Zustellg der Zust erkl (§ 18 III; dh sie muß zugehen, § 130, LAG Köln NZA-RR **97**, 337), die außerord nur unverzügl nach Erteilg der Zust, wenn die Fr des § 626 II abgelaufen ist (§ 21 V; BAG DB **91**, 2675). Der erteilten Zust steht das sog Negativattest gleich (BAG BB **84**, 212). Hat der ArbN Antr auf Feststellg der SchwBehEigsch gestellt, weiß der ArbG das u wird der Antr abgelehnt, kann sich der ArbN nicht auf § 626 II berufen, wenn der ArbG Zust der HauptFürsStelle beantr hat (BAG NZA **88**, 429). **e) Anhörung** des Vertrauensmanns ist (unabhäng v der des BetrRats) vorgeschrieben (§ 25 II). Die Künd ist aber trotz unterbliebener Anhörg wirks (BAG DB **84**, 133).

79 **11) Mütter.** KündSch ist geregelt dch § 9 MuSchG. **a) Anwendungsbereich:** ArbN, einschl (auch unverheirateter) Azubi (§ 3 II BerBG; LAG Bln BB **86**, 62) u HeimArb (§§ 1, 9 IV), auch für außerord Künd, ferner bei ProbeArbVerh (hM); nicht für AufhebgsVertr (Rn 82). Bei einem zuläss befr ArbVerh (§ 620 I) ist der ArbG dch die Schwangersch nicht gehindert, sich auf die Beendigg des ArbVerh dch FrAblauf
80 zu berufen (BAG [GS] **10**, 65). **b) Voraussetzungen: (1) Schwangerschaft** obj bestehd zZ des Zugangs der Künd üb die ges Zt u bis zu 4 Mo nach Entbindg (§ 9 I) u anschließd für die Dauer des ErziehgsUrl (Rn 83). Berechnet wird der Beginn der Schwangersch dch Rückrechng um 280 Tage vom voraussichtl (nicht tats) Tag der Niederkunft (BAG NJW **99**, 1804 mwN). Sie endet bei einer Fehlgeburt (od Abbruch), unmittelb auch der Mutterschutz (BAG NJW **73**, 1431). **(2) Kenntnis** des ArbG v Schwangersch bzw

Entbindg (§ 9 I S 1 1. Alt) od Mitt v Schwangersch bzw Entbindg dch die Mutter innerh einer AusschlFr von 2 Wo, die mit KündZugang beginnt (§ 9 I S 1 2. Alt). Wird die Fr versäumt, so gilt die Mitt als rechtzeit, wenn der Grd v der Mutter nicht zu vertreten ist u sie die Mitt nach Wegfall des Grdes unverzügl (wie § 121) nachholt (§ 9 I S 1 Hs 2). Das Versch (§ 276) erfordert Vors od einen groben Verstoß gg das im eigenen Interesse zu erwartde Verhalten (BAG NJW **97**, 610), zB unterlassene Untersuchg trotz bestehder AnhaltsPkte (Zmarzlik NJW **92**, 2678). Bei KündZugang währd des Url genügt Mitt an ArbG nach UrlEnde (BAG aaO). Die Mitt muß das Bestehen od die Vermutg der Schwangersch zZt des KündZugangs umfassen (BAG NZA **91**, 669). **c) Wirkung.** Der KündSchutz besteht neben dem des § 18 BErzGG (Rn 83; BAG NZA **93**, 647). 81
Liegen die Vorauss (Rn 80) vor, ist die Künd nichtig (§ 134), auch dann, wenn die schwanger gewordene ArbN zur Vertr einer im ErzUrl stehden ArbN eingestellt w (EuGH NZA **94**, 783). Eine Verl der NachwPfl (§ 5 I) beseit den KündSch nicht, kann aber zu einer Verwirkg führen (BAG NJW **75**, 229). **d) Eigenkündigung** (Künd der schwangeren Frau). Dafür gelten §§ 9 II, 10 I. Eine in Unkenntn der Schwangersch erkl Künd ist wirks u idR nicht anfechtb (hM; BAG NJW **92**, 2173). **e) Umgehung** des § 9 I führt zur 82
Nichtigk (§ 134) der betr Vereinbg. Das ist insb die Bedingg, daß das ArbVerh bei Eintritt v Schwangersch zu einem dem § 9 I zuwiderlaufden Ztpkt ende. **f) Anfechtung** iR v § 611 Rn 22, 23 ist nur ausnw begrdet, wenn die Frage zuläss ist (vgl § 611 Rn 6) u bewußt falsch geantwortet w. AufhebgsVertr (§ 305) ist mögl u wirks; zur Anf vgl BAG NJW **83**, 2958.

12) Erziehungsurlaubsberechtigte (zu RFragen Sowka NZA **94**, 102 u Köster/Schiefer/Überacker DB **94**, 2341). **a) Kündigung des Arbeitgebers** ist ab Zugang des ErzUrlVerl u währd des ErzUrl grdsätzl verboten (§ 18 I S 1 BErzGG), sowohl außerord wie ord Künd, auch ÄndKünd. Der KündSchutz gilt währd der ganzen Dauer des ErzUrl u besteht neben dem des § 9 MuSchG (BAG NZA **93**, 647). **b) Kündigung des Arbeitnehmers** ist als ord Künd mit gesetzl Fr v 3 Mo zum Ende des ErzUrl zuläss (§ 19 BErzGG). 83 84

13) Wiedereinstellung. Allgemein: Ricker NZA **98**, 460; Nägele BB **98**, 1686; Meinel/Bauer NZA **99**, 575; Ziemann MDR **99**, 716. Ein Anspr kann sich nur ergeben aus Vereinbg (§ 305), betriebl Übg (76 vor § 611), od aus einem im Einzelfall bestehden VertrauensTatbestd (BAG NZA **87**, 627; hierzu krit v. Stein RdA **91**, 85). Nur unter engen Vorauss zu bejahen (LAG Hessen NZA-RR **97**, 369). Das gilt auch für die WiederEinstellg nach einer wirks Künd, deren Grd sich nachträgl als ungerechtf herausstellt (BAG NJW **97**, 2257 u NZA **98**, 254), sowie aGrd neuer Tats (Zwanziger BB **97**, 42), zB BetrFortführg nach Künd bei aufgegebener StilleggsAbs (BAG NJW **98**, 2379). 85

620 *Beendigung des Dienstverhältnisses.*

I Das Dienstverhältnis endigt mit dem Ablaufe der Zeit, für die es eingegangen ist.

II Ist die Dauer des Dienstverhältnisses weder bestimmt noch aus der Beschaffenheit oder dem Zweck der Dienste zu entnehmen, so kann jeder Teil das Dienstverhältnis nach Maßgabe der §§ 621, 622 kündigen.

1) Allgemeines zur Befristung von DVerh, auch ZtVertr genannt. Übbl bei Hoß/Lohr MDR **98**, 313. 1
Die Befristg ist mit ihrem Zweck nachzuweisen (§ 2 I S 2 Nr 3 NachwG). **a) Zweck.** § 620 geht v der Regel aus, daß jedes DauerSchuldVerh auf best Zt geschl u gekünd w kann. Für ArbVerh hat der GGeber die wg des KündSchutzes notw SoRegelg nicht getroffen, sond sie (mit Ausn der Rn 19) der Rspr überlassen, die ggü dem ArbG überzogene Anfdgen stellt. **b) Begriff.** Befristet werden kann nur dch KalDaten od genau 2
best ZtRäume, zB Vollendg des 65. LebensJ (vgl Vorbem 2). Höchst- u MindDauer fallen nicht darunter, ebsowen die auflösde Bedingg (Vorbem 4). Ein befr ArbVertr kann aber zusätzl auflösd bedingt sein (BAG NJW **81**, 246). Keine Befristg ist ein (weiterer) AufhebgsVertr (5 vor § 620), der die Beendigg des ArbVerh bis zum Ablauf der ord KündFr hinausschiebt (BAG NJW **97**, 3043). **c) Anwendungsbereich.** Gilt für alle 3
D- u ArbVertr. Für DVertr ist die Zulässk u Wirksk des ZtVertr grdsätzl nicht beschr. Hingg werden dch die Rspr für die ZtArbVertr (auch bei nachträgl Befristg, BAG NJW **99**, 197 u NZA **99**, 476) zusätzl Erfordern aufgestellt (Rn 10), dch die vermieden w soll, daß der ges KündSchutz (Vorbem 61) od BestdsSchutz (§ 613 a; BAG NZA **95**, 987) umgangen w. Daher können befr ArbVerh, soweit das KSchG nicht gilt, grdsätzl ohne die Beschrkgen der Rn 10–14 abgeschl w: für die Dauer bis zu 6 Mo (wg § 1 I KSchG; daher nicht als KettenArbVertr, BAG stRspr zB BB **90**, 1418; vgl Rn 4) u bei KleinBetr iS des § 23 KSchG (stRspr des BAG seit **1**, 128), wobei die Abs, den KündSchutz zu umgehen, nicht erforderl, sond dieser Umstd obj zu beurt ist (BAG [GS] **10**, 65). Mögl ist, ein unbefr ArbVerh üb eine ÄndKünd zu befr (BAG NJW **96**, 3226).
d) Kettenarbeitsvertrag ist der aufeinanderfolgde Abschl mehrerer ZtArbVertr (Einf 41 vor § 611). Er ist 4
uneingeschr nur bei KleinBetr (§ 23 KSchG) erlaubt, sonst nur unter den Vorauss der Rn 10, insb bei SaisonArbVerh (BAG NZA **87**, 627). Für den rechtf Grd kommt es grdsätzl nur auf den zuletzt abgeschl Vertr an (BAG stRspr, zB NZA **88**, 734), auch wenn darin noch währd der Befristg die Tätk u Vergütg neu vereinb w (BAG BB **90**, 1416); ausnw auf den vorletzten, wenn der letzte nur ein unselbständ Anhängsel darstellt (BAG NZA **88**, 280; gg diese Rspr: Klevemann/Ziemann DB **89**, 2608). **e) Verhältnis zu Tarifverträgen.** 5
Wg der den TVPart zugestandenen Disposition wird bei Zulassg v befr ArbVertr in einem TV das Vorliegen des erforderl sachl Grds (Rn 10) vermutet (BAG **AP** Befr ArbVertr Nr 32 m Anm v Richardi). **f) Schwerbehinderte und Mütter.** Bei Befristg des ArbVertr muß in allen Fällen ein sachl gerechtfert Grd (Rn 10) 6
vorliegen, weil sie unabhäng vom KSchG KündSchutz genießen. Die Eigsch als solche steht der Befristg nicht entgg (BAG NZA **97**, 1222). Für sie gilt jedoch auch die Regelg der Rn 19. **g) Sonderregelungen.** Vertretg 7
v Müttern, ErzUrlBerecht u Kinderbetreuern (§ 21 BErzGG). Für wissensch u künstler Personal an Hochschulen u ForschgsEinrichtgen gelten die SoVorschr der §§ 57 a–57 c HochschulrahmenG (RsprÜbbl: Hauck-Scholz/Neie NZA-RR **99**, 169). Die Vorschr gestatten zT den Abschl v ZtArbVertr auch ohne sachl gerechtfert Grd (Rn 10) u sind verfassgsgem (BVerfG NJW **97**, 513).

2) Bestimmbare Dauer infolge Art oder Zweck der zu leistden De (Abs II). **a) Begriff.** Auch hier 8
handelt es sich um (nicht kalmäß od zeitl best) befr D(Arb)Verh, die von selbst enden, wenn die geschuldeten

De (Arb) geleistet sind. Die Dauer ist bei Abschl des Vertr nach KalTag u ZtRaum unbest. Der Wille der Part muß VertrInhalt geworden sein; ein BewegGrd allein reicht nicht. **b) Beispiele:** Aushilfe für beurlaubte od kr ArbN, einmal ArbAnfall dch SondVerk; SaisonBetr, sofern die Vertr nicht schon kalmäß befr sind; Anstellg als
9 GeschF, wenn ein ArbVerh zur Erprobg hierfür abgeschl w (BAG BB **94**, 428). **c) Wirkung.** Beendigg: Rn 8. Der DBer (ArbG) hat dem DVerpfl (ArbN), wenn er das Ende nicht von selbst ausmachen kann, die bevorstehende Beendigg rechtzeit anzuzeigen (hM), sog Auslauf- od AnkündFr. Unterbleibt die Anz, so endet das ArbVerh nach Ablauf der entspr Fr. Schuldh Verl kann SchadErsPfl (VertrauensSchad), auch Lohnfortzahlg für begrenzte Zt begrden.

10 **3) Sachlicher Grund** für die Befristg (sog Zweckbefristg) wird v der hRspr u der hM gefordert, wenn sonst dch die Befristg der KündSchutz (vgl Rn 3) umgangen wird, auch der nach § 613e IV § 1 (BAG NZA **99**, 926). Andernf ist das ArbVerh unbefr. Der sachl Grd muß auch vorliegen, wenn ein unbefr ArbVerh nachträgl (auch iW einer ÄndKünd) befristet wird (BAG NJW **99**, 197). Eine Befristg, die der ArbN von sich aus erstrebt, ist stets zul (hM; BAG NZA **97**, 1222; Hoß/Lohr MDR **98**, 313 [318] mwN). Eine Umgehg liegt idR nicht vor, wenn die Befristg auf einem Vergleich beruht (BAG NZA **99**, 480). Ges geregelte Fälle
11 zuläss Befristg sind § 1 BeschFG (Rn 19) u § 21 BErzGG (Rn 7). **a) Allgemein.** Der sachl Grd muß vorliegen, nicht auch im ArbVertr bezeichnet sein, auch nicht im öff D (BAG DB **91**, 2548); dies zu tun ist aber dringd zu empfehlen. Die maßgebde obj Beurt hat davon auszugehen, ob ein verständ ArbG im konkr Fall ein ArbVerh auf unbest Zt begrdet haben würde. Es kommt dabei auch auf die Dauer der Befristg an. Die Anfdgen an den sachl Grd steigen mit der Dauer der Beschäft, insb bei Vertretg (BAG NZA **92**, 883). Maßg Ztpkt ist der Abschl des Vertr, bei Änd eines befr Vertr der des ÄndVertr (BAG NZA **90**, 744). Das gilt auch für nachträgl Befristg (BAG NZA **96**, 1089). Liegt der Grd in der Zukunft, ist auf die Prognose abzustellen. Zusätzl muß der Ztpkt der Zweckerreichg für den ArbN frühzeit erkennb sein, bei VertrAbschl voraussehb od
12 v ArbG rechtzeit angekünd w (BAG NZA **88**, 201). **b) Einzelheiten.** Sachl Grd wird: **aa) Bejaht:** Vertretg für die Dauer eines BeschäftVerbots wg MuSchutz od bei berecht ErziehgsUrl (§ 21 I BErzGG; LAG Köln NZA-RR **96**, 125); beabsicht BetrSchließg (BAG NZA **98**, 1000); vorübgehde Aushilfe od Vertr (BAG stRspr, zB NZA **97**, 200 mwN) bis zur vertr feststehden Besetzg des DauerArbPl od Besetzg mit einem einzustellden ArbN (BAG NJW **98**, 2237), ohne Rücks darauf, ob die Dauer der Vertretg vorauszusehen ist (BAG NZA **96**, 878 u NJW **99**, 1350), wobei eine Umverteilg der Aufgaben zuläss ist (BAG NZA **86**, 569); Erprobg (BAG NJW **82**, 1173); vorübgehder ArbKräftemehrbedarf (BAG NZA **97**, 313); Bühnenkünstler (BAG DB **81**, 2080); Arb neben dem Studium (LAG Bln NZA-RR **96**, 201), aber nur, wenn die Befristg an die Erfordern des Studiums angepaßt w (BAG NJW **95**, 981 u NZA **99**, 990), zB sog Ferien-Job; voraussehb Zweckerfüllg u übschaub Zt (BAG NJW **83**, 1927); Zuweisg eines ArbN iR einer ArbBeschaffgsMaßn (BAG NJW **83**, 2158 u NZA **88**, 468; Berger-Delhey NZA **90**, 47); Wunsch des ArbN u ein obj bestimmb, in seiner Pers liegder Grd (BAG stRspr NZA **97**, 1222 mwN; vgl Rn 10); Abschl eines Vergl üb Bestehen des ArbVerh für eine best (Rest)Zt (BAG BB **81**, 121); RundfunkMitArb (BVerfG NJW **82**, 1447), insb Einführg eines neuen Programms (BAG NZA **97**, 196) u RundfunkFreih (BAG NZA **98**, 1336); bei Lehrern vorübgehder Mehrbedarf an Lehrkräften (BAG NJW **82**, 1475, auch schultypenübgreifd (BAG NZA **99**, 928) od vorausberechneter Minderbedarf (BAG NJW **83**, 1444) u Befristg bis zum Bestehen der StaatsPrüfg (BAG aaO); Betreug v Spitzensportlern dch Trainer uU (BAG NZA **99**, 646); soz ÜberbrückgsZweck (BAG NZA **88**, 545 mwN; Blechmann NZA **87**, 191); GeschEröffng (LAG RhPf DB **89**, 1193). Bei Vereinbg, daß das
13 ArbVerh endet, sobald eine Altersrente bezahlt w, muß § 41 IV S 3 SGB VI beachtet w. **bb) Verneint:** Die bloße Eigensch als NebenTätk (BAG DB **94**, 2504); Vertretg, die nur auf das Ausscheiden des Vertretenen abstellt (BAG NZA **98**, 1279); der Zweck, den BestdsSchutz des § 613a zu vereiteln (NJW **96**, 213); die Zuweisg best HaushMittel (BAG NJW **80**, 1766); das Vorhandensein vorübgehd freier Stellen (BAG NJW **82**, 1475); Unsicherh der künft Entwicklg des ArbKräftebedarfs (St/Preis 79 mwN); die Eigensch als Chefarzt eines KrHauses (Zuck NZA **94**, 961); ständ Aushilfe od DauerVertr (BAG BB **82**, 434, NZA **85**, 90 u 561); mögl od beabsicht Besetzg des ArbPlatzes mit künft Bewerbern (BAG BB **70**, 1302); allg soz- u beschäftpol Erwäggen (BAG NZA **88**, 545 [Lehrer]); idR die DrFinanzierg des ArbPl (Lakies NZA **95**, 296 mwN); bei nachträgl Befristg günstigere ArbBedinggen verbunden mit der WahlMöglk (BAG NZA **99**, 476).

14 **4) Beweislast.** Grdsätzl trägt sie derjen, der sich auf die Beendigg dch FrAblauf beruft (hM). Bei Streit um die Dauer der Befristg trägt die BewL, wer sich auf das frühere VertrEnde beruft (BAG NJW **95**, 2941). Dafür daß kein sachl Grd vorlag (vgl Rn 10–13), trägt sie der ArbN (BAG **AP** Befr ArbVertr Nr 16, 20; bestr; aA Kempff DB **76**, 1576 mwN: ArbG für Vorliegen des Grdes).

15 **5) Wirkungen. a) Bei wirksamer Befristung.** Das D(Arb)Verh endet mit ZtAblauf von selbst. Wird das ArbVerh fortgesetzt, gilt § 625. Eine Künd ist unnöt, eine außerord Künd nicht ausgeschl (§ 626 Rn 2). Soll eine ord Künd währd der Dauer des befr ArbVerh zuläss sein, müssen es die Part eindeut erkennb vereinb haben (BAG NJW **81**, 246 mwN), auch mit einer v § 622 abweichden Fr mögl (BAG NZA **98**, 747). Das KündR kann insb auf best Grde beschr u befristet werden (BAG NJW **98**, 3515). Ist das KündR vereinb, steht dies der Befristg nicht entgg (BGH NJW **93**, 326). Ges zuläss bei vorzeit beendetem ErzUrl (§ 21 IV BErzGG). Für die ord Künd kann KündSchutz eingreifen. Ist die ord Künd beiderseits ausgeschl, kann auch
16 der ArbN nicht künd. Es gilt jedoch stets § 624. **b) Bei unwirksamer Befristung.** Der D(Arb)Vertr ist wirks; nur die Befristg ist unwirks, sodaß ein D(Arb)Verh auf unbest Dauer besteht (allgM). Es kann jedoch ein and BefristgsGrd nachgeschoben w. Daraus folgt an sich, daß das D(Arb)Verh gekünd w kann; jedoch nicht von demjen ArbN, der sich auf das Fehlen des sachl gerechtf Grdes beruft (BAG **18**, 8). Auch der ArbG kann sich frühestens mit FrAblauf v dem Vertr lösen. Seine Mitt an den ArbN, der Vertr solle nicht verlängert w, ist keine vorsorgl Künd, solange die Wirksk der Befristg zw den Part nicht streit ist (BAG BB **79**, 1557). Ist eine ZweckBefristg vereinb, deren Ende für den ArbN nicht voraussehb ist, so endet das ArbVerh erst mit
17 Ablauf einer der MindKündFr (§ 622 I, V Nr 2) entspr AuslaufFr (BAG NZA **87**, 238). **c) Kündigung** (Abs II) ist bei allen D(Arb)Verh mögl, die nicht auf best (Rn 2) od bestimmb Zt (Rn 8) abgeschl sind.
18 **d) Wiedereinstellungsanspruch** bei KettenArbVertr (Rn 4) od FortsetzgsAnspr auf unbest Zt nur dann, wenn ein VertrauensTatbestd geschaffen w (BAG NZA **87**, 627) u ein widersprüchl Verh des ArbG vorlag

(BAG NZA **89**, 719 u DB **95**, 2374). **e) Klagefrist** des § 1 V BeschFördG (Rn 31) gilt für alle Befristgen, nicht nur für die gem § 1 BeschFördG (Rn 31; BAG NJW **99**, 2837 mwN) u auch dann, wenn die Befristg unwirks war (vgl Rn 31) mit der Folge des unbefristeten ArbVerh (Rn 16), so daß bei versäumter KlFr die Befristg als wirks anzusehen ist (Reuter NZA **98**, 1321).

6) Befristete Arbeitsverträge nach Beschäftigungsförderungsgesetz v 26. 4. 85 (BGBl 710) idF des Art 4 Arbrechtl BeschäftFördG v 25. 9. 1996 (BGBl 1476); iKr seit 1. 10. 96. 19

§ 1. *(1) Die Befristung eines Arbeitsvertrages ist bis zur Dauer von zwei Jahren zulässig. Bis zur Gesamtdauer von zwei Jahren ist auch die höchstens dreimalige Verlängerung eines befristeten Arbeitsvertrages zulässig.*

(2) Die Befristung des Arbeitsvertrages ist ohne die in Absatz 1 genannten Einschränkungen zulässig, wenn der Arbeitnehmer bei Beginn des befristeten Arbeitsverhältnisses das 60. Lebensjahr vollendet hat.

(3) Die Befristung nach den Absätzen 1 und 2 ist nicht zulässig, wenn zu einem vorhergehenden unbefristeten Arbeitsvertrag oder zu einem vorhergehenden befristeten Arbeitsvertrag nach Absatz 1 mit demselben Arbeitgeber ein enger sachlicher Zusammenhang besteht. Ein solcher enger sachlicher Zusammenhang ist insbesondere anzunehmen, wenn zwischen den Arbeitsverträgen ein Zeitraum von weniger als vier Monaten liegt.

(4) Die Zulässigkeit der Befristung des Arbeitsvertrages aus anderen Gründen bleibt unberührt.

(5) Will der Arbeitnehmer geltend machen, daß die Befristung eines Arbeitsvertrages rechtsunwirksam ist, so muß er innerhalb von drei Wochen nach dem vereinbarten Ende des befristeten Arbeitsvertrages Klage beim Arbeitsgericht auf Feststellung erheben, daß das Arbeitsverhältnis auf Grund der Befristung nicht beendet ist. Die §§ 5 bis 7 des Kündigungsschutzgesetzes gelten entsprechend.

(6) Die Absätze 1 bis 4 gelten bis zum 31. Dezember 2000.

a) Inhalt. Der 1. Abschn des G umfaßt nur den § 1, der die Zulassg befristeter ArbVertr ggüb den allg Regeln (Rn 10–13) erleichtert. Der 2. Abschn betr nur die TeilZtArb (44 vor § 611). **b) Entstehung:** § 1 BeschFG (v 26. 4. 85, BGBl 710) war aus polit Grden zunächst zeitl begrenzt bis zum J 1990, dann bis 1995 verlängert u nochmals bis 2000 (BGBl **94**, 1737). § 1 wurde dann neu gefaßt mit weitergehder Erleichterg befr ArbVertr dch Art 4 Arbrechtl BeschäftFördG v 25. 9. 96 (BGBl 1476). IKr seit 1. 10. 96. **c) Zeitliche Geltungsdauer** (Abs VI). Sie ist für die Abs I–IV bis 31. 12. 2000 begrenzt. Das bedeutet, daß der ArbVertr spätest an diesem Tag abgeschl sein muß, damit die Abs I–IV anwendb sind. Zeitl unbegrenzt ist die Geltg des Abs V (Kl wg Unwirksk einer Befristung). **d) Abdingbarkeit:** TV geht vor (Rn 30). Dch EinzelArbVertr nur in der Weise, daß zusätzl ein sachl Grd (Rn 10) vorliegen müsse (BAG NZA **88**, 545). **e) Verhältnis zur Zulässigkeit anderer Befristungen** (Abs IV). Die Befristg aus sachl Grd (Rn 10–13) bleibt weiter zuläss (hM; Sowka BB **97**, 677); ebso die nach SoRegeln (Abs IV; Rn 7). **f) Anwendungsbereich** umfaßt alle ArbVerh, auch AusbildgsVerh (Rolfs NZA **96**, 1134 [1136]), für die nicht SoRegeln (Rn 7) gelten. Für LeihArbVerh gilt das AÜG (40 vor § 611). **g) Voraussetzungen** (Abs I): Die einmal Befristg darf 2 J nicht übsteigen. FrBerechng: § 187 II S 1, § 188 II. Es kommt auf den Beginn des ArbVerh (5 vor § 611), nicht auf den VertrSchl an. Die Verlängerg (S 2) muß unmittelb anschließen (Wisskirchen DB **98**, 722) u darf nicht erst danach abgeschl sein (hM; aA Wohlleben RdA **98**, 277), sonst greift Abs III ein (Rolfs aaO 1137); das ist auch mögl, wenn die Unterbrechg länger als 4 Mo dauert (Abs III S 2). **h) Erleichterte Voraussetzungen** (Abs II). Ohne sachl Grd für die Befristg (Rn 10–13) u ohne die Begrenzgen des Abs I ist eine nur dch Abs VI beschr Befristg zuläss bei 60jähr ArbN. Der VertrAbschl vor Vollendg des 60. LebensJ ist wirks. **i) Anschlußbefristung** (Abs III) ist nur unzuläss nach einer Befristg gem Abs I (Sowka BB **97**, 677) u bei engem sachl Zushang, der nach S 2 unwiderlegb vermutet w. Der Zushang kann auch and Grde als ZtAblauf haben (Rolfs aaO 1138) u kann auch bei längerer Unterbrechg als 4 Mo gegeben sein. BewL: ArbN (and die alte Fassg, BAG NZA **90**, 741). Ohne sachl Grd (Rn 10–13) ist eine Verlängerg dann grdsätzl unzuläss (Wohlleben RdA **98**, 277). Abs III verbietet nicht eine dreimal Verlängerg innerh von 2 Jen (LAG Sachsen NZA-RR **99**, 16). Der Zweck der ges Regelg ist zwar auf eine Neueinstellg od ArbPlatzErhaltg gerichtet; es muß aber keine sein (Preis NJW **96**, 3369) u es muß kein zusätzl ArbPlatz geschaffen w (BAG NJW **89**, 1756). Es kommt nur auf den betr ArbN, nicht auf den Betr an (BAG aaO). **j) Wirkung:** Es gelten grds Rn 15, 16. Die Befristg kann iR der 2 J belieb kürzer vereinb w. Keine ProbeZt (Rieble DB **95**, 2472). Ord Künd kann vereinb w; es gilt dann § 622 VI. Ggf besteht KündSch (Rolfs NZA **96**, 1134). § 626 bleibt unberührt. Nach 2 J od Ablauf der 3. Verlängerg kann das ArbVerh nur unbefr fortgesetzt w. **k) Vorrang des Tarifvertrags** (in dessen GeltgsBer, 66–70 vor § 611). § 1 verbietet nicht abweichde BefristgsVorschr in TV, die den ArbN günst stellen (hM; BAG NZA **88**, 358 mwN), zB dch Verkürzg der Fr od Erfordern eines sachl Grdes iS der Rn 10 (BAG NZA **90**, 747). **l) Feststellungsklage** mit AusschlFr (Abs V; Rn 18). Der ArbN muß sie innerh 3 Wo (wie § 4 KSchG) ab Ende der vereinb Befristg erheben, wenn er deren Unwirksk wg Verstoßes gg Abs I, III geltd machen will, auch wenn die Befristg wg Fehlens eines sachl Grds rechtsunwirks ist (BAG NJW **99**, 2837), gilt also (zeitl unbegrenzt) für alle Befristgen (Rn 18).

Margin numbers: 20 (a), 21 (b), 22 (c), 23 (d), 24 (e), 25 (f), 26 (g), 27 (h), 28 (i), 29 (j), 30 (k), 31 (l).

621 ***Ordentliche Kündigung von Dienstverhältnissen.*** **Bei einem Dienstverhältnis, das kein Arbeitsverhältnis im Sinne des § 622 ist, ist die Kündigung zulässig,**

1. **wenn die Vergütung nach Tagen bemessen ist, an jedem Tag für den Ablauf des folgenden Tages;**
2. **wenn die Vergütung nach Wochen bemessen ist, spätestens am ersten Werktag einer Woche für den Ablauf des folgenden Sonnabends;**
3. **wenn die Vergütung nach Monaten bemessen ist, spätestens am fünfzehnten eines Monats für den Schluß des Kalendermonats;**
4. **wenn die Vergütung nach Vierteljahren oder längeren Zeitabschnitten bemessen ist, unter Einhaltung einer Kündigungsfrist von sechs Wochen für den Schluß eines Kalendervierteljahres;**
5. **wenn die Vergütung nicht nach Zeitabschnitten bemessen ist, jederzeit; bei einem die Erwerbstätigkeit des Verpflichteten vollständig oder hauptsächlich in Anspruch nehmenden Dienstverhältnis ist jedoch eine Kündigungsfrist von zwei Wochen einzuhalten.**

1 **1) Allgemeines. a) Anwendungsbereich:** Nur DVerh (vgl Einf 2, 16 vor § 611), die nicht ArbVerh
sind. Bei VorstdsMitgl einer AG u GeschF einer GmbH ist die Abberufg v der Künd zu untersch (Gehrlein
BB **96**, 2257). Zu den RFolgen: Fonk NZG **98**, 408; die Anwendg v § 621 Nr 3 bei arbnehmerähnl Stellg ist
umstr (vgl § 622 Rn 5; Reiserer DB **94**, 1822; wohl zu recht bejahd: Hümmerich NJW **95**, 1177). § 621 gilt
nicht bei ArbVerh, für die § 622, u für HeimArb, für die § 29 HeimarbG gilt. SondVorschr für HandelsVertr:
2 § 89 HGB. Bei InternatsVertr ist § 620 zu beachten (BGH NJW **85**, 2585). **b) Abdingbarkeit:** § 621 ist
nicht zwingd (BGH NJW **64**, 350). Grenzen: § 11 Nr 12 AGBG. Bei aufwend DirektunterrichtsVertr (BGH
120, 108 [Tanzlehrer]), kann § 9 AGBG (dort Rn 134) entggstehen (Köln NJW **83**, 1002 [Heilpraktiker]; KG
3 MDR **94**, 348 [KrGymnastin]). **c) Einordnung** unter Nr 1–5 hängt allein von der Bemessg der Vergütg ab,
4 nicht davon, wann u wie sie gezahlt w. **d) Kündigung:** nur ord Künd (vgl 42 vor § 620). Maßg ist der
Zugang (§§ 130–132). Außerord Künd: §§ 624. 626. 627. Kein KündSch, da dieser nur für ArbVerh gilt.
SoRegeln in § 5 FernUSG.

5 **2) Besonderheiten. a) Nr 1:** Bei Künd zu FrEnde an Sonn-, Feier- od Samstagen vgl § 193 Rn 2.
6 **b) Nr 3:** § 193 gilt nicht (§ 193 Rn 3 mwN). **c) Nr 4:** Berechng der Fr erfolgt gem §§ 187 I, 188 II. Bsp:
Künd zum 31. 12 muß am 19. 11 zugehen; § 193 gilt nicht (BAG NJW **70**, 1470 für ArbVerh unter Aufgabe
früherer Rspr; ebso für § 89 HGB: BGH **59**, 265). Wird die Künd vor Beginn des ArbVerh erkl, so beginnt u
läuft die KündFr nach §§ 187 II, 188 II ab vertr vereinb Beginn des ArbVerh, wenn auf dessen Aktualisierg
7 abgestellt w (BAG NJW **80**, 1015). **d) Nr 5:** Gilt zB bei Provision, Stückvergütg, Gewinnbeteiligg. Berechng
der Fr: wie Rn 6.

622 ***Ordentliche Kündigung von Arbeitsverhältnissen.*** **I Das Arbeitsverhältnis eines Arbeiters oder eines Angestellten (Arbeitnehmers) kann mit einer Frist von vier Wochen zum Fünfzehnten oder zum Ende eines Kalendermonats gekündigt werden.**

II Für eine Kündigung durch den Arbeitgeber beträgt die Kündigungsfrist, wenn das Arbeitsverhältnis in dem Betrieb oder Unternehmen

1. zwei Jahre bestanden hat, einen Monat zum Ende eines Kalendermonats,
2. fünf Jahre bestanden hat, zwei Monate zum Ende eines Kalendermonats,
3. acht Jahre bestanden hat, drei Monate zum Ende eines Kalendermonats,
4. zehn Jahre bestanden hat, vier Monate zum Ende eines Kalendermonats,
5. zwölf Jahre bestanden hat, fünf Monate zum Ende eines Kalendermonats,
6. fünfzehn Jahre bestanden hat, sechs Monate zum Ende eines Kalendermonats,
7. zwanzig Jahre bestanden hat, sieben Monate zum Ende eines Kalendermonats.

Bei der Berechnung der Beschäftigungsdauer werden Zeiten, die vor der Vollendung des fünfundzwanzigsten Lebensjahres des Arbeitnehmers liegen, nicht berücksichtigt.

III Während einer vereinbarten Probezeit, längstens für die Dauer von sechs Monaten, kann das Arbeitsverhältnis mit einer Frist von zwei Wochen gekündigt werden.

IV Von den Absätzen 1 bis 3 abweichende Regelungen können durch Tarifvertrag vereinbart werden. Im Geltungsbereich eines solchen Tarifvertrages gelten die abweichenden tarifvertraglichen Bestimmungen zwischen nichttarifgebundenen Arbeitgebern und Arbeitnehmern, wenn ihre Anwendung zwischen ihnen vereinbart ist.

V Einzelvertraglich kann eine kürzere als die in Absatz 1 genannte Kündigungsfrist nur vereinbart werden,

1. wenn ein Arbeitnehmer zur vorübergehenden Aushilfe eingestellt ist; dies gilt nicht, wenn das Arbeitsverhältnis über die Zeit von drei Monaten hinaus fortgesetzt wird;
2. wenn der Arbeitgeber in der Regel nicht mehr als zwanzig Arbeitnehmer ausschließlich der zu ihrer Berufsbildung Beschäftigten beschäftigt und die Kündigungsfrist vier Wochen nicht unterschreitet. Bei der Feststellung der Zahl der beschäftigten Arbeitnehmer sind teilzeitbeschäftigte Arbeitnehmer mit einer regelmäßigen wöchentlichen Arbeitszeit von nicht mehr als 20 Stunden mit 0,5 und nicht mehr als 30 Stunden mit 0,75 zu berücksichtigen.

Die einzelvertragliche Vereinbarung längerer als der in den Absätzen 1 bis 3 genannten Kündigungsfristen bleibt hiervon unberührt.

VI Für die Kündigung des Arbeitsverhältnisses durch den Arbeitnehmer darf keine längere Frist vereinbart werden als für die Kündigung durch den Arbeitgeber.

1 **1) Allgemeines. a) Neufassung.** Die Vorschr wurde neu gefaßt dch Art 1 KündFG v 7. 10. 93 (BGBl
1668). In Abs V S 1 Nr 2 ist der 2. Satz (im G als Abs V S 2) neu gefaßt dch Art 7 Arbrechtl BeschäftFördG
v 25. 9. 96 (BGBl 1476); iKr seit 1. 10. 96; wiederum geändert dch Art 6a G v 19. 12. 98 (BGBl 3843); iKr
2 seit 1. 1. 99. **b) Zweck.** Die ges KündFr sind für alle ArbN (Angest u Arb) bei beschränkter Abdingbk
vereinheitl. Die Neuregelg vereinheitl die Fr auf einem mittleren Niveau. Auf QuartalsKündTerm (bisher
3 § 622 I S 1) wird bewußt verzichtet, um den ArbMarkt nicht schubw zu belasten. **c) Sondervorschriften.**
Für AusbildgsVerh gilt § 15 BerBG. Im HeuerVerh gelten die Fr des § 63 SeemG, im GeltgsBer des Heim-
4 ArbG dessen § 29. **d) Anwendungsbereich:** auf unbest Zt eingegangene ArbVerh aller ArbN (Einf 7, 8 vor
§ 611), entw Angest (Einf 12 vor § 611) od Arb (Einf 13 vor § 611); nur die ordentl Künd (Vorbem 42 vor
§ 620), einschl ÄndKünd (BAG BB **94**, 855), nicht die außerord (§ 626). Abs I gilt für Künd des ArbG wie
des ArbN (Kramer BB **97**, 731); ebso gelten die Abs III–VI. Abs II gilt nur für Künd des ArbG. Ob die entspr
Anwendg v Abs I aF auf VorstdsMitgl einer AG u GeschF einer GmbH (vgl BGH **79**, 291 u **91**, 217) auf
Abs I nF fortgeführt w kann (vgl § 621 Rn 1), ist zweifelh u wohl zu verneinen (Hümmerich NJW **95**, 1177;
5 bejahd LAG Köln NZA-RR **99**, 300; Bauer BB **94**, 855). **e) Abdingbarkeit.** Sie ist nur beschr mögl u für
die Abs I–III dch die Abs IV–VI abschließd geregelt. Ist im Einzelfall unzuläss abbedungen, gelten grdsätzl die

ges Fr der Abs I–III (Kramer BB **97**, 731); das gilt entspr für unzuläss vereinb KündTerm (Kramer aaO). **f) Fristberechnung** erfolgt nach § 187 I, § 188 II S 1 Hs 1. Die KündFr ist der ZtRaum, der vom Zugang 6
der Künd (§ 130) bis zum KündTerm reicht (Tag, mit dessen Ablauf die Künd das ArbVerh beendet). Bsp für 4 Wo: eine Künd, die das ArbVerh am 31. 3. um 24 Uhr beenden soll, muß spätest am 3. 3. zugehen. § 193 gilt nicht (BAG NJW **70**, 1470 für aF). **g) Nachweis** der KündFr ist dch § 3 I S 2 Nr 9 NachwG vorgeschr. 7

2) Ausschluß ordentlicher Kündigung (hierzu Kania/Kramer RdA **95**, 287) ist für den ArbG unbegrenzt mögl, für den ArbN nur für längstens 5 J (§ 624) u nicht einseit wg Analogie zu Abs VI (Kania/Kramer 8
aaO 292). Bei Verstoß gilt Rn 6. **a) Durch Gesetz:** bei Mitgl v BetrR, Jugend- u BordVertr. WahlVorstd u Wahlkandidaten (§ 15 KSchG) sowie PersonalratsMitgl (§ 95 PersVertrG). Außerdem kann die ord Künd inf KündSchutzes unwirks sein (vgl Vorbem 61–90 vor § 620). **b) Durch Vertrag** ist Ausschl ord Künd grdsätzl 9
mögl. Bei Anstellg auf LebensZt gelten §§ 620 I, 624, so daß nur aus wicht Grd od nach § 624 außerord gekünd w kann; jedoch kann auch dabei geboten sein, eine angem Fr einzuhalten (vgl § 626 Rn 55). Bei ArbVerh auf unbest Dauer (§ 620 II) kann vereinb w, daß beide VertrT auf ord Künd von vornherein verzichten (wobei § 624 unberührt bleibt) u nur aus § 626 od aus best vereinb Grden künd dürfen. Das trifft zu, wenn vereinb ist, daß eine Dauer- od LebensStellg eingeräumt w. Auch stillschw Vereinbg ist mögl. KündBeschrkgen des ArbN: Vorbem 44 vor § 620.

3) Grundkündigungsfrist (Abs I). Sie ist eine MindestFr u gilt grdsätzl für alle ArbVerh, bei TV u 10
ArbVertr, die sich auf die jeweil ges KündFr beziehen, mit Inkrafttr des G (Hromadka BB **93**, 2372). Die 4 Wo (Berechng Rn 6) laufen unabhäng vom MoEnde u von der VergütgsPeriode. **a) Arbeitgeberkündigung.** Abs I gilt für alle Künd von ArbVerh, die keine verlängerte KündFr gem Abs II aufweisen (Rn 12), 11
nicht Künd v ProbeArbVerh sind (vgl Abs III, Rn 17) od für die eine aGrd des Abs IV, V (Rn 20–24) abweichd vereinb KündFr gilt. **b) Arbeitnehmerkündigung.** Abs I gilt für alle Künd, unabhäng von der 12
Dauer des ArbVerh (Abs II; Rn 14), wenn kein ProbeArbVerh (Abs III; Rn 17) gekünd w od eine abweichde KündFr gem Abs IV, V vereinb ist.

4) Kündigungstermin (Abs I) ist der Tag, an dem die KündFr abläuft u zu dem gekünd wird (BAG NZA 13
99, 609). Das sind der 15. (MoMitte, vgl § 192) u der letzte Tag eines KalMo (MoEnde, vgl § 192), u zwar eines jeden Mo. § 193 gilt nicht (vgl dort Rn 3). Für den FrBeginn ist § 187 I anzuwenden. Eine verspätete Künd wirkt zum nächsten KündTerm (BAG NZA **86**, 229 für Abs I S 1 aF). Bsp: Ist KündTerm Montag der 15. Nov, muß die Künd am Montag, den 18. Okt zugehen (§ 130), um das ArbVerh am 15. Nov um 24 Uhr zu beenden. Geht die Künd nach dem 18. Okt zu, wirkt sie erst zum 30. Nov 24 Uhr.

5) Gesetzlich verlängerte Kündigungsfrist (Abs II). Gilt nur für Künd des ArbG, unabhäng v der Zahl 14
der beschäft ArbN. **a) Voraussetzungen** der Verlängerg für alle betr ArbVerh. **aa) Bestand** des ArbVerh. Es muß rechtl bestehen (vgl Einf 5 vor § 611), unabhäng v der tats ArbLeistg, Krankh od Streik (Wank NZA **93**, 961 [965]). Identität v Betr od Untern (Einf 14, 15 vor § 611) umfaßt auch die Fälle, in denen der ArbN in verschiedenen Betr des Untern tät ist. Auf die Identität des BetrInh kommt es nicht an. Daher berührt RNachf (insb § 613 a) die BestdsDauer nicht. Bei rechtl Unterbrechg des ArbVerh u Rückkehr des ArbN wird auf den inneren ZusHang abzustellen sein. **bb) Mindestalter** (Abs II S 2). Solange der ArbN das 15
25. LebensJ nicht vollendet hat, werden für die Berechng des Bestehens (Rn 14) BeschäftZten auch bei demselben ArbG nicht berücksicht. Das führt prakt dazu, daß die erste Verlängerg (Nr 1) nicht vor Vollendg des 27. LebensJ eintritt. **b) Wirkung.** Die Verlängerg der KündFr tritt ein, sobald die betr Anzahl der J 16
abgelaufen ist, so daß für eine am letzten Tag der BestdsDauer zugegangene Künd (§ 130) noch die früh KündFr gilt. Da KündTermin das MoEnde ist u die MoFr gilt, sind § 187 I, § 188 II, III anzuwenden, so daß die Künd spätestens am letzten Tag des betr Mo zugehen muß.

6) Probearbeitsverhältnis (Abs III). Begriff: Einf 42 vor § 611. **a) Zweck.** Es soll innerh eines über- 17
schaub ZtRaums der ArbG die LeistgsFähk des ArbN u dieser die ArbBedinggen erproben können, zugleich der Entschl zur Einstellg dem ArbG erleichtert w. **b) Anwendbar** auf Künd v ArbG wie ArbN; einvernehml 18
AufhebgsVertr ohne Künd bleibt immer mögl. **c) Kündigungsfrist** ist zwei Wo, wenn die ProbeZt längstens 6 Mo beträgt. Bei längerer ProbeZt (prakt selten) gilt nach Ablauf der 6 Mo die GrdKündFr des Abs I, so daß mit 2-WoFr letztmals am letzten Tag des 6. Mo gekünd w kann (St/Preis 36 mwN). **d) Abdingbarkeit:** Dch 19
TV können die KündFr für die gesamte ProbeZt abgekürzt od verlängert w (Abs IV). Dch EinzelVertr kann die Fr nicht abgekürzt, aber verlängert w. Eine solche Verlängerg muß sich eindeut auf die ProbeZt beziehen (LAG Düss NZA **96**, 1156).

7) Änderung durch Tarifvertrag (Abs IV) ist mögl bei allen ArbVerh für alle Künd. Bestehde TV änd 20
die Fr ab, soweit sie konstitutive Normen enthalten (vgl Drüll/Schmitte NZA **94**, 398 für das Baugewerbe). Wird im TV die ges Regelg inhaltl unveränd übern, hat das nur deklarator Wirkg (BAG BB **96**, 220). **a) Tarifvertrag** (Einf 65 vor § 611). Es können die GrdKündFr u die KündTerm (Abs I), die verlängerte Fr (Abs II) u die ProbeZtFr (Abs III) geändert w, auch die für AushilfsArbVerh (ob Abs I). Die Regelg ist also voll tarifdispositiv. Die Fr können bis zur Fristlosk abgekürzt, verlängert w, die Länge v and Dauer der BetrZugehörk abhäng gemacht u der Beginn der BestdsDauer auf ein and Lebensalter als 25 best w. Zw Angest u Arb darf nur unter best Vorauss differenziert w (vgl BAG NZA **94**, 1045 u **95**, 1051; Hromadka BB **93**, 2372 [2376] mwN; Wank NZA **93**, 961 [966]; ablehnd v. Hoyningen-Huene WiB **94**, 51). **b) Übernahme durch Einzelvertrag** (Abs IV S 2). Besteht eine tarvertr Regelg, so kann sie (aber nur insges, nicht 21
allein die Fr od eine veränd BestdsDauer) auch dch EinzelVertr von NichtTarGebundenen übern w. Das ArbVerh muß aber im GeltgsBer des TV bestehen (Einf 66–70 vor § 611), auch bei NachWirkg (§ 4 V TVG; Wank NZA **93**, 961 [965]). Die Vereinbg kann dch Bezugn auf den TV geschehen, dch wörtl Wiederh des betr TVTeils od dch IndividualVereinbg, die üb die Abweichg im TV hinausgeht. **c) Verstoß.** Insb bei VerfWidrk einer TarÖffngsKl gilt die ges KündFr (BAG NZA **94**, 799).

8) Änderung durch Einzelvertrag (Abs V). Damit ist die VertrGestaltg gem 75 vor § 611 gemeint. Der 22
GWortlaut umfaßt nur die KündFr (Rn 10), nicht den KündTerm (Rn 13). Offenb ist aber vom GGeber

gewollt, daß der KündTerm entfallen od variabel gestaltet w kann (vgl Rn 23). Es ist zu unterscheiden: **a) Aushilfsarbeitsverhältnis** (S 1 Nr 1). Begr: Einf 43 vor § 611. Es gilt grdsätzl die 4-WoFr des Abs I od eine dch TV vereinb kürzere Fr (Abs IV; Rn 6). Gilt die Fr des Abs I, so kann auch eine kürzere Fr (bis zur Fristlosk) dch EinzelVertr vereinb w (Abs V S 1 Hs 1). Sind die Fr für ArbN u ArbG unterschiedl vereinb, so muß die Fr für den ArbG länger sein, weil Abs VI gilt (Rn 26). Wird das AushilfsArbVerh üb 3 Mo hinaus fortgesetzt, so gilt für eine Künd, die am ersten Tag nach Ablauf des 3. Mo zugeht, zwingd die Fr des Abs I, es
23 sei denn ein TV sieht eine and Fr vor (Abs IV Rn 20). **b) Kleinbetriebsklausel** (S 1 Nr 2; vgl 62/63 vor § 620). ArbN: 7 vor § 611; es müssen weniger als 21 sein. Es wird auf das Untern, nicht auf den Betr (15 vor § 611) abgestellt. TZtBeschäft werden nach dem Schlüssel des S 2 gezählt. Dabei gibt es keine Mindestzahl der regelm wöchentl ArbStunden bis 20. Regelmäß: Es ist grds auf die vertr vereinb ArbZt abzustellen; ebenso auf die Vergangenh u voraussichtl Entwicklg in der Zukunft (ErfK/Müller-Glöge 39). KündFr: Sie darf für den betr ArbN 4 Wo nicht unterschreiten. Das kann iVm Abs I nur so verstanden w, daß die KündTerm (15. u MoEnde) abbedungen w können, also zB am Montag, den 11. Okt zum Montag, den 8. Nov 24 Uhr gekünd w kann. Von der verlängerten Fr des Abs II darf nicht abgewichen w (Adomeit/Thau NJW **94**, 11
24 [14]). **c) Verlängerung** (S 2) der Fr in Abs I–III (also für alle and ArbVerh) wird dch Abs V S 1 Nr 1 u 2 nicht berührt u bleibt daher zuläss. Entgg dem GWortlaut gilt dies auch für die KündTerm (die zB auf Quartalsende gelegt w können) u dem GWortlaut zufolge auch für die Künd des ArbN mit gleich längerer KündF wie der ArbG. Ob das gewollt war, ist mind zweifelh. Jedenf sind KündFr v mind einem J zuläss
25 (Preis/Kramer DB **93**, 2125). **d) Verstoß** gg S 1: Als RFolge tritt Nichtigk der KündVereinbg ein mit Geltg der ges od tarvertr Fr u Term (vgl Rn 21 aE).

26 **9) Verbot längerer Kündigungsfristen** (Abs VI). Dies gilt nur für die ArbNKünd. Der GesG geht davon aus, daß für den, der künd will, eine längere Fr ungünst ist, weil seine DispositionsFreih abgekürzt w. Längere KündFr kann für den ArbG vereinb w (Rn 24); ist iW ergänzder VertrAuslegg mögl (BAG NJW **97**, 541). Es kann die gleiche KündFr für die Künd des ArbN vereinb w (Preis/Kramer DB **93**, 2125). Sind and KündTerm vereinb, so dürfen es für die Künd des ArbN nicht längere od weniger sein als für die des ArbG (ErfK/Müller-Glöge 100). Das Verbot des Abs VI (Folge eines Verstoßes: wie Rn 25) gilt nicht nur für EinzelVertr, sond auch für TV. Bei Verstoß gilt beiders die längere vereinb Fr (Adomeit/Thau NJW **94**, 11 [14] mwN; St/Preis 57: Analogie zu § 89 b II S 2 HGB).

623 *(aufgehoben)*

624 *Kündigungsfrist bei Verträgen über mehr als 5 Jahre.* **Ist das Dienstverhältnis für die Lebenszeit einer Person oder für längere Zeit als fünf Jahre eingegangen, so kann es von dem Verpflichteten nach dem Ablaufe von fünf Jahren gekündigt werden. Die Kündigungsfrist beträgt sechs Monate.**

1 **1) Allgemeines.** Ist außerord Künd. **a) Zweck:** Schutz des DVerpfl, insb ArbN vor übermäß Beschränkg seiner pers Freih (BAG NZA **97**, 597 mwN). **b) Abdingbarkeit:** S 1 ist zwingd (allgM). S 2 ist nur insow
2 abdingb, als die KündFr kürzer sein darf. **c) Anwendungsbereich. aa)** Alle auf best Zeit (§ 620 I) abgeschl DVerh, nicht nur ArbVerh (MK/Schwerdtner 3). Auch für HandelsVertr (ErfK/Müller-Glöge 6), da die SondRegelg der §§ 89 ff HGB den Zweck des § 624 nicht berührt (Rittner NJW **64**, 2255); jedoch muß im
3 konkreten VertrVerh das dienstvertragl Element vorherrschen (Hamm BB **78**, 1335). **bb)** Bei gemischten Vertr kann § 624 nur dann angewendet w, wenn im Einzelfall die pers DLeistg vorherrscht, insb wenn das VertrVerh mehr persbezogen, weniger unternbezogen ist (Rittner aaO; Brüggemann ZHR **131**, 27). Aus ähnl Grden verneint der BGH (**83**, 313 u NJW **69**, 1662) die Anwendg auf TankstellenstationärVertr (Tankstelleninh stellt Grdst zur Vfg). Das darf aber nicht zu einem völl Ausschl des KündR führen (BGH **83**, 313).

4 **2) Besonderheiten** des § 624. **a) Voraussetzungen.** Das DVerh muß für länger als 5 J od auf LebensZt (des DBer, DVerpfl od Dr) fest abgeschl sein. Es genügt, wenn das DVerh mit einem Ereign enden soll, das nach 5 J noch nicht eingetreten ist. Erforderl ist, daß von vornherein auf länger als 5 J abgeschl ist; das ist nicht erf, wenn ein nachfolgder 5-J-Vertr für den Fall abgeschl ist, daß zum Ablauf des ersten 5-JVertr nicht gekünd
5 w (BAG BB **92**, 639). **b) Wirkung:** Keine Nichtigk des Vertr, weil § 624 den Abschl solcher Vertr nicht verbietet (§ 134), sond nur außerord Künd zuläßt. § 138 kann nur aus and Grd erf sein. Verlängerg des DVerh ist zul, auch kürzere Zeit vor Ablauf. Ablauf von 5 J: maßg ist Dauer des DVerh, nicht der Ztpkt des
6 VertrAbschl. Die Künd kann nicht zum Ablauf, sond erst nach Ablauf der 5 J erkl w. **c) Kündigungsfrist** (S 2). Die lange KündFr ist auch bei ArbVerh unbedenkl (BAG DB **70**, 497).

625 *Stillschweigende Verlängerung.* **Wird das Dienstverhältnis nach dem Ablaufe der Dienstzeit von dem Verpflichteten mit Wissen des anderen Teiles fortgesetzt, so gilt es als auf unbestimmte Zeit verlängert, sofern nicht der andere Teil unverzüglich widerspricht.**

1 **Anwendungsbereich:** Jede Beendigg des D(Arb)Verh mit Ausn der Zweckerreichg (Vorbem 2 vor § 620), auch bei ProbeArbVerh (LAG Düss BB **66**, 741). SonderVorschr: § 17 BerBG. **Abdingbarkeit** ist zu bejahen (hM; BGH NJW **64**, 350; St/Preis 34 mwN), insb dch Vereinbg vor Ablauf des D(Arb)Verh über Verlängerg auf best Zt od Ausschluß der Verlängerg; auch dch FormularVertr mögl (Kramer NZA **93**, 1118
2 mwN). **Voraussetzungen. (1)** Fortsetzg des DVerh dch bewußte Fortführg der bisher De, auch an einem and ArbPlatz für denselben ArbG. Es muß unmittelb nach Ablauf des ArbVerh fortgesetzt werden. Dem steht entgg, wenn dazw Url u ÜbStdAusgl liegen (BAG NJW **99**, 1654). **(2)** Wissen des DBer, daß die De tats weiter geleistet w. Falsche rechtl Beurteilg, insb in Bezug auf den Ablauf des D(Arb)Verh ist unerhebl.
3 **(3)** Widerspr (einseit, empfbed WillErkl, § 130) schließt die Wirkg (Rn 3) nur aus, wenn er kurz vor od

unverzügl (§ 121) nach Ablauf des DVerh erklärt w, kann in einem KlAbweisgsAntr liegen (LAG Köln NZA-RR **96**, 202). **Wirkung.** Das D(Arb)Verh w aGrd einer Fiktion (daher Anf ausgeschl) verlängert, auf unbest 4
Zt, mit dem alten VertrInhalt, aber den ges KündFr (hM; abgelehnt, aber offengelassen v BAG NZA **89**, 595), wenn nicht die Fortgeltg der vertr KündFr vereinb w (BAG aaO mwN). Bei Streit üb Dauer der Befristg gilt iZw bei entspr Anwendg nur die Fortsetzg bis zur späteren Fr (LAG Hamm NZA-RR **96**, 145).

626 ***Außerordentliche Kündigung.*** **I Das Dienstverhältnis kann von jedem Vertragsteil aus wichtigem Grund ohne Einhaltung einer Kündigungsfrist gekündigt werden, wenn Tatsachen vorliegen, auf Grund derer dem Kündigenden unter Berücksichtigung aller Umstände des Einzelfalles und unter Abwägung der Interessen beider Vertragsteile die Fortsetzung des Dienstverhältnisses bis zum Ablauf der Kündigungsfrist oder bis zu der vereinbarten Beendigung des Dienstverhältnisses nicht zugemutet werden kann.**

II Die Kündigung kann nur innerhalb von zwei Wochen erfolgen. Die Frist beginnt mit dem Zeitpunkt, in dem der Kündigungsberechtigte von den für die Kündigung maßgebenden Tatsachen Kenntnis erlangt. Der Kündigende muß dem anderen Teil auf Verlangen den Kündigungsgrund unverzüglich schriftlich mitteilen.

1) Allgemeines. a) Anwendungsbereich: alle DVerh u ArbVerh auf best u unbest Zeit; aber nicht für 1
die Schiffsbesatzg (§§ 64–68, 78 I SeemG), HandelsVertr (§ 89a HGB), AusbildgsVerh (Einf 58–62 vor § 611), für die § 15 BerBG gilt. § 626 ist entspr anwendb auf TV (hM; BAG NZA **97**, 830 u **98**, 1008), GeschBesorggsVertr, HeimArbVerh (§ 29 IV HeimarbG); nur beschr anwendb auf das DVerh des WoEigtVerw (vgl § 26 WEG; Ffm MDR **75**, 319). Ferner ist der in § 626 u § 723 I S 1, III enthaltene RGrds auf DauerschuldVerh, insb solche, die pers ZusArb erfordern, entspr anwendb (BGH NJW **72**, 1128; vgl aber Rn 9), zB HeimpflegeVertr (Hbg MDR **73**, 758), auch auf Miete (vgl § 554a Rn 5). § 626 gilt für alle außerord Künd, auch wenn sie aus vereinb Grden u befr erfolgen od als ÄndKünd (Rn 7) erkl w (40 vor
§ 620). **b) Abdingbarkeit:** § 626 ist zwingd (allgM); insb ist Abs II nicht abdingb, auch nicht dch TV. Das R 2
zur Künd aus § 626 darf nicht beseit oder beschr w, weil § 626 die Unzumutbk der Fortsetzg des DVerh voraussetzt. Eine unzul Beschrkg liegt vor, wenn die Wirksk der Künd an die Zust des BetrR geknüpft w (BAG **6**, 109) od ZahlgsPfl für den Fall vereinb w, daß der BetrR nicht zust. Eine zumutb Beschrkg ist wirks (St/Preis 38 mwN). Bei ArbVerh ist es unzul, dch EinzelVertr best Grde als wicht über das ges Maß des § 626 hinaus od minder wicht Grde als Vorauss einer fristl Künd zu vereinb, weil sonst der zwingde Schutz des KSchG u die weitgehd zwingd Fr des § 622 für ord Künd umgangen w könnten (BAG NJW **74**, 1155 mwN). Bei sonst DVerh ist es zul (wohl hM), insb desh, weil § 621 abdingb ist. Für DVerh v GmbHGeschF u AGVorstdsMitgl läßt der BGH in solchen Fällen den zwingden § 622 gelten (dort Rn 5; BGH **91**, 217).
c) Verhältnis zu §§ 325, 326: Rücktr ist dch § 626 als SoRegelg ausgeschl; denn Künd kann auch vor 3
Beginn des DVerh erkl u wirks w (29 vor § 620). Für SchadErsAnspr gilt § 628 II, der ebenf den §§ 325, 326
vorgeht. **d) Verhältnis zum Kündigungsschutz:** Künd aus § 626 w nur dch § 9 MuSchG ausgeschl od dch 4
ZustErfordern des § 15 SchwbG beschr; iü bleibt R zur fristl Künd unberührt, auch bei Mitgl v BetrR, Personal-, Jugend- u Bordvertretg, Wahlvorstd u Wahlbewerbern; jedoch ist Zust des BetrR od der Personalvertretg notw (§ 103 BetrVG); vgl § 15 KSchG. Entspr gilt für Vertrauensmänner der SchwBeh (§§ 23 III, 24 VI SchwbG; hierzu Oetker BB **83**, 1671). Auch soweit für das ArbVerh das KSchG gilt (vgl 62, 63 vor § 620), wird das KündR aus § 626 nicht eingeschränkt, weil die soz RFertigg (§ 1 KSchG) nur für ord Künd vorliegen muß. Über § 13 I KSchG ist ledigl die 3-Wo-Fr (auch bei befr ArbVerh, BAG NJW **72**, 1878) sowie die Auflösg u Abfindg anzuwenden, aber nur soweit auf den betr ArbN das KSchG anzuwenden ist; denn für ArbN, die keinen KündSchutz gem KSchG genießen, gilt die 3-WoFr nicht (hM; BAG stRspr seit
1, 272; auch BB **73**, 1396). **e) Schadensersatzpflicht** des Kündigden bei unwirks außerord Künd wg pVV 5
besteht nur bei Versch (§§ 276, 278). Auch Schaden (§§ 249 ff) muß konkret vorliegen. § 826 ist als AnsprGrdlage mögl. Als solche ist § 823 I umstr (BAG NJW **99**, 164 mwN); jedenf indiziert der TatBestd
nicht die RWidrk (BAG aaO). **f) Beweislast** für die Tats, die den wicht Grd darstellen, trägt derjen, der 6
gekünd hat u sich auf die Wirksamk der Künd beruft, auch für Tats iR der Interessenabwägg (BAG NJW **79**. 332), ferner dann, wenn es sich um die Einwendg gg einen Anspr aus ArbVertrBruch handelt (BAG JZ **73**, 58). Der Kündigde muß auch die Tats beweisen, die einen vom VertrPart behaupteten RFertiggsGrd ausschließen (BAG NJW **88**, 438). Der ArbG muß auch, wenn er wg vorgetäuschter ArbUnfähigk künd, beweisen, daß die ArbUnfähigkBescheinigg zu Unrecht erteilt w (LAG Hamm DB **75**, 841). Wer gekünd hat, trägt die Behauptgs- u BewL dafür, daß er erst innerh der Fr des Abs II Kenntn erlangt hat (BAG JZ **73**, 58 u
BB **75**, 1017; aA Schleifenbaum BB **72**, 879). **g) Änderungskündigung** (40 vor § 620) ist als außerord 7
Künd mögl, wenn die vorgesehenen Änd für den ArbG unabweisb u für den ArbN zumutb sind (BAG BB **95**, 2113). Dabei ist and als bei vertrbeendender Künd (Rn 40) nicht auf die fiktive Fr der ord Künd abzustellen (BAG aaO mwN).

2) Voraussetzungen der Kündigung. Nur eine Künd, die die Vorauss der Rn 9 und 12 erfüllt u der 8
Rn 10 nicht entgegsteht, beendet das ArbVerh. Heilg einer unwirks Künd ist über §§ 13 I, 4, 7 KSchG mögl,
vgl aber Rn 16, 18. **a) Wirksame Kündigungserklärung:** Rn 19–21. **b) Wichtiger Grund** (Rn 37–40). 9
Fehlt er, so ist die Künd unwirks, wenn sie nicht im AnwendgsBer des KSchG dch Versäumg der 3-WoFr
geheilt w (vgl Vorbem 67 vor § 620). **c) Erlöschen des Kündigungsrechts:** Kann außer dch FrAblauf 10
(Rn 22) eintreten: dch Verz auf das KündR; das ist einseit mögl, da es sich um ein GestaltgsR handelt (§ 397 Rn 1). Verwirkg (§ 242 Rn 93) dch Zeitablauf scheidet wg Abs I S 1 u 2 aus (BAG NZA **86**, 467).
d) Anhörung des Betriebsrats, bei ltd Angest des SprecherAussch, im öff D des PersR vor der Künd unter 11
Mitt der KündGrde ist zwingd vorgeschrieben (§ 102 I BetrVG; § 31 II SprAuG; § 79 III PersVG). Verstöße führen zur Unwirksk (BAG NZA **95**, 678). **aa) Entbehrlich** ist sie: bei KampfKünd wg rechtswidr Streiks (BAG NJW **79**, 236); wenn der BetrR funktionsunfäh ist, zB BetrUrl, ArbKampf (Meisel DB **74**, 138 mwN; bestr), auch wenn die Künd auf einem Verl des BetrR gem § 104 BetrVG beruht (Dietz/Richardi § 102

12 Rn 35). Zum Fall der Verhinderg des ersatzmannl BetrObmanns vgl Barwasser DB **76**, 914. **bb) Wirksamkeit** der Anhörg. Sie wird nicht dadch in Frage gestellt, daß die Künd erst nach längerem Verf wg notw Zust der HauptFürsStelle erkl w (BAG NZA **95**, 65). Sind jedoch die nachfolgden Vorauss nicht erf, ist die Künd unwirks (BAG NJW **76**, 1766); keine Heilg dch nachträgl Zust des BetrR (bestr). **(1)** Mitt, daß außerord Künd beabsicht ist, auch bei einem sog unkündb ArbN (BAG NZA **92**, 416). **(2)** Angabe best Tats, die im wesentl den KündGrd darstellen (BAG stRspr NZA **95**, 363). Nicht notw ist die Angabe der dem BetrR bek, für die Künd unerhebl SozDaten (BAG NJW **96**, 1556) u die Vorlage der BewMittel (BAG NJW **95**, 3005). **(3)** Unterbleiben bewußter Irreführg dch falsche od unvollständ Information über BewL des ArbG (BAG stRspr aaO). **(4)** Kenntn v der Äußerg, die der BetrR aGrd der Anhörg abgibt. Fehler des BetrRBeschl machen die Anhörg nur unwirks, wenn es für den ArbG offenkund war (Eich DB **75**, 1603). **(5)** Abgabe der KündErkl erst nach Kenntn v der StellgN des BetrR od nach Ablauf der 3-Tage-Fr des § 102 II BetrVG, wobei die Zust als erteilt gilt, wenn der BetrR innerh der 3 Tage sich nicht äußert. Eine ausreichde Stellgn
13 des BetrR kann in der Erkl liegen, er wolle sich zu der Künd nicht äußern (BAG NZA **88**, 137). **cc) Widerspruch** des BetrR hindert die Künd nicht; auch ist die fehlde Anhörg ohne Einfluß auf das Vorliegen eines
14 wicht Grdes (BAG NJW **77**, 1413). **dd) Nachschieben** v KündGrden (Vorbem 57 vor § 620) bleibt zul auch nach Ablauf der Fr des Abs II (BAG NJW **98**, 101), jedoch ist der BetrR zu diesen Grden noch anzuhören
15 (BAG NZA **86**, 674 mwN). **ee) Ungenügend** ist die Anhörg zu einer beabsicht ord Künd, wenn danach
16 außerord gekünd w (BAG NJW **76**, 2367). **e) Zustimmung des Betriebsrats** (ggf des PersR) od ihre Ersetzg dch das ArbG ist notw bei Mitgl (auch amtierden ErsMitgl, BAG NJW **78**, 909) v BetrR, Personal-, Jugend- u BordVertr, sowie Vertrauensleuten der SchwBeh (§ 26 III SchwbG), ferner WahlVorstd u WahlBew (§ 103 BetrVG), ab Bestellg eines Wahlvorstds u Vorliegen des Wahlvorschlags: bei den Letztgenannten auch im (noch) betrratsl Betr (BAG NJW **77**, 267 u **80**, 80), so daß die Zust des ArbGer eingeholt w muß, auch bei ÄndKünd (Rn 7; BAG aaO). Das gilt bis zur Bek des WahlErgebn (BAG aaO); von da an gilt § 102 I BetrVG (BAG NJW **77**, 267). Der KündSchutz gilt nicht für einen aus nichtiger Wahl hervorgegangenen BetrR (BAG NJW **76**, 2230). Die Zust ist auch erforderl, wenn allen Mitgl des BetrR gekünd w soll (BAG NJW **76**, 2180). Die Künd darf erst nach endgült Erteilg der Zust des BetrR (nicht bloß des Vorsitzden, BAG NZA **97**, 371) ausgespr w (BAG NJW **78**, 661). Sie ist WirkskVorauss der Künd (BAG NJW **76**, 1766). Diese kann (dann unverzügl, § 121 I) erneut ausgesprochen w, wenn der BetrR nachträgl zust (BAG NJW **82**, 2891). Die Künd ist ohne vorher Zust unheilb nichtig (BAG NJW **76**, 1368). Schweigt der BetrR auf die Auffdg des ArbG, die Zust zu erteilen, gilt sie nach 3 Tagen als verweigert (LAG Ffm BB **76**, 1559). Währd des ArbKampfes muß der ArbG den BetrR nicht zur Zust auffordern (BAG NJW **78**, 2054); denn sie kann in allen Fällen dch das ArbGer ersetzt w. Sie muß ersetzt w, wenn die Vorauss des § 626 (wicht Grd) vorliegen (BAG **AP** § 103 BetrVG Nr 1). Auch im ZustVerf können Grde nachgeschoben w, wenn der ArbG zuvor vergebl versucht hat wg dieser Grde die Zust des BetrR zu erlangen (BAG aaO). Eine vor RKraft des zustersetzden Beschl ausgesprochene Künd ist nichtig (BAG NJW **78**, 72 u NJW **99**, 444), andseits muß die Künd, um nicht verfristet zu sein, unverzügl nach Eintritt der RKr inf Zurückweisg der NichtzulassgsBeschw erkl werden (BAG NZA **98**, 1273), nicht aber vorher (BAG aaO). Die Ersetzg der Zust muß auch eingeholt w, wenn der BetrR nicht funktionsfäh ist (LAG Düss DB **75**, 745). Mit der ZustErsetzg ist für den
17 nachfolgden KündSchutzProz im Grdsatz die Künd gerechtfert (BAG BB **75**, 1014). **f) Anhörung des Arbeitnehmers** vor der Künd ist nicht WirkskVorauss der Künd. Nur bei einer VerdachtKünd (Rn 49) muß sie vorgenommen w (BAG NJW **95**, 540), nicht bei einer DruckKünd (Rn 52; BAG DB **91**, 2599) od Künd wg geschäftsschäd Äußergen (BAG BB **97**, 2536). Unterbleibt die Anhörg dch den ArbG schuldh, ist die Künd unwirks (BAG NZA **87**, 699). Anhörg des ArbN dch den BetrR ist uU geboten (§ 102 II S 4 BetrVG).
18 **g) Abmahnung** (vgl Vorbem 41 vor § 620) ist idR erforderl bei Dauerverhalten, in Anlehng an § 326 I bei Störg im sog LeistgsBereich (§ 611 Rn 24), bei WiederhGef des pflwidr Verhaltens (BAG st Rspr NJW **94**, 3032) od wg VerhMäßk (LAG Hamm NZA **97**, 250). Die Abmahng erfordert keinen KündGrd (BAG NJW **89**, 545). Sie ist ausnweise entbehrl, wenn sie keinen Erfolg verspricht (stRspr des BAG, zB NZA **95**, 65), wenn das notw VertrauensVerh gestört (hM; eingeschr v BAG NZA **97**, 1281), das Verhalten des ArbN nicht steuerb (BAG NJW **98**, 554) od wenn sie unzumutb ist (Schaub NJW **90**, 872 [875] mwN); insb bei groben PflVerl im LeistgsBer (BAG BB **94**, 142 m Anm v Hunold: Vortäuschen einer Krankh).

19 **3) Kündigungserklärung.** Sie ist nöt; das bloße Vorliegen eines wicht Grds genügt nicht. Eine neue KündErkl ist nöt für einen neuen KündGrd, der mit dem zunächst angegebenen in keinem inneren ZusHang steht (BGH NJW **61**, 307). Allg zur KündErkl: Vorbem 28–41 vor § 620. Sie ist grdsätzl forml. Ausn: bei AusbildgsVerh dch § 15 III BerBG; ferner, wenn, insb dch TV, rechtsgeschäftl Schriftform vereinb ist (§ 127).
20 Insb ist zu beachten: **a) Inhalt.** Die Künd muß als außerord erkl w. Aus der Erkl muß hervorgehen, daß aus wicht Grd ohne Bindg an die Fr der §§ 621, 622 gekünd w. Das geschieht dch Angabe des wicht Grdes, dch ausdrückl od stillschw Bezugn auf einen wicht Grd, dch Angabe des Ztpkt, dch den bewußt von der Fr der §§ 621, 622 abgewichen w, insb dch fristl Künd (BAG NJW **83**, 303). Das alles ist unabhäng davon zu würd, ob ein wicht Grd wirkl vorliegt (BAG **1**, 237). Auch ÄndKünd ist mögl (Vorbem 40 vor § 620); nach Zugang muß ein ArbN als Empf unverzügl erkl, ob er das ÄndAngebot annimmt, mit od ohne den Vorbeh des § 2 KSchG (BAG NZA **88**, 737).

21 **b) Erklärungsfrist** (Abs II S 1 u 2). **aa) Anwendbar** bei allen außerord Künd v DVerh, nicht nur ArbVerh (hM; BGH NJW **99**, 355; Köln NJW-RR **92**, 1400 mwN). Gilt auch, wenn ein DVertr aus vertr vereinb Grden gekünd w, die für einen wicht Grd iS des Abs 1 nicht ausreichen (BGH NJW **81**, 2748 für Vorstd einer AG). Auch in den Fällen des § 15 KSchG (hM; BAG stRspr NZA **97**, 371) trotz des Erfordern vorher Zust. Bei SchwBeh gilt die Fr grdsätzl, doch kann sie bei ZustErteilg nach FrAblauf noch unverzügl danach erkl w (§ 21 V SchwbG). Entspr anwendb bei der Anf (§ 119 II) für unverzügl iS des § 121 I (BAG NJW **80**, 1302). Die Anwendg auf andere DauerschuldVerh, für die § 626 entspr angewendet w, ist zumindest bedenkl (vgl BGH NJW **82**, 641 u **81**, 2823), abzulehnen beim HandelsVertr (vgl Rn 1) wg § 89 a HGB
22 (BGH NJW **87**, 57; Börner/Hubert BB **89**, 1633 mwN; bestr). **bb) Ausschlußfrist:** keine Wiedereinsetzg. FrVersäumung führt zur Unwirksk der Künd (vgl Rn 30). Auch die Gen gem §§ 177, 180 S 2 muß innerh
23 der Fr erkl w (BAG NJW **87**, 1038). **cc) Beginn.** **(1) Kenntnis** der Tats, die den wicht Grd ausmachen. Sie

muß sicher sein u darf nicht v weiteren Aufklärgen der notw Grdlagen abhängen (BGH NJW **96**, 1403).
Nicht nöt ist Kenntn aller mit dem KündGrd zushängder tats Umst. Die Fr w dch ein Geständn des KündGrd
in Lauf gesetzt u dch weitere Ermittlgen nicht gehemmt (BGH NJW **76**, 797). Sind zur Aufklärg Maßn
erforderl, müssen sie mit gebotener Eile tats dchgeführt w (BAG NJW **94**, 1675) u können die Fr hemmen,
wenn dem ArbN Gelegenh zur StellgN gegeben w (BAG NJW **94**, 3117) u keine pflwidr Verzögerg vorliegt
(BAG NJW **96**, 1403). Unerhebl ist die Beurteilg u rechtl Schlußfolgerg des Kündigden (BAG JZ **73**, 60).
(2) Person. Es kommt auf die Kenntn derjen Pers an, der im konkr Fall das R zur Künd zusteht (BAG NJW 24
72, 463). Bei jP kommt es auf die Kenntn des für die Künd zur Vertretg zuständ Organs an (hM; BAG NZA
94, 1086), für die Künd des GeschF der GmbH allein auf die Kenntn der GesellschVersammlg (BGH NJW
93, 464), deren Einberufg nicht unangem verzögert werden darf; nicht auf die außerh der GesVersammlg
erlangte Kenntn aller Gesellsch (BGH NJW **98**, 3274; aA 58. Aufl); beim Verein die eines VorstdMitgl, auch
bei GesVertretg (BAG DB **85**, 237; aA Densch/Kahlo DB **87**, 581: Kenntn des GesamtVorstds od zumutb
Möglk der Kenntnn). Ist das ges VertrOrgan zuständ, genügt die Kenntn eines einzelnen Mitgl (BGH NJW-
RR **90**, 1330; BAG aaO mwN; Wiesner BB **81**, 1533 mwN). Bei sog Innenorganen ist das and zu beurt
(auch hier aA Lüders aaO): Die Kenntn eines AufsRMitgl genügt bei Künd eines VorstdsMitgl idR nicht
(BAG NJW **78**, 723), insb nicht bei einer Genossensch die Kenntn einer Minderh (BGH NJW **84**, 2689).
Hier kommt es auf die Kenntn der GenossenschVers an (Köln DB **94**, 471), die allerd bei Kenntn des AufsR
in angem kurzer Fr einberufen w muß (BGH aaO). Ausreichd ist auch Vortrag des Sachverh in einer
AufsRSitzg (BGH NJW **81**, 166) od wenn diese Unterrichtg der and Mitgl v dem Mitgl, das den Sachverh
kennt, hätte vorgen werden können u müssen (BGH NJW-RR **90**, 1330). **(3) Kennenmüssen** genügt nicht 25
(BAG **AP** AusschlFr Nr 1). Presseveröff genügt für Kenntn idR nicht (LAG Düss DB **72**, 1539). **(4) Ver-** 26
dachtkündigung (Rn 49). Auch hierfür gilt die Fr (vgl BAG NJW **72**, 1486 u NJW **94**, 1675). Sie beginnt
mit sicherer Kenntn der Tats, die für die Künd maßgebd sind (BAG aaO; LAG Bln NZA-RR **97**, 424). Fehlt
bei strafb Hdlgen (Rn 48) die sichere Kenntn, kann bis zur Verurteilg (BAG NZA **96**, 873), auch bis zur
RKraft des StrafUrt zugewartet u wg erwiesener Straftat gekünd w (BAG NJW **94**, 1675 mwN). **(5) Dauer-** 27
zustand, zB eigenmächt Fernbleiben (BAG BB **98**, 1213), fortgesetzte Beleidiggen (BGH NJW-RR **92**,
992), andauernde krhbedingte ArbUnfähk (BAG NJW **97**, 1656); betrbedingter Wegfall des Aufgabengebiets
(BAG DB **98**, 1035). Die Fr beginnt nicht vor Beendigg dieses Zustds (hM). Zur FrWahrg genügt, daß der
Zustd die letzten 2 Wo vor Künd angehalten hat (BAG aaO). Bei zusfaßb Gesamtverhalten genügt es, wenn
ein dazugehörder Vorfall in die 2-Wo-Fr fällt (BAG JZ **73**, 60; BGH WM **76**, 379); bei zunächst versäumter
Fr u desh unwirks Künd kann die spätere Künd auf das Gesamtverhalten nur gestützt w, wenn es fortgesetzt w
u ein Zushang besteht (BGH aaO). Es kann auch das frühere Verhalten unterstützd herangezogen w, wenn ein
erhebl Vorfall in die Fr fällt (BGH NJW-RR **92**, 992). **(6) Zustimmungserfordernis** des § 103 BetrVG (od 28
nach PersVG) hindert den FrBeginn nicht (BAG NJW **78**, 661). **dd) Dauer.** Die 3täg AnhörgsFr des 29
§ 102 II BetrVG verlängert od hemmt die 2-Wo-Fr nicht (hM; BAG aaO). Bei ZustErfordern (§ 103
BetrVG od PersVG) muß daher der ArbG rechtzt die Zust des BetrR (od PersR) einholen, bei ausdrückl od
wg FrAblauf (§ 102 BetrVG) vermuteter ZustVerweigerg innerh der Fr die Zust beim ArbGer beantragen
(hM; BAG aaO). Unverzügl Künd ist nöt, wenn der BetrR nach verweigerter Zust diese nachträgl erteilt
(BAG NJW **82**, 2892). Notw Ermittlgen sind mit gebotener Eile dchzuführen (BAG NJW **89**, 733). Sie u
eine Anhörg des ArbN, dem gekünd w soll, können den FrLauf hemmen (BAG aaO u NJW **73**, 214), so daß
bei einer innerh einer Wo dchgeführten, wiederh Anhörg die Fr erst mit dieser beginnt (BAG aaO). Ist eine
BedenkZt eingeräumt, kann der FrVersäumg § 242 entggstehen (BGH NJW **75**, 1698). Nach Erteilg der
Zust ist entspr § 21 V SchwbG die Künd des ArbG unverzügl auszusprechen (BAG BB **75**, 1014 u DB **84**,
1250). **ee) Versäumung** der Fr steht dem Fehlen eines wicht Grdes gleich; daher kein „and Grd“ (§ 7 30
KSchG) u Heilg über §§ 13 I, 4, 7 KSchG mögl, wenn die KlageFr versäumt w (BAG NJW **72**, 1878; LAG
Hamm NJW **70**, 2229). Gewahrt wird die Fr nur dch Zugang gem § 130 (BAG NJW **78**, 2168). Wird aus
mehreren Grden gekünd, genügt, daß für einen der Grde die Fr gewahrt ist. Versäumte KündGrde können
nachgeschoben werden (Rn 14), sofern sie dem Kündigden nicht bereits 2 Wo vor der Künd bekannt
geworden sind (BGH NJW **78**, 2093). Behauptgs- u BewL: Rn 6. **ff) Wirkung.** Neben den Folgen der 31
Rn 30 besteht für eine Verwirkg (§ 242) des Rs zur außerord Künd kein Raum, weil Abs II einen ges
konkretis KündTatbestd darstellt (hM; BAG NZA **86**, 467; dagg Popp NZA **87**, 366).

c) Angabe des Grundes ist nicht zur Wirksk der Künd notw (vgl Rn 20; BAG **AP** Nr 65). Bei 32
AusbildgsVerh führt aber Nichtangabe des Grdes im KündSchreiben wg § 15 III BerBG zur Nichtigk der
Künd gem § 125 S 1 (BAG **AP** § 15 BerBG Nr 1). Ist dch Vertr die schriftl Angabe der Grde bei der Künd
vorgeschr, gilt § 125 S 2. Pfl zur schriftl Mitteilg des KündGrdes (dh die konkr Tats) gem Abs II S 3;
unverzügl: ohne schuldh Zögern (§ 121 I). Schriftl bedeutet nicht ges Schriftf. Abs II S 3 begrdet klagb
schuldrechtl Anspr; bei Verl nur SchadErs (§ 280), nicht Unwirksk der Künd (BGH NJW **84**, 2689). SchadErs
kann auf ProzKostenErs gerichtet sein, nicht auf Wiederherstellg des ArbVerh. Analoge Anwendg von § 93 b
ZPO ist nicht mögl (aA Knütel NJW **70**, 121). Angabe der Grde ist auch nicht erforderl, wenn v diesen best
Anspr abhängen (BGH NJW-RR **95**, 416). Das Nachschieben v Grden (vgl Rn 14) ist zul u muß nicht
innerh der ErklFr (Rn 21) erfolgen (BAG NJW **80**, 2486).

d) Kündigungsfrist. Künd ist fristl zul, aber nicht vorgeschr. Es kann daher auf Grd des § 626 auch 33
außerord aus erkennb wicht Grd unter Einhaltg der Fr der §§ 621, 622 od einer beliebigen and Fr (sog soz
AuslaufFr) gekünd w; darauf besteht aber kein Anspr (BAG **4**, 313), ausnw dann, wenn einem tarifl unkündb
ArbN aus betriebl Grden gekünd w (BAG DB **98**, 1035). Bei fristl Künd endet das DVerh od ArbVerh mit
Zugang der Künd (§§ 130–132).

4) Umdeutung einer unwirks außerord Künd in eine ord (§§ 621, 622) ist grdsätzl zul. Statt dessen kann 34
sie auch so ausgelegt w (Hager BB **89**, 693). Die Umdeutg, auf die sich der Kündigde nicht berufen muß
(Hager aaO), hängt an den Vorauss des § 140 u erfordert (allgM; BAG NJW **88**, 581 mwN), daß (für den
ErklEmpf erkennb) für den Fall der Unwirksk eine ord Künd gewollt war u ausgespr worden wäre (hM; BAG
aaO mwN). Sie ist nicht mehr mögl, wenn üb die außerord Künd schon rechtskr entsch ist. **a) Anhörung** 35
des BetrR (§ 102 BetrVG). Hierbei muß der ArbG den BetrR grdsätzl darauf hinw, daß die außerord Künd

für den Fall ihrer Unwirksk als ord Künd gelten solle (BAG BB **79**, 371), Ausn: wenn BetrR der außerord Künd vorbehaltlos zust u nicht zu ersehen ist, daß er für den Fall der Unwirksk als außerord Künd der ord entggträte (BAG aaO). Es genügt nicht, daß zu einer ord Künd angehört w, wenn danach außerord gekünd w
36 (BAG NJW **76**, 2367). **b) Durchführung** der Umdeutg (für den Proz vgl Schmidt NZA **89**, 661). Es ist der mutmaßl Wille des Kündigden für den Fall zu erforschen, daß er die Unwirksk seiner Künd gekannt hätte. Danach ist zu unterscheiden: Erweisen sich die vom Kündigden für den wicht Grd angen Tats als wahr, reichen sie aber aus rechtl Grden nicht aus, so wird Lösg des ArbVerh idR auf alle Fälle gewollt, Umdeutg zu bejahen sein. Das gleiche wird anzunehmen sein, wenn die Tats einen wicht Grd darstellen aber nicht bewiesen sind. Erweisen sich die angen Tats als unwahr (zB eine strafb Handlg, ein PflVerstoß), so wird idR Umdeutg zu verneinen sein. Ist der Wille, das ArbVerh auf jeden Fall zu lösen, in der Künd selbst für den ArbN erkennb zum Ausdr gekommen, so ist Umdeutg zu bejahen, selbst wenn wenig später nochmals (ord) gekünd w (LAG Köln NZA-RR **96**, 5). Die Umdeutg einer unwirks ord Künd in eine (entspr befr) außerord ist mögl, aber nur ausnw u nur unter bes Umstden (BAG DB **75**, 214). Mögl ist auch Umdeutg in das Angebot eines AufhebgsVertr (BAG BB **72**, 1095).

37 **5) Begriff des wichtigen Grundes.** Er unterliegt als RBegriff weitestgehend der Nachprüfg dch das RevGer (BGH NJW **93**, 463). Es sind folgde Grds zu beachten: **a) Vorliegen von Tatsachen:** Bedeutet, daß alle tats Umst, die den wicht Grd ausfüllen, unbestr od bewiesen sein müssen. Auch Tats, die vor Beginn des DVerh liegen, sind geeignet (BAG **AP** Nr 65). BewL: der Kündigde. Maßg Ztpkt: Stand der Tats zZ der Abgabe der KündErkl, ohne Rücks darauf, ob sie dem Kündigden zZ der Künd bekannt waren od nicht
38 (BAG NJW **95**, 1110). **b) Berücksichtigung aller Umstände des Einzelfalls.** Damit sind alle tats Umst gemeint, die für den wicht Grd bedeuts sein können; zB die bish Dauer des DVerh (BAG NJW **85**, 1853), Leistg u Führg des DVerpfl, frühere Verfehlgen, vorauss künft Verhalten u WiederhGef von VertrVerl, Höhe des Entgelts, Auswirkg auf and bestehde DVerh desselben DBer, Grad der wirtsch Abhängigk, Vorliegen eines
39 ProbeArbVerh (LAG Bln DB **75**, 2328). **c) Interessenabwägung:** zw den beiden VertrPart vollständ u widersprfrei (BAG NJW **79**, 239 mwN). Interessen Dr kommen nur ausnw in Betr. Insb ist dabei zu berücks: aS des DBer, die Möglk sich rechtzeit eine gleichwert ErsKraft zu beschaffen, aS des DVerpfl das allg Interesse an der Erhaltg des ArbPlatzes, der Verdienstausfall bis zur Aufn eines neuen DVerh u die Auss einen neuen gleichwert ArbPlatz zu finden, schuldloser RIrrt als Ursache des Verhaltens u Solidarität (BAG NJW **79**, 236 u 239). Einzubeziehen ist die Möglk der Versetzg auf einen and ArbPl (BAG NJW **79**, 332), insb dann, wenn dem ArbN aus tarifl Grden nicht ord gekünd werden kann (BAG NJW **99**, 1277). Auf beiden Seiten ist abzuwägen, inwieweit die tats Umst, die den wicht Grd ausmachen, verschuldet sind, insb auch verurs wurden
40 (BAG JZ **75**, 737 m Anm v Säcker). **d) Unzumutbarkeit.** Sie muß daran gemessen w, ob die Fortsetzg des DVerh bis zu dem Ztpkt, zu dem ord gekünd w kann (§§ 621, 622) od bis zum ZtAblauf (§ 620 I) dem Kündigden zugemutet w darf (BAG stRspr zB NZA **94**, 74). Hierbei sind umfassd alle tats Umstde (Rn 38) zu berücks (BGH NJW **93**, 463), zB bei einem kirchl ArbG die religiösen Anfdgen (BAG NZA **98**, 143). Ist die ord Künd ausgeschl, muß auf die tats künft VertrBindg abgestellt w (BAG NJW **85**, 1851). Hier ist auf die subj Lage u Einstellg des Kündigden Rücks zu nehmen, insb inwieweit sein Vertrauen in eine ordngsgem restl VertrErf dch den and Teil verloren gegangen od erschüttert ist u ob bei notw pers Kontakt noch ein gedeihl ZusArb zu erwarten ist, auch ob dch mildere Maßn dies für die Zukunft wiederhergestellt w kann (BAG aaO). Maßstab kann sein, ob der DBer bei gleicher Sachlage and ArbN nicht künd (vgl BAG **2**, 138). Die Möglk, einen ltd Angest unter FortZahlg der Bezüge von der Arb freizustellen, steht der Künd nicht entgg (BAG NZA **99**, 587). Liegt eine ÄndKünd vor, so ist nicht auf die Beendigg des ArbVerh, sond auf die ArbBe-
41 dinggen abzustellen, die der ArbG für die Fortsetzg des ArbVerh anbietet (BAG NJW **73**, 1819). **e) Verschulden** ist nicht Vorauss (BAG BB **99**, 1819 mwN). Auch beiderseit unversch Tats können einen wicht Grd darstellen. Versch ist aber bei der Interessenabwägg (Rn 39) zu berücks. **f) Verursachung.** Welcher der VertrTe den Grd zu verantworten hat, ist gleichgült. Auch Grde allein in der Pers des Kündigden, sind geeignet (allgM; BGH NJW **84**, 2091). **g) Feststellung** der Tats ist, abgesehen v der VerdachtKünd (vgl Rn 26), nicht Aufgabe des Kündigden; insb muß der ArbG dem ArbN nicht Zeugen ggüstellen (BAG NJW **98**, 1508).

42 **6) Wichtige Gründe für Kündigung des Dienstberechtigten,** insb des ArbG. **a) Vertragsschlußverschulden:** Vorzeigen falscher od verfälschter Zeugn; IrrtErregg über Bestehen eines and gleichzt verpflden, insb kollidierden D- od ArbVerh, falsche Ausk bei zul Fragen über Vorstrafen best Art, wenn sie für das ArbVerh im Einzelfall wesentl sind (BAG BB **70**, 803 m Anm v Gumpert), nach früh ArbVerh, wenn dieser
43 Umst zZ der Künd noch bedeuts ist (BAG NJW **70**, 1565). Vgl auch § 611 Rn 6. **b) Dienst(Arbeits)-pflichtverletzungen:** dch Verweigerg od SchlechtErf der Arb od DLeistg (§ 611 Rn 34, 35), sofern sie nicht auf einem ZbR (§ 273, § 611 Rn 13; BAG NJW **97**, 274) od auf einem rechtm Streik beruht; auch bei Schuldlosigk (BAG NZA **99**, 863). Die Verweigerg muß idR beharrl, dh nachhalt vorsätzl sein (BAG stRspr, zB NJW **97**, 2195). Abmahng od Wiederh der ArbPflVerl ist grdsätzl nicht notw, führt aber erst recht zur Bejahg des wicht Grdes. Unterläßt der ArbN die Arb, ist idR Auffdg notw, die ArbPfl zu erf (Abmahng), aber
44 nicht, falls der ArbN sie erkennb verweigert. **Beispiele:** eigenmächt UrlAntritt (BAG DB **94**, 1042; einschränkd LAG Hamm NZA-RR **99**, 76) od UrlÜbSchreitg (LAG Düss NZA **85**, 779); wenn der ArbN androht, er werde krank, falls der ArbG ein unberecht Verl des ArbN nicht erfülle (BAG NJW **93**, 1544); unbefugtes, auch vorzeit Verlassen des ArbPlatzes (LAG Hamm BB **73**, 141); ungerecht u unentschuld Fernbleiben, zB wg vorgetäuschter Kr (BAG DB **93**, 2534); ArbUnfähigk dch Trunkenh währd der ArbZt; jedenf in schwerwiegden Fällen (vgl v. Hoyningen-Huene DB **95**, 142). Unmöglk zur ArbLeistg wg Freih-Strafe bei unzumutb betriebl Auswirkg (BAG NJW **86**, 342); Teiln an rechtsw Streik (BAG [GS] NJW **71**, 1668 u stRspr; and wenn die RWidrigk des Streiks nicht erkennb ist, BAG NJW **84**, 1371), auch einzelner ArbN, die an wildem Streik teilgen haben (aA Kittner BB **74**, 1488); auf jeden Fall dann, wenn der ArbG vor Künd dch ArbAuffdg abmahnt. Wiederh Unpünktlk, wenn der BetrAblauf od -Friede dadch gestört w (BAG NJW **89**, 546). Ablehng der ArbLeistg nach Auffdg dch weisgsbefugte and ArbN (LAG Bln DB **77**, 2384); provozierde parteipolit Betätigg im Betr (BAG NJW **78**, 1872 u 1874). Weigerg eines öff Bediensteten entgg BAT § 8 II, dienstl Anordngen zu befolgen (BAG JZ **75**, 738 m Anm v Säcker). Allein auf Unfähigk beruhde Schlechtleistg ist wicht Grd nur ausnw (Becker-Schaffner DB **81**, 1775 mwN), insb bei ProbeArbVerh (LAG

Mü DB **75**, 1756); unerlaubte NebenTätk mit Sachkostenaufwand zu Lasten des ArbG (LAG Hamm NZA-RR **99**, 126). **c) Treuepflichtverletzungen:** vgl § 611 Rn 39–44; sie müssen idR vorsätzl sein. Bsp: **45/46**
VollmMißbr (BAG **AP** Nr 53); Ausführg eines dem ArbG angetragenen Gesch auf eigene Rechng (BGH WM **67**, 679); Verstoß gg WettbewVerbot (vgl § 611 Rn 42, 43; BAG NJW **88**, 438; LAG RhPf NZA-RR **98**, 496), auch dch angestellten RA (BAG NJW **91**, 518), wobei idR im Falle des § 60 I HGB die Konkurrenztätigk bereits aufgen (nicht nur vorbereitet) sein muß (BAG BB **73**, 144); Ann v finanziellen SondZuwendgen für die Vermittlg eines den ArbG betreffden Gesch dch Dr, sog Schmiergelder (BAG NJW **96**, 1556), auch bei DVerh (Mü NJW-RR **96**, 176), ohne Rücks darauf, ob der ArbG dadch geschäd w od nicht (BAG **AP** Nr 65). Verrat (auch Verdacht auf zukünft) von BetrGeheimn (LAG Mü BB **69**, 315); verbotene Nebentätigk; GeschAbschl des GeschF einer GmbH mit der eigenen Fa ohne Offenlegg ggü den Gesellsch (Karlsr NJW-RR **88**, 1497); GeldAnn dch Dolmetscher v GesprPart seines ArbG (LAG Bln BB **78**, 1570); Handlg, die Heilg beeinträcht, währd der ArbUnfähigk; verbotswidr priv Benutzg eines BetrKfz (LAG BaWü BB **70**, 534); Veröff eines betrschädigden ZeitgsArtikel, bei berecht Interessen aber nur, wenn unwahre Behauptg aufgestellt w (LAG Saarl DB **70**, 499); Verl der SchweigePfl als ArbNVertr im AufsR (BAG DB **74**, 1067). Mißbräuchl Verschaffg u Verwendg einer ArbUnfähigkBescheinigg (ArbG Wuppt DB **77**, 121). Grdsätzl ist kein wicht Grd, wenn der ArbN and ArbN seines ArbG abwirbt (LAG RhPf NZA **93**, 265
mwN). **d) Sonstige Pflichtverletzungen.** Bsp: vorsätzl Nichtbefolgen berecht Weisgen (vgl § 611 Rn 45– **47**
48); Verschweigen des Wegfalls der Arb- u AufenthErlaubn; Versuch eines dienstvertragl gebundenen NachUntern, den betr Kunden für sich abzuwerben (BGH WM **76**, 324); Betätigen der Stechuhr für abwesden ArbKollegen (LAG Düss NJW **78**, 774); Widerstd eines Hochschullehrers gg die HochschulVerw dch ArbBehinderg (BAG BB **78**, 1216); beharrl Verweigerg einer vorgeschr Vorsorgeuntersuchg (LAG Düss NZA-RR
97, 88). **e) Strafbare Handlungen.** Ihre Begehg muß unstreit oder bewiesen sein (vgl aber Rn 49). Ab- **48**
grenzg zur VerdachtKünd: Schönfeld NZA **99**, 299. Verurt im StrafVerf ist nicht Vorauss (allgM; BAG NJW **85**, 3094) u begrdet keine Bindg des ArbGer, wenn der ArbN die Tatbegehg weiter bestreitet. Ob die Verhinderg dch Strafhaft einen wicht Grd darstellt, ist im Einzelfall zu entsch (BAG NJW **86**, 342). Bei längerer Strafhaft ist grdsätzl KündGrd zu bejahen (BAG NZA **95**, 777). Verletzg v LoyalitätsPfl ggü kirchl ArbG im Einzelfall (BVerfG NJW **86**, 367). VermDelikte, insb Diebstahl (uU auch ggü Dr; BAG NJW **85**, 1854), Betrug, Untreue (vgl LAG Hamm DB **86**, 1338), Sachbeschädigg, wenn gg den DBer gerichtet, sind immer wicht Grd, wobei UnterhPfl des ArbN grdsätzl nicht zu dessen Gunsten gewürd w dürfen (BAG NJW **89**, 1884). Ausn soll bei Bagatellfall mögl sein (vgl BAG NJW **85**, 284 u LAG Köln NZA-RR **96**, 86). Das gilt auch bei glaubh Abs, den Schad wieder zu beseit (LAG Düss DB **76**, 680); sonst nur dann, wenn die im D- od ArbVertr übertragene Tätigk die Zuverlässigk des DVerpfl voraussetzt, insb bei sog Vertrauensstellgen (LAG Nds BB **78**, 1011). Straftaten gg Leben, Gesundh u Freih: wenn vorsätzl begangen u gg den DBer gerichtet, immer wicht Grd; sonst idR nicht, wohl aber dann, wenn desh angen w muß, daß Gef für Leib und Leben der MitArb besteht (BAG DB **77**, 1322); Tätlk ggü ArbKollegen sind grdsätzl geeignet (BAG NJW **95**, 3005 mwN). TrunkenhDelikte sind bei einem Berufskraftfahrer auch dann wicht Grd, wenn es sich um eine PrivFahrt handelt (BAG NJW **64**, 74), ausländerfeindl Volksverhetzg bei ArbVerh im öff D (BAG NZA **96**,
873). **f) Verdacht schwerer Verfehlungen,** die nicht erwiesen sind, genügt, wenn der Verdacht das Vertrau- **49**
ensVerh zerstört u die Fortsetzg des ArbVerh unzumutb macht (BAG stRspr: NJW **93**, 83 u **95**, 1110; Übbl Busch MDR **95**, 217, Belling RdA **96**, 223, Lücke BB **97**, 1843). Der Verdacht muß zZ der Künd bestehen. Keine VerdachtKünd liegt vor (sond Rn 48), wenn nicht wg des Verdachts gekünd w, sond wg des Begehens der Tat (BAG NJW **93**, 83 u NZA **97**, 813). Auch die bloße Bereitsch zur Falschaussage gg den ArbG genügt (BAG **AP** Nr 95). Es kommt auch hier auf die Art der strafb Handlg an. Dem ArbG obliegt dabei eine AufklärgsPfl (BAG NJW **96**, 540); vor der Künd muß er dem ArbN mit konkr TatsAngaben Gelegenh zur Äußerg geben (BAG stRspr aaO u NJW **86**, 3159), darf dies aber unterl, wenn der ArbN keine Bereitsch zeigt, sich zu äußern (BAG BB **87**, 2020). Nicht auf bes Vertrauensstellgen begrenzt (LAG Bln DB **90**, 2477; aA Moritz NJW **78**, 402). Die bloße Einstellg des ErmittlgsVerf führt weder zur Unwirksk der Künd noch zum WiedereinstellgsAnspr (BAG NJW **98**, 1171). Wird der Verdacht später ausgeräumt, kann Anspr auf Wiedereinstellg bestehen (BAG **16**, 72). Bei einer wg Abs II verfristeten Künd ist trotz erfolgreicher Klage des
ArbN eine Künd wg Begehens der Straftat mögl (BAG NJW **85**, 3094). **g) Ehrverletzungen:** strafb **50**
Beleidigg (insb Formalbeleidigg), üble Nachrede u Verleumdg gg den DBer (ArbG), seine Angeh, seine Vertr (zB Prokuristen) od ltd Angest sind stets wicht Grde. And Ehrverl sind es idR (für sog Götz-Zitat nach Umstden verneint vom LAG Düss DB **72**, 51). Richtet sich die Handlg gg and Pers, insb ArbKollegen, so ist wicht Grd zu bejahen, wenn der BetrFriede gestört w (vgl BAG NJW **78**, 1874), zB dch ausländerfeindl
Äußergen (LAG Hamm BB **95**, 678). **h) Krankheit.** Bei allg DVerh kann wicht Grd in einer kürzeren **51**
Erkrankg des DVerpfl nur dann gesehen w, wenn der VertrZweck dadch gefährdet w. Das trifft nur in AusnFällen zu (BAG NZA **94**, 74). Bei ArbVerh kann kürzere Erkrankg nur ausnahmsw dann ein wicht Grd sein, wenn sie ansteckd ist. Längere Erkrankg (über 6 Wo) od häuf kann wg FürsPfl des ArbG für außerord Künd nur dann genügen, wenn ord Künd ganz ausgeschl ist, ungewöhnl lange vertragl KündFr vereinb ist od der ArbPlatz dringd besetzt w muß. Eine bloße Minderg der LeistgsFähk genügt idR nicht (BAG NJW **96**, 2446). IdR ist bei Möglk ord Künd (hierzu Birkner-Kuschyk/Tschöpe DB **81**, 264) in zumutb ZtRaum eine außerord Künd ganz ausgeschl, auch bei Aids (Lichtenberg/Schücking NZA **90**, 41). Wicht Grd ist gegeben, wenn ein zur Wiederherstellg seiner Gesundh krgeschriebener ArbN währddessen für einen Dr arbeitet (vgl Rn 44). Bei Alkohol- oder Drogensucht vgl Lepke DB **82**, 173. Bei vorgetäuschter Erkrankg od Verwirklichg angedrohter KrMeldg: Rn 44. Verl der Mitt- u NachwPfl (§ 616 Rn 27) nur bei schwerwiegendem, auch wiederh Verstoß u Versch, jedenf nur ausnw (BAG DB **86**, 2443; Lepke NZA **95**, 1084 mwN). **i) Tod** des DBer kann ausnahmsw wicht Grd sein, wenn die DLeistg (zB wg BetrEinstellg) nicht mehr angen w kann u die Fortzahlg der Vergütg für die Erben unzumutbar ist. Bsp in BAG NJW **58**, 1013. **j) Heirat** des DVerpfl reicht allein niemals aus; dieser Grd kann auch nicht als wicht vereinb w; daher sind sog ZölibatsKl auch als
auflösde Bedingg nichtig. **k) Druckkündigung.** Wird die Entlassg von Dr verlangt (zB von and ArbN, **52**
BetrR, Gewerksch), insb unter Androhg von Künd od Streik, so kann ausnahmsw ein wicht Grd vorliegen (sonst ord Künd mögl; BAG NZA **96**, 581), wenn für den DBer kein and Ausweg gegeben ist, um einen unzumutb eigenen Schaden abzuwenden; auch wenn die Fdg auf Entlassg ungerechtf ist, zweifelh bei Aids-

Infizierten (Lichtenberg/Schücking NZA **90**, 41). Die vorher Anhörg des ArbN ist keine WirkskVorauss (BAG NJW **91**, 2307). Im allg darf der DBer wg der FürsPfl (vgl § 611 Rn 99) einem ungerechtf Druck nicht nachgeben u muß versuchen, ihn abzuwenden (BAG BB **77**, 1150). Er darf ihn nicht selbst schuldh herbeigeführt haben (BAG **12**, 220 [231]). Die Künd muß das prakt einz in Betr kommde Mittel sein, den dch Druck drohden Schad abzuwenden. Das KündVerlangen des BetrR (§ 104 BetrVG) stellt für sich keinen
53 KündGrd dar. **l) Verletzung von Betriebsratspflichten** kann für sich allein keine außerord Künd begrden, sond nur RFolgen aus dem BetrVG, ggf Amtsenthebg gem § 23 BetrVG unter Fortbestd des ArbVerh (BAG NJW **70**, 827 mwN; Weber NJW **73**, 787). BetrRMitgl stehen für § 626 grdsätzl gewöhnl ArbN gleich (hM); jedoch muß zugleich ein wicht Grd iS des § 15 KSchG vorliegen (BAG NZA **94**, 74). Bei einer ArbVertrVerl, die auf einem Verhalten beruht, das der BetrRTätk entspringt, ist aber für die Berechtigg zur außerord Künd ein strengerer Maßstab als bei gewöhnl ArbN anzulegen (BAG stRspr, **AP** § 13 KSchG 1951 Nr 16 u 19, hierzu krit Weber aaO; Säcker RdA **65**, 373). Entspr gilt für Mitgl des PersR, die im ArbVerh stehen (vgl §§ 47, 100 PersVertrG) u JugVertr (BAG DB **76**, 679). KündGrd ist zu bejahen, wenn ArbN, die nicht demonstrationswill sind, aufgefordert w, ArbPlatz zwecks Demonstration zu verlassen (BAG NJW **70**, 827); bewußt falsche, betrschädigde Information der Presse (BAG aaO); Lügen ggü dem ArbG od seinen Vertr
54 bei bedeuts Fragen (BAG aaO). **m) Politische und religiöse Gründe.** Polit Gesinng u religiöses Bekenntn, gleich welcher Art, ist kein wicht Grd. Polit Betätigg (hierzu allg Preis/Stoffel RdA **96**, 210) kann (sofern sie nicht verfwidr ist) wicht Grd nur dann sein, wenn sie den BetrFrieden stört od gefährdet od die ArbLeistg and ArbN erhebl beeinträcht (insb im öff D), nicht notw im Betr u währd der ArbZt. Bsp: im kirchl D Austritt aus der ReligionsGemsch (LAG RhPf NZA **98**, 149); wiederholte parteipolit Tätk od Provokation (zB Tragen v Plaketten im Betr, BAG NJW **84**, 1142; hierzu generell v. Hoyningen-Huene/Hofmann BB **84**, 1050).
55 **n) Betriebseinstellung und -umstellung** ist grdsätzl kein wicht Grd, weil das BetrRisiko der DBer trägt (hM), kann aber die außerord Künd begrden, wenn die ord Künd ausgeschl ist (BAG NZA **98**, 771 u **99**, 258;
56 hierzu Groeger NZA **99**, 851). Die Insolvenz gibt kein R zur fristl Künd (§ 113 InsO). **o) Sonstige Gründe.** Wegfall des Aufgabengebiets eines tarifl unkündb ArbN (BAG DB **98**, 1035). Bei Trunkenh, wobei oft Abmahng erforderl ist, kommt es auf den Einzelfall an (vgl Günther BB **81**, 499 mwN), bei Lehrgängen, die auf einen Beruf vorbereiten sollen, Aufgabe des Berufsziels (Hbg MDR **71**, 216 [EDV-Programmierer]); schuldh Verurs v LohnPfdgen nur unter bes Umstd (vgl Lepke RdA **80**, 185 mwN); Ablauf der ArbErlaubn eines GastArb gem § 19 I AFG (BAG BB **77**, 596); Entzug der Fahrerlaubn bei als Kraftfahrer beschäft ArbN (BAG NJW **79**, 332; LAG Köln NZA-RR **96**, 170) od AußenDMitArb (LAG SchlH NZA **87**, 669); beim Chefarzt eines kath KrHauses DchFührg kirchenrechtl unzuläss Behandlgsmethode (BAG NJW **94**, 3022); schwerwiegde Fehler beim JAbschl dch GmbH-GeschF (Brem NJW-RR **98**, 468); SchlechtErf des PartnerschVermittlgsVertr (Peters NJW **89**, 2793); Selbstmordversuch eines Internatschülers (BGH NJW **84**, 2091; hierzu krit Picker JZ **85**, 641); Nichtversetzg eines solchen nur bei unzumutb Erschwerg der ord Künd (Hbg NJW **84**, 2107).

57 **7) Wichtige Gründe für Kündigung des Dienstverpflichteten,** insb des ArbN. **a) Zahlungsverzug:** Zahlt der DBer die fäll Vergütg nicht od wiederholt nur unter Verzug (§ 284), so ist stets ein wicht Grd gegeben. **b) Fürsorgepflichtverletzungen:** insb die aus §§ 617, 618, jedenf soweit sie vorsätzl od grob fahrl
58 geschehen. **c) Arbeitsunfähigkeit.** Dauernde, nicht nur vorübgehde, ist für ArbVerh als wicht Grd anzusehen; jedoch entspr die Künd wg § 616 u wg des EFZG nicht dem Interesse der ArbN. Bei allg DVerh, insb bei vorübgehden, ist dieser KündGrd auch prakt bedeuts. Ist die ArbFähk des ArbN zeitl oder der Art nach
59 beschr, ist vor Künd dem ArbG Gelegenh zu geben, einen ArbPlatzwechsel herbeizuführen. **d) Gefährdung der Gesundheit,** erst recht des Lebens dch die ArbLeistg, ist wicht Grd, wenn die Gefährdg bei Abschl des D- od ArbVertr nicht zu erkennen war. Führt die Fortsetzg der Arb mit überwiegder Wahrscheinlk zu einer GesundhSchädigg, kann ohne diese Einschränkg fristl gekünd w. **e) Straftaten** des DBer, wenn sie gg den DVerpfl od ArbN gerichtet sind, stellen stets einen wicht Grd dar, bei and Delikten kommt es auf den Einzelfall an. **f) Ehrverletzungen:** insb Beleidigg, sexuelle Belästigg, bewußte Kränkg, vor allem in Ggwart
60 von and Pers, sind idR wicht Grd. **g) Abschluß eines anderen Dienstverhältnisses,** insb ArbVerh, dch den DVerpfl ist kein wicht Grd, auch wenn das vorteilh ist u bes Chancen bietet. Ggf muß er die RFolgen des VertrBruchs auf sich nehmen (vgl § 611 Rn 14–16) od die Einwillig des DBer (ArbG) einholen.

627 *Außerordentliche Kündigung bei Vertrauensstellung.*

I Bei einem Dienstverhältnis, das kein Arbeitsverhältnis im Sinne des § 622 ist, ist die Kündigung auch ohne die im § 626 bezeichnete Voraussetzung zulässig, wenn der zur Dienstleistung Verpflichtete, ohne in einem dauernden Dienstverhältnis mit festen Bezügen zu stehen, Dienste höherer Art zu leisten hat, die auf Grund besonderen Vertrauens übertragen zu werden pflegen.

II Der Verpflichtete darf nur in der Art kündigen, daß sich der Dienstberechtigte die Dienste anderweit beschaffen kann, es sei denn, daß ein wichtiger Grund für die unzeitige Kündigung vorliegt. Kündigt er ohne solchen Grund zur Unzeit, so hat er dem Dienstberechtigten den daraus entstehenden Schaden zu ersetzen.

1 **Anwendungsbereich:** Nur DVerh, nicht ArbVerh (vgl Einf 2, 5 vor § 611), aber nur DVerh, bei denen folgde Vorauss vorliegen: **a) Art des Dienstverhältnisses.** Es darf kein dauerndes mit festen Bezügen sein; diese dürfen kein regelm Eink darstellen. Ein dauerndes DVerh erfordert nicht, daß der DVerpfl den überwiegden Teil seiner ArbKraft schuldet od wirtsch vom DBer abhäng ist (BGH **47**, 303 u **90**, 280). Ein dauerndes DVerh, für das § 627 nicht gilt, ist zB ein auf best Zt abgeschl InternatsVertr (BGH NJW **85**, 2585; Celle NJW-RR **95**, 1465) u AusbildgsVertr (BGH **120**, 108 [Tanzlehrer]). Feste Bezüge: müssen auf längere Sicht best u vonvorneherein festgelegte Betr sein, die wenigstens zu einem nicht unerhebl Teil die GrdLage der wirtsch Existenz bilden können (vgl BGH NJW-RR **93**, 505 mwN), beim DauerBeratgsMandat eines RAs mögl (Hamm NJW-RR **95**, 1530). Das sind zB nicht: die vereinb PauschalVergütg eines Steuerberaters (BGH NJW-RR **93**, 374); das von außervertr Entwicklgen abhäng Entgelt eines Managers (BGH NJW-RR

93, 505). **b) Dienste höherer Art.** Sie müssen üblw aGrd bes Vertrauens übertragen w. Das ist idR der Fall 2 bei: Arzt, RA u RBeistand, PatentAnw (Düss BB **87**, 2187), Steuerberater u -bevollm (BGH NJW-RR **93**, 374); WirtschPrüfer u -berater (hM; Kblz NJW **90**, 3153), Manager (BGH NJW **83**, 1191), auch eines Sportlers (Nasse SpuR **96**, 113). Kommissionär (RG **110**, 123), Architekt (vgl aber Einf 17 vor § 611), Werbeberater, Schiedsrichter (vgl ThP 8 vor § 1029); Inkassobeauftragter (LG Bonn NJW-RR **98**, 1744); EheAnbahng (BGH NJW **87**, 2808); PartnerschVermittlg od -Anbahng (BGH **106**, 341 mwN); krankengymnast Behdlg (AG Andernach NJW-RR **94**, 121). Seminar mit therapeut Übgen od Meditation (LG Kassel NJW-RR **99**, 1281); nicht Haarbehdlg (LG Dortm NJW-RR **91**, 1404). **c) Direktunterricht** (dch Institute 3 od PrivSchulen). Hierzu grdsätzl Dörner NJW **79**, 241 u Schlosser NJW **80**, 273. § 5 FernUSG ist nicht entspr anwendb (BGH **90**, 280). Die Anwendg v § 627 wird überwiegd verneint (vgl Nassall NJW **84**, 711 mwN), zB für VerkaufsSchulg in einem Kurzseminar (BGH NJW **86**, 373); Tanzlehrer (BGH **120**, 108); InternatsschulVertr (Karlsr NJW-RR **87**, 118; Celle NJW-RR **95**, 1465), tägl Vollzeitunterricht in PrivSchule (Ffm NJW **81**, 2760, wo § 9 AGBG für billige Ergebn herangezogen wird); einjähr Maschinenschreibkurs v LG Hann NdsRpfl **81**, 276; für Heilpraktikerkurs v Celle NJW **81**, 2762. Es bleibt jedenf § 621. **d) Sonstiges.** 4 Für BerAusbVertr gilt die SoRegelg des BerBG (Einf 58 vor § 611), für Fernunterricht gilt die des FernUSG (Einf 22 vor § 611).

2) Abdingbarkeit für Ausschl u Beschränkg der Künd ist grdsätzl zu bejahen, da § 626 anwendb bleibt. 5 Für PartnerVermittglsVertr wg § 138 verneint v Peters NJW **89**, 2793. Erkl muß eindeut, kann aber stillschw sein, liegt noch nicht in Vereinbg einer best VertrDauer (BGH NJW-RR **91**, 439). Grdsätzl kann nicht dch AGB od FormularVertr abbedungen w (hM; Kblz NJW **90**, 3153 mwN), keinesf bei Ehe- u PartnerschVermittlg (BGH **106**, 341), wohl aber bei Ärzten mit 24-Stden-Fr (Wertenbruch MedR **94**, 394). Eine dch AGB vereinb LaufZtVerlängergsKl schließt die ord Künd (§ 621) nicht aus (BGH NJW **99**, 276).

3) Wirkung. a) Kündigung: Sie ist außerord (vgl Vorbem 45 vor § 620), fristl mögl, aber befr zul; 6 beiderseit. Die KündMöglk aus § 626 w dch § 627 nicht berührt. Grdsätzl darf jederzeit gekünd w; für die Künd des DBer gilt das uneingeschränkt; dem DVerpfl ist die Künd zur UnZt nicht gestattet (Abs II S 1): dabei ist grdsätzl darauf abzustellen, ob sich der DBer die De nach Zugang der Künd, sobald u soweit er sie benöt, beschaffen kann, nicht notw in gleicher Güte u zu gleichen Bedinggen. **b) Rechtsfolgen der** 7 **Kündigung zur Unzeit:** auch bei Verstoß gg Abs II S 1 keine Unwirksk der Künd (allgM). RFolge ist die SchadErsPfl des Abs II S 2, die sonst überflüss sein würde, wenn die Künd unwirks wäre, weil dann die §§ 325, 326 den SchadErsAnspr gäben. Wicht Grd: Es genügt ein rechtfertigder Grd; Unzumutbk der Fortsetzung des DVerh ist nicht erforderl, weil dann Künd aus § 626 begrdet wäre. Unaufschiebb, notw Arb sind noch dchzuführen. SchadErsAnspr: Abs II S 2. Umfang: §§ 249 ff.

628 ***Teilvergütung und Schadensersatz bei außerordentlicher Kündigung.*** **I Wird nach dem Beginne der Dienstleistung das Dienstverhältnis auf Grund des § 626 oder des § 627 gekündigt, so kann der Verpflichtete einen seinen bisherigen Leistungen entsprechenden Teil der Vergütung verlangen. Kündigt er, ohne durch vertragswidriges Verhalten des anderen Teiles dazu veranlaßt zu sein, oder veranlaßt er durch sein vertragswidriges Verhalten die Kündigung des anderen Teiles, so steht ihm ein Anspruch auf die Vergütung insoweit nicht zu, als seine bisherigen Leistungen infolge der Kündigung für den anderen Teil kein Interesse haben. Ist die Vergütung für eine spätere Zeit im voraus entrichtet, so hat der Verpflichtete sie nach Maßgabe des § 347 oder, wenn die Kündigung wegen eines Umstandes erfolgt, den er nicht zu vertreten hat, nach den Vorschriften über die Herausgabe einer ungerechtfertigten Bereicherung zurückzuerstatten.**

II Wird die Kündigung durch vertragswidriges Verhalten des anderen Teiles veranlaßt, so ist dieser zum Ersatze des durch die Aufhebung des Dienstverhältnisses entstehenden Schadens verpflichtet.

1) Allgemeines. a) Anwendungsbereich: Alle D(Arb)Verh, insb auch der ArztVertr (Kramer MDR **98**, 1 324), aber nicht bei AusbildgsVerh (§ 16 BerBG; BAG NZA **97**, 1224), HandelsVertr (§ 89 a II HGB) u bei Seeleuten (für Abs I §§ 66, 70 SeemG). Nur bei wirks außerord Künd gem §§ 626, 627, nicht bei ord Künd; auch nicht bei AufhebgsVertr (BGH NJW **94**, 1070), weil der Wortlaut des Abs II entggsteht u die Part im Vertr die RFolgen regeln können. Abs II wird analog auf and DauerSchuVerh angewendet (§ 276 Rn 127). Für entspr Anwendg auf Unmöglk nach teilw Erf: Roth VersR **79**, 600. **b) Abdingbarkeit** ist zu bejahen; insb können 2 statt Abs I RFolgen gem § 649 vereinb w (BGH **LM** § 611 Nr 3). Grenze: § 242 (BGH NJW **70**, 1596).

2) Vergütung (Abs I). **a) Teilvergütung** (S 1) ist bei Zt- wie LeistgsLohn quantitativ zu bem. Beim 3 Pauschalhonorar eines RAs ist auf einen entspr TBetr herabzusetzen (BGH NJW **87**, 315). Bei PartnerschVermittlgsVertr sind Allgemeinkosten pro rata temporis zu berechnen; auch die sog Vorlaufkosten für die Anlauf-Arb sind zu berücksicht (BGH NJW **91**, 2763). Die Vergütg für die PartnerschVorschläge richtet sich nach dem Verh der erstellten zur vereinb Gesamtzahl (Oldb FamRZ **92**, 668). **b) Beschränkung** (S 2) setzt 4 alternativ voraus, daß der Anlaß der Künd des DVerpfl nicht ein schuldh (§§ 276, 278) vertrwidr Verhalten (Handeln od Unterl) des DBer (ArbG) war od dessen Künd dch den DVerpfl schuldh vertrwidr veranlaßt w. BewL: DBer (BGH NJW **97**, 188). Vertrwidr Verhalten beim RA- Mandat: U-Haft inf Verdachts der Veruntreug v Mandantengeld (BGH NJW **95**, 1954); mögl auch unterl Aufklärg (BGH NJW **85**, 41). Die BRAGO schließt die Anwendg v S 2 nicht aus (BGH NJW **82**, 437). Bei völl Wertlosigk kann der Anspr ganz entfallen. § 287 II ZPO gilt. **c) Vorauszahlung** (S 3). Zu vertreten: §§ 276, 278. Auch § 818 ist 5 anzuwenden.

3) Schadensersatz (Abs II). **a) Voraussetzungen:** Schuldh (§§ 276, 278: allgM) vertrwidr Verhalten 6 (sog AuflösgsVersch) des KündEmpf muß (nicht notw der einz) Anlaß der Künd sein, ggf dch ErfGeh (BGH NJW **84**, 2093 [Internatsschule]; hierzu krit Picker JZ **85**, 1650) u das Gewicht eines wicht Grdes iS des § 626 haben (BAG stRspr BB **90**, 425). Die 2-Wo-Fr des § 626 II muß eingehalten sein (BAG aaO). Der Anspr kann dem DBer wie dem DVerpfl zustehen; er entfällt, wenn auch der KündEmpf aus wicht, vom and

7 Teil zu vertretden Grd hätte künd können (BGH **44**, 271; BAG NJW **66**, 1835). **b) Ursächlichkeit:** Da nur der dch die Beendigg des D(Arb)Verh entstandene Schad zu ersetzen ist, muß (arg § 249) darauf abgestellt w, wie der AnsprBerecht bei Fortbestd des DVertr gestanden wäre (BAG **AP** Nr 2 für ArbUnfähigk); aber nur bis zu dem Ztpkt, zu dem das ArbVerh hätte gekünd w können (umstr; vgl Hadding SAE **76**, 219).
8 **c) Umfang:** §§ 249, 252; hierfür ist das volle ErfInteresse (BAG NZA **97**, 648) mit allen Haupt- u NebenPfl maßg. Für den DBer (ArbG): Kosten für ErsKraft unter Abzug ersparter Vergütg. Mehraufwand für Fortsetzg der unterbrochenen Arb (LAG Bln BB **74**, 278), vorzeit Verlust des Konkurrenzschutzes aus § 60 HGB (BAG NJW **75**, 1987). Für den DVerpfl (ArbN): Die entgangene Vergütg, einschl aller bes Zuwendgen, zB Tantieme, Aufwendgen für einen neuen ArbPlatz (BAG NZA **97**, 648). And Schäden können in die FolgeZt reichen. Der AbfindgsAnspr aus §§ 9, 10 KSchG darf nicht eingerechnet w, weil die Vorauss für seine Entstehg noch ungewiß sind (LAG Hamm NZA **85**, 159). Keinesf bei Künd wg BetrStilllegg (LAG Hamm ZIP **87**, 1267). Stets ist § 254 anwendb (BGH NJW **67**, 248), so daß schuldh unterlassener Erwerb auch ohne
9 Böswilligk (and § 615) anzurechnen ist. **d) Durchsetzung:** Für Darlegg u Bew gilt § 287 ZPO (BAG NJW **72**, 1437). Im Fall des Abs I S 2 trägt der DBer die BewL für das vertrwidr Verhalten des DVerpfl (BGH NJW **82**, 437).

629 ***Freizeit zur Stellungssuche.*** **Nach der Kündigung eines dauernden Dienstverhältnisses hat der Dienstberechtigte dem Verpflichteten auf Verlangen angemessene Zeit zum Aufsuchen eines anderen Dienstverhältnisses zu gewähren.**

1 **Allgemeines.** Konkretisiert FürsPfl; ist nicht abdingb (allgM). Anwendb: wie § 617 Rn 1; bei jeder Künd;
2 entspr bei DVerh auf best od bestimmb Zt (§ 620 Rn 2, 8). **Wirkung.** Anspr auf DBefreig: angem nach Häufigk, Länge u Ztpkt; Bedeutg u Stellg sind zu berücks. VergütgsPfl besteht fort (§ 616); das kann aber abbedungen w (BAG **AP** Nr 1). RFolgen bei Verweigerg: Kl; bei Eilbedürftk eVfg auf FreiZtGewährg, aber nicht eigenmächt Verlassen od Fernbleiben (Vogt DB **68**, 264; sehr bestr, aA mit § 320 begrdet). SchadErs aus pVV (§ 276 Rn 113), Künd aus § 626 u SchadErs aus § 628 II.

630 ***Zeugniserteilung.*** **Bei der Beendigung eines dauernden Dienstverhältnisses kann der Verpflichtete von dem anderen Teile ein schriftliches Zeugnis über das Dienstverhältnis und dessen Dauer fordern. Das Zeugnis ist auf Verlangen auf die Leistungen und die Führung im Dienste zu erstrecken.**

1 **1) Allgemeines.** Lit: Schlessmann, Das ArbZeugn, 15. Aufl 1998. Zur prakt Gestaltg Weuster BB **92**, 58. Der übl Firmenkopfbogen muß verwendet w (BAG NJW **93**, 2197). Grdsätzl Holschuld (§ 269 II; BAG NJW **95**, 2373). **a) Anspruchsverlust.** § 630 ist insof zwingd, als nicht vor Beendigg des DVerh auf ZeugnErteilg verzichtet w kann, wohl aber nach od aus Anlaß der Beendigg des ArbVerh, insb in einer AusglQuittg (LAG Köln MDR **95**, 613 mwN; bestr), aber nicht ow, wenn sie allg gehalten ist (LAG Düss NZA-RR **96**, 42). Verwirkg (§ 242 Rn 87) ist mögl (BAG NJW **88**, 1616; LAG Düss DB **95**, 1135 m Anm
2 v Sibben). Ablauf tarifl AuschlFr schließt den Anspr aus (BAG DB **83**, 2043 für § 70 II BAT). **b) Dauerndes Dienstverhältnis:** § 617 Rn 1. § 630 gilt grdsätzl für DVerh aller Art (auch freie MitArb, vgl Hohmeister NZA **98**, 571), sofern sie bei VertrAbschl auf Dauer angelegt waren od eine gewisse Dauer bestanden haben (Hohmeister aaO), insb auch für GeschF einer GmbH, der nicht Gesellsch ist (BGH **49**, 30), nicht für HandelsVertr (Celle BB **67**, 775). Es gelten für kfm Angest § 73 HGB, gewerbl ArbN § 113 GewO, Seeleute § 19 SeemG, Azubi § 8 BerBG.

3 **2) Zeitpunkt.** Anspr besteht ab Künd, spätestens mit tats Beendigg des ArbVerh (BAG NZA **87**, 628). Ohne Künd besteht Anspr auf vorläuf sog Zwischenzeugn, wenn es der Suche eines neuen ArbPlatzes dienen soll (Becker-Schaffner BB **89**, 2105 [2108]) od (nach BAT) ein trift Grd vorliegt (vgl BAG DB **93**, 2134). Auch nach Beendigung des D(Arb)Verh kann das Zeugn verlangt w. Das Zeugn muß datiert sein (LAG Brem BB **89**, 1825). Rückdatierg bei Berichtigg (BAG NJW **93**, 2196).

4 **3) Inhalt des Zeugnisses.** Das Zeugn hat stets Art u Dauer des DVerh anzugeben; die Art der Tätigk ist vollständ u richt zu bezeichnen, sog einfaches Zeugn (BAG DB **76**, 2211). Nur auf Verlangen auch über Leistg u Führg (sog qualifiziertes Zeugn; zum Anspr hierauf Liedtke NZA **88**, 270), nicht auf nur eines von beiden. Das Zeugn muß auch bei gemischter Tätigk einheitl sein. Es muß obj richt sein u darf keine Auslassgen enthalten, wo eine pos Hervorhebg vom Leser erwartet w. Krankh dürfen grdsätzl nicht erwähnt w (LAG Chem NZA-RR **97**, 47). Bei der Formulierg von WertUrt ist der ArbG frei (BAG DB **76**, 2211), insb in der Wahl der Worte, die nicht einem vorher erteilten ZwZeugn entspr müssen (LAG Düss BB **76**, 1562). Eine verständ Beurteilg ist zugrde zu legen. Bemerkg üb den Grd der Künd od ArbVertrAufhebg sind nur aus sachl Grden zul (Popp NZA **97**, 588); sie müssen mit Führg u Leistg zushängen. Daß außerord gekünd w, darf angeführt w (aA LAG Düss NZA **88**, 399). Hinweis auf Prokura mit genauer ZtAngabe (LAG BaWü NZA **93**, 127). Tätigk als BetrR darf grdsätzl nur auf Verlangen des ArbN erwähnt w, ausnw aber im Fall völl Freistellg v der Arb. Im einzelnen: Witt BB **96**, 2144. ArbG ist bewbelastet mit den der Bewertg zugrunde liegden Tats). Im Proz muß der KlageAntr die konkrete Abänderg bezeichnen (LAG Düss DB **73**, 1853). Ger sind uU befugt, Zeugn selbst neu zu formulieren. Unterschr des DBer (ArbG) od seines Vertr ist notw (LAG Brem BB **89**, 1825).

5 **4) Rechtsfolgen. a) Schadensersatz. aa)** Ggü DVerpfl (ArbN) bei schuldh falschem Zeugn oder SchuVerz (§ 286) ist mögl (allgM). BewL: Ursächlichk für Schad trägt der DVerpfl (BAG NJW **68**, 1350). **bb)** Ggü neuem DBer bei schuldh obj Unrichtk ist mögl (BGH **74**, 281 [290]), auch wenn erst nachträgl erkannt;
6 zudem aus Vertr (BGH **74**, 281). **b) Auskunft** über den DVerpfl (ArbN) an Dr (Schultz NZA **90**, 717), insb and DBer (ArbG) muß der DBer auf Verl des (auch früheren) ArbN erteilen (BAG NJW **58**, 1061). Er darf es, falls nicht and vereinb, auch ohne den Willen des ArbN, wenn der Dr berecht Interesse daran hat (BAG NZA

85, 811). Auf Verl ist dem ArbN der Inhalt der Ausk bekannt zu geben (BGH NJW **59**, 2011; bestr). Haftg des ArbG: wie Rn 5. Hierzu u zur BewL: v. Hoyningen-Huene/Boemke NJW **94**, 1757 [1761]. **c) Bindung.** Der ArbG ist an vorbehaltl Beurteilg des ArbN diesem ggü gebunden (BAG NJW **72**, 1214); nicht aber an best Formuliergen des ZwZeugn (LAG Düss BB **76**, 1562). Widerr nur bei schwerwiegder Unrichtigk tats Art (Becker-Schaffner BB **89**, 2105 [2110]) mit BewLast des DBer. **d) Berichtigung** kann bei Lücken od obj Unrichtk verlangt werden (LAG Hamm NZA-RR **98**, 151). **e) Vollstreckung:** § 888 ZPO (hM; LAG Nürnb BB **93**, 365 mwN). Zu Einzelh vgl Geißler DGVZ **88**, 17. 7 8

Siebenter Titel. Werkvertrag und ähnliche Verträge

I. Werkvertrag

Einführung

1) Begriff und Wesen. WkVertr ist entgeltl, ggs Vertr (s Einf v § 320). Der Untern (Herst) verpflichtet sich zur Herstellg des versprochenen individuellen Wks, dh zur Herbeiführg eines best ArbErgebn (Erfolges) für den Best (Kunden, AuftrGeber) im Austausch gg die Leistg einer Vergütg (§ 631). Ggst der LeistgsPfl des Untern ist also eine entgeltl Wertschöpfg dadch, daß er dch seine ArbLeistg für den Best das vereinb Wk schafft (BGH NJW **83**, 1489). Dies kann ein körperl ArbProdukt sein, zB Herstellg einer Sache, auch aus Stoffen des Best, bzw ihre Veränderg, od ein unkörperl ArbErgebn, zB Erstattg eines Gutachtens (BGH BB **95**, 170), DchFührg einer Operation, Erstellg ein DatenverarbeitgsProgramms. Unter der Herbeiführg eines best Erfolges als Wesensmerkmal der wkvertragl Verpfl ist regelm nur das unmittelb dch die Tätigk des Untern herbeizuführde Ergebn, nicht auch der nach dem wirtsch Zweck erhoffte endgült Erfolg zu verstehen, zB ordngsgem Herstellg des BauWks, nicht seine Vermietbark, fachgerechte Operation, nicht Heilg, Lieferg des Drehbuchstoffes, nicht dessen Eigng zur Verfilmg. Kennzeichnd für den WkVertr ist die wirtsch Selbständigk des Herst. Dieser mag im EinzFall an gewisse Weisgen gebunden sein (§ 645). Er übt seine Tätigk aber in eig Verantwortg u unter Einsatz eig ArbMittel od Fachkenntn aus, er trägt das UnternRisiko für das Gelingen des geschuldeten ArbErgebn (§§ 633, 640). Die Vereinbg eines Erfolgshonorars allein ist nicht entscheidd (BGH MDR **95**, 573). Auch die sozversrechtl Kriterien zur „Scheinselbständigk" (SGB IV § 7 IV) sind nicht ausschlaggebd (Einf 11 v § 611). 1

2) Gesetzliche Regelung, anwendbares Recht. §§ 631 ff gelten grdsätzl für alle WkVertr. Sie passen aber wg der wirtsch sehr unterschiedl Zielsetzgen nicht für alle Vertr dieses Typs (zB hins Abn u Gewl). Desh enthalten das BGB (ReiseVertr: §§ 651 a ff; GeschBesVertr: § 675) u zahlr and G **Sondervorschriften.** Dann gelten §§ 631 ff nur subsidiär (Larenz SchuldR II/1 § 53 I). Oft greifen auch AGB ein. Einzelh s bei den versch VertrTypen (Rn 5 ff). – **Internationales Privatrecht** EG 27 Rn 5 ff, 28 Rn 14, EG 29 (BGH NJW **94**, 262). **In der früheren DDR** gilt für Pflege- u WartgsVertr als ÜbergVorschr EG 232 § 6. 2

3) Die **Verdingungsordnungen** für Bauleistgen (VOB), für Leistgen (VOL) u für freiberufl Leistgen (VOF; dazu Brandi-Dohrn NJW **98**, 857) betreffen die Vergabe und DchFührg von Auftr der öff Hand. Sie sind im BAnz veröffentlicht, aber keine RNormen. **Teil A** regelt jeweils die Vergabe von Auftr dch die öff Hand, wobei die Vorschr für Auftr oberhalb der sog EG-Schwellenwerte RSatzQualität haben (BGH **139**, 259/266); für diese Auftr gelten außerdem in Umsetzg versch EG-Richtl dch GWB 97 ff (s VgRÄndG vom 26.8.98, BGBl 2512) bes Regeln, dem einz Bewerber ist gem GWB 97 VII ein gerichtl nachprüfb Anspr auf Einhaltg der Vorschr eingeräumt (näher Heiermann/Ax BB **98**, 1541, Byok NJW **98**, 2774, Pietzcker ZHR **162** [1998], 427). SchadErsAnspr aus dem iR des VergabeVerf entstehenden Vertrauensverhältn § 276 Rn 76. Der Bieter ist an sein Angeb bis zum Zuschlag gebunden. KalkulationsIrrt § 632 Rn 2. – **Teil B** enthält jeweils in Form Allg VertrBdggen einen auf die Besonderh der zu erbringden Leistg abgestellten einigerm ausgewogenen Ausgl der BeteilInteressen (BGH **86**, 135 für VOB/B). So ist die für den BauVertr maßgebde **VOB/B** weder RNorm noch Niederschlag einer VerkSitte od eines Handelsbrauchs, sondern TypenVertr od AGB, wird also VertrBestandt nur dch Vereinbg (AGBG 2) der VertrParteien, nicht schon dch bloßen Hinw auf ihre Geltg ggü einem im Baubereich nicht bewanderten VertrPartner (BGH **109**, 192, NJW **94**, 2547, Hamm NJW-RR **98**, 885; näher AGBG 2 Rn 9); Wechsel der Fassgen währd der Vhlgen Kblz NJW-RR **99**, 748. Inhaltskontrolle: AGBG § 23 II Nr 5, § 9 Rn 140–142; zur isolierten Vereinbg der VOB-GewlRegelg Vorbem 31 v § 633. Revisibilität § 133 Rn 31. S a Rn 6 zum BauVertr. – **Teil C** (der VOB) enthält allg technische Best für die Ausführg von Bauleistgen u wird VertrBestandt, falls Teil B dem Vertr zGrd liegt (§ 1 Nr 1 S 2 VOB/B); er ist für die Frage der fachgerechten Herstellg u damit für GewlAnspr bedeuts, weil die Nichtbeachtg seiner nach DIN-Nrn geordneten Regeln idR den Schluß auf nicht vertragsgem od den anerkannten Regeln der Baukunst nicht entspr Herstellg zuläßt. 3 4

4) Die **Abgrenzung zu verwandten Vertragstypen** ist häuf schwier. Richtschnur sind die Kriterien gem Rn 1, ferner der wirtsch Zweck der ArbLeistg u der Wille der VertrPart, wie er in der Ausgestaltg ihrer Rechte u Pfl zum Ausdr kommt (BGH **LM** § 611 Nr 3). Die gewählte Bezeichng ist nicht entsch (s BGH **101**, 350). – **a)** Der **Kaufvertrag** ist auf Übereigng des fert Ggst gerichtet. Im Ggs zum WkVertr ist die Herstellg des Ggst nicht VertrInhalt, es fehlt die Werkschöpfg für den Best (BGH NJW **83**, 1489). – **b)** Beim **Miet- oder Leihvertrag** ist die Sache nicht herzustellen, sond zum Gebr zu überlassen. Überlassg von Geräten mit BediengsPers ist (auch) WkVertr nur, wenn der Überlassde die Oberaufsicht bei den zu verrichtden Arb hat (BGH NJW-RR **96**, 1203, Celle NJW-RR **97**, 469, Mü MDR **97**, 1007 jew für Kran, dazu auch Saller/Winter VersR **97**, 1191; BGH VersR **70**, 934 für unentgeltl Überlassg eines Kfz zu TransportZw) od einen best Erfolg schuldet (Schlesw SchlHA **55**, 58: Ausdreschen von Getreide); sonst MietVertr mit DVerschaffg (s Einf 12, 23 v § 535). – **c)** Der **Dienstvertrag** hat wie der WkVertr eine entgeltl ArbLeistg zum Inhalt. Desh ist bei freiberufl Tätigk die Abgrenzg im Einzelfall bes zweifelh. Nach der Dogmatik des BGB ist das entscheidde u meist auch praktisch brauchb AbgrenzgsKriterium, daß beim DVertr das bloße Wirken, die 5

ArbLeistg als solche (zB Beratg dch RA, Tätigk als GeschF), beim WkVertr dagg die Herbeiführg des vereinb, ggständl faßb ArbErgebn iS der Rn 1 geschuldet wird. And Kriterien wie Art der VergütgsBerechng, Dauer der Tätigk, Spezies- od GattgsArb, sind unsicher; insb kann auch beim DVertr der DVerpfl selbstd sein, bes Fachkenntn benötigen (RA, Arzt) u einz Auftr übernehmen (freier MitArb, s Einf 10 v § 611). Zur sog „Scheinselbständigk" Einf 11 v § 611. – **d) Dienstverschaffungsvertrag** (Einf 25 v § 611) u **Arbeitnehmeüberlassungsvertrag** (Einf 38–40 v § 611) sind im Ggs zum WkVertr nicht auf die vom Untern nach eig Vorstellgen organisierte Herbeiführg eines Erfolges gerichtet, sond auf die Überlassg geeigneter ArbKräfte, die der VertrPartner des Untern nach seinen eig betriebl Erfordern einsetzt u denen ggü er ein WeisgsR hat (BAG DB **79**, 851 u **89**, 131). S a MietVertr. – **e)** Der **Werklieferungsvertrag** unterscheidet sich vom WkVertr nur dadch, daß der Ggst aus Stoffen des Untern od aus von ihm zu beschaffden Stoffen herzustellen u zu übereignen ist; näher § 651 Rn 1, 2. – **f)** Den **Reisevertrag** bezeichnet das G selbst in der Überschr des 7. Titels als wkvertragsähnl. Näher Einf v §§ 651 a. – **g)** Der **Maklervertrag** verpflichtet and als der WkVertr nicht zur Herbeiführg des Erfolgs; s Einf 7 v § 652. – **h)** Der **Auftrag** unterscheidet sich vom WkVertr dch die Unentgeltlichk. – **i)** Der **Geschäftsbesorgungsvertrag** ist je nach dem Ggst der Tätigk D- od WkVertr, folgt aber weitgehd den Regeln des AuftrR. Näher § 675 Rn 1ff. – **k)** Der **Garantievertrag** (Einf 16 v § 765) ist mit dem WkVertr insofern verwandt, als der Garant für einen best Erfolg einzustehen hat. Er unterscheidet sich vom WkVertr dadch, daß der Garant keine Tätigk zu entfalten, kein Wk herzustellen hat. – **l)** Der **Verlagsvertrag** ist ein im VerlG geregelter eigenständ Vertr, gekennzeichnet dch die zusätzl Verpfl des Verlegers zur Vervielfältigg u Verbreitg des Wks. WkVertr ist der BestellVertr nach § 47 VerlG.

6 **5) Der Bauvertrag** (RsprÜbersicht Jagenburg NJW **98**, 2398, 2494 u 2640 [VOB], NJW **99**, 1153, 2218 [BGB-Vertr]) ist WkVertr, gerichtet auf die Herstellg eines körperl ArbErgebn, u regelt die RBeziehg zw Bauherrn u BauUntern. Dabei kann es sich um die Herstellg eines Rohbaus, eines fert Neubaus, einzelner Teile davon od um die Erbringg von EinzLeistgen (Installation, MalerArb), um Anbauten od um RenoviergsArb dch BauUntern od Handw handeln. Reiner WkVertr grdsätzl auch dann, wenn BauUntern alle Stoffe liefert (s § 651 Rn 1) od die Vergütg in bes Weise vereinb ist (§ 632 Rn 1 a). Abgrenzg vom BauBetrVertr § 675 Rn 14 f, vom Hauskauf hier Rn 5, 13 u § 633 Rn 4. – Typisch für die Errichtg eines BauWk ist das ZusWirken des einzelnen BauUntern mit dem Bauherrn, Arch od Statiker u and am Bau beteil Untern u Handw. Da die vertragl Pfl, die GefTragg u Verantwortlichk der versch Beteil konkretisiert u ggeinander abgegrenzt werden müssen, wird meist die Geltg bes VertrBdggen, insb der **VOB/B** (Rn 4) vereinb (s a AGBG 9 Rn 67 f). Hinw auf die VOB/B finden sich in den Anm zu den einz Vorschr. Der Vertragschl bedarf not Form, wenn er mit dem GrdstErwerbsVertr eine rechtl Einh (§ 139) bildet (§ 313 Rn 33). ErfOrt für die beiderseit Verpfl § 269 Rn 13. Sichg des BauUntern für seinen VergütgsAnspr §§ 648, 648 a. BewLFragen im BauR Baumgärtel ZfBR **89**, 231.

7 **6) Der Architektenvertrag** (RsprÜbers Jagenburg/Kesselring NJW **99**, 2628) ist idR WkVertr (BGH **82**, 100), auch wenn dem Arch nicht VorEntw, Entw u Bauvorlagen, sond nur die sonst ArchLeistgen (BGH **62**, 204), die Bauüberwachg (BGH **82**, 100) od die Erstellg eines SaniergsGA zur Beseitigg von Baumängeln (BGH JR **88**, 197) übertr sind; soweit Vhlgen mit Dr zu führen sind, ist er GeschBes (§ 675; BGH **41**, 318). – Die **Pflichten** des Arch richten sich nach dem abgeschl Vertr. Was er schuldet, ergibt sich aus diesem ggf dch Auslegg, nicht aus der HOAI (BGH **133**, 399, NJW **99**, 427). IdR ist es das im Bauplan verkörperte geist Wk (BGH **31**, 224; zum UrhR Göpfert BauR **99**, 312), also Plang, technische u geschäftl Oberleitg u örtl BauAufs (BGH **41**, 318), letztl die Entstehg eines mangelfreien BauWk (BGH **45**, 373). Für die Vereinbg einer solchen Vollarchitektur (Düss NJW-RR **95**, 1425) besteht allerd keine Vermutg (BGH NJW **80**, 122). IR der **Planung** muß der Arch möglichst bald die Durchführbark des Vorhabens klären (Hamm BauR **96**, 578), bei Zweifeln PlangsArb zurückstellen, sol Erteilg der BauGen (Hamm NJW-RR **95**, 1230), Erwerb des zu bebauden Grdst (Mü NJW-RR **96**, 341), Statik (Düss NJW-RR **97**, 915) u Finanzierg nicht gesichert sind, u ggf den AuftrG auf Bedenken hinweisen (Hamm NJW-RR **97**, 1310: erfdl BodenGA). Andernf kann sein VergütgsAnspr bei Unverwertbark der Arb wg pVV entfallen (Düss VersR **73**, 1150). Geschuldet ist, sofern nicht ausnahmsw and vereinb (BGH NJW-RR **99**, 1105), eine Plang (einschl der für die DchFührg des Vorh erfdl Unterlagen, Köln BauR **99**, 189), die zu einer dauerh u nicht mehr rücknehmb Baugenehmigg führt (BGH NJW **99**, 2112), die örtl Gegebenh beachtet (Düss NJW-RR **96**, 1300: GrdWasserstand; Oldbg VersR **81**, 541: den BodenVerh entspr Gründg) sowie den (auch noch währd des PlangsProz geäußerten) Vorgaben (BGH **138**, 87) od realisierb Wünschen (BGH NJW-RR **98**, 668) des AuftrG, den Regeln der Technik (Düss NJW-RR **97**, 275) u dem verfolgten Zweck entspricht (Düss NJW-RR **96**, 16). Kann eine von ihm selbst nicht geplante Maßn des AuftrG zur Gefährdg des BauVorh führen, hat der Arch darauf hinzuweisen (BGH NJW **81**, 2243). Er schuldet Prüfg des vorgesehenen Materials auf Brauchbark; bei neuen Baustoffen darf er sich mit Äußergen v Pers od Instituten begnügen, die er nach ihrer Qualifikation für sachverständ halten darf (BGH BB **76**, 17). Für Massen- u Kostenermittlgen steht dem Arch, außer bei GarantieÜbern (zu deren Verbindlichk bei Planabweichg Düss NJW-RR **95**, 1361), eine gewisse Toleranz zu, ebso bei vom Bauherrn einseit gesetzter Kostengrenze; maßgebd sind die Umst des EinzFalls (BGH NJW **94**, 856). Einen vereinb Kostenrahmen hat der Arch hingg grdsätzl einzuhalten (BGH NJW-RR **97**, 850; Miegel BauR **97**, 923), auf erhebl Kostensteigergen hat er hinzuweisen (BGH NJW-RR **97**, 1377). Er muß nicht allg so kostengünst wie mögl bauen, aber übermäß Aufwand vermeiden (BGH **138**, 87) u wirtsch Gesichtspunkte des AuftrG beachten, soweit Anlaß dazu besteht. So kann es nach den Umst seine Pfl sein, die im öff Recht bestehden wirtsch Vorgaben zu berücksichtigen wie Erreichg steuerl Vergünstiggen (BGH **60**, 1) od öff Fördermittel (BGH NJW **96**, 1889). Arch haftet für Fehler u Unklarh in den Vertr mit den BauHandw, falls er diese vorzubereiten hat (BGH NJW **83**, 871: SchadErsAnspr nach § 635, nicht pVV); ferner für mangelh Beratg hins Beseitigg gefahrdrohden Zust (BGH BB **71**, 415). IR der **Bauüberwachung** hat der Arch darauf hinzuwirken, daß ein mangelfreies BauWk entsteht, darin besteht der geschuldete WkErfolg (BGH NJW **99**, 1705). Das Ausmaß der ÜberwachgsPfl richtet sich nach dem EinzFall, Bedeutg u Schwierigk des jew BauAbschn, Zuverlässigk des BauUntern u seiner Leute (BGH NJW **78**, 322); die ObjÜberwachg beinhaltet die Pfl zur Prüfg von Abschlagsrechngen (BGH NJW-RR **98**, 1548). Nach Verweisg von der Baustelle muß der Arch uU die Frage der BauAufs mit dem Best klären (BGH ZfBR **85**, 120). Pfl des Arch zur obj Klärg v

MängelUrs, selbst wenn dazu eig Plangs- od AufsFehler gehören (BGH **71**, 144) u, auch wenn er nicht umfassd beauftragt ist, zum Hinw auf mögl Anspr gg sich selbst (BGH NJW **96**, 1278); zur Beratg u Unterstützg des Bauherrn bei der Behebg von Mängeln u beim Vorgehen gg den BauUntern (BGH **92**, 251 u WM **85**, 663), auch hins VertrStrafe (BGH **74**, 235). – **Mängel** des BauWks sind Mängel des ArchWk, soweit sie dch obj mangelh Erf der ArchAufg verursacht sind (§ 633 Rn 2c). – **Sonstiges.** Verhältn zu and Arch, Sonderfachleuten u BauUntern § 631 Rn 9–11, Vorbem 10–13 v § 633. Verletzg v VerkSichgsPfl § 823 Rn 65. KoppelgsVerbot § 631 Rn 2 ff. Vollm zum Handeln für Bauherrn § 167 Rn 8. Vergütg § 632 Rn 7.

7) Weitere Beispiele, Grenzfälle, gemischte Verträge. (alphabetisch, s a § 675 Rn 9 ff). – **Anzeigenvertrag** ist WkVertr. Geschuldet ist die Veröff der bestellten Anz nach Wortlaut, Schriftbild u sonst Ausgestaltg. Vereinbg zu AuflHöhe, VeröffOrt, -Ztpkt u -Medium können je nach den Umst Vorauss des Vertragschl sein (ja Mainz NJW-RR **98**, 631; nein LG Köln NJW-RR **99**, 563). MitwirkgsPfl des Best bei der Satzkorrektur. Abnahme ist erfdl (AG Dresd NJW-RR **99**, 562, str). Eine Anz, die vom Muster bei Erteilg des Auftr u von der ständ Aufmachg der Anz dieses Untern abweicht, ist fehlerh, selbst wenn der AuftrG den Korrekturabzug genehmigt hat (Düss NJW-RR **92**, 822). Pfl zur Nachbesserg auch in Form von Berichtigg od fehlerfreier Wiederholg. Unwirksamk bei sexualbezogenem Inhalt der Anz § 134 Rn 20, § 138 Rn 52. AnnoncenexpeditionsVertr s Rn 21. – **Arztvertrag** ist idR DVertr, Einf 18 v § 611. WkVertr, wenn sich ein Röntgenfacharzt verpflichtet, für einen and Arzt RöntgenAufn anzufertigen u sie ihm zur Auswertg zu überlassen (Düss MDR **85**, 1028). – **Auskunfteivertrag** ist WkVertr, wenn auf Beschaffg best Informationen, DVertr, wenn auf anhaltde Beratg gerichtet, § 675 Rn 29. – **Auswertung** von Bühnenstücken od Filmen Einf 4 v § 581. Herstellg u Auswertg eines Werbefilms ist gemischter Vertr, die Pfl zur Überlassg des Filmstreifens folgt aus § 651 I 2 Halbs 2 (BGH MDR **66**, 496). – **Bankvertrag** § 675 Rn 9. – **Bauvertrag** 8
ist WkVertr, Rn 6; ebso Abbruch u EnttrümmergsVertr, ggf gemischter Wk- u KaufVertr (Celle VersR **53**, 309). Zusätzl Beschaffg einer Zwischenfinanzierg ist GeschBesVertr (BGH BB **77**, 868). – **Baubetreuungs-, Bauträgervertrag** § 675 Rn 13 ff. – **Bauaufsicht** iS einer Kontrolle der Herstellg u Normübereinstimmg einer Yacht ist, wie bei Gbden (Rn 7), WkVertr (BGH NJW-RR **98**, 1027). – **Beförderungsvertrag** (Pers u Güter) ist WkVertr; auch Luftbeförderg (BGH **62**, 71) u Postbeförderg (PostG 4 Nr 1); s a CharterVertr. SonderVorschr: Fracht, Spedition HGB 407, 453, 556, 664 ff, BinnSchG 26, EVO, GüKG, ADSp (zur Neuregelg des TransportR ab 1.7.98 Herber NJW **98**, 3297), ferner PostG 18 ff (dazu Gramlich NJW **98**, 866), PersBefG, HaftPflG, LuftVG mit Warschauer Abk, VO (EWG) 295/91 (dazu LG Ffm NJW-RR **98**, 1589: Überbuchgsschaden) u VO [EG] Nr 2027/97 v 9. 10. 97 ABl L 258; zum internat R s EGBGB 28 Rn 6, 14. Zustandekommen auch dch konkludentes Handeln, zB Einsteigen in Straßenbahn (Einf 26 v § 145). Im Einzelfall kann TransportVertr DVertr sein, zB wenn bei Überführg eines Kfz auf eig Achse die Tätigk des Kraftfahrers wesentl VertrInh ist (BGH BB **63**, 432). Überlassg eines Kfz mit Bedieng s Rn 5 „MietVertr". Auftr zur Grenzabfertigg von Gütern ist GeschBesVertr (Köln VersR **98**, 1533). – **Beratervertrag** kann WkVertr sein (Düss NJW-RR **97**, 1005 für UnternBeratg); s § 675 Rn 29. – **Bergungsvertrag** (HGB 740 ff) ist iZw DVertr, da der Berger idR für den Erfolg nicht einstehen will. – **Bestattungsvertrag** (eingehd Widmann, Monographie 1988) ist gemischter, überwiegd WkVertr. – **Bewachungsvertrag** (öffrechtl geregelt in GewO 34 a u BewachgsVO) ist idR D-, nicht WkVertr (Dubischar NJW **89**, 3241). – 9
Beim **Chartervertrag** kommt es auf den Inhalt an. Schiff: Miete, wenn es sich um einf Überlassg auf Zeit handelt (bareboat-charter). Charter mit Employment-Klausel (Überlassg des Schiffs mit Besatzg) ist Raumfracht; der Charterer ist nicht Ausrüster (BGH **22**, 197). Flugzeug: Kann WkVertr sein, zB SammelBefördergsVertr, „Gruppenflüge", od Miete, zB „dry lease", Miete von Luftfahrzeug ohne Besatzg od eigentl CharterVertr (Schwenk BB **70**, 282). Der LuftBefördergsVertr (Rn 9) kann zum Inhalt haben, daß der Charterer die Beförderg im eig Namen übernimmt u sich des Vercharterers (FlugUntern) als ErfGeh bedient od daß der Charterer den BefördergsVertr zw Fluggast u Vercharterer vermittelt od als dessen Vertreter abschließt (BGH NJW **74**, 1046). Zur Abgrenzg der verschied VertrTypen vgl die beim ReiseVertr dargestellten Grds (Einf 3, 4 v § 651 a). – **Deckvertrag** (Decken eines Tieres) ist WkVertr. – **Dreschvertrag** s 10
Rn 5 „MietVertr". – **EDV, Software, Wartung** (§ 433 Rn 5; näher Zahrnt NJW **96**, 1798; RsprÜbers 11
Junker NJW **99**, 1294). Herstellg eines den ind Bedürfn des Anwenders entspr Programms ist WkVertr (BGH **102**, 135, NJW **90**, 3008), auch bei Verwendg eines Standardprogramms unter Anpassg an die betriebl Besonderh (Hamm NJW **89**, 1041, Köln NJW-RR **92**, 1328); das gilt auch, wenn zusätzl die Lieferg der Geräte geschuldet ist, die Einarbeitg des Personals u Erfassg der betriebl Daten (Mü CR **88**, 38: Wk- od WkLiefergsVertr über unvertretb Sache, Düss NJW-RR **98**, 345), od wenn die Hardware mietw überlassen wird (BGH WM **86**, 1255). Die Reparatur od Wartg ist häuf WkVertr (Karlsr CR **87**, 232, Düss CR **88**, 31), gerichtet auf Erhaltg od Wiederherstellg des möglichst wenig störanfäll Zust (differenzierd Volle CR **96**, 139; zu einz VertrTypen Hartmann/Thier CR **98**, 581), uU auch auf Einspielg von Software-Updates (Hamm CR **98**, 202; „2000-Probl s § 633 Rn 2 d; Künd des WartgsVertr LG Köln NJW-RR **99**, 1285, wg übermäß Belastg dch Herstellg der 2000-Fähigk Jaeger CR **99**, 209). Das gilt auch für Wartg über längere Zeit hinweg, ev auf Abruf u gg feste periodische Vergütg (offen gelassen Karlsr CR **87**, 232; aA Löwe CR **87**, 219). – 12
Entsorgungsvertrag ist idR WkVertr (Wieberneit BB **97**, 2333). – **Fertighausvertrag** mit Verpfl zur Errichtg ist WkVertr, bloße Verpfl zur Lieferg der Fertigteile ohne Errichtg ist KaufVertr (BGH **87**, 112 u 13
NJW **83**, 1491). – Vertr mit **Friseur** über Wasserwelle ist WkVertr. – Vertr über lfde **Gebäudereinigung,** 14
die nicht pers u in Abwesenh des AuftrGebers zu erbringen ist, ist WkVertr (Hbg MDR **72**, 866). – **Gutachten:** PrivBestellg od solche dch SchiedsGer ist WkVertr (BGH **67**, 1, **127**, 378/384). SorgfPfl des Gutachters BGH NJW **98**, 1059; Haftg ggü Dr § 328 Rn 32. – **Hufbeschlag** ist WkVertr (BGH NJW **68**, 15
1932). – **Ingenieurvertrag.** Projektierg einz Teile einer BauAnl wie Sanitär-, Heizgs-, ElektroArb für BauVorh ist WkVertr (Mü NJW **74**, 2238, LG Köln BauR **91**, 649). Die Pfl des Bauingenieurs entsprechen, auch bei fehlerh Ermittlg der Kosten, denen des Arch (BGH WM **88**, 1675). – **Krankenhaus** Einf 19 v § 611. – **Kunstwerke, Aufführung** (Konzert, Theater, Schaustellg) od **Herstellung**: Vertr zw dem Inh der urheberrechtl AufführgsR u dem Untern der Aufführg ist urheberrechtl NutzgsVertr mit Elementen aus Pacht-, Gesellsch-, Wk- u VerlagsVertr (BGH **13**, 115). Vertr zw Untern der Aufführg (Konzertagentur) u Künstler od Ensemble ist WkVertr, wenn eine best künstlerische Wertschöpfg (Aufführg) geschuldet wird

(Karlsr VersR **91**, 193; zB Gastspiel). Vertr mit Künstlern, die auf Mitwirkg an der Aufführg od WkErstellg gerichtet sind, sind je nach den Umst D- od ArbVertr (MüKo/Müller-Glöge § 611 Rn 103; KG MDR **99**, 538: WkVertr bei Regie). Vertr zw Untern u Besucher, auch Abonnent, ist WkVertr mit mietrechtl Einschlag hins des Zuschauerplatzes (AG Aachen NJW **97**, 2058, AG Herne NJW **98**, 3651 Bspr Roth JuS
16 **99**, 220).– **Lieferung mit Montageverpflichtung:** entw Kauf mit untergeordneter WkLeistg (Köln BB **82**, 1578) od, wenn für die Montage spezielle technische Kenntn erfdl sind, kombinierter Kauf- u WkVertr (Stgt BB **71**, 239) od WkVertr (Karlsr NJW-RR **92**, 1014). – **Löschung** einer Schiffsladg ist WkVertr. – **Mobilfunkvertrag:** DVertr (Schöpflin BB **97**, 106; aA AG Offbg NJW-RR **96**, 1014). – **Online-Dienste.** Nutzg kann im EinzFall WkVertr sein (Koch BB **96**, 2049). – **Partnerschaftsservice** § 656 Rn 6–9. – Für **Postdienstleistungen** gilt, da Beförderg, idR WkVertrR; s Rn 9 u § 839 Rn 141–143. – **Projektsteuerungsvertrag** (dazu Stemmer/Wieser BauR **97**, 935) kann je nach den vereinb Leistgen WkVertr sein (BGH NJW **99**, 3118). – **Promotionsvertrag:** DVertr, wenn auf Beratg u Betreuung bei Erstellg der DoktorArb gerichtet (Köln MDR **99**, 792). – **Rechtsanwalt** Einf 21 v § 611. – **Reisebüro** Einf 3, 4 v
17 § 651 a. – **Reparatur** mit Lieferg benötigter ErsTeile ist WkVertr (Karlsr NJW-RR **92**, 1014). – **Schiedsrichtervertrag** § 675 Rn 20. – **Schleppvertrag:** idR WkVertr (BGH NJW **58**, 1629). Er kann dch PartVereinbg auch dem DVertr unterstellt werden od, wenn dem Schlepper ein unbemanntes, nicht manövrierfäh Schiff übergeben wird, FrachtVertr sein (BGH NJW **56**, 1065). – **Schornsteinfeger:** WkVertr (BGH VersR **54**, 404), außer den hoheitl Aufgaben der Bezirksschornsteinfegermeister, § 839 Rn 94. – **Software** s elektronische DatenVerarbeitg. – **Sportveranstaltung:** Vertr zw Veranstalter u Besucher ist WkVertr. Teiln ist ErfGeh des Veranstalters. – Vertr des Bauherrn (BGH **48**, 257) od des Arch im eig Namen mit **Statiker** (BGH **58**, 85) ist WkVertr. Dieser muß vorh Bausubstanz, auf der seine Berechngen aufbauen, prüfen (Düss NJW-RR **97**, 915) u ist für seine Berechngen grdsätzl allein verantwortl (BGH VersR **67**, 1150). Statikfehler ist Mangel des BauWk iS des § 635 (Stgt MDR **69**, 49). Keine Pfl, die Plang des Arch auf ihre allg GebrTauglichk zu prüfen, aber HinwPfl auf offensichtl Fehler u sich aufdrängde Bedenken (Köln
18 NJW-RR **86**, 183). Konkurrenz der Haftg v Arch, Statiker u BauUntern Vorbem 10–13 v § 633. – **Steuerbevollmächtigter und Steuerberater.** Regelm GeschBesVertr mit DVertrCharakter (BGH **54**, 106 u VersR **80**, 264); so insb bei Dauerberatg, Wahrnehmg aller steuerl Belange. Sind konkrete EinzLeistgen VertrInhalt, handelt es sich um WkVertr, zB Ausk üb best Frage, Erstattg eines Gutachtens, Anfertigg u Prüfg von Bilanz, Gewinn- u VerlustRechng (Saarbr BB **78**, 1434), isolierte Anfertigg einer Jahres SteuerErkl (KG NJW **77**, 110: WkVertr). Beratg über steuerl günstigste Form einer BetrEröffng u Entwurf eines GesellschVertr (Köln OLG **80**, 346). Haftg für PflVerl § 276 Rn 48 f, Schutzwirkg zGDr § 328 Rn 30, 32. – **Strom-**
19 **oder Wärmelieferung** ist KaufVertr, § 433 Rn 4. – **Telekommunikationsanschluß** Einf 23 v § 535. – **Tierzuchtvertrag** ist WkVertr (BGH NJW **91**, 166). – **TÜV-Abnahme.** Verpflichtet sich der Verk eines gebrauchten Pkw, sie selbst noch herbeizuführen, handelt es sich insow um wkvertragl LeistgsVerpfl (BGH NJW **72**, 46, Hamm NJW **80**, 2200). – **Verlagsvertrag** s Rn 5. – Vertr mit **Vermessungsingenieur** zur Einmessg u Absteckg eines Hauses auf BauGrdst ist WkVertr (BGH **58**, 225), soweit die Tätig nicht öffrechtl
20 Natur ist (Düss NJW-RR **96**, 269). – **Viehmastvertrag** ist idR WkVertr (BGH MDR **72**, 232). – **Wartung** (Inspektion) eines Kfz ist WkVertr; der Wagen ist für die nächste Zeit gebr- u fahrbereit zu machen (Ffm DAR **73**, 296: Kontrolle des Frostschutzmittels; LG Mü I DAR **99**, 127: Hinw auf empfehlenswerten Austausch von Verschleißteilen). Gerätewartg kann je nach Ausgestaltg WkVertr (Düss NJW- RR **88**, 441:
21 Kopierautomat) od DVertr (BGH NJW-RR **97**, 942: TelefonAnl) sein; s a Rn 12. – **Werbung:** Abgrenzgs-Kriterium zw Wk- u DVertr ist, ob ein best ArbErfolg, ein individualisierb Wk, meist Werbemittel, Entwurf eines Designers für Firmenlogo (Düss NJW-RR **91**, 120), od ob eine ArbLeistg, eine vielfält Tätigk geschuldet wird (BGH WM **72**, 947). Dabei ist monatl Pauschalhonorar ein Indiz für geschäftl Tätigk als solche, also DVertr mit GeschBesCharakter, zB Vertr mit Werbeagentur, gerichtet auf Plang u Durchf von Werbeaktivitäten (Mü NJW-RR **96**, 626). Bindg der Vergütg an best ArbErgebn ist Indiz für WkVertr, zB Aushängg von Plakaten in od an öff VerkMitteln od an best Werbeflächen (BGH NJW **84**, 2406), Verteilg von AnzBlättern in einem best Gebiet (Ffm NJW-RR **88**, 945); ebso Annoncenexpedition (Düss MDR **72**, 688), Lichtreklame (KG LZ **17**, 692), Vorführg von Werbefilmen od Diapositiven im Kino (LG Mü I NJW **65**, 1533). RPacht- u MietVertr bei Aufstellg von Plakatsäulen od Anschlag daran (BGH **LM** § 36 MSchG
22 Nr 1). MietVertr bei Benutzg von Gebäudeflächen dch Anschlag od Beschriftg. Anzeigen s Rn 8. – **Wirtschaftsprüfer** wie SteuerBevollm. – Vertr mit **Zahnarzt** auf Heilbehandlg oder Verschönerg des Gebisses (Zweibr VersR **83**, 1064) ist idR DVertr, auch bei Anfertigg u Einsetzen einer Zahnkrone (Düss VersR **85**, 456) u bei zahnprothetischer Behandlg (Kblz NJW-RR **94**, 52, Köln MedR **94**, 198), auch wenn die Behandlg nur kosmetischen Zw dient (Zweibr NJW **83**, 2094). Soweit es sich um deren technische Anfertigg handelt, gilt, auch im Verh zw Zahnarzt u Zahnlabor (Kblz NJW-RR **95**, 567), GewlR nach WkVertr (BGH **63**, 306; aA Barnikel NJW **75**, 592, Jakobs NJW **75**, 1437).

631 *Begriff.*

I Durch den Werkvertrag wird der Unternehmer zur Herstellung des versprochenen Werkes, der Besteller zur Entrichtung der vereinbarten Vergütung verpflichtet.

II Gegenstand des Werkvertrags kann sowohl die Herstellung oder Veränderung einer Sache als ein anderer durch Arbeit oder Dienstleistung herbeizuführender Erfolg sein.

1 **1) Allgemeines. a) Begriff** des WkVertr, Sondermaterien, Bsp u Abgrenzg zu verwandten Vertr s Einf. – Für den **Abschluß** gelten die allg Regeln über Vertr (§§ 104 ff, Einf v § 145, §§ 148 Rn 1 ff, 154 Rn 1–3). Bei Abschl im Namen einer noch zu gründden BauherrenGemsch eines Bauherrenmodells, die dann nicht zustandekommt, gilt § 179 idR auch dann, wenn der Untern wußte, daß die BauherrenGemsch noch nicht gegründet war (Mü BB **84**, 692). Not Form § 313 Rn 33. – Die Vorschr des **HausTWG** (dort Einl 5; zu VertrErgänzgen Hamm NJW-RR **99**, 201) u § 9 **VerbrKrG** (dort Rn 2) sind grdsätzl anwendb, jedoch ist insb bei BauVertr VerbrKrG 3 II Nr 2 zu beachten. – Abschl zG Dritter ist mögl (§ 328), zB zG des Eigtümers der zu bearbeitden Sache (Peters JR **96**, 133) od bei BauVertr SchutzPfl zG der Familie des Best (BGH **LM** § 254 E Nr 2). – **Vergabe** öff Auftr Einf 3.

b) Wirksamkeitshindernisse. – Gem dem **Koppelungsverbot** des MRVerbG 10 § 3 kann sich der Erwerber eines Grdst im ZusHang mit dem (beabsichtigten) Erwerb weder ausdr noch dch schlüss Verhalten (BGH DB **79**, 935) verpflichten, bei Entwurf (BGH NJW **82**, 2189), Plang u Ausführg eines BauWk auf dem Grdst die Leistgen eines best Ing od Arch in Anspr zu nehmen. Die Vorschr ist weit gefaßt u richtet sich gg jede den Wettbew von Ing u Arch beeinträchtigde Bindg, sofern diese mit dem Erwerb eines Grdst zushängt; das ist bei jeder Verpfl des Erwerbers zur Inanspruchn von Ing- od ArchLeistgen der Fall, ohne die er rechtl od tats das Grdst nicht hätte bekommen können (BGH BauR **98**, 579). Der Begünstigte muß nicht Arch sein; es genügt, daß er sachl ArchLeistgen zu erbringen hat (Hamm BB **82**, 764). Gleichgült ist, von wem die Initiative zur Koppelg ausgeht (BGH BauR **98**, 579: Makler), ob der Erwerber die Bindg mit dem GrdstVerk od dem Arch selbst eingeht (Düss RsprBau Art 10 § 3 MRVerbG Nr 6) u ob die Vertr gleichzeit od nacheinander geschl werden (KG BauR **86**, 598). Auch ein ZusWirken von Veräußerer u Arch ist nicht erfdl (BGH **64**, 173). – Unwirks ist die BindgsVereinbg u der auf ihrer Grdl geschl ArchVertr (§ 134), auch der mit dem Nachw eines BauGrdst gekoppelte ArchVorvertr. Der ArchVertr kann nachträgl bestätigt werden (§ 141). Die Verpfl zum GrdstErwerb bleibt grdsätzl wirks (§ 139 Rn 18), kann aber im EinzFall gem § 139 unwirks sein (BGH **71**, 33). Wertersatz für Leistgen des Arch Rn 6. – Das KopplgsVerbot **gilt** zB, wenn der Veräußerer 2

3 den Verk des Grdst, sogar dch bloßes Abwarten, davon abhäng macht, daß der Erwerber einem best Arch den Auftr zusagt; wenn die Gemeinde als Eigtümer eines Baugebiets iR eines ArchWettbew den Preisträgern best Grdst zuordnet, hieran interessierte Bauwill an den „zuständ" Arch verweist u der Bauwill zur Klärg der Bebauungsmöglichk diesen mit der Anfertigg eines Entw beauftragt (BGH NJW **82**, 2189); wenn der Käufer sich ggü dem Veräußerer, auch wenn dies der Arch selbst ist (BGH **70**, 55), verpflichtet, einen vorh ArchVertr od eine ArchLeistg (zB vorh Pläne, BGH **71**, 33) zu übernehmen (BGH NJW-RR **92**, 1372) od wenn der Arch das Grdst vorweg veräußert u das BauWk zu einem FestPr auf eig Rechng u eig Risiko errichtet (BGH WM **91**, 22); wenn der Erwerber das Grdst nur unter Auflagen bekommen kann, die ihn dch den von ihnen ausgehden tats Zwang an einen best Arch binden sollen (BGH WM **82**, 158). In der Verpfl des Erwerbers zur Zahlg eines Abstandsgeldes an den bereits vorher vom Verk beauftragten Arch kann eine nichtige Umgehg des BindgsVerbots liegen (BGH **70**, 262), auch wenn die Zahlg bereits entstandene ArchVergütg abgelten soll (BGH WM **82**, 1325). Art 10 § 3 MRVerbG gilt entspr für eine Vereinbg, in der sich der Erwerber eines Grdst im ZusHang mit dem Erwerb verpflichtet, für die Errichtg eines BauWk darauf zusätzl BauBetrLeistgen (§ 675 Rn 15) eines best Arch od Ing od dessen Dienste als Generalübernehmer in Anspr zu nehmen (BGH **70**, 55). Unwirks ist auch ein IngVertr, wenn zur Umgehg des KopplgsVerbots die Pers des GrdstErwerbers und des AuftrG formal getrennt werden (Düss RsprBau Art 10 § 3 MRVerbG Nr 15). – Das KoppelgsVerbot 4

gilt nicht, wenn die Vbdg berufs-, nicht leistgsbezogen ist, zB bei Vertr des Erwerbers mit einem Bauträger od -BetreuungsUntern, das sich gewerbsm mit Erschließg von Bauland, Veräußerg des Grdst u Baubetreug befaßt (BGH **63**, 302, NJW **93**, 2240), od bei als GeneralUntern od Generalübernehmer tät Arch od Ing, die schlüsselfert Bauten auf einem dem Erwerber vorweg übertr Grdst errichten (BGH **89**, 240, WM **88**, 1797). Nicht, wenn ein Eigtümer iW der Vorratsteilg WohngsEigt begründet u der Erwerber sich verpflichtet, zur Errichtg des Gbdes diejen Plang zu verwenden, die der Bildg des WohngsEigt zGrd gelegt war, u denjen Ing od Arch mit der Ausführg zu beauftragen, der die Plang gefertigt hat (BGH NJW **86**, 1811). Nicht, wenn ein BauBetrUntern das Grdst mit ArchBindg erwirbt, u es dem Erwerber gerade darauf ankam, ein Grdst mit vorh Plang zu erwerben (KG BauR **86**, 598). Nicht für die Verpfl des Erwerbers, dem Verk entstandene Kosten für grdstbezogene ArchPlang zu erstatten (Ffm VersR **97**, 455). – Bei beiderseit Verstoß gg das G zur 5

Bekämpfg verbotener **Schwarzarbeit** ist der WkVertr grdsätzl nichtig (BGH **85**, 39), bei einseit Verstoß des Untern nur, wenn Best dies weiß od erkannten Verstoß bewußt ausnutzt (BGH **89**, 369); näher, auch zur Gewl § 134 Rn 22. Abschl des Vertr mit einem gewerbl Handw ist nicht allein desh nichtig, weil dieser nicht in die HandwRolle eingetragen ist (BGH **88**, 240). Bei Vereinbg einer Vergütg ohne MWSt (OR-Gesch) kann der Vertr nichtig sein (§ 134 Rn 23, § 138 Rn 44). – **Sittenwidrig** kann der Vertr sein zB bei SchmiergeldVereinbg (§ 138 Rn 63) od überhöhter Vergütg (KG NJW-RR **95**, 1422, Montabaur NJW-RR **98**, 632: Werbeanzeige). – **Ersatzansprüche** des Untern für Leistgen aGrd unwirks Vertr ergeben sich nach 6

der Rspr aus GoA, soweit die Leistg nicht, wie bei SchwarzArb (BGH **111**, 308), gg ein gesetzl Verb verstößt (BGH NJW **93**, 3196; § 677 Rn 11), iü aus §§ 812 ff, soweit der Best Aufw erspart hat (§ 812 Rn 28, § 818 Rn 19; BGH WM **82**, 97 für Arch bei KoppelgsVerbot; Eidenmüller JZ **96**, 889 für Bauleistgen) u § 817 nicht entggsteht (dort Rn 20 für SchwarzArb). Gleiches gilt für im Vertr nicht vorgesehene Zusatzleistgen (Köln NJW-RR **99**, 526; s a Vorbem 10, 27 v § 633 u § 633 Rn 6).

c) Der **Inhalt** des Vertr im einz, insb die Bestimmg des geschuldeten Wk (Rn 12) ist Sache der PartVereinbg (auch in AGB). Für die Vergütg enthält § 632 eine ErgRegel. Von den Best des **AGBG** sind für die Frage, was VertrInhalt wird, die §§ 3, 4, für AusleggsZweifel die §§ 4, 5 u für die Wirksamk einz Klauseln die §§ 9 ff von Bedeutg. Von spezieller Bedeutg für den WkVertr, insb für GewlVereinbgen sind § 11 Nrn 1–4, 10, 11 u 15. Das Wollen einer Leistg u deren schlichte EntggNahme führen nicht ow zur **Änderung** des VertrInhalts (BGH NJW **97**, 1982). ErsAnspr für Zusatzleistgen s Rn 6. 7

d) Für die **Abwicklung (Durchführung)** gelten ebenf grdsätzl die allg Regeln, etwa Verj § 196, LeistgsOrt § 269 (dort Rn 8 ff), § 270; LeistgsZeit s § 636 Rn 2 (WkLeistg), § 641 (Vergütg). WkBeauftragg ist Vertrauenssache, es besteht in bes Maße ein TreueVerhältn zw Best u Untern. SchutzPfl des Untern Rn 13 f, des Best Rn 16. SonderVorschr bei Insolvenz: InsO 103 (WahlR des InsVerw, ob erfüllt werden soll, bei Abl AbrechngsVerh, BGH NJW **97**, 3434 zu KO 17; zum BauVertr s Schmitz ZIP **98**, 1421), 116 (GeschBesVertr), 50 I, 51 Nr 3 (Wirkgen des UnternPfdR, ZbR). 8

e) Mehrere Unternehmer. – aa) Der **General- oder Hauptunternehmer** verpflichtet sich im WkVertr mit dem Best zur Erstellg des GesWk. Er ist befugt, im eig Namen u auf eig Rechng einen Teil der erfdl WkLeistgen an **Nach- oder Subunternehmer** (eingehd Nicklisch NJW **85**, 2361, Schlünder NJW **95**, 1057, Kraus NJW **97**, 223) zu vergeben. Der **Generalübernehmer** erbringt selbst keine WkLeistgen u unterhält meist auch keinen dafür eingerichteten Betr, er läßt alle WkLeistgen dch NachUntern erbringen (BGH NJW **78**, 1054). In einem VertragsVerh zum Best (mit der Folge der GewlPfl) stehen nur der GeneralUntern od -Übernehmer; nicht dagg SubUntern, deren sich der GeneralUntern od -Übernehmer als ErfGeh 9

dch Weitervergabe von Auftr im eig Namen bedient (BGH NJW **81**, 1779), u zwar auch dann nicht, wenn der SubUntern auf Wunsch des HauptUntern aus steuerl Grd unmittelb mit dem Best abrechnet (BGH WM **74**, 197); and nur, wenn ihn der Best gesondert mit Zusatzleistgen (Kblz BauR **96**, 868) od der Fertigstellg des Wk nach Ins des HauptUntern (Schlesw NJW-RR **98**, 1551) beauftragt. Im InnenVerh besteht zw Haupt- u SubUntern ein WkVertr. IR dieses Vertr ist der HauptUntern Besteller. Der ErstBest ist zwar idR nicht sein ErfGeh ggü dem SubUntern (Stgt BauR **97**, 850), jedoch ist ihm mangelh Mitwirkg des ErstBest zuzurechnen
10 (§ 645 Rn 9; Ffm BauR **99**, 49). Abgrenzg zum ArbNÜberlassgsVertr Einf 38–40 v § 611. – **bb)** Eine **Arbeitsgemeinschaft,** meist in Form einer GbR (§ 705 Rn 37), liegt idR vor, wenn sich mehrere Untern gemschaftl dem Best ggü zur Herstellg eines konstruktiv einheitl Wk verpflichten (BGH NJW **52**, 217). Sie erfordert die Abg eines gemschaftl Angeb u eine Vereinbg über die internen RBeziehgen (BGH WM **74**, 754).
11 Die Untern haften dann dem Best ggü grdsätzl als GesSchu (Staud/Peters Rn 23). – **cc)** Beteiligt der Best an der Herstellg eines GesWk **nebeneinander mehrere Unternehmer** aGrd gesonderter Vertr mit voneinander abgegrenzten Arb für unterscheidb, idR zeitl einander nachgeordnete Abschn des GesWk, so beurteilt sich die Verpfl des einz Untern ggü dem Best nach dem jew Vertr. Zueinander stehen die Untern mangels and Vereinbg auch dann nicht in vertragl Beziehg, wenn erst das GesWk nach vollst Fertigstellg abgen werden soll (BGH NJW **70**, 38). Der einz Untern ist idR weder ErfGeh des and Untern im Verh zum Best noch ErfGeh des Best in dessen Verh zum and Untern (Hamm NJW-RR **98**, 163). Desh sind Fehler eines Untern (zB eines BauHandw) dem Best im Verh zum and Untern (zB später tät werdden BauHandw) nicht zuzurechnen (BGH **95**, 128). And gilt, soweit ein Untern für den Best dessen Obliegenh erfüllt, zB die Koordinierg der Arb u Bereitstellg erfdl VorArb (§ 642 Rn 1). S a Rn 14, 17 u für GewlAnspr Vorbem 10–13 v § 633.

12 **2) Pflichten des Unternehmers. – a) Hauptpflichten.** Mangelfreie, rechtzeit Herstellg des Wks (§§ 633 I, 636) entspr den vertragl Vereinbgen (§ 631, s Rn 7); zur geschuldeten Beschaffenh des Wk § 633 Rn 2 a, Mitwirkg des Best § 642 Rn 1. Der Untern trägt im Verh zum Best idR die allein Verantwortg für das Gelingen des Wk (BGH WM **93**, 652). Er hat dafür einzustehen, daß er die anerkannten Regeln seiner Kunst, seines Faches, seines Handwerks beherrscht u sich über technische Neuentwicklgen in seinem ArbBereich informiert (BGH WM **78**, 1411). Insb sind entspr dem Wesen des WkVertr (Einf 1 v § 631) das VorhSein der zuges Eigensch u die Mangelfreih Inhalt der LeistgsPfl (§ 633 Rn 1–4). Je nach der Art des Wk u den getroffenen Vereinbgen kann die Herstellg in selbstd TeilAbschn (BGH **1**, 234), zB bei Herstellg ind Computer-Software (Köhler CR **88**, 623), od dch den Herst pers (zB Kunstwerk, Operation) geschuldet sein. Bei künstlerischen Leistgen hat der Herst eine gewisse GestaltgsFreih, die seiner künstlerischen Eigenart entspr u ihm erlaubt, in seinem Wk seiner ind Schöpferkraft u seinem Schöpferwillen Ausdruck zu verleihen (BGH **19**, 382). Diese GestaltgsFreih geht bei einem Portrait aber nicht so weit, daß die Dargestellten nicht mehr erkenn- u identifizierb sind (Karlsr Just **74**, 123). Je nach Art des Wk ist der Herst auch zur Bes- u EigtÜbertr verpflichtet, insb iF des § 651. VorleistgsPfl § 641.

13 **b)** Die **Nebenpflichten** ergeben sich aus dem VertrZweck u den TreuPfl u können betreffen das Leistgs-Interesse des Best, seine Aufklärg u Information, den Schutz seiner Pers u seines Eigt sowie den Schutz ihm nahestehder Dritter. **Beispiele** (s a § 276 Rn 83 u 113 ff; Einf 6 ff zu einz VertrTypen; Vorbem 24 f v § 633): – **Aufklärungs-, Prüfungs- und Beratungspflichten** des Untern bestehen nur hins des in Auftr gegebenen Wk u damit zushängder Umst (Düss NJW-RR **99**, 1210: AutoRep). Maßgebl sind einers der BeratgsBedarf des Best, ands das Fachwissen des Untern, von dessen VorhSein in erfdl Umfang der Best ausgehen kann (BGH NJW-RR **96**, 789/791). Allg AufklärgsPfl über Umst, die der Best nicht kennt, deren Kenntn aber für seine Willensbildg u Entschlüsse bedeuts ist (Ffm NJW **80**, 2756, Nürnb NJW-RR **93**, 694), zB über ProvAbsprachen mit dem BauBetr (BGH BB **91**, 933). Das gilt insb für Risiken u Gef des Wk u für sein Gelingen (BGH NJW-RR **87**, 664), zB Hinw auf Bedenken gg die Brauchbark bei Anwendg unerprobter Technik (BGH DB **93**, 26, 1281) od neuer Materialien (Köln BauR **90**, 103), auf die wirtsch Unsinnigk eines erteilten Auftr (Hamm NJW-RR **92**, 1329), auf fehlde Wirkg eine Anzeige (Einf 8 v § 631) nach Aufl u Verbreitg der Zeitschr (Hann MDR **98**, 1278), auf mangelnde Eigng der in Auftr gegebene WkLeistg für die vorgesehene Nutzg (Düss NJW-RR **98**, 810: ganzjähr genutzter Wintergarten) od als Grdl für FolgeArb (Köln NJW-RR **94**, 1045; s a BGH RsprBau Z 2222 Bl 20); Aufklärg ggü unsachgem Anw des Best (Köln NJW-RR **94**, 1045) od GestaltgsWünschen, die die Tauglichk des Wk beeinträchtigen (BGH WM **96**, 1918/1921). Der BauUntern hat Anw des Arch, soweit dieser nicht über die handwerkl Spezialkenntn verfügt, zu überprüfen (BGH NJW **56**, 787); auf erkannten PlangsFehler des Arch, der mit Sicherh zu einem Mangel des BauWk führt, hat er hinzuweisen (BGH NJW **73**, 518), u zwar ggü dem Bauherrn (Düss NJW-RR **97**, 274), wenn sich der Arch den Einwänden verschließt (BGH BauR **97**, 301). Hinw, daß die Vorgaben für eine zu erstellde ComputerAnl unzureichd sind (Celle CR **91**, 610), Pfl, die Bedürfn des Best zu ermitteln u bei der Formulierg der Aufgabenstellg mitzuwirken (Köln NJW-RR **93**, 1528, NJW **96**, 1067). Erkundigg vor Abg des Angeb, wenn die Angaben im LeistgsVerzeichn lückenh od unklar sind (BGH NJW-RR **87**, 1306); Hinw auf Fehler im VertrAngeb, die sich auf nicht mehr vom Untern, sond von einem and Untern od vom AuftrG selbst ausgeführte Arb beziehen (BGH MDR **83**, 392). Unvorhergesehene Kostensteigerg s § 650. Überprüfg der vom Bauherrn gelieferten Baustoffe auf ihre Tauglichk u Hinw auf Bedenken (BGH VersR **61**, 405); Überprüfg von VorArb and Untern, ob sie für seine Zwecke brauchb sind (BGH **95**, 128), nach dem Grds der Zumutbark nach den Umst des Falles (BGH NJW **87**, 643); HinwPfl, wenn solche VorArb ow erkennb nicht ordngsgem ausgeführt sind (Hamm BauR **90**, 731). Ein Untern, der ein BauWk arbteil herstellen läßt, muß die organisatorischen Vorauss schaffen, um beurteilen zu können, ob das BauWk bei Abn mängelfrei ist (BGH **117**, 318). Hinw auf erfdl NachArb (LG Stgt NJW-RR **98**, 960: Nachziehen von Radmuttern), uU auch
13 a nach Abn des Wk Erteilg von sachkund Rat als vertragl Nachwirkg (BGH BB **71**, 415). – Die **Obhuts- und Fürsorgepflichten** des Untern gehen dahin, bei DchFührg des Vertr Schäden vom Best abzuwenden. Sie beinhalten zB entspr § 618 (BGH **33**, 247) die Fürs für die körperl Unversehrth des Best u seiner Leute (BGH NJW **89**, 2115). Diesen können gem den Grds des Vertr m Schutzwirkg zGDr eig Anspr zustehen (BGH NJW **94**, 2231; § 328 Rn 13, 31, 32). Mit dem Eigt des Best, das in seinen Gewahrs gelangt od seiner Einwirkg unmittelb ausgesetzt ist, hat der Untern pflegl umzugehen u es vor Schad zu bewahren (BGH NJW **83**, 113; Köln BauR **99**, 768: Vorleistgen and Untern), auch schon vor VertrAbschl u selbst wenn es nicht

zum Abschl kommt (§ 276 Rn 71). Der Umfang dieser Pfl richtet sich nach den Umst des EinzFalls, auch den dem Best bekannten Möglichk des Untern (BGH NJW-RR **97**, 342). Bsp: Auf Kfz-Werkstatthof Abziehen des Zündschlüssels (Köln DB **73**, 615), nachts außerdem Abziehen des Torschlüssels (Nürnb VersR **79**, 361), Verriegeln der Fenster u Türen an den Kfz, die in der verschlossenen Werkstatt abgestellt sind (Düss NJW **75**, 1034). Versicherg dem Untern überlassener Ggst nur bei Vereinbg, bei WertGgst (zB bei Ann von Schmuck zur Rep od Umarbeitg) jedoch Pfl zum Hinw auf die NichtVers; andernf iF des Raubes SchadErs wg c. i. c. (Ffm NJW-RR **86**, 107). Sichg eig Geräte, um Schad dch sie für das Eigt des Best zu verhüten; Beachtg der erfdl Sorgfalt bei Ausführg gefährl Arb, wobei BrandVerhütgsVorschr nicht nach Gutdünken dch and Vorkehrgen ersetzb sind (BGH VersR **76**, 166); keine Überlassg ungeeigneter ReinigsMittel nach Fliesenverlegg (Schlesw MDR **83**, 315); Hinw auf GefahrenUmst, wenn Untern aGrd Weisg des AuftrG die Arb einstellt (Karlsr VersR **79**, 61). – **Sonstige Pflichten:** Ausk u RechngsLegg nur, wenn vereinb od wenn iR des WkVertr eine GeschBes zu erledigen ist (BGH **41**, 318). Herausg von im Auftr des Best gefertigter Werkzeuge uU gem § 651 (Düss NJW-RR **97**, 757).

c) Verletzung der Pfl führt zu den Folgen des allg SchuldR (§§ 320 ff, pVV etc) nur, soweit diese nicht dch die Sonderregelgen der §§ 633 ff, insb zur Gewl, verdrängt w (Vorbem 17 ff v § 633). Verl von Aufkl- u BeratgsPfl (Rn 13) kann uU zur Verantwortlichk des Untern für einen Mangel des Wks führen (§ 633 Rn 1 a), RFolgen dann nach §§ 633 ff (vgl MüKo/Soergel Rn 144). Künd des Best aus wicht Grd § 649 Rn 2. – **Erfüllungsgehilfen** des Untern sind nur die mit der Herstellg selbst befaßten, dh in den PflKreis des Untern unmittelb einbezogenen Pers; wer darunter fällt, bestimmt sich nach dem Inhalt des Vertr u der VerkSitte. So ist der Lieferant von Rohstoffen (and für speziellen FertBeton Karlsr NJW-RR **97**, 1240) od einzubauden Fert- od Einz- od ErsTeilen grdsätzl nicht ErfGeh des Untern, denn er liefert in Erf seiner eig Verpfl ggü dem Untern, nicht in Erf von dessen HerstellgsVerpfl ggü dem Best (BGH NJW **78**, 1157; krit Wolf ZIP **98**, 1657). Mehrere Unternehmer Rn 9–11. S a § 638 Rn 5, § 278 Rn 10–13, 28, 36. Der Untern kann, auch stillschw, den ErfGeh zur Heranziehg weiterer ErfGeh ermächtigen (BGH NJW **53**, 217). – **Haftungsausschluß** od -beschränkg für Haupt- u NebenPfl ist in den Grenzen des § 138 (RG **103**, 83) u des AGBG mögl; zur Gewl § 637. 14

3) Pflichten des Bestellers. – a) Hauptpflichten. Abn des Wk (§ 640). Zahlg der Vergütg (§ 631 I; dazu § 632 Rn 1). HandwSichg (§§ 647, 648 a). Mitwirkg an der Herstellg des Wk s § 642 Rn 1 aE. 15

b) Nebenpflichten. Maßst ist § 242; s a § 276 Rn 113 ff. – Zur **Mitwirkung** ist der Best verpflichtet (Obliegenh), soweit sie erfdl ist, um dem Untern die Herstellg des Wk zu ermöglichen (§§ 642, 643; s § 642 Rn 1, auch zum Abruf der WkLeistg). Eigng, Befähigg u Ausstattg des Untern muß der Best ohne bes Anlaß nicht überprüfen (BGH NJW **93**, 1191). Auch eine ÜberwachgsPfl ggü dem Untern hat er grdsätzl nicht (BGH NJW **73**, 518 für BauVertr); desh ist der Arch insow auch nicht sein ErfGeh (BGH NJW **72**, 447 u WM **74**, 200). UU besteht eine HinwPfl auf für den Untern schwer erkennb Gef für die Herstellg des Wk (MüKo/Soergel Rn 180) od für dessen Kalkulation (Stgt NJW-RR **97**, 1241); zum KalkulationsIrrt § 632 Rn 2. Mehrere Untern s Rn 11. – Auch den Best treffen **Schutz- und Obhutspflichten:** Fürs für die Sichg des Untern u seiner Leute, falls beim Best gearbeitet od dessen Gerät benutzt wird, analog § 618 (BGH **5**, 62, Düss NJW-RR **95**, 403); bei Verl sind §§ 842–846 anwendb (s § 618 III). Nicht abdingb ggü abhäng ArbN des Untern (§ 619, BGH **26**, 365/372), wohl aber ggü dem Untern od dessen SubUntern (BGH **56**, 269). Der Untern übernimmt idR nicht schon dch den VertrAbschl die Gef seiner Verl (BGH NJW **68**, 1932: Hufschmied). Fürs auch für die Gerätsch des Untern, soweit erfdl u zumutb (Celle VersR **77**, 671, Düss NJW-RR **97**, 181: Eisenbahnwaggon). Unberecht MängelbeseitiggsVerlangen können eine PflVerl darstellen (Malotki BauR **98**, 682), führen aber allenf bei Willkür zu SchadErsAnspr (Düss NJW-RR **99**, 746). 16

c) Verletzung der Pfl führt zu den RFolgen des allg SchuldR, so § 326 (dort Rn 2), SchadErs aus pVV (BGH **107**, 258) od c. i. c. (Ffm BauR **90**, 90), MitVersch. Mögl ist auch Vereinbg einer VertrStrafe od pauschalierter SchadErs (Nürnb MDR **72**, 418). Sonderregelgen in §§ 642, 643 (Verl von MitwirkgsPfl), § 645. – **Erfüllungsgehilfen** des Best s Rn 9–11, § 642 Rn 1 u § 278 Rn 10, 13, 25 (Arch), 28 (BauVertr), 36 (WkVertr allg). 17

4) Die **VOB/B** enthält detaillierte Best über VertrInhalt, -Bestandt, -Ausführg u die beiderseit R u Pfl. **§ 1:** Art u Umfang der Leistg sowie VertrUnterlagen. **§ 2:** Vergütg; s § 632 Rn 12. **§ 3:** AusführgsUnterlagen; **§ 4:** beiderseit R u Pfl bei Ausführg des Auftr; wicht **Nebenpflichten** des Untern s **§ 3 Nr 3** (Überprüfg der übergebenen Unterlagen), **§ 4 Nr 1** Abs IV (Hinw auf Bedenken gg unberecht u unzweckmäß Anordngen des Best), **§ 4 Nr 3** (Hinw auf Bedenken gg die Art der Ausführg, die Güte der vom Best gelieferten Stoffe od gg Leistgen and Untern), **§ 4 Nr 5** (SchutzPfl des Untern während der Ausführg); **Übertragung** von Arb an and Untern **§ 4 Nr 8**. **§ 6:** beiderseit R u Pfl iF der Behinderg od Unterbrechg der Ausführg; s a § 636 Rn 6. **§ 10: Nr 1** Haftg der VertrPartner untereinand; **Nr 2** Ausgl im InnenVerh bei Haftg ggü Dr, gilt auch für Verh HauptUntern – SubUntern (BGH NJW **99**, 942). **§ 11:** Regelgen iF der Vereinbg einer VertrStrafe. **§ 17:** Regelgen iF der Vereinbg einer SicherhLeistg des Untern für vertragsgem DchFührg der Leistg. 18

632 *Vergütung.* **I Eine Vergütung gilt als stillschweigend vereinbart, wenn die Herstellung des Werkes den Umständen nach nur gegen eine Vergütung zu erwarten ist.**

II Ist die Höhe der Vergütung nicht bestimmt, so ist bei dem Bestehen einer Taxe die taxmäßige Vergütung, in Ermangelung einer Taxe die übliche Vergütung als vereinbart anzusehen.

1) Allgemeines. Der **Vergütungsanspruch** entsteht mit Abschl des WkVertr (§ 631 I), § 641 regelt seine Fälligk (BGH **89**, 189). Seine Höhe richtet sich nach der grdsätzl freien (s aber Rn 7) Vereinbg der VertrParteien. Der Anspr, nicht aber einz Posten einer SchlußRechng (BGH NJW **99**, 417), ist ganz od teilw abtretb (§ 398); abw Vereinbgen sind grdsätzl nicht sittenwidr u, soweit nicht HGB 354 a eingreift, auch in AGB wirks (BGH **51**, 113 für BauVertr; § 399 Rn 8 ff) u wirken auch bei Insolvenz des Untern (BGH **56**, 1

228, NJW **97**, 3434). – **Zweck** des § 632 ist es, zur Abgrenzg von GefälligkVerh u Auftr sowie zur Vermeidg von Dissensfolgen Lücken im Vertr zu schließen (ebso §§ 611 I, II, 653). Zunächst ist zu prüfen, ob ein Vertr zustandegek ist (BGH **136**, 33). Fehlt eine Vereinbg über das Ob der Vergütg, wird unter den Vorauss des Abs I die stillschw Einigg über die Entgeltlichk vermutet (Rn 4–6). Entscheidd ist danach nicht der Vergütgs-Wille des Best, sond die obj Beurteilg. Ist eine VergütgsPfl ausdr od stillschw (auch gem Abs I) vereinb, fehlt aber die Vereinbg über die Höhe, stellt Abs II hierfür eine AusleggsRegel zur Vfg (Rn 7–10). – **Mehrwertsteuer** § 157 Rn 13. Skonto § 157 Rn 16. Umstellg auf **Euro** § 245 Rn 5 ff. Kostenanschlag § 650. Vergütg von Leistgen aGrd unwirks od fehlden Vertr § 631 Rn 6. Verjährg s § 196.

1a **2) Die vereinbarte Vergütung** besteht regelm in einer Geldleistg; and Formen der GgLeistg (Verpfl zur Übereigng einer Sache, Abtr eines R, Beteiligg am Gewinn aus der Verwertg des Wk) stehen aber der Ann eines WkVertr nicht entgg. Sie deckt zur Herstellg des Wks üblicherw anfallden Nebenleistgen (Fahrtkosten, SichgsMaßn etc) mit ab, soweit nicht and vereinb ist (Staud/Peters Rn 58). – Die Vergütg kann (im BauVertr die Regel) als **Einheitspreis** vereinb sein, abzurechnen anhand der in den Positionen des LeistgsVerzeichn angegebenen Mengen u Massen zu den vertragl EinhPr (BGH NJW **96**, 1282). Dazu ist ein Aufmaß erfdl (Düss NJW-RR **92**, 1373); gemeins Aufmaß § 781 Rn 8. Das Risiko einer Erhöhg der Massen bei der Ausführg ggü dem Angeb trägt in diesem Fall der Best. Oder die Vergütg kann als **Pauschalpreis** vereinb werden, dh die zu erbringde Leistg wird im Vertr pauschal festgelegt, Ändergen, die sich iR dieser Leistg währd der Ausführg ergeben, haben keinen Einfluß auf die Vergütg, das Risiko einer MassenÄnderg trägt der Untern (eingehd Vygen BauR **79**, 375). Allerd ist bei wesentl (Ffm NJW-RR **86**, 572, Mü NJW-RR **87**, 598: ab 20%) Ändergen nach oben od unten der PauschalPr auch ohne vertragl Absprache an die tats ausgeführten Leistgen anzupassen (BGH NJW **74**, 1864). Ist Anpassg ab einer best Grenze der Ändergen vereinb, sind für die Bildg der neuen PauschalVergütg sämtl die urspr kalkulierten Werte übersteigden Massen anzusetzen, nicht nur die die Grenze übersteigden (Köln NJW-RR **95**, 274). Bei Reduzierg der geschuldeten Leistgen aGrd Vereinbg sind die RFolgen ggf dch Auslegg anhand der Grd der Reduzierg zu bestimmen (BGH NJW **99**, 2661; für Anrechng des Ersparten bei Selbstausführg dch Best Ffm NJW-RR **86**, 572). Ist vereinb, daß der Best befugt ist, Leistgen eig ArbKräfte von der vereinb Vergütg abzuziehen, so trägt er die Darleggs- u BewL für die geleisteten StundenlohnArb (BGH WM **88**, 1135). Im PauschalVertr nicht vorgesehene, später verlangte zusätzl Leistgen sind zusätzl zu vergüten (BGH WM **84**, 774); was darunter fällt, ist ggf Frage der VertrAuslegg (Bsp Köln NJW-RR **97**, 150), wobei DIN-Vorschr zu berücksichtigen sind (Bsp Düss NJW-RR **97**, 1378). Bei vereinb Gleitklausel hat Untern den Eintritt der tats Vorauss spezifiziert darzulegen u zu beweisen (Düss DB **82**, 537). Ist Vergütg nach **Stundenlohn** vereinb, kann der Untern Bezahlg nach Aufwand von ArbStunden u Material, idR aber nicht von ArbMitteln (Maschinen etc) verlangen. Was Vereinbg als **Festpreis** (Einzelh Heiermann BB **75**, 991) bedeutet, ist ggf dch Auslegg zu ermitteln, da mangels Vorbeh an sich jeder Preis fest gilt; mögl zB selbstd GarantieVerspr (BGH BauR **74**, 347) od Ausschl der Weitergabe von MaterialPr- od Massenerhöhgen. Gilt der FestPr bis zu einem best Termin, hat der Untern gem § 642 Anspr auf Entsch für dch Verzögerg inf unterl Mitwirkg des Best eingetr Kostensteigergen (Düss RsprBau § 642 Nr 2). – **Teilvergütung** nach Künd § 649 Rn 3 f. Übernimmt der Best nachträgl eine vereinb Teilleistg, kann dies hins der Vergütg als TeilKünd (§ 649 S 2) zu behandeln sein (Düss
2 NJW-RR **95**, 1170 für EinhPrVertr). – **Kalkulationsirrtum** berechtigt den Untern grdsätzl nicht zu Anf; bei einem sich aufdrängden od (auch) vom Best zu verantwortden Irrt können ihm aber ausnahmsw Anspr aus c. i. c. od gem § 242 auf VergütgsAnpassg zustehen (BGH **139**, 177, NJW-RR **95**, 1360). S § 119 Rn 18–21. Verpfl des Untern, an Erstellg eines gemeins Aufmaßes mitzuwirken, kann sich aus Tr u Gl auch ergeben,
3 wenn VOB nicht vereinb ist (Köln NJW **73**, 2111). – Ob Arch u Statiker an ihre **Schlußrechnung** (nicht Abschlagsrechng, BGH NJW-RR **96**, 145), die sie in Kenntn der für die Bewertg ihrer Leistg maßgebl Umst erstellt haben, gebunden u mit NachFdgen ausgeschl sind, hängt von der Abwägg der beiderseit Interessen ab (BGH **120**, 133; str, s Pauly MDR **99**, 649; Köln NJW-RR **99**, 1109: Verstoß gg HOAI 4). Der BauUntern ist an sie allenf iR eines BGB-Vertr gebunden (so Ffm NJW-RR **93**, 340); VOB-Vertr § 641 Rn 6.

4 **3) Die Vereinbarung fehlt, I** (s a Rn 1), wenn weder pos noch negat eine VergütgsRegelg getroffen ist (BGH ZfBR **95**, 16). Die Fiktion erstreckt sich nicht auch auf die kostenl Lieferg der erfdl Materialien von
5 erhebl Wert (Köln NJW-RR **94**, 1239: NachbarschHilfe). – Für **Arbeiten vor Vertragschluß** (Entw, Modell, Voranschlag etc) ist bei Unterbleiben des Vertragschl eine Vergütg zu leisten, wenn sie als EinzLeistg in Auftr gegeben worden sind. Sonst nur, wenn eine Vergütg ausnahmsw gem §§ 157, 242 dem PartWillen entspr. Hierfür ist entsch, ob der Untern die VorArb, wie idR, überwiegd im eig Interesse zur Aquisition des Auftr erbringt (dann keine Vergütg, Hamm NJW-RR **96**, 83, Kblz MDR **98**, 343), od vorwiegd im Interesse des Best, zB weil sie einen im Verhältn zum späteren Auftr unverhältnism Aufwand verursacht (Nürnb NJW-RR **93**, 760: Software-Entwicklg). Das gilt auch für VorArb, die iR einer Aufforderg zur Abg eines Angeb anfallen. Handelt es sich um die Ausfüllg eines AngebBlanketts, ist nach den Umst eine Vergütg nicht zu erwarten. Handelt es sich um spezialisiertes Angeb, das bes Aufw erfordert (Entw, Pläne, Zeichngen, Berechngen), so hat es der Untern in der Hand, entw eine VergütgsVereinbg herbeizuführen od kein Angeb abzugeben; daher sind grdsätzl auch solche VorArb nicht zu vergüten (BGH NJW **79**, 2202, Düss BauR **91**, 613), insb wenn sie auch der Honorarermittlg (Köln NJW-RR **98**, 309) od Darstellg der eig LeistgsFähigk dienen (Etatpräsentation einer Werbeagentur, Ffm NJW-RR **86**, 931). Dagg ist idR eine Vergütg zu erwarten, wenn in der Entwicklg des Entw die entsch (kreative) Leistg liegt, auch wenn der Best diese nicht verwertet, zB bei Ausfallmuster (Karlsr DB **71**, 2009), Herstellg eines Layouts od Designs als EntschHilfen (Düss NJW-RR **91**, 120: Firmenlogo, Zweibr NJW-RR **95**, 1265: SelbstdarstellgsBroschüre, Ffm NJW-RR **97**, 120: Titelbild). Auch wer Dienste eines Arch (and bei BauUntern, Kblz NJW-RR **98**, 813) für Vorplang (Düss NJW-RR **98**, 1317) od Mitwirkg bei der Finanzierg (BGH NJW **69**, 1855) in Anspr nimmt, muß idR mit VergütgsPfl rechnen (Kblz NJW-RR **96**, 1045), insb wenn der AuftrG den VorEntw verwertet (Saarbr NJW-RR **99**, 1035 od die Leistg dch die Vergütg des späteren (nicht zustande gek) HauptAuftr entgolten werden sollte (BGH **136**, 33: Bauvor-
6 anfrage). – **Kein Vergütungsanspruch,** soweit er nur inf Verletzg einer vertragl NebenPfl entstehen würde (Köln DB **74**, 377: unterbliebene Aufklärg über Versteuerg wg Vergabe des Auftr als FremdArb), oder wenn es sich um eine geschuldete Garantieleistg handelt bzw der Untern zusichert, er werde die Rep als Garantieleistg

erbringen (BGH NJW **82**, 2235), auch wenn der Kunde einen RepAuftr erteilt hat (Düss MDR **95**, 152). Zur gem HOAI 5 IV 1 formunwirks Vereinbg Rn 7.

4) Die Vereinbarung der Höhe fehlt, II, wenn der Vertr weder die absolute Höhe der Vergütg noch die 7
Maßstäbe angibt, nach denen sich die Höhe berechnen läßt (BGH NJW **80**, 122; s a Rn 1 a). Dann gilt gem der AusleggsRegel des Abs II für die Bestimmg folgde Reihenfolge: – **a) Taxe** ist ein behördl festgesetzter Preis (s § 612 Rn 7 mit Bsp). So gibt die **HOAI** auch für Nicht-Arch od Ing (BGH **136**, 1) einen Rahmen vor, wenn das geschuldete Wk nach seinem Gesamtbild dch die in ihr beschriebenen Leistgen geprägt wird (BGH NJW **98**, 1228). Er ist iR des § 4 (dazu BGH NJW-RR **97**, 1448) hins der Berechng, nicht des Ob der Vergütg verbindl (BGH NJW-RR **96**, 728); jedoch kann bei niedrigerer HonorarVereinbg dem AuftrG der Einwand aus § 242 zustehen (BGH **136**, 1), in der vereinbarungsgem Abrechng nach Abschl der Arb kann ein Erlaß liegen (Hamm NJW-RR **98**, 811). Ist bei AuftrErteilg nichts and schriftl (§ 126; BGH NJW-RR **94**, 280) vereinb, gelten die MindSätze (§ 4 IV); daher mangels schriftl Vereinbg kein Honorar nach § 5 IV 1 (Hamm NJW-RR **93**, 1175) od § 15 III aF (Schlesw NJW-RR **97**, 723). Die Anfordergen, die HOAI 31 II an die VergütgsVereinbg stellt, sind unwirks (BGH **134**, 239). AuskAnspr des Arch hins der BemessgsGrdl (Herstellgs-
Kosten) § 261 Rn 15. – **b) Üblichkeit** bedeutet allg VerkGeltg bei den beteil Kreisen (BGH BB **69**, 1413). 8
Sie braucht den konkret Beteil nicht bekannt zu sein. Maßg Ztpkt ist der Vertragschl. Bsp: Ffm NJW-RR **97**,
120 u § 612 Rn 8, 9. – **c) Angemessene Vergütung.** Läßt sich die übl Vergütg nicht od nur innerh einer übl 9
Spanne feststellen, so kann die – auch ergänzde – VertrAuslegg ergeben, daß nach dem PartWillen der Ri die angem Vergütg festlegen soll, die dann innerh der übl Spanne vom Mittelwert ausgeht u bes Umst des Einzelfalls
nach oben od unten berücksichtigt (BGH **94**, 98 für Maklervergütg). – **d) Bestimmung durch den Unter- 10
nehmer** nach §§ 315, 316 kommt erst in Betracht, wenn die Höhe der Vergütg weder vereinb noch nach vorstehden Maßstäben feststellb ist (BGH **94**, 98 für Maklervergütg), zB nach § 12 BRAGO.

5) Beweislast. Für die tats Vorauss der Vermutg des Abs I, dh die Umst, die die Leistg des Untern nur gg 11
Vergütg erwarten lassen, trägt sie der Untern (BGH **136**, 33 für Arch, NJW **81**, 1444 für Makler), für die Unentgeltlichk als Ausn von der Regel des Abs I der Best (BGH NJW **87**, 2742). Verlangt der Untern die (bestrittene) vereinb Vergütg, muß er die Vereinbg beweisen. Verlangt Untern die übl Vergütg, hat er zu beweisen, daß die vom Best behauptete bestimmte Vergütg nicht vereinb ist (BGH NJW-RR **96**, 952; Brem BB **69**, 109 für Makler; KG NJW-RR **99**, 242 für Arch). Gilt auch ggü schlüss behaupteter (Hamm NJW-RR **96**, 86) PauschalPrVereinbg nach BGB u VOB (BGH **80**, 257). An diese NegativBewFührg dürfen keine zu strengen Anfordergen gestellt werden; der Best hat die Vereinbg nach Ort, Zeit, Höhe substantiiert darzulegen, der Untern hat dann die Unrichtigk dieser Darlegg zu beweisen (BGH NJW-RR **96**, 952). Wird jedoch die Höhe der Vergütg dch Handelsbrauch best, hat Best abw Vereinbg zu beweisen (BGH BB **57**, 799). Nach VertrAbschl getroffene Änd- od ZusatzVereinbg hat der zu beweisen, der sich darauf beruft, zB nachträgl Vereinbg eines Festpreises (Hamm NJW **86**, 199) od PauschalPr (Ffm NJW-RR **97**, 276) od einer niedr Vergütg ggü der übl Vergütg (BGH NJW **82**, 1523 für Makler). Hängt die Höhe der Vergütg von Art u Umfang der erbrachten Leistgen ab, hat der Untern diesen darzulegen u zu beweisen (Hamm BauR **97**, 656 für EinhPrVertr), dh iErg eine nachvollziehb Abrechng zu erstellen (Jagenburg NJW **99**, 2218/2219); Bedeutg eines Prüfvermerks § 781 Rn 8. Verlangt er Vergütg für Mehrleistgen, muß er beweisen, daß diese nicht zum urspr LeistgsUmfang gehören (BGH NJW-RR **96**, 952, NJW **99**, 2270).

6) VOB/B: § 2 Nr 1 beschreibt die dch die Vergütg abgegoltenen Leistgen des Untern. **Nr 2:** Berechng 12
der Vergütg nach den vertragl EinhPreisen u den tats ausgeführten Leistgen als Regelfall. **Nr 3:** Einfluß von Über- u Unterschreitgen der Mengenansätze auf den EinhPreis. **Nr 4:** Herabsetzg iF von Eigenleistgen des Best. **Nr 5:** Einwirkg von Leistgs- od Planändergen od AOen des Best. **Nr 6:** Vergütg für Mehrleistgen außerh des Vertr, insb AnkündiggsPfl des Untern (dazu Pauly MDR **98**, 505). **Nr 7:** Anspr des Untern auf Anpassg der Vergütg bei PauschalPr, wenn die erbrachte Leistg von der vorgesehenen unzumutb (keine starre Prozentgrenze, BGH NJW-RR **96**, 401) abweicht. **Nr 8:** Folgen von auftragsl Leistgen u eigenmächt VertrAbweichgen des Untern (dazu Hofmann BauR **96**, 640). **Nr 9:** Vergütg zusätzl Unterlagen. **Nr 10:** Vergütg von StundenlohnArb. **§§ 14, 15:** Abrechng u RechngStellg (insb Pfl zu prüfb Abrechng). Zu **§ 16** (Zahlg) s § 641 Rn 6.

Verweigerte, verspätete und mangelhafte Leistung des Unternehmers (§§ 633 ff)

Vorbemerkung

1) Inhalt und Anwendungsbereich 1, 2
2) Rechte des Bestellers bei Sachmängeln .. 3–16
a) werkvertragliche Rechte und ihr Verhältnis zueinander .... 3–5 a
aa) Erfüllungsanspruch 3
bb) Mängelbeseitigungsanspruch .... 4, 4 a
cc) Gewährleistungsansprüche .... 5, 5 a
b) Übernahme einer Garantie 6–9
c) Gewährleistung mehrerer Unternehmer .. 10–13
d) abweichende Vereinbarungen, Einschränkung der Gewährleistung 14
e) Anspruchsberechtigung 15, 16
3) Verhältnis der werkvertraglichen zu den allgemeinen Rechten des Bestellers 17–29
a) Einrede des nichterfüllten Vertrags 18
b) Unmöglichkeit 19
c) Verzug 20
d) Verschulden bei Vertragsschluß 21
e) positive Vertragsverletzung 22–25
f) Anfechtung, Wegfall der Geschäftsgrundlage 26
g) ungerechtfertigte Bereicherung 27
h) unerlaubte Handlung, Produzentenhaftung . 28, 29
4) Wohnungseigentum 30
5) VOB/B 31

1) Inhalt und Anwendungsbereich. – §§ 633 ff regeln die R des Best bei **Sachmängeln** (§ 633 1
Rn 1 ff). Bei **verspäteter Herstellg** gibt § 636 dem Best ein bes RücktrR neben den allg Vorschr (näher

§ 636 Rn 1). **Rechtsmängel** können vorkommen bei den vom Untern zu beschaffden Zutaten, bei urh-, patent- od wettbewrechtl Leistgen u im Rahmen des § 651. Auch insow hat der Untern eine MängelbeseitiggsPfl gem § 633 II; iü sind die Folgen im WkVertrR nicht geregelt. Es gelten §§ 434 ff, beim
2 WkLiefergsVertr kraft Verweisg in § 651 direkt, sonst entspr (Staud/Peters § 633 Rn 166). – **§§ 633 ff gelten** für alle WkVertr u für WkLiefergsVertr über nicht vertretb Sachen (§ 651 Rn 4), nicht für WkLiefergsVertr über vertretb Sachen (§ 651 Rn 3). Bei letzteren u bei KaufVertr sind §§ 633, 634 teilw **entsprechend anwendbar,** falls die GewlAnspr des Käufers auf Nachbesserg beschr sind (s § 462 Rn 6).

3 **3) Rechte des Bestellers bei Sachmängeln** können sich aus §§ 633 ff (Rn 3–5), aber auch aus bes vertragl Vereinbgen (Garantie, Gewähr; Rn 6–9) ergeben.

a) Werkvertragliche Rechte und ihr Verhältnis zueinander. – aa) Erfüllungsanspruch. Er ist gerichtet auf Herstellg des versprochenen (§ 631), dh mangelfreien Wk. Der Best hat ihn **bis zur Abnahme** (§ 640; BGH NJW **99**, 2046). Er kann desh bei Mängeln die Abn des Wk verweigern (§ 640 Rn 1) u Herstellg eines einwandfreien Wk verlangen (BGH NJW-RR **92**, 1078), er ist nicht etwa auf die Mängelbeseitiggs- u GewlAnspr beschr (BGH NJW-RR **88**, 310). S a §§ 644, 645 Rn 6–11. Die Herstellg eines mangelfreien Wk kann nach Wahl des Untern dch Neuherstellg od dch Beseitigg der Mängel am hergest Wk geschehen, wenn letztere mögl u gleichwert ist. Ist sie das nicht, so hat der Best bis zur Abn, auch noch nach FrSetzg gem § 634 I 1 bis zum FrAblauf (MüKo/Soergel § 633 Rn 107, str), den urspr ErfAnspr auf Neuherstellg, außer diese ist dem Untern unzumutb (analog § 633 II 3). Die Einschränkg folgt daraus, daß der NeuherstellgsAnspr als ErfAnspr die gleiche RNatur hat wie der MängelbeseitiggsAnspr (Rn 4) u desh unter den gleichen Vorauss entfallen muß wie dieser. – Gleiches gilt für den Fall der Herstellg eines and als des vereinb Wk (RG **107**, 339).

4 **bb) Mangelbeseitigungsanspruch** (§ 633 II, dort Rn 5 ff). Er ist kein GewlAnspr, sond ein (ggf modifizierter) ErfAnspr (BGH NJW **76**, 143 u **99**, 1105). Er ist nach Fälligk der WkLeistg vor deren Abn als Teil des allg ErfAnspr gegeben (arg § 634 I 2; str, s Busche DB **99**, 1250), **nach Abnahme** hat der Best grdsätzl zunächst nur diesen Anspr (BGH NJW **81**, 1779). Denn währd der urspr ErfAnspr allg auf Herstellg des fehlerfreien Wk geht, konkretisiert u beschr er sich mit Abn auf das hergest u bereits als Erf angenommene Wk, also auf Beseitigg der Mängel (BGH **26**, 337). Das schließt Anspr auf Neuherstellg nicht aus, wenn der Mangel auf and Weise nicht zu beseitigen ist (BGH **96**, 111). Der MängelbeseitiggsAnspr gibt dem Best ein ZbR gg den VergütgsAnspr des Untern (Rn 18). Er entfällt ausnahmsw, insb wenn die Mangelbeseitigg dem Untern nicht zumutb ist (§ 633 II 3; dort Rn 7). Kommt dieser mit der Beseitigg in Verz od ist sie dem Best nicht zumutb (§ 634 Rn 4), kann der Best den Mangel auf Kosten des Untern selbst beseitigen (§ 633 III,
4 a dort Rn 8). – Zw den **Ansprüchen aus § 633** u den **Gewährleistungsansprüchen aus §§ 634, 635** (Rn 5) besteht ein WahlR für den Best nur insow, als dieser sich entscheiden kann, ob er auf Erfüllg/ Mängelbeseitigg besteht od, soweit mögl (vor Abn nur iF des § 634 I 2), die Vorauss der GewlAnspr dch (berecht) FrSetzg (§ 634 I) herbeiführt (BGH NJW-RR **90**, 1300) bzw bei Entbehrlichk der FrSetzg (§ 634 II) diese Anspr geltd macht. Mit FrAblauf bzw Geltdmachg erlöschen die Anspr aus § 633 (§ 634 Rn 6). Neben der Nachbesserg kann der Best nur Ers für von dieser nicht erfaßte Schäd verlangen (§ 635 Rn 6); kein Ers für bei ErsVornahme dch den Best verbleibde Schäd, die dch Nachbesserg des Untern hätten beseitigt w können, wenn Aufforderg zur Beseitgg (§ 633 Rn 8) unterblieben ist (BGH NJW-RR **88**, 208). Auch wenn der Best zunächst Anspr nach § 633 II, III geltd gemacht hat, kann er später bei Vorliegen der jeweil Vorauss zw den GewlAnspr gem §§ 634, 635 wählen (BGH **105**, 103). Der Best kann auch primär Gewl, zB SchadErsAnspr verlangen, hilfsw für den Fall, daß deren Vorauss (zB § 634 II) nicht vorliegen, Nachbesserg (BGH NJW **76**, 143).

5 **cc) Gewährleistungsansprüche,** dh die Anspr auf Minderg od Wandelg (§ 634) oRücks darauf, ob der Untern den Mangel zu vertreten hat, u den Anspr auf SchadErs (§ 635), wenn der Untern den Mangel zu vertreten hat, kann der Best **grundsätzlich erst nach Fristsetzung** mit AblAndrohg, die auch schon vor der Abn mögl ist (§ 634 I 2, dort Rn 3), sowie ergebnisl Ablauf der Fr geltd machen; Ausn bei Entbehrlichk der FrSetzg (§ 634 II, dort Rn 4 f) u Ers best Schäd (§ 635 Rn 2). Erlöschen der ErfAnspr in diesem Fall § 634
5 a Rn 6. – **Zwischen diesen Gewährleistungsansprüchen untereinander** hat der Best die Wahl, bis Wandelg bzw Minderg vollzogen, SchadErsAnspr anerkannt od einer der drei GewlAnspr rechtskr zugesprochen ist (BGH NJW **90**, 2680; Einzelh § 463 Rn 4). Der Wechsel zwischen Wandelgs- u MindergsKl ist KlÄnderg (BGH NJW **90**, 2682). Krit Analyse der Rspr zur Alternativität von Wandelg, Minderg u SchadErs Jakobs JuS **74**, 341, Schmitz BauR **79**, 195, Peters JZ **77**, 458. Außerd kann der Best noch zum SchadErs übergehen, wenn die WkLohnKl des Untern auf die WandelgsEinr des Best rechtskr abgewiesen ist, die Wandelg aber nicht in Natur, sond nur dch einen Ausgl der beiderseit Leistgen vollzogen werden kann (RG **147**, 390). Wg versch Mängel können unterschiedl GewlAnspr geltd gemacht w (BGH NJW **91**, 2630). Ann der Vorschußzahlg u SchadErs § 633 Rn 9.

6 **b) Vertragliche Übernahme einer Garantie** (Gewähr). Ihre Bedeutg ist im Einzelfall dch Auslegg zu ermitteln. Eine HerstGarantie kann dch VzGDr zw Herst u Großhändler an den Endabnehmer weitergegeben
7 werden (BGH **75**, 75). – **aa)** Es kann sich ledigl um die **Zusicherung** einer Eigensch (§ 633 Rn 3) od des
8 NichtVorhSeins eines Fehlers handeln. Dann gelten §§ 633 ff. – **bb) Unselbständige Garantie.** Der Untern kann sich über die Zusichg hinaus verpflichten, für einen best Erfolg iR des WkVertr einzustehen (BGH NJW **69**, 787). Diese Verpfl kann insb dahin gehen, daß das Wk die zuges Eigensch unbdgt hat od unbdgt frei von Fehlern ist; dann gelten §§ 633 ff mit der Verschärfg, daß der Untern für das Fehlen zuges Eigensch od für Mängel auch dann gem § 635 einzustehen hat, wenn dies nicht auf einem von ihm zu vertretden Umst beruht. Ein praktikables AbgrenzgsKriterium zw bloßer Zusichg (Rn 7) u unselbstd Garantie u damit zw SchadErsPfl nur bei od schon ohne Versch gibt es leider nicht. Die BewL für schuldh Herbeiführg des Garantiefalles dch den Besteller innerhalb der gesetzl GewlFr trägt der Untern (BGH NJW **95**, 516). –
9 **cc) Selbständige Garantie.** Die Garantie kann darühinaus in der Übern der Gef eines weiteren Schad bestehen. Die Verpfl kann dahin gehen, daß der Untern wie bei GarantieVertr allg (Einf 16 v § 765) die Gewähr für einen weiteren, über die vertragsgem Herst hinausgehden Erfolg übernimmt, etwa für eine best

LeistgsFähigk der gelieferten Maschine, für die BelastgsFähigk des verwendeten Materials od für einen best Mietertrag des gebauten Hauses (BGH WM **73**, 411). Das hat mit GewlR nach WkVertr nichts mehr zu tun, die §§ 633 ff gelten dafür nicht, insb auch nicht § 638. Die Rspr ist mit der Auslegg der Garantie in diesem Sinne zurückhaltd (Kblz NJW **86**, 2511), weil sie selten dem erkennb Willen des Herst entspr. Ggf ist die Haftg des Herst nicht dadch ausgeschl, daß der Schad auch ohne Dazwischentreten der GarantieÜbern eingetreten sein würde, denn ursächl ZusHang zw Schad u UnternTätigk ist nicht erfdl. Veränderg der WirtschLage befreit Untern nicht von der Haftg, allenf kann, wenn ihm die Erf der Garantie unzumutb Opfer auferlegt, Best hieran angemessen beteil werden (RG **107**, 140). – Verj u GarantieFr § 638 Rn 14 u § 477 Rn 18–21. – Garantierte Kostenanschläge § 650 Rn 1.

c) Gewährleistung mehrerer Unternehmer. S zunächst § 631 Rn 9–11, insb zur Gewl des Subuntern. 10
Bei mehreren nebeneinander tät Untern (§ 631 Rn 11) kommt, auch wenn die mögl SchadUrsache in den Arb- od GefBereich mehrerer fällt, grdsätzl weder eine entspr Anwendg des § 830 I 2 noch mangels ZweckGemsch eine gesschuldnerische Haftg in Betracht (Düss NJW-RR **98**, 527; iErg ähnl v Craushaar Jahrbuch BauR **99**, 115); der Best muß dem in Anspr gen Untern nachweisen, daß dessen Leistg vertragswidr fehlerh u für den Schad (mit)ursächl ist (BGH BauR **75**, 130), was sich auch aus der Pfl zur Prüfg der Leistg des and Untern ergeben kann (§ 631 Rn 13, § 633 Rn 1 a); and uU, wenn eine einheitl Leistg zu erbringen u die Nachbesserg gemeins vorzunehmen ist (Hamm NJW-RR **96**, 273). Wird der Mangel dch absprachewidr Verh eines Untern verursacht, fällt er diesem zur Last (Ffm NJW-RR **95**, 1488). Bessert ein Untern wg des Mangels nach, dessen Beseitigg (auch) ein and schuldet, hat er Anspr aus GoA gg diesen (Hamm NJW-RR **91**, 730 u **92**, 849), nicht gg den Best (Rn 27). – Für GewlAnspr gg **Architekten, Statiker und Bauunternehmer** gilt: – **aa) Außenverhältnis.** Kein GesSchuldVerh hins der vertragl übern Leistgen, da diese nicht 11
identisch (BGH GrZS **43**, 230) sind. GesSchuldVerh jedoch im Hinbl auf ihre planmäß rechtl ZweckGemsch, näml soweit sie wg des selben WkMangels SchadErs in Geld schulden u eine Aufteilg nach VerursBeitr nicht mögl ist (BGH ZfBR **95**, 83). Dies auch dann, wenn Arch u BauUntern wechselseit dem Best zu Mängelbeseitigg, Wandelg, Minderg od SchadErs verpflichtet sind u die Leistg des einen dem and zugute kommen kann (BGH **51**, 275; s aber § 635 Rn 3). Ebso sind plander u bauleitder Arch (Köln NJW-RR **97**, 597) od Arch u Statiker GesSchu, soweit sie wg des näml BauWkMangels aus § 635 auf SchadErs in Geld haften (BGH VersR **71**, 667). Ist ein Sonderfachmann beauftragt, haftet der Arch nur für seinen eig LeistgsBereich (Kblz NJW-RR **97**, 595), so, wenn er ihn im eig Namen zur Erf eig Pfl beauftragt hat (BGH NJW **97**, 2173); sonst für ihm obliegde unzureichde Vorgaben, für Überprüfg iR der von ihm zu erwartden Kenntn, ggf auch für fehlerh Auswahl (Köln NJW-RR **98**, 1476). Das gilt zB im Verh Arch/Statiker (BGH **LM** § 645 Nr 21) u umgekehrt (Köln NJW-RR **86**, 183). Der Arch ist, auch bei Oberleitg u örtl BauAufs, nicht verpflichtet, den vom Bauherrn beauftragten Statiker hins dessen eigentl Leistgen zu beaufsichtigen. Bemerkt er aber Fehler, muß er eine Nachprüfg veranlassen (BGH VersR **64**, 1045, **67**, 260). Auch muß er prüfen, ob der Statiker von den tats gegebenen Verh ausgegangen ist (BGH VersR **71**, 667), u überwachen, daß die Vorgaben der vom Statiker gefertigten Unterlagen eingehalten werden; er darf nicht dulden, daß dieser ohne Gen der BauAufsBeh von seinem Plan abweicht. MitVersch des Best § 635 Rn 8. – **bb) Ausgleich im Innenverhält-** 12
nis zw Arch, Statiker u BauUntern richtet sich nach §§ 426, 254, soweit sie im Außenverhältn dem Bauherrn als GesSchu haften (BGH GrZS **43**, 230; eingehd Wussow NJW **74**, 9, Kaiser ZfBR **85**, 101). Bei PlangsFehlern kann Arch im InnenVerh zum BauUntern voll ausgleichspfl sein, bei fehlerh Bauausführg kann BauUntern, der das Wk mangelh erstellt hat, dem Arch überwiegd ausgleichspfl sein (BGH **58**, 216), sein AusglAnspr kann ganz entfallen (Hamm NJW-RR **86**, 1400). Ausgleich zw Arch u Statiker bei Duldg einer fehlerh Abweichg des Statikers vom Plan des Arch unter Berücksichtigg der beiderseit schuldh Verurs (Karls MDR **71**, 45). Soweit ein BauBeteil den Bauherrn befriedigt u damit zugleich die Verpfl eines and BauBeteil erfüllt hat, kommt ein Ausgl auch nach § 812 in Betr (BGH **70**, 389). – **cc) Subsidiaritätsklausel** in 13
§ 11 III ArchMusterVertr. Wirks HaftgsBeschrkg bei fehlerh öff BauAufs u bei fehlerh technischer Oberleitg; keine HaftgsBeschrkg, wenn mit Sicherh feststeht, daß Anspr gg BauHandw nicht realisierb (BGH **LM** ArchVertr Nr 2).

d) Abweichende Vereinbarungen zur Gewl sind grdsätzl zuläss. Die allg Grenzen liegen für Individual- 14
Vereinbgen in § 138, für Ändergen dch AGB im AGBG (s insb AGBG 9 Rn 146). Zur Garantie s Rn 6 ff.
Für **Einschränkung, Ausschluß** der Gewl gilt außerd § 637 (s Erläut dort). – Führt der Best den Mangel 15
gezielt herbei, ist die GeltdMachg **unzulässige Rechtsausübung** (BGH **127**, 378: WertGA). Sein Einverständn mit einer best Art der Nachbesserg bedeutet idR nicht **Verzicht** auf bestehde GewlAnspr (BGH NJW-RR **97**, 148). **Verjährung** von GewlAnspr § 638.

e) Anspruchsberechtigt hins aller Rechte bei Sachmängeln ist der Best bzw sein RNachf. Zur Wohngs- 16
EigtümerGemsch s Rn 30. Der MängelbeseitiggsAnspr u seine Surrogate gem § 633 II, III (Rn 4; BGH **96**, 146) wie auch die GewlAnspr (Rn 5), auch der auf Minderg (BGH **95**, 250), sind grdsätzl **abtretbar** (s a § 399 Rn 4, § 462 Rn 7), auch wenn das Wk nicht mitveräußert w; VerjährgsUnterbrechg dch Zedenten wirkt auch für den Zessionar (§ 404; Köln BauR **99**, 259). Hat der Bauträger seine Nachbesserg- u GewlAnspr gg die von ihm beauftragten BauUntern an den GrdstErwerber abgetreten, so kann er sie mit Ermächtigg des Erwerbers auch ohne Rückabtretg im eig Namen aGrd ProzFührgsBefugn gg den BauUntern einklagen (BGH **70**, 389). ZbR des Best wg NachbessergsAnspr bei Abtretg der GewlAnspr Rn 18. Vertragl AufrVerbote AGBG 11 Rn 17.

3) Verhältnis der werkvertraglichen Rechte des Bestellers zu den allgemeinen Rechten. §§ 633 ff 17
können die allg Rechte aus §§ 320 ff nur für die MängelGewl verdrängen, also idR, auch wenn der Untern bereits ein mangelh Wk erstellt od geliefert hat od der Best die Ann des Wk als vertrgerecht ablehnt, erst ab Abn (BGH NJW **99**, 2046). Denn vor Abn besteht noch der allg ErfAnspr (Rn 3), währd dch die Abn das Wk als Erf angenommen wird (§ 640 Rn 2, 5), so daß sich MangelbeseitiggsAnspr nach Abn ebso wie die GewlAnspr Minderg, Wandelg u SchadErs auf das konkr Wk u dessen Mängel beziehen (Rn 4 ff). Der Best kann allerd auf den ErfAnspr u seine R aus §§ 323 ff verzichten u sich auf die GewlR beschränken (BGH NJW **99**, 2046: strenge Anfdgen). Zusfassd Kohler BauR **88**, 278.

18 **a) Einrede des nichterfüllten Vertrages** (§ 320). – Solange noch der urspr ErfAnspr besteht, also regelm bis zur Abn (Rn 3), führt die Einwdg von Mängeln zur KlAbweisg, weil der VergütgsAnspr wg der VorleistgsPfl des Untern nicht fäll ist (§ 641 Rn 3). Der Einr des nicht erf Vertr bedarf es nicht. And, wenn eine vereinb Abschlagszahlg (§ 641 Rn 1) fäll ist; dann gelten für Mängel der Teilleistg die Grds wie nach Abn (BGH **73**, 140 für VOB/B 16 Nr 1), u zwar oRücks auf einen vereinb SichgsEinbehalt (BGH NJW **81**, 2801). – Hat sich der ErfAnspr inf Abn auf die Mängelbeseitigg konzentriert (Rn 4), steht dem Best die Einr nur noch insow zu, als er damit Beseitigg des Mangels erstrebt. Er kann also bei Geringfügigk des Mangels od wg einz Mängel im Rahmen eines großen Wk die Vergütg nicht voll zurückhalten (§ 320 II); zul Umfang der ZahlgsVerweigerg, insb „Druckzuschlag" § 320 Rn 11; BewL für Unangemessenh beim Untern (BGH NJW-RR **97**, 18). Das VerweigergsR entfällt, wenn dem Best kein Anspr auf Mängelbeseitigg (mehr) zusteht (zB wg § 633 II 3, § 640 II) od dieser verj ist (§ 638; Ausn rechtzeit MängelAnz, § 639); nicht hingg bei AnnVerz des Best hins der Mängelbeseitigg (Hamm NJW-RR **96**, 86; s § 320 Rn 6); gilt auch für VOB/B § 13 Nr 5 (BGH BB **70**, 1027). Hat der Best (Bauträger) einem Dr (zB dem Erwerber des BauWk) die GewlAnspr abgetreten, steht ihm das LeistgsVerweigergsR weiterhin zu, da der MängelbeseitiggsAnspr kein GewlAnspr ist (BGH **55**, 354, WM **78**, 951); macht er es geltd, darf auch der betr Erwerber einen entspr Teil der dem Bauträger geschuldeten Vergütg zurückhalten (BGH **70**, 193). Soweit ein VerweigergsR besteht, schließt es Verzug des Best aus (§ 284 Rn 12). – Im VergütgsProz führt die berecht Erhebg der Einr gem § 322 I zur Verurteilg zur Zahlg Zug um Zug gg Behebg der best zu bezeichnden Mängel (BGH **26**, 337). Daß sich die Prüfg der Frage, ob die Mängel ordngsgem beseitigt sind, damit in das ZwVollstrVerf verlagert, ist zwar bedauerl u unpraktikabel, liegt aber daran, daß der VergütgsAnspr mit der Abn auch des mangelh Wk fäll wird u damit die VorleistgsPfl des Untern hins der Herstellg des Wk endet (ebso BGH **61**, 42, auch für VOB). Macht der Untern nur einen Teil des WkLohns geltd, kann an sich nur Zahlg des letzten WkLohnTeils verweigert w, jedoch gibt § 320 II dem Ger einen ErmSpielraum (BGH NJW **71**, 1800).

19 **b) Unmöglichkeit, Unvermögen.** Hierunter fallen nicht Schäden, die bis zur Mangelbeseitigung bzw zum FrAblauf entstanden u für die Vergangenh nicht mehr behebb sind, zB Gewinnentgang; sie sind nach § 635 zu ersetzen (§ 635 Rn 6), außerh dessen AnwendgsBer uU nach pVV (Rn 22). – **aa)** Bei **anfänglicher** Unmöglichk ist § 306, bei anfängl Unvermögen sind die allg Grds (§ 306 Rn 9 f) hins der HerstellgsPfl nur anwendb, wenn das Wk insges betroffen ist (§ 306 Rn 14), nicht nur einz Mängel od zuges Eigensch (s a § 633 Rn 7). – **bb)** Für **nachträgl** Unmöglichk od Unvermögen hins der Herstellg des ges Wk gelten die Ausführgen in §§ 644, 645 Rn 2 ff. Beziehen sie sich auf die Mängelbeseitigg nach Abn (s a § 633 Rn 7), sind wie beim Kauf die allg schuldrechtl Vorschr dch die Gewl (§§ 633 ff) grdsätzl ausgeschl (BGH **62**, 83); s Vorbem 5 v § 459.

20 **c) Verzug** mit der Herstellg s § 636 Rn 1, dort auch zur **Erfüllungsverweigerg;** mit der Mangelbeseitigg § 633 III u dort Rn 8, 9. Nach Abn schließen §§ 633–635 die Anwendg von § 326 aus (BGH **62**, 83, NJW **99**, 2046).

21 **d)** Für **Verschulden bei Vertragsschluß** gelten sinngemäß die Ausführgen zum KaufR in Vorbem 7 v § 459 (BGH DB **76**, 958). Fahrl unzutreffde Erkl des Untern, die sich auf Eigensch des herzustelldn Wks beziehen, begründen demnach keinen SchadErsAnspr aus c. i. c., wohl aber auf Befragen des Best ausdr erteilte fahrl unricht Auskunft od Rat, auch wenn sie sich auf Eigensch beziehen (BGH ZIP **84**, 962/965).

22 **e) Ansprüche aus positiver Vertragsverletzung** (§ 276 Rn 104 ff) werden dch §§ 633 ff nur iR von deren AnwendgsBer verdrängt (Rn 17). Die Abgrenzg ist häuf schwier, dabei aber praktisch bes bedeuts, weil für Anspr aus pVV die kurzen VerjFr des § 638 nicht gelten (dort Rn 3) u sie – and als idR SchadErsAnspr aus § 635 – nicht den Vorauss des § 634 unterliegen. MangelfolgeSchäd (Rn 23) fallen außerd unter den Schutz der HaftPflVers (BGH **46**, 238), selbst wenn sie, weil eng mit dem WkMangel zushängd, nach der hM in den AnwendgsBereich der §§ 635, 638 einzubeziehen sind (BGH **80**, 284). – **aa) Schäden, die nicht mit Mängeln zusammenhängen,** sind nach den Regeln der pVV zu ersetzen. So, wenn der Herst eine NebenPfl (§ 631 Rn 13 f) schuldh verl hat, ohne daß dies zu einem Mangel führt, zB die Verl der KoordiniergsPfl des Arch führt zu VerzögergsSchäd (BGH DB **77**, 624), mangelh Aufklärg (BGH DB **89**, 1406) od wenn der Untern dem Best Schad außerh des von ihm herzustelldn Bauteils verursacht (BGH NJW **89**,
23 1922). – **bb) Bei Schäden, die mit Mängeln zusammenhängen,** bezieht der BGH (zusfassd NJW-RR **96**, 1203/1206) u die ihm folgde hM (ähnl Larenz SchuldR II/1 § 53 II b; zu abw Auffassgen vgl zusfassd Michalski NJW **88**, 793 u Ackmann JZ **92**, 670) neben dem MangelSchad, dh dem dem hergestellten Wk unmittelbar anhaftden Schad, solche Folgeschäden (Mangelfolgeschäden) in den AnwendgsBer des § 635 BGB ein, die mit dem Mangel eng und unmittelbar zusammenhängen (BGH **98**, 45, **115**, 32), einschl des dem Best entgangenen Gewinns. Dagg fallen MangelfolgeSchäd insb an fremden RGütern, die erfahrungsgem oft erst nach Ablauf der kurzen Verj auftreten u die der Gesetzgeber bei seinen Erwäggen zu §§ 635, 638 nicht vor Augen hatte, nicht unter § 635. Für die Feststellg des engen ZusHangs bedarf es jew näherer Begründg u Wertg aus der Eigenart des Sachverhalts (BGH **58**, 85/92). Nur wo eine nach Güter- u Interessenabwägg angem Verteilg des VerjRisikos das erfdl macht, sind nächste FolgeSchäd in den SchadBegr des § 635 einzubeziehen (BGH **67**, 1); so, wenn das unkörperl Wk darauf gerichtet ist, in der Hand des Best seine Verkörperg in einem weiteren Wk zu finden, so daß Fehler des ersten Wk sich erst beim zweiten mehr od weniger zwangsläuf auswirken, wie bei fehlerh Plang des Arch, Statikers, VermessgsIng, Gutachters für weitere Plangs- od BauArb (BGH NJW **93**, 923). Bei ggstdl Wk besteht der erfdl enge ZusHang, wenn Schäd an Ggst eingetreten sind, auf die die mangelh WkLeistg in unmittelb lokalem u engem zeitl ZusHang eingewirkt hat (BGH aaO). Dagg bestehen SchadErsAnspr wg pVV dann, wenn es sich um einen mittelb, entfernteren FolgeSchad außer entgangenem Gewinn handelt, der außerh der WkLeistg, insb am sonst Verm des Best entstanden ist (BGH **37**, 341). Der nur mittelb ZusHang kann sich aus dem Zeitablauf ergeben od daraus, daß ein derart Schad nicht zwangsläuf (BGH NJW **93**, 923) u gewöhnl bei Verl von ObhutsPfl entsteht (BGH
24 NJW **79**, 1651). – **cc) Beispiele für Haftung nach § 635** (s a § 635 Rn 6 ff): Fehler eines GA, welches EDV-System für ein Unternehmen am besten geeignet ist (Ffm CR **90**, 585); eines geologischen BaugrundGA (BGH **72**, 257); eines SaniergsGA (BGH JR **88**, 197: FeuchtigkSchäd). Mangelnde Bewohnbark eines Hauses, desh Mietwohng (BGH **46**, 238). Schäd, die verursacht sind dch fehlerh statische Berechng

(BGH **80**, 284); dch fehlerh Einmessg u Absteckg des Hauses im Grdst dch VermessgsIng (BGH NJW **72**, 901: Minderwert des bebauten Grdst); dch ungenügde Überwachg des BauUntern seitens des Arch u Statikers (Hamm NJW-RR **90**, 915), dch fehlerh Plang des Arch (BGH BB **92**, 950; BGH **58**, 225: merkantiler Minderwert des BauWk); dch ungenügde Beratg u Aufklärg dch den planden Arch (Mü NJW-RR **88**, 85: keine einbruchsicheren Schaufenster, folgder Schad des Juweliers dch Einbruch); dch mangelh geschäftl Oberleitg des Arch, auch wenn das BauWk selbst desh nicht mangelh ist (BGH NJW **81**, 2182), zB VermSchad dch Fehler od Unklarh in den vom Arch vorzubereitden Vertr mit BauHandw (BGH NJW **83**, 871); dch von den Flächenangaben im Vertr abweichde Bauausführg inf schuldh Verletzg der PrüfgsPfl dch den BauBetr (BGH VersR **91**, 430). Ungeeigneth des hergestellten Leasingobjekts für den vorgesehenen Gebr wg fehlerh Beratg dch den Untern (BGH NJW **84**, 2938). Schäden am Kfz inf mangelh ausgeführter Wartgs- u RepArb (BGH **98**, 45; Celle NJW-RR **98**, 489). Lahmh des Pferdes inf fehlerh Hufbeschlags (Hamm NJW-RR **96**, 1083). Verkürzg der Lebensdauer eines Ziegeldaches wg fehlerh angebrachten Schaumes zur Verbesserg der Wärmeisolierg (Düss BauR **90**, 610). Eindringen von Öl in Grundwasser inf eines Lecks an unterirdischem Ölrohr (Mü BauR **90**, 736). FeuchtigkSchäd an einer SendeAnl aGrd fehlerh Verpackg (Köln VersR **77**, 139). Mangelh Umrüstg eines gebraucht gekauften LKW (BGH NJW **83**, 2440). Fehlder Nachw für Mangelfreih des Wk entgg vertragl übernommener Verpfl (BGH WM **80**, 1350). – **dd) Beispiele für** 25
Haftung aus pVV: Erstattg von Reklamegebühren, weil Reklamefläche wg Mangelhaftigk gelieferter Reklamefiguren nicht genutzt werden konnte (BGH **35**, 130). Insb Schäd dch PflVerl, die in ihren Auswirkgen der Verl von ObhutsPfl gleichen, zB BrandSchäd dch fehlerh montierte HeizgsAnl (BGH **58**, 305) od fehlerh Isolierg eines Rauchgasrohrs (BGH NJW **82**, 2244), Wasserschaden wg Montage eines zu dünnwand Heizkörpers (BGH VersR **62**, 480); Schäd dch fehlerh Montage eines TankAnzGeräts (BGH NJW **93**, 923: Notlandg des Flugzeugs) od einer AlarmAnl (BGH **115**, 32: EinbruchSchad), dch fehlerh Verhalten bei Demontage einer Kranbrücke (BGH NJW **69**, 838: Beschädigg der Anl) od Heben einer Jacht (BGH NJW-RR **96**, 1203: Beschädigg des Bootes); Datenverlust dch WartgsArb an einer EDV-Anl (Köln NJW-RR **97**, 558, and Karlsr NJW-RR **96**, 200 für Rep) od fehlde Überprüfg der Funktionsfähigk der Datensicherg bei Implementierg eines EDV-Programms (BGH **133**, 155; s a Hoeren JR **97**, 200, Meier/Wehlau NJW **98**, 1585); Kratzspuren an Pkw bei DchFahren einer WaschAnl (Dessau NJW-RR **97**, 180). MehrAufw des Best nach Künd aus wicht Grd (BGH NJW **83**, 2439). Kosten des VorProz gg einen and Untern, wenn der den Mangel verursachde Untern den AuftrG über die MängelUrs falsch beraten hat (KG BauR **88**, 229). Im Verh HauptUntern – SubUntern die Kosten eines vom AuftrG dchgeführten BewVerf, das dch einen Mangel im Wk des SubUntern verursacht ist (Düss NJW-RR **96**, 729). Nachteile wg fehlerh GrdstBewertg nach 6 Jahren (BGH **67**, 1). Schad inf eines fehlerh tierärztl UntersuchgsBefundes (BGH **87**, 239). Schad inf eines fehlerh UntersuchgsBerichts über Falscheinleitgen von Oberflächenwasser (Hamm NJW-RR **92**, 530). Schad des Bauherrn, weil ihn der beauftragte Arch nach Beendigg seiner eigentl Tätigk nicht gehör bei Untersuchg u Behebg von Baumängeln berät (Einl 7 v § 631). – BewL § 282 Rn 6 ff.

f) Für **Anfechtung und Wegfall der Geschäftsgrundlage** gelten sinngem die Ausführgen zum KaufR 26
in Vorbem 8–10, 12 v § 459.

g) Anspr aus **Geschäftsführung ohne Auftrag und ungerechtfertigter Bereicherung** im ZusHang 27
mit Mängeln sind dch die SonderVorschr der §§ 633 ff ausgeschl (BGH **92**, 123; BGH NJW **63**, 806: Ersparn bei den HerstellgsKosten wg schlechterer Ausführg des Wk; BGH WM **78**, 953: Kosten der Mangelbeseitigg dch Dr ohne die Vorauss der §§ 633 ff; Hamm NJW-RR **98**, 163: Mangelbeseitigg dch Mituntern). Gilt auch iF § 13 Nr 5 VOB/B (BGH NJW **66**, 39 u WM **78**, 953).

h) Anspr wg **unerlaubter Handlung** werden dch §§ 633 ff grdsätzl nicht ausgeschl (BGH NJW **86**, 922 u 28
98, 2282; s a Einf 4 v § 823). Die fehlerh Ausführg des Wk ist jedenf insow zugleich EigtVerl (§ 823 I), als sich der Mangel auf die schon vorh, bis dahin unversehrten Teile des zu behandelnden Ggst ausgewirkt u diese dadch beschädigt hat (BGH **96**, 221), zB späterer MotorSchad, auch beim Nachf im Eigt, wg nicht dchgeführten Ölwechsels od unterlassenen Zahnriemenwechsels (BGH **98**, 45, Brüggemeier BB **95**, 2489). Auch VOB/B § 13 Nr 7 II schließt SchadErsAnspr wg Beschädigg von Sachen des Best, die nicht in das vom Untern herzustellde Wk einbezogen sind, nicht aus (BGH NJW **73**, 1752). Die mangelh Errichtg eines BauWk als solche ohne Veränderg bereits vorh Substanz ist hingg keine Beeinträchtigg des Eigt des Best (BGH **39**, 366, **96**, 221; weitere Nachw BGH DB **79**, 1078; aA Freund u Barthelmess NJW **75**, 281 u NJW **77**, 438 mwN, Grunewald JZ **87**, 1098: EigtVerl, wenn dch den Mangel der Wert od die Nutzbark des BauWk beeinträchtigt wird). Sie kann aber deliktische ErsAnspr eines Dr auslösen (BGH NJW **87**, 1013, NJW-RR **90**, 726: FeuchtigkSchad beim Mieter wg Mängeln am Wk des Arch od BauUntern). In § 823 II ist § 323 StGB kein SchutzG, dessen Schutzzweck auch auf das Verm des Best gerichtet wäre (BGH NJW **65**, 534). – Abgrenzg zur **Produzentenhaftung** s ProdHaftG 3 Rn 1. 29

4) Bei **Wohnungseigentum** kann jeder WohngsEigtümer Mängel am SonderEigt selbstd geltd machen. 30
Bei Mängeln am **Gemeinschaftseigentum** hat zwar der einz WohngsEigtümer aus dem jeweil Vertr mit dem Baubeteiligten einen ind Anspruch auf mangelfreie WkLeistg auch bezogen auf das ges GemschEigt (BGH **114**, 383); hins der Berechtigg zur GeltdMachg der Anspr auf Nachbesserg u Gewl ist aber zu unterscheiden (zusfassd Pause NJW **93**, 553): – Den Anspr auf **Mängelbeseitigung**, auf Ers der NachbessergsKosten u Vorschuß dafür (§ 633 Rn 5 ff; BGH **68**, 372/377) sowie auf Zahlg aGrd einer GewlBürgsch (BGH NJW **92**, 1881) kann schon vor der Eintr im GB (Ffm NJW-RR **93**, 339) der einz WohngsEigtümer, auch bei Mängeln außerh des räuml Bereichs seines SonderEigt, mit dem Verlangen der Leistg an sich geltdmachen (BGH NJW **88**, 1718); ebso kann er das ZbR gem Rn 18 geltd machen (BGH NJW **84**, 725). Denn dieser restl ErfAnspr (Rn 4) gründet im Vertr des Veräußerers (= Untern) mit dem einz WohngsEigtümer. Das BeseitiggsVerlangen stimmt mit den Interessen der EigtümerGemsch überein u beeinträchtigt die schutzwerten Interessen des Veräußerers nicht unzumutb, weil alle (Mit)Eigtümer primär nur diesen Mängelbeseitiggsanspr haben (BGH **74**, 259, NJW **85**, 1551). Das gilt auch, wenn der Veräußerer die ihm gg and Untern zustehden GewlAnspr an die EigtümerGemsch abgetreten hat (BGH DB **80**, 204). Die Eigtümer (Ersterwerber; Zweiterwerber nur bei Abtr der Anspr od, zu vermutder, Ermächtigg, BGH NJW **97**, 2173)

können aber auch nach MehrhBeschl den Anspr einheitl u gemschaftl verfolgen od den Verw ermächtigen, ihn im eig Namen geltd zu machen (BGH **81**, 35). – Auf **Rückgängigmachung** seines Vertr gerichtete Anspr (Wandelg, großer SchadErs) kann jeder Erwerber (WohngsEigtümer) selbstd geltd machen. Sie betreffen das gemschaftl Eigt nicht, ggf tritt an die Stelle des Erwerbers wieder der Veräußerer (BGH **74**, 259). – Die verbleibden GewlAnspr **Minderung** u kleiner (dh nicht auf Rückgängigmachg gerichteter) **Schadensersatz** sind gemschbezogen. Das WahlR zwischen ihnen (u damit bei behebb Mängeln auch die FrSetzg gem § 634 I) steht grdsätzl nur der EigtümerGemsch zu (BGH NJW **98**, 2967). Hat sie hierüber (mit Mehrh, WEG 21 I, V Nr 2) entschieden, kann sie den Verw od einen MitEigtümer ermächtigen, den gewählten GewlAnspr im eig Namen zur Leistg an den Verw bzw an alle MitEigtümer geltd zu machen (BGH NJW **92**, 1881), auch bei Ineinandergreifen von Mängeln an Gemsch- u SonderEigt (BGH BauR **86**, 447). Hat sich die Gemsch für Minderg entschieden, kann sie es dem einz Eigtümer überlassen, ob u in welchem Umfang er die Minderg entspr seinem Anteil am GemschEigt selbst durchsetzen will (BGH NJW **83**, 453). Der überstimmte Eigtümer kann nicht mehr Mangelbeseitigg verlangen (Düss NJW-RR **93**, 89). Hat sich die Gemsch für SchadErs entschieden, kann der einz Eigtümer Ers der ges (nicht nur anteil) zur Mängelbeseitigg erfdl Kosten verlangen, wenn die (mangelh) Leistg hins des ges BauObj geschuldet war, unabhäng davon, ob sich der Mangel nur auf das SonderEigt od auf das GemschEigt auswirkt (BGH NJW **99**, 1705: Bauaufsicht des Arch); er kann Zahlg an die Gemsch verlangen auch wenn die Anspr der übr WohngsEigtümer verj sind, Zahlg an sich selbst nur aGrd erweiterter Ermächtigg (BGH **114**, 383). Selbstd geltd machen kann ein einz Eigtümer den Anspr auf Minderg od Ers des Minderwerts ausnahmsw, wenn sich der Mangel am GemschEigt nur auf sein SonderEigt auswirkt u nicht behebb ist (BGH **110**, 258).

31 **5)** Auf **Sonderregeln der VOB/B** für Nachbessergs- u GewlAnspr ist jeweils in den letzten Rn der folgden Paragraphen hingewiesen. Die isolierte Vereinbg nur der GewlVorschr der VOB/B ohne deren übr Vorschr in Formular- (BGH **96**, 129) od EinzVertr (BGH NJW **87**, 2373) ist unwirks, außer wenn sie auf eine vom AuftrG gestellte VertrBdgg zurückgeht (BGH **99**, 160). Sie darf jedenf nicht zu einer Verkürzg der VerjFr des § 638 bei Neuerstellg eines Gbdes führen (BGH **100**, 391). Näher AGBG 11 Rn 71. Gleiches gilt, wenn die VOB zwar ganz vereinb, die Ausgewogenh aber dch vorrang zusätzl od bes VertrBdggen beeinträchtigt wird (AGBG 9 Rn 141). Vereinbg der VOB im GeneralUnternVertr gilt nur für die von ihm geschuldeten Bau-, nicht auch für daneben übernommene Arch- u IngLeistgen (BGH NJW **88**, 142).

633 *Nachbesserung; Mängelbeseitigung.*

I Der Unternehmer ist verpflichtet, das Werk so herzustellen, daß es die zugesicherten Eigenschaften hat und nicht mit Fehlern behaftet ist, die den Wert oder die Tauglichkeit zu dem gewöhnlichen oder dem nach dem Vertrage vorausgesetzten Gebrauch aufheben oder mindern.

II Ist das Werk nicht von dieser Beschaffenheit, so kann der Besteller die Beseitigung des Mangels verlangen. § 476 a gilt entsprechend. Der Unternehmer ist berechtigt, die Beseitigung zu verweigern, wenn sie einen unverhältnismäßigen Aufwand erfordert.

III Ist der Unternehmer mit der Beseitigung des Mangels im Verzuge, so kann der Besteller den Mangel selbst beseitigen und Ersatz der erforderlichen Aufwendungen verlangen.

1 **1)** Ein **Sachmangel** liegt vor (s Abs I), wenn das Wk im Ztpkt seiner Abn (§ 640) entw nicht die zuges Eigensch hat (Rn 3) od mit einem Fehler behaftet ist, der den Wert od die GebrFähigk herabsetzt (Rn 2), auch dann, wenn sich dies erst aus wiss od technischen Erkenntn nach der Abn ergibt (BGH NJW **94**, 1659). Es spielt keine Rolle, wenn der Mangel erst in der Zeit zw Herstellg u Abn des Wk entstanden ist (BGH VersR **74**, 261). Abs I präzisiert § 631 („Herstellg des versprochenen Wk"). Die Herstellg des Wk frei von Mängeln ist eine HauptPfl des Untern. Wird der Untern abschnittw jeweils getrennt beauftragt, ist die Frage der Mangelhaftigk für jede Stufe gesondert zu beurteilen (BGH **136**, 342: Arch). Mehrere Untern § 631
1 a Rn 9–11, Vorbem 10 ff v § 633. – Für vertragswidr Unvollkommenh des Wk hat der Untern einzustehen unabhäng davon, ob sie bei Ausführg der Arb erkennb waren od ihn daran ein Versch trifft. Keine GewlPfl besteht jedoch für Unvollkommenh, die ihre Ursache ausschl im **Verantwortungsbereich** des Bestellers haben (MüKo/Soergel Rn 56; Jauernig/Schlechtriem Rn 8). Das ist der Fall, soweit sie auf Anweisgen des Best od von ihm gelieferte Stoffe (§ 645 I 1; dort Rn 8) od, insb beim BauVertr, auf VorArb and selbstd tät (§ 631 Rn 11) Untern zurückgeht (MüKo/Soergel Rn 57); jeweils aber nur, wenn der Untern seinen Prüfgs- u WarnPfl (§ 631 Rn 13) nachgekommen ist. MitVerurs s Rn 6.

2 **a)** Ein **Fehler** ist gegeben, wenn der tats Zustand des Wk von demj abweicht, den die VertrPart bei Abschl des Vertr vereinb od gemeins (auch stillschw) vorausgesetzt haben, u diese Abweichg den Wert od die GebrTauglichk des Wk mindert. Grdsätzl gilt das in § 459 Rn 1–4, 8–13, 22 ff Gesagte. Auf die Erheblichk der Minderg kommt es, and als in § 459 I 2, nicht an, jedoch hat sie Einfluß auf die Folgen des Mangels
2 a (§ 634 III). – Das **geschuldete Werk** kann vertragl nach seiner Beschaffenh bzw dem LeistgsInhalt beschrieben sein (BeschaffenhVereinbg), zB auf der Grdl eines LeistgsVerzeichn (näher Cuypers BauR **97**, 27; zum VOB-Vertr BGH NJW **99**, 2432), wobei bei Auftr aGrd öff Ausschreibg von deren Wortlaut auszugehen ist (BGH **134**, 245). Vorrangig maßgebd ist aber gem **I** die Funktion des Wk, wenn (wie oft) ein abw Parteiwille fehlt (BGH NJW **97**, 1772). Geschuldet wird dann ein für den vertragl vorausgesetzten, dh den vom Best beabsichtigten u dem Untern bekannten (ggf HinwPfl des Best, Düss BauR **99**, 172), hilfsw für den gewöhnl, dh den nach Art des Wk übl Gebrauch funktionstaugl u zweckentspr Wk (BGH **139**, 244). Pfl des Best zu Festleggen § 642 Rn 1. Die geschuldete Qualität richtet sich danach, was mit der vereinb AusführgsArt üblicherw erreicht w kann (BGH **139**, 16); ist dadch die Funktionstauglichk des Wk nicht erreichb, ist diese geschuldet, allerd sind dann erfdl ZusatzArb zu vergüten (BGH **139**, 244, näher Teichmann/Schröder JZ **99**, 799). Der Untern sichert, sofern nicht and vereinb, idR stillschw die Beachtg der anerkannten Regeln seines Fachs zu, wie sie ua in DIN-Normen, europ Normen (Einf 27 v § 241), UnfallverhütgsVorschr, VDE-Best niedergelegt sein können (BGH **139**, 16; BGH BB **85**, 1561: SicherhBestimmgen wie GSG u ProdSG, Düss

NJW-RR **96**, 146: GebrTauglichkNachw; einschränkd zB Hamm NJW-RR **96**, 213: Altbausanierg). Ein Verstoß hiergg ist dann auch ohne SchadEintritt (Düss NJW-RR **96**, 146) ein Fehler, sofern der Untern keine ihm günst abw Vereinbg beweist (Mü NJW-RR **92**, 1523, Hamm NJW-RR **95**, 17). Maßg sind die Regeln im Ztpkt der Abn, wobei bei Anlaß zu Zweifeln zu prüfen ist, ob veröffentl Best dem aktuellen Stand der Technik entsprechen (BGH **139**, 16: Schallschutz) od allg akzeptiert sind (Hamm NJW-RR **98**, 668). Auch ohne solchen Verstoß kann die GebrTauglichk gemindert sein (BGH **91**, 206/212, NJW-RR **97**, 688), zB bei DchFührg einer KfzRep abw von den WerksVorschr des Herst (Karlsr NJW-RR **87**, 889), mangelh Raumausnutzg bei Plang einer Einbauküche (Düss NJW-RR **96**, 46), erhöhter SchadAnfälligk des Wks (Köln VersR **97**, 850), fehlder Deponierbark des Filtrats einer AbwasserAnl (BGH NJW-RR **96**, 340). Gibt es noch keine anerkannten Regeln des Fachs, so ist das Wk mangelh, wenn seine Leistg dem Vergl mit and ähnl Anlagen nicht standhält (Mü BB **84**, 239). Der Fehler muß sich nicht auf eine Sache beziehen, §§ 633ff gelten ebso für unkörperl Wk (Einf 1 v § 631), zB mangelh Plangsleistgen (s a Rn 2c), erhebl Verspätg eines Fluges (AG Ffm NJW-RR **96**, 238), unlautere Werbg bei WerbeVertr (Wedemayer WRP **79**, 619; s a Einf 21 v § 631). – **Einzelheiten:** Mangel ist der technische Minderwert, dh Auswirkg der vertragswidr 2b
Beschaffenh auf den Ertrags- od GebrWert (BGH ZfBR **95**, 129), zB zu hohe SchadstoffBelastg aGrd Ausdünstgen des Wk (Oldbg NJW-RR **99**, 241), beschr Benutzbark eines Raumes wg zu geringer Höhe (BGH ZfBR **89**, 58), Ungeeigneth der WkLeistg als Grdl für Folgeleistgen and Untern (Köln NJW-RR **94**, 1045), fehlde Nutzschicht auf Hallenfußboden bei Vereinbg schlüsselfert Erstellg (Düss NJW-RR **96**, 533), geringfüg von der vertragl Vorgabe abw Bodenunebenh bei Beeinträchtigg der GebrTauglichk (BGH NJW-RR **99**, 381). Ebso sind Mängel der merkantile Minderwert (BGH **55**, 198, NJW **86**, 428); Gef öffrechtl Inanspruchn wg Beschaffenh des Wk (Karlsr VersR **98**, 1127: Auswaschen von Schiffsfarbe); 10% geringere Wohnfläche als im VerkProspekt angegeben (BGH NJW **97**, 2874; s a BGH NJW-RR **98**, 1169, Celle BauR **99**, 663); fehlde Schlüssigk eines GA (Ffm OLGR **99**, 371). Übernimmt der Untern die Verpfl zum Nachw der baurechtl Unbedenklichk, so ist das Wk bis zum Nachw als fehlerh anzusehen; ggf SchadErsPfl gem § 635 (BGH NJW **81**, 112: Dübelkonstruktion). GestaltgsFreih bei künstlerischen Wk § 631 Rn 12, zu Geschmacksfragen Köln OLGZ **83**, 200. – Leistgen des **Architekten** sind mangelh zB bei fehlder GenFähigk 2c
aus technischen, bauordngs- od bauplangsrechtl Grd (Mü NJW-RR **92**, 788); unterlassene LärmschutzMaßn bei BauPlang (BGH DB **75**, 1263). Baumängel, die auf mangelh Erf der ArchPfl beruhen, sind Fehler des ArchWk (BGH **42**, 16 u NJW **94**, 2825; ebso für Baubetreuer Mü BauR **99**, 399). Das ist der Fall, wenn die geplante Ausführg notw zu einem Mangel des BauWk führen muß (BGH **48**, 310 u NJW **71**, 92), auch wenn der Arch dem BauUntern die Nachprüfg seiner AusführgsZeichngen übertr hat (BGH WM **71**, 101). Ebso, wenn die Mängel iR der Bauleitg dch unzureichde Kontrolle der Plang eines and Arch (Düss NJW-RR **98**, 741) od dch fehlerh Erf der BauAufs verursacht sind (BGH WM **71**, 680, VersR **74**, 261, Mü NJW-RR **88**, 336: BetonArb; Celle NJW-RR **95**, 1486: fehlerh Deckenaufhängg). Der Arch (ebso der Statiker) schuldet dann nicht konkr Mängelbeseitigg, sond SchadErs (Rn 7 u § 635 Rn 7). S a Einf 7, 17 v § 631. – **EDV** (s a 2d
§ 459 Rn 46f, Einf 12 v § 631): Den gewünschten Erfolg, dh den vorausgesetzten Gebr u die dazu erfdl SoftwareLeistgen hat der Best festzulegen (§ 642 Rn 1). Bei Herstellg von Individualsoftware ist es Frage des EinzFalls, ob nur Überlassg des Maschinenprogramms mit der Benutzerdokumentation od auch des Quellprogramms einschl der HerstDokumentation (BGH NJW **87**, 1259, dazu Oldbg CR **95**, 662, Köln CR **99**, 11), ferner nachträgl Pflege u Wartg (Jaeger CR **99**, 209, auch zur „2000-Fähigk") geschuldet ist. Fehlen nähere Angaben, ist eine Lösg entspr dem Stand der Technik bei mittlerem AusführgsStandard geschuldet (Düss NJW-RR **98**, 345). Systembdgte Gegebenh od Eigenarten schaden nicht (Köln NJW-RR **95**, 1460). Dagg sind tauglichkmindernde Softwarefehler ein Mangel (BGH **102**, 135), auch wenn sie dch vom Untern erkannte, aber nicht monierte unzureichde Angaben des Best verusacht sind (s a Rn 1a); denn der Untern hat aGrd seines Know-how an der Formulierg der Aufgabenstellg mitzuwirken, Vorschläge zur Problemlösg zu machen (Köln NJW-RR **99**, 51) u von ihm benötigte zusätzl Angaben anzufordern (Köln NJW **96**, 1067). Je nach VertrInhalt können Mängel sein: fehlerh (auch kaum verständl) od fehlde Dokumentation/Programmbeschreibg (Saarbr NJW-RR **97**, 558, Beckmann CR **98**, 519; s a § 640 Rn 4); Funktionsunfähigk der Daten-Sichg bei Implementierg eines Programms (BGH **133**, 155); ungenügde Druckgeschwindigk od Speicherkapazität einer EDV-Anl (KG CR **90**, 768, CR **91**, 154); mangelnde Eigng zur Bearbeitg 4-stelliger Jahreszahlen („Jahr-2000-Problem"; dazu § 459 Rn 50ff, Bartsch CR **98**, 193, Klett/Redelfs BB **99** Beil 10, Lpzg NJW **99**, 2975); vom Untern verursachter Virenbefall (Schneider/Günther CR **97**, 389) od ungenügde WartgsArb (Mü CR **89**, 283; s a Einf 12 v § 631), wobei die Nachrüstg auf das „2000-Problem" ohne bes Vereinb meist nicht zum LeistgsInhalt eines WartgsVertr gehören wird (Kühnel/Ulbrich BB **98**, 2585; s a Nietzer/Stadie MDR **99**, 396). Auch bei Mängeln von Standard-Software passen die GewlVorschr des WkVertrR besser als die des KaufR (BGH NJW **90**, 320, Steckler WiB **95**, 729: im wesentl ja, BGH DB **93**, 1871: wohl ja; aA Kort DB **94**, 1505, Müller-Hengstenberg NJW **94**, 3128). Der Untern hat, außer bei Pilotprojekten, wohl auch für technisch unvermeidb Mängel zu haften, wenn sie den vertragl vorausgesetzten Gebr mindern (ähnl Müller-Hengstenberg CR **89**, 900; s a Heussen CR **88**, 986/991, Bömer CR **89**, 361), unter Einräumg einer längeren Testphase bei komplexen Systemen (Düss CR **92**, 724).

b) Zugesicherte Eigenschaft. S § 459 Rn 14–21 mit folgden Abw: Zusichg ist das Verspr, das Wk mit 3
einer best Eigensch auszustatten; nicht erfdl ist, daß der Untern zum Ausdr bringt, er werde für alle Folgen einstehen, wenn die Eigensch fehlt (BGH **96**, 111, NJW-RR **96**, 783). Dabei ist unerhebl, ob es technisch mögl ist, dem VertrGgst die zuges Eigensch zu verleihen, u ob der Untern in der Lage ist, bezogene Teile für das Wk auf das VorhSein der Eigensch zu prüfen (BGH aaO); Berufg auf die Zusichg ist auch kein RMißbr (BGH BauR **97**, 1032). Für Zusichg spricht, wenn Best großen Wert gerade auf diese Eigensch gelegt hat (BGH aaO). Zusichgsfäh Eigensch sind nur konkr Merkmale des Wk, die über die reine LeistgsBeschreibg hinausgehen, zB Wärmedurchlaßwerte bei Fenster- u Türrahmen (BGH **96**, 111), DchMesser von Riegelstangen (BGH NJW-RR **94**, 1134), Verwendg einer best Mörtelgruppe (Nürnbg BauR **98**, 1013).

c) Vertrag auf Erwerb eines Grundstücks mit einem darauf vom Verkäufer zu erbringenden 4
Werk. Verpflichtet sich der Veräußerer zur Errichtg eines BauWk (Haus, EigtWohng), sind die Rechte des Erwerbers wg Sachmängeln des Grdst nach Kauf, wg Sachmängeln des BauWk nach WkVertrR zu beurteilen

(BGH NJW **73**, 1235). Dies auch, wenn das neu errichtete BauWk bei Abschl des ErwerbsVertr bereits ganz (BGH **68**, 372) od teilw errichtet war (BGH **63**, 96), wobei es keinen Unterschied macht, in welchem Umfang das Gbde od die EigtWohng noch nicht fertgestellt war (BGH **65**, 359 u **74**, 205). Wenn sich, auch ledigl aus den Umst, aus Inhalt, Zweck wirtsch Bedeutg u Interessenlage eine Verpfl des Veräußerers zu mangelfreier Erstellg des BauWk ergibt, richtet sich die Gewl nach WkVertrR, auch wenn der Veräußerer das BauWk als Musterhaus od für sich selbst errichtet u sogar einige Monate bewohnt hat u wenn die Part den Vertr als KaufVertr bezeichnet od dem KaufR unterstellt haben (BGH NJW **81**, 2344, NJW **87**, 2373). Bei Erwerb von Altbauten gilt wkvertragl Gewl, soweit der Veräußerer mit NeubauArb vergleichb HerstellgsPfl übernimmt, zB wenn ein Altbau in WohngsEigt umgewandelt und umfassd saniert wird (BGH **100**, 391) od wenn der Veräußerer in einem früh gewerbl genutzten GbdeTeil nach entspr Umbauten eine EigtWohng erstellt (BGH **108**, 164; dazu v Samson BauR **96**, 58); für wkvertragl Gewl auch bei geringfügigeren HerstellgsPfl Karczewski BauR **97**, 837. Wird in dem Vertr über den Erwerb eines zu bebauden Grdst die Pfl des Veräußerers zur Beseitigg von Mängeln von der vorher Feststellg in einem gemeins BesichtiggsProt abhäng gemacht, so steht der Umst, daß es dazu nicht gek ist, der GeltdMachg von GewlAnspr für offenkund Mängel nicht entgg (BGH WM **84**, 317). Zum GewlAusschl bei BauWk s § 637, insb Rn 5. Übernimmt der Veräußerer eines ausgekiesten Grdst die Verfüllg, gilt für diese WkVertrR; bei der Frage der Fehlerhaftigk des Wk sind die lagegebundenen Gegebenh des Grdst nicht zu berücksichtigen (BGH NJW-RR **95**, 1200).

5 **2) Der Mängelbeseitigungsanspruch, II 1** (allg dazu Vorbem 4 v § 633) richtet sich gg den VertrPartner des Best, bei einer OHG auch gg den haftden Gter (BGH **73**, 217). Er kann schon vor Ablieferg des Wk geltd gemacht werden (§ 634 I 2). Vorzeit Beendigg des WkVertr läßt den Anspr/das R auf Beseitigg von Mängeln an dem bereits erstellten TeilWk unberührt (BGH NJW **88**, 140, Hamm NJW-RR **95**, 724). Der Anspr ist abtretb (Vorbem 16 v § 633). Verhältn zu den GewlAnspr aus §§ 634, 635 Vorbem 4 a v § 633, zu den allg schuldr R dort Vorbem 17 ff. Diese Grds u Hinw gelten auch für die Anspr aus Abs III (Ers der Mängel-
5 a beseitiggsKosten, Vorschuß, Rn 8 ff). – **a) Voraussetzungen:** (1) wirks WkVertr (2) obj Mangel, der seine
5 b Ursache nicht ausschl im VerantwortgsBer des Best hat (Rn 1–4). Zum Ausschluß des Anspr Rn 7. – **b)** Das **Beseitigungsverlangen** muß so konkr gefaßt sein, daß der Mangel nach Art u Ort mit Hilfe von Zeugen u Sachverst feststellb ist (BGH WM **80**, 951), u erkennen lassen, daß Abhilfe erwartet wird (BGH WM **78**, 953). Es genügt, wenn der Best die Mangelerscheingen („Symptome") an best Stellen hinreichd genau bezeichnet; zu deren Ursache u zur Verantwortlichk des Untern braucht er sich nicht zu äußern (BGH **136**, 342). Damit werden alle Mängel geltd gemacht, auf die das angezeigte ErscheingsBild zurückgeht, u zwar in vollem Umfang an allen Stellen ihrer Ausbreitg (BGH BB **88**, 2415, NJW-RR **97**, 1376). Der Umfang der NachbessergsPfl muß nicht bezeichnet werden, er ergibt sich erst aGrd der Prüfg (BGH NJW **87**, 381). Dies gilt auch für ein einheitl geschuldetes Wk, an dem das Eigt inzw geteilt worden ist (BGH RsprBau § 633 Nr 63: einheitl hergestelltes Dach über mehrere Häuser, Wasser in einem davon). Zur Verurteilg des Untern auf Mängelbeseitigg ist die genaue Bezeichng des Mangels notw u genügd (BGH **61**, 42). Mängel des
5 c GemschEigt Vorbem 30 v § 633. – **c) Inhaltlich** geht der Anspr auf Behebg der Fehler bzw Herstellg der zuges Eigensch an dem vom Untern hergestellten Wk (BGH **96**, 221). Er kann bis zur Neuherstellg reichen, wenn Mängel nur auf diese Weise zu beseitigen sind (BGH **96**, 111). Art u Weise der Nachbesserg bestimmt grdsätzl der Untern (BGH NJW-RR **88**, 208); desh läßt ein ungeeigneter NachbessergsVorschl des Best den BeseitiggsAnspr nicht entfallen (BGH NJW-RR **98**, 233). Der Best kann eine best Art verlangen, wenn der Mangel nur so beseitigt werden kann (BGH NJW-RR **97**, 1106). Die Verpfl des Untern beschränkt sich auf Beseitigg der Mängel des fehlerh hergest eig Wk (BGH **104**, 262: bejaht bei Mängeln an den den Gartenhof eines Reihenhauses umgebden Wänden der vom selben Herst errichteten NachbHäuser). Mängelbeseitiggs-Kosten, die eine erkennb fehlerh Vorleistg eines and Untern betreffen, sind nicht umfaßt (Mü NJW-RR **88**, 20). In diesem Rahmen umfaßt der Anspr aber den gesamten Aufwand, den die Beseitigg des Mangels voraussetzt (BGH NJW **63**, 805). **II 2** stellt insow dch die Verweisg auf § 476 a klar, daß der Untern die mit der Nachbesserg am urspr AbnOrt (BGH **113**, 251) verbundenen Kosten einschl aller Nebenkosten, zB Transport-, Wege-, Arbeits-, Materialkosten (BGH NJW **79**, 2095) zu tragen hat; Reisekosten an einen and Ort nur dann, wenn die Sache ihrer Natur nach zum Ortswechsel best war, wozu Veräußerg nicht genügt (BGH **113**, 251). Umfaßt werden auch die mit der Mängelbeseitigg verbundenen Vorbereitgs- u NebenArb (zB zur Auffindg des Mangels erfdl GA- u RAKosten, BGH **113**, 251), sowie zur Wiederherstellg des früh Zust erfdl Arb (BGH **96**, 221), zB die Behebg von dch die Beseitigg verurs Schäd am sonst Eigt des Best (BGH NJW **63**, 805). Es handelt sich insow um Erf, nicht um SchadErs, die Vorauss der §§ 634, 635 brauchen nicht gegeben zu sein (BGH NJW-RR **99**, 813). Ebso hat der BauUntern dem Bauherrn die ArchVergütg zu ersetzen, die dieser für die Bauleitg währd der MängelbeseitiggsArb zu zahlen hat. Dagg erfaßt die NachbessergsPfl nicht unabhäng von der Mängelbeseitigg entstandene MangelfolgeSchäd an and als den vom Untern hergestellten Gewerken; insow ggf nur SchadErsAnspr (BGH **96**, 221; s a § 635 Rn 2). Auch
6 Gewinnentgang vor u währd der Mängelbeseitigg ist nur gem § 635 zu ersetzen (BGH **72**, 31). – **d)** Nach den Grds des **Vorteilsausgleichs** hat der Best Kosten für Leistgen zu tragen, die der Untern nach den vertragl Vereinbgen (zB in einem LeistgsVerz) nicht schuldet, dann aber, weil zur ordngsgem Ausführg erfdl, zusätzl doch erbringen muß (BGH **90**, 344; **„Sowieso-Kosten"**); ebso Mehrkosten für eine zur Mängelbeseitigg erfdl, aber teurere Ausführg als vereinb, die dem Best zusätzl Vorteile bringt (BGH **91**, 206). Das gilt auch iF pauschaler FestVergütg (Düss NJW-RR **92**, 23); aber nicht, wenn der Untern vertragl einen best Erfolg zu einem best Pr versprochen hat u die von der vorgesehenen abw Ausführg nur zur Erreichg dieses Erfolges erfdl ist (BGH BauR **87**, 207). Hat der Best, auch dch seinen ErfGeh (zB Arch) den **Mangel mitverursacht** (s a Rn 1a u § 635 Rn 8), ist er nach den Grds des § 254 an den Kosten der Nachbesserg zu beteiligen (BGH **90**, 344 u NJW **99**, 416). – In beiden Fällen kann der Untern die Mängelbeseitigg davon abhäng machen, daß der Best für den auf ihn entfallden Teil der NachbessergsKosten Sicherh leistet; Vorauszahlg od ZahlgsZusage kann er nicht verlangen (BGH **90**, 344). Im Proz ist der Best zur WkLohnzahlg Zug um Zug gg Mängelbeseitigg, diese wiederum Zug um Zug gegen Zuschußzahlg zu verurteilen (BGH **90**, 354: „doppelte Zug-um-Zug-Verurteilg"). Anspr auf Erstattg der vom Best zu übernehmden Kosten hat der Untern, wenn er Mängel aGrd Vereinbg mit dem Best beseitigt hat, die Part aber die Kostentragg nicht geklärt haben (BGH

NJW **99**, 416). – **e) Mangelhafte Erfüllung** des BeseitiggsAnspr gibt dem Best bei Verzug den Anspr gem III, außerd kann er nach §§ 634, 635 vorgehen (Vorbem 4a v § 633). Außerh des AnwendgsBer dieser Vorschr kann schuldh Verl der NachbessergsPfl zu SchadErsAnspr des Best wg Verzugs (§ 286) od pVV führen. – **f) Erlöschen** des MängelbeseitiggsAnspr iF des § 634 (FrSetzg etc) dort Rn 6. 6a

3) Kein Mängelbeseitigungsanspruch besteht (s a Rn 6 aE): – Bei obj **Unmöglichkeit** der Beseitigg des Mangels, insb wenn nach der Natur des Wk Nachbesserg od Neuherstellg ausscheiden. Folge: Best kann aus §§ 634 (s a dort II), 635 vorgehen. Bsp: zeitgebundenes Wk (Taxifahrt zum Flughafen); nach Errichtg des Baus nicht mehr behebb Plangs- od Aufsichtsfehler des Arch od Ing (BGH **43**, 227/232, Düss NJW-RR **96**, 305; s a § 635 Rn 7). Nicht aber rechtl Unmöglichk der Nutzg, die dch Dispens zu beseitigen ist (Hamm MDR **78**, 226). Unvermögen des Untern zur Nachbesserg (zB wg ProdÄnderg) schließt den Anspr nicht aus; der Untern muß entw einen Dr beauftragen, od er kann den restl WkLohnAnspr wg des ZbR des Best nicht mehr geltd machen (Köln BB **71**, 373). S a Vorbem 19 v § 633. – Ebso kein MangelbeseitiggsAnspr, wenn sich der Untern zu Recht auf **Unzumutbarkeit** beruft, **II 3** (dazu Busche DB **99**, 1250). Dem Best verbleiben dann die Rechte aus §§ 634, 635 (§ 634 Rn 4; § 635 Rn 2, 6b). Unzumutbark liegt vor, wenn der Aufwand des Untern zur Mängelbeseitigg, berechnet nach dem Ztpkt, in dem die vertragsgem Leistg geschuldet war (BGH NJW **95**, 1836), in keinem vernünft Verhältn zu dem mit der Beseitigg der Mängel erzielb Erfolg stünde (BGH **59**, 365), also zu dem Vorteil, den der Best dadch erlangt (BGH **96**, 111/123). Dabei sind alle Umst des EinzFalls zu berücksichtigen (BGH NJW-RR **97**, 1106), zB Schwere des VertrVerstoßes u der Grad des Versch (BGH NJW **95**, 1836; Düss NJW-RR **87**, 1167: grobe Fahrlk), Art der Beeinträchtigg (Celle BauR **98**, 401: SchönhFehler), dagg grdsätzl nicht das Verhältn des Aufwands zum vereinb WkLohn (Düss NJW-RR **97**, 1450). Ein berecht Interesse des Best an der Beseitigg, insb eine spürb Beeinträchtigg der Funktionsfähigk des Wks, schließt den Einwand idR aus (BGH NJW **96**, 3269). Im EinzFall kann die Berufg auf II 3 treuwidr sein (Hbg MDR **74**, 489). – MängelbeseitiggsAnspr iF des **§ 640 II** dort Rn 6. Bei WkLiefergsVertr uU Ausschl gem **§§ 377f HGB** wg verspäteter Rüge (HGB 381 II). 7

4) Ersatzvornahme und Aufwendungsersatz, III. S zunächst die Hinw Rn 5, insb zum Verhältn zu den R aus §§ 634, 635, zu den allg schuldr Anspr u zur Abtretg. Entspr Anwendg Vorbem 2 v § 633. Läßt Best ohne die Vorauss des Abs III die geschuldete Mängelbeseitigg anderw vornehmen, so hat er keinen Anspr auf Ers der Aufw, auch nicht aus GoA, ungerechtf Ber od § 823 (Vorbem 27f v § 633). – **a) Voraussetzungen:** (1) MängelbeseitiggsAnspr (Rn 5) des Best (also nicht iF der Rn 7, wobei die Unzumutbark obj zu beurteilen ist). (2) Verzug des Untern (§§ 284, 285) mit der Erf dieses Anspr. Grdsätzl ist daher erfdl, daß der Untern auf BeseitiggsVerlangen (wie Rn 5b; BGH NJW **99**, 1330) den Mangel nicht in angem Fr behebt (BGH **96**, 221, Hamm NJW-RR **96**, 272). Es genügt jedoch, daß der Untern die Beseitigg des Mangels endgült ablehnt (Düss NJW-RR **97**, 1419), od daß deren Vornahme dch den Untern dem Best nicht zugemutet w kann (wie § 634 Rn 4, 5; MüKo/Soergel Rn 145f;); Bsp: berecht Mißtrauen, daß der unzuverläss Untern die Mängel ordngsgem beheben werde (BGH **46**, 242 für VOB). Kein Verzug des Untern bei AnnVerzug des Best (Düss NJW-RR **98**, 1030). – **b) Folgen:** Best darf (nicht muß) die Mängel selbst 8a
beseitigen (lassen) u Erstattg der dazu obj erfdl Aufw verlangen. Erfdl sind die Aufw, die ein wirtsch denkder Bauherr aGrd sachkund Beratg für eine vertretb, dh geeignete u Erfolg versprechde (Ffm NJW-RR **97**, 340) Maßn der Mängelbeseitigg erbringen konnte u mußte (BGH BB **91**, 651). Dazu gehören auch die Kosten, die zum Auffinden der SchadUrsache notw sind (BGH **113**, 251), uU auch nutzl Aufw (BGH WM **89**, 21/24). Je nach den Umst sind dem Untern auch teurere NachbessergsKosten zuzumuten (Ffm NJW-RR **88**, 918; Grd: er konnte vorher selbst die Mängel beseitigen). Zu den Aufw gehören, and als beim Auftr, auch eig ArbLeistgen des Best (einschl seiner FamAngeh) zur Mängelbeseitigg. Ihr Wert ist nach ZPO 287 zu schätzen, Anhaltspunkt ist der Lohn, der einem in berufl abhäng Stellg Tätigen zu zahlen wäre (BGH **59**, 328, auch für § 13 Nr 5 VOB/B). Pfl des Best aus § 254, die NachbessergsKosten in angem Grenzen zu halten; demgem trägt der Untern die Darleggs- u BewL dafür, daß der Best iR der EigNachbesserg übermäß Leistgen hat ausführen lassen (BGH NJW-RR **92**, 1300). „Sowieso"-Kosten (Rn 6) kann der Untern abziehen, auch wenn sie erst nach RKraft eines FeststellgsUrt über seine Pfl zum Ers der MängelbeseitiggsKosten iR der Nachbesserg bekannt w (BGH BauR **88**, 468). – **Vorschuß.** Der Best hat unter den Vorauss des Abs III 9
(Rn 8) gg den HauptUntern, dieser gg den SubUntern (BGH **110**, 205) Anspr auf Vorschuß hins der mutmaßl (BGH BauR **99**, 631) Kosten (nicht des merkantilen Minderwerts, BGH NJW-RR **97**, 339) für erfdl (Rn 8a) NachbessergsMaßn, ggf wiederholt (Mü NJW-RR **94**, 785), auch bei Entziehg des Auftr gem VOB/B 4 Nr 7, 8 Nr 3 (BGH NJW-RR **89**, 849), mit späterer Pfl zur Abrechng, jedenf solange nicht feststeht, daß Best den Mangel gar nicht beseitigen lassen will (BGH **68**, 372). Der HauptUntern darf den vom SubUntern erhaltenen Vorschuß statt zur Nachbesserg auch zu einer vergleichsw, die Nachbessergs-Kosten nicht übersteigden Regelg mit dem Bauherren verwenden. Mit dem Anspr auf Vorschuß kann Best gg WkLohnAnspr aufrechnen (BGH **54**, 244, NJW-RR **89**, 406), kein AufrAusschl in AGB (AGBG 11 Rn 17). WohngsEigtümer hins GemschEigt Vorbem 30 v § 633. Auf die Vorschußschuld sind ggf Verz- u ProzZinsen zu zahlen (bestr), Verz tritt erst auf Mahng, nicht schon mit Ablauf einer gesetzten Fr zur Mängelbeseitigg ein (BGH **77**, 60). Auf den Vorschuß bezahlte Verz- u ProzZinsen bleiben bei der Abrechng nach Mängelbeseitigg außer Betracht, soweit nicht der bezahlte Vorschuß die tats MängelbeseitiggsKosten übersteigt (BGH NJW **85**, 2325). Kein Anspr auf Abrechng des Vorschusses, wenn dem Best SchadErsAnspr in Höhe des zur Mängelbeseitigg notw Betr in gleicher Höhe zusteht (BGH **99**, 81, WM **89**, 648). Verj des VorschußAnspr nach § 638 (BGH DB **87**, 2092). Kein Anspr auf Vorschuß: ab Ende des Verz des Untern mit der Nachbesserg, zB bei AnnVerzug begründdem NachbessergsAngeb (Kblz NJW-RR **96**, 1299, Old MDR **99**, 994); soweit der Best auf and Weise den für die Mängelbeseitigg erfdl GeldBetr erlangen kann, zB dch ZbR (Oldbg BauR **94**, 371) od Aufr gg VergütgsAnspr (Karlsr OLGZ **83**, 464); wenn ausreichde (Hamm NJW-RR **96**, 1046) Sicherh bereits geleistet od einbehalten ist (BGH **47**, 272). MitVersch des Arch am Mangel (s a § 635 Rn 8) dch Plangs- u Koordinationsfehler (§ 642 Rn 1) muß sich der Best anrechnen lassen (Düss VersR **85**, 246). – **c) Erlöschen** der Anspr aus § 633 III iF des § 634 (insb bei FrSetzg des Best) dort Rn 6. 9a

10 **5) Beweislast.** – Bei MängelEinr (Vorbem 18 v § 633) gg den Anspr auf Abn od Vergütg: Für Zusichg einer Eigensch der Best. Mängel (Rn 1, vor Abn auch die Unvollständigk des Wk) muß der Best dartun; im Bau- u ArchProz genügt hierfür die hinreichd genaue Bezeichng der Mangelsymptome (BGH **136**, 342, BauR **98**, 632; wie Rn 5 b). Zu beweisen hat vor Abn od iF der Abnahmeverweigerg grdsätzl der Untern die Fehlerfreih des Wk u das VorhSein zuges Eigensch (BGH NJW-RR **99**, 347); nach Abn wg § 363 der Best den Mangel, soweit er nicht vorbehalten (§ 640 II, BGH NJW-RR **97**, 339; str, s Marbach/Wolter BauR **98**, 36) od, zB dch NachbessergsVersuche, anerkannt ist (BGH NJW-RR **98**, 1268); wenn die Sichg der BewGrdl zu den Pfl des Untern gehört (BGH **133**, 155: DatenSichgsProgramm). – Bei AufwErs- u VorschußAnspr (Rn 8 f): Best hins aller Vorauss, auch des Mangels. – Abw Vereinbg sind zul (Grenze AGBG 11 Nr 15). Ist ein vertragl RücktrR des Best vereinb, falls eine zuges Eigensch fehlt, so hat gem § 358 der Untern die Einhaltg der Zusichg (= VertrErf) zu beweisen (BGH NJW **81**, 2403).

11 6) Die **VOB/B** regelt die Mängelhaftg des Untern teilw abw von §§ 633 ff. Gem **§ 1 I 2** gelten die Regeln der **VOB/C** als VertrBestandt, sie konkretisieren die LeistgsPfl des Untern in technischen Hins (Einf 4 v § 631). **§ 4 Nr 2** verpflichtet den Untern zur Einhaltg der anerk Regeln der Technik (dazu Stammbach BauR **98**, 482). **Während der Ausführung** kann Best nach **§ 4 Nr 7** die Ersetzg mangelh dch mangelfreie Leistgen verlangen. Hat der Untern den Mangel zu vertreten, kann Best den daraus entstehden Schad ersetzt verlangen (S 2). Dafür gilt die Beschrkg hins des Umfangs der ErsPfl gem § 6 Nr 6 (vgl § 636 Rn 6) nicht, sond § 249 (BGH **48**, 78; einschränkd BGH **50**, 160). Gem § 4 Nr 7 S 3 iVm § 8 Nr 3 kann der Best nach Ablauf einer NachFr zur Mängelbeseitigg mit KündAndrohg dem Untern den Auftr entziehen mit den weiteren in § 8 Nr 3 genannten Konsequenzen; § 633 III gilt nicht (BGH NJW-RR **98**, 235). **Nach der Abnahme** gilt **§ 13.** Nr 1 statuiert die ErfPfl des Untern wie § 633 I mit dem Zusatz, daß die Leistg des Untern den anerkannten Regeln der Technik entsprechen muß; wenn nicht, ist das Wk mangelh, auch wenn seine GebrFähigk nicht gemindert ist (Köln NJW-RR **94**, 1431). Nr 2 enthält Regeln für den Fall der Leistg nach Probe. Nach **Nr 3** wird der **Unternehmer von der Gewährleistung frei** für Mängel, die zurückzuführen sind auf die LeistgsBeschreibg, Anordngen des Best, von diesem gelieferte od vorgeschr Stoffe od Bauteile, die Beschaffenh der Vorleistg eines and Untern außer iF unterlassenen Hinw auf Bedenken gem § 4 Nr 3 (vgl § 631 Rn 18). **Nr 5 Abs I** gibt einen **Nachbesserungsanspruch** wie § 633 II 1 auf schriftl Verlangen. **Abs II** gibt dem Best ein **Selbstbeseitigungsrecht** wie § 633 III, aber erst nach Setzg einer angem Fr zur Mängelbeseitigg, Verz ist nicht erfdl. AufwErs, Vorschuß u Aufrechng Rn 8 ff. **Kein Nachbesserungsrecht** besteht nach **Nr 6,** wenn die Mängelbeseitigg unmögl od unzumutb ist (wie § 633 II 2). In diesem Falle MindergsR des Best. S a § 634 Rn 11 u § 635 Rn 10. **§ 17** enthält Vorschr über eine vereinb **Sicherheitsleistung** des Untern für die Erf der GewlPfl.

634 *Gewährleistung: Wandelung, Minderung.*

[I] Zur Beseitigung eines Mangels der im § 633 bezeichneten Art kann der Besteller dem Unternehmer eine angemessene Frist mit der Erklärung bestimmen, daß er die Beseitigung des Mangels nach dem Ablaufe der Frist ablehne. Zeigt sich schon vor der Ablieferung des Werkes ein Mangel, so kann der Besteller die Frist sofort bestimmen; die Frist muß so bemessen werden, daß sie nicht vor der für die Ablieferung bestimmten Frist abläuft. Nach dem Ablaufe der Frist kann der Besteller Rückgängigmachung des Vertrags (Wandelung) oder Herabsetzung der Vergütung (Minderung) verlangen, wenn nicht der Mangel rechtzeitig beseitigt worden ist; der Anspruch auf Beseitigung des Mangels ist ausgeschlossen.

[II] Der Bestimmung einer Frist bedarf es nicht, wenn die Beseitigung des Mangels unmöglich ist oder von dem Unternehmer verweigert wird oder wenn die sofortige Geltendmachung des Anspruchs auf Wandelung oder auf Minderung durch ein besonderes Interesse des Bestellers gerechtfertigt wird.

[III] Die Wandelung ist ausgeschlossen, wenn der Mangel den Wert oder die Tauglichkeit des Werkes nur unerheblich mindert.

[IV] Auf die Wandelung und die Minderung finden die für den Kauf geltenden Vorschriften der §§ 465 bis 467, 469 bis 475 entsprechende Anwendung.

1 **1) Allgemeines** zu den GewlAnspr Vorbem v § 633; insb Verhältn dieser Anspr untereinander Vorbem 5 a; Verhältn zum ErfAnspr u zu den Anspr aus § 633 Vorbem 4 a; Verhältn zu außerwkvertragl R Vorbem 17 ff; GewlAnspr gg mehrere Untern Vorbem 10 ff, § 631 Rn 9 ff; Abtretg Vorbem 16.

2 **2) Voraussetzungen der Wandelung und Minderung** sind (1) wirks WkVertr; (2) Vorliegen eines WkMangels (§ 633 Rn 1–4); (3) FrSetzg zur Beseitigg des Mangels mit AblAndrohg, FrAblauf (Rn 3) bzw Entbehrlichk der FrSetzg (Rn 4); (4) kein Ausschluß des GewlAnspr (Rn 5). **Folge** der FrSetzg ist das Erlöschen der Anspr aus § 633 (Rn 6).

3 **a) Fristsetzung** zur Mangelbeseitigg **mit Ablehnungsandrohung, ergebnisloser Fristablauf. I 1** ist § 326 I 1 nachgebildet, die Ausführgen dort Rn 14–18 gelten sinngem. – FrSetzg: bei od nach Abn (§ 640), unter den Vorauss des I 2 auch schon vorher (s a § 636 Rn 2); erfdl auch bei vorzeit Beendigg des WkVertr (BGH NJW **88**, 180, Hamm NJW-RR **95**, 724). Angem ist die Fr, innerh deren der Untern den gerügten Mangel (Bezeichng wie § 633 Rn 5 b) unter normalen Verhältn beseitigen kann (BGH NJW-RR **93**, 309), jedoch darf sie nicht vor dem AbliefergsTermin (§ 636 Rn 2) ablaufen. Die FrSetzg ist unwirks, wenn der Best (Düss NJW-RR **98**, 1553) vor Ablauf der angem Fr endgült die Ann weiterer Leistgen des Untern verweigert u ihn zur Rückn des gelieferten Wks auffordert (BGH WM **86**, 1255). Ob wiederholte FrSetzg wg des näml Mangels dem Best zuzumuten ist, best sich im EinzFall nach der Natur der Sache mRücks auf Tr u Gl (BGH NJW **60**, 667). Wurde die erste Änderg aGrd eines neuen Vertr gg Vergütg vorgenommen, handelt es sich um ErstErf, nicht um einen ersten NachbessergsVersuch. – AblehngsAndrohg: Ankündigg der ErsVornahme (§ 633 III) genügt nicht (BGH NJW **87**, 889). – Ergebnisl FrAblauf **(I 3 Halbs 1):** War die gesetzte Fr zu kurz bemessen, gilt idR die angemessene (BGH WM **86**, 1255).

b) Die **Fristsetzung ist entbehrlich, II,** auch eine vorangehde Mängelanzeige ist dann nicht erfdl (Stgt NJW-RR **97**, 149): – Bei obj (Düss NJW-RR **96**, 305) **Unmöglichkeit** der Mängelbeseitigg (s § 633 Rn 7), wozu genügt, daß sie innerh der angem Fr unmögl ist. – Bei **Verweigerung der Mängelbeseitigung** dch den Untern, gleichgült ob berecht od unberecht. Sie muß ernstl u endgült (nicht nur proztaktisch motiviert, Düss NJW-RR **96**, 16; krit zu dieser Einschränkg Mantscheff BauR **96**, 338) sein (BGH NJW-RR **95**, 939) u kann schon vor der Abn erklärt w (BGH WM **78**, 821). Es genügt, daß der Untern das VorhSein von Mängeln od seine GewlPfl schlechthin bestreitet (BGH NJW **83**, 1731, NJW-RR **95**, 939), sich auf Unzumutbark der Nachbesserg beruft (§ 633 Rn 7) od unzumutb Bdggen an diese knüpft. Erklärt sich der Untern vor Erlöschen des NachbesssergsAnspr (Rn 6) doch noch zur Nachbesserg bereit, ist von da an FrSetzg mit AblehngsAndrohg wieder erfdl (BGH NJW-RR **90**, 1300). – Bei **besonderem Interesse** des Best an der sof GeltdMachg von Wandelg od Minderg, etwa weil er das Wk sofort benötigt, um es selbst zu verwenden od an seinen Abnehmer weiterzugeben, sofern die mit einer Nachbesserg verbundene Verzögerg nicht nur eine unerhebl Störg darstellt (BGH NJW-RR **93**, 560). Ausr auch **Unzumutbarkeit** der Nachbesserg für den Best; so bei wiederholter Nachbesserg desselben Mangels (BGH NJW-RR **98**, 1268; Nürnb OLGZ **83**, 78: bei Neuwagen nur 2 NachbessergsVersuche) od Erschütterg seines Vertrauens auf ordngsgem DchFührg der Mängelbeseitigg (BGH **46**, 242, auch zu VOB/B § 13 Nr 5). Ferner grdsätzl dann, wenn die FrSetzg eine nutzlose Förmlichk wäre (BGH NJW-RR **90**, 1300). 4

c) Ausschluß von GewlAnspr (s a Vorbem 14 f v § 633): Nach **III** für die Wandelg bei einem Fehler (nicht Fehlen einer zuges Eigensch), der Wert od Tauglichk des Wk nur unerhebl mindert; auf den für die Mängelbeseitigg erfdl Kostenaufwand kommt es nicht an (BGH NJW-RR **93**, 309). Nach **§ 640 II** (Mangelkenntn bei Abn ohne Vorbehalt). **Vereinbarung** von GewlBeschrkg od -Ausschl § 637. Der Ausschl des MängelbeseitiggsAnspr gem § 633 Rn 7 hindert GewlAnspr nicht (BGH **59**, 365 für § 635). 5

d) Erlöschen der Mängelbeseitigungsansprüche (I 3 Halbs 2), dh der Anspr auf Nachbesserg (§ 633 II) u bei ErsVornahme (§ 633 III; BGH NJW **76**, 143). Sie erlöschen iF der FrSetzg (§ 634 I) mit FrAblauf; bei Entbehrlichk der FrSetzg (§ 634 II) mit der Mitt des Best an den Untern, daß er einen GewlAnspr (§§ 634, 635) geltd mache, diese tritt an die Stelle der FrSetzg (BGH NJW **76**, 143). Ebso erlischt die NachbessergsBefugn des Untern (Kblz NJW-RR **97**, 1176; s a Rn 4). Der Best bleibt gehalten, Schad abzuwenden od zu mindern. Die Vereinbg weiterer Nachbesserg, etwa zur Vermeidg der Wandelg, bleibt mögl (Düss NJW-RR **94**, 15). S a Vorbem 4 a v § 633. 6

3) Vollziehung von Wandelung und Minderung geschieht nach kaufrechtl Vorschr. – **a) Wandelung,** s Erläut zu §§ 465–467, 469–471, 473, 475. Auch bei BauWken mögl (VOB s Rn 11), aber nicht häuf, da die Rückgewähr (§§ 467, 346) Schwierigk macht. Best kann zwar dann den fert Teil behalten, hat aber dafür dem Untern WertErs, bemessen nach den vertragl Wertansätzen, zu leisten, womit zugleich der WkLohnAnspr abgegolten ist (Schlosser JZ **66**, 430 u Peters JR **79**, 265). Außerd hat er GeldErs für die bis zur Wandelg gezogenen Nutzgen zu leisten. Wird ein einheitl Wk hergestellt, erstreckt sich die Wandelg wg eines mangelh Bestandt auf das ganze Wk (BGH **102**, 135/148). Werden mehrere Wk als zusgehörd hergestellt, gilt gem Abs IV § 469 IV entspr (BGH WM **96**, 1644). Zweckmäß ist es für Best meist (daher kann VertrAuslegg zum Ausschl der Wandelg in diesen Fällen führen, Kblz NJW **62**, 741), die WkLohnFdg iW der Minderg entspr zu kürzen od SchadErs gem § 635 zu verlangen. Nachträgl Untergang des Wk schließt Wandelg nicht aus, wohl aber vom Best verschuldete Unmöglichk der Rückgewähr, zB bei Weiterveräußerg. Der WandelgsAnspr kann gg Tr u Gl verstoßen (BGH WM **91**, 367), zB dch sachl nicht motivierten fortgesetzten Gebr des Wk (s § 467 Rn 11). Entferng des mißlungenen Wk kann der Best entw mit Wandelg (Ffm BauR **90**, 473) od nach § 1004 od als SchadErs wg NichtErf nach § 635 (Hamm NJW **78**, 1060) verlangen. 7

b) Minderung, s Erläut zu §§ 472–475. Berechng des Minderpreises: § 472 Rn 7–10. Der geminderte WkLohn ergibt sich aus der Formel mangelfreier Wert : mangelh Wert = voller WkLohn : x. Die Minderg kann bei völl Wertlosigk des Wk wirtsch der Wandelg entsprechen (BGH **42**, 232). Bei BauWken ist, abw von § 472 I, für die Berechng auf den Ztpkt der Abn abzustellen (BGH **58**, 181 für VOB). Dabei drückt sich der Minderwert idR in dem GeldBetr aus, der für die Beseitigg der bei Abn vorh Mängel aufzuwenden ist (BGH NJW **96**, 3001), bei geringerer Wohnfläche des Hauses od der Wohng als vereinb kann auf den anhand der vereinb Fläche zu berechnden qm-Preis abgestellt werden (Celle NJW-RR **99**, 816). Keine Minderg des ArchHonorars, wenn unvollst EinzLeistgen des Arch nicht zu einem Mangel des Arch- od BauWk geführt haben (BGH **45**, 372); sind diese Leistgen zudem fehlerh, hat der Bauherr GewlAnspr. – Die Minderg betrifft die ganze WkLohnFdg. Der MindergsBetr ist desh, and als iF der Aufrechng, nicht von einem eingeklagten TeilBetr, sond von dem letztrang Teil der WkLohnFdg abzurechnen (BGH NJW **71**, 1800). Ist jedoch die WkLohnFdg teilw abgetreten, kann Best die Minderg ggü der TeilFdg im Verh ihrer Höhe einwenden (BGH **46**, 242). 8 9

4) Beweislast bei Geltdmachg von Mängelanspr: Best für Fälligk, FrSetzg mit AblehngsAndrohg u FrAblauf bzw Entbehrlichk der FrSetzg (BGH NJW-RR **99**, 347); ebso für das Vorliegen des Mangels, auch vor Abn (Düss VersR **98**, 1296), u für Höhe der Minderg. Untern für Unerheblichk des Mangels (Abs III) u seine fristgerechte Behebg. WirksamkGrenzen für BewlVereinbgen in AGB s AGBG 11 Nr 15. 10

5) VOB/B. Minderung kann Best verlangen, wenn ein MängelbeseitiggsAnspr nicht besteht (s § 633 Rn 11), **§ 13 Nr 6.** Sie kann bei völl Wertlosigk des Wk den VergütgsAnspr bis auf null herabsetzen u damit praktisch dem Ergebn der Wandelg gleichkommen (Rn 8). **Ausschluß** der Gewl für Mängel, die auf der LeistgsBeschreibg, auf Anordngen des AuftrG, auf von diesem gelieferten od vorgeschr Stoffen od Bauteilen od auf der Beschaffenh der Vorleistgen eines and Untern beruhen, **§ 13 Nr 3.** Sind sie sowohl darauf wie auch auf fehlerh Arb des Untern zurückzuführen, dann Begrenzg der Gewl entspr §§ 242, 254 (Saarbr OLG **71**, 164). **Wandelung** gibt es bei den der VOB unterstehden BauVertr nicht (Ingenstau/Korbion § 13 Rn 657; offengelassen BGH **42**, 232). 11

635 *Schadensersatz wegen Nichterfüllung.* **Beruht der Mangel des Werkes auf einem Umstande, den der Unternehmer zu vertreten hat, so kann der Besteller statt der Wandelung oder der Minderung Schadensersatz wegen Nichterfüllung verlangen.**

1 **1) Allgemeines** zu den GewlAnspr Vorbem v § 633; insb Verhältn dieser Anspr untereinander Vorbem 5 a; Verhältn zum ErfAnspr u zu den Anspr aus § 633 Vorbem 4 a; Verhältn zu außerwkvertragl R, insb zur pVV, Vorbem 17 ff; GewlAnspr gg mehrere Untern Vorbem 10 ff, § 631 Rn 9 ff; Abtretg Vorbem 16.

2 **2) Voraussetzungen des Schadensersatzanspruchs. – a)** Da der SchadErsAnspr **„statt der Wandelung oder Minderung"** entsteht, müssen sämtl Vorauss für die beiden letztgenannten (§ 634 Rn 2–4) auch für den SchadErsAnspr gegeben sein. Das gilt grdsätzl auch für die FrSetzg gem § 634 I; Ausn gem § 634 II (dort Rn 4) sowie bei Schäd, die der Nachbesserg nicht zugängl sind (zB GA-Kosten, BGH **92**, 308, NJW-RR **90**, 786, aA Kblz NJW-RR **90**, 30, Joswig NJW **85**, 1323) od von der NachbessergsPfl nicht umfaßt w
3 (§ 633 Rn 5 c, 7; zB Folgeschäden an einem and Gewerk, BGH **96**, 221, **105**, 103). S a Rn 6. – **b) Vertretenmüssen,** dh PflWidrigk u EinstandsPfl (§§ 276, 278, 279) des Untern im Hinbl auf den Mangel. Zu den Pfl des Untern u seiner Haftg für Geh § 631 Rn 12–14, zur unselbstd Garantie Vorbem 8 v § 633. – **c)** Dch den Mangel muß ein **Schaden verursacht** sein (Vorbem 54–107 v § 249). Die SchadErsPfl des Untern aus § 635 beschr sich auf das fehlerh hergestellte eig Wk u die mit dem Mangel unmittelb zushängden Schäd (Abgrenzg zur pVV Vorbem 22 v § 633). Sie erstreckt sich nicht auf Ers des Schad, den eine erkennb fehlerh Vorleistg eines and Untern verursacht hat (Mü NJW-RR **88**, 20, verneint auch Anspr aus pVV). Nach BGH NJW **96**, 2370 fehlt im Verh zum Arch ein Schad des Best, soweit dieser dem Untern keinen WkLohn
4 leisten muß (krit Glöckner BauR **97**, 529). Einzelh Rn 6 b. – **d) Abgenommen** sein muß das Wk (§ 640), iF des § 646 ausgeführt, od die Abn muß berechtigt (Vorbem 3 v § 633) u endgült abgelehnt sein (BGH **132**, 96); Schäd vorher sind nach den Regeln der pVV zu ersetzen (BGH NJW **69**, 838, Hamm NJW-RR **89**,
5 468, 601; aA MüKo/Soergel Rn 5, Nürnb MDR **85**, 763). – **e) Kein Ausschluß** (s a Vorbem 14 f v § 633). Der SchadErsAnspr ist, and als die Wandelg (§ 634 III), selbst bei Zurückweisg des Wk (Rn 6 a) auch bei nur unerhebl Wert- od TauglichkMinderg nicht ausgeschl; Grenze ist gem **§ 242** Tr u Gl (BGH **27**, 215). Dch Weiterbenutzg des Wk kann der SchadErsAnspr wie der WandelgsAnspr verwirkt w (vgl § 634 Rn 7). Auch iü kann das SchadErsVerlangen im EinzFall treuwidr sein (BGH **127**, 378). Daß der Best Vorschuß für die Beseitigg von Mängeln erhalten hat (§ 633 Rn 9), steht einem SchadErsAnspr hingg nicht entgegen (BGH **105**, 103). Vorbeh bei Abn (§ 640 II) ist grdsätzl nicht erfdl (dort Rn 6). Veräußerg des Wk Rn 7. Vertragl Beschrkg od Ausschl von SchadErsAnspr s § 637.

6 **3) Wirkung, Inhalt und Durchsetzung. – a) Konzentration auf Schadensersatz.** Das Verlangen nach SchadErs hebt das VertragsVerh nicht auf, sond konzentriert es auf SchadErsLeistg. Der SchadErsAnspr tritt an die Stelle des auf mangelfreie Herstellg gerichteten ErfAnspr (BGH NJW **99**, 1705). Neben der Nachbesserg bzw den dafür angefallenen Kosten sind gem § 635 diej von der Vorschr erfaßten Schäd zu ersetzen, die dch die Mangelbeseitigg nicht mehr behebb sind, zB Gewinnentgang bis zur u währd der Nachbesserg (BGH **72**, 31, BB **91**, 375; aA Düss OLGZ **78**, 202: teilw nachträgl Unmöglichk), od von der
6 a NachbessergsPfl nicht erfaßt w; s a Rn 2 (zur FrSetzg). – Nach seinem **Inhalt** ist der Anspr grdsätzl auf GeldErs gerichtet (Rn 7). Der Best hat wie bei § 463 ein WahlR: Er kann das Wk zurückweisen u den dch NichtErf des ganzen Vertr verurs Schad ersetzt verlangen („großer SchadErs"); ein Nachw, daß sein Interesse an der Leistg entfallen ist, ist hierfür nicht erfdl (BGH **27**, 215 u BB **63**, 995, auch für den SchadErsAnspr aus VOB/B 13 Nr 7 II). Od er kann das Wk behalten u den dch seine Mangelhaftigk verurs Schad verlangen („kleiner SchadErs"). Dieser („kleine") Schad kann nach der mangelbdgten Wertminderg od nach den für die Beseitigg des Mangels erfdl Aufw bemessen werden (BGH NJW-RR **91**, 1429). Zur oft schwier Abgrenzg zw Mangel- u MangelfolgeSchad Vorbem 22–25 v § 633. VortAusgl Rn 8 a. Bei mehreren nacheinander auftret-
6 b den Mängeln gilt § 475 (§ 634 IV). – **Umfang und Einzelheiten** (weitere Bsp Vorbem 24 v § 633). Zu ersetzen ist der im Schutzbereich der Pfl des Untern zur vertrmäß ErfüllgsLeistg liegde Schad (Jauernig/Schlechtriem Rn 15). Darunter fallen zB: Kosten der Mängelbeseitigg (BGH NJW-RR **98**, 1027), wobei „Sowieso-Kosten" (§ 633 Rn 6) abzuziehen sind, auch bei Pauschalfestvergütg (Düss NJW-RR **92**, 23); bei erfolgl Mängelbeseitigg die Kosten, die der Best im Vertrauen auf die Richtigk eines SachverstGA für geboten halten durfte (Ffm NJW-RR **92**, 602). Diese dem Best entstandenen Kosten auch dann, wenn dem Untern die Mangelbeseitigg gem § 633 II 3 nicht zumutb ist (BGH **59**, 365); der RGedanke des § 251 II ist nur ausnahmsw entspr anwendb, wenn es für den Untern unzumutb wäre, die vom Best in nicht sinnvoller Weise gemachten unverhältnism Aufw tragen zu müssen (BGH **59**, 365); allerd muß der Best die Nachbesserg des Untern hinnehmen, wenn dieser sie in rechter Weise anbietet (Köln RsprBau Z 2414.1 Bl 17). Der nach Mangelbeseitigg verbleibde techn u merkantile Minderwert (BGH NJW **86**, 428) oRücks auf VerkAbsichten des Best (BGH NJW-RR **91**, 1429; s a Rn 8 a). Wenn Mängel vorh sind, auch Kosten für ein GA, das die Mängel u Möglichk ihrer Beseitigg klären soll (BGH **92**, 308); Kosten eines selbständ BewVerf u die weiteren Kosten eines Proz, die dem Best dadch entstanden sind, daß er, nach Sachlage nicht völl ungewöhnl od unsachgem, im Vertrauen auf die Richtigk des SachverstGA nicht den verantwortl BauBeteil verklagt hat (BGH NJW-RR **91**, 1428). Zinsen u Kosten aus VorProz mit Abnehmern des mangelh Wk (BGH WM **83**, 1104). Beeinträchtigg von Urlaub Vorbem 39, 40 v § 249 u § 651 f. Entgangene GebrVorteile währd der Mängelbeseitigg (zB Schwimmbad, Garage uä) als VermSchad Vorbem 25 ff v § 249.

7 **b) Entschädigung in Geld** ist die Regel, u zwar (zu den Begr Rn 6 a) sowohl bei „großem SchadErs" (BGH NJW-RR **89**, 86) wie bei „kleinem SchadErs" (BGH NJW **87**, 645, Brdbg OLG-NL **99**, 4; krit Köhler JZ **87**, 247). Denn das Verlangen nach Naturalrestitution würde dem nach Erf od Nachbesserg gleichkommen, die nunm ausgeschl sind (Vorbem 3 ff v § 633; § 634 Rn 6). Auch der Arch schuldet nicht Beseitigg der dch seinen Fehler verurs Baumängel, sond SchadErs in Geld (BGH NJW **78**, 1853), gerichtet auf vollst Ausgl der dadch entstandenen Schäd (BGH NJW **99**, 1705); jedoch kann der Best wg seiner SchadMindPfl od auch vertragl (Celle BauR **99**, 676) verpflichtet sein, dem Arch die Möglichk zu geben, für eine Behebg der von diesem versch Mängel des BauWk zu sorgen (BGH NJW **78**, 1853), wenn der Erfolg

der BehebgsMaßn außer Zw steht (BGH RsprBau Z 3.00 Bl 216). Als Naturalherstellg kann der Best als SchadErs wg NichtErf vom Untern die Beseitigg des in seinen Bes gelangten mißlungenen Wk verlangen (Hamm NJW **78**, 1060). Der SchadErs für MängelbeseitiggsKosten ist nicht nur Vorschuß; ob der Best mit dem Geld die Mängel wirkl behebt, ist seine Sache u berührt den Untern nicht (BGH **61**, 28). Desh kann der Best auch noch nach Veräußerg od ZwVerst der mangelh Sache als SchadErs den Betr für die Behebg der Mängel verlangen (BGH **99**, 81, Düss NJW-RR **99**, 960; aA Köhler JZ **87**, 247, Schulze NJW **87**, 3097) u nicht nur Wertminderg.

c) Mitverschulden des Best od seines ErfGeh (§ 631 Rn 11, 17, § 642 Rn 1) ist nach §§ 254, 278 zu 8
berücksichtigen. Bsp hins SchadEntstehg (§ 254 I; s a § 254 Rn 16 ff): Übertr schwier Arb an einen Nichtfachmann (BGH WM **74**, 311), mangelh Datensicherg vor Arb an EDV-Anl (Karlsr NJW **96**, 200), keine Überprüfg des Programms auf „Jahr-2000-Fähigk" trotz naheliegder Zweifel (Bartl NJW **99**, 2144; s a § 459 Rn 50 ff). Nicht dagg mangelnde Unterrichtg über GefQuellen, wenn der Untern zur Vermeidg der Gef zugezogen ist (Köln BauR **98**, 1276); Beauftragg eines and als vom Arch vorgeschlagenen Untern, wenn Arch keine Bedenken gg dessen Zuverlässigk äußert (BGH NJW-RR **99**, 893). Hins SchadMinderg (§ 254 II, dort Rn 32 ff): baldmögl Beseitigg der Mängel, deretwg NutzgsAusfall geltd gemacht wird (BGH NJW-RR **95**, 1169), außer es ist ohne Schuld des Best unklar, welche Maßn zur Mängelbeseitigg erfdl sind (BGH WM **74**, 200).

d) Vorteilsausgleich. Hat der Mangel zu einem Vorteil geführt, ist der SchadErsAnspr entspr zu kürzen, 8 a
zB höh Baukosten dch zu niedr berechnete Kubatur, ands nutzb Raumzuwachs (Köln RsprBau **§ 631** Nr 44). Der Untern kann dem Best aber nicht entgghalten, daß dessen Abnehmer keine MängelAnspr geltd macht (BGH NJW-RR **96**, 1044); and uU bei Folgeschäden (Düss NJW-RR **97**, 186) u im Verhältn GeneralUntern – SubUntern (Kniffka BauR **98**, 55; Kblz NJW-RR **98**, 453: AbgeltgsVereinbg SubUntern – Abnehmer).

e) Durchzusetzen ist der Anspr je nach den Umst dch ZahlgsVerlangen; Befreiung von der VergütgsFdg 8 b
des Untern bei voller Zurückweisg des Wk od von der restl VergütgsFdg für ein unbrauchb Wk (BGH **70**, 240); Aufr, auch gg den Anspr des Untern auf Rückzahlg eines Vorschusses zur Mängelbeseitigg (BGH **105**, 103; s a Hamm NJW-RR **92**, 448), kein AufrAusschl in AGB (AGBG 11 Rn 17).

4) Beweislast. Zunächst wie § 634 Rn 10. Obj PflVerl des Untern, den Schaden u Ursächlichk der PflVerl 9
hierfür: Best (BGH **42**, 16). VertrMüssen: Gem den Grds der BewLVerteilg nach GefBereichen hat Untern sein fehldes Versch zu beweisen (BGH **48**, 310 u VersR **95**, 805). Ebso hat bei pVV Best deren obj Tatbestd u seine Ursächlichk für den Schad, dagg analog § 282 der Untern seine Schuldlosigk zu beweisen, jedenf wenn die SchadUrsache in seinem Herrsch- u VerantwortgsBereich liegt (BGH **27**, 236, VersR **95**, 805). Weitere BewErleichtergen: AnscheinsBew für PflVerl des Untern bei Nichtbeachtg von techn AnschlBestimmgen (BGH NJW-RR **97**, 338: Fernheizg); bei Verl von DIN-Normen widerlegl Vermutg, daß in örtl u zeitl ZusHang mit der VerlHdlg stehde Schäden auf der NormVerl beruhen (BGH BB **91**, 1149).

5) VOB/B § 4 Nr 7 gibt dem Best SchadErsAnspr bei versch Mangel schon währd der BauAusführg, **§ 8** 10
Nr 3 Abs II bei Künd in den in Abs I genannten Fällen (BGH **50**, 160). Im übr ist die Regelg des § 635 in **§ 13 Nr 7** abgewandelt. Der SchadErsAnspr des Best setzt einen wesentl (Erschwerg ggü § 635), vom Untern zu vertretden Mangel voraus, der die GebrFähigk erhebl (Erschwerg ggü § 635) beeinträchtigt. Zur GebrFähigk gehört auch Beleihbark u Verkäuflichk (BGH NJW **71**, 615), merkantiler Minderwert (BGH **55**, 198). Zu ersetzen ist der Schad an dem BauWk, darü hinausgehder Schad nur bei Vorliegen der weiteren Vorauss des § 13 Nr 7 Abs II. SchadErsAnspr aus unerl Hdlg wg Beschädigg von Sachen des Best, die nicht in das vom Untern zu erstelldе Wk einbezogen sind, bestehen daneben (BGH BB **73**, 1094). – Die HaftgsBeschrkg 11
in **§ 12 Nr 1 MusterArchVertrag** bezieht sich nur auf SchadErsAnspr aus § 635, nicht auf solche aus pVV (KG MDR **70**, 844).

636 ***Verspätete Herstellung.*** [I] **Wird das Werk ganz oder zum Teil nicht rechtzeitig hergestellt, so finden die für die Wandelung geltenden Vorschriften des § 634 Abs. 1 bis 3 entsprechende Anwendung; an die Stelle des Anspruchs auf Wandelung tritt das Recht des Bestellers, nach § 327 von dem Vertrage zurückzutreten. Die im Falle des Verzugs des Unternehmers dem Besteller zustehenden Rechte bleiben unberührt.**

[II] **Bestreitet der Unternehmer die Zulässigkeit des erklärten Rücktritts, weil er das Werk rechtzeitig hergestellt habe, so trifft ihn die Beweislast.**

1) Rechte des Bestellers bei verspäteter Herstellung. § 636 I 1 gewährt dem Best unter bestimmten 1
Vorauss ein RücktrR unabhäng davon, ob der Untern die Verspätg zu vertreten hat. Bei **Verzug** des Untern, dh iF des Vertretenmüssens (§§ 284, 285), hat der Best daneben wahlw die R nach den allg Vorschr **(I 2),** dh aus § 286 u § 326 I (BGH NJW **97**, 50); bei Mängeln kann er die BeseitiggsFr setzen, ohne sich für ein Vorgehen aus § 634 od § 326 zu entscheiden (BGH NJW **99**, 2046); die Mahng kann entbehrl sein, wenn sich aus den konkr Umst ergibt, daß das Zeitmoment nach dem erkennb PartWillen entscheidd ist (§ 284 Rn 24). Auch das RücktrR aus § 361 bei FixGesch (zB Linienflug, Führich NJW **97**, 1044) bleibt unberührt. **Verweigert** Untern die Erf des Vertr endgült u ernsth, kann Best SchadErs wg NichtErf ohne den Nachw verlangen, daß die Erf für ihn kein Interesse mehr hat (§ 326 Rn 20); gilt auch für VOB/B § 8 Nr 3 (BGH MDR **69**, 385). KündR in diesem Fall § 649 Rn 2. **Nach Abnahme** kann der Best nicht mehr aus § 326 vorgehen (Vorbem 20 v § 633).

2) Rücktrittsrecht nach § 636 I 1. – a) Voraussetzungen. – Nicht rechtzeitig hergestellt ist das 2
Wk, wenn die für die Abliefеrg best Frist (s a § 634 I 2) überschritten ist. Maßgebd sind vertragl vereinb Termine od Fr, sonst die nach den Umst angem Fr (§ 271, dort Rn 9; Düss NJW-RR **98**, 1749). Dabei kommt es auf den Ztpkt für die Abliefеrg des GesWk an, wenn nicht für einz Teilleistgen and vereinb ist (BGH NJW-RR **97**, 1376). Versch des Untern ist nicht erfdl (Rn 1). Das RücktrR entfällt, wenn die Ursache

der FrÜberschreitg ausschl in den VerantwortgsBereich des Best fällt (BGH NJW-RR **92**, 1141), zB die für das zu erstellde BauWk erfdl BauGen fehlt (BGH BB **74**, 857). Ebso, wenn die noch ausstehden Arb (Düss NJW-RR **98**, 89) od die Verzögerg unerhebl sind (§ 634 III). Grdsätzl ist FrSetzg mit AblehngsAndrohg erfdl (§ 634 I 1; wie dort Rn 3f). Der Rücktr ist schon vor Ablauf der HerstellgsFr zul, wenn die nicht rechtzeit
3 Herstellg droht (BGH NJW-RR **92**, 1141). – **b) Rücktritt** gem § 327, dh §§ 346 ff sind mit der Einschränkg des § 327 S 2 (dort Rn 2f) anwendb. Auf § 634 IV ist nicht verwiesen. Best muß nicht zurücktreten, er kann
4 auch auf Erf bestehen. – **c) Teilweise Verzögerung.** Ob sich das RücktrR auf das ganze Wk od nur auf den betr WkTeil bezieht, ist entspr der RLage bei TeilVerz zu entsch (BGH DB **73**, 568); s § 326 Rn 7, 28, 29. Ist das TeilWk wertl, kann Untern iF seines Verz bei Rückgewähr seine Aufw nicht abziehen; es handelt sich um Ab-, nicht um Aufrechng, der Teillohn ist nur RechngsPosten (RG **83**, 279). Haftet der Untern für die Rückgewähr der empfangenen Teilvergütg nur nach BereichergsGrds (§ 327 S 2), kann er seine Aufw abziehen, soweit zw ihnen u der Zahlg des Best ein ursächl ZusHang besteht (BGH WM **70**, 1421). –
5 **d) Anderweitige Vereinbarung,** auch Pauschalierg u Schematisierg der ggs Anspr bei vorzeit Beendigg des Vertr zur Einsparg umfangreicher AbrechngsArb, ist wirks, soweit sie die Interessen beider Seiten ausr berücksichtigt, zB Vergütg nur für bei VertrBeendigg bereits erbrachte u abgerechnete WkLeistgen einers, Ausschl v SchadErsAnspr des Best wg NichtErf ands (BGH WM **77**, 1171). – **e) Beweislast** Abs II.

6 **3) VOB/B § 5** enthält Bestimmgen über die AusführgsFr, **Nr 4** gibt dem Best das R auf FrSetzg mit KündAndrohg, wenn der Untern den Beginn der Ausführg verzögert od mit der Vollendg in Verz gerät; die weiteren R nach der Künd ergeben sich aus § 8 Nr 3. Für den Fall der Verhinderg od Unterbrechg der Arb u dadch eintretder Verzögerg enthält **§ 6** eine Spezialregelg für die R beider VertrSeiten; **Nr 6** gibt in diesen Fällen Anspr auf Ers des Gewinnentgangs nur bei Vors u grober Fahrlk, wobei auch der SchuVerzug ein „hindernder Umst" iS dieser Vorschr ist (BGH **48**, 78).

637 ***Vertraglicher Ausschluß der Haftung.*** **Eine Vereinbarung, durch welche die Verpflichtung des Unternehmers, einen Mangel des Werkes zu vertreten, erlassen oder beschränkt wird, ist nichtig, wenn der Unternehmer den Mangel arglistig verschweigt.**

1 **1) Vertragliche Einschränkungen der Gewährleistung** sind grdsätzl zuläss, wie sich aus § 637 ergibt (s a Vorbem 14 v § 633). Die Grenze bilden § 637 (Rn 3), § 138, iR seines AnwendgsBer das AGBG (Rn 4) sowie in IndividualVertr uU auch § 242 (Rn 5). ZustKommen, Form, BewL wie § 476 Rn 2, 4. S a Vorbem 21 ff v § 459. GewlAusschl ist von Vereinbgen über eine (mindere) Beschaffenh des Wk zu unterscheiden, die, sofern der Untern seine AufklPfl nicht verletzt hat, bereits das Vorliegen eines Mangels ausschließen (Staud/Peters
2 Rn 3; s a § 633 Rn 2f). – Der **Umfang** des GewlAusschl ergibt sich aus der Vereinbg, die jedoch häuf der Auslegg bedarf. Der allg gehaltene GewlAusschl in einem BestätSchr erstreckt sich nicht auf vorangegangene EigenschZusichg (BGH **93**, 338). Wg der gebotenen engen Auslegg erfassen derart Klauseln grdsätzl nicht die **Deliktshaftung;** soll and gelten, muß sich dies ausdr od jedenf hinreichd deutl aus der Vereinbg ergeben (BGH WM **79**, 435). Bsp: Arch kann auch bei Beschrkg der Haftg auf Ers des unmittelb Schad am BauWk für die Beschädigg im Gebäude lagernder Sachen des Bauherrn aus unerl Hdlg haften (BGH BB **75**, 855).

3 **2) Arglistiges Verschweigen** von Mängeln führt, wie in §§ 476, 540, zur Nichtigk der AusschlVereinbg hins der verschwiegenen, nicht auch hins and Mängel (RG **62**, 122). § 637 gilt für alle einschläg Vereinbgen unabhäng vom Ztpkt ihres ZustKommens, also auch für Verzicht auf Gewl nach Abn (Staud/Peters Rn 7). Argl Verschw: s § 638 Rn 5, § 123 Rn 5 ff u 11, § 463 Rn 11 ff, § 476 Rn 10 f.

4 **3) Das AGBG** kann sich je nach dem betroffenen pers AnwendgsBer (dort Einf 7 ff) unterschiedl auswirken. Es gilt gem AGBG 24 a nunm meist auch für not Vertr (zu den Auswirkgen Schlünder/Scholz ZfBR **97**, 55). Von seinen Best sind insb § 11 Nr 10 (Nachbessergs- u GewlAnspr), § 11 Nr 11 (SchadErs bei Fehlen einer zuges Eigensch) u § 11 Nr 15 (BewL) von Bedeutg (dort Rn 46 ff, 73–75, 90–93). Gem **§ 9** (s a dort Rn 146) kann sich der Klauselverwender auch ggü einem Untern (AGBG 24) nicht von solchen Pfl freizeichnen, deren Erf die ordngsgem Durchf des Vertr erst ermöglicht u auf deren Erf der and Teil vertraut u vertrauen darf (BGH NJW-RR **93**, 560), ebso nicht von der Haftg für Fehlen zuges Eigensch (BGH NJW-RR **96**, 783). Dem Best muß mind ein unbdgter, vom Versch unabhäng u alle Nebenkosten deckender NachbessergsAnspr (BGH NJW **81**, 1510) u ein RücktrR od SchadErsAnspr iF verzögerter, unterlassener, unmögl oder mißlungener Nachbesserg verbleiben (BGH NJW-RR **93**, 560). Grdsätzl kann für die Geltd-Machg von Anspr eine AusschlußFr vereinb werden (Mü VersR **75**, 1108). Die Haftg für MangelfolgeSchäd kann im allg ausgeschl werden (BGH WM **74**, 219). And bei zuges Eigensch (BGH NJW-RR **96**, 783), od wenn der Untern in hohem Maße das Vertrauen des Best in seine Fachkenntn in Anspr genommen hat (BGH BB **85**, 884). Folgen der Unwirksamk einz Klauseln AGBG 6 Rn 5 ff.

5 **4) Grundstückskauf mit Bauverpflichtung, § 242.** Der Vertr über den Erwerb eines Grdst mit darauf zu errichtdem BauWk kann in AGB nicht wirks den Regeln des KaufR unterstellt werden (BGH NJW **81**, 2344; s a § 633 Rn 4). Die Rspr hält auch bei den (wg AGBG 24 a seltenen) nicht dem AGBG unterliegden IndividualVertr zum Erwerb neuerrichteter od noch zu errichtder Häuser od EigtWohngen den formelh Ausschl od eine dem gleichkommde Beschrkg der Gewl für Sachmängel wg Verstoßes gg § 242 für unwirks, wenn sie nicht mit einer ausführl Belehrg u eingehde Erörterg der einschneidden RFolgen dch den Notar verbunden ist (BGH **101**, 350, NJW **89**, 2748; s a Einf 15 v § 145). Das gilt auch, wenn der Ausschl im „KaufAngeb" des Erwerbers enthalten ist u der Veräußerer dieses annimmt (BGH NJW **84**, 2094), od wenn die Freizeichng nur „alle erkennb" (BGH NJW-RR **86**, 1026) od „alle sichtb" (BGH **101**, 350) Mängel betrifft; ebso für den Erwerb einer dch Umwandlg eines Altbaus geschaffenen EigtWohng (BGH NJW **88**, 1972), nicht aber bei Veräußerg von Grdst mit Altbauten ohne HerstellgsVerpfl (BGH **98**, 100). Einzelh Rn 6 ff.

6 **5) Einzelne Klauseln.** – Bei **Beschränkung auf Nachbesserung** gilt iR des AGBG dessen § 11 Nr 10 b, über § 9 auch ggü Untern; daher kein vollst Ausschl von Wandelg u Mind bei Fehlschlagen (AGBG

11 Rn 56 ff). In IndividualVertr ist sie auch ohne die bes Belehrg gem Rn 5 zul. IF verzögerter Mängelbehebg ergibt sich dann ein SchadErsAnspr aus § 286, iF mißlungener Nachbesserg ein solcher aus § 635 (vgl BGH NJW **71**, 1793); § 633 III ist anwendb (s a § 462 Rn 6). Der im ZusHang mit der Beschrkg auf Nachbesserg vereinb Ausschl des Ers unmittelb u mittelb Schäden umfaßt diese Anspr idR nicht (BGH NJW **76**, 234). Ihr ausdr Ausschl soll nach BGH **48**, 264 wirks sein, wenn dafür ein RücktrR gegeben ist. Diese bedenkl Rechtlosstellg des Best schränkt BGH BB **80**, 13 dahin ein, daß dem Best das GebrMachen von dem RücktrR nach den Umst zumutb sein muß (unwirks daher bei unübersehb Schwierigk bei der Rückabwicklg). – Bei 7
Ausschluß, Verweisung auf Dritte gilt iR des AGBG dessen § 11 Nr 10a, über § 9 weitgehd auch ggü Untern; daher kein vollst Ausschl von Wandelg u Mind od Beschrkg auf Anspr gg Dr (näher AGBG 11 Rn 50 ff). Veräußert der Untern ein Grdst mit neu errichtetem od noch zu errichtdem Gbde (EigtWohng), so ist auch außerh des AGBG (erst recht iR seines AnwendgsBer) gem § 242 ohne bes Belehrg (Rn 5) eine Vereinbg unwirks, dch die der Untern seine GewlPfl ggü dem Erwerber ohne Abtr seiner eig GewlAnspr gg baubeteil Dr, insb BauHandw, auf den Umfang beschränkt, in dem er von den Dr Ers od Erf von GewlAnspr verlangen kann (BGH NJW-RR **87**, 1035). Schließt der Untern in einem solchen VeräußergsFall seine GewlPfl aus u tritt dem Erwerber des Grdst/der EigtWohng die GewlAnspr gg die BauBeteil ab (bdgte, subsidiäre Gewl; s a Vorbem 16 v § 633), so ist dies dahin auszulegen, daß die Eigenhaftg des Untern nicht ausgeschl ist, soweit Mängel in seinem eig VerantwortgsBereich liegen od soweit der Erwerber sich aus Grd, die er nicht zu vertreten hat (GgBsp BGH NJW-RR **91**, 342: Erwerber läßt Anspr verjähren), bei den aus den abgetr Anspr zunächst verantwortl BauBeteil nicht tats schadlos halten kann (BGH **70**, 389, NJW **85**, 1551). Daher kein wirks Ausschluß, wenn der Untern (auch ohne eig Versch) die zunächst Verantwortl nicht benennt od benennen kann (BGH NJW **80**, 282), od seiner Pfl zur Herausg der zur AnsprDchSetzg erfdl Dokumente (§ 402 BGB; zB WkVertrUrk, AbnProt) nicht genügt od genügen kann (Düss MDR **99**, 33); wenn der Dritte keine Gewähr mehr leisten muß, weil der gg ihn gerichtete GewlAnspr verjährt ist, währd der veräußernde Untern (Bauträger) noch haftet (BGH NJW **82**, 169: unterschiedl VerjFr, 2 J gem VOB/B 13 Nr 4, 5 J gem § 638). Kosten, die dem Erwerber bei dem Versuch der Schadloshaltg entstehen u die er von dem in erster Linie zur Gewl Verpflichteten nicht ersetzt bekommt, hat der Untern gem § 670 zu ersetzen (BGH **92**, 123).
– **Kündigung, Zurückbehaltungsrecht.** Die Vereinbg, daß Vertr nur aus wicht Grd fristl gekünd werden 8
kann, schließt Wandelg, nicht Minderg aus (BGH DB **72**, 431). Das ZbR wg WkMangels (s a Vorbem 18 v § 633) kann individualvertragl wirks ausgeschl w. Jedoch kann sich der Untern darauf nicht berufen, wenn der GgAnspr des Best unbestr od bewiesen ist u das ZbR der Höhe nach in einem angem Verh zum Gewicht des Mangels steht, dessen Beseitigg mögl, zumutb u gefordert ist (BGH WM **78**, 790).

6) VOB/B: SonderVorschr in **§ 13 Nr 3** (s § 634 Rn 11). Auslegg einer AusschlKlausel im **Architekten-** 9
vertrag BGH BB **77**, 516.

638 *Kurze Verjährung.* [I] **Der Anspruch des Bestellers auf Beseitigung eines Mangels des Werkes sowie die wegen des Mangels dem Besteller zustehenden Ansprüche auf Wandelung, Minderung oder Schadensersatz verjähren, sofern nicht der Unternehmer den Mangel arglistig verschwiegen hat, in sechs Monaten, bei Arbeiten an einem Grundstück in einem Jahre, bei Bauwerken in fünf Jahren. Die Verjährung beginnt mit der Abnahme des Werkes.**

[II] **Die Verjährungsfrist kann durch Vertrag verlängert werden.**

1) Zweck der kurzen VerjFr ist die Vermeidg von Streitigk der VertrPart über MängelAnspr zu einem 1
Ztpkt, zu dem die Ursache für Beeinträchtiggen des Wk (Mangel od sonst Einwirkg) nicht mehr od nur noch unter Schwierigk feststellb ist. Abw Vereinbgen Rn 14, SonderVorschr Rn 16 f. Zusfassd Wiesner MDR **99**, 455 (Baumängel).

2) Anwendungsbereich. – a) Ansprüche des Bestellers. Anspr des Unternehmers verjähren idR nach 2
§ 196 I Nr 1, 7, II (dort Rn 7, 10 ff, 22); Beginn mit Schluß des Jahres, in dem die Vergütg fäll geworden ist (§§ 198, 201), dh idR dem Jahr der Abn (§ 641 Rn 3).

b) Art des Anspruchs. § 638 erfaßt Anspr nach §§ 633–635, also den Anspr auf Nachbesserg einschl des 3
AufwErsAnspr aus § 633 III (BGH **19**, 319, NJW **87**, 3254) u die GewlAnspr auf Wandelg, Minderg u SchadErs. Ebso den SchadErsAnspr wg NichtErf von GewlPfl inf InsEröffng (BGH **95**, 375 für KO) u aus c. i. c. od pVV, soweit er sich mit dem Anspr aus § 635 deckt (BGH NJW **97**, 50) od der Schaden unmittelb am Wk entsteht (Düss NJW-RR **98**, 347: VerpacksMangel bei Versendg) od sich auf dessen vertragsmäß VerwendgsFähigk auswirkt (BGH MDR **85**, 316: fehlerh Beratg). Es macht keinen Unterschied, ob der Vertr die Herstellg eines körperl od unkörperl Wk (vgl Einf 1 v § 631) zum Inhalt hat (Stgt NJW-RR **87**, 913; einschränkd für unkörperl Wk Unterrieder ZIP **96**, 858/864). **Nicht** erfaßt sind, von den genannten Ausn 4
abgesehen, SchadErsAnspr wg Mangelfolgeschäden aus pVV (Vorbem 23, 25 v § 633). Für sie gilt § 195 (BGH **46**, 238, **87**, 239, NJW **83**, 2439; sehr str, aA zB Laufs/Schwenger NJW **70**, 1817, Michalski NJW **88**, 793, Ackmann JZ **92**, 670), soweit nicht Sonderregelgen eingreifen (BGH NJW **96**, 661: BRAO 51b für AnwWkVertr); so insb Anspr, die mit Mängeln nichts zu tun haben, sond auf der Verletzg von NebenPfl beruhen (BGH DB **74**, 232). Auch für das RücktrR nach § 636 u Anspr aus § 326 gilt § 638 nicht (BGH NJW **97**, 50, NJW **99**, 2046). Ferner nicht für Anspr aGrd vollzogener Wandelg, da nur der Anspr auf, nicht der aus Wandelg der kurzen Verj unterliegt (BGH NJW **58**, 418); ebso bei Anspr aGrd eines Vergl über die Mängelhaftg. Anspr aus selbstd GarantieÜbern (Vorbem 9 v § 633) verjähren gem § 195; SchadErsAnspr aus §§ 823 ff, die wg eines Mangels neben solchen aus pVV od § 635 bestehen (Vorbem 28 v § 633), gem **§ 852** unabhäng von § 638 (BGH **55**, 392 u NJW **98**, 2282; s a Einf 4 v § 823). VOB s Rn 17.

c) Kein arglistiges Verschweigen. Hat der Untern den Mangel od das Fehlen einer zuges Eigensch 5
spätestens bei Abn, ersatzw bei Vollendg des Wk (BGH **62**, 63) argl verschwiegen (§ 123 Rn 5–9), gelten §§ 195, 852. Argl verschweigt, wer sich bewußt ist, daß ein best Umst für die Entschließg des VertrPartners erhebl ist, u diesen Umst nicht offenbart, obwohl er nach Tr u Gl zur Mitteilg verpflichtet ist (BGH **117**,

318). SchädiggsAbs, Streben nach eig Vorteil od daß der Untern die Folgen der vertragswidr Ausführg bewußt in Kauf nimmt, ist nicht erfdl (BGH NJW **86**, 980). Argl Verschweigen dch seine Leute muß sich der Untern zurechnen lassen, soweit sie seine ErfGeh bei der OffenbargsPfl sind, § 278 Rn 16, 17. Das ist jedenf, wer bei der Abn des Wk mitwirkt, zB der Bauleiter (Karlsr BauR **79**, 335); ein untergeordneter Prüfer (Kolonnenführer) dann, wenn der Mangel schwier u nur kurzfrist in seinem ArbAbschn feststellb ist (BGH **62**, 63); dagg nicht ein ledigl an der Herstellg beteil Arb (BGH LM § 463 Nr 13). Außerd hat der HauptUntern, der die WkLeistg einem SubUntern zur eigenverantwortl Ausführg überläßt, ohne diese selbst zu überwachen u zu prüfen, dem Best ggü das argl Verschweigen eines Mangels dch den SubUntern gem § 278 zu vertreten (BGH **66**, 43). Dem argl Verschweigen steht gleich, wenn der Untern, der ein BauWk arbeitsteil herstellen läßt, nicht die organisatorischen Vorauss schafft, um sachgerecht beurteilen zu können, ob das Wk mängelfrei ist, u wenn der Mangel bei richt Organisation entdeckt worden wäre (BGH **117**, 318, Düss NJW-RR **98**, 1315; abl Koller JZ **98**, 75/83, zust Holzberger/Puhle BauR **99**, 106); BewL Rn 15.

6 **3) Fristberechnung** gem §§ 187 I, 188 II Hs 1. – **Beginn (I 2)** mit Abn (§ 640), ersatzw Vollendg des Wk (§ 646), hilfsw mit (auch schlüss erklärter) endgült Verweigerg der Abn (BGH NJW-RR **98**, 1027); bei bdgter, subsidiärer Gewl (§ 637 Rn 7) mit Eintr der Bdgg, dh sobald Ausfall des primär Haftden feststeht (BGH NJW **81**, 2343, NJW **87**, 2743); zur ArchHaftg Rn 13. – Dauer s Rn 7ff. – **Hemmung und Unterbrechung** nach den allg Vorschr (§§ 202ff), zusätzl nach § 639 iVm § 477 II, III u nach § 639 II (s § 639 Rn 4–6 u § 477 Rn 14–17).

7 **4) Dauer der Frist (I 1, II).** Sie ist unterschiedl je nach dem Ggst der WkLeistg u kann vertragl verändert w (Rn 14). – **a)** Bei **beweglichen Gegenständen** beträgt sie 6 Monate. Darunter fallen SachWk u unkörperl Wk (Einf 1 v § 631), soweit sie nicht Grdst od BauWk betreffen. MangelfolgeSchäd aus fehlerh Gutachten unterliegen nach hM den VerjVorschr der pVV, aA Schubert BB **75**, 585.

8 **b)** Bei **Arbeiten an einem Grundstück** ein Jahr. Arb ist tats zu verstehen, zB Ausschachtg, Aufschüttg, Drainage, Sprengg u die Plang hierfür (BGH **121**, 94), Grdst auch als RBegriff. Darunter fallen also in Abgrenzg zu Rn 7, 9ff. als Unterfall auch einf Arb an einem auf dem Grdst errichteten Gbde, sofern das Wk eng mit dem Gbde verbunden wird u auf Dauer verbunden bleiben soll (BGH NJW **70**, 942, WM **91**, 1804). Bsp: Erneuerg eines Hausanstrichs (Köln NJW-RR **89**, 1181), nachträgl Herstellg eines Dachgartens auf der Dachterrasse eines fert Wohnhauses (Mü NJW-RR **90**, 917), Umbau einer BeleuchtgsAnl in Hühnerställen unter weitgehder Verwendg bisheriger Teile (BGH NJW **77**, 2361), Plang von UnterhaltgsMaßn für ein im Boden verlegtes GasleitgsNetz (BGH **121**, 94), einfacher Gartenbrunnen (Düss NJW-RR **99**, 1182), Wiederherstellg des StrKörpers nach Einbau einer VersorggsLeitg (BGH WM **94**, 1577); uU nachträgl Einbau einer AlarmAnl in ein Wohnhaus (BGH WM **91**, 1804) od Büro (Düss NJW-RR **99**, 1212).

9 **c)** Bei **Bauwerken** 5 Jahre. Der Begr ist weiter als Gbde, er umfaßt Hoch- u Tiefbau. Die Arb muß nicht gebäude-, aber grdstbezogen sein. BauWk ist demnach eine unbewegl dch Verwendg v Arb u Material iVm dem Erdboden hergest Sache (BGH **57**, 60). Erfaßt wird nicht nur die Neuerrichtg, auch Auf-, Um-, An- u Einbau können Arb an einem BauWk sein (Rn 11); nicht aber der Abriß eines Gbdes (Brem MDR **96**, 45). Der Grd für die längere Fr liegt darin, daß Mängel an BauWken oft später u schwerer erkennb u für die Substanz bes nachteil sind. Die 5-J-Frist gilt auch, wenn der Vertr auf Erwerb eines Grdst mit einem vom Verk
10 darauf zu errichtden Haus gerichtet ist (§ 633 Rn 4). – **Beispiele:** BauWk sind die Splittdecke auf Tankstellengelände (BGH MDR **64**, 742), die als Zufahrt diende Hofpflasterg aus Betonformsteinen auf Schotterbett (BGH NJW-RR **92**, 849) od Kiestragschicht (BGH NJW-RR **93**, 592) od aus Verbundsteinen (Köln NJW-RR **93**, 593), die Ausschachtg der Baugrube (BGH **68**, 208), eine als Ladengeschäft genutzte Containerkombination (BGH **117**, 121). Auch Herstellg einz Teile genügt (BGH **19**, 319), zB Einbau eines Kachelofens (Kblz NJW-RR **95**, 655), von Zentralheizgen, Aufzügen. Technische Anl können selbst BauWk sein, wenn sie mit der Erdboden fest verbunden sind, zB Rohrbrunnen (BGH **57**, 60), Gleis- od SteuergsAnl einer Bahn (BGH NJW **97**, 1982), Gasrohrnetz (BGH **121**, 94), uU in die Erde eingelassenes Schwimmbecken aus Fertigteilen (BGH NJW **83**, 567); nicht ein in das Erdreich nur eingebetteter, an Ölzufuhrleitg angeschl Heizöltank (BGH NJW **86**, 1927; and bei fester Einmauerg, Hamm NJW-RR **96**, 919). Sonst rechnet ihr Einbau in ein Gbde zu den Arb an einem BauWk nur, wenn sie der Errichtg dieses Gbdes dienen, zB PapierentsorggsAnl in einem VerwGbde (BGH NJW **87**, 837), KlimaAnl in einer Druckerei (BGH NJW **74**, 136), verneind für zusätzl BlockheizkraftWk Hamm BauR **98**, 343; bloße Unterbringg im Gbde genügt nicht (BGH NJW-RR **98**, 89). Der Untern braucht den Einbau nicht selbst vorzunehmen. Liefergen von FertBauteilen sind Arb an einem BauWk nur, wenn der Untern statische Berechngen anstellt u individuellen
11 VerleggsPlan mitliefert (BGH NJW **68**, 1087). – **Erneuerungs- und Umbauarbeiten** an einem bereits errichteten BauWk genügen, wenn sie für Konstruktion, Bestand, Erhaltg od Benutzbark des Gbdes von wesentl Bedeutg sind u wenn die eingebauten Teile mit dem Gbde fest verbunden werden. So DachRep (BGH **19**, 319); Isolierg der Kelleraußenwände u Verlegg von Drainagerohren (BGH NJW **84**, 168); Spezialfußbodenbelag (BGH **53**, 43); nachträgl Verlegg eines Teppichbodens mittels Klebers in einer Wohng (BGH NJW **91**, 2486), and für lose verlegte Teppichfliesen (Hamm BauR **96**, 399); Einbau einer (auch nicht tragden) Decke (Köln NJW-RR **89**, 209), einer serienm hergestellten Einbauküche unter Anpassg an die Wünsche des Best (BGH NJW-RR **90**, 787, KG NJW-RR **96**, 1010), einer AlarmAnl in ein Kaufhaus (Hamm NJW **76**, 1269; offen gelassen bei Wohnhaus von BGH WM **91**, 1804, verneind insow Ffm NJW **88**, 2546); uU fester Einbau einer BeschallgsAnl mit Dolmetscherkabine in einen Hotelballsaal (Schlesw NJW-RR **88**, 1106); Umbau eines Hühnerstalls, Einbau serienm hergestellter Legebatterien (BGH NJW **77**, 2361); Umbau einer Scheune in einen Schweinestall, auch unter Verwendg von Fertigteilen (Hamm NJW-RR **89**, 1048); Erneuerg der Elektroinstallation einer Werkstätte (BGH NJW **78**, 1522); umfangreiche MalerArb, die iR eines grdlegden UmbauVorh der vollst Renovierg eines Hauses dienen (BGH NJW **93**, 3195); je nach
11a Ausführg Errichtg einer HoftorAnl (Kblz NJW-RR **89**, 336). – **Nicht** hierher zählen die Kanalisation; Herstellg eines Dachterassengartens (Mü MDR **90**, 629) od einer Yacht (BGH NJW-RR **98**, 1027), Anbringg von Lichtreklame od Reklameschildern an einem GeschHaus (Hamm NJW-RR **90**, 789, Mü BauR **92**, 631; aA Hamm NJW-RR **95**, 213), Herstellg od Rep einer mit dem Gbde nicht fest verbundenen Markise

(Hamm NJW-RR **92**, 1272; Köln VersR **90**, 436 bei bewegl aufstellb Wintergarten) od der Wärmepumpe einer HeizgsAnl (Köln NJW-RR **95**, 337); übl Rep- u InstandhaltgsArb od Ausbessern einz Schäden (Hamm NJW-RR **99**, 462). – Bearbeitet ein **Subunternehmer** im Auftr des HauptUntern vor dem Einbau einen 12
Ggst für ein best Gbde, so handelt es sich, auch wenn die Arb nicht auf der Baustelle ausgeführt wird, im Verh Haupt/SubUntern um Arb bei einem BauWk (BGH **72**, 206); ebso bei Beauftragg eines SubUntern jedenf dann, wenn dieser die ZweckBest seiner Leistg kennt (BGH BB **90**, 1374) u bei Herstellg unvertretb Sachen aGrd WkLiefergsVertr zur Verwendg in einem best BauWk (BGH NJW **80**, 2081). – Leistgen des **Architek-** 13
ten u and Sonderfachleute sind je nachdem, wo sie sich verkörpern (BGH NJW **99**, 2434), Arb am Grdst od am BauWk. Anspr gg Arch verjähren daher, falls es sich nicht ausnahmsw um einen DVertr handelt (Einf 7 v § 631), in 1 Jahr (BGH **121**, 94: Fehler bei Erstellg von Plänen eines im Boden verlegten LeitgsNetzes im Hinbl auf künft UnterhaltgsMaßn) od in 5 Jahren (BGH **37**, 344: Bauplan). Die Fr beginnt nicht ow mit der Abn des BauWk, sond wenn der Arch alles getan hat, was ihm nach dem Vertr obliegt (BGH **125**, 111); näher dazu § 640 Rn 4. Die Fr beginnt auch mit Künd dch Arch od Bauherrn (BGH NJW **71**, 1840). Bei subsidiärer Haftg des Arch beginnt, auch wenn im Vertr and vereinb, die Fr erst, wenn das Unvermögen der Untern feststeht (BGH NJW **87**, 2743). Auch Anspr des Bauherrn bzw des Arch gg **Statiker** wg eines Fehlers, der zu einem Mangel des BauWk geführt hat, verjähren in 5 Jahren (BGH **48**, 257, **58**, 85). Gleiches gilt für Anspr des Bauherrn od Arch gg den Ersteller eines geologischen BaugrundGA (BGH **72**, 257), gg den **Ingenieur,** der die Projektierg von Sanitär-, Heizgs- u ElektroArb erstellt hat (Mü NJW **74**, 2238), gg den beratden Ing, der in einem Gutachten einen SaniergsVorschlag macht (BGH JZ **87**, 682), sowie gg den **Vermessungsingenieur** wg falscher Einmessg u Absteckg des Hauses auf dem Grdst (BGH **58**, 225). Die 1-J-Frist gilt für Fehler bei der Erstellg von Plänen eines im Boden verlegten LeitgsNetzes im Hinbl auf künft UnterhaltgsMaßn (BGH **121**, 94). Ztpkt der Abn dieser Leistgen § 640 Rn 2–4.

d) Vertragliche Verkürzung oder Verlängerung (II), letzteres in Ausn zu § 225, ist mögl. Geschieht 14
häuf bei unselbstd **Garantie** (Vorbem 8 v § 633), deren Übern für eine best Fr versch Bedeutg haben kann, s § 477 Rn 21 u BGH **75**, 75. Bei BauWk ist in AGB eine Verlängerg zul, wenn sie dch ein bes Interesse des Best gerechtf ist (BGH **132**, 383), eine Verkürzg ist, auch ggü Untern, unwirks (BGH **90**, 273), ebso bei bauwerksbezogenen PlangsLeistgen (BGH NJW **99**, 2434). Auch mittelb Verkürzg in AGB ist unwirks (BGH **122**, 241: KfzRep, Beschrkg der Gewl auf Fahrleistg). Zur VOB Rn 17. Bei unwirks Ausschl der Verj gilt die gesetzl Regelg (BGH NJW **88**, 1259).

5) Beweislast: Untern für die Vorauss der Verj. Best für vereinb Verlängerg; ferner, da Ausn, für argl 15
Verschweigen (BGH WM **75**, 525), wobei Nachw rechtzeit Kennt des Untern od seiner Leute von dem Mangel bzw Nachw eines OrganisationsVersch des Untern (Rn 5) genügt; von letzterem kann bei bes gravierden od offensichtl Mängeln u Mängeln, die dch nachfolgde Arb alsbald verdeckt w, ausgegangen w (Ffm MDR **99**, 90, Hamm NJW-RR **99**, 171; näher Jansen OLGR **99** K5).

6) Sonderregelungen gehen § 638 vor. – **a)** Für handelsr **Beförderungsverträge** vgl HGB 439, CMR 16
32 (1 Jahr), ADSp 64 (8 Mo); **berufsspezifische Regelungen** gelten auch für SchadErsAnspr aus WkVertr, zB bei RA (Einf 21 v § 611) BRAO 51 b (BGH NJW **96**, 661), Steuerberatern (Einf 18 v § 631) StBerG 68 (3 Jahre). – **b)** In der **VOB/B** beträgt die VerjFr nach **§ 13 Nr 4** für BauWk u Holzerkrankgen 2 J; für Arb 17
an einem Grdst u seit der Neufassg 1996 auch für wartgsbedürft Anl, bei denen die Wartg nicht dem Untern übertr worden ist, 1 J; Beginn mit Abn, für in sich abgeschl Teile der Leistg mit der TeilAbn gem § 12 Nr 2 a (zur isolierten Vereinbg s Vorbem 31 v § 633). Nr 4 gilt auch, wenn der Best verbotswidr die Leistg einem and Untern übertr u dieser mangelh geleistet hat (BGH **59**, 323), dagg nicht bei argl Verschweigen eines Mangels (dann 30 J, BGH WM **70**, 964, Köln BauR **91**, 468). Bei fristgerechter Rüge verlängert sich die VerjFr ab Zugang des BeseitiggsVerlangens um die in Nr 4 genannten Fr, auch wenn vertragl eine längere Fr vereinb war (BGH **66**, 142, WM **77**, 823). Nach Abn der MängelbeseitiggsLeistg beginnt mangels abw Vereinb gem § 13 Nr 5 Abs 1 S 3 VOB/B für diese die VerjFr neu, auch dann, wenn sie abw von § 13 Nr 4 vertragl länger vereinb ist (BGH **58**, 7), u zwar die vertragl vereinb (BGH NJW **87**, 381), sonst die RegelFr in Nr 4. – Nr 4 gilt auch für die **Schadensersatzansprüche nach § 13 Nr 7,** soweit es sich um WkMängel handelt, nach Abn auch für Mängel, die bereits bei Bauausführg erkannt wurden, § 4 Nr 7 (BGH **54**, 352). Gilt auch für MangelfolgeSchäd gem § 13 Nr 7 Abs 2 (BGH NJW **72**, 1280). SchadErsAnspr vor Abn (§ 4 Nr 7 S 2) verj in 30 Jahren (BGH MDR **72**, 410). Für SchadErsAnspr aus pVV, die mit WkMängeln nichts zu tun haben, gilt auch im Bereich der VOB die 30jähr VerjFr (Rn 4), denn die VOB befaßt sich in § 13 nur mit WkMängeln, nicht mit der allg VertrHaftg des Untern; für eine zu § 638 unterschiedl Beurteilg besteht kein rechtfertigder Grd. So im Ergebn für Schäd, die nicht MangelfolgeSchäd sind, auch BGH VersR **66**, 1154. Für ErsAnspr, die außer aus § 13 Nr 7 VOB auch aus §§ 823 ff begründet sind, gilt insow die VerjFr des § 852 (BGH **61**, 203; abl Finger NJW **73**, 2104). Für den **Anspruch des Unternehmers auf Schlußzahlung** beginnt die VerjFr mit dem Ende des Jahres zu laufen (§ 201), in das der nach § 16 Nr 3 (vgl § 641 Rn 6) zu bestimmde FälligkZtpkt fällt (BGH NJW **68**, 1962); dies auch, wenn die Schlußrechng verspätet eingereicht wurde (BGH NJW **71**, 1455, BauR **77**, 354).

639 *Unterbrechung und Hemmung der Verjährung.* **I Auf die Verjährung der im § 638 bezeichneten Ansprüche des Bestellers finden die für die Verjährung der Ansprüche des Käufers geltenden Vorschriften des § 477 Abs. 2, 3 und der §§ 478, 479 entsprechende Anwendung.**

II Unterzieht sich der Unternehmer im Einverständnisse mit dem Besteller der Prüfung des Vorhandenseins des Mangels oder der Beseitigung des Mangels, so ist die Verjährung so lange gehemmt, bis der Unternehmer das Ergebnis der Prüfung dem Besteller mitteilt oder ihm gegenüber den Mangel für beseitigt erklärt oder die Fortsetzung der Beseitigung verweigert.

1 **1) Die Verweisung auf das Kaufrecht (I)** ergänzt die Regelg des § 638 u bedeutet: – **a) Unterbrechung der Verjährung** dch Antr des ansprberecht (BGH NJW **93**, 1916) Best (nicht des Untern, Düss NJW-RR **92**, 1174) auf **selbständiges Beweisverfahren** (ZPO 485 ff) für den dort geltd gemachten Mangel (§ 477 II) oRücks darauf, ob sich dieser bestätigt (BGH NJW-RR **98**, 1475). Geltd gemacht ist ein Mangel nach den Grds der „SymptomRspr" (s § 633 Rn 5 b), wenn eines seiner ErscheingsBilder hinreichd deutl bezeichnet ist (BGH BB **88**, 2415). Beantragt ein WohngsEigtümer ohne Ermächtigg dch die and ein BewVerf zur Feststellg von Mängeln am gemschaftl Eigt (BGH WM **79**, 1364), unterbricht es die Verj seiner GewlAnspr oRücks darauf, ob sie gemschaftl verfolgt werden müssen (BGH NJW **91**, 2480; s a Vorbem 30 v § 633). Mit der Beendigg des Verf beginnt die VerjFr neu zu laufen (s § 477 Rn 15 f). §§ 211 II, 212 gelten entspr (s a § 212 Rn 4). Ein BewAntr in einem lfden Proz steht dem selbständ BewVerf nicht gleich (BGH **59**, 323). Auf mietrechtl Anspr nicht entspr anwendb (BGH **128**, 74).

2 **b) Unterbrechung oder Hemmung für einen der Gewährleistungsansprüche** (Wandelg, Minderg, SchadErs, §§ 634, 635) hat Unterbrechg od Hemmg auch für die and auf denselben Sachverhalt gestützten GewlAnspr zur Folge (vgl § 477 III). Das gilt entspr bei Unterbrechg od Hemmg des MängelbeseitiggsAnspr gem § 633 II (BGH **39**, 189, 287/293) u des AufwErsAnspr für die Mängelbeseitigg gem § 633 III (BGH **58**, 30), ohne daß es darauf ankommt, ob die Mängel iW der Nachbesserg beseitigt werden können (BGH **66**, 367). Dabei unterbricht die Kl auf Ers der vom Best für eine erfolgreiche Mängelbeseitigg aufgewendeten Kosten nicht, über den eingeklagten Betr hinaus, die Verj eines Anspr auf Ers v Aufw für weitere Maßn zur Beseitigg desselben Mangels (BGH **66**, 142). Dagg unterbricht die Kl des Best auf Zahlg eines best Betr als Vorschuß zur Behebg eines Mangels (vgl § 633 Rn 9) auch die Verj des späteren mit zwischenzeitl Kostensteigergen begründeten Anspr auf Zahlg eines höheren Vorschusses zur Behebg desselben Mangels (BGH **66**, 138).

3 **c) Bei rechtzeitiger Anzeige** vor od nach Beginn der VerjFr (BGH **LM** Nr 2), rechtzeit Antr auf selbständ BewVerf od Streitverkündg bleiben ggü dem WkLohnAnspr die Einr der Wandelg, Minderg (BGH **121**, 168; vgl § 478) u des ZbR, auch ggü dem Anspr auf Herausg der Urk über die GewlBürgsch (Köln WM **94**, 2277) erhalten. Angezeigt ist ein Mangel nach den Grds der „SypmtomRspr" (s § 633 Rn 5 b), wenn eines seiner ErscheingsBilder hinreichd deutl bezeichnet ist (BGH NJW-RR **89**, 667); ebso wenn der Untern die Mangelerscheingen anerkennt (BGH **110**, 99). Unter den gleichen Vorauss u bei argl Verschweigen des Mangels kann der Best mit einem verj SchadErsAnspr aus § 635 u mit einem verj AufwErsAnspr aus § 633 III ggü dem VergütgsAnspr des Untern aus demselben WkVertr (BGH NJW **87**, 3254) noch aufrechnen (vgl § 479), auch wenn dieser Anspr erst nach Ablauf der VerjFr entstanden ist (BGH **50**, 21). Schriftl NachbessergsVerlangen (§ 13 Nr 5 VOB) unterbricht Verj des Nachbessergs- u der GewlAnspr (BGH DB **72**, 1766), auch wenn im EinzFall Mängelbeseitigg nicht in Betr kommt od nicht zum Erfolg führen kann (BGH NJW **74**, 1188).

4 **2) Prüfung des Mangels (II).** Die Nachbesserg eines Mangels kann, muß aber nicht (BGH NJW **88**, 254) als Anerk die Verj unterbrechen (§ 208 Rn 4). Darü hinaus ist gem Abs II für die von § 638 erfaßten Anspr (dort Rn 2–4) die Verj gehemmt, sol der Untern sein Wk im Einverständn mit dem Best auf gerügte Mängel untersucht od daran Mängel zu beseitigen versucht (BGH **48**, 108). Gleichgült ist, ob der Untern die Mängel „ohne Anerkenng einer RPfl" untersucht (BGH WM **77**, 823) u ob der Mangel behebb ist (BGH **66**, 367). Prüfg liegt auch vor, wenn der Untern die MangelAnz des Best zur weiteren Veranlassg seiner HaftPflVers zuleitet (BGH NJW **83**, 163) od Prüfg dch SubUntern zusagt (Hamm NJW-RR **96**, 1301), od wenn ein Sachverst im Auftr des Untern od im beiderseit Einverständn tät wird (BGH NJW-RR **99**, 1181); auch wenn der Untern nur das Wk eines Dr prüfen will, die Prüfg aber obj auch das eig Wk betrifft u er damit rechnen muß, daß der Best von ihm auch dessen Prüfg erwartet (BGH NJW **78**, 2393). Die **Hemmung beginnt** mit der Einigg der VertrPart über die Prüfg (auch dch Gutachter) od Nachbesserg (BGH NJW **97**, 727, NJW-RR **99**, 1181). Das Einverständn des Best liegt in jedem Verhalten, aus dem zu entnehmen ist, daß er die Prüfg billigt; erfährt er von der Prüfg erst später, so wirkt das Einverständn nicht auf ihren Beginn zurück (BGH DB **83**, 107, Usinger NJW **82**, 1021; dort auch zu Einverständn u Hemmg bei Mängeln am Gemsch- u SonderEigt). – **Wirkung:** § 205. Die Hemmg erstreckt sich, wie ggf eine neue VerjFr (Rn 2, 3), nach den Grds der „SymptomRspr" (s § 633 Rn 5 b) auf alle vorh Mängel, die für die nachzubessernde Mangelerscheing ursächl waren (BGH **108**, 65, **110**, 99). Der hemmde Umst wirkt idR nur ggü demjen Untern, in dessen Pers er vorliegt; and kann es sein, wenn mehrere Untern gemeins die Herstellg des näml
5 Wk schulden (BGH ZfBR **94**, 17). – **Die Hemmung endet,** wenn der Untern dem Best nach Beendigg seiner NachbessergsArb das Erg seiner Bemühgen mitteilt, die Mängel als beseitigt erklärt od weitere Mängelbeseitigg ablehnt; BewL beim Untern (BGH ZfBR **94**, 17). Bei mehrf Prüfgen ist es Sache des Tatrichters zu entsch, ob diese als einheitl Prüfg (mit der Folge dchgehder Hemmg) zu werten sind, od ob die Hemmg für jede Prüfg gesondert eintritt (BGH NJW **63**, 810). Vereinbaren die Part förml Abn der NachbessergsLeistg bzw Einholg eines Schieds- od SachverstGA über die gerügten Mängel, ist die Verj gehemmt bis zur alsbald Durchf dieser Abn (Düss BauR **93**, 747) bzw bis das GA den VertrParteien vorliegt od sie die SchiedsGAVer-
6 einbg einvernehml aufheben (Hamm NJW **76**, 717). – **Entsprechende Anwendung** auf Nachbesserg bei WkLiefergsVertr über vertretb Sache u KaufVertr (näher § 477 Rn 17). – FrSetzg (§ 634) hemmt nicht.

7 **3) VOB/B.** Beide Abs des § 639 u die in Rn 2 dargelegten Grds gelten auch für BauVertr, die der VOB unterstellt sind (BGH **121**, 168 für Abs I), weil auch im Hinbl auf die Sonderregelg der Verj (vgl § 638 Rn 17) für eine unterschiedl Behandlg kein Grd ersichtl ist. Das schriftl NachbessergsVerlangen gem § 13 Nr 5 unterbricht die Verj des Nachbessergs- u der GewlAnspr nur, wenn es ggü dem Untern, nicht wenn es ggü dem Bürgen erklärt worden ist (BGH **95**, 375), u zwar oRücks darauf, ob im EinzFall Mängelbeseitigg in Betracht kommt u zum Erfolg führen kann (BGH **62**, 293). Bei gemeins Errichtg eines BauWk dch Eheg unterbricht idR die Klage des einen von ihnen, auch wenn er Leistg an sich allein verlangt (BGH **94**, 117). Wird die gem § 13 Nr 5 erneut in Lauf gesetzte VerjFr dch Anerk unterbrochen, so wird sie dch nochmal schriftl Aufforderg zur Mängelbeseitigg nicht weiter verlängert (BGH NJW **78**, 537). Die schriftl Aufforderg zur Mängelbeseitigg kann auch sonst nur einmal die VerjFr verlängern (BGH VersR **91**, 442).

640 *Abnahme.* **I Der Besteller ist verpflichtet, das vertragsmäßig hergestellte Werk abzunehmen, sofern nicht nach der Beschaffenheit des Werkes die Abnahme ausgeschlossen ist.**

II Nimmt der Besteller ein mangelhaftes Werk ab, obschon er den Mangel kennt, so stehen ihm die in den §§ 633, 634 bestimmten Ansprüche nur zu, wenn er sich seine Rechte wegen des Mangels bei der Abnahme vorbehält.

1) Die **Abnahmepflicht, I,** ist eine HauptPfl des Best. Sie setzt AbnReife voraus, dh grdsätzl ein vollst u 1
(ggf auch dch ErsVornahme, § 633 III) mangelfreies Wk im Ztpkt des AbnTermins (BGH NJW **92**, 2481). Andernf kann der Best die Abn verweigern, auch bei kleineren Mängeln (and nach VOB, Rn 7), jedoch kann die Verweigerg ausnahmsw rmißbräuchl sein (BGH NJW **96**, 1280; s a Vorbem 3 v § 633). Folgen der AbnVerweigerg § 641 Rn 3. Vereinbgen über Ztpkt u Form der Abn sind in den Grenzen des AGBG (dort § 9 Rn 67, 146) zul (BGH **131**, 392), jedoch können die Beteil auf die DchFührg stillschw verzichten (Rn 3); das Bestehen auf DchFührg kann gg Tr u Gl verstoßen (BGH NJW **90**, 43), zB wenn der Best innerh der im Vertr vorgesehenen Fr keinen Termin hierfür bestimmt (Hamm BauR **97**, 647). Anspr auf TeilAbn (dazu Thode ZfBR **99**, 116/117; s a § 641 I 2) hat der Untern nur bei entspr Vereinbg (BGH **125**, 111). Abn bei vorzeit VertrBeendigg § 645 Rn 12, § 649 Rn 1. Bei Verzug mit der Abn gelten § 644 I 2 u die allg Vorschr. Bei Streit Kl auf Abn, die isoliert erhoben (BGH **132**, 96) od mit VergütgsKl verbunden werden kann. ZwVollstr der Abn nach ZPO 888. Mehrere Untern § 631 Rn 9–11.

a) **Begriff.** Unter **Abnahme** „des vertragsmäß hergestellten Wk" ist grdsätzl zu verstehen die **körperliche Hinnahme** iW der BesÜbertr, verbunden mit der **Anerkennung** (Billigg) des Wk als in der Haupts vertragsgem Leistg (BGH **48**, 257/262, BGH NJW **93**, 1972). Auch bei geist Leistgen, zB des Arch (BGH **37**, 341/345), Statikers (BGH **48**, 257/263), Sachverständ (BGH WM **92**, 1579), Gutachters (BGH NJW-RR **92**, 1078), ist eine Hinnahme mögl, sofern sie als Verkörperg (Pläne, GA) geschuldet sind u übergeben w können (s a Rn 4). Ist die körperl Hinnahme nach der Beschaffenh des Wk ausgeschl, zB Arb an Ggst (Grdst, Haus, Gerätsch) im Bes des Best, besteht die Abn nur in der vorstehd erwähnten Anerkenng nach Vollendg des Wk, dh nach Erbringg aller wesentl vertragl geschuldeten Leistgen (BGH **125**, 111). Die Rechtsnatur der AbnErkl ist str, jedenf gelten für sie die Vorschr für RGesch entspr (Thode ZfBR **99**, 116). Ist nach der Beschaffenh des Wk die Abn ausgeschl, dh wenn das Wk unkörperl bleibt u sich nicht im Materiellen verwirklicht, zB Theateraufführg, Konzert, Beförderg (Düss NJW-RR **94**, 1122; BGH NJW-RR **89**, 160: Fracht bei AnnVerweigerg), gilt § 646, dh es genügt die bloße Vollendg. – Der **Besteller** hat abzunehmen. 2a
Bei WohngsEigt ist dies hins des GemschEigt jeder einz Erwerber einer Einheit (BGH NJW **85**, 1551); die Abn der Wohng bedeutet desh idR auch die Abn des GemschEigt (Hamm NJW-RR **96**, 1301). Abn dch einen Dr, zB Kunden des Best, genügt, wenn der Best die Erkl des Dr aGrd Ermächtigg od aus and Grden gg sich gelten lassen muß (BGH NJW-RR **93**, 1461; Bsp: im Verhältn HauptUntern – SubUntern Abn dch AuftrG, Köln NJW-RR **97**, 756). Ob der Arch zur rgeschäftl Abn bevollm ist, hängt vom Umfang seiner Vollm im EinzFall ab (s § 167 Rn 8). Jedenf ist er verpflichtet, auf die Wirkg der vorbehaltl Abn hinzuweisen, wenn er eine VertrStrafVereinbg kennt od kennen muß (BGH BB **79**, 910). – Die Abn kann **stillschweigend** 3
erfolgen. Hierfür ist Vollendg des Wk erfdl, dh etwa noch ausstehde Leistgen müssen so unbedeutd sein, daß das Wk bei natürl Betrachtg als Erf der vertragl geschuldeten Leistg angesehen werden kann (BGH NJW **93**, 1063). Die Anerkenng liegt dann in einem zur Kenntnisn dch den Untern geeigneten Verhalten des Best, aus dem der Untern nach Tr u Gl u mRücks auf die VerkSitte (§§ 133, 157) schließen darf, der Best billige die Leistg als im wesentl vertragsgem (BGH NJW **74**, 95). Das kann die Zahlg des WkLohns sein, die Unterzeichng einer AusführgsBestätigg nach Besichtigg des Wk (Düss BauR **98**, 126) od der WeiterVerk des fert Wk (BGH NJW-RR **96**, 883). Auch dem Untern ggü zum Ausdr gek Ingebrauchn des im wesentl funktionstücht Wk (BGH NJW **74**, 95); die erste feststellb Nutzg des Wk genügt hierfür nicht, erfdl ist eine gewisse von den Umst des EinzFalls abhäng NutzgsDauer (BGH NJW **85**, 731) im normalen Gebrauch (Kblz NJW-RR **97**, 782), zB nach Abholg eines reparierten Kfz wen Tage od 50 km Fahrleistg (Düss NJW **95**, 142), Einzug in ein Haus (BGH NJW-RR **99**, 1246) mit Bitte an Untern, geringfüg RestArb später zu erledigen (Celle MDR **98**, 1476). Bei nichtkörperl Wken ist eine angem PrüfgsZeit erfdl (BGH WM **92**, 1579: SachverstGA). Die vertragl Vereinbg förml Abn steht nicht entgg, wenn unzweideut feststellb ist, daß die Part hierauf dch schlüss Verhalten verzichtet haben (BGH NJW **93**, 1063; Bambg MDR **98**, 465); unerhebl ist, ob sie die Vereinbg über die förml Abn vergessen hatten (BGH WM **77**, 825). Stillschw Anerkenng scheidet aus, wenn sich aus dem sonst Verhalten des Best ergibt, daß er das Wk nicht als vertragsgem anerkennt (BGH **132**, 96: NachFrSetzg mit AblehngsAndrohg u Untersagg der Nachbesserg, NJW-RR **96**, 883: endgült Zurückweisg als mangelh, NJW-RR **99**, 1246 : berecht AbnVerweigerung). – **Beispiele:** Bei Herstellg einer Anl als 4
ganzes ist Vollendg u (stillschw) Abn erst anzunehmen, wenn die wesentl Unterlagen ausgehändigt sind (BGH NJW-RR **93**, 1461: vereinb Dokumentation), für Anerkenng genügt, daß die Anl nach Einweisg des Personals eine gewisse Zeit im Betr des Best mangelfrei gearbeitet hat (Düss DB **89**, 520). Bei Herstellg von Software od ihrer Anpassg (Köln NJW-RR **92**, 1327) muß idR das Benutzerhandbuch übergeben sein (BGH NJW **93**, 1063; Ausn Köln NJW-RR **98**, 343); für stillschw Anerkenng ist erfdl, daß der Best, evt trotz Kenntn kleinerer Mängel, die Software eine gewisse Zeit lang produktiv einsetzt (Mü NJW **91**, 2158; s a Hamm NJW **90**, 1609, NJW **89**, 1041 zu andlautder Vereinbg in AGB). Die Abn der nur planerischen ArchLeistg, der Statiker-, VermessgsIngLeistg u des geologischen BaugrundGA eines Sachverst liegt in der Abn des jew geist Wk (weitergehd Thode ZfBR **99**, 116/117: AbnReife genügt), nicht erst der des ges BauWk (BGH DB **74**, 40), zB wenn der Bauherr ArchEntw als vertragsgem Leistg (BGH NJW **99**, 2113) entggnimmt (BGH BB **92**, 950), die Rechng zahlt (BGH **72**, 257) od die Arb verwertet. Auch iü fällt die Abn des ArchWk nicht stets mit der Abn des BauWk zus, weil vielf zur ArchLeistg auch die Objektüberwachg auf abnahmefäh Herstellg (BGH RsprBau **§ 635 Nr 92**), die Prüfg u Feststellg der Rechngen, die Mitwirkg bei Mängelbeseitigg (BGH VersR **78**, 565) gehört (Einf 7 v § 631). Ist dem Arch auch die Überprüfg des BauVorh auf Mängel innerh der für die HandwLeistgen geltden GewlFr übertr, so ist seine Leistg erst nach Ablauf dieser Fr vollst erbracht, auch wenn sich diese wider Erwarten über Jahre hinzieht (Köln NJW-RR **92**,

1173). Für vereinb TeilAbn genügt eine Abschlagszahlg nicht (BGH **125**, 111). Zur TeilAbn einer EigtWohnAnl BGH WM **83**, 1104. Handelt es sich um einen WkLiefergsVertr auf Herstellg u Übereigng eines BauWk (ScheinBestandt eines dem Best nicht gehör Grdst), so kann die Abn (Überg od EigtVerschaffg) schlüss, je nach den getroffenen Vereinbgen schon im sukzessiven Einbau der Materialien liegen, jedenf dann, wenn sich die Partner hins Bes- u EigtÜbergang einig bleiben (BGH NJW **76**, 1539).

5 **b) Wirkungen:** Mit der Abn endet grdsätzl das ErfStadium (Thode ZfBR **99**, 116). Der allg ErfAnspr erlischt, er konkretisiert u beschränkt sich auf die Mangelbeseitigg (Vorbem 3, 4 v § 633). Beginn der VerjFr (§ 638), Gefahrübergang (§§ 644, 645). Fällig der Vergütg (§ 641), BewBelastg des Best (§ 633 Rn 10), möglicherw Rügeverzicht (II) u Verz auf VertrStrafe nach § 341 III. Wirkgen einer AbnVerweigerg § 641 Rn 3 u Thode aaO.

6 **2) Vorbehaltlose Abnahme trotz Mangelkenntnis (II)** führt zum Verlust der Anspr aus §§ 633, 634 u der Einr des nichterf Vertr. Erhalten bleiben SchadErsAnspr in Geld einschl der MangelbeseitiggsKosten aus § 635 u pVV (BGH **77**, 134, **127**, 378/384; Köhler JZ **89**, 761/772), auch bei BauWk (VOB §§ 12, 13). Fortges Gebr kann Verzicht sein, wenn nicht im Interesse des Untern u nach § 254 II geboten; Verwirkg s § 634 Rn 7, § 635 Rn 5. Kenntn: wie § 460 Rn 2; sie muß sich auf den Mangel u darauf erstrecken, daß dch ihn Wert od Tauglichk des Wk gemindert ist (Düss NJW-RR **96**, 532). Kennenmüssen genügt nicht. Die Kenntn hat der Untern, den Vorbeh bei Abn hat der Best zu beweisen.

7 **3) § 12 VOB/B** regelt die Abn im einz. **Nr 1** bestimmt eine **Frist** von 12 Werktagen zur Abn ab Verlangen des Untern nach Vollendg. Nach **Nr 2 a** ist Best zur Abn in sich geschlossener, nach **Nr 2 b** solcher **Teilleistungen** verpflichtet, die inf der weiteren Ausführg nicht mehr prüf- u feststellb sind. Dabei ist Nr 2 b ledigl eine technische Abn ohne die übr Wirkgen gem Rn 5 (BGH **50**, 260). **Nr 3** gibt dem Best das R zur **Abnahmeverweigerung** nur wg wesentl (Verschärfg ggü BGB) Mängel. Nach **Nr 4** hat auf Verlangen eines VertrTeils die Abn förml stattzufinden, auch unter Hinzuziehg von Sachverst. Schriftl Niederlegg des AbnBefundes, Notwendigk der Aufn von Vorbeh wg bekannter Mängel, VertrStrafen u Einwdgen des Untern. Vorauss für die förml Abn in Abwesenh des Untern. **Nr 5** enthält praktisch bedeuts **Abnahmefiktionen:** falls keine förml Abn verlangt wurde, mit Ablauf von 12 Werktagen nach schriftl Mitt der FertStellg; BewL insoweit beim Untern, für AbnVerlangen beim Best (Stgt NJW-RR **86**, 898); ferner, wenn der Best das Wk in Benutzg genommen hat nach Ablauf von 6 Werktagen. Diese Fristen gelten auch für die Vorbeh wg bekannter Mängel u VertrStrafen. Daneben ist konkludente Abn mögl, zB dch Erstellg einer GgRechng seitens des Bauherrn (Mü RsprBau Nr 4 zu § 16 Nr 3). **Nr 6** regelt den **Gefahrübergang** mit der Abn wie § 640. **Vorbehaltlose Abnahme** hat auch bei BauVertr nach VOB die Wirkgen des § 640 II (Köln NJW-RR **93**, 211; s aber Rn 6).

641 ***Fälligkeit der Vergütung.*** **I Die Vergütung ist bei der Abnahme des Werkes zu entrichten. Ist das Werk in Teilen abzunehmen und die Vergütung für die einzelnen Teile bestimmt, so ist die Vergütung für jeden Teil bei dessen Abnahme zu entrichten.**

II Eine in Geld festgesetzte Vergütung hat der Besteller von der Abnahme des Werkes an zu verzinsen, sofern nicht die Vergütung gestundet ist.

1 **1) Fälligkeit der Vergütung.** Entstehg, Höhe § 632 Rn 1. Fehlt die Fälligk, ist die VergütgsKl als zZ unbegründet abzuweisen (BGH **127**, 254). – **a)** Die **getroffene Vereinbarung** gilt primär. Abreden wie „nach Abn" od „nach Vollendg" haben die gleiche Bedeutg wie „bei Abn" in Abs I. – Die Fälligk kann, insbes hins Teilleistgen, vorverlegt werden. Nur dann od bei entspr VerkSitte kann der Untern vor Abn des Wk **Abschlagszahlungen** (dh Zahlgen auf bereits erbrachte TeilLeistgen) od Vorauszahlgen (dh Vorleistg des Best) verlangen (zur Vereinbark mit dem AGBG dort § 11 Rn 11); das gilt auch bei nachträgl AuftrÄnderg (Hamm NJW-RR **93**, 313). VOB/B u HOAI s Rn 6. Abschlagszahlgen u Vorauszahlgen sind Anzahlgen auf die Vergütg für das GesWk (BGH NJW **99**, 2113), nicht für einz LeistgsPositionen. Der Untern kann sie nur beanspruchen, solange er noch keine Schlußrechng erstellen kann (Hamm NJW-RR **99**, 528), also nicht mehr nach vorzeit Künd (BGH NJW-RR **87**, 724, Düss NJW-RR **92**, 1373). Er hat sie kr vertragl Abrede iR der Schlußrechng auszugleichen u evt Überschüsse (zB bei Künd) zurückzuerstatten (BGH NJW **99**,
2 1867/1869). ZbR gg Abschlagszahlgen Vorbem 18 v § 633. – Die Fälligk kann aGrd Gesetzes od Vereinbg vom Vorliegen **zusätzlicher Voraussetzungen** abhäng sein, zB einer (prüffäh) Rechng (so nach VOB/B, Rn 6; HOAI 8 I, dazu BGH **139**, 111, NJW-RR **99**, 312; nicht aber schon nach BGB, Celle MDR **98**, 1476; s a § 271 Rn 7, § 632 Rn 11); der Best kann sich aber auf mangelnde Prüffähigk nicht berufen, wenn er die Richtigk des Erg nicht bestreitet (BGH **136**, 342). Die Fälligk kann hinausgeschoben w, zB dch die Klausel „Zahlg nach tadelloser Inbetriebsetzg" bis zur Nachbesserg. Häuf wird dies im Hinbl auf etw Mängel für einen best VergütgsRest vereinb, sog **Garantieeinbehalt.** Ist dem Untern gestattet, den Einbehalt dch die GewlBürgsch einer Bank (Einf 13 v § 765) abzulösen, wird mit deren Stellg die Restvergütg fäll u ist mit Ann der Bürgsch auszuzahlen; unterbleibt die Auszahlg (zB wg Aufr des Best), kann die Bürgsch idR gem § 812 zurückgefordert w (BGH NJW **98**, 2057), da sie nur unter der Bdgg der effektiven (Brdbg ZIP **99**, 116) Auszahlg gestellt ist (BGH **136**, 195; krit wg VOB/B 17 Nr 3 Leinemann NJW **99**, 262). Die Vereinbgen, an die bei Ins des Untern auch der InsVerw gebunden ist (BGH NJW **99**, 1261), sind an AGBG 9 zu messen (dort Rn 67) und unwirks, wenn dadch die Fälligk eines erhebl Teils des WkLohns für verhältnism lange Zeit hinausgeschoben wird, ohne dem Untern einen angem Ausgl zu eröffnen (BGH **136**, 27: unwirks Einbehalt von 5% auf 5 J, Ablösg dch Bürgsch auf 1. Anfordern; s a v Wietersheim MDR **98**, 630, Hogrefe BauR **99**, 113).

3 **b)** Besteht **keine Vereinbarung,** gilt **Absatz I.** Danach bezieht sich die VorleistgsPfl des Untern auf die Herstellg. Sein VergütgsAnspr wird fäll Zug um Zug gg Abn des Wk. Eine die Höhe der VergütgsFdg fixierde Schlußrechng ist für die Fälligk iS der VerjVorschr nicht erfdl (BGH **79**, 176; § 198 Rn 6), für die ZahlgsPfl nur dann, wenn der Best den RechngsBetr nicht kennt (Staud/Peters Rn 15; weiter Celle NJW **86**, 327, str).

– Bei **Verweigerung der Abnahme** (ausführl Thode ZfBR **99**, 116/118) treten deren Folgen nicht ein, wenn sie berecht ist, die Vergütg ist dann auch nicht teilw fäll (Karlsr MDR **67**, 669). Ist der Best hingg zur Abn verpfl (§ 640 I u dort Rn 1), kann der Untern sofort auf Zahlg der Vergütg klagen; das gilt oRücks auf die VorleistgsPfl des Untern auch bei rechtsmißbräuchl AbnVerweigerg (BGH NJW **96**, 1280: nach Art, Umfang und Auswirkgen völl unbedeutd Mängel, Best geht auf BeseitiggsAngeb nicht ein), ebso, wenn der Best seine Mitwirkg bei der Herstellg des Wk (BGH NJW-RR **86**, 211) od der Mängelbeseitigg od die Erf des Vertr grdlos und endgült verweigert (BGH NJW **90**, 3008, Köln NJW-RR **96**, 624; sehr str, richtiger wohl SchadErs wg pVV, näher Hartmann BB **97**, 326 mit Hinw auf § 322 II, III) od das Wk endgült als mangelh zurückweist (BGH NJW-RR **96**, 883); der Untern ist dann nicht auf seine R aus §§ 642, 643, 645 beschr (BGH **50**, 175). Kann der Best allerd Erf, auch in Form der Mängelbeseitigg, nicht (mehr) verlangen (§ 633 Rn 7, § 634 Rn 6) u macht er GewlAnspr gem §§ 634, 635 geltd, kommt eine Abn nicht mehr in Betr, es hat eine Abrechng über die (Bau)Leistg des Untern u den GewlAnspr des Best stattzufinden (BGH NJW **79**, 549 für SchadErs; Hamm NJW-RR **89**, 1365, Düss BauR **99**, 494 für Minderg), ein verbleibder Anspr des Untern ist fäll. Ebso in and Fällen, in denen der ErfAnspr des Best entfallen ist, zB bei Künd (Köln NJW-RR **99**, 853). – Ist eine Abn nach der Beschaffenh des Wk ausgeschl, wird die Vergütg, wenn sie der Höhe nach feststeht, mit dessen Vollendg fäll, § 646 (BGH NJW-RR **89**, 160). Bei vorzeit VertrBeendigg ist für die Fälligk des Anspr des Untern aus §§ 631, 645, 649, 650 eine Abn erbrachter Teilleistgen nicht erfdl (§ 645 Rn 12, § 649 Rn 1). – Bei **Verschlechterung der Vermögensverhältnisse** des Best kann der Untern unter best Vorauss gem § 242 Teilvergütg verlangen (BGH NJW **85**, 2696). Insolvenz des Best od Untern: § 631 Rn 8.

c) Für die **Teilabnahme** (s a § 640 Rn 1) enth **I 2** iF vereinb Teilvergütg eine Ausn von der Regel des S 1. Wer sich auf sie beruft, hat ihre Vorauss zu beweisen. 4

2) Die **Zinspflicht (II)** beginnt auch für den Fall der Teilvergütg nach I S 2, aber nicht, wenn mangels betragsm Bestimmth die Vergütg noch nicht mit Abn fäll ist (Rn 2). Gilt nicht für Abschlagszahlgen. Zinssatz wie § 246 bzw HGB 352. Stundg vgl § 271 Rn 12 ff. Steht dem VergütgsAnspr ein ZbR des Best entgg, gibt es weder Fälligk- noch ProzZinsen (Düss NJW **71**, 2310). 5

3) Sonderregelung für ArchHonorar HOAI 8 (s a Rn 2 u § 632 Rn 3). Anspr auf Abschlagszahlgen w fäll mit prüffäh Rechng (Stgt NJW-RR **98**, 1392) u verjähren selbstd gem §§ 196, 198 (BGH NJW **99**, 713). – Gem **VOB/B § 16 Nr 1** hat der Untern, auch bei Pauschalvergütg (BGH NJW **91**, 564), Anspr auf **Abschlagszahlungen** (Rn 1) entspr den tats erbrachten Leistgen aGrd prüfgsfäh Aufstellgen, fäll 18 Werktage nach deren Einreichg. ZbR bei Mängeln der Teilleistg Vorbem 18 v § 633. Mit Erteilg der Schlußrechng erlischt der Anspr auf vereinb Abschlagszahlgen (Celle OLGZ **75**, 320), ebso bei vorzeit Künd (Rn 1). **Nr 2** enthält Regeln für den Fall vereinb Vorauszahlgen. Nach **Nr 3** ist die **Schlußzahlung** alsbald nach Prüfg u Feststellg der (prüffäh, § 14 Nr 1; dazu Rn 2) Schlußrechng, spätestens 2 Mo nach deren Zugang fäll (BGH BB **90**, 2072); bei Verzögerg Anspr auf Abschlagszahlg hins des unstr Betr, aber (auch hins einz unstr Positionen) nur, soweit dieser die bish Abschlagszahlgen übersteigt (BGH NJW **97**, 1444). Weitere Fälligk-Vorauss ist auch hier die Abn, dagg grds nicht ein gemeins Aufmaß (BGH NJW-RR **99**, 1180; str); Ausn: vorzeit Beendigg des Vertr, Schlußrechng ist auch in diesem Falle nöt (BGH NJW **87**, 382), auch bei PauschalPrVereinbg (BGH **105**, 290). Die Schlußrechng muß nicht ausdr als solche bezeichnet sein, wenn sie alle erbrachten Leistgen enthält (BGH NJW **77**, 1701; zum Sonderfall mehrerer Teilrechngen bei vorzeit Beendigg des Vertr Köln NJW-RR **92**, 1375). VerjBeginn auch bei verspäteter RechngStellg erst nach ihrer Einreichg, AuftrG kann von sich aus dch Aufstellg der Schlußrechng nach § 14 Nr 3, 4 Fälligk u damit VerjBeginn herbeiführen (BGH NJW **71**, 1455, BauR **77**, 354). Von der Schlußrechng nicht erfaßte (BGH NJW-RR **98**, 954) NachFdgen des Untern sind grdsätzl ausgeschl (BGH **102**, 392), wenn dieser die Schlußzahlg vorbehaltl angen hat sowie schriftl sowohl über die Schlußzahlg unterrichtet wie auf die AusschlWirkg klar u eindeut (BGH NJW **99**, 944) hingewiesen worden ist (Nr 3 II); ebso bei ausdr Ablehng weiterer Zahlgen mit entspr Hinw (Nr 3 III). Der Vorbeh der NachFdg ist binnen 24 Werktagen ab Zugang der Mitt zu erklären (Nr 3 V). BewL beim Untern (BGH NJW **72**, 2267); das auf die MehrFdg Geleistete kann der AuftrG nicht zurückfordern (BGH **62**, 15). **Nr 4** Zahlg abgen **Teilleistungen** oRücks auf Vollendg der übr Leistgen. **Nr 5** Regelg für **Skontoabzüge; Abs III Zinsen** gilt abschließd für alle Zinsen aus BauFdgen, § 641 II gilt daneben nicht (BGH NJW **64**, 1223). **Nr 6** regelt die Vorauss für das R des Best zu **Zahlungen an Gläubiger** des Untern (dazu BGH NJW **99**, 1331). – KündR des Untern bei ZahlgsVerz des Best § 643 Rn 3. 6

642 *Mitwirkung des Bestellers.* **[I] Ist bei der Herstellung des Werkes eine Handlung des Bestellers erforderlich, so kann der Unternehmer, wenn der Besteller durch das Unterlassen der Handlung in Verzug der Annahme kommt, eine angemessene Entschädigung verlangen.**

[II] Die Höhe der Entschädigung bestimmt sich einerseits nach der Dauer des Verzugs und der Höhe der vereinbarten Vergütung, andererseits nach demjenigen, was der Unternehmer infolge des Verzugs an Aufwendungen erspart oder durch anderweitige Verwendung seiner Arbeitskraft erwerben kann.

1) Mitwirkung des Best kann nach Art u Beschaffenh des herzustellden Wk erfdl sein, zB Beschreibg des Wk (Dähne BauR **99**, 289), Bereitstellen von Raum, pers Erscheinen für Operation, Anprobe, Porträt. So muß der Bauherr dem Untern (der Haupt- dem SubUntern) zuverläss Pläne u Unterlagen zur Vfg stellen (BGH NJW **87**, 644), die zur reibungsl Ausführg des Baus notw Entsch treffen u Hinw geben (BGH DB **77**, 624), bei mehreren Untern die Arb koordinieren (Köln BauR **90**, 729, Hamm NJW-RR **99**, 319). Der Arch ist dabei ErfGeh des Bauherrn im Verh zum Untern u damit auch ErfGeh des HauptUntern im Verh zum SubUntern (BGH NJW **87**, 644), ebso uU der Statiker (Ffm BauR **87**, 322). Bei Beauftragg v Arch u Sonderfachleuten darf der Bauherr idR darauf vertrauen, daß sie in der gebotenen Weise zusarbeiten; sie sind 1 dann nicht ErfGeh des Bauherrn im Verh zu and Arch u Sonderfachleuten (BGH WM **71**, 682: Statiker im Verh zum Arch, NJW-RR **89**, 86: bauüberwachder Arch im Verh zum planden Arch, Köln RsprBau § 635 Nr 55: Arch u Sonderfachmann für BodenVerh); and zB, wenn der Bauherr ausnahmsw wg der bes Verh dem Arch eine einwandfreie Statik schuldet (Düss NJW **74**, 704); s a § 278 Rn 25, 28. Der Best von EDV-Anl od Software muß dem Untern ein PflHeft erstellen (Köln NJW-RR **93**, 1528), jedenf die erwarteten Leistgen so eindeut wie mögl nach obj Kriterien mitteilen (Köln NJW-RR **93**, 1529: LeistgsProfil, NJW **96**, 1067: Aufgabenstellg), u das erfdl Material bereitstellen (BGH CR **89**, 102). – Die Mitwirkg ist idR keine SchuVerpfl des Best, sond **Obliegenheit** (Einl 16 v § 241, BGH **11**, 80, **50**, 175). Ihre Unterl schließt Verzug des Untern aus (BGH NJW **96**, 1745) u führt, wenn der Untern seine LeistgsBereitsch erklärt u den Best zur Mitwirkg aufgefordert hat (Stgt BauR **73**, 385), zu AnnVerz nach §§ 293 ff. Da die Mitwirkg des Best im weiteren Sinne VertrPfl ist, kann ihre Verweigerg, wenn sie den VertrZweck gefährdet, schuldh LeistgsStörg sein, die für den Untern Anspr aus pVV auslöst, die dch §§ 642 ff nicht ausgeschl sind (BGH **11**, 80). Zur grdlosen u endgült Ablehng der VertrErf dch den Best § 641 Rn 3. – Der vereinb **Abruf** der WkLeistg ist eine selbstd einklagb vertragl NebenPfl (§ 631 Rn 16) des Best, bei Verzug Ers des VerzögergsSchad gem § 286 (BGH BauR **76**, 207); §§ 642, 643 sind allenf analog anwendb (BGH NJW **72**, 99). – Vertragl kann die Mitwirkg auch ausdr od konkludent zur HauptPfl (§ 631 Rn 15; Bsp: IndustrieAnlVertr mit Pilotcharakter für den Untern; VerlFolge: §§ 323 ff) od NebenPfl (§ 631 Rn 16; Bsp: Großprojekt, bei dem ZusArb zw Best u Untern bes Bedeutg zukommt; VerlFolgen: §§ 276 ff, insb pVV) ausgestaltet sein (Nicklisch BB **79**, 533).

2 **2) Der Entschädigungsanspruch,** der die R nach allg Vorschr nicht einschränkt, geht über den AufwErs nach § 304 hinaus u soll den Untern dafür entschädigen, daß er ArbKraft u Kapital bereithält u daß seine zeitl Disposition durchkreuzt wird. Er besteht neben dem auf Vergütg, wenn das Wk doch noch hergestellt wird, u für die VerzZeit vor Künd neben den Anspr auf Teilvergütg für das bisher Geleistete (§ 645 I 2), auf weitergehenden SchadErs (§ 645 II) od auf volle Vergütg, falls der Best kündigt (§ 649). Der Untern hat die Dauer des Verz (Düss NJW-RR **96**, 1507) u die vereinb Vergütg darzutun u, wie in § 649 Rn 5, zu den Einspargen vorzutragen. – Verj nach §§ 196 I Nr 1, 198, also mit Entstehg des Anspr (ebso Kapellmann BauR **85**, 123; ähnl Jochem BauR **76**, 392: § 196 I Nr 7: beginnd mit Schluß des Jahres, in das die Beendigg des AnnVerz fällt).

3 **3) VOB/A** 9 ff regeln die LeistgsBeschreibg. **VOB/B** 4 regelt eingehd die Ausführg des Baus u grenzt die beiderseit Zustdgk ab. **§ 4 Nr 1 III, IV** gibt dem Best das R zu Anordngen u verpflichtet den Untern, auf Bedenken gg deren Berechtigg od Zweckmäßigk hinzuweisen. EntschAnspr u KündR des Untern bei unterlassener Mitwirkg s § 643 Rn 3.

643 ***Fristsetzung zur Mitwirkung; Kündigungsandrohung.*** **Der Unternehmer ist im Falle des § 642 berechtigt, dem Besteller zur Nachholung der Handlung eine angemessene Frist mit der Erklärung zu bestimmen, daß er den Vertrag kündige, wenn die Handlung nicht bis zum Ablaufe der Frist vorgenommen werde. Der Vertrag gilt als aufgehoben, wenn nicht die Nachholung bis zum Ablaufe der Frist erfolgt.**

1 **1) Allgemeines.** Das G gewährt dem Untern nicht, wie § 626, allg das R zur fristl Künd des Vertr aus wicht Grd. Jedoch gibt § 643 dem Untern in Ergänzg des § 642 iF unterl Mitwirkg des Best das (abdingb) R, dch FrSetzg u KündAndrohg die VertrBeendigg zu erreichen (Rn 2). Außerd bestehen die AufhebgsR nach den Grds des allg SchuldR (zB Entfallen der GeschGrdl, BGH NJW **69**, 233). Insb kann der Untern bei pVV des Best vom Vertr zurücktreten od ihn kündigen, wenn ihm die Fortsetzg nicht mehr zumutb ist (BGH **11**, 80; Einl 18–20 v § 241, § 276 Rn 124, 127). Bsp: Unberecht Lossagg der GgSeite vom Vertr (BGH NJW **96**, 3271); Best zieht ArbN des Untern währd der ArbZeit zu SchwarzArb heran (Köln NJW **93**, 73). Liegt die pVV in der Verweigerg der Mitwirkg, ist hierfür aber grdsätzl FrSetzg gem § 643 erfdl (BGH BB **63**, 160). Der Untern kann dann auch SchadErs aus pVV verlangen (BGH **11**, 80).

2 **2) Aufhebung gemäß § 643.** Vorauss sind AnnVerzug des Best gem § 642 u die Erkl gem Satz 1. Diese Erkl muß eine angem Fr setzen u erkennen lassen, daß bei Untätigbleiben des Best die Aufhebg des Vertr für die Zukunft nur noch vom Ablauf der Fr abhängt. Die FrSetzg erübrigt sich, wenn die Mitwirkg nach Eintritt des AnnVerz unmögl wird. Die Erkl ist bis zum FrAblauf rücknehmb. – Wirkgen: Mit ergebnisl FrAblauf ist der Vertr ohne weitere Erkl aufgelöst (S 2). Teilvergütg des Untern, § 645 I 2 (dort Rn 12); daneben kann der Untern die Entschädigg nach § 642 für die Verzugszeit bis zur Künd beanspruchen.

3 **3) VOB/B. § 9 Nr 1, 2** gibt dem Untern nach Ablauf einer gesetzten angem Fr unter KündAndrohg ein KündR, wenn der Best eine ihm obliegde Hdlg (vgl § 642) unterläßt u dadch den Untern außerstande setzt, die Leistg auszuführen, od wenn der Best eine fäll Zahlg nicht leistet od sonst in SchuVerz gerät. **Nr 3** sieht wie § 645 I 2 einen VergütgsAnspr des Untern für die bisher Leistgen vor u verweist wg des zusätzl EntschAnspr auf § 642.

644 ***Gefahrtragung.*** **I Der Unternehmer trägt die Gefahr bis zur Abnahme des Werkes. Kommt der Besteller in Verzug der Annahme, so geht die Gefahr auf ihn über. Für den zufälligen Untergang und eine zufällige Verschlechterung des von dem Besteller gelieferten Stoffes ist der Unternehmer nicht verantwortlich.**

II Versendet der Unternehmer das Werk auf Verlangen des Bestellers nach einem anderen Orte als dem Erfüllungsorte, so finden die für den Kauf geltenden Vorschriften des § 447 entsprechende Anwendung.

645 ***Haftung des Bestellers.*** **I Ist das Werk vor der Abnahme infolge eines Mangels des von dem Besteller gelieferten Stoffes oder infolge einer von dem Besteller für die Ausführung**

erteilten Anweisung untergegangen, verschlechtert oder unausführbar geworden, ohne daß ein Umstand mitgewirkt hat, den der Unternehmer zu vertreten hat, so kann der Unternehmer einen der geleisteten Arbeit entsprechenden Teil der Vergütung und Ersatz der in der Vergütung nicht inbegriffenen Auslagen verlangen. Das gleiche gilt, wenn der Vertrag in Gemäßheit des § 643 aufgehoben wird.

II **Eine weitergehende Haftung des Bestellers wegen Verschuldens bleibt unberührt.**

1) **Allgemeines, Abgrenzung.** Eine LeistgsStörg kann dadch eintreten, daß der für die Herstellg des Wk vorgesehene Stoff od daß das begonnene, teilw od ganz fertgestellte Wk untergeht, verschlechtert, od sonst unausführb wird. Es ist **zu unterscheiden** zw der **Leistungsgefahr,** dh ob der Untern zur (Neu)Herstellg verpflichtet bleibt, u der **Vergütungsgefahr,** dh ob der Untern eine Vergütg verlangen kann od nicht. Nur auf letztgenannte sind §§ 644, 645 anwendb. Die Verwirklichg der in § 645 I 1 genannten Risiken kann auch zu einem **Mangel** führen; dann gelten vorrang §§ 633 ff (näher § 633 Rn 1 a). Zusfassd Kohler NJW **93**, 417. 1

2) **Leistungsgefahr. – a) Nachträgliche Unmöglichkeit oder Unvermögen** befreien den Untern von der Verpfl zur Herstellg nach § 275, wenn er die LeistgsStörg nicht zu vertreten hat. Bei GattgsSchuld gilt § 279. S a Vorbem 19 v § 633. – **b)** Ist **(Neu)Herstellung noch möglich** (Bsp: begonnenes Porträt verbrennt beim Maler; Nachbesserg bei Beschädigg), bleibt der Untern gem § 631 I hierzu verpflichtet. Dies ist Folge der Erfolgsbezogenh des WkVertr. Der Untern wird von seiner HerstellgsPfl hingg frei, wenn das Wk bereits abgen (§ 640), ersatzw vollendet (§ 646) war, wenn der Best in AnnVerz (§§ 293 ff) geraten war od wenn das Wk auf Verlangen des Best versendet worden war. In diesen Fällen trägt der Best die VergütgsGefahr, die bei ihm mit der LeistgsGefahr notw zusfällt. Außerd wenn die (Neu)Herstellg unzumutb ist (§ 633 II 3 analog, Vorbem 3 v § 633). 2 3

3) **Vergütungsgefahr.** Es gelten grdsätzl die §§ 323 ff, denen aber die §§ 644, 645 vorgehen (BGH **136**, 303 für § 645 I). Sie regeln die Frage, inwiew der Untern für die bish vergebl geleistete Arb Vergütg fordern kann. – **a) Der Unternehmer** trägt die **Vergütungsgefahr** grdsätzl bis zur Abn (§ 640), ersatzw bis zur Vollendg (§ 646), dh er hat keinen VergütgsAnspr für bisher Arb u Aufw, wenn die Ausführg des Wks unmögl wird od der Stoff od das Wk verschlechtert wird od untergeht, **§ 644 I 1.** Auch das ist Folge des Untern-Risikos u der Erfolgsbezogenh des WkVertr (Einf 1 v § 631). Die Regelg ist die gleiche wie iF der nachfolgden Unmöglichk in § 323 I 1. Bei zufäll Verschlechterg od Untergang des Stoffes des Best beim Untern (Bsp: zugeschnittener Stoff wird beim Schneider gestohlen), besteht also kein VergütgsAnspr für die geleistete Arb, ands aber auch keine Pfl des Untern zum SchadErs od zur Neubeschaffg des Stoffes **(§ 644 I 3).** Ihn trifft aber der EntlastgsBew, §§ 282, 278. Der Untern hat idR (s a Rn 8 ff) auch dann keinen VergütgsAnspr, wenn das Wk vor Abn dch einen Dr zerstört od verschlechtert wird; bei Versch des Dr hat er gg diesen Anspr auf SchadErs aus § 823. Hat der Untern kein Eigt am Wk od das Eigt an verarbeiteten Materialien dch Verbindg verloren, kommt uU ein Anspr wg Besitzverletzg in Betracht (§ 823 Rn 13). Außerd kann der Best den Schaden des Untern liquidieren („GefEntlastg", Vorbem 117 v § 249). Der Untern kann von ihm gem § 281 od aus vertragl NebenPfl Abtr des ErsAnspr verlangen (Düss NJW-RR **96**, 591); die erneute WkLeistg kann er von der Abtr abhäng machen, od er kann gg volle Vergütg (§ 631) erneut leisten und dann Abtr fordern (BGH NJW **70**, 38/41). Hat der Untern die Verschlechterg od den Untergang zu vertreten, so haftet er dem Best auf SchadErs wg pVV; zur VersichergsPfl s § 631 Rn 13 a. Hat bei teilw Untergang der WkTeil für den Best einen Wert, so muß er dafür die teilw Vergütg zahlen wie iF der teilw Unmöglichk in § 323 I 2. 4 5

b) Der **Besteller** trägt die **Vergütungsgefahr** in folgenden Fällen: – **aa) Ab Abnahme** (§ 640), ersatzw Vollendg (§ 646). Beruhen Verschlechterg od Untergang auf einem Mangel des Wk, gelten §§ 633 ff. 6

bb) Vor der Abnahme (bzw Vollendg), wenn sich der Best in **Annahmeverzug** (§§ 293 ff) befindet, **§ 644 I 2;** Ausn: § 287 S 2 u nach § 300 I zu vertretdes Versch des Untern. Ferner bei **Versendung,** soweit das Wk bei Auslieferg zum Transport vertragsgem war, **§ 644 II;** s § 447 mit Anm. 7

cc) In den Fällen des § 645 I. Die Vorschr beruht auf der obj Verantwortlichk des Best für den Eintritt eines Schad, der sich aus einer von ihm herbeigeführten Risikolage ergibt. Sie gilt nicht nur für den Fall, daß die Herstellg nachholb ist, sond auch wenn das LeistgsHindern die (Neu)Herstellg unmögl macht (BGH **60**, 14), zB die begonnene Rep einer Maschine erweist sich wg Materialbrüchigk als undchführb. – § 645 I regelt unmittelb nur die Fälle, daß das LeistgsHindern auf einem **Mangel** (wie in § 459 I) des vom Best gelieferten Stoffes od auf AusführgsAnweisg des Best beruht. Der Begr **„Stoff"** umfaßt alle Ggst, aus denen od mit deren Hilfe das Wk herzustellen ist, zB den Baugrund, auf dem ein BauWk errichtet w soll (Pauly MDR **98**, 1453). Um eine **Anweisung** handelt es sich, wenn der Best für eine von ihm gewünschte Modalität der Ausführg das Risiko übernimmt, auch indem er trotz Bedenken des Untern auf seinem Wunsch beharrt. Iü sind idR Angaben des Best vor u bei VertrAbschl keine AusführgsAnw, die das Risiko auf ihn verlagern (BGH NJW **80**, 2189). Auch für im EinzFall auftretde Fehler (Ausreißer) an auf Anordng des Best verwendeten, generell geeigneten Baustoffen bleibt der Untern verantwortl (BGH **132**, 189). – Ist die Verschlechterg od der Untergang des Wk vom **Unternehmer zu vertreten,** gilt § 645 I nicht. Ein Versch kann zB in der Verl von NebenPfl liegen (§ 631 Rn 13), etwa darin, daß der Untern die vom Best gelieferten Stoffe nicht auf ihre Eigng überprüft od den Best nicht auf Bedenken gg dessen Anweisgen od die Eigng der von diesem überlassenen Stoffe (Kblz NJW-RR **96**, 919) bzw Informationen (Celle CR **91**, 610) hinweist. 8

dd) § 645 I ist **analog** anzuwenden auf Risikolagen, die den in der Vorschr geregelten Fällen vergleichb sind (BGH **137**, 35). So, wenn die Unmöglichk der Herstellg auf zufäll **Untergang** des Stoffes beruht (Bsp: Einsturz der zu restaurierden Kirche), bevor er in die Sphäre des Untern übergegangen ist (vgl Larenz SchuldR II/1 § 53 III a); geht der Stoff in der Sphäre des Untern unter, zB nach Lieferg an diesen, gelten § 644 I 1 u 3. Ferner iF zufäll **Zweckerreichung** (Bsp: Abzuschleppdes Auto wird noch vor Eintreffen des AbschleppUntern vom Fahrer weggefahren; s a § 275 Rn 9 f). Analoge Anwendg auch iF, in denen die Leistg des Untern aus Umst untergeht od unmögl wird, die in der **Person** des Best liegen od auf **Handlungen des** 9

Bestellers zurückgehen, auch wenn diesen kein Versch trifft (BGH **136**, 303, **137**, 35). Bsp: Für die Leistg erfdl Impfg des Best kann wg dessen körperl Zust nicht dchgeführt werden (BGH **60**, 14). Best hat das Wk in einen Zust od eine Lage verbracht, die zu einer für den Untergang des Wk ursächl Gef geführt hat, zB Niederbrennen einer noch nicht übergebenen Scheune dch Heu des Bauherrn (BGH **40**, 71); BauArb werden wertl, weil der Best den von ihm übern Hochwasserschutz vorzeit beseitigt u das BauWk überflutet wird (BGH **137**, 35), od weil das brandanfäll BauWk dch vom Best in Auftr gegebene SchweißArb eines Dr in Brand gesetzt wird (Köln OLGZ **75**, 323). Bei Unmöglichk der Fertigstellg des Wk wg der politischen Verh am HerstellgsOrt hat der Untern Anspr auf Bezahlg erbrachter Leistgen gg den Best, wenn dieser von seinem ausl VertrPartner dafür Zahlgen erhalten hat (BGH **83**, 197); ebso EntschAnspr des BauUntern gg den GeneralUntern, wenn es diesem aus Grden, die allein in der Pers des Bauherrn liegen, unmögl ist, das
10 BauGrdst zur Vfg zu stellen (Mü ZfBR **92**, 33). – Die **Sphärentheorie** läßt dem Best vor Abn alle LeistgsHindern aus seinem GefBereich zur Last fallen, auch wenn ein den in § 645 I geregelten Fällen vergleichb Fall nicht vorliegt. Eine so weitgehde Risikoverlagerg auf den Best ist mit der grdsätzl Risikoverteilg des WkVertr unvereinb (Hamm BauR **80**, 576, Mü ZfBR **92**, 33) u nicht erfdl, weil sich der Untern von best Risiken freizeichnen kann. Iü erhält auch der Best für zufäll Untergang seines Stoffes in der Sphäre des Untern keinen Ers. Daher **keine Anwendung,** also kein VergütgsAnspr des Untern zB, wenn der teilw hergest Bau ohne bes Risikolage dch Auslösg eines Brandes dch and Bauhandwerker untergeht (BGH **78**, 352). Zu den Möglichk des Untern in diesem Fall Rn 5.

11 **ee)** Beruhen Verschlechterg od Untergang auf einem **Verschulden des Bestellers, § 645 II,** bleiben weitergehde ErsAnspr (§ 324 I bei Unmöglichk, sonst pVV) unberührt.

12 **4)** Die **Höhe der Vergütung** richtet sich iF des § 644 nach § 632, also volle Vergütg. IF des § 645 I u seiner entspr Anwendg (Rn 9) ist die anteil Vergütg zu leisten. Sie ist nach den Grds bei gekünd WkVertr (§ 649 Rn 3–5) zu berechnen (BGH NJW **99**, 2036). Außerd sind die nicht in der anteil Vergütg enth, dch das konkr Wk (nicht nur das SchadEreign) verurs Auslagen (Begr § 196 Rn 11; zB beschaffte Materialien, Transporte etc) voll zu erstatten (BGH **137,** 35). Verhältn zu der Entschädigg gem § 642 dort Rn 2. Abn erbrachter Teilleistgen ist für die Fälligk nicht erfdl (BGH WM **82**, 586, Düss BauR **78**, 404).

13 **5) Sonderregelungen. – a)** HGB 417, 630 (s a BinnSchG 26), VerlG 33. – **b) VOB/B § 7** regelt die Verteilg nur der VergütgsGef abw von § 644 teilw für den Untern günstiger; § 645 I 1 bleibt unberührt (BGH **136**, 303, **137,** 35). Bei Beschädigg od Zerstörg der Bauleistg vor Abn dch vom Untern nicht zu vertretde unabwendb Umst Anspr auf Vergütg für die ausgeführten Teile der Leistg (BGH **61**, 144); iü besteht keine ggs ErsPfl. **§ 12 Nr 6** wiederholt die Regel des § 644, daß mit der Abn die VergütgsGef auf den Best übergeht, falls sie nicht schon vorher gem § 7 übergegangen war.

646 ***Vollendung statt Abnahme.*** **Ist nach der Beschaffenheit des Werkes die Abnahme ausgeschlossen, so tritt in den Fällen der §§ 638, 641, 644, 645 an die Stelle der Abnahme die Vollendung des Werkes.**

1 **1)** Der **Ausschluß der Abnahme** ergibt sich aus der Beschaffenh des Wk. Zum Begr der Abn § 640 Rn 2–4, dort auch Bsp für nichtabnfäh Wk.

2 **2)** Die **Vollendung** des Wk, also seine vollst FertStellg tritt an die Stelle der Abn. MangelFreih gehört nicht dazu. Die Wirkg der Vollendg ist die gleiche wie bei der Abn, s § 640 Rn 5. Da die AbnFähigk nur dann verneint werden kann, wenn auch eine Anerkenng als im wesentl vertragsgem Leistg nicht in Frage kommt, ist ein RügeVerz gem § 640 II kaum denkb.

647 ***Unternehmerpfandrecht.*** **Der Unternehmer hat für seine Forderungen aus dem Vertrag ein Pfandrecht an den von ihm hergestellten oder ausgebesserten beweglichen Sachen des Bestellers, wenn sie bei der Herstellung oder zum Zwecke der Ausbesserung in seinen Besitz gelangt sind.**

1 **1) Allgemeines.** §§ 647–648 a dienen der Sichg des Untern für seine GeldFdgen aGrd des WkVertr. Sie gelten nicht für WkLiefergsVertr (§ 651 I 2). Die Sichg ist ein Ausgl dafür, daß der Untern das Risiko für das Gelingen des Wk trägt (Einf 1 v § 631) u desh mit der Herstellg vorleistgspfl ist (§ 641 Rn 3). Neben dem gesetzl können die Part dch IndividualVereinbg od AGB ein vertragl PfdR des Untern begründen (BGH BB **77**, 1417).

2 **2) Unternehmerpfandrecht. – a)** Es besteht **für alle vertraglichen Forderungen.** Das ist in erster Linie der VergütgsAnspr aus §§ 631, 649, aber auch der EntschAnspr aus § 642, der AufwErsAnspr aus § 645 I, der SchadErsAnspr aus § 645 II, wg Verz od pVV. Nicht für außervertragl Anspr.

3 **b)** Es ergreift die **beweglichen Sachen** des Best, an denen der Untern zum Zwecke der Herstellg od Bearbeitg mind mittelb (Kartzke ZfBR **93**, 205) Bes erlangt hat. Der Untern, der ein Kfz repariert, hat ein gesetzl PfdR auch am übergebenen KfzBrief (Köln MDR **77**, 51; s a § 952 Rn 7). – Ein **gutgläubiger Erwerb** des PfdR an Sachen, die Dr gehören u die der Best dem Untern übergeben hat, ist nicht mögl (BGH **87**, 274; str; zu wN u Begr vgl § 1257 Rn 2). Das PfdR entsteht auch dann nicht, wenn der Eigtümer dem RepAuftr des Best zustimmt (BGH **34**, 122, Köln NJW **68**, 304; str, näher § 1257 Rn 2). Ein vertragl dch einen NichtBerecht, zB SichgsGeber, bestelltes PfdR kann nach § 185 od § 1207 wirks sein (BGH **68**, 323; zweifelnd Müller VersR **81**, 499), erstreckt sich aber nur auf die Fdg aus der jew Rep, nicht auf früher
4 entstandene Fdgen (BGH NJW **83**, 2140). – Übergibt der Best dem Untern eine unter EV gekaufte Sache, so entsteht das UnternPfdR am **Eigentumsanwartschaftsrecht** des Best (vgl § 929 Rn 39; BGH NJW **65**, 1475 für VermieterPfdR). Es erlischt allerd mit Erlöschen des AnwR bei Rücktr des VorbehVerk.

c) Für **Verwertung, Erlöschen** u die sonst Behandlg des entstand PfdR gelten die Regeln über das VertrPfdR (§ 1257). Daher erlischt das PfdR durch Rückgabe der Sache (§ 1253) und lebt nicht wieder auf, wenn der Untern aGrd eines weiteren RepAuftr erneut in den Bes der Sache kommt (BGH **87**, 274). Näher § 1257 Rn 5, 7. 5

3) Zurückbehaltungsrecht und Verwendungsersatzanspruch des Untern hat mangels Entstehg eines gesetzl PfdR Bedeutg, wenn die ihm übergebene Sache nicht dem Best gehört. – **a) Gegenüber dem Besteller** hat der Untern den VergütgsAnspr aus § 631, fäll bei Abn (§ 641). Bezahlt der Best da nicht, hat Untern ZbR gem § 273. 6

b) Gegenüber dem Eigentümer. – aa) Solange der Best ggü dem Eigtümer **zum Besitz berechtigt** ist, braucht auch der Untern die Sache nicht herauszugeben (§ 986 I 1), hat ands mangels einer Vindikationslage aber auch keinen VerwendgsErsAnspr nach § 994 (BGH **27**, 317; aA für einen bes gelagerten Sachverh Zweibr JZ **86**, 341). – **bb) Unrechtmäßiger Besitzer** wird der Untern, sobald das BesR des Best ggü dem Eigtümer endet, zB bei Rücktr des VorbehVerk. Der Untern hat desh gg den Eigtümer den Anspr aus § 994 u damit das ZbR aus § 1000 u zwar auch für diejen Verwendgen, die er auf die Sache in einer Zeit gemacht hat, in der er noch zum Bes berecht war (BGH **34**, 122/132, Köln NJW **68**, 304; s a Vorbem 4–6 v § 994). Erlöschen: § 1002 (vgl BGH **87**, 274). 7

648 *Sicherungshypothek des Bauunternehmers.* **I Der Unternehmer eines Bauwerkes oder eines einzelnen Teiles eines Bauwerkes kann für seine Forderungen aus dem Vertrage die Einräumung einer Sicherungshypothek an dem Baugrundstücke des Bestellers verlangen. Ist das Werk noch nicht vollendet, so kann er die Einräumung der Sicherungshypothek für einen der geleisteten Arbeit entsprechenden Teil der Vergütung und für die in der Vergütung nicht inbegriffenen Auslagen verlangen.**

II Der Inhaber einer Schiffswerft kann für seine Forderungen aus dem Bau oder der Ausbesserung eines Schiffs die Einräumung einer Schiffshypothek an dem Schiffsbauwerk oder dem Schiff des Bestellers verlangen; Absatz 1 Satz 2 gilt sinngemäß. § 647 findet keine Anwendung.

1) Anspruch auf Sicherungshypothek. Vgl zunächst § 647 Rn 1. Er rechtfertigt sich auch aus dem dch die Bauleistg entstehden Mehrwert des Grdst (BGH **68**, 180). Das G gewährt keine Hyp, sond nur den schuldrechtl Anspr auf ihre Bestellg u zwar erst nach Baubeginn u im Umfang der geleisteten Arb, eine im Hinbl auf vorrang GrdPfdR oft nutzl Sicherh für den Untern. Der Anspr ist dch IndVereinbg abdingb, Ausschl in AGB ohne Einräumg einer and Sicherh ist wg mißbräuchl Verfolgg einseit Interessen unwirks (BGH **91**, 139, Karlsr NJW-RR **97**, 658). **Kein Anspruch** auf Einräumg einer SichgsHyp, soweit der Untern Sicherh gem § 648 a I, II erlangt (dort Abs IV) od der Best zur Abwendg der ZwVollstr unter Vorbeh bezahlt hat (Hbg NJW-RR **86**, 1467); ferner nicht gg konkursunfäh jP des öff R (Hogenschurz NJW **99**, 2576). S a Rn 4. 1

2) Berechtigte. – Bauwerkunternehmer. BauWk s § 638 Rn 9 ff. Für das Merkmal Untern ist nicht entscheidd die technische od wirtsch Beteiligg an der BauAusführg, sond die rechtl Beziehg zum Best (BGH **LM** Nr 1). Darunter fallen also alle, die wkvertragl dem Best ggü zur Herstellg od Arb am Bau od eines Teils davon verpflichtet sind, nicht dagg SubUntern od bloße Lieferanten. Vorauss für den Anspr ist die mind teilw Vollendg (vgl I 2) des konkret geschuldeten Wk, das häuf nicht mit dem ganzen BauWk identisch ist, zB Einbau der Installationen. – BauWkUntern ist auch der iR eines WkVertr (Einf 7 v § 631) tät **Architekt** (BGH **51**, 190). Vorauss ist auch hier, daß die WkLeistg des Arch in eine so enge Beziehg zu dem Grdst getreten ist, daß sich hierdch sein Wert vergrößert hat (Düss NJW **72**, 1863). Desh kein Anspr auf SichgsHyp, soweit der Arch Vergütg für Neben-DLeistgen verlangen kann, zB für nicht ausgeführten zweiten Entw, FinanzBeratg, Geldbeschaffg (Mü NJW **73**, 289), od der Bau (noch) nicht begonnen worden ist (Celle NJW-RR **96**, 855, Dresd NJW-RR **96**, 920; aA Durchlaub BB **82**, 1392). – Gleiches gilt für den **Statiker,** wenn er unmittelb mit dem Best u GrdstEigtümer einen WkVertr hat (ebso Ffm OLGZ **79**, 437; falsch Mü OLGZ **65**, 143). – Gleiches gilt für den **Baubetreuer** (§ 675 Rn 15), falls er aGrd WkVertr das BauWk zu erstellen u nicht ledigl aGrd GeschBesVertr eine kaufm-finanzielle Tätigk auszuüben hat (Stgt BB **62**, 543, Ffm BauR **88**, 343). – Im **Erbfall** sind als Berecht die Erben im GB einzutragen, nicht der NachlVerw (Hamm DB **88**, 1693). 2

3) Pfandgegenstand ist das **Baugrundstück des Bestellers,** nicht dessen and u nicht fremde Grdst, u zwar das ganze Grdst, wie es zu Beginn der AuftrArb im GB ausgewiesen ist, nicht nur der zu bebauende Teil (Köln JMBl NRW **76**, 211). Errichtet der Untern auf mehreren Grdst desselben Best jeweils ein BauWk, so kann er wg der jew WkLohnFdg eine SichgsHyp nur an dem betr Grdst verlangen (Ffm OLGZ **85**, 193), eine GesHyp nur, wenn er ein einheitl BauWk über mehrere seiner benachb Grdst errichtet (Köln BauR **95**, 110). Die erfdl **Identität zwischen Besteller und Grundstückseigentümer** ist formaljur zu beurteilen. Der Untern kann die Einräumg einer SichgsHyp nur verlangen, wenn Best u GrdstEigtümer im Ztpkt der GeltdMachg des Anspr (Hamm BauR **99**, 407) rechtl dieselbe Pers sind; Übereinstimmg nach wirtsch Betrachtgsweise genügt idR nicht (Raabe BauR **97**, 757). Allerd muß sich der GrdstEigtümer im Einzelfall nach Tr u Gl wie ein Best behandeln lassen, soweit der Untern wg seines WkLohns Befriedigg aus dem Grdst sucht (BGH **102**, 95, KG NJW-RR **99**, 1247). So, wenn der zahlgsunfäh Mieter als Best für umfangreiche RepArb vom GrdstEigtümer nur vorgeschoben ist (Düss NJW-RR **93**, 851) od wenn der GrdstEigtümer die beherrschde Position innehat u die tats Vorteile aus der WkLeistg des Untern zieht (BGH aaO, Dresd BauR **98**, 136; weitergehd Aschaffenbg NJW-RR **97**, 783). Schließt der BauBetr (§ 675 Rn 13) die Vertr im eig Namen, ist aber nicht GrdstEigtümer, hat der Untern keinen Anspr auf Sichg. Ist das BauWk zT auch auf fremdem Grd errichtet, so ist die Hyp auf dem Grdst des Best in voller Höhe einzuräumen, falls die Vergütg für das BauWk einheitl zu berechnen ist (Ffm NJW-RR **94**, 1432). Mit der Veräußerg des Grdst erlischt der SichgsAnspr, wenn keine Vormkg eingetr war (Düss BauR **77**, 361). Mit Abtretg, Verpfändg, Pfändg der UnternFdg geht der Anspr auf Einräumg bzw die bestellte Hyp über, § 401. PfdGgst kann auch ein **Erbbau-** 3

recht des Best sein. Eine Vereinbg zw Eigtümer u ErbbBerecht (Best) nach ErbbRVO 5 II steht der Eintr einer Vormkg aGrd einstw Vfg nicht entgg (Köln NJW **68**, 505). Bildet der Eigtümer später **Wohnungseigentum**, so kann der BauUntern hins der im Eigt des Best verbliebenen EigtWohngen eine GesHyp in voller Höhe seiner Fdg verlangen, nicht nur Hyp in Höhe des Betr, der dem auf die einz Wohng entfalldden LeistgsAntl entspricht (Ffm BauR **95**, 737, Hamm NJW-RR **99**, 383). Ebso kann der Untern Eintr einer GesHyp verlangen, wenn der Best nach Entstehg des SichgsAnspr das Grdst in mehrere selbstd, in seinem Eigt verbleibde Grdst od MitEigtAntle aufteilt (Düss BauR **83**, 376, Ffm OLGZ **85**, 193).

4 **4) Sicherbar** sind alle aus dem Vertr herrührden Fdgen des Untern gg den Best (s § 647 Rn 2), auch die Kosten der Erwirkg der Hyp od der Vormkg (MüKo/Soergel Rn 15), SchadErsAnspr aus dem Vertr (BGH NJW **88**, 255) u RestvergütsAnspr gem § 649 S 2 (Staud/Peters Rn 25 f; aA Jena NJW-RR **99**, 384). Die Fdg muß noch nicht fäll sein (Grd: SichgsZweck des § 648), so daß ein vereinb SichgsEinbehalt nicht abzuziehen ist (Köln BauR **98**, 794). Jedoch richtet sich der Umfang des sicherb Anspr gem **Abs I Satz 2** nach dem jew Baufortschritt (BGH **68**, 180). Daher hat der Untern bei Mängeln des Wk, auch wenn er nur subsidiär für sie einzustehen hat (Celle BauR **86**, 588), vor wie nach Abn des Wk (dann BewL beim Best, Bew ggf dch PrivGA) keinen SichgsAnspr, soweit u sol der Best diese Mängel geltd machen kann (BGH **68**, 180, Hamm BB **97**, 2240, Brem NJW-RR **99**, 963). Auslagen: wie § 644 Rn 12. Nicht sicherb sind erloschene Fdgen u Fdgen, denen eine dauernde Einr entggsteht. Auf welche sicherb Fdgen sich die Hyp bzw Vormkg im EinzFall erstreckt, beurteilt sich nach der bei der Eintr in Bezug gen EintrBewilligg bzw Entsch (BGH NJW **74**, 1761).

5 **5) Durchführung.** Dingl Einigg od rechtskr Urt (ZPO 894) u Eintr (§ 873). Vertragl Ausschl steht bei Argl od VermVerschlechterg nicht entgg. – Gesetzl SichgsHyp (§§ 1184, 1185) in Höhe der wirkl Fdg. ZPO 866 III gilt nicht, weil es sich nicht um ZwVollstr wg GeldFdg, sond um Anspr auf Abg einer WillErkl handelt (Th-P § 866 Rn 4), auch nicht ZPO 867 II (Ffm NJW-RR **95**, 1359). Wg der GeldFdg ist bei Gefährdg ArrestAntr mögl. Löschg der Hyp Zug um Zug gg Zahlg. – Sichg des Anspr auf Bestellg der Hyp dch **Vormerkung** aGrd einstw Vfg (Bsp: Hamm BauR **99**, 407) od Bewilligg (§ 885 I; ausführl Siegburg BauR **90**, 290); im erstgenannten Fall müssen zur Eintr sowohl die EintrVorauss der GBO wie die Vollz-Erfordern der ZPO vorliegen (Düss Rpfleger **78**, 216). Umschreibg der Vormkg in Hyp nur aGrd Bewilligg od eines sie ersetzden Urt. HauptsKl iS des ZPO 926 ist die Kl auf Einräumg der Hyp, nicht die auf Zahlg des WkLohns (Ffm NJW **83**, 1129, Düss NJW-RR **86**, 322). Die Höhe der Fdg kann im einstw VfgsVerf glaubh gemacht werden dch prüfgsfäh Schlußrechng mit den dazugehör Vertr- u AbrechngsUnterlagen sowie eidesst Vers ihrer Richtigk. Inwieweit dies dadch entkräftet wird, daß der Bauherr eine GgRechng unter eidesst Vers ihrer Richtigk vorlegt, ist Frage der BewWürdigg (Köln JMBl NRW **75**, 264). Mängel des Wk s Rn 4. Bei Erlaß hat der Bauherr die Kosten des einstw VfgsVerf zu tragen, ohne daß er die EintrBewilligg vorher abgelehnt haben od in Verz damit gek sein müßte (Köln NJW-RR **97**, 1242; aA Hamm NJW **76**, 1459), außer wenn er vorher die Eintr einer SichgsHyp angeboten hat (Stgt BauR **95**, 116).

6 **6) Sondervorschriften.** Das **BauFdgG** enthält öffrechtl Verpfl des Empf von Baugeld (Verwendg nur zur Befriedigg der am Bau beteiligten Untern, § 1, u Führg eines Baubuchs, § 2); näher, auch zum Schutz-GCharakter Einf 10 v § 607, § 823 Rn 145. §§ 9 ff (dingl Sichg) sind mangels DurchfVorschr bedeutungsl. – Die **VOB/B** regelt nicht die Sicherh zG des Untern. § 17 betrifft nur die Sicherh, die der Untern für die DchFührg der ihm übertr Leistgen u für die Gewl dem AuftrG zu stellen hat.

648 a ***Sicherheitsleistung des Bestellers.*** **I Der Unternehmer eines Bauwerks, einer Außenanlage oder eines Teils davon kann vom Besteller Sicherheit für die von ihm zu erbringenden Vorleistungen in der Weise verlangen, daß er dem Besteller zur Leistung der Sicherheit eine angemessene Frist mit der Erklärung bestimmt, daß er nach dem Ablauf der Frist seine Leistung verweigere. Sicherheit kann bis zur Höhe des voraussichtlichen Vergütungsanspruchs verlangt werden, wie er sich aus dem Vertrag oder einem nachträglichen Zusatzauftrag ergibt. Sie ist auch dann als ausreichend anzusehen, wenn sich der Sicherungsgeber das Recht vorbehält, sein Versprechen im Falle einer wesentlichen Verschlechterung der Vermögensverhältnisse des Bestellers mit Wirkung für Vergütungsansprüche aus Bauleistungen zu widerrufen, die der Unternehmer bei Zugang der Widerrufserklärung noch nicht erbracht hat.**

II Die Sicherheit kann auch durch eine Garantie oder ein sonstiges Zahlungsversprechen eines im Geltungsbereich dieses Gesetzes zum Geschäftsbetrieb befugten Kreditinstituts oder Kreditversicherers geleistet werden. Das Kreditinstitut oder der Kreditversicherer darf Zahlungen an den Unternehmer nur leisten, soweit der Besteller den Vergütungsanspruch des Unternehmers anerkennt oder durch vorläufig vollstreckbares Urteil zur Zahlung der Vergütung verurteilt worden ist und die Voraussetzungen vorliegen, unter denen die Zwangsvollstreckung begonnen werden darf.

III Der Unternehmer hat dem Besteller die üblichen Kosten der Sicherheitsleistung bis zu einem Höchstsatz von 2 vom Hundert für das Jahr zu erstatten. Dies gilt nicht, soweit eine Sicherheit wegen Einwendungen des Bestellers gegen den Vergütungsanspruch des Unternehmers aufrechterhalten werden muß und die Einwendungen sich als unbegründet erweisen.

IV Soweit der Unternehmer für seinen Vergütungsanspruch eine Sicherheit nach den Absätzen 1 oder 2 erlangt hat, ist der Anspruch auf Einräumung einer Sicherungshypothek nach § 648 Abs. 1 ausgeschlossen.

V Leistet der Besteller die Sicherheit nicht fristgemäß, so bestimmen sich die Rechte des Unternehmers nach den §§ 643 und 645 Abs. 1. Gilt der Vertrag danach als aufgehoben, kann der Unternehmer auch Ersatz des Schadens verlangen, den er dadurch erleidet, daß er auf die Gültigkeit des Vertrags vertraut hat.

VI Die Vorschriften der Absätze 1 bis 5 finden keine Anwendung, wenn der Besteller

1. eine juristische Person des öffentlichen Rechts oder ein öffentlich-rechtliches Sondervermögen ist oder
2. eine natürliche Person ist und die Bauarbeiten zur Herstellung oder Instandsetzung eines Einfamilienhauses mit oder ohne Einliegerwohnung ausführen läßt; dies gilt nicht bei Betreuung des Bauvorhabens durch einen zur Verfügung über die Finanzierungsmittel des Bestellers ermächtigten Baubetreuer.

VII **Eine von den Vorschriften der Absätze 1 bis 5 abweichende Vereinbarung ist unwirksam.**

Lit: Hofmann/Koppmann, Die neue BauHandwSichg, 2. Aufl 1994; Klaft, Die BauHandwSichg nach § 648a BGB; Slapnicar/Wiegelmann NJW **93**, 2903, Leinemann/Klaft NJW **95**, 2521, Reinelt BauR **97**, 766.

1) Zweck, Anwendbarkeit. S zunächst § 647 Rn 1. – Die BauHandwSichgsHyp gibt dem Untern aus den in § 648 Rn 1 genannten Grden u wg der erfdl Identität von Best u GrdstEigtümer (§ 648 Rn 3) nur unzureichde Sicherh. § 648a soll dem BauHandw zusätzl den (sichernden) Zugriff auf die zum Bauen best Finanzmittel des Best eröffnen, der außerd nicht GrdstEigtümer sein muß. Der vorleistgspfl BauHandw erhält ein unabdingb (Abs VII) LeistgVR, wenn der Best dem SichgsVerlangen nicht innerh angem Fr nachkommt. Daneben können vertragl and Sicherh vereinb werden; VOB/B s § 648 Rn 6. Entspricht die Sicherh nicht den Anfdgen des § 648a, hat dies auf ihre Wirksamk keinen Einfluß (Oldbg MDR **99**, 89). – § 648a **gilt nicht** für WkLiefergsVertr, § 651 I S 2, u in den Fällen des Abs VI (Rn 7). 1

2) Anspruch auf Sicherheitsleistung. – a) Inhalt. Der WkUntern hat keinen dchsetzb Anspr auf SicherhLeistg, sond („in der Weise") ein **Leistungsverweigerungsrecht** hins der von ihm zu erbringden Vorleistgen, sol der Best die verlangte Sicherh nicht ordngsgem leistet. – **b) Voraussetzungen.** VorleistgsPfl (Rn 8ff) des Untern (Rn 5). Verlangen der SicherhLeistg in best Höhe mit angem FrSetzg u gleichzeit Erkl des Untern, daß er nach ergebnisl FrAblauf seine Leistg verweigere. Für die FrSetzg u die Androhg der LeistgsVerweigerg gelten sinngem § 326 Rn 15–18. Die zur Beschaffg der Sicherh angem Fr hängt vom EinzFall ab, die amtl Begründg (BT-Drucks 12/1836 S 9) meint idR 7–10 Tage. Bei zu hohem SichgsVerlangen hat der Best innerh der Fr Sicherh in angem Höhe anzubieten (Karlsr NJW **97**, 263; Düss BauR **99**, 47). – **c) Widerrufsvorbehalt.** Ist nicht der Best selbst SG, sond ein Dr (zB eine Bank als Bürge), darf sich dieser ggü dem Untern gem dem § 610 nachgebildeten **I 3** den Widerruf seines Verspr (zB der Bürgsch) vorbehalten für den Fall, daß sich die VermögensVerh des Best nach Abschl des BauVertr wesentl verschlechtern (§ 321 Rn 2). Der Widerruf bezieht sich nur auf die SicherhLeistg für den VergütgsAnspr des Untern für solche Bauleistgen, die er im Ztpkt des Zugangs der WiderrufsErkl noch nicht erbracht hat. Die BewL für diesen Ztpkt liegt beim SG, für die bis dahin erbrachten Leistgen beim Untern. Dieser hat dann ein sofort LeistgVR hins der noch ausstehden Bauleistgen gem § 321. 2 3 4

3) Berechtigt zum Verlangen nach SicherhLeistg ist der **Unternehmer eines Bauwerks** (§ 648 Rn 2, § 638 Rn 9–13) od eines Teils davon. Ferner einer **Außenanlage,** dh grdstbezogener Arb wie Erd-, Pflanz-, Rasen-, SaatArb, landschgärtnerische Entwässergs- u vegetationstechnische Arb dch Untern des Garten-, Landsch- u Sportplatzbaues (BT-Drucks 12/4526 S 10), weil auch sie zur Wertsteigerg des Grdst beitragen. And als in § 648 ist berecht auch der Nach- od SubUntern, weil der Best mit dem GrdstEigtümer nicht identisch sein muß (s a Rn 6); nicht aber der bloße Baustofflieferant. 5

4) Verpflichtet zur SicherhLeistg ist der **Besteller** als WkVertrPartner. Das ist im Verh zum Nach- od SubUntern der Haupt- od GeneralUntern oRücks auf das Eigt am BauGrdst. Best u SG müssen nicht persgleich sein (arg I 3, Rn 4). – **Ausnahmen:** JP des öffR u öffrechtl SonderVerm (Abs VI Nr 1), weil bei ihnen kein Insolvenzrisiko besteht. Natürl Pers, die die BauArb einschl der Außenanlagen zur Herstellg od Instandsetzg eines EinfamHauses (nicht mehrere, Bonn NJW-RR **98**, 530) mit oder ohne Einliegerwohng ausführen lassen, falls nicht ein BauBetr zur Vfg über die Finanzmittel des Best ermächtigt ist (Abs VI Nr 2). Solche BauVorh sind idR solide finanziert, die lebenslängl Haftg des Best ist genügd sicher (BT-Drucks 12/1836 S 11 u 12/4526 S 11). 6 7

5) Gesicherte Ansprüche, Höhe. – a) Gegenstand der Sicherung ist der VergütgsAnspr des Untern für die von ihm zu erbringden Vorleistgen (I 1). Das sind alle vertragl geschuldeten WkLeistgen, auch aGrd ZusatzAuftr (I 2), also auch bereits erbrachte, aber noch nicht bezahlte Leistgen (hM, Karlsr NJW **97**, 263, Hofmann/Koppmann BauR **94**, 305, Leinemann/Klaft NJW **95**, 2521; aA 56. Aufl mwN, Schlesw NJW-RR **98**, 532), die Mängelbeseitigg nach Abn (Schulze-Hagen BauR **99**, 210) allenf, sofern noch eine VorleistgsPfl besteht (bejahd Erfurt BauR **99**, 771 wg des LeistgVR gem § 320). – **b) Höhe.** Der Untern kann SicherhLeistg „bis zur Höhe des voraussichtl VergütgsAnspr" (I 2) verlangen, dh auch teilw u erst im Verlauf der Arb, wenn er dies, auch mRücks auf die Kosten der SicherhLeistg, für angebracht hält. Bei PauschalPrVereinbg ergibt sich die Höhe direkt aus dem Vertr. Bei Vereinbg von EinhPr (§ 632 Rn 1a) ist sie anhand des LeistgsVerz u einer ev AngebSumme zu schätzen (Karlsr NJW **97**, 263), ebso bei Vergütg nach Stundenlohn. Zu beseitigde Mängel mindern die Höhe nicht (Bonn NJW-RR **98**, 530), wohl aber wirks Aufr mit GgAnspr (Leinemann NJW **97**, 238; MüKo/Soergel Rn 39f). Tats geleistete Voraus- u Abschlagszahlgen (§ 641 Rn 1) sind abzuziehen, da insow keine Vorleistg mehr vorliegt (Hofmann/Koppmann BauR **94**, 305, MüKo/Soergel Rn 37, Düss BauR **99**, 47; aA Bonn NJW-RR **98**, 532, Leinemann NJW **97**, 238). Dagg kommt es nach hM nicht auf das tats, zB dch Vereinbg eines ZahlgsPlans geminderte VorleistgsRisiko an (Düss aaO, MüKo/Soergel Rn 37, Sturmberg BauR **95**, 169; aA Hofmann/Koppmann BauR **94**, 305: Bestimmg der Sicherh dch den Untern nach Ermessen in Höhe des „VorleistgsRisikos"; differenzierd bei vereinb Vorauszahlgen Klaft [vor Rn 1] S 103). 8 9, 10

6) Sicherungsmittel: S §§ 232ff, außerdem die in Abs II S 1 genannten. Darunter fallen alle Haftgs-Kredite iS des § 21 I Nr 4 KWG. Befristg nur, wenn Risiken für den Untern ausgeschl sind (Zimdars DB **97**, 614). – **Zahlung** dürfen Kreditinstitut bzw -versicherer nur unter den Vorauss in Abs II S 2 leisten. Dies schützt den Best davor, daß der SG trotz bestehder Mängel od nicht erbrachter Leistgen bezahlt u der Best 11 12 dadch praktisch sein ZbR verliert. Außerdem soll der SG vor AuseinandS mit dem Untern bewahrt werden. Aus S 2 folgt, daß das Kreditinstitut keine SicherhLeistg in Form der Zahlg auf erstes Anfordern (Einf 14 v § 765, Einf 17 v § 783) übernehmen wird (and Zimdars DB **97**, 614, der S 2 für abdingb hält). Bei Verurteilg des Best zur Zahlg gg SicherhLeistg liegen die Vorauss der ZwVollstr vor, wenn der Untern die Sicherh geleistet, bei Verurteilg Zug um Zug (Mängelbeseitigg), wenn er die GgLeistg bewirkt hat. Erweisen sich die Einwdgen des Best als unbegr, hat er Kostennachteile gem Abs III S 2.

13 **7) Kostenerstattung.** Die Kosten der SicherhLeistg trägt im InnenVerh zum SG der Best. Er hat seinerseits einen trotz Abs VII abdingb (Leinemann/Klaft NJW **95**, 2521, str) Anspr auf ihre Erstattg, soweit sie übl sind, bis maximal 2% pa, gg den Untern (Abs III S 1), weil die Sicherh in dessen Interesse zu leisten ist. –
14 **Nicht zu erstatten** sind gem S 2 diejen Kosten, die dadch entstehen, daß wg unbegr Einwdgen des Best gg den VergütgsAnspr des Untern = gg eine Zahlg des SG die SicherhLeistg länger aufrecht erhalten werden muß (vgl Rn 12 aE).

15 **8) Verhältnis zu § 648.** Soweit der Untern Sicherh gem Abs I, II erlangt hat, entfällt der Anspr auf Einräumg einer SichgsHyp, **IV.** Lediglich für einen noch ungesicherten RestvergütgsAnspr bleibt sie mögl. Da der Untern keinen Anspr auf ÜberSichg hat, entfällt sein Anspr auf SicherhLeistg, wenn eine SichgsHyp bestellt ist, die den Anfordergen des Abs I S 1 entspricht, dh wenn sie mündelsicher ist (§§ 238 I, 1807 I Nr 1).

16 **9) Folgen nicht fristgerechter Sicherheitsleistung, Abs V.** – **a) Leistungsverweigerungsrecht** des
17 Untern, dh er braucht die Arb nicht zu beginnen bzw fortzusetzen. – **b) Nachfristsetzung** zur SicherhLeistg, verbunden mit **Kündigungsandrohung** (S 1, § 643 S 1, dort Rn 2). Nach ergebnisl FrAblauf gilt der Vertr ohne zusätzl Künd (auch bei VOB-Vertr, Hammacher BauR **97**, 429) als aufgehoben, § 643 S 2. Aus der Formulierg in Abs V S 1 u aus § 643 S 1 folgt, daß der Untern berecht, aber nicht verpflichtet ist zur
18 Nachfristsetzg mit KündAndrohg (Hofmann/Koppmann Nr 30; aA Sturmberg BauR **95**, 169). – **c) Anspruch auf anteilige Vergütung** entspr den bis zur VertrAufhebg erbrachten Leistgen (§ 645 Rn 12) u auf
19 **Ersatz der Auslagen,** soweit sie nicht in der Teilvergütg bereits enthalten sind. – **d) Ersatz des Vertrauensschadens** (S 2). Zum Begr Vorbem 17 v § 249. Darunter fällt zB der Gewinn, der dem Untern deshalb
20 ausfällt, weil er im Hinbl auf diesen BauVertr die Übern eines anderw BauAuftr abgelehnt hat. – **e) Ohne Nachfristsetzung** mit KündAndrohg bleibt der Vertr mit LeistgVR des Untern bestehen. Der Best befindet wg der nicht geleisteten Sicherh (ObliegenhVerl) in AnnVerz (§ 642) u kann seiners nach § 649 kündigen. Sieht man die SicherhLeistg als MitwirkgsPfl (Hofmann/Koppmann BauR **94**, 305), kann ihre Verweigerg zu SchadErsAnspr aus pVV führen (§ 642 Rn 1).

649 ***Kündigungsrecht des Bestellers.*** **Der Besteller kann bis zur Vollendung des Werkes jederzeit den Vertrag kündigen. Kündigt der Besteller, so ist der Unternehmer berechtigt, die vereinbarte Vergütung zu verlangen; er muß sich jedoch dasjenige anrechnen lassen, was er infolge der Aufhebung des Vertrags an Aufwendungen erspart oder durch anderweitige Verwendung seiner Arbeitskraft erwirbt oder zu erwerben böswillig unterläßt.**

1 **1)** Das **Kündigungsrecht** des Best nach S 1 besteht ab Vertragschl (Brdbg NJW-RR **98**, 1746 für aufschiebd bdgten Vertr) jederzeit ohne FrSetzg u ohne Angabe von Grd bis zur Vollendg des Wk (§ 646), auch wenn nur noch die Beseitigg behebb Mängel aussteht (dann aber uU volle Vergütg, Dresd NJW-RR **98**, 882). Die Künd schädigt den Untern nicht, da es ihm idR nicht um die Herstellg des Wks, sond um die Vergütg geht (Einf 1 v § 631) u ihm S 2 einen Ausgl für die Folgen der Künd bietet (BGH NJW **97**, 259). Desh steht ihm auch daneben kein SchadErsAnspr nach allg Vorschr zu (Düss BauR **73**, 114). Bei fortlfden WkLeistgen ist § 621 entspr anwendb (Hbg MDR **72**, 866). Die Künd kann konkludent erklärt werden, indem der Best dch sein Verh den Wunsch nach VertrBeendigg eindeut zum Ausdr bringt, zB die ausstehden Leistgen selbst ausführt (BGH WM **72**, 1025). Sie hebt den Vertr für die Zukunft auf, läßt ihn aber als RechtsGrd für in der Vergangenh erbrachte Leistgen bestehen (BGH NJW **82**, 2553); eine Abn für diese Leistgen ist nicht erfdl (vgl BGH NJW **93**, 1972: auch bei Künd aus wicht Grd; sehr str, s a Thode ZfBR **99**, 116/120, Kniffka ZfBR **98**, 113). Umdeutg des Rücktr in Künd u umgekehrt ist wg der verschiedenen RFolgen regelm nicht angängig. § 649 ist bei Vereinbg auch auf DVertr anwendb (BGH **LM** § 611 Nr 3). Nicht anwendb auf den bauvertragl Teil eines BauträgerVertr wg dessen Einheitlichk, Künd nur aus wicht Grd
2 (BGH **96**, 275). – Aus **wichtigem Grund** wg Unzumutbark der VertrFortsetzg kann der Best das VertragsVerh nach den allg Grds (Einl 18–20 v § 241, § 276 Rn 124, 127) jedenf dann kündigen, wenn der WkVertr längeres ZusWirken erfordert (Larenz SchuldR II/1 § 53 III b; näher Schmidt NJW **95**, 1313, auch zur Frage einer Umdeutg), zB bei BauVertr (BGH NJW-RR **96**, 1108) od DauerwartgsVertr (Hamm NJW-RR **98**, 380). Jedenf hat das Vorliegen eines wicht Grd, uU auch eines sonst für den Best günstigeren AuflösgsGrdes (Köln MDR **96**, 903 für § 323) Folgen für den VergütgsAnspr des Untern (Rn 4). Bsp: endgült u ernsth ErfVerweigerg (BGH NJW-RR **89**, 1248), gröbl Gefährdg des VertrZwecks (BGH **45**, 372), etwa dch grobe Mängel der bisher erbrachten Teilleistgen (BGH NJW **93**, 1972: BewL für MangelFreih beim Untern), dch groben Vertrauensbruch, zB wenn Arch von den Handw, die er im Namen des AuftrG beauftragt, „Prov" annimmt (BGH NJW **77**, 1915); nachhalt Verstoß gg VertrPfl trotz Abmahng (BGH NJW-RR **96**, 1108), zB unberecht LeistgsVerweigerg (Düss NJW-RR **96**, 1170); nicht aber, wenn in Zukunft vertrtreues Verhalten des Untern zu erwarten ist (BGH NJW-RR **99**, 19).

3 **2)** Der **Vergütungsanspruch** (zusfassd Löwe ZfBR **98**, 121, Glöckner BauR **98**, 669) ist von vornherein (keine Einr, BGH NJW-RR **92**, 1077) nur auf die Differenz zw der vereinb Vergütg u den inf der VertrAufhebg ersparten Aufw bzw dch anderw Einsatz der ArbKraft erzielten u der böswill nicht erzielten Erlöse gerichtet (BGH NJW **99**, 1253). Abn erbrachter Teilleistgen ist nicht FälligkVorauss (Rn 1), wohl aber prüffäh Schlußrechng (BGH NJW **96**, 1751: Arch). In ihr sind erbrachte u nicht erbrachte Leistgen abzugrenzen u getrennt abzurechnen: die erbrachten Leistgen beim EinhPrVertr wie § 632 Rn 1 a (BGH

131, 362), beim PauschalPrVertr, auch wenn kein LeistgsVerzeichn vorliegt (BGH NJW-RR **98**, 234), nach dem Verhältn der bewirkten Leistg zur vereinb GesLeistg (BGH NJW **96**, 3270, NJW-RR **99**, 960); hins der nicht erbrachten Leistgen sind ersparte Aufw u anderw Erwerb (Rn 5) anzurechnen (BGH NJW **97**, 733); Abschlagszahlgen sind abzuziehen (BGH NJW **96**, 1751). Der auf die nicht erbrachten Leistgen entfallde Teil der Vergütg ist nicht umsatzsteuerpfl (BGH **101**, 130, NJW-RR **86**, 1026). Sind die Teilleistgen mangelh, wobei die kündbedingte Unvollständigk des Wk kein Mangel ist (BGH NJW **93**, 1972), hat der Best ein ZbR (Hamm NJW-RR **95**, 657); sind sie nicht nachbessergsfäh u für den Best wertl, entfällt die VergütgsPfl (BGH **136**, 33). Der Anspr des Untern umfaßt auch die an einen HandelsVertr für die Vermittlg des WkVertr geschuldete Prov (BGH NJW **84**, 1455). – Kündigt der Best aus einem vom Untern zu vertretden **wichtigen** 4
Grund (Rn 2), werden beide VertrPartner hins der noch nicht erbrachten Leistgen von ihrer LeistgsPfl frei (BGH NJW **93**, 1972), daher insow kein VergütgsAnspr des Untern. Der Wert der erbrachten Leistgen ist wie Rn 3 zu berechnen; jedoch entfällt der VergütgsAnspr, wenn die Leistgen für den Best nicht brauchb u ihre Verwertg ihm unzumutb ist (BGH **136**, 33). Maßgebd ist die obj KündLage im Ztpkt der Künd, nicht ob der Best den wicht Grd schon kannte. Sie ist auch iF einvernehml VertrAufhebg entsch, wenn keine anderw Vereinbg über die Vergütg getroffen wurde (BGH NJW **76**, 518).

3) Ersparte Aufwendungen sind solche, die der Untern bei Ausführg des Vertr hätte machen müssen, wg 5
der Künd aber nicht mehr machen muß, wie sie sich für den konkr Vertr nach den VertrUnterlagen unter Berücksichtigg der Kalkulation ergeben (BGH **131**, 362; zusfassd Schmeel MDR **97**, 109). Hierzu gehört auch ein Risikozuschlag, wenn sich das Risiko nicht verwirklicht (BGH NJW-RR **98**, 451); bereits angeschafftes, nicht mehr verwendetes Material nur, wenn es der Untern in absehb, zumutb Zeit anderw verwenden kann (BGH NJW **96**, 1282), auf seine Übereigng hat der Best keinen Anspr. Dagg hat der Untern das Wk, soweit es hergestellt ist, dem Best zu überlassen.– Als **anderweitige Verwendung der Arbeitskraft** können auch später anfallde Arb angesehen werden, wenn inf der Künd bereits vorhandene Auftr vorgezogen werden (BGH **131**, 362). Für die böswill Unterl genügt, daß der Best einen zumutb ErsAuftr nachweist u der Untern diesen gleichwohl ausschlägt (BGH BauR **92**, 379). S 2 Halbs 2 ist entspr anwendb, wenn der Untern das Ergebn seiner Arb anderw ausnutzt, zB Verk des teilw fertiggestellten Wk (BGH NJW **69**, 237). – Der **Unternehmer** hat vertragsbezogen **vorzutragen** u zu beziffern, was er sich anrechnen läßt, u zwar je nach EinzFall so ausführl, daß dem Best eine Überprüfg u Wahrg seiner Rechte mögl ist (BGH NJW **99**, 1253); beim EinhPrVertr daher grdsätzl nach den Positionen des LeistgsVerzeichn (BGH **131**, 362), beim PauschalPr-Vertr nach der idR offenzulegden Kalkulation (BGH NJW **96**, 3270 u **99**, 1867). Angabe eines Prozentsatzes ohne näh Spezifizierg genügt nicht (BGH NJW **96**, 1751: ArchVertr, Celle NJW-RR **98**, 1170). Abgetretene VergütgsTeile sind vorweg abzusetzen.

4) Beweislast. Für den VergütgsAnspr hat der Untern die Abrechng der erbrachten u nicht erbrachten 6
Leistgen vorzutragen (wie Rn 3), insb was er sich gem S 2 Halbs 2 anrechnen läßt, ggf einschl der KalkulationsGrdl (Rn 5), ferner die Mangelfreih (BGH **136**, 33 u NJW **97**, 259); der Umfang der erfdl Darleggen hängt von den Umst bei VertrAbschl u -DchFührg sowie dem Informationsbedürfn des Best für seine Verteidigg ab (BGH NJW **99**, 2036). Den Best trifft die Darleggs- u BewL für höhere Ersparn (BGH **131**, 362 u WM **77**, 1307); ferner für das Vorliegen eines wicht Grd (BGH WM **90**, 1756) u der Unzumutbark der Verwertg (Rn 4; BGH **136**, 33). BewL für BereichergsAnspr des Best bei höh Anzahlg KG NJW-RR **98**, 451.

5) Verhältnis zu anderen Rechten. Bis zur Künd haben beiden VertrSeiten die allg R (zB §§ 119, 280, 7
323 ff; Köln MDR **96**, 903), der Untern auch diej aus §§ 642 ff; s §§ 642 Rn 2, 643 Rn 2, §§ 644, 645. Den im ZusHang mit der Künd entstehden Schad hat der Untern nur zu ersetzen, wenn der Best auch zur Künd aus wicht Grd (Rn 2) berecht gewesen wäre (BGH NJW-RR **99**, 560).

6) Abweichende Vereinbarungen sind grdsätzl zul. So Ausschl des KündR (BGH **62**, 208), auch 8
stillschw, zB wenn Untern nach dem VertrZweck ein R auf DchFührg hat (Celle MDR **61**, 318; § 642 Rn 1); Pauschalierg des VergütgsAnspr. – **a) Allgemeine Geschäftsbedingungen,** die entgg S 2 stets Anspr auf volle Vergütg oRücks auf die tats erbrachten Leistgen gewähren, sind nichtig (BGH NJW **73**, 1190). Ebso eine Klausel, die jeden EntschAnspr des Untern ausschließt (BGH **92**, 244). Zuläss ist in AGB eine pauschale Abgeltg der bis zur Künd erbrachten Leistgen u Aufw, die sich iR von AGBG 10 Nr 7 hält (bejaht für 5% der AuftrSumme bei Künd eines BauVertr vor Beginn der BauAusführg, BGH **87**, 112/120; verneint für 60% der Vergütg eines Arch, BGH NJW **97**, 259 u NJW-RR **98**, 1391, s a NJW-RR **98**, 594) u den GgBeweis tats geringerer Leistgen u Aufw (AGBG 11 Nr 5 b) nicht ausschließt (BGH NJW **99**, 419 für AGBG 9: Verwdg ggü Untern). – **b)** Die **VOB/B** enthält in **§ 8 Nr 1** grdsätzl eine mit § 649 übereinstimmde Regelg, die 9
Künd bedarf aber der Schriftform (Nr 5). Darü hinaus gibt **§ 8 Nr 2 bis 4** ein KündR für bes Fälle mit darauf abgestellter Regelg der Vergütg u weitergehder beiderseit R. – **§ 9** sieht ein KündR des Untern nach FrSetzg vor, falls der Best MitwirkgsHandlgen unterläßt od fäll Zahlgen nicht leistet (vgl § 643 Rn 3).

650 ***Kostenanschlag.*** **I Ist dem Vertrag ein Kostenanschlag zugrunde gelegt worden, ohne daß der Unternehmer die Gewähr für die Richtigkeit des Anschlags übernommen hat, und ergibt sich, daß das Werk nicht ohne eine wesentliche Überschreitung des Anschlags ausführbar ist, so steht dem Unternehmer, wenn der Besteller den Vertrag aus diesem Grunde kündigt, nur der im § 645 Abs. 1 bestimmte Anspruch zu.**

II Ist eine solche Überschreitung des Anschlags zu erwarten, so hat der Unternehmer dem Besteller unverzüglich Anzeige zu machen.

1) Der **Kostenanschlag** kann versch Bedeutg haben. Das G geht davon aus, daß er ledigl eine unverbindl 1
fachmännische Berechng der voraussichtl Kosten u damit für beide Seiten bloß GeschGrdl, nicht VertrBestandt ist (Ffm NJW-RR **89**, 209). **Garantiert** der Untern die Preisansätze des Voranschlags, so wird er VertrBestandt, der Untern kann dann höchstens die Anschlagsumme verlangen, § 650 gilt in diesem Fall nicht (BGH NJW-RR **87**, 337). KalkulationsIrrt bei vereinb Höhe der Vergütg vgl § 119 Rn 18 ff.

2 **2)** Das **Kündigungsrecht** des Best ist die Folge einer wesentl Überschreitg des Voranschlags u der darin liegden Veränderg der GeschGrdl. SonderRegelg zu § 649 zG des Best, weil die wesentl Überschreitg des Kostenanschlags für das eig Wk aus dem Risikobereich des Untern stammt. Desh nicht entspr anwendb gg den Arch, wenn die zur Grdl des ArchVertr gemachte Bausumme wesentl überschritten wird (BGH **59**, 339). Maßg ist, ob der veranschlagte EndPr, nicht ob einz Positionen überschritten sind (Honig BB **75**, 447). Wann die Überschreitg wesentl ist, läßt sich nicht mit einer allg gült Prozentzahl sagen, es kommt auf den EinzFall an (Rohlfing/Thiele MDR **98**, 632). Daß 27,7% noch innerh der Toleranzgrenze liegen können (so BGH VersR **57**, 298 in einem Sonderfall, wie BGH NJW-RR **87**, 337 selbst einschränkt), ist nicht zu billigen. Als Richtschnur sollten je nach Lage des Falles 15 bis 20, in bes AusnFällen bis maximal 25% gelten (für ca 10% Pahlmann DRiZ **78**, 367). Köhler NJW **83**, 1633 hält eine Überschreitg dann für wesentl, wenn sie einen redl Best zur Änderg seiner Dispositionen, insb zur Künd veranlassen kann u gibt dafür Kriterien an. Das KündR besteht nur bis zur Abn (§ 640). VergütgsAnspr des Untern nur nach § 645 I. – **Schadensersatz** wg c. i. c. kann der Best bei schuldh Überschreitg (zB mangelh Erkundiggen des Untern zu Einzelh des Wk, Köln NJW-RR **98**, 548) verlangen (Ffm NJW-RR **89**, 209). Ein Schad besteht aber insow nicht, als die Mehrkosten zu einem Wertzuwachs des Wk geführt haben (BGH NJW **70**, 2018). Ers des im ZusHang mit der Künd entstehden Schad wie § 649 Rn 7.

3 **3)** Die **Anzeigepflicht** (II) soll den Best vor Übervorteilg schützen u die Ausübg seines KündR sichern. Unterl der Anz ist schuldh pVV des Untern (Ffm NJW-RR **89**, 209). Zu ersetzen ist das negat Interesse, dh der Best ist so zu stellen, wie er bei rechtzeit Anz stehen würde; hätte er gekündigt (zu unterstellen, GgBew mögl, MüKo/Soergel Rn 13; str), hat der Untern, weil er mit RGrd geleistet hat, nur die Anspr aus I (§ 645 I) bezogen auf den fiktiven Ztpkt der Künd, u zwar oRücks auf bereichergsrechtl Grds auch hins eingebauten Materials (Ffm OLGZ **84**, 198). Behält der Best allerd das fert Wk, hat er es iH des Anschlags zzgl dessen zul Überschreitg zu vergüten (Rohlfing/Thiele MDR **98**, 632, str). Etwaige weitere Schäd wg der unterl Anz sind ihm zu ersetzen. Diese Folgen entfallen, wenn der Best die Überschreitg des Voranschlags kannte od wenn sie auf seinen Weisgen od Wünschen beruht; § 254 ist anwendb. – Auch ohne Voranschlag kann der Untern zu einem Hinw auf außergewöhnl, vom Best nicht vorhersehb Kostensteigergen verpflichtet sein (§ 631 Rn 13; Köln NJW-RR **98**, 1429).

651 ***Werklieferungsvertrag.*** **I Verpflichtet sich der Unternehmer, das Werk aus einem von ihm zu beschaffenden Stoffe herzustellen, so hat er dem Besteller die hergestellte Sache zu übergeben und das Eigentum an der Sache zu verschaffen. Auf einen solchen Vertrag finden die Vorschriften über den Kauf Anwendung; ist eine nicht vertretbare Sache herzustellen, so treten an die Stelle des § 433, des § 446 Abs. 1 Satz 1 und der §§ 447, 459, 460, 462 bis 464, 477 bis 479 die Vorschriften über den Werkvertrag mit Ausnahme der §§ 647 bis 648 a.**

II Verpflichtet sich der Unternehmer nur zur Beschaffung von Zutaten oder sonstigen Nebensachen, so finden ausschließlich die Vorschriften über den Werkvertrag Anwendung.

1 **1) Begriff, Abgrenzung.** Allg s Einf 1, 5 v § 631. – **a)** Der **Werklieferungsvertrag** hat zum Inhalt die Herstellg aus Stoffen des Untern u Übereigng des fert Wk an den Best (BGH DB **69**, 346). Diese dem WkVertr entspr Pfl zur Herstellg eines körperl ArbErfolges für den Best unterscheidet ihn vom **Kaufvertrag,** bei dem ledigl die Beschaffg der fert Sache, sei es auch mit kleineren Ändergen (zB Konfektionskleidg) od Nebenleistgen (Montage, BGH NJW **98**, 3197), u deren Übereigng VertrGgst ist. – Beim reinen **Werkvertrag** hat der Untern, soweit körperl WkLeistgen in Frage stehen, seine Leistg iGrds an od mit Sachen des Best zu erbringen. Die Schöpfg des Wertes für den Best steht im VorderGrd, beim WkLiefergsVertr hingg die mit dem Warenumsatz verbundene Übertr v Eigt u Bes (BGH WM **77**, 79). Ist die Herstellg VertrInhalt, liegt gem **II** auch dann ein reiner WkVertr vor, wenn der Untern nur Zutaten od Nebensachen beschafft. Das ist immer dann der Fall, wenn die Stofflieferg ggü ArbLeistg u sonst Aufw an Bedeutg zurücktritt. Darauf, ob eine vertretb od unvertretb Sache herzustellen ist, kommt es dabei nicht an (BGH WM **92**, 916). Bsp: Operation. Gutachten. Porträt. Der BauVertr (Einf 6 v § 631, Köln BauR **86**, 441), weil das Grdst des Best Hauptsache ist (BayObLG **33**, 199); so auch bei Lieferg u Montage von Fertigteilgaragen (Düss BauR **82**, 164) od der Plang u Lieferg eines Kachelofens (Düss NJW-RR **99**, 814); and, wenn das zu errichtde Gebäude nur ScheinBestandt (§ 95) eines fremden, dem Best nicht gehör Grdst werden soll (BGH NJW **76**, 1539); BauBetrVertr s § 675 Rn 13 ff.

2 **b)** Das G unterscheidet **zwei Typen:** WkLiefergsVertr über **vertretbare Sachen,** sog LiefergsKauf (Rn 3) u über **nicht vertretbare Sachen,** eigentl WkLiefergsVertr (Rn 4). Beim ersteren überwiegt beim Best das Interesse an der Beschaffg des fert Produkts, beim Herst das Interesse am Absatz; er steht den UmsatzGesch, insb dem Kauf näher, wobei der Verk zugleich Herst ist. Beim letzteren überwiegt das beiders Interesse an der ArbLeistg u Herbeiführg des Erfolges, das HerstellgsInteresse, er steht dem WkVertr näher.

3 **2)** Bei **vertretbaren Sachen** (§ 91) gilt ausschl KaufR. Da es sich meist um beschr GattgsSchuld handelt (Serienware aus der Produktion des Verk), gilt insb auch § 480. Dem Untern steht es frei, die Sache für den Best neu herzustellen od eine von ihm bereits hergestellte zu liefern, zB nach Katalog. And als beim eigentl WkLiefergsVertr besteht keine Verpfl – wohl aber das R – zur Neuherstellg, denn sie ist ersetzb dch Lieferg einer bereits hergestellten Sache. ZwVollstr nach ZPO 883 I, 884. §§ 633 ff gelten nicht; zur entspr Anwendg einz Regeln bei vereinb Nachbesserg § 462 Rn 6 (§ 633 III, § 634 I 2; BGH NJW **71**, 1793), § 477 Rn 17 (§ 639 II; BGH **LM** § 639 Nr 1). Der Bearbeiter, dem der WkLieferer eine VorArb übertr hatte (Vorlieferant), ist nicht ErfGeh des WkLieferers (BGH **48**, 118); dieser hat allerd als Fachmann die VorArb auf etw Mangelhaftigk zu überprüfen; s a § 278 Rn 13, 14. Hins der OffenbargsPfl wg Mängeln ist nicht jede im Betr des WkLieferers tät Pers sein ErfGeh (BGH DB **68**, 1119: von HilfsPers verursachter, aber verheimlichter Mangel). – Aus dem WkVertrR können §§ 642, 643, 645 bei Mitwirkg, Zutaten, Anweisgen des Best entspr anwendb sein, wodch der Unterschied zum reinen KaufVertr ersichtl wird.

3) Nicht vertretbare Sachen (eigentl WkLiefergsVertr) sind solche, die dch die Art ihrer Herstellg den BestWünschen angepaßt sind u desh individuelle Merkmale besitzen, nicht austauschb (Hamm BB **86**, 555) u für den Untern schwer od gar nicht anderw absetzb sind, zB Reiseprospekte (BGH NJW **66**, 2307), spezielle Farbstoffe (Düss NJW-RR **97**, 186), Werkzeug zur Herstellg von Formteilen dch den Untern (Düss NJW-RR **97**, 757), Maßanzug, Werbefilm (BGH MDR **66**, 496), BauArb (Rn 1), Errichtg einer EigtWohng mit Mitteln des Best (BGH WM **78**, 1351), nachträgl Einbau einer serienm hergestellten Einbauküche in eine selbstgenutzte EigtWohng nach den bes Wünschen des Best (BGH BB **90**, 1093), ebso eines Schlafzimmers (Hamm NJW-RR **92**, 889), nachträgl Verlegg eines Teppichbodens mittels Klebers in einer Wohng (BGH NJW **91**, 2486). ZwVollstr nach ZPO 887, 888 auf Herstellg u Übereigng. Es gelten primär die Vorschr über den Kauf, sie sind aber teilw ersetzt dch die über den WkVertr. Im einzelnen: – **a) Nach Kaufrecht** hat Untern das Wk zu übertr u zu übereignen u für RMängel zu haften. Anwendb sind §§ 434, 435, 436, 439, 440, 442, 443, 444, 446 I 2, II, 447 über § 644 II, §§ 448 I, 449 mit §§ 313, 450, 452–455, 465–467, 469–476 über § 634 IV, §§ 477 II, III, 478, 479 über § 639 I, §§ 480, 494–496 (Hamm NJW-RR **96**, 1530), 497–515. Im HandelsVerk gelten HGB 377, 381 II. – **b) Nach Werkvertragsrecht** richtet sich die Herstellgs- u AbnPfl, der einheitl VergütgsAnspr für Herstellg der EigtWohng u GrdstAnteil (BGH **72**, 229; Verj § 196 Rn 10), Haftg für WkMängel (BGH MDR **66**, 496), Verzögerg, Gefahrübergang (bei bewegl Sachen), Rücktr, Künd. Es gelten: §§ 631 I, 632, 633–640, 641, 642–643, 644–645 mit 646 II, 649–650. – **c) Unanwendbar:** §§ 433 II, 446 I 1, 459, 460, 462–464, 477 I, sowie §§ 647–648 a; kein PfdR, da Untern bis zur Überg Eigtümer ist; wird auf BestGrdst gebaut, liegt § 651 ohnehin nicht vor (Rn 1). § 646 ist kaum praktisch, da für Übermittlg stets Abn (Überg, Übereigng) erfdl. 4

II. Reisevertrag

Einführung

1) Begriff, gesetzliche Regelung und anzuwendendes Recht. – Seinem **Wesen** nach ist der Reise- 1
Vertr ein aus dem WkVertr entwickelter (vgl die Rspr vor Inkrafttr des ReiseVertrG vom 4. 5. 79 (BGBl 509) ggseitiger Vertr. Er ist darauf gerichtet, daß der Reiseveranstalter in eig Verantwortg gg eine Vergütg (den Reisepreis) einen best Erfolg, näml eine best Gestaltg der Reise (BGH **130**, 128), zG seines VertrPartners (des Reisden) u/od der von diesem benannten Pers herbeiführt. Im Unterschied zum eigentl WkVertr wählt der Reiseveranstalter eine Anzahl von EinzLeistgen (zB Flug-, Schiffs-, Bahnreise, Transfer ins Hotel, Unterkunft, Verpflegg, Reiseleitg) im vorhinein aus, stimmt sie aufeinander ab, verbindet sie zu einer Einh u bietet sie nach einem vorher festgelegten Programm zu einem einheitl Pr an. Diese Mehrh zusgefaßter EinzLeistgen erbringt er innerh eines best Zeitraums u, dies in Abgrenzg zur Reisevermittlg (BGH NJW **85**, 906), in eig Verantwortg, wobei es auf das Auftreten ggü dem Kunden ankommt (Ffm OLGR **99**, 197). Meist bedient er sich dazu zumindest teilw versch LeistgsTräger (§ 651 a Rn 6). Bsp für Reiseveranstaltgen Rn 3 u ausführl Führich VersR **95**, 1138. Am UrlOrt angebotene Zusatzleistgen s § 651 a Rn 5. – Soweit §§ 651 a – 651 l 2
keine abschließde **gesetzliche Regelung** enthalten, gilt WkVertrR (BGH NJW **87**, 1931/1933). Versch Bestimmungen gehen auf die EG-Richtl über Pauschalreisen v 13. 6. 90 (ABlEG L 158 S 59) zurück, so auch die aGrd der Ermächtigg gem § 651 a V erlassene VO über die InformationsPfl von Reiseveranstaltern (InfVO; abgedr u erläut im Anh zu § 651 l). – **Internationales Privatrecht** EG 27, 29. Auf die Bereitstellg von ausl Ferienunterkünften gerichtete Vertr eines inländ Veranstalters mit einem inländ Kunden unterliegen mangels einer RWahl dtschem Recht (BGH **119**, 152).

2) Anwendungsbereich, Abgrenzung. §§ 651 a ff regeln bei einem auf eine Gesamth von Reiseleistgen 3
gerichteten ReiseVertr (Rn 1) die RBeziehgen zw dem Reiseveranstalter u dem Reisden. Das G definiert den Begr des Reiseveranstalters nicht. Gewerbl Tätigk u Gewinnstreben sind nicht erfdl, es genügt jede Tätigk, wie vorstehd Rn 1 beschrieben (ebso MüKo/Tonner § 651 a Rn 9), zB Leserreise eines ZeitgsVerlages, einer Volkshochschule, gemeinnütz organisierter AuslSchulaufenth (Karlsr NJW-RR **98**, 841, MDR **99**, 922; and für EG-Richtl EuGH EuZW **99**, 219), im Ggs etwa zur selbst, dh ohne Einschaltg eines Reisebüros organisierten Betr- od Vereinsreise für Mitgl (ebso Nettesheim DAR **95**, 319; str). Hauptfall ist die Pauschalreise, der Reisezweck spielt keine Rolle (LG Ffm NJW-RR **94**, 634). Es genügen aber auch zwei zu einer GesLeistg zusgefaßte Leistgen, von denen nicht die eine ganz untergeordnete Bedeutg hat. Bsp: Beförderg u Unterkunft in einer Ferienwohng (BGH **61**, 276), Bootscharter mit Hin- u Rückflug (LG Mü I NJW-RR **95**, 1522), Arrangement für Fahrt mit Musicalbesuch (LG Ffm NJW-RR **99**, 57), entgeltl Flug mit gewonnenem Hotelaufenth (AG Hohenschönh NJW-RR **99**, 129). Entspr anwendb ist das ReiseVertrR, wenn ein Reisebüro als Veranstalter mit Verantwortg für den Erfolg als EinzLeistg ein Ferienhaus od eine Ferienwohng zu Urlaubszwecken anbietet (BGH **130**, 128; ebso Düss NJW-RR **98**, 50 für Mobilheim). Je nach den Umst handelt das Reisebüro als Veranstalter od als Vermittler bei der Buchg eines Hotelzimmers mit Voll- od Halbpension (Mü NJW **84**, 132, Hann NdsRpfl **84**, 140; aA Erm/Seiler § 651 a Rn 4). Getrennt berechnete fakultative Zusatzleistgen währd einer Pauschalreise s § 651 a Rn 5. – **Nicht anwendbar** sind 4
§§ 651 a ff auf Angeb des LeistgsTrägers selbst (Ffm NJW-RR **97**, 1209); ferner wenn ein Reisebüro weder eine GesLeistg zu einheitl Pr noch eine EinzLeistg als Veranstalter iS der Rn 1, 3 zu erbringen hat, sond ledigl die Leistg eines Dr vermittelt (BGH **130**, 128: Charter eines Bootes nur als Transportmittel ohne Gestaltg der Reise, Stgt NJW **96**, 1352: geführte Bergtour eines alpinistischen Vereins für Mitgl). Für die Abgrenzg kommt es auf die Sicht des Kunden an (§ 651 a II). So handeln **Reisebüros** beim Verk von Fahr-, Schiffs- od Flugkarten erkennb als VerkStellen, Vermittler od Agenten des VerkehrsUntern (BGH **61**, 276). Ebso bei Vermittlg einz nicht von vornherein aufeinander abgestimmter Teilleistgen, die der Reisde in eig Verantwortg zusstellt (KG NJW-RR **91**, 1017, Hamm NJW-RR **98**, 1668, Hbg NJW-RR **98**, 1670). Als Vermittler od HandelsVertr handelt auch ein Reisebüro, das erkennb für einen and Reiseveranstalter dessen Pauschalreise anbietet (BGH **62**, 71, NJW **74**, 1242, Schleswig VuR **94**, 341, Offbg NJW-RR **97**, 503: last-minute-Reisen). Zw Reisebüro u Kunden besteht in diesen Fällen nach hM ein GeschBesVertr gem § 675 (ReiseVermittlgsVertr, Ffm NJW-RR **96**, 889, MüKo/Tonner § 651 a Rn 29; RGRK/Recken § 651 a Rn 16: Auftr).

Das Reisebüro ist EmpfBote des Reiseveranstalters (BGH **82**, 219), sein ErfGeh nur, soweit es zu Abschl u Abwicklg des ReiseVertr eingeschaltet ist (RGRK/Recken aaO Rn 17 f, 20, s a LG Ffm NJW-RR **99**, 931). Zu für den Veranstalter verbindl Zusagen ist es nur in beschr Umfang berechtigt (§ 651 a Rn 1), zur Entggnahme des ReisePr nur bei InkassoVollm (AG Ebersbg RRa **99**, 24, Anm Tonner). GewlAnspr gg das Reisebüro wg Mängeln der vermittelten Leistg bestehen nicht (Mü MDR **84**, 492), uU aber SchadErsAnspr wg pVV aus dem GeschBesVertr (Landau NJW-RR **98**, 192; näher Dewenter MDR **98**, 1136), zB bei fehlerh Beratg od Information (Tempel NJW **96**, 1625/1635; AG Bielef NJW-RR **99**, 57, Tonner RRa **99**, 56: unterl Hinw auf VisumPfl, aA LG Ffm NJW-RR **99**, 1145), od Weiterleitg der Zahlg des Kunden an den (später illiquiden) Reiseveranstalter ohne SichgsSchein (Traunstein NJW-RR **93**, 1531; zum InsRisiko in diesen Fällen Eckert RRa **99**, 43). Diese Haftg des vermittelnden Reisebüros tritt selbstd neben die GewlAnspr gg den Veranstalter (BGH **82**, 219).

651 a ***Reisevertrag.*** **I Durch den Reisevertrag wird der Reiseveranstalter verpflichtet, dem Reisenden eine Gesamtheit von Reiseleistungen (Reise) zu erbringen. Der Reisende ist verpflichtet, dem Reiseveranstalter den vereinbarten Reisepreis zu zahlen.**

II Die Erklärung, nur Verträge mit den Personen zu vermitteln, welche die einzelnen Reiseleistungen ausführen sollen (Leistungsträger), bleibt unberücksichtigt, wenn nach den sonstigen Umständen der Anschein begründet wird, daß der Erklärende vertraglich vorgesehene Reiseleistungen in eigener Verantwortung erbringt.

III Der Reiseveranstalter kann den Reisepreis nur erhöhen, wenn dies mit genauen Angaben zur Berechnung des neuen Preises im Vertrag vorgesehen ist und damit einer Erhöhung der Beförderungskosten, der Abgaben für bestimmte Leistungen, wie Hafen- oder Flughafengebühren, oder einer Änderung der für die betreffende Reise geltenden Wechselkurse Rechnung getragen wird. Eine Preiserhöhung, die ab dem zwanzigsten Tag vor dem vereinbarten Abreisetermin verlangt wird, ist unwirksam. § 11 Nr. 1 des Gesetzes zur Regelung des Rechts der Allgemeinen Geschäftsbedingungen bleibt unberührt.

IV Der Reiseveranstalter hat eine Änderung des Reisepreises nach Absatz 3, eine zulässige Änderung einer wesentlichen Reiseleistung oder eine zulässige Absage der Reise dem Reisenden unverzüglich nach Kenntnis von dem Änderungs- oder Absagegrund zu erklären. Im Falle einer Erhöhung des Reisepreises um mehr als fünf vom Hundert oder einer erheblichen Änderung einer wesentlichen Reiseleistung kann der Reisende vom Vertrag zurücktreten. Er kann statt dessen, ebenso wie bei einer Absage der Reise durch den Reiseveranstalter, die Teilnahme an einer mindestens gleichwertigen anderen Reise verlangen, wenn der Reiseveranstalter in der Lage ist, eine solche Reise ohne Mehrpreis für den Reisenden aus seinem Angebot anzubieten. Der Reisende hat diese Rechte unverzüglich nach der Erklärung durch den Reiseveranstalter diesem gegenüber geltend zu machen.

V Das Bundesministerium der Justiz wird ermächtigt, im Einvernehmen mit dem Bundesministerium für Wirtschaft durch Rechtsverordnung zum Schutz der Verbraucher bei Reisen Festsetzungen zu treffen, durch die sichergestellt wird, daß die Beschreibungen von Reisen keine irreführenden, sondern klare und genaue Angaben enthalten und daß der Reiseveranstalter dem Verbraucher die notwendigen Informationen erteilt. Zu diesem Zweck kann insbesondere bestimmt werden, welche Angaben in einem vom Veranstalter herausgegebenen Prospekt und in dem Reisevertrag enthalten sein müssen sowie welche Informationen der Reiseveranstalter dem Reisenden vor dem Vertragsabschluß und vor dem Antritt der Reise geben muß.

1 **1) Allgemeines,** Begr und Wesen des ReiseVertr, AnwendgsBer s Einf. – Für den **Vertragsschluß** gelten die allg Vorschr, auch §§ 164 ff, 328. Bucht der Anmelder eine Reise für sich u and Pers, so ist, wenn er (nur) im eig Namen handelt (wie idR bei FamAngeh, AG Düss NJW-RR **99**, 567), nur er „Reisder" u damit gem §§ 651 a ff berecht u verpflichtet, jedoch besteht Schutzwirkg (§ 328 Rn 13) für die übr; tritt er (auch) als Vertr der übr auf (§ 164 Rn 7), w diese nach allg Regeln berecht u verpflichtet u sind daher selbst „Reisde" (BGH **105**, 52). Die Buchg des Reisden ist VertrAngeb, Ann formfrei, ausdr od konkludent mit der Verpfl, bei od unverzügl nach VertrAbschl dem Reisden eine Reisebestätigg gem § 3 InfVO (Anh zu § 651 l) auszuhändigen. Auch für die Ann mit Abweichg gelten die allg Regeln. Das vermittelnde Reisebüro (Einf 4 v § 651 a) ist idR nur zu Zusagen in Einzelh, nicht aber in offenem Widerspr zum Prospekt berecht (Ffm NJW-RR **95**, 1462, **99**, 202). Die Wirksamk von Ändergs-, Ersetzgs- od RücktrVorbeh beurteilt sich neben Abs III, IV nach AGBG 10 Nr 3, 11 Nr 1; zur Wirksamk von FormularBest im ReiseVertr auch AGBG 9 Rn 122.

2 **2) Vertragspflichten (Abs I). – a) des Reiseveranstalters.** Plang, Organisation u Durchf der Reise entspr dem ausgeschriebenen Programm (s Einf 1 v § 651 a). Sorgfält Auswahl der LeistgsTräger im Hinbl auf deren Eigng u Zuverlässigk (BGH **100**, 185) u Pfl zu deren den Umst entspr regelm Überwachg, auch hins des SicherhStandards nach den örtl Vorschr (Ffm NJW-RR **94**, 560, Celle NJW-RR **96**, 372) od jedermann erkennb SicherhRisiken (Düss NJW-RR **97**, 1483) u des Komforts der baul Anl (BGH **103**, 297). Information des Reisden gem InfVO 1–4 (Anh zu § 651 l), insb über die erfdl Reisedokumente (AG Bad Hombg NJW-RR **98**, 923; Beschaffg s Rn 3) u sonst EinreiseBest, sowie über alle weiteren allg in Betracht zu ziehenden Punkte, die das Gelingen der Reise vereiteln od beeinträchtigen können (BGH NJW **85**, 1165), zB unmittelb bevorstehende Gef od Hindern am UrlOrt (LG Ffm NJW **80**, 1696: Streik im Zielland, NJW-RR **91**, 313: Hurrikan). Sicherstellg des Kunden gg Risiko der Illiquidität gem § 651 k. Pfl zum Rücktransport des
3 Reisden nach ao Künd s § 651 j II – **b) des Reisenden.** Bezahlg der vereinb Vergütg; Umstellg auf Euro § 245 Rn 5 ff. Für ihre Fälligk gilt § 646, also mit Beendigg der Reise. Eine für den Reisden ungünstigere Vereinbg ist nur (§ 651 l) nach Maßg des § 651 k IV, V wirks, näher § 651 k Rn 7. Außerdem muß der Reisde das seiners Erfdl zur Vorbereitg u planmäß Durchf der Reise tun, insb die persönl Reisedokumente

(Paß, Visum, Impfnachw etc) beschaffen (BGH NJW **85**, 1165); hat der Reiseveranstalter die Beschaffg übern, muß er den Reisden über voraussehb Schwierigk unterrichten (Ffm NJW-RR **97**, 243). Von ihm verurs außerplanm Transportmehrkosten hat der Reisde zu erstatten (§ 645 I; Duisbg NJW-RR **99**, 1067: Arztbegleitg). – **c) Verletzung von Vertragspflichten,** soweit es sich nicht um Mängel handelt (Abgrenzg Vorbem 8–12 v § 651 c; zur Einordng von InformationsPflVerl Tempel NJW **96**, 1625), beurteilt sich nach den Vorschr des allg SchuldR (LG Heidelberg NJW **84**, 133; § 651 f Rn 2); auch Künd währd der Reise dch den Veranstalter aus wicht Grd, grdsätzl nach Abmahng (LG Ffm NJW-RR **94**, 375). 4

3) Abweichende Erklärung. Abs II konkretisiert die allg RechtsGrds der §§ 133, 157 und 164 u gilt desh entspr auch für die Buchg einer einzelnen Reiseleistg, die das Reisebüro selbst als Veranstalter anbietet (BGH NJW **85**, 906: Ferienwohng für Urlaub). Ergibt sich bei obj Würdigg der ges Umst aus der Sicht des Reisden, daß der Reiseveranstalter vertragl vorgesehene Reiseleistgen (Einf 1 v § 651 a) in eig Verantwortg anbietet, so muß er sich daran festhalten lassen u kann sich nicht auf die Rolle des Vertr für den Reiseveranstalter od des bloßen Vermittlers der EinzLeistgen zw dem Kunden u dem jew LeistgsTräger (zB Hotelier, BusUntern) zurückziehen. Solche Umst sind die eig Werbg des Reiseveranstalters, insb in eig Reisekatalogen (Köln NJW-RR **95**, 314), Reiseprospekten, deren Angaben bindd sind (§ 1 I S 2 InfVO), das Angeb der gebündelten Leistgen zu einem einheitl Pr für das GesArrangement (BGH **77**, 310) bzw der EinzLeistg (BGH NJW **85**, 906), auch das Verlangen des „Vermittlers", MängelAnz innerh best Fr zwecks Abhilfe an ihn zu richten (BGH WM **92**, 1948). Will der Reiseveranstalter für eine im PauschalPr enthaltene EinzLeistg, auch Linienflug, nur als Vermittler auftreten, so muß er darauf in der Reisebeschreibg, den BuchgsUnterlagen u der Reisebestätigg ausdr hinweisen (Ffm NJW-RR **88**, 1328). **Zusatzleistungen** vor Ort gehören zur Reise, wenn sie im Namen des Reiseveranstalters angeboten w (Düss NJW-RR **91**, 55). Dieser kann sie vermitteln, wenn er dies unmißverständl klarstellt (Indiz: Leistg fakultativ, gesondert ausgewiesener Pr; Bsp: Besuch einer Sportveranstaltg od Theateraufführg, Ausflug am UrlOrt). Diese Erkl ist gem Abs II unwirks, wenn es sich um eine EinzLeistg handelt, die der Pauschalreise das Gepräge gibt, zB Sprachkurs bei einer als Sprachreise, Sportkurs bei einer als Sportreise, Eintrittskarten bei einer als Theaterreise angebotenen Reise (MüKo/Tonner Rn 62). 5

4) Die **Leistungsträger** (Abs II) u ihre HilfsPers (LG Ffm NJW-RR **91**, 631, § 278 Rn 9) sind iR der reisevertragl vereinb Leistgen **Erfüllungsgehilfen.** Bsp: FlugGesellsch (Düss NJW-RR **92**, 1330), Hotel (BGH **63**, 98), Reederei (LG Mü I NJW-RR **95**, 1522). Sie erbringen entw eine best Art von Leistg (zB Unterkunft, Verpflegg) od eine einmal EinzLeistg (zB Transfer Flughafen-Hotel), die iR des ReiseVertr Teilleistgen des Reiseveranstalters sind. Ob insow RBez (auch) zw dem Reisden u dem jew LeistgsTräger bestehen, hängt vom EinzFall ab. Denkb ist, daß der Reiseveranstalter auch im Namen u mit Vollm des Kunden die jew Vertr mit den LeistgsTrägern abschließt, die zur Erf des ReiseVertr im ganzen nöt sind. Näherliegd ist, daß der Veranstalter diese Vertr im eig Namen zG des Reisden abschließt (ebso MüKo/Tonner § 651 a Rn 22, BGH **93**, 271 für CharterVertr zw Reiseveranstalter u FlugGesellsch), so daß neben dem Veranstalter auch der Kunde, ohne selbst VertrPartner des LeistgsTrägers zu sein, gg diesen einen eig ErfAnspr (Einf 5 v § 328) u bei LeistgsStörgen den nach der einschläg ROrdng in Betr kommden SchadErs- od GewlAnspr hat. Die FlugGesellsch kann ggü dem BefördergsAnspr des Reisden nicht einwenden, der Reiseveranstalter habe den Pr für den Charterflug nicht bezahlt, weil § 334 nach den Umst idR als abbedungen anzusehen ist (BGH **93**, 271). – **Keine Erfüllungsgehilfen** sind die LeistgsTräger od Dr hins zusätzl Leistgen, die sie selbst anbieten (zB Verwahrg von Wertsachen im Hotelsafe auf Verlangen des Reisden, AG Mü NJW-RR **98**, 1356) od die vom Veranstalter nur vermittelt worden sind (Rn 5). Ferner die Pers, die keine vom Reiseveranstalter organisierb Leistgen erbringen. Bsp: Ausl Konsulat bei Ausk über EinreiseBest (Düss NJW-RR **95**, 694), Botsch bei der Visabeschaffg (LG Mü I NJW-RR **93**, 742), Flughafenpersonal (Hann VersR **90**, 282), Zollbeamte (Hann NJW-RR **89**, 820), Schiffsarzt (Hbg MDR **85**, 141), Flugkapitän in Ausübg luftpolizeil Befugn (AG Bad Hombg NJW-RR **97**, 821). Zum vermittelnden Reisebüro Einf 4 v § 651 a. – VerrichtgsGeh (§ 831) des Reiseveranstalters sind die LeistgsTräger idR nicht, weil es an der dazu nöt Abhängigk u WeisgsGebundenh fehlt (BGH **45**, 311, **103**, 298). 6

5) Erhöhung des Reisepreises (Abs III). – a) Zulässigkeit (S 1). Das Recht zur PrErhöhg muß im Vertr mit genauen Angaben zur Berechng des neuen Pr ausdr vorgesehen, außerdem muß ersichtl sein, wie sich eine den Reiseveranstalter treffde Kostenmehrbelastg auf den ReisePr ursächl auswirkt. Nur in diesem Umfang ist die Erhöhg zul. Grd für die anteil Erhöhg des PauschalPr kann nur sein eine Erhöhg der darin enthaltenen BefördergsKosten, Abgaben für best Leistgen wie Hafen- od Flughafengebühren od Änderg der Wechselkurse. Die Darleggs- u BewLast hierfür trifft den Veranstalter, HinwPfl in der Reisebestätigg (InfVO § 3 II d). – **b) Geltendmachung** (Abs IV S 1) dch Zugang der einseit, rechtsgestaltden ErhöhgsErkl des Veranstalters in Ausübg seines vertragl BestimmgsR an den Reisden, u zwar unverzügl (§ 121 I) nach Kenntn des anzugebden ErhöhgsGrdes. – **c) Zeitliche Grenzen** (Abs III S 2, 3). Die Erkl muß dem Reisden spätestens mit Ablauf des 21. Tages vor dem vereinb Abreisetermin zugegangen sein, andernf ist sie unwirks. Ist das Recht des Veranstalters zur PrErhöhg in AGB od FormularVertr enthalten, so ist die Klausel unwirks, wenn zw VertrAbschl u Reisebeginn nicht mehr als 4 Mo liegen (Abs III S 3 mit § 11 Nr 1 AGBG). 7 8 9

6) Änderung einer Reiseleistung, Absage der Reise (Abs IV). – a) Zulässigkeit. Das Recht des Veranstalters zur Absage od wesentl LeistgsÄnderg nach VertrAbschl (zu ihr allg Tempel RRa **99**, 107) muß im Vertr ausdr vorgesehen sein. Außerdem muß im Prospekt od in der Reisebestätigg angegeben sein eine etwa erfdl MindestTeilnZahl u bis zu welchem Ztpkt vor dem vereinb Reisebeginn die AbsageErkl wg Nichterreichens dieser Zahl dem Reisden zugegangen sein muß (InfVO §§ 1 I g, 3 II); auch and AbsageGrde können ind mit angem Zeitspanne vereinb werden. Ein in AGB od FormularVertr enthaltener ÄndergsVorbeh muß dem Reisden zumutb sein (§ 10 Nr 4 AGBG), zB unerhebl Änderg einer nicht wesentl Leistg. Austausch des Mietobjekts im gült Katalog ggü dem einer Vorausbuchg zGrd liegden früh Katalog ist mögl, wenn auf ÄndMöglichk hingewiesen ist (Landau NJW-RR **98**, 192). – **b) Geltendmachung** (S 1) dch Zugang der einseit, rechtsgestaltden Absage- bzw ÄndergsErkl des Veranstalters an den Reisden, u zwar unverzügl (§ 121 I) nach Kenntn des Absage- bzw ÄndergsGrdes. – **c) Zeitliche Grenze.** Die AbsageErkl muß dem 10 11 12

Reisden innerh der im Vertr vereinb Fr vor Reisebeginn zugegangen sein. Andernf SchadErsAnspr wg pVV, wenn dch die Nichteinhaltg der Fr ein Schad entstanden ist.

13 **7) Rechtsfolgen der Preiserhöhung, Leistungsänderung, Absage der Reise. – a) Weitergeltung des Vertrages mit den Änderungen,** wenn der Reisde oRücks auf das Ausmaß der PrErhöhg od die Erheblichk der LeistgsÄnderg zu den geänderten Bdggen an der Reise teilnehmen will. Ebso, wenn die PrErhöhg nicht mehr als 5% des vereinb ReisePr beträgt bzw wenn die LeistgsÄnderg unerhebl ist od eine
14 nicht wesentl Leistg betrifft. – **b) Rücktrittsrecht des Reisenden** (S 2) vor Reisebeginn bei PrErhöhg über 5% od wenn die Änderg unter Berücksichtigg der Art der Reise sowohl erhebl ist wie auch eine wesentl Reiseleistg (nicht nöt: die ganze Reise) betrifft. Bsp: Erhebl Änderg der Flugzeiten (Bad Hombg NJW-RR **98**, 1357); erhebl weniger bequemes (LG Ffm NJW-RR **98**, 1590) od sicheres (Schmid NJW **96**, 1636: and
15 FlugGesellsch) Transportmittel. Verdrängt nicht das KündR gem § 651 e. – **c) Recht auf Teilnahme an einer mindestens gleichwertigen anderen Reise** (S 3) bei Absage der Reise, außerdem wahlw bei Vorliegen der Vorauss für einen Rücktr gem Rn 14. Vorauss ist, daß der Veranstalter eine solche Reise aus
16 seinem Angeb ohne MehrPr anbieten kann. – **d) Geltendmachung** (S 4). Der Reisde muß eines seiner Rechte gem Rn 13–15 unverzügl (§ 121 I) nach Zugang der Erkl des Veranstalters über PrErhöhg, Leistgs-Änderg od Absage der Reise diesem ggü geltd machen. Eine Form dafür ist nicht vorgeschrieben, Schriftform aber zu empfehlen. Im Falle des Rücktr beurteilen sich die beiderseit Rechte u Pfl nach §§ 346 ff. Ein verspätet erkl Rücktr ist unwirks, der alte Vertr mit den zul erkl Ändergen gilt weiter. – Nimmt der Reisde das Angeb der ErsReise an, kommt ein neuer ReiseVertr zustande u ersetzt den bisherigen, eine geleistete Anzahlg ist anzurechnen. Trotz des Verlangens nach einer ErsReise besteht kein AnnZwang. Lehnt der Reisde das Angeb ab, so bleibt es bei der Absage dch den Veranstalter, iF der PrErhöhg od LeistgsÄnderg bleibt wg
17 des WahlR das RücktrR bestehen, der Rücktr ist nunmehr unverzügl zu erklären. – **e)** Die **Absage der Reise** steht einem Rücktr dch den Veranstalter gleich, sie beseitigt rechtsgestaltd den ReiseVertr, bereits geleistete Zahlgen sind entspr § 346 zurückzugewähren.

18 **8) Absatz V.** Die VO des BMJ über die InformationsPfl von Reiseveranstaltern ist als Anh zu § 651 l abgedr. Wegen sonstiger Pfl der VertrPartner vgl Rn 2, 3.

651 b

Vertragsübertragung. **I Bis zum Reisebeginn kann der Reisende verlangen, daß statt seiner ein Dritter in die Rechte und Pflichten aus dem Reisevertrag eintritt. Der Reiseveranstalter kann dem Eintritt des Dritten widersprechen, wenn dieser den besonderen Reiseerfordernissen nicht genügt oder seiner Teilnahme gesetzliche Vorschriften oder behördliche Anordnungen entgegenstehen.**

II Tritt ein Dritter in den Vertrag ein, so haften er und der Reisende dem Reiseveranstalter als Gesamtschuldner für den Reisepreis und die durch den Eintritt des Dritten entstehenden Mehrkosten.

1 **1) Vertragsübertragung (Abs I S 1).** Die Befugn dazu beruht auf der Überlegg, daß idR die Pers des ReiseTeiln für den Reiseveranstalter keine Bedeutg hat. Sie besteht unabdingb (§ 651 l) neben dem RücktrR in § 651 i bis zum Beginn der Reise ohne Angabe eines VerhindergsGrdes. Nöt ist eine rgeschäftl Übertr des ReiseVertr im ganzen (vgl § 398 Rn 38) der Art, daß der Dr dch Vereinbg mit dem Reisden an dessen Stelle vollst in alle Rechte u Pfl aus dem ReiseVertr eintritt. Das EintrittsR kann grdsätzl bis zum tats Reiseantritt ausgeübt werden (AG Ba-Ba NJW-RR **95**, 1263), jedoch ist der Reiseveranstalter nach Möglichk hiervon so rechtzeit zu verständigen, daß er ggf sein WidersprR (Rn 2) noch ausüben kann. Seine Zust ist nicht erfdl. Der Dr ist idR vom Reisden zu benennen, kann aber bei entspr Absprache auch vom Veranstalter benannt sein. Der neue Teiln hat gg sich gelten zu lassen, wenn der Veranstalter seine Pfl, zB aus § 651 k, InformationsPfl (§§ 1–3 InfVO, Anh zu § 651 l), ggü dem urspr Teiln bereits erfüllt hat.

2 **2) Widerspruchsrecht des Veranstalters.** In den 3 in Abs I S 2 genannten Fällen ist ihm die Ersetzg des ReiseTeiln aus nicht in seinem Einflußbereich liegden Grden nicht zumutb. Bes ReiseErfordern in der Pers des Teiln können sich aus der Art, dem Ziel od dem Programm der Reise ergeben, zB Tropentauglichk, Bergsteigererfahrg, nautische Kenntn. Gesetzl Vorschr od behördl AOen können der Teiln einer and als der angemeldeten Pers zB bei einem Sammelvisum od früh Paßeintraggen entggstehen. Vertragl Vereinbgen mit einz LeistgsTrägern (§ 651 a Rn 6), die die Ersetzg eines Teiln ausschließen od beschr, geben dem Reiseveranstalter kein WidersprR. Die BewL für die Vorauss des WidersprR trägt der Veranstalter. Berecht Widerspr führt zur Unwirksamk der VertrÜbern, der bisher ReiseVertr gilt weiter.

3 **3) Haftung, Mehrkosten (Abs II).** Die Verpfl des neuen Teiln zur Zahlg des ReisePr, soweit nicht bereits entrichtet, folgt aus der VertrÜbern. Daneben bleibt die Haftg des alten bestehen, beide haften als GesSchu. Gleiches gilt für die dch die VertrÜbern verursachten Mehrkosten wie VerwUnkosten, Telefon- u Portospesen. Pauschalierg ist, and als in § 651 i III, nicht vorgesehen, aber in den Grenzen des § 651 l u der §§ 10 Nr 7, 11 Nr 5 AGBG zul.

Vorbemerkung vor §§ 651 c bis g

1 **1) Allgemeines zur Gewährleistung, Überblick. – a)** §§ 651 c–h enthalten eine in sich geschlossene, abschließde Regelg der Gewl des Reiseveranstalters. Ein Zurückgreifen auf das GewlR des WkVertr ist ausgeschl. Die Regelg ist zwar derj im WkVertr nachgebildet, unterscheidet sich aber in wesentl Punkten von ihr. Berecht ist der Reisde (§ 651 a Rn 1). Die Abtretg der GewlAnspr ist grdsätzl zul; sie kann in AGB
2 ausgeschl w, der Ausschl kann aber im ZusHang mit and Klauseln unwirks sein (BGH **108**, 52). – **b) Abhilfeverlangen,** § 651 c, ist der nächstliegde GewlAnspr des Reisden; nach ergebnisl Ablauf einer gesetzten Fr das
3 R des Reisden auf Selbsthilfe. – **c) Minderung,** § 651 d, setzt ebenf nur einen obj Mangel der Reiseleistg u MangelAnz voraus. Tritt abw von § 634 kraft G ein, FrSetzg zur Abhilfe u AblehngsAndrohg sind nicht erfdl.

Auch neben der Abhilfe bis zu ihrer Vorn mögl. Wandelg gibt es nicht. – **d) Das Kündigungsrecht,** 4
§ 651 e, setzt eine erhebl Beeinträchtigg der Reise dch den Mangel od Unzumutbark ihrer Fortsetzg für den Reisden wg eines wicht, dem Reiseveranstalter erkennb Grd voraus, außerd grdsätzl den ergebnisl Ablauf einer Fr zur Abhilfe. Die Bestimmg regelt außerd den EntschAnspr des Reiseveranstalters u das R des Kunden auf Rückbeförderg. SonderVorschr für höh Gew in § 651 j. – **e) Schadensersatz,** § 651 f, kann der Reisde 5
neben Minderg od Künd verlangen, es sei denn der Reiseveranstalter kann nachweisen, daß er den Mangel nicht zu vertreten hat (§ 651 f Rn 4). Der Anspr schließt bei erhebl Beeinträchtigg der Reise eine angem Entsch in Geld für nutzl aufgewendete UrlZeit ein. – **f)** Eine **Ausschlußfrist** für die GeltdMachg der 6
GewlAnspr enthält § 651 g. Dort ist auch die **Verjährung** eigens geregelt. – **g) Vertraglicher Ausschluß** 7
oder Einschränkung der GewlAnspr ist nur iR des § 651 h zul; iü ist eine Beschrkg der Rechte des Reisden unwirks (§ 651 l). S a AGBG 9 Rn 122.

2) Verhältnis zu anderen Ansprüchen. §§ 651 c–g regeln die Rechte der VertrPart bei Mängeln; zu 8
sonst VertrPflVerl s § 651 a Rn 4. Schwierigk bietet die Abgrenzg von allg LeistgsStörgsR (Folge: §§ 323 ff, pVV) und Gewl (Folge §§ 651 c ff); dazu Kaller RRa **99**, 19.

a) Sonderregelung. Soweit es um Anspr gg den Reiseveranstalter als solchen wg einer Beeinträchtigg der 9
Reise dch einen Mangel aus dem GefBereich des Veranstalters (§ 651 c Rn 2, 3) geht, schließen §§ 651 c ff ab Vertragschl die allg Vorschr weitgehd aus. Denn nach der Rspr handelt es sich grdsätzl um einen Fehler, für den der Veranstalter gem §§ 651 c ff einzustehen hat, wenn bei einer Reiseveranstaltg (Einf 1, 3 v § 651 a) eine nach dem Vertr geschuldete Leistg aus Grden, die nicht allein in der Pers des Reisden liegen, nicht erbracht wird, u zwar auch dann, wenn bereits die erste Reiseleistg ausfällt u damit die ganze Reise vereitelt wird (BGH **97**, 255 im Anschl an BGH **85**, 300 für unberecht Abbruch der Flugreise zum UrlOrt; teilw aA Tempel NJW **86**, 547, Meyer VersR **87**, 339, Schmitt JR **87**, 265). Nicht erfaßt werden nur solche LeistgsStörgen, die sich nicht auf den Nutzen der Reise auswirken u desh nicht zu einem Mangel führen (zu solchen PflVerl des Veranstalters § 651 a Rn 4). Dieser Rspr ist im Interesse der RKlarh u RSicherh u wg des sachgerechten Erg zuzustimmen.

b) Soweit der **Reiseveranstalter selbst Leistungsträger** (§ 651 a Rn 6) ist, schließen §§ 651 c ff and 10
vertragl od gesetzl Anspr nicht aus. Befördert zB der Veranstalter die Reisden in seinem eig BefördergsMittel od bringt er sie in seinem eig Hotel unter, haftet er für Pers- u SachSchäd währd des Transports bzw der Unterbringg nach den einschläg vertragl od gesetzl Best (weitergehd Tempel JuS **84**, 81/90, LG Ffm NJW **83**, 2263). HaftgsBeschrkg in diesen Fällen § 651 h Rn 1. Charter s Einf 10 v § 631.

c) Deliktsansprüche, insb wg Verl von VerkSichgsPfl bleiben unberührt (BGH **103**, 298). Die SorgfPfl 11
für den Zust von VertrHotels darf nicht überspannt werden (Düss VersR **94**, 1439).

d) Die Schadensersatzregelungen des Warschauer Abkommens schließen in ihrem AnwendgsBer 12
Anspr aus § 651 f, nicht solche aus § 651 d aus (LG Ffm NJW-RR **86**, 216: verspätete Aushändigg des Fluggepäcks am UrlOrt); s a § 651 h Rn 4, Einf 9 v § 631.

651 c

Abhilfe. [I] **Der Reiseveranstalter ist verpflichtet, die Reise so zu erbringen, daß sie die zugesicherten Eigenschaften hat und nicht mit Fehlern behaftet ist, die den Wert oder die Tauglichkeit zu dem gewöhnlichen oder nach dem Vertrage vorausgesetzten Nutzen aufheben oder mindern.**

[II] **Ist die Reise nicht von dieser Beschaffenheit, so kann der Reisende Abhilfe verlangen. Der Reiseveranstalter kann die Abhilfe verweigern, wenn sie einen unverhältnismäßigen Aufwand erfordert.**

[III] **Leistet der Reiseveranstalter nicht innerhalb einer vom Reisenden bestimmten angemessenen Frist Abhilfe, so kann der Reisende selbst Abhilfe schaffen und Ersatz der erforderlichen Aufwendungen verlangen. Der Bestimmung einer Frist bedarf es nicht, wenn die Abhilfe von dem Reiseveranstalter verweigert wird oder wenn die sofortige Abhilfe durch ein besonderes Interesse des Reisenden geboten wird.**

1) Allgemeines zu den GewlAnspr vgl Vorbem. Die Best ist in allen drei Abs dem § 633 nachgebildet, sie 1
enthält im wesentl and, auf die Besonderh des ReiseVertr abgestellte Formuliergen. Eine sachl Abw enthält ledigl Abs III.

2) Für den **Mangel** – tauglichkmindernder Fehler aus dem GefBereich des Veranstalters (Ffm NJW-RR 2
88, 1328, Hann NJW-RR **89**, 820) od Fehlen einer zuges Eigensch – gelten § 633 Rn 2, 3. Ledigl sprachl besteht eine Abw insow, als für den Begr Gebrauch hier der Begr Nutzen gesetzt ist. Anknüpfungspunkt für den **Fehler** ist die „Reise“, also das, was § 651 a als eine Gesamth von Reiseleistgen bezeichnet (Einf 1 v § 651 a). Er kann darin liegen, daß eine nach dem Vertr geschuldete Leistg, die auch auf die pers Bedürfn des Reisden abgestimmt sein kann (AG Bonn NJW-RR **97**, 1342: Behinderter), nicht (dazu Vorbem 9 v § 651 c) od nicht in der gebotenen Art u Weise erbracht wird, u muß aus dem Verantwortungsbereich des Veranstalters stammen; hierzu gehören grdsätzl auch Beeinträchtiggen dch höh Gew, soweit sie sich auf die geschuldete Leistg unmittelb auswirken (Tempel NJW **97**, 621). Es ist im EinzFall nach Art, Zuschnitt u Zweck der Reise aGrd des Vertr – zB Expeditions- (Mü OLGZ **84**, 234), Trekking- (Düss VersR **95**, 592), Hochzeits- (LG Hbg NJW-RR **97**, 1138), Sprach- (LG Ffm VuR **90**, 205), Billigreise (AG Nürnb NJW-RR **99**, 567), „Fortuna-“ od „Roulettereise“ (s § 315 Rn 9, MindStandard auch in diesem Fall, AG Flensbg RRa **99**, 48) – festzustellen, ob die Störg bei einer einz Reiseleistg bereits die Reise als solche als in ihrem Nutzen beeinträchtigt erscheinen läßt od ob es sich ledigl um eine Unannehmlichk handelt, die im Zeitalter des Massentourismus hinzunehmen ist (Hamm DB **73**, 2296, Düss NJW-RR **92**, 1330; eingehd Tempel NJW **97**, 2206). Dafür spielt, insb im Ausland mit and Maßst, die Ortsüblichk eine gewisse Rolle (Düss NJW-RR **96**, 887). Bei der vorzunehmden GesWürdigg kommt für den Inhalt der LeistgsPfl entsch Bedeutg den bindden (§ 1 I S

2 InfVO) Prospektangaben u sonst Informationen des Reiseveranstalters (§§ 1–3 InfVO; dort § 1 Rn 3 u § 2 Rn 1) im AllgVerständn des nicht auslandserfahrenen Reisden zu (BGH **100**, 157/176). Diese Angaben können, sofern sie dem Veranstalter erkennb für den Reisden von bes Interesse sind (Tempel NJW **97**, 2206), **zugesicherte Eigenschaften** sein, ebso ausdr akzeptierte Sonderwünsche (BGH **82**, 119). Eine negat Abw der Wirklichk stellt dann, unabhäng von ihrer Auswirkg auf die Reise, einen Mangel mit den daraus sich ergebden R dar; weitere RFolgen sind an das Fehlen einer zuges Eigensch nicht geknüpft. Umweltbeeinträchtigg auf Reisen vgl Peter/Tonner NJW **92**, 1794. –
3 **Beispiele** (ZusStellgen bei Eberle Der ReiseVeranstaltgsVertr S 31–42; Tonner Der ReiseVertr, Mängeltabelle Anh § 651 c; Tonner DAR **98**, 434/437): – **Beförderung** (s a Schmid NJW **98**, 1911 zu Flugpauschalreisen): erhebl Verspätg bei Hinflug (Ffm NJW-RR **97**, 820: 4 Std bei Kurzreise ja; Düss NJW-RR **92**, 1330: 8 Std bei Transatlantikflug nein) od Rückflug (LG Ffm NJW-RR **91**, 630, Köln NJW-RR **93**, 1019: jeweils 1 Tag), lange vertragswidr Zwischenlandgen (AG Düss NJW-RR **97**, 1139), zu kurz bemessene Umsteigzeit (LG Bln NJW-RR **89**, 1020); unberecht Verweisg aus dem Flugzeug bei Flug zum UrlOrt (BGH **85**, 301); Wechsel der FlugGesellsch allenf, wenn eine best Gesellsch vereinb ist (Schmid NJW **96**, 1636, AG Hbg NJW-RR **99**, 353); nicht Sturm auf einer Kreuzfahrt (Brem MDR **97**, 1108). – **Reisezweck u -ziele:** Abbruch einer Kreuzfahrt wg Schiffsbrand (BGH WM **87**, 630) od Auflaufen auf ein Riff (Ffm RRa **96**, 84); Entfallen eines interessanten Zielpunktes der Kreuzfahrt (BGH **77**, 320, LG Hbg NJW-RR **98**, 708), eines wesentl Programmteils der Reise (Hann NJW-RR **90**, 571: mehrtäg Aufenth auf einer Insel bei 3-Insel-Reise), auch wenn dies darauf beruht, daß ein vom Veranstalter zu besorgdes Visum aus nicht in der Pers des Reisden liegden Grd verweigert wird (AG Bad Homburg NJW-RR **97**, 242); erhebl Routenabweichg einer Trekking-/Expeditionsreise ggü Prospekt (Karlsr VersR **85**, 1073, Düss VersR **95**, 592); weit entferntes Ausweichquartier als erhebl Mangel (LG Hbg NJW-RR **97**, 1204); fehlde Jagdmöglichk auf Safarireise (BGH **77**, 310); Unerreichbark des in der Werbg herausgestellten Reisezwecks (Bln NJW-RR **97**, 1206: Weltfrauentag). – **Unterkunft:** schlechtere Kategorie als vereinb (LG Ffm NJW-RR **92**, 380) od and, dem ReiseZw nicht entspr Lage (Offbg NJW-RR **97**, 626: Hütte liegt auf 700 statt 1200 m); Hotelbungalow mit Kakerlaken (LG Ffm NJW-RR **88**, 245 für Gran Canaria); verdreckte Matratzenlager, auch bei einf Unterbringg (Ffm NJW-RR **95**, 1521); FKK-Hotel, wenn nicht vereinb (AG Düss NJW-RR **99**, 1147); das zugesagte Zusatzbett für ein Kind nicht enthält (Ffm NJW-RR **94**, 310), das entgg ausdr Buchg nicht neben dem and gebuchten Zimmer (Düss NJW-RR **92**, 1273) od nicht in der obersten Etage liegt (BGH **82**, 219), das bei Buchg eines halben Doppelzimmers für 17-jähr Mädchen außerd mit einem jungen Mann belegt ist (LG Ffm NJW **84**, 806), das (abhäng allerd von Reisezeit u -ziel, Bonn NJW-RR **99**, 129) trotz 10° Außentemperatur nicht heizb ist (Hann NJW-RR **86**, 146 für erstklass Hotel); in Zweibett- statt Einbettzimmer mit schnarchdem Mitbewohner (AG Königstein NJW-RR **96**, 178); Hotel mit BauArb, an lärmder Baustelle, verkreicher Straße od Flugplatz (Düss NJW-RR **98**, 921) bei versprochener ruhiger Lage; Unterkunft mit Lärm- u Staubbelästigg (Düss VuR **95**, 214); Ferienwohng mit mangelh Ausstattg (LG Ffm NJW-RR **96**, 888), zB fehlde Sonnenschirme in südl Land (Ffm NJW-RR **95**, 1462). – **Verpflegung:** Buffet zur Selbstbedieng mit 1/2 Std Wartezeit bei Vollpension (Ffm VersR **89**, 51); verdorbene Speisen im gebuchten Hotel (Düss NJW-RR **90**, 187, s a Düss NJW-RR **99**, 491), wenn diese Bestandt der Reiseleistg sind (AG Nordenham NJW-RR **95**, 1204). – **Organisation:** keine Vorsorge, daß erkennb verspätet ankommde Reisde die gebuchte Unterkunft beziehen können (Hann NJW-RR **89**, 820); ungenügd befähigter Reiseleiter (LG Düss NJW-RR **98**, 562), hinter Katalog zurückbleibde Betreuung am UrlOrt (LG Köln MDR **91**, 839), zB keine KiBetreuung (Hann NJW-RR **98**, 194). – **Sonstiges:** zuges Swimmingpool ist nicht benutzb (Köln VersR **89**, 52); Reisegepäck fehlt währd der ganzen Reise (Ffm MDR **84**, 667) od wird verspätet ausgeliefert (Ffm NJW-RR **94**, 309); konkr Störgen dch geist Behinderte, nicht deren bloßer Anblick, können ein Mangel der Reise sein (LG Ffm NJW **80**, 1169, Brox NJW **80**, 1939), dagg idR nicht KiLärm (Kleve NJW-RR **97**, 1208); bes Überfallgefährdg einer als Luxusbungalow in paradiesischer Umgebg angebotenen Villa (BGH NJW **82**, 1521), dagg nicht allg das Eindringen von Dieben in die Ferienwohng (AG Hbg NJW-RR **99**, 931); ohne Hinw vor VertragSchl Verlangen des Hotels, dauernd ein auffäll kennzeichndes Armband zu tragen (AG Bad-Bad NJW **99**, 1340, str); nicht Stechmücken am Hotelstrand in tropischem Land (LG Hbg NJW-RR **97**, 1205).

4 **3) Der Anspruch auf Abhilfe** (Abs II) einschl der Ausn in S 2, 3 entspr voll dem NachbessergsAnspr in § 633 II, s dort Rn 5. Das Abhilfeverlangen ist an die gem InfVO 4 I c anzugebde Stelle, sonst an die örtl Reiseleitg, ersatzw an den jew LeistgsTräger zu richten (Tempel NJW **86**, 547). Pfl des Reiseveranstalters zum Hinw auf die Obliegenh des Reisden zur MängelAnz gem InfVO 3 II g. Der Veranstalter hat dafür Sorge zu tragen, daß kurzfrist ein Ansprechpartner dafür zur Vfg steht (LG Ffm NJW-RR **91**, 631). Eine AGB-Klausel, nach der das Abhilfeverlangen bei Nichterreichbark der örtl Reiseleitg od einer Kontaktadresse an die Zentrale des Reiseveranstalters gerichtet werden müsse, ist unwirks (BGH **108**, 52). Die Abhilfe kann in einer dem Reisden subj zumutb, obj in etwa gleichwert, mangelfreien ErsLeistg mit gleichem Nutzen liegen (KG NJW-RR **93**, 1209). Es kann aber auch Fälle geben, in denen es dem Kunden gerade auf die gebuchte Unterkunft ankommt, so daß anderw, auch gleichwert Unterbringg eine erhebl Beeinträchtigg sein kann (Ffm FVE **7**, 275/280, LG Ffm VuR **90**, 158). Auch hier hat der Reiseveranstalter die mit der Abhilfe verbundenen Kosten (zB Tel-, TelegrSpesen, Taxikosten für Hotelumzug) zu tragen. Bis zur Abhilfe kann der Kunde daneben Minderg u unterden Vorauss des § 651 f SchadErs verlangen. Hat er eine zumutb ErsLeistg abgelehnt, so kann er bis zu der Höhe weiterhin mindern, wie er dies bei Ann des ErsAngeb hätte tun dürfen (LG Ffm NJW **85**, 1474).

5 **4) Das Recht auf Selbstabhilfe und Aufwendungsersatz** (Abs III) entspr dem SelbstbeseitiggsR in § 633 III. An die Stelle des Verz (einschl Versch) tritt der Ablauf einer angem Fr zur Abhilfe dch den Reiseveranstalter. LG Ffm NJW-RR **95**, 1521 verlangt außerdem Vorliegen eines erhebl (§ 651 e I) Mangels. Die Angemessenh der Fr richtet sich nach den Umst, insb nach Art u Schwere der Mängel u kann ggf sehr kurz sein. Auch nach FrAblauf kann der Reisde nach Tr u Gl verpflichtet sein, eine angebotene Nachbesserg anzunehmen, solange er noch keine and Rechte geltd gemacht hat (LG Ffm NJW **85**, 1473). Die Fälle, in denen es einer FrSetzg für die Abhilfe dch den Veranstalter nicht bedarf, entspr der 2. u 3. Alternative in § 634 Abs II; vgl dort Rn 4. Dch ein bes Interesse des Reisden ist die sofort Abhilfe geboten, wenn er den

Reiseveranstalter mangels eines örtl Beauftr schwer erreichen kann u dessen Abhilfe zu spät käme, zB das Gepäck des Reisden fehlt (Ffm FVE **9**, 101/105). Erfdl sind die Aufw für eine gleichwert ErsLeistg. Ist eine solche nicht erreichb, auch für eine höherwert, solange nicht deren Mehrkosten unverhältnism sind (Köln NJW-RR **93**, 252, KG NJW-RR **93**, 1209).

5) Beweislast. Der Reisde, weil ansprbegründd (BGH **92**, 177), für den Mangel, das Fehlen einer zuges 6 Eigensch, die MängelAnz, die Setzg einer angem Fr zur Abhilfe bzw ihre Verweigerg dch den Veranstalter od das bes Interesse an sofort Abhilfe, ferner für die Aufw u ihre Erforderlichk. Der Reiseveranstalter für die Unzumutbark der Abhilfe wg unverhältnismäß Aufwandes.

651 d *Minderung.* **[I] Ist die Reise im Sinne des § 651 c Abs. 1 mangelhaft, so mindert sich für die Dauer des Mangels der Reisepreis nach Maßgabe des § 472.**

[II] Die Minderung tritt nicht ein, soweit es der Reisende schuldhaft unterläßt, den Mangel anzuzeigen.

1) Allgemeines zu den GewlAnspr beim ReiseVertr vgl Vorbem v § 651 c. 1

2) Voraussetzungen für Minderung (Abs I). Die Reiseleistg muß mit einem obj **Mangel** (§ 651 c 2 Rn 2, 3) behaftet sein. Nicht erfdl ist in der MängelAnz FrSetzg für die Abhilfe u AblAndrohg. Zeitl kann die Minderg für die Dauer der mangelh Leistg verlangt werden; also ggf für die ganze Reise, sonst ab Beginn des Mangels für die restl Reisezeit (LG Ffm NJW-RR **93**, 1330) bzw bis zur Abhilfe dch den Reiseveranstalter (§ 651 c II) od bis zur Selbstabhilfe (§ 651 c III). Für nicht dch die Minderg abgegoltene VermVerluste (BGH **92**, 177) kann ggf SchadErs nach § 651 f gefordert w, zB für Nachwirkgen des Mangels nach dessen Beseitigg (Ffm NJW-RR **99**, 202) sowie nutzlos aufgewendete UrlZeit.

3) Keine Minderung. – a) Nach wirks **Kündigung** des ReiseVertr nach § 651 e, weil der Reiseveran- 3 stalter den VergütgsAnspr verloren hat. – **b) Bei schuldhafter Unterlassung der Mängelanzeige, II.** Der 4 Reisde hat die Obliegenh (InfVO 3 II g), den Mangel der angegebenen Stelle (InfVO 4 I c), sonst dem örtl Reiseleiter, Vertr od Reiseveranstalter anzuzeigen (s a § 651 c Rn 4), um ihm Abhilfe zu ermöglichen; Anz bei der Hotelrezeption genügt nicht (Ffm NJW-RR **95**, 1462). Die Anz ist entbehrl, wenn der Veranstalter den Mangel zweifelsfrei kennt (MüKo/Tonner Rn 5), zB bewußte Überbuchg, Hinw bereits vor Reiseantritt, für den Reiseleiter vor Ort offensichtl Mangel; od ihn nicht hätte beseitigen können (Ffm NJW-RR **99**, 202), zB weil eine gleichwert ErsUnterkunft nicht zur Vfg stand, weil eine örtl Reiseleitg nicht vorhanden u Abhilfe aus Dtschld nicht durchführb war (zB bevorstehedes Reiseende). Versch ist zB zu verneinen, wenn u sol keine Möglichk zur Anz besteht; uU auch bei Irrtum über den Umfang der AnzPfl (Bad Hombg NJW-RR **97**, 1341) od fehlder Belehrg gem InfVO 3 II g.

4) Vollziehung der Minderung. Sie tritt kr Gesetzes ein, also bei vorausbezahltem ReisePr Rück- 5 erstattgsAnspr (MüKo/Tonner Rn 14). Herabzusetzen ist, wie die Verweisg auf § 472 zeigt, der ReisePr, also die Pauschalvergütg (Düss VersR **95**, 349, LG Ffm NJW-RR **92**, 115), nicht der – meist gar nicht ermittelb – Wert der mangelh EinzLeistg (so Hann NJW **84**, 2417, wenn der Mangel nicht auf die Reiseleistg im ganzen dchschlägt). Berechng nach § 472 Rn 5–10 nach der Formel: mangelfreier Wert der Reise: mangelh Wert = vereinb Vergütg : x (= geminderte Vergütg). Da mangelfreier Wert der Reiseleistg u vereinb Vergütg sich idR decken, ist die Minderg praktisch dch einen prozentualen Abschlag von der Pauschalvergütg zu bestimmen, bei auch vergütgsmäß trennb Reiseteilen, wie Rundreise u Badeaufenth, dch prozentualen Abschlag von der auf den mangelh Reiseteil u auf den Transport entfallden Teilvergütg (Düss NJW-RR **91**, 1202; weitergehd Tempel NJW **96**, 164, der die Bereiche Unterkunft und Verpflegg stets nach prozentualen Antlen gewichten will). LG Ffm hat dazu eine Tabelle entwickelt (NJW **85**, 113 mit Erläut Tempel aaO 97; krit AG St. Blasien MDR **86**, 757, Müller-Langguth aaO, Isermann NJW **88**, 873). Bei völl fehlgeschlagenem PauschalUrl kann die Minderg den GesPr der Reise abzügl ersparter eig VerpfleggsKosten erreichen (Hamm NJW **75**, 123).

5) Beweislast. Der Reisde für obj Mängel der Reiseleistg. Der Veranstalter, weil AusschlTatbestd, für 6 schuldh Unterl der MängelAnz, insb deren DchFührbark; der Reisde hat dann die Umst der behaupteten Anzeige darzulegen (Kleve NJW-RR **97**, 1207; Einzelh sind str, weiter differenzierd LG Ffm NJW-RR **86**, 540, Bartl, ReiseR Rn 62.

651 e *Kündigung wegen Mangels.* **[I] Wird die Reise infolge eines Mangels der in § 651 c bezeichneten Art erheblich beeinträchtigt, so kann der Reisende den Vertrag kündigen. Dasselbe gilt, wenn ihm die Reise infolge eines solchen Mangels aus wichtigem, dem Reiseveranstalter erkennbaren Grund nicht zuzumuten ist.**

[II] Die Kündigung ist erst zulässig, wenn der Reiseveranstalter eine ihm vom Reisenden bestimmte angemessene Frist hat verstreichen lassen, ohne Abhilfe zu leisten. Der Bestimmung einer Frist bedarf es nicht, wenn die Abhilfe unmöglich ist oder vom Reiseveranstalter verweigert wird oder wenn die sofortige Kündigung des Vertrages durch ein besonderes Interesse des Reisenden gerechtfertigt wird.

[III] Wird der Vertrag gekündigt, so verliert der Reiseveranstalter den Anspruch auf den vereinbarten Reisepreis. Er kann jedoch für die bereits erbrachten oder zur Beendigung der Reise noch zu erbringenden Reiseleistungen eine nach § 471 zu bemessende Entschädigung verlangen. Dies gilt nicht, soweit diese Leistungen infolge der Aufhebung des Vertrags für den Reisenden kein Interesse haben.

[IV] Der Reiseveranstalter ist verpflichtet, die infolge der Aufhebung des Vertrags notwendigen Maßnahmen zu treffen, insbesondere, falls der Vertrag die Rückbeförderung umfaßte, den Reisenden zurückzubefördern. Die Mehrkosten fallen dem Reiseveranstalter zur Last.

1 **1) Allgemeines** zu den GewlAnspr s Vorbem v § 651 c. § 651 e gibt bei mangelh Reiseleistg dem Kunden ein außerord KündR vor (MüKo/Tonner Rn 3, BGH **77**, 310; aA LG Ffm NJW **86**, 1616) u währd der Reise, das auch konkludent ausgeübt (Düss NJW-RR **98**, 53: Rückreise am Ankunftstag) u dch längere widerspruchsl Hinnahme des Mangels verwirkt werden kann (Düss NJW-RR **98**, 52). RücktrR des Kunden bis zum Reisebeginn in § 651 a IV 2 u ohne weitere Vorauss in § 651 i. KündR iF erhebl Beeinträchtigg inf höherer Gew ausschl gem § 651 j (dort Rn 1).

2 **2) Voraussetzungen des Kündigungsrechts. – a) Mangel.** Die Reiseleistg muß mit einem obj Mangel (§ 651 c Rn 2, 3) behaftet sein, der, über die Vorauss der Abhilfe u Minderg hinaus, die Reise als Ganzes entw erhebl beeinträchtigt (I 1) od für den Reisden unzumutb macht (I 2). – Eine **erhebliche Beeinträchtigung** (s a § 651 f II) ist jedenf dann gegeben, wenn der Gesamtwert der Reise betroffen ist u eine zeitanteil Minderg von wenigstens 50% gerechtfertigt wäre (Ffm NJW-RR **99**, 202; LG Köln MDR **91**, 840, Hann NJW-RR **98**, 194). LG Ffm läßt 20%, bezogen auf den Grad der Mängel für die Zukunft, genügen (NJW-RR **92**, 1083); dagg soll Verkürzg einer Wochenreise um 1 Tag nicht ausreichen (Düss NJW-RR **98**, 51). Der Beeinträchtigg eines bes Reisezwecks (zB Tauch-, Sprachkurs) kommt bes Gewicht zu. Im EinzFall kann sich der Mangel auch schon vor Antritt der Reise zeigen (Rn 1), zB Verschiebg um erhebl Zeit (Hanau NJW-RR
3 **94**, 1264). – Für die **Unzumutbarkeit** der Reise wg eines Mangels aus wicht Grd, der dem Veranstalter erkennb ist (I 2), ist nicht auf obj erhebl Beeinträchtigg, sond darauf abgestellt, daß Antritt od Fortsetzg der Reise gerade dem betreffden Reisden wg eines in seiner Pers liegden erkennb Umst (zB Gehbehinderg) nach obj Maßst unzumutb sind (ebso MüKo/Tonner Rn 10).

4 **b) Angemessene Frist zur Abhilfe** muß der Reisde gesetzt haben, die ergebnisl verstrichen ist. HinwPfl für den Veranstalter auf diese Obliegenh des Kunden gem § 3 II g InfVO. Eine AblAndrohg wie in § 634 ist nicht erfdl. Die FrSetzg ist entbehrl in den drei in Abs II S 2 genannten Fällen. FrSetzg u ihre Entbehrlichk entspr der Regelg in § 651 c (vgl dort Rn 5), zB zahlr Mängel, deren Behebg bis UrlEnde aussichtsl erscheint (Köln FVE **7**, 299/305), Nichterreichbark des örtl Reiseleiters (LG Ffm NJW-RR **96**, 888). Ist nur einer von mehreren Mängeln nicht behebb, muß bei fehlder FrSetzg dieser allein die Künd rechtf (Offbg NJW-RR **97**, 626).

5 **3) Wirkungen der Kündigung. – a) Entschädigungsanspruch des Reiseveranstalters** für die bereits erbrachten u die zur Beendigg der Reise noch zu erbringden Leistgen. Er tritt an die Stelle des Anspr auf den vereinb ReisePr. Diese Reiseleistgen müssen auf dem Vertr zw dem Reiseveranstalter und dem Kunden beruhen. Leistgen im Verh zw Reiseveranstalter u seinen LeistgsTrägern genügen nicht (BGH NJW **90**, 572: Stornokosten für gebuchte Hotelunterkunft). Bemessg nach § 471 wie nach Wandelg bei vereinb GesPr (aA LG Ffm MDR **85**, 1028). Der EntschAnspr entfällt, soweit diese Leistgen inf der VertrAufhebg für den Reisden kein Interesse haben. Das kann bei völl Wertlosigk der bisher erbrachten Leistgen (zB unzumutb Unterkunft) der Fall sein. Der Reisde, der bereits mehr bezahlt hat als der Veranstalter nach der Künd beanspruchen kann, hat einen RückfordergsAnspr unmittelb aus § 651 e, der ähnl § 346 das bish VertragsVerh
6 in ein gesetzl RückabwicklgsVerhältn umgestaltet (BGH **85**, 50). – **b)** Die **Verpflichtung zur Rückbeförderung,** falls sie zum Inhalt des Vertr gehört, u zu sonstigen inf der VertrAufhebg notw Maßn bleibt bestehen. Die Rückbeförderg hat unverzügl, ggf mit Linienflug zu erfolgen (LG Ffm NJW **85**, 143). Die Mehrkosten dafür treffen den Veranstalter.

7 **4) Beweislast.** Der Reisde für den obj Mangel, die erhebl Beeinträchtigg bzw die Unzumutbark u die FrSetzg, ggf für das fehlde Interesse an den Leistgen des Veranstalters.

651 f *Schadensersatz.*

I Der Reisende kann unbeschadet der Minderung oder der Kündigung Schadensersatz wegen Nichterfüllung verlangen, es sei denn, der Mangel der Reise beruht auf einem Umstand, den der Reiseveranstalter nicht zu vertreten hat.

II Wird die Reise vereitelt oder erheblich beeinträchtigt, so kann der Reisende auch wegen nutzlos aufgewendeter Urlaubszeit eine angemessene Entschädigung in Geld verlangen.

1 **1) Allgemeines** zu den GewlAnspr Vorbem v § 651 c; zu SchadErsAnspr Bocianiak VersR **98**, 1076. Der SchadErsAnspr tritt neben die Minderg gem § 651 d, dort Rn 2. – Der **Anwendungsbereich** der Vorschr umfaßt nur die vertragl Haftg als Reiseveranstalter, nicht dessen Haftg, soweit er selbst LeistgsTräger ist (Vorbem 9, 10 v § 651 c). Daneben kann der Reiseveranstalter aus Delikt (Vorbem 11 v § 651 c), ferner ein Reisebüro wg Verl des Vermittlgs- od HandelsVertrVertr (Einf 4 v § 651 a) haften. **II** ist auch anwendb, wenn im ReiseVertrR iF vereitelter od erhebl beeinträchtigter Reise Ers nicht aus Gewl, sond aGrd einer and auf Vertretenmüssen abstellden AnsprGrdl geschuldet wird (BT-Drucks 8/2343 S 11), außerd soweit das ReiseVertrR entspr angewandt wird (Einf 3 v § 651 a; BGH NJW **85**, 906). Iü scheidet eine entspr Anwendg aus (BGH **86**, 212); so bei mißlungenem Konzertbesuch (Roth JuS **99**, 220), KlinikAufenth mit gleichzeit ErholgsZweck (BGH **80**, 366), reiner Bootscharter (BGH **130**, 128) od VermittlgsTätigk des Reisebüros (Hamm NJW-RR **98**, 1668); aA Düss NJW-RR **96**, 820 für Betrug dch GeschF der Reiseveranstalter-GmbH; s a Karlsr NJW-RR **88**, 955 u Vorbem 40 v § 249. Art 24 I Warschauer Abk schließt Anspr aus Abs II aus (Ffm NJW-RR **93**, 1147).

2 **2) Voraussetzungen des Schadensersatzanspruchs. – a) Mangel** der Reise (§ 651 c Rn 2, 3). Seine Erheblichk spielt nur in Abs II eine Rolle. Die (seltenen) Schäd dch PflVerl, die sich nicht auf den Nutzen der Reise auswirken, sind nach den Grds von pVV u c. i. c. zu ersetzen (§ 651 a Rn 4; MüKo/Tonner Rn 5 ff). –
3 **b) Mangelanzeige oder Abhilfeverlangen** am Reiseort (wie §§ 651 c bis e); die Fassg „unbeschadet . . ."
4 betrifft den Umfang des Anspr, meint aber keine unterschiedl Vorauss (BGH **92**, 177). – **c) Vertretenmüssen.** Es wird nach **I Hs 2** vermutet. Dem Reiseveranstalter steht der **Entlastungsbeweis** offen, indem er darlegt u beweist, daß der Mangel auf einem Umst beruht, den er nicht zu vertreten hat, also daß weder ihn (§ 276) noch einen seiner ErfGeh (§ 278), insb LeistgsTräger (§ 651 a Rn 6) u deren ErfGeh, bei der gehör

Information des Reisden sowie der sorgfält Vorbereitg, Organisation u Durchf der Reise ein Versch an den aus seinem GefBereich stammden schädigden Umst trifft (BGH **100**, 185). Außerh seines GefBereichs liegde, von ihm nicht beeinflußb Umst in der Sphäre des Reisden od Dr, die nicht seine ErfGeh sind, sowie höhere Gew hat der Veranstalter nicht zu vertreten. Bsp für Vertretenmüssen: Täuschde Prospektangaben (LG Stgt MDR **78**, 1022), Überbuchg (Düss NJW-RR **86**, 1175); kein Hinw auf TruppenübgsPlatz in Nähe des Hotels (KG FVE **10**, 186/190); Nichtbeschaffg od -weitergabe wesentl Informationen (s § 651 a Rn 2), zB ungenügder Hinw auf geänd Abflugzeit (Kleve NJW-RR **98**, 563). Nicht dagg: Vorfälle, bei denen sich ledigl das allg LebRisiko verwirklicht (LG Ffm NJW-RR **97**, 244: Fischvergiftg bei allg übl Zubereitg, AG Mü NJW-RR **96**, 1399: Affenbiß auf Hotelgelände in Kenia).

3) Umfang des Anspruchs. – a) Zu ersetzen ist der NichtErfSchad einschl des MangelfolgeSchad (BGH **100**, 157/180, MüKo/Tonner Rn 6 f), soweit er nicht bereits dch die Mind abgegolten ist (§ 651 d Rn 2); nicht die Kosten eines ErsUrlaubs (LG Düss NJW **99**, 2049). – **b)** Angem Entsch in Geld für **nutzlos aufgewendete Urlaubszeit** ist bei vereitelter od erhebl beeinträchtigter Reise zu leisten, **II.** Die Entschädigg dient dem Ers immat Schad (Vorbem 39 v § 249, Müller, SchadErs aGrd verdorbenen Url, Diss 1986, S 162 ff). Für die erhebl Beeinträchtigg (grdsätzl wie § 651 e Rn 2, MüKo/Tonner Rn 31) ist auf die Beeinträchtigg des jew selbstd Reiseteils abzustellen (LG Hann NJW-RR **99**, 1004; str, für einz Reisetag Tempel NJW **99**, 2012, zu eng LG Düss NJW **99**, 2049). Für die Vereitelg der Reise ist die Möglichk bedeuts, den Url zu verschieben (BGH **82**, 219/227). Vereitelt ist die Reise auch, wenn der Reisde wg Überbuchg des gebuchten Hotels kündigt und zurückreist (Düss NJW-RR **89**, 1078). – Ers ist zu leisten für aufgewendete UrlZeit. Daran fehlt es, soweit ein ArbN seinen Url wg der Reisemängel gar nicht antritt od zurückgibt (Düss NJW-RR **90**, 573; aA LG Ffm NJW-RR **91**, 315). Auch wer keine Erwerbstätigk ausübt, kann Url aufwenden (BGH **77**, 117: im Haush tät Ehefrau, BGH **85**, 168: Schüler). – Für die Nutzlosigk ist entscheidd, ob u inwieweit der mit dem Url verfolgte ErholgsZweck verfehlt wird (BGH NJW **83**, 35). Bei alsbald Abbruch der Reise sind Reisetage idR vertane UrlZeit (Mü NJW **84**, 132), auch eine Verzögerg des Rückflugs um einige Tage kann dies sein (Düss NJW-RR **88**, 636). Bei zu Hause verbrachtem Url kommt es darauf an, wie er nach den Verh des EinzFalls gestaltet werden kann (BGH, Mü aaO; BGH **77**, 117). Unerhebl ist, wie in § 635 (dort Rn 7), ob der Reisde den Schad dadch beseitigt od beseitigen will, daß er einen ErsUrl verbringt (LG Ffm NJW **80**, 1286; aA Bartl NJW **79**, 1385/1388). – Für die **Höhe** sind BemessgsMaßst (Müller NJW **87**, 882) alle Umst des EinzFalls, darunter der ReisePr, der unter bes Umst allein maßgebd sein mag (Düss NJW-RR **94**, 950), die EinkVerh des Reisden (Ffm NJW-RR **99**, 202), die Schwere der Beeinträchtigg des ErholgsZwecks (BGH NJW **83**, 218 bei zu Hause verbrachtem Url), der für die Finanzierg eines gleichwert ErsUrl erfdl GeldBetr (BGH **63**, 98 u NJW **83**, 35), Schwere des Versch beim Veranstalter (Düss NJW- RR **86**, 1175). Hann (NJW-RR **89**, 633) hält Tagesmindestsatz von 50 DM für angem, LG Ffm (NJW-RR **98**, 1590) einen Satz von 130 DM. § 254 ist anwendb (BGH WM **82**, 92, LG Ffm NJW **86**, 1616: ErsAngeb). Ggf ist nach ZPO 287 zu schätzen. Unbezifferter KlAntr ist zul (Hann NJW **89**, 1936). – Entspr Anwendg des Abs II s Rn 1. – Vertragl HaftgsBeschrkg s § 651 h. 5

4) Beweislast. Entspr der BewLVerteilg beim WkVertr (§ 635 Rn 9) hat der Reisde den Mangel (§ 651 c Rn 6) od die sonst PflWidrigk des Veranstalters, MangelAnz od Abhilfeverlangen u seinen Schad zu beweisen. Hins des Vertretenmüssens steht dem Reiseveranstalter der EntlastgsBew (Rn 4) offen. S a § 282 Rn 6 ff. 6

651 g

Ausschlußfrist; Verjährung. **I Ansprüche nach den §§ 651 c bis 651 f hat der Reisende innerhalb eines Monats nach der vertraglich vorgesehenen Beendigung der Reise gegenüber dem Reiseveranstalter geltend zu machen. Nach Ablauf der Frist kann der Reisende Ansprüche nur geltend machen, wenn er ohne Verschulden an der Einhaltung der Frist verhindert worden ist.**

II Ansprüche des Reisenden nach den §§ 651 c bis 651 f verjähren in sechs Monaten. Die Verjährung beginnt mit dem Tage, an dem die Reise dem Vertrage nach enden sollte. Hat der Reisende solche Ansprüche geltend gemacht, so ist die Verjährung bis zu dem Tage gehemmt, an dem der Reiseveranstalter die Ansprüche schriftlich zurückweist.

1) Ausschlußfrist (Abs I S 1). Sie trägt dem Umst Rechng, daß der Veranstalter idR nach FrAblauf Schwierigk hat, die Berechtigg von Mängelrügen festzustellen u RegreßAnspr gg seine LeistgsTräger dchzusetzen. HinwPfl des Veranstalters gem § 3 II h InfVO (Anh zu § 651 l). – **a) Geltungsbereich:** alle GewlAnspr des Reisden nach §§ 651 c–f einschl des RückzahlgsAnspr bei Künd nach § 651 e (dort Rn 5, LG Ffm NJW **85**, 146); wg des AusnCharakters dagg nicht SchadErsAnspr and Art (Vorbem 9 ff v § 651 c; Düss VersR **92**, 892, Köln NJW-RR **92**, 1185, Tonner RRa **99**, 91; str). Unerhebl ist, ob im EinzFall Ermittlgen zur Feststellg der Mängel erfdl sind (aA LG Ffm NJW-RR **94**, 376, Isermann MDR **95**, 224 für Nichtantritt der Reise). 1

b) Berechnung: Beginn im Ztpkt des vertragl vorgesehenen Reiseendes, der hierfür best Tag zählt nicht mit (§ 187 I; Karlsr NJW-RR **91**, 54; str). Dies auch dann, wenn der Kunde die Reise gar nicht angetreten bzw vorzeit od erst nach dem vorgesehenen Endtermin (insow aA Tempel NJW **87**, 2841) beendet hat. Ist die Reise bei mehreren sukzessiv tät Veranstaltern gebucht, beginnt die Fr am Ende des jew Reise-Abschn (Düss VuR **91**, 245). Dauer: 1 Mo; keine vertragl Verkürzg (§ 651 l). Ende: § 188 II Alt 1. Keine Unterbrechg od Hemmg. 1 a

c) Geltendmachung ist die Erkl des Reisden, er mache wg best konkr bezeichneter Mängel (Ffm OLGR **99**, 369; Ankündigg der Bezeichng reicht nicht, LG Ffm NJW-RR **98**, 563) einen Anspr geltd. Bezifferg der Anspr ist nicht erfdl. Desh genügt Übersendg einer Mängelliste (LG Ffm NJW-RR **92**, 504), wenn sie, wie idR, auf die Absicht zur AnsprStellg schließen läßt (enger LG Düss VuR **91**, 287). Sie ist an die vom Reiseveranstalter angegebene Stelle (InfVO 3 II h) zu richten, sofern nicht and vereinb (auch in AGB, Kleve NJW **99**, 1117) wahlw an ihn selbst, seine Agenturen od das Reisebüro, bei dem der Reisde gebucht hat, wenn es vom Veranstalter mit der Vermittlg von ReiseVertr ständ betraut ist (HandelsVertr; BGH **102**, 80). 2

§ 174 ist anwendb (dort Rn 1, str). Eine best Form ist nicht erfdl, insb nicht der Erhebg der Kl, diese genügt jedoch. Schriftformklausel in AGB ist wg § 651 l unwirks (BGH NJW **84**, 1752). Die Erkl muß dem Veranstalter bis zum FrEnde (Rn 1 a) nach den allg Grds zugehen (§ 130; LG Hbg NJW-RR **97**, 502), ZPO
2 a 270 III gilt nicht. Sie wirkt auch für alle and GewlAnspr (wie § 477 III u § 639 Rn 2). – Das **Abhilfeverlangen** (§ 651 c II) genügt **idR nicht.** Es dient einem and Zweck, näml der Abhilfe. Desh reicht die mündl MängelAnz an die örtl Reiseleitg währd der Reise grdsätzl nicht aus (Ffm OLGR **99**, 369). Jedoch kann bei Rüge best Mängel währd der Reise ggü einem Vertr des Reiseveranstalters für die GeltdMachg der Anspr auf diese Rüge Bezug gen werden (BGH **90**, 363; einschr Kleve NJW-RR **99**, 486). Die GeltdMachg der GewlAnspr iSv § 651 g I bereits währd der Reise ist allerd nicht ausgeschl; sie liegt vor, wenn der Reisde ggü der zust Stelle (Rn 2; erkennb Weiterleitg an diese genügt) unter Hinw auf best Mängel eindeut u vorbehaltl Gewl, nicht nur Abhilfe verlangt, zB dch Androhg gerichtl Vorgehens (BGH **102**, 80). Desh ersetzt zB eine nach den Bdggen des Reiseveranstalters mit dem örtl Reiseleiter aufgenommene u zur Entscheidg weiterzuleitde Niederschr über nicht behebb Mängel die ausdr GeltdMachg von GewlAnspr (LG Ffm MDR **84**, 757).

3 **d) Wirkung.** Bei nicht rechtzeit Eingang der Erkl (Rn 2) ist der Reisde mit seinen Anspr ausgeschl, eine vAw zu beachtde Einwdg (Übbl 7 v § 194). **Ausnahme (Abs I S 2),** wenn der Reisde an der Einhaltg der Fr unverschuldet verhindert war, zB wg Erkrankg am UrlOrt, Flugzeugentführg, Poststreik, Fehlinformation des Reiseleiters (AG Bad Homburg NJW-RR **95**, 1523). Nach dem Zweck der AusschlFr verliert der Reisde die GewlAnspr aber auch in diesem Fall, wenn er sie nicht unverzügl (§ 121) nach Beendigg der Verhinderg geltd macht (s a LG Ffm NJW **87**, 132).

4 **2) Verjährung der Gewährleistungsansprüche (Abs II). – a) Anwendungsbereich** wie AusschlFr (Rn 1). Die Fr gilt nicht wenn der Veranstalter den Mangel argl verschwiegen hat (wie § 638 I, der insow einen allg RGedanken enthält); dann gilt § 195, für SchadErsAnspr aus unerl Hdlg § 852 (BGH WM **83**, 1061, BGH NJW **88**, 1380).

5 **b) Berechnung.** Beginn wie AusschlFr (Rn 1 a); der vertragl für das Reiseende vorgesehene Tag zählt nicht mit (LG Ffm NJW **86**, 594, Hann NJW-RR **90**, 572). Dauer: 6 Mo; keine vertragl Verkürzg (§ 651 l). Ende: § 188 II 1. Alt. Da es sich um eine VerjFr handelt, gelten die allg Best über Unterbrechg u Hemmg in §§ 202 ff, zusätzl Abs II 3.

6 **c) Abs II S 3** enthält in Anlehng an § 639 II einen zusätzl **Hemmungsgrund.** Beginn der Hemmg mit Zugang der GeltdMachg von GewlAnspr (Rn 2), ggf also schon vor vertragl vorgesehener Beendigg der Reise (BGH **102**, 80; aA Düss NJW **85**, 148). PrüfgsZusage dch den Veranstalter ist nicht erfdl. Ende mit Zugang der schriftl Zurückweisg der GewlAnspr (Düss NJW-RR **90**, 825), auch konkludent dch schriftl Hdlgen, die die endgült Abl der Anspr erkennen lassen, zB Widerspr gg Mahnbescheid (BGH **88**, 174) od stillschw Abl weitergehder Anspr in einem VerglAngeb (Düss NJW-RR **93**, 635). Ein gleichzeit KulanzAngeb hindert die Abl nicht (Celle NJW-RR **96**, 372: HotelAufenth, LG Ffm NJW **85**, 147), idR aber die Mitt des Veranstalters, er habe den Vorgang seiner HaftPflVers übermittelt (LG Ffm NJW-RR **94**, 179). GgVorstellgen des Reisden hemmen nur (erneut), wenn der Veranstalter in nochmal Prüfg eintritt (Celle NJW-RR **96**, 372).

7 **3) Beweislast.** Der Reisde für die Wahrg der AusschlFr bzw für die unversch Verhinderg an der FrWahrg. Der Reiseveranstalter für die Vorauss der Verj. Der Reisde für Unterbrechg u Hemmg der VerjFr.

651 h *Zulässige Haftungsbeschränkung.* **I Der Reiseveranstalter kann durch Vereinbarung mit dem Reisenden seine Haftung für Schäden, die nicht Körperschäden sind, auf den dreifachen Reisepreis beschränken,**

1. soweit ein Schaden des Reisenden weder vorsätzlich noch grob fahrlässig herbeigeführt wird, oder
2. soweit der Reiseveranstalter für einen dem Reisenden entstehenden Schaden allein wegen eines Verschuldens eines Leistungsträgers verantwortlich ist.

II Gelten für eine von einem Leistungsträger zu erbringende Reiseleistung internationale Übereinkommen oder auf solchen beruhende gesetzliche Vorschriften, nach denen ein Anspruch auf Schadensersatz nur unter bestimmten Voraussetzungen oder Beschränkungen entsteht oder geltend gemacht werden kann oder unter bestimmten Voraussetzungen ausgeschlossen ist, so kann sich auch der Reiseveranstalter gegenüber dem Reisenden hierauf berufen.

1 **1) Haftungsbeschränkung.** § 651 h regelt für alle vertragl SchadErsAnspr des Reisden gg den Veranstalter Fragen der Einschränkg dieser Anspr, betrifft aber nicht außervertragl SchadErsAnspr, nicht Anspr aus §§ 323, 812 u nicht das R des Reisden auf Abhilfe, Minderg, Künd (§§ 651 c bis e; BGH **100**, 157/180). Eine vertragl Beschrkg der Haftg (auch in AGB, BGH **100**, 157/180) ist zum Nachteil des Reisden nur (§ 651 l) wirks im Umfang des Abs I, dh kein völl HaftgsAusschl (BGH NJW **83**, 1612), sond Beschrkg nur für nichtkörperl Schäd auf einen HöchstBetr des Dreifachen der vereinb Vergütg u nur in den in Rn 2, 3 genannten Fällen. Ist der Vertr zw dem Veranstalter u einer Mehrh von Pers (Reisegruppe, Verein, Sportmannsch) zu einem GesPr geschl, so gelten sinngem die in § 702 Rn 4 dargestellten Grds. Abs II läßt ggü SchadErsAnspr eines Reisden eine Berufg des Reiseveranstalters auf HaftgsBeschrkg zu, die im Verh zu einem LeistgsTräger gelten (Rn 4). Eine vereinb HaftgsBeschrkg bezieht sich nicht nur auf SchadErsAnspr aus § 651 f, sondern auf alle vertragl SchadErsAnspr gg den Veranstalter als solchen, aber nicht auf außervertragl SchadErsAnspr; eine Klausel, die dies beachtet, ist auch in AGB wirks (BGH **100**, 157/184).

2 **2) Zulässige Fälle vertraglicher Haftungsbeschränkung. – a) Abs I Nr 1:** Im Falle der SchadVerurs dch bloß einf Fahrlk des Reiseveranstalters od eines ErfGeh, angelehnt an § 11 Nr 7 AGBG. Weitergehde
3 HaftgsBeschrkg bei Versch von solchen ErfGeh, die LeistgsTräger (§ 651 a Rn 6) sind, in Abs II. – **b) Abs I Nr 2:** Falls der Veranstalter für einen Schad allein wg Versch eines LeistgsTrägers verantwortl ist, also gem

§ 278. Eig Versch des Veranstalters darf für den Schad nicht mitursächl sein. Ein Anspr des Reisden gg den LeistgsTräger aus Vertr od Gesetz, soweit ein solcher besteht, bleibt unberührt (§ 651 a Rn 6).

3) Berufung auf Beschränkung oder Ausschluß der Haftung des Leistungsträgers (Abs II). Soweit ein LeistgsTräger (§ 651 a Rn 6) einen Schad verursacht hat, für den er unter best Vorauss überh nicht od nur beschr haftet, kann sich der Reiseveranstalter ggü ErsAnspr des Reisden darauf nur dann berufen, wenn HaftgsAusschl bzw Beschrkg entw auf unmittelb anwendb internat Übk od auf einer RNorm beruhen, die ein derart Übk in nationales Recht umsetzt (Eckert DB **94**, 1069/1074). Der Grd für die Zulässigk dieser Einwdg aus dem DrVerhältn liegt darin, daß es unbill wäre, den Reiseveranstalter schärfer haften zu lassen als den LeistgsTräger, wenn der Schad ausschl in dessen Bereich entstanden ist. Bsp: Art 24 Warschauer Abk (Ffm NJW-RR **93**, 1147), §§ 701 ff. – **Gilt nicht,** wenn u soweit der Reiseveranstalter selbst für den Schad verantwortl ist, zB inf Organisations- od AuswahlVersch, u nicht für HaftgsAusschl od Beschrkgen, die der Reiseveranstalter mit dem LeistgsTräger vertragl vereinb hat. 4 5

651 i *Rücktritt vor Reisebeginn.*

I Vor Reisebeginn kann der Reisende jederzeit vom Vertrag zurücktreten.

II Tritt der Reisende vom Vertrag zurück, so verliert der Reiseveranstalter den Anspruch auf den vereinbarten Reisepreis. Er kann jedoch eine angemessene Entschädigung verlangen. Die Höhe der Entschädigung bestimmt sich nach dem Reisepreis unter Abzug des Wertes der vom Reiseveranstalter ersparten Aufwendungen sowie dessen, was er durch anderweitige Verwendung der Reiseleistungen erwerben kann.

III Im Vertrage kann für jede Reiseart unter Berücksichtigung der gewöhnlich ersparten Aufwendungen und des durch anderweitige Verwendung der Reiseleistungen gewöhnlich möglichen Erwerbs ein Vomhundertsatz des Reisepreises als Entschädigung festgesetzt werden.

1) Rücktritt. I gewährt dem Reisden **vor Reisebeginn** ohne weitere Vorauss ein gesetzl RücktrR. Erkl formfrei ggü dem Reiseveranstalter (§ 349 analog). Der Rücktr beseitigt rechtsgestaltd den ReiseVertr. Der VergütgsAnspr des Reiseveranstalters (Abs II S 1) u der Anspr des Kunden auf die Reiseleistg entfallen. Bereits geleistete Zahlgen, soweit sie den EntschAnspr des Veranstalters nach Abs II übersteigen, sind zurückzugewähren (§ 346 analog). § 651 i schließt etwa nach and Best bestehde weitergehde Rechte des Kunden, zB nach § 651 e nicht aus (ebso MüKo/Tonner Rn 2; aA LG Ffm NJW **91**, 498). – **Nach Reisebeginn** ist § 651 i nicht entspr anwendb (LG Ffm NJW-RR **86**, 214, str). Der Reisde kann sich bei aus seiner Sphäre stammden Reisehindern nur entspr den allg Best vom Vertr lösen; so kann eine Künd aus wicht Grd zul sein (LG Ffm NJW **91**, 498: Tod des Reisegefährten währd der Reise, VertrAbwicklg analog § 649 S 2; aA Claussen NJW **91**, 2813: § 651 i analog). 1

2) Entschädigung. Der Anspr des Reiseveranstalters auf angem Entsch tritt an die Stelle des weggefallenen VergütgsAnspr. Für eine konkr Bemessg, falls nicht im Vertr Pauschalierg vereinb ist (Rn 4), ist Ausgangspunkt der vereinb ReisePr. Von ihm sind abzuziehen die ersparten Aufw u die anderw Erwerbsmöglichk, also der Betr der Aufw, die sich der Reiseveranstalter dadch erspart, daß er dem zurücktretden Kunden keine Leistg mehr zu erbringen hat, u der Betr, den der Veranstalter dch anderw Verwertg der freigewordenen Reiseleistgen erlösen kann (nicht wie in § 649: tats erlöst od böswill zu erwerben unterläßt). Die Darleggs- u BewL für die Angemessenh trägt nach allg Grds der Reiseveranstalter, also auch für die negat Tats, daß keine höheren Aufw erspart od keine and Verwertg mögl waren. Der Unterschied zur BewLVerteilg in § 649 (dort Rn 6) ist darin begründet, daß dort der Untern den VergütgsAnspr behält, auf den er sich ersparte Aufw anrechnen lassen muß, währd hier der Anspr von vornherein nur auf angem Entsch nach den gesetzl festgelegten BerechngsRichtl geht. – **Kein Entschädigungsanspruch** wie iF des § 649 (dort Rn 2, 4), wenn der Reiseveranstalter den Rücktr in einer den Vertr gefährdden Weise herbeigeführt hat (LG Ffm NJW **86**, 1616). 2 3

3) Pauschalierung der angem Entsch kann vertragl vereinb werden. Je nach der getroffenen Vereinbg kann es sich um eine die konkr höhere Berechng nach Abs II ausschließde Entschädigg od um ein WahlR für den Reiseveranstalter zw pauschalierter u konkr Berechng handeln. Die Pauschalierg kann wirks nur in einem Prozentsatz des ReisePr vereinb werden. Der Prozentsatz muß für die in Frage stehde Reiseart unter Berücksichtigg der gewöhnl ersparten Aufw u des dch anderw Verwendg der Reiseleistgen gewöhnl mögl Erwerbs festgesetzt sein (BGH NJW-RR **90**, 114). Ist er höher, so ist die Vereinbg unwirks (§ 651 l), dh der den gesetzl Richtlinien entspr Prozentsatz gilt als vereinb. Da auf den gewöhnl anderw mögl Erwerb abzustellen ist, ist auch ein gestaffelter Prozentsatz je nach der Zeitspanne zw RücktrErkl u Reisebeginn zul u empfehlenswert (BGH aaO), soweit er dem Grds des Abs II entspricht (Ffm NJW **82**, 2198). Eine nach Abs III getroffene Vereinbg ist an den Normen des AGBG überprüfb (LG Hbg NJW **98**, 3281). BewL wie Rn 2. 4

651 j *Kündigung wegen höherer Gewalt.*

I Wird die Reise infolge bei Vertragsabschluß nicht voraussehbarer höherer Gewalt erheblich erschwert, gefährdet oder beeinträchtigt, so können sowohl der Reiseveranstalter als auch der Reisende den Vertrag allein nach Maßgabe dieser Vorschrift kündigen.

II Wird der Vertrag nach Absatz 1 gekündigt, so finden die Vorschriften des § 651 e Abs. 3 Sätze 1 und 2, Abs. 4 Satz 1 Anwendung. Die Mehrkosten für die Rückbeförderung sind von den Parteien je zur Hälfte zu tragen. Im übrigen fallen die Mehrkosten dem Reisenden zur Last.

1) Abgrenzung. § 651 j gibt beiden VertrPart vor od nach Reisebeginn ein unabdingb (§ 651 l) KündR. Es handelt sich um eine auf den Wegfall der GeschGrdl zugeschnittene (BGH NJW-RR **90**, 1334) SpezialVorschr. Sie regelt jedenf seit der Änd zum 1. 11. 1994 (die früh Rspr ist überholt) abschließd das R zur Auflösg des Vertr aGrd von Umst, die auf nicht voraussehb höh Gew beruhen. Die Anwendg and Vorschr, 1 insb von § 651 e ist ausgeschl, soweit sie auf solche Umst gestützt wird; wird der Vertr nicht gekünd, kann Minderg (§ 651 d) aGrd von Mängeln (651 c Rn 2, 3) in Betracht kommen (Tempel NJW **97**, 621). Erkl der Künd forml ggü dem and Teil. Angabe von Grden ist zur Wirksamk nicht vorgeschrieben, aber zweckmäß. – Künd des Reisden aus and Grd § 651 i Rn 1.

2 **2) Voraussetzungen. – a) Erhebliche Erschwerung, Gefährdung oder Beeinträchtigung** der Reise. Das ist dann der Fall, wenn der vertragl vorgesehene Nutzen der Reise als ganzes in Frage gestellt ist.
3 Unmöglichk ist nicht erfdl. – **b) Höhere Gewalt.** Ein von außen kommdes, nicht voraussehb, keinen betriebl ZusHang aufweisdes, auch dch äußerste vernünftigerw zu erwartde Sorgfalt nicht abwendb Ereign (BGH **100**, 185) muß Ursache für diese Beeinträchtigg sein (s a § 203 Rn 4). In Frage kommen Krieg od KriegsGef, innere Unruhen, instabile politische Verh (LG Ffm NJW-RR **91**, 1205), idR nicht schon einz Terroranschläge (Leverkusen NJW-RR **97**, 1204; krit Tempel NJW **98**, 1827; s a Tonner DAR **99**, 434/440); Naturkatastrophen (BGH **85**, 50: Wirbelsturm), Reaktorunfall (BGH **109**, 224), Epidemien; Nichtausführbark der Reise, weil das Einreiseland die GesundhBest nach VertrAbschl verschärft u Kunde sie schuldl nicht erf kann. Streik eig Personals u im Bereich der LeistgsTräger (§ 651 a Rn 6) fällt nicht darunter (Eberle DB **79**, 341, Bartl NJW **79**, 1386; s § 278 Rn 7, 8), and in Bereichen, für deren Funktionieren der Reiseveranstalter vertragl nicht einzustehen hat wie Flughafenpersonal, Fluglotsen, Zoll- u Paßbeamte des Ziellandes (MüKo/Tonner Rn 11 a). Absage der Reise wg Unrentabilität inf ungenügder TeilnZahl (§ 651 a Rn 10) ist kein Fall höh
4 Gew (Mü OLGZ **82**, 460). – **c) Nicht voraussehbar** (§ 276 Rn 20) bei VertrAbschl darf das außergewöhnl Ereign sein. Das gehört an sich schon zum Begr der höheren Gewalt. Damit ist klargestellt, daß die Ausgestaltg des KündR sich anlehnt an eine Vorauss, die die Rspr zum Wegfall der GeschGrdl aufgestellt hat (vgl BGH **85**, 50).

5 **3) Rechtsfolgen** (eingehd Tempel NJW **97**, 621), unabhäng davon, wer die Künd erklärt hat (Düss NJW-RR **90**, 252). – **a) Entschädigungsanspruch** des Reiseveranstalters anstelle der vereinb Vergütg wie in § 651 e Abs III S 1, 2, abw von dort S 3 auch, soweit bereits erbrachte Leistgen kein Interesse mehr für den Reisden haben. Vgl iü § 651 e Rn 5. Der Reisde, der bereits mehr bezahlt hat als der Veranstalter nach der
6 Künd beanspruchen kann, hat einen RückfordergsAnspr direkt aus § 651 j (§ 651 e Rn 5). – **b) Verpflichtung zur Rückbeförderung** u sonst notw Maßn wie in § 651 e IV S 1 mit der Abw, daß die dch die Rückbeförderg entstandenen Kosten je zur Hälfte von beiden Part zu tragen sind. Entspr anwendb auf Stornokosten aGrd Künd wg höh Gewalt für die vom Reiseveranstalter bereits vorgenommenen u auch notw
7 Hotelreserviergen (BGH **109**, 224; abl Tempel NJW **90**, 821). – **c) Die übrigen Mehrkosten** hat der Reisde zu tragen, zB verlängerter Aufenth im Zielort.

651 k *Sicherstellung, Zahlung.*

I Der Reiseveranstalter hat sicherzustellen, daß dem Reisenden erstattet werden

1. der gezahlte Reisepreis, soweit Reiseleistungen infolge Zahlungsunfähigkeit oder Eröffnung des Insolvenzverfahrens über das Vermögen des Reiseveranstalters ausfallen, und

2. notwendige Aufwendungen, die dem Reisenden infolge Zahlungsunfähigkeit oder Eröffnung des Insolvenzverfahrens über das Vermögen des Reiseveranstalters für die Rückreise entstehen.

Die Verpflichtungen nach Satz 1 kann der Reiseveranstalter nur erfüllen

1. durch eine Versicherung bei einem im Geltungsbereich dieses Gesetzes zum Geschäftsbetrieb befugten Versicherungsunternehmen oder

2. durch ein Zahlungsversprechen eines im Geltungsbereich dieses Gesetzes zum Geschäftsbetrieb befugten Kreditinstituts.

II Der Versicherer oder das Kreditinstitut kann seine Haftung für die von ihm in einem Jahr insgesamt nach diesem Gesetz zu erstattenden Beträge jeweils für das erste Jahr nach dem 31. Oktober 1994 auf siebzig, für das zweite Jahr auf einhundert, für das dritte Jahr auf einhundertfünfzig und für die darauffolgende Zeit auf zweihundert Millionen Deutsche Mark begrenzen. Übersteigen die in einem Jahr von einem Versicherer oder einem Kreditinstitut insgesamt nach diesem Gesetz zu erstattenden Beträge die in Satz 1 genannten Höchstbeträge, so verringern sich die einzelnen Erstattungsansprüche in dem Verhältnis, in dem ihr Gesamtbetrag zum Höchstbetrag steht.

III Zur Erfüllung seiner Verpflichtung nach Absatz 1 hat der Reiseveranstalter dem Reisenden einen unmittelbaren Anspruch gegen den Versicherer oder das Kreditinstitut zu verschaffen und durch Übergabe einer von diesem Unternehmen ausgestellten Bestätigung (Sicherungsschein) nachzuweisen.

IV Der Reiseveranstalter darf Zahlungen des Reisenden auf den Reisepreis vor der Beendigung der Reise nur fordern oder annehmen, wenn er dem Reisenden einen Sicherungsschein übergeben hat.

V Hat im Zeitpunkt des Vertragsschlusses der Reiseveranstalter seine Hauptniederlassung in einem anderen Mitgliedstaat der Europäischen Gemeinschaften oder in einem anderen Vertragsstaat des Abkommens über den Europäischen Wirtschaftsraum, so genügt der Reiseveranstalter seiner Verpflichtung nach Absatz 1 auch dann, wenn er dem Reisenden Sicherheit in Übereinstimmung mit den Vorschriften des anderen Staates leistet und diese den Anforderungen nach Absatz 1 Satz 1 entspricht; Absatz 4 gilt mit der Maßgabe, daß dem Reisenden die Sicherheitsleistung nachgewiesen werden muß.

VI Die Absätze 1 bis 5 gelten nicht, wenn

1. der Reiseveranstalter nur gelegentlich und außerhalb seiner gewerblichen Tätigkeit Reisen veranstaltet,

2. die Reise nicht länger als 24 Stunden dauert, keine Übernachtung einschließt und der Reisepreis einhundertfünfzig Deutsche Mark nicht übersteigt,
3. der Reiseveranstalter eine juristische Person des öffentlichen Rechts ist.

1) Sicherungspflicht des Reiseveranstalters, I. Ausn in Abs VI. Kritik der Regelg Tonner DAR **99**, 1
434/441. – **a) Insolvenzrisiko.** Der Reisde wird gg Schad inf ZahlgsUnfähigk od Insolvenz (bish Konkurs, s EGInsO 33 Nr 20 a) des Veranstalters dadch abgesichert, daß bei Ausfall von Reiseleistgen aus diesen Grd die Erstattg des bezahlten ReisePr u der notw Aufw für die Rückreise sicherzustellen ist. Dazu zählen idR auch die VersPrämie (Tonner RRa **99**, 74, str) u vom Reisden verauslagte UnterbringsKosten (EuGH EuZW **98**, 440 zu Art 7 Richtl 90/314/EWG). Weitergehde Anspr, etwa aus Gewl, bleiben unberührt. – **b) Siche-** 2
rungsmittel, I 2, sind nach Wahl des Veranstalters entw eine Vers od das ZahlgsVerspr (in erster Linie eine Bankgarantie, wie Einf 14 ff v § 783) eines Kreditinstituts, wobei die Untern in and EU-Ländern ansäss sein können (s EuGH WM **98**, 2517). DirektAnspr des Reisden u Nachw der Sichg Rn 4, 5. Die Vorauss des ErstattgsAnspr gem I 1 Nr 1, 2 hat der Reisde darzulegen u zu beweisen. – **c)** Die (nach hM nicht 3
richtlkonforme, MüKo/Tonner Rn 18; s a EuGH EuZW **99**, 468/472, Führich VersR **95**, 1138) **Begrenzung der Einstandspflicht** der Vers bzw Bank auf einen JahreshöchstBetr soll sicherstellen, daß die gesetzl vorgeschriebene DeckgsVorsorge rückversicherb bleibt (zB iF der Insolvenz eines Touristik-GroßUntern). Der JahreshöchstBetr gilt „jeweils" für die einz Vers, VersGemsch, Bank. Überschreitet die GesLeistg den JahreshöchstBetr, kann der Garant den ErstattgsBetr an den einz Reisden in dem Verhältn kürzen, in dem der GesBetr zum HöchstBetr steht. Der Garant braucht desh die endgült Abwicklg der einz Insolvenzschäden erst nach Jahresende vorzulegen, eine für den Reisden unbefriedigde Regelg.

2) Erfüllung der Sicherungspflicht. – **a)** Einen **unmittelbaren Anspruch, III,** muß der Veranstalter 4
dem Reisden gg die Vers bzw Bank für den Fall verschaffen, daß die Vorauss des Abs I S 1 Nr 1, 2 eintreten. Das geschieht dadch, daß er den SichgsVertr als echten Vertr zG der Reisden mit Begründg eines eig Anspr für diese abschließt (§ 328 Rn 3, 5). Die namentl Benenng des Reisden gegenüber dem Garanten kann mit Abschl des ReiseVertr geschehen, uU auch dch Übersendg einer Namensliste aller Reisden für eine best Reise. – **b) Sicherungsschein.** Außerdem hat der Veranstalter die vorgeschriebene Sichg dem Reisden dch 5
Überg einer entspr Bestätigg der Vers od Bank nachzuweisen. Folge der Unterl Abs IV (Rn 7). – **c) Ein-** 6
wendungen. § 334 wird häuf ausgeschl sein (dort Rn 2; weitergehd Führich RRa **99**, 83). Unterl Weiterleitg des ReisePr dch inkassobevollm Reisebüro beseitigt den Anspr nicht (Aachen NJW-RR **99**, 1005).

3) Zahlung des Reisepreises, IV. Die Vorschr ändert nichts an der Fälligk mit Beendigg der Reise 7
(§ 651 a Rn 3). Vereinbg einer Vorauszahlg vor Abschl des ReiseVertr verstößt gg AGBG 9 II Nr 1 (KG NJW **85**, 151). Nach VertrSchluß darf der Veranstalter Zahlgen (also auch vereinb Anzahlgen) vor Beendigg der Reise nur fordern od annehmen, wenn er dem Reisden einen SichgsSchein (Rn 5) übergeben hat. Entggstehde Vereinbgen sind unwirks (§ 651 l) u mit Geldbuße bedroht (GewO § 147 b). Ausn in Abs VI. Zur Unvereinbark der früh weitergehden Ausn (10% des ReisePr, höchstens 500 DM) mit Art 7 der Richtl v 13. 6. 90 EuGH NJW **96**, 3141.

4) Ausländische Reiseveranstalter, V. In den MitglStaaten der EU u des Abk über den Europ Wirtsch- 8
Raum ist das nationale ReiseVertrR aGrd der Richtl 90/314 EWG angeglichen worden. Desh genügt ein Reiseveranstalter mit Hauptsitz in einem dieser Staaten, der in Deutschland PauschalreiseVertr abschließt, seiner SichgsPfl, indem er dem Reisden eine Sichg in Übereinstimmg mit den Vorschr seines Staates nachweist, die den dtschen Anfordergen nach Abs I S 1 entspricht.

5) Abs I–V gelten nicht, wenn §§ 651 a ff von vornherein mangels eines Reiseveranstalters nicht 9
anwendb sind (Einf 4 v § 651 a), hierfür verbleibt es bei der fr Rspr des BGH (AGBG 9 Rn 123). Ausnahmsw auch nicht für Reiseveranstalter (Einf 1, 3 vor § 651 a) unter den Vorauss des **Abs VI.** – **a) Nr 1.** 10
Die beiden Merkmale nur gelegentl u außerh der gewerbl Tätigk müssen kumulativ erf sein. **Nur gelegentlich** bedeutet in sehr geringer Zahl – die amtl Begründg BT-Drucks 12/5354 S 13 meint 1–2 – u bei Gelegenh, also nicht im voraus nach einem Jahresprogramm geplant, zB Pfarrer, der eine Pilgerreise organisiert. Führich VersR **95**, 1138 meint: unregelmäß. – **Außerhalb des Gewerbebetriebs** bedeutet, der 11
Reiseveranstalter betreibt überhaupt kein Gewerbe, zB Volkshochschule, Pfarrer. **Nicht** darunter fallen Betreiber irgend eines Gewerbes, zB Leserreise eines ZeitgsVerlags, ein TouristikUntern, das regelmäß Reisen and Veranstalter vermittelt, bei nur gelegentl Durchf eig Reisen. – **b) Nr 2.** Veranstalter von Tages- 12
reisen fallen unter §§ 651 a ff überh nur, wenn sie mind 2 aufeinander abgestellte Reiseleistgen zu einem PauschalPr anbieten. Tun sie dies, so sind sie von der SichgsPfl unter den 3 im Gesetz genannten kumulativen Vorauss frei. – **c) Nr 3.** Jur Pers des öff R vgl Einf 3 v § 21. Bei ihr besteht kein Insolvenzrisiko. Hauptfälle 13
sind Reisen kommunaler Volkshochschulen.

651 l *Abweichende Vereinbarungen.* **Von den Vorschriften der §§ 651 a bis 651 k kann nicht zum Nachteil des Reisenden abgewichen werden.**

Die Vorschr der §§ 651 a–k sind zwingdes R. Die Part können bis zum Reiseende (Tempel RRa **99**, 1
107) Abw zum Nachteil des Reisden nicht wirks vereinbaren, auch nicht den Erlaß von GewlAnspr gg Abfindg (Düss NJW-RR **92**, 245) od im ZusHang mit einer Umquartierg am UrlOrt (Kleve NJW-RR **92**, 1525). Zuläss HaftgsBeschrkgen s § 651 h. Verstoß hat Nichtigk der abw Vereinbg zur Folge. Ob damit der ganze Vertr nichtig ist, beurteilt sich nach § 139. Die Interessenlage beider VertrSeiten, insb das Schutzbedürfn des Reisden wird, ähnl dem AGBG 6, vielf zum WirksBleiben des übr VertrInhalts führen. An die Stelle der unwirks Vereinbg tritt dann die gesetzl Regel (ebso MüKo/Tonner Rn 8). Soweit § 651 l nicht eingreift, bleiben die in AGB enth Vereinbgen auf ihre Wirksamk nach dem AGBG zu prüfen. S a AGBG 9 Rn 122.

Anhang zu §§ 651 a–l

Verordnung über die Informationspflichten von Reiseveranstaltern

vom 14. 11. 94 (BGBl 3436), in Kraft seit 23. 11. 94

§ 1. Prospektangaben. *I Stellt der Reiseveranstalter über die von ihm veranstalteten Reisen einen Prospekt zur Verfügung, so muß dieser deutlich lesbare, klare und genaue Angaben enthalten über den Reisepreis, die Höhe einer zu leistenden Anzahlung, die Fälligkeit des Restbetrages und außerdem, soweit für die Reise von Bedeutung, über folgende Merkmale der Reise:*

a) Bestimmungsort;
b) Transportmittel (Merkmale und Klasse);
c) Unterbringung (Art, Lage, Kategorie oder Komfort und Hauptmerkmale sowie – soweit vorhanden – ihre Zulassung und touristische Einstufung);
d) Mahlzeiten;
e) Reiseroute;
f) Paß- und Visumerfordernisse für Angehörige des Mitgliedstaates, in dem die Reise angeboten wird, sowie über gesundheitspolizeiliche Formalitäten, die für die Reise und den Aufenthalt erforderlich sind;
g) eine für die Durchführung der Reise erforderliche Mindestteilnehmerzahl sowie die Angabe, bis zu welchem Zeitpunkt vor dem vertraglich vereinbarten Reisebeginn dem Reisenden die Erklärung spätestens zugegangen sein muß, daß die Teilnehmerzahl nicht erreicht und die Reise nicht durchgeführt wird.

Die in dem Prospekt enthaltenen Angaben sind für den Reiseveranstalter bindend. Er kann jedoch vor Vertragsschluß eine Änderung erklären, soweit er dies in dem Prospekt vorbehalten hat. Der Reiseveranstalter und der Reisende können vom Prospekt abweichende Leistungen vereinbaren.

II Absatz 1 gilt entsprechend, soweit Angaben über die veranstalteten Reisen in einem von dem Reiseveranstalter zur Verfügung gestellten Bild- und Tonträger enthalten sind.

1 **Prospektinhalt.** Der Veranstalter ist nicht verpflichtet, einen Prospekt herauszugeben. Wenn er dies tut, sind für seinen Inhalt best deutl lesb, klare u genaue Angaben zur Information des Reisden vorgeschrieben. Das sind in jedem Fall solche über ReisePr, Höhe der Anzahlg u Fälligk des RestBetr (vgl dazu § 651 k IV); darühinaus auch die Merkmale der Reise gemäß Abs I S 1 a bis g, soweit für die konkr Reise von Bedeutg. Entbehrl sind Angaben über Leistgen, deren Best dem Veranstalter überlassen ist (Karlsr NJW-RR **98**, 841), ferner uU bei sog Abenteuer-, Fortuna- od Jokerreisen. Gleiches gilt für Bild- u Tonträger (Abs II). Weitere
2 InformationsPfl in §§ 2, 3 II, III, 4 I. Ausn in § 5. – **Bindung.** Abs I S 2 stellt klar, daß die Prospektangaben VertrInhalt werden, also die vertragl LeistgsPfl des Veranstalters bestimmen. Das kann er dch einseit Ändergs-Vorbeh im Prospekt für konkr zu bezeichnde Merkmale der Reise verhindern, indem er vor Abschl des ReiseVertr diese LeistgsÄnderg erklärt. Für die Zeit nach VertrAbschl gelten § 651 a IV u § 10 Nr 4 AGBG. Vor od nach VertrAbschl können Reiseveranstalter u Reisder – das muß nicht der urspr VertrPartner sein, § 651 b – vom Prospekt abw Leistgen vertragl vereinbaren (Abs I S 4). Gilt auch für Bild- u Tonträger
3 (Abs II). – **Abweichung.** Weicht die erbrachte Leistg nachteil von der nach dem Prospektinhalt geschuldeten ab, so handelt es sich um einen Reisemangel, der gem §§ 651 c ff zu GewlAnspr des Reisden führt. Fehlt im Prospekt eine vorgeschriebene Information od erweist sie sich als unricht, ohne daß dies zu einem Mangel der Reise führt, so können dem Reisden daraus SchadErsAnspr aus pVV erwachsen; näher zur Abgrenzg Tempel NJW **96**, 1625.

§ 2. Unterrichtung vor Vertragsschluß. *Der Reiseveranstalter ist verpflichtet, den Reisenden, bevor dieser seine auf den Vertragsschluß gerichtete Willenserklärung (Buchung) abgibt, zu unterrichten über*

1. Paß- und Visumerfordernisse, insbesondere über die Fristen zur Erlangung dieser Dokumente. Diese Verpflichtung bezieht sich auf die Erfordernisse für Angehörige des Mitgliedstaates, in dem die Reise angeboten wird,
2. gesundheitspolizeiliche Formalitäten,

soweit diese Angaben nicht bereits in einem von dem Reiseveranstalter herausgegebenen und dem Reisenden zur Verfügung gestellten Prospekt enthalten und inzwischen keine Änderungen eingetreten sind.

1 Die **Unterrichtungspflicht** vor VertrAbschl betrifft 2 für die Einreise in ein and Land wicht Erfordern. Sie deckt sich inhaltl weitgehd mit den Prospektangaben gemäß § 1 I S 1 f u entfällt desh, wenn der Veranstalter dem Reisden einen Prospekt od einen Bild- u Tonträger mit diesen Angaben zur Vfg gestellt u zwischenzeitl nicht geändert hat. Weitere Ausn in § 5. Unterl od unricht Information führt zu den Folgen wie § 1 Rn 3.

§ 3. Reisebestätigung, Allgemeine Reisebedingungen. *I Der Reiseveranstalter hat dem Reisenden bei oder unverzüglich nach Vertragsschluß eine Urkunde über den Reisevertrag (Reisebestätigung) auszuhändigen.*

II Die Reisebestätigung muß, sofern nach der Art der Reise von Bedeutung, außer den in § 1 Abs. 1 genannten Angaben über Reisepreis und Zahlungsmodalitäten sowie über die Merkmale der Reise nach § 1 Abs. 1 Buchstabe b, c, d, e und g folgende Angaben enthalten:

a) endgültiger Bestimmungsort oder, wenn die Reise mehrere Aufenthalte umfaßt, die einzelnen Bestimmungsorte sowie die einzelnen Zeiträume und deren Termine;
b) Tag, voraussichtliche Zeit und Ort der Abreise und Rückkehr;
c) Besuche, Ausflüge und sonstige im Reisepreis inbegriffene Leistungen;
d) Hinweise auf etwa vorbehaltene Preisänderungen sowie deren Bestimmungsfaktoren (§ 651 a Abs. 3 des Bürgerlichen Gesetzbuchs) und auf nicht im Reisepreis enthaltene Abgaben;
e) vereinbarte Sonderwünsche des Reisenden;
f) Name und Anschrift des Reiseveranstalters;

g) über die Obliegenheit des Reisenden, dem Reiseveranstalter einen aufgetretenen Mangel anzuzeigen, sowie darüber, daß vor der Kündigung des Reisevertrages (§ 651 e des Bürgerlichen Gesetzbuchs) dem Reiseveranstalter eine angemessene Frist zur Abhilfeleistung zu setzen ist, wenn nicht die Abhilfe unmöglich ist oder vom Reiseveranstalter verweigert wird oder wenn die sofortige Kündigung des Vertrages durch ein besonderes Interesse des Reisenden gerechtfertigt wird;

h) über die nach § 651 g des Bürgerlichen Gesetzbuchs einzuhaltenden Fristen, unter namentlicher Angabe der Stelle, gegenüber der Ansprüche geltend zu machen sind;

i) über den möglichen Abschluß einer Reiserücktrittskostenversicherung oder einer Versicherung zur Deckung der Rückführungskosten bei Unfall oder Krankheit unter Angabe von Namen und Anschrift des Versicherers.

III Legt der Reiseveranstalter dem Vertrag Allgemeine Geschäftsbedingungen zugrunde, müssen diese dem Reisenden vor Vertragsschluß vollständig übermittelt werden.

IV Der Reiseveranstalter kann seine Verpflichtungen nach den Absätzen 2 und 3 auch dadurch erfüllen, daß er auf die in einem von ihm herausgegebenen und dem Reisenden zur Verfügung gestellten Prospekt enthaltenen Angaben verweist, die den Anforderungen nach den Absätzen 2 und 3 entsprechen. In jedem Fall hat die Reisebestätigung den Reisepreis und die Zahlungsmodalitäten anzugeben.

V Die Absätze 1 bis 4 gelten nicht, wenn die Buchungserklärung des Reisenden weniger als 7 Werktage vor Reisebeginn abgegeben wird. Der Reisende ist jedoch spätestens bei Antritt der Reise über die in Absatz 2 Buchstabe g bezeichnete Obliegenheit und die in Absatz 2 Buchstabe h bezeichneten Angaben zu unterrichten.

Reisebestätigung (Abs I). Ihre Notwendigk bedeutet nicht gesetzl Schriftform gem § 126. Ihre Funktion 1
besteht vielm in der zuverläss Information des Reisden, außerd ist sie BewUrk für den Inhalt des ReiseVertr. Dieser kann bereits vorher mdl od dch Telekommunikation abgeschl sein. Er kann aber auch erst mit Zugang der Reisebestätigg zustande kommen, insb bei entspr Vereinbg. Unverzügl s § 121 I S 1. Ausn in Abs V u in
§ 5. – **Inhalt** (Abs II, IV). In jedem Fall sind ReisePr u ZahlgsModalitäten anzugeben (Abs IV S 2), iü kann 2
der Veranstalter auf einen von ihm herausgegebenen u dem Reisden zur Vfg gestellten Prospekt verweisen,
dessen Angaben den Anfordergen in Abs II entsprechen. – **Allgemeine Geschäftsbedingungen** (Abs III), 3
die dem Vertr zGrd liegen, müssen dem Reisden vor VertrAbschl vollst übermittelt sein, um die Möglichk der Kenntnisn (§ 2 I Nr 2 AGBG) sicherzustellen. Sind sie im ausgehändigten Prospekt abgedruckt, genügt ein
Hinw darauf in der Reisebestätigg. Ausn in Abs V u in § 5. – **Ausnahmen** (Abs V). Aushändigg einer 4
Reisebestätigg u Übermittlg der zGrd gelegten AGB sind entbehrl, wenn der Reisde die Buchg erst weniger als 7 Werktage vor Beginn der Reise vornimmt. In diesem Fall ist er spätestens bei Reisebeginn über seine Obliegenh im ZusHang mit der MängelAnz u FrSetzg zur Abhilfe (Abs II g) sowie mit der GeltdMachg von GewlAnspr (Abs II h) zu unterrichten. Ausn in § 5.

§ 4. Unterrichtung vor Beginn der Reise. *I Der Reiseveranstalter hat den Reisenden rechtzeitig vor Beginn der Reise zu unterrichten*

a) über Abfahrts- und Ankunftszeiten, Orte von Zwischenstationen und die dort zu erreichenden Anschlußverbindungen;

b) wenn der Reisende bei der Beförderung einen bestimmten Platz einzunehmen hat, über diesen Platz;

c) über Name, Anschrift und Telefonnummer der örtlichen Vertretung des Reiseveranstalters oder – wenn nicht vorhanden – der örtlichen Stellen, die dem Reisenden bei Schwierigkeiten Hilfe leisten können; wenn auch solche Stellen nicht bestehen, sind dem Reisenden eine Notrufnummer und sonstige Angaben mitzuteilen, mit deren Hilfe er mit dem Veranstalter Verbindung aufnehmen kann.

Bei Auslandsreisen Minderjähriger ist die bei der Buchung angegebene Person darüber zu unterrichten, wie eine unmittelbare Verbindung zu dem Kind oder dem an dessen Aufenthaltsort Verantwortlichen hergestellt werden kann.

II Eine besondere Mitteilung nach Absatz 1 ist nicht erforderlich, soweit die jeweilige Angabe bereits in einem dem Reisenden zur Verfügung gestellten Prospekt oder der Reisebestätigung enthalten ist und inzwischen keine Änderungen eingetreten sind.

Die **Pflicht zur Unterrichtung** des Reisden rechtzeit vor Reisebeginn überschneidet sich teilw mit den 1
InformationsPfl im Prospekt nach § 1 I u in der Reisebestätigg nach § 3 II u präzisiert diese Pfl. Abs I S 1 c schreibt eine genaue Unterrichtg über Ansprechstellen währd der Reise in best Reihenfolge vor, die bei irgendwelchen Schwierigk Hilfe leisten können. S 2 stellt sicher, daß Verbindg zu einem mj AuslReisden hergestellt werden kann. Unterl od unricht Unterrichtg führt zu den Folgen wie § 1 Rn 3. – **Ausnahmen** (Abs II). Mehrf Unterrichtg ist überflüss. Desh kann sie unterbleiben, soweit der Reisde sie bereits im Prospekt od in der Reisebestätigg erhalten hat. Weitere Ausn in § 5.

§ 5. Gelegenheitsreiseveranstalter. *Diese Verordnung gilt nicht für Reiseveranstalter, die nur gelegentlich und außerhalb ihrer gewerblichen Tätigkeit Pauschalreisen veranstalten.*

Die Vorschr entspricht § 651 k VI Nr 1. Vgl dort Rn 10, 11.

Achter Titel. Maklervertrag

Einführung

1) Allgemeines 1

2) Anwendungsbereich, gesetzliche Grenzen . . . .

a) Zivilrechtlicher Anwendungsbereich . 2

b) Grenzen der Vermittlungstätigkeit 3–5

3) Rechtsnatur des Maklervertrags . . . . . .

a) Wesen 6

b) Abgrenzung zu anderen Schuldverhältnissen. 7

c) Stellung zur Gegenpartei 8, 9

4) Mehrere Makler 10

a) Personengesellschaft 10

b) Untermaklervertrag 11

c) Gemeinschaftsgeschäft 12

d) Zubringergeschäft 13

5) Sonderregelungen 14, 15

1 **1) Allgemeines. – Rechtsquellen.** Neben den §§ 652 ff haben best MGesch eine Sonderregelgen erfahren (Rn 2, 14, 15). Öffrechtl sind in der auf der Grdl des § 34c III GewO erlassenen VO über die Pfl der M, Darl- u Anlagevermittler, Bauträger u Baubetreuer (**Makler- und BauträgerVO,** MaBV, BGBl 90, 2479) Verpfl zur SicherhLeistg u Vers, Zweckbindg des anvertrauten Verm, getrennte VermögensVerw, Ausk- u RechngsLeggsPfl, AufbewahrgsPfl für die GeschUnterlagen, Anlegg einer Inseratensammlg vorgeschrieben. Unterlassene SicherhLeistg dch Untern ist pVV (Brem BB **77**, 316). Wer gewerbsm im eig Namen u für eig Rechng auf dem Grdst seines AuftrG für diesen einen Bau errichtet, ist weder Bauherr (Bauträger) noch Baubetreuer iS von § 34c I 1 Nr 2 GewO, § 3 MaBV (BGH NJW **78**, 1054). Verstöße gg Vorschr der VO können zur Nichtigk führen (Hamm BauR **96**, 141 für § 3), jedoch sind Verstöße gg OrdngsVorschr zivrechtl
1 a ohne Bedeutg (Ffm NJW **79**, 878 für § 11). – Den **Vereinbarungen der Parteien,** vor allem in AGB, kommt angesichts der Unzulänglichk der gesetzl Regelg besondere Bedeutg zu. Bei ihrer Auslegg sind die bes Gebräuche u die VerkSitte zu beachten. Da von Sonderregelgen (Rn 1) abgesehen das **Maklerrecht dispositiv** ist, finden IndividualVereinbgen, soweit die VermittlgsTätigk zul ist (Rn 3–5), ihre Grenze nur in den Regeln des redl Verk u der guten Sitten (§ 652 Rn 7; vgl BGH WM **70**, 392: individuell ausgehandelte Abw vom gesetzl Leitbild des M sind gültig), AGB od FormularVertr im AGBG (näher § 652 Rn 50 ff) mit unterschiedl Schranken je nach der Pers der am Vertr Beteil (Einf 7–9 v § 1 AGBG). Von seinen Best sind für die Frage, was VertrInhalt wird, die §§ 3, 4, für AusleggsZweifel die §§ 4, 5 von Bedeutg. Für die Wirksamk einz Klauseln sind gerade in Makler-AGB neben der Generalklausel in § 9 (AGBG 9 Rn 109) erfahrgsgem von bes Bedeutg § 10 Nr 5 u 6 im ZusHang mit VorkenntnKlauseln, § 10 Nr 7 im ZusHang mit dem Nichtzustandekommen des vermittelten Gesch, § 11 Nr 5, 6 im letztgenannten ZusHang und § 11 Nr 15 im ZusHang mit der kausalen Tätigk des M als Vorauss für die Entstehg des VergütgsAnspr. – **Internationales Privatrecht** EG 27, 28.

2 **2) Anwendungsbereich. a) §§ 652 ff gelten** für ZivM, auf HandelsM (HGB 93 ff) finden sie nur subsidiär Anwendg. Der Unterschied liegt in der Art der zu vermittelnden Gesch. Beim ZivM sind es solche bürgerlrechtl Art wie Gesch des GrdstVerk, HypGesch, DarlVertr, GeschVerkäufe, Miet- u PachtVertr, Eheschließgen, mit Einschränkg auch DVertr (zu den letzten Rn 3, 15), beim HandelsM die gewerbsm HandelsGesch des HGB 93 I. KursM: BörsenG 30 ff. Der nicht gewerbsm VersM ist ZivM (BGH NJW **85**, 2595). Auch der ZivM selbst ist häuf Kaufm (HGB 1 II, 2). Wicht für HGB 354, dazu Rn 7 u § 652 Rn 8. Auf and Vermittler (Kommissionär, HGB 383 ff; HandelsVertr, HGB 84 ff; VersVertr, HGB 92) ist MRecht nicht anwendb, ebso umgekehrt. – Sonderregelgen für best MGesch Rn 14, 15.

3 **b) Grenzen der Vermittlungstätigkeit.** IdR führen nur Verbote, die sich gg beide Parteien richten, zur Nichtigk des MVertr gem § 134 (BGH **78**, 263). – **aa) Vermittlungsverbote.** Für **Adoptionen** gilt grdsätzl ein VermittlgsVerbot (näher Einf 5–7 v § 1741). **Ausbildungs- und Arbeitsvermittlung** dch Private bedarf grdsätzl der Erlaubn des LandesArbAmts (SGB III 291, 292), VermittlgsVertr mit Vermittlern ohne Erlaubn sind unwirks (SGB III 297 Nr 1; s a § 134 Rn 14 u zur unerl Spielervermittlg Gera NJW-RR **96**, 1335). S a Rn 15. – **bb)** Verstöße gg **Berufsregelungen** führen idR nicht zur Nichtigk, so die MTätigk eines Steuerberaters entgg StBerG 57 IV 1 (BGH **78**, 263), gelegentl MTätigk eines Beamten ohne Gen des Dienstherrn (Schlesw SchlHA **74**, 205). Für den **Rechtsanwalt** ist die ständ Ausübg des MBerufs gem BRAO 7 Nr 8, 14 II Nr 9 unzul (BGH NJW **98**, 571: VersM), ohne daß dies zur Nichtigk des MVertr führt; gelegentl einz MGesch außerh seiner anwaltl Tätigk sind erlaubt (BGH NJW **96**, 2499), insb GrdstGesch (BGH NJW **92**, 681; rechtl Einordng Rn 7). **Notaren** ist die Vermittlg von Darl u GrdstGesch verboten, § 14 IV BNotO, Verstoß führt zur Nichtigk, jedenf wenn der Notar, der das Gesch vermittelt hat, es auch beurkundet (BGH
4 NJW-RR **90**, 948); str, aA Staud/Reuter Vorbem § 652 Rn 55). – **cc) Gewerberechtlich** bedarf der gewerbsm M für die Vermittlg von Grdst, Räumen, Darl u best Kapitalanlagen einer **Erlaubnis** (§ 34c GewO). Ihr Fehlen läßt die zivrechtl Wirksamk des MVertr unberührt (BGH **78**, 263/269), ebso ein **behördliches Verbot** der VermittlgsTätigk (Köln MDR **55**, 414). VertrAbschl im Reisegewerbe unter Verstoß gg GewO 56 s § 134 Rn 10. – **dd) Rechtsberatung** für seinen AuftrG ist dem M idR nur gestattet, soweit sie mit der Vermittlg in unmittelb ZusHang steht (RBerG § 5 Nr 1). Bsp: Beratg dch GrdstM in GBFragen od in der ZwVerst (Düss JR **68**, 25); Antr auf Schankerlaubn dch GaststättenM; Bereithalten von VertrEntw für den zu vermittelnden Vertr (BGH BB **74**, 815); nicht Beratg od Vertretg des Kunden dch VersM bei der GeltdMachg von SchadErsAnspr gg den Schädiger (BGH Warn **67** Nr 108); s auch § 134 Rn 21. Verstoß einer Vereinbg gg das RBerG führt grdsätzl zur Nichtigk der Vereinbg (BGH **37**, 258 für GeschBesVertr), uU auch der Vermitt-
5 lgsAbrede (§ 139). – **ee) Sonstiges.** Bei der **Wohnungsvermittlung** ist unwirks die Koppelg mit einer Verpfl zum Bezug von Waren, Dienst- od WkLeistgen, der MVertr selbst bleibt wirks, § 3 IV WoVermG (Rn 14). Dabei ist es gleichgült, von wem die Initiative zu dem MVertr mit KoppelgsGesch ausgeht (Hamm DB **73**, 2514). Ein Verstoß gg das nur für gewerbsm WohngsVermittler geltde Verbot der Vermittlg ohne Auftr des Vermieters (§§ 6, 7 WoVermG) führt nicht zur Nichtigk des MVertr (Karlsr NJW **76**, 1408, Ffm NJW **79**, 878), wohl aber zu Geldbuße (§ 8 WoVermG). – Ein auf Nachw od Vermittlg einer Koppelg von GrdstKauf und Leistg eines **Architekten** gerichteter MVertr verstößt gg Art 10 § 3 MRVerbG (s § 631 Rn 2) u ist nichtig (BGH WM **80**, 17). – Auf die **Wettbewerbswidrigkeit** des Verhaltens des M (Abjagen von Kunden, LockvogelAngeb) kommt es für die Wirksamk des MVertr nicht an (Düss BB **66**, 1366).

6 **3) Rechtsnatur des Maklervertrags. – a) Wesen.** Nach dem gesetzl Leitbild des MVertr verpflichtet sich der AuftrG unter der Vorauss des Zustandekommens eines Vertr mit einem Dr, dem M für den Nachw der AbschlGelegenh od für die VertrVermittlg eine Vergütg zu bezahlen. Der MVertr ist damit ein Vertr eig Art. Er ist kein ggs Vertr iS der §§ 320 ff (MüKo/Roth § 652 Rn 3, Soergel/Mormann Rn 1), denn HauptleistgsPfl stehen sich zu keinem Ztpkt ggü. Einers ist der M zur Entfaltg von MTätigk nicht verpflichtet (vgl aber Rn 7 u § 652 Rn 63). Umgekehrt wird der AuftrG dch die Einschaltg des M in seiner **Entschließungs- und Abschlußfreiheit** nicht beschr. Er bleibt Herr des Gesch u kann den Auftr jederzeit widerrufen, kündigen; er kann auch die Dienste weiterer M in Anspr nehmen (Rn 10) od sich selbst um den Abschl bemühen (BGH NJW **61**, 307). Er braucht keine Rücks darauf zu nehmen, daß der M nur beim ZustKommen des Gesch Lohn verdient (BGH NJW **66**, 1404, **67**, 198 u 1225); er kann auch Angeb, die seinem Auftr

genau entsprechen, u sogar noch günstigere Angeb ablehnen (BGH NJW **67**, 1225). Er hat ggü dem M keine Pfl, einen formungült GrdstKauf zur Wirksamk zu bringen (BGH WM **77**, 1049). Ein VorVertr bindet nur die VertrPartner, nicht einen von ihnen ggü dem M auf Abschl des HauptVertr (BGH NJW **75**, 647). Eine ProvPfl besteht nur dann, wenn die MTätigk erfolgreich war, dh zum Vertragschl geführt hat (BGH NJW **67**, 1365). – Ands erzeugt der MVertr als echter Vertr ein **besonderes Treueverhältnis** zw AuftrG u M, das für beide VertrTeile zu einer Reihe von NebenPfl führt, deren Verletzg schadersatzpfl macht, § 654 Rn 3 (Makler) u Rn 9 (AuftrG).

b) Abgrenzung zu anderen Verträgen. Der MVertr unterscheidet sich vom **Auftrag** (§§ 662 ff; Bsp: 7
AgenturVertr üb gebrauchtes Kfz, § 515 Rn 5, § 675 Rn 23) dch seine Entgeltlichk. Der Beauftr kann Ers seiner Aufw verlangen (§ 670), der M nicht (§ 652 II). Sol es nicht zum vermittelten Vertragschl kommt, ist die MTätigk nicht für den AuftrG besorgt u der M nur für sich selbst tät gew (Brem OLGZ **65**, 20). Desh keine Anwendg von HGB 354 bei erfolgl Tätigk (§ 652 Rn 8). – Im Ggs zum **Dienstvertrag** (§§ 611 ff) begründet der MVertr keine Pfl zum Tätigwerden; VersM vgl § 652 Rn 14. Begründen die Part eine solche Pfl (zB zur regelm Zusendg des Nachw von Bauvorhaben, Mü NJW-RR **97**, 1146), liegt ein **Maklerdienstvertrag** vor. Hauptfall ist der AlleinAuftr (§ 652 Rn 60–74). Die Part können in IndividualVertr, nicht in AGB (BGH NJW **85**, 2477), auch eine Vergütg für die Tätigk als solche, also unabhäng vom Erfolg vereinbaren (BGH **87**, 309, NJW **88**, 967). – Im Ggs zum **Werkvertrag** verpflichtet sich der M idR nicht, einen best Erfolg herbeizuführen u für ihn einzustehen. Ist dies ausnahmsw gewollt, handelt es sich um einen **Maklerwerkvertrag.** Bsp: Verpfl zur Verschaffg von Ersatzwohnraum für Mieter eines SaniergsObj (Rstk OLG-NL **98**, 241) od zur Beschaffg einer best Finanzierg (BGH NJW-RR **91**, 627; näher § 652 Rn 19). In letzterem Fall kann die Abgrenzg zur FinanziergsGarantie zweifelh sein, das Gewollte ist unter Berücksichtigg der steuerl Interessen dch Auslegg zu ermitteln (BGH BB **84**, 564 für Bauherrnmodell). IdR ist die **Finanzierungsvermittlung** iR eines Bauherrnmodells allerd nur GeschBes (§ 675) mit WkVertrCharakter, so wenn der BauBetr zur Herbeiführg des VermittlgsErfolgs, der AuftrG zur Abnahme der FinanziergsMittel verpflichtet ist u sich die Vergütg nicht nach Prozenten des vermittelten Kredits richtet (BGH BB **91**, 2331). – Bei Auftr an einen **Rechtsanwalt** (Zulässigk: Rn 3) ist der Inhalt der übertr Aufgabe entsch; ist sie in nicht unwesentl Umfang rechtsberatder Art, handelt es sich um einen RA-DVertr (BGH WM **77**, 551). Bsp: Vermittlg eines GrdstKauf- od DarlVertr, wenn nicht eindeut Anhaltspunkte gg DVertr sprechen (BGH NJW **85**, 2642); MVertr nur, wenn es dem AuftrG nicht um rechtl Beistand geht (Hamm NJW-RR **95**, 951). – Der **Handelsvertreter** ist im Ggs zum M verpflichtet, sich ständ um Vermittlg od Abschl von Gesch zu bemühen, entscheidd ist die beiderseit, auf Dauer angelegte Bindg, währd die MTätigk auf ein best Obj bezogen ist (BGH BB **72**, 11, NJW **92**, 2818). – Ein **vermittlungsunabhängiges Provisionsversprechen** kann ein verschleierter KaufPrTeil od Vergütg für and, nicht unter § 652 fallde DLeistgen od, wenn es an jeder GgLeistg fehlt, SchenkgsVerspr sein (BGH NJW-RR **87**, 1075). Bsp: ProvZusage für unverbindl, aber erfolgreichen Hinw (Tip-Prov, Düss NJW-RR **96**, 1011 u **98**, 1667), nicht dagg der Nachw einer günstigeren AbschlMöglichk für dasselbe Produkt LG Mü I NJW-RR **98**, 995; ProvVerspr des AuftrG, obwohl dieser die enge wirtsch Verflechtg zw M-Firma u VertrPartner klar erkennt (BGH NJW-RR **87**, 1075), od wenn er vor der Wahl steht, entw eine Prov ohne VermittlgsLeistg des M zuzusagen (AbschlGebühr, Einstiegsgeld) od vom Gesch Abstand zu nehmen (Köln WM **82**, 804, Stgt BB **96**, 978: ReserviergsEntgelt; and bei vermittlgsabhäng ReserviergsGebühr Brdbg NJW-RR **98**, 1433: MVertr); „Verkaufsgebühr" zG des M BGH NJW **77**, 582. S a § 652 Rn 52 u AGBG 9 Rn 22.

c) Stellung zur Gegenpartei. Zum VertrPartner seines AuftrG steht der M grdsätzl in keiner VertrBe- 8
ziehg. Zur Zulässigk von Doppeltätigk § 654 Rn 8, zum stillschw Vertragschl mit dem Interessenten § 652 Rn 2. Haftg des M bei unerl Hdlg. Als bloßer Vermittler hat der M keine VertretgsMacht u ist „Dritter" iS des § 123 II (BGH **33**, 309). – **Erfüllungsgehilfe** des AuftrG ist der M, soweit er sich nicht auf reine 9
MDienste beschränkt, sond in die Erf von VertrPfl des AuftrG eingebunden ist, zB weil er als dessen Repräsentant aufgetreten od ihm die Führg der Verh (auch ohne Spielraum) überlassen worden ist (BGH NJW **96**, 451, **99**, 638). Erkl des M in diesem Rahmen sind dem AuftrG zuzurechnen, insb falls er sie selbst veranlaßt od dem M freie Hand (zB bei der Auswahl des Kunden) gelassen hat, u binden ihn, sofern er sich nicht bis zum VertrAbschl hiervon distanziert (BGH NJW **95**, 2550). S a Rn 11 zum UnterM u Michalski ZMR **95**, 513.

4) Mehrere Makler. Der AuftrG kann, außer beim AlleinAuftr (§ 652 Rn 61), mehrere M getrennt 10
beauftragen (BGH WM **72**, 444; s a § 654 Rn 10). Ands kann sich der M bei DchFührg des Auftr der MitArb von Hilfskräften bedienen, insb mit and M zusarbeiten (dazu Knütel ZHR **80**, 289); diese können im Verhältn zum AuftrG ErfGeh des M sein (Celle OLGR **99**, 18). Für das Verhältn der M zueinand kommt es auf die jeweil Vereinbg an (BGH NJW-RR **87**, 171). – **a)** Schließen sich mehrere M zu einer **Personengesellschaft** (idR OHG, KG) zus, ist, wenn es auf die Kenntn best Umst ankommt, die Kenntn des Gters maßgebd, der den Auftr bearbeitet. Diesem kann das Wissen and Gter, die ihm unverschuldet keine Mitt machen, nicht zugerechnet werden (BGH JZ **68**, 69; s a § 166 Rn 2). – **b) Untermaklervertrag.** Er ist ein gesetzl nicht 11
geregelter HilfsVertr zum MVertr, dch den ein HauptM sich mit einem UnterM zur gemschaftl DchFührg einz MGesch verbindet mit der Abrede, den UnterM an den aus den einz Gesch anfallden Prov zu beteiligen, ein partiarisches RVerhältn (§ 705 Rn 9) bes Art, keine GbR (BGH BB **66**, 1367). In vertragl Beziehgen zum AuftrG steht allein der HauptM (Hbg MDR **64**, 595). Der UnterM ist ErfGeh des HauptM (Mü JR **61**, 95; s a BGH WM **78**, 246), unter den Vorauss der Rn 9 auch des AuftrG (BGH NJW-RR **97**, 116). Der HauptM bleibt der Bestimmde; er kann oRücks darauf, ob der UnterM zu seiner Prov kommt, seine Entschließgen frei treffen (BGH BB **68**, 729) u kann auf seinen MLohn auch dann verzichten, wenn der UnterM einen Teil davon zu verlangen hätte. Grenze: Arglist (Hbg BB **54**, 173). TreuPfl des UnterM: § 654 Rn 11. – **c)** Beim 12
Gemeinschaftsgeschäft vereinbaren zwei od mehrere auf entgggesetzter VertrSeite tät M, im InnenVerh die gesamte Prov zu teilen (BGH NJW-RR **94**, 636), auch wenn sie nur auf einer Seite anfällt (BGH BB **63**, 835). Das AußenVerh zum jeweil AuftrG bleibt unberührt. Jeder M hat Anspr auf Prov nur gg seinen AuftrG, muß aber ggf einen Teil der erhaltenen (Düss NJW-RR **99**, 1280) Prov an den an M auskehren. Dieser ist grdsätzl nicht sein ErfGeh (Karlsr NJW-RR **98**, 996). Bloße Bekanntgabe des Obj genügt nicht als Angeb zu

einem GemschGesch, weil der and M nicht beurteilen kann, ob sich die Ann lohnt (Hbg MDR **73**, 225). Ob sich die TeilgsVereinbg auch auf ein FolgeGesch erstreckt, ist AusleggsFrage (BGH WM **82**, 16). Die Regelwerke der MVerbände für GemschGesch gelten nur bei Einbeziehg in den Vertr, nicht als Handelsbrauch (Düss NJW-RR **98**, 1666). Der M, der sich ggü seinem AuftrG auf einen niedrigeren ProvSatz einläßt als zw
13 den M abgesprochen, kann sich dem and ggü schadersatzpfl machen (BGH NJW-RR **87**, 171). – **d)** Beim **Zubringergeschäft** fehlt es an einer ZusArbVereinbg iSv Rn 12; es beschr sich auf die gelegentl Mitt einzelner AbschlMöglichk. Der idR nicht gewerbsm tät ZubringerM hat nur Anspr auf einen geringeren Anteil an der Prov (BGH BB **63**, 835). Die ProvVereinbg des KreditSachbearb einer Bank mit einem M für die Benenng von GrdstKaufinteressenten ist sittenwidr, wenn der Angest sein Wissen dienstl erworben hat (BGH MDR **77**, 209). HauptM ist dem Zubringer nicht zum Tätigwerden verpflichtet (BGH BB **68**, 729).

14 **5) Sonderregelungen** gelten für MGesch, die den Abschl von MietVertr über Wohnraum u von KreditVertr sowie die Begr von Ausbildgs- u ArbVerh betreffen. Die Vorschr sind bei den einschläg Anm zu §§ 652–656 eingearb u unter dem jew Stichwort erläutert. Zu gesetzl Beschrkgen der VermittlgsTätigk in diesen Bereichen Rn 3–5. – **a)** Das **Gesetz zur Regelung der Wohnungsvermittlung** (WoVermG – Art 9 des G v 4. 11. 71, BGBl 1745, mehrf geändert) gilt für die Vermittlg od den Nachw der Gelegenh zum Abschl von MietVertr (nicht and Vertr wie Kauf) über Wohnräume (§ 1) ggü dem WohngsSuchden (Rstk OLG-NL **98**, 241). Der gewünschte Vertr muß auf die Begründg eines MietVerh über Wohnraum (Einf 70 f v § 535) gerichtet sein (BGH **135**, 269). Die bloße Weitergabe von WohngsWünschen an and M ist keine WohngsVermittlg (BGH NJW-RR **95**, 880). AbstandsVereinbgen zw Mieter u Nachmieter (WoVermG 4 a) s Einf 88 v
15 § 535. – **b)** Für die **private Ausbildungs- und Arbeitsvermittlung,** dh jede Tätigk, die darauf gerichtet ist, Ausbildgs- u ArbSuchde mit ArbG z Begr von BeschäftVerh zuszuführen (SGB III 35 I; zur Zulässigk Rn 3, zur Abgrenzg von der ArbNÜberlassg AÜG 1 II) gelten SGB III 291 ff sowie die aGrd v SGB III 301 erlassene ArbeitsvermittlerVO (AVermV) v 11. 3. 94, BGBl 563 (mehrf geändert). Wer sie betreibt, ist ZivM (Rieble DB **94**, 1776). – **c)** Für die **Kreditvermittlung** gilt das VerbrKrG (AnwendgsBereich §§ 1 u 3, Sonderregelgen zu Form u Vergütg §§ 15–18; vgl dort).

652 *Begriff.* [I] **Wer für den Nachweis der Gelegenheit zum Abschluß eines Vertrags oder für die Vermittelung eines Vertrags einen Mäklerlohn verspricht, ist zur Entrichtung des Lohnes nur verpflichtet, wenn der Vertrag infolge des Nachweises oder infolge der Vermittelung des Mäklers zustande kommt. Wird der Vertrag unter einer aufschiebenden Bedingung geschlossen, so kann der Mäklerlohn erst verlangt werden, wenn die Bedingung eintritt.**

[II] **Aufwendungen sind dem Mäkler nur zu ersetzen, wenn es vereinbart ist. Dies gilt auch dann, wenn ein Vertrag nicht zustande kommt.**

1) Voraussetzungen für die Entstehung des Provisionsanspruchs 1
2) Der Maklervertrag 2–9
A) Abschluß 2–5
B) Wirksamkeit 6–8
C) Dauer 9
3) Die Leistung des Maklers 10–14
4) Zustandekommen des gewünschten Vertrags mit dem Dritten 15–33
A) Dritter 16–18
B) Zustandekommen 19, 20
C) Wirksamkeit 21–28
D) Kongruenz 29–32
E) Zeitpunkt 33
5) Kausalzusammenhang zwischen Maklerleistung und Vertragsschluß 34–38
6) Kenntnis von der Maklertätigkeit 39
7) Grundlage, Höhe, Fälligkeit, Durchsetzung und Verjährung des Provisionsanspruchs 40–48
8) Aufwendungen 49
9) Abweichende Vereinbarungen 50–59
A) zugunsten des Maklers 51–57
B) zugunsten des Auftraggebers 58, 59
10) Forts. Alleinauftrag 60–74
A)–C) Zweck, Inhalt, Zustandekommen . . . 61–66
D) Provisionsanspruch 67
E) Schadensersatzanspruch 68
F) Erweitertes Provisionsversprechen, pauschalierter Schadensersatz, Vertragsstrafe, Reugeld 69–73
G) Aufwendungen 74

1 **1) Voraussetzungen für die Entstehung des Provisionsanspruchs:** ZustKommen eines gült MVertr (Rn 2–9), Erbringg der MLeistg (Rn 10–14), rechtsgült ZustKommen des gewünschten Vertr (Rn 15–33) aGrd der dem AuftrG bekannten (Rn 39) MTätigk (ursächl ZusHang, Rn 34–38). Fehlt es an den Merkmalen der Rn 10–39, so können bei schuldh VertrVerletzg des AuftrG SchadErsAnspr des M in Frage kommen (§ 654 Rn 9, 10), beim Fehlen eines gült MVertr (Rn 2–9) uU sonst Anspr (Rn 8). Jedes der Erfordern der Rn 10–39 kann dch PartVereinbg abbedungen werden. Soweit dies nicht iW der EinzVereinbg geschieht, sond dch AGB, bestehen jedoch Schranken (Einf 1 a). Die Abw können sich auf die einz Merkmale beschränken (Rn 51–59), mögl ist aber auch ein abw VertrTyp (AlleinAuftr), der dch bes Vereinbgen näher ausgestaltet ist (Rn 60–74). Auch der SchadErsAnspr des M unterliegt abw Vereinbg (vgl zB Rn 69–73).

2) Der Maklervertrag

2 **A) Abschluß.** – **a) Parteien** des MVertr können natürl Pers u, auch als M, jur Pers od PersGesellsch (s a Einf 10) sein. Der Vertr kann auch nach Erbringg der MTätigk u in Vertretg für einen noch nicht benannten Dr geschl werden (BGH NJW **98**, 62: Abschl mit Firmengruppe). – **b)** Auch **konkludent** kann der Vertr geschl werden, allerd idR nur bei gewerbsm M (BGH NJW **70**, 700: Vermittlg dch Arch). Dafür ist bei jedem der Beteil ein Verhalten erfdl, das seinen auf Abschl eines MVertr gerichteten Willen eindeut erkennen läßt. Sache des M ist es, klare Verhältn zu schaffen (BGH NJW-RR **87**, 173), jede Unklarh über einen stillschw Vertragschl geht zu seinen Lasten (BGH NJW-RR **96**, 114). – Auf seiten des M sind ZeitgsAnz u Aushang im GeschLokal kein Angeb; sie sind notw unbestimmt u dienen nur der Interessentensuche (Brem OLGZ **65**, 20, Hamm NJW-RR **95**, 819). Auf seiten des **Interessenten** liegt nicht in jedem Sichgefallenlassen von MDiensten die zum Abschl eines MVertr erfdl WillErkl (BGH NJW **84**, 232). Erfdl ist mind, daß er **Maklerdienste entgegennimmt** u dabei weiß od wissen muß, daß der M hierfür von ihm bei Abschl des

HauptVertr eine Vergütg verlangen wird (Köln WM **89**, 693). So genügt es idR, wenn er sich an einen M wendet, dessen Beruf ihm bekannt ist, mit der Bitte, ihm geeignete Obj zu benennen, u den Nachw entggnimmt (Hbg NJW-RR **96**, 1463, Kblz NJW-RR **97**, 693; enger Hamm NJW-RR **94**, 1540: nur wenn der M suchd tät w soll, SuchAuftr). Eine bloße Nachfrage, zB auf Annonce oä des M, genügt nicht (KG NJW **58**, 63). Denn wenn der M im geschäftl Verk mit einem VerkAngeb wirbt, darf der Interessent mangels ggteil Kenntn davon ausgehen, daß der M das Obj vom Verk an die Hand bekommen hat u mit der Weitergabe von Informationen eine Leistg für diesen erbringt, sein Verhalten also nicht ow ein schlüss erkl Angeb an den Interessenten zum Abschl eines zweiten MVertr darstellt. Dem Verhalten des Interessenten kommt dann ein ErklWert nur zu, wenn es sich darstellt als Entsch zw den Alternativen, die ihm gg Entgelt angebotenen Dienste in Anspr zu nehmen od zurückzuweisen (BGH **95**, 393). Das ist der Fall, wenn der Interessent von einem ausdr, an ihn gerichteten ProvVerlangen des M Kenntnis erhält. Nimmt er danach (weitere) Dienste des M in Anspr, kann dem ein rgeschäftl ErklWert iS einer VertrAnn (od eines Angeb) zukommen (BGH NJW-RR **99**, 361). Aus dem Verlangen muß für den Interessenten klar erkennb sein, daß der M selbst die Prov fordert (Düss NJW-RR **97**, 368). Die Verweisg auf einer Mitt beigefügte AGB, dch die eine ProvPfl begründet werden soll, genügt nur, wenn dort auf diese Pfl auffäll hingewiesen wird (Düss NJW-RR **96**, 1466; noch weiter einschränkd Brem OLGZ **65**, 20). Gleichgült ist dann, ob die Initiative für die weiteren Dienste vom M (BGH NJW-RR **96**, 1459) od vom Interessenten (BGH NJW-RR **96**, 114) ausgeht. Der ErklWert fehlt, wenn der Interessent die Dienste zwar in Anspr nimmt, der ProvPfl aber ausdr widerspricht (BGH NJW-RR **96**, 114) od über die Bedeutg seines Verhaltens getäuscht wird (Düss NJW-RR **98**, 564: Unterschr zu statistischen Zw). – Entspr Grds gelten, wenn der M vom Käufer beauftragt ist, für den Abschl eines MVertr mit dem Verk (BGH BB **60**, 918) bzw für die Vermittlg eines MietVertr (Dresd NZM **98**, 1016). Der Abschl des HauptVertr genügt jedenf dann nicht, wenn der M damit rechnen muß, daß der Interessent auch anderw provpfl wird (BGH NJW **84**, 232). – **Beispiele. Vertragsschluß verneint:** dch 3
bloße Ausnutzg der MTätigk, wenn der Interessent annehmen darf, der M erbringe sie für die and Seite (BGH NJW-RR **87**, 173); dadch, daß der Interessent sich auf ein Inserat des VerkM meldet (BGH WM **71**, 1098) od das MAngeb entgg- u Kenntn davon nimmt (BGH NJW **84**, 232); dadch, daß der M dem VerkWilligen best Kaufinteressenten nachweisen soll, mit denen er bereits einen MVertr abgeschlossen hat (BGH NJW **81**, 279). Zusendg der ObjBeschreibg mit Angabe der MProv genügt jedenf dann nicht, wenn die Angabe als Hinw auf die VerkProv mißverstanden werden kann (Düss NJW-RR **97**, 368; allg abl Hamm NJW-RR **99**, 127, Düss MDR **98**, 1341). **Vertragsschluß bejaht,** wenn ein Arch einem kaufm BestätSchr 4
des M über einen telefonischen ErwerbsNachw mit VergütgsAbrede nicht widerspricht (Düss NJW-RR **95**, 501); wenn der Arch die Fremdmittel für das BauVorh des AuftrG beschafft (BGH BB **69**, 935); wenn der M das Grdst vertraul unter Hinw auf die Käufermaklergebühr anbietet u sich der Interessent daraufhin die Objektangaben machen läßt (BGH NJW **67**, 1365); wenn der Kunde nach Zusendg eines Exposés mit ausdr ProvVerlangen weitere MDienste in Anspr nimmt (BGH VersR **91**, 774). In der Antwort auf einen unverlangt gegebenen Nachw kann uU das Angeb auf Abschl eines VermittlgsMVertr liegen (BGH NJW **86**, 50).

c) Ob **Nachweis- oder Vermittlungsmaklervertrag** (Rn 10–13), ist ggf dch Auslegg zu ermitteln. Die 5
Vereinbg einer „VermittlgsProv" spricht nicht gg NachwMVertr (Mü NJW-RR **96**, 239). Zw dem vom Verkäufer beauftragten gewerbsm GrdstM u Kaufinteressent kommt, wenn überh, im Zw NachwMVertr zustande (BGH NJW **67**, 1365). Bei der Würdigg entfalteter VermittlgsTätigk (Einwirkg auf den VertrGegner) nach erbrachtem Nachw ist zu berücksichtigen, daß der NachwM am ZustKommen des Vertragschl ein eig Interesse hat (BGH aaO). Stillschw Änderg des MVertr Rn 32.

B) Wirksamkeit. – **a)** Einer **Form** bedarf der MVertr grdsätzl nicht. Jedoch kann sich aus **besonderen** 6
Vorschriften and ergeben. So ist Schriftform erfdl für MVertr mit Gemeinden (BGH MDR **66**, 753 für *hess* GemO) u für den KreditvermittlgsVertr (VerbrKrG 15, Ausn in § 3); nicht mehr für nach dem 1.1.99 abgeschl (BGH BB **99**, 865; Einf 29 v § 241) AlleinAuftr, da GWB 34 aufgeh ist (zum früh RZustand BGH NJW-RR **98**, 1260, Karlsr NJW-RR **95**, 237, Heße NJW **98**, 561). Der ArbVermittler muß eine Vergütg mit dem ArbN schriftl vereinb (AVermV 11 I, Einf 15 u Rn 42), Nichtbeachtg führt nicht zur Unwirksamk (Rieble DB **94**, 1776). – Auch aus dem **Schutzzweck** der für den zu vermittlden Vertr geltden Form kann sich ausnahmsw Formbedürftigk ergeben (BGH BB **97**, 1277, verneint für GmbHG 15 III). **§ 313** ist idR nicht anwendb, weil für den AuftrG keine Verpfl zum GrdstVerk od -Kauf mit dem vom M benannten VertrPartner entsteht (Einf 6); and aber, wenn sich der AuftrG entgg dem Grds der AbschlFreih verpflichtet, ein Grdst zu feststehden Bdggen an jeden vom M zugeführten Interessenten zu verkaufen (BGH NJW **70**, 1915), od es anzukaufen (BGH NJW-RR **90**, 57), ferner wenn dch Vereinbg einer erfolgsunabhäng Leistg auf den AuftrG Druck zum Abschl des HauptVertr ausgeübt wird, zB dch VertrStrafen, Aufwandsentschädiggen, ReserviergsEntgelte (näher § 313 Rn 13). Ein evt Formmangel heilt dann bereits mit not Beurk des vermittelten KaufVertr (BGH NJW **87**, 1628).

b) Unwirksamkeit des MVertr kann sich aus den allg Grden ergeben, zB wg fehlder Form (Rn 6), aus 7
seinem Inhalt (§§ 134, 138, VerbrKrG 15 I 2), wg nicht behebb anfängl Unmöglichk (§§ 306, 308 I; BGH WM **92**, 745). Verstoß gg gesetzl Verbote: Einf 3–5. Sittenwidr, wenn sich der M bereits für die Zuführg eines and M Prov versprechen läßt (Nürnb OLGZ **65**, 6) od wenn die vereinb Vergütg in auffäll Mißverhältn zu der für die erbrachten Leistgen übl steht (BGH **125**, 135: Übererlösklausel; aA Martinek JZ **94**, 1048; vgl auch § 138 Rn 68, 94). Unwirks ist auch ein Vertr zw einem Interessenten u einem Vermittler, dessen hauptsächl Aufgabe darin besteht, eine SchmiergeldVereinbg mit einem ausl Beamten zwecks Erteilg eines StaatsAuftr herbeizuführen (BGH **94**, 271) od Schmiergelder weiterzuleiten, die in der dem Vermittler versprochenen Prov enthalten sind (BGH NJW-RR **86**, 346). Sittenwidr sind ProvVereinbgen für die Vermittlg von Auftr in Lebensbereichen, deren Kommerzialisierg anstöß ist, so bei Ärzten, RAen, uU auch Steuerberatern, nicht aber Arch (BGH NJW **99**, 2360; näher § 138 Rn 56); ebso die ProvVereinbg eines für seinen Mandanten eine Hausverwaltg führden RA mit einem Handw für die Vergabe von RenoviergsArb (Ffm NJW **90**, 2131). Unbefristeter AlleinAuftr s Rn 62.

c) Andere Anspruchsgrundlagen. MDienste aGrd unwirks od nicht zustandegek MVertr können Anspr 8
aus **§ 354 HGB** auslösen, falls der M Kaufm ist, befugterw für den Interessenten tät wird u diesem erkennb

ist, daß der M seine Dienste gerade für ihn leistet (BGH WM **85**, 1344; aA Reuter NJW **90**, 1321/1324), zB bei Formunwirksamk des MVertr (Hamm MDR **96**, 1023); außerd muß die MTätigk zum Erfolg geführt haben (BGH NJW **67**, 199, Einf 7). Für Anspr aus **§§ 812, 818 II** ist Vorauss, daß es sich bei der Tätigk des M aus der Sicht des Interessenten um eine Leistg an diesen (EmpfHorizont, vgl § 812 Rn 41–43) handelt, was beim Angeb eines Obj zum Verk ohne vorher ProvVerlangen vom Kaufinteressenten idR nicht der Fall ist (BGH WM **85**, 1234; Rn 2–4). Der Wert des Erlangten wird der übl Prov (§ 653 II) entsprechen (Rust MDR **59**, 449; aA Reuter NJW **90**, 1321/1324, weil die Information keinen VermWert habe). **Maklerklauseln** im HauptVertr s Rn 40.

9 **C) Dauer.** Der MVertr ist, sofern nicht and vereinb (s Rn 62), von unbest Dauer. VertrBeendigg ist dch AufhebgsVereinbg, dch Künd (Widerruf) od Anfechtg mögl. Hat der M dem AuftrG ein Grdst zum Kauf nachgewiesen u erklärt ihm dann, er sei selbst an dem Erwerb des Grdst interessiert, so liegt darin, weil der M die Interessen seines AuftrG nicht mehr wahrnehmen kann, das – konkludent annehmb – Angeb auf rückwirkde Aufhebg des MVertr. Erwirbt dann der AuftrG, so schuldet er dem M Vergütg nur, wenn das für diesen Fall ausdr vereinb wurde (BGH NJW **83**, 1847). Ferner endet MVertr dch den Tod des M (BGH NJW **65**, 964). Stirbt der AuftrG, so können seine Erben kündigen. Insolvenz des AuftrG, nicht aber die des M beendet den MVertr (InsO 115, bish KO 23 II). – Der AuftrG kann den MVertr grdsätzl jederzeit kündigen (widerrufen; Einf 6), der M gem § 626. Die Beendigg des MVertr hat ledigl für künft MDienste Bedeutg. Hat der M bereits währd der VertrDauer seine Leistg erbracht, so kann sich der AuftrG dch eine Künd der VergütgsPfl bei Inanspruchn nicht entziehen (Rn 33).

10 **3) Die Leistung des Maklers.** Der M ist Nachw- od VermittlgsM od beides (Kblz NJW-RR **94**, 824). Zur Auslegg stillschw geschl Vertr vgl Rn 5. Eine and als Nachw- od VermittlgsTätigk, mag sie auch nützl sein u den Vertragschl gefördert haben, zB sachkund Beratg, Beschaffg von Unterlagen, bringt den ProvAnspr nicht zur Entstehg (s a Rn 13). Erwerb in der ZwVerst: Rn 15.

11 **a)** Der **Nachweis** der Gelegenh zum Abschl eines Vertr besteht in einer Mitt des M an seinen AuftrG, dch die dieser in die Lage versetzt wird, in konkr Verh über den von ihm angestrebten HauptVertr einzutreten (BGH NJW-RR **96**, 113). Dabei können das nachgewiesene Obj u sogar die AbschlMöglichk dem AuftrG bekannt sein, wenn der M zusätzl Informationen liefert, die den AuftrG veranlassen, sich um das Obj zu bemühen (BGH NJW-RR **90**, 1269; zur Ursächlichk u Vorkenntn Rn 34–38, 51). Das angestrebte, das nachgewiesene und das abgeschl Gesch müssen sich nicht vollst decken (zur wirtsch Identität Rn 29–32), die nachgewiesene und die vom AuftrG wahrgenommene Gelegenh zum VertrSchluß müssen jedoch identisch sein (BGH BB **90**, 1225; dazu Rn 37). Der Nachw ist grdsätzl an den AuftrG zu richten (s a Rn 31); desh genügt beim VerkM der Nachw eines Käufers ggü einer erst später an die Stelle des Verk tretden Pers idR nicht (BGH NJW-RR **92**, 687). Bei ImmobKauf od -Anmietg erfordert der Nachw idR die Angabe des Obj (zB Lage u grundbuchm Bezeichng) sowie, auch ohne Verlangen, von Name u Anschrift des Verkäufers (BGH NJW-RR **87**, 172) od Vermieters bzw des zur Vfg über das Obj Berechtigten (Düss NJW-RR **99**, 349) od zu substantiellen VertrVhlgen Bevollm (Hamm NJW-RR **99**, 632: MitEigtümer). Angaben zum Verkäufer sind entbehrl, wenn der AuftrG sie nicht verlangt (Hamm MDR **97**, 914) u es ihm auf sie nicht ankommt, weil er zunächst die Eigng des Obj prüfen od gar am M vorbei später direkt abschließen will (Hamm NJW-RR **99**, 632), od der Verkäufer unter der angegebenen ObjAdresse ow erreichb (BGH NJW
12 **87**, 1628) od ohne jede Schwierigk dch Nachfrage zu ermitteln ist (Bambg AIZ **A 110** Bl 30). – Der Nachw einer **Gelegenheit** setzt voraus, das der nachgewiesene Interessent im NachwZtpkt zum Abschl des gewünschten Vertr iGrds bereit (BGH NJW **99**, 1255; BGH NJW-RR **92**, 687 für Verk; BGH NJW-RR **97**, 884 für Vermietg eines TeilObj) u in der Lage ist (verneind Hamm NJW-RR **99**, 633 bei anderw bestehde Option auf das Obj) sowie zu Vhlgen zur Vfg steht (Oldbg NJW-RR **97**, 887); daß er erst später Interesse an einem VertrSchluß findet u mit dem AuftrG abschließt, genügt nicht. Dagg schadet nicht, daß er vorrang einen and VertrInhalt anstrebt (BGH NJW-RR **96**, 113: Vermieter will das GesObj vermieten, ist aber hilfsw zur Vermietg des gewünschten Teils bereit). Die Benenng eines Verk, der das Obj erst noch erwerben muß, jedoch hierzu u zur Weiterveräußerg bereit ist, genügt (BGH NJW-RR **91**, 371). Der Nachw kann auch auf Erwerb in der ZwVerst unter Bek des Termins sowie der GrdstUnterlagen gerichtet sein, auch wenn diese Kenntn anderw zu erlangen sind (Köln NJW-RR **89**, 247; s a Rn 15). **Nicht** genügt es, wenn der M dem AuftrG nur eine Liste von Pers zusendet, unter denen der AuftrG erst diej ermitteln müßte, die sich für sein Obj interessieren (Düss NJW-RR **97**, 1282). Ebso nicht ein **indirekter Nachweis** (M führt and M zu, der dann vermittelt); Prov an den ersten M ist in diesem Fall nur bei entspr Vereinbg zu zahlen (BGH WM **91**, 818). – Verflechtg Rn 16 ff.

13 **b) Vermittlung** ist bewußte, finale Herbeiführg der AbschlBereitsch des VertrPartners des AuftrG (BGH NJW **76**, 1844) hins des gewünschten Vertr (BGH NJW-RR **97**, 884). Auch der Auftr, einen Vertr mit einem Dr „herbeizuführen" kann als VermittlgsMVertr aufgefaßt werden (BGH DB **81**, 210). Mit dem AuftrG ist eine weitere Verh als die zur Begründg des MVertr nicht erfdl, ebso nicht eine gleichzeit Verh mit beiden VertrTeilen od eine Mitwirkg beim VertrAbschl zw ihnen (BGH WM **74**, 257). Vermitteln heißt also aktive Einwirkg auf die WillEntschließg des VertrPartners des AuftrG, idR dch Verhandeln (Dresd NZM **98**, 1017). Schließt der AuftrG mit einer and Pers ab, so kann (mittelb) Einwirkg auf diese u damit ein Vermitteln nur angen werden, wenn zw ihr u dem vom M benannten Erstinteressenten im Ztpkt der Tätigk des M eine feste, auf Dauer angelegte idR famrechtl od gesellschrechtl Bindg besteht (BGH NJW **84**, 358), nicht also bei Notar, der in amtl Eigensch v der AbschlMöglichk erfährt (BGH NJW **76**, 1844). Es ist kein Vermitteln für den Mieter, wenn der vom Eigtümer zum Abschl bevollm M ohne weitere Tätigk einen MietVertr abschließt (LG Hbg MDR **74**, 490, LG Mü I BB **74**, 1319). Zur WohngsVermittlg dch den Verw s Rn 43. – Zur Verflechtg s Rn 16 ff.

14 **c)** Der **Versicherungsmakler** ist HandelsM (HGB 93 I). Er wird im Ggs zum VersVertr od -Agenten idR vom VersNehmer beauftragt, ist dessen Interessen- u meist AbschlVertr, üblicherw zum Tätigw verpflichtet (BGH WM **71**, 966), näml kurzfrist Beschaffg eines individuellen VersSchutzes u in diesem Rahmen Beratg u Betreuung seines AuftrG. Er ist für die vertragsgerechte Erf seiner Aufklärungs- u BeratgsPfl (s a § 675

Rn 46) bewbelastet (BGH **94**, 356). Sein ProvAnspr entsteht nicht bereits mit Abschl des gewünschten VersVertr, sondern erst mit seiner Ausführg, also der Prämienzahlg dch den VersNehmer (Hamm NJW-RR **97**, 1482). ProvTeilgsVereinbg Rn 40.

4) Zustandekommen des gewünschten Vertrags mit dem Dritten. Gem I 1 steht der ProvAnspr 15 dem M nur zu, wenn zw dem AuftrG od, wenn der MVertr ausnahmsw auf Vermittlg eines Gesch zw Dritten geht (BGH WM **96**, 722, NJW-RR **96**, 1459; Scheibe JuS **99**, 117), der von ihm im MVertr best Pers (Rn 31) u einem Dritten (Rn 16 ff) der gewünschte Vertr (Rn 30; FolgeGesch Rn 53) zustande kommt (Rn 21 ff); ähnl für die WohngsVermittlg WoVermG 2 I u die ArbVermittlg AVermV 11 II, Einf 14, 15. Dieser HauptVertr muß schuldrechtl mögl sein, seine RNatur ist gleichgült (BGH BB **77**, 1672: GeschBes- od BauBetrVertr). Die Gef seines Nichtzustandekommens od seiner Unvollkommenh trägt der M. Erwerb dch ZwVerst genügt nicht (s a Rn 37), kann aber dch Vereinbg dem Erwerb dch KaufVertr gleichgestellt werden (BGH **112**, 59), allerd nicht in AGB (BGH **119**, 32; einschränkd Hbg NJW-RR **93**, 125).

A) Mit einem Dritten, nicht mit dem M selbst (BGH **112**, 240, MDR **92**, 562) muß der HauptVertr 16 zustandegek sein. Dr ist der VertrPartner des AuftrG nur, wenn er vom M verschieden ist, wobei nicht auf die formelle rechtl Stellg, sond auf die zGrd liegden wirtsch Verhältn abzustellen ist. Dabei ist entscheidd, ob der M und der Dr jeweils die Fähigk zur selbständ unabhäng Willensbildg haben (BGH NJW **85**, 2473), insb **keine Verflechtung** besteht. Eine sog echte Verflechtg liegt vor, wenn der M mit der and Part des HauptVertr (nicht mit dem AuftrG selbst, BGH WM **76**, 1334) derart wirtsch identisch ist, daß eine selbstd Entscheidgs-Befugn des M od der Part fehlt; also aGrd organisatorischer Gegebenh entw der M auf die VertrPartei (BGH NJW **71**, 1839) bzw umgekehrt die VertrPartei auf den M beherrschden Einfluß ausübt (Karlsr NJW-RR **96**, 629, weitergehd Dehner NJW **97**, 18/22), od ein Dr sowohl den M wie auch die VertrPartei beherrscht (BGH NJW **74**, 1130). Es genügt aber auch eine sog unechte Verflechtg, dh der M steht zum VertrPartner seines AuftrG in einer Beziehg, aGrd deren er sich, unabhäng vom Verhalten im EinzFall, wg eines institutionalisierten Interessenkonflikts im Streitfall bei regelmäß Verlauf auf die Seite des VertrPartners seines AuftrG stellen wird (BGH **112**, 240, **138**, 170; krit Dehner NJW **93**, 2225: § 654 analog, Reuter JZ **98**, 952). Sie ist auch gegeben, wenn der M als gesetzl Vertreter od Bevollm der GgSeite selbstd, dh ohne Weisgen des VollmGebers über den Abschl des Vertr entsch kann (BGH NJW-RR **98**, 992). Allerd kann eine von den Vorauss des § 652 unabhäng Vergütg vereinb sein, wenn der AuftrG die Verflechtg zw dem M u dem Dr (BGH NJW-RR **87**, 1075) kennt, die eine MTätigk ausschließt (BGH NJW **91**, 168). – Deshalb **keine** 17 **Vergütung,** wenn der M selbst (BGH WM **76**, 1158; dies grdsätzl auch dann, wenn sich der M die Leistg v einem Dr besorgt) od wenn derj Gter, der für die M-Gesellsch aufgetreten ist, den Vertr mit dem AuftrG abschließt (KG NJW **68**, 1782); ebso wenn die vom Käufer beauftragte M-Firma die Hdlgen des Verk ausschlaggebd bestimmt (BGH WM **78**, 711: Verk darf nur mit Zust des M veräußern). Ebso kein Anspr auf MVergütg vom Käufer od Mieter, wenn eine natürl Pers die Tätigk sowohl der M-Firma wie des Verk od Verm entscheidd beeinflussen kann (Stgt NJW **73**, 1975, Hbg MDR **74**, 228: Identität der GeschF v Wohngsbau- u M-GmbH, sehr weitgehd Oldbg ZMR **96**, 83: beherrschder Gter der Verm ist mit 20% an der M-GmbH beteiligt). Der Verw einer WohngsEigtAnl, von dessen Zustimmg die Gültigk eines WohngsVerk abhängt, kann nicht M des Käufers sein (BGH **112**, 240), ebso nicht die Bank, die die ZwVerst des Grdst betreibt (BGH NJW **97**, 2672). Kein Anspr auf MVergütg, wenn der VertrPartner von einer mit der M-Gesellsch wirtsch identischen Gesellsch vertreten wird (BGH NJW **85**, 2473, Ffm NJW-RR **87**, 174). Eine M-KG kann dem Käufer keine MDienste leisten, wenn ihr pers haftder Gter zugleich GeschF der verkaufden GmbH ist (BGH DB **75**, 2319). Ebso kein ProvAnspr einer M-GmbH, deren GeschF u Gter gleichzeit nicht unerhebl an der vermietden GmbH beteil ist (Mü MDR **86**, 317). Ebso kein VergütgsAnspr bei wirtsch Verflechtg der Gter von Vermittlgs- u BauBetrGesellsch beim Erwerb einer EigtWohng nach dem Kölner Modell (BGH WM **80**, 1431 u NJW **81**, 277). Kein VergütgsAnspr für Vermittlg eines TrHdVertr iR eines Bauherrnmodells, wenn der VermittlgsM mit dem TrHänder wirtsch identisch ist; seine wirtsch Verflechtg mit dem BauBetr od FinanziergsVermittler steht nicht entgg (Mü WM **84**, 374). Kein VergütgsAnspr, wenn der AuftrG den KaufVertr mit einer KG abschließt, in deren pers haftder Gterin (GmbH) der M GeschF ist (Ffm NJW **75**, 543). Wenn der M GeschF der verkaufden GmbH ist, kann er dem Käufer keine MDienste leisten; eine VergütgsVereinbg ist nur wirks, wenn der M seine Beziehg zur GmbH vorher klar u eindeut aufgedeckt (BGH NJW **75**, 1215 u WM **76**, 1158) u erkl hat, daß gesetzl der Käufer keine Vergütg schuldet (Ffm MDR **82**, 407); wenn der mit 75% beteil Gter u GeschF der M-KG, die einen TrHdVertr vermitteln soll, gleichzeit MehrhAktionär u AufsRatVors der TrHd-AG ist (BGH WM **78**, 708); od wenn sonst der M an dem vermittelten Gesch auf Seiten des VertrPartners des AuftrG in einem wirtsch erhebl Maße mitbeteil (BGH NJW **73**, 1649) od wenn er an einer Gesellsch – außer ganz unbedeutd – beteil ist, die VertrGegner seines AuftrG ist (BGH DB **76**, 2203). Ebenf keine MVergütg bei 25%iger Beteiligg der M-Firma an der VerkFirma bei enger personeller, räuml u funktioneller Verflechtg (BGH DB **76**, 2203). Kein ProvAnspr des NachwM gg den Erwerber eines BauGrdst, wenn der vom Veräußerer Bevollm mit dem Erwerber einen BauBetr- u VerwVertr abschließt u diese Gesch eine Einh bilden (BGH WM **79**, 58). Ob der HandelsVertr od ArbN einer VertrPart eine MLeistg für die and Part erbringen kann, hängt davon ab, ob der M aGrd der konkr Ausgestaltg des HandelsVertr- od ArbVerhältn hins der zu erbringden MLeistg Bindggen unterliegt (bejaht für HandelsVertr BGH NJW **74**, 137; verneint für ArbN BGH **138**, 170). – Auch wg **persönlicher Bezie-** 18 **hungen** zu einer Part u daraus resultierder Interessenkollision kann der M ungeeignet sein, der and Part sachgem MDienste zu leisten (BGH NJW **81**, 2293 u BB **85**, 1221), insb wenn der M das beabsichtigte Gesch mit seinem eig Eheg als VertrPartner des AuftrG zust bringt (BGH NJW **87**, 1008: ProvAnspr nur bei bes Absprache). Jedoch reicht allein der Umst, daß der M mit dem Partner des vermittelten Vertr verheiratet ist, ohne konkr Anhaltspunkte für eine Interessenkollision nicht für den Ausschl des ProvAnspr aus (BVerfG NJW **87**, 2733), zumal wenn der AuftrG Kenntn von dieser Ehe hat (BVerfG NJW **88**, 2663). WohngsVermittlg Rn 43–45.

B) Zustandekommen. Der gewünschte **schuldrechtliche Vertrag** mit dem Dr muß wirks abgeschl 19 sein. Desh mangels anderw Vereinbg (BGH WM **91**, 819) keine VergütgsPfl bei Abschl ledigl eines VorVertr od bloßer Leistg einer Anzahlg (BGH NJW **75**, 647), außer wenn der VermittlgsAuftr nur diesen Inhalt hatte

(BGH NJW-RR **91**, 1073), od bei Abschl eines not KaufanwartschVertr über ein Grdst (BGH WM **76**, 28) od mangels ausdr Vereinbg bei Abschl eines VermarktgsVertr zw Arch u GrdstEigtümer ohne nachf KaufVertr (Ffm MDR **81**, 1017). Bei RealVertr muß auch der erfdl Realakt hinzukommen. Bei der Kreditvermittlg entsteht idR der ProvAnspr des M erst mit Auszahlg des Darl aGrd ursächl Nachw- od VermittlgsTätigk des M; entggstehde Vereinb ist unwirks (§§ 16, 18 VerbrKrG, Köln BB **93**, 2117). Soweit diese Vorschr gem § 3 VerbrKrG nicht anwendb sind, kann wirks vereinb werden, daß der ProvAnspr des M bei Abschl des DarlVertr (Einf 2 v § 607) mit genau vereinb Bdggen entsteht, so daß der DarlN klagb Anspr auf Auszahlg gg Erbringg der von ihm vertragl ausbedungenen Nachw u Leistgen hat (BGH NJW **82**, 2662; aA Karlsr NJW-RR **89**, 1069). AusleggsFrage im EinzFall ist es, ob der M darü hinaus verpflichtet ist, die Auszahlg des Darl real, ggf unter Beschaffg auch der nöt Sicherh zustande zu bringen; dann MWerkVertr (vgl Einf 7), VergütgsAnspr erst bei DarlAuszahlg, GewlAnspr des AuftrG nach WerkVertrR (BGH NJW **88**, 967). Kein Anspr des Kreditvermittlers bzw Bauträgers auf Vergütg od BearbGebühren, wenn iR eines BauVorh der Bauwill das Finanziergs-Angeb nicht annimmt, sond sich das Darl selbst besorgt (BGH NJW **83**, 985). NebenPfl des FinanzM vgl
20 § 654 Rn 3–7. – Für den ProvAnspr ist dagg grdsätzl ohne Bedeutg, ob auch das **dingliche Erfüllungsgeschäft** zust gekommen ist (BGH NJW-RR **93**, 248), zB die Part beantragen die erfdl behördl Gen nicht (BGH DB **76**, 2252). Fehlde Gen od ein gesetzl VeräußergsVerbot sind nur bedeuts, wenn sie die Wirksamk des VerpflGesch berühren (BGH NJW **97**, 1581); s Rn 23. Abw Vereinbgen: Rn 58.

21 **C) Gültig** muß der Vertr zustande gek sein, auch darf er nicht nachträgl wg einer im Vertragschl selbst liegden Unvollkommenh wieder beseitigt w sein (BGH NJW **97**, 1581; eingehd Kempen, Der ProvAnspr des
22 ZivM bei fehlerh HauptVertr, 1984). VermittlgsVerbote Einf 3–5. – **a) Nichtigkeit.** – **Formwirksam** (§ 125) muß der HauptVertr abgeschl sein; desh kein ProvAnspr vor not Ann, mag auch das Grdst bereits überlassen sein. Es kommt nicht darauf an, ob der AuftrG die Formunwirksamk selbst veranlaßt hat (Bsp: Unterverbriefg des KaufPr); in diesem Fall auch kein SchadErsAnspr (BGH WM **77**, 1049). Der AuftrG kann sich ggü MLohnAnspr auf Formnichtigk berufen, selbst wenn der and Teil zur DchFührg des formnicht Vertr bereit ist (Celle OLGZ **69**, 417). Bei nachträgl Heilg des Formmangels entsteht der ProvAnspr. – Verstößt der vermittelte Vertr gg ein **gesetzliches Verbot,** so hat der M ebenf keinen Anspr auf Prov (Hamm MDR **86**, 756). So bei Vermittlg eines ArchVertr, der wg Koppelg von GrdstErwerb u ArchAuftr nichtig ist (§ 631 Rn 2 ff); auch dann nicht, wenn der GrdstErwerber die ArchLeistgen entgegengenommen hat (BGH WM **80**, 17). – Über **§ 139** kann der vermittelte ErbbRVertr unwirks sein, wenn der im ZusHang damit zw Erwerber u BauUntern abgeschl WerkVertr nicht ebenf not beurkundet ist (Hamm RsprBau **A 121** Bl 9).

23 **b)** Beim **genehmigungsbedürftigen Vertrag** entsteht der ProvAnspr erst mit Erteilg der Gen für den VerpflVertr (BGH WM **91**, 819). Wird sie nicht erteilt, erhält der M keinen Lohn (BGH **60**, 385 für vormschgerichtl Gen; BGH WM **70**, 905 allg; für ArbVermittlg ins Ausl AVermV 11 II 2, s Einf 15). Ist nur das ErfGesch genbedürft, entfällt ein ProvAnspr, wenn die Gen nicht erteilt werden kann (§ 306, BGH WM **76**, 1132); dagg trägt bei ErmessensEntsch der AuftrG das GenRisiko (MüKo/Roth Rn 146, str; aA zB Naumbg BB **97**, 2021 für BetrVG 99). Wg der im GrdstVerk erfdl Gen s Übbl 18 ff v § 873. Negativattest, auch wenn zu Unrecht erteilt, steht der Erteilg der Gen gleich (BGH WM **77**, 21).

24 **c)** Wirks **Anfechtung** des vermittelten Vertr läßt ProvAnspr entfallen (BGH DB **80**, 2076) u zwar nicht nur bei Irrt (Getäuschtw) des AuftrG, sond auch dann, wenn der VertrGegner wg argl Täuschg dch AuftrG wirks angefochten hat (BGH DB **76**, 2252), denn bei ordngsgem Verhalten des AuftrG wäre überh kein Vertr zustande gek. Das gilt trotz fehlder Rückwirkg auch bei Anfechtg, dh fristl Künd des Beitritts zu einer PublikumsGesellsch (BGH NJW **79**, 975).

25 **d)** Bei **aufschiebender Bedingung, Abs I S 2,** entsteht LohnAnspr, außer bei ausdr anderw Vereinbg, erst mit BdggsEintritt; zu seiner Herbeiführg ist AuftrG wg der AbschlFreih nicht verpflichtet (BGH WM **71**, 905). Bsp: Beitritt zu KapAnlFonds in Gründg unter der Vorauss der Aufbringg des erfdl Kap (Düss NJW-RR **98**, 1207); die Fälle des § 308 I (BGH WM **92**, 746); Zust des WE-Verwalters zur Veräußerg von WohngsEigt (WEG 12; LG Düss MDR **99**, 290). – Bei Vertragschl unter **auflösender Bedingung** gilt Umkehrschluß, dh Prov fällt sofort an. Wird der HauptVertr inf Eintritts der auflösden Bdgg unwirks, berührt das den Vergütgs-Anspr des M grdsätzl nicht; and nur, wenn im MVertr vereinb od wenn es dem AuftrG erkennb gerade auf den unbdgten VertrAbschl ankam (BGH WM **77**, 21).

26 **e)** Bei nachträgl Unmöglichk, Künd, vertragl vereinb **Wiederaufhebung** des abgeschl Gesch bleibt der LohnAnspr erhalten (BGH DB **76**, 2252, NJW-RR **93**, 248; für die ArbVermittlg AVermV 11 VI, s Einf 15), ebso bei Ausübg eines **gesetzlichen Rücktrittsrechts** (BGH NJW **74**, 694) od Erkl der **Wandelung** (Hbg OLG **39**, 208) od **Minderung** – außer bei anderw Vereinbg im MVertr (BGH WM **77**, 21) –, denn in diesen Fällen erfolgt die Rückgängigmachg bzw Preisherabsetzg nicht wg einer Unvollkommenh des Vertragschl, sond aGrd and Umst. And hingg, wenn die Aufhebg im Hinbl auf eine solche Unvollkommenh erfolgt (Köln
27 NJW-RR **97**, 693: AnfGrd, Hbg NJW-RR **99**, 351). – Bei Ausübg eines **vertraglichen Rücktrittsrechts** ist Bestehenbleiben od Wegfall des VergütgsAnspr AusleggsFrage (BGH DB **73**, 226). Entscheidd ist idR (die Auslegg kann and ergeben, BGH NJW **97**, 1583; krit Theobald JZ **97**, 1120), ob nach BewegGrd, Zweck u Inhalt der RücktrKlausel der HauptVertr iS einer anfängl Unvollkommenh in der Schwebe bleiben soll, so daß das RücktrR einer aufschiebden Bdgg (I 2) gleichsteht (Hauptfall: Unsicherh, deren Behebg außerh der Macht der VertrPartner liegt), od ob er sofort voll wirks werden soll (KG MDR **73**, 1018). Demnach ist ein ledigl dem gesetzl nachgebildetes RücktrR (zB wg NichtErf vertragl Pfl, BGH MDR **98**, 764) diesem gleichzustellen. Dagg läßt ein R zum Rücktr innerh best Fr ohne weitere Vorauss den LohnAnspr des M erst entstehen, sobald feststeht, daß es wg FrAblaufs (BGH NJW-RR **93**, 248) od aus and Grd nicht mehr ausgeübt wird (BGH NJW **74**, 694); ebso ein RücktrR für den Fall der Nichtbebaubark (BGH MDR **98**, 764), Nicht-Erteilg einer behördl Gen (Düss BB **97**, 2070: BauGen) u Fehlschlag eines GrdstZukaufs (Dresd NJW-RR **96**, 694), fehlden fristgerechten Sicherstellg der KaufPr (Zweibr NJW-RR **89**, 54). – Fortwirkg einer ProvVereinbg im Vertr zG des M Rn 40.

28 **f)** Wird **Vorkaufsrecht** ausgeübt, entfällt die ProvPfl des Käufers ggü dem von ihm beauftr GrdstM (nicht ggü dem die Finanzierg vermittelnden KreditM, BGH NJW **82**, 2662), da dem Käufer wirtsch kein Vorteil

zufließt (BGH MDR **99**, 604; str für schuldrechtl VorkR). Ist aber im KaufVertr eine M-Klausel (Rn 40) zu Lasten der Käufers vereinb, ist der sein R ausübde VorkBerecht zur ProvZahlg an den M verpflichtet, da diese Klausel idR zum KaufVertr gehört (BGH **131**, 318, Düss MDR **99**, 800). Die ProvPfl des den M beauftragden Verk bleibt bei Ausübg des VorkR idR bestehen; ob dies auch für ein selbstd ProvVerspr des Verk im KaufVertr (Rn 40) gilt, ist AusleggsFrage (verneind Celle NJW-RR **96**, 629).

D) Kongruenz. Der aGrd Nachw od Vermittlg geschl Vertr darf von dem nach dem MAuftr beabsichtigten in inhaltl u pers Hins nicht wesentl abweichen. Beim NachwM muß zusätzl die nachgewiesene Gelegenh mit der tats wahrgen identisch sein (Rn 37). 29

a) Für die **inhaltliche Identität** der beiden Gesch ist maßg, daß entw der abgeschl HauptVertr sich inhaltl mit dem deckt, den der M nachweisen od vermitteln sollte, od daß iF inhaltl Abw der AuftrG mit ihm bei umfassder Würdigg der konkr Umst wirtsch den gleichen Erfolg erzielt (BGH NJW **88**, 967). Geringfüg Abw schaden nicht (BGH NJW **82**, 2662: DarlSumme 4% geringer als gewünscht), insb wenn der AuftrG dch Aufn von Vhdlgen zeigt, daß er den Nachw als vertrgerecht ansieht (BGH NJW **99**, 1255; s a Dehner BB **99**, 1021). Bsp: Identität bejaht bei GrdstKaufVertr mit Verk, der seiners das Grdst erst erwerben muß, statt mit Eigtümer (BGH NJW-RR **96**, 113); bei Erwerb aller Antle an GrdBesitz-GmbH statt des Grdst (BGH NJW **98**, 2277). Verneint bei Tausch statt Kauf, langfrist Vermietg statt Verk (Karlsr NJW-RR **95**, 753), Erwerb von GrdstTeilEigt statt angestrebtem VollEigt (BGH WM **73**, 814), monatl Belastg der vermittelten EigtWohng mit 612 statt, wie angegeben, mit 340 DM, Zwischenkredit statt Hyp, Vermittlg eines KonsensualDarlVertr statt realer DarlAuszahlg (BGH NJW **88**, 967); ebso bei lästigerer od ungünstigerer Ausgestaltg des beabsichtigten Gesch, zB Parzellen- statt GesamtVerk (KG HRR **32**, 115). Erwerb in der ZwVerst vgl Rn 15. – Ob Erwerb eines Teils des nachgewiesenen Ggst wirtsch gleichwert ist, hängt vom EinzFall ab (BGH VersR **90**, 88); für mögl gehalten zB beim Erwerb von MitEigt statt wie beabsichtigt AlleinEigt (BGH NJW-RR **96**, 113), verneint bei MietVertr über die Hälfte des nachgewiesenen Ladenlokals (Hamm NJW-RR **91**, 1206). Gleiches gilt für eine PrDifferenz zw dem nachgewiesenen Angeb u dem abgeschl Gesch (Breiholt MDR **90**, 973); verneint zB bei Nachw eines Grdst zu 450 000 DM u Kauf 2 Jahre später zu 350 000 DM (Düss NJW-RR **93**, 1272); bejaht bei 10% geringerem KaufPr als nachgewiesen (Hamm NZM **98**, 271), MietVertr über mtl 50 000 statt 60 000 DM (Mü NJW-RR **95**, 1524; s a Hbg MDR **98**, 150). – Ist individuell vereinb, daß MVergütg auch zu zahlen ist, wenn ein and als der angebotene Vertr mit dem vom M beigebrachten Interessenten zustande kommt, so muß die wirtsch Gleichwertigk zw angebotenem u abgeschl Vertr nicht unbdgt iS der Rspr von der wirtsch Identität iR der Auslegg des § 652 verstanden werden (BGH WM **85**, 1422). In AGB ist eine derart Klausel unwirks (Hbg MDR **92**, 27). 30

b) Persönliche Identität. Die Prov ist regelm nur verdient, wenn der Vertr zw **Auftraggeber** u Dr zustande kommt (BGH NJW-RR **92**, 687). And gilt, wenn das vom AuftrG gewünschte wirtsch Erg (auch) erreicht wird, wenn eine and Pers anstelle des AuftrG abschließt (Dehner NJW **97**, 18, Scheibe JuS **99**, 117), zB weil der M den Vertr gerade für diese zustande bringen soll (s Rn 15); od bei wirtsch Identität zw beabsichtigtem u abgeschl Vertr, weil der AuftrG im Hinbl auf enge Bez zum Erwerber mit der Berufg auf die PersVerschiedenh gg Tr u Gl verstieße (BGH NJW-RR **98**, 411: umfassde VertretgsMacht des AuftrG für den and), zB bei ausgeprägten wirtsch Bez zw VertrSchließdem u AuftrG (BGH NJW **95**, 3311: GmbH, die mit auftrgebder GmbH hins Gter u GeschF identisch ist, WM **96**, 722: später gegründete GmbH bei Auftr dch GründerGter; Kblz DB **92**, 2390: GmbH bei Auftr dch deren GeschF u HauptGter; nicht hingg GmbH bei Auftr dch and GmbH mit gemeins Konzernmutter, Mü NJW-RR **95**, 1525); od bei festen Bindgen famrechtl Art (Hamm WM **84**, 906; BGH NJW **91**, 490: AuftrG beide LebPartner, Erwerb dch einen, Kblz NJW-RR **94**, 824: AuftrG Ehem, Erwerb dch beide Eheg; einschränkd Hamm NJW-RR **88**, 685 für Erwerb dch getrennt lebden Eheg). – Die Pers des **Dritten** ist idR nur bedeuts, wenn nach dem MVertr das Gesch mit einer best Pers abgeschl werden soll (Hamm NJW-RR **95**, 820). Iü handelt es sich um eine Frage der Vermittlg (Rn 13) od der Kausalität des Nachw (Rn 34–38). Zum indirekten Nachw Rn 12. Kommt das Gesch mit einem Dr zustande, der dch den AuftrG von der AbschlMöglichk erfahren hat, so kann ProvPfl unter dem Gesichtspunkt der verbotenen Weitergabe entstehen (§ 654 Rn 10). 31

c) Bei **nachträglicher Änderung** des MVertr kann ProvAnspr trotz erhebl Abweichg entstehen, zB wenn sich der AuftrG nach dem Scheitern der zunächst nachgewiesenen Gelegenh eine weitere Tätigk des M ausdr od stillschw gefallen läßt u diese zum Abschl eines andersart Gesch führt (Düss JR **68**, 25). 32

E) Eine **zeitliche Begrenzung für den Abschluß besteht nicht.** Das ZustKommen des Haupt Vertr ist die RBdgg, von deren Eintritt die Entstehg des ProvAnspr abhängt. Für den ProvAnspr ist nicht erfdl, daß der Erfolg der MTätigk währd der Dauer des MVertr eintritt (BGH NJW **66**, 2008). Ist die MLeistg vor VertrBeendigg erbracht, so ist der AuftrG provpfl, wenn er sich den Nachw nach AuftrEnde zunutze macht (BGH WM **69**, 884); ferner, wenn er das vom M vermittelte Gesch erst nach Künd (Widerruf) des MVertr (Karlsr MDR **63**, 411) od nach dem Tod des M abschließt (BGH NJW **65**, 964). 33

5) Kausalzusammenhang zwischen Maklerleistung und Vertragsschluß. Die vom M entfaltete Nachw- od VermittlgsTätigk (Rn 10–13) muß für den Abschl des HauptVertr (Rn 15–33) nicht allein od hauptsächl, aber **mit ursächlich** geworden sein (BGH DB **88**, 1798). Der Abschl muß sich zumind auch als Erg einer dafür wesentl MLeistg (Rn 10–14) darstellen; es genügt nicht, daß die MTätigk auf and Wege adäquat kausal geworden ist, denn der M wird nicht für den Erfolg schlechthin, sond für einen ArbErfolg belohnt (BGH NJW-RR **96**, 691). Mehrere M Einf 10–13. Beweislast Rn 47. – **a) Beim Nachweismakler** ist erfdl, daß sich der Abschl bei wertder Betrachtg unter Berücksichtigg der VerkAuffassg als Verwirklichg der dch den Nachw geschaffenen Gelegenh darstellt (BGH NJW-RR **96**, 691). Hierfür genügt idR, daß der M dch seine Leistg dem AuftrG den Anstoß gegeben hat, sich konkr um den VertrAbschl über das in Rede stehde Obj zu bemühen (BGH NJW **99**, 1255). Eine ausr MLeistg kann auch dann gegeben sein, wenn erst das Angeb eines zweiten M der Anlaß war, sich mit dem Obj zu befassen (Mü OLGZ **78**, 444), od der AuftrG sich der Dienste eines vom Verk allein beauftragten VermittlgsM bedienen muß (BGH NJW **77**, 41). Es genügt, wenn der M den AuftrG über Einzelh unterrichtet, die für diesen nicht belangl sind (BGH WM **85**, 839). – Bei **Vorkenntnis** (zB aGrd Nachw eines and M), auch wenn sie erlangt ist, bevor Interesse am Abschl 34 35 36

des HauptVertr bestand (BGH NJW-RR **90**, 1269), ist der Nachw nicht ursächl (Karlsr NJW-RR **94**, 509), es sei denn der M liefert zusätzl für den VertrAbschl wesentl (dh mitursächl, Dehner BB **99**, 1021) Informationen (BGH NJW-RR **96**, 114). Daß der AuftrG aGrd eig Bemühgen möglicherw Kenntn erlangt hätte, schadet hingg nicht (Karlsr NJW-RR **96**, 628: Antwort auf Chiffre-Anz). Keine Pfl des AuftrG, den M über bestehde Vorkenntn zu unterrichten (BGH WM **84**, 62). Eingehen auf das Angeb ohne Hinw auf die Vorkenntn ist grdsätzl kein Verz auf den Einwand fehlder Ursächlichk (Karlsr aaO; aA Hbg NJW-RR **87**, 175, Kblz WM **89**,
37 1658), kann aber gg Tr u Gl verstoßen (Kblz NJW-RR **91**, 249; i Erg ähnl Celle NJW-RR **95**, 501). – Dem Erfordern der **Identität der** nachgewiesenen mit der wahrgen **Gelegenheit** (Rn 11) genügt der Abschl mit einer and als der nachgewiesenen Pers grdsätzl nicht (BGH WM **88**, 725: Erwerb vom nicht nachgewiesenen Zwischenerwerber); and, wenn mit dem Vertragschl das vom AuftrG gewünschte u mit dem Nachw bezweckte wirtsch Ergebn erreicht wird, zB weil der vom M nachgewiesene Kaufinteressent einen Dr zum Erwerb veranlaßt mit dem Ziel, daß dieser an ihn weiterveräußert (Hamm NJW-RR **95**, 820), od weil zw beiden eine enge wirtsch Verbindg besteht, der mit dem Dr geschl Vertr nicht wesentl von den urspr vereinb Bdggen abweicht u die Pers des VertrPartners für den AuftrG ohne Interesse ist (BGH WM **76**, 28: RNachf des nachgewiesenen VertrPartners; Hbg NJW-RR **97**, 1281). Nicht ausr auch der Abschl über ein and als das vom M nachgewiesene Obj (Heidelbg MDR **65**, 132: bei Gelegenh der Besichtigg der nachgewiesenen Wohng bekannt gewordene freie NachbWohng; Hamm NJW-RR **99**, 633: wesentl kleinerer Laden nach Umplang). Identität fehlt auch, wenn es nicht zum VertrSchluß kommt, der AuftrG das Obj aber später in der ZwVerst erwirbt (BGH MDR **99**, 604; s a Rn 15); wenn die nachgewiesene Pers ihre Abs zum Abschl des HauptVertr aufgibt, später aber doch abschließt (BGH NJW-RR **91**, 950; Dehner BB **99**, 1021); wenn das nachgewiesene Obj erst anderw vermietet wird u der AuftrG erst nach vorzeit Beendigg dieses Vertr anmieten kann (Ffm NJW-RR **99**, 635). Ähnl liegt es (sog **Unterbrechung** des KausalZusHangs), wenn sich die Vhlgen zunächst zerschlagen, der Kunde u die nachgewiesene Pers aber später aGrd geänderter Umst unabhäng von der Tätigk des M völl neue Vhlgen aufnehmen (Bambg NJW-RR **98**, 565, Ffm MDR **99**, 351); and bei bloßer Unterbrechg od vorübergehder Beendigg der Vhlgen (BGH NJW **99**, 1255, NJW-RR **96**, 691; krit Roth LM **§ 652** Nr 145), auch wenn zwischenzeitl ein and NachwM tät geworden ist (BGH NJW **80**, 123). S a § 654
38 Rn 10. – **b) Der Vermittlungsmakler** muß dch seine Tätigk die AbschlBereitsch des Dr fördern, dh bei ihm ein nicht völlig unbedeutdes Motiv für den Abschl setzen (BGH WM **74**, 257). Die Ursächlichk entfällt nicht dch Ausschaltg des M, wenn der VertrAbschl auf der so angebahnten u fortwirkden Grdl zustande kommt (BGH aaO), Unterbrechg des KausalZusHangs nur bei völl neuen Vhlgen (wie Rn 37). Die vermittelte VertrGelegenh muß nicht mit dem abgeschl Vertr übereinstimmen (BGH NJW-RR **90**, 1008).

39 **6) Kenntnis von der Maklertätigkeit.** Der AuftrG muß grdsätzl von der entfalteten MTätigk vor od spätestens bei Abschl des HauptVertr Kenntn erlangt haben, damit die ProvFdg bei der PrGestaltg berücksichtigt werden kann (str). Selbstverschuldete Unkenntn steht der Kenntn gleich (Mü NJW **68**, 894). Eine Verpfl, vom M angebotene Obj zur Kenntn zu nehmen, besteht für den AuftrG nicht. Der Zugang eines ObjektAngeb ist ein Indiz für die KenntnErlangg dch den AuftrG außer bei Hinzutreten weiterer Umst, zB längerer Zeitablauf (KG AIZ **70**, 374). Bei ZustKommen des Gesch nach Abschl des MVertr hat der M Anspr auf Prov auch bei Unkenntn des Kunden von der MTätigk jedenf dann, wenn feststeht, daß er auch mit Kenntn nicht and abgeschlossen hätte (BGH NJW-RR **94**, 1260).

40 **7) Provisionsanspruch. a) Grundlage.** Er kann nicht nur im MVertr, sond auch im Vertr zw Verk u Käufer zG des M als Dr gg Verk u/od Käufer begründet werden (sog Maklerklausel, BGH **131**, 118); ebso kann der M dort hins der Prov ein negat SchuldAnerk abgeben (Düss NJW-RR **95**, 1524). Ob die M-Klausel (ggf nach § 328 I, BGH **138**, 170) einen Schuldbeitritt (Hamm MDR **96**, 42), eine selbstd Verpfl zG des M (Hamm NJW-RR **96**, 627, Hbg MDR **97**, 819) od ledigl ein (ggf deklaratorisches) SchuldAnerk eines der VertrPartner enth, ist Frage der von den Umst des EinzFalls (insb der jew Vereinbgen der VertrParteien mit dem M) abhäng Auslegg (BGH NJW-RR **91**, 820, Düss RhNK **99**, 106); ebso welche ProvVorauss ggf ersetzt od anerk w (BGH **138**, 170: idR nur Abschl des MVertr, krit Reuter JZ **98**, 952; BGH NJW **77**, 582: ausnahmsw auch Nachw od Vermittlg; Berlin NZM **99**, 323: Ausschl des VerflechtgsEinwands), u ob die Verpfl bei Rücktr (bejahd Ffm DB **86**, 2594) od VertrAufhebg (bejahd Düss VersR **98**, 850) gem § 328 II entfällt (Hbg NJW-RR **99**, 351). Verpfl bei Ausübg eines VorkR Rn 28. – Die Entstehg des Anspr kann (auch stillschw) von einer **Bedingung** abhäng gemacht werden (BGH WM **85**, 482: Abschl des Gesamtvertriebs eines nur mit mehreren Bauherren dchführb Bauherrenmodells innerh einer angemessenen Zeitspanne); s a Rn 58. – Umstr ist die Zulässigk von ProvTeilgsVereinbgen zw VersM u VersNehmer (verneind AG Hbg NJW-RR **93**, 1372, Schwarz NJW **95**, 491). – **Sondervorschriften** für die Kreditvermittlg in §§ 3, 15–18 VerbrKrG; zur ArbVermittlg Rn 42, zur WohngsVermittlg Rn 43. – Ist die Vereinbg wg Verstoßes gg **§ 138** nichtig (Rn 7), so ist Aufrechterhaltg des MVertr mit übl Lohn nicht mögl (§ 138 Rn 19, 75); einem BereichergsAnspr (Rn 8) steht idR § 817 entgg.

41 **b) Höhe.** Maßg ist die Vereinbg, andernf § 653 (s dort). Die nachträgl Unterzeichng von AGB des M, die eine höh Prov als übl vorsehen, genügt nur bei entspr Hinw des M (KG NJW-RR **94**, 1265). Die Höhe der Vergütg muß nicht ausdr vereinb sein, es genügt, daß sie sich dch, auch ergänzde, VertrAuslegg ergibt (BGH **94**, 98), auch unter Berücksichtigg von Handelsbräuchen (Mü NJW-RR **91**, 1019: 3-MonMiete bei vereinb Staffelmiete). Es genügt auch, daß sich die Part auf eine best Methode für die Berechng geeinigt haben (BGH WM **85**, 1422). Die Vereinbg, daß die Prov in dem Teil des KaufPr besteht, der einen best Betr übersteigt (Übererlösklausel), ist grdsätzl wirks (BGH NJW **69**, 1628, str; Sittenwidrigk s Rn 7); der M muß jedoch den AuftrG über den obj erzielb KaufPr zutr unterrichten (Düss NJW-RR **96**, 1012 u **99**, 1140) u ihm die Höhe des Übererlöses mitteilen (BGH MDR **70**, 28). Mitt an Kaufinteressenten s § 654 Rn 8. – **Berechnet** wird die Höhe bei Vermittlg eines KaufVertr idR nach dem KaufPr (Ffm NJW-RR **99**, 1279 : Hotelprojekt). Gelingt dem Verk eine Erhöhg des vom M ausgehandelten Pr, errechnet sich eine %uale Vergütg nach dem niedrigeren Pr (Nürnb OLGZ **77**, 219, str). Bei Grdst u EigtWohngen gehören zum KaufPr auch solche Leistgen des Käufers, die üblicherw als dessen Teil gelten (zB die Übern von Belastgen), nicht jedoch öff Abgaben, zB GrdESt, AnlBeitr (BGH NJW **65**, 1755). Bei einem Unternehmen ist dagg unter KaufPr regelm

dessen VerkWert zu verstehen, dh die Differenz der Aktiva u Passiva ohne Hinzurechng der vom Käufer übern Schulden (BGH NJW **95**, 1738). Bei Kauf eines ErbbR ist idR der dem ErbbBerecht zu zahlde Preis gemeint, der vom Erwerber an den Eigtümer zu zahlde ErbbZins bleibt außer Betr (LG Mü I AIZ **67**, 279); dagg ist für die Bestellg des ErbbR KostO 24 analog anzuwenden (Nürnb AIZ **66**, 88). Die Vergütg für die Vermittlg eines VerbrKredits ist als %-Satz des DarlBetr zu berechnen (VerbrKrG 15). Umstellg auf Euro § 245 Rn 5 ff. – **Mehrwertsteuer** § 157 Rn 13. – **Herabsetzung** einer unverhältnism hoch vereinb Vergütg dch Urt-Spruch ist nicht mögl (Ausn § 655), and bei Herabsetzg des KaufPr wg fehlerh BerechngsGrdl (AG Königstein NJW-RR **95**, 754).

42 **c)** Für die **Arbeitsvermittlung** enthalten SGB III 296 u die AVermV (Einf 15) weitgehd zwingde Sonder-Vorschr. Danach darf der Vermittler mit dem ArbG die Vergütg iR der allg Grds frei vereinb (§ 9 S 2). Soweit vom ArbN eine Vergütg verl werden kann (nur für die Vermittlg, Rn 13, nicht für den Nachw, § 11 II 1, in best Tätigk, § 10), dürfen nach dem ArbEntgelt (§ 11 III) zu berechnde Höchstsätze nicht überschritten werden (§ 12; dort auch zu den Ausn u zur Doppeltätigk). Vorschüsse dürfen nicht verl werden (§ 11 II 3). Weitere Leistgen des ArbN sowie die Erstattg v Aufw können nur in engen Grenzen vereinb werden (§ 11 IV, V, § 13). Überschreitg führt zur Reduzierg auf die zul Höhe (§ 134 Rn 27, Rieble DB **94**, 1777).

43 **d)** Für die **Wohnungsvermittlung** enthält das WoVermG (Einf 14) SonderVorschr. § 2 I macht den **Provisionsanspruch** in jedem Fall vom Erfolg inf ursächl MTätigk abhäng. § 2 II versagt den ProvAnspr ganz in Fällen, in denen wirtsch gesehen eine echte MTätigk überh nicht vorliegt, näml wenn dch die Tätigk des M ledigl das bisher MietVerh fortgesetzt, verlängert od erneuert wird od wenn Eigtümer, Verwalter bzw Vermieter einers und Makler ands persgleich od wirtsch bzw rechtl eng verflochten sind. Eine ProvTeilgsVereinbg des M mit dem Verm genügt nicht (LG Mü I NJW-RR **97**, 1283), uU aber Hausmeistertätigk des M (Paderb NZM **99**, 134). Der Verw einer WohngsEigtAnl ist als solcher nicht Verw der einz EigtWohng (LG Köln NJW-RR **97**, 369), er fällt nur unter § 2 II, wenn er außerd im Auftr des WohngsEigtümers erhebl VerwLeistgen für die konkr Wohng erbringt (LG Hbg NJW **97**, 2827, Bethge/Gause NJW **97**, 2800), zB den MietVertr abschließt (Hoyningen-Huene NJW **74**, 2287; str, weitergehd Bonn WuM **96**, 148 m Anm Windisch, Lünebg WuM **97**, 182, enger Mü MDR **75**, 931). Ist die Maklerin mit dem Eigtümer, Verw od Vermieter verh, rechtfertigt dies ohne konkr Anhaltspunkte für ihre Parteilichk od für fehlde Aufw bei der Beschaffg der Kenntn von der vermittelten Wohng nicht den Ausschl der Prov nach § 2 II (BVerfG NJW **87**, 2733). § 2 III versagt bei öff gefördertem od sonst preisgebundenem Wohnraum bis zur Beendigg dieser Eigensch (§§ 15 ff WoBindG) jeden ProvAnspr gg den WohngsSuchden. – § 2 IV verbietet die Vereinbg u Annahme von Vorschüssen. – Jede Vereinbg entgg den vorstehd aufgeführten Beschrkgen ist unwirks, § 2 V. –
44 Die **Höhe** der Vergütg ist von gewerbsm M (§ 7) in einem Brucht od Vielfachen der MoMiete anzugeben, § 3 I. Gemeint ist die im MietVertr üblicherw angegebene Nettomiete, also ohne die übl Nebenkosten, weil es sich bei ihnen um umlagefäh BetrKosten handelt (§ 20 I NMV). Die Bruttomiete ist gemeint, wenn die Part es so vereinb, zB wenn allein sie im MietVertr bestimmt ist (Ffm NJW-RR **92**, 1462). Höchstsatz ggü dem WohngsSuchden, auch wenn dieser das vom Verm geschuldete VermittlgsEntgelt übernimmt: 2 MoMieten
45 (§ 3 II), bei PrBindg der gesetzl zul Miete (LG Dresd NJW-RR **97**, 1481). – **Nebenvergütungen** können nur in den engen Grenzen des § 3 III vereinb werden. – Vereinbg von Entgelten u Vergütgen, die dem M nach dem WoVermG nicht zustehen, führt zur Reduzierg auf das zul Maß (§ 134 Rn 27); Überzahlgen kann der AuftrG nach den allg Vorschr zurückverlangen, wobei § 817 S 2 nicht gilt (§ 5 I); ebso Vergütgen an Dr für die Freimachg od den Erwerb der Wohng (§§ 4 a, 5 II). VerjFr für den RückfordergsAnspr 4 Jahre (§ 5 I 2).

46 **e) Fällig** ist der ProvAnspr mit seiner Entstehg, also erst mit Vollwirksamw des HauptVertr (§§ 158, 184 usw, vgl Rn 21–25). Abw Vereinbgen sind häuf (s Rn 54 u 58). Ist der M, der eine für das ZustKommen des Gesch ursächl Tätigk entfaltet hat, vor dem endgült GeschAbschl gestorben, so geht die Anw auf den ProvAnspr auf die Erben über. Bei Eintritt des Erfolges können sie die Prov verlangen (BGH WM **76**, 503). Für die Kreditvermittlg SonderVorschr in §§ 15–18 VerbrKrG.

47 **f) Durchsetzung.** Der M hat entspr den allg Grds (§ 261 Rn 8–13) gg den AuftrG einen Anspr auf **Auskunft** über die für Entstehg und Berechng der Prov maßgebden Tats (Düss NJW-RR **96**, 1464), aber nicht auf ProvAbrechng (BGH NJW-RR **90**, 1370); auch nicht auf Vorlegg des Vertr gem § 810 (dort Rn 6–8), in AusnFällen aber aus § 242 (Düss aaO). – **Beweislast:** M für Abschl des MVertr, für die MTätigk (Nachw, Vermittlg), für Abschl des HauptVertr u die Kausalität, die jedoch bei Abschl in angem Zeit zu vermuten ist (für NachwM BGH NJW **99**, 1257: 4 Mo, Hamm NZM **98**, 271: 3 Mo nach MTätigk; für VermittlgsM Staud/Reuter Rn 121), u für die Kongruenz (Rn 29–32; BGH NJW **98**, 2277, Anm Roth LM § 652 Nr 144); der AuftrG für Umst, aus denen sich ausnahmsw die fehlde Kausalität ergibt, zB Vorkenntnis (Rn 36), der M dagg, daß seine Tätigk gleichwohl mitursächl war (BGH NJW **71**, 1133), wofür nach Sachlage eine tats Vermutg bestehen kann, die der AuftrG zu widerlegen hat (BGH WM **78**, 885: Abschl 2 Tage nach Zugang des zweiten, erhebl günstigeren MAngeb). Bei gleichzeit Zugang der Angeb mehrerer M für das selbe Obj trifft den M, der Vergütg verlangt, die BewL, daß gerade sein Angeb mitursächl für den VertrAbschl war (BGH NJW **79**, 869). – Im **Insolvenzverfahren** gehört die VergütgsFdg des M aktiv od passiv zur Masse, wenn der M das Ergebn seiner Tätigk dem AuftrG noch vor dem maßgebden Ztpkt (nunmehr Abschluß des Verf, InsO 35) mitgeteilt hat (BGH **63**, 74 für KO).

48 **g) Verjährung:** § 196 I Nr 1, 7, II (Ffm BB **81**, 1546). – **Verwirkung** vgl § 654.

49 **8) Aufwendungen (II).** Der M hat keinen Anspr auf Ers seiner Aufw u zwar weder neben der Vergütg, noch wenn diese nicht zur Entstehg kommt (II 2). Seine Auslagen u Unkosten kann der M nur aGrd bes Vereinbg auch für den Fall erfolgloser Tätigk verlangen. Beschrkgen bei WohngsVermittlg vgl Rn 43–45, bei ArbVermittlg Rn 42, bei Kreditvermittlg § 17 VerbrKrG. Pauschalierte Spesenklauseln in MVertr sind als **Reuegeld,** häufiger als **Vertragsstrafe** zu werten (Mü DB **67**, 504) u dann gem § 343 herabsetzb, sofern man sie überh als wirks ansieht. S auch Rn 69 u Einf 7. – Beim AlleinAuftr vgl Rn 74.

50 **9) Abweichende Vereinbarungen (Allgemeines).** Innerh weiter Grenzen (Rn 7 u Einf 1 a insb zum AGBG) können die Part des MVertr den ProvAnspr abw von § 652 regeln. Mögl ist sowohl eine vertragl

Abänderg zG des M, indem gesetzl Merkmale abbedungen (A), wie auch eine zG des AuftrG, indem zusätzl Erfordern geschaffen werden (B). Die vertragl Regelg kann sich auch auf NebenAnspr, zB SchadErsAnspr, u auf die RStellg der Part überh beziehen. Insow hat sich ein bes, von der gesetzl Regelg abw, selbstd VertrTyp herausgebildet (AlleinAuftr; Rn 60–74).

51 **A) Abweichende Vereinbarungen zugunsten des Maklers.** Beim KreditvermittlgsVertr nichtig, §§ 15 II, 18 VerbrKrG, weitgehd auch bei ArbVermittlgsVertr mit dem ArbN (Rn 42) sowie WohngsVermittlg (Rn 43). – **a) Zahlung unabhängig von den Voraussetzungen des Abs I S 1** kann wirks nur in IndividualVereinbg (BGH NJW-RR **86**, 346: KausalitätsErfordern abbedungen), nicht in AGB (§ 9 II Nr 1 AGBG) od FormularVertr vereinb werden. Vermittlgsunabhäng ProvVerspr s Einf 7. VergütgsVereinbg für den Fall des ZustKommens eines **anderen Vertrages** als des angebotenen ist dahin auszulegen, daß beide wirtsch gleichwert sein müssen (BGH WM **85**, 1422; s a Rn 15 ff, 29 ff). **Vorkenntnisklausel,** dh eine vertragl Pfl des AuftrG zu Anz od Widerspr innerh best Fr, andernf die Möglichk zum VertrAbschl als bish unbekannt gilt, kann (AusleggsFrage) die Wirkg einer UrsächlichkFiktion desh nur in einer IndividualVereinbg haben (BGH DB **76**, 1711), wofür der zusätzl Hinw in einem gesonderten Anschreiben genügen kann (Mü NJW-RR **95**, 1524). In AGB od FormularVertr ist solche VorkenntnKlausel ledigl eine Vereinbg über die BewL, wie sie für den gesetzl Typus des MVertr ohnedies besteht (BGH NJW **71**, 1133). Der schriftl Mitt des AuftrG steht es gleich, wenn der M die Vorkenntn von dritter Seite erfährt (Köln MDR **70**, 844). Unterlassg der MittPfl kann zu Anspr des M auf Ers weiterer Unkosten aus pVV führen. – Auch kann der AuftrG die vertragl Pfl zur Rückfrage übernehmen, wenn er mit einem Interessenten währd der Laufzeit des MVertr ohne Mitwirkg des M abschließen will **(Rückfrageklausel).** Die Folgen unterl Rückfrage beurteilen sich wie bei der VorkenntnKlausel (weitergehd Karlsr OLGZ **67**, 134). Zum Ausschl der Ursächlichk vgl auch Rn 69–73.

52 **b) Provision unabhängig vom Erfolg** (dazu Michalski NZM **98**, 209; s a Einf 7) ist dem Wesen des MVertr fremd. Sie kann daher nur iW einer eindeut u klaren EinzAbsprache vereinb werden (BGH DB **76**, 189). Bei Doppeltätigk des M (Rn 56, § 654 Rn 8) ist auch eine solche Vereinbg zu Lasten nur einer Seite unwirks (BGH **61**, 17). Auch für Vermittlg von VerbrKr (VerbrKrG 16) u WohngsVermittlg (s Rn 43) sind sie unzul; ArbVermittlg s Rn 42. – In **AGB** sind derart Vereinbgen grdsätzl unwirks (AGBG 9 II Nr. 1, dort Rn 22), wenn ein MVertr vorliegt, die Part also nicht einen Werk- od DienstVertr geschl haben (AusleggsFrage; Abgrenzg Einf 7). So auch die Vereinbg, daß der Bauherr dem BauBetr für Vermietg u Übern der Mietgarantie Vergütg auch zu zahlen hat, wenn der Bauherr diese Leistgen einverständl nicht in Anspr nimmt (BGH NJW **84**, 2162). Ebso bei Vereinbg einer Vergütg für Nachw od Vermittlg der Fremdfinanzierg, wenn der Bauherr sie nicht in Anspr nimmt, auch iR eines Bauherrnmodells (BGH NJW **85**, 2478) u auch wenn der M eine Pfl zur Tätigk u eine gewisse Garantie übernommen hat (BGH DB **85**, 1525). Nicht ow unwirks sind Klauseln, die nur das Erfordern der **Wirksamkeit** des HauptVertr einschränken, zB Lohn trotz wirks Anf des HauptVertr (Karlsr NJW **58**, 1495) od trotz Verweigerg der vormschgerichtl Gen (BGH NJW **73**, 1276) od BodenVerkGen (Hbg MDR **75**, 663); die Klausel: „MProv zahlb bei not KaufAbschl" betrifft hingg nur den Ztpkt der Fälligk (KG NJW **61**, 512). Dch IndividualVereinbg, nicht aber in AGB (BGH NJW **75**, 647) kann bestimmt werden, daß bereits der Abschl eines **Vorvertrages** genügen soll; das gilt auch für sog ReserviergsVereinbgen, die Bestandt eines MVertr sind (dazu Einf 7, zur Formbedürftigk § 313 Rn 13). Bei KreditVertr wird ein VorVertr meist als KonsensualDarl zu werten sein, s Rn 19.

53 **c) Provision für Folgegeschäfte.** Ob der M für weitere Gesch, die sich aus dem vermittelten GeschAbschl ergeben, Prov verlangen kann, hängt davon ab, ob der dem M erteilte Auftr nur auf die Herbeiführg des ersten od auch indirekt weiterer Vertr gerichtet ist; AusleggsFrage, auch unter Berücksichtigg etwa bestehder Handelsbräuche (BGH NJW **86**, 1036: VersM, VersR **90**, 1355: Vermittlg von TransportVertr). Die Vereinbg in AGB kann nach AGBG 3, 9 II Nr 1 nichtig sein (Düss NJW-RR **98**, 1594), zB in einem MVertr über ein Mietobjekt, daß eine „Differenzgebühr" zu zahlen ist, falls der Mieter das Obj innerh von 5 Jahren ohne weiteres Zutun des M kauft (BGH **60**, 243).

54 **d) Vorverlegung der Fälligkeit** des ProvAnspr dch AGB ist nach hM zul (KG NJW **61**, 512 für Klausel „Prov zahlb bei not KaufAbschl"; aA Hamm NJW-RR **96**, 1526). S a Rn 52.

55 **e) Provision bei Weitergabe** der AbschlMöglichk an einen Dr, der dann abschließt, kann auch in AGB wirks vereinb werden (BGH NJW **87**, 2431). Erleichtert den in diesem Fall an sich bestehden gesetzl SchadErsAnspr (§ 654 Rn 10).

56 **f) Freizeichnungsklauseln des Maklers.** Der M unterliegt bei **Doppeltätigkeit** gewissen Beschrkgen (§ 654 Rn 8). Häuf läßt er sich dch entspr Klausel Tätigk für den and Teil ausdr gestatten. Die Rspr schränkt die Bedeutg dieser Klausel stark ein. Sie enthält keine Einwilligg in eine TreuPflVerletzg des M (BGH NJW **64**, 1467). Der VertrauensM (Rn 62) kann sich nur nach bes Aufklärg des AuftrG auf die Klausel berufen (BGH Warn **67** Nr 40).

57 **g) Allein- und Festauftrag** vgl Rn 60–74.

58 **B) Abweichende Vereinbarungen zu Gunsten des Auftraggebers. – a) Hinausschieben der Provisionszahlung**. Zur Entstehg des ProvAnspr genügt der Abschl des schuldrechtl Vertr. Abw davon können die Part den LohnAnspr an die **Ausführung** des HauptVertr knüpfen (Bsp: Prov zahlb nach Aufl u Eintr; nach Baubeginn od -DchFührg u dgl). Dann ist es AusleggsFrage, ob nur die Fälligk des ProvAnspr hinausgeschoben od eine zusätzl Bdgg für seine Entstehg gesetzt ist (BGH NJW **86**, 1035). Wird bei FälligkAbrede das Gesch nicht ausgeführt, ist die Lücke dch Auslegg zu schließen, das Ger bestimmt die Fälligk nach § 242, idR nach Ablauf einer Zeitspanne, innerh derer die Ausführg des Gesch erwartet werden konnte (BGH NJW **86**, 1035; abw Bsp Mü ZMR **97**, 461). Bei echter EntstehgsBedgg gilt nur § 162, dagg ist HGB 87 a III nicht entspr anwendb (BGH NJW **66**, 1404). Das Risiko der Nichtausführg trägt dann der M. Der AbschlFreih des AuftrG (Einf 6) entspricht seine AusführgsFreih. In KreditvermittlgsVertr (Rn 19) kann die Klausel „Prov fällig bei Auszahlg der Valuta" iVm einer Vorverlegg der Entstehg des LohnAnspr bei Abschl des DarlVorvertr (Rn 52) die Bedeutg einer StundgsAbrede haben (BGH WM **62**, 1264).

b) Abwälzung der Provisionszahlung. Die ProvZahlgsPfl obliegt dem AuftrG. Häuf findet sich in MAuftr von GrdstVerk die Klausel: **„Provision trägt Käufer"**. Inhalt nicht eindeut. Wg mögl Ausleggen vgl BGH MDR **67**, 836. Eine Haftg des AuftrG aus einer derart ihn begünstigden Klausel kommt nur dann in Frage, wenn überh die Vorauss für einen ProvAnspr vorliegen u die Prov vom Käufer nicht zu erlangen ist (Hbg MDR **69**, 665). Vereinbgen über die MProv zw den VertrPart des HauptVertr s Rn 40. 59

10) Fortsetzung. Alleinauftrag

A) Sein **Wesen** besteht in einer Einschränkg der WiderrufsFreih für den AuftrG u in einer Erhöhg des PflKreises für den M. Da dieser zum Tätigw verpflichtet ist u sich von dieser Verpfl nicht einseit lösen kann, handelt es sich um einen auf best Dienstleistgen gerichteten sog MaklerDVertr (BGH NJW-RR **87**, 944), der aber kein ggs Vertr ist (vgl Einf 7). 60

B) Inhalt. Dch den AlleinAuftr werden versch Rechte des AuftrG, die ihm nach dem gesetzl VertrTyp zustehen (Einf 6), eingeschränkt od ausgeschlossen. – **a) Verbot der Beauftragung eines weiteren Maklers,** dh der AuftrG verzichtet auf sein Recht, die Dienste mehrerer M zugleich in Anspr zu nehmen. Dagg bleibt iZw – die Umst können im EinzFall etwas and ergeben – das R des AuftrG, sich selbst um den Abschl zu bemühen, unberührt, dh kein Verbot von EigenGesch od DirektAbschl (BGH NJW **61**, 307), auch nicht des Verkaufs an and M (Kblz NJW-RR **99**, 1000). – **Hinzuziehungs- oder Verweisungsklauseln** (erweiterter od qualifizierter AlleinAuftr) sollen die Mitwirkg des alleinbeauftragten M am Vertragschl dadch sicherstellen, daß sich der AuftrG verpflichtet, sämtl Interessenten, auch ‚eigene", an den M zu verweisen. Sie können indvertragl vereinb werden (BGH NJW-RR **99**, 998). Die Bindg muß zeitl angem befristet sein (BGH MDR **94**, 444). Dch die ProvVereinbg auch iF des DirektAbschl ist das KausalitätsErfordern abbedungen (BGH NJW-RR **94**, 511). In AGB sind solche Klauseln unwirks (BGH NJW **91**, 1679), ebso das Verspr einer Vergütg, einer VertrStrafe od von Ers des entgangenen Gew für den Fall ihrer Verletzg (BGH **60**, 377, NJW **87**, 1634). Auch ein FinanziergsM kann seinen Kunden nicht dch AGB wirks verpflichten, eig Vhlgen mit DarlGebern nur unter seiner Zuziehg zu führen (BGH **88**, 368). Gleiches gilt, wenn statt AlleinAuftr die Bezeichng AlleinVerkR verwendet wird (BGH WM **76**, 533). An dieser rechtl Beurteilg ändert sich auch nichts dch eine Kombination von Allein- u FestAuftr (Düss MDR **73**, 582). 61

b) Ausschluß des Widerrufsrechts, „Festanhandgabe", dh der AuftrG verzichtet meist auf sein Recht, den MVertr jederzeit zu widerrufen, Festauftrag (BGH NJW **64**, 1468). Regelm ist das WiderrufsR des AuftrG auf eine im AlleinAuftr genau best Fr ausgeschl; bei Fehlen von Vereinbg gilt angem Fr. Nach Ablauf der BindgsFr besteht KündMöglichk. Je länger die Fr, desto stärker die Bindg des AuftrG an den M, dieser wird bei langer Fr (zB 15 Monate) zum **Vertrauensmakler** (BGH NJW **64**, 1467). Widerruf entgg der Zusage ist dem M ggü wirkungsl (BGH NJW **67**, 1225). Er kann seine Tätigk fortsetzen. Eine zeitl unbegrenzte Bindg ist unwirks (BGH NZM **98**, 677), führt aber nicht zur Nichtigk des MVertr, sond zur Bindg für angem Zeit, zB 5 Jahre (BGH WM **74**, 257). Ausnahmsw besteht ein WiderrufsR des AuftrG vor Ablauf der BindgsFr bei wicht Grd, § 626, zB bei Untätigk des M (BGH NJW **69**, 1626), uU auch bei Zuführg eines unseriösen Interessenten (BGH WM **70**, 1457). Stillschw Beendigg des AlleinAuftr ist anzunehmen, wenn der M seine Tätigk endgült eingestellt hat; hielte er den AuftrG am Auftr fest, würde er mißbräuchl handeln (BGH NJW **66**, 1405 u WM **77**, 871). 62

c) Eine Pflichtenvermehrung auf Seiten des Maklers begründet der AlleinAuftr, vor allem die, im Interesse des AuftrG tätig zu werden (BGH NJW **66**, 1406, **67**, 199). Auch ein derart MDienst- oder MWerkVertr bleibt im Kern MVertr, selbst wenn der M zusätzl noch eine gewisse Garantie übernimmt (BGH DB **85**, 1525: kein erfolgsunabhäng VergütgsAnspr in AGB). Der M hat deshalb alles in seinen Kräften Stehde zu tun, um einen seinem AuftrG vorteilh Abschl zu erreichen, vor allem einen möglichst günst KaufPr zu erzielen; in diesem Rahmen trifft ihn auch die Pfl zu sachkund Beratg des AuftrG (BGH WM **73**, 1382; Düss NJW-RR **97**, 1278). Er darf sein Tätigw nicht davon abhäng machen, daß auch der nicht von ihm beigebrachte Interessent sich zu einer ProvZahlg verpflichtet (BGH AIZ **69**, 220). 63

d) Die Abschlußfreiheit des Auftraggebers bleibt dagg unberührt (BGH WM **72**, 444; vgl Einf 6). Gleiches gilt für alle übr Merkmale des MVertr u das **Zustandekommen des Hauptvertrags** (Rn 67). Mit dem Verz auf sein WiderrufsR hat der AuftrG noch keine Verpfl zum Abschl übernommen. Es steht ihm auch beim AlleinAuftr völl frei, ob er das vermittelte (nachgewiesene) Gesch abschließen will od nicht (BGH NJW **67**, 1225 u WM **70**, 1457), die Vereinbg einer Prov auch für den Fall, daß der AuftrG nicht abschließt, kann, wenn man sie überh für wirks hält, nicht in AGB od FormularVertr getroffen werden (Stgt BB **71**, 1341). 64

e) Weitergehende Verpflichtungen kann der M im EinzFall über den eigentl MVertr hinaus übernehmen, zB Beratg u Mithilfe bei Plang, Kalkulation, Finanzierg eines BauVorh auf dem vermittelten Grdst (BGH WM **73**, 1382). Insow handelt es sich um GeschBesVertr mit DVertrCharakter (BGH aaO spricht insow unsauber von M-DVertr). Er kann bei Nichtentstehg eines VergütgsAnspr zu einem Anspr auf AufwErs führen (Hamm AIZ **74**, 59). 65

C) Zustandekommen. In aller Regel dch ausdr Vereinbg, aber auch stillschw, wenn deutl Anhaltspunkte für entspr Willen vorliegen. Nicht ausr ist der Auftr, ein best Gesch mit einem best Interessenten zu fördern, auch nicht bei VerschwiegenhAbrede (BGH NJW **67**, 198). Zur Formbedürftigk Rn 6. 66

D) Provisionsanspruch. Für seine Entstehg beim AlleinAuftr müssen mangels anderw Vereinbgen sämtl Merkmale der Rn 2–39 vorliegen. Die AlleinAuftrKlausel als solche bedeutet noch nicht, daß der AuftrG auch ohne Ursächlichk der MLeistg u ohne ZustKommen des HauptGesch (BGH NJW **67**, 1225) Prov zu zahlen hätte. Abschl währd der Laufzeit des AlleinAuftr ist nicht erfdl (BGH NJW **66**, 2008, Hamm MDR **59**, 841). Nicht ausr zur Begr eines ProvAnspr ist die Verletzg der AlleinAuftrKlausel dch den AuftrG, zB Abschl währd der Laufzeit unter Zuziehg eines and u Ausschaltg des ersten M, vorzeit Widerruf. Dch AGB (§§ 3, 9 II Nr 1 AGBG) kann auch ein ausdr ProvAnspr für den Fall der Verletzg der Zuziehgs- od HinwPfl nicht begründet werden (BGH NJW **73**, 1194). Bei Fehlen bes IndividualVereinbgen kommen insow nur SchadErsAnspr in Frage, soweit dafür nach allg Regeln die Vorauss erf sind. 67

68 **E) Anspruch auf Schadensersatz.** Verletzt der AuftrG seine VertrPfl, so macht er sich wg pVV schadersatzpfl. Der Schad des M besteht regelm in der entgangenen Verdienstmöglichk, § 252 (Prov, auch die von Seiten des VertrGegners). BewPfl für alle ansprbegründden Umst beim M (Mü NJW-RR **95**, 1525). Erfdl ist ein schuldh vertragswidr Abschl des AuftrG, ferner der Nachw, daß der M innerh der Fr einen zum Abschl unter den vertragsm Bdggen bereiten u fäh Interessenten gestellt hätte (BGH NJW **67**, 1225). Verlangt der M SchadErs in Höhe beider Prov, hat er außerdem zu beweisen, daß auch dieser Interessent ihm Prov bezahlt hätte (BGH AIZ **69**, 220). NichtAbschl des Gesch ist keine VertrVerletzg (Rn 64). Die mit dem SchadErs-Anspr verbundene BewSchwierigk wird häuf dch bes Klauseln beseitigt (Rn 69–73). Kein Anspr des M, wenn dieser den AuftrG auf Frage über Bedeutg des AlleinAuftr unzutr aufgeklärt hat u dies für Abschl des MVertr ursächl war (BGH BB **69**, 813). Die Berufg auf SchadErsAnspr kann mißbräuchl sein, wenn der AuftrG auch ohne formalen Widerruf des AlleinAuftr seine Bindg daran als überholt ansehen konnte, zB wg 8-monat Untätigk des M (BGH WM **77**, 871). SchadErsAnspr des AuftrG bei schuldh Verl der Pfl des M zum Tätigw (BGH NJW-RR **87**, 944).

69 **F) Erweitertes Provisionsversprechen, pauschalierter Schadensersatzanspruch, Vertragsstrafe, Reugeld.** Verpflichtet sich der AuftrG bei näher bezeichneten VertrVerl iE zur Zahlg der vollen Vergütg, ist dch Auslegg zu ermitteln, ob es sich um ein erweitertes ProvVerspr (ProvPfl auch für vom M nicht verursachtes Gesch), einen pauschalierten SchadErsAnspr (kein SchadNachw seitens des M; zur Abgrenzg § 276 Rn 54 f) od um das Verspr einer herabsetzb VertrStrafe gem § 343 handelt (BGH **49**, 84, NJW **64**, 1467). Derart Klauseln sind in IndividualVereinbgen unbedenkl, soweit die ZahlgsPfl an einen (vertragswidr) zustande gek HauptVertr anknüpft, denn insow handelt es sich um eine nähere Ausgestaltg der gesetzl Regelg. Bei Klauseln in AGB sind AGBG 11 Nr 5, 6 zu beachten; außerd verändern Klauseln, die in die AbschlFreih des AuftrG eingreifen od ZahlgsPfl unabhäng vom ZustKommen eines Vertr oder bei DirektAbschl iF eines AlleinAuftr vorsehen, den gesetzl VertrTyp u sind gem AGBG 9 II 1 unwirks (s Rn 51 f u BGH DB **81**, 1280). So auch Vereinbg einer VertrStrafe bei AlleinAuftr schon für den Fall, daß AuftrG den Vertr währd der Laufzeit kündigt u Abschl mit jedem beigebrachten Interessenten ablehnt, weil er nicht mehr verkaufen will (BGH DB **70**, 1825). – Bei der **Wohnungsvermittlung** darf die VertrStrafe die Grenze des WoVermG 4 (Einf 14) nicht überschreiten, eine überhöhte Strafe kann zurückgefordert werden (§ 5).

70 **Einzelfälle: – a) Verweisungs-** od **Hinzuziehungsklauseln** s Rn 61. – **b) Widerrufsklauseln** verfol-
71 gen den gleichen Zweck wie Rn 70. M will sich vor Ausschaltg währd der Laufzeit des AlleinAuftr schützen. Klauseln, wonach ProvPfl schon bei vorzeit Widerruf (Künd, Zurückziehg) des Auftr bestehen soll, sind dahin zu ergänzen, daß ProvPfl nur besteht, wenn der Widerruf zu einem vertragswidr Abschl geführt hat, sonst kein Anspr aus der Widerrufsklausel (BGH NJW **67**, 1225). Mü NJW **69**, 1630 legt derart Klausel iZw als
72 vereinb Rücktr gg Reuegeld (§ 359) aus. – **c) Sonstige Verletzungsklauseln,** die über Rn 70 u 71 hinausgehen (zB ProvPfl bei „Verstoß gg Vertr od AGB", bei „Behinderg der Verkaufsbemühgen des M" u dgl) sind nicht für den AlleinAuftr typisch u können auch in and MVertr vorkommen. Soweit gült (HauptVertr muß
73 zustande kommen), handelt es sich im Zw um VertrStrafVerspr (BGH **49**, 84). – **d) Nichtabschlußklausel.** Bei NichtAbschl des AuftrG kann sich der M auch beim AlleinAuftr einen ProvAnspr nicht sichern (Rn 64). Klauseln, in denen sich der AuftrG verpflichtet, bei NichtAbschl mit Kaufwilligen die GesamtProv zu zahlen, beseitigen die AbschlFreih u sind idR unwirks (BGH NJW **67**, 1225). Auch die Vereinbg von **Reuegeld** für diesen Fall ist unwirks. Keinesf darf es der Prov gleichkommen u fällt auch nicht an, wenn der AuftrG aus Grden, die er nicht zu vertreten hat, vom Abschl absieht (Mü DB **67**, 504). Die Vereinbg eines Reuegelds, auch wenn es als AufwErs (BGH WM **73**, 816) od Unkostenpauschale bezeichnet ist, für den Fall, daß der AuftrG sein Grdst nicht an einen nachgewiesenen Interessenten verkauft od es nicht kauft, bedarf, wenn man sie überh für wirks hält, der Form des § 313, weil damit ein mittelb Zwang zum Abschl eines not GrdstVeräußergsVertr ausgeübt wird (BGH NJW **71**, 93, 557).

74 G) Für **Aufwendungen** gilt auch beim AlleinAuftr Abs II. Er steht jedoch einem ErstattgsAnspr des M iF des DirektAbschl dch den AuftrG (Rn 61) insow nicht entgg, als der M Aufw hatte zur Erf konkr LeistgsVerpfl, die üblicherw nicht in den Rahmen eines MVertr fallen (Hamm NJW **73**, 1976). Außerdem kann die Erstattg der in Erf des Auftr entstandenen ergebnisl konkr Aufw wie Annoncen (Hbg MDR **74**, 580, ähnl BGH BB **73**, 1141) od in AGB ein mäß HöchstBetr vereinb werden; nicht zul ist die Vereinbg eines Prozentanteils des Preises od GgstWertes als Pauschale (BGH **99**, 374).

653 *Mäklerlohn.* **[I] Ein Mäklerlohn gilt als stillschweigend vereinbart, wenn die dem Mäkler übertragene Leistung den Umständen nach nur gegen eine Vergütung zu erwarten ist.**

[II] Ist die Höhe der Vergütung nicht bestimmt, so ist bei dem Bestehen einer Taxe der taxmäßige Lohn, in Ermangelung einer Taxe der übliche Lohn als vereinbart anzusehen.

1 **1) Allgemeines.** Die Vorschr entspricht § 611 I, II u § 632. Zu Zweck, Systematik, den einz Begriffen u BewL s die Erläut zu § 632. Ist eine **Vergütung vereinbart** (§ 652 Rn 40–48), gilt diese.

2 **2) Fehlt eine Vereinbarung** (§ 632 Rn 4), enthält **Abs I** die Vermutg einer stillschw Einigg über die Entgeltlichk. Vorauss ist, daß der M eine „übertragene Leistung" erbracht hat (BGH NJW **81**, 279), dh der Abschl eines MVertr (§ 652 Rn 2–5). Umst, die ein Tätigw des M nur gg Vergütg erwarten lassen, sind etwa bestehde Übg, Art, Umfang, Dauer der MTätigk, Berufs- u ErwerbsVerh des M, Bez der Beteil zueinander. Nur gg Vergütg zu erwarten ist die MLeistg dann, wenn die Umst zu der Ann zwingen, die MLeistg werde unterbleiben, wenn dem M angesonnen würde, ohne Prov (dort: auch vom Verkäufer) tät zu werden. Wird der M für Mehrere tät, muß er klarstellen, wer sein AuftrG ist. Leistg ohne Vertr § 652 Rn 8. – BewL § 632 Rn 11.

3 **3) Fehlt nur die Vereinbarung über die Höhe,** gibt **Abs II** eine AusleggsRegel. Es gilt folgde Reihenfolge: – **Taxen** (§ 632 Rn 7) bestehen nicht. – Die **übliche Provision** (§ 632 Rn 8) ist nach Gegend u Art der Tätigk versch; bei GrdstGesch häuf 3% des KaufPr zzgl MWSt (Ffm NZM **99**, 231). Maßstab können sein

die Gebührensätze der MVerbände (Ffm BB **55**, 490), die bei den IHK zu erfahren sind. Die Prov des GelegenhM ist regelm niedriger als die des hauptberufl tät M. – Bei Feststellg der Höhe kann die vom and Teil bezahlte Prov berücksichtigt werden. – **Angemessene Provision** s § 632 Rn 9. – **Bestimmung durch den Makler** s § 632 Rn 10. – **Beweislast** s § 632 Rn 11.

654 *Verwirkung des Lohnanspruchs.* **Der Anspruch auf den Mäklerlohn und den Ersatz von Aufwendungen ist ausgeschlossen, wenn der Mäkler dem Inhalte des Vertrags zuwider auch für den anderen Teil tätig gewesen ist.**

1) Einwendungen gegen den Provisionsanspruch. Trotz Vorliegens sämtl Merkmale des § 652 kann ausnahmsw ein ProvAnspr wg **Treupflichtverletzung durch den Makler** entfallen. – **a) Verwirkung.** Sie setzt ein schweres Versch des M voraus (Rn 6), nicht aber den Eintritt eines Schad, (BGH **36**, 326, VersR **90**, 266). Im Falle der Verwirkg entsteht der LohnAnspr als solcher nicht od er erlischt, vAw zu berücksichtigen. Dabei betrifft § 654 nicht nur den Fall der Doppeltätigk, sond die Verwirkg des LohnAnspr beim Einz- wie bei DoppelM immer dann, wenn er dch vorsätzl od grob leichtfert Verletzg wesentl VertrPfl den Interessen seines AuftrG in erhebl Weise zuwider gehandelt hat (BGH MDR **85**, 741). Nach Abschl des HauptVertr u Zahlg der MVergütg (nicht schon deren Fälligk, Hamm NJW-RR **97**, 889) gibt es keine Verwirkg des Anspr mehr, uU aber eine SchadErsPfl des M (BGH **92**, 184). Hat der M den Lohn verwirkt, kann ihm weder ganz noch teilw WertErs für geleistete Dienste nach § 812 zugesprochen werden; das verbietet der Zweck des § 654 (unklar Köln NJW **71**, 1943). Auf den RA ist der RGedanke in § 654 nur bei vorsätzl PartVerrat anwendb (BGH NJW **81**, 1211). 1

b) Positive Vertragsverletzung. Für sie genügt jede versch PflVerl, die zu einem Schad für den AuftrG geführt hat. Sie berührt den Bestand des LohnAnspr als solchen nicht, führt aber zu einem SchadErsAnspr des AuftrG (Rn 4), zu einem LeistgVR (§ 273) u zur Möglichk der Aufr (§ 387). 2

2) Schadensersatzpflicht des Maklers. a) Treupflicht. Zw dem M u dem AuftrG besteht ein bes TreueVerh, wonach der M verpflichtet ist, iR des Zumutb das Interesse des AuftrG zu wahren (BGH JZ **68**, 69). Diese TreuPfl ist um so strenger, je enger das VertrauensVerh ist. Sie hängt auch von der wirtsch Bedeutg des Gesch u der (Un-)Erfahrenh des AuftrG ab (Karlsr NJW-RR **95**, 500). Wird der M tät, so hat er bei der Ausführg des Auftr alles zu unterlassen, was die AuftrGInteressen gefährden könnte. – AGrd seiner **Aufklärungs- und Beratungspflicht** hat der M seinem AuftrG alle ihm bekannten tats u rechtl Umst mitzuteilen, die sich auf den GeschAbschl beziehen u für dessen WillensEntschl wesentl sein können (BGH WM **70**, 1270). Inwieweit er darühinaus aufklärgspfl ist, bestimmt sich im konkr EinzFall nach § 242. Eine HinwPfl besteht, wenn die Bedeutg des fragl Umst für den Entschluß des AuftrG dem M erkennb u der AuftrG gerade hins dieses Umst offenb belehrgsbedürft ist (BGH NJW **81**, 2685). Eine allg Pfl zur rechtl od wirtsch Beratg ohne bes Vereinbg (zB Hilfe bei VertrFormulierg, Düss NJW-RR **97**, 1280) hat der M jedoch nicht (s a Einf 4). – Zu **eigenen Nachforschungen** ist der M nur verpflichtet, wenn dies vereinb war od sich aus der VerkSitte ergibt. Ebso obliegt ihm eine ErkundiggsPfl grdsätzl nur aGrd bes Vereinbg (BGH WM **82**, 13). – Eine **Prüfungspflicht,** insb hins der Angaben zum Obj, die er von der GgSeite (Düss NJW-RR **96**, 1525) od seinem AuftrG (Hamm NJW-RR **96**, 1081) erhalten hat, trifft den M grdsätzl nicht, außer bei entspr Ankündigg („geprüfte Objekte"), od wenn er sich erhaltene Mitt zu eig macht od sich für deren Richtigk pers einsetzt (BGH BB **56**, 733; Hamm MDR **98**, 269). Für allg Anpreisgen haftet er nicht. – Auch soweit der M zur Aufkläг, Beratg od Prüfg nicht verpflichtet ist, dürfen seine Erkl dem AuftrG keine falschen Vorstellgen vermitteln (BGH NJW-RR **91**, 627). Das gilt grdsätzl für alle Tats, die sich auf die Bdggen des konkr Gesch u den VertrPartner beziehen, u auch dann, wenn dadch der GeschAbschl in Frage gestellt wird. Desh muß eine für den KaufAbschl wesentl **Auskunft** richt sein (BGH NJW-RR **91**, 627: Finanzierbark), od der M muß deutl machen, daß er für die Richtigk nicht einsteht (BGH AIZ **75**, 257). Eine eingeholte BehAusk muß er richt u vollst weitergeben (BGH NJW **82**, 1147). – Versch seiner **Gehilfen** muß sich der M wie eig anrechnen lassen, der AuftrG sich sein eig **Mitverschulden** (BGH **36**, 328). 3

b) Schadensersatz. Bei schuldh, für den Abschl des HauptVertr ursächl pVV des M hat der AuftrG Anspr auf Naturalrestitution (§ 249). Hätte der AuftrG das Gesch ohne PflVerl des M nicht abgeschl, hat der M ihn auch so zu stellen (BGH NJW **82**, 1145). Insb kann der AuftrG Freistellg von der ProvVerpfl verlangen. Schad bei Fehlinformation od Verl von AufklPfl wie Vorbem 18 v § 249 (s a Düss NJW-RR **99**, 848). Zur BewL hins der Kausalität § 282 Rn 15. 4

c) Einzelne Pflichtverletzungen (s a Rn 7): Zweifeln an der **Leistungsfähigkeit** des VertrPartners, der **Güte der Ware** od der **Eignung des Objekts** braucht der M idR zwar nicht nachzugehen, muß sie aber dem AuftrG mitteilen (BGH BB **56**, 733, Kblz NJW-RR **97**, 887; Freibg NJW-RR **97**, 1281: KündSperrFr bei EigennutzgsWunsch des AuftrG). So hat er über die ihm bekannten zweifelh wirtsch Verhältn des VertrPartners auch dann aufzuklären, wenn er zugleich von jenem mit der Vermittlg des Gesch beauftragt ist (BGH Warn **67** Nr. 40). Darf od will er dies nicht, so muß er von der MTätigk absehen (BGH WM **69**, 880). Ist der AuftrG selbst hins des vermittelten Gesch offensichtl nicht leistgsfäh, muß der M uU hierauf hinweisen (Dresd NZM **98**, 81). – Vermittelt der M **noch nicht gebaute Räume,** so trifft ihn eine ErkundiggsPfl bzgl des Eigt u der Finanzierg des BauVorh (Mü NJW **56**, 1760). Versichert der M dem AuftrG trotz Fehlens einer BauGen, daß alle Vorauss für den Baubeginn vorliegen u das Haus zu einem best Termin fertgestellt wird, so liegt darin bei Verzögerg der FertStellg (hier 17 Mo) eine schuldh falsche Aufklärg (Köln AIZ **72**, 398). – Weiß der M, daß noch kein **Bebauungsplan** vorliegt, muß er dies dem AuftrG mitteilen (BGH WM **78**, 1069). Keine Pfl des M, eine ihm vom Verk mitgeteilte **Wohnfläche** eines Hauses bei Weitergabe an den Kaufinteressenten nachzurechnen (Köln DB **71**, 1713). – Auf **fehlende Sicherung** des RestKaufPr muß – sehr weitgehd – nach Düss VersR **77**, 1108 der M selbst dann hinweisen, wenn er zum Abschl des KaufVertr nicht zugezogen ist. – Ein M, der Obj zur **Kapitalanlage** nachweist od vermittelt, hat alle Informationen, die für den AnlEntschl wesentl Bedeutg haben können, wahrheitsgem, sorgfält u vollst nach dem ErwartgsHorizont des Empf zu geben, uU sogar Nachforschgen anzustellen (BGH **72**, 382, **74**, 103, NJW **83**, 1730). Es 5 gelten die Grds der Rspr für die Prospekthaftg (BGH NJW **84**, 2524; s § 276 Rn 22). – Der **Kreditmakler** muß die auftraggebde Bank darauf hinweisen, daß die Anl, zu deren Bezahlg der Kredit gewährt werden soll, noch nicht fertgestellt ist, daß er den Kredit entgg dem Antr nicht an den Verk, sond an den Käufer ausbezahlt, daß dieser in einen finanziellen Engpaß geraten ist u den Kredit desh als GeschKredit verwenden will; die Sicherh für den Kredit hat der FinanzM nicht zu prüfen (BGH WM **70**, 1270). – Bei der Vermittlg von AnlDarl kann der M verpflichtet sein, über die **Kreditwürdigkeit** des DarlN Ausk u Erkundiggen einzuziehen (Köln MDR **59**, 210). Dem KreditG muß er alle für den Kredit wesentl Umst des auftraggebden KreditN mitteilen, deren Aufklärg redlicherw zu erwarten ist, außer wenn der KreditG sämtl wertbildden Faktoren kennt (BGH WM **88**, 41). Bei der Vermittlg eines archgebundenen BauGrdst muß er den AuftrG über die **Unzuverlässigkeit** des bauleitden Arch aufklären (BGH JZ **68**, 69), bei der Vermittlg von EigtWohngen kann ihn die Pfl treffen, sich über einschläg **Steuern** (GrdEStFreih) u die Praxis der Finanzämter zu erkundigen (Mü NJW **61**, 1534). Übernimmt der M zusätzl Aufgaben, so schuldet er entspr Sorgfalt. – Bei der Vermittlg von **Abzahlungskredit** u Übern der Weiterleitg des Kredits an den Verk ist er dem KreditN (AuftrG) dafür verantwortl, daß die Kreditvaluta nicht vor Lieferg der Kaufsache an den AbzVerk ausbezahlt wird (BGH **LM** § 652 Nr 10). Ebso Haftg des FinanzM, der ggü der kreditierden Bank wahrheitswidr die Richtigk der Angaben des DarlN im KrAntr bestätigt (Bambg OLGZ **76**, 447). – Der **Arbeitsvermittler** darf pers Daten des AuftrG nur in best Umfang erheben, nutzen u speichern (SGB III 298). – **Versicherungsmakler** s § 652 Rn 14. – **Übererlösklausel** s § 652 Rn 41. – Zur maßg Kenntn bei ZusArb **mehrerer Makler** Einf 10–13.

6 **3) Verwirkung des Provisionsanspruchs. – a) Voraussetzung** ist eine schwerwiegde TrPflVerl des M (Rn 3, 5) vor, bei od nach Abschl des MVertr (s Rn 1; Hamm VersR **95**, 1235). Der M muß vorsätzl od in einer dem Vors nahekommden leichtfert Weise den Interessen des AuftrG in so schwerwiegder Weise zuwidergehandelt haben, daß er eines Lohnes unwürd erscheint (BGH **36**, 323, NJW-RR **92**, 817). Bei zugezogenen Hilfskräften gilt § 278. § 254 ist auf die Verwirkg nicht anwendb (BGH **36**, 326).

7 **b) Einzelfälle:** Grob **fehlerhafte oder unterlassene Beratung,** zB dch VerkM hins des zu erzielden KaufPr bei Vereinbg einer ÜbererlösKl in AlleinAuftr (Düss NJW-RR **97**, 1278); kein Hinw auf die Gef von Doppelzahlgen (Mü NJW-RR **88**, 1201: abgetretene Ablösesumme, Hamm BB **95**, 1977, s a NJW-RR **98**, 842: DoppelProv wg qualif AlleinAuftr). Grob **fehlerhafte oder unterlassene Informationen,** die für den Abschl des beabsichtigten Vertr (Ffm NJW-RR **86**, 601) od für die Kalkulation des AuftrG ersichtl von erhebl Bedeutg sind, zB zur Kapazität eines vermittelten Hotels (BGH WM **81**, 590), zur Wohnfläche des Obj (Düss NJW-RR **99**, 848), zum anhäng ZwVerstVerf über das vermittelte Grdst (Karlsr NJW-RR **93**, 1273), zum Anschluß des vermittelten Grdst an die öff Wasserversorgg (Hamm NJW-RR **93**, 506), zu SonderVereinbgen, die der M als Vertreter des AuftrG bei Abschl des KaufVertr mit dem Erwerber getroffen hat (BGH NJW **69**, 1628); leichtfert Verschweigen des Mangels jeder Kreditwürdigk der GgSeite (BGH DB **67**, 505) od der finanziellen Schwierigk des das Obj errichtden Bauträgers (Hbg NJW-RR **98**, 1206). Keine Verwirkg bei bloß fahrl Verstoß, zB bei Nichtaufklärg über die Modalitäten einer HonorarVereinbg mit der GgPart (BGH **36**, 323). – **Täuschung.** Veranlassg des rechtsunkund AuftrG zur Unterzeichng einer formnichtigen KaufVerpfl od Unterzeichng einer ReserviergsVereinbg (BGH VersR **92**, 958), selbst bei späterem wirks Abschl des KaufVertr (Hamm NJW **91**, 360). Ausnutzg der Unterlegenh des Kunden an Kenntn u Erfahrg (BGH NJW-RR **92**, 817). Falsche Angaben zur VhlgsBereitsch des Verk über den KaufPr (Hamm NJW-RR **97**, 370) od, wenn der M für beide Seiten tät ist, zum verlangten KaufPr (BGH WM **85**, 1276); Verschweigen, daß er von der and Seite ebenf Prov erhält (Ffm NJW-RR **88**, 1199, Karlsr NJW-RR **95**, 500). Ferner, wenn er dch unricht Angaben den AuftrG zur **Übernahme der Provision** des and Teils bestimmt (Düss DB **63**, 548). – **Schmiergeld** § 652 Rn 7. – **Eigenes vertragsuntreues Verhalten** des M. So, wenn er seine weitere Tätigk von der Zahlg einer wesentl höheren Vergütg abhäng macht (BGH WM **85**, 1276); wenn er ein günst Angeb nicht an seine Kunden weitergibt, sondern für einen eig Zwischengewinn ausnützt (Brdbg NJW-RR **95**, 695), wenn er bei der alsbald Weiterveräußerg des Obj dch den Erwerber an einen vom AuftrG unter Hinnahme eines geringeren KaufPr abgelehnten Dr mitwirkt (Hamm NJW-RR **97**, 889). Bedient sich der M iR eines GemschGesch eines and M, so verliert er den ProvAnspr, wenn dieser, um die Prov allein zu erhalten, seine eig Kunden bevorzugt u den AuftrG benachteiligt (Mü JR **61**, 95). Festhalten des Kunden am Vertr als RMißbr § 652 Rn 62 aE. Verwirkg, wenn ein ErfGeh des M versucht, den bereits vereinb not VertrAbschl zu hintertreiben (BGH WM **78**, 245); wenn der M zu seinem u des Verk Vorteil grob leichtfert seinen AuftrG unterzeichnen läßt, um bei ihm den Eindruck einer Verpfl zum Kauf od Verk u zur Zahlg eines erfolgsunabhäng MLohns zu erwecken (BGH NJW **81**, 280); wenn er nachträgl mit dem Verk eine höhere Vergütg vereinb, nachdem er erfahren hat, daß im KaufVertr der Käufer die VerkProv übernommen hat (Hamm NJW-RR **88**, 689); wenn er dem Kunden den Kauf einer EigtWohng als dchführb darstellt, obwohl er erkennen muß, daß die Finanzierg bei dem Eink des Kunden ausgeschl ist (KG NJW-RR **88**, 686). Erlangt der M eine ihm günst **Änderung des Maklervertrages** dadch, daß er gg seine in diesem Vertr begründeten Pfl grob verstößt, so liegt eine entspr Anwendg der VerwirkgsVorschr des § 654 idR nahe (BGH NJW **86**, 2573).

8 **4) Fortsetzung. Verwirkung bei treuwidriger Doppeltätigkeit.** Grdsätzl ist dem M Doppeltätigk erlaubt (BGH **61**, 17). Übl ist sie zB bei GrdstM (Hamm NJW-RR **94**, 125) u bei Versteigerg von Sammlgen. Der M kann dann von beiden Teilen volle Prov fordern. Unzuläss ist Doppeltätigk nur, wenn sie zu **vertragswidrigen Interessenkollisionen** führt. Dies ist idR nicht der Fall, wenn der M für den einen Teil VermittlgsM, für den and NachwM ist (BGH NJW-RR **98**, 992). Entscheidd hierfür ist die entfaltete Tätigk, nicht der geschl Vertr (BGH NJW **64**, 1467). Der M braucht dann dem Käufer, der die Doppeltätigk kennt, nicht mitzuteilen, daß er sich vom Verk den über einen best KaufPr hinaus erzielten Übererlös als Prov hat versprechen lassen (BGH NJW **70**, 1075). Beim **beiderseitigen Vermittlungsauftrag** ist Interessenwiderstreit naheliegder. Außer bei konkr Konflikten ist Doppeltätigk aber, jedenf beim ImmobM, nicht vertragswidr, wenn sie vertragl gestattet od für die jew and Seite klar erkennb ist (BGH NJW-RR **98**, 992). Zur Bedeutg dahingehder Klauseln § 652 Rn 56. Die Doppeltätigk verpflichtet den M zu **strenger Unpar-**

teilichkeit (BGH **48**, 344, WM **92**, 279), u zwar auch bei der Ausgestaltg des Vertr mit dem jew AuftrG. Unwirks ist desh die Kombination von Doppeltätigk u Vereinbg einer erfolgsunabhäng Prov mit einer Seite, zB mit dem Kaufinteressenten (BGH **61**, 17). Seiner AufklärgsPfl muß er gleichm ggü beiden Part nachkommen u jeder Part von den Verhältn der and soviel mitteilen wie nöt ist, um sie vor Schad zu bewahren (Naumbg NJW-RR **96**, 1082; s a Rn 5). Dazu gehört idR, daß der M auch bei vertragl Gestattg den DoppelAuftr beiden Seiten offenlegt (Karlsr WM **95**, 2095). Er darf sich nicht einseit zum Interessenvertreter nur einer Seite machen (Düss NJW-RR **98**, 1207: RückFdg von Zahlgen der KapAnleger bei Scheitern des Projekts). Von weiteren VermittlgsBemühgen für die eine Part muß er nicht schon desh absehen, weil die and Part Interesse an deren Angeb zeigt (Hamm NJW-RR **98**, 844). In die **Preisverhandlungen** der Part darf der M ohne entspr Erlaubn nicht eingreifen. Er verwirkt die Prov, wenn er dem Käufer erklärt, der vom Verk geforderte Pr sei zu hoch (BGH **48**, 344), od falsche Angaben über die VerhdlgsPosition der jew and Seite macht (Celle OLGR **99**, 18). **„Parteiverrat",** wenn der mit der Erzielg eines möglichst hohen Pr beauftragte M sich dem Gegner ggü verpflichtet, ihm das Obj so günst wie mögl zu verschaffen, es ihm wieder abzukaufen, oder wenn er sich insgeheim beim Gegner am Gesch beteiligt, oder seinen AuftrG veranlaßt, den Pr zu senken, obwohl der Gegner zu jedem Pr erwerben wollte. Der M verwirkt seinen ProvAnspr ggü dem Käufer u macht sich ihm ggü schadersatzpfl, wenn er dem Verkäufer zusagt, das Grdst selbst zu einem best Pr zu kaufen, falls er keinen Käufer beibringt (Hamm VersR **91**, 545). Der **Vertrauensmakler** (§ 652 Rn 62) ist zur ausschl Interessenwahrnehmg für seinen AuftrG verpflichtet u handelt desh idR treuwidr, wenn er auch für den and Teil als VermittlgsM (BGH NJW **64**, 1467, Dresd NZM **98**, 1017), nicht treuwidr idR, wenn er als NachwM tät wird (Ffm MDR **73**, 407). Bei vertragl Gestattg muß er dem AuftrG ggü unmißverständl zum Ausdr bringen, daß er auch für die and Seite tät wird (BGH NJW **64**, 1469).

5) Treupflicht des Auftraggebers. Er schuldet dem M ebenf Sorgfalt, Wahrg der Vertraulichk, Aufklärg 9
u dgl, aber nur, soweit zumutbar (BGH WM **72**, 444). Er darf den M nicht um die Prov prellen. Treuwidr Verhalten allein begründet, mangels einer § 654 entspr Vorschr, keinen ProvAnspr (BGH MDR **68**, 405). Vielm ist der AuftrG dem M aus pVV schadersatzpfl, der M ist so zu stellen, wie er ohne die PflVerl stünde (BGH NJW **87**, 2431); in diesem Rahmen kann er (vgl § 252 S 1) die entgangene Prov als Schad nachweisen (Dresd NJW-RR **99**, 846, Pauly JR **98**, 353; s a § 652 Rn 55, 68). **Einzelfälle:** Der AuftrG muß den Nachw 10
des M auch ohne bes Abrede **vertraulich** behandeln, wenn er ihn nicht ausnutzen will. Die Weitergabe an einen Interessenten, der dann abschließt, kann schadersatzpfl machen (BGH NJW **87**, 2431, Kblz NJW-RR **94**, 180), nicht aber schon konzerninterne Berichterstattg (Mü NJW-RR **95**, 1525). ProvPfl bei eig Interesse am ZustKommen des Gesch mit dem Dr § 652 Rn 31. Der AuftrG, der die Absicht zum Abschl des geplanten Gesch aufgibt, muß den M **informieren**, um ihm weitere unnöt Kosten zu ersparen (BGH WM **72**, 444). UU muß er sich beim M vergewissern, ob ihm ein Interessent, der dies ableugnet, vom M zugeführt worden ist (Mü NJW **68**, 894). Die **Beauftragung mehrerer Makler** ist, außer beim AlleinAuftr, keine VertrVerl (Einf 10). Der AuftrG muß aber allen beauftr M die VermittlgsMöglichk geben. Bei Vorkenntn aGrd des früheren, nicht mehr kausalen (§ 652 Rn 37) Nachw eines and M muß der AuftrG diesen nicht zusätzl zum nunm tät M einschalten (BGH WM **72**, 444). – Verpfl zu **Auskunft** u **Rechnungslegung:** § 652 Rn 47.

6) Bei **entsprechender Anwendung** auf and RVerhältn ist Zurückhaltg geboten. Der RA verwirkt seinen 11
GebührenAnspr nicht schon dadch, daß er pflichtwidr handelt, sondern nur bei Parteiverrat (BGH MDR **81**, 734). Notare haben zwar keinen Anspr auf Gebühren, die bei richt SachBehdlg nicht entstanden wären, insow besteht aber Sonderregelg, §§ 16 I, 141 KostO. Auch keine entspr Anwendg des § 654 auf den BeteiligsAnspr des UnterM gg den HauptM (BGH BB **66**, 1367).

655 ***Herabsetzung des Mäklerlohns.*** **Ist für den Nachweis der Gelegenheit zum Abschluß eines Dienstvertrages oder für die Vermittelung eines solchen Vertrags ein unverhältnismäßig hoher Mäklerlohn vereinbart worden, so kann er auf Antrag des Schuldners durch Urteil auf den angemessenen Betrag herabgesetzt werden. Nach der Entrichtung des Lohnes ist die Herabsetzung ausgeschlossen.**

Der **Anwendungsbereich** der Vorschr umfaßt nur den Nachw u die Vermittlg von DVertr; nach hM 1
keine analoge Anwendg. Sie ist § 343 nachgebildet, die zu dieser Vorschr entwickelten Grds können herangezogen werden. Die rechtsgestaltde richterl Herabsetzg setzt einen Antr voraus, der auch darin liegen kann, daß sich der AuftrG im VergütgsProz einredew auf § 655 beruft (vgl zu § 343 BGH NJW **68**, 1625). Ferner muß ein ProvAnspr überh u in zul Höhe entstanden sein (vgl § 652 Rn 7 u 42 zu § 138 u zur AVermV; Folgen des Verstoßes gg gesetzl VermittlgsVerbot: Einf 3). Die Angemessenh ist anhand des Aufwands des M (Mühe u Kosten) u des Umfangs seiner ArbLeistg zu bestimmen (Rieble DB **94**, 1780). Für die ArbVermittlg (vgl Einf 15; zur Zulässigk Einf 3) kann der bish bedeutungsl § 655 wieder Bedeutung gewinnen. Dabei ist die Veröff des Stellenmarkts in der Presse keine VermittlgsTätigk iSd § 655, denn die Anz dienen der Selbstsuche; Einschränkgen der Veröff von StellenAngeb, auch von ausl, verstoßen gg die Pressefreih (BVerfG NJW **67**, 976).

656 ***Heiratsvermittlung.*** **I Durch das Versprechen eines Lohnes für den Nachweis der Gelegenheit zur Eingehung einer Ehe oder für die Vermittelung des Zustandekommens einer Ehe wird eine Verbindlichkeit nicht begründet. Das auf Grund des Versprechens Geleistete kann nicht deshalb zurückgefordert werden, weil eine Verbindlichkeit nicht bestanden hat.**

II Diese Vorschriften gelten auch für eine Vereinbarung, durch die der andere Teil zum Zwecke der Erfüllung des Versprechens dem Mäkler gegenüber eine Verbindlichkeit eingeht, insbesondere für ein Schuldanerkenntnis.

1 **1) Der Ehemaklervertrag** ist seinem Inhalt nach ein Unterfall des MVertr, gerichtet auf den Nachw od die Vermittlg eines Ehepartners gg Vergütg. Auch der EheM ist zum Tätigw nicht verpflichtet, der AuftrG hat desh keinen SchadErsAnspr wg NichtErf (BGH **25**, 124). Unbeschadet der bes Vorschr über die VergütgsVereinbg ist der Vertr rechtswirks mit der Folge, daß der EheM dem AuftrG auf SchadErs wg c. i. c. od pVV haftet (BGH **25**, 124: Zuführg eines verschuldeten u vorbestraften Partners; Stgt NJW-RR **86**, 605: Anhaltspunkte, daß der vermittelte Partner ein Heiratsschwindler ist). Keine entspr Anwendg auf vom M mit Dr abgeschl NebenVereinbgen (BGH NJW **64**, 546: Vertr mit Filialleiter). Ausschl des WiderrufsR bis zum erfolgreichen Nachw ist unwirks (Karlsr OLGZ **79**, 67). – Enthält der Vertr die Verpfl des Vermittlers zu Nachw od Vermittlg, die vom VertrPartner oRücks auf den Erfolg zu honorieren ist, liegt ein **Dienstvertrag** vor (BGH **87**, 309 u NJW **84**, 2407). Für ihn gilt § 656 entspr (BGH **87**, 309, NJW **86**, 927, für PartnerschVermittlg NJW **90**, 2550), das KündR gem § 627 ist dch AGB nicht ausschließb (BGH **106**, 341, NJW **99**, 276). – Zu den Grenzen der Regelg dch AGB s AGBG 9 Rn 77.

2 **2) Die Vergütungsvereinbarung, I,** begründet keine Verbindlichk. Sie schafft also eine bloße Naturalobligation, die erf, aber nicht eingeklagt werden kann (BGH **87**, 309), wird aber rechtl als ErwerbsGrd anerkannt mit der Folge, daß der AuftrG Vorschuß od Vergütg nicht mit der Begr zurückfordern kann, es habe keine Verbindlichk bestanden (BGH WM **89**, 759). Das gleiche gilt für den Anspr des EheM auf AufwErs (AG Hann NdsRpfl **67**, 254). I 2 kann dch die Bezeichng des Vertr als DVertr nicht umgangen werden (Ffm OLGZ **82**, 204). Vereinbg einer erfolgsunabhäng Vergütg in AGB, ferner Ausschl des KündR dch AuftrG od Verfall der Vergütg auch für diesen Fall sind nichtig (Karlsr OLGZ **82**, 236). – Nach **I S 2** kann der EheM das zur Erf der LohnVereinbg Geleistete behalten. Dabei spielt weder der Ggst der Leistg noch ihre Bezeichng eine Rolle. Auch Anzahlgen u Vorschüsse gehören dazu. Nicht ausgeschl ist die RückFdg aus and Grd, zB § 812 I 1 bei Nichtigk des Vertr (BGH **87**, 309), § 812 I 2 bei vorzeitiger Künd (Düss NJW-RR **93**, 507), od wenn der AuftrG in Erwartg der Leistg des M bereits erf hat u der M überh nicht tät wird (Hbg WM **78**, 1358, Karlsr OLGZ **79**, 67). Nicht rückforderb ist gem Abs II auch die erf Verbindlichk, die der AuftrG zZw der Erf seines LohnVerspr eingegangen ist, zB an den M gegebener eingelöster Wechsel. Nach **II** muß der AuftrG eine Verbindlichk nicht erf, die er zZw der Erf des LohnVerspr eingegangen ist, zB Einlösg eines Akzepts ggü dem M (BGH ZIP **90**, 1002: Herausg nicht eingelöster Wechsel) od Umwandlg des VergütgsAnspr in ein ratenw rückzahlb Darl. Ob die Abtr von Lohn- u GehaltsAnspr an Zahlgs statt als UmgehgsGesch unwirks od als ErfSurrogat wirks ist, ist bestr (vgl Köln NJW **85**, 2956 mit Hinw in der Anm der Schriftleitg). § 656 ist mit dem GG vereinb (BVerfG NJW **66**, 1211).

3 **3) Der finanzierte Ehemaklervertrag** spielt in der Praxis eine erhebl Rolle u ist in seiner rechtl Beurteilg umstr. – **a)** Ein **Darlehensvertrag** ist **nicht** allein desh **sittenwidrig,** weil das Darl der Erf eines LohnVerspr dient. Hier gilt das gleiche wie für ein zu Spielzwecken gegebenes Darl, vgl § 762 Rn 8. Auch die Tats der Koppelg des Darl- mit dem MVertr macht jenen nicht ow sittenwidr. VertrAbschl unter Verstoß gg § 56 I
4 Nr 6 GewO vgl § 134 Rn 10. – **b) Entsprechende Anwendbarkeit.** Handelt es sich, wie regelmäß, bei dem EheM- u dem DarlVertr um ein verbundenes Gesch iS des § 9 I VerbrKrG, so kann der DarlN ggü dem DarlG die Rückzahlg des Darl als bloße Naturalobligation analog § 656 I od II verweigern. Das ergibt sich aus einer dem Zweck des § 9 III S 1, IV VerbrKrG gerecht werdden Auslegg, den DarlN so zu stellen, wie er stehen würde, wenn er es nur mit dem EheM als VertrPartner zu tun hätte. Zwar könnte er von ihm die geleistete Vergütg nicht zurückverlangen, er könnte aber iF der Kreditierg dch den EheM die Zahlg der noch nicht geleisteten Raten verweigern. Ebso ist er dem DarlG ggü zu stellen (Compensis u Reiserer BB **91**,
5 2457), der sich seiners dch Vereinbgen mit dem EheM absichern kann. – **c) Andere Einwendungen.** Dem DarlN können iR des EheMVertr Einwdgen zustehen, die ihm ggü dem EheM ein LeistgVR geben würden, insb wg Nicht-, SchlechtErf, pVV. Bei einem – wie regelm – verbundenen Gesch iS des § 9 I VerbrKrG hat der DarlN dieses LeistgVR auch ggü dem DarlG wg des noch offenen DarlRückzahlgsAnspr (§ 9 III S 1, IV VerbrKrG, BGH **47**, 207, 233 schon für die früh RLage). Verneint man die Anwendbark des § 656 I auf den DarlVertr, so muß die kreditgebde Bank den DarlN auf mögl Nachteile der Aufspaltg des verbundenen Gesch in rechtl 2 Vertr hinweisen (Schlesw NJW **74**, 648). Bedient sich das KreditInst des EheM od seiner MitArb als ErfGeh bei Abschl des DarlVertr, so haftet es dem DarlN auf SchadErs wg Verl dieser AufklärgsPfl. Das aufrechenb Interesse des DarlN entspricht der Höhe des Darl.

6 **4) Partnervermittlung** (BekanntschVermittlg, Partnerservice). Sie hat die Eheanbahng weitgehd abgelöst. In der Praxis tritt sie in 3 ErscheingsFormen auf, deren rechtl Einordng streit ist, insb die Anwendbark des § 656 und des KündR. Bloße Mitgliedsch in einem Club für Freizeitgestaltg ohne Verpfl zur PartnerschAnbahng ist reiner DVertr, § 656 nicht entspr anwendb (LG Ffm NJW-RR **92**, 312). Zu den Grenzen der Regelg dch AGB vgl AGBG § 9 Rn 77. Zur Zulässigk der ZwVollstr aus einem VollstrBescheid § 826
7 Rn 48, 48 a. – **a) Mitgliedschaft** gg Entgelt in einem Partnerkreis, Singleclub, Club für Wochenend-Aktivitäten oä mit Verpfl zur VermittlgsTätigk ist DienstVertr, gerichtet auf Dienste höherer Art (BGH NJW **87**, 2808). § 656 ist entspr anwendb (BGH NJW **90**, 2550, Bambg OLGZ **90**, 197), das ord KündR kann nicht
8 dch AGB ausgeschl werden (Ffm NJW **84**, 180). – **b) Partneranschriftendepot.** Besteht die Leistg darin, daß der Untern ohne Tätigw für ein unmittelb ZusFühren von Interessenten nach den Wünschen des AuftrG ein elektronisches Abrufdepot mit einer best Anzahl von individuell abgestimmten Partneradressen zum einmal od sukzessiven Abruf innerh einer best Zeitspanne bildet und bereitstellt, so handelt es sich um DVertr, gerichtet auf Dienste höherer Art (Mü NJW-RR **92**, 1205). Die entspr Anwendbark des § 656 ist umstr (nein: Karlsr NJW **85**, 2035, Düss NJW-RR **87**, 691, Beckmann FamRZ **85**, 19; Köln NJW-RR **87**, 441: Adressendepot ohne Computer, Abruf 1 J lang, nicht kündb nach § 627; ja: BGH **112**, 122). Nach aA WerkVertr, KündR des AuftrG nach § 649 (Bambg NJW **84**, 1466; aA Hbg NJW **86**, 325: maklerähnl Vertr). Nach aA WerkVertr, auf den § 627 entspr anwendb ist (LG Rottweil NJW **83**, 2824, LG Aachen FamRZ **83**, 910, Peters NJW **86**, 2676), nach aA auf unmögl Leistg gerichteter nichtiger Vertr (Micklitz NJW **85**, 2005).
9 – **c) Andere Tätigkeit.** Ein Vertr, der auf den Nachw eines geeigneten Partners od auf die Vermittlg einer dauerh Partnersch dch eine and Tätigk als die vorstehd genannten abzielt, zB Erstellg eines Kundenpersönlk- u eines Wunschpartnerprofils, Auswahl von Partnervorschlägen durch PersönlichkVergl wird teilw als dem

EheMVertr ähnl mit Anwendbark des § 656, teilw als DVertr eingeordnet, wobei das KündR nach § 627 teilw bej, teilw verneint wird (ZusStellg der Nachw Peters NJW **86**, 2676 Fn 2, 62 a, 63). Die Ausgestaltg als DVertr mit Verpfl zur VermittlgsTätigk gg erfolgsunabhäng VergütgsPfl ist wirks, es gelten die Grds zum EheVermittlgsDVertr (s Rn 1). Wer sich zur Vermittlg einer ehewill Partnerin mit Erfolgsgarantie verpflichtet, hat die Vergütg zurückzuzahlen, wenn der Erfolg nicht eintritt (Kblz NJW-RR **93**, 888). – **d)** Für den 10
finanzierten Partnervermittlungsvertrag gelten sinngem Rn 3–5.

Neunter Titel. Auslobung

657 *Begriff.* **Wer durch öffentliche Bekanntmachung eine Belohnung für die Vornahme einer Handlung, insbesondere für die Herbeiführung eines Erfolges, aussetzt, ist verpflichtet, die Belohnung demjenigen zu entrichten, welcher die Handlung vorgenommen hat, auch wenn dieser nicht mit Rücksicht auf die Auslobung gehandelt hat.**

1) Begriff. Die Ausl ist ein einseit RGesch (Übbl 11 v § 104), u zwar eine WillErkl, die eine schuldrechtl 1
Verpfl (Versprechen) im Wege öff Bek der Erkl (Rn 3) ohne deren Zugang od Ann begründet. Versprochen wird eine Belohg für die Vornahme einer Hdlg (Rn 6). Es gelten die allg Vorschr über WillErkl. Im EinzFall kann die Ernstlichk fehlen, etwa wenn bei Prahlerei od marktschreierischer Reklame nach den Umst für jeden verständ Menschen klar ist, daß es sich nur um einen Scherz handelt. Zur Widerruflichk SonderVorschr in § 658. Eine Art der Ausl ist das PrAusschr, § 661. Die Ausl kann einem eigennütz od einem selbstl Zweck dienen. Auslobder kann eine JP, ebso kann eine JP Bewerber sein. Bei Tod des Auslobden geht die Verpfl auf die Erben über. – **Abgrenzung.** Mit Auftr-, D- od WerkVertr hat die Ausl gemeins, daß sie zu einer Tätigk 2
veranlassen soll, vorwiegd zur Herbeiführg eines Erfolges. Sie unterscheidet sich von ihnen dch ihre Einseitigk, dh es gibt keinen VertrPartner, der zu irgdetwas verpflichtet wäre. Das SchenkgsVerspr ist im Ggs zur Ausl ein VertrAngeb, das der Ann bedarf, nicht öff abgegeben wird u idR nicht zu einer best Tätigk veranlassen will. Die Ausl ist von Spiel u Wette rechtl abzugrenzen dch deren VertrCharakter, tats hat der Wettde kein Interesse an der Vornahme einer Hdlg, sond will dch die Wette nur die Richtigk einer von ihm aufgestellten TatsBehauptg unterstreichen.

2) Öffentliche Bekanntmachung bedeutet Kundgabe ggü einem individuell unbest PersKreis, zB in der 3
Presse, auf Anschlagsäulen, dch Postwurfsendg an Angeh einer Berufsgruppe, so daß ungewiß ist, welche u wie viele Pers die Möglichk der Kenntnisn haben. Bei Bekanntgabe an einen individuell abgegrenzten Kreis handelt es sich um einen annbedürft VertrAntr, für eine best Hdlg einen best Lohn zu zahlen; auf die vertragl Beziehgen ist § 661 entspr anwendb (BGH **17**, 366); es kann sich auch um ein formbedürft belohndes SchenkgsVerspr handeln (Mü NJW **83**, 759, Düss NJW **97**, 2122).

3) Belohnung bedeutet die Zusage irgdeines Vorteils. Er muß nicht vermögensrechtl Art sein (BGH WM 4
83, 1266). Belohnt wird die Vornahme einer Hdlg, auch Unterlassg, meist Herbeiführg eines Erfolges, an dem der Auslobde interessiert ist. Sie ist kein RGesch, sond Realakt, Eintritt der Bdgg, von dem der Anspr auf Belohg abhäng gemacht ist. Die Belohg kann also auch ein GeschUnfäh verdienen. – **a) Herbeiführung** 5
eines Erfolges, zB Aufdeckg einer strafb Hdlg, Wiedererlangg einer verlorenen Sache, Erbringg einer wiss, künstlerischen, sportl Leistg. Zu Reklame- od ähnl Zwecken, ferner zur Bekräftigg einer These verspricht der Auslobde die Belohg mitunter für den Fall der Widerlegg seiner Behauptg od These in dem Wunsch od der Erwartg, daß dieser Versuch mißlingt. Auch dabei handelt es sich, gemessen am ErklInhalt, wie ihn die angesprochene Öffentlichk auffassen darf, nicht um ein WettAngeb, weil der Anbietde nichts verdienen will, sond um eine wirks Ausl, selbst wenn der Auslobde von der Unmöglichk der Widerlegg überzeugt ist (Larenz SchuldR II/1 § 55, Soergel/Mormann Rn 4). – **b) Vornahme einer Handlung** ist auf Tätigk als solche, 6
nicht auf einen best Erfolg gerichtet, zB 10jähr Dienste bei demselben DHerrn, falls nicht individuell vertragl vereinb (§ 611 Rn 77, 81–91). Die Hdlg kann auch in einem Unterlassen bestehen.

4) Ob der Handelnde die **Bedingung erfüllt,** also die Belohg verdient hat, ist im Streitfall dch das Ger 7
zu entscheiden. Bei mehrf Vornahme u der Mitwirkg Mehrerer enthalten §§ 659, 660 ergänzde Regeln. Kenntn von der Ausl braucht der Handelnde bei Vornahme der Hdlg nicht zu haben (letzter Halbs). Ob auch eine Hdlg vor Bek der Ausl die Bdgg erf, ist AusleggsFrage.

658 *Widerruf.* I **Die Auslobung kann bis zur Vornahme der Handlung widerrufen werden. Der Widerruf ist nur wirksam, wenn er in derselben Weise wie die Auslobung bekannt gemacht wird oder wenn er durch besondere Mitteilung erfolgt.**

II **Auf die Widerruflichkeit kann in der Auslobung verzichtet werden; ein Verzicht liegt im Zweifel in der Bestimmung einer Frist für die Vornahme der Handlung.**

Freie Widerruflichkeit (I) der Ausl bis zur Vornahme der Hdlg folgt aus der Einseitigk der VerpflErkl. 1
Der Widerruf ist rgeschäftl WillErkl, vorzunehmen entw dch nicht empfbedürft öff Bek der gleichen Art, in der die Ausl erfolgte, od dch empfbedürft bes Mitt an diejen, denen ggü widerrufen werden soll. Mögl auch dch den Erben. Bei wirks Widerruf kein Aufw- od SchadErsAnspr des Bewerbers für VorbereitgsHdlgen. Widerruf entgg Verzicht (Abs II) od nach Vornahme der Hdlg ist unwirks. Anfechtg wg Irrt, Täuschg, Drohg nach allg Regeln bleibt mögl, zu erkl in den Formen des Widerrufs. – **Verzicht auf Widerruf (II)** ist ebenf 2
rgeschäftl WillErkl, zu erklären in der Ausl od best Bewerbern ggü dch Zugang. In einer FrBestimmg für die Vornahme der Hdlg, notw iF des PrAusschr (§ 661 I), liegt iZw der Verz auf Widerruf.

659 *Mehrfache Vornahme.* **I Ist die Handlung, für welche die Belohnung ausgesetzt ist, mehrmals vorgenommen worden, so gebührt die Belohnung demjenigen, welcher die Handlung zuerst vorgenommen hat.**

II Ist die Handlung von mehreren gleichzeitig vorgenommen worden, so gebührt jedem ein gleicher Teil der Belohnung. Läßt sich die Belohnung wegen ihrer Beschaffenheit nicht teilen oder soll nach dem Inhalte der Auslobung nur einer die Belohnung erhalten, so entscheidet das Los.

1 Regelt den Fall, daß Mehrere, u zwar jeder für sich allein, die ganze Hdlg vornehmen, den ganzen Erfolg herbeiführen (and § 660). Ist nach dem ErklInhalt der Ausl anzunehmen, daß die Belohng nur einmal bezahlt werden soll, gebührt sie bei zeitl Nacheinander der Vornahme demjen, der sie zuerst vorgenommen hat, **Prioritätsgrundsatz** (I). Bei gleichzeit Vornahme gilt nach Abs II bei Teilbark der Belohng der **Teilungsgrundsatz,** sonst entsch das Los. Der Auslobde kann eine anderw Regelg in der Ausl treffen, zB Best dch ihn selbst nach § 315 (RG **167**, 225/235). SonderVorschr für PrAusschr in § 661. Bei Streit: Kl des vermeintl Berecht gg den Auslobden, HinterleggsR nach § 372. Verzichtet ein Berecht, so treten and nicht an seine Stelle.

660 *Mitwirkung mehrerer.* **I Haben mehrere zu dem Erfolge mitgewirkt, für den die Belohnung ausgesetzt ist, so hat der Auslobende die Belohnung unter Berücksichtigung des Anteils eines jeden an dem Erfolge nach billigem Ermessen unter sie zu verteilen. Die Verteilung ist nicht verbindlich, wenn sie offenbar unbillig ist; sie erfolgt in einem solchen Falle durch Urteil.**

II Wird die Verteilung des Auslobenden von einem der Beteiligten nicht als verbindlich anerkannt, so ist der Auslobende berechtigt, die Erfüllung zu verweigern, bis die Beteiligten den Streit über ihre Berechtigung unter sich ausgetragen haben; jeder von ihnen kann verlangen, daß die Belohnung für alle hinterlegt wird.

III Die Vorschrift des § 659 Abs. 2 Satz 2 findet Anwendung.

1 Der **Teilungsgrundsatz** mit der Besonderh der Bestimmg des Antls dch den Auslobden gilt, wenn zur Herbeiführg des Erfolges Mehrere, gewollt od ungewollt, jeder zu einem Teil (and § 659) mitgewirkt haben **(I).** Offenb Unbilligk § 319 Rn 3–7. Bei Unteilbark entsch das Los (III iVm § 659 II 2). – **Streit der Beteiligten** ist unter diesen ohne den Auslobden auszutragen **(II).** Dieser darf (§ 372) u muß (II Hs 2) auf Verlangen eines Beteil die Belohng für alle hinterlegen.

661 *Preisausschreiben.* **I Eine Auslobung, die eine Preisbewerbung zum Gegenstande hat, ist nur gültig, wenn in der Bekanntmachung eine Frist für die Bewerbung bestimmt wird.**

II Die Entscheidung darüber, ob eine innerhalb der Frist erfolgte Bewerbung der Auslobung entspricht oder welche von mehreren Bewerbungen den Vorzug verdient, ist durch die in der Auslobung bezeichnete Person, in Ermangelung einer solchen durch den Auslobenden zu treffen. Die Entscheidung ist für die Beteiligten verbindlich.

III Bei Bewerbungen von gleicher Würdigkeit finden auf die Zuerteilung des Preises die Vorschriften des § 659 Abs. 2 Anwendung.

IV Die Übertragung des Eigentums an dem Werke kann der Auslobende nur verlangen, wenn er in der Auslobung bestimmt hat, daß die Übertragung erfolgen soll.

1 **1) Preisausschreiben** ist eine Art der Ausl, gekennzeichnet dadch, daß nicht bereits die Leistg den Anspr auf die ausgesetzte Belohng begründet, sond daß ein od mehrere PrRichter entsch, ob eine Leistg der Ausl entspricht u welcher Bewerber den Pr erhalten soll. Mögl ist, daß keine Lösg die gestellte Aufgabe erf. Je nach den AuslBdggen genügt zur Verwirklichg nicht erst die Erf der Aufgabe in jeder Hins, sond schon, daß die angebotene Lösg den Vorstellgen des Auslobers so nahe kommt, daß er od das PrGer sie für preiswürd hält (LG Dortm BauR **75**, 143). Vielf läßt die gestellte Aufgabe mehrere Lösgen zu u es beteiligen sich Mehrere um den ausgesetzten Pr. Die zur Wirksamk notw, auch nachträgl zul FrBest hat ihren Grd darin, Verzögergen dch den Auslobden u die PrRichter zu vermeiden u hat Unwiderruflichk zur Folge (§ 658 II). Anfechtg bleibt mögl. – Die Pfl zur Übertr des Eigt an dem prämierten Werk (IV) kann sich auch aus der Sachlage ergeben. Sie umfaßt auch die Pfl zur Übertr des UrhR. Die nicht prämierten Bewerber haben keine ErsAnspr. **Beispiele:** PrAusschr für wiss, künstlerische, sportl (BGH **LM** Nr 2; Köln VersR **97**, 125: Reitturnier) usw Leistgen, Arch Wettbew (BGH BlGBW **68**, 37; hierzu die Grds für Wettbew etc, GRW 1995, BAnz **96** Nr 64 a), auch Werbeausschreiben in Zeitgen. Sind dessen Bdggen von jedermann ow zu erfüllen u erfordern sie keine wirkl Leistg, so handelt es sich nicht um Auslobg (Düss NJW **97**, 2122), sondern um Spiel od, bei WarenPr, um genehmiggsbedürft Ausspielg, § 763 (Stgt MDR **86**, 756).

2 **2) Entscheidung durch Preisrichter,** and §§ 659, 660. – **a)** Der **Preisrichter** ist in der Ausl zu bestimmen, auch eine PersMehrh, bei fehlder Best der Auslobde selbst. Die Stellg des PrRichters ist der des Schiedsrichters ähnl (BGH **17**, 366). Ggf entsch also Stimmenmehrh. HaftgsBeschrkg wie bei Staatsrichtern
3 (Th-P Rn 9 v § 1029). – **b)** Die **Entscheidung** ist für die Beteil **bindend.** §§ 317 bis 319 gelten also nicht. Die Entsch über die Zuerkenng des Pr ist gerichtl auf ihre sachl Richtigk nicht überprüfb (BGH MDR **66**, 572: Disqualifizierg bei Galopprennen). Grobe VerfFehler können geltd gemacht werden, als Rahmen der Nachprüfg kann ZPO 1059 II verwendet werden (so zu ZPO 1041 aF BGH **17**, 366, BGH NJW **83**, 442: unberecht Ausschl von der Teiln wg vermeintl FrÜberschreitg). Anfechtg bleibt mögl. Die Unverbindlichk kann Ggst einer FeststellgsKl sein (BGH NJW **84**, 1118).

3) Weitere Rechtsbeziehungen. Erklärt der Auslober in AusschreibgsBdggen zu einem ArchWettbew gem GRW (Rn 1), er wolle einem der PrTräger die weitere Bearbeitg übertr, so muß er einem PrTräger den Auftr (zumind teilw, Düss BauR **98**, 163) erteilen; Ausn nur aus wicht Grund (BGH NJW **84**, 1533). Soll nach den AusschreibgsUnterlagen ein Dr das Bauwerk ausführen, beschränkt sich diese Verpfl auf das ernsth Bemühen, den Dr zur AuftrErteilg an den PrTräger zu bewegen (BGH NJW **87**, 2370). Schuldh unberecht Ausschl vom ArchWettbew verpflichtet zu SchadErs (BGH NJW **83**, 442). – Den Veranstalter von Wettkämpfen treffen SchutzPfl für die Teiln (Köln VersR **97**, 125: Bereitstellg geeigneter Anl ohne unerwartete GefQuellen). 4

4) Unlauterer Wettbewerb ist ein PrAusschreiben, wenn die angesprochenen Pers dazu verleitet werden können, ihre Entschließg nicht im Hinbl auf Eigensch u Pr der Ware zu treffen, sond im Hinbl auf sachfremde Mot, insb in der Hoffng, einen Pr zu gewinnen (BGH BB **76**, 435). Dazu genügt noch nicht, daß die Lösg jedermann ohne Mühe mögl ist (Gratisverlosg). Unlauter ist ein mühel zu lösdes PrAusschreiben mit hochwert Pr, wenn mit der Aushändigg eines TeilnScheins die Hingabe eines Vordrucks für Warenbestellgen gekoppelt ist (BGH **73**, 621); wenn ein beigefügtes vorgedrucktes Bestellformular auch als TeilnSchein verwendet werden kann (BGH BB **76**, 435), od wenn dch zusätzl Umst über das Gratislos hinaus ein übertriebener Anlockeffekt erzielt wird (Hbg NJW-RR **86**, 132). 5

Zehnter Titel. Auftrag und ähnliche Verträge

I. Auftrag

Einführung

1) Begriff, Rechtsnatur. – a) Nach dem **Gesetz** liegt ein A, verstanden als VertrVerhältn iS der §§ 662–674, nur vor, wenn der Beauftr sich ggü dem AuftrG vertragl (§ 662 Rn 2) verpflichtet, für diesen unentgeltl (§ 662 Rn 8) ein Gesch zu besorgen (§ 662 Rn 6, 7). §§ 662, 663 verwenden das Wort A außerd iS des Angeb von seiten des AuftrG zum Abschl dieses Vertr (dazu MüKo/Seiler § 662 Rn 2). In einem solchen AVerhältn entstehen stets Pfl des Beauftr, solche des AuftrG nur uU u nicht als GgLeistg; der A ist desh ein unvollk zweiseit Vertr (Einf 3 v § 320). Wg der Unentgeltlichk ist er **Gefälligkeitsvertrag,** dh gerichtet auf fremdnütz Handeln. Die Tätigk des Beauftr im Interesse des AuftrG setzt regelm ein bes VertrauensVerh zw beiden voraus. – **b)** Der allg **Sprachgebrauch** verwendet den Begr A in einem viel weiteren Sinn, näml als Antr auf Abschl and Vertr, zB eines D-, Werk-, Makler-, KommissionsVertr. Auch die Bestellg iR eines Kauf- od WerkliefergsVertr heißt vielf A, ferner die Anweisg (§ 783). Man spricht auch von A bei Erteilg einseit Weisgen iR eines bestehden Vertr od sonst RVerhältn, zB zur Ausf best Tätigk innerh eines DVertr; der Bankkunde erteilt A innerh des GeschBesVertr; Eltern erteilen ihren Kindern einen A zu einer Besorgg. ZPO 166, 753 sprechen vom A der Part bzw des Gläub an den GVz. All dies sind rechtl keine A iSv §§ 662 ff (s a Rn 10). 1 2

2) Gesetzliche Regelung, Systematik, anwendbares Recht. Der 10. Titel ist dch das am 14. 8. 99 in Kraft getretene Überweisungsgesetz (ÜG) v 21.7.99 (BGBl 1642) neu gegliedert w. Für die nicht eigentl dem A zuzuordnden Vorschr über die entgeltl GeschBes (§ 675 aF) u die Haftg bei Rat u Ausk (§ 676 aF) wurde ein eig 2. Untertitel „GeschBesorgsVertr" geschaffen (näher Einf 2 v § 675). Der 1. Untertitel (§§ 662–674) ist auf den unentgeltl A iSv § 662 beschränkt. Seine Vorschr gelten jedoch für die entgeltl GeschBes weitgehd entspr (§ 675 I). – **Internationales Privatrecht** EG 27, 28 (dort Rn 16). Für A in der **früheren DDR** gilt keine bes ÜbergVorschr. 3

3) Abgrenzung. – a) Das **bloße Gefälligkeitsverhältnis** hat mit dem A als GefälligkVertr gemeins die Fremdnützigk u die Unentgeltlichk. Er unterscheidet sich von ihm dch den RBindgsWillen, der bei bloß gesellschaftl, konventionellen od FreundschZusagen u bei den bloßen Gefälligk des tägl Leb fehlt. Daß von Bitte od Gefälligk die Rede ist, spricht nicht notw gg RBindgsWillen. Entscheidd sind die Umst des EinzFalls (BGH **21**, 102). Stehen, dem Beauftr erkennb, wirtsch Interessen, zB erhebl VermWerte des AuftrG auf dem Spiel, läßt dies regelm auf RBindgsWillen schließen (Hamm NJW-RR **97**, 1007, Larenz SchuldR II/1 § 56 I), dagg ist er bei Übern einer politischen Tätigk idR zu verneinen (BGH **56**, 204). Einzelh u Bsp Einl 9 ff v § 241. – **b) Andere Gefälligkeitsverträge** haben mit dem A ebenf Fremdnützigk u Unentgeltlichk gemeins, jedoch ist and als beim A (§ 662 Rn 11) zT das HaftgsMaß des Gefälligen gemindert. **Leihe** erschöpft sich in unentgeltl GebrÜberlassg, **Verwahrung** in Raumgewährg u Übern der Obhut über bewegl Sachen. Der A hat Besorgg eines Gesch für einen and zum Inhalt, er verlangt also darühinaus eine Tätigk (§ 662 Rn 6). Ebsowen wie die genannten Vertr ist der A **Schenkung.** Dafür fehlt es an der Verpfl zur VermMinderg, denn die unentgeltl zugewendete ArbKraft des Beauftr gehört als solche nicht zum Verm. – **c)** Von den **entgeltlichen Verträgen** unterscheidet sich der A jedenf dch seine Unentgeltlichk (§ 662 Rn 8). Haben sie eine GeschBes iSv § 675 (dort Rn 2 ff) zum Ggst, handelt es sich um einen **Geschäftsbesorgungsvertrag** je nach Inhalt mit Dienst- od WerkVertrCharakter, für den gem § 675 I weitgehd AuftrR gilt. Abgrenzg zum **Maklervertrag** Einf 7 v § 652. 4 5 6

4) Auftrag und Vollmacht. Die rgeschäftl Vollm, zu erteilen dch einseit, empfbedürft WillErkl (§§ 164 ff), ist von dem ihr zGrd liegden RVerhältn streng zu unterscheiden, hängt mit diesem allerd über § 168 zus. Dieses GrdVerhältn ist bei Unentgeltlichk idR ein A, bei Entgeltlichk oft ein GeschBesVertr (§ 675), ggf ein spezielleres RVerhältn. Es betrifft das InnenVerhältn zw AuftrG u Beauftr u verpflichtet diesen schuldrechtl zu einer Tätigk. Ob der Beauftr hingg mit Wirkg für den AuftrG handeln kann, ist Frage des Außenverhältn ggü Dritten u damit der Vollm; deren Erteilg ist mit der sich aus dem GrdVerhältn ergebden Pfl zur Wahrnehmg best Gesch (für den A § 662) nicht ow verbunden. Hat der Beauftr namens des AuftrG, ggf auch nur desj, den es angeht (§ 164 Rn 1–3, 8), gehandelt, so erwirbt der AuftrG, falls Vollm besteht, 7 unmittelb u wird Dr ggü unmittelb verpflichtet; fehlt sie, so gelten §§ 177 ff. Handelt der Beauftr im eig Namen, wenngleich für Rechng des AuftrG, so erwirbt er selbst u verpflichtet sich Dr ggü selbst, allerd mit Folgen für das InnenVerhältn (§ 667 Rn 5).

8 **5) Beispiele.** Ist eine Leistg, die einem GeschBesVertr entspr (Bsp § 675 Rn 9 ff), ohne Vergütg zu erbringen, handelt es sich um A, denn Tätigk, die unter den engeren Begr der GeschBes in § 675 fallen, fallen auch unter den weiteren in § 662 (s a Rn 6). Bsp Vermögensverwaltg dch Eheg, § 1364 Rn 2, § 1413 Rn 7; Verh zw HauptSchu u Bürge (Einf 5 v § 765) od and SichgsG (BGH **LM** § 516 Nr 2, Karlsr WM **91**, 1161: Bestellg dingl Sicherh für fremde Schuld), wenn unentgeltl; GefälligkAkzept. Gleiches gilt bei speziell geregelten GeschBesTätigk (Rn 6: Makler, Kommissionär), bei solchen, die, da auf eine nichtwirtsch Tätigk gerichtet, nicht unter § 675 fallen (§ 675 Rn 3: Arzt, Erzieher, Vorleser), u nach hM (krit MüKo/Seiler Rn 12 ff) auch bei and D- u WkLeistgen für einen and (zB Handw), jeweils aber nur, wenn die Leistg ohne Vergütg zu erbringen ist. KreditA § 778. Verwalter- od TrHänderVertr § 675 Rn 21. Entspr Anwendg Rn 9.

9 **6) Entsprechende Anwendung** der od einz AVorschr sieht das G häuf vor. Der Schwerpunkt in der Praxis liegt bei den GeschBesVertr (§ 675). Im ähnl gelagerten gesetzl SchuldVerhältn der GoA verweisen §§ 681 S 2, 683 S 1 auf AuftrR. Ferner überträgt das BGB verschiedentl einem gesetzl Vertr, dem Organ einer JP od Gesellsch od einer amtl bestellten Pers (zB TestVollstr) die Pfl, Gesch für einen and zu besorgen, insb dessen VermInteressen wahrzunehmen. Die R u Pfl sind dann oft dch Verweisg auf §§ 662 ff geregelt, zB §§ 27 III, 48 II, 712 II, 713, 1716, 1835 I, 1908 i I, 1915 I, 2218 I; auch ohne ausdr Verweisg kann AuftrR gelten (Düss WM **98**, 663: VerwBeirat nach WEG). In and Fällen enthält das G ausdr dem AuftrR gleiche od ähnl Best.

10 **7) Öffentliches Recht.** Ersuchen von PrivPers an Beh, Ersuchen vorgesetzter an nachgeordnete Beh u AOen von Beh an PrivPers (§ 670 Rn 14) sind keine A. Auch bei der AVerwaltg handelt es sich nicht um ein bürgerlrechtl AVerh, sond um ein öffrechtl ZuordngsVerh eig Art (BVerwG **12**, 253). – Der Zustellgs- bzw VollstrA der Part bzw des Gläub (ZPO 166, 753) ist kein bürgerlrechtl A, sond ein Antr, der ein öff RVerhältn begründet (Th-P § 753 Rn 14). – Bei Hilfeleistg aGrd öffrechtl Pfl od im öff Interesse sind AVorschr über § 683 S 2 anwendb (§ 670 Rn 15). – Das VerwR kennt AuftrVerh, die auf einer Vereinbg zw der Verw u nichtstaatl Stellen, insb Bürgern beruhen, also öffrechtl AVertr. Soweit nicht das öff R Regelgen enthält od solche in der Vereinbg getroffen sind, können §§ 662 ff bei gleicher od ähnl Interessenlage entspr herangezogen werden (Schack JZ **66**, 640, Klein DVBl **68**, 129).

662 *Begriff.* **Durch die Annahme eines Auftrags verpflichtet sich der Beauftragte, ein ihm von dem Auftraggeber übertragenes Geschäft für diesen unentgeltlich zu besorgen.**

1 **1) Allgemeines.** Begr u Wesen, Abgrenzg zu GefälligkVerh u zu and Vertr, A u Vollm, entspr Anwendg der AVorschr u ihre Anwendbark im öff R s Einf. A und InsolvenzVerf s § 671 Rn 5.

2 **2) Auftragsvertrag. – a) Abschluß.** Er folgt den allg Regeln über Verträge (§§ 104 ff, Einf v § 145, §§ 148 Rn 1 ff, 154 Rn 1–3). Das VertrAngeb kann vom AuftrG od AuftrN ausgehen. Die Ann kann konkludent erklärt werden, zB dch Beginn der Ausf. Der Vertr ist grdsätzl formfrei. Formbedürftigk im ZusHang mit GrdstErwerb od -Veräußerg § 313 Rn 18. Unwiderrufl A zur Verw des späteren Nachl bedarf der Form der letztw Vfg (RG **139**, 41). Die allg NichtigkGrde gelten, zB § 134 bei A zu gesetzl verbotenem RGesch (BGH **37**, 258: GeschBesVertr mit nicht zugel RBerater). Ob sich bei Nichtigk des AVertr die RBeziehgen der Beteil nach §§ 677 ff regeln, ist str (§ 677 Rn 11). VertragSchl bei Erteilg von Ausk, Rat u
3 Empfehlg § 675 Rn 30. **– b) Inhalt.** Der A kann gerichtet sein auf die Besorgg eines best EinzGesch, auf die Erledigg aller Maßn in einer best Angelegenh, auf einen sachl abgegrenzten Kreis von Angelegenh des AuftrG.
4 Bsp Einf 8. **– c) Vertragsabwicklung.** Es gelten die allg Regeln, Haftg für Geh §§ 664, 278. Mehrere
5 Beauftr stehen untereinander mangels and Vereinbg nicht in einem VertragsVerh. – **d)** Für die **Beendigung** gelten neben den allg Regeln die bes Vorschr in §§ 671–674.

6 **3) Besorgung eines Geschäfts** für den AuftrG bedeutet Tätigk in fremdem Interesse. Dieses in § 662 enthaltene Merkmal deckt sich mit der GoA (§§ 677 ff), ist aber nach hM, was die Art der Tätigk betrifft, weiter als in § 675 (dort Rn 3). **– a)** Auf eine **Tätigkeit** muß die Verpfl des Beauftr gerichtet sein. Bloßes Unterl, Gewährenlassen, Dulden genügt nicht (ebso MüKo/Seiler Rn 20), zB Mitwohnen-, Einstellen- od Mitfahrenlassen. Es liegt dann ein and GefälligkVertr vor (Einf 5), od es handelt sich ledigl um ein GefälligkVerh (Einf 4). Iü ist Tätigk weit zu verstehen. Darunter fallen die Vornahme von RGesch, rechtsähnl u tats Hdlgen gleich welcher Art; ausgen sind ledigl rein mechanische Handreichgen (Soergel/Mühl Rn 10).
7 – **b) In fremdem Interesse** liegt die Tätigk des Beauftr, wenn sie „an sich der Sorge eines and", wenn auch nicht notw seiner pers Vornahme obliegen würde, also die Interessen des AuftrG od (auch) eines Dr fördert (Staud/Wittmann Rn 13; zweifelh daher Saarbr NJW **97**, 1242); sie müssen nicht wirtsch Natur sein (BGH **56**, 204). Daß der Beauftr mit der GeschBes zugleich eig Interessen mitverfolgt, steht nicht entgg (BGH **16**, 265/273), zB bei Maßn des SichgsZessionars ggü dem Schu (§ 398 Rn 21 f).

8 **4) Unentgeltlich** (§ 516 Rn 8–9 a) besorgt der Beauftr das Gesch (s a Einf 6). Er bekommt für seine Tätigk im Interesse des AuftrG, für die ArbLeistg u den Zeitaufwand, die damit verbunden sind, als solche keine Vergütg. Vereinb AufwErs stellt die Unentgeltlichk nicht in Frage (§ 670). Eine Zuwendg des AuftrG an den Beauftr nach VertrAbschl ist im allg (AusleggsFrage) nicht als Schenkg gedacht, sond als nachträgl vereinb Vergütg für die GeschBes (RG **74**, 139), beseitigt also die Unentgeltlichk. Die BewL für die Unentgeltlichk trägt der AuftrG, wenn nach den (vom Beauftr zu beweisden) Umst die DLeistg (§ 612 I) od WerkLeistg (§ 632 I) nur gg Entgelt zu erwarten ist (BGH MDR **75**, 739; wie § 612 Rn 6, § 632 Rn 11).

9 **5) Vertragspflichten. – a) des Beauftragten.** Seine (wg des pers VertrauensVerh iZw nicht übertragb, § 664) HauptPfl ist die Besorgg des übertr Gesch. Dabei muß er mit der im Verk erfdl Sorgfalt das Interesse

des AuftrG wahrnehmen. Ergibt sich zB bei Ausf des A die Möglichk, ohne weiteren finanziellen Einsatz über das AuftrZiel hinaus VermVorteile für den AuftrG zu erzielen, hat er diese dem AuftrG, nicht einem Dr zuzuführen (BGH ZIP **83**, 781). IF des § 663 vorvertragl Pfl, die Ablehng des A anzuzeigen. Trotz einer gewissen Selbständigk u EigVerantwortlichk bei der Ausf muß der Beauftr Weisgen des AuftrG befolgen u hat iF der Abweichg Anz zu machen (§ 665). Währd der Ausf muß er Ausk erteilen, nach Ausf Rechng legen (§ 666) u das Erlangte herausgeben (§ 667). VerzinsgsPfl in § 668. Bes VorsorgePfl bei u nach Beendigg des A, s §§ 671 II, 672 u 673 je S 2. – Neben diesen im Gesetz ausdr erwähnten Pfl bestehen aGrd des dem A eigtüml, häuf persbezogenen VertrauensVerh weitere Pfl, die sich im EinzFall aus dem Inhalt des A u den näheren Umst ergeben (Hinw zu einz VertragsVerh § 675 Rn 9 ff). Vor allem kann eine Pfl des Beauftr zur **Prüfung, Belehrung,** ggf **Warnung** des AuftrG bestehen, insb wenn der Beauftr sachverständ ist. So hat der Steuerberater den AuftrG auch ungefragt über die Möglichk von SteuerErsparn zu belehren (BGH WM **67**, 72). Die Bank hat den Kunden auf rechtl Bedenken aufmerks zu machen, die sie ggü einem erteilten A hat od bei Anwendg der erfdl Sorgfalt eines ord Kaufm haben müßte (BGH **23**, 222: DevisenVorschr bei Überweisg; BGH **33**, 293: finanzierter AbzKauf; BGH NJW **64**, 2058: Gesetzesänderg bei Abschl eines steuerbegünstigten SparVertr). WarnPfl u Pfl zur Abweichg von Weisgen § 665 Rn 9. – An übergebenen Sachen (§ 667) hat der Beauftr eine Pfl zur **Verwahrung** u **Obhut** (Bsp § 276 Rn 117). – Bei A in der streng priv od Intimsphäre (§ 823 Rn 178) folgt aus seiner Natur eine weitgehde Pfl zur **Diskretion** (BGH **27**, 241: ÜberweisgsA an Bank). – Bei TrHdVertr kann der TrHänder zu **Sicherungsmaßnahmen** verpflichtet sein, soweit der TrGeber hierzu außerstande ist (BGH **32**, 67). – Ein **Recht auf Ausführung** hat der Beauftr idR nicht, weil es sich um einen GefälligkVertr allein im Interesse des AuftrG handelt (Einf 1, § 662 Rn 7).

b) des Auftraggebers. Für ihn müssen, da der A ein unvollk zweiseit Vertr ist (Einf 1), nicht notw Pfl entstehen. Insb schuldet er keine Vergütg. Er muß dem Beauftr seine Aufw ersetzen (§ 670), auf Verlangen auch bevorschussen (§ 669). FürsPfl für Leben u Gesundh des Beauftr; falls die übernommene Tätigk bei Entgelt dienstvertragl Art wäre, sind §§ 618, 619 analog anwendb (BGH **16**, 265). Ers von ZufallsSchäd bei Ausf des A § 670 Rn 9–13. 10

c) Pflichtverletzung, Haftungsmaßstab. Eine nicht vereinbgsgem GeschBes kann der AuftrG im allg zurückweisen (§ 665 Rn 8). Der Beauftr haftet bei Nicht- od SchlechtAusf des A u bei Verl and Pfl nach § 276 für Vors u Fahrlk, §§ 521, 599, 690 sind nicht entspr anwendb (BGH BB **64**, 100; str, s MüKo/Seiler Rn 55 ff); im EinzFall kann stillschw abw Vereinbg anzunehmen sein (s § 254 Rn 70 ff; Ffm NJW **98**, 1232), zB entspr § 680 bei A zur Abwendg einer dringden Gef (Erm/Ehmann Rn 12 v § 662). Für die GehHaftg gelten §§ 664, 278, für MitVersch des AuftrG § 254. – Anspr des Beauftr hins bei Ausf des A erlittener Schäd § 670 Rn 8 ff. 11

663 *Anzeigepflicht bei Ablehnung.*

Wer zur Besorgung gewisser Geschäfte öffentlich bestellt ist oder sich öffentlich erboten hat, ist, wenn er einen auf solche Geschäfte gerichteten Auftrag nicht annimmt, verpflichtet, die Ablehnung dem Auftraggeber unverzüglich anzuzeigen. Das gleiche gilt, wenn sich jemand dem Auftraggeber gegenüber zur Besorgung gewisser Geschäfte erboten hat.

1) Anwendungsbereich. Rechtsfolgen. Die Bedeutg der Vorschr für den A selbst ist gering, sie hat dagg über § 675 I wesentl Bedeutg für entgeltl GeschBesVertr. Bei diesen Vertr haben unter § 663 fallde Untern außerdem die Pfl, über Entgelte u Auslagen für StandardGesch zu informieren (§ 675 a). – Grdsätzl begründet ein A od Antr auf GeschBes weder die Pfl zur Ablehng noch die zur Ann, kein KontrahiergsZwang (Einf 7 ff v § 145). Auch § 663 verpflichtet nur zur unverzügl Erkl der Ablehng. Folge schuldh Schweigens ist ledigl die Pfl zum Ers des Schad, der dem AuftrG dadch entsteht, daß er im Vertrauen auf die Ann des A davon absieht, das vorgesehene Gesch anderw zu erledigen (BGH NJW **84**, 866; gesetzl geregelter Fall der c. i. c., § 276 Rn 65 ff). – Demggü gilt iF des HGB 362 I (bestehde GeschVerbindg od Kaufm hat sich zur GeschBes ggü dem AuftrG erboten) das Schweigen (die nicht unverzügl Ablehng) als Ann (Fiktion). Auch kann die Ann des A uU konkludent erklärt werden (§ 662 Rn 2). In diesen Fällen begründet die NichtAusf die Haftg auf das ErfInteresse. 1

2) Voraussetzungen der Anzeigepflicht: – a) Öffentliche Bestellung bedeutet hier, wie aus der Gleichstellg mit dem öff Erbieten zu schließen ist, Bestellg iW öff Erkl, also nicht notw dch eine öffrechtl Stelle. Öffrechtl ErlaubnErteilg ist nicht öff Bestellg. Bei Bestellg dch öffrechtl Stelle wird der Bestellte meist Beamter (zB GVz), od doch Amtsträger (zB Notar) sein; dann tritt Staatshaftg ein, § 663 ist nicht anwendb, weil kein privrechtl Vertr abzuschließen ist. – **b) Öffentliches Sicherbieten.** Öff: zB dch Schild am Haus, öff GeschLokal, ZeitgsAnz. Das Sicherbieten ist Aufforderg zur AErteilg, nicht schon VertrAntr. Hierher gehören ua: Makler des BGB, Rechtsberater, Patentanwälte, Taxatoren, Versteigerer, Banken; dagg bei Erbieten gg Entgelt nicht Ärzte, Hebammen, da sie iS des § 675 nicht „Geschäfte besorgen" (§ 675 Rn 3). Für RA gilt die entspr Vorschr des § 44 BRAO. – Für Handelsmakler, Spediteure, Kommissionäre gilt HGB 362, wenn die Vorauss von dessen Abs I vorliegen. Fehlen sie, gilt § 663. – **c) Erbieten gegenüber dem Auftraggeber, S 3,** bedeutet individuell, nicht öff.

(Randnummern: 2 neben „2) Voraussetzungen"; 3 neben „b) Öffentliches Sicherbieten"; 4 neben „c) Erbieten")

664 *Übertragung, Haftung für Gehilfen.*

I Der Beauftragte darf im Zweifel die Ausführung des Auftrags nicht einem Dritten übertragen. Ist die Übertragung gestattet, so hat er nur ein ihm bei der Übertragung zur Last fallendes Verschulden zu vertreten. Für das Verschulden eines Gehilfen ist er nach § 278 verantwortlich.

II Der Anspruch auf Ausführung des Auftrags ist im Zweifel nicht übertragbar.

1) Regelungsgehalt, Anwendungsbereich. Dem A liegt häuf ein pers VertrauensVerh zGrd. Desh schränkt § 664 die Einschaltg Dritter in das VertrVerhältn sowohl für den Beauftr (I 1) wie für den AuftrG (II) 1 ein u regelt iü die Heranziehg von HilfsPers dch den Beauftr (I 2, 3).– **Entsprechende Anwendung** auf VereinsVorstd, -Liquidator u Stiftg, §§ 27 III, 48 II, 86, geschführden Gter, § 713, TestVollstr, § 2218 I. Für den GeschBesVertr ist § 664 in § 675 I nicht genannt. Das schließt aber seine entspr Anwendbark nicht schlechthin aus, soweit es auf ein enges persönl VertrauensVerh ankommt (BGH NJW **52**, 257, Soergel/Mühl Rn 4, Larenz SchuldR II/1 § 56 V; einschränkd hins des HaftgsPrivilegs in I 2 Koller ZIP **85**, 1243/1247, Kümpel WM **96**, 1893). Für den DVertr enthält § 613 eine § 664 I 1 u II entspr Regelg. Für den WerkVertr mit enger persönl Bindg ergibt sich aus § 399 die gleiche Konsequenz wie aus II. Bei GoA gilt § 664 nicht (BGH NJW **77**, 529). Amtl bestellter RA-Vertr Rn 3.

2 **2) Übertragung, I 1, 2,** bedeutet, daß der Beauftr die Besorgg der ihm übertr Gesch (§ 662) vollst od teilw einem Dr zur selbstd Ausf in dessen eig Verantwortg überläßt (BGH NJW **93**, 1704). Von dieser sog **Substitution** zu unterscheiden ist zum einen die Heranziehg eines Gehilfen (I 3), der den Beauftr ledigl in allen od einz Verrichtgen unterstützt; dann bleibt der Beauftr selbst verantwortl (Rn 6). Zum and sind nach dem Inhalt des A von den Funktionen, die der Beauftr selbst zu erfüllen hat, diej zu unterscheiden, die er nur zu veranlassen hat (Bsp: ein mit Verw Beauftr läßt dch Handwerker Reparaturen ausführen); diese Veranlassg ist weder Substitution noch Gehilfensch, Haftg nur für eig Versch bei Auswahl, Weisg, ggf Überwachg.

3 **a) Verbot** der Substitution ist wg des häuf bestehden VertrauensVerh (Rn 1) nach der AusleggsVorschr in I 1 die Regel. Ihre **Gestattung,** I 2, kann sich aus dem AVertr ausdr od dch Auslegg ergeben, zB wenn für die Art der Tätigk das pers VertrauensVerh keine entsch Rolle spielt. Ist die Übertr nicht gestattet, kann § 665 zur Abweichg berechtigen, zB bei Verhinderg des Beauftr u Eilbedürftigk. Kein Fall der Gestattg ist die amtl Bestellg eines Vertreters für einen RA gem BRAO 53; hierfür gilt § 278. Die BewL für die Gestattg trägt der Beauftr.

4 **b)** Zur **Durchführung** der Substitution kann der Beauftr die Ausf des A mit Vollm des AuftrG in dessen Namen weitergeben; dann ist der AuftrG unmittelb ggü dem Substituten berecht u verpflichtet. Der Beauftr kann auch im eig Namen den A weitergeben; dann ist er selbst ggü dem Substituten berecht u verpflichtet, kann dabei aber auch den Schad des AuftrG geltd machen (Vorbem 115 v § 249). Den ErsAnspr gg den Substituten hat er gem § 667 an den AuftrG abzutreten.

5 **c) Haftung.** Überträgt der Beauftr ohne Gestattg, so hat er dem AuftrG jeden aus der Weitergabe adäquat verursachten Schad zu ersetzen, ohne daß es auf dessen Vorhersehbark od auf ein Versch des Substituten ankommt. – Bei berecht Substitution haftet der Beauftr nur für eig Versch bei der Übertr, dh bei Auswahl u Einweisg des Substituten, nicht für dessen Versch; eine Pfl zur Überwachg besteht regelm nicht, kann sich aber im EinzFall aus der getroffenen Vereinbg ergeben.

6 **3) Zuziehung von Gehilfen** (I 3) geschieht zur Unterstützg des tät bleibden Beauftr u ist von der Substitution zu unterscheiden (Rn 2). Sie ist regelm gestattet, soweit sich nicht ausdr od bei interessengerechter Auslegg aus dem Vertr das GgTeil ergibt, zB wenn die erfdl strenge Diskretion nicht gewahrt werden könnte (§ 662 Rn 9). Ist die Zuziehg nicht gestattet, kann sie gleichwohl gem § 665 berecht sein. – **Haftung:** Bei gestatteter Zuziehg gilt § 278; ist die Haftg des Beauftr selbst vertragl gemildert, gilt dasselbe auch für die HilfsPers (§ 278 Rn 37). In der nicht gestatteten Zuziehg liegt ein eig Versch, das für alle Schäd haftb macht, die der Geh adäquat verursacht.

7 **4)** Der **Anspruch auf Ausführung** des A ist wg des häuf bestehden pers VertrauensVerh (Rn 1) nach der AusleggsRegel des **II** grdsätzl **unübertragbar.** Das GgTeil kann sich dch VertrAuslegg ergeben. Da nicht übertragb, ist der Anspr des AuftrG nicht pfändb u verpfändb, er kann nicht Ggst eines Nießbr sein u fällt nicht in die InsMasse (InsO 36 I; Folgen der InsEröffng s § 671 Rn 5). Inf der AAusf bereits entstandene Anspr sind übertragb, zB §§ 666, 667.

665 *Abweichung von Weisungen.* **Der Beauftragte ist berechtigt, von den Weisungen des Auftraggebers abzuweichen, wenn er den Umständen nach annehmen darf, daß der Auftraggeber bei Kenntnis der Sachlage die Abweichung billigen würde. Der Beauftragte hat vor der Abweichung dem Auftraggeber Anzeige zu machen und dessen Entschließung abzuwarten, wenn nicht mit dem Aufschube Gefahr verbunden ist.**

1 **1) Bedeutung, Anwendungsbereich.** Die Vorschr regelt das SpanngsVerh zw der Selbständigk, die der Beauftr zur Ausf des A benötigt u dem Umst, daß der AuftrG, weil es um seine Interessen geht, Herr des Gesch auch währd der Ausf bleiben muß. Sie verlangt vom Beauftr denkden, nicht blinden Gehors, indem sie davon ausgeht, daß er an Weisgen des AuftrG grdsätzl gebunden ist (Rn 3), unter gewissen Vorauss aber auch von ihnen abweichen darf (Rn 6) od sogar muß (Rn 9). – **Entsprechende Anwendung** auf GeschBesVertr § 675 I, VereinsVorstd, -Liquidator u Stiftg §§ 27 III, 48 II, 86, geschführden Gter § 713.

2 **2)** Die **Weisung** ist nicht selbst A (Einf 2) iS eines annahmebedürft Angeb auf Abschl eines AVertr, sond einseit empfbedürft WillErkl des AuftrG, dch die er einz Pfl des Beauftr bei Ausf des A konkretisiert. Bsp: AbbuchgsA iR eines LastschrVerf (§ 676 f Rn 28); ÜberwA iR eines GiroVertr nach bish R (§ 676 f Rn 32); Weisgen iR eines AkkreditivA (Einf 11 v § 783). Die Weisg kann auch nach Abschl des AVertr erteilt werden. Das Risiko einer gefälschten Weisg trägt der Beauftr, sofern nicht der AuftrG einen Vertrauenstatbestand geschaffen hat, auf den sich der Beauftr verlassen durfte (BGH DB **92**, 2493, WM **94**, 2073, jew für ÜberwA).

3 **a) Bindung des Beauftragten** bedeutet nicht, daß die Weisg nach dem Buchstaben aufzufassen wäre, vielm ist sie ggf nach dem vermutl Willen des AuftrG und der VerkSitte auszulegen. Bei Zweifel ist Rückfrage erfdl. So kann ein A zur Aufbewahrg einer größeren Geldsumme auch dch Bankeinzahlg erfüllt werden, uU sogar zu erfüllen sein. Im Akkreditiv- u ÜberwVerk muß sich die Bank streng an die Weisg halten bzw mit der Ausf bis zum Eintreffen der Unterlagen warten (BGH NJW **91**, 2139) od, wenn sie das nicht will, die

Ausf ablehnen (BGH NJW **71**, 558); ebso bei Weisgen innerh eines A zum Einkauf von WertPap (BGH WM **76**, 630). Abweichgen sind nur zul, wenn einwandfrei unerhebl u unschädl (BGH **LM** Nr 3). – Fühlt sich der Beauftr dch die Weisg beschwert od hält er sie für unzweckmäß, so kann er den A in den Schranken des § 671 jederzeit kündigen.

b) Keine Bindung des Auftraggebers, denn er bleibt Herr des Gesch. Er kann daher grdsätzl die Weisg bis zu ihrer Ausf ggü dem Beauftr jederzeit dch neue Weisg widerrufen. Danach ist der **Widerruf** ggstlos. Er wirkt für die Zukunft (BGH **17**, 317/326), die bis zu seinem Zugang entstandenen RFolgen (§§ 666, 667, 670) bleiben bestehen. Scheckwiderruf § 676 f Rn 18. Widerruf einer LastSchr § 676 f Rn 28, im KreditkartenVerh § 675 Rn 19. 4

3) Abweichung von erteilter Weisung kann veranlaßt sein, wenn der AuftrG irrige Vorstellgen über die Umst hatte od wenn sie sich später geändert haben. 5

a) Zur Abweichung berechtigt ist der Beauftr: – **aa)** Unter den **Voraussetzungen in S 1,** nach den Umst begründete subj Ann der Billigg. BewL beim Beauftr (KG OLGZ **73**, 18). Außer bei Gef bei Aufschub muß der Beauftr gem S 2 Anz machen u die Entschließg abwarten. Auch bei Gef darf er nur abweichen, wenn mit Billigg zu rechnen ist (BGH VersR **77**, 421). Eine Gef ist im ZivProz, den RA führt, regelm zu verneinen (BGH **LM** § 675 Nr 28: BerufgsRückn im ProzVergl ohne Rückfrage). – **bb) Sonst** nach Anz u Abwarten einer angem Fr (§ 147 II). Nach ihrem Ablauf darf der Beauftr im allg abweichen (str). 6

b) Pflichten. Bei jeder Abweichg muß sich der Beauftr von dem vermuteten Willen od, wenn nicht zu ermitteln, vom erkennb Interesse des AuftrG leiten lassen. BewL beim Beauftr. Außerdem Pfl zur nachträgl Benachrichtigg, § 666. Andernf SchadErs. 7

c) Bei unberechtigter Abweichung: SchadErs nach §§ 276, 249 ff (BGH BB **56**, 771: Arch weicht von BauGen ab, BGH WM **76**, 380: abredewidr Veräußerg eines nur als Sicherh gegebenen Depotwechsels); s a HGB 385. Der AuftrG braucht das abw ausgeführte Gesch nicht als Erf des A gelten zu lassen, falls nicht Tr u Gl and gebieten, od der Beauftr bereit ist, die Nachteile von sich aus auszugleichen (HGB 386 II), od der AuftrG sich nachträgl die weisgswidr Erf des A zu eigen macht (BGH VersR **68**, 792); der AuftrG kann sodann Herausg des Erhaltenen nach § 667 verlangen (BGH WM **76**, 904). Der AuftrG verstößt gg Tr u Gl, wenn er die weisgswidr Ausf nicht gg sich gelten lassen will, obwohl die Abw sein Interesse nicht verl (BGH WM **80**, 587), insb der von ihm angestrebte RErfolg i Erg voll eingetreten ist; desh in diesem Fall kein SchadErsAnspr (BGH ZIP **83**, 781). Einen solchen Verstoß gg Tr u Gl hat der Beauftr darzutun, nicht umgekehrt der AuftrG, daß seine Weisg vernünft u zweckmäß war u desh ihre Nichtbeachtg gg sein Interesse (BGH WM **76**, 630). Der AuftrG trägt die BewL für Inhalt u Umfang des erteilten A, der Weisg, der Beauftr für die weisgsgem Erf (BGH VersR **87**, 663). 8

4) Ob eine **Pflicht zur Abweichung,** zumindest eine **Warnpflicht** vor Ausf der Weisg besteht, beurteilt sich nach den Umst des EinzFalles. Der sachkund Beauftr hat bei Bedenken gg erteilte Weisgen den AuftrG zu beraten u zu warnen (BGH NJW **85**, 42: RA). Die Anfordergen an die Belehrgs- u AufklärgsPfl der Bank im ZahlgsVerk sind nicht zu überspannen, weil ihr die Beziehgen zw ihrem AuftrG u dem Dr im allg unbekannt sind (BGH WM **60**, 1321). Eine RPfl der Bank, ihren Kunden vor risikobehafteten Gesch zu warnen, ist im allg zu verneinen (BGH WM **61**, 510; s aber § 764 Rn 9 ff). S a § 662 Rn 9. 9

666 ***Auskunfts- und Rechenschaftspflicht.*** **Der Beauftragte ist verpflichtet, dem Auftraggeber die erforderlichen Nachrichten zu geben, auf Verlangen über den Stand des Geschäfts Auskunft zu erteilen und nach der Ausführung des Auftrags Rechenschaft abzulegen.**

1) Allgemeines. Die drei InformationsPfl des Beauftr erklären sich daraus, daß er seine Tätigk im Interesse des AuftrG ausübt (§ 662 Rn 7) u dieser Herr des Gesch bleibt (§ 665 Rn 1). Für mehrere AuftrG gilt § 432; aA Soergel/Mühl Rn 10 mwN. – Da die InformationsAnspr der Vorbereitg u Erf des HerausgAnspr aus § 667 dienen, sind sie grdsätzl **nicht selbständig übertragbar,** sond nur zus mit der Abtretg des HauptAnspr (§§ 259–261 Rn 25, 26). Gleiches gilt für Verpfändg u Pfändg. Die Anspr gehen aber auf den Erben des Beauftr über (BGH NJW **88**, 2729). – **Grenze des Auskunftsanspruchs** §§ 259–261 Rn 24. Außerdem dann, wenn das Interesse des AuftrG zu dem dch die Erteilg der Ausk entstehenden Aufwand in keinem Verh steht (BGH WM **84**, 1164); daß sich der AuftrG die erfdl Informationen selbst beschaffen kann, genügt nicht (BGH NJW **98**, 2969). Die Pfl bestehen auch dann, wenn sich der Beauftr dch ihre Erf einer bei Ausf des A begangenen strafb Hdlg bezichtigen müßte (BGH **41**, 318/322). Da es sich um VorleistgsPfl des Beauftr handelt, besteht kein ZbR wg eig GgAnspr (§ 273 Rn 15). – Bei schuldh **Verletzung** der InformationsPfl ist der Beauftr schadersatzpfl. BewL grdsätzl beim AuftrG (BGH WM **84**, 1449) dafür, in welchem Verhalten eine PflVerl zu sehen ist, beim Beauftr dafür, daß er die geschuldete Hdlg überh u rechtzeit vorgen hat (BGH NJW **93**, 1704). – § 666 ist **dispositiv,** die Pfl können vertragl and gestaltet od abbedungen werden; auch konkludent, zB für die Vergangenh dadch, daß währd jahrelanger Verw keine Rechensch verlangt wurde. Allein die Vereinbg, daß der Beauftr nach freiem Ermessen u ohne vorher Einholg von Weisgen od Zustimmg handeln darf, ist nicht als Freistellg von der InformationsPfl auszulegen (BGH NJW **94**, 1861). Die Freistellg ist unwirks, wenn sie gg Tr u Gl verstößt od wenn sich nachträgl begründete Zweifel an der Zuverlässigk des Beauftr ergeben (BGH **LM** § 242 Be Nr 19, Stgt NJW **68**, 2338). – **Entsprechend anwendbar** ist § 666 auf GeschBesVertr § 675 I, VereinsVorstd, -Liquidator u Stiftg §§ 27 III, 48 II, 86, geschführenden Gter § 713, TestVollstr § 2218, Erben § 1978 I, ferner auf GoA § 681 S 2 (auch soweit entspr anzuwenden, Einf 7 v § 677) u angemaßte EigGeschFührg § 687 II. Weitere Fälle der Pfl zur RechenschLegg §§ 259–261 Rn 17–19. 1

2) Die drei Informationspflichten. – a) Die **Benachrichtigungspflicht** besteht auch ohne Verlangen u schon vor Ausf des A. Welche Nachrichten über Ausf u AusfHindern für die ordngsgem Abwicklg des A erfdl sind, richtet sich nach den Umst des EinzFalles. Die BenachrichtiggsPfl steht in engem ZusHang mit dem WeisgsR des AuftrG (§ 665) u kann sich zur WarnPfl steigern (§ 665 Rn 9). 2

3 **b)** Die **Auskunftspflicht** besteht nur auf Verlangen. Sie erstreckt sich, ohne daß eine klare Abgrenzg immer mögl u notw ist, auf den Stand des Gesch in seinem ZusHang als Ganzes, währd die BenachrichtiggsPfl mehr die jew EinzlInformation zum Inhalt hat. Ggst der Ausk vgl §§ 259–261 Rn 20–22. Sonderfall der AuskPfl in § 260. Anspr auf AuskErteilg ohne spezielle AnsprGrdl §§ 259–261 Rn 8–16.

4 **c)** Die **Pflicht zur Rechenschaftslegung** besteht nur auf Verlangen. Sie geht über die AuskPfl hinaus, weil sie die genauere Information dch Vorlage einer geordneten Aufstellg der Einnahmen u Ausgaben zum Inhalt (§§ 259–261 Rn 23) hat, weshalb nach RechngsLegg keine Pfl zur AuskErteilg über den näml Ggst mehr besteht (BGH **93**, 327). Darühinaus muß der Beauftr den AuftrG über die Einzelh der AuftrAusf in verkehrsübl Weise informieren u ihm die notw Übersicht über das Besorgte verschaffen, auch soweit eine Pfl zu Herausg nach § 667 nicht besteht (BGH **109**, 260/266). Pfl zur Abg der eidesst Vers § 259 II. Die Rechensch ist idR nach Ausf des A abzulegen, ebso aber auch nach vorzeit Beendigg ohne seine vollst Ausf. Bei DauerVerw kann sich aus der Natur der Sache die Pfl zu periodischen Abrechngen ergeben (BGH WM **84**, 1164), zB bei trhd Führg eines Unternehmens am Ende eines GeschJ (BGH WM **76**, 868). Soweit über Perioden od Gesch schon abgerechnet ist, braucht nach Beendigg des A Rechensch nur noch über die bisher nicht abgerechneten Perioden bzw Gesch gegeben zu werden. Der Anspr auf Rechensch hindert den AuftrG nicht, eine eig Rechng aufzumachen. In jedem Falle trifft den Beauftr die Darleggs- u BewL für die Richtigk seiner Rechng, insb für den Verbleib der Einnahmen u dafür, daß er über nicht mehr vorh VermWerte nach Weisgen od im Interesse des AuftrG verfügt hat.

667 ***Herausgabepflicht des Beauftragten.*** **Der Beauftragte ist verpflichtet, dem Auftraggeber alles, was er zur Ausführung des Auftrags erhält und was er aus der Geschäftsbesorgung erlangt, herauszugeben.**

1 **1) Allgemeines.** Der HerausgAnspr ist schuldrechtl Natur, er setzt Wirksamk des AVertr voraus. Andernf gelten ggf §§ 812 ff. Abdingb (BGH NJW-RR **97**, 778). Übertragb. Die Vererblichk kann vertragl ausgeschl werden (BGH WM **89**, 1813). Zur Vorbereitg seiner DchSetzg dienen die InformationsAnspr nach § 666, RechngsLegg ist aber nicht Vorauss für den HerausgAnspr (BGH NJW **97**, 2113). – **Entsprechende Anwendung** wie § 666 Rn 1, außerdem beim Pfleger (RG **164**, 98); dagg nicht bei Ggst, die außerh eines GeschBesVertr erlangt sind, zB RöntgenAufn, die der Arzt vom Patienten macht (BGH NJW **63**, 389).

2 **2) Zur Ausführung erhalten** kann der Beauftr Ggst vom AuftrG od auf dessen Veranlassg von Dr, zB Geld, auch als Vorschuß (BGH WM **88**, 763), Material, Geräte, Urk u sonstige Unterlagen (BGH **109**, 260: RA). Für die VollmUrk gilt § 175. Ob die Ggst iR der Ausf des A verbraucht werden sollen, ist unerhebl (BGH NJW **97**, 47). Ebso ob die übergebenen Ggst, insb Geld, in das Eigt des Beauftr übergehen; dies beurteilt sich nach sachenrechtl Grds. Hins der zur Ausf benötigten Ggst, die im Eigt des AuftrG verbleiben, hat der Beauftr gg dessen Anspr aus § 985 bis zur Beendigg des AVerhältn ein R zum Bes. Gefahrtragg s Rn 9. RückFdg erhaltenen Vorschusses § 669 Rn 3.

3 **3) Aus der Geschäftsbesorgung erlangt. – a) Dazu gehören** alle Sachen u Rechte, die der Beauftr von Dr inf der GeschBes, also im inneren ZusHang mit ihr erhalten hat (BGH NJW **94**, 3346). Auch Zubehör, Akten, die sich der Beauftr über die GeschFg angelegt hat, SchriftVerk mit Dr in den Handakten des RA gem § 50 I BRAO (BGH **109**, 260), gezogene Nutzgen, ferner Vorteile wie Prov (BGH NJW-RR **92**, 560), Sondervergütgen, Schmiergelder, die der Beauftr ohne Billigg des AuftrG (BGH NJW-RR **91**, 483) von dritter Seite in innerem ZusHang mit dem A erhalten hat, wenn solche Vorteile eine Willensbeeinflussg zum Nachteil des AuftrG befürchten lassen (BGH MDR **87**, 825); dies auch, wenn die Zuwendgen an einen Strohmann geflossen sind, falls nur der Beauftr wirtsch der Inhaber des empfangenen VermWertes bleibt (BGH DB **87**, 1295) od keine verständl Erkl für die Zahlg an den Strohmann geben kann (BGH NJW **91**, 1224). Dabei spielt es keine Rolle, daß der Zuwendde den Vorteil nur dem Beauftr, nicht dem AuftrG zukommen lassen wollte (BGH NJW **82**, 1752, WM **88**, 1320), u ob dem AuftrG ein Schad entstanden ist (BGH BB **66**, 99). Erlangt sind auch SchadErsAnspr des Beauftr gg Unterbeauftr od Geh (BGH DB **58**, 133); die Verringerg einer Verbindlichk des Beauftr ggü dem AuftrG (Mü WM **98**, 1813: unberecht Saldominderg); der RückerstattgsAnspr des TrHänders aGrd des VermG nach staatl EnteigngsMaßn in der fr DDR (BGH
4 VIZ **96**, 29). – **Nicht dazu gehört,** was der Beauftr bei ordngsgem Ausf hätte erlangen od an Nutzgen ziehen müssen, aber nicht erlangt bzw gezogen hat.

5 **b) Die Rechtsverhältnisse an dem Erlangten** (Eigt, RTrägersch, GläubStellg) beurteilen sich nach den allg Regeln. Es gibt im AuftrR keinen gesetzl RÜbergang auf den AuftrG. And SurrogationsVorschr können im EinzFall einschläg sein. IdR kommt es darauf an, ob der Beauftr Vollm des AuftrG besaß u in dessen Namen od für den, den es angeht, aufgetreten ist (Einf 7). Bei Auftreten im eig Namen ist von Bedeutg, ob zw ihm u dem AuftrG ein – ev vorweggen – BesMittlgsVerh (§ 930) besteht, ob er ein In-sich-Gesch (§ 181) abgeschl hat. Ohne RÜbergang besteht kein AussondergsR des AuftrG bei Insolvenz des Beauftr. Weitergehde SonderVorschr in HGB 392 II für das KommissionsVerh.

6 **4) Herausgabeanspruch. – a) Umfang.** Das zur Ausf Erhaltene (Rn 2) u das aus der GeschBes Erlangte (Rn 3–5) oRücks auf die EigtVerh, soweit der Beauftr es nicht entspr der getroffenen Abrede bestimmgsgem (wieder) verbraucht hat, auch wenn diese Abrede auf einem nichtigen Vertr (§ 677 Rn 11) beruht (BGH NJW **97**, 47).

7 **b) Inhalt.** Ist der Beauftr ledigl Besitzer, so ist der Bes zu übertr. Ist er RTräger (Rn 5), so ist das Recht nach den dafür geltden Vorschr zu übertr, bewegl Sachen sind also zu übereignen, Grdst aufzulassen; wg der Formbedürftigk des A insow § 313 Rn 18. Fdgen sind abzutreten, auch Schad ErsAnspr gg den UnterBeauftr gem § 664 (BGH DB **58**, 133). Der TrHänder hat das übertr R zurückzuübertr (BGH **11**, 37), der SichgsZessionar den Übererlös herauszugeben. Ist Geld herauszugeben, so trägt der AuftrG die VersendgsGef, § 270 I gilt nicht (BGH **28**, 123).

c) Zeitpunkt. Maßgebd ist in erster Linie die getroffene Vereinbg, insb bei A von längerer Dauer. Sonst nach Erf od bei Beendigg; auch schon vorher bei Besorgn, der Beauftr könne im Hinbl auf eig Vorteil bei weiterer Ausf des A die Interessen des AuftrG außer Acht lassen (BGH WM **78**, 115). 8

d) Einwendungen. Der Beauftr wird von der HerausgPfl frei nach allg Regeln, zB dch **Erfüllung,** wenn er weisgsgem die Sache nach § 362 II an einen Dr herausgegeben hat (BGH **LM** Nr 17), od iF unversch **Unmöglichkeit,** etwa weil der Verbrauch der Sache zur ordngsgem Ausf des A erfdl war. Die Gef zufäll Untergangs trägt der AuftrG (BGH WM **69**, 26). – **Aufrechnung** ist bei Gleichartigk der beiders Anspr grdsätzl zul. Der Anspr des AuftrG auf Herausg einer Geldsumme u der ZahlgsAnspr des Beauftr auf AufwErs sind gleichart (§ 387 Rn 8). Mit Anspr außerh des AVerh kann der Beauftr gg den Anspr auf Herausg des aus der GeschBes Erlangten nur aufrechnen, wenn die GeschBes Teil eines weitergehden einheitl VertragsVerh ist, aus dem für beide Teile Rechte u Pfl entspringen (BGH **LM** § 313 Nr 15). Im EinzFall kann, insb bei TrHdVerh, die Aufr des Beauftr mit AufwErsAnspr wg Verstoßes gg Tr u Gl unzul sein (BGH **14**, 342/346). – Ein **Wegfall der Geschäftsgrundlage** für den AVertr führt idR nicht dazu, daß der Beauftr von der Verpfl zur Herausg frei wird (BGH **LM** § 242 [Bb] Nr 13). – Für die **Verjährung** gilt § 195, auch wenn zugleich ein Anspr aus unerl Hdlg besteht. – Wg der beiders Anspr aus dem AVerhältn besteht grdsätzl ein **Zurückbehaltungsrecht** nach § 273. Im EinzFall können sich aus der Natur des A Einschränkgen ergeben (§ 273 Rn 15–18), zB bei TrHdVerh. – **§ 254** ist grdsätzl nicht anwendb (BGH NJW-RR **98**, 484); and uU bei fehlgeschlagenen Weisgen im GiroVerhältn (BGH **108,** 386). 9

e) Beweislast. Der AuftrG hat zu beweisen: den Abschl des AVertr, die Hingabe von Ggst od Geld zu seiner Ausf und ihren Wert od Betr (BGH WM **84**, 1449); ebso, daß der Beauftr aus der GeschBes etwas erlangt hat (BGH WM **87**, 79). Dabei hilft ihm der AuskAnspr nach § 666. Der Beauftr hat zu beweisen: die Ausf des A, auch wenn er RückerstattgsAnspr des AuftrG bestreitet (BGH ZIP **95**, 1326); die Unmöglichk der Herausg des Erhaltenen od Erlangten u sein NichtVersch daran (Celle WM **74**, 735), zB die bestimmungsgem Verwendg des Erhaltenen zur Ausf des A od den bestimmgsgem Verbrauch (BGH NJW **97**, 47), seinen Verbleib (BGH NJW **86**, 1492, NJW **91**, 1884); ggf die Beachtg der bei Durchf des A erfdl Vorsichts- u SichgsVorkehrgen (BGH NJW-RR **93**, 795); ebso seine Aufw. 10

668 ***Verzinsung des verwendeten Geldes.*** **Verwendet der Beauftragte Geld für sich, das er dem Auftraggeber herauszugeben oder für ihn zu verwenden hat, so ist er verpflichtet, es von der Zeit der Verwendung an zu verzinsen.**

1) Voraussetzung für die Pfl zur Verzinsg ist, daß der Beauftr Geld, das er an den AuftrG herauszugeben hat, für sich verwendet, insb verbraucht. Nicht genügt, daß er ledigl die Herausg od Verwendg für den AuftrG verzögert. Die ZinsPfl ist eine Mindestfolge, ähnl beim Verwahrer § 698 u beim Vormd § 1834. Die VerzinsgsPfl tritt auch ein, wenn dem Beauftr die EigVerwendg gestattet ist (dann liegt ev ein DarlVertr vor), sie setzt kein Versch u keinen Verz voraus, auch nicht den Eintritt eines Schad beim AuftrG. Sie beginnt mit dem Gebr des Geldes zu eig Zwecken, iF der Vermischg mit eig Geld des Beauftr mit der Verwendg der vermischten Gelder. – **Höhe** der Zinsen: § 246, HGB 352. – **Entsprechende Anwendung** wie § 666 Rn 1. 1

2) Weitergehende Ansprüche des AuftrG wg schuldh VertrVerletzg od unerl Hdlg (zB § 823 II iVm §§ 246, 266 StGB) sind nicht ausgeschl u vielf gegeben. 2

669 ***Vorschußpflicht.*** **Für die zur Ausführung des Auftrags erforderlichen Aufwendungen hat der Auftraggeber dem Beauftragten auf Verlangen Vorschuß zu leisten.**

1) Anspruch auf Vorschuß entsteht nur auf Verlangen u geht stets auf Geldzahlg. Seine Höhe bemißt sich, and als in § 670, nach den obj zur Ausf des A erfdl Aufw (§ 670 Rn 2–7). Ohne Vorschuß kann der Beauftr die Ausf verweigern; eine Pfl, die erfdl Aufw aus eig Mitteln zu verauslagen, trifft ihn nicht. Einklagb ist der Anspr nach überwiegder Auffassung idR nicht, weil der Beauftr auf die Ausf keinen Anspr hat, § 662 Rn 9. And kann es bei entgeltl GeschBes liegen; wie hier Staud/Wittmann Rn 3, Soergel/Mühl Rn 3, Erm/Ehmann Rn 1. – **Entsprechende Anwendung** auf GeschBesVertr § 675 I, VereinsVorstd, -Liquidator u Stiftg § 27 III, 48 II, 86, geschführden Gter § 713, Beistand § 1716, Vormd u GgVormd § 1835 I, Betr § 1908 i I, Pfleger § 1915. 1

2) Kein Anspruch auf Vorschuß besteht, wenn er vertragl ausgeschl od wenn vereinb ist, daß der Beauftr die Aufw zunächst aus eig Mitteln zu bestreiten hat. Der Ausschl kann sich auch aus der Natur des A ergeben, zB beim KreditA (§ 778 Rn 4). Sonderregelg für den A zur BürgschÜbern in § 775 (dort Rn 1). 2

3) Rückforderung des Vorschusses ist nach § 667 berecht, wenn er nicht bestimmgsgem verwendet wird od wurde. Im Streitfall muß der AuftrG die Hingabe des Vorschusses beweisen, der Beauftr die vertragsgem Verwendg (§ 667 Rn 10). 3

670 ***Ersatz von Aufwendungen.*** **Macht der Beauftragte zum Zwecke der Ausführung des Auftrags Aufwendungen, die er den Umständen nach für erforderlich halten darf, so ist der Auftraggeber zum Ersatze verpflichtet.**

1) Rechtsnatur, Anwendungsbereich. § 670 gibt einen WertErs-, keinen SchadErsAnspr. Pfl zur Verzinsg nach § 256, Anspr auf Vorschuß nach § 669. Die Aufforderg des Untern an einen ArbSuchden zur Vorstellg kann man als A auffassen; Fahrtkosten sind dann gem § 670 zu ersetzen (Soergel/Mühl Rn 2). 1

Sonderregelgen für A zur BürgschÜbern § 775 (dort Rn 1), für RA BRAGO 25–30, HandelsVertr, OHG-Gter, Kommissionär HGB 87 d, 110, 396 II. Das BAG leitet aus § 670 einen allg Grds zum Ers von im Fremdinteresse getätigten Aufw ab, s § 611 Rn 125. – **Entsprechend anwendbar** auf GeschBesVertr § 675 I (dort Rn 8), insb im DeckgsVerhältn zw Bank u Kunden bei Aufw, die sie in dessen A tätigt (Bsp: Überw, Lastschr, Bankgarantie); VereinsVorstd, -Liquidator u Stiftg §§ 27 III, 48 II, 86; geschführden Gter § 713; Beistand § 1716, Vormd u GgVormd § 1835 I, Betreuer § 1908 i I, Pfleger § 1915; Erben § 1978 I;, ferner auf GoA § 681 S 2 (auch soweit entspr anzuwenden, Einf 7 v § 677); uU auch auf Abwicklg schuldrechtl Sonderbeziehgen (BGH NJW **89**, 1920: Freistellg von Verbindlichk nach gescheiterter Ehe; BGH **137**, 183 u NJW **99**, 1464: staatl Verw nach VermG); ferner iR des ArbVerh (§ 611 Rn 125 ff) u iF des PflVG 12 V.

2 **2) Ersatz von Aufwendungen. – a) Aufwendungen** sind VermOpfer (§ 256 Rn 1), die der Beauftr zum Zwecke der Ausf des A freiwill od auf Weisg des AuftrG macht, ferner solche, die sich als notw Folge der Ausf ergeben (BGH **8**, 222/229), zB Steuern, Kosten eines RStreits (LG Hbg WM **97**, 258). Auch die Eingehg einer Verbindlichk zur Ausf des A ist Aufw; der BefreiungsAnspr nach § 257 verjährt nicht innerh der kurzen Fr des § 196 I Nr 1 (BGH NJW **83**, 1729). Als Aufw werden ferner gewisse Schäd angesehen, die der Beauftr bei Ausf des A erleidet, Rn 8–15. Der AufwBegr ist enger als der des § 633 III (dort Rn 8 a), des
3 § 683 (dort Rn 8) u der der Verwendg (§ 994 Rn 2). – **Keine Aufwendung** ist die eig ArbKraft u Tätigk, die der Beauftr zur Ausf des A verwendet, der dadch uU entgangene Verdienst u die normale Abnützg von Sachen des Beauftr inf der Ausf (BAG MDR **99**, 235). Dies folgt aus der Unentgeltlichk des A. Daran ändert sich bei vereinb Unentgeltlichk auch dadch nichts, daß die zur Ausf zu entwickelnde Tätigk zu dem Beruf od Gewerbe des Beauftr gehört. Aufw ist eine solche Tätigk nur, wenn sie zur Ausf des A zunächst nicht erfdl erschien, sond erst später notw wurde (ähnl Köhler JZ **85**, 359). War berufl od gewerbl Tätigk zur Ausf des A von vornherein erfdl u Unentgeltlichk nicht vereinb, so handelt es sich idR um entgeltl D- od WerkVertr (vgl §§ 612, 632), evt mit GeschBesCharakter (§ 675 I).

4 **b) Umfang des Ersatzes.** Weiter als beim Vorschuß (§ 669 Rn 1), die Aufw, die der Beauftr zur Ausf nach den Umst für erfdl halten durfte. Also nicht alle, aber auch nicht nur die nutzbringden Aufw (BGH NJW-RR **94**, 87). Maßgebd ist ein obj Maßstab mit subj Einschlag: Der Beauftr hat nach seinem verständ Ermessen aGrd sorgfält Prüfg bei Berücksichtigg aller Umst über die Notwendigk der Aufw zu entscheiden. Dabei hat er sich am Interesse des AuftrG u daran zu orientieren, ob u inwieweit die Aufw angemessen sind u in einem vernünft Verh zur Bedeutg des Gesch u zum angestrebten Erfolg stehen. Die Beurteilg des Beauftr, seine Aufw sei notw, ist bei obj fehlder Notwendigk nur dann gerechtf, wenn er seine Entsch nach sorgfält, den Umst des Falles angem Prüfg trifft (BGH **95**, 375: Bürgenzahlg auf verj Hauptschuld; Hamm NJW-RR **97**, 307: Erkundigg nach Einwdgen vor Zahlg einer Schuld des AuftrG). Abzustellen ist auf den Ztpkt, in dem der Beauftr seine Disposition getroffen hat. Der Anspr kann auf Befreiung von einer zur Ausf des A eingegangenen Verbindlichk gehen (Rn 2), unter Eheg allerd eingeschränkt dch die Rücks auf die Nachwirkg
5 der Ehe (BGH WM **89**, 861). Anspr auf Zinsen gem § 256. – **Kein Ersatz** für Aufw, die die ROrdng mißbilligt (§§ 134, 138). So für BestechgsGelder, selbst wenn der AuftrG dem Beauftr Weisg dazu erteilt hat; für Schmiergeld, selbst wenn es im EinzFall einen günstigeren Abschl herbeigeführt hat (BGH NJW **65**, 293); für Aufw, die in einer gesetzl verbotenen Tätigk bestehen (BGH **118**, 142/150, NJW **97**, 47). UU kann bei AuslBeteiligg je nach der Landessitte eine and Beurteilg angebracht sein (Esser/Weyers § 35 III 2). Ferner keine Erstattg, wenn die Aufw darauf zurückzuführen ist, daß der Beauftr mit der GeschBes ein eig Gesch verbunden hat (BGH NJW **60**, 1568), od in einer steuerl Belastg besteht, die mit der Ausf des A nicht in untrennb ZusHang steht (BGH WM **78**, 115).

6 **c) Einwendungen.** Nicht anwendb, weil es sich nicht um einen SchadErsAnspr handelt, ist § 254 (BGH **8**, 222/235). AuftrG u Beauftr können mit ihren Fdgen aus § 667 bzw § 670 ein ZbR geltd machen u, soweit gleichart, aufrechnen (s aber § 666 Rn 1, § 667 Rn 9). Der AufwErsAnspr verj bei entgeltl GeschBesVertr wie der VergütgsAnspr (BGH WM **77**, 553), sonst gem § 195 in 30 J (Naumbg NJW-RR **98**, 1557).

7 **d) Beweislast.** Der Beauftr hat die Aufw zu beweisen, ferner die Tats, aGrd deren er sie für erfdl hielt. Vorschuß § 669 Rn 3.

8 **3) Ersatz von Schäden.** In erster Linie ist eine etwa getroffene vertragl Vereinbg maßgebl (BGH VersR **84**, 1149). Sonst gilt folgdes: – **a)** Trifft den AuftrG ein **Verschulden** an der Entstehg des Schad, den der Beauftr bei Ausf des A erleidet (Bsp: unterbliebener Hinw auf eine ihm bekannte Gef), so haftet er nach allg Vorschr. Bei Versch seiner ErfGeh gilt § 278, bei MitVersch des Beauftr § 254. Würde es sich bei dem A iF der Entgeltlichk um einen DVertr handeln, sind §§ 618, 619 entspr anzuwenden (§ 662 Rn 10).

9 **b)** Der Ers von **Zufallsschäden** des Beauftr ist gesetzl nicht geregelt. Im Erg herrscht weitgehd Übereinstimmg, daß die Ablehng von ErsAnspr in vielen Fällen unbefriedigd wäre. Die rechtl Konstruktion des
10 ErsAnspr ist umstr. – **aa) Garantievertrag,** stillschw geschl, nahm die ältere Rspr u Lehre (ZusStellg bei Staud/Wittmann Rn 10 ff) an od stellte iW ergänzder Auslegg als VertrInhalt eine Vereinbg fest, wonach der AuftrG das Risiko der GeschBes zu tragen habe. Diese Lösg tut dem PartWillen vielf Gewalt an, führt kaum
11 zu einer praktikablen Abgrenzg der ersatzfäh Schäd u versagt bei der GoA. – **bb) § 670.** Die herrschde Meing (zB BGH **38**, 270/277 zur GoA) dehnt den AufwBegr aus u wendet § 670 unmittelb od entspr an. Dabei wird der freiwill Erbringg eines VermOpfers (Rn 2) der Fall gleichgesetzt, daß der Beauftr ein mit der Ausf des A verbundenes SchadRisiko freiwill auf sich nimmt. Das wird angenommen, wenn mit der Ausf des A seiner Natur nach od aGrd bes Umst eine beiden Beteil erkennb Gef für den Beauftr verbunden ist, zB unversch GesundhSchad (BGH **38**, 270), Belastg mit SchadErsPfl aus GefährdgsHaftg (BGH NJW **63**, 251), außer wenn die Haftg zum BetrRisiko des Beauftr gehört, weil er in seinem Gewerbe tät wird (BGH NJW **85**, 269). Verwirklicht sich diese Gef bei Ausf des A, so hat der Beauftr grdsätzl Anspr auf Ers des daraus entstandenen Schad, der einer Aufw gleichgestellt ist. Unter dieser Vorauss wird auch den Angeh ein ErsAnspr entspr §§ 844, 845 zugebilligt (RG **167**, 85/89). Dies und die Anwendg der §§ 254, 846 ist methodisch unsauber, weil nach dieser Konstruktion ein AufwErs-, nicht SchadErsAnspr vorliegt u es außerdem an der

Freiwilligk fehlt, wenn dem Beauftr die Gefährlichk nicht bewußt gew ist. – **cc) Risikozurechnung.** Eine and Meing (Canaris RdA **66**, 41, Genius AcP **173**, 481/512 ff, MüKo/Seiler Rn 14, LAG Düss VersR **77**, 923) wendet den Grds der Risikozurechng bei Tätigk in fremdem Interesse an, wie er sich im iR eines ArbVerh (§ 611 Rn 152 ff) entwickelt hat u auch in HGB 110 I zum Ausdr kommt. Danach hat der AuftrG das spezifische SchadRisiko zu tragen, also dem Beauftr den Schad zu ersetzen, den er bei Ausf des A dch Verwirklichg einer damit verbundenen eigtüml, erhöhten Gef erleidet, zB Brandwunden, KleiderSchad bei LöschArb. Ebso hat ein Verein ein ehrenamtl Mitgl von ErsAnspr freizustellen, die bei schadgeneigter Tätigk dieses Mitgl im Interesse der Mitgl u des Vereins selbst entstanden sind (BGH **89**, 153). Nicht genügd ist das allg Lebensrisiko. Ebso kein ErsAnspr des Wahlvorstands od BetrRats gg ArbG für Schäd inf unversch VerkUnfalls währd einer BesorggsFahrt (LAG Hamm DB **80**, 214). Da es sich bei dieser Konstruktion um SchadErsAnspr handelt, sind §§ 254, 844–846 unbedenkl anwendb. – **dd) Umfang der Ersatzpflicht** nach allg Regeln. Da der Anspr stark von BilligkErwäggen beeinflußt ist, ist in bes gelagerten Fällen eine vorsicht Modifizierg des Alles-od-Nichts-Grds in §§ 249 ff zG einer angem Entschädigg nach AufopfergsGrds vertretb (vgl Erm/Ehmann Rn 14). Kein Anspr auf Ers immateriellen Schad in Geld (BGH **52**, 115). 12 13

c) Öffentliches Recht. Die Heranziehg von PrivPers zu **Dienstleistungen auf Grund gesetzlicher Vorschriften** (BGH **43**, 269: Verw der UmstellgsGrdSch dch BankInst) u dch **Verwaltungsakte,** zB zu Nothilfeleistgen gem § 323 c StGB begründet öffrechtl Beziehgen. § 670 ist nicht anwendb. Bei polizeil NotstandsAOen kommt ein EntschädiggsAnspr nach den PolizeiG der Länder in Betr. Bei Rettg aus Lebens-Gef und sonst Hilfeleistg, iF der Hilfeleistg bei AmtsHdlg, bei pers Einsatz zu vorl Festnahme gewährt SGB VII § 2 UnfallVersSchutz, s § 683 Rn 10; in diesem Fall kein gesetzl FdgsÜbergang auf den SozVers-Träger (BGH NJW **85**, 492). Iü kann Grdl einer Entschädigg ein AufopfergsAnspr sein, s Übbl v § 903. Verletzt der Amtsträger bei der Zuziehg einer PrivPers seine öffrechtl Pfl, so greift die Staatshaftg ein. 14

d) Bei Hilfeleistung ohne Auftrag ist § 670 anzuwenden (§ 683 Rn 9, 10). Schäd des GeschF, die inf der Gefährlichk der GeschFg eingetreten sind, sind zu ersetzen. Eine typische Gefährlichk kann sich auch aus der zur GefAbwendg erfdl Eile ergeben (BGH DB **72**, 721). Das Bestehen einer öffrechtl Pfl, zB aus StGB 323 c, schließt Anspr gg den GeschHerrn nach §§ 683, 670 nicht aus, § 677 Rn 11. Konkurrenz zu and AnsprGrdl Einf 8–12 v § 677. Über SchadErsAnspr aus § 823 gg den, der für das die Hilfeleistg auslösde Ereign verantwortl ist, Einf 14 v § 823. Kein Anspr auf SchmerzG (BGH **52**, 115). 15

671 *Widerruf; Kündigung.* **I Der Auftrag kann von dem Auftraggeber jederzeit widerrufen, von dem Beauftragten jederzeit gekündigt werden.**

II Der Beauftragte darf nur in der Art kündigen, daß der Auftraggeber für die Besorgung des Geschäfts anderweit Fürsorge treffen kann, es sei denn, daß ein wichtiger Grund für die unzeitige Kündigung vorliegt. Kündigt er ohne solchen Grund zur Unzeit, so hat er dem Auftraggeber den daraus entstehenden Schaden zu ersetzen.

III Liegt ein wichtiger Grund vor, so ist der Beauftragte zur Kündigung auch dann berechtigt, wenn er auf das Kündigungsrecht verzichtet hat.

1) Die **Beendigung durch einseitiges Rechtsgeschäft** nennt das G von seiten des AuftrG Widerruf, von seiten des Beauftr Künd. Es handelt sich um rechtsgestaltde, uU auch konkludent abgegebene WillErkl, die mit Zugang das VertrVerh für die Zukunft aufheben, bereits entstandene Anspr aber unberührt lassen. Zur Künd auch Vorbem 28 ff v § 620. Der A ist bis zu seiner Ausf einseit jederzeit lösb, weil er beim AuftrG ein bes Vertrauen voraussetzt, für den Beauftr unentgeltl u fremdnütz ist. Die Wirksamk kann von einer Bdgg abhäng sein, weil der VertrPartner eine ihm läst Ungewißh seinerseits dch einseit VertrAufhebg beenden kann. Bei mehreren AuftrG od Beauftr kann jeder widerrufen bzw kündigen, es sei denn, daß sich aus der Vereinbg od aus den Umst des Falles (Unteilbark des A, GemschVerh) etwas and ergibt (BGH BB **64**, 699). Die einseit Beendigg ist nicht mehr mögl, wenn der AVertr bereits aus and Gründen beendet ist, zB dch vollst Ausf (BGH ZIP **91**, 862). – **Entsprechend anwendbar** ist Abs II, nicht aber I auf den GeschBesVertr § 675 I; Abs II, III für den geschführden Gter § 712 II. Ähnl Regelg beim VereinsVorstd u -Liquidator §§ 27 II, 48 II. Sonderregelg für den A zur BürgschÜbern in § 775 (dort Rn 1). – **Vollmacht** erlischt mit dem zGrd liegden A, § 168 S 1. 1

2) Widerruf (I) dch AuftrG ist jederzeit mögl. Verz auf das WiderrufsR ist unwirks, wenn der A ausschl den Interessen des AuftrG dient, weil er sich sonst ganz dem Beauftr ausliefern würde. Dagg ist das WiderrufsR verzichtb, wenn der A auch im Interesse des Beauftr erteilt u sein Interesse dem des AuftrG mind gleichwert ist (BGH WM **71**, 956). In diesem Fall handelt es sich allerd meist nicht um A, sond um ein and Kausalverhältn. Widerruf dch Erben des AuftrG § 672 Rn 1. Der Widerruf löst die Anspr aus §§ 667, 670 aus. Ist aGrd des A ein Recht trhd übertr, beendet der Widerruf nicht die RÜbertr, sond führt zum schuldrechtl Anspr auf RückÜbertr u nicht einmal dazu, falls das Recht zur Sichg übertr war u die SichgsAbrede noch entggsteht; s a § 398 Rn 20–28. 2

3) Kündigung (II, III) dch den Beauftr ist jederzeit mögl, muß aber dem AuftrG die Möglichk anderweit Fürs lassen außer bei wicht Grd für die Künd zur Unzeit. Auch ohne diesen ist die Künd zur Unzeit wirks, verpflichtet aber zum SchadErs. Wicht Grd s § 626 Rn 57 ff singem (aA Grundmann AcP **198**, 457/482). Verz auf das KündR, der sich auch aus den Umst ergeben kann (Köln JMBl NRW **97**, 173), ist in den Grenzen des Abs III wirks, also nicht bei wicht Grd. 3

4) Andere Beendigungsgründe. – a) Nach **allgemeinen Regeln,** zB Zeitablauf, falls für die Ausf des A eine Zeit vereinb wurde; Erf; sonstige Zweckerreichg (BGH **41**, 23: Amt des TestVollstr endet mit Erledigg seiner Aufgaben); Unmöglichk der Ausf, § 275; AufhebgsVertr; Eintritt auflösder Bdgg. – **b)** Aus den **besonderen Gründen** der §§ 672–674. Ferner bei Insolvenz des AuftrG, außer wenn sich der A nicht auf 4 5 das zur InsMasse gehör Verm bezieht, InsO 115. InsEröffng über das Verm des Beauftr beendet den A nicht (arg InsO 116).

672 ***Tod oder Geschäftsunfähigkeit des Auftraggebers.*** **Der Auftrag erlischt im Zweifel nicht durch den Tod oder den Eintritt der Geschäftsunfähigkeit des Auftraggebers. Erlischt der Auftrag, so hat der Beauftragte, wenn mit dem Aufschube Gefahr verbunden ist, die Besorgung des übertragenen Geschäfts fortzusetzen, bis der Erbe oder der gesetzliche Vertreter des Auftraggebers anderweit Fürsorge treffen kann; der Auftrag gilt insoweit als fortbestehend.**

1 **1) Auslegungsregel in Satz 1,** widerlegbar. Der A erlischt nicht mit dem Tod od der GeschUnfgk des AuftrG. And beim Tod des Beauftr § 673. Erlöschen mit dem Tod kann sich aus den Umst ergeben. Mögl ist auch A unter Lebden, der erst nach dem Tode auszuführen ist; die Erben haben aber bis zur Ausf dch den Beauftr ein nicht abdingb WiderrufsR (BGH NJW **75**, 382). Hat der Erbl jemand mit der Verw des künft Nachl beauftr u auf Widerruf auch für die Erben verzichtet, liegt formbedürft (§ 2197) AO einer TestVollstr vor (RG **139**, 41). § 672 gilt nach § 168 auch für die mit dem A verknüpfte Vollm, diese gilt also weiter für die rgesch Vertr der Erben (§ 168 Rn 4, § 1922 Rn 34; postmortale Vollm Einf 16–20 v § 2197). Soweit sich der Beauftr iR des A u der Vollm hält, braucht er bis zum Widerruf dch die Erben zu RGesch nach dem Erbfall keine Zust der Erben u muß sich nicht vergewissern, ob sie mit dem beabsichtigten Gesch einverst sind; die Schranke sind §§ 138, 242 (BGH NJW **69**, 1245). Auch für den GBVerk genügt idR die Vermutg des § 672 S 1, falls der A- od GeschBesVertr gem GBO 29 nachgewiesen ist. Wenn keine entggstehden Umst bekannt sind, geht also das GBA vom Fortbestehen der Vollm für die Erben aus, auch wenn die VollmUrk dies nicht ausdr erwähnt (KG DNotZ **72**, 18, Demharter GBO § 19 Rn 81; bestr). – Geht A auf Übermittlg einer schenkw zuzuwendden Leistg, so ist, falls die Vollziehg vor dem Tode noch nicht erfolgt ist, die RLage nach den Regeln der Schenkg vTw, § 2301, zu beurteilen (RG **88**, 223).

2 **2)** Eine **Notbesorgungspflicht (Satz 2)** trifft den Beauftr, falls der A entgg der AusleggsRegel in S 1 erloschen ist. Gilt auch, wenn mit der Ausf noch nicht begonnen wurde. Der AVertr wird als fortbestehd fingiert, bis der Erbe bzw gesetzl Vertr des AuftrG selbst Fürs treffen kann. Schuldh Verl der NotbesorggsPfl führt zu SchadErsPfl. Weiß der Beauftr vom Erlöschen nichts, gilt § 674.

3 **3) Entsprechende Anwendung** iF des § 675 I u bei Auflösg einer JP (RG **81**, 153). Auch AO eines EinwilliggsVorbeh (§ 1903) od Wegfall des gesetzl Vertr führen iZw nicht zum Erlöschen (BayObLG NJW **59**, 2119). Für die Insolvenz des AuftrG enthält InsO 115 II eine S 2 vergleichb Regelg.

673 ***Tod des Beauftragten.*** **Der Auftrag erlischt im Zweifel durch den Tod des Beauftragten. Erlischt der Auftrag, so hat der Erbe des Beauftragten den Tod dem Auftraggeber unverzüglich anzuzeigen und, wenn mit dem Aufschube Gefahr verbunden ist, die Besorgung des übertragenen Geschäfts fortzusetzen, bis der Auftraggeber anderweit Fürsorge treffen kann; der Auftrag gilt insoweit als fortbestehend.**

1 **1)** Die **Auslegungsregel in Satz 1** läßt, umgekehrt wie in § 672, den A beim Tod des Beauftr iZw erlöschen, eine Folge des regelm bestehden pers VertrauensVerh. Wird der Beauftr geschunfäh, gilt § 673 nicht; die Verpfl zur Besorgg eines auf rgeschäftl Handeln gerichteten Gesch erlischt wg Unmöglichk, §§ 275, 105; bei einem auf tats Leistg gerichteten A ist es Frage der Auslegg, ob er fortbestehen soll. Wird der Beauftr nur unter Betreuung gestellt, berührt dies idR den A nicht, eine erteilte Vollm bleibt bestehen. Insolvenz des Beauftr s § 671 Rn 5.

2 **2)** Eine **Anzeige- und Notbesorgungspflicht (Satz 2),** ähnl § 672, trifft iF des Erlöschens die Erben des Beauftr. Gilt auch, wenn mit der Ausf noch nicht begonnen. Auch die InformationsPfl des § 666 gehen auf die Erben über (BGH WM **88**, 1236). Der AVertr wird, bis der AuftrG selbst Fürs treffen kann, als fortbestehd fingiert. Schuldh Verl führt zur SchadErsPfl. Erlischt der A entgg der Regel nicht, sind die Erben gem § 666 anzeigepfl.

3 **3) Entsprechende Anwendung** beim GeschBesVertr § 675 I u bei Erlöschen einer JP. IF einer Fusion ist allerd, jedenf wenn für den A ein pers VertrauensVerh nicht von Bedeutg ist, Übern des A dch die übernehmde Gesellsch anzunehmen (RG **150**, 289 für Verschmelzg zweier AG ohne Liquidation; LG Kblz NJW-RR **98**, 38). S 2 gilt entspr für die Erben des TestVollstr, § 2218 I.

674 ***Fiktion des Fortbestehens.*** **Erlischt der Auftrag in anderer Weise als durch Widerruf, so gilt er zugunsten des Beauftragten gleichwohl als fortbestehend, bis der Beauftragte von dem Erlöschen Kenntnis erlangt oder das Erlöschen kennen muß.**

1 **1) Schutz des Beauftragten,** der ohne Fahrlk (§ 122 II) vom Erlöschen des A keine Kenntn hat, dch die Fiktion, daß der AVertr als fortbestehd gilt, u zwar nur zu seinen Gunsten. Der AuftrG od seine RNachf können aus der Vorschr keine Rechte herleiten, etwa SchadErsAnspr wg NichtAusf des A. Für das Erlöschen durch InsEröffng gilt als sachl entspr SonderVorschr InsO 115 III. Iü gilt § 674 für alle ErlöschensGrde außer Widerruf (Rn 2). Für die Ausf des (erloschenen) A gelten die Vorschr des AuftrR, von der Kenntn des Erlöschens an also auch Anz- u NotbesorggsPfl gem §§ 672, 673. Die BewL für Kenntn oder Fahrlk bei
2 Unkenntn liegt beim AuftrG. – Zur Fortgeltg der aGrd des A erteilten Vollm s §§ 168 S 1, 169. – **Kein Schutz** bei Erlöschen dch Widerruf (§ 671 I), weil er idR erst mit Zugang an den Beauftr wirks wird. Ist der Widerruf ausnahmsw trotz Unkenntn des Beauftr wirks (zB § 132), so gilt § 674 nicht, es gelten §§ 677 ff. Ferner kein Schutz, wenn der Beauftr inf Fahrlk vom Erlöschen keine Kenntn erlangt.

2) Entsprechende Anwendung bei GeschBesVertr, § 675 I (auch RA, Saarbr NJW **66**, 2066, Nürnb 3
NJW **64**, 304; bestr) u TestVollstr, § 2218 (and, wenn Ernenng von Anfang an ggstlos, BGH **41**, 23). – Ähnl Regelg in §§ 729, 1698 a, 1893, InsO 115 III.

II. Geschäftsbesorgungsvertrag

Einführung

1) Wesen, Abgrenzung. Der GeschBesVertr ist ein D- od WerkVertr, der eine vermögensbezogene 1
GeschBes zum Ggst hat (näher § 675 Rn 2 ff), also ein entgeltl ggs Vertr. § 675 stellt ihn weitgehd unter AuftrR, weil dessen Anwendg bei der selbstd Wahrnehmg fremder Vermögensinteressen sachgerecht ist. Gleichwohl ist er wg seiner Entgeltlichk kein A ieS (Einf 1, 6 v § 662). Die früh Einordng unter den A entsprach weder dem Wesen noch der wirtsch Bedeutg des GeschBesVertr (Staud/Martinek § 675 Rn 4). Bes spezialgesetzl geregelte VertrTypen s Rn 2. Abgrenzg zum MaklerVertr Einf 7 v § 652. Bsp u Grenzfälle § 675 Rn 9 ff. Verhältn zur Vollm Einf 7 v § 662.

2) Gesetzliche Regelung, Rechtsquellen, anwendbares Recht. – a) Dch Art 1 **Überweisungsgesetz** 2
v 21.7.99 (BGBl 1642), in Kr getr am 14.8.99, ist der GeschBesVertr in einem selbstd Untertitel geregelt w. Die bish §§ 675, 676 wurden mit geringen Ändergen in dem neuen § 675 zusgefaßt, die übr Vorschr (§§ 675 a–676 g) in Umsetzg der Richtl 97/5/EG über grenzüberschreitde Überw v 27.1.97 (ABl L 43 S 25, abgedr auch WM **97**, 844, ÜberwRichtl; dazu Göbel WM **97**, 1832) u der Richtl 98/26/EG über die Wirksamk von Abrechngen in Zahlgs- sowie Wertpapierliefer- u -abrechngssystemen v 19.5.98 (ABl EG L 166 S 45; ZahlgsSichgsRichtl) neu eingefügt. Dabei hat der Gesetzgeber über den AnwendgsBer der ÜberwRichtl (nur grenzüberschreitde Überw bis 50 000 Euro) hinaus eine Regelg für alle Überw getroffen. Dadch sind nunm im BGB einige Sonderformen des GeschBesVertr (ÜbertraggsVertr, § 676; ÜberweisgsVertr, §§ 676 a ff; ZahlgsVertr, §§ 676 d f; GiroVertr, §§ 676 f f) speziell, wenn auch unvollst geregelt. In Zweifelsfällen sind bei der Auslegg der §§ 675 a–676 g die Richtl mit heranzuziehen (richtlkonforme Auslegg, Einl 36 v § 1). Auch iü kann je nach Art des zu besorgden Gesch ein bes VertrTyp vorliegen, für den spezialgesetzl Regelgen insb des HGB gelten, zB Kommission, Spedition (weitere Bsp § 675 Rn 9 ff). **Zeitlich gelten** die neuen Vorschr ab 14.8.99, für Überw aber zunächst nur hins solcher in and Länder der EG u des europ WirtschRaums, für die übr Überw erst ab 1. 1. 2002 (EG 228 I, II). Näher Vorbem 5 v § 676 a.
– b) Internationales Privatrecht EG 27, 28 (dort Rn 16, 21), 29. Für grenzüberschreitde Überw gelten 3
zT vorrang völkerrechtl Vertr (EG 228 IV). Für die **frühere DDR** gelten für GeschBes mit wiederkehrden pers Leistgen die ÜbergVorschr EG 232 § 6, für Konto- u SparKtoVertr EG 232 § 7.

1. Allgemeines

675 ***Entgeltliche Geschäftsbesorgung, Rat, Empfehlung.*** **I Auf einen Dienstvertrag oder einen Werkvertrag, der eine Geschäftsbesorgung zum Gegenstande hat, finden, soweit in diesem Untertitel nichts Abweichendes bestimmt wird, die Vorschriften der §§ 663, 665 bis 670, 672 bis 674 und, wenn dem Verpflichteten das Recht zusteht, ohne Einhaltung einer Kündigungsfrist zu kündigen, auch die Vorschriften des § 671 Abs. 2 entsprechende Anwendung.**

II Wer einem anderen einen Rat oder eine Empfehlung erteilt, ist, unbeschadet der sich aus einem Vertragsverhältnis, einer unerlaubten Handlung oder einer sonstigen gesetzlichen Bestimmung ergebenden Verantwortlichkeit, zum Ersatz des aus der Befolgung des Rates oder der Empfehlung entstehenden Schadens nicht verpflichtet.

1) Geschäftsbesorgungsvertrag 1–25
A) Allgemeines, Anwendungsbereich 2–6
a) Geschäftsbesorgung 2–5
b) Entgeltlichkeit 6
B) Anzuwendendes Recht 7, 8
a) Allgemeines, Rangfolge 7
b) Einzelheiten 8
C) Einzelne Geschäftsbesorgungsverträge . . . 9–25
a) Bankverträge 9–12
b) Baubetreuungs- und Bauträgerverträge . 13–18
c) Kreditkartenverträge 19
d) Schiedsrichter- und -gutachterverträge . 20
e) Treuhandverträge 21
f) Weitere Beispiele, Grenzfälle 22–25
2) Haftung für Rat, Empfehlung und Auskunft 26–47
A) Grundsätze 27, 28
B) Rat- und Auskunftsvertrag 29–38
a) Allgemeines 29
b) Abschluß 30–32
c) Pflichten 33
d) Haftung 34–38
C) Nebenpflicht in anderen Verträgen 39
D) vertragsähnliches Verhältnis 40
E) Haftung kraft Gesetzes, insb unerlaubte Handlung 41
F) Beispiele 42–47

1) Geschäftsbesorgungsverträge. Wesen des GeschBesVertr u Neuregelg dch das ÜG zum 14.8.99 s 1
Einf.

A) Anwendungsbereich. Der sachl AnwBer des § 675 setzt als VertrGgst eine Geschäftsbesorgung voraus, die iR eines Dienst- od WerkVertr, dh and als beim A entgeltl erbracht wird.

a) Geschäftsbesorgung iR des § 675 I ist nach hM jede selbstd Tätigk wirtsch Art in fremdem Interesse 2
(BGH **45**, 223/228, NJW-RR **92**, 560; Staud/Martinek Rn 17). Wie in § 662 muß der Beauftr also fremdnütz handeln; der Begr der GeschBes ist aber hier, was die Art der Tätigk betrifft, enger als beim A (§ 662 Rn 6 f). – **aa) Selbständige Tätigkeit wirtschaftlicher Art.** Bloßes Unterl, Gewährenlassen, Dulden 3
genügt nicht (wie § 662 Rn 6). Die Tätigk ist meist auf rgeschäftl Handeln gerichtet, es fallen aber auch rgeschäftsähnl u tats Hdlgen darunter. Sie muß, enger als beim A, eine selbstd sein, also Raum für eigverantwortl Überlegg u Willensbildg des GeschBesorgers lassen, u sie muß wirtsch Art sein, also Bezug zum

Vermögen des AuftrG haben. – **Nicht** unter § 675 einzuordnen sind unselbstd Tätigk wie Hausmädchen, Gesellen, FabrikArb. Ferner Tätigk, die keinen VermBezug haben, wie Arzt, Erzieher, Vorleser. Ggst eines A
4 od einer GoA können diese Tätigk dagg sein. – **bb) In fremdem Interesse** muß die Tätigk ausgeübt w (BGH NJW-RR **92**, 560), dh auf solche Gesch gerichtet sein, für die an sich der GeschHerr selbst in Wahrnehmg seiner VermInteressen zu sorgen hat, die ihm aber ein and abnimmt (s a § 662 Rn 7); daran fehlt es, wenn der Beauftr nicht bereits bestehde Obliegenh des GeschHerrn wahrnehmen soll, sond der Aufgabenkreis erst mit Hilfe des VertrPartners geschaffen wird (BGH **45**, 223/229). – **Nicht** unter § 675 fällt die Führg eig Gesch, zB Überprüfg u Einziehg angekaufter, diskontierter Wechsel dch die Bank (Nürnb BB **69**, 932). Ferner eine Tätigk, die an einen and, nicht für ihn zu leisten ist, wie die des Handwerkers, BauUntern,
5 planden Arch. – **cc)** Eine **abweichende Auffassung** in der arbgerichtl Rspr wendet die in § 675 angezogenen AVorschr auf alle D- u WerkVertr immer dann entspr an, wenn sie nach der Art der Besorgg passen u zu angem Erg führen (zB BAG NJW **67**, 414 für §§ 670, 665, BAG GrS NJW **62**, 411/414). Wenn man das AbgrenzgsKriterium der GeschBes (§§ 662, 675 I) zu and unentgeltl LeistgsVertr sowie D- u WerkVertr darin sieht, daß bei der GeschBes die spezifische TreuPfl des GeschBesorgers zur Wahrnehmg der Interessen des GeschHerrn eine HauptPfl darstellt (so Esser/Weyers § 35 I 1), ergibt sich im praktischen Erg wohl kein nennenswerter Unterschied zu der herrschden Auffassg; in den Bsp für die Anwendbark od Nichtanwendbark des § 675 I besteht weitgehd Einigk.

6 **b) Entgeltlich,** dh gg Vergütg muß die GeschBes erbracht w, wie aus dem Erfordern eines Dienst- od WerkVertr folgt. Auch insow unterscheidet sich der GeschBesVertr vom A; zur Abgrenzg, insb zur BewL § 662 Rn 8.

7 **B) Auf Geschäftsbesorgungsverträge anzuwendende Vorschriften, I. – a) Allgemeines.** Rechtsfolge des § 675 I ist die entspr Anwendg von AVorschr, soweit „nichts Abweichdes bestimmt" ist. Die Begrenzg dieser Einschränkg auf den Untertitel schließt die Anwendg des § 675 I auf spezialgesetzl außerh des BGB geregelte GeschBesVertr nicht aus. Die Regelg ist grdsätzl (Ausn zB § 676 c III) **dispositiv,** so daß sich folgde **Rangfolge** ergibt: – **(1)** Vertragl Vereinbgen der Parteien, soweit sie zulässigerw getroffen wurden; – **(2)** spezielle Bestimmgen für bes geregelte GeschBesVerh in §§ 676–676 g od Gesetzen außerh des BGB (Bsp Rn 9 ff); – **(3)** der größte Teil des AuftrR, das insow den Vorschr über D- od WerkVertr vorgeht; – **(4)** je nach Art der GeschBes §§ 611 ff od §§ 631 ff, soweit weder spezielle G noch das AuftrR Vorschr enthalten.

8 **b) Einzelheiten.** Zu VertrSchluß u -Abwicklg s allg § 662 Rn 2, 4. Für die **Vergütung** gelten mangels bes Vereinbg §§ 612 bzw 632 (Hamm NJW-RR **95,** 1010); § 670 gilt nur, soweit AufwErs nicht schon in der Vergütg enthalten ist. Zur Anwendbark des in § 675 nicht genannten § 664 dort Rn 1. Für die **Kündigung** gelten die einschläg Best des D- bzw WerkVertr (BGH DB **82**, 2346). § 671 (Widerruf u Künd jederzeit) ist, von der für seinen Abs II in § 675 gemachten Ausn abgesehen, nicht anwendb. In der **Insolvenz** wird der GeschBesVertr, von Überw-, Zahlgs- u ÜbertrVertr abgesehen, dem A gleich behandelt, InsO 116.

C) Erscheinungsformen des Geschäftsbesorgungsvertrags, Grenzfälle.

9 **a) Bankgeschäfte.** Neuere Lit: Canaris, BankVertrR, 3. Aufl 1988; Claussen, Bank- u BörsenR, 1996; Heller/Steuer, BankR u BankPraxis, Losebl-Ausg; Kümpel, Bank- u KapitalmarktR, 1995; Schimansky/Bunte/Lwowski, BankR-Handbuch Bd I–III, 1997. – **aa) Rahmenvereinbarung.** Zw der Bank u ihrem Kunden besteht, wenn nicht ein einz Gesch abgewickelt, sond wie idR eine längere GeschBeziehg begründet wird, als RahmenVertr ein auf GeschBes gerichteter DVertr (BGH **23**, 226, **63**, 91; Sch-B-L/Hopt § 1 Rn 15 ff, str). Dch ihn werden idR die AGB der Bank in die GeschBeziehg einbezogen, nach ihm richten sich die allg Rechte u Pfl der Beteil, zB die VerschwiegenhPfl od eine KontrahiergsPfl der Bank für EinzGesch, uU auch das der Bank für ihre Leistgen zu zahlde **Entgelt** (Überprüfg nach AGBG dort § 9 Rn 59 ff, Horn WM **97** Beil 1). Den einz Leistgen, die die Bank für den Kunden erbringt, mag sie das Gesch selbst ausführen od es nur veranlassen (§ 664 Rn 2; zur Bedeutg der Unterscheidg für die Haftg der Bank Kümpel WM **96**, 1893), liegt dann meist ein gesond Vertr zGrd, der oft ebenf ein GeschBesVertr ist (Bsp: Überweisg, § 676 a; GiroVertr, § 676 f, s a BGH NJW **85**, 2699).

10 **bb) Einzelne Bankgeschäfte. – Akkreditivauftrag** Einf 9–13 v § 783. – **Akzept- u Avalkredit:** Der Vertr über die Gewährg kann je nach dem Inhalt der Vereinbg Darl od GeschBes sein. Letztere ist anzunehmen, wenn die Bank Wechsel für Rechng des Kunden gg Prov akzeptiert u ihm so zur Diskontierg behilfl ist; Darl ist anzunehmen, wenn die Bank eig Mittel aufwendet od fremde Mittel im Auftr od zG des Kunden zur Vfg stellt mit der Vereinbg, dadch Gläub des Kunden zu werden (BGH **19**, 282/291). – **Anlage- und Effektenberatung** s unter VermögensVerw, WertPGesch. – **Auskunft** Rn 43. – **Auszahlungsauftrag** § 676 a Rn 2. – **Depotvertrag:** GeschBesVertr mit DVertrCharakter (Hamm BB **99**, 1676). Pfl der Bank zur sicheren Verwahrg der WertP; zur (lfden) Beratg über Verk- u AnlMöglichk (Karlsr NJW-RR **92**, 1074, Celle WM **97**, 1801, Mü WM **97**, 1802) od zur regelm Information (Hamm BB **99**, 1676) nur bei Vereinbg. Pfl des Kunden zur Anz einer Falschbuchg (Ffm WM **72**, 436). Auch für die Bank jederzeit kündb (BGH NJW **91**, 978). Übertr von WertP im Depot s § 676 Rn 2. – **Einlagen:** Für die Ann fremder Gelder, ggf unter Zinszahlg (Spareinlagen, Termingelder etc), gelten §§ 700, 607 (Einf 17 v § 607); zum SparVertr § 808 Rn 6–8.
11 Gebühren für ZinsfreistellgsA s AGBG 9 Rn 63. – **Garantieauftrag** Einf 16 v § 783. – **Geldautomat, Geldkarte** § 676 f Rn 20 ff. – **Girovertrag** §§ 676 f, g. – **Lastschriftverkehr** § 676 f Rn 26 ff. – **Kreditgeschäft** s § 276 Rn 28–31. –Sog **Netzgeld** (ecash, Cyber-cash; s KWG 1 I Nr 12) gewährt dem ZahlgsEmpf einen GarantieAnspr gg ausgebde Bank (Kümpel NJW **99**, 313, str). – **Reisescheck.** Die ersteinlösden Banken haben zu prüfen, ob die vor ihnen zu leistde KontrollUnterschr mit der ErstUnterschr übereinstimmt (Ffm WM **80**, 752). Wenn ja, muß auch die Ausstellerbank einlösen. – **Scheck:** ScheckVertr, Scheckinkasso
12 § 676 f Rn 17 ff. – **Überweisung** §§ 676 a–c, § 676 f Rn 31 ff. – Bei **Vermögensverwaltung** (s a Rn 25) hat die Bank wg ihrer in AGB nicht abdingb WeisgsGebundenh (§ 665; Köln WM **97**, 570) vorgegebene AnlRichtl grdsätzl einzuhalten, sonst Haftg aus pVV (BGH NJW **98**, 449; LG Mü I WM **99**, 179: konservative Anl); ohne solche Richtl ist auf eine angem Mischg zw spekulativen u risikoarmen AnlFormen zu achten (BGH WM **94**, 834), Anl von 20% des verw Verm in Risikokapital ist nicht ow pflichtwidr (Hamm WM **96**,

669; s a Ffm WM **96**, 665, MDR **99**, 557: OptionsscheinGesch). Aufklärg u Beratg § 276 Rn 22, § 764 Rn 11–14. Näher Gaßner/Escher WM **97**, 93, auch zu den öffrechtl Pfl nach §§ 31 ff WpHG (Neufassg v 9.9.98, BGBl 2708). – **Wechsel:** Einlösg, soweit dch Guth od Kredit des Kunden gedeckt. Grdsätzl keine Pfl der diskontierden Bank, den Diskontnehmer über die VermögensVerh der übr WechselBeteil aufzuklären. Erweckt jedoch inf unübl Vereinbgen mit dem Akzeptanten die Bank dch die Ann des Wechsels zum Diskont den Anschein, der Akzeptant sei kreditwürd u weiß sie, daß er den Wechsel nicht wird einlösen können, so muß sie entw die Diskontierg ablehnen od den Diskontnehmer auf die Sachlage u seine RückzahlgsPfl beim Rückgr hinweisen (BGH WM **77**, 638, **87**, 679). – **Wertpapiergeschäfte** uä: Beratg Rn 22 u § 276 Rn 22, 23; Übertragg von WertP § 676; BörsenterminGesch, Optionen § 764 Rn 9 ff. Hat die Bank die Übermittlg von A übern, hat sie VerkaufsA über im Kurs stark schwankde Papiere schnellstmögl weiterzuleiten, keine Beschrkg der Haftg auf grobe Fahrlk (Oldbg WM **93**, 1879); dch Weisg des AuftrG nicht gedeckte A darf sie nicht übermitteln (BGH NJW **97**, 1360: Korrespondenz mit ausl Broker).

b) Baubetreuungs- und Bauträgerverträge. Lit: Basty, Der BauträgerVertr, 3. Aufl 1997; Brych/Pause, Bauträgerkauf u Baumodelle, 3. Aufl 1999; Reithmann/Meichssner/v Heymann, Kauf vom Bauträger u Bauherrenmodelle, 7. Aufl 1995; Jagenburg/Weber NJW **99**, 2855 (RsprÜbers). Vorschr für Bauträger u Baubetreuer zum Schutz ihrer VertrPartner enthält die MaBV, s Einf 1 v § 652. Im Lauf der Zeit haben sich versch **Vertragstypen** der Baubetreuung (iwS) herausgebildet; die R u Pfl der VertrPart im konkr Fall hängen jedoch von den jeweil vertragl Vereinbgen ab. Seine Einwdgen im Verhältn zum Bauträger/BauBetr kann der AuftrG (Erwerber, Darlehensnehmer) der Bank, die ihm Kredit gewährt hat, nur in AusnFällen entggsetzen (Einf 18 v § 305); zur Haftg der Bank § 276 Rn 27 ff, Fuellmich/Rieger ZIP **99**, 465, Streit ZIP **99**, 477. 13

aa) Der **Bauträger** ist nach der nunm übl Terminologie ein Gewerbetreibder, der das BauVorh im eig Namen, gleichgült ob für eig od fremde Rechng, vorbereitet u/od dchführt (BGH NJW **81**, 757). Er ist selbst Bauherr u VertrPartner der BauUntern, er baut idR auf dem eig od einem von ihm zu beschaffden Grdst. Baut der Beauftr auf dem Grdst des AuftrG, wird idR ein Wk- od WkLiefergsVertr vorliegen (BGH NJW **75**, 869), zB als Generalübernehmer (Hamm NJW-RR **92**, 153) od -Untern (§ 631 Rn 9). Der Vertr zw Bauträger u Erwerber des Obj (BauträgerVertr) ist ein Vertr eig Art, der neben werk- u werkliefergsvertragl Elementen auch kaufrechtl Elemente (GrdstErwerb) sowie je nach den Umst Bestandt aus dem Auftr- u GeschBesR enthält (BGH **92**, 123, Jagenburg NJW **87**, 3107), gleichgült, ob u wieweit das Bauwerk im Ztpkt des VertrAbschl bereits fertgestellt ist od nicht (BGH NJW **81**, 2344); beschafft der Bauträger zusätzl gg bes Vergütg die Zwischenfinanzierg, liegt eine gesondert zu beurteilde GeschBes vor (BGH NJW **78**, 39). Die Verpfl zur Übereigng folgt nicht aus § 667, sond bedarf der Form des § 313 (dort Rn 18); das gilt auch für den **Kaufanwärtervertrag** (Vorvertrag, § 313 Rn 11). Grdsätzl kein KoppelgsVerbot (§ 631 Rn 4). **Gewährleistung** als Bauträger für das Bauwerk nach WerkVertrR (§ 633 Rn 4), keine isolierte Vereinbg der VOB-GewlRegeln (Mehrings NJW **98**, 3457), ebso nicht der VOB/B insges für die PlangsLeistgen (Bamb NJW-RR **99**, 962). Sonderwünsche haben die Erwerber idR direkt mit den Handw zu vereinb (s Vogelheim BauR **99**, 117). 14

bb) Der **Baubetreuer** (ieS) verpflichtet sich ggü dem Bauherrn gg eine Vergütg zur planerischen, meist auch organisatorischen, wirtsch u finanziellen Gestaltg, DchFührg, Beaufsichtigg (BGH **70**, 187) u Abrechng des Baugeschehens, wobei er im Namen u für Rechng des Bauherrn tät wird (BGH NJW **81**, 757), sei es auf dem Grdst des Bauherrn (BGH NJW **75**, 869, Hamm NJW-RR **92**, 153) od auf einem erst zu erwerbden Grdst (BGH WM **69**, 96). Zur Übern der FinanziergsVermittlg s Einf 7 v § 652. Seiner **Rechtsnatur** nach ist dieser BauBetrVertr idR ein GeschBesVertr, u zwar mit WerkVertrCharakter (BGH NJW **94**, 2825; Gewl hins des Bauwerks gem §§ 633 ff, BGH NJW-RR **98**, 1169), wenn der Beauftr verantwortl Plang, Errichtg u Abwicklg des ganzen Baus, also einen best Erfolg schuldet (Vollbetreuung); mit DienstVertrCharakter, wenn er ledigl organisatorische u wirtsch Betreuung ohne Plang u technische Leitg schuldet (Teilbetreuung; Hamm NJW **69**, 1438 u MDR **82**, 317). Das gilt auch dann, wenn der Betr auf eig Grdst od dem Grdst eines Dritten baut u sich zur Übereigng verpflichtet (BGH DB **68**, 305). Diese Verpfl zur Übereigng folgt dann nicht aus § 667, sond bedarf der Form des § 313 (dort Rn 18); das gilt auch für einen VorVertr (§ 313 Rn 11). Der Vertr kann im EinzFall wg Verstoßes gg das RBerG nichtig sein (BGH **70**, 12); ein KoppelgsVerbot zw der Verpfl zum GrdstErwerb u derj zur Inanspruchn eines best Baubetreuers besteht grdsätzl nicht (§ 631 Rn 4). – 15
Der Betr hat vielf **Vollmacht** des Bauherrn (zur Formbedürftigk § 313 Rn 19 ff). Deren Umfang richtet sich nach der Erteilg im EinzFall (s a BGH ZfBR **83**, 220). Sie umfaßt zT auch die Beschaffg der Finanzierg; ob sie dann zur Bestellg eines GrdPfdR am Grdst des Bauherrn, uU auch zG des BauBetr selbst, ausreicht, ist AuslegsFrage (BGH DB **77**, 398; s a § 167 Rn 5). Ob der BauBetr dch Vertr mit Dritten, die er zur Errichtg des Baus abschließt, den Bauherrn (wie idR) od sich selbst (ausnahmsw) verpflichtet, hängt davon ab, ob er im eig od fremden Namen auftritt (§ 164 Rn 4 f). Handelt er im Namen der Bauherrn ggü dem BauUntern, auch bei einer Vielzahl noch unbekannter od später hinzukommder Bauherrn, werden diese VertrPartner des Untern, auch wenn sie noch nicht Eigtümer des BauGrdst sind (BGH **67**, 334, BGH NJW-RR **87**, 1233) u es sich um ein umfangreiches BauVorh handelt (BGH **76**, 86). Eine FestPrVereinbg zw BauBetr u Bauherrn (zB für schlüsselfert Übergabe; zu Preisgarantien s Einf 16 v § 765) ist mögl. Sie steht dem Abschl der WerkVertr mit den Handw namens u in Vollm der Bauherrn nicht entgg; denn sie kann als PrGarantie des Inhalts aufgefaßt werden, daß der BauBetr den AuftrG von weitergehden HandwFdgen freizustellen hat (BGH **67**, 334; krit Moritz JZ **80**, 714). Kommt die BauherrenGemsch (zu ihr § 705 Rn 38) nicht zustande, haften der BauBetr u/od der TrHänder (Rn 18) nach § 179 (BGH **105**, 283). – Die **Pflichten** des BauBetr richten sich zunächst nach den vertragl Vereinbgen u dem VertrInhalt (s Rn 15). Ist ihm die technische Betreuung übertr und er zum Abschl des ArchVertr bevollmächtigt, muß er die Plang des Arch sorgfält überprüfen, Haftg wie die des Arch (BGH **126**, 326; Einf 7 v § 631). Der BauBetr ist, außer bei FestPr, dem AuftrG zur RechngsLegg verpflichtet, wenn das BauVorh im wesentl abgeschlossen u er dazu in der Lage ist (BGH LM § 666 Nr 8). Errichtet er eine WohnAnl auf einem Grdst, das im MitEigt künft WohngsEigtümer steht, so kann jeder einz Bauherr Abrechng der ihn treffden anteil Baukosten u der von ihm erbrachten Leistgen u Auszahlg seines sich daraus ergebden Guth verlangen (BGH WM **78**, 758, AusleggsFrage). Soweit sich der BauBetr eines Arch bedient, ist dieser sein ErfGeh (BGH WM **78**, 239). Verzögert sich die End- 16
17

abrechng u ist ein Teil des Pr bereits bezahlt, so schuldet der BauBetr uU die Auflassg gem § 242 gg SicherhLeistg (BGH WM **68**, 1012 u 1014). – Anspr des BauBetr auf SichgsHyp § 648 Rn 2.

18 **cc) Andere Baumodelle** sind häuf. Oft treten die Initiatoren zur Vermeidg der Haftg als Bauträger u aus steuerl Grden zunächst nur als Vermittler, AnlBerater oä mit entspr geringerer Haftg auf. Die Erwerber, die untereinand meist eine Innen-GbR bilden (§ 705 Rn 38), werden Bauherren u VertrPartner der Planer, BauUntern sowie der Initiatoren selbst. Diese übernehmen in der DchFührgsPhase oft die Rolle des BauBetr. Vielf ist zw Bauherren u BauBetr ein **Treuhänder** als Sachwalter der Interessen der Erwerber zwischengeschaltet (näher Brych DB **79**, 1589 u **80**, 531, Reithmann WM **86**, 377); Formbedürftigk des TrHdVertr § 313 Rn 33. Dessen Pfl hängen ab von dem ihm vertragl übertr PflKreis, zu entnehmen auch aus den Vorstellgen, die den TrGeber nach der VertrGestaltg dazu veranlaßt haben, dem TrHänder die TrHandsch zu übertragen (BGH **102**, 220, NJW-RR **89**, 1102). Pfl des TrHänders zur Aufklärg des Bauherrn über Verflechtg mit dem BauBetr (BGH BB **91**, 935), über die Risiken eines von ihm veranlaßten vorzeit Baubeginns (BGH NJW **94**, 1864). Zur Haftg bei derart (Bauherren)Modellen s a § 276 Rn 23 (Prospekthaftg) u 34. – Der **Träger-Siedler-Vertrag** (s Fischer-Dieskau/Brintzinger WohngsBauR 2. WoBauG 58 Anm 5.6) wird in Ergänzg zu den öffrechtl Best (insb 2. WoBauG 58) zw SiedlgsTräger u SiedlgsBewerber geschlossen u ist auf Errichtg der Siedlg, Überlassg der Siedlerstelle (Wohng) zur Nutzg an den Bewerber u spät Übertragg des Eigt auf diesen gerichtet. Er ist GeschBesVertr eig Art mit überwiegdem WerkVertrCharakter (BGH BB **75**, 988); die Begründg der Kaufanwartsch des Siedlers (BewerberVertr) bedarf als VorVertr grdsätzl der Form des § 313 (dort Rn 11; s a BGH **16**, 334 u **20**, 172). Für die Zeit der Nutzg bis zur EigtÜbertr ist iF urspr vorh Mängel § 538 entspr anwendb (BGH NJW **71**, 1450).

19 **c) Kreditkartenvertrag.** 3 Beteil: KartenAusSt, KartenInh, VertrUntern des AusSt. Der KartenInh unterzeichnet bei dem VertrUntern zur Erf einer ZahlgsPfl (zB aus einem KaufVertr) einen BelastgsBeleg. Damit erteilt er dem KartenAusSt die nur dch den Beleg, nicht dch Zeugen beweisb (KG ZIP **93**, 1303) Weisg (§ 665), seine Verbindlichk ggü dem VertrUntern zu tilgen (BGH **91**, 221; aA: Anweisg, s Meder AcP **198**, 72); widerrufb bis zur Bewirkg dieser TilggsLeistg (Karlsr DB **91**, 34, Ffm WM **94**, 942; aA Schlesw WM **91**, 453, Bitter BB **97**, 480), Erf der Verbindlichk erst mit Tilgg (§ 364 Rn 10). Der KartenAusSt ist aGrd des mit dem KartenInh geschl KrKartenVertr (GeschBesVertr, BGH **125**, 343/349) zur Tilgg verpflichtet. Zur Erf seines AufwErsAnspr (§ 670) gg den KartenInh zieht er den Betr bei dessen Bank ein, idR aGrd Einzugsermächtigg (§ 676 f Rn 29). Er trägt die BewL für die Echth der Unterschr auf dem BelastgsBeleg (BGH **91**, 221: Fälschg dch Bedienstete von VertrUntern) u darf das Risiko des Mißbr der KrKarte dch Dr nicht in AGB auf den KartenInh abwälzen (BGH **114**, 238); dann allenf SchadErsAnspr des AusSt bei Versch des KartenInh (ähnl § 676 f Rn 24). Ein gesetzl Leitbild des KrKartenVertr gibt es nicht (BGH NJW **98**, 383); Zulässigk von AGB s AGBG 9 Rn 102, 103. Der RahmenVertr zw KartenAusSt u VertrUntern ist FdgsKauf (BGH NJW **90**, 2880; aA Bröcker WM **95**, 468: abstr SchuldVerspr des AusSt ggü dem VertrUntern). Es kann ein FdgsLimit vereinb werden. Zahlt der AusSt trotz ungen Limitüberschreitg auf einen eingereichten Beleg, so ist er zu einem EinziehgsVersuch bei der Bank des KartenInh verpflichtet (Köln WM **95**, 1914). KrKartenZahlg im Internet Pichler NJW **98**, 3224.

20 **d) Schiedsrichtervertrag.** Der Vertr zw den Part u dem SchiedsRi wird teilw als Vertr eig Art (BGH **LM** § 1025 ZPO Nr 5, Strieder, Rechtl Einordng u Behandlg des SchiedsRiVertr, 1984 S 37), teilw als DVertr u zugleich ProzVertr (Rosenberg/Schwab § 175 IV 2) od dienstverträhnl (Wieczorek § 1025 Anm C III b 1) eingeordnet; iF der Unentgeltlichk als A. Er kommt stets zw allen Part u jedem SchiedsRi zust, gleichgült welche Part ihn ernannt hat, u zwar nach hM auf seiten des SchiedsRi mit der (auch konkludenten) Ann des Amts, auf seiten der Part, die ihn nicht ernannt hat, mit Zugang der ErnenngsAnz (ZPO 1035 II). Seine Wirksamk ist unabhäng von der der SchiedsVereinbg. Ob ein Verstoß gg DRiG 40 I 2 ihn unwirks macht, ist str (offen gelassen BGH **55**, 313, bej Breetzke NJW **71**, 1458, Habscheid KTS **72**, 209). Die Haftg des SchiedsRi bestimmt sich nach allg schuldrechtl Grds, doch ist HaftgsBeschrkg wie beim staatl Ri (§ 839 II) als stillschw vereinb anzunehmen (BGH **42**, 313). Der SchiedsRi hat mit Beendigg des Verf Anspr auf die vereinb, sonst auf übl Vergütg u auf AuslagenErs (§§ 612, 670) gg beide Part als GesSchu, § 427, ebso iZw einen allerd von ihm nicht einklagb (BGH **94**, 92) Anspr auf Vorschuß (Th-P Rn 10 v § 1029). Im InnenVerh sind die Part je zur Hälfte verpflichtet. Der VergütgsAnspr ist unabhäng von der RBeständigk des Schiedsspruchs u ggf dch Kl gg die Part geltd zu machen; die SchiedsRi selbst können die Vergütg nicht festsetzen, auch wenn dies in die Form der StreitwertFestsetzg gekleidet ist (BGH **94**, 92). Der SchiedsRiVertr endet mit der für die Part jederzeit, für den SchiedsRi nur aus wicht Grd (RG **101**, 393) zul Künd, §§ 626, 627, 671; ferner in den Fällen des ZPO 1036 (erfolgreiche Ablehng) u 1038 sowie grdsätzl mit Beendigg des SchiedsVerf (ZPO 1056). – **Schiedsgutachtervertrag,** RNatur wie SchiedsrichterVertr; Einzelh § 317 Rn 9 u Th-P Rn 6, 7 v § 1029.

21 **e) Treuhandvertrag.** Einen eig VertrTyp kennt das BGB nicht, der EinzFall bestimmt die RBeziehgen zw TrGeber u TrHänder; bei Entgeltlichk handelt es sich idR um GeschBes, bei Unentgeltlichk um A (BGH WM **95**, 2065). Einzelh Übbl 25 v §104; Abgrenzg zum ScheinGesch § 117 Rn 3 ff, Form § 313 Rn 18; zur dingl Seite der Trhd § 903 Rn 33 ff. Der TrHänder, dem ein Unternehmen übertr ist, ist nach Widerruf zur Weiterführg des Unternehmens für Rechng des TrGebers nur noch verpflichtet, soweit er wg seiner GgAnspr ein ZbR geltd macht. Nach Beendigg des TrHdVerh hat er Anspr gg TrGeber auf Abn des Gesch u Befreiung von den GeschVerbindlichk (BGH WM **77**, 363). – **Treuhandkommanditist** s BGH NJW **80**, 1162 u 1163, Ffm NZG **99**, 819; AufklPfl § 276 Rn 23 f. Trhd bei GbR-Antl § 705 Rn 10.

22 **f) Weitere Beispiele, Grenzfälle** (alphabetisch; s a Einf 8–22 v § 631): – **Anlageberatung, Anlagevermittlung:** Beratgs- (Rn 42) od GeschBesVertr (Kblz BB **89**, 2001). Abgrenzg zum partiarischen Darlehen Schlesw SchlHA **99**, 20. Aufklärgs- u BeratgsPfl, Prospekthaftg § 276 Rn 22, 23. Vermittlg dch Steuerberater § 276 Rn 49. Zum Schad bei schuldh fehlerh Beratg Rn 35. – **Anlagenvertrag,** Plang u Errichtg kostspiel, technisch bes ansprvoller Industrie- u ForschgsAnl (Soergel/Mühl Rn 94 v § 631: Vertr eig Art). – **Annoncenexpedition** Einf 8, 21 v § 631. – **Architekt** Einf 7 v § 631. – **Aufsichtsrat:** GeschBesVertr mit DVertrCharakter mit AG od GmbH (RG **146**, 145/152). – **Auktionsvertrag** Einf 17 v § 433. – **Barter-**

vertrag mit der die Tauschvorgänge organisierden Zentrale ist GeschBes, BGH **140**, 25. – **Beirat:** GeschBes-Vertr mit DVertrCharakter mit der KG (BGH WM **84**, 1640). – **Betreuung** aGrd VorsorgeVollm ist GeschBes für den Betreuten (Einf 8 v § 1896; Krauß BWNotZ **99**, 86). – **Betriebsführungsvertrag** (Vorbem 3 v § 709): GeschBes mit DVertrCharakter (BGH NJW **82**, 877). – **Chartervertrag** Einf 10 v § 631. – **Factoringvertrag** § 398 Rn 35–37. – **Finanzierung:** Beratg s § 276 Rn 28, 35, Vermittlg Einf 7 v § 652. – **Gebrauchtwagenverkauf:** A dazu ist GeschBesVertr; steht er im ZusHang mit einem 23
Neuwagenkauf beim selben Autohändler (§ 515 Rn 5; Haftg § 276 Rn 98), kann dieser den GeschBesVertr nur kündigen, wenn das Kfz aus Grden unverkäufl ist, die nicht in seinem Risikobereich liegen (BGH NJW **82**, 1699), Fehler des Altwagens iS der GewlVorschr reichen nicht aus (Hamm MDR **82**, 753). – **Geschäftsführer,** der mit selbstd Führg eines GeschBetr beauftr ist: GeschBesDVertr; ebso gerichtl bestellter GeschF einer GmbH (BayObLG BB **75**, 1037). – **Gerichtsvollzieher:** keine GeschBes, sond öffrechtl Verh. – **Handelsvertreter:** spezielle Regelgen HGB 84 ff. – **Handlungsagent:** GeschBesVertr (RG **87**, 440). – **Heimvertrag:** Einf 25 v § 535; kein GeschBesVertr (BGH NJW **95**, 1222). – **Kommissionär:** spezielle Regelgen HGB 383 ff; Effektenkommissionär BGH **8**, 222. – **Management- und Promotionsvertrag** mit Künstler: DVertr mit GeschBesCharakter (BGH NJW **83**, 1191). – **Makler** s Einf 7 v § 652. – **Notar:** keine GeschBes, sond öffrechtl Verhältn. – **Patentanwalt:** Mitwirkg bei Herbeiführg von WzSchutz (BGH **52**, 24
359) od Erlangg u Überwachg von Patentschutz ist GeschBes. – **Post** Einf 16 v § 631, § 839 Rn 141. – **Prüfer** gem § 163 AktG, § 16 I MaBV: GeschBes mit WerkVertrCharakter (Deschler DB **81**, 147). – A zum **Räumungsverkauf:** GeschBes mit DVertrCharakter (BGH NJW-RR **98**, 1561). – **Rechtsanwalt** Einf 21 v § 611; SorgfPfl § 276 Rn 39–45; Schutzwirkg für Dr § 328 Rn 21. – **Rechtsberater:** GeschBesVertr (BGH **34**, 64), bei Verstoß gg RBerG nichtig (BGH **37**, 258). – **Reisebüro** Einf 3, 4 v § 651 a. – Der **Sachwalter** (VerglO 91) wurde aGrd GeschBesVertr mit dem Schu tät. Die Stellg des Sachwalters gem InsO 273 ff entspricht der des InsVerw. Haftg and Sachwalter § 276 Rn 96. – **Spediteur:** spezielle Regelgen HGB 453 ff. – **Steuerberater, Steuerbevollmächtigter** Einf 18 v § 631; Pfl § 276 Rn 48, 49. – Vertr zw **Trans-** 25
feragent (Remissier) einer ausl Bank u Eigtümer der ihm anvertrauten WertP ist GeschBesVertr (BGH WM **75**, 356). – **Unfallhelferring:** nichtiger GeschBesVertr (BGH **61**, 318; näher § 134 Rn 21 a). – **Vertragshändlervertrag:** RahmenVertr mit vorwiegd handelsvertreterrechtl Elementen od GeschBesVertr, aber auf eig Rechng (Ulmer, Der VertrHändler (1969) §§ 13, 18). – **Verwaltung** eines Hauses (BGH NJW **98**, 680) od Gutes ist GeschBes mit DLeistgsCharakter, ebso von WohngsEigt (WEG 26 Rn 8) u von Vermögen (BGH NJW **98**, 449, Köln WM **97**, 570; s a Rn 12 u Einf 8 v § 662). – **Werbemittler** Einf 8, 21 v § 631. – **Wirtschaftsprüfer** wie Steuerberater, s a § 276 Rn 51.

2) Haftung für Rat, Auskunft und Empfehlung, II. Die Vorschr entspricht mit einer geringfüg 26
Einfügg („od sonst gesetzl Best") dem früh § 676.

A) Grundsätze. – a) Keine Haftung ist nach II **die Regel.** Die Vorschr stellt klar, daß die Erteilg von 27
Ausk, Rat od Empfehlg mangels RBindgsWillens (Einl 9, 10 v § 241) grdsätzl keine Haftg erzeugt, sie ist weder WillErkl noch RGesch. Die Raterteilg ist also insb nicht ow ein „Geschäft", das der Erteilde für den Empf als den AuftrG besorgt (§ 662). Umgekehrt wird dem Empf der Mitt nicht etwa ein „Auftrag" zur Ausf des Rates etc erteilt, da die Ausf ausschl eine eig Angelegenh des Empf ist (Bsp: Winkzeichen zum Weiterfahren im KfzVerk, Ffm NJW **65**, 1334). – Aus der unverbindl Raterteilg entsteht nicht ow eine Verpfl, nach Erteilg des Rats Ändergen der Sachlage mitzuteilen..

b) Haftung kann sich ergeben: aus einem speziell auf Rat od AuskErteilg gerichteten Vertr (Rn 29 ff), 28
wobei der zu Rat od Ausk sich Verpflichtde uU sogar die Gewähr für deren Richtigk übernehmen kann (GewährVertr, Einf 16, 18 v § 765; Folge s Rn 34); als NebenPfl aus einem and Vertr (Rn 39); aus vertragsähnl Verh (Rn 40); aus unerl Hdlg od sonst aus dem G (Rn 41). Umfassd: Musielak, Haftg für Rat, Ausk u Gutachten, 1974, Müssig NJW **89**, 1697. Bei Fehlern von HilfsPers ist je nach Fallgestaltg u AnsprGrdl § 31 (auch für handelsr PersGesellsch, BGH WM **74**, 153), § 278 od § 831 anwendb; Wissenszurechng in diesen Fällen § 166 Rn 6–8.

B) Rat- od Auskunftserteilungsvertrag. – a) Allgemeines. Der Vertr ist gerichtet auf Beratg od 29
AuskErteilg als Hauptleistg. Bei Unentgeltlichk handelt es sich um A, bei Entgeltlichk um DVertr (meist mit GeschBesCharakter), wenn die BeratgsTätigk als solche, um WerkVertr, wenn eine einz Erteilg von Rat od Ausk VertrGgst ist (BGH NJW **99**, 1540). Die folgden im wesentl anhand der BankAusk entwickelten Grds sind nicht hierauf od auf best Berufe beschränkt (BGH WM **64**, 118; Bsp Rn 42 ff).

b) Abschluß. – aa) Er ist **auch konkludent** mögl, unabhäng davon, ob zw den Part bereits vertragl Bez 30
bestehen (BGH NJW **99**, 638) od nicht (BGH WM **65**, 287). In der Lit wird zur Begr der Haftg in diesen Fällen häuf anstatt des Rückgr auf einen konkludenten Vertragschl ein gesetzl, auf die Inanspruchn von Vertrauen gegründetes SchuldVerhältn angenommen (Larenz SchuldR II/1 § 56 VI). Aus der Tats der Rat- od AuskErteilg allein ist ein rgeschäftl Wille zum stillschw Abschl eines VertrVerhältn nicht ow zu entnehmen. Maßgebd ist eine GesWürdigg der Umst des EinzFalls (BGH NJW **91**, 32 u **92**, 2080). So ist Vereinbg einer Vergütg Indiz für rgeschäftl Willen. Ands steht der Ann einer rgeschäftl Bindg nicht entgg, daß die Ausk unentgeltl „aus Gefälligk" gegeben wird (BGH WM **74**, 685). In einem solchen Fall ist konkludenter Abschl anzunehmen, wenn die GesamtUmst unter Berücksichtigg der VerkAuffassg u des VerkBedürfn den Rückschluß zulassen, daß beide Teile nach dem obj Inhalt ihrer Erkl die Ausk zum Ggst vertragl R u Pfl gemacht haben (BGH NJW **86**, 180). Hierfür ist wesentl Indiz, daß, dem Erteilden erkennb, die Ausk für den Anfragden von erhebl Bedeutg ist u dieser sie zur Grdl wesentl Entsch machen will (BGH NJW **89**, 2882, ZIP **99**, 275), insb wenn der AuskG für die Erteilg bes sachkund od selbst wirtsch interessiert ist (BGH **100**, 117: AnlBeratg dch Bank, NJW-RR **92**, 1011: Beratg eines Handw dch ProdHerst). Jedoch sind auch and Umst von Bedeutg (BGH NJW **92**, 2080), zB Anlaß der Ausk (BGH NJW **91**, 352, verneind für Erteilg bei gesellschaftl ZusKunft), bes persönl Engagement des AuskG, Anlaß für dessen Zuziehg zu Vhlgen. Der Ann eines konkludenten AuskVertr mit einer Bank steht unter obigen Vorauss nicht entgg, daß ein Unkundiger die Ausk erteilt hat. Die Bank kann sich, da Vertrauenshaftg, auf fehlde Zustdgk od VertretgsBefugn ihres Angest nicht berufen, wenn er mit ihrem Wissen Tätigk ausübt, die die Erteilg von Ausk umfassen (BGH NJW-RR

98, 1343). Auch der als Vertreter Auftretde kann selbst haften, wenn er einen zusätzl VertrauensTatbestd geschaffen hat (s § 654 Rn 5 für KapAnlVermittler, § 276 Rn 22 f, 93–96).

31 **bb)** Mit dem unmittelb **Empfänger der Auskunft** kommt der Vertr idR zustande (BGH **12**, 105 u WM **58**, 1080). Jedoch kann der Anfragde als Vertreter handeln mit der Folge, daß sein AuftrG VertrPartner wird. Die Ausk von Bank zu Bank erfolgt nach deren AGB idR zw den Banken im eig Namen auch dann, wenn sie ausdr auf Anfrage im Kundeninteresse beruhen (BGH NJW-RR **91**, 1265, aA Breinersdorfer WM **92**, 1557). – Den Schad eines **Dritten** kann der AuskEmpf nicht zum Ggst des eig ErsAnspr machen (BGH **133**, 36). Jedoch kann der Dr nach dem Willen der VertrParteien in den Schutzbereich des Vertr einbezogen sein (BGH NJW **91**, 352; § 328 Rn 23, 34). Außerd kann der AuskVertr ausnahmsw nicht (nur) mit dem unmittelb AuskEmpf, sond mit einem Dr zustande kommen, wenn der AuskG weiß, daß die Ausk (auch, Köln WM **85**, 598) für diesen bestimmt u für ihn von erhebl Bedeutg ist, weil er sie zur Grdl wesentl VermVfgen machen will (BGH **133**, 36/42, eingehd Musielak WM **99**, 1593); so für BankAusk BGH WM **80**, 527: Anfrage zur Kreditwürdigk; NJW **79**, 1595: Ausk zur Werbg von DarlG; NJW-RR **98**, 1343: FinanziergsBestätigg. Keine Haftg bei Ausk an nicht überschaub Kreis von Interessenten (BGH VersR **86**, 35), außer wenn der AuskG zum Ausdr bringt, daß er jedem, „den es angeht“, für die Richtigk haften will (strenge Anfordergen, BGH NJW **73**, 321, dort im konkr Fall verneint).

32 **cc) Unwirksamkeit** des Vertr kann sich insb aus einem gesetzl Verbot ergeben (Bsp: Verstoß gg RBerG, § 134 Rn 21). Ist die geschuldete Beratg ihrer Art nach obj unmögl, ist der Vertr nichtig (§ 306; Hamm NJW-RR **98**, 631: nicht vorh Förderg).

33 **c)** Die **Vertragspflichten** ergeben sich, soweit sie nicht konkr festgelegt sind, aus den Umst, insb dem Anlaß für die Erteilg von Rat od Ausk. Sie können von der bloßen Ausk (der vom Anfragden erbetenen Mitt von Tats) über Rat od Beratg (Erkl der Tats einschl der Darstellg u Bewertg von EntschAlternativen) bis zur Empfehlg (Vorschlag eines best Verhaltens als positiv) reichen (Hadding FS Schimansky S 67). Desh begründet ein auf Ausk gerichteter Vertr nicht ow Ermittlgs- u BeratgsPfl (BGH WM **64**, 118). – Die Pfl gehen idR dahin, Rat od Ausk gewissenh u vollst zu erteilen. Ist der Verpflichtete auf Information dch Dr angewiesen, so ist für seine **Nachforschungspflicht** über die Verläßlichk dieser Information darauf abzustellen, wieweit im konkr Fall das schutzwürd Vertrauen des Berecht auf die Richtigk der Information reicht u welche Nachforschgen dieser daher redlicherw verlangen kann (BGH DB **74**, 2392). Ungeprüfte Angaben dürfen nicht so weitergegeben werden, daß der Eindruck der Prüfung erweckt wird (BGH WM **79**, 530: KapitalAnlVermittlg). Auf Fehlen hinreichder ErkenntnQuellen muß bei Raterteilg (BGH WM **62**, 932) od Ausk (Reutlingen NJW-RR **97**, 182) hingewiesen werden. Verpfl zur **nachträglichen Richtigstellung,** sobald die Unrichtigk der erteilten, vertragl geschuldeten Ausk erkannt wird (BGH WM **62**, 932). Wird die Ausk nach Erteilg wg Veränderg der Umst unricht, so besteht nur ausnahmsw eine Pfl zur Benachrichtigg hierüber (BGH **61**, 176 u WM **80**, 505).

34 **d) Haftung.** Sie gründet sich auf pVV u tritt ggf neben diejen wg PflVerl aus and vertragl (zB Kauf) od vorvertragl Bez zw den Beteil (BGH DB **74**, 2392, WM **79**, 771). – **aa) Voraussetzung** ist eine schuldh Verletzg der Pfl gem Rn 33, sofern der AuskG nicht ausnahmsw die Gewähr für die Richtigk des Rats od der Ausk übernommen hat (Rn 28). Für Vors genügt Kenntn der Unrichtigk der Ausk, er braucht sich nicht auf die Schädigg zu erstrecken (BGH WM **70**, 633).

35 **bb)** Zu ersetzen ist der **Schaden,** der dch das Vertrauen auf die Richtigk u Vollständigk der Ausk entstanden ist (BGH NJW-RR **95**, 619). Der Empf der Ausk ist so zu stellen, wie er bei pflichtgem Verhalten stehen würde (BGH NJW-RR **95**, 619), also so, als ob er keine od eine richt Ausk erhalten hätte (Vorbem 18 v § 249). Betraf die Ausk nur einen Einzelpunkt iR eines Vorh, ist die ErsPfl auf den daraus entstandenen abgrenzb Schad begrenzt (BGH **116**, 209, NJW **98**, 982). Der ZurechngsZusHang fehlt für einen Schad, der dch eine vertragswidr, bei AuskErteilg nicht in Rechng zu stellde Verwendg der Information für einen and als den angegebenen Zweck entstanden ist (BGH WM **91**, 1629). Die Haftg für eine Ausk ggü Dr reicht idR nicht weiter als der AuskG nach ihrem Wortlaut die Verantwortg für ihre Richtigk übern hat (BGH NJW **91**, 32). Bei fehlerh genetischer Beratg können die Eltern von dem beratden Arzt den vollen UnterhBedarf des behinderten Kindes verlangen, wenn sie bei richt u vollst Beratg von der Zeugg abgesehen hätten (BGH **124**, 128). – Für **Mitverschulden** des Anfragden an der falschen Ausk od ihrer unterbliebenen Berichtigg, wenn Anlaß zur Rückfrage bestand, gilt § 254. MitVersch, wenn Empf, auch wg mangelnder Sorgfalt, auf Ausk vertraut, nur unter bes Umst (BGH NJW **82**, 1095, NJW **84**, 921). Wer sich mit einer erkennb unvollst KreditAusk begnügt u von dem Angeb weiterer Unterrichtg keinen Gebr macht, muß die Folgen einer darauf aufgebauten FehlEntsch selbst tragen (BGH NJW **89**, 2882).

36 **cc) Freizeichnung.** „Ohne obligo“, „ohne Verbindlichk“ kann HaftgsAusschl bis zur Grenze des § 276 II bedeuten. AGB s § 11 Nr 7 AGBG. Banken können sich auf die Freizeichng in Nr 10 AGB auch dann berufen, wenn sie bei Erteilg der Ausk eig wirtsch Interessen verfolgen (BGH **13**, 198, BGH BB **70**, 984). Einer FreizeichngsKlausel kann im EinzFall der Einwand des RMißbr entggstehen, zB bei vorsätzl falsch erteilter Ausk im wirtsch Interesse der Bank (BGH WM **74**, 272). Die Freizeichng ist unwirks, falls verfassungsm Organ od leitder Angest od ein Angest, dessen Handeln aGrd seiner Stellg in dem Untern dem eines gesetzl Vertr gleichsteht (BGH NJW **84**, 921), vorsätzl od grob fahrl handelt (BGH WM **73**, 164).

37 **dd) Verjährungsfrist:** Gem § 195 30 J, auch bei auf die Eigensch od Verwendg einer Sache bezogenen Ausk (BGH NJW **99**, 1540), soweit nicht SonderVorschr (zB § 638 bei BeratgsWkVertr, Rn 29; BRAO 51 b, StBerG 68) eingreifen.

38 **ee)** Die **Beweislast** für den Abschl des Beratgs- od AuskVertr trägt der Geschäd; ebso für die Unrichtigk od Unvollständigk der Ausk/Beratg, sobald er diese als Erf angen hat (§ 363; Zweibr VersR **97**, 1152), wobei er ggf die Unrichtigk der Tats zu beweisen hat, die der AuskG/Berater hins der Erfüllg seiner Pfl, insb zur Richtigk der Ausk/Beratg vorzutragen hat (§ 282 Rn 11). Auch den UrsZusHang zw VertrVerl u Schad hat grdsätzl der Geschäd zu beweisen, wobei ihm aber BewErleichtergen zugute kommen (s § 282 Rn 15). Den AuskG/Berater trifft die BewL für dch die unricht Ausk verursachte schadmindernde Vorteile (BGH NJW-

RR **92**, 1397), wobei zunächst erzielte steuerl AbschreibgsVorteile des angeratenen Gesch (zu ihrer Berücksichtigg Vorbem 144 v § 249) idR auch ohne konkr Feststellgen als dch die den Geschäd hins der SchadErsLeistg treffde SteuerPfl aufgewogen angesehen werden können (BGH NJW **79**, 1449).

C) Nebenpflicht zu Beratg, Aufklärg u Ausk **im Rahmen eines anderen Vertrages** ist häuf. Wenn die Beratg nebenher freiw übernommen wird, kann sich aus einem solchen Vertr auch die Pfl zur Gewissenhaftigk ergeben. Die Haftg richtet sich hier in erster Linie nach dem Vertr, im übr gilt das in Rn 29 ff Gesagte. **Beispiele:** Beratg dch Verk unabhäng von der Zusichg von Eigensch (BGH DB **71**, 38); dch Arch od sachkund Untern beim WerkVertr, § 631 Rn 13; dch Makler, § 654 Rn 5; Autohändler bei unricht Ausk über die wirtsch Verh des Kunden ggü der kreditierden Bank (Bambg OLGZ **76**, 447); s a Rn 42 ff. 39

D) Vertragsähnliches Verhältnis. Auch wenn nicht anzunehmen ist, daß ausdr od stillschw ein auf Rat- od AuskErteilg gerichtetes VertrVerhältn zustandegek ist, besteht, falls Rat, insb Ausk gegeben wird, eine Verpfl zu gewissenh Erteilg dann, wenn zw Erteildem u Empf eine dauernde od doch auf Dauer angelegte GeschVerbindg besteht, aus der sich ein Vertrauensverhältn ergibt (BGH BB **56**, 770, WM **70**, 632: BankAusk an einen Kund über einen Dr; BGH WM **69**, 247: Ausk unter Lieferanten über Kunden; Stgt WM **69**, 278: ScheckAusk unter Banken). Die AuskErteilg muß jedoch in einem inneren ZusHang zu der GeschVerbindg stehen. – Aus Beratg od Ausk iR von VertrVhlgen kann sich Haftg aus c. i. c. ergeben, auch für den VhlgsGeh selbst (§ 276 Rn 93–96). Vertragsähnl Haftg ggü mittelb AuskEmpf Rn 31. – Bsp Rn 42 ff. 40

E) Haftung kraft Gesetzes, insbesondere aus unerlaubte Handlung. Sind die Vorauss der Rn 29–40 nicht gegeben, so haftet Rat- od AuskGeber nur ausnahmsw kr Gesetzes: – §§ 823 ff greifen vor allem bei wissentl falscher Rat- od AuskErteilg (BGH DB **66**, 2020) od Verletzg von SchutzG wie BörsenG §§ 88 ff ein. Zum Vors § 826 Rn 10. Aber auch bei nicht wissentl falscher, aber leichtfert Raterteilg kann sich eine Haftg ergeben (BGH WM **62**, 935); od bei Nichtbeantwortg der Anfrage, ob Unterschr des Namensträgers gefälscht ist (§ 826 Rn 57, 58); s a § 826 Rn 25 ff. Staatshaftg für unricht Ausk in Ausübg hoheitl Gewalt § 839 Rn 44. – Daneben gibt es bereichsspezif HaftgsVorschr insb im WertP- u AnlageGesch, zB BörsG 45 (unricht Prospektangaben bei WertPEmissionen), WpHG 15 VI (Insiderhandel). 41

F) Beispiele (alphabetisch): – **Anlagevermittler**, wenn der Interessent deutlich macht, daß er bezogen auf eine best AnlageEntsch die bes Kenntn u Verbindgen des Vermittlers in Anspr nehmen will u dieser mit der gewünschten Tätigk beginnt (BGH NJW **98**, 448, Ffm ZIP **98**, 1713); Pfl § 276 Rn 22, § 654 Rn 5, § 764 Rn 11 ff. – **Arbeitgeber** bei Ausk über ausgeschiedenen ArbN (Zeugnis) § 630 Rn 5, 6, § 826 Rn 27. – **Architekt** ggü dem KreditG des AuftrG bei zur Weiterleitg best unricht BaufortschrittsAnz (Hamm NJW-RR **87**, 209, Köln NJW-RR **88**, 335). – **Arzt** im Verh zur LebVers (Karlsr VersR **72**, 203) od bei genetischer Beratg (BGH **124**, 128 für hierzu ermächtigten leitden Arzt eines UnivInst). – **Auskunftsbüro** im Verh zum Anfragden (s a Einf 8 v § 631). – **Aussteller** einer Urk braucht zwar eine Anfrage, ob diese in Ordng gehe, nicht zu beantworten, hat aber bei Antwort die Pfl zur Gewissenhaftigk. – **Bank** (s a Rn 30 ff): Tritt ein 42
Interessent an eine Bank od diese an einen Kunden heran, um über eine VermögensAnl sich beraten zu lassen bzw zu beraten, so kommt idR konkludent ein BeratgsVertr zustande (BGH WM **93**, 1455; s a Anlagevermittler), ebso bei Beratg über Finanzierg (Hamm ZIP **97**, 360); Pfl in diesem ZusHang § 276 Rn 22, 28–31, § 764 Rn 11–14. Auch die Zinsbescheinigg zur Vorlage bei Ger ist eine uU haftgsbegründde Ausk (Doms NJW **99**, 2649). ScheckAusk Einf 18 v § 765. Die Empfehlg, einem Kunden Kredit zu gewähren, kann Haftg begründen (BGH **13**, 198, VersR **90**, 203), ebso unricht KreditAusk (BGH WM **85**, 381); jedoch keine Verpfl, eine and Bank über die Verh eines Kunden aufzuklären, dessen Kredit diese ablösen möchte (BGH NJW **89**, 2882). Die Kollision eig Interessen mit denen des Anfragden entbindet die Bank nicht von der Pfl zur wahrheitsgem Ausk. Zur Ausk über eig Kunden bedarf die Bank dessen Einwilligg, sonst Verl des Bank-Geheimn (BGH **27**, 241). Der Konflikt zw der Pfl, einen Kunden bei Beratg auf Risiken hinzuweisen, und der Pfl zur Wahrg des BankGeheimn ist im EinzFall dch Güterabwägg zu lösen (BGH NJW **91**, 693). – 43
Bausparkasse bei Ausk an Bank über vorrang Vfg (BGH NJW **90**, 513); s a § 276 Rn 35. – **Gutachter** s 44
§ 328 Rn 34; keine vertragl Beziehg zw Gutachter einer ProzPart und deren Gegner (BGH WM **62**, 933). – **Herausgeber, Hersteller** von Ratschlägen an unbest PersKreis od von GebrAnw für Waren haftet nur unter bes Umst; bejaht zB für Börsendienst mit AnlEmpfehlg ggü dem Abonnenten (BGH **70**, 356; abl Schröder NJW **80**, 2279); bei Warenherstellern ggü dem Endabnehmer verneint für GebrAnw (BGH NJW **89**, 1029), bejaht bei konkr für den Kunden offensichtl bedeuts Beratg (BGH NJW-RR **92**, 1011, Hamm BauR **97**, 859); Haftg für Angaben in Prospekten über VermögensAnl § 276 Rn 22, 23. – **Rechtsanwalt** s § 276 Rn 39 ff; bei Erkl über Kreditwürdigk seines Mandanten ggü dessen Gläub nur, wenn ausnahmsw konkr festgestellte Umst für VerpflWillen des RA sprechen (BGH NJW **72**, 678, WM **78**, 576). – **Schiedsrichter,** 45
Schiedsgutachter s Rn 20. – Ob der **Schuldner**, der einer Bank auf Anfrage über den Stand der Fdg ihres Zedenten Ausk gibt, eine bloße WissensErkl abgibt od sich nach der ihm erkennb Interessenlage binden will, ist AusleggsFrage im EinzFall (BGH WM **85**, 1446); DrSchuAusk § 781 Rn 8. – **Selbstauskunft** Mü DB **74**, 866. – **Steuerberater** s § 276 Rn 48, 49, § 328 Rn 34; Haftg bei PflPrüfgen s WirtschPrüfer; Haftg auch, wenn der StB ggü dem VhlgsPartner des Mandanten zur Ausk über die Kreditwürdigk zugezogen wird (BGH NJW **62**, 1500). – Gewerbl **Verkäufer** einer EigtWohng haftet für Richtigk eines auf Frage des Käufers iR 46
eingehder VertrVerhdlgen erstellten steuerlichen pers BerechngsBsp (BGH NJW **99**, 638). – **Vermittler** s Anlagevermittler. – **Versicherungen** u ihre Vermittler haben vertragl Verpfl zu sachgerechter Beratg bei bedeuts VersAbschl, die erkennb eine ind Beratg des Kunden erfordern (Römer VersR **98**, 1313; ausführl Kieninger AcP **199**, 190/236); Haftg für unricht Ausk über das Bestehen einer als Sicherh geeigneten LebVers zum Schad des DarlG (BGH NJW **83**, 276), nicht für Ausk ihres Agenten an Dr, der weder versichert ist noch sich versichern will (BGH NJW **68**, 299). – **Wirtschaftsprüfer** s § 276 Rn 51, § 328 Rn 34; grdsätzl keine 47
AuskHaftg ggü Dr allein aGrd fehlerh erstellten JahresAbschl (vgl HGB 323; allg hierzu Weber NZG **99**, 1), od ggü BeteiliggsInteressenten, denen die geprüfte Gesellsch das ArbErg des Prüfers ohne dessen Zust zugängl macht (Saarbr BB **78**, 1434; s a Feddersen WM **99**, 105); and, wenn die Prüfg erkennb auch im Interesse des Dr dchgeführt w u diesem als EntschGrdl dienen soll (BGH **138**, 257; krit Ebke JZ **98**, 991), u bei ausdr AuskVerlangen des Dr (LG Ffm BB **97**, 1682, Bespr Ebke aaO 1731). – **Wirtschaftstreuhänder** BGH **7**, 371.

675 a *Informationspflicht.* **I Wer zur Besorgung von Geschäften öffentlich bestellt ist oder sich dazu öffentlich erboten hat, stellt für regelmäßig anfallende standardisierte Geschäftsvorgänge (Standardgeschäfte) schriftlich, in geeigneten Fällen auch elektronisch, unentgeltlich Informationen über Entgelte und Auslagen der Geschäftsbesorgung zur Verfügung, soweit nicht eine Preisfestsetzung nach § 315 erfolgt oder die Entgelte und Auslagen gesetzlich verbindlich geregelt sind. Kreditinstitute (§ 1 Abs. 1 des Gesetzes über das Kreditwesen) haben zusätzlich Informationen über Ausführungsfristen, Wertstellungszeitpunkte, Referenzkurse von Überweisungen und weitere in der Verordnung nach Absatz 2 bestimmte Einzelheiten in der dort vorgesehenen Form zur Verfügung zu stellen; dies gilt nicht für Überweisungen der in § 676 c Abs. 3 bezeichneten Art.**

II Das Bundesministerium der Justiz wird ermächtigt, durch Rechtsverordnung ohne Zustimmung des Bundesrates weitere Angaben festzulegen, über die Unternehmen ihre Kunden zu unterrichten haben, soweit dies zur Erfüllung der Pflichten aus der Richtlinie 97/5/EG des Europäischen Parlaments und des Rates vom 27. Januar 1997 über grenzüberschreitende Überweisungen (ABl. EG Nr. L 43 S. 25) oder anderen Vorschriften des Gemeinschaftsrechts, die den Regelungsbereich des Absatzes 1 betreffen, erforderlich ist oder wird. Hierbei kann auch die Form der Bekanntgabe der Angaben festgelegt werden.

III Im Sinne dieses Titels stehen Kreditinstituten gleich:

1. die Deutsche Bundesbank,
2. andere Unternehmen, die gewerbsmäßig Überweisungen ausführen, und
3. inländische Zweigstellen von Kreditinstituten und anderen Unternehmen mit Sitz im Ausland, die gewerbsmäßig Überweisungen ausführen.

1 **1) Allgemeines.** Lit: s Vorbem v § 676 a (ÜG). Die Vorschr sieht für bestimmte GeschBesorger u GeschBesFälle InformationsPfl vor u regelt in diesem ZusHang auch die in Art 3–5 ÜberwRichtl (Einf 2 v § 675) vorgesehenen InformationsPfl der KrInst. Außerdem definiert sie für den ges Titel (§§ 662–676 g) den Begr des KrInst. Die Vorschr gewährt dem Kunden einen ind Anspr.

2 **2) Anwendungsbereich, I 1. – a) Verpflichtet** sind alle natürl u jur Pers, die zur Bes von Gesch (wie § 675 Rn 2 ff) öff bestellt sind (wie § 663 Rn 2) od sich dazu öff erboten haben (wie § 663 Rn 3; BT-Drs
3 14/745 S 15). Diese Vorauss gelten auch für KrInst (Rn 7), werden dort aber stets vorliegen. – **b) Nur** auf **Standardgeschäfte** bezieht sich die InformationsPfl, dh auf für Dritte im Betr des Verpfl gg Entgelt erbrachte GeschBes (wie § 675 Rn 2 ff), die dort regelm (also auch mit gewisser Häufigk) anfallen. Indiz dafür ist, daß der Beauftr für die GeschBes ein von vornherein bestimmb Entgelt vorgesehen hat. Muß das Entgelt ind
4 ausgehandelt w, liegt kein StandardGesch vor (BT-Drs 14/765 S 15). – **c) Ausgenommen** (I 1 letzter Hs) sind GeschBes, für die die Entgelte u Auslagen gesetzl verbindl festgelegt sind (Bsp § 611 Rn 7, § 632 Rn 7), sowie Fälle, in denen vereinbgsgem eine der VertrPart die GgLeistg gem § 315 bestimmt. Bis 31. 12. 2001 auch keine Anwendg auf InlÜberw u AuslÜberw außerh von EU u Europ WirtschRaum (EG 228 II; zum Begr § 676 a Rn 3).

5 **3) Inhalt der Information.** Zu informieren ist über **Entgelte,** dh die vom AuftrG für die Ausführg der GeschBes zu erbringde GgLeistg wie Preise, Provisionen, Gebühren etc, u **Auslagen,** dh dem Beauftr entstehde Aufwdgen, die der AuftrG über das Entgelt hinaus zu erstatten hat (wie § 196 Rn 11). **Sonstige Angaben** nur bei Anordng gem VO des BMJ (II; Rn 9) u bei KrInst (Rn 7).

6 **4) Art und Weise der Information.** Schriftl bedeutet nur in verkörperten Schriftzeichen, nicht gem § 126 unterschrieben. Das folgt aus dem Zweck der Vorschr (BT-Drs 14/1067 S 2) u der Übernahme des Begr aus der ÜberwRichtl. Verbindg mit and Mitt ist zul (zB auf KtoAuszügen). Od elektronisch, dh dch Datenübertragg, aber nur in geeigneten Fällen. Die Information ist zur Vfg zu stellen, dh zur Kenntnisn dch den Interessenten bereitzuhalten (zB dch Aushang, Bereitstellg im Internet) bzw auf Anforderg dem Interessenten mitzuteilen (arg II 1: unterrichten, II 2: Bekanntgabe); u zwar unentgeltl, dh ohne Erbringg einer GgLeistg dch den Interessenten. Auslagen für die Mitt (zB Portokosten) kann der Verpfl nur ersetzt verlangen, soweit er im Auftr des Kunden über seine Pfl aus § 675 a hinaus Leistgen erbringt, zB die Information entgg § 269 per Brief an den Kunden versendet (§ 670). Einzelh können dch VO gem II geregelt w (II 2).

7 **5) Kreditinstitute, I 2. – a) Begriff.** Gem I 2 alle Untern, die BankGesch, insb den GiroVerk (bargeldl ZahlgsVerk u AbrechngsVerk) in einem einen kaufm GeschBetr erfordernden Umfang betreiben (wie KWG 1 I, insb Nr 9); außerdem **(III)** die Bundesbank sowie inländ Untern od Zweigstellen von ausländ Untern, die jew gewerbsm, dh in einem berufsm GeschBetr mit der Absicht dauerh Gewinnerzielg (BGH **83,** 382; s a
8 § 196 Rn 12) Überw ausführen. – **b) Besonderheiten.** Nach dem **Inhalt der Information** zusätzl zu Rn 5 u über PrAngabenVO 3 hinaus bestimmte Bdggen für Überw, u zwar entspr Art 3 ÜberwRichtl (Einf 2 v § 675) für jede ÜberwArt gesondert. Die Einzelh ergeben sich aus § 1 der gem II erlassenen InfPflVO (Rn 9 u Anh). Bereits im Gesetz angeführt sind: die von dem KrInst verbindl (s Art 5 ÜberwRichtl) genannte, mind die gesetzl AusfFrist (§ 676 a II 1); der WertstellgsZtpkt (Begr § 676 f Rn 12), bezogen wohl auf den Ztpkt der Ausf der Überw; der Referenzkurs, dh das zur Bestimmg des Wechselkurses, nach dem der ÜberwBetrag in eine Fremdwährg umgerechnet wird, gewählte Referenzsystem. Auch die **Art und Weise** der Information ist gem I 2 iVm II 2 dch InfPflVO 1 I geregelt. – Diese bes InformationsPfl **gelten nicht** für Überw, die unter § 676 c III fallen (I 2 Hs 2), u gem InfPflVO 2 nicht für von §§ 675 a–g nicht erfaßte (dazu Vorbem 5 v § 676 a) Überw.

9 **6) Verordnungsermächtigung. II 1** gestattet dem BMJ, ohne Zustimmg des BR (s GG 80 II) die Information über weitere Angaben vorzuschreiben. Vorauss: Die Angaben müssen Untern u Gesch gem I (Rn 2–4) betreffen, u die Information muß dch Vorschr des GemschR geboten sein. **II 2** gestattet es, für diese

zusätzl Angaben auch die Form der Bekanntgabe (Rn 6) zu regeln. Das BMJ hat von der Ermächtigg dch die als Anh zu § 675 a abgedr VO über KundeninformationsPfl (InfPflVO) Gebr gemacht.

7) Verletzung der Informationspflichten. Sie ist nicht sanktionsbewehrt, kann aber SchadErsAnspr aus § 823 II od c. i. c., iR eines Vertr mit dem KrInst auch aus pVV begründen. 10

Anhang zu § 675 a

Verordnung über Kundeninformationspflichten

vom 30. 7. 99 (BGBl 1730), in Kraft seit 14. 8. 99

*§ 1. **Kundeninformationspflichten von Kreditinstituten.** I Kreditinstitute haben ihren tatsächlichen und möglichen Kunden die Informationen über die Konditionen für Überweisungen schriftlich, gegebenenfallls auch auf elektronischem Weg, in leicht verständlicher Form zur Verfügung zu stellen. Dieese Informationen müssen mindestens folgendes umfassen:*

A. vor der Ausführung einer Überweisung

1. Beginn und Länge der Zeitspanne, die erforderlich ist, bis bei der Ausführung eines mit dem Kreditinstitut geschlossenen Überweisungsvertrages der Überweisungsbetrag dem Konto des Kreditinstituts des Begünstigten gutgeschrieben wird;

2. die Zeitspanne, die bei Eingang einer Überweisung erforderlich ist, bis der dem Konto des Kreditinstituts gutgeschriebene Betrag dem Konto des Begünstigten gutgeschrieben wird;

3. die Berechnungsweise und die Sätze aller vom Kunden an das Kreditinstitut zu zahlenden Entgelte und Auslagen;

4. gegebenenfalls das von dem Kreditinstitut zugrunde gelegte Wertstellungsdatum;

5. die den Kunden zur Verfügung stehenden Beschwerde- und Abhilfeverfahren sowie die Einzelheiten ihrer Inanspruchnahme;

6. die bei der Umrechnung angewandten Referenzkurse.

B. nach Ausführung der Überweisung

1. eine Bezugsangabe, anhand deren der Überweisende die Überweisung bestimmen kann;

2. den Überweisungsbetrag;

3. den Betrag sämtlicher vom Überweisenden zu zahlenden Entgelte und Auslagen;

4. gegebenenfalls das von dem Kreditinstitut zugrunde gelegte Wertstellungsdatum.

II Hat der Überweisende mit dem überweisenden Kreditinstitut vereinbart, daß die Kosten für die Überweisung ganz oder teilweise vom Begünstigten zu tragen sind, so ist dieser von seinem Kreditinstitut hiervon in Kenntnis zu setzen.

III Ist eine Umrechnung in eine andere Währung erfolgt, so unterrichtet das Kreditinstitut, das diese Umrechnung vorgenommen hat, seinen Kunden über den von ihm angewandten Wechselkurs.

*§ 2. **Anwendungsbereich.** Die Informationspflichten nach § 1 gelten nur, soweit die §§ 675 a bis 676 g des Bürgerlichen Gesetzbuchs auf Überweisungen Anwendung finden.*

676 ***Kündigung von Übertragungsverträgen.*** **Die Kündigung eines Geschäftsbesorgungsvertrags, der die Weiterleitung von Wertpapieren oder Ansprüchen auf Herausgabe von Wertpapieren im Wege der Verbuchung oder auf sonstige Weise zum Gegenstand hat (Übertragungsvertrag), ist nur wirksam, wenn sie dem depotführenden Unternehmen des Begünstigten so rechtzeitig mitgeteilt wird, daß die Kündigung unter Wahrung der gebotenen Sorgfalt noch vor der Verbuchung auf dem Depot des Begünstigten berücksichtigt werden kann. Die Wertpapiere oder die Ansprüche auf Herausgabe von Wertpapieren sind in diesem Fall an das erstbeauftragte Unternehmen zurückzuleiten. Im Rahmen von Wertpapierlieferungs- und Abrechnungssystemen kann ein Übertragungsvertrag abweichend von Satz 1 bereits von dem in den Regeln des Systems bestimmten Zeitpunkt an nicht mehr gekündigt werden.**

1) Allgemeines. Lit: Vorbem v § 676 a. Die Vorschr regelt in Ausf der ZahlgsSichgsRichtl (Einf 2 v § 675) insb den Ztpkt, bis zu dem ein A zur Übertr von WertP (Einf v § 793), die verwahrgsfäh sind (s DepotG 1 I; sog Effekten), od von Anspr auf Herausg von WertP rückgäng gemacht w kann. Dadch soll bei Insolvenz eines an einem solchen Vorgang Beteil insb iR eines VerrechngsSystems das Risiko für die and Teiln möglichst gering gehalten w (Abschn 4 der Eingangserwäggen der Richtl). 1

2) Übertragung von Wertpapieren. Eingehde Darstellg bei Sch-B-L/Gößmann § 72, Claussen § 9 Rn 253 ff. Der Inh von Effekten (Rn 1) läßt diese idR aGrd eines DepotVertr dch ein KrInst verwahren u verwalten. Dieses verwahrt vertretb WertP (Regelfall) idR nicht selbst, sond im Wege der SammelVerwahrg (DepotG 5) bei der Dt Kassenverein AG als WertPSammelbank. Der Kunde (Veräußerer) ist dann MitEigtümer des Sammelbestandes des Verwahrers an WertP derselben Art (DepotG 6 I). Bei einem VeräußergsVorgang werden die WertP idR in der Sammelverwahrg belassen. Die Übertr geschieht dadch, daß dem Erwerber (Begünst) dch Umbuchg (DepotGutschr) ein entspr MitEigtumsAntl an dem Sammelbestand verschafft wird (DepotG 24; sog Effektengiroverkehr). Bei der SondVerwahrg werden die WertP des Kunden hingg gesondert von and WertP bei der Depotbank (DepotG 2) od unter deren Namen bei einem DrittVerwahrer (DepotG 3) aufbewahrt. Die Übertr geschieht dann dch Übersendg eines Stückeverzeichn an den Erwerber (DepotG 18 III). Die Drittverwahrg kann insb bei ausl WertP auch dch eine Bank im Ausl dchgeführt w (Sch-B-L/Gößmann § 72 Rn 32 ff). IdR jedoch erwirbt der Kunde bei Anschaffg von WertP im Ausl zunächst nur einen Anspr auf Übersendg des Stückeverzeichn (DepotG 22 I), dh einen Anspr auf Verschaffg des Eigtums an den WertP, die ihrerseits von der Depotbank nach den Möglichk des ausl R trhd gehalten w (Sch-B-L/Gößmann Rn 136 ff). Dieser Anspr ist selbstd übertragb. 2

3 **3) Übertragungsvertrag.** Er ist ein GeschBesVertr, dch den sich ein KrInst (zB das die WertP verwahrde KrInst) verpflichtet, seinerseits für die Übertr von WertP od Anspr auf Herausgabe von WertP (Rn 2) zu sorgen. Er betrifft sowohl das DeckgsVerhältn des Übertragden zu seinem KrInst (BT-Drs 14/745 S 27) wie auch das Interbankenverhältn (§ 676 a Rn 5, 7) u ist insow dem ZahlgsVertr verwandt (BT-Drs 14/745 S 12). Wie bei diesem können mehrere ÜbertrVertr hintereinandgeschaltet sein.

4 **4) Kündigung. S 1** macht die Wirksamk der Künd des ÜbertrVertr (§ 675 Rn 8) vom Zugang einer Mitt vor einem best Ztpkt abhäng. Maßgebd ist bei Ausf der Übertr iR eines AbrechngsSystems (zum Begr s Art 2 Buchst a ZahlgsSichgsRichtl) in erster Linie der dort bestimmte Ztpkt, **S 3.** Andernf kommt es, wenn auch das Depot des Begünst bei dem KrInst des Übertragden geführt wird, auf den Zugang der Künd bei dem KrInst an; wird das Depot des Begünst bei einem and KrInst geführt, ist der Zugang der Mitt über die Künd bei diesem KrInst maßgebd. Dabei genügt eine Mitt des erstbeauftr KrInst an dieses KrInst (wie § 676 d II, § 676 a IV 3). Die Künd/Mitt muß so rechtzeit eingehen, daß eine Gutschr auf dem Depot des Begünst noch verhindert w kann. Eine Künd, die nach Verbuchg der Übertr auf dem Depot des Begünst eingeht od
5 mitgeteilt w, ist daher unwirks. – **Folge rechtzeitiger Kündigung** ist die Rückleitg des ÜbertrGgst an das erstbeauftr KrInst, dh das KrInst, welches das Depot des Kunden führt. – Keine Beendigg des Vertr dch Insolvenz des beauftr KrInst (InsO 116 S 3).

Vorbemerkung zu §§ 676 a bis 676 g

Literatur: S zunächst die allg Lit zum BankR (§ 675 Rn 9). Ferner: Gößmann, Recht des ZahlgsVerk, 3. Aufl 1997; Schwolow, Internat EntwicklgsLinien im R der Auslandsüberweisungen, 1999; Schön AcP **198**, 401. Zum Entwurf des ÜG: Bydlinski WM **99**, 1046; Ehmann/Hadding WM **99** Sonderbeil 3; Häuser WM **99**, 1037; Klamt/Koch DB **99**, 943. Zum ÜG: Becher DStR **99**, 1360; Klamt/Koch NJW **99**, 2776; Schulz ZBB **99** Heft 5.

1 **1) Bargeldloser Zahlungsverkehr** (Einzelh Sch-B-L/Schimansky § 46). – **a) Wesen.** Bei der bargeldl Zahlg wird Buchgeld (§ 245 Rn 3), dh eine Fdg des Zahlden (Schuldner) gg sein KrInst (SchuBank), idR ein Guth auf einem GiroKto dadch auf den ZahlgsEmpf (Gläubiger, Begünstigter iS der §§ 676 a ff) „übertragen", daß für den Empf eine Fdg gg sein KrInst (GläubBank) begründet wird, idR dch Gutschr auf seinem GiroKto (§ 676 f). Die Verminderg des SchuKtos ergibt sich aus der Belastg mit dem AufwErs- od Vorschuß-Anspr (§§ 669, 670) seines KrInst. Die Vermögensverschiebg zw Schu (Zahlder) u Gläub (Empf) wird also
2 dch Einschaltg eines od mehrerer KrInst bewirkt. Bargeldl Zahlg in **Euro** Klanten NJW **98**, 3153. – **b) Formen.** Der ZahlgsVorgang kann vom Zahlden ausgelöst w, indem dieser sein KrInst mit der DchFührg der Übertr beauftragt (Überw, § 676 a Rn 1). Die Initiative kann aber auch vom Empf ausgehen, indem dieser sein KrInst veranlaßt, zu Lasten des Ktos des Zahlden einen best Betr einzuziehen u seinem eig Kto gutzuschreiben. Dies setzt voraus, daß dem KrInst des Zahlden dessen Zust zur DchFührg der Belastg vorliegt, zB dch einen auf das KrInst ausgestellten Scheck (ScheckVertr u -inkasso, § 676 f Rn 19) od einen Abbuchgs-Auftr bzw eine Einzugsermächtigg im LastschrVerf (§ 676 f Rn 26 ff). Weitere Formen des bargeldlosen Zahlungsverkehrs sind KredKartenzahlg (§ 675 Rn 19) u Zahlgen per Geldkarte od electronic cash (§ 676 f Rn 23). Die VertrBez zw den Beteil sind ähnl wie bei der Überw (§ 676 a Rn 4 ff) gestaltet, s die Erläut zu den einz Gesch.

3 **2) Zweck, Regelungsgehalt und Anwendungsbereich der §§ 676 a–g. – a) Ziel** der dch das ÜG v 21.7.99 (BGBl 1642) eingefügten Vorschr ist es, in Umsetzg der ÜberwRichtl u ZahlgsSichgsRichtl (Einf 2 v § 675) dem Überweisden eine Ausf seines ungekürzten ÜberwAuftr innerh angemessener Fr zu sichern u ihn bei Einschaltg and KrInst in den ÜberwVorgang besser gg AbwicklgsStörgen u Verlust des ÜberwBetr zu schützen. Das überweisde KrInst ist desh künft nicht mehr nur für die eig Tätigk iR der Überw verantwortl, sond garantiert in best Umfang den frgerechten Erfolg des ÜberwVorgangs u haftet für zwgeschaltete KrInst. Ebso haftet das empfangde KrInst für von ihm beauftr KrInst. Hat der Überweisde die Einschaltg eines best KrInst vorgegeben, haftet ihm dieses, soweit es die Störg zu verantworten hat.

4 **b) Inhaltlich** erfassen die neuen Vorschr im wesentl nur die Bereiche des bargeldl ZahlgsVerk, die dch die genannten Richtl betroffen sind, dh **Überweisungen,** diese jedoch nicht nur hins der grenzüberschreitden Überw innerh der EG, außerdem den **Girovertrag** in EinzAspekten. Soweit §§ 676 a–g keine Regelg enthalten, gilt, da es sich um GeschBesVertr handelt, über § 675 I das AuftrR entspr u, soweit nicht verdrängt, WkVertr- bzw DVertrR (wie § 675 Rn 7). IdR sind die einz VertrTypen dch AGB od standardisierte Abk detailliert geregelt.

5 **c) Der Geltungsbereich** der Vorschr erstreckt sich grdsätzl auf alle GiroVertr, ZahlgsVertr u Überw, für die dt R gilt. Bei den Überw gilt dies unabhäng davon, ob es sich um Inl- od AuslÜberw (§ 676 a Rn 3) handelt; allerd werden diese Überw in best Beziehgen (zB AusführgsFr, Abdingbark) unterschiedl Regeln unterworfen. Ausgenommen sind InlÜberw der RentenVersTräger iR des RentenzahlgsVerf u vergleichb InlÜberw and SozVersTräger (EG 228 III; dort Rn 4). Ferner haben völkerrechtl Vertr, insb Postabkommen Vorrang (EG 228 IV). **Zeitlich** gilt die Neuregelg grdsätzl für alle Überw u ZahlgsVertr, mit deren Abwicklg am 14.8.99 od danach begonnen wurde (EG 228 I). Gem EG 228 II verbleibt es jedoch sowohl im Deckgs-Verhältn wie im Interbanken- u InkassoVerhältn (§ 676 a Rn 5–7) wg der UmstellgsSchwierigk der KrInst für InlÜberw u AuslÜberw in Drittländer (§ 676 a Rn 3) mit AusfBeginn vor **1. 1. 2002** bei den bish Vorschr u Grds (zu ihnen § 676 g Rn 31 ff).

6 **3) Verfahrensrechtliches.** Neben den ord Ger können die VertrPart die **Schlichtungsstelle** gem AGBG 29 anrufen. S dort.

2. Überweisungsvertrag

676 a *Inhalt, Ausführungsfristen, Kündigung.* **I Durch den Überweisungsvertrag wird das Kreditinstitut (überweisendes Kreditinstitut) gegenüber demjenigen, der die Überweisung veranlaßt (Überweisender), verpflichtet, dem Begünstigten einen bestimmten Geldbetrag zur Gutschrift auf dessen Konto beim überweisenden Kreditinstitut zur Verfügung zu stellen (Überweisung) sowie Angaben zur Person des Überweisenden und einen angegebenen Verwendungszweck, soweit üblich, mitzuteilen. Soll die Gutschrift durch ein anderes Kreditinstitut erfolgen, ist das überweisende Kreditinstitut verpflichtet, den Überweisungsbetrag rechtzeitig und, soweit nicht anders vereinbart, ungekürzt dem Kreditinstitut des Begünstigten unmittelbar oder unter Beteiligung zwischengeschalteter Kreditinstitute zu diesem Zweck zu übermitteln und die in Satz 1 bestimmten Angaben weiterzuleiten. Der Überweisende kann, soweit vereinbart, dem Kreditinstitut den zu überweisenden Geldbetrag auch in bar zur Verfügung stellen.**

II Soweit keine anderen Fristen vereinbart werden, sind Überweisungen baldmöglichst zu bewirken. Es sind

1. grenzüberschreitende Überweisungen in Mitgliedstaaten der Europäischen Union und in Vertragsstaaten des Europäischen Wirtschaftsraums, die auf deren Währung oder Währungseinheit oder auf Euro lauten, soweit nichts anderes vereinbart ist, binnen fünf Werktagen, an denen alle beteiligten Kreditinstitute gewöhnlich geöffnet haben, ausgenommen Sonnabende, (Bankgeschäftstage) auf das Konto des Kreditinstituts des Begünstigten,

2. inländische Überweisungen in Inlandswährung binnen drei Bankgeschäftstagen auf das Konto des Kreditinstituts des Begünstigten und

3. Überweisungen in Inlandswährung innerhalb einer Haupt- oder einer Zweigstelle eines Kreditinstituts längstens binnen eines Bankgeschäftstags, andere institutsinterne Überweisungen längstens binnen zwei Bankgeschäftstagen auf das Konto des Begünstigten

zu bewirken (Ausführungsfrist). Die Frist beginnt, soweit nichts anderes vereinbart ist, mit Ablauf des Tages, an dem der Name des Begünstigten, sein Konto, sein Kreditinstitut und die sonst zur Ausführung der Überweisung erforderlichen Angaben dem überweisenden Kreditinstitut vorliegen und ein zur Ausführung der Überweisung ausreichendes Guthaben vorhanden oder ein ausreichender Kredit eingeräumt ist.

III Das überweisende Kreditinstitut kann den Überweisungsvertrag, solange die Ausführungsfrist noch nicht begonnen hat, ohne Angabe von Gründen, danach nur noch kündigen, wenn ein Insolvenzverfahren über das Vermögen des Überweisenden eröffnet worden oder ein zur Durchführung der Überweisung erforderlicher Kredit gekündigt worden ist. Im Rahmen von Zahlungsverkehrssystemen kann eine Überweisung abweichend von Satz 1 bereits von dem in den Regeln des Systems bestimmten Zeitpunkt an nicht mehr gekündigt werden.

IV Der Überweisende kann den Überweisungsvertrag vor Beginn der Ausführungsfrist jederzeit, danach nur kündigen, wenn die Kündigung dem Kreditinstitut des Begünstigten bis zu dem Zeitpunkt mitgeteilt wird, in dem der Überweisungsbetrag diesem Kreditinstitut endgültig zur Gutschrift auf dem Konto des Begünstigten zur Verfügung gestellt wird. Im Rahmen von Zahlungsverkehrssystemen kann eine Überweisung abweichend von Satz 1 bereits von dem in den Regeln des Systems bestimmten Zeitpunkt an nicht mehr gekündigt werden. Das überweisende Kreditinstitut hat die unverzügliche Information des Kreditinstituts des Begünstigten über eine Kündigung zu veranlassen.

Literatur: Vorbem v § 676 a.

1) Überweisung. – a) Begriff. Sie ist ein GeschVorgang, den ein KrInst (überweisdes KrInst) auf Veranlassg des zahlden AuftrG (Überweisder, Schu) dchführt, um dem EndEmpf einer Zahlg (Begünstigter, Gläub) einen best GeldBetr zur Gutschr auf dessen Kto (Begr § 676 f Rn 6) zur Vfg zu stellen (I 1; s a Art 3 Buchst f ÜberwRichtl). ÜberwBetr ist der GeldBetr, der nach dem Inhalt des ÜberwVertr letztlich auf dem EmpfKto gutgeschr w soll. Die Zahlg wird idR von einem Kto des Überweisden geleistet (daher bargeldl ZahlgsVerk, Vorbem 1 v § 676 a), zwingde Vorauss ist dies nicht (I 3), ebso nicht, daß Überweisder u Begünst verschiedene Pers sind. – **Nicht** um eine Überw handelt es sich beim **Auszahlungsauftrag** (zu ihm Sch-B-L/Schimansky § 49 Rn 54), bei dem der GeldBetr nicht einem Kto des Empf gutgeschrieben, sond an diesen bar ausgezahlt w soll (zB weil der Empf bei dem KrInst kein Kto unterhält). Er liegt in Abgrenzg zur Anw (Einf 4 f v § 783) vor, wenn von vornherein eine Verpfl des auszahlden KrInst zur Auszahlg begründet w soll. Das beauftr KrInst ist iR des mit ihm geschl GeschBesVertr gehalten, nur an die Pers auszuzahlen, auf welche bei sorgfält Prüfg die in dem A genannten Angaben zutreffen; andernf steht ihm kein AufwErsAnspr (§ 670) zu, vielm ist der zur Vfg gestellte Betr zurückzugewähren (§ 667; BGH **130**, 87). – Keine Überw sind auch die and Formen des bargeldl ZahlgsVerk (Vorbem 2 v § 676 a), bei denen der ZahlgsVorgang jew vom Begünst eingeleitet w (Schwolow § 2 I). 1 2

b) Arten. Eine innerbetriebl od **institutsinterne Überweisung** liegt vor, wenn das überweisde KrInst u das KrInst, bei dem das Kto des Begünst geführt w, identisch sind. Dann findet nur eine innerbetriebl Verrechng statt. Sind die KrInst versch, handelt es sich um eine außerbetriebl od **institutsfremde Überweisung**. Die dann erfdl VerrechngsBeziehg zw den Inst kann darin bestehen, daß eines der Inst bei dem and ein Kto unterhält. Sie kann aber auch aGrd Vereinbg einer größeren Zahl von KrInst nach einheitl Regeln dchgeführt w, zB bei Clearingstellen, innerh von Gironetzen od über das VerrechngsNetz der Bundesbank (Einzelh Sch-B-L/Schimansky § 46). Ein solches **Zahlungsverkehrssystem** (III 2) muß nach Art 2 Zahlgs-SichgsRichtl best Vorauss erfüllen. ZT werden auch, insb im AuslZahlgsVerk u uU zusätzl zur Nutzg eines 3

ZahlgsVerkSystems, KorrespondenzKrInst eingeschaltet (mehrgliedr od KettenÜberw). KrInst, die über das überweisde KrInst u das KrInst des Begünst hinaus in den ÜberwVorgang eingeschaltet w, sind **zwischengeschaltete Kreditinstitute** (I 2; Art 2 Buchst e ÜberwRichtl). – Eine **Inlandsüberweisung** liegt vor, wenn sowohl die den ÜberwAuftr annehmde (dh idR das Kto desÜberweisden führde) Zweig- od Hauptstelle des überweisden KrInst wie auch die Zweig- od Hauptstelle des KrInst, bei der das Kto des Begünst geführt wird, im Inl liegen. Liegen sie in versch Staaten, handelt es sich um eine **Auslandsüberweisung**, gleichgült ob sie demselben Inst angehören od nicht (s Art 2 Buchst f ÜberwRichtl); dabei unterscheidet das Gesetz nochmals (II Nr 1) zw Überw in MitglStaaten der EU (derzeit Belgien, Dänemark, Finnland, Frankreich, Griechenland, Irland, Italien, Luxemburg, Niederlande, Österreich, Portugal, Schweden, Spanien, Vereinigtes Königreich; Zugehörigk zur Euro-Zone ist nicht erfdl) od des Europ WirtschRaums (derzeit zusätzl Island, Liechtenstein, Norwegen) u Überw in and Staaten (Rn 16).

4 **c) Vertragsbeziehungen.** An der Überw sind idR mind drei Pers beteiligt, zw denen gesonderte vertragl Beziehgen bestehen. Diese Beziehgen sind in den GrdZügen dch die §§ 676 a–f geregelt u werden dch standardisierte Vereinbgen (AGB, VerrechngsAbk) ergänzt. Nicht geregelt ist das Verhältn zw dem KrInst des Begünst u dem letzten in der ÜberwKette vorangehden KrInst, sei es das überweisde KrInst od das letzte zwgeschaltete KrInst. Zu unterscheiden sind: – Das **Valutaverhältnis,** dh die RBeziehg zw Überweisdem (Schu) u Begünstigtem (Gläub). Es bildet die rechtl Grdl für die dch die Überw bewirkte VermVerschiebg. Es ist in den §§ 676 a ff nicht angesprochen, aber dch die Überw insb hins der Fragen der Art u Weise u des Ztpkts der Erfüllg der Schuld berührt. Die Geldschuld ist grdsätzl mit der Gutschr (§ 676 f Rn 10) auf dem vom Gläub angegebenen Kto getilgt (BGH NJW **99**, 210), nicht hingg bei Buchg auf einem and Kto des Gläub (BGH **98**, 24); näher dazu u zur Frage, wann der Gläub die Überweisg als Erf gelten lassen muß, § 362
5 Rn 8, 9, zur Frage der Rechtzeitigk § 270 Rn 7; s a v Dücker WM **99**, 1257. – Das **Deckungsverhältnis** zw dem Überweisden u seinem KrInst ist der GiroVertr, der nach neuem R dch den ÜberwVertr (§§ 676 a–c), nach bish R durch eine Weisg (§ 665; s § 676 f Rn 31 ff) ausgefüllt wird. Ergänzd sind die AGB der
6 Banken u Spark heranzuziehen. – Das **Inkassoverhältnis** zw dem Begünst u seinem KrInst ist dch den zw diesen Pers bestehden GiroVertr geregelt (§§ 676 f, g). Auch insow greifen ergänzd die AGB der Banken u
7 Spark ein. – **Interbankenverhältnisse** nennt man die RVerhältn zw den beteil KrInst, dch die insb der Ausgl zw diesen Banken für den übertr GeldBetr geregelt wird. Zu den versch Verrechngsmodalitäten Rn 3. Es handelt sich idR ebenf um GeschBesVertr. Bei Verrechng unmittelb zw SchuBank u GläubBank über ein Kto einer dieser Banken liegt ein GiroVertr vor; bei Einschaltg von ZwBanken insb iR einer Überw ein ZahlgsVertr (§§ 676 d, e). Bei Benutzg von VerrechngsSystemen sind die Rechte und Pfl der beteil KrInst
8 dch die jew VerrechngsAbk geregelt. – **Keine Vertragsbeziehungen** bestehen bei instfremden Überw zw dem Überweisden u dem KrInst des Begünst, dem Begünst u dem KrInst des Überweisden sowie zw Überweisden/Begünst u den zwgeschalteten KrInst. Nach der bish Regelg der Überw (§ 676 f Rn 31) können VertragsVerh zw den KrInst uU als Vertr zGDr angesehen werden (§ 328 Rn 23), so daß dem Überweisden od Begünst SchadErsAnspr gg ein zwgeschaltetes KrInst zustehen können, wenn dieses die im Verk erfdl Sorgfalt außer Acht läßt (Düss DB **82**, 749, Ffm BB **84**, 807; str, eingehd Einsele AcP **199**, 145). Angesichts der detaillierten HaftgsRegelg (s § 676 b Rn 1) ist zweifelh, ob für derart Anspr bei Überw nach neuem R noch Raum ist.

9 **2) Überweisungsvertrag. – a) Wesen, Regelungsgehalt, anzuwendendes Recht.** §§ 676 a–c behandeln die nach bish Recht (dazu § 676 f Rn 31 ff) als Weisg (§ 665) iR eines GiroVertr ausgestaltete Überw als bes VertrVerhältn (zu den Grd Schmidt-Räntsch ZIP **99**, 676; krit, auch zur Systematik der Neuregelg Häuser WM **99**, 1037/1041, Ehmann/Hadding WM **99** Sonderbeil 3) u gibt damit die Parallelität der bish Gestaltg zu and Formen des bargeldl ZahlgsVerk, insb zum LastschrVerf auf. Es handelt sich um einen GeschBesVertr mit WerkVertrCharakter, da das KrInst einen best Erfolg schuldet (s I 1, 2). Allerd sind §§ 631 ff wg des Vorrangs der §§ 676 a ff u des AuftrR (§ 675 Rn 7) nur sehr eingeschränkt anwendb. – Der ÜberwVertr regelt das **Deckungsverhältnis** (Rn 5) zw dem Überweisden u dem überweisden KrInst. Rechte zG des Begünst der Überw begründet er nicht (Rn 8). – **Abdingbar** ist § 676 a zL des Überweisden nur in den Fällen des § 676 c III (dort Rn 6). Insb scheidet die Vereinbg eines and, nur auf Weisg gerichteten VertrTyps als Umgehg der gesetzl Regelg aus (Bydlinski WM **99**, 1046/1050). – **Internationales Privatrecht** Einf 3 v § 675.

10 **b)** Vom **Anwendungsbereich** der §§ 676 a–c sind best InlÜberw der SozVersTräger generell ausgenommen; für InlÜberw sowie AuslÜberw in Länder außerh der EG u des Europ WirtschRaums gelten die Vorschr erst ab **1. 1. 2002** (näher Vorbem 5 v § 676 a).

11 **c) Abschluß.** Überweisder (dh Veranlasser der Überw, I 1, u AuftrG) kann jede natürl od jur Pers sein, auch ein KrInst (s § 676 c III Nr 1); Beauftr nur ein KrInst. Der Überweisde muß kein Kto bei dem KrInst unterhalten (I 3). Wird der ÜberwVertr (wie idR) iR eines GiroVertr abgeschl (s a § 676 f I 1), muß der Überweisde über das Kto verfüggsbercht sein (§ 676 f Rn 6). Das Angeb zum VertrSchluß liegt dann in der Übermittlg des ÜberwA an das KrInst, die Ann in der Ausf der Überw; einer Erkl der Ann bedarf es nicht (§ 151 S 1; Klamt/Koch DB **99**, 943). Aus dem GiroVertr wird sich häuf eine Pfl des KrInst zum Abschl des ÜberwVertr ergeben (§ 676 f Rn 14). Will das KrInst den A nicht annehmen, hat es dies unverzügl anzuzeigen (§ 663), andernf gilt das Angeb als angenommen (HGB 362 I). Bei **Fälschung** des ÜberwA kommt ein ÜberwVertr mit dem KtoInh nicht zustande, das FälschgsRisiko trägt daher das KrInst.

12 **d) Beendet** werden kann der ÜberwVertr einseit nur dch **Kündigung. III, IV** enthalten insow eine Sonderregelg ggü § 671 (s a § 675 Rn 8). Zu den Folgen der Künd s a § 676 d II u dort Rn 5. Es gilt folgde Abstufg: – Wird die Überw iR eines **Zahlungsverkehrssystems** (Rn 3) abgewickelt, scheidet eine Künd des Überweisden wie des KrInst nach dem in diesem System festgelegten Ztpkt aus, auch wenn die sonst Vorauss gegeben wären, III 2, IV 2. – Hiervon abgesehen können **vor Beginn der Ausführungsfrist** (II 3, Rn 16) sowohl das überweisde KrInst wie auch der Überweisde ohne Einschränkg künd, III 1 Hs 1, IV 1 Hs 1. Maßgebd ist der Zugang der Künd. Die Künd des KrInst ist gem § 242 ausgeschl, sofern eine Pfl zum Abschl eines entspr ÜberwVertr (Rn 11) besteht (Becher DStR **99**, 1360/1364). – **Danach** kann das **Kreditinstitut**

nur unter engen Vorauss künd: (1) Eröffng des InsVerf über das Verm des Überweisden bewirkt zwar kein Erlöschen des ÜberwVertr (InsO 116 S 3), gewährt dem KrInst aber ein KündR, III 1 Hs 2; od (2) nachträgl Entfallen der KtoDeckg dch wirks Künd des Kredits, III 1 Hs 2, wobei sich die Wirksamk der KreditKünd nach dem KreditVertr, hilfsw nach § 610 beurteilt; od (3) unter den Vorauss des § 676 b III 4 (dort Rn 10); diese Künd soll nach dem Gesetzeszweck dch III 1 nicht ausgeschl w. Die Künd des **Überweisenden** ist zwar nicht ausgeschl, kann aber nur noch wirks w, wenn sie dem das Kto des Begünst führden KrInst mitgeteilt w, bevor ihm der ÜberwBetr zur Gutschr auf diesem Kto endgült zur Vfg gestellt w, IV 1 Hs 2. Das überweisde KrInst hat über die ihm zugehde Künd unverzügl, dh ohne schuldh Zögern (§ 121 I 1) das KrInst des Begünst zu informieren (Rn 17). Bei instinternen Überw (Rn 3) scheidet eine solche Künd praktisch aus. – **Weitere** 13
Beendigungsgründe: Ablauf der NachFr nach ErstattgsVerlangen, § 676 b III 3. Nicht Tod des Überweisden, § 672.

3) Pflichten des Überweisenden. Sie ergeben sich aus §§ 675 I, 662 ff u, soweit anwendb (§ 675 Rn 7), 14
WkVertrR. Insb: Zahlg des vereinb od übl Entgelts, §§ 631 I, 632 (s a § 675 Rn 8); Vorschuß u Erstattg von Aufw, §§ 669, 670, idR dch Belastg des Ktos des Überweisden, zB hins ÜberwBetr u Gebühren zwischengeschalteter KrInst.

4) Pflichten des Kreditinstituts. HauptPfl ist die fristgerechte Bewirkg der Überw u die Übermittlg der 15
erfdl Angaben. – **a) Bewirken der Überweisung** bedeutet Erf der Pfl gem I 1, 2. Das KrInst hat die Überw formal u oRücks auf die zGrd liegden RVerhältn der Beteil auszuführen (BGH WM **91**, 799, **92**, 1392). Dies setzt aber das Vorliegen der hierfür erfdl Umstände voraus, insb KtoDeckg; daher kein Verzug des KrInst vor Erf der Vorauss gem II 3; jedoch besteht uU eine Pfl zur Ermittlg der erfdl Angaben, zB der KtoNr anhand des Namens des Begünst. Der ÜberwBetr muß ungekürzt zur Vfg gestellt sein, wenn nicht iR des ÜberwVertr and vereinb ist; diese in I 2 enthaltene Regel gilt, wie sich aus dem Kontext ergibt, auch für die instinterne Überw gem I 1. Rechtzeit bedeutet Bewirkg innerh der Fr gem II. – **I 1** regelt die **institutsinterne Überweisung** (Rn 3). Hier ist die Überw bewirkt, wenn der ÜberwBetr ungekürzt dem Begünst zur Gutschr auf dessen Kto (§ 676f Rn 11) zur Vfg gestellt ist, dh in einer Weise, daß der Begünst darüber verfügen kann; iE ist also die Gutschr (§ 676f Rn 10) erfdl (s a BT-Drs 14/745 S 19). Die Angaben (Pers des Überweisden, VerwendgsZweck) müssen dem Begünst nur soweit übl mitgeteilt w. Der Umfang der Angaben zum VerwendgsZweck kann daher, schon im Hinbl auf die erfdl Standardisierg, auf das übl Maß beschränkt w. In zeitl Hins genügt es idR, daß die Angaben auf dem nächsten vereinbgsgem zu übermittelnden KtoAuszug vermerkt sind. – **I 2** regelt die **institutsfremde Überweisung** (Rn 3). Hier ist die Überw bewirkt, sobald das überweisde KrInst den ÜberwBetr dem KrInst des Begünst übermittelt hat, dh der Betr dem Kto dieses KrInst (s II 2) od des von diesem Inst mit der Entgegenn des ÜberwBetr beauftr KrInst (§ 676 g III) gutgeschrieben ist (BT-Drs 14/745 S 19, 23). Die Verpfl dieses KrInst zur Gutschr auf dem Kto des Begünst ergibt sich dann aus dem mit diesem bestehden GiroVertr, insow läuft eine weitere Fr (§§ 676 f, g). Das überweisde KrInst kann den ÜbermittlgsWeg (zu den versch Möglichk Rn 3), soweit keine Weisg (§ 665) vorliegt, iR seiner Verpfl zur baldmöglichen Ausf (Rn 16) frei wählen, also auch weitere KrInst einschalten. Die erfdl Angaben (Pers des Überweisden, VerwendgsZweck) müssen an das KrInst des Begünst weitergeleitet w (I 2 aE), damit dieses sie dem Begünst mitteilen kann (s § 676 f S 2).

b) Ausführungsfristen, II. Sie sind gewahrt, wenn die Überw innerh der Fr bewirkt wird (Rn 15). Ihre 16
Nichteinhaltg führt zu den Folgen gem §§ 676 b, c. – **aa) Beginn, II 3,** gem Vereinbg. Sonst mit Ablauf des Tages, an dem der Name des Begünst, sein Kto (Bezeichng, insb KtoNr), das KrInst des Begünst (Bankleitzahl genügt bei eindeut IdentifikationsMöglichk, erfdl ist sie idR nicht) sowie die sonst zur Ausf der Überw erfdl Angaben (insb der ÜberwBetr; im EinzFall auch and Erfordern, zB Gen nach dem AWG, FreigabeErkl der StA gem GeldwäscheG 12) vorliegen u KtoDeckg (den ÜberwBetr abdeckdes Guth od ein den Betr abdeckder Kreditrahmen) vorh ist. – **bb) Dauer, II 1, 2.** Für sie gilt in erster Linie die zw KrInst u Überweisden vereinb Fr (arg II 1 Hs 1). Nennt ein KrInst in der gem § 675 a I 2 vorgeschr Information eine kürzere Fr als die in II 2 bestimmte, wird mangels and Anhaltspkte eine entspr Vereinbg anzunehmen sein. Fehlt eine Vereinbg, ist die Überw baldmöglichst zu bewirken, II 1 Hs 2; insb ist der schnellste ÜbermittlgsWeg zu wählen. II 2 bestimmt zum Schutz des Überweisden in Umsetzg der ÜberwRichtl für best Arten von Überw HöchstFr, von denen nur iF der Nr 1 zum Nachtl des Überweisden abgewichen w darf (s BT-Drs 14/1067 S 15, Becher DStR **99**, 1360). Folgde **Fallgruppen** sind zu unterscheiden (zu den Begr Rn 3): (1) Instinterne InlÜberw in InlWährg (DM, Euro, § 245 Rn 5 f), Kto des Überweisden od Einzahlg (I 3) u Kto des Begünst bei ders Haupt- od Zweigstelle des überweisden KrInst: verbindl HöchstFr 1 Tag (Nr 3 Hs 1). (2) And instinterne InlÜberw in InlWährg: verbindl HöchstFr 2 Tage (Nr 3 Hs 2). (3) Instfremde InlÜberw in InlWährg: verbindl HöchstFr 3 Tage (Nr 2). (4) AuslÜberw in MitglStaaten der EU od des Europ WirtschRaums, die auf Euro od die Währg bzw WährgsEinh des Zielstaates lauten: 5 Tage, längere Fr kann vereinb w (Nr 1). (5) Sonst Überw: Fr gem Vereinbg, iü baldmöglichst (II 1). Letzteres dürfte als allg Grds auch für die Überw gem § 676 c III gelten. – **cc) Berechnung** nach §§ 187 I, 188 I; erster Tag daher der auf das Vorliegen aller Erfordern folgde Tag, Ende mit Ablauf des letzten Tages. Es zählen nur **Bankgeschäftstage,** dh gem Nr 1 nur Werktage, nicht dagg Sa, So u Feiertage (§ 193) bzw Tage, an denen eines der beteil KrInst gewöhnl nicht geöffnet hat (insb bei AuslÜberw Feiertage, die im Land eines der beteil KrInst, auch der zwgeschalteten, als solche ausgewiesen sind).

c) Weitere Pflichten s zunächst § 675 Rn 9. Das überweisde KrInst hat Weisgen des Überweisden (zB 17
hins des ÜberwWeges) grdsätzl zu befolgen (§ 665). Eine Künd des ÜberwVertr hat es dem KrInst des Begünst unverzügl mitzuteilen od die Mitt zu veranlassen **(IV 3).** Das Gesetz schließt eine unmittelb Mitt nicht aus (arg § 676 d II 1); das KrInst ist desh zur Wahl des schnellsten Weges verpflichtet (aA Becher DStR **99**, 1360/1364: Mitt in der ÜberwKette). **Warn- und Schutzpflichten** (§ 665 Rn 9) bestehen wg der Massencharakters der Überw nur in engsten Grenzen (BGH NJW **78**, 1852). So hat das KrInst bei fehlder Deckg auf dem Kto des Überweisden die NichtAusf dem Schu unverzügl anzuzeigen, bei PflVerl ist jedoch überwiegdes MitVersch des KtoInh gegeben (Hamm WM **84**, 1222). Weitere WarnPfl kommen in Betracht, wenn das KrInst vom ZusBruch des Begünst (od dessen KrInst) weiß (BGH NJW **87**, 317). Auch auf rechtl

Bedenken gg die Überw hat das KrInst hinzuweisen (BGH **23**, 222: DevisenBest), ebso auf offensichtl Änderg der Seriennummer bei einem SammelAuftr (Düss BB **91**, 114). Zahlt der Kunde bei Erteilg des ÜberwA den erfdl Betr auf seinem Kto ein, muß das KrInst beide Gesch so abwickeln, daß der Kunde nicht mit Zinsen belastet wird (AG Hbg NJW-RR **93**, 114). Ist der ÜberwA nicht dch Gutschr auf dem Kto des Begünst ausführb, hat der Überweisde nur die Anspr gem §§ 676 b, c (s a § 676 c Rn 2).

18 **5) Sonderformen der Überweisung. – a) Barüberweisung, I 3.** IdR wird die Überw von einem GiroKto des Überweisden bei dem KrInst aus dchgeführt. Der ÜberwBetr steht dann in Form von Buchgeld zur Vfg (Vorbem 1 v § 676 a). I 3 gestattet die Bareinzahlg des ÜberwBetr u ermöglicht so die Überw auch außerh einer KtoBeziehg. Dies gilt aber nur bei bes Vereinbg; fehlt diese, kann das KrInst die Ausf aGrd
19 Bareinzahlg verweigern. Zum AuszahlgsA s Rn 2. – **b) Dauerauftrag.** Bei ihm verpflichtet sich das KrInst aGrd eines ÜberwVertr zur DchFührg einer Vielzahl von gleichbleibden Überw in regelm zeitl Abständen auf ein best Kto (Bsp: Mietzahlg). Die Ausf steht unter dem Vorbeh, daß bei jeder einz Überw die AusfVorauss, insb KtoDeckg (Rn 16), gegeben sind. Die Beschränkg des KündR des KrInst gem III 1 bezieht sich nur auf die einz Überw, für künft Überw kann der DauerAuftr jederzeit gekünd w.

676 b *Verschuldensunabhängige Haftung.*

I Wird die Überweisung erst nach Ablauf der Ausführungsfrist bewirkt, so hat das überweisende Kreditinstitut dem Überweisenden den Überweisungsbetrag für die Dauer der Verspätung zu verzinsen, es sei denn, daß der Überweisende oder der Begünstigte die Verspätung zu vertreten hat. Der Zinssatz beträgt fünf Prozentpunkte über dem Basiszinssatz im Jahr.

II Das überweisende Kreditinstitut hat von ihm selbst oder von einem der zwischengeschalteten Kreditinstitute entgegen dem Überweisungsvertrag einbehaltene Beträge ohne zusätzliche Entgelte und Auslagen nach Wahl des Überweisenden entweder diesem zu erstatten oder dem Begünstigten zu überweisen.

III Der Überweisende kann die Erstattung des Überweisungsbetrags bis zu einem Betrag von 12 500 Euro (Garantiebetrag) zuzüglich bereits für die Überweisung entrichteter Entgelte und Auslagen verlangen, wenn die Überweisung weder bis zum Ablauf der Ausführungsfrist noch innerhalb einer Nachfrist von 14 Bankgeschäftstagen vom Erstattungsverlangen des Überweisenden an bewirkt worden ist. Der Überweisungsbetrag ist in diesem Fall vom Beginn der Ausführungsfrist bis zur Gutschrift des Garantiebetrags auf dem Konto des Überweisenden mit dem in Absatz 1 Satz 2 bestimmten Zinssatz zu verzinsen. Mit dem Erstattungsverlangen des Überweisenden und dem Ablauf der Nachfrist gilt der Überweisungsvertrag als gekündigt. Das Kreditinstitut ist berechtigt, den Vertrag zu kündigen, wenn die Fortsetzung des Vertrages unter Abwägung der beiderseitigen Interessen für das Kreditinstitut nicht zumutbar ist und es den Garantiebetrag entrichtet hat oder gleichzeitig entrichtet. Der Überweisende hat in den Fällen der Sätze 3 und 4 die vereinbarten Entgelte und Auslagen nicht zu entrichten. Ansprüche nach diesem Absatz bestehen nicht, wenn die Überweisung nicht bewirkt worden ist, weil der Überweisende dem überweisenden Kreditinstitut eine fehlerhafte oder unvollständige Weisung erteilt oder wenn ein von dem Überweisenden ausdrücklich bestimmtes zwischengeschaltetes Kreditinstitut die Überweisung nicht ausgeführt hat. In dem zweiten Fall des Satzes 6 haftet das von dem Überweisenden ausdrücklich bestimmte Kreditinstitut diesem anstelle des überweisenden Kreditinstituts.

IV Ansprüche nach den Absätzen 1 bis 3 sind ausgeschlossen, wenn die Ursache für den Fehler bei der Abwicklung der Überweisung höhere Gewalt ist.

1 **1) Haftungssystem der §§ 676 b, c; Verhältnis zu anderer Rechten.** Die Vorschr regeln die Haftg des beauftr KrInst iR eines ÜberwVertr (§ 676 a) iF einer LeistgsStörg bei Dchführg der Überw. Sie unterscheidet 3 Fälle: Das KrInst führt den geschuldeten ÜberwErfolg (§ 676 a I) nicht frgerecht (§ 676 a II) herbei (verspätete Überw, I); es führt ihn nicht vollst herbei (gekürzte Überw, II); od es führt ihn überhaupt nicht herbei (gescheiterte Überw, III). Verspätg und Kürzg der Überw können nebeneinander auftreten; dagg schließt die Haftg nach den Grds der gescheiterten Überw die Haftg nach I u II aus. Die gescheiterte Überw wird von der verspäteten Überw nach den Vorauss des III 1 Hs 2 abgegrenzt; liegen sie vor, gilt die Überw als gescheitert (III 3). – § 676 b gewährt dem Überweisden zu dessen Schutz (s a Vorbem 3 v § 676 a) verschuldensunabhängige (§ 676 c I 1), weitgehd unabdingb MindestAnspr. Daneben bleiben nur verschuldensabhäng Anspr u BerAnspr nach allg Vorschr bestehen (§ 676 c I 2). Dabei wird für das Versch das zwgeschaltete KrInst grdsätzl als ErfGeh betrachtet (§ 676 c I 2, 3); jedoch kann in diesen Fällen die Haftg dch Vereinbg begrenzt w (§ 676 c I 4, 5). Sonst Anspr, die sich nach den allg Vorschr aus LeistgsStörgen ergeben würden, sind ausgeschl (BT-Drs 14/745 S 23); insb sind die GewlRegeln des an sich anwendb WerkVertrR verdrängt.
2 Ebso besteht kein selbstd ErstattgsAnspr aus § 667 mehr (§ 676 c Rn 2). – **Anspruchsgegner** ist grdsätzl (Ausn III 7 u § 676 c II) das überweisde KrInst als VertrPartner, dieses kann aber gg die für die mangelh Erf des ÜberwVertr (verspätete od unvollst Gutschr etc) verantwortl zwgeschaltete KrInst ggf Rückgriff nehmen (§ 676 e Rn 1). – **Abdingbar** ist die Haftg nur in den Fällen des § 676 c III (dort Rn 6).

3 **2) Verspätete Überweisung, Verzinsungsanspruch, I.** AnsprGegner: überweisdes KrInst, Rn 2. – **a) Voraussetzungen:** (1) Bestehen eines wirks ÜberwVertr, also nicht iF einer gescheiterten (gem III 3 beendeten) Überw (Rn 1). (2) Überschreiten der AusfFr (§ 676 a Rn 16); sie kann, falls die Überw schneller bewirkt w konnte, kürzer als die gesetzl HöchstFr sein (arg § 676 a II 1). Kein Versch des überweisden KrInst od zwgeschalteter KrInst erfdl (§ 676 c I 1). – **Ausschluß,** wenn der Überweisde od Begünst die Verspätg zu
4 vertreten hat (I 1 Hs 2). Bei höherer Gewalt, IV. Nur ausnahmsw dch Vereinbg (Rn 1). – **b) Inhalt.** Verzinsg des ÜberwBetr (§ 676 a Rn 1), nicht nur des GarantieBetr für die Dauer der Verspätg, dh den Zeitraum ab Ablauf der AusfFr bis zur Bewirkg der Überw (§ 676 a Rn 15; BT-Drs 14/745 S 21). Zinssatz: Basiszinssatz (§ 245 Rn 9 u Anh zu § 246) zzgl 5% iJ.

3) Gekürzte Überweisung, Erstattungsanspruch, II. AnsprGegner: überweisdes KrInst, Rn 2. – **a) Voraussetzungen:** (1) Bestehen eines wirks ÜberwVertr. (2) Unberechtigter (dh nicht mit dem Überweisden vereinb) Einbehalt eines Betr, also Abweichg des bei Bewirken der Überw (§ 676 a Rn 7) gutgeschr Betr vom ÜberwBetr (§ 676 a Rn 1). Sie wird idR dadch verursacht sein, daß ein beteil KrInst seine Gebühren od Auslagen vom ÜberwBetr abzieht; welches KrInst verantwortl ist, ist gleichgült. Kein Versch des überweisden KrInst od zwgeschalteter KrInst erfdl (§ 676 c I 1). – **Ausschluß** bei höherer Gewalt, IV. Nur ausnahmsw dch Vereinbg (Rn 2). – **b) Inhalt** des Anspr: Kostenl Erstattg des einbehaltenen Betr an den Überweisden od nach dessen Wahl Überw des Betr auf das Kto des Begünst. 5 6

4) Gescheiterte Überweisung, „Money-back-Garantie", III. – a) Voraussetzungen: (1) Wirks ÜberwVertr; bei Künd dch das überweisde KrInst (III 4) sind die Anspr des Überweisden dadch gesichert, daß die Wirksamk der Künd an die Entrichtg des GarantieBetr gebunden ist (s a Rn 10). (2) Kein Bewirken der Überw (§ 676 a Rn 15) bis zum Ablauf der AusfFr (§ 676 a Rn 16). Da das überweisde KrInst das Risiko des Gelingens trägt, ist die Ursache hierfür grdsätzl ohne Belang; zB Ins eines zwgeschalteten KrInst, Verlorengehen der Überw in einem AbrechngsSystem (BT-Drs 14/745 S 22). (3) ErstattgsVerlangen des Überweisden an das überweisde KrInst. (4) Kein Bewirken der Überw bis zum Ablauf der NachFr. Beginn der Fr mit Zugang des ErstattgsVerlangens bei dem überweisden KrInst; Dauer 14 BankGeschTage (Begr § 676 a Rn 16); Berechng gem §§ 187 I, 188 I. Versch des KrInst ist nicht erfdl (§ 676 c I 1). – **Ausschluß:** Bei fehlerh od unvollst Weisg (§ 665) des Überweisden, wenn diese die nicht frgerechte Ausf der Überw verurs hat, **III 6** Hs 1, u zwar nach dem Wortlaut in vollem Umfang (Ehmann/Hadding WM **99** Sonderbeil 3 S 11); dem Überweisden verbleibt dann nur der BerAnspr gem § 676 c I 2. Für das beauftr KrInst, wenn das zwgeschaltete KrInst, das der Überweisde selbst ausdr bestimmt hat, die Überw nicht ausgeführt hat, III 6 Hs 2 (s a Rn 9). Bei höherer Gewalt, IV. Nur ausnahmsw dch Vereinbg (Rn 2). 7

b) Inhalt: Erstattung, III 1, des GarantieBetr, dh des ÜberwBetr, höchstens 12 500 Euro; außerdem der dem Überweisden entstandenen ÜberwKosten. Zur Erstattg überschießder Betr § 676 c Rn 2. **Verzinsung, III 2,** des ÜberwBetr (§ 676 a Rn 1), nicht nur des GarantieBetr, für den Zeitraum vom Beginn der AusfFr (§ 676 a Rn 16) bis zur Gutschr des GarantieBetr auf dem Kto des Überweisden. Zinssatz wie I 2 (Rn 4). 8

c) Anspruchsgegner ist grdsätzl das überweisde KrInst als VertrPartner (Rn 2). Hat das vom Überweisden ausdr bestimmte zwgeschaltete KrInst die Überw nicht ausgeführt richtet sich der Anspr gg dieses, **III 7.** 9

d) Folgen der Geltendmachung. Verlangt der Überweisde Erstattg, soll der ÜberwVertr nicht mehr dchgeführt w, wenn die Überw auch in der NachFr nicht bewirkt wird. – Dch **Kündigung, III 4,** kann das KrInst abw von § 676 a III 1 (dort Rn 12) den ÜberwVertr (zB zur Vermeidg weiterer Zinszahlg) sofort beenden unter folgden Vorauss: (1) Unzumutbark der Forts des ÜberwVertr für das KrInst, auch unter Berücks der Interessen des Überweisden; (2) Erstattg des GarantieBetr spät gleichzeit mit der Künd. Es dürfte sachgerecht sein, diesen Fall wg der systemat Stellg der Vorschr unabhäng vom Ztpkt der Künd als (dch das KrInst herbeigeführte) gescheiterte Überw zu behandeln mit der Folge, daß das KrInst den ÜberwBetr gem III 2 bis zur Wirksamk der Künd zu verzinsen hat. Andernf ergäbe sich diese VerzinsgsPfl aus I. – Kündigt das KrInst nicht, tritt **mit Ablauf der Nachfrist Beendigung** des ÜberwVertr ein, **III 3.** Es gelten dann die Regeln für die gescheiterte Überw (Rn 1). – In beiden Fällen entfällt der Anspr des KrInst auf Entgelt u Auslagenerstattg gg den Überweisden, **III 5.** 10

5) Ausschluß bei höherer Gewalt, IV, dh wenn der Fehler auf einem von außen kommden, nicht vorhersehb, keinen betriebl ZusHang aufweisden, auch dch äußerste vernünftigerw zu erwartde Sorgfalt nicht abwendb war (wie § 203 Rn 4, § 651 j Rn 3). 11

676 c ***Verschuldenshaftung, abweichende Vereinbarungen.*** **I Die Ansprüche nach § 676 b setzen ein Verschulden nicht voraus. Andere Ansprüche, die ein Verschulden voraussetzen, sowie Ansprüche aus ungerechtfertigter Bereicherung bleiben unberührt. Das überweisende Kreditinstitut hat hierbei ein Verschulden, das einem zwischengeschalteten Kreditinstitut zur Last fällt, wie eigenes Verschulden zu vertreten, es sei denn, daß die wesentliche Ursache bei einem zwischengeschalteten Kreditinstitut liegt, das der Überweisende vorgegeben hat. Die Haftung nach Satz 3 kann bei Überweisungen auf ein Konto im Ausland auf 25 000 Euro begrenzt werden. Die Haftung für durch die Verzögerung oder Nichtausführung der Überweisung entstandenen Schaden kann auf 12 500 Euro begrenzt werden; dies gilt nicht für Vorsatz und grobe Fahrlässigkeit, den Zinsschaden und für Gefahren, die das Kreditinstitut besonders übernommen hat.**

II In den Fällen des Absatzes 1 Satz 3 Halbsatz 2 haftet das von dem Überweisenden vorgegebene zwischengeschaltete Kreditinstitut anstelle des überweisenden Kreditinstituts.

III Von der Vorschriften der § 675 Abs. 1, §§ 676 a und 676 b und des Absatzes 1 darf, soweit dort nichts anderes bestimmt ist, zum Nachteil des Überweisenden nur bei Überweisungen abgewichen werden,

1. deren Überweisender ein Kreditinstitut ist,
2. die den Betrag von 75 000 Euro übersteigen oder
3. die einem Konto eines Kreditinstituts mit Sitz außerhalb der Europäischen Union und des Europäischen Wirtschaftsraums gutgeschrieben werden sollen.

1) Allgemeines s § 676 b Rn 1. **I 1** stellt ledigl den Charakter der Anspr gem § 676 b als (eingeschränkte) GarantieAnspr klar. 1

2) Verschuldens- und Bereicherungshaftung. I 2 regelt abschließd, welche Anspr wg fehlerh Ausf der Überw neben § 676 b gg das überweisde od ausnahmsw gg das vom Überweisden vorgegebene (II) KrInst geltd gemacht w können (dort Rn 1). – **a) Unberührt bleiben** mit dem nach den allg Vorschr gegebenen Inhalt: **Verschuldensabhängige Ansprüche,** dh Anspr, die ein Versch (§ 276) des KrInst od seiner ErfGeh 2

(§ 278) voraussetzen. Bsp: SchadErs bei Verzug gem §§ 286, 326 (wg § 285) für FolgeSchäd (VertrRücktr im Valutaverhältn oä), die sich aus der Verspätg ergeben; pVV, zB wg Verletzg von Mitt-, Warn- u HinwPfl (§ 676 a Rn 17). **Bereicherungsansprüche,** dh Anspr aus §§ 812 ff (dort Rn 49 ff). Gem **§ 667** steht dem Überweisden nach bish R gg sein KrInst bei gescheiterten Überw ein Anspr auf Herausg des überlassenen Betr, bei Bareinzahlg als BarBetr, bei Überw als RückGutschr zu, der sich bei (Mit)Versch des Kunden um den SchadErsAnspr des KrInst aus pVV mindern kann (Hamm BB **78**, 1686; KG NJW-RR **96**, 427). I 2 schließt diesen Anspr nunm aus, um das KrInst vor einer über den GarantieBetr hinausgehden Haftg zu schützen (s a BT-Drs 14/745 S 23). Das ist überflüss, wenn u soweit der ÜberwBetr (noch od wieder) bei dem KrInst vorh ist (s a Ehmann/Hadding WM **99** Sonderbeil 3 S 13). Für diese Fälle ist die Einschränkg der R des Überweisden dch die Richtl nicht geboten u vom Gesetzgeber nicht gewollt (BT-Drs 14/1067 S 19).
3 I 2 ist desh insow einschränkd auszulegen (teleolog Reduktion). – **b) Haftung für zwischengeschaltete Kreditinstitute. I 3** stellt klar, daß diese KrInst (Begr § 676 a Rn 3) als ErfGeh (§ 278) des überweisden KrInst anzusehen sind, u zwar entgg § 664 I 2 auch bei Ausf der Überw. Ausn: Der Überweisde hat (idR dch Weisg, § 676 a Rn 17) die Einschaltg eines best KrInst vorgegeben u die wesentl Urs für den Fehler liegt bei
4 diesem Inst. In diesem Fall richten sich die Anspr gem Rn 2 gg das vorgegebene KrInst **(II). – c) Haftungsbegrenzung.** Sie betrifft nur die Anspr gem I 2, 3 u wäre insow an sich unbeschadet III zuläss, da I 2 keine eig Anspr begründet, sond nur auf Anspr außerh der §§ 676 a ff verweist. I 4 und I 5 legen jedoch MindesthaftgsSummen fest, von denen nur bei Überw gem III zum Nachteil des Überweisden abgewichen w kann (krit Bydlinski WM **99**, 1046/1051), u zwar auch dch AGB des KrInst (Klamt/Koch NJW **99**, 2776/2778). – **I 4** gestattet bei **Auslandsüberweisungen** (§ 676 a Rn 3) eine Begrenzg der Haftg für zwgeschaltete KrInst (I 3) auf höchstens 25 000 Euro; Grd: eine Absicherg des Rückgr auf das zwgeschaltete AuslInst ist häuf nicht mögl. Bei InlÜberw ist eine Begrenzg dieser Haftg nur iR von I 5 zuläss. – Für **Nichterfüllungs- und Verzögerungsschäden,** die nicht in einem ZinsSchad bestehen, läßt **I 5** eine HaftgsBegrenzg mit 2 Einschränkgen zu: (1) Das Versch (auch des zwgeschalteten KrInst, I 3) darf nicht in Vors (§ 276 Rn 10) od grober Fahrlk (§ 277 Rn 2) bestehen. (2) Das überweisde KrInst darf das Risiko nicht ausdr übernommen haben; allein die Ann des ÜberwA in Kenntn der Bedeutg pünktl DchFührg genügt nicht (Bydlinski aaO).

5 **3) Abweichende Vereinbarungen, III. – a) Zwingend** sind grdsätzl die über § 675 I (dort Rn 7, 8) in Bezug gen AuftrVorschr sowie §§ 676 a, 676 b u 676 c I, aber nur zG des Überweisden. Zu den Ausn hins
6 der einz Vorschr s dort. – **b)** Eine **Ausnahme** gilt für **folgende Überweisungsarten:** (1) Überw eines KrInst (Begr § 675 a Rn 7). (2) Überw mit einem ÜberwBetr (§ 676 a Rn 1) über 75 000 Euro. (3) AuslÜberw auf Kten, die bei KrInst (dh Haupt- od Zweigstellen, auch desselb KrInst) in Staaten außerh der EU od des Europ WirtschRaums (§ 676 a Rn 3) geführt w (BT-Drs 14/745 S 24). Dies entspricht Art 2 Buchst d ÜberwRichtl, der Zweigstellen außerh des Staates, in dem das Untern seinen Sitz hat, als selbstd KrInst behandelt. Ein Abstellen auf den Sitz des Untern, nicht die Belegenh der ktoführden Stelle (so der Wortlaut) würde dem widersprechen. Die Erstattg einbehaltener Betr (§ 676 b II) kann auch in den Fällen des § 676 c III nur hins der Folgen einer PflVerl eingeschränkt w (Bydlinski WM **99**, 1046/1052). – Bei Abw in **AGB** gelten für die Inhaltskontrolle die allg Regeln des AGBG. Eine im RegE enthaltene Einschränkg (BT-Drs 14/745 S 28) ist nicht Gesetz geworden.

3. Zahlungsvertrag

676 d *Inhalt.* **[I] Durch den Zahlungsvertrag verpflichtet sich ein zwischengeschaltetes Kreditinstitut gegenüber einem anderen Kreditinstitut, im Rahmen des Überweisungsverkehrs einen Überweisungsbetrag an ein weiteres Kreditinstitut oder an das Kreditinstitut des Begünstigten weiterzuleiten.**

[II] Das Kreditinstitut des Begünstigten ist verpflichtet, einen Überweisungsbetrag an das überweisende Kreditinstitut zurückzuleiten, wenn ihm vor dessen Eingang eine entsprechende Mitteilung durch das überweisende Kreditinstitut zugeht. Im Rahmen von Zahlungsverkehrssystemen braucht die Kündigung von dem in den Regeln des Systems festgelegten Zeitpunkt an nicht mehr beachtet zu werden.

1 **1) Allgemeines, Anwendungsbereich der §§ 676 d, e.** Lit: Vorbem v § 676 a (ÜG). Die Vorschr regeln nicht nur den ZahlgsVertr, sond auch die Ausgleichsproblematik im Interbankenverhältn (§ 676 a Rn 7) bei Störgen iR eines ÜberwVorgangs (§ 676 a Rn 1). Sie dienen dem Ziel, bei derart Störgen einen entstandenen Schad letztl dem KrInst zuzuordnen, das die Störg verursacht hat (s a Vorbem 3 v § 676 a). Ist die Störg dch eine Künd des Überweisden verursacht, muß der ÜberwBetr an das überweisde KrInst zurückgeleitet w (§ 676 d II). Für and Störgen haftet das überweisde KrInst zwar dem Überweisden grdsätzl verschuldensunabhäng gem § 676 b, erhält aber seinerseits Kompensation, u zwar entweder von dem verantwortl zwgeschalteten KrInst unmittelb (§ 676 e I, II, III 4) od von dem KrInst, mit dem es einen ZahlgsVertr geschl hat (§ 676 e III 1). Dieses kann im letztgenannten Fall das von ihm beauftr zwgeschaltete KrInst in Anspr nehmen, wenn es nicht selbst für die Störg verantwortl ist, usw; die Kette bricht bei dem für die Störg verantwortl KrInst ab. Dieses hat so iErg den dch die Störg verurs Aufwand zu tragen. Desh korrespondieren auch die Anspr gem § 676 e weitgehd mit den Anspr aus §§ 676 b, c. Haftet das überweisde KrInst nicht selbst (§ 676 b III 7), wird ein unmittelb AusglAnspr zG des Überweisden begründet (§ 676 e Rn 4). Nicht erfaßt ist das KrInst des Begünst, da dieses gem § 676 g ggü dem Begünst verpflichtet ist. – **Anwendbar** sind §§ 676 d, e wg des engen ZusHangs der Vorschr nur auf Überw, für die §§ 676 a ff gelten; s Vorbem 5 v § 676 a u EG 228.

2 **2) Zahlungsvertrag, I. – a) Wesen.** Der ZahlgsVertr betrifft nur das Verhältn zw KrInst iR des mehrgliedr ÜberwVerk, u zwar des überweisden od eines zwgeschalteten KrInst zu einem and zwgeschalteten KrInst (s § 676 a Rn 3), nicht aber das Verhältn des überweisden od zwgeschalteten KrInst zum KrInst des Begünst (ÜberwEmpf; BT-Drs 14/1067 S 19) od zum Überweisden od Begünst selbst. Es handelt sich um

einen GeschBesVertr mit DVertrCharakter, da das KrInst als HauptPfl nur eine Tätigk (Weiterleitg) schuldet. – **Abschluß** des Vertr nach den allg Vorschr; s a HGB 362 I. – **Beendigung** dch Künd ist im Hinbl auf die Besonderh des mehrgliedr ÜberwVerk grdsätzl ausgeschl (s aber Rn 5 u § 676 e Rn 2), vertragl Aufhebg jedoch mögl (Rn 5; Klamt/Koch DB **99**, 943/944). Keine Beendigg bei Insolvenz des beauftr KrInst (InsO 116 S 3).

b) Pflichten des beauftragten Kreditinstituts. Weiterleitg des ÜberwBetr (§ 676 a Rn 1) u, wie sich aus der gesetzl GesKonzeption ergibt, auch der für die DchFührg der Überw erfdl Daten (§ 676 a I, § 676 f S 2) an ein and KrInst; das kann das KrInst des Begünst sein od ein weit zwgeschaltetes KrInst. Der ÜberwBetr muß unverzügl u ungekürzt weitergeleitet w, andernf wird SchadErs u/od Erstattg geschuldet (§ 676 e I–III). NachforschgsPfl gem § 676 e IV. 3

c) Pflichten des beauftragenden Kreditinstituts. S §§ 675 I, 662 ff. Insb Zahlg der vereinb od übl Vergütg (§§ 611, 612); Erstattg von Aufw (§§ 675 I, 670). 4

3) Rückleitungspflicht, II. Der Überweisde (§ 676 a IV 1) u unter engen Vorauss auch das KrInst (§ 676 b III 4) können den ÜberwVertr auch noch nach Beginn der AusfFr kündigen. **II 1** regelt die Rückabwicklg im Interbankenverhältn für den Fall einer solchen Künd (BT-Drs 14/745 S 24), indem er dem überweisden KrInst einen Anspr auf Rückleitg des ÜberwBetr gg das KrInst des Begünst einräumt. Daraus folgt, daß das Gesetz mit der Rückleitg auch den ZahlgsVertr als beendet ansieht. Man wird das Rückleitgs-Verlangen daher als Angeb zur Aufhebg des ZahlgsVertr auffassen können (s a Rn 2). – Wird die Überw iR eines **Zahlungsverkehrssystems** (§ 676 a Rn 3) dchgeführt, kann nach dessen Regeln die Lösg von ÜberwVertr u ZahlgsVertr sowohl für das KrInst des Überweisden (§ 676 a III 2) wie auch für den Überweisden selbst (§ 676 a IV 2) u ein zwgeschaltetes KrInst (Art 5 ZahlgsSichgsRichtl) ausgeschl sein. Das überweisde KrInst u das zwgeschaltete KrInst sind dann zur unbedingten Ausf der Überw verpflichtet. Desh ist der RückleitgsAnspr, ebso wie das LösgsR selbst, dch **II 2** bei DchFührg der Überw iR eines ZahlgsSystems dch dessen Regeln eingeschränkt (wie § 676 a Rn 12). 5

676 e ***Ausgleichsansprüche.*** **I Liegt die Ursache für eine verspätete Ausführung einer Überweisung in dem Verantwortungsbereich eines zwischengeschalteten Kreditinstituts, so hat dieses den Schaden zu ersetzen, der dem überweisenden Kreditinstitut aus der Erfüllung der Ansprüche des Überweisenden nach § 676 b Abs. 1 entsteht.**

II Das zwischengeschaltete Kreditinstitut hat die von ihm selbst entgegen dem Überweisungsvertrag einbehaltenen Beträge ohne zusätzliche Entgelte und Auslagen nach Wahl des überweisenden Kreditinstituts entweder diesem zu erstatten oder dem Begünstigten zu überweisen.

III Das Kreditinstitut, das mit dem überweisenden Kreditinstitut einen Zahlungsvertrag geschlossen hat, ist verpflichtet, diesem die geleisteten Zahlungen zu erstatten, zu denen dieses nach § 676 b Abs. 3 gegenüber dem Überweisenden verpflichtet war. Jedes zwischengeschaltete Kreditinstitut ist verpflichtet, dem Kreditinstitut, mit dem es einen Zahlungsvertrag zur Weiterleitung der Überweisung abgeschlossen hat, die nach Satz 1 oder nach dieser Vorschrift geleisteten Zahlungen zu erstatten. Wird die Überweisung nicht bewirkt, weil ein Kreditinstitut dem von ihm zwischengeschalteten Kreditinstitut eine fehlerhafte oder unvollständige Weisung erteilt hat, ist der Erstattungsanspruch dieses Kreditinstituts nach den Sätzen 1 und 2 ausgeschlossen. Das Kreditinstitut, das den Fehler zu vertreten hat, hat dem überweisenden Kreditinstitut den ihm aus der Erfüllung seiner Verpflichtungen nach § 676 c Abs. 1 entstehenden weitergehenden Schaden zu ersetzen.

IV An der Weiterleitung eines Überweisungsbetrags beteiligte Kreditinstitute, die nicht auf Ersatz haften, haben selbständig nach dem Verbleib des Überweisungsbetrags zu forschen und dem Anspruchsberechtigten den von ihnen aufgefundenen Überweisungsbetrag abzüglich einer angemessenen Entschädigung für die Nachforschung zu erstatten.

V Entfallen Ansprüche, weil der Überweisende das zur Weiterleitung beauftragte Kreditinstitut vorgegeben hat, so hat dieses den Überweisenden so zu stellen, wie er bei Anwendung des § 676 b Abs. 3 stünde. Im übrigen gilt § 676 b Abs. 4 sinngemäß.

1) Ersatzansprüche des überweisenden Kreditinstituts. Zum Zweck der Regelgen § 676 d Rn 1. Es handelt sich ihrer Natur nach um SchadErsAnspr. Sie richten sich gg ein dch ZahlgsVertr zwgeschaltetes KrInst (§ 676 d Rn 2) u setzen, anders als der ErstattgsAnspr (Rn 2), voraus, daß dieses für die Störg verantwortl ist. Ggf können auch mehrere zwgeschaltete KrInst haften, wenn jedes nur für einen Teil der Störg verantwortl ist (zB mehrf Verzögerg bei versch KrInst). Für Kürzgen gem § 254 sind die VerursBeiträge maßgebd (BT-Drs 14745 S 25). – **Für Zinsschaden, I,** wie § 676 b I, dort Rn 3, 4. – **Für einbehaltene Beträge, II,** wie § 676 b II, dort Rn 5, 6. Das WahlR des überweisden KrInst gestattet es diesem, von dem zwgeschalteten KrInst Erf des Anspr entspr der Wahl zu verlangen, die seinerseits der Überweisde gem § 676 b II getroffen hat. – **Für verschuldensabhängige Ansprüche, III 4,** wie § 676 c Rn 2 ff. Der Anspr erstreckt sich nach seiner systemat Stellg nur auf Anspr bei gescheiterter Überw; ob er auf Anspr bei verspäteter od gekürzter Überw entspr herangezogen w kann, ist zweifelh. Er ist nach dem Wortlaut der Vorschr unabhäng von der ÜberwKette gg das verantwortl zwgeschaltete KrInst gerichtet u setzt voraus, daß dieses die Störg zu vertreten hat (§§ 276, 278). Er ist der Ausgl dafür, daß das überweisde KrInst ggü dem Überweisden für Versch des zwgeschalteten KrInst einzustehen hat (§ 676 c I 3). Er ist desh nicht gegeben, soweit wie iF des § 676 c I 3 Hs 2 diese Vorauss fehlt. 1

2) Erstattung der Garantiezahlungen, III. Sie wickelt sich iR der ÜberwKette ab, dh jew iR des abgeschl ZahlgsVertr bis zu dem KrInst, das die Störg verurs hat (s § 676 d Rn 1). S 1 regelt den ErstattgsAnspr des überweisden KrInst. S 2 gewährt dem erstattden KrInst einen Anspr gg das seinerseits von ihm beauftr KrInst in Höhe des von ihm erstatteten Betr. Das dch den ZahlgsVertr beauftr KrInst wird, um die Erstattg gering zu halten, von dem überweisden KrInst uU die Künd des ÜberwVertr (mit der Folge der 2

Beendigg auch des ZahlgsVertr, § 676 g Rn 5) verlangen können, wenn die Vorauss des § 676 b III 4 vorliegen. – **Voraussetzung** des Anspr ist jew: (1) ein wirks ZahlgsVertr; (2) Leistg einer ErstattgsZahlg dch den AuftrG des ZahlgsVertr, die Verpfl zur Leistg genügt nicht. – **Ausgeschlossen, III 3,** ist der Anspr, soweit die Störg bei dem verpfl KrInst dch eine fehlerh od unvollst Weisg (§ 665) des beauftragden KrInst verurs ist. Grd: In diesem Fall ist das beauftragde KrInst für die Störg verantwortl, so daß die ErstattgsKette bei ihm abbrechen muß. Außerdem iF höh Gew (V 2). – **Inhalt.** Der Anspr umfaßt grdsätzl den GarantieBetr zzgl ÜberwKosten sowie den ZinsBetr (§ 676 b III 1, 2, dort Rn 8), höchstens aber den von dem berecht KrInst seinerseits erstatteten Betr. – **Wirkung.** Der ZahlgsVertr gilt als gekündigt (§ 676 b III 3).

3 **3) Erstattung des Überweisungsbetrags, IV.** Die Vorschr betrifft den ÜberwBetr, also die Erstattg auch des über den GarantieBetr hinausgehden Betr. Bei Abbruch des ÜberwVorgangs ergibt sich eine ErstattgsPfl des KrInst, bei dem der Betr aufgefunden wird, sowie der KrInst, die den Betr wiedererlangen, bereits aus §§ 675 I, 667 (BT-Drs 14/1067 S 19). IV verpflichtet darüber hinaus alle zwgeschalteten KrInst, die nicht gem I–III haften, nach dem Verbleib des ÜberwBetr zu forschen u ihn, sofern er bei ihnen aufgefunden wird, zu erstatten. Eine Entschädigg für die Nachforschg erhält das KrInst nur, wenn der Betr aufgefunden wird, in der Form, daß es bei Erstattg eine angemessene Entschädigg abziehen darf.

4 **4) Haftung des vorgegebenen Kreditinstituts, höhere Gewalt (V).** Hat der Überweisde die Einschaltg eines best KrInst vorgegeben u liegt die Ursache für den Fehler des ÜberwVorgangs bei diesem Inst, haftet das überweisde KrInst nicht (§ 676 b III 6 Hs 2). **V 1** bestimmt korrespondierd zu § 676 b III 7, daß dann das vorgegebene KrInst ggü dem Überweisden für die gem § 676 b III geschuldeten Betr aufzukommen hat. Die Vorschr stellt klar, daß auch im Interbankenverhältn dieses KrInst verantwortl ist, ist aber an sich überflüss. – Gem **V 2** entfällt die Haftg gem § 676 e wie iF des § 676 b IV bei höh Gew (s § 676 b Rn 11).

4. Girovertrag

676 f *Inhalt.* **Durch den Girovertrag wird das Kreditinstitut verpflichtet, für den Kunden ein Konto einzurichten, eingehende Zahlungen auf dem Konto gutzuschreiben und abgeschlossene Überweisungsverträge zu Lasten dieses Kontos abzuwickeln. Es hat dem Kunden eine weitergeleitete Angabe zur Person des Überweisenden und zum Verwendungszweck mitzuteilen.**

1) Girovertrag . . . 1–5
a) Wesen, anzuwendendes Recht . . . 1
b) Anwendungsbereich . . . 2
c) Abschluß . . . 3
d) Inhalt . . . 4
e) Beendigung . . . 5
2) Pflichten des Kreditinstituts . . . 6–15
a) Kontoeinrichtung und -führung . . . 6–8
b) Gutschrift . . . 9–13
c) Ausführung von Überweisungen . . . 14
d) Weitere Pflichten . . . 15
3) Pflichten des Kunden . . . 16
4) Weitere Geschäfte . . . 17–30
a) Scheckvertrag und Scheckinkasso . . . 17–19
b) ec-Karte . . . 21–25
c) Lastschriftverfahren . . . 26–30
5) Überweisungen nach altem Recht . . . 31–39

1 **1) Girovertrag.** Lit: Vorbem v § 676 a. – **a) Wesen, Anwendungsbereich, anzuwendendes Recht.** Der GiroVertr ist ein GeschBesVertr (§ 675 I) mit DVertrCharakter, ggs Vertr u wg seines auf Dauer angelegten Inhalts Dauerschuldverhältn mit dem Ziel der Abwicklg bargeldl ZahlgsVerk (Vorbem 1 v § 676 a) des Kunden über ein für diesen bei dem KrInst eingerichtetes Kto. Er ist, wie der BankVertr selbst (§ 675 Rn 9), RahmenVertr (Einf 19 v § 145; Klamt/Koch NJW **99**, 2776) für EinzVertr, die zu Buchgen auf diesem Kto führen (zB ÜberwVertr gem § 676 a). – **Abdingbar** sind §§ 676 f, g zwar im Grds, § 676 g jedoch nur in engem Umfang (§ 676 g IV; dort Rn 11). – **Internationales Privatrecht** Einf 3 v § 675.

2 **b) Anwendbar** sind §§ 676 f, g ab Inkrafttr des ÜG zum 14.8.99 (Einf 2 v § 675) auch auf bereits bestehde GiroVertr (Grd: Dauerschuldverhältn; s Einl 29 v § 241), jedoch gilt dies nicht, soweit EG 228 (s dort) ausdr Sonderregelgen trifft. Daher gelten § 676 f (insb S 2) u § 676 g bis zum **31. 12. 2001** nicht für InlÜberw u Überw in Staaten außerh der EG u des Europ WirtschRaums (s Vorbem 5 v § 676 a), ferner nicht für inländische Überw der RentenVersTräger u vergleichb Überw.

3 **c) Abschluß.** Kunde kann jede nat od jur Pers sein, auch eine OHG, KG, GbR. Minderjähr bedürfen der Zustimmg des gesetzl Vertr (§§ 107, 108), keine Ausn für öff Spark iR v EG 99. VertrPartner muß wg KWG 1 Nr 9 ein KrInst (§ 675 a Rn 7) sein. Der Vertr ist formfrei, wird jedoch schon wg der Einbeziehg der AGB idR schriftl abgeschl. Ein AbschlZwang für KrInst besteht nicht, soweit ihn nicht SpkG der Länder (s EG 99) für Spk vorsehen (Einf 10 v § 145, str).

4 **d) Inhalt.** Er richtet sich grdsätzl nach den vertragl Vereinbgen, idR nach den einschläg AGB des KrInst. Wesentl ist die Verpfl des KrInst zur Führg eines laufden Ktos (Rn 6 f), über das iR des bargeldl ZahlgsVerk ZahlgsVorgänge zG des Kunden (Gutschr, Rn 9) od zL des Kunden (zB aGrd Überw, Rn 14) dchgeführt w (S 1). Inbegriffen sind ferner idR (Sch-B-L/Schimansky § 47 Rn 4) die Einziehg vom Kunden eingereichter Schecks (Rn 19) u die Abbuchg von Lastschr von dem Kto (Rn 26 ff). Weitere Leistgen des KrInst bedürfen bes Vereinbg, zB die Verpfl zur Einlösg von dch den Kunden auf das KrInst gezogener Schecks (ScheckVertr, Rn 18), zu mit einer ec-Karte verbundenen Leistgen (Rn 20 ff) od zum LastschrInkasso für den Kunden (Rn 27). IR der KtoDeckg (dh Guth od Kredit, der ggf bis zu einem best Betrag, VfgsRahmen, gewährt wird; sog Buchgeld, Vorbem 1 v § 676 a) hat das KrInst vertragsmäß getroffene Vfgen des Kunden auszuführen (BGH **98**, 28; für den ÜberwVertr s Rn 14). Mit Ausf erlangt es einen AufwErsAnspr (§ 670; uU auch VorschußAnspr, § 669), mit dem es das Kto belasten kann; § 787 I ist nicht entspr anwendb (dort Rn 3). Außerdem bestehen eine Reihe von NebenPfl (Rn 15).

5 **e) Beendigung.** Der GiroVertr kann dch Vereinbg beendet w. Er ist, auch für das KrInst unter Beachtg von § 627 II, jederzeit kündb (§ 627 I; BGH NJW **91**, 978), bei abw Vereinbg jedenf aus wicht Grd gem

§ 626. Das gilt auch, wenn ein KtoKorrentkredit eingeräumt ist (BGH BB **87**, 1488), jedoch kann die Künd im EinzFall rechtsmißbräuchl sein (Köln u BGH WM **85**, 1128). Ins des Kunden beendet den Vertr (InsO 116 S 1), nicht dagg diej des KrInst od der Tod des Kunden (§ 1922 Rn 30 f). Mit Beendigg endet die Funktion des Ktos als ZahlgsVerkKto, das KrInst ist zur Ausf bargeldl Transaktionen (Rn 4) nicht mehr verpfl (näher Sch-B-L/Schimansky § 47 Rn 19).

2) Einzelne Pflichten des Kreditinstituts, S 1. S zunächst Rn 4. 6

a) Kontoeinrichtung und -führung, S 1. – **aa)** Unter **Konto** ist iS des BilanzR das Handelsbuch (HGB 238) zu verstehen, das bezogen auf die dch den GiroVertr begr GeschBeziehg über die Gesch geführt wird, die das KrInst iR dieser GeschBez vornimmt (näher Baumb/Hopt Anh 7 A/36; Sch-B-L/Gößmann § 29). Es beinhaltet entw eine Fdg des Kunden (Guth; AktivKto) od eine Fdg des KrInst (idR aGrd Kredits; PassivKto). **Inhaber** ist derj, der nach dem erkennb Willen des die KtoEröffng beantragden Kunden Gläub des KrInst werden soll (BGH **127**, 229). Bei einem GiroKto ist das idR derj, der als KtoInh bezeichnet ist (BGH NJW **96**, 840; s a § 328 Rn 9 a u zum TrHdKto Brdbg WM **99**, 267). Das Kto kann für eine (EinzelKto) od für mehrere (GemschKto) Pers geführt w. Beim GemschKto kann jeder Inh allein vfgsberecht sein (Oder-Kto), od nur die Inh gemschaftl (Und-Kto; s § 428 Rn 3); jeder Beteil kann ggü der Bank die EinzVfgsBefugn der and widerrufen (Karlsr NJW **86**, 63).

bb) Als Kontokorrent (HGB 355) wird das Kto idR geführt (BGH **84**, 325), dh die beiderseit ktokorrentfäh (dh unbedingten u fäll) Anspr u Leistgen werden in eine laufde Rechng eingestellt mit dem Ziel einer Verrechng u Feststellg eines Saldos zu einem best Ztpkt (idR das Quartalsende). Die hiervon erfaßten EinzAnspr verlieren ihre rechtl Selbständigk, dh sie werden RechngsPosten u können nicht mehr selbstd geltdgemacht od erfüllt, abgetr, verpfändet (BGH **84**, 371) od gepfändet (BGH **80**, 172) w (KtoKorrentbindg); Kl auf Feststellg eines EinzAnspr ist aber mögl; Verj § 202 Rn 9. Eig Fdgen des KrInst w als Belastg, Leistgen u Fdgen des Kunden als Gutschr (dazu Rn 9) gebucht. Besteht die der BelastgsBuchg zGrd liegde Fdg des KrInst nicht, hat der Kunde einen Anspr auf rückwirkde Beseitigg der Buchg, der auch nach Beendigg des GiroVerhältn geltd gemacht w kann (BGH **121**, 98). Der periodische RechngsAbschl enthält ein SaldoAnerk der Bank u ist auf ein solches des Kunden gerichtet (Wirkg § 781 Rn 9). Die widerspruchsl Hinnahme von Tages- u MoAuszügen enthält hingg keine konkludente Gen widerrechtl Abbuchgen (§ 781 Rn 9). Umstellg auf **Euro** § 245 Rn 5 ff. 7

cc) Bei **Guthaben** liegt eine vom GiroVertr streng zu trennde unregelm Verwahrg (§ 700, dort Rn 1) vor (BGH **131**, 60). Hierüber kann der Kunde mangels abw Vereinbg (zB SichgsAbrede) auch zw zwei Salden-Abschl verfügen, zB ihn sich (bar u auch ohne Einreichg eines Schecks, Sch-B-L/Schimansky § 47 Rn 27; s a BT-Drs 14/745 S 12) auszahlen lassen. Dieser Anspr auf Auszahlg des jew KtoGuth (TagesSaldo) ist übertragb und pfändb, ebso der Anspr auf künft Salden (BGH **84**, 325, **135**, 140); PfdgsSchutz ZPO 850 k, SGB I 55. Zur Pfändg des Anspr aus einem Oder-Kto genügt ein Titel gg nur einen der Inh (BGH **93**, 315/321). 8

b) Gutschrift. S 1 verpflichtet das KrInst, für das Kto des Kunden eingehde Zahlgen auf dem Kto gutzuschreiben (s a BGH NJW **97**, 3168). Es ist insow „Zahlstelle" des Kunden (dazu Peters/Lwowski WM **99**, 258). Von diesem Anspr auf Gutschr sind die Gutschr selbst u die Wertstellg zu unterscheiden. Besteht kein Kto für den Empf, so wird für diesen ein ZahlgsAnspr gg die Bank nur begründet, wenn die Umst, die der Buchg (zB auf einem Kto „pro Diverse") zGrd liegen, einen VerpflWillen der Bank erkennen lassen (BGH **27**, 241, **103**, 143); er ist der Buchg selbst als rein technischer Vorgang nicht ow zu entnehmen. Zum BarauszahlgsA § 676 a Rn 2. 9

aa) Begriff. Die Gutschr selbst ist ein auf dem GiroVertr beruhdes u daher dessen Wirksamk voraussetzdes (Sch-B-L/Schimansky § 47 Rn 30; str) abstr SchuldVerspr (BGH NJW **91**, 2140), das eine vom Grd des Anerk u vom DeckgsVerhältn unabhäng Fdg des Kunden gg das KrInst begründet. Diese Fdg wird anschl idR in den KtoKorrent (Rn 7) eingestellt. Der Anspr des Kunden aus dem Anerkenntn („der Gutschr") ist von dem Anspr auf die Gutschr gem S 1 streng zu trennen. Er entsteht, sobald die Gutschr auf dem Kto nach außen erkennb, zB bei Ausdruck od Abruf eines KtoAuszugs sichtb wird (BGH NJW **88**, 1320; Nürnb NJW-RR **97**, 45 für belegl Datenträgeraustausch; BGH **103**, 143). Anerkenntn, allerd (wohl auflösd, str) bedingt dch die Einlösg ist auch die Gutschr unter Vorbeh auf dem Kto des Kunden bei Erteilg eines A zum Scheck- od LastschrInkasso (Rn 19, 29). Die Bank kann üblicherw aGrd ihrer AGB eine irrtüml Gutschr bis zum nächsten RechngsAbschl (Rn 7) stornieren (Düss NJW **85**, 2723); danach hat sie wg ihres SaldoAnerk Anspr od Einr nur noch aus §§ 812, 821 (BGH **72**, 9). Der Kunde kann die Gutschr nur zurückweisen u RückÜberw auf das Kto des Schu verlangen, wenn sie auf einer rechtsgrundl FehlÜberw beruht, so daß er im ValutaVerh einem BereichergsAnspr des Überweisden ausgesetzt wäre (BGH **128**, 135, abl Häuser ZIP **95**, 89). – Bei **Einzahlungen auf das eigene Konto** erwirbt der Kunde ein unmittelb FdgsR, die Gutschr wirkt nur deklaratorisch (BGH **74**, 129; s a Rn 8). 10

bb) Einen **Anspruch auf Gutschrift** hat der Kunde gem S 1 bei eingehden Zahlgen. Er ergibt sich auch aus §§ 675 I, 667. § 676 g konkretisiert diesen Anspr für aGrd ÜberwVertr eingehde Überw. Iü entsteht der Anspr in dem Ztpkt, in dem das KrInst für die Zahlg buchmäß Deckg erhält (BGH NJW-RR **90**, 366, str). Bei einem Oder-Kto (Rn 6) steht der Anspr jedem Beteil unabhäng vom and zu (BGH **95**, 185). Fraglich ist, für wen u auf welches Kto das KrInst gutzuschreiben hat, wenn auf dem ÜberwA die angegebene KtoNr und die EmpfBezeichng nicht übereinstimmen. Die bish Rspr ist nicht ow heranzuziehen, da das empfangde KrInst nicht mehr Empf von Weisgen ist (s § 676 d Rn 2). Gleichwohl wird man wie nach bish R (BGH NJW **91**, 3208) grdsätzl auf die EmpfBezeichng abstellen müssen; abw AGB sind unwirks (BGH **108**, 386). Das gilt sowohl im beleggebundenen ÜberwVerk (hier unstr ÜberprüfgsPfl des KrInst auf Übereinstimmg) wie auch im belegl Datenträgeraustausch (Sch-B-L/Schimansky § 49 Rn 41, str); die abw Regelgen in den Abk über den Datenträgeraustausch wirken nur im InterbankenVerk (BGH **108**, 386). Hat der Empf mehrere Kten, entscheidet die aus dem ÜberwTräger erkennb Zielsetzg (Schlesw WM **84**, 549). Die formularmäß eingeräumte Befugn, den eingegangenen Betr auf einem and Kto des Empf gutzuschreiben, ist unwirks (BGH **98**, 24). Ist das angegebene Kto ein SperrKto, so darf das KrInst den Betr nicht auf einem freien Kto gutschreiben (BGH WM **74**, 274). Das KrInst ist berecht, einen gem KtoNr gutgeschriebenen Betr rück- 11 zubuchen u dem Kto des benannten Empf gutzuschreiben, auch wenn dieser nach dem (der Bank nicht bek) Valutaverhältn irrtüml angegeben wurde (Ffm WM **99**, 1208; s aber Rn 10).

12 **cc)** Die **Wertstellung** (Valutierung) einer Buchg (Gutschr od Belastg) gibt den Ztpkt an, ab dem der jew Betrag zu verzinsen ist, wenn gem GiroVertr eine ZinsPfl besteht, bzw zinsmindernd wirkt, wenn ein Negativsaldo besteht. Der Ztpkt kann, muß sich aber nicht mit dem der Gutschr decken. Ob eine Wertstellg korrekt ist, richtet sich nach der jew Vereinbg; fehlt eine solche, hat sie das KrInst für den Tag vorzunehmen, an dem es für die eingehde Zahlg Deckg erhält u damit der Anspr des Kunden auf Gutschr entsteht (vgl BGH NJW **97**, 2042 u 3168). Für die Überw gilt § 676 g I 4. Einzelh Borges WM **98**, 105.

13 **dd)** Eine **Mitteilungspflicht, S 2,** iR einer Gutschr trifft das KrInst für Angaben zur Pers des Überweisden u zum VerwendgsZweck des ÜberwBetr, die ihm gem § 676 a I 2 dch das überweisde KrInst unmittelb od über zwgeschaltete KrInst zugeleitet worden sind. Bei instinternen Überw ergibt sich die MittPfl aus § 676 a I 1. Gem **§ 1 II, III InfPflVO** (Anh zu § 675 a) hat das KrInst den Kunden außerdem über die Pfl zur Tragg von ÜberwKosten u ggf über den Wechselkurs bei einer WährgsUmrechng zu unterrichten.

14 **c) Ausführung von Überweisungsverträgen.** Nach seinem Wortlaut begründet S 1 nur die Pfl, abgeschl ÜberwVertr (§ 676 a) über das GiroKto (Rn 6) auszuführen, wobei sich die Pfl zur Ausf der Überw als solche bereits aus dem ÜberwVertr ergibt. Zu Warn- u SchutzPfl s § 676 a Rn 17. Eine **Pflicht zum Abschluß** des ÜberwVertr u damit (wie das bish WeisgsModell, Rn 32) zur Ausf eines „ÜberwA" enthält die Vorschr nicht (Bydlinski WM **99**, 1046/1048). Allerd dürfte sich aus dem Zweck des GiroVertr (Abwicklg bargeldl ZahlgsVerk, Rn 1) ergeben, daß das KrInst mangels abw Vereinbg trotz der nunm gegebenen Erfolgsorientierg des ÜberwVertr (§ 676 a Rn 9) verpflichtet ist, die übl Formen der Überw zu StandardBdgen (§ 675 a) zL des Ktos dchzuführen und die hierzu erfdl ÜberwVertr abzuschließen (zum Abschl ie § 676 a Rn 11), wenn die Vorauss für die DchFührg (§ 676 a II 3) gegeben sind, insb ein für die Ausf der Überw ausr Guth vorh od ein ausr Kredit eingeräumt ist (KtoDeckg, s § 676 a II 3; ähnl Becher DStR **99**, 1360: Abl nur aus berecht Grd). Dagg wird bei außergewöhnl Überw (zB in Drittländer) schon im Hinbl auf die Haftg gem § 676 b keine AbschlPfl bestehen.

15 **d) Weitere Pflichten.** S a § 675 Rn 9. Das KrInst hat Verschwiegenh ggü Dr zu wahren (BGH **27**, 241), aber dem Kunden Ausk zu geben (§ 666), zB über den Einlöser eines Schecks (BGH NJW **97**, 2528). Die Übersendg von Tagesauszügen u periodischen RechngsAbschl schließt einen weiteren AuskAnspr, ggf gg AufwErs (Hamm WM **92**, 1100), nicht aus, soweit der Kunde Unterlagen benötigt, um die Richtigk der Berechngen zu prüfen od die DchFührg eines ZahlgsVorgangs ggü Dr nachzuweisen, u das Verlangen nicht im EinzFall unzumutb ist (BGH NJW **85**, 2699); daneben steht dem Kunden ein umfassder RechngsLeggs-Anspr bei Beendigg des GiroVerh nicht mehr zu (BGH aaO). **Nicht** dagg ist das KrInst zur EntggNahme von Bareinzahlgen verpflichtet, soweit diese vertragl ausgeschl sind (zB bei sog Direktbanken ohne Schalterverkehr; BT-Drs 14/1067 S 20).

16 **3) Pflichten des Kunden.** Er hat die vereinb Entgelte zu zahlen (§ 675 Rn 9) u Aufw des KrInst zu erstatten (§ 670), ggf Vorschuß zu leisten (§ 669). Er ist verpflichtet, iR des Mögl u Zumutb Schädiggen der Bank zu vermeiden, zB die KtenBeweggen in gewissem Umfang zu kontrollieren (Zweibr NJW-RR **97**, 1546; bei Mißachtg uU SchadErsPfl, KG NJW-RR **96**, 427), erkannte Falschbuchgen anzuzeigen (BGH **72**, 9, **73**, 207), nicht gedeckte EinziehgsErmächtiggen zu widerrufen (AG Neuss WM **98**, 2021). Vorcodierte Formulare (Scheck, ÜberwA), die mit seinem Willen in seinen Bes gelangt sind, hat er sorgfält aufzubewahren (BGH NJW **94**, 3344). Für die Übersendg darf er grdsätzl den einf Postweg benutzen (BGH **139**, 108: Scheck).

17 **4) Weitere Geschäfte.** S zunächst Rn 4. KreditkartenGesch s § 675 Rn 19.

a) Scheck. Er ist eine Sonderform der Anw (dazu u zu den zGrd liegden RVerhältn Einf 6–8 v § 783, zur Wirkg im ValutaVerh § 364 Rn 9, 10). Scheckgarantie u Scheckbestätigg Einf 18 v § 765. Holt das KrInst im A des Kunden eine Scheckbestätigg ein, hat es diesem alle für ihn relevanten Zusatzinformationen mitzuteilen (BGH NJW **94**, 2541).

18 **aa)** Der **Scheckvertrag** zw KrInst (Bezogene, ScheckG 3) u Kunde (AusSt) verpflichtet das KrInst zur Einlösg der auf das KrInst gezogenen Kundenschecks, soweit auf dem Kto Deckg (Rn 14) besteht. Sein Inhalt richtet sich grdsätzl nach den AGB (ScheckBdggen) des KrInst. Widerruf des Kunden (Schecksperre) ist zwar gem ScheckG 32 I erst nach Ablauf der VorleggsFr wirks, jedoch kann das KrInst mit dem Kunden vereinb, ihn bereits vorher zu beachten (BGH **35**, 217); von einer solchen Vereinbg ist kr VerkSitte iR des ScheckVertr grdsätzl auszugehen, entggstehde Klauseln in AGB sind unwirks (BGH **104**, 374). Mit der Einlösg des Schecks erwirbt das KrInst einen AufwErsAnspr (Rn 16). And bei gefälschten Schecks (BGH **135**, 116, Bespr Koller JZ **97**, 1066), jedoch hat das KrInst bei PflVerl des Kunden einen SchadErsAnspr aus pVV, zB unsorgfält Aufbewahrg der Formulare od ausgefüllten Schecks (BGH NJW **97**, 2236; s a Rn 16). Allerd bestehen PrüfgsPfl (ggf mit Pfl zur Rückfrage beim Kunden), die zu einem MitVersch des KrInst, uU auch dessen eig Haftg führen können. So ist das KrInst ggü dem Kunden (zum ScheckBerecht s § 990 Rn 5) zu einer den Anfordergen des MassenVerk entspr Prüfg verpfl, ob der Scheck nach seinem äußeren GesBild den Eindruck der Echtheit erweckt (BGH NJW **97**, 2236), insb die Unterschr mit den KtoUnterlagen übereinstimmt (BGH **91**, 229) u ausreichde Vollm des AusSt vorliegt (BGH WM **82**, 425). Es verletzt seine Pfl, wenn es (wie im belegl EinzugsVerf) ohne Prüfg leistet; ebso idR eine nicht ktoführde Stelle, wenn sie einen Scheck an den Einreicher bar auszahlt, der sich nicht als KtoInh od sonst VfgsBerecht ausweisen kann (BGH **91**, 229). Auch sonst Auffälligk können Anlaß zu bes Prüfg geben, zB Vorlage eines außergewöhnl hohen Barschecks dch Unbekannten u abw von den bish KundenGepflogenh (BGH NJW **86**, 988, Köln NJW-RR **87**, 164), Mitt des Kunden vom Verlust der Scheckformulare (LG Köln NJW-RR **88**, 368).

19 **bb)** Beim **Scheckinkasso** zieht das KrInst einen seinem Kunden als Schecknehmer übergebenen u von ihm eingereichten Scheck regelm iR des GiroVertr zG des Ktos des Kunden ein. Hierzu ist es aGrd des GiroVertr verpfl (Brem WM **91**, 1253; Rn 4). Es hat den schnellsten u sichersten Weg zu wählen (BGH **22**, 305, ZIP **81**, 149). Bei schuldh verzögerter Weiterleitg des Schecks an die bezogene Bank hat der Kunde

SchadErsAnspr aus pVV (BGH **96**, 9/17). Die Gutschr auf dem Kto des Einreichers unter Vorbeh des Eingangs ist Vorschuß. Sie ist dch Rückbelastg stornierb, wenn der Scheck nicht eingelöst wird, aGrd AGB selbst nach Bezahltmeldg der bezogenen Bank (BGH **135**, 307; s a Rn 10). – Übernimmt das KrInst das Inkasso für einen Einreicher, der nicht Girokunde ist, liegt ein GeschBesDVertr vor. Zahlt es den ScheckBetr aus, hat es, falls der Scheck nicht gedeckt ist, einen ErstattgsAnspr gg den Einreicher gem § 670 (Ffm WM **78**, 1025). – Für das **Interbankenverhältnis** (InkassoKrInst zur bezogenen Bank u evt zwgeschalteten KrInst) gilt das ScheckAbk. Dieses hat in einz Bez Schutzwirkg zG des Einreichers (LG Saarbr WM **99**, 1365: frgerechte Scheckrückleitg).

b) ec-Karte (dazu Gößmann WM **98**, 1264). Sie wird regelm im ZusHang mit dem GiroVertr ausgegeben. Es gelten die Bdggen für ec-Karten/ec-Service (Neufassg WM **96**, 2356). RNatur der Karte § 807 Rn 2. Der Kunde kann je nach Ausstattg versch DLeistgen (Scheckgarantie, Geldautomat, Geldkarte, automatisierte Kassen) nutzen. Zu unterscheiden sind (s a § 676 a Rn 4 ff) die Bez zw KrInst u Kunde (DeckgsVerh), zw Kunde u demj, an den er aGrd eines SchuldVerh (ValutaVerh) eine Leistg erbringen will (Schecknehmer, Händler, Geldautomatenbetreiber), sowie zw KrInst u diesem Dr. 20

aa) Bei Verwendg als **Garantiekarte** garantiert das KrInst die Zahlg des ScheckBetr eines auf seinen ec-Vordrucken ausgestellten Schecks jedem Nehmer (ScheckN) in Europa u in den an das Mittelmeer angrenzden Ländern bis zur Höhe des jew maßgebl GarantieHöchstBetr. Dieser GarantieVertr (Einf 16 v § 765) zw ScheckN u bezogener Bank kommt dch Vermittlg des Kunden (ScheckAusSt) als Vertreter des KrInst zustande (Hamm NJW **72**, 298, Düss WM **75**, 504; aA: ÜbermittlgsBote, bedeuts bei GeschUnfgk des AusSt). Die GarantieHaftg des KrInst entsteht für den ScheckN mit Aushändigg eines formgült Euroschecks (BGH **122**, 156) dch den legitimierten AusSt unter den in den ec-Karten-Bdggen genannten Vorauss: Angabe der KartenNr auf ScheckRücks; Übereinstimmg dieser Nr, der Unterschr, des Namens der Bank u der KtoNr auf Scheck u Karte; AusstellgsDatum des Schecks innerh der GeltgsDauer der Karte, Vordatierg schadet nicht (BGH **64**, 82); rechtzeit Vorlage des Schecks. Vorlage der Karte an ScheckN ist idR nicht erfdl (BGH **83**, 28). Sind dem Kunden Scheckvordruck u Karte abhgek u füllt ein Unbefugter den Vordruck unter Fälschg der Unterschr aus, haftet die Bank bei formeller Übereinstimmg von Unterschr u KartenNr (Ffm NJW **90**, 1184) auf Scheck u Karte ggü einem gutgl ScheckN nicht aus GarantieVertr, aber aGrd des RScheins, den sie mit der Aushändigg der Karte gesetzt hat (Baumb/Hefermehl ScheckG Anh Art 4 Rn 13). – Gg den GarantieAnspr des ScheckN kann das KrInst keine **Einwendungen** erheben, die ihren Grd haben im DeckgsVerh zum Kunden (zB fehlde KtoDeckg, Widerruf od Sperre des Schecks) od im ValutaVerh zw diesem u dem ScheckN (zB fehlder od unvollk SchuldGrd, Nürnb NJW **78**, 2513: Spielschuld). Dagg kann es Einwdgen erheben, die Entstehg oder Bestand der GarantieVerpfl betreffen (Nürnb NJW **78**, 2513), dh formelle Ungültigk des Schecks u Fehlen einer Vorauss für die Entstehg der GarantieHaftg (Rn 21). Außerdem kann es im EinzFall einwenden, der ScheckN habe wg Sittenwidrigk des zGrd liegden DarlVertr kein Eigt an dem Scheck erlangt (BGH WM **89**, 1673). Unzuläss RAusübg kann das KrInst bei funktionsgerechter Verwendg des Schecks nur einwenden, wenn dem ScheckN bekannt war, daß der AusSt den Scheck mangels Deckg nicht ausstellen durfte (BGH **122**, 156); bei atypischer Verwendg, daß der Nehmer fehlde Deckg grobfahrl nicht kannte, so bei Schecks, die zweckwidr der Sichg eines Kredits (BGH **64**, 79) od der DarlRückzahlg (BGH **83**, 28) dienen. Jedoch muß sich die Bank an ihrem GarantieVerspr teilw festhalten lassen, wenn sie ihrerseits SichgsMaßn zur Verhinderg des ihr bekannten bevorstehden KartenMißbr nachläss unterlassen hat (Hamm WM **76**, 139). Nicht funktionswidr ist die Hingabe einer größeren Anzahl von Euroschecks zur Bargeldbeschaffg (BGH **122**, 156, Hadding/Häuser WM **93**, 1357). Späteren Inh des Schecks nach Indossierg dch den ersten Nehmer haftet die bezogene Bank jedenf dann, wenn der erste Nehmer u die weiteren Vorbesitzer ihren Anspr aus dem GarantieVertr abgetreten haben, was iZw bei WeiterÜbertr des Schecks anzunehmen ist. Euroscheck u IPR s Stöcklin JZ **76**, 310. 21 22

bb) Bei Verwendg als **Geldkarte** zur Bezahlg an zugel Geldkarten-Terminals (dazu Pfeiffer NJW **97**, 1036; Kümpel WM **97**, 1037) ist das Untern, an das der KartenInh bezahlt, gem der RahmenVereinbg (abgedr WM **96**, 2353, 2359) verpflichtet (§ 328), die Karte zu akzeptieren. Es erwirbt einen GarantieAnspr gg das kartenausstelldе KrInst (nach aA abstr SchuldVerspr). Auch bei Abhebgen an **Geldautomaten** wird zG der den Automaten betreibden Bank ein solcher Anspr gg das kartenausstellde KrInst begründet (Bröcker WM **95**, 468). Bei Verwendg an **elektronischen Kassen** (electronic-cash od edc-Verf; dazu Rossa CR **97**, 138) mittels Angabe der Geheimzahl (PIN) des KartenInh (POS-System) kommt mit der AutorisiergsAntwort des kartenausstellden KrInst (Einf 1 v § 116) ein abstr SchuldVerspr zw KrInst u Händler zustande (Bröcker WM **95**, 168; aA GarantieVertr). Die Verwendg ohne PIN (POZ-System) ermächtigt den Händler ledigl zum Einzug des vom KartenInh geschuldeten Betr dch Lastschr im EinzugsermächtiggsVerf (Rn 29); bei Fehlschlagen der Lastschr hat er uU einen Anspr gg das KrInst auf Mitt der Kundendaten (Wuppertal NJW-RR **98**, 775). 23

cc) Im **Verhältnis Bank – Kunde** darf der Kunde nur iR der ihm eingeräumten Deckg (Rn 14) verfügen. Die Bank hat nach Zahlg Anspr auf AufwErs, bei der Geldkarte mit der Aufladg auf Vorschuß (Rn 16). Der Kunde hat Scheckformulare (Bochum WM **84**, 1639) u Karte sorgfält u getrennt (AG MöGladb WM **97**, 919) aufzubewahren sowie die pers Geheimnummer (PIN) geheim zu halten (dazu KG NJW **92**, 1051, Hamm NJW-RR **98**, 561; Gößmann WM **98**, 1261/1269) u evt Verlust anzuzeigen. Schäd dch Mißbr der Karte (dazu Rossa CR **97**, 138) ohne Versch des Kunden hat das KrInst allein zu tragen (auch bei Diebstahl, Hamm NJW **97**, 1711). Ermöglicht der Kunde den Mißbr schuldh, haftet er gem den Regeln über Mit-Versch, gem den ec-Bdggen bei leichter Fahrlk mit höchstens 10%, bei grober Fahrlk ganz. Liegt die Schad-Ursache ausschl im GefBereich des Kunden, so obliegen ihm Darlegg u Bew, keine PflVerl begangen zu haben, wobei ihm uU BewErleichtergen zugute kommen (Hamm VersR **98**, 372: Handtaschendiebstahl). Bei Verwendg an Geldautomaten (Zweibr NJW-RR **91**, 241) u automatisierten Kassen im electronic-cash od edc-System (AG Schönebg WM **97**, 66) besteht ein AnschBew dafür, daß sie unter Verwendg der Originalkarte u der PIN getätigt wurde u damit zwar nicht dafür, daß sie vom Berecht vorgen wurde (str, aA Bonn NJW-RR **95**, 815, AG Schönebg aaO), wohl aber je nach den Umst des EinzFalls, insb der (derzeit wohl idR 24 gegebenen) Sicherh des Systems dafür, daß bei einem Diebstahl der Karte der Kunde dem Täter die Kenntn der PIN pflichtwidr verschafft hat (allg bej Aepfelbach/Cimiotti WM **98**, 1218, AG Ffm NJW **98**, 687, Hann WM **98**, 1123; verneind Hamm NJW **97**, 1711, Strube WM **98**, 1210; s a Berl NJW-RR **99**, 1213).

25 **dd)** Im **Valutaverhältnis** ist Verwendg als Garantie-/Geldkarte od im POS-System Leistg nur erfhalber (§ 364 Rn 7, 10).

26 **c) Lastschrift.** Zusfassd Rottnauer WM **95**, 272. Ungerechtf Ber iR des LastschrVerk § 812 Rn 53, 56, unerl Hdlg § 826 Rn 33. – **aa)** Der **Ablauf** ähnelt dem einer Überw (§ 676 a Rn 1), jedoch wird der Vorgang dch Weisg des Empf der bargeldl Zahlg (Gläub) eingeleitet, sog rückläuf Überw (BGH **69**, 82). Der Gläub reicht die Lastschr bei seinem KrInst (1. Inkassostelle, GläubBank) ein. Dieses erteilt eine Gutschr, die trotz ihres vorl Charakters bereits ein bdgtes abstr SchuldVerspr ist (BGH **70**, 181; Rn 11), u gibt die Lastschr in Form einer Weisg zum Einzug iR des InterbankenVerh (§ 676 a Rn 7; BGH **79**, 381) an das KrInst des Schu (Zahlstelle, SchuBank) weiter. Dieses belastet das Kto des Schu u löst die Lastschr ein. Zu unterscheiden ist zw AbbuchgsAuftr- (Rn 28) u EinzugsermächtiggsVerf (Rn 29). Die Regeln des letzteren gelten im InterbankenVerh nur, wenn die Lastschr einen EinzugsermächtiggsVermerk trägt (BGH **79**, 381).

27 **bb) Vertragsbeziehungen** s § 676 a Rn 4 ff. Im InkassoVerh zw Gläub u seinem KrInst ist eine bes InkassoVereinbg erfdl, zw dem Schu und seinem KrInst genügt der allg GiroVertr. Im InterbankenVerh (u nur in diesem) richten sich die vertragl Rechte u Pfl nach dem Abk über den LastschrVerk (gült Fassg abgedr bei Baumbach/Hopt, HGB, NebenG (10); s a BGH **72**, 343); Bsp: SchadErsAnspr der GläubBank bei verspät Rückbelastg einer nicht eingelösten Lastschr (BGH NJW **83**, 220). Allerd können sich aus dem LastschrAbk SchutzPfl (§ 328 Rn 17) der SchuBank ggü dem Gläub sowie der GläubBank ggü dem Schu ergeben (Einzelh Rn 28, 30). – Im **Valutaverhältnis** zw Gläub u Schu hat bei Vereinbg des LastschrVerf der Gläub unter Vorlage der Belege selbst für den Einzug der Fdg zu sorgen, die Schuld ist nicht mehr Schick-, sond Holschuld (BGH BB **85**, 1022; Schwarz ZIP **89**, 1442, insb zum Verzug des Schu). Für die Rechtzeitigk der Leistg ist grdsätzl der Gläub verantwortl (BGH **69**, 366). Der Schu hat das seinerseits Erfdl getan, wenn auf seinem Kto Deckg für die Lastschr vorh ist. Will Gläub vom Einzug im LastschrVerf Abstand nehmen, muß er dies dem Schu rechtzeit u unzweideut mitteilen (BGH aaO). Widerruft der Schu einen AbbuchgsA ggü seiner Bank ohne die vertragl erfdl Zust des Gläub, so kann er diesem ggü aus pVV zum SchadErs verpflichtet sein (Düss WM **84**, 724). Gleiches gilt, wenn er im EinzugsermächtiggsVerf der Lastschr widerspricht, obwohl er dem Gläub den Betr schuldet (Hamm WM **85**, 1139). Der Schu hat seine Verpfl grdsätzl mit Einlösg der Lastschr erf (näher § 362 Rn 9 b). Wg der mit der NichtErf uU eintretden schwerwiegden Folgen hat ihn sein KrInst bei Nichteinlösg der Lastschr gleichzeit mit deren Rückg an die GläubBank zu benachrichtigen (BGH NJW **89**, 1671, Bespr Häuser WM **89**, 841).

28 **cc)** Beim **Abbuchungsverfahren** erteilt der Schu iR des GiroVertr seinem KrInst die generelle Weisg (§§ 675, 665; AbbuchgsA), zu Lasten seines Ktos vom Gläub eingehde Lastschr einzulösen (AbbuchgsA, BGH **72**, 343). Dieses ist aGrd der bindden Weisg der GläubBank (Rn 26) berecht u verpflichtet, die bei ihm eingehde Lastschr des im AbbuchgsA bezeichneten Gläub einzulösen, soweit auf dem Kto des Schu Deckg (Rn 14) vorh ist (BGH **74**, 352). In diesem Fall ist die Lastschr mit der Belastg des SchuKtos eingelöst (BGH **79**, 381), andernf (fehlder AbbuchgsAuftr) nur u erst, wenn der Schu die Lastschr genehmigt, od wenn die SchuBank den Willen zu erkennen gibt, die Lastschr aus bes Grd endgült u ggf auf eig Risiko einzulösen (BGH **74**, 352, eingehd Bauer WM **83**, 198), zB weil sie zur Vereinfachg ihres GeschBetr bei Lastschr bis zu einem best Betr das Vorliegen eines AbbuchgsA nicht prüft (BGH **79**, 381); SchadErs bei verspät Rückbelastg Rn 27. Der Schu hat kein WidersprR gg die Lastschr, sein WiderrufsR hins des AbbuchgsA erlischt mit der Einlösg (§ 665 Rn 4; BGH **72**, 343). Widerruft er dennoch, so darf sein KrInst nicht die Rückbelastg veranlassen. Tut es dies dennoch, kann es sich ggü dem ZahlgsEmpf schadersatzpfl machen, u zwar aGrd des LastschrAbk, weil dieses auch den Gläub als Dr schützt (BGH **69**, 82; § 328 Rn 17), ggf auch nach § 826 (dort Rn 33). And, wenn die Lastschr der SchuBank im EinzugsermächtiggsVerf (Rn 29) vorgelegt worden ist u der Schu widerspricht, selbst wenn sein KrInst diesen Widerspr wg eines außerdem vorliegden AbbuchgsA im Verh zum Schu nicht berücksichtigen mußte (BGH **72**, 343; Rostock WM **96**, 2011). Ggü der GläubBank hat der Schu mangels vertragl Beziehgen kein WiderrufsR.

29 **dd)** Im **Einzugsermächtigungsverfahren** räumt der Schu dem Gläub schriftl die Ermächtigg (§ 185) ein, die zu leistde Zahlg mittels Lastschr bei der SchuBank einzuziehen. Es gibt keine allg SchutzPfl der GläubBank ggü dem Schu zur Prüfg, ob die Einzugsermächtigg wirkl erteilt wurde (BGH **69**, 186) od gar, ob ein Anspr des Gläub gg den Schu in Höhe der einzulösden Lastschrift besteht. Es gibt auch keine SchutzPfl der SchuBank ggü dem Gläub, den Widerspr des Schu unbeachtet zu lassen (BGH **72**, 343). – Weisg zur **Einlösung** erteilt der Schu in diesem Verf seiner Bank nicht; die Einzugsermächtigg wirkt nach hM nur im Verh des Schu zum Gläub. Im Verh zur SchuBank wird daher die Belastg dem Schu ggü erst wirks (mit der Folge der Einlösg), sobald er ihr zustimmt. Die Zust kann im Vorhinein erteilt werden (AbbuchgsA, Rn 28, hins desselben Gläub genügt idR nicht, Baumb/Hopt, HGB NebenG (7) D/7); Regelfall ist die Gen, die
30 allerd noch nicht in der widerspruchsl Hinnahme eines Tagesauszugs liegt (BGH **95**, 103). – Den **Widerspruch** gg die Lastschr, der keiner Fr unterliegt (Nürnb NJW-RR **95**, 1144), muß die SchuBank grdsätzl bis zur Gen dch den Schu beachten ohne zu prüfen, ob der Schu im Verh zum ZahlgsEmpf (Gläub) widerspruchsberecht ist. Sie muß dann ohne Prüfg der mat RLage die Lastschr auf dem Kto des Schu rückbuchen (BGH **95**, 103, WM **96**, 335) u hat gg die GläubBank 6 Wo lang Anspr auf Wiedervergütg (LastschrAbk Abschn III Nr 2). Die GläubBank muß der SchuBank die Gutschr zurückgeben u bucht ihrers die Gutschr auf dem Kto des Gläub aGrd entspr Abrede in der InkassoVereinbg zurück. Der Konstruktion eines SchadErsAnspr (so Düss WM **78**, 769) bedarf es dazu allenf, wenn der Schu die 6-Wo-Fr für den Widerspr versäumt hat (ähnl Hadding WM **78**, 1366/1378). Der Widerspr des Schu ist nicht widerrufb (BGH NJW **89**, 1672). Ggü der GläubBank handelt der Schu grdsätzl nicht sittenwidr, wenn er der Belastg seines Ktos widerspricht, weil er keine Einzugsermächtigg erteilt hat od den eingezogenen Betr nicht schuldet od ein LeistgsVerweigergs-, Zb- od AufrR ggü dem Gläub ausüben will, auch wenn die GläubBank inf des Widerspr Schad erleidet (BGH **74**, 300, NJW **85**, 847). Im EinzFall kann der Widerspr jedoch sittenwidr sein, so daß

eine SchadErsPfl aus § 826 besteht (dort Rn 33). Ein Schad entsteht der GläubBank dann, wenn sie dem Gläub den gutgeschriebenen LastschrBetr nicht rückbelasten kann, weil dieser darüber vor Erhebg des Widerspr and als dch Verrechng mit dem Schuldsaldo auf seinem GiroKto verfügt hat u den Betr nicht zurückzahlen kann (BGH NJW **79**, 2146). Denn der Anspr der SchuBank gg die GläubBank auf Wiedervergütg des LastschrBetr nach Widerspr des Schu wird nicht schon dadch ausgeschl, daß der Schu im Verhältn zu seinem Gläub oder zur GläubBank rmißbräuchl von der WidersprMöglichk Gebr gemacht hat. Dasselbe gilt, wenn die SchuBank nach Belastg des Kontos des Schu erfährt, daß zw diesem u dem Gläub (ZahlgsEmpf) eine LastschrReiterei vorliegt; anders, wenn die SchuBank vor Einreichg der Lastschr die LastschrReiterei erkennt u deren lfde Abwicklg unter Inkaufn einer Schädigg der GläubBank duldet (BGH **74**, 309).

5) Überweisungsauftrag im Giroverkehr nach bisherigem Recht. Die Regelgen sind **bis 31. 12. 2001** weiter anzuwenden **für Inlandsüberweisungen** u AuslÜberw in Drittstaaten außerh der EG u des Europ WirtschRaums (EG 228 II). Dem ÜberwA nach bish R liegen im Grds dieselben RVerhältn zw den Beteil zGrd wie dem ÜberwVertr nach neuem R (dazu u zu den versch Arten der Überw § 676 a Rn 1, 3; vgl auch BGH **69**, 82 u WM **79**, 1272, Hamm BB **96**, 2585). Zum **Valutaverhältnis** s § 676 a Rn 4. 31

a) Im Deckungsverhältnis zw dem überweisden Schu (AuftrG, Kunde) u seinem KrInst ist der ÜberwA idR **Weisung** (§ 665) iR des GiroVertr (BGH **10**, 319). Der Kunde kann sie auch dch die Erkl erteilen, er sei mit der Rücküberweisg von ohne RGrd überwiesenen RentenBetr einverstanden (BGH ZIP **83**, 420). Das KrInst hat die Weisg auszuführen, soweit das Kto Deckg aufweist (Rn 14); bei fehlder Deckg hat es die NichtAusf dem Schu unverzügl anzuzeigen, jedoch trifft diesen idR überwiegdes MitVersch (Hamm WM **84**, 1222). Der ÜberwA eines Nichtkunden unter Einzahlg eines GeldBetr ist Angeb zum Abschl eines EinzGeschBesVertr. Der ÜberwA ist kein Vertr zG des ÜberwEmpf; auch ein datierter u paraphierter Stempelaufdruck „Angenommen“ begründet keine Haftg des KrInst diesem ggü (BGH NJW **98**, 1640). – Die **Pflichten** des KrInst richten sich nach der Art der Überw. Bei instinternen Überw hat es den ÜberwBetr dem Kto des Begünst (Empfänger) gutzuschreiben (wie Rn 9 ff). Bei instfremden Überw ist das KrInst (and als nach neuem R) nur verpflichtet, den A an das KrInst des Begünst od ein von ihm zwgeschaltetes KrInst weiterzuleiten u die erfdl Deckg bereitzustellen; die zwischengeschalteten Banken sind nicht ErfGeh des KrInst des Schu (BGH NJW **91**, 2210; krit Einsele AcP **199**, 145), dieses haftet daher nicht, wenn die Durchf der Überw aus Grd scheitert, die nicht in seiner Sphäre liegen. Fehlangaben hins der KtoNr etc Rn 11. Ist der ÜberwA nicht dch Gutschr auf dem Kto des Empf ausführb, hat der AuftrG einen Anspr auf Herausg des GgWertes (bei Bareinzahlg des BarBetr, bei Überw dch RückGutschr), § 667; ebso, wenn das KrInst den Betr einem falschen Kto gutschreibt od an einen Nichtberecht auszahlt, wobei ggf ein MitVersch des AuftrG zu berücksichtigen ist (Hamm BB **78**, 1686; KG NJW-RR **96**, 427). Bei Fehlleitg hat die EmpfBank den Betr u einen für die Abwicklg erhaltenen Vorschuß für ihre Aufw zurückzuerstatten, falls nicht die Berufg des AuftrG auf die Fehlleitg gg Tr u Gl verstößt, zB wenn der angestrebte Erfolg trotzdem eingetreten ist (BGH WM **91**, 1912 u 1918). – Die **Ausführung** des ÜberwA obliegt dem KrInst nach dem Grds der **formalen Auftragsstrenge** strikt nach dem Inhalt der Weisg u oRücks auf die zGrd liegden RVerhältn der Beteil (BGH WM **91**, 799, **92**, 1392). Anweisgen über die Art u Weise der Ausf können wirks auch außerh des ÜberwFormulars erteilt werden (Zweibr BB **84**, 748). Die Angabe des VerwendgsZwecks auf der Überw ist im Verh zw AuftrG einers u seiner (angewiesenen) u der EmpfBank ands idR unbeachtl u ledigl als weitergeleitete Mitt des Zahlden an den ZahlgsEmpf zu betrachten (BGH **50**, 227, Düss NJW-RR **87**, 1328). Diese Weiterleitg ist eine NebenPfl der Bank, aus deren NichtErf SchadErsAnspr wg pVV entstehen können (BGH WM **76**, 904). Im EinzFall kann es sich bei der Ausfüllg der Spalte „VerwendgsZweck“ um mehr als um eine Angabe für den Empf handeln; ist dies für die gutschreibde EmpfBank aus außerh des GiroÜberwVerk liegden Umst erkennb, so muß sie solche Angaben beachten (BGH WM **62**, 460). – **Widerruf** der Weisg (eingehd Häuser NJW **94**, 3121) ist bis zu deren vollst Erf mögl (§ 665 Rn 4). Das gilt auch dann, wenn der AuftrG das unterzeichnete Formular seinem Gläub zur Einreichg bei der Bank des AuftrG ausgehändigt hat (Nürnb MDR **77**, 1016).Die Vereinbg der Unwiderruflichk in AGB ist unwirks (BGH WM **84**, 986). Vollst erfüllt ist die Weisg mit Gutschr (Rn 9) auf dem Kto des Begünst (Köln ZIP **94**, 1257). Das gilt auch bei instfremder Überw; bei ihr bestehen VertrBeziehgen u damit ein WiderrufsR allerd nur zw dem Schu u seinem KrInst, außerdem zw den zwischengeschalteten Banken, nicht zw Schu u Zwischenbanken od EmpfBank (BGH **69**, 82); das erstbeauftr KrInst hat den Widerruf seines Kunden aber weiterzuleiten, was auch direkt an das KrInst des Begünst geschehen kann (Direktwiderruf, Sch-B-L/Schimansky § 49 Rn 8). – Weitere **Warn- und Schutzpflichten** (§ 665 Rn 9) bestehen wg der Massenhaftigk der Vorfälle grdsätzl nicht (BGH NJW **78**, 1852). Insb darf sich das KrInst grdsätzl auf die formale Prüfg beschränken, ob der ÜberwA nach seinem äußeren ErscheingsBild den Eindruck der Echth erweckt (Köln WM **99**, 1211). S a § 676 a Rn 17. – Das **Fälschungsrisiko** bei Ausf des ÜberwA trägt grdsätzl das KrInst (BGH WM **94**, 2073), außer wenn der Kunde einen VertrauensTatbestd bzgl der Echth des ÜberwA geschaffen hat, auf den die Bank sich verlassen durfte, zB durch Blankounterzeichng od bewußt unvollst Ausfüllg (BGH DB **92**, 2493). BerAnspr gg Empf § 812 Rn 52 a.

32

33

34

35

36

37

b) Im Interbankenverhältnis bei mehrgliedr Überw (zu den VerrechngsSystemen § 676 a Rn 3) stehen die beteil KrInst zueinander in einem eigständ GeschBesVerhältn (Düss WM **99**, 1363), die Gut- u Lastschr werden von der ktoführden Bank auf dem Kto der and Bank vorgenommen; dieses VertrVerh löst nicht nur Anspr der Banken untereinand aus, sond stellt in einz Bez einen Vertr zGDr dar (§ 328 Rn 23). Dem AuftrG od Empf können desh uU SchadErsAnspr gg eine Zwischenbank erwachsen, wenn diese die im Verk erfdl Sorgfalt außer Acht läßt (Düss DB **82**, 749, Ffm BB **84**, 807; str, eingehd Einsele AcP **199**, 145). 38

c) Das Inkassoverhältnis zw Empf u dessen KrInst richtet sich idR nach dem zw diesen Beteil bestehden GiroVertr (wie Rn 9 ff). Der Anspr des Empf auf Gutschr (Rn 11) steht bis zu deren Vornahme unter der auflösden Bdgg, daß der Schu den ÜberwA widerruft (BGH WM **86**, 1409). 39

676 g *Gutschrift.* [I] **Ist ein Überweisungsbetrag bei dem Kreditinstitut des Kunden eingegangen, so hat es diesen Betrag dem Kunden innerhalb der vereinbarten Frist, bei Fehlen einer Fristvereinbarung innerhalb eines Bankgeschäftstages nach dem Tag, an dem der**

Betrag dem Kreditinstitut gutgeschrieben wurde, gutzuschreiben, es sei denn, es hat vor dem Eingang des Überweisungsbetrags eine Mitteilung nach § 676 d Abs. 2 Satz 1 erhalten. Wird der überwiesene Betrag nicht fristgemäß dem Konto des Kunden gutgeschrieben, so hat das Kreditinstitut dem Kunden den Überweisungsbetrag für die Dauer der Verspätung zu verzinsen, es sei denn, daß der Überweisende oder der Kunde die Verspätung zu vertreten hat. § 676 b Abs. 1 Satz 2 ist anzuwenden. Die Gutschrift ist, auch wenn sie nachträglich erfolgt, so vorzunehmen, daß die Wertstellung des eingegangenen Betrags auf dem Konto des Kunden, soweit mit Unternehmen nichts anderes vereinbart ist, unter dem Datum des Tages erfolgt, an dem der Betrag dem Kreditinstitut zur Verfügung gestellt worden ist.

II Hat das Kreditinstitut bei der Gutschrift auf dem Konto des Kunden den Überweisungsbetrag vertragswidrig gekürzt, so hat es den Fehlbetrag dem Begünstigten frei von Entgelten und Auslagen gutzuschreiben. Der Anspruch des Kreditinstituts auf ein im Girovertrag vereinbartes Entgelt für die Gutschrift von eingehenden Zahlungen bleibt unberührt.

III Ist ein Zahlungsvertrag von einem Kreditinstitut nicht ausgeführt worden, das von dem Kreditinstitut des Begünstigten mit der Entgegennahme beauftragt worden ist, so hat dieses seinem Kunden den Überweisungsbetrag bis zu einem Betrag von 12 500 Euro ohne zusätzliche Entgelte und Kosten gutzuschreiben.

IV Die Ansprüche nach den Absätzen 1 bis 3 setzen ein Verschulden nicht voraus. Weitergehende Ansprüche, die ein Verschulden voraussetzen, bleiben unberührt. Das Kreditinstitut des Kunden hat hierbei ein Verschulden eines von ihm zwischengeschalteten Kreditinstituts wie eigenes Verschulden zu vertreten. Die Haftung nach Satz 3 kann bei Überweisungen auf ein Konto im Ausland auf 25 000 Euro begrenzt werden. Die Haftung für durch die Verzögerung oder Nichtausführung der Überweisung entstandenen Schaden kann auf 12 500 Euro begrenzt werden; dies gilt nicht für Vorsatz und grobe Fahrlässigkeit, den Zinsschaden und für Gefahren, die das Kreditinstitut besonders übernommen hat. Die Ansprüche sind ausgeschlossen, soweit der Fehler bei der Ausführung des Vertrages auf höherer Gewalt beruht.

V Von den Vorschriften der Absätze 1 bis 4 darf, soweit dort nichts anderes bestimmt ist, zum Nachteil des Begünstigten nur bei Überweisungen der in § 676 c Abs. 3 bezeichneten Art abgewichen werden.

1 **1) Allgemeines, Regelungsgehalt.** Der Anspr des Begünst (Kunde) gg sein KrInst auf Gutschr (Begr § 676 f Rn 9) eines iR eines ÜberwVorgangs eingegangenen Betr ergibt sich aus dem GiroVertr unmittelb (§ 676 f S 1; dort Rn 11). § 676 g regelt nur die näheren Einzelh dieses Anspr sowie die verschuldensunabhäng GarantieHaftg (I–III) u die VerschHaftg (IV) des empfangdn KrInst ggü seinem Kunden (dem Begünst) bei Verzögerg bzw unterlassener od unvollst Ausführg des ÜberwVorgangs, soweit sie in der Sphäre dieses KrInst begr sind. Die Regelg entspricht weitgehd derj für die Haftg des überweisden KrInst ggü dem Überweisden gem §§ 676 b, c. Die dort Erläut zu Systematik der Vorschr u zum Verhältn zu sonst Anspr (§ 676 b Rn 1) gelten auch hier. – **Anspruchsgegner** ist ausschl das KrInst als Partner des GiroVertr. – **Anwendungsbereich** § 676 f Rn 2, jedoch ist § 676 g auf Überw beschränkt. – **Abweichende Vereinbarungen** Rn 11

2 **2) Verschuldensunabhängige Ansprüche. – a) Auf fristgerechte Gutschrift, I 1. – Voraussetzungen:** (1) Wirks GiroVertr. (2) Eingang des ÜberwBetr bei dem KrInst, dh Gutschr auf dem Kto des KrInst selbst. (3) Keine Mitt gem § 676 d II 1, dh über eine wirks Künd des ÜberwVertr (näher § 676 d Rn 5). Ist die Künd nicht wirks, verbleibt es beim Anspr auf Gutschr. – **Frist:** Es gilt in erster Linie die vereinb Fr; sonst ist Bewirkg der Gutschr bis zum Ablauf des auf den Tag des Eingangs des ÜberwBetr folgenden BankGeschTages (Begr § 676 a Rn 16) geschuldet.

3 **b) Auf Verzinsung, I 2 – Voraussetzungen:** (1) Wirks GiroVertr; (2) Überschreitg der Fr gem I 1. Versch des KrInst ist nicht erfdl (IV 1). **Ausschluß** bei Vertretenmüssen des Überweisden (zB Angabe einer falschen KtoNr) od des Kunden (I 2 Hs 2), ferner bei höherer Gewalt (Rn 10). Dch abw Vereinbg nur in AusnFällen (Rn 11). – **Inhalt, I 3** iVm § 676 b I 2, wie dort Rn 4: Verzinsg des ÜberwBetr für die Zeit vom FrAblauf bis zur Gutschr. Zinssatz 5% über Basiszinssatz.

4 **c) Auf taggenaue Wertstellung, I 4.** Begr der Wertstellg § 676 f Rn 12. Maßgebd ist in erster Linie eine getroffene Vereinbg, bei Fehlen der Tag des Eingangs des ÜberwBetr bei dem KrInst.

5 **d) Auf Erstattung einbehaltener Beträge, II.** Die Vorschr soll verhindern, daß das empfangde KrInst den ÜberwBetr nur zT gutschreibt (u dadch uU die vollst Erf im Valutaverhältn verhindert), weil es vertragswidr eig Entgelte u/od Auslagen abzieht. – **Voraussetzungen:** (1) Wirks GiroVertr. (2) Eingang eines ÜberwBetr bei dem KrInst. (3) Gutschr eines ggü dem eingegangenen gekürzten Betr auf dem Kto des Kunden. Die Differenz ist der FehlBetr. (4) Fehlde Grdl für die Kürzg im VertrVerhältn KrInst – Kunde. Eine abw Vereinbg, die dem KrInst die Kürzg (Verrechng eig Anspr mit dem ÜberwBetr) gestattet, ist also zuläss, da dann die ErfWirkg der Überw nicht beeinträchtigt ist. Versch des KrInst ist nicht erfdl (IV 1). – **Inhalt:** Gutschr des ungekürzten FehlBetr auf dem Kto des Kunden. – **Entgeltanspruch. II 2** stellt klar, daß der Anspr des KrInst auf vertragl begr Entgelte od Auslagen fortbesteht u nur die nicht vereinb Verrechng dieser Anspr mit dem ÜberwBetr nicht gestattet ist.

6 **e) Auf Gutschrift des Garantiebetrages, III.** Im Regelfall hat das KrInst des Überweisden für den Eingang des ÜberwBetr auf dem Kto des KrInst des Begünst zu sorgen (§ 676 a I 2). Beauftragt aber das KrInst des Begünst seinerseits ein and KrInst mit der EntggNahme des ÜberwBetr, fällt das Risiko einer Störg des ÜberwVorgangs, die bei diesem KrInst auftritt, in die Sphäre des KrInst des Begünst. Für Störgen bei einem solchen zwgeschalteten KrInst haftet desh das KrInst des Begünst. Die Haftg des überweisden KrInst entfällt, da die Überw als mit der Gutschr auf dem Kto des beauftr KrInst bewirkt anzusehen ist (§ 676 a Rn 15). Der Rückgr des KrInst des Begünst gg das beauftr KrInst richtet sich nach dem nicht näher

geregelten VertrVerhältn zw diesen Inst (idR GeschBesVertr iR eines Zahlgssystems). – **Voraussetzungen:** (1) wirks GiroVertr. (2) Beauftragg des KrInst dch das KrInst des Begünst. (3) ZahlgsVertr (§ 676 d) zw dem überweisdn KrInst od einem and von diesem zwgeschalteten KrInst u dem beauftr KrInst. (4) NichtAusf der Überw dch das beauftr KrInst. Welche Zeit ab EntggNahme des ÜberwBetr dch das beauftr KrInst verstrichen sein muß, damit von einer NichtAusf gesprochen w kann, ist (and als iF des § 676 b III) nicht näher geregelt. Versch des KrInst ist nicht erfdl (IV 1). **Ausschluß** iF höherer Gewalt (Rn 10). Dch abw Vereinbg nur in AusnFällen (Rn 11). – **Inhalt:** Gutschr (§ 676 f Rn 9) in Höhe des ÜberwBetr ohne Abzüge, höchstens des GarantieBetr von 12 500 Euro (wie § 676 b III, dort Rn 8); Entgelte u Kosten darf das KrInst des Begünst diesem nicht in Rechng stellen.

3) Verschuldenshaftung, IV. IV 1 stellt ledigl den Charakter der Anspr gem I–III als (eingeschränkte) 7
GarantieAnspr klar. IV 2 regelt abschließd, welche Anspr des Begünst gg sein KrInst wg fehlder od verzögerter Ausf der Gutschr neben I–III bestehen bleiben. – **a) Unberührt bleiben, IV 2,** mit dem nach den allg Vorschr gegebenen Inhalt **verschuldensabhängige Ansprüche,** dh Anspr, die ein Versch (§ 276) des KrInst od seiner ErfGeh (§ 278) voraussetzen. Bsp: SchadErs bei Verzug gem §§ 286, 326 (wg § 285) für Folge-Schäd, die sich aus der Verspätg ergeben. Der Anspr gem § 667 auf Herausg des in Ausf der GeschBes erlangten ÜberwBetr dürfte dch die Sonderregelg des § 676 g verdrängt sein. – **b) Haftung für beauftragte** 8
Kreditinstitute. IV 3 stellt klar, daß diese zwgeschalteten KrInst (Begr § 676 a Rn 3) als ErfGeh (§ 278) des überweisdn KrInst anzusehen sind, u zwar entgg § 664 I 2 auch bei Ausf der Gutschr. – **c) Haftungs-** 9
begrenzung, IV 4, 5. Sie betrifft Anspr gem IV 2, 3 u entspricht der Regelg in § 676 c; s dort Rn 4. Die BegrenzgsMöglichk gem IV 5 erstreckt sich nicht auf die vertragswidr gekürzte Gutschr.

4) Ausschluß bei höherer Gewalt. IV 6 erfaßt nach seinem Wortlaut alle Anspr gem I–IV, hat jedoch 10
bei den verschabhäng Anspr gem IV 2, 3 keine selbstd Bedeutg. Auch der Anspr auf die Gutschr fällt, da auf § 676 f beruhd, nicht darunter. Höh Gew: § 676 b Rn 11; die sprachl abw Formulierg ist ohne rechtl Bedeutg (s a BT-Drs 14/1067 S 21).

5) Abweichende Vereinbarungen, V. – Zwingend sind grdsätzl alle Regelgen gem I–IV, aber nur zG 11
des Begünst. Zu den Ausn hins der einz Vorschr s dort. – **Ausnahme** für die ÜberwArten gem § 676 c III; s dort Rn 6.

Elfter Titel. Geschäftsführung ohne Auftrag

Einführung

1) Begriff, Wesen, anzuwendendes Recht. – a) Begriff. Nach der Definition in § 677 handelt es sich 1
um GoA, wenn jemand (GeschF) ein Gesch für einen and (GeschHerr) führt, ohne von ihm beauftr od sonst dazu berecht zu sein. Das kann auch der Fall sein, wenn das Gesch aGrd eines Vertr geführt worden ist, der sich später als nichtig erweist (§ 677 Rn 11, str). – **b) Rechtsnatur.** Die bloße Tats der GoA begründet ein 2
gesetzl SchuldVerhältn, eine auf seine Begr gerichtete rgeschäftl WillErkl ist nicht erfdl. Die GeschÜbern ist RHdlg (Übbl 4–10 v § 104), nach bestr Ans in der Unterart der rgeschäftsähnl Hdlg (6–8), weil der natürl Wille zur GeschÜbern erfdl ist (bej Erm/Ehmann Rn 17 v § 677, Fikentscher § 83 I 5; zweifelnd MüKo/Seiler Rn 5 v § 677). Jedenf sind die Regeln über die RGesch grdsätzl nicht anwendb, weil die Fälle der GoA sehr unterschiedl u in der Mehrzahl rein tats Art sind, weil die Übern der GoA im Verh zum GeschHerrn stets ein tats, kein geschäftsähnl Verhalten ist u die Vorschr über RGesch desh auf sie nicht passen. Die GoA ist ein AuffangTatbestd, dessen Regeln für GeschFg u ähnl Tatbestd gelten, die nicht anderw im Gesetz geregelt sind. Häuf handelt es sich um altruistisches Tätigw. Im GeschÜbernWillen liegt die Abgrenzg zu reinen GefälligkHdlgen aus freundschaftl oder gesellschaftl Motiven (Einl 9, 10 v § 241). Obwohl gesetzl SchuldVerhältn hat die GoA ihren Standort im Gesetz nicht bei diesen (§§ 812, 823 ff), sond wg der inhaltl Nähe beim Auftr, der ebenf eine GeschBes zum Ggst hat. Wie er ist die GoA ein unvollk zweiseit RVerhältn (Einf 3 v § 320), weil Pfl notw nur in der Pers des GeschF entstehen (§§ 677, 681); in der Pers des GeschHerrn nur uU u nicht als GgLeistg (§ 683, 684). – **c) Regelungsgehalt.** Die ungebetene Wahrnehmg fremder Interessen erfordert 3
eine Regelg nach zwei Richtgen: Als Äußerg des GemschSinnes nötigt sie zur Sichg des GeschF, §§ 683–686, insb dch Anspr auf AufwErs. Der GeschHerr ist vor aufdringl od eigennütz Eingr zu schützen, §§ 677–681, insb dch Anspr auf SchadErs. Die Vorschr der GoA betreffen nur das InnenVerh zw GeschF u GeschHerr u regeln zw ihnen den interessengerechten schuldrechtl Ausgl. Daß die §§ 679, 680, 683 eine berecht GeschFg zu Grde legen, rechtfertigt nicht den Schluß, der GeschF könne dch sein Handeln RBeziehgen zw dem GeschHerrn u einem Dr entstehen lassen. Das würde die unserer ROrdng eig Unterscheidg zw GeschFg (InnenVerh) u VertretgsMacht (AußenVerh) zu Lasten der RKlarh unnötigerw verwischen (Erm/Ehmann Rn 19 v § 677, Prütting/Gielen NZV **89**, 329; teilw aA Heinrichs § 178 Rn 4). – **d) Internationales Privatrecht** s EG 39, 41, 42.

2) Die gesetzliche Regelung. Dazu Martinek/Theobald JuS **97**, 612, 805, 992 u **98**, 27. – **a) Arten.** 4
Die GoA ist kein einheitl Tatbestd. Das Gesetz unterscheidet die berecht u die unberecht GoA u regelt in § 687 außerd die EigenGeschFg. – **Berechtigt** ist die Übern einer fremden GeschBes ohne Auftr, wenn sie dem Interesse u dem wirkl od mutmaßl Willen des GeschHerrn entspricht od der Erf einer im öff Interesse liegdn Pfl od einer gesetzl UnterhPfl des GeschHerrn dient (§§ 677, 679, 683); bei Fehlen dieser Kennzeichen kann er sie dch Gen (§ 684 S 2) rückwirkd zur berecht machen. – **Unberechtigt** ist die Übern der FremdGeschBes, wenn sie nicht dem Interesse und/od dem Willen des GeschHerrn entspricht; der GeschF hat sie als rechtswidr Eingr in die Belange des GeschHerrn zu unterlassen. Übernimmt er sie trotzdem, so gilt § 683 nicht, die RFolgen ergeben sich aus §§ 678, 684 S 1, 812 ff, 823 ff; für die Pfl des GeschF gelten auch in diesem Fall §§ 677, 681, weil der unberecht GeschF oA nicht besser stehen soll als der berecht (i Erg ebso MüKo/Seiler Rn 15; aA Larenz SchuldR II/1 § 57 II a, Staud/Martinek Rn 1, Soergel/Mühl Rn 2 je v § 677). Die HaftgsMildergen bei Abwendg drohder Gef u fehlder od beschr GeschFgk (§§ 680, 682) gelten

bei berecht u unberecht GoA. – Die **Eigengeschäftsführung** ist keine GoA, denn es fehlt der Wille des GeschF, ein obj fremdes Gesch zu besorgen. Er besorgt es vielm entw **irrtümlich** als eig (§ 687 I), die Regeln über die GoA gelten nicht. Oder er besorgt es **angemaßt** als eig; dann kann der GeschHerr neben and in Frage kommden Anspr auch die aus GoA geltd machen (§ 687 II).

5 **b) Stellung des Geschäftsführers.** Bei berecht GeschFg (Rn 4) hat er dem GeschHerrn die Übern anzuzeigen u grdsätzl dessen Entschließg abzuwarten (§ 681 S 1) u nach dessen Interesse u wirkl od mutmaßl Willen zu handeln (§ 677). Iü hat er die R u Pfl eines Beauftr (§§ 683, 681 S 2). Er handelt nicht rechtswidr iS der §§ 823 ff (Larenz SchuldR II/1 § 57 I b, Staud/Martinek Rn 8 v § 677 mwN; aA MüKo/Seiler Rn 17 v § 677) u nicht ohne rechtl Grd iS der §§ 812 ff (Rn 10). VertretgsMacht ggü Dr besitzt er nicht (Rn 3). Unberecht GeschFg hat er zu unterlassen, Übern u Ausf sind als unerwünschter Eingr in die Rechte des GeschHerrn rechtswidr u geschehen ohne rechtl Grd. HaftgsErleichtergen in §§ 680, 682.

6 **c) Stellung des Geschäftsherrn.** Bei berecht GeschFg, auch iF nachträgl Gen (Rn 4), hat er die Rechte u Pfl eines AuftrG (§§ 681 S 2, 683, 684 S 2). Bei unberecht GeschFg hat er Anspr auf Unterl, ggf Anspr aus §§ 678, 987 ff, 812 ff, 823 ff. Bei angemaßter EigGeschFg (Rn 4) stehen ihm die in § 687 II 1 in Bezug genommenen Anspr aus GoA zu; macht er sie geltd, schuldet er AufwErs nach BereichergsGrds (§§ 687 II 2, 684 S 1).

7 **3) Entsprechende Anwendung.** Kraft gesetzl Verweisg gelten die Regeln der GoA für die Rechte u Pfl der Beteil in §§ 1959 I, 1978 I 2, III, 1991 u für den Anspr auf Aufw- od VerwendgsErs in §§ 450 II, 547 II, 581 II, 601 II 1, 994 II, 1049 I, 1216 S 1, 2125 I. Ein FremdGeschFgsWille ist außer in den Fällen der §§ 547 II, 581 II (§ 547 Rn 9) nicht erfdl, insow handelt es sich um RFolgeVerweisgen. AufwErsAnspr sind hingg in allen Fällen nur unter den Vorauss der §§ 683, 684 gegeben.

8 **4) Verhältnis zu anderen Schuldverhältnissen. – a) Gesetzliche Sonderregelungen** schließen die Anwendbark der § 677 ff aus. So wenn das Verhältn zw GeschF u GeschHerr dch bes Vorsch des bürgerl R geregelt ist, zB dch §§ 965 ff zw Finder u Eigtümer, BinnSchG 93 ff für Bergg u Hilfeleistg, ZPO 89 für vollmachtl ProzBevollm; wenn der nach dem Gesetz Verpfl seine Aufw selbst tragen soll (BGH **40**, 28); wenn öffrechtl Vorschr eine erschöpfde Regelg treffen, die dch einen Rückgr auf GoA unterlaufen würde (BGH MDR **99**, 357: Verhältn zw Krankenkasse, LeistgsErbringer u Versichertem iF v SGB V § 2 II 1). HGB 740 ff schließen AufwErsAnspr des Lebensretters aus Seenot nicht aus (BGH **67**, 368, Hbg NJW **75**, 316). Keine ausschließden Sonderregeln sind SGB VII §§ 2 Nr 11, 13, 104 ff (BGH **38**, 270/280, **33**, 251/257, **52**, 115); s a § 683 Rn 10. Auch Anspr aus GoA u aus § 179 können nebeneinander bestehen (BGH WM **89**, 801). –
9 **b) Im Werkvertragsrecht** sind Anspr aus GoA im AnwendgsBer der §§ 633 ff ausgeschl (Vorbem 27 v
10 § 633), nicht aber für Leistgen des Untern ohne Auftr (§ 631 Rn 6). – **c) Ungerechtfertigte Bereicherung** scheidet neben berecht GoA (Rn 4) als AnsprGrdl aus, weil die berecht GoA, solange sich der GeschF in ihrem Rahmen hält, den rechtl Grd für Leistgen und Eingr darstellt (BGH NJW **93**, 3196). Rückabwicklg nichtiger VertragsVerh s § 677 Rn 11. Neben den Anspr aus §§ 677 ff anwendb sind §§ 812 ff bei unberecht
11 GeschFg (Rn 4) u EigGeschFg (§ 687). Nur §§ 812 ff gelten iF des § 682. – **d) Unerlaubte Handlung** scheidet als AnsprGrdl neben berecht GoA aus, weil diese nicht rechtswidr ist (Rn 4, 5). Sonst sind §§ 823 ff
12 daneben anwendb. – **e) Die Eigentümer/Besitzervorschriften** (§§ 987 ff) sind, solange sich der GeschF iR berecht GoA (Rn 4) hält, nicht einschläg, weil die §§ 677 ff ein R zum Bes jedenf dann geben, wenn die Inbesitzn mit der Übernahme der GeschFg zusfällt (BGH **31**, 129, Vorbem 2 v § 987, Erm/Hefermehl Rn 8 v § 994). Das ist die log Folge davon, daß der GeschF insow rechtmäß handelt (Rn 5). Im Verh des Eigtümers zum unrechtmäß Besitzer hält die Rspr die §§ 987 ff für eine Sonderregelg (Vorbem 19 ff v § 987), die iF unberecht FremdGeschFg die Anwendg der §§ 677 ff weitgehd ausschließt (aA MüKo/Seiler Rn 18 v § 677 mwN). Bei bewußter EigGeschFg ist § 687 II neben §§ 987 ff anwendb.

13 **5) Im öffentlichen Recht** sind folgde Fälle denkb: – **a)** Eine JP des öffR besorgt für eine and JP des öffR ein privrechtl Gesch, zB die Gem erfüllt für das verksichgspfl Land die StreuPfl. §§ 677 ff sind direkt anwendb, der ZivRWeg ist zul (BGH NJW **71**, 1218).

14 **b)** Eine JP des öff R besorgt auch für eine and solche ein öffrechtl Gesch, zB das straßenbaupfl Land läßt zur Beseitigg einer ÜberschwemmgsGef eine Ufermauer reparieren, die zur WasserlaufUnterhaltgsPfl eines öffrechtl Verbandes gehört. Häuf bestehen Spezialregeln wie SGB X §§ 87 ff od ein allg öffrechtl ErstattgsAnspr. Dadch hat die entspr Anwendg der §§ 677 ff an Bedeutg weitgehd verloren (MüKo/Seiler Rn 23 v § 677). Hilfsw sind sie grdsätzl entspr anwendb, im Bereich der SozVers jedenf dann, wenn der GeschF kein Leistgs-Träger iS des SGB X § 102 ist (BSG NJW **91**, 2373, Köln NJW-RR **95**, 570); ausnahmsw zur Abwendg einer dringden Gef sogar, wenn die and JP ausschl zust ist (OVG Münster NJW **76**, 1956, VerwRWeg).

15 **c)** Ein Privater besorgt für eine JP des öff R ein öffrechtl Gesch, zB Ausf einer ErschließgsAnl, Verbringg eines pflversicherten Kranken ins Krankenhaus, StrNachb errichtet selbst anstelle des StrBaulastträgers eine nach dem BFStrG notw nachbarschützde Anl. §§ 677 ff sind mit Einschränkgen entspr anwendb, insb ist der Vorrang gesetzl Sonderregelgen (Rn 8) zu beachten; ob die Erf der Pfl im öff Interesse liegt, ist nach den Umst des EinzFalles zu beurteilen (BVerwG BB **89**, 585: VerwRWeg; BGH NJW **97**, 1636: SozRWeg; BGH **33**, 251 u NJW **78**, 1258, Mü BB **84**, 2018: ZivRWeg).

16 **d)** Eine JP des öff R erfüllt eine eig öffrechtl Verpfl u besorgt damit zugleich das Gesch eines Priv, insb erfüllt dadch zugleich eine privrechtl Verpfl eines ZweitSchu. Meist ist in solchen Fällen gesetzl FdgsÜbergang best, zB SGB X § 116, BRRG 52. Wo nicht, kann entspr Anw der §§ 677 ff in Betr kommen (BGH NJW **75**, 47/49 mwN). Bsp: GemFeuerwehr löscht Brand (BGH **40**, 28), Gem besorgt bei Bergg eines umgestürzten Tankwagens neben ihrer eig Pfl zur GefAbwehr im allg Interesse zugleich Gesch des KfzHalters (BGH **63**, 167); StrVerkBeh besorgt dch Beseitigg verkgefährdder StrVerschmutzg zugleich Gesch der Firma, die dch Ausbeutg einer Bimsgrube die Verschmutzg verursacht hat (BGH **65**, 354); Entferng eines verlorenen Ankers u and Geräts dch Wasserpolizei aus der WasserStr ist zugleich Erf der privrechtl VerkSichgsPfl des Schiffeigners od -Ausrüsters (BGH **65**, 384); Vers od VersorggsTräger gewährt Leistgen an UnterhBerecht eines vermeintl Verschollenen (BGH NJW **63**, 2315).

e) Eine JP des öff R erf eine öffrechtl Verpfl eines Priv, meist zur GefAbwehr iW der ErsVornahme. Häuf bestehen im Polizei- u VollstrR Spezialregelgen, die teilw den ZivRWeg eröffnen u auf die GoA verweisen. Wo nicht, ist der ZivRWeg unzul (BGH NJW **75**, 47) u sind §§ 677 ff nicht entspr anwendb (Staud/Martinek Rn 62, MüKo/Seiler Rn 24 je v § 677). Mehrere Störer iSd PolizeiR § 426 Rn 3 a. 17

677 ***Pflichten des Geschäftsführers.*** **Wer ein Geschäft für einen anderen besorgt, ohne von ihm beauftragt oder ihm gegenüber sonst dazu berechtigt zu sein, hat das Geschäft so zu führen, wie das Interesse des Geschäftsherrn mit Rücksicht auf dessen wirklichen oder mutmaßlichen Willen es erfordert.**

1) Allgemeines über Begr u Wesen der GoA, Inhalt der gesetzl Regelg, entspr Anwendbark, Verh zu and SchuldVerhältn, GoA im öff R s Einf. § 677 bezeichnet als TatbestdsMerkmale der GoA die GeschBes (Rn 2) für einen and (Rn 3–10) ohne Auftr od sonstige Berecht (Rn 11) u bestimmt die Pfl des GeschF (Rn 12 ff) iF berecht u unberecht GoA (Einf 4). 1

2) Geschäftsbesorgung hat dieselbe Bedeutg wie beim AuftrVertr (§ 662 Rn 6, 7). Der Kreis der Gesch ist auch hier weit zu ziehen. Nöt ist eine Tätigk, wie in § 662 Rn 6 beschrieben. Dazu gehören zB Anhalten eines Kfz, um auf dessen verkgefährdden Zust aufmerks zu machen (BGH **43**, 188), Abwehr widr Einwirkg auf fremdes Eigt (BGH NJW **66**, 1360), ärztl Behandlg eines Bewußtlosen od Bemühg, einen Verl der notw ärztl Behandlg zuzuführen (BGH **33**, 251). Es kann sich um eine einz Angelegenh od um eine Tätigk von gewisser Dauer handeln. Das Gesch kann öffrechtl Bezug haben (Einf 13–17). Der GeschF braucht nicht in eig Pers tät zu werden, er kann sich seiner Leute od sonstiger Dr bedienen (BGH **67**, 368). – Keine GoA ist entgg BGH die wettbewrechtl Abmahng (§ 683 Rn 4), außerdem, weil keine Tätigk, das bloße Unterl, Dulden, Gewährenlassen, Geben. 2

3) Für einen anderen wird tät, wer ein Gesch nicht nur als eig, sond zumind auch als fremdes besorgt, also mit dem Bewußtsein, der Erkenntn u dem Willen (BGH **16**, 12), im Interesse eines and (§ 662 Rn 7) zu handeln. Das ausgeführte Gesch muß (auch) zum RKreis des and gehören, eine bloß mittelb Bez dazu reicht nicht aus. So ist die Beseitigg ausgelaufenen Öls inf KfzUnfalls bzw bei Füllg eines Tanks kein Gesch der KfzHaftPflVers (BGH **54**, 157, **72**, 151), die Herbeiholg erster Hilfe für verl ArbKollegen kein Gesch der Berufsgenossensch, sond des ArbG (BGH **55**, 207). Ebso ist die gem BauGB 124 I ggü einer Gem übernommene Erschließg von Baugelände kein Gesch der betroffenen GrdstEigtümer (BGH **61**, 359), die vorbereitde Tätigk des (später ausgeschiedenen) Initiators eines Bauherrenmodells kein Gesch der Bauherren (Nürnbg NJW-RR **87**, 405), die Sichg eines abrutschden HangGrdst dch die öff Verw kein Gesch des die Bebauung planden Arch (Köln VersR **97**, 360). Str ist, ob willentl Besorgg eines fremden Gesch anzunehmen ist, wenn Kraftfahrer seinen Wagen in einer obj GefLage (Ffm MDR **76**, 1021) zu Bruch fährt, um Verl eines VerkTeiln zu verhüten. Hat dieser Fahrer den EntlastgsBew nach StVG 7 II geführt, so ist GoA zu bejahen u ihm ein angem AufwErs (§ 683 Rn 8) zuzubilligen (BGH **38**, 270). 3

a) Das **objektiv fremde Geschäft** fällt schon seiner Natur, seinem Inhalt, seinem äußeren ErscheingsBild nach in einen and Rechts- u Interessenkreis als den des Handelnden. Bei ihm besteht allein aGrd der Vorn eine tats Vermutg für Bewußtsein u Willen der FremdGeschFg (BGH **40**, 28/31). **Beispiele:** Warng vor Gef (BGH **43**, 188), Hilfe für Verl (BGH **33**, 251), Bezahlg fremder Schulden (BGH BB **69**, 194, Kblz NJW-RR **98**, 1516), Führg des WandelgsProz gg den Lieferanten des Leasingguts dch den Leasingnehmer bei unwirks Freizeichng im LeasingVertr(BGH NJW **94**, 576). Der Verm, der nach dem Auszug des zahlgsunfäh Mieters die Räume zum Zwecke der Weitervermietg umbauen läßt, besorgt nicht zugleich ein Gesch des Bürgen des ausgezogenen Mieters, sond nur ein obj eig Gesch (BGH **82**, 323). Ebso der Träger einer JustVollzAnst bei Aufw zur Wiederherstellg der Gesundh eines Gefangenen nach dessen Selbstmordversuch (BGH **109**, 354). – **Kein objektiv fremdes Geschäft** ist die vertragswidr Untervermietg (BGH **131**, 197). 4

b) Objektiv eigene und neutrale Geschäfte erhalten ihren Fremdcharakter erst dch den Willen zur FremdGeschFg (subj fremde Gesch). Hierfür besteht keine Vermutg, der Wille, ein obj eig Gesch auch für einen and zu führen, muß irgdwie nach außen erkennb sein (BGH **138**, 281/286 u NJW **82**, 875), die BewL trägt der GeschF (BGH **40**, 28/31). Der Wille fehlt, soweit das Gesch nur im eig Interesse liegt (BGH NJW **63**, 2068). 5

c) Ein **zugleich eigenes und fremdes Geschäft** (auch-fremdes Gesch) besorgt der Handelnde, wenn die Übern zugleich im eig u im Interesse eines and liegt, also wenn er ein obj fremdes Gesch mit besorgt. Die Wahrg auch eig Interessen schließt FremdGeschFgsWillen nicht aus (BGH **63**, 167, **110**, 313). Der Wille, ein fremdes Gesch mitzubesorgen, wird vermutet, wenn es sich um ein auch-fremdes Gesch handelt (BGH **98**, 235). **Beispiele:** Ehemann, der die Kosten für Besuche nächster Angehör bei seiner unfallverl Frau trägt – eig UnterhPfl –, erfüllt damit zugleich die Verpfl des Schädigers, die notw HeilgsKosten zu tragen (BGH NJW **79**, 598). Altenheim nimmt einen pflegebedürft Rentner, dem ein Anspr auf Übern der Pflegekosten gg den SozHilfeträger zusteht, nach AntrStellg auf Gewährg von SozHilfe auf (Köln VersR **95**, 784). Abschleppenlassen eines Kfz dch PrivPers vom PrivParkplatz od zur Räumg einer versperrten Ein- od Ausfahrt (Janssen NJW **95**, 624). Mangelbeseitigg für einen Mituntern Vorbem 10 v § 633. Der Ann von GoA steht nicht entgg, daß das eig od das fremde Gesch dem öff Recht zugehören; Einf 13–15 mit Bsp. Das Schrifttum spricht sich teilw gg die Ausdehng der Vermutg für FremdGeschFgsWillen auf die zugleich eig (auch-fremden) Gesch aus (Schwark JuS **84**, 321 mwN). 6

d) Auch wenn **der Geschäftsführer einem Dritten zur Besorgung verpflichtet** ist od dies irrtüml annimmt, liegt GoA für einen and vor, wenn der GeschF nicht nur im eig Interesse, dh in Erf seiner eig Verpfl, sond erkennb u willentl auch im Interesse des and handelt (BGH **101**, 393/399, NJW-RR **89**, 970; aA Kblz NJW **92**, 2367); ohne diesen ausdr Willen scheidet GoA aus (Saarbr NJW **98**, 828: keine GoA der Klinik für Lebensgefährten, der Frau zur Entbindg gebracht hat, wenn mit dieser ein eig BehandlgsVertr geschl ist). Dies ist ein Unterfall von Rn 6 insofern, als das eig Interesse des GeschF in der Erf einer eig Verpfl ggü einem Dr 7 besteht. Die Verpfl ggü dem Dr kann öff- od privrechtl Natur sein. Ausschl der GoA bei gesetzl Sonderregelg Einf 8.

8 **e)** Die **Person des Geschäftsherrn** braucht dem GeschF nicht bekannt zu sein. Er kann handeln für den, den es obj angeht, es genügt, daß er das Gesch eines and führen will. Auch ein Irrt über die Pers des GeschHerrn berecht u verpflichtet (nur) den wirkl, § 686. Die GeschFg kann **mehrere Geschäftsherren** betreffen, zB bei Unfällen Gesch des Verl, des für den Unfall Verantwortl, des dem Verl UnterhPfl (Köln NJW **65**, 350). Daher führt der Arzt, der eine bewußtl Ehefr betreut, auch die Gesch des unterhaltspfl Mannes u der Krankenkasse (BGH **33**, 251; s aber Einf 8). Bei Bergg eines in Seenot befindl BesatzgsMitgl eines Schiffs ist auch dessen Reeder, neben dem Geretteten, GeschHerr (BGH **67**, 368). Bei RettgsMaßn zG eines Kindes können wg § 832 auch dessen Eltern in Betr kommen (Bln NJW **99**, 2906), ebso bei dch das Kind verurs Unfall. Für die Verpfl mehrerer GeschHerren zum AufwErs gilt § 427 (Staud/Martinek Rn 58 v § 677). Erschließg von Baugelände (§ 123 BauGB) ist Aufgabe nur der Gem, nicht auch der begünstigten Nachb (BGH **61**, 359).

9 **f) Unerheblich** ist, **in welchem Namen,** ob im eig od in dem des GeschHerrn, der GeschF das Gesch abgeschl hat. Auch das obj fremde Gesch wird nicht etwa dch Abschl im eig Namen zum eig. Bei Abschl im fremden Namen gelten für das Verh des GeschF zum Dr die §§ 177 ff. Bei subj fremdem Gesch ist der Abschl in fremdem Namen eine Äußerg der GeschFgsAbs, doch kann diese auch beim Abschl im eig Namen erkennb werden, zB durch Anz.

10 **g) Eigengeschäftsführung.** Ist bei Führg eines fremden Gesch der GeschF sich ausnahmsw nicht bewußt, daß er das Gesch eines and führt, glaubt er also, ein eig zu führen, so liegt keine GoA vor, § 687. Ist er sich der Fremdh zwar bewußt, hat er aber trotzdem nicht den Willen, ein fremdes Gesch zu führen, so liegt ebenf GoA nicht vor, der GeschHerr hat aber kr der AusdehngsVorschr des § 687 II gleichwohl das Recht, die Anspr aus der GoA geltd zu machen. Umgekehrt wird ein obj eig, ledigl den GeschF angehdes Gesch, zB Einkassieren eig Fdgen, ledigl durch die irrige Ann, es sei ein fremdes, u den Willen, es als fremdes zu führen, nicht zu einem subj fremden.

11 **4) Ohne Auftrag oder sonstige Berechtigung** ggü dem GeschHerrn – auf and Pers kommt es nicht an (s a Rn 7) – muß der GeschF handeln, sollen §§ 677 ff erf sein. Die Berechtigg kann sich ergeben (dh GoA unanwendb) aus RGesch, auch BenutzgsVerh aus famrechtl RBeziehg, aus Amts- od Organstellg. So ergibt sich die Berecht einer Gem zur Beseitigg umweltgefährdden Abfalls von einer gemeindl Müllkippe aus dem mit dem deponierden IndustrieUntern bestehden privrechtl BenutzgsVerh (BGH **63**, 119). Die Berecht kann sich auch aus einem faktischen VertragsVerh, soweit man ein solches anerkennt (Einf 25 ff v § 145) ergeben, weil es vertragl Bez begründet (i Erg ebso RGRK/Steffen Rn 52, Erm/Ehmann Rn 6 je v § 677). – Keine Berecht zur GeschFg ergibt sich (dh GoA anwendb) aus der Pfl zur Hilfeleistg gem § 323 c StGB (allg M). Die Berecht zur GeschFg fehlt auch, wenn der GeschF bei nichtigem Vertr tät wird. Da die irrtüml Ann einer eig Verpfl der GoA nicht entggsteht (Rn 6, 7), wendet die Rspr in diesem Fall §§ 677 ff an (BGH **39**, 87, **101**, 393/399, NJW **97**, 47 [krit Bespr Einsele JuS **98**, 401]; ebso Soergel/Mühl Rn 10); AufwErs für Leistgen, die gg ein gesetzl Verbot verstoßen, kann allerd nicht gefordert werden (BGH NJW-RR **97**, 564; § 670 Rn 5). Das Schrifttt lehnt GoA zT ab, weil dadch das vorrang gesetzl RückabwicklgsVerh der §§ 812 ff, insb die Einschränkgen in §§ 814, 817 S 2, 818 III, übergangen würden (Erm/Ehmann Rn 9 v § 677, MüKo/Seiler Rn 41, Fikentscher § 83 I 4 a cc bbb; ausf Lorenz NJW **96**, 883). Überschreitet der GeschF einer Gesellsch seine Befugn, handelt er nicht ohne Auftr, sond verletzt seine Pfl, die gesellschvertragl Grenze der GeschFgsBefugn zu beachten bzw vertragswidr Hdlgen zu unterlassen; § 677 ff sind nicht anwendb (BGH WM **88**, 968, BB **89**, 1762; str, aA zB für GbR RGRK/vGamm § 708 Rn 2, s a § 713 Rn 11). Handeln auch in Erf einer Verpfl ggü Dr Rn 7. Ausschl der GoA bei gesetzl Sonderregelg Einf 8.

12 **5) Pflichten des Geschäftsführers. – a) Die Hauptpflicht bei der Ausführung** der GeschFg wird konkretisiert dch die NebenPfl in § 681. Gilt auch iF unberecht GeschFg (Einf 4). Nach dem Wortlaut ist für die Pfl bei der Ausf vorrangig maßgebl das obj Interesse des GeschHerrn (Rn 13), in zweiter Linie sein Wille (Rn 14). Für den AufwErsAnspr in § 683 sind beide gleichrang. Mit der Übern der GeschFg befaßt sich die
13 Norm nicht, für sie ist grdsätzl der Wille des GeschHerrn vorrangig (§ 678). – **b)** Das **Interesse** des GeschHerrn (dazu § 683 Rn 4), hier auf die Ausf bezogen, bestimmt in erster Linie die Pfl des GeschF bei Art u Weise der Ausf des Gesch. IF der Gen (§ 684 S 2) spielt das Interesse keine Rolle. Stehen Interesse u Wille im Widerspr, so hat der GeschF, wenn er sich im Interesse des GeschHerrn nicht der (weiteren) GeschFg enthalten darf (Rn 16), bei der Ausf dem wahren Interesse, nicht dem Willen zu folgen (überwiegd
14 Meing; aA Staud/Martinek Rn 4). – **c)** Der **Wille** des GeschHerrn ist bei der Ausf grdsätzl zu berücksichtigen. Ausn iF des § 679 auch bei der Ausf, nicht nur bei Übern. IF der Gen (§ 684 S 2) spielt der Wille
15 keine Rolle. Vgl iü § 683 Rn 5. – **d) Verstoß** gg die AusfPfl führt bei Versch zu SchadErsAnspr des GeschHerrn wg pVV (§§ 276, 278). HaftgsVerschärfg bei unberecht Übern der GeschFg in § 678. Haftgs-Milderg iF der §§ 680 ff (BGH NJW **72**, 475, 808). Der Anspr entfällt, wenn sich eine erteilte Gen des
16 GeschHerrn auch auf die Ausf erstreckt (§ 684 Rn 2). – **e)** Eine **Pflicht zur Weiterführung** des Gesch besteht grdsätzl nicht. And nur, wenn der Abbruch überh od doch im jew Ztpkt ein AusfVersch (Rn 15) wäre; dann auch SchadErsPfl (RGRK/Steffen Rn 4). Bei Tod des GeschF ist wohl § 673 analog anzuwenden (MüKo/Seiler Rn 47).

17 **6)** Für **Verjährung** der Anspr aus GoA gilt grdsätzl § 195, auch dann, wenn für das geführte Gesch an sich eine kürzere VerjFr gilt (BGH WM **92**, 38: Aufw für Tilgg einer kurzfrist verjährden Schuld). Zu Ausn s § 195 Rn 3, 7.

678 ***Geschäftsführung gegen den Willen des Geschäftsherrn.*** **Steht die Übernahme der Geschäftsführung mit dem wirklichen oder dem mutmaßlichen Willen des Geschäftsherrn in Widerspruch und mußte der Geschäftsführer dies erkennen, so ist er dem Geschäftsherrn zum Ersatze des aus der Geschäftsführung entstehenden Schadens auch dann verpflichtet, wenn ihm ein sonstiges Verschulden nicht zur Last fällt.**

1) Anwendungsbereich. Die Best betrifft die unberecht Übernahme, nicht die Ausf (dafür § 677, s Rn 4) einer FremdGeschFg (§ 677 Rn 3–10). Sie gilt nicht iF der §§ 679, 684 S 2 u bei irrtüml EigGeschFg (§ 687 I), ist aber iF angemaßter EigGeschFg nach Wahl des GeschHerrn entspr anwendb (§ 687 II). 1

2) Voraussetzungen. – **a) Objektiv** muß die Übern der GeschFg dem wirkl, dh äußerl erkennb, hilfsw dem mutmaßl Willen des GeschHerrn (§ 683 Rn 5–7) widersprechen. Der Widerspr kann sich auf die Übern als solche, Ztpkt, Umfang, Art u Weise, Pers des GeschF beziehen (MüKo/Seiler Rn 4). Es kommt nur auf den der Übern entggstehden Willen, nicht auf das übereinstimmde od entggstehde Interesse des GeschHerrn (§ 683 Rn 4) an. § 678 ist nicht anwendb, der Wille des GeschHerrn also unbeachtl, iF des § 679 u bei Gesetz- od Sittenverstoß (Staud/Martinek Rn 3). – **b) Subjektiv** ist Vorauss, daß der GeschF den entggstehden Willen des GeschHerrn erkannt od inf Fahrlk nicht erkannt hat, also bei Anwendg gehör Sorgfalt (§ 276) erkennen mußte (§ 122 II), sog **Übernahmeverschulden.** Entscheidder Gesichtspunkt für die Erkennbark des Willens ist das obj Interesse des GeschHerrn (§ 683 Rn 4). Ein sonstiges Versch, etwa bei Ausf der GeschBes, die von der Übern zu unterscheiden ist (BGH NJW **72**, 475), oder an der Entstehg eines Schad verlangt § 678 nicht. 2 3

3) Schadensersatz. Gg die unberecht Übern, solange sie andauert, kann sich der GeschHerr mit der UnterlKl wehren. Der GeschF hat dem GeschHerrn den Schad zu ersetzen, der adäquat dch die ungewollte Übern der GeschBes entstanden ist. Er hat ihn also so zu stellen, wie er ohne sein Tätigw stehen würde (§§ 249 ff). Dies selbst dann, wenn trotz interessengerechter Übern Versch zu bejahen ist (Rn 3), u auch bei fehlerfreier Ausf der GeschBes (BGH NJW **72**, 475), wenn dennoch ein Schad dch die bloße Übern entstanden ist. Neben § 678 sind ggf die allg Vorschr, zB § 823 anwendb. Für AusfVersch gilt nicht § 678, sond § 677 (dort Rn 15). HaftgsAusschl iF der §§ 679, 683 S 2 (BGH WM **95**, 442), HaftgsMilderg iF der §§ 680 (BGH NJW **72**, 475) u 682. Die BewL für alle AnsprVorauss trägt der GeschHerr; jedoch ist der GeschF aufklärgs- u rechenschaftspfl über den Verbleib dessen, was er aus der unberecht übernommenen GeschFg erlangt hat, falls der GeschHerr darü nicht unterrichtet ist (BGH NJW **84**, 1462). 4

679 ***Unbeachtlichkeit des entgegenstehenden Willens des Geschäftsherrn.*** **Ein der Geschäftsführung entgegenstehender Wille des Geschäftsherrn kommt nicht in Betracht, wenn ohne die Geschäftsführung eine Pflicht des Geschäftsherrn, deren Erfüllung im öffentlichen Interesse liegt, oder eine gesetzliche Unterhaltspflicht des Geschäftsherrn nicht rechtzeitig erfüllt werden würde.**

1) Bedeutung. Die Vorschr erklärt unter den genannten Vorauss den Willen des GeschHerrn für unbeachtl. Dadch wird die sonst unberecht Übernahme der GeschFg in Ausn zu § 678 zur berecht (Einf 4). Außerdem verl der GeschF in Ausn zu § 677 seine Pfl bei Ausführung der GeschBes nicht dadch, daß er den entggstehden Willen des GeschHerrn unberücksichtigt läßt. Daran, daß Übern u Ausf dem obj Interesse des GeschHerrn (§ 683 Rn 4) entsprechen müssen, ändert sich nichts (BGH **16**, 12), jedoch liegt das Eingreifen des GeschF iF des § 679 idR auch im Interesse des GeschHerrn. 1

2) Voraussetzungen. Die BewL trägt der GeschF. – **a) Pflicht des Geschäftsherrn.** Sie kann priv- od öffrechtl (BGH **16**, 12) dch Gesetz, HohAkt od Vertr begründet sein. Es muß sich um eine RPfl ggü einem Dr handeln (BGH **16**, 12), eine bloß sittl Pfl genügt nicht. 2

b) Im öffentlichen Interesse müssen die Erf der Pfl u das Eingreifen des GeschF liegen (ebso Staud/Martinek Rn 7, Soergel/Mühl Rn 2, BGH NJW **78**, 1258). Dazu genügt nicht das abstr Interesse der Gemsch an der Erf jeder Verpfl; erfdl ist, daß zur Vermeidg der Gefährdg od Beeinträchtigg dringder, konkr öff Interessen die Erf gerade der in Frage stehden Verpfl dch den GeschF, nicht die dazu nach allg Grds berufene Pers od Stelle geboten ist. Meist geht es um Gef für Leben, Gesundh, Sachgüter. Bei Maßn, deren Ob od Art der DchFührg im Ermessen der zust Stelle steht, wird hingg das Eingreifen des GeschF idR nicht im öff Interesse liegen (BGH NJW **78**, 1258: Errichtg einer SchutzAnl gg Beeinträchtigg dch Str; BGH **138**, 281: Verlegg einer Wasserleitg). **Beispiele:** Erf von VerkSichgsPfl zum Schutz vor akuter Gef wie Bergg verlorenen Schiffsgeräts in WasserStr (BGH **65**, 384), Beseitigg verkgefährdder StrVerschmutzg (BGH **65**, 354), Bergg eines umgestürzten Tankwagens (BGH **63**, 167); Beseitigg einer einsturzgefährdeten Kommunmauer (BGH **16**, 12); Hilfe u Transport für Verletzte (BGH **33**, 251); EntgiftgsBehandlg Drogenkranker dch Krankenhaus-Zweckverband (BSG NJW **91**, 2373); Beseitigg verdorbenen Milchpulvers (BGH **110**, 313); Brandbekämpfg (BGH **40**, 28); Hilfeleistg an Hinterbliebene anstelle der öff Hand (BGH **4**, 153/161); Bezahlg der BeerdiggsKosten (Staud/Martinek Rn 4); Rücktransport mittelloser Urlauber aus dem Ausland dch LinienflugGesellsch, weil Vercharterer wg Insolvenz des Charterers den Rücktransport verweigert (LG Ffm NJW **83**, 52). Erf von Steuerschulden (so BGH **7**, 346/355, Mü WM **91**, 1415, Peters WM **92**, 597) fällt kaum darunter, weil ohne sie keine dringden Belange der Allgemeinh gefährdet werden (MüKo/Seiler Rn 9). Aufw des Trägers einer JustVollzAnst zur Wiederherstellg der Gesundh eines UntersuchgsGefangenen nach Selbstmordversuch fallen nicht darunter (BGH **109**, 354). 3

c) Gesetzliche Unterhaltspflicht beruht auf ehe- od famrechtl Vorschr. Dch vertragl Anerk od Ausgestaltg verliert sie ihren Charakter nicht. Begründg der Verpfl dch Vertr od unerl Hdlg fällt nicht darunter. Die Erf muß nicht im öff Interesse liegen. Kein ErstattgsAnspr Dr, die dem Kind Unterh gewährt haben, wenn die Eltern sich für NaturalUnterh bei sich entschieden haben (Hamm FamRZ **83**, 416). Zur gesetzl UnterhPfl gehört Gewährg von ärztl u Heilbehandlg. Soweit dies unter Eheg iR der SchlüsselGew geschieht (§ 1357 Rn 10–17), wird ein vertragl Anspr begründet 4

d) Nicht rechtzeitig erfüllt bedeutet, daß die Pfl des GeschHerrn im Ztpkt der Erf dch den GeschF fäll sein muß (BGH NJW **78**, 1258). Verzug ist nicht Vorauss. 5

3) Entsprechende Anwendung. Ob der entggstehde Wille des GeschHerrn auch unbeachtl bleibt, wenn er gg **§§ 134, 138** verstößt, ist str. Davon hängt ab, ob der ungewollte Retter iF eines Selbstmordversuchs 6

Anspr aus GoA hat. Bei nachträgl Gen hilft § 684 S 2. Iü wird der entggstehde Wille zT nur unter den Vorauss der §§ 104 Nr 2, 105 für unbeachtl gehalten (MüKo/Seiler Rn 13, Erm/Ehmann Rn 4), zT generell unmittelb wg Verstoßes gg §§ 134, 138 (Staud/Martinek Rn 10) od entspr § 679 (Soergel/Mühl Rn 8 Jauernig/Vollkommer Rn 2).

680 *Geschäftsführung zur Gefahrenabwehr.* **Bezweckt die Geschäftsführung die Abwendung einer dem Geschäftsherrn drohenden dringenden Gefahr, so hat der Geschäftsführer nur Vorsatz und grobe Fahrlässigkeit zu vertreten.**

1 **1) Anwendungsbereich.** Die HaftgsMilderg gilt nur im InnenVerh zw GeschF u GeschHerr, dort aber sowohl bei unberecht Übern der GeschFg, § 678, wie bei fehlerh Ausf, § 677 (BGH NJW **72**, 475, Hbg VersR **84**, 758) u auch für konkurrierde Anspr des GeschHerrn, zB aus § 823 (BGH aaO: Führen eines Kfz dch Angetrunkenen, um zu verhindern, daß der wesentl stärker betrunkene Eigtümer steuert) od aus pVV (Stein ZfBR **88**, 252). Die Vorschr begrenzt auch das Risiko eig Verluste des GeschF; diesem ist iR seines ErsAnspr für ihm entstand Schäd (§ 670 Rn 15) eig MitVersch (§ 254) nur bei Vors od grober Fahrlk zuzurechnen (BGH **43**, 188/194 u DB **72**, 721). Unanwendb ist § 680 auf Schäd, die ein Dr inf der GeschFg erleidet (BGH NJW **72**, 475).

2 **2) Voraussetzung.** Dringde, dh aktuelle, unmittelb drohde Gef für Pers od Verm (BGH VersR **70**, 620) des GeschHerrn od eines Angehör (allgM). Es genügt, daß der GeschF eine solche Gef ohne grobe Fahrlk irrtüml annimmt („bezweckt"; aA Dietrich JZ **74**, 535/539 mwN; MeingsÜbers Stein ZfBR **88**, 252). Nicht Vorauss ist, daß das Eingreifen des GeschF Erfolg hat (BGH **43**, 188/192). Ob die GeschFg dem öff Interesse entspricht (vgl § 679), ist für § 680 belanglos (RG **101**, 19).

3 **3) Rechtsfolge.** Im AnwendgsBer der Norm (Rn 1) haftet der GeschF nur für grobe Fahrlk (§ 277 Rn 2–4). Für ihre Beurteilg darf nicht (nochmal) berücksichtigt werden, daß der GeschF in einer GefLage handelt, denn das ist bereits der Grd für die HaftgsPrivilegierg. Dagg kann eine über § 680 hinausgehde Situation bei der Beurteilg grober Fahrlk eine Rolle spielen, so wenn der GeschF überraschd sofort eine Entsch zu treffen hat, für deren Überlegg ihm keinerlei Zeit bleibt (BGH NJW **72**, 475).

681 *Nebenpflichten des Geschäftsführers.* **Der Geschäftsführer hat die Übernahme der Geschäftsführung, sobald es tunlich ist, dem Geschäftsherrn anzuzeigen und, wenn nicht mit dem Aufschube Gefahr verbunden ist, dessen Entschließung abzuwarten. Im übrigen finden auf die Verpflichtungen des Geschäftsführers die für einen Beauftragten geltenden Vorschriften der §§ 666 bis 668 entsprechende Anwendung.**

1 **1) Regelungsgehalt.** Anwendb bei berecht u unberecht GeschFg (Einf 4) u nach Wahl des GeschHerrn bei angemaßter EigGeschFg (§ 687 II). Ergänzt die HauptPfl des GeschF gem § 677 dch Konkretisierg von NebenPfl u stellt ihn weitgehd einem Beauftr gleich.

2 **2) Pflichten des Geschäftsführers. – a) Anzeige der Übernahme (S 1),** sobald tunl, dh sobald es die Verh erlauben. Anschließd **Abwarten** der Entschließg des GeschHerrn außer bei Gef im Verz. Die Anz läßt idR den Schluß auf FremdGeschFgsWillen bei Übern zu, ihre Unterl nicht ow den Schluß nur auf
3 EigGeschFgWillen (BGH **65**, 354). – **b) Informations- und Herausgabepflichten (S 2)** bei u nach Ausf
4 wie ein Beauftr gem §§ 666–668; vgl dort. – **c) Verstoß** verpflichtet bei Versch den GeschF zu SchadErs. HaftgsMilderg in §§ 680, 682. Der GeschHerr ist so zu stellen, als habe der GeschF rechtzeit angezeigt bzw abgewartet bzw informiert (BGH **65**, 354). Der Anspr entfällt, wenn sich eine erteilte Gen des GeschHerrn auch auf die Ausf erstreckt (§ 684 Rn 2).

682 *Fehlende Geschäftsfähigkeit des Geschäftsführers.* **Ist der Geschäftsführer geschäftsunfähig oder in der Geschäftsfähigkeit beschränkt, so ist er nur nach den Vorschriften über den Schadensersatz wegen unerlaubter Handlungen und über die Herausgabe einer ungerechtfertigten Bereicherung verantwortlich.**

1 **1) Anwendungsbereich.** Unmittelb regelt die Vorschr nur die Haftg des geschunfäh u des in der GeschFgk beschränkten (§§ 104, 106) GeschF bei berecht u unberecht GoA (Einf 4) im Verh zum GeschHerrn in der Weise, daß er nur nach den Best der unerl Hdlg u der ungerechtf Ber verantwortl ist, Anspr des GeschHerrn gg ihn also nicht auf §§ 677, 678, 681 S 2 gestützt werden können. Beim geschunfäh GeschF ist das unstr. Im Hinbl auf die Schutzfunktion der Norm u je nach Stellungn zu der str Frage, ob die GoA rechtsgeschähnl Hdlg ist od nicht (Einf 2), besteht Streit darü, ob auf den beschr geschfäh GeschF § 682 stets od nur bei GeschBes tats Art u solchen rechtsgeschäftl Art, denen der gesetzl Vertr nicht zugestimmt hat (§§ 107, 108), anzuwenden ist; bei Zustimmg wäre nicht § 682, es wären vielm §§ 677, 678, 681 S 2 anwendb. Zum MeingsStreit vgl MüKo/Seiler Rn 2–4, Staud/Martinek Rn 2. Nach der hier vertretenen Auffassg (Einf 2) sind §§ 104 ff nicht entspr anwendb mit der Folge, daß für die Übern der GoA GeschFgk nicht erfdl ist, u daß der nicht od beschr geschfäh GeschF nur nach § 682 haftet u den AufwErsAnspr nach § 683 hat.

2 **2)** Die **Haftung** des nicht od beschr geschfäh GeschF folgt gem der RGrdVerweisg (Hassold JR **89**, 358) des § 682 aus §§ 823 ff, insb §§ 827 bis 829, falls in der PflVerl zugleich eine unerl Hdlg liegt; sonst aus §§ 812 ff.

3 **3)** Die **Geschäftsfähigkeit des Geschäftsherrn** ist auf Entstehg des gesetzl SchuldVerhältn der GoA u der Rechte u Pfl daraus ohne Einfluß. Soweit es auf seinen Willen ankommt (§§ 677–679, 681 S 1, 683, 684 S 2), tritt der gesetzl Vertr an seine Stelle. Beim bewußtl geschfäh GeschHerrn ist sein mutmaßl Wille maßgebd (§ 683 Rn 7).

683 *Ersatz von Aufwendungen.* **Entspricht die Übernahme der Geschäftsführung dem Interesse und dem wirklichen oder dem mutmaßlichen Willen des Geschäftsherrn, so kann der Geschäftsführer wie ein Beauftragter Ersatz seiner Aufwendungen verlangen. In den Fällen des § 679 steht dieser Anspruch dem Geschäftsführer zu, auch wenn die Übernahme der Geschäftsführung mit dem Willen des Geschäftsherrn in Widerspruch steht.**

1) Allgemeines. – a) Zweck. Die Vorschr ist Teil des interessengerechten schuldrechtl Ausgl zw GeschF 1
u GeschHerr (Einf 3). – **b) Anwendbar** ist § 683 auf die Übernahme der GeschFg iR einer GoA (§ 677 2
Rn 2–11), soweit nicht Sonderregelgen (Einf 8) eingreifen od die Abs fehlt, Ers zu verlangen (§ 685); ferner bei angemaßter EigGeschFg (§ 687 II S 2); entspr Anwendg s Einf 7. Die Ausführg der GeschFg ist in §§ 677, 681 geregelt; PflVerstöße dabei führen zu SchadErsAnspr gg den GeschF (§ 677 Rn 15, § 681 Rn 4), lassen aber seinen Anspr auf AufwErs (Rn 8) unberührt. – **c) Voraussetzung** ist eine berecht GoA (Einf 4), 3
dh die Übern der FremdGeschBes muß – ausgen iF des § 684 S 2 – dem Interesse (Rn 4) sowie – ausgen iF der §§ 679, 684 S 2 – dem Willen (Rn 5–7) des GeschHerrn entsprechen. Daß der bezweckte Erfolg eintritt, ist nicht erfdl. Fehlt eine dieser Vorauss, gilt § 684, dh AufwErs nur bei Genehmigg.

2) Interesse des GeschHerrn an der Übern besteht, wenn sie ihm nützl ist (Köln VersR **95**, 1319). Maßg 4
ist grdsätzl der Ztpkt der Übern (Ffm NJW-RR **96**, 1337), existiert die and Pers da noch nicht, der Ztpkt ihrer Entstehg (Nürnb NJW-RR **87**, 405: BauherrenGemsch). Das ist an Hand der konkr Sachlage im EinzFall nach der obj Nützlichk, subj bezogen auf die Verh seiner Pers festzustellen (Mü NJW-RR **88**, 1013). Irrige Ann des GeschF, auch wenn schuldl, genügt nicht. Das Interesse muß nicht vermögensrechtl sein (BGH **33**, 251: Hilfe für Verl). Ein daneben bestehdes EigInteresse des GeschF schadet nicht (§ 677 Rn 6, 7). – **Beispiele:** Bezahlg einer Schuld des GeschHerrn (BGH **47**, 370), zB Zinszahlgen der TreuhdAnst auf Altkredite eines früh VEB (Dresd OLG-NL **98**, 275), außer bei Bestehen einer Einwdg; Tilgg eines gemeins Kredits nach Beendigg einer ne LebGemsch s Einl 19 v § 1297; Abriß einer baufäll Kommunmauer (BGH **16**, 12); uU auch Fortführg eines Baus zur Vermeidg einer „Investitionsruine" bei unwirks BauWerkVertr (BGH WM **96**, 2159). Die unberecht Abmahng des Störers bei WettbewVerstoß ist keine GoA (BGH NJW **95**, 715). Aber auch die berecht Abmahng selbst dch Verein gem UWG 13 II Nr 3 ist entgg der Rspr des BGH (**52**, 393; zuletzt **115**, 210, auch zur Verj des Anspr) kein Gesch auch im Interesse des Störers (Prelinger NJW **82**, 211 u AnwBl **84**, 533, Glaede WRP **84**, 246). Andernf müßten auch die Kosten eines anwaltl Mahnschreibens nach GoA ersetzb sein, wofür aber einhell bereits eingetretener Verzug Vorauss ist. Jedenf kann der Verein mangels Erforderlichk (§ 670) die dch Inanspruchn eines RA veranlaßten Kosten nicht ersetzt verlangen (BGH NJW **84**, 2525; vgl auch Schulz WRP **90**, 658). Nicht mehr nützl ist die GeschBes, wenn ein damit verbundenes Risiko od die Kosten nicht mehr im Verh zum erstrebten Erfolg stehen (Karlsr VersR **77**, 936: Abwehr eines Bankräubers, Düss VersR **73**, 826: Bergg eines Modellflugzeugs, Hamm MDR **90**, 152: Unterbringg eines Mj in einem teuren Heim); nützl dagg bei für GeschHerrn lebrettdn Maßn, wenn noch eine realistische RettgsChance besteht (Ffm NJW-RR **96**, 1337). Die Grenzabfertigg mit Vorlage der MWSt dch den Grenzspediteur entspricht nicht dem Interesse des Empf, wenn er noch keine VfgsBefugn über das Transportgut erlangt hat (BGH **114**, 248). – Ohne Bedeutg ist das Interesse iF des § 684 S 2.

3) Der **Wille des Geschäftsherrn** muß darauf gerichtet sein, daß der GeschF die Besorgg gerade für ihn 5
übernimmt, wirkl od mutmaßl Einverständn mit dem zu erlangden Vorteil genügt nicht (BGH BB **82**, 331). Der GeschF hat die Übern der GeschFg, sobald dies mögl ist, dem GeschHerrn anzuzeigen u, wenn nicht mit dem Aufschub Gef verbunden ist, dessen Entschließg abzuwarten. Vor ihrem Eingang darf er zu dessen Lasten nur unaufschiebb Hdlgen vornehmen (BGH WM **83**, 679). – **a)** In erster Linie ist der **wirkliche geäußerte** 6
Wille (Kblz NJW-RR **95**, 15), ausdr od konkludent, maßg. Ausn in §§ 684 S 2, 679 u den Fällen seiner entspr Anwendbark (§ 679 Rn 6). Die Äußerg muß nicht ggü dem GeschF erfolgen, er braucht von ihr keine Kenntn zu haben (allg M). Der geäußerte Wille ist selbst dann maßg, wenn er unvernünft od interessewidr ist (BGH **138**, 281/287). Desh idR kein AufwErs bei Bezahlg von Schulden gg Widerspr (MüKo/Seiler Rn 9); Auszahlg von Kredit ohne Weisg (Ffm VersR **76**, 172); Erbringg von Leistgen, obwohl der GeschHerr einen VertrSchluß über diese ausdr abgelehnt hat (zu weitgehd Naumbg OLG-NL **98**, 246). – **b)** Sonst entscheidet 7
der **mutmaßliche Wille.** Das ist nicht der, den der GeschF subj, sei es auch schuldl irrtüml annimmt, sond derj, den der GeschHerr bei obj Beurteilg aller Umst im Ztpkt der Übern geäußert haben würde (Mü NJW-RR **88**, 1013). Mangels and Anhaltspunkte ist als mutmaßl der dem Interesse des GeschHerrn (Rn 4) entspr Wille anzunehmen (BGH **47**, 370/374 u NJW-RR **89**, 970).

4) Rechtsfolgen. Verh zu and AnsprGrdl Einf 8–12. Verjährg § 677 Rn 17, § 195 Rn 3, 7. – **a) Auf-** 8
wendungsersatz wie ein Beauftragter, § 670 Rn 1–7. Abweichd ist hier, weil es an der Vereinbg der Unentgeltlichk fehlt, eine Tätigk, die zum Beruf od Gewerbe des GeschF gehört, übl zu vergüten (BGH **65**, 384/390, WM **89**, 801, Köhler JZ **85**, 359; weitergehd MüKo/Seiler Rn 25). Mehrere GeschHerrn § 677 Rn 8. – Im Falle des § 1613 gelten die dort Schranken auch für den Anspr aus § 683 (BGH NJW **84**, 2158).

b) Schadensersatz. Hierher gehört insb die Selbstgefährdg des GeschF bei Hilfeleistg, auch im StrVerk; 9
s a Einf 14 v § 823, § 670 Rn 8 ff und zum Verhältn beider Anspr Gehrlein VersR **98**, 1330.

c) Umfang des Anspruchs. Für die **Aufwendungen** gelten die Ausf in § 670 Rn 4. Bei ZusTreffen von 10
Fremd- u EigGeschFg (§ 677 Rn 6, 7) gelten folgde Grds: Lassen sich die Aufw ggständl abgrenzen, hat der GeschF Anspr auf Ers der auf die FremdGeschFg entfallden anteil Aufw. Sonst sind Aufw nach dem Gewicht der Verantwortlichk, Interessen u Vorteile zw GeschF u GeschHerrn aufzuteilen (BGH **98**, 235), zB hälftig bei Abriß einer baufäll Kommunmauer (BGH **16**, 12/16). Liegt der unmittelb, wesentl Vorteil beim GeschHerrn, hat er die Aufw voll zu ersetzen (MüKo/Seiler Rn 26). Überh kein Anspr auf AufwErs besteht, wenn bes Vorschr des bürgerl R das Verhältn zw GeschF u GeschHerrn abweichd regeln (BGH **98**, 235). Verzinsg der Aufw § 256. – Für **Schäden** inf Selbstgefährdg (Rn 9) ist nicht voller Ers sond uU angem Entschädigg zu leisten (BGH **38**, 277). Soweit in den Fällen des SGB VII § 2 Nr 11, 13 a, c (Hilfeleistg bei

ArbUnfall, in Gef, bei amtl DienstHdlg, gg Straftat) der Hilfeleistde Anspr gg SozVers hat, verringert sich sein privrechtl Anspr als GeschF.

684 *Herausgabe der Bereicherung.* **Liegen die Voraussetzungen des § 683 nicht vor, so ist der Geschäftsherr verpflichtet, dem Geschäftsführer alles, was er durch die Geschäftsführung erlangt, nach den Vorschriften über die Herausgabe einer ungerechtfertigten Bereicherung herauszugeben. Genehmigt der Geschäftsherr die Geschäftsführung, so steht dem Geschäftsführer der im § 683 bestimmte Anspruch zu.**

1 **1) Bei unberechtigter Übernahme der GoA, S 1** (Einf 4) hat der GeschF Anspr auf AufwErs nur nach den Vorschr der §§ 812 ff, dh er kann vom GeschHerrn herausverlangen, was dieser dch die GoA erlangt hat, soweit sein Verm dadch noch vermehrt ist, zB Ers von werterhaltden Aufw, die für den GeschHerrn später unausweichl ebenf angefallen wären (Düss NJW-RR **96**, 913). Nur RFolgenVerweisg (BGH WM **76**, 1056/1060); die Vorauss für den RGrd enthält S 1 selbst. Der Anspr ist abdingb (BGH NJW **59**, 2163). Er entfällt iF des § 685 (BGH WM **84**, 1613). – Anspr des GeschHerrn (§ 677 Rn 15, §§ 678, 681) bleiben unberührt.

2 **2) Genehmigung (S 2)** ersetzt die Vorauss des § 683 (BGH **128**, 210) u macht die Übernahme der GoA gg das Interesse und/oder den Willen des GeschHerrn (§ 683 Rn 4–7) diesem ggü im InnenVerh rückwirkd (§ 184) zur berecht (Einf 4), ohne daß dadch ein AuftrVertr (§ 662) entsteht. Anspr aus § 678 entfallen. Sie hat als solche keine Außenwirkg (Einf 3); diese beurteilt sich nach §§ 177, 185 II, doch fällt praktisch vielf beides zus. Erkl ggü dem GeschF, ausdr od konkludent, meistens dch das Verlangen nach Herausg gem § 681 S 2. Für die Gen gelten sinngem §§ 182, 184 (BGH DB **89**, 875) u damit Einf 1–5 v § 182. Für beide Seiten handelt es sich um eine RFolgenVerweisg auf §§ 683, 677; abdingb (BGH NJW **59**, 2163). Eine irrtüml EigGeschFg (§ 687 I) kann nicht gen werden. Die Gen kann, muß sich aber nicht auf die Ausf der GoA beziehen, so daß vorher entstandene SchadErsAnspr wg AusfFehlern (§ 677 Rn 15, § 681 Rn 4) erhalten bleiben können. Anspr auf Gen hat der GeschF nicht (BGH **LM** § 177 Nr 1).

685 *Schenkungsabsicht.* **[I] Dem Geschäftsführer steht ein Anspruch nicht zu, wenn er nicht die Absicht hatte, von dem Geschäftsherrn Ersatz zu verlangen.**

[II] Gewähren Eltern oder Voreltern ihren Abkömmlingen oder diese jenen Unterhalt, so ist im Zweifel anzunehmen, daß die Absicht fehlt, von dem Empfänger Ersatz zu verlangen.

1 **1) Bedeutung.** AusnVorschr zu §§ 683, 684 S 1, also weder Anspr auf AufwErs noch aus ungerechtf Ber (BGH WM **84**, 1613). Geltd zu machen dch rechtshindernde Einwdg des GeschHerrn. Dessen Anspr aus GoA bleiben unberührt.

2 **2) Abs I.** Die einseit Abs im Ztpkt der Übern der GeschFg, keinen Ers zu verlangen, läßt den AufwErs-Anspr nicht entstehen. Sie muß nach außen erkennb sein, ausdr od den Umst nach, zB ein Sohn schützt den Vater gg körperl Mißhandlg dch and Sohn u wird dabei verl (BGH **38**, 302; keine Verallgemeinerg, daß bei Verwandtenhilfe stets ErsAbs fehlt). Schwiegersohn baut im Haus der Schwiegermutter für sich u seine Familie eine Wohng aus (BGH WM **84**, 1613). Da VerzWille, ist GeschFgk, iF des § 107 Einwilligg des gesetzl Vertr erfdl. – BewL GeschHerr für fehlde Abs, AufwErs zu verlangen. – Irrt über den wirkl GeschHerrn § 686 Rn 2.

3 **3) Abs II** enthält eine RVermutg (BGH **38**, 302/305, NJW **98**, 978). Gilt nur zw Verwandten in gerader Linie, nur soweit zu der UnterhLeistg keine Verpfl besteht u nur im Verh des Leistden zum Empf, nicht zu einem vorrang UnterhPflichtigen, zB bei Leistg des Großvaters an den Enkel im Verh zum Vater; insow gilt Abs I, soweit nicht gesetzl FdgsÜbergang stattfindet, zB § 1607 III. BewL umgekehrt wie in Abs I beim GeschF für bestehde Absicht, AufwErs zu verlangen.

686 *Irrtum über Person des Geschäftsherrn.* **Ist der Geschäftsführer über die Person des Geschäftsherrn im Irrtume, so wird der wirkliche Geschäftsherr aus der Geschäftsführung berechtigt und verpflichtet.**

1 **1) Anwendungsbereich.** Bewußtsein u Wille, für einen and tät zu werden (§ 677 Rn 3–10) müssen sich nicht auf eine best Pers beziehen. PersVerwechslg, fehlde od irr Vorstellg über Identität od Existenz dessen, den es angeht, sind unerhebl. Gilt auch für subj fremde Gesch (§ 677 Rn 5; aA RGRK/Steffen Rn 3). Irr Ann der Berechtigg od Verpfl zur GeschFg ggü dem GeschHerrn § 677 Rn 11, ggü einem Dr § 677 Rn 7.

2 **2) Wirkung.** Berecht u verpflichtet aus der GeschFg ist oRücks auf die Vorstellg des GeschF nur der wirkl GeschHerr, also derj, in dessen R- u Interessenkreis das Gesch fällt. Ledigl in § 685 befreit die Vorstellg, von einem best vermeintl GeschHerrn keinen Ers zu verlangen, nicht ow den wirkl GeschHerrn. Gleiches gilt bei mehreren GeschHerrn.

687 *Vermeintliche Geschäftsführung; unechte Geschäftsführung.* **[I] Die Vorschriften der §§ 677 bis 686 finden keine Anwendung, wenn jemand ein fremdes Geschäft in der Meinung besorgt, daß es sein eigenes sei.**

[II] Behandelt jemand ein fremdes Geschäft als sein eigenes, obwohl er weiß, daß er nicht dazu berechtigt ist, so kann der Geschäftsherr die sich aus den §§ 677, 678, 681, 682 ergebenden Ansprüche geltend machen. Macht er sie geltend, so ist er dem Geschäftsführer nach § 684 Satz 1 verpflichtet.

1) Irrtümliche Eigengeschäftsführung (Abs I) hat ein obj fremdes Gesch (§ 677 Rn 4) zum Ggst, es fehlt aber das Bewußtsein, es als fremdes, dh für einen and (§ 677 Rn 3–10) zu besorgen. Desh handelt es sich nicht um GoA, §§ 677 ff gelten nicht, es gibt auch keine Gen nach § 684 S 2. Unerhebl ist, ob der Irrt auf Fahrlk beruht od nicht; vgl aber Rn 5, 6. Anspr eines od beider Teile aus and RGrden bleiben unberührt. 1

2) Angemaßte Eigengeschäftsführung (Abs II). – a) Begriff, Voraussetzungen. Auch sie hat ein obj fremdes Gesch (§ 677 Rn 4) zum Ggst (BGH DB **89**, 1762), der GeschF weiß dies auch, hat aber trotz dieses Bewußtseins nicht die Abs, das Gesch als fremdes zu führen (§ 677 Rn 3–10), sond führt es vorsätzl in seinem eig Interesse. Daß er das fremde Gesch im eig Namen abschließt, steht der Anwendg des Abs II nicht entgg. Gleichgült ist, ob der GeschHerr selbst das Gesch vorgen hätte od nicht. Wg fehlden Fremd-GeschFgsWillens handelt es sich auch hier nicht um GoA (wie Rn 1). Abs II gibt aber dem GeschHerrn zur Verbesserg seiner RStellg zusätzl zu and in Frage kommden Anspr diejen aus GoA. Die GeltdMachg geschieht noch nicht dch Verlangen nach Ausk u Rechensch, weil dieses erst der Vorbereitg dient, sond erst mit dem Verlangen nach Herausg od SchadErs (RGRK/Steffen Rn 32). Eine Gen iS des unanwendb § 684 S 2 liegt darin nicht. Der wirtsch AlleinGter (Hintermann) einer Strohmann-GmbH haftet ggü der GmbH grdsätzl nicht gem Abs II aus Gesch, die er währd seiner Alleinstellg für die GmbH geschlossen hat, weil er nicht unberecht, abweichd vom Willen der GmbH gehandelt hat (BGH **119**, 257). 2

b) Rechtsfolgen. – aa) Der **Geschäftsherr** hat die Erf-, Informations- u SchadErsAnspr gem §§ 677, 678 (ohne die Beschrkgen in §§ 679, 680), 681, der seiners auf §§ 666 bis 668 verweist. Dabei sind der SchadErsAnspr wg AusfVersch (§ 677 Rn 15) im Hinbl auf § 678 u die Anspr aus § 681 S 1 ohne praktische Bedeutg. Der HerausgAnspr (§ 667 Rn 3, 4, 6–10) erstreckt sich auch auf den über den Wert hinausgehden VeräußergsGewinn. Für beschr geschfäh u geschunfäh GeschF gilt § 682. – **bb)** Der **Geschäftsführer** hat, aber nur dann, wenn der GeschHerr seiners Anspr aus GoA geltd macht (BGH **39**, 186), Anspr aus § 684 S 1. Ggü dem Anspr des GeschHerrn auf Herausg des Erlangten kann er wertsteigernde Aufw ersetzt verlangen, soweit der GeschHerr auf seine Kosten um sie bereichert ist. 3 4

c) Verletzung fremder Ausschließlichkeitsrechte (ImmaterialgüterR, UrhR, gewerbl SchutzR). **aa)** Geschieht sie **schuldlos,** hat der Verl Anspr auf Beseitigg der widerrechtl Beeinträchtigg, bei WiederholgsGef auf Unterl (§§ 97 I 1 UrhG, 139 I PatG, 15 I GebrMG, 14 a I 1 GeschmMG, 14 V, 128 I MarkenG; Einf 16–35 v § 823) u auf Herausg der ungerechtf Ber (Einf 18 v § 812). – **bb)** Geschieht sie **schuldhaft,** hat der Verl Anspr auf Ers des VermSchad, für den es, von AusnSituationen abgesehen (BGH NJW **95**, 1420), gewohnhrechtl u teilw nach den Spezialgesetzen eine dreifache BerechngsMethode gibt (BGH NJW **92**, 2753; § 823 Rn 161): Entweder konkr nach §§ 249 ff einschl des Gewinns, den der Verl erwarten konnte (§ 252). Od abstrakt auf Zahlg einer Lizenzgebühr, wie sie der Verletzer üblicherw bei Abschl eines (fingierten) LizenzVertr hätte bezahlen müssen (BGH **44**, 372/379, BAG DB **86**, 2289). Od drittens Herausg des dch den Eingr erzielten Gewinns oRücks darauf, ob auch der Verl ihn erzielt haben würde mit den HilfsAnspr auf AuskErteilg u RechngsLegg. Das ist eine Ausweitg der §§ 687 II, 666, 667 auf den Fall fahrl EigGeschFg. Vorstehde rechtl Beurteilg ist anerkannt für die Verl von UrhR (§ 97 I 2 UrhG, BGH GRUR **59**, 379/383; in § 97 II sogar Ers des NichtVermSchad in Geld), PatR (§ 139 II PatG, BGH NJW **62**, 1507), Gebr- u GeschmacksmusterR (§§ 15 II GebrMG, 14 a I GeschmMG, BGH GRUR **63**, 255 u 640), §§ 14 VI, 128 II MarkenG (fr WZG, BGH **99**, 244), Firmen- u NamensR (BGH **60**, 206), bei WettbewVerstößen (BGH **57**, 116, **60**, 168, **122**, 262: Nachahmg, BGH GRUR **77**, 539: Verl eines BetrGeheimn, BGH **52**, 393 u NJW **81**, 224: Kosten der vorprozessualen Abmahng dch einen Verein zur Bekämpfg unlauteren Wettbew; vgl aber § 683 Rn 4), bei Verl des R am eig Bild, falls überh Zust des Berecht zur Verwertg in Betr kam (BGH **20**, 345/353), sonst nur Ers des immat Schad (BGH **26**, 349). MitVersch des Verl ist zu berücksichtigen. – **cc) Nicht anwendbar** ist § 687 II auf Eingr in GewerbeBetr (BGH **7**, 208/218) u in vertragl begründete ausschl RPosition wie Verl einer AlleinVerkAbrede (BGH NJW **66**, 1117/1119 u NJW **84**, 2411: Eigenhändler), Verl eines vertragl WettbewVerbots (BGH NJW **88**, 3018), unberecht Untervermietg (BGH **131**, 297). 5 6 7

Zwölfter Titel. Verwahrung

Einführung

1) Wesen, anwendbares Recht. Begriff: § 688. Personen: Hinterleger u Verwahrer. Der VerwVertr ist wie das Darl (Einf 1, 2 v § 607) nach überwiegder Auffassg KonsensualVertr, der mit der Einigg zustandekommt u mit der Überg der Sache in Vollzug gesetzt wird (Larenz SchuldR II/1 § 58, BGH **46**, 48 für den LagerVertr). Formfrei. – Mögl auch ein VorVertr, der aber meist einen Anspr nur für den Hinterleger begründet. – Der VerwVertr kann entgeltl oder unentgeltl sein, AusleggsFrage, § 689. Der unentgeltl Vertr begründet stets Verpfl des Verwahrers, dagg nur uU auch solche des Hinterlegers, §§ 693, 694, er ist also unvollk zweiseit Vertr (Einf 3 v § 320) u GefälligkVertr (Einf 1, 5 v § 662). Im EinzFall kann es sich auch um reines GefälligkVerh ohne RBindg (Einl 9, 10 v § 241) handeln (Köln OLGZ **72**, 213). Der VerwVertr ist entgeltl Vertr, wenn das Entgelt GgLeistg u nicht nur Zusage der Erstattg von Aufw ist; er ist, wenn entgeltl, ggs Vertr. Das Entgelt ist die GgLeistg für die Aufbewahrg u die damit verbundene Mühewaltg. – **Internationales Privatrecht** EG 27, 28 Rn 17. 1

2) Inhalt des VerwVertr ist Gewährg von Raum u Übern der Obhut, wozu auch die sichere Übern in die Obhut gehört (Ptsd VersR **97**, 715). Mögl nur an **beweglichen Sachen,** bei Grdst liegt DVertr od Auftr vor. Bei bloßer Raumgewährg handelt es sich um Raummiete od Raumleihe (BGH **3**, 200; AbgrenzgsBsp Einf 13 v § 535). Bloßes Dulden des Ein- od Abstellens ist nicht Verw, sond ein GefälligkVertr nicht geregelter Art. Der Verwahrer hat kein Recht, die hinterlegte Sache zu gebrauchen; wird es ausbedungen, so liegt, falls nicht bloß Nebenabrede, Miete od Leihe vor. Ihn kann aber als NebenVerpfl eine GebrPfl treffen, falls zur Erhaltg des Sache nöt, zB Bewegen des Pferdes. Auch and NebenPfl sind mögl. Der VerwVertr erstreckt sich auf die 2

dem Verwahrer in Obhut gegebene Sache in ihrer tats Gesamth, also auch auf den Inhalt eines Kfz (Köln VersR **94**, 693) einschl des Kofferraums (BGH NJW **69**, 789: Parkgarage, Köln NJW-RR **94**, 25: bewachter Parkplatz). – Als Verwahrer haftet die Eisenbahn für Reise- u Handgepäck, das in AufbewahrgsStellen von
3 Bahnhöfen verwahrt wird, EVO 36. – Als **Nebenpflicht aus einem anderen Vertrag** besteht häuf eine VerwPfl, so beim Kauf, Auftr, Leih-, Dienst-, Werk-, GeschBesVertr, s a § 611 Rn 99, § 631 Rn 13a; bei HandelsGesch wie Kommissions-, Speditions-, FrachtVertr, s a HGB 362 II, 379 I; bei AnnVerzug des Gläub nach § 304; wenn Anwalt Urk trhd vom Gegner entggnimmt oder Beh Sachen in öffrechtl Verw nimmt (BGH NJW **52**, 658). Es gilt dann das Recht des betr Vertr, §§ 688 ff können nur uU ergänzd herangezogen werden, § 690 hat grdsätzl auszuscheiden. Oft wird aber in solchen Fällen keine VerwPfl nebenher übernommen, sond nur Gelegenh zum Abstellen der Sachen (vgl oben), insb zum Ablegen von Überkleidg, geboten, so vom Arzt (Köln MDR **98**, 348), RA, Wirt, ggü den Klienten, Gästen usw, selbst dann, wenn ein bes Raum zur Vfg gestellt wird. Doch kann auch eine Pfl zur Aufbewahrg der Überkleider als NebenVerpfl bestehen, so aGrd der Vereinsmitgliedsch beim Besuch der Vereinsräume (RG **103**, 265), beim Theaterbesuch auch ohne bes Entgelt aus dem durch Verk der Theaterkarten geschl Vertr, vor allem dann, wenn Notwendigk od Zwang zum Ablegen der Kleider besteht, zB bei abhäng DVerpfl § 611 Rn 99, bei Badeanstaltsbesuchern, bei Besuchern von Gaststätten mit Zwang zum Ablegen außerh der Gaststube (KG MDR **84**, 846); kein VerwVertr dadch, daß der Kellner die am Tisch abgelegte Garderobe entgg dem Wunsch des Gastes an einen
4 Garderobehaken hängt (BGH NJW **80**, 1096). – **Haftungsausschluß** od -Beschrkg iR des § 276 ist mögl, muß aber deutl, zB durch augenfäll Aushänge, geschehen, Aufdruck auf den Kleidermarken reicht nicht aus (RG **113**, 425). Auch Verpachtg der Ablage muß bekanntgemacht werden, um den Gastwirt usw von der eig Haftg freizustellen.

5 **3) Besondere Arten der Verwahrung.** Die §§ 688 ff gelten, soweit die Sonderregelgen nicht entggstehen. – **a) Sequestration** (GemschVerwahrg): Hingabe einer Sache an einen Verwahrer zur gemschaftl Verw für mehrere, mit Abrede über Rückg an alle od einen, vgl §§ 432, 1217, 1281, 2039, FGG § 165. Die §§ 688 ff gelten nur bei bewegl Sachen, u soweit dem Sequester nicht andere Befugn übertr sind. Für Grdst: Auftr od DVertr ZPO §§ 848, 855. – **b) Lagergeschäft,** HGB 467 ff. – **c)** Vertr über **Verwahrung von Wertpapieren** nach DepotG dch einen Kaufm (§ 1 II DepotG). Das G kennt die SonderVerw als GrdForm, ferner die DrittVerw, die SammelVerw (hier entsteht MitEigt der mehreren Eigtümer, u zwar mit Ztpkt des Eingangs beim Sammelverwahrer), die TauschVerw. Für die zwei letztgenannten VerwArten ist grdsätzl ausdr Einzelermächtigg nötig. – Das G gilt nicht für verschlossen übergebene WertP sowie für die unregelm Verw von Wertpapieren (§ 700, dort Rn 4), die aber auch der Form bedarf, § 15 DepotG.

6 **4) Verwahrung** im eigentl Sinn ist **nicht: – a)** Die **unregelmäßige (Summen-)Verwahrung** des § 700, vgl dort. – **b)** Das aGrd einer **Hinterlegung** entstehende öffrechtl VerwVerhältn. Die §§ 688 ff gelten
7 hier uU als RGedanken auch des öff Rechts. Vgl Einf 8 v § 372 u § 700 Rn 5. – **c)** Für die **öffentlichrechtliche Verwahrung,** zB bei Beschlagn, Überreichg zur Akte gelten §§ 688 ff rechtsähnl, und zwar auch dann, wenn die Beh zur Veräußerg der verwahrten Sachen befugt ist (BGH NJW **52**, 658). Nicht jede behördl Beschlagn od öffrechtl Verstrickg, sondern nur solche, die mit einer Besitzergreifg durch die Beh unter Ausschluß des Berecht von eig Obhuts-, Sichgs- u FürsorgeMaßn verbunden ist, begründet öffrechtl Verw (BGH WM **75**, 81). So zB die Verw gepfändeter Sachen dch den **Gerichtsvollzieher** selbst; schließt dieser zur Verwahrg (ZPO 885 III) einen (dann priv) VerwVertr mit Dr, tut er dies idR als Vertreter des Justizfiskus (BGH NJW **99**, 2597). Keine öffrechtl Verw an Rechtsinbegriff (GeschVermögen, BGH aaO), auch nicht an Fdgen u BankGuth (BGH WM **62**, 1033). Anspr aus öffrechtl Verw gehören vor die ZivGer, § 40 II VwGO. – **d)** Die **„besondere amtliche Verwahrung"** letztw Vfgen, §§ 2258 a, b, 2300.

688 *Begriff.* **Durch den Verwahrungsvertrag wird der Verwahrer verpflichtet, eine ihm von dem Hinterleger übergebene bewegliche Sache aufzubewahren.**

1 Einf 1–4 v § 688.

689 *Vergütung.* **Eine Vergütung für die Aufbewahrung gilt als stillschweigend vereinbart, wenn die Aufbewahrung den Umständen nach nur gegen eine Vergütung zu erwarten ist.**

1 Einf 1 v § 688. Über die Höhe der Vergütg entscheidet Taxe od Üblichk, die §§ 612, 632 gelten entspr; bei Fehlen gilt § 316. Für die Sequestration (Einf 5) vgl FGG 165. S a HGB 354, 467 II (Lagergeld).

690 *Haftung bei unentgeltlicher Verwahrung.* **Wird die Aufbewahrung unentgeltlich übernommen, so hat der Verwahrer nur für diejenige Sorgfalt einzustehen, welche er in eigenen Angelegenheiten anzuwenden pflegt.**

1 Einf 1 v § 688. Es gilt § 277. Unentgelt Verw liegt nicht vor, wenn ein Entgelt als mittelb ausbedungen zu gelten hat, ferner nicht, wenn Verw eine, wenn auch nicht mit bes Entgelt bedachte, NebenVerpfl eines anderen entgeltl Vertr ist, ebso nicht in den Fällen öffrechtl Verw (BGH **4**, 192); vgl auch Einf 6, 7.

691 *Hinterlegung bei Dritten.* **Der Verwahrer ist im Zweifel nicht berechtigt, die hinterlegte Sache bei einem Dritten zu hinterlegen. Ist die Hinterlegung bei einem Dritten gestattet, so hat der Verwahrer nur ein ihm bei dieser Hinterlegung zur Last fallendes Verschulden zu vertreten. Für das Verschulden eines Gehilfen ist er nach § 278 verantwortlich.**

Grund: Das VertrauensVerh; ebso beim Auftr, § 664. – „Drittverwahrg" ist gestattet nach § 3 DepotG (mit abw Regelg), Sammelverwahrg nach dort § 5. – Auch bei Gestattg wird Anz nöt sein, da VerwÄnderg, § 692. Zwischen dem Hinterleger u dem Drittverwahrer entsteht kein VerwVerhältn, jedoch wird dem Hinterleger der vertragl HerausgAnspr, entspr §§ 556 III, 604 IV, auch ggü dem Dr zu geben sein. – Über die Folgen der befugten u der unbefugten Weitergabe an den Dr u der Zuziehg von Geh § 664 Rn 5, 6. 1

692 ***Änderung der Aufbewahrung.*** **Der Verwahrer ist berechtigt, die vereinbarte Art der Aufbewahrung zu ändern, wenn er den Umständen nach annehmen darf, daß der Hinterleger bei Kenntnis der Sachlage die Änderung billigen würde. Der Verwahrer hat vor der Änderung dem Hinterleger Anzeige zu machen und dessen Entschließung abzuwarten, wenn nicht mit dem Aufschube Gefahr verbunden ist.**

Bei unberechtigter Änderg SchadErs. An einseit Weisgen des Hinterlegers ist Verwahrer nicht gebunden, anders beim Auftr, § 665. – Unter Umst besteht Pfl zu Änderg. 1

693 ***Ersatz von Aufwendungen.*** **Macht der Verwahrer zum Zwecke der Aufbewahrung Aufwendungen, die er den Umständen nach für erforderlich halten darf, so ist der Hinterleger zum Ersatze verpflichtet.**

Subjektiver Maßstab, wie beim Auftr, § 670. § 693 gilt nicht für Aufw, die Verwahrer schon nach dem Inhalt des VerwVertr zu übernehmen verpflichtet ist, insb im allg für die Raumgewährg. Verwahrer hat ein ZbR (§ 273); macht er es geltd, so kann für die Folgezeit nicht das vereinb Entgelt gefordert werden, es bestehen nur Anspr nach §§ 987 ff (Celle NJW **67**, 1967), uU ein AufrechngsR, aber kein gesetzl PfdR (and Lagerhalter, HGB 475 b). 1

694 ***Schadensersatzpflicht des Hinterlegers.*** **Der Hinterleger hat den durch die Beschaffenheit der hinterlegten Sache dem Verwahrer entstehenden Schaden zu ersetzen, es sei denn, daß er die gefahrdrohende Beschaffenheit der Sache bei der Hinterlegung weder kennt noch kennen muß oder daß er sie dem Verwahrer angezeigt oder dieser sie ohne Anzeige gekannt hat.**

Anspr aus c. i. c.; falls Verstoß erst nach Vertragschl, aus pVV. Haftg des Hinterlegers für vermutetes Versch. Er kann sich dch Bew seiner Schuldlosigk, der AnzErstattg, od der Kenntn des Verwahrers befreien; fahrl Unkenntn des Verwahrers befreit den Hinterleger nicht; Verwahrer braucht sich also um Beschaffenh nicht zu kümmern; iü gilt § 254. 1

695 ***Rückforderungsrecht des Hinterlegers.*** **Der Hinterleger kann die hinterlegte Sache jederzeit zurückfordern, auch wenn für die Aufbewahrung eine Zeit bestimmt ist.**

Folgt aus dem Wesen des VerwVertr, bei Abbedingg liegt daher kein VerwVertr vor. – Nicht zu unangem Zeit, uU angem RückgFr, § 242. VertrEnde erst mit Rückg. Im InsVerf hat Hinterleger ein AussondergsR, InsO 47 – Über GgRechte § 693 Rn 1. – Eigt eines Dritten entbindet nicht von der RückgPfl, eig Eigt des Verw nur, wenn er seiners sofort Rückg fordern dürfte, § 242. – BewL des Verw, wenn zur Herausg außerstande (BGH NJW **52**, 1170) od VerwGut beschädigt (BGH **3**, 162). 1

696 ***Rücknahmeanspruch des Verwahrers.*** **Der Verwahrer kann, wenn eine Zeit für die Aufbewahrung nicht bestimmt ist, jederzeit die Rücknahme der hinterlegten Sache verlangen. Ist eine Zeit bestimmt, so kann er die vorzeitige Rücknahme nur verlangen, wenn ein wichtiger Grund vorliegt.**

Abdingb. Zeitbestimmg kann sich auch aus VertrZweck ergeben. – Nicht zu unangemessener Zeit, § 695 Rn 1. – Nichtrückn ist Ann- u LeistgsVerzug, daher uU SchadErsPfl, § 286, od BereichergsAnspr bis zur Höhe des Wertes der verwahrten Sache (Karlsr MDR **69**, 219); bei entgeltl Verw gilt, falls ggs Vertr (Einf 1), § 326. – Sonderregelg für Lagerhalter, HGB 473 II. 1

697 ***Rückgabeort.*** **Die Rückgabe der hinterlegten Sache hat an dem Orte zu erfolgen, an welchem die Sache aufzubewahren war; der Verwahrer ist nicht verpflichtet, die Sache dem Hinterleger zu bringen.**

RückgOrt ist der vertragl VerwOrt. RückgPfl ist daher Holschuld, für Geldschulden (§ 700 I 3) gilt daher § 270 nicht. Über GgRechte: § 693 Rn 1. 1

698 ***Verzinsung des verwendeten Geldes.*** **Verwendet der Verwahrer hinterlegtes Geld für sich, so ist er verpflichtet, es von der Zeit der Verwendung an zu verzinsen.**

Grund: Verw hat kein GebrR, Einf 2. Bei gestatteter Geldverwendg gilt § 700 I 2. 1

699 *Fälligkeit der Vergütung.* **I Der Hinterleger hat die vereinbarte Vergütung bei der Beendigung der Aufbewahrung zu entrichten. Ist die Vergütung nach Zeitabschnitten bemessen, so ist sie nach dem Ablaufe der einzelnen Zeitabschnitte zu entrichten.**

II Endigt die Aufbewahrung vor dem Ablaufe der für sie bestimmten Zeit, so kann der Verwahrer einen seinen bisherigen Leistungen entsprechenden Teil der Vergütung verlangen, sofern nicht aus der Vereinbarung über die Vergütung sich ein anderes ergibt.

1 Über SichgsRechte § 693 Rn 1.

700 *Unregelmäßiger Verwahrungsvertrag.* **I Werden vertretbare Sachen in der Art hinterlegt, daß das Eigentum auf den Verwahrer übergehen und dieser verpflichtet sein soll, Sachen von gleicher Art, Güte und Menge zurückzugewähren, so finden die Vorschriften über das Darlehen Anwendung. Gestattet der Hinterleger dem Verwahrer, hinterlegte vertretbare Sachen zu verbrauchen, so finden die Vorschriften über das Darlehen von dem Zeitpunkt an Anwendung, in welchem der Verwahrer sich die Sachen aneignet. In beiden Fällen bestimmen sich jedoch Zeit und Ort der Rückgabe im Zweifel nach den Vorschriften über den Verwahrungsvertrag.**

II Bei der Hinterlegung von Wertpapieren ist eine Vereinbarung der im Absatz 1 bezeichneten Art nur gültig, wenn sie ausdrücklich getroffen wird.

1 **1) Wesen.** Der unregelm (uneigentl) VerwVertr ist weder Darl noch Verw, sond begründet ein SchuldVerhältn bes Art, das sich von der Verw durch den Übergang des Eigt auf den Verwahrer, vom Darl dadch unterscheidet, daß es nicht überwiegd dem Interesse des Empf, sond dem des Hinterlegers dient; daher meist niedrigerer Zinsfuß als beim Darl. – Mögl nur an vertretb Sachen. – **Hauptfälle:** Bank- u SparkEinlagen, s Einf 17 v § 607, § 808 Rn 6 ff.

2 **2) Abschluß.** KonsensualVertr (Einf 1), jedoch Übereigng der Sachen, mit Abrede der Rückerstattg von Sachen gleicher Art usw, I 1. Begründg eines unregelm VerwVertr auch dch Schuldumwandlg wie nach § 607 II. In der Gestattg des Verbr gem I 2 bei od nach VertrAbschl liegt VertrAngeb auf Übereigng, im Verbrauch die Ann. Umwandlg des VerwVerhältn in die unregelm Verw u dingl Wirkg des EigtÜbergangs treten dann vom Ztpkt der Aneigng ab ein, bis dahin hat Hinterleger also noch das AussondergsR gem InsO 47.

3 **3) Rechtswirkung.** Es gelten die DarlVorschr, abgesehen von Zeit u Ort der Rückg; hierfür gilt iZw VerwahrgsR (§§ 695–697). Insb also Recht jederzeitiger RückFdg des Hinterlegers, jedoch hier, anders als nach § 695, abdingb („iZw"). § 694 gilt nicht. Aufr- u ZbR des Verwahrers bestehen.

4 **4) Abs II.** Für die unregelm Verw von **Wertpapieren** gilt I nur bei ausdr Abrede. Weitergehde FormVorschr bestehen hierfür, soweit DepotG in Frage kommt (Einf 5 v § 688).

5 **5)** Für die Hinterlegg von Geld bei den **Hinterlegungsstellen** gilt § 700 nicht, Einf 8 v § 372. Nach HintO 7 geht das hinterlegte Geld in das Eigt des Staates über.

Dreizehnter Titel. Einbringung von Sachen bei Gastwirten

Einführung

1 **1) Entstehung, Rechtsnatur, anwendbares Recht. –** Die geltde Fassg des Titels (G v 24. 3. 66 BGBl 181) beruht auf dem Übk v 17. 12. 62 über die Haftg der Gastw für die von ihren Gästen eingebrachten
2 Sachen (BGBl II **66**, 270 u **67**, 1210). **Internationales Privatrecht** EG 28 Rn 18. – **Gesetzliches Schuldverhältnis,** das an die Aufn des Gastes u die Einbringg der Sachen anknüpft (Larenz SchuldR II/1 § 59). Es führt zu einer **Erfolgshaftung** des Gastw für Schäden an eingebrachten Sachen des Gastes oRücks darauf, ob ihn od seine Leute ein Versch trifft, mit der Einschränkg, daß Kfz u die in diesen belassenen Sachen nicht zu den eingebrachten Sachen gehören (§ 701 IV). Dabei handelt es sich um einen Fall der gesetzl Haftg für BetrGef (BGH **32**, 149), die der Höhe nach beschr (§ 702), aber unabdingb (§ 702 a) ist. Sie trägt auch dem BewNotstand des Gastes bei Eintritt eines Schad Rechng. Zum Ausgl erhält der Gastw ein **gesetzliches Pfandrecht** (§ 704).

3 **2) Sonstige Haftung.** Die Haftg nach § 701 tritt meist (aber nicht notw, § 701 Rn 3) zusammen mit einem vertragl SchuldVerhältn auf (§ 276 Rn 136), dem sog **Beherbergungsvertrag** (BGH NJW **63**, 1449, Brschw NJW **76**, 570). Er ist ein im BGB nicht bes geregelter gemischter Vertr (Einf 21 v § 305, Einf 26 v § 535). Wesentl Bestandt ist Zimmermiete, doch gelten auch die Vorschr über Dienst-, WerkVertr, uU Kauf, da nicht nur Raumnutzg, sond „Beherbergg" (Beleuchtg, Heizg, Service, ggf Beköstigg) gewährt wird. Daraus kann sich für Sachen des Gastes ebenf eine SchadHaftg ohne Versch nach §§ 537 f (BGH **63**, 333: Schad an auf Hotelparkplatz abgestelltem Pkw dch herabfallden Ast), aus pVV (BGH NJW **65**, 1709; LG Ffm NJW-RR **96**, 1425: Schad an Kfz eines Gastes dch Schneeräumen) od aus iR des BeherberggsVertr vereinb Verwahrg (BGH **69**, 789; Diebstahl bei entgeltl Abstellg eines Kfz in Garage, auch für Inhalt des Kofferraums; s a Einf 3 v § 688) ergeben; BewL § 282 Rn 6 ff. Haftg des Wirts für Personal in diesen Fällen gem § 278 (dort Rn 30). Verj der Anspr des Gastes § 195; des Wirtes § 558 (BGH WM **78**, 733) od, soweit sie nicht darunter fallen, § 196 I Nr 4. Zustdgk: AmtsG, GVG 23 Nr 2 b. – **Weitere Ansprüche** des Gastes: §§ 823 ff; Haftg der Eisenbahnen EVO 25 ff. Die Haftg des Gastw nach den allg Vorschr (Vertr, unerl Hdlg etc) tritt neben die Haftg aus §§ 701 ff (BGH **63**, 333), unterliegt nicht den Regeln der §§ 702, 702 a, 703 u erfaßt,

and als § 701, nicht nur Sach-, sond auch PersSchäd (zB dch Benutzg der Räume), uU auch über § 701 II Nr 2 hinaus bei VertrAnbahng erlittene Schäd.

701 *Haftung des Gastwirtes.* **I Ein Gastwirt, der gewerbsmäßig Fremde zur Beherbergung aufnimmt, hat den Schaden zu ersetzen, der durch den Verlust, die Zerstörung oder die Beschädigung von Sachen entsteht, die ein im Betrieb dieses Gewerbes aufgenommener Gast eingebracht hat.**

II Als eingebracht gelten

1. Sachen, welche in der Zeit, in der der Gast zur Beherbergung aufgenommen ist, in die Gastwirtschaft oder an einen von dem Gastwirt oder dessen Leuten angewiesenen oder von dem Gastwirt allgemein hierzu bestimmten Ort außerhalb der Gastwirtschaft gebracht oder sonst außerhalb der Gastwirtschaft von dem Gastwirt oder dessen Leuten in Obhut genommen sind;

2. Sachen, welche innerhalb einer angemessenen Frist vor oder nach der Zeit, in der der Gast zur Beherbergung aufgenommen war, von dem Gastwirt oder seinen Leuten in Obhut genommen sind.

Im Falle einer Anweisung oder einer Übernahme der Obhut durch Leute des Gastwirts gilt dies jedoch nur, wenn sie dazu bestellt oder nach den Umständen als dazu bestellt anzusehen waren.

III Die Ersatzpflicht tritt nicht ein, wenn der Verlust, die Zerstörung oder die Beschädigung von dem Gast, einem Begleiter des Gastes oder einer Person, die der Gast bei sich aufgenommen hat, oder durch die Beschaffenheit der Sachen oder durch höhere Gewalt verursacht wird.

IV Die Ersatzpflicht erstreckt sich nicht auf Fahrzeuge, auf Sachen, die in einem Fahrzeug belassen worden sind, und auf lebende Tiere.

1) Regelungsgehalt. Vgl zunächst Einf v § 701. **Abs I** enthält den Grds der ErfolgsHaftg u stellt klar, daß der Gast Anspr auch dann hat, wenn er nicht Eigtümer der eingebrachten Sache ist. Es handelt sich dann um einen gesetzl Fall der DrSchadLiquidation; der Eigtümer hat daneben keinen Anspr aus § 701 (hM, zB MüKo/Hüffer Rn 27). – **Abs II** definiert den Begr der eingebrachten Sache u den HaftgsZeitraum. – **Abs III** schließt die Haftg unter best Vorauss allg, **Abs IV** speziell für Kfz mit Inhalt u für lebde Tiere aus. Umfang der Haftg, Freizeichng §§ 702, 702 a. 1

2) Gastwirt, I. Es haftet nur der Gastw, der gewerbsm (wie § 675 a Rn 7) Fremde zur Beherbergg aufnimmt. Dazu gehören auch die Inh od Pächter von FamPensionen, wenn sie Gäste auch zu kürzerem Aufenthalt aufnehmen, VerpfleggsGewährg ist unerhebl (RG **103**, 9). **Nicht** dagg die Zimmervermieterin, da sie nicht „beherbergt", sond nur vermietet. Nicht der Schank- u Speisewirt (BGH NJW **80**, 1096) od der Wirt, der ledigl Taggs-, Besprechgs- od ArbRäume in seinem Hotel zur Vfg stellt (Liecke NJW **82**, 1800); jedoch kann sich in diesen Fällen wie beim BeherberggsVertr (Einf 3) eine vertragl Haftg ergeben (zB aus GastAufnVertr, wenn der Wirt ObhutsPfl übernimmt, Einf 3 v § 688). Nicht nach §§ 701 ff haften die PersSchiffahrts- u SchlafwagenGesellsch, da Beherbergg nur Nebenleistg der Beförderg; nicht die Sanatorien, da nur Nebenleistg des ArztVertr. Nicht die Hütten der Alpenvereinssektionen, soweit nicht gewerbsm betrieben; bei Verpachtg haftet Pächter nach §§ 701 ff. Regelmäß nicht der Inh eines Campingplatzes (Kblz NJW **66**, 2017); auch nicht der Reiseveranstalter als solcher (LG Bln NJW **85**, 144, LG Ffm NJW-RR **94**, 1477; aA LG Ffm NJW **83**, 2263, Tempel JuS **84**, 81/90). 2

3) Gastaufnahme, Abs I. – a) Begriff. Aufn ist einseit tats Akt des Wirtes, von Gültigk des BeherberggsVertr unabhäng. GeschFgk beiders daher unnöt. Aufgen ist auch der nicht zahlde Gast, zB der Reiseleiter, ebso der unselbständ Begleiter, nicht aber PrivBesuch des Wirtes, selbst wenn ihm ein Gastzimmer zugewiesen ist; auch nicht die Wirtsangestellten od dort arbeitde Handw, desgl nicht Besucher des Gastes. – Ist dem Gast nur eine Unterkunft angeboten, ist es jedoch nicht zu seiner Aufn gekommen, so haftet der Gastw nur nach den Grds der c. i. c. (§ 276 Rn 65 ff). – **b) Zur Beherbergung** muß der Gast aufgen sein, sei es auch nur tagsüber; bloßes Einkehren zu Mahlzeiten genügt nicht. 3 4

4) Eingebrachte Sachen. Abs II enthält die BegrBest. Zu unterscheiden ist einmal **zeitlich** zw dem Schad währd u dem vor od nach der Beherbergg (Nr 1 u 2) u zum and **örtlich** zw dem Schad in u dem außerh der Gaststätte (Nr 1). Die Verantwortlichk für die Leute des Gastw ist für alle Fälle näher geregelt. 5

a) Schaden an Sachen während der Beherbergungszeit, Nr 1. Diese beginnt mit Aufn des Gastes in das Hotel, sie endet, wenn er es verläßt. Für die Zeit vorher u nachher Haftg nur unter den Vorauss der Nr 2. 6
– **aa)** Sachen, die **in die Gastwirtschaft** gebracht werden, sind auch solche, die der Gast bei sich führt, zB Kleider, Uhr, Brieftasche, Schmuck (Kblz VersR **53**, 484). Zur Gastwirtsch gehören auch die dem Betr unmittelb zugeordneten Räume, Gbde u Anl wie TaggsRäume, Freizeiteinrichtgen (LG Kblz NJW **83**, 760). 7
– **bb)** Sachen, die an einen Ort **außerhalb der Gastwirtschaft** gebracht werden, wenn dieser von dem Gastw od seinen Leuten **angewiesen** worden ist; zB Kofferabstellplätze in NebenGbde od Schuppen. Entspr gilt, ohne daß es insow einer bes Anweisg bedarf, von Orten, die der Gastw hierzu allg best hat; diese Best muß also irgendwie, zB durch Anschlag, ersichtl sein. – Haftg ferner für Sachen, die der Gastw od seine Leute **in Obhut genommen** haben; insow ist wenigstens konkludente Einigg hierüber erfdl. 8

b) Schaden an Sachen vor oder nach der Beherbergungszeit, Nr 2. Über diesen Zeitraum Rn 6–8; nur angem Ausweitg dieser Zeit. Vorauss auch hier, daß die Sachen **in Obhut** gen worden sind. – Bsp: Übern des vorausgesandten Gepäcks od des Gepäcks am Bahnhof, Empfangn des Gepäckscheins (Hbg OLG **40**, 304), od des hierauf ausgehändigten Gepäcks (Düss JW **31**, 1977), Transport des Gepäcks zum u dessen Aushändigg am Parkplatz od Bahnhof. Versehentl zurückgelassenes Gepäck wird nicht ow in Obhut gen, Haftg hierfür nur nach allg Grds (unerl Hdlg, GoA). 9

10 **Zu a und b. Leute des Gastwirts** sind FamAngeh, Angest u Arb des Gastw, die im ZusHang mit dem GastwBetr, wenn auch nicht gerade in Erf des BeherberggsVertr, u vielleicht auch nur vorübergehd (AushilfsArb) tät werden. Begr also weiter als der des ErfGeh (§ 278); s a HGB 428, 607 I. – Die Leute müssen vom Gastw bestellt od den Umst nach als bestellt anzusehen sein. Bsp: Fahrer am Bahnhof od Parkplatz, die Gepäck od Gepäckschein in Obhut nehmen; Hauspersonal hins der Anw von Abstellplätzen außerh des Hauses. Einzelfall entscheidet, ob Bestellg den Umst nach anzunehmen ist.

11 **5) Haftungsausschluß, Abs III.** Gastw haftet nicht, wenn der Schad **durch den Gast,** seinen Begleiter usw allein **verursacht** worden ist; Versch unerhebl. Bei schuldh Mitverursachg od Unterlassg der Abwendg durch den Gast gilt § 254 (BGH **32**, 150); s a § 702 Rn 8. – Verurs dch die **Beschaffenheit** eingebrachter Sachen führt zum HaftgsAusschl, auch hins der dadch verursachten Schäd an and eingebrachten Sachen des Gastes. – **Höhere Gewalt** s § 203 Rn 4: Äußeres, betriebsfremdes, bei aller Vorsicht nicht voraussehb u abwendb Ereign, daher regelm nicht Diebstähle (Kblz VersR **55**, 439), BrandSchäd im GbdeInnern.

12 **6) Keine Haftung für Fahrzeuge usw, Abs IV,** nach §§ 701 ff, auch soweit in Hotelgarage od fremder Sammelgarage untergebracht. Grd: Haftg besteht auch in vergleichb Fällen nicht, der Gast kann sich gg diese Risiken versichern (BT-Drucks V/147). Der Ausschl bezieht sich auf alle Fahrz, auch Motorräder, Fahrräder (Lünebg VersR **97**, 1285), mitgeführte Boote (Bückeburg NJW **70**, 1853); nicht auf Kinderwagen u Krankenfahrstühle (Weimar NJW **66**, 1156). – Entspr gilt für die **in diesen Fahrzeugen belassenen Sachen;** auch
13 für außen aufgeschnallte (BT-Drucks V/147). – Auch für **lebende Tiere** haftet Gastw nicht, gleichviel ob sie in Obhut gen od am dritten Ort untergebracht worden sind. – Der HaftgsAusschl bezieht sich nur auf die Haftg für eingebrachte Sachen nach §§ 701 ff. Haftg aus unerl Hdlg od aGrd eines iR des BeherberggsVertr geschl Miet- od VerwahrgsVertr bleibt unberührt (Einf 3).

14 **7) Sonstiges.** Die **Beweislast** für das Einbringen sowie Verlust, Zerstörg o Beschädigg der Sachen währd der EinbringgsZeit liegt beim Gast (KG VersR **71**, 571). – Verj, Zustdgk wie Einf 3.

702 *Beschränkung der Haftung; Wertsachen.* **I Der Gastwirt haftet auf Grund des § 701 nur bis zu einem Betrage, der dem Hundertfachen des Beherbergungspreises für einen Tag entspricht, jedoch mindestens bis zu dem Betrage von eintausend Deutsche Mark und höchstens bis zu dem Betrage von sechstausend Deutsche Mark; für Geld, Wertpapiere und Kostbarkeiten tritt an die Stelle von sechstausend Deutsche Mark der Betrag von eintausendfünfhundert Deutsche Mark.**

II Die Haftung des Gastwirts ist unbeschränkt,

1. wenn der Verlust, die Zerstörung oder die Beschädigung von ihm oder seinen Leuten verschuldet ist;

2. wenn es sich um eingebrachte Sachen handelt, die er zur Aufbewahrung übernommen oder deren Übernahme zur Aufbewahrung er entgegen der Vorschrift des Absatzes 3 abgelehnt hat.

III Der Gastwirt ist verpflichtet, Geld, Wertpapiere, Kostbarkeiten und andere Wertsachen zur Aufbewahrung zu übernehmen, es sei denn, daß sie im Hinblick auf die Größe oder den Rang der Gastwirtschaft von übermäßigem Wert oder Umfang oder daß sie gefährlich sind. Er kann verlangen, daß sie in einem verschlossenen oder versiegelten Behältnis übergeben werden.

1 **1) Regelungsgehalt.** Vgl zunächst Einf v § 701. **I:** Grds der summenmäß beschr Haftg für eingebrachte Sachen; zwingd, § 702 a. – **II:** Ausn von diesem Grds bei VerschHaftg (Nr 1) od bei Schäd an zur Aufbewahrg übern od zu Unrecht nicht übern Sachen (Nr 2); diese Haftg ist zT zwingd, § 702 a. – **III:** AufbewahrgsPfl.

2 **2) Summenmäßig beschränkte Haftung, I.** Für eingebrachte Sachen haftet der Gastw nur summenmäß beschr. Die Beschrkg errechnet sich aus Kombination des tägl BeherberggsPr mit Mindest- u Höchstsätzen. – **a) Regelfall.** Für Schäden bis zu DM 1000 Haftg oRücks auf den BeherberggsPr. Für Schäden über DM 1000 Haftg bis zum 100fachen des tägl BeherberggsPr, höchstens jedoch bis DM 6000. BeherberggsPr ist der NettoPr ohne Zuschläge für Bedieng, Heizg, Frühstück usw. Hierdch wird der Rang des Hotels u die Art des
3 dem Gast zur Vfg gestellten Zimmers gewertet. – **b)** Für **Geld, Wertpapiere und Kostbarkeiten** (Begriff § 372 Rn 2, 3, § 1818 Rn 1) gilt statt des HöchstBetr von 6000 DM der von 1500 DM. Haftg also auch hier oRücks auf den BeherberggsPr bis 1500 DM; jedoch auch bei BeherberggsPr über 15 DM keine Haftg über 1500 DM. Zu den Kostbark gehören nicht als KleidgsStück getragene Pelze (Hamm VersR **82**, 1081); für diese kann jedoch der Gastw unbeschr haften, wenn er sie zur Aufbewahrg übern hat, II Nr 2, § 702 a. –
4 **c) Beherbergung Mehrerer.** Belegen zwei od mehrere Pers ein Doppel- od Mehrbettzimmer, so erhält der Gastw den BeherberggsPr für jede einz Pers (jedes Bett), nicht für das Zimmer. Er haftet desh jeder Pers bis zum 100-fachen des auf sie treffden tägl Beherberggs-(Betten)Pr, mind jedoch bis 1000 DM u höchstens bis zu den in Abs I genannten HöchstBetr. Dabei spielt es keine Rolle, ob die Aufn einheitl od getrennt erfolgte u ob jeder Gast od nur einer – zB der Ehemann – den BeherberggsVertr geschl hat (BGH **63**, 65). Gleiches gilt für die geschl Aufn einer PersGruppe (ReiseGesellsch, Sportmannsch) zu einem Ges-(Pauschal)Pr, wobei sich der BeherberggsPr für den Einz aus der Division des GesPr dch die Anzahl der Teiln ergibt.

5 **3) Unbeschränkte Haftung, II.** BewL beim Gast. – **a)** Bei **Verschulden** des Gastw od seiner Leute (Nr 1, § 701 Rn 10); leichte Fahrlk genügt. Bsp: unterl Hinw auf unmittelb vorausgegangenen Diebstahl (Mü VersR **90**, 1245); dagg nicht einf statt SicherhSchlösser (AG Mü VersR **99**, 584), unterl Hinw darauf, daß der Hausschlüssel and Gästen überlassen (Gießen NJW-RR **97**, 627) od für vom Gast im Zimmersafe deponierte Ggst nicht gehaftet wird (Landshut VersR **97**, 1284). Keine EntlastgsMöglichk.

6 **b)** Bei Schaden an zur **Aufbewahrung** übernommenen eingebrachten Sachen od an solchen, deren **Aufbewahrung zu Unrecht abgelehnt** worden ist, Nr 2 iVm **III.** – **aa)** Übern zur **Aufbewahrung** setzt Überg der Sachen an den Gastw od dessen dazu bestellten Vertr voraus (Landshut VersR **97**, 1284), zB bei

größeren GeldBetr an Chefportier (RG **99**, 71). Sie ist mehr als Übern der Obhut, wie §§ 701 II Nr 1, 702 II Nr 2 zeigen: echte Nebenabrede mit Einigg der Part wie beim VerwahrgsVertr (ebso Staud/Werner Rn 19; aA MüKo/Hüffer Rn 11). Auch eingebrachte Sachen, die nicht zu den Wertsachen nach III gehören, können, wenn sich der Gastw hierzu bereit findet, zur Aufbewahrg übern werden. Haftg für Fahrz nicht wie für eingebrachte Sachen (§ 701 IV), sond nach den allg Vorschr (Einf 3). – **bb) Ablehnung der Aufbewahrung** von eingebrachten Wertsachen begründet Pfl zum Ers vollen Schad, wenn Gastw zu deren Aufbewahrg nach III verpflichtet ist. Begr der Wertsachen weiter als der der Kostbark. Die Verpfl ist nach den Umst des Einzelfalles, insb. im Hinbl auf Größe u Rang der Gastwirtsch zu beurteilen. Lehnt der Gastw zu Recht, weil AufbewahrgsPfl fehlt, Aufbewahrg der eingebrachten Sache ab, so haftet er nur iR des Abs I, also bei Geld, WertP u Kostbark nach I, 2. Halbs u bei and Wertsachen nach I, 1. Halbs. 7

4) Mitverschulden des Gastes. Alleinige Verursachg des Schad durch den Gast u MitVersch § 701 III u dort Rn 11. – Soweit für den SchadErs die Begrenzg nach I zu beachten ist, ist der Schad zunächst entspr § 254 zu teilen, der auf den Gastw fallde T ist sodann auf den HöchstBetr des Abs I zurückzuführen (BGH **32**, 149 zu § 702 aF). 8

702a *Erlaß der Haftung.* **I Die Haftung des Gastwirts kann im voraus nur erlassen werden, soweit sie den nach § 702 Abs. 1 maßgeblichen Höchstbetrag übersteigt. Auch insoweit kann sie nicht erlassen werden für den Fall, daß der Verlust, die Zerstörung oder die Beschädigung von dem Gastwirt oder von Leuten des Gastwirts vorsätzlich oder grob fahrlässig verursacht wird oder daß es sich um Sachen handelt, deren Übernahme zur Aufbewahrung der Gastwirt entgegen der Vorschrift des § 702 Abs. 3 abgelehnt hat.**

II Der Erlaß ist nur wirksam, wenn die Erklärung des Gastes schriftlich erteilt ist und wenn sie keine anderen Bestimmungen enthält.

1) Summenmäßig begrenzte Haftung (§ 702 I) ist zwingend, I S 1, u zwar oRücks darauf, ob der Schad ow unter § 702 I fällt, od der Gastw für ihn nach § 702 II an sich unbeschr haftet. Auch in diesem Fall ist er zumindest iR der HaftgsGrenzen des § 702 I zu ersetzen. 1

2) Haftung auch über die summenmäßige Begrenzung hinaus (§ 702 II), also der Höhe nach unbeschr, ist **zwingend,** I S 2: – **im Fall des § 702 II Nr 1,** wenn SachSchad dch Gastw od seine Leute vorsätzl od grob fahrl verursacht wird – und **im Fall des § 702 II Nr 2,** wenn Gastw entgg seiner Verpfl (§ 702 III) Aufbewahrg der Sache abgelehnt hat. 2

3) Freizeichnung des Gastw ist danach **nur zulässig** hins des Verlusts etc eingebrachter Sachen, deren Übern in die Aufbewahrg der Gastw nicht pflichtwidr (§ 702 III) abgelehnt hat, u auch insow nur für den über die summenmäß Begrenzg (§ 702 I) hinausgehden Schad, soweit er nicht auf Vors od grober Fahrlk des Gastw od seiner Leute beruht. 3

4) Form der Freizeichnung, Abs II. Schriftl, § 126. Die Erklärg muß sich auf den Erlaß der Haftg beschränken, eine SchutzVorschr zG des Gastes. Formverstoß führt zur Nichtigk, § 125. 4

703 *Erlöschen des Schadensersatzanspruchs.* **Der dem Gast auf Grund der §§ 701, 702 zustehende Anspruch erlischt, wenn nicht der Gast unverzüglich, nachdem er von dem Verlust, der Zerstörung oder der Beschädigung Kenntnis erlangt hat, dem Gastwirt Anzeige macht. Dies gilt nicht, wenn die Sachen von dem Gastwirt zur Aufbewahrung übernommen waren oder wenn der Verlust, die Zerstörung oder die Beschädigung von ihm oder seinen Leuten verschuldet ist.**

1) Regel, Satz 1. Zum Erhalt des SchadErsAnspr ist **Schadensanzeige** erfdl. Sie soll dem Gastw ermöglichen, Ermittlgen nach SchadGrd u -Höhe aufzunehmen. Der Gast muß dem Gastw Schad unverzügl nach KenntnErlangg anzeigen. Die Anz muß konkr Angaben über den Schad enthalten, da andernf Nachprüfg unmögl. Empfbedürft WillErkl. Unverzüglichk § 121 Rn 3. 1

2) Ausnahme, Satz 2. Die SchadAnz ist entbehrl bei Schäden an vom Gastw **zur Aufbewahrung** übern Sachen (§ 702 II Nr 2 u dort Rn 6, sowie bei Schäden **infolge Verschuldens** des Gastw od seiner Leute (§ 702 II Nr 1 u dort Rn 5; über „Leute“ § 701 Rn 10). Anders als beim zul HaftgsAusschl (§ 702 a I 2) schließt auch schon leichte Fahrlk Erlöschen des SchadErsAnspr aus. 2

704 *Pfandrecht des Gastwirtes.* **Der Gastwirt hat für seine Forderungen für Wohnung und andere dem Gaste zur Befriedigung seiner Bedürfnisse gewährten Leistungen, mit Einschluß der Auslagen, ein Pfandrecht an den eingebrachten Sachen des Gastes. Die für das Pfandrecht des Vermieters geltenden Vorschriften des § 559 Satz 3 und der §§ 560 bis 563 finden entsprechende Anwendung.**

Das besitzlose gesetzliche Pfandrecht steht nur dem BeherberggsGastw zu (wie § 701, dort Rn 2). Ein VermieterPfdR besteht daneben nicht. – Es erfaßt nur eingebrachte Sachen (§ 701 II, dort Rn 5–10) des Gastes (§ 701 Rn 3, 4), dh die diesem, nicht Dr gehören (wie § 559 Rn 7–10), ausgenommen der Pfdg nicht unterworfene Sachen (S 2, § 559 S 3). – Es besteht für Fdgen, die dem Gastw iR der Beherbergg gg den Gast entstanden sind: aus dem BeherberggsVertr (Einf 3), also auch für Speisen u Getränke od zusätzl DLeistgen iR dieses Vertr; für Auslagen (Begr § 196 Rn 11; zB Telefongebühren); bei Ungültigk des Vertr für den BereichergsAnspr des Gastw (ebso MüKo/Hüffer Rn 3); für SchadErsAnspr wg schuldh Raumbeschädigg. An Sachen des Begleiters entsteht PfdR nur, wenn dieser selbst Gast ist (§ 701 Rn 3) und gg ihn eine Fdg des 1

Gastw besteht (Bsp: Raumbeschädigg). – DchSetzg u Erlöschen S 2, §§ 560–563. – Zu § 560 S 2: Der Gastw darf der vorübergehenden Entferng einz Sachen, zB für Ausflug, nicht widersprechen. Mitnahme des ganzen Gepäcks bei Abreise entspricht zwar den „gewöhnl Lebensverhältn", hindert aber den Widerspr des Wirtes nicht.

Vierzehnter Titel. Gesellschaft

705 *Begriff.* **Durch den Gesellschaftsvertrag verpflichten sich die Gesellschafter gegenseitig, die Erreichung eines gemeinsamen Zweckes in der durch den Vertrag bestimmten Weise zu fördern, insbesondere die vereinbarten Beiträge zu leisten.**

1) Begriff, Entstehung, Anwendungsbereich, anwendbares Recht . . . 1, 2
2) Abgrenzung zu anderen Rechtsformen . . . 3–9
a) Gemeinschaft . . . 3
b) Körperschaftliche Vereinigungen, nichtrechtsfähiger Verein, Vorgesellschaft . . . 4, 5
c) andere Personengesellschaften (OHG, KG, Partnerschaft, EWIV) . . . 6–8
d) gesellschaftsähnliche Rechtsverhältnisse . . . 9
3) Gesellschaftsvertrag . . . 10–19
a) Abschluß . . . 10–12
b) Rechtsnatur, Auslegung . . . 13, 14
c) Änderung . . . 15, 16
d) fehlerhafte Gesellschaft . . . 17–19
4) Gesellschaftszweck . . . 20–22
5) Beziehungen der Gesellschaft nach außen . . . 23–26
a) Gesellschaftsvermögen . . . 23
b) Rechtsfähigkeit . . . 24
c) Name . . . 25
d) Vertretung . . . 26
6) Rechte und Pflichten der Gesellschafter (Innenverhältnis) . . . 27–32
a) Grundsätze . . . 27, 28
b) Ansprüche der Gesamthand . . . 29
c) Verpflichtungen der Gesamthand . . . 30
d) Verwaltung der Gesellschaft . . . 31
e) Einzelansprüche eines Gesellschafters gegen einen anderen Gesellschafter . . . 32
7) Außen- und Innengesellschaft . . . 33–35
8) Erscheinungsformen, Anwendungsbeispiele . . . 36–51
a) ARGE . . . 37
b) Bauherrengemeinschaft . . . 38
c) Familiengesellschaft . . . 39
d) Gemeinschaftspraxis, Gewerbebetrieb, Interessengemeinschaft . . . 40–42
e) Kartell, Konsortium, Konzern . . . 43–45
f) Nichteheliche Lebensgemeinschaft . . . 46
g) Publikumsgesellschaft, Sanierungsgesellschaft . . . 47, 48
h) Sozietät . . . 49
i) Stille GbR, Unterbeteiligung . . . 50, 51

1 **1) Wesen, Entstehung, Anwendungsbereich und anwendbares Recht.** Gem § 705 läßt der Abschluß eines Vertr, der nicht auf den Austausch von Leistgen, sond auf die Erreichg eines gemeins Zwecks (Rn 20 ff) gerichtet ist u die Beteil (die Gter) ggs zur Förderg dieses Zwecks verpflichtet, eine PersG entstehen, es sei denn der ZusSchluß hat körperschaftl Charakter (Rn 4); VorhSein von GVermögen ist nicht Vorauss (s a Rn 33). Die GbR stellt die GrdForm dieser PersG dar; sie liegt vor, wenn die zusätzl Vorauss für and Formen der PersG nicht gegeben sind (AbgrenzgsKriterien Rn 6–8) u daher deren Sonderregelgen nicht eingreifen (vgl Habermeier JuS **98**, 865). Desh GbR auch, wenn die bes Vorauss einer and PersGForm nachträgl wegfallen (Bsp: Zweckänderg einer PersHandelsG, Rn 6). Ferner kann die GbR dch formwechselnde Umwandlg entstehen (UmwG 191 II 1; Bärwaldt/Schabacker NJW **99**, 623). Die GbR verlangt stets das VorhSein von mind 2 Gtern; eine Einmann-GbR gibt es nicht, Wegfall aller Gter bis auf einen (zB dch Erbfall, Ausscheiden) führt zur Beendigg der G (vgl BGH **24**, 106; aA Baumann BB **98**, 225), wobei allerd im Hinbl auf die Haftg für unterschiedl Gläub uU eine fiktive Trenng geboten sein kann (Hamm ZEV **99**, 234 für NachlKonk; Kanzleiter DNotZ **99**, 443 für Niesbr, aA Düss ebda 440; s a Fett/Brand NZG **99**, 45, auch
2 zu den Probl bei TestVollstreckg, Nacherbsch u PfandR). – **§§ 705–740 gelten** für die GbR u sind, abgesehen von §§ 716 II, 719 I, 723 III, 724 S 1, 725 I, 738 I 1 u mit Einschrkgen §§ 712 II, 728, abdingb. Sie gelten hilfsw für and PersG (Rn 6–8), gem § 54 für den nrechtsf Verein sowie entspr zur Lückenfüllg für RGemsch nach dem VertrG der DDR (Naumbg NZG **99**, 295) u in EinzFällen für gesellschähnl RVerhältn (Rn 9). Zur Anwendg der allg schuldrechtl Vorschr auf den GVertr Rn 13 f; zur Anwendg der §§ 741 ff dort Rn 5 f. – **Internationales Privatrecht** EG 27, 28 Rn 19.

3 **2) Abgrenzung. – a)** Von der **Gemeinschaft** unterscheidet sich die G dch die vertragl vereinb Verpfl, über die gemschaftl Berechtigg an dem gemeins Ggst hinaus einen gemeins Zweck (Rn 20) zu fördern (§ 741 Rn 1). Zw denselben Pers kann neben einer GbR eine Gemsch bestehen (zB Betrieb eines Altenheims auf GemschGrdst, Karlsr NZG **99**, 249). Dabei kann sich die G auf die schuldrechtl Innenbeziehgen beschränken (Rn 33), nach außen kann eine BruchtGemsch bestehen (zB EhegGrdstG, Rn 39).

4 **b) Körperschaftliche Organisationen.** Die GbR schafft zwar zw den Gtern eine enge, dch die Bildg des GesHandVerm über den Rahmen des SchuldR hinausgehde Verbindg, ist aber keine rechtsf JP (Rn 24). In die geshänderische Bindg fallde R u Pfl sind den GesHändern (Gtern) in ihrer Verbundenh zugeordnet. Das unterscheidet die PersG, auch abgesehen von formalen Aspekten wie RegEintr, von der rechtsf Körpersch, insb dem rechtsf Verein u den KapitalG (Einzelh Einf 13 v § 21). – Auf den **nichtrechtsfähigen Verein** sind §§ 705 ff zwar grdsätzl anwendb (§ 54); er unterscheidet sich aber von der GbR insb dch den Dauerzweck, die körperschaftl Organisation, niedergelegt in der Satzg, u dch seine Einrichtg auf wechselnden
5 MitglBestand. S a § 54 Rn 1, 5. – Die **Vorgesellschaft,** dh KapitalG in Gründg zw Abschl des GründgsVertr u Entstehg dch Eintr im HReg, ist keine GbR; sie untersteht als Vorstufe der werdden KapG teilw deren Recht u ist einer JP angenähert (BGH **120**, 103: GmbH, Firmenschutz, DB **94**, 1232: Austritt u Ausschließg aus wicht Grd, NJW **98**, 1079: ParteiFgk). Für im Namen der Vor-G eingegangene Verbindlichk haften (Krebs/Klerx JuS **98**, 991): derj, der für die Vor-G gehandelt hat, AktG 41 I 2, GmbHG 11 II, entspr für die Genossensch (Riedel u Rage NJW **66**, 1004) u die GmbH&Co KG (BGH NJW **72**, 1660); die Vor-G mit ihrem Vermögen, ab Eintr die G selbst, da die R u Pfl aus den Gesch auf sie übergehen (BGH **80**, 129); die Gter der Vor-G unbeschr für mit ihrer Zust eingegangene Verbindlichk, aber nur im InnenVerhältn ggü der G

in Form einer VerlustdeckgsHaftg bis zur Eintr der G u einer Vorbelastgs-(Unterbilanz-)haftg nach Eintr, die Gläub können diesen Anspr der G iW der Pfdg für ihre Befriedigg verwerten (für die GmbH BGH **134**, 333, zu Ausn BAG NZG **98**, 103; aA LSG Stgt NJW-RR **97**, 1463, Altmeppen NJW **97**, 3272, Raab WM **99**, 1596). Betreibt die Vor-G Gesch, obwohl eine Eintr als KapG nicht (mehr) mögl od ernsth beabsichtigt ist, gelten die Grds für PersG (BGH **80**, 129/142, BFH NZG **98**, 723: GterHaftg, Dresd NZG **98**, 311: fehlerh GterWechsel, Köln NJW-RR **98**, 1047: ParteiFgk). Die **Vorgründungsgesellschaft,** dh die auf den Abschl des GründgsVertr gerichtete G, ist GbR, soweit nicht HGB 105 ff eingreifen (Rn 6). Aus ihren RGesch haften desh mangels abw Vereinbg die GründgsGter pers (BGH WM **96**, 722), auch wenn die GmbH später der Schuld beitritt (BGH BB **97**, 1497); grdsätzl (Ausn Celle OLGR **99**, 90) kein automatischer Übergang der Verbindlichk auf die Vor-G od (mit deren Gründg) die KapG (BGH NJW **98**, 1645: GmbH).

6 **c) Andere Personengesellschaften. – aa)** Für **OHG** u **KG** gelten SonderVorschr (HGB 105 ff, 161 ff), §§ 705 ff nur hilfsw (HGB 105 III, 161 II). Seit den Ändergen des HGB zum 1. 7. 1998 dch das HRefG ist entsch AbgrenzgsMerkmal nicht mehr der Betrieb eines vollkaufm Handelsgewerbes. Vielm ist nunmehr jede PersG, die ein Gewerbe betreibt (Abgrenzg zu den freien Berufen s PartGG 1 II, enger hins dieser Berufe K. Schmidt DB **98**, 61), kr Gesetzes PersHandelsG (idR OHG), außer das Untern erfordert nach Art u Umfang keinen in kaufm Weise eingerichteten GeschBetr (HGB 105 I, 1 II, 123 II; zum Begriff Kögel DB **98**, 1802; BewL bei der G, Reiff ZIP **99**, 517/520) u ist auch nicht im HReg eingetr (HGB 105 II, 123 II iVm 2, 3 II). Die Sperre für Minderkaufl (HGB 4 II aF) ist entfallen. Auch für ein in Form einer PersG betriebenes land- u forstwirtsch Untern ist die Eintr im HReg entsch (HGB 3 II, III, 123). Außerd sind jetzt auch G, die eig Vermögen verwalten (also nicht InnenG, Rn 33; für weite Auslegg K Schmidt aaO u NJW **98**, 2161/2165: VermVerw neben and Tätigk ausr; enger Schön DB **98**, 1169: nur reine VermVerw), unabhäng vom Umfang ihrer Tätigk bei Eintr in das HReg HandelsG (HGB 105 II, 123 II). Wie nach bish Recht (BGH **32**, 307, **69**, 95 u NJW **67**, 821; näher 57. Aufl Rn 40) wandelt sich eine GbR unter Wahrg ihrer Identität dch **Rechtsformwechsel** in eine PersHandelsG (idR OHG) um, sobald sie die zusätzl gesetzl Vorauss einer PersHandelsG (bei VermVerwaltg bzw land- u forstwirtsch Untern im HReg; bei gewerbl Untern Erfordern eines kaufm GeschBetr od HRegEintr) erfüllt (Heil RhNK **98**, 348). Viele bish gewerbl tät GbR sind daher seit 1.7.98 als OHG anzusehen (Rohrbeck NZG **99**, 104). Die PersHandelsG wandelt sich in eine GbR zurück, sobald eine der genannten zusätzl Vorauss (Betr eines Gewerbes u/od HRegEintr) entfällt. Zur GeschFg u Vertretg in diesen Fällen Vorbem 5 v § 709. **Stille Gesellschaft** s Rn 33 ff, 50. – **bb)** Die **Partnerschaft** 7
(PartGG v 25. 7. 94, BGBl 1744; Komm: Meilicke/v Westphalen/Hoffmann/Lenz 1995, Henssler 1997, Ulmer in MüKo 3. Aufl nach § 740) steht als weitere GesellschForm für natürl Pers zur Ausübg best freier Berufe (nicht eines Handelsgewerbes) zur Vfg. Sie entsteht dch Eintr in das PartnerschReg (VO v 16. 6. 95, BGBl 808; bis dahin GbR), ggf auch dch identitätswahrde Umwandlg einer GbR (BayObLG NJW **98**, 1158), ist selbst Träger von Rechten u Pfl, im ZivProz partfäh u folgt auch sonst im wesentl dem Recht der OHG. Hilfsw gelten §§ 705 ff (PartGG 1 IV). – **cc)** Die **EWIV** (Europ Wirtsch Interessenvereinigg, BGBl **88**, 514; 8
neuere Lit: Klein/Blenkers DB **94**, 2224, Knoll u Schuppen WiB **94**, 889, 936, Lentner, Das Recht der EWIV, 1994, Müller-Guggenberger NJW **89**, 1449) stellt für grenzüberschreitde UnternKooperationen eine bes Form der PersG zur Vfg. Ihr Zweck ist Erleichterg u Entwicklg der wirtsch Tätigk der Mitgl, nicht eig Gewinnerzielg. Sie ist selbst Träger von Rechten u Pfl, im Proz partfäh u ergänzd dem Recht der OHG (somit über HGB 105 III auch den §§ 705 ff) unterstellt (AGEWIV 1, BGBl **88**, 514). Der Name muß den ausgeschriebenen od abgekürzten Zusatz EWIV enthalten (EuGH BB **98**, 177).

d) Zu gesellschaftsähnlichen Rechtsverhältnissen ist die Abgrenzg oft schwier, weil §§ 705 ff überwiegd abdingb sind (Rn 2). Bei ihnen kann, auch wenn keine G vorliegt, die ähnl Interessenlage die Heranziehg einz Vorschr der §§ 705 ff rechtfertigen, maßg ist stets der EinzFall (BGH **LM** § 723 Nr 6). Insb **Interessengemeinschaften** können gesellschähnl sein; §§ 705 ff finden aber nur insow entspr Anwendg, als sich dies mit dem bes Charakter des jew RVerhältn verträgt (BGH NJW **92**, 967: außergerichtl SaniergsVergl); idR nicht bei ZusArb zw Gemeinde u WohnbauUntern (BGH WM **83**, 1157). Anwendg des in §§ 723, 626 enth Grds (nicht auch des § 728, RG JW **38**, 1025) auf Vertr mit längerer Interessenverknüpfg § 626 Rn 1. AutomatenaufstellgsVertr Einf 19 v § 535. BelegarztVertr ist idR weder GVertr noch gesellschähnl Verh, §§ 553, 626, 723 sind aber entspr anwendb (BGH NJW **72**, 1128). GesellschReisen u ReiseG sind idR keine GbR (s §§ 651 a ff). Unterbeteiligg Rn 51. S a Rn 20 f. – Im **partiarischen Rechtsverhältnis** verfolgen die VertrPartner, and als bei der GbR (auch Innen-GbR, Düss NJW-RR **95**, 1246), ausschl unterschiedl eig Interessen (BGH **127**, 176). Die Vergütg für die Leistg des einen ist erfolgsbezogen ausgestaltet, sie besteht zB ganz od zT in einem Antl am Gewinn des and; die Erzielg dieses Gewinns dch den and ist aber nur dessen Angelegenh u nicht (gemschaftl) VertrZweck (BGH NJW **90**, 573, NJW **92**, 2696). Desh G bei Verlustbeteiligg des stillen Gters (Hamm NJW-RR **94**, 1382) od dessen MitArb zur Gewinnmaximierg (Celle NZG **99**, 650). Partiarische Verh sind weder G noch gesellschartig (RG **149**, 89), nur gesellschähnl. Bsp: Darlehen mit Erfolgsbeteiligg (Einf 22 v § 607); Umsatzbeteiligg bei Miete (BGH BB **88**, 12) od Pacht, zB eines BetriebsGrdst; erfolgsabhäng Bezüge leitder Angest (BFH BB **88**, 186); UntermaklerVertr (Einf 11 v § 652); VerlagsVertr (RG **115**, 358), Überlassg einer Patentlizenz (RG **142**, 213), ErfindgsVerwertgsVertr (RG SeuffA **85**, 3). – Auch **gemischte Verträge** kommen vor (MüKo/Ulmer Rn 80 ff v § 705), zB gesellschähnl Filmherstellgs- u VerwertgsVertr mit gesellschaftl u zT partiarischen, auch werkvertragl Elementen (BGH **2**, 331), Vertr über Nutzg eines Bühnenstücks (BGH **13**, 115), über die gemeins Errichtg eines gemeins zu bewohnden Hauses auf dem Grdst eines Partners (BGH WM **62**, 1086; s a Rn 39, 46). 9

3) Gesellschaftsvertrag. – a) Abschluß. Die GGründg ist echte Einigg, nicht Gesamtakt, weil keine gleichgerichteten Willenserklärungen vorliegen. Sie ist nicht nur schuldrechtl Vertr, fällt vielm auch in das Pers- u GemschR. Die in erster Linie auf den schuldbegründden Vertr zugeschnittenen §§ 145 ff gelten daher im Grds, passen aber auf den GVertr, jedenf den von mehr als zwei Gtern, nicht immer. – **Vertragspartner** können auch Mj (s a Vorbem 3 v § 709, § 723 I 3) od JP sein, nicht aber eine ErbenGemsch (§ 727 Rn 3). Beteiligt sich eine GbR od oHG an einer and GbR (Rn 24), sind die Mitgl der ersteren auch Gter der letzteren, jedoch nicht einz, sond in ihrer Verbundenh als geshänderische RTräger. Bei Abschl dch einen TrHänder wird dieser Gter (BGH WM **62**, 1354; StimmR Vorbem 12 v § 709). Er verliert die GterStellg erst 10

mit seinem Ausscheiden, zB dch Übertr auf den TrGeber (BGH BB **71**, 368). Der TrHdVertr kann im InnenVerh den od die TrGeber so stellen, als ob sie Gter seien (BGH **10**, 44/49), u bei übermäß Bindg des
11 TrGebers nichtig sein (BGH **44**, 158). – **Vertragsschluß** dch einander entspr WillErkl mehrerer. Auch konkludent, insb bei InnenG (s Rn 33 ff) u GelegenhG; Bewußtsein der Gründg einer GbR nicht erfdl, jedoch, wenn bereits eine Gemsch zw den Beteil besteht, ein über das bish ZusWirken hinausgehder
12 RBindsWille (verneind zB Mü ZEV **98**, 69 bei ErbenGemsch; s a § 2032 Rn 4 ff). – **Form:** grdsätzl formfrei, and uU bei Einbringg von Grdst (s § 313 Rn 9, dort auch zum Erwerb u zur Übertr von MitgliedschR u zur entspr Verpfl bei GrdstG) sowie in den Fällen der §§ 311 u 518 (BGH WM **67**, 685: unentgeltl Beteiligg an einer InnenG). Vereinb Schriftf § 127 Rn 1 ff u Römermann NZG **98**, 978. **Gerichtliche Genehmigung** erfdl gem §§ 1643 I, 1822 Nr 3, 1908 i I, 1915 I (§ 1822 Rn 14 u BayObLG ZEV **98**, 107). **Vorvertrag** Einf 19–22 v § 145. **Abschlußmängel** u ihre Folgen Rn 17 f.

13 **b) Rechtsnatur und Auslegung. – aa)** Der GVertr ist meist **Dauerschuldverhältnis** u, obwohl nicht auf Austausch, sond auf Vereinigg von Leistgen gerichtet, nach stRspr **gegenseitiger Vertrag** (Einf 6 v § 320). Jedoch sind §§ 320 ff, insb auf die mehr als zweigliedr G, nur mit Einschränkgen anwendb (Hueck GesellschR § 6 II 3): – Ein LeistgVR nach **§ 320,** weil ein and Gter nicht leistet, besteht nur in der ZweimannG od bei Säumn aller MitGter. Bei der mehrgliedr G käme es praktisch zu einer Lähmg der G, wenn alle Gter im Hinbl auf die Säumn eines Gters ihre Leistg verweigern könnten (BGH **LM** § 105 HGB Nr 11). LeistgVR des Gters iF argl Täuschg § 706 Rn 2. – **§§ 323, 324** werden, mit Abweichgen im einz, für anwendb gehalten (RG **158**, 326; aA bzgl § 323 RGRK/v Gamm Rn 9); fristl Künd aus § 723 I dürfte aber ausreichen, falls nicht sogar, so im allg bei der ZweimannG, § 726 eingreift. – Das RücktrR aus **§§ 325, 326** ist ab Beginn der Tätigk der G nach außen dch das Recht zur fristl Künd nach § 723 I ersetzt, da eine Rückabwicklg des GVerhältn zur Verwirrg führen würde (BGH WM **67**, 420). SchadErsAnspr wg Nichterfüllg des ganzen Vertr nach diesen Vorschr scheiden aus demselben Grd aus; jedoch ist der Gter, der die Künd vertragswidr veranlaßt hat, zum Ers des AuflösgsSchad verpflichtet (s § 628 II u dort Rn 6–9). –**Wegfall der Geschäftsgrundlage** gewährt ebenf (nur) ein KündR gem § 723 I (BGH NJW **67**, 1082), wenn im GVertr keine AnpassgsKlauseln vereinb sind (Salje NZG **98**, 361). S a § 242
14 Rn 162. – **bb)** Für die **Auslegung** gelten grdsätzl §§ 133, 157. Bei VertrLücken wird die ergänzde Auslegg nicht selten zur Verdrängg dispositiven GesetzesR führen (MüKo/Ulmer Rn 147; Bsp BGH NJW **93**, 3193). Vertr von PublikumsG sind zum Schutz später Beitretder nach dem obj ErklBefund nur anhand des (ggf zu ergänzden, Rn 15) schriftl Vertr auszulegen (Hbg NJW-RR **96**, 1436).

15 **c) Änderung** des GVertr bedarf grdsätzl der Zustimmg aller Gter u der vorhergehden Aufklärg erkennb lebens- u geschunerfahrener Gter über nachteil Folgen für sie (BGH NJW **92**, 300). Es genügt idR die vorbehalt- u widerspruchsl Hinnahme einer vom (auch schriftl) GVertr abweichden praktischen Handhabg dch alle Gter über einen längeren Zeitraum (Köln NZG **98**, 767); bei PublikumsG ist hingg idR zur Wirksamk für die Zukunft die Einfügg der Änd in den schriftl GVertr erfdl (BGH NJW **90**, 2684). – Der GVertr kann **Mehrheitsentscheidungen** vorsehen (umfassd Göbel, MehrhEntsch in PersGesellsch, 1992). Sieht der GVertr allg Entscheidg dch Stimmenmehrh vor, so bezieht sich eine solche VertrBest nur auf Akte iR der GeschFg (BGH **8**, 41, NJW **85**, 2830); jedoch ist auch hier stets zu prüfen, ob der GVertr auch die beabsichtigte konkr Maßregel der MehrhEntsch überlassen will (BGH WM **66**, 707). Das ist für **Grundlagengeschäfte** idR zu verneinen, dh für Gesch, welche wesentl Rechte od Pfl der Gter, insb aber den Bestand od die (für GterRechte relevante) Organisation der G (die GGrundlagen), verändern, zB: Ändergen in GZweck, GeschFg u Vertretg (s aber Vorbem 7 v § 709) od Mitgliedsch (BGH WM **61**, 301, § 717 Rn 1, § 736 Rn 1–9), auch Ausschluß gem § 737 (and Künd, § 723: einseitig mögl); Übertr des ganzen GVerm an einen Dr (NJW **95**, 596 für KG), Eintragg im HReg (Rn 6, Schön DB **98**, 1169/1174), Vereinbg der Auflösg (Hamm DB **89**, 815), AuseinandS, Fortsetzg der G (Vorbem 2 v § 723, BGH NJW **95**, 2843); Erhöhg der Beitr (BGH **8**, 41), rückwirkde Berechng der Höhe des GewinnAntls zum Nachteil der einz Gter (BGH NJW-RR **87**, 285), Verz auf SchadErsAnspr wg VertrVerl gg geschführden Gter (BGH NJW **85**, 2830); nicht dagg der RechngsAbschl für einz GeschJ (K. Schmidt ZGR **99**, 601/605; aA offenb BGH NJW **99**, 571). Jedenf die Änderg wesentl GGrdl ist dch MehrhBeschl nur zul, wenn aus dem GVertr ersichtl ist, daß gerade für die in Frage stehde Änderg, insb für die Erhöhg der BeitrPfl bis zu einer best Höchstgrenze (BGH WM **76**, 1053) od für die Veränderg der MehrhVerh selbst (BGH NJW **88**, 411), das Prinzip der Einstimmigk nicht gelten solle, sog BestimmthGrds (zusfassd Marburger NJW **84**, 2252, Schiessl DB **86**, 735). Dieser Grds gilt nicht für PublikumsG (BGH **71**, 53 u **85**, 350; s Rn 47), wobei dem Gter zum Ausgl uU ein außerord KündR
16 zusteht (§ 723 Rn 4). – Soweit verträndernde MehrhEntsch in den **Kernbereich** von Rechte eines Gters eingreifen, sind sie ohne dessen Zust auch bei Wahrg des BestimmthGrds (Rn 15; bei hinr Eindeutigk aber uU vorab erteilte Zust) grdsätzl nicht zul. Zum Kernbereich gehören insb das Stimm-, Gewinn-, InformationsR u das Recht auf Beteiligg am LiquiErlös (BGH NJW **95**, 194), auch das GeschFgsR (s aber Vorbem 7 v § 709) u, außerh von PublikumsG (Rn 47), die ZusSetzg der G. Zul sind sie dann nur, wenn der betroffene Gter iR der TreuPfl zur Zust verpflichtet ist (BGH NJW **85**, 972, 974). Eine solche Verpfl besteht, wenn die beeinträchtigde VertrÄnderg im GInteresse, auch im Hinbl auf den Grds der Verhältnismäßigk geboten u dem Gter unter Berücksichtigg seiner eig schutzwerten Belange zumutb ist (BGH **64**, 253, NJW **95**, 194, Mü DB **97**, 567: GterWechsel). Dies gilt, wenn auch in engen Grenzen, auch in einer PublikumsG (BGH NJW **85**, 972). Keine Verpfl zur Zust, wenn die Umst, die nach der Meing der Mehrh eine solche VertrÄnderg erfordern, bei Vertragschl bereits vorhersehb waren od gar im Vertr berücksichtigt sind (BGH DB **73**, 1545). Die Verpfl, einem MehrhBeschl zuzustimmen, ist idR mit LeistgsKl dchzusetzen (BGH NJW-RR **87**, 285; Sester BB **97**, 1).

17 **d) Fehlerhafte Gesellschaft** (Goette DStR **96**, 266). – **aa) Abschlußmängel.** Für den GVertr gelten grdsätzl die allg UnwirksamkGrde wie §§ 104 ff, §§ 119 ff, 142, § 125, auch § 155 (versteckter EiniggsMangel, BGH **3**, 285), § 181 (BGH NJW **61**, 724). Bei offenem EiniggsMangel ist die AusleggsRegel des § 154 S 1 nicht mehr anzuwenden, sobald die G nach dem Willen aller Gter in Vollz gesetzt ist (BGH NJW **60**, 430). Nach §§ 134, 138 nichtig ist der GVertr idR nur, wenn der vertragsmäß verfolgte GZweck selbst verboten (Kblz NJW-RR **94**, 493: UmgehgsGesch zur Erlangg einer konzessionswidr Eintr in die Handw-

Rolle) od sittenwidr ist. Eine einz verbotene od sittenwidr Betätigg, zB Hinterziehg v GrdErwSteuer, berührt die Wirksamk des GesamtVertr nicht (BGH WM **76**, 1026). – Sind nur einz **Vertragsteile fehlerbehaftet**, hängt es vom EinzFall ab, ob sich dies nach § 139 auf den GVertr auswirkt, od ob, wie häuf, der Vertr fortbesteht (§ 139 Rn 15), zB unter den nicht betroffenen Gtern (BGH WM **62**, 463). Ist im Vertr bei Teilnichtigk einz Klauseln ausdr das Fortbestehen des Vertr unter Anpassg der ungült Teile vorgesehen, ist es AusleggsFrage, ob sich diese § 139 ausschließde Vereinbg auch auf einen schwerwiegden Sittenverstoß in einem wesentl Teil des GVertr bezieht (BGH WM **76**, 1026). Wirkt sich ein Teilmangel auf den ganzen Vertr aus, gelten die allg Einschränkgen (Rn 18). – **bb) Einschränkung der Unwirksamkeitsfolgen.** Aus Grd 18
des Verkehrsschutzes für Dr u des Bestandsschutzes für die Gter (keine rückwirkde Abwicklg) behandelt die Rspr derart fehlerh G idR als wirks u verweist die Gter auf die Möglichk der Künd (§ 723). Die dogmatische Begr (dazu MüKo/Ulmer Rn 265 ff) u Einzelh sind umstr. – **Voraussetzungen:** Die Beteil müssen auf den Abschl eines GVertr gerichtete tats WillErkl abgegeben haben. Fehlt es an einem (wenn auch nichtigen oder vernichtb) Vertragschl, an einem rgeschäftl Handeln aller Gter (BGH NJW **88**, 1321), besteht nur eine tats Gemsch zw den Beteil, die nach GemschR zu beenden ist (BGH **11**, 190). Der Vertr insges, nicht nur ein Teil, muß mangelbehaftet sein (Rn 16), der Mangel darf nicht dch den Vollz entfallen sein (zB gem § 313 S 2). Die G muß in Vollzug gesetzt sein; das ist der Fall, sobald die Beteil Beitr geleistet od gesellschvertragl R ausgeübt haben od den GeschF für die G unwidersprochen haben handeln lassen (BGH NJW **92**, 1501), insb nach außen. **Ausgeschlossen** ist die Anwendg der Grds, soweit der rechtl Anerkenng der fehlerh G gewicht Interessen der Allgemeinh oder bestimmter bes schutzwürd Pers entggstehen. So idR, wenn der GVertr wg § 134 nichtig ist, zB wg Verstoßes gg ein gesetzl Verbot des ZusSchlusses (BGH **97**, 243), gg das RBerG (BGH **62**, 234), das ApG (BGH **75**, 214), gg GWB 1 (Hamm NJW-RR **88**, 1487), od wenn er sittl verwerfl Zwecke verfolgt (BGH NJW **67**, 39). Hier bestehen, wenn überh, nur außervertragl Anspr zw den Beteil. Ist ein Gter geschunfäh, so steht sein gesetzl Schutz, auch gem § 105 II (BGH NJW **92**, 1503), seiner Einbeziehg in eine fehlerh G entgg; vertragl Anspr der Beteil gg ihn sind ausgeschl (BGH **17**, 167, K. Schmidt JuS **90**, 517/520). Im Verhältn der übr Gter zueinander bleibt es bei den Regeln der fehlerh G (BGH NJW **83**, 748). – **Wirkungen:** Die fehlerh G ist nicht von Anfang an unwirks, sondern nach Invollzugsetzg wg des Nichtigk- od AnfGrd, grdsätzl auch bei Täuschg (BGH NJW-RR **88**, 1379), nur mit Wirkg für die Zukunft vernichtb (BGH **55**, 8). Das gilt auch bei verstecktem Dissens, wenn die tats Einigg sich zwar nicht auf alle Punkte des Vertr, wohl aber auf die Regelg der RBeziehgen nach GRecht erstreckt (BGH NJW **92**, 1501). Im **Innenverhältnis** sind die Gter wie bei einem gült GVertr schuldrechtl einander verbunden, auch zu ggs Treue (Rn 27) verpflichtet (BGH **17**, 167). Der fehlerh GVertr bleibt maßg mit Ausn der nichtigen Klauseln, an deren Stelle eine den gegebenen Verhältn entspr angem Regelg tritt (BGH WM **76**, 1027). Jeder Gter kann mit der Folge der Liquidation gem §§ 730 ff nach § 723 kündigen, die Mangelhaftigk des Vertr reicht idR als wicht Grd aus (BGH **3**, 285, WM **67**, 420). Auch im **Außenverhältnis** gelten die vorstehden Grds für die Haftg der Gter im Verhältn zu Dr (BGH **14**, 235 für OHG). – **cc) Anwendbar** sind diese Grds auch für 19
Änderungen im Gesellschafterbestand, zB den vollz fehlerh Beitritt des Gters zu einer schon bestehden G (BGH NJW **92**, 1501), die fehlerh Übertr eines GAntls mit Zustimmg der übr Gter (BGH NJW **88**, 1324), das fehlerh Ausscheiden eines Gters (BGH NJW **92**, 1503: geschunfäh Gter, BGH NJW **69**, 1483: argl Täuschg). Sie gelten auch dann, wenn der Mangel darauf beruht, daß beim Beitritt des weiteren Gters ein Teil der Gter nicht mitgewirkt od daß ein Gter die ihm erteilte Vollm zum Abschl von BeitrittsVertr überschritten hat, vorausgesetzt der Beitretde u die für den Beitritt stimmden Gter haben in Unkenntn des Mangels den Beitritt für wirks gehalten u vollzogen (BGH NJW **88**, 1321). Dagg passen die Grds nicht ow für and nichtige od anfechtb Ändergen des GVertr, zB Nachfolgeregelgen (BGH **62**, 20, NJW **92**, 300; str). – Für in Vollz gesetzte **Innengesellschaften** gelten die Grds im allg ebenf, zB die stille G (HGB 230) oRücks darauf, wie der EinzFall gestaltet ist u ob die Abweichg von den bürgerlrechtl Regeln jeweils mehr od weniger dringl geboten erscheint (BGH **55**, 5 u NJW-RR **91**, 613; krit MüKo/Ulmer Rn 275 f). Ebso wenn es sich nicht um die verhältnism lockere Bindg zw den Partnern einer typischen stillen G, sond um ein auf aktuelle ZusArb gerichtetes GVerhältn handelt (BGH WM **76**, 1030).

4) Zweck. – a) Arten. Jeder erlaubte dauernde od vorübergehde, auch ideelle Zweck kann Ggst einer G 20
sein (BGH **135**, 387). Er muß aber irgdwie auf Förderg dch vermögenswerte Leistgen gerichtet sein. Er braucht nicht ein eigennütziger der Gter zu sein, auch Förderg der Interessen eines der Gter od Dritter genügt, zB Übern der Konzessionsträgersch für einen HandwBetr (BAG ZIP **94**, 1019). Ist der Zweck eigennütz, so kann er auf Erwerb, zB bei gemeins GewerbeBetr, aber auch auf Förderg eines gemschaftl Einzelinteresses gehen. Bsp Rn 40 ff. Auch die Verwaltg eig Vermögens reicht aus (arg HGB 105 II), ebso uU die Erhaltg u Verwaltg eines gemschaftl Ggst (zB Grdst; Typen der Grdst-GbR bei Ulmer/Löbbe DNotZ **98**, 711), jedenf wenn damit eine gemeins Nutzg verbunden ist (verneind für Wohnwagen Ffm NJW-RR **98**, 415; Bedenken bei K. Schmidt AcP **182**, 482). Dagg genügt, auch bei ausdr NutzgsRegelg (Mü NZG **99**, 395), als Zweck nicht die bloße gleichart Beteiligg Mehrerer an einem Ggst; dann handelt es sich um bloße InteressenGemsch (§§ 741 ff). Beteiligg an and G Rn 24. Gemeins Teiln an einer Sportveranstaltg beruht auf kameradschaftl Grdl u ist keine G (BGH **39**, 156; aA für Seilsch beim Klettern Schünemann VersR **82**, 825). Ehe u eheähnl LebGemsch Rn 39, 46. Bsp Rn 36 ff. Verstoß des GZweck gg §§ 134, 138 s Rn 17. –
b) Gemeinsam muß der Zweck sein derart, daß jeder Gter dessen Förderg von dem and beanspruchen kann 21
(BGH WM **65**, 795). Keine G sind daher: partiarische Vertr (Rn 9); Vertr, die (auch wechselseit) Verpfl der Part zu aufeinander abgestimmten Leistgen begründen, mit denen aber jeder seine eig Zwecke verfolgt (BGH WM **76**, 1307: Eier-PartnerschVertr; Mü BB **97**, 435: FinanziergsVertr zw Bauträger u Bank); die „societas leonina", wenn keine FörderPfl der bevorzugten Gter besteht (MüKo/Ulmer Rn 118, str; dann Schenkg, § 516, od GewährVertr, Einf 16 v § 765); der Ausschl einz Gter vom Gewinn schließt Gemeinsamk des Zw nicht aus (§ 722 Rn 1). – **c)** Dch **Zusammenwirken aller Gesellschafter,** regelm dch Beitr, muß der 22
Zweck erreicht werden.

5) Gesellschaftsvermögen, Stellung der Gesellschaft nach außen. – a) Die für den GZweck best 23
Ggst werden idR in das GesHandVerm der Gter, das **Gesellschaftsvermögen** (§ 718) übertragen. Die geshänderische Berechtigg gilt bereits für die mit Abschl des GVertr entstehden Fdgen auf BeitrLeistg, auch sie

sind GVerm. Diesen Regeltypus der GbR mit GesHandVerm u gemschaftl Vertretg bezeichnet man als
24 GesHandAußenG; zu and GFormen Rn 33. – **b)** „Die G" bedeutet nach der herkömml individualistischen Auffassg der GesHand (zu ihr allg Einf 2 v § 21) die Gter in ihrer geshänderischen Verbundenh (arg § 718 I), eine eig RPersönlichk u damit **Rechtsfähigkeit** erlangt die GbR nicht (BGH **80**, 222, BAG NJW **89**, 3034; Berndt/Boin NJW **98**, 2854). Eine and Auffassg sieht in der GbR zwar keine JP, aber doch eine bes WirkgsEinh, ein ZuordngsObj, das als PersGruppe in einer Art TeilRFgk am RVerkehr teilnehmen kann (MüKo/Ulmer Rn 131 ff, Mülbert AcP **199**, 38; in dieser Richtg wohl nunm auch BGH **136**, 254 u NJW **98**, 2904, Anm Habersack JZ **99**, 46; abl Heller, Der ZivProz der GbR, 1989, krit Zöllner FS Gernhuber S 563, Lüke ZGR **94**, 266). Teilw (K. Schmidt GesellschR § 58 IV 3) wird die RFgk jedenf der unternehmenstragden GbR bejaht (ähnl Wiedemann WM **94**, Sonderbeil 4), eine Unterscheidg, die dch die Neufassg des KaufmBegriffs dch das HRefG an Bedeutg verloren hat (so zutr Cordes JZ **98**, 545); für vollst RFgk Timm NJW **95**, 3209. Die Frage ist insb für die rtheoretische Begr der GterHaftg (§ 714 Rn 3f, § 718 Rn 7ff) u der Folgen der GterWechsels bedeuts, hat aber auch praktische Auswirkgen (Ulmer AcP **198**, 113/134). Unabhäng von diesem Streit ist anerkannt, daß die GbR als GesHandGemsch ihrer Gter als Teiln am RVerkehr grdsätzl jede RPosition einnehmen kann, soweit nicht spezielle rechtl Gesichtspunkte entggstehen (BGH **136**, 254). So kann sie Gterin einer JP od einer and GbR sein (BGH NJW **98**, 376), sich als Gründerin od als spätere Aktionärin an einer AG beteiligen, einen GmbH-Antl erwerben od als GründgsMitgl einen StammAntl übernehmen (BGH **78**, 311, Hamm NJW-RR **96**, 482), Mitgl einer Genossensch werden (BGH **116**, 86), Ziel einer formwechselnden Umwandlg sein (UmwG 191 II Nr 1). Sie ist insolvenzfäh (InsO 11 II Nr 1, der die GbR ausdr als G ohne RPersönlichk bezeichnet; § 728 Rn 1). Für manche Steuern ist sie Steuersubjekt u desh zB in Streitigk über die GrESt partiell rechts- u partfäh (BFH NJW **87**, 1719 u 1720). Im VerwProz ist sie beteiliggsfäh iS des § 61 Nr 2 VwGO (HessVGH DB **97**, 1128). Nach neuerer Rspr ist sie auch scheckfäh, kann also „unter ihrer im RVerkehr verwendeten Sammelbezeichng" eine ScheckVerpfl eingehen (BGH **136**, 254; zur früh Rspr 56. Aufl), zB einen Scheck ausstellen; gleiches hat für die Wechselfähigk zu gelten. Sie kann Bü sein (Habersack BB **99**, 61, auch zur Haftg der Gter). Dagg ist sie **nicht** allg partfäh gem ZPO 50 (str, Vorbem 21 v § 709) u nicht erbfäh (MüKo/Leipold § 1922 Rn 32). Auch kann sie nicht Gterin einer PersHandelsG sein (BGH ZIP **90**, 505; str). Sie kann wg GBO 47 nicht unter ihrem Namen ins GB eingetr werden (BayObLG JZ **86**, 108, Düss NJW **97**, 1991); einzutragen sind die Gter, bei Ändergen im GterBestand (§ 736 Rn 1ff) wird das GB unricht (Hamm NJW-RR **96**, 1446, BayObLG NJW-RR **98**, 592; eingehd Eickmann Rpfleger **85**, 85, K. Schmidt NJW **96**, 3325); ggf Anspr auf BerichtiggsBewilligg gem § 894; zum Nachw der Unrichtigk bei Tod eines Gters ist wg der Möglichk bes
25 Vereinbgen (§ 727 Rn 2ff) grdsätzl auch der GVertr vorzulegen (BayObLG Rpfleger **92**, 19). – **c)** Die G kann im RVerkehr einen **Namen** führen. Er wird gebildet aus den Namen aller od mehrerer Gter. Zul sind Zusätze, die das GVerhältn od ggf den GeschBetr bezeichnet, jedoch darf keine VerwechslgsGef mit einer kaufm Firma od der Partnersch (s PartGG 11) entstehen (BGH **135**, 257). Unzul desh „u Partner" od „Partnersch" (zu AltG aus der Zeit vor 1. 7. 95 Karlsr NJW **98**, 1160), „GbR mbH" (BayObLG NJW **99**, 297, Mü NJW-RR **98**, 1728). HGB 24 ist auf unternehmerisch tät GbR entspr anwendb (Nürnb BB **99**,
26 652). Namensschutz § 12 Rn 9. – **d) Vertretung** der G Vorbem 2 v § 709, § 714 Rn 1ff. **Haftung** ggü Dritten § 718 Rn 7ff.

27 **6) Rechte und Pflichten der Gesellschafter (Innenverhältnis).** – **a) Grundsätze.** Für die dch den GVertr zw den Gtern entstehden schuldrechtl Beziehgen ist die Tats, daß die Rechte u Verpfl der Gter geshänderisch gebunden sind, von entsch Bedeutg. Die Beziehgen sind als VertrauensVerh beherrscht von den Gedanken der gesellschaftl Treue. Diese **Treuepflicht** verlangt vom Gter, bei der Ausübg der im Interesse der GesHand verliehenen Befugn (zB GeschFg) den Belangen der G Vorrang einzuräumen, u die ihm im eig Interesse verliehenen MitgliedschR (zB Ausk- u KontrollR, GewinnEntn) mRücks auf die Interessen der GesHand auszuüben. ZB kann die GeltdMachg von Anspr eingeschränkt sein (§ 718 Rn 12ff); geboten sein kann Stimmenthaltg bei Interessenkollision (Vorbem 15 v § 709, RG **136**, 245), Zust zur Änderg des GVertr (Rn 15) od zu best Gesch iR der GeschFg (Vorbem 8 v § 709). Die heiml eigennütz Anfertigg von Abschriften ist verboten (RG **107**, 171), es besteht eine Pfl zur Verschwiegenh. Ein Konkurrenzverbot, wie in HGB 112, gilt grdsätzl nicht (Römermann BB **98**, 1489 für Freiberufler-GbR; krit Armbrüster ZIP **97**, 261/272), kann jedoch vereinb sein (Grenzen § 138 Rn 104ff). Die TreuePfl überdauert auch das GVerhältn (§ 738 Rn 2). Ihre Verl kann zu SchadErsPfl führen (Rn 29) od wicht Grd für eine Künd sein (§ 723 Rn 4). – Es gilt ferner der Grds der **gleichmäßigen Behandlung** der Gter, §§ 706 I, 722, 734, der auch bei Geltg des MehrhGrds, § 709 II, Bedeutg gewinnt (RG **151**, 326). – Die **Klagbarkeit** von Anspr aus dem GVerhältn kann im GVertr, auch bei MassenG u für ausgeschiedene klagde Gter, von einem SchlichtgsVersuch dch den Beirat abhäng gemacht werden (BGH NJW **77**, 2263). Eine vorher erhobene Kl ist dann grdsätzl zZ unzul. Schiedsvereinbgen (ZPO 1025ff) bedürfen bes Form (ZPO 1031; Ebbing NZG **98**, 281). Klagbark bei
28 SpielGemsch § 762 Rn 8. – Von den Beziehgen zw GesHand u Gter aus dem GVerhältn sind solche aus einem **Drittverhältnis** zu unterscheiden, dh einem vom GVerhältn versch RVerhältn zw G und Gter, das ebsogut zw der GesHand u einem Dr bestehen könnte u nicht aGrd gesellschvertragl Verpfl des Gters abgeschl wurde (sonst Beitr, s § 706 Rn 1). Bsp: Kauf, idR Darl, DienstVertr; unerl Hdlg eines zu einer Verrichtg bestellten Gters; Anspr aus der Führg gesellschfremder Gesch dch einen Gter (auch GeschF) nach §§ 683ff (RG **158**, 312); SonderAuftr an Gter außerh der GeschFg (§ 713 Rn 1); nicht dagg AufwErs- u AusglAnspr eines Gters wg Befriedigg eines GGläub (§ 718 Rn 13, 14). Für die R u Pfl aus solchen RVerhältn gelten die allg Regeln, nicht §§ 705ff, insb nicht § 708 (dort Rn 3). Einschränkgen, insb bei der GeltdMachg von Anspr, können sich ausnahmsw aus der TreuePfl des Gters (Rn 27) ergeben.

29 **b) Sozialansprüche,** dh **Ansprüche der Gesamthand** gg einzelne Gter aus dem GVertr. Berecht ist die GesHand der übrigen Gter, verpflichtet der einz Gter als solcher, bei ZahlgsAnspr sein Erbe (BGH DB **74**, 1519). Insb: Anspr auf Leistg der Beiträge, §§ 705–707, auf Nachschuß bei GEnde, § 735, auf Rückzahlg zuviel entnommenen Gewinns. Anspr gg einen Gter aus dessen GeschFg, so auf RechngsLegg u Herausg nach Beendigg der GeschFg, §§ 713, 666, 667 (§ 713 Rn 4ff), SchadErsAnspr aus VertrVerl, zB unbefugter GeschFg, Verl der MitwirkgsPfl bei ihr od sonstiger schuldh Schädigg (Vorbem 8f v § 709, § 713 Rn 11).

Wegen der geshänderischen Gebundenh des Anspr hat der verpflichtete Gter in das GVermögen zu leisten, an dem auch er Anteil hat (BGH NJW **60**, 433). DchSetzg der Anspr Vorbem 17 ff v § 709. – **Nicht hierher gehören** Anspr der GesHand aus DrittVerhältn mit dem Gter (Rn 28) u gg Dritte.

30 **c) Sozialverpflichtungen,** dh **Ansprüche des einzelnen Gesellschafters** gg die GesHand aus dem GVertr. Berecht ist der einz Gter als solcher, verpflichtet ist die GesHand der übrigen. Bsp: Anspr auf Feststellg u Auszahlg des Gewinnanteils, § 721, auf gewinnunabhäng Entnahme nur bei entspr Vereinbg (BGH NJW-RR **94**, 996); auf AufwErs od vereinb Sondervergütg bei GeschFg, §§ 713, 670, 675; auf AuseinandS u Zahlg des AuseinandSGuth, §§ 733, 734; auf Abfindg, § 738; SchadErsAnspr des einz wg ihm ggü begangener Verl des GVertr dch die GesHand, insb dch die geschführden Gter, zB dch schuldh Herbeiführg eines Unfalls, dch Beschädigg nur zum Gebr eingebrachter Sachen. Diese Anspr sind als EinzelAnspr weitgehd übertragb (§ 717 Rn 5 ff). Soweit sie auf vermögenswerte Leistgen gerichtet sind, unterliegt ihre GeltdMachg gg die G (Befriedigg aus dem GVerm) u die and Gter Beschrkgen (§ 718 Rn 13 f). And Anspr können auch gg die and Gter pers geltd gemacht w (RGRK/vGamm § 705 Rn 27), so gg den geschführden Gter die KontrollR aus § 716 od der Anspr auf Auszahlg des GewinnAntls aus der GKasse (BGH WM **70**, 1223). S a Vorbem 20 v § 709. – **Nicht hierher gehören** Verpfl der GesHand ggü Dritten (§ 718 Rn 8–11), ferner solche ggü einem Gter aus einem DrittVerh (zum Begriff Rn 28, zur Haftg des GVerm u der übr Gter § 718 Rn 12).

31 **d)** IR der **Verwaltung der Gesellschaft** stehen dem einz Gter ggü der GesHand zahlr Rechte zu, die allerd weitgehd dch vertragl Vereinbg abgeändert w können (Rn 2): Mitwirkg bei der GeschFg, auch bei Erteilg der GeschFgsBefugn u ihrer Entziehg, §§ 709, 710, 711, 712, insb StimmR bei BeschlFassg, § 709; Recht zur Vertretg, § 714, zur Künd, § 723, auf Mitwirkg bei der AuseinandS, §§ 730 ff, auf Unterrichtg u Nachprüfg, § 716; auch die ProzFührgsBefugn gem Vorbem 19 v § 709. Diese Rechte sind, da sozialrechtl Inhalts, nicht übertragb (§ 717 Rn 4). Zul u unentziehb ist Ausübg der VerwR dch den gesetzl Vertr des Gters od seinen Betreuer (BGH **44**, 101). TestVollstr in GAntl § 2205 Rn 14, NachlVerw § 1985 Rn 4, Nießbr § 719 Rn 8. Zuziehg von Sachverst u Beratern § 716 Rn 1, bei der Ausübg des StimmR Vorbem 12 v § 709. – Die übr Gter haben die Ausübg der Rechte zu dulden, GeltdMachg von Anspr gg die G od die and Gter wie Rn 30. Sind die Rechte gleichzeit Pfl des Gters, zB zur GeschFg (Vorbem 8 v § 709), gilt insoweit Rn 29.

32 **e) Einzelansprüche des Gesellschafters gegen einen anderen Gesellschafter.** Hierher gehören Anspr wg Verletzg des GVertr, bei denen die Hdlg eines Gters nur einen and einz Gter, nicht die G insges schädigt, zB die Beschädigg einer nur zur Benutzg eingebrachten Sache od bei and Schädigg dch einen nicht geschführden Gter (BGH NJW **62**, 859, WM **67**, 276); meist wird aber dch die Hdlg die G (das GVermögen) geschädigt sein, dann gilt Rn 29 (vgl RG **123**, 26). Auch bei Inanspruchn eines Gters für GSchulden können sich RegreßAnspr unmittelb gg die einz and Gter ergeben; dazu, zur DchSetzg dieser Anspr u zu ihrer Einbeziehg in die AuseinandS § 718 Rn 13 f, § 730 Rn 6 f, § 733 Rn 6. Weitere Bsp Jauernig/Stürner § 713 Rn 12.

33 **7) Außen- u Innengesellschaft.** §§ 705 ff gehen davon aus, daß die G, insb iR der Verwaltg des GVermögens, dch ihre Vertreter am RVerkehr teilnimmt (sog **Außengesellschaft).** Jedoch sind die einschläg Vorschr grdsätzl abdingb (Rn 2). Nicht erfdl sind insb sind die Leistg von Beitr, die Bildg eines GesHand-Verm, die GeschFg für die G und deren Vertretg (BGH WM **62**, 1086). Haben sich die Gter zwar vertragl im InnenVerhältn zur Erreichg eines gemeins Zweckes verpflichtet, fehlt jedoch nach außen die VertretgsMacht u tritt nur ein Gter im eig Namen auf, so handelt es sich um eine **Innengesellschaft** (Köln NJW-RR **96**, 27). Bsp: TippGemsch (§ 763 Rn 1 b), intern gleichberecht Bewirtschaftg einer Gaststätte, die nach außen einer allein betreibt (Düss NJW-RR **95**, 1246); idR BauherrenGemsch (Rn 38). Solche InnenG können auch stillschw gegründet werden, insb wenn die Partner einer anderw begründeten Beziehg iR einer wirtsch Zielsetzg einen gemeins Zweck verfolgen, so bei Eheg (Rn 39) od nichtehel LebGemsch (Rn 46). Gleichgült ist, ob die interne Bindg der Partner bekannt od der stille Partner mit GeschFgs- u VertretgsMacht ausgestattet ist; entscheidd ist, daß er auch bei solcher Ausgestaltg nicht im Namen der G, sond allein im Namen des tätigen Gters auftreten u diesen allein verpflichten kann (BGH WM **61**, 574). Treten der Tätige u der Stille bei einem RGesch mit einem Dr, das den Kern des GZwecks betrifft, gemeins auf, so wird die Auslegg idR ergeben, daß sie in forml Abänderg des stillen GVertr für alle Gter auftreten (AußenG) u alle verpflichten wollen (Köln DB **73**, 1065). Zur Geltg des § 313 für die InnenG dort Rn 9. Fehlerh InnenG Rn 19. – Der 34
InnenGter ist **nicht dinglich mitberechtigt** am Verm des GVertrPartners (BGH NJW **92**, 830), hat aber einen schuldrechtl Anspr gg ihn, iR des rechtl Mögl so gestellt zu werden, als ob er geshänderisch an dem zum Ggst der InnenG gehörden Verm des VertrPartners beteil wäre (BGH WM **73**, 296). Daraus ergibt sich eine TrHänderStellg des Tätigen ggü den InnenGtern (Düss DB **82**, 536). KontrollR des InnenGters, auch Ausk u EinsichtsR, ggf dch einen zur Verschwiegenh verpflichteten Sachverst (BGH WM **82**, 1403). § 723 III (dort Rn 7) gilt auch für InnenG. TrHänder als Gter Rn 10. – Bei der InnenG gibt es nach 35
Auflösung, die dort zugleich Vollbeendigg ist (Vorbem 2 v § 723), mangels GesHandVerm keine AuseinandS gem §§ 730 ff, sond nur einen Anspr der InnenGter auf Abrechng u Zahlg des AbfindgsGuth (BGH NJW **82**, 99 u NJW **90**, 573). EinzAnspr aus dem GVerhältn können grdsätzl nicht mehr selbstd geltd gemacht w (§ 730 Rn 6 f). Abrechng ist entbehrl, wenn sich der endgült AbfindgsAnspr des Gters ohne sie ow ermitteln läßt (Ffm NZG **99**, 493). Für AbfindgsVereinbgen gilt § 738 Rn 7 sinngem (BGH WM **94**, 1523). Kein Anspr des Gters, der berechtigterw die Abrechng vorgenommen hat, gg die and auf Zustimmg dazu (BGH NJW-RR **86**, 1419).

36 **8) Erscheinungsformen, Anwendungsbeispiele.** Im tägl Leben gibt es vielf GbR, ohne daß dies den Teilh immer bewußt ist. Allerdings sind hierfür stets vermögensrechtl Beziehgen der Beteil erfdl. Im Wirtsch-Leben hat die GbR erhebl Bedeutg erlangt. Hierbei ermöglicht die Flexibilität der gesetzl Regelg (Rn 2) sehr unterschiedl Ausgestaltgen. So dienen GelegenhG, die auch neben einer bereits bestehden G gegründet w können (BGH NJW **99**, 1180), der Durchf eines od einer beschr Anzahl von Gesch (zB ARGE, Rn 37, BauherrenGemsch, Rn 38, InteressenGemsch, Rn 42, Konsortien, Rn 44), währd DauerG (zB gemeinschaftl Praxen od GewerbeBetr, Sozietäten, Rn 40, 41, 49) auf langfrist Zweckverfolgg angelegte Vereiniggen sind.

Eine ErwerbsG liegt vor, wenn sich die Beteil zum Betr eines ErwerbsGesch zusgeschlossen haben und kein Handelsgewerbe inmitten steht (Rn 41). Die Beteil können das Auftreten der G nach außen vorsehen (AußenG) od sich mit einer nur nach innen wirkden Vereinigg begnügen (InnenG; Rn 33). Maßgebd sind stets die gesellschvertragl Vereinbgen im EinzFall. Für best häuf wiederkehrde Fallkonstellationen sind in Rspr u VertrPraxis Regeln entwickelt worden, die eine gewisse Typisierg erlauben u herangezogen werden können, soweit ausdr Vereinbgen fehlen (s a Rn 14). Abgrenzg von and Formen der PersVereinigg Rn 6 ff. Im folgden sind Bsp (in alphabetischer Reihenfolge) aufgeführt.

37 a) Die **Arbeitsgemeinschaft** in der Bauwirtsch **(ARGE)** als GbR (BGH **33**, 307, NJW-RR **93**, 1443) ist ein vorübergehder ZusSchluß von selbstd Untern zum gemeins Ausf eines best (meist Bau-)Auftr (s a § 631 Rn 10), den die Untern gemeins erhalten haben, oft aGrd einer BieterGemsch, die ebenf idR eine GbR darstellt (Langen Jahrbuch BauR **99**, 64). In langjähr Übg hat sich anhand von MusterVertr eine Typisierg in Abwandlg der §§ 705 ff entwickelt. Regelfall ist eine G mit GesHandVerm. Häuf Abwandlgen sind die Los-ARGE (die ARGE teilt den einheitl Auftr in einz Teile/Lose auf u vergibt diese dch selbstd NachUnternVertr an die ARGE-Gter od als Dach-ARGE an Unter-ARGEn, Langen Jahrbuch BauR **99**, 64) u die Beihilfe-Gemsch (InnenG ohne GesHandVerm). Einzelh Fahrenschon u. a., ARGE-Komm, Bauverlag Wiesbaden, 2. Aufl 1982; Burchardt/Pfülb ARGE-Komm, 3. Aufl 1998. – **Organe** (nicht im RSinn, sond als Ausdr der körperschaftl Struktur) der ARGE sind „Aufsichtsstelle“, „technische u kaufm GeschFg“ u „Bauleitg“. Die AufsStelle ist die GterVersammlg, die idR nicht nur über GGrdl (Rn 15) entscheidet, sond auch über lfde GeschFgsMaßn in Kompetenzabstufg zu den vertragl eingesetzten GeschF. Die GeschFg ist in einen technischen u einen kaufm Bereich aufgeteilt, wobei die GeschFgsBefugn auf den jew Sachbereich beschränkt ist; der jew and GeschF hat desh kein WidersprR nach § 711. § 710 ist dch die vorrang GeschFgsKompetenz der AufsStelle modifiziert. Die VertretgsBefugn des kaufm GeschF deckt sich mit seiner GeschFgsBefugn; der technische GeschF hat dagg abw von § 714 idR umfassde VertretgsMacht. Die geschführde Unternehmg hat ohne vertragl Vereinbg keinen Anspr auf GeschFVergütg (Kblz NJW-RR **87**, 24). Die Bauleitg besteht aus Bauleiter u BauKaufm. Beide haben keine GeschFgsBefugn, sond wirken als weisgsabhäng Bevollm der AufsStelle u der GeschF. – Die **Beiträge** der Gter bestehen in Geldmitteln, Stellg von Bürgsch, Personal, Stoffen u Geräten, sonst Leistgen (zB Transporten). Sie sind im ARGE-Vertr idR nur nach dem Beteiliggs-Verhältn festgelegt, die Höhe ergibt sich dann aus dem GZweck; § 707 ist dadch ausgeschl (dort Rn 1). Die Leistgen können auch aGrd bes, im ARGE-Vertr ausdr geregelter RVerhältn erbracht w (zB MietVertr für Geräte, KaufVertr für Stoffe). Für die **Haftung** ist § 708 dch § 276 ersetzt, jedoch ein objektiviertes Haftgs-Privileg dch Ausschl der Haftg für leichte Fahrlk eingeführt. – Die **Dauer** der ARGE ergibt sich aus dem Zeitbedarf für die FertStellg des Bauwerks (Beginn: Erteilg des BauAuftr; Ende: Ablauf der Gewl). Währd der ARGE-Dauer ist eine ord Künd ausgeschl. Es bleibt beim Grds des § 721 I. IdR besteht eine umfassde FortsetzgsAbrede (§ 736 Rn 1). Abw von §§ 738 ff nimmt der Ausscheidde idR nur am Gewinn u Verlust der bis zu seinem Ausscheiden ausgeführten BauArb teil, das sich ergebde AusscheidgsGuth kann zurückbehalten w, bis sämtl ARGE-Verbindlichk erf sind. Für den Fall des Ausscheidens eines Mitgl dch InsEröffng vor Ablauf der GewlFr, auch nach FertStellg des Bauvorhabens, können die Mitgl einen verringerten VergütgsAnspr nach den ARGE-Sätzen für die erbrachten Leistgen unter Ausschl des RestVerteilgsAnspr für dieses Mitgl vereinbaren (BGH ZIP **91**, 1220).

38 b) **Bauherrengemeinschaft** (zu ihr s a § 675 Rn 15 ff, Lit dort Rn 13) ist idR InnenG (BGH NJW-RR **96**, 869), gerichtet auf Errichtg des Bauwerks u Bildg von WohngsEigt zG der einz Bauherrn (BGH NJW-RR **88**, 220), im AußenVerh BruchtGemsch (BGH NJW **92**, 1881). Auch bei Zwischenschaltg eines TrHänders haben die Gter einen Anspr ggeinander auf Leistg des EigKapitals an den TrHänder, iF von dessen Liqui an sich selbst (BGH NJW-RR **86**, 1419, WM **87**, 1515). – **Beteiligungsgesellschaften** sind häuf PublikumsG (Rn 47). Bei Immobilien sind sie uU mit der Bildg von WohngsEigtum verbunden (Bsp: BGH NJW **98**, 3711: AbfindgsAnspr bei Seniorenresidenz).

39 c) **Eheleute** od and **Familienmitglieder** können dch ausdr Vereinbg eine GbR (meist InnenG, Rn 33) begründen, zB für Erwerb u Haltg eines FamHeims (BGH NJW **82**, 170). Auch ohne ausdr Vereinbg kann die stillschw Gründg einer InnenG angenommen w, falls nicht eine ausdr and vertragl Regelg entggsteht (BGH NJW **95**, 3383). Dies dient regelm dem Zweck, außerh des ErbR (§ 1931; Rapp MittBayNot **87**, 70) u EhegüterR AusglAnspr nach gesellschrechtl Grds zu begründen. Eine solche „stillschw EhegattenG“ kommt bei jedem Güterstd in Betr; weder der AusglAnspr beim gesetzl Güterstd (§§ 1372 ff) noch Gütertrenng stehen entgg (BGH WM **73**, 1242). Ob eine entspr Willensrichtg der Partner (zum stillschw Abschl eines GVertr) anzunehmen ist, richtet sich nach den Umst des EinzFalls. Die Partner brauchen sich die Einordng als gesellschrechtl Beziehg nicht bewußt zu sein (BGH **31**, 197). Erfdl ist aber stets, daß die Partner einen über den typ Rahmen der ehel Leb- bzw FamGemsch hinausgehden Zweck verfolgen, zB gemeins Aufbau eines Unternehmens od Verm, gemeins Ausübg einer berufl Tätigk (BGH NJW **95**, 3383, **99**, 2962). Fehlen die Vorauss für die Ann einer InnenG, können anderw AusglAnspr in Betr kommen (§ 1372 Rn 4 ff). Auch kann ein AuftrVerh vorliegen (BGH WM **72**, 661), zB wenn ein Eheg dem and Mittel zum Erwerb eines EigHeimes zur Vfg stellt u dieser als AlleinEigtümer eingetr wird, od wenn er ihm Mittel zur Einzahlg auf ein Sparkonto auf seinen Namen aushändigt. Eheg als gemeins Mieter § 535 Rn 6. – **Innengesellschaft bejaht:** In etwa gleichgeordnete MitArb eines Eheg im Gesch des and, Beteiligg am Gewinn u Verlust (BGH **31**, 197/202). Gemeins Betr einer Berlitzschule (Karlsr FamRZ **73**, 649). Errichtg von Eigt- u Mietwohngen zur Schaffg einer Erwerbsquelle, wenn ein Eheg ohne eig Kapital die Haftg für FinanziergsKredite übernommen hat (BGH NJW **74**, 2278). Darauf, ob ein Eheg VermWerte für die Gründg des Untern in Erf der ihm nach § 1360 obliegden Verpfl hergibt, od ob die Erträgn der gemeins Unternehmg nur zur Sichg des FamUnterh (BGH **47**, 163) od Schaffg einer FamHeimstätte (BGH MDR **69**, 128) verwendet w, kommt es nicht an (BGH FamRZ **90**, 973). **Verneint:** Ledigl gemschaftl finanzierte Errichtg eines FamWohnheims (BGH NJW **74**, 1554); ZusArb von Mutter u Sohn im gemeins errichteten Haus (BGH DB **72**, 2459); bei GütGemsch gemeins Betrieb eines ErwerbsGesch, das zum Gesamtgut gehört (BGH FamRZ **94**, 295); bei Gütertrenng Mitfinanzierg des Erwerbs eines Grdst u ArbLeistgen zum Ausbau eines FamWohnheims, jedoch kann dann nach Scheitern der Ehe ein AusglAnspr wg Wegfalls der GeschGrdl iR eines famrechtl Vertr bes Art bestehen

(BGH **84**, 361); Geldzuwendgen u Mithilfe einer Ehefr zur Errichtg einer Arztpraxis des Ehem (BGH NJW **74**, 2045), dingl Sichg eines Bankkredits zur wirtsch Verselbständigg des Ehem (BGH NJW-RR **88**, 260). – **Unter Verlobten** beruht MitArb idR nicht auf einem GVertr (BGH BB **58**, 5). BereichergsAnspr bei Lösg der Verlobg § 812 Rn 89–92, § 818 Rn 22. Verlobte können jedenf bis zur Ehe eine G zur Unterhaltg einer FamHeimstatt gründen (Düss DNotZ **74**, 169). Nach Auflösg der Verlobg können auch Anspr wg Wegfalls der GeschGrdl in Frage kommen (Hamm FamRZ **83**, 494). S a Rn 46.

d) Die **gemeinschaftliche Praxis** von Ärzten (Ehmann MedR **94**, 141, Laufs/Uhlenbruck Handb des ArztR 2. Aufl § 18 II), die keine Partnersch ist (PartGG 1, 7; Rn 7), ist idR GbR. Bei der GemschPraxis ieS kommt, and als bei der bloß organisatorischen PraxisGemsch, der Vertr des Patienten wie bei der Sozietät (Rn 49) idR mit all den Ärzten zustande (Folge: samtverbindl VertrHaftg), deren angebotene Leistgen austauschb sind (BGH NJW **99**, 2731/2734: gleiche Fachgebietsbezeichng; GgBsp Oldbg NJW-RR **97**, 1118). – Bei **gemeinschaftlichem Gewerbebetrieb** besteht idR eine OHG od KG, eine GbR nur, wenn das Untern keinen in kaufm Weise eingerichteten GeschBetr erfordert u nicht im HReg eingetr ist (Rn 6). Für eine entspr Anwendg von Grds des R der HandelsG auf solche GbR (so bish Schmidt DB **71**, 2346, JuS **73**, 83, s a BGH **32**, 307) dürfte nach der RLage seit Inkrafttr des HRefG nur selten ein Bedürfn bestehen, da die Gter die G dch Eintr im HReg in eine HandelsG überführen können (Rn 6). – **Gewinn- oder Interessengemeinschaften** sind häuf eine GelegenhGbR, oft in Form einer InnenG. Bsp: Schiffahrtspool (BFH WM **64**, 800); ProduktionsGemsch für künstlerische Werke (BGH NJW-RR **98**, 1639: vereinb GewinnverteilgsSchlüssel grdsätzl auch dann maßg, wenn die schöpferischen Beitr der Mitgl abweichen); gemeins Entwicklg eines Grdst (BGH NJW-RR **98**, 1488) od Organisation einer Ausstellg (Ffm NZG **99**, 492); Mehrh von Mietern (Bln ZMR **99**, 112, § 535 Rn 6), insb WohnGemsch (Horst MDR **99**, 266); Meta-Geschäft, dh Vereinbg der Gewinnteilg bei einem od mehreren Gesch, bei denen jeder nach außen allein, im InnenVerh aber für gemeins Rechng der Part handelt (BGH NJW **90**, 573); WerbeGemsch in Inkaufszentrum (Lindner-Figura NZM **99**, 738).

40 41 42 (margin numbers at: "d) Die gemeinschaftliche Praxis" line 40; "1118). – Bei gemeinschaftlichem Gewerbebetrieb" line 41; "Gewinn- oder" line 42)

e) Kartelle, dh Verbindgen des PrivR, die die Marktverhältn dch Beschrkg des Wettbew zu beeinflussen suchen, sind vielf GbR. Sie können jedoch auch als rechtsf od nichtrechtsf Verein od als DoppelG (GbR mit zB einer GmbH als AusführgsOrgan, RG **151**, 321) auftreten. Es gilt das GWB. S a § 826 Rn 41. – **Konsortien** sind ebenf häuf GbR, insb Bankkonsortien wie Begebgs-, Kursreguliergs-, Kreditkonsortien (BGH **LM** Nr. 14); Konsortien von Gtern rechtsf Kapital- od PersG (BGH NJW **51**, 268), zB Bindgs-, Sperr-, Stimmrechts-Konsortien (auch SchutzGemsch genannt, eingehd Schrötter NJW **79**, 2592); zur Stimmbindg in der GbR Vorbem 14 v § 709. – An **Konzernen** (verbundenen Untern, AktG 15 ff) können PersG beteiligt sein (Emmerich/Sonnenschein KonzernR 6. Aufl §§ 26–28), eine GbR insb als herrschdes Untern, zB als HoldingG (Lutter Holding-Handb 3.Aufl B 5). Sie kann dann, jedenf wenn sie an mehreren G beteiligt ist, entspr AktG 302, 303 haften, wenn sie iR der KonzernleitgsMacht keine angem Rücks auf die Belange der abhäng G nimmt, so daß diese inf der im Konzerninteresse ausgeübten Einwirkgen ihre Verbindlichk nicht erfüllen kann (qualifiziert faktischer Konzern, BGH **122**, 123, NJW **97**, 943, BSG NJW-RR **97**, 94).

43 44 45 (margin numbers at: "e) Kartelle" line 43; "(BGH LM Nr. 14)" line 44; "Stimmbindg ... Konzernen" line 45)

f) Nichteheliche Lebensgemeinschaft (Einl 8 ff v § 1297). Gesellschrechtl Grds sind anwendb, wenn dies ausdr vereinb ist; nichtig ist diese Vereinbg, wenn der die Gemsch auflösde Partner eine als VertrStrafe einzuordnende Entschädigg zu zahlen hat (Hamm NJW **88**, 2474). Ands scheidet die Anwendg dieser Grds aus, wenn die Partner eine and Regelg vereinb od beabsichtigt (Schlesw SchlHA **98**, 24) haben. Iü gelten gesellschrechtl Grds (auch wenn sich die Partner dessen nicht bewußt sind, BGH DB **72**, 2201) unter der MindVorauss, daß die Partner im InnenVerh die Abs verfolgt haben, einen wirtsch gemschaftl Wert zu schaffen, der von ihnen nicht nur für die Dauer ihrer Partnersch gemeins genutzt wird, sond ihnen nach ihrer Vorstellg auch gemeins gehören soll (BGH **77**, 55, NJW **99**, 2962/2964), zB ein gewerbl Unternehmen (BGH **84**, 388), ein HotelBetr (Hamm NJW **80**, 1530), ein Renditeobjekt (BGH NJW **86**, 51), ein Eigenheim (BGH NJW **97**, 3371, krit Liebs JZ **98**, 408). Die formal-dingl Zuordng des WertObj ist nicht entscheidd. Die Abs einer wirtsch gemschaftl Wertschöpfg kann sich aus den getroffenen Absprachen, aus Äußergen des dingl allein berecht Partners ggü Dr od aus einer GesWürdigg (Art u wirtsch Bedeutg des Obj, Höhe des Beitr des Partners, finanzielle Verhältn der Partner) ergeben (BGH NJW-RR **96**, 1473). Sie folgt nicht immer schon daraus, daß ein Partner ein Grdst erwirbt u der and zu den Erwerbskosten beiträgt (BGH NJW **83**, 2375). Es kann aber genügen, daß ein Partner unter Verwendg wesentl Beitr des and AlleinEigt an dem gemschaftl Grdst (EigtWohng) erwirbt (BGH NJW **92**, 906) od nach außen das Untern allein führen soll (BGH NJW **85**, 1841: Arztpraxis). IdR nicht ausr ist die Errichtg eines Ktos auf den Namen des Partners (Düss NJW **79**, 1509), die Renovierg eines gemieteten Bauernhauses (Mü FamRZ **88**, 58), der Hauserwerb für die Kinder mit gemschaftl aufgenommenen Darl (BGH FamRZ **93**, 939). – Fehlen die genannten Vorauss, gibt es grdsätzl nach Beendigg der LebGemsch keine ggs Abrechng od Aufr pers od wirtsch Leistgen (BGH NJW **96**, 2727) u keinen Ausgl, auch wenn ein Partner mit Hilfe gemeins Leistgen ein Verm gebildet hat (BGH NJW **83**, 2375). Näher Einl 17 ff v § 1297, auch zu Anspr aus § 826, GoA u ungerechtf Ber. Rückgr des für ein Darl des and bürgden Partners § 774 Rn 11. Ne LebGemsch als Mieter § 535 Rn 6. – Auch die Auflösg einer LebGemsch zw Gleichgeschlechtl kann zu gesellschrechtl AusglAnspr führen (KG NJW **82**, 1886). 46

g) Publikumsgesellschaften sind G, aus steuerl Grd in der RForm einer PersG, die zum Zweck der Kapitalsammlg auf der Grdl eines fert GVertr dem Beitritt einer Vielzahl pers nicht miteinander verbundener Gter offenstehen (näher Baumb/Hopt Anh B zu HGB 177 a; s a BGH **102**, 172). Betreibt die G kein Handelsgewerbe, liegt häuf (s aber HGB 105 II, 123 II) eine GbR vor (Bsp: Grdst-Fonds). Für die PublikumsG hat die Rspr wg ihrer mehr körperschaftl Struktur zT bes Regeln entwickelt, zB für die Auslegg des GVertr (Rn 14), Überprüfg gesellschvertragl Klauseln anhand § 242 (BGH **102**, 172), Änd der GGrdl (Rn 15), Haftg (§ 708 Rn 3), GeschFg u StimmR (§ 709 Rn 2) sowie Künd (§ 723 Rn 3 f, § 736 Rn 1). Dem Initiator-Gter obliegen ggü den Anlage-Gtern vorvertragl AufklPfl (KG NZG **99**, 199). – **Sanierungsgesellschaft.** Der ZusSchluß von Pers, der Beratg über die wirtsch Vorauss u rechtl GestaltgsMöglichk für die Gründg einer AuffangG in Anspr nehmen soll, ist eine GbR (Karlsr NJW-RR **87**, 671). Ebso der ZusSchluß 47 48 von Kommanditisten einer illiquiden Publikums-KG zur Ersteigerg eines BetrGrdst (Hamm NJW-RR **88**, 1119). SaniergsVergl u GbR Rn 9.

49 **h)** Eine **Sozietät** von Rechtsanwälten (BRAO 59 a), Steuerberatern (StBerG 56), WirtschPrüfern (WPO 44 b), uU auch mit AnwNotaren (BVerfG NJW **98**, 2269), die keine Partnersch (PartGG 1, 7; Rn 7) od GmbH (BRAO 59 c ff) ist, ist GbR. Bei ihr kommt, and als bei der bloßen BüroGemsch, der MandatsVertr über eine zum jew Berufsbild gehörde Aufgabe (Düss VersR **97**, 1279) idR mit allen Gtern zustande, weil der beauftr Sozius regelm namens der Sozietät handelt u, jedenf nach RScheinGrds, handeln darf (BGH **56**, 355, **124**, 47 für RASozietät; BGH NJW **90**, 827 für Steuerberatersozietät; BGH **83**, 328 für Sozietät von RA mit Steuerberatern u WirtschPrüfern). Das einer Sozietät erteilte Mandat erstreckt sich iZw auch auf später eintretde Mitgl (BGH NJW **94**, 257). Vor Gründg der Sozietät den einz Sozien erteilte Mandate erstrecken sich nur bei zumind konkludenter Einbeziehg auf die and Sozien (BGH NJW **88**, 1973). Zur Haftg § 425 Rn 8; die dort Grds gelten auch, wenn die RA nur nach außen hin den Anschein einer Sozietät erweckt haben (BGH **70**, 247). Der VergütgsAnspr steht den Sozien zur ges Hand zu (BGH NJW **96**, 2859, Anm Henssler JR **97**, 286); für Vergütgen, die ein Sozius vor dem ZusSchluß erarbeitet hat, gilt dies nur bei bes Vereinbg (BGH NJW-RR **87**, 1137). – Bei Auflösg der Sozietät besteht das Mandat grdsätzl mit der LiquiG fort (Hamm NZG **99**, 67). Der ausgeschiedene Sozius haftet neuen Mandanten, wenn sein Name weiterhin auf Praxisschild u Briefbögen der Kanzlei erscheint u er nicht alle ihm zumutb Maßn zur Beseitigg des RScheins ergriffen hat (BGH NJW **91**, 1225). Die Witwe eines verstorbenen Sozius hat ohne bes Vereinbg keinen Anspr auf Gewinnbeteiligg bis zum Ende des GeschJ ((BGH WM **74**, 1025).

50 **i) Stille Gesellschaft** ist die Beteil an dem Handelsgewerbe eines and mit einer VermEinlage. Für sie gelten HGB 230 ff, hilfsw §§ 705 ff. Eine Entsprechg findet sich als GbR bei Beteiligg an einem nicht kaufm Untern (Landwirtsch, freier Beruf). Dann wird idR je eine BGB-InnenG (Rn 33) zw dem Untern u jedem Beteil begründet, keine G zw allen Beteil untereinand (BGH NJW **82**, 99); HGB 230 ff sind weitgehd entspr anwendb (MüKo/Ulmer Rn 241). Die BeteiliggsInteressenten können aber auch untereinand eine GbR gründen u in ihrer geshänderischen Bindg Beteil an einer stillen G od an einer and zweigliedr InnenG mit
51 dem Untern sein (BGH **127**, 176). Meta-Geschäfte Rn 42. – Die **Unterbeteiligung** (Lit: Paulick ZGR **74**, 253) ist ebenf InnenG. Man versteht darunter die meist nur teilw schuldrechtl Innenbeteiligg an dem Antl, den ein Gter an einer Kapital- oder handelsr PersG besitzt, od am „Antl" eines stillen Gters. RBeziehgen des UnterBeteil bestehen nur zum Gter, nicht zur G (Hamm DB **74**, 424). Anspr des UnterBeteil gg Gter analog HGB 233 I auf Information über Stand u Erträgn des HauptGAntls; auf Vorlage der Bilanzen der HauptG nur, wenn diese ihrem Gter die Bekanntgabe gestattet u der UnterBeteiliggsVertr ein entspr R einräumt (BGH **50**, 316). Bezieht sich die Beteiligg auf den ganzen Antl, wird häuf keine G, sond ein AuftrVerh mit TrHand (Rn 10) vorliegen (BGH NJW **94**, 2886). Unterbeteiligg u TrHd schließen sich aber nicht aus; desh kann der Gter seinen Antl auch trhänderisch für einen Unterbeteil halten, soweit dessen Beteiligg reicht (BGH NJW **94**, 2886). Dann hat iF der Künd der TrGeber (UnterBeteil) Anspr gg den TrNehmer auf Vorlage einer AuseinandSBilanz (Hamm DB **94**, 1233). Abtr des Antls führt idR zur Auflösg der InnenG (Hamm NJW-RR **94**, 999). – **Vorgründungsgesellschaft** s Rn 5.

706 *Beiträge der Gesellschafter.*

I Die Gesellschafter haben in Ermangelung einer anderen Vereinbarung gleiche Beiträge zu leisten.

II Sind vertretbare oder verbrauchbare Sachen beizutragen, so ist im Zweifel anzunehmen, daß sie gemeinschaftliches Eigentum der Gesellschafter werden sollen. Das gleiche gilt von nicht vertretbaren und nicht verbrauchbaren Sachen, wenn sie nach einer Schätzung beizutragen sind, die nicht bloß für die Gewinnverteilung bestimmt ist.

III Der Beitrag eines Gesellschafters kann auch in der Leistung von Diensten bestehen.

1 **1) Beiträge** heißen die nach dem GVertr zur Förderg des GZwecks zu bewirkden Leistgen von Gtern (§ 705), **Einlagen** die bewirkten. Nicht dazu gehören Leistgen, die ein Gter nicht aGrd des GVerhältn, sond aGrd eines DrittVerhältn (§ 705 Rn 28) erbringt; ist eine KapLeistg im GVertr vereinb, spricht die Vermutg für einen Beitr (BGH **93**, 159). Ob bei PersGleichh von Gtern u MitEigtümern eines von der G genutzten Grdst UmbauAufw, die im Interesse der G liegen, als GEinlage od als Leistgen zG der GrdstEigtümerGemsch zu behandeln sind, hängt von den gesellschvertragl Vereinbgen, sonst den jew GesUmst ab. Sieht der GVertr Geldeinlagen eines Gters nicht vor, so bedarf es einer nachträgl, den GVertr abändernden Vereinbg der Gter, um Aufw eines Gters für das gemschaftl GeschGrdst den Charakter einer Geldeinlage zu geben (BGH WM **75**, 196). Die Vereinbg, ein gemschaftl aufgen Darl anteil zurückzuzahlen, kann als Leistg rückständ Beitr auszulegen sein (Karlsr WiB **96**, 75). Umstellg auf Euro § 245 Rn 5 ff.

2 **2)** Die **Beitragspflicht** ergibt sich aus § 705, kann aber bei einz Gtern abbedungen sein. Die Pfl zur Förderg des GZwecks, insb die gesellschrechtl TreuePfl (§ 705 Rn 27), besteht als VertrFolge auch für sie. Ein LeistgVR gem § 320 hat der Gter idR nicht (§ 705 Rn 13), der dch argl Täuschg zum Abschl des GVertr Bestimmte nur, wenn die Leistg ausschl od im wesentl dem Täuschden zugute kommt (BGH **26**, 335).

3 **3) Höhe** entspr der (ggf auch stillschw) Vereinbg im GVertr; es genügt, wenn sich die Gter die Best im Vertr vorbehalten haben (ggf AusleggsFrage, BGH BB **82**, 1327; s a § 707 Rn 1). Sonst gleiche Höhe (Abs I; Ausprägg des Grds der gleichm Behandlg der Gter, § 705 Rn 27). In der **Bewertung** von Sacheinlagen sind die Gter grdsätzl frei. Ein bes grobes MißVerh zw dem tats Wert u dem dem Gter in der EröffngsBilanz gutgebrachten Betr kann aber ein sittenwidr, schaderspfl Handeln der begünstigten Gter darstellen (BGH WM **75**, 325). NachschußPfl §§ 707, 735.

4 **4) Arten.** Beitr kann jede Art von Leistg sein, die ein Gter zur Förderg des gemeins Zw im GVertr verspricht, zB (auch wiederholte) Geldleistgen, D- (III) od Werkleistgen (BGH DB **80**, 731), Bekanntgabe von Bezugsquellen (RG **95**, 150), ein Abonnentenstamm (KG NZG **99**, 489) od and Vorteile, zB bloßes

Unterl. Für die Übertr od GebrÜberlassg von Sachwerten enthält **II** zwei AusleggsRegeln. Eine Vermutg, daß nicht vertret- od verbrauchb Sachen nur zum Gebr überlassen werden, enthält II nicht (RG **109**, 381). Wird die DLeistg **(III)** einem Gter unmögl, bleibt aber die Erreichg des GZwecks mögl, so kann die VertrAuslegg ergeben, daß an die Stelle der ausfallden DLeistg eine entspr Geldleistg zu treten hat (BGH DB **72**, 2201).

5) Leistung der Beitr dch Zahlg, Übereigng, Überg, Dienstleistg usw (s a § 718 Rn 1). Für die Haftg zu 5
Eigtum der G eingebrachter Sachen gelten nach hM §§ 445, 493, aber nur entspr, da LeistgsGrd keine Austausch-, sond VereiniggsAbrede ist (§ 705 Rn 13); §§ 446, 447, 459 ff sind anwendb. Ferner gelten entspr: für GebrÜberlassg §§ 535 ff, Gefahrtragg s § 707 Rn 2; für DLeistgen §§ 611 ff, iF der SchlechtErf SchadErs wg pVV (BGH NJW **83**, 1188; § 276 Rn 109). Die Erfindg eines Gters steht, auch wenn sie in Ausf von Diensten für die G gemacht worden ist, ihm selbst als Erfinder zu, PatG 6. Jedoch kann sich der Gter verpflichten, künft Erfindgen der G zu übertragen; er kann bei hinreichder Konkretisierg auch VorausVfg treffen, dann erwirbt G unmittelb (BGH NJW **55**, 541). Im GVertr kann ein bes Entgelt vereinb werden (BGH **44**, 40), auch für Dienste; dann echter AustauschVertr. Über die Tätigk des besoldeten od unbesoldeten GeschF § 713 Rn 1. – Einlagen (Rn 1) fallen in das GVerm, ebso der Anspr auf sie (§ 718 Rn 2); GeltdMachg Vorbem 19 v § 709. Besitz an der G übertr od zur Benutzg überlassenen Sachen § 854 Rn 14, 15. Rückerstattg von Einlagen nach Auflösg der G § 733 Rn 7 ff, bei Ausscheiden eines Gters § 738 Rn 4.

707 ***Erhöhung des vereinbarten Beitrags.*** **Zur Erhöhung des vereinbarten Beitrags oder zur Ergänzung der durch Verlust verminderten Einlage ist ein Gesellschafter nicht verpflichtet.**

1) Zweck der Vorschr ist der Schutz des Gters vor unübersehb Risiken. **Anwendbar** ist sie, soweit die 1
Höhe der Beitr vereinb ist. Gilt nicht, also NachschußPfl, soweit die Höhe der Beitr nicht festgelegt ist u die Gter sich ausdr od stillschw verpflichtet haben, entspr ihrer Beteiligg an der G das zur Erreichg des GZwecks Erfdl beizutragen (BGH NJW **80**, 339; Bsp § 705 Rn 37). § 707 gilt nur für das **Innenverhältnis** der Gter u nur währd Bestehens der G; nach deren Auflösg NachschußPfl iR des § 735. Im Verhältn zu Gläub der G, auch zum GterGläub bei Anspr aus DrittVerh (§ 705 Rn 28), hat § 707 keine Bedeutg, § 718 Rn 8–12. – § 707 gilt, mag auch der GZweck wg § 726 daran scheitern (BGH WM **61**, 32). Auch freiw einseit Erhöhg ist nicht mögl; evt aber Pfl des nicht Erhöhden zur Zust (MüKo/Ulmer Rn 7; § 705 Rn 15).

2) Inhalt. – Die **Gefahr** der Einlage trifft die G, Ztpkt des GefÜberg je nach Art der Einlage (§ 706 2
Rn 5); bei GebrÜberlassg allerd nur die BenutzgsGef, § 732 S 2, daher keine Pfl des Gters zur Erneuerg einer GebrEinlage. – Grdsätzl kann von einem Gter ohne gesellschvertragl Vereinbg (einstimm GterBeschl) **keine Erhöhung** seines Beitr verlangt w, zB dch Übern zusätzl Verpfl zG der notleidd gew G (BGH NJW-RR **89**, 993). Die BeitrPfl wird mittelb erhöht, wenn ein Gter währd Bestehens der G einschl AuseinandS (BGH ZIP **89**, 852) auf Erf einer SozialVerpfl, zB Anspr des geschführden Gters auf Vergütg (BGH BB **80**, 855) od aus §§ 713, 670, in Anspr gen wird, soweit nicht nur anteil Ers einer getilgten GSchuld verlangt w (BGH **37**, 299); daher haftet für solche Anspr währd Bestehens der G grdsätzl nur das GVerm, keine pers Haftg der and Gter (§ 718 Rn 14 f). – Eine **Verpflichtung zur Erhöhung** der Beitr entgg § 707 (insb Verpfl zum VerlustAusgl) muß aus dem GVertr in verständl, nicht nur versteckter Weise hervorgehen (BGH NJW **83**, 164). Ist sie im GVertr einer PublikumsG vereinb, ist diese Best iZw dahin auszulegen, daß die Erhöhg nur gefordert w kann, solange das zusätzl Kap dem GZweck zu dienen best ist (BGH JZ **79**, 190). Erhöhg der BeitrPfl auch dch MehrhBeschl, aber nur, falls der Vertr dies gerade auch für die Erhöhg vorsieht u deren Grenzen festlegt; denn § 707 gehört zu den GGrdl (BGH WM **76**, 1053; § 705 Rn 15).

708 ***Haftung der Gesellschafter.*** **Ein Gesellschafter hat bei der Erfüllung der ihm obliegenden Verpflichtungen nur für diejenige Sorgfalt einzustehen, welche er in eigenen Angelegenheiten anzuwenden pflegt.**

1) Inhalt. AGrd des pers VertrauensVerh der Gter Haftg nur für **konkrete Fahrlässigkeit** (§ 277 Rn 5, 6, 1
auch zur BewL). GeltdMachg von SchadErsAnspr: § 705 Rn 29, Vorbem 17 ff v § 709.

2) Anwendbar ist § 708 nur auf GterPfl. Dazu gehört auch die befugte GeschFg, selbst bei Sonderentgelt 2
dafür (Bsp: Unfall eines Gters im GFlugzeug bei einem Flug in Ausübg des GZwecks); zu dieser Auffassg neigt auch BGH MDR **71**, 918. Hierzu zählt auch die Pfl des Gters, die Grenzen seiner GeschFgsBefugn (Vorbem 3 ff v § 709) einzuhalten (§ 713 Rn 11), wobei es auf das Versch bei Übern, nicht iR der Durchf des Gesch ankommt (BGH NJW **97**, 314); ob auch schadverursachde Hdlgen im ZusHang mit der schuldh Kompetenzüberschreitg erfaßt werden (so BGH WM **88**, 968), ist zweifelh, insb wenn es sich um ein gesellschfremdes Gesch handelt (aA: Anwendg der §§ 677 ff, s MüKo/Ulmer Rn 8 ff). Entspr anwendb ist
§ 708 auf die Partner einer nichtehel LebGemsch (Oldbg NJW **86**, 2259). – § 708 **gilt nicht** bei abw 3
Vereinbg (§ 705 Rn 2); soweit der Gter der G als Dritter ggütritt (§ 705 Rn 28) od einem and Gter ggü im Vorfeld von dessen GBeitritt falsche Informationen gibt (KG NZG **99**, 199); soweit ein Gter in Verfolgg seiner GterPfl am Straßenverkehr teilnimmt (BGH **46**, 313: Lenken eines Kfz; str, s MüKo/Ulmer Rn 12). Ferner nicht bei nicht auf ggseit pers Vertrauen beruhden, insb kapitalistisch strukturierten VereiniggsFormen; so nicht iR einer PublikumsG (§ 705 Rn 47; BGH **69**, 207 u **75**, 321 für Mitgl des VerwRates u GeschF der Komplementär-GmbH einer KG), nicht, trotz § 54 auch nicht entspr, iR eines nichtrechtsf Vereins mit größerer MitglZahl (RG **143**, 215); nicht iR einer Gemsch, weil diese lose, oft zufäll Verbindg mit der selbstgewählten bei Gtern nicht vergleichb ist (BGH **62**, 243); nicht iR partiarischer RVerhältn (BGH BB **88**, 12: Umsatzmiete).

Geschäftsführung, Vertretung (§§ 709–715)

Vorbemerkung

1 **1) Wesen und Inhalt. – a)** Die **Geschäftsführung** (§§ 709–713) regelt das Tätigwerden für die G unter dem Gesichtspunkt des **Innenverhältnisses** der Gter zueinander. Darunter fällt jede rechtl od tats auf die Verwirklichg des GZwecks gerichtete Maßn im InnenVerh (zB Herbeiführg von GterBeschl) wie im AußenVerh (zB RGesch mit Dritten, ProzFührg) mit Ausn der GrdlGesch. Ihr **Inhalt und Umfang** wird dch den GZweck begrenzt. Da die GbR keinen „gewöhnl Betrieb" kennt, gehören auch Hdlgen ungewöhnl Art zur GeschFg, falls sie nicht zweck- u damit gesellschfremd sind (RG **158**, 308; and HGB 116 I: nur „Maßn, die zum gewöhnl Betr eines Handelsgewerbes gehören"). Zur GeschFg gehört auch die GeltdMachg von Anspr der GesHand, sowohl gg einen Gter, insb die Einziehg von Beitr (§ 706) u Nachschüssen (§ 735), wie auch gg Dritte (Rn 17 ff). – **Nicht** zur GeschFg gehören **Grundlagengeschäfte;** sie bedürfen grdsätzl der Zust aller Gter (näher § 705 Rn 15 f). Bedeuts, falls für die GeschFgsBefugn abw von § 709 I nicht der EinstimmigkGrds gilt. Auch die Eingehg gesellschfremder Gesch im EinzFall ist Überschreitg der GeschFg (§ 713 Rn 11) u bedarf daher der Zust aller; bei allg Geltg des MehrhGrds genügt hier aber ein MehrhBeschl (Ausn: Änd der GGrdl). – Für die **Rechtsstellung des Geschäftsführers** gilt § 713; s dort Rn 1 ff. Nicht iR der GeschFg wird ein Gter tätig, der für die G aGrd eines DrittVerh (§ 713 Rn 1) handelt. Interessenkollision eines GeschF s Rn 15.

2 **b)** Die **Vertretung** betrifft die Frage, ob u wieweit ein Gter **nach außen,** insb im rgeschäftl Verk mit Dritten, mit unmittelb Wirkg für G u Gter handeln kann (zur dogmat Einordng Beuthien NJW **99**, 1142). Das ist eine Frage der Vollm, geregelt im GVertr u in §§ 714, 715 (§ 714 Rn 1). Vertretg liegt auch vor, wenn der GeschF namens der GesHand ggü einem Gter als Dritten (DrittVerh, § 705 Rn 28) handelt.

3 **2) Geschäftsführungsbefugnis** ist die Befugn eines Gters im Verhältn zu den and Gtern, die GeschFg gem Rn 1 wahrzunehmen. Sie ist dazu bestimmt, dem Interesse der G zu dienen, also kein eigennütz R des Gters zur Wahrg seiner ind Belange (BGH NJW **72**, 862). Auch ein mj Gter kann geschführgsbefugt sein, bedarf aber für rgeschäftl Handeln der Zust des gesetzl Vertr, ggf gem § 112 (MüKo/Ulmer § 709 Rn 27). Ausübg bei Vfgen über den GAntl Rn 12. **– a)** Ihrem **Wesen** nach ist sie in allen Fällen (Rn 4–6) Ausfluß der pers Mitgliedsch der Gter (BayObLG DB **91**, 33), ein dch den GVertr begründetes Sonderrecht (Kblz WM **86**, 590). Daraus folgt der **Grundsatz der Selbstorganschaft** (s a § 717), der es verbietet, sämtl Gter von der GeschFg u Vertretg auszuschließen u diese auf Dritte zu übertragen (BGH NJW **82**, 877, 1817; s a § 705 Rn 31). Ein Dr kann jedoch in weitem Umfang mit GeschFgsAufgaben betraut u mit umfassden Vollm ausgestattet w (BetrFührgs-, ManagementVertr; sa § 675 Rn 22), sofern die Gter selbst die organschaftl GeschFgs- u VertretgsBefugn behalten (BGH **36**, 292 u NJW-RR **94**, 98). Dieser Dr kann aus wicht Grd dch einf MehrhBeschl abberufen w, auch wenn der GVertr dafür eine qualifizierte Mehrh vorsieht (BGH NJW **82**, 2495).

4 **b) Formen. – aa)** Die **Geschäftsführung** iS der §§ 709–712 (Rn 1, s aber auch Rn 6) steht nach dem Gesetz im **Grundsatz gemeinschaftlich** allen Gtern zu (§ 709 I, EinstimmigkGrds). Die Gter können vertragl (auch konkludent, BGH **16**, 394) abweichdes vereinbaren. Das Gesetz regelt 3 Typen vereinb GeschFg: (1) **Stimmenmehrheit,** dh Entsch dch alle Gter, aber nicht notw einstimm, § 709 II. (2) **Übertragung** an einen od mehrere Gter. Folge: Ausschl der übr, § 710. Als Unterart: (3) Übertr an alle od mehrere derart, daß **jeder allein** zu handeln befugt ist, § 711. – Auch **andere Formen** können vereinb w, zB Handeln nur dch jew 2 Gter gemeins od Beschr der EinzGeschFg auf best Gesch. Jedoch muß der Grds der Selbst-
5 organsch (Rn 3) gewahrt bleiben. – **bb)** Bei **Umwandlung** einer OHG (KG) in eine GbR (§ 705 Rn 6) gelten die bish GeschFgs- u VertretgsBefugn iZw iR der neuen ZweckBest fort (BGH NJW **71**, 1698; differenzierd Beyerle NJW **72**, 229, Schmidt BB **73**, 1612); der GeschPartner kann mangels Hinw auf eine abw Vereinbg darauf vertrauen, daß der GeschF die Gter im für die bish G-Form geltden Rahmen (als Komplementäre bzw Kommanditisten) pers verpflichten kann (BGH NJW **87**, 3124; s a § 729). Ebso gilt die gewollte GeschFgs- u VertretgsRegelg, falls eine OHG (KG) gegründet werden sollte, aber mangels Vorauss
6 (§ 705 Rn 6) nur eine GbR entstanden ist (BGH NJW **82**, 2495). – **cc) Sonderfälle,** dh Ausn von der für die jew G geltden ordentl GeschFgsRegelg (Rn 4) ergeben sich, soweit ein Gter ausnahmsw allein GeschFgsHdlgen (Rn 1) vornehmen kann. So besteht analog § 744 II ein NotGeschFgsR (nicht aber VertretgsR) des einz Gters zur Abwendg akuter Gef für GGgst od die G (BGH **17**, 181). GeltdMachg von Anspr der GesHand dch einen Gter gg and Gter od gg Dritte Rn 17 ff. Auch bei diesen AusnFällen handelt es sich um GeschFg (iwS), § 713 ist anwendb (dort Rn 1), nicht aber § 714.

7 **c) Änderung** der Befugn zur Mitwirkg an der GeschFg ist GrdlGesch (§ 705 Rn 15 f). Das gilt auch für die Entziehg der GeschFgsBefugn. Desh ist bei den Formen der GeschFg gem § 709 (dch alle gemschaftl, § 709 I, od dch alle unter Geltg des MehrhGrds, § 709 II) die Entziehg nicht ohne Zust des Betroffenen mögl (str, s § 712 Rn 1). Dagg erleichtert § 712 I die Entziehg der gem §§ 710, 711 ausgestalteten (sog „übertragenen") GeschFg bei Vorliegen eines wicht Grd (näher § 712 Rn 2). Die gesellschrechtl TreuPfl kann bei notw einstimm od MehrhBeschl, wenn ein wicht Grd zur Abberufg des GeschF besteht, zu der Verpfl führen, in diesem Sinne zu stimmen (BGH **102**, 172). – **Kündigung** der GeschFg dch den geschführden Gter § 712 II (dort Rn 3).

8 **3) Mitwirkungspflicht** besteht für alle geschführgsbefugten Gter (BGH NJW **72**, 862), eine Pfl zur Übern einer von § 709 I abw GeschFg allerd nur bei bes Vereinbg. MitwirkgsPfl bedeutet, daß ein Gter nicht beharrl den GterVersammlgen fernbleiben od Beschl dch Passivität verhindern darf. Sie bedeutet nicht, daß er gewünschten GeschFgsMaßn zustimmen muß; er muß nur seine AblGrde offenlegen, so daß ein MeingsAustausch über die Zweckmäßigk der Maßn stattfinden kann. Bei einstimm GeschFg besteht ausnahmsw eine Pfl zur Zust, soweit es sich um notw Maßn iS des § 744 II handelt (s a Rn 6), od wenn der Gter keinen vertretb Grd für die Abl angibt, obwohl GZweck u GInteresse die Maßn erfordern (BGH NJW **72**, 862). Außerd kann das R, die Zust nach eig Ermessen aus ZweckmäßigkGrden zu verweigern, dch Verstoß gg die TreuePfl

(§ 705 Rn 27) verwirkt w, zB dch beharrl Blockierg von GterBeschl (BGH NJW **72**, 862). – **Bei Verletzung:** FeststellgsKl hins der Wirksamk best Maßn ohne Zust ist zul; sie ist begründet nur, soweit eine Pfl zur Zust besteht od soweit die Weigerg ein Treueverstoß ist (BGH **44**, 41), unbegr stets, soweit die Zust ZweckmäßigkFrage ist (BGH NJW **86**, 844). Ferner kommen unter den jew Vorauss Entziehg der GeschFgsBefugn (§ 712), Künd des GVertr (§ 723), uU Ausschl des Gters (§ 737) u SchadErsPfl (§ 713 Rn 11) in Betr. 9

4) Gesellschafterbeschlüsse. – a) Vorkommen können sie iR der GeschFg (§§ 709, 710 S 2); aber auch darüber hinaus iR der §§ 712, 715, 737 od bei zuläss Vereinbg im GVertr; so in Bezug auf die GrdlGesch (§ 705 Rn 15 f) od bei Einzelüberschreitg des GZwecks (Rn 5). Ihre **Herbeiführung** ist Aufgabe der GeschFg. Lädt sie nicht zur GterVersammlg ein, kann dies der einz Gter tun, jedenf wenn er die Einberufg berecht verlangen konnte (BGH **102**, 172). § 32 I 2 ist jedenf dann nicht entspr anwendb, wenn das EinstimmigkPrinzip gilt (BGH ZIP **94**, 1523). Grdsätzl ist **Einstimmigkeit** erfdl. Das ergibt sich für Beschl iR der GeschFg aus § 709 I, für and folgt es aus § 705. Stimmenmehrh (iZw aller Gter, § 709 II) genügt nur, wenn dies im GVertr zulässigerw vereinb ist (zur Zulässigk bei GrdlGesch u zum GeltgsUmfang solcher Vereinbgen § 705 Rn 15 f). Sowohl bei Geltg des Einstimmigk- wie auch des MehrhGrds können Beschl, die sich gg einen best Gter richten, iF der Interessenkollision Sache nur der „übrigen" sein, §§ 712, 737 (Rn 15). 10

b) Rechtsnatur des Beschlusses. Sozialakt der körperschaftl Willensbildg dch einstimm od MehrhEntsch, bei dem jeder Gter sein R auf Mitgestaltg u MitVerw der GAngelegenh (§ 705 Rn 31) wahrnimmt. Vertretg eines Gters dch einen and bei Beschl über Maßn der GeschFg u sonst gemeins GAngelegenh fällt desh nicht unter § 181 (BGH **65**, 93); and bei Änderg der GGrdl (BGH **112**, 339: Bestellg des Vertreters zum GeschF). – Der Beschl gestaltet im allg nur innere RVerhältn der G, zum rgeschäftl Verk mit Dr bedarf es meist bes AusführgsRGesch, die dann dem Vertreter der G (§ 714) obliegen. Der Beschl bedarf, wenn er von den „übrigen" (Rn 15) gefaßt wird, der Bekanntgabe an den Betroffenen, wie § 737 S 3. 11

c) Stimmrecht ist das R zur Mitwirkg an der Verwaltg der G (§ 705 Rn 31) u als Ausfluß des MitgliedschR nicht auf Dr übertragb (§ 717 Rn 4). Stellvertretg dch einen and Gter od einen Dr bei der Ausübg ist mit Zust der and Gter od bei Vereinbg im GVertr im Grds zul, ferner bei Verhinderg aus trift Grd (BGH **65**, 93); zu § 181 s Rn 11. Ausschl od Entzug des StimmR dch Vereinbg ist zul für Beschl, die nicht in die GterStellg des Betroffenen eingreifen (BGH **20**, 363; wie § 705 Rn 16). Bei TrHandsch (§ 705 Rn 10) steht die Ausübg dem TrHänder zu, G- u TrHdVertr können aber eine abw Regelg treffen (Köln NJW-RR **97**, 487). StimmR bei Nießbr etc am GAntl § 719 Rn 8. Zuziehg von sachverständ Beratern ist zul (Sänger NJW **92**, 348). – **Stimmabgabe** muß nicht gleichzeit erfolgen; Bindg derj, die zugestimmt haben, grdsätzl bis zur Abg der letzten Stimme (Köln NZG **98**, 767). Sie ist empfangsbedürft WillErkl, daher anfechtb (BGH **14**, 264). Der GVertr kann vorsehen, daß sie innerh einer GterGruppe, zB eines FamStammes einheitl zu geschehen hat. Dann kann uU innerh der Gruppe auch ohne konkr Vereinbg MehrhEntsch genügen (Düss NJW-RR **95**, 171), od es kann ein Stichentscheid (auch dch einen Dr) vorgesehen sein (Jena OLG-NL **97**, 250). – **Stimmbindung,** dh die Vereinbg, das StimmR in best Weise auszuüben, ist iR der allg Normen zul (BGH NJW **51**, 268; einschränkd für Bindg ggü NichtGtern MüKo/Ulmer § 717 Rn 24); sie wirkt nur schuldrechtl. Klage auf Erf u Vollstreckbark des LeistgsUrt nach ZPO 894 (BGH **48**, 163 für GmbH). Einwirkg dch einstw Vfg auf BeschlFassg in der GterVersammlg selbst zur DchSetzg von StimmbindgsVertr (Kblz NJW **86**, 1693, Stgt NJW **87**, 2449) u bei Verpfl zur Ausübg in best Weise aGrd GVertr od gesellschrechtl TreuPfl (Hbg NJW **92**, 186) ist zul (aA Ffm BB **82**, 274; krit Gerkan ZHR **85**, 167), nicht dagg Untersagg der StimmRAusübg (Kblz NJW **91**, 1119). – Das R zur StimmAbg kann bei **Interessenkollision** entfallen (BGH **102**, 172), eine gleichwohl abgegebene Stimme ist dann nicht zu berücksichtigen; gesetzl geregelte Fälle sind das Stimm- u ErklärgsR nur der „übrigen" iR von §§ 712, 715, 737. Wann diese vorliegt, bestimmt sich nach § 181 u §§ 157, 242. Da bes Vorschr fehlen, sind diej des Rechts der rechtsf Körpersch (§ 34; AktG 136 I, GmbHG 47 IV, GenG 43 VI) entspr anzuwenden (RG **162**, 373). Erfaßt w demnach: BeschlFassg über Entlastg eines Gters, dessen Befreiung von einer Verbindlichk sowie GeltdMachg eines Anspr gg ihn einschl ProzFührg; ebso Entziehg der GeschFg iR des § 712 (Rn 7, BGH NJW **69**, 1483, BGH **102**, 172), u Ausschließg des Gters (§ 737 S 2); ferner Beschl über Vorn eines RGesch mit dem Gter (hM, MüKo/Ulmer § 709 Rn 64); nicht dagg sonst Ändergen der GGrdl od Wahlen (RG **104**, 186: Übertr der GeschFg gem § 710). – Der Gedanke der Interessenkollision hat auch außerh der BeschlFassg Bedeutg, insb bei Anspr der GesHand gg einen Gter u umgekehrt (Rn 17 ff). 12 13 14 15

d) Wirksam wird der Beschl erst mit Zust aller Gter, bei zul MehrhEntsch mit Zust der erfdl Zahl der Gter. Nichig ist er bei Verstoß seines Inhalts gg das Gesetz (zB gg SchutzBest des GesellschR) od die guten Sitten, od wenn bei Geltg des MehrhGrds die Minderh dch Nichtanhörg vergewaltigt wird (RG **151**, 326). Bezieht sich ein VerfMangel nur auf eine einz Stimme (Bsp: ein Gter war zur GterVersammlg versehentl nicht geladen), so ist ein Beschl gleichwohl wirks, wenn der Mangel das AbstimmgsErg nicht beeinflußt haben kann (BGH WM **83**, 1407 für PublikumsG), uU auch wenn der betroffene Gter aGrd seiner gesellschrechtl TreuePfl zur Zust verpflichtet gewesen wäre. S a § 705 Rn 27. Bei Streit über die Wirksamk ist FeststellgsKl zul, die nur bei Vereinbg im GVertr fristgebunden ist, aber der Verwirkg unterliegt (BGH ZIP **99**, 1391). Wer sich auf die Nichtigk beruft, muß im einz alle konkr Umst darlegen, aus denen sich die Nichtigk od mind ein begründeter Zweifel an der Wirksamk des Beschl ergibt; die übr müssen dann beweisen, daß diese Umst nicht vorgelegen haben (BGH NJW **87**, 1262). 16

5) Durchsetzung von Ansprüchen für und gegen die Gesamthand. – a) Die DchSetzg von **Ansprüchen der Gesamthand** gg einen GSchuldner gehört grdsätzl zur GeschFg ieS (Rn 4) u Vertretg, daher ist iF des § 709 gemeinschaftl Handeln aller erfdl (BGH DB **79**, 979), ebso idR nach Auflösg der G (§ 730 II 2). § 432 I wird dch die GeschFgsRegeln der G überlagert (BGH **39**, 14; Jauernig/Stürner § 713 Rn 10). Bei GeltdMachg eines Anspr der GesHand gg einen Gter kann dieser wg Interessenkollision (Rn 15) nicht auf der Seite der AnsprErhebden stehen, die GesHand wird hier dch die „übrigen" dargestellt. Da der Anspr aber ein solcher der GesHand ist, ist er idR auf Leistg an alle gerichtet, also in das GVerm, an dem auch der Pflichtige teilhat (BGH NJW **60**, 433; s a § 713 Rn 5, 8). – **Ansprüche der Gesamthand gegen Dritte** od aus 17 18

DrittVerhältn mit einem Gter (§ 705 Rn 28) kann ein einz Gter mit Ermächtigg der übr Gter im eig Namen u auf eig Rechng in Prozeßstandsch geltd machen, wenn er daran ein eig schutzwürd Interesse hat, unabhäng davon, ob er den Anspr auch als GeschF im Namen der GesHand einklagen könnte (BGH NJW **88**, 1585). Ohne solche Ermächtigg hat der Gter bei Anspr gg Dritte EinzKlBefugn (ProzFührgsBefugn, Kl auf Leistg an die GesHand) nur, wenn die and Gter ihre Mitwirkg aus gesellschwidr Grd verweigern u der verklagte GSchu an diesem Verhalten beteiligt ist (BGH **102**, 152, Kblz NZG **99**, 250, § 432 Rn 5; MüKo/Ulmer § 719 Rn 8, Soergel/Hadding Rn 48–50). Denn die übr Gter haben ein Interesse daran, daß zunächst zw den Gtern geklärt wird, ob die GFdg geltd gemacht werden soll; der GSchu ist daran interessiert, nur von allen Gtern gemeins herangezogen zu w, da er idR nicht prüfen kann, ob der klagde Gter im Interesse der G handelt u die and Gter das Urt gg sich gelten lassen müssen. Ferner kann ein Gter ausnahmsw analog § 744 II bei NotGeschFg (Rn 6) Rechte der G im eig Namen geltd machen, jedoch nicht die G vertreten (BGH **17**, 181, BFH NJW-RR **98**, 1187, hM), er handelt dann kr VerwR im eig Namen u hat Anspr auf AufwErs (§ 748). –
19 **Sozialansprüche** (§ 705 Rn 29) kann nicht nur die G, sond oRücks auf die konkr Regelg der GeschFgsBefugn (Rn 4) jeder Gter als Ausfluß seiner Mitgliedsch (§ 717 Rn 1, BGH NJW **92**, 1981) allein im eig Namen (str, ob als eig Anspr, so BGH **25**, 47, od in ProzStandsch für die G, MüKo/Ulmer Rn 172) zur Leistg an die GesHand (s aber § 713 Rn 5) einklagen **(actio pro socio)**, soweit die DchSetzg nicht treuwidr ist (BGH **25**, 47; enger MüKo/Ulmer § 705 Rn 173). Er wird dann iR der ihm zustehden Mitwirkg an der Verw (§ 705 Rn 31) tät. Die geshänderische vermögensrechtl Verbindg der Gter, die an sich die GeltdMachg auch der SozialAnspr als Verw des GVerm der GeschFg „der G" zuweist (Rn 1), steht wg des bes Interesses der GesHand an der GeltdMachg nicht entgg. Die Befugn endet, außer bei Zust der nicht verklagten Gter zur Kl, mit Ausscheiden des klagden Gters (Karlsr NJW **95**, 1296; aA Hörstel ebda 1271). – Diese Grds gelten auch im Stadium der AuseinandS (Zweibr OLGZ **73**, 316; actio pro socio s § 730 Rn 8). Stellg des
20 handelnden Gters im InnenVerh § 713 Rn 1. – Bei **Ansprüchen gegen die Gesamthand** gehört deren Erf aus dem GVerm bzw deren Abwehr ebenf zur GeschFg u Vertretg ieS. Ist ein Gter Gläub, kann er aS der GesHand wg Interessenkollision (Rn 15) nicht mitwirken.

21 **b)** Im **Prozeß** (zusfassd Müther MDR **98**, 625) ist die GbR nicht parteifäh gem ZPO 50 (Zöller/Vollkommer Rn 26, Prütting ZIP **97**, 1725/1733, str); Partei sind die namentl zu bezeichnden (BGH BB **90**, 1085) Gter (BGH **80**, 222). Notw Streitgenossen sind sie, wenn sie nicht nur als GesSchu, sond als GesHandSchu (Th-P § 62 Rn 14) beschr auf das GVerm verklagt werden (str); ebso bei GeltdMachg von Anspr der GesHand (ZPO 62 I 2. Fall; BGH WM **64**, 1086), sofern die ProzFührgsBefugn nicht ausnahmsw einem allein zusteht (Rn 18f). Außerdem, wenn das RVerhältn für alle Gter nur einheitl festgestellt werden kann (zB KündSchKl gg die G, LAG Berlin MDR **98**, 293). Wg Interessenkollision richtet sich bei Anspr eines Gters gg die GesHand die Kl nur gg die übr Gter, ebso ist bei Anspr der GesHand gg einen Gter dieser aS der GesHand nicht Partei. Der ausscheidde Gter bleibt trotz Anwachsg (§ 738) Partei, ZPO 265 II (BGH WM **64**, 1086). Ist bei PublikumsG der TrHänder-Gter in ProzFührgsBefugn für Gter verklagt, deren Antle er verwaltet, wirkt das Urt gg diese (Köln NJW-RR **94**, 491, Th-P § 325 Rn 4). Vollstr in das GVerm § 718 Rn 16.

709 *Gemeinschaftliche Geschäftsführung.*

I Die Führung der Geschäfte der Gesellschaft steht den Gesellschaftern gemeinschaftlich zu; für jedes Geschäft ist die Zustimmung aller Gesellschafter erforderlich.

II Hat nach dem Gesellschaftsvertrage die Mehrheit der Stimmen zu entscheiden, so ist die Mehrheit im Zweifel nach der Zahl der Gesellschafter zu berechnen.

1 **1)** Allg zur GeschFgsBefugn Vorbem 3ff v § 709. – Im **Regelfall, I** (gemschaftl GeschFg dch alle Gter) gilt bei der GbR für GeschFgsMaßn (Vorbem 1 v § 709) der Grds der **Einstimmigkeit** (and HGB 115 I für PersHandelsG). Sonderfälle, insb NotGeschFg, u DchSetzg von Anspr für u gg die GesHand Vorbem 6, 17ff v § 709. Zur Geltg des EinstimmigkGrds außerh der GeschFg Vorbem 1 v § 709, § 705 Rn 15f. – Einstimmigk bedeutet, daß die Gter nur gemeins tätig w können; hierfür genügt, wenn ein Gter unter (auch stillschw) Billigg der and handelt. BeschlFassg Vorbem 10ff v § 709. SonderAuftr aller Gter an einen Gter od an Dr sind mögl.

2 **2) Mehrheitsgrundsatz, II,** gilt, wenn vertragl vereinb. Eine solche allg VertrBest bezieht sich idR nur auf GeschFgsMaßn (Vorbem 1 v § 709) u lfde Angelegenh (BGH NJW **85**, 2830; s § 705 Rn 15f). Die gesellschvertragl Bestimmg einer Sperrminorität unterliegt bei PublikumsG der richterl Inhaltskontrolle (BGH WM **83**, 1407). Überschreitg des GZwecks dch die Mehrh im EinzFall Vorbem 1 v § 709. – **Berechnung** der Mehrh iZw nach Köpfen (II), nicht nach Einlagehöhe. And Vereinbg ist zul u häuf. BeschlFassg Vorbem 10ff v § 709.

710 *Übertragung der Geschäftsführung.*

Ist in dem Gesellschaftsvertrage die Führung der Geschäfte einem Gesellschafter oder mehreren Gesellschaftern übertragen, so sind die übrigen Gesellschafter von der Geschäftsführung ausgeschlossen. Ist die Geschäftsführung mehreren Gesellschaftern übertragen, so finden die Vorschriften des § 709 entsprechende Anwendung.

1 **Übertragung** der GeschFg (Vorbem 1, 4 v § 709), auch nach TätigkBereichen, ist in Abweichg von § 709 gem § 710 S 1 an einen od mehrere Gter mögl. Übertr (Auftr) an Dritte (Vorbem 3 v § 709) gehört nicht hierher. – **Folge:** Ausschl der and Gter von der GeschFg, außer iF der Vorbem 6 v § 709. Die übr MitwirkgsR an der Verw bleiben ihnen, insb aus §§ 712 I, 716, 723. – Erlöschen der übertr GeschFg mit Auflösg der G, § 730 II, alle Gter sind dann gemschaftl geschführgs- u vertretgsberecht (§ 730 Rn 3). – Satz 2: vgl § 709.

711 *Widerspruchsrecht.* **Steht nach dem Gesellschaftsvertrage die Führung der Geschäfte allen oder mehreren Gesellschaftern in der Art zu, daß jeder allein zu handeln berechtigt ist, so kann jeder der Vornahme eines Geschäfts durch den anderen widersprechen. Im Falle des Widerspruchs muß das Geschäft unterbleiben.**

Ist von allen od mehreren zur GeschF befugten Gtern jeder allein handlgsberechtigt (Vorbem 4 v § 709), so 1
kann jeder der and zur GeschFg berufenen Gter der Vornahme eines Gesch widersprechen. Ebso, wenn aus allen GeschF jew eine Gruppe gemeins handeln kann (MüKo/Ulmer Rn 7). Der Widerspr muß vor Vornahme erkl werden. Er ist, da Auswirkg der GeschFgsBefugn, bei eigennütz Verstoß gg GInteressen ohne Wirkg (BGH NJW **86**, 844; Vorbem 3 v § 709). **Außenwirkung** hat er wg § 714 im Hinbl auf den Vertrauensschutz für Dritte grdsätzl nicht, kann diesen aber unter den Vorauss des VollmMißbr (§ 164 Rn 13f) entgggehalten werden (BGH **16**, 394, MüKo/Ulmer Rn 14). – § 711 ist abdingb.

712 *Entziehung und Kündigung der Geschäftsführung.* **I Die einem Gesellschafter durch den Gesellschaftsvertrag übertragene Befugnis zur Geschäftsführung kann ihm durch einstimmigen Beschluß oder, falls nach dem Gesellschaftsvertrage die Mehrheit der Stimmen entscheidet, durch Mehrheitsbeschluß der übrigen Gesellschafter entzogen werden, wenn ein wichtiger Grund vorliegt; ein solcher Grund ist insbesondere grobe Pflichtverletzung oder Unfähigkeit zur ordnungsmäßigen Geschäftsführung.**

II Der Gesellschafter kann auch seinerseits die Geschäftsführung kündigen, wenn ein wichtiger Grund vorliegt; die für den Auftrag geltenden Vorschriften des § 671 Abs. 2, 3 finden entsprechende Anwendung.

§ 712 regelt zwei Fälle der Änderg der GeschFgsBefugn (Vorbem 7 v § 709). Er **gilt** nach hM nur für die 1
gem §§ 710, 711 ausgestaltete (sog „übertragene") GeschFg (arg HGB 117; aA MüKo/Ulmer Rn 5, 24) u ist nach nunm hM mit der Einschränkg des § 671 III dispositives R. – **a)** Die **Entziehung** (Abs I) der 2
GeschFgsBefugn ist ggü den allg Vorauss (Vorbem 7 v § 709) bei Vorliegen eines wicht Grd in zwei Richtgen erleichtert: Entziehgsberecht sind die „übrigen" Gter, u zwar auch die gem § 710 von der GeschFg ausgeschlossenen, da die Entziehg GrdlGesch, nicht GeschFg ist (§ 705 Rn 15); daß der Betroffene nicht mitwirkt, folgt aus dem Gedanken der Interessenkollision (Vorbem 15 v § 709). Ferner genügt die allg im GVertr vereinb Geltg des MehrhGrds, um der Mehrh das EntziehgsR zu geben. Auch bei der ZweimannG ist Entziehg dch den and mögl (RG **162**, 83, str). Wicht Grd wie § 723 Rn 4; bei der Frage der Zumutbark ist der Umfang der zu entziehden Befugn zu berücksichtigen. Bei langjähr Beziehgen ist bes sorgfält Abwägg erfdl (BGH WM **67**, 417 zu HGB 117, 127). Die Entziehg erfolgt dch Beschl (Vorbem 10ff v § 709). ZustPfl in AusnFällen Vorbem 7 v § 709; bei Versagg der Zust uU SchadErsPfl (RG **162**, 397). Der Beschl ist, vergleichb § 737 S 3, dem Betroffenen bekannt zu geben. – **Folge:** wird auch nur einem die Befugn entzogen, so tritt mangels abw vertragl Vereinbg mit Zugang des Beschl an den Betroffenen die gesetzl Regelg (§ 709 I) ein (Mü DRZ **50**, 280, Soergel/Hadding Rn 4; aA MüKo/Ulmer Rn 17). – Entziehg der Vertretg: § 715. – **b) Kündigung** der GeschFg (abw K. Schmidt DB **88**, 2241: der Verpfl zur GeschFg) dch GeschF 3
nur bei übertr GeschFg (Rn 1) u nur aus wicht Grd. § 671 I gilt nicht, wohl aber II u III. Wirkg: Mit Zugang der KündErkl (wie § 723 Rn 1) enden GeschFgsR, -Pfl u VertretgsBefugn (§ 714).

713 *Rechte und Pflichten der geschäftsführenden Gesellschafter.* **Die Rechte und Verpflichtungen der geschäftsführenden Gesellschafter bestimmen sich nach den für den Auftrag geltenden Vorschriften der §§ 664 bis 670, soweit sich nicht aus dem Gesellschaftsverhältnis ein anderes ergibt.**

1) Allgemeines. § 713 gilt in allen Fällen, in denen ein Gter in Ausübg seiner GterStellg befugt für die G 1
tätig w, dh bei der GeschFg iS der §§ 709–711 wie auch bei Sonderfällen der GeschFg (Vorbem 6 v § 709), zB GeltdMachg von GAnspr im eig Namen (Vorbem 17ff v § 709). Die GeschFg ist Ausfluß der pers Mitgliedsch der Gter (Vorbem 3 v § 709). Sie begründet, soweit im GVertr nichts and vereinb ist (BGH WM **63**, 459), kein Auftr- oder DienstVerh, auch nicht iF der §§ 710, 711 od bei Vereinbg einer festen Vergütg (MüKo/Ulmer § 709 Rn 32); jedoch uU entspr Anwendg der §§ 611ff (BGH WM **63**, 459). – Nach § 713 gilt für das Verhältn des GeschF zur GesHand AuftrR, soweit sich nicht aus der Struktur des GVerhältn and ergibt od vertragl, auch stillschw, and vereinb ist; hins der Dauer gilt § 712 statt § 671 I. Die ArbLeistg des GeschF ist keine Aufw iSv § 670 (Kblz WM **86**, 590), daher Vergütg für GeschF nur bei (auch stillschw) Vereinbg (BGH BB **51**, 654); Erhöhg der gesellschvertragl vereinb Vergütg ist GrdlGesch (BGH BB **67**, 143, § 705 Rn 15), eine Pfl der Gter zur Zustimmg besteht nur ausnahmsw (BGH **44**, 40). § 708 ist anwendb; zur Verl der GeschFPfl u Überschreitg der GeschFgsBefugn Rn 11 u § 708 Rn 2. – Die G kann einen Gter auch außerh der GeschFg mit einer Verrichtg beauftragen, zB mit einer GeschBes. Dann liegt ein DrittVerh vor (§ 705 Rn 28); §§ 662ff, 675 sind unmittelb, nicht über § 713 anwendb.

2) Einzelheiten. – a) § 664. Keine Übertragung der GeschFg auf Dritte außer bei Gestattg. S a § 717 2
Rn 4.

b) § 665. Weisungen. Da Mitwirkg an GeschFg SonderR ist, sind bindd nur Weisgen im GVertr, aus 3
Anlaß der Übertr der GeschFg od aGrd wirks Beschl in einer GterVersammlg (MüKo/Ulmer Rn 6).

c) § 666. Informationspflichten des GeschF. Nachricht, Ausk über Stand, sowie RechenschAblegg, 4
letztere erst nach Ende der GeschFg des Gters od bei GEnde (Verhältn zum RechngsAbschl Rn 7). Die AuskPfl besteht auch über Gesch, die mit Billigg der and Gter nicht od nicht richt verbucht worden sind (BGH WM **72**, 1121), u über Umst, die den GZweck nachhalt gefährden (Wagner NZG **98**, 657: Immob-Fonds). – **aa) Anspruch der Gesamthand der Gesellschafter**, geltd zu machen von der Gesamth der 5

übrigen auf Leistg an diese. Auch der einz Gter ist berechtigt, den Anspr allein, gerichtet auf Leistg an sich u die and Gter, geltd zu machen (Vorbem 19 v § 709; RGRK/v Gamm Rn 5). Bei der ZweimannG also Klage des zweiten auf Leistg an sich selbst, denn der GeschF bedarf der Unterrichtg nicht. Sind außer dem Verpflichteten noch einer od mehrere zur GeschFg ohne ihn befugte Gter vorh (s aber § 730 II 2 für die Zeit
6 nach GAuflösg), so haben diese den Anspr kr ihrer GeschFgsBefugn für die übr geltd zu machen. – **bb)** Für den **Inhalt der Rechenschaftsablegung** gilt § 259: Mitt einer geordneten Rechng u Vorlegg von Belegen. Für ihre Herausg gilt Rn 8. Bei größerem Umfang der Gesch genügt nach § 242 Bezugn auf die GeschBücher u -papiere u ihre Vorlegg (RGRK/v Gamm Rn 3 unter Hinw auf § 716). Genereller vertragl Ausschl ist bei G mit erhebl VermWert unwirks (BGH WM **65**, 710). Ob den GeschF eine BuchführgsPfl trifft, bestimmt
7 sich nach den Umst. RechngsLegg in bezug auf schwebde Geschäfte § 740 Rn 1. – **cc) Neben §§ 713, 666** hat jeder Gter unter best Vorauss, insb bei GAuflösg, Anspr auf RechngsAbschl (§ 721 Rn 3); dieser schließt dann den Anspr auf RechngsLegg gem § 666 ein (BGH WM **65**, 710). Außerd besteht das Unterrichtgs- u NachprüfgsR jedes Gters nach § 716, gerichtet auf bloßes Gewährenlassen dch die übr.

8 **d) §§ 667, 668. Herausgabepflicht, Verzinsung.** Für die AnsprBerechtigg gilt Rn 5–7, jedoch mit dem Unterschied, daß die Leistg nicht an die übrigen (Rn 5), sond nur an die GesHand einschl des Pflichtigen gefordert werden kann; auch er hat teil an der dadch erfolgden Vermehrg des GVerm. Das gilt auch für die Herausg der Belege beim Verlangen der RechngsLegg (Rn 5). Der Unterschied ist von bes Bedeutg bei der ZweimannG.

9 **e) § 669. Vorschußanspruch.** Es gilt Rn 10. Der Anspr richtet sich mangels anderweit Vereinbg bis zur Auflösg der G gg die GesHand, nicht anteil gg die Gter pers.

10 **f) § 670.** Anspr auf **Ersatz der Aufwendungen,** auch der Schäd (§ 670 Rn 8–13) u Aufw für die Erf von GesHandVerpfl (§ 718 Rn 13). Verpfl ist die GesHand der Gter (BGH **37**, 299 zu HGB 110). Erstattgsfäh sind jedoch nur solche Aufw, die der GeschF für erfdl halten durfte. Er darf desh nur Aufw machen, für die das GVerm aufkommen kann; bei Überschreitg Anspr allenf aus ungerechtf Ber (BGH NJW **80**, 339). Vergütg des GeschF s Rn 1. DchSetzg des Anspr § 718 Rn 13 f.

11 **g) Schadensersatzansprüche gegen den Geschäftsführer** wg Verl seiner Pfl, zB bei schuldh Schädigg der G, Säumnissen, Verweigerg der Mitwirkg, ergeben sich nicht aus § 713 (§ 662 ist nicht genannt), sond aus §§ 705, 276 iVm 708 (Köln NJW-RR **95**, 547). Es sind Anspr der GesHand auf Leistg an diese (BGH NJW **60**, 433), geltd zu machen grdsätzl von den übr (wie Rn 8), aber auch von einem einz Gter (Vorbem 19 v § 709), auch noch im LiquidationsVerf (§ 730 Rn 8). Der klagde MitGter muß beweisen, daß der G dch eine Hdlg od Unterl des geschführden Gters ein Schad entstanden ist; dieser hat seiners nachzuweisen, daß er seine Pfl als GeschF getan hat od daß der Schaden auch sonst eingetreten wäre (RGRK/v Gamm Rn 5). – Auch in der Überschreitg der GeschFgsBefugn zum Nachteil der G liegt eine pVV (BGH NJW-RR **89**, 1255), die zur SchadErsPfl führt, wenn dem Gter der Kompetenzverstoß vorgeworfen werden kann (BGH NJW **97**, 314); §§ 677 ff sind nicht anzuwenden (§ 677 Rn 11), wohl aber § 708 (dort Rn 2).

714 *Vertretungsmacht.* **Soweit einem Gesellschafter nach dem Gesellschaftsvertrage die Befugnis zur Geschäftsführung zusteht, ist er im Zweifel auch ermächtigt, die anderen Gesellschafter Dritten gegenüber zu vertreten.**

1 **1) Gemeinschaftliches Handeln** aller Gter (entspr der GeschFg gem § 709) im RVerkehr mit Dr ist Selbsthandeln der GesHand, keine Vertretg. Die Gter werden mit dem GVermögen u pers verpfl (Rn 4), sie erwerben geshänderisch gebundene Rechte (§ 718 Rn 3). Sie verfügen gemschaftl (§ 719 Rn 1). – **Handeln einzelne Gesellschafter** für die GesHand, verpflichten sie diese, dh auch die and Gter (Rn 3, 4) nur kr rgeschäftl VertretgsMacht **(Vollmacht;** BGH **74**, 240). Eine gesetzl Vertretg der übr Gter dch einen von ihnen gibt es nicht (BGH NJW-RR **96**, 673), auch nicht in Notfällen (Vorbem 6 v § 709). § 714 knüpft diese Vollm iZw generell an die einem Gter übertr GeschFgsBefugn (näher Rn 2). Auch besondere Vollm an Gter od Dr für best Gesch oder Arten von Gesch sind zul (BGH NJW **83**, 2498), nicht aber die globale Übertr der VertretgsBefugn auf einen Dr (Vorbem 3 v § 709). Zur VertretgsBefugn bei GemschPraxis u Sozietät § 705 Rn 40, 49; bei OHG (KG), die sich in GbR umgewandelt hat, Vorbem 5 v § 709.

2 **2) Bestand und Umfang der Vollmacht** sind gem § 714 an die GeschFgsBefugn (Vorbem 4, 5 v § 709) geknüpft. Abw Regelg (meist im GVertr) ist mögl. Desh hat ein geschführder Gter nicht notw Vollm, ein bevollm Gter ist nicht notw GeschF. UU kann sich die Vollm aus RScheinGrds ergeben (BGH NJW-RR **96**, 673; § 173 Rn 9 ff), sie kann formbedürft sein (Habersack BB **99**, 61 für § 766). So muß sich der Gter einer mit seiner Zustimmg im RVerkehr als HandelsG auftretden, als solche aber (zB wg fehlder Eintragg im HReg) noch nicht entstandenen G ggü einem auf den RSchein vertrauenden GeschPartner so behandeln lassen, als ob er Gter einer solchen HandelsG wäre, bei einer Schein-KG also uU Haftg nur bis zur Höhe der Einlage (BGH **61**, 59 u NJW **80**, 784); Vertretg bei Formwechsel (§ 705 Rn 6) in OHG, KG s Vorbem 5 v § 709. Bei Interessenkollision entfällt die VertretgsMacht des betroffenen Gters; dann können alle übr Gter gemeins handeln (RGRK/v Gamm Rn 1), bei 2-MannG der and Gter allein (einschränkd BGH NJW-RR **91**, 1441; s Vorbem 15 v § 709). Widerspr gg GeschFg hat keine Außenwirkg (§ 711 Rn 1). – Der **Umfang** der Vollm umfaßt, da zur Vertretg ebso wie zur GeschFg (Vorbem 1 v § 709) im allg auch die ProzFührg gehört, idR auch die ProzVollm für Proz namens der GesHänder (RGRK/v Gamm Rn 10; s a Vorbem 17 ff v § 709). Die Vollm kann beschränkt w, zB nach der Art der Gesch, der Höhe der Verpfl, bei Anerkenng einer TeilRFgk (Dauner-Lieb DStR **98**, 2014) auch auf die Verpfl des GVerm (Rn 4). **Passivvertretung** (Entggnahme von WillErkl für die G etc) § 167 Rn 14; die allg Grds der Zurechng von WillMängeln bei GesVertretg (§ 166 Rn 2) bzw der Wissenszurechng u -ZusRechng bei EinzVertretg (§ 166 Rn 6 ff) gelten auch für die GbR (BGH NJW **99**, 284, str). Die bevollm GesVertreter können einzelne von ihnen zur Vorn best Gesch od best Arten von Gesch ermächtigen; die Ermächtigg eines GesVertreters zur Alleinvertretg darf

aber nicht einen derart Umfang haben, daß sie tats einer allg Ermächtigg gleichkommt (BGH ZIP **86**, 501). Überschreiten der Vollm Rn 3.

3) Wirkung. – a) Allgemeines. Tritt der bevollm Gter erkennb im Namen der G auf (§ 164 I), wobei uU die Grds über unternbezogene Gesch (§ 164 Rn 2) heranzuziehen sind (Zweibr NZG **98**, 939), berechtigt od verpflichtet er die GesHänder nach §§ 420, 431, 427, also bei Verträgen iZw als GesSchu (zu Ausn § 420 Rn 2). Ebso bei Gesch „für wen es angeht" (§ 164 Rn 8, 9). Andernf verpflichtet u berechtigt er sich selbst, zur Berechtigg der G sind dann ÜbertrAkte erfdl (§ 718 Rn 3). Er ist bei Vertragschl u -DchFührg idR ErfGeh der übr Gter (§ 278; s a § 718 Rn 8 ff). – Handelt der Gter außerh od **ohne Vollmacht,** gelten §§ 177, 179. Die Gen gem § 177 kann bei späterer AntlsAbtretg auch dch den RNachf (BGH **79**, 374) erteilt werden. Ein Überschreiten der Vollm ist auch deren Mißbr, so bei ZusSpiel mit dem Dritten, auch schon bei dessen fahrl Unkenntn (BAG ZIP **97**, 603; § 164 Rn 13 f). 3

b) Wirkung für Gesellschafts- und Privatvermögen, Haftungsbeschränkung. Nach i Erg übereinst Meing haben die Gter für die eingegangenen Verbindlichk grdsätzl mit dem GVerm (GesHandSchuld) u mit ihrem PrivVerm einzustehen. Dies ergibt sich für die herkömml Auffassg daraus, daß das Handeln des Vertreters den Gtern unmittelb zugerechnet wird (einheitl Verpfl mit doppelter Wirkg, G Hueck GesellschR § 8 II), für diejen, die in der G ein bes ZuordngsObjekt sehen (§ 705 Rn 24), entweder daraus, daß der vertretde Gter für das GVerm mit Vollm handelt u hins des PrivVerm jedenf bei ErwerbsG idR sein Handeln für die and Gter u die Vollm hierzu zu vermuten ist (DoppelVerpflTheorie; MüKo/Ulmer Rn 35 ff, abl nunmehr BGH DStR **99**, 1704), od aus dem Grds der akzessorischen Haftg (näher § 718 Rn 7 ff). Die Haftg der vertretenen Gter kann aber beschränkt werden (eingehd Heil RhNK **98**, 348, Hennrichs/Kießling WM **99**, 877, Ulmer ZIP **99**, 509; krit Reiff ZIP **99**, 517 u 1329), zB auf das GVerm od auf die Höhe des GterAntls am GVerm (quotale HaftgsBeschrkg, BGH **134**, 224; zu deren Wirkgen § 718 Rn 11). Die G ist dann der KG angenähert. Eine solche Beschrkg kann, u zwar für Verbindlichk des Gters aller Art, mit Dr ausdr od stillschw vereinb werden, zB bei Abschl eines RGesch. So kann sich aus der vertragl Vereinbg mit einem GeschF ergeben, daß die Gter für dessen Vergütg nur mit dem GesHandVerm haften (s BGH NJW **87**, 2666). Wird die Beschrkg nur zw den Gtern (zB im GVertr) vereinb, wirkt sie ggü Dr nicht unmittelb. Die Vereinbg schränkt aber nach bisher hM die Vollm u damit die VertretgsBefugn der geschführden Gter ein (BGH NJW **92**, 3037, BGH BB **90**, 1085) mit der Folge, daß sich bei rgeschäftl Verpfl der G die Haftg der Gter auf das GVerm beschr soll, wenn die Beschrkg der Vertretg nach außen erkennb ist (zum Ausmaß der erfdl Erkennbk BGH NJW **92**, 3037: „GbR mit beschr Haftg"; Jena NJW-RR **98**, 1493: „GbR mbH"). Nunm lehnt der BGH (DStR **99**, 1704) die Möglichk einer Haftgsbeschrkg dch einseit Akt der G generell ab. Keine HaftgsBeschrkg, wenn es sich bei der G wg gewerbl Tätigk um eine „verkappte" OHG (§ 705 Rn 6) handelt (HGB 128 S 2). Haftg bei ScheinKG u bei RFormwechsel Rn 2. 4

715 *Entziehung der Vertretungsmacht.* **Ist im Gesellschaftsvertrag ein Gesellschafter ermächtigt, die anderen Gesellschafter Dritten gegenüber zu vertreten, so kann die Vertretungsmacht nur nach Maßgabe des § 712 Abs. 1 und, wenn sie in Verbindung mit der Befugnis zur Geschäftsführung erteilt worden ist, nur mit dieser entzogen werden.**

Grund des Halbs 1: Die generelle VertretgsMacht des Gters ist mitgliedschaftl SonderR. Grund des Halbs 2: der ZusHang zw GeschFg u Vertretg. Andere Regelg in HGB 127. – § 715 gilt nicht für die bes Vollm (vgl § 714 Rn 1). Bei Künd der GeschFg nach § 712 II Erlöschen der Vollm, §§ 714, 168 S 1. 1

716 *Kontrollrecht der Gesellschafter.* **I Ein Gesellschafter kann, auch wenn er von der Geschäftsführung ausgeschlossen ist, sich von den Angelegenheiten der Gesellschaft persönlich unterrichten, die Geschäftsbücher und die Papiere der Gesellschaft einsehen und sich aus ihnen eine Übersicht über den Stand des Gesellschaftsvermögens anfertigen.**

II Eine dieses Recht ausschließende oder beschränkende Vereinbarung steht der Geltendmachung des Rechtes nicht entgegen, wenn Grund zu der Annahme unredlicher Geschäftsführung besteht.

Das **Kontrollrecht** des einz Gters ist eine verwaltgsrechtl Befugn (§ 705 Rn 31), geltd zu machen gg die übr. NachprüfgsR des Unterbeteiligten § 705 Rn 51. Das Recht geht auf Gewährenlassen, grdsätzl nicht auf AuskErteilg; ein AuskR ist dem einz Gter dann zuzubilligen, wenn die erfdl Angaben aus den Büchern u Papieren der G nicht ersichtl sind, der Berecht sich also ohne Ausk keine Klarh über die Angelegenh der G verschaffen kann (BGH MDR **84**, 27). Das EinsichtsR ist zu unterscheiden von den Rechten der GesHand ggü dem geschführden Gter nach §§ 713, 666 (§ 713 Rn 5). Es besteht also auch, wenn der geschführde Gter bereits Rechng gelegt hat, es gilt auch noch währd der AuseinandS. Als VerwR ist es nicht übertragb, § 717; Ausübg dch den gesetzl Vertr § 705 Rn 31. Zuziehg eines Sachverst od Beraters ist grdsätzl zul, Ausübg der Einsichtn dch einen bevollm BuchSachverst ist ggf zuzulassen (BGH WM **62**, 883, Hirte BB **85**, 2208, Saenger NJW **92**, 348), uU ist das Recht sogar dahin zu beschränken. Ein bes Interesse braucht nicht dargelegt zu werden, § 242 kann aber uU der Ausübg entggstehen. Das EinsichtsR setzt das VorhSein von auf die GeschFg der G bezogenen Büchern u Papieren, ggf auch in elektronisch gespeicherter Form (MüKo/Ulmer Rn 5), voraus; ob BuchführgsPfl besteht, richtet sich im Grds nach §§ 713, 666. – Abs I ist iR des Abs II zwingd. 1

717 *Nichtübertragbarkeit der Gesellschafterrechte.* **Die Ansprüche, die den Gesellschaftern aus dem Gesellschaftsverhältnisse gegeneinander zustehen, sind nicht übertragbar.**

Ausgenommen sind die einem Gesellschafter aus seiner Geschäftsführung zustehenden Ansprüche, soweit deren Befriedigung vor der Auseinandersetzung verlangt werden kann, sowie die Ansprüche auf einen Gewinnanteil oder auf dasjenige, was dem Gesellschafter bei der Auseinandersetzung zukommt.

1 **1) Grundsatz: Nichtübertragbarkeit.** Zu unterscheiden sind:– **a)** Die **Mitgliedschaft (Gesellschaftsanteil)** des einz Gters bezeichnet seine Stellg im ganzen in der Gesellsch, den Inbegr all seiner pers, vermögensrechtl, korporativen Rechte u Pfl. Die GAntle der einz Gter können aGrd des GVertr (zB hins der VerwaltgsR, § 705 Rn 31, od der Gewinnverteilg) od aGrd von Rechten Dr (zB TestVollstrg, § 2205 Rn 14; Pfdg od Belastg, § 719 Rn 8) unterschiedl ausgestaltet sein. Die Mitgliedsch eines einz Gters ist jedoch notw einheitl Natur (Steinbeck DB **95**, 761; krit Priester DB **98**, 55); bei Hinzuerwerb weiterer Antle (zB dch Erbgang) kann der Gter aber im InnenVerh eine differenzierte RStellg haben (MüKo/Ulmer § 705 Rn 152 a). Die Mitgliedsch ist, wie auch sonst die Stellg eines VertrPartners (§ 398 Rn 38, 39), nicht frei übertragb. Jedoch kann sie, falls der GVertr dies zuläßt od alle Gter zustimmen, belastet w (§ 719 Rn 8) od unter Aufrechterhaltg der Identität der G bei Tod des Gters (§ 727 Rn 2 ff) od dch Übertr (§ 719 Rn 6) auf
2 eine and Pers übergehen. Auch eine Unterbeteiligg ist zul (§ 705 Rn 51). – **b)** Der **Anteil am Gesellschaftsvermögen** ist die vermögensrechtl Seite der Mitgliedsch des Gters, von dieser nicht trennb u desh nicht selbstd übertragb (§ 719 I); mit der Übertr der Mitgliedsch (Rn 1) geht er über. Einzelh § 719 Rn 1,
3 2, 7. – **c)** Der **Anteil an den einzelnen Gegenständen** des GVerm, also die dingl Mitberechtigg des Gters
4 an diesen, ist als solcher ebenf nicht übertragb (§ 719 I). Einzelh § 719 Rn 1, 3. – **d)** Die **Einzelrechte der Gesellschafter** aGrd ihrer GterStellg sind grdsätzl nicht übertragb, **Satz 1**. Grd: das VertrauensVerh der Gter. Das gilt vor allem für die in § 705 Rn 31 aufgeführten VerwaltgsR der Gter, insb das StimmR (BGH **36**, 293), das R auf Mitwirkg an der GeschFg u das VertretgsR (s a Vorbem 3 v § 709). Ebso für das Informations- u NachprüfgsR nach § 716 (BGH WM **62**, 883), das auf RechngsLegg (§ 713 Rn 6) u RechngsAbschl (§ 721 Rn 3) u das auf AuseinandS. Es gilt ferner für die Anspr der GesHand, soweit sie ein Gter allein gg einen and Gter geltd machen kann, zB auf Entrichtg von Beiträgen. Die GesHand selbst kann natürl über solche Anspr verfügen, auch können Dr sie mit Titel gg alle Gter pfänden.

5 **2) Ausnahme: Übertragbarkeit, Satz 2.** Grd: Die Lösg dieser EinzAnspr des Gters aus der Verbundenh steht dem GZweck nicht entgg. Der GVertr kann die Übertr einschränken od ausschließen, § 399 (BGH WM **78**, 514). – **a) Ansprüche aus Geschäftsführung,** insb auf AufwErs (§ 713 Rn 10; nicht Vorschuß, § 713 Rn 9), soweit ein BefriediggsAnspr bereits vor AuseinandS besteht (§ 718 Rn 13). Auch Anspr, die ausnahmsw gg die einz Gter persönl bestehen (§ 718 Rn 14), sind übertragb. Mit GAuflösg werden die Anspr vorab zu berichtigde (§ 733 I) RechngsPosten in der AuseinandS, die idR nicht mehr selbstd dchgesetzt w
6 können (§ 730 Rn 6 f). – **b) Anspruch auf Gewinnanteil,** rückständ od künft u erst der Höhe nach zu bestimmen, § 721 I, II; der VertrAnspr auf feste Entnahmen (HGB 122 I) dagg nur, soweit dch Gewinn gedeckt (RG **67**, 19). Entnahmefäh u abtretb sind idR auch Zinsen, die ein Gter – gewinnmindernd – auf
7 seinem GterKto gutgeschrieben bekommt (BGH WM **85**, 1343). Wirkg der GAuflösg wie Rn 5. – **c) Ansprüche bei Auseinandersetzung,** dh idR auf das AuseinandSGuth (bei Ausscheiden AbfindgsGuth), näml die Anspr auf Wertrückerstattg der Einlagen, soweit nicht aufgezehrt (§ 733), u Zahlg des Überschusses (§ 734). Der Anspr aus § 732 kann abgetr w (BGH NJW **98**, 1551), ob er von der Abtr erfaßt ist (ggf auch in Form der Übertr des Ggst), ist AusleggsFrage; gleiches gilt für unmittelb AusglAnspr iR des § 735 (dort Rn 2). Der Anspr gründet im Antl des Abtretden am GVerm (Rn 2). Desh ist er im Kern seit Beginn der Mitgliedsch des Gters vorh u übertragb, entsteht aber erst mit Auflösg der G od Ausscheiden des Gters (BGH **88**, 205, NJW **89**, 453); dann ist er nur noch der Höhe nach unbest und insow von der Ermittlg dch die Gter
8 gem §§ 730–734 (Auflösg) od §§ 738–740 (Ausscheiden) abhäng. – **d) Wirkung der Übertragung.** Der Zessionar (NeuGläub) erwirbt nur die (ggf künft) Fdg, deren Höhe bei GewinnAntl u AuseinandSGuth uU noch von der entspr Feststellg abhäng ist, u einen Anspr auf Ausk der G über die Höhe (BGH BB **76**, 11 zum GewinnAntl), aber keine VerwaltgsR zur DchSetzg der Fdg (BGH WM **83**, 1279). Er kann desh selbst die G nicht kündigen, nicht GewinnVerteilg od AuseinandS, Mitwirkg hieran od RechngsLegg verlangen. Er muß sich insow an den abtretden Gter (AltGläub) halten. Dieser kann ihm diese Rechte mit Zust der and Gter zur Ausübg überlassen (MüKo/Ulmer Rn 37). – Bei Übertr des GAntls (§ 719 Rn 6) wird eine davor liegde Abtr der noch nicht entstandenen Anspr auf Gewinn u AuseinandSGuth (Rn 6, 7) ggstlos, weil diese in der Pers des jew Gters entstehen (BGH NJW **97**, 3370); auch die Pfdg od Verpfdg des GAntls gehen den Anspr vor, so daß diese dann mit dem (Pfdgs-)PfdR belastet sind (BGH **88**, 205 u **104**, 351 für GmbH-Antl). Das gilt nicht bei Übergang des Antls auf den Erben dch GesRNachf (BGH NJW-RR **87**, 989 für Pfdg, BGH NJW **97**,
9 3370 für Übertr). – **e) Verpfändung, Pfändung.** Soweit abtretb, ist der Anspr auch verpfändb (§§ 1274 II, 1280) u pfändb (ZPO 829, 835). Ein vertragl Ausschl der Abtr (Rn 5) hindert die Pfdg nicht (ZPO 851 II). Die RStellg des PfdGläub unterliegt denselben Beschrkgen wie die des Zessionars (s Rn 8). – **Nießbrauch** s § 1068 Rn 4.

718 *Gesellschaftsvermögen.* **I Die Beiträge der Gesellschafter und die durch die Geschäftsführung für die Gesellschaft erworbenen Gegenstände werden gemeinschaftliches Vermögen der Gesellschafter (Gesellschaftsvermögen).**

II Zu dem Gesellschaftsvermögen gehört auch, was auf Grund eines zu dem Gesellschaftsvermögen gehörenden Rechtes oder als Ersatz für die Zerstörung, Beschädigung oder Entziehung eines zu dem Gesellschaftsvermögen gehörenden Gegenstandes erworben wird.

1 **1) Grundsatz.** Das dem GZweck gewidmete Vermögen der Gter (GVerm) stellt ein dingl gebundenes **Sondervermögen** dar. Es ist ein Inbegriff von Sachen u Rechten, der vom sonst Verm der Gter (Teilh), dem PrivVermögen, streng zu unterscheiden ist (BGH NJW **99**, 1407), ebso von etw weiteren SonderVerm derselben Pers, selbst wenn es sich um dieselben Teilh bei gleicher Beteiligg handelt. Das GVerm steht nach

herkömml Auffassg den Gtern zur ges Hand zu (näher § 719 Rn 1), nicht der G, da diese als solche nicht rechtsf ist; Träger der GesHandR u der samtverbindl Pfl sind die Gter (§ 705 Rn 24, auch zu abw Auffassgen). Ausübg des Besitzes § 854 Rn 14f. Die Bildg eines GVerm ist nicht notw Vorauss einer GbR u unterbleibt zB bei InnenG (§ 705 Rn 33f). – Für die **Einbringung** v Ggst in das GVerm ist, soweit sie nicht ledigl zur Benutzg geschieht (BGH WM **65**, 744), deren Übereigng bzw Übertr erfdl. Grdst sind aufzulassen. Das bedeutet aber nicht, daß der Einbringde seine vermögensrechtl Stellg verliert, vielm bleibt er RInh, wenn auch jetzt in geshänderischer Bindg mit den and Gtern (BGH BB **64**, 8).

2) Gesellschaftsvermögen sind: – a) Die **Beiträge der Gesellschafter,** §§ 718 I, 705, 706. GVerm ist 2
schon der Anspr auf Leistg der (auch rückständ) Beitr (§ 705 Rn 23, 29). Einbringg in das GVerm s Rn 1. –
b) Die **für die Gesellschaft erworbenen Gegenstände** (Sachen u Rechte, insb Fdgen), § 718 I. Das gilt 3
für den rgeschäftl u originären (§§ 946ff) Erwerb dch alle Gter gemschaftl u für den Erwerb dch einen Vertreter im RVerkehr mit Dritten für die G (§ 714 Rn 1–3). Der nach außen im eig Namen, aber im InnenVerh für die G handelnde GeschF erwirbt selbst, hat aber ggü den Gtern die gesellschrechtl (schuldrechtl) Pfl (§§ 713, 667) zur Übertr gem Rn 1. Auch dieser Anspr gehört zum GVerm. Schutz des Schu § 720. – **c) Surrogationserwerb** tritt gem Abs II in 2 Fällen ein: Unter den Erwerb **auf Grund eines zum** 4
Gesellschaftsvermögen gehörenden Rechts fallen alle Arten von Sach- u Rechtsfrüchten, Erträgen, § 99. Bei dingl Rechten tritt dingl Surrogation ein. Der **Erwerb als Ersatz** für die Zerstörg, Beschädigg od Entziehg eines zum GVerm gehörden Ggst (Sache od Recht) erfaßt Anspr auf SchadErs, Entschädigg, VersLeistg u aus ungerechtf Ber. Er entspricht § 281. – **d)** Der **Geschäftswert** (good will) gehört ebenf zum 5
GVerm. Er kann auch bei einer GbR bedeuts sein, zB bei RA-Sozietäten (BGH BB **67**, 95) od ErwerbsG. Methoden zur Ermittlg § 738 Rn 5.

3) Gesellschaftsschulden sind die Verbindlichk, für die (jedenf ggü Dritten) die Gter in ihrer geshänderi- 6
schen Verbundenh einzustehen haben u die (jedenf im Verhältn der Gter untereinander) aus dem GVerm zu erfüllen sind. Sie entstehen nach den allg Regeln aGrd Vertr od Gesetz (s a Rn 8, 9). Hierher rechnen insb die rgeschäftl GesHandSchulden (§ 714 Rn 4) u die SozialVerpfl aus dem GVerhältn (§ 705 Rn 30). Die Unterscheidg von den sonst Anspr Dritter gg die Gter od der Gter untereinander hat zB im InsolvenzVerf der G Bedeutg (s § 728; zur EinzVollstr Rn 16), vor allem aber im InnenVerh der Gter. Denn GSchulden sind bei der Gewinn- u Verlustrechng, § 721, einzustellen u bei der AuseinandS, § 733 („gemschaftl Schulden"), aus dem GVerm zu decken. Ist ein Gter Gläub, gelten für die Haftg der übr Gter u für die DchSetzg bes Regeln (Rn 12–16).

4) Haftung der Gesellschafter. Die Frage der Haftg eines Gters für eine im ZusHang mit dem GVerhältn 7
stehden Verpfl kann je nach der Art der Verpfl u ihrer Grdl, der Pers des Gläub u des in Anspr gen Gters sowie der in Anspr gen VermMasse (GVerm od PrivVerm) unterschiedl zu beurteilen sein. Bei Begründg der Verpfl stellt sich die Frage, unter welchen Vorauss das Handeln eines Gters für die G den and Gtern zuzurechnen ist; sie kann je nach VerpflGrd (Vertr od Gesetz) versch zu beantworten sein, ferner kann die Haftg eines Gters nach Höhe od VermMasse beschr sein (§ 714 Rn 3, 4). Ist der Gläub selbst Gter, kann sich aus gesellschrechtl Grds für ihn eine Beschrkg der GeltdMachg, für die and Gter eine Beschrkg der Haftg ergeben, wobei die Änderg des GZwecks mit Eintritt der G in die Liquidationsphase bedeuts sein kann. Die rechtsdogmat Lösg der HaftgsFragen hängt auch davon ab, ob man die GbR als eig ZuordngsObjekt ansieht u ihr (Teil-)RFgk zubilligt (§ 705 Rn 24). Dann beziehen sich die iR der gesellschaftl Tätigk entstehden Verpfl auf die G, es ergibt sich zunächst nur eine Haftg des GVerm. Die auch von diesen Auffassgen anerkannte Haftg der Gter mit ihrem PrivVerm gründet sich entw auf einen (in Anlehng an HGB 128 entwickelten) Grds der akzessorischen GterHaftg für GSchulden (Mülbert AcP **199**, 38/67; K. Schmidt GesellschR § 60 III 2 für die unternehmerisch tät G; nunm auch Ulmer ZIP **99**, 554; abl BGH **74**, 240, Hommelhoff ZIP **98**, 8) od (für die rgeschäftl Verpfl) auf eine doppelte Verpfl von G und Gtern (s § 714 Rn 4; eingehd Wackerbarth ZGR **99**, 365, Kindl ZGR **99**, 517). Aber auch die herkömml Auffassg, nach der aus Verbindlichk „der G" die Gter unmittelb in ihrer geshänderischen Verbundenh verpflichtet sind, kann auf die Unterscheidg zw der Verpfl des GVerm u derj des PrivVerm der Gter nicht verzichten (MüKo/Ulmer § 714 Rn 23f; s a BGH **79**, 374). I e gilt:

a) Gegenüber Dritten haften die Gter für die Verbindlichk **aus Rechtsgeschäften,** die von allen 8
gemschaftl od dch berecht Vertreter für die G abgeschl worden sind, mit dem GVerm u grdsätzl auch persönl mit ihrem ganzen PrivVerm nach den allg Vorschr der persönl Verpfl mehrerer, §§ 420ff, idR als GesSchu, §§ 427, 431 (§ 714 Rn 3, 4; ebso MüKo/Ulmer § 714 Rn 31ff, Soergel/Hadding § 714 Rn 29, i Erg auch K. Schmidt, GesellschR § 60 III). Der Gter kann persönl auf Erf in Anspr gen werden, sofern sich dadch der Schuldinhalt nicht ändert (MüKo/Ulmer § 714 Rn 52); jedenf haftet er für SekundärVerpfl (SchadErs oä). Versch von MitGtern ist ihm gem § 278 zuzurechnen (BGH NJW-RR **90**, 701); s a Rn 10 u § 425 Rn 8. –
Verpfl aus **gesetzlichen Schuldverhältnissen** treffen den Gter grdsätzl nur, soweit die Vorauss auch in seiner 9
Pers gegeben sind. And kann bei verträhnl Anspr (zB c. i. c.) gelten. So haftet der Gter aus gemschaftl begangenen unerl Hdlgen gem §§ 823ff, 830, 840, sonst, insb bei unerl Handlgen eines and Gters nur iR des § 831; § 31 ist nicht anwendb (BGH **45**, 311 u NJW **75**, 533; str, s dort Rn 3). Aus § 812 haftet jeder Gter auf den vollen Betr, wenn die GesHand inf rechtsgrundl Leistg eines Dr bereichert ist; eine einheitl Meing hat sich zur Frage des ZusTreffens von Bereicherg u GesHand allerd noch nicht gebildet (zusfassd Kowalski NJW **91**, 3183, MüKo/Ulmer § 714 Rn 56). BGH NJW **85**, 1828 bejaht volle Haftg jedes Gters, wenn alle od einer für alle die zur Rückzahlg verpflichtde Leistg entgg genommen haben, Ffm NJW **86**, 3144, wenn der Gläub rechtsgrundl eine Leistg in das GVerm erbringt, differenzierd K. Schmidt, GesellschR § 60 III 5. BGH **61**, 338 u NJW **83**, 1905 (krit Meincke DB **74**, 1001; zust Reinhardt JZ **74**, 768 u BB **83**, 1118) bejahen volle Haftg jedes Gters nach Auflösg u Verteilg des GVerm, wenn die Leistgen im ZusHang mit einem VertragsVerh od in Erwartg eines später zustandekommden Vertr erbracht worden sind, u zwar auch dann, wenn die Leistg nur einem Gter dch dessen Manipulation zugeflossen ist (Hbg BB **84**, 14). Jedenf kann jeder Gter einwenden, die Bereicherg sei im GesHandVerm, bei ihm selbst od bei seinen MitGtern weggefallen. Kann ein Gter die allen obliegde Leistg nicht mehr erfüllen, so kann der Gläub nicht Rückzahlg des an diesen geleisteten

Vorschusses verlangen, sol ein and Gter zur Leistg noch in der Lage u willens ist (BGH **72**, 267). Für Steuerschulden der G haften die Gter persönl (BFH NJW-RR **98**, 1185) u nicht beschränkb (BFH NJW **90**,
10 3294; näher Gummert WiB **95**, 185). – Nach ihrem **Inhalt** entsteht die pers Haftg für GSchulden sofort u primär, der Gter kann den Dr nicht auf das GVerm zu verweisen. **Einwendungen** u and die GesSchuld berührde Tats wirken grdsätzl gem §§ 422 ff, insb § 425 (BGH NJW **98**, 2904: Zustellg eines PfdgsBeschl; s § 425 Rn 2 ff, aber auch Rn 8). Das gilt insb für pers Einwdgen der einz Gter. Einwdgen der G hingg kann der wg einer GSchuld in Anspr gen Gter abw von § 425 stets in dem Umfang geltd machen, in dem sie der G jew zustehen (BGH NJW **98**, 2904). Mit einem Anspr der G aufrechnen od anfechten kann der Gter aber nur (§ 719 I), wenn er vertretgsbefugt ist (§ 714); andernf steht ihm analog HGB 129 II, III ein LeistgVR zu (§ 387 Rn 5). Auflösg od Beendigg der G beendet die Haftg nicht; die Gläub können währd der AuseinandS sowohl aus dem GVerm Befriedigg verlangen wie auch gg die einz Gter persönl vorgehen; Verjährg s Vorbem 3 v § 723. Haftg im InsolvenzVerf der G § 728 Rn 1. – **Gesellschafterwechsel:** Haftg des neuen
11 Gters § 736 Rn 6; Nachhaftg des ausgeschiedenen Gters § 736 II u dort Rn 10 ff. – **Haftungsbeschränkung** auf das GVerm § 714 Rn 4. Ist die Haftg mit dem PrivVerm auf die Höhe der BeteiliggsQuote beschränkt, führt dies zu einer HaftgsHöchstgrenze für das PrivVerm. Auf die quotale Verbindlichk des Gters sind Teilleistgen aus seinem PrivVerm voll, Teilleistgen der G aus dem GesHandVerm nur entspr §§ 366, 367 anzurechnen (BGH **134**, 224; krit K. Schmidt NJW **97**, 2201).

12 **b) Ansprüche eines Gesellschafters aus einem Drittverhältnis** (§ 705 Rn 28; dort auch zu Einschränkgen der GeltdMachg) können **gegen das Gesellschaftsvermögen** alsbald u auch noch nach Auflösg der G (s § 730 Rn 6 f, § 733 Rn 3) geltd gemacht werden; DchSetzg s Rn 16. Nicht hierher gehören Anspr eines Gters wg Befriedigg eines GGläub (Rn 13, 14). – **Die übrigen Gesellschafter** haften für diese Anspr persönl als GesSchu (BGH NJW **83**, 749). Die Haftg entsteht unter den Vorauss Rn 8–11 sofort u primär, die Gter können den Gter-Gläub nicht auf das GVerm verweisen. Der Gter-Gläub kann einen MitGter aber nur auf den den eig VerlustAntl übersteigden FdgsBetr in Anspr nehmen; das gilt auch für den Zessionar, der nicht MitGter ist (BGH NJW **83**, 749, differenzierd Walter JZ **83**, 260).

13 **c) Ansprüche eines Gesellschafters aus dem Gesellschaftsverhältnis** (Abgrenzg zum DrittVerhältn § 705 Rn 28). Die Anspr auf Zahlg des AuseinandS- od des AbfindgsGuth unterliegen eig Regeln, §§ 730 ff, 736 ff. I ü gilt für EinzAnspr eines Gters aus dem GVerhältn: – **aa) Ansprüche gegen die Gesamthand.** Insow ist Befriedigg aus dem **Gesellschaftsvermögen** (Rn 2–5) alsbald mögl. Dies gilt zB für gesellschvertragl Anspr aus Schädigg des Gters durch die GeschF u auf AufwErs (§ 713 Rn 1, 10) od auf (rückständ) GewinnAntl (s a § 705 Rn 30, 32). Anspr auf AufwErs (§ 670) hat auch der Gter, der aus eig Mitteln eine Schuld der G erfüllt, zB um der Klage od Vollstr gg sich zu entgehen (§ 713 Rn 10; MüKo/Ulmer § 705 Rn 156). DchSetzg der Anspr Rn 16; nach Auflösg der G ist die DchSetzg grdsätzl ausgeschl, da die Anspr
14 Bestandt der AuseinandS sind (§ 730 Rn 6 f; BGH **37**, 299/304). – Gg die **übrigen Gesellschaftern persönlich** kann der berecht Gter diej Anspr verfolgen, die nicht auf vermögenswerte Leistgen gerichtet sind (§ 705 Rn 30). Bei Anspr auf vermögenswerte Leistgen kann er hingg eine (im Grds anteil, § 735) Befriedigg aus dem PrivVerm der übr Gter weder währd des Bestehens der G noch währd der AuseinandS (BGH **103**, 72; § 730 Rn 6 f, § 733 Rn 4) verlangen. Das folgt aus dem Zweck des GVerm sowie der Begrenzg der BeitrPfl im GVertr, § 707 (BGH **37**, 299; vgl auch §§ 721, I, II, 735: VerlustDeckgsPfl erst nach GEnde). And bei entspr Vereinbg, die auch stillschw getroffen od aus dem GZweck zu entnehmen sein kann (RG **151**, 328; BGH NJW **80**, 339). Allerd steht ihm für die Erf von GesHandSchulden mit eig Mitteln ein **Ausgleichsanspruch aus § 426 I** gg die and Gter zu, wenn er aus der G ausgeschieden ist od der G liquide Mittel zur Erf des AufwErsAnspr (Rn 13) nicht zur Vfg stehen (BGH **103**, 72 u NJW **80**, 339; s a § 426 Rn 8, 14); gg ausgeschiedene Gter besteht dieser Anspr nur bei Ausscheiden dch AntlsÜbertr u nur, wenn der AntlsErwerber die Verbindlichk des Ausgeschiedenen nicht mit befreiender Wirkg übern hat (BGH NJW **81**, 1095). § 707 steht nicht entgg, da der Zahlde dessen Geltg auch für sich selbst ins Feld führen kann. Jeder Gter haftet nur entspr seinem VerlustAntl, wobei der Ausfall eines Gters auf die zahlgsfäh umzulegen ist (BGH **37**, 299, MüKo/Ulmer § 705 Rn 178). Für die gem **§ 426 II** auf den leistden Gter übergegangene Fdg gelten
15 dieselben Beschrkgen (BGH **103**, 72; Habersack AcP **198**, 152/166). – **bb) Einzelansprüche eines Gesellschafters gegen einen anderen Gesellschafter,** zB auf SchadErs wg Verl des GVertr, können bis zur Auflösg der G jederzeit dchgesetzt werden, in der AuseinandS ist ihre GeltdMachg beschr (§ 730 Rn 6 f).

16 **5) Prozessuale Fragen** Vorbem 17 ff, 21 v § 709. – Für die **Vollstreckung in das Gesellschaftsvermögen** ist ein Titel gg alle Gter erfdl (ZPO 736). Die Titel können in versch Proz erwirkt sein. Vollstreckt ein Gter, genügt ein Titel gg die übr Gter (s Vorbem 17 v § 709). Für DrGläub ist es gleichgült, ob ihnen die Gter als solche haften, od ob sie aus and nicht mit der G zushängden Grd einen Anspr gg jeden der Gter haben (krit Brehm, KTS **83**, 21). Sie können, wenn sie einen Titel gg alle Gter haben, in das GVerm vollstrecken. Die eigentl GGläub haben auch keinen Anspr auf Vorwegbefriedigg aus dem GVerm vor den zufäll Gläub aller Gter (krit Winter KTS **83**, 349). Insolvenz der G s § 728.

719 *Gesamthänderische Bindung.*

I Ein Gesellschafter kann nicht über seinen Anteil an dem Gesellschaftsvermögen und an den einzelnen dazu gehörenden Gegenständen verfügen; er ist nicht berechtigt, Teilung zu verlangen.

II Gegen eine Forderung, die zum Gesellschaftsvermögen gehört, kann der Schuldner nicht eine ihm gegen einen einzelnen Gesellschafter zustehende Forderung aufrechnen.

1 **1) Begriff der Gesamthand, Beteiligung am Gesellschaftsvermögen.** Die Gter sind am GVerm als solchen u an den einz dazu gehör Ggst beteiligt. Der Anteil am GVerm stellt kein dingl Recht dar, da ein solches an einem Inbegriff von Sachen u Rechten (§ 718 Rn 1) nicht bestehen kann. Die Mitberechtigg der Gter bezieht sich auf die einz Ggst; dh die Sachen des GVerm stehen im GesHandEigt, die Fdgen u sonst Rechte sind solche der GesHand. Diese Mitberechtigg ergibt sich unabhäng von G-internen Vereinbgen (BayObLG NJW-RR **99**, 687) als gesetzl Folge der Mitgliedsch u ist von dieser nicht trennb; das GVerm ist

auch bei einem GterWechsel stets dem jeweil GterKreis zugeordnet (BGH NJW **99**, 715). Daher sind bei Ändergen im GterBestand hins der EinzGgst keine ÜbertrAkte erfdl (BayObLG **91**, 301 für GterEintritt), Erwerb u Verlust der Mitberechtigg stellen sich als gesetzl Folge des Erwerbs od Verlusts der Mitgliedsch dar (BGH NJW **97**, 860). § 738 I 1 bestimmt dies ausdr für das Ausscheiden eines Gters (dort Rn 1), ist aber nur eine Ausprägg eines allg Grds, der ebso für den Eintritt eines Gters (§ 736 Rn 6) u die Übertr der Mitgliedsch (Rn 7) gilt. GB-Berichtigg s § 705 Rn 24. – Die GesBerechtigg aller ist ungeteilt. Keiner hat ein selbstd, vom Recht der and Gter am GesHandVerm unabhäng TeilR an dem Inbegriff. Erst recht hat keiner ein solches TeilR (QuotenR) an den einz Ggst des GVerm. Vfgsberecht über den einz Ggst sind nur alle gemschaftl od die für die Gesamth der Gter VertretgsBerecht (§ 714 Rn 1). Die Vfg eines nicht vertretgsberecht Gters über einen EinzGgst kann kr gutgl Erwerbs des Dritten od gem § 185 Wirksamk erlangen.

2) Auswirkungen. – a) Keine Verfügung über den Anteil am Gesellschaftsvermögen, I Hs 1. 2
Dieser Anteil verkörpert die vermögensrechtl Seite der von ihm zu unterscheidden, umfassenderen Mitgliedsch (§ 717 Rn 1, 2; zur Vfg über sie Rn 6 ff); er ist von ihr nicht trennb. Das Verbot des Abs I führt nach einer Auffassg zur schwebden Unwirksamk der gleichwohl vorgen Vfg (BGH **13**, 179; Jauernig/Stürner Rn 7) mit der Möglichk der Gen dch die übr Gter (s a BGH NJW-RR **87**, 989). Nach heute wohl hM (MüKo/Ulmer Rn 2 f mwN) ist es zwingd, bezieht sich aber nicht auf Vfgen über die Mitgliedsch (Rn 6 ff). Die unwirks Vfg kann als Übertr od Verpfdg der gem § 717 S 2 abtretb EinzAnspr auszulegen u insow aufrechtzuerhalten sein (OGH MDR **48**, 394). **Pfändung** des Antls am GVerm (BGH **97**, 392, nach aA des GAnteils) ist mögl, ZPO 859 I 1, Wirkgen: § 725 Rn 2 ff. Die GesHandBerechtigg bleibt von der Pfdg unberührt. – **b) Keine Verfügung über den Anteil am Einzelgegenstand, I Hs 1.** Weder Übertr noch 3
Pfdg (ZPO 859 I 2) od Verpfdg sind mögl. Darin zeigt sich die geshänderische Bindg. Die Regelg ist zwingd, eine gleichwohl vorgen Vfg ist nichtig, § 134. Übergang der Berechtigg bei Ändergen im GterBestand, Vfgen über den EinzGgst Rn 1. – **c) Kein Anspruch auf Teilung, I Hs 2.** Zwingd. Bei GAuflösg, zB dch Künd 4
(§§ 723–725), kann der Gter die AuseinandS fordern, §§ 730 ff. – **d) Aufrechnung. II** stellt klar, daß der 5
Schu einer GesHandFdg mangels GgSeitigk (Düss ZIP **96**, 1749; § 387 Rn 4–7) gg Anspr der GesHand nicht mit dem eig Anspr gg einz Gter aufrechnen kann. Tut er es im Proz der GesHand gg ihn dennoch, wird die Verj seiner Fdg unterbrochen (BGH **80**, 222). Dagg kann er mit einer eig Fdg gg die G gg den Anspr eines Gters aufrechnen, wenn der Gter für diese als GesSchu haftet (MüKo/Ulmer Rn 12). – Aufr dch Gter mit GesHandAnspr s § 718 Rn 10.

3) Verfügungen über den Gesellschaftsanteil. Über ihn, dh die Mitgliedsch insges (§ 717 Rn 1), kann 6
der Gter verfügen, aber nur mit Zust der übr Gter; I Hs 1 steht nicht entgegen (Rn 2). – **a)** Selbstd **übertragbar** ist der Antl, od ein Teil davon (Ffm NJW-RR **96**, 1123), gem §§ 413, 398 dch Vertr zw Gter u Erwerber (BGH **44**, 229, **81**, 82; allg zum GterWechsel § 736 Rn 7 ff). Die erfdl Zust der übr Gter kann im GVertr enthalten sein, widerrufb nur aus wicht Grd (BGH WM **61**, 303), od gesondert, auch nachträgl erklärt w. Wirks wird die Übertr erst mit Zust des letzten Gters (für Rückwirkg gem § 184 MüKo/Ulmer Rn 21), bis dahin ist sie schwebd unwirks (BGH **13**, 179). Grdsätzl ist Zust aller Gter erfdl; soll MehrhBeschl ausreichen, muß der GVertr dies zweifelsfrei bestimmen (BGH WM **61**, 303; § 705 Rn 15 f). Je nach Inhalt der Vereinbg od Zust kann die Übertr von best Vorauss abhäng gemacht w, zB auf einen best PersKreis (BGH NJW-RR **89**, 1259) beschränkt od mit einem ÜbernahmeR dch and Gter verbunden w (Hamm NZG **99**, 712). – Die Verpfl zur Übertr od zum Erwerb der Mitgliedsch bedarf nicht der Zust (BGH BB **58**, 57). Auch not Form ist idR nicht erfdl, selbst wenn das GVerm im wesentl aus GrdBes besteht (BGH **86**, 367; § 313 Rn 9), and iF des § 518 für die Verpfl zur Übertr, wirks Übertr heilt den Mangel (Ffm NJW-RR **96**, 1123), ferner uU bei UmgehgsGesch. – **b)** Die **Wirkung** der Übertr besteht im Verhältn zu den übr Gtern darin, 7
daß der Erwerber als RNachf des übertragden Gters voll in dessen RStellg im InnenVerhältn einrückt (BGH NJW **99**, 715), soweit es sich nicht um höchstpers Rechte des Veräußerers (dazu gehört idR nicht die GeschFgsBefugn, MüKo/Ulmer Rn 33) handelt od die VertrPart hins abtrennb Anspr (§ 717 Rn 5 ff) od Verpfl (BGH **45**, 221, str) des Veräußerers abw vereinb haben. Auch an SchiedsVereinbgen ist der RNachf gebunden (BGH NJW **98**, 371). §§ 738, 739 sind im Verhältn zu den übr Gtern nicht anwendb, die vermrechtl Abwicklg findet nur zw Veräußerer u Erwerber statt (BGH NJW **81**, 1095). Sie richtet sich auch insoweit nach den getroffenen Vereinbgen, nicht nach §§ 738 f; daher ohne Vereinbg kein BefreiungsAnspr des Veräußerers gg den Erwerber (BGH NJW **75**, 166). Für die fehlerh AntlsÜbertr gelten die Grds über die fehlerh G (§ 705 Rn 19). – Dingl sind Erwerb bzw Verlust der geshänderischen Mitberechtigg am GVerm u dessen EinzGgst gesetzl Folge des Erwerbs bzw Verlusts der Mitgliedsch (Rn 1), daher kein gutgl Erwerb des AntlsErwerbers, zB bei zu Unrecht im GB eingetr Gtern (BGH NJW **97**, 860). – Haftg des Erwerbers ggü Dr wie § 736 Rn 6, dort auch zu MietVerhältn der G; Nachhaftg des Veräußerers § 736 Rn 10 ff. – Zul ist auch die Übertr aller MitgliedschR auf mehrere Erwerber unter Fortbestand der G (BGH **44**, 229) od auf einen Erwerber; im letztgenannten Fall erlischt die G ohne Liqui (Düss NJW-RR **99**, 619; § 705 Rn 1, Vorbem 1, 2 v § 723). Das gleiche gilt, wenn alle Gter einer PersGesellsch ihre Antle gleichzeit auf eine and, auch im wesentl persgleiche GbR übertragen (BGH NJW-RR **90**, 798). – **c)** Auch die **Belastung** des Antls ist mit 8
Zust der and Gter zul (Hamm DB **77**, 579), zB dch **Verpfändung** (§ 1280 gilt nicht, RG **57**, 415) od Bestellg eines **Nießbrauchs** (BGH NJW **99**, 571, Anm Lieber ZEV **99**, 71; s § 1068 Rn 4). In diesen Fällen verbleiben dem Gter die VerwR (§ 705 Rn 31) jedenf hins der GrdlGesch (§ 705 Rn 15; BGH NJW **99**, 571); für Gesch der laufden Verwaltg ist dies beim Nießbr str (K. Schmidt ZGR **99**, 601). Verhältn von Vfgen über den GAntl zur VorausAbtr von EinzAnspr § 717 Rn 7 f.

720 ***Schutz des gutgläubigen Schuldners.*** **Die Zugehörigkeit einer nach § 718 Abs. 1 erworbenen Forderung zum Gesellschaftsvermögen hat der Schuldner erst dann gegen sich gelten zu lassen, wenn er von der Zugehörigkeit Kenntnis erlangt; die Vorschriften der §§ 406 bis 408 finden entsprechende Anwendung.**

1 **Voraussetzung:** Erwerb für die G nach § 718 I (dort Rn 2 ff), auch bei zunächst nur mittelb Erwerb u erst späterer Übertr. Auszudehnen wie in §§ 1473, 2041 auch auf den Surrogationserwerb nach § 718 II (MüKo/Ulmer Rn 3, Soergel/Hadding Rn 3); nicht aber auf die Fdg aus unerl Hdlg; hier ist der Schu nur nach § 851 geschützt.

721 *Gewinn- und Verlustverteilung.* **[I] Ein Gesellschafter kann den Rechnungsabschluß und die Verteilung des Gewinns und Verlustes erst nach der Auflösung der Gesellschaft verlangen.**

[II] Ist die Gesellschaft von längerer Dauer, so hat der Rechnungsabschluß und die Gewinnverteilung im Zweifel am Schlusse jedes Geschäftsjahrs zu erfolgen.

1 **Begriffe:** Gewinn ist der Überschuß des GVerm über die GSchulden u Einlagen am Stichtag; Verlust das Umgekehrte. Sie ergeben sich aus dem Rechngsabschluß, dh einer den Verhältn der G angepaßten Bilanz sowie Gewinn- u Verlustrechng. Dieser ist somit Vorauss der Gewinn- bzw Verlustverteilg, sei es laufd od iR der AuseinandS (§ 730) od Abfindg (§ 738). Er ist dch die GeschF (Liquidatoren) zu erstellen (MüKo/Ulmer
2 § 721 Rn 6). – Der **Anspruch auf Feststellung und Verteilung des Gewinns** ergibt sich aus dem GVertr. Er besteht grdsätzl bei Auflösg der G (§§ 730 ff) sowie bei Ausscheiden eines Gters (§ 738) u ist dann Inhalt des Anspr auf AuseinandS bzw Abfindg; der festgestellte Gewinn deckt sich mit dem Überschuß gem § 734. Ob ein Anspr auf laufde Gewinnverteilg besteht, richtet sich nach dem GVertr, hilfsw nach den dispositiven Vorschr des § 721; somit mangels abw Vereinbg (Zust aller erfdl, da GrdlGesch, § 705 Rn 15) grdsätzl Anspr nur bei GAuflösg **(I)** u bei DauerG **(II)** am Schluß jedes GeschJ (iZw das KalJ). Die Abgrenzg von I u II entspricht derj von GelegenhG u DauerG (s § 705 Rn 36). Verj nicht nach § 197 (BGH **80**, 357). Verteilgs-Schlüssel § 722. Stets Zahlg nur aus dem GVerm, §§ 707, 734. Der Anspr ist abtretb (§ 717 S 2). Weitere
3 Einzelh § 705 Rn 30. – Der **Anspruch auf Rechnungsabschluß** ist Hilfs-(Vorbereitgs-)Anspr für die EinzAnspr auf Gewinnverteilg, AuseinandS, Abfindg u teilt deren Schicksal. Jeder Gter kann im eig Namen von den übr Gtern (§ 705 Rn 30), auch den von der GeschFg ausgeschl, Erstellg des Abschl u dessen Mitteilg an ihn selbst verlangen, sobald dies für die Gewinnfeststellg gem Rn 2 erfdl ist. Soweit die in Anspr gen Gter nicht selbst die Gesch geführt haben, haben sie die Erstellg dch die geschführden Gter zu veranlassen u ggf einschl des Fordernden dafür einzustehen. Der Anspr geht nicht auch auf Nachricht u Ausk, wie §§ 713, 666;
4 dafür besteht der Schutz des § 716. – **Nicht entnommener Gewinn** wird bei Fortbestehen der G, falls echter AuszahlgsAnspr bestand, GSchuld (§ 705 Rn 30), er erhöht dagg, falls der GVertr nichts and bestimmt, nicht die Einlage; anders HGB 120 II. – **Verlustausgleich**, auch wenn periodische Gewinnverteilg gilt (Rn 2), erst bei GEnde, wenn nichts and vereinb ist, §§ 707, 735; and HGB 120, 121.

722 *Anteile am Gewinn und Verlust.* **[I] Sind die Anteile der Gesellschafter am Gewinn und Verluste nicht bestimmt, so hat jeder Gesellschafter ohne Rücksicht auf die Art und die Größe seines Beitrags einen gleichen Anteil am Gewinn und Verluste.**

[II] Ist nur der Anteil am Gewinn oder am Verluste bestimmt, so gilt die Bestimmung im Zweifel für Gewinn und Verlust.

1 **Drei Möglichkeiten,** außer wenn die G keinen Gewinnzweck hat. – **a) Bestimmung durch Gesellschaftsvertrag,** auch dch konkludente Vereinbg u ergänzde Auslegg (BGH NJW-RR **90**, 736: gravierd ungleiche Einlagen als Indiz). Wer sie behauptet, hat sie zu beweisen. Spätere Änderg ist GrdlÄnderg (§ 705 Rn 15 f), auch stillschw denkb dch langjähr vom GVertr abweichde Übg (BGH NJW **66**, 826). Ungleichm Beteiligg, auch nach Gewinn u Verlust verschieden, ist mögl. GewinnAnspr eines Gters u Verlustbeteiligg, auch für einen AuseinandSVerlust (BGH WM **67**, 346), können ganz ausgeschl werden (MüKo/Ulmer
2 Rn 4). – **b)** Bei **unvollständiger Vertragsregelung** gilt die AusleggsRegel des **II.** – **c)** Bei **Fehlen**
3 **anderweiter Vertragsregelung** gilt Beteiligg am Gewinn u Verlust nach Köpfen **(I);** ergänzder Rechtssatz. Ausprägg des Grds der gleichm Behandlg der Gter, Beitragshöhe u -art sind unerhebl. Gilt nicht, wenn der GVertr die Höhe der Beteiligg bewußt für eine spätere Vereinbg, die dann nicht zustande kommt, offen läßt, auch wenn sich dies nur aus der VertrAuslegg ergibt (BGH NJW **82**, 2816).

Auflösung (§§ 723–729), Auseinandersetzung (§§ 730–735) und Beendigung

Vorbemerkung

1 **1) Auflösungs- und Beendigungsgründe.** Der Bestand der Gter ist GGrdl (§ 705 Rn 15). Desh sehen §§ 723 ff die Auflösg der G vor, wenn ein Gter dch Künd, Tod od Eröffng des InsVerf über sein Verm wegfällt, außerd bei Fortfall des GZwecks u bei Ins der G. Daneben gelten die allg Grd für die Lösg von SchuldVerh: Zeitablauf; Eintritt auflösder Bdgg; AufhebgsVertr (§ 305 Rn 7; ggf auch stillschw, Naumbg NZG **99**, 111) od AufhebgsBeschl (grdsätzl einstimm, § 705 Rn 15 f). Zu AbschlMängeln des GVertr u Rücktr § 705 Rn 13, 17 ff, § 723 Rn 4. Die G endet auch dch Vereinigg der GterStellg in einer Hand, insb dch Übertr (§ 719 Rn 6), Beerbg od Übernahme (§ 736 Rn 3); es gibt keine Einmann-GbR (§ 705 Rn 1). – Die RFolge der Auflösg ist grdsätzl dispositiv; das G läßt es aus praktischen Grd weitgehd zu, daß die Gter, ggf unter Ausscheiden des vom AuflösgsGrd betroffenen Gters, die G unter Wahrg von deren Identität fortsetzen, falls dies vereinb ist (§ 736 Rn 1). Daher **keine Auflösung** bei **Ausscheiden** u Ausschl eines Gters (§§ 736, 737), die AuseinandS erfolgt hier gem §§ 738–740. Auch nicht bei and Arten der Änderg im GterBestand (Übertr eines GAntls, § 719 Rn 6, Neueintritt eines Gters, § 736 Rn 5). Von der Auflösg/Beendigg zu unterscheiden ist auch der **Formwechsel** der GBR unter Wahrg ihrer Identität (§ 705 Rn 6).

2 **2) Auflösung, Auseinandersetzung, Beendigung.** Ist GVerm vorh (Regelfall), führt die Auflösg nicht zur (Voll-)Beendigg der G. Die geshänderische Verbundenh der Gter entfällt nicht kr Gesetzes, sie bedarf der

Lösg. Die den Antlen der einz Gter entspr VermWerte sind ihnen, nach Abwicklg der Beziehgen der G zu Dritten, dch EinzÜbertr zuzuführen. Dies ist Aufgabe u Inhalt der AuseinandS, §§ 730–735. Bis zu deren Abschl besteht die G als LiquidationsG fort, § 730 II. GZweck ist nunmehr die AuseinandS. Die VertrPfl der Gter entfallen, soweit ihre Erf zu diesem Zweck nicht mehr erfdl ist (BGH NJW **60**, 433). EinzAnspr der G od der Gter aus dem GVerhältn können nur noch beschr geltd gemacht werden (§ 730 Rn 6 ff). Erst mit Abschl der AuseinandS ist die G beendet. – **Keine Auseinandersetzung** in Form einer Liqui ist erfdl, wenn wie bei der InnenG kein GVerm vorh ist; ebso, wenn der GVertr tats nicht vollz worden ist (Ffm NJW-RR **96**, 101). Dann tritt sofort Vollbeendigg der G ein. Gleiches gilt, wenn die G dch Übertr aller GAntle auf einen Gter (§ 719 Rn 6) od Übern des GVerm dch einen Gter (§ 736 Rn 3; § 737 Rn 1) endet (Rn 1). Zum Anspr auf Abrechng in diesen Fällen § 705 Rn 35 (für InnenG). – Dch (auch konkludenten) **Fortsetzungsbeschluß** grdsätzl aller Gter (§ 705 Rn 15 f) kann sich die AuseinandSG unter Aufrechterhaltg ihrer Identität in eine werbde G zurückverwandeln, ggf mit Zust des InsVerw (§ 728 Rn 2). Dabei ist mit Zust aller, auch etwa nicht mehr teilnehmder Gter eine Änderg der ZusSetzg der Gter mögl (BGH WM **63**, 730). Allein in der Fortführg einer dch Zeitablauf aufgelösten G währd der Vhlgen der Gter über einen neuen GVertr liegt nur der Aufschub der Liqui bis zur Beendigg der Vhlgen, kein stillschw FortsetzgsBeschl (BGH NJW **95**, 2843). Nach Beendigg der AuseinandS ist nur Neugründg mögl.

3) Nachhaftung der Gesellschafter. § 736 II gilt nicht bei Auflösg der G (Seibert DB **94**, 461, BAG ZIP **98**, 1973/1976). Jedoch verjähren Anspr der GGläub entspr HGB 159 I, IV in 5 J ab Auflösg, falls sie nicht einer kürzeren VerjFr unterliegen (BFH NJW-RR **98**, 1185). FrBeginn mit Kenntn des Gläub von der Auflösg (BGH **117**, 168 für den Fall des Ausscheidens). 3

723 ***Kündigung durch Gesellschafter.*** **I Ist die Gesellschaft nicht für eine bestimmte Zeit eingegangen, so kann jeder Gesellschafter sie jederzeit kündigen. Ist eine Zeitdauer bestimmt, so ist die Kündigung vor dem Ablaufe der Zeit zulässig, wenn ein wichtiger Grund vorliegt. Ein wichtiger Grund liegt insbesondere vor,**

1. **wenn ein anderer Gesellschafter eine ihm nach dem Gesellschaftsvertrag obliegende wesentliche Verpflichtung vorsätzlich oder aus grober Fahrlässigkeit verletzt hat oder wenn die Erfüllung einer solchen Verpflichtung unmöglich wird;**
2. **wenn der Gesellschafter das 18. Lebensjahr vollendet hat.**

Der volljährig Gewordene kann die Kündigung nach Nummer 2 nur binnen drei Monaten von dem Zeitpunkt an erklären, in welchem er von seiner Gesellschafterstellung Kenntnis hatte oder haben mußte. Das Kündigungsrecht besteht nicht, wenn der Gesellschafter bezüglich des Gegenstandes der Gesellschaft zum selbständigen Betrieb eines Erwerbsgeschäftes gemäß § 112 ermächtigt war oder der Zweck der Gesellschaft allein der Befriedigung seiner persönlichen Bedürfnisse diente. Unter den gleichen Voraussetzungen ist, wenn eine Kündigungsfrist bestimmt ist, die Kündigung ohne Einhaltung der Frist zulässig.

II Die Kündigung darf nicht zur Unzeit geschehen, es sei denn, daß ein wichtiger Grund für die unzeitige Kündigung vorliegt. Kündigt ein Gesellschafter ohne solchen Grund zur Unzeit, so hat er den übrigen Gesellschaftern den daraus entstehenden Schaden zu ersetzen.

III Eine Vereinbarung, durch welche das Kündigungsrecht ausgeschlossen oder diesen Vorschriften zuwider beschränkt wird, ist nichtig.

1) Kündigung (Einf 8 v § 346) ist eine VerwaltgsBefugn (§ 705 Rn 31) jedes Gters. Ausübg, auch schon vor Invollzugsetzg der G (BGH WM **95**, 1277), dch einseit Erkl ggü allen and Gtern, ggf auch konkludent (Düss NJW-RR **98**, 658: Auszug aus gemeins gemieteter Wohng). Wirkg: Auflösg der G, sofern nicht and vereinb (§ 736), AuseinandS des GVerm (Vorbem 2 v § 723). Gilt eine KündFr, tritt diese Wirkg erst bei FrAblauf ein. Kein einseit Widerruf der Künd; die Gter können aber währd der KündFr (Zweibr NZG **98**, 939) od der AuseinandS (Vorbem 2 v § 723) die Fortsetzg der G beschließen (grdsätzl einstimm, § 705 Rn 15 ff; s a § 736 Rn 1). Künd u Ausschl eines Gters an deren Stelle (§ 737) sind eine abschließde Regelg, kein fakt Verlust der GterStellg gem § 242 (BGH NJW **98**, 3771). Künd u AbschlMangel des GVertr Rn 4. – I regelt 2 Fälle: 1

a) Gesellschaften auf unbestimmte Zeit. Künd ist jederzeit mögl. Ist sie für eine gewisse Zeit ausgeschl (Rn 3), gelten währd der AusschlZeit die Regeln für G auf best Zeit (Rn 3, 4); die Künd aus wicht Grd bleibt daher zul (Abs I 2, 6), sie kann, wenn ein wicht Grd fehlt, uU in eine ord Künd zum nächstzuläss Ztpkt umgedeutet werden (§ 140; BGH NJW **98**, 1551). Eine übermäß zeitl Beschrkg des KündR ist unwirks, der Gter kann dann nach S 1 künd. So bei der G auf LebZeit des Gters (§ 724 S 1); bei für die Dauer der G vereinb Unterbeteiligg (§ 705 Rn 51), wenn die Dauer der G weder zeitl noch dch ihren Zweck begrenzt ist (BGH **50**, 316). Die Grenze kann nur im EinzFall unter Berücks aller Umst (Interessen des Gters u Umfang seiner Pfl, Art u Zweck der G) bestimmt werden (MüKo/Ulmer Rn 47). – And KündBeschrkgen, zB auf Dauer Künd nur aus best Grd od Künd nur mit Zust eines Dr, sind unwirks (Abs III; näher Rn 7), auch bei Unterbeteiligg u InnenG (BGH DB **68**, 1529). 2

b) Gesellschaften auf bestimmte Zeit. Nach dem dch Art 1 Nr 1 MHbeG vom 25.8.98 (BGBl 2487; dazu Behnke NZG **99**, 244) mit Wirkg ab 1. 1. 1999 neu gefaßten I S 2 ist bei wicht Grd Künd stets u unbeschränkb (III) zul. Entspr Anwendg auf gesellschähnl Vertr § 705 Rn 9, auf and Vertr Einl 18 ff v § 241, § 626 Rn 1. – **aa) Bestimmte Zeit** bedeutet, daß die Gter für eine beschr Zeit ohne Beendiggs-Möglichk an die G gebunden sind (RG **136**, 236/241), zB dch Zulassg der Künd erst zu einem best Termin, dch Vereinbg einer KündFr od od auch nur dadch, daß bei einer auf unbest Zeit eingegangenen G währd best Zeit nach Tr u Gl ohne wicht Grd nicht gekündigt werden kann (BGH WM **67**, 316). Ist die Dauer der G beschr, zB dch Best einer Zeit nach dem Kalender, Eintritt ein best Ereign, Erreichen eines best Ziels (s a § 726 Rn 2), bedeutet dies idR (ggf AusleggsFrage), daß die Gter eine ord Künd G für diese 3

Zeit ausschließen wollten. Ein solcher Ausschl kann sich auch aus den Umst, insb dem GZweck ergeben (BGH **10**, 91). Abs I S 1 wird dadch praktisch sehr eingeschränkt. S 2 sichert dem Gter ein außerord KündR für die Zeit, in der die ord Künd ausgeschl ist. Bei übermäß Dauer der G besteht auch ein ord KündR (Rn 2). Ands kann die Vereinbg eines einseit R zur „HinausKünd" von Gtern ohne wicht Grd u ohne Anknüpfg an ein festes TatbestdsMerkmal je nach GZweck sittenwidr sein (BGH **125**, 74 für atypische
4 stille PublikumsG). – **bb) Wichtiger Grund:** wenn Fortsetzg bis zur nächsten ord BeendiggsMöglichk dem Kündigenden nach Tr u Gl nicht zuzumuten ist. In die Würdigg sind alle EinzUmst einzubeziehen, ua Zweck, Struktur u Dauer der G, Intensität der ZusArb, bis zur ord Beendigg verbleibder Zeitraum (BGH NJW **96**, 2573), die wirtsch Auswirkgen (BGH DB **59**, 110). Versch eines MitGters ist nicht Vorauss, jedoch sind die Urs des KündGrd zu berücksichtigen; wer allein, verschuldet od auch nur obj vertragswidr, den Streit veranlaßt hat, kann idR nicht aus wicht Grd kündigen (BGH WM **75**, 329; s a Mü NZG **98**, 937, **99**, 294). Das R zur Künd tritt bei der in Vollz gesetzten G an die Stelle des Rücktr- od AnfR bzw der gesetzl NichtigkFolge; ein solcher Mangel muß daher idR einen wicht Grd darstellen (§ 705 Rn 13, 18). Gleiches gilt, soweit der Gter einer PublikumsG eine Änd der GGrdl hinnehmen muß (§ 705 Rn 15). Ausr ist ferner, daß die nach dem GVertr vorausgesetzte u GZweck erfdl ZusArb der Gter nicht mehr mögl ist (BGH NJW **98**, 3771) od der GZweck sinnvoll nicht mehr erreicht w kann (Ffm NZG **99**, 492; s a § 726 Rn 2). Auch eine Verl der TreuePfl (§ 705 Rn 27) kann die Künd begründen, zB die Hintergehg der MitGter in gewinnsücht Abs (BGH MDR **60**, 204). Die **Beispiele** in Abs I S 3 (teilw neu, zus mit S 4 u 5 eingefügt dch das MHbeG, Rn 3) sind daher nicht abschließd. **Nr 1:** zB Mißbr der Vollm dch geschführden Gter (BGH WM **85**, 997); Schädigg, erhebl Gefährdg der G od nachhalt Störg des VertrauensVerh (BGH WM **66**, 29); wesentl Umgestaltg des GZwecks dch MehrhBeschl (BGH WM **80**, 868). **Nr 2** (dazu Grunewald ZIP **99**, 597) sichert dem mj Gter im ZusHang mit § 1629a aus verfassgsrechtl Grd (BVerfG **72**, 155) dch Fiktion eines wicht Grd die Möglichk, aus der G auszuscheiden u dadch die HaftgsRisiken aus iR der G eingegangenen RGesch zu beschränken (s § 736 II), auch wenn die ord Künd ausgeschl ist. –
5 **cc) Ausgeschlossen** gem S 5 ist die Künd nach Nr 2, wenn der Mj die G bereits bish mit gerichtl Gen wie ein Vollj betrieben hat (§ 112; nicht auch bei and gerichtl gen Gesch, BT-Drs 13/5624, krit Habersack/Schneider FamRZ **97**, 649/652), od der GZweck allein der Befriedigg seiner pers Bedürfn dient, da in diesen Fällen auch die HaftgsBeschrkg des § 1629a entfällt (näher die Erläut dort). Ferner gem S 4 nach Ablauf der AusschlFr (Übbl 7 v § 194) von 3 Mo. Sie läuft bei Kennt od fahrl Unkenntn (§ 122 II) der GterStellg ab Vollendg des 18. LebJ (Berechng § 187 II, 188 II), sonst ab KenntnErlangg (Berechng § 187 I, 188 II). Die KündErkl muß in der Fr allen and Gtern zugehen (§ 130). – Auch iü muß das KündR in **angemessener Frist** (dh mit angem Bedenkzeit für den KündBerecht, BGH WM **65**, 976) ausgeübt werden (§ 242 Rn 102), da andernf Wegfall des KündGrd zu vermuten ist (BGH NJW **99**, 2820); BewL für Nichtwegfall nach FrAblauf beim KündBerecht (BGH NJW **66**, 2160). Nachschieben v im Ztpkt der Künd obj vorh KündGrd ist zul (Mü NZG **98**, 937; s a § 626 Rn 14, 32).

6 **2) Kündigung zur Unzeit** gem **Abs II** ist in den Fällen der Rn 2 wie 3 grdsätzl wirks, verpflichtet aber uU zum SchadErs. Sie kann im EinzFall als RMißbr (s § 242 Rn 74) unwirks sein, eine Unterscheidg zw diesem u dem Normalfall der zwar unzeitgem, aber wirks Künd ist praktisch nur schwer mögl (BGH NJW **54**, 106). Unzeitig ist die Künd, wenn ihr Ztpkt die gemschaftl Interessen der Gter verletzt (MüKo/Ulmer Rn 35, Staud/Keßler Rn 36). Zu ersetzen ist der Schad, der dch die Wahl gerade dieses KündZtpkt den einz MitGtern entsteht. – Keine SchadErsPfl, wenn für den Ztpkt der KündErkl ein wicht Grd besteht. Wer eine vorzeit Künd schuldh veranlaßt hat, ist der GesHand od einz Gtern zum SchadErs verpflichtet (RG **162**, 395).

7 **3) III,** entspr anwendb auf stille G (BGH **23**, 10), OHG u KG (BGH **116**, 359), regelt die Unverzichtbark des KündR; zeitl Beschrkg des ord KündR verbietet er nicht (BGH **10**, 91; Rn 2). Die unwirks Beschrkg kann liegen in Belastg mit Austritts- od AbfindgsGeld od VertrStrafen; in der Möglichk unbegrenzter Verlängerg der G dch MehrhBeschl (BGH NJW **73**, 1602); in schwerwiegder Einengg der Freih, sich zur Künd zu entschließen, dch wirtsch nachteil Folgen, zB viel zu geringe Abfindg des Kündigden (BGH **116**, 359, NJW **93**, 2101; Bsp: Buchwert bei erhebl MißVerh zum Verkehrswert), überhöhte Abfindg des and Gters (Bambg NZG **98**, 897), Recht der übr Gter, entw den Antl des Kündigden zu einem dch Sachverst zu bestimmden Pr zu übernehmen od diesen auf eine an ihre Zust gebundene Veräußerg des Antls an Dritte zu verweisen (Hbg OLGZ **94**, 165). Dagg keine gesetzwidr Beschrkg des KündR, wenn Gter einer KapitalG eine SchutzGemsch in Form einer GbR ohne GesHandVerm eingehen u vorsehen, daß ein Mitgl seine der VertrBindg unterliegden KapitalGAntle vor Veräußerg an einen Dr allen übr Mitgl der Gemsch anbieten muß (BGH **126**, 226); od wenn der stille Gter nach Künd bis zum Ablauf der KündFr die Umwandlg in eine Kommanditbeteilgg verlangen darf, die selbst mit einer Fr von 6 Mo zum Ende des GeschJ kündb ist (BGH WM **83**, 170).

724 ***Kündigung bei Gesellschaft auf Lebenszeit oder fortgesetzter Gesellschaft.*** **Ist eine Gesellschaft für die Lebenszeit eines Gesellschafters eingegangen, so kann sie in gleicher Weise gekündigt werden wie eine für unbestimmte Zeit eingegangene Gesellschaft. Dasselbe gilt, wenn eine Gesellschaft nach dem Ablaufe der bestimmten Zeit stillschweigend fortgesetzt wird.**

1 **Satz 1:** Wg übermäß Bindg ist die G jederzeit kündb, wie § 723 I 1. Zwingd. – **Satz 2:** nicht zwingd. Ähnl § 625. Die Identität der G bleibt. – Über Fortsetzg in sonstigen Fällen Vorbem 2 v § 723.

725 ***Kündigung durch Pfändungspfandgläubiger.*** **I Hat ein Gläubiger eines Gesellschafters die Pfändung des Anteils des Gesellschafters an dem Gesellschaftsvermögen erwirkt, so kann er die Gesellschaft ohne Einhaltung einer Kündigungsfrist kündigen, sofern der Schuldtitel nicht bloß vorläufig vollstreckbar ist.**

II Solange die Gesellschaft besteht, kann der Gläubiger die sich aus dem Gesellschaftsverhältnis ergebenden Rechte des Gesellschafters, mit Ausnahme des Anspruchs auf einen Gewinnanteil, nicht geltend machen.

1) Pfändung. § 725 bezieht sich nur auf die Pfdg dch PrivGläub des Gters, nicht auf die dch einen GGläub (MüKo/Ulmer Rn 1). Unpfändb ist der Antl eines Gters an einz Ggst des GVerm (§ 717 Rn 3), ZPO 859 I 2. Dagg ist der Antl am GVerm als Ganzen (§ 717 Rn 2; nach aM der GAntl selbst, § 717 Rn 1, MüKo/Ulmer Rn 7 f) der Pfdg unterworfen, ZPO 859 I 1. DchFührg der Pfdg nach ZPO 857, 829 (BGH WM **86**, 719). Für die Wirksamk der AntlsPfdg reicht Zustellg des PfdgsBeschl an die geschführden Gter aus, weil die Pfdg des Antls nicht die GGrdl, sondern die GeschFg betrifft (BGH **97**, 392, MüKo/Ulmer Rn 10; aA RGRK/v Gamm Rn 2). – Zu der in Einzelh abw Regelg bei der OHG HGB 135. 1

2) Wirkungen. Die Pfdg des Antls berecht den Gläub zur GeltdMachg des GewinnAntls (II) u zur Künd der G (I) u betrifft somit die vermögensrechtl Beteiligg des Gters am GesHandVerm, da ihn der Gläub aus wicht Rechten wie Gewinnausschüttg u Auszahlg des EndGuth verdrängt (Wiedemann WM **75**, Sonderbeilage 4 S 32). Sie betrifft nicht die aus der Mitgliedsch fließden korporativen Rechte, insb die Verw- u InformationsR des Gters. Sie verschafft dem Gläub auch kein dingl R an den Ggst des GVerm, die Gter können über sie weiterhin verfügen (Hamm DB **87**, 574). – **a) Während Bestehens** der G **(II)** kann der Gläub nur den schuldrechtl Anspr auf den GewinnAntl geltd machen, nach Überweisg des Antls (ZPO 857) oder des GewinnAnspr (ZPO 829) kann er Zahlg fordern. Die VerwaltgsR des Schu erhält der Gläub nicht (§ 717 Rn 8 f). – **b)** Ein **Recht zu fristloser Kündigung** der G erlangt der Gläub dch die Pfdg des Antls 3 **(I);** Überweisg ist dazu nicht nöt. Die Pfdg muß wirks, der Titel rechtskr sein. – Zwingd. Grd: das GläubInteresse, wie in § 728. – Das PfdR am Antl verwandelt sich dch die Künd in ein solches an dem Anspr des Gters, AuseinandS zu verlangen, § 1273. Auch hier erhält der Gläub die VerwaltgsR des Gters nicht (BGH **116**, 222). Nach Überweisg kann er, jedenf wenn die G nur über einen einz VermGgst verfügt, die AuseinandS unmittelb herbeiführen, dh von den übr Gtern Duldg der öff Veräußerg u Auszahlg des AuseinandSGuth verlangen (BGH **116**, 222). Ein dingl R an den Ggst des GVerm erwirbt er auch hier nicht. Die an die G zu Händen der geschführden Gter gerichtete Künd wird wirks, sobald alle Gter von ihr Kenntn erlangt haben (BGH NJW **93**, 1002). Die Künd führt zur Auflösg der G. Bei entspr Vereinbg im GVertr besteht sie unter Ausscheiden des Gter-Schu fort, sein Gläub hat Anspr auf Auszahlg des AbfindgsGuth (MüKo/Ulmer Rn 16 a). Entsprechdes gilt bei der 2-Mann-G für ein vereinb ÜbernR (RGRK/v Gamm Rn 6; vgl § 736 Rn 1–4). – **c) Ablösungsrecht der Mitgesellschafter.** Sie dürfen den PrivGläub des Gter-Schu befriedigen 4 mit der Folge, daß dessen Anspr samt PfdR auf sie übergeht, § 268. Die Gter sind nach Befriedigg des Gläub auch ohne seine Zust nicht gehindert, die Fortsetzg der G mit dem Gter-Schu zu vereinb od ihn wieder aufzunehmen. Im EinzFall kann ihm sogar ein Anspr darauf zustehen (BGH **30**, 195). – **d) Rang** ggü Vfgen 5 über Anspr auf Gewinn od AuseinandSGuth, die der Pfdg vorangehen, s § 717 Rn 7 ff. 2

726 *Auflösung wegen Erreichens oder Unmöglichwerdens des Zwecks.* **Die Gesellschaft endigt, wenn der vereinbarte Zweck erreicht oder dessen Erreichung unmöglich geworden ist.**

Zwingend (BGH WM **63**, 730); jedoch können die Gter die Fortsetzg der G beschließen (Vorbem 2 v 1 § 723). Gilt auch für den nichtrechtsf Verein. – **Die Unmöglichkeit** muß offenbar, also nicht nur vorübergehd sein (BGH NJW **82**, 2821). Fehlen der erfdl GMittel führt zur Unmöglichk nur, wenn endgült feststeht, daß die Gter zu den nötigen weiteren Einlagen, zu denen sie nach § 707 nicht verpflichtet sind, nicht bereit sind (RG JW **38**, 1522). Bei der BauherrenGemsch (§ 705 Rn 38) ist der Zweck, selbst wenn dies im GVertr so vereinb ist, mit der Bezugsfertigk noch nicht erreicht, solange noch nicht alle Gter das geschuldete Kapital erbracht haben (BGH WM **88**, 661). – Feststellg der Unmöglichk vielf praktisch schwierig. Jedenf stets Künd nach § 723 mögl. Fehlen der Rentabilitätsaussicht ist noch nicht Unmöglichk. 2

727 *Auflösung durch Tod eines Gesellschafters.* **I Die Gesellschaft wird durch den Tod eines der Gesellschafter aufgelöst, sofern nicht aus dem Gesellschaftsvertrage sich ein anderes ergibt.**

II Im Falle der Auflösung hat der Erbe des verstorbenen Gesellschafters den übrigen Gesellschaftern den Tod unverzüglich anzuzeigen und, wenn mit dem Aufschube Gefahr verbunden ist, die seinem Erblasser durch den Gesellschaftsvertrag übertragenen Geschäfte fortzuführen, bis die übrigen Gesellschafter in Gemeinschaft mit ihm anderweit Fürsorge treffen können. Die übrigen Gesellschafter sind in gleicher Weise zur einstweiligen Fortführung der ihnen übertragenen Geschäfte verpflichtet. Die Gesellschaft gilt insoweit als fortbestehend.

1) Gesetzliche Regelung. Tod eines Gters löst die G auf **(I Hs 1).** Bei jur Pers u PersGesellsch des HandelsR als Gtern steht Vollbeendigg, nicht schon Auflösg gleich (BGH **84**, 379). Der Erbe, bei mehreren Erben die ErbenGemsch (BGH NJW **82**, 170) tritt in der LiquidationsG an die Stelle des verstorbenen Gters; GB-Berichtigg § 705 Rn 24. Verschollenh od Eintr der GeschUnfgk eines Gters lösen nicht auf. – **II** enthält ÜbergRegelgen bis zur Beendigg, näml die Pfl zu Anz, Fortsetzg der GeschFg u die Fiktion des Weiterbestehens der G. 1

2) Abweichende Vereinbarungen sind zuläss **(I Hs 2).** Einzelh § 1922 Rn 15 ff. Zu den Auswirkgen 2 auf PflichttR übergangener Erben Winkler BB **97**, 1697. – Der GVertr kann die **Fortsetzung der Gesellschaft** unter den übr Gtern vorsehen (§ 736 I, dort Rn 1 ff); dann Abfindg der Erben gem §§ 738–740. – Die Gter können die **Vererblichkeit des Gesellschaftsanteils** vereinbaren (zu dessen Übertragbark § 719 3

Rn 6). Dann wird der Erbe mit dem Tod des Erbl dch Singularzession Gter, jedoch bleibt der GAntl weiterhin dem Nachlaß zugeordnet (§ 1922 Rn 20, str). Eine abw von §§ 709, 714 getroffene Regelg der GeschFgs- u VertretgsBefugn gilt für u gg den Erben, außer sie war auf die bes Fähigk od Eigensch des Erbl abgestellt (RGRK/v Gamm Rn 8). Bei mehreren Erben geht der Antl mit dem Tod des Gters unmittelb auf diese als EinzNachf (BGH NJW **99**, 571) über; Gter wird abw von § 1922 jeder Miterbe einzeln entspr der Miterbenquote, weil die ErbenGemsch als solche nicht Mitgl einer GbR sein kann (BGH **22**, 186/192). Es kann vorgesehen sein, daß nur einz Erben od ein vom verstorbenen Gter (zB dch letztwill Vfg) bestimmter Erbe Gter wird; dann ggf AbfindgsAnspr der übr Erben gg diesen (BGH **68**, 225). NachlVerwaltg bei GAntlen
4 § 1985 Rn 4, TestVollstr § 2205 Rn 14. – Schließlich kann ergänzd zur Fortsetzg der G ein **Eintrittsrecht** der Erben, einz Erben od eines Dritten vereinb sein, wobei die Bestimmg des Berecht dem Gter überlassen sein kann (zB dch Vermächtn, BGH NJW-RR **87**, 989). Dies entspricht den gesellschrechtl Konstruktionsmöglichk (§ 736 Rn 5, 8). Hingg ist eine unmittelb RNachf auf den Todesfall in den GAntl dch einen Nichterben nur mit dessen Zust mögl, weil es weder Vfgen zG noch Vertr zu Lasten Dritter gibt (BGH **68**, 225); erfdl ist die Übertr der Mitgliedsch dch Vertr zw Gter und Nachfolger (§ 719 Rn 6), aufschiebd bdgt dch den Tod des Gters. Die Zust der übr Gter liegt in der Nachf- bzw Eintrittsklausel des GVertr, kann aber auch nachträgl erteilt werden.

728 ***Insolvenz der Gesellschaft oder eines Gesellschafters.*** **I Die Gesellschaft wird durch die Eröffnung des Insolvenzverfahrens über das Vermögen der Gesellschaft aufgelöst. Wird das Verfahren auf Antrag des Schuldners eingestellt oder nach der Bestätigung des Insolvenzplans, der den Fortbestand der Gesellschaft vorsieht, aufgehoben, so können die Gesellschafter die Fortsetzung der Gesellschaft beschließen.**

II Die Gesellschaft wird durch die Eröffnung des Insolvenzverfahrens über das Vermögen eines Gesellschafters aufgelöst. Die Vorschriften des § 727 Abs. 2 Satz 2, 3 finden Anwendung.

1 **1) Insolvenz der Gesellschaft, Abs I.** Lit: Prütting ZIP **97**, 1725; K. Schmidt ZGR **98**, 633. – Im Ggs zum fr Recht (KO 209 I; näher 57. Aufl Rn 1) ist die GbR mit ihrem GVerm (dh nicht die InnenG, § 705 Rn 33) ab Inkrafttr des InsO zum 1. 1. 1999 insolvenzfäh (InsO 11 II Nr 1). § 728 wurde daher dch Art 33 Nr 21 EGInsO neu gefaßt. Insolvenzantrberecht ist außer den Gläub jeder Gter (InsO 15 I). Mit dem Beschl über die Eröffng des InsVerf (InsO 27), nicht aber mit der Abl der Eröffng mangels Masse (InsO 26; BGH **75**, 178 zur KO) wird die G zwingd aufgelöst (I 1). Davon zu unterscheiden ist das InsVerf über das PrivVerm eines Gters (dazu Abs II u Rn 2). EröffngsGrd sind ZahlgsUnfähigk des GVerm (InsO 17), bei Antr der G auch drohde ZahlgsUnfähigk (InsO 18), uU Überschuldg (InsO 19 III). Bei Eröffng tritt an die Stelle der AuseinandS das InsVerf (§ 730 Rn 1). Währd des InsVerf können SozAnspr (§ 705 Rn 29), aber auch die pers Haftg der Gter für (alte) GSchulden (§ 718 Rn 6 ff; HaftgsBeschrkg, § 714 Rn 4, wirkt auch hier) nur dch den InsVerw geltd gemacht werden (InsO 93, der weitgehd HGB 171 II entspricht; and bei zusätzl BüHaftg des Gters, Theisen ZIP **98**, 1625). Hins der Haftg eingefordert werden dürfen nur die Betr, die unter Berücksichtigg der vorh InsMasse zur Befriedigg aller InsGläub erfdl sind (BT-Drucks 12/2443 S 140). Für nach InsEröffng entstehde (neue) Verbindlichk haftet nur das GVerm (Prütting ZIP **97**, 1725/1732). Nach VerfAufhebg kann die pers Haftg wieder unbeschr geltd gemacht werden (InsO 201 I); soweit allerd aGrd eines InsPlans die GGläub befriedigt werden, erlischt auch die pers Haftg der Gter (InsO 227 II). Wird das InsVerf auf Antr der G eingestellt (InsO 212, 213) od nach Bestätigg (InsO 248 ff) eines den Fortbestand der G vorsehden InsPlans (InsO 221) aufgeh, können die Gter Fortsetzg der G beschließen (I S 2).

2 **2) Insolvenz des Gesellschafters, Abs II.** Auch hier wird mit Eröffng des InsVerf (Rn 1) gem Abs II S 1 die G aufgelöst. Gilt nach hM auch für atypische G ohne GesHandVerm (aA Wernicke WM **81**, 862). Bei entspr Vereinbg im GVertr (Hamm BauR **86**, 462) ist Fortsetzg unter den übr ohne, sonst nur mit Zust des InsVerw mögl. Fortsetzg auch mit GemeinSchu ist nicht mögl. S a § 736 Rn 1. – Der Antl des GemeinSchu an der G, bei Fortsetzg sein AbfindgsAnspr, fällt in die Masse. AuseinandS außerh des InsVerf mit der Folge eines AbsondergsR der MitGter (InsO 84 I). Die Masse hat Anspr auf den Überschuß. – Abs II S 2 regelt dch Verweisg für die Übergangszeit GeschFg u Fiktion des Fortbestands. Anspr des geschführden Gters InsO 118. – Zur GeschFg ist jetzt Mitwirkg des InsVerw erfdl, § 730 II 2.

729 ***Fortdauer der Geschäftsführungsbefugnis.*** **Wird die Gesellschaft aufgelöst, so gilt die Befugnis eines Gesellschafters zur Geschäftsführung zu seinen Gunsten gleichwohl als fortbestehend, bis er von der Auflösung Kenntnis erlangt oder die Auflösung kennen muß. Das gleiche gilt bei Fortbestand der Gesellschaft für die Befugnis zur Geschäftsführung eines aus der Gesellschaft ausscheidenden Gesellschafters oder für ihren Verlust in sonstiger Weise.**

1 Die dispositive Vorschr des § 729 gilt seit ihrer Änderg zum 1. 7. 1998 dch Art 1 HRefG für alle AuflösgsFälle (S 1), auch die allg (Vorbem 1 v § 723), u alle sonst Fälle, in denen ein Gter die GeschFgsBefugn verliert, zB dch Ausscheiden (§ 736) od Entziehg (§ 712), unabhäng von der Grdl der Befugn (Gesetz, § 709, od GVertr, Vorbem 3 ff v § 709). Ähnl Regelg in § 674, die Erläut dort gelten entspr. – Auch die aus der GeschFg folgde VertretgsMacht (§ 714) gilt iZw als fortbestehd, außer ggü Bösgläub, § 169. BewL für Bösgläubigk, wer sie behauptet.

730 ***Auseinandersetzung; Geschäftsführung.*** **I Nach der Auflösung der Gesellschaft findet in Ansehung des Gesellschaftsvermögens die Auseinandersetzung unter den Gesellschaftern statt, sofern nicht über das Vermögen der Gesellschaft das Insolvenzverfahren eröffnet ist.**

II Für die Beendigung der schwebenden Geschäfte, für die dazu erforderliche Eingehung neuer Geschäfte sowie für die Erhaltung und Verwaltung des Gesellschaftsvermögens gilt die Gesellschaft

als fortbestehend, soweit der Zweck der Auseinandersetzung es erfordert. Die einem Gesellschafter nach dem Gesellschaftsvertrage zustehende Befugnis zur Geschäftsführung erlischt jedoch, wenn nicht aus dem Vertrage sich ein anderes ergibt, mit der Auflösung der Gesellschaft; die Geschäftsführung steht von der Auflösung an allen Gesellschaftern gemeinschaftlich zu.

1) Allgemeines zur Auseinandersetzung Vorbem 2 v § 723. Die AuseinandS in Form einer Liqui ist 1 stets erfdl, wenn GVerm vorh ist; andernf besteht grdsätzl jedenf ein Anspr auf Abrechng u Auszahlg des AbfindgsGuth (s § 705 Rn 35 für InnenG). Bei Auflösg der G dch Eröffng des InsolvenzVerf (§ 728 I, dort Rn 1) tritt dieses an die Stelle der AuseinandS (Abs I, geänd dch Art 33 Nr. 22 EGInsO), soweit nicht nach Abschl des InsVerf ausnahmsw ein Überschuß verbleibt (BGH **93**, 159/164). Die gesetzl AuseinandSRegeln betreffen nur das InnenVerh der Gter; sie sind nicht zwingd (§ 731 S 1). – Jeder Gter hat einen **Anspruch** 2 **auf Vornahme der Auseinandersetzung** entspr den vertragl Vereinbgen (§ 731 Rn 2), sonst gem u in Reihenfolge der gesetzl Regelg (§ 731 Rn 3). Der Anspr ist nicht übertragb (§ 717 Rn 4), er besteht gg alle übr Gter. Von ihm zu unterscheiden ist der Anspr auf Auszahlg des AuseinandSGuth (Rn 5). – Die **Gläubiger** der G haben kein Recht auf Vornahme der AuseinandS nach Vertr od Gesetz od überh, da sie dch die meist gesschuldnerische pers Haftg der Gter gesichert sind (s a § 733 Rn 2).

2) Durchführung. – a) Durch alle Gesellschafter als GeschF (II 2), auch wenn die GeschFg zuvor and 3 geregelt war (vgl aber § 729); ihnen steht nunmehr GeschFg u Vertr gemschaftl zu (BGH WM **63**, 249). Anspr gg Dr kann also grdsätzl nicht der einz Gter allein geltd machen (Zweibr OLGZ **73**, 316; Vorbem 17 v § 709). Keine bes Liquidatoren. And Regelg aber mögl (Köln NJW-RR **96**, 27). VergütgsAnspr für GeschFTätigk gibt es auch hier (s § 713 Rn 1) nur, wenn vereinb (BGH WM **67**, 684). Das MitwirkgsR eines GemeinSchu (§ 728 II) wird dch den InsVerw ausgeübt; das der Erben kann iF des § 727 I zu den Befugn des TestVollstr gehören, iF einer Nachfolgeklausel steht es den Erben zu (BGH NJW **81**, 749).

b) Mitwirkungspflicht. Die Vornahme der AuseinandS u Mitwirkg bei ihr ist Pfl jedes zu ihr berufenen 4 Gters (Rn 2), daher ist Austritt aus der AbwicklgsG durch Künd ausgeschl (BGH WM **63**, 728); ebso ZbR gg Anspr auf eine zur Abrechng erfdl Ausk (BGH WM **69**, 591). Bei Weigerg Klage auf AuseinandS gg die Widerstrebden. Nöt ist ein vollstreckgsfäh KlAntr auf Vornahme best AuseinandSHdlgen od auf Mitwirkg dabei (Hamm BB **83**, 1304). Zur Vornahme der AuseinandS ist der RechngsAbschl erfdl, der wieder die RechngsLegg voraussetzt (s § 721 Rn 1, § 713 Rn 6, 7). Das Urt spricht nur die Verpfl zur Mitwirkg an best AuseinandSHdlgen aus, nimmt diese selbst aber nicht vor. Ist der Kl dazu in der Lage, war er zB geschführder Gter, so kann er auf Zust zu einem best AuseinandSPlan, weitergehd auch auf Mitwirkg bei den etwa erfdl AuseinandSHdlgen klagen; Vollstr dann nach ZPO 894. Aber auch sonst wird die Klage Anlaß geben, die Pfl u Anspr der einz Gter ggü der G, auch SchadErsAnspr, klarzustellen. Im Streitfall hat Kl das VorhSein von GVerm darzulegen u nachzuweisen. EinzAnspr eines Gters gg einen and § 733 Rn 6.

c) Zahlung des Auseinandersetzungsguthabens. Anspr darauf entsteht mit der Auflösg der G (§ 717 5 Rn 7), kann aber grdsätzl erst nach Erstellg der AuseinandSBilanz (§ 734 Rn 1) hins des abschließden Saldos geltd gemacht werden (BGH NJW **95**, 188). Ausn: wenn dch die Kl das Erg der AuseinandS in zul Weise vorweggen u dadch ein weiteres AuseinandSVerf vermieden wird, so wenn sich das Guth jedes Gters ohne bes AbrechngsVerf ermitteln läßt (BGH WM **65**, 794), zB weil keine GVerbindlichk mehr vorh ist u es nur noch um die Verteilg des letzten VermGgst der G od den Ausgl für Aufw (BGH NJW-RR **90**, 736) geht; wenn die Gter über eine best Art der AuseinandS einig sind, insb dahin, daß der eine das GVerm übernimmt u der and abgefunden wird (§ 731 Rn 2); wenn sich ein Gter den wesentl Teil der immat Güter des GUnternehmens ohne GgLeistg zunutze macht (BGH NJW-RR **95**, 1182). Bei 2-Mann-G dann Kl unmittelb gg den and Gter (BGH NJW **99**, 1180).

d) Inhalt der Auseinandersetzung. Die Anspr der G gg die Gter u die Anspr der Gter gg die GesHand, 6 die im GVerhältn gründen, werden in einem einheitl Verf (zum Ablauf § 731 Rn 1 ff) klargestellt. Gesondert dchsetzb sind solche Anspr nur noch, soweit dies mit dem nunmehr auf Abwicklg gerichteten GZweck vereinb ist (MüKo/Ulmer Rn 21). Diese DchSetzgsSperre gilt auch für die Ermittlg des AbfindgsAnspr bei InnenG (BGH WM **76**, 789, Celle NZG **99**, 650) u bei Ausscheiden eines Gters aus einer 2-MannG (BGH NJW **92**, 2757). – **Einzelansprüche eines Gesellschafters** gg die G od einen and Gter, die im GVerhältn 7 ihre Grdl haben, sind grdsätzl nur noch RechngsPosten u bedeuts allein für die Feststellg des AuseinandSGuth (BGH **37**, 299/304 u NJW **98**, 376). Sie können zur Klarstellg der AbrechngsGrdl Ggst einer pos od negat FeststellgsKl sein, Leistg kann der Gter grdsätzl nicht mehr verlangen (BGH NJW **85**, 1898); eine entspr LeistgsKl kann in eine FeststellgsKl umgedeutet werden (BGH NJW **95**, 188). Diese DchSetzgsSperre erfaßt grdsätzl alle in die AuseinandS einzubeziehden gesellschvertragl Anspr gg die G od MitGter; so die Anspr auf Ers von Aufw für die G, auch soweit sie sich ausnahmsw gg MitGter richten (BGH WM **76**, 789; s § 713 Rn 10, § 718 Rn 13 f), Anspr eines Gters auf Ausgl nach § 426 I u übergegangene Anspr des Gläub der G (§ 718 Rn 14; BGH **103**, 72, Besprechg Hadding u Häuser WM **88**, 1585), SchadErsAnspr des Gters aus dem GVerhältn auch unmittelb gg einen and Gter (MüKo/Ulmer Rn 41, aA BGH NJW **62**, 859 für Anspr, denen kein Anspr der G entspricht), weil auf and Weise ein EndErg – ob der Gter-Gläub od die G noch etwas zu fordern hat – nicht zu gewinnen ist. Anspr eines Gters aus einem mit der G abgeschl DrittGesch (§ 705 Rn 28) werden nur erfaßt, wenn dieses Gesch im Hinbl auf das GVerhältn abgeschl ist (BGH NJW-RR **86**, 456 für GterDarl). – Ausnahmsw kann ein Gter einen EinzAnspr isoliert geltd machen, wenn feststeht, daß er das auf diese Weise Erlangte keinesf zurückerstatten muß, unabhäng davon, ob Grd u Höhe dieses Anspr bestr sind (BGH NJW-RR **88**, 1249). Das gilt etwa, wenn nach Sinn u Zw der gesellschvertragl Best der Anspr auch iF der Auflösg der G seine Selbständigk behalten soll (BGH NJW **98**, 376), zB bei Herausg von GeschUnterlagen (Hbg BB **72**, 417). ZahlgsAnspr können selbstd geltd gemacht werden, wenn schon vor Beendigg der AuseinandS feststeht, daß dem Gter ein dem geforderten Betr entspr MindestBetr aus dem GVerm in jedem Fall zusteht (BGH NJW-RR **93**, 1187); ist diese Vorauss unklar, muß der klagde Gter eine vorl AuseinandSRechng vorlegen, das Ger hat Streitpunkte zu klären u das Guth des klagden Gters festzustellen (BGH NJW-RR **91**, 549). S a Rn 5. – Gleiches gilt für **Ansprüche der Gesellschaft** aus dem 8

GVerhältn gg einen Gter. Sie können nur noch eingefordert werden, soweit dies zur AuseinandS erfdl ist. Dies gilt insb für Anspr auf (auch rückständ) Beitr (BGH NJW **60**, 433) od Rückzahlg unzuläss Entnahmen (BGH NJW **99**, 2438); auf SchadErs, wenn die Leistg zur Befriedigg der Gläub nicht benötigt wird u der ersatzpfl Gter auch unter Berücksichtigg der ihn treffden Verbindlichk noch etwas aus der Liquidationsmasse (BGH WM **77**, 617) bzw als Abfindg nach Ausscheiden (BGH NJW-RR **92**, 543) zu erhalten hat. Den in Anspr gen Gter trifft die BewL, daß der geforderte Betr zur DchFührg der Abwicklg nicht benötigt wird, jedoch hat der Liquidator, soweit ihm mögl, die insow bedeuts Verhältn der G darzulegen (BGH WM **78**, 898). Soweit ein Gter gg einen MitGter auf Leistg an die GesHand antragen kann (Vorbem 19 v § 709; s a § 713 Rn 5 ff), ist er hierzu auch im LiquiStadium befugt; dies gilt nicht für BeitrAnspr (BGH NJW **60**, 433) u den diesen gleichstehden Anspr gem § 735 (aA MüKo/Ulmer Rn 26). Wird dadch eine weitere AuseinandS vermieden (zB weil es sich bei dem geltd gemachten Anspr um das letzte AktivVerm der G handelt), kann der Gter auch auf Leistg unmittelb an sich klagen (BGH WM **71**, 723/725; s a Rn 5 u § 735 Rn 2).

9 **3) Beendigung der Auseinandersetzung** erst nach Abschl des Verf gem §§ 731 ff. Ergibt sich nachträgl GVerm, so steht dieses den Gtern als GesHändern zu, AuseinandS ist nachzuholen, soweit erfdl.

731 ***Verfahren bei Auseinandersetzung.*** **Die Auseinandersetzung erfolgt in Ermangelung einer anderen Vereinbarung in Gemäßheit der §§ 732 bis 735. Im übrigen gelten für die Teilung die Vorschriften über die Gemeinschaft.**

1 **Ob und Wie der Auseinandersetzung** richten sich primär nach der Vereinbg der Gter, getroffen im GesellschVertr od später, ggf auch erst nach Auflösg u dch (grdsätzl einstimm, § 705 Rn 15 f) Beschl (BGH WM **60**, 1121); hilfsw nach den gesetzl Regeln der §§ 732–735. Betroffen ist nur das InnenVerh der Gter untereinand (§ 730 Rn 2). Fortsetzg der G Vorbem 2 v § 723. – Dch **Vereinbarung** kann von einer AuseinandS überh abgesehen od es können von der gesetzl Regelg abw Arten vereinb werden. Bsp: Vereinbg einer BruchtGemsch unter den Gtern; Einbringg des GVermögens in eine KapitalG. Übern des GVermögens (ohne Versilberg u Erlösteilg) dch einen Gter, Abfindg des od der and Gter gem dem Wert ihrer Beteiligg (BGH WM **74**, 1162; s § 736 Rn 3, zur Abgrenzg von ggständl AuseinandS u ÜbernVereinbg Köln NZG **98**, 377); so idR bei InnenG (BGH NJW **83**, 2375), weil der InnenGter am GVermögen nicht dingl beteil ist (BGH NJW **92**, 831). Teilg der Einrichtg einer GemschPraxis zw Ärzten od RA u Berechtigg, Patienten bzw Mandanten allein weiter zu betreuen (BGH NJW **94**, 796). Veräußerg des GVermögens im ganzen an einen Dr; der VeräußergsVertr bedarf im allg nicht der Form des § 311, zu § 313 dort Rn 9; für die Haftg gelten §§ 445, 493; zur Übertr einz VermGgst sind Einzelakte erfdl, insb die Auflassg bei Grdst. – **Die gesetzliche Regelung** gibt in §§ 732–735 das Verf u die Reihenfolge an: Rückg nach § 732, Berichtigg der GSchulden, Rückerstattg der Einlagen, § 733, Verteilg von Überschuß, § 734, od Aufkommen für Verlust, § 735. Subsidiär gelten nach S 2 die §§ 752–754, 756–758. § 755 ist durch § 733 ersetzt.

732 ***Rückgabe von Gegenständen.*** **Gegenstände, die ein Gesellschafter der Gesellschaft zur Benutzung überlassen hat, sind ihm zurückzugeben. Für einen durch Zufall in Abgang gekommenen oder verschlechterten Gegenstand kann er nicht Ersatz verlangen.**

1 **Rückgabe, S 1,** ist der 1. Schritt der AuseinandS. Zurückzugeben sind die Ggst (Sachen u Rechte), die ein Gter der G nur zur Benutzg überlassen hat (§ 706). Die Rückg kann sofort u außerh der AuseinandS verlangt werden, außer der Ggst ist für sie noch nicht entbehrl, zB bei Überlassg eines Raumes. Doch kann ZbR aus § 273 entggstehen, zB weil mit hoher Wahrscheinlichk ein AusglAnspr gg den Gter besteht, zu dessen Berechng noch AbschichtgsBilanz nötig ist (BGH NJW **81**, 2802). Sind nur zur Benutzg überlassene Ggst „ihrem Wert nach" eingebracht worden, findet AuseinandS in Geld statt (BGH WM **65**, 744, 746). –
2 Auch andere fremde VermBestandt sind auszusondern. – **Haftung, S 2.** Die Gef zufäll Untergangs od zufäll Verschlechterg, zu der auch die Abnutzg dch bestimmgsgem Gebr gehört (Staud/Keßler Rn 8), trägt der Gter. Bei Versch eines geschführden Gters haften dieser u die GesHand privilegiert gem §§ 708, 278 auf SchadErs. Bei Versch Angestellter haftet die GesHand gem § 278. Vorstehdes gilt entspr iF einer Vereinbg, daß ein zu Eigt od dem Werte nach überlassener Ggst zurückzugeben ist (RGRK/v Gamm Rn 5).

733 ***Berichtigung der Gesellschaftsschulden; Erstattung der Einlagen.*** **I Aus dem Gesellschaftsvermögen sind zunächst die gemeinschaftlichen Schulden mit Einschluß derjenigen zu berichtigen, welche den Gläubigern gegenüber unter den Gesellschaftern geteilt sind oder für welche einem Gesellschafter die übrigen Gesellschafter als Schuldner haften. Ist eine Schuld noch nicht fällig oder ist sie streitig, so ist das zur Berichtigung Erforderliche zurückzubehalten.**

II Aus dem nach der Berichtigung der Schulden übrig bleibenden Gesellschaftsvermögen sind die Einlagen zurückzuerstatten. Für Einlagen, die nicht in Geld bestanden haben, ist der Wert zu ersetzen, den sie zur Zeit der Einbringung gehabt haben. Für Einlagen, die in der Leistung von Diensten oder in der Überlassung der Benutzung eines Gegenstandes bestanden haben, kann nicht Ersatz verlangt werden.

III Zur Berichtigung der Schulden und zur Rückerstattung der Einlagen ist das Gesellschaftsvermögen, soweit erforderlich, in Geld umzusetzen.

1 **1) Berichtigung der gemeinschaftlichen Schulden, I,** ist nach der Rückg gem § 732 der nächste Schritt der AuseinandS, vor Rückerstattg der Einlagen (II). Unter I fallen alle Schulden, deren Erf nach der Vereinbg der Gter Sache der GesHand ist (MüKo/Ulmer Rn 5). Wirkg nur im InnenVerh (§ 730 Rn 2), kein

SchutzG (§ 823 II) zG der GGläub (KG JR **51**, 22). Nicht zwingd, § 731 Rn 1. RStellg der Gläub bei HaftgsBeschrkg auf das GVerm § 735 Rn 1.

a) Schulden gegenüber Dritten. Erfaßt sind alle GesHandSchulden (§ 714 Rn 4, § 718 Rn 6), aber auch and Schulden, die ihren Grd in der Betätigg der G haben u nach dem Willen der Gter von der GesHand getragen w sollen, sei es daß die Gter gem § 420 anteil haften, sei es daß ein Gter die Schuld im eig Namen, aber auf Rechng der G eingegangen ist (BGH NJW **99**, 2438). Schulden, die zwar alle Gter treffen, aber nicht auf der GTätigk beruhen, haben im Verh der Gter zueinander nichts mit der AuseinandS zu tun (§ 718 Rn 6). Die DrittGläub können noch währd der AuseinandS aus dem GVerm Befriedigg suchen od gg Gter persönl vorgehen (§ 718 Rn 8). 2

b) Schulden gegenüber einem Gesellschafter. Es ist zu unterscheiden: – **aa) Schulden aus einem Drittverhältnis** (§ 705 Rn 28 mit Bsp) sind aus dem auseinanderzusetzden Verm zu berichtigen. Der Gter-Gläub hat Anspr auf die volle Fdg, kein Abzug eines seiner Verlustbeteiligg entspr Antls, denn die dch die Tilgg bewirkte Verminderg des GVerm trifft auch ihn; Einsetzg in die AuseinandSRechng s § 730 Rn 6f. Kann sich der Gter-Gläub aus dem GVerm nicht befriedigen, so ist sein Anspr gg den and Gter grdsätzl nur unselbständ RechngsPosten iR der AuseinandS (BGH WM **71**, 931). – **bb) Sozialverpflichtungen** (§ 705 Rn 30 mit Bsp); jeder Gter, insb der Gter-Gläub, hat Anspr auf Berichtigg aus dem GVerm iR der AuseinandS. Auch hier kein Abzug der Verlustquote. GeltdMachg dieser Anspr gg den MitGter ist grdsätzl ausgeschl (§ 730 Rn 6f). Nicht unter I fallen EinzAnspr eines Gter gg einen and Gter (Rn 6). 3 4

c) Für **nicht fällige und streitige Gesellschaftsschulden** sind die zur Begleichg erfdl GeldBetr zurückzustellen **(I S 2)**, mangels abw Vereinbg dch Hinterlegg, § 372 (MüKo/Ulmer Rn 8). Insow besteht die AbwicklgsG fort. 5

d) Einzelansprüche eines Gesellschafters gegen einen anderen Gesellschafter im ZusHang mit dem GVerhältn (§ 705 Rn 32 mit Bsp) gehen die GesHand als Gläub od Schu an sich nichts an. Nach §§ 731 S 2, 756 hat der Gter aber Anspr auf Berichtigg aus dem AuseinandSGuth des and, zu dem hier (anders als sonst, § 717) auch die Anspr des andern gem Rn 4, ferner der Anspr auf Rückerstattg der Einlage gehören. Der Gter hat sogar ein AbsondergsR, InsO 84 I 2. Da die Begleichg des Guth an den and ein Teil der AuseinandS ist, kann er insow auch die Berücksichtigg seiner Fdg bei der AuseinandS, wenn auch nicht aus dem GVerm, verlangen. DchSetzbark der Anspr s § 730 Rn 6ff. – Zahlg einer GSchuld dch einen Gter an einen Dr gibt dem Gter eine Fdg gg die G, gehört also nicht hierher, der Zahlde hat für die ErsFdg die bessere Stellg gem Rn 4. 6

2) Rückerstattung der Einlagen, II. Vgl § 706 Rn 1–4. – **a) Nur zur Benutzung überlassene Gegenstände** sind grdsätzl sofort zurückzugeben, § 732. Kein WertErs für die Nutzg (S 3), außer bei Vereinbg. – **b) Geldeinlagen** sind in Geld zurückzuerstatten. Grdsätzl erst nach Berichtigg der GSchulden gem Abs I, wenn nicht Verlustbeteiligg ausgeschl (§ 722) u Gter Rückzahlg seiner Einlage unabhäng von einem Verlust beanspruchen kann (BGH WM **67**, 346). Bei Fehlen flüss Mittel ist das GVerm vorher in Geld umzusetzen (Abs III). – **c)** Für **andere Einlagen** ist WertErs in Geld zu leisten, falls nichts and vereinb ist. Auf Rückerstattg in Natur besteht kein Anspr, zur Rückn keine Pfl. Wertstichtag ist der Ztpkt der Einbringg, einen Wertverlust danach trägt also die G, eine Wertsteigerg kommt ihr zugute. Mangels anderweit Vereinbg ist auch bei – meist steuerl bdgter – Einbringg zum Buchwert der wirkl wirtsch Wert maßgebd (BGH WM **67**, 682, MüKo/Ulmer Rn 12; aA anscheind BGH WM **72**, 213). Hat der Einleger an seinem Grdst für die Dauer der G ein beschr dingl R bestellt, liegt die Ann einer stillschw Vereinbg der RückÜbertr in Natur gem § 732 nahe (RGRK/v Gamm Rn 9). – **d)** Für **Dienst- und Werkleistungen,** die ein Gter als Einlage erbracht hat, gibt es WertErs iF entspr Vereinbg (BGH WM **62**, 1086), sonst nur, wenn sie sich als bleibder Wert im GVerm niedergeschlagen haben (BGH NJW **86**, 51), zB ArchPlang (BGH NJW **80**, 1744). Maßgebl ist der tats Wert, zB bei mangelh Leistg. IdR anwendb auch auf den stillen Gter (AusnFall BGH NJW **66**, 501). 7 8 9 10

3) Umsetzung in Geld, III, ist erfdl, wenn nicht genügd flüss Mittel zur Berichtigg der GSchulden (I) und Rückzahlg der Einlagen bzw WertErs für sie in Geld (II) vorh sind. Dies geschieht, falls nichts and vereinb gem §§ 731 S 2, 753, 754 (ebso MüKo/Ulmer Rn 16; wohl auch BGH NJW **92**, 831; aA RGRK/v Gamm Rn 12, Staud/Keßler Rn 19: nach Verkehrssitte). Fdgen der G sind in erster Linie einzuziehen, § 754. Das gilt auch für Fdgen gg Gter. Soweit sie ihren RGrd im GVerhältn haben (zB rückständ Beitr od SchadErsAnspr), sind sie iR des AuseinandSVerf geltd zu machen (§ 730 Rn 6ff). Soweit sie aus einem DrittVerh stammen (auch unerl Hdlg, GoA), können sie auch noch währd der AuseinandS eingeklagt w (Hbg BB **51**, 316). Abw Vereinbgen § 731 Rn 1f. 11

734 *Verteilung des Überschusses.* **Verbleibt nach der Berichtigung der gemeinschaftlichen Schulden und der Rückerstattung der Einlagen ein Überschuß, so gebührt er den Gesellschaftern nach dem Verhältnis ihrer Anteile am Gewinne.**

Feststellung des Überschusses. Das ist der Bestand, um den das Aktivvermögen einschl der Aufdeckg stiller Reserven die GSchulden u die Einlagen (§ 733 Rn 1–10) übersteigt. Sind vorher keine Gewinne verteilt worden, dann deckt sich der Überschuß mit dem Gewinn der G überh. IF früherer Gewinnverteilg (zB § 721 II) ist Überschuß nur der Schlußgewinn der G bei GEnde; der Anspr auf Gewinne, die währd Bestehens der G unter Begründg eines AuszahlgsAnspr, also nicht bloß rechnerisch festgestellt, aber nicht abgehoben worden sind, ist GSchuld (§ 733 Rn 4) u daher nach § 733 vorweg, auch vor den Einlagen, zu berichtigen. Grdsätzl müssen die Gter als Abwickler eine Schlußabrechng od AuseinandSBilanz erstellen (zur BewL BGH DB **99**, 1748); sie ist entbehrl, wenn kein zu liquidierdes GVerm mehr vorh ist, nur noch Verbindlichk (BGH ZIP **93**, 1307). Geschieht die Erstellg einvernehml, so liegt darin die bindde Feststellg der maßgebl Zahlen, andernf können streit Posten mittels FeststellgsKl geklärt werden. Mit Erstellg der Abrechng ist der Anspr auf Auskehrg des ÜberschußAntls fällig. – **Verteilung des Überschusses** geschieht mangels 1 2 abw Vereinbg (§ 731 Rn 1 f) gem §§ 731 S 2, 752–754 dch Naturalteilg des zunächst noch im GesHandEigt stehenden Überschusses u Übertr der geteilten Ggst an die einz Gter; Auflassg erfdl; Haftg § 757. Eine Versilberg ist daher zur Verteilg des Überschusses nicht ow erfdl, § 733 III, wohl aber zur Rückerstattg der Einlagen (§ 733 Rn 7–10). And HGB 149, 155. IErg führen aber auch §§ 752–754 vielf zur Versilberg, falls sie nicht schon anläßl der Schuldenberichtigg u Einlageerstattg erfolgt war. Der ÜberschußAntl ist Teil des AuseinandSGuth des Gters (§ 717 Rn 7); GeltdMachg § 730 Rn 5. Vorwegbefriedigg eines Gters wg seiner EinzAnspr gg einen and Gter s § 733 Rn 6.

735 *Nachschußpflicht bei Verlust.* **Reicht das Gesellschaftsvermögen zur Berichtigung der gemeinschaftlichen Schulden und zur Rückerstattung der Einlagen nicht aus, so haben die Gesellschafter für den Fehlbetrag nach dem Verhältnis aufzukommen, nach welchem sie den Verlust zu tragen haben. Kann von einem Gesellschafter der auf ihn entfallende Beitrag nicht erlangt werden, so haben die übrigen Gesellschafter den Ausfall nach dem gleichen Verhältnisse zu tragen.**

1 **1) Allgemeines.** § 735 begründet Rechte u Pfl nur im **Innenverhältnis** der Gter; Gläub der G können daraus keine Rechte herleiten (§ 730 Rn 1 f). Ist aber das GVerm verteilt worden ohne Tilgg der GSchulden, für welche die Gter nicht persönl, sond nur unter Beschrkg auf das GVerm haften (§ 714 Rn 4), haftet den Gläub jeder Gter, der die Einlage zurück- od einen Überschuß erhalten hat, mit dem Erhaltenen (§ 242, vgl Hamm NJW **85**, 1846). Der Gter-Gläub (§ 733 Rn 3, 4) hat dann uU sogar SchadErsAnspr wg Verletzg der Reihenfolge des § 733 (§§ 708, 276). – **Nicht zwingend** ist § 735 (§ 730 Rn 1, § 731 Rn 1). Daher auch keine NachschußPfl des Gters, dessen Verlustbeteiligg vertragl ausgeschl ist (§ 722 Rn 1, BGH WM **67**, 346). – **Gilt nicht** für stille G (BGH WM **77**, 973).

2 **2) Inhalt.** NachschußPfl besteht zur Deckg der GSchulden ggü Dr u ggü Gtern (§ 733 Rn 2–4), sowie zur Deckg der Rückzahlg der Einlagen. Den FehlBetr haben die Gter entspr der vereinb Quote ihrer Beteiligg am Verlust zu decken, iZw zu gleichen Quoten, S 1 mit § 722. Verpflichtet sind also primär nur die Gter, die ihrers Ausgl zu leisten haben, nicht solche, denen noch ein Guth zusteht (BGH WM **75**, 286). Der NachschußAnspr wird wie der Anspr auf Überschuß grdsätzl fäll mit einvernehml Feststellg der Schlußabrechng dch die Gter (§ 734 Rn 2), steht der G zu (§ 705 Rn 29) u ist geltd zu machen von den Liquidatoren (s a § 730 Rn 8). Dient der Nachschuß, nach Abschl der Abwicklg iü, nur noch dem Ausgl unter den Gtern (zB Rückerstattg von Einlagen, § 733 II), kann der Anspr bei einfachen Verhältn unmittelb von Gter zu Gter geltd gemacht w (Köln NZG **99**, 152); ebso wenn es nur noch um die Befriedigg eines Gter-Gläub (§ 733 Rn 3, 4) geht. Ist von einem ausgleichspfl Gter der auf ihn treffde Betr nicht zu erlangen, so haben ihn die übr quotenmäß (wie vorstehd) abzudecken, S 2.

736 *Ausscheiden eines Gesellschafters, Nachhaftung.* **I Ist im Gesellschaftsvertrage bestimmt, daß, wenn ein Gesellschafter kündigt oder stirbt oder wenn das Insolvenzverfahren über sein Vermögen eröffnet wird, die Gesellschaft unter den übrigen Gesellschaftern fortbestehen soll, so scheidet bei dem Eintritt eines solchen Ereignisses der Gesellschafter, in dessen Person es eintritt, aus der Gesellschaft aus.**

II Die für Personenhandelsgesellschaften geltenden Regelungen über die Begrenzung der Nachhaftung gelten sinngemäß.

1 **1) Ausscheiden eines Gesellschafters, I.** Zu den Grdl s Vorbem 1 v § 723. – **a) Anwendbar** ist **I** nach seinem Wortlaut bei Künd (§§ 723, 724), Tod (§ 727) u iF des § 728 II. Er gilt **entsprechend** für Fortsetzgs-Vereinbgen iF des Eintritts and, auch allg AuflösgsGrde (Vorbem 1 v § 723), ausgenommen iF der §§ 726, 728 I. So bei Künd durch den Gläub (§ 725; MüKo/Ulmer Rn 10, RGRK/v Gamm Rn 2); bei Beendigg der GterStellg aGrd eines best Ereign wie Erreichen einer Altersgrenze (MüKo/Ulmer Rn 13) od mit Ablauf
2 einer dafür vereinb Fr (BayObLG DB **90**, 168); bei vertragl vereinb Ausscheiden eines Gters. – **b) Voraussetzung** des Ausscheidens ist eine **Fortsetzungsvereinbarung.** Sie muß, da der GterBestand GGrdl ist, grdsätzl von allen Gtern einschl des Ausscheidden getroffen w (§ 705 Rn 15), sei es vor Auflösg, währd des Laufs der KündFr (§ 723 Rn 1) od währd der AuseinandS (Vorbem 2 v § 723). Sie bedarf, da ÜbertrAkte nicht erfdl sind, nicht der Form des § 313 (RG **82**, 161). Welche AuflösgsGrd (Vorbem 1 v § 723) i e von ihr erfaßt w, ist mangels ausdr Vereinbg AusleggsFrage; so ob sie für den Fall der Kündig aus wicht Grd gilt (zB iF des § 723 I Nr 2, Grunewald ZIP **99**, 597), ob sie das Ausscheiden eines Gters auch dann zuläßt, wenn die G bereits aus and Grd aufgelöst ist (BGH WM **64**, 1086), od sogar dann eingreift, wenn die übr Gter die Künd dch schuldh gesellschwidr Verhalten veranlaßt haben. Im letztgenannten Fall kann das Verhalten der übr Gter, wenn sie von ihrem ÜbernR Gebr machen u daraus Vorteile ziehen wollen, unzul RAusübg sein (RG **162**, 392). Unzul RAusübg auch, wenn bei FortsetzgsVereinbg iF der Künd dch einen PfdgsPfdGläub (§ 725) dieser vor Abschichtg des Gters befriedigt wird (BGH **30**, 201 zur OHG). Bei PublikumsG (§ 705 Rn 47) führt trotz FortsetzgsKlausel ein Massenaustritt zur Auflösg, § 736 I gilt nicht (Stgt JZ **82**, 766: gleichzeit
3 Austritt von mehr als 93% der Gter aus demselben Grd). – **c) Wirkungen.** Mit Eintritt des das Ausscheiden bewirkden Ereign scheidet der betr Gter unmittelb aus, die übr (mind zwei, Rn 4) Gter setzen die G unter Wahrg von deren Identität fort. Der Antl des Ausscheidden am GVerm wächst den übr an (§ 738 I 1, dort Rn 1). Schuldrechtl Folgen: §§ 738 I 2, 3, 739, 740 (§ 738 Rn 2). Nachhaftg des Ausscheidden ggü GGläub
4 Rn 10 ff. Fehlerhaftes Ausscheiden § 705 Rn 19. – **d) Zweigliedrige Gesellschaft.** Bei Ausscheiden eines von zwei Gtern kann die G nicht fortgesetzt werden (§ 705 Rn 1). Die Gter können aber im GVertr od iR der Liqui vereinb, daß bei Ausscheiden des (vorletzten) Gters (od aller übr, § 731 Rn 2) der letzte das GVerm als GesRNachf übernimmt (BGH NJW **94**, 796). Hierfür genügt bei einer (urspr) mehrgliedr G iZw die allg FortsetzgsVereinbg (Rn 1). Diese ÜbernVereinbg kann den automatischen Übergang bei Eintr eines best

Ereign (zB Tod des Gters) vorsehen. Andernf besteht ein ÜbernR, das dch rechtsgestaltde WillErkl ggü dem Ausscheidden (ÜbernErkl) auszuüben ist (MüKo/Ulmer § 730 Rn 60); konkludente Erkl kommt nur ausnahmsw in Betr (vgl Schlesw NZG **98**, 808). Die Übern beendet die G ohne Abwicklg (Vorbem 1, 2 v § 723), das GVermögen wächst dem Übernehmden gem § 738 an (dort Rn 1), der Ausscheidde ist abzufinden (BGH NJW-RR **93**, 1443). Der Übernehmde wird unmittelb VertrPart der der G zugeordneten RVerhältn u damit Schu der GGläub (BAG ZIP **98**, 1974). Gesetzl ÜbernR aus wicht Grd § 737 Rn 1.

2) Eintritt neuer Gesellschafter. Daß in eine bestehde G bei Aufrechterhaltg ihrer Identität ein neuer 5
Gter eintreten kann, ergibt sich aus dem Grds der VertrFreih u aus dem Hinw in § 727 I. Unterbeteiligg s § 705 Rn 51. – **a) Voraussetzungen.** Für den Eintritt ist ein **Vertrag** zw den bish Gtern u dem neuen erfdl (§ 705 Rn 10 ff). Zu seinem Abschl im Namen aller kann ein Gter von den übr bes bevollm sein; die allg GeschFgsBefugn genügt nicht, da Änderg der GGrdl (§ 705 Rn 15 f). Ebso kann ein Gter den AufnVertr im eig Namen mit bereits im GVertr od nachträgl, auch dch GterBeschl, erteilter Zustimmg der übr abschließen. § 313 gilt nicht (dort Rn 9). – Die Gter können sich im GVertr od dch nachträgl GterBeschl (§ 705 Rn 15 f) intern verpflichten, einen best Dr od einen Dr, der von einem Gter vorzuschlagen ist (zB dessen Sohn), aufzunehmen. Diese Verpfl muß dann dch einen gesond AufnVertr umgesetzt w. Sie ist auch zG des Dr (§ 328 I) mögl. Davon zu unterscheiden ist ein binddes Angeb im GVertr zum Abschl des AufnVertr, das dann von dem neuen Gter nur angen w muß. – **b) Wirkungen.** Mit VertrAbschl erwirbt der neue Gter die 6
Mitgliedsch (§ 717 Rn 1) u mit ihr die MitBerechtigg am GesHandVerm u dessen Ggst (§ 719 Rn 1). MietVertr über einen solchen Ggst wirken ggü dem neuen Gter fort (nach BGH **138**, 82 gem § 571, insow krit Teichmann/Beck JZ **98**, 1011). Dieser haftet für vor seinem Eintritt begründete GSchulden mit dem GVerm (BGH **79**, 374), mit dem PrivVerm nur, wenn ein bes VerpflGrd (Erbenhaftg, Schuldbeitritt ggü dem Gläub) gegeben ist (BGH **74**, 240). Eine HaftgsVereinbg zw Eintretdem u AltGtern begründet iZw keinen Anspr für den Gläub, § 329. Bei fehlerh Eintritt geltden die Grds der fehlerh G (§ 705 Rn 19).

3) Gesellschafterwechsel. Daß das Gesetz ihn zuläßt, ergibt für die RNachf im Erbfall schon der 7
einschränkde Hinw des § 727 I. Unter Lebden ist er auf zweierlei Weise mögl: – **a)** Der Ausscheidde kann mit Zust der verbleibden Gter seinen **Gesellschaftsanteil übertragen** iW der Abtr mit der Folge, daß der Erwerber unmittelb in die GterRechte des Veräußerers eintritt. Der GterWechsel (Ausscheiden u Neueintritt) vollzieht sich in einem Rechtsakt, näml dem ÜbertrVertr des Ausscheidden mit dem Eintretden. Näher, insb zu den Wirkgen, § 719 Rn 6 f. – **b)** Auch dch **Ausscheiden eines Gesellschafters und Eintritt eines** 8
Neuen kann sich der GterWechsel vollziehen. Dann sind, wenn auch möglicherw in einem einheitl RGesch zusgefaßt, zwei Vertr erfdl, näml der Vertr des Ausscheidden mit den übr Gtern (Rn 4) u der Vertr des Eintretden mit den übr Gtern (Rn 5). Der Antl des Ausscheidden wächst den übr an (Rn 2) u zG des neuen wieder ab (Rn 6). Auch die schuldrechtl Beziehgen zu den übr Gtern (insb Abfindg des alten, Beitr des neuen Gters) sind getrennt zu behandeln. Der neue ist nicht RNachf des alten, zw ihnen bestehen keine gesellschvertragl Beziehgen, insb ist § 738 (zB hins der FreistellgsPfl) weder direkt noch entspr anwendb. Jedoch können zw ihnen bes vertragl Vereinbgen getroffen werden. – Der GVertr kann die Verpfl der übr festlegen, an Stelle des ausscheidden Gters eine von ihm vorzuschlagde and Pers aufzunehmen. Es gilt das zu Rn 5 Gesagte. – **c)** Bei der **zweigliedrigen Gesellschaft** ist ein GterWechsel nur dch AntlsÜbertr (Rn 7) mögl. 9
Dagg führt das Ausscheiden eines Gters gem Rn 1 zur Beendigg der G (s Rn 3). Zur „Aufn" eines neuen Gters muß dann eine neue G gegründet w, die Identität der früh G bleibt nicht gewahrt (RGRK/v Gamm Rn 5). Die Bildg neuen GVerm erfordert EinzÜbertrAkte des alten Gters auf die neue GesHand (aA BGH **32**, 307).

4) Nachhaftung des ausgeschiedenen Gesellschafters. Soweit der Gter für im ZusHang mit dem 10
GVerhältn stehde Verbindlichk im AußenVerh persönl haftet (§ 718 Rn 8–12), besteht diese Haftg nach seinem Ausscheiden, gleichgült ob nach Abs I od dch Übertr des GAntls (§ 719 Rn 6 f), grdsätzl fort (Nachhaftg). Bei KtoKorrentVerh beschränkt sie sich auf den niedrigsten periodischen AbschlSaldo nach Ausscheiden (BGH **50**, 277); Vereinbg weitergehder Haftg bis zur Mitt des Ausscheidens ist zul (Karlsr WM **98**, 1179). Ein gg die übr Gter später ergehdes Urt wirkt nicht gg den vor KlErhebg ausgeschiedenen Gter (BGH **44**, 233). – InnenVerh zu den verbleibden Gtern: Rn 2, § 719 Rn 7.

5) Enthaftung, II. – a) Grundsätze. Um den Ausgeschiedenen gg eine zeitl unbegrenzte Inanspruchn 11
insb aus DauerschuldVerh zu schützen (Seibert DB **94**, 461, BT-Drucks 12/6569 S 13; wicht bei ErwerbsG wie GemeinschPraxen, Sozietäten), läßt der dch Art 4 Nr 2 des G v 18. 3. 94 (BGBl 560) eingefügte Abs II iVm HGB 160 die Nachhaftg (Rn 10) iGrds nach Ablauf einer 5-jähr Frist (Rn 14) erlöschen (Enthaftg) u sieht eine Ausn nur für Anspr vor, die bis FrAblauf fäll geworden u gerichtl geltdgemacht od anerk sind (Rn 15). Die früh Rspr zur HaftgsBegrenzg bei DauerschuldVerh (Ztpkt der ersten KündMöglichk) ist nicht mehr anwendb (Dresd NJW-RR **97**, 162; str, s Michalski/Barth NZG **99**, 392). Jedoch kann sich der Gter unabhäng von § 736 II auf ihm günstigere (dh kürzere) spezielle Verjährgs- od AusschlRegelgen berufen. Abw Vereinbgen zw Ausscheiddem u Gläub sind zul (s a Rn 14).

b) Anwendungsbereich. – Abs II erfaßt das **Ausscheiden** eines Gters, sowohl gem Abs I wie dch Übertr 12
seines GAntls (§ 718 Rn 6) u auch bei einer zweigliedr G (Rn 3), nicht aber die Auflösg der G (Vorbem 3 v § 723). Bei Umwandlg einer GbR in eine KG gelten für die unbeschr Haftg der Gter, die Kommanditisten w, aus früh Verbindlichk ebenf die Grds der Enthaftg, HGB 160 III. Ohne solche Umwandlg wirkt sich eine iR der GbR vereinb HaftgsBeschrkg nur auf die VertretgsBefugn des GeschF der GbR (§ 714 Rn 4) u damit nur auf künft Gesch aus; hins bestehder Verbindlichk kann eine Beschrkg nur dch Vereinbg mit dem Gläub erreicht w (zT abw 58. Aufl). – **Verbindlichkeiten** „der G" (HGB 160 I) sind betroffen, dh der GesHand 13
ggü DrittGläub (§ 718 Rn 8–11) u ggü MitGtern aus DrittVerhältn (§ 718 Rn 12); Anspr aus dem GVerhältn (§ 718 Rn 13 ff) w nicht erfaßt, sie sind iR der AuseinandS (§ 738) zu regeln. Die RGrdl ist unerhebl. Der RGrd der Verpfl muß ab dem 26. 3. 94 (sonst gilt die ÜbergRegelg, Rn 17) bis zum Tag des Ausscheidens gelegt w sein (Dresd NJW-RR **97**, 162). Bes pers Verpfl des Gters (zB Bürgsch für GSchuld) werden nicht erfaßt (s a Rn 16).

14 **c) Voraussetzungen. – aa) Ablauf der Enthaftungsfrist** (HGB 160 I). – Fristbeginn in HGB 160 I 2, III 1 mit dem Ende des Tages der Eintr in das HReg. Dabei verbleibt es iF der Umwandlg der GbR in eine KG. Sonst entspricht bei der GbR der Eintr im HReg sinngem der Ztpkt, zu dem der Gläub von dem Ausscheiden des Gters Kenntn erlangt (BGH **117**, 168, Dresd NJW-RR **97**, 162). Die Fr beginnt also bei Kenntn zB im Laufe des 7. 6. am 8. 6., 0 Uhr (wie § 187 I). Für die einz Gläub kann sie unterschiedl beginnen, der Ausscheidde kann aber dch Information der Gläub den früh- u gleichzeit Beginn herbeiführen. – Dauer 5 J (HGB 160 I 1); FrVerlängerg dch Vereinbg ist zul, § 305, weil HGB 160 I 3 nicht auf den eine Verlängerg ausschließden § 225 verweist. – Fristende: § 188 II 1. Alt, im Bsp 7. 6., 24 Uhr, 5 J später. –
15 Hemmg, Unterbrechg: Gem HGB 160 I 3 gelten §§ 203, 206, 207, 210, 212–216 u 220 entspr. – **bb) Keine Geltendmachung oder Anerkennung fälliger Ansprüche.** Diese Ausn gilt nur für Anspr, die innerh der EnthaftsFr (Rn 14) fäll waren od geworden sind u außerdem entw gg den Ausgeschiedenen (nicht nur ggü der G) gerichtl geltdgemacht (HGB 160 I 1) od von ihm schriftl anerkannt (HGB 160 II; forml Anerk gem § 208 genügt nicht) w sind. Gerichtl Geltdmachg: § 209 gilt (Waldner WiB **94**, 297); FeststellgsKl genügt (Schmidt ZIP **94**, 244, Ulmer/Timmann ZIP **92**, 1/9), erst recht rechtskr Feststellg des Anspr (wie § 218); bei öffrechtl Anspr steht der Erlaß eines VA gleich, mit dem der Ausgeschiedene in Anspr gen wird.

16 **d) Wirkung.** Es handelt sich um eine vAw zu beachtde AusschlFr (Übbl 7 v § 194). Innerh der EnthaftgsFr fäll od fäll werdde Anspr erlöschen mit Ablauf der Fr (Reichold NJW **94**, 1619), später fäll werdde mit dem Ausscheiden des Gters (Seibert DB **94**, 461, Hornung Rpfleger **94**, 488; mißverständl Waldner WiB **94**, 297). Aufr ist dann ausgeschl, § 390 S 2 ist nicht entspr anwendb (dort Rn 3). Akzessorische Sicherh, die der Ausgeschiedene für eine GesHandVerbindlichk bestellt hat, bleiben bestehen, soweit der Anspr gg die verbliebenen Gter fortbesteht.

17 **e) Übergangsregelung:** EGHGB 35, 36. Sie gilt kraft der GlobalVerweisg in Abs II sinngem auch für die GbR, erfaßt vor dem 26. 3. 94 entstandene GVerbindlichk u ergibt: – **a) Bei Fälligkeit nicht später als 4 Jahre,** nachdem der Gläub ab dem 26. 3. 94 vom Ausscheiden des Gters bzw seiner ggständl HaftgsBeschrkg Kenntn erlangt, gilt die 5-jähr EnthaftgsFr, dh dem Gläub bleibt mind noch 1 Jahr zur GeltdMachg seines Anspr (EGHGB 35 I). Hat er die Kenntn vor dem 26. 3. 94 erlangt, gilt die EnthaftgsFr nicht, für die Verj des Anspr ist HGB 159 entspr anwendb. – **b) Bei Fälligkeit später als 4 Jahre,** nachdem der Gläub ab dem 26. 3. 94 vom Ausscheiden des Gters od seiner ggständl HaftgsBeschrkg Kenntn erlangt hat, tritt keine Enthaftg ein. Auf die Verj des Anspr ist HGB 159 entspr anwendb, die VerjFr beträgt aber nur 1 Jahr (EGHGB 35 II). Dadch wird eine GleichBehandlg der AltGläub erreicht. – **c) Sonderregelung für fortbestehende Arbeitsverhältnisse:** EGHGB 36. S die Erläut in der 57. Aufl.

737 *Ausschluß eines Gesellschafters.* **Ist im Gesellschaftsvertrage bestimmt, daß, wenn ein Gesellschafter kündigt, die Gesellschaft unter den übrigen Gesellschaftern fortbestehen soll, so kann ein Gesellschafter, in dessen Person ein die übrigen Gesellschafter nach § 723 Abs. 1 Satz 2 zur Kündigung berechtigender Umstand eintritt, aus der Gesellschaft ausgeschlossen werden. Das Ausschließungsrecht steht den übrigen Gesellschaftern gemeinschaftlich zu. Die Ausschließung erfolgt durch Erklärung gegenüber dem auszuschließenden Gesellschafter.**

1 **1) Ausschluß. – a) Anwendungsbereich.** Alle G mit FortsetzgsKlausel, § 736. Auch noch im AbwicklgsStadium, aber unter Berücksichtigg des Umst, daß die G ohnehin zu Ende geht (BGH **1**, 331 u WM **61**, 32). Dagg idR nicht für InnenG, weil sie kein GesHandVerm besitzt (§ 705 Rn 33; Bambg NZG **98**, 897). – Bei **zweigliedrigen Gesellschaften** besteht ein ÜbernR kr Gesetzes analog HGB 140 I 2 (früh 142), wenn in der Pers eines Gters ein AusschließgsGrd (S 1) vorliegt u der GVertr eine ÜbernVereinbg (§ 736 Rn 3) enthält (Mü NZG **98**, 937, str), u zwar auch dann, wenn die G kein Gewerbe betreibt (BGH **32**, 307 u NJW **66**, 827, Rimmelspacher AcP **173**, 1 ff; aA Soergel/Hadding § 730 Rn 20 im Hinbl auf den Bestandsschutz für Unternehmen). Es ist abw von HGB 140 I dch Erkl ggü dem and Gter auszuüben. Ebso wenn in der Pers aller übr Gter eine AusschließgsGrd vorliegt (MüKo/Ulmer Rn 5).

2 **b) Voraussetzungen. – aa) Fortsetzungsklausel,** § 736, entw im GVertr od nachträgl dch GterBeschl, auch noch im AbwicklgsStadium. – **bb) Wichtiger Grund** zur Künd in der Pers eines Gters für die übr. An die Stelle der Künd mit AuflösgsFolge tritt der Ausschl des Störers bei Fortsetzg dch die übr. Der wicht Grd (wie § 723 Rn 4; s a BGH WM **65**, 1038) muß in der Pers des auszuschließden Gters liegen, an ihn sind strengste Anfordergen zu stellen, weil Ausschluß nur das äußerste Mittel ist, wenn Abhilfe dch mildere nicht zu erreichen ist (BGH **4**, 108 u WM **66**, 31). – **cc) Noch Mitglied** der G muß der Auszuschließde sein.

3 **c) Ausübung.** Das AusschließgsR betrifft die GGrdl (§ 705 Rn 15). Ggü dem bzw den Auszuschließden steht es nach ausdr Vorschr in S 2 allen übr Gtern gemschaftl zu (abw Vereinbg s Rn 5). Desh sind bei BeschlFassg in der GterVersammlg die Auszuschließden nicht stimmberecht (Vorbem 15 v § 709, Mayer BB **92**, 1497). Sind nicht alle übr Gter beteiligt, so ist der Beschl unwirks, außer wenn die ferngebliebenen Gter die BeschlFassg der übr für sich verbindl erklärt haben (Baumbach/Hopt § 140 Rn 12, Mayer BB **92**, 1497). Dem Auszuschließden ist nach hM rechtl Gehör zu gewähren. Mit Zugang der rechtsgestaltden AusschlErkl an ihn wird der Ausschl wirks (BGH **31**, 295). Im Streitfall kann die Wirksamk dch FeststellgsKl überprüft werden, im Proz sind die Vorauss für den Ausschl, auch der wicht Grd voll nachprüfb (BGH **13**, 10). – Die Entsch über den Ausschl ist IndividualR jedes einz Gters. Er ist grdsätzl nicht zur Zust verpflichtet, weil der Ausschl die GGrdl verändert; Ausn gem § 242 sind denkb, dann ist der sich weigernde Gter auf Zust zum Ausschl zu verklagen (BGH **64**, 253 u NJW **77**, 1013). IdR besteht desh auch kein SchadErsAnspr der übr Gter aus pVV gg denj, der nicht zugestimmt u so den Ausschl verhindert hat (Düss DB **84**, 1087).

4 **d) Wirkung.** Der ausgeschl Gter scheidet unmittelb aus, § 736, die übr setzen die G unter Wahrg der Identität fort. Anwachsg, AbfindgsAnspr gem § 738. Der Ausschl ist wirks auch, wenn der GVertr eine

unangem niedr Abfindg vorsieht, diese ist zu korrigieren (BGH NJW **73**, 651 u 1606). Streit über die Wirksamk Vorbem 16 v 709.

2) Abweichende Vereinbarungen. Der GesVertr kann auch den **Ausschluß** ohne wicht Grd vorsehen. Dies muß aber unzweideut vereinb sein u es müssen im EinzFall außergewöhnl Grde vorliegen, die dem AusschließgsR eine sachl Rechtfertigg geben (BGH **81**, 263, NJW **85**, 2421, NJW-RR **96**, 234; krit Bunte ZIP **85**, 915, Flume DB **86**, 629). Ein ins freie Erm gestelltes AusschließgsR ist grdsätzl nichtig, kann aber wirks sein, wenn seine Ausübg binnen kurzer Frist nach Eintritt eines vertragl best TatbestdsMerkmals anknüpft (BGH **107**, 351; krit Behr ZGR **90**, 370). Dem ausgeschl Gter muß ein angem AbfindgsAnspr zugebilligt sein (BGH NJW **79**, 104; krit Hennerkes u Binz NJW **83**, 73; abl Bunte ZIP **83**, 8). Der GVertr kann auch die Befugn zur Ausschließg abw regeln, so nach Meing des BGH (**31**, 295 für OHG) Ausschl dch MehrhBeschl od dch ein Organ zulassen; nicht aber dem Auszuschließden eine Mitwirkg an der BeschlFassg ermöglichen (Vorbem 15 v § 709; einschr Jena OLG-NL **97**, 250). Hat die Mehrh den Ausschl rechtswidr beschlossen, so kann daraus ein SchadErsAnspr nur gg diejen Gter hergeleitet werden, die dafür gestimmt haben (Düss DB **84**, 1087). – Der GesVertr kann ferner die **Übernahme** des GVermögens (§ 736 Rn 4) od eines GAntls (§ 719 Rn 6; s a § 727 Rn 4; Bsp Hamm NZG **99**, 712) dch einen Gter vorsehen. 5

738 ***Auseinandersetzung beim Ausscheiden.*** **I Scheidet ein Gesellschafter aus der Gesellschaft aus, so wächst sein Anteil am Gesellschaftsvermögen den übrigen Gesellschaftern zu. Diese sind verpflichtet, dem Ausscheidenden die Gegenstände, die er der Gesellschaft zur Benutzung überlassen hat, nach Maßgabe des § 732 zurückzugeben, ihn von den gemeinschaftlichen Schulden zu befreien und ihm dasjenige zu zahlen, was er bei der Auseinandersetzung erhalten würde, wenn die Gesellschaft zur Zeit seines Ausscheidens aufgelöst worden wäre. Sind gemeinschaftliche Schulden noch nicht fällig, so können die übrigen Gesellschafter dem Ausscheidenden, statt ihn zu befreien, Sicherheit leisten.**

II Der Wert des Gesellschaftsvermögens ist, soweit erforderlich, im Wege der Schätzung zu ermitteln.

1) Die Folgen des Ausscheidens eines Gters regeln **§§ 738–740.** Ihr **Anwendungsbereich** umfaßt alle Fälle des Ausscheidens (§ 736 Rn 1–4), also auch die Übernahme des GVerm dch einen Gter zB bei zweigliedr G (§ 736 Rn 3; BGH **32**, 307 für § 738, BGH NJW **99**, 2438 für § 739, BGH NJW **93**, 1194 für § 740); nicht aber (mit Ausn des Grds gem I 1) die Übertr eines GAntls (§ 719 Rn 7) u den Austritt aus einem nichtrechtsf Verein (§ 54 Rn 7). – **a) Dinglich** tritt **Anwachsung (I 1)** ein, dh die geshänderische Mitberechtigg des Ausscheidden am GVermögen geht unmittelb auf die übr Gter über (s § 719 Rn 1). EinzÜbertr sind weder erfdl noch mögl (BGH **32**, 307, **50**, 309), daher auch keine Auflassg (Köln NJW **95**, 2232) od vormschgerichtl Gen gem § 1821. Berichtigg des GB § 705 Rn 24. I 1 ist wg dieser dingl Wirkg u seiner essentiellen Bedeutg für die GesHand zwingd (Köln BB **94**, 455, Hbg OLGZ **94**, 165, MüKo/Ulmer Rn 8, RGRK/v Gamm Rn 1). Auf MitEigtGemsch ist I 1 nicht entspr anwendb (BGH **109**, 179: isolierter MitEigtAntl). – **b) Die schuldrechtlichen Wirkungen** des Ausscheidens **im Innenverhältnis** der Gter regeln Abs I 2 u 3, II, §§ 739, 740. Diese Vorschr sind dispositives R. Der Ausscheidde ist auf schuldrechtl Anspr gg die übr Gter beschränkt. Diese haften als GesSchu mit dem GVerm u nach hM (aA MüKo/Ulmer Rn 12) auch mit ihrem PrivVerm. Die AuseinandS zw dem Ausscheidden u den übr Gtern geht and als bei der GAuflösg nicht auf Aufteilg des GVerm, sond auf Abrechng u Abfindg. Ztpkt der Entstehg dieser Anspr § 717 Rn 7. In die Abrechng sind alle beiderseit Fdgen aus dem GVerhältn u aus einem DrittVerh als RechngsPosten einzustellen. EinzFdgen können, wie bei Auflösg der G (§ 730 Rn 6 ff), grdsätzl nicht isoliert geltd gemacht werden (BGH WM **78**, 89 u WM **81**, 487). Der ausgeschiedene Gter ist weiterhin treupfl (§ 705 Rn 27). Er hat, auch bei Aktivsaldo auf dem GterKto, unberecht Entnahmen zu unterlassen (Köln NJW-RR **97**, 160). Bei Treuwidrigk kann die GeltdMachg seines AbfindgsAnspr unzul RAusübg sein, ohne daß die verbleibden Gter die Höhe ihres Schad nachweisen müßten (BGH NJW **60**, 718). Vereinbartes WettbewVerbot § 138 Rn 104 ff. – **c) Im Außenverhältnis** bleibt es bei der (Nach-)Haftg des Ausgeschiedenen ggü den GGläub (§ 736 Rn 10 ff). 1 2

2) Ansprüche des Ausgeschiedenen, I 2. Sie richten sich gg die übr Gter, bei 2-Mann-G gg den Übernehmer. – **a) Rückgabe** u mögl ZbR § 732 Rn 1. 3

b) Befreiung von den Gesellschaftsschulden (§ 733 Rn 1–6). Der Ausgeschiedene haftet zunächst zeitl begrenzt (§ 736 II) weiter als GesSchu (§ 736 Rn 10 ff), hat aber einen BefreiungsAnspr, auch wenn er keine Abfindg erhält od zuzahlen muß (§ 739). Die übr Gter haben hiergg ein ZbR, soweit, ggf nach Aufstellg der AbschichtgsBilanz, feststeht, daß der Ausgeschiedene wg Verlustbeteiligg seinerseits einen Ausgl schuldet (BGH NJW **74**, 899). Befreiung dch Zahlg oder befreiende (Übbl 1 v § 414) SchuldÜbern (BGH NJW **99**, 2438). Der Ausgeschiedene kann von den verbleibden Gtern außerdem Ablösg der Sicherh verlangen (§ 738 I analog), die er aus seinem PrivVerm einem Gläub für GVerbindlichk eingeräumt hat, zB Aufhebg von GrdPfdR (BGH NJW **74**, 899) od Befreiung von einer Bürgsch (§ 775 Rn 1). Bei nicht fäll od streit GSchulden genügt statt der Befreiung SicherhLeistg, **I 3;** das gilt nicht für streit Schulden, falls der Ausgeschiedene deren Nichtbestehen nachweist (RG **60**, 157).

c) Abfindungsguthaben. Nur WertAnspr auf Geldabfindg gem der AuseinandSBilanz. Er tritt an die Stelle der Fdg auf Einlagerückerstattg (§ 733) u Überschußzahlg (§ 734), ohne daß eine Aufteilg stattfindet. Gilt auch für den atypischen stillen Gter (BGH NJW-RR **94**, 1185). Auch die Vereinbg eines „KaufPr" für die AntlsÜbertr kann als AbfindgsVereinbg auszulegen sein (BGH NJW **95**, 3313). Die Festsetzg kann einem SchiedsGA überlassen w (Hbg NZG **99**, 202). – **aa) Feststellung.** Wertschätzg aGrd konkr Unterlagen, im allg ist ein SachverstGA erfdl (BGH NJW **85**, 192). Stichtag: Ausscheiden, soweit GVertr nichts and bestimmt (BGH WM **65**, 748); das schließt Rückschlüsse auf den Wert am Stichtag aus nachträgl Erkenntn nicht aus (BGH WM **81**, 452). Die Berechng folgt der ind Methode der AntlsBewertg. Nach ihr wird zuerst der Wert 4 5 des GUnternehmens als ganzes ermittelt u dieser Wert dann nach dem GewinnverteilgsSchlüssel auf die Gter verteilt (BGH WM **79**, 432). Für den Gesamtwert sind die wirkl Werte des lebden Unternehmens einschl stiller Reserven u good will maßg, also im allg der Wert, der sich bei einem Verk des lebensfäh Unternehmens als Einh ergeben würde (BGH **17**, 136, BGH NJW **74**, 312). Für die Methode seiner Ermittlg (dazu allg Hüttemann ZHR **98**, 563) gibt es keine allg gült Meing, sie ist sachverhaltsspezifisch auszuwählen (BGH NJW **91**, 1547, **93**, 2101). Gebräuchl ist Ermittlg nach dem Ertragswert (BGH **116**, 359) unter Berücksichtigg des Substanzwertes (BGH NJW **93**, 2101), nach and Auffassg nach dem Zukunftserfolgswert, errechnet aus der Summe der zw dem Unternehmen u den Eignern künft fließden ZahlgsStröme plus den Liquidations-Nettoerlösbarwerten am BewertgsStichtag (BGH WM **79**, 432, eingehend Kort DStR **95**, 1961). Schwebde Gesch werden nicht bewertet (§ 740 Rn 1). Abw Vereinbg Rn 7. Bei der Aufstellg von Abrechng u Bilanz ist der Ausgeschiedene mitwirkgsberecht, er hat im einz anzugeben, welche Ansätze er für unricht hält (BGH DB **65**, 1438). Kontroll- u InformationsR stehen ihm, wenn nicht noch nach § 716, so jedenf nach § 810 zu.

6 – **bb) Zahlung.** Entstehg des Anspr § 717 Rn 7. Ob er mangels Vereinbg gem § 271 I mit Ausscheiden od erst mit Feststellg der AbschichtgsBilanz fäll wird, ist str. Richtig wohl mit Ausscheiden, weil § 738 keine von § 271 I abw Regel enthält, die Bilanz keine FälligkVorauss u der Anspr bereits mit Ausscheiden bestimmb ist (Stötter BB **77**, 1219, MüKo/Ulmer Rn 15; aA Hörstel NJW **94**, 2268). Der Ausscheidde kann iW der StufenKl Vorlage der AbschichtgsBilanz u Zahlg des Guth verlangen (Karlsr BB **77**, 1475), nach Eintritt der Fälligk u wenn er in der Lage ist, die Höhe seines Anspr schlüss zu begründen, kann er auf Zahlg klagen u iR der ZahlgsKl den Streit über die Berechtigg od Höhe einz Posten austragen (BGH DB **87**, 2303). AuseinandSBilanz als Vergl od deklaratorisches SchuldAnerk § 781 Rn 7. Wg seines fäll AbfindgsAnspr hat der Ausgeschiedene ein ZbR gg den Anspr des verbleibden Gters auf Einwilligg in die GBBerichtigg (BGH NJW **90**, 1171).

7 **d) Abweichende Vereinbarungen** sind grdsätzl zul (Bsp bei Notthoff DStR **98**, 210). Das gilt bei G mit ideeller Zielsetzg auch für Ausschl u Beschrkg des AbfindgsAnspr (BGH **135**, 387). Bei wirtsch tät G unterliegen solche Vereinbgen (zur rechtl Einordng § 516 Rn 9a, § 2325 Rn 13) der richterl Kontrolle iR des § 138 (insb wg Knebelg od Gläubgefährdg) u der § 723 III, HGB 133 III (gesetzl garantiertes KündR, § 723 Rn 7; krit Volmer DB **98**, 2507). Ein Ausschl der Abfindg ist daher bei Fehlen bes Umst idR unzul (MüKo/Ulmer Rn 35). Zul ist zB eine Teilg der Sachwerte, auch dadch, daß der ausscheidde Gter seine Mandanten (Patienten) mitnimmt (BGH NJW **95**, 1551, auch zur Bewertg u Anrechng auf eine vereinb zusätzl Geldabfindg). Außerachtlassg des wahren Firmenwerts u der stillen Reserven ist grdsätzl zul, zB Abfindg nach dem **Buchwert** nach der letzten Jahresbilanz; in diesem Fall ist keine AbschichtgsBilanz erfdl (BGH WM **80**, 1362). Unwirks ist eine solche AbfindgsVereinbg, wenn sie schon bei ihrem Abschl den später ausscheidden Gter in sittenwidr od aus sonst Grd gesetzl mißbilligter Weise benachteiligt (BGH NJW **89**, 2685: halber Buchwert, Zahlg in 15 Jahresraten). Ebso die Abfindg zum Buchwert für den nicht aus wicht Grd ausgeschl od den aus wicht Grund ausgetretenen Gter (BGH NJW **79**, 104, NJW **92**, 895 zur GmbH) u die willkürl, dch das GInteresse nicht gedeckte Beschrkg auf den Nennwert (BGH **116**, 375). An die Stelle
8 der unwirks tritt die gesetzl Regelg. – Eine zunächst wirks vereinb AbfindgsKlausel wird nicht dadch unwirks, daß sie sich wg späterer **Änderung der Verhältnisse** als übermäß Beeinträchtigg des Ausscheidden darstellt, zB dessen KündR nach § 723 wg eines inzw eingetretenen groben Mißverhältn zw dem AbfindgsBetr u dem wirkl AntlsWert in tats Hins einschränken kann (BGH NJW **94**, 2536). Vielm ist der Inhalt der Abfindgs-Regelg dch ergänzde VertrAuslegg nach Tr u Gl unter angem Abwägg der Interessen der G u des ausscheidden Gters u unter Berücksichtigg aller Umst des konkr Falls wie Mißverhältn, Zumutbark, Dauer der Mitgliedsch, Antl am Aufbau u Erfolg des Untern, Anlaß des Ausscheidens entspr den veränderten Verhältn neu zu ermitteln, meist wohl auf einen Betr zw dem Buch- u dem VerkWert (BGH NJW **93**, 2101, BGH **123**, 281). Gilt auch für eine mehr kapitalistisch organisierte PersG (BGH NJW **85**, 192 u NJW **79**, 104; zust Ulmer NJW **79**, 81, Hirtz BB **81**, 761; abl Flume NJW **79**, 902; Rasner NJW **83**, 2905) u eine G mit ursprüngl ideeller Zielsetzg (Grunewald JZ **97**, 1066). Erst wenn die ergänzde VertrAuslegg zu keinem Erg führt, kommt die Anwendg der Grds über den Wegfall der GeschGrdl in Betr (BGH **123**, 281).

739 *Haftung für Fehlbetrag.*

Reicht der Wert des Gesellschaftsvermögens zur Deckung der gemeinschaftlichen Schulden und der Einlagen nicht aus, so hat der Ausscheidende den übrigen Gesellschaftern für den Fehlbetrag nach dem Verhältnisse seines Anteils am Verlust aufzukommen.

1 S zunächst § 738 Rn 1–3, insb zum AnwendgsBer. – § 739 entspricht dem für die Auflösg der G geltden § 735. Die Feststellg des FehlBetr ist eine rein rechnerische: „Deckung“. Gemschaftl Schulden § 733 Rn 1–6, Einlagen dort Rn 7–10. VerlustAntl: § 722. Anspberecht ist die GesHand der übr Gter (§ 705 Rn 29). Verpfl ist der ausgeschiedene Gter, wie bei der AuseinandS aller Gter, auch dann, wenn er seine Einlage geleistet hat (BGH WM **65**, 975). Zur Leistg des Beitr ist er nicht mehr verpflichtet, sond nurmehr zur Zahlg des Ausgl, soweit die G in der Zeit seiner Mitgliedsch im EndErg Verluste erlitten hat u diese anteil auf ihn entfallen (wie § 730 Rn 8). Den VerlustAntl hat die G dch eine auf den Tag des Ausscheidens bezogene AbschichtgsBilanz nachzuweisen (BGH WM **78**, 299). Wegen der Anspr aus § 738 I und § 739 besteht wechselseit ZbR aus § 273. Scheiden mehrere aus, haftet jeder nur für seinen Antl. Anspr aus §§ 739 u 740 bestehen unabhäng voneinander (BGH WM **69**, 494).

740 *Beteiligung am Ergebnis schwebender Geschäfte.*

I Der Ausgeschiedene nimmt an dem Gewinn und dem Verluste teil, welcher sich aus den zur Zeit seines Ausscheidens schwebenden Geschäften ergibt. Die übrigen Gesellschafter sind berechtigt, diese Geschäfte so zu beendigen, wie es ihnen am vorteilhaftesten erscheint.

II **Der Ausgeschiedene kann am Schlusse jedes Geschäftsjahrs Rechenschaft über die inzwischen beendigten Geschäfte, Auszahlung des ihm gebührenden Betrags und Auskunft über den Stand der noch schwebenden Geschäfte verlangen.**

S zunächst § 738 Rn 1–3. – **Schwebende Geschäfte** sind unternehmensbezogene RGesch, an die im 1 Ztpkt des Ausscheidens eines Gters die G schon gebunden war, die aber beide VertrTeile bis dahin noch nicht voll erf haben (BGH NJW **93**, 1194); nicht dazu gehören DauerschuldVerh (BGH NJW-RR **86**, 1160: MietVertr), die aber ggf bei der Höhe der Abfindg zu berücksichtigen sind (BGH NJW-RR **86**, 454: vertragl Abbauberechtigg). Der Ausgeschiedene ist am Erg schwebder Gesch (Gew u Verlust) noch beteil, obwohl er nicht mehr Gter ist. Der Anspr besteht selbstd, er kann nach Beendigg des schwebden Gesch (BGH WM **80**, 212) unabhäng von den Anspr aus § 738 geltdgemacht w. Schwebde Gesch sind daher nicht bei der Werterмittlg nach § 738 II einzustellen; Gewinn aus schwebden Gesch muß die G auszahlen, auch wenn ihr später uU ein Anspr auf Ausgl negat KapitalKtos (§ 739) zusteht u umgekehrt. Der Ausgeschiedene haftet den Gläub nicht aus AbwicklgsHdlgen. Er hat kein Recht auf Mitwirkg (Abs I S 2), doch haften die Gter für Versch, § 708. § 716 gilt für ihn nicht mehr, er hat aber Anspr auf Ausk u Rechensch (BGH WM **61**, 173) gg alle Gter. Abw Vereinbg ist zul. Die BewL trägt, wer Gew bzw Verlust aus schwebden Gesch behauptet (BGH WM **79**, 1064).

Fünfzehnter Titel. Gemeinschaft

741 *Begriff.* **Steht ein Recht mehreren gemeinschaftlich zu, so finden, sofern sich nicht aus dem Gesetz ein anderes ergibt, die Vorschriften der §§ 742 bis 758 Anwendung (Gemeinschaft nach Bruchteilen).**

1) Begriff, Abgrenzung, anwendbares Recht. Ein Ggst kann geteilt mehreren Pers derart zustehen, 1 daß reale voneinander unabhäng Teilrechte bestehen (so zB iZw bei der teilb Fdg, Übbl 1 v § 420). Er kann aber auch mehreren gemschaftl zustehen (zB bei den verschied Fälle gemschaftl FdgsBerechtigg, Übbl 2, 3 v § 420). Das BGB regelt die Bez mehrerer in einer solchen InteressenGemsch, die zu gemschaftl Berechtigg geführt hat, in §§ 741 ff unabhäng vom EntstehgsGrd (Rn 2) in Form einer BruchtGemsch. Diese ist **Interessengemeinschaft ohne Zweckgemeinschaft:** die Interessen der Teilh laufen inf der Mitberechtigg am selben Ggst bis zu einem best Grade gleich, ihre Ziele, Zwecke können verschieden sein. Hierin liegt der wesentl Unterschied zur Gesellsch. Bei dieser u den and GesHandGemsch ist die Interessenverbindg der Berecht enger. §§ 741 ff treten daher zurück ggü den Sonderregelgen, die das Gesetz für diese Gemsch (Gesellsch §§ 705 ff; ehel GütGemsch §§ 1415 ff; ErbenGemsch §§ 2032 ff; MitUrhGemsch UrhG 8) vorsieht. Ist ein gemschaftl Zweck (§ 705 Rn 20) nicht feststellb, ist von einer BruchtGemsch auszugehen (NBrdbg NJW-RR **98**, 1564: AntlsBuchg im GB). Auch §§ 1008 ff zum Miteigentum (dh BruchtGemsch mehrerer Eigtümer) gehen den §§ 741 ff vor. **Keine Gemeinschaft** iS der §§ 741 ff liegt vor, wenn an demselben Ggst Rechte mehrerer mit unterschiedl Inhalt bestehen. Bsp Übbl 4 v § 420. – **IPR:** Es gilt das für das gemschaftl Recht maßg Statut (BGH NJW **98**, 1321 für MitEigt). Für BruchtGemsch in der **früheren DDR** gilt als ÜbergVorschr EG 232 § 9.

2) Entstehungsgrund können sein Gesetz, RGesch od TatHdlgen (Übbl 9, 10 v § 104). Bei Vertr wird 2 allerd meist ein gemeins Zweck bestehen; dann Gesellsch. Zur Entstehg der Gemsch genügt die Tats gemschaftl RZustdgk ohne einen auf ihre Entstehg gerichteten Willen der Beteil. Sie kann entstehen dch Verbindg, Vermischg, §§ 947, 948, Verarbeitg dch mehrere, § 950, Vereinigg v Bienenschwärmen, § 963, Schatzfund, § 984, bei gemeins Erfindg (RG **118**, 46), beim Sammellager, HGB 469, bei SammelVerwahrg, DepotG 5 ff. Auch Ehel können hins einz Ggst in Gemsch nach § 741 stehen. Gemsch der WohngsEigtümer vgl WEG §§ 10 ff.

3) Gegenstand einer Gemsch können Rechte aller Art sein, die eine Mehrh von Berecht zulassen, nicht 3 nur VermRechte. So das (Mit)Eigentum, es gelten neben §§ 742 ff die §§ 1008–1011 (s a §§ 1066, 1258); gemschaftl Fdgen, aber nur iF der einf FdgsGemsch (Übbl 2 v § 420, § 432 Rn 2); dingl Nutzungsrechte (Karlsr DB **92**, 886: Reallast zum Betr einer zentralen Heizgs- od AntennenAnl); nach hM auch der Besitz (BGH **62**, 243; aA MüKo/Schmidt Rn 17). Auch an einer Mehrh von Ggst kann bei demselben EntstehgsGrd eine einheitl Gemsch bestehen (BGH **140**, 63 : Rittergut). Gemschaftl Grenzeinrichtg, Grenzbaum §§ 921–923. – Die gemschaftl (Brucht)Berechtigg erstreckt sich iZw auch auf die **Surrogate** des urspr gemschaftl Ggst mit der Folge, daß ggf eine FdgsGemsch (§ 432 Rn 2) vorliegt (Düss WM **98**, 1875/1879); so bei Verk des Ggst auf die KaufprFdg (Zweibr NJW-RR **97**, 973); bei einem vertragl ErfüllgsAnspr auf den SchadErsAnspr wg NichtErf gem § 326 (BGH NJW **84**, 795).

4) Anwendungsbereich. Die bloße Tats, daß ein Recht mehreren gemschaftl zusteht, führt gem § 741 4 zwingd zur BruchtGemsch, „sofern sich nicht aus dem Gesetz ein and ergibt". Daraus folgt: – **a) Zwingend** sind §§ 742 ff insofern, als der Kreis der and Gemsch, insb der GesHandGemsch, nicht frei erweiterb ist. Die vertragl Vereinbg einer GesHandGemsch kann ggf als GesellschVertr auszulegen sein. Aus § 741 folgt hingg nicht der zwingde Charakter aller Vorschr der §§ 742 ff; insow ist die Einzelauslegg jeder Best entscheidd, die vielf dazu führt, Abdingbark anzunehmen. – **b) Nur hilfsweise** sind §§ 742 ff anzuwenden; ist eine and 5 Form der InteressenGemsch, insb eine GesHandGemsch gegeben, gehen deren Vorschr vor. Soweit dort allerd keine bes Regelg getroffen ist, gelten §§ 742 ff. – **c) Entsprechende Anwendung.** Das Gesetz erklärt die 6 §§ 742 ff od Teile davon häuf ausdr für unmittelb od entspr anwendb, insb die TeilgsBest (§§ 752 ff), zB in §§ 731 S 2; 1477 I; 2042 II; 2044 I S 2. Hierin liegt ein HauptanwendgsGebiet der §§ 741 ff.

5) Wesen. Es ist, da das Gesetz keine vollst Best trifft, den Wirkgen (Rn 8) zu entnehmen. Nach der 7 herrschden Einheitstheorie ist der gemschaftl Ggst als solcher ungeteilt. Über ihn im ganzen können nur alle

Teilh gemeins verfügen (§ 747 S 2). Geteilt ist die RZustdgk an dem gemschaftl Ggst. Dieser Bruchteil ist ideell, rein rechnerisch, nicht real quotenmäß zu verstehen. Jeder MitBerecht kann über seinen Antl frei verfügen (§ 747 S 1), ihn ohne Zust der übr Teilh veräußern, belasten; auf die Antle der übr Teilh hat dies keinen Einfluß. Jeder Teilh hat ein Recht an dem ganzen (real ungeteilten) Ggst, das dch gleiche Rechte der übr MitBerecht beschr ist. Desh kann jeder Teilh seine Rechte an dem Ggst nur insow ausüben, als dadch die Interessen der übr nicht beeinträchtigt werden (s § 743 II). Soweit einz Berechtiggen am Ggst teilb sind, hat jeder Teilh ein selbstd TeilR, zB Anspr auf Brucht der Früchte (§ 743 I).

8 **6) Wirkungen.** Die Gemsch selbst ist **kein Schuldverhältnis** zw den Beteil (BGH **62**, 243), kann nicht Träger von R u Pfl sein. Die Grds über die fehlerh Gesellsch (§ 705 Rn 17) sind auf die Gemsch nicht
9 anwendb, weil sie stets eine, wenn auch unvollk, vertragl Grdl voraussetzen (BGH **34**, 367). – **a)** Die Gemsch ist **Grundlage gesetzlicher Schuldverhältnisse** zw den Teilh, geregelt in §§ 742ff. Nur ihre schuldh Verl führt zu SchadErsAnspr gem §§ 276, 278, darü hinaus keine allg wechselseit Pfl der Teilh zu Schutz (Köln VersR **97**, 709) od Förderg wirtsch Interessen (Düss DB **98**, 2159). Der HaftgsMaßst des § 708 gilt nicht
10 (§ 708 Rn 3). Ansätze zur Verdinglichg der Gemsch in den §§ 746, 751 S 1, 755 II, 756. – **b) Verhältnis zu Dritten.** – **aa) Außenwirkung** haben zT die organisationsrechtl Normen in §§ 742ff, so die §§ 744 II, 745 I (§ 744 Rn 2). – **bb) Im übrigen** gelten im Verhältn zu Dr die allg Grds. Die Teilh werden ggü Dr teils nur anteil, § 420, zumeist aber gesschuldnerisch, insb nach §§ 427, 431, 769, 830, verpflichtet. Handelt ein Teilh, wenn auch für die Gemsch, im eig Namen, so haftet nur er dem Dr. Das gemeins Recht kann ggü Dr grdsätzl nur gemschaftl geltd gemacht werden, § 747 S 2; abw Regelg in §§ 744 II, 1011 u 432, der auch für die Gemsch gilt (BGH **121**, 22). Auch GestaltgsR hins des gemeins Rechts sind grdsätzl nur gemschaftl – u
11 auch nur gegen alle – ausübb. – **c) Individualistische Ausgestaltung.** Entgg der Gesellsch ist die Gemsch Individualistisch ausgestaltet. Jeder hat einen rechnerischen Antl an dem gemeins Recht, über den er frei verfügen kann, § 747 S 1. Jeder kann grdsätzl Aufhebg verlangen, §§ 749ff. Jeder kann sein TeilR allein ausüben, §§ 743, 745 III S 2. Ansätze zu sozialerer Ausgestaltg enthalten die verdinglichden Best (Rn 9) sowie §§ 744, 745. Der Grds der gleichmäß Behandlg der Teilh besteht auch bei der Gemsch (§§ 742, 743, 744 I, 745 III S 2, 748, 752).

12 **7) Sonderregelungen.** Vgl Rn 1–3. Ferner §§ 1108, 1109, 1172, 2047 II. Landesrechtl Vorbeh EG 66: Deich- u SielR; 119: GrdstTeilgs- u VeräußergsBeschrkgen; 120 II Nr 1, 121: Reallastverteilg bei Teilg des belasteten Grdst; 131: StockwerksEigt.

742 *Gleiche Anteile.* **Im Zweifel ist anzunehmen, daß den Teilhabern gleiche Anteile zustehen.**

1 **Bedeutung.** Antl § 741 Rn 7. Für die rechtsgeschäftl begründete Gemsch enthält die Best eine Ausleggs-Regel (BGH NJW **97**, 1434), für die auf and Weise entstandene Gemsch eine gesetzl Vermutg. Sie gilt, falls sich nicht aus dem PartWillen, aus speziellen Vorschr od aus bes Umst ein and VerteilgsSchlüssel ergibt. Beispiele: §§ 947, 948, 1109 I, 1172 II, DepotG 6 I 2; idR beim Oder-Depot (BGH NJW **97**, 1434); MitEigtQuoten an einer halbscheid Giebelmauer (BGH **36**, 46/54). Ebso ist die Regel in § 742 nicht anwendb, wenn sie inf bes Umst der Sachlage nicht gerecht wird; dann Schätzg des AntlsVerhältn nach Billigk (RG **169**, 239). – Den guten Gl an gleiche Brucht schützt § 742 nicht (BGH **13**, 133, MüKo/Schmidt Rn 1). Der GBRichter darf wg GBO 47 auf § 742 allein eine Eintr nicht stützen (RG **54**, 86).

743 *Früchteanteil; Gebrauchsbefugnis.* **I Jedem Teilhaber gebührt ein seinem Anteil entsprechender Bruchteil der Früchte.**

II Jeder Teilhaber ist zum Gebrauche des gemeinschaftlichen Gegenstandes insoweit befugt, als nicht der Mitgebrauch der übrigen Teilhaber beeinträchtigt wird.

1 **1) Anwendungsbereich.** Die Vorschr betrifft das InnenVerh zw den Teilh. Abs I gibt einen schuldrechtl IndividualAnspr gg die übr, der ohne seine Zust nicht geschmälert werden kann, § 745 III 2. Gilt für Brucht- u ErbenGemsch, § 2038 II. Früchte eines Grenzbaums § 923 I. Abw Vereinbg mit Zust aller ist zul, zB allein Fruchtziehg dch einen gg Abfindg der übr (BGH NJW **53**, 1427) od gg Einbeziehg in die UnterhRegelg (BGH NJW **97**, 731).

2 **2) Anspruch auf die Früchte, I.** Darunter fallen natürl Früchte u Früchte eines Rechts (§ 99). Dch VerwRegelg nicht beschränkb, § 745 III 2. – **a) Natürliche Früchte.** Der einz Teilh hat keinen Anspr, die Früchte ganz od zu seinem Antl selbst zu ernten. Dies ist vielm VerwaltgsHdlg, geregelt in §§ 744, 745 (BGH NJW **58**, 1723). Nach der Ernte hat jeder Teilh Anspr auf Teilg in Natur, § 752, entspr seinem Brucht (iZw § 742). Jeder hat dabei anteilmäß die Kosten der Fruchtziehg zu tragen, §§ 748, 756. EigtErwerb mit der
3 Ernte gem §§ 953ff. – **b) Rechtsfrüchte.** Es gelten grdsätzl die Ausf Rn 2. Wem im AußenVerh der Anspr auf die Früchte u Erträge zusteht, regelt sich nur nach dem zGrd liegden RVerhältn. Haben zB alle Teilh, auch vertreten dch einen von ihnen, den MietVertr über das gemschaftl Haus abgeschl, steht ihnen gemeins der Anspr auf die Mietzahlg zu. Hat einer von ihnen dies im eig Namen getan, ist er allein nach außen Träger des Anspr. Kein Anspr des einz Teilh auf teilw Zahlg des Mietzinses gg den Mieter, § 420 ist nicht anwendb (BGH NJW **69**, 839); gilt auch nach Verk des gemschaftl Grdst, es besteht dann Gemsch am Erlös (BGH WM **83**, 604). Im InnenVerh ist die Fruchtziehg dch VerwVereinbg gem §§ 744, 745 zu regeln. Haben zB alle Teilh die Miete gemschaftl einzuziehen, so hat jeder Teilh gg die übr nicht Anspr auf den seiner Quote entspr TeilBetr der einz Einnahmen, sond nur auf seinen rechnerischen Antl am Erg nach Abzug der ihn anteilmäß treffden Lasten, §§ 748, 756 (BGH **40**, 326), also auf den Reinertrag (BGH BB **72**, 1245). Nur dieser Anspr ist abtretb u pfändb. Dasselbe gilt, wenn einer der Teilh die Mieten einzuziehen hat; dabei trifft ihn die

Darleggs- u BewL für den Verbleib der Einnahmen (BGH BB **72**, 1245). – Gilt entspr für GebrVorteile, § 100 (BGH NJW **66**, 1708).

4 **3) Gebrauchsrecht. II** regelt nur das Maß des Gebr. Dessen Art u Weise unterliegen der VerwRegelg gem §§ 744, 745 dch Vertr, Beschl od Urt, nur in ihrem Rahmen kann der einz Teilh sein GebrRecht ausüben. Das GebrR kann, and als der Anspr auf Früchte in Abs I, dch eine solche VerwRegelg eingeschränkt werden, § 745 III 2 gilt nicht (BGH NJW **53**, 1427, NJW-RR **95**, 267). Die getroffene GebrRegelg verpflichtet jeden Teilh, den bezweckten Erfolg herbeizuführen; dafür haftet er auch ohne Versch (BGH **40**, 326). – IR der beschlossenen BenutzgsArt hat jeder Teilh gg die übr Anspr auf Gebr, dh Duldg auch gg den Widerspr eines and, der nicht erst dch Klage zu brechen ist (BGH NJW **78**, 2157). Dieses GebrR besteht, soweit nicht der tats – Ggs: der rechtl mögl – MitGebr der and entggsteht (BGH NJW **66**, 1707). Grenze § 242; insow UnterlAnspr der übr. BesSchutz besteht jedoch nicht im InnenVerh hins der GebrGrenzen, § 866. Übt ein Teilh sein R zum Gebr nicht aus, so ist der and nicht verpflichtet, seinen Gebr einzuschränken; EntschädiggsPfl in diesem Fall s § 745 Rn 5. Macht dagg ein Teilh gg den Willen der übr von der gemschaftl zur Nutzg best Sache allein unentgeltl Gebr, so ist er wg Verl des Gemsch- bzw GesellschVerh schadersatzpfl (KG OLGZ **69**, 311: Nutzg einer Wohng im gemschaftl Miethaus).

744 *Gemeinschaftliche Verwaltung.* **I Die Verwaltung des gemeinschaftlichen Gegenstandes steht den Teilhabern gemeinschaftlich zu.**

II Jeder Teilhaber ist berechtigt, die zur Erhaltung des Gegenstandes notwendigen Maßregeln ohne Zustimmung der anderen Teilhaber zu treffen; er kann verlangen, daß diese ihre Einwilligung zu einer solchen Maßregel im voraus erteilen.

1) Überblick, Abgrenzung. §§ 744–746 regeln die Verw des gemschaftl Ggst. Sie steht den Teilh gemschaftl zu. Die VerwRegelg kann dch Vereinbg (Abs I u § 745 II) od einstimm Beschl (Rn 2), iR des § 745 I auch dch MehrhBeschl (dort Rn 1–4), ersatzw stets dch Urt (§ 745 II, dort Rn 5) getroffen werden. Der Grds gemschaftl Verw ist dchbrochen dch das Recht jedes einz Teilh, notw ErhaltgsMaßregeln allein zu treffen (Abs II) u eine dem Interesse aller Teilh entspr Verw u Benutzg zu verlangen (§ 745 II). Von vornherein als IndividualR des einz Teilh ausgestaltet ist sein Anspr auf die anteil Früchte u auf das Maß des Gebr des gemschaftl Ggst aGrd der getroffenen VerwRegelg (§ 743 Rn 2–4). – Wirkg für u gg Sonderrechtsnachfolger § 746. – Vfgen: Rn 2, 3 u § 747. 1

2) Gemeinschaftliche Verwaltung, Abs I, bedeutet GeschFg im Interesse aller Teilh, die über die bloße Erhaltg (Abs II) hinausgeht. In diesem Rahmen können auch Vfgen Ggst einer VerwEntscheidg sein (MüKo/Schmidt Rn 4), zB rgeschäftl Erkl ggü dem Mieter der gemeins Sache (Düss NJW-RR **98**, 11). Die Teilh können auch einem von ihnen od einem Dr die Verw übertr (BGH **34**, 367 und NJW **83**, 449, § 745 Rn 1–4). Darin liegt iZw die Bevollmächtigg zum Handeln auch im Namen der übr (MüKo/Schmidt Rn 11). Die Teilh können auch die VerwRegelg korporationsähnl in einer Satzg treffen (BGH **25**, 311). – Dch **Vereinbarung** aller od einstimm Beschl können die Teilh die Verw u Benutzg umfassd regeln, auch konkludent dch langjähr Übg (Celle MDR **98**, 397). Pfl zur Zust nur iR des § 745 II, III (Düss DB **98**, 2159). Überläßt die Gemsch Räume auf ihrem Grdst gg Entgelt einem Teilh, so kommt regelm ein MietVerhältn zustande (BGH MDR **69**, 658, NJW **74**, 364); zur Höhe des Entgelts bei fehlder Vereinbg § 745 Rn 5; Verletzg einer solchen Vereinbg kann schadersatzpfl machen (BGH NJW **98**, 372). **Änderung** ist einstimm in den Grenzen des § 138 belieb mögl; dch MehrhBeschl, falls nicht and vereinb, nur iR des § 745 I (MüKo/Schmidt Rn 14) auf Verlangen eines Teilh (Stgt NJW-RR **87**, 1098). Anspr auf Änderg besteht nur bei wesentl Lücken der Vereinbg od Veränderg der Sachlage mit bill Ermessen widersprechden Folgen (BGH ZIP **98**, 749). 2

3) Notwendige Erhaltungsmaßregeln, Abs II, sind solche, die im Interesse der Gemsch – nicht genügd: allein im Interesse eines einz (BGH **39**, 20) – zur Erhaltg der Substanz od des wirtsch Wertes iR ordngsgem Verw (BGH **6**, 81 u WM **75**, 196) obj erfdl sind. Im EinzFall kann auch eine Vfg darunter fallen, zB Veräußerg des gemeins Ggst zur Vermeidg des Verderbs (MüKo/Schmidt Rn 38, Staud/Langhein Rn 25), Belastg zur Abwendg der ZwVollstr in den gemeins Ggst (BGH WM **87**, 984). Abs II ist nicht abdingb. Er gibt im InnenVerh zu den Teilh ein IndividualR zum Handeln auch ohne Einwilligg der übr, auf AufwErs, § 748 u auf Vorschuß (Soergel/Hadding Rn 6). Bei Streit kann der Handelnde auf Feststellg, daß er zu der betr ErhaltgsMaßn befugt ist, od auf Einwilligg zu ihr gg die Teilh klagen. Dies muß er nicht, denn Abs II hat, wie der MehrhBeschl in § 745 I Außenwirkg, dh er verleiht dem Handelnden VertretgsMacht für notw ErhaltgsMaßn, die keine Vfgen sind (BGH **56**, 47 für § 745 I; aA MüKo/Schmidt Rn 38). Für Vfgen gibt Abs II in seinem Rahmen dem Handelnden nach außen die AlleinVfgsBefugn über den gemeins Ggst (ebso MüKo/Schmidt Rn 38, RGRK/v Gamm Rn 13) einschl der ProzFührgsBefugn im eig Namen (BGH **51**, 125/128) mit dem Antr auf Leistg an ihn allein (BGH JZ **85**, 888; aA Tiedtke 890). – Fehlen die Vorauss des Abs II, kann Anspr aus GoA in Frage kommen. Verstoß gg Abs II kann zu SchadErsAnspr führen (§§ 276, 278; nicht § 708). – Entspr Anwendg des Abs II auf die GbR Vorbem 6 v § 709. 3

745 *Verwaltung und Benutzung durch Beschluß.* **I Durch Stimmenmehrheit kann eine der Beschaffenheit des gemeinschaftlichen Gegenstandes entsprechende ordnungsmäßige Verwaltung und Benutzung beschlossen werden. Die Stimmenmehrheit ist nach der Größe der Anteile zu berechnen.**

II Jeder Teilhaber kann, sofern nicht die Verwaltung und Benutzung durch Vereinbarung oder durch Mehrheitsbeschluß geregelt ist, eine dem Interesse aller Teilhaber nach billigem Ermessen entsprechende Verwaltung und Benutzung verlangen.

III Eine wesentliche Veränderung des Gegenstandes kann nicht beschlossen oder verlangt werden. Das Recht des einzelnen Teilhabers auf einen seinem Anteil entsprechenden Bruchteil der Nutzungen kann nicht ohne seine Zustimmung beeinträchtigt werden.

1 **1) Mehrheitsbeschluß, I.** Übbl u Abgrenzg § 744 Rn 1, Vorbem 11 v § 709. Entspr anwendb auf ErbenGemsch, § 2038 II S 1. Bei Streit über die Wirksamk ist FeststellgsKl mögl (BGH WM **92**, 57, BayObLG NJW-RR **95**, 588). – **a) Verfahren** forml; BeschlFassg auch schriftl im Umlauf, konkludent jedenf bei Einstimmigk (Celle NZG **99**, 649). Jedem Teilh, insb der Minderh ist rechtl Gehör zu gewähren; seine Versagg führt grdsätzl nicht zur Unwirksamk, kann aber SchadErsAnspr begründen (BGH **56**, 47/56). Die Stimmenmehrh berechnet sich nach der Größe der Brucht. Bei 2 Teilh mit gleichen Brucht gibt es keinen MehrhBeschl, mit versch großen Brucht verfügt einer von vornherein über die Mehrh.

2 **b) Gegenstand** der MehrhEntsch kann nur eine ordngsmäß Verw u Benutzg (Art der Nutzg § 743 Rn 2–4) sein. Die Zustdgk ist also enger als iF der Einstimmigk (§ 744 Rn 2), u weiter als bei notw ErhaltgsMaßn, § 744 II. Einschränkgen Rn 3. Bsp: Verpachtg (BGH **56**, 47); MietVertr mit einem Teilh (BGH NJW **98**, 372; Erbarth NZM **98**, 740), auch stillschw (§ 744 Rn 2); Übertr der Verw auf einen Teilh od Dr; evt auch die Bildg von Rückstellgen (BGH **140**, 63/72). Die Beteil können aGrd eines Mehrh- od einstimm gefaßten Beschl den mit einem Dr geschl VerwalterVertr kündigen (BGH NJW **85**, 2943) od dem Mitgl der Gemsch, dem die Verw übertr war, aus wicht Grd kündigen (BGH **34**, 367 u NJW **83**, 449). Auch Vfgen können in den Rahmen ordngsgem Verw fallen, wenn die begehrte Regelg nach bill Erm dem Interesse der Teilh entspricht u die Grenze des Abs III wahrt, zB Künd eines PachtVertr (BGH **LM** § 2038 Nr 1), Widmg einer Straße (BGH **101**, 24), Tausch einz aus einer Gesamth gemschaftl Grdst (BGH **140**, 63). Ein Beschl, der nicht den Rahmen des Abs I einhält od Abs III verletzt, ist unwirks (Düss NJW-RR **87**, 1256). – Änderg eines MehrhBeschl ist einstimm stets (ggf auch stillschw, § 744 Rn 2) mögl, dch MehrhBeschl jedenf bei Änderg der tats Verhältn (weitergehd MüKo/Schmidt Rn 16).

3 **c) Beschränkungen, III.** – **aa)** Eine **wesentliche Veränderung** des gemeins Ggst kann die Mehrh nicht beschließen, dh eine für die Teilh einschneiddе Veränderg der Gestalt od der ZweckBest (BGH NJW-RR **95**, 267), zB Errichtg von Garagen auf einer als KfzAbstellplatz genutzten Fläche (Hbg OLGZ **90**, 141), wobei die Aufbringg der Mittel eine entscheiddе Rolle spielt (BGH NJW **53**, 1427). Umgestaltg einer größeren Wohng in 3 kleinere kann unter bes Umst keine wesentl Veränderg sein (BGH NJW **83**, 932). Gg die einseit wesentl Veränderg der ZweckBest können sich die übr Teilh mit der UnterlKl wehren (Hamm NJW-RR **92**, 329). – **bb)** Das **Recht auf Nutzungen** des einz Teilh entspr seinem Brucht kann die Mehrh in seinem Maß nicht beschränken (§ 743 Rn 2–4).

4 **d) Wirkung.** Nach innen verpflichtet ein wirks (Rn 2) Beschl auch die überstimmte Minderh zur Mitwirkg, im WeigergsFall dch Kl u Urt gem ZPO 894 dchzusetzen. Unberecht Weigerg kann schadersatzpfl machen, Kostentragg § 748. Die Überstimmten können sich dch Künd nach § 749 wehren, ohne Kl (BGH **34**, 367). Die Außenwirkg ist str, BGH **17**, 181 verneint sie für § 744 II. In Not- u Eilfällen kann der MehrhBeschl ausgeführt werden, wenn sonst vollendete Tats entstünden, weil Urt zu spät käme (BGH **49**, 183, Soergel/Hadding Rn 5). Nach BGH **56**, 47 kann eine wirks MehrhEntsch, die keine Vfg ist, mit Außenwirkg ausgeführt werden; danach vertritt bei VerpflGesch die Mehrh befugt die Minderh (ebso Erm/Aderhold Rn 5; im wesentl ebso, aber unter Ausn primärer Geldschulden MüKo/Schmidt Rn 26). Für Vfgen gilt das in § 744 Rn 3 Gesagte.

5 **2) Bei fehlender Regelung** der Verw u Benutzg des gemeins Ggst **(II)**, sei es einstimm (§ 744 I) od dch MehrhBeschl (Abs I), hat, sol die NutzgsGemsch besteht (BGH WM **96**, 1980), der einz Teilh gg die Widersprechden Anspr auf Zust zu einer best, konkr zu formulierden (weitergehd Düss DB **98**, 2159) Verw- u BenutzgsRegelg, auch Vfg, die dem Interesse aller Teilh nach bill Erm entspricht. Dem Fehlen einer Regelg steht gleich, wenn die bish Regelg entfallen ist, zB infolge tats Verändergen od Künd des BenutzgsVerhältn. Ist eine Maßn, die der ord Verw des gemschaftl Ggst dient, zugleich eine wesentl Veränderg desselben (Abs III), besteht kein Anspr auf Zust (BGH WM **83**, 314). – Der Anspr ist ggf mit LeistgsKl dchzusetzen (BGH WM **89**, 102), die Bekl sind notw Streitgenossen. WiderKl mit konkr GgAntr ist mögl. Entspricht die verlangte Regelg nicht bill Erm, hat das Ger nicht zu prüfen, ob eine and Regelg interessengerecht wäre (BGH NJW **93**, 3326). Bei Änderg der Lage ist neue Klage mögl. – Nutzt ein Teilh den gemschaftl Ggst allein u fehlt eine Regelg, führt dieser Umst allein noch nicht zu EntschädiggsAnspr der and Teilh (BGH NJW **98**, 372). Jedoch können diese eine Regelg von Entgelt u Lastenverteilg verlangen, die nach bill Erm dem gemschaftl Interesse an sachgerechter Verw entspricht; Wirkg ex nunc, so daß Entschädigg u Lastenausgleich erst ab dem ernsth Verlangen zu zahlen sind (BGH NJW-RR **93**, 386). Es kann unmittelb auf Zahlg geklagt werden. Gleiches gilt, wenn nur die Höhe des Entgelts str ist (BGH NJW **74**, 364) od die bish Regelg (Rn 2) entfallen ist (BGH NJW **98**, 372; krit Erbarth NZM **98**, 740). – **Beispiele:** Abs II kann anwendb sein (GgBsp BGH NJW **96**, 2153) bei endgült Auszug eines Eheg aus der aGrd gemschaftl Eigt od WohnR genutzten Wohng, wobei es idR nicht darauf ankommt, wer den Erwerb des Objekt finanziert hat (Düss NJW-RR **98**, 146); dann zB Zahlg eines angem Entgelts, Vergl-, ggf Kostenmiete (BGH NJW **94**, 1721) ab dem Ztpkt des Verlangens, bei GeltdMachg als Einwdg gg den Anspr auf Beteiligg an den GrdstLasten auch rückwirkd (Celle NJW-RR **90**, 265, Schlesw NJW-RR **93**, 1029); Übern der Kosten des GrdBes dch den Eheg, der ihn allein nutzt (BGH NJW **82**, 1753, BGH **87**, 265, Köln NJW-RR **92**, 1348), soweit nicht dieser Vorteil schon in and Weise berücksichtigt ist (BGH NJW **86**, 1339 u 1340); hatten Eheg im UnterhVergl vereinb, daß die Ehefr kostenl im gemeins Haus wohnen kann, so hat sie einen FreistellgsAnspr gg den Ehem, wenn dieser seinen MitEigtAntl veräußert hat u die Ehefr an den Erwerber NutzgsEntschädigg zahlen muß (BGH NJW **97**, 731). NutzgsVergütg für ein der Gesellsch unentgeltl zur Nutzg überlassenes Grdst, wenn ein Teilh aGrd Vereinbg das Untern allein weiterführt (BGH NJW **89**, 1030 für OHG). Überläßt eine ErbenGemsch einer aus den Miterben bestehdn OHG den Gebr des ihr gehör BetriebsGrdst unentgeltl u scheidet ein Miterbe aus der OHG aus,

dann kann er von den übr Miterben Vergütg für die GebrÜberlassg nach seinem Ausscheiden verlangen (BGH NJW **84**, 45).

746 *Wirkung gegen Sondernachfolger.* **Haben die Teilhaber die Verwaltung und Benutzung des gemeinschaftlichen Gegenstandes geregelt, so wirkt die getroffene Bestimmung auch für und gegen die Sondernachfolger.**

Anwendungsbereich. Jede Verw-, Gebr- u BenutzgsRegelg, einstimm (§ 744 I), dch MehrhBeschl (§ 745 I) od Urt (§ 745 II) wirkt außer gg Gesamt- auch gg SonderRNachf oRücks auf dessen Kenntn davon. Das ist der Erwerber des Brucht od eines Teils davon, PfdGläub (§ 1258), PfdgsGläub (Ausn in § 751 S 2) od eines and beschr dingl Rechts am Brucht, wie Nießbr (MüKo/Schmidt Rn 4). Gilt nicht für Gesellsch (vgl § 725 II). – Bei **Miteigentum an Grundstück** Wirkg gegen SonderRNachf nur, wenn die Verw- u BenutzgsRegelg, Ausschl des Rechts auf Aufhebg der Gemsch od Vereinbg einer Fr zur Erhebg des AufhebgsAnspr als Belastg im GB eingetragen ist (§ 1010 Rn 1–4). 1 2

747 *Verfügung über Anteil und gemeinschaftliche Gegenstände.* **Jeder Teilhaber kann über seinen Anteil verfügen. Über den gemeinschaftlichen Gegenstand im ganzen können die Teilhaber nur gemeinschaftlich verfügen.**

1) Allgemeines. Bei der Gemsch gibt es kein vom Verm der Teilh getrenntes SonderVerm wie bei der Gesellsch, § 705 Rn 24, § 718, desh auch keine geshänderische Bindg, § 719, u keine An- u Abwachsg, § 738. An dem gemeins Ggst bestehen nur AnteilsR der Teilh, die zu deren Verm gehören. – Satz 1 u 2 haben auch Wirkg gg Dritte. Zur Berechtigg an den iZshg mit der Vfg erworbenen Surrogaten § 741 Rn 3. 1

2) Verfügung über den Anteil, S 1. Das freie VfgsR jedes Teilh über seinen Antl entspricht dem aus der fehlden Zweckvereinbg folgden individualrechtl Charakter der Gemsch. Ebso bei der ErbenGemsch, § 2033 I. And bei der Gesellsch, der ein neuer Gter nicht ow aufgedrängt werden kann (§ 717 Rn 1, § 719 Rn 6). Auswüchse werden dch die Wirkg gewisser Abreden, Beschl, Verpfl u Rechte für und/od gg die SonderNachf vermieden, §§ 746, 751 S 1, 755 II, 756. Die übr Teilh haben keine Rechte in bezug auf den Antl. Vertragl VfgsBeschrkgen sind nur schuldrechtl mögl, § 137 (BGH NJW **62**, 1613: MitUrh). Begr der Vfg § 185 Rn 2, Bsp § 1008 Rn 4–7. VerpflGesch über den Antl sind ebenf mögl. Ist danach BesÜbertr nöt, so genügt hier Verschaffg des MitBes. Quotenänderg ist Vfg (BayObLG DNotZ **83**, 752), wirks ohne Zust der nichtbetroffenen Teilh; es gibt keine Anwachsg u keinen Schutz des guten Gl hins zu Unrecht gelöschter Belastgen des Grdst (vgl § 892 Rn 8). Für die Verpfändg eines FdgsBrucht gilt § 1280. – Verzicht auf MitEigtAntl ist unwirks (BGH **115**, 1). – Gesetzl PfdR des Verm am MitEigtAntl des Mieters § 559 Rn 7. – Aus der VfgsFreih folgt das Recht des Gläub des Teilh zur ZwVollstr in den Antl (§ 751 S 2), bei Grdst nach ZPO 864 II, 866 ff u ZVG, iü nach ZPO 857, 828 ff (Th-P § 857 Rn 2; für MitEigtAntle s § 1008 Rn 7). – Gerichtl GeltdMachg des Antls nur dch den Teilh. Der Teilh kann auch über einz schuldrechtl Anspr verfügen, sie können auch gepfändet werden. 2

3) Verfügung über den gemeinschaftlichen Gegenstand, S 2. – a) Begriff wie Rn 2; auch Anfechtg, Künd, Aufr mit einer gemschaftl Fdg (MüKo/Schmidt Rn 2). Vermietg, Verpachtg ist keine Vfg. – **b) Regel.** Vfgsberecht über den gemeins Ggst sind nur alle Teilh gemschaftl. Sie können einen zur Vfg bevollmächtigen, od ihr zustimmen, § 185. Die Vfg über den gemschaftl Ggst ist schwebd unwirks, wenn die Mitwirkg eines Teilh unwirks ist, § 139 ist nicht anwendb (BGH NJW **94**, 1470). Zur ZwVollstr in den gemschaftl Ggst ist mangels abw Best in der ZPO Titel gg alle nöt. – **c) Ausnahmen.** Unbeschadet von § 747 als der allg Vorschrift gibt § 745 I in seinem Rahmen bei wirks Beschl der Mehrh u § 744 II in seinem Rahmen dem einz Teilh VfgsBefugn, da beiden für ihren Bereich spezielleren Vorschr Außenwirkg zukommt (§ 745 Rn 4, § 744 Rn 3). – **d) Gerichtliche Geltendmachung** des gemschaftl Rechts im AktivProz grdsätzl nur dch alle. Ebso im Proz gg die Teilh auf eine Vfg (BGH **36**, 187, BGH WM **84**, 1030). ProzFührgsBefugn des einz Teilh im eig Namen auf Leistg an alle bei notw ErhaltgsMaßn (§ 744 Rn 3) u bei Anspr auf unteilb Leistg, zu der auch eine GeldFdg gehört (Bambg NJW-RR **97**, 81; § 432 Rn 1, 2, 8), u des einz MitEigtümers, § 1011; nicht aber iR einer WohngsEigtümerGemsch (BGH **121**, 22). 3 4 5 6

748 *Lasten- und Kostentragung.* **Jeder Teilhaber ist den anderen Teilhabern gegenüber verpflichtet, die Lasten des gemeinschaftlichen Gegenstandes sowie die Kosten der Erhaltung, der Verwaltung und einer gemeinschaftlichen Benutzung nach dem Verhältnisse seines Anteils zu tragen.**

1) Anwendungsbereich. Die dispositive Vorschr betrifft nur das InnenVerh der Teilh. Wer nach außen verpflichtet ist, ob nur ein Teilh od die Teilh anteil od als GesSchu, bestimmt sich nach allg, insb schuldrechtl Vorschr. § 748 ist die Kehrseite des § 743 u desh bei abw VerwRegelgen häuf stillschw abbedungen (MüKo/Schmidt Rn 5). Lasten § 103, Kosten der Erhaltg § 744 Rn 3, der Verw § 744 Rn 2, der Benutzg, wenn sie gemschaftl ist. Die kostenverursachde Maßn muß von allen, § 744 I, od wirks von der Mehrh, § 745 I, beschlossen bzw bewilligt od berecht von einem einz Teilh ausgeführt sein bzw werden. Macht ein Teilh wert- od nutzgssteigernde, an sich nicht unter § 748 fallde Aufw auf den gemschaftl Ggst im Einverständn mit den and Teilh, so ist iZw anzunehmen, daß er einen anteil ErstattgsAnspr wie iF des § 748 haben soll (BGH DB **92**, 83). Köln OLGZ **69**, 332 hält § 748 für entspr anwendb auf AusglAnspr des benachteiligten Eheg iF der gemeins Veranlagg zur EinkSteuer. – Ausn in § 753 II. 1

2 **2) Anspruch.** Jeder Teilh muß sich entspr seinem Brucht an den Lasten u Kosten beteil. Je nach AußenVerpfl u Umst geht der Anspr des Teilh, der nach außen höher verpflichtet ist od mehr geleistet hat als seinem Brucht entspricht, gg die übr auf anteil Schuldbefreiung (§ 257) bzw auf anteil AufwErs. Der Anspr ist sofort, nicht erst bei Auflösg der Gemsch fäll (BGH WM **75**, 196), Anspr auf Vorschuß iF des § 744 II (dort Rn 3), sonst nach den Umst (§ 257 Rn 2). Der Anspr gibt ggü einem and Teilh ein ZbR, außer gg den AufhebgsAnspr (BGH **63**, 348), u ein AufrR. Schuldh Verl des Anspr kann schadersatzpfl machen u wicht Grd zur Aufhebg geben, § 749 II. – Der nach § 748 Berecht ist nicht auf Anspr aus §§ 677 ff, 812 beschr, diese u die Regeln über den Wegfall der GeschGrdl können in Betr kommen, soweit § 748 nicht eingreift (BGH NJW **87**, 3001, NJW **92**, 2282). Ist der MitEigtümer zugleich Mieter der gemschaftl Sache, so kommt es für den Anspr auf VerwendgsErs darauf an, auf welchem der beiden RVerhältn die Aufw beruhen. Für Anspr des Teilh aus §§ 744 II, 748 gilt die VerjFr des § 558 auch dann nicht, wenn er zugleich Mieter ist (BGH NJW **74**, 743). Der Anspr aus § 748 besteht auch nach Beendigg der Gemsch; GeltdMachg bei der Teilg vgl §§ 755, 756.

Lösung der Gemeinschaft (§§ 749–758)

Vorbemerkung

1 **1) Die Gemeinschaft endet,** sobald keine BruchtZuständigk mehr besteht, zB mit ersatzl Untergang des gemschaftl Ggst (bei Ersatz Fortsetzg der Gemsch am Surrogat, § 741 Rn 3), mit Vereinigg aller Brucht in einer Hand dch Übertr, Erbfall od gutgl Erwerb. Die Teilh können sie aber auch dch Aufhebg (§§ 749–758) beenden. Hierbei sind zwar gedankl 2 Stufen zu unterscheiden: die Frage, ob die Gemsch aufgehoben wird (das Ob der Beendigg), u die Frage der konkr DchFührg der Aufhebg (das Wie der Beendigg). Nach heute wohl überwiegder Auffassg (Schmidt JR **79**, 317, MüKo/Schmidt § 749 Rn 18 f, Staud/Langhein § 749 Rn 16 ff mwN; offengelassen BGH **90**, 207/214) ist aber das AufhebgsR jedes Teilh kein GestaltgsR, sond ein Anspr (§ 749 Rn 1 ff), der nach Inhalt u Ggst unmittelb auf die nach Vereinbg oder Gesetz geschuldete konkr Teilg gerichtet ist, sobald die Vorauss der Aufhebg vorliegen (ebso Hamm NJW-RR **92**, 665; aA: zuerst Aufhebg dch einstimm Beschl, notf Kl auf Zustimmg; dann Vereinbg einer konkr Teilg und ihre Ausf, notf dch gesonderte LeistgsKl herbeizuführen). Dem ist zu folgen, da dadch die im Gesetz nicht vorgesehene, dogmatisch nicht erfdl u die Beendigg unnöt erschwerde Aufspaltg der Aufhebg vermieden w; in der Praxis fallen die beiden Stufen ohnehin meist zus.

2 **2) Die Aufhebung** (§§ 749–751) erfordert einen auf Beendigg der Gemsch zielden einstimm Beschl od eine Vereinbg aller Teilh, womit die Fälligk des Anspr auf Teilg mit dem vorstehd in Rn 1 beschriebenen Inhalt herbeigeführt od klargestellt ist. Zum AufhebgsAnspr § 749. Einseit Künd ist iF des § 749 II Vorauss für die Aufhebg, führt sie aber nicht herbei. – **Verzicht** auf MitEigtAntl an einem Grdst § 928 Rn 1.

3 **3) Die Teilung** (§ 752 Rn 1) ist Vollziehg der Aufhebg u beendet die Gemsch. Auch sie bedarf, weil Vfg über den gemschaftl Ggst, der Zust aller Teilh, § 747 S 2. In der bloßen TeilgsVereinbg ist die über die Aufhebg enthalten. Sie verpflichtet zur Mitwirkg bei der Teilg.

749 *Aufhebungsanspruch.* I **Jeder Teilhaber kann jederzeit die Aufhebung der Gemeinschaft verlangen.**

II **Wird das Recht, die Aufhebung zu verlangen, durch Vereinbarung für immer oder auf Zeit ausgeschlossen, so kann die Aufhebung gleichwohl verlangt werden, wenn ein wichtiger Grund vorliegt. Unter der gleichen Voraussetzung kann, wenn eine Kündigungsfrist bestimmt wird, die Aufhebung ohne Einhaltung der Frist verlangt werden.**

III **Eine Vereinbarung, durch welche das Recht, die Aufhebung zu verlangen, diesen Vorschriften zuwider ausgeschlossen oder beschränkt wird, ist nichtig.**

1 **1) Der Anspruch auf Aufhebung, I. – a) Rechtsnatur.** Es handelt sich um einen schuldrechtl Anspr, nicht um ein GestaltgsR (MüKo/Schmidt Rn 18; offengelassen BGH **63**, 348). Jeder einz Teilh hat, soweit nicht gesetzl (Rn 4) od rgeschäftl Beschr (Rn 5–7) bestehen, jederzeit einen unverjährb (§ 758) Anspr auf Aufhebg iW der Teilg entspr den Ausf in Vorbem 1–3 einschl der Schuldenberichtigg nach §§ 755, 756. IF des Abs II ist Künd aus wicht Grd Vorauss für den AufhebgsAnspr. Aus dem R jedes Teilh, jederzeit u ohne weitere Vorauss die Aufhebg zu verlangen, folgt, daß kein Teilh dem AufhebgsVerlangen eines and ein GgRecht entgghalten kann, das nicht in der Gemsch wurzelt (BGH NJW-RR **90**, 133). Im EinzFall kann das
2 Verlangen allerd wg ganz bes Umst gg Tr u Gl verstoßen (BGH **63**, 348; Karlsr NZG **99**, 249). – **b) Durchsetzung.** AufhebgsVereinbg aller Teilh u Ausf der Teilg (§ 752 Rn 1). Sonst LeistgsKl mit dem Antr auf Vorn bzw Duldg der konkr Hdlgen, die zur Durchf der rgeschäftl, sonst der gesetzl vorgesehenen TeilgsArt erfdl sind; ZwVollstr ggf nach ZPO 887. Ein daneben gestellter Antr auf Zust zur Aufhebg ist überflüss, schadet aber nicht. Bei Gemsch an einem Grdst kann die Aufhebg ohne Titel dch Versteigerg dchgesetzt werden, wenn AntrSt als MitEigtümer im GB eingetragen ist (ZVG 181; § 753 Rn 3). – Der AufhebgsAnspr kann nach hM (aA MüKo/Schmidt Rn 23 mwN) gepfändet u dem Gläub überwiesen werden (Hamm NJW-RR
3 **92**, 665), dieser kann die R des MitEigtümers aus ZVG 180 II ausüben (Köln OLGZ **69**, 338). – **c)** Auf **teilweise Aufhebung und Teilung** besteht kein Anspr, alle Teilh können sie aber vereinb (RG **91**, 418). Das gilt grdsätzl auch für Aufhebg der Gemsch für einen von mehreren gemschaftl Ggst; hier kann aber Anspr auf ggständl Teilaufhebg nach den für die ErbenGemsch geltden Grd bestehen (§ 2042 Rn 17–20). – Wollen die and unter sich in Gemsch bleiben, so kann der die Aufhebg u Teilg Verlangde uU nur sein Ausscheiden u seine Abfindg fordern, jedoch sind die §§ 752 S 2, 753 zu beachten (MüKo/Schmidt Rn 25, RGRK/v Gamm Rn 3). Bei der Gemsch gibt es keine Anwachsg. Ist ein Teilh nicht zur Teilg zugezogen worden, so ist
4 diese unwirks, § 747 S 2; sind Ggst versehentl ungeteilt geblieben, so ist Teilg nachzuholen. – **d) Gesetzliche**

Beschränkungen des Rechts auf Aufhebg u Teilg finden sich verschiedentl, zB in §§ 922 S 3, 2047 II, EG 119 Nr 2, 131, WEG 11 I, AktG 8 III.

2) Rechtsgeschäftliche Beschränkung des AufhebgsAnspr. – **a) Grundlage** kann sein Vereinbg (nicht 5
MehrhBeschl) od letztw Vfg (§ 2044 I). Die Beschrkg kann die Teilg nach Ggst (einz von mehreren gemschaftl Ggst), Pers (für einz Teilh), Ztpkt (Termin, KündFr), Art (zB Teilg in Natur) od generell ausschließen; auch konkludent. Für die Tats, aus denen sich der Ausschl des AufhebgsR ergibt, trägt die BewL, wer sie
behauptet (BGH NJW-RR **91**, 946). Wirkg für u gg Sondernachfolger § 751 S 1. – **b) Grenze: Wichtiger** 6
Grund, II. Bei seinem Vorliegen besteht zwingd (Abs III) ein Anspr auf Aufhebg. Da es sich um die ultima ratio handelt, ist ein strenger Maßstab anzulegen (BGH DB **95**, 317). Unzumutb ist die Fortsetzg nicht schon bei Uneinigk, Feindsch od ggs Schikanen, erfdl ist, daß eine ordngsgem gemschaftl Nutzg u Verw unter Abwägg aller den EinzFall prägden Umst unmögl ist u daß der Beteil, der die Aufhebg begehrt, den wicht Grd nicht allein od überwiegd herbeigeführt hat (BGH ZIP **95**, 113). **Beispiele:** Wenn einem Teilh der ihm zustehde Gebr des gemeins Ggst unmögl gemacht wird (BGH WM **62**, 465); wenn sich der gemschaftl Ggst wg Zerstörg des VertrauensVerh nicht mehr verwalten u nutzen läßt, auch nicht dch Zwischenschalten eines Dr; Versch eines Beteil ist nicht erfdl (BGH WM **84**, 873). Verweigerg interessengerechter Verw- u Benutzgs-Regelg gem § 745 II od des rechtl Gehörs bei MehrhBeschl gem § 745 I; wesentl Veränderg der Umst; Tod eines Teilh (vgl § 750). – Mit KündFr ist gemeint Fr zur Erhebg des AufhebgsAnspr. – Eine dem § 723 II
entspr Vorschr fehlt. – **c)** Zu **III** vgl § 723 Rn 7. Vereinbgen, die nur die DchFührg der Teilg regeln, sind 7
zul.

750 ***Ausschluß der Aufhebung im Todesfall.*** **Haben die Teilhaber das Recht, die Aufhebung der Gemeinschaft zu verlangen, auf Zeit ausgeschlossen, so tritt die Vereinbarung im Zweifel mit dem Tode eines Teilhabers außer Kraft.**

Auslegungsregel. Grd: dahingehder Wille ist zu vermuten, da Ausschl der Aufhebg dann bes drückd 1
wäre. Auch bei ggteil Willen, ferner bei Ausschl für immer, kann Tod einen wicht Grd zur Aufhebg bilden.

751 ***Ausschluß der Aufhebung und Sondernachfolger.*** **Haben die Teilhaber das Recht, die Aufhebung der Gemeinschaft zu verlangen, für immer oder auf Zeit ausgeschlossen oder eine Kündigungsfrist bestimmt, so wirkt die Vereinbarung auch für und gegen die Sondernachfolger. Hat ein Gläubiger die Pfändung des Anteils eines Teilhabers erwirkt, so kann er ohne Rücksicht auf die Vereinbarung die Aufhebung der Gemeinschaft verlangen, sofern der Schuldtitel nicht bloß vorläufig vollstreckbar ist.**

Regel. Rechtsgeschäftl Ausschl des AufhebgsAnspr od Best einer Fr für seine GeltdMachg (§ 749 Rn 5) 1
wirken für u gg Sondernachfolger (§ 746 Rn 1). Kein GutGlSchutz. Wirkg gg SonderNachf im MitEigt bei Grdst nur, wenn eingetr, § 1010 I. TeilgsAbreden fallen nicht unter § 751 (Köln OLG **70**, 276). –
Ausnahmen, S 2. Keine Wirkg gg den Gläub mit rechtskr Titel, der den Brucht und/od den Aufhebgs- 2
Anspr eines Teilh gepfändet hat (§ 749 Rn 2). Ebso nicht gg den VertrPfdGläub, §§ 1258 II, 1273 II. Nicht gg den InsVerw über das Verm eines Teilh, InsO 84 II, selbst iF des § 1010 I. – AblöseR der Teilh gem § 268.

752 ***Teilung in Natur.*** **Die Aufhebung der Gemeinschaft erfolgt durch Teilung in Natur, wenn der gemeinschaftliche Gegenstand oder, falls mehrere Gegenstände gemeinschaftlich sind, diese sich ohne Verminderung des Wertes in gleichartige, den Anteilen der Teilhaber entsprechende Teile zerlegen lassen. Die Verteilung gleicher Teile unter die Teilhaber geschieht durch das Los.**

1) Teilung ist die Vollziehg der Aufhebg der Gemsch (Vorbem 1–3 v § 749). Sie erfolgt bei Insolvenz eines 1
Teilh außerh des InsVerf, InsO 84 I. Zur entspr Anwendg der TeilgsVorschr auf GesHandGemsch § 741 Rn 6. – Für die Teilg gilt vorrang eine zw allen Teilh getroffene **Vereinbarung** (bei ErbenGemsch außerd § 2048). Diese bedarf, soweit sie Verpfl über §§ 752ff hinaus begründet, der gesetzl vorgeschr Form (zB § 313), u enthält vielf bereits die TeilgsMaßn (s Rn 4) selbst. Gewl § 757. Die Vereinbg wirkt mangels gesetzl Regelg (s §§ 746, 751 S 1) nicht gg SonderNachf. Wer eine Vereinbg behauptet, hat die BewL. – Fehlt eine rechtsgeschäftl TeilgsBest, hat jeder Teilh Anspr auf Teilg gem den Regeln der **§§ 752–754,** dh in erster Linie auf Teilg in Natur (§ 752; in der Praxis wg Unteilbark der meisten Ggst die Ausn). Ist diese dch RGesch ausgeschl (§ 749 Rn 5) od der GemschGgst unteilb (Rn 2, 3), erfolgt die Teilg gem § 753, wenn der Ggst veräußerl ist (praktischer Regelfall). § 754 regelt einen Sonderfall. – Ist der Ggst nicht teilb u nicht veräußerl, gilt § 753 Rn 8; dort auch zur Teilg nach Billigk dch das ProzGer in bes AusnFällen.

2) Dch **Teilung in Natur** werden aus den ideellen Antlen reale Teile. – **a) Voraussetzung.** Der gem- 2
schaftl Ggst muß in der Weise real teilb sein, daß sich ohne Wertminderg gleichart, den Antlen der Teilh entspr Teile bilden lassen. Gleichartigk ist wirtsch aufzufassen. Ist nur ein Teil der gemschaftl Ggst in Natur
teilb, sind sie real zu teilen. Naturalrückgabe wie in § 732 ist nicht vorgesehen. – **b) Beispiele. Teilbar:** Geld 3
u and vertretb Sachen stets. WertP meist, falls Stückelg mögl. Unbebaubare Grdst, außer wenn Gesamtwert der EinzTeile nicht den Wert des GesGrdst erreicht oder wenn EinzTeile wertmäßig erhebl verschieden sind (Nürnb RdL **60**, 22). BauGrdst mit vorstehden Einschränkgen u wenn die EinzelGrdst bebaub bleiben. BriefHyp u GrdSch gem § 1152. Fdgen auf Geld; auf and Leistg, soweit diese teilb ist (§ 266 Rn 3, 4). – **Unteilbar:** IdR bebaute Grdst, da sich gleichwert, den Antlen der Teilh entspr Teile idR nicht bilden lassen (Mü NJW **52**, 1297, Hamm NJW-RR **92**, 665). Landwirtsch Grdst meist. Unternehmen (MüKo/Schmidt

4 Rn 29). Gewerbl SchutzR. Bei gesetzl TeilgsVerbot (§ 749 Rn 4). – **c) Durchführung.** Erf der TeilgsVerpfl nach allg Regeln dch VfgsGesch. Ie kommt es auf den zu teilden Ggst an, etwa Abtr, Einigg u Überg, Aufl u
5 Eintr, Zerlegg in Brucht (BGH NJW **63**, 1610 für ErbenGemsch). Notf LeistgsKl. – **d) Losentscheid** (S 2), wenn die Anteile der Teilh gleich groß, gleichwertig u gleichartig sind. Notf Kl auf Mitvornahme der Verlosg; Vollstr nach ZPO 887.

753 *Teilung durch Verkauf.* **[I] Ist die Teilung in Natur ausgeschlossen, so erfolgt die Aufhebung der Gemeinschaft durch Verkauf des gemeinschaftlichen Gegenstandes nach den Vorschriften über den Pfandverkauf, bei Grundstücken durch Zwangsversteigerung, und durch Teilung des Erlöses. Ist die Veräußerung an einen Dritten unstatthaft, so ist der Gegenstand unter den Teilhabern zu versteigern.**

[II] Hat der Versuch, den Gegenstand zu verkaufen, keinen Erfolg, so kann jeder Teilhaber die Wiederholung verlangen; er hat jedoch die Kosten zu tragen, wenn der wiederholte Versuch mißlingt.

1 **1) Anwendungsbereich** s § 752 Rn 1.

2 **2) Teilung durch Veräußerung, I. – a) Pfandverkauf.** Ist der gemschaftl Ggst eine bewegl Sache od ein Recht – Ausn in § 754 –, so ist er nach den Vorschr über den PfdVerk, §§ 1233 ff, zu veräußern. Auch § 1246 gilt, die abw Art des Verk muß dem Interesse mind eines Teilh entsprechen u darf die übr nicht
3 benachteiligen. Entsch nach FGG 166. – **b) Teilungsversteigerung.** Ist der gemschaftl Ggst ein Grdst, so ist es auf Antr eines als MitEigtümer im GB eingetr Teilh gem ZVG 180 ff zu versteigern. Ein Titel ist dazu nicht erfdl, ZVG 181 I, ZPO 765 a ist nach hM anwendb (KG NJW-RR **99**, 434). Grdstgleiche Rechte, Schiffe, Schiffsbauwerke u LuftFahrz stehen gleich. Ersteigert ein Teilh das Grdst, so gehört eine in das geringste Gebot aufgen, nur den MitEigtAntl des Ersteigerers belastde EigtümerGrdSch zu dem zu teilden
4 Erlös, sie ist bei der Teilg auf den ErlösAntl des Ersteigerers anzurechnen (BGH NJW **84**, 2527). – **c) Versteigerung unter den Teilhabern,** Abs I S 2, falls die Veräußerg des gemschaftl Ggst unstatth ist. Das kann
5 auf Vereinbg, §§ 749 II, 751 od letztw Vfg, § 2048, beruhen. – **d)** Der **Erlös** aus PfdVerk bzw TeilgsVerst tritt iW dingl Surrogation an die Stelle des gemschaftl Ggst (BGH **52**, 99). Nach anteil Abzug der Kosten (§ 748) u Berichtigg einer GesSchuld (§ 755) ist der Reinerlös unter die Teilh entspr ihren Anteilen (§ 742) zu verteilen. Bei TeilgsVerst geschieht dies außerh des ZwVerstVerf (BGH **4**, 84 u NJW **52**, 263), das VerstGer hat aber die Pfl, den Beteil dabei behilfl zu sein u eine Einigg herbeizuführen (Hamm OLGZ **70**, 491/496). Mit der Erlösverteilg ist die Gemsch beendet. Ist der VerstErlös hinterlegt u sind daraus keine Verbindlichk mehr zu berichtigen, so steht die AuszahlgsFdg gg die HinterleggsStelle jedem Teilh anteil gem
6 seiner BeteiliggsQuote an der GrdstGemsch zu (BGH **90**, 194). – **e) Entgegenstehende Rechte Dritter** sind, obwohl es sich nicht um ZwVollstr handelt, mit Klage aus ZPO 771 geltd zu machen (BGH WM **84**, 538).

7 **3) Erfolgloser Veräußerungsversuch. – a) Wiederholung, II,** auch der ZwVerst, kann jeder Teilh verlangen. Bei abermal Mißlingen trägt er die Kosten allein. Gilt nur, falls der erste Versuch iR des § 753 stattfand u nicht an zusätzl, von den Teilh gesetzten Bdggen scheiterte (RGRK/v Gamm Rn 4, MüKo/
8 Schmidt Rn 32). – **b) Bei Unveräußerlichkeit** muß die Gemsch grdsätzl bestehen bleiben. Ausnahmsw kann das ProzGer dch LeistgsUrt gem § 242 in diesem u in and Fällen eine BilligkLösg treffen. So, wenn das GemschInteresse die Erhaltg des Ggst in der Hand eines der Teilh erfordert, zB bei einem FamErbstück mit erhebl ErinnergsWert od wenn in bes AusnFällen nach Scheidg der Ehe die ZwVerst von MitEigt einem Eheg schlechthin unzumutb ist (BGH **68**, 299). Mögl ist Zuweisg an einen der Teilh iVm Zusprechen einer Entschädigg an die übr Teilh; erweist sich kein Teilh als näher berecht, entscheidet das Los (RGedanke des § 752 S 2). Unter bes Umst kann Realteilg eines bebauten Grdst in Frage kommen (BGH **58**, 146).

754 *Verkauf gemeinschaftlicher Forderungen.* **Der Verkauf einer gemeinschaftlichen Forderung ist nur zulässig, wenn sie noch nicht eingezogen werden kann. Ist die Einziehung möglich, so kann jeder Teilhaber gemeinschaftliche Einziehung verlangen.**

1 **Anwendungsbereich.** IF des § 420 ist die Fdg bereits real geteilt, so daß § 754 nicht anwendb ist. Seine
2 Hauptbedeutg liegt in seiner Anwendg auf die GesHandGemsch, §§ 731 S 2, 1477 I, 2042 II. – **Reihenfolge.** In erster Linie gilt Naturalteilg, § 752, dh Zerlegg in Brucht. In zweiter Linie gilt S 2, dh Einziehg fäll Fdgen; sie geht dem Verk vor. Zur Mitwirkg an der Einziehg ist jeder Teilh verpflichtet. Die eingezogene Fdg ist gem §§ 752, 753 zu verwerten. In letzter Linie, wenn Einziehg nicht mögl, ist die Fdg zu verkaufen, S 1. – Kostenteilg nach § 748.

755 *Berichtigung einer Gesamtschuld.* **[I] Haften die Teilhaber als Gesamtschuldner für eine Verbindlichkeit, die sie in Gemäßheit des § 748 nach dem Verhältnis ihrer Anteile zu erfüllen haben oder die sie zum Zwecke der Erfüllung einer solchen Verbindlichkeit eingegangen sind, so kann jeder Teilhaber bei der Aufhebung der Gemeinschaft verlangen, daß die Schuld aus dem gemeinschaftlichen Gegenstande berichtigt wird.**

[II] Der Anspruch kann auch gegen die Sondernachfolger geltend gemacht werden.

[III] Soweit zur Berichtigung der Schuld der Verkauf des gemeinschaftlichen Gegenstandes erforderlich ist, hat der Verkauf nach § 753 zu erfolgen.

1) Vorbemerkung zu §§ 755, 756. Allg zur Beendigg der Gemsch Vorbem 1–3 v § 749. Im Ggs zur Gesellsch (§§ 733–735, 738–740) bedeutet die Teilg bei der Gemsch keine volle AuseinandS der Teilh. Das G regelt vielm in §§ 755, 756 nur zwei praktisch wicht Einzelpunkte. Im übr hat die Regelg außerh der Teilg zu erfolgen, falls sie nicht dch Abrede der Teilh in diese hineingenommen wird. §§ 755, 756 betreffen nur das Verh zw den Teilh. Den Gläub der Gemsch ggü gelten die allg Vorschr (§ 741 Rn 10 u § 748 Rn 1). Die Gläub haben kein Recht auf abgesonderte Befriedigg aus dem GemschGgst, ebso bei der Gesellsch. 1

2) Schuldberichtigung gegenüber Drittgläubigern. Es bestehen zwei Möglichkeiten: – **a) Die Teilhaber haften dem Gläubiger nur anteilig** (§ 420, selten). Mangels Bedürfn nicht in § 755 geregelt, da sich Verbindlichk nach außen u Beteiligg im InnenVerh zw den Teilh decken. Ebenf nicht in § 755 geregelt ist die Schuldenberichtigg zw den Teilh, dafür § 756. – **b) Die Teilhaber haften dem Gläubiger als Gesamtschuldner.** Hier besteht ein Bedürfn der Regelg bei der Teilg wg der Gef der Nachbeanspruchg über die Quote hinaus, falls die Schuld offen bleibt. § 755 gibt den Anspr aber nur für GesSchulden, die in den Rahmen des § 748 (dort Rn 1) fallen, od zum Zwecke der Berichtigg solcher Schulden eingegangen sind, zB gesschuldnerische DarlAufn dazu. Gilt auch, falls nur einige Teilh als GesSchu, ferner, wenn sie als Bürgen haften. – Ist die GesVerbindlichk streit od noch nicht fäll, kann jeder Teilh analog § 733 I S 2 verlangen, daß das zur Berichtigg Erfdl zurückbehalten wird (MüKo/Schmidt Rn 8, Erm/Aderhold Rn 2). 2 3

3) Rechtsnachfolge, Abs II. Der Anspr besteht außer gg den Gesamt- auch gg den SonderNachf eines Teilh (§ 746 Rn 1, § 751), iF des MitEigt an Grdst aber nur, wenn der Anspr des Gläub auf allen Antlen im GB eingetr ist, § 1010 II; eine persönl Verpfl bleibt von der Eintr unabhäng (BGH WM **66**, 579). Bei **Insolvenz** eines Teilh haben die übr bei der Teilg ein Recht auf abgesonderte Befriedigg des Gläub aus dem GemschGgst, InsO 84 I. 4

4) Durchführung. Abs III schließt Realteilg, § 752, nicht aus. Ledigl soweit zur Befriedigg des Gläub erfdl, hat jeder Teilh Anspr auf (teilw) Verk des gemschaftl Ggst gem § 753 u Zahlg an den Gläub aus dem Erlös, der Rest bzw der überschießde Erlös ist real unter den Teilh zu teilen. Reicht der Erlös aus dem Verk zur Befriedigg des Gläub nicht aus, verbleibt es wg des RestAnspr der Teilh bei § 748. 5

756 ***Berichtigung einer Teilhaberschuld.*** **Hat ein Teilhaber gegen einen anderen Teilhaber eine Forderung, die sich auf die Gemeinschaft gründet, so kann er bei der Aufhebung der Gemeinschaft die Berichtigung seiner Forderung aus dem auf den Schuldner entfallenden Teile des gemeinschaftlichen Gegenstandes verlangen. Die Vorschriften des § 755 Abs. 2, 3 finden Anwendung.**

1) Allgemeines zur Beendigg der Gemsch Vorbem 1–3 v § 749, zur Schuldenberichtigg bei der Teilg u zum RegelgsGehalt § 755 Rn 1. 1

2) Schuldenberichtigung gegenüber einem Teilhaber-Gläubiger. § 756 gibt den Anspr, gewisse Fdgen eines Teilh gg einen and in die Teilg hineinzunehmen, allerd nur dch Berichtigg aus dem Antl des Teilh-Schuldners. Die Fdg muß dem Teilh als solchem aGrd der Zugehörigk zur Gemsch, nicht unabhäng von ihr zustehen. Haupt-, aber nicht einziger AnwendgsFall sind Anspr aus § 748 (dort Rn 1). Ferner Anspr wg TeilgsKosten (MüKo/Schmidt Rn 13), anteil AufwErsAnspr für TilggsRaten auf ein Darl, das ein Teilh einvernehml mit den übr zur Finanzierg des gemschaftl Ggst aufgen hat (BGH WM **93**, 849/853), auch Anspr aGrd bes Abreden, zB wer bei der Veräußerg eines ideellen MitEigtAntls des bish GrdstAlleinEigtümers im InnenVerh die Belastg zu tragen hat (BGH WM **66**, 579). Nicht hierher gehören Anspr, die die Teilh iR der TeilgsVereinbg für die Zukunft begründen (Stgt OLGZ **1**, 251) sowie Anspr, die einem Teilh gg einen and persönl, also nicht in seiner Eigensch als Teilh zustehen (MüKo/Schmidt Rn 13). Der Anspr geht auf Befreiung von der Verbindlichk ggü einem Dr gem § 257 (BGH DB **92**, 83), od auf vorzugsw Befriedigg aus dem ErlösAntl des Teilh-Schu bei Aufhebg der Gemsch. Kein Anspr auf Erhöhg des Antls des Teilh-Gläub zu Lasten des Teilh-Schu am GemschGgst, außer dieser besteht selbst in Geld (BGH DB **92**, 83). Etwaige sonst Rechte des Teilh-Gläub bleiben durch § 756 unberührt, so das ZbR aus § 273, jedoch nicht ggü dem Anspr auf Aufhebg der Gemsch (BGH **63**, 348); ferner – vor u nach der Teilg – der Anspr aus § 748 od etw Anspr gg den Teilh-Schu aus §§ 677 ff, 812, 823 ff. – Für die DchFührg gelten sinngem die Ausf in § 755 Rn 5. 2

3) Rechtsnachfolge, S 2. Es gelten sinngem die Ausführgen in § 755 Rn 4, auch zur Insolvenz. 3

757 ***Gewährleistung bei Zuteilung an einen Teilhaber.*** **Wird bei der Aufhebung der Gemeinschaft ein gemeinschaftlicher Gegenstand einem der Teilhaber zugeteilt, so hat wegen eines Mangels im Rechte oder wegen eines Mangels der Sache jeder der übrigen Teilhaber zu seinem Anteil in gleicher Weise wie ein Verkäufer Gewähr zu leisten.**

Geltungsbereich. Gilt bei Zuteilg des gemschaftl Ggst an einen Teilh iR der Aufhebg der Gemsch dch Vereinbg (vgl § 752 Rn 1) od RiSpruch (§ 753 Rn 8). Gilt nicht bei Veräußerg eines Antls dch einen Teilh an einen and außerh der Aufhebg; dafür gilt das zGrd liegde RVerhältn. Bei wirkl Verk an einen Teilh iR des § 753 ist § 757 überflüss. Gilt auch für Gesellsch, § 731 S 2, u ErbenGemsch, § 2042 II. – **Rechtsfolge.** 1 2

Obwohl die Zuteilg an einen Teilh kein Verk ist, gelten die kaufrechtl GewlVorschr, §§ 434 ff, 459 ff, u zwar für jeden Teilh nach dem Verh seines Antls. Keine Gewl, wenn gleichart gemschaftl Ggst an alle Teilh anteil verteilt werden u alle Teile gleich mangelh sind.

758 *Unverjährbarkeit des Aufhebungsanspruchs.* **Der Anspruch auf Aufhebung der Gemeinschaft unterliegt nicht der Verjährung.**

1 **Geltungsbereich.** Der Anspr auf Aufhebg der Gemsch u Teilg, §§ 749 ff, nach hM auch der auf Teilg der Früchte nach § 743. Grd: Er entsteht fortges neu. Gilt auch für ErbenGemsch, § 2042 II. Ähnl § 924. Gilt nicht für and sich auf die Gemsch gründde Anspr, zB aus § 748.

Sechzehnter Titel. Leibrente

759 *Dauer und Betrag der Rente.* **I Wer zur Gewährung einer Leibrente verpflichtet ist, hat die Rente im Zweifel für die Lebensdauer des Gläubigers zu entrichten.**

II Der für die Rente bestimmte Betrag ist im Zweifel der Jahresbetrag der Rente.

1 **1) Allgemeines.** Die Regelg ist lückenh, eine gesetzl BegrBest fehlt, SprachGebr u VerkAuffassg entscheiden. – **a) Begriff.** Leibrente ist ein einheitl nutzb Recht **(Grund- od Stammrecht),** eingeräumt auf die Lebenszeit des Berecht od eines and, dessen Erträge aus regelm wiederkehrden gleichm Leistgen von Geld od and vertretb Sachen bestehen (BGH BB **66**, 305). Einzelh Rn 7–10. Die folgde Darstellg folgt entgg Kritik im Schrifttum (MüKo/Pecher Rn 3) der hM, die zw der Verpfl zur Bestellg der Leibrente u dieser Bestellg selbst sowie zw der Bestellg des GrdR u der Verpfl zu den einz Rentenleistgen (BGH FamRZ **91**, 918) unterscheidet.

2 **b) Die Verpflichtung zur Bestellung der Leibrente** kann dch Auslobg, Vermächtn od dch abstr od (meist) kausalen entgeltl od unentgeltl Vertr zur Sichg lebenslängl Versorgg begründet werden zB dch SchenkgsVerspr od als GgLeistg im ZusHang mit der Veräußerg eines Grdst od Untern (BGH WM **80**, 593), auch neben and vom RentenSchu vertragl übern Leistgen (BGH BB **66**, 305). Form des Vertr § 761 u dort Rn 1.

3 **c) Bestellung der Leibrente.** Die Verpfl zur Bestellg wird erfüllt dch die Bestellg des GrdR selbst. Sie kann ebenf dch Auslobg, letztw Vfg u insb Vertr erfolgen **(Leibrentenvertrag).** Form des Vertr § 761 u dort Rn 1. Gerichtl Gen nöt gem §§ 1643, 1822 Nr 5, 1908 i I, 1915 I. Mögl auch Bestellg zG eines Dr, § 330. Verpfl zur Bestellg u Bestellg selbst werden meist in einem Vertr verbunden, daher die Nichterwähng der Verpfl in § 761. Erst das dch die Bestellg geschaffene LbRentenGrdR gibt dem Berecht das Recht auf den Erwerb der einz Rentenleistgen; diesem ErwerbsR entspricht ein GesamtAnspr, der nach § 195 in 30 Jahren verj, währd die Anspr auf die einz Rentenleistgen nach § 197 in 4 Jahren verj.

4 **d) Leistungsstörungen.** Da bereits die Bestellg des GrdR Erf der BestellgsVerpfl ist (Rn 2, 3), gewähren Verz od die Nichtleistg einz Renten kein Recht zum Rücktr vom GrdGesch aus §§ 325, 326 od aus pVV (RG **106**, 93, Hbg MDR **64**, 414; aA Celle NJW-RR **90**, 1490, MüKo/Pecher Rn 24); es gelten §§ 279, 280, 286, ggf auch Rückabwicklg über § 812 I 2 wg Verfehlg des bezweckten Erfolges (Hbg MDR **64**, 414).

5 **e) Insolvenz des Verpflichteten.** Das GrdR ist als solches anmeldb, der LbRentenAnspr gilt gem InsO 41, 42, 45 als fäll u ist nach der Lebenserwartg des Berecht zu kapitalisieren.

6 **f) Veränderung der Geschäftsgrundlage.** Auch für das LbRentenR gilt der Grds, daß Veränderg der GeschGrdl zur Anpassg führen kann (§ 242 Rn 110 ff). Bei der Prüfg, ob sich die GeschGrdl verändert hat, ist auf die Entstehg der LbRentenVerpfl u auf ihren Zweck (UnterhSichg, LeistgsAustausch) zurückzugehen. Bei einer entgeltl übernommenen sind strengere Anfordergen zu stellen als bei einer unentgeltl eingegangenen. Die Veränderg der GeschGrdl hat der zu beweisen, der sich auf sie beruft. Steht sie fest, so hat der AnsprBerecht zu beweisen, in welchem Umfang sein LbRentenAnspr weiter besteht (BGH WM **73**, 1176). **Wertsicherungsklausel** § 245 Rn 24 ff.

7 **2) Das Leibrentenversprechen im einzelnen.** Begr im allg u rechtl Möglichk zur Bestellg Rn 1–3. Die Erfordern i e sind: – **a)** Als **einheitliches Stammrecht** muß die LbRente bestellt sein. Es muß den HauptGgst der Verpfl, insb des LbRentenVertr bilden, aus dem nur vermöge seines Bestehens aus sich selbst heraus die einz RentenAnspr fließen, EinhTheorie (RG **67**, 210, **80**, 208, **89**, 259). Die RentenAnspr müssen sich dadch von den GgLeistgen des zGrd liegden VerpflVertr lösen. Auch das GrdR selbst muß von den GgLeistgen derart gelöst sein, daß nicht diese das Wesen des Vertr ausmachen, sond das GrdR selber. Es handelt sich um einen Vertr eig Art, über dessen Charakter als LbRentenVertr letztl die VerkAuffassg nach Sinn u Zweck des Vertr entscheidet (BGH WM **66**, 248). Das GrdR ist iZw nicht übertragb, § 399. Umstellg
8 auf Euro § 245 Rn 5 ff. – **Kein Leibrentenversprechen,** also auch nicht nach § 761 formbedürft sind der DienstVertr mit Gehaltsabrede, der RuhegehaltsVertr, selbst wenn erst nach Beendigg des DienstVerh geschl, da ZusHang mit diesem Verh besteht (BAG NJW **59**, 1746; s a Einf 80 v § 611). Keine LbRente iS dieses Titels, wenn nach dem Willen der VertrSchließden nicht nur das RentenVerspr als solches, sond auch die Verpfl zur Zahlg der lfden Rente Bestandt eines ggs Vertr sein sollte (BGH FamRZ **91**, 918). Ferner nicht die Vereinbg von Nebenleistgen neben einer Hauptschuld, von Rentenleistgen in einem Vergl über SchadErs-, gesellschrechtl Abfindgs- (BGH WM **66**, 248) od ErbAnspr, falls nicht der SchuldGrd umgeschaffen wird, was aber nur ausnahmsw u bei Vorliegen bes Anhaltspunkte anzunehmen ist (RG **166**, 378). LbRente iS dieses Titels sind danach auch nicht die aGrd gesetzl SchadErsPfl (zB §§ 843, 844) sowie die aGrd gesetzl od vertragl UnterhVerpfl geschuldeten Renten, weil sie von der Bedürftigk des Gläub u der LeistgsFähigk des Schu

abhängen (Kblz OLGZ **78**, 245), idR auch nicht das AusstattgsVerspr nach § 1624 in Form einer Versorgg (RG **111**, 286). Das vertragl vereinb Altenteil (Begriff EG 96 Rn 1–4) ist keine LbRente (RG **104**, 272), das aGrd EG 96 erlassene LandesR verweist jedoch zT auf §§ 759ff (zB BayAGBGB 7) od enthält entspr Regelgen (zB AGBGB BaWü 8).

b) Dauer. Zu einer Leib(= Lebens)rente gehört begriffl, daß sie auf Lebenszeit zu zahlen ist, meist des 9 Berecht (dann Lebensversorgg), aber auch des Verpfl od eines Dr. Das schließt eine aufschiebd bdgte Bestellg des GrdR (nicht aber der einz RentenLeistgen) nicht aus (RG **106**, 93). Ebso mögl ist Bestellg grdsätzl auf Lebensdauer, unter best Vorauss aber frühere Beendigg (BGH WM **80**, 593). Auch eine zeitl Begrenzg ist mögl, solange sie nicht einem auf das Leben eines Menschen gestellten Endtermin im EinzFall ihre Bedeutg nimmt, zB Lebensrente für einen sehr alten Menschen höchstens auf 10 Jahre (RGRK/v Gamm Rn 4). Auch wenn das GrdR auf die Lebensdauer eines and als des Berecht gestellt ist, endet es doch iZw mit dem (früh) Tode des Berecht, § 759 I. – Bei mehreren Berecht gilt iZw § 420. – Verschuldet der Verpflichtete den Tod des Berecht, so haftet er den Erben für die Zeit der vermutl Rentendauer, §§ 242, 162.

c) Regelmäßig wiederkehrend und gleichmäßig müssen die Leistgen sein, was nicht heißt, daß die 10 Höhe der wiederkehrden Leistgen währd der gesamten Laufzeit unverändert bleiben muß (BGH WM **80**, 593). Sie bestehen in Geld od and vertretb Sachen. Also nicht WohnR, da Dauerleistg.

760 *Vorauszahlung.* ^I **Die Leibrente ist im voraus zu entrichten.**

^II **Eine Geldrente ist für drei Monate vorauszuzahlen; bei einer anderen Rente bestimmt sich der Zeitabschnitt, für den sie im voraus zu entrichten ist, nach der Beschaffenheit und dem Zwecke der Rente.**

^III **Hat der Gläubiger den Beginn des Zeitabschnitts erlebt, für den die Rente im voraus zu entrichten ist, so gebührt ihm der volle auf den Zeitabschnitt entfallende Betrag.**

Ergänzde RSätze, daher nicht zwingd. Anderw Vereinbg od Verlangen des Gläub für kürzere Zeit im 1 voraus sind mögl. Verj § 759 Rn 3.

761 *Form des Leibrentenversprechens.* **Zur Gültigkeit eines Vertrags, durch den eine Leibrente versprochen wird, ist, soweit nicht eine andere Form vorgeschrieben ist, schriftliche Erteilung des Versprechens erforderlich.**

Schriftform. Betrifft nur die Begr dch Vertr, nicht dch Auslobg od letztw Vfg. Gilt nach seinem 1 Wortlaut nur für den BestellgsVertr (§ 759 Rn 3), ist aber auf den VerpflVertr (§ 759 Rn 2) entspr anzuwenden (RG **67**, 211). Für and als echte LbRentenVertr (s § 759 Rn 8) gilt § 761 nicht. Der Schriftform (§ 126) bedarf das Verspr, dh die WillErkl des LbRentenSchu, nicht die Ann des Berecht. Die Urk muß dem Berecht erteilt werden (wie § 766 Rn 4), Brief genügt (RG **67**, 213). Not Beurk des LbRenten-Verspr ersetzt die Schriftlichk, §§ 126 III, die Erkl in einem not Vertr od gerichtl Vergl (§ 127a) mit dem Gläub auch die Erteilg (MüKo/Pecher Rn 7). Formmangel führt zur Nichtigk, § 125; keine Heilg dch Entrichtg der Renten (RG **91**, 8; teilw aA Staud/Amann Rn 6). – Ist nach and Vorschr eine strengere Form vorgeschr (zB nach §§ 311, 312 II, 313, 518 II), so gilt diese. Ein LbRentenVerspr, das iR eines unvollst beurk GrdstKaufVertr mündl erteilt wurde, wird zus mit dem übr VertrInhalt nach § 313 S 2 wirks (BGH NJW **78**, 1577).

Siebzehnter Titel. Spiel. Wette

762 *Unvollkommene Verbindlichkeit.* ^I **Durch Spiel oder durch Wette wird eine Verbindlichkeit nicht begründet. Das auf Grund des Spieles oder der Wette Geleistete kann nicht deshalb zurückgefordert werden, weil eine Verbindlichkeit nicht bestanden hat.**

^II **Diese Vorschriften gelten auch für eine Vereinbarung, durch die der verlierende Teil zum Zwecke der Erfüllung einer Spiel- oder einer Wettschuld dem gewinnenden Teile gegenüber eine Verbindlichkeit eingeht, insbesondere für ein Schuldanerkenntnis.**

1) Begriffe. Spiel- u Wettverträge unterscheiden sich dch ihre bes VertrZwecke von and Vertr. Gemeins 1 ist beiden, daß sie den GeschErfolg nach der einen od and Seite von einer Ungewißh, meist sogar ganz od teilw vom Zufall abhäng machen (aleatorischer Bestandt). Die darin liegde Gefährlichk, nicht etwa Unsittlichk führt die ROrdng dazu, beiden Vertr nur geminderte Wirksamk beizulegen. Das BGB setzt die Begriffe voraus. Auch die Regelg selbst ist nicht vollst. Das Gesetz erklärt Spiel- u WettVertr für unverbindl, läßt sie aber als RGrd für ErfLeistgen gelten (KG WM **89**, 669). Die Unterscheidg zw beiden ist nur insofern von Bedeutg als gewisse Spiele (nicht Wetten) verboten, Vertr über sie nichtig sind (Rn 9, 10).

a) Spiel. Es geht es um ein Wagn, sein Zweck ist Unterhaltg u/od Gewinn, ein ernster sittl od wirtsch 2 GeschZweck fehlt. Die VertrPartner sagen sich für den Fall des Spielgewinns, der von der Geschicklichk u/od vom Zufall abhängt (KG WM **89**, 669), ggs eine Leistg, meist Geld zu. Unterarten des Spiels sind der Lotterie- u der AusspielVertr, § 763; als Spiel angesehen wird das DifferenzGesch, § 764. Zu unterscheiden sind zwei unter § 762 fallde Hauptarten des Spiels: – Beim **Glücksspiel** hängen Gewinn od Verlust ganz od doch hauptsächl vom Zufall ab (BGHSt **2**, 276). Der Ggs zum Zufall ist die Einwirkg der Beteil. Für Glücksspiele gelten strafrechtl Verbote mit der Folge der Nichtigk des Vertr (Rn 9, 10). – Beim **Geschicklichkeitsspiel** hängen Gewinn od Verlust vorwiegd, uU ganz, von den persönl Fähigk der Beteil ab (Celle

NJW **96**, 2660); ein von Unkundigen gespieltes GeschicklichkSpiel kann zum Glücksspiel werden (RGSt **43**, 23, 155).

3 **b) Wette.** Die VertrPartner versprechen einander zur Bekräftigg best widerstreitder Behauptgen, daß dem, dessen Behauptg sich als richt erweist, ein Gewinn zufallen soll. Wette ist auch die sog einseit Wette, bei der nur der eine einen Einsatz macht, also nur er etwas verlieren kann (RG **61**, 153). Die Wette unterscheidet sich vom Spiel durch den VertrZweck: Bekräftigg ernsth MeingsStreits. Bei Behauptgen, die der Zukunft angehören, handelt es sich idR um Spiel, nicht Wette, weil nicht die Bekräftigg des Rechthabens, sond Unterhaltg u Gewinn der vorwiegde Zweck ist; so bei der sog Spielwette, Bsp § 763 Rn 4, s a BGH **5**, 111. Unterschied zur Auslobg § 657 Rn 2, 5.

4 **c) Abgrenzung zu anderen Verträgen.** Es handelt sich nicht um Spiel od Wette, wenn keiner der zu Rn 2, 3 genannten VertrZwecke vorh ist – so beim FluchthilfeVertr (BGH **69**, 295 u NJW **80**, 1574, KG NJW **76**, 197 u 1211) –, mag auch die verabredete VermVerschiebg von einer Ungewißh abhäng sein. Spielmotiv nur eines Teils macht § 762 nicht anwendb, s aber § 764 S 2. Der spekulative od gewagte Charakter macht ein RGesch noch nicht zu Spiel od Wette, sofern die Part darühinaus noch wirtsch od sonst anerkennenswerte Zwecke verfolgen. Das gilt insb für UmsatzGesch mit Waren od WertP, es sei denn, nicht der Umsatz, sond nur der später festzustellde PrUnterschied ist VertrGgst (vgl § 764; zum Ausschl des Spieleinwands bei BörsenterminGesch dort Rn 10); ferner Vers- u GewährVertr, Auslobg (§ 657 Rn 5), PrämienVerspr für Leistgen, zB im Sport, PrAusschreiben (§ 661), Warenvertrieb mit Gewinnverlosg (MüKo/Pecher Rn 11), VergnüggsTombola, Verlosgen zu wohltät Zwecken. – Spiel od Wette ist dagg amerikanisches Roulette (vom Veranstalter überwachte Kettenbriefaktion mit Geldeinsatz u Gewinnchance, Karlsr NJW **72**, 1963). Für Warenabsatz od MitglWerbg nach Hydra-, Schneeball- od Pyramidensystem wird dies in der Regel verneint (MüKo/Pecher Rn 12, Hbg NJW **54**, 394, Willingmann NJW **97**, 2932, BGHSt **43**, 270; bejahd BGHSt **3**, 99; offen BGH **15**, 356: Verstoß gg UWG 1); zur Sittenwidrigk § 138 Rn 87, 96.

5 **2) Rechtsfolgen.** Spiel- u WettVertr begründen keine Verbindlichk, gelten aber als RGrd für ErfLeistgen, sog unvollk Verbindlichk (Einl 15 v § 241). Gilt auch für zwecks Erf eingegangene Verbindlichk. **– a) Keine Verbindlichkeit** begründen Spiel u Wette (Abs I S 1). Der Gläub hat keinen Anspr auf Erf; vAw, nicht erst auf Einr zu berücksichtigen. Bei Streit hat der die Spiel- od Wettbehauptg zu beweisen, der sie aufstellt. Auch Pfandbestellg (RG **47**, 52), BürgschLeistg (s § 765 Rn 28), SicherhBestellg, fiduziarische RÜbertragg u VertrStrafe sind unverbindl; die bestellte Hyp steht dem Eigtümer zu. Der Gläub der Spiel- oder Wettschuld kann nicht einseit aufrechnen.

6 **b) Keine Rückforderung** dessen, was der Schu zur Erf geleistet hat (Abs I S 2). Der Gläub darf es behalten, §§ 812, 814 sind nicht anzuwenden. Dagg RückFdg bei Anf wg argl Täuschg (KG NJW **80**, 2314). Die Leistg muß wirkl Tilgg, nicht bloße Sichg sein, sonst gilt Rn 5. Leistg ist aber nicht bloß die Erf, sond auch ein ErfErs, so die Hingabe an Erf Statt, falls nicht nur verdeckte Pfandbestellg (RG **47**, 48), ferner die Aufr dch den Schu. Wirks ist auch die vertragl Aufr (§ 387 Rn 19–21), nicht jedoch der in der vertragl Anerkenng des Saldos im KtoKorrentVerh liegde AufrVertr, da nur Mittel der Anerkenng (BGH NJW **80**, 390). Nicht rückforderb ist nach verlorenem Spiel auch die im voraus erbrachte Leistg, so der Einsatz bei der Lotterie od Ausspielg (s aber § 763 Rn 4), ebso nicht die bei einem Dr hinterlegte Summe, soweit sie wirkl Leistg, nicht bloß Sichg ist; für die gilt Rn 5 (BGH WM **82**, 751). – Verbotenes Spiel Rn 9, 10.

7 **c) Eine zwecks Erfüllung eingegangene Verbindlichkeit** ist ebenf unvollk (Abs II), also unverbindl, aber erfüllb. Auch für sie gelten Rn 5, 6. Das G nennt insb das SchuldAnerk, § 781; ebso SchuldVerspr, § 780. Der Schu kann die SchuldUrk zurückfordern. Auch die Gutschr von Gewinnen aus Spiel, Wette, DifferenzGesch auf einem Giro- od Festgeldkonto u die Anerkenng des Saldos ist keine endgült Erf u schafft keine klagb Fdg auf Auszahlg, soweit in dem Saldo solche Gewinne enth sind (BGH NJW **80**, 390). Dasselbe gilt für die Umwandlg der Spielschuld in ein Darl nach § 607 II, die Schuldumschaffg (§ 305 Rn 8–10), den Wechsel. Ist dieser an einen Gutgläub weitergegeben, so hat der Schu gg den Gläub Anspr auf Herausg des Erlangten nach § 818 II (RG **77**, 280) u, falls die Weitergabe geschehen ist, um dem Schu die Einwdg der Unverbindlichk abzuschneiden, SchadErsAnspr aus § 826. Unverbindl ist auch ein ScheckAnspr; EinlösePfl der Bank bei Euroscheck § 676 f Rn 22. Ein Vergl, auch ProzVergl, ist wirks, wenn er die ernsth Ungewißh beseitigen soll, ob eine Schuld nach § 762 od eine and vollgültige vorliegt; dagg ist er unverbindl, wenn er die Spiel(Wett)schuld als solche festlegt, zB der Höhe nach oder zur Beseitigg von Zweifeln über den Vertragschl (RG **144**, 243).

8 **3) Nebenverträge.** Der Schutzzweck des § 762 (Rn 1) verlangt, ihn auf Neben- u HilfsVertr auszudehnen, die mit Spiel u Wette in engem ZusHang stehen (bei BörsenterminGesch einschränkd Kümpel WM **85**, 1121; s a § 764 Rn 9 b), außer bei erlaubtem Spiel wie staatl gen Ausspielgen od Lotterien (BGH NJW **74**, 1821). Desh sind unverbindl, aber erfüllb auch Anspr aus **Auftrag,** Dienst- od WerkVertr gegen den GeschHerrn, der einen and für sich spielen usw läßt, zB auf Ers der Auslagen od auf Vergütg (BGH WM **85**, 563), ebso umgekehrt Anspr des GeschHerrn auf Ausführg oder SchadErs wg Nichtausführg (Hamm NJW-RR **97**, 1007). Dagg hat der AuftrG gem § 667 nach Ausführg des Auftr Anspr auf Abführg erzielten Gewinns unter Abzug der Aufw (RGRK/Seibert Rn 9, Ffm WM **79**, 1251; s aber § 764 Rn 9 b; differenziert MüKo/Pecher Rn 33), auf Herausg des zur Ausführg Erhaltenen, wenn der Vermittler den Auftr nicht od völl and als erteilt ausgeführt hat (Düss NJW **80**, 1966, Hamm aaO; § 667 Rn 2, 6), u auf Ers ihm schuldh zugefügter Schäden (BGH WM **87**, 581 für BörsenterminGesch; s a BAG NJW **86**, 2663). – Auch eine **Gesellschaft** mit dem Zweck der Beteiligg am Spiel ist unverbindl (s aber § 763 Rn 4); daher kein Anspr auf BeitrZahlg u Mittragg von Verlusten, auf Rückerstattg geleisteter Beitr od Erstattg von Gewinn, die der mit der Durchf des Spiels von der SpielGemsch Beauftr wg Versäumn od abredewidr Verhalten nicht erzielt hat (Hamm NJW-RR **88**, 870), wohl aber auf Herausg des GewinnAntls u auf Rückerstattg der Einl, die zum Zweck der Beteiligg an einem Spielclub als solchem geleistet wurde (Düss WM **87**, 767). – Ein zu Spielzwekken gegebenes **Darlehen** ist gem § 134 nichtig iF verbotenen Spiels (Rn 10, Celle NJW-RR **87**, 1190), sonst uU nach § 138 (BGH DB **74**, 1621: darlgebder Spieler od Dr handelt aus eigensücht BewegGrden; AG Passau

MDR **97**, 1109). Gibt ein Mitspieler od der Veranstalter das Darl, so ist es nicht zurückzuzahlen, wenn der DarlNehmer verliert. Im übr ist ein DarlVertr unverbindl, soweit er gg den Schutzzweck des § 762 verstößt u der DarlBetr im Spiel verloren geht (Einzelh MüKo/Pecher Rn 35 ff, Düss MDR **84**, 757). Unverbindl ist auch Anerk eines KtoKorrentsaldos, in das unverbindl Anspr eingestellt sind, u eine dem Anerk zu Grde liegde Verrechng (BGH **93**, 307, zust Piper ZIP **85**, 725; aA Canaris ZIP **85**, 592). Zu SicherhLeistgen s Rn 5. – Eine zu einem SpielVertr geschl **Schiedsabrede** ist als UmgehgsGesch jedenf dann unverbindl, wenn dem SchiedsGer die Anwendg des § 762 freigestellt od untersagt ist (ähnl MüKo/Pecher Rn 39); ebso, wenn sie zus mit der Rechtswahl zur Nichtbeachtg des Differenzeinwands dch das SchiedsGer bei einem BörsenterminGesch führt (BGH WM **87**, 1153).

4) Nichtige Spiel- und Wettverträge. – a) Fälle: Sittenwidrigkeit, Verbot. Darunter fallen die strafb Spiele, näml Falschspiel, § 263 StGB, öff od gewohnheitsmäß Glücksspiel u öff Lotterie od Ausspielg ohne behördl Gen, §§ 284–286 StGB, ferner einz Spielverbote bei behördl zugelassenen Spielbanken (BGH **37**, 363). Zivrechtl unerhebl sind Verstöße gg die mit der staatl Gen verbundenen Aufl (BGH **47**, 393) u gg gewerberechtl OrdngsVorschr. – **b) Rechtsfolge.** S Übbl 27–29 v § 104. § 762 gilt nicht. Das Geleistete ist gem §§ 812 ff rückforderb, scheitert aber bei Glücksspielen – nicht bei Lotterie, § 286 StGB – idR an § 817 S 2 (Celle NJW **96**, 2660). Bei Falschspiel außerd SchadErsAnspr aus §§ 823, 826. 9 10

763 *Lotterie- und Ausspielvertrag.* **Ein Lotterievertrag oder ein Ausspielvertrag ist verbindlich, wenn die Lotterie oder die Ausspielung staatlich genehmigt ist. Anderenfalls finden die Vorschriften des § 762 Anwendung.**

1) Zweck. IF staatl Gen sind Vertr gem § 762 von der zivilr Unverbindlick ausgen, weil aGrd der staatl Kontrolle mit einem geordneten Ablauf des SpielBetr zu rechnen u das Vertrauen in die Wirksamk staatl gen Veranstaltgen schutzwürd ist (BGH NJW **99**, 54). – **Anwendbar** ist § 763 nicht nur auf den Lotterie- u AusspielVertr (Rn 1 a), sond entspr auch auf and Arten staatl gen aleatorischer Vertr iSv § 762 (BGH NJW **99**, 54). 1

2) Lotterie- und Ausspielvertrag sind Unterarten des Glücksspiels (§ 762 Rn 2). Gesetzl BegrBest fehlen. Der Veranstalter schließt mit einer Mehrh von Spielern Vertr, in denen er verspricht, gg Einsätze, die meist in Geld bestehen u auch in einem WarenkaufPr, Eintrittsgeld, Clubbeitrag versteckt sein können (BGH BB **52**, 992), nach Maßg eines Spielplans Gewinne an die spielplanmäß ermittelten Gewinner zu leisten (RG **60**, 381). Die spielplanmäß Ermittlg geschieht ganz od doch wesentl dch Zufall, zB durch Verlosg, Würfeln, aber auch unter Mitwirkg der Spieler, zB Sieg im Preiskegeln od Skatturnier. Bestehen die Gewinne in Geld, so handelt es sich um Lotterie, sonst um Ausspielg. Das G behandelt beide Fälle gleich. – Die **Spieler untereinander** stehen nicht im VertragsVerh. Gründen einzelne zur Beteiligg am Spiel eine (Lotto-, Los-, Toto-)Gemsch, handelt es sich idR um eine GbR ohne GesHandVerm, dh InnenGesellsch (§ 705 Rn 33; Karlsr u Mü NJW-RR **88**, 1266 u 1268). Der nach außen Handelnde hat die Stellg eines TrHänders; er kann gg den AbfindgsAnspr nur mit Fdgen aufrechnen, die mit der SpielGemsch in ZusHang stehen (Düss DB **82**, 538). Keine SchadErsPfl, wenn ein Beteil es versäumt, einen Wettschein auszufüllen u einzureichen (BGH NJW **74**, 1705). 1 a 1 b

3) Bei staatlicher Genehmigung sind die SpielVertr (Rn 1 a) **verbindlich,** S 1, ebso NebenVertr (§ 762 Rn 8, BGH NJW **74**, 1705). § 762 gilt nicht. Der Veranstalter ist zur rechtzeit Gewinnermittlg u -Verteilg verpflichtet, auch wenn er nicht alle Lose abgesetzt hat, falls der Vertr nichts and besagt. Die auf die nicht abgesetzten Lose entfallden Gewinne verbleiben ihm. Der Vertr zw Veranstalter und Spieler (Celle NdsRpfl **60**, 270) ist trotz Gen zivrechtl Natur (BayVerfGH BB **64**, 326: staatl Lotterie), die gen WettBdggen sind AGB (BVerwG **2**, 273). AnnStellen sind als HandelsVertr od Vermittler tät. Erwerb des Loses ist meist Kauf. Ist dieses InhPapier, so gelten die §§ 793 ff. Da Loskauf Hoffngskauf ist, kann ein KaufAngeb im allg nicht mehr angen werden, wenn das Los bereits vor Zugang der AnnErkl gezogen ist (RG **59**, 298); von Bedeutg insb bei Unterlassg der rechtzeit Erneuerg eines Klassenloses. Doch kann sich aus dem Angeb od aus der längeren GeschVerbindg zw Veranstalter u Spieler, aus der zw ihnen ständ beobachteten Übg, etwas and ergeben. **– Genehmigung** nach LandesR dch die zust LandesBeh. Sie macht auch die in and dtschen Ländern abgeschl Vertr gültig. Kein weiteres Formerfordern, auch wenn Grdst ausgesetzt ist (Nürnb OLGZ **66**, 278). **– Hauptfälle:** Staatl Lotterien; sie bedürfen naturgem keiner bes Gen, ihr Betr ist Sache der Länder. Fußballtoto, Zahlenlotto. Spielbanken, dazu Ba-Ba WM **98**, 1685 u § 762 Rn 9; keine Pfl der Bank zur Wahrg der VermInteressen der Gäste (BGH NJW **96**, 248). Rennwetten; sie sind nach dem Rennwett- u LotterieG mit Ausgabe des Wettscheins od Eintr in das Wettbuch für den Buchmacher verbindl, für den Wetter gilt § 762. Der Einsatz kann von dem Gewinn auf die jew Wette abgezogen werden (RG JW **26**, 2283). – Der Betr v Geräten zum Glückspiel bedarf gewerberechtl Gen. 2 3 4

4) Bei fehlender staatlicher Genehmigung ist zu unterscheiden: **– a) Besteht ein Verbot**, so ist der abgeschl EinzelVertr nach § 134 nichtig mit den RFolgen wie § 762 Rn 10. Für Spielen in außerdtschen Lotterien gilt ausl Recht (RG **58**, 277). – **b) Besteht kein Verbot,** gilt gem S 2 § 762, falls es sich um Spiel od Wette handelt (§ 762 Rn 1). Bsp: Nichtöffentl, nicht gewohnheitsm Glücksspiel, nicht öff Lotterie od Ausspielg. Veranstaltg zu WettbewZwecken kann gg § 1 UWG verstoßen (BGH **15**, 356). 5

764 *Differenzgeschäft.* **Wird ein auf Lieferung von Waren oder Wertpapieren lautender Vertrag in der Absicht geschlossen, daß der Unterschied zwischen dem vereinbarten Preise und dem Börsen- oder Marktpreise der Lieferungszeit von dem verlierenden Teile an den gewinnenden gezahlt werden soll, so ist der Vertrag als Spiel anzusehen. Dies gilt auch dann, wenn nur die Absicht des einen Teiles auf die Zahlung des Unterschieds gerichtet ist, der andere Teil aber diese Absicht kennt oder kennen muß.**

1 **1) Begriff, Zweck.** Das DifferenzGesch ist ein SpekulationsGesch, das nur äußerl auf Lieferg von Waren od WertP gerichtet ist, in Wahrh aber keinen Güterumsatz zum Inhalt hat. Nach der Abs der GeschPart im Ztpkt des VertrSchl geht es nicht darum, daß die Ware geliefert u bezogen wird, vielm soll der verlierde Teil nur die Differenz zw dem Pr bei Vertragschl und dem Markt- od BörsenPr zu einem best späteren Ztpkt an den gewinnden Teil zahlen (DifferenzerzielgsAbs). Zweck des Gesch ist, unter bloßer Verwendg kaufm Formen spekulativen Gewinn aus Marktschwankgen zu ziehen (RG **117**, 267). § 764 versagt solchen Gesch den RSchutz u soll so den erfahrungsgem nicht so versierten Verlierer gg den versierteren Gewinner schützen.

2 **2) Arten des Differenzgeschäfts.** – **a)** Beim (prakt seltenen) **offenen Differenzgeschäft** vereinbaren die VertrPart ausdr die Zahlg nur der Differenz (Rn 1), auch hilfs- od bedingungsw. Es fällt ow unter
3 § 762. – **b)** Beim **verdeckten Differenzgeschäft** treffen die Part diese Vereinbg nicht ausdr, die Abs besteht aber unausgesprochen. **Satz 1** ordnet ein derart Gesch als Spiel ein u wiederholt damit § 117 II. – **Satz 2** dehnt diese Einordng auf den Fall aus, daß nur ein VertrTeil die DifferenzerzielgsAbs gem Rn 1 hat, der and Teil diese Abs aber kennt od, über § 117 II hinausgehd, fahrl (§ 122 II) nicht kennt. Beruht die Unkenntn nicht auf Fahrlk, gilt § 116 S 1. Kenntn u fahrl Unkenntn der Abs eines VermittlgsAgenten muß
4 der GeschHerr gg sich gelten lassen. – **Absicht, Kenntnis** od **Kennenmüssen** sind aus den Umst zu entnehmen. Prüfg vAw, jedoch hat bei Streit (Erhebg des Differenzeinwands) der Behauptde die BewL. Von Bedeutg sind die VermögensVerh im Verh zu der Umsatzhöhe, Beruf u wirtsch Interessen der
5 VertrSchließden, früh GeschGebaren, die Art der VertrGgst, insb WertP. – **c) Gegengeschäft.** Um ein DifferenzGesch gem Rn 2–4 handelt es sich – der praktisch häufigste Fall – auch, wenn die eine VertrPartei die der and bekannte od fahrl unbekannte Abs hat, sich bis zum LieferZtpkt dch ein GgGesch, zB Verkauf, wenn das erste Gesch des Spielden ein Kauf war, u umgekehrt, zu decken u die Differenz zw dem vereinb Preis des ersten Gesch u dem des GgGesch (nicht dem des vereinb LieferZtpkts) zu empfangen bzw zu zahlen. Auch in diesem Falle geht die Abs nicht auf wirkl Lieferg, sond spekulativ nur auf Zahlg eines UnterschiedsBetr (BGH **58**, 1).

6 **3) Abgrenzung.** Es gibt keinen best VertrTyp für das DifferenzGesch. Vorauss ist stets die Vereinbg einer späteren Lieferzeit, weil sie die Grdl der PrDifferenz ist. Der LieferZtpkt muß nicht best, aber bestimmb sein. Bestimmg dch einen VertrPartner (RGRK/Seibert Rn 3) u Abrede über Verschiebg sind mögl. Der Vertr kann Kauf, Tausch, Kommission, Auftr sein. Auch GesellschVertr fällt unter § 764. – Kein DifferenzGesch ist demnach das Kassa- od TagesGesch, weil bei ihm keine spätere Lieferzeit vereinb ist. And nur, wenn das KassaGesch ledigl der Deckmantel ist, die Part aber in Wahrh keine Lieferg, sond wechselseit dch Gutschr aus gleichart Gesch auch ohne zeitl Versetzg Spekulationsgewinne erzielen wollen (MüKo/Pecher Rn 16, RGRK/Seibert Rn 5). Kein DifferenzGesch sind ferner wirtsch berechtigte Gesch, zB auf DifferenzAusgl gerichtete KursSichgsGesch (BGH **105**, 263). Ebso nicht der Kauf eines OptionsR auf WertP (Köln ZIP **83**, 924, Schwark WM **88**, 921).

7 **4) Wirkung.** Über § 764 (od unmittelb) gilt § 762. Der Gläub hat den Tatbestd eines LieferVertr (Rn 6) darzulegen u zu beweisen, der Schu den Tatbestd des vAw zu beachtden **Differenzeinwands** gem § 764 mit den Erleichtergen gem Rn 4. Die Erhebg dieses Einwandes verstößt idR nicht gg Tr u Gl, auch dann nicht, wenn die Abs dazu bereits bei Vertragschl bestanden hat (RG **146**, 194, BGH **58**, 1); and nur unter bes Umst (RG **144**, 242, **148**, 357, Ffm WM **81**, 499). NebenVertr s § 762 Rn 8. Ausn für BörsenterminGesch Rn 9a.

8 **5) Börsentermingeschäfte** (BörsTGesch); Lit: Ellenberger WM **99** Beilage 2; Zimmer ZHR **98**, 685; Allmendinger/Tilp BörsT- u DifferenzGesch 2. Aufl 1999. – **a) Begriff.** BörsTGesch sind Vertr über Ersterwerb (PrimärGesch) u über Weiterveräußerg od Rückkauf (SekundärGesch) von WertP, Devisen od vertretb Sachen nach gleichart Bdggen, die von beiden Seiten erst zu einem best späteren Ztpkt zu erfüllen sind u die in einer Beziehg zu einem Terminmarkt stehen, der jederzeit ein GgGesch („Glattstellg") ermöglicht (BGH **92**, 317, BGH NJW **92**, 1630), sowie Gesch mit vergleichb wirtsch Zweck u Risiko, auch wenn sie nicht auf Erf gerichtet sind (BGH NJW **99**, 720). Bsp: Gesch über selbstd Devisen-, Zins- u Aktienoptionsscheine, covered warrants (BGH NJW-RR **99**, 554), selbstd Index- u Basketoptionen (BGH **139**, 1, NJW **95**, 321, NJW **96**, 121, NJW **99**, 720), Bandbreitenoptionen (Mü WM **98**, 2367). Solche Gesch werden zu Anlage-, KursSichgs- od Handelszwecken abgeschl od ledigl zu Spekulationszwecken (Erzielg von Gewinn allein aus den Schwankgen der Börsenkurse ohne Güterumsatz). Nähere Regelg in BörsG 50–70 idF v 9.9.98 (BGBl 2682). – **Kein Börsentermingeschäft** sind **Kassageschäfte** (BörsG 29 I), insb der Erwerb abgetrennter Aktien- od WährgsOptionsscheine einer Wandelschuldverschreibg (BGH **114**, 177, NJW **95**, 321), der Anleihe einer ausl AG (BGH **133**, 200) u einer DM-AuslAnleihe (BGH NJW **98**, 994). Er kann dem Spieleinwand unterliegen, wenn beide Part darü einig sind, daß nicht geliefert u ein Preis nicht gezahlt od geschuldet werde, sond irgendein Umst entscheiden solle, was und wem zu zahlen sei (BGH **103**, 84).

9 **b) Verbindlich** sind BörsTGesch u gleichgestellte Gesch (BörsG 60), wenn sie nicht verboten sind (BörsG 52, 63–70) u entweder die Beteil im Ztpkt des VertragSchl (BGH ZIP **99**, 1305) börsentermingeschfäh sind (BörsG 53) od ein VertrPartner bei bzw nach Eintritt der Fälligk die vereinb Leistg (bei Optionen die diesen zGrd liegden Ggst od die GgLeistg in Geld, BGH NJW **99**, 720) im Einverständn mit dem and bewirkt hat (BörsG 57). Börsentermingeschfäh (näher Arendts MDR **97**, 117) ist neben im HReg eingetr Kaufleuten u ihnen gleichgestellten Pers (BörsG 53 I; zur Gewerbsmäßigk Nürnb WM **99**, 426) jeder, der gem BörsG 53 II vor Abg seiner zum GeschAbschl führden WillErkl (BGH **139**, 36; Bestätigg entspr § 141 nach spät Belehrg nur für konkr Gesch, BGH NJW **99**, 720) über die Risiken informiert w ist (zu den Anfordergen BGH **133**, 82, Batereau/Lange WM **97**, 904; zur WiederholgsInformation BörsG 53 II 4 u BGH NJW-RR **99**, 119), aber nur im Verhältn zum Informanden (relative BörsTGeschFgk, BGH **139**, 1), der ein best gesetzl Aufs unterliegder Kaufm sein muß. Aushändigg u Unterzeichng (BGH **139**, 1) des übl Informationsblatts der Banken (s WM **89**, 1193) od Spark genügt (BGH **139**, 36, NJW **97**, 2171). Der ordre public (EG 6; s a dort

Rn 31) steht der Wirksamk von nach ausl Recht abgeschl BörsTGesch bei börsentermingeschfäh od nicht aufklärgsbedürft (Rn 11, 14) Pers nicht entgg (BGH **138**, 331 u WM **91**, 576). – **Bei fehlender Verbindlichkeit** sind Anspr aus dem BörsTGesch u NebenGesch (Rn 9b) nicht klagb, sog **Termineinwand.** Bereits erbrachte Leistgen können an sich gem **§ 812 I 1** zurückgefordert w (zu Zinsen BGH ZIP **99**, 528). BörsG 55 schließt diesen Anspr allerd für aGrd des Gesch Geleistetes aus. Erfdl ist aber endgült Leistg auf ein bestimmtes (auch künft) BörsTGesch (BGH NJW **99**, 720). Ein im Voraus erbrachter „Einschuß" genügt nicht, wenn er, wie iZw zu vermuten (BGH WM **84**, 421), nur zur Sichg einer künft Schuld od als pauschale VorausErf (Düss WM **88**, 566) geleistet ist (BGH **101**, 296). Ebso nicht BelastgsBuchgen dch den Gläub, im Voraus getroffene allg VerrechngsVereinbgen bei einem KtoKorrent (zB GiroKto, BGH **117**, 135) od das SaldoAnerk dch Schweigen auf einen RechngsAbschl (§ 781 Rn 9), auch wenn der Schu inzw börsentermingeschfäh geworden ist (BGH NJW-RR **99**, 844), außer es liegt eine konkr Abrede für ein best BörsTGesch vor (BGH **139**, 1 u NJW **99**, 720). Ands kann der OptionsInh, der die Unklagbark der gg ihn gerichteten PrämienFdg geltd macht, seiners den Anspr auf Herausg des Gewinns aus Options- u AktienVerk nicht einklagen (Düss ZIP **88**, 1034, Kümpel WM **89**, 81). Sein Anspr aus § 812 geht nicht über den VerrechngsSaldo beider Anspr hinaus (Celle WM **98**, 2012). – Der Einwand erfaßt auch **Nebengeschäfte,** u zwar kr Gesetzes den Auftrag u die Vereinigg zum Abschl von BörsTGesch (BörsG 60, 70; eingehd Kümpel WM **85**, 1121), desh hier auch den Anspr des AuftrG auf Herausg des in Ausführg des Auftr erlangten Gewinns (BGH NJW **80**, 1957); vgl iü § 762 Rn 8. Jedoch kann ein nicht BörsTGeschFäh gem § 812 verlangen, daß der Begünstigte aus einer Bankgarantie für das Gesch diese nicht in Anspr nimmt (BGH NJW **84**, 2037). Auch kann jedenf nach Entstehg von Verlusten aus unverbindl BörsT- u DifferenzGesch zw dem verlierden Teil u einem Dr ein Anspr über deren Erstattg wirks begründet werden (BGH **101**, 296). Ebso ist ein SchuldAnerk über einen derart Anspr wirks, das der VertrPartner dem verlierden Teil gibt (BGH NJW **88**, 1086).

9 a (margin, beside "keit")

9 b (margin, beside "die Vereinigg")

c) Verhältnis zu §§ 762, 764. Für ein DifferenzGesch (Rn 6), das nicht BörsTGesch (Rn 8) ist, gelten §§ 762, 764 (BGH NJW **80**, 390). Ands kann ein Gesch, das zwar BörsTGesch, nicht aber (zB wg seines wirtsch berecht Zwecks) DifferenzGesch ist, dem Termineinwand (Rn 9a) unterliegen (BGH **105**, 263: HedgeGesch). Ist ein Gesch zugleich DifferenzGesch u BörsTGesch, steht der Termineinwand selbständ neben dem Einwand aus §§ 762, 764; ist das Gesch aber als BörsTGesch verbindl (Rn 9), schließt BörsG 58 den Differenzeinwand (Rn 7) u Spieleinwand (§ 762 Rn 5) aus und schränkt dadch den AnwendgsBereich der §§ 762, 764 stark ein. Das gilt auch für Gesch, die an einer ausl Börse od außerbörsl abgewickelt werden (Baumb/Hopt Anh 14 BörsG § 58 Rn 1). 10

d) Aufklärungspflicht. Sie u die daraus begründeten Anspr u Einwdgen stehen selbstd neben der InformationsPfl aus BörsG 53 II (Rn 9) u deren Folgen; sie soll auf einer 2. Stufe die aGrd der ind Verhältn des Anlegers od der Eigenarten des jew Gesch gebotene Information gewährleisten (BGH **133**, 82). Öffrechtl sind die Pfl zT in WpHG 31 ff konkretisiert (dazu Reich WM **97**, 1601). Aufkl bedeutet Information über die wesentl Tats sowie deren Erläuterg zum Verständn der ZusHänge (Hadding FS Schimansky S 73). Zu den von der Aufkl zu unterscheidden, weitergehden BeratgsPfl insb bei Anlagevermittlg § 276 Rn 22 u § 675 Rn 28 ff. – **Verpflichtet** ist der gewerbl Anbieter od Vermittler von, auch unverbindl (BGH NJW **97**, 2171) Warentermin-, Aktien-, Aktienindexoptionen (BGH NJW **91**, 1106, Düss NJW-RR **97**, 1477), Warentermindirekt- (BGH NJW **92**, 1879, NJW-RR **96**, 947), Devisentermin- (BGH **124**, 151, NJW **94**, 997, 1862) u StillhalteoptionsGesch (BGH NJW **93**, 257), penny-stocks (BGH NJW **91**, 1108, 1947). Die Pflicht ist unaufgefordert, grdsätzl schriftl (BGH **105**, 108) u vor der AuftrErteilg für das erste Gesch zu erfüllen (BGH NJW **93**, 2434), gleichgült ob der Anbieter das Gesch als Kommissionär od EigHändler abwickelt (BGH VersR **86**, 1242), ggü Kunden, die mit solchen Gesch nicht vertraut sind. Im bankmäß WertPHandel gilt die AufklärgsPfl nur eingeschränkt (BGH NJW **98**, 2675). Sie **entfällt** grdsätzl bei Kunden, die keine Beratg wünschen od sich termingescherfahren geben (BGH NJW-RR **96**, 947), insb an einer Risikoaufklärg ersichtl kein Interesse zeigen, so bei Erteilg gezielter KaufAuftr (BGH **139**, 36, NJW **98**, 994) u idR beim Direkt-Banking bzw Discount-Broker (Titz WM **98**, 2179; Mü WM **98**, 2367/2371). – **Inhalt.** Aufzuklären ist anleger- u objektgerecht (§ 276 Rn 22, Ffm ZIP **98**, 2148) über die wesentl Grdl solcher Gesch, über die wirtsch ZusHänge, die damit verbundenen Risiken (zB Hebelwirkg von Optionen, Ffm ZIP **98**, 1713) bzw die mangelnde eig Fähigk zu deren Beurteilg (BGH NJW **98**, 2675), die Verminderg der Gewinnchancen dch höhere als die übl Prov (BGH NJW **92**, 1879, NJW-RR **96**, 947), dch Aufschläge auf die Börsenoptionsprämie (BGH **124**, 151), dch häuf Positionswechsel im eig ProvInteresse des Vermittlers (BGH ZIP **94**, 1765), ferner über Höhe u Bedeutg der Londoner Prämie (BGH **80**, 80, WM **85**, 81). Entspr AufklärgsPfl können bei promissory notes bestehen (Düss NJW-RR **96**, 1006), angepaßt an die EinzUmst auch bei auf SpekulationsGesch ausgerichteten Beteiliggen (BGH NJW-RR **98**, 1271: PoolGesch; Köln NJW-RR **96**, 871). – **Intensität.** Die Aufklärg muß zutr, vollst, bei Schriftlichk auch für den flücht Leser unmißverständl (BGH NJW **94**, 997), gedankl geordnet u auch von der Gestaltg her geeignet sein, optionsunerfahrenen Lesern einen realistischen Eindruck von den Eigenarten u Risiken solcher Gesch zu vermitteln (BGH NJW **92**, 1879). Dabei spielen Sachkunde u Erfahrenh des Interessenten u Risikograd des AnlGgst eine Rolle (Köln WM **95**, 381). Auszugsw Wiedergabe eines BGH-Urt als „Risikohinweis" genügt nicht (BGH **124**, 155), die Übersendg des Informationsblatts zu BörsG 53 II (Rn 9) nur im EinzFall, nicht immer (BGH NJW **97**, 2171, Hamm WM **97**, 566 u 568, Düss WM **97**, 562). Der Vergl der Gewinnchancen mit Lotto od Roulette kann ausr (Hamm ZIP **92**, 1149), sofern die erhebl Risiken dch den übr Inhalt des Prospekts nicht wieder abgeschwächt werden (BGH NJW-RR **91**, 1243). Weniger strenge Anfordergen an die AufklärgsPfl bei Vermittlg von DevisendirektGesch zu normalen Prov (BGH ZIP **92**, 609; krit Tilp ZIP **93**, 1843). Bei selbstd Optionsscheinen kann ggü einem gescherfahrenen Makler ein BeratgsGespräch genügen (BGH NJW **95**, 321). Soll ein „Anlagespezialist" eingeschaltet werden, muß der Kunde über dessen Vorstrafen informiert werden (Ffm NJW-RR **96**, 171). – **Schuldhafte Verletzung der Aufklärungspflicht** kann zu SchadErs-Anspr des Kunden gg den Anbieter od Vermittler der in Rn 11 genannten Gesch führen (BGH **80**, 80, **105**, 108), u zwar aus c. i. c. (BGH NJW **97**, 2171) od pVV (BGH **133**, 82, zur Grdl s a § 675 Rn 43), aus § 823 II iVm StGB § 263 (BGH ZIP **90**, 365), BörsG 89 (Düss WM **89**, 175) u WpHG 31 II (Drygala JZ **97**, 95/98), aus § 826 uU auch gg den GeschF u/od TelefonVerk (Düss NJW **95**, 404) einer GmbH, der

BörsT- od WarendirektGesch vornimmt, veranlaßt od bewußt nicht verhindert (BGH NJW **93**, 257, BGH **124**, 151) od gg einen Dr, der die Erf der AufklärgsPfl im ZusWirken mit dem Vermittler verhindert hat, insb bei vorsätzl Täuschg über die Höhe u wirtsch Bedeutg der Londoner Optionsprämie (BGH WM **83**, 1309, WM **86**, 734), auch gg den ausl Broker, der den deutschen Kunden an eine nicht überprüfte unseriöse Vermittlerfirma verweist (Düss WM **89**, 45). Vorstehde Grds gelten auch für die in den USA u anderswo gehandelten „modernen" Warenoptionen (Düss WM **92**, 776). IdR kein Mitverschulden des Kunden (§ 254 Rn 19; Ffm ZIP **98**, 1713).

15 **e)** Die **Beweislast** für die Verbindlichk des BörsTGesch (Rn 9) trägt nach dem Regel/AusnGrds (BGH NJW-RR **92**, 751) im Erf- wie im Bereichergs- (Rn 9 a) u SchadErsProz derj, der sich auf die Verbindlichk beruft. Ein AufklärgsMangel (Rn 11 ff; zum Nachw § 282 Rn 11 ff) begründet idR die widerlegb (Karlsr WM **95**, 1753) Vermutg, daß der Kunde von dem Gesch bei ordngsgem Aufklärg abgesehen hätte, der Schad also nicht eingetreten wäre (BGH NJW-RR **98**, 1271; näher § 282 Rn 15); diese kann sich auch für FolgeGesch auswirken (BGH NJW **93**, 2434, Stgt u Zweibr WM **95**, 1270 u 1272).

Achtzehnter Titel. Bürgschaft

Einführung

1 **1) Wesen, Zweck, Entstehung, anwendbares Recht. – a) Begriff und Rechtsnatur.** Dch die Bürgsch verpflichtet sich der Bü, ggü dem Gl eines Dr, des HauptSchu, für die Erf der Verbindlichk des Dr, die Hauptschuld, einzustehen (§ 765 I). Es handelt sich um eine von der Hauptschuld verschiedene, einseitig übern eigene LeistgsPfl des Bü (BGH **139**, 214), nicht eine bloße Haftg (Einl 13 v § 241). Der leistde Bü erfüllt seine eig Schuld, die HauptFdg geht dadch nach § 774 I S 1 auf ihn über. Bü und HauptSchu sind desh (s § 421 Rn 10) nicht GesSchu, auch nicht bei selbstschuldnerischer Bürgsch (BGH WM **68**, 916). – Ands ist die Schuld des Bü **akzessorisch,** dh sie ist eine von Bestand u Umfang der Hauptschuld dauernd abhäng Hilfsschuld (BGH NJW **98**, 2972; näher § 765 Rn 28 f). Ist and vereinb, so liegt nicht Bürgsch, sond
2 Schuldmitübern (Rn 15) od GewährVertr (Rn 16) vor (BGH WM **66**, 124). – **b) Zweck** ist die Sichg der
Fdg des Gl gg den HauptSchu dch Übern der Hilfsschuld (zur Bedeutg des konkreten SichgsZwecks für den
Umfang der Verbürgg § 765 Rn 19 ff). §§ 765 ff sind auf and Fälle der Interzession (zur Abgrenzg Rn 15–21)
nicht entspr anzuwenden; daher gilt § 774 nicht, wenn jemand zahlt, ohne Bü zu sein, s a § 774 Rn 7, § 267
3 Rn 7, § 268 III. – Über Bürgsch zwecks SicherhLeistg § 232 II, ZPO 108. – **c) Entstehung.** Das Bürg-
schVerh wird grdsätzl dch **Vertrag** begründet (§ 765 Rn 1 ff). In best Fällen sieht das Gesetz die Haftg wie
ein Bü vor (§§ 571 II, 1251 II 2, VerlG 36 II 2). **– d) Internationales Privatrecht.** EG 11 (Form), 27, 28
(dort Rn 20). Die Inanspruchn des Bü kann unter bes Umst gg den ordre public verstoßen (BGH **104**, 240:
Enteigng im Iran).

4 **2) Rechtsbeziehungen der Beteiligten** (s Larenz SchuldR II/2 § 60 I): – Das Verhältn zw **Bürgen und
Gläubiger** wird dch den BürgschVertr bestimmt, der seinen GeschZweck in sich trägt. – Das Verhältn zw
Hauptschuldner und Gläubiger richtet sich nach dem der zu sichernden Schuld zGrd liegden RVerhältn
(häuf Darlehen). Es bestimmt, regelm dch (ggf stillschw) SichgsAbrede (BGH **139**, 325, Larenz aaO; ein-
schränkd MüKo/Habersack § 765 Rn 3) den SichgsZweck, aus dem sich ergibt, unter welchen Vorauss der
Gl im Verhältn zum HauptSchu die Bürgsch in Anspr nehmen darf (Quack BauR **97**, 754); uU dch einstw
Vfg sicherb Anspr des Schu auf Unterl der Inanspruchn (Kleve ZIP **98**, 1635; s a Einf 15 v § 783). Bei
abredewidr Inanspruchn hat der Schu einen uU aufrechngsfesten (§ 387 Rn 15) RückFdgsAnspr gg den Gl,
wenn er dem Bü dessen Aufw erstattet hat (BGH **139**, 325). Ist der SichgsZweck entfallen, kann der Schu
vom Gl Rückg der Bürgsch u, wenn deren Bestand davon abhäng gemacht ist, Herausg der BürgschUrk an
den Bü verlangen (BGH NJW **89**, 1482). Der Bü kann zur Stellg der Bürgsch verpflichtet sein, die Stellg der
Bürgsch kann auch Vorauss für die Leistg des Gl (zB Kreditgewährg) sein. Einwdgen u Einr des HauptSchu
5 aus diesem RVerhältn stehen auch dem Bü zu (§ 768 Rn 2 ff). – Im Innenverhältn zwischen **Bürgen und
Hauptschuldner** liegt der RGrd für die Eingehg der Bürgsch idR in einem Auftr od GeschBesVertr (zB bei
BankBürgsch; AvalkreditVertr Rn 15), uU auch in einer Schenkg (BGH **LM** § 516 Nr 2) od, insb iF der
Nichtigk dieser Vertr, in GoA (§ 677 Rn 11 u Stgt NJW-RR **94**, 876; s a § 775). Im Verhältn zum Gl ist
dieses GrdVerh unerhebl, der Bü kann ihm ggü daraus keine Einwdgen ableiten (BGH WM **75**, 348).
§§ 1149, 1229 sind nicht entspr anwendb (BGH **130**, 101). Der Bü darf grdsätzl ohne Zust des Schu an den
Gl leisten, hat diesem jedoch die ihm verfüg- u beweisb Einwdgen (§ 768 Rn 1 ff) entggzuhalten (uU
Rückfragepfl beim Schu, Staud/Horn § 765 Rn 107). Bei Bürgsch auf 1. Anfordern grdsätzl kein Anspr des
Schu auf Unterlassg der Zahlg an den Gl (wie Einf 16 v § 783; s a Kleve ZIP **98**, 1632). ErsAnspr des Bü
§ 774 Rn 2. Einbeziehg des Bü in die Schutzwirkg eines vom HauptSchu in Auftr gegebenen WertGA § 328
Rn 32. Keine GesSchuld ggü dem Gl (Rn 1).

6 **3) Besondere Arten der Bürgschaft** (s a § 765 Rn 23). §§ 765 ff gelten. – **a)** Die **selbstschuldnerische
Bürgschaft,** § 773 Nr 1, die **Mitbürgschaft,** § 769, u die **Zeitbürgschaft,** § 777, sind im Gesetz selbst
geregelt; s die Erläut zu den Vorschr. – Die **Teilbürgschaft** bezieht sich nur auf ein best, in der BürgschErkl
individualisierten Teil einer einheitl Fdg. Es hängt vom (ggf dch Auslegg zu ermittelnden) Inhalt der Bürg-
schErkl ab, welche Auswirkgen auf die BürgschVerpfl eine teilw Tilgg der HauptFdg (s a § 366 II) od die
7 Verwertg and Sicherh hat (vgl BGH WM **77**, 334). – Die **Höchstbetragsbürgschaft** bezieht sich demggü,
wenn nicht and vereinb, auf die ges gesicherte Schuld, enthält aber eine betragsmäß Grenze, bis zu der der Bü
dem Gl äußerstenf haften will (BGH NJW **89**, 1484; zur Wirksamk von den Umfang erweiternden
8 Formularklauseln § 765 Rn 20, 24). – Die **Kreditbürgschaft** bezieht sich auf ein laufdes od zu gewährdes
Darl, häuf in der Form einer **Kontokorrentbürgschaft** auf die sich aus der lfden Rechng (HGB 355 ff)
ergebden Fdgen. Zerlegg des Kreditkontos in ein Haupt- u ein Zinsunterkonto hat auf den Bestand der
verbürgten Fdg keinen Einfluß (Hamm WM **85**, 159).

b) Nachbürgschaft. Der NachBü steht dem Gl dafür ein, daß der VorBü die ihm obliegde Verpfl erfüllt. Hat der NachBü den Gl befriedigt, so gehen dessen BürgschAnspr gg den VorBü u dessen Fdg gg den HauptSchu gem § 774 I 1 auf den NachBü über, dieser hat gg den VorBü ggf aus dem InnenVerh Anspr auf AufwErs gem §§ 675 I, 670 (Köln WM **95**, 1224). Bei den Einwdgen ist zu unterscheiden zw denen des HauptSchu gg die auf den NachBü übergegangene HauptFdg u denjen aus dem InnenVerh des HauptSchu zum NachBü; Einwdgen aus dem InnenVerh zum VorBü kann der HauptSchu dem NachBü idR nicht entgghalten (Dörner MDR **76**, 708). Für § 774 I S 1, 2 steht er dem VorBü gleich; ob auch für § 774 I S 3, ist str (Hamm MDR **61**, 503 ja, Köln MDR **75**, 932 nein; differenzierd Tiedtke WM **76**, 174). 9

c) Rückbürgschaft. Der RückBü steht dem Bü für dessen RückgrFdg gg den HauptSchu od dem NachBü für dessen RückgrFdg gg den VorBü (BGH **73**, 94, NJW **89**, 1484) ein. Der RückBü ist iS der BürgschRegeln Bü, der erste Bü ist Gl, verbürgte Hauptschuld ist der RückgrAnspr, den der 1. Bü gg den HauptSchu dch die Erf seiner Bürgsch erwerben wird (BGH **95**, 375). Befriedigt der RückBü seinen Gl, den Bü, so geht damit noch nicht die Fdg des Gl gg den HauptSchu, die kr § 774 auf den Bü dch dessen Leistg übergegangen war, auf ihn über, da die Rückbürgsch in keiner unmittelb Beziehg zur Bürgsch steht, vielm ist Abtretg durch den Bü nötig (RG **146**, 70; aA Oldbg NJW **65**, 253); auch ein BereichergsAnspr gg den Gl steht ihm nicht zu, wenn dessen Fdg gg den Bü nicht bestand (Karlsr WM **95**, 445). Befriedigt ein NachBü den Gl, so kann er seinen RückBü aus dessen Bürgsch auch dann in Anspr nehmen, wenn ein RückgrAnspr gg den VorBü wg eines InsolvenzVerf über dessen Verm nicht mehr geltd gemacht werden kann (BGH **73**, 94). 10

d) Der Ausfall-(Schadlos-)Bürge verpflichtet sich, dem Gl für den endgült Ausfall an der HauptFdg einzustehen, dh für das, was der Gl trotz Anwendung gehör Sorgfalt, insb dch GeltdMachg seines Anspr gg den HauptSchu, durch ZwVollstr u Verwertg and Sicherh vom HauptSchu nicht erlangen kann (BGH NJW **89**, 1484). Die sorgfält DchFührg dieser meist im BürgschVertr bezeichneten Maßn, uU auch erfolgl Inanspruchn eines and Bü od das Fehlen eines and Einstandpflichtigen (BGH NJW **93**, 2935: gesetzl InsSichg), ist hier vom Gl zu beweisde Vorauss der Inanspruchn des Bü (BGH NJW **99**, 1467/1470; s a § 765 Rn 25), nicht nur wie in § 771 Einrede. Also keine BüHaftg, wenn der Gl den Ausfall dch Verl von SorgfPfl verschuldet hat (BGH NJW **79**, 646). Eine Klausel, wonach Ablauf einer Fr nach Anzeige der Nichtzahlg des Schu als Ausfall gelten soll, verstößt gg AGBG 3 (BGH NJW **98**, 2138; s a Trapp WM **99**, 301). Haftet der Bü für den Ausfall an Kapital u Zinsen einer grdpfdrechtl gesicherten DarlFdg, hat er mangels and Vereinbg die vorrang Befriedigg des Gl wg eines Vorschusses gem ZVG 161 III hinzunehmen (BGH NJW **92**, 2629). Vereinbart der Bü mit dem Gl, daß dieser für die wirks Bestellg vorrang Sicherh zu sorgen habe, kann im EinzFall eine unbdgte EinstandsPfl des Gl für den Fall der Unwirksamk dieser Sicherh bestehen (BGH NJW **89**, 1855). Ausgleichg § 769 Rn 1, 2. 11

e) Der Inhalt einer **Prozeßbürgschaft** hängt wesentl davon ab, zu welchem Zweck sie bestellt wurde (BGH NJW **75**, 1119). Sie ist selbstschuldnerische Bürgsch (§ 239 II). Gerichtl Anordngen s Th-P § 108 Rn 9ff. Gestellt für ein ZahlgsUrt der 1. Instanz, sichert sie gg die Nachteile aus dessen Abänderg im BerufgsUrt (Köln VersR **92**, 708) u idR die Fdg aus einem in der BerufgsInstanz geschl ProzVergl (Köln WM **87**, 421). Dient sie der Abwendg der Vollstr aus einem WechselVorbehUrt, kann der Gl den Bü nach Eintr der RKraft dieses Urt währd des noch lfden NachVerf in Anspr nehmen (BGH **69**, 270). Der SichgsFall tritt auch mit Feststellg der im Urt ausgewiesenen Fdg zur InsTabelle (InsO 177) ein (Kblz NJW-RR **92**, 107 für VersäumnUrt). 12

f) Gewährleistungs- und Erfüllungsbürgschaft (s a § 641 Rn 1, § 765 Rn 23). Verpflichtet sich ein Dr, idR eine Bank, für Anspr des Bestellers gg den Untern aus einem WerkVertr einzustehen u auf Anforderg des Best zu zahlen, so kann es sich um eine Bürgsch (meist auf 1. Anfordern, Rn 14), eine Garantie (Rn 16, Einf 14–18 v § 783), uU auch um eine angen Anweisg (Düss BauR **78**, 228) handeln. Eine Bürgsch liegt vor, wenn die Verpfl des Dr vom Bestand der Anspr des Best abhängen soll (Köln BauR **97**, 322; näher Rn 16). – Welche Anspr des Best verbürgt sind, richtet sich nach der getroffenen Vereinbg, sonst dem verfolgten SichgsZweck. IdR (s VOB/B 17 Nr 1 II) sichert eine „Ausführgs- u ErfüllgsBürgsch" die Anspr auf fristgerechte abnfäh Herstellg des Werks (Karlsr NJW-RR **98**, 533) einschl VertrStrafen (BGH NJW **82**, 2305) u bereits vor Abn bestehde MängelBeseitiggsAnspr (BGH **139**, 325), u erlischt, wenn vorher in Anspr gen, nicht dch die Abn (BGH **139**, 325); eine Bauträgerbürgsch (MABV 7) die Rückzahlgs-, nicht SchadErsAnspr (Schmenger BWNotZ **98**, 79/85); eine GewlBürgsch die GewlAnspr nach Abn sowie die gem §§ 633, 634 bereits vor Abn bestehden MängelAnspr (BGH NJW **98**, 1140; BGH NJW **84**, 2456: MängelbeseitiggsKosten) u Anspr auf vertragsgem Ausführg von RestArb (Hamm NJW-RR **87**, 686). Der Best darf von der GewlBürgsch nur Gebr machen, wenn er den SichgsEinbehalt (§ 641 Rn 2) an den Untern ausbezahlt hat (BGH NJW **98**, 1140), andernf handelt er uU mißbräuchl (Köln NJW-RR **98**, 1393); Aufr mit einer bestr GgFdg genügt hierfür nicht (KG BauR **82**, 386). – Bei Abtr der HauptFdg geht die Bürgsch (§ 401) u damit auch das R, die zur FällStellg der Bürgsch erfdl Erkl abzugeben, auf den neuen Gl über (BGH NJW **87**, 2075); jedoch haftet der Bü dem Bauträger weiterhin, wenn dieser trotz Abtr seiner GewlAnspr an den Erwerber diesem dennoch (§ 637 Rn 7) Gewähr leisten muß (BGH NJW **82**, 1808). – GewlBürgsch ggü WohngsEigtümerGemsch Vorbem 30 v § 633. 13

g) Die **Bürgschaft auf erstes Anfordern** (neue Lit: Hahn MDR **99**, 839) ist eine den Gl bes privilegierde Form der BürgschVerpfl (BGH NJW **99**, 2361). Ihre Übern ist desh, soweit auf den BürgschVertr das AGBG anzuwenden ist, Kreditinstituten u VersGesellsch (BGH WM **90**, 1410) vorbehalten, ferner Untern, in deren GeschBereich derart Bürgsch übl sind (wie bei großen BauAuftr, Hamm BauR **98**, 135, enger Kainz BauR **95**, 616; Verpfl zur Stellg einer Bürgsch § 641 Rn 2). Gilt das AGBG nicht (Bsp: IndVereinbg, Verwendg eines Formulars des Bü), kann sie auch von and Pers übern werden. Allerd begründet sie dann nur Verpfl wie aus einer einf Bürgsch, wenn der Gl annehmen muß, der Bü sei mit Bürgsch dieser Art nicht vertraut (and zB bei im internat WirtschVerk, BGH NJW **97**, 1435, od BauVertrWesen erfahrenen Pers), u er den Bü auch nicht über die damit verbundenen Besonderh u Risiken ausdr aufklärt (BGH NJW **98**, 2280 14

= **LM** § 765 Nr 127); gleiches gilt, wenn die BürgschUrk die für diese BürgschForm erfdl Formstrenge nicht wahrt (BGH NJW **99**, 2361). – Die **Zahlungsaufforderung** ist formalisiert. Der Berecht hat sie so abzugeben, wie dies in der BürgschUrk festgelegt ist (BGH NJW **96**, 1673), u das eindeut erkennb zu erklären, was in der Urk als Vorauss der Zahlg auf 1. Anfordern niedergelegt ist (BGH NJW **97**, 255). Der Bü muß dann sofort zahlen (BGH **95**, 375) u ist ggü dem Schu hierzu auch ohne Rücksprache berechtigt (KG NJW **87**, 1774). Schlüss Darlegg der verbürgten HauptFdg ist nicht erfdl (BGH NJW **94**, 380), idR auch nicht bei floskelh Einschränkgen (AusleggsFrage; BGH NJW **97**, 255: „fäll Anspr"; Mü WM **98**, 342: „NichtErf der Verpfl"; Köln WM **98**, 1143: „berecht Anspr"). Jedoch wird bei GewlBürgsch die Darlegg konkr Mängel verlangt, wenn nichts and vereinb ist (Mü NJW-RR **95**, 498, Rüssmann/Britz WM **95**, 1825; aA Köln NJW-RR **98**, 1393). Die VertrPart können die Inanspruchn des Bü von zusätzl Vorauss abhäng machen (Effektivklauseln, Schmidt WM **99**, 308). – Ggü dem Gl **einwenden** kann der Bü, daß die AnfordergsErkl unvollst sei (insow grdsätzl keine HinwPfl an den Gl, BGH NJW **96**, 1052), daß die Bürgsch nicht die dem ZahlgsBegehren des Gl zGrd liegde HauptFdg sichere (BGH NJW **98**, 2280), wobei sich diese Sichg zumind iW der Auslegg aus der BürgschUrk od den dort in Bezug gen Urk ergeben muß (BGH NJW **99**, 2361: BewL beim Gl), u daß die Inanspruchn aus der Bürgsch mißbräuchl sei (BGH NJW **97**, 255; s a Einf 16 f v § 783; Schutz des Schu dch einstw Vfg Schmidt BauR **98**, 1159). Alle übr Streitfragen tats u rechtl Art, deren Beantwortg sich nicht von selbst ergibt, gehören in den RückFdgsProz des Bü gg den Gl (Canaris ZIP **98**, 493/499) aus § 812 (BGH NJW **88**, 2610) u können auch nicht im NachVerf des BürgschUrkProz geltd gemacht werden (BGH NJW **94**, 380). Das gilt insb für Einwdgen gg die Hauptschuld (BGH **74**, 244), zB deren Verj (§ 222 II gilt nicht, Hamm NJW-RR **94**, 1073), aber auch für Einwdgen aus dem BürgschVerh, die sich nicht aus der BürgschUrk ergeben, zB die Bürgsch sei zeitl begrenzt, wenn der Gl das bestreitet (BGH NJW **85**, 1694), od der Gl der Hauptschuld u der Gl der Bürgsch seien nicht persgleich (Düss WM **94**, 588; § 765 Rn 3), nach Mü WM **98**, 342 auch, die Bü sei wg AGBG 9 unwirks (zweifelh). Die BewL im RückFdgsProz entspricht derj im gewöhnl BürgschProz des Gl gg den Bü (s § 765 Rn 27); insb hat der Gl Entstehg u Fälligk der gesicherten Hauptschuld zu beweisen (BGH NJW **89**, 1606). – Anspr des HauptSchu gg den Gl nach AufwErs an den Bü Rn 4, Verhältn Bü–HauptSchu Rn 5.

15 **4) Keine Bürgschaften,** aber der Bürgsch verwandt sind: – **a) Kreditauftrag,** § 778; – **b) Schuldmitübernahme.** Kriterien für die Abgrenzg Übbl 4 v § 414. Dem Wortlaut der Erkl kommt hier bes Bedeutg zu, regelm keine Umdeutg einer formunwirks BürgschErkl in eine Schuldmitübern (BGH DB **76**, 2349, Hamm WM **88**, 899) od eines Schuldbeitritts in eine Bürgsch (BGH JR **72**, 61). Keine Bürgsch ist die **Erfüllungsübernahme** (§ 329) ggü dem Bü (BGH NJW **72**, 576). – **c) Delkrederehaftung** des Kommissionärs u des Handelsvertreters, HGB 394, 86 b, ist bürgschähnl. – **d) Avalkreditvertrag,** in dem sich die Bank ggü ihrem Kunden verpflichtet, sich zG ihres Kunden ggü dessen Gl zu verbürgen, ist GeschBesVertr, aber keine BürgschÜbern zG des Gl (BGH NJW **84**, 2088).

16 **e) Gewähr-(Garantie-)Vertrag.** Er ist dadch gekennzeichnet, daß der Garant für den Eintritt eines best Erfolges einzustehen hat oder die Gef eines künft Schad übernimmt, wobei er auch für alle nicht typischen Zufälle haftet (BGH NJW **96**, 2569). Der garantierte Erfolg kann auch vom Garanten geschuldet w, muß aber weiter gehen als die bloße VertrLeistg (BGH NJW **99**, 1542). Bsp: Ein BauBetr übernimmt ggü dem Bauherrn/Erwerber die Garantie für eine best Finanzierg (BGH BB **84**, 564), die Vermietg eines Neubaus (BGH WM **76**, 977), die Einhaltg eines best Gesamtkostenlimits (BGH WM **87**, 179) od die Erwirtschaftg einer best Rendite (Düss NJW-RR **97**, 1410). Verpfl ggü dem GrdPfdGl, iF der ZwVersteigerg Ausfälle zu übernehmen (BGH WM **99**, 171). Der Verk einer EigtWohng verpflichtet sich ggü dem Käufer, diesem nach Ablauf einer Fr auf dessen Verlangen einen Dr zu benennen, der die Wohng zu einem höh Preis übernimmt (BGH NJW **85**, 2941). Der Vermittler verpflichtet sich, Verluste aus einem WarenterminGesch (Hamm WM **91**, 521) od die Gewähr für Ausschüttgen in best Höhe aus einem GesellschAntl (BGH NJW **96**, 2569) zu übernehmen. – Der GarantieVertr ist keine Bürgsch, §§ 765 ff gelten auch nicht entspr, daher keine Form erfdl (BGH WM **64**, 62). Betrifft die Gef eine Fdg, so kann die Grenze zweifelh sein. Der grdsätzl Unterschied besteht darin, daß die Schuld des Garanten vom Fortbestand, manchmal sogar von der Entstehg der gesicherten Schuld unabhäng ist (BGH NJW **96**, 2569). Desh ist ggf dch Auslegg zu ermitteln, ob eine selbständ (dann Garantie, Schuldbeitritt) od eine abhäng (dann Bürgsch) Schuld begründet w sollte; iZw ist Bürgsch anzunehmen (BGH WM **85**, 1417). Der Wortlaut allein ist nicht entscheidd, bei geschgewandten Pers rechtfertigen aber nur bes gewicht Umst eine davon abw Auslegg (BGH WM **75**, 348). Anhaltspunkt für GewährVertr, aber nicht begriffl Vorauss ist EigInteresse des Garanten an der Erf der HauptVerpfl (BGH WM **82**, 632); and idR bei der garantierden Bank, da sie iR des GeschBesVertr mit ihrem Kunden handelt (BGH WM **82**, 1324). Bürgsch- u GarantieVertr können auch gekoppelt sein (Ffm DB **74**, 2245). Im Hinbl auf die Selbständigk der eingegangenen Verpfl berührt sich die Gewähr mit der Schuldmitübern, dem SchuldVerspr u -Anerk (§ 780 Rn 1 a) u, soweit sie vom Schu selbst übernommen worden ist, mit der VertrStrafe (BGH NJW **58**, 1483). Der Anspr aus der Gewähr ist ErfAnspr; er geht auf Schadloshaltg. Deren Umfang bestimmt sich nach den Grds des SchadErsR, der Garant hat den Gl so zu stellen, als ob der garantierte Erfolg eingetreten od der Schad nicht entstanden wäre (BGH NJW **99**, 1542); bei der FdgsGarantie daher Ers des Schad, der dem Gl aus der Nicht- od der nicht rechtzeit Erf seiner Fdg erwächst (BGH WM **61**, 204). Auch eine nach dem Garantiefall eingetretene Ermäßigg der GarantieVerpfl
17 ist zG des Garanten zu berücksichtigen (BGH WM **84**, 631). – **Bankgarantie,** Zahlg auf erstes Anfordern
18 Rn 14 u Einf 14–18 v § 783. – **ec-Karte** s § 676 f Rn 20 ff. – **Einlösungszusage.** Die auf Anfrage einer Bank erteilte Antwort der bezogenen Bank, sie garantiere die Einlösg des Schecks, enthält üblicherw die Zusage, unter allen Umst für die Zahlg des ScheckBetr einstehen zu wollen (BGH WM **78**, 873). Die Antwort auf Anfrage des ScheckInh, sie werde den Scheck einlösen, enthält eine selbstd GarantieErkl der bezogenen Bank zur Einlösg innerh einer nach dem übl Inkassoweg angem Fr, auch über die VorleggsFr des Art 29 ScheckG hinaus (BGH **77**, 50) nur dann, wenn eine solche Erkl, für die Bank erkennb, vom Anfragden gewollt war (BGH **110**, 262; ebso für EinlösgsBestätigg für Lastschr Rostock WM **96**, 2011). Im EinzFall kann die Bank geltd machen, Tr u Gl stehe dem Anspr entgg (BGH WM **84**, 1445). Dagg bedeutet

die bankübl Bestätigg der bezogenen Bank, der Scheck gehe in Ordng, nur, daß der Scheck eingelöst würde, wenn er in diesem Ztpkt bei der bezogenen Bank vorläge (Köln ZIP **83**, 1437); Haftg dann nur, wenn diese Ausk unricht ist (BGH **49**, 167; § 675 Rn 28ff). Die bei einem ScheckinkassoAuftr an eine US-Bank geforderte Garantie bezieht sich idR darauf, daß die Unterschr auf dem Scheck echt od mit Vollm geleistet sind u der Scheck nicht wesentl verändert worden ist (BGH NJW **95**, 1482). – **Patronatserklärung** 19
(zusfassd Fleischer WM **99**, 666). In ihr verspricht der „Patron", zB die KonzernmutterGesellsch in ihrem GeschBericht (Pesch WM **98**, 1609) ggü den Gl einer Tochter- od EnkelGesellsch, ein best Verhalten, das die Aussicht auf die VertrErf dch den Schu, zB Rückzahlg eines Kredits verbessert. Der Inhalt kann von einer unverbindl good-will-Erkl bis zu einer rechtl Verpfl garantieähnl Art (Düss NJW-RR **89**, 1116, Schneider ZIP **89**, 619) od zur SchadErsLeistg wg NichtErf der gesicherten Fdg reichen. IF einer solchen „harten" PatronatsErkl (zur Wirksamk Schäfer WM **99**, 153) haftet der Patron bei Insolvenz des Schu neben, nicht nur nach diesem als GesSchu (BGH **117**, 127). Aus einer „weichen", dh erkennb ohne RBindgsWillen abgegebenen PatronatsErkl lassen sich dagg Erf- od SchadErsAnspr nicht herleiten (Karlsr WM **92**, 2088). – Bei der **Ausbietungsgarantie** od AusfallverhütgsGarantie übernimmt der Garant die Gewähr 20
dafür, daß der GrdPfdRGläub aus der ZwVerst ohne Verlust hervorgeht, sie erlischt idR erst mit vollst Befriedigg des Gl (BGH NJW **99**, 711); Abgrenzg zur Ausfallbürgsch wie Rn 16. Gewähr ist auch das Einstehen für die Güte einer Hyp. – Gewähr als **Nebenverpflichtung** aus Kauf-, WerkVertr § 477 Rn 19, Vorbem 6ff v § 633. Keine solche NebenVerpfl ist es, wenn der Arch sich dem Bauherrn ggü zur Einhaltg einer best Bausumme verpflichtet (BGH NJW **60**, 1567, Locher NJW **65**, 1696). – **Herstellergarantie** s ProdHaftG 15 Rn 5.

e) Wechselverbindlichkeiten, die zur Sichg eingegangen sind, sind keine Bürgsch, da der VerbürggsWille 21
aus der Urk (Wechsel) nicht erhellt, daher gilt § 774 nicht, auch nicht §§ 766, 771 (BGH **45**, 210). Auch die **Wechselbürgschaft** (WG 30ff) ist keine Bürgsch iS des BGB, sond selbstd Verpfl eig Art ohne strenge Akzessorietät (BGH **35**, 19). – Davon zu unterscheiden ist die für eine Wechselverbindlichk eingegangene Bürgsch gem §§ 765ff. Sie erstreckt sich ohne Anhaltspunkt in der BürgschUrk nicht auf die zGrd liegde KausalVerpfl (BGH WM **84**, 1423; Saarbr WM **98**, 2465). Befriedigt der Bü den Gl, gelten ähnl Grds wie bei der Wechselbürgsch: Die Zahlg des Bü steht einer solchen dch den WechselSchu gleich, für den sich der Bü verbürgt hat (BGH **35**, 19). Die Rechte des Gl gg diesen WechselSchu u gg alle, die diesem wechselm haften, gehen auf den Bü über (vgl WG 32 III). Die RückgrAnspr des Gl gg die dazw liegden Nachmänner erlöschen.

765 *Begriff.* ^I **Durch den Bürgschaftsvertrag verpflichtet sich der Bürge gegenüber dem Gläubiger eines Dritten, für die Erfüllung der Verbindlichkeit des Dritten einzustehen.**

^II **Die Bürgschaft kann auch für eine künftige oder eine bedingte Verbindlichkeit übernommen werden.**

1) Bürgschaftsvertrag. Er ist die Grdl der BüVerpfl (Einf 3). Er ist, da der Bü seine Verpfl einseit 1
übernimmt, idR ein einseit verpflichtder (Einf 2 v § 320), **kein gegenseitiger Vertrag;** and uU bei GgLeistgen des Gl, zB Zahlg einer Prov (MüKo/Habersack Rn 6). – **a) Abschluß.** Es gelten grdsätzl die allg 2
Vorschr. Form Rn 4, § 766, dort auch Rn 2, 5. Der Vertr kann vor Begründg der Hauptschuld abgeschl werden (§ 765 II), aber auch noch bei Zahlg der Schuldsumme durch den Bü. Zu diesem Ztpkt kann auch noch vereinb werden, daß die für eine and Fdg des Gl bestehde Bürgsch nunmehr für die jetzt beglichene gelten soll (BGH WM **64**, 849). – **aa) Parteien** des Vertr sind idR der Gl der Hauptschuld und der Bü. 3
Kenntn od Mitwirkg des HauptSchu ist nicht erfdl. Jedoch kann der Vertr auch zw dem Bü u dem HauptSchu zG des Gl geschl werden (§ 328 I), zB ProzBürgsch zur Abwendg der ZwVollstr aus einem Urt, das ein ProzStandschafter erwirkt hat, zG des Gl der titulierten Fdg (BGH NJW-RR **89**, 315). Der Vertr eines Dr mit dem Schu, für dessen Schuld aufkommen zu wollen, ist keine Bürgsch, er kann Schuldmitübern nach § 415 od GewährVertr (Einf 16) sein. – **Gläubiger** der BürgschFdg kann nur der Gl der HauptFdg sein (Grds der GlIdentität, BGH **115**, 177), nicht auch deren ledigl EinziehgsBerecht (BGH NJW-RR **89**, 315/317). Die Pers des Gl muß bei Unterzeichng der Urk noch nicht feststehen. So kann die Bürgsch zG des künft RNachf des ggwärt Gl übern werden (BGH NJW **96**, 717). Mögl ist auch Erteilg der Urk an einen Dr entweder als TrHänder zG (§ 328) der künft Gl, zB Bauherren, od als vollmachtl Vertr (§ 177) für sie (BGH NJW **92**, 1448). Unter Wahrg der vorgeschr Form (§ 766 Rn 4) kann der Bü den Schu auch ermächtigen, sich einen Gl zu suchen, die Urk abredegem zu vervollständigen und sie dem Gl zu übergeben (BGH NJW **92**, 1448). Mehrere Gl sind MitGl iSv § 432 (BGH NJW **97**, 2233). – **Bürge** kann sein, wer rechtsf ist. Er muß vom HauptSchu verschieden sein. Hat sich der AlleinGter der Komplementär-GmbH für eine Schuld der GmbH & Co KG verbürgt u erwirbt er dann alle Anteile der KG, so führt dies nicht zur Einh zw Bü u HauptSchu (BGH WM **77**, 812); ebso nicht der Eintritt des Bü als pers haftder Gter in die Gesellsch, für deren Kreditschulden er sich verbürgt hatte (BGH NJW **86**, 2308). Bürgsch einer GbR s § 705 Rn 24. Bei Minderjähr u Handeln eines Betreuers ist gerichtl Gen erfdl (§§ 1643 I, 1822 Nr 10, 1908i), bei Kommunen uU die Gen der AufsBeh (BGH WM **99**, 1637). – **bb)** Die **Willenserklärung des Bürgen** (BürgschErkl) 4
bedarf der **Form** des § 766 (dort Rn 1ff). Inhalt s Rn 6f. Die Erkl kann bis zur Erteilg der Urk (§ 766 Rn 4) widerrufen werden (Ffm NJW **91**, 2154). Ein WiderrufsR gem **§ 1 HausTWG** steht dem Bü zu, wenn der HauptSchu die gesicherte Verbindlichk iR eines HaustürGesch eingegangen ist u auch für den BürgschVertr selbst die pers (HausTWG 6) u situationsbedingten (HausTWG 1) Vorauss vorliegen (BGH **139**, 21, konforme Auslegg zur EG-Richtl 85/577/EWG; sehr str, s Einl 6 v § 1 HausTWG). **§ 7 VerbrKrG** greift nicht ein, da der AnwendgsBer dieses Gesetzes die Bürgsch nicht erfaßt (BGH **138**, 321). Die analoge Anwendg ist umstr; sie scheidet jedenf dann aus, wenn eine GeschSchuld verbürgt ist (BGH aaO), für die Verbürgg von in den sachl AnwendgsBer des VerbrKrG fallde Verbindlichk dürfte sie nur in Betr kommen, wenn dies dch die Richtl 87/102/EWG geboten ist (dazu VorlageBeschl Ptsd DB **98**, 1226; s a VerbrKrG 1 Rn 5, Scherer/Mayer DB **98**, 1217, Rstk WM **98**, 446). – **Anfechten** kann der Bü seine

Erkl wg Irrt über deren BürgschCharakter (BGH NJW **95**, 190); nicht aber wg Irrt über die Kreditwürdigk des Schu od über den Wert einer and für die HauptSchu bestehden Sicherh (BGH WM **66**, 94); nicht wg Drohg, weil der Gl die Gewährg eines Darl von der Bürgsch abhäng macht (§ 123 Rn 22). – Ein **Vertreter** des Bü bedarf einer Vollm, die der Form des § 766 genügt (dort Rn 2). Er kann für die eig Schuld einen BürgschVertr mit dem Gl abschließen (BGH WM **78**, 1065). Vertretg einer Kommune BGH ZIP **98**, 622. –
5 **cc)** Die **Erklärung des Gläubigers** kann forml abgegeben werden, auch stillschw (BGH NJW **97**, 2233: Behalten der Urk).

6 **b) Inhalt und Auslegung.** Die BürgschErkl muß den VerbürggsWillen des Bü erkennen lassen u außerd entspr dem **Bestimmtheitsgrundsatz** die Pers des Gl u des HauptSchu sowie die fremde Schuld, für die gebürgt werden soll, in einer wenigstens ind bestimmb Weise bezeichnen (BGH NJW **95**, 959 u 1886). Fehlt in der Erkl eines dieser Elemente, kann es ggf iW der **Auslegung** ermittelt werden (BGH NJW **95**, 43 u 1886). Dabei ist zunächst unabhäng vom SchriftformErfordern des § 766 gem §§ 133, 157 der Inhalt des Vertr zu ermitteln u dann zu prüfen, ob die BürgschErkl dieses Inhalts die nach § 766 erfdl Form wahrt (BGH NJW **95**, 43 u 1886; § 133 Rn 19). Für die Auslegg kommt es auf den obj Wert der BüErkl an; er ergibt sich in 1. Linie aus dem UrkInhalt, Umst außerh der Urk sind einzubeziehen, soweit sie Rückschlüsse auf den tats VertrWillen zulassen, uU auch nachträgl PartVerhalten (BGH NJW-RR **98**, 259). Jedoch muß sich aus der Urk ein zureichder Anhaltspunkt für den so festgestellten PartWillen ergeben (BGH NJW **93**, 1261 u NJW **95**, 959; zum notw Inhalt der BürgschUrk § 766 Rn 3). Hierfür genügt hins der Hauptschuld uU die Angabe von Gl u Schu (BGH NJW **93**, 724); ebsowenig schadet eine von den Part unbewußt gebrauchte Falschbezeichng (BGH NJW **95**, 1886). Verbleibde Unklarh gehen zu Lasten des Gl (BGH **76**, 187, NJW **95**, 959). Nicht aufklärb Widerspr hins der gesicherten Hauptschuld führen zur Unwirksamk
7 (Kblz NJW-RR **97**, 880; Hamm ZIP **99**, 745). – **Einzelheiten:** Das Wort Bürgsch muß nicht verwendet werden, der VerbürggsWille des Erklärden kann sich dch Auslegg ergeben. Auch die Pers des HauptSchu kann dch Auslegg ermittelt werden (BGH NJW-RR **93**, 945: EinzKaufm od GmbH, NJW **95**, 959: zwei namensähnl GmbH, NJW **96**, 1467: GmbH od deren GeschF); SchuWechsel s Rn 14. Zur Pers des Gl s a Rn 3. Die **Hauptschuld** ist hinreichd bezeichnet, wenn sie nach Art u Umfang ggf dch Auslegg bestimmb ist. Ausr zB alle bestehden u künft Verbindlichk aus einer GeschVerbindg (BGH **130**, 19, aA Reinicke/Tiedtke DB **95**, 2301, WiB **96**, 505) od aus einem best VertragsVerh (BGH NJW **95**, 1886; Bsp: PachtVerh über Gastwirtsch, Meier ZMR **99**, 154); zu unbest hingg Bürgsch für Verbindlichk des HauptSchu aus Bürgsch ohne jede sachl Begrenzg, zB eine konkr GeschVerbindg (BGH NJW **90**, 1909, **92**, 896). Im EinzFall kann aus der Pers von Gl u Schu auf die Hauptschuld, von dieser auf die Pers des Gl zu schließen sein (BGH NJW **93**, 724). Zur Wirksamk von Formularklauseln Rn 20. – **Bedingung** u ZeitBest der BüVerpfl sind zul (BGH WM **77**, 238).

8 **c) Wirksamkeitshindernisse.** Form s § 766; WiderrufsR des Bü Rn 4. – **aa)** Zu **§ 134** dort Rn 10
9 (GewO 56 I Nr 6 greift nicht ein; s a BGH **105**, 362); Mietbürgsch (§ 550 b) s § 768 Rn 6. – **bb)** Gg **§ 138** kann der BürgschVertr zwar nicht wg ÜberSichg des Gl (Düss WM **98**, 169), aber nach inzw gefestigter Rspr jedenf dann verstoßen, wenn die Bürgsch die LeistgsFähigk des Bü erhebl übersteigt u zusätzl erschwerde Umst hinzukommen; so, wenn die EntschFreih des Bü wg dessen enger pers Beziehg zum Schu dch den Gl selbst od in diesem zurechenb Weise dch den Schu unzul beeinflußt wird, ferner idR, wenn ein bes NäheVerhältn zw dem Bü und dem HauptSchu (Ehe, Kindsch, ne LebGemsch, Geschwistersch) besteht, die Bürgsch den Bü krass überfordert u sie für den Gl sinnlos ist (Bsp: praktisch bedeutungsl LeistgsFähigk des Bü im Verhältn zur Höhe der Hauptschuld, BGH NJW **98**, 2140); and bei bes HaftgsZweck, der ab 1.1.99 im BürgschVertr ausdr ausgewiesen sein muß, zB Gef von Vermögensverlagergen od Erwartg künft Vermögenserwerbs (BGH NJW **99**, 58, dazu Tiedtke NJW **99**, 1209; s a Rn 11); dabei ist zu berücksichtigen, ob der Bü den Vertr ohne eig Interesse am Gesch eingeht; zusfassd BGH NJW **99**, 2584 (VorlageBeschl XI. ZS wg Differenzen in Einzelh) u Fischer WM **98**, 1749. Die BürgschVerpfl kann dann auch nicht teilw aufrechterhalten werden (BGH **136**, 347, NJW **98**, 894). Einzelh § 138 Rn 37–38 d. –
10 **cc)** Gem **§ 139** kann der Vertr unwirks sein, wenn von 2 in der BürgschErkl aufgeführten HauptSchu nur
11 einer es wirkl ist (Celle WM **90**, 1866). – **dd)** Fehlen od Wegfall der **Geschäftsgrundlage** des BürgschVertr kommt im Hinbl auf den Zweck der Bürgsch (Einf 2) idR nur bei Umst in Betr, die nicht das Risiko der LeistgsFähigk des HauptSchu betreffen (näher § 242 Rn 156), so wenn der bes Zweck der Verbürgg (zB Haftg des bürgden Eheg bei Vermögensverlagerg) entfällt; nicht, wenn dem Bü and RBehelfe (zB Künd, Rn 16) offenstehen (BGH WM **59**, 855). Das übern Risiko kann aber dch vertragl Abrede auf best Ursachen der ZahlgsUnfähigk beschr werden (BGH WM **87**, 1420). Unwirksamk einer von mehreren Bürgsch § 769 Rn 1. Sonstige Einwdgen aus § 242 s § 768 Rn 1. Wegfall der GeschGrdl im Verhältn Gl –
12 HauptSchu § 768 Rn 2. – **ee)** Aus dem **AGBG** ergeben sich für die Bürgsch wesentl Beschrkgen (s Rn 20, AGBG § 3 Rn 8, § 9 Rn 72 ff). Bei Unwirksamk einer Klausel bleibt allerd der Vertr iü gem § 6 I AGBG wirks, außer er verlöre seinen Sinn od würde dch den Wegfall der Klausel völl umgestaltet (BGH **130**, 19, NJW **92**, 896).

13 **d) Die Bürgschaft endet:** – **aa)** Bei **Entfallen der Hauptschuld,** dh mit deren Erlöschen (Rn 29) od wenn die zu sichernde künft Hauptschuld nicht mehr zur Entstehg gelangen kann (Grd: Akzessorietät der EinstandsPfl des Bü); für eine andere Schuld des HauptSchu kann der Gl sie nicht behalten (BGH NJW-RR
14 **92**, 1005). – **bb)** Bei **Wechsel des Hauptschuldners** dch befreiende SchuldÜbern, § 418 I 1, u dem analog dch VertrÜbern auf der SchuSeite (Hamm WM **90**, 1152), sofern nicht die Auslegg der BürgschErkl Erstreckg auf den neuen Schu ergibt (Mü WM **98**, 1966). Bei Wechsel des **Gläubigers** dch Abtr der Hauptschuld od VertrÜbern (§ 398 Rn 38; BGH **95**, 88) grdsätzl nicht (§ 401 I), and bei Abtr ohne die
15 Rechte aus der Bürgsch (BGH **115**, 177). – **cc)** Dch eigenständ **Erlöschen der Bürgschaftsschuld,** zB dch Erf od ErfSurrogate wie Aufr od Hinterlegg bei Vorliegen der gesetzl od vertragl vereinb Vorauss (BGH NJW **86**, 1038); dch ZusFallen von Bü u Gl in einer Person, zB dch Erbgang (Übbl 4 v § 362, § 1922 Rn 6), nicht dagg dch ZusFallen von Bü u HauptSchu (MüKo/Habersack Rn 49); dch Ablauf einer vereinb Befristg (§ 777) od Eintritt einer auflösden Bdgg; dch Erlaß der BürgschSchuld, der in der Rückg der BürgschUrk liegen kann, wenn sie die zum Abschl eines ErlVertr erfdl WillErkl enth (Bsp Dresd BB **99**, 497; and Hbg

NJW **86**, 1691: erkennb irrtüml Rückg, WM **96**, 523: Rückg einer von 2 Ausfertiggen). ProzBürgsch s ZPO 109 (dazu Nürnb MDR **86**, 241, Pecher WM **86**, 1513). – **dd) Kündigung** des Bü ggü dem Gl ist grdsätzl 16
nur bei entspr Vereinbg zul. Ohne Vereinbg bei auf unbest Zeit eingegangener Kreditbürgsch nach Ablauf eines gewissen Zeitraums mit angem Fr (BGH NJW-RR **93**, 944) od bei Eintritt wicht Umst wie erhebl Verschlechterg der VermLage des HauptSchu (BGH BB **59**, 866, Düss DWW **99**, 123: MietBürgsch) od Ausscheiden des für GesellschSchulden bürgden Gters (BGH NJW **86**, 252, ZIP **99**, 877; Zweibr NJW **86**, 258). Die Bürgsch beschränkt sich dann auf die bis zur Wirksamk der Künd begründeten Verbindlichk. Bei KtoKorrentbürgsch ist der Tagessaldo maßg (BGH NJW **85**, 3007), der nachfolgde RechngsAbschl, wenn er niedriger ist (Mü DB **83**, 1540). Wegfall der GeschGrdl Rn 11.

2) Hauptschuld. – a) Sicherbar dch eine Bürgsch ist jede Art vermögensrechtl Verbindlichk (BGH 17
NJW **89**, 1856). Der Inhalt (idR Geldschuld, aber auch Anspr auf vertretb, nicht vertretb od höchstpers Leistgen) ist gleichgült (zum davon zu unterscheidden Inhalt der BüVerpfl Rn 25), ebso der RGrd (Vertrag, Gesetz; auch öffrechtl Anspr, s Rn 26). Bürgsch für unvollk Verbindlichk s Rn 28, für GesSchuld § 774 Rn 8. – Gesichert werden können auch **bedingte und künftige Verbindlichkeiten (Abs II)**. Ob sie 18
gesichert sind, ist ggf AusleggsFrage (Rn 22). Hauptfälle sind die Bürgsch für einen künft Kredit, zB iR eines KtoKorrentVerh, u die HöchstBetrBürgsch (Einf 7). Die künft Verbindlichk muß bestimmb sein (Rn 6f u § 398 Rn 14).

b) Gesicherte Ansprüche. – aa) Nach dem BürgschVertr, idR der **Bürgschaftserklärung** richtet sich, 19
welche Anspr in welchem Umfang verbürgt sind. Es können mehrere Anspr gesichert sein, ebso NebenAnspr od Surrogate der gesicherten Fdg wie Zinsen, Kosten, SchadErsAnspr (s a § 767 I 2). Die Verbürgg kann ggständl beschr sein, zB auf den Teil einer Verbindlichk (zur Teil- u HöchstBetrBürgsch Einf 6f). Ist nichts abw vereinb, erstreckt sich ihr **Umfang** auf die ges HauptFdg in ihrem jew Bestand (§ 767 I 1). Fehlt eine klare vertragl Vereinbg, ist, soweit nicht § 767 eingreift, der Umfang der Verbürgg dch Auslegg (Rn 6) zu ermitteln. Hierbei ist iZw auf den Zweck der Bürgsch (BGH NJW **67**, 824: Bürgsch zur Einstellg der ZwVollstr) u die Grde abzustellen, die zur Übern geführt haben (BGH NJW **87**, 2076), so daß es bei gesetzl vorgeschr Bürgsch auf den Umfang der gesetzl zu sichernden Anspr ankommt (Mü BauR **98**, 1104: Bürgsch nach MaBV 7). Verbleibde Zw u Unklarh gehen zu Lasten des Gl (Rn 6). Zum BestimmthErfordern Rn 6f.
– **bb)** Eine **formularmäßige Ausdehnung** der Bürgsch, die über das aktuelle SichgsBedürfn des Gl hinaus- 20
geht, kann unabhäng vom BestimmthErfordern nach der neueren Rspr (gilt auch für früh eingegangene Bürgsch, BGH **132**, 6 u NJW **98**, 3707; krit Medicus WM **97**, 2333) gg AGBG 3, 9 verstoßen (näher Horn ZIP **97**, 525, Trapp ZIP **97**, 1279). Das aus § 767 I 3 folgde Verbot der Fremddisposition ist verletzt, wenn der Bü einem für ihn in seinem Umfang nicht vorhersehb Risiko ausgesetzt wird. Gg **§ 3 AGBG** verstößt es idR, wenn eine aus Anlaß eines best Gesch zw Gl u HauptSchu übern Bürgsch in AGB auf alle bestehden u künft Verbindlichk des Schu aus der GeschVerbindg erstreckt wird (BGH **126**, 174: TilggsDarl, BGH **130**, 19: Einräumg od Erweiterg eines limitierten KtoKorrentkredits), selbst wenn es sich um eine HöchstBetrBürgsch (Einf 7) handelt (BGH NJW **96**, 1470). Ebso, wenn der Bü ausdr nur bis zu einem KtoKorrentHöchstBetr haften soll (Einf 7), die formularmäß Erweiterg auf zusätzl Überziehgen (Mü ZIP **98**, 731). Die Ausdehng auf Anspr aus künft Vertr od (haftgserweiternden, Köln BB **99**, 710) VertrÄndergen verstößt, da über das aktuelle SichgsBedürfn des Gl hinausreichd, gg **§ 9 AGBG,** wenn der Kreis der künft Fdgen nicht von Anfang an klar abgesteckt ist (BGH NJW **98**, 2815, s a BGH **137**, 153: offener KtoKorrentkredit, krit Masuch BB **98**, 2590 unter Hinw auf AGBG 8; Mü WM **97**, 721: künft Kreditverlängerg), u zwar auch im kaufm Verkehr (BGH NJW **98**, 3708) od bei einer HöchstBetrBürgsch (BGH NJW **96**, 2369). And gilt, wenn der Bü die Eingehg weiterer Verbindlichk dch den HauptSchu beeinflußen (BGH NJW **98**, 2815), insb die Erweiterg der Hauptschuld verhindern kann (BGH **132**, 6, NJW **96**, 3205: Gter/GeschF, Köln BB **99**, 710: Gter/Prokurist, Kblz ZIP **98**, 1955: Gter, jew bei Verbürgg für GmbH; Hamm WM **97**, 710: Bü kontrolliert den HauptSchu wirtsch). Erstreckg auf NebenFdgen Rn 24. – Bei Verstoß gg AGBG 3, 9 bleibt die Bürgsch wirks für das HauptschuldVerh, wie es bei Abg der BürgschErkl bestand, dh für die (auch künft) Schuld, die Anlaß zur Eingehg war (BGH NJW **97**, 3230). Das gilt auch, wenn sich die Verbürgg nicht in einen zul u einen unzul Teil aufspalten läßt, außer wenn der konkr SichgsZweck auch nicht dch (ergänzde) VertrAuslegg ermittelt werden kann (Horn ZIP **97**, 525/527; krit Schmitz-Herscheidt ZIP **98**, 1218). Bei einem KtoKorrentkredit ist das im Ztpkt der Eingehg bestehde Kreditlimit maßgebd (BGH **130**, 19/35 u NJW **96**, 1470), auch wenn bei einer HöchstBetrBürgsch der HöchstBetr über diesem Limit liegt (Tiedtke ZIP **98**, 449 gg Köln ZIP **98**, 465); bei fehldem Limit der Tagessaldo bei Eingehg (BGH **137**, 153, Anm Tiedtke JZ **98**, 732). – **cc) Einzelfälle.** AusleggsFrage (Rn 19) ist es, ob sich die Bürgsch für eine Wechsel- 21
verbindlichk auf die zGrd liegde Schuld (BGH NJW **68**, 987), die Bürgsch für die VergütgsFdg des Untern nach Fertigstellg des Bauwerks auf dessen Anspr nach Künd des BauVertr (BGH NJW **96**, 717; zur GewlBürgsch Einf 13), die Bürgsch für Verbindlichk aus bankmäß GeschVerbindg auf die aus der Verbindg erwachsene Verbindlichk aus GoA (Mü WM **91**, 1415), die Bürgsch für eine GesellschSchuld auf eine daraus entstehde interne AusglFdg des einen Gters gg den and (Kblz NJW-RR **88**, 1250) erstreckt. Der SichgsZweck der Bürgsch für ein GterDarl umfaßt das KapitalErsRisiko idR jedenf dann, wenn der Bü bei Übern der Bürgsch weiß, daß der DarlG Gter einer GmbH ist u diese sich in einer finanziellen Krise befindet (BGH NJW **96**, 1341). Die Bürgsch für eine vertragl Verbindlichk erfaßt idR nicht den Anspr des Gl aus § 122, wenn der Schu den Vertr wg Irrt anficht. Auch wenn dies nicht ausdr (auch in AGB wirks, BGH NJW **92**, 1234) vereinb ist, kann die Bürgsch für ein ausgezahltes Darl bei Nichtigk des KreditVertr den RückzahlgsAnspr der Bank aus ungerechtf Ber umfassen, wenn der Bü die Bürgsch auch im eig Interesse übern hat (BGH NJW **87**, 2076, Düss WM **88**, 1407, KG WM **88**, 1721/1725); and bei reiner GefälligkBürgsch (Hamm NJW **87**, 2521). Die für einen best RatenkreditVertr gegebene Bürgsch erstreckt sich grdsätzl nicht auf Fdgen aus einem späteren neuen RatenkreditVertr (Hamm WM **85**, 1221). Die Bürgsch für bankmäß Verbindlichk des HauptSchu erstreckt sich ohne ausdr Erwähng in der BürgschUrk nicht auf eine vom HauptSchu ggü der Bank abgegebene BürgschErkl für die Schuld eines Dr (Brem NJW-RR **86**, 851), dagg soll die Bürgsch des Gters für Anspr gg eine Komplementär-GmbH aus einer GeschVerbindg auch die Anspr gg die KG erfassen, für die die GmbH nach HGB 128 einzustehen hat (Brdbg NJW-RR **96**, 674). – Ob sich 22

die Bürgsch auch auf **künftige Verbindlichkeiten** erstreckt, ist ggf durch Auslegg zu ermitteln (BGH WM **57**, 876). So kann sich bei einer ggü einer Bank übern Bürgsch aus bes Umst ergeben, daß diese für alle künft aus der bankmäß GeschVerbindg zum HauptSchu erwachsden Fdgen gelten soll (zur Bestimmth Rn 6f). Einer so zur KreditSichg gegebenen Bürgsch unterfallen mangels ausdr Vereinbg nicht Fdgen gg den HauptSchu, die die Bank erst nach InsEröffng über dessen Verm von Dr erwirbt (BGH WM **79**, 884). Die Bürgsch für Anspr aus einer GeschVerbindg umfaßt nicht erst nach deren Beendigg begründete Fdgen (BGH NJW **89**, 27). Hat sich der Bü für Verbindlk einer KG verbürgt u scheiden die Gter bis auf einen aus, haftet er idR nicht für dch den nunmehr EinzKaufm neu begründete Verbindlk(BGH NJW **93**, 1917). KündR des
23 ausscheidden Gter-Bü Rn 16. – **Besondere Arten der Bürgschaft** (s a Einf 6ff): AbschlagszahlgsBürgsch erstrecken sich auf den RückzahlgsAnspr des Best, der wg LeistgsStörgen die schon bezahlten Bauteile nicht erwirbt, nicht auf RückzahlgsAnspr aus einem and Grd (BGH NJW-RR **92**, 1044). Anzahlgs- od VorauszahlgsBürgsch sollen idR sicherstellen, daß der Gl (Besteller) bei Scheitern der VertrDurchf mit dem HauptSchu (Untern) dch dessen berecht Fdgen nicht verbrauchte Teile seiner Zahlg zurückerhält (BGH NJW **88**, 2610), w daher der Höhe nach dch diesen ErstattgsAnspr des Best (§ 641 Rn 1) begrenzt (BGH NJW **99**, 2113); sie erfaßt auch RückzahlgsAnspr aus InsO 103 II 1 (Ffm NJW-RR **95**, 1388), uU auch AufwErsAnspr aus § 633 III (BGH NJW **99**, 1105: Bürgsch gem MABV 7, Anm Basty DNotZ **99**, 487). Die MietBürgsch erfaßt nicht den Mietzins für die Zeit einer vertragl nicht vorgesehenen Verlängerg des MietVerh (Gießen NJW-RR **95**, 586). Die Bürgsch für die in ein **Kontokorrentverhältnis** (HGB 355) eingestellte EinzFdg erstreckt sich gem HGB 356 I auf die SaldoFdg (§ 781 Rn 9), jedoch nur bis zum Betr der EinzFdg u begrenzt dch den niedrigsten ZwSaldo (Baumb/Hopt HGB 356 Rn 2; str). Die Bürgsch für die KtoKorrentschuld nebst
24 Zinsen erstreckt sich auf anfallde Zinseszinsen (BGH **77**, 256; s aber Rn 24). Künd der Bürgsch Rn 16. – Auf **vertragliche Nebenansprüche** (Zinsen, Prov, Kosten etc; gesetzl NebenFdgen § 767 Rn 2) erstreckt sich die Bürgsch, wenn dies ausdr od stillschw vereinb ist; ggf AusleggsFrage, auch soweit die NebenFdgen vor Übern der Bürgsch begründet worden sind. Bej für VertrZinsen Schweizer MDR **94**, 753, für VertrStrafVerspr BGH NJW **92**, 2305 (bei Terminüberschreitg) u WM **90**, 841 (bei nicht gehör VertrErf). Formularklauseln, wonach der Bü unter Überschreitg des BürgschHöchstBetr für anfallde Zinsen, Prov, Kosten einstehen soll, können gg AGBG 3 (Nürnb NJW **91**, 232, Hamm WM **95**, 1872) u 9 (Stgt NJW-RR **97**, 301) verstoßen. Unwirks sind sie bei KtoKorrenthöchstBetrBürgsch, soweit der HöchstBetr dch Zurechng zur HauptFdg überschritten werden soll (Schlesw SchlHA **97**, 206)

25 **3) Pflichten des Bürgen. a)** Die **Einstandspflicht** (Abs I) ist ein eigenständ Anspr des Gl gg den Bü (Einf 1). Sie setzt voraus: (1) wirks Verbürgg (Vertr Rn 1–16, verbürgter Anspr Rn 19ff); (2) wg der Akzessorietät der Bürgsch den Bestand der Hauptschuld (Rn 28ff, abw Vereinbgen Rn 31); (3) den (häuf vertragl definierten) BürgschFall, dh grdsätzl Fälligk der Hauptschuld sowie das Vorliegen der gesetzl (insb §§ 771, 772, 777, soweit nicht ausgeschl, § 773, od abbedungen) u/od vereinb, ggf nach der Art der Bürgsch dch Auslegg zu ermittelnden Vorauss für die Inanspruchn des Bü; Einwdgen u Einr des Bü s Erläut zu § 768. – Der **Inhalt** des Anspr entspricht dem der verbürgten Hauptschuld; jedoch wird bei ggständl Anspr die VertrAuslegg idR ergeben, daß der Bü nur für das ErfInteresse einstehen soll (BGH NJW **89**, 1856: ErfBürgsch, Einf 13). Der Umfang richtet sich nach der verbürgten Schuld, soweit nicht Beschrkgen vereinb
26 sind (Rn 19ff). – Der Anspr hat mangels and Vereinbg einen ggü der Hauptschuld selbstd **Erfüllungsort** (idR am Wohnsitz des Bü, § 269; BGH **134**, 127) u demgem Gerichtsstand. Seine **Abtretung** unabhäng von der HauptFdg ist grdsätzl (Ausn s Rn 29) nicht mögl (§ 399 Rn 7); Wechsel bei den Parteien der HauptFdg Rn 14. Er **verjährt** selbstd gem § 195 (30 J), auch wenn die Hauptschuld früh verj (Düss MDR **75**, 1019) od ausnahmsw entfällt (KG NJW-RR **99**, 1206); Verj der Hauptschuld ist nur Einr gg den BürgschAnspr (§ 768 Rn 6; Ausn s Rn 28). Wirkg der Unterbrechg der Verj der Hauptschuld § 217 Rn 1. **Zivilrechtsweg** für Kl
27 gg Bü, auch wenn die Bürgsch eine öffrechtl Fdg sichert (BGH **90**, 187, Ffm WM **84**, 1048). – Die **Beweislast** für wirks Verbürgg trägt der Gl; ebso für die Entstehg u Fälligk der Hauptschuld (BGH NJW **88**, 906) sowie grdsätzl den Eintr des BürgschFalls, Vereinbg von BewErleichtergen ist zul (BGH NJW **80**, 1098). Für rechtsvernichtde Einwdgen gg die Verbürgg od Hauptschuld trägt sie der Bü (BGH NJW **95**, 2161), der insow hins der Hauptschuld dem Schu gleichsteht (BGH BB **99**, 1625; NJW **96**, 719: nicht anerk Saldo aus einem KtoKorrentVerh).

28 **b) Dauernde Abhängigkeit** der BürgschSchuld von der Hauptschuld (Einf 1). – **aa)** Die **Hauptschuld muß wirksam entstanden** sein; daher keine BürgschSchuld für sittenwidr Darl (Stgt NJW **85**, 498) od bei wirks Anf des der Hauptschuld zGrd liegden Vertr; zur Erstreckg der Bürgsch auf Bereichergs- od SchadErsAnspr Rn 21. Wird der Formmangel der Hauptschuld geheilt, wird die Bürgsch – ohne Rückwirkg – verbindl (RG **134**, 243); ebso, wenn eine zunächst vorh Einr später wegfällt (RG **68**, 304), s aber § 768 II. Wird eine Bürgsch für eine unvollk Verbindlichk übern, ist auch die BürgschVerpfl unvollk (KG NJW **56**, 1481, Düss ZIP **83**, 1188; RG **52**, 39: Spielschuld); and bei Übern der Bürgsch für eine bereits verjährte Fdg
29 (§ 222 II). – **bb)** Die **Bürgschaft erlischt mit Erlöschen der Hauptschuld** (s Übbl 3, 4 v § 362). Bsp: ErfLeistgen des HauptSchu; vom HauptSchu bereits vollzogene Aufr (BGH **136**, 199) od Anf, erklärte Wandelg, Rücktr, auch wenn der Bü seiners auf entspr Einr verzichtet hat (BGH NJW-RR **98**, 259); vom Schu nicht zu vertretde Unmöglichk od Unvermögen; Nichterhebg der Klage gg HauptSchu innerh vorgeschr AusschlußFr, selbst wenn die Klage gg den Bü vorher erhoben war (Hamm NJW **85**, 567). Die Bürgsch erlischt auch, wenn u soweit die RAusübg gg den HauptSchu mißbräuchl wird (Bsp BGH NJW **91**, 2908: ErsAnspr des HauptSchu gg Gl wg Verwertg von SichgsGut), da Unzulässigk der RAusübg Inhalts-Beschrkg ist (s § 242 Rn 41). Ferner bei Erlaß od Umschaffg der Hauptschuld (Hamm NJW-RR **92**, 815; Ausn HGB 356, Rn 23), Vergl des Gl mit dem HauptSchu, soweit darin ein Erlaß enthalten ist (RG **153**, 345), EinfordergsVerz genügt nicht (Hamm WM **95**, 153). Bei Erlöschen des als selbstd (jur) RPersönlichk verfaßten HauptSchu dch Vollbeendigg (BGH **82**, 323; s aber unten); and bei GesamtRNachf in das Vermögen einer Gesellsch (BGH NJW **93**, 1917: Ausscheiden eines Gters aus einer 2-Mann-KG). – **Ausnahmen** gelten, wenn der Zweck der Bürgsch (insb die Sichg des Gl gg VermVerfall des HauptSchu) dies erfordert (MüKo/Habersack § 767 Rn 6). Das ist zT gesetzl angeordnet (zB InsO 254 II 1, 301 II 1), gilt aber auch in and Fällen (BGH **82**, 323, KG NJW-RR 99, 1206: Untergang des HauptSchu wg

Vermögenslosigk). Die Bürgsch bleibt dann als selbstd Fdg bestehen u ist als solche abtretb (BGH **82**, 323). – Beschlagn der HauptFdg dch einen fremden Staat berührt Anspr des Gl gg den inländ Bü nicht, weil diese Maßn keine Wirkg im Inland auslösen können (BGH **32**, 97). – Beweislast Rn 27. – **cc)** Bei Erlöschen der 30
Hauptschuld dch **Verschulden des Bürgen** tritt an die Stelle der erloschenen BürgschVerpfl eine ErsPfl des Bü aus dem BürgschVertr gem § 242, denn im Einstehen des Bü liegt auch eine UnterlPfl. Soweit der HauptSchu ErsAnspr gg den Bü erwirbt, bedarf es nicht der Abtr dieses Anspr an den Gl gem § 281, denn die Bürgsch erstreckt sich ow auf den Anspr aus § 281 (dort Rn 8). – **dd) Abweichende Vereinbarungen** 31
des Inhalts, daß die Bürgsch nicht von Entstehen, Bestand u Höhe der Hauptschuld abhäng sein soll, sind in FormularVertr unwirks (BGH ZIP **85**, 1257), als Individualabrede iR der VertrFreih als zusätzl GarantieÜbern (Einf 16–20) od Schuldbeitritt mögl u wirks (BGH WM **66**, 124, Stgt WM **86**, 736), AusleggsFrage im EinzFall (Ffm DB **74**, 2245: Abrede, daß der Bü sich nicht auf einen vom HauptSchu geschl Vergl berufen kann).

c) Nebenpflichten können den Bü, außer bei abw Vereinbg, nur in AusnFällen treffen, zB Tr- u 32
MitwirkgsPfl ähnl denen des HauptSchu (BGH NJW-RR **89**, 1393). Bei Übern der Bürgsch muß er uU auf deren GenBedürftigk hinweisen (BGH WM **99**, 1637: KommunalBürgsch); nicht aber bei einer aufschiebd bdgten Bürgsch darauf, daß die von seinem Belieben abhäng Bdgg noch nicht eingetreten ist (BGH NJW **87**, 1631). Die Verpfl zur Leistg einer Sicherheit vor Fälligk der Bürgsch in AGB des Gl ist unwirks (BGH **92**, 295, NJW **91**, 100).

4) Pflichten des Gläubigers. Bei Eingehg der Bürgsch können ihn ausnahmsw Hinw- u WarnPfl, zB 33
unter dem Gesichtspunkt der Überforderg des Bü treffen (§ 276 Rn 84f), deren Verl zu einem Anspr aus c. i. c. führt (BGH NJW **99**, 2814; s a § 768 Rn 1). Zu Bonitätsprüfgen, auch wenn allg übl, od Absichgen ggü dem HauptSchu ist er nicht verpflichtet (Ffm WM **96**, 715), ebso nicht dazu, für die wirks Bestellg einer vom Bü gewünschten weiteren Sicherh zu sorgen (BGH NJW **94**, 2146; s a Einf 11). HauptSchu u Notar sind bei Vorbereitg u Abschl des BürgschVertr nicht ErfGeh des Gl (BGH WM **74**, 8). Bei Durchf des VertragsVerh mit dem HauptSchu hat der Gl dem Bü ggü Tr u Gl zu wahren (s a § 768 Rn 1, § 776 Rn 1).

766 *Schriftform der Bürgschaftserklärung.* **Zur Gültigkeit des Bürgschaftsvertrags ist schriftliche Erteilung der Bürgschaftserklärung erforderlich. Soweit der Bürge die Hauptverbindlichkeit erfüllt, wird der Mangel der Form geheilt.**

1) Zweck, Anwendungsbereich. – a) § 766 bezweckt ausschl dem Schutz des Bü. Die FormVorschr 1
hat wg der Gefährlichk der Bürgsch Warnfunktion u soll zugleich das übern Risiko des Bü eingrenzen (BGH **132**, 119). – **b) § 766 gilt** nur für BürgschVertr, nicht für bürgschähnl Gesch (Einf 15ff). Er erfaßt auch die 2
Vollm zum Abschl des BürgschVertr einschl der Gestattg des Selbstkontrahierens (§ 167 Rn 2) sowie die Ermächtigg (Rn 4) zur Ausfüllg u Weitergabe einer BlankettUrk (BGH **132**, 119). – **Formfrei** wirks ist Bürgsch des Kaufm als HandelsGesch, HGB 350, 344 I, 343 I, auch § 344 II ist anwendb (BGH NJW **97**, 1779); gilt auch für BankBürgsch zur Abwendg der ZwVollstr (BGH NJW **67**, 823). Vereinb Schriftform kann WirksamkVorauss sein (§ 125 S 2, Hbg WM **96**, 523) od BewZwecken dienen (§ 125 Rn 12), so daß die Anfordergen gem § 766 (Rn 3) nicht gelten (BGH NJW **93**, 724). Die Vereinbg im BauVertr, daß Sicherh dch schriftl BürgschErkl nach bes Vordruck zu leisten sei, stellt für den am BauVertr unbeteil Bü keine rgeschäftl FormVorschr iS der §§ 125 S 2, 127 dar (BGH NJW **86**, 1681). – **Andere Formvorschriften:** Zu § 313 dort Rn 14. Zur Anwendg des VerbrKrG (Form des § 4) s § 765 Rn 4.

2) Schriftform kr G nur für die Erkl des Bü, § 126 I, III; Ers gem § 127a. Bezeichng als Bürgsch 3
unmittelb unterhalb der Unterschr des Bü genügt (BGH NJW **95**, 43; abl Tiedtke ZIP **95**, 525). Fehldes Verständn des Bü vom Inhalt der Urk schadet nicht (BGH WM **97**, 1045; zur Anf § 765 Rn 4). Bloße Mitunterzeichng einer Urk, die eine eig Erkl des Mitunterzeichnden nicht enthält, reicht nicht aus. – **Umfang:** Die schriftl BürgschErkl muß das ges formbedürft RGesch enthalten (§ 126 Rn 3), dh außer dem Willen, für fremde Schuld einzustehen mind die Bezeichng des Gl, des HauptSchu u der verbürgten Fdg wenigstens in hinlängl klaren Umrissen (BGH **132**, 119), selbst wenn sich die Part darüber einig sind (BGH NJW **89**, 1484). Unklarh sind dch Auslegg zu beseitigen, zB hins des VerbürggsWillens (zur Abgrenzg von and RGesch Einf 15ff), der Pers des Schu (BGH NJW **95**, 959) od des SichgsZwecks (BGH NJW-RR **98**, 259). Verbleibde Unklarh gehen zu Lasten des Gl. Näher § 765 Rn 6f. Vollm zur BürgschErkl Rn 2. BlankettUrk Rn 4. Die weiteren Angaben gem VerbrKrG 4 sind, auch wenn eine Verbindlichk iSd VerbrKrG verbürgt ist, nicht erfdl (str, aA MüKo/Ulmer VerbrKrG 1 Rn 37). – **Nebenabreden und Änderungsvereinbarungen** sind formbedürft, wenn sie den Bü belasten (BGH WM **97**, 625), zB Erweiterg der Verpfl des Bü, Zust zur rgeschäftl Erweiterg der Hauptschuld, Erstreckg der Bürgsch auf and Kredite des Gl an den Schu (BGH **26**, 142); die Auswirkgen mangelnder Form auf den GesVertr richten sich nach § 139. Den Bü entlastde Abreden sind formfrei (BGH NJW **94**, 1656). Im Fall der GesamtRNachf bei JP erstreckt sich die eingegangene BürgschVerpfl auch auf Kredite, die die nunmehr die GeschVerbindg fortsetzde JP gewährt (BGH WM **80**, 770). – **Bezugnahme** auf and Schriftstücke, auch wenn sie erst noch ausgestellt werden müssen, ist zul, sol nicht eine in der schriftl BürgschErkl fehlde wesentl Angabe ausschl anhand von Umst außerh der Urk ermittelt werden müßte (BGH NJW **92**, 1448).

3) Erteilung ist Entäußerg der OriginalUrk (Rn 3), bei not Urk einer Ausfertigg ggü dem Gl; Bezugn auf 4
die bereits in Händen des Gl befindl Urk genügt. Abschr, Telegramm u Telefax genügen (uU auch mangels eigenhänd Unterschr) nicht, weil sich der Absender nicht der VfgsMacht über die OriginalUrk zG des Gl begibt (BGH **121**, 224). Verbürgt sich jedoch der Schu in einer einz Urk ggü zahlreichen Gl jeweils für mehrere versch zukünft Verbindlichk, kann die Berechtigg der Gl auch dch bestimmgsgem erteilte Abschr der BürgschUrk nachgewiesen werden (BGH NJW **92**, 1448). Der Fortbestand des einmal zustandegek BürgschVertr hängt nicht vom Verbleib der Urk beim Gl ab (BGH DB **76**, 766, Hbg NJW **86**, 1691). – Nach der bish Rspr (BGH NJW **92**, 1448) genügte auch die Überg einer **Blanketturkunde** (zur Bestimmbark des Gl

§ 765 Rn 3) mit der forml Ermächtigg zum Ausfüllen von Teilen, bei Überg an Schu od Dr mit Ermächtigg zur Weitergabe der Urk an den Gl, ebso die Ermächtigg des Gl dch den Bü, auf der bereits in seiner Hand befindl Urk den Namen des vorgesehenen Schu dch einen neuen zu ersetzen (BGH NJW **68**, 1131). Die Rspr (BGH **132**, 119) verlangt nunmehr, daß bei Formbedüftigk der Bürgsch auch die Ermächtigg im gem § 766 gebotenen Umfang (Rn 3) schriftl erteilt ist, und zwar auch bei früh, noch nicht abgewickelten Bürgsch (kritisch Medicus WM **97**, 2333). Nachträgl Gen ist nicht mögl (Fischer JuS **98**, 205; aA Keim NJW **96**, 2274). BewL für Hingabe als Blankett beim Bü (Köln ZIP **98**, 150). Füllt der Schu od ein Dr die Urk abredewidr u/od ohne formgült Ermächtigg aus u gibt sie an den Gl weiter, der dies nicht erkennen kann, muß der Bü die Erkl gg sich gelten lassen (§ 172 II analog, BGH **132**, 119, Hamm NJW-RR **95**, 47; krit Bülow ZIP **96**, 1694); dagg kommt bei abredewidr Ausfüllg dch Gl kein BürgschVertr über den vereinb niedrigeren Betr zustande (BGH NJW **84**, 798).

5 **4) Formmangel** macht die BürgschErkl grdsätzl nichtig (§ 125 S 1). **Heilung (Satz 2)** soweit der Bü erfüllt. ErfSurrogate genügen; nicht Hinterlegg ohne Aufgabe des Anspr auf RückFdg als Sicherh für den Fall, daß es zu einer BüVerpfl kommen würde (BGH **LM** Nr 8). – Gg **Treu und Glauben** kann die Berufg auf Formmangel ausnahmsw verstoßen (BGH WM **91**, 536), zB wenn Nebenabreden nicht beurk sind, die nur die GgPartei begünstigen (BGH WM **97**, 625); wenn Bürgsch jahrelang als bestehd behandelt wurde u der Bü längere Zeit wirtsch Vorteil aus dem Gesch gezogen hat (BGH **26**, 142, **132**, 119), zB der AlleinGter u GeschF einer GmbH, der bei seiner mündl BürgschErkl erkannt hat, daß der VertrPartner sich nur wg dieser zum Vertragschl bereitfand (BGH NJW-RR **87**, 42).

767 ***Umfang der Bürgschaftsschuld.*** **I Für die Verpflichtung des Bürgen ist der jeweilige Bestand der Hauptverbindlichkeit maßgebend. Dies gilt insbesondere auch, wenn die Hauptverbindlichkeit durch Verschulden oder Verzug des Hauptschuldners geändert wird. Durch ein Rechtsgeschäft, das der Hauptschuldner nach der Übernahme der Bürgschaft vornimmt, wird die Verpflichtung des Bürgen nicht erweitert.**

II Der Bürge haftet für die dem Gläubiger von dem Hauptschuldner zu ersetzenden Kosten der Kündigung und der Rechtsverfolgung.

1 **1) Die dauernde Abhängigkeit** der BürgschSchuld von der Hauptschuld (Einf 1 u § 765 Rn 28 ff) hins des Schuldinhalts u -umfangs stellt § 767 klar, indem er den Bü für den „jeweiligen Bestand" der Hauptschuld haften läßt, somit auch für Ändergen u Erweitergen. Über den Rahmen der Hauptschuld hinaus kann die Bürgsch nicht übern werden, das wäre GewährVertr (Einf 16), wohl aber kr Abrede für weniger (§ 765 Rn 19). Spätere Verringergen der Hauptschuld u Verbessergen der Stellg des HauptSchu kommen dem Bü wg der Abhängigk seiner Schuld ow zugute (BGH WM **84**, 633). S a § 768 Rn 2, 6.

2 **2) Einzelheiten. – a) Haftung für vertragliche Nebenforderungen** § 765 Rn 24. – **b)** Für die **Kosten** der Künd u ProzKosten, die dem Gl im HauptschuldVerh nach Eingehg der Bürgsch erwachsen, haftet der Bü nach Abs II (MüKo/Habersack Rn 9). – **c)** Für **Veränderungen der Hauptschuld,** auch Erweitergen, dch nicht rgeschäftl Verhalten des HauptSchu nach BürgschAbschl hat der Bü einzustehen (Abs I S 2; BGH NJW **89**, 27), zB Versch, Verzug, auch nach InsEröffng über das Verm des HauptSchu entstandene VerzZinsen (Nürnb NJW-RR **92**, 47), auch für Folgen einer zu vertretden Zufallshaftg. Daher auch für SchadErsAnspr, zB nach § 326; dagg (außer bei abw Vereinbg, s a § 765 Rn 21) nicht für RückgewährAnspr, zB bei Rücktr des Gl gem § 326, hier erlischt die Bürgsch (Hbg MDR **64**, 324, § 765 Rn 29).

3 **d) Rechtsgeschäfte des Hauptschuldners,** die die Hauptschuld ändern, kommen dem Bü ow zugute, soweit sie seine Stellg verbessern, zB vorzeit DarlRückzahlg bei Disagio (BGH NJW **94**, 1790; s a § 812 Rn 81). Dagg können sie nicht seine Verpfl erweitern, seine Stellg verschlechtern. Die Identität zw Hauptschuld u verbürgter Schuld muß gewahrt bleiben. An dieser Identität fehlt es, wenn die Hauptschuld dch eine and ersetzt od inhaltl so geändert wird, daß dies einer Ersetzg der Fdg dch eine and gleichkommt (BGH NJW **80**, 2412), zB bei der ErfBürgsch dch eine wesentl Änderg der zu erfüllden Pfl (Celle CR **96**, 732). Soweit solche Ändergen die Stellg des Bü verschlechtern, haftet er nicht. Unwesentl Ändergen sind bedeutungsl, entsch ist, ob dem Bü nach Tr u Gl zuzumuten ist, sich an seiner Verpfl festhalten zu lassen (BGH WM **62**, 701). So sind im Verhältn zum Bü unwirks SchuldAnerk dch HauptSchu (Düss MDR **75**, 1019), Vergl, soweit er die Hauptschuld erweitert, Verkürzg der Fälligk. Hat der Bü für Anspr des Gl (Bank) aus einer best GeschVerbindg zum HauptSchu einzustehen, so haftet er nicht ow für Verbindlichk, die erst nach Künd od Aufhebg dieser GeschVerbindg begründet worden sind (BGH WM **88**, 1301). Bei der GewlBürgsch kann die Veränderg der AbnModalität im WerkVertr die Stellg des Bü verschlechtern, ihm ggü also unwirks sein (Hbg WM **92**, 349). Verz des HauptSchu auf Einr § 768 II, Einwdgen des HauptSchu § 768 Rn 2, Ausübg von GestaltgsR dch den HauptSchu § 770. Ein ihm zustehdes Wahlrecht kann der HauptSchu ausüben, ebso kann er die Fälligk der Hauptschuld dch Künd auch zu Lasten des Bü herbeiführen, wenn sich das KündR bereits aus dem Vertr ergibt. Hat sich der AlleinGter einer Komplementär-GmbH für die Verbindlichk einer GmbH & Co KG in einem best Umfang verbürgt, so erweitert sich der Umfang seiner BüVerpfl nicht dadch, daß er später dch Übern sämtl GesellschAntle AlleinGter wird (BGH WM **77**, 812). – Die Verpfl des Bü erweitert sich, wenn er zustimmt. Für seine Erkl gilt § 766.

4 **e) Urteilswirkung.** Das Urt zw Gl u HauptSchu hat RKraftWirkg für den Bü, soweit es die Kl abweist (BGH NJW **70**, 279). Es handelt sich um einen Fall der RKraftErstreckg für einen Dr, der nicht ProzPart war, wg matrechtl Abhängigk. Die RKraftWirkg ist zu berücksichtigen, auch ohne daß sich der Bü darauf beruft od wenn er im späteren Proz säum ist. Ein gg den HauptSchu ergangenes Urt hat keine RKraftWirkg gg den Bü (BGH **76**, 222/230, **107**, 92). Der ProzBü erkennt jedoch dch die Übern der ProzBürgsch regelm den Ausgang des Proz als auch für sich verbindl an, weil bei and Auslegg der SichgsZweck der ProzBürgsch nicht zu erreichen wäre (BGH NJW **75**, 1119, Köln NJW-RR **89**, 1396). Ein Urt im Proz des Gl gg den (selbstschuldnerischen) Bü hat keine RKraftWirkg im Verh Gl – HauptSchu.

768 *Einreden des Bürgen.* **[I] Der Bürge kann die dem Hauptschuldner zustehenden Einreden geltend machen. Stirbt der Hauptschuldner, so kann sich der Bürge nicht darauf berufen, daß der Erbe für die Verbindlichkeit nur beschränkt haftet.**

[II] Der Bürge verliert eine Einrede nicht dadurch, daß der Hauptschuldner auf sie verzichtet.

1) Betrifft nicht: – a) Selbständige Einwendungen und Einreden, die der Bü gg den Gl aus dem BürgschVertr oder aus and nicht die Hauptschuld betreffden Grden hat. Diese sind ow zul, zB c. i. c. bei Abschl des BürgschVertr (BGH NJW **99**, 2814, § 765 Rn 33), Aufrechng mit eig Fdgen gg den Gl (BGH WM **65**, 579), Verj der BürgschFdg (§ 765 Rn 26), Einr des ZbR aus § 273 wg eig mit der Bürgsch zushängder Fdgen gg den Gl. Gem **§ 242** ist die Inanspruchn des von Anfang an erkennb nicht leistgsfäh Bü, auch wenn die Bürgsch nicht sittenwidr ist (§ 765 Rn 9), dch den konkr Zweck der Bürgsch begrenzt (Fischer WM **98**, 1749/1754), zB Eintritt der VermVerlagerg zw Ehegatten (dazu Herrmann DStR **97**, 1691), Antritt der erwarteten Erbsch (BGH **134**, 325), Teilhabe am erwarteten Gewinn eines Untern (Rstk OLG-NL **98**, 265/269); zum Wegfall der GeschGrdl bei Entfallen des Zwecks § 765 Rn 11, § 242 Rn 156. Eine unzul RAusübg liegt in der GeltdMachg des BürgschAnspr (s a § 242 Rn 67), wenn der Gl die Interessen des Bü gröbl in bes schwerer Weise od argl verletzt, zB den Schu bestimmt, nicht zu zahlen, u so den BürgschFall treuwidr herbeiführt (BGH WM **63**, 25), od den ZusBruch des Schu herbeiführt u jeden Rückgr des Bü vereitelt (BGH WM **84**, 586); es genügt aber nicht, daß der Gl das Risiko des Bü dch Zulassg einer beträchtl Überschreitg des Kreditlimits erhöht (aA für einen Sonderfall KG WM **87**, 1091 m abl Anm Rutke). Hat der Gl bei VertrVerl des HauptSchu nicht die im eig Interesse zur SchadMinderg erfdl Schritte ergriffen, kann ihm dies der Bü entgghalten (BGH NJW **95**, 1886 bei Bürgsch für Anspr aus LeasingVertr). Verwirkg § 242 Rn 99. 1

b) Einwendungen des Hauptschuldners, die keine Einreden sind (s Th-P Rn 42–44, 48, 49 v § 253), hat auch der Bü. Insbes kann er sich auf das Erlöschen der Hauptschuld berufen, aber auch auf rechtshindernde Einwdgen (näher § 765 Rn 28 f). Desh erfaßt die formularmäß Vereinbg des Verzichts des Bü auf die ihm gesetzl zustehden Einr nicht die fehlde Fälligk der Hauptschuld, weil diese Einwdg ist (Düss WM **84**, 1185). Auf Wegfall der GeschGrdl im Vertr des HauptSchu mit dem Gl kann sich der Bü nicht berufen, wenn VermVerfall der Grd ist (RG **163**, 91; s a § 765 Rn 29). Berufg auf dem HauptSchu günst Urteile s § 767 Rn 4. – Für Einwdgen aGrd von **Gestaltungsrechten,** die dem HauptSchu zustehen, die er aber (noch) nicht ausgeübt hat, gilt § 770. Ein WahlR hat der Bü nicht. 2 3

c) Dem **Zahlungsverlangen nur zum Zweck der Sicherheitsleistung** entspr vertragl Vereinbg kann der Bü Einwdgen gg die Hauptverbindlichk überh nicht entgghalten. Sie gehören in ein späteres Verf (Zweibr WM **85**, 1291). 4

2) § 768 gilt für Einreden, die dem HauptSchu ggü dem Gl zustehen. Die Vorschr ist notw, da Einr nur kr Vorbringens wirken, u es zweifelh sein kann, ob sie bereits aGrd der allg Akzessorietät (§ 765 Rn 28 f) dem Bü zustehen würden, wenn der HauptSchu sich nicht auf sie beruft. – **a) Grundsätzlich** stehen **alle Einreden des Hauptschuldners** dem Bü zu, zB: ZbR aus § 273 (BGH WM **65**, 579), Einr aus § 320; Einr der ungerechtf Ber (BGH NJW **89**, 1853); Verj der Hauptschuld (Ausn § 765 Rn 28) auch dann, wenn diese erst nach Erhebg der BürgschKl in der Tatsacheninstanz (BGH **76**, 222) bzw (dann grdsätzl ZPO 767) in der RevInstanz (BGH **139**, 214) od nach rechtskr Verurteilg (BGH NJW **99**, 278) des selbstschuldnerischen Bü eingetreten ist, § 223 I (BGH **105**, 259) u § 390 S 2 sind nicht entspr anwendb (BGH **138**, 49 für Miet-Bürgsch); dem HauptSchu bewilligte Stundg (§ 271 Rn 12–15; RG **153**, 125, 345); allg MängelEinr (§§ 478, 639) auch schon vor Verj der MängelAnspr (Schwarz WM **98**, 116, str); Überschreiten der Grenze des § 550 b bei Mietbürgsch (BGH **107**, 210, Düss MDR **98**, 464; Staud/Horn Rn 18); Anspr des HauptSchu auf VertrAnpassg wg c. i. c. des Gl (BGH NJW **99**, 2032). RKraftWirkg des Urt im Proz Gl – HauptSchu für u gg den Bü § 767 Rn 4. Verzicht des HauptSchu auf eine Einr wirkt nicht ggü Bü (Abs II). – **b) Ausnahmen.** Der Bü kann Einr des HauptSchu nicht erheben, wenn dies dem vereinb SichgsZweck der Bürgsch widerspricht; so nicht die Einr der Verj von GewlAnspr, wenn sich die Bürgsch bei rechtzeit Mängelrüge auch auf verj Anspr erstreckt (BGH **121**, 168/173). – **Abs I Satz 2.** Daß sich der Bü auf die beschr Erbenhaftg des HauptSchu nicht berufen kann, folgt aus dem Wesen der Bürgsch. – **c) Einzelheiten.** Bringt der Bü Einr nicht vor od leistet er in fahrl Mißachtg eines WahlR des Schu, so kann das Folgen für seinen Rückgr haben (s § 774 Rn 7, 8, 11). Bü kann auf die Rechte aus § 768 verzichten bis zur Grenze des RMißbr (BGH WM **63**, 1303), einschränkd für die Einr der Verj im Hinbl auf § 225 u AGBG § 9 Walther NJW **94**, 2337. Einr aus §§ 768, 770 können dem Bü verwehrt sein, wenn in seiner Pers die Interventionswirkg (ZPO 68) besteht (BGH NJW **69**, 1480). Ob ein StillhalteAbk zw Gl u HauptSchu auch dem selbstschuldnerischen Bü zugute kommen soll, ist AusleggsFrage (Hamm WM **95**, 153). – Zum Recht des Bü, unter mehreren Fdgen diejenige, die er tilgen will, zu bestimmen, s § 366 Rn 1, 4. 5 6 7 8

3) Absatz II stellt klar, daß Verzicht des HauptSchu auf Einr die Haftg des Bü nicht verschärfen kann. In entspr Anw verliert der Bü die berecht VerjEinr nicht, wenn danach gg den HauptSchu ein VersäumnUrt ergeht, das eine neue 30-jähr VerjFr eröffnet (BGH **76**, 222). 9

769 *Mitbürgschaft.* **Verbürgen sich mehrere für dieselbe Verbindlichkeit, so haften sie als Gesamtschuldner, auch wenn sie die Bürgschaft nicht gemeinschaftlich übernehmen.**

Regelfall ist die **gesamtschuldnerische Haftung. – a) Voraussetzung** ist die gleichstufige (§ 426 Rn 7) Verbürgg mehrerer für dieselbe Verbindlichk (BGH WM **86**, 961), sei es gemschaftl (dann GesSchuld bereits gem § 427, dort Rn 1, 2) od unabhäng voneinander (dann gem § 769). Daher keine GesSchuld, wenn TeilBürgsch (Einf 6) nach (auch Höchst)Betr od Brucht für verschiedene Teile einer Fdg vereinb sind; dagg sind HöchstBetrBü (Einf 7) grdsätzl GesSchu (im Verhältn zum Gl idR nicht nur innerh des HöchstBetr, Glöckner ZIP **99**, 821/824; aA Mü ZIP **98**, 731), da sie sich, wenn auch summenmäß beschränkt, für die ges Schuld verbürgen (s a Hamm WM **84**, 829, Stgt ZIP **90**, 445; Ausgl § 774 Rn 14). Der AusfallBü (Einf 11) 1

haftet nur subsidiär, desh fehlt bei ihm idR im Verhältn zum VorBü die Gleichstufigk (BGH WM **86**, 961; s a
2 § 774 Rn 14). – **b) Rechtsfolgen:** Das **Verhältnis der Mitbürgen zum Gläubiger** richtet sich nach §§ 421–425. Daher WahlR des Gl, in welcher Reihenfolge er die Bü in Anspr nimmt (§ 421). Mit Rücks auf die Natur der gesschuldnerischen Haftg wird die Unwirksamk der einen Bürgsch die Gültigk der and idR unberührt lassen (RG **138**, 270; aA RGRK/Mormann Rn 3; s a § 139 Rn 6); auch Entfallen der GeschGrdl kommt idR nicht in Betr (Ffm NJW-RR **88**, 496). And kann vereinb sein (Bsp: Bü macht Wirksamk der and Bürgsch zur Bdgg seiner Verpfl), ggf ist Auslegg nach Inhalt u Zweck der Bürgsch erfdl (Köln BB **99**, 758). Keine ungerechtf Ber des Gl um die VorBürgsch, falls die AusfallBürgsch wegfällt (§ 812 Rn 86). Das
3 **Innenverhältnis unter den Bürgen** richtet sich nach § 426, § 774 II (näher § 774 Rn 14). – **c) Abweichende Vereinbarungen** sind zuläss u häuf, sowohl im Verhältn zw Gl und MitBü wie im Verhältn zw den MitBü (BGH **88**, 185); sie können das Bestehen der GesSchuld, deren Umfang im Verhältn zum Gl od den Ausgl zw den Bü (dazu § 774 Rn 14) betreffen.

770 *Einreden der Anfechtbarkeit und der Aufrechenbarkeit.*

I Der Bürge kann die Befriedigung des Gläubigers verweigern, solange dem Hauptschuldner das Recht zusteht, das seiner Verbindlichkeit zugrunde liegende Rechtsgeschäft anzufechten.

II Die gleiche Befugnis hat der Bürge, solange sich der Gläubiger durch Aufrechnung gegen eine fällige Forderung des Hauptschuldners befriedigen kann.

1 **1) Leistungsverweigerungsrecht.** Die Ausübg bestehder GestaltgsR ist wg ihrer Einwirkg auf den Bestand der Hauptschuld dem Bü nicht überlassen, sond bleibt der Entschließg des HauptSchu (Abs I) bzw Gl (Abs II) vorbehalten. Das G gibt dem Bü aber, solange solche Rechte noch bestehen, in 2 Fällen (I u II, s a Rn 4) eine verzögerl Einr. Ist bereits angefochten oder aufgerechnet, so gilt § 765 (dort Rn 29). Ist die AufrErkl des Schu sachl wirkgslos, weil sie erst nach seiner Verurteilg abgegeben ist (ZPO 767 I), so verbleibt es bei dem LeistgVR des Bü nach § 770, sofern der Gl auch in diesen Fällen aufrechnen kann (BGH **24**, 97).

2 **2) Anfechtungsrecht des Hauptschuldners,** Abs I. Es muß noch bestehen. IrrtAnf wg § 121 kaum prakt. Verzicht des Schu, auch im FormularVertr, ist wirks (BGH NJW **95**, 1886), weil § 770 nur eine verzögerl Einr gibt, nimmt ihm aber nicht die Einwdg aus § 853 iF unerl Hdlg des Gl (BGH **95**, 350). – Hat der Bü gezahlt, kann er seine Leistg nach AnfErkl des Schu gem §§ 142, 812 (nicht § 813) zurückfordern, falls nicht § 814 entggsteht.

3 **3) Aufrechnungsrecht des Gläubigers,** Abs II trifft nicht die Fälle, in denen das AufrR nur dem Schu, nicht dem Gl zusteht, zB §§ 393, 394 (aA Zimmermann JR **79**, 495, RGRK/Mormann Rn 4). Nach hM (RG **137**, 36, MüKo/Habersack Rn 8, unentschieden BGH **42**, 398), hat daher der Bü in diesen Fällen kein LeistgVR, falls ein solches nicht wg eines zugleich vorliegdn ZbR des HauptSchu, § 273, nach § 768 I gegeben ist. Das LeistgVR des Bü reicht nur soweit, als sich Gl durch Aufr befreien kann, also nicht, soweit dessen Fdg die GgFdg des HauptSchu übersteigt (BGH **38**, 127). Abs II hindert den Gl ohne entggstehde Abreden im BürgschVertr nicht, mit einer nicht verbürgten Fdg gg einen Anspr des HauptSchu aufzurechnen, außer er handelt damit nur zum Schad des Bü (BGH WM **84**, 425). Ist die Fdg des Gl noch nicht fällig, fehlt es daher für ihn an der AufrBefugn, so kann der Bü das LeistgVR nach II gleichwohl geltd machen, wenn Gl auf künft Leistg zu klagen befugt ist (ZPO 257 ff), da andernf Bü hier schlechter stünde, als bei fälliger HauptFdg (BGH **38**, 128). – Auch Berufg auf LeistgVR nach II darf nicht gg Tr u Gl verstoßen (BGH NJW **66**, 2009). – Bei Verzicht des HauptSchu auf die GgFdg entfällt die Einr aus § 770 II ebso wie in Rn 2 (RG **122**, 147). Der Verz auf die Einr aus § 770 II in FormularVertr (BGH NJW **95**, 1886) umfaßt nicht den Einwand unzul RAusübg (BGH NJW **91**, 2908). Er ist unwirks, wenn die Fdg des HauptSchu gg den Gl rechtskr festgestellt, unbestr od entscheidgsreif ist (BGH NJW **81**, 761). Bei Zahlg in Unkenntn des AufrR hat Bü kein RückfordergsR (§ 389 Rn 4).

4 **4)** Für **andere Gestaltungsrechte des Hauptschuldners** gilt § 770 entspr, soweit der Bü nicht auf die Einr gem § 770 verzichtet hat (Ffm WM **95**, 794; MüKo/Habersack Rn 6). Der Bü hat also ein LeistgVR, solange der HauptSchu das GestaltgsR noch nicht verloren hat. Einr, die nicht rechtsgestaltd sind, stehen dem Bü nach § 768 zu. Im einz str; hierzu Schlosser JZ **66**, 433: dilatorische Einr des Bü nur für eine angem Zeit. MängelEinr (§§ 478, 639) § 768 Rn 6.

771 *Einrede der Vorausklage.*

Der Bürge kann die Befriedigung des Gläubigers verweigern, solange nicht der Gläubiger eine Zwangsvollstreckung gegen den Hauptschuldner ohne Erfolg versucht hat (Einrede der Vorausklage).

1 **1) Bedeutung.** Der Bü haftet nur hilfsw, also nicht als GesSchu mit dem HauptSchu. Die verzögerl Einr ist nur zu beachten, wenn der Bü sie geltd macht. Gl hat dann die Vorauss des § 771 od das Vorliegen eines AusnFalles (Rn 2) darzulegen. Die Bezeichng Vorausklage ist ungenau, nötig ist VollstrVersuch gg den HauptSchu wg der Hauptschuld aGrd Urt od and Titels. Grdsätzl genügt jeder zul VollstrVersuch; and bei Bürgsch für GeldFdg, § 772. Ein einziger VollstrVersuch genügt, mag Schu auch inzw wieder Zugriffsobjekte in die Hand bekommen haben. Bei Verbürgg für eine Schuld der OHG ist vergebl VollstrVersuch auch gg die pers haftden Gter nicht erfdl (RGRK/Mormann Rn 1; aA MüKo/Habersack Rn 4, Soergel/Mühl Rn 1). Anspr gg den NachBü (Einf 9) setzt vergebl VollstrVersuch gg den HauptSchu u den Bü voraus. – Die Einr hemmt die Verj nicht, § 202 II.

2 **2) Ausgeschlossen** ist die Einr in den Fällen des § 773, insb bei selbstschuldnerischer Verbürgg. Sie ist anzunehmen bei Bürgsch eines Kaufm, die für diesen ein HandelsGesch ist, HGB 349. Ausschl ferner in den Fällen der gesetzl Haftg wie ein Bü (Einf 3). Bei SicherhLeistg dch Bürgsch wird der Ausschl vorausgesetzt, § 239 II. – Der AusfallBü bedarf wg der Natur dieser Bürgsch (Einf 11) der Einr nicht.

772 ***Vollstreckungs- und Verwertungspflicht des Gläubigers.*** **I Besteht die Bürgschaft für eine Geldforderung, so muß die Zwangsvollstreckung in die beweglichen Sachen des Hauptschuldners an seinem Wohnsitz und, wenn der Hauptschuldner an einem anderen Orte eine gewerbliche Niederlassung hat, auch an diesem Orte, in Ermangelung eines Wohnsitzes und einer gewerblichen Niederlassung an seinem Aufenthaltsorte versucht werden.**

II Steht dem Gläubiger ein Pfandrecht oder ein Zurückbehaltungsrecht an einer beweglichen Sache des Hauptschuldners zu, so muß er auch aus dieser Sache Befriedigung suchen. Steht dem Gläubiger ein solches Recht an der Sache auch für eine andere Forderung zu, so gilt dies nur, wenn beide Forderungen durch den Wert der Sache gedeckt werden.

1) Bürgschaft für Geldforderung. Abs I regelt den durch § 771 geforderten VollstrVersuch bei Bürgsch wg GeldFdgen näher. Nur VollstrVersuch in die bewegl Sachen des HauptSchu an den in Abs I genannten Orten (s a § 773 I Nr 2) ist erfdl, nicht in Grdst, Fdgen od and VermRechte. BewL: Gl. 1

2) Andere Sicherheiten. Abs II bezieht sich ebenf nur auf die Bürgsch wg GeldFdgen u läßt die Sachhaftg der BüHaftg vorgehen. Dazu gehören vertragl u gesetzl Pfd- u ZbR an bewegl Sachen, auch InhPapieren (§ 1293), nicht an Grdst, Fdgen u and VermögensR. Auch PfdgsPfdR, Sichgs- u VorbehEigt, außer im AnwendgsBer des § 13 III VerbrKrG. – Keine vorgehde VerwertgsPfl des Gl, wenn sein BefriediggsR zugleich für eine weitere Fdg als die dch Bürgsch gesicherte an ders Sache besteht u nicht beide Fdgen gedeckt sind, außer das BefriediggsR wg der dch Bürgsch gesicherten Fdg hat Vorrang vor dem BefriediggsR wg der and Fdg (MüKo/Habersack Rn 6, RGRK/Mormann Rn 3). – BewL: Bürge. 2

773 ***Ausschluß der Einrede der Vorausklage.*** **I Die Einrede der Vorausklage ist ausgeschlossen:**

1. wenn der Bürge auf die Einrede verzichtet, insbesondere wenn er sich als Selbstschuldner verbürgt hat;
2. wenn die Rechtsverfolgung gegen den Hauptschuldner infolge einer nach der Übernahme der Bürgschaft eingetretenen Änderung des Wohnsitzes, der gewerblichen Niederlassung oder des Aufenthaltsorts des Hauptschuldners wesentlich erschwert ist;
3. wenn über das Vermögen des Hauptschuldners das Insolvenzverfahren eröffnet ist;
4. wenn anzunehmen ist, daß die Zwangsvollstreckung in das Vermögen des Hauptschuldners nicht zur Befriedigung des Gläubigers führen wird.

II In den Fällen der Nummern 3, 4 ist die Einrede insoweit zulässig, als sich der Gläubiger aus einer beweglichen Sache des Hauptschuldners befriedigen kann, an der er ein Pfandrecht oder ein Zurückbehaltungsrecht hat; die Vorschrift des § 772 Abs. 2 Satz 2 findet Anwendung.

1) Allgemeines. Die Vorschr schließt die Einr der VorausKl (§ 771) in den genannten Fällen aus. Ebso HGB 349. 1

2) Ausschlußfälle, Abs I. BewL beim Gl. – **a) Nr 1.** Der Verzicht bei Abschl des BürgschVertr od nachträgl bedarf der Form des § 766 (BGH NJW **68**, 2332). Auf den Wortlaut kommt es nicht an. Verz liegt in der Verbürgg als SelbstSchu, idR auch bei Verpfl zur sof Zahlg zu einem best Ztpkt od wenn sich der Bü der sof ZwVollstr (ZPO 794 I Nr 5) unterwirft. Aufgehoben ist nur die Subsidiarität, nicht die Akzessorietät der BüHaftg. HauptSchu u selbstschuldnerischer Bü haften nicht als GesSchu (BGH WM **84**, 131). – **b) Nr 2.** Maßg Ztpkt ist Inanspruchn des Bü. Die Erschwerg muß nach Abschl des BürgschVertr eingetreten sein. Bei JP steht Sitzverlegg gleich (RG **137**, 1/13). – **c) Nr 3.** Maßg Ztpkt ist Inanspruchn des Bü, im Proz Schluß der letzten TatsVhlg. Die Einr der VorausKl lebt nach Beendigg des InsVerf grdsätzl nicht wieder auf (Köln DB **83**, 104; bestr, Nachw s RGRK/Mormann Rn 4). S a Abs II. – **d) Nr 4.** Die Erfolgsaussicht ist gering nach ergebnisl ZwVollstrVersuch in and Sache od bei Abl der InsEröffng über das Verm des HauptSchu mangels Masse (InsO 26). S a Abs II. 2

3) Absatz II stellt klar, daß in den Fällen des Abs I Nr 3, 4 dem Bü das Recht verbleibt, den Gl vorweg auf die Befriedigg aus einem VerwertgsR an bewegl Sachen gem § 772 II S 1 mit der Einschränkg gem dort S 2 zu verweisen. 3

774 ***Gesetzlicher Forderungsübergang.*** **I Soweit der Bürge den Gläubiger befriedigt, geht die Forderung des Gläubigers gegen den Hauptschuldner auf ihn über. Der Übergang kann nicht zum Nachteile des Gläubigers geltend gemacht werden. Einwendungen des Hauptschuldners aus einem zwischen ihm und dem Bürgen bestehenden Rechtsverhältnisse bleiben unberührt.**

II Mitbürgen haften einander nur nach § 426.

1) Rückgriffsansprüche gg den HauptSchu können dem Bü, der den Gl befriedigt (Rn 7), unter zwei unterschiedl rechtl Gesichtspunkten zustehen (BGH **95**, 375): – Im Innenverhältn hat der Bü idR einen **Aufwendungsersatzanspruch** aus §§ 675, 683, 684, 670 aus dem zw ihm u dem HauptSchu bestehden RVerhältn (Einf 5); and bei Schenkg od wenn sich der Bü aGrd einer Beziehg zum Gl verbürgt hat. Diesen Anspr betrifft § 774 nicht. – Der Bü kann aber auch aus der auf ihn **übergegangenen Gläubigerforderung** (I 1) gg den HauptSchu vorgehen. Nur dieses Verhältn ist in § 774 geregelt. – Nach überw Meing handelt es sich um **zwei getrennte Ansprüche**, zw denen der Bü die Wahl hat (Köln NJW-RR **89**, 1266, MüKo/Habersack Rn 16, RGRK/Mormann Rn 5, s a BGH WM **64**, 849). Das ist wg der SichgsR von Bedeutg (s Rn 9), insb aber für die Einwdgen des Schu. Dem RückgrAnspr des Bü aus dem Innenverhältn kann der 1 2 3 4

Schu nach überw Meing alle, aber auch nur die Einwdgen aus diesem Verhältn, nicht dagg solche aus dem RVerhältn des Schu zum Gl entgghalten. So bestimmt sich nach dem Innenverhältn, ob der Schu dem Bü entgghalten kann, daß dieser nicht ow hätte zahlen dürfen oder im RStreit gg den Gl versäumt habe, Einwdgen oder Einr vorzubringen. Auch SchadErsAnspr des Bü können sich aus dem InnenVerh ergeben. Gg die übergegangene Fdg hingg kann der Schu ggü dem Bü sowohl gem Abs I S 3 diese Einwdgen aus dem InnenVerh (Rn 11) wie auch gem §§ 404 ff, 412 die gg die Fdg selbst bestehden Einwdgen geltd machen (Rn 10).

5 **2) Rückgriff aufgrund Forderungsübergangs.** § 774 I regelt nur ihn, nicht den Rückgr aus dem InnenVerh (Rn 2). Er trägt dem Umst Rechng, daß der Bü eine fremde Schuld absichert u desh im Verhältn zum HauptSchu idR nicht endgült mit der VermEinbuße belastet werden soll (MüKo/Habersack Rn 2). Der Anspr entsteht iSv InsO 95 aufschiebd bdgt mit Übern der Bürgsch, Bdgg ist die Befriedigg des Gl dch den Bü (BGH NJW **74**, 2000, Mü WM **88**, 1896 für KO 54). § 774 ist abdingb (BGH **92**, 374). Nach- u Rückbürgsch Einf 9, 10; Wechselbürgsch u BGB-Bürgsch für eine Wechselverbindlichk Einf 21.

6 **a) Bestehen der Haupt- und der Bürgschaftsschuld** ist grdsätzl Vorauss des FdgsÜbergangs. Ist die gesicherte Fdg nicht entstanden od erloschen (zB dch dem Bü nicht bekannte Zahlg des HauptSchu), kann sie nicht übergehen. Der Bü erwirbt dann mit seiner Zahlg ohne RGrd einen BereichergsAnspr gg den Gl, da er seine eig (nicht bestehde) Verbindlichk erfüllen wollte. Ebso bei Unwirksamk des BürgschVertr; jedoch können Bü u Gl noch bei Zahlg einen BürgschVertr u Leistg zu seiner Erf vereinb (§ 765 Rn 2). Ers- und BereichergsAnspr können übergehen, wenn sie dch die Bürgsch (mit-)gesichert sind (§ 765 Rn 21), zB der RückgewährAnspr des DarlG gg den geschunfäh DarlNehmer aus ungerechtf Ber (Köln MDR **76**, 398).

7 **b) Befriedigung des Gläubigers** bedeutet Erf der BürgschSchuld, auch ohne ausdr Inanspruchn (BGH WM **98**, 443/446). Der Zuwendde muß daher auf die BürgschSchuld, nicht als Dr auf die Hauptschuld leisten. Ob dies der Fall ist, richtet sich nach seiner Zweckbestimmg (§ 267 Rn 4); fehlt diese, ist wie iF des § 812 (dort Rn 42) entscheidd, als wessen Leistg sich die Zuwendg bei obj Betrachtungweise aus der Sicht des Empf (Gl) darstellt (BGH NJW **86**, 251, WM **98**, 443). Erfüllt wird idR dch Zahlg. Jedoch genügen ErfSurrogate, zB Freistellg des HauptSchu von Verpfl (BGH WM **69**, 1103), Aufr mit eig Fdg, Hinterlegg unter Verz auf Rückn (BGH DB **90**, 368). Sonst Erlöschen der BürgschSchuld genügt wg fehlden Schutzbedürfn des Bü nicht (Ffm WM **76**, 1283). Desh geht bei deren (teilw) Erlaß dch den Gl die HauptFdg auf den Bü nur über, soweit der Bü (zB iR eines Vergl) tats geleistet hat; die (restl) Fdg kann der Bü nur dch (auch konkludente) Abtr erwerben (BGH DB **90**, 368; aA RGRK/Mormann Rn 1). – Erfdl ist die **endgültige Befriedigung** des Gl; daher kein Übergang bei bloßer Sicherstellg od bei Leistg des Bü aGrd nur vorl vollstreckb Urt od (auch rechtskr) VorbehUrt (BGH **86**, 267), od bei Vereinbg, daß die Fdg des Gl erst dann übergehen soll, wenn sie voll befriedigt ist u (nicht ausreichde) Zahlgen des Bü nur als Sicherh gelten (BGH **92**, 374; dann ohne abw Vereinbg auch kein RückgrAnspr des Bü gem Rn 2 aus dem InnenVerh, Reinicke/Tiedtke JZ **90**, 327; aA Köln JZ **90**, 343). Es genügt aber, wenn der Gl zu erkennen gibt, er habe sich aus der gezahlten BürgschSumme befriedigt, die Leistg des Bü also nicht mehr bloß als Sicherh betrachtet (BGH
8 NJW **87**, 374; Reinicke/Tiedtke JZ **90**, 327). – Hat sich Bü für alle **Gesamtschuldner** verbürgt, so gilt nichts Besonderes; die GesSchu sind nunmehr seine GesSchu; Ausgl unter ihnen nach § 426 II (BGH **46**, 14). Hat sich der Bü nur für einen von ihnen verbürgt, so geht, wenn er den Gl befriedigt, die Fdg nur gg diesen auf ihn über, zugleich aber auch dessen AusglAnspr gg die übr GesSchu nach § 426 II, soweit er Ausgl verlangen kann (BGH aaO), was sich nach der ZweckBest, den Vereinbgen u der Interessenlage aller Beteil beurteilt. Hat der Bü im InnenVerh nur für den Anteil eines von mehreren GesSchu gebürgt u ist er nur hierfür in Anspr gen worden, dann kann er gg die übr im InnenVerh nicht ausgleichspfl GesSchu nicht Rückgr nehmen (BGH Warn **76**, 98).

9 **c) Der Forderungsübergang** kr G erfaßt die Fdg in ihrer jew Beschaffenheit (s a Rn 10). Nach BGH NJW **73**, 1077 (abl André NJW **73**, 1495) soll allerd eine öffrechtl Fdg zu einer privaten Fdg werden: ord RWeg, wenn ZollBü nach Zahlg im InsVerf FeststellgsKl über Höhe u Vorrang der übergegangenen ZollFdg erhebt. Warum die Fdg ihre RNatur verlieren soll u welches dann ihre privrechtl neue AnsprGrdl sein soll, sagt der BGH nicht. – **Abhängige Nebenrechte** gehen gem §§ 412, 401 mit der HauptFdg auf den Bü über, auch wenn von Dr bestellt (Rn 13). An Zinsen kann der Bü nicht nur die gesetzl, sond auch die höheren zw DarlG u DarlN vereinb verlangen, da die Fdg mit allen akzessorischen NebenR auf ihn übergeht (BGH **35**, 172). Ebso steht dem Bü, der das Darl vorzeit zurückbezahlt hat, der Anspr auf Rückerstattg des nicht verbrauchten Teils vorausbezahlter Zinsen zu. Der NachBü, der den Gl befriedigt, erwirbt mit der Fdg gg den HauptSchu die gg den VorBü bestehden SichgsR (BGH NJW **79**, 415). – **Selbständige Sicherungsrechte** (§ 401 Rn 5, 6) gehen nicht kr Gesetzes über, der Gl hat sie aber mangels anderw Vereinbg an den Bü abzutreten (BGH **110**, 41, NJW **99**, 1182). ErfOrt ist der Sitz des Gl (BGH NJW **95**, 1546). NichtErf führt zu SchadErsAnspr des Bü (BGH aaO). Auch auf den Garanten (Einf 16 v § 765, Einf 14–18 v § 783) geht die HauptFdg nicht kr Gesetzes über (aA Castellvi WM **95**, 868 mwN), zumal das gewünschte Erg auch dch aufschiebd bdgte VorausAbtr der HauptFdg erreicht werden kann.

10 **d) Einwendungen gegen die Hauptforderung** verbleiben dem Schu nach dem Übergang auch gg den Bü, §§ 412, 404, selbst wenn Bü aGrd Verurteilg geleistet hat; das Urt hat keine RKraft gg den HauptSchu. Dieser kann wg §§ 412, 406 in deren Rahmen auch jetzt noch dem Bü ggü mit Fdgen gg den Gl aufrechnen (RG **59**, 209; aA Tiedtke DB **70**, 1721). Allerd kann die Aufr im EinzFall gg Tr u Gl verstoßen. Der HauptSchu kann ferner die vom Bü dem Gl ggü verabsäumte Einr der Verj nach §§ 412, 404 dem Bü ggü erheben. Hat der HauptSchu inzw an den Gl in Unkenntn der Zahlg des Bü gezahlt, so ist er ggü dem Bü dch §§ 412, 407 geschützt (s a Rn 6).

11 **e) Einwendungen aus dem Innenverhältnis, Abs 1 S 3** (s Rn 2) kann der HauptSchu dem Bü auch gg die übergegangene HauptFdg entggsetzen. Der HauptSchu ist also, auch wenn der Bü den Anspr aus § 774 geltd macht, nur iR des InnenVerh verpflichtet (BGH WM **76**, 687, WM **92**, 908). So kann der HauptSchu zB einwenden, die Hauptschuld sei im Interesse des Bü aufgen od die Bürgsch sei eine Schenkg an den

HauptSchu od der Bü sei ihm ggü ausgleichspfl (Stgt ZIP **94**, 200). Hat sich der Partner einer ne LebGemsch für das vom and Partner aufgen Darl verbürgt, hängt es von den Umst ab, ob der Bü nach geleisteter Zahlg den RückgrAnspr gg den HauptSchu hat (bej Hamm NJW-RR **89**, 624; verneind LG Bambg NJW **88**, 1219). BewL: HauptSchu. Entspr Anwendg im Verh zum NachBü Einf 9.

f) Keine Benachteiligung des Gläubigers, Abs 1 S 2. Befriedigt der Bü den Gl nur teilw, so geht die HauptFdg samt abhäng NebenR hins dieses Teils auf ihn über. Dch diese Konkurrenz mit dem Bü darf die RStellg des Gl, zu deren Verstärkg die Bürgsch diente, nicht beeinträchtigt werden. Desh hat der Gl mit der ihm verbliebenen TeilFdg samt NebenR Vorrang vor dem Bü, soweit dieser MitInh von HauptFdg u NebenR geworden ist, gleichgült ob das NebenR nur die verbürgte od daneben auch eine and nicht verbürgte Fdg des Gl sichert (BGH **92**, 374 u **110**, 41; aA Reinicke/Tiedtke DB **90**, 1953). – Zahlt der Bü im InsVerf des Schu teilw, so steht er dem Gl nach, sol dieser nicht wg der RestFdg voll befriedigt ist, InsO 43 (BGH **27**, 51 zu KO 68). Hat er bereits vor Eröffng teilw gezahlt, so steht er ihm zwar im InsVerf gleich, der Gl kann aber von ihm den Betr herausverlangen, um den seine Quote ohne die Teiln des Bü höher ausgefallen wäre (RG **83**, 401, RGRK/Mormann Rn 4 zur KO; offengelassen BGH **92**, 374). 12

g) Zusammentreffen von Bürgschaft und dinglicher Sicherung. WahlR des Gl, welche Sicherh er zuerst in Anspr nimmt (Mü WM **88**, 1846). – Sämtl SichgsG stehen auf gleicher Stufe außer bei Bestehen einer bes Vereinbg zw ihnen od zw einem von ihnen u dem SichgsN (BGH WM **90**, 1956). Mangels abw Vereinbg bestehen daher, auch wenn sie nicht GesSchu sind, anteil AusglAnspr der SichgsG untereinander entspr § 426, soweit einer von ihnen den Gl befriedigt. Dies gilt für akzessorische u nicht-akzessorische Sicherh in gleicher Weise (BGH **108**, 179, NJW **92**, 3228: Bürgsch u GrdSch; zum Anspr auf Abtr der GrdSch Rn 9 u Sostmann DNotZ **95**, 260). Ggt Auffassgen führen zu nicht gewollten u sachl ungerechtf Zufallsergebn, je nachdem welchen SichgsG der Gl zuerst in Anspr nimmt. Übers über den MeingsStand Tiedtke WM **90**, 1270, Sitzmann BB **91**, 1809. 13

3) Mitbürgen sind idR GesSchu (s § 769, dort Rn 1). Als solche sind sie gem § 426 I einander ab Entstehg des GesSchuldVerh grdsätzl zu gleichen Anteilen zum Ausgl verpflichtet (BGH WM **91**, 399). **II** beschränkt iF der Befriedigg des Gl dch einen Bü den Übergang der BürgschFdg des Gl gg den and Bü (Rn 9) auf den Umfang dieses AusglAnspr (MüKo/Habersack Rn 22). Er gilt entspr für den AusglAnspr zw dem Bü eines GesSchu u einem weiteren GesSchu, der sich nur sichgshalber mitverpflichtet hat (Celle NJW **86**, 1761), zB dch Schuldbeitritt (Hamm OLGZ **90**, 336). – Der **Ausgleichsanspruch ist beschränkt** od entfällt, soweit dies vereinb ist od sich aus der Natur der Sache ergibt (BGH NJW **86**, 3131), was derj zu beweisen hat, der sich darauf beruft (BGH **88**, 185, NJW **84**, 482). Verbürgen sich Gter für eine Schuld der Gesellsch, haften sie untereinander im Verhältn ihrer Beteiligg an der Gesellsch, auch wenn sich die Antle zwischenzeitl geändert haben (Köln NJW **95**, 1685). Überträgt einer von 2 GmbH-Gtern, die sich für eine GesellschSchuld verbürgt haben, seinen Antl auf den and, so ist idR anzunehmen, daß im InnenVerh nunmehr der AlleinGter für die Erf der BürgschSchuld allein einstehen soll (BGH DB **73**, 1543). Haben sich mehrere MitBü für dieselbe Fdg mit unterschiedl HöchstBetr verbürgt (s a § 769 Rn 1), deren Summe die Fdg übersteigt, richten sich die AusglAnspr nach dem Verhältn der HöchstBetr zueinand (BGH **137**, 292: Quotenmodell; näher Glöckner ZIP **99**, 821). Ein Bü, der den Gl nur teilw befriedigt, hat einen AusglAnspr gg seine MitBü auch dann, wenn die endgült Höhe der Inanspruchn der Bü noch nicht feststeht (BGH NJW **86**, 3131) u die Teilzahlg unter der von ihm bei voller Inanspruchn aus der Bürgsch intern zu tragden Quote liegt (BGH **23**, 361, NJW **82**, 2306). Steht allerd in solchem Fall die ZahlgsUnfähigk des HauptSchu fest, so beschränkt sich der AusglAnspr des Bü, der geleistet hat, auf den seine Quote übersteigden Teil der Leistg (BGH **83**, 206). Die Entlassg eines MitBü aus der BürgschVerpfl (s a § 776 S 1) bewirkt nicht ow die Freistellg dieses Bü von der AusglPfl (BGH NJW **92**, 2286; § 423 Rn 1 ff). Hat der Gl in der BürgschUrk formularmäß das Bestehen einer GesSchuldnersch unter mehreren Bü ausgeschl, entfällt damit idR nicht auch ein Ausgl zw den MitBü im InnenVerh (BGH **88**, 185, NJW **87**, 3126; i Erg zust Reinicke u Tiedtke JZ **83**, 896, Knütel JR **85**, 6, Weitzel JZ **85**, 824; krit Wolf NJW **87**, 2472). Die AusfallBürgsch verringert das Risiko des Kreditgebers, nicht das des VorBü; desh idR kein AusglAnspr des VorBü, der den Gl befriedigt hat, gg den AusfallBü (BGH NJW **79**, 646; s a § 769 Rn 1); and, wenn eine gewöhnl Bürgsch erst nach der Übern der and Bürgsch dch den 2. Bü ohne dessen Zustimmg auf den Ausfall beschränkt wird (Schuler NJW **53**, 1689). 14

775 *Anspruch des Bürgen auf Befreiung.*

I Hat sich der Bürge im Auftrage des Hauptschuldners verbürgt oder stehen ihm nach den Vorschriften über die Geschäftsführung ohne Auftrag wegen der Übernahme der Bürgschaft die Rechte eines Beauftragten gegen den Hauptschuldner zu, so kann er von diesem Befreiung von der Bürgschaft verlangen:

1. **wenn sich die Vermögensverhältnisse des Hauptschuldners wesentlich verschlechtert haben;**
2. **wenn die Rechtsverfolgung gegen den Hauptschuldner infolge einer nach der Übernahme der Bürgschaft eingetretenen Änderung des Wohnsitzes, der gewerblichen Niederlassung oder des Aufenthaltsorts des Hauptschuldners wesentlich erschwert ist;**
3. **wenn der Hauptschuldner mit der Erfüllung seiner Verbindlichkeit im Verzug ist;**
4. **wenn der Gläubiger gegen den Bürgen ein vollstreckbares Urteil auf Erfüllung erwirkt hat.**

II Ist die Hauptverbindlichkeit noch nicht fällig, so kann der Hauptschuldner dem Bürgen, statt ihn zu befreien, Sicherheit leisten.

1) Befreiungsanspruch. Nach Befriedigg des Gl hat der Bü den Rückgr aus § 774. Schon zuvor gibt ihm § 775 bei gewissen InnenVerh (Auftr, GoA oder GeschBesVertr) uU einen BefreiungsAnspr gg den HauptSchu. § 775 ändert damit insb die gesetzl Regelg der §§ 669 (Recht auf Vorschuß), 670 (Ersatz für Aufw vor Befriedigg) u 671 (KündR). Hat der Schu im VerglVerf den Gl mit der Quote befriedigt, erlischt wg der weitergehden Fdg der BefreiungsAnspr des Bü (BGH **55**, 117). – § 775 ist dispositiv; das vom Bü 1 übern Risiko kann weiter eingeschränkt werden (BGH NJW **95**, 2635), auch ist (formloser) Verzicht des Bü zul; ein mit dem Gl vereinb Verz kann auch als Vertr zG des HauptSchu gewertet und von diesem einredew geltd gemacht werden, wenn der Bü gleichwohl nach § 775 vorgeht (BGH **LM** Nr 1). § 775 gilt auch für den selbstschuldnerischen Bü. Der Übern der Bürgsch im Auftr des HauptSchu steht gleich, wenn sich ein Gter für eine GesSchuld verbürgt. Nach seinem Ausscheiden kann er grdsätzl Befreiung von der Bürgsch dch die G verlangen, jedenf sobald eine weitere Vorauss des Abs I Nr 1–4 vorliegt (BGH WM **74**, 214); ebso bei Kaduzierg eines GmbH-Antls (Hbg ZIP **84**, 707). – Vollstr nach ZPO 887. – Auch wenn die ZahlgsUnfähigk des HauptSchu u die Inanspruchn des Bü feststehen, verwandelt sich der BefreiungsAnspr des Bü nicht in einen zur Aufr ggü dem Gl geeigneten ZahlgsAnspr (BGH NJW **99**, 1182). Der Bü kann den Anspr jedoch an den Gl der HauptFdg (nicht an Dritte, § 399 Rn 4) abtreten; dann richtet sich der Anspr ab Abtr auf Erf der Fdg, von der zu befreien ist (BGH DB **75**, 445), also auf Zahlg.

2 **2) Die einzelnen Fälle. Nr. 1.** Nachträgl wesentl Verschlechterg der VermögensVerh wie in §§ 321, 610 (s § 321 Rn 2). – **Nr. 2.** Entspricht § 773 Nr 2. – **Nr. 3.** BefreiungsAnspr verbleibt dem Bü, wenn Gl u HauptSchu sich nach Eintritt des Verzugs ohne Zust des Bü über Stundg einigen (BGH WM **74**, 214); er erlischt, wenn HauptSchu nach VerzEintritt zahlt. Bei TeilVerz hat Bü nur entspr TeilbefreiungsAnspr (BGH JZ **68**, 230). **Nr. 4.** Vorl vollstreckb Urt genügt (Meing ZIP **98**, 991), ebso VollstrBescheid, Schiedsspruch. Nicht genügen Titel, an deren ZustKommen der Bü mitgewirkt hat, zB ProzVergl, vollstreckb Urk.

3 **3) Sicherheitsleistung des Hauptschuldners.** Abs II kommt nur in den Fällen des Abs I Nr 1 und 2 in Frage. – **Kündigungsrecht** des Bü ggü dem Gl § 765 Rn 16.

776 ***Aufgabe einer Sicherheit durch den Gläubiger.*** **Gibt der Gläubiger ein mit der Forderung verbundenes Vorzugsrecht, eine für sie bestehende Hypothek oder Schiffshypothek, ein für sie bestehendes Pfandrecht oder das Recht gegen einen Mitbürgen auf, so wird der Bürge insoweit frei, als er aus dem aufgegebenen Rechte nach § 774 hätte Ersatz erlangen können. Dies gilt auch dann, wenn das aufgegebene Recht erst nach der Übernahme der Bürgschaft entstanden ist.**

1 **1) Allgemeines.** ZusTreffen von Bürgsch u dingl Sichg § 774 Rn 13. Grdsätzl keine allg SorgfPfl des Gl ggü dem Bü (§ 765 Rn 33). Daher, unbeschadet §§ 770–773, keine Pfl, die Hauptschuld zu kündigen, einzuklagen, zu vollstrecken, od den Bü irgendwie zu benachrichtigen (Köln WM **95**, 1965), zB von einer Stundg od von die LeistgsFähigk des HauptSchu betr Verändergen (Kblz WM **97**, 1566); auch § 1166 gilt nicht entspr. And bei der Ausfallbürgsch (Einf 11). Der kreditgebde Gl darf sich bei der Frage weiterer Kreditgewährg grdsätzl von seinen eig Interessen leiten lassen, desh strenge Anfordergen an SchadErsAnspr des Bü od Einwdg des RMißbr (BGH WM **68**, 1391). Jedoch hat auch der Gl dem Bü ggü Tr u Gl zu wahren u wird diesem schadersatzpfl, wenn er argl handelt od in bes schwerer Weise gg die Interessen des Bü verstößt (s § 768 Rn 1). – Bü ist dadch geschützt, daß er selbst alsbald zahlen u nach § 774 gg den HauptSchu vorgehen kann; auch schützt ihn § 775, wenn dessen Vorauss vorliegen.

2 **2) Aufgabe von Sicherheiten** dch den Gl befreit den Bü von seiner Verpfl wg des gesetzl FdgsÜbergangs samt Nebenrechten, §§ 774, 412, 401, soweit der Bü aus dem aufgegebenen R Ers hätte erlangen
3 können. – **a) Aufgeben** verlangt vorsätzl Handeln. Fahrl Verschlechterg od Vernichtg der Sicherh durch den Gl berührt BüVerpflichtg nicht (BGH BB **60**, 70; NJW **66**, 2009: verspätete od unzureichde Verwertg); auch nicht bloße Untätigk des Gl. Es genügt, daß das Recht erst nach Abschl des BürgschVertr entstanden ist, S 2. Aufgeben bedeutet rechtl Beseitigg od tats Verlust der VerwertgsMöglichk, zB Verzicht, Rück-Übertr, RangRücktr (Köln NJW **90**, 3214), Verrechng des Erlöses auf eine and, nicht dch Bürgsch
4 gesicherte Fdg (BGH WM **60**, 371), Entlassg eines GesSchu. – **b) Rechte,** wie in S 1 genannt; s a § 401, Entlassg eines MitBü § 774 Rn 14. Außerdem SichgsEigt, GrdSch (BGH WM **94**, 1161), EigtVorbeh (BGH **42**, 53), Rentenschuld (Köln NJW **90**, 3214), zur Sichg abgetretene Fdg (Mü MDR **57**, 356). BewL für alles hat Bü. Bei Zahlg in Unkenntn der Aufgabe kann Bü das Geleistete als ungerechtf Ber zurückfordern.
5 – **c) Verzicht.** Bü kann auf die Rechte aus § 776 auch in FormularVertr wirks verzichten (BGH **78**, 137, **95**, 350; s a BGH **136**, 347), ohne daß die Bürgsch zum GewährVertr (Einf 16) wird (RG **153**, 345). Der Verz erfaßt iZw alle unter § 776 fallenden Sichgen (BGH WM **60**, 371), außer der Gl gibt sie willkürl, dh
6 zum Schad des Bü ohne eig Interesse daran auf (BGH NJW-RR **86**, 518, NJW **94**, 1796). – **d) Keine entsprechende Anwendung** auf and Fälle der RisikoÜbern wie Schuldbeitritt (BGH BB **62**, 1346), GarantieVertr, Aufr des Gl mit einer nicht verbürgten Fdg gg einen Anspr des HauptSchu (BGH NJW **84**, 2455). Ebso nicht, wenn der Gl einen TeilBetr des dch Bürgsch gesicherten Darl vor Bestellg vereinb dingl Sicherh an den Schu ausbezahlt (Mü WM **88**, 1846); wenn er bei Bürgsch für LeasingFdg nicht für eine KaskoVers des verleasten Ggst sorgt (Köln WM **95**, 1965); wenn er der Verwertg der Sicherh iR eines KonkVerf zustimmt (Hamm WM **99**, 1225). Keine entspr Anwendg auf das Verh des PfdgsPfdGl zum Verpfänder (BGH WM **91**, 399).

777 ***Bürgschaft auf Zeit.*** **I Hat sich der Bürge für eine bestehende Verbindlichkeit auf bestimmte Zeit verbürgt, so wird er nach dem Ablaufe der bestimmten Zeit frei, wenn nicht der Gläubiger die Einziehung der Forderung unverzüglich nach Maßgabe des § 772 betreibt, das Verfahren ohne wesentliche Verzögerung fortsetzt und unverzüglich nach der Beendigung des Verfahrens dem Bürgen anzeigt, daß er ihn in Anspruch nehme. Steht dem Bürgen die Einrede der Vorausklage nicht zu, so wird er nach dem Ablaufe der bestimmten Zeit frei, wenn nicht der Gläubiger ihm unverzüglich diese Anzeige macht.**

II Erfolgt die Anzeige rechtzeitig, so beschränkt sich die Haftung des Bürgen im Falle des Absatzes 1 Satz 1 auf den Umfang, den die Hauptverbindlichkeit zur Zeit der Beendigung des

Verfahrens hat, im Falle des Absatzes 1 Satz 2 auf den Umfang, den die Hauptverbindlichkeit bei dem Ablaufe der bestimmten Zeit hat.

1) Anwendungsbereich. Die ZeitBest im BürgschVertr kann einen unterschiedl Sinn haben, der ggf dch Auslegg zu ermitteln ist. – **Anwendbar** ist § 777, wenn die (nicht notw kalendermäß) ZeitBest bedeutet, daß der Gl den Bü innerh der best Fr in Anspr nehmen muß, andernf der Bü frei wird. Das wird bei Bürgsch für eine bereits bestehde Verbindlk fast stets gemeint sein (BGH WM **74**, 478), insb wenn die Bürgsch innerh einer best Fr nach deren Fälligk geltd zu machen ist (BGH NJW **97**, 2233 für Fälligk in Raten). Ausleggs-Regel zG des Gl, da andernf der Bü mit Ablauf der Fr ow frei würde, §§ 163, 158 II (BGH WM **66**, 276). Erlöschen „3 Mo nach Beendigg des MietVertr" kann iW der Auslegg bedeuten 3 Mo nach Räumg (Ffm WM **79**, 1318). Ist vereinb, daß die Bürgsch an einem kalenderm best Tag erlischt u fällt dieser auf einen Sonntag, so gilt mangels ausdr anderw Vereinbg § 193 (BGH **99**, 288). – **Nicht anwendbar** ist § 777, wenn 1
die Bürgsch ggständl beschr ist auf Fdgen, die innerh einer best Zeitspanne entstanden sind (Zweibr WM **94**, 788). Diesen Sinn hat die ZeitBest im allg bei der Bürgsch für künft od in der Entwicklg begriffene Verbindlk (§ 765 II), insb bei der Kreditbürgsch (Einf 8; BGH WM **69**, 35), auch für einen KtoKorrentkredit (BGH NJW **88**, 908) od einen Warenkredit des Lieferanten für lfde Liefergen (Köln WM **96**, 1677), bei der der WirtschFörderg dienden öff Bürgsch für BetrMittelKredite mit verlängerb Fr (KG NJW-RR **95**, 1199), bei der GewlBürgsch (Köln NJW-RR **86**, 510). Hier begrenzt die Zeitabrede in Wahrh ggständl den Umfang der BüPfl. Das gleiche gilt mangels einer klaren and lautden Vereinbg für die ProzBürgsch (BGH NJW **79**, 417). Ebenf nicht anwendb, wenn die Part vereinb haben, daß der Gl die Erkl, daß er den Bü in Anspr nehme, bis zu einem best Termin abgegeben haben muß, andernf die Bürgsch erlischt (BGH NJW **82**, 172); unbezifferte Anz genügt in diesem Fall (Karlsr WM **85**, 770). Künd macht die unbefristete Kreditbürgsch nicht zu einer Zeitbürgsch (BGH NJW **85**, 3007). Keine Zeit-, sond eine auflösd bdgte Bürgsch ist deren übergangsw Übern bis zur Bestellg einer anderw Sicherh (BGH WM **79**, 833). Die Fälligk der Hauptschuld zu einem best Termin ergibt nicht die Vereinbg einer Zeitbürgsch (Mü WM **84**, 469). 2

2) Wirkungen. Hält der Gl das nach § 777 einzuschlagende Verf der Inanspruchn ein, so haftet der Zeitbürge im Umfang des II, andernf wird er frei. Steht dem Bü die Einr der VorausKl zu, gilt Abs I S 1, andernf S 2. Die – auch unbezifferte (Karlsr MDR **85**, 585) – Anz des Gl an den Bü auf Inanspruchn muß unverzügl nach Zeitablauf, kann aber auch schon vorher erfolgen (BGH **76**, 81). Verbürgt sich der Bü für bestehde, aber noch nicht fäll Hauptschuld nur auf best Zeit, so erhält die fristgerechte Anz dem Gl die Rechte aus der Bürgsch grdsätzl nur hins solcher Schulden, die innerh der BürgschZeit (BGH **91**, 349), sei es auch gleichzeit mit deren Ablauf (BGH NJW **89**, 1856) fäll werden (BGH NJW **139**, 325); dies auch dann, wenn im Ztpkt der Anz die Fälligk der Hauptschuld u der Ablauf der BürgschZeit unmittelb bevorstehen u die NichtErf dch den HauptSchu abzusehen ist (Darmst WM **87**, 1357). Unverzügl KlErhebg gg den Bü ist nicht nöt, ZPO 270 III gilt nicht (BGH NJW **82**, 172). Gibt nach rechtzeit Anz der Bü im Anschl an die erste Zeitbürgsch eine weitere solche, so liegt darin rechtl eine Stundg der fäll Fdg aus der ersten Zeitbürgsch, sie erlischt nicht (BGH NJW **83**, 750). – Die Pfl zur Anz ist abdingb, aber nicht wirks in FormularVertr (Tiedtke DB **90**, 411, Köln WM **86**, 14; aA Hamm NJW **90**, 54, Schröter WM **86**, 14). Die Berufg des Bü auf fehlde Fälligk der HauptFdg bei Ablauf der Frist kann im EinzFall treuwidr sein (Ffm WM **88**, 1304). 3

778 *Kreditauftrag.* **Wer einen anderen beauftragt, im eigenen Namen und auf eigene Rechnung einem Dritten Kredit zu geben, haftet dem Beauftragten für die aus der Kreditgewährung entstehende Verbindlichkeit des Dritten als Bürge.**

1) Begriff. Der KreditAuftr ist ein AuftrVertr mit dem Inhalt, daß der Beauftr einem Dr Kredit gewährt. In § 778 ist ledigl eine RFolge geregelt. Die Abgrenzg von der Bürgsch für künft Schuld, insb der Kreditbürgsch (Einf 8), ist oft schwier. Maßgebd für den KreditAuftr ist das nach dem übereinstimmden Willen der VertrParteien bestehde **eigene Interesse des Auftraggebers** an der Gewährg von Geld- od Warenkredit (BGH DB **56**, 890, Ffm NJW **67**, 2360: Architekt). 1

2) Merkmale. – **a) Auftragsvertrag** mit dem in Rn 1 beschriebenen Inhalt. Wesentl ist, daß der antragde AuftrG einen Anspr gg den Beauftr auf Kreditgewährg an einen Dr erwerben will u in diesem ZusHang seinen rechtsgeschäftl VerpflWillen (im Ggs zu Empfehlg, Anregg) erkennb zum Ausdr bringt (BGH WM **60**, 880) u daß ands der Beauftr sich zur Ausführg des Auftr verpflichtet (BGH DB **56**, 890). Hierin liegt der Unterschied zur Kreditbürgsch. Ohne solche Verpfl kann es sich nur um Bürgsch oder GewährVertr (Einf 16–20) handeln. Die Beauftragg bedarf nicht der Form des § 766. Unter § 778 fällt auch die entgeltl Beauftragg (Vertr nach § 675), zB unter ProvZusage. – **b)** Auf **Kreditgewährung im eigenen Namen und für eigene Rechnung** an einen Dr muß die Verpfl des Beauftr gerichtet sein. Es kann sich um Geld- od Warenkredit handeln, Geldkredit auch an einen Akzeptanten zur Einlösg eines Wechsels (BGH WM **84**, 422). Verlängerg eines schon gewährten Kredits genügt. Soll dagg der Beauftr im Namen od für Rechng des AuftrG leisten, so liegt gewöhnl Auftr vor. Ebso ist kein KreditAuftr das Akkreditiv (Einf 11 v § 783). 2 3

3) Rechtswirkungen. – **a) Bis zur Kreditgewährung** od verbindl Zusage gilt AuftrR. Daraus folgt ua: Der AuftrG kann frei widerrufen, § 671 I, der Beauftr iR des § 671 II kündigen, iF entgeltl Kreditgewährg (GeschBesVertr) analog § 610 (MüKo/Habersack Rn 7). Der Beauftr hat – anders als der Gl bei der Bürgsch – ggü dem AuftrG vertragl SorgfPfl. – Der Beauftr hat kein Recht auf Vorschuß nach § 669, da das dem Wesen des KreditAuftr widersprechen würde. – **b) Nach der Kreditgewährung** haftet der AuftrG dem Beauftr für die Verbindlichk des Dr als Bü. Es gelten alle BürgschRegeln. 4 5

Neunzehnter Titel. Vergleich

779 ***Begriff; Irrtum über die Vergleichsgrundlage.*** **[I] Ein Vertrag, durch den der Streit oder die Ungewißheit der Parteien über ein Rechtsverhältnis im Wege gegenseitigen Nachgebens beseitigt wird (Vergleich), ist unwirksam, wenn der nach dem Inhalte des Vertrags als feststehend zugrunde gelegte Sachverhalt der Wirklichkeit nicht entspricht und der Streit oder die Ungewißheit bei Kenntnis der Sachlage nicht entstanden sein würde.**

[II] Der Ungewißheit über ein Rechtsverhältnis steht es gleich, wenn die Verwirklichung eines Anspruchs unsicher ist.

1 **1) Regelungsgehalt, Anwendungsbereich.** § 779 enthält für das matrechtl RGesch des Vergl eine BegrBest u die Regelg für den Fall eines beiderseit Irrt über einen Umst, der außerh des Streites der Part lag. – **Prozeßvergleich** s Rn 29–33, AnwaltsVergl Rn 34. Im **Insolvenzverfahren** treten InsPlan u Schuldenbereiniggs Plan an die Stelle des Vergl; s InsO 217 ff, 305 ff. – Auch bei **öffentlichrechtlichen Verhältnissen** ist Vergl mögl, wenn keine zwingden Vorschr entggstehen. Nöt ist auch hier Einigg der Part, daher nicht, wenn Leistg auf behördl Bescheid beruht (BGH NJW **63**, 2326). – Vergleichsw Verzicht auf erdienten Tariflohn § 611 Rn 69.

1 a **2) Bürgerlichrechtlicher Vergleich. – a) Rechtsnatur.** Der Vergl ist, wie sich aus der Stellg im Gesetz ergibt, ein schuldrechtl Vertr. Er stellt hins der streit od ungewissen Pkte zw den Part fest, was rechtens ist (MüKo/Pecher Rn 31); insow verändert er meist das urspr AusgangsRVerh u kann eine bisher nicht od in geringerer Höhe bestehde Schuld neu begründen, iü läßt er es idR unberührt (Rn 11). Er wirkt nur zw den Part, die ihn abgeschlossen haben; das gilt auch für den außergerichtl SaniergsVergl des Schu mit einer Mehrzahl von Gl (Rn 12). Oft enthält der Vergl auch die ErfGesch, zB Auflassg, Abtr, od and Vfgen wie Verzicht, Stundg. Aus der schuldrechtl Natur des Vergl folgt, daß seine Nichtigk nicht ow diese dingl VfgsAkte ergreift; vielm ergeben sich dann AusglAnspr gem §§ 812 ff. Ferner, daß sich die Sach- und RMängelhaftg hins einer vergleichsw gegebenen Sache nach KaufR bestimmen (BGH NJW **74**, 363), es sei denn, daß die Part sich gerade über die RWirkgen eines Mangels verglichen haben (RG **90**, 169). – Die hM (zB RGRK/Steffen Rn 20) hält den Vergl stets für einen ggs Vertr, weil beide Part im AbhängigkVerh voneinander nachgeben. Das trifft nicht zu, denn beiderseit Nachgeben ist TatbestdsMerkmal, nicht aber Inhalt einer LeistgsPfl im Austausch (s a Einf 7 v § 320). Vielm ist der Vergl nur dann – allerd häuf, nach BGH WM **74**, 369 sogar idR – ggs Vertr, wenn er voneinander abhäng ggs Verpfl begründet od festlegt (MüKo/Pecher
2 Rn 36 f, Staud/Marburger Rn 49, 51). – **b) Abschluß** nach den allg Regeln (§§ 145 ff). Ann auch gem § 151, uU dch Einlösg eines mit dem VerglAngeb übersandten Schecks (Einzelh § 151 Rn 2). – Einer **Form** bedarf der Vergl idR nicht. Enthält er aber formbedürft Verpfl- od ErfGesch, gilt der Formzwang auch, soweit diese Gesch verglhalber vorgen werden. Bsp: Eingehg einer Bürgsch (§ 766), GrdstGesch (§ 313 Rn 15, 39–44); nicht dagg Einigg über ArchHonorar nach Beendigg der Arb (HOAI 4, Düss NJW-RR **98**, 1099). Der gerichtl Vergl ersetzt jede nach BGB erfdl Form, § 127 a (BGH **35**, 310), nicht dagg der Vergl vor der Gütestelle od der AnwVergl gem ZPO 796 a ff (§ 127 a Rn 2). Vergl im SchiedsVerf ZPO 1053 III. Verein-
3 barte Protokollierg § 154 Rn 4. – Für die **Vertretung** gelten grdsätzl §§ 164 ff. Vergl des Vormds, Betr od Pflegers bedarf uU der vormschgerichtl Gen, §§ 1822 Nr 12, 1908 i I, 1915 I. VertretgsBefugn des Prokuristen, HandlgsBevollm, Handelsvertreters HGB 49, 54, 55; des InsVerw InsO 160 Nr 3, ProzBevollm ZPO 81, 83; der Versicherg AHB 5 Nr 7, AKB 10 Nr 5.

4 **3) Streit oder Ungewißheit über ein Rechtsverhältnis** (AusgangsRVerh). – **a) Streit oder Ungewißheit** können auf tats od rechtl Gebiet liegen. Sie beruhen auf Zweifeln beider Part über das AusgangsRVerh od auf Zweifeln einer Part, die der and bekannt sind (weitergehd Staud/Marburger Rn 23). Auf die obj Sach- od Rechtslage kommt es nicht an, es genügen Streit oder Ungewißh der Part, dh subj Zweifel, die den Bestand des AusgangsRVerh betreffen (BGH NJW-RR **92**, 363). Ungewißh kann vorh sein, ohne daß ein Streit besteht, so gem **II** bei Unsicherh hins der Verwirklichg eines Anspr; ebso Ungewißh über den Eintr einer Bdgg od die künft REntwicklg. Es genügt, wenn sich Ungewißh od Streit auf EinzPunkte des im übr unstreit RVerhältn bezieht, zB auf Fälligk, Verzinsg, ErfOrt, eine Einr.

5 **b) Rechtsverhältnis** ist weit zu fassen (BGH NJW-RR **92**, 363), erfordert aber, daß sich die RBeziehgen zw den VerglPartnern schon so verdichtet u konkretisiert haben, daß der eine Teil auf die EntschließgsFreih des and einwirken kann. Dies ist im EinzFall nach den für das RVerhältn geltden gesetzl Vorschr zu beurteilen (BGH NJW **80**, 889). Das RVerhältn muß zw den Part bestehen u ihrer VfgsBefugn unterliegen (BGH **14**, 381/387; s a Rn 6). Bsp: AusleggsVergl (Rn 6); Vergl über StationiergsSchaden zw Geschädigten u der zust Beh (BGH **39**, 60), über EnteigngsEntschädigg im EnteigngsVerf (BGH NJW **72**, 157), Einigg zw StrBaulastträger u GrdstEigtümer über Entgelt für Grdst nach Abschl des PlanfeststellgsVerf (BGH NJW **72**, 2264). Dagg liegt im Verk eines Grdst für Straßenbauzwecke vor Einleitg des PlanfeststellgsVerf kein Vergl, weil zw den Part noch kein RVerhältn besteht (BGH **59**, 69). Der ungewisse Anspr kann künft, bdgt od betagt sein.

6 **c) Dispositionsbefugnis der Parteien über das Rechtsverhältnis.** Der Vergl ist nur wirks, wenn das RVerhältn der DispositionsBefugn der Part unterliegt. – **aa) Nichtigkeit.** Unwirks sind Vergl, wenn zwingde RSätze entggstehen, zB über StatusVerhältn wie Ehe (BGH **15**, 190), Abstammg (RG **164**, 62), über den Nachl eines noch leb Dritten (§ 312), über den gesetzl UnterhAnspr der Verwandten für die Zukunft, § 1614; and bei Vergl über den UnterhAnspr für die Zeit nach der Scheidg, § 1585 c. Ein nicht bestehedes ErbR kann dch den Vergl nicht mit dingl Wirkg begründet werden (BayObLG **66**, 233, § 2359 Rn 1), die Beteil können darin aber über erbrechtl GestaltgsR (Ausschlagg, Anfechtg) verfügen (BayObLG **97**, 217) od sich verpflichten, sich ggs entspr einem best Erg hins Wirksamk u Auslegg eines Testaments zu stellen (AusleggsVergl, § 2385 Rn 2). Ebso können unabdingb arbrechtl Anspr nicht Ggst eines Vergl sein, zB MindUrl (BUrlG 13),

Tariflohn (§ 611 Rn 69). Der Vergl kann im EinzFall wg Verstoßes gg das GWB nichtig sein (näher Schmidt JuS **78**, 736); das gilt aber nicht für einen Vergl über einen UnterlAnspr, wenn ein ernsth, obj begründeter Anlaß zur Bejahg dieses Anspr besteht u die wettbewbeschränkden Abreden sich innerh der Grenzen desjen halten, was bei obj Beurteilg ernstl zweifelh sein kann (BGH **65**, 147). Ferner schränken Vorschr des AktG (50, 53, 93 IV, 309 III) u des GmbHG (9b I) die VerglBefugn ein. – **bb) Rechtskräftiges Urteil.** Ist das 7
RVerhältn durch rechtskr Urt festgestellt, so ist eine anderw Vereinbg der Part über dasselbe RVerhältn kein Vergl, sond Begr eines neuen RVerhältn. And nur dann, wenn über den UrtInhalt (Auslegg) od über die Durchsetzg des Urt Streit od Ungewißh herrscht. Dann ist Vergl mögl, der aber nicht das Urt beseitigen kann, sond nur eine mit der VollstrGegenklage geltd zu machde Einr gibt. – **cc)** Vergl zur **Abwendung eines** 8
Strafverfahrens ist, soweit es sich um AntrDelikte handelt, zul, sofern nicht im Einzelfall sittenwidr. Aus einem Vergl auf Rückn des StrafAntr kann auch auf Erf geklagt werden (BGH NJW **74**, 900).

4) Gegenseitiges Nachgeben. Der Ausdr ist nicht im jur-technischen Sinne, sond nach dem SprachGebr 9
des Lebens aufzufassen (BGH **39**, 60). – **a) Nachgeben** bedeutet Zugeständn irgdwelcher Art, um zu einer Einigg zu kommen (BGH NJW **70**, 1122/1124). Es genügt daher jedes Opfer, das eine Part auf sich nimmt, mag es auch ganz geringfüg sein (BGH **39**, 60), od mag obj ein Opfer gar nicht vorliegen; also auch Verz auf vermeintl Anspr (BGH **1**, 57). Es genügt, daß die Part sich ohne längere AuseinandS od ggs Feilschen auf eine best Geldsumme einigen (BGH **39**, 60), od daß eine Seite den Anspr ganz befriedigt od aufgibt u die and eine GgLeistg and Art übernimmt. Es ist nicht erfdl, daß das Nachgeben sich gerade auf das streit od ungewisse RVerhältn bezieht (Warn **30** Nr 89). Ein Nachgeben liegt auch in einer Stundg, Einräumg von Teilzahlgen (s aber Rn 10), Übern der Kosten od Herabsetzg des Zinsfußes; nicht aber in der bloßen „Abrechng" des Schädigers über den für obj gerechtf gehaltenen Betr ohne die MehrFdgen des Geschädigten, deren Einklagg diesem überlassen bleibt (BGH NJW **70**, 1122). Liegt tats ein Nachgeben vor, so ist unerhebl, daß die eine Part ihre Leistg als freiw Zuwendg bezeichnet. – **b) Gegenseitig** bedeutet, daß jeder Teil nachgibt, weil auch 10
der and dies tut (Mü NJW **69**, 1306). Kein Vergl, wenn nur eine Partei nachgibt, so bei bloßem Anerkenntn (BGH MDR **98**, 1092) od Verzicht; bei Stundg od TeilzahlgsGewährg ohne GgLeistg (RG **146**, 358), wofür die bloße Bereitsch des rechtskr verurteilten Schu zur Zahlg nicht genügt (Zweibr MDR **99**, 383). Doch kann es sich um ggs Zugeständn handeln, wenn der Schu ein schriftl Anerk erteilt u der Gläub dafür auf die Erwirkg eines Titels verzichtet (BGH **39**, 60).

5) Wirkung des Vergleichs. – a) Regelmäßig keine Umschaffung. Der Vergl verändert das urspr 11
RVerhältn nur, soweit er streit od ungewisse Pkte regelt, iü läßt er es nach Inhalt wie RNatur idR weiterbestehen (BGH NJW-RR **87**, 1426), wichtig insb für gegebene Sicherh sowie Einwdgen wie Ausschl- od VerjFr (LAG Berlin MDR **99**, 168). Für die im Vergl selbst eingegangenen LeistgsPfl schafft er allerd eine neue RGrdl, die insow ein Zurückgreifen auf den alten Vertr nicht mehr erlaubt (BGH WM **79**, 205 für Einr der Verj). Umschaffd wirkt der Vergl nur bei entspr Vereinbg, die sich in AusnFällen auch aus den Umst ergeben kann; dann tritt ein neues SchuldVerhältn an die Stelle des alten, zB dch Begr eines neuen selbstd SchuldVerspr (§§ 780, 781), dch echte (§ 607 Rn 15–18) Umwandlg in ein Darl (§ 607 II) od wenn der urspr Anspr bereits verj war. In diesem Fall erlöschen die früher gegebenen Sicherh.

b) Über das streitige Rechtsverhältnis hinaus kann der Vergl and RBeziehgen der Part einbeziehen. 12
Ein Vergl über alle ggs Anspr erstreckt sich bei interessengerechter Auslegg idR nicht auf zZ des VerglAbschl unbekannte Anspr, im EinzFall kann der erkennb erklärte PartWille aber dahin gehen (Celle VersR **98**, 738: Anspr aus der PflVers bei vor deren Inkrafttr geschl Vergl). – In einem Abgeltgs- od **Abfindungsvergleich** übernimmt der Berecht das Risiko, daß die für die Berechng der Kapitalabfindg maßg Faktoren auf Schätzgen u unsicheren Prognosen beruhen (BGH NJW **84**, 115). Zunächst ist dch Auslegg die Tragweite des Verzichts auf künft Anspr, insb wg Spätfolgen zu ermitteln (BGH **LM** Nr 11, 16). Der klare Wortlaut solcher AbfindgsVergl läßt eine einschränkde Auslegg idR nicht zu, so daß meist jede NachFdg für unvorhergesehene Schäd ausgeschl ist. Zu AusglKlauseln bei Beendigg eines DienstVerh s § 397 Rn 10 u Düss NZG **98**, 33. Unzul RAusübg Rn 24. Ein RA darf einen bindden AbfindgsVergl mit nicht unerhebl Tragweite idR nur schließen, wenn sein Mandant hierüber belehrt ist u zugestimmt hat (BGH NJW **94**, 2085). – Der **Sanierungsvergleich** ist bindd nur für die Gläub, die ihn geschl haben, die and können ihren Anspr weiter verfolgen (BGH **116**, 319).

6) Unwirksamkeit des Vergleichs nach § 779 ist ein gesetzl geregelter Sonderfall des Fehlens der 13
GeschGrdl (BGH NJW-RR **94**, 434). Deren Grds bleiben anwendb, wenn die Vorauss des § 779 nicht od nicht voll erfüllt sind (§ 242 Rn 169). Die Unwirksamk setzt voraus, daß der nach dem Inhalt des Vergl als feststehd zugrunde gelegte Sachverhalt der Wirklichk nicht entspricht, u daß der Streit oder die Ungewißh bei Kenntn der Sachlage nicht entstanden wäre. Sie scheidet aber aus, wenn die Partner die RFolgen eines solchen Mangels im Vergl ausdr geregelt haben (BGH WM **71**, 1120).

a) Als feststehend zugrunde gelegt ist der Sachverhalt, der sich außerh des Streits od der Ungewißh 14
befindet (BGH DB **76**, 141). Maßg ist danach die übereinstimmde Auffassg beider Part über den (der Wirklichk nicht entspr, Rn 17) Sachverhalt (BGH WM **64**, 545). Nicht erfdl ist Wissen der einen Part, daß die and denselben Sachverhalt zGrd gelegt hat, wenn dies auch meist der Fall sein wird. Im Ggs hierzu steht es, wenn der rechtl oder tats Irrt sich auf einen Umst bezieht, der vor dem Vergl als streitig oder ungewiß angesehen wurde u Ggst der Streitbeilegg war (BGH NJW **59**, 2109). Insow übernehmen die Part für ihnen ungünst Abw das Risiko, der Vergl ist daher weder unwirks noch wg Irrt anfechtb. Ebso wenn der Irrt den Inhalt des Vergl selbst betrifft; dann liegt gewöhnl GeschIrrt vor, der den allg AnfVorschr nach §§ 119ff unterliegt (Rn 26–28).

b) „Sachverhalt" ist nicht wörtl zu verstehen. Daher nicht nur reine Tats, sond auch das Bestehen eines 15
VersVerhältn (RG **112**, 215) od gängige RBegriffe wie Eigt. Ob das nur für den RIrrt gilt, der Tats mit für den VerglAbschl erhebl Bedeutg umschließt (so BGH **25**, 394), od auch für den reinen RIrrt, ist umstr. Die Abgrenzg des reinen RIrrt vom TatsIrrt in diesem weiten Verständn ist praktisch oft gar nicht mögl. Desh sollten zum Sachverhalt alle Verhältn tats u rechtl Art gerechnet werden, die die Part dem Vergl als feststehd

zugrunde gelegt haben, also auch der reine RIrrt in bezug auf die streit RLage (MüKo/Pecher Rn 64, Soergel/Lorentz Rn 20, Tüb NJW-RR **97**, 472). Der Irrt muß das ggwärt Bestehen des Sachverh betreffen, nicht die zukünft Entwicklg (BGH WM **85**, 32), wie etwa den Fortbestand einer best Rspr (BGH **58**, 355/
16 362). – Ist ein Vergl geschl, obwohl ein inzw erlassenes **rechtskräftiges Urteil** den Streit entscheidet, so gilt: Waren die Part übereinstimmd von der unricht Sachlage ausgegangen, daß der Proz noch schwebe, so ist Vergl unwirks; haben sie dagg an die Möglichk der UrtExistenz gar nicht gedacht od haben sie zwar daran gedacht, wollten aber den Streit in jedem Fall durch Vergl beendigen, so ist der Vergl wirks (RGRK/Steffen Rn 43). – Kein Irrt über den Sachverhalt, wenn die Part von Formwirksamk eines GrdstVertr ausgehen, dessen Nichtigk rückwirkd geheilt ist (BGH NJW **81**, 2803).

17 **c) Unrichtig** ist der zugrundegelegte Sachverhalt, wenn die Vorstellg der Part von der Wirklichk abweicht. Dafür genügt obj Unrichtigk, nicht erfdl ist, daß Parteien die Unrichtigk der VerglGrdl später anerkannt haben (RG **112**, 215).

18 **d) Streit oder Ungewißheit, die bei Kenntnis der Sachlage nicht entstanden sein würden.** Der beiderseit Irrt über den dem Vergl zugrundegelegten Sachverhalt muß sich auf einen streitausschließden Umst beziehen. Dabei kommt es nicht darauf an, daß überh kein Streit od keine Ungewißh entstanden sein würde, vielm ist entscheidd, ob ohne den Irrt gerade der Streit od die Ungewißh, die die Part beseitigen wollten, nicht entstanden sein würde (RG **122**, 203). Ands genügt nicht die Feststellg, daß es bei Kenntn der Sachlage zu einem Vergl and Inhalts gekommen wäre (RG **149**, 140). Es ist vielm erfdl, aber auch genügd, daß bei Kenntn des wirkl Sachverhalts der Streit od die Ungewißh, die der Vergl beseitigen wollte, nicht entstanden wären, die Parteien deshalb zu dem Abschl gerade des geschl Vergl keinen Anlaß hatten. Bezog sich Irrt nicht
19 auf streitausschließde Umst, so ist § 779 grdsätzl unanwendb (BGH **LM** Nr 2); s a Rn 26. – **Beispiele.** Vergl über Erb- oder NachlAnspr unter der unricht Ann der Gültigk eines Test (s a Rn 6); über Eigt an einer Sache, die in Wirklichk einem Dritten gehört; über die Löschg einer Hyp, wenn sich herausstellt, daß sie einem Dritten zustand (RG **114**, 120). Irrtüml Ann, es bestehe VersSchutz (RG **112**, 217). Vergl über die Höhe einer GeldFdg, wenn der übereinstimmd vorausgesetzte Grd des Anspr nicht besteht (Ffm WM **87**, 188). –
20 Das **Auffinden neuer Beweismittel** für die Richtigk einer od der and Behauptg, welche Ungewißh od Streit verursacht haben, führt im allg nicht zur Unwirksamk des Vergl (BGH WM **75**, 566), da die Part idR nicht die obj Nichtexistenz der BewMittel, sond die Tats, daß ihnen kein BewMittel zur Vfg stand, als gegeben vorausgesetzt haben; anders nur, wenn sie die obj Nichtexistenz zur VerglGrdl gemacht haben.

21 **7) Rechtsfolge der Unwirksamkeit.** Bei Teilwirksamk gilt § 139 (Köln OLGZ **72**, 42/49). Die Unwirksamk beschr sich grdsätzl auf den Vergl selbst als schuldrechtl Vertr, erfaßt nicht die abstr ErfGesch, gleichgült, ob sie nachträgl vorgenommen wurden od im Vergl mitenthalten sind (Rn 1 a, § 139 Rn 7–9). Erf heilt die Unwirksamk des Vergl nicht (RG **79**, 240).

22 **8) Unwirksamkeit des Vergleichs aus anderen Gründen.** – **a)** Die **allgemeinen Nichtigkeitsgründe** gelten auch für den Vergl. Die Nichtigk des AusgangsRVerh macht den Vergl nicht ow nichtig. Er ist wirks, wenn er ernstl Streit od verständl Zweifel über die Wirksamk des AusgangsRVerh beseitigen soll (BGH NJW **63**, 1197, BGH **65**, 147). Er ist unwirks, wenn er einer Part die Vorteile aus einem verbotenen od sittenwidr Gesch erhalten oder verschaffen soll (BGH WM **89**, 1478) od wenn er selbst gg §§ 134, 138 verstößt. Soweit es dabei auf ein auffäll MißVerh ankommt, ist nicht auf die beiders übernommenen LeistgsPfl,
23 sond auf das Maß des beiderseit Nachgebens abzustellen (BGH NJW **64**, 1787 u BB **66**, 1323). – **b) Feh-**
24 **lende Dispositionsbefugnis** der Part über das RVerhältn s Rn 6–8. – **c) Unzulässige Rechtsausübung, Wegfall der Geschäftsgrundlage** s Rn 13 u § 242 Rn 38 ff, 153 (AbfindgsVergl), 169. Auch Geldwertschwund, so daß der Vergl seinen VersorggsZweck nicht mehr erfüllt, kann eine Anpassg erfdl machen (BGH
25 **105**, 243). – **d) Bedingung.** Der Vergl ist unwirks bei NichtEintr einer aufschiebden u bei Eintr einer auflösden Bdgg. Ohne Eintr einer derart Bdgg ist ein mit GroßGläub vereinb SaniergsVergl wirks, auch wenn weitere KleinGläub nicht zustimmen u nachträgl befriedigt werden sollen (BGH WM **85**, 1151). Treuwidr Einwirkg auf Eintr bzw NichtEintr der Bdgg kann die Wirksamk des Vergl nicht verhindern (BGH WM **89**, 868).

26 **9) Anfechtbarkeit des Vergleichs.** ZusTreffen von Anfechtbark mit Nichtigk Übbl 35 v § 104. – **a) Geschäftsirrtum.** Die allg Best über Anf (§§ 119 ff) bleiben dch § 779 unberührt. Bei Irrt in der ErklHdlg (Versprechen, Verschreiben, BerechngsIrrt) finden die allg Vorschr Anwendg. Das gleiche gilt bei Irrt über verkehrswesentl Eigensch einer Pers od Sache. Anfechtg erfordert unmißverständl Erkl, daß der Vergl gerade wg des Irrt vernichtet werden soll (BGH WM **65**, 234). Ausgeschl von der Anfechtg ist in jedem Fall ein Irrt, der sich auf einen dch den Vergl erledigten umstrittenen oder ungewissen Punkt bezieht (RG **162**, 201). Doch bleibt in diesen Fällen zu prüfen, ob nicht unzul RAusübg vorliegt (Rn 24).

27 **b)** Bei **arglistiger Täuschung** ist die Anf nach § 123 auch dann zul, wenn es sich um eine Unsicherh od einen Streitpunkt handelt, die dch den Vergl beseitigt werden sollten. AnfGrd ist jede Täuschg, die den Getäuschten zu dem Vergl bestimmt hat, den er ohne sie nicht abgeschl hätte (BGH NJW **99**, 2804). Es genügt, wenn der Getäuschte mit einer Täuschg in geringerem Umfang als tats gegeben gerechnet hat; dagg nicht, wenn er den Vergl oRücks auf den Umfang der Täuschg abgeschl od diesen gekannt u sich trotzdem zum Abschl entschlossen hat (BGH DB **76**, 141).

28 **c) Drohung.** Für die Frage der Widerrechtlichk der Drohg (§ 123 Rn 19–22) kommt es nicht darauf an, ob Anspr auf VerglAbschl bestand, sond ob die Fdg, über die der Vergl geschl werden sollte, bestand oder mind gutgl als bestehd angesehen wurde. Die Drohg kann auch von einem Dritten ausgehen, nicht aber von einem Ger dch die Ankündigg, es werde ein bereits beschlossenes, der Part ungünst Urt verkünden, wenn sie sich nicht vergleiche (so aber BGH NJW **66**, 2399; abl MüKo/Pecher Rn 37 Fn 145, RGRK/Steffen Rn 52 mwN, Soergel/Lorentz Rn 26).

29 **10)** Auch der **Prozeßvergleich** (ZPO 81, 83, 98, 160 III Nr 1, 279, 794 I Nr 1; Vergl im SchiedsVerf ZPO 1053) fällt unter § 779, weil es sich sowohl um eine ProzHdlg wie um ein matrechtl RGesch handelt (BGH **28**, 171). Im RAProz braucht der ledigl einem ProzVergl beitretde Dritte nicht dch einen RA vertreten

zu sein (BGH **86**, 160). Ein aus prozrechtl Gründen unwirks Vergl kann als außergerichtl Vergl aufrechterhalten werden, wenn dies dem mutmaßl PartWillen entspricht (BGH NJW **85**, 1962). Keine Unwirksamk des Vergl, wenn Gericht nicht ordngsgem besetzt war (BGH **35**, 309). WiderrufsVorbeh innerh best Frist als aufschiebde Bdgg (BGH **88**, 364) ist mögl. Adressat u Form des Widerrufs richten sich nach der Vereinbg im ProzVergl (BGH NJW-RR **89**, 1214), bei fehlder Vereinbg ggü Ger od Gegner (Kblz MDR **97**, 883). FrBerechng gem §§ 186 ff (Schneider MDR **99**, 595). Die Nichtausnutzg einer Widerrufsmöglichk ist keine WillErkl, also nicht anfechtb (Celle VersR **69**, 930).

a) Form s Th-P § 794 Rn 11, VwGO 106. Vereinb Protokollierg § 154 Rn 4. 30

b) Streit über die Wirksamkeit aus verfrechtl Grden ist dch Fortsetzg des alten Verf auszutragen, indem 31
die Part, die den Vergl für unwirks hält, TerminsAntr mit dieser Begr stellt. Das Gleiche gilt für den Streit über die anfängl matrechtl Unwirksamk des Vergl, zB wg Nichtigk, Anfechtg (BGH **28**, 171), (Nicht)Eintr einer Bdgg (BGH **46**, 278 u NJW **72**, 159: Wirksamk eines vorbehaltenen Widerrufs); ferner für die Rückerstattg von aGrd des Vergl erbrachten, auf den StreitGgst des UrsprVerf bezogenen Leistgen (BGH NJW **99**, 2903). Dagg ist eine neue Kl zul, wenn die Beendigg des urspr RStreits nicht in Frage gestellt wird. So bei Streit nur über einen Punkt, der nicht StreitGgst des UrsprVerf war (BGH **87**, 227); bei Einwdgen nur gg den Fortbestand des Vergl aGrd nachträgl Ereignisse wie Rücktr aus § 326 (aA Hbg NJW **75**, 225), Aufhebg (BGH **41**, 310; aA BAG NJW **83**, 2212), Fehlen (BGH NJW **86**, 1348) bzw Wegfall (BGH NJW **66**, 1658) od Veränderg der GeschGrdl (BGH WM **72**, 1442); bei GeltdMachg der Unwirksamk in einer and VerfArt, zB bei Vergl in Verf nach ZPO 620 ff (Köln MDR **71**, 671) u in Arrest- u einstw VfgsVerf (Hamm MDR **80**, 1019 für den Fall, daß der Vergl mehr als das EilVerf erledigt). Die Frage, ob das alte Verf fortzusetzen ist od nicht, unterliegt nicht der PartVereinbg (BGH **41**, 310; aA BAG NJW **83**, 2212). Bringt die Fortsetzg des alten Verf das Erg, daß der Vergl wirks ist, so ist im Urt auszusprechen, daß der RStreit dch den Vergl erledigt ist (BGH DB **71**, 2406). IF dieser rechtskr Feststellg ist, weil der ProzVergl trotz seiner Doppelnatur eine untrennb Einh bildet, auch die in ihm enthaltene matrechtl Regelg unangreifb, auch soweit sie über den StreitGgst hinausgeht; dh die Part kann nicht in einem späteren Proz mit dem näml Vortrag die matrechtl Unwirksamk des Vergl geltd machen (BGH **79**, 71; aA Pecher ZZP **84**, 139). Die (Un)Wirksamk kann auch Ggst einer Zwischenfeststellgs(Wider)Kl sein. Für sie besteht, solange die Hauptsache noch nicht vollst erledigt ist, ein RSchutzBedürfn oRücks darauf, ob es in der Hauptsache noch besteht, jedenf dann, wenn mit ihr der Vergl als VollstrTitel beseitigt werden soll (BGH MDR **74**, 567). Bei MitErledigg eines and Verf in einem ProzVergl kann die Wirksamk des Vergl, der Ggst nur des and Verf war, auch in dem and Verf geklärt werden (BGH **87**, 227). Betrifft der Streit nur einen Ggst, der auch in einem and Verf noch nicht rechtshäng war, kann die Wirksamk auch in einem neuen Verf geklärt werden, in dem eine Part Rechte aus dem Vergl geltd macht; dort kann auch ZwischenfeststellgsKl auf Unwirksamk des GesamtVergl erhoben werden (BAG DB **82**, 500). – Gg die Zulässigk der ZwVollstr aus dem Vergl ist VollstrGgKl nach ZPO 767 zu erheben, zB wenn nachträgl Wegfall der ZahlgsVerpfl behauptet wird (BGH BB **67**, 981); dies auch dann, wenn als Vorfrage dafür eine Auslegg des ProzVergl erfdl ist (BGH NJW **77**, 583). RSchutzBedürfn für VollstrGgKl fehlt aber, soweit sie auf Unwirksamk des ProzVergl gestützt ist u diese dch Fortsetzg des alten Verf geklärt werden kann (BGH NJW **71**, 467). Diejen Part, die den Vergl für wirks hält, hat weder für einen TerminsAntr noch für eine selbstd FeststellgsKl (hier aA Ffm MDR **75**, 584) ein RSchutzBedürfn, denn sie kann aus dem ProzVergl vollstrecken u abwarten, daß die and Part ihn zu beseitigen sucht. – **Streit über die Auslegung** 32
eines ProzVergl ist nicht dch Fortsetzg des alten, sond in einem neuen Proz mit Feststellgs- od, wenn es sich dort um eine Vorfrage handelt, mit Leistgs- od VollstrGgKl (BGH WM **77**, 204) auszutragen.

c) Abänderbarkeit des ProzVergl nach ZPO 323 IV, für UnterhAnspr auch gem ZPO 655 u hins vor dem 33
1.7.98 geschl Vergl Art 3 KindUG v 6.4.98 (BGBl 666). Anpassg gem § 242 s Rn 24.

11) Der Anwaltsvergleich (ZPO 796 a ff) fällt ebenf unter § 779, weil er ein matrechtl RGesch ist. Er 34
kann mit Zust der Part nunmehr auch dch einen Notar verwahrt u für vollstreckb erklärt werden (ZPO 796 c). Gebühren s Enders JurBüro **98**, 337.

Zwanzigster Titel. Schuldversprechen. Schuldanerkenntnis

780 *Schuldversprechen.* **Zur Gültigkeit eines Vertrags, durch den eine Leistung in der Weise versprochen wird, daß das Versprechen die Verpflichtung selbständig begründen soll (Schuldversprechen), ist, soweit nicht eine andere Form vorgeschrieben ist, schriftliche Erteilung des Versprechens erforderlich.**

1) Schuldversprechen und Schuldanerkenntnis. – a) Abgrenzung und Zweck. Selbständ Schuld- 1
Verspr (§ 780) u -Anerk (§ 781) unterscheiden sich nur äußerl dch die Formulierg der Erkl, inhaltl u in der Praxis gehen sie ineinander über. Sie bieten dem Gläub größere Sicherh wg ihrer Unabhängigk von dem zGrd liegden KausalVerh u erleichtern im Proz KlageBegr u Bew u damit die Durchsetzg des Anspr. Einz AnwendgsFälle s § 781 Rn 7–10. – **b) Rechtsnatur.** Selbständ SchuldVerspr u -Anerk sind ein einseit 1 a
verpflichtder, **abstrakter Vertrag** (Einf 2 v § 320 u Übbl 21 v § 104). Darin geht eine VertrSeite eine selbständ, von dem zGrd liegden KausalVerh losgelöste Verpfl ein. Diese ist, and als beim GarantieVertr (Einf 16 v § 765), nicht nur auf Schadloshaltg gerichtet. Kein Vertr ist eine einseit, vom Gläub nicht angenommene Erkl des Schu; sie begründet daher keine selbständ Verpfl iSv §§ 780, 781, ist nicht kondizierb gem § 812 II, kann aber als BewMittel für das Bestehen der anerkannten Verpfl od zur Unterbrechg der Verj (§ 208) Bedeutg haben (s a § 781 Rn 6). Erfdl ist die Einigg der Part auch über die selbständ Natur der Verpfl (BGH NJW **99**, 574; Rn 3–5). Das gilt unabhäng vom Gesetzeswortlaut nicht nur für das SchuldVerspr (s § 780 Halbs 1), sond auch für das SchuldAnerk iSv § 781 (MüKo/Hüffer Rn 3, 4). Geht der PartWille nur dahin, eine rechtl od tats zweifelh Fdg zu bestätigen u gg Einwdgen zu sichern, liegt ein (nicht §§ 780, 781 unterliegder) SchuldbestätiggsVertr vor (§ 781 Rn 3–5), evt auch ein Vergl (§ 779). – **c) Verhältnis zum** 1 b

Grundgeschäft. Werden SchuldVerspr od -Anerk zur Sichg einer bestehden Schuld erteilt, so geschieht dies iZw erfhalber (§ 364 II), der Gläub kann also auch auf das GrdGesch zurückgreifen (Rn 7). Ihre Abstrakth hat aber zur Folge, daß der Gläub oRücks auf Einwdgen aus dem GrdGesch Erf verlangen kann (Rn 9). Fehlt jedoch ein gült GrdGesch od ist Zweckerreichg unmögl od die Zweckvereinbg ungült, so ist Empf um das SchuldVerspr ungerechtf bereichert. Der Schu kann dann entweder Befreiung von der Schuld verlangen od Erf einredew verweigern, §§ 812, 821, wobei der Schu die BewL hat (Rn 11 ff). Öffrechtl Verpfl s Rn 3.

2 **2)** Der **Vertrag** (Rn 1 a) kann jede belieb Leistg zum **Gegenstand** haben; meist Leistg einer best Geldsumme. Bei unvertretb Sachen ist selbständ SchuldVerspr nur selten anzunehmen. Öffrechtl Verpfl s Rn 3. Umstellg auf Euro § 245 Rn 5 ff. – **Bedingung** (BGH WM **77**, 1027) od Befristg sind zul. Desh können SchuldVerspr u -Anerk von einer GgLeistg des Gläub abhäng gemacht werden. Sie können aber wg ihrer Abstrakth nicht auf eine Zug um Zug zu erbringde Leistg iR eines ggs Vertr gerichtet sein. Desh kann aus einem ggs Vertr nicht eine EinzBest herausgen u für sich allein als selbständ Anerk angesehen; doch kann über eine der zu einem ggs Vertr gehör Leistgen zusätzl ein selbständ SchuldAnerk abgegeben werden (RG **108**, 107; s a § 812 Rn 5). – Das SchuldVerspr kann auch zG eines Dr erteilt werden (Mü OLGZ **66**, 386).

3 **3) Selbständige Begründung der Verpflichtung. – a) Grundlage** des selbständ SchuldVerspr u -Anerk kann eine LeistgsVerpfl aus jedem privrechtl SchuldVerhältn sein. Daß der Anspr aus dem GrdGesch bereits verj war, hat auf die Wirksamk keinen Einfluß (BGH FamRZ **73**, 542), selbst wenn die Verj unbekannt war (BGH WM **86**, 429). Auch and unvollk Verbindlichk können Grdl sein (RG **160**, 138, RestFdg nach ZwangsVergl). Ebso **öffentlich-rechtliche Forderungen**, jedoch ist insow Zurückhaltg bei der Auslegg als abstr privrechtl SchuldVerspr od -Anerk geboten. Ist ein solches Verspr od Anerk an die Stelle eines sonst mögl VA, zB ErstattgsBescheid, getreten, sind für die ZahlgsKl des Gläub u die VollstrAbwehrKl des Schu die VerwGer zust (BGH **102**, 343, WM **94**, 1351).

4 **b)** Ob eine neue **selbständige Verpflichtung** iSv §§ 780, 781 neben der GrdVerpfl nach dem Willen der Part begründet werden soll, ist AusleggsFrage. Anzunehmen ist dies nur, wenn die mit dem Verspr übern Verpfl v ihren wirtsch u rechtl ZusHängen losgelöst u rein auf den LeistgsWillen des Schu gestellt werden soll (BGH NJW **99**, 574), so daß der Gläub sich zur Begr seines Anspr nur auf das Verspr od Anerk zu berufen braucht (BGH NJW **76**, 567). Entsch ist der aus dem Wortlaut, dem Anlaß u dem wirtsch Zweck des Vertr, der beiderseit Interessenlage, der allg VerkAuffassg über die Bedeutg eines solchen Ausspruchs u den sonstigen, auch außerh der Urk liegden Umst des Falles zu ermittelnde PartWille (BGH NJW-RR **95**, 1391). Dieser darf nicht nur auf Bestätigg einer bestehden Verpfl (sonst SchuldbestätiggsVertr, § 781 Rn 3–5) od Schaffg einer BewUrk (§ 781 Rn 6), sond muß auf Begr einer vom GrdGesch losgelösten Verpfl wenigstens dem Grde nach gerichtet sein. Eine Vermutg besteht weder für noch gg VorhSein eines selbständ SchuldVerspr od Anerk. Einzelh s a § 781 Rn 2–10. – Ist im **Inhalt der Urkunde** der VerpflGrd nicht genannt, ist dies ein gewicht Indiz für ein selbständ SchuldVerspr (BGH NJW **99**, 574). Ist er erwähnt, kann sich aus sonstigen Umst ergeben, daß nicht nur BewUrk, sond ein selbständ SchuldVerspr gewollt ist (BGH BB **62**, 1222: „Darlehen"); das gilt insb dann, wenn der VerpflGrd nur ganz allg angegeben ist. Ist er dagg best u genau bezeichnet (zB als Morgengabe, BGH NJW **99**, 574), so bedarf es bes, vom Gläub zu beweisder Umst, wenn trotzdem ein selbständ SchuldVerspr vorliegen soll (RG **142**, 306). Enthält die Urk wahrheitswidr Angaben, zB hins eines in Wirklichk nicht gegebenen Darl, deutet dies auf selbständ SchuldVerspr (BGH BB **62**, 1222) od Anerk hin, ebso wenn wahrheitswidr eine schuldbegründde Tats anerkannt wird wie bei der Bestätigg, ein Darl erhalten zu haben (BGH NJW **80**, 1158). – Der **Zweck** des RGesch bietet häuf einen wicht Anhaltspunkt. So wenn er ersichtl auf Erleichterg der KlageBegr gerichtet ist. HilfsGesch, die lediglich der Sichg
5 einer bestehden Verbindlichk dienen, enthalten idR kein selbständ Verspr. – Formnicht Urk können uU dch **Umdeutung** als selbständ SchuldVerspr od -Anerk aufrecht erh werden, so der formnicht Eigenwechsel (BGH NJW **88**, 1468), die wechselrechtl unwirks Verpfl des Akzeptanten auf einem gezogenen Wechsel (BGH **124**, 263), die vom GeschF einer GmbH unterzeichnete Erkl „pers haftd" auf der Rücks eines von dieser begebenen Wechsels ohne AusStUnterschr (Zweibr BB **98**, 181); and bei unwirks Erkl des AusSt u Indossanten u (wg ScheckG 4) bei der AnnErkl auf einem Scheck; s § 140 Rn 12. – **Beispiele** für abstr SchuldVerspr: Bestätigg eines Akkreditivs (Einf 12 v § 783), ebso akkreditivähnl bankbestätigte ZahlgsAnw (Schlesw WM **80**, 48); InhSchVerschr (§ 793 Rn 2). Weitere EinzFälle s § 781 Rn 7–10.

6 **4) Schriftform** (§ 126) der Erkl des Versprechden od Anerkennden ist WirksamkVorauss. Nicht auch der Erkl des Empf, diese kann schlüss abgegeben werden (BGH NJW **91**, 228). Zweck ist RSicherh dch Schaffg klarer BewVerhältn (BGH **121**, 1 für Anerk). Inhaltl ist kein ausdr Verspr od Bekenntn der Schuld erfdl (BGH WM **76**, 907); jede Erkl in der Urk genügt, aus der sich der Gläub u der Wille zur Begr einer vom bisher SchuldGrd gelösten, ihrem Inhalt nach ggf dch Auslegg bestimmb neuen Fdg ergibt (Staud/Marburger Rn 8). Ausr Brief od Postkarte, sofern § 126 erfüllt ist. Wirks erst mit Erteilg (wie § 766 Rn 4), dh Überg od Zugang der Urk an Gläub mit Willen des Schu; bis dahin Widerruf mögl. Ers der Schriftform s § 127 a. Mündl Nebenabreden können nach allg Grds gült sein. Bei Formnichtigk ist unter den Vorauss des § 140 Umdeutg in SchuldbestätiggsVertr (§ 781 Rn 3–5) mögl. – **Strengere Form.** Wenn and Vorschr best Form des LeistgsVerspr vorschreiben, gilt dies auch für das selbständ SchuldVerspr, ggf für den ganzen Vertr, zB notarielle Beurk in §§ 311, 312 II, 313. § 518 I S 2 (dort Rn 6) verlangt not Beurk, wenn das SchuldVerspr od Anerk schenkw erteilt wird (BGH WM **76**, 1053). Das ist auch der Fall bei einem bewußt wahrheitswidr SchuldVerspr od -Anerk ohne GgLeistg (BGH NJW **80**, 1158). – **Keine Form** für SchuldVerspr u -Anerk eines Kaufm, HGB 350, u iF des § 782.

7 **5) Wirkung.** Das selbständ SchuldVerspr od -Anerk begründet konstitutiv eine neue Verpfl (Rn 1 a). Es tritt idR schuldverstärkd neben das GrdSchVerhältn, u zwar erfhalber (§ 364 II) zur Erleichterg der RVerfolgg, wirkt also nicht schuldumschaffd (Mü NJW-RR **88**, 950). Dch Befriedigg der einen Schuld wird zugleich die and aufgeh, der Gläub kann nur einmal Zahlg verlangen. – Das SchuldVerspr kann auch (AusleggsFrage, nach der Interessenlage der Part selten; s § 364 Rn 6) schuldumschaffd in der Weise erteilt werden, daß es an ErfStatt gegeben wird (§ 364 I), od daß es in sonstiger Weise das GrdVerhältn abändert u anderw feststellt. –

Die Verj des Anspr aus dem GrdVerh wird dch die in dem SchuldVerspr od -Anerk liegde Anerkenng unterbrochen (§ 208).

6) Einwendungen gegen das Schuldversprechen selbst. Es gelten die allg Vorschr wie §§ 104 ff, 119 ff, 126, 133, 134, 157, 242. Ein SchuldVerspr od -Anerk kann gem § 138 nichtig sein im Hinbl auf die Höhe des anerkannten Betr u die Umkehr der BewL für das Bestehen entspr Anspr aus dem GrdGesch (BGH NJW **87**, 2014, § 138 Rn 53; das übersieht Rostock WM **95**, 1680), außerd wg Überforderg des Schu (Köln MDR **95**, 1135; s § 138 Rn 36 ff). In AGB kann es gg AGBG 9 (dort Rn 51, 128) verstoßen, zB das Verspr, das ein Dr formularmäß zur pers Haftg für eine GrdSch übernimmt (Oldbg NJW **85**, 152), hingg nicht gg AGBG 11 Nr 15 (BGH **99**, 274). Formnichtigk s Rn 6. – Für die **Verjährung** des Anspr aus dem Schuld-Verspr od -Anerk gilt § 195, auch bei kürzerer Verj für das GrdGesch (and bei bloß deklarat Anerk, § 781 Rn 3–5). Angabe des SchuldGrdes in der Urk kann auf die Vereinbg der kürzeren VerjFr auch für das selbständ SchuldVerspr schließen lassen (RG **75**, 4). 8

7) Einwendungen aus dem Grundgeschäft können dem selbständ SchuldVerspr od -Anerk wg dessen Abstrakth nur begrenzt entgggesetzt werden. – **a) Nichtigkeit des Grundgeschäfts** berührt grdsätzl die Gültigk des selbständ SchuldVerspr od -Anerk (zum deklarat Anerk § 781 Rn 4) nicht; das gilt auch, wenn die zeitl vor der Abg von den Part getroffenen Vereinbgen gem §§ 134, 138 nichtig sind (RGRK/Steffen Rn 41; aA Staud/Marburger § 780 Rn 22, Esser/Weyers § 41 III 1 b, MüKo/Hüffer Rn 49). Zur Einr der ungerechtf Ber in diesen Fällen Rn 11 ff. 9

b) Ausnahmen von dem Grds der Selbständigk des SchuldVerspr od -Anerk enthalten §§ 656 II, 762 II, BörsG 59 für das zZw der Erf einer unvollk Verbindlichk aus Ehevermittlg, Spiel, Wette, DifferenzGesch abgegebene Verspr. S a § 518 I 2 zur Form (Rn 6) 10

c) Ungerechtfertigte Bereicherung. § 812 II stellt klar, daß SchuldVerspr u -Anerk, auch das negat, Leistgen iSv § 812 sind, die unter den Vorauss der §§ 812 ff der Rückforderg od der Einr aus § 821 (BGH NJW **91**, 2140) unterliegen, sofern nicht der Zweck des Verspr od Anerk entggsteht. – **aa) Bereicherungsanspruch bzw -einrede besteht,** wenn das selbständ Verspr od Anerk den Zweck haben, eine Schuld zu sichern (Rn 1 b), die in Wirklichk nicht entstanden od erloschen ist (BGH WM **70**, 1459; Saarbr MDR **98**, 828). BewL beim Schuldner. Außerd wenn der mit dem Vertr nach §§ 780, 781 bezweckte Erfolg nicht eintritt (BGH WM **63**, 666), zB Strafanzeige trotz Anerk zur Vermeidg einer solchen (Bonn NJW-RR **99**, 50). S a § 812 Rn 5. – **bb) Besteht nicht,** wenn die Auslegg ergibt, daß die neue Verpfl des Schu unter allen Umst oRücks auf eine früh Schuld begründet werden sollte; dann kann der Schu nicht einwenden, daß das urspr SchuldVerhältn nicht bestand (BGH WM **66**, 1280); zB wenn es bei rechtl od tats zweifelh od einredebehafteter Fdg Zweck der Vereinbg war, die Zweifel zu beseitigen u die Fdg festzustellen, also Einwdgen schlechthin auszuschließen (BGH WM **76**, 907, NJW **91**, 2210), wie bei einem vergleichsw (§ 779 Rn 4, 5) erteilten Verspr od Anerk (BGH NJW **63**, 2317). Ferner in den Fällen der §§ 813 II, 814, 817 S 2. Endl, wenn der Schu auf die Einr verzichtet hat, insb wenn das SchuldVerspr in Kenntn der Einr abgegeben ist, sowie bei Anerk eines verj Anspr (§ 222 II 2). Deklarat Anerk s § 781 Rn 4. 11 12 13

8) Beweislast. Kl braucht nur die Eingehg des selbständ SchuldVerspr od -Anerk nachzuweisen, Bekl trägt die BewL für Einwdgen aus dem GrdGesch (BGH WM **76**, 254). Ist die Selbständigk str, so hat nach allg Grds Kl dann die BewL für Selbständigk, wenn die Urk Angabe eines SchuldGrdes enthält. Umgekehrt bleibt Beklagtem der Nachw offen, daß es sich trotz Fehlens der SchuldGrdAngabe nur um SchuldbestätiggsVertr od um eine BewUrk handele. Schenkw Erteilg hat derj zu beweisen, der sich darauf beruft (BGH WM **76**, 1053). 14

781 *Schuldanerkenntnis.* **Zur Gültigkeit eines Vertrags, durch den das Bestehen eines Schuldverhältnisses anerkannt wird (Schuldanerkenntnis), ist schriftliche Erteilung der Anerkennungserklärung erforderlich. Ist für die Begründung des Schuldverhältnisses, dessen Bestehen anerkannt wird, eine andere Form vorgeschrieben, so bedarf der Anerkennungsvertrag dieser Form.**

1) Begriff, Abgrenzung. Die Anerkenng einer Schuld kann versch Inhalt haben: wie das SchuldVerspr (§ 780 Rn 1) die Begr einer neuen, von dem zGrd liegenden SchuldVerhältn unabhäng Verpfl (konstitut Anerk, Rn 2), die Feststellg einer bestehden Verpfl (deklarat Anerk, Rn 3–5), od nur die Erleichterg des Bew (Rn 6). § 781 meint nur das konstitut Anerk. **Nicht** darunter fallen auch das negative SchuldAnerk (§ 397 II) u Vertr, dch die nicht SchuldVerhältn, sond and RVerhältn (Eigt, FamRechte) anerkannt werden. Auch nicht das prozessuale Anerk, ZPO 307, u das rein tats Anerk (§ 208 Rn 2); dagg meinen §§ 222 II 2, 812 II das SchuldAnerk iSv § 781. – Welche Art des Anerk die Part gewollt haben, ist dch **Auslegung** ist zu ermitteln. Dabei sind vor allem der mit dem Anerk verfolgte Zweck, die beiderseit Interessenlage u die allg VerkAuffassg über die Bedeutg eines solchen Anerk maßg; eine Vermutg für den einen od and Inhalt gibt es nicht (näher § 780 Rn 4). Bsp Rn 7–10. 1

2) Das **konstitutive Schuldanerkenntnis** soll unabhäng von dem bestehden SchuldGrd eine neue selbständ Verpfl schaffen, auch für einen wg Anf nicht mehr bestehden Anspr (BGH NJW **95**, 960). § 781 meint nur dieses Anerk. Es unterliegt den zu § 780 dargestellten allg Regeln für abstr SchuldVertr (dort insb Rn 1 ff). – Ob ein deklarat od ein konstitut Anerk vorliegt, ist AusleggsFrage; zu den AusleggsGrds Rn 1, § 780 Rn 4. Auch hier ist nicht schlechthin entsch, ob der SchuldGrd genannt ist od nicht. Je genauer u bestimmter er allerd bezeichnet ist, desto weniger liegt selbständ Anerk nahe u umgekehrt (KG NJW **75**, 1326). Bsp Rn 7–10. – **Wirkung, Einwendungen** § 780 Rn 7 ff. 2

3) Das **deklaratorische Schuldanerkenntnis** (Bsp Rn 7–10) soll eine bereits bestehde Schuld ledigl bestätigen (SchuldbestätiggsVertr, kausales SchuldAnerk). Es setzt voraus, daß Streit od subj Ungewißh der Part über das Bestehen der Schuld od rechtserhebl Punkte besteht (BGH NJW **76**, 1259) u die Part mit der 3

Regelg das SchuldVerhältn insges od in einz Bez dem Streit od der Ungewißh entziehen wollen (BGH NJW **95**, 960). Der für den Abschl eines SchuldbestätiggsVertr erfdl bes Anlaß kann nicht schon in dem Abschl des zu bestätigden Vertr gesehen werden (BGH WM **84**, 62). Eine unbestr bestehde Fdg ist nicht Vorauss, das deklarat Anerk kann ein nur möglicherw bestehdes SchuldVerhältn als tats bestehd bestätigen u damit Zweifel od MeingsVerschiedenh der Part über den AnsprGrd u seine RGrdl beenden; in diesem Maß hat es eine potentiell konstitut Wirkg (BGH **66**, 250u NJW **80**, 1158), iü legt es nur das alte SchuldVerhältn fest. Außergen iR von VerglVerhandlgen beinhalten idR für sich gen keinen BestätiggsWillen (BGH MDR **98**, 25), wenn nicht gerade der angesprochene Punkt außer Streit gestellt werden soll (BGH NJW **98**, 1492: Beschl über Bestehen einer GesellschSchuld zZw der Bereinigg); jedoch ist der SchuldbestätiggsVertr uU
4 selbst Vergl od Teil eines Vergl (BGH NJW **63**, 2316). Das Anerk bedarf nicht der Form des § 781. – Die **Wirkung** des deklarat Anerk hängt vom Inhalt der Vereinbg ab u ist ggf AusleggsFrage. Entspr seinem Zweck schließt es idR alle Einwdgen tats u rechtl Natur für die Zukunft aus, die der Schu bei der Abg kannte od mit denen er mind rechnete (BGH WM **74**, 410). Verzicht auf unbekannte od künft Einwdgen ist mögl, aber regelm nur dann anzunehmen, wenn dies in der Erkl des Schu (auch für diesen unmißverständl) klar zum Ausdr kommt; bei der insow erfdl Auslegg ist entsch, wie der Empf die Erkl unter Berücksichtigg der ihm bekannten Interessen des Schu verstehen muß (BGH NJW **83**, 1903). Das Anerk unterbricht die Verj für den zGrd liegden Anspr (Zweibr OLGZ **66**, 20) u kann im EinzFall den Gläub auch konstitut von der künft Erhebg der VerjEinrede freistellen, zB weil der Schu eine FeststellgsKl abwenden will (BGH NJW **85**, 791). – **Einwendungen.** Das deklarat Anerk unterliegt nicht der RückFdg wg ungerechtf Bereicherg gem § 812 II, wenn sich hinterher herausstellt, daß die als möglicherw bestehd anerkannte Schuld nicht od daß entgg der Ann eine Einwdg od Einr gg den bestätigten Anspr besteht (Naumbg NJW-RR **95**, 154; § 812 Rn 5). Bei Nichtigk der anerkannten Fdg ist auch das deklarat SchuldAnerk nichtig (BGH **104**, 18). –
5 **Beschränkung.** Das Anerk kann sich auf den Grd des Anspr beschr (BGH NJW **73**, 620: SchmerzG, BGH WM **74**, 836: KaufPr), aber auch auf die Höhe; in diesem Falle ist es unwirks, wenn der übereinstimmd vorausgesetzte Anspr schon dem Grde nach nicht besteht (Ffm NJW-RR **87**, 310).

6 **4)** Das Anerk kann auch ledigl der **Beweiserleichterung** dienen. Es enthält dann überh keinen rgesch VerpflWillen des Schu, sond hat nur den Zweck, dem Gläub ErfBereitsch anzuzeigen, um diesen dadch von Maßn abzuhalten u/od ihm den Bew zu erleichtern. Es handelt sich um ein Zeugn des Anerkennden gg sich selbst, das mind ein Indiz für den Ri bei der BewWürdigg darstellt od zu einer Umkehr der BewL führt (BGH **66**, 250); dh wer eine Fdg bestätigt hat, muß den GgBew führen, daß dem Gläub keine od nur geringere Anspr zustehen (BGH WM **74**, 410). Es unterbricht die Verj (§ 208). Bsp: Anerk der LeistgsPfl nach VersichergsFall (Rn 10), ÜbernBestätigg des Leasingnehmers (BGH NJW **88**, 204).

7 **5) Einzelfälle** (SchuldVerspr u SchuldAnerk): – **Bestätigung des Anspruchs nach Abtretung** s § 404 Rn 7. – Einvernehml **Bilanzfeststellung** dch Gter ist idR abstr SchuldAnerk, soweit Anspr zw den Gtern u der Gesellsch betroffen sind (Düss NJW-RR **94**, 1455; and KG NZG **99**, 23). Zur AuseinandSBilanz
8 Schwung BB **85**, 1374. – Die **Drittschuldnererklärung** gem ZPO 840 I Nr 1 ist nach der dem PfdgsGläub erkennb Interessenlage des DrSchu nur WissensErkl, die zur Umkehr der BewL führt (BGH **69**, 328), nicht abstr od deklarat SchuldAnerk (aA Mü NJW **75**, 174). IF des Unterbleibens, der Unrichtigk od Unvollständigk der Ausk hat der DrSchu dem PfdgsGläub den Schad zu ersetzen, den dieser inf der Unterl der Ausk bzw seines Vertrauens auf die Richtigk u Vollständigk erleidet (ZPO 840 II). Eine vorangehde freiwill Ausk des DrSchu begründet keine Haftg (Düss VersR **97**, 705). – **Gemeinsame Abrechnung** ist konstitut Anerk, wenn die Festlegg des Ergebn vertragl vereinb ist (BGH WM **86**, 50); s a § 782 Rn 2f. – **Gemeinsames Aufmaß** von Bauleistgen gem VOB § 14 Nr 2 stellt den tats Umfang der geleisteten Arb verbindl fest (Köln MDR **68**, 148) u ist deklarat Anerk (Hamm NJW-RR **91**, 1496); der Einwand, die Leistg sei von einer and Position mit umfaßt, nach den Vereinbgen nicht berechenb, bei richt VertrAuslegg and zu berechnen oder überhaupt nicht vertragl vereinb, wird dadch nicht abgeschnitten (BGH BB **92**, 735). – Widerspruchsl **Hinnahme von Rechnungen** u KtoAuszügen ist idR kein Anerk, kann aber BewIndiz sein (Ffm WM **87**, 355). Bezahlg einer Rechng ohne Einwdg (Düss NJW-RR **98**, 376) od Bitte um Stundg (Köln NJW-RR **98**, 1133) können als deklarat Anerk der Fdg zu werten sein, aber nicht ow als Verzicht auf Einwdgen gg künft gleichart Fdgen (BGH NJW **95**, 3311). – Erklärt der **Ladendieb,** einen best Betr zu zahlen, so dürfte es sich nach der Zweckrichtg um abstr Anerk handeln (Musielak NJW **77**, 561 gg LG Brschw NJW **76**, 1640). – **Maklerklauseln** s § 652 Rn 40. – Ob die bloße **Mitunterzeichnung** einer SchuldUrk der Ehefr dch den Ehem SchuldAnerk od -Beitritt darstellt, ist AusleggsFrage (BGH WM **73**, 1046). – **Prüfvermerk** des Arch auf der Schlußrechng ist kein Anerk (Köln MDR **77**, 404), and uU der Prüfvermerk des Best selbst (Karlsr BauR **98**, 403). S a Nürnbg NJW-RR **99**, 1036: LeistgsBestätigg des Arch in SchlußBespr als BewErleichterg.
9 – **Saldoanerkenntnis** bei lfd Rechng (HGB 355) ist idR nicht formbedürft (§ 782) selbständ Anerk mit schuldumschaffder Wirkg (BGH **72**, 9, **50**, 277, § 305 Rn 8ff; zur Novation aA MüKo/Hüffer § 781 Rn 12 mwN). Dch die Anerkenng des Saldos gehen die bisher EinzFdgen unter, an ihre Stelle tritt das Anerk als neuer, selbständ Schuldgrund (BGH WM **85**, 969). Jedoch entsteht keine klagb Fdg, soweit im Saldo unklagb Verbindlichk enthalten sind (BGH NJW **85**, 634), zB Gewinne aus DifferenzGesch (BGH NJW **80**, 390); insow ist auch die dem Anerk zGrd liegde Verrechng unwirks (BGH **93**, 307, zust Piper ZIP **85**, 725; aA Canaris ZIP **85**, 592; vgl auch BörsG 55u dazu Köln ZIP **98**, 200). Die Bank erkennt mit Übersendg des RechngsAbschl auch die Habenposten des Kunden an. Diese Grds gelten aber nur für den vereinb periodischen RechngsAbschl, nicht den einz Tagessaldo; unterlassener rechtzeit Widerspr gg ihn ist, soweit nichts and vereinb ist (BGH **50**, 277), weder Anerk noch rgeschäftl Gen, sond ledigl TatsErkl, die uU zu SchadErsAnspr der kontoführden Bank führen kann (BGH **73**, 207). Liegt dem SaldoAnerk eine irrtüml Gutschr zGrd, so kann die Bank das Anerk nach § 812 zurückfordern (Düss NJW **85**, 2723), muß aber beweisen, daß sie die Gutschr ohne RGrd vorgen hat (BGH **72**, 9). Ebso hat umgekehrt bei irrtüml Lastschr der Schu iR seines BerAnspr Einwdgen gg die Richtigk des letzten anerkannten Saldos darzulegen u zu beweisen (BGH WM **83**, 704); die GeltdMachg kann gem § 814 ausgeschl sein (dort Rn 4). Schweigen auf zugegangenen RechngsAbschl der Bank außerh eines KtoKorrents ist allein noch kein stillschw deklarat SaldoAnerk, kann aber in AGB als solches vereinb sein (BGH WM **73**, 1014). Saldenbestätigg von Rechngen

für Liefergen ohne Abrede regelm Verrechng, aber zur Erstellg des JahresAbschl ist idR deklarat Anerk (Mü NJW-RR **97**, 945). – Die **Übernahme der persönlichen Haftung** in einer GrdSchBestellgsUrk zur Sichg eig Verbindlichk ist abstr SchuldVerspr (BGH **98**, 256, NJW **92**, 971) od -Anerk. Der Inhalt ist ggf Ausleggs-Frage (BGH WM **99**, 1616). Sollen GrdSch u SchuldAnerk der Sichg aller Anspr des Gläub aus der bankmäß GeschVerbindg dienen, kann der Gläub den angegebenen Betr idR nur einmal verlangen, auch wenn die gesicherte Fdg höher ist (BGH NJW **88**, 707). Zur Wirksamk in AGB § 780 Rn 8. – Verpfl zur **Unterhaltszahlung** aGrd der Anerk der nichtehel Vatersch ist kein selbstd Anerk (RGRK/Steffen § 780 Rn 20). – **Vereinbarungsdarlehen** (§ 607 II) kann selbständ SchuldVerspr sein (RG **152**, 165). – **Verpflichtungserklärungen** können abstr SchuldVerspr od -Anerk sein. So die des Straßenanliegers zur Übern von Straßenbaukosten (RG **154**, 389) od Geländeauflassgen in BaudispensVertr (KG NJW **62**, 965); ein Schuldschein (Saarbr MDR **98**, 828, Köln NJW-RR **98**, 1518); wettbewerbrechtl UnterlassgsVerpfl (BGH **130**, 288 u NJW **98**, 2439: stets bei Strafbewehrg). – Das in AGB der **Versicherungen** vielf vorgesehene Anerk der LeistgsPfl nach 10
Eintritt des VersFalls bewirkt, neben den vertragl vorgesehenen Folgen, meist nur eine BewErleichterg (Rn 6; Zweibr NJW-RR **97**, 1316). Im EinzFall kann darin ein deklarat (Rn 3–5; Düss VersR **85**, 728: DeckgsZusage der RSchutzVers, Karlsr NJW-RR **98**, 1329), selten auch ein konstitut Anerk (Rn 2) liegen, wenn die Beteil hierzu Anlaß haben (AusleggsFrage, BGH **66**, 250). Der Vorbeh in einer AbfindgsErkl bedeutet idR keine konstitut Befreiung von der VerjEinr (BGH NJW **92**, 2228, GgBsp Oldbg NJW-RR **97**, 1181; s a Rn 4). Diese Grds gelten auch für Erkl des Schädigers selbst, zB des Kraftfahrers im Anschl an einen **Verkehrsunfall;** für ein deklarat Anerk besteht hier keine abstr Vermutg (BGH NJW **82**, 996). So hat die ohne konkr Anlaß für eine vertragl Bindg (zB Streit über Schuld, Diskussion über HaftPflAnspr)zur Vermeidg einer polizeil UnfallAufn abgegebene Erkl eines Kraftfahrers, allein schuld zu sein, idR nur die Wirkg, daß der Empf der Erkl die ansprbegründden TatsBehauptgen nur beweisen muß, wenn dem Erklärden der Bew der Unrichtigk des Anerkannten gelingt (BGH NJW **84**, 799, Bambg VersR **87**, 1246). Die Abweisg der DirektKl gg die Vers hindert nach § 3 Nr 8 PflVG nicht die Verurteilg des VersNehmers aus (auch deklarat) Anerk (BGH NJW **82**, 996). – Die bloße **Vorausquittung** für ein erwartetes Darl ist kein konstitut Anerk (Schlesw WM **80**, 964). – Die Erkl, zur Einlösg von **Wechseln oder Schecks** bereit zu sein, kann nicht ow als Anerk der zGrd liegdn Schuld ausgelegt werden (BGH WM **76**, 562 für Wechsel), näher Einf 18 v § 765. Umdeutg formunwirks Wechsel- od ScheckErkl § 780 Rn 5. – Im **Zahlungsverkehr** ist die Gutschr der Bank auf dem Konto des Kunden idR abstr SchuldAnerk (§ 676 f Rn 10). DeckgsZusagen im elektronischen ZahlgsVerk s § 676 f Rn 23.

6) Schriftform wie § 780 Rn 6. Unter den Vorauss des **Satz 2** bedarf nicht nur die AnerkErkl, sondern 11
der ges AnerkVertr strengerer Form. Nach not GrdstKaufVertr bedarf das not beurk SchuldAnerk des Käufers nicht der not AnnErkl; zumindest ist die Berufg auf die etwaige Formnichtigk treuwidr (BGH NJW **88**, 130). Der negative SchuldAnerkVertr nach § 397 II ist forml gült..

782 *Formfreiheit.* **Wird ein Schuldversprechen oder ein Schuldanerkenntnis auf Grund einer Abrechnung oder im Wege des Vergleichs erteilt, so ist die Beobachtung der in den §§ 780, 781 vorgeschriebenen schriftlichen Form nicht erforderlich.**

1) Zwei Ausnahmen von der Formvorschrift der §§ 780, 781 enthält § 782, weil hier Abrechng u 1
Vergl mit Sicherh erkennen lassen, daß eine bindde Festlegg gewollt ist (BGH ZIP **93**, 100). Allg zur Form § 780 Rn 6.

2) Abrechnung ist jede unter Mitwirkg von Gläub u Schu stattfindde Feststellg eines RechngsErgebn, sei 2
es im lfden RechngsVerhältn über wechselseit Fdgen iW der Verrechng (HGB 355) od im uneigentl Rechngs-Verhältn zur Feststellg eines einseit geschuldeten GesBetr iW der Addition (BGH WM **62**, 346). Hierher gehört vor allem der GiroVertr (§ 676 f). AbrechngsVertr kann auch konkludent geschlossen werden (BGH **49**, 24/29), zB dch widerspruchsl Abzahlg auf die Endsumme der Abrechng u Fortsetzg des bish RechngsVerhältn. Das SaldoAnerk ist abstr SchuldAnerk mit schuldumschaffder Wirkg (s § 781 Rn 9). Beim Anerk iR eines uneigentl RechngsVerhältn, wie es insb unter Nichtkaufleuten vorkommt, ist der PartWille vielf auf ein selbständ SchuldAnerk, aber selten auf Novation gerichtet (MüKo/Hüffer § 781 Rn 15). Vergl: § 779.

3) Einwendungen. Die allg Anf- u NichtigkGrde. Bei Rechenfehler od wenn ein in Wirklichk nicht 3
bestehder Posten in die Abrechng einbezogen od ein bestehder Posten fortgelassen worden ist, kommt Anf wg Täuschg, nicht wg Irrt, weil bloß im Motiv, in Frage. Ausgl nach §§ 812 ff (BGH **51**, 348 u WM **72**, 286), auch wenn der Anerkennde nicht der Schu der anerkannten Fdg ist (Köln NJW-RR **96**, 42: Sammelbestellg). And, wenn die Part dch das Anerk oRücks auf das Bestehen der zGrd liegdn Fdg für die Zukunft eine klare RLage schaffen wollten (§ 780 Rn 11–13). Dieser Wille ist bei einem Anerk aGrd einer Abrechng iZw nicht anzunehmen (BGH WM **75**, 1233).

4) Beweislast. Wer sich auf forml Anerk stützt, muß beweisen, daß Abrechng od Vergl zGrd liegt. Darlegg 4
der einz Schuldposten ist dagg nicht erfdl. Beklagter hat BewL für Einwdgen.

Einundzwanzigster Titel. Anweisung

Einführung

1) Anweisung – a) Begriff. Anw iwS ist die Aufforderg u Ermächtigg an einen and, für Rechng des 1
Anweisden an einen Dr zu leisten. Sie ist gekennzeichnet dch die Beteil, von denen einer (Anweisder) einem and (Angew) dch einen Dr (AnwEmpf) die Aufforderg zu einer Leistg an den Dr zukommen läßt (Zöllner § 8 I). Das BGB regelt daraus nur einen Sonderfall (BGH **6**, 378), die schriftl Anw auf Leistg von Geld, WertP u vertretb Sachen.

2 **b) Bedeutung.** Die wirtsch Bedeutg ist gering. Rechtl bilden §§ 783 ff aber den GrdTypus für verschied and Formen der Anw (s Rn 8), für die sie hilfsw gelten, soweit dort keine Regelg getroffen od iF der Nichtigk Umdeutg mögl ist.

3 **c) Rechtsnatur.** Die schriftl Anw ist WertP (Hueck/Canaris § 4 II 2), weil der Angew nur gg Aushändigg der Urk zu leisten braucht, § 785. Mit ihrer Aushändigg entsteht eine **doppelte Ermächtigung** (BGH WM **71**, 741) zur Vfg über fremdes Recht in eig Namen, sie begründet keine Verpfl. – **aa) Ermächtigung des Angewiesenen,** für Rechng des Anweisden (AusSt) an den AnwEmpf (Inh der Urk) zu leisten. – **bb) Ermächtigung an den Anweisungsempfänger,** die Leistg bei dem Angew im eig Namen zu erheben. Ein Anspr des AnwEmpf gg den Angew auf Leistg gem § 328 entsteht nicht, selbst wenn der Angew aGrd des DeckgsVerh dem Anweisden ggü zur Leistg verpflichtet ist (Celle OLGZ **71**, 5, Nürnb MDR **77**, 1016). – **cc) Abstraktion.** Beide Ermächtiggen sind von den zGrd liegden RGesch u ihrem wirtsch Zweck losgelöst.

4 **d) Abgrenzung.** Die Anw unterscheidet sich als Ermächtigg. – **aa) vom Auftrag,** denn sie schafft keine Verpfl des AnwEmpf, die Leistg zu erheben (Inkassomandat) u keine Verpfl des Angew zur Leistg; diese entsteht erst mit der Ann, § 784; – **bb) von der Vollmacht;** denn sie ermächtigt, in eig Namen zu leisten od die Leistg zu erheben; – **cc) von der Abtretung;** denn sie stellt keine vollk Überweisg der Fdg an den Empf dar und ist daher grdsätzl widerrufl, § 790.

5 **e) Keine Anweisung,** sond Weisg (§ 665) sind: ÜberwAuftr nach bish R (§ 676 Rn 31), LastschrAbbuchgsAuftr (§ 676 f Rn 28), BelastgsBeleg bei Kreditkarte (str, § 675 Rn 19).

6 **2) Die zugrundeliegenden Rechtsverhältnisse.** Die Wirksamk der Anw ist von ihnen unabhäng. – **a) Das Valutaverhältnis** (GgWertVerh) zw Anweisdem u AnwEmpf. Die Anw kann der Tilgg eines zw diesen bestehden SchuldVerhältn dienen od sie soll ein SchuldVerhältn (Darl) erst begründen od sie stellt eine
7 bloße Freigiebigk des Anweisden dar. – **b) Das Deckungsverhältnis** zw Anweisdem u Angew. Der Angew kann Schu des Anweisden sein (Anw auf Schuld, § 787) od er soll Gläub des Anweisden werden (Anw auf Kredit). – **c) Unabhängigkeit.** Für die aus der Anw u ihrer Ann, § 784, sich ergebden Rechte u Pfl sind diese GrdVerhältn grdsätzl ohne Bedeutg. Aus ihnen beantwortet sich nur die Frage, wem die Leistg im InnenVerh zw Anweisdem u AnwEmpf verbleiben soll, sowie ob der Angew zur Ann verpflichtet ist u ob er RückgrAnspr gg den Anweisden hat.

8 **3) Sonderformen der Anweisung. – Der gezogene Wechsel** unterliegt der bes Regelg im WG. Deshalb kann nicht jeder formungült Wechsel in eine Anw umgedeutet werden (s a § 780 Rn 5). – Die **kaufmännische Anweisung** ist in HGB 363–365 geregelt, sie kann, and als die Anw nach BGB, auch an eig Order gestellt werden. – Der **Scheck** weicht in wicht Punkten vom AnwRecht des BGB ab: Ann eines Schecks ist schlechthin wirkungsl, ScheckG Art 4; Widerruf vor Ablauf der VorleggsFr unwirks, Art 32; InhScheck ist zul, Art 5. Die Vorschr des BGB finden ergänzde Anwendg, so insb § 788, nicht jedoch § 787 I (BGH NJW **51**, 598). Scheckkarte § 676 f Rn 20 ff. – Der **Kreditbrief** ist eine Anw, bei der der AusSt (Anweisder) eine and Pers (AnwEmpf) ermächtigt, bei dem Angew für Rechng des Anweisden unter Vorzeigg des Briefes GeldBetr bis zu einem HöchstBetr zu erheben. Meist als Reisekreditbrief, insb Rund- (Zirkular-) Kreditbrief. – Der **Kassalieferschein,** Lieferschein (delivery order) über best Mengen vertretb Sachen ist Anw (BGH **6**, 378). Er wird ausgestellt vom Einlagerer, nicht vom Lagerhalter; dieser wird angewiesen, nur gg Zahlg zu liefern. Näher Baumb/Hopt HGB 424 Rn 5.

9 **4) Akkreditiv.** Neuere Lit: Nielsen, Einheitl Richtl u Gebräuche für Dokumentenakkreditive Revision 1994, Publikation UCP 500 der Internat Handelskammer, WM **94**, Sonderbeilage Nr 2. – Das unwiderrufl Akkreditiv dient der ZahlgsVermittlg, u zwar insb der Zahlg eines vorzuleistden Pr aus Kauf- od and Gesch in der Weise, daß eine best Bank auf Veranlassg des Käufers den KaufPr an den Verk nach Prüfg u Aushändigg der Dokumente bezahlt. Es ist zu **unterscheiden:**

10 **a) Ein Liefervertrag,** meist Kauf mit Akkreditivklausel, dh mit der Abrede, die Zahlg des KaufPr habe aus einem befristeten, unwiderrufl Dokumentenakkreditiv zu erfolgen. In dieser Vereinbg liegt eine Barzahlgs-Abrede u damit ein konkludenter AufrAusschl, jedenf für die Laufzeit des Akkreditivs (BGH **60**, 262).

11 **b) Der Akkreditivauftrag** des Käufers an seine, die akkreditiveröffnde, Bank ist GeschBesVertr mit WerkVertrCharakter (BGH WM **58**, 1542). Darin verpflichtet sich die Bank ggü dem Käufer, ihrem Kunden, zur Zahlg des KaufPr an den Verk gg Vorlage der vereinb Dokumente, aber auch, die OrdngsMäßigk der vereinb Dokumente mit angem Sorgfalt nach deren äußerer Aufmachg zu prüfen u sich streng an Weisgen des Käufers zu halten, § 665 (BGH WM **84**, 1443; Mü WM **98**, 554). IR der Abwicklg ist sie ErfGeh des Käufers in dessen VertrVerhältn zum Verk (RG **92**, 210). Zahlt sie an den Verk berecht od aGrd von ihr nicht vermeidb rechtskr Verurteilg, ist ihr der Käufer zum AufwErs verpflichtet (§ 670; BGH NJW-RR **98**, 1511).

12 **c) Das Akkreditiv im eigentlichen Sinn** betrifft das RVerhältn zw der akkreditiveröffnden Bank u dem Verk als Begünstigtem. Die Bank verpflichtet sich dadch diesem ggü im eig Namen für Rechng des AuftrG (Koller WM **90**, 293/296) Zug um Zug gg Überg der vorgeschr akkreditivgerechten (BGH NJW-RR **87**, 924) Dokumente die im Akkreditiv versprochene Leistg zu erbringen. Hier handelt es sich um ein abstr SchuldVerspr dieser Bank gem § 780 (BGH **60**, 262). Daraus folgt, daß die Bank dem begünstigten Verk zwar Einwdgen aus dem Akkreditiv (zB die NichtErf formaler ZahlgsVorauss, Ffm ZIP **97**, 1782 für Standby letter of Credit), nicht aber solche entgg setzen kann, die im GeschBesVertr mit ihrem Kunden, dem Käufer (DeckgsVerh) od im KaufVertr (ValutaVerh) begründet sind; dies auch dann nicht, wenn ihr der Käufer seinen Anspr gg den Verk aus dem KaufVertr abgetreten hat (BGH aaO). Ausn sind, wie bei der Bankgarantie (Rn 17), nur in Fällen krassen RMißbr denkb, auch wenn es sich um ein Akkreditiv mit hinausgeschobener Zahlg handelt (BGH **101**, 91). Starker Verdacht auf nicht ordngsgem Erf des KaufVertr berechtigt die Bank nicht, dem Begünstigten die Zahlg aus dem Akkreditiv zu verweigern (BGH NJW **89**, 159). Auch die Aufr ist ausgeschl, Rn 10. Bei Übertr eines übertragb Akkreditivs erwirbt der Zweitbegünstigte einen eigenständ abstr ZahlgsAnspr. Diesem kann die Bank Einwdgen aus ihrem Verhältn zum Erstbegünstigte überh nicht u aus dem KausalGesch zw diesem u dem Zweitbegünstigte nur iF des RMißbr (wie vorstehd) entggsetzen (BGH

132, 313). Abtr des ZahlgsAnspr aus dem Akkreditiv dch den Begünstigten (Verk) an die akkreditiveröffnde Bank führt wg Konfusion zum Erlöschen des Anspr (Ffm WM **92**, 569).

d) Die akkreditiveröffnde Bank beauftragt idR eine **weitere Bank** am Sitz des ZahlgsEmpf (Verk), diesen 13
von der Eröffng des Akkreditivs in Kenntn zu setzen u ggf als Zahlstelle den AkkreditivBetr auszuzahlen; daraus kann ein AufwErsAnspr (§ 670) entstehen (Ffm WM **81**, 445). Falls diese weitere Bank ggü dem Verk das Akkreditiv ihrerseits bestätigt (BestätiggsBank), liegt darin ein SchuldVerspr auch dieser Bank ggü dem begünstigten Verk (BGH NJW-RR **87**, 924). Die eröffnde Bank ist verpflichtet, der auszahlden Bank Abweichgen der Dokumente von den AkkreditivBdggen unverzügl anzuzeigen (BGH NJW **85**, 550).

5) Bankgarantie. Sie dient der Sichg einer Verbindlichk des GarantieAuftrG ggü dem daraus Begünstig- 14
ten, oft im internat HandelsVerk der Sichg des Käufers gg LeistgsStörgen jeder Art auf der VerkSeite (Stgt WM **81**, 1265) od umgekehrt (BGH WM **85**, 684). Literatur: v. Westphalen, Die Bankgarantie im internat HandelsVerk, 2. Aufl 1990, Mülbert ZIP **85**, 1101. Folgde RBeziehgen sind zu **unterscheiden:**

a) Vertrag zwischen Auftraggeber und Begünstigtem (ValutaVerhältn) mit Bankgarantieklausel. Be- 15
steht die dch die Garantie gesicherte Verbindlichk des AuftrG nicht, kann dieser vom Begünstigten verlangen, daß er die Bankgarantie nicht in Anspr nimmt (mit diesem Inhalt ist auch eine einstw Vfg zul, Stgt MDR **98**, 435, Edelmann DB **98**, 2453), auf die Rechte aus ihr verzichtet u die GarantieErkl zurückgibt (BGH WM **87**, 367; BGH NJW **84**, 2037: Sichg von Fdgen aus BörsenterminGesch bei fehlder BörsenterminGeschFgk des AuftrG).

b) Der **Garantieauftrag** des AuftrG an seine Bank (DeckgsVerhältn) ist GeschBesVertr mit WerkVertr- 16
Charakter. Darin verpflichtet sich die Bank ggü dem AuftrG, unter best Vorauss (Garantiefall), meist bei Behauptg von LeistgsStörgen u Vorlage best Dokumente, an den Begünstigten best Beträge zu bezahlen. Im ZahlgsFall hat sie einen AufwErsAnspr gg den AuftrG (§ 670). Die Bank darf die Garantie aber nur einzulösen, wenn ihr keine Einwdgen gg den Begünstigten (Rn 17) zustehen. Bei Verl dieser Pfl, zB Einlösg der Garantie trotz Mißbr (Rn 17), entfällt der AufwErsAnspr; der AuftrG kann, ggf auch iW einstw Vfg (Stgt NJW-RR **87**, 1264, Köln WM **91**, 1751), Unterl des Rückgr (keine Rückbelastg seines Kontos, Ausführg nachfolgder Vfgen über sein Konto trotz Rückbelastg) verlangen (Stgt NJW **81**, 1913, Ffm NJW **81**, 1914 u WM **88**, 1480). Dagg hat der AuftrG keinen dch einstw Vfg sicherb Anspr gg die Bank auf Unterl der Auszahlg der Garantiesumme an den Begünstigten, weil die Bank zunächst aus eig Vermögen zahlt u die Interessen des AuftrG erst dch den Rückgr gefährdet werden (Ffm WM **88**, 1480, Edelmann DB **98**, 2453; aA Saarbr ua WM **81**, 275 u 288, v Westphalen WM **81**, 293).

c) Garantieerklärung. In ihr verpflichtet sich die Bank ggü dem Begünstigten, bei Vorliegen des 17
Garantiefalls (Rn 16) best Beträge zu bezahlen (allg zum GarantieVertr Einf 16 v § 765). Meist, aber nicht notw (BGH WM **82**, 1324), ist Zahlg „auf erstes Anfordern" (s Einf 14 v § 765) vereinb. Dann genügt für die Inanspruchn der Garantie idR der formelle Garantiefall (BGH **140**, 49), dh die den im GarantieVerspr festgelegten formellen Anfordergen entspr ZahlgsAufforderg des Begünstigten (BGH NJW **96**, 1673); die Befugn zur Inanspruchn ist bei entspr Vereinbg übertragb (BGH WM **99**, 72, auch zur Schriftform). Die Aufforderg muß dasjen eindeut erkennb – wörtl übereinstimmd nur, wenn ausdr vereinb – erklären, was als Vorauss der ZahlgsPfl in der Urk niedergelegt ist (BGH NJW **97**, 1435). **Einwenden** kann die Garantiebank dann dem Begünstigten ggü nur das Fehlen solcher formalen Anfdgen; sie muß ihm aber ihre Beanstandgen, außer wenn er die Mängel der ZahlgsAufforderg kennt (BGH NJW **96**, 1052), unverzügl (per Telefax oä) mitteilen, andernf kann sie sich bis zur Höhe der Garantiesumme schadersatzpfl machen (Karlsr WM **92**, 2095). Auch sonst ist die GarantieErkl grdsätzl unabhäng von Einwdgen der Bank gg den AuftrG aus dem DeckgsVerh (Rn 16) u, and als die Bürgsch u abgesehen von anderw Regelg in der GarantieErkl, auch von solchen des AuftrG gg den Begünstigten aus dem ValutaVerhältn (Rn 15, Einf 16 v § 765; vgl BGH **94**, 167). Letztere sind im RückFdgsProz des AuftrG (nicht der Bank, BGH **140**, 49, Canaris ZIP **98**, 463; aA Hahn NJW **99**, 2793) gg den Begünstigten aus § 812 (aA: aus der SichgsAbrede, Einsele JZ **99**, 466) geltd zu machen. Der ZahlgsAnspr des Begünstigten gg die Bank aus der Garantie scheitert aber trotz Vorliegens des formellen Garantiefalls bei RMißbr, näml dann, wenn offensichtl od liquide beweisb ist, daß der mat Garantiefall im ValutaVerh nicht eingetreten ist (BGH **90**, 287) u nicht mehr eintreten kann; bloße Zweifel an der DchSetzbark des der Garantie zGrd liegden Anspr genügen nicht (BGH MDR **97**, 229). Die Aufr der Garantiebank mit eig, nicht mit dem GrdGesch in ZusHang stehden Fdgen gg den Begünstigten ist auf liquide Anspr beschränkt (BGH **94**, 167).

d) Rückgarantie. Die beauftragte Bank erteilt häuf einer weiteren Bank am Sitz des GarantieEmpf den 18
Auftr zur Abgabe der GarantieErkl. Das ist zw den beteil Banken GeschBesVertr mit WerkVertrCharakter, das GarantieVerhältn (Rn 17) entsteht zw der 2. Bank u dem Empf. Die 1. Bank übernimmt in diesem Fall ggü der 2. Bank die Rückgarantie u belastet iF der Inanspruchn das Konto ihres Kunden, des AuftrG.

783 *Begriff.* **Händigt jemand eine Urkunde, in der er einen anderen anweist, Geld, Wertpapiere oder andere vertretbare Sachen an einen Dritten zu leisten, dem Dritten aus, so ist dieser ermächtigt, die Leistung bei dem Angewiesenen im eigenen Namen zu erheben; der Angewiesene ist ermächtigt, für Rechnung des Anweisenden an den Anweisungsempfänger zu leisten.**

1) Allgemeines. Begr, Bedeutg, RNatur, Abgrenzg, zGrd liegde RVerhältn, Sonderformen der Anw Einf 1
1–8.

2) Form und Inhalt der Urkunde. Die vorgesehene Schriftform schließt nach dem Grds der VertrFreih 2
mdl Anw nicht schlechthin aus (BGH **3**, 238, MüKo/Hüffer Rn 19). Aus der Fassg der Urk ist zu entnehmen, ob wirkl Anw oder ob nicht ledigl InkassoVollm oder ein nichtabstraktes SchuldVerspr gemeint war. Doch ist ausdr Gebr des Wortes Anw nicht erfdl. – Da wesentl die Verbindg von drei Pers ist (Einf 1 v § 783), ist Anw auf den Anweisden selbst od an eig Order (hier and HGB 363) nicht zul. Anw auf den Inhaber ist unzul (and beim Scheck). – Umdeutg formnicht Scheck- u WechselErkl § 780 Rn 5.

3 **3) Gegenstand der Leistung** ist Zahlg, Hingabe von WertP od and vertretb Sachen. Anw auf sonstige Ggst sind aber nach dem Grds der VertrFreih mögl, §§ 783 ff dann entspr anwendb (RG **101**, 297). Anw auf Waren: Lieferschein, delivery order (BGH **46**, 43) ist Anw des Einlagerers an den Lagerhalter od Spediteur, an den AnwEmpf auszuliefern; praktisch beim sog Durchhandeln verkaufter Ware über mehrere Stationen, auch in Teilmengen (BGH WM **71**, 742). – Die Anw kann bedingt sein, auch von einer GgLeistg abhäng, zB Lieferg vertretb Sachen gg Zahlg; hier wird der Angew ermächtigt, nur gg Zahlg zu liefern (BGH **6**, 378 Kassalieferschein); unabhäng von der GgLeistg ist die kaufm Anw, HGB 363. LeistgsZeit je nach der Urk sofort bei Vorzeigen der Anw („auf Sicht") od nach Ablauf einer Fr od zu einem best Termin.

4 **4) Ermächtigungen.** Anw u Ann, § 784, sind abstrakte WillErkl. Die Anw kommt mit Aushändigg der Urk an AnwEmpf zustande. Aushändigg bedeutet nach hM wie bei and WertP BegebgsVertr (Nachw bei Staud/Marburger Rn 16); Stellg des Zweiterwerbers s Erläut zu § 792. Mit der Aushändigg an den AnwEmpf entsteht die doppelte Ermächtigg gem Einf 3 v § 783. Beide Ermächtiggen sind von dem RVerhältn zwischen Anweisdem u Angew sowie zw Anweisdem u AnwEmpf (Einf 6, 7 v § 783) unabhäng. Ermächtigg bedeutet die Übertr der VfgsGewalt, ohne daß der Ermächtigde die seinige aufgibt. Sie gewährt ledigl eine Befugn. Der AnwEmpf ist grdsätzl nicht verpflichtet, die Leistg einzuziehen, jedoch kann sich eine solche Verpfl (nur) aus dem GrdVerh zum Anweisden ergeben. Eine Verpfl des Angew zur Leistg entsteht erst dch **Annahme** der Anw, § 784. Zw Anweisdem u AnwEmpf begründet die Aushändigg der Urk kein VertragsVerh. – Aus dem Begr der Ermächtigg folgt ferner, daß auch nach Erteilg der Anw der Anweisde seine Anspr aus dem GrdVerh gg den Angew geltd machen kann, ebso der AnwEmpf seine Anspr gg den Anweisden. Bis zur Ann der Anw darf auch der Angew statt an den AnwEmpf an den Anweisden leisten. Doch besteht in jedem Fall die AnzPfl des AnwEmpf nach § 789. Die Ermächtigg des Empf geht dahin, die Leistg im eig Namen zu erheben, also nicht als Bevollm des Anweisden; die Ermächtigg des Angew dahin, für Rechng des Anweisden zu leisten. Das bedeutet, daß die Zahlg auf das GrdVerh zw Anweisdem u Angew einwirken u daß die Leistg des Angew als Leistg des Anweisden angesehen werden soll. Der Angew kann aus dem zGrd liegden RVerhältn Anspr auf Erstattg des gezahlten Betr (Anw auf Kredit) nur gg den Anweisden haben.

784 *Annahme der Anweisung.*

I Nimmt der Angewiesene die Anweisung an, so ist er dem Anweisungsempfänger gegenüber zur Leistung verpflichtet; er kann ihm nur solche Einwendungen entgegensetzen, welche die Gültigkeit der Annahme betreffen oder sich aus dem Inhalte der Anweisung oder dem Inhalte der Annahme ergeben oder dem Angewiesenen unmittelbar gegen den Anweisungsempfänger zustehen.

II Die Annahme erfolgt durch einen schriftlichen Vermerk auf der Anweisung. Ist der Vermerk auf die Anweisung vor der Aushändigung an den Anweisungsempfänger gesetzt worden, so wird die Annahme diesem gegenüber erst mit der Aushändigung wirksam.

1 **1) Annahme. – a) Bedeutung.** Die Anw allein gewährt dem Angew ledigl die Befugn, an den AnwEmpf zu leisten. Eine Verpfl zur Leistg besteht für ihn selbst dann nicht, wenn er Schu des Anweisden ist. Erst dch die Ann der Anw wird der Angew zur Leistg verpflichtet, entsteht eine selbständ Verpfl des Angew, losgelöst vom GrdGesch (RG **144**, 137). Sie ist auch von der Gültigk der Anw unabhäng, also auch dann wirks, wenn die Anw gefälscht od von GeschUnfähigem ausgestellt ist. – Der AnwEmpf erhält dch die Ann ein unmittelb
2 selbständ FdgsR gg den Angew. Das GrdVerh zw den beiden and Beteil geht den Angew nichts an. – **b) Keine Verpflichtung zur Annahme.** Sie wird auch nicht dadch begründet, daß der Angew Schu des Anweisden
3 ist, § 787 II. Doch ist vertragl Verpfl zur Ann mögl. – **c) Einseitige Willenserklärung,** kein Vertr ist die Ann. Sie wird wirks, wenn sie dem Empf zugeht (§ 130 I). Ist die Ann, wie nach II zul, vor Aushändigg der Anw an den Empf erklärt worden, so wird sie diesem ggü erst mit Aushändigg wirks, auch wenn dies gg den Willen des Angew geschieht. Einschränkgen der Ann, zB auf geringeren Betr od dch Bdggen, sind zul. Schecks können nicht angenommen werden, ScheckG Art 4.

4 **2) Form der Annahme.** Schriftl Vermerk auf der AnwUrk selbst, Abs II. Die bloße Unterschr kann genügen, wenn der AnnWille hieraus klar hervorgeht (s a WG 25 I 3). Nicht genügd sind Vermerke wie „Gesehen", „Kenntn genommen" u bloße FinanziergsBestätigg einer Bank (Schlesw WM **80**, 48). Dch außerh der Urk liegde Umst ist die schriftl AnnErkl nicht ersetzb (BGH WM **82**, 155). Mündl Ann kann als VorVertr iS einer Verpfl, die formgült Ann zu erklären, gewertet werden oder als selbständ SchuldVerspr nach § 780 gelten, soweit formfrei gült. Dies gilt auch für die schriftl, aber nicht auf der Urk selbst erklärte Ann.

5 **3) Einwendungen** (Abs I Hs 2) sind nur in beschr Umfange zul (entspr WG Art 17), nämlich: (1) gg die **Gültigkeit der Annahme,** zB GeschUnfgk zZ der Ann, Anf wg Irrt, Drohg od Täuschg, Fälschg der Ann; (2) aus dem **Inhalt der Anweisung oder Annahme,** zB in der Urk vermerkte Bdggen, Befristgen u sonstige Beschrkgen; (3) soweit Einwdgen dem Angew **unmittelbar gegen den Empfänger** zustehen, zB Tilgg, Erlaß, Stundg, Aufr mit einer GgFdg gg den AnwEmpf, unzul RAusübg, zB wenn die Anw gefälscht ist u der
6 AnwEmpf dies wußte. – **Ausgeschlossen** sind Einwdgen aus dem DeckgsVerh zw dem Angew u dem Anweisden od aus dem ValutaVerh zw diesem u dem Empf (Einf 6, 7 v § 783, RG **144**, 137). Auch Anspr od Einr aus ungerechtf Ber bestehen in diesem Falle regelm nicht; die Anw ist also in noch höherem Maße abstr als das selbständ SchuldVerspr, wo BereichergsAnspr in weitem Umfange zul sind (§ 780 Rn 11–13). Ausn von diesem Grds gelten aber für den Fall, daß beide GrdVerhältn fehlerh sind; ferner, wenn das DeckgsVerh fehlerh ist u das ValutaVerh in einer freigeb Zuwendg od in einem EinziehgsAuftr od in einem unsittl od verbotenen Gesch besteht (§ 812 Rn 49–57, RGRK/Steffen Rn 10, Soergel/Häuser Rn 6).

785 *Aushändigung der Anweisung.*

Der Angewiesene ist nur gegen Aushändigung der Anweisung zur Leistung verpflichtet.

1 **Nur Zug um Zug gegen Aushändigung** der Urk ist der Angew zur Leistg verpflichtet. Damit erlangt er die Möglichk, die Anw dem Anweisden ggü zum Nachw des DeckgsAnspr zu gebrauchen. Entspr Best in

WG 39 I u ScheckG 34 I. Gilt auch bei Leistg vor Ann der Anw. Recht auf Quittg (§ 368) bleibt unberührt. Bei Zirkular-Kreditbriefen gilt § 785 erst bei Leistg der letzten Zahlg, früh Teilleistgen werden auf der Urk vermerkt. – Der Angew ist auch ohne Aushändigg zur Leistg berecht, sein RückgrAnspr gg den Anweisden aus dem DeckgsVerh ist davon nicht abhäng, der Nachw allerd erschwert. – AufgebVerf § 790 Rn 7.

786 *Verjährung.* **Der Anspruch des Anweisungsempfängers gegen den Angewiesenen aus der Annahme verjährt in drei Jahren.**

Verjährung. Die Vorschr betrifft nur den Anspr des AnwEmpf gg den Angew aus der AnnErkl. Die Fr beginnt mit Entstehg des Anspr, also mit Aushändigg der angenommenen Anw (§ 784 II, dort Rn 3). Bei Angabe eines späteren Verfalltages Beginn an diesem Tage. Bei Fehlen eines Verfalltages ist daher Datierg der Ann od Vermerk des Tages der Aushändigg empfehlenswert. – Die Regelg entspricht WG 70, aber kein BereichergsAnspr wie nach WG 89, ScheckG 58. – Bei Scheck and Frist, ScheckG 52. 1

787 *Anweisung auf Schuld.* **I Im Falle einer Anweisung auf Schuld wird der Angewiesene durch die Leistung in deren Höhe von der Schuld befreit.**

II Zur Annahme der Anweisung oder zur Leistung an den Anweisungsempfänger ist der Angewiesene dem Anweisenden gegenüber nicht schon deshalb verpflichtet, weil er Schuldner des Anweisenden ist.

1) Regelungsgehalt. Die Vorschr betrifft das **Deckungsverhältnis** zw Anweisdem u Angew (Einf 7 v § 783), sie regelt die Anw auf Schuld, nicht die auf Kredit. ValutaVerh s § 788. Anw auf Schuld setzt voraus, daß der Angew (Schu) dem Anweisden (Gläub) aus irgdeinem RGrd den Ggst schuldet, den er aGrd der Anw an einen Dr (AnwEmpf) leisten soll. Zusätzl ist nach hM Einigk dieser beiden erfdl, daß der Angew zur Erf dieser Schuld an den Dr leisten soll (TilggsBestimmg, Staud/Marburger Rn 2; aA MüKo/Hüffer Rn 3). Der Streit hat geringe praktische Bedeutg, da die TilggsBest konkludent erfolgen kann, sich idR aus den Umst ergibt u nicht in der AnwUrk enthalten sein muß.– Durch die Ann der Anw erhält der Angew zwei Gläub. Die Ann gibt aber, da sie nach § 790 die Anw unwiderrufl macht, dem Angew bis zur Rückg der AnwUrk (§ 785) eine Einr aus § 242, falls Anweisder wg der urspr Schuld gg ihn vorgehen will (RGRK/Steffen Rn 6). 1

2) Annahme- und Leistungspflicht des Angewiesenen wird nach II nicht schon dadch begründet, daß er Schu des Anweisden ist. Daher bei Ablehng der Ann kein SchuVerzug. Die Verpfl des Angew zur Ann od Leistg kann sich aber aus dem GrdVerh, zB lfde GeschVerbindg od Auftr zw ihm u dem Anweisden ergeben. 2

3) Rechtsfolge der Leistung an den AnwEmpf ist, daß der Angew von seiner Verbindlichk ggü dem Anweisden aus dem DeckgsVerh in Höhe der Leistg frei wird (Abs I). ErfSurrogate wie Hingabe an Erf Statt, Aufr gg eine Fdg des AnwEmpf gg den Angew, berecht Hinterlegg (§ 378) stehen gleich. Ebso erlischt der Anspr des AnwEmpf gg den Angew aus der AnnErkl, § 784. Diese Folgen treten oRücks darauf ein, ob der Angew zusätzl aus dem DeckgsVerh verpflichtet war, die Anw anzunehmen (Rn 2) u an den AnwEmpf zu leisten. – Abs I gilt nicht für den Scheck (BGH NJW **51**, 598) u nicht, auch nicht entspr, für die Überweisg (Canaris BankVertrR Rn 344). 3

788 *Valutaverhältnis.* **Erteilt der Anweisende die Anweisung zu dem Zwecke, um seinerseits eine Leistung an den Anweisungsempfänger zu bewirken, so wird die Leistung, auch wenn der Angewiesene die Anweisung annimmt, erst mit der Leistung des Angewiesenen an den Anweisungsempfänger bewirkt.**

1) Regelungsgehalt. Die Vorschr betrifft das **Valutaverhältnis** zw Anweisdem u AnwEmpf. DeckgsVerh s § 787. Sie gilt nicht nur, wenn die Anw der Tilgg einer Schuld zw diesen beiden, sond auch, wenn sie and Zwecken wie DarlHingabe od Schenkg (Einf 6 v § 783) dienen soll. Gilt auch für Scheck (LG Brschw WM **79**, 735). Wichtigster Inhalt der Best ist, daß Anw keine Zahlg ist. Das entspricht der Regelg in § 364 II. 1

2) Rechtsfolge der Leistung des Angew an den AnwEmpf ist das Erlöschen bzw die Begründg der Verbindlichk aus dem ValutaVerh zw Anweisdem u AnwEmpf. ErfSurrogate stehen gleich (wie § 787 Rn 3). 2

3) Die **sonstige Regelung des Valutaverhältnisses** bestimmt sich nach dem zGrd liegdn RVerhältn, insb, ob Empf zur Einziehg verpflichtet ist, ob er bei Nichtzahlg des Angew Rückgr gg den Anweisden hat, ob er zur Abführg der eingezogenen Leistg an den Anweisden verpflichtet ist. Regelm ist bei zahlgshalber erfolgter Aushändigg u Ann einer Anw anzunehmen, daß Empf seine Befriedigg zunächst aus der Anw beim Angew suchen muß, u daß er erst bei Nichteinlösg der Anw befugt ist, aus dem Valuta-SchuldVerh gg den Anweisden vorzugehen (MüKo/Hüffer Rn 4, RGRK/Steffen Rn 2). 3

789 *Anzeigepflicht des Anweisungsempfängers.* **Verweigert der Angewiesene vor dem Eintritte der Leistungszeit die Annahme der Anweisung oder verweigert er die Leistung, so hat der Anweisungsempfänger dem Anweisenden unverzüglich Anzeige zu machen. Das gleiche gilt, wenn der Anweisungsempfänger die Anweisung nicht geltend machen kann oder will.**

Anzeigepflichten. Mit ihnen erschöpfen sich die Pfl, die dem AnwEmpf ggü dem Anweisden kr Gesetzes aGrd der Anw obliegen. Bei Verl SchadErs nach allg Vorschr. – Eine Pfl des Empf, den Angew zur Leistg aufzufordern, sieht das Gesetz nicht vor. Sie kann sich aber aus dem GrdVerhältn ergeben, ebso weitere Pfl des 1

Empf. Vom GrdVerhältn hängt es auch ab, ob der Empf iF der ZahlgsVerweigerg des Angew einen Rückgr-
2 Anspr gg den Anweisden hat. Stillschw GarantieÜbern kann sich aus der VerkSitte ergeben. – **Unverzüglich** hat der Empf Anz zu machen, dh ohne schuldh Zögern, § 121. Unter LeistgsZeit ist der Ztpkt der Fälligk zu verstehen (RG **101**, 316).

790 *Widerruf der Anweisung.* **Der Anweisende kann die Anweisung dem Angewiesenen gegenüber widerrufen, solange nicht der Angewiesene sie dem Anweisungsempfänger gegenüber angenommen oder die Leistung bewirkt hat. Dies gilt auch dann, wenn der Anweisende durch den Widerruf einer ihm gegen den Anweisungsempfänger obliegenden Verpflichtung zuwiderhandelt.**

1 **1) Widerruf. – a) Grundsatz.** Die Anw ist ggü dem Angew grdsätzl widerrufl, weil sie nur Ermächtiggen, keine Verpfl schafft (Einf 3 v § 783). Dies auch, wenn der Anweisde aGrd des ValutaVerh (Einf 6 v § 783) ggü dem AnwEmpf zur Aufrechterhaltg der Anw verpflichtet ist, Satz 2. Auf das Akkreditiv ist § 790
2 nicht anwendb. – **b) Verzicht** auf das WiderrufsR ggü dem AnwEmpf ist unwirks. Verz ggü dem Angew ist
3 mögl u macht den Widerruf unwirks (MüKo/Hüffer Rn 6). – **c) Ausübung** dch einseit, empfbedürft, formfreie Erkl ggü dem Angew. Widerruf ggü dem AnwEmpf ist anwrechtl wirkgslos, seine Benachrichtigg
4 vom erfolgten Widerruf anwrechtl nicht erfdl. – **d) Wirkung.** Die Anw erlischt. Die trotz Widerrufs erfolgte Ann oder Zahlg gibt dem Angew keinen Rückgr gg den Anweisden u befreit ihn bei Anw auf Schuld (§ 787) nicht von seiner Verbindlichk aus dem DeckgsVerh. Etwaige Anspr aus GoA od ungerechtf Ber bleiben ihm. Ggü dem AnwEmpf bleibt die Ann trotz Widerrufs wirks, weil sie keine gült Anw voraussetzt (§ 784 Rn 1).
5 – **e) Unwiderruflichkeit** in zwei Fällen: – Sobald der Angew die Anw dem Empf ggü angenommen hat (§ 784 II), denn dadch ist ein selbständ SchuldVerhältn zw Angew u Empf entstanden, das der Anweisde gg sich gelten lassen muß. – Sobald der Angew die Leistg an den AnwEmpf bewirkt hat. Das gilt auch bei Ann u Leistg vor Fälligk.

6 **2) Die Verpflichtung zur Aufrechterhaltung der Anweisung** macht nach S 2 den Widerruf nicht unwirks. Sie kann sich für den Anweisden aus seinem ValutaVerh zum AnwEmpf (Einf 6 v § 783) ergeben; so idR beim Kreditbrief (Einf 8 v § 783). Satz 2 gilt aber nur, solange Angew weder angenommen noch geleistet hat. Die Vorschr des S 2 ist im Interesse des Angew gegeben, dem die Nachprüfg erspart bleiben soll, ob Anweisder zum Widerruf berecht war od nicht. Läßt Empf den gült Widerruf unbeachtet, so macht er sich dem Anweisden ggü schadersatzpfl, ebso umgekehrt der Anweisde ggü dem Empf, wenn er unbefugt widerruft. – Ein **unwiderrufliches Einziehungsrecht** erwirbt der Empf dch Erteilg einer EinziehgsVollm od dch Abtretg der Fdg des Anweisden gg den Angew.

7 **3) Sonstige Erlöschensgründe.** Untergang der AnwUrk od Rückgabe an Anweisden vor Vorlegg an den Angew zur Ann od Zahlg, Unmöglichk der Leistg. AufgebVerf zur KraftlosErkl findet nicht statt; and bei der an Order gestellten kaufm Anw, HGB 363, 365 II, u beim Scheck, ScheckG 59. Bei Abhandenkommen nach der Ann schützt den Angew § 785.

791 *Tod oder Geschäftsunfähigkeit eines Beteiligten.* **Die Anweisung erlischt nicht durch den Tod oder den Eintritt der Geschäftsunfähigkeit eines der Beteiligten.**

1 **1) Tod und Verlust der Geschäftsfähigkeit** eines Beteil lassen die Anw nicht erlöschen, wenn keine anderw Best in der Anw od im AnnVermerk enthalten ist. § 791 ist abdingb. Die Erben können aber ihrers in den Grenzen des § 790 widerrufen.

2 **2)** Dch **Insolvenz** eines Beteil erlischt die Anw nicht. – Bei Ins **des Anweisenden** hat der InsVerw nach § 790 zu widerrufen. InsO 115 ist nicht anwendb. Der Angew kann nach Kenntn der InsEröffng nicht mehr mit der Wirkg des § 787 gg die InsMasse leisten od annehmen (InsO 82; MüKo/Hüffer Rn 4 für KO). – Bei Ins **des Angewiesenen** ist die Anw dem InsVerw zur Ann oder Zahlg vorzulegen. Bei Ann entsteht Masseverbindlichk (InsO 55 I Nr 1). Der Anspr aus der bereits angen Anw ist InsFdg. – Bei Ins **des Anweisungsempfängers** hat der InsVerw die Befugn, die Anw zur Ann u Zahlg vorzulegen, u den Anspr aus der Ann. Nach seinen Pfl im DeckgsVerh darf der Angew idR die Anw nicht mehr annehmen, sobald er Kenntn von der InsEröffng hat. Ann od Zahlg in Unkenntn der Eröffng muß der Anweisde als für seine Rechng geschehen gelten lassen (Soergel/Häuser Rn 6).

792 *Übertragung der Anweisung.* **I Der Anweisungsempfänger kann die Anweisung durch Vertrag mit einem Dritten auf diesen übertragen, auch wenn sie noch nicht angenommen worden ist. Die Übertragungserklärung bedarf der schriftlichen Form. Zur Übertragung ist die Aushändigung der Anweisung an den Dritten erforderlich.**

II Der Anweisende kann die Übertragung ausschließen. Die Ausschließung ist dem Angewiesenen gegenüber nur wirksam, wenn sie aus der Anweisung zu entnehmen ist oder wenn sie von dem Anweisenden dem Angewiesenen mitgeteilt wird, bevor dieser die Anweisung annimmt oder die Leistung bewirkt.

III Nimmt der Angewiesene die Anweisung dem Erwerber gegenüber an, so kann er aus einem zwischen ihm und dem Anweisungsempfänger bestehenden Rechtsverhältnis Einwendungen nicht herleiten. Im übrigen finden auf die Übertragung der Anweisung die für die Abtretung einer Forderung geltenden Vorschriften entsprechende Anwendung.

1) Übertragung der Anweisung, Abs I, ist grdsätzl mögl. Bei noch nicht angenommener Anw handelt es sich um Übertr der EinziehgsErmächtigg (Einf 3 v § 783). Nach der Ann handelt es sich um Abtr des Anspr aus der Ann (§ 784 Rn 1). Für beide Fälle gilt § 398 (s Abs III S 2). – Zur Durchf sind erfdl: – **a) Übertragungsvertrag** zw AnwEmpf u Erwerber der Anw. Die ÜbertrErkl bedarf der Schriftform, nicht notw auf der AnwUrk selbst. Die AnnErkl des Erwerbers ist formfrei, auch konkludent dch EntggNahme der Urk. – **b) Aushändigung der Anweisung** an den Erwerber. **c) Kaufmännische Anweisung und Scheck** sind dch Indossament übertragb, HGB 363, ScheckG 14. 1

2) Ausschließung der Übertragung, Abs II, ist nur wirks, wenn sie entweder aus der Urk zu entnehmen ist od wenn der Anweisde sie dem Angew vor Ann od Leistg mitgeteilt hat. Ungenügd ist, wenn Angew die Kenntn anderw erlangt od wenn der Anweisde die Mitteilg nur dem AnwEmpf gemacht hat. 2

3) Einwendungen. – **a)** Bei **Übertragung nach Annahme** wird nicht nur die EinziehgsErmächtigg, sond auch die dch die Ann entstandene selbständ Fdg des AnwEmpf gg den Angew übertragen. Daher ist § 404 entspr anwendb, Abs III. Außerdem § 402 (AuskPfl des Zedenten), § 405 (ScheinFdg), § 406 (Aufrechng). – **b)** Bei **Übertragung vor Annahme** kann der Angew keinerlei Einwdgen aus einem zw ihm zu dem ersten Empf der Anw bestehden RVerhältn herleiten. Eine Verpfl des Angew entsteht erst dch die Ann ggü dem Erwerber der Anw (§ 784 Rn 1). – **c)** Die **Einwendungen des § 784** (dort Rn 5, 6) bestehen auch dem Erwerber ggü. 3

4) Rückgriff. Ob der Erwerber der Anw gg seinen Vormann iF der Nichteinlösg der Anw dch den Angew einen RückgrAnspr hat, beurteilt sich nach dem SchuldVerhältn, das der Übertr der Anw zGrd liegt. 4

Zweiundzwanzigster Titel. Schuldverschreibung auf den Inhaber

Einführung

1) Wertpapiere sind nach hM Urk, ohne die ein darin verbrieftes priv Recht nicht geltd gemacht werden kann (Hueck/Canaris § 1 I, Zöllner § 3, insb III 4b). Nach der Art des verbrieften R unterscheidet man MitgliedschPap (zB Aktien), sachenrechtl WertP (zB GrdSchBrief), u fordergsrechtl WertP (zB SchVerschr auf den Inh). Nach der Art, wie der Berecht aus dem WertP bestimmt wird, werden unterschieden (Zöllner § 2 II): – **a) Namenspapiere (Rektapapiere)** benennen den Berecht namentl. Nur dieser od sein RNachf, dem der Nachw des Übergangs obliegt, ist zur GeltdMachg des Anspr befugt. Wechsel des Gläub dch Abtr des Anspr; für das Pap selbst gilt § 952 (dort Rn 2). Der Schu kann alle Einwdgen erheben, die gg einen RVorgänger des ggwärt Gläub entstanden sind (§ 404). Bsp: HypBrief; Sparbrief (BGH WM **92**, 1522), Anlegg auf den Namen eines Dr macht diesen zum Gläub (Nachw § 328 Rn 9: Sparkassenbrief). – **b)** Bei **Inhaberpapieren** verspricht der AusSt die Leistg dem jew Inh des Pap. Die Durchsetzbark des Rechts ist also an den Bes des Pap geknüpft, die Inhabersch begründet die widerlegb Vermutg der mat Berechtigg (Hueck/Canaris § 2 III 3, Zöllner § 2 II 1). Übertr des Rechts nach sachenrechtl Grds dch Übereigng des Pap. ZusTreffen von Gläub u Schu in einer Pers führt nicht zum Untergang der Fdg (RG **147**, 243), wohl aber die Einlösg des Pap dch den AusSt. InhPap verbriefen entweder ein FdgsR (Bsp InhSchVerschr), od ein körperschaftl MitgliedschR (Bsp InhAktie). §§ 793–806 betreffen nur den ersten Fall, sind aber im zweiten entspr anwendb, soweit sich nicht aus der Besonderh des MitgliedschR and ergibt (Zöllner § 29 II 1, RGRK/Steffen Rn 20 v § 793). – **c) Orderpapiere** nehmen eine Zwischenstellg ein. Zwar benennen sie den Berecht namentl. Das verbriefte Recht kann aber dch Indossament übertragen w, eine einseit schriftl Erkl, zu der idR ein BegebgsVertr, dh die Einigg über den RÜbergang, hinzukommen muß. Einwdgen sind ggü dem in dieser Weise Legitimierten stark beschränkt (vgl WG 17, HGB 364). Es gibt geborene OrderPap, die allg, dh ohne nähere Best dch den AusSt, dch Indossament übertragb sind, zB Wechsel; ferner gekorene OrderPap, die nur aGrd ausdr Orderklausel des AusSt dch Indossament übertragb werden, zB handelsr OrderPap (HGB 363). – **d) Legitimationspapiere** sind Urk, gg deren Vorlage der Schu an den Inh mit befreiender Wirkg leisten kann, ohne hierzu verpflichtet zu sein. Einfache LegitimationsPap sind keine WertP. Sie dienen nur der Ausweiserleichterg u sind nicht selbst Träger von VermögensR (Bsp: Garderobemarke, Gepäckschein). Jedoch kann ein LegitimationsPap WertP sein, wenn der AusSt zwar nicht schon aGrd der Vorlage des Pap zur Zahlg verpflichtet ist, seine Zahlg aber von dieser Vorlage abhäng machen kann u die Zahlg dann befreiende Wirkg hat. Das ist etwa bei den sog **qualifizierten Legitimationspapieren** od hinkden InhPap gem § 808 der Fall (vgl § 808 I, II 1), zB Sparbüchern, InhVersScheinen.
1
2
3
4
5

2) Anwendbare Vorschriften, Beispiele. – **a) §§ 793–806** enthalten **keine abschließende Regelung der Inhaberschuldverschreibung.** Sie betreffen im wesentl nur die Verbindlichk des AusSt gg den Inh. Für die dingl RVerhältn sind sachenrechtl Best maßg. Der 22. Titel wird daher dch eine Reihe and Best ergänzt, insb § 248 II (Zinssatz), §§ 929, 935 (Übertr), §§ 1081–1084 (Nießbr an InhPap), §§ 1293–1296 (PfdR), § 1195 (InhGrdSchBrief); ferner hins der VermögensVerw des Vormds, Pflegers od Betr dch §§ 1814 ff, 1853, 1908 i I, 1915 I, der Eltern dch §§ 1646, 1667, im ehel GüterR dch § 1362, im ErbR dch §§ 2116 ff, 2136. – **b) § 807** behandelt den InhSchVerschr gleichgestellte WertP, **§ 808** die qualifizierten LegitimationsPap. – **c) Landesgesetzliche Vorbehalte und Übergangsvorschriften:** EG 97–102, 174–178. – **d) Wertpapierschutz** im Hinbl auf Kriegs- u Nachkriegsereignisse s 42. Aufl Einf 5. Dort über AffidavitVerf, WertPBereiniggsG, Allg KriegsfolgenG, Auslandsbonds, Dollarbonds. – **e) Schuldverschreibungen der Bundesrepublik:** Es gelten die reichsrechtl Vorschr über SchVerschr des Reiches entspr, AnleiheG v 29. 3. 51, BGBl 218; die Beziehgen zw dem Gläub u dem Bund sind privrechtl Natur u richten sich nach §§ 793 ff. – **f) Hypothekenpfandbriefe** u **Kommunalschuldverschreibungen** sind (idR Inh-)SchVerschr der privrechtl HypBanken (s dazu das HypBkG) od der öffrechtl Kreditanstalten (dazu G v 8.5.63 idF v 9.9.98, BGBl 2772). Zu **Schiffspfandbriefen** der SchiffsPfdBriefbanken s das SchiffsbankG. – **g) Investmentanteilscheine** sind WertP eig Art, meist InhPap (BGH NJW **99**, 1393); s das KAGG u Hueck/Canaris § 26, Zöllner § 30. Vertrieb ausl Investmentanteile s AuslInvestG idF v 9.9.98 (BGBl 2820); Vertrieb dch öff
6
7

Anbieten, öff Werbg uä ist nur statth, wenn best Vorauss erfüllt sind. – **h) Umstellung auf Euro** s § 244 Rn 5 ff; Umstellg dch Erkl des AusSt Dress WM **99**, 940.

793 *Begriff.* **I Hat jemand eine Urkunde ausgestellt, in der er dem Inhaber der Urkunde eine Leistung verspricht (Schuldverschreibung auf den Inhaber), so kann der Inhaber von ihm die Leistung nach Maßgabe des Versprechens verlangen, es sei denn, daß er zur Verfügung über die Urkunde nicht berechtigt ist. Der Aussteller wird jedoch auch durch die Leistung an einen nicht zur Verfügung berechtigten Inhaber befreit.**

II Die Gültigkeit der Unterzeichnung kann durch eine in die Urkunde aufgenommene Bestimmung von der Beobachtung einer besonderen Form abhängig gemacht werden. Zur Unterzeichnung genügt eine im Wege der mechanischen Vervielfältigung hergestellte Namensunterschrift.

1 **1) Begriff.** SchVerschr auf den Inh ist eine Urk, in der sich der AusSt zu einer Leistg an den Inh der Urk verpflichtet. Die Errichtg der Urk hat konstitutive Bedeutg, das verbriefte Recht kann außerh der Urk nicht entstehen. Nach ihrem wirtsch Zweck ist die Urk zum Umlauf bestimmt.

2 **2) Inhalt der Urkunde. – a) Verbrieftes Recht** ist eine Fdg (Bambg NJW-RR **89**, 1449); bei and Rechten, zB MitgliedschR (InhAktien), ist entspr Anwendg mögl (Einf 3). Die Art der versprochenen Leistg ist unerhebl: meist Geldleistg; aber auch and Leistgen, zB beim Lagerschein auf den Inh. Angabe einer best Geldsumme ist nicht erfdl (Bsp Dividendenscheine). IdR handelt es sich um selbstd SchuldVerspr (§ 780); die Angabe eines SchuldGrd ist nicht erfdl, aber zuläss, um sich Einwdgen gem § 796 vorzubehalten. Nebenabreden sind mögl (Mü NJW-RR **99**, 557: verneint für Steuerfreih der Zinsen bei SozialPfdBriefen).

3 **b) Inhaberklausel** ist nicht ausdr erfdl. Es genügt, wenn aus dem Inhalt der Urk u der VerkSitte mit genügder Deutlichk die Abs hervorgeht, dem Inh verpflichtet zu sein. StaatsSchVerschr, Zinsscheine sind daher auch ohne ausdr Erwähng auf den Inh gestellt. Nenng eines best Gläub ist zul, wenn trotzdem aus der Urk hervorgeht, daß die ZahlgsVerpfl ggü jedem Inh besteht. Auch der Zusatz „für Inh od Order" macht das Pap nicht zum OrderPap, wenn keine best Pers genannt ist, deren Order maßg sein soll (RG **78**, 149). Inh ist, wer die rein tats Gewalt über das Pap ausübt, mittelb Besitz genügt nicht.

4 **c) Aussteller** kann an sich jeder sein. Doch bestehen Beschrkgen für Banknoten, BBankG 14. Eltern, Betr u Vormd benötigen für die Ausstellg eine gerichtl Gen, §§ 1643 I, 1822 Nr 9, 1908 i.

5 **d) Inhaberschuldverschreibungen sind** (s a Einf 7): SchVerschr des Bundes, der Länder, der Gem u öffrechtl Körpersch nebst Zinsscheinen; InhSchuldscheine von JP od einz PrivPers; Zerobonds (Ulmer/Ihrig ZIP **85**, 1169); GewinnAntl- od Dividendenscheine der AG; InhGrdSchBriefe § 1195; InhLagerscheine (RG **142**, 150); regelm auch Lotterielose (Hueck/Canaris § 1 II 5); Schecks, die auf Inh gestellt sind, ScheckG
6 5 II, 21. – **Nicht:** AntlScheine der GmbH, da sie ledigl BewUrk, nicht selbst Wertträger sind; Zinserneuergs-Scheine (Talons), die nur Ausweispapiere sind (RG **74**, 339); Anweisgen (§ 783) u Wechsel, da sie nicht auf den Inh gestellt werden können, WG 1 Nr 6.

7 **3) Schriftform, Abs II.** Für die Unterschr des AusSt genügt in Abw von § 126 eine iW der mechanischen Vervielfältigg hergestellte NamensUnterschr (Faksimile). Ungenügd ist jedoch eine in gewöhnl Druck hergestellte Unterschr. II gilt nicht für die sog kleinen InhPap, § 807. – Die Gültigk der Unterschr kann von der Beobachtg einer bes Form abhäng gemacht werden, zB Unterschr eines Kontrolleurs, Beifügg eines bes AusfertiggsVermerks od Siegels. Diese Einschränkg ist aber nur wirks, wenn in der Urk selbst auf die weitere FormVorschr ausdr hingewiesen ist. Landesrechtl Vorbeh EG 100 Nr 1.

8 **4) Entstehung der Verpflichtung.** Die Errichtg der Urk ist dafür notw (Rn 1), aber nicht genügd. Hinzu kommen muß ein BegebgsVertr (sog Vertragstheorie; heute ganz hM, s Hueck/Canaris § 3 I 2, Zöllner § 6 V 4, BGH NJW **73**, 283). Er hat doppelten Inhalt. Zum einen überträgt der AusSt sachenrechtl das Eigt an der Urk auf den Erwerber nach §§ 929 ff. Zum and sind sich die Part einig über die schuldrechtl Begr der verbrieften Fdg. Auf diesen schuldrechtl Vertr zw AusSt u Ersterwerber finden die Vorschr über NichtigkGrde, Willens- u VertretgsMängel voll Anwendg. Zur Erhaltg der VerkFähigk der zum Umlauf best InhSchVerschr bedarf die VertrTheorie indes einer einschränkden Modifizierg: Ein fehlder od unwirks BegebgsVertr steht der Entstehg der verbrieften Fdg in der Pers eines gutgl Zweiterwerbers nicht entgg, wenn der AusSt zurechenb den RSchein eines gült BegebgsVertr gesetzt hat (sog Rechtsscheintheorie; ganz hM, zB Hueck/Canaris § 3 II).

9 **5) Berechtigter** ist der Träger des in der Urk verbrieften FdgsRechts. – **a) Die materielle Berechtigung** hat der Eigtümer der Urk. Das ist der Ersterwerber, der das Eigt dch BegebgsVertr mit dem AusSt (s Rn 8) u jeder folgde Inh, der das Eigt vom VorInh zumindest gutgl nach §§ 929 ff, 935 II, HGB 367 erworben hat. Dieser starke sachenrechtl Einschlag führt auch dazu, daß der RSatz vom Untergang der Fdg durch ZusTreffen
10 von Gläub- u SchuStellg hier nicht gilt (RG **147**, 243. – **b) Berechtigungsvermutung.** Für den Besitzer der Urk gilt die EigtVermutg des § 1006. Aus Abs I S 2 folgt außerdem, daß die mat Berechtigg des Inh der
11 Urk vermutet wird. S a Rn 12. – **c) Besitz der Urkunde** ist Vorauss für die Durchsetzbark des verbrieften FdgsRechts, weil der AusSt nur gg Aushändigg zur Leistg verpflichtet ist, § 797. HerausgAnspr des mat Berecht nach § 985. Bei Verlust KraftlosErkl nach § 799.

12 **6) Schuldner** ist der AusSt der Urk. – **a) Zur Leistung verpflichtet** ist er jedem berecht Inh gg Aushändigg der Urk, § 797. – **b) Zur Leistung berechtigt, Abs I S 2,** ist er an den Inh gg Aushändigg der Urk. Auch Leistg an GeschUnfäh od GeschBeschränkte wirkt befreiend (aA Hueck/Canaris § 24 III 3). Der AusSt ist also zur Prüfg der Legitimation des Inh nicht verpflichtet, wohl aber berecht. Will er nicht leisten, so trifft ihn die Darleggs- u BewLast dafür, daß der Inh zur Vfg über die Urk nicht berecht ist, dh, daß er weder Eigtümer ist noch ein PfdR od sonstiges VfgsR (Vormd, InsVerw, TestVollstr usw) hat. Nichtberecht ist insb der Dieb od der Inh, der von einem Nichtberecht bösgl erworben hat; aber auch, wenn er den Bes ohne

Befugn zur Veräußerg, zB als Verwahrer, erlangt hat. – **c) Nicht schuldbefreiend** ist in Ausn von Abs I S 2 13
die Leistg des AusSt, wenn er die ihm pos bekannte Nichtberechtigg od fehlde GeschFgk (BGH WM **71**, 231 zu § 808) des Inh leicht nachweisen kann. Schutz verdient nur der redl Verkehr. Grobfahrl Unkenntn steht der pos Kenntn nicht gleich, auch wenn der AusSt jede Prüfg unterlassen hat, außer er unterdrückt dadch besseres Wissen (BGH **28**, 368 zu § 808, RGRK/Steffen Rn 23; aA MüKo/Hüffer Rn 24, Hueck/Canaris § 24 III 3, Zöllner § 27 I 3: Analogie zu WG 40 III).

794 *Haftung des Ausstellers.*

I Der Aussteller wird aus einer Schuldverschreibung auf den Inhaber auch dann verpflichtet, wenn sie ihm gestohlen worden oder verlorengegangen oder wenn sie sonst ohne seinen Willen in den Verkehr gelangt ist.

II Auf die Wirksamkeit einer Schuldverschreibung auf den Inhaber ist es ohne Einfluß, wenn die Urkunde ausgegeben wird, nachdem der Aussteller gestorben oder geschäftsunfähig geworden ist.

1) Fehlender Begebungsvertrag, Abs I. Zur Entstehg der Verpfl des AusSt § 793 Rn 8. Abs I gilt nicht 1
im Verh des AusSt zum Ersterwerber der Urk. Da es sich um eine SchutzVorschr zG des redl Verkehrs handelt, gilt sie im Verh des AusSt zu folgden Inh nur, wenn diese vfgsbefugt sind, also bei gutgl Erwerb des Inh od eines VorInh (s § 793 Rn 9–12).

2) Tod, Wegfall der Geschäftsfähigkeit des Ausstellers, Abs II, zw Ausstellg u Ausgabe der Urk 2
berühren deren Gültigk nicht. Zur Entstehg der verbrieften Fdg (§ 793 Rn 8) ist aber auch in diesem Fall ein wirks BegebgsVertr des Ersterwerbers mit dem Vertreter od RNachf des AusSt, bei seinem Fehlen der zurechenb RSchein eines solchen zG späterer gutgl Inh notw (MüKo/Hüffer Rn 5, RGRK/Steffen Rn 6, Erm/Hantl-Unthan Rn 2).

3) § 794 gilt nicht für InhAktien. 3

795 *(aufgehoben dch G v 17. 12. 1990, BGBl 2839)*

796 *Einwendungen des Ausstellers.*

Der Aussteller kann dem Inhaber der Schuldverschreibung nur solche Einwendungen entgegensetzen, welche die Gültigkeit der Ausstellung betreffen oder sich aus der Urkunde ergeben oder dem Aussteller unmittelbar gegen den Inhaber zustehen.

1) Einwendungen des AusSt gg die SchVerschr sind, wie bei den kaufm OrderPap (HGB 364 II) im 1
Interesse der Verkehrsfähigk nur in beschr Umfang zul.

2) Einwendungen gegen die Gültigkeit der Ausstellung sind solche, die sich gg die Entstehg der 2
verbrieften Fdg richten u außerh der Urk liegen. Sie haben zT absolute Wirkg, der AusSt kann sie also jedem Inh entgghalten, zB Fälschg der Unterschr des AusSt oder des Inhalts der Urk; GeschUnfgk oder beschr GeschFgk des AusSt zZ der Ausstellg. Zum Teil kann der AusSt sie gutgl späteren Inh nicht entgghalten, näml dann, wenn er den zurechenb RSchein wirks Entstehg der Fdg gesetzt hat (s § 793 Rn 8). Hierher gehören zB fehlder, nach §§ 116–118, 138 nichtiger, wirks angefochtener BegebgsVertr, fehlde Vollm (ie str).

3) Einwendungen aus dem Inhalt der Urkunde kann der AusSt jedem Inh entggsetzen, zB Bdgg, 3
Befristg, ZeitBest, LeistgsModalitäten. Ist der SchuldGrd angegeben, kann der AusSt sich auf Einwdgen berufen, die sich allg u unmittelb kr Gesetzes aus dem GrdVerh ergeben, nicht auf bes vertragl Absprachen zw AusSt u Ersterwerber beruhen (RGRK/Steffen Rn 5; enger MüKo/Hüffer Rn 6). Der Inhalt der Urk, auch börsengäng SchVerschr, ist nach den allg Regeln (§§ 133, 157) ausleggsfähig; Berücksichtigg auch außerh der Urk liegder Umst mögl (BGH **28**, 259). Eine vorzeit Künd wg Wegfalls der GeschGrdl ist idR ausgeschl (Mü NJW-RR **99**, 557).

4) Einwendungen unmittelbar gegen den Inhaber (persönl Einwdgen) sind solche, die in einem 4
RVerhältn zw AusSt u diesem Inh begründet sind. Bsp: Stundg, Zahlg, Erlaß, Aufr, Einr aus §§ 816, 821. Ferner Einr der Argl, insb wenn der Erwerb der Urk in der Abs geschah, dem AusSt seine Einwdgen gg den Vormann abzuschneiden. Erhält der Inh erst nach dem Erwerb von den Einr gg den Vormann Kenntn, so hat der AusSt den Einwand unzul RAusübg nur dann, wenn der Inh die Einwdgen ledigl zum Vorteil des Vormannes (als Strohmann) od ausschl zum Nachteil des AusSt abschneiden will (§ 826). Dem AusSt steht ferner der Einwand zu, daß der Inh nicht zur Vfg über die Urk berechtigt sei (§ 793 Rn 9–11). Dabei ist der Erwerb auch dann unredl, wenn der Erwerber die Prüfg des rechtm Bes des Vormannes unterlassen hat, obwohl nach den Umst (zB Angeb durch Unbekannte) hinreichde Verdachts- und ZweifelsGrd vorh waren.

5) Einwendungen gegen den Bestand der verbrieften Forderung sind nicht eigens erwähnt. Der 5
AusSt kann sie jedem Inh entggsetzen, zB schuldbefreide Zahlg an früh Inh (§ 793 Rn 12), KraftlosErkl (§ 799), ZahlgsSperre (§ 802), Erlöschen u Verj (§ 801).

797 *Leistungspflicht nur gegen Aushändigung.*

Der Aussteller ist nur gegen Aushändigung der Schuldverschreibung zur Leistung verpflichtet. Mit der Aushändigung erwirbt er das Eigentum an der Urkunde, auch wenn der Inhaber zur Verfügung über sie nicht berechtigt ist.

1) Leistungsverpflichtung nur gg Aushändigg des Pap, das also Präsentations- u EinlösgsPap ist. Die 1
Schuld ist Holschuld; § 270 nicht anwendb. Verpfl des Inh zur Ausstellg einer Quittg bleibt unberührt

(§§ 368, 369). Bei Teilleistg Vermerk auf der Urk. Ztpkt der Leistg s § 801. Folge der Weigerg der Aushändigg od QuittgsErteilg ist AnnVerzug. – Hat Gläub die Urk nur unter Vorbeh einer MehrFdg vorgelegt u hat sie der AusSt eingelöst, so kann er sich ggü der späteren NachFdg nicht darauf berufen, daß der Gläub nicht mehr Inh des Pap sei (RG **152**, 168). Zinsscheine s § 803 II.

2 **2) Eigentumserwerb** an der Urk auch dann, wenn Inh zur Vfg nicht berecht war. Dies ist Folge der RVermutg des § 793, wonach Inh als Gläub gilt. S 2 soll verhindern, daß der wirkl Eigtümer die Urk nachträgl mit der EigtKlage herausverlangen kann. Der EigtÜbergang findet kr G statt. **Gilt nicht** zG des unredl AusSt (hM). Er erwirbt also kein Eigt, wenn er an den nur förml berecht Inh nicht schuldbefreiend (s § 793 Rn 13) leistet. Ferner nicht, wenn ihm die Urk nicht zur Einlösg ausgehändigt wird, sond aus and Grden, zB Verwahrg, Pfd.

3 **3) Nicht anwendbar** ist § 797 auf InhAktien.

798 ***Ersatzurkunde.*** **Ist eine Schuldverschreibung auf den Inhaber infolge einer Beschädigung oder einer Verunstaltung zum Umlaufe nicht mehr geeignet, so kann der Inhaber, sofern ihr wesentlicher Inhalt und ihre Unterscheidungsmerkmale noch mit Sicherheit erkennbar sind, von dem Aussteller die Erteilung einer neuen Schuldverschreibung auf den Inhaber gegen Aushändigung der beschädigten oder verunstalteten verlangen. Die Kosten hat er zu tragen und vorzuschießen.**

1 **1)** Das **Umtauschrecht** besteht nur, wenn der wesentl Inhalt der Urk u ihre UnterscheidgsMerkmale (zB Serie u Nummer) noch mit Sicherh zu erkennen sind. Ist dies nicht der Fall od ist die Urk gänzl vernichtet, so kommt nur KraftlosErkl in Frage (§ 799). Der Austausch ist ein rein tats Vorgang u geschieht Zug um Zug. Der AusSt erlangt Eigt an der alten Urk, die ihren Charakter als WertP verliert. Die bisher Rechte setzen sich an der neuen Urk fort. Die Kosten hat der Inh zu tragen u vorzuschießen (S 2). § 798 gilt nicht für Zins- u Gewinnanteilscheine.

2 **2) Sondervorschriften:** Aktien u Zwischenscheine AktG 74; InhGrdSchBriefe GBO 67, 68; Investmentzertifikate KAGG 24 III; Banknoten BBankG 14 III.

799 ***Kraftloserklärung.*** **I Eine abhanden gekommene oder vernichtete Schuldverschreibung auf den Inhaber kann, wenn nicht in der Urkunde das Gegenteil bestimmt ist, im Wege des Aufgebotsverfahrens für kraftlos erklärt werden. Ausgenommen sind Zins-, Renten- und Gewinnanteilscheine sowie die auf Sicht zahlbaren unverzinslichen Schuldverschreibungen.**

II Der Aussteller ist verpflichtet, dem bisherigen Inhaber auf Verlangen die zur Erwirkung des Aufgebots oder der Zahlungssperre erforderliche Auskunft zu erteilen und die erforderlichen Zeugnisse auszustellen. Die Kosten der Zeugnisse hat der bisherige Inhaber zu tragen und vorzuschießen.

1 **1) Zweck der Vorschrift.** Der bisher Inh verliert seine Rechte mit dem Verlust der Urk nicht, kann sie aber wg § 797 nicht ausüben u läuft Gef, sie an einen gutgl Erwerber zu verlieren (s § 793 Rn 9–11). Zu seinem Schutz hat er folgde Möglichk: HerausgAnspr gg den nichtberecht Inh, § 985; Bek des Verlustes im BAnz, HGB 367; KraftlosErkl, § 799, u im ZusHang mit dem hierfür erfdl AufgebVerf ZahlgsSperre, § 802.

2 **2) Geltungsbereich.** – **a) Erfaßt** werden abhgek u vernichtete InhSchVerschr (I 1); ähnl § 808 II 2 für hinkde InhPap. – **b) Gilt nicht,** wenn in der Urk das GgTeil best ist (I 1); für auf Sicht gestellte unverzinsl SchVerschr (I 2); für Zins-, Renten- u Gewinnanteilscheine (I 2, § 804), ErneuergsScheine (§ 805); für die kleinen InhPap, weil § 807 nicht auf § 799 verweist. Für den Ausschl der KraftlosErkl genügt nicht der Vermerk auf Lotterielosen, daß der GewinnAnspr in best Frist unter Vorzeigg des Loses geltd zu machen ist (RG JW **12**, 861). – **c) Sondervorschriften** für Aktien u Zwischenscheine AktG 72, 73; Hyp-, Grd- u RentenSchBriefe §§ 1162, 1195, 1200; Wechsel WG 90; Schecks ScheckG 59; kaufm OrderPap HGB 365 II; Investmentzertifikate KAGG § 24 II.

3 **3) Kraftloserklärung.** – **a) Voraussetzungen** alternativ: – **aa) Abhandenkommen.** Begr § 935 Rn 2, 3. Ferner, wenn der Verbleib der Urk bekannt ist, der bisher Inh sie aber nicht zurückverlangen kann (Stgt NJW **55**, 1155). – **bb) Vernichtung** liegt nicht nur bei vollk Substanzverlust vor, sond auch bei so weitgehder Beschädigg od Zerstörg, daß eine Erneuerg (ErsUrk) nach § 798 nicht mögl ist.

4 **b) Verfahren** nach ZPO 1003 ff. Antragsberecht ist der letzte Inh, auch der nichtberecht (RGRK/Steffen Rn 6). Möglichk der ZahlgsSperre (§ 802) bei od vor Einleitg des AufgebVerf.

5 **c) Wirkung.** Das AusschlUrt ersetzt den Bes der Urk, so wie sie war (ZPO 1018). Wer es erwirkt hat, ist so gestellt wie der Inh der Urk vor dem Verlust, außerdem kann er Ausstellg einer neuen Urk verlangen, § 800. Für das Verhältn zu Dr ist das AusschlUrt ohne Bedeutg, es schließt Dr mit ihren mat Rechten aus der Urk, die sie vor KraftlosErkl erworben haben, nicht aus (RG **168**, 1/9). Das AusschlUrt verschafft nicht eine fehlde mat Berecht dessen, der es erwirkt hat, er hat aus dem Urt nicht mehr Rechte als aus der für kraftl erklärten Urk (Hamm WM **76**, 198). Hat der AusSt aGrd der förml Berechtigg dessen, der das AusschlUrt erwirkt hat, schuldbefreid an diesen bezahlt, so kann der wahre Berecht, wenn er sein besseres mat Recht nachweisen kann, das Bezahlte als ungerechtf Ber herausverlangen. Zum Ausschl des mat Berecht ist ein GläubAufgeb erfdl (zB gem §§ 1170, 1171 iVm ZPO 982 ff).

800 ***Wirkung der Kraftloserklärung.*** **Ist eine Schuldverschreibung auf den Inhaber für kraftlos erklärt, so kann derjenige, welcher das Ausschlußurteil erwirkt hat, von dem Aussteller, unbeschadet der Befugnis, den Anspruch aus der Urkunde geltend zu machen, die**

Erteilung einer neuen Schuldverschreibung auf den Inhaber anstelle der für kraftlos erklärten verlangen. Die Kosten hat er zu tragen und vorzuschießen.

1) Wirkungen des Ausschlußurteils. – a) Ersatz des Urkundenbesitzes, s § 799 Rn 5. Die alte Urk verliert ihre Eigensch als WertP (Th-P § 1018 Rn 1). – **b) Anspruch auf Neuausstellung.** Er ist nöt, weil das AusschlUrt nicht die Umlauffähigk der Urk ersetzen kann. Das ist insb von Bedeutg – ohne daß dies aber Vorauss des Anspr wäre –, wenn die Leistg noch nicht fäll ist. Die Form der neuen Urk braucht nicht dieselbe zu sein wie die früh, muß ihr aber wirtsch u rechtl gleichwert sein (RGRK/Steffen Rn 2). Bei InhGrdSch ist die Erteilg des neuen Briefes beim GBA zu beantragen (GBO 67). – Der Anspr ist an keine Frist gebunden. – Keine Befugn des Gläub, die im Laufe des AufgebVerf fäll werdden Leistgen gg SicherhLeistg einzufordern (and WG 90). Mit Aushändigg der neuen Urk verliert das AusschlUrt seine besitzersetzde Funktion (Legitimationswirkg), nicht seine AusschlWirkg. 1

2) Kein Anspruch auf Neuausstellung besteht, wenn derj, der das AusschlUrt erwirkt hat, die verbriefte Leistg verlangt, weil er die neue Urk dabei dem AusSt aushändigen müßte, § 797. 2

801 *Erlöschen; Verjährung.* **[I] Der Anspruch aus einer Schuldverschreibung auf den Inhaber erlischt mit dem Ablaufe von dreißig Jahren nach dem Eintritte der für die Leistung bestimmten Zeit, wenn nicht die Urkunde vor dem Ablaufe der dreißig Jahre dem Aussteller zur Einlösung vorgelegt wird. Erfolgt die Vorlegung, so verjährt der Anspruch in zwei Jahren von dem Ende der Vorlegungsfrist an. Der Vorlegung steht die gerichtliche Geltendmachung des Anspruchs aus der Urkunde gleich.**

[II] Bei Zins-, Renten- und Gewinnanteilscheinen beträgt die Vorlegungsfrist vier Jahre. Die Frist beginnt mit dem Schlusse des Jahres, in welchem die für die Leistung bestimmte Zeit eintritt.

[III] Die Dauer und der Beginn der Vorlegungsfrist können von dem Aussteller in der Urkunde anders bestimmt werden.

1) Vorlegungsfrist. Der Inh muß die Urk, ersatzw das AusschlUrt (§§ 799, 800) dem AusSt zum Zweck der Einlösg aushändigen (§ 797) od den Anspr einklagen (Abs I S 3). Andernf hat der AusSt ein LeistgVR. Für die Vorlegg besteht eine AusschlFr. – **a) Beginn.** Maßg ist primär der Ztpkt, den der AusSt in der Urk best hat (Abs III), sonst der Eintritt der Fälligk der Leistg. Ist auch dafür kein Ztpkt best, kann der Inh die Urk jederzeit vorlegen, § 271 I. In diesem Fall gibt es nur die allg VerjFr von 30 J ab BegebgsTag (Soergel/Welter Rn 4). Für NebenPap (§ 804) mit Ablauf des Jahres, in dem der Anspr fäll wird (Abs II). – **b) Dauer.** Maßg ist primär die vom AusSt in der Urk best Frist. Ganz ausschließen kann er die Vorlegg nicht (RGRK/Steffen Rn 6). Ohne solche Best 30 Jahre, für NebenPap 4 Jahre (Abs II). Hemmg nur dch ZahlgsSperre (§ 802), die Vorschr über Hemmg u Unterbrechg der VerjFr gelten nicht. Bei Übersendg muß die Urk dem AusSt vor FrAblauf zugehen, bei KlErhebg FrWahrg gem ZPO 270 III (BGH NJW **70**, 1002/1003). – **c) Versäumung** führt zum Erlöschen des verbrieften Rechts. Wirkt ggü jedem Inh. Der Einwand unzul RAusübg besteht nur ausnahmsw, wenn die Berufg auf das Erlöschen mit Tr u Gl schlechthin unvereinb ist u der Fortbestand des Rechts den AusSt nicht unbill belastet (RGRK/Steffen Rn 8). Das trotz Erlöschens Geleistete kann der AusSt gem §§ 812 ff zurückfordern, § 222 II gilt nicht.
1
2
3
4

2) Verjährungsfrist. Beginn nicht schon mit Vorlegg, sondern mit Ende der VorleggsFr. Dauer 2 Jahre. Die allg Hemmgs- u UnterbrechgsVorschr gelten, außerdem § 802. 5

802 *Zahlungssperre.* **Der Beginn und der Lauf der Vorlegungsfrist sowie der Verjährung werden durch die Zahlungssperre zugunsten des Antragstellers gehemmt. Die Hemmung beginnt mit der Stellung des Antrags auf Zahlungssperre; sie endigt mit der Erledigung des Aufgebotsverfahrens und, falls die Zahlungssperre vor der Einleitung des Verfahrens verfügt worden ist, auch dann, wenn seit der Beseitigung des der Einleitung entgegenstehenden Hindernisses sechs Monate verstrichen sind und nicht vorher die Einleitung beantragt worden ist. Auf diese Frist finden die Vorschriften der §§ 203, 206, 207 entsprechende Anwendung.**

Zahlungssperre. Der AntrSt kann vor od bei Einleitg des AufgebVerf gem ZPO 1019, 1020 eine ZahlgsSperre erwirken, dch die an den AusSt sowie an die in dem Pap bezeichneten Zahlstellen ein Verbot erlassen wird, an den Inh des Pap eine Leistg zu bewirken, insb neue Zins-, Renten- u GewinnAntlScheine od einen ErneuergsSchein auszugeben. Wirkg: §§ 135, 136. Das Verbot muß neben der öff Bek dem AusSt sowie den im Pap u den vom AntrSt bezeichneten Zahlstellen mitgeteilt werden (ZPO 329 III). – Damit währd der Dauer des AufgebVerf die Vorleggs- od VerjFr nicht ablaufen, best § 802, daß Beginn u Lauf dieser Fristen gehemmt (nicht unterbrochen) werden, u zwar nach S 2 nicht erst mit dem Erlaß der ZahlgsSperre, sond schon mit der AntrStellg. Im Falle einer vor Einleitg des Verf verfügten ZahlgsSperre endigt nach S 2, 2. Halbs die Hemmg schon dann, wenn seit Beseitigg des der Einleitg entggstehden Hindern 6 Mo verstrichen sind u nicht vorher die Einleitg beantragt war. Diese Bestimmg soll einer unangem Verzögerg der VerfEinleitg vorbeugen. 1

803 *Zinsscheine.* **[I] Werden für eine Schuldverschreibung auf den Inhaber Zinsscheine ausgegeben, so bleiben die Scheine, sofern sie nicht eine gegenteilige Bestimmung enthalten, in Kraft, auch wenn die Hauptforderung erlischt oder die Verpflichtung zur Verzinsung aufgehoben oder geändert wird.**

II Werden solche Zinsscheine bei der Einlösung der Hauptschuldverschreibung nicht zurückgegeben, so ist der Aussteller berechtigt, den Betrag zurückzubehalten, den er nach Absatz 1 für die Scheine zu zahlen verpflichtet ist.

1 **1) Rechtsnatur.** Zinsscheine für verzinsl SchVerschr verbriefen als selbständ Urk die ZinsFdg. Der Inh kann die Fdg gg Aushändigg der Zinsscheine ohne Vorlegg der HauptUrk geltd machen. – **a) Unabhängig (I)** von der HauptUrk sind InhZinsscheine, soweit sie im Verk als Träger der ZinsFdg umlaufen. Sie bleiben daher, vorbehaltl abw Best, die in der Urk selbst enthalten sein muß, auch dann in Kraft, wenn die HauptFdg erlischt od die Verpfl zur Verzinsg geändert od aufgeh wird. Ihr Umlauf im Verk ist unabhäng von dem des HauptPap; zur Einziehg bedarf es weder der Vorlegg der HauptUrk noch genügt diese. Aber Einr der Argl,
2 falls AusSt widerrechtl die Ausfolgg neuer Zinsscheine verweigert hat (RG **31**, 147). – **b) Abhängig (II)** von der HauptUrk sind die Zinsscheine insofern, als der AusSt bei Einlösg der HauptUrk den für die Einlösg der Zinsscheine erfdl Betr zurückbehalten kann, falls die noch nicht fäll Zinsscheine nicht mit vorgelegt werden. Er darf also diesen Betr von der Hauptsumme abziehen. § 273 III (Abwendg durch SicherhLeistg) ist anwendb. Bei späterer Nachlieferg der Zinsscheine ist der zunächst zurückbehaltene Betr nachzuzahlen. Legt der Gläub die vorzeit gekünd SchVerschr erst verspätet zur Einlösg vor, so darf der AusSt entspr Abs II den Betr abziehen, den er auf eingelöste Zinsscheine bezahlt hat, deren FälligkDatum auf einen Ztpkt nach der Künd der Hauptschuld lautet. Die Bank, die dem Gläub, ihrem Kunden, die Zinsscheine einlöst, die dieser in einem bei der Bank gemieteten Schließfach verwahrt, ist nicht zu einer vorsorgl Prüfg verpflichtet, ob die zu dem Zinsschein gehörde SchVerschr nicht schon gekünd ist (Köln WM **85**, 1414). Für die Verj gilt § 801 II
3 iVm I (MüKo/Hüffer Rn 2, str); § 224 ist dch § 803 I ausgeschl; im übr s § 801 Rn 1–4. – **c) Entsprechend anwendbar** auf InhRentenscheine (RGRK/Steffen Rn 5, MüKo/Hüffer Rn 3; s §§ 1199 f). Sie verbriefen ein auf Rentenleistg lautdes FdgsR.

4 **2) Keine Anwendung auf Gewinnanteil- und Erneuerungsscheine.** Der GewinnAntl-(Dividenden-) Schein ist an sich InhPapier (RG **77**, 333); er unterscheidet sich vom Zinsschein dadch, daß er nicht auf eine best Geldsumme geht, daß vielm seine Höhe von der Festsetzg des GewinnAntls seitens der GesellschOrgane abhängt. Anspr aus dem GewinnAntlSchein erlischt mit der HauptUrk (für AG AktG 72 II). – Erneuergs-Scheine (Talons) sind keine selbständ InhPap, sond ledigl AusweisPap (RG **74**, 339, vgl § 805); sie werden also mit dem Erlöschen des HauptPap kraftlos.

804 *Verlust von Zins- oder ähnlichen Scheinen.*

I Ist ein Zins-, Renten- oder Gewinnanteilschein abhanden gekommen oder vernichtet und hat der bisherige Inhaber den Verlust dem Aussteller vor dem Ablaufe der Vorlegungsfrist angezeigt, so kann der bisherige Inhaber nach dem Ablaufe der Frist die Leistung von dem Aussteller verlangen. Der Anspruch ist ausgeschlossen, wenn der abhanden gekommene Schein dem Aussteller zur Einlösung vorgelegt oder der Anspruch aus dem Scheine gerichtlich geltend gemacht worden ist, es sei denn, daß die Vorlegung oder die gerichtliche Geltendmachung nach dem Ablaufe der Frist erfolgt ist. Der Anspruch verjährt in vier Jahren.

II In dem Zins-, Renten- oder Gewinnanteilscheine kann der im Absatz 1 bestimmte Anspruch ausgeschlossen werden.

1 **1) Zweck der Vorschrift.** KraftlosErkl u ZahlgsSperre sind bei verlorengegangenen Zins-, Renten- od GewinnAntlScheinen ausgeschl, § 799 I S 2. Der Gläub kann desh grdsätzl seine Rechte ohne Vorlegg der Urk dch VerlustAnz wahren.

2 **2) Verlustanzeige.** Gläub hat den Verlust dem AusSt anzuzeigen, u zwar vor dem Ablauf der 4jähr VorleggsFr (§ 801). Ist dies geschehen, so kann er nach dem Ablauf der VorleggsFr die Leistg vom AusSt verlangen. Eine Ausn gilt aber, wenn ein Dritter vor Ablauf der VorleggsFr den Schein vorgelegt od gerichtl geltd gemacht hat. In diesem Falle kann Gläub die Einlösg nicht verlangen; er kann sich gg Einlösg des von dem Dr vorgelegten Scheines dch Erwirkg einer einstw Vfg schützen. – **Beweislast:** der Anzeigde hat den rechtzeit Zugang der VerlustAnz u Ablauf der VorleggsFr zu beweisen, AusSt die Vorlegg od gerichtl GeltdMachg durch einen Dr; der Anzeigde wiederum, daß die letztgenannten Maßn erst nach Ablauf der VorleggsFr erfolgt sind.

3 **3)** Die **Verjährungsfrist nach Abs I Satz 3** beginnt mit Ablauf der VorleggsFr (§ 801 II).

4 **4) Ausschluß des Anspruchs** nach Abs I in der NebenUrk selbst ist mögl (Abs II). Bei Zinsscheinen von SchVerschr ist der Anspr ausgeschl, ohne daß es einer ausdr Bestimmg bedarf, § 17 ReichsschuldenO, AnleiheG. – Fortdauer landesgesetzl Vorschr: EG 100 Z 2.

805 *Neue Zins- und Rentenscheine.*

Neue Zins- oder Rentenscheine für eine Schuldverschreibung auf den Inhaber dürfen an den Inhaber der zum Empfange der Scheine ermächtigenden Urkunde (Erneuerungsschein) nicht ausgegeben werden, wenn der Inhaber der Schuldverschreibung der Ausgabe widersprochen hat. Die Scheine sind in diesem Falle dem Inhaber der Schuldverschreibung auszuhändigen, wenn er die Schuldverschreibung vorlegt.

1 **Zweck** der (abdingb) Vorschr ist es, den Inh der SchVerschr insb für den Fall eines Verlustes der Zinsscheine zu schützen. § 805 gilt nicht für Gewinnanteilscheine. Entspr Vorschr in AktG 75. – **Erneuerungs-**
2 **scheine** sind ihrer rechtl Natur nach keine Inh-, sond bloße LegitimationsPap (Einf 5 v § 793). – Der **Widerspruch** hat die Wirkg, daß der AusSt dem Vorleger des ErneuergsScheins neue Zins- od Rentenscheine nicht mehr aushändigen darf; sie dürfen nach S 2 nur dem Inh der SchVerschr gegeben werden. Der Widerspr ist einseit empfbedürft WillErkl. Obwohl § 805 dem Inh der SchVerschr vor allem iF des Verlustes

einen Schutz gewähren will, ist nach der Fassg der Vorschr das WidersprR nicht auf diesen Fall beschr, sond besteht ganz allg oRücks auf die Gründe.

806 *Umschreibung auf den Namen.* **Die Umschreibung einer auf den Inhaber lautenden Schuldverschreibung auf den Namen eines bestimmten Berechtigten kann nur durch den Aussteller erfolgen. Der Aussteller ist zur Umschreibung nicht verpflichtet.**

Umschreibung des Inhaberpapiers in ein NamensPap auf einen best Berecht dient dem Zwecke, die 1
Gef, die mit einem InhPap für den Gläub verbunden sind, zu beseitigen. Diese Umschreibg kann nur der AusSt, u zwar in dem Pap selbst, vornehmen. Durch die Umschreibg wird die Urk NamensPap (Einf 2 v § 793), kann also nur dch Abtretg u Übergabe, nicht mehr nach den §§ 932, 935 II übertragen werden. Zahlg nur gg Auslieferg des Pap (aA Kümpel WM **81**, Sonderbeilage 1 S 4 ff, 37). – AusSt ist zur Umschreibg nicht verpflichtet, doch kann er sich hierzu in der Urk jedem Inh ggü oder vertragl formfrei einem best Inh ggü verpflichten. Landesrechtl ist abw Best mögl (EG 97, 101). – **Sondervorschriften:** §§ 1814, 1815, 1667 III, 2
2116, 2117, AktG 24.

807 *Inhaberkarten und -marken.* **Werden Karten, Marken oder ähnliche Urkunden, in denen ein Gläubiger nicht bezeichnet ist, von dem Aussteller unter Umständen ausgegeben, aus welchen sich ergibt, daß er dem Inhaber zu einer Leistung verpflichtet sein will, so finden die Vorschriften des § 793 Abs. 1 und der §§ 794, 796, 797 entsprechende Anwendung.**

1) Abgrenzung. Karten, Marken, Gutscheine u ähnl Urk unterscheiden sich von den eigentl Inh- 1
SchVerschr dadch, daß sie das RVerhältn u den Ggst der Leistg nur unvollk angeben, häuf auch den AusSt nicht nennen u meistens ohne NamensUnterschr des AusSt sind. Es sind zu **unterscheiden: – a) Einfache 2
Beweispapiere,** zB Quittgen, sonstige Belege, Marken für AkkordArb. Sie sind keine WertP. – **b) Ersatzmittel für Geld,** zB Briefmarken (s a Rn 3), Stempelmarken, ec-Karte, Geldkarte (Pfeiffer NJW **97**, 1036). – **c) Legitimationspapiere,** s Einf 5 v § 793, § 808. – **d) Eigentliche Inhaberpapiere,** Einf 3 v § 793. Entscheidd ist, ob sich aus dem an Hand der VerkSitte zu ermittelnden Willen des AusSt ergibt, daß er dem Inh als solchem verpflichtet sein will (RG **103**, 235). Die Auslegg bereitet oft Schwierigk u die Grenzen zw eigentl InhPap u LegitimationsPap sind mitunter fließd. § 807 bezieht sich nur auf diese eigentl InhPap.

2) Kleine Inhaberpapiere iS des § 807. – **a) Dazu gehören:** EinzFahrkarten u Fahrscheine, Eintritts- 3
karten, VersichergsMarken. Bei Theaterkarten ist zu beachten, daß für den TheaterUntern ein AbschlZwang grdsätzl nicht besteht; will er also einz Pers den Besuch nicht gestatten, so kann er diesen die Einwdg aus § 796 entggsetzen; Grenze § 826, wichtig für Theaterkritiker (RG JW **32**, 862). – **b) Dazu gehören nicht** die in Rn 2 aufgezählten Ggst (aA für Briefmarken mit guten Grd Schmidt NJW **98**, 200).

3) Recht der kleinen Inhaberpapiere. – a) Anwendbar sind die in § 807 genannten Vorschr des 22. 4
Titels, ferner die Grds über Entstehg der Verpfl (§ 793 Rn 8), Übertr des GläubR u Berechtigg aus der Urk (§ 793 Rn 9–11). – **b) Nicht anwendbar** sind die Vorschr über Unterschr od Faksimile des AusSt, § 793 II; 5
über Vorleggs- u VerjFr, §§ 801, 804; über KraftlosErkl u ZahlgsSperre sowie Ausstellg von ErsUrk, §§ 798, 799, 800, 802 (doch landesrechtl Vorbehalt EG 102 I); über Umschreibg auf den Namen, § 806; doch ist Umschreibg kr bes Vereinbg zul.

808 *Namenspapiere mit Inhaberklausel.* **I Wird eine Urkunde, in welcher der Gläubiger benannt ist, mit der Bestimmung ausgegeben, daß die in der Urkunde versprochene Leistung an jeden Inhaber bewirkt werden kann, so wird der Schuldner durch die Leistung an den Inhaber der Urkunde befreit. Der Inhaber ist nicht berechtigt, die Leistung zu verlangen.**

II Der Schuldner ist nur gegen Aushändigung der Urkunde zur Leistung verpflichtet. Ist die Urkunde abhanden gekommen oder vernichtet, so kann sie, wenn nicht ein anderes bestimmt ist, im Wege des Aufgebotsverfahrens für kraftlos erklärt werden. Die im § 802 für die Verjährung gegebenen Vorschriften finden Anwendung.

1) Qualifizierte Legitimations- oder hinkende Inhaberpapiere nehmen eine Zwischenstellg ein. 1
– **a) Begriff.** Sie sind LegitimationsPap, weil der AusSt sich dch Leistg an den Inh befreien kann (Einf 5 v § 793) mit der Qualifizierg, daß der Berecht sie zur Ausübg seines Rechts vorlegen muß, u daher auch WertP (Einf 1–4 v § 793; Zöllner § 28 I). Von den InhPap (Einf 3 v § 793) unterscheiden sie sich dadch, daß der Berecht namentl benannt u daß der AusSt zur Leistg an den Inh nicht verpflichtet, sond nur berecht ist. Diese Berechtigg, an den Inh schuldbefreid zu leisten, unterscheidet sie vom Namens(Rekta)Pap (Einf 2 v § 793). –
b) Übertragung. Da sie keine InhPap sind, werden sie nicht nach sachenrechtl Grds übertr u verpfändet, 2
sond nach den für Fdgen geltden Vorschr (§§ 398 ff, 1280). Das Eigt am Pap folgt gem § 952 dem GläubR an der Fdg, also umgekehrt wie bei InhPap (s § 793 Rn 9). Die EigtVermutg in § 1006 gilt nicht (BGH **LM** § 1006 Nr 13). – **c) Beispiele.** Leihhausschein, InhVersSchein (BGH VersR **99**, 700, Hamm VersR **96**, 615), 3
regelm SeetransportVersPolice (BGH NJW **62**, 1437), Depotschein der Bank, Sparbuch (BGH **28**, 368, NJW-RR **98**, 1661; s Rn 6–8).

2) Leistungsbefreiung dch Leistg an den Inh, dessen VfgsBerechtigg der AusSt nicht zu prüfen braucht. 4
Dies gilt auch – eine and Frage ist die Wirksamk des dingl ÜbereignsGesch – bei Leistg an einen geschunfäh Inh od wenn der Inh als Vertr des eingetr geschunfäh Inh auftritt (Düss WM **71**, 231, str). Eine Ausn gilt, wenn der AusSt die Nichtberechtigg des Inh kennt, grobfahrl nicht kennt (Düss NJW **87**, 654, Köln VersR **90**, 1338, MüKo/Hüffer Rn 29, Hueck/Canaris § 27 III 3; aA RGRK/Steffen Rn 45 mwN; unentsch BGH **28**, 368) od sonst gg Tr u Gl die Zahlg bewirkt (BGH **28**, 368, VersR **99**, 700: offensichtl unwirks

Abtretg). Das Recht des AusSt, die Legitimation des Gläub zu verlangen u die Leistg bis dahin zu verweigern, ergibt sich aus I S 2. Zu die Legitimationswirkg beschränkden Vereinbgen s beim Sparbuch Rn 7.

5 **3) Absatz II** bestimmt entspr den für InhSchVerschr geltden Vorschr: – **a)** AusSt ist nur gg **Aushändigung der Urkunde** zur Leistg verpflichtet (s Erl zu § 797). – **b) Kraftloserklärung** bei abhgek od vernichteten Urk (nachgieb) ähnl §§ 799, 800; § 800 S 2 gilt nicht (BGH NJW-RR **98**, 1661). Verfahren: ZPO 1023 mit landesrechtl Vorbeh, EG 102 II. Wirkg: das AusschlUrt ersetzt hier nur die Vorlegg der Urk, AusSt kann also weiteren Nachw des GläubR verlangen (and bei § 799). – **c) Verjährung:** ZahlgsSperre (§ 802) hemmt Beginn u Lauf der Verj nach §§ 195 ff (nicht § 801).

6 **4) Sparbuch.** Der SparVertr ist unregelm VerwahrgsVertr, so daß die DarlVorschr gelten (§ 700; aA: DarlVertr). Legaldefinition der Spareinlage in § 21 IV der VO über die RechngsLegg der Kreditinstitute (RechKredV, BGBl **93**, 924). Landesrechtl Vorbeh für öff Spark EG 99. – Rechtl Schwierigk ergeben sich oft daraus, daß der VertrPartner der Spark, der im Sparbuch namentl Benannte u der Besitzer des Sparbuchs versch Pers sind. Zur Anlegg des Sparbuchs auf den Namen eines Dr und zur Frage, wer Gläub ist, s § 328 Rn 9 „Bank- u Sparkonten". In der Überg des Buches liegt regelm die stillschw Abtr der Fdg (BGH WM **65**, 900). Das Urt, das den Bes an dem Sparbuch zuspricht, entsch nicht rechtskr über die Gläubigersch der Fdg (BGH BB **72**, 1343). Ob in dem Ersuchen des Gläub auf Umschreibg des Guth auf einen and eine Abtr der
7 Fdg liegt, ist Tatfrage (BGH WM **62**, 487). – Die **Legitimationswirkung** (Rn 4) setzt Vorlage des ganzen Sparbuchs, nicht nur eines einz Kontoblatts voraus (Hamm WM **85**, 1290). Sie erstreckt sich, soweit nicht and vereinb, nur auf Leistgen, zu denen der AusSt nach den vertragl Vereinbgen u gesetzl Best verpflichtet ist (BGH NJW **88**, 2100). Dabei kann der Inh eines Sparbuchs für den Gläub des SparGuth nur WillErkl abgeben, die zur Inempfangn der versprochenen Leistg notw sind (BGH **64**, 278; abl wg bloßer Wortinterpretation u einer gesetzl nicht gewollten Erschwerg des SparVerk Düss NJW **87**, 654 mwN, Schraepler NJW **76**, 23); gilt auch für Postsparbuch ohne BerechtiggsAusweis (BGH NJW **86**, 2104). Daher keine Legitimationswirkg bei Zahlg vor Fälligk (BGH **28**, 368; aA Hueck/Canaris § 27 III 3), zB unter Mißachtg der KündFr gem RechKredV 21 IV 1 od über den vereinb MonatshöchstBetr hinaus (BGH **42**, 302 für den früh gesetzl HöchstBetr; MüKo/Hüffer Rn 32, aA Staud/Marburger Rn 51). Ebso ist die Legitimationswirkg für den Inh beschr dch einen im Sparbuch eingetr Sperrvermerk, zB bis zum Eintritt der Volljährigk; Auszahlg an den gesetzl Vertr vor diesem Ztpkt befreit die Spark nicht (BGH NJW **76**, 2211). Die Aufhebg der Sperre kann nur mit dem wahren Gläub vereinb w, auch die Vorlage von dessen Reisepaß legitimiert den Inh des Sparbuches nicht zur Aufhebg der Sperre (BGH NJW **88**, 2100). Abreden im SparVertr, nach denen der AusSt jeden Vorleger des Sparbuchs als berecht ansehen kann, das ungekünd Kapital in Empf zu nehmen, sind nichtig. Auszahlg an den wahren Berecht ohne Vorlage des Sparbuches hat keine schuldbefreide Wirkg, wenn sich der Zessionar, dem der Berecht das Sparbuch übergeben hat, nach den SparBdggen darauf verlassen durfte, daß die Bank nur gg Vorlage des Sparbuches leistet (Hamm WM **84**, 801, Düss NJW-RR **91**, 1337). Dch bankinterne Vorgänge kann idR die Auszahlg der Einlage nicht bewiesen w (Ffm NJW **98**, 997; s a Köln
8 BB **99**, 759). – Bei **Verpfändung** der Spareinlage ist § 1280 zu beachten (Anz an Spark). Das Sparbuch für sich allein kann, da es keinen VermWert darstellt, nicht verpfändet werden, doch kann vertragl ZbR bestehen. – Verj gem § 195 nach 30 J, uU Einwand des Inh gem § 242 (Ffm NJW **98**, 997).

808 a *(aufgehoben dch G v 17. 12. 1990, BGBl 2839)*

Dreiundzwanzigster Titel. Vorlegung von Sachen

Einführung

1 **1) Der Anspruch auf Vorlegung und Besichtigung einer Sache, Einsichtnahme in eine Urkunde** erklärt sich daraus, daß es, auch außerh eines bestehden RVerhältn, Fälle gibt, in denen jmd erst dann beurteilen kann, ob er einen dchsetzb Anspr hat od nicht. Die §§ 809–811 bestimmen deshalb zur Förderg, Erhaltg od Verteidigg einer RPosition (BGH NJW **81**, 1733), unter welchen Vorauss ein derart bürgerlrechtl Anspr besteht. Er hat auch für den ZivProz Bedeutg, weil nach ZPO 422 die Verpfl des Gegners zur Vorlegg einer Urk davon abhängt, ob er nach den Vorschr des bürgerl Rechts zur Herausg od Vorlegg gehalten ist. Ebso nach ZPO 429, wenn ein Dr im Bes der Urk ist. Neben dem VorleggsAnspr können Herausg (zB §§ 985 ff), Wegnahme – (zB §§ 229 ff) u AbholgsAnspr (zB § 867) bestehen. Von Eigt- u BesRechten ist der Anspr unabhäng.

2 **2) Durchsetzung.** Wenn es sich um Vorlegg von Sachen u Urk außerh des Proz handelt, iW der Kl gg den Besitzer; ebso wenn es sich im Proz um Vorlegg von Sachen oder Urk handelt, die sich im Bes eines Dr befinden. Ist die Urk im Bes des ProzGegners, so gelten ZPO 422 ff (Ffm WM **80**, 1246).

3 **3) Sondervorschriften.** Das Gesetz gibt iR bereits bestehder RVerhältn in vielen Fällen Informations- u KontrollR unterschiedl Ausgestaltg, zB §§ 79, 259, 402, 666 f, 716, 1563, 1799 II, 1953 III S 2, 2010, 2081 II, 2146 II, 2228, 2264, HGB 9, 87 c IV, 118, 258 ff, ZVG 42, 144, FGG 34, 78, BetrVG 80 II 2, 106 II.

809 ***Besichtigung einer Sache.*** **Wer gegen den Besitzer einer Sache einen Anspruch in Ansehung der Sache hat oder sich Gewißheit verschaffen will, ob ihm ein solcher Anspruch zusteht, kann, wenn die Besichtigung der Sache aus diesem Grunde für ihn von Interesse ist, verlangen, daß der Besitzer ihm die Sache zur Besichtigung vorlegt oder die Besichtigung gestattet.**

1) Anspruchsvoraussetzungen. – a) Anspruch in Ansehung der Sache bedeutet, daß er in rechtl Beziehg zu der Sache stehen muß. Er braucht nicht die Sache selbst zum Ggst zu haben, muß nur in irgdeiner Weise von Bestand od Beschaffenh der Sache abhängen (BGH **93**, 191). Welcher Art der Anspr ist, ist unerhebl, also dingl od persönl, bdgt od befristet; auch AnfR, Anspr aus UrhR u gewerbl SchutzR einschl PatentR (BGH **93**, 191), zB iR des Schutzes von Software (Brandi-Dohrn CR **87**, 835, Bork NJW **97**, 1665). Der Anspr muß sich gg den Besitzer der Sache richten. Das ist der unmittelb; der mittelb dann, wenn er die Sache jederzeit vom unmittelb herausverlangen kann od gg ihn einen VorleggsAnspr hat (MüKo/Hüffer Rn 8). Befindet sich die Sache in Händen des gesetzl Vertr einer jur Pers, so richtet sich Anspr gg diese (RG **83**, 250). – **b) Verschaffung von Gewißheit,** ob ein Anspr gemäß vorstehd Rn 1 besteht. Für die Existenz des Anspr muß ein gewisser Grad von Wahrscheinlichk bestehen, so daß nur noch die Besichtigg hinzukommen muß, um dch Prüfg der Identität od des Zustands der Sache beurteilen zu können, ob ein durchsetzb Anspr besteht. In PatentVerlFällen strengere Anfordergen (BGH **93**, 191/207). 1 2

2) Anspruchsberechtigt ist, wer ein **Interesse** an der Besichtigg hat. Rechtl Interesse ist nicht erfdl, auch nicht unbdgt VermInteresse, immerhin aber ein bes u ernstl Interesse. Allg künstlerische, wiss Interessen genügen nicht. Widerstreitde Interessen des Besitzers § 810 Rn 2. 3

3) Inhalt des Anspruchs. – a) Vorlegen bedeutet vorzeigen, aushändigen (BAG WM **85**, 765), so daß ein and od sein Bevollm, auch Sachverst (§ 810 Rn 2), die Sache unmittelb wahrnehmen kann. Auch nähere Untersuchg wie Vermessen, Berühren, Wiegen, Untersuchg mittels Mikroskops od Quarzlampe, InBetr-Nahme, Abn von Verkleidg, Ein- u Ausbau von Teilen ist in engen Grenzen zul, soweit es sich nicht um SubstanzEingr handelt, zu deren Herbeiführg nicht nöt ist, daß der Eingr voraussichtl zu dauernden Schäd führt (BGH **93**, 191; Stürner JZ **85**, 1101 hält diese Auffassg für zu eng). – **b) Sachen.** Begr s § 90. Bewegl u unbewegl (GrdstBesichtigg). Nicht der menschl Körper, seine ungetrennten Teile u fest verbundene künstl Teile (§ 90 Rn 3). Daher aus § 809 kein Anspr auf ärztl Untersuchg eines and. Körperl Untersuchg u Entnahme von Blutproben nach ZPO 372 a, StPO 81 a, c. Der Leichnam ist Sache, die Leichenschau kann für erb- od versichergsrechtl Anspr von Bedeutg sein. Die Achtg vor dem Toten ist dabei zu wahren. Kein zivrechtl Anspr auf Exhumierg u Leichenöffng (RGRK/Steffen Rn 3). 4 5

4) Durchsetzung des Anspruchs. Kläger muß Anspr u Interesse beweisen. ZwVollstr nach übereinstimmder ZPO-Literatur (zB Th-P § 883 Rn 3) wie HerausgAnspr, also ZPO 883, nicht 888 (aA MüKo/Hüffer Rn 12). 6

810 *Einsicht in Urkunden.* **Wer ein rechtliches Interesse daran hat, eine in fremdem Besitze befindliche Urkunde einzusehen, kann von dem Besitzer die Gestattung der Einsicht verlangen, wenn die Urkunde in seinem Interesse errichtet oder in der Urkunde ein zwischen ihm und einem anderen bestehendes Rechtsverhältnis beurkundet ist oder wenn die Urkunde Verhandlungen über ein Rechtsgeschäft enthält, die zwischen ihm und einem anderen oder zwischen einem von beiden und einem gemeinschaftlichen Vermittler gepflogen worden sind.**

1) Urkundeneinsicht. § 810 enthält Erweiterg ggü § 809 u gilt für schriftl OriginalUrk, die sich im Bes eines and befinden (§ 809 Rn 1) u Aussagen über ein RVerhältn od über Vhlgen enthalten, an denen der AnsprSteller beteil ist. **Urkunde** ist jede dch bleibde Zeichen ausgedrückte, mit den Sinnen wahrnehmb Verkörperg eines Gedankens, soweit sie geschäftl Bedeutg hat. Vorlegg § 809 Rn 4 u § 811 Rn 3. Bedeutg im ZivProz u Durchsetzg des Anspr Einf 1, § 809 Rn 6. Die Vorauss des Anspr sind nachstehd Rn 2–9 dargestellt. Die 3 Fälle der VorleggsPfl Rn 3–9 sind alternativ zu verstehen. Analoge Anwendg auf weitere Fälle ist mögl (BGH BB **66**, 99). **Sonderbestimmungen** Einf 3. 1

2) Rechtliches Interesse besteht, wenn die Einsichtn nöt ist zur Förderg, Erhaltg od Verteidigg rechtl geschützter Interessen. Es müssen Anhaltspunkte bestehen, aus denen auf einen ZusHang zw UrkInhalt u dem RVerhältn geschl werden kann (BGH WM **63**, 990). Kein rechtl Interesse, wenn die Vorlegg ohne genügd konkr Angaben ledigl dazu dienen soll, erst Unterlagen für die RVerfolgg gg den Besitzer der Urk od Sache zu schaffen (BGH **93**, 191, **109**, 260: unzul Ausforschg). Dagg besteht rechtl Interesse, wenn sich der Berecht wg Verlustes seiner VertrUrk über Bestehen u Umfang seines Rechts Gewißh verschaffen will, auch wenn ihm seine Urk nicht ohne sein Versch abhgek ist (BGH NJW-RR **92**, 1072). Die Vorlage der Urk soll nur die letzte Klarh über einen wahrscheinl Anspr schaffen (Hamm WM **87**, 1297). Stehen dem rechtl Interesse des Berecht schutzwürd Belange des Verpfl ggü, so sind beide ggeinander, auch nach dem Grds der VerhältnMäßigk (BVerfG **27**, 344) abzuwägen. Das kann zum – auch teilw – Ausschl od zur Beschrkg des R auf Einsichtn führen. So bei Urk mit vertraul Inh, deren Vorlegg ein BetrGeheimn offenlegen (Düss DB **82**, 2030: Einsicht dch neutralen, zur Verschwiegenh verpflichteten Sachverst) od zur Ausspähg eines Kunst- od GewerbeGeheimn (BGH **93**, 191) führen od Vertrauensbruch ggü einem Dr bedeuten od einen Eingr in das PersönlichkR (§ 823 Rn 175–200) darstellen würde. BewL hierfür hat der in Anspr Genommene. Der Sachverst ist im Verh zum AnsprBerecht Beauftragter, im Verh zum AnsprVerpfl TrHänder (Mü GRUR **87**, 33). Herstellg von Abschr § 811 Rn 3. 2

3) Errichtung im eigenen Interesse des AnsprStellers bedeutet, daß die Urk zumindest auch dazu best ist, ihm als BewMittel zu dienen od doch seine rechtl Beziehgen zu fördern (BGH WM **71**, 565, Düss NJW-RR **96**, 1464). Maßgebd ist nicht der Inhalt der Urk, sond der Zweck ihrer Errichtg zu diesem Ztpkt. Interesse setzt nicht voraus, daß der Berecht namentl in der Urk erwähnt ist (BGH **LM** Nr 2). VorleggsPfl auch dann, wenn es sich um eine vermeintl gefälschte Urk handelt. **Beispiele:** VollmUrk sind im Interesse aller errichtet, die mit dem Bevollm in Verk treten; die zG eines Dr errichteten Urk (LebensVers); Niederschr über Vhlg od späterer Vermerk, um ihren Inh aktenkund zu machen (BGH WM **73**, 644/649); GeschUnterlagen auch im Interesse ausgeschiedener Gter einer Gesellsch zur Information, ob ihnen Fdgen gg die Gesellsch aus der Zeit vor ihrem Ausscheiden od umgekehrt zustehen (BGH WM **88**, 1447, Ffm 3 4

WM **96**, 160), ob ein erhebl Mißverhältn zw dem von der Gesellsch errechneten AbfindgsGuth u dem wirkl Wert seiner Beteiligg besteht (BGH NJW **89**, 3272). Operations- u **Krankenunterlagen** des Arztes sind Urk, auch im Interesse des Patienten, nicht nur als Gedankenstütze des Arztes errichtet (BGH **72**, 132); desh Anspr des Patienten auf Vorlage zur Einsichtn auch außerh eines RStreits, soweit sie Aufzeichngen über obj physische Befunde u Berichte über BehandlgsMaßn betreffen, ggf dch eine (am besten ärztl) VertrauensPers. Kein EinsichtsR in Aufzeichngen über subj Eindrücke (BGH **85**, 327); in Unterlagen über psychiatrische Behandlg nur, wenn dem keine schützenswerten, vom Arzt ohne Details näher zu kennzeichnden (BGH **106**, 146) Interessen des Patienten selbst, des Arztes od Dr entggstehen (BGH **85**, 339 u NJW **85**, 674). Die gleichen Grds ohne die Einschränkgen im subj Bereich gelten für das EinsichtsR in tierärztl Unterlagen (Hildesheim NJW-RR **92**, 415). Der Anspr auf Einsicht kann auf die Erben übergehen, soweit dem nicht die ärztl SchweigePfl entggsteht (BGH NJW **83**, 2627). Diesen Pers ggü besteht bei rechtl Interesse VorlagePfl, wenn der (verstorbene) Patient den Arzt von der SchweigePfl entbunden hat. Wenn nicht, müssen sie die Umst konkr darlegen, aus denen sich ihr rechtl Interesse an der Einsicht u die mutmaßl Einwilligg des (verstorbenen) Patienten ergibt (s a § 2358 Rn 5). Demggü hat der Arzt darzulegen, daß u unter welchen allg Gesichtspunkten er sich aus Grden der SchweigePfl an der Einsichtgewährg gehindert sieht (BGH NJW **83**, 2627 mit
5 Aufzählg der dafür maßg Kriterien). – **Nicht:** Prot des GläubBeirats im Interesse des VerglGaranten (BGH DB **71**, 1416); einseit Aufzeichng als ErinnergsStütze für Sachbearbeiter (BGH WM **73**, 644/649).

6 **4) Beurkundung eines Rechtsverhältnisses** zw dem, der die Einsicht verlangt, u einem and; das muß nicht der Besitzer der Urk sein. Ob es auch jetzt noch besteht u ob das RGesch gült war od nicht, ist unerhebl. Es genügt ferner eine obj u unmittelb Beziehg des Inhalts der Beurk auf das RVerhältn (BGH **55**, 203), ohne daß eine Beurk des ganzen RGesch erfdl wäre (BGH **LM** Nr 3). Notw ist jedoch stets, daß der
7 die Einsicht Verlangde an dem RGesch beteiligt ist. – **Dazu gehören** VertrUrk, Schuldscheine, Quittgen, Rechngen, Kontobücher u Schriftwechsel nach § 127; Handakten des RA (RGRK/Steffen Rn 16). Bei Eintr in die Handelsbücher eines Kaufmanns ist darauf abzustellen, ob sie unmittelb über GeschVorgänge zw den Beteil Ausk geben (BGH WM **63**, 990: Ermittlg von Anspr gg od zG der Angest). Auch Bilanzberichte können unter § 810 fallen (BGH aaO). Recht des früh Vorstds einer AG auf Einsichtn in die Bücher, dem Verletzg aktienrechtl Pfl vorgeworfen wird (RG Warn **08**, 465), des Bürgen auf Vorlegg der Handelsbücher des Gläub, aus denen sich Zahlg des HauptSchu ergibt (RG **56**, 112); des ausgeschiedenen, aber noch gewinnbeteil Gters auf Vorlegg der Bücher (RG **117**, 332); des ausgeschiedenen GmbH-Gters auf Vorlage v GeschBüchern u Bilanzen, soweit sie zur Errechng des EinziehgsEntgelts notw sind, für die Zeit bis zum Ende des Jahres seines Ausscheidens auch noch nach seinem Ausscheiden, falls dies mit dem Interesse der GmbH u der verbleibden Gter vereinb ist (BGH DB **77**, 1248); des an den gesamten Einkünften eines anderen Beteil hins dessen SteuerErkl, Steuerbescheiden u PrüfgsBerichten (BGH BB **66**, 99); des an dem Gewinn einer HandelsGesellsch Beteil in bezug auf die Bilanzen (BGH **LM** Nr 3); ebso des stillen Gters (BGH Warn **68**, 453); des an der Provision eines Maklers Beteil bzgl der ProvAbrechng (BGH aaO), des
8 Aktionärs in das Aktienbuch (§ 67 AktG). – **Dazu gehören nicht** Bücher eines Kaufmanns, die nur Eintr zu inneren BetrZwecken enthalten, Akten öff Beh, außer sie sind iR rein privrechtl Tätigk angelegt (RGRK/Steffen Rn 17).

9 **5) Verhandlungen über ein Rechtsgeschäft** zw dem Einsicht Verlangden u einem and od zw einem von ihnen u einem gemschaftl Vermittler. Hierher gehört der vor od nach GeschAbschl geführte Schriftwechsel der Part miteinander od der einen Part mit dem gemeins Vermittler; auch die Briefe, die vom Vermittler geschrieben sind. Nicht dagg Aufzeichngen u Notizen, die sich ein Teil bei den Vhlgen für seine priv Zwecke od zur Vorbereitg des VhlgsProt (KG NJW **89**, 532) gemacht hat.

811 *Vorlegungsort; Gefahr; Kosten.*

I Die Vorlegung hat in den Fällen der §§ 809, 810 an dem Orte zu erfolgen, an welchem sich die vorzulegende Sache befindet. Jeder Teil kann die Vorlegung an einem anderen Orte verlangen, wenn ein wichtiger Grund vorliegt.

II Die Gefahr und die Kosten hat derjenige zu tragen, welcher die Vorlegung verlangt. Der Besitzer kann die Vorlegung verweigern, bis ihm der andere Teil die Kosten vorschießt und wegen der Gefahr Sicherheit leistet.

1 **1) Vorlegungsort** ist wie in § 269 der geographische, dch landesgesetzl Gebietseinteilg best Ortsbezirk, in dem sich die Sache befindet. An welchen bes Stellen, insb ob in Wohn- u GeschRäumen des Verpfl, best sich nach Tr u Gl mRücks auf die VerkSitte. Aus wicht Grd kann jeder Teil Vorlegg an einem and Ort verlangen, zB bei Krankh, Feindsch der Parteien od wg der Beschaffenh der Sache. Im Proz nur Vorlegg vor Gericht.

2 **2) Gefahr und Kosten** trägt AnsprBerecht. Bis zur Vorschuß- od SicherhLeistg kann der Verpfl die Vorlegg verweigern. Kosten u Sicherh aber nur, wenn nach Lage der Sache Unkosten od Gef zu erwarten sind. Die Kosten eines vom VfgsKl beauftragten Sachverst, den das Ger antragsgem als zur Besichtigg der Sache berecht (s § 810 Rn 2) best hat, gehören nicht zu den Proz- od VollstrKosten des einstw VfgsVerf (Mü GRUR **87**, 33). Gefahrtragg bedeutet, daß AnsprBerecht für Verlust u Beschädigg auch ohne Versch einzustehen hat. Keine Anwendg auf and Gef, zB dch GebrEntziehg der Sache währd der Vorlegg.

3 **3) Art und Weise.** Ob Besichtigg dch den Berecht selbst od dch Bevollm stattzufinden hat, richtet sich im einz Fall nach der Vertraulichk des Inhalts der Sache od Urk u der Vertrauenswürdigk. Besichtigg dch neutralen Sachverst s § 810 Rn 2. Anfertigg von Abschr muß der Verpfl im allg dulden (Grimme JA **85**, 320), anders uU bei GeschBüchern (Hbg OLG **20**, 228). ZwVollstr s § 809 Rn 6.

Vierundzwanzigster Titel. Ungerechtfertigte Bereicherung

Einführung

1) Regelungsgehalt. Grundgedanke 1, 2
2) Hauptfälle 3–8
3) Persönlicher Anspruch 9
4) Selbständiger Anspruch 10
5) Bereicherungsanspruch ausgeschlossen . . 11–14
a) vertraglicher Erfüllungsanspruch 11
b) gesetzliche Spezialregelung 12–14
6) Entsprechende Anwendung 15–23
a) ausdrückliche gesetzliche Bestimmung . . . 15–17
b) Ausschließlichkeitsrecht 18
c) Arbeitsrecht 19
d) Öffentliches Recht 20–23
7) Verjährung 24
8) Einzelfragen 25–31
a) Unzulässige Rechtsausübung 25
b) Verzicht 26
c) Vorteilsausgleichung 27
d) Zurückbehaltungsrecht 28
e) mehrere Bereicherungsschuldner 29
f) Gerichtsstand 30
g) Internationales Privatrecht 31

1) Regelungsgehalt. Die Vorschr des BGB über die ungerechtf Ber sind in enger Anlehng an die Kondiktionen des röm und des gemeinen Rechts in §§ 812–817 kasuist ausgestaltet.Inhalt und Umfang des BerAnspr, der auch iW der selbstd Einr ggü einer ohne rechtl Grd eingegangenen Verbindlichk geltd gemacht werden kann (§ 821), regeln im einz die §§ 818–820. 1

Gibt es somit keinen einheitl Tatbestd der ungerechtf Ber, so ist allen BerAnspr doch der **Grundgedanke** gemeins, einen persönl Anspr auf Rückgängigmachg eines RErwerbs zu gewähren, der nach den maßgebl Vorschr im Interesse der RSicherh, aus Grden der rechtl Logik, zum Schutz eines gutgl Erwerbs od aus sonst Grden zwar gült vollzogen ist, aber im Verh zu dem Benachteiligten des fertigden Grdes entbehrt. Ziel der BerAnspr ist, allg dort einen gerechten u bill **Ausgleich** dch Herausg des Erlangten bzw WertErs zu schaffen, wo das Recht zunächst einen wirks VermErwerb herbeiführt, obwohl dieser mit den Anfordergen mat Gerechtigk nicht in Übereinstimmg steht. Es handelt sich bei den BerAnspr u ihrer Ausgestaltg mithin um eine dem BilligkR angehörde AusglOrdng, deren Auslegg im Einzelfall in bes Maße unter dem Grds von Treu u Glauben im RVerkehr steht (BGH **36**, 235, **55**, 128). 2

2) Hauptfälle: – a) Fehlender Rechtsgrund. Inf der grdsätzl selbstd, abstrakten Natur des Erf-(Leistgs-) Gesch (Übbl 19–22 vor § 104) vollzieht sich die dingl VermVerschiebg (zB Übereigng) regelm wirks, obwohl ein ihm zugrdliegdes kausales RGeschäft (zB Kauf) überh fehlt, unwirks ist, nachträgl wieder wegfällt od zwar ein GrdGesch vorh ist, die Part sich aber in Wirklichk über den Zweck der Leistg nicht geeinigt od den vereinb Zweck nicht erreicht haben. Hier verlangt die Billigk die Rückgängigmachg des RErwerbs, also nicht nur die Rückg des Bes, sond auch die Rückübereigng (§ 812 I 1, 2). 3

b) Erlangt jemand eine **formelle Rechtsposition,** zB Eintr im GB, öff Urk ua, die nicht der wahren RLage, also der Inhabersch des Rechts entspr, so verlangt die mat Gerechtigk die Rückgewähr der ledigl formellen RStellg. 4

c) Nichteintritt bezweckten Erfolges. Der Leistde hat eine VermVerschiebg zur Herbeiführg eines best rechtl Erfolges bewirkt, aber der mit der Leistg nach dem Inhalt des RGesch bezweckte Erfolg tritt nicht ein (§ 812 I 2 2. Halbs). 5

d) Durch **Eingriff** Außenstehder in die RStellg des Berecht kann ein RVerlust eintreten („in sonst Weise"; § 812 Rn 1, 9), den dieser nach den hierfür maßgebl Vorschr, insb des dingl u des DeliktsR hinzunehmen hat. Hier, zB bei untrennb Verbindg, Vermischg od Verarbeitg, gebietet gleichf oft die Billigk einen Ausgl über die Vorschr der ungerechtf Ber (§ 951 Rn 2–10). 6

e) Der gutgläubige Rechtserwerb vom Nichtberecht wird im Interesse der Sicherh des RVerk vielf geschützt. Vom Erwerber kann der betr Ggst daher nicht nach § 812 herausverlangt werden (BGH **36**, 56). Hier ist der nichtberecht Veräußerer dch die GgLeistg, die er von dem gutgl Dr empfängt, bei unentgeltl Veräußerg der Erwerber selbst auf Kosten des wahren Berecht bereichert (§ 816). 7

f) Gesetzliches Verbot, Sittenverstoß. Schließl schafft § 817 einen SonderTatbestd. Wenn jemand dch die Ann einer Leistg gg ein gesetzl Verbot od gg die guten Sitten verstößt, insb wenn das abstrakte, wertneutrale ErfGesch aus diesem Grd des wirks GrdGesch entbehrt, so hat der Empf das Erlangte dem Leistden herauszugeben, sofern diesem nicht gleichf ein solcher Verstoß zur Last fällt. 8

3) Als **persönlicher, schuldrechtlicher Anspruch** auf Ausgl einer rechtsgrdlosen VermMehrg des Bereicherten steht er, auch in der Form der Einr, grdsätzl iR eines einheitl BerVorgangs nur dem Benachteil unmittelb ggü dem Bereicherten zu (§ 812 Rn 35–67). Eine gewisse Ausn von diesem Grds enth § 816 I 2 u § 822 bei unentgeltl Vfgen; da dort eine GgLeistg nicht vorh ist, ist in best Grenzen eine Erstreckg der BerHaftg auf einen Dr vorgesehen (§ 822 Rn 1). Auch kann die Einr der Ber bei einer Fdg dem RNachf entggehalten werden (§ 404; § 821 Rn 2). 9

4) Selbständiger Anspruch. Der Anspr aus ungerechtf Ber ist grdsätzl weder subsidiär noch schließt er and Anspr aus. Er besteht also zB neben dem Anspr aus unerl Hdlg (BGH NJW **62**, 1909) u, wenn nicht nur das GrdGesch, sond auch die Übertr des Eigt (ErfGesch) nichtig ist, neben dem Anspr aus Eigt u ggf aus früh Bes (BGH WM **61**, 274). 10

5) Ausgeschlossen sind BerAnspr, soweit eine LeistgsVereinbg besteht (BGH NJW **92**, 2690). So hat der Baustofflieferant, der unter verlängertem EigtumVorbeh an den BauUntern geliefert hat, keinen BerAnspr gg den Bauherrn weg EigtumVerlustes dch den Einbau, weil er in Erf seiner LieferVerpfl an den Untern geliefert hat (BGH BB **91**, 159). 11

a) Neben dem vertraglichen Erfüllungsanspruch mit der oftm kürzeren Verj besteht kein Anspr aus ungerechtf Ber (BGH WM **68**, 776). Vorrang haben auch diejen RFolgen aus VertrVerh, die sich aus der

Ausfüllg einer Lücke im Vertr dch ergänzde Auslegg od aus der Anwendg der Grdsätze über Wegfall od Änderg der GeschGrdlage ergeben (BGH WM **72**, 888). Dies auch dann, wenn im EinzFall die Veränderg der GeschGrdlage nicht zu einer Lösg od Anpassg des Vertr an die veränderten Verh führt (BGH NJW **75**, 776, BAG JZ **86**, 1124). Ebso treten §§ 812 ff zurück hinter dem Anspr auf SchadErs wg LeistgsStörgen nach § 326 (BGH WM **63**, 750) od auf Gewl wg Sachmängeln aGrd des fortbestehden Vertr (BGH NJW **63**, 806). Die §§ 812 ff sind auch ausgeschl, soweit eine vertragl od vertragsähnl Haftg aus and Grd in Betr kommt; s zum fakt Vertr u zur Haftg aus sog sozialtyp Verhalten Einf 25 ff vor § 145, zum fakt ArbVerh Einf 29 vor § 611. Da der Anspr aus § 179 gg den vollmachtl Vertr kein vertragl ErfAnspr ist, kann daneben ein BerAnspr gg den Vertretenen bestehen (BGH **36**, 30; § 812 Rn 46). Auch schließt bei Vorenthaltg der Mietsache § 557 einen weitergehden BerAnspr nicht aus (BGH **44**, 241, KG NJW **71**, 432; desgl BGH NJW **68**, 197 für § 597).

12 **b) Gesetzliche Spezialregelung** ist insb anzunehmen, wenn ein kr Ges eintretder RVerlust gerade zu dem Zweck gewollt ist, im Hinbl auf die Erfordern der VerkSicherh nach gewisser Zeit von einer Ausgleichg abzusehen, wie nach Eintritt der Verj od Wegfall des UnterhAnspr für die Vergangenh gem § 1613 (BGH **43**, 1 [12]), bei AusschlFr, bei § 964 sowie ausdrückl §§ 813 II, 814, 815, § 817 S 2 u Art 3 II MHbeG. Nach Verj des WegnahmeAnspr aus § 547 a sind BerAnspr des Mieters gg den Verm ausgeschl, auch wenn dieser das Grdst mit den Einrichtgen veräußert (BGH **81**, 146, NJW **87**, 2861). Ebso ist iF der Ersitzg ein BerAnspr ausgeschl (RGRK/Heimann-Trosien vor § 812 Rn 30, Staud-Lorenz Vorbem vor § 812 Rn 30; aA RG **130**, 69: doch BerAnspr, wenn der zur Ersitzg führde EigBes ohne rechtl Grd erlangt ist). Eine Sonderregelg enth ferner § 633 III u § 13 Nr 5 VOB (B) für den AufwendgsErs bei eig Mängelbeseitigg dch den Best (BGH NJW **66**, 39, BGH **68**, 43), GmbHG 31 bei Verstoß gg das KapErhaltgsGebot (BGH **136**, 125). BörsenG 55 für Leistgen auf ein best BörsenTermGesch (BGH NJW-RR **99**, 554). Die Rückabwicklg von Vertr, die über § 139 von der Wirksamk eines and widerrufenen VertrTls erfaßt werden, erfolgt nach §§ 812 ff (BGH NJW **91**, 105; aA Kblz WM **84**, 1238). Die fehlerh Eintr des Rangs im GB gibt keinen BerAnspr gg den hierdch Begünstigten (§ 879 Rn 12); and bei sonst Unrichtigk des GB (§ 812 Rn 20). Verteilg im InsVerf § 812 Rn 98. Unberecht Eingr in das Verm Dritter iW der ZwVollstr § 812 Rn 37–40. Folgen einer untrennb Verbindg od Verarbeitg s § 812 Rn 41–43 u § 951 Rn 2–10. Bei unber Vfg u anschließder Verarbeitg hat der Berecht die Wahl zw den Anspr aus §§ 816 u 951 (BGH WM **71**, 821). – Ausgeschl sind §§ 812 ff, wenn RückgewährAnspr in and Ges speziell geregelt sind, zB TrWrG 5 VI, 6 I, II.

13 **c)** Soweit die §§ 987–1003 **Ansprüche zwischen Eigentümer und Besitzer** regeln, gehen diese Vorschr einem BerAnspr vor (BGH **41**, 157, NJW **96**, 52; Vorbem 11–16 vor § 987, Vorbem 1–4 vor § 994). Dies gilt insb für Anspr des Eigtümers auf Herausg u Ers von Nutzgen (vgl aber § 988 u dort Rn 4, 5) u des Besitzers auf Ers von Verwendgen, nicht aber für BerAnspr wg Veräußerg od Verbrauchs der Sache selbst (BGH **14**, 7, **36**, 56), auf Herausg des Erlöses bei wirks Vfg eines Nichtberecht gem § 816 (BGH **LM** § 812 Nr 15) sowie bei Rückabwicklg eines VertrVerh (BGH NJW **68**, 197: bei Vorenthaltg der Pachtsache). Zu § 951 vgl dort Rn 3. § 1004 enth keine ausschl Sonderregelg; desh sind zB die Kosten der Selbstbeseitigg einer EigtStörg nach § 812 zu erstatten (BGH **29**, 319). Ausgeschl (wg § 687 II) ist jedoch ein BerAnspr des eigmächt GeschF gg den GeschHerrn (BGH **39**, 188), währd sonst die Vorschr über die GoA Anspr aus ungerechtf Ber grdsätzl nicht verdrängen. Allerd ist die berecht GoA regelm ein rechtl Grd iS von § 812 (s
14 dort Rn 27). – **Ehegatten im gesetzlichen Güterstand** haben im Hinbl auf den ZugewinnAusgl keinen BerAnspr wg der währd der Ehe gemachten ggseit Zuwendgen, sow er auf die Beendigg der Ehe dch Scheidg gestützt wird (BGH **65**, 320); ebso iF gescheiterter, noch nicht geschiedener Ehe (BGH **82**, 227). Vgl § 812 Rn 83. Zum BerAnspr bei GesamtschuldVerh s § 812 Rn 26. Die Rechtskr eines – auch sachl unricht – Urt stellt gleichf grdsätzl einen rechtl Grd für die hierauf gegründete Leistg dar (BGH **LM** § 322 ZPO Nr 10; näher § 812 Rn 96–98, 76); für den Fall des UrtMißbr s aber § 826 Rn 46 ff. Der ges FdgsÜberg nach § 67 VVG schließt, soweit er eintritt, BerAnspr des Versicherers aus (BGH NJW **64**, 101), also nicht, soweit dieser die Fdg des Geschäd gg den VersN nicht erwirbt (Düss NJW **66**, 738). Die Verzichtswirkg der Entlastg gem § 46 Nr 5 GmbHG erstreckt sich auf BerAnspr gg den GeschF, sofern die ZGrde liegde VermVerschiebg auf Maßn der GeschFg beruht; auch zu den Anspr aus § 46 Nr 8 GmbHG können alle aus der GeschFg hergeleiteten BerAnspr gehören (BGH NJW **86**, 2250).

6) Entsprechende Anwendung

15 **a) Kraft ausdrücklicher gesetzlicher Bestimmung** in §§ 323 III, 325 I, 327 S 2, 516 II 3, 527 I, 528 I 1, 531 II, 557 a I, 628 I 3, 682, 684 S 1, 852 III, 951 I 1, 977 S 1, 988, 993 I, 1301 S 1, 1390 I 1, 1434, 1457, 1487, 1973 II 1, 1989, 2021, 2196, 2287 I, 2329 I 1. Ferner enthalten versch NebenG – oftm mit eig AnsprVorauss – BerAnspr, zB WG 89, ScheckG 58, ZPO 717 III, InsO 81, 143 II, 144 II, 183 III, AnfG 11
16 II, ZVG 50, VerlG 37 S 2, PatG 141 S 3, GebrMG 15 III 2 ua. – **aa) Rechtsfolgenverweisung.** Im allg haben – insb bei Normierg eines eig Tatbestds – die in and gesetzl Best enthaltenen Bezugn auf die allg BerVorschr nur die Bedeutg, daß diese Vorschr nur für Inhalt u Umfang, nicht auch für die Vorauss des BerAnspr maßg sein sollen, zB bei einem Anspr auf Rückerstattg von Mietvorauszahlgen gem § 557 a (BGH
17 **54**, 347), in § 852 III (BGH **71**, 86), in VwVfG 48 II S 6. – **bb) Rechtsgrundverweisung.** Für den bes wicht Fall des § 951 I 1 (RFolgen einer untrennb Verbindg od Verarbeitg) verlangt die Rspr jedoch die volle Verwirklichg eines Tatbestds nach § 812 (BGH **40**, 272, **55**, 176; § 951 Rn 2, 3). § 951 stellt also selbst keine AnsprGrdlage dar, sond verweist auf die Vorauss der §§ 812 ff. Ebso § 531 II (Probst JR **90**, 193).

18 **b) Verletzung fremder Ausschließlichkeitsrechte** (ImmaterialgüterR, UrhR, gewerbl RSchutz) führt zu einem BerAnspr des Verletzten, auch wenn mangels Versch des Verletzers eine SchadErsPfl nach § 823 bzw nach den spezialges Best (zB nach PatG 139 II, GebrMG 15 II) od ein Anspr aus § 687 II BGB (s dort Rn 5–7) ausscheidet (BGH **68**, 90, **77**, 16). Gilt auch für unbefugten Namensgebrauch zu WettbewZwecken als Verl des PerslktsR, auch wenn er nicht zu einer Beeinträchtigg der Wertschätzg des Betroffenen führt (BGH NJW **81**, 2402) u für unbefugte BildVeröffentlichg zu Werbezwecken (BGH NJW **92**, 2084), wobei AnsprBerecht eine VerwertgsGesellsch ist, der der Abgebildete die Verwertg des Bildes gg Vergütg übertr hat (BGH NJW-RR **87**, 231). Zum Ggst des BerAnspr s § 812 Rn 28–30, zum Umfang § 818 Rn 19–25. Auch bei nur obj

Verletzg ist der RechtsInh unmittelb in Höhe der angem Lizenzgebühr (BGH **44**, 380, **99**, 244) entreichert. Entspr muß auch im **Wettbewerbsrecht** gelten; über die hier bes wicht Ausk- u RechngsleggsPfl des Schädigers (§ 260) s § 812 Rn 101–103 u allg § 826 Rn 14.

c) Im **Arbeitsrecht** gelten iF eines unwirks DienstVertr die §§ 812ff nicht (Einf 29 vor § 611). Bei Überzahlg von Lohn u sonst Leistgen (zB Gratifikation) vgl § 611 Rn 68, 89, 90. In diesem Fall ist BerR nur eingeschr anwendb. Ungerechtf Ber des ArbG bei Empfang von RentenBetr aus SozVers, wenn die Abtr unwirks ist (BAG DB **87**, 2314). 19

d) Öffentliches Recht. Die bürgerl-rechtl BerAnspr sind auf öffrechtl RVerh, bei denen der unmittelb LeistgsGrd im öff R liegt, grdsätzl nicht, auch nicht analog anwendb, da die Eigenart des öff R idR eine Lösg nach privatrechtl Grds verbietet. An ihrer Stelle besteht ein öffrechtl **Erstattungsanspruch** gem VwVfG 48 II S 5–8 u ähnl G der Länder sowie gem SGB X 50 (BVerwG NJW **93**, 215), wonach iF der Zurücknahme eines VerwAktes die bereits gewährten Leistgen zu erstatten sind. Für den Umfang ist auf die Vorschr der ungerechtf Ber verwiesen, die Berufg auf den Wegfall der Ber ist eigens geregelt. Soweit keine ausdr ges Regelg besteht u auch sonst nicht erkennb ist, daß auf die Abwicklg von Anspr aus einem best öffrechtl RGebiet die rein obj AusglPrinzipien des bürgerl R nicht zur Anwendg kommen sollen, wendet die Rspr iR des allg öffentlrechtl ErstattgsAnspr, was dessen Vorauss betrifft, im Einzelfall die im bürgerl R enth GrdGedanken des BerR als Ausdr eines über das bürgerl R hinausgehden allg RGedankens ergänzd an (BVerwG NJW **85**, 2436). Darü hinaus scheidet die Anwendg der §§ 812ff stets dann aus, wenn das dem öff R unterliegde RVerh noch nicht abgewickelt ist, insb die öffrechtl Vorauss einer etw LeistgsPfl noch nicht festgestellt sind (BGH **32**, 273). Der **Wegfall der Bereicherung** (§ 818 III) kann dem öffrechtl Erstattgs- 20
Anspr des Bürgers grds nicht (BVerwG NJW **85**, 2436), dem Anspr der Körpersch gg den Bürger dort entggehalten werden, wo dies gesetzl zugel ist (BSG MDR **74**, 965), zB bei überzahlten Gehalts- u Versorggsbezügen eines Beamten nach BBG 87 II (entspr BRRG 53 II u die meisten LandesbeamtenG); außerdem dann, wenn das Vertrauen des Bürgers auf die Beständigk des rwidrig gewährten Vort schutzwürd ist, was bei Kenntn u grobfahrl Unkenntn vom Mangel des rechtl Grdes nicht der Fall ist (BVerwG JZ **85**, 792). Eine Berufg auf den Wegfall der Ber ist auch bei der Rückfdg von Abschlagszahlgen ausgeschl, da hier die Endgültigk des rechtl Grd fragl war (BVerwG MDR **61**, 535). S auch § 820 Rn 5. – **Herausgabe von Nutzungen** iR öffr Ber vgl Schön NJW **93**, 3289). 21

Der **Rechtsweg** für Anspr aus öffrechtl Ber ist grdsätzl zu den VerwG (VwGO 40) bzw zu den SozG (SGG 51) u FinG (FGO 33) eröffnet, sofern auch die Kl auf Gewährg dieser Leistgen dort zu erheben ist (BGH NJW **67**, 156; ähnl Gagel NJW **85**, 1872). Die RückFdg folgt also dem gleichen R wie die Leistg, auch wenn die Kl auf SchadErs wg uH gestützt ist (BGH **103**, 255). Dabei genügt, daß für die Leistg vermeintl ein öffrechtl LeistgsVerh bestand (BGH NJW **78**, 1385). Die ord Ger sind zust, soweit ihnen diese Anspr ausdr zugewiesen sind, zB EGGVG 23ff (Anfechtg von JustVerwAkten), BLG 62 II, 58, ferner BerAnspr aus einer Haftg wg AmtsPflVerletzg (§ 839); über die Rückfdg zuviel gezahlter EnteigngsEntschädigg s BGH **32**, 273. Die ZivGer sind ferner zust für die RückFdg von Leistgen, für die zw Leistdem u Empf überh kein (auch kein vermeintl) öffrechtl LeistgsVerh bestand, wie bei fehlgegangenen Zahlgen (BGH NJW **78**, 1385), zB Abholg der Rente dch einen Dr für den verstorbenen Berecht, Zahlg der Rente an die nichtversicherten Erben des verstorbenen Berecht (BGH NJW **79**, 763, Karlsr NJW **88**, 1920). Eine Zustdgk der ord Ger kommt dann in Betr, wenn der unmittelb LeistgsGrd privatrechtl ist u nur eine Vorfrage dem öff R angehört, zB bei vertragl Übern od Ablösg (§ 268) einer öffrechtl Schuld od bei unbefugter Benutzg des Eigt einer öffrechtl Körpersch (BGH **20**, 270). 22

Einzelfälle: ErstattgsAnspr des Trägers der SozHilfe gg DrVerpfl gem BSHG 90, 91, gg den Empf gem BSHG 92ff u ggü and SozHilfeTrägern gem BSHG 103ff. ErstattgsAnspr der Post gg den nichtberecht Empf einer Auszahlg auf das Postsparbuch (Hess VGH WM **91**, 993). Weg Erstattg überzahlter Steuern §§ 37, 38, 218 AO. Auf RückzahlgsAnspr bei irrtüml LohnsteuerErstattg sind §§ 812ff nicht entspr anwendb (BFH WM **74**, 933). Erstattg der Kosten bei Erziehgshilfen KJHG 92; Anspr des Leistden auf Rückzahlg zu UnR entrichteter Beitr in der SozVers, SGB IV 26. RückFdg der an die Erben des verstorbenen Versicherten ausbezahlten Rente (BGH NJW **78**, 1385: ZivRWeg). Bei Subventionen u and Fördergen kommt es darauf an, ob der Staat nach der Bewilligg die Zuwendg als VerwAkt (einstuf) od unter Verwendg privatrechtl Mittel (zweistuf) ausgestaltet hat; iZw einstuf, dann eröffnet auch ein SchuldAnerk den ZivRWeg nicht (BVerwG NJW **65**, 1344, BGH NJW **72**, 210 u DB **85**, 1737: VerwRWeg). StudienfördBeitr (Köln NJW **67**, 735, VGH Mü NJW **74**, 2021). Reise- u Umzugskosten (OVG Münst MDR **60**, 169). 23

7) Verjährung des BerAnspr, grdsätzl auch der Einr der ungerechtf Ber, tritt, soweit nichts and best ist, in 30 Jahren ein (BGH **32**, 16); zur Einr der Ber ggü einer ohne rechtl Grd eingegangenen Verbindlichk s aber § 821 Rn 1. Dies gilt grdsätzl auch dann, wenn die Ber in der Beseitigg eines dch unerl Hdlg entstandenen Schad dch einen Dr (RG **86**, 96: nicht § 852), in Verwendgen, die der Mieter nicht in dieser Eigensch auf die Mietsache gemacht hat (BGH NJW **68**, 888, DB **89**, 2601: nicht § 558), in überzahlten VersLeistgen (BGH **32**, 13: nicht § 12 VVG). Ebso verjährt der RückzahlgsAnspr des DarlN in 30 Jahren, wenn bei einem AnnuitätenDarl RatenBetr zu unrecht auf eine nichtige ZinsFdg statt auf die DarlFdg verrechnet wurden, so daß sich am Ende, auch dch vorzeit Ablösg, eine Überzahlg ergibt (BGH **112**, 352). Ebso verjährt in 30 Jahren der Anspr auf anteil Rückzahlg eines laufzeitabhäng Disagios bei vorzeit DarlRückzahlg (vgl § 812 Rn 81; BGH WM **93**, 2003). Verj von BerAnspr wg Leistgen, die unter §§ 196, 197 fallen, vgl § 195 Rn 3, 7, § 197 Rn 5ff. Der Anspr auf Rückzahlg zu Unrecht bezahlter regelmäß wiederkehrder Leistgen auf einen nichtigen RatenkreditVertr verj in 4 Jahren (BGH **98**, 174 mwN auch für die GgMeing, Canaris ZIP **86**, 273). Beginn der Verj §§ 198, 201. Über Verj bei AnsprKonkurrenz s § 194 Rn 8, 9. 24

8) Einzelfragen: – a) Unzulässige Rechtsausübung. Da BerAnspr in bes Maße dem Grds von Treu u Glauben im RVerk unterliegen, ist ihnen ggü die Einwendg mögl, zB wenn der AnsprBerecht die GgLeistg voll ausgenutzt hat (BGH NJW **62**, 1675). Bei BerAnspr, die auf formwidr abgeschl Vertr beruhen, ist insb der Einwand der Argl zu beachten (näher § 125 Rn 16ff). Hat iR eines finanzierten AbzKaufs der DarlGeber mit der Valuta direkt den KaufPr beglichen, so ist der Käufer bei Nichtigk des DarlVertr von der KaufPrSchuld 25 ohne RechtsGrd befreit. Dem RückfdgsAnspr kann entggstehen, daß dem Käufer entspr den Regeln des EinwdgsDurchgr eine InAnsprN des Verk nicht zuzumuten ist (BGH NJW **80**, 2301). Zur Verwirkg des BerAnspr s § 242 Rn 87–109.

26 **b) Verzicht** auf BerAnspr ist mögl, u zwar schon bei der Leistg (RG **71**, 316).

27 **c) Vorteilsanrechnung.** Der Bereicherte kann sich nicht darauf berufen, daß der Entreicherte dch den BerVorgang auch Vorteile gehabt hat. Die auf SchadErsAnspr beschr Vorteilsausgleichg (Vorbem 119–161 vor § 249) ist auf die ledigl einen obj Ausgl vornehmden BerAnspr nicht anwendb, auch nicht bei der EingrKondiktion (§ 812 Rn 33, 34). Dies schließt jedoch nicht aus, daß bei der Berechng des Umfangs der ungerechtf Ber die GgLeistg (Saldo) sowie sonstige mit dem BerVorgang zurechenb zushängde Nachtle, Aufw usw des Bereicherten zu berücks sind (s hierzu § 818 Rn 27–33).

28 **d)** Ein **Zurückbehaltungsrecht** kann der Schu ggü dem BerAnspr grdsätzl geltd machen (BGH WM **56**, 1214). Er kann auch selbst ein solches begründen. Kein ZbR ggü BerAnspr aber dort, wo dies dem Zweck einer and Best zuwiderlaufen würde, zB dem Art 39 WG (BGH NJW **58**, 2112, Rückg des Wechsels mangels wirks GrdGesch).

29 **e) Mehrere Bereicherungsschuldner** haften nicht als GesSchu; jeder hat vielm das herauszugeben, was er erlangt hat (BGH NJW **79**, 2205, WM **93**, 251 [257]; ; differenzierd MüKo/Lieb § 812 Rn 323). Dies gilt auch dann, wenn iF der Wirksamk des Vertr gesschuldn Haftg nach § 427 bestanden hätte (Hbg MDR **52**, 548). Dabei spielt es keine Rolle, ob der Vertr von Anfang an nichtig od wirks angefochten ist (RGRK/Heimann-Trosien § 812 Rn 117; aA RG **67**, 260). Bereicherg bei der BGB-Gesellsch vgl § 718 Rn 8 u § 818 Rn 32. – Bei mehreren AnsprBerecht gelten die Grds in Übbl 1–4 vor § 420, insb bei Unteilbark des Erlangten § 432.

30 **f)** Der **Gerichtsstand** des § 29 ZPO gilt nicht für BerAnspr aGrd nichtigen KausalGesch. Für den **Leistungsort** gilt § 269 (s dort Rn 15, 18, 19); bei Herausg einer Sache ist dort zu erf, wo sich diese bei Beginn der Rechtshängigk (§ 818 IV) od der verschärften Haftg des § 819 befindet (RG **96**, 345). Verzinsung vgl § 818 Rn 10; §§ 352, 353 HGB gelten nicht.

31 **g) Internationales Privatrecht** EG 38, 41, 42.

812 *Grundsatz.*

I Wer durch die Leistung eines anderen oder in sonstiger Weise auf dessen Kosten etwas ohne rechtlichen Grund erlangt, ist ihm zur Herausgabe verpflichtet. Diese Verpflichtung besteht auch dann, wenn der rechtliche Grund später wegfällt oder der mit einer Leistung nach dem Inhalte des Rechtsgeschäfts bezweckte Erfolg nicht eintritt.

II Als Leistung gilt auch die durch Vertrag erfolgte Anerkennung des Bestehens oder des Nichtbestehens eines Schuldverhältnisses.

1) Tatbestände 1–32
2) Leistungskondiktion 2–9
a) Leistung 3, 4
b) Schuldanerkenntnis und Schuldversprechen (II) 5–8
c) Weitere Fälle 9
3) Bereicherung in sonstiger Weise (insbes Eingriffskondiktion) 10–15
a) Handlungen des Bereicherten 11
b) Handlungen eines Dritten 12, 13
c) Handlungen des Entreicherten 14
d) Tatsächliche Vorgänge 15
4) Etwas erlangt 16–30
a) Erwerb von Rechten 17
b) Vorteilhafte Rechtsstellung 18
aa) Besitzerwerb 19
bb) Unrichtige Grundbucheintragung 20
cc) Auflassung 21
dd) Hinterlegung 22
ee) Weitere Fälle 23
c) Befreiung und Nichtentstehen von Verpflichtungen und Lasten 24–27
d) Ersparung von Aufwendungen 28–30
5) Auf dessen Kosten 31–67
A) Vermögensnachteil 32
a) Hauptfälle 32
b) Ursächlicher Zusammenhang 33, 34
B) Einheitlichkeit des Bereicherungsvorgangs . 35
a) Bereicherung „in sonstiger Weise“ 36
aa) Eingriffskondiktion 36
bb) Zwangsvollstreckung 37–40
b) Leistungskondiktion 41–43
c) Drittbeziehungen bei der Leistungskondiktion 44
aa) Bereicherungskette 45
bb) Zwischenperson 46–48
cc) Dreipersonenverhältnis 49–57
dd) Tilgung fremder Schulden 58–62
ee) Doppelmangel 63–65
ff) Gesamthand 66
gg) Abtretung 67
6) Ohne rechtlichen Grund 68–100
A) Leistungskondiktion 70
a) Fehlen gültiger Kausalvereinbarung (I 1) . 71
b) Erfüllung einer Nichtschuld (I 1) 72–74
c) Späterer Wegfall des Rechtsgrundes (I 2 1. Fall) 75
aa) Bedingung oder Endtermin 76
bb) Anfechtung, Rücktritt u. a. 77–83
cc) Anfechtung der Ehelichkeit 84
dd) Tatsächliche Handlung 85
d) Nichteintritt des mit der Leistung bezweckten Erfolgs (I 2 2. Fall) 86–88
aa) Zweckbestimmung alleinige Grundlage 89, 90
bb) Zweckbestimmung neben anderem Rechtsgrund 91, 92
B) Bereicherung in sonstiger Weise (Güterzuordnung) 93
a) Handlungen des Bereicherten 94
b) Handlungen eines Dritten 95
c) Rechtsveränderungen kraft Gesetzes . . . 96–98
d) Handlungen des Entreicherten 99
e) Tatsächliche Vorgänge 100
7) Inhalt des Anspruchs (Herausgabe des Erlangten) 101–103
8) Beweislast 104–108

1 **1) Tatbestände.** Es gibt keinen einheitl Tatbest der ungerechtf Ber. Gemeins GrdGedanke s Einf 1, 2 vor § 812. Abs I S 1 stellt die Ber dch rechtsgrdlose Leistg **(Leistungskondiktion)** der Ber „in sonstiger Weise“ **(Eingriffskondiktion)** in den RFolgen gleich, obwohl beide Anspr versch Vorauss haben u nur über das nicht in jedem Fall gleicherm zu beurteilde Fehlen des rechtl Grd (Rn 68–100) u das Erfordern der Einheitlichk des BerVorgangs (Rn 35–67) miteinand verbunden sind. Abs I S 2 regelt zwei weitere Fälle der

Leistgskondiktion mit bes TatbestdVorauss (**Wegfall des rechtlichen Grundes** u **Zweckverfehlung**), währd Abs II ausdr klarstellt, daß ein vertragl SchuldAnerk eine Leistg iS des BerR darstellt. Entspr dieser Unterscheidg ist der Tatbestd jeder einz AnsprGrdlage gesondert festzustellen, soweit nicht Gemeinsamk für alle Anspr bestehen. Die Unterscheidg zw Leistgskondiktion (Rn 3–8) u Ber in sonst Weise (Rn 10–15) ist insb wicht für die Pers des BerSchu (Rn 35–67) u für die Beurteilg des die VermVerschiebg rechtf Grdes (Rn 68–100).

2) Leistungskondiktion (ungerechtf Ber „dch die Leistg eines and"). Hierunter ist die Rückabwicklg eines LeistgsVerh zu verstehen, bei dem der Leistgszweck nicht erreicht wird od sonst ein rechtl Grd für die dch die Leistg eingetretene VermVerschiebg nicht besteht, wo also die Leistg dem Empf zwar wirks zugewendet worden ist, ihm aber nach den – idR schuldrechtl – Beziehgen zw Leistdem u Empf nicht endgült zusteht (ähnl Larenz-Canaris, SchR II 2 § 67 I 1a; s näher Rn 70–92). Soweit ein BerAnspr aGrd einer rgrdlosen Leistg in Betr kommt, hat die Leistgskondiktion grdsätzl **Vorrang** vor der EingrKondiktion (BGH **40**, 272 [278]; enger Huber NJW **68**, 1905 [1910] u JuS **70**, 342; hiergg Ehmann NJW **71**, 612, Picker NJW **74**, 1790, die aber nicht vom Standpkt des Empf (Rn 41–43) ausgehen; abl auch MüKo/Lieb Rn 232ff). Hat der BerEmpf die VermVerschiebg dch die Leistg eines and erlangt, so hat grdsätzl nur dieser einen BerAnspr gg den Empf; ein Anspr aus Ber „in sonst Weise" (Rn 10–15), zB gg einen Dr, muß demggü zurücktreten. Der Vorrang der Leistgskondiktion ist insb von Bedeutg beim Einbau von Materialien in ein Grdst dch einen BauUntern; der ledigl die EingrKondiktion ausgleichde § 951 (Anspr gg GrdstEigtümer) ist idR subidiär ggü einem BerAnspr aus Leistgskondiktion gg den LeistgsEmpf (s unten Rn 43 u § 951 Rn 2–10). Die Möglichk einer Leistgskondiktion ist daher stets vor einem Anspr aus Ber in sonst Weise zu prüfen. 2

a) Leistung iS des BerR ist jede auf bewußte u zweckgerichtete VermMehrg gerichtete Zuwendg (BGH **40**, 272 [277], **58**, 184 [188], NJW **99**, 1393, Esser-Weyers, SchR II, § 48 II, i Erg ebso Staud-Lorenz Rn 4ff, Reuter-Martinek, Ungerechtf Ber, 1983 S 85ff; abl MüKo/Lieb Rn 23ff, Canaris, Festschr für Larenz S 799, 857). Die unbewußte Vermehrg fremden Verm kann dagg höchstens einen Anspr aus Ber „in sonst Weise" rechtf. Ist zw den Beteil, wenn auch nur stillschw, der Zweck der Leistg vereinb, so löst dessen Nichterreichg, ebso wie das sonst Fehlen eines rechtl Grd, den BerAnspr aus (BGH **50**, 227, Ehmann NJW **69**, 398). Über die Pers des Leistden u des LeistgsEmpf, insb bei Leistg dch (an) Boten, Bevollm, mittelb StellVertr od dch (an) sonst ZwPers (Leistg auf Anweisg oä) sowie über BerAnspr bei Weitergabe der Leistg (BerKette) s Rn 41–43; bei Leistg an mehrere Empf s Einf 29 vor § 812. 3

Die Leistg besteht vielf in einer rgesch Vfg des Leistden, die er aGrd einer zw ihm u dem Empf bestehden od zumind angen Leistgsbeziehg erbringt; sie kann aber auch in einem rein tatsächl Handeln bestehen. Eine dingl RÄnderg ist hier zwar häuf, aber nicht begriffsnotw; auch eine VermMehrg aGrd eines nichtigen ErfVertr stellt eine Leistg dar. Die Leistg muß jedoch einen VermWert besitzen; daher ist die Erkl des Widerrufs ehrenrühr Behauptgen als solche nicht kondizierbar (BGH **LM** Nr 6). Im übr kann Ggst einer Leistg jede Verbesserg der VermLage des Empf sein, zB Übertr von Eigt od and Rechten, Auflassg eines Grdst, Anw des DarlN zur Auszahlg der Valuta an einen Dr (BGH NJW-RR **90**, 1521), Eingehg einer Verbindlichk, Erf einer Schuld, Hing an ErfStatt, Verzicht auf RErwerb, Ersparg von Aufwendgen, insb bei Erbringg von Diensten, Befreiung von einer Verbindlichk (BGH NJW **62**, 1051). Keine Leistg an den VersN ist die abstrakte GefTragg, die RisikoÜbern als solche iR eines VersVertr (Karlsr Just **88**, 92). 4

b) Anerkennung des Bestehens od Nichtbestehens eines Schuldverhältnisses ist gem Abs II ebenf eine Leistg. Es handelt sich nicht um einen Sonderfall der LeistgsKondiktion, sond ledigl um eine ges Erläuterg des Begr der Leistg im bereichersrechtl Sinn. Auf das proz Anerk nach § 307 ZPO findet Abs II keine Anwendg, weil es sich nur um ein einseit Anerk, nicht um ein vertragl handelt. Das proz Geständn kann nur iF des Irrt nach § 288 ZPO widerrufen werden (BGH **37**, 154). Es muß sich um einen selbstd, dh von seinem LeistgsGrd losgelösten abstr Vertr iS der §§ 397 II, 780, 781 handeln (BGH NJW-RR **99**, 573, Staud-Lorenz Rn 10, 11). Ein SchuldAnerk, das nur Bestandt eines ggs kausalen Vertr ist, insb ein deklarator Anerk (§ 781 Rn 3–5) fällt nicht unter Abs II (BGH NJW **63**, 2317, ZIP **91**, 862), da es sich nicht um eine selbstd Leistg handelt, diese vielm im Zushang mit dem Schicksal der GgLeistg zu beurteilen ist (Oldbg VersR **92**, 197). Doch kann über eine der Leistgen aus dem ggs Vertr zusätzl ein selbstd u damit kondizierb SchuldVerspr od Anerk abgegeben werden (RG **108**, 105). Das zur Erf des Vergl erkl SchuldAnerk ist bei Unwirksamk des Vergl kondizierbar. 5

Rückforderung eines Anerkenntnisses kommt in Frage, wenn der Anerkennde irrig geglaubt hat, zu dem Anerk verpfl zu sein; darauf, ob dem Gläub tats ein dem Anerk zuGrde liegder Anspr zusteht, kommt es insow nicht an, zB Entlastg des Vormd od GeschF dch den sich hierzu irrig für verpfl haltden Mündel (Staud-Lorenz Rn 15, MüKo/Lieb Rn 317); AnerkErkl für StrBaukosten, um in Wirklichk nicht bestehdes Bauverbot abzuwenden (RG **154**, 385). Das Anerk ist aber auch kondizierbar, wenn die anerk Schuld nicht oder nicht mehr besteht (BGH NJW-RR **99**, 573), falls es nicht nach dem Willen der VertrTeile den Sinn haben sollte, o Rücks auf deren wirkl Bestehen für die Zukunft eine klare Bew- u RLage zu schaffen (§ 781 Rn 3–5). In einem solchen Fall ist ein BerAnspr ausgeschl, auch wenn die Schuld tats nicht besteht (§ 781 Rn 8). Welchen Sinn das Anerk gehabt hat, unterliegt der tatrichterl Würdigg des EinzFalls, doch ist oftm anzunehmen, daß ein Anerk nur die im Ztpkt der Abg der Erkl begr Einwdgen gg eine wirkl bestehde Schuld ausschl sollte. Dies gilt insb für Anerk zu SichgsZwecken (BGH NJW-RR **99**, 573) u solche, die der Schuldn aGrd einer Abrechng abgegeben hat, wenn einbezogene Schuldposten in Wahrh nicht bestanden haben (BGH NJW **68**, 591 für stillschweigd SaldoAnerk ggü Bank) od nach SaldoAnerk, wenn die Bank irrtüml eine Gutschrift vorgenommen hat (Düss NJW **85**, 2723; § 781 Rn 8). Zur Einr der Ber ggü einem SchuldAnerk s § 821 Rn 1. – Das Bestehen einer unvollk Verbindlk ist genügd RGrd für ein selbstd Anerk (RG **160**, 134; s aber §§ 656 II, 762 II). – Beim **negativen Schuldanerkenntnis** gelten die gleichen Grds (BGH WM **82**, 671); der BerAnspr geht hier auf Wiederherstellg der Schuld (Düss NJW **85**, 2723) u Herausg der Quittg. BewLast Rn 105. **Keine Rückforderung** des (nicht abstr) AbfindgsVertr mit Vers (BGH **LM** Nr 1 zu § 13 AVB für KfzVers). VaterschAnerk ist nicht kondizierb, sond über §§ 1600ff zu beseitigen. 6 7 8

c) Weitere Fälle der Leistungskondiktion enth § 812 I 2 (Rn 75–92), § 813 S 1 u § 817 S 1. 9

10 3) **„In sonstiger Weise"** ist die Ber erlangt, wenn die VermVerschiebg nicht auf der zweckgerichteten Zuwendg eines Leistden (Rn 2–9) beruht (BGH **40**, 272 [278]), sond – idR – ohne den Willen des Entreicherten eingetreten ist. Hier kommt ein BerAnspr in Betr, wenn der Erwerb nach der für den EinzFall maßgebl rechtl Güterzuordng nicht bei dem Empf verbleiben soll, sond einem and gebührt (näher Rn 35–40, 93–100). Die nur für die Leistgskondiktion geltden Vorschr sind auf diesen Fall grdsätzl unanwendb, so zB § 817 S 2; s aber § 816 Rn 5. Eine „Ber in sonst Weise" basiert oftm auf Hdlgen des Bereicherten od eines Dr, die einen von der ROrdng nicht als endgült gebilligten Eingr in die RPosition des Entreicherten darstellen (sog **Eingriffskondiktion**); es sind aber auch and Möglichk denkb. **Hauptfälle:**

11 **a) Handlungen des Bereicherten,** insb unerl Hdlgen, auch wenn der SchadErsAnspr bereits verj ist (s § 852 Rn 21), zB Besitzentziehg, Verbrauch, Nutzg od Gebr einer fremden Sache (BGH NJW-RR **86**, 874: Kiesentnahme über die behördl gesetzte AbbauGen hinaus; Düss NJW-RR **87**, 531: Unberecht Anbau an eine halbscheid Kommunmauer), Nutzg fremden know-hows (Weitnauer DB **84**, 2496) od fremder ArbKräfte (über die Art der Ber s Rn 28), Eingr in ImmaterialgüterR (BGH **82**, 299 u 310, Einf 18 vor § 812) sowie in den eingerichteten u ausgeübten GewerbeBetr od in das PersönlichkR, soweit darin eine vermögensrechtl Benachteiligg, etwa iS einer unberecht Nutzg liegt (BGH **20**, 345 [354], **26**, 349, **81**, 75, BGH NJW-RR **87**, 231 u § 823 Rn 175–200); ferner Weiterbenutzg einer Wohng nach Beendigg des MietVerh (vgl § 557), Ableitg von GrdWasser (BayObLG NJW **65**, 973), Untergrundspeicherg von Rohöl auf fremdem Grdst (BGH WM **81**, 129). War ein AuflAnspr im Rang vor einer GrdSch vorgemerkt, so kann der VormkgInhaber, der das GrdEigt erworben hat, von dem GrdSchGläub die Herausg einer FeuerVers-Summe verlangen, die dieser nach §§ 1127 I, 1128 III eingezogen hat (BGH VersR **87**, 903). Ebso muß ein inländ Gläub VermWerte, die er nach Eröffng des InsVerf dch zuläss ZwVollstr in ausländ Verm des GemSchu erlangt hat, an den InsVerw herausgeben, wenn sie zur Sollmasse gehören (BGH **88**, 147). Hierher gehören außerdem Vfgen eines Nichtberecht sowie Leistgen, die aGrd gesetzl Vorschr dem Berecht ggü wirks sind (§ 816). Ein Eingr des Bereicherten liegt idR auch dem RErwerb dch Verbindg, Vermischg od Verarbeitg (§ 951 Rn 7–10) od dch Fund (§ 977) zugrde. Sow der jetzt od früh Besitzer Anspr wg seines Eigt aus § 812 ableitet, gilt auch hier für den EigtNachw § 1006 (BGH NJW **77**, 1090). Zum Erwerb dch Ersitzg, nach Verj od Ablauf einer AusschlFr s Einf 12 vor § 812.

12 **b) Handlungen eines Dritten,** zB Verbindg, Vermischg od Verarbeitg, die ein Dr vornimmt, aber nur, soweit nicht dem Entreicherten ein Anspr aus Leistgskondiktion zusteht (Rn 41–43 u § 951 Rn 4–9); zur aufgedrängten Ber in diesem Fall s § 951 Rn 18–21. Gebr od Verbrauch fremder Sachen. Zur Ber dch
13 unentgeltl Zuwendg seitens des urspr Bereicherten s § 822. – **Zwangsvollstreckung.** Unabhäng von einem etw Anspr aus § 839 kommt ein Anspr aus ungerechtf Ber „in sonst Weise" bei fehlerh Hdlgen der öff Gew in Betr, zB bei ZwVollstr ohne rwirks Titel od bei Pfändg u Verst schuldnerfremder Sachen sowie Auszahlg des Erlöses an den Gläub (BGH **32**, 240; näher Rn 37–40 u 63–100), unricht Verteilg des VerstErlöses (BGH **4**, 84, **35**, 267; aber BGH **91**, 198), fehlerh ZuschlBeschl (RG **153**, 252). Nichtberücksichtigg einer ordngem angemeldeten KonkFdg; unricht Eintr in das GB (RG **139**, 355 u Rn 20), außer es wird ledigl der Rang des betr Rechts falsch eingetr (§ 879 Rn 8, 9). Bei Leistg des DrSchu aGrd Pfdgs- u ÜberweisgsBeschl an PfdgsGl trotz Bestehens einer vorrang Pfdg vgl Rn 37–40. – Kein Fall der EingrKondiktion ist die Vereitelg eines schuldr Herausg- od RückgewährAnspr dch Vfg über den Ggst selbst (BGH NJW **93**, 1919: LöschgsBewilligg für herauszugebde GrdSch).

14 **c) Handlungen des Entreicherten,** soweit in ihnen nicht eine fehlgeleitete Leistg zu erblicken ist, zB bei irrtüml Verwendg eig Sachen für fremde Zwecke. Erklärt im ZwVerstVerf der Ersteher eines Grdst als Inhaber einer darauf lastden voll valutierten DarlHyp, diese solle bestehen bleiben (ZVG 91 II), obwohl sie bei der Erlösverteilg teilw ausfällt, dann hat der Ersteher gg den DarlSchu jedenf einen BerAnspr auf WertErs in Höhe der dch die Erlöszuteilg nicht befriedigten DarlFdg (BGH Warn **80** Nr 312).

15 **d) Tatsächliche Vorgänge,** zB Landanschwemmg, Wasserzu- od -abfluß, unbeeinfl Verhalten von Tieren (vgl aber § 964) ua.

16 4) **„Etwas erlangt"** bedeutet **Vermögensvorteil** (BGH NJW **95**, 53; aA Köhler AcP **190**, 496 [531]: alles, was nach dem PartWill Ggst des Austausches ist). Durch die Leistg (Rn 2–9) od in sonst Weise (Rn 10–15) muß eine Verbesserg der VermLage des Bereicherten eingetreten sein. Die Ber muß in das Verm des Empf übergegangen sein. Ist iR eines nichtigen KreditVertr die DarlValuta nicht an den DarlN zur eig Vfg od Nutzg ausbez worden, sond zur Finanzierg eines gleichf nichtigen Vertr an einen Dr, so geht der BerAnspr des DarlG gg den DarlN nicht auf Rückzahlg der Valuta, sondern auf Abtr des RückzahlgsAnspr des DarlN gg den Dr (BGH NJW **78**, 1970, WM **90**, 799). Hat bei Nichtigk des Darl- u des KreditvermittlgsVertr die Bank aus der DarlValuta die Prov direkt an den Vermittler bezahlt, so richtet sich ihr BerAnspr gg diesen, nicht gg den DarlN; hat dieser die DarlValuta zurückbezahlt, kann er von der Bank Rückzahlg der darin enthaltenen VermittlerProv verlangen (BGH NJW **91**, 1810). Ebso keine bereichergsrechtl Rückerstattg der DarlValuta dch den Kommanditisten, wenn sie abredegem an einen Dr, evtl als Einlage, für eine wertl KG-Beteiligg gezahlt worden ist (Köln WM **84**, 401). Ebso hat die Ehefr, die sich in einem nach § 138 I nichtigen DarlVertr mitverpfl hat, nichts erlangt, wenn die Bank den DarlBetr entw in bar an den Ehem ausbezahlt od auf dessen Konto überwiesen hat, über das die Frau nicht verfberecht ist (BGH NJW **82**, 2433). Ferner, wenn der Scheinvater nach erfolgr Anf der Ehelichk an den Träger der SozHilfe, der dem Kind Hilfe gewährt u dessen UnterhAnspr auf ihn übergegangen ist, Zahlgen geleistet hat (BGH **78**, 201). Zur Ber bei Einschaltg eines Vertreters od sonst Dr s Rn 44–67. Berechng des VermVort gleich welcher Art § 818 Rn 28–33, 46–49, **aufgedrängten Bereicherung** § 951 Rn 18–21, Stgt NJW-RR **97**, 1553. Die für den späteren Wegfall der Ber entwickelten Grds (insb §§ 818 III, 819) gelten entspr für die Frage, ob überh eine Ber eingetreten ist (BGH **55**, 128: BerHaftg für in Kenntn des RMangels erschlichene Flugreise; hier kann sich BerSchu nicht darauf berufen, er hätte sonst die Reise nicht unternommen; s unten Rn 28–30). Ggst der Ber kann nur eine VermMehrg sein, nicht aber ein ledigl persönl Vort, zB eine schriftl EhrenErkl (BGH **LM** Nr 6, BGH **26**, 353). – Im einz kommen als VermVort in Betr:

a) Erwerb von Rechten. Dingl auch AnwR; ferner Verbesserg od Erweiterg eines R, zB Vorrangeinräumg dch zurücktretden HypGläub. Erwerb eines R an eig Sache, RGrd ist § 868 ZPO (BGH NJW **77**, 48). Persönl Rechte wie Fdgen aller Art, NutzgsR (BGH NJW **85**, 1082), Gutschr auf dem GiroKto (§ 676f Rn 9), sobald die Bank sie nicht mehr stornieren kann (BGH **72**, 9), VersSchutz (BGH NJW **83**, 1422), Erwerb der Mitgliedsch in einer Genossensch (BGH NJW **83**, 1420). Goodwill einer Arztpraxis (Karlsr MedR **90**, 94). Kundenstamm eines zurückzuübertragden Unternehmens, das in der Hand des BerSchu als isolierte Einh erhalten geblieben u fortgeführt worden ist (BGH BB **91**, 444). SchuldAnerk (Rn 5–8; dort auch über VaterschAnerk), Gen eines Vertr (RG **110**, 214), Zustimmg des Eheg nach ehel GüterR (RG **171**, 83) sowie Erf u Hing an ErfStatt. Anspr des Begünstigten auf Zahlg der Garantiesumme gg die Bank, wenn im ValutaVerh zum Besteller der Bankgarantie der zu sichernde Anspr nicht besteht (BGH NJW **84**, 2037: Anspr des Bestellers gg den Begünstigten auf Unterlassg, die Bankgarantie in Anspr zu nehmen). **17**

b) Erlangung einer vorteilhaften Rechtsstellung ist ebfalls VermVort, auch wenn damit noch kein RErwerb verbunden ist (RG **108**, 329). Ist zB bei einer Leistg nicht nur das kausale GrdGesch, sond auch das dingl ErfGesch unwirks, so ist eine Änd der RZustdgk u damit eine VermVerschiebg an sich nicht gegeben; dennoch kann der Empf bereits eine vermwerte Position erlangt haben. Der trotz anerkannter Fdg im SchlußVerzeichn nicht eingetragene u desh bei der Verteilg übergangene Gläub, der im Schlußtermin keine Einwdg erhoben hat, kann außerh des InsVerf gg die bei der Verteilg berücksichtigten Gläub keinen Anspr aus ungerechf Ber geltd machen (BGH NJW **84**, 2154). **18**

aa) Besitzerwerb, unmittelb od mittelb (BGH WM **61**, 274), nicht aber der bloßen BesDienersch, auch wenn man den Bes nicht als Recht ansieht (Übbl 1, 2 vor § 854). Dies gilt jedenf, soweit die über Vorauss des BerAnspr vorliegen, für die LeistgsKondiktion, zB für die Rückfdg der von einem GeschUnfäh übergebenen Sachen. Die EingrKondiktion ist dagg mit Rücks auf die spez BesSchutzVorschr weitgehd eingeschränkt (§ 861 Rn 12, str). Zur Wertberechng § 818 Rn 19–25. **19**

bb) Unrichtige Grundbucheintragung, sog Buchberechtigg (§ 891 Rn 7–9), verschafft wg des mit ihr verbundenen RScheins ebenf eine vorth RStellg, weil sie die Wirkg hat, daß der eingetr Nichtberecht über das betr Recht verfügen kann. Neben dem mat wahren Berecht (§ 894) kann der Nichtberecht von demjen, der auf seine Kosten ohne RGrd die unricht Eintragg erlangt hat, Bewilligg der (Wieder)Eintragg verlangen, zB wenn ihm ein AnwR auf den Erwerb des Eigt zusteht (BGH NJW **73**, 613, § 894 Rn 15), ferner der GeschUnfäh, der als Eigtümer eines ihm nicht gehör Grdst eingetr war u das Grdst dch nichtigen Vertr aufgelassen hat. Ein solcher BerAnspr des GeschUnfäh auf Wiederherstellg seiner Buchberechtigg entfällt aber, wenn sein eingetr VertrPartner dch Vertr mit dem wirkl Eigtümer das Eigt erlangt (BGH NJW **73**, 613). Kein Anspr des eingetr Berecht, wenn es um den bloßen Rang einer Eintr geht (§ 879 Rn 8, 9). Eine vorth RStellg verschafft wg des in ihnen enth RScheins auch ein unricht ErbSch, TestVollstrZeugn, AbtrAnz (§ 409) sowie eine gefälschte Unterschr auf einem Wechsel (KG MDR **68**, 495: Anspr auf Streichg gg WechselInh). **20**

cc) Die **Auflassung** eines Grdst bindet die Beteil u verschafft dem AuflEmpf jedenf bereits eine vermwerte RPostition (§ 925 Rn 19–21). Der Veräußerer kann sie unter den Vorauss des § 812 I 1 zurückverlangen, sofern nicht, wie bei einem unricht beurk Kaufpr, § 814 entggsteht. Die Vorauss des § 812 I 2 2. Fall sind erf, wenn entw feststeht, daß die Aufl nicht zur Eintr oder die Eintr nicht zur Heilg des Mangels führt od wenn die Aufl auf ein beiders als unwirks erkanntes AustauschVerspr zu dem Zweck erklärt wurde, die GegLeistg zu erlangen u dieser Zweck nicht erreicht wird. Dieser Zweck kann auch dadch gekennzeichnet sein, daß der Leistde sein Verspr (Aufl) voll erf hat (BGH NJW **76**, 237). Da ein einseit Widerruf der Aufl unzul ist (§ 925 Rn 22), ist der BerAnspr dch AufhebgsVertr (§ 925 Rn 23) od mit Kl (RKraftWirkg des Urt gem § 894 ZPO) dchzusetzen u vorher sicherb iW der einstw Vfg dch das Verbot, von der Aufl zwecks Eintr Gebr zu machen. Ein entspr VfgVerbot ist vom GBA zu beachten, auch wenn der EintrAntr schon gestellt ist (KG Rpfleger **62**, 177). – Ebenso ist eine Bewilligg zur Berichtigg des GB kondizierb, wenn das GB nicht unricht war (RG **146**, 355). **21**

dd) Die Hinterlegung eines GeldBetr gem § 372 für mehrere AnsprSteller verschafft denjen, denen matrechtl der ZahlgsAnspr bzw das vorrang PfdR im Verh zum Schu (BGH JB **97**, 572) nicht zusteht, auf Kosten des wirkl Berecht bzw vorrang PfdGl eine günst RStellg. Sie sind ihm ggü zur Einwilligg in die Auszahlg bzw FreigabeErklärg verpfl (BGH NJW **72**, 1045, NJW-RR **94**, 847), mehrere mat berecht HinterleggsBeteil untereinand Zug um Zug (BGH ZIP **89**, 736), u zwar auch wenn kein HinterleggsGrd bestand (BGH WM **80**, 1383). Gilt auch für nicht förml Hinterlegg od wenn eine Spark die Auszahlg eines Guth von der vorher Klärg abhäng macht, wer AnsprBerecht ist (Düss WM **97**, 867). **22**

ee) Weitere Fälle: Irrtüml Herausg von NachlGgst aus der Verw des TestVollstr (BGH **12**, 100, **24**, 106). NichtAufn eines Rechngspostens in einen Teilgsplan (BGH **4**, 84) od in eine Abrechng (BGH WM **57**, 213). ZuteilgsBeschl im VerteilgsVerf nach §§ 878ff ZPO (BGH **39**, 242). Verlust einer sicheren Erwerbsaussicht zG des Bereicherten (BGH WM **64**, 83). Letzter GewahrsInh ggü dem wahren Berecht hins einer im Strafverf beschlagnahmten Sache (Ffm NJW-RR **89**, 823). RGrdlose Erlangg der Gen zu einer befreiden SchuldÜbn (BGH WM **90**, 897). RGrdlose erlangte Dienste (BGH **111**, 308), nichtige UnterlVerpfl (Köhler AcP **190**, 496 [530]). Der vermögensr Vortl einer Stellplatzbaulast liegt darin, daß damit der zur baurechtl Zulässigk des BauVorh erforderl Nachw von Stellplätzen erbracht werden kann (BGH NJW **95**, 53). **23**

c) Befreiung und Nichtentstehen von Verpflichtungen und Lasten, zB Beseitigg von Störgen, die vom NachbGrdst ausgehen u zu deren Beseitigg der Nachb verpfl ist (Düss NJW **86**, 2648); grdloser SchuldErl, insb in der Form des negat SchuldAnerk (Rn 5, BGH WM **82**, 671); Gen zur befreiden SchuldÜbn (BGH NJW **90**, 1662); Verz auf dingl Rechte; grdlose Befreiung von einer ErfÜbernVerpfl (BGH NJW **62**, 1051); irrtüml Entlastg eines GeschF; Tilgg von Schulden auf einem im Soll stehden Konto des Gläub, wenn die Bank des Schu den Betr dorthin überweist statt auf ein and vom Schu im ÜberweisgsAuftr angegebenes Treuhandkonto des Gläub (BGH NJW **85**, 2700); Krankentransport dch einen priv Untern gem Auftr eines Kassenarztes befreit die ges KrankenVers uU von ihrer Verpfl zur SachLeistg (Mü NJW-RR **88**, 1013). – **24**
Hierher gehören ferner die Fälle der rwirks **Leistung eines Dritten,** der in der irrigen Ann, dem Schu od **25**

dem Gläub hierzu verpfl zu sein, an den Gläub zahlt. Dabei genügt, daß der Dr die Leistg zumind auch für den wahren Schu erbringen wollte (BGH **70**, 389). Zu den Vorauss bei Erf der Schuld eines Dr s Rn 70–92; zur Frage, wer in diesem Fall BerSchuldn ist, Rn 58–62. Weitere Beisp: Befreiung von der gesetzl UnterhPfl des vermeintl Verschollenen dch Zahlg des VersorggsTrägers (BGH NJW **63**, 2315); Aufwendgen des Ehem für die Entbindg seiner Frau von einem nichtehel Kind (BGH **26**, 217); Anspr des pers Schu, der in der ZwVersteigerg seine dch bestehenbleibde GrdSch gesicherte Schuld nicht angemeldet hat, gg den Ersteher des Grdst iF der Bezahlg der pers Schuld (BGH **56**, 22); dies auch iF der TeilgsVersteigerg (BGH **64**, 170). – Tritt dch die Leistg des Dr keine Schuldbefreiung ein wie iF ges FdgsÜbergangs (vgl § 421 Rn 7, 8) u iF des § 843 IV, so entsteht kein BerAnspr des Dr gg den Schu, weil dieser nichts erlangt hat. So zB, wenn nach unerl Handlg ein and als der Schädiger dem Verl Unterh gewährt (ebso Staud-Lorenz Rn 68; aA RG **138**, 1). Der Schu hat auch dann nichts erlangt, wenn die Fdg gegen ihn im Ztpkt der Erf oder der TilggsBestimmg bereits verj u er entschlossen war, die Einr der Verj zu erheben (Ffm WM **87**, 602).

26 Bei einem **unechten Gesamtschuldverhältnis** (mehrere sind aus versch RGründen, also ohne – auch nur obj – ZweckGemsch zur selben Leistg verpfl) gilt für den AusglAnspr des Leistden, dem im InnenVerh zu den and Schu die Leistg nicht (ganz) zur Last fällt, nicht § 426; uU kann ein BerAnspr bestehen, zB der KfzHaftPflVers, die aGrd TeilgsAbk an SozVersTräger gezahlt hat, gg Schädiger, wenn ihr VersNehmer für den Unfall nicht haftet (BGH NJW **69**, 1380; aA Staud-Lorenz Rn 69); BerAnspr der HaftPflVers, die für den Unfallschaden nicht einzustehen hat, aber aGrd TeilgsAbk an den SozVersTräger des Geschäd ihre Quote bez hat, auf Erstattg gg die übr AbkSchu entspr ihrer ges Verantwortlk (BGH VersR **78**, 843). BerAnspr eines Nebentäters, der mit einer zu hohen Quote belastet wurde, gg einen and Nebentäter, wenn die Vorauss des § 426 nicht vorliegen (vgl § 840 Rn 9). Die Tendenz der Rspr geht jedoch dahin, den AnwBereich der GesSchuld auszudehnen, um § 426, der als bes RGrd einen BerAnspr ausschließt, anwenden zu können (so BGH **43**, 227, **51**, 275 für das Verh zw BauUntern u Arch; näher § 421 Rn 6–9); BGH **71**, 389 läßt insow § 426 offen u bej BerAnspr im Verh zw Bauträger u BauUntern. – BerAnspr sind ferner gegeben, wenn der
27 RInh dch SelbstErf od ein Dr Hdlgen für den eigentl Verpfl vornehmen, soweit nicht die berecht **Geschäftsführung ohne Auftrag** einen rechtl Grd für dieses Handeln darstellt u deren Vorschr daher vorgehen (vgl BGH **40**, 28); zur Bemessg des BerAnspr auf WertErs s § 818 Rn 19–25. Beisp: Erf einer Kennzeichngs- u RäumgsPfl des Schiffseigners bei einem gesunkenen Schiff dch die WasserstraßenVerw (BGH NJW **64**, 1365); Erfüllg der einem and obliegden VerkSichgPfl (BGH NJW **71**, 1218); Beseitigg von Grenzüberschreitgen (BGH **28**, 110) od einer sonst EigtStörg dch den Eigtümer (BGH BB **62**, 198); Wiederaufbau eines abgebrannten Hauses, BerAnspr gg Brandstifter (RG **82**, 206 [215]). Gursky NJW **71**, 782, der sich demggü für den Vorrang des R der Leistgsstörgen (§§ 275, 324 I) ausspricht, übersieht, daß – abgesehen von der Frage des Vertretenmüssens des Schu (hierzu § 275 Rn 23) – ein ev Freiwerden von der urspr Verpfl nach § 275 einem BerAusgl wg rgrdlosen Erlangens dieser Befreiung nicht entggsteht. Der RInh ist auch nicht verpfl, den Weg über § 887 ZPO zu gehen, da in einem etw RStreit aus § 812 die gleichen (Vor-)Fragen geprüft werden müssen. – Schließl fällt hierunter das rechtsgrdlose Nichtentstehen einer Verpfl od Last, die sonst entstanden sein würde, zB eines ProvAnspr, eines anderweit VergütgsAnspr sowie aller sonst Ausgaben, die ohne die nicht berecht Verhinderg angefallen wären.

28 **d) Ersparung von Aufwendungen.** Wer eine fremde Sache od ein fremdes Recht unbefugt verbraucht, gebraucht od sonst benützt, ist ungerechtf ber, wenn er bei ordngem Vorgehen für die Benutzg Entsch hätte zahlen müssen (BGH NJW **79**, 2205, ZIP **92**, 857: unbefugte Verwertg eines Fotos; BGH **22**, 395: Reklameplakat an öff Straße; BGH **55**, 128: erschlichene Flugreise; LG Bln NJW **82**, 2782 u LG Aachen JuS **85**, 61: Strommehrverbrauch wg Vertauschg der Zuleitgen zum Zähler zweier Mieter; KG NJW-RR **92**, 1362: Benutzg des Aufzugs ohne Zahlg eines ModernisiergsZuschlages zur Miete). In diesen Fällen der EingrKondiktion (nicht § 816; s dort Rn 7) ist das „erlangte Etwas" der GebrVort, herauszugeben ist sein Verkehrswert (BGH **99**, 244). Zur WertBerechng vgl § 818 Rn 19–25. Der Einwand, der Benutzer hätte sich bei Verweigerg der ungerechtf Benutzg anderw beholfen, ist bei tats Nutzg unzul (BGH **20**, 345 [355]; krit Canaris JZ **92**, 1114). Gleiches gilt bei unberecht Nutzg von gewerbl SchutzR (BGH **99**, 244; vgl auch § 687 Rn 5–7) od des PersönlkR, zB des Namens (BGH **81**, 75), des Bildes eines and (BGH JZ **87**, 158), ferner eines Grdst für Kiesabbau unter Einsparg der für die Abräumg erfdl Kosten (BGH NJW **79**, 2036). Unbefugte Ableitg von Grdwasser von fremdem Grdst (BayObLG NJW **65**, 974). Ebso ist der Wert von Dienst- oder WkLeistgen aGrd eines nichtigen Vertr zu ersetzen, soweit der AuftrG entspr Aufw erspart hat (BGH **70**, 12 u NJW **82**, 879 für Arch; BGH NJW **64**, 2343 für Makler; BGH **36**, 321, **37**, 258 für RBeratg). – Im
29 **Arbeitsrecht** sind §§ 812ff nicht anwendb, wenn ein fakt ArbVerh (vgl Einf 29 vor § 611) besteht u zw Verleiher u Entleiher iR eines fakt ArbNÜberlassgsVerh (Hbg NJW-RR **93**, 1524). Ebso nicht bei unwirks DienstVertr mit VorstdMitgl einer AG (BGH **41**, 282). Besteht bei Weiterbeschäftigg nach Künd dch den ArbG bis zur gerichtl Feststellg ihrer Wirksamk kein fakt ArbVerh, so gelten §§ 812ff (vgl § 611 Rn 123). – Vertrlose Benutzg fremder Räume verpfl – auch über die Grenzen des § 557 hinaus (BGH **44**, 241) – zur Zahlg einer Vergütg in Höhe des ersparten Mietzinses, u zwar gleichgült, ob der Eigtümer die Räume anderw
30 hätte vermieten können. – Fragl ist jedoch, ob diese Grds auch gelten, wenn ein **infolge Minderjährigkeit unwirksamer Vertrag,** insb ein KfzMietVertr (§ 107 Rn 9), Grdlage der NutzgsÜberlassg war. Unabhäng von einer etw delikt Haftg des Mj (Stgt NJW **69**, 612, Celle NJW **70**, 1850) ist bestr, ob der Mj – über den Bes am Kfz hinaus – um die aus diesem Grd rgrdlose Nutzg des Kfz ungerechtf bereichert ist. Die Spezialität der §§ 987ff (Einf 13 vor § 812) steht hier nicht entgg (vgl § 988 Rn 4, 5). Teilw wird vertr, der Mj habe keine anderw notw Ausgaben erspart u sei desh nicht bereichert (LG Bielefeld NJW **63**, 908, KG FamRZ **64**, 518, ähnl Metzler NJW **71**, 690); od der Mj sei nach Beendigg des Gebr des Kfz nicht mehr bereichert (§ 818 III), weil dann die erlangten GebrVorteile nicht mehr im Verm des Mj vorh seien (Hamm NJW **66**, 2357, Pawlowski JuS **67**, 302). Fast allg wird jedoch ein BerAnspr des KfzVermieters abgelehnt mit der Begr, eine Verpfl des Mj zum Ers des Wertes der GebrVorteile widerspreche dem in §§ 106ff enth MjSchutz (aA zusfassd Batsch NJW **72**, 611 u NJW **69**, 1743: BerSchuldn könne jeder Rechtsfäh sein; eine verschärfte Haftg nach § 819 stehe hier nicht in Frage). Nach dieser aA würde der Umfang der bereichergsr Haftg vielf – wenn auch nicht stets – der vom Ges wg Minderjährigk abgelehnten vertragl Haftg gleichkommen (ebso allerd

BGH **55**, 128: erschlichene Flugreise); s ferner § 819 Rn 6 zur Frage der verschärften Haftg des Mj. Zur Rückfdg der GgLeistg (Anzahlg) des Mj s § 818 Rn 49.

5) „Auf dessen Kosten". Hierunter ist zunächst zu verstehen, daß dem VermVort des Bereicherten (Rn 16–30) unmittelb ein VermNachteil des Entreicherten ggüstehen muß; insow ist dieses TatbestdsMerkmal insb für BerAnspr aus EingrKondiktion (Rn 10–15) von Bedeutg (unten A). Über das sich hieraus ergebde Erfordern der Einheitlichk des BerVorgangs begrenzt es aber ferner bei der Ber „in sonstiger Weise" Ggst u Umfang des BerAnspr u bestimmt darü hinaus insb die Pers des AnsprGegners; wer BerSchuldn auf Kosten des and ist, spielt vornehml für die Leistgskondiktion (Rn 2–9) bei Einschaltg eines Dr od bei sonst Drittbeziehgen eine Rolle (unten B). 31

A) Vermögensnachteil. Der VermVort der einen Seite muß zu einem entspr VermNachteil auf der and Seite führen. Dazu genügt jede wirtsch Schlechterstellg. 32

a) Hauptfälle. Meist kommt hier der rwirks **Übergang** eines VermGgst von dem Benachteil auf den Bereicherten in Betr, zB Übereigng, Abtretg einer Fdg, Erf einer Schu (s im einz Rn 16–30). Es ist aber nicht erforderl, daß das Erlangte schon zum Verm des Entreicherten gehörte; es genügt vielm jede den VermStand berührde Beeinträchtigg, wie dch die Wahl der Worte „auf dessen Kosten" statt „aus dessen Verm" zum Ausdruck kommt. Es genügt also die **Beeinträchtigung rechtlicher Anwartschaft** od die **Vereitelung sicherer Erwerbsaussicht,** sofern diese bereits einen RSchutz genießt u nicht nur auf bloßen OrdngsVorschr beruht. Beisp: Ausschlagg einer Erbsch zG einer best Pers; Anspr auf Aufl eines Grdst (RG **119**, 332 u Rn 18–22); ferner jeder schuldr Anspr auf eine Sache, eine ArbLeistg od ein R, auch für den Rang eines GrdstR; nicht aber bei versehentl FalschEintr des Rangs (§ 879 Rn 8, 9); Eingr in ein AneigngsR (RG HRR **25** Nr 1047); Hilfestellg zum VermErwerb eines and dch Unterl von KonkurrGeboten (Mü GRUR **51**, 468) sowie die unter Rn 33, 34) genannten Fälle.

b) Zurechnungszusammenhang muß bestehen zw Erlangg des VermVort u dem VermNachteil des Entreicherten (BGH **36**, 332). Entsch ist nicht die Entreicherg des AnsprBerecht, sond allein die auf dessen Kosten eingetretene Ber des BerSchuldn. Der Verlust des einen braucht sich mit dem Gewinn des and weder dem Ggst (Leistg von Geld führt zur Schuldbefreig; Benutzg einer fremden Sache erspart Aufw) noch insb dem Umfang nach zu decken (KG NJW-RR **92**, 1362). Der BerAnspr kann niedriger, aber auch höher sein als der Verlust des Betroffenen (BGH **17**, 236, **36**, 332). Dies ist vor allem von Bedeutg für den EingrErwerb dch ungerechtf Benutzg u Verwertg fremder Sachen u Rechte. Gebührt hier die vermr Verwertg nach der maßgebl rechtl Güterzuordng allein dem Berecht, so daß dieser sie nicht unentgeltl zu dulden braucht, so hat er gg den unbefugt Verwertden wg dessen Eingr in die RSphäre des Berecht einen BerAnspr in Höhe der übl Vergütg, zB der Lizenzgebühr für ein gewerbl SchutzR. Unerhebl ist hierfür, ob der Berecht aus tats Grden den gleichen Gewinn gezogen hätte od hätte ziehen können (and aber, wenn er hierzu aus rechtl Grd nicht in der Lage gewesen wäre, RG **105**, 408), ob der Bereicherte sich ohne den Eingr anderw beholfen hätte (Rn 28–30) u ob der Berecht dch den BerVorgang auch Vort erlangt hat. Der BerAnspr ist kein SchadErs-Anspr, so daß **keine Vorteilsanrechnung** (Vorbem 119–161 vor § 249; s aber § 818 Rn 19–25) stattfindet. Er umfaßt nur die regelm zu ziehenden Nutzgen; ein nur dch bes Umst, in der Sphäre des Verletzers von diesem erzielter Gewinn ist nicht auf Kosten des Berecht erlangt u daher nur unter den Voraussetzgen des § 687 II (dort Rn 5–7) herauszugeben. – **Beispiele:** Unbefugte Verwertg fremder Ausschließlichkeits- u sonst gewerbl ImmaterialgüterR; auch Eingr in PersönlkR, sofern hierin eine wirtschaftl Verwertg zu sehen ist (BGH **20**, 345 [355]); Benutzg einer fremden Sache (BGH **20**, 270), insb dch unberecht Vermietg od Verpachtg (nicht § 816, s dort Rn 7). Bei unbefugter Untervermietg kann Verm vom Mieter aber nicht Herausg des dadch erzielten Mehrerlöses verlangen, weil er nicht auf seine Kosten erlangt ist (BGH **131**, 297; vgl auch § 816 Rn 7). Anspr des KonkVerw gg GemSch, der eine zur Masse gehörde Wohng bewohnt, auf NutzgsEntschädigg (Düss KTS **84**, 135).

33 (at "b) Zurechnungszusammenhang"); 34 (at "Beispiele")

B) Einheitlichkeit des Bereicherungsvorgangs. Ausgehd von der Erwägg, Ggst u Umfang der Ber zu begrenzen, stellte die früher hM, auch in der Rspr, das Erfordern der Unmittelbark der VermVerschiebg zw dem Benachteil u dem Bereicherten auf (BGH **36**, 30, BGH **46**, 260, Staud-Lorenz Rn 1). Dies bedeutet, daß die VermVerschiebg nicht auf dem rechtl selbstd Umweg über ein fremdes Verm erlangt sein darf, daß vielm ein u derselbe Vorgang auf der einen Seite den Gewinn u auf der and Seite den Verlust unmittelb herbeiführen muß. Zu bedenken ist aber, daß BerGläub u Schuldn nicht mit den Pers ident zu sein brauchen, zw denen sich der VermÜbergang tats vollzogen hat (BGH BB **62**, 691), u daß eine unmittelb VermVerschiebg auch dch mittelb Zuwendg eines Dr bewirkt werden kann (unten Rn 49–57). Deshalb erleichtert bei Beteiligg mehrerer Pers das Erfordern der Einheitlichk des BerVorgangs die Bestimmg desjen, auf dessen Kosten die VermVerschiebg stattgefunden hat (MüKo/Lieb Rn 16–18). Diesem Erfordern trägt im Ergebn auch § 816 I 2 Rechng (unentgeltl, aber wirks Vfg der ZwPers als Nichtberecht). Eine echte Ausn enth aber § 822 (dort Rn 1). Im einz ist zw den versch Arten des BerAnspr wie auch hins der Form des Zushangs der Beteil (echtes DreiecksVerh od BerKette) zu unterscheiden: 35

a) Bereicherung „in sonstiger Weise". – aa) Insb bei der **Eingriffskondiktion** (Rn 10–15) ist daher ein BerAnspr nur gegeben, soweit derselbe Vorgang (Eingr) den VermNachteil des Entreicherten u den Vort des Bereicherten bewirkt hat. Dies ist zB der Fall bei rechtsgrdloser Verwendg fremder Sachen, Rechte od ArbKraft auf Kosten des eigentl Berecht (Rn 28–30), bei Anbau an eine Kommun-(Grenz-)Mauer (§ 921 Rn 9–11) sowie in den Fällen des RVerlusts dch Verbindg, Vermischg od Verarbeitg, insb bei Bauten auf fremdem Grdst od Einbau von fremdem Material, soweit nicht eine LeistgsKondiktion in Betr kommt (unten Rn 41–43 u § 951 Rn 2, 7–10). Hier steht der BerAnspr dem Entreicherten (bish Eigtümer) gg den Begünstigten (neuer Eigtümer) zu. Dagg besteht mangels einheitl BerVorgangs kein BerAnspr gg den Ersteher eines Grdst, wenn der Entreicherte vor der ZwVerst Einbauten vornahm, da auf seine Kosten nicht der Erwerber des Grdst, sondern nur der früh GrdstEigtümer das Eigt an den Einbauten erlangt hat (RG **97**, 65). Ebso kann der Ersteher eines Grdst in der ZwVerst den wg falscher Berechng des Bargebots zu viel an das VollstrG bezahlten Betr nach Verteilg des Erlöses nicht v letztrang befriedigten GrdPfdGl als ungerechtf Ber herausverlangen (BGH **68**, 276). Bei einer unerl Hdlg sind alle an ihr Beteil unmittelb auf Kosten des Verl 36 bereichert, auch wenn sie ihren Anteil an der Beute erst inf Verteilg dch den Haupttäter erlangt haben. Pilger u Preusche NJW **74**, 2308 stellen zur Debatte, inwieweit SchleichWerbg bei Fernseh- Übertraggen Anspr der FernsehAnst gg die werbde Firma aus EingrKondiktion begründen kann (abl MüKo/Lieb Rn 223: BerAnspr gg den Veranstalter). Bei EingrErwerb dch Hdlg eines GeschUnfäh besteht ebenf ein unmittelb BerAnspr gg den Begünstigten, da der Ggst nicht in das Verm des GeschUnfäh übergegangen war (RG **51**, 80). Zum Durchgriff gg den Drittbegünst in sonst Fällen s unten Rn 44–67. Zum Ers von Verwendgen s Vorbem 2 vor § 994; zur aufgedrängten Ber in diesen Fällen § 951 Rn 18–21.

37 **bb) Unberechtigte Eingriffe in das Vermögen Dritter im Wege der Zwangsvollstreckung** gehören ebenf hierher (Einzelh: Lüke AcP **153**, 533). Währd das BGB an and Stelle Vfgen auf dem Gebiet der ZwVollstr den rgeschäftl Vfgen gleichstellt (zB §§ 135, 161 je I S 2, 184 II, 883 II S 2 ua), fehlt in § 816 I eine entspr Vorschr. Da der GerVollz keine privrechtl Vfgen trifft, sond das Eigt an der Sache dch Zuschlag bzw am Erlös dch Verteilg kr staatl HohAkts auf den Erwerber bzw PfändgsGläub übergeht (BGH **55**, 20 [25]) u der PfändgsGläub unabhäng davon, ob in diesem Fall ein PfändgsPfdR entsteht (hierzu Th-P § 804 ZPO Rn 4), nicht mit Hilfe des GerVollz als Nichtberecht über das Vermögen des Dr verfügt, ist auf den vorliegden Fall nicht § 816, sond § 812 I 1 (EingrErwerb) anzuwenden (ebso Staud/Lorenz Rn 27, Erm-Westermann Rn 74, Soergel-Mühl Rn 152). Das Gleiche gilt für eine ZwVollstr im Ausland bei inländ Konkurs (BGH **88**, 147: Herausg an KonkVerw; zust Grunsky JZ **83**, 902).

38 **Versteigerungserlös.** Der Dr (DrEigtümer) ist dch Auszahlg des VerstErlöses an den VollstrGläub unmittelb entreichert, wenn ein ihm gehörder Ggst iW der ZwVollstr ihm rechtswirks entzogen worden ist. Zwar ist in diesen Fällen der ZuschlBeschl rechtswirks u inf der in der hoheitl Maßn liegden Güterverschiebg auch rechtsbeständ, so daß kein BerAnspr gg den Ersteher gegeben ist (RG **138**, 125); das Recht des Dr setzt sich zunächst am Erlös fort (§ 1247 S 2). Dch denselben einheitl Vorgang (Auszahlg des Erlöses an den Gläub) verliert aber der Dr endgült sein Recht, er kann desh den **Versteigerungserlös vom Gläubiger herausverlangen** (BGH **32**, 240). Hat der VollstrGläub selbst die schufremde Sache ersteigert u ist der VerstErlös mit der titulierten Fdg verrechnet worden, so ist der Gläub rgrdlos von der BarzahlgsPfl unmittelb auf Kosten des Eigtümers der Sache, dem der VerstErlös gebührt hätte, befreit (§ 817 IV 1 ZPO); dieser kann desh vom Gläub gem § 818 II WertErs in Höhe des VerstErlöses unter Abzug der VerstKosten verlangen (BGH **100**, 95). Böhm, Unger, ZwVollstr u mat AusglAnspr, 1971 meint, im Hinbl auf die der Rechtskr entspr „Vollstr-Kraft" u in Übereinstimmg mit der öffrechtl Betrachtgsw der ZwVollstr, dch die ein ger LeistgsBefehl dchgesetzt werde, gebe es keine matrechtl AusglAnspr. Diese Auffassg ist schon desh verfehlt, weil das ZwVollstrR nicht die Aufg einer endgült GüterVerteilg u einer Betätigg staatl HohWillen hat (so zutr Gaul AcP **173**, 323). Dies gilt auch dann, wenn der Dr trotz Kenntn von der ZwVollstr sein Recht nicht währd des VollstrVerf nach § 771 ZPO, § 37 Nr 5 ZVG od nach § 805 ZPO (zB bei einem vorrang PfdR) geltd gemacht hat (RG **119**, 265). Auf den guten Gl des Gläub kommt es nicht an; ist dieser jedoch bösgl, so bestehen daneben ggf Anspr aus §§ 687 II, 823ff (RG **156**, 395 [400]). Ausgeschl sind solche Ausgl- u SchadErsAnspr im Hinbl auf entggstehde Rechtskr nur, falls eine auf den gleichen Sachverhalt gestützte VollstrGg- od DrWidersprKl rechtskr abgewiesen ist (BGH **LM** § 322 ZPO Nr 27).

39 Da das den BerAnspr auslösde Moment die Auszahlg des Erlöses an den Gläub ist, hat dieser den vollen Erlös herauszugeben, also auch soweit er den Wert der Sache übersteigt, allerd **abzüglich der Kosten der Zwangsvollstreckung,** da nur in diesem vermind Umfang eine ungerechtf Ber des Gläub auf Kosten des bish Berecht besteht (BGH **32**, 240). Das gilt auch bei Einziehg einer nicht im Verm des Schu befindl GeldFdg aGrd Pfändgs- u ÜberweisgsBeschl (BGH **66**, 150, **82**, 28). Die aA (Mü WM **75**, 281 mwN) ist unzutr, weil die VollstrKosten keine Aufw ggü einem Dr – sie wären nicht abzugsfäh –, sond Ausgaben im Hinbl auf den betr VollstrGgst sind (Soergel-Mühl Rn 155, s § 818 Rn 42, 43). Soweit der Abzug der VollstrKosten den VollstrGläub von seiner subsidiären Kostenhaftg ggü der Staatskasse befreit, fehlt es an einem einheitl BerVorgang u damit an einer Ber auf Kosten des Dr. – Das gleiche (also Herausg des Nettoerlöses, nicht des Ggst selbst) gilt, wenn der Gläub den gepfändeten Ggst selbst ersteigert od sich nach § 825 ZPO überweisen läßt (Lüke AcP **153**, 544, v Gerkan MDR **62**, 784). Bei nur teilw Verst schuldnerfremder Sachen ist Ggst der Ber der entspr Erlösanteil, der notf entspr § 471 zu bestimmen ist. Dem BerAnspr kann grdsätzl auch nicht der Wegfall der Ber entggehalten werden, da der urspr Anspr des Gläub gg den VollstrSchu trotz § 819 ZPO fortbesteht (Lüke aaO S 538).

40 **Kein Bereicherungsanspruch** besteht jedoch, wenn das Recht des Dr selbst nach AnfG anfechtb war (RG **162**, 218) od wenn die ZwVollstr nicht in schuldnfremdes Verm od ein vorrang Recht eingreift, zB bei Verletzg des § 811 ZPO (StJ Münzberg Rn 22) od bei unricht Berechng des MindGebots nach § 817a ZPO (Mü NJW **59**, 1832).

41 **b)** Bei der **Leistungskondiktion** (Rn 2–9) besteht ein BerAnspr grdsätzl nur innerh des LeistgsVerh; der Leistde kann sich zum Ausgl einer ungerechtf VermVerschiebg nur an den LeistgsEmpf, nicht an einen Dr halten. Im Rahmen einer mögl Leistgskondiktion reduziert daher das Erfordern der Einheitlichk des BerVorgangs den BerAusgl grdsätzl ausschließl auf die Partner des LeistgsVerh (BGH **40**, 272, **48**, 70, **50**, 227). Die Pers des Leistden u des LeistgsEmpf bestimmen sich danach in erster Linie nach den tatsächl Zweckvorstellgen des LeistgsEmpf u des Zuwendden im Ztpkt der Leistg (BGH NJW **93**, 1578). Zahlt eine Bank ohne Weisg des Kreditnehmers einen DarlBetr an eine UnfallhilfeGesellsch, mit der der Kreditnehmer nicht in vertragl Beziehgen steht, so ist nicht dieser, sond die Gesellsch LeistgsEmpf (BGH JZ **76**, 479). Überweist jmd Geld auf das gemeins Konto von 2 Pers unter Hinw auf das nur zu einem KontoInh bestehde SchuldVerh, so hat er nur diesem ggü einen BerAnspr (BGH NJW **93**, 1914). Der DrittSchu, der bei mehreren Pfdgs- u ÜberweisgsBeschl an den nachrang VollstrGläub bezahlt u an den vorrang nochmal zahlen muß, kann vom nachrang die Zahlg zurückfordern, weil ihr Zweck erkennb auch die Erledigg seines in Wahrh nicht bestehden EinziehgsR war (BGH **82**, 28); ebso bei Zahlg des DrittSchu an VollstrGläub aGrd eines Pfdgs- u ÜberweisgsBeschl in Unkenntn des wg Einstellg der ZwVollstr fehlden EinziehgsR (Düss WM **99**, 843). Leistder u damit AnsprBerecht ist demnach nur der unmittelb od mittelb über einen Dr (zB dch Anweisg, s unten Rn 49–57) Zuwendende. Wer dies ist, unterliegt bei Beteiligg mehrerer Pers zunächst der Zweckbestimm-
42 gsVereinbg der Parteien (Düss WM **98**, 1875). – Sonst entscheidet der sog **Empfängerhorizont,** dh wenn

die ZweckVorstellgen der Beteil über Inhalt u Ggst der Leistgsbeziehg nicht übereinstimmen, entscheidet nicht der innere Wille des die Leistg tats Erbringden. Maßg ist vielm, als wessen Leistg – ggf auch der tatsächl Leistde und der Schu (BGH **72**, 246) – sich die Zuwendg bei obj BetrachtgsWeise aus der Sicht des ZuwendgsEmpf unter Berücksichtigg der Gesichtspunkte des Vertrauensschutzes u der Risikoverteilg darstellt (BGH NJW **93**, 1578, NJW **99**, 1393). So kann idR eine unentgeltl Zuwendg nicht als Leistg des Schenkers gewertet werden, wenn die Schenkg für den Empf erkennb nicht aus dem Verm des Schenkers, sondern aus dem Verm eines Dr erfolgt, über das der Schenker ledigl VfgsVollm besitzt (BGH NJW **99**, 1393). Zum EmpfHorizont aA zB Flume JZ **62**, 281: BerAnspr des die Leistg tats Erbringden gg den LeistgsEmpf; Weitnauer NJW **79**, 2008, Picker NJW **74**, 1790: Nicht der EmpfHorizont sei maßg für die Frage, wer Leistder ist, sond der zum Ausdr gekommene rgeschäftl Wille des Zuwendden bei der Zuwendg, wie er nach allg AusleggsGrds zu verstehen sei; krit auch Kupisch ZIP **83**, 1412 [1416]; differenzierd auch Hamm MDR **75**, 53: Bei fehlendem SchutzBedürfn des LeistgsEmpf entscheide allein der ZuordngsWille des Leistden; Wieling JZ **77**, 291 meint, MißVerständn über die Pers des Leistden sei als WillErkl zum Nachteil dessen auszulegen, dem der störde Umst zuzurechnen ist, also regelm dem Leistden. Ist er dem Empf zuzurechnen, gelte die Leistg so, wie sie gemeint war; ist er keinem od beiden zuzurechnen, so sei eine wirks Erkl, um wessen Leistg es sich handle, nicht abgegeben u der tats Leistde könne die ZweckBest nachträgl treffen. Differenzierd auch Lopau JuS **75**, 773, abl Schnauder NJW **99**, 2841. Ein AnhaltsPkt für die obj Erkennbark der Pers des Leistden kann im Einzelfall sein, zw welchen Pers die Abrechng vorgen werden sollte. LeistgsEmpf u damit BerSchu ist derj, dessen Verm dch die Zuwendg zweckgerichtet vermehrt worden ist (BGH NJW **61**, 1461: TrHänder). Leistg an mehrere Empf Einf 29 vor § 812. Leistg an GesHand Rn 66.

Vorrang der Leistungskondiktion. Soweit der Zuwendde die VermVerschiebg zur Erf einer bestehden **43**
od angen LeistgsVerpfl erbracht hat, kommt grdsätzl daneben kein Anspr aus Ber in sonst Weise, insb aus EingrKondiktion in Betr (BGH WM **99**, 484). Baut also zB ein Handw Material des Lieferanten aGrd eines WerkVertr auf dem Grdst des Bauherrn ein, so hat der Lieferant, der dch den Einbau sein Eigt verliert, keinen BerAnspr aus EingrKondiktion gg den Bauherrn; er kann sich vielm nur iR seiner Leistgsbeziehg an seinen VertrPartner (Handw) halten (BGH **56**, 228 [240], DB **91**, 21). Entspr gilt, wenn der Handw auf Veranlassg eines BauUntern eig Material einbaut; hier hat er den Einbau nur aGrd seiner RBeziehg zum BauUntern vorgen, als dessen Leistg seiners sich der Einbau vom StandPkt des Bauherrn aus darstellt. Ist hier die Leistgsbeziehg zw Handw u BauUntern fehlerh od hat dieser keine entspr Vollm des Bauherrn, so kann der Handw nur die Leistgskondiktion gg den BauUntern, nicht aber daneben einen BerAnspr aus EingrKondiktion gg den Bauherrn geltd machen (ebso im Erg BGH **36**, 30; näher § 951 Rn 6). Ein unmittelb BerAnspr aus EingrKondiktion kommt daher in einem derart Fall nur dann in Frage, wenn die VermVerschiebg nicht eine Leistg des Verlierden (wenn auch über einen Dr) bezweckte, zB bei widerrechtl Einbau von dessen Eigt, das diesem abhgek war (näher § 951 Rn 6, 8, 9).

c) Drittbeziehungen bei der Leistungskondiktion (eingehd Wilhelm JZ **94**, 585). Nach Lehre u Rspr **44**
gilt unter Berücksichtigg der Grds in den vorstehden Anm im einz folgendes:

aa) Bereicherungskette. Hat der Empf einer Leistg den VermGgst aGrd selbstd RGesch an einen Dr **45**
weitergegeben, so besteht ein BerAnspr grdsätzl nur in dem LeistgsVerh, das des rechtl Grdes für die erbrachte Leistg entbehrt; ein unmittelb Durchgriff des urspr RInh gg den nunmehr Berecht ist regelm ausgeschl (s aber zur Frage des sog Doppelmangels beider KausalVerh unten Rn 63–65). Eine Ausn von diesem Grds enth insb § 822: Entfällt die Ber des LeistgsEmpf inf unentgeltl Weitergabe des VermGgst an einen Dr, so hat der urspr RInh gg ihn unmittelb einen BerAnspr, obwohl der Dr die Leistg mit RGrd u nicht dch den gleichen Vorgang erhalten hat (s dort Rn 1). – **Beispiele:** Vermietet der Besitzer unbefugt eine fremde Sache an einen Dr, so hat der Eigtümer gg diesen keinen BerAnspr; denn die VermVerschiebg vollzog sich unmittelb nur zw dem Besitzer u dem Dr (über Anspr gg den Besitzer s Rn 33). Ein Gastwirt, der fremde Arbeiter verköstigt, kann mangels rechtl Verpfl des ArbGebers nicht von diesem Ers seiner Aufwendgen verlangen (RG **106**, 386). Auch kein unmittelb BerAnspr des GesellschGläub gg den Gter einer GmbH, auch nach deren Liquidation (RG **92**, 77), gg Ehefr bei Bereicherg des Gesamtguts (BGH NJW **57**, 1635) od des Bauherrn gg Architekt, der vom BauUntern selbstd Auftr erhalten hat (BGH JZ **62**, 404). Wer gem § 124 BauGB aGrd einer Verpfl der Gemeinde ggü die Erschließg von Baugelände übernommen hat, kann vom Eigtümer eines zum ErschließgsGebiet gehör Grdst keinen anteil Ers seiner ErschließgsAufw verlangen, weil die Leistg mit RGrd an die Gemeinde erbracht ist (BGH **61**, 359). – Dagg ist beim finanzierten AbzKauf auf Wechsel bei Nichtigk des KaufVertr u des rechtl hiermit zushängd DarlVertr auch die finanzierde Bank, der der Verk die von ihm ausgestellten u indossierten Wechsel übergeben hat, unmittelb auf Kosten des Käufers u Akzeptanten bereichert (BGH BB **62**, 691). Zur RLage bei Tilgg fremder Schulden s unten Rn 58–62.

bb) Zwischenperson. Ein unmittelb BerAnspr des urspr Berecht gg den nunmehr Inh des VermGgst ist **46**
aber gegeben, wenn das Verm der ZwPers, die die Zuwendg vermittelt hat, dch die Leistg nicht berührt worden ist. Hat die ZwPers nur als **Bote** od **unmittelbarer Stellvertreter** eine Leistg erbracht, so ist die Zuwendg als Leistg des Vertretenen anzusehen, dem desh der BerAnspr gg den LeistgsEmpf zusteht (BGH NJW **61**, 1461). Bei Leistg an einen Boten od Vertr ist umgekehrt der wirks (Ffm WM **86**, 99) Vertretene AnsprGegner. Das gleiche gilt für die übl Zahlgsvermittlg im Bank- u PostVerk; desgl bei der Übereigng an den, den es angeht, sofern mit diesem auch das KausalGesch abgeschl worden ist (sonst besteht LeistgsVerh mit der ZwPers), da es sich auch hierbei um einen Fall der unmittelb Stellvertretg handelt (§ 929 Rn 23). Voraussetzg ist aber stets, daß der Bote od Vertr nicht (zugleich) im eig Namen gehandelt hat; in diesem Fall ist (auch) er Subj des BerAnspr (BGH WM **65**, 124). Hat der Vertr keine ausr Vollm, so schließt der Anspr aus § 179 gg den vollmachtl Vertr einen BerAnspr des Leistden gg den Empf grdsätzl nicht aus (Hamm MDR **75**, 488); an einem einheitl BerVorgang auf Kosten der Leistden fehlt es jedoch, wenn der Empf seiners aGrd wirks Vertrags mit dem Vertr einen Anspr auf das Geleistete hat u diesem zur GgLeistg verpfl ist (BGH **36**, 30; krit hierzu Berg NJW **62**, 101, Flume JZ **62**, 280; hiergg BGH **40**, 272).

Kein einheitlicher Bereicherungsvorgang auch dann, wenn die ZwPers zwar nur im wirtsch Interesse **47**
des eigentl GeschHerrn gehandelt u bewußt dessen VermErwerb vermittelt, dabei aber als **mittelbarer Stellvertreter** die Leistg im eig Namen erbracht od empf hat (Köln VersR **95**, 108). Erwirbt deshalb jemand

als Kommissionär einen Ggst u überträgt er ihn dch bes Zuwendgsakt an den Empf, so besteht, da diese Übertr das Verm der ZwPers berührt hat, ein BerAnspr bei Fehlen des rechtl Grd nur in dem jeweil LeistgsVerh (Leistder – K, K – Empf), nicht aber unmittelb vom Leistden gg den Empf. Entspr richtet sich der BerAnspr idR nur gg den – selbstd dazwtretden – **Treuhänder,** nicht unmittelb gg den TreuGeb (BGH NJW **61**, 1461). Ein einheitl BerVorgang fehlt auch in allen übr Fällen, in denen die ZwPers zwar nur als **Strohmann,** aber im eig Namen aufgetreten ist; AnsprBerecht ist hier nicht der wirtschaftl interessierte Hintermann, sond nur der Strohmann (BGH WM **95**, 189). – Hat der Bü trotz nicht bestehder Hauptschuld an den Gläub bezahlt u beim **Rückbürgen** Regreß genommen, so hat dieser keinen BerAnspr gg den Gl
48 (Karlsr WM **95**, 445). – Ebso wie bei der EingrKondiktion besteht **dagegen** bei Leistg an einen **Geschäftsunfähigen** ein unmittelb BerAnspr des Leistden gg den Empf, wenn der GeschUnfäh diesem den VermGgst weiter übertr hat. Das Verm des GeschUnfäh ist näml zu seinem Schutz – abgesehen vom Bes (hier nur stufenw Kondiktion) – als von der Leistg überh nicht berührt anzusehen. Es liegt desh auch nicht der übl Fall des Doppelmangels (unten Rn 63–65) vor (Staud/Lorenz Rn 51).

49 **cc) Dreipersonenverhältnis.** Hier vermittelt ein Dritter insb mittels **Anweisung, Auftrag, Vertrag zugunsten Dritter,** die Zuwendg des Leistden für dessen Rechng an den Empf. Die mögl Fallgestaltg ist hier nach dem zweckgerichteten Willen u der Vereinbg der Parteien sehr mannigf, so daß sich eine generelle Typisierg verbietet (BGH NJW **77**, 38); über die Pers des Leistden u des LeistgsEmpf im DreiecksVerh, insb bei Fehlvorstellgen der Beteil s oben Rn 41–43. Allen Fällen der vorliegden Art ist jedoch gemeins, daß zw der angewiesenen ZwPers Z u dem LeistgsEmpf E keine RBez bestehen. Ein notw BerAusgl kann innerh von
50 2 LeistgsVerh in Frage kommen (BGH ZIP **94**, 1098): Im **Deckungsverhältnis** erbringt die ZwPers Z, meist eine Bank, dch Ausf des Auftr (Überweisg, Scheckeinlösg) eine Leistg an den anweisden Schu S (KontoInh).
51 Im **Valutaverhältnis** erbringt S eine geschuldete Leistg an den ÜberweisgsEmpf E. Bei Z gleichen sich beide Wertbeweggen (Übermittlg der Leistg des S an E; ErstattgsAnspr des Z gg S) aus; die Einheitlichk des BerVorgangs dch den ZuwendgsAkt der ZwPers ist, wenn auch dch einen Umweg über deren Verm, gewahrt (BGH **50**, 227). Auch beim echten Vertr zG Dr bestehen diese beiden LeistgsVerh, näml das DeckgsVerh zw dem Versprechden (Z) u dem VersprechensEmpf sowie das ZuwendgsVerh zw dem VersprechensEmpf u dem fdgsberecht Dritten (E). ZusFassg des MeingsStandes; Kupisch, BankAnw u BerAusgl, WM **79**, Sonderbeilage 3; Canaris, BerAusgl im bargeldl ZahlgsVerk, WM **80**, 354; Hassold, Die Leistg im DreipersonenVerh 1981; Reuter/Martinek, ungerechtf Ber, 1983 S 387 ff; Krumm, Anspr des Kreditinstituts bei fehlerh Ausf von (An)Weisgen des Kunden im ZahlgsVerk, WM **90**, 1609).
52 Fehlt es in einem dieser beiden RVerh an einem die Zuwendg rechtfertigden Grd, so findet der **Bereicherungsausgleich grundsätzlich nur zwischen den an diesem Verhältnis beteiligten Personen,** nicht aber zw dem die Leistg tats Erbringden u dem Empf statt (BGH WM **67**, 482). – **Fehlerhaftes Deckungsverhältnis, Ausgleich zwischen Angewiesenem und Anweisendem.** Vermittelt die ZwPers Z für Rechng des Schu S die Leistg an Empf E in der irr Ann, dem S hierzu aus irgdeinem RGrd verpfl zu sein, so hat Z einen BerAnspr nur gg S, nicht gg E, zu dem ein LeistgsVerh nicht bestand (BGH NJW **62**, 1051). Das gleiche gilt, wenn das DeckgsVerh erst nach der Leistg an E angefochten od sonst aufgeh worden od wenn S dch die VermVerschiebg des Z von seiner Verpfl, einen Dr von einer Verbindlichk freizuhalten, befreit worden ist (BGH **5**, 281). Ebso BerAnspr der Bank (Zahlstelle, Angewiesene) nur gg ihren Kunden (Schu, Anweisder), nicht gg den AnweisgsEmpf (Gläub), wenn sie irrtüml den vom Gläub vorgelegten Scheck einlöst, obwohl der AusSt (Kunde, Anweisder) ihn der Bank ggü widerrufen hatte u wenn der Empf (Gläub) vom Widerruf nichts wußte (BGH **61**, 289). Ebso iF des Widerrufs eines ÜberweisgsAuftr, wenn dem Empf (Gläub) die Überweisg zur Erf eines Anspr angekündigt war u er den Widerruf nicht kannte (BGH **87**, 246; krit Lieb JZ **83**, 960, Kupisch ZIP **83**, 1412). BerAnspr der angewiesenen Bank gg ihren Kunden (anweisder Schu) wenn sie aGrd eines widerrufenen DauerAuftr versehentl weiterüberweist u der Empf den Widerruf nicht kannte (BGH NJW **84**, 1348); dasselbe gilt bei Änderg des DauerAuftr (BGH **89**, 376). In diesen Fällen erscheint dem Empf die Leistg als solche des Schu, der Fehler liegt im DeckgsVerhältn. Zahlt der Kreditgeber weisgsgem das Darl an den Dr aus, ist iF der Nichtigk des DarlVertr der DarlN zur Rückzahlg verpfl, er muß sich so behandeln lassen, als habe zunächst er die Leistg empfangen u dann selbst an den Dr weitergeleitet (Hamm WM **86**, 1216). BerAnspr nach Widerruf finanzierten AbzahlgsKaufs vgl Einf 12. Löst die Bank (Angewiesener, ZwPers Z) Schecks der UnfallhilfeGesellsch (Anweisder, Schuldner S) ggü ScheckInh (Gl des Kfz-Halters E) ein, so ist bei Nichtigk der zGrde liegden Vertr (Unfallhelferring) die Gesellsch auf Kosten der Bank (DeckgsVerhältn) u der Kfz-Halter E auf Kosten der UnfallhilfeGesellsch (ValutaVerhältn) dch Befreiung v Schulden unger ber (BGH NJW **77**, 38). Eine nicht von beiden Inh eines GemschKontos veranlaßte Überweisg von dem Konto hat für die KontoInh einen Anspr gg die Bank auf Rückgängigmachg der
52a BelastgsBuchg, keinen Anspr auf Rückzahlg gg den Empf zur Folge (BGH WM **80**, 438). – **Fehlerhaftes Deckungsverhältnis, Ausgleich zwischen Angewiesenem und Empfänger.** Führt die Bank eine wg GeschUnfgk des Anweisden nichtige Anw aus, so handelt es sich nicht um eine Leistg des vorrang zu schützden GeschUnfäh. Der Bank steht nicht gg ihn, sondern gg den LeistgsEmpf ein BerAnspr zu (BGH **111**, 382). Ebso bei Leistg aGrd einer Anw eines Vertr ohne VertretgsMacht (Düss WM **93**, 1327). Ebso, wenn die Bank ohne od aGrd gefälschten ÜberweisgsAuftr leistet (BGH BB **90**, 1443, Köln ZIP **96**, 1376; aA Häublein ZBB **98**, 112); bei kollusivem ZusSpiel zw BankAngest u Empf kann zusätzl ein SchadErsAnspr des belasteten KontoInh, aber kein BerAnspr in Frage kommen (BGH ZIP **94**, 1098; § 826 Rn 52). Die Bank (Angewiesener Z), die einen vom Aussteller (Anweisder S) nicht unterschriebenen Scheck einlöst, kann vom Empf (Gläub E), wenn er die fehlde Unterzeichng kannte, die Herausg verlangen (BGH **66**, 362); ebso wenn die angewiesene Bank versehentl den zehnf Betr überweist u der Empf von diesem Versehen überzeugt sein muß (BGH NJW **87**, 185, Anm Canaris JZ **87**, 199, Flume NJW **87**, 635, Meyer-Cording NJW **87**, 940; ebso Hbg WM **82**, 249, Mü NJW- RR **88**, 1391) od wenn die Bank entgg erteilter Anw Schecks auf ein and Konto gutschreibt u diese Gutschr aus der Sicht des Empf als offenkund Fehlbuchgen erkennb waren (Dresd BB **98**, 2229). Die Auszahlg des DarlBetr an eine UnfallhilfeGesellsch ohne Weisg des Kreditnehmers (Kfz-Halter) u ohne daß dieser mit der Gesellsch in vertragl Beziehgen steht, ist eine Leistg der Bank an die Gesellsch, nicht an den Kreditnehmer (BGH NJW **77**, 38). Ebso steht bei Einlösg eines erkennb formungült

Schecks (fehlde WährgsAngabe) der bezogenen Bank ein unmittelb BerAnspr gg den Einreicher des Schecks zu (Köln WM **84**, 728). In diesen Fällen erscheint aus der Sicht des Empf die Leistg nicht als solche des Schu. Ebso wenn der Angewiesene (Z) im eig Namen für Rechng des Schu (Anweisder S) einen best GeldBetr in der irr Annahme, er habe die Verbindlichk noch nicht beglichen, ein weiteres Mal überweist (Hbg NJW **83**, 1499). Ebso hat die Bank, die entgg ihr erteilter Anweisg Geld an einen falschen Empf überweist, einen unmittelb BerAnspr gg diesen, wenn er weiß, daß die Anweisg nicht auf ihn lautete (BGH **66**, 372). Endl besteht bei fehlerh DeckgsVerh zw Angewiesenem u Anweisdem ein unmittelb BerAnspr des Angewiesenen gg den Empf, wenn dieser nach der mit dem Anweisden im ValutaVerh getroffenen Regelg die Leistg unentgeltl erhalten hat u in der Pers des Anweisden die Vorauss der §§ 818 IV, 819 nicht vorliegen (BGH **88**, 232, WM **99**, 484). Ebso hat die Bank, die einen auf ihren Kunden gezogenen, von diesem angen u bei ihr zahlb gestellten Wechsel einlöst, nachdem über das Verm des Kunden das KonkVerf eröffnet worden ist, wie der Empf der Zahlg weiß, gg diesen einen unmittelb BerAnspr (BGH **67**, 75). Ebso hat eine Bank, die aGrd einer ihr erteilten, vom Anweisden wirks widerrufenen Anweisg (Scheck) Geld an den Empf auszahlt od überweist, einen unmittelb BerAnspr gg den Empf, wenn dieser bei Empfang der Zahlg den Widerruf der Anweisg kannte (BGH **87**, 393 krit Lieb JZ **83**, 960, Kupisch ZIP **83**, 1412). Sucht die Bank nach irrtüml Zahlg an den Empf den BerAusgl bei ihrem Kunden (Anweisder), so trifft ihn die BewLast dafür, daß der Empf den Widerruf der Zahlg kannte, und nicht die Bank für das GgTeil (BGH aaO). Zahlt die KaskoVers des Geschädigten auf dessen Anweisg die RepKosten an den WerkstattUntern, obwohl die HaftpflVers des Schädigers dies auf Weisg des Geschädigten bereits getan hatte, u kannte der Untern beide Anweisgen, so ist die Anweisg an die KaskoVers dch Zweckerreichg erloschen u diese kann vom Untern die Rückzahlg verlangen (Celle MDR **86**, 410). – Für die Zahlg mittels **Lastschriftverfahren** (§ 676f Rn 26ff) 53
gelten berrechtl die gleichen Grds wie für den ÜberweisgsVerk (BGH **69**, 186, Canaris, BerAusgl im bargeldl ZahlgsVerk, WM **80**, 354). Die Bank des Schu (Zahlstelle) erbringt mit ihrer Zahlg (Abbuchg, LastSchr) zugl eine Leistg an ihren Kunden aus dem BankVertr (DeckgsVerh) u eine solche des Schu an den Gl (ValutaVerh). War keine Einzugsermächtigg dch den Schu erteilt od erfaßt sie, äußerl erkennb, den ZahlgsVorgang nicht (Hamm WM **91**, 670), so beurt sich die RFolge, wie wenn von vornherein kein ÜberweisgsAuftr erteilt war, dh die Zahlg der SchuBank ist keine Leistg ihres Kunden (des Schu) an den ZahlgsEmpf (ValutaVerh), weil er sie nicht veranlaßt hat; desh ist sie auch keine Leistg der SchuBank an ihren Kunden im DeckgsVerh. Also kann der Kunde (Schu) von seiner Bank verlangen, die Belastg rückgäng zu machen (BGH **69**, 186), die SchuBank kann Rückzahlg verlangen vom Gl (Empf der GutSchr), der weiß, daß die EinzugsErmächtigg fehlt, bzw von der GlBank (1. Inkassostelle), die ihrers das Kto des Gläub belastet. Hat die SchuBank in solchem Falle die GläubBank rückbelastet u macht diese wg unberecht Rückbelastg gg die SchuBank einen Anspr aus ungerechtf Ber geltd, so handelt es sich um Leistgskondiktion; also trägt die GläubBank die BewLast dafür, daß die Lastschrift bereits vor ihrer Rückgabe eingelöst war u nicht mehr hätte zurückgegeben werden dürfen (BGH NJW **83**, 220; § 676f Rn 30). – Auch bei **Direktauflassung** 54
eines Grdst nicht an den Käufer, sond unmittelb an den weiteren Erwerber, findet der BerAusgl nur im DeckgsVerhältn statt (RG HRR **32** Nr. 511: BerAnspr des Verk bei Unwirksamk des KaufVertr nur gg ersten Käufer). – Beim **Vertrag zugunsten Dritter** ist die Zuwendg des Versprechden in ihrer Zweckrichtg 55
häuf sowohl auf eine Leistg des Versprechden (ZwPers) an den VersprEmpf im DeckgsVerh als auch auf eine Leistg des VersprEmpf an den fdgsber Dr im ZuwendgsVerh gerichtet, so zB, wenn der Vertr zG Dr der sog abgekürzten Leistg dient. Bei fehlerh DeckgsVerh zw Versprechdem u VersprEmpf hat grdsätzl der Versprechde einen BerAnspr nur gg den VersprEmpf; so die überwiegde Meing (Peters AcP **173**, 71ff). Die Zuwendg des Versprechden an den Dr kann aber in ihrer Zweckrichtg auch nur auf eine Leistg an diesen gerichtet sein u desh allein im DeckgsVerh ihren rechtf Grd haben, so zB in sog VersorggsVertr des § 330 od wenn entgg § 335 das FdgsR gg den Versprechden ausschl dem Dr zustehen soll (BGH **58**, 184 mit krit Anm Canaris NJW **72**, 1196). In diesen Fällen richtet sich der BerAnspr des Versprechden nicht gg den VersprEmpf, der selbst kein FdgsR auf die Leistg hatte, sond gg den Dr.

Fehlerhaftes Valutaverhältnis. Der BerAusgl findet zw AuftrG (Schu S) u LeistgsEmpf (E) statt. Vermit- 56
telt die ZwPers (Z) für Rechng des S die Leistg an E, so steht, falls für das KausalGesch zw S u E der rechtl Grd fehlt, ein BerAnspr nur dem S, nicht aber dem die VermVerschiebg tats vornehmden Z zu, dessen Verm im Erg nicht vermind ist (BGH NJW **95**, 3315: Einlösg eines abredewidr ausgefüllten Blankoschecks). Entsch ist, welchen Zweck die Beteil mit der Leistg verfolgt haben (BGH **50**, 227). So besteht ein unmittelb BerAnspr des die Leistg tats erbringden Z dann, wenn dieser nicht für Rechng des AuftrG S od ohne dessen Weisg od nach dem Empf bekanntem Widerruf der Weisg (s Rn 52) an den LeistgsEmpf E gezahlt hat, wenn die Leistg an den Empf (E) mit einem best, dch die Leistg nicht erreichten LeistgsZweck verbunden war (näher Rn 86–92). Hat die Garantiebank (Rn 17 vor § 783, Rn 14 vor § 765) im DeckgsVerh bei Vorliegen der formellen Vorauss an den Begünstigten (oder nach Abtr an desssen Bank) bezahlt, obwohl im ValutaVerh die mat Vorauss nicht eingetreten sind, so hat der Empf (Gläub im ValutaVerh od seine Bank) den Garantiebetrag an den Schu (Garantie-AuftrG) zurückzuzahlen (ähnl BGH **90**, 287 [294]); nach Ffm ZIP **98**, 148 soll der Garantiebank im DeckgsVerh dieser Anspr wg fehlerh Valutaverh zustehen. Entspr gilt bei Beteiligg von **mehr als 3 Personen:** Übermittelt ZwPers Z für Rechng des Schu S die Leistg an Empf E, ist aber nicht S, 57
sond C zur Leistg verpfl u dessen Schuld nunm erf, so hat S einen BerAnspr gg C (RG **163**, 21 [34]), E ist aus dem ValutaVerh zum Empf der Leistg berecht; Z ist nicht entreichert. Hat ein Versprechder aGrd eines unwirks Vertr mit dem VersprEmpf den Gläub eines Dr befriedigt, so hat er einen BerAnspr weder gg den Gläub des Dr noch gg den Dr selbst, sond nur gg den VersprEmpf (BGH JZ **62**, 671).

dd) Tilgung fremder Schulden. Die unter Rn 49–57 entwickelten Grds gelten entspr für die mittelb 58
Leistg dch Zuwendg an einen Dritten, insb für die Tilgg fremder Schulden. Sie ist wg der andersart Fallgestaltg von den unter Rn 49–57 genannten Beisp der Leistg dch einen Dr zu unterscheiden. Da es sich hier jedoch gleichf um Fälle der LeistgsKondiktion im DreiecksVerh handelt, bedarf es zu ihrer bereichergsrechtl Abwicklg nicht der Konstruktion eines im Ges nicht vorgesehenen Sondertatbestds der sog Rückgriffskondiktion (aA Kunisch, Die Vorausetzgen für BerAnspr in DreiecksVerh, 1968, S 43ff); auch diese Drittbeziehgen lassen sich vielm mit den allg Grds der Leistgskondiktion lösen.

59 Im einz gilt folgdes: Ein SchuldVerh kann regelm auch dadch erf werden, daß ein Dr die Leistg für den Schu bewirkt (§§ 267, 362 I); auch hier findet neben der tats Zuwendg (Dr – Gläub) die für echte DreiecksVerh typ doppelte Wertbewegg zw Schu u Dr (DeckgsVerh) sowie zw Gläub u Schu (ValutaVerh) statt.
60 Ein BerAusgl kommt gleichf grdsätzl nur in dem LeistgsVerh in Betr, dem der rechtl Grd fehlt. – Ist das **Dekkungsverhältnis mangelhaft,** leistet insb der Dr in der irr Ann, dem Schu hierzu verpfl zu sein, an den Gläub, dessen Fdg gg den Schu hierdch erlischt, so besteht ein BerAnspr des Dr ggü dem Schu (BGH **43**, 1 [11]), sofern aus seinem RVerh zum Schu nicht ein and, dem BerAnspr vorgehder (Einf 12–14 vor § 812) Leistgs- od RückgrAnspr besteht. Insow kommen insb ein ges FdgsÜberg (bei § 267 nicht generell, sond nur dort, wo dies ges vorgesehen ist, zB nach § 1615 b od § 67 VVG), ein Anspr aus GoA (BGH **47**, 370 [375]) od ein sonst AusglAnspr (BGH **31**, 329), vor allem aus einem echten GesSchuldVerh zw Schu u Dr nach § 426 in Betr; zum Ausgl bei unechtem GesSchuldVerh s Rn 26. Fälle eines mangelh DeckgsVerh sind vor allem Leistgen des Versicherers an den Geschädigten trotz LeistgsFreih ggü dem VersN = Schu (BGH VersR **64**, 474, Düss NJW **66**, 738, Köln MDR **66**, 847) sowie Erbringg von UnterhLeistgen dch einen Dr anstelle des eigentl Schu (BGH **26**, 217; vgl aber BGH **46**, 319). Nicht erforderl ist, daß der Dr die Fdg des Gläub im Interesse des Schu erf u ihm hierdch etwas zuwenden will; ein BerAnspr (str, ob dann aGrd EingrErwerbs) gg den Schu besteht zB auch dann, wenn der Dr für eine vom Schu auf Abz u unter EV gekaufte Sache, die noch dem Gläub gehört, die letzten Raten an den Gläub bezahlt, um ohne dessen Intervention die ZwVollstr in die Sache durchf zu können (hierzu § 929 Rn 39). Ebso besteht ein BerAnspr des Dr gg den Schu – nicht gg den Gläub (BGH NJW **74**, 1132) –, wenn der Dr an den Gläub Waren in der irr Meing geliefert hat, dem Gläub dazu verpfl zu sein, weil der Schu den KaufVertr als sein Vertreter in seinem Namen abgeschl habe, währd der Gläub bei Empfang der Ware annimmt u nach den Umst annehmen darf, es handle sich um eine Leistg des Schu a Grd im eig Namen geschl KaufVertr, wobei sich der Schu des Dr ledigl zur Erf seiner Verpfl bedient; es handelt sich, aus der Sicht des ZuwendgsEmpf = Gläub (vgl Rn 41–43; aA Weitnauer NJW **74**, 1729, Picker NJW **74**, 1790), um die geschuldete Leistg des Verk, im Verh Dr – Gläub ist der Dr nicht Leistder, wohl aber
61 erfüllt er irrig u ohne RGrd die Liefergs- Schuld des Schu. – Ist das **Valutaverhältnis mangelhaft,** bestand also in Wahrh keine Verpfl des Schu ggü dem Gläub, so ist dieser auf Kosten des leistden Dr bereichert; so wenn die HaftPflVers ohne Bestehen einer eig Verpfl ggü dem Gläub an diesen eine vermeintliche, in Wahrh nicht bestehde Schuld ihres VersN bezahlt (BGH **113**, 62; Besprechg Martinek JZ **91**, 395, Canaris NJW **92**, 868). Dagg ist der Gläub auf Kosten des Schu, nicht des zur Erf der angebl Schuld leistden Dr dann ungerechtf bereichert, wenn der Dr inf des dem Gläub Zugewendeten wirks eine eig Schuld ggü dem Schu getilgt od eine entspr Fdg gg ihn begründet hat. Der BerAusgl hat desh in diesem Fall, soweit der Anspr nicht nach § 814 ausgeschl ist, zw Schu u Gläub zu erfolgen (aA Lorenz JuS **68**, 445: BerAnspr des Dr, weil Leistgszweck – SchuldErf – nicht erreicht ist; die dort genannten Entsch betreffen aber meist die Unwirksamk beider KausalVerh; s hierzu unten Rn 63). Zur Verj dieses BerAnspr s Einf 24 vor § 812.
62 Vorauss für das Entstehen eines echten DreiecksVerh ist jedoch stets, daß der Dr mit dem **Willen** leistet, die **Verpflichtung des Schuldners zu tilgen** (§ 267 Rn 4). Fehlt dagg ein solcher Wille, leistet der Dr also oRücks auf den wahren Schu, insb in der unzutr Ann, selbst dem Gläub ggü hierzu verpfl zu sein, was iZw vor allem bei der Erf von UnterhVerpfl anzunehmen ist (BGH **46**, 319), so wird der Schu dch diese Zahlg von seiner Schuld nicht befreit; der Dr (PutativSchu) hat daher mangels VermVerschiebg zw ihm u dem Schu keinen BerAnspr gg den Schu (hM, zB Soergel-Mühl Rn 123). Es besteht vielm, sofern nicht auch hier ein anderw Ausgl, zB dch einen ges FdgsÜberg, vorgesehen ist, grdsätzl ein BerAnspr des Dr gg den Gläub, der unmittelb auf Kosten des Dr eine ihm nicht zustehende Leistg erlangt hat. Bsp: Im Falle der Vertauschg der Stromzähler zweier Mieter inf fehlerh Anschlusses besteht nach Zahlg der Stromrechngen kein Bereichergs-Anspr zw den Mietern (KG NJW **85**, 1714). Dem Dr, der rechtsirrig eine nichtbestehde eig Schuld erfüllen wollte, ist jedoch – jedenf iR des § 242 – das Recht einzuräumen, auch noch nachträgl zu erkl, er wolle seine Leistg für den eigentl Schu erbracht haben. Dch diesen Verz auf einen BerAnspr gg den Gläub wird dessen Fdg ggü dem Schu erfüllt u der BerAnspr des Dr gg den Schu eröffnet (BGH NJW **86**, 2700).

63 **ee) Doppelmangel.** Sowohl bei der Leistgskondiktion (im echten DreiecksVerh u bei der BerKette) wie bei ihrem Zustreffen mit der EingrKondiktion können auch beide KausalVerh fehlerh sein. Baut also der Handwerker H auf Veranlassg des BauUntern U beim GrdstEigtümer E eig Material ein u ist sowohl die RBeziehg H–U wie U–E rechtsunwirks od ist zB bei Leistg an einen Dr weder eine Anweisg vorh (DeckgsVerh) noch der Gläub dem Schu ggü zur EmpfNahme des Geleisteten berecht (ValutaVerh), so ließ die früher hM den unmittelb **Durchgriff** des Handelnden bzw des die Leistg Erbringenden gg den Empf zu
64 (BGH **5**, 281, **36**, 30). Gg diese sog **Einheitskondiktion** wurden jedoch im Schrifttum zunehmd Bedenken geäußert (zB von Caemmerer JZ **62**, 388, Berg NJW **62**, 101 u JuS **64**, 137, Staud/Lorenz Rn 54, Müko/Lieb Rn 37 ff): Die Zulassg des Durchgr widerspreche dem Grds des BerR, wonach die Abwicklg stets nur in dem fehlerh RVerh selbst vorzunehmen sei; die EingrKondiktion sei ggü der Leistgskondiktion subsidiär (Rn 2–9 u 41–43), so daß nur eine Rückabwicklg über die jew, wenn auch fehlerh Leistgsbeziehgen (H–U, U–E) in Betr komme (§ 951 Rn 6); insb aber würden bei einem Durchgr sowohl Einwendgen des Empf gg die ZwPers wie deren GgRechte gg den Leistden abgeschnitten (Höhe des jew BerAnspr, Saldo: § 818 Rn 28–33). Der BGH (BGH **48**, 70; hierzu Westermann JuS **68**, 17; Lorenz JZ **68**, 51; Mühl NJW **68**, 1868) hat vor allem die letztgenannte Erwägg für „beachtl“ erkl, die Streitfrage jedoch nicht abschließd entsch, weil der letzte der „BerKette“ (richtiger: Der LeistgsEmpf im DreiecksVerh) seinem Vormann (ZwPers) aGrd Vertr zur Rückgewähr des vom Dr Zugewendeten verpfl war, mithin ein unmittelb BerAnspr des Dr gg den Empf von vornherein ausschied. Ist ein verbundenes HaustürGesch (ValutaVerh) widerrufen u deshalb auch der DarlVertr (DeckgsVerh) mit der Bank unwirks, so hat diese einen unmittelb BerAnspr gg den Verk, an den die Bank das Darl zur Erf seines KaufPrAnspr bezahlt hat, weil der gesgeber gewollte Schutz des Schu verbietet, ihn einem BerAnspr der Bank auszusetzen u ihn dadch in seinem freien Entschluß behindert, sein WiderrR auszuüben (BGH **133**, 254). Das gilt ebenso bei Abzahlgs- u VerbrKredGesch, wenn DarlVertrag u finanziertes Gesch als wirtsch Einh anzusehen sind; dann führt Widerruf der DarlVertrErkl zur Unwirksamk auch des fin Geschäfts u zum BerAnspr des DarlG (Bank) gegen den GeschPartner des DarlN (BGH MDR **97**, 24).
65 – Die **Doppelkondiktion,** dh der Angewiesene u tats Leistde hat einen BerAnspr nur gg den Anweisden auf

Abtretg von dessen BerAnspr gg den LeistgsEmpf (BGH NJW **89**, 2879), kann nicht allein damit verneint werden, der Angewiesene habe bei Unwirksamk beider KausalVerh nichts auf Kosten des Anweisden erlangt, wesh hier stets ein Durchgr gg den Empf in Betr komme. Dies trifft näml nicht zu, wenn dadch dem die Leistg tats Erbringden gg den Empf ein unmittelb BerAnspr zustände, den er andernf (dh ggü der ZwPers) nicht od nicht in diesem Umfang hätte; er ist dann zumind um die „Einrede-"freih (mangelnde Saldierg usw) seines AusglAnspr unmittelb auf Kosten der ZwPers bereichert. In allen and Fällen, in denen eine Beeinträchtigg der Rechte des Empf wie der ZwPers nicht in Frage steht, kann man jedoch aus prakt Erwäggen unter Zurücksetzg dogmat Bedenken den unmittelb Durchgr gg den Empf – ebso wie bei der Einschaltg eines GeschUnfäh als ZwPers (Rn 46–48) – zulassen (ähnl Soergel-Mühl Rn 89, 90 mwN; offengelassen BGH NJW **89**, 2879). – Die für den Doppelmangel entwickelten Grds gelten entspr, wenn das DeckgsVerh fehlerh u ein ValutaVerh entw überh nicht vorh od die Zuwendg in diesem Verh unentgeltl ist (MüKo/Lieb Rn 43).

ff) Ist eine **Gesamthand** ohne RGrd bereichert, erhebt sich die Frage, ob jeder Beteil auf den vollen Betr 66
od nur anteil auf das haftet, was er erhalten hat. Für die oHG gibt HGB 128 die Antwort, bei der GbR ist die Frage umstr; vgl § 718 Rn 8, § 818 Rn 32.

gg) Abtretung, Fremdversicherung. Bei Zahlg auf eine abgetretene, in Wahrh nicht bestehde Fdg 67
richtet sich der RückzahlgsAnspr des PutativSchu, wenn nicht im EinzFall ausnahmsw Grde für eine DurchgrHaftg des AbtrEmpf bestehen, gegen den Zedenten, weil der Schu idR mit der Leistg an den Zessionar auch aus dessen Sicht seine vermeintl Schuld an den Zedenten begleichen will (BGH **105**, 365, **122**, 46, MüKo/Lieb Rn 121, Staud-Lorenz Rn 41, Erm-Westermann Rn 36; aA Soergel-Mühl Rn 129, Dörner NJW **90**, 473, Bayer JuS **90**, 883, Tiedtke WM **99**, 517: Anspr gg den AbtrEmpf). Eine Überzahlg auf eine iü bestehde Fdg kann der Schu dann vom AbtrEmpf zurückverlangen, wenn dieser ohne Zutun des Zedenten auf Zahlg gedrängt hat (BGH NJW **89**, 161). Wer in der irr Annahme, eine Fdg sei dch Abtr od in and Weise übergegangen, an den vermeintl Erwerber der Fdg leistet, kann das Geleistete von diesem zurückverlangen (BGH **113**, 62). Krit u differenzierend zur BerHaftg in Zessionsfällen Kohler WM **89**, 1629. – Ebso richtet sich der BerAnspr der KaskoVers, die in Unkenntn eines leistgsbefreiden Tatbestd (fingierter Diebstahl) an den fremdversicherten LeasingG bezahlt hat, gg ihren VersN u LeasingN, weil Vers u Fremdversicherter übereinstimmd davon ausgegangen sind, daß die Vers mit der Zahlg ihre Verbindlk aus dem VersVertr ggü ihrem VersN erfüllen wollte (BGH NJW **93**, 1578).

6) „Ohne rechtlichen Grund". Vorauss eines jeden Anspr aus ungerechtf Ber ist das Fehlen eines die 68
VermVerschiebg **objektiv** rechtf Grdes (BGH **LM** Nr 33); aA weitgehd das Schrifttum (Nachw MüKo/Lieb Rn 137), das den RGrund im Hinbl auf den mit der Leistg bezweckten Erfolg subj sieht (eingehd Kupisch NJW **85**, 2370). Da § 812 keine BegrBest u keinen einheitl BerTatbestd enth, läßt sich auch keine einheitl Formel für das Vorliegen od Fehlen des die VermVerschiebg rechtf Grdes aufstellen. Aus den Grdgedanken des BerR heraus (Einf 1, 2) ist vielmehr unter Berücksichtigg des grdsätzl Unterschieds zw der Leistgskondiktion u der Ber in sonst Weise, insb der EingrKondiktion, **in jedem Einzelfall gesondert** zu entsch, ob ein die 69
VermVerschiebg rechtf Grd vorh ist. – Generell ist zu sagen: Obwohl die BerAnspr in ihrer Ausgestaltg als BilligkR bes unter dem Grds von Tr u Gl im RVerkehr stehen, genügen allg BilligkErwäggen allein nicht, um einen RErwerb als nicht gerechtf anzusehen. Abzustellen ist vielm darauf, ob die RÄnderg, auch wenn sie aGrd ges Vorschr zu einer formalen VermVerschiebg führt, vom GesGeber als mat gerechtf gewollt ist, ob das Ges eine endgült Neuordng der Güterlage herbeiführen will, dh mit der ges Vorschr zugl einen RGrd für das Behaltendürfen bereitstellt (BGH NJW **81**, 1601). Ein solcher RGrd besteht, wenn trotz der Unwirksamk des urspr Grdes, aGrd dessen geleistet worden ist, daneben ein and gült VerpflGrd besteht, der die VermVerschiebg rechtf. Daher kann zB der Verk, wenn der Käufer den KaufVertr wirks angefochten hat, die vom Käufer gezogenen Nutzgen u sonst GebrVort der Sache trotz § 818 I, II insow nicht herausverlangen, als der Verk einen entspr MehrBetr wg seiner SchadErsVerpfl aus unerl Hdlg wieder ersetzen müßte; der Anspr auf SchadErs ist der RGrd für das Behaltendürfen der Differenz zw dem Wert der Ber u dem GgAnspr des Berecht auf SchadErs (BGH NJW **62**, 1909 u WM **76**, 1307 [1310]). § 868 ist der RGrd für den Erwerb des R an eig Sache (BGH NJW **77**, 48). Bei Nichtigk des Vertr kann berecht GoA RGrd sein (Einf 1 v § 677). ZVG 91 III 2 ist kein rfertigder Grd für das Erlöschen der DarlFdg, sow sie bei der Erlösverteilg ausgefallen wäre, wenn der persgleiche HypGläub u Ersteher die einseit Erkl gem ZVG 91 II abgibt (BGH NJW **81**, 1601). Einstweil AO einer UnterhZahlg nach ZPO 620 Nr 4, 6 od Vergl in diesem Verf ist kein RGrund, soweit sie über Bestand u Höhe des matrechtl UnterhAnspr hinausgeht (BGH NJW **84**, 2095, NJW-RR **91**, 1154). Die Lieferg einer and als der gekauften Sache führt nicht zum Fehlen des RGrd (BGH NJW **97**, 1914). Ob der rechtf Grd fehlt, best sich allein nach dem Verh zw dem Benachteil u dem Bereicherten, gleichgült ob dieser im Verh zu einem and einen Anspr auf den VermErwerb hat (BGH WM **67**, 484). Eine öffrechtl Baulast zu Lasten des Eigtümers ist als solche kein RGrund für den Begünstigten zur privrechtl Nutzg (BGH **88**, 97 u **94**, 160: Garagenzufahrt). RLage bei Drittbeziehgen, insb wer AnsprBerecht u AnsprGegner ist, Rn 35. Fehlen u Wegfall der GeschGrdlage s Rn 86–92 u § 242 Rn 110–170. RGrd kann SchenkgsVerspr sein (§ 816 Rn 13–19 u § 822 Rn 6). LeihVertr kann der RGrund sein, wenn der Schwiegersohn im eig Interesse Räume im Hause der Schwiegermutter als Wohng für seine Familie ausbaut (BGH NJW **85**, 313). Welcher der nachfolgd erörterten Fälle der Ber vorliegt, ist – abgesehen von der Frage des rechtl Grdes – auch für die Anwendg der Vorschr der §§ 813–815 von Bedeutg.

A) Ungerechtfertigte Bereicherung durch die Leistung eines anderen (Rn 2–9). Hier ist zwar für 70
die VermVerschiebg ein RGrd im obj Sinn vorh, aber in irgdeiner Weise fehlerh. Da die Leistg eine zweckgerichtete Zuwendg ist, kommt als ein die VermVerschiebg rechtf Grd in erster Linie jede Zweck- Vereinbg zw Leistdem u LeistgsEmpf in Betr. – Die **Nichterreichung des vereinbarten Zwecks** löst daher als Mangel des rechtl Grdes den BerAnspr aus (BGH **50**, 227). Hierfür genügt jeder Zweck, der nach dem Willen der Beteil für die Leistg maßg sein sollte, sofern er nicht gg ein gesetzl Verbot od gg die guten Sitten verstößt (§ 817 Rn 13–25). Handelt es sich um eine vertragl Verpfl, so liegt in ihr regelm der RGrd. Als solcher genügt auch eine Gefälligk sowie die Erf einer sittl od AnstandsPfl, soweit diese nicht nur BewegGrd (Motiv) der Leistg war. Auch die ehel oder eheähnl LebensGemsch kann RGrd sein (Ffm FamRZ **71**, 646: kein

ErstattgsAnspr für Aufw iR eheähnl ZusLebens zw Verlobten, wenn eine Ehe nicht zustkommt; Saarbr NJW **79**, 2050: ebso bei ZusLeben ohne Ehe; Celle FamRZ **91**, 948: nach Ehescheidg). Vgl auch Rn 91, 92. Eine Leistg ist dem Empf immer dann ohne rechtf Grd zugewendet, wenn sie ihm nach den Vorstellgen der Beteil, insb nach den zugrdeliegden schuldrechtl Beziehgen nicht (endgült) zusteht. Regelm handelt es sich darum, die RWirkgen des abstr ErfGesch rückgäng zu machen. Im einz gehören hierher:

71 **a) Fehlen einer gültigen Kausalvereinbarung** (condictio sine causa). Ist das ErfGesch ausnahmsw trotz seiner grdsätzl selbstd, abstr Natur (Übbl 19–22 v § 104) gleichf unwirks, zB wg Verstoßes gg ein ges Verbot od gg die guten Sitten, so kommt ein BerAnspr nur wg des auf den Empf übergegangenen Bes od einer sonst von ihm erlangten vorteilh RStellg in Betr (Rn 18); im übr bestehen VindikationsAnspr, zB aus dem beim Leistden verbliebenen Eigt. **Bei wirksamem Erfüllungsgeschäft** fehlt ein RGrd für die Leistg, wenn das ihr zugrdeliegde RGesch aus irgdeinem Grd von Anfang an nichtig od sonst unwirks war, zB bei Erf eines formungült Vertr; bei Grdst ist aber die Möglichk einer Heilg nach § 313 S 2 zu beachten (vgl auch Rn 21 über die Kondiktion einer Aufl); Übertr eines Erbteils aGrd nichtigen ErbschKaufs (RG **137**, 177); wirks Leistg, zB nach § 107 an einen nicht voll Geschfäh; Leistg aGrd eines schwebd unwirks Vertr in Unkenntn der Unwirksamk (BGH **65**, 123); Zahlg von Leasingraten, obwohl dem LeasingVertr wg Wandelg des KaufVertr zw LeasingG und Lieferant von Anfang an die GeschGrdl fehlt (BGH **109**, 139). Hierher gehören ferner die Fälle der Nichteinigg der Beteil über die Zweckbestimmg der Leistg: Die eine Part leistet zwecks DarlHingabe, die and nimmt die Leistg als Schenkg an; Abtretg einer Hyp als Kaution an Dr, der SchuldErf annimmt (RG **87**, 41); Leistg auf einen best, vom Leistden irrig unterstellten Vertr zw ihm u dem LeistgsEmpf (RG **98**, 64; s aber zur Pers des Leistden aus der Sicht der ZuwendgsEmpf bei Beteiligg mehrerer Pers BGH **40**, 272 u Rn 41–43). Einen RGrd für die Leistg kann auch ein unanfechtb VA einer Beh darstellen (Nürnb VersR **69**, 454 für AnerkenngsBescheid des Amtes für VerteidiggsLasten). – Liegt eine wirks ZweckVereinbg der Beteil vor, so besteht ein BerAnspr immer dann, wenn die Leistg den vereinb Zweck aus irgdeinem Grd nicht erreicht, zB Rückfdg eines Kredits, den die Bank ohne Anweisg statt an den DarlNehmer unmittelb an die WohngsBauG ausbezahlt hat (BGH **50**, 227; hierzu Ehmann NJW **69**, 398, Lorenz JZ **69**, 148; abl Pfister JR **69**, 47). Erteilt der Schu entspr getroffener Vereinbg seiner Bank ÜberweisgsAuftr auf ein best Treuhandkonto des Gl u überweist die SchuBank auf ein and im Soll stehdes Konto des Gl, so hat die Überweisg ihren TilggsZweck verfehlt u ist ohne RGrd geleistet (BGH NJW **85**, 2700).

72 **b) Leistungen zum Zwecke der Erfüllung einer Verbindlichkeit, die in Wirklichkeit nicht besteht.** Die Beteil müssen darü einig sein, daß zum Zwecke der Erf einer best Schuld geleistet wird, gleichgült, ob sie von Anfang an nicht bestanden hat od zZ der Leistg erloschen war, ob gesetzl od vertragl (BGH NJW-RR **95**, 130), schuldrechtl od dingl Art, sofern die Rückfdg nicht gesetzl ausgeschl ist; unvollk Verbindlichk §§ 656, 762 ff. Der Leistg auf eine Nichtschuld steht gleich, wenn die Schuld zwar bestand, aber in Wahrh nicht der Leistde verpfl od nicht der Empf ansprberecht war. Vorauss für einen direkten BerAnspr des Leistden gg den Empf ist aber stets, daß der Leistde sich selbst irrtüml als Schuldn od den Empf als den berecht Gläub angesehen u daß der Empf die Leistg auch so verstanden hat (BGH NJW **74**, 1132). Erbringt dagg jemand als Dr die Leistg in der irr Ann, dem Schuldn od dem wirkl Gläub hierzu verpfl zu sein, so besteht bei Vorliegen der sonst AnsprVorauss ein BerAnspr nur ggü diesen Pers (näher Rn 58–62); zur wirks Leistg an einen
73 Nichtberecht § 816 Rn 20. – Der Erf einer Nichtschuld steht die Erf eines Anspr gleich, dem eine **dauernde Einrede** – mit Ausn der Verj – entggsteht, § 813 I. Als Leistg auf eine Nichtschuld gilt ferner die Erf einer aufschiebd bdgten Verbindlichk vor Eintritt der Bdgg; and bei vorzeit Erf einer betagten Schuld, § 813 II. Für die Kondiktion einer Leistg auf eine Nichtschuld ist es unerhebl, ob der Irrt des Leistden entschuldb od unentschuldb, tats od rechtl Natur ist (BGH **37**, 363 [371]). Wird ein and Ggst als der geschuldete geleistet, handelt es sich gleichf um Erf einer Nichtschuld (BGH **7**, 123), dem Gläub steht jedoch ggü dem BerAnspr des Schu regelm ein ZbR nach § 273 zu. Zur Rückfdg eines SchuldAnerk Rn 5–8. Zur Beweislast bei Erf einer in Wirklichk nicht bestehden Verbindlichk, insb hins Kenntn des Leistden, Leistg unter Vorbeh, Rn 104 u § 814 Rn 10, 11. Ausschl der Rückfdg iF des § 814.

74 **Beispiele:** Freigabe von Ggst aus der Verwaltg des TestVollstr in der irr Ann, dem Erben ggü hierzu verpfl zu sein (BGH **12**, 100, **24**, 106). Zahlg des KreditkartenAusst an VertrUntern (§ 675 Rn 6) auf Grd Leistgsbelegs, wenn der Ausst beweist, daß die Leistg nicht erbracht wurde (Ffm WM **97**, 868). Rückfdg geleisteter Zahlg auf erstes Anfordern, wenn matrechtl der Bürgsch- bzw Garantiefall (Rn 14 vor § 765, Rn 17 vor § 783) nicht eingetreten war (BGH NJW **99**, 570: Fehler im ValutaVerh zw Garantie-AuftrG u Begünstigtem). ProvZahlg des Bauherrn für nicht in Anspr genommene FinanziergsVermittlg (Mü DB **82**, 1003). Zahlg dch InsVerw an InsGläub in der irr Ann einer Masseschuld od an MasseGläub bei nicht vorhand Masse. Zahlg dch InsVerw über die Quote hinaus (BGH **71**, 309). Zahlg des vollen Unterh dch den UmgangsBerecht für das Kind nach geschied Ehe währd einer mehrwöch Ferienreise mit ihm (KG FamRZ **79**, 327). Leistg von Unterh aGrd einer matrechtl unricht einstw Anordng (BGH NJW **84**, 2095, Hamm FamRZ **98**, 1166) od an geschiedenen Eheg für die Zeit nach Wirksamk des VersAusgl, sow der UnterhBerecht aGrd des dchgeführten VersAusgl einen RentenAnspr erlangt hat (BGH **83**, 278). Leistg eines HaftPflVers an den Geschädigten trotz bestehder LeistgsFreih (Hamm NJW-RR **94**, 291) od an SozVersTräger aGrd irrig angen TeilgsAbk (BGH VersR **69**, 1141). – Nicht hierher gehört versehentl Wechseleinlösg ohne Deckg (BGH JR **70**, 463).

75 **c) Späterer Wegfall des Rechtsgrundes.** Hier war im Ztpkt der Leistg ein RGrd vorh, der mit der Leistg verfolgte Zweck ist jedoch nachträgl endgült weggefallen. Der bloß vorübergehde Wegfall des RGrdes reicht dagg hierfür idR ebsowenig aus wie die Unübersichtlichk der künft Entwicklg (BGH **LM** § 527 Nr 1). Der Grd des Wegfalls ist grdsätzl unerhebl, soweit nicht für den speziellen Fall eine Sonderregelg vorgesehen ist. Die §§ 814, 815 gelten für diesen BerFall nicht. Vorauss einer verschärften BerHaftg, wenn der Wegfall des RGrdes als mögl angesehen wird, s § 820 I 2. Im einz kommen in Betr:

76 **aa) Eintritt einer auflösenden Bedingung** (Brdbg ZIP **99**, 116) od eines **Endtermins**, Vertragsaufhebg. Ebso bei allen ihrer Natur nach nur **vorläufigen Leistungen,** soweit nicht ein unter Rn 86–92 einzureihder Fall gegeben ist od das Ges SonderVorschr enthält, zB für die Rückg der Draufgabe (§ 337 II), des Schuld-

scheins (§ 371) od des HypBriefs (§ 1144) sowie für die Rückfdg einer Vorleistg beim ggs Vertr, bei dem die
Unmöglichk der GgLeistg von keiner Seite zu vertreten ist (§ 323 III). Ebso Rückfdg der VersSumme nach
Wiedererlangg der gestohlenen Sachen. Hierunter fällt auch der Anspr auf Rückg der Leistg aGrd eines
rechtskr, aber im WiederAufnVerf beseit Titels (Gaul JuS **62**, 1 [12]), währd für die ungerechtf ZwVollstr aus
einem VorbehUrt od aus einem nur vorl vollstr Urt in §§ 302 IV, 600 II, 717 II ZPO eine bes SchadErsPfl
vorgesehen ist. BerAnspr nur bei ZwVollstr aus vorl vollstr Urt des OLG, § 717 III ZPO.

bb) Willenserklärung einer Partei kann den RGrund wegfallen lassen, währd eine nachträgl GesÄnd **77**
regelm den RGrd für eine bisher gerechtf Leistg nicht wegfallen läßt (RG **126**, 226). **Anfechtung** des Kausal-
u ggf auch des ErfGesch (Rn 18–23) werden vielf auch wg der in § 142 I vorgesehenen Rückwirkg als
BerAnspr nach Rn 71 angesehen. Abgesehen davon aber, daß die Rückwirkg nicht unbeschr gilt (§ 611
Rn 22, 23, § 705 Rn 10–12), hat der RGrd für die Leistg tats bis zur Erkl der Anf bestanden. Beiden Teilen
stehen BerAnspr zu (zum Saldo s § 818 Rn 28–33 u 46–49), gleichgült wer die Anf erkl hat; doch sind
§ 142 II (Kenntn) u § 144 (Bestätigg, zB bei Leistg in Kenntn der Anf) zu beachten (vgl ferner § 813 Rn 4 u
§ 814 Rn 3, 4). Wer aber selbst die Anf wg argl Täuschg verurs hat, kann wg § 242 idR als Ber nicht mehr
verlangen, als ihm aGrd des angefochtenen Vertr zustehen würde (BGH **LM** § 123 Nr 22). Über die ggf
konkurrierden Anspr aus unerl Hdlg s Einf 10 vor § 812. – Bei **Rücktritt vom Vertrag** für den Anspr auf **78**
Rückgewähr sowohl beim vertragl vorbeh wie beim Rücktr wg einer vom Gegner zu vertr Unmöglichk der
Leistg (§ 327 S 1) od inf Wandelg beim Kauf- od WkVertr grdsätzl die schärfere Haftg gem §§ 346 ff. Doch
tritt nach § 327 S 2 stets dann BerHaftg ein, wenn der Rückgewährpflichtige den Rücktr nicht zu vertr hat,
gleichviel von wem die RücktrErkl ausgeht (BGH **53**, 144; vgl § 327 Rn 2, 3). Gilt entspr für and gesetzl
RücktrR. – Desh BerAnspr bei Rücktr aus § 242 wg weggefallener od völl **veränderter Geschäftsgrund-** **79**
lage (§ 242 Rn 110–170). – Entspr (dh § 347 bei Versch des Rückgewährpflichtigen, sonst BerAnspr wg
Wegfalls des RGrdes) gilt für die – ggf anteil (Ffm MDR **84**, 230) – Rückzahlg von Vorausleistgen bei
Kündigung von Dauerschuldverhältnissen, zB § 628 I 3 nach außerord Künd eines Dienst- od Arbeits- **80**
Vertr od § 557 a I für die Rückzahlg vorausbezahlten Mietzinses. Darü hinaus ist ein BerAnspr des Mieters wg
spät Wegfalls des RGrdes auch in allen and Fällen der **vorzeitigen Auflösung des Mietvertrages** denkb,
insb bei verlorenen od noch nicht abgewohnten BaukZusch (BGH **29**, 289) sowie bei sonst Aufbauleistgen
des Mieters (BGH NJW **67**, 2255; vgl hierzu § 557 a Rn 4, 5 u insb Einf 80–93 vor § 535; zum Umfang des
Anspr § 818 Rn 19–25; zur Verj § 558 Rn 2). Unter Rn 86–88 ist der Fall nur einzuordnen, wenn der
Mieter dch die Leistg einen bes Erfolg (zB langfrist MietVertr) bezweckte (BGH **LM** Nr. 41). Auch schließt
bei Vorenthaltg der Mietsache dch den Mieter § 557 I einen weitergehden BerAnspr des Verm nicht aus
(BGH BB **67**, 857 u Einf 11). – Das **Disagio** ist idR bei vorzeitiger Rückzahlung des nicht subventionierten **81**
Restdarlehens als laufzeitabhäng Ausgl für einen niedrigeren Normalzins anzusehen (§ 246 Rn 3) u deshalb
anteil an den DarlN zurückzuerstatten, wenn er ein KündR, auch nach § 609 a, ausgeübt hat od wenn beide
Part von einer wirks Künd des DarlN ausgehen; dann ist der RGrd für das unverbrauchte Disagio entfallen
(BGH **111**, 289, **133**, 355, Wehrt ZIP **97**, 481). Dem ErstattgsAnspr ist idR nur die Zt zugrdezulegen, für die
ein fester Zins vereinb ist (BGH NJW **95**, 2778). Das gilt auch dann, wenn der DarlVertr eine vorzeit Künd
vorsieht u eine ZinsAnpassgsKlausel zG des DarlG enthält (BGH NJW **93**, 3257). Anderweit Vereinbg ist
mögl (Stgt WM **97**, 529). Die Ann eines Verzichts auf den ErstattgsAnspr liegt fern (BGH **133**, 355). Kündigt
dagg die kreditgebde Bank einen DarlVertr mit fester Laufzeit wg pVV des DarlN mit der Folge eines
SchadErsAnspr od stimmt sie auf seinen Wunsch der vorzeit Beendigg eines unkündb Vertr zu, dann muß ihr
das unverbrauchte Disagio verbleiben wie bei planmäß Ablauf des Vertr. Sie muß es sich allerd auf eine vereinb
VorfälligkEntschädigg anrechnen lassen, ebso einen dch die vorzeit DarlRückzahlg erlangten Vortl (BGH **133**,
355). Gleich zu behandeln ist die Rückzahlg einer wg vorzeit VertrBeendigg nicht verbrauchten **Franchise-
Einstandsgebühr** (Ffm NJW-RR **95**, 1395). VerjFr 30 Jahre (BGH aaO), auch für den Anspr auf Herausg
der aus dem rgrundl einbehaltenen Betr gezogenen Nutzgen (Düss NJW-RR **95**, 313). Ggteil Auslegg
(laufzeitunabhäng DarlNebenkosten) bei vorzeit Rückzahlg öff Förderkredite (BGH NJW **94**, 47). – Ferner
Widerruf vollzogener Schenkung nach §§ 530, 531 II sowie endgült Wegfall des RGrdes bei der Zweck-
schenkg (BGH **LM** 527 Nr 1), währd sich die Rückfdg bei NichtErf einer Auflage nach § 527 richtet (BGH
aaO). – Verweigert der **Insolvenzverwalter** nach InsO 103 II die Erf eines zweiseit, noch nicht voll erfüllten **82**
Vertr, so steht ihm hins der vom GemSchu bereits erbrachten Leistgen ggü der InsFdg des Gegners aus InsO
103 II ein BerAnspr wg spät Wegfalls des RGrdes insow zu, als der obj Wert der vom GemSchu bereits
erbrachten TeilLeistgen den Schad übersteigt, dessen Ers wg ErfVerweigerg der VertrPartner des GemSchu
verlangen kann (BGH **68**, 379). Hat der InsVerw einen MasseGläub voll befriedigt u stellt sich dann heraus,
daß der Anspr auf eine Quote beschr ist, muß der Empf das zu viel Erhaltene zur Masse zurückzahlen (aA
BAG DB **79**, 847, den vollen Betrag). – In der **Ehescheidung** u im Scheitern einer noch nicht gesch Ehe **83**
liegt bei ges Güterstd kein Wegfall des rechtl Grdes für währd der Ehe gemachte Zuwendgen od einen
RErwerb nach § 946, die Anspr der Eheg untereinand regeln sich nach den Vorschr über den ZugewinnAusgl
(BGH **65**, 320, **82**, 227 u FamRZ **82**, 778). UU kommt Wegfall des rechtl Grdes für die Zukunft in Betr,
wenn ein Eheg dem and Mittel zum Bau eines FamWohnhauses auf dessen Grdst zugewendet (BGH NJW **68**,
245) od MitEigt an einer Gaststätte als Basis gemeins wirtsch Existenz übertr (BGH WM **72**, 564) od in Erf
seiner UnterhPfl für die voraussichtl GesDauer der Ehe auf dem Grdst des and Eheg ein FamWohnhaus
errichtet hatte (BGH WM **72**, 661 bei Gütertrenng). Ebso wenn ein Eheg für den Ausbau einer FamWohng
im Haus der Schwiegermutter aGrd eines LeihVertr Aufw gemacht hat u der LeihVertr nach seinem Auszug
in einen MietVertr abgeändert wird (BGH **111**, 125). Vgl auch Rn 91, 92.

cc) Erfolgreiche **Anfechtung der Ehelichkeit** eines Kindes. BerAnspr des Scheinvaters gg das Kind, sow **84**
nicht nach § 818 III entfallen. Falls UnterhAnspr übergeleitet, gg den Träger der SozHilfe (BGH **78**, 201).

dd) Tatsächliche Handlung. Kein Wegfall des rechtl Grdes (LeihVertr) ist es, wenn der Schwiegersohn, **85**
der im Hause der Schwiegermutter Räume als Wohng für seine Familie ausgebaut hat, später die ehel Gemsch
verläßt u auszieht, seine Familie aber wohnen bleibt (BGH NJW **85**, 313). Persönl Beziehg mit Geschlechts-
Gemsch können der RGrund für Zuwendgen sein, die nicht nur zum Gebr od Verbr innerh nicht allzu langer
Zeit geschehen sind (Stgt Just **85**, 201: hälft WohngsEigt).

85 a **ee) Spätere Gesetzesänderung** führt nicht zum Wegfall des RGrd für das in einer vertragl UnterwerfgsErkl liegde SchuldAnerk, wenn deren Zweck bereits erreicht war (BGH NJW **98**, 2439).

86 **d) Nichteintritt des mit einer Leistung bezweckten Erfolgs.** Erfdl hierfür ist, daß über den mit jeder Leistg notw verfolgten Zweck hinaus ein bes zukünft eintretder Erfolg rechtl od tatsächl Natur nach dem Inhalt des RGesch von den Beteil vorausgesetzt, aber nicht eingetreten ist. Für die Leistg ist zwar ein RGrd vorh, sie erreicht aber den hiermit bezweckten Erfolg nicht. Über die **Zweckbestimmung** muß nach dem Willen der Part eine tatsächl **Einigung** bestehen, die aber nicht den Charakter einer vertragl Bindg haben darf (BGH NJW **92**, 2690). Zw Leistg u erwartetem Erfolg muß eine Verknüpfg bestehen derart, daß die Leistg von der Zweckerreichg abhäng gemacht wird (KG MDR **84**, 492), die Zweckbestimmg darf nicht ledigl der – dem and Tl erkennb – BewegGrd (Motiv) der Leistg geblieben sein. Andseits darf sie auch nicht als Bdgg vereinb sein, von deren Eintritt die RWirksamk des RGesch abhängt. Die Zweckbestimmg ist auch dch schlüss Verhalten iS tats WillÜbereinstimmg zw Leistdem u Empf über den mit der Leistg bezweckten Erfolg mögl (BGH **44**, 321, BGH NJW **84**, 233). Eine solche tats WillÜbereinstimmg ist nicht anzunehmen, wenn der Empf zwar den vom Leistden bezweckten Erfolg kennt, aber seiners einen and von ihm mit der EntggNahme bezweckten Erfolg angibt (BGH NJW **73**, 612). Wg des Wesens der AusfallBürgsch (Einf 11 vor § 765) ist schwerl als Zweck der gewöhnl Bürgsch die Erlangg einer AusfallBürgsch anzusehen. Desh keine ungerechtf Ber des KreditGl um die gewöhnl Bürgsch, wenn die AusfallBürgsch wegfällt (BGH NJW **79**, 646; vgl auch § 769 Rn 1). Ist der bezweckte Erfolg nicht eingetreten, so richten sich die RFolgen primär
87 nach einschläg vertragl Regeln (vgl Einf 11 vor § 812), erst subsidiär nach §§ 812ff. – Beim **gegenseitigen Vertrag** (Einf 4 vor § 320) bestimmen sich die Anspr der Part bei Ausbleiben der GgLeistg grdsätzl nach den speziellen Vorschr, zB Wandelg, Minderg (BGH NJW **63**, 806), sonst nach §§ 320ff (BGH **44**, 321). BerAnspr kommen hier regelm nur über § 323 III od § 327 S 2 in Betr. Die Rspr läßt jedoch ausnahmsw einen BerAnspr nach § 812 I 2 2. Fall dann zu, wenn mit der Leistg ein über die GgLeistg hinausgehder Erfolg nach der Einigg der Beteil als zusätzl Zweckvereinbg eintreten sollte, dieser Erfolg aber nicht erreicht wird (BGH MDR **52**, 33).

88 Der **Anspruch entsteht** einheitl erst, wenn endgült feststeht, daß der Erfolg nicht eintritt (BGH NJW **89**, 2745), nicht schon mit Hdlgen des AnsprBerecht (zB Einbauten) zu einer Zeit, in der der Erfolg noch mögl ist. Dient ein Wechsel der Sichg v Anspr gg den AusSt u gg den Akzeptanten, so entsteht der HerausgAnspr erst, wenn der SichgsZweck hinsichtl beider Anspr weggefallen ist (BGH WM **76**, 347). Desh ist der Ztpkt des endgült Ausfalls des bezweckten Erfolgs der Wertberechng u dem Zinsbeginn (vorher höchstens NutzgsErs nach § 818 I) zugrdezulegen (BGH **35**, 356 u DB **69**, 2271), wobei es sich um einen einheitl Anspr handelt, der Leistgen unterschiedl Zt u Art (Materialeinbau, Arb) zusammenfaßt (BGH NJW **89**, 2745). Ist der bezweckte Erfolg eingetreten, später aber wieder weggefallen, so besteht grdsätzl kein BerAnspr; and aber, wenn der Erfolg nach der Vorstellg der Beteil dauernd vorh sein sollte (RG **169**, 249). Die Rückfdg wg Nichteintritts des mit einer Leistg bezweckten Erfolgs ist nicht schon desh ausgeschl, weil der Leistde gewußt hat, daß er zur Leistg (noch) nicht verpfl ist; § 814 gilt in diesem Fall nicht (s dort Rn 1, 2), wohl aber dann, wenn der Eintritt des Erfolgs von Anfang an unmögl war u der Leistde dies gewußt oder wenn er den Eintritt des Erfolgs wider Tr u Gl verhindert hat (§ 815). Verschärfte Haftg des Empf, wenn der Eintritt des Erfolgs nach dem Inhalt des RGesch als ungewiß angesehen wurde gem § 820 I 1. Im einz kommen hierfür folgde Fälle in Betr:

89 **aa)** Ist die **vereinbarte Zweckbestimmung alleinige Grundlage der Leistung,** so ist diese bei Fehlschlagen des hiermit bezweckten Erfolgs rückforderb. – **Beispiele:** Hingabe einer Quittg in Erwartg der Zahlg, die dann unterbleibt; Hingabe eines Schuldscheins in Erwartg der später nicht erfolgten Auszahlg; Begebg eines Wechsels als Deckg für einen Kauf, der nicht zustande kommt; Vorschuß auf eine künft, dann aber nicht entstehde Verpfl (Hamm FamRZ **94**, 380); Leistg aGrd eines schwebd unwirks Vertr in der Erwartg seiner dann abgelehnten Gen (BGH MDR **76**, 38); Rückfdg von Gratifikationen § 611 Rn 89; Vorschuß auf Jahresgewinn einer Gesellsch, wenn das Jahr mit Verlust abschließt (BGH WM **88**, 1494 [1496]; Vorrangeinräumg für BaugeldHyp, wenn Geld später nicht ausbezahlt wird; Rückfdg einer Leistg zur Abwendg einer dann doch erstatteten StrafAnz (BGH BB **90**, 735); unentgeltl Tätigk im GewerbeBetr in Erwartg der EheSchließg, die dann nicht zustkommt (Stgt NJW **77**, 1779); nach Romasitte bezahltes Brautgeld, wenn es nicht zur Eheschließg kommt (Köln NJW-RR **94**, 1026); Aufw auf ein Grdst in der Erwartg späteren EigtErwerbs § 951 Rn 10; Kondiktion der GrdSch bei Nichtigk des GrdGesch § 1191 Rn 3. Das gleiche gilt, wenn der Empf die Leistg nicht in der bezweckten Weise verwendet, zB Hing einer Aussteuer, wenn Ehe nicht zustkommt; für Schenkg unter Verlobten enth § 1301 Sonderregelg. – § 812 I 2, 2. Fall kann auch anwendb sein, wenn beide Seiten wissen, daß ein AustauschVertr unwirks ist, die eine Seite trotzdem leistet zu dem Zweck, die GgLeistg zu erlangen, diese aber dann nicht erlangt (BGH NJW **76**, 237). Rückfdg von Leistgen nach gescheiterter nichtehel LebensGemsch § 705 Rn 32, Einl 17 vor § 1297. Zur Kondiktion einer
90 Auflassg s im übr Rn 21. – **Kein Bereicherungsanspruch** iF des § 815. Bei vor dem 1. 1. 99 beantragten VerglVerf kein Anspr nach Eröffng des AnschlKonk gg die gleichberecht VerglGläub auf Rückzahlg der an sich ordngem erbrachten Teilleistgen; and jedoch bei Leistg von VerglZahlgen nur an einen Teil der Gläub ohne VorzugsAbk nach § 8 VerglO (BGH **41**, 98). Keinen BerAnspr, weil der vereinb Zweck erreicht ist, hat der Käufer einer Wohng, der dem HausVerw, ohne daß dieser eine Tätigk zu entfalten hätte, die für den Fall des Erwerbs der Wohng vereinb „MaklerProv" bezahlt hat (BGH WM **78**, 247). Kein BerAnspr bei Beendigg einer eheähnl LebensGemsch wg der von beiden Partnern geleisteten übl Beitr zur gemeins Haush- u Lebensführg. Sie ist der erreichte Zweck, auch wenn eine erwartete Erbeinsetzg nicht geschieht (Ffm FamRZ **81**, 253). Kein BerAnspr auf Rückgewähr eines Erbverzichts nach Eintritt des Erbfalles (BGH NJW **99**, 789). Kein BerAnspr wg der Aufw für die Schaffg eines ehel Wohnheims nach Scheidg der Ehe (Celle FamRZ **91**, 948, Köln NJW-RR **95**, 584).

91 **bb)** Tritt die **vereinbarte Zweckbestimmung neben einen anderen Rechtsgrund,** so kann die Leistg gleichf nach Wegfall bzw Nichteintritt des mit ihr bezweckten Erfolgs zurückgefordert werden. So insbes, wenn jemand dch Leistg versucht, den Empf zu einem best Verhalten (Erbeinsetzg, Vermächtn, Adoption) zu
92 veranlassen. – **Beispiele:** Rückfdg einer Leistg zur Tilgg einer fremden Schuld zu dem erklärten Zweck,

damit ZwVollstrMaßn des Gl gg den Schu zu verhindern, wenn Gl dann gleichwohl solche Maßn ergreift (Hamm NJW **71**, 1810); Pächter errichtet Anbau in der dem Verp, seinem Verwandten, bekannten Erwartg, dieser werde ihm das Grdst vererben, die Erwartg erfüllt sich nicht (BGH **44**, 321); Verfehlg des Schenkgs-Zwecks bei einer ZweckSchenkg (BGH NJW **84**, 233, Köln NJW **94**, 1540, Düss NJW-RR **96**, 517: Schenkg an Schwiegersohn zum Hauserwerb in Erwartg intakt bleibder Ehe). Darf der Lieferant den ihm vom Kreditvermittler übersandten Scheck über die Kaufsumme nur einziehen, wenn er das Angeb auf Abschl eines TrHandVertr annimmt, so steht dem Vermittler ein BerAnspr wg Zweckverfehlg zu, wenn der Lieferant nach Ablehng des TrHandVertr den Scheck eingezogen hat (BGH NJW-RR **87**, 937). Zahlg des DrittSchu an den nachrang VollstrGläub vgl Rn 41–43. RückFdg der Zahlg an Leihmutter für heterologe Insemination, Geburt und Freigabe des Kindes zur Adoption, wenn sich später herausstellt, daß das Kind nicht aus dieser Insemination stammt (Hamm NJW **86**, 781). Zusage, den Mietzins zu ermäßigen bei Verlängerg des Miet-Vertr, wenn der Mieter dann doch vorzeit kündigt (BGH NJW-RR **86**, 944). Wegfall des bezweckten Erfolgs bei einer primär iR familienrechtl Pfl nach § 1619 erbrachten Leistg (BGH WM **65**, 796); regelm aber nicht bei unentgelt Pflege im Hinbl auf eine erwartete Eheschl (Schlesw SchlHA **54**, 14, KG OLG **71**, 22). Der Leistg von Diensten in Erwartg einer späteren Zuwendg des Empf liegt zudem vielf ein zumindest fakt schuldr RVerh (Dienst-, Arb-, GesellschVertr) zugrde; der Leistde hat dann die Dienste nicht unentgeltl u grdlos erbracht, vielm bei Ausbleiben der erwarteten Zuwendg einen Anspr gem § 612 II auf die übl Vergütg nach dem Wert der Leistg im Ztpkt ihrer Erbringg (BGH NJW **65**, 1224, BGH MDR **66**, 821). Ein BerAnspr nach § 812 I 2 2. Fall scheidet regelm auch aus, wenn ein Eheg Mittel zum Bau eines Wohnhauses od zur Einrichtg eines GewerbeBetr zur Vfg gestellt hat u die Ehe später gesch wird (BGH NJW **66**, 542); desgl bei Zuwendg vor Eheschließg (BGH WM **83**, 1086). Abgesehen davon, daß für den Ausgl unter Eheg primär familien- u gesellschrechtl Gesichtspkte zu prüfen sind (BGH **47**, 157), ist der mit der Leistg bezweckte Erfolg mit der Errichtg des Hauses usw eingetreten (vgl auch oben Rn 83; aA Joost JZ **85**, 11). Ein ArbN, der einen SparVertr über vermwirks Leistgen vorzeit auflöst, muß die vom ArbG aGrd TarifVertr erhaltenen SparLeistgen nach Abs I 2, 2. Fall dann zurückzahlen, wenn sich aus dem TarifVertr ergibt, daß die Aufrechterhaltg der vermwirks Anl vorausgesetzt war (BAG WM **75**, 1011).

B) Ungerechtfertigte Bereicherung „in sonstiger Weise" (Rn 10–15). And als bei der Leistgskondiktion ist hier für das Vorliegen od das Fehlen des die VermVerschiebg rechtf Grdes nicht von der Zweckerreichg auszugehen. Der RGrd fehlt hier vielm stets dann, wenn der RErwerb nach der für den Einzelfall maßg **rechtlichen Güterzuordnung** nicht bei dem Empf verbleiben soll, sond dem BerGläub gebührt (BGH WM **87**, 469). Da der BerAnspr auch bei der verschärften Haftg der §§ 818 IV, 819, 820 kein DeliktsAnspr ist, entsch hierfür in erster Linie nicht die beim EingrErwerb meist gegebene, sonst aber nur selten vorliegde Widerrechtlichk desBerVorgangs, sond der Zuweisgsgehalt des verl Rechts (Larenz-Canaris, SchR II 2 § 69 I 1 b). Ob ein Widerspr zu der rechtl Güterzuordng anzunehmen ist, kann daher nur unter Berücksichtigg des jew Einzelfalls entsch werden. Im einz kommen in Betr: 93

a) Handlungen der Bereicherten: Beisp s Rn 11, 28–30. In diesen Fällen der EingrKondiktion ist ein BerAnspr regelm dann gegeben, wenn der Bereicherte für seine Hdlg kein im Ges begründetes od vom Berecht abgeleitetes (zB Einwilligg) Recht zum Eingr hat. Versch des Bereicherten ist nicht Vorauss; der bereits in 3 Jahren verjährde SchadErsAnspr aus unerl Hdlg ist vom BerAnspr unabhäng, § 852 III (s dort Rn 21). Ein BerAnspr scheidet jedoch aus, wenn das Ges aus best Gründen, vornehml der VerkSicherh, ausdr von einem Ausgl der an sich ungerechtf VermVerschiebg absieht od sonst zu erkennen gibt, daß diese dem Empf endgült verbleiben soll (näher Einf 12–14 vor § 812). 94

b) Handlungen eines Dritten: Beisp s Rn 12, 13. Auch hier sind rgdlos alle Eingr, zu denen dem Handelnden ein Recht nicht od nicht allein (vgl zB §§ 1434, 1457) zustand. Zum SondFall der Eingr in das Verm des Benachteil im Wege der ZwVollstr ohne rechtf Grd s Rn 37–40. 95

c) Rechtsveränderungen kraft Gesetzes. Soweit in den unter Rn 94, 95 genannten Fällen die VermVerschiebg nicht unmittelb dch die Hdlg des Bereicherten od eines Dr, sond aGrd einer vom Ges an diese Hdlg geknüpften RFolge eintritt, ist nach Sinn u Zweck der einz Vorsch zu beurteilen, ob nur eine formelle RWirkg vorliegt, die im Verh zum Benachteil des rechtf Grdes entbehrt, od ob die RÄndg vom Ges auch als mat gerechtf gewollt war (BGH **LM** Nr. 25). Wenn zB die Hyp mit der Begleichg der HypFdg dch einen Dr auf den Eigtümer des Grdst als GrdSch übergeht (§§ 1163 I, 1177 I), so liegt hierin kein diese VermVerschiebg rechtf mat Grd; dieser RErwerb kann daher kondiziert werden (BGH aaO). Dagg liegt in § 868 I ZPO der rechtfertigde Grd dafür, daß der GrdstEigtümer die ZwangsHyp als Gläub erwirbt, wenn der der Eintr zuGrde liegde Titel aufgeh od wenn die ZwVollstr aus ihm für unzuläss erklärt wird (BGH WM **76**, 719). Auch sow es sich um den Rang eines im GB eingetr Rechts handelt, gibt § 879 die rechtf Norm; daher kein BerAnspr des unter Verletzg des § 45 GBO im Rang Beeinträchtigten gg den dch die RangÄnd Bevorzugten (BGH **21**, 98; vgl § 879 Rn 12), desgl nicht des HypGläub, dessen Recht irrtüml gelöscht u später mit schlechterem Rang wieder eingetr wird, gg den vorrückden Gläub (RG **88**, 278). 96

Bereicherungsanspruch zu bejahen, wo das Ges ausdr die Anwendg der BerVorschr vorsieht (Einzelh Einf 15–17 vor § 812), insb in den Fällen der Verbindg, Vermischg u Verarbeitg (§ 951) od des Fundes (§ 977), ebso bei RVerlust inf Anbaus an eine Kommunmauer (näher § 921 Rn 9–11); ferner bei Verletzg von ImmaterialgüterR (Einf 18 vor § 812) u des PersönlichkR (Rn 11, 28–30); bei Eingr von Dr iW der ZwVollstr, auch wenn der Benachteil sein Recht nicht währd des ZwVollstrVerf geltd macht (Rn 37–40); aber kein Anspr gg Erwerber, da Zuschlag rechtsbegründd wirkt. Zur Ersitzg s Einf 12–14 vor § 812. – Dagg 97
Bereicherungsanspruch zu verneinen, wo das Ges eine Spezialregelg vorsieht, insb wo ein kr Ges eintretder RVerlust gerade zu dem Zweck gewollt ist, nach gewisser Zeit von einem Ausgl abzusehen (Einzelh Einf 12–14 vor § 812); ferner in allen Fällen eines gutgläub RErwerbs, soweit nicht §§ 816, 822 einen BerAnspr ausdr vorsehen, ebso beim gutgläub Erwerb des Eigt an Früchten (§ 955) od an einem Bienenschwarm (§ 964), sofern nicht die dem BerR vorgehden §§ 987 ff anzuwenden sind. Auch die ordngsgem Liquidation eines Vereins od einer sonst jur Pers begründet nach Ablauf des Sperrjahrs (zB § 73 GmbHG) einen rechtl Grd für die vorgen Verteilg ggü verspäteten Gläub (BGH **43**, 51 für § 90 GenG). Zum BerAnspr, soweit Leistgskondiktion in Frage steht, Rn 72–85. Ferner bei versehentl NichtAufn eines Rechts in das 98

geringste Gebot (RG **59**, 266); ebso wenn ein aus dem GB nicht ersichtl Recht nicht rechtzeit angemeldet wird (RG HRR **29**, 93). Erhebt ein InsGläub, dessen vom InsVerw anerk Fdg irrtüml nicht in das Schlußverzeichn aufgenommen worden ist, im Schlußtermin keine Einw gg das Schlußverzeichn, so kann er den Betr, den inf des Ausschl von der Verteilg die and InsGläub mehr erhalten haben, von diesen nicht als unger Ber herausverlangen (BGH **91**, 198). – **Urteile** außer GestaltgsUrt haben zwar keine rbegründde Wirkg, die ihnen innewohnde RKraft trägt jedoch grdsätzl, so lange sie besteht (zur RLage bei WiederAufn des Verf s Rn 75–85), die Rechtfertigg des zuerkannten Anspr in sich, auch wenn es sachl unricht ist (s auch § 814 Rn 8, 9). Soweit nicht im Hinbl auf nach Schluß der letzten mdl Vhdlg entstandene neue Tatsachen dem Urt die materielle Rechtskraftwirkg fehlt (BGH NJW **84**, 126) und nicht ein Fall des UrtMißbr (§ 826 Rn 46–50) od des § 767 ZPO gegeben ist, besteht kein BerAnspr gg den LeistgsEmpf aGrd rechtskr Urt (BGH **LM** § 322 ZPO Nr 10). Eine einstw Vfg ist dagg als nur vorläuf proz RBehelf kein RGrd für eine erbrachte Leistg (vgl § 945 ZPO). Ebso nicht eine einstw Anordng nach § 620 ZPO, soweit sie über den matrechtl UnterhAnspr hinausgeht (BGH NJW **84**, 2095).

99 **d) Handlungen des Entreicherten.** Hier fehlt der RGrd regelm dann, wenn der eingetretene Erfolg vom Handelnden nicht beabsichtigt war. Beim Ausbau von Räumen für eine eig Familienwohng in fremdem Haus ist der Zweck mit Vollendg der BauMaßn erreicht (BGH NJW **85**, 313 [315]).

100 **e) Tatsächliche Vorgänge** werden, wenn sie zu einer VermVerschiebg führen, prakt immer des rechtf Grdes entbehren.

101 **7) Inhalt des Anspruchs.** Der Benachteiligte kann vom Bereicherten **Herausgabe des Erlangten** (Rn 16 ff) verlangen. Inhalt u Umfang dieses Anspr, insb Berücksichtigg einer GgLeistg od von Aufw, sind in §§ 818–820 näher geregelt. Zum Ztpkt der Entstehg des BerAnspr s § 818 Rn 3. Der Anspr geht je nach Sachlage auf Herausg einer Sache, eines Inbegr, zB Unternehmen, falls die Identität noch gewahrt ist (Schwintowski JZ **87**, 588), auf Zahlg, Abtr (BGH WM **90**, 799), Befreiung von einer Schuld (BGH WM **90**, 1324), Einwilligg in Auszahlg od in Umschreibg des GB, Neubestellg eines erloschenen R, Verz auf ein ohne rechtf Grd erlangtes R od eine solche RPosition (näher § 818 Rn 5–7). – Der BerAnspr berechtigt auch zur
102 **Einrede** gem § 821. – Außerdem ist der Bereicherte zur **Auskunftserteilung,** uU zur Rechngslegg verpfl (s §§ 259–261 Rn 6–16), wenn sich der AnsprBerecht unverschuldet in Unkenntn über den Umfang seines Anspr befindet (BGH ZIP **97**, 1979). Über Aktiv- u Passivlegitimation s Rn 35–67. Einzelh zur Geltdmachg des BerAnspr sowie zu den gg ihn in Frage kommden allg Einwendgen, insb Leistgsort, GerStand, Verzinsg, VorhSein mehrerer Bereicherter, internat PrivR, Verj, unzul RAusübg, s Einf 24–31 vor § 812. Über konkurrierde Anspr Einf 10–14 vor § 812.

103 **8) Beweislast.** Die Vorauss des BerAnspr hat der AnsprBerecht zu bew. Da § 812 keinen einheitl Tatbestd der ungerechtf Ber enth, ist auf den jew geltd gemachten Anspr, insb auf die behauptete Art des fehlden rechtl
104 Grdes (Rn 68–100) abzustellen (Saarbr NJW **89**, 1679: PkwDiebstahl). – **a)** Wer **Herausgabe wegen Erfüllung einer Nichtschuld** verlangt, hat zu bew, daß er zur Erf einer best Verbindlichk geleistet u daß die Verbindlichk nicht bestanden hat (BGH NJW-RR **92**, 1214). Keine BewErleichterg für die KaskoVers, die eine wg vorgetäuschten Diebstahls an den VersN bezahlte Entschädigg zurückfordert (BGH **123**, 217). Zur BewLast bei behaupteter Kenntn der Nichtschuld (Irrt, Zweifel), insb bei Leistg unter Vorbeh s § 814 Rn 10, 11. Ist dagg auf eine noch nicht anerkannte, sond erst festzustellde Fdg gezahlt, so muß der AnsprGegner beweisen, daß die Feststellg zu seinen Gunsten erfolgt ist od erfolgen muß (BGH NJW **89**, 161 u 1606). –
105 **b)** Wer ein **positives Schuldanerkenntnis** nach II kondiziert, muß dartun, daß er eine Nichtschuld anerk hat; nicht erforderl ist der Nachw, daß das Anerk irrtüml erfolgt sei (RG **146**, 355 [360]). Ist jedoch ein **negatives Schuldanerkenntnis** Ggst des BerAnspr, so muß Kl nicht nur das Bestehen der Schuld dartun, sond auch beweisen, daß er sich bei Abg des Anerk geirrt hat (Köln FamRZ **96**, 249, RGRK/Heimann-Trosien Rn 116). Der Bekl ist beweispfl, wenn er behauptet, ein Akzept sei ohne RGrd gegeben od der WechselGläub sei sonst wg Wegfalls des GrdGesch um die WechselFdg ungerechtf bereichert. Auch wenn feststeht, daß das Akzept zunächst ohne RGrd gegeben wurde, der Gl aber schlüss vorträgt, er habe sich nachträgl mit dem Schu über einen RGrd geeinigt, trägt der WechselSchu weiterhin die BewLast für das
106 Fehlen dieses RGrdes (BGH NJW **75**, 214). – **c)** Für das **Fehlen eines die Vermögensverschiebung rechtfertigenden Grundes** trifft den BerGläub die Darleggs- u BewLast (BGH NJW **95**, 727, BGH **128**, 167). Es genügt jedoch regelm der Bew, daß die vom BerSchu auch hilfsw behaupteten RGrde nicht bestehen (BGH NJW **90**, 392); nicht dagg braucht er zu bew, daß auch kein and RGrd zugrde liegt (BGH NJW **99**, 2887). Das gleiche gilt hins des späteren Wegfalls des rechtl Grdes. Bei BerAnspr wg Nichteintritts des mit einer Leistg bezweckten Erfolges muß derjen, der einen solchen Anspr erhebt, diesen Nichteintritt beweisen, bzw den vom Bekl behaupteten Zweck widerlegen (s § 815 Rn 4). Ist ein Betr ohne RGrd nur als Vorschuß od Sicherh geleistet worden, hat der Empf zu bew, daß dieser Betr dch GgAnsprüche verbraucht ist (BGH
107 WM **85**, 449). – **d)** Bei **Gutschrift** muß der BerSchu bew, daß er den Betr nicht erhalten hat, weil das Konto nur pro forma auf seinen Namen lautet (BGH NJW **83**, 626). BewLast für Kenntn widerrufener Anw vgl oben Rn 49–57. – **e)** BewLast für **Umfang** des BerAnspr s § 818 Rn 55.

813 *Erfüllung trotz Einrede.* **I Das zum Zwecke der Erfüllung einer Verbindlichkeit Geleistete kann auch dann zurückgefordert werden, wenn dem Anspruch eine Einrede entgegenstand, durch welche die Geltendmachung des Anspruchs dauernd ausgeschlossen wurde. Die Vorschrift des § 222 Abs. 2 bleibt unberührt.**

II Wird eine betagte Verbindlichkeit vorzeitig erfüllt, so ist die Rückforderung ausgeschlossen; die Erstattung von Zwischenzinsen kann nicht verlangt werden.

1 **1) Bedeutung, Anwendungsbereich.** § 813 enth ergänzde SonderVorschr für den BerAnspr wg Erf einer Nichtschuld (§ 812 Rn 68–100). Auf and BerAnspr, auch der Leistgskondiktion, nicht anwendb. **Absatz I** stellt eine den § 812 I 1 erweiternde AnsprGrdlage dar; das Geleistete kann auch dann zurück-

gefordert werden, iF der Eingehg einer neuen Verbindlichk Entlassg aus ihr (BGH NJW **95**, 1484), wenn dem Anspr eine dauernde Einr entggsteht. Ausn: Verj, aber nicht bei Zahlg auf erstes Anfordern (Rn 14 vor § 765). Dagg enth **Absatz II** einen AusschlTatbestd. Unerhebl ist, ob es sich handelt um schuldr od dingl Anspr, um die eigentl geschuldete od um Leistg an Erf Statt, um die Erf einer eig od einer fremden Verbindlichk. § 813 ist auch anwendb für Einr ggü Dr bei VzGDr (BGH **LM** Nr. 1, § 812 Rn 49–57). Gleichgült ist auch, ob der Irrt tats od rechtl Natur, verschuldet od unversch ist. § 814 gilt allerd auch hier, dh keine Rückfdg bei Leistg in Kenntn der dauernden Einr. Unanwendb ist § 813 regelm dort, wo BerR nur kr Verweisg gilt (RG **139**, 17 für § 717 III ZPO).

2) Dauernde Einreden (I 1) begründen einen BerAnspr. Keine Rückfdg, wenn dem Anspr ledigl eine vorübergehde Einr entggstand, zB wenn der Mieter Miete bis zur Höhe der Kostenmiete bezahlt hat aGrd einer MieterhöhgsErkl des Verm, die nicht den FormVorschr des § 10 I WoBindG entsprach (BGH NJW **82**, 1587). Im Falle der **Einwendung,** ist schon der Anspr von vorneherein entspr beschr od ausgeschl, so daß bei dennoch erfolgter Leistg § 812 I 1 eingreift. Wesentl ist, daß die Einr schon zZ der Leistg dem Anspr entgegesetzt werden konnte. 2

a) Als dauernde Einreden kommen in Betracht: Erwerb der Fdg ohne rechtl Grd (§ 821) od dch unerl Hdlg des Gläub (§ 853); Einr der anfechtb letztw Vfg nach Ablauf der AnfFrist (§§ 2083, 2345) od der beschr Erbenhaftg, wenn Erbe irrtümlicherw trotz unzulängl Nachl od ggü ausgeschl Gläub erf (§§ 1973, 1975, 1990) od wenn er ein Vermächtn in Unkenntn einer bestehden PflTeilLast zu hoch erf hat, § 2083 I (KG FamRZ **77**, 267); Einr des persönl Schu ggü HypGläub, der seiner BenachrichtiggsPfl hins Einleitg der ZwVerst nicht genügt hat (§ 1166); in EinzFällen auch die „Einrede" der Argl bzw aus Treu u Gl, soweit sie dauernd wirkt, obwohl § 242 eigentl eine Einwdg darstellt (BGH **LM** § 242 ([Cd]) Nr. 19, Naumbg NJW-RR **99**, 1144); die gg die kreditierde Bank dchgreifde Einwdg des AbzK gg seinen Verk (Stgt WM **77**, 1294). 3

b) Der **Bereicherungsanspruch** ist dagg **ausgeschlossen** bei freiwill Leistg (Ggs: ZwVollstr, BGH WM **93**, 2041; § 222 Rn 3) auf eine verj Fdg in Unkenntn der Verj (Abs I S 2, § 222 II). Ausn Rn 1. Auch das dauernde LeistgsverweigergsR des § 478 gibt keinen BerAnspr nach I 1, wenn vor od nach MängelAnz der Kaufpr gezahlt wird, da nach Verj der GewlAnspr kein VermAusgl mehr stattfinden soll. Wer in Unkenntn einer AufrBefugn zahlt, hat kein RückfdgsR aus I 1, da die AufrBefugn keine Einr, sond ein GestaltgsR darstellt (RG **144**, 93, Staud-Lorenz Rn 11; RGRK/Heimann-Trosien Rn 5; offen gelassen in BGH WM **63**, 965); unbestr Ausschl des RückfdgsR wg § 814, wenn AufrBefugn bekannt war (BGH aaO). Hat dagg der Schu gg eine mit einer dauernden Einr behaftete Fdg des Gläub aufgerechnet, so kann er über I 1 die Wiederherstellg seiner dch die Aufr getilgten Fdg verlangen, soweit nicht I 2 iVm § 222 II od § 814 entggstehen. Bei Anfechtbark greift § 813 I 1 gleichf nicht ein, da trotz § 142 II (Kenntn des AnfR) bis zur Erkl der Anf dch den Empf eine wirks Verpfl bestand (RG **151**, 361 [376]; s § 812 Rn 77 u § 814 Rn 4 für Anf dch den Leistden). Die Rückfdg ist ferner ausgeschl bei Erf von unvollk Verbindlichk, zB §§ 656, 762 ff. 4

3) Betagte Verbindlichkeit (II). Die Verbindlichk ist bereits entstanden, aber ihre GeltdMachg (Fälligk) ganz od teilw aufgehoben (KG MDR **98**, 459; § 163 Rn 2), insb bei Stundg. Wird diese betagte Verbindlichk vorzeit erf, so ist das keine Erf einer Nichtschuld; die Rückfdg der Leistg (auch SchuldAnerk) ist desh – ebso wie die Erstattg von ZwZinsen (§ 272) – ausgeschl. Nachgieb Recht. Vorauss ist Leistg dch einen voll Geschfäh, soweit dies zur wirks Erf erforderl ist (§ 362 Rn 1–4). Auf „befristete" Schulden, die als solche erst zu einem späteren (Anfangs-)Termin entstehen, ist II dagg ebsowenig anwendb (hM, Staud-Lorenz Rn 15) wie auf die Erf einer aufschiebd bdgten Verbindlichk vor Eintritt der – dem Leistden nicht bekannten – Bdgg (§ 812 Rn 72–74), da § 163 beide Fälle gleich behandelt. Mit Entstehen der Fdg od Eintritt der aufschiebden Bdgg entfällt hier natürl der RückfdgsAnspr. Bei endgült Ausfall der Bdgg kann BerAnspr (hins Vorausleistg) wg Nichteintritts des mit der Leistg bezweckten Erfolgs (§ 812 Rn 86–92) in Betr kommen. 5

4) Beweislast. Es gelten die allg Grds (§ 812 Rn 103 ff). Der AnsprBerecht hat also Leistg zur Erf einer best Verbindlichk sowie das Vorhandensein einer dauernden Einr zu beweisen. 6

814 *Kenntnis der Nichtschuld; Anstands- und Sittenpflicht.* **Das zum Zwecke der Erfüllung einer Verbindlichkeit Geleistete kann nicht zurückgefordert werden, wenn der Leistende gewußt hat, daß er zur Leistung nicht verpflichtet war, oder wenn die Leistung einer sittlichen Pflicht oder einer auf den Anstand zu nehmenden Rücksicht entsprach.**

1) Bedeutung, Anwendungsbereich. § 814 ist eine Ausprägg des allg Grds von Tr u Gl. Er enth – iW der rhindernden Einwdg (Rn 10, 11) – zwei Ausn von dem Grds, daß das zum Zwecke der Erf einer Nichtschuld Geleistete – gleichgült, ob in SchenkgsAbs od aus welchen sonst BewegGrden – nach § 812 I 1 zurückgefordert werden kann (Rn 3–9). – **Gilt** nur für BerAnspr aGrd von Leistgen zum Zwecke der Erfüllg einer Verbindlichk, die im Ztpkt der Leistg in Wirklichk nicht bestand (BGH WM **86**, 1324, § 812 Rn 72–74). Insow für alle Fälle einer endgült freiw u vorbehaltl Erf einer Nichtschuld (näher Rn 5). § 814 umfaßt nicht nur die Fälle realer Leistgen, sond auch die Abg selbstd SchuldVerspr od -Anerk (§ 812 Rn 5–7, BGH **1**, 181). Scheidet ein BerAnspr des GemSchu aus, dann kann auch der KonkVerw nichts zurückfordern (BGH **113**, 88). – **Gilt nicht** für and Fälle der Leistgskondiktion, zB nicht für die Rückfdg des bewußt trotz Fehlens des rechtl Grdes von Anfang an zu and Zwecken od sogar gg den Willen des Empf Geleisteten (BGH WM **68**, 1201). Zur aufgedrängten Ber s näher § 951 Rn 18–21). So kann ein Dr, der dch Zahlg an den Gl bewußt eine fremde Schuld ohne RGrd im Verhältn zum Schu tilgt, von diesem die Herausg der dch seine Leistg eingetretenen Ber verlangen (BGH DB **75**, 2432). § 814 gilt ferner nicht für BerAnspr wg spät Wegfalls des RGrdes (BGH **111**, 125 [130]), weil da im Ztpkt der Leistg ein RGrund für die zu erfüllde Verbindlichk bestand, od wg Nichteintritts des mit der Leistg bezweckten Erfolgs; für letztgen Fall gilt § 815 (s aber Rn 6). Gilt auch nicht für Anspr aus § 817 (BGH WM **61**, 530), ferner nicht für Ber „in sonst Weise". Die Anwendg des § 814 als SchutzG zG des LeistgsEmpf ist ferner ausgeschl, wenn seine Anwendg wg bes Umst im EinzFall sich zu seinen Ungunsten auswirken würde (Nürnbg NJW-RR **91**, 109) od wenn der Empf der Leistg trotz

Kenntn vom Nichtbestehen der Verbindlichk nicht darauf vertrauen darf, das Empfangene behalten zu dürfen, zB der Erbe, der trotz TodesAnz die RentenVers des Verstorbenen weitererhält (BGH **73**, 202) u die Fälle in Rn 6.

2) Leistung in Kenntnis der Nichtschuld schließt BerAnspr (Rückfdg) aus.

3 **a)** Erforderl ist **positive Kenntnis der Rechtslage** im Ztpkt der Leistg. Nicht ausreichd ist die Kenntn der Tats, aus denen sich das Fehlen einer rechtl Verpfl ergibt; der Leistde muß vielm auch wissen, daß er nach der RLage nichts schuldet (BGH NJW **97**, 2381). Jeder R- od TatsIrrt schließt die Anwendg des § 814 aus (BGH DB **68**, 612). Auch „Kennen müssen" (§ 122 Rn 5) genügt zum Ausschl des RückfdgsR nicht, selbst wenn die Unkenntn auf grober Fahrlk beruht (BGH WM **72**, 283). – **Bloße Zweifel** am Bestehen der Nichtschuld stehen gleichf regelm der pos Kenntn nicht gleich (BGH WM **73**, 294). Sie genügen aber dann zum Ausschl des RückfdgsR nach § 814, wenn die Leistg in der erkennb Abs erfolgt ist, sie auch für den Fall der Nichtschuld zu bewirken (Übern des Risikos); in diesem Fall liegt ein Verz auf BerAnspr (od Erl) vor, wenn der Empf aus dem Verhalten des Leistden nach Treu u Gl den Schluß ziehen durfte, der Leistde wolle die Leistg gg sich gelten lassen, einerlei wie der RGrd beschaffen sei (BGH **32**, 273). Ob die Leistg in diesem Sinn erbracht ist, ist Sache der tats Verh im EinzFall. Entsch ist, wie das Verhalten des Leistden obj aufzufassen ist; zB keine Rückfdg bei uneingeschr Vorwegleistgen des Versicherers (Hamm NJW **64**, 406). Unaufklärb Zweifel darü, ob das Verhalten des Leistden iS eines RückfdgsVerz auszulegen ist, gehen zu Lasten des Empf
4 (RG **154**, 385 [397]). Die **Kenntnis von Einwendungen** ggü der Verbindlichk steht der Kenntn der Nichtschuld gleich, aber nur, wenn alle mögl Einwdgen bekannt waren; andernf bleibt Rückfdg mögl, wenn nicht Verz anzunehmen ist. Dasselbe gilt wg § 142 II für die **Kenntnis der Anfechtbarkeit** dch den Leistden; zur Anf dch den Empf s § 813 Rn 4, desgl zur Leistg in Kenntn einer AufrBefugn. Hat der Leistde, obwohl er die Nichtschuld od die Einwdg gekannt hat, in dem irr Gl geleistet, die Einwdg usw nicht bew zu können, so ist eine Rückfdg gem § 814 ausgeschl.

5 **b)** Eine **Leistung,** die ausdr **unter Vorbehalt** erbracht u angen wird (§ 362 Rn 11), schließt trotz Kenntn des Leistden die Rückfdg nicht aus (BGH **83**, 278 [282], WM **88**, 1494 [1496]); zur verschärften Haftg in diesem Falle s § 820 Rn 5. Als Vorbehalt genügt die Erkl bei Leistg, der Anspr sei nicht berecht (Karlsr WM **97**, 1049), währd idR Zahlg „ohne Anerk einer RPfl" nicht genügen soll (Kblz NJW **84**, 134). Dem ausdr Vorbeh steht es gleich, wenn der Schu erkennb nicht freiw, sond zur Vermeidg eines drohden Nachtls unter Druck od Zwang leistet (BGH NJW **95**, 3052, Hamm BB **94**, 1106: Bü bei Zahlg auf 1. Anfordern für eine verj HauptFdg). § 814 gilt schließl auch nicht bei Zahlgen zur Erf der Vorauss einer ZwVollstr, zB Zug um ZugLeistg.

6 **c)** Wird die **Leistung in Erwartung der Heilung** der (zB Form-)Nichtigk trotz Kenntn der Nichtschuld od in der Erwartg erbracht, daß eine wirks Verpfl später entsteht od der VertrPartner die GgLeistg seiners bewirken wird, so ist § 814 grdsätzl nicht anwendb (BGH NJW **99**, 2892). Auch kann – bei Vorliegen der entspr Vorauss – ein BerAnspr wg Nichteintritts des mit der Leistg nach dem Inhalt des RGesch bezweckten Erfolgs gegeben sein, auf den § 814 nicht anwendb ist (näher § 812 Rn 86–92).

7 **d)** Bei **Leistung durch Vertreter** kommt es auf dessen Kenntn an (BGH **73**, 202), außer er hat auf Weisg des Vertretenen (BGH NJW **99**, 1024) oder unter Verletzg des § 181 geleistet (BGH WM **80**, 1451). Hat der Vertretene mehrere Vertr (Organe), so entsch die Kenntn des die Leistg tats Erbringden (Hamm NJW-RR **96**, 1312), sofern es sich nicht um einen Fall des auch hier anwendb § 166 II 1 (Leistg auf Anweisg) handelt. Bei Gesamtvertr, die nur gemeins leisten können, gilt die Kenntn auch nur eines von ihnen als Kenntn des Vertretenen (§ 166 Rn 2, 3).

8 **3) Sittliche oder Anstandspflicht.** Begriff § 534 Rn 1–3. § 814 Halbs 2 betr den Fall, daß der Leistde – and als bei der Pfl- u Anstandsschenkg des § 534 – irrtüml glaubte, zur Leistg verpfl zu sein, währd die Verbindlichk nicht bestand. Hier ist ein BerAnspr ausgeschl, wenn die Leistg zwar ohne RGrd erfolgte, aber im Ergebn nach den herrschden Moralvorstellgen obj einer sittl oder AnstandsPfl entsprach. Unerhebl ist, ob sich der Leistde dieses Umst bewußt war; hat der Leistde aber von vorneherein in der Abs geleistet, nur eine solche Pfl zu erf, so ist eine Rückfdg schon nach § 814 Halbs 1 ausgeschl. **Beispiele:** Gewährg von Unterh od abstr SchuldVerspr an Verwandte u Verschwägerte, denen ggü keine ges UnterhPfl besteht; Zahlg des angem Unterh trotz Verpfl nur zu beschr UnterhZahlg gem § 1611; Gewährg übl Trinkgelder; Erf einer bestehden Schuld in Unkenntn eines inzw ergangenen klageabweisden rechtskr Urt (bei Kenntn ist Rückfdg schon nach Halbs 1 ausgeschl; vgl auch § 812 Rn 96–98); Befriedigg der Gläub dch Gem- od VerglSchu üb die Quote des ZwangsVergl hinaus in der irr Ann, hierzu verpfl zu sein, sofern man den rechtf Grd nicht schon in der Erf der weiter bestehden unvollk Verbindlichk sieht (Staud-Lorenz Rn 21). UU auch bei Erf
9 formungült letztw Anordngen des Erbl dch den Erben (RG Warn **12**, 189). Dagg **keine Erfüllung einer Anstandspflicht,** wenn jemand in der irr Ann, Erzeuger eines Kindes zu sein, Unterh gewährt hat (hierzu § 812 Rn 24–27 u 58–62). Die Berufg auf die Formnichtigk eines Vertr od auf den Ablauf einer gesetzl Frist verstößt grdsätzl nicht gg eine sittl Pfl, wohl aber kann im EinzFall der Einwand der Argl entggstehen (§ 125 Rn 16ff). Auch ein ges verbotenes RGesch (zB BörsenterminGesch) begr keine sittl od AnstandsPfl zu seiner Erf (Staud-Lorenz Rn 21).

10 **4) Beweislast.** Die Grds in § 812 Rn 103ff gelten auch hier. Der **Leistende** hat also zu bew, daß er zwecks Erf einer best Verbindlichk geleistet u daß diese nicht bestanden hat, daß bei Zahlg beide Seiten die Heilg des nichtigen Vertr nicht mehr erwarteten (Düss NJW-RR **86**, 692). Einen Irrt, der nicht AnsprVorauss ist, braucht er dagg nicht zu bew (RG **146**, 355 [360]). Eine unter schlichtem Vorbeh erbrachte Leistg enthebt den Leistden nicht vom Nachw des Nichtbestehens der Schuld, weil er sich dch den Vorbeh ledigl gg die Anwendg des § 814 schützen will (BGH NJW-RR **92**, 1214). Auch den Vorbeh muß, da AusnTatbestd, der
11 Leistde bew (Hamm NJW-RR **87**, 985, Müko/Lieb Rn 13). – Der **Leistungsempfänger** hat zu bew, daß der Leistde sich nicht irrte, sond die Leistg freiw in Kenntn der Nichtschuld erbracht hat od daß die Leistg einer sittl od AnstandsPfl entsprach. Er hat ferner zu bew, daß die Leistg zu einem and Zweck erfolgte (RG **133**, 275), u daß bei bloßen Zweifeln des Leistden aus seinen Erklärgen od aus seinem Verhalten ein Verz auf

Rückfdg zu erblicken war (oben Rn 3, 4). Der Vorbeh kann im EinzFall auch die Bedeutg haben, daß der Empf im RückFdgsStreit das Bestehen des Anspr zu bew hat (BGH NJW **84**, 2826, Düss NJW-RR **89**, 27), so bei dem RückzahlgsAnspr einer auf erstes Anfordern geleisteten Zahlg des Bürgen (BGH NJW **89**, 1606; Einf Rn 14 vor § 765).

815 *Nichteintritt des Erfolges.* **Die Rückforderung wegen Nichteintritts des mit einer Leistung bezweckten Erfolges ist ausgeschlossen, wenn der Eintritt des Erfolges von Anfang an unmöglich war und der Leistende dies gewußt hat oder wenn der Leistende den Eintritt des Erfolges wider Treu und Glauben verhindert hat.**

1 **1) Anwendungsbereich.** § 815 betr ausschließl den Fall des BerAnspr wg Nichteintritts des mit einer Leistg bezweckten Erfolgs, der in § 812 I 2 2. Fall geregelt ist (näher § 812 Rn 86–92). Von dem dort gewährten RückfdgsR gelten nach § 815 zwei Ausn (Rn 2, 3). § 815 ist nicht entspr anwendb auf den BerFall wg späteren Wegfalls des bei der Leistg vorhand RGrdes (§ 812 Rn 75–85, Staud/Lorenz Rn 3, BGH **29**, 171, BGH NJW **68**, 245 mit Anm von Lorenz in JZ **68**, 381), da auch bei Vorhersehbark des notw späteren Wegfalls des RGrdes od bei Herbeiführg des Wegfalls wider Treu u Gl ein derart SchwebeZust wie bei dem zu erwartden Erfolg bis zum Eintritt des BerFalles nicht bestanden hat; (str, aA Soergel-Mühl Rn 1). § 815 gilt ferner nicht für BerAnspr wg Erf einer Nichtschuld (§ 812 Rn 72–74); dafür gelten §§ 813, 814.

2 **2) Unmöglichkeit des Erfolgseintritts.** Die Rückfdg ist ausgeschl, wenn der Eintritt des Erfolgs aus tats od rechtl Grden von Anfang an dauernd unmögl war u der Leistde dies gewußt hat. Wird in der Ann geleistet, daß die zZ der Leistg bestehde Unmöglichk des Erfolgseintritts später behoben wird, so ist § 815 unanwendb, ebso wenn die Unmöglichk (Unvermeidlichk) erst später eintritt, mag auch der Leistde damit gerechnet haben. Voraussetzg ist pos Kenntn des Leistden; bloße Zweifel an der Möglichk des Erfolgseintritts genügen nicht; doch ist auch hier zu prüfen, ob dann nicht ein Verz des Leistden auf Rückfdg vorliegt (RG **71**, 31, § 814 Rn 3, 4). Zur verschärften Haftg des Empf bei ungewissem Erfolgseintritt s § 820 I 1.

3 **3) Verhinderung des Erfolgseintritts.** Keine Part darf – wie in § 162 – die gemeins Erwartg des Erfolgseintritts unredl zunichte machen (BGH NJW **80**, 451). Nicht erforderl ist die Abs des Leistden, den Erfolg zu verhindern, es genügt, daß er ohne zwingden Grd eine Hdlg vornimmt, die bewußterm dazu geeignet ist, den Erfolg zu verhindern. Ob der Leistde jede Einflußn auf den Erfolgseintritt unterl muß, ist Ausleggsfrage. § 815 ist auch ggü dem Anspr auf Rückg der Brautgeschenke anwendb, wenn der schenkde Teil – ggf beide – die Eheschl wider Treu u Gl verhindert hat (BGH **45**, 258, § 1301 Rn 3). RückFdg ist dagg nicht ausgeschl, wenn sich bei ErfBereitsch des Empf der Leistde weigert, einen formnichtigen Vertr in rechtsgült Form abzuschließen od zu erf, sofern er dazu einen hinreichden Grd hat (BGH NJW **99**, 2892), zB argl Täuschg bei Abschl des formnichtigen Vertr (BGH NJW **80**, 451; aA Singer WM **83**, 254); ebso nicht, wenn ein unsittl Erfolg vereitelt wird (RG **78**, 41: Bordellkauf).

4 **4) Beweislast.** S zunächst § 812 Rn 104–108. Der Leistde muß Leistg zwecks Erreichg des Erfolges u dessen Nichteintritt als AnsprVorauss bew. Der LeistgsEmpf hat dagg die Tatbestdsmerkmale des § 815 (Einwdg) zu beweisen. Das gilt auch für die Rückfdg eines selbstd (abstr) SchuldVerspr.

816 *Verfügung eines Nichtberechtigten.* I **Trifft ein Nichtberechtigter über einen Gegenstand eine Verfügung, die dem Berechtigten gegenüber wirksam ist, so ist er dem Berechtigten zur Herausgabe des durch die Verfügung Erlangten verpflichtet. Erfolgt die Verfügung unentgeltlich, so trifft die gleiche Verpflichtung denjenigen, welcher auf Grund der Verfügung unmittelbar einen rechtlichen Vorteil erlangt.**

II **Wird an einen Nichtberechtigten eine Leistung bewirkt, die dem Berechtigten gegenüber wirksam ist, so ist der Nichtberechtigte dem Berechtigten zur Herausgabe des Geleisteten verpflichtet.**

1 **1) Bedeutung. – a)** § 816 regelt einen Fall der **Eingriffskondiktion** (§ 812 Rn 10–15), denn er betrifft VermVerschiebgen dch Hdlgen des Bereicherten od eines Dr (BGH NJW **70**, 2059; aA MüKo/Lieb Rn 12). In Erweiterg des in § 812 enth allg Grds der Einheitlichk des BerVorgangs (§ 812 Rn 35–67) stellt § 816 klar, daß ein BerAusgl auch in den Fällen stattfinden soll, in denen ein Ggst (Sache, Fdg, Recht) dem Berecht wirks entzogen wird, der Nichtberecht aber dch einen Ers (Surrogat) – wenn auch aGrd eines selbstd RGesch – ungerechtf bereichert ist, ohne daß hierfür § 281 herangezogen zu werden braucht. § 816 ist von großer prakt Bedeutg; er hat in erster Linie die Aufg, überall dort einen gerechten Ausgleich zu schaffen, wo das G im Interesse der VerkSicherh, insb zG des gutgläub Erwerbers, Vfgen von Nichtberecht auch sachl-rechtl für endgült wirks erkl u mangels Versch des Nichtberecht ein Ausgl weder über § 823 noch über § 687 II erfolgen kann. – **Absatz I Satz 1** betrifft den Fall, daß ein Nichtberecht üb einen Ggst eine Vfg trifft, die 2
dem Berecht ggü wirks ist. Der Ausgl des RVerlusts, den der Berecht erleidet, findet hier dadch statt, daß der Nichtberecht das dch die Vfg – wenn auch nur mittelb, zB aGrd eines ihr zugrdeliegden KaufVertr – Erlangte (Rn 24) an den Berecht herauszugeben hat. – **Absatz I Satz 2** betrifft den Fall, daß der Nichtberecht 3
unentgeltl verfügt, also selbst nichts erlangt hat; dann richtet sich der BerAnspr unmittelb gg den Erwerber, der zur Herausg verpfl ist. Der unentgeltl gutgläub Erwerb wird daher im Ergebn nicht geschützt. I 2 enth eine Erweiterg des BerAnspr auf einen Dr; immerhin liegt hier noch – and als bei § 822 (dort Rn 1) – ein einheitl BerVorgang (§ 812 Rn 35–57) zugrde. – **Absatz II** betrifft den Fall, daß an einen Nichtberecht eine 4
Leistg bewirkt wird, die dem Berecht ggü wirks ist, dch die also der Leistde befreit wird, zB § 407. Der RVerlust des Berecht wird hier dadch ausgeglichen, daß der Nichtberecht diesem die empf Leistg herausgeben muß.

5 **b) Konkurrierende Ansprüche.** Eine weitergehde Haftg bei Vorliegen der entspr AnsprVorauss bleibt unberührt, insb bei Versch aus unerl Hdlg, aus Vertr (zB Auftr), aus § 681, wenn der Verfügde od Annehmde ein fremdes Gesch als sein eig behandelt, sowie aus § 687 II bei angemaßter EigGeschFg (s § 687 Rn 2). Weitergehde BerAnspr, zB auf den Wert des Ggst (§ 818 II), entfallen dagg (Rn 24). § 816 wird auch dch die SonderVorschr des Eigtümer-BesitzerVerh nicht ausgeschl, sond tritt ergänzd neben §§ 987 ff (RG [GrZS] **163**, 348, BGH **LM** § 812 Nr 15; auch BGH **47**, 128 geht hiervon aus). Wird die Vfg des Nichtberecht erst dch Gen des Berecht wirks (Rn 9), so schließt diese Gen SchadErsAnspr des Berecht nach §§ 987 ff od § 823 idR nicht aus, da der Berecht hierdch nur auf seinen EigtHerausgAnspr gg den Dr verzichtet, der Verfügde aber trotzdem Nichtberecht bleibt (BGH DB **76**, 814, NJW **91**, 695); and jedoch, wenn die Gen bei entspr Auslegg darü hinaus der Vfg des Nichtberecht die Widerrechtlichk nimmt u damit als Verz auf SchadErsAnspr anzusehen ist (BGH NJW **60**, 860). BGH NJW **56**, 338 will den AusschlTatbestd des § 817 S 2 als für alle Kondiktionen geltden Grds auch auf den BerAnspr aus § 816 anwenden, übersieht aber, daß § 817 S 2 nur für die LeistgsKondiktion, nicht für die bei § 816 vorliegde Ber „in sonst Weise" gilt (ebso MüKo/Lieb § 817 Rn 15, Staud/Lorenz Rn 3).

6 **c) Ausgleich.** Zw demjen, der dch fahrl uH den EigtVerlust des Gläub verurs hat, u demjen, der denselben EigtVerlust dch seine nichtberecht Vfg herbeigeführt hat u desh auf Herausg des VeräußergsErlöses haftet, besteht ein GesamtschuldVerh iS der §§ 421 ff (BGH WM **83**, 1189).

2) Wirksame Verfügung eines Nichtberechtigten (I 1)

7 **a) Rechtsgeschäftliche Verfügungen** (Übbl 16 vor § 104). Nicht fällt hierunter die nur schuldr Verpfl. Desh läßt sich bei Vermietg od Verpachtg fremder Sachen bzw bei unberecht Untervermietg der Anspr auf Herausg des Mietzinses bzw des dadch erzielten Mehrerlöses nicht auf § 816 stützen (BGH **131**, 297, auch § 677 Rn 4, § 812 Rn 34). Bei Vermietg fremder Sache § 812 Rn 34 (BGH aaO, Staud-Lorenz Rn 6; aA Larenz-Canaris, SchR II 2 § 69 II 1 d, Esser-Weyers § 50 II 2a: § 816 analog anwendb). Entspr besteht bei Verleihg einer fremden Sache kein Anspr aus I 2 gg den Entleiher auf Ers des Werts der hierdurch erlangten GebrVort. – **Verfügungen im Wege der Zwangsvollstreckung** fallen nicht unter § 816. Der BerAusgl, insb bei Vollstr in das Verm eines Dr, hat vielm über die EingrKondiktion nach § 812 zu erfolgen (§ 812 Rn 37–40). Keine Vfg ist auch der Verbrauch einer Sache (BGH **14**, 7). – **Nichtberechtigter** § 185 Rn 5. Wer mit wirks Einwillig des Berecht verfügt, ist dazu ermächtigt (§ 185 Rn 7), verfügt deshalb nicht als NichtBerecht, § 816 ist nicht anwendb (BGH WM **98**, 856). TrHänder s Rn 10.

8 **b) Von Anfang an wirksam** ist die Vfg des Nichtberecht in den im G best Fällen, insb bei Einwillig des Berecht (§ 185 I), bei Übertr des Eigt u Bestellg od Übertr sonstiger dingl Rechte dch den sachl-rechtl Nichtberecht, grundbuchm aber legitimierten RInh aGrd der Bestimmgen über den öff Gl des GB (§§ 892, 893, 1138, 1155 ff, 1192, 1200); Übertr od Belastg von bewegl Sachen dch Nichtberecht an gutgl Erwerber (§§ 932 ff, 936, 1032, 1207); Vfg über NachlGgst nach den Vorschr über den öff Gl des ErbSch od and vom NachlG ausgestellter Zeugn (§§ 2366–2368, 1507); ferner §§ 366 ff HGB; Art 16 WG, §§ 325 II, 898 ZPO, § 81 InsO ua.

9 **c) Wirksamwerden.** § 816 ist auch anwendb, wenn die Vfg des Nichtberecht dem Berecht ggü zunächst unwirks war, aber nachträgl wirks geworden ist, zB dch Ersitzg, insb aber dch rückw (§ 184 I) **Genehmigung** des im ZtPkt ihrer Erteilg Berecht nach § 185 II 1 1. Fall (BGH **107**, 340). Hierdch werden ledigl die RFolgen der Vfg geändert, der Verfügde bleibt aber nach wie vor Nichtberecht. Dies ist vor allem von Bedeutg bei Vfgen, bei denen der Erwerber bösgl war od es sich um abhgek od gestohlene Sachen handelte. In diesen Fällen hat es der Berecht in der Hand, entweder die Sache von dem Dr mit der EigtKl herauszuverlangen od, zB wenn dieser nicht zu ermitteln ist od die Sache vor Kenntn des RMangels [vgl §§ 990, 993] verbraucht od abgenutzt hat, die in der Veräußerg dch den Nichtberecht liegde Vfg zu gen u den VerkErlös (Rn 24) zu verlangen. Die Gen schließt auch Anspr aus § 823 nicht aus (BGH NJW **91**, 695). Die GenFähigk ist unabh von dem späteren rechtl od tats Schicksal des Ggst, kann also auch noch erteilt werden nach Verarbeitg der Sache, über die unber verfügt worden ist; der Berecht hat die Wahl zw dem Anspr aus § 951 gg den Verarbeiter u aus § 816 gg den nichtberecht Vfgden (BGH **56**, 131). Mit der Gen wird die Vfg endgült wirks. Erteilg u Verweigerg der Gen sind unwiderrufl, so daß eine Gen nach endgült Verweigerg unwirks ist (BGH NJW **68**, 1326). Anderers ist aber in dem Umst, daß der Berecht zunächst SchadErs verlangt hat, noch keine endgült Verweigerg der Gen zu sehen (BGH aaO). In der uneingeschr KlErhebg des Berecht auf Herausg des dch die Vfg Erlangten liegt häuf die konkl Gen, sofern der Genehmigde die Unwirksamk des Gesch gekannt od zumind mit einer solchen Möglichk gerechnet hat (BGH DB **60**, 1212). And, wenn die Erteilg der Gen erkennb dem Interesse u Will des Berecht widerspricht, zB weil er sich endgült seines EigtHerausgAnspr gg den DrErwerber begeben würde, obwohl in diesem ZtPkt weder der Erfolg der Kl noch die tats Durchsetzbark des BerAnspr nach § 816 feststehen u inzw die Sache selbst wieder auftauchen kann. In der KlErhebg auf den Erlös eine auflösd bdgt erteilte Gen der an sich unwirks Vfg zu sehen (Wilckens AcP **157**, 399), geht wohl nicht an, weil die Gen als gestaltdes RGesch im Interesse der Klarh des RVerk grdsätzl bdggsfeindl ist (Einf 12, 13 vor § 158). Der Berecht braucht aber die Gen nur Zug um Zug gg die Herausg des Erlöses zu erteilen; hierdch sind die Vorauss des § 816 (wirks Vfg) erfüllt (Staud/Lorenz Rn 9 aE; Soergel-Mühl Rn 8; krit Deubner MDR **58**, 197).

10 **d) Gläubiger** ist der **Berechtigte,** dh derj, der an sich zu der fragl Vfg berecht gewesen wäre u dch sie beeinträchtigt wird, nicht jeder nur mittelb, zB ledigl schuldr an dem Ggst Interessierte. Berecht ist auch der dch offene Stellvertretg wirks Vertretene (BGH NJW **99**, 1393) u der TrHänder, selbst wenn er im InnenVerh pflichtwidr verfügt (BGH NJW **99**, 1026; aA Jakobs ZIP **99**, 733), nicht der TrGeb. Sind mehrere Pers betroffen (zB Miteigtümer, Eigtümer u PfdRInh), so steht jedem von ihnen der BerAnspr entspr § 1011 auf Herausg an alle zu (BGH **LM** § 812 Nr 15). Bei wirks Vfg eines von mehreren Mitberecht üb den gemeins
11 Ggst (§ 744 Rn 3, § 747 Rn 5, § 2039) sind die übr ansprberecht. – **Schuldner** ist bei Abs I S 1 der **Nichtberechtigte,** der die wirks Vfg vorgen hat, nicht aber ein DrEmpf, mag er auch der Vfg zugestimmt haben (RG **137**, 356). Bei offener Stellvertretg ist der Vertretene herausgverpfl. Bei mittelb Stellvertretg ist dagg der im eig Namen Handelnde, nicht der AuftrG nichtberecht Verfügder (Wolf JZ **68**, 414; aA Rabe JuS

68, 211; offen gelassen in BGH **47**, 128); ein BerAnspr wg des VerkErlöses gg den mittelb StellVertr scheidet aber jedenf wg § 818 III dann aus, wenn dieser (zB Kommissionär) den Erlös an seinen AuftrG (Kommittent) abgeführt hat (BGH aaO; Rn 25: BerAnspr höchstens hins VerkProv). – Ein **Verschulden** ist für den 12
BerAnspr auf Gläub- (Berecht-) wie auf SchuSeite nicht erforderl (BGH **37**, 363 [371], BGH BB **68**, 690, Gutgläubk des Verfügden); doch kann bei Versch auf Seite des Nichtberecht gem § 819 verschärfte Haftg eintreten, auch können konkurrierde Anspr in Betr kommen (Rn 5).

3) Unentgeltliche Verfügung eines Nichtberechtigten (I 2)

a) Bedeutung. Erfolgt die wirks Vfg des Nichtberecht iS von Rn 7–12 unentgeltl, so ist nicht der 13
Verfügde, der nichts erlangt hat, sond der Dr, der aGrd der Vfg einen rechtl Vort erlangt hat, zur Herausg verpfl. Dies ist ein Ausfluß des allg Gedankens, daß ein unentgeltl, wenn auch gutgläub Erwerb nicht auf Kosten des Geschädigten aufrechterh werden soll. Verfügt der Eigtümer unentgeltl über ein Grdst u erlischt desh über § 892 ein nicht eingetragenes R eines Dr am Grdst, so schuldet der Erwerber des Grdst die WiederEintr des R gem I 2 (BGH **81**, 395). Ebso ist ein gem § 1412 geschützter Dritter, zu dessen Gunsten ein Eheg über einen zum GesGut gehörden Ggstd als Nichtberecht verfügt hat, zur Herausg des Erlangten verpfl (BGH **91**, 288).

b) Unentgeltlichkeit. Begr, Beisp § 516 Rn 8–10. Der GgWert kann auch in der Vfg selbst liegen, zB 14
bei einer wirks Schuldbefreiung. Entsch für die Frage der Unentgeltlichk ist stets der Standpkt des Erwerbers, da das Entgelt auch einem Dr zugeflossen sein kann (BGH **LM** Nr 4). HofÜbergVertr ist regelm gemischte Schenkg (§ 516 Rn 13–17); BGH WM **64**, 614 nimmt I 2 für die ganze Vfg an, wenn der unentgeltl Charakter überwiegt.

c) Unmittelbarer rechtlicher Vorteil bedeutet, daß dch die näml Vfg, die der Nichtberecht wirks ggü 15
dem Berecht trifft, der Beschenkte einen rechtl Vort erlangt; I 2 ist desh unanwendb, wenn der Nichtberecht den GgWert des für eine wirks Vfg nach I 1 Erlangten zunächst in sein eig Verm bringt u erst hieraus einem Dr unentgeltl etwas zuwendet (BGH NJW **69**, 605); hier ggf nur § 822 gg Dr, sofern ErstEmpf aus RGrden – zB § 818 III, nicht bei § 819 – nicht mehr haftet (s § 822 Rn 1, 3).

d) Rechtsgrundlose Verfügung des Nichtberechtigten. Sehr umstr ist, ob – wie nach hM bei § 988 16
(dort Rn 4, 5) – der unentgeltl Vfg die rechtsgrdlose gleichzustellen ist. „Erlangt" ist an sich nur, was jemandem dch rechtsgült Vertr zugeflossen ist. § 816 ist daher seinem Wortlaut nach grdsätzl unanwendb, wenn die Vfg zwar rechtswirks ist, die VermVerschiebg zG des Erwerbers aber aGrd eines von vornherein nichtigen od nachträgl wieder weggefallenen (Anf, Rücktr, Wandelg) KausalGesch zw ihm u dem Nichtberecht vorgen worden ist. Unzweifelh hat hier der Erwerber die ohne RGrd empf Zuwendg herauszugeben; str ist jedoch, wem der BerAnspr zusteht. Von prakt Bedeutg ist die Unterscheidg insb dafür, ob der Erwerber die von ihm an den Nichtberecht erbrachte GgLeistg ggü dem BerAnspr in Anrechng bringen kann (vgl § 818 Rn 42, 43). – Nach der **Einheitskondiktionslehre** (vgl Grunsky JZ **62**, 207 mit weit Nachw) steht der 17
BerAnspr dem urspr Eigtümer (E) unmittelb gg den Erwerber, zB den Käufer (K) zu, weil dieser „in sonstiger Weise" ohne RGrd auf Kosten des E bereichert ist. An der Einheitlichk des BerVorgangs (§ 812 Rn 36–67) fehlt es hier nicht, weil dch den gleichen Vorgang (Vfg des nichtberecht Verk V) E sein Recht, das Eigt, verloren u K es erworben hat; daß die Übertr V vorgen hat, steht dem nicht entgg (str). In Analogie zu § 816 I 2 sei ein völl rgrdloser Erwerb noch weniger schützenswert als ein unentgeltl. Hiergg spricht jedoch, daß die Parteien (V–K) das RGesch als entgeltl gewollt haben u vielf auch bereits K eine GgLeistg an V erbracht hat, die K dem E nicht entgghalten könnte. – Nach der **Doppelkondiktionslehre** (vgl Staud-Lorenz Rdz 16ff 18
mit ausf Zusfassg über den Stand der Meingen) ist dagg K unmittelb nur auf Kosten des V bereichert, dem er Zug um Zug gg die Rückg einer evtl GgLeistg das dch die Vfg Erlangte herauszugeben hat. E hat seiners ledigl einen BerAnspr gg V auf Abtretg des BerAnspr, den dieser gg K hat. Hiergg ist aber einzuwenden, daß, da V nicht über eig Verm, sond über ein Recht des E (zB Eigt) wirks verfügt hat, er bei der Kondiktion von K mehr erhalten würde (näml Bes u Eigt), als ihm vor der rgrdlosen Vfg zugestanden hat. – **Der BGH** hat hierzu bish keine grdsätzl Stellgn bezogen. In BGH **37**, 363 hat er für einen ausdr als Sonderfall bezeichneten SachVerh (Angest V unterschlägt Geld des E u verspielt es in der Spielbank K; der SpielVertr V – K war nach § 134 nichtig) in entspr Anwendg von § 816 I 2 einen unmittelb BerAnspr des E gg K zugelassen, weil K, um die Spielgelder zu erlangen, keine GgLeistg von wirtschaftl Wert erbracht habe, so daß die Interessenlage einer unentgeltl Zuwendg gleichzuachten sei (kein Anspr E – V aus § 816 I 1, da V infolge Verlusts nichts erlangt hat). Auf die Kritik an dieser Entsch (ua Wiethölter JZ **63**, 286, Schlosser JuS **63**, 141) hat BGH **47**, 393 die früh Begr dahingehd erläutert, daß zwar die Gewinnchance des V als Entgelt angesehen werden könne, diese jedoch bei einem nichtigen SpielVertr V – K nicht als GgLeistg zu berücksicht sei. Auch in diesem Fall fehlt jedoch eine grdsätzl Entsch, da hier der SpielVertr gült war u desh weder ein unentgeltl noch ein rgrdloser Erwerb vorlag. – **Eigene Beurteilung.** Da Unentgeltlichk eine freigieb Abs voraussetzt, die bei rgrdlosen, 19
entgeltl gedachten VermVerschiebgen sicher nicht vorliegt, ist § 816 I 2 auf diesen Fall nicht, auch nicht entspr anwendb. Vielmehr kann ausschließl Verk V (rgrdlos Vfgder) unmittelb von Käufer K (Empf) den Ggst, ggf Zug um Zug gg Rückg der von diesem erbrachten GgLeistg, kondizieren (Staud/Lorenz Rn 21 mwN); der Bes geht damit auf V über, ebso das EigtR (vgl § 932 Rn 17). Eigtümer E kann von K erst nach Abtretg des BerAnspr V – K (aGrd des zw ihnen best RVerh od entspr § 816 I 1) RückÜbertr verlangen, muß sich dann aber die ggü V begründeten Einwendgen des K entgghalten lassen, § 404 (vgl zum rechtsähnl Fall des Durchgr beim Doppelmangel § 812 Rn 63–65).

4) Wirksame Leistungsannahme durch Nichtberechtigten, Abs II. Ein Fall der EingrKondiktion 20
(Stgt NJW-RR **98**, 1171). Hier bleibt der Leistde befreit, obwohl er an einen Nichtberecht geleistet hat (BGH NJW **93**, 1788). Bsp: Leistg des Schu an urspr Gläub in Unkenntn der Abtr der Fdg od eines sonst Rechts gem §§ 407, 408, 413 (BGH **26**, 185 [193], **32**, 357), wobei bei mehreren Abtr (EigtVorbeh, Globalzession) grdsätzl deren Reihenfolge entsch (§ 398 Rn 24, 25). Zahlt also iF von 2 Abtr der Schu an den Zweitzessionar (Bank), auch wenn dies nur iW einer Umbuchg geschieht, so muß dieser das Erlangte (Geld, dem Buchgeld gleichsteht) an den Erstzessionar herausgeben (BGH NJW **74**, 944), auch bei ges FdgsÜberg gem § 412 (BGH **12**, 220, Karlsr VersR **69**, 564) u bei Überleitg von Anspr dch den SozHilfeträger gem

§§ 90, 91 BSHG, auch wenn er vom Arbeitslosengeld des vermeintl UnterhSchu dch das ArbAmt gem § 48 I 1 SGB I Beträge für sich abzweigen ließ, währd sich später herausstellt, daß ein UnterhAnspr nicht bestand (BGH NJW **93**, 1788); Leistg an die in unricht AbtrAnz als Zessionar bezeichnete Pers (§ 409); Leistg des AuseinandSGuth an den Zessionar des Gters, wenn dessen Antl am GVerm nach der Abtr gepfändet wurde (BGH **105**, 206, Köln NJW-RR **94**, 1517). Zahlg des Miet- od Pachtzinses an den urspr Verm od Verp in Unkenntn der Veräußerg des Grdst od der sonst Beendigg des GläubR (§§ 574, 579, 581, 1056, 2135); der Lieferant eines EinzHändlers, dem aGrd verlängerten EigtVorbeh die KaufPrFdg aus dem Verk eines von ihm gelieferten Ggst zusteht, kann, wenn das zur Tilgg der KaufPrSchuld dem Käufer von einer TlZahlgsBank gewährte Darl an einen and Lieferanten ausgezahlt wird, von diesem die Herausg des an ihn Geleisteten verlangen (BGH NJW **72**, 1197); Unkenntn der Beteiligg mehrerer Gläub, zB bei Leistg an einen Gter (§ 710) od im FamR (§ 1473 II); Leistg an die dch ErbSch od TestVollstrZeugn fälschl ausgewiesene Pers (§§ 2367, 2368), desgl an den im GB eingetr NichtBerecht (§ 893) od an den legitimierten Inh des HypBriefs (§ 1155); Leistg an den nichtberecht Inh eines Inh- od LegitimationsPap (§§ 793, 808) od an den besitzden Nichteigtümer nach Beschädigg der Sache (§ 851); Ann der Leistg dch VersNehmer nach § 76 VVG (BGH **32**, 44 [52]). Der Empf der Leistg kann sich ggü dem BerAnspr des Berecht nicht darauf berufen, daß er gg einen and einen Anspr auf die gleiche Leistg habe. – **Genehmigung** seitens des berecht Gläub macht die Ann einer Leistg, die zunächst nicht befreiend wirkte, wirks (BGH NJW **86**, 2430). Der Berecht hat also das WahlR, ob er die Ann wirks werden lassen u das hierdch Erlangte von dem Nichtberecht herausverlangen od ob er gg den nicht befreiten Schu vorgehen will. Für konkl erteilte Gen dch Klageerhebg gilt sinngem das in Rn 9 Gesagte (BGH ZIP **90**, 1126). **Nicht unter Abs II fällt** Überweisg an Bank als bloße Zahlstelle (Konto) des Gläub, weil da die Leistg nicht an die Bank, sond an den Gläub bewirkt wird (BGH **53**, 139). Dies schließt aber nicht aus, daß bei nichtiger Globalzession der Kundenfdgen die Berufg der Bank ggü VorbehLieferanten auf ihre bloße Eigensch als Zahlstelle gg Tr u Gl verstößt mit der Folge, daß sich die Bank so behandeln lassen muß, als hätte sie die Zahlgen der Kunden nicht als bloße Zahlstelle des Gläub, sond aGrd der nichtigen Globalzession entgg gen, sodaß sie sie den VorbehLieferanten analog Abs II herausgeben muß (BGH **72**, 316). Gleiches gilt, wenn die Bank ihre Zahlstellenfunktion in and Weise als dch Globalabtretg treuwidr ggü and Gläub zu ihrem Vortl ausnutzt (Brdbg WM **99**, 267). Zum Verh zw Vorbeh-Lieferg u Globalzession § 398 Rn 24, 25. Die Factoringbank, an die der VorbehKäufer seine KaufPrAnspr gg Kunden abgetreten hat, ist nicht bloße Zahlstelle (Messer NJW **76**, 925). – Keinen Anspr auf Herausg des Geleisteten nach Abs II hat ferner der VorbehVerk (Lieferant), wenn die Bank zum Diskont einen Kundenwechsel ihres Kreditnehmers (VorbehKäufers) annimmt, obwohl dieser seine zu Grde liegde KaufPrFdg gg seinen Kunden dch verlängerten EigtVorbeh an seinen Lieferanten (VorbehVerk) abgetreten hat. Mit der Einlösg des Wechsels ggü der Bank erf näml der Kunde nicht die an den Lieferanten abgetretene KaufPrFdg, sond die an die Bank abgetretene WechselFdg u zahlt damit an den Berecht (BGH JZ **79**, 443); vgl auch § 826 Rn 57. Zahlt der Käufer an seinen Verk, der die Ware unter verlängertem EigtVorbeh erworben hatte, so hat er an den Berecht bezahlt, weil mangels abw Vereinbg Erteilg der EinziehgsErmächtigg dch den Erstverkäufer anzunehmen ist (Hbg ZIP **83**, 46).

(Randnummern: 21 bei „einen and einen Anspr …", 22 bei „Rn 9 Gesagte …")

23 **5) Gegenstand und Umfang des Bereicherungsanspruchs. – a)** Zur Frage des AnsprBerecht u des BerSchuldn s Rn 10–12, 13, 20–22.

24 **b) Das durch die Verfügung Erlangte** ist herauszugeben. Dies ist bei Abs I S 1 der GgWert, der dem Nichtberecht aGrd des seiner Vfg zGrde liegden RGesch zugeflossen ist (BGH NJW **97**, 190), bei Abs II die angenommene Leistg, bei Abs I S 2 der unentgeltl weggegebene Ggst. Nicht dagg ist der übl VerkWert des betr Ggst zu ersetzen, mag dieser auch höher sein als das tats Erlangte. § 818 II ist insow dch die Sonderbestimmg des § 816 ausgeschl (Hamm NJW-RR **95**, 1010); s aber § 818 Rn 17, 18 (WertErs für Erlangtes). Herauszugeben ist auch der anläßl der Vfg erzielte **Gewinn,** auch wenn er allein auf den bes Umst dieses VfgsFalles, zB auf der Tüchtigk des nichtberecht Verk beruht (BGH **29**, 157 u WM **75**, 1179). Hieran ist trotz vielf Ablehng (Soergel-Mühl Rn 29, Larenz-Canaris SchR II 2 § 72 I 2a; differenzierd Staud/Lorenz Rn 23 ff) festzuhalten. Richtig an dieser Kritik ist, daß der Anspr auf Herausg auch des ÜberPr von dem das BerR sonst beherrschden Grds des VermAusgl abweicht u sonst nur in den Fällen der angemaßten EigGeschFg nach § 687 II gegeben ist. Anderers spricht schon der eindeut Wortlaut des § 816 für die Meing der Rspr. Das Recht, den Ggst gewinnbringd zu verwerten, steht grdsätzl nur dem berecht RInh zu. Auch würden sich andernf nicht unerhebl BewSchwierigk ergeben. Die GgMeing führt im übr vielf zu dem gleichen Ergebn, da zunächst einmal vermutet wird, daß der Erlös dem wahren Wert entspr. Etw grobe Unbilligk sind über § 242, ggf auch nach § 818 III (Aufw, s Rn 25) auszugleichen. Hat der Dieb (nichtberecht Vfgder) bereits SchadErs geleistet, so wird hierdch auch der Abnehmer des Diebes, der die Sache weiterveräußert hat, von dem BerAnspr des § 816 I 1 befreit, da beide wie GesSchu zu behandeln sind; ein Anspr des Diebs gem § 255 gg den Eigtümer auf Abtr des BerAnspr gg den Nichtberecht scheidet desh aus (BGH **52**, 39).

25 **c) Der Umfang** des BerAnspr des § 816 richtet sich i ü nach §§ 818, 819. Der AnsprGegner, dh bei Abs I S 1 u Abs II der nichtberecht Vfgde, kann also insb seine **Aufwendungen,** die er ohne die Vfg nicht gehabt hätte, abziehen, nicht aber die einem Dr gewährte GgLeistg, um den Ggst von einem and als dem Berecht zu erhalten, zB den gutgl an den Dieb bezahlten Kaufpr (§ 818 Rn 42, 43). Er kann sich ferner, soweit er nicht gem § 819 verschärft haftet, auf den Nichteintritt od Wegfall der Ber (§ 818 III) berufen (BGH **9**, 333), zB nach Abführg des VerkErlöses dch den als Nichtberecht verfügden Kommissionär an seinen AuftrG (BGH **47**, 128: Ber höchstens noch in Höhe der VerkProv). Der dem SchadErsR angehörde § 255 ist auf den BerAnspr des § 816 auch nicht entspr anwendb; der Nichtberecht kann daher nicht als GgLeistg für die Herausg des dch die wirks Vfg Erlangten die Abtr von ErsAnspr, zB gg den Dieb des veräußerten Ggst, verlangen (BGH **29**, 157). Zur Anwendbark des § 255 bei SchadErsLeistg des Diebs s BGH **52**, 39 u Rn 24.

26 **6) Beweislast.** Der AnsprBerecht trägt die BewLast für alle Vorauss des BerAnspr (vgl auch § 812 Rn 103 ff). So für die Nichtberechtigg des Verfügden od des Empf, unterstützt dch Vermutgen wie § 1006 (BGH WM **95**, 534), sowie für die Wirksamk der Vfg od der Ann dem Berecht ggü, im Fall des I 2 auch für die Unentgeltlichk der Vfg, ferner für den Umfang des Erlangten.

817 *Verstoß gegen Gesetz oder gute Sitten.* **War der Zweck einer Leistung in der Art bestimmt, daß der Empfänger durch die Annahme gegen ein gesetzliches Verbot oder gegen die guten Sitten verstoßen hat, so ist der Empfänger zur Herausgabe verpflichtet. Die Rückforderung ist ausgeschlossen, wenn dem Leistenden gleichfalls ein solcher Verstoß zur Last fällt, es sei denn, daß die Leistung in der Eingehung einer Verbindlichkeit bestand; das zur Erfüllung einer solchen Verbindlichkeit Geleistete kann nicht zurückgefordert werden.**

1) Allgemeines. – a) Inhalt. § 817 enth zwei Sonderregelgen: Nach **Satz 1** hat Leistder ein RückfdgsR, wenn ledigl der Empf der Leistg dch deren Ann gg das G od Sittengebot verstößt. S 1 ist hier zwar ein Sonderfall des vielf gleichzeit gegebenen allg BerAnspr aus § 812 I 1, enth aber einen nach seinen Vorauss selbstd geregelten BerTatbestd. Prakt Bedeutg hat die Vorschr vor allem für die Fälle, in denen die Gültigk des ErfGesch mit Rücks auf dessen selbstd, abstr Charakter von der Nichtigk des ges- od sittenw GrdGesch nicht ergriffen wird u ein BerAnspr aus § 812 (wg Erf einer Nichtschuld) nach § 814 (Kenntn der Nichtschuld) ausgeschl wäre; § 814 gilt ggü § 817 S 1 nicht (BGH **LM** § 762 Nr 1). Gült Grd-, nichtiges ErfGesch Rn 10. – Nach **Satz 2** ist die Rückfdg aber grdsätzl ausgeschl, wenn dem Leistden gleichf ein solcher Verstoß zur Last fällt, also sowohl Empf wie Leistder verwerfl handeln. Hierdch wird der RSchutz für in vorwerfb Weise erbrachte Leistgen zum Nachteil des sich selbst außerh der ROrdng stellden Leistden versagt (Rn 13–25). S 2 enthält eine **allgemeine Regel für alle Bereicherungsansprüche** bei LeistgsKondiktion, steht also als Einwdg auch Anspr aus § 812 entgg, wenn nur der Leistd verwerfl gehandelt hat (BGH **50**, 90, NJW-RR **93**, 1457). 1

b) Anwendungsbereich. § 817 gilt seinem klaren Wortlaut nach **nur für Leistungen,** dh für alle BerAnspr aus Leistgskondiktion (§ 812 Rn 2–9), nicht auch für das „in sonstiger Weise" (§ 812 Rn 10–15) Erlangte, also nicht bei EingrKodiktion, auch aus § 816 (BGH WM **67**, 1217). S 2 gilt ferner nicht ggü der Einrede der Ber gem § 821 (BGH JR **58**, 299). – **Keine entsprechende Anwendung** von Satz 2 wg seines AusnCharakters über das Gebiet der BerAnspr hinaus (BGH **44**, 1), also nicht bei Anspr aus Vertr (BGH DB **55**, 1163), aus unerl Hdlg (BGH NJW **92**, 310), aus GoA (BGH **39**, 87), also auch nach Ausf eines nichtigen Auftr (BGH NJW-RR **93**, 200), aus Wandelg (RG **105**, 65) od ggü der Künd bzw dem Ausschl eines Gters (BGH **31**, 295), bei Anspr aus dem EigtümerBesitzerVerh (BGH **LM** Nr 1 u Nr 20; offen gelassen in BGH **31**, 295), ggü dem Anspr auf Herausg v Nutzgen nach § 987 (BGH **63**, 365), sowie ggü dem Anspr auf VerwendgsErs nach § 994 (BGH **41**, 341). And teilw die Literatur (näher Einl 13 v § 854). 2

c) § 817 ist zwingend (BGH **LM** § 762 Nr 1). Desh ist auch S 2 als rechtshindernde Einwdg vAw zu beachten; ungenau daher BGH **36**, 232 („vorbehaltl der Einrede des § 817 S 2"). 3

d) Der **Umfang der Herausgabepflicht** aGrd eines BerAnspr nach S 1 ist gem §§ 819 II, 818 IV verschärft. 4

e) Internationales Privatrecht. Die ausländ ROrdng, die einen Ausschl des BerAnspr gem § 817 S 2 nicht kennt, verstößt deswg noch nicht gg den ordre public des Art 6 EGBGB (BGH NJW **66**, 730). 5

2) Gesetzes- oder Sittenverstoß des Leistungsempfängers (S 1).

a) Allgemeine Voraussetzungen. S 1 enth für einen Sonderfall der Leistgskondiktion einen selbstd geregelten BerTatbestd (Rn 1–5). Es müssen daher alle sonst Vorauss eines BerAnspr aus Leistgskondiktion gegeben sein (BGH NJW-RR **98**, 1284 [1285]), zB VermVerschiebg zw Benachteil u Bereichertem sowie die Einheitlichk des BerVorgangs (§ 812 Rn 35–67) aGrd einer „Leistg" (§ 812 Rn 2–9), auch iS des § 812 II. Gleichgült ist, ob der Empf die Leistg im Hinbl auf einen künft Erfolg od für vergangene Tätigk angen hat, zB als Belohng für geleistete Dienste, deren Bezahlg verbots- od sittenw ist (Rn 12). Erforderl ist aber, daß der unmittelb Zweck der Leistg so bestimmt ist, daß der Empf gerade dch die Ann gg ein G- od Sittenverbot verstößt. Daher genügt zB nicht bloßes Mitwirken von unsittl BewegGrden beim Empf, desgl nicht eine an sich untersagte Leistg, die aber einem erlaubten Zweck dient; vielm ist Vorauss, daß der Hauptzweck der Leistg verboten od sittenw ist (Br WM **91**, 1253). Werden aGrd eines einheitl Vertr mehrere Leistgen erbracht, so ist jede von ihnen hins des mit ihr verfolgten Zwecks gesondert zu würdigen (BGH NJW **62**, 1148 für § 817 S 2). 6

b) Rechtswirkungen. Bei G- od Sittenverstoß des LeistgsEmpf ist zw der Wirksamk des Grund- (Kausal-) u des Leistgs(Erf-)Geschäfts zu unterscheiden. RGesch, die gg ein ges Verbot od gg die guten Sitten verstoßen, sind nach §§ 134, 138 nichtig. Die Nichtigk kann entw nur das GrdGesch od nur das LeistgsGesch od beide ergreifen (s hierzu Übbl 15–22 vor § 104; Einl 17 vor § 854): – **aa) Grundgeschäft nichtig, Erfüllungsgeschäft gültig.** Vielf ist ledigl das KausalGesch wg Verstoßes gg §§ 134, 138 nichtig. Inf der abstr Natur des oftmals wertneutralen ErfGesch erstreckt sich die Nichtigk des GrdGesch nicht von vornherein auf das ErfGesch, sofern nicht gerade der mit ihm bezweckte Erfolg verboten od sittenw ist; zur Eingehg einer Verbindlichk s Rn 16. Hier ist HerausgAnspr schon aus § 812 I 1 begr. § 817 S 1, der gleichzeit anwendb ist, hat prakt Bedeutg für die Fälle, in denen § 812 dch § 814 ausgeschl ist (Rn 1). – **bb) Grund- und Erfüllungsgeschäft sind nichtig,** wenn nach dem jew G (Auslegg) auch die VermVerschiebg (Erfolg) verboten ist (§ 134 Rn 13) od – wie gerade bei Verstößen gg die guten Sitten nicht selten – die Sittenwidrigk gerade im LeistgsGesch ggü dem GeschGegner ihren Ausdr findet, zB beim WucherGesch des § 138 II (§ 138 Rn 49). Zur Frage der Nichtigk auch des ErfGesch über § 139, insb wenn der mit der Leistg verfolgte Zweck Bdgg des LeistgsGesch ist, s § 139 Rn 7–9. In diesen Fällen ist die Leistg – mit Ausn des Bes (§ 812 Rn 71, 18–22) – nicht in das Verm des LeistgsEmpf übergegangen. Der Leistde kann also entw die Sache nach § 985 (zur Anwendbark von § 817 S 2 s Rn 2) od den Bes bzw WertErs nach §§ 812 I 1, 817 S 1, 818 II herausverlangen; wicht insb, wo Vindikation, zB inf Untergangs der Sache nicht zum Erfolg führt. § 812 ist hierbei ohne Rücks auf die Verbots- od Sittenwidrigk der LeistgsAnn anwendb. – **cc) Grundgeschäft gültig, Leistungsannahme verbots- oder sittenwidrig.** Dieser Fall liegt bei VerbotsG vor, die zwar das GrdGesch unberührt lassen, weil der mit der Leistg verfolgte Zweck als solcher nicht zu beanstanden ist, die aber, zB aus wirtschlenkden Grden, die Mitwirkg einer best Pers beim VertrSchluß verbieten u so die 7 8 9 10 bloße Ann der Leistg als gg ein G od Sittengebot verstoßd erkl. Hier ist, da für den Empfang der Leistg ein rechtf Grd gegeben ist, § 812 nicht anwendb, ein BerAnspr nur nach § 817 S 1 eingeräumt.

11 **c) Positive Kenntnis.** Der Empf muß posit Kenntn von dem GVerstoß bzw das Bewußtsein haben, sittenw zu handeln (BGH NJW **80**, 452); wer allerdings leichtfert vor dem Verbot bzw der Sittenwidrigk seines Handelns die Augen verschließt, ist wie ein bewußt Handelnder zu behandeln (BGH NJW **89**, 3217, Celle NJW **96**, 2660). Nicht erforderl ist das Bewußtsein der VertrNichtigk od ein leichtfert Sichverschließen vor dieser RFolge des Verstoßes (BGH NJW **93**, 2108). Nicht ausreichd ist bloßes Kennenmüssen des Verbots; selbst grobfahrl Handeln gg ein ges Verbot reicht nicht aus (BGH **50**, 90 „Wissen u Wollen"; aA Soergel-Mühl Rn 31, 35; s hierzu unten Rn 19). Danach ist auf Seite des Empf DeliktsFgk erfdl (RG **105**, 270). Bei Handeln eines Vertr entsch dessen Kenntn, § 166 I (§ 814 Rn 7); zum KonkVerw s Rn 21.

12 **d) Einzelfälle.** Beisp von nichtigen RGesch wg ZuwiderHdlg gg ein ges Verbot finden sich ausführl in § 134 Rn 14 ff, desgl für Verstöße gg die guten Sitten in § 138 Rn 41 ff; dort auch jew zur Frage, ob nur das GrdGesch od auch das ErfGesch nichtig ist. Entsch für § 817 S 1 ist, ob der unmittelb Zweck der Leistg gerade deren Ann verbots- od sittenw macht. Dies ist ua der Fall bei Schenkg einer Gem unter grober Verletzg haushaltsr Bestimmgen (BGH **36**, 395). GeldAnn zur Verschaffg eines Titels, Ordens, Amtes (BGH NJW **94**, 187), aGrd einer Erpressg od dch einen Beamten für die Vorn einer AmtsHdlg sowie Ann sonst Schmiergelder (hier ist allerd meist S 2 gegeben; s Rn 25). GeldAnn gg das Verspr, eine Straftat nicht anzuzeigen (RG **58**, 204). Zuwendgen eines Verheirateten an seine Geliebte vgl § 138 Rn 50. Bei wg § 138 nichtigem Darl (Ratenkredit) hat der DarlEmpf Anspr auf Rückgewähr aller ohne RechtsGrd geleisteten Zahlgen wie BearbeitgsGebühr, Zinsen, Vermittlgskosten u die Hälfte der Prämien, die er für VersSchutz bezahlt hat; dies auch, wenn der DarlVertr bereits voll abgewickelt war (BGH NJW **83**, 1420 u 2692; Besprechg Bunte NJW **83**, 2674).

13 **3) Gesetz- od Sittenverstoß des Leistenden (S 2).** Die Rückfdg ist trotz Ges- od Sittenverstoßes des Empf ausgeschl, wenn dem Leistden gleichf – od allein (Rn 1) – ein solcher Verstoß zur Last fällt, sofern die Leistg nicht in der Eingehg einer Verbindlichk bestand. Der SatzgsVerstoß ist dem GesVerstoß nicht gleichzusetzen, S 2 gilt dafür also nicht (Köln NJW **71**, 1367: Handgeld an FußballVertrSpieler).

14 **a) Bedeutung.** S 2 versagt die gerichtl Durchsetzbark für die Rückabwicklg eines zweifelh Gesch. Wer sich selbst außerh der Sitten- od ROrdng stellt, soll hierfür keinen RSchutz erhalten (BGH **36**, 395, **44**, 1 [6]). Das hat zur Folge, daß bei zweiseit RGesch der Vorleistde auf eig Risiko handelt, da er wg der Nichtigk des RGesch weder Erf verlangen noch seine eig Leistg zurückfordern kann. Dies kann leicht zu unbill Ergebn führen. Literatur u Rspr halten desh weitgehd die Vorschr für gesgeber verfehlt. – **Keine entsprechende Anwendung,** vielmehr ist S 2 als AusnVorschr eng auszulegen, um Unbilligk in der Anwendg dieser Vorschr, die sonst nicht in das Gefüge des BerR paßt u als Einwdg vAw zu beachten ist, möglichst auszuschl (BGH **35**, 103 [109]). Im einz kommen insow in Betr:

15 **aa) Gesetzlicher Ausschluß.** In einer Reihe von Fällen ist bzw war die Anwendg des S 2 gesetzl ausgeschl, so bei Leistgen entgg mietpreisr Vorschr, § 30 1. BMG; Rückfdg unzul FinanziergsBeitr, § 50 IV 2 WohnbauG; Zahlgen an WohngsVermittler, auf die kein Anspr bestand, § 5 S 1 Hs 2 G zur Regelg der WohngsVermittlg (abgedr Einf 14 vor § 652); Schmiergelder des TransportUntern, § 23 II 4 GüKG (hierzu
16 BGH NJW **63**, 102). – Bestand die Leistg in der **Eingehung einer Verbindlichkeit,** so ist nach S 2 aE die Rückfdg gleichf nicht ausgeschl. Der gesgeber Grd für diese Ausn liegt darin, daß ein zwar verbots- od sittenw, aber noch unfert Gesch nicht zwangsw dchgeführt werden soll. Der Versprechde kann sowohl Befreiung von der Verbindlichk als auch deren Erf einredew (§ 821) verweigern. Hat er aber erfüllt, so ist ihm wiederum die Rückfdg kr ausdr ges Vorschr versagt. Eingehg einer Verbindlichk ist auch das abstr Schuldverspr od Anerk (§ 812 Rn 12, 13), ein Wechselakzept (BGH NJW **94**, 187), auch die Bestellg einer Hyp wg ihrer Abhängigk von der Fdg; nicht aber die Bestellg einer GrdSch anstelle einer Zahlg, weil sie bereits einer Erf gleichsteht. Auch der Erl einer Verbindlichk od der Verz hierauf sind Erf, nicht Eingehg einer Verbindlichk; daher insow kein RückfdgsR (RG **100**, 159).

17 **bb) Voraussetzung** einer **Leistung** iS des S 2 ist, daß der **Vermögensvorteil endgültig** in das Verm des LeistgsEmpf **übergegangen** ist u dort auch verbleiben soll (BGH NJW **95**, 1152 u ZIP **95**, 456). Daher ist S 2 unanwendb, wenn die Leistg nur zu einem vorübergehden Zweck erbracht ist u ihrer Natur nach zurückgewährt werden muß, wie bei Bestellg einer GrdSch zu SichgsZwecken (BGH **19**, 205), bei Darl an BordellInh (Mü MDR **77**, 228), bei sittenwidr TlZahlgsKrediten (BGH NJW **83**, 1420) od wenn der Empf wirtsch nicht endgült in dem Genuß der Leistg verbleiben soll, es sich also prakt nur um durchlaufde Posten handelt, wie bei Kautions- od TrHdZahlgen (BGH **28**, 255, ZIP **94**, 129 [132], BGH ZIP **95**, 456). Zum RückfdgsAnspr des Wucherers s Rn 23.

18 **cc) Maßgebender Zeitpunkt** für die Anwendbark des S 2 ist allein der Zeitpkt der Leistg. Weder eine spätere sittenw Abrede (BGH **LM** § 1 a KWVO Nr. 4) noch die spätere Verletzg einer Verbotsnorm stehen dem RückfdgsAnspr entgg. S 2 ist auch nicht anwendb auf die Rückfdg einer Anzahlg auf einen noch nicht zustandegekommenen, möglicherw geswidr KaufVertr (BGH NJW **65**, 1432). – **Bei konkurrierenden Beweggründen,** sittenw u sittl einwandfreien, ist ein BerAnspr nicht ausgeschl, wenn die Leistg dch die einwandfreien Motive hinreichd gerechtf ist (BGH **35**, 103 [108]). **Bei mehreren Leistungen,** die in einem Vertr vereinb sind, ist der Ausschl des RückfdgsR nach S 2 für jede Leistg gesondert zu prüfen (BGH NJW **62**, 1148, BGH **50**, 90: § 139 nicht anwendb).

19 **dd) Vorsatz.** Der Leistde muß vorsätzl verbots- od sittenwidr – wie bei S 1, vgl Rn 11 – gehandelt haben (BGH **50**, 90), wobei auch hier leichtfert Handeln vorsätzl Ges- bzw Sittenverstoß gleichsteht (BGH NJW **83**, 1420, NJW **89**, 3217; näher Rn 11; die dort genannte ggteil Meing zu S 1 läßt sich auf den Ausschl des BerAnspr nach S 2 im Interesse von dessen einschränkder Anwendg keinesf übertr). Diese Voraussetzg fehlt zB vielf bei dem Bewucherten (unten Rn 23). Der Leistde muß daher gleichf deliktsfäh sein (RG **105**, 270).

20 **ee) Weitere Einschränkungen** im **Anwendungsbereich** des S 2 macht die Rspr zur Vermeidg von unbill Ergebn je nachdem, ob der Schutzzweck des ges Verbots die Rückabwicklg verbietet od eher fordert

(Köhler JZ **90**, 466 bei nichtigem SchwarzArbVertr). So bewirkt die Nichtigk eines ganzen Vertr gem §§ 134, 139 nicht zwangsläuf, daß damit auch alle seine Tle bei Anwendg des § 817 I 2 gleich zu beurt sind (BGH NJW-RR **97**, 564). Auch steht S 2 dem Anspr des Verleihers auf Erstattg der an die LeihArbN bezahlten Löhne gg den Entleiher iF unerl ArbNÜberlassg (Art 1 §§ 1, 9, 10 AÜG; Einf 38–40 vor § 611) nicht entgg (BGH **75**, 299); ebso nicht dem Anspr auf Rückerstattg eines Betr, den Eltern eines Auszubildden an den Ausbilder für die Berufsausbildg bezahlt haben (BAG NJW **83**, 783). Eine Umgehung des S 2 (zB Umwandlg eines verbots- od sittenw RGesch in einen DarlVertr) kann seine Anwendg nicht ausschl (BGH **28**, 164). – **Treu und Glauben.** S 2 kann wg § 242 nicht eine VermVerschiebg als endgült sanktionieren, die als unbill angesehen werden müßte, weil ein von der ROrdng nicht gebilligter Zustand dch Ausschl eines RückfdgsR nicht legalisiert werden darf (BGH **111**, 308: WertErs bei SchwarzArb; § 818 Rn 22). Dch Anwendg des allg Grds von Treu u Gl im RVerk, der gerade auch für den Ausgleich ungerechtf VermVerschiebgen im BerR gilt (Einf 1, 2, 25 vor § 812), lassen sich die oftm unbill Ergebn bei der Anwendg des S 2, insb bei einseit Vorleistgen, weitgehd ausschalten (Rn 24: Bordellkauf).

b) Hat der Leistde als **Vertreter** gehandelt, so geht sein G- od Sittenverstoß zu Lasten des Vertretenen (BGH **36**, 395). Der **Rechtsnachfolger,** auch Erbe, muß sich den Sittenverstoß seines RVorgängers entgghalten lassen, selbst wenn sich die Sittenwidrigk der Hdlg gerade gg den RNachf (Erben) richtete (RG **111**, 151); auch hier helfen jedoch ggf §§ 242, 826. Auch der **Insolvenzverwalter** kann wg S 2 nichts zurückfordern, wenn der GemSchu dch seine Leistg gg ein gesetzl Verbot od gg die guten Sitten verstoßen hat (BGH **106**, 169 unter Aufg der fr Rspr). 21

c) Einzelfälle. – aa) Verstoß gegen Preisvorschriften spielt prakt keine große Rolle. Für das RückfdgsR gilt die spezielle ges Regelg. Wo eine solche fehlt, kommt es auf den EinzFall an, insb darauf, ob bestehde PrVorschr ausschließl od doch in erster Linie den Schutz eines wirtsch Schwächeren bezwecken, so daß der Ausschl des RückfdgsR bei Verstoß od Überzahlg in bes Maße gg Treu u Gl verstoßen würde. 22

bb) Darlehen. Dem RückfdgsAnspr steht trotz der Nichtigk des DarlVertr S 2 nicht entgg, weil dem DarlN nicht endgült die Substanz, sond nur die zeitweil Nutzg des Kapitals überlassen ist (oben Rn 17). Desh kann sich der DarlN grdsätzl nicht auf den Wegfall der Ber hins der Hauptsache (DarlKapital) berufen (BGH WM **99**, 724), sond nur dann, wenn die ZweckVerfolgg bei einem sittenwidr Darl von vornherein mit einem dem DarlG bekannten Risiko verbunden war, dieses Risiko sich verwirklicht hat u der DarlN deswegen nicht mehr bereichert ist (BGH NJW **95**, 1152). Der Inhalt des nichtigen DarlVertr ist aber nicht ohne jede Bedeutg; vielm ist das Darl in der vertragl vereinb Zeitfolge zurückzuzahlen (BGH **99**, 333 [338], NJW **89**, 3217). Ein ZinsAnspr bis zur Fälligk der einz RückzahlgsRaten besteht weder aGrd des (nichtigen) DarlVertr, noch aus BerR, da einem BerAnspr aus § 818 I, II der Ausschl nach § 817 S 2 entggsteht (BGH aaO). Das gilt auch, wenn das Darl nicht wucherisch, sond nach § 138 I (BGH NJW **83**, 1420, NJW **95**, 1152) od gem § 134 (BGH WM **89**, 1083, NJW **93**, 2108) nichtig ist. RückzahlgsAnspr des DarlEmpf vgl oben Rn 12. 23

cc) Bordellkauf. Die Nichtigk des GrdGesch ergreift hier grdsätzl nicht das wertneutrale ErfGesch, so daß der Käufer dch Aufl u Eintr Eigtümer des Grdst wird. Ist eine RestkaufgeldHyp bestellt, so würde S 2 zu dem unbefriedigden Ergebn führen, daß der Verk weder die persönl Fdg od die Hyp geltd machen, noch Rückg des Grdst verlangen kann, da die Hyp mangels wirks Fdg gem §§ 1163, 1177 zur EigtümerGrdSch geworden ist u dem BerAnspr auf Rückg des Grdst § 817 S 2 entggstünde. Hier hat schon RG **71**, 432 den Einwand der allg Argl ggü der Berufg des Käufers auf S 2 zugelassen, da es gg die guten Sitten verstoße, wenn der Bordellkäufer zwar Befreig von der vertragl Verpfl begehre, das unsittl Erlangte, näml das zu Bordellzwekken gekaufte Grdst, aber gleichwohl behalten wolle. Ähnl, wenn auch zT mit and Begr, BGH **41**, 341 (pachtw Überlassg eines Grdst zu Bordellzwecken; dem Anspr auf sof Rückg steht § 817 S 2 nicht entgg, auch nicht – wie bei einem wucher Darl – Überlassg für die Dauer der vereinb Pachtzeit, da sonst der von der ROrdng nicht gebilligte Bordell-Betr legalisiert würde u da § 138 Vorrang vor § 817 S 2 haben muß) u BGH WM **69**, 1083 (Rückfdg einer Kaution für Bordellpacht nicht ausgeschl). 24

dd) Sonstiges. RückfdgsAnspr ausgeschl für DarlHingabe in GewinnerzielgsAbs zu verbotenem Spiel (§ 762 Rn 8–10, BGH **LM** § 762 Nr 1, Nürnb MDR **78**, 669) od zum Abschl einer Scheinehe zwecks Täuschg ausländ Behörden (Düss FamRZ **83**, 1023). Ggf § 817 S 2 auch ggü Rückfdg des Gewinns dch Spielbank bei nichtigem SpielVertr (BGH **37**, 363), desgl bei Leistgen, die gg ein tarifvertragl Verbot verstoßen (BAG NJW **57**, 726) od die auf einer nach § 59 BetrVG ungült BetrVereinbg (Einf 73, 74 vor § 611) beruhen (BAG BB **63**, 348). Vergütg für Verschaffg eines Titels (Köln NJW-RR **94**, 1540, Kblz NJW **99**, 2904, Weiler NJW **97**, 1053) od eines sonst nicht gerechtf Vort wie Schweige- u Schmiergelder. Nach RBeratgsMißbrG verbotene Beratg begr keinen vertragl ErfAnspr; WertErs hierfür (§ 818 Rn 19–25) u Rückfdg des Geleisteten sind nach S 2 ausgeschl (BGH **50**, 90). Geschenke für außerehel GeschlechtsVerk, falls zur Förderg u Fortsetzg des ehebrecher Verh gewährt (BGH **35**, 103 u **53**, 369: Würdigg aller Umst, § 138 Rn 66); desgl grdsätzl ggü Anspr auf Rückg einer widerrufenen Schenkg (§ 531), wenn Schenker gleichf gg die guten Sitten verstieß (BGH MDR **60**, 384); dies aber noch nicht bei Überlassg eines Grdst an Geliebte, um dort mit ihr zuzuleben (BGH **35**, 103). Rückzahlg von Handgeld dch FußballVertrSpieler, wenn es zu dem angebahnten Vereinswechsel nicht kommt (Köln NJW **71**, 1367). Nicht geswidr ist Zahlg u Ann des vereinb Mehrpreises bei GrdstKauf iF der FalschBeurk (BGH WM **83**, 1340). 25

4) Beweislast. Es gelten die allg Regeln (§ 812 Rn 103 ff). Der AnsprBerecht hat desh bei S 1 die AnsprVorauss, insb Leistg, G- od Sittenverstoß des Empf u dessen Kenntn hiervon zu beweisen, bei S 2, daß die Leistg in der Eingehg einer Verbindlichk bestand (Staud/Lorenz Rn 26). Der Bereicherte hat zu beweisen, daß dem Leistden gleichf ein derart Verstoß (S 2) zur Last fällt. 26

818 ***Umfang des Bereicherungsanspruchs.*** **I Die Verpflichtung zur Herausgabe erstreckt sich auf die gezogenen Nutzungen sowie auf dasjenige, was der Empfänger auf Grund eines erlangten Rechtes oder als Ersatz für die Zerstörung, Beschädigung oder Entziehung des erlangten Gegenstandes erwirbt.**

II Ist die Herausgabe wegen der Beschaffenheit des Erlangten nicht möglich oder ist der Empfänger aus einem anderen Grunde zur Herausgabe außerstande, so hat er den Wert zu ersetzen.

III Die Verpflichtung zur Herausgabe oder zum Ersatze des Wertes ist ausgeschlossen, soweit der Empfänger nicht mehr bereichert ist.

IV Von dem Eintritte der Rechtshängigkeit an haftet der Empfänger nach den allgemeinen Vorschriften.

1) Allgemeines . . . 1–4
a) Umfang der Herausgabepflicht . . . 1, 2
b) Maßgebender Zeitpunkt . . . 3
c) Sonstiges . . . 4
2) Herausgabe des Erlangten . . . 5–7
a) Herausgabe in Natur . . . 5
b) Inhalt der Herausgabepflicht . . . 6
c) Nur teilweise ungerechtfertigte Vermögensverschiebung . . . 7
3) Nutzungen (I 1) . . . 8–13
a) Begriff . . . 8
b) nur tatsächlich gezogene Nutzungen . . . 9
c) Zinsen . . . 10
d) Nutzungen aus Surrogaten . . . 11
e) Wegfall der Bereicherung . . . 12
f) Auskunft und Rechnungslegung . . . 13
4) Surrogate (I 2) . . . 14, 15
a) auf Grund eines erlangten Rechts . . . 14
b) als Ersatz für Zerstörung, Beschädigung u. a. . . . 15
5) Wertersatz (II) . . . 16–26
a) Objektive Unmöglichkeit und Unvermögen . . . 16
b) Beispiele . . . 17, 18
c) Wertersatz in Geld . . . 19–25
d) Maßgebender Zeitpunkt für Wertermittlung . . . 26
6) Beschränkung auf die Bereicherung (III) . 27–50
A) Allgemeines . . . 27–29
a) Saldierung . . . 28, 29
b) Zusammenhang der Vor- und Nachteile . 30
c) Grund des Wegfalls der Bereicherung . . 31
d) Gesamthand . . . 32
e) dispositive Natur . . . 33
B) Das Erlangte ist nicht mehr vorhanden . 34
a) Luxusausgaben . . . 35
b) Nicht mehr deckendes Aktivvermögen . . 36
c) Weggabe von Sachen . . . 37
d) Tilgung eigener Schulden . . . 38
e) Anspruch gegen Dritten . . . 39
C) Das Erlangte ist noch vorhanden . . . 40
a) Abzug von Verwendungen . . . 41
b) Kosten des Erwerbs . . . 42, 43
c) Folgeschäden . . . 44
d) Sonstige Vermögensnachteile . . . 45
D) Berücksichtigung der Gegenleistung . . 46
a) Zweikondiktionenlehre . . . 47
b) Saldotheorie . . . 48
c) Notwendige Einschränkungen der Saldotheorie . . . 49
E) Durchsetzung des Bereicherungsanspruchs . . . 50
7) Haftungsverschärfung bei Rechtshängigkeit (IV) . . . 51–54
a) Anwendungsbereich . . . 51
b) Verweisung auf die „allgemeinen Vorschriften" . . . 52
c) Wegfall oder Minderung der Bereicherung . 53
d) Schuldnerverzug . . . 54
8) Beweislast . . . 55

1 **1) Allgemeines. a)** §§ 818 bis 820 regeln ergänzd den **Umfang der Herausgabepflicht** bei Vorliegen einer ungerechtf Ber. Sie setzen voraus, daß ein BerAnspr aus §§ 812, 816, 817 S 1 auf Herausg des dch die VermVerschiebg Erlangten bereits besteht, was insb bei RVerändergen kr Ges zweifelh sein kann (§ 812 Rn 96–98); bestand dagg zB ein Anspr aus § 985, so kann die wirks Veräußerg einer Sache dch den Nichtberecht nicht zu einem WertErsAnspr nach § 818 II, sond nur zum – hierdch erst ausgelösten – BerAnspr nach § 816 I 1 auf Herausg des Erlöses (§ 816 Rn 24) führen. Entspr dem GrdGedanken des BerR (Einf 1, 2 vor § 812) hat § 818 zum Inhalt, daß – abgesehen von den Sonderfällen der verschärften Haftg nach §§ 818 IV, 819, 820 die RückgPfl des Bereicherten nicht über das obj Maß der Ber hinausgehen darf. Da der Empf dch die ungerechtf VermVerschiebg weder wirtsch Vort noch Schad haben soll, entscheidet für den Umfang des BerAnspr nicht die Entreicherg des AnsprBerecht, sond allein die hiermit nicht zwangsläuf übereinstimmde
2 (§ 812 Rn 33, 34) **Höhe der Bereicherung** (BGH WM **66**, 369, Hbg MDR **70**, 926). Von großer prakt Bedeutg ist hierbei der Grds, daß sich der Ausgl mit den Nachteilen, die dem Bereicherten anläßl des BerVorgangs entstanden sind, nicht nach den Grds der Aufr od des ZbR bemißt, sond daß es von vornherein nur einen einheitl, in sich beschr BerAnspr gibt, der sich nach dem Überschuß des erlangten VermVort über die Aufw berechnet (**Saldo;** näher Rn 48). Dies gilt auch für die Tatbestd der §§ 819, 820, soweit es sich darum handelt, ob überh eine Ber vorliegt (BGH **55**, 128). Für die Bemessg des Umfangs der HerausgPfl ist ein obj Maßstab anzulegen; ein Versch des Bereicherten ist unerhebl (BGH **37**, 371). Im EinzFall kann aber § 242 ein and Ergebn bedingen (Einf 25 vor § 812; s auch unten Rn 48).

3 **b) Maßgebender Zeitpunkt** ist grdsätzl die Entstehg des BerAnspr auch für dessen Umfang. Das ist regelm der der VermVerschiebg, zB bei § 816 der Ztpkt der Vfg ohne RGrd, bei § 812 I 2 Fall 1 der Ztpkt, in dem der RGrd wegfällt (BGH NJW **95**, 53); bei Errichtg eines Bauwerks vgl § 951 Rn 16. Besonderh gelten für den BerAnspr wg Nichteintritts des mit der Leistg bezweckten Erfolgs (s § 812 Rn 86–92). Zum maßg Ztpkt für die Berechng des WertErs nach Abs II s Rn 26.

4 **c) Sonstiges.** Üb die **Konkurrenz** der BerAnspr mit and ErsAnspr sowie aus Vertr s Einf 10–14 vor § 812 u § 816 Rn 5; darü, daß Anspr aus ungerecht Ber insow ausgeschl ist, als die Leistg in der SchadErsPfl aus unerl Hdlg ihren RGrd findet, s § 812 Rn 68–100 u § 463 Rn 24. Zur Geltg des § 818, insb Abs III, im **öffentlichen Recht** s Einf 20–23 vor § 812. Zur Pers des AnsprBerecht u des BerSchu s § 812 Rn 41–43 (Leistgskondiktion), Einf 29 vor § 812 (mehrere Bereicherte u AnsprBerecht) sowie § 816 Rn 10–12, 14 (EingrKondiktion dch Vfg eines Nichtberecht). Üb den Anspr auf AuskErteilg u ggf RechngsLegg bei Herausg eines SachInbegr s § 812 Rn 101–103 u §§ 259–261 Rn 6–16.

5 **2) Herausgabe des Erlangten. – a) Herausgabe in Natur.** Primär ist das dch die VermVerschiebg Erlangte (§ 812 Rn 16–30 u § 816 Rn 24) herauszugeben. Der BerAnspr geht also in erster Linie auf Herausg des ungerechtf erlangten Ggst selbst. Nur bei dem Anspr aus § 951 scheidet kr ausdr ges Best ein Anspr auf Wiederherstellg des früh Zust aus, der Anspr geht dort nur auf Vergütg in Geld. In den Fällen der §§ 528 I 2, 1973 II 2, 2329 II kann die geschuldete Herausg dch Zahlg des Werts der Ber abgewendet werden. Geltdmachg des BerAnspr dch Einr § 821.

b) Der **Inhalt der Herausgabepflicht** bestimmt sich nach der Art des Erlangten. Bei EigtÜbertr RückÜbertr des Eigt, bei Grdst RückAufl u Zust zur GBUmschreibg, ggf Einräumg einer Mitberechtigg (Hbg MDR **59**, 759). Bei bloßer Aufl (§ 812 Rn 18–22) Verz auf die ohne rechtf Grd erlangte vorteilh RPosition (RG **108**, 329 [336]); bei bloßer BesÜbertr Wiedereinräumg des unmittelb Bes bzw bei Erwerb des mittelb Bes Abtretg des Anspr gg den unmittelb Besitzer; bei Bestellg eines R an einem Ggst Herausg des R in der jew vorgeschriebenen Form; bei Zuwendg eines GesellschAnt dessen Rückübertr, sofern nicht gesellschrechtl Hindern wie fehlde Zust and Gter entggstehen; sonst WertErs (BGH DB **90**, 1656); bei Abtr eines R RückÜbertr; bei Aufhebg des R dessen Wiederbestellg mit altem Rang, iF der Unmöglichk WertErs nach Abs II; bei Begr einer Verbindlichk Befreiung von ihr (s ferner § 821 Rn 1); bei Erlaß einer Verbindlichk, auch iW der Gen zur befreiden SchuldÜbn, deren Wiederherstellg, doch kann bei Fälligk sofort auf Erf geklagt bzw aus einem Titel über die Verbindlichk vollstreckt u dem Einwand des Erl der GgEinwand der ungerechtf Ber entggehalten werden (BGH **110**, 319); bei Bankgutschrift Rücküberweisg; bei Hinterlegg eines GeldBetr, auch PfdErlöses, für mehrere AnsprSteller Einwilligg in die Auszahlg an den wirkl Berecht od Freigabe (BGH NJW **72**, 1045). Der Ggst der Zuwendg muß sich vorher nicht im Bes des Entreicherten befunden haben. So entscheidet der PartWille, ob der zur Beschaffg eines Sachwerts od einer GesellschBeteiligg nöt GeldBetr od der Sachwert bzw die Beteiligg selbst zugewendet sein soll (BGH DB **90**, 1656). – **Im Falle dinglicher Belastung** hat der Empf nicht nur die ungerechtf erlangte Sache, sond auch das Entgelt herauszugeben, das er für die Belastg erhalten hat. Besteht die Belastg in einer Hyp, so hat er deren noch valutierten GgWert herauszugeben, kann aber verlangen, daß er von der persönl Haftg befreit wird (BGH **112**, 376, aA Gursky JR **92**, 95). Im Falle verschärfter Haftg gem § 819 ist der Empf zur Freistellg des Grdst von Belastgen verpfl (Hamm OLGZ **94**, 55). Ers seiner Unkosten kann dagg der AnsprBerecht im Ggs zum Bereicherten (Rn 40–45), soweit nicht eine SchadErsPfl (zB üb §§ 819, 818 IV) besteht, aGrd des bloßen BerAnspr nach §§ 812, 818 I nicht verlangen (BGH JZ **62**, 671). 6

c) War die **Vermögensverschiebung nur teilweise ungerechtfertigt,** so ist nur der entspr Tl herauszugeben (BGH NJW-RR **97**, 564). Bei Unteilbark ist, wenn der Ggst überwiegd ohne RGrd übertragen war, dieser Ggst Zug um Zug gg Rückgewähr der vom Bereicherten erbrachten GgLeistg herauszugeben, andernf der die GgLeistg überwiegde Gegenwert zu erstatten (BGH DB **90**, 1656). Das gleiche gilt, wenn nur ein Tl der VermVerschiebg auf Kosten des AnsprBerecht erlangt ist. – Ist eine **gemischte Schenkung** gem § 531 II zurückzugeben, so kann der Berecht bei überwiegd unentgeltl Charakter den Ggst der Zuwendg nur Zug um Zug gg WertAusgl des entgeltl Tls zurückverlangen (BGH NJW **90**, 2616). – Bei mehreren Bereicherten u AnsprBerecht s Einf 29 vor § 812 und § 812 Rn 41–43. Über den Fall, daß der Bereicherte mehr Rechte erlangt hat, als seinem GeschPartner vor der VermVerschiebg zustanden, s § 816 Rn 14. 7

3) Nutzungen, Absatz I Halbsatz 1. a) Begriff. Die Pfl zur Herausg des Erlangten (Rn 5–7) erstreckt sich auch auf die vom Bereicherten gezogenen Nutzgen, dh auf die **Sach- und Rechtsfrüchte** sowie **Gebrauchsvorteile** (§§ 99, 100), soweit sie sie wirtsch nutzen können (BGH NJW **98**, 2529). Vorauss ist ein bereits bestehder BerAnspr (Rn 1–4); die Pfl zur Herausg von Nutzgen kann daher frühestens zus mit dem BerAnspr entstehen, wicht für den BerAnspr wg Nichteintritts des mit der Leistg bezweckten Erfolgs (BGH **35**, 356; näher § 812 Rn 86–92). Zum grdsätzl Ausschl des Abs I im Eigtümer-BesitzerVerh dch die Sonderregelg der §§ 987 ff s Einf 12–14 vor § 812, Vorbem 5 vor § 987, aber auch § 988 Rn 4, 5. § 818 I ist regelm auch ausgeschl, soweit ein BerAnspr aus § 951 in Frage kommt (BGH NJW **61**, 452; näher § 951 Rn 3, 14, 15). 8

b) Nur die tatsächlich gezogenen Nutzungen sind herauszugeben (BGH **35**, 356, **102**, 41). Solange der Empf den Mangel des rechtl Grdes nicht kannte u der BerAnspr nicht rechtshäng war, §§ 819, 818 IV, ist es unerhebl, ob der Bereicherte es unterl hat, weitere mögl Nutzgen zu ziehen (BGH ZIP **87**, 1457). Umgekehrt sind auch solche Nutzgen, die der AnsprBerecht nicht gezogen hätte, grdsätzl herauszugeben, zB bei Verl eines UrhR (Hbg NJW-RR **99**, 1204) od bei Vermietg fremder Sachen. Soweit jedoch die Nutzg auf der persönl Leistg des Bereicherten beruht wie bei dem Gewinn aus einem herauszugebden Unternehmen od einer Arztpraxis, ist der BerAnspr beschr auf den obj GebrWert der Sachnutzg (BGH **7**, 208 [217], KG NJW-RR **96**, 431). 9

c) Ist **Geld** Ggst des BerAnspr, so sind die tats erlangten **Zinsen** seit Entstehg des BerAnspr (BGH WM **91**, 1983) herauszugeben. Soweit allerd die Nutzgen bei dem Bereicherten zu verbleiben haben, entfällt eine ZinsPfl schlechthin (§ 817 Rn 23). Hat der BerSchu das erlangte Geld zur Tilgg von Schulden verwendet, so hat er die dadch ersparten Zinszahlgen als Vortl aus dem Gebr des Geldes an den BerGläub herauszugeben; kein Unterschied zw erzielten u ersparten Zinsen (BGH **138**, 160, NJW **99**, 2890). Der AnsprBerecht hat grdsätzl nachzuweisen, daß der Bereicherte Nutzgen tats gezogen hat, falls nicht nach der LebensErfahrg best wirtsch Vortle zu vermuten sind (BGH **64**, 322), wie bei einem als BetrMittel eingesetzten Darl (BGH NJW **62**, 1148, NJW **97**, 933), bei Herausg von zinstragden WertPap od bei BerAnspr auf eine Geldsumme ggü einer Bank (BGH NJW **98**, 2529: 5% über Diskontsatz). Bei ungerechtf überlassener Kapitalnutzg hat der Kreditnehmer bereichergsrechtl nicht den vertragl vereinb od gar einen erhöhten StundgsZins zu zahlen; Verzinsg mit mehr als 4% allenf nach §§ 292 II, 987 II od wg Verz (BGH WM **91**, 1983). Da weder die AusnVorschr des § 452 noch §§ 352, 353 HGB auf den BerAnspr anwendb sind, kommt eine generelle Verzinsg des BerAnspr, insb wenn er auf Herausg von Sachwerten gerichtet ist, vor Eintritt der verschärften Haftg nach §§ 819, 818 IV (Rn 52) nicht in Betr (BGH **35**, 356). Neben dem Anspr auf NutzgsHerausg besteht kein Anspr auf ProzZinsen (BGH NJW **98**, 2529). 10

d) Nutzungen aus Surrogaten. Herauszugeben sind auch die aus ErsWerten (Rn 14, 15) gezogenen Nutzgen, nicht aber Nutzgen aus einem Ggst, der zB mit dem erlangten Geld angeschafft worden ist, da der BerAnspr nur das urspr Erlangte u dessen Nutzgen umfaßt; hier ggf nur WertErs nach Abs II (RG **133**, 283; aA Koppensteiner NJW **71**, 588 [594]), der sich im Interesse eines vollst BerAusgl hier für eine analoge Anwendg des § 818 I ausspricht). 11

e) § 818 II u III sind hier gleichf **anwendbar.** Kann der Bereicherte die gezogenen Nutzgen nicht mehr in Natur herausgeben, so hat er WertErs zu leisten (Rn 16–26; oben Rn 9). Nach Abs III kann er insb die Gewinnungskosten – ohne die Bschrkg des § 102 – abziehen (Rn 41). 12

13 **f)** Auf **Auskunft u Rechnungslegung** (§ 812 Rn 101–103) ist der Berecht hier bes oft angewiesen.

14 **4) Surrogate, Absatz I Halbsatz 2.** Die HerausgPfl erstreckt sich ferner auf das, was der Empf als Surrogat erworben hat.

a) Auf Grund eines erlangten Rechts. Hierunter ist – and als zB in § 281 (dort Rn 6) od in §§ 1370, 2019 I – nur zu verstehen, was in bestimmgsgem Ausübg des Rechts erlangt ist, zB bei Einziehg einer Fdg der LeistgsGgst, bei Verwertg eines PfdR der erzielte Erlös, der Gewinn eines Loses, das ohne rechtf Grd od dch Vfg eines Nichtberecht erlangt war, **nicht** aber die sog **rechtsgeschäftlichen Surrogate,** also das, was der Bereicherte dch RGesch (Kauf, Tausch ua) anstelle des urspr Ggst erworben hat (BGH **24**, 106 [110]), weil hierfür § 818 II (Rn 16–26) eine Sonderregelg enthält. Ist also dch RGesch die Herausg des urspr erlangten Ggst unmögl geworden, so ist nicht das rgeschäftl Erlangte herauszugeben, sond WertErs nach Abs II zu leisten; war zB das Los nicht selbst Ggst des BerAnspr, wurde es vielmehr erst mit dem ungerechtf erlangten GeldBetr erworben, so fällt ein Gewinn nicht unter die HerausgPfl. Zum Wegfall der Ber (VerlustGesch) s Rn 37.

15 **b) Als Ersatz für die Zerstörung, Beschädigung od Entziehung des erlangten Gegenstandes** (stellvertr Vort). Der Ers kann zB auf Vertr (BGH VersR **55**, 225: VersSumme), unerl Hdlg (SchadErsLeistg) od rechtm Eingr (EnteigngsEntsch) beruhen. Der BerAnspr nach I 2 umfaßt auch den Anspr auf diese, uU noch ausstehden Leistgen.

16 **5) Wertersatz, Absatz II,** ist zu leisten, wenn die Herausg des Erlangten (Rn 5–7) samt Nutzgen (Rn 8–13) u Surrogaten (Rn 14, 15) wg deren Beschaffenh unmögl od der Empf aus and Grd zur Herausg außerstande ist.

a) Die Vorschr umfaßt nach ihrem Wortlaut sowohl die obj **Unmöglichkeit** der Herausg wg der Beschaffenh des Erlangten, zB bei empf Dienstleistgen, GebrVort, Verbrauch der Sache, als auch das subj **Unvermögen** gerade des Empf, zB bei Veräußerg der Sache. Dabei ist unerhebl, ob die Unmöglichk (Unvermögen) auf Zufall od Versch des Empf beruht; and bei der verschärften Haftg der §§ 818 IV, 819, 820. Der Empf ist daher nicht verpfl, eine veräußerte Sache zum Zwecke der Herausg zurückzuerwerben od eine Verbindg wieder zu beseitigen, wenn er hierdch mehr als den Wert des Erlangten verlieren würde (Grd: § 818 III). Auch für vertretb Sachen ist unter den Voraussetzgen von Abs II ledigl WertErs in Geld (nicht gleichart Sachen) zu leisten. Teilw Unmöglichk, zB bei Beschädigg od Veränderg der Sache, steht der HerausgPfl nicht entgg; ebso grdsätzl nicht ihre Werterhöhg (Rn 17, 40–45); ledigl die Differenz ist hier auszugleichen. Abs II gilt auch, wenn der AnsprBerecht nicht in der Lage ist, eine etw GgLeistg (hierzu Rn 46–49) in Natur zurückzugeben. Ob die Herausg unmögl ist, ist nach obj Maßst zu beurteilen; es besteht kein WahlR des Empf od des AnsprBerecht zw Leistg in Natur u WertErs.

17 **b) Beispiele:** Die Beschaffenh hindert die Rückgewähr insb, wenn es sich um empf Dienstleistgen handelt (BGH **37**, 258, **41**, 282); s aber zum VergütgsAnspr beim fakt ArbVerh Einf 29 vor § 611 sowie § 812 Rn 28–30. Zur Frage, wann hier überh eine zu ersetzde Ber eingetreten ist, s § 812 Rn 16–30 u BGH **55**, 128 (erschlichene Flugreise). Desgl ist WertErs zu leisten bei erlangten GebrVort, Fruchtgenuß, zB Kiesentnahme über die behördl festgesetzten Grenzen hinaus (BGH NJW-RR **86**, 874), unbefugte Stromentnahme (BGH NJW **92**, 1383: Wert wie angebotener Tarif), vertragl Nutzg gemeindl VerkWege dch EnergieversorggsUntern zum Zwecke der Stromversorgg von Endverbrauchern, für den WertErs, auszugehen von der KonzessionsabgabenVO, zu leisten ist (BGH **132**, 198); goodwill einer Arztpraxis (Karlsr MedR **90**, 94). Kundenstamm eines zurückzuübertragden Unternehmens, das in der Hand des Schu nicht als isolierte Einh erhalten geblieben und fortgeführt worden ist (BGH BB **91**, 444). In Betr kommen ferner Verbrauch (Verzehr), Untergang, Veräußerg der Sache sowie untrennb Verbindg, Vermischg od Verarbeitg, insb Errichtg eines Gebäudes auf fremdem Grdst (§ 951 Rn 15; zum Vorrang einer etw Leistgskondiktion § 812 Rn 41–43). Abs II ist auch anwendb, wenn ein rechtsgrdlos erlangtes Grdst inf Bebauung od deren Änderg wirtsch ein and Ggst geworden u Herausg nicht mehr zumutb ist; dabei ist nicht auf die Aufrechterhaltg des allg Funktionszushangs, sond auf das Wertverhältn zw dem Grdst u den errichteten Gbden abzustellen (BGH NJW **81**, 2687, WM **87**, 1533). Bei Nutzg eines fremden ImmaterialgüterR BerAusgl dch Zahlg einer Lizenzgebühr (nicht: Herausg des Verletzergewinns, BGH MDR **87**, 817), wie § 823 Rn 161 (BGH **77**, 16, **82**, 299 u 310). Nutzg einer fremden Sache (BGH **20**, 270), soweit nicht vertragl od verträhnl AusglAnspr in Betr kommen (BGH **21**, 319, Einf 25–29 vor § 145, Einf 18, 19 vor § 812); unterl VermErwerb zG eines and
18 (Mü GRUR **51**, 468). – IF der **Sonderbestimmung des § 816** ist das dch die Vfg Erlangte herauszugeben, nicht WertErs für den weggegebenen Ggst zu leisten (§ 816 Rn 24); soweit allerd die Herausg des Erlangten unmögl ist, ist nach § 818 II dessen Wert, nicht der Wert des urspr Ggst, zu ersetzen.

19 **c) Wertersatz in Geld.** Zu ersetzen ist der gemeine Wert, dh der **objektive Verkehrswert,** den die Leistg nach ihrer tats Beschaffenh für jedermann hat (BGH **82**, 299). Nicht zu ersetzen ist dagg das bes Interesse eines Beteil, auch nicht – and als bei § 816 (dort Rn 24) – der bei der Veräußerg erzielte Gewinn des Empf; bei einem Verlust des Empf ist dessen Ber insow nach Abs III weggefallen, s Rn 49). Bei Veräußerg zus mit and Sachen zu einem GesamtPr verhältnism Berechng entspr § 471. Der Inhalt eines der VermVerschiebg zugrde liegden unwirks Vertr ist danach an sich für die Wertberechng regelm bedeutgsl, er kann aber
20 Anhaltspkt für die Bemessg der übl Vergütg sein. – **Einzelfälle:** Der Wert eines auf fremdem Grdst errichteten **Gebäudes** od seiner Modernisierg bemißt sich nicht nach den Aufwendgen des Entreicherten (BGH **10**, 171, BGH WM **73**, 71). Maßg ist vielm grdsätzl die obj Erhöhg seines Ertragswerts (§ 951 Rn 15). Der darin liegde VermVort ist dch eine Geldrente in Höhe der Mietertragsdifferenz zw der Miete nach u vor dem Ausbau auszugleichen (BGH **111**, 125 [131]). Die Mitgl einer schlichten GrdstGemsch haften für ihn nicht als GesSchu, sond jeder einz u nur in Höhe der Ber seines Anteils (BGH WM **73**, 71). Zur aufgedrängten Ber s näher § 951 Rn 18–21; Wertberechng bei Anbau an eine Kommunmauer s § 921 Rn 9–11. – Hat der Verm
21 nach vorzeit Beendigg des MietVerh einen verlorenen **Baukostenzuschuß** od den Wert von Ein- u Umbauten dch den Mieter nach BerR zurückzugeben (§ 812 Rn 80 sowie Einf 80–93 vor § 535), so ist Ggst der Ber nicht der erlangte Zuschuß selbst bzw der Kostenaufwand des Mieters, sond die hierdch dem Verm er-

möglichte bessere Verwertg der Mieträume, deren Wert – idR in entspr Raten – zu ersetzen ist (BGH **29**, 289 u NJW **85**, 313 [315]). Bei einer sonst **Mietvorauszahlg** ist dagg, da § 557 a nur eine RFolgenVerweisg für einen VertrAnspr enth, entsch, ob die empf Vorauszahlg wirtsch gesehen noch im Verm des Vermieters vorh ist (BGH **54**, 347; s § 557 a Rn 8). – Bei **Dienstleistungen** bemißt sich der WertErs nach der übl, hilfsw nach der angem, höchstens nach der vereinb (BGH **111**, 308) Vergütg (BGH **37**, 259, NJW-RR **97**, 564: RBeratg entgg RBerG; BGH WM **98**, 1736: Beratg aGrd unwirks Vertr; BGH **55**, 128: Erschleichg einer Flugreise; BGH WM **82**, 97: Ing- u ArchLeistgen entgg Art 10 § 3 MRVerbG; BGH NJW **84**, 1456: ArbNÜberlassg bei formnichtigem Vertr; BGH NJW-RR **86**, 155: DLeistg unter Verwandten), bei Schwarz-Arb bei WkVertr mit Risikoabschlag (BGH **111**, 308; Düss NJW-RR **93**, 884: mind 15%). Ggf WertErs für Dienste nach einer allg Gebührenordng (BGH **36**, 321, Hamm NJW-RR **86**, 449: ArchLeistgen aGrd nichtigen Vertr, Mindestsätze der HOAI; aA Hamm MDR **86**, 410 Nr 57: Einschränkg nach Abs III im EinzFall mögl). Ein Anhaltspkt für die Höhe der übl Vergütg kann, zB bei höheren Diensten, auch die unwirks vereinb GgLeistg sein (BGH **41**, 282). – Im **Arbeitsrecht** bei vereinb od erzwungener Weiterbeschäftigg währd des KündSchProz vgl Rn 29 vor § 611 bzw 611 Rn 123. – Bei SelbstErf dch den RInh ist der Betr zu ersetzen, den der Verpfl hätte aufwenden müssen, jedoch nicht mehr als der RInh tats aufgewandt hat (BGH NJW **64**, 1365). – Bei einer rechtsgrundl **Kreditversicherung** ist als Wert die Hälfte der angem RestschuldVersPrämie zu erstatten (BGH NJW **83**, 1422, Kln ZIP **85**, 22). – Beim Ers von nicht in Natur herausgabefäh **Nutzungen,** zB bei Nutzg fremder Sachen (Köln NJW-RR **97**, 1549: nichtiger LeasingVertr), ImmaterialgüterR od goodwill (BGH NJW **98**, 1951: Lizenz, Karlsr MedR **90**, 94: Arztpraxis, BGH NJW-RR **98**, 1502: techn SchutzR u know-how), ist entspr diesen Grds der Verkehrswert des Gebr zu ersetzen, § 812 Rn 28–30 (BGH **99**, 244: angem u übl Lizenzgebühr; BGH NJW-RR **92**, 872: Wertberechng iW der Lizenzanalogie wie beim SchadErs, § 823 Rn 161; Hamm NJW-RR **92**, 113: obj aufzuwendde Miete für Benutzg eines Computerprogramms). Doch ist ein Gewinn, der nur auf den persönl Umst beim Empf beruht, nicht herauszugeben (Rn 9). Bei Nutzg einer eig rechtsgrundl erworbenen Sache ist der Wert der GebrVortle nicht nach dem Mietzins für eine gleichart Sache zu ermitteln, sondern dch Schätzg (§ 287 ZPO) der zeitanteil Wertminderg im Vergl zw tats Gebr u voraussichtl GesNutzgsDauer (BGH NJW **96**, 250: „Wertverzehr"; krit Gursky JR **98**, 7). – Ist der **Besitz** Ggst des BerAnspr, so ist daneben der Wert der GebrVort zu ersetzen (§ 557 Rn 9), nicht aber, zB bei Veräußerg der Sache, deren Sachwert (BGH **LM** § 812 Nr. 15).

22 23 24 25 (margin: 22 beside "Dienstleistungen" line; 23 beside "Kreditversicherung" line; 24 beside "Nutzungen" line; 25 beside "Besitz" line)

d) Maßgebender Zeitpunkt der Wertermittlung ist grdsätzl der Ztpkt des Entstehens des BerAnspr auch für dessen Umfang (Rn 3). Koppensteiner NJW **71**, 588 erkl den Ztpkt der letzten mdl Verhdlg bzw der außergerichtl Inanspruchn für maßg, da der BerGläub bis zu diesem Ztpkt nach Abs III das Risiko des Wegfalls der Ber trage, so daß inzw eingetretene Wertsteigergen ihm voll zugutekommen müßten. Der Empf haftet aber bereits ab RHängigk nach Abs IV verschärft, so daß er sich grdsätzl schon dann nicht mehr auf den Wegfall der Ber berufen kann (Rn 53); auch bestehen Bedenken dagg, den GeldAnspr aGrd einer inzw eingetretenen Wertsteigerg für die ihm zugrdeliegdn Sachwerte nachträgl aufzuwerten; and bei Haftg wg Verzugs nach Eintritt der verschärften Haftg (Rn 54). Unerhebl ist jedenf der Ztpkt der Abrechng (BGH NJW **62**, 580). Zu beachten ist aber, daß der BerAnspr, insb bei Nichteintritt des mit einer Leistg bezweckten Erfolgs, verschiedentl erst später entsteht (Rn 3 u § 812 Rn 86–92), so daß dann dieser Ztpkt auch der Wertberechng für Abs II zugrdezulegen ist, zB späterer Wegfall des rechtl Grdes (BGH NJW **95**, 53). 26

6) Beschränkung der Herausgabepflicht auf die Bereicherung, III

A) Allgemeines. Gilt für alle BerAnspr, auch aus § 816; s dort Rn 25. **Unanwendbar** dagg ggü dem selbstd geregelten BerAnspr der Art 89 WG, 58 ScheckG (BGH **3**, 338). Grdsätzl unanwendb ggü dem RückzahlgsAnspr aus sittenwidrigem DarlVertr, § 817 Rn 23. Bedeutg der Risikosphäre Rn 43 aE. Trotz Wegfalls der Ber greift der RückerstattgsAnspr, ggf nur teilw bei MitVersch des Leistden durch, wenn in der EntggN der rgrundl Leistg eine schuldh Verl vertragl SorgfPfl liegt (Zweibr WM **97**, 2398: Vfg des Girokunden über eine rgrundl Gutschr). Anwendbark des Abs III im öff R s Einf 20–23 vor § 812. – Der primär auf Herausg des Erlangten samt Nutzgen u Surrogaten od auf WertErs gerichtete BerAnspr ist, soweit nicht verschärfte Haftg des Empf eintritt (Rn 53, aber auch § 820 Rn 7–10), dch Abs III auf VorhSein u Fortbestd der Ber beschr. Dieser vielf als der eigtl Grdgedanke des BerR bezeichnete Grds, der für and Anspr nicht gilt, enth eine Begünstigg des gutgl Empf. Vor Eintritt der verschärften Haftg, deren Vorauss der Gläub des BerAnspr zu bew hat (§ 819 Rn 10), darf die HerausgPfl des gutgl Bereicherten nicht zu einer Verminderg seines Verm über den Betr der wirkl Ber hinaus führen (BGH **55**, 128). – Hieraus ergibt sich folgdes: 27

a) Saldierung. Währd der KondiktionsAnspr des BerGläub auf Herausg eines best Ggst od auf Ers gerade seines Wertes gerichtet ist, spricht Abs III allg von Wegfall der „Bereicherg". Dieser Begr ist nach wirtsch Betrachtgsweise zu verstehen. Abs III macht den BerAnspr nicht zu einem allg WertErsAnspr, sondern beschr den primären Herausg- bzw WertErsAnspr gg den gutgl Empf auf den Umfang der noch vorh Ber. Um ihn festzustellen, ist der VermStand des Bereicherten zZ der Entstehg des BerAnspr mit dem zZ der Herausg bzw des Eintritts der RHängigk (§ 818 IV) bzw der Kenntn vom Mangel des RGrdes (§ 819) zu vergl. Hierbei sind einers best Nachtle (Rn 30) als VermMinderg abzuziehen, anderers dch den BerVorgang erlangte Vort, zB ersparte Aufw (BGH **83**, 278 [283]) als VermMehrg zu berücks. Ergibt dieser Vergl einen **Überschuß der Aktiv- über die Passivposten (Saldo),** so ist in diesem Umfang ein BerAnspr gegeben (BGH NJW **95**, 2627, NJW **98**, 1951: Saldotheorie). Zur Berücks der GgLeistg bei ggs Vertr s näher unten Rn 46–49. Hiernach ist der BerAnspr ein von vornherein in sich beschr einheitl Anspr auf Ausgl aller mit der VermVerschiebg zurechenb zushängder Vorgänge u Tats in Höhe des sich dabei ergebden Saldos (BGH **1**, 75). Der BerSchu ist nicht gehalten, sich auf die Grds der Aufr od des ZbR zu berufen (BGH NJW **63**, 1870), bei ungleichart Leistgen hat der BerGläub von sich aus die Rückgewähr der empfangenen Leistg Zug um Zug anzubieten (BGH NJW **88**, 3011). Die für den Wegfall der Ber entwickelten Grds der Anrechng von GgLeistgen, Aufw usw gelten o Rücks auf guten od bösen Glauben, also – für die Frage, ob u in welcher Höhe überh eine Ber entstanden ist – auch für die Fälle der verschärften Haftg nach §§ 818 IV, 819, 820 (BGH **55**, 128). 28 29

30 **b) Zusammenhang der Vor- und Nachteile.** Für den Wegfall der Ber ist ein adäquater Kausalzushang zw dem Empfang der rgrdlosen Leistg u dem VermVerlust beim BerSchu erforderl (BGH **118**, 383), er dürfte also ohne die rgrdlose Leistg den VermVerlust nicht erlitten haben. Dieses Kriterium ist jedoch nicht immer best genug u verschiedentl zu weit; auch der dem Dieb gezahlte Kaufpr ist ggü dem BerAnspr aus § 816 adäquat kausal (s demggü Rn 42, 43). Den BerAnspr können daher nur solche VermNachtle u Aufw beschränken, die der gutgl Bereicherte im Vertrauen auf die Beständigkeit des vermeintl VermZuwachses gemacht hat (Soergel-Mühl Rdr 57, Hamm NJW-RR **95**, 1010; aA MüKo/Lieb Rn 59ff: Risikoverteilg; s auch Rn 43 aE).

31 **c)** Der **Grund für den Wegfall der Bereicherung** ist **unerheblich.** Insb steht der Anwendbark von Abs III nicht entgg, daß der BerSchu die Ber schuldh gemindert od eine Nutzg nicht gezogen hat, zB NichtVerwertg von Plänen aGrd eines nichtigen ArchVertr (BGH BauR **94**, 651; aA Bultmann BauR **95**, 335). Der Bereicherte kann sich auf eine Beschrkg des BerAnspr aber wg § 242 nicht berufen, wenn er die Grdlage der Ber dch eine ausschließl eigenen Interessen diende Hdlg selbst beseitigt hat (BGH JZ **61**, 699). Vor Eintritt der verschärften Haftg auch keine Haftg wg SchuVerz (näher Rn 54). – Die Ber ist, ohne daß es einer Aufr bedarf, außerdem im Umfang eines GgAnspr auf SchadErs gemindert, weil das, was als Ber herauszugeben wäre, nach SchadErsR sofort wieder zurückerstattet werden müßte (BGH WM **76**, 1307 [1310]).

32 **d)** Ein **BGB-Gesellschafter,** wenn er voll für die ungerechtf Ber der GesHand haftet (vgl § 718 Rn 8), kann sich nach Auflösg der G u Verteilg des GVerm auf Wegfall der Ber schon bei der GesHand, bei seinen MitGtern u bei sich berufen (BGH **61**, 338 mit Besprechg Meincke DB **74**, 1001, Reinhardt JZ **74**, 768). Ob dies auch für den bereichergsrechtl als GesSchu haftden **Miterben** nach Verteilg des NachlVerm gilt, läßt BGH WM **82**, 101 offen.

33 **e)** § 818 III ist **dispositiv,** zB uneingeschränkte RückzahlgsPfl für LohnÜberzahlgen (§ 611 Rn 68, 89, 90).

Im einz ist für die Haftg des gutgl Erwerbers vor RHängigk zu unterscheiden:

34 **B) Das ursprünglich Erlangte ist nicht mehr vorhanden:** Ist der erlangte Ggst weitergegeben od verbraucht worden, so besteht eine Ber nur insow fort, als der Empf sich damit noch vorhandene VermVort geschaffen hat (BGH NJW **84**, 2095), näml ein Surrogat bzw Nutzgen (Abs I) od einen ErsWert (Abs II), auch wirtsch sinnvolle Dienstleistgen (BGH VersR **89**, 943) od als er dch Verwendg des Erlangten Ausgaben erspart hat, die er notwendigerw auch sonst gehabt hätte. Auch hier entsch der Einzelfall unter Berücks der Verh beim Empf. Aufw des gutgl BerSchu bis zur RHängigk, die in innerem Zushang mit dem dch die Nutzg der Sache erlangten Vortl stehen, sind mindernd in die Saldierg einzubeziehen (BGH NJW **98**, 1709: Ausn bei Aufw aus dem AltVerm einer polit Partei der früh DDR). Keine Berufg auf Wegfall der Ber ggü dem RückzahlgsAnspr aus nichtigem Darl (§ 817 Rn 23, § 819 Rn 3).

35 **a) Übermäßige Ausgaben.** Ist das Empfangene für außergewöhnl Dinge verwendet worden (Luxusausgaben, Verbesserg des Lebensstandards), die sich der Empf sonst nicht verschafft hätte, so ist die Ber regelm weggefallen (BGH MDR **59**, 109, Hamm FamRZ **96**, 1406 u VersR **99**, 478: Überzahlg von Abzügen, Unterh, VersLeistg; vgl aber auch BGH **55**, 128: erschlichene Flugreise). Kein Wegfall der Ber, wenn der Empfänger einer rgrundl Zahlg den Betr verspielt hat in der Meing, es habe sich um die wirkl geschuldete und auch bewirkte Leistg eines Dr gehandelt (Hamm NJW-RR **91**, 155).

36 **b) Nicht mehr deckendes Aktivvermögen.** Die Ber ist auch weggefallen, wenn das AktivVerm des Empf den BerAnspr nicht mehr deckt, so daß nicht mehr zu prüfen ist, welche Verluste im einz mit der Ber zushängen (BGH **LM** § 818 III Nr 7). So kann sich ein einkommens- u vermögensl Empf einer UnterhZahlg geringer (BAG NJW **94**, 2636, Hamm FamRZ **94**, 1119) Größe idR auf den Wegfall der Ber berufen, insbes das Kind ggü dem Scheinvater (BGH NJW **81**, 2183)..

37 **c) Weggabe von Sachen.** Hat der Empf das Erlangte schenkw weggegeben, so ist er nicht mehr bereichert (zum Anspr gg den Erwerber s § 822). Hat er die Sache veräußert, so hat er nach Abs II den Erlös bis zur Höhe des gemeinen VerkWerts der Sache herauszugeben; ein darü hinausgehder Gewinn verbleibt dem Empf, währd bei Erzielg eines Mindererlöses die Ber nach Abs III nur noch in dieser Höhe fortbesteht (s Rn 19–22). Hat dagg ein Nichtberecht wirks über einen Ggst verfügt, so hat er nach § 816 das gesamte Erlangte, aber auch nur dieses herauszugeben, also auch einen erzielten Gewinn (§ 816 Rn 24, 25). Abs III gilt im übr auch ggü einem BerAnspr aus § 816; so kann sich zB der als Nichtberecht verfügde Kommissionär nach Abführg des Erlöses an seinen AuftrGeb auf den Wegfall der Ber berufen (BGH **47**, 128: Ber nur in Höhe der VerkProv). Ebso wirken bereichergsmindernd Verwendgen des nichtberecht Verfgden aus Anlaß der Veräußerg; ferner der Wegfall der VerwendgsErsAnspr des Besitzers gg den Eigtümer inf Veräußerg der herauszugebden Sache (§ 1001); soweit solche bestanden, kann er den Betr von dem herauszugebden Erlös abziehen. Auch Verwendgen als solche, die auf die später veräußerte Sache währd der Vindikationslage gemacht wurden, können nach hM vom Erlös abgezogen werden. Hat ein Vertreter eine Sache ohne RGrd erhalten, so entfällt die Ber des Vertretenen (vgl § 812 Rn 46–48), wenn der Vertr die Sache unterschlägt (Hamm NJW **81**, 993). Zur Anwendbark von Abs III im Rahmen der verschärften BerHaftg s Rn 53, § 819 Rn 8 u § 820 Rn 7–10.

38 **d) Kein Bereicherungswegfall bei Schuldentilgung,** weil die Befreig von einer Verbindlk eine fortbestehde Ber darstellt (BGH NJW **85**, 2700: rgrdlose Überweisg auf ein NegativKto des BerSchu bei seiner Bank, BGH NJW **96**, 926: rgrdlose Tilgg von KaufPr- u DarlSchulden des BerSchu). Jedoch darf der BerAusgl nicht zu einem ungerechtf VermVerlust für den gutgl BerSchu führen. Das bedeutet bei nichtigem DarlVertr, daß die mit der DarlValuta getilgte KaufPrSchuld nicht isoliert betrachtet werden kann, sond iR des ges VertrWk zu sehen ist (BGH NJW **79**, 1597). Außerd muß die rgrdlose Leistg für die Schuldentilgg ursächl sein; das ist nicht der Fall, wenn der Empf seine Schuld unter Einschränkg seines Lebensstandards in gleicher Weise auch ohne die rgrdlose Leistg zurückbezahlt hätte (BGH **118**, 383).

39 **e) Kein Bereicherungswegfall bei Anspruchserwerb gegen Dritten.** Die Ber ist grdsätzl auch dann nicht weggefallen, wenn der Empf inf Weitergabe des Erlangten (zB als Darl od Zahlg an falschen Gläub)

einen Anspr gg Dr erworben hat (BGH WM **93**, 251 [258]). In diesem Fall ist Empf zum WertErs, nicht nur zur Abtretg des Anspr gg Dr verpfl (Mü MDR **98**, 1345). Ist Anspr gg Dr prakt wertlos, so ist die Ber weggefallen (BGH **72**, 9 [13], Ffm NJW-RR **95**, 1348; aA BGH **9**, 333 für eine wg § 817 S 2 nicht realisierb Fdg gg Dr). Ist die Durchsetzbark des Anspr gg Dr zweifelh, so ist deren Wert derzeit nicht bestimmb; hier kann BerGläub nur Abtretg dieser ErsFdg verlangen (BGH **72**, 9 [13]; s auch Rn 45). Hat eine Bank eine ihr zur Abdeckg eines Kredits ihres Kunden abgetretene, diesem aber nicht zustehde Fdg wirks eingezogen, so kann sie sich ggü dem BerAnspr des wahren Inh der Fdg aus § 816 II nicht darauf berufen, die Ber sei weggefallen, weil sie den Betr ihrem Kunden gutgeschrieben habe; diese Gutschr kann sie jederzeit stornieren (BGH **26**, 185 [194]). Dagg ist die Ber weggefallen od gemindert, wenn die Bank im Vertrauen auf die Endgültigk der vorgen Abrechng von erfolgversprechden Maßn gg den Kunden, insbes rechtzeit Beitreibg ihrer Anspr, absieht (BGH aaO u NJW **60**, 1712; s auch Rn 45). Der geschunfäh od mdj BerSchu kann Wegfall der Ber einwenden, wenn er die aGrd nichtigen DarVertr erlangte Valuta zur Zahlg vermeintl Schulden aus ebenf nichtigem Vertr verwendet hat (Nürnb NJW-RR **89**, 1137: aber Abtr des daraus resultierden BerAnspr).

C) Das ursprünglich Erlangte ist noch vorhanden. Dann ist es herauszugeben, gleichgült in welchem Zust es sich befindet (BGH NJW **62**, 1909; s Rn 16). Gleichwohl kann sich hier die Ber mindern od ganz wegfallen, wenn Empf in seinem Verm sonstige Nachteile erlitten hat, die mit dem BerVorgang in dem unter Rn 30 genannten Zushang stehen, so daß sich der BerAnspr entspr verkürzt. Über den bes wicht Fall der Erbringg einer GgLeistg Rn 46–49; Berechng u Durchsetzg des Anspr, insb bei ungleichart Rechngsposten, Rn 50. Als zu berücks Aufwendgen in diesem Sinne kommen in Betr: **40**

a) Alle Verwendungen auf die erlangte Sache, nicht nur notw u nützl (BGH **137**, 314), auch wenn sie nicht zu einer Werterhöhg geführt haben; einschränkd zur aufgedrängten Ber § 951 Rn 21. Als solche Verwendgen, die der Empf im Vertrauen auf die Beständigk des RErwerbs gemacht hat, sind insb anzusehen RepKosten, gewöhnl UnterhKosten; Kosten der Nutzgs- u Fruchtziehg, für die die Beschrkgen des § 102 nicht gelten; endgült steuerl Mehrbelastg (RG **170**, 65); auch die Kosten der Herausg des erlangten Ggst, zB die Kosten des Rücktransports. Bebaug eines rgrundl erlangten Grdst Rn 17, 18. **41**

b) Kosten des Erwerbs zählen grdsätzl zu den Aufw, zB Frachtkosten, VermittlgsProv u MWSt (BGH NJW **70**, 2059, WM **93**, 251 [257]), Kosten der VertrBeurk, verbleibde steuerl Mehrbelastg (BGH WM **92**, 745 [748]); iF der EingrKondiktion die Kosten der ZwVollstr (BGH **66**, 150; § 812 Rn 37–40). Der Makler, der seine erlangte Prov als ungerechtf Ber an den AuftrG zurückzahlen muß, ist entreichert um die Prov, die er an seine AußendienstMitarb od Untermakler bezahlt hat, falls zw beiden Zahlgen ein ursächl Zushang besteht (BGH NJW **81**, 277, WM **92**, 745 [748]). Zur Berücks der GgLeistg Rn 46–49. – **Leistungen an Dritte.** Im Bereich der **Nichtleistungskondiktion** kann der Bereicherte ggü dem HerausgabeAnspr nicht abziehen, was er für den Erwerb der Sache od dessen Vorbereitg an einen Dr geleistet hat (BGH NJW **95**, 3315). Wer infolge Verarbeitg an abhgek Sachen Eigt erwirbt, kann den an den Dieb gezahlten Kaufpr nicht vom BerAnspr abziehen (BGH **55**, 176). Der Nichtberecht, der den Erlös nach § 816 an den Eigtümer herausgeben muß, kann den an einen Dr bezahlten Pr für den Erwerb nicht abziehen (BGH DB **74**, 1009). Das deckt sich damit, daß der BereichergsAnspr an die Stelle des HerausgAnspr aus § 985 getreten ist, dem ggü sich der Besitzer nicht auf Zahlgen an einen Dr hätte berufen können. Darü hinaus hat der Bereicherte die GgLeistg aGrd des mit dem Dr abgeschl Vertr erbracht, er muß sie desh iR der GewlAnspr von diesem zurückfordern (Köln ZIP **96**, 1376). Das gilt auch ggü Anspr aus § 816 II; die Factoring-Bank als Zweitzessionarin kann dem Anspr des VorbehVerk als Erstzessionar auf Herausg des vom Kunden des VorbehKäufers wirks (§§ 404, 407) bezahlten KaufPr nicht Wegfall der Ber entgghalten, weil sie den KaufPr aGrd des FactoringVertr dem VorbehKäufer gutgeschrieben habe (Messer NJW **76**, 925). Kein Abzug auch, wenn der Berecht die Sache unter verlängertem EigtVorbeh verk hatte u gem § 407 die Leistg an den Dr gg sich gelten lassen müßte (BGH NJW **70**, 2059). – In Fällen der **Leistungskondiktion** hängt die Beantwortg der Frage, inwieweit nach eingetretener Ber der Schu Aufw im Zushang mit der Erlangg des BereichergsGgst bereichergsmindernd geltd machen kann, maßgebl davon ab, wer nach den Vorschr des fehlgeschlagenen Gesch das EntreichergsRisiko zu tragen hat (BGH NJW **98**, 2529: Bank ggü nicht termgeschf Kunden bei Kauf von Optionsscheinen, BGH NJW **95**, 3315: Bank ggü ScheckAusSt bei Kauf nicht bestehder ScheckFdg, BGH **109**, 139: LeasingG ggü LeasingN bei bezahlten KaufPrRaten an Lieferanten, Düss NJW-RR **98**, 1517: Prostituierte ggü Freier bei Geldhergabe zwecks „Freikauf" vom Zuhälter). **42** **43**

c) Folgeschäden, die der Bereicherte inf der ungerechtf VermVerschiebg erlitten hat (zB das rgrdlos erlangte kranke Vieh steckt das eig des Empf an), sind als abzugsfäh Posten zu berücks, da sie dch den BerVorgang adäquat kausal verurs sind (RGRK/Heimann-Trosien Rn 26). **44**

d) Darü hinaus sind nach III abzugsfäh alle Aufw, Ausgaben u **Vermögensnachteile,** die Empf **im Vertrauen auf die Unwiderruflichkeit des vermeintlichen Vermögenszuwachses** erlitten hat. Hierzu zählen das Verjährenlassen der Fdg gg den wirkl Schu; Versäumg einer AusschlFr; Rückg von Sicherh; Investition eines Eheg vor Scheidg in Grdst, das ihm der and Eheg zu MitEigt als Basis wirtsch Existenz übertr hatte (BGH WM **72**, 564); Rückauflassg bzw Herausg einer Immobilie nur Zug um Zug gg Erstattg der zweitl Aufw für die Bebauung (BGH NJW **80**, 1789, NJW **95**, 2627) od Sanierg (BGH NJW **99**, 2890); Einräumg eines weiteren (verlorenen) Kredits der Bank an ihren Kunden im Vertrauen darauf, daß der Kunde ihr früher Fdgen wirks abgetreten hat, während die Abtr in Wahrh wg verlängerten EigtVorbeh des Warenlieferers des Kunden unwirks war u die Bank desh den eingezogenen Betr wg § 816 nicht behalten darf (BGH **26**, 185 [195]). Dagg kein Wegfall der Ber, wenn die Bank aGrd eines nichtigen GlobalzessionsVertr (§ 138) mit ihrem Kunden dessen unter verlängertem EigtVorbeh stehde Fdgen (unwirks) eingezogen u im Vertrauen darauf weiteren verlorenen Kredit gewährt hat (BGH **56**, 173; krit Olschewski NJW **71**, 2307, Lieb JR **71**, 507). Abzugsfäh Nachtl ferner, wenn inzw der wirkl Schu (zB bei einer fehlerh ZwVollstr, § 812 Rn 37– 40) zahlgsunfäh geworden ist od wenn anstelle des grdlos Erlangten nur ein unverwertb Anspr gg Dr besteht (oben Rn 39), sofern diese Wertlosigk dch den BerVorgang in adäquater Weise verurs, zB rechtzeit Beitreibg der Fdg gg den wirkl Schu vor dessen VermVerfall unterlassen worden ist (BGH WM **61**, 273). **45**

46 **D) Berücksichtigung der Gegenleistung,** die der Empf für das Erlangte bewirkt hat. Die GgLeistg gehört zu den Kosten des Erwerbs der Sache u ist daher beim BerAusgl zu berücks. Str ist, wie dies zu geschehen hat:

47 **a)** Nach der **Zweikondiktionenlehre** hat jeder VertrTeil selbstd Anspr auf Herausg des jew Empfangenen od auf WertErs unabhäng vom Schicksal des BerAnspr der GgSeite; ein Ausgl wäre hier nur iW der Widerkl, Aufr od des ZbR mögl. Diese Auffassg führt zwar idR zu befriedigden Ergebn; sie wird aber dem GrdGedanken des BerR auf Dchführg eines einheitl BerAusgl zur Abwicklg ungerechtf VermVerschiebgen (oben Rn 28–33 u Einf 1, 2 vor § 812) nicht gerecht.

48 **b)** Die **Saldotheorie** ist die log Folge des Synallagmas beim ggs Vertr (Einf 4, 15 vor § 320), denn trotz ihrer RGrdlosigk bleiben die beiderseit Leistgen dch den Austauschzweck unmittelb miteinander verknüpft. In Abwicklg nach den Grds der vorrang LeistgsKondiktion (§ 812 Rn 2–9) besteht von vornherein nur ein einheitl Anspr auf Ausgl der beiderseit VermVerschiebgen, der auf Herausg bzw WertErs des Überschusses der Aktiv- über die Passivposten (Saldo) gerichtet ist (BGH NJW **95**, 2627, NJW **98**, 1951). Bei Errechng des Saldos ist die GgLeistg wie die sonst Abzüge (Rn 40–45), soweit sie sich aus der Rückabwicklg des nichtigen od unausführb gewordenen Vertr ergeben, als Abzugsposten einzusetzen. Daraus folgt, daß Ber-Gläub von vornherein nur derjen Beteil ist, für den sich beim Vergl der dch den BerVorgang hervorgerufenen Vor- u Nachtle ein Überschuß ergibt (BGH NJW **95**, 454; zur Berechng Rn 50). Ist die GgLeistg untergegangen od hat sie an Wert verloren, so ist der Empf zwar nicht mehr bereichert, er kann aber nicht seiners seine noch vorh (Gg-)Leistg vom Gegner zurückverlangen, ohne sich den Wert der an ihn erbrachten, nunmehr – gleichgült ob vom Empf versch od nicht – entwerteten Leistg entgghalten lassen zu müssen. Die Saldotheorie stimmt damit allerd mit den bei Wandelg u Rücktr vom Vertr geltden Regeln, insb mit § 350, nicht überein; sie schafft jedoch im Normalfall der beiderseit BerHaftg einen gerechten Ausgl der VermVerschiebgen, die den Grds des § 323 III u § 327 S 2 entspr (krit hierzu Flume NJW **70**, 1161). – Die Saldotheorie setzt nicht gleichart Leistgen voraus (BGH NJW **95**, 454), bei verschiedenart Leistgen ist der Anspr auf Rückgewähr der eig Leistg inhaltl beschr dch das Angeb zur Rückgewähr der empfangenen GgLeistg (BGH NJW **99**, 1181). Zur Berechng des Saldos kann ein bereichergsr AuskAnspr bestehen (BGH NJW-RR **97**, 1537).

49 **c) Notwendige Einschränkungen der Saldotheorie.** Sie gilt von vornherein nur für die Abwicklg von beiderseits bereits erbrachten Leistgen aus einem unwirks ggseit Vertr. Hat eine Seite vorgeleistet u ist der Ggst der Leistg beim Empf untergegangen, so kann der Leistde weder – wg Nichtigk des Vertr – die GgLeistg fordern noch – wg § 818 III – seine eig Leistg zurückverlangen (BGH ZIP **94**, 954). Aus diesem Grd ist auch die einem Dr erbrachte „Gegen"-Leistg, zB zum Erwerb der Sache von einem and als dem Berecht, nicht abzugsfäh (oben Rn 42, 43). Darü hinaus ist die Saldotheorie stets dann nicht anwendb, wenn übergeordnete allg Gesichtspkte aus BilligkGrden (Einf 1, 2 vor § 812) eine abw Entsch verlangen. So behält der argl getäuschte Käufer, bei dem die Sache ohne sein Versch untergegangen od beschädigt worden ist, seinen vollen BerAnspr auf Rückgewähr des Kaufpr, da der argl Täuschde nicht besser gestellt werden darf als der Rücktr-Schu (BGH **53**, 144; zur Berücks etw sonst GgAnspr des argl Täuschden s unten Rn 50). Ebso behält der argl getäuschte Käufer, bei dem die Sache vor Anfechtg dch sein Versch zerstört worden ist, seinen Anspr auf Rückgewähr des Kaufpr, der sich allerd gem § 242 bei Abwägg der Schwere der Täuschg u des Versch an der Zerstörg mindern kann (BGH **57**, 137 [146ff]). Wg Abs IV kann der Käufer, bei dem die Sache nach RHängigk der RückzahlgsFdg entwertet worden ist, nach IrrtAnfechtg den vollen KaufPr herausverlangen, weil das Risiko der Entwertg der zurückzugewährden Sache nach RHängigk den Verk trifft (BGH **72**, 252). Ebso kann der Käufer nach erfolgreicher Anf des KaufVertr wg Irrt über eine verkwesentl Eigensch der Sache den vollen KaufPr zurückverlangen, obwohl er die Sache nicht mehr od nicht mehr im urspr Zust zurückgewähren kann, Untergang od Verschlechterg aber auf einem Sachmangel beruht, für den nach dem Vertr der Verk einzustehen hätte (BGH **78**, 216). Ebso kann der Käufer eines Grdst bei bereichergsr Rückabwicklg die Kosten der AuflVormkg u der KaufPrFinanzierg nicht erstattet verlangen, weil sie ausschl in seinem Interesse u seinem Risikobereich entstanden sind (BGH **116**, 251; krit zur Begründg, iErg zust Canaris JZ **92**, 1114). Die Saldotheorie ist auch nicht anwendb auf die RückAbwicklg des Vertr, der wg nicht voller GeschFähigk eines VertrPartners nichtig ist, weil der vorrang Gesichtspkt seines Schutzes gebietet, ihm den BerAnspr auf Herausg seiner GgLeistg in vollem Umfang zu erhalten (BGH **126**, 105).

50 **E) Durchsetzung des Bereicherungsanspruchs.** Aus der grdsätzl anwendb Saldotheorie folgt, daß der BerAnspr in diesen Fällen von vornherein nur einer Seite zusteht u auf Herausg des Überschusses geht (oben Rn 48). Der Berecht muß desh die Ber des Schu darlegen u bereits dabei alle Leistgen berücks, die dieser aus seinem Verm in Erf des Vertr od im Vertrauen auf die Unwiderruflichk des RErwerbs gemacht hat. Sind die beiderseit Leistgen gleichart, so hat dies dch entspr Verrechng zu erfolgen. Bei ungleichart Leistgen (zB Sache u Verwendgen ggü Kaufpr) ist dem Grds, daß die Ber nur in dem Überschuß besteht, in gleicher Weise Rechng zu tragen. Dem Schu steht also nicht nur ein LeistgsVR bis zur Erstattg seiner GgLeistg od ihres Werts zu, der Berecht hat vielm, ohne daß es einer Einr des Bekl bedarf, von sich aus die ungleichart GgLeistg derart zu berücks, daß er deren Rückgewähr Zug um Zug anbietet (BGH NJW **63**, 1870). Macht der Berecht nur einen Teil der Ber geltd, so kann der Schu – and als bei der Aufr – die die Ber mindernden Posten insow nicht in Anrechng bringen, als der gesamte Anspr des Berecht (Saldo) jedenf den geltd gemachten Teil deckt. Soweit der argl Täuschde nach Anf auf Herausg der Ber in Anspr gen wird, brauchen zwar etw GgAnspr des AnfGegners (vgl hierzu § 463 Rn 14–16) vom BerGläub nicht gem der Saldotheorie bereits im KlAntr berücks zu werden, der argl Täuschde kann sie aber im gleichen RStreit geltd machen (BGH NJW **64**, 39, Köln VersR **96**, 631).

7) Haftungsverschärfung bei Rechtshängigkeit, Abs IV

51 **a) Anwendungsbereich.** Ab Eintritt der RHängigk (§§ 261 I, II, 253 I ZPO; bei voraus gegangenem MahnVerf § 696 III ZPO) einer LeistgsKlage (BGH NJW **98**, 2433) auf Herausg des Erlangten od WertErs, auch wenn der Anspr nur hilfsw erhoben wurde, weil der Schu jedenf ab diesem Ztpkt mit dem Fehlen des die VermVerschiebg rechtf Grdes rechnen muß. Gilt für alle Arten von BerAnspr. Diese Vorschr über die

verschärfte Haftg des BerSchu findet entspr Anwendg, wenn der Empf den Mangel des rechtl Grdes beim Empfang kennt od ihn später erfährt (§ 819 I), sowie in einigen Sonderfällen der Leistgskondiktion (§§ 819 II, 820). Die Erhebg einer FeststellgsKl nach einstw AO, daß ein UnterhAnspr nicht besteht, od einer AbändergsKl gg einen UnterhTitel führt nicht zur verschärften Haftg für den RückzahlgsAnspr (BGH **93**, 183, BGH **118**, 383, NJW **98**, 2433). Rmißbr Geltdmachg eines BerAnspr trotz verschärfter Haftg § 820 Rn 10.

b) Die **„allgemeinen Vorschriften"**, nach denen sich die verschärfte Haftg bestimmt, sind in erster Linie die §§ 291, 292 mit den dort genannten Verweisgen. Dies bedeutet im einz: Eine fäll Geldschuld ist spätestens ab RHängigk mit 4% (§ 246) zu verzinsen (§ 291); eine höhere Verzinsg, zB nach §§ 352, 353 HGB, scheidet auch dann aus, wenn der rgrdlosen VermVerschiebg ein HandelsGesch zugrdeliegt. Währd nach hM dem Empf der Ber bis zur RHängigk ein Versch nicht schadet (Rn 31), ist nunmehr der Empf für den Schaden verantwortl, der dadch entsteht, daß inf eines von ihm zu vertr Umst der Ggst der Ber verschlechtert wird, untergeht od aus einem and Grd von ihm nicht mehr herausgegeben werden kann, §§ 292 I, 989. Der Empf hat ferner nicht nur tats gezogene Nutzgen herauszugeben (Rn 8), sond auch schuldh nicht gezogene Nutzgen zu ersetzen, §§ 292 II, 987. Abzugsfäh sind nur notw Verwendgen im Rahmen der GoA, §§ 292 II, 994 II. Entsch für die Abzugsfähigk ist gem §§ 994 II, 683 regelm das Einverständn der GgSeite; sonst nur bei notw Verwendgen. Zu den allg Vorschr gehören auch §§ 279 u 281 (BGH **83**, 293 u WM **85**, 89). Ist der verschärft haftde BerSchu wg Veräußerg zur Herausg nicht in der Lage, so hat er den rechtsgeschäftl VeräußergsErlös herauszugeben (BGH **75**, 203). 52

c) Auf **Wegfall oder Minderung der Bereicherung** nach Eintritt der RHängigk kann sich der gem Abs IV nach den allg Vorschr haftde Empf im allg nicht berufen (BGH **55**, 128); dies auch dann nicht, wenn sich die Ber dadch gemindert hat, daß der AnsprBerecht seiners die empfangene GgLeistg nur noch in entwertetem Zust zurückgeben kann (BGH **72**, 252; vgl vorstehd Rn 49). Er kann es nur dann, wenn sich die Befreiung von der LeistgsPfl aus den allg Vorschr ergibt, zB bei unversch Unmöglichk der Herausg nach § 275 (bei WertErsAnspr aber § 279, vgl oben Rn 52), sofern nicht – wie vielf – gleichzeit die Vorauss des Verzugs vorliegen (§ 287 S 2; unten Rn 54). Wegfall der Ber auch dann, wenn die VermMinderg mit dem Tatbestd, der die Grdlage des BerAnspr bildet, unmittelb zushängt, es sich also um allg Grds des Ausgl von Vort u Nacht handelt (s aber Rn 30); zB sind Aufw bei Tilgg der BerSchuld od Erbringg einer GgLeistg im Vertrauen auf die Beständigk des RErwerbs abzugsfähig; s auch § 820 Rn 7–10. Das gleiche (dh Wegfall der Ber) gilt auch bei Verlust des Ggst der Ber anläßl der Herausg, auch wenn es sich um die Übermittlg eines GeldBetr handelt, § 270 ist insow nicht anwendb (hM). 53

d) **Verzugshaftung.** Vor Eintritt der RHängigk haftet der BerSchu, soweit nicht § 819 eingreift (dort Rn 8, 9), auch bei Verzug nicht verschärft, selbst wenn die Vorauss der §§ 284 ff bereits vorher vorliegen (Staud/Lorenz Rn 51). Der Schu kommt spätestens mit der KlErhebg in Verz, sofern er sich nicht ausnahmsw in einem von ihm zu beweisden entschuldb RIrrt üb den Umfang seiner Pfl zur Herausg der Ber befindet, er die Nichtleistg mithin nicht zu vertr hat (§ 285). Zur Beachtlichk eines RIrrt allg s § 285 Rn 4, 5. Im Falle des Verzugs hat der BerSchu eine Geldschuld zu verzinsen (§ 288 I), ferner neben dem VerzSchad des § 286 nach § 288 II auch einen weitergehden Schad zu ersetzen. Gem § 287 S 2 haftet der BerSchu ferner grdsätzl auch für eine dch Zufall eingetretene Unmöglichk der BerHerausg. 54

8) **Beweislast.** Allg vgl § 812 Rn 103 ff. Der BerGläub hat zu bew, daß der Empf etwas erlangt hat, desgl den Umfang der Ber, zB der gezogenen Nutzgen, Rn 9 (BGH **109**, 139 [148]) sowie ggf den Wert des urspr BerGgst im maßg Ztpkt (Rn 19–26). Der Empf hat die Unmöglk der Herausg zu bew. Dazu genügt der Nachw des VeräußergsVertr; daß er nicht ernstl gemeint sei, hat der Gläub zu bew (BGH NJW **88**, 2597 [2599]). Der Empf hat Wegfall od Minderg der Ber, also auch des Saldos (Rn 28, 29) zu bew (BGH NJW **95**, 2627, NJW **99**, 1181), weil es sich um eine rechtsvernichtde Einwdg handelt (BGH **118**, 383). Dabei besteht aGrd Lebenserfahrg die Vermutg, daß Bezieher unterer u mittlerer Eink od UnterhRenten Überzahlgen zur Verbesserg ihres Lebensstandards ausgegeben haben (BGH MDR **59**, 109, Hamm FamRZ **96**, 1406). Es genügt in diesem Zushang, wenn der Empf bew, daß er im ggwärt Ztpkt nicht mehr bereichert ist. Der BerGläub hat demggü darzutun, daß zZ des Eintritts der RHängigk (Rn 51) die Ber noch bestand, der Bekl also für den Wegfall nach Abs IV verantwortl ist (BGH aaO). Dabei kann bei ArbN, die nicht zu den unteren od mittleren EinkGruppen gehören, nicht davon ausgegangen werden, daß zu unrecht bezogene höhere Einkünfte auch ausgegeben worden sind (BAG ZIP **94**, 726); andernf können die Grds des AnscheinsBew Anwendg finden (BAG ZIP **95**, 941). 55

819 *Verschärfte Haftung bei Bösgläubigkeit und bei Gesetzes- oder Sittenverstoß.*

I Kennt der Empfänger den Mangel des rechtlichen Grundes bei dem Empfang oder erfährt er ihn später, so ist er von dem Empfang oder der Erlangung der Kenntnis an zur Herausgabe verpflichtet, wie wenn der Anspruch auf Herausgabe zu dieser Zeit rechtshängig geworden wäre.

II Verstößt der Empfänger durch die Annahme der Leistung gegen ein gesetzliches Verbot oder gegen die guten Sitten, so ist er von dem Empfange der Leistung an in der gleichen Weise verpflichtet.

1) **Bedeutung, Konkurrenz.** § 819 erweitert die verschärfte Haftg des BerEmpf, die nach § 818 IV (dort Rn 51–54) für die Zeit ab RHängigk eintritt. Die strengere Haftg trifft den Empf danach bereits vor diesem Ztpkt bei Kenntn von der RGrdlosigk (I) u bei Verwerflichk des Empfangs (II); zwei weit Fälle verschärfter Haftg bei der Leistgskondiktion behandelt § 820. § 819 I gilt für alle Arten von BerAnspr. Die Haftg des Empf aus and AnsprGrdlagen bleibt daneben unberührt (Einf 10 vor § 812). Die Verj des Anspr aus unerl Hdlg erstreckt sich nicht auf den BerAnspr (§ 852 III). Soweit in dem Empfang eine vorsätzl unerl Hdlg liegt, ist eine Aufr auch ggü dem BerAnspr aus §§ 812, 819 nach § 393 ausgeschl. 1

2 **2) Kenntnis von Rechtsgrundlosigkeit des Empfangs, Abs I. – a) Positive Kenntnis** der Tats, aus denen sich das Fehlen des RGrundes ergibt, ist erforderl (BGH **133**, 246). Kennenmüssen u Bösgläubigk iS des § 932 II genügen nicht. Auch bloße Zweifel am Fortbestd des RGrdes können die verschärfte Haftg nach § 819 nicht auslösen (Zweibr FamRZ **95**, 175; s aber § 820 Rn 1). – **Die Kenntnis des Vertreters** muß sich der LeistgsEmpf entspr § 166 zurechnen lassen (BGH NJW **82**, 1585, Köln NJW **98**, 2909), ebso des gesetzl Vertr (BGH MDR **77**, 388). Bei VorhSein mehrerer Vertr genügt die Kenntn eines von ihnen (§ 166 Rn 2). Unabhäng von einem VertretgsVerh genügt die Kenntn dessen, den der Empf mit der Erledigg best Angelegenh im Zushang mit der VermVerschiebg betraut hat (Hamm WM **85**, 1290).

3 **b) Auch die Rechtsfolgen** des fehlden rechtl Grdes muß der Empf posit kennen (BGH **118**, 383). Sie können sich ow aus den Tats ergeben. Kenntn hat auch, wer sich rechtsblind der Einsicht in die Nichtigk des RGesch, gemessen an dem normat Maßst redl Denkender, bewußt verschließt (BGH **133**, 246, i Erg zust Martinek JZ **96**, 1099). Im Falle eines Darl weiß der Empf, auch wenn er den NichtigkGrd nicht kennt, daß er den KapBetr einmal zurückzahlen muß (BGH **83**, 293, ZIP **95**, 453). Gilt auch für den RückgewährAnspr gem HWiG 3 I für das ausbezahlte Darl (BGH NJW **99**, 1636). Wg § 142 II genügt auch die Kenntn der Anfechtbark eines RGesch u der daraus herzuleitden RFolge; auf Ungewißh, ob AnfR ausgeübt wird od nicht, kommt es dabei nicht an. Wird demnächst angefochten, so tritt rückw (§ 142 I) die verschärfte Haftg von dem Ztpkt an ein, in dem Empf die Anfechtbark u deren RFolgen kannte (BGH WM **73**, 560, Staud-Lorenz Rn 2, 7).

4 **c) Maßgebender Zeitpunkt:** Kennt Empf den Mangel des RGrdes schon im Ztpkt der VermVerschiebg, so tritt die verschärfte Haftg sofort ein. Sonst entsch der Ztpkt der nachträgl KenntnErlangg vom nicht vorh (§ 812 I 1) od später wieder weggefallenen (§ 812 I 2 1. Fall) RGrd. Bei BerAnspr nach § 812 I 2 2. Fall tritt verschärfte Haftg nach dessen Entstehen (§ 812 Rn 86–92) ein, wenn der Empf erfahren hat, daß der mit der Leistg bezweckte Erfolg nicht eintreten wird (BGH **35**, 356 [361]). Zum ungewissen Erfolgseintritt s § 820 I 1.

5 **d) Kenntnis des Leistenden.** Ein BerAnspr ist regelm ausgeschlossen, wenn der Leistde selbst den Mangel des rechtl Grdes (§ 814) od die Unmöglichk des Erfolgseintritts (§ 815) gekannt hat. Weiß der Empf od hat er irrtüml angenommen, der Leistde habe selbst den Mangel des RGrdes gekannt – wofür der Empf allerd beweispfl ist – so haftet er nicht verschärft nach § 819 (Müko/Lieb Rn 5), weil ihm die pos Kenntn der RFolgen (vgl Rn 3) fehlt.

6 **e)** Ob **Kenntnis des beschränkt Geschäftsfähigen,** der beim Empfang des BerGgst nicht vertr war, die verschärfte Haftg auslösen kann, ist str. Es ist zu unterscheiden: Bei der Leistgskondiktion verbietet der vorrang Gesichtspkt des Schutzes des Mj od sonst nicht voll Geschfäh bei dessen allein Kenntn die Anwendg der verschärften Haftg, weil sonst im Ergebn über § 819 oftm die gleiche Haftg wie aus dem – wg der GeschUnfähigk unwirks – RGesch eintreten würde (KG NJW **98**, 2911; § 812 Rn 30 zur Kfz-Anmietg dch Mj). Dieser Gesichtspkt gilt jedoch bei der Ber in sonst Weise, vor allem bei der EingrKondiktion regelm nicht. Soweit insb gleichzeit eine unerl Hdlg des Mj vorliegt, besteht kein Anlaß, die dort anwendb §§ 827–829 nicht auch zur Begründg der verschärften Haftg des den RMangel kennden Mj nach § 819 heranzuziehen (ebso BGH **55**, 128: erschlichene Flugreise eines Mj ohne Kenntn des ges Vertr).

7 **3) Verwerflicher Empfang, Abs II.** Vorauss ist ein BerAnspr nach § 817 S 1, dh pos Kenntn des Empf von dem GVerstoß bzw das Bewußtsein, sittenw zu handeln (näher § 817 Rn 11). Die verschärfte Haftg tritt auch ein, wenn beide Seiten verwerfl handeln, § 817 S 2 aber im EinzFall nicht anwendb ist (BGH NJW **58**, 1725 zu § 5 der inzw aufgeh GrdstVerkVO). Die Kenntn des Empf muß im Ztpkt der Anm der Leistg bestehen, spätere Kenntn von den Umst, die die Verbots- od Sittenwidrigk begründen, genügt nicht. Bezieht sich die Kenntn auch auf die RFolgen, dann greift Abs I ein (Staud-Lorenz Rn 13, MüKo/Lieb Rn 14).

8 **4) Umfang der Haftung. – a)** Liegen die Vorauss des § 819 vor, so haftet der Empf ab dem maßg Ztpkt (Rn 4, 7) wie ab RHängigk (vgl § 818 Rn 51–54). Insb kann er sich grdsätzl nicht gem § 818 III auf den Wegfall od die Minderg der Ber nach diesem Ztpkt berufen, sofern nicht die später eintretden Verluste in unmittelb Zushang mit dem BerVorgang stehen od bereits vor dem Eintritt der verschärften Haftg veranlaßt worden waren (näher § 818 Rn 53 u unten Rn 9).

9 **b) Verzugshaftung.** § 819 fingiert nur den Eintritt der RHängigk, nicht aber auch ein Versch des Empf, das allerd hier vielf gleichzeit vorh sein wird (vgl auch § 818 Rn 54). Auch die verschärfte Haftg auf SchadErs nach §§ 819 I, 818 IV, 292 I, 989 setzt ein Versch des BerSchu voraus; soweit es einmal fehlen sollte, kann sich daher der Bereicherte auch im Falle des Abs I zunächst noch auf den Wegfall der Ber nach § 818 III berufen (OGH NJW **50**, 642).

10 **5) Beweislast.** Vgl zunächst § 818 Rn 55. Die Vorauss der verschärften Haftg hat der AnsprBerecht darzulegen u zu beweisen (BGH NJW **58**, 1725, Zweibr NJW-RR **95**, 841). Der Bereicherte hat darzutun, daß er von der Vorstellg ausgegangen ist, auch der Leistde habe den Mangel des RGrdes gekannt, wesh eine verschärfte Haftg nicht eintreten könne (Rn 5).

820 ***Verschärfte Haftung bei ungewissem Erfolgseintritt.*** **I War mit der Leistung ein Erfolg bezweckt, dessen Eintritt nach dem Inhalte des Rechtsgeschäfts als ungewiß angesehen wurde, so ist der Empfänger, falls der Erfolg nicht eintritt, zur Herausgabe so verpflichtet, wie wenn der Anspruch auf Herausgabe zur Zeit des Empfanges rechtshängig geworden wäre. Das gleiche gilt, wenn die Leistung aus einem Rechtsgrunde, dessen Wegfall nach dem Inhalte des Rechtsgeschäfts als möglich angesehen wurde, erfolgt ist und der Rechtsgrund wegfällt.**

II Zinsen hat der Empfänger erst von dem Zeitpunkt an zu entrichten, in welchem er erfährt, daß der Erfolg nicht eingetreten oder daß der Rechtsgrund weggefallen ist; zur Herausgabe von Nutzungen ist er insoweit nicht verpflichtet, als er zu dieser Zeit nicht mehr bereichert ist.

1) Bedeutung. § 820 enth für 2 Fälle der Leistgskondiktion eine ggü §§ 819, 818 IV etwas abgewandelte verschärfte Haftg des BerSchu. War nach dem Inhalt des RGesch der mit einer Leistg bezweckte Erfolg (§ 812 Rn 86–92) ungewiß od wurde der Wegfall des RGrdes (§ 812 Rn 75–85) als mögl angesehen, so muß Empf von vornherein mit seiner HerausgPfl rechnen; dies rechtf eine strengere BerHaftg als nach § 818 I–III. Wesentl für die Anwendbark des § 820 ist, daß **beide Teile** bei VertrSchl den Eintritt des Erfolgs als unsicher od den Wegfall des rechtl Grdes als mögl angesehen haben u daß sich dies aus dem Inhalt des RGesch ergab. Hat nur Leistder gewußt, daß der Eintritt des Erfolgs unmögl ist, so hat er wg § 815 überh keinen BerAnspr (and bei späterem Wegfall des RGrdes, § 815 Rn 1 ff); hat allein Empf Kenntn vom Ausfall des Erfolgs od vom Wegfall des RGrdes gehabt, so haftet er nach § 819 I. 1

2) Voraussetzungen der verschärften Haftung. – a) Ungewißheit. Objektiv muß bei Abschl des RGesch nach dessen Inhalt der Erfolgseintritt ungewiß od der Wegfall des rechtl Grdes mögl gewesen sein. **Subjektiv** müssen die Beteil beim Abschl des RGesch von dieser Unsicherh ausgegangen sein (BGH **118**, 383). Hieran fehlt es, wenn die Beteil den Erfolgseintritt (zB eine behördl Gen nach mdl Zusage) für sicher od den Wegfall des RGrdes für unwahrscheinl gehalten haben (BGH ZIP **87**, 1457 [1460]). Die nur als entfernt angesehene Möglichk einer and Entwicklg als bezweckt u vorhersehb genügt für die Anwendbark des § 820 nicht (BGH **LM** Nr 1). Ebso ist nicht ausreichd, daß die Beteil nur mit der allg nicht ausscheidb Möglichk des Nichteintritts bzw Wegfalls gerechnet od sich aufdrängde Zweifel nicht beachtet haben, zB bei Hing einer Aussteuer vor Eingehg der Ehe, die dann nicht zustandekommt. Ebenf nicht anwendb auf UnterhZahlg aGrd einstw AO, die sich dann als unberecht erweist (BGH NJW **84**, 2095; aA Schwab FamRZ **94**, 1567) u auf UnterhZahlg aGrd eines ProzVergl, der einen ges UnterhAnspr ledigl modifiziert, weil es sich nicht im Leistgen aGrd eines RGesch handelt (BGH NJW **98**, 2433). 2

b) Aus dem Inhalt des Rechtsgeschäfts selbst muß sich die Ungewißh der zukünft Entwicklg ergeben, außerh des Vertr liegde Umst können hierfür nicht maßg sein (BGH NJW **98**, 2433). 3

c) Unmöglichkeit. § 820 gilt auch für die Pfl zur Rückgewähr einer GgLeist aus einem ggseit Vertr nach § 323 III, wenn die Beteil mit der von keiner Seite zu vertretden Unmöglichk der Leistg gerechnet haben (BGH NJW **75**, 1510). 4

d) Auf Leistungen, die unter Vorbehalt gemacht od angenommen werden (§ 814 Rn 5), ist § 820 entspr anwendb (BGH WM **88**, 1494 [1496]), außer wenn ihnen ein rkräft Titel od eine einstw AO gem ZPO § 620 zuGrde liegt (BGH FamRZ **85**, 368, Zweibr NJW-RR **95**, 841). 5

e) Beispiele: Vorschußw Entrichtg einer MaklerProv; Leistgen auf einen noch genehmiggsbedürft Vertr; Leistgen auf einen zunächst nur mdl abgeschl GrdstKaufVertr (BGH JZ **61**, 699). 6

3) Umfang der Haftung. Der Empf haftet so, wie wenn der HerausgAnspr bei Empfang der Leistg rechtshäng geworden wäre (§ 818 Rn 51–54). Das bedeutet aber nicht, daß die Ber nicht noch mit befreiender Wirkg wegfallen od sich mindern kann, zB nach dem allg Grds des Ausgl von Vort u Nachtl, die mit dem BerVorgang unmittelb zushängen. Zunächst ist also zu prüfen, ob u inwiew (Saldo, § 818 Rn 28, 29) überh Ber vorliegt (BVerwG MDR **61**, 535). – Die **verschärfte Haftung** ist aber ggü § 818 IV in zweierlei Hins **eingeschränkt:** 7

a) Nebenleistungen: Nach Abs II hat Empf abw von § 291 Zinsen (Höhe: § 246) erst von dem Ztpkt an zu entrichten, da er den tats Nichteintritt des Erfolges od Wegfall des RGrdes posit kennt. Nutzgen sind nur herauszugeben, soweit Empf noch bereichert ist, dh iR der allg Haftg nach § 818 I–III. Desh auch keine Haftg für Nutzgen, die Empf bis zum Ztpkt der KenntnErlangg hätte ziehen können. 8

b) Verzugshaftung. And als vielf bei § 819 (dort Rn 9) u bei § 818 IV (dort Rn 54) kommt bei § 820 eine verschärfte Haftg wg Verz nicht in Betr. Wenn der Leistde mit dem Verbleib der Leistg beim Empf trotz der Ungewißh der zukünft Entwicklg einverst war, trifft den Empf kein Versch (§ 285), so daß eine Haftg für Zufallschäden (§ 287 S 2) ausscheidet. 9

c) Rechtsmißbräuchlich kann das Verlangen auf Herausg der Leistg unter den verschärften Vorauss des § 820 sein, wenn der Leistde den Empfänger veranlaßt hat, das Erlangte seiners an einen zahlungsfäh Dr weiterzugeben (BGH **LM** Nr 1). 10

4) Beweislast. Der AnsprBerecht hat die obj u subj Vorauss für den Eintritt der verschärften Haftg (Rn 2–6) zu beweisen; desgl hins der Nebenleistgen den Ztpkt der KenntnErlangg (Rn 8), währd der BerSchu den Wegfall der Ber (bei Nutzgen) darzutun hat. Im übr gelten die Grds in § 818 Rn 55. 11

821 *Einrede der Bereicherung.* **Wer ohne rechtlichen Grund eine Verbindlichkeit eingeht, kann die Erfüllung auch dann verweigern, wenn der Anspruch auf Befreiung von der Verbindlichkeit verjährt ist.**

1) Bedeutung. Es handelt sich, and als bei der Berechng des BerSaldos (§ 818 Rn 28, 29, 46–49), um eine echte **Einrede,** nicht vAw zu beachten (BGH NJW **91**, 2140). Eine Leistg iS des BerR ist auch die Eingehg einer Verbindlichk (§ 812 Rn 2–9). Ist dies ohne rechtf Grd geschehen, so hat der Schu neben dem Anspr auf Herausg des Erlangten, dh hier auf Befreiung von der Verbindlichk (§ 818 Rn 6), ein LeistgsVR. Wer ohne rechtl Grd ein SchuldAnerk (§ 812 Rn 5–8) eingegangen ist, kann Erf einredew verweigern (BGH NJW **91**, 2140). Der Anspr auf Befreiung von der Verbindlichk verj nach den allg Grds für BerAnspr (Einf 24 vor § 812). § 821 bestimmt darü hinaus, daß die Einr selbständ fortbesteht, auch wenn der Anspr auf Befreiung bereits verj ist, zB wenn der Bereicherte sich aus einem trotz der Verj der Fdg weiter haftden PfdR od einer Hyp (§ 223 I) befriedigen will. 1

2) Folgen. Da es sich um eine dauernde Einr handelt, kann das dennoch Geleistete zurückverlangt werden (§ 813 Rn 3); ebso Rückfdg einer Vorleistg, wenn Gegner Erbringg seiner Leistg nach § 821 verweigert. Ein für die Fdg bestelltes PfdR ist herauszugeben (§ 1254), auf eine Hyp ist zu verzichten (§ 1169). Die Einr kann 2 auch dem Zessionar entggehalten werden (§§ 404, 405); ebso dem Sequester, InsVerw (Brdbg WM **99**, 1083), ggü einem einrbehafteten Guth, auch wenn er es auf ein and neu eröffnetes Konto bei derselben Bank überwiesen hat (BGH NJW **95**, 1484). Andererseits kann sie auch derj erheben, der sich auf die Einr des Schu berufen kann, zB SchuldÜbern, Bürge, HypSchu, Verpfänder, unmittelb Besitzer (§§ 417, 768, 1137, 1211, 986 I). Die Einr entfällt, soweit die Ber weggefallen ist (§ 818 III), sofern nicht verschärfte BerHaftg, zB nach § 819, eingreift. Auch schließt § 821 die allg „Einrede" der Argl ggü dem Verlangen des Gläub nicht aus.

822 *Herausgabepflicht Dritter.* **Wendet der Empfänger das Erlangte unentgeltlich einem Dritten zu, so ist, soweit infolgedessen die Verpflichtung des Empfängers zur Herausgabe der Bereicherung ausgeschlossen ist, der Dritte zur Herausgabe verpflichtet, wie wenn er die Zuwendung von dem Gläubiger ohne rechtlichen Grund erhalten hätte.**

1 **1) Anwendungsbereich, Abgrenzung.** Die Norm hat mit § 816 I 2 gemeins, daß der unentgeltl Erwerbde den dingl wirks RErwerb bereichergsrechtl nicht behalten darf, sein Schutz muß ggü dem Interesse des Benachteil zurücktreten. Im übr bestehen aber erhebl Unterschiede: § 816 I 2 regelt die RFolge bei wirks Vfg dch einen Nichtberecht, § 822 bei wirks Vfg dch den Berecht. In § 816 I 2 bewirkt die Vfg des Nichtberecht zugl die Entreicherg des Benachteiligten u die Ber des Beschenkten (Einheitlichk des BerVorgangs, § 812 Rn 35–40), welcher deshalb primär auf Herausg haftet. § 822 enth eine Ausn von diesem Grds der Einheitlichk, weil der RVerlust des Entreicherten bereits vor der berecht Vfg des Ersterwerbers eingetreten ist, der Beschenkte haftet nur subsidiär auf Herausg. Seine bereichergsrechtl Haftg tritt hier ein, indem der bish BerSchu als dingl Berecht das Erlangte mit rechtl Grd unentgeltl dch einen weiteren Zuwendgsakt an den Dr übertr; sofern hierdch die Verpfl des ersten Empf zur Herausg der Ber ausgeschl ist, ist der beschenkte Dr zur Herausg verpfl, wie wenn er die Leistg unmittelb vom Benachteil ohne rechtl Grd erworben hätte. Auf ähnl RGedanken beruhen §§ 2287, 2329. Abgesehen von der Dchbrechg des Erfordern der Einheitlichk des BerVorgangs enth § 822 somit nur eine Aushilfshaftg bei Wegfall der Haftg des urspr KondiktionsSchu, kann aber auch iF der RFolgenverweisg, wenn der ursprüngl Schu kein BerSchu ist, anwendb sein (BGH **106**, 354 für § 528).

2 **2) Unentgeltliche Zuwendung des Erlangten an Dritten. – a)** Ein **Bereicherungsanspruch gegen den ursprünglichen Empfänger** muß bestanden haben, unerhebl aGrd welcher Bestimmg. § 822 ist in gleicher Weise anwendb, wenn der Empf das nach § 812 Erlangte od wenn der wirks als Nichtberecht Verfügde den nach § 816 I 1 herauszugebden Erlös unentgeltl einem Dr zuwendet od wenn der von einem Nichtberecht unentgeltl Erwerbde (§ 816 I 2) das Erlangte seiners unentgeltl weitergibt (BGH NJW **69**, 605). Der urspr BerAnspr kann schließl auch auf § 822 selbst beruhen; gibt der Dr das unentgeltl Erlangte an einen Vierten weiter, so ist auch dieser herausgpfl, soweit hierdch die BerHaftg aller Vormänner ausgeschl ist (Rn 7–9).

3 **b) Erlangt** vom urspr Empf ist zunächst der Ggst selbst (§ 812 Rn 16–30), ferner bei § 816 I 1 der Erlös samt Gewinn (§ 816 Rn 24). Erlangt sind ferner die Nutzgen u Surrogate (§ 818 I) u der Wert, den der Empf gem § 818 III herauszugeben od zu erstatten hatte, aber dann dem Dr unentgeltl weiter vermittelt hat (BGH NJW **99**, 1026). And als bei § 816 I 2 (dort Rn 13) steht der bei § 822 nicht anwendb Grds der Einheitlichk des BerVorgangs nicht entgg. Da aber der urspr Empf nach dem Verk gem § 818 II nur auf WertErs gehaftet hätte, ist in diesem Fall auch die Haftg des Dr auf den Wert des urspr Erlangten zu beschr. Anderers kann sich der Dr dch Herausg des ihm zugewendeten Ggst, um den er allein bereichert ist (§ 818 III), befreien.

4 **c) Einem Dritten** muß das Erlangte zugewendet worden sein (zum Begr des Dr s § 123 Rn 13, 14). § 822 ist daher zB nicht anwendb, wenn der ErstEmpf schon beim Erwerb als Vertr des Dr aufgetreten ist.

5 **d) Zuwendung,** § 812 Rn 3, 4. § 822 betr also einen Fall der Leistgskondiktion. Mangels Zuwendg, insb dch RGesch, genügt ein Erwerb des Dr dch Ersitzg, Fund (soweit Anspr des Empf gg Dr besteht, hat er ihn an BerGläub abzutreten) od als Nacherbe nicht, weil dieser seinen Erwerb nicht vom Vorerben, sond vom Erbl ableitet; die Verpfl des Nachl aus Ber ist vielm NachlVerbindlichk.

6 **e) Unentgeltlich** sind insb Schenkg u Vermächtn, gleichgült ob sofort vollz Schenkg od in Erf eines SchenkgsVerspr. Zum Begr der Unentgeltlichk s näher § 516 Rn 8–10 u § 816 Rn 13. Bei sog gemischter Schenkg (§ 516 Rn 13–17) besteht demnach die Haftg des Dr hins des Teils der Zuwendg, der als unentgeltl Erwerb anzusehen ist. Wie § 816 I 2 (dort Rn 16–19) ist auch § 822 auf den Fall einer entgeltl, aber rgrdlosen Vfg nicht entspr anwendb.

7 **3) Subsidiarität der Haftung.** Die Verpflichtg des ursprüngl Empfängers zur Herausg der Ber muß ausgeschl sein. Die Aushilfshaftg des Dr tritt nur ein, wenn inf der unentgeltl Zuwendg des Erlangten an ihn (Rn 2–6) die Verpfl des urspr Empf zur Herausg der Ber ausgeschl ist.

a) Diese Voraussetzung ist erfüllt im regelm Anwendgsfall des § 822, näml wenn die Verpfl des urspr BerSchu (auch des Erwerbers nach § 816 I 2) inf Weitergabe des Ggst der Ber an den Dr gem § 818 III erloschen ist. Erforderl ist, daß der Anspr gg urspr Empf inf der Zuwendg an Dr aus Rechtsgründen erlischt. Mangelnde Dchsetzbark des Anspr aus nur tats Gründen (Zahlgsunfähigk, Abwesenh des urspr BerSchu) genügt also nicht, um die Aushilfshaftg des Dr nach § 822 zu begründen (BGH NJW **69**, 605, NJW **99**, 1026; aA Schilken JR **89**, 363).

8 **b) Diese Voraussetzung ist nicht erfüllt, – aa)** soweit die **Verpflichtung** des urspr Empf schon **vor der Zuwendung weggefallen** war. Hat zB der Empf im Vertrauen auf Unwiderruflichk des RErwerbs Aufwendgen gemacht, die bei der Saldierg zu berücks sind (§ 818 Rn 28–30), so ist bereits insow die Ber nach § 818 III weggefallen; eine BerHaftg des Dr lebt dann auch üb § 822 nicht wieder auf. Das gleiche gilt,
9 wenn der BerAnspr gg den urspr BerSchu schon verj war. – **bb)** wenn die **Verpflichtung des Erstempfängers fortbesteht,** zB weil er die Zuwendg an den Dr erst bewirkt hat, nachdem der BerAnspr ihm ggü rhäng

geworden ist (§ 818 IV) od wenn die Vorauss der verschärften Haftg des Ersterwerbers nach §§ 819, 820 (Kenntn vom RMangel, verwerfl Empfang, ungewisser Erfolgseintritt) vorliegen; in diesem Fall entsteht eine Haftg des Dr nach § 822 nicht. Kauft zB Dieb mit gestohlenem Geld einen Ggst u schenkt ihn einem gutgl Dr, so haftet dieser nicht nach § 822 (bei Bösgläubigk ggf § 826). Dieses Ergebn mag unbefriedigd sein, weil nicht einzusehen ist, warum derjen besser steht, der ein Geschenk statt vom gutgl BerSchu vom bösgl (u damit nach § 819 I weiter haftden) Dieb erhält; es läßt sich aber angesichts des klaren Wortlauts des § 822 nicht vermeiden (Staud/Lorenz Rn 10).

4) Inhalt des Bereicherungsanspruchs. – a) Herausgabe. Dr haftet, wie wenn er unmittelb vom 10
BerGläub ohne rechtl Grd empfangen hätte. Der Umfang der Herausgabepfl bestimmt sich daher nach §§ 818–820. Der Dr kann sich auf Wegfall od Minderg der Ber, die in der Pers des urspr Empf schon vor der unentgeltl Weitergabe entstanden war, gem § 818 III berufen (oben Rn 8, 9). Anderers gilt § 819 (Kenntn der HerausgPfl inf rgrdlosen Erwerbs des urspr Empf u unentgeltl Weitergabe) auch ggü dem Dr. – **b)** Die **Verjährung** des BerAnspr gg Dr (Berechng Einf 24 vor § 812) beginnt gem § 198 erst mit der Zuwendg an ihn.

5) Beweislast. Aus dem Wortlaut des § 822 folgt, daß der BerGläub nicht nur Unentgeltlichk der 11
Zuwendg an Dr, sond auch Ausschl der Haftg des urspr Empf aus RGrden inf der Zuwendg zu beweisen hat, desgl ggf die Voraussetzgen einer etw verschärften Haftg (§ 819 Rn 10). Soweit sich dagg der Dr auf Wegfall od Minderg der Ber beruft, trifft ihn die BewLast (§ 818 Rn 55).

Fünfundzwanzigster Titel. Unerlaubte Handlungen

Einführung

1) Begriff 1–3
2) Konkurrenz mit anderen Ansprüchen . . 4–9
3) Haftungsausschluß 10
4) Haftung ohne Verschulden 11
5) Schadensersatz 12, 13
6) Zurechnungszusammenhang, Normzweck 14
7) Beweis der Ursächlichkeit 15
8) Unterlassungsklage 16–25
a) bei Verletzung ausschließlicher Rechte . . 17
b) Vorbeugende Unterlassungsklage (Presse) . 18–24
c) Klage auf Wiederherstellung 25
9) Beseitigungsanspruch (Widerruf) 26–32
10) Voraussetzungen der Beseitigungsklage . 33–35
a) Widerrechtlichkeit künftiger Störung 33
b) Fortwirken der Beeinträchtigung 34
c) Eignung der Beseitigungsmaßnahme 35
11) Gegendarstellung 36–40
a) Grundlagen 36
b) Voraussetzungen 37
c) Inhalt 38
d) Verfahrensrechtliches 39
e) Folgefragen 40
12) Gerichtsstand 41
13) Internationales Privatrecht, frühere DDR 42

1) Begriff. – a) Die Vorschr über uH bezwecken den Schutz des einz gg widerrechtl Eingr in seinen 1
RKreis. Dabei handelt es sich aber nur um die Verletzung **der allgemeinen, zwischen allen Personen bestehenden Rechtsbeziehungen,** die jeder beachten muß (KG MDR **98**, 897). Ggsatz: die zw bestimmten Pers bestehden bes RBeziehgen aus Vertr od vertragsähnl RVerh. Gemeins ist allen uH die **objektive Widerrechtlichkeit** (§ 823 Rn 32–35), währd Versch oder vermutetes Versch zwar für die Mehrzahl der Tatbestde erforderl, jedoch für den Begr der uH nicht schlechthin wesentl ist. Unerl Hdlgen mit Haftg ohne Versch sind zB die Tatbestde der §§ 829, 833 S 1. Der AusnCharakter dieser Bestimmgen u der in anderen Ges für bes Fälle vorgesehenen Gefährdgshaftg verbietet eine Ausdehng der Gefährdgshaftg auf andere Tatbestde. – Ggst einer uH können Verletzgen von Pflichten jeder Art, auch von famrechtl Fürs- und AufsPfl sein, wenn sie gleichzeit eine Verletzg der allg RechtsPfl enthalten. Über Verletzg von VertrPfl Einf 4–9. – Die uH kann auch in einem **Unterlassen** bestehen (Vorbem 84 vor § 249).

b) Auch außerhalb des 25. Titels liegt uH überall da vor, wo die obigen BegrMerkmale erfüllt sind, mag 2
der betr Tatbest im BGB selbst (außerh des 25. Titels) od in sonstigen Ges geregelt sein (Staud-Schäfer Vorbem 24 ff vor § 823). Anspr aus uH sind daher auch die Anspr aus §§ 228, 231, nicht aber die aus den §§ 42 II, 122, 160, 163, 179; die ErsAnspr aus ZPO 302 IV, 600 II, 717 II, 945 (BGH WM **65**, 864 nur im Verh zum Arrestgegner, nicht auch ggü dem dch den Arrest betroffenen Dr; BGH **30**, 127: ZPO 945 anwendb auch auf den Steuerarrest; Vollziehg eines unricht Steuerbescheids begründet nur Anspr aus AmtsPflVerl. Anspr aus dem HaftpflG, StVG u LuftVG (BGH **1**, 391); ferner die Anspr aus WettbewVerstößen (BGH **40**, 394) u UrhRVerletzgen, nicht jedoch aus der GläubAnf der InsO u des AnfG (BGH **LM** § 30 KO Nr 1). –
Sondergesetze, wie das Patent- u GebrauchsmusterG, schließen die Anwendg des BGB nicht aus. Das gilt 3
auch grdsätzl für das UWG u das UrhRG (vgl dessen § 97 III u § 687 Rn 5–7), die neben den §§ 823 ff anzuwenden sind; sow sie jedoch Spezialtatbestde erschöpfd regeln, ist § 823 I u II unanwendb. Daher sind §§ 842–847, 852 auf HaftPflG, LuftVG, StVG nur anwendb, sow sie dort für anwendb erkl sind. Keine Regelg in WasserhaushaltsG 22 über Umfang der Haftg u Gehilfenhaftg, daher sind §§ 823, 826, 831, 842–846, 852 anwendb. § 840 unanwendb, da § 22 Sonderregelg gibt (Wernicke NJW **58**, 775; Verj § 852 Rn 1, SchutzG-Charakter § 823 Rn 145–152).

2) Konkurrenz mit anderen Ansprüchen. – a) Vertrag und unerlaubte Handlung. Verl von 4
VertrPfl, auch vorsätzl od fahrl, sind als solche keine uH; sie können aber, wenn sie zugl den Tatbestd der §§ 823 ff erfüllen, auch eine uH darstellen u eine Haftg nach den für diese maßg RSätzen begründen (BGH

NJW-RR **96**, 1121). Vertragl u delikt Anspr sind nach Vorauss u RFolgen grdsätzl selbständ zu beurt, doch gibt es Wechselwirkgen. Vorrang vertragl Regelgen dürfen dch einen Anspr aus uH wg desselben Sachverhalts nicht ausgehöhlt werden (BGH **96**, 221: Kein AufwErsAnspr wg EigtmVerl ohne Mangelbeseitiggsverlangen nach WkVertrR). **Beispiel:** Arzt, der Behandlgsfehler begeht, verletzt nicht nur seine VertrPfl ggü Patienten, sond begeht auch eine uH (BGH NJW **59**, 1583); ebso Gem, die gesundheitsschädl Wasser liefert (BGH **17**, 191). Fremdbesitzer, der den Rahmen seines BesitzR schuldh überschreitet (BGH BB **63**, 575). Beförderg von Pers u Gütern dch die Eisenbahn (BGH **24**, 188). FrachtVertr unter den HaftgsVorschr der KVO (BGH **32**, 203, 302) od in Beschränkg der VertrHaftg nach § 430 HGB (BGH **46**, 140). Verletzter kann nach seiner Wahl aus Vertr oder uH vorgehen. Prakt bedeuts ist dies insb im Hinbl auf den nur bei uH gegebenen SchmerzGAnspr u die verschiedene Regelg der Verj (§ 852 Rn 1) sowie die verschiedene Haftg für Hilfspers (§ 278 bei Vertr, § 831 bei uH). Doch ist bei ZusTreffen von uH u VertrVerletzg § 278 auch anzuwenden, wenn Verl seinen Anspr auf Delikt od Gefährdg stützt, § 254 Rn 64. – Diese Grds gelten auch dann, wenn die Möglichk der schuldh Einwirkg überh erst durch den Vertr gegeben war, vorausgesetzt, daß es sich um eine Verletzg einer allg RPfl handelt; so wenn jemand die vertragl Verpfl verletzt, Obliegenh zu erfüllen, die dem Schutz der Allgemeinh dienen (BGH DB **54**, 326). – BewFragen bei Vertr u uH Vorbem 162–173 v § 249 u § 823 Rn 174.

5 **b)** Aus der Art der **Ausübung eines Gewerbebetriebes** kann sich die allgem RPfl ergeben, auch Dr vor Schädigg zu bewahren, deren Verl eine uH darstellen kann, zB beim Betr von BefördergsUntern od des Lagerhalters (BGH BB **53**, 513) od BauUntern (BGH DB **54**, 326) od der Molkerei dch InVerkBringen nicht pasteurisierter Milch (BGH **LM** § 823 (Eh) Nr 3). Hierunter fallen jedoch nur Pers, die eine selbständ Stellg erlangt haben od die ihre Dienste der Allgemeinh anbieten, nicht weisgsgebundene ArbN (BGH BB **54**, 273).

6 **c) Öffentlichrechtliche Erstattung.** Vgl zunächst Einf 20–23 vor § 812. Geschlossene Regelgen des öff Rechts für die Erstattg überzahlter Leistgen können SchadErsAnspr aus uH ausschließen (Gagel NJW **85**, 1872).

7 **d)** In **Sondergesetzen** findet sich **allgemeiner Ausschluß weitergehender Ansprüche,** der auch für uH gilt. So schließt **§ 547 a** im Verh zw Mieter u Verm weitergehde Anspr aus. Ist der Anspr des Mieters auf Wegn von Einrichtgen verj, so stehen ihm SchadErs- od BerAnspr wg EigtVerlustes gg den Verm auch dann nicht zu, wenn dieser das Grdst mit den eingebauten Einrichtgen veräußert (BGH **81**, 146, **101**, 37). – **MarkenG** 9 I Nr 3, 14 II Nr 3, 15 III, 51, 55 II Nr 2 enthalten eine umfassde ges Spezialregelg, die in ihrem Anwendgsbereich für die Anwendg des § 823, auch § 1 UWG keinen Raum läßt (BGH **138**, 349). – Nach **§ 46 BeamtVG** hat Beamter bei Dienstunfall gg Staat bzw JP des öffR nur VersorggsAnspr nach §§ 30–43 BeamtVG außer iF vorsätzl begangener uH u bei Teiln am allg Verk (§ 1 ErwZulG); das ist relativ zu verstehen, dh nach dem Verhältn des verl Bediensteten zum Schäd, nicht nach seinem InnenVerhältn zum öffrechtl Dienstherrn (BGH **64**, 201, SGb **92**, 274). Die Entsch der VerwBeh über das Vorliegen eines DUnfalls bindet das ZivGer, das über SchadErsAnspr aus Anlaß des Unfalls zu entscheiden hat (BGH **121**, 131). **§§ 104–106 SGB VII** Ausschl der ErsPfl bei PersSchäd ges Unfallversicherter; vgl auch § 611 Rn 152 ff. Kein Ausschl bei Schäd dch Teiln am allg Verk, zB Mitnahme eines ArbKollegen im PrivPkw zur ArbStätte u von dort nachhause (BGH **116**, 30). Der Ausschl des § 847 ist verfmäß (BVerfG NJW **73**, 502). **§ 108 SGB VII** Bindg des ZivRi an gewisse Entsch der UnfallVersTräger (BGH NJW **95**, 2038). Ebso **§§ 81 ff BVersG:** VersorggsBerecht kann gg Staat nur Anspr nach VersorggsR erheben; ebso **§ 91 a SoldVersG** (BGH NJW **92**, 744, BGH **120**, 176: ärztl HeilEingr), **§ 2 Abs II SGB VII** (BGH NJW **83**, 574: ArbUnfall eines Strafgefangenen, auch bei Verl eines sog Freigängers in einem fremden Betrieb bei anstaltsvermittelter Beschäftigg). Die Höchstgrenze in **§§ 485 II, 660 HGB** gilt auch für einen auf denselben Vorgang gestützten Anspr aus uH (BGH **86**, 234). Die Verl der RügeObliegenh gem § 377 I HGB hat nicht den Verlust delikt Anspr wg einer dch die SchlechtLiefg verurs Verl eines der in § 823 genannten RGüter des Käufers zur Folge (BGH **101**, 337). Anspr aus **§ 7 AnfG** gg den Schu, der zugl AnfGegner ist, schließen solche aus uH aus, wenn nicht bes, erschwerde Umst hinzutreten (BGH **130**, 314 [330]). – **§§ 987 ff** verdrängen weitgehd Anspr aus uH (Rn 11 ff vor § 987).

8 **e) Vertragsmäßiger Ausschluß der Gewährleistungspflicht aus dem Vertrage** gilt nicht ow für Haftg aus uH (BGH **67**, 366); and ggf bei allg Freizeichng v SchadErsAnspr (BGH NJW **79**, 2148). Hat jemand von einer Bank eine Ausk „ohne Verbindlichk" erbeten, so ist damit vertragl u außervertragl Haftg wg
9 Fahrlk ausgeschl (BGH **13**, 198; § 675 Rn 36). – **Gesetzliche Beschränkung vertraglicher Haftung** auf best Schuldformen schließt strengere Haftg auch aus uH aus. – So Haftg des Schenkers gem § 521, sow es um die Verl von SchutzPfl geht, die im Zushang mit dem VertrGgst stehen (BGH NJW **85**, 794). Ebso bei Haftg des Gesellschafters seinem Partner ggü (BGH NJW **98**, 2282; § 708 Rn 1); Haftg des Verleihers (BGH NJW **92**, 2474); bei konkurrierdem Anspr aus GoA wg § 680 (BGH NJW **72**, 475). – **Haftung des Arbeitnehmers** ggü seinem ArbG, seinen ArbKollegen u ggü Dr vgl § 611 Rn 152 ff.

10 **3) Haftungsausschluß, Handeln auf eigene Gefahr** vgl § 254 Rn 70–81. Daß sich der Ausschl vertragl SchadErsAnspr auch auf parallele aus uH iR des Zuläss erstreckt, muß ausdr od jedenf hinreichd deutl vereinb sein (BGH DB **79**, 1078 für Kauf- u WkVertr). LandesG kann die Haftg nach § 823 nicht (teilw) ausschließen (Hbg MDR **69**, 667).

11 **4) Haftung ohne Verschulden. – a) Enteignungsgleicher Eingriff, Aufopferung.** Vgl Übbl 4–54 vor § 903. – **b) Haftung aus Art 5 V Menschenrechtskonvention.** – SchadErs-, nicht nur AusglAnspr, gerichtet auf Ers des vollen Schad, wie bei Gefährdgshaftg; Vorauss ist allein Rechtswidrigk, nicht Versch (BGH **45**, 58: ob stets SchmerzGeld verlangt werden kann, ist unentsch geblieben). Verjährg § 852 Rn 1. Schutz der MeingsFreih § 823 Rn 189 f. – **c) Gefährdungshaftung.** Im BGB zB § 833 S 1, in zahlr SonderG, zB StVG 7, UmwHG 1, 2, ProdHaftG 1, GenTG 32 (Luttermann JZ **98**, 174). Grdsätzl allg GefährdgsHaftg gibt es weder darühinaus im PrivR noch über enteignsgleichen Eingr u Aufopferg hinaus im öff R (BGH VersR **72**, 1047). – **d) Zufallshaftung.** Bes geregelte Haftg ohne Versch in and als GefährdgsTatbestd, zB § 945 ZPO.

5) Schadensersatz. Der Anspr wird nicht dadch ausgeschl, daß der Geschädigte wg des Nachteils auch einen Anspr gg einen Dritten hat (BGH WM **72**, 560). Für die Höhe des SchadErs ist es ohne Bedeutg, ob Haftg des Täters auf vorsätzl od fahrl Handeln beruht, ebso ob nur Gefährdgshaftg vorliegt. Anders nur in einigen SonderGes, so in PatG § 139 II 2, GebrMG § 15 II 2 wonach bei nur leichter Fahrlk die Höhe der Entschädigg geringer sein kann. Für die Höhe sind die allg Grdsätze der §§ 249 ff maßg. – **Drittschaden** vgl Vorbem 113 vor § 249. Anwendb ist § 254. Ggü vorsätzl Verhalten des Täters fällt allerd eig Versch des Verletzten im allg nicht ins Gewicht, vgl § 254 Rn 53. Über die Berücksichtigg der Betriebsgefahr, für die der Verletzte, zB als KfzHalter, einzustehen hat, § 254 Rn 10. Versch des gesetzl Vertreters des Geschädigten vgl § 254 Rn 60–69. Voraussetzg für die Anrechng eines solchen Versch ist jedoch stets, daß der gesetzl Vertreter in dieser Eigensch, also als Vertreter, gehandelt hat; fehlt es hieran, so entfällt die Anrechng. – Über Vorteilsausgleichg § 823 Rn 162. Über WiderrufsAnspr Einf 26–35. Über AuskPfl des Schädigers vgl § 687 Rn 5–7, § 826 Rn 16. Im Einzelfall kann der Anspr auf SchadErs rechtsmißbräuchl sein, zB bei Beschädigg eines Kfz, das einem Mdj ohne Einwilligg der PersSorgeBerecht überlassen wurde (Stgt NJW **69**, 612 mit Anm Winter NJW **69**, 1120). 12 13

6) Zurechnungszusammenhang, Normzwecktheorie Vorbem 54–107 vor § 249. Es besteht kein allg Gebot, andere vor Selbstgefährdg zu bewahren, u kein Verbot, sie zur Selbstgefährdg psycholog nicht zu veranlassen. Infdessen kann, wer sich selbst verletzt, einen and wg dessen Mitwirkg nur dann auf SchadErs in Anspr nehmen, wenn dieser einen zusätzl GefKreis für die Schädigg eröffnet hat (BGH NJW **86**, 1865, Düss VersR **90**, 903: freier Zugriff auf einen Revolver). Wer dch vorwerfb Tun einen and zu selbstgefährddem Verhalten herausfordert, kann diesem and, wenn dessen Willensentschluß auf einer mind im Ansatz billigenswerten Motivation beruht, aus uH zum Ers des Schad verpfl sein, der inf des dch die Herausforderg gesteigerten Risikos entstanden ist. So insbes, wenn sich jemand pflichtwidr der Feststellg seiner Personalien od der vorl Festnahme zu entziehen versucht, einem and dadch Veranlassg zur Verfolgg, auch eines flüchtden Pkw mit Streifenwagen (Hamm NJW-RR **98**, 815), gibt u der and inf der dch die Verfolgg gesteigerten GefLage einen Schad erlitten hat (BGH **63**, 189, **132**, 164, NJW **90**, 2885, **96**, 1533). Auch AufwErs gibt es in solchen Fällen nur für tätigkspezif Risiko (BGH NJW **93**, 2234: fahrl Brandverursachg, verletzter Feuerwehrmann). Vgl auch § 670 Rn 15, § 683 Rn 10). Der Verlust des SchadFreihRabatts inf eines KfzUnfalls ist kein FolgeSchad aus der Beschädigg des eig Kfz, sond ein VermSchad inf der Beschädigg des fremden Kfz, deshalb nicht nach § 823 I zu ersetzen; and bei KaskoVers (BGH NJW **76**, 1846). Rechtmäß Alternativverhalten vgl Vorbem 105–107 vor § 249. 14

7) Beweis der Ursächlichkeit, Anscheinsbeweis vgl § 823 Rn 167–174. 15

8) Unterlassungsklage. Der UnterlAnspr ist als RFolge einer uH im BGB nicht erwähnt, ausdr GesVorschr gewähren ihn, zB §§ 12, 862, 1004, PatG § 139 I, GebrMG § 15 I, MarkenG §§ 14 V, 128 I, RabattG § 12, ZugabeVO § 2, UrhRG § 97 I, AGBG §§ 13 ff. In Fortbildg dieses allg RGedankens hat die Rspr die UnterlKlage für eine große Zahl weiterer Tatbestd zugelassen, § 1004 Rn 1–3, 27–30. Sie ist im Regelfall geeignet u notw zur Beseitigg der Beeinträchtigg. Ggf kann auch ein eingeschränktes Verbot genügen, zB wenn die mit Gebr einer Bezeichng verbundene Gef der Irreführg dch einen aufklärden Zusatz (BGH GRUR **68**, 200) od wenn die Verletzg des PersönlkR in einem Roman einwandfrei dch ein klärdes Vorwort zu beseitigen ist. Nöt ist dazu Abwägg, daß einers den Belangen des Verl ausreichd Genüge zu leisten ist u welche schutzwürd Interessen des Störers anders dch ein UnterlassgsUrt geopfert werden. In jedem Fall ist es Sache des Bekl, konkret formulierte Vorschläge zu machen, auf welche and Weise als dch Unterlassg die Beeinträchtigg zu beseitigen ist (BGH JZ **68**, 697 [702]). Vorangegangene einstw Vfg nimmt der UnterlKl nicht das RSchutzBedürfn (BGH DB **64**, 259). 16

a) Ausschließlichkeitsrechte. UnterlKlage ist allg anerkannt, insb bei Verl eines „sonstigen Rechts", wozu auch der eingerichtete u ausgeübte GewerbeBetr u das allg PersönlkR gehören (§ 823 Rn 14, 175–200). Vorauss ist ein **objektiv widerrechtlicher Eingriff** in das absolute Recht (BGH **38**, 206, § 823 Rn 32–53). 17

b) Die vorbeugende Unterlassungsklage dient, über diese Fälle hinausgehd, der Abwehr eines künft rechtwidr Eingr in alle dch SchutzG iS des § 823 II geschützten Lebensgüter u Interessen (BGH NJW **93**, 1580). Sie ist daher bei den meisten uH zul (Ausn siehe Rn 21). Vorauss ist ein **objektiv widerrechtlicher Eingriff** (§ 823 Rn 32–53), auf Versch des Täters od das Bewußtsein der RWidrigk kommt es nicht an (BGH **3**, 270, **30**, 7). Handelt es sich um die Unterl unwahrer TatsBehauptgen, so kommt weder eine InteressenAbwägg noch eine Berufg auf die Wahrg berecht Interessen in Frage, denn an der künft Verbreitg unwahrer TatsBehauptgen kann niemand ein schutzwürd Interesse haben (BGH NJW **97**, 2513). Ferner muß Erstbegehgs- od WiederholgsGef bestehen (unten Rn 24). Nicht erforderl ist, daß Schad bereits entstanden ist, es genügt, daß Schad droht (BGH NJW **51**, 843). Bei fehlder ErstbegehgsGef ist die Kl als unbegründet abzuweisen (BGH NJW **90**, 2469). – **Inhalt.** Der Antr muß auf Unterl einer best Hdlg gerichtet sein, wenn auch das Ger an seinen Wortlaut nicht gebunden ist. Er muß sich in den Grenzen des Notwend u Zumutb halten, nöt ist Interessenabwägg (BGH NJW **57**, 827, MDR **60**, 371; vgl hierzu auch § 824 Rn 6). Der UnterlAnspr richtet sich gg den **Störer.** Das sind diejen, die die Beeinträchtigg herbeigeführt haben od deren Verhalten eine Beeinträchtigg befürchten läßt (BGH DB **86**, 2535, NJW **76**, 799). Das RSchutzBedürfn kann fehlen, wenn der TatBeitr des Störers untergeordnet ist u man den HauptVerantwortl zur Beseitigg der Störg ausreichd in Anspr nehmen kann. Bei den Medien kommt es für die Frage, ob sie Störer (Verlag, Anstalt, verantwortl Redakteur) sind, darauf an, ob sie ledigl die fremde Meing des Autors (Interviewten) verbreiten od sich zu eigen machen (BGH **66**, 182). 18 19

aa) Ehre, soz GeltgsBereich gehören zu den geschützten Gütern, auch für polit Part (Mü NJW **96**, 2515). Der Unterl Anspr ist vermögensr nur ausnahmsw, § 823 Rn 199. Vorauss dieses Anspr ist nur, daß die Äußerg od Berichterstattg einen Zust rechtswidr Ehrenkränkg geschaffen hat (BGH NJW **61**, 1914, NJW **66**, 1214). Die Pfl, auf die Ehre des Einz Rücks zu nehmen, kann auch dch Auslassgen u grob einseit Berichterstattg verletzt werden (BGH **31**, 308). Wertgen eines polit Geschehens im wesentl vom polit Standpkt aus begründen 20 einen UnterlAnspr nur, wenn sie ehrenkränkder Natur sind (BGH NJW **66**, 246, 648). Unterl kann ggü erwiesenerm unwahren TatsBehauptgen ow, ggü nicht erweisl wahren TatsBehauptgen nur verlangt werden, wenn sich der Verletzer nicht auf ein R zu solchen Behauptgen berufen kann (BGH VersR **79**, 53). UnterlAnspr auch ggü ehrverletzden MeingsÄußergen u WertUrt, sow sich nicht der Störer auf ein berecht Interesse an der Wiederholg seiner Kritik berufen kann (BGH **66**, 182, BGH NJW **82**, 2246). Über den Ehrenschutz ggü Behörden unten Einf 22; Verl des allg PersönlichkR, insb die gebotene Interessenabwägg § 823 Rn 175–200, § 824 Rn 6. BerichtiggsAnspr u Recht auf GgDarstellg nach den PresseGes der Länder Einf 36–40.

21 **bb) Kein Unterlassungsanspruch** gg Einreichg od Verfolgg einer **Strafanzeige** (BGH NJW **62**, 245). Ebso nicht gg Einreichg von Beschw od sonst **Eingaben** wg angebl Mißstände bei den für ihre Beseitigg zuständ Stellen (BGH WM **78**, 62, Hbg MDR **71**, 1009: RA Kammer, Ffm NJW-RR **94**, 416: Kassenärztl Vereinigg). Ebso kein UnterlAnspr gg das der RVerfolgg oder RVerteidigg diende Vorbringen einer Partei od ihres RA **innerhalb eines Zivilprozesses** (BGH NJW **71**, 284) bis zum Abschluß dieses Verfahrens (Hamm NJW **92**, 1329), näml Behauptgen, auch wenn ein and Ger die Unwahrh festgestellt hat (Celle NJW-RR **99**, 385), die die Part in bezug auf rbegründde od rvernichtde Tats od zur Eigng eines BewMittels, insbes zur Glaubwürdigk eines Zeugen nicht leichtfert aufstellt, solange die Behauptg mit Blick auf die konkr ProzSituation zur RWahrg geeignet u erforderl sowie der RGüter- u PflLage angem ist (BVerfG NJW **91**, 29). Dabei spielt es keine Rolle, ob es sich um tats Behauptgen od WertUrt handelt (BGH DB **73**, 818). Nicht ausgeschl ist der UnterlAnspr ggü Vorbringen im Proz, das die Ehre eines nicht Beteil beeinträchtigt, weil der sich, and als die Beteil, nicht in diesem Verf dagg wehren kann u desh schutzl wäre (Seyfarth NJW **99**, 1287; offen gelassen BGH NJW **86**, 2502; aA Düss NJW **87**, 2522; vgl auch § 823 Rn 41). Der Ausschl gilt ferner nicht für an die Öffentlk gerichtete Aktionen außerh eines ZivProz im Zushang mit ihm (BGH NJW **92**, 1314), jedoch ist nicht der beauftr RA, sond der Mandant idR Ggner für einen UnterlAnspr (KG NJW **97**, 2390). Ebso kann die UnterlKl nicht dazu benutzt werden, Vorbringen des Bekl. in einem künft gerichtl Verf zu verhindern od zu entwerten (BGH NJW **77**, 1681). Ein UnterlAnspr besteht zur Abwehr widerrechtl erlangter BewMittel (BGH NJW **88**, 1016: heiml TonbandAufn); ferner ggü reiner Diffamierg ohne sachl Bezug (Köln NJW-RR **92**, 1247, Bamb NJW-RR **99**, 322), ggü bewußt unwahren TatsBehauptgen u ggü Schmähkritik (BVerfG NJW **91**, 1475; vgl § 823 Rn 189). Der grdsätzl Ausschl der UnterlKl beruht darauf, daß man im Hinbl auf die Gewährg rechtl Gehörs keinem ProzBeteil eine Äußerg verbieten kann, u auf dem Interesse an einem sachgerechten Funktionieren der RPflege. Außerdem werden die inkriminierten Äußergen in dem Verf geprüft u gibt es dort VerfBehelfe wie RMittel, AblehngsGesuche. Auch die vorstehd genannten Ausn erklären sich daraus, daß es sich in diesen Fällen nicht mehr um die Ausübg rechtl Gehörs u den Schutz eines ungestörten VerfAblaufs handelt. Derart UnterlKl sind mangels RSchutzbedürfn unzuläss (BGH ZIP **87**, 1081, Hamm VersR **91**, 435). Gleiche Grds gelten für **Verwaltungsverfahren,** soweit das Vorbringen als sachl Grdlage für sie geeignet ist (Düss NJW **72**, 644, NJW **98**, 1567), für **Zeugen** wg einer Aussage (BGH NJW **86**, 2502) od eidesstattl Erkl (Düss NJW **87**, 3268), grdsl für **Sachverständigengutachten** u wissenschaftl Veröff, weil sie auf Wertgen hinauslaufen, auch sow ihnen tats Feststellgen zu Grde liegen (BGH NJW **78**, 751; offen gelassen NJW **99**, 2736), ferner für das **Petitionsrecht** nach Art 17 GG (BVerfG NJW **91**, 1475) u für Vorbringen in einem **disziplinären Ordnungsverfahren** eines eV (Düss NJW-RR **86**, 675). – Der Ausschl der UnterlKl kann sich ferner aus der bes sittl Natur des **ehelichen Verhältnisses** ergeben, uU auch noch nach gesch Ehe (Düss NJW **74**, 1250: kein Widerruf ehrverletzder Äußergen im engsten Familienkreis od im Gespräch mit eig RA); vgl auch Einf 7, 8 vor § 1353. Darühinaus kann im Einzelfall ein Freiraum, sich auszusprechen ohne Unterlassg od Widerr, in Frage kommen im engsten Freundeskreis od in Beziehgen, die das Ges dch bes Vertraulichk heraushebt wie Arzt/Patient, RA/Mandant (BGH NJW **84**, 1104). – **Gilt nicht** für Äußergen des InsVerw in seinem Erstbericht ggü der GläubVersammlg (BGH NJW **95**, 397).

22 **cc) Rechtsweg.** Für die Unterlassg hoheitl Maßn ist grdsätzl der VerwRWeg offen (vgl § 1004 Rn 40). Ebso sind UnterlKlagen gg amtl Erklärgen aus dem hoheitl Bereich grdsätzl im VerwRWeg zu erheben. Dagg ist gg behördl Presseinformationen unbeschadet ihres amtl Charakters der ZivRWeg gegeben, wenn der betroffene Lebensbereich der Beteil zueinand dch bürgerrechtl Gleichordng geprägt ist, insb bei Erkl an die Presse im Bereich privrechtl, fiskal Betätigg der öff Hand (BGH **34**, 99, **66**, 229, **67**, 81). VerwRWeg gg behördl Presseerklärg, wenn sie der Darstellg od Rechtfertigg hoheitl VerwTätigk dient (BGH NJW **78**, 1860, BVerwG NJW **89**, 412).

23 **dd) Strafbarkeit** der uH steht dem UnterlAnspr nicht entgg (BGH NJW **57**, 1319).

24 **ee) Wiederholungsgefahr** ist notw Vorauss der UnterlKlage (BGH **14**, 163). Erforderl ist eine ernstl, sich auf Tats gründde Besorgn weiterer Eingr zZ der letzten mdl Verhdlg. Dafür besteht eine tats Vermutg auch außerh des Wettbew (BGH WM **94**, 641), außer wenn das Verhalten des Bekl eine sichere Gewähr gg weitere Eingr bietet od die tatsächl Entwicklg einen neuen Eingr unwahrscheinl macht (BGH NJW **66**, 648). Erweist sich eine behauptete Tats nachträgl als unwahr, obwohl die Reportage auf sorgf Recherchen beruht u desh dch Wahrnehmg berecht Informationsinteressen gerechtf ist, so setzt der UnterlAnspr des Betroffenen die konkrete Feststellg einer WiederholgsGef voraus (BGH NJW **87**, 2225). Sie ist jedoch regelm zu verneinen, wenn die Beteil eine Vereinbg treffen, in der Verletzer sich unter Übern einer angem VertrStrafe für jed Fall der Zuwiderhandlg uneingeschr bedingungsl u ernstl zur Unterl weiterer Verletzgen verpfl (BGH DB **85**, 968, WRP **90**, 685). Die Vereinbg einer Obergrenze der VertrStrafe muß dem Gläub einen angem Spielraum zur Anpassg der Höhe auch an solche Verstöße gg die UnterlPfl gewähren, die schwerer wiegen als die den Anlaß zur Unterwerfg bildde VerletzgsHdlg; dh, die Obergrenze muß idR den als solchen angemessenen, zu vereinbarenden FestBetr um das Doppelte übersteigen (BGH NJW **85**, 191). Frage der Würdigg im EinzFall ist es, ob die ggü einem von mehreren Verl abgegebene strafbewehrte UnterlVerpfl geeignet ist, den Verletzer wirkl u ernsth von Wiederh der VerlHdlg abzuhalten (BGH NJW **87**, 3251). WiederholgsGef ist zu bejahen, wenn der Verletzer nach einer solchen UnterlErkl erneut gg sie verstößt (BGH DB **80**, 535), idR wohl GesamtWirkg (BGH GRUR **87**, 640, Schulz WRP **90**, 658). Im WettbewProz gg den Kunden des gleichzeit auf Unterlassg verklagten Fabrikanten genügt es, wenn der Kunde sich zur Unterl bis zur Beendigg des Proz gg den Fabrikanten verpfl (BGH BB **57**, 413). Strenge Anforderg an Nachweis, daß einmal vorh WiederholgsGef beseitigt ist (BGH DB **74**, 1429). Erstmals drohde Beeinträchtigg vgl § 1004 Rn 29.

c) Die **Wiederherstellung des früheren Zustandes** ist von der vorbeugden UnterlKlage zu unterscheiden. Dieser Anspr in Gestalt einer UnterlKlage kommt in Frage, wenn die uH der Gegenwart angehört, insb bei fortdauerndem Einwirken, zB bei Klage auf Unterl des BordellBetr in NachbGrdst. Diese Klage ist ihrem Wesen nach HerstellgsAnspr gem § 249 u erfordert den subj u obj Tatbest einer uH sowie den Nachw der WiederholgsGef. SchadErs kann in der für die Wiederherstellg nöt Weise verlangt werden. 25

9) Beseitigungsanspruch. Die für die vorbeugde UnterlKlage entwickelte rechtsähnl Anwendg von § 1004 zum Schutze gg künftige uH (oben Einf 18–25) gibt die Möglichk, daß der Inh eines geschützten RGutes von dem Störer Beseitigg der Beeinträchtigg verlangt; es ist ein Gebot der Gerechtigk, eine fortdauernde widerrechtl Beeinträchtigg ohne Rücks auf die Schuldfrage zu beseitigen (BGH NJW **58**, 1043) zB Entferng der Signatur eines bekannten Malers unter einer Bildfälschg (BGH **107**, 384). Über den BeseitiggsAnspr bei Verletzg von UrhRechten vgl § 97 I UrhRG u § 687 Rn 5–7. – Besondere Bedeutg hat der BeseitiggsAnspr als Anspr auf **Widerruf unwahrer Tatsachenbehauptungen,** deren Fortwirkg dauernde Störg des Verl begründet (BGH (GrZS) **34**, 99, **128**, 1), jedoch nur sow es um die Richtigstellg von TatsBehauptgen (Ggs: WertUrt), auch einer Aussage über innere Tats (BGH VersR **98**, 195: Absicht) geht (BGH NJW **89**, 774); über den Unterschied § 824 Rn 2. Der WiderrufsAnspr ist grdsätzl nicht vermögensr Natur; and nur, wenn die Kl in wesentl Weise auch der Wahrg wirtsch Belange dienen soll (BGH NJW **83**, 2572 u DB **84**, 606). RSchutzBedürfn besteht für die WiderrufsKl nur, wenn mit ihr der Kl wirkl die Beseitigg des StörgsZust bezweckt u nicht and Zwecke verfolgt wie Rechthaberei, Genugtug, Verbesserg der Stellg in einem künft Proz (BGH NJW **77**, 1681). Anspr auf Widerruf einer ehrenkränkden Behauptg setzt Feststellg ihrer Unwahrh voraus (BGH NJW **77**, 1681). Eingeschränkter Widerruf (Erkl, die Behauptg nicht aufrechtzuhalten) kommt in Frage, wenn zwar nicht die Unwahrh pos feststeht, anderers aber die BewAufn keine ernstl Anhaltspunkte für die Wahrh des Vorwurfs ergeben hat (Mü VersR **95**, 296). Bleibt es dagg nach dem Ergebn des BewAufn mögl, daß die Behauptgen zutreffen, gibt es keinen eingeschr Widerruf (BGH **69**, 181). Für eine differenzierte BewLastVerteilg BAG NJW **79**, 2532 (zustimmd Strauch NJW **80**, 358). Ggü ehrverletzden unwahren Behauptgen kann der Betroffene grdsätzl Widerruf verlangen, auch wenn sie nur im „kleinen Kreis" aufgestellt worden sind (BGH **89**, 198). Auch BeseitiggsAnspr muß sich in zumutb Grenzen – die Wirkg der beanstandeten Behauptg ist zu beseitigen (BGH WM **69**, 915) – bewegen (vgl oben Einf 18–25 u § 824 Rn 12–14). Der Widerruf einer PresseVeröff muß nach seiner opt Wirkg geeignet sein, möglichst den selben Leserkreis zu erreichen wie die ErstVeröff, idR also an gleicher Stelle u in gleicher DruckAO (BGH **128**, 1). – **Richtigstellung** od **Ergänzung** kann verlangt werden (BGH **66**, 182), wenn die Behauptg nicht schlechthin unwahr ist, sond dem Leser, Hörer od Zuschauer nur einen unzutreffden Eindruck vermittelt, weil sie unvollst, übertrieben od mißverständl ist; ebso, wenn die ehr- od geschäftsschädigde Behauptg nur zum Teil unwahr ist (BGH WM **87**, 634). RichtigStellg mittels WerbeAnz vgl § 824 Rn 11. – **Kritik.** Die Tauglichk des Widerrufs zur Beseitigg der Störg, der Inhalt, die Pfl zu persönl Abgabe der Erkl u die Art der ZwVollstr sind Ggst der Kritik (Ritter, Zum Widerruf einer TatsBehauptg, ZZP **84**, 163: nur uneingeschr Widerruf, nicht in best Form kann verlangt werden, er enthält keine StellgN zum WahrhGehalt der Behauptg; BVerfG NJW **70**, 651: zul die Erkl, der Widerruf geschehe in Erf eines rkräft GerUrt; Ffm JR **74**, 62: pers Widerruf kann nicht verlangt werden, ZwVollstr des Urt nicht nach § 888, sond nach § 894 ZPO mit Anm Leipold aaO S 63, u Leipold, Wirks Ehrenschutz dch gerichtl Feststellg v Tats, ZZP **84**, 150: Verf schlägt statt Widerruf FeststellgsUrt auf Unwahrh der Behauptg analog § 256 ZPO vor; ebso Hbg MDR **75**, 56: Kl auf Feststellg, daß eine näher bezeichnete PresseVeröff das PersönlkR verletzt, mit dem Antr, diese Verurteilg in der selben ZtSchr zu veröffentlichen). BGH **68**, 331 hält demggü Kl auf Feststellg der Unwahrh einer Behauptg od der RWidrigk einer PersönlkRVerletzg mit § 256 ZPO für unvereinb u die Kl auf Widerruf für einen geeigneten Schutz. – Ein **Anspruch auf Veröffentlichung** eines UnterlUrt od einer freiwill abgegebenen UnterlVerpfl kann bei Verbreitg rufschädigder TatsBehauptgen u WertUrt bej werden, wenn die unzul MeingsÄußerg öff erfolgt ist und die Publikation der UnterwerfgsErkl zur Beseitigg der noch andauernden Folgen der Äußerg für das Ansehen des Verl erforderl ist (BGH **99**, 133, zusfassd Flechsig/Hertel/Vahrenhold NJW **94**, 2441). – Bei **unzulässiger Datenübermittlung** hat der Verl Anspr gg die übermittelnde Stelle auf Widerruf bis zur Löschg beim DatenEmpf (BGH VersR **83**, 1140). – Anspr auf **Löschung eines heimlich mitgeschnittenen Telefongesprächs** (BGH NJW **88**, 1016). – **Kein Anspruch auf Widerruf** einer Formalbeleidigung (Schimpfwort, Geste), etwa dch Rückn od EhrenErkl, weil eine unter staatl Zwang abgegebene EntschuldiggsErkl nicht geeignet ist, die frühere MißachtgsErkl iS eines Abrückens des Beleidigers zu beseitigen (Hbg MDR **79**, 140); ferner in den Fällen der Rn 21. – Zuläss **Rechtsweg** vgl Rn 22.

26 27 28 29 30 31 32

10) Voraussetzungen der Beseitigungsklage. – a) Widerrechtlichkeit der Störung; hierzu § 823 Rn 32–53. Gleichgült ist, ob Verletzer in Wahrnehmg berecht Interessen gehandelt hat (§ 824 Rn 6–10); denn da feststeht, daß die Äußerg obj falsch ist, ist Verletzer in entspr Anwendg von § 1004 verpfl, die Einwirkg zu beseitigen (BGH **37**, 189). 33

b) Fortwirken der Beeinträchtigung. Es muß ein dauernder Zustand geschaffen sein, der zB bei Beleidiggen eine stetig sich erneuernde Quelle der Ehrverletzg bildet (BGH MDR **60**, 371). Regelm wird eine einmal Störg einen best, alsbald feststellb Schad verursachen u keine weiteren Wirkgen äußern, zB wenn die Behauptg durch die Ereign überholt ist (BGH NJW **65**, 36, Ffm NJW **69**, 557). Anders bei Beleidigg dch druckschriftl Veröff (oben Rn 20). Anspr des in seiner Ehre Verl auf Richtigstellg (BGH **31**, 308). Bei Fortwirken der Beeinträchtigg besteht, verfrechtl unbedenkl (BVerfG NJW **97**, 2589), ein „äußergsrechtl FolgenbeseitiggsAnspr" sogar, wenn die störde Hdlg im Ztpkt ihrer Vorn rmäß war. So muß ein Presseorgan, das über eine nicht rkräft Verurteilg od einen Verdacht berichtet hat, auf Verlangen des Betr auch über den späteren Freispruch berichten (BGH **57**, 325). Kein Fortwirken, daher Anspr auf Widerruf ausgeschl, wenn beleidigde Äußerg nur dem Verl ggü gefallen ist (BGH **10**, 104). Schutz gg Ehrverletzgen durch amtl Äußergen, insb Anspr des Verl auf Widerruf gg die Beh u den Beamten § 839 Rn 79. 34

c) Eignung der verlangten Beseitigsmaßn zur Aufhebg oder Minderg der Beeinträchtigg. Auch Anspr auf **Auskunft** unter den Vorauss der §§ 259–261 Rn 8 ff (BGH NJW **90**, 1358). 35

36 **11) Gegendarstellungsanspruch.** Grdlegde Monographie: Seitz/Schmidt/Schoener, Der GgDarstellgs-Anspr in Presse, Film, Funk u Fernsehen, NJW-Schriftenreihe, 3. Aufl 1998. – **a) Grundlagen.** Der Anspr dient dem Schutz der Selbstbestimmg des Einz über die Darstellg der eig Pers, die von der verfassgsrechtl Gwl des allg PersönlkR (§ 823 Rn 175–200) in Art 2 I, 1 I GG umfaßt wird (Mü NJW **98**, 26). Damit wird dem Grds des rechtl Gehörs Rechng getragen (BGH NJW **63**, 1155, **64**, 1132). Der GesGeber ist verpfl, als Korrelat zum mat-rechtl Anspr einen effektiven RSchutz zur Vfg zu stellen (BVerfG **63**, 131, NJW **99**, 483). Der Anspr ist zivrechtl Natur; er ist in den Presse-, Rundfunk- u MedienG der Länder geregelt.

37 **b) Voraussetzungen.** Der Anspr steht zur Erwiderg auf in Medien aufgestellte TatsBehauptgen (nicht: MeingsÄussergen) mit TatsBehauptgen zur Vfg, eines der Kernprobleme des GgDarstellgsR. Für die Einordng als TatsBehauptg od MeingsÄusserg gelten die Ausf in § 824 Rn 2. Diese Einordng ist verfassgsr nachprüfb, die unricht Einordng als MeingsÄusserg schneidet den Schutz des PerslkR von vorneherein ab u verletzt damit seinen GrdRSchutz (BVerfG NJW **99**, 483). Die Unwahrh der Erstmitteilg u die Wahrh der Entgegng werden grdsätzl nicht geprüft, verfassgsr unbedenkl (BVerfG NJW **98**, 1381). Die Veröff der mängelfrei formulierten GgDarstellg muß innerh der Aktualitätsgrenze verlangt werden, die nach den Gegebenh des jeweil EinzFalls zu bemessen ist (Karlsr NJW-RR **92**, 1305); zT bestehen HöchstFr. AnsprBerecht ist der von der Meldg Betroffene. Der Anspr richtet sich bei Presseveröff gg den verantwortl Redakteur u den Verleger, bei and Medien idR gg den Veranstalter. Erfolgter Widerruf schließt das (matrechtl) berecht Interesse, zumindest das (formelle) RSchutzbedürfn aus (Mü OLGZ **69**, 438).

38 **c) Inhalt.** Die GgDarstellg muß bei Presseveröff in der nach Empfang der Einsendg nächstfolgden, dch den Druck nicht abgeschl Nr an gleichwert Stelle des DruckWks, auch auf der Titelseite (BVerfG NJW **98**, 1381), in gleicher Schrift wie der beanstandete Text u ohne redaktionelle Zusätze abgedruckt werden (Karlsr NJW **93**, 1476). Bei Rundfunk- u Fernsehsendgen muß die GgDarstellg unverzügl in dem gleichen Programmbereich zu gleichwert Sendezeit verbreitet werden. Einschaltgen u Weglassgen sind nicht zul, ebso grdsätzl nicht, mit Ausn (Mü NJW-RR **98**, 1632), Umformulierg dch das Ger (Hbg NJW-RR **95**, 1053). Glossierg ist eingeschränkt zul (Mü NJW-RR **99**, 965). Bei Verstoß gg diese Grds kann erneute Veröff einer GgDarstellg verlangt werden (BGH NJW **64**, 1132).

39 **d) Verfahrensrechtliches.** In allen Fällen ist der RWeg zu den ord Ger gegeben. Überwiegd ist ausschl das Verf der einstw Vfg zugelassen, deshalb kaum BGH-Rspr. § 938 ZPO gilt wg des stark persönlkrechtl Einschlags nur eingeschränkt (s im einz bei Seitz/Schmidt/Schoener RdNrn 557–587). Bei Ändergen der GgDarstellg durch den Betroffenen müssen Fr u Formalien eingehalten sein. Verleger und Redakteur können nicht mit der neg FeststellgsKl vorgehen (BGH NJW **68**, 792).

40 **e) Folgefragen.** SchadErsAnspr auf Erstattg der Kosten einer AnzAktion besteht bei nicht freiw Erf des GgDarstellgsAnspr nur unter engen Vorauss (BGH **66**, 182). Die ErstattgsFähigk muß auf wirkl schwerwiegde AusnFälle beschr bleiben, in denen von vorneherein erkennb ist, daß die berechtigden Anz dringd geboten sind, um einen unmittelb bevorstehden u sich in seinen Ausmaßen bereits abzeichnden schweren Schad abzuwenden (BGH NJW **86**, 981). Wird eine erwirkte u durchgesetzte gerichtl Anordg auf Veröff einer GgDarstellg im BerufgsVerf als von Anfang an unricht aufgeh, so haftet der ASt grdsätzl nach § 945 ZPO auf SchadErs (BGH **62**, 7).

41 **12) Gerichtsstand.** ZPO 13, 17, 937. Die Anwendbk des § 32 ist bestr (Stadler JZ **94**, 642). Begehgsort ist neben dem Ort, an dem der Täter gehandelt hat (Hdlgsort), auch der, an dem der Erfolg der Hdlg eingetreten ist (Erfolgs- od VerlOrt). Das ist bei Äußergen in PresseErzeugn neben dem Ort des Erscheinens jed Ort, an dem es verbreitet, dh nach der Vertriebsorganisation des Verlegers od Herausgebers bestimmgsgem (nicht nur zufäll) dr Pers zur Kenntn gebracht wird; bei and schriftl EhrVerl dort, wo diese den Empf erreichen. Nicht ist VerlOrt in diesem Sinn, wo weitere SchadFolgen auftreten, auch nicht bei Verl des PerslkR (BGH NJW **77**, 1590, BGH **40**, 394).

42 **13) Internationales Privatrecht** EG 40–42. **In der früheren DDR** gilt die ÜbergangsVorschr in EG Art 232 § 10. Zur Staatshaftg dort Rn 3.

823 *Schadensersatzpflicht.* **I Wer vorsätzlich oder fahrlässig das Leben, den Körper, die Gesundheit, die Freiheit, das Eigentum oder ein sonstiges Recht eines anderen widerrechtlich verletzt, ist dem anderen zum Ersatze des daraus entstehenden Schadens verpflichtet.**

II Die gleiche Verpflichtung trifft denjenigen, welcher gegen ein den Schutz eines anderen bezweckendes Gesetz verstößt. Ist nach dem Inhalte des Gesetzes ein Verstoß gegen dieses auch ohne Verschulden möglich, so tritt die Ersatzpflicht nur im Falle des Verschuldens ein.

1) Allgemeines 1
2) Verletzungshandlung 2
3) Geschützte Rechtsgüter 3–6
a) Leben 3
b) Körper, Gesundheit 4, 5
c) Freiheit 6
4) Eigentumsverletzung 7–10
a) Verletzung 8
b) Beispiele 9, 10
5) Sonstige Rechte 11–31
A) Dingliche Rechte 12
B) Besitz 13
C) Namensrecht 14
D) Immaterialgüterrechte 15
E) Aneignungsrechte 16
F) Familienrechte 17
a) Gegenstand 17
b) Schadensersatzansprüche gegen den Ehebrecher 18
G) Der eingerichtete und ausgeübte Gewerbebetrieb 19
a) Gegenstand 20
b) Betriebsbezogener Eingriff 21
c) Kritik, Warentest, Preisvergleich 22
d) Streik 23
e) Recht zur freien Meinungsäußerung 24
f) Beispiele 25, 26
H) Recht am Arbeitsplatz, Mitgliedschaftsrecht 27
I) Allgemeine Handlungsfreiheit 28
K) Persönlichkeitsrecht 29
L) Umweltgüter 30
M) Keine sonstigen Rechte 31

6) Rechtswidrigkeit . . . 32–53
A) Bedeutung . . . 32
a) Meinungsstand . . . 33
b) Begriff . . . 34
c) Unterlassung . . . 35
B) Ausschluß der Rechtswidrigkeit . . . 36
a) Eigenes Recht zum Handeln . . . 36
b) Verwaltungsakte . . . 37
c) Notwehr . . . 38
d) Notstand, Selbsthilfe . . . 39
e) Verkehrsrichtiges (sozialadäquates) Verhalten . . . 40
f) Verfahrenseinleitung . . . 41
g) Einwilligung des Verletzten . . . 42–44
h) Aufklärungspflicht des Arztes . . . 45–53

7) Verschulden . . . 54–57
A) Vorsatz . . . 54
B) Fahrlässigkeit . . . 55
a) Grundsätze . . . 55
b) Einzelheiten . . . 56
c) Haftungsmilderung . . . 57

8) Verkehrssicherungspflicht . . . 58–139
A) Inhalt . . . 58
a) Allgemeine Rechtspflicht . . . 58
b) Verpflichteter . . . 59
c) Allgemeine Aufsichtspflicht . . . 60
d) Darlegungs- und Beweislast . . . 61
e) Haftung für Dritte . . . 62
f) Ursächlichkeit . . . 63
B) Einzelfälle (alphabetisch) einschließlich Streupflicht . . . 64–139

9) Schutzgesetz . . . 140–156
a) Jede Rechtsnorm . . . 140
b) Schutz eines Dritten . . . 141
c) Widerrechtlichkeit . . . 142
d) Verschulden . . . 143
e) Ursächlichkeit . . . 144
f) Schutzgesetze sind (alphabetisch) . . . 145–152
g) Schutzgesetze sind nicht (alphabetisch) . . . 153–156

10) Ersatzberechtigter . . . 157

11) Ersatzverpflichteter . . . 158

12) Schadensersatzanspruch . . . 159–166
a) Inhalt und Umfang . . . 159, 160
b) Verletzung ausschließlicher Immaterialgüterrechte . . . 161
c) Vorteilsausgleichung . . . 162
d) Maßgebender Zeitpunkt . . . 163
e) Arglistige Verleitung zum Vertragsschluß . . 164
f) Ehrenkränkungen . . . 165
g) Klage auf Unterlassung, Zurechnungszusammenhang . . . 166

13) Beweislast . . . 167–174
a) Tatbestand, Verschulden, Schaden, Ursächlichkeit . . . 167
b) Anscheinsbeweis, Umkehr der Beweislast . 168
c) Ärztliche Behandlungsfehler . . . 169–171
d) Erschwerung und Vereitelung des Beweises . . . 172
e) Ausschluß der Widerrechtlichkeit . . . 173
f) Verstoß gegen Schutzgesetz . . . 174

14) Persönlichkeitsrecht . . . 175–200
A) Begriff, Grundlage . . . 176
B) Gegenstand . . . 177
a) Geschützte Sphären . . . 178
b) Spezielle gesetzliche Regelungen . . . 179
c) Leibesfrucht, nach dem Tod . . . 179 a, 180
d) Juristische Personen . . . 181
e) Handelsgesellschaft . . . 182
C) Verletzungshandlung . . . 183
D) Widerrechtlichkeit, Abwägung . . . 184
a) Auf Seiten des Verletzten . . . 185–187
b) Auf Seiten des Schädigers . . . 188–194
c) Beispiele . . . 195, 196
E) Verschulden . . . 197
F) Ansprüche des Verletzten, immaterieller Schadenersatz . . . 198–200

15) Produkthaftung . . . 201–220
a) Gesetzliche Regelung . . . 201
b) Anspruchsgrundlage der Deliktshaftung . . 202–204
c) Abweichungen gegenüber dem ProdHaftG . . . 205–216
d) Mehrere Ersatzpflichtige . . . 217
e) Keine Freizeichnung . . . 218
f) Beweislast . . . 219, 220

1) Allgemeines. Vgl Einf. AnsprVorauss ist – erfolgsbezogen – die Verl eines Rechts od RGuts (Abs I) od eines SchutzG (Abs II). Beides kann zustreffen. Die Verl muß zur Begründg eines SchadErsAnspr rechtswidr u schuldh geschehen sein u einen dem Verletzer zurechenb Schad verursacht haben, der, außer iF des Abs II u der §§ 824, 826, 839, nicht nur in einer VermBeschädigg besteht (BGH **41**, 127). 1

2) Die **Verletzungshandlung** liegt in einer nachteil Beeinträchtigg eines der in Abs I genannten Rechte oder RGüter oder in der Erf eines in einem SchutzG normierten Tatbestds. Sie kann in einem pos Tun od in einer Unterl bestehen. 2

3) Geschützte Rechtsgüter. – a) Verletzung des Lebens bedeutet Tötg, außerdem Abs II iVm StGB §§ 211 ff. 3

b) Körper-, Gesundheitsverletzung. Das Recht am eig Körper ist ein ges ausgeformter Tl des allg PersönlkR. KörperVerl ist jeder unbefugte Eingr in die körperl Befindlichk. Schutzgut der Körper als Basis der Persönlk (BGH **124**, 52). Eingr ist jede Störg der körperl, geist od seel Lebensvorgänge, auch wenn der Verl noch nicht geboren (BGH **58**, 48, NJW **89**, 1538) od erzeugt war (BGH **8**, 243), jedes Hervorrufen od Steigern eines von den normalen körperl Funktionen nachteil abweichden Zustds auch ohne Schmerzen od tiefgreifde Veränderg der Befindlichk (BGH NJW **91**, 1948). Ob das Absterben der Leibesfrucht zugl eine körperl Verl der Mutter ist, wird unterschiedl beurt (nein: Düss NJW **88**, 777; ja: Kblz NJW **88**, 2959, Oldbg NJW **91**, 2355). Auch medizin feststellb psych Auswirkgen, die über das allg Lebensrisiko hinausgehen (BGH VersR **91**, 704, Rn 69 ff vor § 249), zB dch Schock inf Miterlebens des Unfalltodes eines nahen Angehör od inf Todes dch ärztl BehandlgsFehler u dadch verurs Schädigg der Leibesfrucht (BGH **93**, 351) od dch PresseVeröff od Lärm (Hamm VersR **79**, 579, Stgt VersR **88**, 1187). Auslösg einer psych FehlEntwicklg dch ein Schleudertrauma (BGH NJW **91**, 747), dch einen bei der OperationsNachbehandlg unterlaufenen Fehler (BGH VersR **82**, 1141). **Beispiele** für GesundhBeschädigg: Übertragg des Human-Immundefizienz-Virus, 4 5
auch wenn es noch nicht zum Ausbruch von Aids gekommen ist (BGH NJW **91**, 1948). Schadstoffausstoß aus einem IndustrieBetr (BGH BB **97**, 1605). Verbrennen eines noch nicht 8jähr Jungen dch Fehlzündg von Feuerwerkskörpern, Haftg des Verk (Düss NJW-RR **95**, 1490). Haftg des Verm einer für diesen Zweck nicht geeigneten Kfz-Werkzeughalle für Verl eines Feuerwehrmannes inf Brand (BGH NJW **96**, 2646). GesundhSchad inf gesteigerten Risikos dch billigenswertes selbstgefährddes Verhalten, Rn 14 vor § 823. UrlAusfall inf KörperVerl § 847 Rn 8. Bei fehlerh Entnahme der einz Niere eines Kindes steht der Mutter als Organspenderin gg den schuldh handelnden Arzt ein eig SchadErsAnspr zu (BGH **101**, 215). Ärztl BehandlgsFehler Rn 66 ff, psych Schäden Vorbem 69–71 v § 249, ärztl Eingr ohne genügde Aufklärg Rn 42. Bei **Abtrennung von Körperteilen** verwandelt sich grdsl das Recht des Betroffenen an seinem Körper in SachEigtum am abgetrennten Körperteil (§ 90 Rn 3). Dies gilt nicht für entnommene Teile, die später wieder eingeglie-

dert werden sollen, wie zur EigTransplantation best Haut- od KnochenTle, zur Befruchtg entnommene Eizelle od Sperma, EigBlutspende. Sie bilden auch währd der Trenng eine funktionale Einh mit dem Körper u unterliegen desh dem Schutz der körperl Integrität in Wahrg des SelbstbestimmgsR des RTrägers (BGH **124**, 52).

6 **c) Verletzung der Freiheit** bedeutet Entziehg der körperl Beweggsfreih oder Nötigg zu einer Hdlg durch Drohg, Zwang od Täuschg. Nicht: Beeinträchtigg der allg HandlgsFreih (Mü OLG **85**, 466. Soergel/Zeuner Rn 27, MüKo/Mertens Rn 82; aA Eckert JuS **94**, 625).

7 **4) Eigentumsverletzung** bedeutet Einwirkg auf die Sache derart, daß ein adäquater Schad eintritt. Die Vermutg des § 1006 gilt auch für die Darlegg des Eigt als ansprbegründder Vorauss. Es gibt keine allgemeine RPfl, fremdes Eigt vor Beschädigg zu schützen. Die Verpfl zur sorgfält Behandlg fremden Eigtums kann sich aus bes RVerh ergeben, u zwar als selbständ Pfl neben den vertragl Pfl, zB aus dem GewerbeBetr des Lagerhalters, Frachtführers.

8 **a) Verletzung.** Zerstörg, Beschädigg, Verunstaltg, Entziehg der Sache, gleichgült, ob dch tatsächl Einwirkg od rechtl Vfg. Nicht erforderl ist SubstanzVerletzg, es genügt sonstige Beeinträchtigg des bestimmgsgem Gebr der Sache (BGH NJW-RR **90**, 1172, VersR **95**, 348), zB Einsperren eines Schiffes dch umgestürzte Ufermauer (BGH **55**, 153), HerbeiFührg eines unberecht Widerspr gg die EigtEintr im LuftFahrzReg dch EigtPrätendenten (BGH VersR **77**, 136), Störg der systemat Ordng einer organisator SachEinh wie Briefmarkensammlg, Bibliothek, Archiv (BGH NJW **80**, 1518), Störg des organ Wachstums einer Pflanze dch unbrauchb Erde (BGH NJW-RR **93**, 793, 1113), massive Lärmstörg (BGH **120**, 239), Verwendg nicht ausr geruchs- od geschmacksneutralen Materials (BGH NJW **94**, 517, VersR **95**, 348), Einbau von Killerviren als Kopierschutz für Computerprogamm (Rombach CR **90**, 101, 184), nachteil Beeinflußg der Beschaffenh (BGH NJW **90**, 908: Wein). Ob der Verlust von Daten auf der Festplatte eines Computers eine EigtVerl ist, hängt davon ab, ob man die Speicherg auf magnet Datenträgern als Verkörperg des Datenbestandes im Material (= Sache) ansieht (so Meier/Wehlau NJW **98**, 1585 [1588]). Karlsr NJW **96**, 200 bejaht EigtVerl, weil der Eigtümer dch den Eingr gehindert werde, mit der Sache Datenträger seinem Wunsch entspr zu verfahren. Der Anspr kommt grdsätzl auch dann in Betr, wenn der Berecht sein Eigt erst dadch verliert, daß er die Vfg eines Nichtberecht genehmigt (BGH DB **76**, 814). Der SchadErsAnspr des Best wg EigtVerl scheitert nicht daran, daß dessen Abnehmer keine MängelAnspr geltd machen (BGH WM **77**, 763). Soweit Verl des EigtAnspr auf Herausg der Sache in Frage steht, enthalten §§ 987 ff eine erschöpfde u ausschließl Regelg für best Anspr des nichtbesitzden Eigtümers gg den besitzden NichtEigtümer (Vorbem 11–16 vor § 987). Wohl aber haftet der **Fremdbesitzer** bei Überschreitg der Grenzen seines BesitzR direkt nach § 823, zB durch Veräußerg der Mietsache (BGH NJW **67**, 43), dch Veräußerg einer unter EigtVorbeh gelieferten Sache (BGH DB **76**, 814). Ebso haftet der **Nichtbesitzer,** der bei Entziehg des Eigt eines Dr mitgewirkt hat, zB der ges Vertr einer jur Pers, der für diese den Bes erworben hat u dabei bösgl war (BGH **56**, 73).

9 **b) Beispiele. – aa) Verletzung bejaht:** Haftg des GeschF einer GmbH neben dieser wg Veräußerg einer fremden Sache an gutgl Erwerber (BGH NJW **96**, 1535). Verderb von Sachen inf Beschädigg von Versorggsleitgen bei Tiefbauarbeiten (Köln VersR **87**, 513), auch wenn Eigt Dr hierdch betroffen (Vorbem 72 v § 249). Beschädigg der Ware auf Transport bei Versendgskauf, Anspr des Verk trotz GefÜberg (BGH JZ **68**, 430). Verschmutzg einer Hausfront dch übermäß Zuführg von Rauch (BGH DB **64**, 65), beim Abfahren von Schlamm (BGH **LM** (Dc) Nr 75). Einwirkg auf Grdst durch Grdwasserverseuchg (BGH NJW **66**, 1360), dch Einbringg von Beton zur Abstützg seitens des vertiefden Nachb (BGH VersR **97**, 1495). Vergiftg von Bienen dch Giftstreuen auf eig Grdst (BGH NJW **55**, 747). Vergiftg von Kühen dch Lagerg von Eibenzweigen neben dem Weidezaun (Köln OLGZ **90**, 356). Kontaminierg von Tieren mit der Folge zeitw Unverkäuflichk dch Aufn pharmakolog Stoffe über das Futter (BGH MDR **89**, 244). Verzögerte Wurzelbildg, gestörtes Wachstum von Stecklingen dch bestimmgsgem Verwendg von fehlerh hergestelltem Torfsubstrat (BGH ZIP **99**, 366). Störg des bestimmgsgem Gebr der Sache Rn 8. Verl fremden Eigt dch Gläub, der sichergsübereignete Sachen pfändet (BGH **118**, 201) od die Pfdg eines angebl HerausgAnspr aus § 985 auf Widerspr des wahren Eigtümers nicht freigibt (BGH **67**, 378). Veräußerg von Pfdstücken unter Verl gesetzl Vorschr (RG **100**, 274), von Ggst als zur Insmasse gehör, die einem AussondergsR unterliegen (BGH NJW **96**, 2233). Nichterfüllg der GarantiePfl eines GmbH-GeschF, zur Vermeidg einer Kollision zw dem verlängerten EigtVorbeh ihrer Lieferanten mit einem AbtrVerbot ihrer AuftrG entspr organisator Maßn zu treffen (BGH **109**, 297). Herstellg u Lieferg einer mangelh Sache Vorbem 28 v § 633. Verl der KontrollPfl hins erteilter Vorgaben ggü einem SubUntern, die zu einem Mangel führt, kann zu delikt Haftg des Untern wg EigtVerl führen (BGH NJW **98**, 2282). Der delikt SchadErsAnspr u der wkvertragl aus § 635 sind nicht ident (BGH MDR **98**, 591). Sog weiterfressde Fehler Rn 212. Werden bei der Anfertigg einer neuen Sache die dazu dienden einwandfreien Tle des Herst dch ihre Verbindg mit den hierzu bestimmten, jedoch mangelh Tlen eines Zulieferers unbrauchb, so tritt bereits im Ztpkt der Verbindung eine Verl des Eigtums an den zuvor unversehrten Bestandtlen ein; Ergänzg zu BGH **117**, 183 (BGH **138** 230; krit Toerste NJW **98**, 2877); eingehd Franzen JZ **99**, 702 mit eig
10 LösgsVorschlag). – **bb) Keine Eigentumsverletzungen** sind: Gutgl Rechtserwerb vom Nichtberecht (BGH WM **67**, 564). Bloßes Bestreiten des Eigtm ohne Beschrkg der tats Sachherrsch (Köln NJW **96**, 1290). Lieferg mangelh Sandes, dessen Verwendg zu schadh Verputz führt (BGH NJW **78**, 1051). Duldet ein Bauherr ledigl den Einbau von Material, das der BauUntern unter verlängertem EigtVorbeh bezogen hat, so haftet er dem Baustofflieferanten wg des diesen treffden EigtVerlustes nicht aus § 823, auch wenn die Abtretbark der VergütgsFdg des BauUntern vertragl beschr war (BGH **56**, 228, BB **91**, 159). Keine EigtVerl ist der Entzug von GrdWasser dch GrdWasserFörderg od -Ableitg auf einem and Grdst (BGH **69**, 1). Kostenaufwendigerer Zugang für WartgsArb an einer Wasserleitg wg späterer Verlegg eines Stromkabels im selben StrBankett (BGH NJW-RR **90**, 1172). Sperrg der öff ZufahrtsStr zum Grdst inf eines Brands auf dem NachbGrdst (BGH NJW **77**, 2264). Herstellg u/od Übereigng einer mangelh Sache Rn 28 vor § 633. Weiterfressder Fehler Rn 212.

11 **5) Sonstige Rechte** sind im Hinbl auf die Nenng hinter „Eigentum" als ein Recht zu verstehen, das denselben rechtl Charakter wie das Eigt hat und das ebso wie Leben, Gesundh, Freih von jedermann zu beachten ist, dh also **die ausschließlichen Rechte.** Zu diesen gehören:

A) Dingliche Rechte wie ErbbauR, Dienstbk, dingl VorkaufsR, Reallast, Hyp, Grd- und Rentenschuld, PfdR. Verletzg des HypR dch Wegschaffg von Zubehör (BGH NJW **91**, 695), dch Verschlechterg des Grdst inf baul Maßn seitens des Eigtümers od des Arch (BGH **65**, 211). Verletzg des gesetzl PfdR des Vermieters od Verpächters (BGH WM **65**, 704) od des PfändgsPfdR. Keine Verletzg des PfändgsPfdR an einer Fdg durch Zahlg od Aufr, da der darin zu sehde Versuch eines Eingr nach §§ 135, 136 unwirks ist (RG **138**, 252). GeschAnteile an GmbH od Aktien, soweit VerletzgsHdlg den Gter ganz od teilw um sein AktienR bringt, nicht aber, soweit nur Wert der Gesellsch geschmälert (RG **158**, 255). BergwerksEigt (RG **161**, 208). EinlösgR des § 1249 (RG **83**, 393). Dingl **Anwartschaftsrechte,** zB des Käufers auf Erwerb des Eigt an einer unter EigtVorbeh veräußerten Sache (BGH **55**, 20), des Käufers, an den das Grdst aufgelassen u für den eine AuflVormkg eingetragen ist, auch hins des nachbarrechtl Schutzes gemäß § 909 (BGH **114**, 161). Nicht jedoch die RStellg des AuflassgsEmpf, wenn er keinen EintrAntr gestellt hat od dieser Antr zurückgen od zurückgewiesen wurde (BGH **45**, 186). 12

B) Besitz. Zu ersetzen ist der Schad, der dch den Eingr in das Recht zu Besitz, Gebr, Nutzg verurs ist. Dazu gehört auch der sog HaftgsSchad, dh das was der unmittelb Besitzer dem mittelb (Eigtümer) wg Beschädigg der Sache dch Dr od Unmöglkt der Rückg zu ersetzen verpfl ist (BGH VersR **76**, 943, VersR **81**, 161); außerdem der Schad, der dch den Umfang der ErfPfl des Besitzers ggü dem Eigtümer best wird (BGH NJW **84**, 2569: WkUntern bei Beschädigg einer im Bau befindl Uferwand dch ein Schiff). Ers des Schad dch Ausfall der Nutzg an Baumaschinen, wenn deren bestimmgsgem Einsatz iR einer Protestdemonstration dch zielgerichtete Anwendg unmittelb, auch nur psych Zwangs verhindert werden soll (BGH **137**, 89). Auch der MitBes ist geschütztes RGut (Düss MDR **85**, 497), auch im Verh von Mitbesitzern untereinand (BGH **62**, 243). SchadErsAnspr des mittelb Besitzers, jedoch nicht ggü dem unmittelb Besitzer aus Abs I (BGH **32**, 204). Kein Anspr des nichtberecht Besitzers auf Ers des NutzgsSchad, jedenf nicht ggü NutzgsBerecht, auch wenn dieser den Bes dch verbotene Eigenmacht entzogen hat (BGH DB **79**, 2033, BGH **79**, 232). 13

C) Namensrecht § 12. Verwendg des Signums einer polit Partei auf einem gg sie gerichteten Wahlplakat (Karlsr NJW **72**, 1810). 14

D) Immaterialgüterrechte. Rn 161, § 687 Rn 5, 6, § 826 Rn 44. Das UrhR ist als NutzgsR Eigt iS des Art 14 I GG (BVerfG JZ **71**, 773). – Unverschuldete Benutzg fremden SchutzR Einf 18 vor § 812. 15

E) Aneignungsrechte. Jagd- u JagdAusübgsR (BGH **LM** (F) Nr 10, Düss NJW-RR **88**, 526). FischereiR (BGH VersR **69**, 928). R des GrdstEigtümers auf GrdWasserFörderg (BGH **69**, 1); es umfaßt nicht ein R auf unbeeinträchtigten Zufluß. AneigngsR der Angehör an Implantaten nach der Trenng vom Leichnam (Gropp JR **85**, 181). 16

F) Familienrechte. – a) Gegenstand Einf 6–9 vor § 1353. Elterl SorgeR (BGH **111**, 168: Ers von Detektivkosten). Anspr aus Verlöbnisbruch § 1298. Geburt eines ungewollten Kindes Rn 68 u Vorbem 47, 48 vor § 249. Kein allg PerslkR auf Familienplang (Ffm NJW **93**, 2388, Köln VersR **97**, 1006; aA Toll/Jurisic JR **99**, 266). 17

b) Schadensersatzansprüche wegen Ehebruchs gegen den Ehebrecher u untreuen Eheg (auch Einf 8 vor § 1353) verneint der BGH (BGH **23**, 281, **26**, 222, **57**, 229, NJW **90**, 706). Dieser Bereich der EheStörgen sei nicht dem delikt RGüterSchutz zuzuordnen, weil er im wesentl einen innerehel Vorgang darstelle, der ohne Mitwirkg eines der Eheg nicht mögl sei. Eine Aufteilg dieses Vorgangs in eine allein eherechtl zu beurteilde Verfehlg des ungetreuen Eheg u eine SchadErsAnspr auslösde uH eines Dr gehe nicht an. Außerdem sei im Hinbl auf die Vielfalt mögl Eingr in den ehel Bereich für eine Haftg keine brauchb Abgrenzg zu finden, die ggf erforderl Ermittlgen seien unerwünscht. Demggü bej ein Tl des Schriftt zumindest vermrechtl, vereinzelt sogar immat SchadErsAnspr gg den Dr, auch sow ein ErsAnspr des verl Eheg gg den ungetreuen u im InnenVerh ein AusglAnspr des Dr gg den ungetreuen Eheg verneint wird (Beitzke MDR **57**, 408, Schwab NJW **57**, 869, Bosch FamRZ **58**, 101, Aden MDR **78**, 536). Sow der Ehem dem nicht von ihm gezeugten Kind seiner Ehefrau Unterh gewähren mußte u gewährt hat, kann bei Hinzutreten einer weiteren schädigden VerletzgsHdlg, wie Täuschg, Abhalten von einer EhelichkAnfKl, uneidl Falschaussage ein dch famrechtl Regelgen nicht ausgeschl ErsAnspr gg die Ehefrau gem §§ 823 II, 826 bestehen (BGH **80**, 235, NJW **90**, 706). Zu den ges übergegangenen UnterhAnspr gehören auch die Kosten des EhelichkAnfProz, gleichgült ob der Ehem der Mutter od das Kind die Kl erhoben hat (BGH **57**, 229). 18

G) Der eingerichtete und ausgeübte Gewerbebetrieb ist als sonstiges Recht anerkannt. Es handelt sich um einen offenen AuffangTatbestd, der eine sonst bestehde Lücke, insb im gewerbl RSchutz schließen soll (BGH **45**, 296 [307]) u dessen Inhalt u Grenzen sich erst aus einer Interessen- u Güterabwägg mit der im Einzelfall konkret kollidierden Interessensphäre and ergeben (BGH **138**, 311). Zu § 826 ist AnsprKonkurrenz mögl (BGH DB **81**, 788), zu § 824 nicht, sow es um unwahre TatsBehauptgen geht (BGH NJW **89**, 1923). 19

a) Gegenstand. Der Schutz des BetrInh, auch einer GbR (BGH NJW **92**, 41), auch einer Arztpraxis (Köln VersR **96**, 234), gg Beeinträchtigg soll die Fortsetzg der bish rechtmäß ausgeübten (Karlsr NJW **92**, 1329) Tätigk aGrd der schon getroffenen BetrVeranstaltgen sichern (BGH NJW **69**, 1207), er umfaßt alles, was in seiner Gesamth den wirtsch Wert des Betr ausmacht, also Bestand, ErscheingsForm, TätigkKreis, Kundenstamm (BGH DB **71**, 571), Organisationsstruktur, auch einer ARGE (§ 705 Rn 45, BGH VersR **90**, 1283), Beteiligg an einer KapitalGesellsch (Mü NJW-RR **91**, 928). VerschwiegenhPfl des ArbN über Belange des ArbG § 611 Rn 41. Enteigngsgleicher Eingr in GewerbeBetr Übbl 40–42 v § 903. 20

b) Betriebsbezogener Eingriff ist eine unmittelb Beeinträchtigg des GewerbeBetr als solchen (BGH **86**, 152), er muß sich spezif gg den betriebl Organismus od die unternehmer EntschFreih richten u über eine bloße Belästigg od soz übl Behinderg hinausgehen (BGH NJW **85**, 1620, **138**, 311). Zu den Grdl jeder unternehmer Betätigg gehört auch ein Mindmaß an VertraulichkSchutz, insbes für die Informationsquellen eines PresseUntern; trotzdem kann die öff Erörterg interner Redaktionsvorgänge erlaubt sein; dies sogar dann, wenn die Kenntn darü dch unzuläss Einschleichen in den Betr erlangt sind, falls es sich um die Offenlegg von Mißständen handelt, die für die Allgemeinh von bes Interesse ist (BGH DB **81**, 788). Ein 21

Einbrechen in VertrBeziehgen des Betr ist erst dann rwidr, wenn bes, die Unlauterk begründde Umst festzustellen sind (BGH NJW **99**, 279/282). – **Kein Eingriff** bei mittelb Beeinträchtigg des Gewerbebetr dch ein außerh eingetretenes, mit seiner WesensEigtümlk nicht in Beziehg stehdes SchadEreign (BGH BB **83**, 464), zB Unterbrechg der FernsprechLeitg (Oldbg VersR **75**, 866) od der Stromzufuhr dch KabelVerl bei BauArb (BGH BB **77**, 1419), Unterbrechg der wasserseit Zufahrt über eine WasserStr dch fahrl verurs Dammbruch (BGH **86**, 152 [156]). NichtEintr eines Gewerbebetr in ein regionales Branchentelefonbuch (Düss VersR **97**, 589). Günstigere Beurteilg eines Konkurrenzfabrikats in einem Warentest (BGH NJW **76**, 620). Verl eines Angest (BGH **7**, 30), Angriff auf den Inh, der nur mittelb eine Schädigg des GewerbeBetr herbeiführt (BGH **LM** § 823 (Da) Nr 4). Sachl nicht begründeter Antr auf Einl eines ges geregelten Verf wie InsVerf (BGH **36**, 18), OffenbargsVerf ZPO 807 (BGH NJW **79**, 1351) u NichtRückn eines solchen Anttr (Celle ZIP **98**, 1444). – Die gleichen Grds gelten auch für **Angehörige freier Berufe,** die kein eigentl Gewerbe betreiben, iF unmitelb Eingr in ihre Berufstätigk (Mü NJW **77**, 1106), zB Arzt (BGH GRUR **65**, 693), Künstler (Hbg NJW-RR **99**, 1060).

22 **c) Kritik, Warentest, Preisvergleich.** Bei Bejahg eines rwidr Eingr ist grdsätzl Zurückhaltg geboten, wenn eine gewerbl Leistg dch eine wahre Berichterstattg betroffen ist (BGH **138**, 311). Geschäftsschädigde Kritik außerh eines WettbewVerh, insb dch vergleichden Warentest, Preisvergl ist nur rwidr, wenn ihre Art zu mißbill ist. Für die erfdl Güter- u PflAbwägg (BGH **45**, 296) kommt es darauf an, ob das schutzwürd Interesse der Allgemeinh an obj Informationen höher zu werten ist als die wirtsch Belange des Betr (BGH NJW **86**, 981). Die Veröffentlichg eines Tests außerh des Wettbew ist zul, wenn die dem Bericht zGrde liegden Untersuchgen neutral, obj, sachkund u sorgf dchgeführt worden sind u sowohl die Art des Vorgehens bei der Prüfg als auch die aus den Untersuchgen gezogenen Schlüsse vertretb, diskutabel erscheinen. Dabei ist dem Tester für die Darstellg der Erg ein erhebl ErmSpielraum einzuräumen (BGH NJW **97**, 2593). Das TestUntern darf im SicherhBereich höhere Anfdgen stellen als sie der Herst nach DIN-Normen einhalten muß; das Untern verstößt nicht gg die gebotene Neutralität, wenn es Produkte, die den DIN-Normen nicht entsprechen, vom weiteren PrüfungsVerf ausschließt; auch die ZusFassg der Ergebn in einem „Test-Kompass" unterliegt keinen Bedenken, wenn sie beim interessierten Verbr nicht zu Mißverständn führt (BGH NJW **87**, 2222). Rechtswidr ist die Veröffentlichg bei bewußtem FehlUrt, bewußten Verzerrgen, bewußt einseit Auswahl der TestObj, ferner wenn die Methode der Untersuchg od die daraus gezogenen Schlüsse nicht mehr diskutabel erscheinen, bei unricht TatsBehauptgen (BGH NJW **89**, 1923, NJW **97**, 2593; § 824 Rn 2) u bei unsachl od Schmähkritik (BGH **65**, 325). Ob das testde Untern auch noch eig Ziele außerh des Wettbew verfolgt, ist ohne Belang. Warentest dch einen Wettbewerber ist in jedem Fall ein rwidr Eingr (Hamm WRP **80**, 281). Nicht betriebsbezogen ist Systemkritik an einem gesamten Industriezweig (BGH GRUR **64**, 162, Ffm BB **85**, 293) od die Kritik an den etwa 70 priv ReiniggsFirmen in einer Stadt (Köln NJW **85**, 1643).

23 **d) Streik** zur DchSetzg eines tarifl nicht regelb Ziels ist rwidr u verpfl die Gewerksch zu SchadErs, wenn sie ein Versch trifft (BAG NJW **78**, 2114, DB **89**, 2228). Vom StreikR nicht gedeckt ist die Verhinderg des Zu- u Abgangs von Waren u Kunden sowie die Hinderg arbwill ArbN am Betreten des Betr über das bloße Zureden hinaus; die Gewerksch haftet für uH der Streikleiter nach § 31, der Streikposten nach § 831 (BAG NJW **89**, 57). Rwidr ist BetrBlockade, von der auch ein Unternehmen betroffen ist, das am ArbKampf nicht beteil ist (BAG NJW **89**, 61). Pfl der GewerkschOrgane zur Einwirkg auf ihre Mitgl, StreikExzesse zu unterlassen (BAG DB **89**, 1087) u sie von rwidr Hdlgen, von denen die Organe Kenntn haben, abzuhalten (BAG NJW **89**, 1881). Bei nicht organisiertem u auch später nicht von der Gewerksch übernommenem Streik SchadErsPfl der Teiln u der unterstützden Gewerksch (BAG NJW **64**, 887, BB **89**, 503).

24 **e) Recht zur freien Meinungsäußerung, insbes Medien, Boykott.** Schutz des GewBetr nach Abs I u Recht zur freien MeinÄußer nach Art 5 I 1 GG können miteinand kollidieren; Güter- u Interessenabwägg Rn 184–196, § 824 Rn 6. So verletzt die Verwendg einer als AntiWerbg satirisch verfremdeten Zigarettenreklame in einem Nichtraucherkalender zur Warng vor den GesundhGef des Rauchens u zur Kritik an der Zigarettenwerbg die Rechte des betroffenen ZigarettenHerst grdsätzl nicht (BGH **91**, 117; krit Moench NJW **84**, 2920). Auch wahrheitsgem Berichterstattg kann ein Eingr in die Ausübg eines eingerichteten GewerbeBetr sein (BGH **8**, 142: Kreditschutzlisten, BGH **36**, 18: ungerechtf Verbreitg eines unbegründeten InsAntr, nicht jedoch Eingr dch den InsAntr). Jedoch fehlt bei Wahrnehmg berecht Interessen die RWidrigk, wenn die rechtsverletzden Äußergen nach Inhalt, Form u BegleitUmst das gebotene u notw Mittel zur Erreichg des rechtl gebilligten Zwecks sind (BGH GRUR **70**, 465). Wahrheitsgem Berichterstattg über Gef die von best Produkten ausgehen, ist nicht rwidr, selbst wenn dabei beispielh das Etikett eines derart Produkts mit deutl lesb Firmenschlagwort gezeigt wird (BGH NJW **87**, 2746). – Bei kreditgefährdden Veröffentlichtgen dch Presse, Rundfunk, Fernsehen ist deren bes Stellg im öff Leben zu berücksichtigen (Rn 189; eingehd dazu Kübler, Schricker u Simitis AcP **172**, 177, 203 u 235). Erforderl ist sorgf Überprüfg, ob die Information der Wahrh entspricht u ob die ErkenntnQuellen zuverläss u hinreichd sind (BGH Warn **69**, 165). – Eingr in GewBetr dch unzul Boykott (BGH DB **65**, 889, NJW **64**, 29: polit Meingsäußerg, BVerfG NJW **89**, 381 u BGH NJW **85**, 1620: Mietboykott; hierzu auch Rn 195, 196), dch Fernsehsendg (BGH NJW **63**, 484 u WM **69**, 173: gewerbeschädigde Kritik bei zutr Berichterstattg), dch Tierschutzverein (Ffm NJW-RR **88**, 52: Plakat gg Pelzhändler), im Kampf der Presse untereinander (BGH **45**, 296) dch Blockade eines ZeitgsUntern dch Demonstration (BGH **59**, 30 u NJW **72**, 1571).

25 **f) Beispiele: Unberechtigte Abmahnung** (Verwarng) vor gewerbl SchutzRVerletzg von Herst zu Herst ist Eingr in den GewBetr des Verwarnten, wenn er sich der Verwarng fügt (BGH **38**, 205). Das gilt auch dann, wenn das Patent mit rückwirkder Kraft erst nachträgl mit NichtigkKl beseitigt wird (BGH NJW **76**, 2162). Ebso verletzt unberecht Verwarng der Abnehmer wg Verl gewerbl SchutzR das Recht des Herst am GewerbeBetr (BGH WRP **68**, 50). In der unberecht Verwarng eines Mitbewerbers wg vermeintl Verl eines AusstattgsR liegt nicht zugl ein zum SchadErs verpflichtder unmittelb Eingr in den GewerbeBetr des Zulieferers der angegriffenen Ausstattg (BGH NJW **77**, 2313). Fügt sich der Verwarnte nicht, so ist unber Verwarng kein Eingr in GewBetr, zu seinem RSchutz genügt negat FeststellgsKl (BGH MDR **69**, 638). Berecht Interesse u fehldes Versch des Verwarnenden schließt UnterlAnspr des Verwarnten gg ihn nicht aus; der Erfolg der UnterlKl hängt also nur davon ab, ob obj die Maßn des Kl gg die Verwarng gerichtet, das Patent

od GebrM verletzt ist u die regelm zu bejahde WiederholgsGef besteht (BGH **38**, 206). Vorauss für den SchadErsAnspr des Verwarnten wg unberecht Verwarng ist ein ernsth u endgült UnterlBegehren, MeingsAustausch genügt nicht (BGH MDR **98**, 359); außerdem Versch des Verwarners. Es fehlt, wenn er sich dch gewissenh Prüfg u aGrd vernünft u bill Überleggen, etwa dch Einholg des Rates fach- od rkund Berater (BGH NJW **76**, 2162), die Überzeugg verschafft hat, sein SchutzR werde rechtsbeständ sein (BGH **62**, 29). Dabei erhöhte SorgfPfl des Verwarnenden bei noch ungeprüften beanspruchten SchutzR (BGH NJW **79**, 916, NJW-RR **98**, 331). Unberecht wettbewrechtl Verwarng dch Schutzverband für Mitgl kann dch das R zur freien MeingsÄußerg gedeckt sein (Ffm GRUR **75**, 492). Den Verwarnten kann ein Mitversch treffen (BGH NJW-RR **98**, 331). Der bloße Hinw auf eine offengelegte SchutzRAnmeldg ist der unberecht Verwarng grdsätzl nicht gleichzustellen (Karlsr WRP **74**, 215). Unberecht Abmahng ggü einem vermeintl allg WettbewVerstoß ist Eingr in den GewBetr nur in AusnFällen u unter best Umst (BGH NJW **86**, 1815), zB wenn sie zur Einstellg od Umstellg der Produktion od des Vertriebs geführt hat (Hamm WRP **80**, 216). – **Entwertung eines GmbH-Anteils** durch unberecht außerordentl DarlKünd mit folgdem Konkurs (Mü NJW-RR **91**, 928). – **Unberechtigte außerordentliche Kreditkündigung** u Verwertg der Sicherh, die wg Liquiditätsentzugs u Einbuße der Kreditwürdigk zum Konk führen. SchadErsAnspr des AntlsInh an einer GmbH auf Ers des Nominalwertes seiner Einlage (Mü ZIP **90**, 1552). – Auch die wirtsch Betätigg der **Bahn** einschl ihrer SaniergsVorh ist dch das R am eingerichteten Gewerbtr geschützt. Dabei darf öff Kritik an PlangsVorh nicht auf falsche Angaben gestützt werden, ist für die Vergangenh rwidr aber nur, wenn der Kritiker bei Ermittlg u Weitergabe der Daten unredl vorgegangen ist (BGH **90**, 113). – Entferng v **Typen- u Nummernschild,** die der Herst zur Überwachg der FunktionsFähigk u BetrSicherh angebracht hat (BGH DB **78**, 784). Vertrieb von Radio-, Tonband- u Fernsehgeräten mit unkenntl gemachter FabrikationsNr (Düss DB **69**, 1398). – Verwendg einer Messe- u AusstellgsBezeichng dch nicht ausstellde Firma (BGH NJW **83**, 2195: „Photokina"). – **Markenrechtsverletzung** dch Benützg eines als Marke geschützten fremden Werbeslogans, auch außerh des wirtsch Wettbew (Hbg NJW-RR **98**, 552). – **Telefaxwerbung** kann je nach den Umst Eingr in den GewerbeBetr sein (Mü NJW-RR **94**, 1054). – **Kein Eingriff** ist die Sperrg der öff 26
ZufahrtsStr dch LöschFahrz inf eines auf dem NachbGrdst ausgebrochenen Brandes (BGH NJW **77**, 2264), Aushängg u Verteilg von Schriftgut zur SelbstDarstellg der Gewerksch, zur Information über tarif- u arbrechtl Fragen u zur BeitrittsAuffdg außerh der ArbZt dch betrfremde GewerkschBeauftr (BAG MDR **78**, 605). Ob die in fördernder Absicht erfolgte Einmischg eines ausgeschiedenen, noch am wirtsch Ergebn interessierten Gters in die GeschFührg des Unternehmens rwidr ist, hängt vom EinzFall ab (BGH NJW **80**, 881). Kein Eingr in Gewerbe des Veranstalters, wenn ohne seine Gen Ausschnitte aus Berufsboxkämpfen nach längerer Zeit im Fernsehen ausgestrahlt werden (BGH NJW **70**, 2060). Eingr in PrBindgsSystem (§ 826 Rn 75) ist kein solcher in den Bestand des Unternehmens des Preisbinders (BGH BB **67**, 774: Bücher). Kein unmittelb Eingr in den GewBetr, aber Verletzg eines SchutzG dch unbefugten Verk von Waren, die nur in Apotheken verkauft werden dürfen (BGH **23**, 184). Ausstrahlg von FilmAufn einer FerienappartementAnl ist kein Eingr in den Betr eines ReiseUntern, das dort ein BeleggsR hat (BGH **138**, 247).

H) Ob die **berufliche Betätigung** über den GewBetr hinaus u speziell das **Recht am Arbeitsplatz** oder 27
am **Arbeitsverhältnis** als sonst R deliktsrechtl geschützt sind, ist bestr. Die besseren Argumente sprechen dafür, es zu verneinen (Ebert, Das Recht am ArbPlatz, 1990, Riesenhuber JZ **99**, 711/715; tendenziell ebso BAG NJW **99**, 164). – Das **Mitgliedschaftsrecht** ist als sonst Recht deliktsr geschützt gg Eingr, die sich unmittelb gg den Bestand der Mitgliedsch oder die in ihr verkörperten Rechte u BetätiggsMöglken von erhebl Gewicht (Kern der Mitgliedsch) richten, auch im Verh zw Mitgl u Verein, zw AntlsInh u GmbH (BGH NJW **90**, 2877, ZIP **90**, 1552, Schmidt JZ **91**, 157).

I) Die **allgemeine Handlungsfreiheit,** GrundR nach Art 2 I GG, steht nicht nur natürl, sond auch jur 28
Pers zu (BVerfG **10**, 89). Auch in seiner speziellen Ausgestaltg nach Art 9 GG: sowohl R des einz Staatsbürgers zum ZusSchluß, als auch Bestands- u BetätiggsSchutz für Vereiniggen selbst, auch für Idealvereine (BGH **42**, 210, BAG NJW **69**, 861: unlautere MitglWerbg dch Gewerksch). Kein „sonstiges Recht" (Rn 6). Erörtert wird die negat InformationsFreih als sonstiges R (Fikentscher/Möllers NJW **98**, 1337 [1341]).

K) Persönlichkeitsrecht Rn 175–200. Das **Recht am eigenen Datenbestand** auf Computerfestplatte 29
wird unter Hinw auf die informationelle Selbstbestimmg (GG 1 I, 2 I) als sonstiges Recht propagiert (Meier/Wehlau NJW **98**, 1585 [1588]; vgl auch Rn 8).

L) Umweltgüter. Gefährdgs(Verursachgs)Haftg nach §§ 1 ff UmweltHG vom 10. 12. 90; Schmidt-Salzer 30
VersR **92**, 389).

M) Keine sonstigen Rechte sind: **Forderungsrechte,** da sie im Ggsatz zu ausschließl Rechten nur best 31
Pers verpfl. Wohl aber kann NichtErf einer VertrPfl zugl den Tatbestd einer uH bilden (vgl Einf 4–9 vor § 823). Auch Miete u Pacht gewähren keine sonst Rechte, es sei denn, daß es sich um Mietbesitz handelt (RG **105**, 218). – Auch das **Vermögen** als solches ist kein sonst Recht (BGH **41**, 127). VermBeschädiggen, bei denen einer der Tatbestände des Abs I nicht vorliegt, begründen daher nur unter den Vorauss der §§ 823 II, 824, 826, 839 eine ErsatzPfl.

6) Rechtswidrigkeit

A) Bedeutung. Das RWidrigkUrt hat die Aufg, über die Normwidrigk des schädigden Verhaltens zu 32
befinden. Zur Haftg des Schäd ist iR der uH grdsätzl außerdem Versch erforderl, dh die endgült Beurteilg der Verantwortlichk des Schäd für sein normwidr Verhalten iS der Vorwerfbark (RGRK/Steffen Rn 106).

a) Meinungsstand. Es ist streit, ob die RWidrigk hdlgs- od erfolgsbezogen (so BGH NJW **96**, 3205) zu 33
beurteilen ist. Nach der zweitgenannten klass Auffassg ist jede Verl eines der in § 823 genannten Rechte od RGüter dch posit Tun rwidr, die TatbestdMäßigk indiziert grdsätzl die RWidrigk. Beurteilt man die RWidrigk dagg verhaltensbezogen, so ist eine nicht vorsätzl R- bzw RGutsVerl nur dann rwidr, wenn der Handelnde gg eine von der ROrdng aufgestellte spezielle Verhaltensregel verstoßen oder die zur Vermeidg des SchadEintritts generell erforderl Sorgf verletzt hat; sozialadäquates (sach-, verkehrsricht) Verhalten ist danach nicht rechtswidr, auch wenn es im EinzFall zu einer R- oder RGutsVerl führt. So, in Detailfragen unterschiedl,

Nipperdey (NJW **57**, 1777, NJW **67**, 1991, Enn-Nipperdey § 209, v Caemmerer Festschr JurTag 1960 S 49 ff, Wiethölter Der RFertiggsGrd des verkehrsricht Verhaltens, 1960; vermittelnd Larenz-Canaris SchR II 2 § 75 II 3 b). Der Unterschied zw beiden Auffassgen ist prakt bedeuts beim NotwehrR (§ 227), bei der Unterl- u BeseitiggsKlage (s Einf 8, 9, § 1004) u bei der GehHaftg (§ 831). Ihre Bereiche sind umso enger, je mehr innere HdlgsElemente (sozadäquates Verhalten, obj Fahrlk) man auf die Ebene der RWidrigk vorverlagert. Der Meingsstreit verliert jedoch bei einer begriffl Entflechtg der Hdlgs- u Kausalitätsfragen vom RWidrigkBereich u bei einer wertfreien Betrachtg des RWidrigkBegr an Schärfe: UnrechtsUrt ist nicht UnwertUrt. – Der klass dreistuf Aufbau der HaftgsVorauss in: VerletzgsHdlg/obj RWidrigk/Versch u die Zuordng der erforderl SorgfWahrg zum Versch (Fahrlk) ist für die ZivRechtsdogmatik klarer (ebso RGRK/Steffen Rn 114–116). Auch bleibt unbefriedigd, gg eine mit obj Sorgf vorgenommene, aber rgutverletzde Hdlg Notwehr zu versagen. Negator Unterl- u BeseitiggsAnspr müssen auch gg solche Hdlgen gegeben sein (ebso Erdsiek JZ **69**, 311), soweit nicht im EinzFall die rgutverletzde Hdlg dch den Grds des rechtl Gehörs od der freien MeingsÄußerg gedeckt ist (vgl Einf 121 u Rn 189). Die hier vertretene Auffassg steht nicht zuletzt auch im Einklang mit der Terminologie des § 823 I, der Fahrlk u Widerrechtlk ausdr nebeneinand als HaftgsVorauss nennt. Vgl auch § 276 Rn 8, 9. Die folgde Darstellg folgt unter Berücksichtigg der Rspr des BGH im wesentl dem erfolgsbezogenen RWidrigkBegr.

34 **b) Begriff.** Rechtswidr ist vorbehaltl der RechtfertiggsGrde (unten Rn 36–53) idR jede Verl eines der in Abs I genannten Rechte u RGüter (BGH **74**, 9). Ausgen sind die sog offenen VerlTatbestd wie Eingr in den eingerichteten u ausgeübten GewBetr u Verl des PerslkR; hier kommt es für die Frage der RWidrigk darauf an, ob das schadursächl Verhalten als solches gg Gebote der gesellschaftl RücksNahme verstieß. Ebso wenig indiziert eine RGutVerl dch subj redl Einleitg u DchFührg eines formal von der ROrdng erlaubten Verf schon desh die RWidrigk, weil der AntrSt leicht fahrl verkannt hat, daß matrechtl die Vorauss dafür gefehlt haben od entfallen sind, sond nur iF des § 826 od bei grober Fahrlk (BGH **95**, 10; abl Häsemeyer NJW **86**, 1028). Verkehrsricht (sozadäquates) Verhalten Rn 40. Die nachbarrechtl Vorschr sind in dem davon erfaßten Regelgs-Bereich maßg dafür, ob eine Handlg widerrechtl ist (BGH **90**, 255).

35 **c) Unterlassung.** Die Verl eines geschützten R od RGuts dch rein passives Verhalten ist rwidr nur, wenn der Schädiger gg eine RPflicht zum Handeln verstoßen hat (Vorbem 84 v § 249).

36 **B) Ausschluß der Widerrechtlichkeit.** Davon zu unterscheiden: Vereinb HaftgsAusschl (vgl Einf 10; BerührgsPkte: Einwilligg des Verl, Rn 42–44).

a) Eigenes Recht des Täters zum Handeln, zB §§ 227, 228, 904, 859, StPO 127, GG 5. **Züchtigungsrecht** der Eltern u Dritter § 1631 Rn 9–11, des Vormundes § 1800. – Auch BergwerksEigt schließt bei Ausnutzg iR bergpolizeil Vorschr RWidrigk etwaiger Schädigg fremden Eigtums aus (RG **161**, 208). Jagdpolizeil Vorschr können die Widerrechtlichk ausschließen (Stgt NJW- RR **86**, 1415: Tötg eines aufsichtsl laufden Hundes). – Ebso **Duldungspflichten** gem §§ 906, 1004 II (BGH MDR **92**, 482, Petersen NJW **98**, 2089), auch aGrd naturschutzr Vorschr (BGH **120**, 239: Froschlärm). – Auch **Wahrnehmung berechtigter Interessen** kann RWidrigk ausschließen (§ 824 Rn 6–10 und nachstehd Rn 175–200).

37 **b) Verwaltungsakte der Behörden** können nur im verwaltgsgerichtl Verf nach der VwGO angefochten werden.

38 **c) Notwehr.** Notwehrexzeß u Putativnotwehr § 227 Rn 11, 12. Unter bes Umst kann für einen Gastwirt die Pfl bestehen, auf die vorherseh Herbeiführg einer Notwehrlage ggü unbefugten Eindringlingen zu verzichten, weil die zu gewärtigde Notwendigk des SchußwaffenGebr and Gäste gefährden müßte (BGH NJW **78**, 2028).

39 **d) Notstand** §§ 228, 904. Notstandsexzeß u Putativnotstand § 228 Rn 11, 12. – **Selbsthilfe** §§ 229 ff.

40 **e) Verkehrsrichtiges (sozialadäquates) Verhalten** im StrVerk ist nach BGH **24**, 21 dogmat kein eig RFertiggsGrd, sond schließt die Haftg des Handelnden für Verl von Leben, Gesundh od Eigt eines and schon mangels RWidrigk aus. Trotzdem behandelt der BGH prakt das verkehrsricht Verhalten als RFertiggsGrd, denn er bürdet dem Schädiger die BewLast dafür auf. Folgt man dem nicht, so handelt derj, der das abs R eines and verletzt, rwidr, aber dann nicht fahrläss, wenn er die VerkRegeln u die erforderl Sorgf beachtet hat. In vielen Fällen wird es dann auch an der adäquaten Kausalität fehlen.

41 **f) Einleitung eines gesetzlichen Verfahrens** der RPflege. Wer dies redl, gutgl, ohne Aufstellg bewußt od leichtfert unwahrer Behauptgen tut, handelt ggü dem an diesem Verf förml Beteil nicht rechtsw, selbst wenn sich die VerfEinleitg dann als ungerechtf erweist. Das schadursächl Verhalten ist näml wg seiner verfrechtl Legalität rmäß, der AntrSt ist mangels SelbsthilfeR auf die ges Verf angewiesen u der betroffene VerfBeteil kann sich in dem Verf selbst gg einen rwidr Eingr wehren; and bei RGutsVerl nicht verfbeteil Dr (BGH **118**, 201). Jede and Beurt würde die RPflege lahmlegen u damit einem rstaatl GrdGebot zuwiderlaufen (BVerfG NJW **87**, 1929, BGH 74, 9: StrafAnz, BGH **36**, 18: KonkAntr). Rechtsw ist vorsätzl SchadZufügg dch ein mit unlauteren Mitteln betriebenes Verf (BGH NJW **85**, 1959).

42 **g) Einwilligung des Verletzten** in die RGutVerl, nicht schon in eine Hdlg, die nicht auf die RGutVerl abzielt (BGH NJW-RR **95**, 857), zB Ansteckg dch GeschlechtsVerk, schließt Widerrechtlk aus, wenn sie nicht gg gesetzl Verbot od die guten Sitten verstößt. Unsittl ist Einwilligg in die eig Tötg, Verstümmelg, GesundhBeschädigg, FreihBeraubg; zul dagg Einwilligg in Verl des Eigtums, zB gestellter VerkUnfall (Ffm VersR **83**, 642), ärztl Eingr, AnstUnterbringg, Unterwerfg unter die sofort ZwVollstr aus formnicht Vertr (BGH NJW **94**, 2755). Je nach den Umst des Falles zu beurt ist die Einwilligg in die Sterilisation (BGH **67**, 48). Die Einwilligg eines beschr GeschFäh ist wirks, sofern er nach seiner geist u sittl Reife die Bedeutg u Tragweite des Eingr u seiner Gestattg ermessen kann (BGH **29**, 36 u NJW **72**, 335). Das ist nicht der Fall bei Einwilligg eines 16jähr zu einers aufschiebb, andrers nicht unwicht Eingr (BGH VersR **72**, 153). Auch sonst kann im EinzFall Unterrichtg der Eltern nöt sein (BGH NJW **70**, 511). Außer in Eil- u Notfällen ist die Einwilligg beider ElternTle eines Mdj, der nicht schon selbst die Einwilligg erteilen kann, erforderl. Dabei kann der Arzt idR davon ausgehen, daß ein Elterntl das Einverständn des and besitzt; dies gilt nicht für schwier u weitreichde Entsch mit erhebl Risikofaktoren für das Kind (BGH **105**, 45). – Die Einwilligg

muß **freiwillig** sein; hieran fehlt es, wenn sie dch Gewalt, rechtsw Drohg, Zwang od argl Täuschg herbeigeführt wird (BGH NJW **64**, 1177: AnstUnterbringg). Dch Irrt beeinflußte Einwilligg ist jedoch freiw (BGH aaO, Ffm VersR **97**, 572). Für Äußergen, die das Einverständn des Patienten mit einem Eingr betreffen, gelten die allg Grds für die Auslegg rgeschäftl WillErkl (BGH NJW **80**, 1903, **92**, 1558). SportVerl Rn 121, 122 Sport. 43

Der **Arzt** bedarf für jeden Eingr, auch zur BlutEntn, der Einwilligg des Patienten. Sie braucht nicht ausdr erkl zu werden, kann sich aus den Umst ergeben (BGH NJW **61**, 261). Die Einwilligg ist nur wirks u schließt die RWidrigk nur aus, wenn der Patient das Wesen, die Bedeutg u die Tragweite des ärztl Eingr in seinen Grdzügen erkannt hat; dies setzt eine nach dem Stand der Wissensch diagnost abgesicherte (Ffm VersR **96**, 101) Aufklärg dch den Arzt voraus (BGH NJW **81**, 633). Die Einwilligg läßt sich nicht aufspalten in einen wirks u einen unwirks Tl (Köln VersR **90**, 489). Eingr ohne Einwilligg des Patienten ist nur zul, wenn sie der Arzt nicht einholen kann, zB wg Bewußtlosigk, u Gef im Verz besteht (RG **163**, 136). Die einem best Arzt erteilte Einwilligg berechtigt einen and nicht zum Eingr (BGH **LM** (Aa) Nr 11). Ohne Einwilligg stellen schon die Operation u ihre Beschwerden einen ersfäh KörperSchad dar (BGH NJW **87**, 1481). 44

h) Aufklärungspflicht des Arztes. Die nachstehend dargestellten Grds der Rspr zur ärztl AufklärgsPfl sind verfkonform (BVerfG NJW **79**, 1925 [1929]). – **aa) Verpflichtet** ist der behandelnde **Arzt,** in erster Linie der behandelnde (operierde) Spezialist über die mit seiner Behandlg verbundenen spezif Risiken (Hamm VersR **94**, 815: Chirurg/Strahlentherapeut). Wenn er nicht selbst aufklärt, muß er organisator sicherstellen, daß die Aufklärg dch den Stationsarzt, dem sie übertragen ist, gewährleistet bleibt u stichprobenw kontrolliert wird (Karlsr NJW-RR **98**, 459). Auch der nicht selbst operierde Arzt, muß vollständ aufklären, wenn er die Aufklärg des Patienten über die ihm angeratene Operation übernommen hat (BGH NJW **80**, 1905) od wenn er dem Patienten die Entsch über die Operation abverlangt u für ihn bereits einen Termin dazu bestimmt (BGH NJW **92**, 2351). Der Arzt muß auch dann aufklären, wenn er den Eingr nicht für erforderl hält, sond auf eig Wunsch des Patienten vornimmt (Düss NJW-RR **91**, 1311). Grdsätzl nicht der Konsiliarius (Köln MedR **83**, 112). Auch für den **Zahnarzt** besteht die AufklärgsPfl (BGH NJW **94**, 799, Düss VersR **97**, 620, Hbg MDR **98**, 906, Köln NJW-RR **98**, 1324: Risiken der Extraktion eines WeishZahns, mögl Alternat). – Ebso für den **Heilpraktiker** (Hamm VersR **87**, 1019, Eberhardt VersR **86**, 110). – Auf den **Tierarzt** (auch Rn 73) sind die Grds der Rspr über die ärztl AufklärgsPfl beschr (BGH NJW **80**, 1904) u über die Dokumentation (Stgt VersR **96**, 1029) anwendb. Er schuldet außer der Behandlg auch Beratg über deren Vor- u Nachteile, bei der es um wirtsch Interessen des AuftrG u die rechtl u sittl Gebote des Tierschutzes geht (BGH NJW **82**, 1327, Celle NJW-RR **89**, 539, Zweibr VersR **96**, 1030). 45

bb) Zeitpunkt (eingehd Wertenbruch MedR **95**, 306, Hoppe NJW **98**, 782). Die Aufklärg muß, auch über die ernsth Möglk einer Operationserweiterg od den Wechsel der Methode währd der Operation u über alternat in Betracht kommde EntbindgsMöglk (BGH NJW **93**, 2372), so rechtzeit geschehen, daß der Patient noch im Bes seiner ErkenntnFreih ist u ihm bis zum Eingr ohne EntschDruck (Hamm NJW **93**, 1538) noch eine unter Berücksichtigg der konkr Umst ausr Bedenkzeit zur Abwägg der für u gg den Eingr sprechden Grde u zur Wahrg seiner EntschFreih u damit seines SelbstBestR bleibt (BGH NJW **94**, 3009, NJW **98**, 2734). Daß dies nicht der Fall war, muß der Patient sustantiiert darlegen, für die Widerlegg trifft den Arzt die BewLast (BGH NJW **92**, 2351). Aufklärg am Tag einer schweren Operation (Bambg VersR **98**, 1025), gar erst auf dem Weg zum Operationssaal ist verspätet (BGH NJW **98**, 1784), am Vortag der Operation kann sie verspätet (BGH VersR **98**, 766, Köln NJW **92**, 1564) od noch rechtzeit (Stgt VersR **98**, 1111) sein. Aufklärg am Tag eines normalen ambulanten Eingr kann noch rechtzeit sein, wenn dem Patienten klar gemacht wird, daß er sich noch entscheiden kann (BGH VersR **94**, 1235). Vorstehde Grds gelten auch für diagnost Eingr (BGH NJW **95**, 2410). 46

cc) Inhalt und Umfang. Therpeut Aufklärg naher Angehör, falls ohne Einwilligg des Patienten überh zul, kann idR nicht das Gespräch zw Arzt u Patient ersetzen (BGH **107**, 222). Aufzuklären ist ggf mit Hilfe eines Dolmetschers (Düss NJW **90**, 771). Erforderl ist in jedem Fall eine GrdAufklärg, die dem Patienten einen zutr Eindruck von der Schwere des Eingr u der Art der Belastgen vermittelt, die für seine körperl Integrität u Lebensführg unter Hinw auf das schwerste in Betr kommde Risiko möglicherw zu befürchten sind (BGH NJW **91**, 2346, NJW **96**, 777). Dazu gehört bei gegebenem Anlaß auch eine sog Organisations-Aufklärg über die fachl Qualität der behandelnden Ärzte, des zur Vfg stehden medizin u techn Standards des Krankenhauses u über LeistgsReduzierg aus finanziellen Gründen (Hart MedR **99**, 47). Die wissenschaftl Diskussion über die Risiken muß noch nicht abgeschl sein, es genügt, daß ernsth Stimmen auf best mit einer Behandlg verbundene Risiken hinweisen (BGH NJW **96**, 776). Notw ist auch eine Aufklärg über die Zuverlässigk der gestellten Diagnose (Ffm NJW-RR **95**, 1048), wenn deren Kenntn für die BehandlgsEntsch des Patienten erkennb von Bedeutg ist (Stgt VersR **88**, 695). Dabei kommt es nicht entscheidd darauf an, wie häuf sich ein best Risiko statist verwirklicht, maßgebl ist vielm darauf abzustellen, ob das in Frage stehde Risiko der Behandlg spezif anhaftet u bei seiner, wenn auch seltenen Verwirklichg die LebensFührg des Patienten bes belastet (BGH NJW **94**, 793, Oldbg MDR **99**, 547: Erblindg), wenn nach dem medizin Erfahrgsstand im Ztpkt der Behandlg ein solches Risiko bekannt ist (BGH NJW **90**, 1528: Nervenschädigg nach Strahlentherapie, Köln VersR **90**, 663: Potenzstörgen nach Operation, BGH NJW **96**, 777, NJW **99**, 2823: seltenes Risiko der Querschnittslähmg, BGH NJW **96**, 3073: einer möglicherw nöt Nachoperation, Hamm VersR **92**, 1473: Aufklärg über Gef bleibder Lähmg nach Bandscheibenoperation, BGH NJW **93**, 2380: der Gelenkversteifg nach Injektion, Köln NJW-RR **92**, 984: dauernde Harndrang-Inkontinenz, Düss MedR **94**, 1503: seltenes Risiko vaskulärer Komplikationen dch chiroprakt Behandlg im Schulter-/Nakkenbereich). Der dch Bandscheibenvorfall vorgeschädigte Patient ist aufzuklären, daß eine beabsichtigte Chirotherapie zu einer unvermeidb Bandscheibenoperation führen kann (Stgt VersR **98**, 637). Auch das Verhältn zw Notwendigk der Behandlg u ihren mögl Folgen ist zu berücks. Darüber hinaus muß der Arzt eine umfassde u genauere Aufklärg geben, wenn der Patient eine solche fordert. Die Aufklärg muß die im großen u ganzen bestehden Risiken einer ordngsgem Behandlg (BGH NJW **85**, 2193), auch bei Schutzimpfg (BGH VersR **90**, 737; eingehd Deutsch VersR **98**, 1053), u die Dringlichk des Eingr (BGH NJW **90**, 2928) zum Ggst haben, ihre Intensität richtet sich nach dem EinzFall, wobei der sachl u zeitl Notwendigk des Eingr 47 entscheidde Bedeutg zukommt. HinwPfl auf das Risiko einer Infektion mit Hepatitis u Aids, wenn intra- od postoperativ eine Blutübertragg erforderl werden kann, u auf die Möglichk einer Eigenblutspende (BGH **116**, 379). Vor einer Operation zur Linderung von Schmerzen ist Aufklärg nöt, daß uU keine SchmerzFreih für längere Zeit zu erreichen ist, der Patient vielmehr sogar subj größere Schmerzen haben kann (BGH NJW **87**, 1481), vor einer Augenoperation, daß eine Veschlechterg des Sehverm in Kauf zu nehmen ist zur längerfrist Erhaltg eines gewissen Sehverm (Stgt VersR **97**, 700). Die AufklärgsPfl kann idR nicht mit der Begr verneint werden, die Aufklärg hätte zu einer therapeut nicht zu verantwortden Belastg des Patienten geführt (BGH **90**, 103: vital indizierte Therapie, Risiko selten, seine Verwirklichg ohne die Therapie wahrscheinlicher). Auch die Sachkundigk des Patienten (Stgt NJW **73**, 560) sowie Intelligenz, BildgsGrad u seine Erfahrgen aus der Krankenvorgeschichte spielen eine Rolle (BGH NJW **76**, 363, NJW **79**, 1933). Bei einem Eingr, der nach seinem Verlauf u seinem Schweregrad wg seiner Häufigk der Allgemeinh in bes Maße vertraut ist, kann sich der Arzt bei der Aufklärg über Natur u Risiko seines Eingr im allg kurz fassen (BGH NJW **80**, 633: Blinddarmoperation). Hat der Arzt auf ein bestehdes erhöhtes Risiko hingewiesen, so kann er ein näheres Eingehen auf mögl ZwFälle, in denen es sich verwirklichen kann, von entspr Fragen des Patienten abhäng machen, die der Arzt jedoch nicht unricht od irreführd beantworten darf (BGH NJW **80**, 633). Aufklärg über Nebenwirkgen bei Verordng eines aggressiv wirkden Medikaments (BGH NJW **82**, 697), über therapiegerechtes Verhalten zum Schutz vor UnverträglichkRisiken (Köln VersR **96**, 1278). Über mehrere konkret (BGH NJW **92**, 2353) zur Wahl stehde diagnost od therapeut Verf mit einigermaßen gleichen Erfolgschancen (BGH NJW **86**, 780) u das Für u Wider muß der Arzt dann aufklären, wenn unterschiedl Risiken für den Patienten entstehen können u der Patient eine echte Wahlmöglichk hat (BGH NJW **88**, 763 u 765). Fehlerh Aufklärg über BehandlgsAlternativen führt nicht zur Haftg, wenn sie auf einem DiagnoseIrrt beruht, der sich mangels Vorwerfbk nicht als haftgsbegründder BehandlgsFehler darstellt (Köln NJW **98**, 3422). Bei Risikoschwangersch Aufklärg der Mutter vor der Geburt über die Möglichk der operat Geburtshilfe (BGH NJW **89**, 1538), sorgf Aufklärg u Beratg über die unterschiedl Verläufe u Risiken der vaginalen u der Schnittentbindg (BGH NJW **92**, 741, NJW **93**, 1524) u über die Risiken einer zur Geburtserleichterg vorgesehenen Anästhesie für das Kind (Hamm u BGH VersR **85**, 598). Ebso Aufklärg der Mutter über die Änderg des verabredeten Konzepts der Schnittentbindg in Geburt auf vaginalem Weg bei Beckenendlage (BGH NJW **89**, 1538), über schwerwiegde Risiken für eine erneute Schwangersch dch Bildg von Antikörpern nach Injektion von Immunglobolin (BGH NJW **89**, 2320). Umfassde SchwangerschBeratg einer 40jähr Frau über das erhöhte Schädiggsrisiko (Düss NJW **89**, 1548). Aufklärg über besondere Lagerg des Patienten währd der Operation mit Gef der Nervenschädigg (BGH NJW **85**, 2192). Wird der Patient für eine Operation (Panzerherz) in einer Spezialklinik beraten u vorbereitet, die Operation in Abstimmg der Ärzte dann in einer Universitätsklinik dchgeführt, so trifft auch die Ärzte der Spezialklinik die Pfl zu umfassder Belehrg über Verlauf, Risiken u Erfolgsaussichten des Eingr (BGH NJW **90**, 2929).

48 **dd) Erhöhte Aufklärungspflicht.** Bes umfassde Aufklärg ist nöt bei Anwendg einer neuen Behandlgs-Methode (Köln NJW-RR **92**, 986), insbes mit ungeklärten Risiken (Oldbg VersR **97**, 491); ferner bei zweifelh Operationsindikation u hohem Mißerfolgsrisiko (BGH NJW **81**, 633) od nur der Aussicht auf vorübergehenden Erfolg (Hamm VersR **90**, 855) od der Gef einer deutl Verschlechterg nach der Operation (BGH NJW **88**, 1515, Oldbg VersR **97**, 1493). Muß eine hergebrachte Operationsmethode nach gewicht Stimmen in der medizin Literatur zu schweren Schäd führen, so muß der Arzt den Patienten darü aufklären, wenn er sich über diese Bedenken hinwegsetzen will (BGH NJW **78**, 587). Dabei ist nicht allein auf das allg Risiko, sond auch auf die Gef des jeweil Falles abzustellen (BGH NJW **74**, 604). Hinw, daß ein indizierter Eingr nur innerh eines best Zeitraums mögl ist (Stgt MedR **85**, 175). Die Prüfgs- u AufklärgsPfl ist um so weitergehd, je weniger der Eingr aus der Sicht eines vernünft Patienten vordringl u geboten erscheint (BGH NJW **72**, 335: AufklärgsPfl in diesem Fall auch, wenn die Wahrscheinlichk erhebl Folgen zahlenmäß sehr gering ist), insbes wenn der Eingr weder vital indiziert (Oldbg VersR **98**, 1421) noch überh dringl (BGH **90**, 96) od gar medizin an sich nicht vertretb ist (Düss VersR **86**, 63). Ist eine Operation nur relativ indiziert, weil ihre Erforderlk vom SicherhBedürfn des Patienten abhängt, so muß er darauf hingewiesen werden, daß u mit welchem Risiko auch ein Aufschieben od Unterl der Operation mögl ist (BGH NJW **97**, 1637); ebso bei zwar indizierter, aber nicht dringl Operation mit Risiko der ZustVerschlechterg (Oldbg NJW **97**, 1642). Auf erhöhtes Infektionsrisiko, zB weg BauArb od wg fehlder Erfahrg des Arztes gerade mit einer derart Operation, u zweifelh Qualifikation ist hinzuweisen (Köln NJW **78**, 1690, VersR **82**, 453). Der Arzt, der währd der Operation auf ein erhöhtes Operationsrisiko stößt, muß den Eingr abbrechen, wenn er für seine Fortsetzg nunmehr mangels Aufklärg darü keine wirks Einwilligg des Patienten hat u die Operation ohne dessen Gefährdg unterbrochen od abgebrochen werden kann, um die Einwilligg einzuholen (BGH NJW **77**, 337). Zeigt sich währd der Operation die Notwendigk ihrer Erweiterg über den vorgesehenen Eingr hinaus, so darf der Arzt sie bei vitaler Indikation fortsetzen; ohne sie nach den Umst des EinzFalles unter engen Vorauss (Ffm NJW **81**, 1322); auch dann, wenn damit kein erhöhtes Risiko verbunden ist u der Arzt vernünftigerw die Einwilligg des Patienten voraussetzen darf (Mü VersR **80**, 172, Köln VersR **88**, 1049, Kblz NJW-RR **94**, 1370). Eingehdere Belehrg bei Operation, die nicht der Abwendg einer akuten Gef, sond der Besserg des Zust dient (BGH VersR **68**, 558). Bes umfassde u sorgf Aufklärg über die Erfolgsaussichten und Risiken vor einer kosmet Operation, uU schongsl, harte Belehrg an Hand von Fotografien über den zu erwartden EndZustd (BGH NJW **91**, 2349, Hbg MDR **82**, 580, Düss VersR **99**, 61). Bes strenge Anfdgen an die AufklPfl auch, wenn der Eingr nicht unmittelb der Heilg, sond nur ärztl Diagnose ohne therapeut Eigenwert dient (BGH NJW **79**, 1933); in diesem Fall muß der Arzt den Patienten auch darü aufklären, daß ohne diese best DiagnoseMaßn ein vorgesehener Eingr nicht erfolgen kann (BGH NJW **95**, 2410) u daß er bei dem DiagnoseEingr uU erhebl Schmerzen erdulden muß (BGH **90**, 96: Rektoskopie), auch über die typ Risiken einer Vollnarkose (MedR **85**, 79) u darü, daß es zu Verändergen des Ablaufs körperl Funktionen im Sexualbereich kommt (Karlsr VersR **89**, 1053). Bei radiolog DiagnoseEingr muß der Arzt abwägen zw AussageFähigk des Eingr, AufklärgsBedürfn, zu erwartdem therapeut Nutzen u Risiko für den Patienten; die Aufklärg muß ihm eine Abwägg zw dem Risiko u den Gef u Beschwerden ohne den Eingr ermöglichen (Düss VersR **84**, 643: Vertebralis-Angiographie).

ee) Aufklärung ist entbehrlich über die allg Gef, die jeder einsicht Patient kennt (BGH NJW **86**, 780: Embolie nach Operation; Düss VersR **88**, 1132: Wundinfektion; Hamm VersR **98**, 1548: Spritzenabzess nach fehlerfreier Injektion); über das Risiko einer außergewöhnl u nicht vorhersehb Folge der Behandlg, die für den Entschluß des Patienten, ob er einwilligt, keine Bedeutg haben kann (BGH NJW **91**, 2346); eines Arztes als Patienten über medizin GrdWissen (Hamm VersR **98**, 322). Eine intraoperat Verlaufs- u RisikoAufklärg ist entbehrl, wenn der Patient psych u phys nicht in der Lage ist, einem solchen Gespräch zu folgen u eine eigenständ Entsch zu treffen; ausschlaggebd ist dann der mutmaßl Wille des Patienten, uU festzustellen dch Befragg naher Angehör od and BezugsPers (BGH NJW **87**, 2291). Ebso kann Aufklärg entbehrl sein, wenn die möglw eintretden ungünst Nebenwirkgen der Behandlg so wen gravierd sind, daß sie ein vernünft Mensch in der Lage des Patienten für seine Entschließg, nicht als bedeuts ansähe. Hat der Patient aber eine and Abs zu erkennen gegeben, darf der Arzt nicht davon absehen, ihm die mögl Folgen stattfindder od unterbliebener Behandlg vor Augen zu führen u seine Entsch herbeizuführen. Solange die eingeschlagene Therapie medizin Standard genügt, ist Aufklärg des Patienten über mehrere gleich erfolgversprechde u übl BehandlgsMöglk ohne nennenswert unterschiedl Risiko nicht erforderl (BGH NJW **82**, 2121, **102**, 17). Keine Pfl zur Aufklärg über neue diagnost u therapeut Verf, die sich in der Erprobg befinden u erst an einz Universitätskliniken zur Vfg stehen, solange der Patient keine reale Möglichk zu dieser Wahl u Behandlg hat (BGH NJW **84**, 1810). Verzicht auf konkrete Aufklärg ist wirks, wenn ihn der Patient individuell u ohne Beeinflußg dch den Arzt ernsth u freiwill erklärt hat (Laufs NJW **83**, 1345, Roßner NJW **90**, 2291). 49

ff) Die **Beweislast** für genügde Aufklärg u dafür, daß er den Eingr überh vorgen hat, liegt beim Arzt (BGH NJW **81**, 2002, VersR **92**, 237), ebso dafür, daß sich der Patient auch bei vollständ Aufklärg über Risiken u Folgen zu dem Eingr entschlossen hätte (BGH NJW **94**, 2414); ebso dafür, daß der Patient einer Aufklärg nicht mehr bedurft hätte, weil er von and Seite bereits hinreichd aufgeklärt worden sei (BGH NJW **84**, 1807). An den dem Arzt obliegden Bew der ordngsgem Aufklärg dürfen keine unbill u übertriebenen Anfdgen gestellt werden (BGH VersR **85**, 361). Eine allg gehaltene Bestätigg des Patienten für erhaltene Aufklärg beweist deren Inhalt u Umfang nicht (BGH VersR **85**, 361). Fehlde Anweisg der Klinikleitg an die Ärzte zur Aufklärg der Patienten ist OrganisationsVersch (Kln NJW **78**, 1690). BewLast zum Ztpkt der Aufklärg vgl Rn 46. Den Patienten trifft die BewLast, daß sein GesundhSchad auf dem Eingr beruht, über den er mangelh aufgeklärt worden ist (BGH NJW **86**, 1541). 50

gg) Ursächlichkeit fehlerhafter Aufklärung. Der Einwand, der Patient würde bei ordngsgem Aufklärg seine Einwilligg erteilt haben **(hypothetische Einwilligung),** ist grdsätzl beachtl. Der Patient hat dann darzulegen, daß er vor einem echten EntschKonflikt gestanden hätte (BGH NJW **91**, 1543, NJW **91**, 2342 u 2344). Für die Überzeuggsbildg des Ger, ob der Patient eingewilligt hätte, ist dessen persönl EntschSituation u WillLage aus damal Sicht entscheidd (BGH NJW **94**, 2414, NJW **98**, 2734). Dabei trifft den Patienten die SubstantiiergsLast für seine Behauptg, daß er trotz der Schwere der Erkrankg u der angewendeten, als Methode der Wahl anerk Therapie mit günst Erfolgsprognose u idR verhältnismäß geringen Belastgen für den Patienten aus seiner Sicht, nicht aus der eines vernünft Patienten, vor einem echten EntschKonflikt gestanden hätte, aus dem heraus die behauptete Ablehng der Einwilligg in den Eingr im damal Ztpkt verständl erscheint (BGH **90**, 96, NJW **91**, 2342); dies läßt sich idR nur nach pers Anhörg klären (BGH NJW **90**, 2928, NJW **98**, 2734). An die der BewLast des Arztes unterliegde Feststellg, der Patient würde eingewilligt haben, sind strenge Anfdgen zu stellen (BGH NJW **98**, 2734), insbes wenn der Patient den Eingr zunächst abgelehnt und erst eingewilligt hat, nachdem der Arzt auf ihn eingewirkt hat (BGH NJW **94**, 2114). Die entggstehde Behauptg des Patienten schließt sie nicht aus (BGH NJW **82**, 700). Daß ein Anspr auf SchmerzG auch dann bestehen soll, wenn die Unterl der Aufklärg wg nicht bestehden EntschKonflikts nicht ursächl für die Einwilligg war (so Jena MDR **98**, 536), ist nicht zu billigen, weil die Verl der AufklärgsPfl dann nicht ursächl für die rwidr Körperverl war u auch das SelbstbestR des Patienten mangels EntschAlternative nicht verl ist (ähnl Terbille VersR **99**, 235). 51

hh) Zurechnungszusammenhang zw unterl Aufklärg u eingetretener SchadFolge im Hinbl auf den Schutzzweck der AufklärgsPfl, besteht jedenf dann, wenn sich gerade das aufklärgspfl Risiko verwirklicht, selbst wenn es zu weiteren schweren Folgen geführt hat, mit denen nicht ernsth zu rechnen war u die dem Patienten desh vorher nicht darzustellen waren (BGH **106**, 391). Zurechngszushang besteht bei mangelh GrdAufklärg (Rn 47) auch dann, wenn sich statt des aufklärgspfl Risikos (zB Querschnittslähmg) ein nur äußerst seltenes nicht aufklärgsbedürft Risiko (zB Krampfanfälle) vewirklicht hat (BGH NJW **96**, 777). Der ZurechngsZushang fehlt in diesem Fall ausnahmsw dann, wenn der Patient wenigstens die GrdAufklärg erhalten hat (BGH NJW **91**, 2346), zB wenn der Arzt ledigl die gebotene Aufklärg über Schmerzen (Rektoskopie) unterlassen hat, währd sich ein nicht aufklärgsbedürft Risiko (GesundhBeschädigg inf unvorhersehb Komplikation) verwirklicht hat (BGH **90**, 96). 52

ii) Mitwirkendes Verschulden des Patienten ggü ärztl Aufklärgs- u BeratgsVersch kann nur ausnahmsw bej werden (BGH NJW **97**, 1635), so bei falscher od unvollständ Ausk über solche persönl Verh, deren Bedeutg für die Beurteilg seines AufklärgsBedürfn der Patient erkennen konnte u mußte (BGH NJW **76**, 363). 53

7) Verschulden

A) Vorsatz § 276 Rn 10, 11, dort auch über die Besonderh des Vors bei Verl eines SchutzG (Abs II), einer AmtsPfl und bei SchmerzG. Putativnotwehr § 227 Rn 12. 54

B) Fahrlässigkeit. – a) Grundsätze wie Begriff, Arten u Grad der Fahrlk, SorgfMaßst, Vorhersehbark u Vermeidbark eines schädigden Erfolges, Irrt vgl § 276 Rn 12–21. – **b) Einzelheiten** vgl § 276 Rn 22–51. Fahrlk bei unberecht Verwarng vor Verletzg eines SchutzR vgl oben Rn 25. Jeder ist iR seines WirkgsKreises verpfl, sich über das Bestehen von SchutzG (BGH **LM** (Bc) Nr 1) und polizeil VOen (BGH BB **57**, 240: SchneeBeseitigg) zu unterrichten. Einfluß kollegialgerichtl Entsch auf die Beurteilg der Fahrlkt vgl § 839 Rn 53. Behördl Gen od Duldg einer Anl od Hdlg u die Einhaltg von VerwVorschr entlasten idR vom VerschVorwurf, schließen ihn aber dann nicht aus, wenn aGrd bes Umst im konkreten Fall Anlaß zu weitergehden Maßn zur GefAbwendg bestand; die BewLast, sie getroffen zu haben, liegt beim Betreiber der Anl 55 56

(BGH **92**, 143: Kupolofen, TA-Luft). Strenge Anfdgen an die Sorgf, wenn die Tätigk an sich eine Gefährdg der Allgemeinh mit sich bringt (BGH NJW **86**, 1182: Aufbewahrg einer gesundgefährdden Flüssigk, BGH
57 NJW **65**, 199: Großfeuerwerk). – Verstoß gegen Schutzgesetz (Abs II) vgl Rn 140 ff. – **c) Haftungsmilderung** bei Deliktshaftg zw Eheg § 1359, zw Eltern u Kindern § 1664. Bei leicht fahrl SchadZufügg kann die Pfl des verl Angehör bestehen, ErsAnspr nicht geltd zu machen, wenn die FamilienGemsch dch den SchadAusgl übermäß belastet würde (BGH **61**, 101, Karlsr VersR **77**, 232). – Vgl auch Einf 7–9.

8) Verkehrssicherungspflicht

58 **A) Inhalt. – a)** Die **allgemeine Rechtspflicht,** im Verk Rücks auf die Gefährdg and zu nehmen, beruht auf dem Gedanken, daß jeder, der GefQuellen schafft, die notw Vorkehrgen zum Schutze Dr zu treffen hat. Sie besteht neben den Verpfl, die vielf dch vertragl SchutzPfl (§ 276 Rn 116) od SchutzG gem Abs II bes auferlegt sind. Da eine VerkSichg, die jeden Unfall ausschließt, nicht erreichb ist, muß nicht für alle denkb, entfernten Möglken eines SchadEintritts Vorsorge getroffen werden. Vielm sind nur diejen Vorkehrgen zu treffen, die nach den SicherhErwartgen des jeweil Verk (BGH NJW **85**, 1076) iR des wirtsch Zumutb geeignet sind, Gef v Dr tunlichst abzuwenden, die bei bestimmgsgem od bei nicht ganz fernliegder bestimmgswidr Benutzg drohen (BGH NJW **78**, 1629). Haftgsbegründd wird eine Gef erst, wenn sich für ein sachkund Urt die naheliegde Möglk ergibt, daß RGüter and verl werden können (BGH VersR **75**, 812). Dabei ist auch zu bedenken, daß Kinder vor den Folgen ihrer Unerfahrenh u Unbesonnenh zu schützen sind (BGH NJW **99**, 2364). Für GewerbeBetr wird der Inhalt der VerkSichgPfl konkretisiert dch techn Regelwerke wie DIN-Vorschr (Hamm NZV **95**, 484) u dch UnfallVerhütgsVorschr (BGH MDR **79**, 45), sie dienen auch außerh ihres unmittelb GeltgsBereichs als Maßstab für verkgerechtes Verhalten, ihre Verl läßt idR auf Versch schließen (Kblz VersR **92**, 893). Die bloße Duldg eines Verk ist noch keine VerkEröffng (Bambg VersR **69**, 85). Behördl Maßn u Gen befreien nicht von der eig Prüfg u schließen Fahrlk nicht schlechthin aus, die Zuziehg eines bewährten Fachmanns dann nicht, wenn eine erkennb GefLage besteht (BGH NJW **94**, 2232). – **Keine Verkehrssicherungspflicht** besteht grds ggü Pers, die sich unbefugt in den GefBereich begeben (BGH NJW **57**, 499, VersR **64**, 727, MüKo/Mertens Rn 186), zumal dann, wenn sich eine untyp Gef verwirklicht hat, die bei einem Befugten nicht eingetreten wäre. Vorstehde Einschränkg besteht nicht ggü Kindern (BGH VersR **95**, 672, RGRK/Steffen Rn 164), od wenn erfahrgsgem mit einem Fehlverhalten Dr zu rechnen ist (Köln VersR **92**, 1241).

59 **b) Verpflichteter.** Jeder der in der Lage ist, über die Sache zu verfügen, hat Gef, die von ihr drohen, tunl abzuwenden, zB Eigtümer, Mieter, dem das Haus im ganzen vermietet ist, InsVerw. Ferner Kaufm oder Gastwirt, der in den gemieteten Räumen einen allg Verk für sein Gesch eröffnet hat (BGH NJW **61**, 455), auch für Zugänge und Parkplatz (Düss VersR **83**, 925); nicht aber für den öff Gehweg vor dem GeschLokal (Kblz VersR **79**, 965). Die VerkSichPfl des Verm ist idR auf das MietGrdst beschr, bei außergewöhnl Verh – Vermietg von Wohnhaus, das außerh ausgebauten Straßennetzes liegt – jedoch auch SichPfl für Verk zum Grdst (RG **165**, 159). Die **Übertragung** der VerkSichsPfl auf einen and bedarf einer klaren Absprache, die die Sichg der GefStelle zuverläss garantiert (BGH NJW **96**, 2646). Mit der Übern wird der Übernehmde selbst deliktsr verantwortl für den Schutz Dr vor solchen Gef, die von der gefdrohden Sache ausgehen (Ffm NJW-RR **99**, 532), u zwar auch dem Delegierden ggü, dessen VerkSichgPfl sich auf eine Kontroll- u ÜberwachgsPfl verengt (BGH NJW-RR **89**, 394).

60 **c) Allgemeine Aufsichtspflicht** als VerkSichgPfl trifft denjen, der die zur Erf der allg VerkSichgPfl notw Maßn einem Dr überläßt (BGH DB **87**, 1838). Sie besteht in allg fortlaufder Überwachg u darf nicht erst einsetzen, wenn Zweifel an der Zuverlässigk des Dr auftauchen (BGH BB **57**, 15). Der Umfang der AufsPfl bestimmt sich nach den Umst des Einzelfalls (Düss NJW-RR **94**, 1442). Ggf kann gestaffelte Aufs geboten sein, näml generelle Aufs, auszuüben durch die Oberleitg eines Unternehmens, u spezielle Aufs an der ArbStelle (BGH **11**, 151: Verhütg von Diebstählen dch Überwachg der eingesetzten Arbeiterkolonne). Die allg AufsPfl aus § 823 ist neben der aus § 831 herzuleitden AufsPfl hins der einz Tätigk des Angest zu erfüllen, fällt aber prakt vielf mit dieser Pfl zus. Überlassg der AufsPfl an Dr genügt im allg nicht, jedoch dürfen auch hier die Anfordergen nicht überspannt werden (BGH **LM** § 831 (Fc) Nr 1).

61 **d) Darlegungs- und Beweislast.** § 282 ist grds unanwendb. Steht der obj PflVerstoß u damit die Verl der äußeren SorgfPfl fest, so indiziert dies die Verl der inneren Sorgf od der AnscheinsBew spricht hierfür (BGH NJW **86**, 2757, Köln VersR **99**, 861).

62 **e) Haftung für Dritte** nur nach § 831, nicht nach § 278. Doch wird die hiernach bestehde Entlastgsmöglichk prakt erhebl eingeengt durch die eigenen allg AufsPflichten (vgl oben Rn 60).

63 **f)** Die **Gefahrenquelle** ist **nicht mehr adäquat ursächlich,** für einen eingetretenen Schad, wenn die erforderl SichergsVorkehrgen getroffen sind, aber nicht beachtet werden (BGH VersR **69**, 895).

64 **B) Einzelfälle von Verletzung der allgemeinen Verkehrssicherungspflicht und sonstiger Verstöße gegen § 823** (alphabet geordnet; neuer Zeilenanfang nur bei größeren Abschnitten).

Abfälle. Lagerg gift od giftverdächt Gartenabfalls (Kln u Hamm NJW-RR **90**, 793 u 794). S auch Rn 91 Industrieabfälle. **Abschlußprüfer der AG. Abwässer,** Einführg in Bachbett (BGH MDR **68**, 395); unsachgem Plang u Ausf der AbwasserAnl (BGH VersR **77**, 253). **Apotheker und Drogisten.** Abgabe von Giften u Sprengstoffen an Kinder (RG **152**, 325: keine Entschuldigg, daß die Kinder ihr Alter unricht höher angegeben haben). Pfl des Apothekers, DosiergsAnweisgen des Arztes deutl auf die Arzneimittelverpackg zu schreiben (Mü VersR **84**, 1095).

65 **Architekt.** Haftg des zum verantwortl Bauleiter bestellten Arch für Schäd Dr, die mit dem BauWk bestimmgsgem in Berührg kommen, inf schuld Verl der BauAufsPfl (BGH NJW **91**, 562 mit Bsp). Die VerkSichgPfl des nur mit der örtl Bauleitg betrauten Arch beschränkt sich darauf, iR der ihm vom Bauherrn übertragenen Bauüberwachg erkannte od erkennb baustellentyp GefStellen zu beseitigen, sog sekundäre VerkSichPfl. Primär trifft sie ihn nur, wenn er selbst Maßn an der Baustelle veranlaßt, die sich als GefQuelle erweisen können (BGH NJW **84**, 360); ebso für Sicherg des Verk für Kfz, die Baumaterial anliefern (BGH Rspr Bau **Z 2.20** Bl 17). Haftg für Schäd im NachbGrdst dch Baugrubenaushub (Kln NJW-RR **94**, 89; vgl § 909 Rn 12), dch Nicht-Anschl eines Regenfallrohres an den Abwasserkanal (Köln NJW-RR **95**, 156).

Außerd Haftg für Körper- u Sachschäd Dr, insbes der Benutzer des BauWks, inf von Mängeln, die auf Plangs- od AufsFehler des Arch beruhen, zB Schäd dch Herabstürzen einer mangelh erstellten Dachkonstruktion od Decke, dch ungesicherte Glaswand, dch unterlassenen Einbau eines Rückstauventils (Hamm NJW-RR **93**, 594), dch Beschädigg von gelagerten od EinrichtgsGgstden des Mieters wg eindringden Regenwassers inf mangelh Beaufsichtigg der IsolierArb (BGH NJW **87**, 1013, NJW **91**, 562).

Ärzte. Auch Rn 18, 19 vor § 611 u § 839 Rn 90. BewLast Rn 169ff. Die Grds der Rspr zur BewLast sind verfkonform (BVerfG NJW **79**, 1925). An die Pfl des Kl zur Substantiierg dürfen nur maßvolle, verständ, geringe Anfdgen gestellt werden (BGH VersR **81**, 752, Stgt VersR **91**, 229). Die TatsGrdl für den Sachverständ hat das Ger selbst zu ermitteln (BGH VersR **79**, 939), es muß sich selbst ein Bild von dem Behandlgs-Geschehen machen (Stgt VersR **91**, 229). AufklärgsPfl des Arztes und Einwilligg des Patienten Rn 42–53. Die vertragl u delikt **Sorgfaltspflicht** des Arztes sind ident, sie richten sich nach dem medizin Standard des jeweil Fachgebiets (BGH NJW **95**, 776, MDR **99**, 676) auf eine den Regeln der ärztl Kunst entspr Versorgg des Patienten mit dem Ziel der Wiederherstellg seiner körperl u gesundheitl Integrität (BGH NJW **89**, 767). Er hat diejen Maßn zu ergreifen, die von einem gewissenh, aufmerks Arzt aus berufsfachl Sicht seines Fachbereichs erwartet werden dürfen (BGH MDR **99**, 676). – **Operation.** Je nach der psych Veranlagg des Patienten muß der Arzt vor schmerzh u nicht gefahrl Eingr mit Angst- od ähnl Reaktionen rechnen, uU sogar vorsorgl Maßn treffen (Mü VersR **97**, 1491). Durchf ohne ausr Indikation (Köln NJW-RR **95**, 1238). Hinauszögern trotz nicht ausschließb Verdachts auf akute BlinddarmEntzündg (Oldbg NJW **95**, 3061). Selbständ Übertr eines Eingr an einen dafür noch nicht genügd qualifizierten Assistenzarzt ist BehandlgsFehler; es haftet der Träger des Krankenhauses; der Assistenzarzt nur, wenn er nach den bei ihm vorauszusetzden Kenntn u Erfahrgen hätte Bedenken haben u eine Gefährdg des Patienten voraussehen müssen (BGH **88**, 248, BGH NJW **85**, 2193). Ausf eines überflüss, medizin nicht indizierten Eingr ist BehandlgsFehler (Düss NJW **85**, 684). Ordngsgem Lagerg des Patienten währd der Operation, BewLast beim Krankenhausträger (Köln VersR **91**, 695). Bei Intubationsnarkose muß jederz Überwachg dch Facharzt (BGH NJW **74**, 1424), in einer risikobehafteten Operationsphase (Umlagerg des Patienten) unmittelb Aufs eines Facharztes (BGH NJW **93**, 2989) gewährleistet sein; sofort Kontrolle der Lage des Tubus bei Herz- od Kreislaufstillstand (Oldbg MDR **90**, 1011). Bei Parallelnarkose an 2 Operationstischen muß Blick- od Rufkontakt zum Fachanästhesisten bestehen, so daß er jederzeit eingreifen u die Narkose bei ZwFall selbst weiterführen kann (BGH **85**, 393). Für die ZuständkVerteilg zw Operateur u Anästhesist gilt der Grds der horizontalen ArbTeilg. In der voroperat Phase (Vorbereitg der Narkose, Wahl des geeigneten Narkoseverfahrens, Prämedikation) ist allein der Anästhesist zuständ; ebso für die Narkose u ihre Überwachg währd der Operation u die Medikation im Anschluß daran, grdsätzl keine ggseit ÜberwachgsPfl zw Operateur u Anästhesist. Nach der Verbringg auf die Krankenstation ist idR der Stationsarzt zuständ, wenn nicht eine and Regelg getroffen ist (BGH NJW **91**, 1539). Jedoch endet die Zuständigk des Anästhesisten in der postoperat Phase erst, wenn bes Maßn wg noch zu befürchtder Narkosenachwirkgen nicht mehr zu treffen sind (BGH NJW **90**, 759). Die Kontrolle einer Verweilkanüle obliegt in der operat u in der postnarkot Phase bis zur Wiedererlangg der Reflexe dem Anästhesisten, dann dem für die Nachbehandlg zuständ Arzt (BGH **89**, 263). Wahl einer Außenseitermethode nur, wenn der Operateur über bes Erfahrgen verfügt u das Für u Wider der Methode mit dem Patienten erörtert hat (Düss VersR **91**, 1176). Falsches Mittel bei intraarterieller Narkose (BGH VersR **68**, 276 u 280). Zurückbleibder Fremdkörper bei Operation (BGH **4**, 138). Pfl zur Verhinderg vermeidb Keimübertragg dch gebotene hygien Vorsorge (BGH VersR **91**, 467). Erhöhte Anfdgen auch an die präoperat Diagnostik bei einem Eingr, der spezielle Kenntn u Erfahrgen des Operateurs erfordert (BGH NJW **89**, 1541). Je nach den Umst ist auch eine intraoperative Röntgendiagnostik zur Abklärg über die Fortführg der Operation erfdl (Brdbg VersR **99**, 125). Unterlassene ständ Überwachg des Patienten bei Atemstörg nach der Operation (Düss NJW **86**, 1548). Unterlassene AO der nach Operation medizin erfdl PflegeMaßn (BGH NJW **99**, 863). Unzulängl Ergebn chirurg Bemühgen zur Wiederherstellg einer weibl Brust nach Entferng inf falscher Plang (Düss VersR **86**, 1244). Entlassener Patient mit Verdacht einer Infektion im Operationsbereich muß tägl zur ambulanten Behandlg bestellt werden (Köln VersR **82**, 677). – **Organisationsfehler.** Auch Rn 110. In einer 67
Klinik sind genaue organisator Anweisgen für Einsatz, Anleitg u Kontrolle eines unerfahrenen Berufsanfängers erforderl (BGH NJW **88**, 2298), ebso für die Überwachg von BehdlgsMaßn eines Arztes ohne abgeschlossene Fachausbildg (Stgt MedR **89**, 251). Bei chirurg Eingr dch einen Berufsanfänger muß immer ein Facharzt assistieren (BGH NJW **92**, 1560). Der Chefarzt einer chirurg Abteilg ist verpfl, selbst od dch einen damit beauftr Facharzt alsbald Diagnose u eingeleitete Therapie des in der Fachausbildg stehden Arztes, der den Patienten bei der Aufn ärztl versorgt hat, zu überprüfen (BGH NJW **87**, 1479). OrganisationsVersch des leitden Arztes, wenn er die Vornahme verlässl Kontrolluntersuchgen u ihre Dokumentation nicht sicherstellt (Kblz NJW-RR **92**, 417); ebso Pfl zur Belehrg über notw KontrollUntersuchgen bei Entlassg aus dem Krankenhaus (Köln MedR **96**, 564). Zur Organisations- u AufsPfl des Arztes gehört auch Belehrg der Nachtschwester über bes Gef für den Patienten u Hinw auf die Art u Notwendigk von Maßn, einen krit Zustand sofort zu erkennen (Celle VersR **85**, 994). Nichtärztl Personal muß bei Eintritt ernsth Komplikation den zuständ Arzt unterrichten (Oldbg VersR **97**, 749). OrganisationsVersch dch Aufn in ein Krankenhaus ohne die für die notw therapeut Maßn erforderl techn Ausstattg (BGH NJW **89**, 2321), ferner wenn der zu fordernde Standard der anästhesiolog Leistgen nicht dch klare Anweisgen an die Ärzte gewährleistet ist (BGH **95**, 63), wenn nicht sichergestellt ist, daß kein dch Nachtdienst übermüdeter Arzt zur Operation eingeteilt wird (BGH NJW **86**, 776), daß die eingeteilte Besetzg mit den für ihr Fachgebiet zu erwartden Notfällen u ihrer Behandlg vertraut (Ffm MedR **95**, 75: Geburtshilfe), daß zumind für den Fall einer Komplikation ein Facharzt sofort rufbereit ist (Hamm VersR **91**, 228). Überprüfg eines Neugeborenen in der 2. Stunde nach der Geburt alle 10–15 Min (Köln VersR **97**, 748). Der Chefarzt einer Kinderklinik muß organisator sicherstellen, daß Gummiwärmflaschen zur Verwendg in Inkubatoren vor jedem Gebr äußerl geprüft, daß ihr AnschaffgsDatum erfaßt u sie nach relat kurzer GebrDauer ausgesondert werden (BGH NJW **94**, 1594). Überlassg einer Risikogeburt an eine Hebamme ist grober BehandlgsFehler (Oldbg VersR **92**, 453, VersR **94**, 50). Organisat Maßn zum Schutz eines erkennb selbstgefährdeten Patienten (BGH NJW **86**, 775, NJW **94**, 794). Pfl des hinzugezogenen Arztes, in einem Arztbrief über die Erledigg des ÜberweisgsAuftr zu berichten

68 (BGH NJW **94**, 797). – **Mißlungene Sterilisation, verhinderter oder fehlgeschlagener Schwangerschaftsabbruch.** Schad dch die UnterhBelastg inf Geburt eines ungewollten Kindes u seine ErsFähigk Vorbem 47–48 c vor § 249. Die Rspr verstößt nicht gg das GrundG (BVerfG NJW **98**, 519). AufklärgsPfl des Arztes über Erfolgssicherh der Sterilisationsmethode (BGH NJW **95**, 2407). Das medizin nicht geforderte Hinausschieben der Fruchtwasserpunktion kann ein Behandlgsfehler sein (BGH NJW **89**, 1536). **Ersatz der Aufwendungen für ein behindertes Kind.** Anspr der Eltern auf Ers des UnterhBedarfs u der MehrAufw wg schwerer Behinderg, wenn der Arzt schuldh die Gef der Schädigg des ungeborenen Kindes nicht erkannt hat u der Wunsch der Mutter auf SchwangerschUnterbrechg gerechtf war (BGH **86**, 240); kein Anspr auf Ers des Verdienstausfalls, der den Eltern dch die Betreug des Kindes entsteht (BGH NJW **97**, 1638). Auch die falsche od unvollständ Beratg der Mutter währd der Frühschwangersch über Möglichkten zur Früherkenng von Schädiggen der Leibesfrucht, die den Wunsch der Mutter auf Unterbrechg der Schwangersch gerechtf hätten, kann einen Anspr der Eltern gg den Arzt auf Ers der gesamten UnterhAufw für das mit körperl u geist Behindergen geborene Kind begründen, außer wenn sich die Gef einer behebb, schwerwiegden Schädigg des Kindes, die der Mutter nach strafrechtl Grds einen SchwangerschAbbruch erlaubt hätte, nicht verwirklicht hat. Die BewLast, daß es ihr gelungen wäre, rechtzeit einen erlaubten SchwangerschAbbruch dchführen zu lassen, trägt die Mutter (BGH NJW **87**, 2923). Die BewLast, daß sich die Mutter trotz umfassder u richt Beratg nicht für eine pränatale Untersuchg u SchwangerschAbbruch entschieden hätte, obliegt dem Arzt

69 (BGH **89**, 95). Fehlerh genet Beratg vor der Zeugg § 675 Rn 42. – **Sonstige Behandlungsfehler.** Verabreichg eines kontraindizierten Medikaments (MüVersR **89**, 198), einer kontraindizierten Impfg (Düss NJW-RR **92**, 351), eindeut kontraindizierte DchTrenng eines Nervs (Köln NJW-RR **99**, 968). Bei versch therapeut Möglichk muß die Wahl einer Möglichk mit höheren Risiken in den bes Sachzwängen des konkr Falls od in einer günstigeren HeilgsPrognose sachl gerechtf sein (BGH MDR **88**, 40). Anwendg einer von der Schulmedizin eindeut abgelehnten Außenseitermethode u NichtAufklärg des Patienten darüber ist grober BehandlgsFehler (Kblz NJW **96**, 1600). BeratgsPfl des Arztes über die nach ärztl Erkenntn gebotenen Maßn u ggf über ihre Dringlichk (BGH NJW **91**, 748), auch Nachbehandlg (Stgt VersR **95**, 1353). Bei Entlassg aus dem Krankenhaus Pfl des Arztes, auf die Notwendigk von Kontrolluntersuchgen hinzuweisen (Oldbg NJW-RR **94**, 1054) u im Brief an den behandelnden Arzt die bes therapeuth Konsequenzen niederzulegen, wenn eine bes ärztl Überwachg notw ist (BGH MDR **88**, 38). Pfl des weiterbehandelnden Hausarztes, erkannte u ihm ow erkennb gewicht Bedenken gegen Diagnose u Therapie and Ärzte mit seinem Patienten zu erörtern (BGH NJW **89**, 1536). Fehlinterpretation einer RöntgenAufn (Celle VersR **98**, 54, Saarbr MedR **99**, 181), eines histolog Befundes (Düss VersR **88**, 163). Verwertg eines nur von einer Laborantin unterschriebenen Blutlaborberichts (Zweibr MedR **99**, 275). Verabreichg von Schmerz- u BeruhiggsMitteln bei Bauchschmerzen vor Aufklärg der Urs (Nürnb VersR **88**, 1050). Nichtfeststellg der Urs für 10 bis 14 Tage anhaltde Schmerzen nach Meniscusoperation (Hamm VersR **89**, 292), von druckbdgten Schmerzen nach Anlegen eines Gipsverbandes (Kblz MedR **90**, 40). Pfl des Arztes, medizin einwandfrei gebotene Befunde zu erheben u zu sichern (BGH NJW **95**, 778); im UnterlFall BewErleichtergen für den Patienten (Rn 169 ff). Unterl einer gebotenen RöntgenAufn (BGH NJW **89**, 2332), einer Biopsie nach negat Mammographie trotz klin Verdachtsanzeichen auf Brustkrebs (Mü NJW **95**, 2422), einer Augenhintergrunduntersuchg (Oldbg VersR **91**, 1243), der Abklärg dch einen Gefäßchirurgen od einer Sono- bzw Angiographie trotz deutl Anzeichen für einen Gefäßverschluß (Celle VersR **94**, 1237), einer differentialdiagnost Untersuchg zur Ermittlg der Ursache erhebl Blutgen nach heft Husten (Mü VersR **94**, 1240). Nichtinformation des Patienten über einen bedrohl Befund (BGH **107**, 222), auch wenn die Untersuchg auf Antr einer Vers stattfand (BGH VersR **90**, 310). Fehlerh Diagnose inf Nichterkennens einer schwerwiegden Erkrankg od bakterieller Infektion trotz deutl Symptome (BGH VersR **85**, 886, Stgt MedR **97**, 275), definit Diagnose auf unzureichd gesicherter Grdl (Hamm MedR **91**, 261, Ffm VersR **98**, 135). Unterlassene sofort Krankenhauseinweisg trotz deutl Symptome für Meningitis (Stgt u Oldbg NJW-RR **97**, 1114 u 1117). Unterl der indizierten Zuziehg eines Facharztes (Zweibr VersR **98**, 590). Mitteilg einer unricht Diagnose, für die keine hinreichde Grdl besteht u die auf eine schwere Erkrankg schließen läßt, an einen Patienten, der psych zu Überreaktionen neigt (Köln MedR **88**, 184 u 185). Pfl zur Überprüfg einer nicht eindeut Diagnose bei anhaltden Beschwerden (Köln VersR **89**, 195). Injektion eines gewebeunverträgl Mittels in eine ungeeignete Stelle u/od in falscher StrichRichtg (Düss VersR **88**, 38). Kniegelenkpunktion ohne zwingde Indikation mit nachfolgder exogener Keimverlagerg (Düss VersR **91**, 1136). Verbrenngen bei Anwendg eines Hochfrequent-Chirurgiegeräts (Saarbr VersR **91**, 1289), ungenügde Desinfektion der Hand des Arztes vor der Injektion (Düss NJW **88**, 2307, Schlesw NJW **90**, 773), unterbliebene Desinfektion der Haut im Bereich der Einstichstelle vor einer Injektion (Hamm NJW-RR **92**, 1504). Versehentl Treffen der Arterie bei einer Injektion (BGH MDR **88**, 948). Transfusion einer nicht mit optimaler Sorgf gewonnenen HIV-infizierten Blutkonserve (BGH NJW **91**, 1948). Lähmg des Ischiasnervs inf einer intramuskulären Injektion (Br VersR **90**, 1151). Bei Atemnot nach Intubationsnarkose muß der Anästhesist grdsl beim Patienten bleiben (Düss VersR **87**, 489). Unterlassene Kontrolluntersuchg (Düss VersR **92**, 494). Unterbliebene Best der Dosisleistg bei einer Radiumeinlage, um Überstrahlg der NachbOrgane zu verhindern (Ffm VersR **94**, 1474). Einem Hinw auf eine innere Blutg kurz nach der Operation muß der Arzt nachgehen (Kblz VersR **88**, 41). Pfl zu Überwachg eines Krankenhauspatienten im Zust des Deliriums bis zur Wirkg verabreichter BeruhiggsMittel (Köln VersR **84**, 1078). Fixierg eines unruh Patienten in psychiatr Klinik zum Zweck der Disziplinierg (LG Freibg MedR **95**, 411). Ungenügde Überwachg des RöntgenbestrahlgsGeräts (Hamm VersR **80**, 1030). Vaginale statt der verabredeten Schnittentbindg bei unveränderter Beckenendlage des Kindes (BGH **106**, 153). Vaginaloperation statt der dringd gebotenen Schnittentbindg (Stgt VersR **99**, 582). Unterbleiben einer sofort nöt Schnittentbindg (Köln NJW-RR **92**, 474), weiterer ärztl Überwachg des Geburtsfortgangs trotz patholog Befunds (Oldbg VersR **97**, 1236). Sauerstoff-Unterversorgg währd der Geburt (Celle u Hamm VersR **99**, 486 u 488). Unterlassene Intubationsbeatmg eines scheintoten Säuglings unmittelb nach der Entbindg (Ffm MedR **95**, 75). Nach Unfall mit GliedAbtrenng Pfl, nach dem Verbleib des Amputats zu fragen u ggf Nachforschgen anzustellen (Celle NJW **83**, 2639). Grdsätzl Haftg eines Arztes, dessen schuldh Versehen die Zuziehg eines zweiten Arztes veranlaßte, für Fehler dieses Arztes (Celle VersR **87**, 941). Der DchgangsArzt muß außer dem Suchen u Erkennen einer UnfallVerl dem Patienten auch für seine Gesundh relevante sonstige Erkenntn mitteilen (BGH VersR **90**, 975). Der Arzt in der NotAufn

nach Unfall muß die Transportfähigk des Patienten vor seiner Verlegg in eine and Klinik feststellen (Stgt VersR **94**, 1068). Haftg wg Verletzg der **Schweigepflicht** (BGH NJW **68**, 2288). – **Bei horizontaler** 70
Arbeitsteilung ist AnknüpfgsPkt für die Abgrenzg der SorgfPfl grds die dem jeweil Fachbereich zugewiesene Aufgabe. Der Arzt, der einen Patienten von einem Facharzt derselben od einer and Fachrichtg zur Spezialuntersuchg übernimmt, darf grds darauf vertrauen, daß der überweisde Arzt den Patienten in seinem VerantwortgsBereich sorgf u ordngsgem untersucht u behandelt sowie eine zutr Indikation zu der erbetenen Leistg gestellt hat. Wenn allerd der zugezogene Arzt aGrd best Anhaltspkte Zweifel hieran hat, muß er diesen nachgehen (BGH VersR **94**, 102, Oldbg MedR **99**, 36). Umgekehrt darf sich der überweisde Arzt idR auf die Richtigk der vom zugezogenen Facharzt erhobenen Befunde verlassen (Düss NJW-RR **96**, 669), dessen Ratschläge entbinden ihn aber nicht von der Pfl zu eig verantwortl Prüfg (BGH **99**, 391). Nöt ist stets Koordination der beabsichtigten Maßn unter ggseit Information u Abstimmg zum Ausschl vermeidb Risiken (BGH NJW **99**, 1779). – Bei **vertikaler Arbeitsteilung** (Über- u Unterordng im selben Fachbereich) ist der nachgeordnete Arzt an die Anw des ihn leitden Arztes gebunden. Er haftet nur bei von ihm allein zu verantwortdem Verhalten wie Zuwiderhdlg gg eine erteilte Anw, unterlassene Remonstration, Fehler iR einer ihm selbständ überlassenen Ausf (Zweibr NJW-RR **99**, 611). – **Medizinische Geräte.** Ihr Nichteinsatz zur 71
Therapie kann ein grober Behandlgsfehler sein (BGH NJW **89**, 2321). Aus der Schwere der Gef bei Einsatz techn Geräte allein folgt noch keine Pfl des Arztes, sie selbst auf ihren einwandfreien Zustand zu prüfen, hinzukommen muß vielm, daß die Verwendg eig Kenntn u techn Kunstfertigk beim Arzt voraussetzt (BGH NJW **75**, 2246). Arzt muß sich mit der Funktionsw insb solcher techn Geräte, die für den Patienten vitale Bedeutg haben (Intubationsnarkosegerät), vertraut machen, sow dies einem techn u naturwissenschaftl aufgeschlossenen Menschen mögl u zumutb ist (BGH NJW **78**, 584), Einsatz von EDV u ärztl Haftg vgl Uhlenbruck MedR **95**, 147 (Buchbesprechg). – Bei **Ferndiagnose** ist der Arzt, der die Behandlg über- 72
nommen hat, iF einer schweren Erkrankg entw zum Hausbesuch verpfl, sobald keine anderw Verhinderg mehr besteht, od er muß für anderw Hilfe sorgen (BGH NJW **79**, 1248). – Auch der **Zahnarzt** haftet für 73
schuldh BehandlungsFehler, zB Kieferbruch bei Extraktion eines tiefliegden verlagerten WeishZahns (Oldbg VersR **98**, 1381); fahrl Verl des Nervus lingualis (Stgt NJW-RR **99**, 752; verneint aaO 751); Freiliegen beschliffener Zahnsubstanz bei Überkrong ist grober BehdlgsFehler (Stgt VersR **99**, 1017); ZahnErs ohne vorher Paradontosebehandlg (Köln VersR **93**, 361); Reihenextraktion aller Zähne des Oberkiefers ohne Erhaltgsdiagnostik u -therapieversuche (Oldbg MDR **99**, 676); fehlerh zahnprothet Behandlg (Köln VersR **98**, 1511); ungenügde Untersuchg u Prüfg der Indikation vor einer implantolog Maßn (Köln VersR **87**, 620); Unterl der röntgenolog Überprüfg von Implantaten auf ordngsgem Sitz (Köln VersR **95**, 582). – Für **Heilpraktiker, Hebammen, Psychotherapeuten, Pflegepersonal** gilt grds nichts and als für den Arzt (BGH **113**, 297, Brschw VersR **90**, 57, Düss NJW **90**, 1543, Ffm MedR **91**, 207), das Maß der Sorgf beurteilt sich nach dem Erwartgshorizont eines dchschnittl Patienten (BGH NJW **91**, 1535). Ein Sturz des Patienten bei seinem Transport in der Klinik muß dch die Sorgf des Pflegepersonals ausgeschl werden (BGH NJW **91**, 2960). – Der **Tierarzt** (auch Rn 45) hat die Integritätsinteressen des Eigtümers zu wahren, dabei die von einem gewissenh Veterinärmediziner zu erwartden tierärztl Kenntn u Erfahrgen einzusetzen u seine Tätigk auch nach wirtsch Erwäggen (§ 251 Rn 8, 17) auszurichten (BGH NJW-RR **86**, 899); wenn weitere Behandlg keinen Erfolg verspricht, das Tier, auch aus TierschutzGrden zu töten (Stgt VersR **96**, 1029).

Arzneimittelhersteller. Gefährdgshaftg § 84 AMG, vgl ProdHaftG § 15 Rn 2, 3. Deliktsr bes strenge 74
Anfdgen an die Aufklärgs- u WarnPfl (BGH **106**, 273; vgl auch ProdHaftG § 3 Rn 5). – **Ätzende Flüssigkeit** in einer Bierflasche (BGH NJW **68**, 1182). **Atomschäden.** Das BundesG über die friedl Verwendg der Kernenergie u den Schutz gg ihre Gef (AtomG) v. 23. 12. 59, mit Ändergen. Grds: Gefährdgshaftg (§ 25), Haftgshöchstbeträge (§ 31). – **Aufsichtspflicht** vgl Rn 60 unter den einz Stichwörtern. – **Autorennen.** Sichere Abgrenzg v Fahrbahn u Zuschauerplätzen, auch bei Seifenkistlrennen (Karlsr VersR **95**, 187), eigverantwortl Pfl v Veranstalter, Rennleiter, StreckenAbnKommissar, Automobilclubs zur Prüfg der notw SichergsMaßn (BGH NJW **75**, 533). VerkSichPfl auch ggü den Rennteiln (Kblz VersR **84**, 1053). – **Autowaschanlage.** Bei Frost ständ Überprüfg, ob dch die Benutzg Wasser auf den Boden gelangen und gefrieren könnte (Köln NJW-RR **99**, 673).

Badeanstalt. Pfl des Untern, die Benützer vor solchen Gef zu schützen, die über das übl Risiko eines 75
BadeBetr hinausgehen u nicht ow erkennb od vorhersehb sind (BGH NJW **78**, 1629, Saarbr VersR **95**, 472). Keine Pfl des Bademeisters zu ständ Anwesenh am Beckenrand, keine Pfl, die Liegewiese währd des BadeBetr regelmäß nach gefährl Ggstd abzusuchen (Düss NJW-RR **87**, 862). IR des wirtsch Zumutb ist auch auf solche Gef zu achten, die Kindern nur bei einer zwar mißbräuchl, aber nicht ganz fernliegden Benutzg drohen können (BGH NJW **78**, 1629). Deutl sichtb Abgrenzg von Schwimmer- und Nichtschwimmerabteil (Br VersR **92**, 70). Rettgs- u SicherhVorkehrgen im Seebad nach Springflut (RG **136**, 228, Sogströmg). Sprunganlage muß GrdBerührg beim Springen ausschließen (Celle VersR **69**, 1049), ebso die Verl and Schwimmer (Hamm VersR **79**, 1064). Warng vor Sprüngen in Nichtschwimmerbecken (BGH NJW **80**, 1159). Zumind Warng vor Glasscherben im Flußbad (Mü VersR **72**, 472). Mit Fußbodenglätte wg Wassers muß Benützer rechnen (Celle MDR **99**, 1000). Höhere Anfdgen an die RutschFestigk des Kunststoffbodens in medizin Badeanstalt (Mü VersR **75**, 383, Celle MDR **99**, 1000), Nichtentferng eines Betonblocks unter der Wasseroberfläche eines Baggersees in Ufernähe (Mü VersR **83**, 91). – **Bäume.** Zusfassd Hötzel NJW **97**, 1757. Der Eigtümer muß den Baumbestand neben Str u Wegen, auch zG der Eigtümer von AnliegerGrdst (BGH **123**, 102), nach forstwirtsch Erkenntn gg Windbruch u -wurf in angem ZtAbständen auf KrankhBefall überwachen (BGH VersR **74**, 88, Köln VersR **90**, 287, Hamm VersR **98**, 188); grdsätzl genügt äußere Zust- u Gesundh-Prüfg, eingehde fachmänn Untersuchg ist nöt bei Anzeichen für eine bes GefLage (Düss VersR **92**, 467, Brdbg VersR **98**, 383) u bei Vorschäden des Baumes (Brdbg OLG-NL **99**, 131); uU haften der Eigtümer u derjen, der den forsttechn Betr dchführt, als GesamtSchu (Ffm DAR **84**, 116). Vorsorge gg Herabfallen v Ästen (Oldbg VersR **77**, 845), keine laufde Kontrolle auf morsche Äste ohne erkennb Anlaß (Ffm NJW-RR **87**, 864), Prüfg auf Notwendigk sof SichgsMaßn nach Blitzeinschlag (Jena OLG-NL **96**, 126). VerkSicherh u ökolog Interesse an der Erhaltg alten Baumbestandes sind ggeinand abzuwägen (BGH **LM** (Ea) Nr 16, Köln OLGZ **92**, 236). Zum Problem der Haftg für unter Schutz gestellte Bäume Otto NJW **96**, 356, Hötzel AgrarR **96**, 77).

76 **Bauarbeiten.** Auf Baustellen haftet derjen, dem die verantwortl Bauleitg übertr ist, für die VerkSicherg ggü jedem, zumindest soweit er sich befugt, Kindern ggü auch unbefugt (Hamm VersR **92**, 629), auf der Baustelle aufhält (BGH DB **74**, 426), zB Arch (Stgt VersR **90**, 169), in ihrem Bereich am Bau tät Untern, nicht deren ArbN (Düss NJW-RR **93**, 1309), Lieferanten, Beamte der BauAufsBeh, uU Besucher (BGH NJW **85**, 1078). Dabei spricht der AnschBew dafür, daß ein Verstoß gg UnfVerhütgsVorschr ursächl ist für einen Unf im EinwirkgsBereich der GefStelle (BGH WM **96**, 835 [838]). Außerdem Pfl des BauUntern, solange er die tats Herrsch über das Baugeschehen und die Baustelle hat (BGH aaO), währd der Dauer des Baus die Baustelle mit zumutb Mitteln so zu sichern, daß obj vorhersehb Gef von Dr ferngehalten werden (BGH VersR **97**, 250). Den Bauherrn, der die VerkSichgsPfl auf einen Arch od BauUntern übertragen hat, trifft allenf noch eine Koordiniergs- (Hamm NJW-RR **99**, 319) u Anw- u ÜberwachsgsPfl (BGH NJW **82**, 2187, Hamm NJW-RR **96**, 1362). Er bleibt aber zu eig Eingreifen verpfl, wenn er Gef sieht od sehen müßte, wenn er Anlaß zu Zweifeln hat, ob der v ihm Beauftr den Gef u SichergsBedürfn in der gebührden Weise Rechng trägt od wenn dessen Tätigk mit bes Gef verbunden ist, die auch er, der AuftrG, hätte erkennen od dch eig Anweisgen abstellen können (BGH DB **76**, 2300, Düss NJW-RR **99**, 318). Der Umfang der VerkSichgPfl entspricht dem nur beschränkt eröffneten Verk, er richtet sich grds nach den SichergsErwartgen der mit den Gegebenh u den übl Gef einer Baustelle vertrauten Pers, ggü befugten Besuchern können die Anfdgen höher sein, ggü erwachsenen Unbefugten genügt eine Hinweistafel mit BetretgsVerbot der Baustelle (BGH NJW **85**, 1078). Auf Großbaustellen sind auch gefährl Stellen in Randgebieten des Baugeländes zu sichern (Mü VersR **90**, 499). Die VerkSichgPfl des BauUntern endet idR mit dem Räumen der Baustelle, dauert aber fort, wenn er sie in verkunsicherem Zustand verläßt, bis ein and die Sichg der GefQuelle
77 übernimmt (Hamm VersR **93**, 491). – **Beispiele:** Beschädigg eines Anlieger-Gehwegs dch Schwerlaster (BGH WM **81**, 202). Nichtbeleuchtg einer Absperrg (BGH VersR **55**, 21). Absicherg einer Baugrube dch einen Bauzaun in einer WohnAnl mit Kinderspielplatz (Hamm VersR **92**, 629). Der Untern von ErdArb an öff StrFlächen ist verpfl, sich über Existenz u Verlauf von Versorggs- u FernmeldeLeitgen sorgfält zu vergewissern (BGH NJW **96**, 387, Naumbg NJW-RR **94**, 784, Köln VersR **95**, 1456) u insbes bei der Gef der Beschädigg einer Gasleitg äußerste Vors zu üben (BGH VersR **85**, 1147), auch bei Beauftragg eines SubUntern (BGH VersR **83**, 152). In Bezug auf Leitgen in PrivGrdst besteht eine ErkundiggsPfl nur, wenn nach den örtl Gegebenh AnhaltsPkte für deren Existenz bestehen (BGH NJW **96**, 387: Antennenkabel, Düss NJW-RR **98**, 674: Stromleitg in Wohnhausgarten). Vorsorge gg Beschädigg des Eigtums Dr dch hohen Staubanfall (Brschw VersR **92**, 629). Pfl des BauIng, die Sicherh eines in seinem Auftr aufgestellten Gerüsts im Kircheninnern zur Begehg dch eine PersGruppe zu überprüfen (BGH NJW-RR **89**, 921). Pfl zur Sichg der Laufbohlen eines Gerüsts gg Verschiebg auch in Längsrichtg (Ffm BauR **93**, 614). Bei BaumfällArb je nach VerkFrequenz Absperrg, Absperrposten od deutl HinwSchilder (Ffm VersR **88**, 1180). Vgl auch unter „Gebäude, Straßen, Wege, Plätze".

78 **Bergsteigen.** Allg zur VerkSichgsPfl Hagenbucher NJW **85**, 177, Schünemann NJW **85**, 1514. VerkSichgPfl der Gem auf angelegten Wanderwegen; des Bergführers auf geführten Touren; des Trägers von Klettergärten. Keine od doch nur ganz beschränkte VerkSichgPfl auf Hochgebirgs- u Klettersteigen. Haftg eines alpinist Vereins auf geführten Bergtouren für Mitgl nur für atyp Gef, die über die übl hinaus zu einer bes, nicht ow erkennb u vermeidb Gefährdg führen (Stgt NJW **96**, 1352). – **Bergwerk.** Sichg stillgelegten Grubenstollens (BGH VersR **85**, 781). Vermeidg unnöt Gefährdg für Besucher im Stollen (BGH VersR **86**, 991). – **Brandgefährdung** dch ungeschützten Transport geladener Batterien (BGH **66**, 208). Pfl zu bes VorsMaßn bei SchweißArb, vor allem in brandgefährdeter Umgebg (Düss VersR **96**, 512).

79 **Deichunterhaltungspflicht.** Bei Verl Anspr nur aus § 823 I, nicht aus Amtshaftg (BGH NJW **64**, 859, VersR **88**, 629).

Demonstration. Keine Haftg für NebenWirkgen einer friedl Demonstration, zB VerkStörg, Behinderg des Zugangs zu GewBetr, weil dch Art 5, 8 I GG gedeckt. Teiln (§ 830) ledigl in Ausübg ihres Rechts auf Versammlgs- u Demonstrationsfreih haften für Schäden nur, wenn sie an einer auf RGutsVerl zielden Abrede beteil waren, das schadstiftde Verhalten and Teiln in ihren eig Will mitaufgenommen od sich an der Versammlg gerade in Kenntn eines rwidr Blockadeziels zu dessen Unterstützg beteil haben, zB Blockierg eines Zeitgs-Untern (BGH **59**, 30 u NJW **72**, 1571), Besetzg einer KernkraftWksBaustelle (BGH VersR **84**, 359), eines Verladekrans (Celle NJW-RR **99**, 102), Verhinderg des Einsatzes von Baumaschinen (auch Rn 13, BGH **137**, 89/104). Die Haftg eines bloßen Teiln an einer Großdemonstration setzt dessen zeitl u räuml überschaubare Beteiligg an Gewalttätigk voraus (BGH NJW **84**, 1226). Anwendg unmittelb Zwangs zur Unterl fremder MeingsAußerg ist rwidr. SchadHaftg ggü außenstehden Dr bei Vorgehen eines Hochschullehrers gg demonstrierde Studenten (Köln NJW **70**, 1322: Haftg aus § 823, wenn der Beamte nicht im Auftr der Universitätsorgane, sond als Staatsbürger handelt). Pfl der Demonstrationsveranstalter zu Vorkehrgen zum Schutze Dr, wenn die Anw von Gewalt eine sehr wahrscheinl Folge der Gesamtsituation ist (Karlsr Just **78**, 362 u **80**, 437). – **Deponie.** SichgMaßn gg das Abstürzen von Kfz im Bereich des Haldenrandes u des nicht tragfäh Untergrundes (Ffm VersR **95**, 1365). – **Drehbrücke** (BGH **LM** § 839 (CA) Nr 33).

80 **Eisenbahn.** Erhöhte VerkSichgsPfl an gefährl Bahnübergang (Ffm VersR **95**, 1505). Je nach den örtl u zeitl Gegebenh an kleineren Bahnhöfen SichgsMaßn am Bahnsteig bei schnell dchfahrden Zügen (Ffm VersR **96**, 764). Rangiervorgang an unbewachtem Bahnübergang (Nürnb VersR **67**, 815). Sichg gg zeitl ZusTreffen von Entladevorgang u Rangierbewegg auf Rangierbahnhöfen (BGH VersR **72**, 747). Deutl Hinw auf LebensGef bei mögl Annäherg an Oberleitg (BGH NJW **95**, 2631: abgestellter Güterwagen mit fest angebrachten Leitern zum Dach). Gefährdg des Frachtgutes inf mangelh Reinigg des Güterwagens (BGH **17**, 214). Vorsorge zum Schutz der NachbGrdste vor Schad bei Einsatz chem UnkrautVernichtgsMittel im Gleiskörper (Karlsr VersR **87**, 1248).

81 **Eislauf.** Tragfähigk der Eisdecke. Läufer muß beim Überholen genügd Seitenabstand halten (BGH VersR **82**, 1004). – **Energieleitung.** Haftg bei Störg dch Dr ggü Eigtümer u Abnehmer (Taupitz, Haftg für Energieleiterstörgen dch Dr, 1981). – **Explosion.** Drogist haftet Jugendl für ExplosionsSchäd dch verkauftes Pflanzenschutzmittel, dessen gefährl GrdSubstanz ihm erkennb od vor der er gewarnt war (BGH NJW **73**,

615). Ebso haftet einem Jugendl für ExplosionsSchäd, wer ihm unkontrolliert zur Sprengstoffbereitg geeignete Chemikalien überläßt (BGH DB **73**, 446).

Fallschirmspringen. Der Lehrer ist dafür verantwortl, daß eine Landg unerfahrener Schüler im Wasser 82
unter allen Umst ausgeschl ist (Nürnbg OLGZ **94**, 304). **Fahrlehrer** s KraftVerk. – **Feuerwerk.** Veranstalter darf die Feuerwerkskörper nur bestimmgsgem u unter Beachtg der GebrAnleitg u der vom Herst verlangten SicherhVorkehrgen verwenden; der Zuschauer muß sich beim Sylvesterfeuerwerk auf normale Gefährdgen einstellen (BGH NJW **86**, 52). Der Verkauf frei verkäufl Feuerwerkskörper an Kinder verletzt die VerkSichgPfl nur, wenn eine konkr GefLage erkennb ist (BGH **139**, 43). Herst u Importeure müssen die Verpackg solcher Feuerwerkskörper mit bes Hinw versehen (BGH **139**, 79). – **Flughafen.** Eig VerkSichgPfl des FlughafenUntern dahin, daß die Fluggäste das Flugfeld gefahrl betreten können (Köln VersR **97**, 1022). – **Freizeitanlage.** VerkSichgPfl wie bei SportAnl Rn 121 (Karlsr NJW-RR **97**, 23). – **Friedhof.** VerkSichergPfl des Anstaltsträgers, Haftg für die Standfestigk v Grabsteinen neben derjen des GrabstellenInh aus § 837 (BGH NJW **77**, 1392). Keine VerkSichgPfl auf einem erkennb unfert, mit ausgehobenen Gräbern versehenen Gräberfeld (Düss VersR **77**, 361).

Fußgänger. Rücksichtn auf FahrVerk beim Betreten der Fahrbahn (BGH DB **58**, 23), bei zul Benutzg der 83
Fahrbahn nachts (Oldbg DAR **61**, 256). MitVersch bei Betreten der Fahrbahn bei Dunkelh u ungünst SichtVerh od zw parkden od haltden Kfz ohne Benützg einer nicht weit entfernten SignalAnl (KG DAR **78**, 107); beim Überschreiten vereister Fahrbahn nachts vor sich näherndem Kfz (BayObLG DAR **65**, 82). SorgfPfl auch am Fußgängerüberweg (BGH VersR **69**, 139), sogar bei Grünlicht (BGH NJW **66**, 1211); bei zul Überschreiten der Autobahn (BGH **LM** § 1 StVO Nr 11). Überschreitg einer Großstadtstr 30 m vor Fußgängerüberweg (BGH NJW **58**, 1630). Verpfl auch zur Benutzg des auf der linken Seite gelegenen Gehweges (BGH NJW **57**, 223). SorgfPfl beim Begehen eines Randstreifens dicht neben der Fahrbahn (BGH VRS **13**, 216), vor der Einfahrt zu einer Tankstelle (Böhmer MDR **58**, 164), bei der Überquerg eines Gehweges (BGH NJW **61**, 1622); dessen, der auf die äußerste Bordsteinkante des Gehweges an die Fahrbahn herangetreten ist (BGH NJW **65**, 1708).

Garagen. Schutz der Fußgänger gg Verletzg dch die zur Feststellg der Türen dienden Rasten (Oldbg 84
VersR **61**, 928). Allg zur VerkSichgPfl des GaragenEigtümers Schnitzerling DWW **68**, 19.

Gastwirte. Mit inf Alkoholgenusses unaufmerks Gästen und mit deren Neugier ist zu rechnen (BGH NJW **88**, 1588: Sichg von Türen, hinter denen sich eine Kellertreppe befindet, Hamm VersR **91**, 1154: Hinw auf Beleuchtg von Stolperstellen). Auch mit gehbehinderten Gästen muß der Gastwirt rechnen (BGH NJW **91**, 921: Metallgleiter unter den Stühlen auf glattem Parkettfußboden). Kennzeichng u Beleuchtg von Niveauunterschieden im Lokal (Mü r+s **83**, 205). Sichg des Zugangs zum u Abgangs vom Lokal, wobei mit einer gewissen Unaufmerksk der Gäste zu rechnen ist (Köln MDR **98**, 1349); außerh des Gaststättengeländes insoweit, als es sich um Gef handelt, die aus dem GaststättenBetr hervorgehen (Köln NJW-RR **96**, 277). StreuPfl über das in der Ortssatzg festgestzte Ende hinaus auch ggü solchen Passanten, die die Gaststätte nicht aufsuchen wollen (BGH NJW **87**, 2671). Bei Pilzkonserven genügt Überprüfg auf Blasenbildg, Geruch u Verfärbg (Karlsr VersR **68**, 311). VerätzgsSchäd von Gästen dch ein in der Toilette abgestelltes Desinfektionsmittel (Köln NJW-RR **87**, 1111). Einweisg des Personals in die Funktion von brandschützden Einrichtgen u über den Verlauf von Fluchtwegen (Mü VersR **98**, 326). Garantenstellg des Gastw ggü einem erkennb inf Trunkenh unzurechngsfäh Gast, der die Gaststätte verläßt (BGHSt **26**, 35). Verpfl zur Betreuung, falls für ihn hierdch erkennb eine unmittelb bedrohl Lage entsteht (Mü NJW **66**, 1165). Pfl des Betreibers eines Küchen- u MüllBetr, der Gef einer Selbstentzündg von Fettablagerg dch regelm Kontrollen u Reinigg zu begegnen (BGH NJW-RR **88**, 659). Haftg für eingebr Sachen des Gastes §§ 701 ff. – **Gasversorgungsunternehmen.** Organisations- u SorgfPfl bei Umstellg von Stadt- auf Erdgas (BGH NJW-RR **87**, 147).

Gebäude und Grundstück. – a) Allgemein. Die Notwendigk von Schneefanggittern gg Dachlawinen 85
richtet sich bei Fehlen ges od poliz AOen im Einzelfall nach den örtl Verhältn (Gegend, Witterg, Lebhaftigk des Verk zu od vor dem Gbde, Bauart) u nach der Zumutbark von SichgsMaßn für den HausEigtümer (Saarbr VersR **85**, 299, Hamm NJW- RR **87**, 412); bei Fehlen ges od poliz AO kann Aufstellen eines Warnschildes genügen (Stgt VersR **73**, 356). Ebso Maßn gg Bildg von Eiszapfen nur iR des konkr Mögl u Zumutb (Celle NJW-RR **88**, 663). Jedenf nöt sind konkr EinzMaßn gg Gef v Dachlawinen, wenn mit dem Niedergehen von Schneemassen alsbald zu rechnen ist (Düss VersR **78**, 545, Celle VersR **82**, 979, Karlsr NJW **83**, 2946, NJW-RR **86**, 1404). Haftg für schädigde Auswirkgen des Gbdes auf RGüter solcher Personen, die bestimmgsgem mit ihm in Berührg kommen, wie Mieter (BGH NJW **91**, 562), Nachb (Köln MDR **94**, 687). GefVorsorge ggü Nachb gg Abbrechen von Ästen grenznaher Bäume (Schleswig MDR **95**, 148). Keine Haftg des GrdstEigtümers für Schäd auf dem NachbarGrdst inf Naturereign (BGH NJW **85**, 1773: Felssturz). –
b) Keller, Treppen und Fußböden: Ungesicherter Kellerschacht neben Hotel (BGH VersR **67**, 801). Pfl, 86
Abdeckroste eines Lichtschachts gg unbefugtes Abheben zu sichern (BGH NJW **90**, 1236). Verglaste Treppenhausaußenwände (BGH NJW **94**, 2232). Strenge Anfdgen an die SorgfPfl für Auswahl u Unterhaltg des Fußbodens in Kaufhaus u VerbrMarkt (BGH NJW **94**, 2617). Linoleumglätte durch Bohnern (BGH BB **56**, 59). Glätte dch eine Naßstelle auf einer Tanzfläche (Oldbg MDR **98**, 223). Keine Sicherg des Handlaufs eines Treppengeländers gg Hinunterrutschen Erwachsener erforderl (Celle VersR **83**, 1163). – **c) Gewerbliche** 87
Räume: Rolltreppe im Warenhaus (Oldenbg MDR **65**, 134). Laufde Überprüfg des Fahrstuhls (BGH DB **57**, 115). Schadh Fußbodenbelag (BGH NJW **86**, 2758). In SelbstbediengsLäden regelm Kontrolle u Reinigg des Fußbodens in kurzen Abständen (Schlesw NJW-RR **92**, 796, Köln VersR **97**, 1113), insbes im Eingangsbereich bei Nässe (Nürnbg VersR **97**, 1114), an Obst- u Gemüseständen aber auch erhöhte Aufmerksamk des Kunden (Köln NJW-RR **96**, 278, VersR **99**, 861). Pfl zur Kontrolle in gewissen Abständen, ob die Befestigg der Schaufensterscheiben noch den geltden DIN-Vorschr entspricht (Düss DB **84**, 1772). – **d) Sonstiges:** 88
Ausr Kennzeichng von Glastüren und -wänden in Fußgängerbereichen (BGH VersR **69**, 665, Köln NJW-RR **94**, 349). Keine Pfl, Grdst generell gg unbefugten Verk zu sichern, wohl aber uU gg unbefugtes Spielen von Kindern (BGH VersR **73**, 621), insb wenn sich auf dem Grdst gefährl Ggstde befinden (BGH NJW **75**, 108, Köln VersR **83**, 190). Strenge Anfordergen an Sicherg verlassenen RuinenGrdst gg Schädigg unbefugt spielder

Kinder (BGH VersR **69**, 517); ebso bei aufgelassener Gärtnerei (BGH FamRZ **70**, 553). Sicherg einer gefährl Fabrikausfahrt (BGH NJW **66**, 40). ÜberschwemmgsGef für NachbarGrdst dch Wasser-Verrohrg (BGH VersR **83**, 242). VerkSichgsPfl für Bäume Rn 75. **Grundstückserschließung.** Haftg des mit der GrdstErschließg beauftr gemeinnütz SiedlgsUntern für ÜberschwemmungsSchad inf eines PlangsFehlers bei der Kanalisation (BGH WM **93**, 1206).

89 **Gewässer.** UnterhaltgsPfl ist ein Unterfall der allg VerkSichgsPfl, ihre Verl führt zu privatr Haftg (BGH **125**, 187, NJW **96**, 3208). Vgl auch Rn 135, 136. Sichg einer bes gefährl Stelle in einem Baggersee, an der kleinere Kinder wild baden (BGH VersR **89**, 155). Hochwasserschutz § 839 Rn 106. – **Golfspiel,** auch Minigolf (Düss NJW-RR **99**, 608). Der Spieler darf den Ball spielen, wenn er iR seiner Möglkten zur Kontrolle von Richtg des Schlages u Entferng sicher sein kann, and dch Schläger od Ball nicht zu gefährden (Nürnb NJW-RR **90**, 1504). – **Grillparty.** Entferng von Kindern aus dem GefBereich bei Verwendg von Spiritus (Hamm NJW-RR **98**, 1181).

90 **Hallenbad.** Fehlde Absicherg einer Überlaufschwelle (Stgt VersR **72**, 987). Der Fußbodenbelag darf nicht außergewöhnl rutschgefährl sein (Hamm NJW-RR **89**, 736). Überwachg der Schwimmbecken auf GefSituationen für Badegäste (BGH NJW-RR **90**, 1245). IdR genügt ein Schwimmmeister zur Überwachg des Bekkens u der VerkWege (BGH NJW **80**, 392). – **Hausbesetzung.** Teiln ist psycholog Beihilfe bei Massendelikt (Celle NdsRPfl **73**, 184, BGH **63**, 124). – **Haushalt.** Dr sind gg Gef zu sichern, die aus dem Bereich des Hauswesens hervorgehen (BGH **LM** § 832 Nr 3, Düss VersR **76**, 1133). Schad dch Bruch eines Wasserschlauchs der Waschmaschine eines Mieters bei and Mieter (LG Kln NJW **77**, 810 mit Anm Ruhwedel; zust Westhelle NJW **77**, 1405; auch Düss NJW **75**, 171). Hochwasserschutz § 839 Rn 106.

91 **Import** von Bienen, Untersuchg auf übertragb Krankh (Ffm VersR **85**, 1189). – **Industrieabfälle.** Der Produzent hat dafür zu sorgen, daß die mit ihrer Lagerg, Vernichtg od Weiterverwertg verbundenen UmweltGef sich nicht zum Schad Dr auswirken können. Dieser Pfl genügt er mit der Beauftragg zuverläss selbständ Beseitiggs- bzw VerwertgsUntern (BGH NJW **76**, 46, BGH **63**, 119, Düss NJW-RR **96**, 1426).

92 **Jagd.** Verstoß gg JagdunfallVerhütgsVorschr ist Verl von VerkSichgPfl (Kblz OLGZ **92**, 106). Jäger muß mit Abprallen der streuenden Schrotkörner rechnen (Karlsr VersR **56**, 70). Schießen nur gg sichere Deckg od bei Übersicht des Geländes bis zur Tragweite der Waffe (Hamm MDR **62**, 407). Ungesichertes Gewehr (BGH VersR **55**, 579). Nichtentladg nach Jagdende (BGH VersR **98**, 858). Pfl des JagdAusübgsBerecht zur Sicherg des StrVerk gg erhöhte Gef dch aufgestörtes Wild (BGH DB **76**, 720). Keine VerkSichgPfl des JagdBerecht für Hochsitz ggü unbefugten erwachsenen Benützern (Stgt VersR **77**, 384). – **Treibjagd:** Schießverbot, wenn Treiber in der Nähe des Wildes sind (Kblz OLGZ **92**, 106). Veranstalter haftet für Schäd, die ein erkennb unzuverläss Schütze anrichtet (Oldbg VersR **79**, 91: kein Jagdschein, keine JagdHaftPflVers). Verl eines Treibers (Kblz VersR **92**, 893). – **Jahrmarkt** wie Kirmes Rn 93 (Düss NJW-RR **97**, 1314).

93 **Kegelbahn.** Anlauffläche muß rutschfest sein (Düss VersR **73**, 527). – **Kindergarten.** Schutzmaßn gg einf verglaste Türen (LG Tüb VersR **62**, 268). Sicherg der Fenster (BGH MDR **69**, 209). Betr des Rasenmähers nur, wenn Kinder außer Reichweite aufgeschleuderter Ggst sind (Düss NJW-RR **98**, 99). HaftgsAusschl Einf 7 vor § 823. – Öff **Kinderspielplatz.** Die Benutzg begründet kein SonderRVerh iS des § 278 Rn 2 (BGH **103**, 338). Bes strenge VerkSichgPfl gg Gef, die über das bei bestimmgsmäß Benutzg übl Risiko hinaus gehen, vom Benutzer nicht vorhersehb u nicht ow erkennb sind unter Berücksichtigg der niederen od fehlden Einsichtsfähigk der kindl Benutzer (BGH NJW **78**, 1626, NJW **88**, 48). Schutz auch vor angrenzden GefBereichen (Hamm VersR **96**, 1516). Laufde Kontrolle, ausr Schutzvorrichtgen, Einhaltg einschläg DIN-Vorschr (Kblz VersR **80**, 1051, LG Ffm NJW-RR **99**, 904: Rutsche). Haftg der Gemeinde für fehlerh Bauweise, mangelh Unterhaltg u Abgrenzg gg vorbeiführde Str ist privatr (BGH NJW **77**, 1965). Geringere Anfdgen an sog Abenteuerspielplätze für ältere Kinder (BGH NJW **78**, 1626). – **Kirmes.** Pfl jedes Schaustellers, die zumutb Vorkehrgen zu treffen, um die Benutzer vor Gef zu schützen, die über das übl Risiko bei der AnlBenutzg hinausgehen und die für den Benutzer nicht vorhersehb u nicht ow zu erkennen sind (Nürnbg NJW-RR **86**, 1224: Autoscooter, Düss NJW-RR **99**, 1188: Karussel). – **Kleingolf.** Ausreichde Beleuchtg, Bodenunebenh (BGH VersR **68**, 281).

94 **Kraftverkehr.** Haftg nach StVG läßt weitergehde Haftg für uH unberührt. Bewiesenes verkricht Verhalten des Fahrers schließt seine eig VerschHaftg u die des Halters gem § 831 aus (BGH **24**, 21, Hamm NJW-RR **98**, 1402 u 1403). – **Abgestelltes Kfz** muß ausr beleuchtet sein (BGHSt **11**, 389, VRS **9**, 427). Dafür sind der Grad der Dämmerg u die bes Verh des Abstellortes maßg, sow sie für die Erkennbark des Kfz u die Sicherh des Verk v Bedeutg sind (Nürnb VersR **70**, 1160). Laternengarage (BGHSt **11**, 389: ausr, wenn hierdch gg Gef eines ZusStoßes gesichert). – Sicherg gg **Abrollen** eines Kfz (BGH BB **62**, 578, Köln VersR **94**, 1442). – **Abschleppen:** Für Schäd Dr dch Fahrz eines Abschleppverbandes mit unzulängl Mitteln haften Halter u HaftPflVers der Fahrz des Abschleppverbandes den Geschäd als GesSchu; im InnenVerh haftet der gewerbsmäß AbschleppUntern allein, außer dem Lenker des abgeschleppten Fahrz wird Versch dch unsachgem Nachsteuern nachgewiesen (Celle VersR **75**, 1051). – **Abstandhalten:** Seitenabstand üblicherw 1 m; beim Überholen (BGH VersR **69**, 900); eines parkden Kfz (BGH BB **56**, 803, Hamm VersR **81**, 265); eines haltden Omnibusses (BGH VersR **73**, 1045). Kein Abstand von Bordkante nöt im Hinbl auf Kfz, die auf dem Gehsteig abgestellt sind (Hbg VersR **74**, 267). Rücks auf rechts seitl befindl Zweiradfahrer (BGH VersR **69**, 1148). – **Alkoholgenuß,** BewLast bei Unfall u AnscheinsBew s Vorbem 167 vor § 249. – **Ampel.** Der Kraftfahrer kann mangels konkreter Anhaltspkte für das GgTeil darauf vertrauen, daß bei Grünlicht für ihn die Fußgänger das Rotlicht u Wartegebot für sie beachten (Hamm VRS **85**, 321). – Beim **Anfahren** eines GroßraumStrBahnwagens od Linienbusses Rücks nur auf erkennb hilfsbedürft Fahrgäste, die noch keinen Halt gefunden haben (BGH NJW **93**, 654). Herausfahren aus einer Parkreihe (Brschw VerkBl **56**, 581). – **Anhalten:** SichgsMaßn nach dem – (BGH BB **64**, 1149), insbes auf der Autobahn. – **Auffahren** auf Vordermann liefert AnschBew für Versch des Auffahrden, im KolonnenVerk für beidseit, hälft Versch (Ffm VersR **72**, 261). Der AnschBew ist widerlegt bei Auffahren (1/3), wenn der Vordermann (2/3) reaktionsl auf ein Hindern auffährt u desh ruckart zum Stehen kommt (Kblz NJW-RR **99**, 175). Ebso bei Auffahren (25%) auf Vordermann (75%) nach dessen Ausscheren aus seiner Fahrspur u sofortiger Vollbremsg (Hamm NZV **94**,

484). – **Ausweichen,** auch auf Sommerweg, wenn es VerkSicherh gebietet (BGH BB **57**, 453); auch auf Bankette zul, wenn kein Warnschild (BGH BB **62**, 661). – **Autobahn:** SicherhAbstand zu vorausfahrdem Kfz (BGH NJW **87**, 1075). Auffahrunfälle (BGH BB **65**, 439). KausalZushang bei Auffahrschäden (BGH **43**, 178). Halten auf – (BGH NJW **52**, 1413); auf der linken Fahrbahn nur in Notfällen (Köln NJW **66**, 933), nach Unfall (BGH NJW **59**, 573), nach Motordefekt (Hamm MDR **60**, 1012) od aus sonst zwingden Grden, zB VerkHindern (Düss VersR **62**, 455). Rückwärt Sicherg bei nächtl Halten (BGH NJW **56**, 1030). Geschwindigk auch auf der Autobahn bei Dunkelh so, daß innerh der überschaub Strecke rechtzeit Halten mögl (BGHSt **16**, 145), vgl auch Abstandhalten, Überholen. – **Bahnübergang:** Auch bei geöffneter 95
Schranke Umschau nach Zügen (BGH NJW **51**, 479; VRS **9**, 202: unbediente Schranke). Verantwortlichk des EisenbahnUntern u/od des Trägers der StrVerkSichgPfl bei Unfall am Bahnübergang inf eingeschränkter Sicht auf Warnzeichen dch Pflanzenwuchs (BGH VRS **87**, 3). – Auch **ohne Berührung** zweier Kfz kann sich ein Unfall bei dem Betr zugetragen haben (BGH MDR **72**, 1023). – **Blendung:** Dch EntggKommer (BGHSt VRS **4**, 126, BGH BB **58**, 1149). Übergang vom Sonnenlicht in eine dunkle Unterführg (RG HRR **37**, 1529). – Plötzl **Bremsen** bei hoher Geschwindigk kann verkwidr sein (Hamm VRS **9**, 300; s auch Glatteis u Fußgänger). Versagen der Bremsen nach verkwidr Fahren schließt ursächl Zushang zw dieser Fahrweise u Unfall nicht aus (BGH NJW **64**, 1565). – **Einbiegen** (s auch FahrtrichtgsAnzeiger); Pfl bei 96
Links-, (BGH BB **66**, 920: Beobachtg des Verk vor dem Einordnen u regelm nochmals unmittelb vor dem Abbiegen, NJW **62**, 860: bei nachfolgder Str-Bahn, Düss VersR **70**, 1161: bei Einbiegen unmittelb nach dem Anfahren, Kblz DAR **62**, 341: unter Schneiden der Kurve). Bei Linkseinbiegen an signalgeregelter Kreuzg darf nach Erscheinen des Grünpfeils od Gelblichts der einbiegde Kraftf zwar nicht blindlings losfahren, wohl aber darauf vertrauen, daß ihm ein entggkommder Fahrer, dessen FahrtRichtg dch Rot gesperrt ist, das Räumen der Kreuzg ermöglicht; bei ZusStoß dann keine MitHaftg des Abbiegers (KG NJW **75**, 695). –
Fahrbahnschwellen vgl Rn 128. – **Fahrlehrer** muß Schüler ständ sorgf überwachen, jederzeit zum Eingreifen bereit sein (BGH VersR **69**, 1037, Düss u Ffm NJW-RR **88**, 24 u 26) u darf den Fahrschüler nicht überfordern (Hamm VersR **98**, 910). – **Fahrtrichtungsanzeiger** (s auch Einbiegen, Vorfahrt) ist so lange zu betätigen, daß alle Beteiligten hinreichd unterrichtet (BGH VersR **55**, 213). – **Fahrtüchtigkeit.** Gewissenh Selbstprüfg bei altersbdgten Auffälligk, ggf Konsultierg eines Arztes (BGH NJW **88**, 909). – **Fernlicht** nachts bei Nebel od Schneefall (BayObLG NJW **64**, 1912). – **Führerschein,** Zulassg der Führg eines Wagens durch Pers ohne – (BGH VersR **84**, 1152). Pfl zur Prüfg bei Überlassg des Kfz (Köln VersR **69**, 741). – **Fußgänger** (s auch Rn 83). SorgfPfl ggü – am Fußgängerüberweg (BGH BB **65**, 693). Anfahren von Fußgängern, die auf der Mittellinie der Str auf das Überqueren der GgFahrbahn warten (Hbg VRS **87**, 249). RücksNahme bei Wiederanfahren nach Rotphase auf Fußgänger, die noch in Überquerg der Str begriffen sind (BGH VersR **69**, 1115). Einhaltg eines gehör Seitenabstandes auch im allg VerkInteresse (BGH BB **62**, 161). Rücks auf Fußgänger bei in GgRichtg haltdem od anfahrdem Omnibus (BGH DB **59**, 1003, BayObLG NJW **60**, 59). Für die erhöhte SorgfPfl ggü erkennb älteren Menschen gem § 3 II a StVO bedarf es keiner konkr Anhaltspunkte für eine VerkUnsicherh, es genügt eine VerkSituation, die sie erfahrgsgem aGrd ihres Alters nicht mehr voll übersehen u meistern können (BGH NJW **94**, 2829). – **Geschwindigkeit** (s auch Autobahn, 98
Glatteis, Kinder, Haltestelleninsel) ist der Sichtweite u dem Bremsweg anzupassen (BGH NJW **51**, 234), Reduzierg ist nur geboten, wenn sie dch konkr GefMomente veranlaßt ist (BGH NJW-RR **98**, 2816). Keine Verpfl zur Tempoermäßigg vor übersichtl Einmündg u Kreuzg auf einer Vorfahrtstraße (BGH BB **57**, 453). Bei ZuverlässigkFahrt (BGH **39**, 159), Rennen (BGH NJW **52**, 779). In scharfer, unübersichtl Kurve (BGH BB **60**, 1361). Vorgeschriebene Höchstgeschwindigk muß auch beim Überholen eingehalten werden (BGH **LM** § 10 StVO Nr 6). Urs Zushang überhöhter Geschwindigk mit dem nachfolgden Unfall besteht nur dann, wenn bei dem Unfall eine der Gef mitgewirkt hat, um derentwillen die Geschwindigk begrenzt war (BGH VersR **85**, 637). – Bei **Glatteis** kann Schrittgeschwindigk geboten sein. Schleudern wg schuldh Fahrfehlers (Hamm NVZ **94**, 277). AnschBew für Versch bei Abkommen von der Fahrbahn nur, wenn die StrGlätte vorherseh war (Schlesw VersR **99**, 375), kein Versch bei plötzl Auftreten von Glatteis (Köln VersR **99**, 377). – **Halter** des Kfz; Pfl als Mitfahrer, wenn Fahrer fahruntücht (BGH DAR **60**, 79). – **Haltestelle.** 99
Pfl des Busfahrers, ganz nahe am Bordstein zu halten od die Fahrgäste auf Abstand hinzuweisen (Karlsr VersR **81**, 266), insbes bei Glatteis (BGH VersR **69**, 518). Bes Achtg vorbeifahrder Kraftfahrer auf Fußgänger, die die Fahrbahn unachts betreten (Karlsr VersR **89**, 1058). – **Haltestelleninsel,** Annäherg an – (BGH NJW **67**, 981). Fahrer darf regelm darauf vertrauen, daß VorR des Verk auf der Fahrbahn beachtet wird. – **Kinder.** 100
Äußerste Sorgf bei Annäherg, insbes bei unklarer VerkSituation (BGH NJW **97**, 2756), Herabsetzg der Geschwindigk u Bremsbereitsch, wenn sich bei Kindern bis zu 14 Jhren neben der Fahrbahn Auffälligk in der Situation od im Verhalten zeigen, die zu Gefährdg führen können (BGH NJW **87**, 2375, VersR **92**, 890). Rücksichtn, wenn mit bevorstehdem verkwidr Verhalten erkennb zu rechnen ist (BGH VersR **81**, 1054). Mit der Möglichk, daß ein für ihn unsichtb Kind plötzl auf die übersichtl Fahrbahn läuft, braucht der Kraftf nur bei trift Anlaß zu rechnen (BGH NJW **85**, 1950). Erhöhte Sorgf an Stellen, die mit dem GefZeichen 136 zu StVO „Kinder" gekennzeichnet sind, u bei Kindergärten (Stgt VersR **79**, 1039, Ffm NJW **98**, 548). –
Laternengarage s Beleuchtg u abgestelltes Kfz. – Dch **Lichthupe** dürfen Fußgänger nur gewarnt werden, 101
wenn sie eindeut gefährdet sind u die Abs der Warng für sie offensichtl ist (BGH Warn **77**, 32). – **Liegengebliebenes Kfz,** Sicherg dch Warnblinker (BGH DAR **88**, 129). – **Linksabbiegen.** Das Vorrecht des Geradeausfahrden entfällt nicht dch verkwidr Verhalten wie überhöhte Geschwindigk, nach den Umst des EinzFalles aber MitVersch (Hamm NZV **94**, 318, Köln NZV **94**, 320, Karlsr NZV **99**, 44). Bei grünem Pfeil darf der Linksabbiegde darauf vertrauen, daß die Ampel für den GgVerk rot zeigt u Fahrzeuge aus der GgRichtg anhalten (BGH MDR **92**, 129), BewL für Nichtaufleuchten des Pfeils beim Geradeausfahrden (BGH NJW **96**, 1405). Bleibt das Aufleuchten des Abbiegepfeils ungeklärt, ist bei gleicher BetrGef der beteil Kfz hälft SchadTeilg geboten (BGH NJW **96**, 1405). – **Martinshorn:** Pfl bei dessen Ertönen (BGH **36**, 162). 102
Wegerecht nach § 38 I StVO nur, wenn zus mit blauem Blinklicht betätigt (BayObLG MDR **64**, 942) u umgekehrt (BGH NJW **96**, 1972). – **Parken.** Dauerparken vor fremdem Grdst nicht verboten (Köln 103
VerkMitt **62**, 83). Vermeidb Parken bei Dunkelh auf Fahrbahn verkreicher BundesStr verstößt gg § 1 StVO (BGH NJW **60**, 2097). – **Rechtsfahrgebot** (BGH VersR **96**, 1249). – **Rückwärtsfahren** nur, wenn 104
Fahrbahn übersehb (Hamm VRS **8**, 142). – **Schleudern.** Ursächlichk des Reifenzustands für Unfall muß 105

feststehen (BGH **LM** § 286 ZPO (C) Nr 34). SorgfPfl bei Begegng mit schleuderndem Fahrzeug (Celle VersR **59**, 525). Anscheinsbeweis bei Glatteis (BGH MDR **61**, 133). – **Schule,** SorgfPfl bei Annäherg nach Unterrichtsschluß (Brschw DAR **56**, 303). – **Haltender Schulbus.** Mit plötzl auf die Str laufden Kindern ist stets zu rechnen (Oldbg NJW **92**, 581). – **Schwarzfahrt** des für den Betr der Kfz Angestellten berührt Halterhaftg nicht (StVG § 7 III 2); desgl nicht, wenn der, dem der Halter das Kfz überlassen hat, dieses unbefugt einem Dr zur Benutzg weiter überläßt u dieser sodann Unfall verursacht (BGH **37**, 306); desgl nicht, wenn Fahrer dch den Betr des Kfz einen Menschen vors tötet (BGH **37**, 311); wenn Halter Benutzg des Kfz schuldh ermöglicht (StVG § 7 III, 1). Bei schuldh Verletzg der Halterpfl darü hinaus Haftg aus § 823, so bei Anstellg ungeeigneter Pers, wie überh, wenn Halter dch Verletzg seiner VerkSichgPfl die dch unbefugte Benutzg des Kfz eingetretene Schädigg adäquat verursacht hat (BGH BB **66**, 102), zB dch ungenügde Aufbewahrg der Schlüssel (BGH VersR **68**, 575), dch Nichtverriegelg des Lenkradschlosses bzw, wo keines vorh (selbstfahrde Baumaschine), Nichtverschließen des Vorhangschlosses (Ffm VersR **83**, 464), Abstellen in einer nicht sicher verschlossenen Lagerhalle (Nürnb VersR **84**, 948). Dabei umfaßt die ErsPfl auch Schäd, die der Schwarzfahrer dadch verurs, daß er bei dem Versuch, sich der Festn zu entziehen, mit dem Kfz einen PolizBeamten bedingt vors verl (BGH NJW **71**, 459). Dem Halter ggü haften die für die Schwarzfahrt Verantwortl als Einh (BGH VersR **71**, 350). – SorgfPfl der Reparaturwerkstatt, mißbräuchl Benutzg des
106 Wagens zu verhindern. – **Seitenabstand** s Abstand, Überholen. – **Sicherheitsgurt,** Nichtanlegen begründet MitVersch (Mü VersR **85**, 868). – **Streufahrzeug,** Beschädigg abgestellter Pkw (Brschw VersR **89**, 95). –
107 **Türöffnen,** Gefährdg von Radfahrern bei haltendem Fahrz (BGH VersR **60**, 1079, Mü VersR **96**, 1036). – **Überholen** s Abstandhalten, Geschwindigkeit. Erhöhte SorgfPfl bei Doppelüberholg (BGH NJW **57**, 502) u bei Überholg eines nach links blinkden Kfz (Schlesw VersR **79**, 1036). Beobachtg auch des rückwärt Verk (Hamm VRS **39**, 290), ebso der vorausfahrden Fahrz (Düss MDR **61**, 233). Warnzeichen nur, wenn der zu Überholde gefährdet erscheint (BGH **LM** § 256 ZPO Nr 6). Überholen auf der Autobahn (BGH **LM** § 9 StVO Nr 19 a). AnscheinsBew für Versch des Überholden, wenn der Nachfolgde kurz nach dem Ausscheren des Überholden auffährt (Kln VersR **78**, 143). Rechtsüberholen, auch auf Autobahnen, im allg nur zur Abwendg einer dringden gegenwärt VerkGef (BGH BB **59**, 1010; Ffm BB **61**, 1299); erlaubt jedoch bei Besetzg der linken Fahrbahn durch eine Fahrzeugreihe (BayObLG DAR **64**, 253). – **Überlassung** des Kfz (s auch Führerschein, Schwarzfahrt) an zum Fahren ungeeignete Pers (BGH VersR **71**, 350, VersR **84**, 1152). PrüfgsPfl uU auch iR eines KfzVerk an Jugendl (BGH NJW **79**, 2309). – **Überwachung** des Fahrers allg (BGH DB **65**, 110), des jugendl Fahrers. – **Umgehung** einer Unfallstelle. Dem für den Unfall Verantwortl sind nicht die Schäd zuzurechnen, die nachfolgde Kfz dch Benutzg des Rad- u Fußwegs anrichten (BGH **58**,
108 162). – Gefährl **Verlangsamung** auf der Überholspur wg Motordefekts kann Warng des nachfolgden Verk dch Blinker od Antippen der Bremse erforderl machen (BGH VersR **72**, 1071). – Verpfl zum **Verschließen** des Kfz, auch wenn Lenkradverschluß betätigt (BGHSt **17**, 289, BGH VersR **60**, 695: Steckenlassen des Zündschlüssels, BGH VersR **60**, 736: unsachgem Aufbewahrg des Zündschlüssels, BGH VersR **61**, 417: unsachgem Verwahrg des Zünd- u des GaragenSchlüssels). Zum Maß der Sorgf, um unbefugte Benutzg zu verhindern (BGH NJW **64**, 404). – **Vertrauensgrundsatz** u Entlastg (BGH VersR **69**, 738). Ggü dem in StVO 3 II a genannten PersKreis nur mit Vorsicht anwendb (BGH NJW **94**, 2829). – Begegng mit **Viehherde** (Kblz RdL **55**, 271). – **Vorfahrtsrecht** erstreckt sich auf die ganze Fahrbahnbreite u entfällt nicht, wenn der Berecht sich verkwidr verhält; schuldh ist sein verkwidr Verhalten nur bei Mißbr des VorfahrtsR (BGH VersR **77**, 524). Unbdgte Pfl zur Gewährg der Vorfahrt bei Ausfahrt aus einem Parkplatz in den fließden Verk auf der Autobahn (Hamm VersR **94**, 952). Vorfahrt der PolizFahrz u der and in §§ 35, 38 StVO genannten Fahrz (BGH NJW **58**, 341, KG MDR **76**, 48). Vorfahrt des Rückwärtsfahrers (BGH **LM** § 1 StVO Nr 23). RichtgsÄnderg hat anzuzeigen, auch wer einer abknickenden VorfahrtsStr folgt (BGH **44**,
109 257). – **Warndreieck.** Entferng zum liegengebliebenen Kfz richtet sich nach den Str- u WittergsVerh (Hamm VersR **84**, 245). – **Warnzeichen** ist richtig zu geben (BGH **LM** § 12 StVO Nr 2). – **Wenden** s Rückwärtsfahren. – **Wildwechsel.** SichergsPfl des JagdAusübgsBerecht gg erhöhte Gef bei Treib- u Suchjagd (BGH DB **76**, 720). SorgfPfl des Fahrers verlangt vorsicht Abbremsen nach Erkennen des ersten über die Str wechselnden Rehs (BGH VRS **60**, 169). – Nach dem **Zusammenstoß** Sicherg des Verk gg die Gef, die von dem auf der Fahrbahn verbliebenen Kfz ausgehen (BGH NJW **61**, 262).

110 **Krankenhaus.** Auch Rn 67. Haftg für eig Organisations- u ÜberwachgsFehler, nicht für Fehler eines Belegarztes (BGH NJW **96**, 242). Der Träger eines Belegkrankenhauses ist postoperat für Grd-, Funktions- u BehandlgsPflege verwantwortl, muß in ausr Maße fachkund nichtärztl Personal bereit stellen (Hamm NJW **93**, 2387), auch in BelegarztAbteilgen (Stgt NJW **93**, 2384, MüVersR **97**, 977) u geeignete AOen für die Bewältigg von Notfällen treffen (Köln VersR **97**, 1404). Pfl des Trägers zu Maßn, die verhindern, daß aufgen Patienten dch and Kranke od Besucher zu Schad kommen (BGH NJW **76**, 1145: Säuglingsstation) u dass Kinder das Krankenhaus ungehindert verlassen können (Köln MDR **94**, 562). Auch der Nacht- u Sonntagsdienst ist grdsätzl so zu organisieren, daß für den Patienten in Not- u Eilfällen der Standard eines Facharztes gewährleistet ist (Düss VersR **86**, 659). Untersuchg einer Schwangeren mit Blutg u Unterbauchschmerzen muß spätestens 15 Min nach NotfallAufn, Schnittentbindg 25 Min nach Indikationsstellg mögl sein (Brschw MDR **98**, 907). Überprüfg techn Geräte, insb von vitaler Bedeutg für den Patienten, auf ihre Funktionstüchtigk vor jedem Einsatz (BGH NJW **78**, 584). Leitgs- u AufsPfl des Vorst in bezug auf die ärztl AufklärgsPfl (BGH NJW **63**, 395, Kln NJW **78**, 1690); Haftg, wenn Behandlg nicht hinreichd qualifiziertem Personal übertragen wird (BGH NJW **79**, 1935), auch vom Belegarzt (BGH NJW **96**, 2429). Über den Verbleib von Krankenunterlagen muß jederzeit Klarh bestehen. Nichtauffindbk ist Organisationsmangel u geht beweismäß zu Lasten des Krankenhausträgers (BGH NJW **96**, 779, BGH **132**, 47). Engmaschige Überwachg der Patienten im Schwimmbad eines psychiatr Krankenhauses (Köln MDR **92**, 561). Gesteigerte SorgfPfl bei Einsatz von Sport- u Spielgeräten zur Therapie bei behinderten u verhaltensgestörten Kindern (Stgt NJW-RR **95**, 405). BewFragen vgl Vorbem 162–173 vor § 249 u Rn 169–171.

111 **Lehrer.** Siehe § 839 Rn 109.

112 **Maschinen und gefährliche Anlagen.** Aufs über Kinder in der Nähe laufder Maschinen. Gef abgestellter LandwirtschMaschinen für spielde Kinder (Köln MDR **69**, 140). Waschmaschine in EtagenWohng, Beaufsichtigg, Wasseraustritt (Düss NJW **75**, 171, Hamm MDR **84**, 668, Hamm NJW **85**, 332). Kein für Kinder erreichb betrbereiter Reißwolf in Büroraum (Hamm OLGZ **94**, 292). – **Massenveranstaltung.** Pfl zur Sichg auch des Zu- u Abgangs der Besucher (BGH NJW **90**, 905). SorgfPfl des Veranstalters ggü Gef für das NachbGrdst, die von den Zuschauern ausgehen (BGH NJW **80**, 223). – **Mieter** haftet für Schad eines Mitmieters inf Unterl zumutb Maßn (BGH NJW **72**, 34, NJW-RR **88**, 89: Wasserrohrbruch bei Frost; Karlsr VersR **92**, 114: Längeres Verlassen der Wohng bei laufder Waschmaschine). – **Müllkippe.** Sicherh der Kfz gg Umkippen beim Entleeren (Ffm VersR **86**, 791). BrandGef (Karlsr VersR **80**, 362). Beseitigg umweltgefährdden Industrieabfalls (BGH **63**, 119). Entsorgg kann AmtsPfl, deckgsgleich mit VerkSichgPfl sein (Köln VersR **97**, 1355: Schutz der Benutzer bei hohen Rampen).

Öltank. Das Abfüllpersonal muß alle zumutb VorsichtsMaßn treffen, um Schäd zu verhindern, die dch Auslaufen, dch unsachgem Einfüllen od dch Mängel der TankAnl entstehen können (BGH NJW **95**, 1150), wobei sich allerd der Anlieferer ohne ggteil konkr AnhaltsPkte auf die Funktionstüchtigk der TankAnl verlassen darf (BGH NJW **84**, 233). Beispiele: BGH MDR **70**, 752: Grenzwertgeber od vorher Feststellg der noch im Tank befindl Menge; BGH NJW **78**, 1576: Kontrolle gg Überlaufen; BGH NJW **84**, 233: FassgsVerm des Öltanks überprüfen, vor Beginn des Einfüllvorgangs Instrumente am TankKfz u Funktionieren der TankAnl überprüfen, währd des Füllvorgangs kurze Kontrollgänge zum Tankraum, nach Abschl des Füllvorgangs Tankraum überprüfen; Düss NJW-RR **91**, 1178: Ständ Beobachtg des Tankwagens u des Öltanks; Karlsr MDR **89**, 1100: erkennb ungenügde Druckfestigk der installierten Rohrleitg; BGH NJW **95**, 1150: fehlerh Lösg des Einfüllschlauches nach der Einfüllg. Gilt auch bei Belieferg gewerbl Abnehmer (Kln NJW-RR **90**, 927). Ähnl beim Befüllen stationären Benzintanks (BGH VersR **73**, 713). Pfl zur Belehrg des Personals über die bes Gef dieser Tätigk u zur Erteilg von Verhaltensmaßregeln (BGH DB **72**, 234). Dieselben SorgfPfl bestehen beim Abfüllen eines Tanks auf eig Tankstellengelände (Köln VersR **95**, 806). 113

Post, Haftg § 839 Rn 141–143. – **Produkthaftung** Rn 201–220. 114

Radfahrer. Beeinträchtigg des Verk durch Nebeneinanderfahren (BayObLG NJW **55**, 1767). Abstand bei Vorbeifahrt an haltendem Kfz (Karlsr VkBl **56**, 754); hierbei Rücksichtn auf Türöffng, soweit zur Rückschau des Kraftfahrers erforderl (BGH VersR **60**, 1079). Abstand von Benutzern des Gehweges (BGH **LM** § 1 StVO Nr 17). Rechtzeit Anzeigen des Wechsels der Fahrtrichtg, auch wenn Warnschild hierauf hinweist (Schlesw VerkMitt **57**, 18). UU Pfl zum Ausweichen auf das Bankett (BGH NJW **57**, 1400). Beobachtg des rückwärt Verk bei Linkseinbiegen (BGH NJW **61**, 309). Erhöhte RücksNahme auf den übr Verkehr beim Einbiegen vom Radweg auf die Fahrbahn (BGH **LM** (C) Nr 27). Einhalten der äußersten rechten Fahrbahnseite (Hamm VRS **19**, 78). – **Radweg.** Gefährl Vertiefgn im Seitenstreifen (Celle Nds RPfl **87**, 12). 115

Reiseveranstalter. Pfl zu sorgf Vorbereitg u DchFhrg der Reise. Dazu gehört sorgf Auswahl u Überwachg des eig Personals u der LeistgsTräger auf Eigng u Zuverlässigk, Kontrolle eines ausr SicherhStandards in den VertrHotels entspr den Umst (BGH **103**, 298, Führich DB **90**, 1501). – **Rennen.** VerkSichgPfl ggü Zuschauern u Teiln (BGH **5**, 318), auch bei Seifenkistenrennen (Karlsr NJW-RR **94**, 413). Radrennen, Streckensicherg gg querde Fußgänger (Stgt VersR **84**, 1098); Abpolsterg der Planken in Kurven nur an ungewöhnl gefährl Stellen (BGH NJW-RR **86**, 1029). VerkSichgPfl des Veranstalters nach § 823, Staatshaftg der genehmigden Beh nach § 839 (BGH NJW **62**, 1245). Pferderennen (Mü OLG **28**, 296). Organisationsfehler bei Straßenrennen (BGH VersR **54**, 596). – **Reparaturwerkstatt.** Weitergabe von Informationen des HerstWk an Angest betr ErsTle, von denen VerkSicherh der Fahrz abhängt (BGH JR **78**, 510). Haftg des Untern, wenn er dch fehlerh Bearbeitg od Wartg einer Sache für die RGüter and eine Gef schafft (BGH NJW **93**, 655). 116

Sachverständiger. Leichtfert Gutachten § 826 Rn 26. – **Gerichtlicher Sachverständiger.** Eingehd Eickmeier, Die Haftg des gerichtl Sachverst für VermSchäd, Prozrechtl Abhdlgen Heft 92. Die Beziehgen zw ihm u dem Ger sind öffrechtl Natur. Er übt aber keine hoheitl Gew aus, weder anstelle des Ger noch von diesem übertr. Zu den ProzPart steht er in keinen vertragl Beziehgen, auch nicht über § 328 (Düss NJW **86**, 2891, Hamm VersR **95**, 225). Ihnen haftet er im Hinbl auf seine Stellg als Geh des Ri nicht für Schäd inf fahrl unricht Gutachtens (BGH **62**, 54; abl Rasehorn NJW **74**, 1172, Hopt JZ **74**, 551, Hellmer NJW **74**, 556, Damm JuS **76**, 359), ggf nach §§ 823 II (Hamm BB **86**, 1397), 826 (Mü VersR **77**, 482, Hamm MedR **98**, 27). ZPO 410 ist kein SchutzG (BGH **42**, 313). Für die Folgen eines grob fahrl unricht Gutachtens haftet er im Hinbl auf Art 2 GG den ProzBeteil, wenn das Gutachten zu einer FreihEntziehg geführt hat (BVerfG NJW **79**, 305, Schlesw NJW **95**, 791), iü nur gem § 826 (dort Rn 26, Hamm NJW-RR **98**, 1686). – Für einen Fehler bei der Vorbereitg des Gutachtens, der sich in diesem nicht niederschlägt, haftet er gem § 823 (BGH **59**, 310: ärztl Kunstfehler bei der Untersuchg). – **Sauna.** Benützer muß mit Fußbodenglätte wg Tropf- u Spritzwassers rechnen (Ffm VersR **73**, 625). 117

Schiffe. Vorrichtg zum Schutze der Fahrgäste bei starken Schiffsbeweggen u Anlegemanövern (RG **124**, 49). Haftg der Schiffahrtsgesellsch für Verkehrssicherh des Weges von u zur Anlegestelle (RG **118**, 91), jedoch keine BelehrgsPfl hins des Verhaltens bei An- u Ablegemanövern (BGH VersR **55**, 420). Pfl des Eigtümers einer Motorjacht zur Vertäuung an sicherer Liegestelle, keine Pfl ständ mit ungewöhnl, orkanart Sturm zu rechnen (Hbg VersR **72**, 660). Haftg des Schiffseigners u -Führers bei Auslaufen brennb Flüssigk (BGH Warn **69** Nr 80); bei Beschädigg einer SchleusenAnl inf niedr Wasserstandes (Hbg DB **72**, 779). – **Schulen** vgl § 839 Rn 152. – **Schneeräumung.** SchadErs bei Räumg mit Schneepflug, wenn mit Streusalz vermischter Schnee auf NachbarGrdst geschleudert wird u dort Bäume beschädigt (Zweibr NJW-RR **86**, 1203). – **Schußwaffen.** Erhöhte Sorgf bei Aufbewahrg. Unbeaufsicht vorügehdes Ablegen (BGH NJW **91**, 696). – **Schwimmbecken** im PrivGarten, Sichg gg Zugang von unbeaufsichtigten Kindern (Hamm OLGZ **94**, 301). – **Segelflugbetrieb.** Pfl des Flugsportvereins, dafür zu sorgen, daß dch die startden u landden Flugzeuge Zuschauern u auf dem Flugplatz tät VereinsMitgl kein Schad entsteht (BGH JZ **91**, 208). 118

Skisport. Die SorgfPfl des Skifahrers bemessen sich in den Alpenländern nach den FIS-Regeln (Ffm VersR **95**, 544). Der Skiläufer muß kontrolliert fahren, dh angepaßt seinem Können, dem Gelände, der Schneebeschaffenh, den WittergsVerh u dem VorhSein and Pers (BGH **58**, 40), auch im Auslauf einer Abfahrtspiste (Hamm VersR **89**, 1206). Ob der Skifahrer zur Vermeidg eines ZusStoßes zu einem Notsturz 119

verpfl ist, ist str (ja: Siedhoff VersR **96**, 34 mwN; nein: Hamm NJW-RR **94**, 155). Auf einen Skiunfall zw Deutschen im Ausland sind die Verhaltensregeln des HdlgsOrts, für die Beurteilg außervertragl SchadErsAnspr dtsch R anzuwenden (Mü NJW **77**, 502, Düss VersR **97**, 193; vgl auch Art 38 EG). Ein Verstoß gg die Eigenregeln des Skilaufs od gg die FIS-Regeln begründet idR ein MitVersch des verl Skiläufers. Sorgf ist
120 auch beim Aufstehen nach ZusStoß am Steilhang erforderl (Karlsr VersR **77**, 869). – Auf **Skipisten** VerkSichgPfl des BergbahnUntern, daß die Skiläufer keinen verdeckten u atyp Gef begegnen, die nicht dem Skisport als solchem eigen sind (BGH NJW **73**, 1379). Atyp sind solche Gef, mit denen im Hinbl auf das Erscheingsbild u den angekündigten SchwierigkGrad der Piste auch ein verantwortgsbewußter Skiläufer nicht rechnet, weil nicht pistenkonform, zB tiefe Löcher, Betonsockel, Abbrüche od Steilflanken im Randbereich der Piste; in einen Übgshang integrierte scharfkant Liftstützen sind dch Strohballen od dergl abzusichern (BGH NJW **85**, 620), ebso einbetonierte Eisenstangen zur Abgrenzg der Ski- oder Rodelpiste (Ffm NJW-RR **91**, 1435). Neben dem BergbahnUntern haftet ein FremdenVerkVerband, der eine Abfahrtsstrecke unterhält u hierzu einen Pistendienst eingerichtet hat (Mü NJW **74**, 189). VerkSichgPfl der WintersportGem für empfohlene Touren-Skiabfahrt (BGH VersR **82**, 346: nicht entfernter Weidezaun). Die VerkSichgsPfl erstreckt sich nicht auf Gef, die zwangsläuf mit der Abfahrt verbunden sind u von den Skifahrern bewußt in Kauf gen werden (BGH DB **71**, 962). Ebso nicht auf Fußgänger im Auslauf der Skiabfahrt (Mü VersR **77**, 382). – **Skischleppliftanlage** fällt nicht unter § 1 HaftpflG (BGH NJW **60**, 1345). Verl eines Skifahrers an der Ausstiegstelle dch einen pendelnden, nicht hochgezogenen Liftbügel (Hamm NZV **96**, 147). – **Skibindung.** Fehlerh Einstellg beim Kauf kann zu SchadErsAnspr gg Verk führen (Köln NJW-RR **98**, 1686).

121 **Sportanlage, Sportveranstaltung.** Zusfassd Fellmer MDR **95**, 541, Fritzweiler DAR **98**, 260. Den Betreiber trifft die VerkSichgsPfl, die Benutzer vor Gef zu schützen, die über das übl Risiko bei der AnlBenützg hinausgehen, vom Benutzer nicht vorhersehb u nicht ow erkennb sind (Mü VersR **94**, 997: Wildwasserrutschbahn), wobei zu bedenken ist, daß das Augenmerk des SportTreibden in erster Linie der Sportausübg gilt u daß die Aufmerksamk iR des Kollektivs abnimmt (Mü VersR **88**, 739: Tennishalle). Organisation von Voltigierunterricht so, daß Kinder die Halle nicht unbeaufsichtigt verlassen können (Celle VersR **96**, 1511). Beaufsichtigg jugendl Mitgl eines Sportvereins in GemschUnterkunft zum Schutz vor Alkoholmißbr (Hamm VersR **96**, 1513). Zuschauer von SportVeranstaltgen u Unbeteil sind dch Absperr-Maßn, Schutzgitter, SicherhZonen vor Gef zu schützen, die normalerw mit dem SportBetr zushängen u aus denen sich für ein sachkund Urt die naheliegde Möglichk der Verl fremder RGüter ergibt (Mü VersR **82**, 1106 u 1153, BGH NJW **84**, 801: Eishockeypuck). Deliktshaftg ferner, wenn es um die Instandhaltg v SportAnl geht, zB Weitsprunggrube auf Trimm-Dich-Pfad, verfestigter Boden (Karlsr VersR **75**, 381).

122 **Sportausübung.** Das Fairneßgebot ist oberster Grds jeder Sportausübg (Köln VersR **94**, 1072). Übers über die Rspr des BGH, Scheffen NJW **90**, 2658. DeliktsHaftg auch außerh v SportVeranstaltgen, zB ZusStoß v Ruder- u Segelboot (KG OLGZ **70**, 32), Anspielen des Gegners beim Tennisspiel (Mü VersR **70**, 958), Gefährdg von Mitspielern dch sog Trockenschlag (Köln MDR **94**, 1097: Squash), Trainingsfahrt vor Go-Cart-Rennen (Saarbr VersR **92**, 248, Düss NJW-RR **97**, 408), vor Radrennen (Zweibr NZV **94**, 480: Windschattenfahren). Grdsl schließt die Teiln an einer sportl Unternehmg SchadErsAnspr gg MitBeteil unter dem GesichtsPkt des Handelns auf eig Gef nicht aus. Davon bestehen 2 Ausn: Bei bes gefährl Sportarten wie Autorennen, waghals Kletterpartien kann schon in der Beteiligg ein HaftgsAusschl ggü MitBeteil liegen (Karlsr NJW **78**, 705). Bei körperl Wettkämpfen wie Boxen, Ringen, Judo u bei Wettkampfspielen wie Fußball, Handball, Eishockey, Basketball ist davon auszugehen, daß jeder Teiln diejen Verl, selbst mit schwersten Folgen, in Kauf nimmt, die auch bei regelgerechtem Spiel nach den anerk Regeln der jeweil Sportart nicht zu vermeiden sind (BGH **63**, 140). Desh trifft den verl Spieler die BewLast für die Verl einer Spielregel, die dem Schutz des Mitspielers dient (Bambg NJW **72**, 1820, Hamm NJW-RR **91**, 149). Selbst bei einem geringfüg Regelverstoß aus Spieleifer, Unüberlegth, techn Versagen, Übermüdg od ähnl Grden neigt BGH NJW **76**, 957 zur HaftgsFreistellg dch Inkaufn der Verl (ebso Oldbg VersR **95**, 670). Nicht in jedem Foul ist ein schuldh Verhalten zu sehen (BGH NJW **76**, 2161, Basketball), wohl aber bei vors u grob fahrl begangener Regelwidrigk (Hamm MDR **85**, 847) u bei Überschreiten der Grenze zw noch gerechtfert Härte u unfairem Regelverstoß (Hamm JR **98**, 465: „Notbremse beim Fußball"). – Vorstehde Grds gelten nicht für Tanzveranstaltgen aus gesellschaftl Anlaß (Hamm NJW-RR **88**, 1245), für Individualsportarten, die nebeneinand, parallel ausgeübt werden (Brschw NJW-RR **90**, 987: Tennisdoppel, Hamm NJW-RR **90**, 925: Segelregatta, Hamm VersR **98**, 67: Golf), für wg ihrer Gefährlk unerlaubte Spiele (Hamm NJW **97**, 949: Gotcha), wenn Jugendl sich wechselseit ins Wasser stoßen (BGH NJW-RR **95**, 857). Bei Galopprennen ist Hineindrängen in die Laufbahn konkurrierder RennTeiln grob fahrl (Hamm VersR **83**, 1040); ebso bei Trabrennen Verlangsamg u abruptes Lenken des Gespanns auf die Außenbahn (Düss VersR **96**, 73). Celle VersR **80**, 874 schließt Haftg bei Fahrlk aus, wenn sich die Beteil zu gemschaftl sportl Betätigg verabreden, in gleicher Weise fahrl handeln u die GesSituation verursachen u der InAnsprGenommene nicht den Schutz einer HaftPflVers genießt. Aufprall auf die BegrenzgsWand einer Sporthalle beim Kampf um den Ball gehört zum übl Spielerrisiko (Düss VersR **83**, 274). – Vgl auch Rn 74 Autorennen, Rn 75 BadeAnst, Rn 78 Bergsteigen, Rn 89 Golfspiel, Rn 119 Ski. – **Sportflug.** Pfl des Piloten, beim Start die richt Stellg der Landeklappen zu überprüfen (BGH MDR **91**, 1138).

123 **Sprengung.** Pfl des ausführden Untern, sich Gewißh über die örtl Verh zu verschaffen, kein Verlaß auf Pläne od fremde Angaben (BGH VersR **73**, 1069).

Starkstromanlagen. Kletterabwehrschutz an Leitgsmasten (Zweibr NJW **77**, 111, Karlsr VersR **79**, 382). Herabfall von Leitgsdraht auf fremdes Grdst (RG DRZ **25**, 419).

124 **Straßen.** Die VerkSichgPfl ist privrechtl Natur, kann aber dch eindeut anderweit Regelg den öffrechtl AmtsPfl der jP zugewiesen sein (BGH **86**, 152), dann Haftg nach § 839 ohne Abs I S 2 (BGH VersR **94**, 618). Inhaltl decken sich hins der VerkSichg beide Pflichtenkreise (BGH WM **98**, 827). Sie erstreckt sich auch auf PrivatStr, auf denen der Eigtümer für einen unbest u wechselnden Benutzerkreis einen Verk eröffnet hat (Oldbg NJW **89**, 305). Übertragg auf Anlieger vgl Rn 132.

1) Straßen, Wege, Plätze einschl Streupflicht. – a) Umfang. Maßgebd ist, für welche Art von Verk 125
ein Weg nach seinem äußeren Befund unter Berücksichtigg der örtl Verhältn u der all VerkAuffassg gewidmet ist (BGH VersR **89**, 847). Die VerksichgPfl erstreckt sich auf Instandhaltg des Belages od Pflasters, Unterhaltg von Brücken (BGH VersR **88**, 629), Anbringg von Geländern an Brücken u Abhängen, Beleuchtg, Bestreug bei Glätte, Freihalten des Luftraums über der Str von hereinragden Ästen (Rn 128), Kennzeichng von Türen, Wänden u dergl aus dchsicht Material, so daß sie rechtzeit wahrgenommen werden können (Köln NJW-RR **94**, 349). Die StrBauBeh hat einen hinreichd sicheren Zust der Str herbeizuführen u zu erhalten, muß in geeigneter u obj zumutb Weise nach den Verh im EinzFall alle, aber auch nur diejen Gef ausräumen u erforderlichenf vor ihnen warnen, die für den sorgf Benutzer nicht od nicht rechtzeit erkennb sind u auf die er sich nicht od nicht rechtzeit einzustellen vermag (BGH VersR **79**, 1055). Keine Überspanng der Anfdgen (BGH NJW **61**, 869). Die wirtsch Lage des VerkSichgPflichtigen kann berücksichtigt werden, wenn es um die Wahl der geeigneten Mittel geht, zB Beseitigg der GefQuelle od nur Warng, rechtfertigt aber nicht völl Untätigsein (offengelassen BGH VersR **83**, 39). Von einem Warnschild wird vermutet, daß es den VerkTeiln zu angem, die Gef vermeiddem Verhalten veranlaßt hätte (Celle VersR **80**, 387). – Die VerkSichgPfl beginnt ab Kenntn, daß die Baufirma die Str für den Verk freigegeben hat (Karlsr VersR **79**, 165), auch wenn nur beschr Verk eröffnet wird (BGH **LM** (Dc) Nr 7). – Nöt sind laufde Überwachg, um sichtb Verändergen u Mängel festzustellen u Maßn zur Aufdeckg etw unsichtb Schäd, sofern deutl Anhaltspunkte auf ihr mögl VorhSein hinweisen; dies ist der Fall bei Neueröffnung, bei Übern der Unterhaltg einer bestehden Str, nach erhebl Eingr in den StrKörper, nach Wasserrohrbruch (BGH NJW **73**, 277), zur Sichg eines Rollsplittfeldes (Naumbg OLG-NL **97**, 145). Die VerkSichgPfl erstreckt sich nicht nur auf die Fahrbahn, sond auch auf den StrKörper, näml Bankette, SicherhStreifen, Parkstreifen zw Fahrbahn u Gehweg (Hamm NJW-RR **92**, 1442), Gräben, EntwässergsAnl (BGH NJW **96**, 3208), Böschgen (BGH **37**, 169: Steinkreuz in der Böschg, Karlsr VersR **78**, 573: grasverdecktes Mäuerchen auf Bankett); Treppen, die im Zuge einer Böschg von einem Fußweg zur Fahrbahn führen (BGH VersR **82**, 854), StrBäume Rn 75; Fußgängerzone (Oldbg NJW-RR **86**, 903, Celle MDR **98**, 1031: Pflasterkanten mit Höhenunterschied); ferner auf Fußgänger-, Rad- (BGH MDR **64**, 657) u Wanderweg, hier aber geringere Anfdgen (Nürnb OLGZ **75**, 446) u über befestigte Wege hinaus auf Flächen in GrünAnl, die erfahrgsgem betreten werden (Köln VersR **92**, 71: Abkürzg vor einer rechtwinkl Kurve). Gehwege müssen den SicherhBedürfn von Fußgängern, nicht auch von Inline-Skatern genügen (Celle NJW-RR **99**, 1187), mit geringen Unebenh, auch dch Frostaufbrüche (Hamm MDR **99**, 39) ist zu rechnen, nur bei erhebl Gef sind SichgsMaßn erforderl (Schlesw VersR **89**, 627). Zur Sicherg gehören insb: Instandhaltg des Pflasters (BGH MDR **66**, 484: abgenutztes Pflaster an VerkKnotenPkt), Anbringg von Geländern an gefährl Stellen (BGH **24**, 124), Beleuchtg, Bestreuung, SichergsMaßn bei StrArb u plötzl auftretden Schäden wie Rohrbruch (BGH VersR **54**, 414), Sielverstopfg, unabgedecktes Gully (BGH § 823 **LM** (Ea) Nr 29, KG VersR **73**, 351), ordngsgem Zust der mit der Str verbundenen EntwässergsAnl (BGH NJW **96**, 3208), Warnschild vor bes GefStellen (BGH **108**, 273), Sicherg gg Lawinen u Steinschlag (BGH NJW **68**, 246), Entferng v Trümmern (BGH VersR **55**, 11), keine Sichtbehinderg dch Hecken (BGH NJW **80**, 2194). Keine Pfl zur Beseitigg von Gef, die von AnliegerGrdstücken drohen (BGH NJW **53**, 1865). Die VerkSichgPfl des StrBaulastträgers entfällt nicht desh, weil auch die StrVerkBeh od sonst jemand zum Eingreifen verpfl ist (BGH DB **71**, 1011).

b) Bei **Straßenbauarbeiten** gelten die Grds für and BauArb (Rn 76, 77). Plang, AO u Durchf ist Ausübg 126
öff Gewalt (BGH NJW **96**, 3208). Keine Beschrkg der VerkSichgPfl bei Eröffng eines beschr Verk auf einem vorl hergerichteten Gehweg ggü den Pers, die auf die Benützg angewiesen sind (BGH VersR **86**, 704). Bei vertragl Übertr der VerkSichgPfl auf den BauUntern bleibt der Träger zur Überwachg der getroffenen Maßn verpfl (BGH VersR **82**, 576), ebso der BauUntern iF der Beauftragg seines Bauführers, beide haften als GesSchu (BGH NJW **82**, 2187). Der mit der Erneuerg einer Brücke beauftr StrBauUntern hat bei den Maßn, die er zur Trockenlegg der Baustelle trifft, auch den dch eine mögl Hochwasserführg drohden Gef Rechng zu tragen (BGH VersR **76**, 776). Hins der erforderl VerkSichg iF einer StrSperre kann sich der BauUntern nicht schon dch den Hinw entlasten, die StrBauBeh habe die v ihr veranlaßten Maßn für genügd erachtet (BGH VersR **77**, 543). Keine VerkSichgPfl hins offen erkennb, typ FahrErschwergen geringfüg Art (Nürnbg VersR **75**, 545). Kein Hinw erforderl auf sichtb GefQuelle in einer nur für BaustellenVerk freigegebenen im Bau befindl Straße (Köln VersR **69**, 619). Kontrolle der zur Absicherg der GefStelle angebrachten SichgEinrichtgen in regelm Abständen (Brdbg MDR **98**, 1161: alle 6 Std). Der Baulastträger hat bei StrBauArb auch verkregelnde Aufg, § 45 II, VI StVO. Dazu gehört auch Überwachg von AmpelAnl auf Schaltgsdefekte (BGH DB **72**, 1163). Bei gefährl StrBauArb ist Sichg erforderl; nachts bei Baustelle inmitten belebter Str Warnlampen, reflektierde Warnbaken, uU Kontrollen (Köln OLGZ **73**, 321). Bes Warng vor gefährl Schlagloch im Baustellenbereich auf der Autobahn trotz GeschwindigkBeschrkg (Nürnb NZV **96**, 149).

c) Für **Bundesfernstraßen** ist der Bund zwar Träger der Straßenbaulast, sow sie nicht and übertr ist (zB 127
hins der Ortsdurchfahrten). Die Erf der Aufg, die ihm hiernach obliegen, sind jedoch den StrAufsBeh der Länder übertr worden, § 20 BFStrG. Die Länder haften hiernach für eine Verl der Verk SichgPfl (BGH **16**, 95); keine Haftg des Bundes. Die Gem wird dadch nicht von ihrer VerkSichgPfl auf GemStr befreit, von denen Gef für den Verk auf der BundesStr ausgehen (Ffm VersR **81**, 438: Zuleitg von Regenwasser). Bei **anderen Straßen** ist maßgebd die allg VerkSichgPfl der nach LandesR verantwortl Körpersch.

d) Einzelfälle: Unkenntl gewordener Zebrastreifen (BGH NJW **71**, 1213); Tragfähigk eines in die Fahr- 128
bahn eingelassenen Schachtdeckels (BGH VersR **67**, 1155); Herausragen eines Schachtdeckels aus dem Fahrbahnniveau (Karlsr MDR **84**, 54, Jena NZV **99**, 206); Sicherg v Abdeckrosten an od in öff VerkFlächen gg unbefugtes Abheben (BGH **LM** § 823 (Dc) Nr 102); Wassereinlaufroste dürfen keine Gef für Radfahrer bilden wg ihrer Länge u Breite (BGH VersR **83**, 39); Tragfähigk u verkpoliz Sicherg von Banketten (BGH VersR **69**, 280 u 515), Hinweis auf Nichtbefahrbark (BGH **LM** § 823 (Ea) Nr 35, Kblz VersR **64**, 1255); Warnzeichen bei mangelnder Tragfähigk einer Schachtabdeckg im Seitenstreifen (Mü VersR **80**, 293); auch nur geringe Höhenunterschiede im Gehweg können Pfl zur Beseitigg der GefLage begründen (BGH BB **67**, 229: 1,5 cm in HauptGeschStr; Köln VersR **92**, 355: über 2 cm). Bis zu welcher Höhe der VerkRaum über der Str von hereinragden Ästen freizuhalten ist, hängt ua von der VerkBedeutg der Str ab (Brdbg VersR **95**,

1051, Dresd VersR **97**, 336). StrBäume Rn 75. Sichg gg naheliegde SteinschlagGef (Zweibr VersR **90**, 401); Parkplatz, Sichg gg herabfallde Äste (Mü DAR **85**, 25); SichergsMaßn bei plötzl StrSperrg; bei Gef der Fahrbahnüberflutg dch Regen (BGH VersR **70**, 545); Bodenschwellen zur VerkBeruhigg müssen allen Kfz, die zum Verk zugelassen werden können, bei verkger Verhalten ein gefahrl Passieren erlauben (BGH NJW **91**, 2824), auch bei bes geringer BodenFreih (Hamm NJW **93**, 1015; aA Düss NJW **93**, 1017), sowie Radfahrern (Hamm DAR **90**, 458); kein Hinw auf Betonpoller auf Gehwegen erforderl (Düss NJW **95**, 2172); Hindern zur VerkBeruhigg müssen auch bei erschwerten SichtVerh deutl erkennb sein (Hamm NJW **96**, 733). Hinw auf Hitzeaufbrüche (Celle VersR **84**, 1172); keine Pfl zum zusätzl Hinw bei Änderg einer Vorfahrtsregelg im StadtVerk (BGH NJW **70**, 1126); Warnschild bei StrVerengg (BGH NJW **60**, 239), bei unvorhersehb Straßenbeendigg (BGH MDR **59**, 190, Köln VersR **92**, 354), bei Wildwechsel (BGH **108**, 273), vor Querrinne (BGH VersR **71**, 475), vor Bodenwelle (Hamm NZV **96**, 494), bei Glatteisbildg (BGH NJW **62**, 1767, Köln NJW-RR **95**, 1177), sowie bei Sichtbehinderg dch Qualm od Rauch (BGH **LM** § 823 (Ed) Nr 5); gefährl Stellen der Parkplatzumrandg (BGH VersR **68**, 399); VerkGefährdg dch StrVerschmutzg (BGH NJW **62**, 35: Viehtrieb); dch Überschwemmg bei Schneeschmelze (Kblz VersR **67**, 480); ausreichd Absperrg bei Viehmärkten (BGH NJW **55**, 1025). Die Gef, die von in die Str eingelassenen Schienen ausgeht, ist für jeden VerkTeiln erkennb, daher keine Haftg (BGH VRS **7**, 20). Mangelh Beleuchtg einer städt Str (BGH **36**, 237), der OrtsDchfahrt einer BStr (BGH MDR **71**, 649), von VerkHindern (BGH DB **55**, 1063, KG VersR **52**, 211), von StrBauArb (BGH VersR **62**, 519). Geringere Anfdgen bei Waldwegen (Düss VersR **83**, 542). Grdsätzl keine Pfl zur Anbringg von Wildschutzzäunen (BGH **108**, 273).

129 **e) Streupflicht.** Zusfassd Schmid NJW **88**, 3177. – **aa) Rechtsgrundlage** für die StreuPfl ist die Verantwortlichk dch VerkEröffng. Die der Gem als der Wegebaupflichtigen obliegde StreuPfl ist fast überall auf die Anlieger abgewälzt, u zwar entw aGrd von Observanz od aGrd bes ges Best (BGH BB **64**, 60; mit GG vereinb: BVerwG NJW **66**, 170); vgl Rn 132. Sie haften nach §§ 823 ff, u zwar bis zum EigtWechsel, auch wenn vereinb ist, daß die GrdstLasten vorher auf den Erwerber übergehen (BGH NJW **90**, 111). Gem bleibt jedoch auch in diesen Fällen verpfl, die Anlieger zur Erf der StreuPfl anzuhalten, sonst AmtsPflVerletzg (BGH **118**, 368). Andrers haften, falls die StreuPfl nicht auf die Anlieger übertr ist, diese dann, wenn sie eine bes GefQuelle geschaffen haben, zB dch Freischaufeln eines Gehpfades (BGH DB **69**, 1599). StreuPflVerl beurteilt sich auch bei öffrechtl Körpersch nach § 823, kann von diesen aber dem AmtsHaftgsR unterstellt werden, geschehen zB in NRW (BGH NJW **91**, 33), Bay (BGH VersR **91**, 665). – Bei Streit über die StreuPfl zw öff Körpersch hat die Körpersch weiter zu streuen, die bisher gestreut hat, bis der Meingsstreit entschieden ist (BGH **31**, 219).

130 **bb)** Der **Umfang der Streupflicht** richtet sich räuml u zeitl nach den Umst des EinzFalles, insb zu beurt nach den örtl Verh, Art u Wichtigk des VerkWeges, Stärke des Verk, LeistgsFähigk des StreuPflichtigen, Zumutbark der einz Maßn (BGH NJW **75**, 444). Diese tats Feststellgen unterliegen revisionsr Nachprüfg nur auf RFehler (BGH WM **98**, 827). Daraus ergibt sich: Streug mit je nach Minustemperatur auftauenden Streumitteln (Hamm NJW-RR **89**, 611). In der **Fußgängerzone** genügt Bestreuung eines angem breiten Streifens im Mittelbereich, der als gestreut erkennb ist (Karlsr VersR **83**, 188); auf Bürgersteigen genügt, einen Streifen schnee- u eisfrei zu halten, auf dem zwei Fußgänger vorsicht nebeneinand vorbeikommen, also etwa 1 bis 1½ m, auch wenn die GemSatzg mehr vorschreibt (Bamb NJW **75**, 1787); and ausnahmsw dort, wo sich am Rand eine Haltestelle befindet (BGH NJW **67**, 2199); belebte unentbehrl Fußgängerüberwege (BGH VersR **91**, 665, Ffm NJW-RR **88**, 154); Fahrbahn für Fußgänger bei bes Bedürfn, zB ist bei Unbenutzbk des Gehwegs ein angrenzder Fahrbahnstreifen von 1 m Breite zu räumen u von 0,5 m zu streuen (BGH VersR **69**, 377), außerd Stellen, an denen die Fußgänger die Fahrbahn überschreiten müssen (Düss VersR **88**, 274). StreuPfl auf **Parkplätzen** nur, sow die KfzBenutzer die Fläche auf nicht nur unerhebl Entferng benutzen müssen, um ihr Kfz zu verlassen u wieder zu erreichen (BGH VersR **83**, 162); auf die Verl der VerkSichgsPfl können sich auch and Passanten berufen, die den Parkplatz überqueren (Celle NJW-RR **89**, 1419). Fußpfad bis zum nächsten Bürgersteig (Ffm NJW-RR **86**, 1405). Für den **Fahrverkehr** besteht keine allg Pfl, alle Fahrbahnen öff Straßen od von PrivStr des öff Verk zu bestreuen; innerh geschl Ortsch nur an verkwicht u gefährl Stellen (BGH **112**, 74), also grds nicht auf NebenStr u Stichwegen zu Anliegern bei ihrer Einmündg in eine HauptStr (BGH WM **98**, 827, Zweibr MDR **98**, 1477) außer bei bes hoher VerkBelastg u gefährl Glatteis (Celle NJW **89**, 3287) oder wenn die VerkSicherh der HauptStr wegen der abschüss Einmündg der NebenStr gerade dort ein Streuen erfordert (Mü VersR **92**, 1371); außerh geschl Ortsch nur an bes gefährl Stellen, nicht zur Nachtzeit (BGH NJW **72**, 903: Ruhrschnellweg); eine bes gefährl Stelle ist dort, wo Anl u Zustand der Str die Bildg von Glatteis derart begünstigen od seine Wirkg in einer Weise erhöhen, daß diese bes Verh von dem Kraftfahrer trotz der bei Fahren auf winterl Str von ihm zu fordernden erhöhten Sorgf nicht od nicht rechtzeit zu erkennen sind (BGH DB **73**, 425); erkennb kurze Brücken auf FernStr, Brücken auf Stadtautobahn sind keine bes gefährl Stellen (BGH NJW **70**, 1682, Düss MDR **79**, 402); ebso nicht eine erkennb abschüss Kurve mit rechtzeit erkennb, zur Glatteisbildg neigdem Kopfsteinpflaster (Karlsr VersR **77**, 61). Streupfl auf innerörtl Durchgangs- u HauptVerkStr ggü allen VerkTeiln (BGH **65**, 100) u an verkwicht mit Ampeln versehenem Fußgängerübergang (BGH VersR **87**, 899). StreuPfl auf **Bahnsteigen** bei naheliegder GlatteisGef (Oldbg VersR **88**, 935). Geringere Anfordergen nur bei Promenaden u verkehrserleichternden Verbindgswegen. – **Keine Streupflicht** auf unbeleuchtetem Abkürzgsweg ab Einbruch der Dunkelh (BGH VRS **25**, 242), bei unwicht Fußwegen am Ortsrand (BayObLG VersR **67**, 758) u außerh der im Zushang bebauten Ortsteile (Celle Nds RPfl **83**, 275), unter extremen Wetterverhältn mit ständ sich erneuernder Glatteisbildg keine StreuPfl, wenn die Streuung die Gef nur unwesentl u ganz vorübergehd herabgemindert hätte (Hamm VersR **82**, 1081, VersR **97**, 68). Auf Straßen, Parkplätzen, Zugängen, Außentreppen richten sich **Beginn und Ende**, wenn nichts anderes bestimmt ist, nach dem TagesVerk. Beginn mit Einsetzen des Verk, Ende etwa 20 Uhr bzw ca 1 Std nach Ende des bes Publikumsverk (BGH NJW **85**, 270 u 482: Gastwirt, Hallenschwimmbad, Düss VersR **82**, 1054: Wochenmarkt); vor Geldautomaten bei Extremwitterg auch sonntags (Hamm DAR **98**, 142). Der Organisationsplan der Gem muß so beschaffen sein, daß die Räumg u Bestreug in den vom Berufsverkehr bes frequentierten Str vor dessen Einsetzen um etwa 7 Uhr, in den Fußgängerbereichen in Einkaufszonen etwa 9.30 Uhr beendet ist (Ffm VersR **95**, 45). Bei leichten, von

längeren Pausen unterbrochenen Schneefällen muß schon währd des Schneefalles mit groben Streumitteln gestreut werden; im Einzelfall entscheidet Beschaffenh von Schnee u Boden (BGH VersR **55**, 456; Stgt BB **62**, 4). Außergewöhnl GlätteVerh erfordern außergewöhnl Sorgf, uU häufigeres Streuen, regelmäß Überprüfg (BGH NJW **85**, 482: Gastwirt, BGH NJW **93**, 2802: überfrierder Regen, Steige des zentralen Busbahnhofs).

cc) Streupflicht in ländlichen Gemeinden richtet sich nach der VerkBedeutg der zu sichernden Str 131
(Mü VersR **68**, 976); bei kleinen Gem mit langen Wegen nur an VerkMittelpkten (BGH NJW **60**, 41), bei Ortsdurchfahrten (BGH VersR **70**, 853); an gefährl Stellen von HauptVerkStr bis etwa 20 Uhr (Karlsr VersR **69**, 191), dort auch im EinmündgsBereich von NebenStr mit einer gewissen VerkBedeutg (Stgt NJW **87**, 1831). – Auf **freien offenen Landstraßen** nur bei bes Gefahrenlage (BGH **45**, 143, **31**, 73: Brücken bei eintretendem Frost; bes Gefahrenlage bejaht; BGH NJW **63**, 39: kurvenreiche Strecke im Mittelgebirge mit wechselndem Waldbestand an einem bewaldeten Steilhang bei Nebel; bes Gefahrenlage verneint). Auf Gehwegen außerh geschl Ortsch grdsätzl keine StreuPfl (BGH NZV **95**, 144).

dd) Bei **Übertragung der Streupflicht an Dritte** strenge Anfdgen. ÜberwachgsPfl der Gem, die 132
StreuPfl den Anliegern auferlegt hat, vgl oben Rn 129; bei Vernachlässigg der StreuPfl dch den Anlieger ist die Gem zum Streuen iW der ErsVorn nur iR ihrer Pfl zur Aufrechterhaltg der öff Ordng u Sicherh, also nach ErmGrdsätzen verpfl (BayObLG VersR **67**, 758). Bei Übertr der StreuPfl auf Anlieger haften diese – also auch die Gem selbst als Anlieger – nach § 823 (BGH VersR **92**, 444, BayObLG **73**, 121), WohngsEigtümer als GesamtSchu (BGH NJW **85**, 484). ÜberwachgsPfl des HausEigtümers, Anliegers der StreuPfl auf Mieter (NJW-RR **96**, 655), Pächter (BGH VersR **84**, 1190) od HausVerw, Hauswart (BGH VersR **67**, 877, NJW **85**, 484) überträgt. Bei Hilfspers u Beauftragg and sind sorgf Auswahl gründl Anweisg über Art des Streuens u Überwachg erforderl (BGH BB **57**, 15, VersR **75**, 42). – IF der **Übernahme der Streupflicht durch** 133
Dritten mit poliz Gen haftet dieser dem Geschädigten (BGH NJW **70**, 95). Der HausEigtümer (Verm), dem dch Satzg die poliz WegereiniggsPfl auferlegt ist, haftet nicht, auch nicht unter dem Gesichtspkt der Verletzg einer AufsPfl (BGH DB **72**, 1965).

ee) Beweislast. Es gelten die allg Grds, dh der Verl hat die Versäumg der StreuPfl, ggf den Verstoß gg ein 134
SchutzGes u deren Ursächlichk für das bei ihm eingetretene SchadEreign zu bew. Bew des ersten Anscheins zG des Verl nur, wenn er innerh der zeitl Grenzen zu Fall gekommen ist (BGH NJW **84**, 432). Streupflichtiger muß die Umst nachweisen, die ein Streuen zwecklos machen (BGH NJW **85**, 484).

2) Wasserstraßen u -Flächen, die dem öff Verk gewidmet sind, auch Seewege (BGH VersR **56**, 65) u 135
Kanäle (BGH **35**, 111).

a) Allgemein gelten die Grds wie für Str (Rn 58–63, BGH **86**, 152). Turnusmäß Überprüfg, HindernBeseitigg u Kennzeichng v GefStellen in dem dem Verk zur Vfg gestellten Tl der WasserStr u an Liegeplätzen (BGH VersR **79**, 437). Grdsätzl müssen sich die VerkTeiln darauf verlassen können, daß das ges Fahrwasser ungefährdet befahren werden kann (Hbg VersR **79**, 571). Haftg des Bundes für die VerkSichg auf dem Rhein: nicht nur eigentl Fahrrinne u amtl vorgesehene Anker- u Liegeplätze, sond alle befahrb Teile des Strombetts (Köln VersR **68**, 246); jedoch brauchen Hindern außerh der ausgebauten Fahrrinne nur gekennzeichnet zu werden (BGH **37**, 69). Umfang der VerkSichgPfl bei Prüfg der Fahrrinnentiefe (Rhein) dch Peilrahmen (BGH **LM** § 823 (Dc) Nr 66) od (Mosel) Meßschiff (Köln OLG **68**, 397).

b) Aus der Rechtsprechung: Haftg für ordngsgem Zust von Schiffsliege- u anlegestellen (BGH VersR 136
79, 437); Hinw auf Unterwasserböschg an senkrecht eintauchder Wand im Hafen (Karlsr VersR **72**, 945); Hindern in Fahrrinne (BGH VersR **56**, 65); turnusmäß Überprüfg der Fahrrinne in Flüssen (BGH VersR **69**, 1132); nicht ausreichde Kennzeichng einer GefStelle (BGH DB **56**, 743); SchadErs bei Festliegen inf Hindern (BGH **55**, 153); liegengebliebener Anker im Fahrwasser (BGH VersR **72**, 435); Bediengsfehler im Schleusen-Betr (BGH **20**, 57); fehlerh Einschleppen in eine Schleuse (BGH **LM** § 823 (Ea) Nr 23); jedoch keine VerkSichgPfl für plötzl auftretde Hindern, mit denen nicht zu rechnen ist, zB eines vorher mit Kies bedeckten Blocks in der Kanalsohle einer Schleuseneinfahrt (BGH VersR **68**, 746); Haftg des Staats für Anbringg von Seezeichen, wo erforderl (RG **128**, 353); Losreißen eines ungenügd vertäuten Docks (Warn **36**, 76); Staatshaftg auch bei Hochwasserschutz (§ 839 Rn 106).

Straßenbahn. Regelmäß Kontrolle auch der hinteren Wagen an den Endhaltestellen, ob sich dort 137
GefQuellen für hilfl Fahrgäste entwickeln können, insb Nachts (Köln VersR **96**, 1425: Brand). Im schaffnerl Großraumwagen grdsätzl keine Pfl des Wagenführers, sich zu vergewissern, ob der Fahrgast Platz od Halt gefunden hat (BGH MDR **72**, 226). PflVerletzg dch Abfahren, wenn Türen noch nicht geschl (BGH **LM** (Ed) Nr 6). Pfl des Fahrpersonals, sich um die Sicherh eines einz Fahrgastes zu kümmern, nur bei deutl Anhaltspunkten für Hilfsbedürftigk (BGH NJW **99**, 573). – **Teich.** Nicht eingefriedeter Löschwasserteich auf einer Baustelle ist eine bes große GefQuelle für Kinder (BGH NJW **97**, 582). Der Eigtümer eines eingefriedeten HausGrdst mit Teich darf auf ständ Beaufsichtigg von Kleinkindern vertrauen (Hamm VersR **96**, 643), bes SichgsMaßn nur, wenn aGrd konkr Umst mit der Gefährdg Unbefugter zu rechnen ist (Oldbg VersR **96**, 644). – **Tennishalle.** Schutz vor Gef, die über das übl Risiko der AnlBenutzg hinausgehen, vom Benutzer nicht vorhersehb u nicht ow erkennb sind (Mü NJW-RR **87**, 18), zB ungenügder Abstand der Hallenwand von der Grundlinie (Ffm NJW-RR **93**, 856, Hamm MDR **97**, 739).

Umweltschäden, Gefährdgs(Verursachgs)Haftg nach §§ 1 ff UmweltHG v 10. 12. 90; vgl Schmidt-Salzer 138
VersR **92**, 389. S auch Industrieabfälle. – **Viehtrieb.** Vorübergehde Wegesperrg dch schlecht sichtb dünnen Drahtzaun u seitl Liegenlassen nach Wiedereröffng ist fahrl (Köln MDR **98**, 718).

Wasser: Wasserlieferg beurteilt sich nach KaufR, bei Schad inf Lieferg verunreinigten Wassers folgt die 139
BewLast den Grds über die ProdHaftg (BGH **59**, 303). Schad inf geplatzter Wasserleitg in darunter liegden Räumen (Hamm MDR **96**, 696). Verseuchg des Grdwassers s Industrieabfälle. – SchadErs bei wasserrechtl Bewilliggn § 8 WHG. – **Verunreinigung von Gewässern** StGB 324 u die WasserG der Länder. – Sichg des Einlaufs in einen unterird Wasserstollen gg Hineinfallen von Kindern wg der Sogwirkg (Stgt VersR **89**, 971). – **Wochenmarkt.** Haftg des StandInh u der Gem, die den Wochenmarkt als öff Einrichtg betreibt – ggf

aus § 839 – ggü Besuchern, Anliegern u Marktbeschickern samt Personal für Verl der VerkSichgsPfl (Jena VersR **98**, 990).

140 **9) Schutzgesetz. – a) Jede Rechtsnorm,** nicht nur Ges im staatsr Sinne, also auch VO, poliz Vorschr, gleichgült, ob strafr od privr Natur, ob Gebote od Verbote; auch behördl Einzelfallregelgen iV mit der ihnen zuGrde liegden ErmächtiggsNorm (BGH **122**, 1: LärmschutzAufl in einer BauGen, NJW **97**, 55: baurechtl Gen eines Kamins mit Auflage), Gen aGrd BImSchG 4 ff für gewerbl Anl.

141 **b) Den Schutz eines anderen bezweckt** die Norm, wenn sie, sei es auch neben dem Schutz der Allgemeinh, gerade dazu dienen soll, den einz od einz PersKreise gg die Verl eines RGuts zu schützen. Dabei kommt es nicht auf die Wirkg, sond auf Inhalt u Zweck des G nach der Intention des GGebers bei seinem Erlaß an (BGH ZIP **91**, 1597). Die Schaffg eines individuellen SchadErsAnspr muß erkennb vom G erstrebt sein od zumind iR des haftpflrechtl Gesamtsystems tragb erscheinen (BGH **46**, 23 u DB **76**, 1665). ZusStellg drittschützder Normen vgl § 903 Rn 15–23. Den Schutz eines and bezwecken nicht die G, die die Ordng des Staatsganzen, seine Verfassg u Verw zum Ggst haben. Wohl aber sind die G, die die Gesamth der Staatsbürger als Summe der einz schützen, wie zB Vorschr zum Schutze der VerkSicherh, über Verk mit Nahrgsmitteln usw, auch zum Schutze des einz bestimmt.

142 **c) Widerrechtlichkeit.** Sie wird dch die SchutzGVerl indiziert (BGH NJW **93**, 1580). Verh zu § 906 vgl dort Rn 3.

143 **d) Verschulden** ist AnsprVorauss auch dann, wenn Verstoß gg das SchutzG auch ohne Versch mögl ist; nur insow stellt Abs II an den subj Tatbestd weitergehende Anfordergen als das SchutzG. Im übr ist das SchutzG hins des subj Tatbest (Vors, Fahrlk) auch für die Anwendg des Abs II maßg (BGH **46**, 21). Für den Vors gilt die sog Schuldtheorie (BGH NJW **85**, 134; vgl § 276 Rn 11), für die Fahrlk der obj Begr wie § 276 Rn 12 (Dörner JuS **87**, 522), jedoch ausreichd, anders als bei Abs I, Voraussehbark, daß ein Verstoß gg ein SchutzG eintreten könnte, währd die Voraussehbark des Erfolges, der schädigenden Wirkg nicht erforderl ist (BGH **34**, 381). Über RechtsIrrt § 276 Rn 11, § 285 Rn 4. VerschVermutg bei Nichtbeachtg polizeil angeordneter Schutzmaßn (BGH BB **57**, 240). Geschäftl Ungewandth, niedr Bildgsgrad u sonstige Umst sind kein genügder EntschuldiggsGrd für Unkenntn ges Bestimmgen, wohl aber die Betrauung einer zuverläss Fachkraft (BGH **LM** (Bc) Nr 1).

144 **e) Ursächlicher Zusammenhang** besteht bereits, wenn die Befolgg des SchutzG eine größere Sicherh gg den Eintritt des Schad geboten hätte (BGH **LM** (Ef) Nr 11 b). Vgl im übr Vorbem 54–107 vor § 249. Über BewLast: Rn 174.

145 **f) Schutzgesetze sind** (alphabet): **AbfallG** 2 I Nr 2 (Hamm NJW-RR **90**, 794). – **AFG** 141 b V (LG Oldbg NJW-RR **86**, 581); 225 (BGH NJW **85**, 3064); SchadEintritt mit Nichtabführg der ArbNAntle (BGH NJW- RR **89**, 472). – **AktG** 9, 27, 183 schützen nur die Aufbringg des GrdKapitals, nicht darü hinausgehde indiv VermInteressen (BGH NJW **92**, 3167); 92 II (BGH WM **77**, 59 u NJW **79**, 1823); 92 III, außer wenn der Gläub die Zahlg nach den Regeln der KonkAnf behalten darf (Düss WM **85**, 1009 [1018]); 117 I schützt nur die gesellsch- bzw mitgliedschbezogenen, nicht außergesellsch VermInteressen der Aktionäre (BGH NJW **92**, 3167); 168, 403: Haftg d Prüfers den Gläub der AG ggü (BGH BB **61**, 652); 399 I Nr 4 zG der AG u der Pers, die aus der Kapitalerhöhg hervorgegangene Aktien erwerben (BGH **105**, 121). 401 I 2, II (BGH WM **85**, 384) – **ArbNErfindgsG** 16 (Ffm OLG **93**, 79). – **ArbZeitO** zum Schutze jedes BetriebsInh ggü unlauterem Wettbew durch Offenhalten (RG **138**, 219). – **ArzneimittelG** 5 (BGH NJW **91**, 2351). – **AVG** 118, 121 (BGH ZIP **85**, 997). – **BauFdgG** (auch Einf 10 vor § 607, § 648 Rn 6) 1, 2 II, 4, 5 zG der BauGläub nach dem PrioritätsGrds nur bei Vors, der bei Verl eines SchutzG nicht dch fahrl VerbotsIrrt ausgeschl ist (BGH NJW **82**, 1037, NJW **85**, 134, NJW **86**, 1104, BB **87**, 437 [zur DarleggsLast]). Der Schtzbereich umfaßt Leistgen, die einen unmittelb Beitr zur Herstellg des Baus bilden, auch die Anfertigg von Plänen, BauAufs u -Leitg (BGH WM **91**, 905), nicht aber eine best Reihenfolge der Auszahlg (Düss NJW-RR **96**, 1363). Unter das Ges fallen als Herstellg des Baus nur solche Leistgen, die sich auf wesentl Bestandtle des Gbdes beziehen (BGH NJW-RR **89**, 1045), auch der Umbau od Ausbau eines schon errichteten Gbdes (BGH NJW **88**, 263), uU auch der Verk eines schlüsselfert Hauses u jede einz Rate (BGH NJW **86**, 1105). Die Pfl zur Verwendg als Baugeld erstreckt sich auf sämtl bezahltes Geld oRücks auf die Zuordng einer Leistg zu einer best ZahlgsRate (BGH VersR **90**, 427). Aufr verletzt das Ges nur, wenn darin eine zweckwidr Verwendg von Baugeld liegt (Düss WM **97**, 913). Baugeldgewährg kann ein KreditGesch jeder Art sein, entscheidd ist die Vereinbg über die dingl Sichg (BGH NJW **88**, 263), der Empf muß nicht selbst an der Bauherstellg beteil sein – zB Generalübernehmer (BGH NJW-RR **91**, 141) –, Beauftragg einer Gesellsch, an der er beteil ist u deren Gesch er selbständ führt, genügt (BGH NJW-RR **86**, 446). Auch SubUntern können in den Schutzbereich des Ges fallen (BGH NJW-RR **90**, 342). Ein DarlN ist Empf von Baugeld erst, wenn er VerfüggsBefugn über den DarlBetr erlangt hat (BGH WM **90**, 192). Der SchadErsAnspr des BauHandw wg Verstoßes gg die Pfl, Baugeld zur Befriedigg der an der Bauherstellg Beteil zu verwenden, setzt voraus, daß der Handw auf eine fäll Fdg keine Befriedigg erlangt hat (BGH NJW-RR **91**, 141). – **BDSG** 3, 24 (Hamm ZIP **83**, 552), 4, 29 (Hamm NJW **96**, 131), 32 II (Winkelmann MDR **85**, 718). – **BGB** 226 (RG **58**, 214) 394 (RG **85**, 108); 456–458 (MüKo/Westermann § 458 Rn 2); 618 umstr; 858 (BGH **79**, 232); 906 (BGH NJW **96**, 3208); 907 (RG **145**, 107); 909 zG des angrenzden GrdEigtümers (BGH NJW-RR **97**, 146) u des EigtumsAnwartschBerecht (BGH NJW **91**, 2019); zum SchadErs verpfl ist jeder, der ein Grdst vertieft od daran mitwirkt, der Eingr ist aber nicht rwidr, wenn ihn der Nachb ausnahmsw dulden muß (BGH **101**, 290); 1004 (BGH DB **64**, 65; zweifelnd Köln NJW **96**, 1290); 1027 (RG Recht **19**, 1430); 1134–1135 zum Schutze der HypGläub (BGH NJW **76**, 189). – **Bebauungsvorschriften** nachbarschützden Inhalts, zB über die zuläss Geschoßzahl (BGH WM **74**, 572). – **Behördliche Einzelfallregelungen** Rn 140. – **BetrVG** 78 II, 78 a zG des auszubildden Amtsträgers (BAG DB **75**, 1226); 119 I Nr 2, uU auch analog zG des ArbG bei Störg von BetrVers (Herschel DB **75**, 690). – **Bienenschutz VO** 2 I (Hamm VersR **83**, 160). – **BImSchG** 22 I Nr 1, 2 mit einer konkretisierden Aufl der VerwBehörde (BGH WM **97**, 270); vgl auch § 903 Rn 15–22, § 906 Rn 37–39). – **BJagdG.** Hat die JagdBeh gem § 27 I BJagdG dem JagdAusübgsBerecht dch VerwAkt einz nach Art u Umfang best Pfl zur Verringerg des Wildbestandes auferlegt, so kann dies ein SchutzG zG des einz GrdstBerecht sein

(BGH **62**, 265). – **BörsenG** 89 (Düss WM **89**, 175). – **EGV** 85 I ist SchutzG zG von Wiederverkäufern gg unberecht Nichtbelieferg (BGH WM **98**, 2481: SchadErs in Geld, aber kein BeliefergsAnspr). – **Eisenbahnbau- u BetrO** 11 (Ffm VersR **94**, 114: Bahnübergang), 63 (RG Recht **13**, Nr 2723: Verbot, Außentüren währd der Fahrt zu öffnen, SchutzG zG der Mitreisenden). – **EmbryonenSchutzG** 1 (Deutsch NJW **91**, 721). – **EMVG** vgl Schünemann NJW **96**, 81. – **FuttermittelG** 3 Nr 2b, 17 mit Anl 3 der FuttermittelVO zG des Tierhalters (BGH NJW **87**, 1694), § 3 Nr 2a, Nr 3b (BGH **105**, 346), alle Tatbestd in § 3 Nr 3 zG des Käufers (Köln VersR **98**, 595). – **GefahrgutVO Straße** (Hamm NJW-RR **93**, 914). – **GenG** 69 (RG **59**, 49); **146**
147 (BGH WM **76**, 498); 148 (RG LZ **14**, 864). – **GerätesicherhG,** vgl Rn 203. – **GewO** 12 zG inländ Gl ausländ JP insow, als es um den Nachw für das VorhSein des zur Gen erforderl GesellschKapitals geht (BGH NJW **73**, 1547); 56 I Nr 6 kann je nach Art des Gesch SchutzG sein (BGH **71**, 358 [362]; vgl auch nachstehd Rn 153); 120, 139h, 147 Z 2 (RG JW **09**, 493 für fr § 16); 120a–c (RG **105**, 336). 148 I Z 2 (RG **138**, 219); – **GmbHG** 35a I 1 (LG Detmold NJW-RR **90**, 994), 40 II (Haase BB **96**, 2309), 64 I zum Schutze derjen, die vor dem ZtPkt, in dem der InsAntr hätte gestellt werden müssen, bereits Gläub waren – also nicht der BAnst für Arb als Leistgsträger der Verpfl zur Zahlg von InsAusfallgeld (BGH **108**, 134) – auf Erhaltg der Zugriffsmasse, sog QuotenSchad (BGH **29**, 100). Auch bei Verlust von AussondergsR Haftg nur für Quotenschad (BGH **100**, 19). Ggü NeuGläub haftet der pflichtwidr handelnde GeschF auf vollen (nicht nur Quoten-)Ers des Schad, der ihnen dadch entsteht, daß sie in RBez zu einer überschuldeten od zahlungsunfäh GmbH getreten sind (BGH **126**, 181, NJW **95**, 398, Düss NJW-RR **99**, 913; zustimmd Hirle NJW **95**, 1202; abl Altmeppen/Wilhelm NJW **99**, 673). Zur Geltdmachg dieses auf Ers des negat Schad gerichteten Anspr wg verspäteter Stellg des InsAntr ist der Neugläub, nicht der InsVerw berecht (BGH **138**, 211). SozVersTräger sind NeuGläub nicht gleichzustellen (BGH NJW **99**, 2182). 68 II (Ffm NJW **91**, 3286, NJW-RR **98**, 1246). – **GWB** 26 II (BGH **36**, 100); 27 (BGH **29**, 344). – **HGB** 177a, 130a (BGH ZIP **95**, 31). – **Interdikte,** gemeinrechtl Flußinterdikte (RG JW **33**, 508). – **JugArbSchG,** sow es Pfl des ArbG begründet (vgl Einf 85 vor § 611, Herschel BB **60**, 750). – **JSchÖG** 3 (BGH VersR **78**, 921). – **KunstUrhG** 22, Recht am eigenen Bilde (Mü NJW-RR **98**, **147**
1036). – **KWG** Rn 154. Anspr von KreditInstituten aus § 839, zB wg widerr Schließg, sind nicht ausgeschl (Reischauer/Kleinhans § 6 Nr 16a, Fett WM **99**, 613/619). – **LebensmittelkennzeichnungsVO** 3, aber nicht gg mißbräuchl Verwendg des Lebensmittels (Ffm NJW-RR **99**, 30). – **LMBG** 8 (BGH **116**, 104). – **MaBV** 3, 4 (Hamm NJW-RR **99**, 530). – **MargarineG** 2 IV (BGH NJW **57**, 1762). – **Milch- u FettG** (BGH DB **56**, 547). – **MutterSchG** 9 II, aber keine Pfl des AGebers zur Belehrg der ANehmerin vor Nachteilen der EigenKünd (BAG NJW **83**, 1392). Sanktion in **OrdnungswidrigkeitsG** kann Verl eines SchutzG sein, soweit nicht die schützenswerten Belange des Beeinträchtigten anderweit abgesichert sind (BGH **84**, 312 [317]). – **PersonenbefördergsG** 61 I Nr 2 zG der BBahn, ungenehmigter Linienverkehr (BGH **26**, 42), auch zG anderer VerkUntern (Ffm MDR **62**, 571). – **PflanzenschutzG** 8 IV S 2, 12 I 5, Schutz vor gefährl Nebenwirkgen von Pflanzenschutzmitteln; nicht vor den Folgen mangelnder Wirksamk (BGH NJW **81**, 1606). – **PflichtVersG** 1 zG des VerkOpfers u des Fahrers, dem der Halter ein nichtversichertes Kfz zur Benutzg überlassen hat (Düss VersR **73**, 374); 5 zG des VerkOpfers (BGH VRS **22**, 178); 6 zG des VerkOpfers (Mü VersR **73**, 236). – **ProdSG** 4–6, 8, 9 (Wagner DB **97**, 2489, Nickel u Lars VersR **98**, 948, v Westphalen **148**
DB **99**, 1369). – **RBerG** zum Schutz der Rechtssuchden u der Anwälte (BGH **15**, 315). – **ReichsgaragenO** 45 III zG der Nachbarn gg Immissionen (BGH **40**, 306). – **RVO** 393, 533, 536 aF, 529 I, 1428 I (BGH NJW **85**, 3064) zum Schutz der VersTräger; SchadEintritt mit der Nichtabführg der ArbNAntle (BGH NJW-RR **89**, 472), auch der Ersatzkassen, soweit es um die Beitr verpflicht ArbN geht, auch wenn die Kunden des ArbG auf dessen Weisg die Löhne direkt an die ArbN unter Verrechng auf die WkVergütgsFdg des ArbG auszahlen (BGH VersR **81**, 529); nicht dagg für SäumnZuschläge gem Art I § 24 I SGB IV (BGH VersR **85**, 1038) u soweit es um die NichtAbführg der ArbGAntle geht (BGH NJW **76**, 2129); 317 zG der Krankenkasse, soweit es um die rechtzeit Abmeldg des ArbN dch den ArbG (BGH aaO) u um unberecht Leistgen der Krankenkasse wegen Anmeldg eines nichtverspfl ArbN (Ffm NJW-RR **89**, 225) geht; 529 (Karlsr VersR **81**, 479). – **ScheckG** 3 (Düss WM **96**, 1396), 39 (Hamm SeuffA **77**, 72). – **SeestraßenO** (RG **73**, 12). – **SGB X** 98 **149**
(Düss NJW-RR **92**, 1507). – **SprengstoffG** 9 (BGH **LM** (Bf) Nr 4), 27 (Hamm NJW-RR **95**, 157). – **StGB** 136 I; 142 (BGH NJW **81**, 750, offengelassen mit bejahder Tendenz auch für freiwill Helfer); 153 (Celle FamRZ **92**, 556), 154; 156 (BGH MDR **59**, 118); 163 (BGH BB **65**, 14); 164 (BGH – **LM** § 823 (Be) Nr 3); 170 zG des UnterhBerechtigten u für die Zt, in der UnterhPfl besteht, auch der Körpersch, die wg der Unterh Verweigerg Unterh gewähren muß (BGH NJW **74**, 1868); 182; 185 ff (BGH **95**, 212 bei PersönlkRVerl neben § 823 I anwendb); 189; 203 (Hamm MedR **95**, 328); 221; 223; 231 (BGH **103**, 197, NJW **99**, 2895 zu fr 227: EntlastgsMöglk des InAnsprGenommenen, daß seine Beteil den Schad nicht herbeigeführt hat); 235; 239; 240 (BGH NJW **62**, 910); 241; 248b zG des Eigtümers (BGH **22**, 293); 253; 257 (BGH **LM** § 823 (Be) Nr 15a); nicht jedoch, sow nur bezweckt wird, den Täter der Bestrafg zu entziehen (BGH **LM** § 832 Nr 6); 259; 263 (BGH **57**, 137: Der Käufer eines Gebrauchtwagens, der den KaufVertr wg argl Täuschg erfolgr angef hat, kann den Kaufpr zurückverlangen, auch wenn der Wagen bei einem von ihm versch Unf zerstört worden ist; es fehlt weder am Urs- noch am RWidrigkZushang, ggf führt § 254 zu einer AnsprMinderg); 264 (BGH **106**, 204); 264a (BGH **116**, 7), 265 (Düss NJW-RR **95**, 1493); 266 (BGH **100**, 191, NJW **99**, 2817); 266a (BGH **133**, 370, **134**, 304); 288, geschützt ist das sachl BefriedigsR des Gläub, nicht die formell bestehde proz Vollstrbk (BGH **114**, 305); bei interner ZuständigkRegelg in einer mehrgliedr GeschFg u bei Übertragg der Aufg an einen Prokuristen verbleibt, insb bei Zweifeln u in Krisensituationen, eine UberwachgsPfl (BGH ZIP **96**, 2017); 302a ff; 306, 309 (jetzt 306d) zum Schutze des Eigtümers u dingl Berechtigten u wohl auch der sich im Gbde aufhaltden Menschen (BGH NJW **70**, 38); 315 ff, 316 zum Schutze der Gesundh u des Eigtums des EisenbahnUntern u der and vom Verk unmittelb berührten Pers (BGH **19**, 126); 323 (BGH **39**, 367, Schutz des Lebens u der Gesundh, nicht des Vermögens); 340. Bau- u BetriebsVO f **Straßenbahnen** (BGH VersR **150**
53, 255). – **StVG,** 21 II Nr 2 (BGH NJW **79**, 2309), aber nicht ggü dem Fahrer ohne FahrErlaubn (BGH NJW **91**, 418). – **StVO** 2 II S 1, Rechtsfahrgebot, zG des Überhol- u GgVerk in LängsRichtg, nicht zG eines EntggKommden, der nach links einbiegen will (BGH NJW **81**, 2301); 3 I 2, Geschwindigk, auch zG and VerkTeiln (BGH NJW **85**, 1950). Abstand, auch zG Fußgänger (Mü NJW **68**, 653); 3 II a (BGB NJW **94**, 2829); 5, Überholverbot auch für NachfolgeVerk (BGH VersR **68**, 578); 12 I Nr 6b, eingeschränktes Halteverbot, auch zG straßenüberquerder Fußgänger (Mü NJW **85**, 981) u ggüliegder GrdstEin- u Ausfahrt (Kln

NJW-RR **87**, 478); 12 III Nr 3, IV Parkverbot vor GrdstEinfahrten (Karlsr NJW **78**, 274) u auf Gehwegen (LG Karlsr NJW-RR **87**, 479); 14 II, Sicherg des Kfz gg Schwarzfahrer (BGH NJW **81**, 113); 17 IV, Sicherg haltder Fahrzeuge (BGH VersR **69**, 895); 32 I 1 (Ffm NJW **92**, 318: lose aufgestellte Blumenkübel in der Fahrbahn zur VerkBeruhigg); 41, VerkGebot, -Verbot (BGH VersR **55**, 183), aber nicht, wenn der Schad unabh von der Gefahr, vor der das VerkZeichen schützen soll, eingetreten ist (BGH NJW **70**, 421: „Nur für Anlieger"); 41 Nr 7, Höchstgeschwindigk, auch ggü Fußgängern (BGH VersR **72**, 558). – **StVZO** 29 d II, Stillegg eines nicht versicherten Kfz (BGH NJW **82**, 988); 38 a, Sicherg des Kfz gg Schwarzfahren (BGH NJW
151 **81**, 113). – **TierseuchenG** 9, AnzeigePfl (Schlesw SchlHA **60**, 140). – **Trinkwasser VO** 3, 8 (BGH NJW **83**, 2935). – **TzWrG** 7, AnzahlgsVerbot (Ffm NJW **99**, 296). – **UnfallverhütungsVO** Chlorung von Wasser 5 VII (Hamm NJW-RR **98**, 1328). – **UrhRG** 63, Quellenangabe (RG **81**, 120 für fr Recht); 97. – **UWG** 17 II Nr 2 (Mü NJW-RR **96**, 1134). – **WaffenG** 35 I, 45 I (Hamm NJW **97**, 949). – **WassHaushG** 8 iVm den WasserG der Länder für Stützverlust des NachbGrdst dch GrdWasserAbsenkg (BGH NJW **77**, 763); 8 III, IV, sow sie dem Betroffenen eine mat RStellg einräumen (BGH **69**, 1, BayObLG **80**, 168), u zwar unabhäng davon, ob für eine Gewässerbenutzg eine Bewilligg, eine Erlaubn od weder die eine noch die and dieser beiden wasserrechtl Gestattgen beantragt wird (BGH **88**, 34). – **WertpapierhandelsG** § 31 II (Gaßner/Escher WM **97**, 93). – **ZahnheilkundeG,** zum Schutz der gesetzl zugelassenen Zahnbehandler (Oldbg NdsRpfl **55**,
152 133). – **ZPO** 803 (BGH BB **56**, 254). – **ZugabeVO** (BGH NJW **56**, 911). – **Landesrecht.** Enhält zahlreiche SchutzG, insb im Bau-, Fischerei-, Presse-, Wald-, Abfall- u Wasserrecht, in öffentlr GemSatzgen zur VerkSichgsPfl auf öff Wegen (Celle VersR **98**, 604).

153 **g) Keine Schutzgesetze sind** (alphabet): **AFG** 167 ff (RAG JW **33**, 261 für die entspr 157 ff AVAVG; Mü NJW **56**, 132), **AktG** 37 I 4 für Gl der AG (LG Hbg WM **77**, 152); 92 I, 93 I, II nicht zG der GesellschGläub (BGH NJW **79**, 1829), 92 II nicht zG eines RuhegehaltsEmpf (LAG Bln ZIP **82**, 211). – **AVG** 151 für SozVersTräger hins der NichtEntrichtg der ArbGAntle (BGH **84**, 312). – **BGB** 564 b für den Mieter, der auf unberecht Künd freiwill auszieht (Hamm MDR **84**, 494), 733 (KG JR **51**, 22); 832 (RG **53**, 312); 1624 (RG **53**, 312). – **BFernStrG** 9, 9 a zG des StrBaulastträgers (BGH NJW **75**, 47). – **BJagdG** 1 II, 21, Hege- u AbschußVorschr im Hinbl auf WildSchad (BGH RdL **57**, 191). – **DIN-Normen** sind priv techn Regelgen mit EmpfehlgsCharakter, keine RNormen (BGH **139,** 16), also grds auch kein SchutzG (Brdbg OLG-NL **95**, 250). – **FernmeldeO,** früh FernsprechO 12, AusfBestimmgen, Herausg privater Teilnehmerverzeichn (BGH NJW **61**, 1860). – **GenG** 34 (so RG DNotZ **33**, 382, wohl unzutreffd). – **GewO** § 56 I Nr 6 nicht zG von DarlNehmern zwecks steuerl Vortle dch Beitritt zu einer AbschreibgsGesellsch (BGH **93**, 264; krit Dauner-Lieb DB **85**, 1062). – **GmbHG** 30 u 41 sind keine SchutzG zG der Gläub der GmbH (BGH **110**, 342, BGH ZIP **94**, 867 [871], Düss NJW-RR **94**, 424); 64 I ist kein SchutzG der BAnst für Arb im Hinbl auf die Zahlg von KonkAusfallgeld (BGH **108**, 134). – **GüKG** zG der am Abschl des GüterFernVerkVertr beteiligten Untern (BGH NJW **64**, 1224). – **HGB** 29, 30 (RG **72**, 408); 238 ff (BGH DB **64**, 1585); 323 I (LG Hbg WM **99**, 139). – **InsO** 52 schützt die Gl nicht davor, mit einer überschuldeten GmbH in GeschVerbindg zu
154 treten (BGH ZIP **87**, 509 zu § 64 I KO). – **KWG.** Kein SchutzG zG mittelb Betroffener wie Bankkunden, § 6 III (BGH WM **84**, 131); 18 (Hamm WM **88**, 191); 21 IV kein SchutzG zG des Sparers gg seinen treul Vertreter (Köln WM **86**, 1495); 32, 54 kein SchutzG zG des Anlegers vor Spekulationsverlusten trotz gehör Aufklärg (Essen NJW-RR **92**, 303); s aber auch Rn 147. – **MaBV** 3 a (Dresd DNotZ **98**, 372). – **Montan-UnionVertr** 4 b, c u 60 (BGH **30**, 74). – **Ortssatzungen,** ausgen sie bezwecken auch die Begründg eines ind SchadErsAnspr, wenn dies iR des haftgsr Gesamtsystems tragb ist (Düss NJW **79**, 2618). – **OWiG** 130 schützt nicht VermInteressen (BGH NJW **94**, 1801; krit Schmidt ZIP **94**, 837 [841]). – **PflVersG** 5 nicht zG des KfzHalters (Düss VersR **88**, 852); **ReichsgaragenO** 11 II BGH **40**, 306. – **RVO** 393 Nichtabführg der ArbGAntle (BGH NJW **76**, 2129). – **SGB I** 60 (Gagel NJW **85**, 1872); **IV** 24 I (BGH ZIP **85**, 996). – **StGB** 30 II (Wilts NJW **63**, 1963); 145 d nicht zG des v der falschen Anz Betroffenen (KG DAR **75**, 18); 180 (RG **53**, 239); 248 b nicht zG der VerkTeiln (BGH **22**, 293); 257, vgl oben unter Rn 149; 267 schützt die Sicherh des RVerk mit Urk, der Schutz von VermInteressen ist Reflexwirkg, aber nicht Zweck der Norm (BGH **100**, 13); 278 im Verh zum Patienten (LG Darmstadt NJW **91**, 757); 317 nicht zG des Fernsprech- od Fernschreib Teiln (BGH NJW **77**, 1147); 323 nicht für das Verm des Bauherrn (BGH NJW **65**, 534); 323 c (Ffm NJW-RR **89**, 794); 356 (Frank MDR **62**, 945). – **StPO** 79 (BGH NJW **68**, 787). – **StVO** 12 I Nr 6 b, 45 I Nr 1, VI kein SchutzG zG allg VermInteressen des StrBauUntern (LG Bln NJW **83**, 288, LG Stgt NJW **85**, 3028; aA LG Mü I NJW **83**, 288). – **StVZO** 20 ff nicht zG eines Kreditgebers für den Erwerb eines Kfz (BGH WM **79**, 17); 21 nicht zG des KfzErwerbers (BGH BB **55**, 683); 27 III (BGH NJW **80**, 1792 [1793]); 29 a ff nicht zG des KfzHalters (Düss VersR **88**, 852); 29 c (BGH MDR **78**, 1014); 29 d I (BGH NJW **80**,
155 1792). – **UnfallverhütgsVorschr** der Berufsgenossenschaften (BGH VersR **69**, 827). – **UWG** 3 geht im Verh zu Mitbewerbern als SpezialRegelg dem § 823 II vor. Im Verh zw Abnehmer od Verbraucher u Produzent od Werbden ist § 3 nach BGH NJW **74**, 1503 kein SchutzG; aA Sack NJW **75**, 1303, BB **74**, 1369 mit dem berecht Hinw, der BGH halte TatbestdMäßigk u AnsprKonkurrenz nicht genügd auseinand; ebenf aA Schricker GRUR **75**, 111: § 3 UWG sei SchutzG auch zG des einz Verbrauchers u verdränge Anspr aus § 823 II nicht. – **VOB/A** Abschn 2, 3, 4 gewähren Bietwilligen wohl keine subj Rechte (näher: Lötzsch/Bornheim NJW **95**, 2134). – Grds **VDEBestimmungen** (Köhler BB Beilage 4/85). **VVG** 71, 158 h (BGH NJW **53**, 1182). – **WassHaushG** 2, 6, 41 I Nr 1 1. Alt (BGH **69**, 1; aA Mü NJW **67**, 570, krit Freudling NJW **67**, 1451). – **WPO** 2, 43, 48 (Saarbr BB **78**, 1434, LG Hbg WM **99**, 139). – **ZPO** 392, 410 (BGH **42**, 313). – **1. WKSchG** § 1 in Bezug auf Umzugskosten bei unberecht Künd (Karlsr OLGZ **77**, 72). – **WpHG** 14
156 (Kaiser WM **97**, 1557). – **ZPO** 410 I (Mü VersR **84**, 590, Düss NJW **86**, 2891). – **Landesrecht:** § 34 *Bay* **Berufsordng für die Ärzte,** 1958 (BGH NJW **65**, 2007: nicht zG der Fachärzte). – **BauOrdngen:** *Bay* Art 13 III (jetzt 14 III) für Stromabnehmer wg VermSchäd (BayObLG NJW **72**, 1085); Art 15 (jetzt 16) Schutz gg Feuchtigk (Mü NJW **77**, 438). *BW* § 82, *NRW* § 75 (Schmalzl NJW **70**, 2265 [2269]; Kein SchutzG für Stromabnehmer sind *BW* BauO § 18 III (Karlsr NJW **75**, 221); die BauO für das *Saarl* bei BauArb an VerkAnl (Saarbr VersR **76**, 176) u gleichart Vorschr and Länd (BGH **66**, 388). – **G über Gewerbesteuerausgleich** (Anteil der WohngsGemeinde am Steueraufkommen der BetrGem) – mit GG vereinb (BVerwG WM **65**, 140). – *NRW* (Köln OLGZ **68**, 10); *Hess* (LG Ffm NJW **63**, 2174, zust Katholnigg

NJW **64**, 408); *Bay* (Nürnb NJW **64**, 668). *NRW* **GemeindeO** 69 I, Errichtg wirtsch Unternehmgen durch die Gemeinde nur unter best Voraussetzgen (BGH BB **65**, 392; mögl aber SchadErsAnspr nach § 1 UWG).

10) Ersatzberechtigter. – a) Der unmittelbar Geschädigte. Nur natürl u jur Personen. Vorgeburtl Verletzg vgl Rn 4, 5. Im Falle des Abs I ist ersatzberecht der, dessen Lebensgut od Recht dch die uH verletzt worden ist, im Falle des Abs II der, dessen Schutz das verletzte G dienen soll (Hamm NJW **74**, 2091; vgl Rn 142). Mittelb Geschädigte haben SchadErsAnspr gg den Verletzer aus uH nur nach §§ 844, 845 (BGH **7**, 30). Im Einzelfall kann str sein, ob unmittelb od nur mittelb Schädigg vorliegt. Vgl Vorbem 15 vor § 249. Zu der Frage, ob der Schad einer GmbH auch der des AlleinGters ist, vgl Vorb 111 vor § 249. – Über Liquidation des DrittSchad vgl Vorbem 113 vor § 249. – **b)** Von **mehreren Verletzten** kann jeder nur den eig Schad geltd machen (RG **56**, 271). Über gutgläub ErsLeistg wg EigtVerletzg an den Besitzer vgl § 851. – **c) Vererblich und übertragbar** sind alle ErsAnspr, auch aus § 847, soweit nicht § 400, ZPO 850b entggstehen. Übergang der ErsAnspr auf Versicherer u SozVersTräger ist gesetzl in best Fällen vorgesehen. – **d) Haftungsausschluß oder Beschränkung** dch SonderG vgl Einf 7 vor § 823, unter EheG § 1359 Rn 2, unter Partnern einer ne LebGemsch Einf 33 vor § 823. 157

11) Ersatzverpflichtet ist grdsätzl nur der Täter. Mittäter u Beteiligte § 830, mehrere Täter § 840, Haftg von Unzurechngsfäh, Jugendl §§ 827–829, von AufsPers §§ 831, 832. Eine allg Haftg des Vertretenen für uH des Vertreters kennt das BGB nicht (RG **132**, 80). Auch keine Haftg für Part kr Amtes, wie KonkVerw (BGH **21**, 285), TestVollstr (BGH VersR **57**, 297); diese haften unmittelb. Jedoch haftet die jur Pers des priv u öff Rechts für uH ihrer verfassgsm Vertr gem §§ 30, 31, 89 (BGH NJW **63**, 484: Versch der verfassgsm berufenen Vertr einer Fernsehgesellsch bei einer Werbesendg). Haftg insow auch für mangelnde Organisation in der Überwachg der Hilfspersonen (BGH DB **65**, 324, NJW **63**, 904: Haftg des Verlegers für mangelnde Organisation) u für Unterbleiben erforderl Bestellg bes Vertreters nach § 30 (vgl § 831 Rn 14, 16). Haftg der OHG für uH der vertretgsberecht Gesellschafter, die im inneren Zushang mit dem GeschBetr begangen sind (BGH NJW **52**, 538). In allen übr Fällen besteht Haftg für uH Dr (Bevollm, Angest usw) nur nach §§ 831, 832, also unter Vorbeh des dort zugelassenen EntlastgsBew. Haftg der Mitgl eines nicht rechtsfäh Vereins für uH von VorstdMitgl vgl § 54 Rn 12. – Für PflVerl der öff Gew bei **hoheitlicher Tätigkeit** haftet der Staat od die sonstige Körpersch nicht nach §§ 30, 31, 89, sondern nach § 839. 158

12) Anspruch auf Schadensersatz. – a) Inhalt und Umfang bemessen sich nach den Grds der §§ 249ff, gleichgült, ob die uH vorsätzl od fahrl begangen ist (Einf 12, 13 vor § 823); außerdem nach den Sondervorschr der §§ 843, 845, 847. Zu ersetzen ist grdsätzl das negat Interesse (Vorbem 17 vor § 249). Ers des pos Interesses nur, wenn die für den SchdEintritt ursächl uH zugl die Vorauss für einen vertragl GewlAnspr erfüllt (BGH NJW **98**, 983). SchadErs umfaßt unmittelb u mittelb verurs Schad, der aus der Verl des Rechts bzw RGuts entstanden ist, das Abs I od das SchutzG schützen will (BGH **46**, 23). Die Tatfolge, für die Ers begehrt wird, muß innerh des Schutzbereichs der verl Norm liegen (BGH NJW **68**, 2287; Vorbem 62–65 vor § 249). So schützen Vorschr über Transportgefährdg nur Gesundh u Eigt der vom Verk unmittelb berührten Pers, nicht aber ihre allg VermInteressen (BGH **LM** § 426 Nr 8). Ebenf kein Anspr auf Erstattg der Verteidigerkosten eines Unfallbeteil gg den, der den VerkUnfall schuldh herbeigeführt hat (BGH **27**, 137). Kein ErsAnspr des UnfallVerl wg früherer Pensionierg inf einer bis zum Unf verborgenen Krankh (BGH NJW **68**, 2287). Verlust des SchadFreihRabatts Vorbem 92 vor § 249. Erstattg von AnwKosten Vorbem 83, 90, 91 vor § 249. Zu den dem Verl gesch HeilgsKosten gehört auch der Aufwand nächster Angehör, auch des Lebensgefährten (LG Münster NJW **98**, 1801), für medizin notw KrHausbesuche, näml unvermeidb Fahrt-, Übernachtgs- u VerpflggsMehrkosten sowie dch Vor- od NachArb nicht auffangb Verdienstausfall (BGH NJW **91**, 2340, Neumann-Duesberg NZV **91**, 455); eig ErstattgsAnspr der Angehör nach § 683 (BGH NJW **79**, 598). Nicht ersfäh ist die vermehrte elterl Zuwendg als solche an das verl Kind (BGH NJW **89**, 766). Wird der Verl dch eine Körperverl gehindert, einen geplanten Urlaub zu genießen, dann führt dies nicht zu einem Anspr auf Ers eines VermSchad – and im ReiseVertrR –, wohl aber zur Berücksichtigg beim SchmerzGeldAnspr (BGH VersR **83**, 392; Vorbem 83 vor § 249). – Kosten der Bekämpfg von Ladendiebstählen, Fangprämie Vorbem 44 vor § 249. Zum gleichen Problem bei Fangprämie nach Unfallflucht im StrVerk, Will MDR **76**, 6. StVG 7 umfaßt auch Schäd, die von dem Fahrer vorsätzl herbeigeführt werden (BGH **37**, 311). – 159

Auskunft kann der Verl als HilfsAnspr des SchadErsAnspr verlangen (Einf 35). Verpfl zur Zahlg einer Rente ist auch außerh der Tatbest der §§ 843–845 mögl (§ 847 Rn 4). Prozeßrechtl ist ZPO 287 zu beachten. Ersatz „neu für alt" bei der Zerstörg od Beschädigg gebrauchter Sachen Vorbem 146 vor § 249. Konkurrenz zw Vertr- u DeliktsAnspr u solchen aus ungerechtf Ber § 463 Rn 23–26. **Schmerzensgeld** nur bei Haftg aus uH, nicht bei VertrHaftg. 160

b) Bei **schuldhafter Verletzung ausschließlicher Immaterialgüterrechte** (Patent-, Gebr-, Geschmacksmuster-, UrhR) u analog bei Verl einer vergleichb Position wie MarkenR (BGH **99**, 244) od BetrGeheimn (BGH NJW **77**, 1062) hat Geschädigter die Wahl zw drei versch SchadBerechngen (vgl § 687 Rn 5–7): Angemessene Lizenzgebühr u ggf Ers des darü hinausgehden Schad, Ersatz des dem Verletzten entgangenen Gewinns oder Herausg des dem Schädiger zugeflossenen Gewinns, wobei die letztgenannte Berechngsart keinen eigentl SchadErs darstellt, sond eine HerausgPfl entspr § 687 II (BGH **20**, 253). Das WahlR erlischt erst dch Erf od rkräft Zuerkenng eines Anspr (BGH **119**, 20). IF der SchadErsLizenz iW der Lizenzanalogie gibt es keinen allg Verletzerzuschlag (BGH **77**, 16), die Umst des EinzFalles können es aber rechtfert, die Vort der Stellg des Verletzers ggü der Stellg des Lizenznehmers, zB Abrechng nicht in kurzen zeitl Abständen, sond erst später, lizenzerhöhd zu berücksichtigen (BGH NJW **82**, 1151) od einen Anspr auf „aufgelaufene Zinsen" zuzusprechen, auch iR des Anspr auf WertErs nach § 818 II (BGH NJW **82**, 1154). Über die AuskPfl des Schädigers § 687 Rn 5–7 und § 826 Rn 15. Bei schuldl Verl Einf 18 vor § 812. 161

c) Vorteilsausgleichung. Bei Gelders sind alle aus der uH hervorgegangenen VermZugänge u -Abgänge auszugleichen (BGH NJW **62**, 1909), Vorbem 119–161 vor § 249. Fortzahlg des ArbLohnes währd der Erkrankg § 616 Rn 30–32. Einfluß von UnterhGewährg an Verletzten § 843 Rn 22. VorteilsAusgl nach SchadErsR u nach BereichergsR § 463 Rn 23–26, bei SchmerzG § 847 Rn 11. 162

163 **d) Maßgebender Zeitpunkt:** Letzte mdl TatsachenVhdlg vor Urteilsfällg. Rentenberechng § 843 Rn 4–18. Fehlen die nöt Unterlagen zur Bemessg des zukünft Schad, ist Feststellgsklage mögl.

164 **e)** Bei **arglistiger Verleitung zum Vertragsschluß** kann das negat VertrInteresse, also vor allem die Befreiung von den vertragl Pflichten, verlangt werden (BGH NJW **62**, 1198); steht fest, daß bei Unterbleiben der uH der Vertr mit einem best and Inhalt zustgek wäre, so richtet sich der SchadErsAnspr auf die Herstellg des Zust, der bei Abschl dieses and Vertr gegeben wäre (BGH WM **76**, 1307 [1310]). Ers des ErfInteresses § 123 Rn 26.

165 **f) Ehrenkränkungen.** § 824; PersönlichkR Rn 175–200, Unterl u Widerruf ehrenkränkder Äußergen Einf 18 u 34 vor § 823. Ehrenschutz ggü amtl Äußergen Einf 22. Bei Verl des Briefgeheimn kann Herausg der widerrechtl hergestellten Vervielfältiggen u Unterl jeder Verwendg der widerrechtl erlangten Kenntn verlangt werden.

166 **g) Klage auf Unterlassung** Einf 16–25 vor § 823, **Zurechnungszusammenhang** Vorbem 54–107 vor § 249.

167 **13) Beweislast.** Allg Th-P Rn 17–40 vor § 284. – **a) Objektiven Tatbestand, Verschulden, Schaden, Ursächlichkeit** (haftgsbegründd u haftgsausfülld, Vorbem 162, 172 vor § 249) hat grdsätzl der Verl zu beweisen. Dazu gehört der Bew einer Hdlg des Verletzers, dh eines der Bewußtseinskontrolle u Willenslenkg unterliegden beherrschb Verhaltens unter Ausschl phys Zwangs od unwillkürl Reflexes durch fremde Einwirkg (BGH **39**, 103). Die Vermutg des § 1006 gilt auch für eine obj EigtVerl (BGH WM **77**, 225). Zur Entstehg eines Schad gehört auch die Realisierbark einer Fdg (BGH NJW **86**, 246).

168 **b) Anscheinsbeweis** u **Umkehr der Beweislast** Vorbem 163–165, 173 vor § 249. AnschBew auch bei mehrgliedr Geschehensablauf, wenn Kausalverbindg zw 1. Ursache u Erfolg dch einheitl ErfahrgsSatz gedeckt ist. Beisp: 1. Unsachgem Verlegg eines Kabels; 2. Geeignet, Isolationsfehler hervorzurufen; 3. Brandausbruch gerade an dieser Stelle (BGH VersR **70**, 61). Bei Verstoß gg UnfallVerhütgsVorschr spricht der Bew des ersten Anscheins für die UnfallUrsächlichk des Verstoßes, wenn sich ein Unfall im EinwirkgsBereich der GefStelle ereignet (BGH DB **74**, 426). Verl von VerkSichgsPfl Rn 61. ProdHaftg Rn 219, 220. Die gleichen Grds gelten auch für delikt Anspr wg Emissionen/Immissionen. Danach hat der Emittent die Ortsüblichk u außerdem zu bew, daß er die zumutb Vorkehrgen zur Verhinderung einer Schädigg Dr dch Immission getroffen hat (BGH **92**, 143). BewErleichterg bis zur BewLastUmkehr für die Kausalitätsfrage kommt auch bei festgestellter Überschreitg der dch VerwVorschr od Aufl iR einer BetrGen festgelegten Emissions/Immissionswerte in Betr (BGH NJW **97**, 2748).

169 **c) Ärztliche Behandlungsfehler** unter dem Gesichtspkt der pVV u der uH (umfassd Müller NJW **97**, 3049). – **aa)** Den obj **Fehler** und seine zumind Mit-**Ursächlichkeit** für den Schad hat der Patient zu bew (BGH NJW **88**, 2949). Dabei dürfen die Anfdgen nicht überspannt werden (BVerfG NJW **79**, 1925, Giesen JZ **90**, 1061). Der Grds der Waffengleichh erfordert, daß der Arzt dem Patienten Aufschluß über sein Vorgehen in dem Umfang gibt, in dem dies ow mögl ist u insow auch zumutb Bew erbringt. Dieser Pfl genügt der Arzt weithin durch Vorlage einer in unmittelb zeitl Zushang erstellten ordngsgem Dokumentation im Operationsbericht od in der Patientenkartei (BGH NJW **78**, 1681). Unzulänglichk od Unrichtigk einer gebotenen medizin Dokumentation über die für Diagnose u Therapie wesentl medizin Fakten (BGH NJW **89**, 2330, NJW **93**, 2375) begründet die Vermutg, daß der Arzt bzw Zahnarzt (Köln NJW-RR **95**, 346) eine nichtdokumentierte Maßn auch nicht getroffen hat. Nicht ordngsgem Dokumentation u Nichtauffindbark von Krankenhausunterlagen, die die Aufklärg eines BehandlgsFehlers u seiner immerhin wahrscheinl Ursächlk für den GesundhSchad erschwert od vereitelt (BGH NJW **83**, 332, Oldbg VersR **93**, 1021), führt zu BewErleichtergen bis zur BewLUmkehr (BGH NJW **96**, 779). Sie bestehen darin, daß auf ein reaktionspflicht pos BefundErgebn zu schließen ist, wenn ein solches hinreichd wahrscheinl ist, regelmäß aber nicht auch auf eine Ursächlk der unterlassenen BefundAuswertg für den GesundhSchad des Patienten. Eine BewErleichterg dafür setzt darühinaus voraus, daß sich im EinzFall zugleich ein so deutl u gravierder Befund als wahrscheinl ergibt, daß seine Verkenng sich als fundamental fehlerh (grober Diagnosefehler) darstellen müßte (BGH **132**, 47); dies gilt auch bei grob fehlerh Unterl einer gebotenen Befunderhebg (BGH **138**, 1, NJW **99**, 860 u 862). – Ist die Gesundh des Patienten bei einer Operation dch einen nicht ausr qualifizierten Assistenzarzt od Berufsanfänger geschädigt worden, so trifft, falls der Einsatz dieses Arztes fehlerh war (BGH NJW **98**, 2736) die BewL dafür, daß der Schad nicht auf der mangelnden Qualifikation des Operateurs u des aufsichtsführden Arztes beruht, den Krankenhausträger u die für die Einteilg des Operateurs verantwortl Ärzte (BGH **88**, 248, NJW **92**, 1560; abw Düss NJW **94**, 1598). Ist str, ob der Eingr überhaupt stattgefunden hat, trifft den Arzt die
170 BewL (BGH NJW **81**, 2003); ebso für die Erf der AufklärgsPfl (BGH NJW **84**, 1808). – **bb) Steht ein grober Behandlungsfehler** des Arztes fest, der, auch zus mit and Urs (BGH MDR **97**, 147), geeignet ist, einen Schad der Art herbeizuführen, wie er tatsächl entstanden ist und der konkret die Kausalitätsfeststellg erschwert (BGH **85**, 212, NJW **88**, 2303 u 2949), so trifft ihn die BewL für die fehlde Ursächlichk im Einzelfall, soweit dch sein Versehen unmittelb verurs, haftgsbegründde GesundhBeschädiggen (Primärschäd) in Frage stehen (BGH NJW **68**, 1185, 2293, NJW **88**, 2948). Die BewLUmkehr entfällt, wenn es gänzl unwahrscheinl ist, daß der Fehler zum SchadEintritt beigetragen hat (BGH NJW **95**, 1611, **LM** (Aa) Nr 168). Die Beurteilg eines BehandlgsFehlers als grob ist eine auf tats Anhaltspkten beruhde jur Wertg, die eine GesBetrachtg des BehandlgsGeschehens erfordert (BGH NJW **99**, 860) u bei der die Würdigg des medizin Sachverst nicht außer acht gelassen werden kann (BGH NJW **98**, 1782). Grob ist ein Organisations- (BGH NJW **96**, 2429), Diagnose- od BehandlgsFehler, auch bei Befunderhebg u -sichg (BGH **138**, 1, NJW **99**, 860 u 862), wenn der Arzt eindeut gg bewährte ärztl BehandlgsRegeln od gesicherte medizin Erkenntn verstoßen u einen Fehler begangen hat, der aus obj Sicht – um den Grad subj Vorwerfbark geht es nicht (BGH NJW **92**, 754) – nicht mehr verständl erscheint, weil er einem Arzt schlechterdings nicht unterlaufen darf (BGH NJW **98**, 814). Auch eine Reihe von Fehlern kann zusammengenommen einen groben BehandlgsFehler darstellen (Köln NJW-RR **91**, 800). Bsp: Unterl einer therapeut gebotenen Aufklärg (BGH **107**, 222), der Erhebg u Sichg medizin zweifelsfrei gebotener Befunde zum Aufschluß über den BehandlgsVerlauf (BGH NJW **88**, 2949); Krankenhausentlassg eines anuspraeter-Patienten mit zweitäg Stuhlverhaltg dch einen Arzt im Praktikum

ohne ausführl Abschlußuntersuchg (Schleswig NJW **97**, 3098). Nichterkennen einer schweren Erkrankg trotz eindeut Symptome (Stgt MedR **97**, 278). Eindeut kontraindizierte NervDchtrenng (Köln NJW-RR **99**, 968). – **cc)** Für das **Verschulden** gilt die BewLRegel des § 282 nicht entspr (eingehd Weber NJW **97**, 761), 170 a
soweit es um Diagnose u Heilbehandlg geht, weil der Arzt nur kunstgerechtes Bemühen, nicht aber Heilerfolg schuldet (BGH MDR **91**, 846; str). Dagg gilt § 282 entspr, soweit es um Risiken geht, die vom Krankenhausträger u dem dort tät Personal voll beherrscht werden können, wie die Organisation des Behandlgsgeschehens u der Zust der dazu benötigten Geräte u Materialien (BGH aaO). In diesem Bereich muß der Krankenhausträger bzw Arzt dartun u bew, daß der Fehler nicht auf einem ihm zuzurechnden Organisations- oder PersonalVersch beruht (BGH NJW **82**, 699). Beispiele: Funktionstüchtigk des Narkosegeräts (BGH VersR **78**, 82), Ordngsmäßigk des Tubus (BGH VersR **75**, 1952), unbemerkt gebliebene Entkoppelg des Infusionssystems (BGH **89**, 263 [269]), Sterilität der verabreichten Infusionsflüssigk (BGH NJW **82**, 699), Keimübertragg bei Operation (BGH VersR **91**, 467), zurück gebliebener Tupfer im Operationsgebiet (BGH VersR **81**, 462), richt Lagerg des Patienten auf dem Operationstisch (BGH VersR **84**, 386), Sturz eines Patienten währd einer Beweggs- u TransportMaßn in Begleitg einer betreuden Krankenschwester (BGH MDR **91**, 846). –
dd) Die vorstehd dargestellten Regeln der BewLastverteilg sind verfkonform (BVerfG NJW **79**, 1925) u 171
gelten auch für Tierärzte (BGH VersR **80**, 428) u für grobe **Verletzung sonstiger Berufspflichten,** soweit sie auf die Bewahrg and vor Gef für Körper u Gesundh gerichtet sind, zB beim Krankenpflegepersonal (BGH NJW **71**, 241), Schwimmeister (BGH NJW **62**, 959), Inhaber eines Kioskes auf dem Kirmesplatz (Köln OLGZ **70**, 311).

d) Erschwerung oder Vereitelung des Beweises dch den Verletzer Th-P § 286 Rn 17–19. 172

e) Ausschluß der Widerrechtlichkeit. BewLast § 227 Rn 13, 162 vor § 249; bei Verl der ärztl Auf- 173
klärgsPfl oben Rn 42.

f) Bei **Verstoß gegen Schutzgesetz** muß Geschädigter den Verstoß, den ursächl Zushang zw Verstoß u 174
Schad u grdsätzl das Versch des Schädigers beweisen. Steht der obj Verstoß fest, so muß der das SchutzG Übertretde idR Umst darlegen u beweisen, die geeignet sind, die daraus folgde Annahme seines Versch auszuräumen (BGH VersR **85**, 452). Vorauss für diese BewLastUmkehr ist, daß das SchutzG das geforderte Verhalten konkret umschreibt, nicht genügd ist, daß es ledigl einen best VerletzgsErfolg verbietet (BGH **116**, 104 [114]). Ebso kommt dem Verl für den ursächl Zushang der AnscheinsBew zugute, wenn das verletzte SchutzG typ GefährdgsMöglichk entggwirken will u wenn zeitl nach diesem Verstoß gerade derjen Schad eingetreten ist, zu dessen Verhinderg das SchutzG ergangen ist (BGH NJW **84**, 432, NJW **94**, 945). Das Versch bezieht sich hier auf die SchutzGVerletzg. Bei Unterl einer dch G gebotenen Tätigk kehrt sich die BewLast hins der für das Versch maßgebl Tats, nicht jedoch auch hins der Ursächlichk regelm dahin um, daß Bekl sich entlasten muß (BGH NJW **73**, 2207), dh daß er alles getan hat, um Ausf des SchutzG zu sichern. – Bei der Verl von **DIN-Normen** für die Aushebg u Sicherg einer Baugrube hat der Untern darzulegen u zu bew, daß örtl u zeitl in Zushang mit diesen Arb stehde Schäd auf dem NachbGrdst nicht auf die Verl der DIN-Normen zurückzuführen sind (BGH NJW **91**, 2021). – Über die BewLast bei Ehrverletzg § 824 Rn 12–14.

14) Persönlichkeitsrecht 175

A) Begriff, Grundlage. Das allg PerslkR, abgeleitet aus Art 1, 2 GG, ist ein umfassdes R auf Achtg u 176
Entfaltg der Perslk (BGH **13**, 334) in zahlreichen konkretisierten Gestaltgen (BGH **24**, 72/78). Es genießt in verfkonformer Anwendg u Auslegg der Generalklauseln (BVerfG **7**, 198) als „sonstiges Recht" den Schutz der abs Rechte, der teilw auch dch spezielle Normen wie § 12 gewährt wird. AnsprGrdl ist § 823 I, ggf auch Abs II mit StGB 185 ff.

B) Gegenstand ist das R des einz auf Achtg seiner ind Perslk ggü dem Staat u im priv RVerk (BGH **24**, 177
72/76, **27**, 284). Der Schutz umfaßt die Perslk in doppelter Hins: einmal in stat Sicht in ihrem R, in Ruhe gelassen zu werden (BGH **106**, 229: Briefkastenwerbg, NJW **96**, 1128: BildVeröff aus der PrivSphäre), zum and in dynam Sicht in ihrem SelbstbestimmgsR auf freie EntfaltgsMöglk u aktive Entschließgs- u HdlgsFreih (BGH **26**, 349).

a) Geschützte Sphären (Hbg NJW **67**, 2314, Ricker NJW **90**, 2098). Die **Individualsphäre** schützt das 178
SelbstbestimmungsR (BAG NJW **90**, 2272) u bewahrt die pers Eigenart des Menschen in seinen Beziehgen zur Umwelt, seinem öff, wirtsch, berufl Wirken. – Die **Privatsphäre** umfaßt das Leben im häusl od Familienkreis u das sonst PrivLeben u zwar nicht nur im eig häusl Bereich, sond je nach den Umst auch außerh (BGH NJW **96**, 1128). – Die **Intimsphäre** umfaßt die innere Gedanken- u Gefühlswelt mit ihren äußeren Erscheingsformen wie vertraul Briefen, Tagebuchaufzeichngen sowie die Angelegenh, für die ihrer Natur nach Anspr auf Geheimhaltg besteht, zB GesundhZustand (BGH Ufita **52**, 208), Einzelh über Sexualleben (BGH NJW **88**, 1984, NJW **99**, 2893). Die Intimsphäre genießt grdsätzl abs PerslkSchutz (BGH aaO).

b) Spezielle gesetzliche Regelungen, zB NamensR § 12, R am eig Bild §§ 22 ff KUrhG, UrhR nach 179
UrhRG. Eingehd Helle, Bes PerslkR im PrivR – das R am eig Bild, das R am gesprochenen Wort u der Schutz des geschriebenen Wortes, 1991. Das BDSG schützt persbezogene Daten u gibt iF der Verl dem Betroffenen eine Reihe von AbwehrAnspr. Verstoß gg das BDSG kann Verl eines SchutzG od des allg PerslkR sein.

c) Die **Leibesfrucht** genießt delikt RSchutz nicht nur, was den Körper u die Gesundh betrifft (Rn 4), 179 a
sond auch hins des allg PerslkR. Verl führen allerd erst mit Vollendg der Geburt zu SchadErsAnspr (BGH **58**, 48, Taupitz JZ **92**, 1089). – **Nach dem Tode** (Übbl: Seifert NJW **99**, 1889) erleidet der Schutz des PerslkR 180
zwar eine Einschränkg, die sich aus der Nichtmehr-Existenz einer handelnden Pers ergibt, der Schutz des Lebensbildes gg grob ehrverletzde Entstellgen u der Schutz des R am eig Bild gg Herabwürdigg u Erniedrigg bestehen aber weiter (BGH **50**, 133: Mephisto, MDR **84**, 997: Unbefugte Namensverwendg zur Werbg, BGH NJW **96**, 593: „Abschiedsmedaille" Willy Brandt, Mü BB **97**, 1971, Köln NJW **99**, 1969: Wahlspotwerbg mit grober Entstellg des Lebensbildes). Selbst wenn das PerslkR u damit der Schutz aus Art 2 I GG mit dem Tod endet, so bleibt doch das Andenken dch Art 1 I GG geschützt (BVerfG NJW **71**, 1645). Zumind haben die Angehör bei ausreichdem RSchutzbedürfn (BGH **50**, 133), nicht die Erben als solche, einen Unterl- od

WiderrufsAnspr. Der postmortale PerslSchutz erfährt zwar Einschränkgen mit zunehmdem Abstand, ist aber nicht auf einen best Zeitraum beschränkt (Mü NJW-RR **94**, 925, Köln FamRZ **99**, 954), der eines bekannten Malers entfällt nicht 30 Jhre nach seinem Tod (BGH **107**, 384). Ebso genießen die Integrität des Leichnams u das BestR der Angehör Schutz. Sektion der Leiche od ein and Eingr, zB Organentnahme zwecks Transplantation sind ohne Einwilligg des Verstorbenen od seiner nächsten Angehör rwidr. Sehr zweifelh ist, ob neben der Einwilligg od subsidiär Notstand des Arztes als RFertiggsGrd anzuerk ist (LG Bonn JZ **71**, 56, zusfassd Laufs VersR **72**, 1 [6], Samson NJW **74**, 2030, Zimmermann NJW **79**, 569, Stein FamRZ **86**, 7, Taupitz JZ **92**, 1089). Die analoge Anwend des § 847 ist auch auf derart RVerletzgen abzulehnen (BGH NJW **74**, 1371), sie würde einer bedenkl Kommerzialisierg der erteilten od verweigerten Einwilligg Vorschub leisten.

181 **d)** Die **juristische Person** u die **politische Partei** (Mü NJW **96**, 2515) genießen PerslkSchutz in einem Umfang, der dch ihr Wesen als Zweckschöpfg des Rechts u ihre satzgsmäß Funktionen beschr wird. PerslkR bedeutet bei ihnen allg HdlgsFreih (Art 2 I GG), als Tl davon insb wirtsch BetätiggsFreih (BVerfG NJW **94**, 1784). Bsp: Funktion als Religions- od WeltanschaugsGemsch (BGH VersR **81**, 231, auch SchmerzG, Stgt NJW-RR **93**, 733); Ehrenschutz für Erzbistum im Zushang mit Äußergen über SchwangerschAbbruch (Köln NJW-RR **98**, 1175), Streitigmachen der wirtsch Selbstbestimmg u Entfaltg im TätigkBereich als ArbG u WirtschUntern (BGH NJW **75**, 1882), Vermarktg des bekannten Firmenzeichens eines Untern als Scherzartikel reicht hierfür nicht aus (BGH **98**, 94). Verl des soz GeltgsAnspr als WirtschUntern, wenn ein Wissenschaftler in einem FortbildgsSeminar Ablichtgen eines im BAnz veröffentlichten JahresAbschlBerichts an Banken u SeminarTeiln weiter gibt, ohne den Namen u die Adresse des Untern unkenntl zu machen (BGH NJW **94**, 1281, BVerfG NJW **94**, 1784). Wissenschaftl BetätiggsFreih einer Stiftg bürgerl R (Mü NJW-RR **97**, 724). Pressebericht über bevorstehden Termin zur Abgabe der OffenbargsVers (Brem MDR **92**, 1033). Ein Interessenverband ist außerh UWG 13 nicht ow befugt, Angriffe gg ein Untern u die Perslk seiner Mitgl abzuwehren (Köln JMBlNRW **83**, 285).

182 **e)** Die **Handelsgesellschaft** genießt Schutz, sow ihr soz GeltgsAnspr mit ihrem AufgBereich betroffen wird; aber kein Anspr auf SchmerzG wg RufSchädigg (BGH **78**, 24). Gg rufschädigden Angriff auf einen Gter od BetrAngehör kann sie sich mit der UnterlKlage nur wehren, wenn dieser Angriff die Gesellsch selbst trifft (BGH aaO). Zusfassd zum PerslkSchutz von Verbänden Klippel JZ **88**, 625.

183 **C)** Die **Verletzungshandlung** liegt in einer **Beeinträchtigung** einer der vorgenannten Sphären, also in einem **Eingriff** zum Nachteil des Verl, der nicht notw auch vermrechtl Art sein muß. Die VerlHdlg kann mittelb auch in einer Information der Presse liegen. Stellt sich eine PresseBerichtErstattg nach den Grds von Rn 184 als Verl des PerslkR dar, so beruht die Haftg des Informanten auf der Erwägg, daß er dch seine Informationserteilg, meist als mittelb Täter od Anstifter, die VerlHdlg veranlaßt hat. Er haftet dann für solche von ihm gesetzte Bdggen, die nach den damals bekannten Umst die obj Möglichk des eingetretenen Erfolges nicht unerhebl erhöht haben (BGH NJW **73**, 1460). Dch eine Verl des PerslkR der Ehefr bzw mj Abkömml wird das PerslkR des Ehem bzw Erziehgs Ber nur dann verl, wenn dadch zugl sein eig PerslkBild mit der Vorstellg eines Minderwertes belastet od der Vorwurf einer Vernachlässigg der ErziehgsPfl erhoben wird (BGH NJW **69**, 1110). Wird ein Anspr auf Geldentschädigg wg Verl des PerslkR auf eine Behauptg gestützt, die eine Straftat des Betroffenen zum Ggst hat, so ist die BewRegel des § 190 StGB, anwendb (BGH **95**, 212). Beispiele Rn 195, 196.

184 **D)** **Widerrechtlichkeit** des Eingr ist Vorauss für jeden Abwehr- u ErsAnspr. Sie kann ausgeschl sein dch einen allg RFertiggsGrd (Rn 36–53), insb Einwillig des Verl. Im übr gilt hier nicht der Grds, daß die TatbestdMäßigk die RWidrk indiziert (BGH **24**, 72, **36**, 77, **45**, 296 [307]). Die Feststellg, daß jemand in seiner Perslk verl ist, reicht also für sich nicht aus, um die RWidrk zu bejahen. Nöt ist vielm in jedem Einzelfall unter sorgs Würdigg aller Umst, insb des Grds der Verhältnismäßigk, abzugrenzen, ob der Eingr befugt war od nicht. Maßg für diese **Abgrenzung** ist das Prinzip der **Güter- und Interessenabwägung.** Stehen sich das Recht auf freie MeingsÄußerg u das PerslkR ggü, so ist die Abwägg sowohl auf der Grdl einer generellen Betrachtg des Stellenwerts der betroffenen GrdRPositionen als auch unter Berücksichtigg der Intensität der GrdRVerl im konkr Fall vorzunehmen (BGH NJW **97**, 2513; auch Rn 189 ff).

185 Bei der **Abwägung** sind vornehml folgde **Umstände zu berücksichtigen:**

a) Auf seiten des Verletzten: – aa) In **welche Sphäre** seiner Perslk (Rn 178) eingegriffen wurde. Dabei genießt die Intimsphäre abs Schutz (BGH NJW **88**, 1984). Sie ist einer öff Darstellg ganz verschlossen. Auch in der PrivSphäre bleibt dem Betroffenen grdsätzl vorbehalten, welcher Öffentlk er sich in seiner Perslk darstellt (BGH NJW **81**, 1366). Ein Eingr in die Privatsphäre kann nach dem Prinzip der Güter- u Interessenabwägg befugt sein, wenn die wahrhgem Aufklärg über Vorgänge aus dem priv Lebensbereich einer Pers aus bes Grden für die Allgh von Bedeutg ist (BGH NJW **64**, 1471, Köln NJW **70**, 1325: Veröff der ScheidgsAbs). Keinen so weitgehden Schutz genießt die IndSphäre, insb die Betätigg im öff, polit, wirtsch Leben (BVerfG **7**, 198, BGH **45**, 296, NJW-RR **95**, 301). Daß auch Informationen, die ein Mitarb dch Einschleichen in den berufl TätigkKreis des Betroffenen hat, ohne Verl des PerslkR veröffentlicht werden
186 dürfen (so BGH **80**, 25), ist eine bedenkl Rspr. – **bb)** Die **Schwere des Eingriffs** u seiner Folgen, vor allem
187 für Ers des immat Schad (Rn 200). – **cc)** Das **eigene Verhalten des Verletzten,** das dem Eingr vorausgeht. So muß jemand, der in Fragen der polit Haltg eine gezielte Einflußn versucht, das Risiko öff Kritik in scharfer Form auf sich nehmen (BGH **31**, 308/314). Wer im polit MeingsKampf auftritt, muß scharfe, abwertde Kritik seiner Ziele u Polemik gg seine Pers hinnehmen (BVerfG NJW **61**, 819, BGH NJW **65**, 1476), insb wenn sie ein adäquates Mittel zur Abwehr eines beabsicht grdrechtsgefährdden Verhaltens ist (BVerfG NJW **69**, 227). Wer im geist Meingskampf schwerwiegde Vorwürfe erhebt od sonst herausfordert, muß sich gefallen lassen, daß scharf u drast zurückgeschlagen wird (BGH **45**, 296/309).

188 **b) Auf seiten des Schädigers: – aa)** Auch hier spielen die verl **Persönlichkeitssphäre,** die Schwere des
189 Eingr u das vorangegangene Verhalten des Verl eine Rolle. – **bb)** Ausschlaggebd ist das Motiv u der **Zweck des Eingriffs.** Es muß ein vertretb Verh bestehen zw dem erstrebten Zweck u der Beeinträchtigg des Betroffenen (BGH **31**, 308/313, **36**, 77/82). Insb können die Verfolgg öff Interessen, die Aufklärg der Allgh, die Diskussion von Fragen des Gemeinwohls, die geist od polit AuseinandS, das **Recht zur freien Rede** u

zur Kritik sowie die Freih von Kunst, Wissensch, Forschg u Lehre (Art 5 GG) eine Beeinträchtigg des PerslkR rechtf. Das gilt ohne Unterscheidg zw TatsBehauptg u WertUrt (BVerfG NJW **92**, 2013) insb für die Medien – geschützt ist hier auch die Vertraulichk der RedaktionsArb (BVerfG NJW **84**, 1741) –, auch Leserbrief (BVerfG NJW **91**, 3023), u Äußergen im Wahlkampf (BGH VersR **84**, 88) u im Parlament in einem öff AnhörgsVerf (BGH MDR **81**, 926). Dabei genießt grdsätzl keiner der beiden VerfWerte Vorrang vor dem and, vielm ist im EinzFall die Intensität des Eingr in den PerslkBereich abzuwägen gg das Informationsinteresse der Öffentlk (BVerfG NJW **73**, 1226). Dabei gilt der Grds der Verhältnismäßigk, dh die dem einen Schutzbereich abverlangten Einschränkgen müssen noch in angem Verh zu dem Gewinn an Wertverwirklichg für den and Bereich stehen (BGH NJW **78**, 1797). Kriele NJW **94**, 1897 wirft dem BVerfG vor, die Gewichte dieser beiden VerfWerte einseit zG der MeingsFreih verschoben zu haben u den Ehrenschutz unvertretb zu vernachlässigen, insbes im Bereich der Medien; ähnl Stürner JZ **94**, 865, Glaeser NJW **96**, 873; aA Kübler NJW **99**, 1281; rvergleichd Gerlach JZ **98**, 741. Das Ausmaß des Schutzes kann vom Zweck der Äußerg abhängen, Beitr zur AuseinandS mit einer die Öffentlk wesentl berührden Frage od lediglVerfolgg priv Interessen (BVerfG NJW **92**, 2013). Rein gewerbl Interesse an der Verbreitg von Sensationsnachrichten („Knüller") rechtfertigt keine PersönlkRVerletzg (BGH **39**, 124, NJW **77**, 1288); ebensowen überwiegde Neugier, Sensationslust (BGH NJW **96**, 1128/1130). Das Interesse der Allgemeinh an histor Aufklärg u Belehrg, ferner an der Aufklärg u künft Verhinderg v Verbrechen kann rechtfertigder Grd zur Darstellg v Hdlgen, Namensangabe u BildVeröff, auch in unterhalts Form im Fernsehen sein (Mü NJW **70**, 1745, Ffm NJW **71**, 47). Im übr ist zu unterscheiden zw TatsBehauptg u WertUrt, Meingsäußerg (§ 824 Rn 2). – Bei **Tatsachenbehauptungen** ist der WahrhGehalt zu prüfen. Sind sie bewußt unwahr od steht die Unwahrh **189 a**
bereits im Ztpkt der Äußerg fest, so genießt sie keinen Schutz, der Ehrenschutz hat Vorrang (BVerfG NJW **92**, 1439, NJW **99**, 1322, BGH **84**, 237, **139** 95), auch im Wahlkampf (BGH NJW **84**, 1104). – Die Verbreitg einer wahren ehrenrühr Tats ist nur ausnahmsw rwidr, näml wenn die Aussage die Intim-, Privat- od VertraulichkSphäre betrifft u sich nicht dch ein berecht Interesse der Öffentlk rechtfertigen läßt od wenn sie einen PerslkSchad anzurichten droht, der außer Verhältn zu dem Interesse an der Verbreitg der Wahrh steht (BVerfG NJW **99**, 1322, BGH NJW **99**, 2893), zB Veröff einer Liste mit den Namen informeller Stasimitarb, wenn kein konkr öff Interesse besteht (BGH ZIP **94**, 1537: Verl des R auf informelle SelbstBest); Bericht unter Verl der VerschwiegenhPfl über eine PrivPers, der deren Identifizierg als Informanten des Verfassgsschutzes ermöglicht (Br VersR **97**, 500). – Ist die Wahrh im Ztpkt der Äußerg ungewiß, so gilt folgdes: Stellt sich die Äußerg im nachhinein als völl haltl od aus der Luft gegriffen heraus, kann die RedeFreih das PerslkR nicht verdängen (BVerfG NJW **99**, 1322). Sonst hat der sich Äußernde eine erweiterte DarleggsLast, daß er bei seinen Recherchen die je nach AufklärgsMöglkten („pressemäß", BGH NJW **87**, 2225), Intensität des Eingr u Informationsinteresse der Öffentlk unterschiedl strenge mat SorgfPfl, insbes dch nachprüfb BelegTats (BGH NJW **74**, 1710) erfüllt hat. Dazu genügt zB die Berufg einer PrivPers auf unwidersprochen gebliebene Presseberichte (BVerfG NJW **92**, 1439). Genügt der sich Äußernde dieser DarleggsLast nicht, ist seine Behauptg als unwahr zu behandeln (BVerfG NJW **99**, 1322). Genügt er seiner DarleggsLast u hat der Betroffene dem nichts entgegen zu setzen, ist seine Behauptg als wahr, die Äußerg als rmäß zu behandeln. Dem Betroffenen steht demggü der Bew der Unwahrh offen. Stellt sich im nachhinein die Unwahrh heraus, so bleibt die Äußerg als im ÄußergsZtpkt rmäß anzusehen, also kein Anspr auf Widerruf od SchadErs. Ab Feststellg der Unwahrh ist ein Festhalten an der Äußerg rwidr, der Betroffene hat bei sonst gegebenen Vorauss Anspr auf Unterl u bei Fortwirken der Äußerg auf Widerruf (BVerfG NJW **99**, 1322, BGH NJW **87**, 2225). – Bei **Werturteilen, Meinungsäußerungen** hat der Schutz der Perslk Vorrang, **189 b**
wenn sich die Außerg als Angriff auf die Menschenwürde, Schmähkritik od reine Formalbeleidigg darstellt (BVerfG NJW **99**, 1322). Das ist dann der Fall, wenn die pers Kränkg u Herabsetzg das sachl Anliegen völl in den Hintergrund drängt, wenn es nicht mehr um AuseinandS in der Sache, sond um Diffamierg der Pers jenseits auch polem u überspitzter Kritik geht (BVerfG NJW **93**, 1462, **95**, 3303, **99**, 1322). – Außerh von Schmähkritik hat die MeingsFreih Vorrang vor dem Ehrenschutz nur, soweit eine Äußerg, auch unter Angabe des eig Namens (BVerfG NJW **98**, 2889), Bestandtl der ständ geist AuseinandS in Angelegenh von öffl Bedeutg ist, die für eine freiheitl demokrat Ordng schlechthin konstituierd ist (BVerfG NJW **83**, 1415). Die Vermutg spricht für die Zulässigk der freien Rede, wenn es sich um einen Beitr zum geist MeingsKampf in einer die Öffentlk wesentl berührden Frage handelt (BVerfG NJW **92**, 1439, NJW **99**, 2262, BGH **139**, 95). Die Äußerg der eig Meing genießt Schutz, auch wenn es sich um AußenseiterMeing handelt (BGH **45**, 296 [306]). Unerhebl ist die Qualität der Äußerg (BGH **139**, 95), ob etwa geäußerte Grde emotional od rational sind u ob sie von and für nützl od schädl, wertvoll od wertl gehalten werden (BVerfG NJW **92**, 1439, NJW **95**, 3303). Bei krit WertUrt ist eine Angabe tats BezugsPkte nicht erforderl (BGH NJW **74**, 1762), selbst wenn sie im polit MeingsKampf ehrverletzd sind (BVerfG NJW **76**, 1680). Die subj Meing darf gerade in StrPkten des allg Interesses, zB zur krit MeingsBildg bei AuseinandS mit Mißständen in einem Zweig der gewerbl Wirtsch, hart, scharf u überspitzt (BVerfG DB **82**, 1609), provokativ (EGMR NJW **99**, 1315), abwertd, polem u iron geäußert werden (BGH NJW-RR **95**, 301). Zitate des Kritisierten müssen den BezugsZushang berücks, richt wiedergegeben u dürfen nicht mit eig Interpretation des Kritikers vermengt werden (BVerfG NJW **80**, 2072), bei der Zitierg einer mehrdeut Aussage muß er klarstellen, daß es sich um seine Interpretation handelt (BGH NJW **98**, 1391). – Bei **Berichterstattung über aktuelle Straftaten** geht **189 c**
das allg Informationsinteresse dem PerslkSchutz idR vor, jedoch ist bei späterer Berichterstattg eine Gefährdg der Resozialisierg rwidr (BVerfG NJW **73**, 1226), auch mit Namensnenng in abgekürzter Form (Hbg NJW-RR **91**, 990). Die Berichterstattg über ein strafr ErmittlgsVerf muß den jeweil ErkenntnStand der ErmittlgsBeh zutreffd u ausgewogen wiedergeben, darf nicht einen Verdacht als Gewißh hinstellen u nicht bekannte entlastde Umst verschweigen od nur an versteckter Stelle mitteilen (Düss NJW **80**, 599), darf nicht unter Verstoß gg die UnschuldsVermutg eine Verurteilg enthalten (Kln NJW **87**, 2682, Brdbg NJW **95**, 886). Die GerBerichterstattg muß zw Verdacht u erwiesener Schuld streng unterscheiden u, wo das pers Ansehen auf dem Spiel steht, im Kernpunkt genau u obj sein (BGH NJW **79**, 1041). Berichterstattg über einen Verdacht mit Namensnenng ist rwidr, wenn er sich als unbegründet erweist (Ffm NJW-RR **96**, 1490). Bei begründetem Verdacht, nicht zu verwechseln mit Nachw der Schuld, trifft die Medien eine erhöhte PrüfgsPfl hins Wahrh, Inhalt u Herkunft des Verdachts, sie haben bes sorgf abzuwägen zw der öff Bedeutg der Nachricht u

der Schwere des Eingr. Dabei spielt auch eine Rolle, inwieweit die Medien die Verdachtsäußerg mit Distanzierg als fremde darstellen od als eig mit der Wahrscheinlichk, daß sich der Verdacht als begründet u nachweisb erweist (Mü NJW-RR **96**, 1487 u 1493). Vgl auch § 839 Rn 97 Fernsehanstalt. Das Opfer einer Straftat hat grdsätzl Anspr darauf, daß das an ihm begangene Verbrechen nach Berichterstattg in der Presse über das abgeschl GerVerf nicht auch noch zum Ggst eines Fernsehfilms gemacht wird (Hbg NJW **75**, 649). –

189 d **Boykottaufruf eines Presseorgans** zum Zweck des wirtsch Wettbew mit Mitteln, die über eine freie geist ÜberzeuggsBildg hinausgehen, indem sie wirtsch Druck auf die Adressaten mit der Gef schwerer Nachtle

189 e ausüben, ist dch Art 5 GG nicht gedeckt (BVerfG NJW **83**, 1180). – Auch **Satire u Karikatur** (eingehd Gounalakis NJW **95**, 809) sind MeingsÄußerg, sie können darühinaus Kunst sein (Hbg NJW-RR **94**, 1373). Ihnen ist wesenseigen, daß sie mit Übertreibgen, Verzerrgen, Verfremdgen arbeiten u zum Lachen reizen wollen (BVerfG NJW **92**, 2073). Bei ihnen sind Aussagekern (Inhalt) u Einkleidg gesondert darauf zu überprüfen, ob sie eine Kundgebg der Mißachtg der angesprochenen Pers enthalten. Dabei sind die Maßstäbe für die Beurteilg der Einkleidg idR weniger streng zu beurteilen als die Bewertg des Aussagekerns (BVerfG NJW **98**, 1386). Ein Eingr in den Kern menschl Ehre ist weder dch das Recht auf freie MeingsÄußerg noch

189 f dch die Freih der Kunst gedeckt (BVerfG NJW **87**, 2661). – **Die Rechtsprechung des EuropGMR** bejaht einen Verstoß gg **Art 10 EMRK** wg Eingr in die Ausübg der Freih zur MeingsÄußerg, es sei denn er ist ges vorgesehen, verfolgt mind eines der in Art 10 II genannten bercht Ziele u ist notw in einer demokrat Gesellsch, um dieses Ziel zu erreichen, wobei diese Notwendigk überzeugd nachzuweisen ist (EuropGMR NJW **99**, 1315 u 1318). Die Tendenz dieser Rspr geht mit dem Schutz der freien MeingsÄußerg in den Medien sehr weit. So ist sogar die Verurteilg wg strafb Hdlgen bei der Beschaffg von Unterlagen für die Äußerg (NJW **99**, 1315: Hehlerei) oder bei der Äußerg selbst (NJW **99**, 1321: Beleidigg eines Politikers; anders NJW **99**, 1318: Beamtenbeleidigg) als unzuläss Eingr in die Freih der MeingsÄußerg eingeordnet. –

190 Die **Freiheit der Kunst** (Art 5 III 1 GG) unterliegt nicht den Schranken des Art 2 I Halbs 2 GG, ist aber nicht schrankenl auszuüben, sond der in Art 1 I GG garantierten Würde des Menschen eingeordnet (BGH **84**, 237). Kunst- u MeingsÄußerg schließen sich nicht aus, eine Meing kann auch in Form künstler Betätigg kundgetan werden (BVerfG NJW **87**, 2661, KG NJW **99**, 1968). Die KunstFreihGarantie schützt nicht nur die eigentl künstler Betätigg, den „Werkbereich", sie umfaßt auch den „Wirkbereich", also die Darbietg des KunstWks dch Medien u Werbg (BVerfG NJW **88**, 325). Bei Lösg der SpanngsLage zw PerslkSchutz u R auf KunstFreih ist abzustellen auf die Wirkg des KunstWks im SozBereich u auf kunstspezif GesichtsPkte. Dabei ist zu beachten, ob u inwieweit das „Abbild" ggü dem „Urbild" dch die künstler Gestaltg des Stoffes u seine Ein- u Unterordng in den Gesamtorganismus des KunstWks so verselbständ erscheint, daß das Ind, PersIntime zG des Allg, Zeichenhaften, der „Figur" objektiviert ist. Ergibt eine solche Betrachtg, daß der Künstler ein „Porträt" des „Urbilds" gezeichnet hat od gar zeichnen wollte, kommt es auf das Ausmaß der künstler Verfremdg od den Umfang u die Bedeutg der „Verfälschg" für den Ruf des Betroffenen od dessen Andenken an (BVerfG NJW **71**, 1645, Mephisto). Bei der Abwägg beider Belange ist auf die nachteil Auswirkgen der Veröffentlichg für das PerslkR des Dargestellten u auf die dch ein VeröffentlichgsVerbot betroffenen Belange freier Kunst abzustellen, wobei auch hier ein Schutzbedürfn für eine eindeut falsche Beschuldigg nicht besteht (BGH **84**, 237). Eine grdlegde negat Entstellg dch freie Zutaten, ohne daß dies als satir od sonst Übertreibg

191 erkennb ist, ist auch in einem KunstWk rwidr (BGH **50**, 133). – Die **Dokumentation** bewegt sich mit TatsBehauptgen auf der Ebene der realen Wirklichk. Der Inhalt als MeingsÄußerg genießt nicht den Schutz des Art 5 III GG. Dieser Schutz erstreckt sich nur auf die Form als solche (Stgt NJW **76**, 628, Dokumentarsa-

192 tire). – **Die Freiheit der Wissenschaft und Forschung** ist beschr dch die Wahrg verfassgemäß geschützter

193 Rechte and (Köln MDR **84**, 231), sie bercht nicht zur Aufstellg unwahrer TatsBehautgen. – **Äußerungen**

194 **in förmlichen Verfahren** Einf 21. – **cc)** Die **Art und Weise des Eingriffs.** Es muß ein vertretb Verh bestehen zw dem erstrebten Zweck sowie Form, Art u Ausmaß des Angriffs. Letztere müssen geeignet u angem sein zur Erreichg des Zwecks. Dabei gewährt Art 5 GG iR des geist Meingskampfes u freier Diskussion bei wertden Urt über Fragen von allg Bedeutg auch hinsichtl der Art u Form der Äußerg große Freih (BGH **45**, 296 [308]), die abwertde Kritik darf, solange sie sachbezogen ist, scharf, schongslos, ausfäll sein. Schmähkritik Rn 189 b.

195 **c) Beispiele. – aa) Rechtswidrige Verletzung bejaht: – Ansehen, Ehre.** Nichtberücksichtigg einer Stellenbewerberin wg ihres Geschlechts (BAG NJW **90**, 65). Nichteinstellg eines Auszubildden nach Abschl der Ausbildg wg eines Art in einer Schülerzeitg (BVerfG NJW **92**, 2409). Leichtfert unricht Diagnose dch einen Nervenarzt, auch wenn es nicht zur Unterbringg kommt (BGH NJW **89**, 2941). Negat entstellder Pressebericht (BGH **31**, 308), verzerrte Reportage (BGH **39**, 124), Bezeichng eines Rollstuhlfahrers als Krüppel in einer satir Zeitschr (BVerfG NJW **92**, 2073), diffamierde Schmähkritik (Ffm NJW **90**, 2002), Gleichsetzg uneffekt ArbWeise staatl Dstellen mit militantem Terrorismus (Ffm NJW-RR **93**, 852). Bewußt wahrhwidr od nicht erweisl wahre ehrverletzde TatsBehauptg (BVerfG MDR **91**, 403) od ihre Verbreitg außerh einer Dokumentation des MeingsStandes ohne deutl eig Distanzierg (BGH **132**, 13, Saarbr NJW **97**, 1376). Unkorrekte od unvollst Zitierweise mit herabsetzder Wirkg auf den Hörer (BGH NJW **82**, 635), vors unricht Angaben eines Kreditinstituts an die Schufa über ein KreditVerh (Ffm WM **88**, 154). Ehrverletzde Gestaltg einer Schlagzeile in TagesZeitg (Hbg NJW-RR **88**, 737). Verbreitg einer unwahren TatsBehauptg in Medien ohne genügde Ermittlgen (BGH NJW **97**, 1148). Fälschl Bezeichng als Neonazi (LG Bln NJW-RR **98**, 316), als Nazi nach dem BedeutgsGehalt im konkr Fall (Ffm NJW-RR **96**, 1050). Bericht über Verdacht unter Namensnenng, ein RA sei an einem Informationssystem inhaftierter Terroristen beteiligt, wenn sich dieser Verdacht nicht bestätigt (Hbg NJW-RR **94**, 1176). Zeitgsbericht über sexuelle Verfehlgen von Priestern mit Veröff eines Fotos eines unbeteil, unbescholtenen Pfarrers aGrd einer grob fahrl Fotoverwechslg (Kblz NJW **97**, 1375). Unberecht Vorwurf der Beteiligg an einem Mordkomplott in einem Buch über Scientology (Mü NJW-RR **96**, 1365). Entstellg des Lebensbildes Verstorbener (BVerfG NJW **71**, 1645). Eingr in Therapie u AnsehensSchädigg des Arztes dch Kritik des Apothekers an der Medikamentierg (Celle OLGZ **78**, 74). Namentl Nenng in einem Fernsehbericht ist für eine Beeinträchtigg nicht erforderl, wenn der Betroffene aus and Umst für einen Teil des Adressatenkreises indentifizierb ist (BGH NJW **92**, 1312). Zutr Pressebericht über ErmittlgsVerf wg AbrechngsBetrugs gg Arzt mit voller Identitätsangabe u Boykottempfehlg

(Düss OLGZ **90**, 202). Presseberichte, die mit Namensnenng währd eines ErmittlgsVerf eine Vorverurteilg des Betroffenen enthalten (Köln NJW **87**, 2682), ihn herabsetzen od verächtl machen (Ffm NJW-RR **90**, 989). Unberecht ÖffentlkFahndg mit Namensnenng (Hamm NJW **93**, 1209). PresseErkl der StaatsAnwaltsch über ein ErmittlgsVerf mit Namens- u Berufsangabe des Beschuldigten (BGH WM **94**, 992). Pressebericht mit Namensnenng über 17 Jahre zurückliegde Straftaten ohne aktuellen Anlaß (Hbg NJW-RR **94**, 1439). Presseberichterstattg über eine im BZR getilgte Vorstrafe (BVerfG NJW **93**, 1463). Vertreitg einer ehrenrühr wahren Tats Rn 189a. – **Bild.** Gezielte Herstellg von Bildnissen einer Pers, auch auf öff Weg, selbst wenn keine VerbreitgsAbs besteht, kann rwidr PerslkRVerl sein (BGH NJW **95**, 1955), außer uU zur Identifizierg eines Straftäters (BGH NJW **91**, 2651). Ungen BildVeröff (BGH VersR **74**, 756, 758, Hbg NJW-RR **95**, 220), iVm satir Begleittext (Mü NJW-RR **98**, 1036); der NacktAufn einer Mdj ohne Einwilligg des ges Vertr (Düss FamRZ **84**, 1221); einer barbus Frau (Oldbg NJW **89**, 400, Karlsr VersR **94**, 994); einer Pers der ZtGeschichte ohne schutzwürd Informationsinteresse der Allgh, sond im eig GeschInteresse zu Werbezwekken (BGH NJW **97**, 1152), auch in der PrivSphäre außerh ihres häusl Bereichs (BGH NJW **96**, 1128). Veröff einer ohne wirks Einwilligg gemachten pornograf Aufn (Stgt NJW-RR **87**, 1434); eines Fotos im Zushang mit einem Artikel über Aids (Hbg NJW-RR **88**, 737); auf der Umschlagseite eines Buches (Ffm NJW **92**, 441). FernsehAusstrahlg einer Aufzeichng, wenn bei Erteilg der Einwilligg Umfang u Zweck der geplanten Veröff nicht erkennb waren (Ffm NJW-RR **90**, 1439) oder einer für and Zwecke gemachten NacktAufn (BGH NJW **85**, 1617, Hamm NJW-RR **97**, 1044), Verwendg eines aus and Anlaß gemachten Fotos für Werbg (Ffm NJW-RR **87**, 541, Kblz NJW-RR **95**, 1112). Verarbeitg von VideoAufn eines Betrunkenen (Ffm NJW **87**, 1087). – **Fälschung, Heimlichkeit.** Sprachimitation eines in Wort u Stimmklang bekannten Künstlers in der Rundfunkwerbg (Hbg NJW **90**, 1995), verwechslgsfäh Fernsehwerbg dch einen Doppelgänger (Karlsr VersR **96**, 600). Erdichtetes Interview (BGH NJW **95**, 861, Hbg NJW **96**, 2870). Verwendg eines Lügendetektors (BGHSt 5, 332). Heiml TonbandAufn eines – auch geschäftl – Telefongesprächs zur Verwendg als BewMittel in einem ZivProz über VermVerh (BGH NJW **88**, 1016). Gerichtl Verwertg eines heiml mitgehörten (BVerfG NJW **92**, 815), Veröff heiml abgehörten Telefongesprächs (BGH **73**, 120). Abspielen heiml gemachter TonbandAufn, wenn nicht überwiegde Interessen der Allgh dies zwingd gebieten (BVerfG NJW **73**, 891, BGH **50**, 133). Verbreitg des ungenehm Tonbandschnitts eines vertraul Gesprächs (BGH NJW **81**, 1089). Überwachg des Ehepartners dch einen heiml in die Wohng eingeführten Dr (BGH NJW **70**, 1848). Ständ Überwachg der ArbN am ArbPlatz dch versteckte Kamera, außer wenn überwiegde schutzwürd Interessen des ArbG dies rechtfertigen (BAG BB **88**, 137). Einholg graphologischen Gutachtens ohne Einwilligg des ArbN (LAG Fbg NJW **76**, 310). Vorspiegelg von ScheidgsAbs u Versprechen anschließder Eheschließg dch verheirateten Mann, um eine Frau zur Aufn od Fortsetzg intimer Beziehgen zu gewinnen (Hamm NJW **83**, 1436; abl Pawlowski NJW **83**, 2809, Karakatsanes MDR **89**, 1041, der aber Anspr aus § 847 II 2. Alternat bejaht); vgl auch unten Rn 196. Bildfälschg mit Signatur eines and Maler (BGH **107**, 384). Jemandem Äußergen zuschreiben, die er nicht getan hat u die seine PrivSphäre od seinen von ihm selbst definierten soz GeltgsAnspr beeinträchtgen (BVerfG NJW **80**, 2070, BGH NJW **93**, 2925). Vorwurf der unricht Information der Lesersch in einem PresseUntern dch verfälschde Wiedergabe seiner Berichterstattg (Köln NJW-RR **98**, 839). – **Privatsphäre.** Ungen Veröff von Informationen aus vertraul Gesprächen (BGH NJW **87**, 2667). Unbefugtes Öffnen der Post verletzt schon währd des Postgangs das PerslkR auch des Adressaten (BGH BB **90**, 739). Verhinderg pers od telefon KontaktAufn unter nahen Verwandten (KG JZ **89**, 38). Einwurf von Werbematerial, auch polit Part (Br NJW **90**, 2140), auch von Zeitgen (KG NJW **90**, 2824), in den Briefkasten dch eig Personal od eine beauftr PrivFirma gg den Widerspr des Empf kann das PerslkR verletzten (BGH **106**, 229, Stgt NJW **91**, 2912); nicht als Beilage einer abonnierten Zeitschrift (LG Bonn NJW **92**, 1112). Telefon Wahlwerbg dch polit Part (Stgt NJW **88**, 2615). Zusendg unerwünschter E-Mail-Werbg (LG Bln, AG Brakel NJW **98**, 3208, 3209). Bekanntg von Details über früh LiebesBez an Dr (Hamm NJW-RR **95**, 1114). Veröff eines Briefes od priv Aufzeichngen mit Ändergen u Auslassgen (BGH **13**, 334), von Tagebüchern (BGH **15**, 249). – **Selbstbestimmung.** Verurteilg der Mutter zur Benenng des Vaters ggü dem ne Kind ohne genügde Interessenabwägg (BVerfG FamRZ **97**, 869). Strafr Verurteilg wg Beleidigg unter Verl der MeinungsFreih (BVerfG NJW **99**, 2262). Nicht gen Organtransplantation von einem Verstorbenen (LG Bonn JZ **71**, 56; vgl auch Rn 180). Vernichtg von Sperma, das der Spender hat einfrieren lassen, um sich für die vorhersehb Mögl der Unfruchtbk die Möglk eig Nachwuchses zu erhalten (BGH **124**, 52).

(Margin: 195 a, 195 b, 195 c, 195 d)

bb) Rechtswidrige Verletzung verneint – Ansehen, Ehre. Wahrhgem Presseberichterstattg über in öff Verhandlg erörterte Straftat (Stgt MDR **86**, 935). Priv Mitteilg einer Vorstrafe trotz VerwertgsVerbots in § 49 BZRG (Ffm NJW **76**, 1410). Vorwurf der Zahlg eines „Beschleunigszuschlags" dch Bauwerber an die „offene Hand" der Gem (BVerfG NJW **91**, 3023). „Nichtstun" eines Beamten, weil MeingsÄußerg (Brdbg NJW **96**, 1002). Pressebeitrag mit dem Vorwurf eines Betrugs u dubioser GeschMacherei („Dummenfang" ua) in überspitzter, herabsetzder Form, wenn tats VerdachtsGrde bestehen, die ein AufklärgsInteresse beteil Kreise rechtfertigen (BGH NJW-RR **95**, 301). Weitergabe persbezogener Negatmerkmale des Bü eines Personalkredits an die Schufa dch die kreditgebde Bank (Köln ZIP **84**, 1340). Weitergabe nicht gesicherter Erkenntn über ehrenrühr od strafb Verhalten eines Dr an Stellen außerh der öff Hand, die dadch an die Öffentlk gelangen, kann nach dem Grds der Güter- u Interessenabwägg rechtswidr sein (BGH **78**, 274). Nach dem BedeutgsGehalt im konkr Fall Bezeichng als Nazi (BVerfG NJW **92**, 2013), eines hochrang Politikers als Stasispitzel (KG NJW-RR **94**, 926) od als IM-Sekretär, über 20 Jhre im Dienste des StaatssicherhDienstes tät, wenn weder die Wahrh noch die Unwahrh dieser Behauptg bewiesen ist (BGH **139**, 95). KollektivUrt über Soldaten als Mörder (BVerfG NJW **95**, 3303). – **Berufliche Betätigung.** Zutr Bericht über gewerbl Waffenhandel (BGH **36**, 77). Abwertde Kritik an gewerbl Betätigg (BGH **45**, 296 „Höllenfeuer"). Wahrheitsgem Bericht über wirtsch Mißstände mit Namensnenng u BildVeröff best GewTreibder (Hbg MDR **72**, 1038). Plakataktion gg KlimaZerstörg dch FCKW mit Abbildg u Namensnenng des VorstdVorsitzden (BGH NJW **94**, 124: „Greenpeace"). Fernsehbericht über die Gef eines best Prod, in dem beispielh das Etikett eines solchen Prod gezeigt wird (BGH NJW **87**, 2746). Äusserg eines Abgeordneten in einer PresseErkl, eine namentl genannte Firma belaste die Umwelt dch gift, nachweisb krebserregden Plastikmüll (Mü MDR **94**, 1). Boykottaufruf kann dch freie MeingsÄußerg gerechtf sein (BVerfG **7**, 198 „Lüth"), insbes aus eth Grden (Köln

NJW **65**, 2345); ebso, wenn er nicht mit wirtsch MachtMitteln dchgesetzt werden soll (Stgt GRUR **75**, 505 „Piz Buin"). Antiwerbg (BGH **91**, 117). Krit Würdigg der BehandlgsMethoden eines Arztes (Karlsr NJW **96**, 1140), krit Äußerg eines Fußballspielers über seinen Trainer (Saarbr NJW-RR **96**, 1048). Verzerrde Karikatur einer Politikerin (KG NJW **90**, 1996). Namensnenng einer Bank bei Bericht über Kreditschwindel (Stgt NJW **67**, 1422). Versehentl Nichteinlösg eines Wechsels u Veranlassg der Eintr in die Liste der Wechselpro-
196 b teste (KG WM **79**, 210). – **Bild.** BildVeröff einer Pers der ZtGeschichte außerh der PrivShäre (BGH NJW **96**, 593: Abschiedsmedaille Willy Brandt; BGH NJW **96**, 1128 [1130]: Caroline von Monaco). FernsehAufn von SektenMitgl iR einer geplanten Berichterstattg, die auch das Abwehrverhalten der Mitgl als zeitgeschichtl Ereign dokumentieren soll (Ffm NJW **95**, 878), BildVeröff eines Bundesligaspielers auf Deckblatt eines Fußballkalenders (BGH GRUR **79**, 425), als Spitzentennisspieler auf dem Schutzumschlag eines Tennislehrbuchs (Ffm VersR **89**, 258). Fotografieren eines Hauses mit Bewohnern im Garten aus der Luft ledigl zu dem
196 c Zweck, die Aufn den Bewohnern zum Kauf anzubieten (Oldbg NJW-RR **88**, 951). – **Privatsphäre.** Psycholog EigngsUntersuchg (BAG MDR **64**, 535, BVerwG NJW **64**, 607). Weiterleitg eines ausgefüllten Fragebogens an das BAmt für VerfassgsSchutz zur SicherhPrüfg (BAG DB **84**, 139). Bloßes Auslegen pornograph Schriften in einer Buchhdlg (BGH **64**, 178). Wiedergabe eines vertraul Gesprächs aus der Erinnerg (BGH **80**, 25); hat sich der Publizierde die Informationen widerrechtl dch Täuschg in der Absicht verschafft, sie gg den Getäuschten zu verwerten, so hat die Veröff grdsätzl zu unterbleiben, ausgen die Bedeutg der Informationen für die Unterrichtg der Öffentlk u für die öff MeingsBildg überwiegt eindeut die Nachteile des RBruchs für den Betroffenen u für die ROrdng (BVerfG NJW **84**, 1741). Verweigerg der Ausk über einen Informanten des FinAmts ggü dem Betroffenen (RhPf VerfGH NJW **99**, 2264). Vorspiegelg von ScheidgsAbs u Verspr anschl Eheschließg dch verheirateten Mann, um eine Frau zur Aufn od Fortsetzg intimer Beziehgen zu gewinnen (LG u OLG Saarbr NJW **87**, 2241; vgl aber oben Rn 195). Kein allg PerslkR auf Familienplang (Ffm NJW
196 d **93**, 2388). – **Selbstbestimmung.** Mitteilg von KrankenPap (BGH **24**, 72; aA Laufs NJW **75**, 1433). Einsichtn in die PersAkten eines ArbN einer Spark dch Mitarb der SparkRevision zur Überprüfg der PersAusgaben seines ArbG (BAG NJW **90**, 2272). Fälschl Zuschreibg einesAusspr an einen Politiker, wenn sie dessen PersönlkBild entspricht (Stgt JZ **77**, 684).

197 **E) Verschulden.** Es ist eine sorgfält Abwägg iS oben Rn 184–194 vorzunehmen. Für alle Publikationsmittel, auch Herausgeber u Verlage besteht die Verpfl, einen ges Vertr od ein Sonderorgan (§§ 30, 31) mit der Aufg zu betrauen, krit Beiträge unter dem Gesichtspkt des RSchutzes Dr zu prüfen (BGH **39**, 124, 130, NJW **80**, 2810). Das gilt in AusnFällen auch für den Inhalt einer die RGüter Dr gefährdden unricht Anz im AnnoncenTl (BGH NJW **72**, 1658, Saarbr NJW **78**, 2395: unwahre VerlobgsAnz). Bei PerslkRVerl in einem Presseartikel haftet der Ressort-Redakteur (Kln NJW **87**, 1418); außerdem der verantwortl Redakteur, wenn die Verl einen Straftatbestd ausfüllt oder wenn er die ihm v Verleger auferlegte Inhaltskontrolle pflwidr unterlassen hat (BGH NJW **77**, 626). Es stellt grdsätzl keine Verl journalist SorgfPfl dar, wenn sich der Journalist bei seiner Berichterstattg auf amtl PresseMitteilgen verläßt (Brschw NJW **75**, 651). Haftg des Verlags nach § 831.

198 **F) Ansprüche des Verletzten.** Berecht ist nur der unmittelb Verl, nicht auch derjen, der von den Fernwirkgen eines Eingr in das PerslkR eines and nur mittelb belastet wird, solange diese Auswirkgen nicht auch als Verl des eig PerslkR zu qualifizieren sind (BGH NJW **80**, 1790). Für die Entsch ist der ZivRWeg auch bei Kl gg öffrechtl Anst gegeben (BGH **66**, 182; für Kl auf Unterlassg u Widerruf aA – VerwRWeg – Bettermann NJW **77**, 513). Neben den Anspr aus uH können bei unberecht Nutzg eines fremden PerslkR Anspr aus § 812 (dort Einf 18, Rn 28, 30) u aus § 687 II (dort Rn 5–7) bestehen.

199 **a) Ersatz des materiellen Schadens.** Die rwidr Verl des PerslkR gibt Anspr auf Unterl (Einf 16–18), bei WiederVeröff eines Sachbuches uU verbunden mit klarstellden Zusätzen (BGH **78**, 9), auf Beseitigg (Widerruf, Berichtigg, Ergänzg, Einf 26–35) u auf GgDarstellg (Einf 36–40). Die rwidr schuldh Verl gibt Anspr auf SchadErs (Rn 159–166). Sie sind vermrechtl Natur nur ausnahmsw dann, wenn das RSchutzBegehren in wesentl Weise auch der Wahrg wirtsch Belange – über eine ReflexWirkg hinaus – dienen soll (BGH NJW **74**, 1470, NJW **96**, 593, 999).

200 **b) Ersatz des immateriellen Schadens** in Geld, vorwiegd unter dem Gesichtspunkt der Genugtug u Prävention (BGH NJW **96**, 984; krit Lange VersR **99**, 274), gibt gem dem SchutzAuftr in Art 1, 2 I GG die Rspr unter zwei einschränkden Vorauss (BGH NJW **71**, 698): Es muß sich um eine schwere Verl des PerslkR handeln u Genugtug dch Unterl, GgDarstellg od Widerruf darf nach Art der Verl auf and Weise nicht zu erreichen sein. Ob eine schwerwiegd Verl des PerslkR vorliegt, die die Zahlg einer GeldEntsch erfordert, hängt insbes von der Bedeutg u Tragweite des Eingr, ferner von Anlaß u BewegGrd des Handelnden sowie vom Grad seines Versch u davon ab, in welche geschützte Sphäre der Eingr stattgefunden hat (BGH NJW **85**, 1617, BGH **128**, 1, Karlsr NJW-RR **99**, 103). Eine schwere Verl kann sich auch aus ihrer Wiederholg u Hartnäckigk ergeben, ohne daß die einz Verl für sich als schwerwiegd einzustufen ist (BGH NJW **96**, 985). Auf der Grdl des § 823 II iVm § 186 StGB scheitert ein EntschädiggsAnspr nicht daran, daß weder die Wahrh noch die Unwahrh der verbreiteten herabsetzden TatsBehauptg festgestellt werden kann. Die offenbleibde Möglk der Wahrh ist bei der Gewichtg der Schwere des Eingr zu berücksichtigen; wenn es sich um eine die Öffentlk wesentl berührde Frage handelt, darf allerd die Behauptg solange nicht untersagt werden, als derjen, der sie aufgestellt hat, sie zur Wahrnehmg berecht Interessen für erforderl halten darf (BGH **132**, 13, **139**, 95). BemessgsFaktor für die Höhe der GeldEntsch ist die Intensität der PerslkRVerl. Anderers darf sie keine Höhe erreichen, die die PresseFreih unverhältnismäß einschränkt. Bei rücksichtsl Kommerzialisierg der Perslkt als Mittel zur AuflagenSteigerg ist als BemessgsFaktor auch der dadch erzielte Gewinn einzubeziehen (BGH **128**, 1) ohne formelh BerechngsMethoden (Steffen NJW **97**, 10). Vermindernd kann wirken, daß der Betroffene keine GgDarstellg veranlaßt hat (BGH NJW **79**, 1041). Herausfdg dch den Verl kann gg ErsAnspr sprechen (BGH **54**, 332). Ungünst dienstl Beurteilg eines Beamten gibt grdsätzl keinen Anspr auf SchmerzG (BGH MDR **72**, 305). Ebso im konkr Fall widerrechtl Offenlegg von Personalakten (LAG Köln DB **83**, 1664). In öff Rüge eines Beamten dch Dienstvorgesetzten sah BGH MDR **77**, 206 unter den Umst des Falles keine schwere Beeinträchtigg. Auch bei Ehrverl im ZivProz u bei vertraul Äußerg kein Anspr, weil Kreis derer, die hiervon erfahren, übersehb ist (BGH BB **64**, 150, DB **72**, 677). Auch kein EntschAnspr des hintergangenen

Eheg gg den am Ehebruch beteil Dr (BGH NJW **73**, 991) u bei Verl des PerslkR einer HandelsGesellsch (BGH NJW **80**, 2807) u Verstorbener (BGH NJW **74**, 1371). Die bloße Einholg eines grapholog Gutachtens über einen ArbN ist kein genügd schwerer Eingr; bei der Bek an od Verwertg gg den ArbN kommt es auf den Einzelfall an (eingehd Bepler NJW **76**, 1872). Ausdrückl ges Regelg in § 97 II UrhRG.

15) Produkthaftung. – a) Gesetzliche Regelung. Die ProdHaftg ist in der EG übereinstimmd als GefährdgsHaftg geregelt. Das ProdHaftG ist abgedruckt u kommentiert hinten unter den NebenG. Nach seinem § 15 bleibt daneben die DeliktsHaftg anwendb. 201

b) Anspruchsgrundlage der Deliktshaftung. – aa) § 823 I unter dem GesichtsPkt Verl der VerkSichgsPfl. Die haftgsbegründde Hdlg des Herst (Rn 216) ist das InVerkBringen (ProdHaftG 1 Rn 14–16) des fehlerh (ProdHaftG 3) Produkts (ProdHaftG 2). Der Verstoß gg die dem Herst obliegde VerkSichgPfl begründet die RWidrigk. Ansprberecht ist jeder Geschädigte, gleichviel ob es sich um den Abnehmer des Prod, einen sonst Benutzer od einen unbeteil Dr handelt. Der zu ersetzde Schad umfaßt sämtl BegleitSchäd aus der RGutsVerletzg, nicht aber bloßen allg VermSchad, nicht auch das Leistgsinteresse bezügl des Prod. Sind Herst u Verk im EinzFall persgleich, besteht zw ProdHaftg u vertragl GewlAnspr echte AnsprKonkurrenz, bei der auch hins der Verj jeder Anspr seinen eig Regeln folgt (BGH **67**, 359; abl Lieb JZ **77**, 346; zust Röhl JZ **79**, 369). Verh zw Gewl u ProdHaftg ProdHaftG 3 Rn 1. – **bb) § 823 II** erfaßt einen Teilbereich der ProdHaftg, sow für die Herstellg von – meist gefahrgeneigten – Prod SchutzG bestehen. Als SchutzG zG des Verbr kommen in Frage StVZO, LebMG, ArzneiMG, Medizingeräte VO, EMVG, GerätesicherhG. Sein § 3 ist SchutzG (BGH NJW **80**, 1219), ebso Prod SG 4–6. Geschütztes RGut ist Leben u Gesundheit, zur BewLast Rn 174. Eine Abweichg von einer der in GerätesicherhG 3 genannten Best kann einen ProdFehler nur begründen, wenn die Best dem GefSchutz dient (BGH NJW **85**, 1769). Der Herst haftet für Konstruktions-, Fabrikations- u Instruktionsfehler (vgl ProdHaftG 3 Rn 1). Eine GefährdgsHaftung begründet § 3 nicht, doch wird bei SchutzGVerletzg Versch vermutet (BGH VersR **68**, 592). – **cc) § 831** hat wg der Möglichk des EntlastgsBew u im Hinbl auf die eig OrganisationsPfl des Herst kaum prakt Bedeutg. 202 203 204

c) Abweichungen der Deliktshaftung gegenüber der Haftung nach dem ProdHaftG (s NebenG). 205
aa) Verschulden des Herst ist Vorauss seiner Haftg. Es liegt in dem zumind fahrl Verstoß gg seine VerkSichgPfl bei InVerkBringen (ProdHaftG 1 Rn 14–16) des fehlerh (ProdHaftG 3) Prod (ProdHaftG 2). So muß sich der Herst bei Konstruktion, Produktion u Instruktion (ProdHaftG 3 Rn 2–5) nach dem erkennb u ermittelb **Stand von Wissenschaft und Technik** richten (ProdHaftG 3 Rn 9). Maßgebd sind dabei die Erkenntn, die zu der Zt bestanden, als eine SchadAbwendg in Betr kam (BGH **80**, 186). Den Zulieferer eines TlProd kann ausnahmsw eine Mitverantwortlichk für Konstruktionsfehler des Endprod treffen (ProdHaftG 1 Rn 24). – Für sog **Ausreißer** besteht mangels Versch keine DeliktsHaftg – and die GefährdgsHaftg nach ProdHaftG. Das sind Fabrikationsfehler, die trotz aller zumutb Vorkehrgen unvermeidb sind (BGH VersR **56**, 410, VersR **60**, 855); dasselbe gilt für ProdSchäd, die auf Fehlern zugelieferter Teile beruhen, die trotz der dchgeführten, gebotenen Kontrollen nicht erkennb waren (BGH NJW **68**, 247). – **(1) Organisationspflichten.** Der Herst hat den Betr so einzurichten, daß Fehler in den 3 genannten Fehlerkategorien möglichst ausgeschaltet od dch Kontrollen entdeckt werden, zB Prüfg älterer Mehrwegflaschen auf BerstDruckSicherh vor Wiederauffüllen u „Statussicherg“, dh Sicherg des PrüfgsBefundes (BGH **104**, 323, NJW **95**, 2162); Prüfg der Erzeugn von Zulieferern auf FehlerFreih (BGH VersR **60**, 855), außer wenn der Zulieferer aGrd bes fachl Erfahrg u Einrichtgen diese Prüfg bereits vorgenommen hat (BGH NJW **75**, 1827, Kln VersR **90**, 863). – **(2) Die Instruktionspflicht** (ProdHaftG 3 Rn 5, 15) trifft auch den selbständ Vertriebshändler (BGH NJW **87**, 1009, Ffm VersR **96**, 982). Warn- u HinwPfl unter deliktsr Aspekt bei nur wirkgsl Prod, ProdHaftG 3 Rn 5. – **(3) Produktbeobachtungspflicht,** eingehd: Michalski BB **98**, 961. Ab InVerkBringen hat der Herst seine u solche fremde Prod, die als Zubeh für die eig Erzeugn in Betracht kommen, auf noch unbekannt gebliebene schädl Eigensch u sonstige eine GefLage schaffde VerwendgsFolgen zu beobachten (BGH **80**, 199), u zwar auch unter Beachtg von Fachzeitschriften, sonst Literatur u der ProdEntwicklg seiner wichtigsten Mitbewerber (BGH NJW **90**, 906). Die Verpfl, erkannte Gef bei der Benutzg eines techn Geräts iR des zumutb abzuwenden, besteht oRücks darauf, daß die entspr DIN-Norm noch nicht geändert ist u and Mitbewerber das gleiche Gerät verwenden (BGH NJW **94**, 3349: Zugelieferte Elektrodenkabel in einem AtemüberwachgsGerät des EndHerst). Diese VerkSichgsPfl kann außer dem Herst auch seine VertriebsG treffen, um rechtzeit Gef aufzudecken, die aus einer Kombination seines Prod mit Prod and Herst entstehen können, u ihnen entgegenzuwirken (BGH **99**, 167), außerd den Importeur, der ein fremdes Prod unter Anbringg eines eig Markenzeichens in Verk bringt (BGH NJW **94**, 517, NJW-RR **95**, 342). – Aus der ProdBeobachtg kann sich eine folgde zusätzl Instruktions- (BGH aaO) od Warnpflicht (Ffm VersR **96**, 982), od **Rückrufpflicht** hins gesundhgefährdder Prod (BGH NJW **90**, 2560) u eine Pfl zur kostenl Beseitigg einer Gefährdg ergeben (Hager VersR **84**, 799, Mayer DB **85**, 319), zB dch Austausch (Karlsr NJW-RR **95**, 594). Dies gilt auch, zumindest bei angem Kostenteilg (Hohmann NJW **99**, 521/526), für nicht Jahr-2000-feste Software (§ 459 Rn 51, 52), die ab 1990 in Verk gebracht wurde. – **(4)** Für **Entwicklungsfehler** (ProdHaftG 1 Rn 21) haftet der Herst mangels Verschuldens nicht. 206 207 208 209

bb) Sachschaden an privat genutzten Sachen. Die Selbstbeteiligg gemäß ProdHaftG 11 entfällt bei delikt Haftg. 210

cc) Sachschaden an gewerblich genutzten Sachen ist über das ProdHaftG hinausgehd (§ 1 Rn 7), ersetzb. 211

dd) Sachschaden an dem fehlerhaften Produkt selbst ist nach dem ProdHaftG nicht ersetzb (§ 1 Rn 6). Auch deliktsr erstreckt sich die VerkSichgsPfl unter dem Gesichtspkt der EigtmVerl grdsätzl nicht auf die fehlerh Sache selbst, dafür bestehen GewlAnspr (zur Abgrenzg ProdHaftG 3 Rn 1). Prakt bedeuts ist dies bei sog **weiterfressenden Fehlern** (v Westphalen MDR **98**, 805, Franzen JZ **99**, 702), näml wenn ein Fehler an einem funktionell abgrenzb Teil geeignet ist, das hergestellte EndProd zu zerstören od zu beschädigen. Ein deliktsr Anspr besteht nur dann, wenn das Integritätsinteresse (Haftg des Herst) u das Nutzgs- u Äquivalenzinteresse (Gewl des VertrPartners) nicht „stoffgleich“ (eingehd Steffen VersR **88**, 977) sind. Stoffgleich sind sie, wenn sich der geltd gemachte Schad mit dem im Augenblick des EigtÜbergangs dem Produkt anhaftden 212

Mangelunwert, dh der im Mangel verkörperten Entwertg der Sache für das Äquivalenz- u NutzgsInteresse deckt (BGH NJW **85**, 2420). Das ist dch eine natürl u wirtsch Betrachtgsweise zu beantworten (krit Nickel VersR **84**, 318, Mayer BB **84**, 568, Schlechtriem ZfBR **92**, 95, Katzenmeier NJW **97**, 486: restriktiv, and AbgrenzgsKriterien). Führt das eingebaute fehlerh Tl ledigl zu einer Funktionsstörg der Gesamtsache, so liegt darin keine EigtVerl (BGH **117**, 183). Dagg handelt es sich um eine EigtVerl, wenn zuvor unversehrt im Eigt des Herst der Gesamtsache stehde EinzelTle dch ihr unauflösl Zusfügen mit fehlerh and Tln des Zulieferers nicht nur in ihrer Verwendbk sondern erhebl in ihrem Wert beeinträchtigt od gar wertl werden (BGH NJW **98**, 1942; krit Foerste NJW **98**, 2877). Die Stoffgleichh fehlt idR – dh ProdHftg –, wenn ein Mangel an einem Einzelteil geeignet ist, die hergestellte wertvolle Sache zu beschädigen od zu zerstören (BGH **86**, 256, NJW **85**, 2420; abl Tiedtke NJW **90**, 2961), wobei es keine Rolle spielt, ob dies gewalts, plötzl od allmähl geschieht (BGH NJW **85**, 2420). Ebso, wenn der Ausbau des fehlerh Tls zwecks Reparatur zur Beschädigg od Zerstörg der restl im Eigt des Best stehden Sache führt (BGH **117**, 183, Besprechg v Westphalen ZIP **92**, 532; abl Hinsch VersR **92**, 1053). Stoffgleichh besteht, wenn die Beseitigg des Fehlers an einem Tl der Sache von Anfang an techn überh nicht mögl ist od wenn die Suche nach dem techn obj aufspür- u behebb Fehler od seine Beseitigg einen wirtsch unverhältnismäß Aufwand an Zeit u Kosten erfordert hätte (BGH ZIP **92**,
213 704). – **Beispiele:** Ein funktionell begrenztes fehlerh Einzelteil (Steuergerät) führt inf Versagens an der iü einwandfreien gesamten Sache (industrielle Anl) einen weiteren Schad (Brand) herbei (BGH **67**, 359); fehlerh Ventil führt später zur Zerstörg des Motors (Kln VersR **91**, 348); fehlde BefestiggsSchraube des Nokkenwellensteuerrades führt nach 9 Mon Betr zur Beschädigg des sonst fehlerfreien Motors (BGH NJW **92**, 1678; abl Tiedtke ZIP **92**, 1446); fehlerh Bereifg, hängenbleibder Gasseilzug führen später zu Unfallbeschädigg des Kfz (BGH NJW **78**, 2242, BGH **86**, 256; krit Stoll JZ **83**, 501); eine nach ihrer Anbringg inf eines ProdFehlers wasserundicht gewordene Dachabdeckfolie führt zu FeuchtigkSchäd an den unteren Schichten des Dachaufbaus (BGH NJW **85**, 194); fehlerh VerfüllArb dch SubUntern führt zu FeuchtigkSchäd im Keller (Kblz NJW-RR **98**, 374); in die Lager eines intakten Leitrads eingebrachtes unwirks Schmierfett führt später zu dessen Verlust (BGH BB **96**, 1461); Dachdämmplatten, die entspr einer vom Herst gegebenen fehlerh VerlegeAnleitg verlegt worden sind, verursachen inf ihrer Formunbeständigk ggü äußeren Temperatureinflüssen Knackgeräusche im ganzen Haus (Oldbg NJW-RR **88**, 540); konstruktiv ungenügd befestigtes Ölablaßrohr eines Motors zum Antrieb eines Kompressors bricht u führt zu schweren Schäd am Motor (BGH NJW **85**, 2420); der Ausbau fehlerh Kondensatoren führt notw zur Beschädigg intakter Tle der Regler (BGH **117**, 183). Zuvor unversehrte BestandTle der Gesamtsache werden dch ihr unauflösl Zusfügen mit fehlerh and Tln in ihrem Wert beeinträchtigt od gar wertl (BGH NJW **98**, 1942). In diesen Fällen hat der Herst dch InVerkBringen der mit einem unfallträcht Fehler behafteten Sache VerkSichgPfl verletzt, die ihm nicht nur im Nutzgs- u Äquivalenzinteresse des späteren Käufers, sondern gerade auch im Integritätsinteresse des späteren Eigtümers od Besitzers aufgegeben sind; diese Schäd decken sich nicht mit dem der Sache von Anfang an anhaftden Mängelunwert. Einschränkd Schwenzer JZ **88**, 525, Brüggemeier/Herbst JZ **92**, 801, Nagel DB **93**, 2469 auch wg nach ihrer Auffassg konturl Vermischg von Vertr- u Deliktshaftg. – Ersetzb unter dem GesPkt der EigtVerl soll darühinaus der Schad an dem Prod selbst sein, der dadch entstanden ist, daß der Herst nicht ausr darü informiert hat, wie mit ihm umzugehen ist, um Schad daran zu vermeiden (BGH NJW **92**, 2016).

214 **ee) Kein Haftungshöchstbetrag** bei KörperVerl u Tod wie in ProdHaftG 10.

215 **ff) Schmerzensgeld,** im ProdHaftG nicht vorgesehen, wie sonst bei uH gemäß § 847.

216 **gg) Ersatzpflichtig** ist der tats **Hersteller** des fehlerh End- od TeilProd (ProdHaftG 4 Rn 2–5), der es in Verk gebracht hat (ProdHaftG 1 Rn 14), soweit er seine VerkSichgsPfl verletzt od die Verl zu vertreten hat (Fuchs JZ **94**, 533). Der Herst eines TeilProd hat dafür einzustehen, daß es iR des bestimmgsgem Gebr in der WeiterVerarbeitg dch and in vollem Umfang fehlerfrei u ohne Gefährdg des Eigtm Dr eingesetzt werden kann (BGH NJW **96**, 2224). Die bloße Gewinng von Naturprodukten ist keine Herstellg. Eine Haftg kommt insow nur in Betr, als die SchadUrs im Betrieb dessen liegt, der das Produkt gewinnt, zB bei der Gewinng od Verarbeitg (Hamm DB **73**, 325: fehlerh Torf). Außerd der **QuasiHersteller** (ProdHaftG 4 Rn 6), weil er sich auch deliktsr daran festhalten lassen muß, auf dem Markt als Herst aufgetreten zu sein (Karlsr NJW-RR **94**, 798). – Deliktsr haftet ferner für Fabrikationsfehler der für die Produktion verantwortl **Geschäftsleiter** (BGH NJW **75**, 1827), für Konstruktions- u Fabrikationsfehler – idR aber nicht für Instruktionsfehler – der Labor- u HerstellgsLeiter (BGH NJW **87**, 372). – **Importeur** (aber ProdHaftG 4), **Vertriebshändler** und **Lieferant** (ProdHaftG 4 Rn 7, 8) haften als solche deliktsr grdsätzl nicht, weil sie nicht Herst sind (BGH **99**, 167, NJW **94**, 517). Sie trifft deliktsr eine Pfl zur Überprüfg der Ware auf gefahrgeneigte Beschaffenh bloß, wenn dazu aus bes Grden Anlaß besteht, weil bereits SchadFälle bekannt geworden sind od die Umst des Falles eine Überprüfg nahelegen. Das gilt auch bei enger wirtsch u rechtl Verflechtg zw Herst u Vertriebshändler u auch für die „ausgegliederte VertriebsGes", bei der allerd aGrd der engen Verflechtg bes Umst, die eine Überprüfg des Produkts erforderl machen, eher vorliegen können (BGH NJW **81**, 2250, BGH **67**, 359). Sonst haftet die VertriebsGes deliktsr für die Folgen von Konstruktions- od Fabrikationsfehlern nur dann, wenn der Geschädigte ihr vorproz Verhalten dahin auffassen durfte, sie solle u wolle für Rechng des Herst für dessen HaftPflVerbindlichk ggü den Käufern einstehen (BGH NJW **81**, 2250, Ffm BB **86**, 1117). Die inländ Vertriebsgesellsch treffen eig InstruktionsPfl, wenn der ausländ Herst sie mit der ProdInformation der Erwerber u VertrHändler beauftr hat, außerdem eine pass ProdBeobachtgsPfl, jedenf wenn sie als einz Repräsentant des ausländ Herst auf dem dtsch Markt in Erscheing tritt (BGH **99**, 167, NJW **94**, 517). Größere SchadAbwendgsPfl als der bloß Vertreibde, aber nicht die gleich strenge wie der Herst hat ein Untern, der mit der Endmontage des Geräts betraut ist, dessen Tle ihm ein and Untern mit den Montageplänen geliefert hat (BGH BB **77**, 1117). Jeder an Herstellg od Vertrieb Beteil kann nur iR seiner individuellen VerhaltensPfl u seines Versch in Anspr gen werden (Mü BB **80**, 1297). Zusfassd zur ProdHaftPfl des Händlers, Kossmann NJW **84**, 1664.

217 **d) Mehrere Ersatzpflichtige** haften dem Geschädigten als GesSchu, nicht notw in ders Höhe, ggf mit AusglAnspr im InnenVerhältn (vgl § 840 u ProdHaftG 5).

e) Keine Freizeichnung. Die ProdHaftg ist im Verh zu den Benutzern u Verbr des Produkts **zwingend** 218
(Giesen NJW **69**, 587; aA Weitnauer NJW **68**, 1599 f). Eine Freizeichng des Herst kommt nur ggü seinem unmittelb Abnehmer in Frage. Freizeichngsklauseln auf Originalverpackgen od in GebrAnwgen sind daher wirkgsl. Bei best Warngen können aber die Grds des Handelns auf eig Gef (§ 254 Rn 76–78) anwendb sein.

f) Beweislast. – aa) Fehler, Schaden und Ursächlichkeit des Fehlers für den Schad hat wie in 219
ProdHaftG 1 IV der Geschädigte zu bew (BGH NJW **91**, 1948). Ausnahmsw BewErleichterg bis zur Umkehr der BewLast für FehlerFreih bei InVerkBringen des Prod u Ursächlk unterlassener Sichg des PrüfgsBefunds für entstandenen Schad (BGH **104**, 323, NJW **93**, 528). Unter der Vorauss, daß keinerlei AnhaltsPkt für eine nachträgl ProdVeränderg bestehen (BGH BB **87**, 295), gelten hierfür auch die Grds über den AnschBew, zB für UnfallUrsächlichk des Fehlers bei Verstoß gg UnfallVerhütgsVorschr (BGH BB **72**, 13). Demggü hat der Herst die sog äußere Sorgf zu bew, also daß ihm kein obj PflVerstoß zur Last fällt (BGH **80**, 186, NJW **96**, 2507, NJW **99**, 1028), daß der verkwidr ProdZustand (ProdFehler) nicht dch eine Verl der SorgfPfl im HerstellgsBereich verurs ist (BGH NJW **91**, 1948). Bei Verl der InstruktionsPfl hat der Verl zu bew, daß Tats vorh waren, aus denen sich obj ergab, daß der Herst zur Warng verpfl war (BGH **80**, 186). Der Verl hat die Kausalität des unterl Hinw für den Schad zu bew. Allerd kann, wenn nicht konkr Umst des Sachverhalts iR einer Gesamtwürdigg für das Ggtl sprechen (BGH DB **99**, 891), eine Vermutg dafür bestehen, daß ein vollständ u deutl GefHinw beachtet worden wäre (BGH **116**, 60). – **bb) Verschul-** 220
den. Bei einem ProdFehler, der den Schad verurs hat, muß der Herst bew, daß ihn an dem Fehler kein Versch trifft (BGH **51**, 91, NJW **91**, 1948, NJW **99**, 1028). Diese BewLastUmkehr gilt im industriellen wie im handwerkl Bereich, auch bei Inhabern von KleinBetr (BGH **116**, 104). Rührt der schadursächl Prod-Fehler aus dem Organisations- u GefBereich des Herst, so kann er sich nur entlasten, wenn er bew, daß weder ihn noch einen verfmäß berufenen Vertr od ein Organ ein Versch trifft, daß kein Organisationsmangel bestand u daß, hauptsächl iF von Fabrikationsfehlern, bei Auswahl u Überwachung jedes einz der von ihm zu benennden Bediensteten, die mit der Fertigg gerade dieses schadursächl Ggst seinerzt befaßt waren, die erforderl Sorgf angewendet wurde (BGH NJW **73**, 1602). Dies gilt für Fabrikations-, Konstruktions- u EntwicklgsFehler (BGH JZ **71**, 29). Steht fest, daß bei InVerkBringen des Prod eine Instruktion nöt war, dch deren Unterl der Herst seine InstruktionsPfl obj verletzt hat, so trifft ihn die BewLast für fehldes Versch, dh daß die Gef für ihn bei InVerkBringen nicht erkennb waren (BGH **116**, 60). Ist die HinwPfl erst nach InVerkBringen aGrd neuer Erkenntn entstanden, kann sich der Herst dch den Nachw der sog inneren Sorgf entlasten, näml daß er keine ErkenntnMöglichk hatte od sich verschaffen mußte, aus denen sich obj Tats für die Notwendigk einer nachträgl Warng od eines Hinw ergaben (BGH **80**, 186). Die BewLastUmkehr gilt bei Fabrikationsfehlern auch für den im Produktionsbereich verantwortl Repräsentanten des Untern (BGH BB **92**, 517) wie GeschLeiter (BGH NJW **75**, 1827; zust Schmidt-Salzer u v Westphalen BB **75**, 1032/33; abl Marschall v Bieberstein VersR **76**, 411; Bedenken Diederichsen NJW **78**, 1281 [1287]). Vorstehde Grds der BewLastUmkehr gelten für Anspr aus uH auch dann, wenn zw Produzent u Geschäd unmittelb vertragl Anspr bestehen (BGH NJW **92**, 1039). Sie gelten nicht, wenn es um das Versch des Herst daran geht, daß das Prod in den Warenbegleitpapieren falsch bezeichnet ist (BGH NJW-RR **93**, 988). – Verl der ProdBeobachtgsPfl hat der Geschädigte (v Westphalen NJW **90**, 83 [86]), MitVersch des Verl hat Herst zu bew.

824 ***Kreditgefährdung.*** **I Wer der Wahrheit zuwider eine Tatsache behauptet oder verbreitet, die geeignet ist, den Kredit eines anderen zu gefährden oder sonstige Nachteile für dessen Erwerb oder Fortkommen herbeizuführen, hat dem anderen den daraus entstehenden Schaden auch dann zu ersetzen, wenn er die Unwahrheit zwar nicht kennt, aber kennen muß.**

II Durch eine Mitteilung, deren Unwahrheit dem Mitteilenden unbekannt ist, wird dieser nicht zum Schadensersatze verpflichtet, wenn er oder der Empfänger der Mitteilung an ihr ein berechtigtes Interesse hat.

1) Bedeutung. § 824 ist nicht SpezialVorschr zu § 823 II mit StGB §§ 185 ff, sondern daneben anwendb 1
(BGH NJW **83**, 1183). Er schützt die wirtsch Wertschätzg von Pers u Unternehmen vor unmittelb (Mü NJW-RR **98**, 1480) Beeinträchtiggen, die dch Verbreitg unwahrer Behauptgen über sie herbeigeführt werden (BGH NJW **78**, 2151). Er stellt im wesentl eine Ausdehng des Schutzes der sog GeschEhre, der wirtsch Wertschätzg (aA Steinmeyer JZ **89**, 781) ggü fahrl Angriffen dar (BGH NJW **63**, 1872). Vorsätzl Kreditgefährdg fällt auch unter § 823 II iVm StGB §§ 186, 187 od unter § 823 I, wenn hierdurch das allg PerslkR od das BetätiggsR von Vereiniggen verletzt wird (vgl § 823 Rn 175–200), ferner unter § 826. Der Kreditgefährdg sind sonstige Nachteile für Erwerb u Fortkommen gleichgestellt. § 824 erfaßt jede eig Aufstellg u jede Verbreitg, dh Weitergabe einer anderweit aufgestellten unwahren TatsBehauptg (Düss NJW **78**, 704), mag sie auch nur mittelb geeignet sein, den Erwerb od das Fortkommen eines anderen zu gefährden (BGH NJW **65**, 32, Ffm NJW **96**, 1146), vorausgesetzt, daß die Äußerg sich so, wie sie im Verk verstanden wird, mit dem Kläger befaßt, od wenn die verbreitete Tats doch in enger Beziehg zu seinen Verhältn, seiner Betätigg od seiner gewerbl Leistg steht (BGH DB **89**, 921: AlleinvertriebsBerecht eines Prod), währd allg Systemkritik ohne Bezug auf best Pers nicht ausreicht (BGH NJW **65**, 37, NJW **78**, 2151, Ffm BB **85**, 293, Hbg NJW **88**, 3211). Der Schutzzweck der Norm umfaßt nicht schlechthin jede Bedrohg, die auf unricht od herabsetzde Äußergen zurückgeführt werden kann. Darunter fallen vielmehr nur solche äußergsbedgten Nachtle, die sich in bestehden od künft GeschVerbindgen zu (potentiellen) GeschPartnern, nicht solche, die sich außergeschäftl im Verhalten Außenstehder niederschlagen (BGH **90**, 113 [121]). Der Verletzte kann nach § 824 auch eine jur Pers in ihrer Funktion (BGH NJW **82**, 2246, NJW **83**, 1183) od in ihrer Tätigk als ArbGeber u WirtschUntern (BGH NJW **75**, 1882; zustimmend Hubmann JZ **75**, 639) u eine HandelsGesellsch im Rahmen ihres GesellschZwecks (Stgt NJW **76**, 629) sein u auch der, der die betroffene jur Pers wirtschl beherrscht (BGH NJW **54**, 72). Verletzt kann grdsätzl auch ein Unternehmen iR seiner wirtsch Betätigg sein, Kritik an Zweckmäßigk u Wirtschaftlichk von PlangsVorhaben fällt aber nicht in den Schutzbereich der

Norm (BGH **90**, 113). Unbefugte Werbg mit fremdem Namen kann den Tatbestd erfüllen (Sack WRP **84**, 521 [535]), bei WettbewAbs kann UWG eingreifen.

2 **2) Tatsachenbehauptungen** sind dch die obj Beziehg zw Äußerg u Wirklichk charakterisiert, **Werturteile, Meinungsäußerungen** dch die subj Beziehg des sich Äußernden zum Inhalt seiner Aussage (BVerfG NJW **96**, 1529). Tats sind konkrete, nach Zeit u Raum best, der Vergangenh od Gegenwart angehör Geschehn od Zust der Außenwelt u des menschl Seelenlebens (BGH NJW **98**, 1223). UnterscheidgsKriterium ist, ob der Gehalt der Äußerg einer obj Klärg zugängl ist u als etwas Geschehenes od Bestehdes – nicht: für die Zukunft angekündigte Geschehn (BGH NJW **98**, 1223) – grdsätzl dem Bew offensteht (BGH **132**, 13). Eine TatsBehauptg kann wahr od unwahr sein u ist dem WahrhBew zugängl. Ein WertUrt od eine MeingsÄußerg kann je nach dem Standpkt entw als falsch abgelehnt od als richtig akzeptiert werden (BGH NJW **82**, 2246). Sind in einer Äußerg TatsBehauptgen u MeingsÄußergen bzw WertUrt vermengt, so dürfen die beanstandeten Äußergen nicht aus dem Kontext herausgelöst u isoliert betrachtet u beurteilt werden, vielmehr ist der vollständ Aussagegehalt im GesZushang (BVerfG NJW **99**, 2262), der obj Sinn der Äußerg, nicht das subj Verständn des sich Äußernden od des Betroffenen zu ermitteln (BGH NJW **97**, 2513). Entscheidd ist dann, ob die Äußerg insges dch die Elemente der StellgN, des Dafürhaltens od Meinens geprägt ist (BGH aaO), weil ihr TatsGehalt so substanzarm ist, daß er ggü der subj Wertg in den Hintergrd tritt, ob er ledigl der Ergänzg der Beurteilg dch Angabe tats BeurteilgsGrdl dient – dann MeingsÄußerg (BVerfG NJW **83**, 1415, BGH NJW **82**, 2246) – od ob die Äußerg überwiegd dch den Bericht über tats Vorgänge geprägt ist u bei dem Adressaten zugl die Vorstellg von konkreten in die Wertg eingekleideten Vorgängen hervorruft, die als solche einer Überprüfg mit den Mitteln des Bew zugängl sind (BGH NJW-RR **99**, 1252 Vorwurf der Bestechg, BGH NJW **94**, 2614: pleite gemacht, Kblz NJW **96**, 324: Unvertretb hoher Werbe- u VerwAufwand eines gemeinnütz Vereins). Sind mehrere Deutgen mögl, so ist der rechtl Bewertg diejen zGrde zu legen, die dem auf Unterl in Anspr Genommenen günstiger u für den Betroffenen weniger belastd ist (BGH **139**, 95). Dabei ist der Begr der Meing weit zu verstehen. Insbes wenn eine Trenng der wertden u der tatsächl Gehalte den Sinn der Äußerg aufhöbe od verfälschte, ist die Äußerg insgesamt als MeingsÄußerg anzusehen (BVerfG NJW **93**, 1845). Enthält sie erwiesen falsche od bewußt unwahre TatsBehauptgen, so hat regelmäß das GrundR der freien MeingsÄußerg hinter dem Schutz der Persönlk zurückzutreten (BGH NJW **97**, 2513), wobei an die WahrhPfl keine Anfordergen gestellt werden dürfen, die die Bereitsch zum Gebr des GrundR herabsetzen u auf die MeingsFreih insgesamt einschnürd einwirken können (BVerfG NJW **92**, 1439, NJW **93**, 1845). Eine TatsBehauptg kann je nach den Umst auch in die Äußerg eines Verdachts, einer Vermutg, einer Möglichk gekleidet sein. Beim Ehrenschutz ist eine verdeckte Aussage der offenen dann gleichzusetzen, wenn der Autor mit der verdeckten Aussage dch das ZusSpiel mit der offenen eine zusätzl Sachaussage macht bzw
2 a sie dem Leser als unabweisb Schlußfolgerg nahelegt (BGH NJW-RR **94**, 1242). – **Beispiele.** WertUrt, MeingsÄußerg ist „billiger Schmarren“ (BGH NJW **65**, 36), ein Verlag arbeite mit Geschichtsfälschgen, wobei ihm jedes Mittel recht sei (Köln NJW **88**, 2892), Kritik an kirchenrechtl Thesen (BGH NJW **66**, 1618). Bezeichng einer ReligionsGemsch als Nazisekte (Hbg NJW **92**, 2035). Bezeichng eines Verhaltens als illegal kann je nach dem Schwerpkt WertUrt (BGH NJW **82**, 2246) od TatsBehauptg (BGH NJW **93**, 930) sein. „Unregelmäßigkeiten“ eines GeschF, „Nichtstun“ eines Beamten ohne zusätzl Angaben sind abqualifizierde MeingsÄußerg (Köln NJW-RR **95**, 97, Brdbg MDR **96**, 154), ebso „Abzocken“ (Brdbg OLG-NL **98**, 127). Bei vergleichden Warentests handelt es sich überwiegd um wertde MeingsÄußergen (BGH **65**, 325), denen TatsBehauptgen als unselbständ WertgsElemente untergeordnet sind. Unricht TatsBehauptgen sind nur dann relevant, wenn ihnen iR des Tests eigständ Bedeutg zukommt als Grdlage für ein eig QualitätsUrt des Lesers (BGH NJW **89**, 1923, Köln NJW-RR **95**, 1489); ie Seitz/Schmidt/Schoener, GgDarstellgsAnspr, NJW-Schriftenreihe 2. Aufl 89, Rn 292 ff. Wissenschaftl Kritik enthält nur Urt, auch wenn mangels Sorgf od mangels Kenntn irrig; ebso ärztl Diagnose in Schlussfolgergen in Gutachten (BGH NJW **89**, 774, 2941, NJW
2 b **99**, 2736). – Echte **Fragen**, die auf eine Antwort gerichtet u für verschiedene Antworten offen sind, genießen den Schutz des Art 5 I 1 GG wie Werturt, auch wenn sie sich auf Tats beziehen. Rhetor Fragen stellen dagegen Aussagen dar, die TatsBehauptgen od WertUrt enthalten u rechtl wie solche zu behandeln sind (BVerfG NJW **92**, 1442).

3 **3) Unwahrheit** beurt sich danach, wie die beanstandete Mitteilg nach ihrem Aussagegehalt vom dchschnittl Empf, Leser, Hörer unbefangen zu verstehen ist (BGH WM **69**, 915, VersR **88**, 1181). Bei Verbreitg sowohl wahrer wie unwahrer TatsBehauptgen in einem Bericht kommt es darauf an, ob sich der Kern des gesamten Berichts in einem falschen Licht darstellt (BGH NJW **87**, 1403). Unwahrh bei vorsätzl Entstellg eines Sachverhalts (BGH NJW **61**, 1914). Vgl auch Einf 18 vor § 823. Unwahrh muß zZ der Verbreitg der Tats bestehen. Bei Wahrh der behaupteten Tats kann uU § 826 vorliegen (dort Rn 18). Zur Behauptg od Verbreitg ist idR Mitteilg an Dr erforderl, nicht nur dem Betroffenen ggü.

4 **4) Kreditgefährdung usw.** Vgl Rn 1. Geschützt ist nur die Gefährdg u unmittelb Beeinträchtigg wirtsch Interessen. Wirtsch Schwächg einer Gewerksch – fühlb Mitgl- u BeitrRückgang (BGH **42**, 219). Veröff eines bebilderten Art mit der unwahren Aussage, ein Untern habe im Inland hergestellte ReptilledeArt illegal eingeführt (Kln VersR **92**, 707). Ehrenrührigk der Tats ist nicht erforderl, wohl aber Beeinträchtigg der wirtsch Wertschätzg (BGH NJW **65**, 37). Das ist nicht der Fall bei Einstufg eines Krankenhauses als sog gemischte Anst (Hamm VersR **82**, 387).

5 **5) Verschulden.** Fahrl Nichtwissen, daß die Tats unwahr ist, genügt. Wg vorsätzl Kreditgefährdg s Rn 1. Pfl zu bes Gewissenhaftigk bei Mitt über Kredit- u VermVerh (Ffm ZIP **89**, 89: Schufa), strenge SorgfPfl bei Warentest u PreisVergl (BGH NJW **86**, 981). – Auch der **Verlag** ist schaderspfl, wenn er für den verantwortl Redakteur nach § 831 einzustehen od es unterlassen hat, einen verfassgsm berufenen Vertr (§§ 30, 31) mit der Überwachg des RedaktionsBetr zu beauftragen (BGH **39**, 129, NJW **63**, 904; vgl § 823 Rn 158).

6 **6) Berechtigtes Interesse** (Abs II) nur auf seiten des MitteilgsEmpf genügt; wichtig für Auskunfteien u Kreditvereiniggen. Auch das berecht Interesse des Betroffenen u bei Medienveröffentlichg ein ernsth Interesse der Öffentlichk (Düss VersR **85**, 247) sind zu berücks.

a) Interessenabwägung ist erfdl. Dabei sind auch die Schutzwürdigk des angegriffenen RGutes u das Verhalten des Angegriffenen vor dem Angriff zu berücks (BGH **31**, 308). Kollision zw Ehrenschutz u Recht der freien Meingsäußerg s § 823 Rn 188–194. Bei Vorbringen im Proz, Eingaben an Beh od bei Strafanz zur Verteidigg von Rechten ergibt sich die Wahrnehmg berecht Interessen idR aus dem Wesen dieser Hdlgen (vgl Einf 21 vor § 823). Gleiches gilt für die Äußergen im engen Familienkreis od im Gespräch mit eig RA (Düss NJW **74**, 1250). Ausk eines ArbGebers über Angest s § 630 Rn 4. Berecht Interesse bei anonymer Verbreitg von Ehrenkränkgen entfällt idR, weil insow mutmaßl auch unsachl Motive maßgebd gewesen sind (BGH NJW **66**, 1215).

b) Bei **Absicht der Beleidigung** nach Form der Äußerg od nach BegleitUmst versagt der Schutz des Abs II. Ebso wenn die Äußerg den Boden der sachl Kritik verläßt u nach Inhalt, Form u BegleitUmst auf Schmähg einer Pers hinausgeht (§ 823 Rn 189). 7

c) Bei **wissentlicher Unrichtigkeit** der Mitteilg entfällt Abs II. Dann § 823 II iVm StGB § 187. Auch dann, wenn der Mitteilde selbst keine sichere Überzeugg von der Richtigk hat u sich der Unsicherh seines Wissens bewußt ist. Wissentl falsche Mitteilg auch dann, wenn Sachverhalt dch geflissentl Verschweigen wesentl Umst od dch übertreibde Ausmalg von BegleitUmst vorsätzl entstellt wird (Einf 18 vor § 823). 8

d) Recht zur freien Meinungsäußerung, Freiheit der Kunst nehmen einer Äußerg ebenf die RWidrigk (s § 823 Rn 184–196), ohne daß es der Anwendg des Abs II bedarf. Bei Warentest u PreisVergl sind die wirtsch Belange des Geschädigten u das Interesse der TestZeitschr an freier Kommunikation zw ihr u ihren Lesern ggeinand abzuwägen (BGH NJW **86**, 981). 9

e) Rechtsfolge. Ist die Äußerg dch Wahrnehmg berecht Interessen gedeckt, so entfällt der SchadErsAnspr. Steht die Unwahrh einer TatsBehauptg fest, so bleibt dem Verletzten der UnterlassgsAnspr, weil an der künft Verbreitg einer unwahren Behauptg niemand ein berecht Interesse haben kann (BVerfG NJW **99**, 1122, BGH NJW **87**, 2225). 10

7) Als **Schadenersatzanspruch** kommen auch Zurückn der Behauptg, Löschg gespeicherter unricht Daten (Ffm DB **88**, 749) od sonstige, dch die Umst gerechtf Maßn in Frage (vgl Einf 16–35 vor § 823). Ers des immat Schad bei Verl des PersönlkR § 823 Rn 198–200. Zum VermSchad gehören alle Aufw, die der Verl für obj zweckm halten durfte, um drohde Nachteile zu vermeiden. VermSchad einer Gewerksch dch fühlb Mitgl- u Beitragsrückgang (BGH **42**, 219). Wer dch falsche Behauptgen in der Presse in seinem wirtsch Ruf geschädigt ist, hat in erster Linie Anspr auf GgDarstellg, uU Anspr auf Richtigstellg im näml Blatt, auch in Form einer publikumswirks WerbeAnz, die die unwahren Behauptgen richtigstellt (BGH **70**, 39); dazu ist erfdl, daß die neue WerbeAnz für den aufmerks Leser den Zushang mit der früheren Veröffentlichg kenntl macht (BGH NJW **79**, 2197). Anspr auf Ers der Kosten für eine kostspiel AnzAktion besteht nur in ganz bes AusnFällen (BGH NJW **86**, 981). 11

8) Beweislast. Der Verl hat die Unwahrh der Behauptg zu beweisen. Dieser Bew erübrigt sich, wenn der Verletzer eine nähere Substantiierung verweigert, obwohl sie ihm ow mögl sein müßte (BGH NJW **74**, 1710). Außerdem hat Verletzter die BewLast für fahrl Unkenntn des Verletzers von der Unwahrh; sie wird, auch wenn die Unwahrh obj feststeht, nicht vermutet. Ein berecht Interesse (Abs II) hat der Verletzer zu bew. Abw Regelg der BewLast bei UWG 14, wo Kläger nur die kreditgefährdde Eigensch der Tats nachzuweisen hat. – 12
Darleggs- u BewLast bei TatsBehauptgen § 823 Rn 189a. – **Widerruf** (Einf Rn 26) kann verlangt werden, 13
wenn die Unwahrh der Behauptg feststeht (näher § 823 Rn 189a). Die für den UnterlAnspr u den Anspr auf 14
SchadErs in Geld geltden BewRegeln sind insow nach BGH **37**, 189 (krit hierzu Helle NJW **62**, 1813) unanwendb, da andernf Verletzer, wenn er die Richtigk seiner Äußerg nicht beweisen kann, ggf zu einer in der ZwVollstr durchsetzb unrichtigen Erkl gezwungen werden könnte. Mögl ist jedoch modifizierter Widerruf etwa dahin, „daß der erhobene Vorwurf nach dem Ergebn der BewAufn nicht aufrecht erhalten werden kann" (BGH aaO, NJW **66**, 649: einschränkder Widerruf, wenn Anhaltspkte für Richtigk der Behauptg höchst zweifelh). Auch hier muß Widerruf dem Verletzer zumutb sein (Einf Rn 18, BGH **LM** § 1004 Nr. 85 zum öff Widerruf).

825 *Bestimmung zur Beiwohnung.* **Wer eine Frauensperson durch Hinterlist, durch Drohung oder unter Mißbrauch eines Abhängigkeitsverhältnisses zur Gestattung der außerehelichen Beiwohnung bestimmt, ist ihr zum Ersatze des daraus entstehenden Schadens verpflichtet.**

1) Allgemeines. Prakt bedeutgsl, weil der Tatbestd in AnsprKonkurrenz meist auch unter § 823 I (Verl des PersnlkR) u/od § 823 II iVm StGB 177 ff fällt. Unbescholtenh ist nicht Vorauss. Alter und FamStand sind ohne Bedeutg. Nicht nöt ist Gewaltanwendg, es genügt Einwirkg auf die Willensentschließg, so daß die Frau ohne Anwendg der im § 825 angeführten Mittel die Beiwohng nicht gestattet hätte. BewLast trifft die Frau. 1

2) Hinterlist bedeutet ein vorbedachtes, die wahre Abs verdeckdes Handeln zu dem Zweck, den unvorbereiteten Zustand der Frau zur Verwirklichg seines Vorh zu benutzen. Beisp: Schwächg der Willenskraft durch Verabreichg berauschder Getränke; HeiratsVerspr unter Verschweigg der eig Verheiratg; Vorspiegelg der HeiratsAbs zu dem Zweck, Duldg der Beiwohng herbeizuführen (Karakatsanes MDR **89**, 1041). **Drohung** ist Inaussichtstellg eines Übels, das zur Willensbeeinflussg geeignet ist. 2

3) Mißbrauch eines Abhängigkeitsverhältnisses: Sein bloßes Bestehen genügt nicht. Erforderl sind Ausnutzg der auf wirtsch od and Grden beruhden tatsächl Überlegenh zum Zweck der Willensbeeinflussg der Frau u ursächl Zushang zw AbhängigkVerh u Gestattg der Beiwohng. Anderers ist nicht notw, daß der Täter Nachtle für den Fall der Weigerg der Beiwohng in Aussicht stellt, er muß sich der dch sein Vorgehen herbeigeführten Beeinträchtigg der Willensfreih der Frau bewußt sein. AbhängigkVerh besteht zB zw Hausherrn u Hausgehilfin, Schülerin u Lehrer, BetriebsAngeh u Untern; denkb auch zw einer Frau u ihrem 3

Arzt, Rechtsbeistand oder Geistl. Auch mittelb Abhängigk kann genügen, wenn zB der Vater der Frau in einem AbhängigkVerh zum Täter steht, dch das die freie Willensentschließg der Frau selbst beeinträchtigt wird.

4 **4)** Der **Schadensersatzanspruch** umfaßt sowohl den VermSchad (Kosten der Entbindg, ärztl Behandlgskosten, Verlust der Stellg, § 842) als auch den NichtvermSchad (§ 847 II).

826 ***Sittenwidrige vorsätzliche Schädigung.*** **Wer in einer gegen die guten Sitten verstoßenden Weise einem anderen vorsätzlich Schaden zufügt, ist dem anderen zum Ersatze des Schadens verpflichtet.**

1) Allgemeines 1
2) Sittenwidrigkeit 2–8
3) Vorsatz 9–12
4) Ersatzberechtigter 13
5) Schadensersatzpflicht 14–17
6) Unzulässige Rechtsausübung 18
7) Verhältnis zu anderen Bestimmungen . . . 19
8) Einzelfälle 20–84
a) Aktienrecht 21
b) Arglist bei Vertragsschluß 22–24
c) Auskunft, Rat, Empfehlung 25–28
d) Berufsangelegenheiten 29–31
e) Eigentumsmißbrauch 32
e a) Einziehungsermächtigung 33
f) Familien- und erbrechtliche Beziehungen . 34
g) Formmangel 35
h) Gläubigerbenachteiligung, Lohnschiebungen, Kreditverträge und Vermögensverschiebungen, Konkursverzögerung 36–39
i) Immaterialgüterrechte 40
Kartelle und Monopole 41
k) Lohnkämpfe 42
l) Organe und Mitglieder von Gesellschaften (sittenwidriges Verhalten) 43
m) Patente und Gebrauchsmuster 44
n) Prozeßführung 45
o) Urteilsmißbrauch 46–50
p) Schmiergeld, Eintrittsgeld, Anzapfen 51
q) Verletzung von Vertragsrechten Dritter, insbes Verleitung zum Vertragsbruch 52–54
r) Vertragsverletzung 55
s) Warenzeichen und Ausstattung 56
t) Wechsel und Schecks 57, 58
u) Unlauterer Wettbewerb 59–62
aa) Sittenwidrigkeit 60
bb) Anspruchskonkurrenz 61
cc) Handlungen (Übersicht) 62
v) Zwangsvollstreckung 63
w) Sonstige Fälle 64

1 **1) Allgemeines.** § 826 bildet eine wicht Ergänzg zu den Tatbestd der §§ 823, 824. Er gewährt auch ohne Verl eines best Lebensgutes od Rechtes einen ErsAnspr bei bloßer VermBeschädigg. Seiner Anwendg steht nicht entgg, daß das anstöß RGesch unwirks (BGH WM **75**, 325), schikanös od treuwidr (§§ 226, 242) ist. – Verh zu and Bestimmgen Rn 19.

2 **2) Verstoß gegen die guten Sitten. – a) Begriff** § 138 Rn 2–10. Verstoß ist mögl, wenn das angewandte unter and Umst nicht zu beanstandde Mittel im Verh zu dem angestrebten für sich gen billigenswerten Zweck unter Berücksichtigg aller Umst des EinzFalles außer Verh steht, zB der Schad zum erstrebten Nutzen od wenn der angerichtete Schad unausweichl war, ohne daß sein Eintritt dch ein gerechtfert Interesse gedeckt wurde (BGH WM **95**, 882 [894]). Daß bei Hdlgen, die nur in best Kreisen vorkommen, auf das allg Anstandsgefühl dieser Kreise Rücks zu nehmen ist, hat insb Bedeutg bei der Beurteilg wettbewerbl Hdlgen. Daß eine Hdlg als unbill erscheint, genügt für sich allein nicht, um Sittenverstoß anzunehmen. Ebso ist die Verfolgg eig Interessen bei der Ausübg von Rechten grds auch dann als legitim anzusehen, wenn eine Schädigg Dr damit verbunden ist (BGH DB **88**, 226). Der Maßst ist ein obj, weg der subj Einstellg s Rn 4.

3 **b)** Aus **Inhalt oder Gesamtcharakter,** Zweck, BewegGrd der Hdlg im Einzelfall ist die Sittenwidrigk zu entnehmen (§ 138 Rn 7, 8). Ein Verhalten, das den Tatbestd eines Diebstahls od einer Unterschlagg erfüllt, ist sittenw (Saarbr NJW-RR **87**, 500).

4 **c)** Die **innere Einstellung** des Täters ist ausnahmsw dann erhebl, wenn er nach Lage der Dinge sein Verhalten als gerechtf ansehen durfte. Vgl Rn 11.

5 **d)** Das sittl Verwerfl kann in dem verfolgten **Zweck,** zB planm SchadZufügg, od in den für erlaubten Zweck angewandten **Mitteln** liegen.

6 **e)** Auch der **Mißbrauch einer formalen Rechtsstellung** kann sittenwidr sein. Bsp: SozialversTräger, der Pauschalsätze geltd macht, obschon er sie bei weitem nicht aufgewandt hat (BGH NJW **65**, 2013). Wer Einr der Verj erhebt, obwohl er den and Tl dch sein Verhalten von rechtzeit Unterbrechg der Verj abgehalten hat (BGH **9**, 5). Wer ein KündR mißbräuchl ausübt, zB PachtVertr in letzter Stunde kündigt, um dem Pächter die Möglichk einer SchadAbwendg zu nehmen. Nimmt der Gl eine rkräft zuerkannte UnterhRente weiter entgg ohne die Aufn einer Erwerbstätigk zu offenbaren, so liegt darin allein, wenn nicht bes Umst hinzutreten, keine sittenwidr Schädigg (BGH NJW **86**, 2047). Wer von seinem Recht zur Aufhebg der Gemsch Gebr macht, um reale Teilg, dch erbrechtl TeilgsAnordng vorgeschrieben, zu vereiteln (BGH **LM** (B) Nr. 7).

7 **f)** In einem **Tun oder Unterlassen** kann die Sittenwidrigk bestehen. IF der Unterlassg muß das Handeln einem sittl Gebot entsprechen (BGH NJW **63**, 149). Sittenverstoß, wenn jemd bei Fälschg der eig Unterschr nicht bes Maßn ergreift u dadch den Fälscher schützt (RG JW **35**, 34) od Anfrage nach Echth der Unterschr unbeantwortet läßt.

8 **g) Grob leichtfertiges, gewissenloses Verhalten.** Sittenwidr handelt nicht nur, wer die haftgsbegründen Umst pos kennt, sondern auch, wer sich einer solchen Kenntn bewußt verschließt (BGH NJW **94**, 2289). Beisp: Zur VfgStellg eines eig Bankkontos an einen Dr zur Gutschr veruntreuter Gelder u deren Auszahlg an den Dr (Düss NJW-RR **98**, 1717), leichtfert, grobfahrl Gutachten (BGH NJW-RR **86**, 1150), Äußergen od Auskünfte insb dann, wenn der and Tl auf das Ansehen od den Ruf des grob leichtfert Handelnden vertraut (BGH WM **75**, 559; vgl Rn 12, 25–28). Einschaltg eines Schwindelunternehmens zur Vermittlg von WarenterminGesch (BGH WM **89**, 1047). Barauszahlg erhaltener Kundengelder dch GeschF einer Börsentermin-

Vermittlgsfirma an einen Dr, ohne sich über die bestimmgsgem Verwendg der Beträge zu vergewissern (Hbg WM **89**, 1239). Wenn starke Verdachtsmomente für kriminelles Handeln bestehen, verschließt sich der Kenntn, wer eine sich bietde Möglk der Aufklärg bewußt nicht wahrnimmt (BGH ZIP **94**, 789 [793]).

3) Vorsatz u Sittenwidrk sind getrennt festzustellen. Allerd läßt sich aus der Art u Weise, in der sich das sittenwidr Verhalten kundgibt, nicht selten folgern, daß der Täter vorsätzl gehandelt hat (BGH WM **95**, 882 [895]). So läßt sich der Nachw bdgten Vors oft nur dch den Bew erbringen, der Schädiger habe so leichtfert gehandelt, daß er eine Schädigg des and Tl in Kauf gen haben mußte (BGH WM **75**, 559, WM **86**, 904). 9

a) Zum Vorsatz gehört u genügt das Bewußtsein, daß das Handeln den schädl Erfolg haben wird, er muß daher die gesamten SchadFolgen umfassen (BGH NJW **63**, 150; s aber Rn 14). Eine nur allg Vorstellg über etwa mögliche Schädigg genügt nicht (BGH **LM** § 823 (Be) Nr. 15). Nicht erforderl ist Abs der Schädigg (BGH **8**, 393). **Bedingter Vorsatz** genügt; vgl § 276 Rn 10. Dabei sind auch ErfahrgsSätze heranzuziehen (BGH NJW **87**, 1758: Testat eines Steuerberaters dient zur Vorlage an Bank zwecks KreditBeschaffg). Nicht erforderl ist, daß Vors sich gg best Pers richtet; ausreichd, wenn der Täter die Richtg, in der sich sein Verhalten zum Schad and auswirken konnte u die Art des möglicherw eintretden Schad vorausgesehen u in seinen Willen aufgenommen oder gebilligt hat (BGH WM **66**, 1152, Hamm NJW **97**, 2121). 10

b) Nicht erforderlich ist Bewußtsein der Sittenwidrigkeit (BGH WM **62**, 579). Täter muß nur die TatUmst gekannt haben, die sein Verhalten als sittenw erscheinen lassen. Es entlastet bei Kenntn der TatUmst den Schädiger nicht, daß er dem Rat seines RA gefolgt ist (BGH **74**, 281). Anderers ist § 826 nicht erfüllt, wenn Täter wg Irrt über die tatsächl Verh sein Verhalten als erlaubt ansehen durfte (RG **159**, 227). 11

c) Fahrlässigkeit, auch grobe, genügt nicht (BGH NJW **62**, 1766). Damit steht nicht in Widerspr, daß das Merkmal der Sittenwidrigk in manchen Fällen in einem grobfahrl, gewissenlosen Verhalten zu sehen ist (Rn 8). Dadch wird an dem Erfordern, daß daneben Vors vorliegen muß, nichts geändert (BGH WM **66**, 1150). Jedoch ist hierbei zu beachten, daß aus einem bes leichtfert Verhalten des Schädigers auf seinen bdgt Vors zur SchadZufügg geschl werden kann (BGH WM **86**, 904). 12

4) Ersatzberechtigter ist nur der wirkl, auch der mittelb Geschäd, sofern Bewußtsein u Wille der Schädigg sich zumind ev auch gg diesen richteten (Hamm NJW **74**, 2091) u auch im Verhältn zw Schädiger u ihm die VermVerl sittenwidr ist (BGH NJW **79**, 1599). KonkVerw ist kr eig Rechts nur berecht, wenn die vors sittenw Schädigg den GemeinSchu od die Gesamth der KonkGläub dch Verkürzg der KonkMasse getroffen hat (BGH NJW **86**, 1174). Aktionär hat unmittelb SchadErsAnspr gg Organe der AG aus sittenw Hdlg. **Mitwirkendes Verschulden** des fahrläss handelnden Geschädigten bei der Verursachg des Schadens kommt ggü dem vorsätzl, sittenwidr Verhalten des Täters, seines ges od besVertr gem § 31 grdsätzl nicht in Betr (BGH MDR **92**, 752), bes Umst können aber im Einzelfall eine SchadTeilg rechtfertigen (BGH NJW **84**, 921, BGH WM **70**, 633: nur bdgter Vors des Schädigers, gleichwert Mitverursachg des Schad dch Leichtsinn des Geschädigten). § 254 kann außerdem in Frage kommen, wenn es um Abwendg od Minderg des Schad nach Begehg der uH geht. 13

5) Schadensersatzpflicht. – a) Die Bestimmungen der §§ 249 ff gelten, jedoch ist idR selbst grobe Fahrlk des Verl nicht ansprmindernd zu berücksichtigen (BGH NJW **92**, 310). Der gesamte entstandene Schad (Vorbem 7–18 vor § 249) ist zu ersetzen, nicht nur der vorausgesehene od voraussehb. Auch nichtvermögensrechtl Schad ist mögl, Ers dch Wiederherstellg u ggf SchmerzG. Zum Schad gehört auch Beeinträchtigg (BGH NJW **95**, 1284), zB einer tatsächl Erwerbsaussicht, der erbrechtl Anwartsch, des Kundenstammes od bei Abschneidg von Bezugsquellen. SchadZufügg ggü Verein kann darin bestehen, daß ihm bei Erf seiner Vereinsaufgaben, der Anwerbg neuer Mitgl od Erhaltg des MitglBestandes Schwierigk erwachsen (BGH **42**, 219). Auch Ausschl aus Verein kann unter § 826 fallen (§ 25 Rn 12–28). Schad des GeschHerrn, wenn sein Vertreter Schmiergelder erhalten hat, Rn 51. Zur **Auskunft, Rechnungslegung** ist der Täter verpflichtet, um dem Geschädigten bei Vorliegen der Vorauss (§§ 259– 261 Rn 8–16) die Bezifferg des entstandenen Schad zu ermöglichen (BGH NJW **62**, 731, **LM** § 1 UWG Nr. 144: einschränkd bei Wettbew). Vgl auch § 687 Rn 5–7. **Weitere Ansprüche.** Unterlassg, Beseitigg der Beeinträchtigg Einf 16–35 vor § 823. 14

b) Bei **arglistiger Täuschung** kann Betrogener den Vertr gem § 123 anfechten u insow die Befreiung von seinen vertragl Pfl erreichen; Ausgl sodann auch nach BereichergsR. Zu demselben Erfolg führt der delikt SchadErsAnspr, ohne daß der Vertr angefochten zu werden braucht u auch ohne daß die Vorauss der §§ 123, 124 gegeben sind (BGH NJW **62**, 1198). Zu ersetzen ist das negat Interesse (BGH BB **69**, 696; vgl § 823 Rn 159, 160, 164); so bei Kredittäuschg durch Sichergsübereigng (RG **143**, 48), unrichtiger Ausk über den Schu (BGH WM **57**, 545). Der Intimbereich zweier vollj Partner unterliegt iF der Geburt eines Kindes grdsätzl auch dann nicht dem DeliktsR, wenn der eine Partner den and über die Anwend von empfängnisverhütden Maßn getäuscht hat (BGH **97**, 372). 15

c) Zurechnungszusammenhang, Vorbem 54–107 vor § 249. Beweisfragen Vorbem 162–173 vor § 249 u § 823 Rn 167–174. 16

d) Freiwillige Aufopferung von VermStücken führt idR nicht zum SchadErsAnspr. And, wenn der Wille durch argl Täuschg bestimmt war. Ers von Zufallschäd im AuftrR § 670 Rn 9–13. 17

6) Unzulässige Rechtsausübung. § 826 ist neben §§ 226, 242 für alle nichtvertragl RBeziehgen die Grdlage für den Einwand der unzul Rechtsausübg (§ 242 Rn 38–85). 18

7) Verhältnis zu anderen Bestimmungen: § 826 greift ergänzd auch nach Ablauf der Anfechtgsfristen der §§ 123, 124 ein (Rn 15). Neben § 839 ist § 826 nicht anwendb. Wegen § 254 s Einf 12, 13 vor § 823. Verh zu § 2287 s dort Rn 1. 19

Durch **Sondergesetz** wird § 826 nur dann ausgeschl, wenn dieses für best Tatbestd ausdrückl u absichtl weitergehenden Schutz ausschließt (Einf 3 vor § 823). – **a)** § 826 greift neben dem **UWG** ergänzd ein (BGH **36**, 256; Rn 61); wichtig für Verj (§ 852 Rn 1). – **b)** § 826 gilt neben dem **GeschmacksmusterG** (RG **115**, 184). – **c)** Auch das **MarkenG** schließt § 826 nicht aus, insb nicht da, wo sein formaler Schutz versagt

(Rn 56). – **d)** Auch **Patent- u GebrauchsmusterG** schließen Ausdehng des dort geregelten Schutzes auf weitere Tatbestde nicht aus, Rn 44. – **e)** Dasselbe gilt vom **UrheberRG** § 97 III. – **f)** Neben den **Anfechtungstatbeständen** nach AnfG u KO ist § 826 nur anwendb, wenn über sie hinausgehde sittenwidr Umst vorliegen (BGH NJW **96**, 1283).

20 **8) Einzelfälle:** Die Rspr hat für best häuf wiederkehrde Tatbestde sittenw Verhaltens gewisse BegrMerkmale entwickelt, die als Richtschnur für die Beurteilg ähnl Tatbestde von Bedeutg sind. Indessen ist VorhSein dieser Merkmale nicht schlechthin Vorauss für die Anwendbark von § 826, vielm handelt es sich hierbei nur um typ Erscheingsformen eines sittenw Tatbestd; entscheidd sind nicht abstr Merkmale, sond die ges Umstände des Einzelfalls.

21 **a) Aktienrecht.** Zu unterscheiden ist der Schad der AG dch Verringerg des Unternehmenswertes u der Schad des Aktionärs dch niedrigeren Kurswert der Aktie, sog Doppelschad (LG Hbg WM **98**, 497). Erpokern einer völl unangem AbfindgsZahlg für die NichtErhebg einer AnfKl dch einen Aktionär, der sich tats nicht für die Wahrg gefährdeter AktionärsR einsetzt, u Unterstützg dch einen NichtAktionär zur Erreichg eines eig unberecht finanziellen Vort (Köln ZIP **88**, 967). Ebso Herbeiführg eines Vertr u Beteiligg an den vorausgehden Vhdlgen auf Zahlg einer unzuläss Abfindg gg Rückn des Widerspr gg HauptversammlgsBeschl u Verz auf aktienrechtl AnfKl (BGH NJW **92**, 2821). TreuPfl auch des MinderhAktionärs, seine Rechte unter angem Berücksichtigg der gesellschbezogenen Interessen seiner Mitaktionäre auszuüben (BGH **129**, 137, Lutter JZ **95**, 1053). Aufruf zur StimmRSammlg von Kleinaktionären ist nicht sittenw (Düss DB **94**, 1278).

22 **b) Arglist bei Vertragsschluß. – aa) Unwahre Angaben** über Mieterträge u VermVerh des Schu, insb argl Täuschg bei Grdst- u HypVerkauf. Sittenw handelt, wer dch Kreditzusage an Schu die Gläub zum VerglAbschl veranlaßt, den versprochenen Betr nachher aber trotz Zahlgsfähigk nicht zahlt. Bewußt falsche
23 Zusage, den Doktortitel gg Bezahlg zu verschaffen (Kblz u Stgt NJW **96**, 665). – **bb)** Auch **Verschweigen** von Umst ist sittenw, wenn sie dem VertrPartner unbekannt sind, nach Tr u Gl aber bekannt sein müssen, weil sein Verhalten bei den VertrVerhdlgen u die von ihm zu treffden Entsch davon wesentl beeinflußt werden; dazu gehört insbes eig ZahlgsUnfähigk u bei KapitalGesellsch Überschuldg (BGH WM **91**, 1548). Verschweigen der ZwVersteigerg u ZwVerwaltg bei Abtretg einer Hyp, der Fälligk der ersten Hyp u der bevorstehden ZwVersteigerg bei GrdstKaufverhandlgen. Argl Verschweigen erhebl wertbildder Umst bei KaufVertrAbschl
24 (Hamm NJW **97**, 2121). Auch § 463 Rn 11–13. – **cc)** Auch **Mitwirkung bei arglistigem Verhalten eines anderen** ist sittenw. Ausstellg einer unricht Bescheinigg, die Empf zur Täuschg eines Dr bei VertrSchl benutzt. Unlauteres ZusWirken eines VertrTeiles mit dem Vertreter des and (BGH NJW **62**, 1099). Der Dr, der mit einem Gter bewußt einen Vertr abschließt, dch den dieser seine GPfl schwer verl, ist den übr Gtern schaderspfl (BGH **12**, 308). – Versch bei VertrSchl § 276 Rn 65–103.

25 **c) Auskunft, Rat, Empfehlung, Gutachten** (§ 675 Rn 41). – **aa) Bewußt unrichtige** Ausk, a Grd deren der Geschäd die schädigde Hdlg vorgen hat, ist sittenw. Vorauss ist, daß er von der Ausk Kenntn erh hat (BGH NJW **79**, 1599). Bsp: Ausk des Gläub ggü dem zukünft Bü über den HauptSchu (BGH NJW **83**, 1850), des Kreditsuchden ggü dem Bü über die eig VermVerh, des Firmenberaters ggü dem Kreditgeber (BGH DB **66**, 2020), eines Gters ggü dem Verkäufer über die wirtsch Situation der Gesellsch (BGH NJW **84**, 2284). Ungenügde Aufklärg des Kunden über die Risiken eines WarenterminGesch u dadch verminderter Gewinnchancen, Mitwirkg des GeschF einer VermittlgsGmbH dadch, daß er OptionsGesch der GmbH ohne gehör Aufklärg des Kunden bewußt nicht verhindert (BGH NJW-RR **99**, 843). Bewußt unricht Ausk aus eignütz Interessen, sich dch Zeichng von Aktien an einer Kapitalerhöhg der AG zu beteil (BGH NJW **92**, 3167). Wer behauptet, der Schad wäre auch bei gehör Aufklärg eingetreten, trägt die BewLast dafür (BGH
26 NJW-RR **98**, 1271). – **bb) Grob fahrlässig unrichtige Auskunft, leichtfertiges Gutachten** in dem **Bewußtsein der möglichen Schädigung** des and ist sittenw, wenn dem AuskGeber erkennb ist, daß die Ausk für die Entschließg des Empf von Bedeutg ist (BGH NJW **87**, 1758, Ffm WM **89**, 1618: Testat eines Steuerberaters, Hamm MDR **99**, 42: Verschweigen von MehrVerk währd der EmpfängnZt). Dies insb, wenn Ausk od Gutachten leichtfert, gewissenlos, ins Blaue hinein gegeben wird, und Schädiger Kompetenz für sich in Anspr genommen hat (BGH NJW **91**, 3282: Bodenwertgutachten); RA ggü Gegner seines Mandanten (BGH WM **66**, 1150); SteuerBevollm als „verlängerter Arm" seines AuftrG (BGH ZIP **85**, 1506). Wg
27 HaftgsAusschl § 675 Rn 36. – Gerichtl Sachverst § 823 Rn 117. – **cc) Zeugnisse von Arbeitgebern** vgl § 630 Rn 4. SchadErs bei vorsätzl Verschweigen von Unterschlaggen (BGH NJW **70**, 2291). Hat der AusSt nachträgl erkannt, daß das Zeugn grob unricht ist u daß ein best Dritter dch Vertrauen auf das Zeugn Schad zu nehmen droht, dann haftet der AusSt für den dch die Unterlassg einer Warng entstehden Schad nach § 826, nach vertragl od verträhnl Grds u bei Vorliegen der Voraussetzgen auch nach § 823 (BGH **74**, 281). –
28 **dd)** Auch **richtige Auskünfte** können uU erspflicht machen, wenn Sittenwidrigk aus bes Umst herzuleiten ist. So dürfen Tats aus dem Privatleben nicht ohne zwingden Grd bekanntgegeben werden (BGH **LM** (Gb) Nr. 3, (Gc) Nr 2: Schutz der Intimsphäre); § 823 Rn 185.

29 **d) Berufsangelegenheiten.** Überschreitg der Grenzen des Erlaubten bei existenzgefährdden Folgen des Ausschlusses eines Mitgl, uU auch ohne Existenzgefährdg (RG **140**, 23). Auswirkg der VermittlgsSperre gg VereinsMitgl auf NichtMitgl (Taxifahrer) kann sittenw sein (BGH DB **80**, 1687). Unzul Boykott durch Inng (BGH BB **54**, 10). Ausschl von der Belieferg der Sozialversicherten (BGH **36**, 91 [100]). Verweigerg der Aufn in einen WirtschVerband u Verstoß gg das Diskriminiergsverbot unten Rn 41. Auch § 138 Rn 51 ff.

30 **d a) Denunziation.** Vors od leichtfert unwahre Anz begründen ErsatzPfl nach § 823 II iVm § 164 StGB. Ungerechtf VerfEinleitg § 823 Rn 41. Anz bei StaatssicherhOrganen der fr DDR EG 232 § 10 Rn 2.

31 **d b) Durchgriffshaftung** auf Mitgl einer JP § 242 Rn 73. Zu bej, wenn die Gter die RBeziehgen zw der G u den Gtern aGrd ihrer beherrschden Stellg einseit zum NachTl der G ausgestaltet u die G so angelegt haben, daß diese NachTl notw die GGläub treffen (BGH NJW **79**, 2104). Zu bej, wenn die Gesellsch ausschl zu dem Zweck gegründet ist, Gläub zu benachteiligen (BGH NJW-RR **88**, 1181).

32 **e) Eigentumsmißbrauch,** wenn durch Verk des Hauses an Ehegatten ein KündR gg Mieter geschaffen werden soll (RG LZ **20**, 856), ebso bei GrdstErwerb in der ZwVersteigerg od im KonkVerf, um lästige

MietVertr zu beendigen (BGH WM **62**, 930) od bei einvernehml ZusWirken zw HauptVerm u Mieter, um Untermieter loszuwerden (§ 556 Rn 18–23).

e a) Einziehungsermächtigung (§ 676 f Rn 29). Der Schu, der den Widerspr gg die Lastschr bei seiner Bank wirks zu dem Zwecke einlegt, Zahlgen auf begründete u von seiner EinziehgsErmächtigg gedeckte GläubAnspr rückgängig zu machen, die er, wenn er sie überwiesen hätte, dch Widerr nicht mehr hätte rückgäng machen können, handelt, wenn er damit vors das Ausfallrisiko der 1. Inkassostelle (GläubBank) zuschiebt, dieser ggü mißbräuchl u sittenwidr (BGH **74**, 300). Ebso, wenn Schu u SchuBank (Zahlstelle) dieses Risiko auf GläubBank durch einvernehml ZusWirken abwälzen (Hamm WM **85**, 888) oder wenn die SchuBank im eig Interesse ihren Kunden zum Widerspr gg die Lastschr animiert, um dessen SchuSaldo zurückzuführen, währd die GläubBank mit ihrem WiedervergütgsAnspr gg den ZahlgsEmpf wegen dessen Konk ausfällt (BGH **74**, 309), od wenn sich der Schu nachträgl ohne anerkennenswerten Grd die Fdg eines Dr gg den Gläub abtreten läßt, um mit ihr aufzurechnen u so das Ausfallrisiko auf die GläubBank (1. Inkassostelle) abzuwälzen (Oldbg NJW **87**, 655). Ggü seinem Gläub handelt ein Schu sittenw, wenn er der Belastg seines Kontos aGrd einer berecht Lastschr widerspricht, um den Betrag einem and Gläub noch vor Konk-Eröffng zuzuwenden; ebso die Bank, die aus eig wirtsch Interesse den Schu zum Widerspr verleitet (BGH **101**, 153) od ihm dabei hilft (Ffm WM **97**, 211). Nicht sittenwidr im Verhältn zur GläubBank (erste Inkassostelle) ist der Widerspr des Schu gg die Lastschr ggü seiner Bank (Zahlstelle) bei Einzug von Vorschuß für wegen Konk nicht mehr zu erbringde Leistgen (Hamm ZIP **95**, 206) od weil er ein LeistgsVerweigergs-, ZbR od Aufr ggü dem Gläub geltdmachen will; das SchadRisiko, von ihrem Kunden die Rückvergütg nicht mehr erlangen zu können, trägt in diesem Fall die GläubBank (BGH **74**, 300 u WM **85**, 82). Sittenwidr ist der Widerspr des LastschriftSchu (DarlGebers), wenn er dadch das Risiko der DarlRückzahlg system- u zweckwidr auf die GlBank (Inkassostelle) verlagert (BGH NJW **79**, 2146), falls der Empf der Gutschr DarlNehmer ist (Hamm WM **84**, 300 mit Anm Hadding u Häuser). – Zur Entstehg eines Schad der GläubBank vgl § 676 f Rn 30. 33

f) Familien- und erbrechtliche Beziehungen. – Anspr gg Ehebrecher u Eheg s Einf Rn 7, 8 v § 1353. Evident unredl Verschweigen einer grdlegden Verbesserg der LeistgsFähigk dch UnterhSchu kann zu Schad-ErsAnspr führen (Br MDR **99**, 808). Nach Aufhebg der Ehe kein Anspr auf Rückgewähr geleisteter Unterh-Zahlgen (BGH **48**, 82). – Erbteilsübertragg mit dem Ziel, die Miterben um ihr VorkR nach § 2034 zu prellen (BGH WM **60**, 553). Sittenwidr Schädigg des VertrErben dch beeinträchtigde Schenkg (§ 2287 Rn 1, BGH NJW **91**, 1952). 34

g) Formmangel s § 125 Rn 16–27. 35

h) Gläubigerbenachteiligung. Zusfassd Koller JZ **85**, 1013. Sittenverstoß, wenn sich ein Gläub zur an sich legitimen Verfolgg eig Interessen bei der Ausübg von R unlauterer Mittel bedient, dch die Anspr and Gläub vereitelt werden (BGH NJW **88**, 700 [703]). Die Unlauterk der Mittel kann sich ergeben aus dem Maß der eigennütz Mißachtg fremder Interessen od aus dem Grad der Abhängigk des Schu von dem Gläub, zB Auspielen einer rechtl od tats Machtstellg, Ausübung von Druck (BGH WM **85**, 866 [868]). – **aa) Lohnschiebungen.** Vertr mit Dr, dch den sich Schu einkommenl stellt, um seine Gläub zu prellen, können Anspr gg den Dr nach § 826 begründen (BGH WM **64**, 613). – **bb) Kreditverträge und Vermögensverschiebung.** KreditVertr sind wg Knebelg sittenw, wenn sie dem Schu fast alles nehmen od seine wirtsch Unabhängigk auf and Weise, zB dch Eingr in die GeschFg zu eig Nutzen (BGH WM **81**, 1238) vernichten (BGH **19**, 12, WM **62**, 529), oder Dr über die Kreditwürdigk des Schu täuschen (BGH WM **65**, 476). Jedoch reicht nicht aus, wenn eine Bank von ihren vertragl Rechten auf Kreditrückführg Gebr macht, selbst in dem Bewußtsein, daß dadch möglicherw and Gläub gefährdet werden (Düss WM **83**, 874 [885]). Währd der SichergsVertr nichtig sein kann, auch wenn Gläub u Schu nicht in der Abs der GläubGefährdg gehandelt haben, setzt ErsPfl nach § 826 vorsätzl Handeln voraus, wofür dolus eventualis (vgl Rn 10) genügt (BGH WM **62**, 529). – **cc) Insolvenzverzögerung.** Vertr sind wg GläubGefährdg sittenw, wenn sie der InsVerschleppg dienen. So, wenn ein Gläub einem insreifen Untern nicht den zur Sanierg nöt Kredit gibt, sond nur soviel, um den ZusBruch zu verzögern, damit er sich in dieser Zt zum Nachtl and Gläub Sicherh verschaffen od sich daraus befriedigen kann u dabei billigd in Kauf nimmt, daß and Gläub Schad nehmen (Köln WM **81**, 1238) od wenn der Kreditgeber um eig Vort willen die Ins des Untern ledigl hinausschiebt u für ihn abzusehen ist, daß er den Zusbruch allenf verzögern, aber nicht auf Dauer verhindern kann (BGH NJW **84**, 1893 [1900]); uU auch, wenn ein Dr die Gesch des insreifen Unternehmens im eig Namen weiterführt (BGH NJW-RR **86**, 579). Ebso wenn der beherrschde Gter einer GmbH deren GeschF zur HinausZögerg des InsAntr bestimmt, um in der ZwZt die Tilgg einer v ihm verbürgten Fdg gg die GmbH zu erreichen (BGH **LM** § 826 (Ge) Nr. 9). Geht der Gläub zutreffd davon aus, daß der Schu saniert werden kann, so kann er gleichwohl sittenw handeln, wenn die Sanierg nur dch die Inanspruchn von Krediten der Lieferanten mögl ist u das Scheitern der Sanierg nur zu deren Lasten geht. Mißbr einer Kapitalerhöhg bei einer AG als Mittel zur InsVerschleppg führt zur Haftg der Verantwortl für den Schad, den die Erwerber der neuen Aktien aus der Kapitalerhöhg erleiden; idR keine ErsPfl für Schäd, die Anleger dch den Erwerb alter Aktien von Dr zu einem nach Lage der AG zu hohen Pr erleiden (BGH **96**, 231). GläubSchädigg dch Bank, die dch verschleierte Kreditbeschaffg dch ScheckRingVerk den ZusBruch des insreifen Schu hinauszögert (BGH WM **70**, 633). Verzögerg des InsAntr dch GeschF einer insreifen GmbH, der die Schädigg von – unbest welchen – Gläub billigd in Kauf nimmt (BGH **75**, 96, **108**, 134 [142]). – **dd) Sonstiges:** EinmannGmbH, bei der sich Inh planm zum GroßGläub des eig Untern macht u dadch beim Konk and Gläub schädigt (RG JW **38**, 862). ZusWirken von Kommittent mit insolventem Kommissionär unter Schädigg von dessen Gläub (BGH NJW **65**, 249). Sittenw GläubSchädigg durch AbschlPrüfer einer AG (BGH BB **61**, 652). Schädigg von ProlongationsGläub dadch, daß Bank dem zahlgsschwachen Schu dch uneingeschränkte Gutschr von Schecks die Einlösg belieb Wechsel od Zahlg sonst Verbindlichk ermöglicht (BGH WM **73**, 674 u NJW **61**, 2302); Schädigg des ZahlgsEmpf einer Überweisg vgl § 665 Rn 12. Keine Haftg der kreditgebden Bank, die einen an einer Gesellsch Beteil nicht über deren VermVerfall aufklärt (BGH NJW **63**, 2270). SchadErsPfl der Bank, die einen ÜberweisgsAuftr des konkursreifen Kreditnehmers ausführt u es ihres Vortls wg zuläßt, daß der ÜberweisgsEmpf im Vertrauen auf Fortbestand des Kreditengagements dem Kreditnehmer weiter erhebl

Margin numbers: 36 (h), 37 (bb), 38 (cc), 39 (dd)

WkLeistgen erbringt (Zweibr WM **85**, 86). Schädigg der Gläub durch Unterzeichng einer unricht Bilanz (BGH WM **62**, 579: ErsPfl verneint in bezug auf den Kommanditisten). ZusWirken eines Gläub mit dem Schu, um dessen Verm dem Zugriff eines and Gläub zu entziehen u es wirtsch dem Schu zu erhalten (BGH DB **74**, 282). Systemat Austausch dch PrivVerm gesicherter Bankschulden gg Warenkredite der überschuldeten KG (BGH ZIP **95**, 31).

40 **i) Immaterialgüterrechte.** Sittenw kann unerl Ausnutzg fremder geist Leistg sein. Abwehr solcher Eingr mögl nach den SpezialG u nach §§ 823, 826; Einf 3 vor § 823 u § 823 Rn 15. Unredl Verwertg eines BetrGeheimn (BGH NJW **77**, 1062). Anlehng an einen bekannten Liedertext (Lili Marleen) kann auch ohne Verl des UrhR unlauter sein (BGH **LM** § 1 UWG Nr. 58).

41 **j) Kartelle, Monopole:** Das sind Unternehmen, die für eine best Art von Waren od gewerbl Leistgen ohne Wettbewerber od keinem wesentl Wettbewerb ausgesetzt sind, vgl §§ 22ff GWB (Kontroll- u Direktionsbefugn der Kartellbehörde). **Einzelfälle:** Unsittl Untersagg des Theaterbesuches zur Behinderg sachl Kritik (RG **133**, 388). Ein Monopolverband kann zur Aufn von Bewerbern verpfl sein (BGH **63**, 282); ebso eine Vereinigg ohne Monopolstellg mit erhebl wirtsch od soz Machtstellg, sofern der Bewerber zur Verfolgg od Wahrg wesentl Interessen auf die Mitgliedsch angewiesen ist (BGH NJW **80**, 186). Unangem Bindg des Lizenznehmers (vgl § 20 GWB), Verweigerg der Aufn eines Unternehmens durch einen Wirtsch- od Prüfgsverband (§ 27 GWB, BGH **37**, 163, BKartellamt BB **65**, 687, 924 u allg über den Zwang zur Aufn Bohn BB **64**, 788). Unternehmensbegr vgl BKartellamt BB **61**, 657, BGH **42**, 325. SozialVersTräger als Untern nach GWB (BGH **36**, 102). Diskriminiergsverbot allg (§ 25, BGH **44**, 279), das ggü marktbeherrschd Unternehmen (§ 26 II GWB, BGH **42**, 319). Anspr aus § 826 u GWB bestehen nebeneinand (BGH BB **64**, 616). Verweigerg der Aufn in Idealverein mit Monopolstellg kann nur ausnahmsw unter § 826 fallen (BGH NJW **69**, 316). – Vgl weiter oben Rn 29.

42 **k) Lohnkämpfe.** Streik, Aussperrgen, Boykott sind als Hdlgen des ArbKampfes nur unter best Vorauss rechtsw (vgl Vorbem 10–27 vor § 620). Sittenw ist der ArbKampf, der das Prinzip der fairen KampfFührg, das unter dem Grds der sozialen Adäquanz steht, verletzt (so Hueck-Nipperdey II/2, § 49 B II 8). So wenn sich eine Part wahrheitswidr od aufhetzder Propaganda bedient, Gewalt anwendet od androht od duldet. Desgl, wenn Mittel u Zweck in einem unerträgl MißVerh zueinand stehen; hier ist jedoch im Einzelfall vorsicht Prüfg geboten. Desgl streikähnl Maßn Beamter zur DchSetzg standespolit Fdgen (BGH **70**, 277: Bummelstreik der Fluglotsen; ergänzd BGH BB **79**, 1377). Die beabsichtigte wirtsch Vernichtg des Gegners begründet die Sittenwidrigk (BAG **AP** § 1 TVG FriedensPfl Nr 3: Streik unter Bruch der Friedenspfl des TV; vgl Einf 72 vor § 611). Über Streik u Boykott als Eingr in den eingerichteten u ausgeübten GewerbeBetr vgl § 823 Rn 23. – Kein SchadErsAnspr Dritter wg Geldentwertg als angebl Folge zu hoher Abschl iR der Tarifautonomie (BGH NJW **78**, 2031, Schmidt-Preuss JuS **79**, 551).

43 **l) Organe u Mitglieder von Gesellschaften.** Vgl auch Rn 36ff. KollusVerhalten von Gläub u Vertr der KG zum Nachtl eines Komplementärs (BGH NJW **96**, 658). Erhöhg des Grdkapitals aus eigsücht Interessen der Mehrh (RG **107**, 72). Veräußerg von Aktien an Strohmänner, um Abstimmg über FusionsBeschl zu beeinflussen (RG **85**, 170). StimmRBindg Vorbem 14, 15 vor § 709. – Allein die Einstellg des GeschBetr mit dem Ziel der Weiterführg dch eine and GmbH ist keine sittenwidr Schädigg der Gl (BGH NJW **96**, 1283). – Anspr des Gters wg eines Schad, der ihm dch vorsätzl pflwidr Handeln eines Liquidators entstanden ist, auch wenn kein Beschl nach GmbHG 46 Nr 8 gefaßt worden ist (BGH NJW **69**, 1712). – Gter u GeschF der KomplementärGmbH einer unterkapitalisierten GmbH & Co KG, die die RBeziehgen einseit zum Nachtl der Gesellsch ausgestaltet u diese so angelegt haben, daß diese Nachtle notw die GesellschGläub treffen (BGH Warn **78**, 298). Haftg des GeschF einer GmbH, der wg unterlassener Offenlegg der schlechten VermVerh der GmbH, der GeschOrganisation u PrKalkulation das Verlustrisiko einseit auf die Gläub verlagert hat (BGH NJW-RR **92**, 1061).

44 **m) Patente und Gebrauchsmuster:** Patenterschleichg dch argl Täuschg des PatAmts, zB dch Verschweigen neuheitsschädl Umst (§ 3 PatG, RG **140**, 184). – Lizenznehmer handelt sittenw, wenn er ein ihm iR der Verbessergsklausel unentgeltl zur Benutzg überlassenes Patent mit der NichtigkKlage angreift (BGH **LM** § 9 PatG Nr 6). – Verträge, die dem Erwerber oder Lizenznehmer gewerbl SchutzR WettbewBeschrkgen auferlegen, die über den Inhalt des SchutzR hinausgehen, sind uU unwirks (§ 20 GWB).

45 **n) Prozeßführung:** Mit Rücks auf ZPO § 138 ist bewußte Unwahrh idR sittenw. Benutzg verfälschter BewMittel. Vorsätzl Herbeiführg unricht Entscheidg in einem Proz. Argl herbeigeführter ProzVergl. Unberecht VerfEinleitg vgl § 823 Rn 41. Strengere Anfordergen für sog SchutzRVerwarngen stellt BGH **38**, 200. Eingehd zum Ganzen Hopt, SchadErs aus unberecht VerfEinleitg (1968), der jedoch SchadErsPfl oft bedenkl weit ausdehnt.

46 **o) Urteilsmißbrauch,** auch rkräft VersUrt u VollstrBescheid (Düss NJW **85**, 153, Hamm NJW **91**, 1361). – **aa) Voraussetzungen, Beispiele** für den Anspr auf Unterl der ZwVollstr, Herausg des Titels u SchadErs wg UrtMißbr (BGH **13**, 71; **26**, 391): Unrichtigk des Urt, außer sie ist auf nachläss ProzFührg des Betroffenen zurückzuführen (BGH NJW-RR **88**, 957), vom Geschädigten zu beweisen; entscheidd ist, wie nach Ansicht des jetzt über den Anspr befindden Ger richtig zu entsch gewesen wäre (Vorbem 85 vor § 249). Hinzukommen müssen bes Umst, die das Verhalten des Schädigers als sittenw erscheinen lassen (BGH NJW **99**, 1257), hierbei strenge Anfordergen an die BewLast des Schäd. Sie können entw darin liegen, daß eine Part das Urt od seine RKraft dch eine rechts- od sittenw Hdlg im Bewußtsein der Unrichtigk herbeigeführt hat od daß die Ausnutzg des zwar nicht erschlichenen aber als (auch nachträgl) unrichtig erkannten Urt in hohem Maße unbill u geradezu unerträgl ist (BGH **26**, 396, **112**, 54). Dazu reicht allein der Umst, daß der Gläub mehr erhalten hat, als ihm bei zutr Beurteilg der RLage zustünde, nicht aus (BGH **112**, 54). Sittenw handelt, wer Urt dadch erschleicht, daß er einen Zeugen zu einer falschen Aussage bestimmte (BGH **LM** (Fa) Nr 7). ZwVollstr in Kenntn der nachträgl Leistgsunfähigk des UnterhSchu (BGH NJW **83**, 2317). Verschweigen einer nach Erl des UnterhUrt aufgenommen Erwerbstätigk dch UnterhGläub (BGH NJW **86**, 1751) od einer and grdlegden Änderg seiner wirtsch Verh (Kblz NJW-RR **87**, 1033). Kein Erschleichgseinwand allein, weil es sich um VersäumnUrt handelt (BGH **13**, 71; BGH WM **65**, 278). UU auch, wenn das Urt dch Dritten

erschlichen war (RG **156**, 347). ZusWirken der Prozeßpart zwecks Benachteiligg eines Dritten (BGH WM **62**, 909). Daß auch die sachl Vorauss für eine RestitutionsKl (ZPO 580, 581) erf sind, steht der Kl aus § 826 nicht entgg (Celle OLGZ **79**, 64, BGH **50**, 115). – **Nicht anwendbar,** wenn das OLG im KlErzwinggsVerf nach StPO 172 die AnklErhebg wg Mangels an Bew abgelehnt hat (BGH NJW **64**, 1672). Ebso, wenn die unterlegene Part dch eig Nachlässigk die Vorlage einer BewUrk im Vorproz versäumt hat u ihr deswg die RestitutionsKl gg die obsiegde Part verschlossen ist (BGH DB **74**, 1158); nur im Proz gg sie, nicht gg einen Dr, auf den sich die Rkraftwirkg des Urt im Vorproz nicht erstreckt, ist § 582 ZPO entspr anwendb (BGH NJW **89**, 1287). Keine einstw Einstellg der ZwVollstr aus dem Titel entspr ZPO 769 bei Kl auf seine Herausg (Mü NJW **76**, 1748, Ffm NJW-RR **92**, 511, Th-P § 769 Rn 2, Peglau MDR **99**, 400).

bb) Andere Titel. Diese Grdsätze gelten auch für and rkräft Titel wie Schiedsspruch, AusschlUrt, rechtskr Entscheidgen der freiw Gerichtsbark (BGH **LM** (Fa) Nr 10), ZuschlagBeschl (BGH **53**, 47), auch wenn er selbst richt ist, aber auf fehlerh Festsetzg des GrdstWerts beruht (BGH NJW **71**, 1751). 47

cc) Vollstreckungsbescheid aufgrund sittenwidrigen Ratenkredit-, Bürgschafts- od Partnerschaftsvermittlungsvertrages. Die vorstehden Grdsätze gelten auch hier. Allein die Wahl des MahnVerf reicht für sittenwidr Erwirkg des VollstrBescheids nicht aus (BGH WM **89**, 169). Vielmehr ist die ZwVollstr dann unzul, wenn der Gläub einen unricht VollstrBescheid über einen Anspr aus einem sittenw Ratenkredit- od BürgschVertr erwirkt hat, obwohl er erkennen konnte, daß bei einer GeltdMachg im KlWeg bereits die gerichtl SchlüssigkPrüfg nach dem Stande der Rspr im ZtPunkt des Antr auf Erlaß des VollstrBescheids zu einer Ablehng seines KlBegehrens führen mußte (BGH **101**, 380, BVerfG WM **93**, 1326), uU beschränkt auf die Berechnung der VerzZinsen (BGH WM **90**, 393). Diese Grds gelten auch für die unverbindl PartnerschVermittlg (LG Ffm NJW-RR **95**, 634, Börstinghaus MDR **95**, 551). Auch bloße Ausnutzg des unricht VollstrBescheids über eine handgreifl sittenwidr RatenkreditFdg kann das RGefühl in schlechthin unerträgl Weise in Extremfällen verletzen (BGH ZIP **90**, 1319, Ffm NJW-RR **96**, 110). Dies gilt nur für Fallgruppen, die nach der Art der zGrde liegden RBeziehgen fallgruppentyp Merkmale der Sittenwidrigk aufweisen u in denen ein bes SchutzBedürfn des InAnsprGenommenen hervortritt (BGH **103**, 44, NJW **99**, 1257). Zuläss bleibt die ZwVollstr wg solcher Betr, die dem TitelGläub auch bei Nichtigk des DarlVertr gg den Ratenkreditnehmer zustehen (BGH WM **89**, 170). – **Die Voraussetzungen des § 826 liegen nicht vor,** wenn 48 a
der Kreditgeber zZt des MahnVerf nach dem Stand der höchstrichterl Rspr mit der Möglk rechnen konnte, bei Vorgehen im KlWeg ein VersUrt zu erwirken (BGH WM **89**, 169); wenn der Ratenkreditnehmer sich unmittelb nach Abschl des DarlVertr noch vor der Zahlg der 1. Rate u währd des späteren MahnVerf anwaltl hat beraten u vertreten lassen (BGH NJW **87**, 3259); wenn der geltdgemachte SchadErsAnspr der Höhe nach unstimmig begr war u desh ein VersUrt nicht ohne vorher Berichtigg des RechngsAnsatzes ergangen wäre (BGH NJW **91**, 1884); wenn der DarlN sich ledigl auf Abschl des KreditVertr im Reisegewerbe (§§ 55, 56 I Nr 6 GewO) beruft (Kln NJW-RR **92**, 304); wenn der Gläub bei AntrStellg auf VollstrBescheid noch nicht von der Unverbindlichk seines Anspr auf Prov für PartnerschVermittlg (§ 656 Rn 8) ausgehen mußte (BVerfG NJW **93**, 1125). 48

dd) Ursächlichkeit des argl Verhaltens hat Kl zu beweisen; maßg ist jedoch nicht, wie das Gericht ohne das argl Verhalten entschieden haben würde, sond wie es nach Ansicht des jetzt entscheidden Ger bei richt Beurteilg hätte entscheiden müssen. SchadErmittlg nach § 287 I ZPO (BGH NJW **56**, 505). 49

ee) Schadensersatz geht auf Unterl der ZwVollstr u auf Herausg des VollstrTitels (BGH NJW **63**, 1608), auch auf Ers einer bezahlten Geldstrafe aGrd einstw Vfg (BGH Warn **69**, 29), auf Rückzahlg bezahlten Unterhalts (BGH NJW **86**, 1751 u 2047), auf Rückzahlg von Zahlgen, die auf einen sittenwidr RatenkreditVertr zur Abwendg der ZwVollstr geleistet wurden (Düss NJW-RR **89**, 240). Zust ist jedes Ger, in dessen Bezirk ZwVollstrMaßn zu erwarten sind (Hamm NJW-RR **89**, 305). Darühinaus spricht Kln (NJW **86**, 1350) dem VollstrBescheid mangels Schlüssigk Prüfg die RKraftWirkg überh ab, Brann (WM **86**, 781) dann, wenn er nicht erlassen worden wäre, falls eine solche stattgefunden hätte. Auch bei rechtsgestaltendem Urt können die vermögensrechtl Folgen o Rücks auf die Möglichk einer WiederAufnKl (BGH **LM** (Fa) Nr 7) beseitigt werden, währd die geschiedene Ehe geschieden bleibt. Der SchadErsAnspr wird nicht dadch ausgeschl, daß der Geschäd es unterl hat, gg das Urt RMittel einzulegen; entspr Anwendg des § 839 III entfällt, weil das sittenw erlangte Urt nicht anzuerkennen ist (aA Bambg NJW **60**, 1062). Nichteinlegg von RMitteln kann nur nach § 254 berücks werden. 50

p) Zahlung von Schmiergeldern, auch wenn der Tatbestd des § 12 UWG nicht erf ist, ist sittenw (BGH NJW **62**, 1099: Zahlg an einen Vertreter, um bei der Vergabe von Aufträgen bevorzugt zu werden). Ebso **„Eintrittsgeld"** u **„Anzapfen"**, dh das Verlangen nach einer PauschalZahlg für den ersten Marktzutritt, zB Erteilg eines Auftr, Aufn einer Ware in das Sortiment, od für den Verbleib auf dem Markt dch Weiterführen der Ware im Sortiment (BGH NJW **77**, 1242; krit Loewenheim GRUR **76**, 224). Vgl hierzu auch § 667 Rn 3. 51

q) Verletzung von Vertragsrechten Dritter. – aa) Mitwirkung. Die bloße Ausnutzg der Bereitsch des Schu zum VertrBruch od die bloße Mitwirkg eines Dr an der VertrVerl dch den Schu ist nicht sittenwidr. Dieser Vorwurf ist nur dann begründet, wenn es sich um ein bes Maß an Rücksichtslosigk ggü dem betroffenen Gläub, um einen schwerwiegden Verstoß gg das Anstandsgefühl handelt, der mit den GrdBedürfn loyaler RGesinng unvereinb ist (BGH NJW **94**, 128, NJW-RR **99**, 1186). Darunter fällt insb planmäß ZusWirken des Dr mit dem Schu gerade zur Vereitelg der Anspr des VertrGläub. Führt ein BankAngest in kollusivem ZusWirken mit dem Empf der Gutschr einen gefälschten ÜberweisgsAuftr aus, so kann der belastete KontoInh o Rücks auf seinen Anspr auf WiederGutschr gg die Bank einen SchadErsAnspr gg den Empf auf Zahlg des ÜberweisgsBetr an die Bank mit der ZweckBest haben, ihn dem belasteten Konto gutzuschreiben; der Schad liegt in der beeinträchtigten tats Verfügbark des rechtl fortbestehden Guth dch die unricht KontoBelastg (BGH NJW **94**, 2357). Bei Fehlen einer vertragsfeindl Gesinng kann die Anwendg verwerfl Mittel od ein Mißverhältn von Mittel u Zweck sittenwidr sein (BGH NJW **81**, 2184, VIZ **96**, 29). Vorstehde RGrdsätze sind auch auf die Verleitg zur Verl der LeistgsPfl aus einem einseit Vermächtn anzuwenden (BGH NJW **92**, 2152). Die Verleitg eines Bankkunden mit notleiddem Kredit seitens der Bank zum 52

Wechsel seines Steuerberaters ist nicht sittenw, wenn die Bank dafür verständl Grde hat (Stgt ZIP **97**, 235). –
53 Verleitg zum VertrBruch u Beihilfe dazu **zu Wettbewerbszwecken** ist auch ohne Hinzutreten weiterer Umst sittenwidr (BGH DB **81**, 1668). Wettbewwidr Verleitg zum VertrBruch ist es auch, wenn der Werbde dem Umworbenen ohne Kenntn der Einzelh des Vertr die unricht Ausk erteilt, der Abschl sei trotz der vertragl Bindg des Umworbenen an einen Mitbewerber zuläss (BGH DB **75**, 1595). Bloße Ausnutzg fremden VertrBruchs ist in diesem Fall bei Hinzutreten bes Umst wettbewerbswidr, so wenn die zu wahrden Interessen des Mitbewerbers erhebl beeinträchtigt werden (BGH BB **73**, 1229). – Vereitelg einer Erwerbsanwartsch kann sittenw sein (Saarbr NJW-RR **87**, 500). Vereitelg des VorkR § 506 Rn 3–5.

54 **bb) Bewußte Ausnutzung des Mißbrauches der Vertretungsmacht** ist sittenw, ebso ZusWirken eines VertrTeiles mit dem Vertreter des and (BGH NJW **62**, 1099). Unsittl handelt auch, wer unbezahlte Ware käufl übernimmt, um eigene Verbindlichk durch Verrechng zum Schad des Warenlieferanten erfüllen zu können (BGH NJW **57**, 587). Vgl Rn 36–39, 57, 58.

55 **r) Vertragsverletzung. – aa) Nichterfüllung** einer VertrPfl ist nicht ow unsittl, es müssen bes Umst hinzukommen, die das Verhalten als sittl verwerfl erscheinen lassen (Stgt NJW **58**, 465), zB bewußte Vereitelg des VertrZweckes. – **bb) Vertrauensbruch** eines TrHänders, der sich SonderVort versprechen läßt (RG **79**, 194), eines Handelsvertr, der sich heiml auch einer and Firma für dieselbe Ware u dasselbe Absatzgebiet verpfl (RG JW **26**, 563). – **cc) Kündigung eines Dienstverhältnisses** vgl Vorbem 48 vor § 620. – **dd) Planmäßiges Herausdrängen** des VertrPartners aus ReklameVertr dch Gründg einer neuen GmbH mit denselben Gtern u demselben GesellschZweck (RG **114**, 69). Planm Handeln des Gläub, um seinem Schu den allg Kredit abzuschneiden zu dem Zweck, das Grdst in der ZwVerst billig zu erwerben (RG **58**, 219). Sittenwidrigk des Gläub ggü dem Bürgen vgl § 776 Rn 1. – **ee)** Auch **nachvertragliche Treuepflichten** können sittenw verl werden.

56 **s) Marken und Ausstattung.** Das MarkenR darf nur **innerhalb des lauteren Wettbewerbs** u der guten Sitten ausgeübt werden (BGH **45**, 177 für früh WZG). Anmeldg einer inländ Marke, um Benutzg der ident ausländ Marke im Inland zu verhindern, kann sittenwidr sein (BGH MDR **69**, 733). VerwirkgsEinwand dessen, der die Marke redl u ungestört längere Zeit benutzt hat (BGH **45**, 246). **Einzelfälle.** Sittenwidrigk der MarkenAnmeldg, um einen im Ausland geschützten Dr zu einer best, den Interessen des Anmelders dienden Auswertg zu veranlassen (BGH **46**, 130). Bei Duldg des Berecht ist Aneigng fremden Ausstattgsschutzes nicht ow sittenw, wohl aber dann, wenn sich jmd in fremde Ausstattg hineinschleicht u nunmehr gg den älteren AusstattgsBesitzer vorgeht (BGH **4**, 100).

57 **t) Wechsel und Schecks. – aa)** Weitergabe von **Wechseln** an einen gutgl od bösgl Erwerber, um dem Schu Einr abzuschneiden, od entgg einer Vereinbg mit dem Schu (BGH WM **71**, 855: planmäß ZusArb zw Erwerber u Inh zur Abdeckg von dessen alten Schulden). Ebso kann der Namensträger, dessen Unterschr auf dem Wechsel gefälscht ist, sittl verwerfl handeln, wenn er die Anfrage des WechselInh nach der Echth der Unterschr unbeantwortet läßt (BGH **47**, 110) –, obwohl er erkennt, daß sein Schweigen dem Anfragden einen Schad zufügen kann und diesen Erfolg billigt (BGH WM **63**, 637). Sittenwidr handelt die Bank, die ihren Kreditnehmer verleitet, ihr einen Kundenwechsel zum Diskont zwecks Rückführg des Kredits zu übertr, obwohl sie weiß, daß ihr Kreditnehmer ggü seinem Lieferanten (VorbehVerk) verpfl ist, nur ihm die aus Weiterverkauf der gelieferten Ware stammden Kundenwechsel zum Diskont zu übertr (BGH NJW **79**, 1704). Bei Diskontierg eines vom Akzeptanten eingereichten Wechsels prüft die Bank dessen ZahlgsFähigk nur im eig, nicht auch im Interesse des AusSt (BGH DB **84**, 399). Nicht ow sittenwidr handelt eine Bank mit der Diskontierg eines Akzeptantenwechsels (Ffm WM **95**, 1497), auch wenn sie weiß, daß ihr Kunde sein GeschVerm so weit sichergsübereignet hat, daß bei ihm für einen etwaigen Regreß des AusSt kein vollstreckgsfäh Verm vorh ist (BGH NJW **84**, 728). Sittenwidr ist die Diskontierg eines Akzeptantenwechsels, wenn die Bank weiß, daß der Akzeptant zahlgsunfäh ist (Kblz NJW-RR **87**, 40). Organisierter Austausch von Finanzwechseln unter Einschaltg eines Vermittlers, dem die Prüfg der Kreditwürdigk des Partners u dessen Auswahl obliegt, der jedoch selbst nicht verantwortl ist (BGH **27**, 172). Wechselreiterei, auch kombiniert mit Scheck, (Austausch zweier Wechsel [Scheck] zur verdeckten Kreditbeschaffg für beide Beteil ohne zGrde liegdes Gesch) liegt nicht vor, wenn der Wechselnehmer dem Akzeptanten für den Wechsel einen gedeckten,
58 sofort fäll Scheck gibt (BGH NJW **80**, 931). – **bb) Schecks.** Ausfüllg aus Gefälligk mit Bewußtsein, daß sie zur Täuschg eines Kreditgebers best sind. Abredewidr Verwendg eines Schecks od der ausbezahlten Schecksumme (BGH DB **56**, 986, BGH NJW-RR **88**, 671) od von Prolongationsschecks (BGH NJW **61**, 2302 u NJW **73**, 1366; vgl oben Rn 38). Haftg des Kreditinstituts, das ein der Scheckreiterei diendes Konto führt, die auf dieses Konto gezogenen Schecks als in Ordng bezeichnet u dabei Schädigg eines Scheckbeteiligten in Kauf nimmt (BGH WM **69**, 334). Scheckreiterei, dh planmäß Austausch von Schecks, denen keine Warenumsätze zu Grde liegen, zum Zwecke ungen Kreditbeschaffg, ist als Mißbr des für ZahlgsVorgänge dienden Schecks sittenwidr (BGH BB **93**, 1033). Kollusives ZusWirken zw ScheckAusst u Zessionar zum Nachtl der scheckeinziehden Bank (BGH **102**, 68 [73]).

59 **u) Unlauterer Wettbewerb.** Schädigg and Wettbewerber liegt in der Natur des WirtschKampfes. Was ihm den Stempel des Unerlaubten u sittl Verwerfl aufdrückt, sind hauptsächl die Kampfmittel, wenn diese nach der gesunden Anschauung der beteil VerkKreise nicht mehr als sachl u wirtsch vernünft Werbg betrachtet werden können (BGH NJW **60**, 1853). Auch bei Existenzgefährdg eines and ist Anwendg erlaubter Mittel
60 nicht sittenw (BGH **LM** § 1 UWG Nr 7). – **aa)** Für **Sittenwidrigkeit** im geschäftl Verk zu Zwecken des Wettbew ist entscheidd, ob das konkrete WettbewVerhalten nach Anlaß, Zweck, Mittel, BegleitUmst u Auswirkgen dem Anstandsgefühl der beteil VerkKreise widerspricht od von der Allgemeinh mißbilligt u für untragb angesehen wird (BGH GRUR **72**, 553). Hinzukommen muß Vors hins der ges TatUmst u der SchadZufügg sowie die Vorwerfbark der Hdlg (BGH GRUR **60**, 200). Sie kann fehlen, wenn sich in bezug auf den konkr Sachverhalt in der Rspr noch keine festen RGrdsätze entwickelt haben; dann keine SchadErsPfl
61 (BGH **27**, 273). – **bb) Verhältnis zu anderen Anspruchsgrundlagen.** § 1 UWG gibt, ohne Vors hins der SchadZufügg als Vorauss, bei sittenwidr WettbewHdlgen einen SchadErsAnspr. Es besteht AnsprKonkurrenz (vgl Rn 19), ebso ggf zu § 824. Unanwendb ist § 823, wenn die WettbewHdlg zugl ein Eingr in den

eingerichteten u ausgeübten GewerbeBetr ist (BGH **36**, 256; vgl § 823 Rn 19). Der Verl kann nicht RechngsLegg, aber Ausk verlangen, die nach Art u Umfang seinen Bedürfn gerecht wird unter schonender RücksNahme auf die Belange des Verletzers (BGH BB **76**, 661). Über Verj vgl § 852 Rn 1. – **cc) Handlungen** (Übersicht). Die SchadErsFälle wg sittenwidr WettbewVerstoßes sind von Rspr u Schrifttum weitestgehd unter § 1 UWG eingeordnet, denn der SittenwidrigBegr ist dort u in § 826 ident. Wicht Kennwörter zum schnelleren Auffinden sind bei der eigentl Werbg: Vergleichde, bezugnehmde, rufausbeutde, irreführde, getarnte, standes- u berufwidr, umweltschutzbetonte (BGH **112**, 311) Werbg, redaktionelle Schleichwerbg, Fernsprech- u Telexwerbg, Vorspannangebot. – Ferner: Abwerbg von ArbN, Kunden, Vereinsmitgl; AnzBlatt; Ausnutzg fremder ArbLeistg, sklav Nachbau, Leistgsbehinderg (Stgt NJW **89**, 2633: Hardware-Kopierschutz); Boykott; Preisunterbietg; Testkauf; vertragl WettbewVerbot; Vertriebsbindg; Verwertg von BetrGeheimn; Warentest. 62

v) Zwangsvollstreckung. Sittenw erlangt ist der Rang eines PfandR, wenn der Gl die öff Zustellg des Titels erschlichen hat (BGH **57**, 108). Ob Abhalten vom Bieten dch entspr Vereinbg gg die guten Sitten verstößt, ist Tatfrage (BGH NJW **61**, 1012). Sittenverstoß ist zu bejahen, wenn die Abrede bezweckt, alle in Betr kommden Bieter überh auszuschalten, sodaß der gesetzl Zweck der ZwVerst, dch Erzielg eines möglichst hohen, dem GrdstWert entspr Gebots bei freier Konkurrenz der Bieter weitgehde Deckg der GrdstLasten zu erreichen, vereitelt wird zum Vort des Täters u zum Schad des Eigtümers u der dingl Berecht (Ffm WM **89**, 1102). Auch die Ausschaltg eines best Bieters, wie überh die Schmälerg der Konkurrenz der Bieter kann sittenw sein (BGH WM **65**, 203 u NJW **79**, 162). Unsittl ist Erschleichg des Zuschlags dch einen Strohmann (BGH **LM** (Gi) Nr 2). Mißbr des KonkVerf zur Erreichg konkursfremder Zwecke wie Künd eines PachtVertr (BGH WM **62**, 930). 63

w) Sonstige Fälle: Unsittl Ausnutzg der Spielleidensch (BGH **LM** § 762 Nr 1 u § 762 Rn 9, 10). Veranstaltg od Förderg von Spielen nach dem Schneeballsystem (BGH NJW **97**, 2314). Embargowidr Warentransport od -Lieferg (BGH NJW **91**, 634, NJW **93**, 194). Computer, Einbau von Killerviren als Kopierschutz für Programm kann Haftg auslösen (Rombach CR **90**, 101, 184). 64

827 *Ausschluß und Minderung der Verantwortlichkeit.*

Wer im Zustande der Bewußtlosigkeit oder in einem die freie Willensbestimmung ausschließenden Zustande krankhafter Störung der Geistestätigkeit einem anderen Schaden zufügt, ist für den Schaden nicht verantwortlich. Hat er sich durch geistige Getränke oder ähnliche Mittel in einen vorübergehenden Zustand dieser Art versetzt, so ist er für einen Schaden, den er in diesem Zustande widerrechtlich verursacht, in gleicher Weise verantwortlich, wie wenn ihm Fahrlässigkeit zur Last fiele; die Verantwortlichkeit tritt nicht ein, wenn er ohne Verschulden in den Zustand geraten ist.

1) Unzurechnungsfähigkeit, Satz 1 (vgl §§ 104, 105 und Einf 4–10 vor § 104), schließt die zivrechtl Verantwortlk aus. Anwendb auf alle Fälle der VerschHaftg, auch außerh der uH (BGH NJW **68**, 1132; vgl § 276 I 3), auch iRv § 254. Trotz Unzurechngsfähigk ErsPfl in Sonderfällen, § 829; Haftpfl der AufsPersonen s § 832. – Ausschl der freien WillensBest – auch durch Ohnmacht od Schlaf (BGH **23**, 90) – ist erforderl; bloße Minderg der Geistes- u Willenskraft, krankh Gleichgültigk gg die Folgen des eig Handelns, Unfähigk zu ruh u vernünft Überlegg genügen für sich allein nicht. Betreuung als solche führt den Ausschl der Verantwortlichk nicht herbei. – § 827 ist nicht anwendb, wo die Verantwortlichk ohne das gesetzl Erfordern eines Versch besteht (MüKo/Mertens Rn 10). 1

2) Nach **Satz 2** ist der Täter bei **selbstverschuldetem vorübergehendem Ausschluß der freien Willensbestimmung** nur dann verantwortl, wenn die von ihm begangene uH auch im Falle fahrl Begehg zum SchadErs verpflichtet. Auch der Ann grober Fahrlk steht bei Verl ganz elementarer Verhaltensregeln die eingeschränkte Einsichts- u HemmgsFähigk nicht entgegen (BGH NJW **89**, 1612, TrunkenhFahrt). Vorauss der Haftg ist, daß sich der Täter schuldh in diesen Zust versetzt hat, wobei das Versch aber vermutet wird. Nicht braucht sich das Versch zu beziehen auf die SchadVerurs u auf ihre Vorhersehbark in nüchternem Zust. Hat sich der Täter fahrl in den RauschZust versetzt, so haftet er nicht für Hdlgen, die nur bei vorsätzl Begehg erspflichtig machen; hat er sich vorsätzl in den Zustand der Willensunfreih versetzt, um eine uH zu begehen, so ist es so anzusehen, als ob er die Tat vorsätzl begangen hätte (MüKo/Mertens Rn 8). – Unverschuldet ist der Zustand der Unzurechngsfgk, wenn zB Täter die berauschde Eigensch des Getränkes weder gekannt hat noch kennen mußte (BGH NJW **68**, 1132). Auf die ihm bekannte mangelnde Widerstandskraft seines Körpers gg geist Getränke, zB inf von Krankh, kann er sich nicht berufen. 2

3) Beweislast für Unzurechngsfähigk trifft den Täter (BGH **98**, 135, **102**, 227), VersN iR des § 61 VVG bei entspr Anwendbark des § 827 S 1: Der Verl hat nachzuweisen, daß Täter sich selbst in den Zustand der Willensunfreih gebracht habe. Demggü steht dem Täter der Nachw offen, daß er ohne Versch in diesen Zustand geraten sei. Gilt auch iR der §§ 152 ff VVG u 3 Nr 1 PflVG (BGH **111**, 372). 3

828 *Minderjährige; Taubstumme.*

I Wer nicht das siebente Lebensjahr vollendet hat, ist für einen Schaden, den er einem anderen zufügt, nicht verantwortlich.

II Wer das siebente, aber nicht das achtzehnte Lebensjahr vollendet hat, ist für einen Schaden, den er einem anderen zufügt, nicht verantwortlich, wenn er bei der Begehung der schädigenden Handlung nicht die zur Erkenntnis der Verantwortlichkeit erforderliche Einsicht hat. Das gleiche gilt von einem Taubstummen.

1) Kinder unter 7 Jahren. Der Ausschl der Verantwortlichk entspricht § 104 Nr 1. Auch mitw Versch eines solchen Kindes bei der eig Beschädigg ist nicht denkb. ErsPfl aus BilligkGründen § 829, Haftg AufsPflichtiger § 832. 1

2 **2) Jugendliche über 7 Jahre.** Zurechnungsfähigkeit u Verschulden des Jugendl sind zu unterscheiden u getrennt voneinand nach § 828 II bzw § 276 zu prüfen (BGH **LM** Nr 1). Abs II S 2 wird teilw für nicht mehr zeitgem gehalten (Hoeren JZ **99**, 653).

3 **a)** Die **Zurechnungsfähigkeit** ist zu bejahen, wenn der Jugendl die zur Erkenntn der Verantwortlichk **erforderliche Einsicht,** dh die geist Entwicklg besitzt, die den Handelnden in den Stand setzt, das Unrecht seiner Hdlg ggü den Mitmenschen u zugl die Verpfl zu erkennen, in irgdeiner Weise für die Folgen seiner Hdlg selbst einstehen zu müssen. Abs II stellt also allein auf diese intellektuelle Fähigk ab, nicht auch auf die individuelle SteuergsFähigk, sich dieser Einsicht gem zu verhalten (BGH NJW **84**, 1958). Nicht erforderl ist, daß der Jugendl eine best Vorstellg von der Art seiner Verantwortlichk hat, es genügt das allg Verständn dafür, daß das Verhalten geeignet ist, Gef herbeizuführen (Kln MDR **93**, 739). Ist die hiernach erforderl Einsicht vorhanden, so gestattet sie regelm den Schluß auf die Einsicht zur Erkenntn der Verantwortlichk (BGH VersR **70**, 374). Auch wenn man die hins des Versch zu prüfde Erkenntn der Gefährlichk des Tuns verneint, kann der Täter zurechngsfäh u damit verantwortl sein, wenn er gg vorausgegangene Verbote u Warngen gehandelt hat u die zur Erkenntn der Verantwortlichk für die Verbotsverletzg nötige Verstandesreife besaß. In jedem Falle ist Prüfg der bes Umst des Einzelfalles, wie Lebensalter u geist Entwicklg des Täters, bedeuts (BGH **LM** § 276 (Be) Nr 2). Bei der Berücksichtigg des Lebensalters genügt die Annäherg an die obere od untere Altersgrenze für sich allein nicht, um die erforderl Einsicht zu bejahen od zu verneinen, wenngleich die Lebenserfahrg hins der Verstandesreife für Jugendl best Alters iR dieser Prüfg mit heranzuziehen ist. Nach der sprachl Fassg des § 828 ist der Mangel der Einsicht nicht vAw zu berücks, sond vom Täter zu behaupten u zu beweisen (BGH VersR **70**, 467). Dabei ist AnschBew ausgeschl (offengelassen BGH NJW **70**, 1038). Zweifel gehen zu Lasten des Jugendl. Davon zu trennen ist der VerschNachw.

4 **b) Schuldhaft** handelt, wer vorsätzl od fahrl einen Schad verursacht, § 276. Fahrlk setzt die Erkenntn der Gefährlichk einer uH od ihre sorgfaltswidr Verkenng voraus (BGH NJW **63**, 1609); ferner muß das Verhalten gem der vorh od der zu gewinnden Erkenntn zumutb sein (BGH **LM** Nr 1). Hierbei ist nicht auf die individuellen Fähigk des Jugendl abzustellen, sond darauf, ob ein normal entwickelter Jugendl dieses Alters die Gefährlichk seines Tuns hätte voraussehen u dieser Einsicht gem hätte handeln können u müssen (BGH NJW **70**, 1038). Handelt der Täter aus altersgruppenbdgten Gründen schuldl, so entfällt die Haftg, auch wenn er die erforderl Einsicht nach Abs II hat (Böhmer MDR **64**, 278). Zur BilligkHaftg s § 829. Das Versch hat der Geschädigte zu beweisen. AnschBew ist mit der Einschränkg zul, daß es bei der Prüfg der Fahrlk nicht auf die persönl Schuld des Jugendl ankommt, sond obj darauf, was von einem Jugendl seiner Altersgruppe zu fordern war (BGH NJW **70**, 1038). Bei der Abwägg des MitVersch nach § 254 ist § 828 II entspr anzuwenden; maßg ist auch hier die Einsicht, die zur Erkenntn der Gefährlichk des eig Verhaltens erforderl ist (Düss VersR **69**, 380).

5 **c) Rechtsmißbrauch** kann die InansprNahme des Mj für einen Schad aus uH unter den Vorauss des § 242 sein. So, wenn der Halter einem Mj ein Kfz überläßt, ohne sich der Billigg des PersSorgeBerecht zu vergewissern u der Mj fahrl das Kfz dch Unfall beschädigt (Stgt NJW **69**, 612). Wenn trotz der Möglk der Restschuldbefreig u des SchuldenbereiniggsPlanes (InsO 286 ff u 30 ff) u trotz einer anderweit mögl Entlastg, zB Regreß §§ 840, 426 od Erlaß, bei übergeleiteten Anspr SGB X 116, SGB IV 74 II Nr 3 die unbegrenzte Haftg des Jugendl zur Existenzvernichtg führen würde, bleibt eine Einschränkg der Haftg aus BilligkGrden gem § 242, auch wg verfassgrechtl Bedenken (Art 1 I iVm Art 2 I GG) zu prüfen (BVerfG NJW **98**, 3557, Celle JZ **90**, 294, Kuhlen aaO 273, Rolfs JZ **99**, 233, Goecke NJW **99**, 2305).

6 **3) Einzelfälle:** 7jähr läuft hinter Ball auf die Fahrbahn (BGH VersR **70**, 374), schießt trotz Warng mit Schleuder ein Auge aus (BGH VersR **54**, 118), 8jähr spielt auf der Fahrbahn (Düss VersR **76**, 595), 10jähr verurs Scheunenbrand (BGH NJW **84**, 1958, Hamm VersR **95**, 56), verletzt Spielkameraden mit Beil (Mü VersR **52**, 229). 11jähr schießt mit Pfeilen (BGH FamRZ **64**, 505, Köln MDR **93**, 739). 12jähr Sonderschüler wirft auf Spielplatz mit Steinen (Hbg VersR **80**, 1029). 16jähr verurs BrandVerl dch Wurf mit Wunderkerze (BGH VersR **63**, 755). 13jähr führt entgg erteiltem Verbot allein einen Schäferhund aus, dessen Verhalten einen VerkUnfall verursacht (Schlesw VersR **98**, 640).

829 ***Ersatzpflicht aus Billigkeitsgründen.*** **Wer in einem der in den §§ 823 bis 826 bezeichneten Fälle für einen von ihm verursachten Schaden auf Grund der §§ 827, 828 nicht verantwortlich ist, hat gleichwohl, sofern der Ersatz des Schadens nicht von einem aufsichtspflichtigen Dritten erlangt werden kann, den Schaden insoweit zu ersetzen, als die Billigkeit nach den Umständen, insbesondere nach den Verhältnissen der Beteiligten, eine Schadloshaltung erfordert und ihm nicht die Mittel entzogen werden, deren er zum angemessenen Unterhalte sowie zur Erfüllung seiner gesetzlichen Unterhaltspflichten bedarf.**

1 **1) Regelungsgehalt.** Ausn vom VerschuldensGrds. Da einer der in den §§ 823 bis 826 bezeichneten Fälle vorliegen muß, wird die Auffassg vertreten, daß – abgesehen von der Frage der ZurechngsFgk – neben dem obj auch der subj Tatbestd der uH im natürl Sinne vorliegen müsse (RGRK/Steffen Rn 8) oder bei einem Zurechngsfäh zumindest naheläge (MüKo/Mertens Rn 14). Dieses Erfordern ist aber jedenf in den Fällen zu weitgehd, in denen gerade die UnzurechngsFgk den Schad verursacht hat (BGH NJW **58**, 1630). In den Fällen allerd, in denen SchadVerursachg mit UnzurechngsFgk nichts zu tun hat, haftet der Unzurechngsfäh nur dann, wenn sein Verhalten bei einem Zurechngsfäh als Vorsatz od Fahrlk zu werten wäre (BGH **39**, 281).

2 **2) Nur hilfsweise** besteht die ErsPfl des Unzurechngsfäh, dh wenn entw § 832 aus RGründen nicht durchgreift od wenn vom AufsPflichtigen aus tatsächl Gründen Ers nicht zu erlangen ist. Im letztgenannten Falle haften Unzurechngsfäh u AufsPflichtiger als GesamtSchu, § 840. BilligkAnspr auch neben GefährdgsHaftg, zB aus § 7 StVG (BGH **23**, 90). VorausKl ist nicht erforderl.

3 **3)** Die **Billigkeit** muß unter Berücksichtigg aller Umst eine Schadloshaltg des Geschäd erfordern, nicht nur erlauben (BGH **127**, 186) u entscheidet über Umfang u Art des Ers (Rente, Kapital). Der ErsAnspr setzt

ein wirtsch Gefälle, also erhebl bessere VermVerh des Schäd voraus. Dabei kann eine freiwill HaftPflVers iS einer Korrektur hins der Höhe des zu zahlden Betr von Bedeutg sein, aber allein nicht zur Bejahg der Billigkhaftg (BGH NJW **79**, 2096) u nicht zur Zubilligg von Beträgen führen, die die finanziellen Möglichk des Schädigers sonst schlechthin überschreiten würde (BGH **76**, 279). Bei bestehder Kfz-HaftPflVers, also verschuldensunabhäng Deckg der mat Schäden, kommt ein SchmerzGAnspr gg den ZurechngsUnfäh nur in Betr, wenn bei schweren Verl seine Versagg im EinzFall dem BilligkEmpfinden krass widerspricht (BGH **127**, 186). Zu berücksicht sind auch die sonst LebensVerh u Bedürfn, auch die Umst der Tat, insbes erhebl Gefälle im beiders Versch (BGH NJW **69**, 1762). Ein BilligkAnspr kann sich auch daraus ergeben, daß nach Ableben des schuldunfäh Schäd sein Verm nicht mehr für seinen angem Unterh erfdl ist (BGH **76**, 279). Treten die BilligkVorauss, zB wirtsch LeistgsFgk, erst später ein, so ist der ges dch die schädigde Hdlg erwachsene Schad zu ersetzen u der Umfang der LeistgsVerpfl für jeden einz SchadAbschn nach Billigk zu bestimmen (BGH NJW **58**, 1632). Nachträgl Abänderg des Urt nur gem ZPO § 323 zul. Angem Unterhalt: § 1610. Gesetzl UnterhPfl: §§ 1360 ff, 1569 ff, 1601 ff. Feststellgsklage ist schon zul, bevor sämtl Voraussetzgen vorliegen, insb wenn der Umfang des Anspr von der späteren Entwicklg des Verhältn der Part abhängt (BGH JZ **79**, 445); insow auch Teilabweisg mögl, wenn auch Klage gg einen Vollverantwortl nur zu einem Teil begründet sein würde (BGH NJW **62**, 2201).

4) Entsprechende Anwendung auf vertragl Haftg ausgeschl, weil in § 276 I nicht erwähnt; wohl aber in den Fällen der §§ 830 I 2, 831, 833 S 2, 836, da es sich hier um Ableitgen der Haftg aus §§ 823–826 handelt (RGRK/Steffen Rn 4). Anwendb auf §§ 844, 845. Mit der bei einer AusnRegelg gebotenen Vors spiegelbildl anwendb auf die SchadVerteilg bei mitw „Versch" des nicht ZurechngsFäh, sow die Billigk dies erfordert (BGH **37**, 102, Karlsr DAR **89**, 25). Ein Vorbeh späterer Mithaftg des Kindes im Urt ist nicht gerechtfertigt, wenn für die Zukunft nicht zu erwarten ist, daß das Kind bessere VermVerh als der Schädiger aufweisen wird (BGH VersR **89**, 925). Allein das Bestehen einer ges HaftPflVers des Schädigers rechtf nicht die Mithaftg des geschäd Kindes, auch wenn es selbst sozversichert ist (BGH NJW **73**, 1795). Die eig Mithaftg des Kindes entfällt nicht desh, weil es auch von seinen Eltern wg Verl der AufsPfl Ers seines Schad verlangen könnte (Celle NJW **69**, 1632). BGH **39**, 281 bejaht BilligkHaftg auch des über 7 Jahre alten einsichtsfäh (§ 828 II) Jugendl, sofern er aus altersgruppenbdgten Gründen nicht schuldh handelt. 4

5) Verjährung vgl § 852 Rn 11. 5

830 *Mittäter und Beteiligte.* **[I] Haben mehrere durch eine gemeinschaftlich begangene unerlaubte Handlung einen Schaden verursacht, so ist jeder für den Schaden verantwortlich. Das gleiche gilt, wenn sich nicht ermitteln läßt, wer von mehreren Beteiligten den Schaden durch seine Handlung verursacht hat.**

[II] Anstifter und Gehilfen stehen Mittätern gleich.

1) Anwendgsbereich. § 830 betrifft drei Fälle der Beteiligg Mehrerer an einer uH u läßt als eig, bes AnsprGrdl jeden von ihnen haften, ohne daß festgestellt sein müßte, daß gerade er dch sein Verhalten den Schad verurs hat (BGH **72**, 355). Es handelt sich um die Fälle der gemschaftl Begehg (I, 1), der Anstiftg u Beihilfe (II) u den davon versch Fall der Beteiligg iS des I, 2. Nicht unter § 830 fällt die sog fahrl Nebentätersch, dh wenn mehrere Täter durch selbständ EinzelHdlgen ohne bewußtes ZusWirken einen Schad mitverursacht haben (BGH **30**, 203). Der Nebentäter haftet, auch bei nahem örtl u zeitl ZusHang für die Folgen seines eig rwidr Verhaltens nach den allg ZurechngsRegeln (BGH NJW **88**, 1719), dh auf das Ganze, wenn sein Verhalten den GesamtSchad mitverursacht hat, sonst auf den best, unterscheidb Teil des Schad, den sein Verhalten verursacht hat (MüKo-Mertens § 830 Rn 6; aA Düss NJW-RR **95**, 281: Quoten des GesSchad). 1

2) Vorsätzliches Zusammenwirken gehört zum Tatbestd von Abs I S 1 u II. Ihre Anwendbk gg einen Beteil setzt nur voraus, daß auch die and die Merkmale einer uH erfüllt haben, u scheitert nicht daran, daß die and wg eines beamtenrechtl Sonderstatus nicht nach Deliktsregeln in Anspr gen werden können (BGH **70**, 277). 2

a) Gemeinschaftliche Begehung (Abs I S 1) ist iS der strafrechtl Mittätersch zu verstehen, setzt also bewußtes u gewolltes ZusWirken Mehrerer zur Herbeiführg eines Erfolges voraus, BGH NJW **72**, 40. Für die Haftg eines Teiln ist es unerhebl, ob er den Schad eighänd mitverurs u wieviel er selbst zu ihm beigetragen hat (BGH NJW-RR **99**, 843: bewußte NichtVerhinderg von OptionsGesch ohne gehör Aufklärg des Kunden). Das gilt auch für den Anspr auf SchmerzG, sow dafür die gemschaftl begangene uH BemessgsFaktor ist (Schlesw VersR **77**, 183). Psych od intellektuelle Mittätersch genügt (BGH **8**, 288). Dies gilt auch für Teiln an Demonstration, weil GewAnwendg dabei nicht dch Art 5, 8 I GG gedeckt. Maßg ist, ob der Wille des Teiln auf eine RVerletzg gerichtet u als solcher erkennb geworden ist (Celle VersR **82**, 598) u ob der Teiln schadstiftde Ausschreitgen zumindest billigd in Kauf nimmt. Keine Haftg für den Exzeß einz Mittäter, die ohne Billigg des betr Teiln die Grenzen des DemonstrationsR überschreiten (BGH **63**, 124). Nebentätersch genügt nicht. 3

b) Anstifter und Gehilfen (Abs II) stehen Mittätern gleich. Die Begr sind ebenf im strafrechtl Sinne zu verstehen. Nöt ist also vorsätzl Unterstützg einer fremden VorsTat, wobei bdgter Vors genügt. Das Ausmaß spielt keine Rolle, psych Unterstützg genügt, auch wenn sie nicht um ihrer selbst willen, sond zur Erreichg and Ziele gewährt wird u auch dann, wenn der Täter nicht erkennt, daß der Geh ihn unterstützen will (BGH **70**, 277). Der Helfer ist verantwortl nur für eine TeilHdlg, an der er mitgewirkt hat (BGH **LM** § 823 (Be) Nr 4). Nicht unter § 830 fallen Hehler u Begünstiger, jedoch ist das ZivG an eine derart rechtl Qualifizierg im StrafUrt nicht gebunden, sond kann Mittätersch od Beihilfe annehmen (BGH **8**, 288). 4

c) Beispiele: Gewerksch als Geh bei Unterstützg eines wilden Streiks (BAG NJW **64**, 887); Beihilfe zu Einzelakten eines fortges Betruges (BGH **LM** § 823 (Be) Nr 4); Steinschlacht bei willentl gemeins Werfen 5 mit TreffVors (BGH NJW **72**, 40); Teiln an einer Demonstration mit GewaltTätigken od mit dem Ziel, ein ZeitgsUnternehmen zu blockieren, sofern er sich an den schadstiftden Ausschreitgen beteil u Schäd dieser Art in seinen Will aufgen bzw das Ziel der Demonstration (Blockade) gekannt hat (BGH **59**, 30 u NJW **72**, 1571); Bummelstreik der Fluglotsen (BGH NJW **78**, 816).

6 **3) Beteiligung (Abs I S 2). – a) Abgrenzung.** Sie liegt nicht vor in den Fällen des auf den Erfolg bezogen vorsätzl ZusWirkens Mehrerer (Abs I S 1, Abs II Rn 2–5) u iF der Nebentätersch Rn 1.

7 **b) Bedeutung und Zweck.** Den vorstehd genannten Fällen steht gleich, wenn sich nicht ermitteln läßt, wer von mehreren Beteil den Schad dch seine gefährdde Hdlg verurs hat od welcher Antl des Schad auf mehrere feststehde Verursacher entfällt. Damit soll eine BewSchwierigk des Geschäd bezgl der haftgsbegründden Kausalität überwunden werden, dessen ErsAnspr nicht daran scheitern soll, daß nicht mit voller Sicherh festgestellt werden kann, welcher von mehreren beteil Tätern den Schad tats od zu welchem Antl verurs hat (BGH **55**, 86, ZIP **94**, 374). Vorauss ist (BGH NJW **96**, 3205), daß (1) bei jedem Beteil ein ansprbegründdes Verhalten gegeben war, wenn man vom Nachw der Ursächlk absieht, (2) einer der Beteil den Schad verurs haben muß u (3) nicht feststellb ist, welcher von ihnen den Schad ganz (UrhZweifel) od teilw (AntlsZweifel) verurs hat. Auf Fälle der Gefährdgshaftg entspr anwendb (BGH ZIP **99**, 1560/1563).

8 **c) Anwendungsbereich. – aa) Urheberzweifel,** alternat Kausalität. Mehrere haben unabhäng voneinand eine gefährl Hdlg begangen, die zu einem Schad geführt hat, mind einer der Beteil – ungewiß welcher – hat diesen Schad verurs, die Hdlg des gerade in Anspr genommenen Beteil kann ihn verurs haben (BGH **25**, 271). Steht einer der Beteil als Verantwortl für den ganzen dch die gefährl Hdlg entstandenen Schad fest, so haften die and, die ihn nur möglw verurs haben, nicht nach Abs I S 2 (BGH **67**, 14, NJW **99**, 2895); die bloße Ungewißh, ob zusätzl ein and Beteil verantwortl ist, reicht also für die Anwendg von Abs I S 2 nicht aus; so, wenn ein vom Zweitschäd möglicherw verurs FolgeSchad haftgsrechtl dem ErstSchäd als mittelb Verursacher zuzurechnen ist (BGH **72**, 355: Ein nach einem VerkUnfall verl, auf der Str liegder Fußgänger wird von einem weiteren Kfz überfahren). Abs I S 2 überbrückt ebenf nicht den Zweifel, ob der in Anspr genommene überhaupt unerlaubt u mit VerlNeigg in die Schutzsphäre des Betroffenen eingegriffen hat (BGH **89**, 383, NJW **89**, 2943). Die Beteiligg des in Anspr Genommenen muß vielmehr feststehen. Das bloße Dabeisein reicht dazu je nach FallGestaltg nicht aus (Saarbr VersR **74**, 41 iF fahrl Brandstiftg). „Beteiligt" wird man bei einer Großdemonstration – außer bei Mitwirkg an der Plang od bei leitder Funktion in der Durchf – erst dch Solidarisierg mit and gewalttät Demonstranten od Teilgruppen an Ort u Stelle (BGH **89**, 383). Nicht erforderl ist, daß zw den Beteil eine subj Beziehg besteht, sie also voneinand wissen (BGH **33**, 286). –
9 **bb) Anteilszweifel,** kumulat Gesamtkausalität. Zwei Beteil haben selbstd einen SchadFall verurs, das Ausmaß des v dem einen od dem and verurs Schad, also der jeweil SchadUmfang läßt sich nicht feststellen. Für die Anwendg des Abs I S 2 ist nöt, daß der Gesamtschad haftgsrechtl nicht dem Erstschädiger zuzurechnen ist
10 (Rn 8). – **cc) Rechtswidrigkeit und Verschulden** – nicht widerlegte Vermutg, zB §§ 833 S 2, 836 genügt – bzw Verantwortlichk nach §§ 828, 829 (Schlesw MDR **83**, 1023) muß bei dem jeweils in Anspr genommenen Beteil hinzukommen, soweit uH in Frage steht. „Beteil" kann aber auch sein, wer ohne Versch schaderspfl
11 ist (Rn 14), zB der Halter eines Kfz od der Tierhalter iF des § 833 S 1. – **dd) Drittbeteiligung.** Die Haftg der Beteil entfällt nicht deshalb, weil ein unbeteil Dr eine andere SchadBdgg gesetzt hat, zB der Verl fällt, v 2 Pers angestoßen, inf des einen, ungewiß welchen Stoßes, in einen offenen Kanalschacht: Die Haftg der beiden Anrempelden entfällt nicht deshalb, weil der Dr wg der versäumten Abdeckg des Schachts ebenf für die UnfFolgen verantwortl ist (BGH **67**, 14).

12 **d) Entlasten** kann sich ein Beteil dch den Bew, daß sein Verhalten den Schad bei alternat od kumulat Kausalität nicht od zu einem best Teil nicht verurs hat (BGH MDR **99**, 805). And in den Fällen Abs I S 1, Abs II. Da die Herbeiführg des Erfolges für jeden Beteil rwidr sein muß, entfällt die Haftg für alle, wenn auch nur einer der Beteil einen RFertiggsGrd hat, weil der Erfolg dann dch einen rechtmäß Handelnden herbeigeführt sein kann (BGH **LM** Nr 2). Da iF der Selbstverl kein SchadErsAnspr besteht, § 830 I, 2 aber die Entstehg eines solchen Anspr überh – ungewiß nur gg wen – voraussetzt, haftet kein Dr, wenn u sow der Geschädigte selbst an der gefährl Hdlg beteil war u nicht auszuschließen ist, daß er sich selbst verl hat, als potentieller SchadUrh in Betr kommt (Klein NJW **71**, 453, BGH NJW **73**, 1283: Kettenauffahrunfall, kein ErsAnspr des ErstAuffahrden gg den ZweitAuffahrden für die eig FrontSchäd, die möglicherw schon voll dch das eig Erstauffahren verurs wurden. Nürnb VersR **72**, 447, BGH **60**, 177, **67**, 14; aA Celle NJW **50**, 951, Heinze VersR **73**, 1081 [1086]). Stgt VersR **73**, 325 vertritt in diesem Zushang keine aM (Kettenauffahrunfall: ErsAnspr des ErstAuffahrden gg den schuldh plötzl haltden Vordermann), weil in diesem Fall der geschäd ErstAuffahrde allein, dh ohne Anhalten des Vordermanns seinen Schad nicht verurs haben kann. Fehldes Versch Rn 10.

13 **e) Beispiele:** Steinschlacht (Celle NJW **50**, 951, BGH NJW **60**, 862). Verl eines Fußgängers an einer Baustelle, an der mehrere Baufirmen arbeiten, dch einen herabfallden Stein (BGH BB **60**, 1181). Verl dch Rakete, abgefeuert aus einer Gruppe von Pers, die sämtlich Raketen abgebrannt haben (Mü MDR **67**, 671). Haftg mehrerer Jäger für Verl eines Passanten (BGH VersR **62**, 430). Treibjagd, Verl eines Teiln (Oldbg VersR **80**, 339). Haftg mehrerer WegeEigtümer, wenn Wegebenutzer inf mangelnder VerkSicherh im Grenzbereich der Wege verunglückt (BGH **25**, 271). Ebso benachbarter HausEigtümer bei mangelh Streug (Bambg VersR **68**, 1069). Haftg des Untern, der mangelh Baumaterial liefert, u des Untern, der es fehlerh einbaut, wenn der Bau einstürzt u sich nicht feststellen läßt, bei welchem der beiden Untern die Urs liegt (BGH **LM** Nr 4). Verl eines Fußgängers dch mehrere einand folgde Fahrzeuge (BGH **33**, 286 u **72**, 355), auch wenn einer nur nach § 7 od § 18 StVG haftet (BGH NJW **69**, 2136). Verl eines Fahrgastes, nicht feststellb, ob dch Notbremsg zur Verhütg eines Unfalls od dch Auffahren des nachfolgden Fahrz (Celle VersR **77**, 1008). Schad eines Patienten dch schuldh Behandlgsfehler eines, ungewiss welchen, Operateurs bei mehreren in engem zeitl u sachl Zushang stehden Operationen (Düss MDR **85**, 234). SachSchad dch Pferde mehrerer Halter, auch iF der GefährdgsHaftg gem § 833 S 1 (BGH **55**, 96). Psych Beihilfe bei Massendelikten, zB Teiln an einer Hausbesetzg (Celle NdsRPfl **73**, 184). Haftg eines Teiln für Demonstrationsschäden vgl § 823 Rn 79 u vorstehd Rn 8.

f) Entsprechend anwendbar ist Abs I S 2 auf ein schadstiftdes Verhalten außerh der uH mit gleicher BewNot für den Verl wie bei GefährdgsHaftg (BGH **55**, 96), bei AusglAnspr nach § 906 II 2 sowie EntschAnspr aus enteigndem u enteignsgleichem Eingr (BGH **101**, 106). 14

4) Haftung. – a) Im **Außenverhältnis** hat in allen Fällen des § 830 u grdsätzl auch iF der Nebentätersch (oben Rn 1) jeder Beteil den ganzen Schad zu ersetzen. Die mehreren ErsPfl haften dem Verl als GesSchu, § 840. MitVersch des Geschäd vgl § 254 Rn 56–59. Trifft iF von Rn 6 den Verl ein MitVersch nur ggü einem der Alternativtäter, so kann auch der and, wenn sein VerursBeitrag pos festgestellt ist, nur zu der näml, ggf zu der hypothet geringsten Quote verurteilt werden (BGH NJW **82**, 2307). – **b)** Der **Ausgleich im Innenverhältnis** zw den mehreren Beteil regelt sich nach §§ 426, 840 II, III, 841. 15 16

831 *Haftung für den Verrichtungsgehilfen.*

[I] Wer einen anderen zu einer Verrichtung bestellt, ist zum Ersatze des Schadens verpflichtet, den der andere in Ausführung der Verrichtung einem Dritten widerrechtlich zufügt. Die Ersatzpflicht tritt nicht ein, wenn der Geschäftsherr bei der Auswahl der bestellten Person und, sofern er Vorrichtungen oder Gerätschaften zu beschaffen oder die Ausführung der Verrichtung zu leiten hat, bei der Beschaffung oder der Leitung die im Verkehr erforderliche Sorgfalt beobachtet oder wenn der Schaden auch bei Anwendung dieser Sorgfalt entstanden sein würde.

[II] Die gleiche Verantwortlichkeit trifft denjenigen, welcher für den Geschäftsherrn die Besorgung eines der im Absatz 1 Satz 2 bezeichneten Geschäfte durch Vertrag übernimmt.

1) Allgemeines. Die Haftg des GeschHerrn gründet sich auf die Vermutg seines eig Versch bei Auswahl, Überwachg u Leitg der Hilfspers od bei Beschaffg der erforderl Vorrichtgen od Gerätsch sowie auf die weitere Vermutg des ursächl Zushgs zw dem Versch des GeschHerrn u dem dem Dr zugefügten Schad. Jede der beiden Vermutgen kann GeschHerr nach Abs I S 2 entkräften. Also keine Haftg, wenn der GeschHerr deliktsunfäh ist, währd zu seiner Haftg die HilfsPers nur widerrechtl, nicht auch schuldh gehandelt zu haben braucht. § 829 bleibt auch bei Deliktsunfähigk des GeschHerrn anwendb (§ 829 Rn 4). Maß u Umfang der SorgPfl des GeschHerrn richten sich nach der VerkAnschaug u den Besonderh des EinzFalles (BGH NJW-RR **96**, 867: Gefahrguttransport). – **Fiktionshaftung, Organisationsmängel** § 31 Rn 7, 8, bei PrivUntern unten Rn 16. 1 2

2) Verhältnis zu anderen Bestimmungen:

a) Zu § 278: Nach § 278 haftet der GeschHerr für fremdes Versch oRücks auf sein eig Verhalten, nach § 831 haftet er für eigenes vermutetes Versch ohne Rücks auf das Versch der HilfsPers; § 278 regelt die Haftg für ErfGeh innerh eines bestehden best SchuldVerh, § 831 betr die Haftg für VerrichtgsGeh außerh eines solchen SchuldVerh; nach § 278 ist kein EntlastgsBew des GeschHerrn mögl, wohl aber nach § 831. Vertragl Haftg aus § 278 ist somit schärfer als Haftg aus § 831, doch kann SchmerzG nur aus § 831 verlangt werden. Konkurrenz zw vertragl u delikt Anspr vgl Einf 4 vor § 823. 3

b) Zu §§ 30, 31, 89 Abs I: Nach diesen Vorschr haften jur Pers ohne die Möglichk eines EntlastgsBew für Schäd aus uH, die ihr Vorst od and verfassungsm berufene Vertr in Ausführg der ihnen zustehden Verrichtgen einem Dritten zufügen (§ 30 Rn 3–5, § 31 Rn 5–9). Den Ggsatz bilden diej, die ihren Dienstauftr erst wiederum von den vorerwähnten Pers herleiten; für sie haftet die jur Pers nur nach § 831 (BGH **LM** § 831 (Fc) Nr. 1). Anwendbark des § 31 auf nichtrechtsfäh Verein § 54 Rn 12. 4

c) Zu sonstigen Vorschriften: – ErsPfl der HilfsPers selbst gem **§ 823** bleibt von § 831 unberührt. Dann gesamtschuldn Haftg beider gem § 840 I, währd im Verh zueinander die HilfsPers allein haftet, § 840 II. Doch kann bei Unterl der erforderl Aufs od Überwachg Haftg des GeschHerrn auch nach § 823 begründet sein (BGH **11**, 151; § 823 Rn 60, 158). In diesen Fällen hat Geschädigter die schuldh Verl der SorgPfl zu beweisen. Aus § 831 herzuleitde ÜberwachgsPfl Rn 14–16. – Gem **§ 254** kann sich GeschHerr auf das eig Versch des Geschädigten berufen, auch dann, wenn die HilfsPers vorsätzl gehandelt hat (§ 254 Rn 52–55). Darü, ob dem Geschädigten auch ein Versch seiner HilfsPers zuzurechnen ist, vgl § 254 Rn 60–69. – **Bei staatlichem Handeln** unanwendb bei hoheitl Tätigk, anwendb bei privatr Tätigk. – Neben **HaftpflG § 2** anwendb (MüKo/Mertens Rn 5 a). – **Reederhaftung** anwendb neben §§ 485, 486 HGB (BGH **26**, 152). – Anwendb bei SchadHaftg im Bereich des **gewerblichen Rechtsschutzes** (Soergel-Zeuner Rn 63, MüKo/Mertens Rn 5 a). – IR des **UWG** § 14 I 1 anwendb (BGH NJW **80**, 941). – Haftg aus dem **StVG** besteht neben Haftg aus § 831. Nach § 7 III 2 StVG haftet Halter i R des StVG für Angest u denj, dem er Fahrzeug überlassen hat (auch Rn 10). – **Gastwirtshaftung** gem §§ 701 ff für eingebrachte Sachen des Gastes; soweit Deliktshaftg, ist § 831 anwendb. – Haftg der **Eisenbahn** u des **Frachtführers** nach HGB §§ 456, 458, 429, 606 schließt Haftg aus § 831 nicht aus (BGH **24**, 188). – Neben Haftg aus § 22 **WassHaushG** anwendb (MüKo/Mertens Rn 5 a). 5

3) Verrichtungsgehilfe. – a) Begriff. Zu einer Verrichtg bestellt ist, wem von einem and, in dessen Einflußbereich er allg oder im konkr Fall u zu dem er in einer gewissen Abhängigk steht (BGH WM **98**, 257), eine Tätigk übertr worden ist. Für das WeisgsR ist ausreichd, daß GeschHerr die Tätigk des Handelnden jederzeit beschränken, untersagen oder nach Zeit u Umfang bestimmen kann (BGH **45**, 313). Die Tätigk kann tats od rechtl Natur sein, entgeltl od unentgeltl, ausdr od stillschw übertr, mit VertrMacht verbunden od nicht. Der Bestellte muß bei Ausf der Verrichtg vom Willen des Best abhäng sein, auch höhere Angest, auch Leiter eines gewerbl Unternehmens, wobei bedeutgsl ist, ob Bestellter im übr selbständ (BGH NJW **56**, 1715: Generalvertreter). Den Ggsatz bilden diejen, die über ihre Pers frei verfügen u Zeit u Umfang ihrer Tätigk selbst bestimmen können. Bsp Rn 8. 6

b) Haftungsbeispiele: RA als VerrichtgsGeh seines Mandanten (BGH **LM** § 823 (Hb) Nr 5). Krankenkasse im Verh zum Vertrauensarzt (RG **131**, 73). Haftg des Arztes für den bei seiner vorübergehden Abwesenh bestellten ärztl Vertr (BGH NJW **56**, 1834). Haftg des Krankenhausträgers für Ärzte (BGH NJW **88**, 2298) u 7

Krankenschwestern (BGH NJW **59**, 2302). Verleger eines Restaurantführers zu einem als Testesser zugezogenen freien Mitarb (BGH VersR **98**, 862). Verh des Schriftleiters zum Verleger § 824 Rn 5. Haftg des Gters für den MitGter § 714 Rn 5 des Verlegers für einen als Testesser in einem Restaurant zugezogenen MitArb, wenn der Testbericht unwahre TatsBehauptgen enthält (BGH WM **98**, 257). Bei einem LeihArbVerh (Einf 38–40 vor § 611) haftet grds der verleihde ArbG für Fehler seiner ArbN bei der Ausf von Arb. Dagg haftet der entleihde Untern, wenn der ArbG tats keinen Einfluß auf die konkr Verrichtg nehmen konnte (Düss NJW-RR **98**, 382), weil der verliehene Arb völl in das entleihde Untern eingegliedert war; bei nicht vollst Ausgliederg kommt Haftg beider Untern als GeschHerr in Betr (BGH ZfBR **95**, 133). Der BauUntern bleibt GeschHerr seiner Arb, auch wenn eine BauOberLeitg mit Überwachgs- u WeisgsR vorh ist (BGH VersR **74**, 243).

8 **c) Nicht Verrichtungsgehilfe sind:** GVz. Jagdgast im Verh zum Jagdherrn. Organe einer JP (Ffm u BGH BauR **91**, 377). Selbständ BauUntern u HandwMeister, auch SubUntern im Verh zum HauptUntern (BGH NJW **94**, 2756), selbst wenn der AuftrG dem Untern die Arb stellt (BGH BB **53**, 690). Verfasser, dem im VerlVertr das Korrekturlesen übertr ist, im Verh zum Verleger (BGH NJW **70**, 1963). Auszubildder fällt nicht unter § 831, solange er als Lernder beschäftigt, wohl aber, wenn er mit selbständ Tätigk betraut wird. Nichtangest HandelsVertr ist idR nicht VerrichtgsGeh; er ist es bei einer Tätigk, bei der er den Weisgen des Untern unterworfen u von ihm abhäng ist, zB VerkStand auf Messe (BGH NJW **80**, 941). Selbstliquidierder Chefarzt bei reiner BehandlgsTätigk iR eines aufgespaltenen Arzt/KrankenhausVertr, Konsiliararzt, Belegarzt u Beleghebamme sind nicht VerrichtgsGeh des Krankenhausträgers (BGH JR **76**, 151, Stgt VersR **92**, 55, BGH **129**, 6). Hoteliers, Betreiber einer FerienwohnAnl sind nicht VerrichtgsGeh des Reiseveranstalters (LG Ffm NJW **85**, 2424). Vermietet ein Untern Bagger samt Führer an einen and Untern, so ist währd des Einsatzes dort der Baggerführer VerrichtgsGeh nicht des Vermieters, sond des mietden Untern (Düss VersR **79**, 674, BauR **96**, 136). Nicht VerrichtgsGeh ist, wer bei einer gesellschaftl Veranstaltg innerh des Fam- u Bekanntenkreises Handreichgen leistet (Düss VersR **92**, 113: Grillunfall).

9 **d) Mehrere Gehilfen, mehrere Geschäftsherren.** Haben mehrere Geh die Verrichtg zus ausgeführt, so genügt es, wenn Haftg des GeschHerrn aus § 831 nur für einen von ihnen in Frage kommt. – Der für eine gemschaftl Anl zweier Untern von einem von diesen Bestellte ist nicht VerrichtsGeh des and (RG **170**, 321).

10 **4) In Ausführung der Verrichtung,** nicht nur gelegentl, muß der Schad zugefügt sein. Es muß ein unmittelb innerer Zushang zw der dem Geh aufgetragenen Verrichtg nach ihrer Art u ihrem Zweck u der schädigden Hdlg bestehen (BGH NJW **71**, 31, NJW-RR **89**, 723), das Verhalten des Geh darf nicht aus dem Kreis od allg Rahmen der ihm anvertrauten Aufg herausfallen (BGH WM **77**, 1169), wie dies bei Begehg einer vorsätzl Straftat der Fall sein kann (Ffm ZIP **97**, 18). Auch NichtErf der allg VerkSichgPfl durch Angest gehört hierher. Selbst bewußtes u eigenmächt Zuwiderhandeln gg Weisgen des GeschHerrn stellt das Handeln des Geh nicht ow außerh des Kreises der ihm aufgetragenen Verrichtg (BGH **49**, 19). Auch eine vors uH kann noch in engem Zushang mit den zugewiesenen Verrichtgen stehen, insbes dann, wenn sie gerade die übertragenen Pfl verletzt (BGH VersR **98**, 862). – § 831 ist auch dann noch anwendb, wenn Fahrer hins der Fahrstrecke von den erteilten Weisgen abweicht, nicht jedoch, wenn er verbotswidr Bekannten mitnimmt u dieser auf der Fahrt zu Schad kommt (BGH NJW **65**, 391). Im übr ist es Tatfrage, ob bei Abweichgen von Weisgen die Hdlg noch im Kreis der aufgetragenen Verrichtg liegt. Bei Schwarzfahrt ohne Wissen u Wollen des FahrzHalters handelt Kraftfahrer idR nicht in Ausf der Verrichtg (BGH DB **70**, 2314). Dann nur Haftg des Schwarzfahrers u des Halters nach StVG 7 III. – Keine Haftg des Untern für Hdlgen seiner Arb auf dem Wege zur ArbStätte; des TransportUntern für Schäd, die seine Kraftfahrer bei vertragl nicht geschuldeter Mithilfe zur Entladg verurs (Hbg VersR **74**, 52, bedenkl enge Auffassg).

11 **5) Widerrechtlich** ist der Schad zugefügt, wenn der obj Tatbestd einer uH erfüllt ist (§ 823 Rn 32–35). Auf ein Versch des Bestellten kommt es nicht an. Dort, wo Kenntn der TatUmst Vorauss der Widerrechtlichk ist, muß Bestellter diese Kenntn gehabt haben (BGH NJW **56**, 1715). Ausschl der Widerrechtlichk § 823 Rn 36–57 und unten Rn 23. – Nach dem **Schutzzweck der Norm** haftet der GeschHerr dem Geschädigten trotz rwidr SchadZufügg dch einen VerrichtgsGeh nicht, wenn dieser obj fehlerfrei gehandelt, dh wenn er sich so verhalten hat, wie jede mit Sorgf ausgewählte u überwachte Pers sich sachgerecht u vernünft verhalten hätte (BGH VersR **75**, 447, NJW-RR **88**, 38); auch iF eig Handelns bestünde gg den GeschHerrn bei obj fehlerfreiem Verhalten kein Anspr.

12 **6) Entlastungsbeweis durch Widerlegung der Verschuldensvermutung.** Beachtg der nach der Verk-Anschaug, der Art der Verrichtg u den Besonderh des Falles erfdl Sorgf (BGH VersR **96**, 469).

13 **a) Auswahl.** Je verantwortgsvoller u schwieriger die Tätigk ist, um so größere SorgfPfl (Köln NJW-RR **97**, 471). Dies gilt bes dann, wenn mit der Tätigk Gef verbunden sind, wie zB beim Arzt, KfzFührer, BewachgsPersonal wertvoller Ggstde. Bei solchen Pers genügt es nicht, daß sie die nöt Sachkunde u techn Geschicklichk in Ausübg ihres Berufes aufweisen, sie müssen vielm darühinaus auch die moral Eigensch, wie Charakterstärke, Besonnenh, Verantwortgsgefühl besitzen, die sie vor leichtfert Gefährdg des Verk u ihrer Mitmenschen behüten. Vorlegg von Zeugn genügt im allg nicht, erfdl sind (Köln NJW-RR **97**, 471) Erkundiggen bei den fr ArbG; UrtBildg aus bisher Verhalten, pers Eindruck, Auswertg des Fahrtenschreibers (BGH VersR **84**, 67). Moral Mängel, die an sich mit dem Kraftfahrwesen nichts zu tun haben, geben dem GeschHerrn Veranlassg zu bes sorgf Überwachg (s unten). Auch Erprobg kann notw sein, mitunter sogar genügen, zB bei langjähr Erprobg (BGH **1**, 383). Der Halter des Kfz kann sich, wenn sein angest Fahrer gem StVG 18 haftet, nur dch den Nachw entlasten, daß sich der Fahrer verkricht verhalten hat (BGH **24**, 21, Hamm NJW-RR **98**, 1402 u 1403). Nicht notw ist, daß sich im SchadFall gerade derjen Mangel ausgewirkt hat, den der GeschHerr bei der Auswahl od Überwachg bei gehör Sorgf hätte erkennen müssen (BGH NJW **78**, 1681).

14 **b) Überwachung.** Sorgf Auswahl bei Einstellg genügt nicht, vielm ist fortgesetzte Prüfg erforderl, ob der Angest noch zu den Verrichtgen befähigt ist. Infdessen ist bei längeren ZwRäumen zw Anstellg u SchadZufügg der Nachw fortdauernder planm, unauffäll Überwachg mit unerwarteten Kontrollen erforderl (BGH **LM**

§ 823 (Dc) Nr 23, Hamm NJW-RR **98**, 1403), ggf auch mit ärztl Kontrollen (BGH NJW **64**, 2401 zur period ärztl Untersuchg der StrBahnführer). Diese ÜberwachgsPfl deckt sich nicht mit der ggf erforderl „Leitg", die nur die Ausf der Verrichtg betrifft (vgl unten Rn 18). Strenge Kontrolle eines ärztl Berufsanfängers (BGH NJW **88**, 2298) od wenn der Bestellte bereits früher Mängel gezeigt hat. Immer ist für die erforderl Auswahl u Überwachg der Einzelfall entscheidd (BGH VersR **66**, 364). Keine Überspanng der Anforderg der ÜberwachgsPfl (BGH **LM** (Fc) Nr 1: keine Überwachg des leitden Arztes eines Instituts in der Überwachg der Angest). Beim KfzFührer ist grdsätzl auch die Fahrweise zu überwachen, entw dch gelegentl Mitfahren od dch Beobachtg von einem and Kfz aus bei gelegentl unauffäll Kontrollfahrten (BGH VersR **84**, 67). Kontrolle des Straßenbahnpersonals (BGH NJW **64**, 2401). Ist wg hoher Spezialisierg eine fachl Überwachg, zB des Oberarztes dch den Chefarzt nicht mögl, bleibt es bei der Haftg für vermutetes Versch (Bamb VersR **94**, 813). Für den weisgsfreien Chefarzt haftet der Krankenhausträger wie für einen verfassgsmäß berufenen Vertr, auch wenn er es nicht ist (BGH **77**, 74 [79]). – **Dezentralisierter Entlastungsbeweis.** Bei 15
Großbetrieben oder wenn GeschHerr an eig Leitg u Beaufsichtigg behindert ist, kann u muß uU Auswahl u Überwachg des Angest einem höheren Angest übertr werden. Für die Entlastg ist der Bew erfdl, daß der höhere Angest sorgf ausgewählt, angeleitet u überwacht ist u daß er seiners den schädigden Angest sorgf ausgewählt, angeleitet u überwacht hat (BGH DB **73**, 1645); vgl auch § 823 Rn 220. Der Krankenhausträger genügt seiner Pfl, die Ärzte über die AufklärgsPfl vor Operationen zu unterrichten, nicht dadch, daß er die Chefärzte auf die AufklärgsPfl allg hinweist u ihnen einschläg Urt übersendet; ebsowen ist er hins seiner ÜberwachgsPfl über angest Ärzte dadch entlastet, daß der Chefarzt jahrelang die ihm obliegde Tätigk ohne PflVersäumnisse erf hat (KG VersR **79**, 260). – **Organisationsmängel.** Der GeschHerr hat dch ausr AOen 16
dafür zu sorgen, daß dch die betriebl u ArbAbläufe Dr nicht geschädigt werden (BGH MDR **68**, 139). Verletzt er diese Pfl, so haftet er nach § 823; vgl dort Rn 60, 158. Körperschaftl Organisationsmängel vgl § 31 Rn 7, 8.– Ist nicht zu klären, welcher Geh den Schad verurs hat, so ist der EntlastgsBew für alle Pers zu führen, die mit dem schadstiftden Geschehen in Berührg gek sein können (BGH VersR **71**, 1021).

c) Sorgf bei der Beschaffg der **Vorrichtungen** u **Geräte** ist nur nachzuweisen, wenn die Beschaffg 17
erforderl war. BeschaffgsPfl hat Verletzter zu beweisen. Maßgebd sind die Umst des Einzelfalles, auch VerkSitte. Persönl Auswahl der Gerätsch dch den GeschHerrn ist nicht notw, es genügt, daß die entspr Geräte vorh sind. Hierunter fällt auch die Verpfl des FahrzHalters, für verksicheren Zust des Fahrz zu sorgen.

d) Die Notwendigk der **Leitung** hat der Verl zu beweisen. So ist der FuhrUntern verpfl, seinen mit der 18
Ölabfüllg beauftragten Fahrer über die bes Gef dieser Tätigk zu belehren u ihm die erforderl Verhaltensmaßregeln zu erteilen (BGH DB **72**, 234). Die Leitg kann uU einem and Angest übertr werden, der aber sorgfältig ausgewählt sein muß. Keine allg Leitg des Gesch od gewerbl Betr im ganzen, sond SonderAufs der einz Verrichtg; diese kann neben der generellen Oberleitg des ArbEinsatzes auch die spezielle Überwachg auf der ArbStelle erfordern (BGH **11**, 151; § 823 Rn 60). Unter Umst ist sorgfält Unterweisg ausreichd; es können auch allg Dienstanweisgen geboten sein. Verhalten des Linienbuspersonals bei Halten u Überwachg des Ein- u Aussteigens (BGH VersR **69**, 518). Leitg des ArbEinsatzes, Verhütg von Übermüdg des Fahrers (BGH **LM** (Fc) Nr 3). Anweisg über Überwachg an Fahrer u Beifahrer über Anbringg der Anhänger u Kontrolle des Bremssystems (BGH VersR **56**, 382). Je gefährlicher die Verrichtg, um so größer die SorgfPfl des GeschHerrn.

e) Haftpflichtversicherung. Auswahl, Überwachg u Leitg der Hilfspers sollen Schädigg Dr verhüten. 19
Weitergehde Haftg dahin, daß die Hilfspers haftpflversichert ist, besteht jedoch nicht (BGH **12**, 75).

7) Entlastungsbeweis durch Widerlegung der Ursächlichkeitsvermutung (S 2 letzter Halbs). Neben 20
dem EntlastgsBew nach Rn 12 kann der GeschHerr auch Bew dafür antreten, daß es an der erforderl Ursächlichk zw der angebl SorgfVerletzg u dem Schad fehle, daß näml der Schad auch bei Anwendg der erforderl Sorgfalt entstanden sein würde (BGH **LM** (Fb) Nr 1). Ungenügd ist der Nachw dafür, daß nicht derj Mangel in der Pers des VerrichtgsGeh den Schad verursacht hat, den der GeschHerr bei Auswahl unberücks ließ (BGH **LM** (Fa) Nr 6); ebso ungenügd die bloße Möglichk, daß der Schad trotz Anwendg der Sorgf entstanden sein würde. Vielmehr ist der Nachw erforderl, entw daß der Schad auch von einer sorgf ausgewählten (überwachten) Pers angerichtet worden wäre (BGH **12**, 96) oder daß auch ein sorgfält GeschHerr nach den Unterlagen, die er eingeholt hätte, den Bestellten ausgewählt hätte (BGH **4**, 4, **LM** (Fa) Nr 6).

8) Vertrag (Abs II). Beisp: Werkführer, Betriebsleiter. Der GeschF einer GmbH haftet Dr ggü bei Verl 21
seiner AufsPfl für uH von Bediensteten der GmbH nur nach § 43 GmbHG, für selbst begangenen uH nach § 823 (BGH NJW **74**, 1371). Nicht erforderl ist Abschl mit dem GeschHerrn, Abschl mit Dr genügt (RG **82**, 217). Tatsächl Übern, insb als GeschF oA, genügt dagg nicht. Denkb ist ZusTreffen von Abs I und II. GeschHerr u VertrPartner haften dann als GesamtSchu (§ 840 I). Ausgleich nach dem zw ihnen bestehenden RVerh, nicht nach § 840 II.

9) Beweislast. – a) Verletzter hat widerrechtl SchadZufügg durch eine zu der Verrichtg bestellte Pers u 22
deren HdlgsFähigk zZ des SchadEreign (BGH VersR **78**, 1163) zu beweisen, ev das Erfordern einer Beschaffgs- u LeitgsPfl des GeschHerrn nach Abs I S 2. Dabei ist nicht erforderl, daß Verletzter best Pers als SchadVerursacher bezeichnet, es genügt, wenn er den Vorfall nach Art, Zeit u Umst so bezeichnet, daß sich ein Tätigwerden einer Hilfspers ergibt. – **b) Geschäftsherr.** Da die Tatbestdsmäßigk (Verletzg des Körpers, 23
Eigt usw) die Widerrechtlichk der Hdlg indiziert, ist es Sache des GeschHerrn, den Ausschl der Widerrechtlk zu beweisen (vgl § 823 Rn 173). Dem GeschHerrn obliegt desh der Bew, daß sich der VerrichtgsGeh verkrichtig u damit rechtm benommen hat (BGH (GrZS) **24**, 21: StrVerk), daß er sich so verhalten hat, wie jede and zuverläss Pers sich sachgerecht u vernünft ebenf verhalten hätte (BGH VersR **75**, 447, Oldbg NJW-RR **88**, 38); die Möglichk, daß die Schädigg auf einem Ausstattgsfehler beruht, bleibt dabei offen (BGH NJW **71**, 2030). Soweit der GeschHerr die RWidrigk nicht ausräumen kann, trifft ihn die konkrete Darleggs- u BewLast für die Anwendg der erforderl Sorgf bei der Auswahl u der Überwachg des VerrichtgsGeh. Im Einzelfall kann eine so hohe Wahrscheinlichk für die Vernachlässigg der SorgfPfl sprechen, daß daneben die Möglichk einer Schädigg auch bei Erf der SorgfPfl ausgeschl erscheint (RG JW **28**, 1721). – Bei Auswahl

eines RA kann sich der Mandant auf die berufl Qualifikation verlassen, ihn trifft keine ÜberwachgsPfl (Kblz NJW-RR **89**, 363). IF eines GesundhSchad eines Patienten inf der Behandlg im Krankenhaus hat dessen Träger darzulegen und zu bew, daß der Fehler nicht auf einem ihm zuzurechnden Organisations- od PersonalVersch beruht (BGH NJW **82**, 699).

832 *Haftung des Aufsichtspflichtigen.* **I Wer kraft Gesetzes zur Führung der Aufsicht über eine Person verpflichtet ist, die wegen Minderjährigkeit oder wegen ihres geistigen oder körperlichen Zustandes der Beaufsichtigung bedarf, ist zum Ersatze des Schadens verpflichtet, den diese Person einem Dritten widerrechtlich zufügt. Die Ersatzpflicht tritt nicht ein, wenn er seiner Aufsichtspflicht genügt oder wenn der Schaden auch bei gehöriger Aufsichtsführung entstanden sein würde.**

II Die gleiche Verantwortlichkeit trifft denjenigen, welcher die Führung der Aufsicht durch Vertrag übernimmt.

1 **1) Regelungsgehalt.** Für den Fall, daß ein AufsBedürft (Rn 2, 3) einem Dr widerrechtl Schad zugefügt hat, stellt § 832 **zwei Vermutungen** auf, näml daß der AufsPflichtige (Rn 4–7) seine AufsPfl (Rn 8, 9) schuldh verl hat, indem er die im konkr Fall erforderl Hdlgen ganz od teilw unterlassen hat (eingehd Aden MDR **74**, 9) u daß die Verl der AufsPfl für den entstandenen Schad ursächl ist. Gg beide Vermutgen steht der EntlastgsBew offen (Rn 13, 14). Schuldh Verhalten des aufsbedürft Täters ist nicht erforderl (BGH VersR **54**, 558). Keine entspr Anwendg auf and AufsPers, zB Vorgesetzte, Dienstherrn; doch ist Haftg für nachgewiesene Verl der FürsPfl, zB des Vormds, gem § 823 mögl (BGH **LM** Nr 8). Auch kann der HaushVorstd aGrd seiner Stellg in der Familie verpfl sein, zu verhindern, daß ein Angehör seines Hausstands einen Dr verl (BGH **LM** Nr. 3, Düss VersR **76**, 1133: Stiefvater; Hamm VersR **75**, 616: Ehefr; Mü NJW **66**, 404: Heiminsasse gefährdet öff Verkehr). Übertr der Aufs an eine and Pers ist mögl (vgl Rn 7); dadch wird jedoch der Übertragde seiner AufsPfl nicht gänzl led (BGH NJW **68**, 1672). Die Vermutgen gelten nicht, wenn es um die Haftg des AufsPflichtigen für einen Schad geht, den der AufsBedürft einem and für ihn ebenf AufsPflichtigen zugefügt hat (Stgt FamRZ **83**, 68). – Der Schädiger hat gg den AufsPfl keinen RegreßAnspr aus § 832; bei gleichzeit kausaler u schuldh Verl der AufsPfl kann aber AusglAnspr nach §§ 840, 426 bestehen (Oldbg FamRZ **75**, 635).

2 **2) Aufsichtsbedürftige Personen. – a) Minderjährige** bedürfen als solche wg der Mjährigk der Aufs, auf die bes Gegebenh des EinzFalles kommt es dafür nicht an (BGH NJW **76**, 1145). Doch sind für den Inhalt der AufsPfl u damit für den EntlastgsBew gem S 2 im konkr Fall das Alter des Kindes, sein pers Verhalten (Veranlagg, Benehmen) u weitere Umst, insb Voraussehbark des schädigden Verhaltens u die LebensVerh des AufsPflichtigen von Bedeutg (vgl Rn 8, 9, 13, 14). Keine entspr Anwendg auf Vollj in der HausGemsch der Eltern (BGH **LM** Nr 6).

3 **b) Wegen ihres geistigen oder körperlichen Zustandes** können auch Vollj der Beaufsichtigg bedürfen, zB Kranke, geist od körperl Behinderte, Epileptiker, Blinde. Vgl Rn 8a.

4 **3) Aufsichtspflicht. – a) Kraft Gesetzes: – aa) Inhaber des Personensorgerechts** ggü mj Kind, näml Eltern (§§ 1626 ff, 1671 ff, 1757, 1765), Vormd u Pfleger ggü Mündel (§§ 1793, 1797, 1800, 1909 f, 1915). AufsPfl dieser Pers entfällt aber ggü Minderj, solange diese der FürsErziehg überwiesen sind, es sei denn, daß Mj inf Beurlaubg oder Entweichens aus der Anst zu dem AufsPflichtigen zurückkehrt (RG **98**, 247);
5 außerdem, wenn das PersSorgeR entzogen ist (Düss NJW **59**, 2120). – **bb) Ausbilder** ggü dem mj Auszubildenden (§§ 6, 9 BerufsbildgsG), wenn er in Kost u Pflege steht; wenn nicht, ist die AufsPfl idR beschr auf GeschZeit u GeschBereich (BGH VersR **58**, 549, MüKo/Mertens Rn 5). Volle AufsPfl, wenn der Ausbilder den Auszubildenden in die HausGemsch aufgen hat. AufsPfl der Eltern entfällt währd dieser Zeit idR nicht (Köln MDR **57**, 227). Den Lehrer an öff Schulen trifft ebenf AufsPfl. Auf ihre Verl ist nicht § 832, sondern § 839 anwendb (BGH **13**, 25; § 839 Rn 109 „Lehrer").

6 **b) Keine Aufsichtspflicht** trifft den Beistand u GgVormd ggü dem Kind (§§ 1712, 1792). Nach LandesR ist Ausdehng der gesetzl AufsPfl mögl, zB auf Leiter von HeilAnst, Altenheimen (Celle NJW **61**, 223). – Verh zur Amtshaftg § 839 Rn 1.

7 **c) Aufsichtspflicht kraft Vertrages** (Abs II) kann auch stillschw ausbedungen sein (Celle NJW-RR **87**, 1384). Doch genügt tatsächl Übern nicht, zB Beaufsichtigg fremder Kinder, die mit den eig in der Wohng spielen (BGH DB **68**, 1446, Hamm MDR **99**, 677) od dch einen FamAngeh. Gleichgült, ob entgeltl od unentgeltl, vorübergehd od längerdauernd. Nicht erforderl ist, daß der Vertr mit dem AufsPflichtigen od AufsBedürft geschl ist, Abschl mit einem Dr genügt (Köln OLG **34**,121). Haftg neben dem gesetzl AufsPflichtigen als GesamtSchu. Typ Anwendgsfälle: Ärzte u Pfleger einer offenen psychiatr Klinik (BGH NJW **85**, 677), Kindermädchen, Inh einer Schülerpension, Krankenhaus (BGH FamRZ **76**, 210), staatl Heim für schwer erziehb Jugendl (Hbg NJW-RR **88**, 799), Heilerziehgs- u Pflegeheim (Kblz NJW-RR **97**, 345).

8 **4) Inhalt der Aufsichtspflicht.** Der AufsBedürft ist zu beobachten, zu belehren u aufzuklären, zu leiten, auf sein Verhalten ist Einfluß zu nehmen (Mü FamRZ **97**, 740). **Bei Kindern** bestimmt sich das Maß der gebotenen Aufs nach Alter, Eigenart u Charakter, nach der Voraussehbark des schädigden Verhaltens sowie danach, was verständ Eltern nach vernünft Anfordergen in der konkr Situation an erforderl u zumutb Maßn treffen müssen, um Schädiggen Dr dch ihr Kind zu verhindern (BGH NJW **93**, 1003), wobei Belehrg, Aufs u Überwachg umso intensiver sein müssen, je geringer der ErziehgsErfolg ist (BGH NJW **84**, 2574), auch bei älteren Kindern (BGH NJW **80**, 1044, Düss NJW-RR **97**, 343). AufsPflichtiger hat sich daher auch darum zu kümmern, womit sich die Kinder in der Freizeit beschäftigen, gelegentl müssen sie sie dabei beobachten, beim Aufräumen des Kinderzimmers u Säubern der Kleidg auf die Ggstde achten, mit denen sich die Kinder beschäftigen (BGH NJW-RR **87**, 13). Danach bestimmt sich das Maß der Überwachgs- u BelehrgsPfl u die Notwendigk von Kontrollen. Erhöhte AufsPfl bis hin zu einer mehr od weniger ständ unmittelb Kontrolle bei

Kindern, die aGrd konkr zu treffder Feststellgen (BGH NJW **97**, 2047) zu üblen Streichen u Straftaten neigen (BGH NJW **80**, 1044), bei schwer erziehb Kindern in Heimen (Hamm u Hbg NJW-RR **88**, 798 u 799), bei retardierten, schwer verhaltensgestörten Kindern mit ausgeprägter AgressionsBereitsch (BGH NJW **95**, 3385) u bei psych auffäll Kindern mit bes Zündelneigg (BGH NJW **96**, 1404). Bei Gebr gefährl Spielzeugs ist zu unterscheiden zw der Überlassg dch den AufsPflichtigen (KG FamRZ **92**, 550), der eigenmächt Beschaffg dch den Mj, wobei es für fahrl Unkenntn davon auf die Erwerbs-, AufbewahrgsModalitäten u BesDauer (BGH VersR **73**, 545) u gelegentl Kontrollen ankommt, u der Benützg solchen verbreiteten Spielzeugs von Spielgefährten; nöt ist Belehrg über dessen Gefährlk (Düss NJW-RR **98**, 98: Spielzeugpistole; aA Wolf VersR **98**, 812). Strenger Maßst je nach Alter an die BelehrgsPfl über die Gefährlk des Feuers, speziell auch auf Bauernhof (Mü VersR **98**, 723), u an die ÜberwachgsPfl hins Umgangs mit u Verwahrg von Feuerzeug u Streichhölzern (BGH NJW **90**, 2553, NJW **93**, 1003) u Wunderkerzen (Hamm VersR **98**, 722). Ist dem Kind die Benutzg eines gefährl and Kindern gehörden Spielzeugs verboten, so genügt zumutb Überwachg, weitere Belehrg über mögl Gef ist dann entbehrl (BGH FamRZ **64**, 84: 4jähr Kind, Dreirad). Beim Abbrennen von Feuerwerkskörpern müssen Eltern ein 7jähr Kind ständ im Auge behalten, die Erlaubn, dies ohne Aufs zu tun, verletzt die AufsPfl (Schlesw NJW-RR **99**, 606). Verletzg der AufsPfl bejaht, wenn spielder 6jähr nicht vom Rande eines Bauplatzes zurückgeholt wird (BGH FamRZ **65**, 75); wenn 4jähr Kind in einem haltden Kfz an einer BundesStr zurückgelassen wird (Oldbg VersR **76**, 199). Erhöhte AufsPfl über Kinder, die in der Nähe eines Gartenteichs spielen (Oldbg u Kblz NJW-RR **95**, 983 u 1426), wenn die Vorliebe des 15jähr Sohnes für Waffen (Luftgewehr) bekannt ist (Ffm MDR **97**, 1028). Verl der AufsPfl ist es auch, Kindern ohne Belehrg über Regeln u Gef die selbständ Benutzg eines Fahrrads zu gestatten (KG MDR **97**, 840). – **Bei Behinderten** 8 a
richtet sich der Umfang der AufsPfl nach deren Eigenart (BGH NJW **85**, 677). Dabei sind auch SchadNeiggen, Aggressionen, greifb Anhaltspkte für eine Drittgefährdg, auch wenn noch nicht erkennb konkretisiert (Kblz NJW-RR **97**, 345), andrers die Wahrg der Würde der gestörten Pers, soweit vertretb, zu berücksichtigen (Hamm NJW-RR **94**, 863). – **Verletzung dieser Pflicht verneint,** wenn 11jähr Kind in der Wohng 9
alleingelassen wird (BGH VersR **57**, 131); wenn einem normal entwickelten 8–9jähr Kind das Spielen im Freien ohne Aufs auch in einem räuml Bereich gestattet wird, der den Eltern ein sofortiges Eingreifen nicht ermöglicht (BGH NJW **84**, 2574); wenn 5jähr Kind Spiel auf dem Bürgersteig gestattet wird (BGH **LM** § 683 Nr 5); wenn normal veranlagtes 6jähr Kind beim Spiel außerh der Wohng nur gelegentl beobachtet wird (Köln FamRZ **62**, 124); wenn 6jähr Schüler auf dem Schulweg nach häuf Belehrg u Begleitg nicht ständ beaufsichtigt wird (Oldbg VersR **72**, 54); wenn 6jähr im Radfahren geübtes Kind in vertrauter Umgebg ohne Begleitg radfahren darf (Celle NJW-RR **88**, 216); wenn Tennis spielde Mutter 4½ jähr Kind auf dem FamFreizeitgelände des Tennisplatzes nicht dauernd beaufsichtigt (Karlsr VersR **79**, 58); wenn die Eltern einem noch nicht 7jähr Kind das Verbot psych Beistandleistens beim gefährl Spiel and nicht vermitteln (BGH **111**, 282).

5) **Haftung. – a) Den objektiven Tatbestand** einer uH iS der §§ 823 ff muß der AufsBedürft rwidr erf 10
haben, Versch ist nicht erforderl (Mü FamRZ **97**, 740). Deliktsunfähigk daher ohne Bedeutg. Bei Betrug od Verstoß gg die guten Sitten müssen jedoch auch die subj Erfordern dieser Tatbestde erf sein, bloße VermBeschädigg genügt nicht. – **b)** Ein **Dritter** muß durch das widerrechtl Verhalten geschädigt sein. Dem AufsBe- 11
dürft selbst gibt § 832 keinen SchadErsAnspr gg den AufsPflichtigen (BGH JZ **96**, 367). Ein solcher kann sich zB aus § 1664 ergeben. – **c) Mitverschulden** des Geschädigten ist gesondert abzuwägen: Für die Haftg des 12
AufsPfl ist nur dessen, für die Haftg des Mj nur dessen VerursachgsBeitr dem des Geschädigten ggüzustellen. Bei der Haftgsquote kommt vorrangig die Verursachg in Betr, das Versch nur in zweiter Linie u als Korrektiv (Saarbr OLGZ **70**, 9, Mü FamRZ **97**, 740).

6) **Entlastungsbeweis** ist in doppelter Richtg mögl. 13

a) Erfüllung der Aufsichtspflicht. Der AufsPflichtige hat umfaßd u konkret darzulegen u zu beweisen, was er zur Erf der AufsPfl ie unternommen hat (BGH NJW-RR **87**, 13). Strenge Anforderg an die AufsPfl bei Gebr von Schußwaffen u dgl (BGH NJW **80**, 1044), auch Pfl zur sicheren Aufbewahrg. Bei Schießgeräten (Luftgewehr, Armbrust), die zum Spiel best sind, ist eindringl u ersichtl erfolgreiche Unterweisg u Überwachg des Kindes erforderl. Genaue u ins einz gehde Unterweisg, wenn einem 12jähr Jungen die selbstd Bedieng eines Grills unter Verwendg v Spiritus gestattet wird (BGH NJW **76**, 1684). Eingehde wiederholte Belehrg einer 16jähr über die Gef bei Verwendg von Spiritus beim Grillen (Nürnb FamRZ **92**, 549). Strenge Anfordergen an die Erf der AufsPfl auch hins der Führg von Kraftfahrz (BGH **LM** Nr 1, Mü MDR **84**, 757), auch Kleinkrafträdern (BGH VersR **52**, 238), von Fahrrädern (Oldbg MDR **62**, 736), Rollern (BGH VersR **68**, 301) u bei kleinen Kindern im StraßenVerk (BGH NJW **68**, 249, Köln VersR **69**, 44); geringere Anfordergen auf Fuß- u Radweg (Celle Nds RPfl **87**, 213). Jederzeit Eingriffsmöglk braucht ggü einem mehr als 4 Jahre alten Kind nicht gewährleistet zu sein (Celle VersR **69**, 333). AufsPfl des Vaters auch neben dem Halter des Kfz (BGH **LM** Nr 1). Verl der AufsPfl, wenn KfzPap einem mj Sohn nicht alsbald nach Beendigg einer erlaubten Fahrt abgenommen werden (Celle NJW **66**, 302). AufsPfl erfordert Verbot von Fahrradwettfahrten der Kinder auf öff Straße (BGH VersR **61**, 838). Überg eines 4jähr Kindes in die Obhut noch rüst Großeltern genügt grdsätzl der AufsPfl (Celle VersR **69**, 333).

b) Keine Ursächlichkeit. Der EntlastgsBew ist dahin zu führen, daß der Schad auch bei gehör Beauf- 14
sichtigg entstanden sein würde. Die bloße Möglichk, daß der Unfall sich auch bei Erf der AufsPfl ereignet hätte, genügt nicht, vgl hierzu § 831 Rn 20.

833 ***Haftung des Tierhalters.*** **Wird durch ein Tier ein Mensch getötet oder der Körper oder die Gesundheit eines Menschen verletzt oder eine Sache beschädigt, so ist derjenige, welcher das Tier hält, verpflichtet, dem Verletzten den daraus entstehenden Schaden zu ersetzen. Die Ersatzpflicht tritt nicht ein, wenn der Schaden durch ein Haustier verursacht wird, das dem Berufe, der Erwerbstätigkeit oder dem Unterhalte des Tierhalters zu dienen bestimmt ist, und entweder der Tierhalter bei der Beaufsichtigung des Tieres die im Verkehr erforderliche Sorgfalt beobachtet oder der Schaden auch bei Anwendung dieser Sorgfalt entstanden sein würde.**

1 **1) Anwendungsbereich.** Unterfall der uH, deshalb unanwendb, wenn die Einwirkg nicht rwidr ist, zB wg DuldgsPfl nach § 906 (BGH **117**, 110: Blütenbestäubg dch Bienen des Nachb). **Satz 1** begründet **Gefährdungshaftung** des Tierhalters, abgemildert in **Satz 2 Haftung für vermutetes Verschulden.** Daraus folgt, daß auch der DeliktsUnfäh aus S 1 haftet, dagg nicht iF des S 2, in dem allenf § 829 anwendb ist. Der Grd für die Tierhalterhaftg liegt in der Unberechenbark tierischen Verhaltens u der dadch hervorgerufenen Gefährdg v Leben, Gesundh u Eigt Dr, also in verwirklichter TierGef (BGH **67**, 129). Keine Haftg nach S 1 bei Schäd dch Nutztiere, wenn sie nicht unter den Schutzzweck der Norm fällt. So, wenn der Verl die Herrsch über das Tier in Kenntn der damit verbundenen bes Tiergefahr im eig Interesse übernommen hat, zB Reiter erbittet sich Pferd vom Halter, um diesem seine bessere Reitkunst zu beweisen (BGH NJW **74**, 234); Schad eines Pferdetrainers iR eigverantwortl best entgeltl Trainingstätigk (Celle VersR **90**, 794); Schad des gewerbl Betreibers einer Tierklinik, der das Tier zur Diagnose u Behandlg in Abwesenh des Halters übernommen hat (Nürnb VersR **99**, 240; zweifelh wg EigInteresses); Teiln an Springreiten (Ffm VersR **79**, 961). Dagg schließt der Umst, daß sich der Geschäd bewußt u freiwill der normalen Tiergef aussetzt, die Hftg nicht aus (BGH NJW **82**, 763, MDR **93**, 743). Grdsätzl auch Anspr des Reitschülers gg den Tierhalter (Köln NJW **74**, 2051). Unter dem Gesichtspkt des Handelns auf eig Gefahr (vgl § 254 Rn 76–78) kann die Haftg nur entfallen, wenn der Verl aus vorwiegd eig Interesse Risiken übernommen hat, die über die gewöhnl mit einem Ritt verbundene Gef hinausgehen (BGH NJW **92**, 2474), zB Reiter übernimmt ein erkennb böses Pferd, Springen, Fuchsjagd (BGH NJW **77**, 2158), Stafettenzeitspringen (Ffm VersR **85**, 670), falls sich bei der Verl gerade die bes Gef ausgewirkt hat (BGH NJW **92**, 907). Das gilt auch, wenn der Halter das Pferd dem Reiter ledigl gefälligkh überlassen hat (BGH NJW **93**, 2611); and bei Abschl eines mehrwöch LeihVertr (Düss VersR **98**, 1385). In diesem Fall keine Haftgsmilderg analog § 599, iR der Prüfg des MitVersch hat sich der Reiter entspr § 834 zu entlasten (BGH NJW **92**, 2474). Ledigl ein selbständ Ausritt ins Gelände schafft kein erhöhtes Risiko (BGH NJW **86**, 2883), ebso nicht Teiln an Siegerehrg mit Galopprunde (Düss VersR **86**, 1244). HftgsAusschl in den Fällen SGB VII 2, 104 ff (Hamm u Köln VersR **94**, 691–693). – Haftg aus § 839 verdrängt § 833 I, für die BewLast gilt aber Abs II (BGH VersR **72**, 1047). Landesrechtl Vorbeh EG 107.

2 **2) Vertraglicher Haftungsausschluß,** auch stillschw mögl, sonst nach § 254 (ZusStellg Hermann JR **80**, 489 [496]). Ein Schild am Reitstall „Reiten auf eig Gefahr" und gleichlautde mündl Erkl genügt dazu nicht (KG NJW-RR **86**, 326). – **a) Haftungsausschluß** ist anzunehmen, wenn der Verl unmittelb Einwirkgs-Möglk auf das Tier im vorwiegd eig Interesse od zur Berufsausübg erhält. Bsp: Trainer, Zureiter, Dompteur, Jockey, Entleiher wenn nicht nur kurzfrist. Deshalb keine Haftg eines gemeinnütz Reitvereins ggü einem Mitgl od eines gewerbl Reitinstituts ggü dem Mieter eines Pferdes bei selbständ Ausritt bei Reitunfall, (Celle
3 Nds RPfl **82**, 11, KG NJW-RR **86**, 326). – **b) Kein Haftungsausschluß,** wenn die Merkmale vorstehd Rn 2 fehlen. Bsp: Tierarzt, Hufschmied in Anwesenh eines Beauftr des Tierhalters (BGH NJW **68**, 1932) u sein Geh (Mü NJW-RR **91**, 478), Reitschüler gg Entgelt (Düss NJW **75**, 1892), Verwahrer, iR eines ArbVertr Tätige wie Tierpfleger, Tierwärter, Stallmeister, Viehtreiber, Mieter des Tieres bei eig Verl. Gleichwohl ist das Bestehen des VertrVerh für die BewLast von Bedeutg; denn in allen diesen Fällen des SchadEintritts dch ein Tier haftet der Tierhalter nur, wenn die genannten Tierführer beweisen, daß sie ihrer SorgfPfl genügt haben od daß Schad auch ohne ihr Versch entstanden sein würde (Düss NJW **76**, 2137). Kritik an dieser BewLast-
4 verteilg MüKo/Mertens Rn 25. – **c) Stillschweigender Haftungsausschluß, Handeln auf eigene Gefahr** vgl Rn 1, § 254 Rn 76–78.

5 **3) Schadensverursachung durch ein Tier. – a)** Alle **Tiere,** gleichgült, ob gezähmt, wild, bösart, fallen hierunter. Dagg nicht Tiere niederster Ordng, deren Leben sich dem der Pflanzen nähert, wie Bazillen, Bakterien (aA Deutsch NJW **76**, 1137: GefährdgsHaftg des Züchters iF des Entweichens aus dem Laboratorium ggü Außenstehden).

6 **b) „Durch ein Tier"** ist Schad verursacht, wenn sich die dch die Unberechenbk tier Verhaltens hervorgerufene Gefährdg v Leben, Gesundh u Eigt Dr verwirklicht hat (BGH **67**, 129), zB Scheuen, Durchgehen (Düss VersR **95**, 186), Ausschlagen u Beißen der Pferde, Ausbrechen aus der Weide (Köln VersR **93**, 616, Hamm VersR **97**, 1542), Anspringen u Beißen der Hunde, Ausweichen eines Radfahrers vor einem Pferd, das den Weg versperrt (Düss NJW-RR **92**, 475). Auch der Deckakt ohne Wissen u Willen der Tierhalter (BGH **67**, 129) od sog Hengstmanieren als Reaktion auf die Stute, von der dann mitwirkde TierGef ausgeht (Düss NJW-RR **94**, 92). Keine typ TierGef bei Decken eines Tieres entspr der menschl Leitg (Düss MDR **75**, 229), außer wenn das männl Tier sich losreißt (Köln VersR **72**, 177), wenn brünst Rinder dch elektr Weidezaun in Bullenweide einbrechen u Bullen beim Bespringen verl werden (Oldbg NJW **76**, 573). Unberechenb Verhalten auch, wenn ein äußeres Ereign auf Körper od Sinne des Tieres anreizd einwirkt, wie zB Lokomotivpfiffe, Motorengeräusch, flatternde Wäsche, Fliegenstich, Hundegebell od schmerzh Berührgen. Dagg ist Haftg ausgeschl bei Einwirkgen von außergewöhnl äußeren Kräften nach Art mechan Ursachen, dch die selbsttät Verhalten des Tieres ausgeschaltet wird (BGH VersR **78**, 515). Auch bei Verl eines Tieres auf gemeins Tiertransport kommt es darauf an, ob sie auf einem Verhalten beruht, in dem sich die typ, spezif Tiergef
7 manifestiert (BGH VersR **78**, 515). – Geht die Beschädigg von einem **unter menschlicher Leitung befindlichen Tier** aus, zB Reitpferd, ist § 833 nicht anwendb, wenn das Tier dem Willen seines Lenkers gehorcht hat (BGH NJW **52**, 1329, Düss NJW-RR **86**, 325). And, wenn trotz der menschl Leitg vom Verletzten zu beweisde willkürl Beweggen des Tieres wie Durchgehen, Beißen, Schlagen, Ausrutschen des Reitpferdes den Schad verurs haben (BGH VersR **66**, 1073, Kblz VersR **99**, 239).

8 **c) Zurechnungszusammenhang** ist nöt (vgl Vorbem 54–107 vor § 249). Das tier Verh muß nicht einz Urs des eingetretenen Unfallerfolges gewesen sein, MitVerursachg genügt (BGH DB **71**, 333). Auch mittelb ursächl Zushang genügt, zB ein tot auf der Str liegder Hund, der dorthin gelaufen u überfahren worden war, verurs einen VerkUnfall (Celle VersR **80**, 430). Ebso wenn das Verhalten des Tieres ledigl psych Wirkgen auslöst u dadch Schad eintritt (Nürnb NJW **65**, 694), zB wenn Kinder inf Anspringens dch einen Hund in ein Fahrzeug laufen, wenn eine alte Frau aus Angst vor einem großen Hund zurücktritt u stürzt, der schwanzwedelnd auf sie zu kommt (Nürnbg NJW-RR **91**, 741).

4) Tierhalter ist, wer die BestimmgsMacht über das Tier hat, aus eig Interesse für die Kosten des Tieres aufkommt, den allg Wert u Nutzen des Tieres für sich in Anspr nimmt u das Risiko seines Verlustes trägt (BGH NJW-RR **88**, 655); er braucht es nicht zu Gesicht bekommen zu haben (Düss VersR **83**, 543). Das können auch mehrere Pers sein (Saarbr NJW-RR **88**, 1492). Eigt u EigenBes sind nicht Vorauss. Da rein tatsächl Verhältn die Haltereigensch begründet, ist GeschFgk bedeutgsl. Begründg der Haltereigensch dch nicht voll GeschFähigen entspr §§ 104 ff, also dch gesetzl Vertr od mit dessen Zust. Darü hinaus, also wenn zB Mj das tatsächl HalterVerh auf eig Faust begründet, ist (mit Hofmann NJW **64**, 228) entspr Anwendg von §§ 828, 829 geboten (krit Canaris NJW **64**, 1989). Auch JP kann Tierhalter sein. Bei Vermietg (zB Reit-, Dressurpferd) verliert der Verm die HalterEigensch nur dann, wenn das Tier für die Dauer der Überlassg völl aus seinem WirtschBetr ausscheidet (BGH DB **71**, 333). Tierhalter bleibt unter den oben gen Vorauss, wer das Tier auch für längere Zt einem Dr überläßt (Saarbr NJW-RR **88**, 1492); eine Nutzg des Tieres dch den Dr auch für eig Zwecke steht nicht entgg, solange sich nicht der SchwerPkt der Nutzg auf den Dr verlagert (BGH NJW-RR **88**, 655). Vorübergehde BesEntziehg, zB dch Entlaufen, berührt die TierhEigensch nicht, and bei dauernder BesEntziehg, zB Diebstahl – **Tierhaltereigenschaft bejaht:** Reitverein, dem ein Mitgl ein Pferd zur reitsportl Nützg überlassen hat (Celle VersR **79**, 161). Viehhändler (Warn **37**, 34). Imker (Bambg NJW-RR **92**, 406). Stadt, die ein dem Publikum zugängl eingezäuntes Wildgehege unterhält (BGH VersR **76**, 1175). – **Kein Tierhalter:** Wer Vieh von der Ausladerampe zum Schlachthofstall zu befördern u dort 2 Tage zu füttern hat; er ist Tierhüter (RG **168**, 332). Viehverkaufskommissionär (Celle VersR **76**, 763). Tierarzt, dem das Tier zur Behandlg vorgeführt ist. GVz hins eines gepfändeten u anderweit untergestellten Pferdes, auch nicht die Pers, bei der es untergestellt ist (Hamm NJW-RR **95**, 409). Reiter bei Proberitt iR von KaufVhdlg (Schlesw VersR **97**, 634). – Bei **zugelaufenen Tieren** ist Halter, wer die Sachherrsch nicht nur vorübergehd übernimmt (KG VersR **81**, 1035); also nicht, wer das Tier dem Eigtümer zurückgeben will, worauf er sich aber nach 6 Mon nicht mehr berufen kann (Nürnb MDR **78**, 757). 9 10 11 12

5) Schadensersatz, auch für den Schad, den das entlaufene Tier anrichtet (BGH NJW **65**, 2397), desgl SchmerzG (BGH VersR **77**, 864). Mehrere Halter des Tieres haften nach § 840 I als GesSchu, ebso Tierhalter neben Tierhüter (§ 834). Ausgleichg zw mehreren Tierh findet nach dem zw ihnen bestehenden RVerh statt (RGRK/Kreft Rn 50). Beim ZusWirken mehrerer Tiere ebenf gesschuldner Haftg der Tierh, Ausgleichg untereinander gem § 426 (vgl auch § 840 Rn 6, 7). Auch bei ZusTreffen mit Haftg aus StVG u HaftPflG gilt § 840. – Bei **mitwirkender Verursachung** des Schad dch die vom eig Tier des Geschäd ausgehde TierGef muß sich der Geschäd seine eig Tierhalterhaftg entspr § 254 anrechnen lassen (Hamm NJW-RR **95**, 598, Ffm NJW-RR **99**, 1255), auch wenn Tiere verschiedener Halter sich ggseit verletzen od auch nur eines dieser Tiere von dem and verl wird (BGH NJW **76**, 2130, Düss NJW-RR **99**, 1256). Die ErsVerpfl bestimmt sich nach dem Gewicht, mit dem die TierGef beider Tiere im Verhältn zueinand wirks geworden ist (BGH NJW **85**, 2416). Im EinzFall kann eine der beiden TierGef ganz zurücktreten (Hamm NJW-RR **95**, 599). Gleiche Grds gelten bei ZusTreffen von Tierhalter- u anderweit GefährdgsHaftg (Hamm VersR **97**, 1542: Kfz, Düss VersR **99**, 114: Heißluftballon). – Bei **mitwirkendem Verschulden** ist auf der einen Seite die TierGef, auf der and das Maß des Versch u der Verursachg zu berücksichtigen. Schuldh handelt der Verl, wenn er die Sorgf außer acht läßt, die ein ordentl u verständ Mensch zu beobachten pflegt, um sich vor Schad zu bewahren (BGH **LM** Nr 3 a: Anspringen dch Kettenhund); BißVerl eines Hundehalters (Kblz VersR **86**, 247) bzw eines Hundeführers aus Gefällig (Stgt VersR **78**, 1123) bzw eines Unbeteil (Koblz MDR **79**, 229) bei dem Versuch, sich verbeißde Hunde zu trennen; wenn Tierarzt od Hufschmied bei Behandlg des Tieres unvorsicht ist; oder wenn sich jmd ohne zwingden Grd in gefahrbringde Nähe von Tieren begibt (BGH JZ **55**, 87) od bei zu großer Annäherg an Bienenstand. Dagg kein eig Versch, wenn sich jmd durchgehden Pferden entggstellt od sonstige RettgsMaßn unternimmt. – **Schaden durch das eigene Tier.** Wg § 840 III ist § 254 nicht anwendb, wenn der Tierhalter wg Versch eines and einen Schad dch sein eig Tier erleidet, den er gem § 833 S 1 einem Dr ersetzen müßte, falls dieser verl worden wäre (Schlesw NJW- RR **90**, 470). 13

6) Der Entlastungsbeweis (Satz 2) ist mögl nur bei Verursachg des Schad dch ein sog Nutztier. Er richtet sich gg die Versch- od gg die Kausalitätsvermutg (vgl auch § 831 Rn 12–20, § 832 Rn 13, 14). Gilt auch bei Haftg für Schad dch Diensthunde bei hoheitl Polizeieinsatz (BGH VersR **72**, 1047, Hamm VersR **98**,495). 14

a) Haustier. Maßgebd ist der gewöhnl SprachGebr. Zahme Tiere, vom Menschen in seiner Wirtsch zu seinem Nutzen gezogen u gehalten, wie Pferd, Maultier, Esel, Rind, Schwein, Ziege, Schaf, Hund, Katze, Geflügel (auch Tauben), zahmes Kaninchen. Im Ggsatz hierzu stehen gezähmte Tiere, zB in Gehegen gehaltenes Wild, auch zur Fleischerzeugg (Nürnb NJW-RR **91**, 1500). Auch die Biene ist kein Haustier, weil keine genügde VfgsGewalt des Eigtümers (RG **158**, 388). Erforderl ist auch, daß das Tier in seiner Eigensch als Haustier gehalten wird; zu wissenschaftl Untersuchgszwecken gehaltene Versuchstiere fallen nicht darunter. Haustier ist auch das von einer jP gehaltene Tier, wenn es für deren Aufgabenbereich eingesetzt wird (Ffm VersR **85**, 646).

b) Dem Beruf, der Erwerbstätigkeit oder dem Unterhalt zu dienen bestimmt. Zur Abgrenzg ggü den Luxustieren ist erforderl, daß das Tier in erhebl Umfang einem der genannten Zwecke dient. Dabei ist entscheidd die allg ZweckBest, außer wenn sie mit den tats Gegebenh nicht mehr im Einklang steht (BGH NJW-RR **86**, 572), nicht die augenblickl tatsächl Nutzg (Kblz VersR **92**, 1017). Die Eigensch eines Pferdes als Nutztier eines Landwirts endet nicht dadch, daß es aus Grden der Gesundh od des Alters des Tieres od auch des Halters nicht mehr zur Arb verwendet wird (Hamm NJW-RR **94**, 1436). Ggf wird S 2 dch § 839 als AnsprGrdlage verdrängt, die BewLastRegelg des S 2 bleibt aber anwendb (BGH VersR **72**, 1047, Hamm VersR **98**, 495). – **Berufstiere** sind zB Jagdhunde des Försters (Bamb NJW-RR **90**, 735), Polizeihunde (Düss VersR **95**, 173), Hütehunde (BGH **LM** Nr 2), Katzen in landwirtschaftl Betr zum Schutz von Vorräten (LG Kiel NJW **84**, 2297), Ponys eines gemeinnütz Idealvereins für therapeut Reiten u Kinderreitunterricht (Ffm VersR **95**, 1362). – Der **Erwerbstätigkeit** dient auch Schlachtvieh des Fleischgroßhändlers im Schlachthof (Düss VersR **83**, 543), der zur Pferdezucht gehaltene Vollbluthengst, Pferd eines Trabertrainers zum Trainieren u zum Einsatz bei Trabrennen (Düss VersR **93**, 115), zu Erwerbszwecken gehaltenes Rennpferd (Brdbg VersR 15 16 17

98, 375), Pferde eines priv Halters od eines Reitvereins, die – evtl entgg der Satzg – weitgehd dch Vermietg wirtsch genutzt werden (BGH NJW-RR **86**, 572, NJW **86**, 2501). Ferner Zuchttiere staatl Gestüte, das vom Händler zur Weiterveräußerg erworbene Tier. Wachhund kann Berufs- od Erwerbszwecken dienen (BGH **LM** Nr 3 a, Mü VersR **84**, 1095), außer ledigl zur Bewachg priv Wohnhäuser. **Nicht darunter fallen** das zu Liebhaberzwecken gehaltene Rennpferd (BGH VersR **55**, 116), auch nicht Reitpferde eines IdealVereins, die
18 im wesentl nur den Mitgl zur Vfg stehen (BGH NJW **82**, 763 u 1589). – Dem **Unterhalt** dient zB die Milchkuh od das zu Schlachtzwecken best Schwein; der Blindenhund (Deutsch JuS **87**, 674 [679]). Nicht Jagdhund des Arztes, für den die Jagdausübg von ausschl ideellem Interesse ist (Hamm VersR **73**, 1054).

19 **c) Beaufsichtigung.** An den Bew, daß der Tierh dabei die im Verk erfdl Sorgf beobachtet hat, sind strenge Anfdgen zu stellen (Ffm VersR **82**, 908), insbes bei Vermietg eines Reitpferdes zum Ausreiten im StrVerkehr (BGH NJW **86**, 2501). Zur Beaufsichtigg gehört auch Auswahl geeigneter Tiere (Kblz NJW-RR **92**, 476). Bestellg eines taugl Tierhüters genügt nicht immer, nöt ist gehör Sorgf bei Beaufsichtigg des Tieres, der Tierh muß dem Hüter die nöt Anweisg erteilen u deren Einhaltg überwachen (Düss VersR **67**, 1100). Halterhaftg nach § 833, nach § 831 für den Tierhüter u dessen eig Haftg können nebeneinand bestehen (BGH VersR **82**, 348, Mü VersR **91**, 561). Für Kuhherde auf einer Straße ist Bestellg u Überwachg der erfdl Anzahl von Hütern nöt (Nürnb VersR **68**, 285). Zum EntlastgsBew gehört uU auch Bew für das NichtVorhsein von
20 gefährl Eigensch des Tieres wie Neigg zum Durchgehen (BGH VersR **56**, 502). – **Einzelfälle:** Beaufsichtigg von Wachhunden (BGH VersR **62**, 807, **LM** Nr 3 a). Geringere Anfdgen ggü Angehör u dem Hund vertrauten Pers, jedenf wenn er gutart ist (BGH NJW **83**, 1311). Umherlaufen eines biss Hundes auf Grdst mit Warnschild (Düss VersR **81**, 1035), Umherlaufen eines großen Wachhundes auf öff Straße (BGH VersR **62**, 807). Nichtanketten eines Hofhundes in nicht abgeschlossenem Hof (BGH VersR **67**, 1001). Maulkorb für Polizeihunde im Einsatz in einer Menschenmenge (Düss VersR **95**, 173); bei Führg ohne Maulkorb muß der Polizeibeamte jederzt zur Beherrschg der Situation in der Lage sein (Hamm VersR **98**, 495). Ein Jagdhund darf nicht unangeleint zur Nachsuche auf angeschossenes Wild angesetzt werden, wenn die Gef besteht, daß er in den öff StrVerk gelangt (Bamb NJW-RR **90**, 735). Umherlaufen eines ausgebrochenen Pferdes auf einer öff Straße (BGH **LM** Nr 3). Gitter an der Vorderseite der Boxen im Stall einer Reitschule (Celle VersR **72**, 469). Intakter Zaun, auch Elektrozaun – tägl Überprüfg der Funktionsfähigk erforderl (Hamm MDR **89**, 639) – genügt idR (Ffm VersR **82**, 908); bei erregten Tieren u bei panikartigem Ausbruch dann, wenn bei Berührg die notw Stromstärke abgegeben wird, um Tier wie bei phys Widerstand vom Ausbrechen zurückzuhalten (BGH VersR **76**, 1086, Ffm VersR **78**, 645). Sicherg eines Weidetores nach einer BundesStr od Bahn dch Schloß (BGH VersR **67**, 906, Ffm VersR **71**, 942). Sichg eines Pferdestalls nahe der Autobahn dch Schloß u sichere Aufbewahrg des Schlüssels (BGH NJW-RR **90**, 789). Keine Notwendigk, einen ausr umzäunten Pferdekral dagg zu sichern, daß Kinder unter dem Zaun hineinkriechen (BGH NJW-RR **92**, 981).

21 **7) Beweislast. – a) Verletzter** hat HalterEigensch u Verl dch unberechenb, willkürl Verhalten eines Tieres
22 zu beweisen (BGH NJW **82**, 763, Soergel-Zeuner Rn 48, MüKo/Mertens Rn 44). – **b) Tierhalter** muß beweisen vertragl vereinb HaftgsAusschl, wobei jedoch zu beachten ist, daß sich ggü dem VertrPartner die BewLast insofern umkehrt, als dieser die gehör Erf seiner vertragl Pfl bei Verrichtgen an u mit dem Tier zu beweisen hat (BGH VersR **72**, 1047, Düss NJW **76**, 2137; aA RGRK/Kreft Rn 69, MüKo/Mertens Rn 25). Tierhalter, der sich darauf beruft, hat zu bew, daß ein Dr das Tier in eine solche Zwangssituation versetzt hat, daß es sich nur in der den Schad verursachden Weise verhalten konnte (BGH NJW-RR **90**, 789). Erfüllg der SorgfPfl gemäß S 2, wobei ungeklärte Umst zu Lasten des Tierh gehen (Celle NJW **75**, 1891, Kblz NJW-RR **92**, 476), jedoch dürfen, soweit dem Tierh auch der negat Nachw dafür obliegt, daß das Tier nicht gefährl Eigensch habe, die Anfdgen nicht überspannt werden (Düss MDR **60**, 841). EntlastgsBew kann nicht durch den Nachw der allg Friedfertigk des Tieres erbracht werden (BGH VersR **62**, 807). Bei Schad dch entlaufenes Tier hat Halter auch zu beweisen, daß Entlaufen unverschuldet (BGH NJW **65**, 2397). Außerdem hat der Halter fehlde Kausalität der SorgfPflVerletzg für den eingetretenen Schad zu bew.

834 *Haftung des Tieraufsehers.*

Wer für denjenigen, welcher ein Tier hält, die Führung der Aufsicht über das Tier durch Vertrag übernimmt, ist für den Schaden verantwortlich, den das Tier einem Dritten in der im § 833 bezeichneten Weise zufügt. Die Verantwortlichkeit tritt nicht ein, wenn er bei der Führung der Aufsicht die im Verkehr erforderliche Sorgfalt beobachtet oder wenn der Schaden auch bei Anwendung dieser Sorgfalt entstanden sein würde.

1 **1) Grundlage der Haftung** ist vermutetes Versch des Tierhüters u vermuteter ursächl Zushang. Nöt ist Übern der Aufs dch **Vertrag,** auch mit einer and Pers als dem Tierhalter (RG **168**, 333), auch konkludent, zB dch Überg zur Verwahrg, zur Wartg, zum Zureiten. Ges AufsPfl od eine nur tatsächl Beaufsichtigg, zB durch FamAngehör genügen nicht (Nürnb NJW-RR **91**, 1500). Entspr Anwendbark iR der MitVerschPrüfg vgl § 833 Rn 1.

2 **2) Aufsichtsführung** bedeutet Übertragg der selbständ allg Gewalt u Aufs über das Tier. Trifft nicht zu bei Bediensteten, die nur auf Anweisg handeln, zB Stallburschen, angestellte Reitlehrer (Düss VersR **81**, 82). Der GVz pers haftet nicht als Hüter eines gepfändeten Pferdes (Hamm NJW-RR **95**, 409). Trifft zu bei Hirten, Transportbegleitern, Viehtreibern (RG **168**, 333), Viehkommissionär, dem das Tier zum Verk übergeben ist (Mü VersR **57**, 31; **58**, 461), Mieter eines Pferdes zum selbständ Ausritt (BGH NJW **87**, 949), auch einmal (Saarbr VersR **88**, 1080), Pers, denen es in Pension (Hamm VersR **75**, 865), zum Trainieren, in Verwahrg, zum Abrichten übergeben worden ist (Hbg VersR **65**, 1009, Kln VersR **76**, 197).

3 **3) Gesamtschuldner.** Halter u Hüter haften nach § 840 I. Für Ausgleichg untereinand ist VertrVerh maßg, nicht § 840 III. Ist Tierhüter selbst der Verletzte, so haftet Tierhalter nach § 833, doch muß Tierhüter beweisen, daß er seine vertragl AufsPfl gehör erf hat od der Schad auch bei Erf seiner SorgfPfl entstanden sein würde. Gelingt ihm dieser Bew nicht, sind die beiders HaftgsAntle entspr § 254 zu best (Ffm MDR **96**, 590).

4 **4) Beweislast:** Die Vorauss des S 2 hat der Tierhüter zu beweisen.

835 *Wildschaden (aufgehoben)*

1) Gefährdungshaftung (§ 29 I, II BJagdG) bei Schäd an Grdst, die zu einem gemschaftl Jagdbezirk gehören od einem gemschaftl od einem EigJagdBez angegliedert sind. – **Verschuldenshaftung** (§ 29 III BJagdG) bei Schäd an Grdst, die zu einem EigJagdBez gehören. Dort haftet der JagdausübgsBerecht nur nach dem zw ihm u dem Geschädigten bestehden RVerh u beim Fehlen einer anderweit Bestimmg nur dann, wenn er den Schad dch unzulängl Abschuß verursacht hat. Wird Wildschad dch ein aus dem Gehege austretdes Schalenwild angerichtet, so ist ausschließl derj zum Ersatz verpfl, dem als JagdausübgsBerecht, Eigtümer od Nutznießer die Aufs über das Gehege obliegt (§ 30 BJagdG). 1

2) Umfang. Gehaftet wird für den durch Schalenwild, Wildkaninchen od Fasanen angerichteten Schaden (§ 29 I BJagdG). Schalenwild ist Wisent, Elch-, Rot-, Dam-, Sika-, Reh-, Gams-, Stein-, Muffel- u Schwarzwild, § 2 III BJagdG. 2

3) Ersatzpflichtig ist bei gemschaftl Jagdbezirken die Jagdgenossensch. Hat Jagdpächter im Vertr die ErsPfl ganz od teilw übernommen, so haftet Pächter allein; ErsPfl der Jagdgenossensch tritt in diesem Fall nur hilfsw ein (§ 29 I BJagdG). Handelt es sich um Flächen, die einem Eigenjagdbezirk angegliedert sind, so haftet der Eigtümer od der Nutznießer, bei Verpachtung der Pächter, wenn er Haftg im PachtVertr übernommen hat. Im letztgen Fall haftet Eigtümer od Nutznießer nur subsidiär (§ 29 II BJagdG). 3

4) Die Geltendmachung des ErsAnspr ist an eine Frist von 1 Woche seit Kenntn od Kennenmüssen gebunden, § 34 BJagdG. Über das Verfahren vgl § 35 BJagdG. 4

836 *Haftung bei Einsturz eines Gebäudes.*

I Wird durch den Einsturz eines Gebäudes oder eines anderen mit einem Grundstücke verbundenen Werkes oder durch die Ablösung von Teilen des Gebäudes oder des Werkes ein Mensch getötet, der Körper oder die Gesundheit eines Menschen verletzt oder eine Sache beschädigt, so ist der Besitzer des Grundstücks, sofern der Einsturz oder die Ablösung die Folge fehlerhafter Errichtung oder mangelhafter Unterhaltung ist, verpflichtet, dem Verletzten den daraus entstehenden Schaden zu ersetzen. Die Ersatzpflicht tritt nicht ein, wenn der Besitzer zum Zwecke der Abwendung der Gefahr die im Verkehr erforderliche Sorgfalt beobachtet hat.

II Ein früherer Besitzer des Grundstücks ist für den Schaden verantwortlich, wenn der Einsturz oder die Ablösung innerhalb eines Jahres nach der Beendigung seines Besitzes eintritt, es sei denn, daß er während seines Besitzes die im Verkehr erforderliche Sorgfalt beobachtet hat oder ein späterer Besitzer durch Beobachtung dieser Sorgfalt die Gefahr hätte abwenden können.

III Besitzer im Sinne dieser Vorschriften ist der Eigenbesitzer.

1) Regelungsgehalt. Es handelt sich um einen dch bes BewLastRegelg gekennzeichneten Fall der allg VerkSichgPfl (BGH NJW **85**, 1076), um einen Anwendgsfall des allg Satzes, daß jeder für Beschädiggen durch seine Sachen insofern aufzukommen hat, als sie dch billige Rücksichtn auf die Interessen des and hätten verhütet werden müssen (BGH **58**, 149). Haftg beruht auf **vermutetem Verschulden** des GrdstBesitzers u vermutetem ursächl Zushang zw dem Versch des Besitzers u dem Schad (BGH **LM** Nr 4). Sie gilt auch bei Anspr aus § 839 wg Verl der öffrechtl geregelten VerkSichgPfl (BGH NJW-RR **90**, 1500). Keine Haftg Deliktsunfäh außer iF des § 829, da es sich bei § 836 um einen Fall des § 823 mit BewLastumkehr handelt (BGH WM **76**, 1056). § 836 setzt die RPfl zur Unterhaltg eines BauWk u zur sorgf u fortges Überwachg seines Zust (BGH VersR **76**, 66); Jur Pers haften für ihre Vertr unbedgt, §§ 30, 31; für ihre Verrichtgsgehilfen haften sie nach § 831. Besteht kein EigBes, kommt Haftg des Eigtümers wg Verl der VerkSichgPfl in Frage (BGH NJW **85**, 1076). Nicht unter den Schutzzweck der Norm fällt der Schad, den ein AbbruchUntern od seine Arb beim Einsturz od Ablösen von Tln inf der AbbruchArb erleiden (BGH NJW **79**, 309, Karlsr VersR **89**, 82). Die Vermutg erstreckt sich nicht auf ein MitVersch des Besitzers, sow das Gbde selbst dch einen Dr beschädigt wird (BGH **79**, 259). § 836 läßt verschuldensunabhäng Anspr aus einem nachbarrechtl Verhältn unberührt (BGH VersR **85**, 740). Landesgesetzl Vorbehalte EG 106. 1

2) Ein mit einem Grundstück verbundenes Werk ist ein einem best Zweck diender, nach gewissen Regeln der Kunst od Erfahrg unter Verbindg mit dem Erdkörper hergestellter Ggst (BGH NJW **61**, 1670), unerhebl, für welche Dauer best. – **Beispiele:** Hafen-, Staudamm (BGH **58**, 149). Telegrafenmast (Karlsr NJW-RR **88**, 152). In Deich fest eingebaute Schleuse (RG HRR **30**, 1104). Turmdrehkran (Düss BB **75**, 942, Hamm Rspr Bau **§ 836 Nr 4**). Baugerüst (BGH NJW **99**, 2593). Auf Stützen ruhde Pkw-Überdachg (Hamm JZ **96**, 172). Gemeindl Wasserleitg (BGH **55**, 229). Öltank (BGH WM **76**, 1056). Rohrleitg im Erdboden (BGH Elektrizitätswirtsch **59**, 24 Rechtsbeilage). Kanalisationsanschlußrohr (BGH VersR **83**, 588). Masten einer Starkstromanlage. Allein inf seiner Schwerkraft auf dem Grdst stehder Bierpavillon (Düss VersR **99**, 854). Im Boden verankerte Kinderschaukel (Celle VersR **85**, 345), Brücken (BGH NJW-RR **88**, 853). Denkmäler, Grabsteine (BGH NJW **71**, 2308), Brunnen, Terrassen, Schaubuden, Zelte, Jagdhochsitz (Stgt VersR **77**, 384, aber keine Haftg ggü unbefugten erwachsenen Benützern). 2 3

3) Gebäude, Gebäudeteil. Zu den Gbden gehören auch Gebäuderuinen, die unbewohnb sind (BGH NJW **61**, 1670). Teil eines Gbdes ist eine Sache, wenn sie zur Herstellg des Gbdes eingefügt ist od wenn sie in einem so festen baul Zushang mit dem Gbde steht, daß sich daraus nach der VerkAnschaug ihre Zugehörigk zum Bauganzen ergibt (BGH VersR **85**, 666). Nicht erforderl ist, daß es sich um Bestandtl nach §§ 93 ff handelt, doch genügt nicht eine nur mechan Verbindg eines Ggstandes mit dem Gbde, vielm muß die Sache irgdwie aus baul Grden od zu baul Zwecken an dem Gbde angebracht sein (BGH NJW **61**, 1670). Infolgedessen gehören nicht hierher solche Teile, die noch nicht in eine baumäß Verbindg mit dem Grdst gebracht sind, wohl aber eine bereits im wesentl abgebundene Betondecke (BGH **LM** Nr 11). **Teile sind:** Balkon, 4 5

Schornstein (Köln NJW-RR **92**, 858), Dachziegel (Düss NJW-RR **92**, 1440), Dachpappe (BGH NJW **93**, 1782), an Stützbalken angenagelte Bretter (BGH NJW **85**, 1076), Fahrstuhl, Fensterläden, Torflügel, Riegel an Oberfenstern (RG **113**, 286), Schaufensterscheibe (Kblz NJW-RR **98**, 673), Brandmauer (Ffm NJW **47/48**, 426), Platte eines Wellblechdaches (BGH VersR **60**, 426), Duschkabine je nach ihrer Befestigg (BGH
6 NJW **85**, 2588). **Keine Teile sind:** Schwerer Spiegel, der an der Wand aufgehängt u durch Klammern abgestützt ist (RG **107**, 337). Eisstücke, die sich vom Hause ablösen, od Schnee, der vom Dach stürzt (BGH NJW **55**, 300, Hamm NJW-RR **87**, 412).

7 **4) Einsturz** bedeutet ZusBruch des ganzen Werkes. **Ablösung** bedeutet, daß ein Teil in seinem Zushang mit dem Ganzen getrennt od gelockert wird od auch nur in seinem eig inneren Zushang, das übr Wk aber unversehrt bleibt, zB Herabfallen von Steinen, Stuckbekleidgen, Dachziegeln (Ffm NJW-RR **92**, 164), Kaminteilen (Kln NJW-RR **92**, 858), des Fahrstuhls, Zufallen eines Garagenschwingtors (Mü NJW-RR **95**, 540), Bruch eines Abwasserrohrs im Erdboden (BGH VersR **83**, 588); wenn verrostete Platte eines Wellblechdaches (BGH VersR **60**, 426) dchbricht od ein Mauereck od die provisor Einfassg einer Loggia inf DaggLehnens abbricht (Hamm VersR **72**, 1173, BGH NJW **85**, 1076). Nicht dagg, wenn das Gbde planvoll niedergerissen wird (BGH VersR **78**, 1160).

8 **5) Fehlerhafte Errichtung oder mangelhafte Unterhaltung** müssen Einsturz od Ablösg verursacht haben; BewLast beim Geschädigten (BGH NJW **99**, 2593). Fehlerh ist ein Bau dann errichtet, wenn er nicht alle Anfdgen dafür erfüllt, daß er Leben und Gesundh and nicht gefährdet (BGH DRiZ **62**, 422). Nicht erforderl ist, daß diese Fehler auf das Versch irgdeiner Pers zurückzuführen sind (BGH **LM** Nr 4) od daß sie die alleinige Ursache waren; es können and Ursachen, zB menschl Tätigk od Wittergseinflüsse, hinzukommen (BGH **58**, 149). Zur UnterhaltgsPfl gehört die Überprüfg des baul u techn Zust, deren Verl für den Einsturz des Gbdes od die Ablösg von GbdeTlen ursächl geworden sein muß u deren Erf den Schad typischerw hätte
9 verhindern können (Hamm u BGH VersR **87**, 1096). – **Gegensatz: außergewöhnliche Naturereignisse,** wie Bergrutsch, Blitzschlag, Wolkenbruch. Bei gewöhnl WittergsEinflüssen dagg, mit deren Einwirkg auf das Bauwerk erfahrgsgem, wenn auch selten (Sturmbö, BGH NJW **99**, 2593) zu rechnen ist, spricht bei Ablösg des Teiles der AnschBew für die Mangelhaftigk der Anl od Unterhaltg (BGH NJW **93**, 1782).

10 **6) Ursächlicher Zusammenhang** besteht, wenn der Schad dch die typ Gefahren des Einsturzes od der Ablösg verurs ist, also gerade dch die bewegd wirkde Kraft des Einsturzes od der Ablösg, wenn auch dch Vermittlg and dadch in Bewegg gesetzter Massen (BGH VersR **83**, 588) od dch Druck inf DaggLehnens
11 (BGH NJW **85**, 1076). **Beispiele:** Verletzg eines Menschen dch Ablösg einer Falltürdecke od dch einbrechden Fußboden od dch Abbrechen eines Mauerecks inf DaggLehnens od dch Absacken eines Gerüstbretts wg ungenügder Verankerg (Hamm VersR **72**, 1173, BGH Warn **73**, 150), Beschädigg eines Grdst dch einströmdes Wasser inf Dammbruchs. Nicht wenn Passant über nach dem Einsturz einer Ruine liegengebliebene Steine stürzt (BGH NJW **61**, 1670). Nicht wenn Öl aus undichtem Tank in Grdwasser sickert (BGH WM **76**, 1056). Wahlw Feststellg versch SchadUrsachen ist mögl, nur muß sich dann der EntlastgsBew auf alle Möglichk erstrecken (BGH DRiZ **62**, 422). – Bei mitw Versch § 254.

12 **7) Ersatzpflichtig** ist nach § 836 nicht der Eigtümer, sond der ggwärt od frühere (Abs II) **Eigenbesitzer** (§ 872) des Grdst; allerd nur dann, wenn er auch Eigenbesitzer des schädigden Werkes ist (BGH **LM** Nr 9); sonst § 837. Das kann der Mieter des Grdst sein, der dort ein MassivBauWk errichtet, das nach Ende der Mietzeit wieder beseitigt werden soll (Ffm VersR **78**, 966). Gleichgült, ob mittelb od unmittelb Besitzer. – Mehrere EigBesitzer u der früh haften gem § 840 I als GesSchu (Düss VersR **52**, 134). Ausgleichg untereinand aGrd des VertrVerh, ev nach § 426 (vgl § 840 Rn 6, 7). EigBesitzer u ein and aus § 823 Verantwortl haften ebenf als GesSchu, im InnenVerh ist jedoch der Dr allein verpfl (§ 840 III).

13 **8) Entlastungsbeweis.** Gegenwärt u früh Besitzer müssen nachweisen, alle Maßn getroffen zu haben, die aus techn Sicht geboten u geeignet sind, die Gef einer Ablösg von Tln, sei es auch nur bei starkem Sturm, nach Mögkl rechtzeit zu erkennen u ihr zu begegnen (BGH NJW **93**, 1782, NJW **99**, 2593). Der früh Besitzer kann sich außerdem dch den Nachw entlasten, daß ein späterer Besitzer dch Beobachtg der erforderl Sorgf die Gef hätte abwenden können (Abs II). An die Substantiiergs- u BewPfl des HaftPfl sind hohe Anfdgen zu stellen (BGH NJW **93**, 1782). Den Erben trifft die SorgfPfl von dem Ztpkt an, in dem er den Erbf erfährt (BGH **LM** Nr 6). Bei Errichtg eines Gbdes ist die notw Sorgf idR dch Betraug eines zuverläss Sachverst erf sein, außer wenn der Besitzer den gefahrdrohden Zust selbst kannte od kennen mußte (BGH **1**, 105). Doch kann darü hinaus im EinzFall noch eine eig Kontrolle notw sein (BGH NJW **56**, 506). Auch der Nichtfachmann ist zur Überprüfg einer uU gefahrbringden Einrichtg auf erkennb Mängel verpfl. Baupolizeil Abn für sich allein genügt nicht immer (BGH NJW **56**, 506). Der EntlastgsBew scheitert an der NichtEinholg der erfdl BauGen, weil dort die StandSicherh nachgewiesen werden muß (Hamm NJW-RR **95**, 1230).

14 Zur ordngsgem **Unterhaltung** gehört regelm Prüfg der Gbde dch zuverläss Sachkund, deren Häufigk sich nach den Umst des EinzFalles richtet. Untersuchg des Hochkamins einer Bäckerei (BGH NJW **56**, 506), des Daches auf Haltbk bei Sturm (LG Hbg VersR **70**, 579), je nach den Umst der Schaufensterscheibe auf Bruchsicherh (Kblz NJW-RR **98**, 673). Beauftragg eines HausVerw u dessen allg Beaufsichtigg kann bei ortsabwesdem Besitzer genügen (ähnl Ffm OLGZ **85**, 144), nicht jedoch Übertr der HausVerw als solcher an einen RA od eine GrdstVerwGesellsch (BGH VersR **76**, 66). Erhöhte SorgfPfl ist geboten, wenn dch Beschaffenh od Best des Gbdes eine bes Gefährdg begründet ist, zB bei dem öff Verk dienden Gbden (BGH VersR **55**, 692). Haftg nicht dadch ausgeschl, daß Aufw sehr hoher Kosten notw gewesen wäre. – Keine Überspanng der SorgfPfl bei **Ruinengrundstücken** (BGH **1**, 103). Bes SorgfPfl jedoch bei gefahrdrohder Ruine an verkreicher Str (BGH VersR **53**, 432). – Über BewLast bei wahlw Feststellg mehrerer SchadUrsachen Rn 10, 11. – Haftg der Gem § 839 Rn 139, 140 „Polizei".

837 ***Haftung des Gebäudebesitzers.*** **Besitzt jemand auf einem fremden Grundstück in Ausübung eines Rechtes ein Gebäude oder ein anderes Werk, so trifft ihn an Stelle des Besitzers des Grundstücks die im § 836 bestimmte Verantwortlichkeit.**

1) Bedeutung. § 837 enthält eine Ausn von der Regel des § 836, indem nicht der EigBesitzer des Grdst, auf dem ein Gbde od ein mit dem Grdst verbundenes Wk sich befindet, sond der EigBesitzer des Gbdes oder Wkes (BGH NJW-RR **90**, 1423) haftet. Der gesgeber Grd liegt darin, daß in diesem Sonderfall idR nur der Besitzer des Gbdes od Wkes in der Lage ist, die zur Abwehr von Gef notw Maßn zu treffen. Die Haftg aus § 837 unter Ausschl derjen aus § 836 greift aber auch ein, wenn im EinzFall auch der EigBesitzer des Grdst die Maßn treffen kann, die zur Abwehr der v dem Wk ausgehden Gef erforderl sind; entscheidd ist nur, daß der EigBes am Gbde od Wk u der EigBes am Grdst auseinand fallen (BGH NJW **77**, 1392). 1

2) Gebäude-, Werksbesitzer. Haftpfl ist unter der Vorauss der Rn 1 derjen, der auf fremdem Grdst in Ausübg eines wirkl bestehden od vermeintl Rechts ein Gbde od sonstiges Wk besitzt. Ob das Recht dingl od persönl od ob es öffrechtl Natur ist, zB Grabstelle (BGH NJW **71**, 2308 u NJW **77**, 1392), ist unerhebl. Hauptanwendgsfälle: Nießbraucher, GrdDbk, ErbbauBerecht, Mieter, Pächter. Elektr Leitgsdraht des ElektrWks, der über öff Weg führt (RG JW **38**, 1254). BauUntern, der iR des BauVertr ein Gerüst (BGH NJW **97**, 1853) od einen auf Schienen montierten Kran auf dem Grdst hält (Düss BB **75**, 942). Immer muß aber die Verantwortlichk für Fehlerhaftigk des Werkes dessen Besitzer, nicht dem Besitzer des Grdst zufallen. 2

3) Ist daneben ein **Dritter** aGrd unerl Hdlg haftb, zB der Träger eines Friedhofs wg Verl der VerkSichgPfl, so haften beide nach § 840 I als GesSchu (BGH NJW **77**, 1392). Im Verh zueinand ist jedoch nach § 840 III der Dr allein erspflichtig. 3

838 ***Haftung des Gebäudeunterhaltungspflichtigen.*** **Wer die Unterhaltung eines Gebäudes oder eines mit einem Grundstücke verbundenen Werkes für den Besitzer übernimmt oder das Gebäude oder das Werk vermöge eines ihm zustehenden Nutzungsrechts zu unterhalten hat, ist für den durch den Einsturz oder die Ablösung von Teilen verursachten Schaden in gleicher Weise verantwortlich wie der Besitzer.**

1) Anwendungsbereich. Ersatzpfl neben den nach §§ 836 oder 837 Haftpflichtigen. Unter § 838 fällt, wer die Unterhaltg vertragl übernommen hat, was sich auch aus dem Sinn u Zweck des Vertr ergeben kann (BGH **6**, 315). Verw einer WohngsEigtümerGemsch (BGH NJW **93**, 1782). Ferner, wer die Unterhaltg übernommen hat aGrd eines gesetzl SchuldVerh, das ähnl Verpfl wie ein vertragl GeschBesorggsVerh begründet (BGH **21**, 285). Auch ein Verw mit beschr AufgBereich, etwa Sorge für die Standsicherh eines Gbdes (BGH WM **90**, 1878). Keine Haftg des Verw eines RuinenGrdst, wenn ihm keine Mittel zur Vfg standen, wohl aber, wenn er sich zur Instandsetzg des Gbdes verpfl hatte (BGH **6**, 315), od wenn er der Verpfl, bei Gef Baupolizei zu benachrichtigen, nicht nachkommt (BGH BB **53**, 747). Die Heranziehg der NutzgsBerecht bedeutet, daß diese nicht nur ggü dem Eigtümer, sond auch Dr ggü zur Unterhaltg des Grdst verpfl sind. Hierzu gehören der Nießbraucher (BGH NJW-RR **90**, 1423), der GrdDbkBerecht im Falle des § 1021 I 2 u die Eltern hins des KindesVerm dann, wenn sie nach § 1649 II ein NutzgsR am Gbde usw haben u dieses Recht auch ausüben. 1

2) Gesamtschuldner. Der ErsPflichtige haftet neben dem nach §§ 836, 837 Verpfl als GesSchu (§ 840 I). Ausgl untereinand nach § 426. Bei gesschuldner Haftg mit einem Dr, zB dem Erbauer, ist jedoch für AusglPfl § 840 III maßg. 2

839 ***Haftung bei Amtspflichtverletzung.*** **I Verletzt ein Beamter vorsätzlich oder fahrlässig die ihm einem Dritten gegenüber obliegende Amtspflicht, so hat er dem Dritten den daraus entstehenden Schaden zu ersetzen. Fällt dem Beamten nur Fahrlässigkeit zur Last, so kann er nur dann in Anspruch genommen werden, wenn der Verletzte nicht auf andere Weise Ersatz zu erlangen vermag.**

II Verletzt ein Beamter bei dem Urteil in einer Rechtssache seine Amtspflicht, so ist er für den daraus entstehenden Schaden nur dann verantwortlich, wenn die Pflichtverletzung in einer Straftat besteht. Auf eine pflichtwidrige Verweigerung oder Verzögerung der Ausübung des Amtes findet diese Vorschrift keine Anwendung.

III Die Ersatzpflicht tritt nicht ein, wenn der Verletzte vorsätzlich oder fahrlässig unterlassen hat, den Schaden durch Gebrauch eines Rechtsmittels abzuwenden.

1) Allgemeines 1
2) Staatshaftung an Stelle der Beamtenhaftung 2–26
A) Art 34 GrundG 2–17
B) Haftende Körperschaft 18–25
C) Verhältnis von Staatshaftung zur persönlichen Beamtenhaftung 26
3) Beamtenbegriff 27–30
4) Inhalt der Amtspflichten 31–46
a) Allgemeines 32, 33
b) Befugnisse, Überschreitung der Zuständigkeit 34, 35
c) Ermessensentscheidungen 36–38
d) Unerlaubte Handlungen 39
e) Fürsorgepflicht 40–42
f) Anregungen 43
g) Auskünfte 44
h) Folgenbeseitigung 45
i) Verfahrensfehler 46
5) Amtspflichten einem Dritten gegenüber 47–51
a) Maßgebend 47
b) Innerhalb des öffentlichen Dienstes 48, 49
c) Dritter ist 50
d) Dritter ist nicht 51
6) Verschulden 52, 53
7) Aushilfshaftung 54–66
8) Spruchrichter 67–72
9) Schadensabwendung durch Einlegung eines Rechtsmittels 73–77
10) Schadenersatz 78–83
11) Beweislast 84
12) Verhältnis zu anderen Bestimmungen . . . 85
13) Bindung der ordentlichen Gerichte an verwaltungsgerichtliche und andere Vorentscheidungen 86
14) Rückgriff des Staates gegen Beamte 87, 88
15) Einzelfälle von Amtspflichtverletzungen (alphabetisch geordnet) 89–163

1 **1) Allgemeines.** § 839 erweitert die Haftg, wenn ein Beamter seine AmtsPfl ggü einem Dr verl, auf VermSchäd auch dann, wenn die Tatbestde der §§ 823, 826 nicht erf sind. Anderers ist die allg Haftg eingeschränkt gem Abs I S 2, Abs II und III, u zwar o Rücks darauf, ob er iR hoheitl od fiskal Tätigk handelt (BGH GrZS **34**, 99). Die BeamtenHaftpfl für schuldh Verhalten ist in § 839 erschöpfd geregelt, so daß die allg Best der §§ 823, 826 nur dann in Betr kommen, wenn ein best Verhalten eines Beamten sich ausnahmsw zugl als eine in Ausübg eines öff Amts begangene AmtsPflVerl u als u H innerh des bürgerlrechtl GeschKreises des öff Dienstherren darstellt (BGH NJW **96**, 3208: StrPlang/StrUnterhaltg). Auch §§ 831, 832 sind neben § 839, Art 34 GG nicht anwendb (BGH **3**, 301, **13**, 25). Die Vermutg des § 836 gilt auch bei Haftg wg Verl der öffrechtl geregelten VerkSichgPfl (BGH NJW-RR **90**, 1500). – Verh zur Staatshaftg Rn 26. Verh der Anspr aus Staatshaftg zu anderen Anspr Rn 85. Verj § 852 Rn 11. – ZivRechtsweg § 40 II 1 VwGO. BSG MDR **76**, 610 hält SozGer für zuständ, wenn zur Herstellg des Zust ohne die AmtsPflVerl Vorn einer AmtsHandlg des SozVersTrägers verlangt wird. Sachl Zustdgk: Nach GVG § 71 II Nr 2 LGe.

2 **2) Staatshaftung an Stelle der Beamtenhaftung**

A) Art 34 GG. Die Staatshaftg dient dem Interesse des Beamten u des Geschäd. Landesgesetzl Vorschr bleiben unberührt, EG Art 77.

Art 34 GG

Verletzt jemand in Ausübung eines ihm anvertrauten öffentlichen Amtes die ihm einem Dritten gegenüber obliegende Amtspflicht, so trifft die Verantwortlichkeit grundsätzlich den Staat oder die Körperschaft, in deren Dienst er steht. Bei Vorsatz oder grober Fahrlässigkeit bleibt der Rückgriff vorbehalten. Für den Anspruch auf Schadensersatz und für den Rückgriff darf der ordentliche Rechtsweg nicht ausgeschlossen werden.

3 **a) Geltendes Recht.** Grdsatz: der Staat haftet anstelle des Beamten, dessen persönl Haftg ausgeschl ist (Rn 26). – Die Haftg des Staates od der Körpersch richtet sich sowohl im Bereich des Art 34 GG (BGH **13**, 88 [103]) wie des Art 77 EG u der einschläg Best der Länder (BayObLG NJW **76**, 1979 für Art 97 BayVerf) in Vorauss u Umfang nach § 839. – Staatshaftg **in den ostdeutschen Ländern** EG Art 232 § 10 Rn 3. – Art 34 GG gibt keine erschöpfde Regelg der Haftg aus AmtsPflVerletzg.

4 **In Kraft geblieben sind: – aa) Haftungsbeschränkungen,** die sich **aus § 839** ergeben. – **bb) Haf-**
5 **tungsbeschränkungen gegenüber Ausländern.** Die fr Vorschr über die Verbürgg der Ggseitigk verstoßen nicht gg das GG (BVerfG NJW **91**, 2757). Derzeit bestehen keine Vorschr, wonach die Haftg der Körpersch von der Verbürgg der Ggseitigk abhängt. Gem BeamtHaftgsG 7 I idF des G v 28. 7. 93 (BGBl 1394) kann die BReg dch RechtsVO bestimmen, welchen Staaten ggü Ggseitigk bestehen muß. Eine solche VO hat sie bisher nicht erlassen. Ggü Angehör der EG-MitglStaaten gibt es kein Erfordern der Ggseitigk, § 7 II aaO. –
6 **cc) Haftungsbeschränkungen bei Gebührenbeamten,** wonach die Staatshaftg bei Beamten entfällt, die ausschließl auf Bezug von Gebühren angewiesen sind, sowie bei solchen AmtsHdlgen and Beamter, für die die Beamten eine bes **Vergütung von den Beteiligten** beziehen (§ 1 III *pr* G v 1. 8. 09, § 5 Nr 1 ReichsG v 22. 5. 10, Hamm NJW **72**, 2088). Unerhebl für HaftgsAusschl ist, ob Beamter die Gebühren aus der öff Kasse od unmittelb von den Beteiligten erhält. Hierher gehören zB Notare (§ 19 BNotO), BezSchornsteinfegermeister (BGH **62**, 372); nicht GerVollzieher, Schiedsmänner (BGH **36**, 195), Mitgl hess Ortsger (BGH **113**,
7 71). – **dd) Haftungsbeschränkungen im Postdienst.** Zur Haftg Rn 141. – **ee) Haftungsbeschränkung**
8 **in Sondergesetzen** Rn 7 Einf vor § 823.

9 **b) Der ordentliche Rechtsweg** darf nach Art 34 S 3 GG nicht ausgeschl werden. Er ist auch gegeben, wenn Anspr auf AuskErteilg u Abg einer eidesstattl Vers ledigl als Hilfs- u VorbereitgsAnspr eines auf GeldErs gerichteten AmtshaftgsAnspr geltd gemacht werden (BGH **78**, 274). Doch ist **ordentl Rechtsweg unzulässig,** wenn auf dem Umweg über angebl AmtsPflVerletzg richterl Nachprüfg von bindden HohAkten der VerwBeh begehrt wird, zB bei verweigerter Anstellg od Beförderg eines Beamten (vgl auch Rn 48), od bei Rückzahlg von SteuerBetr, falls nicht konkret pflichtwidr Verhalten der beteil Beamten behauptet wird (RG **157**, 197, **164**, 25). Ebso bei SchadErsAnspr wg NichtErf eines öffentlrechtl Vertr (BGH NJW **83**, 2311).

10 **c) In Ausübung eines öffentlichen Amtes.** Dafür ist maßgebd, ob die Zielsetzg der Tätigk des Beamten dem Bereich hoheitl Verwaltg zuzurechnen ist u ob ein enger äußerer u innerer Zushang zw dieser Zielsetzg u der schädigden Hdlg besteht (BGH **42**, 176, BGH NJW **92**, 1227). Handeln nur bei Gelegenh der Amtsübg genügt für die Staatshaftung nicht.

11 **aa)** Die **Zielsetzung,** in deren Sinn die Pers tät wird, muß hoheitl Verw zuzurechnen sein. Der Einsatz öffrechtl Machtmittel ist ein wesentl Kennzeichen der öff Gewalt. Zu ihr zählt aber auch die schlichte HoheitsVerw (BGH NJW **62**, 796). Handelt es sich um eine ZielSetzg, die, wie häuf insb auf dem Gebiet der Daseinsvorsorge einschl der VerkSicherg von der öff Hand mit hoheitl Mitteln od auf der Ebene des PrivR verfolgt werden kann, so kommt es darauf an, wie die öff Hand die Bewältigg der Aufg organisiert hat (BGH NJW **73**, 1650, NJW **81**, 50). So ist Plang u AO von Str-, Kanal- od Hochwasserschutzbauten regelm hoheitl Tätigk, ihre Ausf dch priv Untern aber nur, wenn Behörde sie bindd anweist. So ist die Entsch der staatl Interventionsstelle für Getreide, ob interveniert wird, ein VerwAkt, die Ausf der Entschließg ein privatrechtl KaufVertr (BGH NJW **76**, 475, Zweistufenlehre). Ausübg hoheitl Gewalt wurde bej: bei Vertrauensarzt u Leiter der Krankenkasse im Verh zu Versicherten (RG **165**, 98); bei Untersuchg eines ArbSuchden dch Amtsarzt im Auftr des ArbAmts (BGH **LM** (Fc) Nr 2); bei NachUntersuchg eines RentenEmpf dch VertrArzt im Auftr des VersorggsAmts (BGH NJW **61**, 969); bei fehlerh Feststellg der ArbFähigk dch Vertrauensarzt eines SozVersTrägers (BGH NJW **68**, 2293), je nach der Satzg Heil- u PflegeAnst (BayObLG **80**, 114); Versorggsamt in seinen FürsAufg ggü dem VersorggsEmpf (BGH **LM** § 81 BVersG Nr 2); Lehrlingsheim als unselbständ Anst eines städt Waisenhauses (BGH **LM** (Fe) Nr 23); Prüfing für Baustatik (BGH **39**, 358). Wenn auch die Beh Aufg schlichter HohVerw auf privrechtl Ebene ausführen lassen kann, so ist doch anzunehmen, daß eine Beh, wenn sie typ Aufg ihrer HohVerw wahrnimmt, nicht privrechtl, sond hohrechtl tät wird (BGH **38**, 52). Über Ausf solcher Aufg dch priv Untern vgl Rn 30 aE.

bb) Innerer Zusammenhang zw der Zielsetzg iR hoheitl Verw u dem schädigden Ereign ist auch dann zu bejahen, wenn nur eine Teilhdlg als hoheitl Verw zu bewerten ist, denn hierdurch wird die ges dieser Aufg diende Tätigk des Beamten zu einer Einheit zusgefaßt (BGH **42**, 176: Dienstfahrt mit Kfz). Dienstfahrt kann zwar bei gewissen Fahrzeugen (Militär-, Polizei-, FeuerwehrKfz) idR angen werden, es gibt dafür aber keinen AnscheinsBew (BGH NJW **66**, 1264). Ein innerer Zushang kann auch bestehen bei einer Dienstfahrt des Beamten zur Erf einer hoheitl Aufg auch ohne InAnspruchN von SonderR im eig od in einem priv Kfz, das er sich zu diesem Zweck beschafft hat (BGH NJW **92**, 1227), wenn die Wahl dieses VerkMittels zur sinnvollen Verwirklichg des hoheitl Ziels geboten war (BGH VersR **79**, 225). Der innere Zushang fehlt, wenn von Dienstwaffe, Dienstfahrzeug od dgl aus rein persönl Gründen – ohne innere Beziehg zum Dienst, wenn auch möglicherw bei Gelegenh u währd des Dienstes – Gebr gemacht wird (BGH **11**, 181). Er fehlt auch dann, wenn die persönl Grde zur Tat zwar dch Vorkommn im Dienst veranlaßt sein mögen, die Tat selbst aber ihre angebl Berechtigg nicht im DienstVerh findet (BGH aaO; vgl auch unten Rn 15 aE u § 823 Rn 79 Demonstration). 12

cc) Einzelfälle: Städt Beamte, die rechtsf Stiftgen verwalten, handeln im Bereich öff Verw der Gemeindeangelegenh (RG **161**, 295). Führer eines behördl Kfz auf Dienstfahrt (BGH **42**, 176; s auch Rn 56), desgl eines Feuerwehrwagens; auch bei Übgen, nicht aber bei Erprobg anläßl des Ankaufs eines Wagens (BGH MDR **62**, 803); eines Unfallrettgswagens (BGH **37**, 337, NJW **91**, 2954 für NRW). Soldaten der BWehr u der Stationiergsstreitkräfte als KfzFührer auf Dienstfahrt (BGH NJW **68**, 696), regelm aber nicht auf priv Schwarzfahrt (BGH NJW **69**, 421). Transport von Straßenbaumaterial durch Bedienstete der StrBaubehörde (BGH NJW **62**, 796). Ausübg öff Gew bei Benutzg von Kfz od Fahrrädern (BGH **29**, 38, **LM** (Fe) Nr 23). Bedeutgsl ist, ob beamten- od behördeneig Fahrz benutzt wird (BGH **29**, 38). Ausübg öff Gew bei Gewährg freiwill FürsLeistgen (BVerwG NJW **61**, 137). GVz auch dann, wenn er freiw Versteigerg gem §§ 1228 ff vornimmt. Behördl Auskünfte im Wege der Amtshilfe od an PrivPers zur Verwendg für bürgerlrechtl Zwecke. – **Post** Rn 141–143. – **Bahn** ist bürgerlrechtl GeschBetr (BGH **LM** (Fa) Nr 3). – **Privatrechtlichen** 14
Charakter haben kommunale Betr, Märkte, Spark, städt Krankenhaus, UnivKlinik (BGH NJW **53**, 778, 15
BGH **89**, 263), ErstVersorgg eines UnfallVerl dch Dchgangsarzt einer Berufsgenossensch (BGH **63**, 265). And aber bei Einweisg des mittell Patienten durch die FürsBeh (BGH **4**, 138); Haftg iR dieses öffrechtl Verh nach § 278, nicht nach AmtshaftgsGrdsätzen (BGH aaO u NJW **53**, 778). Haftg des beamteten Arztes vgl Rn 90. Dadch, daß sich Beamte im privrechtl GeschKreis des Staates bei ihren Hdlgen auch von dem Gesichtspkt der Wahrg der öffentl Belange leiten lassen, wird ihre Tätigk noch nicht Ausübg öff Gew. – Bei Betätigg im privatrechtl GeschKreis haftet Staat od Gem nicht aus Art 34 GG, sond nur nach §§ 31, 89, 831 (bei unerl Hdlgen) oder § 278 (bei VertrVerh). Das gilt auch für Verhdlgen u Vertr über GrdstVerk angesichts eines drohden EnteigngsVerf (BGH JR **81**, 192). 13

d) Juristische Personen des öffentlichen Rechts, denen die Ausübg öff Gew übertr ist, haften ebso, wobei die Haftg der JP des öff Rechts nicht voraussetzt, daß sie beamtenr Dienstherrnfähigk besitzt (BGH VersR **91**, 1135). Bsp: die ReligionsGemschaften öff R (BGH **22**, 383, VersR **61**, 437). 16

e) Staatshaftg **nicht für ein Kollegium,** sond nur für einzelne Beamte (vgl Rn 84). Steht aber das pflichtwidr Verhalten einer Beh fest, so bedarf es nicht der Feststellg der verantwortl Einzelpersönlichk (BGH WM **60**, 1305). 17

B) Haftende Körperschaft. – a) Grundsatz: Die **Anstellungskörperschaft,** dh die Verantwortlichk trifft grdsätzl die Körpersch, in deren Diensten der Beamte steht, Art 34 GG (BGH **99**, 326). Das ist idR zugl die Körpersch, die dem Beamten die hoheitl Aufg anvertraut hat, bei deren Wahrnehmg die AmtsPflVerl vorgek ist (BGH VersR **79**, 1056; vgl auch Rn 22). Grdsätzl ist gleichgült, wessen HohRechte der Beamte bei der beanstandeten AmtsHdlg ausübt (BGH **87**, 202). Eine Haftg der Körpersch, deren HohRechte ausgeübt werden, kann nur in Betr kommen, wenn sie ihre AufsPfl ggü der beauftr Körpersch verletzt (BGH NJW **56**, 1028). – Versagt die Anknüpfg an die Anstellg, weil kein Dienstherr od mehrere Dienstherren vorh sind, ist darauf abzustellen, wer dem Amtsträger die Aufg, bei deren Erf er eine PflVerl begangen hat, anvertraut hat (BGH **87**, 202), zB die kassenärztl Vereinigg für PflVerl der Mitgl des Zulassgs- u BerufgsAusschusses (BGH NJW-RR **91**, 475), die ArchKammer für Mitgl des EintrAusschusses (BGH VersR **91**, 1135), Landkreis für Mitgl des Kreistages (BGH **11**, 192) u Kreisbeamte (BGH VersR **94**, 935). Gem für Mitgl des GemRats (BGH WM **82**, 1106), Stadt für Mitgl des Stadtrats (BGH VersR **84**, 849). Haben Beamte mehrerer Körpersch nebeneinand den Schad verursacht, kann § 840 anwendb sein (BGH **118**, 263). – Über die Haftg für Stationiergsschäden (Truppenschäden) vgl am Schluß der 35. Aufl. – Für **legislatives Unrecht** haftet der 19
Staat für die bei der GesGebg beteil Organe nach bisher Rspr grdsätzl nicht nach Art 34 GG, weil Pfl ggü einem Dr nur bei sog Maßn- u EinzFallGes bestehen (BGH **56**, 40, NJW **89**, 101, WM **96**, 2203). S aber Rn 19 a–c. – Ebso keine Haftg für Unterl bei Vhdlgen über **völkerrechtliche Verträge.** Haftg kann in Frage kommen, wenn die zuständ Organe ihre Pfl zum TätWerden zum Schutz dtscher Staatsangehör ggü fremden Staaten verletzen (BGH VersR **92**, 1260). – **Verletzung von Gemeinschaftsrecht durch Organe der EU.** 19 a
Keine Haftg der BRepublik für legislat Unrecht der EU u für die DurchF rwidr GemschR (BGH **125**, 27: Irak-Embargo). Haftg der EU kann in Frage kommen bei folgden Vorauss: Die verl gemschaftsr Vorschr muß bezwecken, dem einz Rechte zu verleihen, deren Inhalt hinreichd genau u unbdgt bestimmt ist, der Verstoß gg sie muß hinreich qualifiziert sein, zw ihm u dem Schad muß ein unmittelb Kausalzushang bestehen (EuGH NJW **96**, 1267, BGH **134**, 30 „Brasserie du pecheur“, EuGH WM **96**, 1535 „El corte Inglés“). – **Verletzung** 19 b
von Gemeinschaftsrecht durch den nationalen Gesetzgeber. Sie kann liegen in Nicht-, fehlerh, ungeeigneter (EuGH WM **98**, 2525) od verzögerter Umsetzung von EU(EG)-Richtl in nationales R od in der Aufrechterhaltg nat R, das gg GemschR verstößt. Dies kann zu SchadErsAnspr des davon Betroffenen gg den säum MitgStaat führen, denen ggü sich der Staat nicht auf Best, Übgen od Umst seiner internen ROrdng zur Rechtfertigg des Verstoßes gg eine Richtl berufen kann (EuGH WM **99**, 1420). Die Vorauss sind dieselben wie Rn 19 a (EuGH NJW **92**, 165 „Francovich“, ZEuP **95**, 105 „Wagner Miret“, NJW **96**, 1267, Nassall WM **99**, 657). EuGH NJW **96**, 3141 „MP Travel“, PauschalreisenRichtl; eingehd Streinz/Leible ZIP **96**, 1931). Qualifiziert ist der Verstoß, wenn der GesGeber (in Rn 19 c: ein and Organ) eines MitglStaates (in Rn 19 a: ein GemschOrgan) die Grenzen, die seinem Erm gesetzt sind, offenkund u erhebl überschritten hat (EuGH NJW **96**, 3141). Die hierfür maßgebl GesichtsPkte sind das Maß an Klarh u Genauigk der verl

Vorschr, der Umfang des ErmSpielraums – eingeschr, wenn das Recht bereits gemschrechtl geregelt ist, weiter wenn noch nicht geregelt –, ferner die Frage ob der Verstoß vorsätzl begangen od der Schad vorsätzl zugefügt wurde, die (Un)Entschuldbark eines RIrrt, Fortbestehen des pflichtwidr Zust entgg gefestigter ständ Rspr od eines Urt des EuGH, das den Verstoß in dieser Angelegenh feststellt (EuGH NJW **96**, 1267, NJW **96**, 3141). Die Haftg der MitglStaaten für Verstöße gg GemschR hat ihre Grdl unmittelb in diesem selbst; das sind die vorstehd dargestellten Grds (BGH **134**, 30). Die SchadFolgen sind nach nationalem Recht zu beheben unter dem Vorbeh, daß die Vorauss nicht ungünstiger sein dürfen als bei entspr innerstaatl Anspr u nicht so ausgestaltet, daß die Erlangg der Entschädigg prakt unmögl od übermäß erschwert ist (EuGH NJW **96**, 1267, BGH **134**, 30 „Brasserie du pecheur"). Das bedeutet für die Anwendg des § 839: Das Verschulden ist an der Frage auszurichten, ob der Verstoß hinreichd qualifiziert ist, gg den SubsidiaritätsGrds in Abs I S 2, gg die Einschränkg der Haftg in Abs II S 1 u gg ihren völl Ausschl in Abs III bestehen Bedenken. MitVersch bei Verhütg od Minderg des Schad auch in Form von Nicht-InAnsprN von PrimärRSchutz ist zu berücksichtigen (EuGH NJW **96**, 3141, Ehlers JZ **96**, 776). Bei Verstoß gg die PauschalreisenRichtl ist nur der insolvenzbdgte Schad ersetzb (Köln VersR **98**, 1547). Die Richtl haben unmittelb Wirkg nur ggü den MitglStaaten u den öffr Körpersch, für die die MitglStaaten verantwortl sind, sie begründen keine Verpfl (EuGH NJW **86**, 2178, Jarass NJW **91**, 2666) u keine Rechte für PrivPers (EuGH NJW **94**, 2473 „Faccini Dori", ZEuP **95**, 105 „Wagner
19c Miret"). – **Verletzung von Gemeinschaftsrecht durch andere nationale Organe.** Sie kann liegen in nicht-, unzureichder od fehlerh Anwendg od DurchF rmäß erlassener EU(EG)-Richtl od sonst GemschR. Auch hier kann unter den oben genannten Vorauss ein SchadErsAnspr gg die BRepublik od das fehlerh handelnde Organ in Frage kommen (EuGH NJW **94**, 921).

20 **b)** Bei echter **Doppelstellung** des Beamten – Landrat als staatl u kommunaler Beamter – haftet die Körpersch – also Staat od Kreis –, deren Aufg der Beamte im Einzelfall wahrgen hat (BGH **LM** Art 34 GG Nr 24, BayVerfGH WM **59**, 1099). Vorauss ist allerd auch hier, daß die Ausübg öff Gew in den Kreis der Dienste fällt, die der Beamte aGrd seiner Anstellg durch die öff Körpersch leistet. Verletzt er gleichzeit die Pfl beider Ämter, so haften beide Dienstherren (BGH VersR **66**, 1049).

21 **c) Weisung.** Erteilt eine übergeordnete Beh eine bindde Weisg, so hat der angewiesene Beamte sie auch iF der GesetzWidrk auszuführen, außer bei erkennb Verl eines StrafG (RemonstrationsPfl). Die Haftg trifft dann die AnstellgsKörpersch des anweisden Beamten, weil diese die Verantwortlk für die Gesetzmäßigk des VerwHandelns mit der Weisg übernimmt (BGH NJW **77**, 713 u WM **91**, 653).

22 **d) Betrauung, Abordnung des Beamten.** Festzuhalten ist an dem Grds, daß die Haftg der Anstellgskörpersch nicht davon abhängt, ob ihr Beamter im Einzelf ein eig HoheitsR dieses Gemeinwesens od ein von einem and Gemeinwesen übertragenes ausübt. Es ändert daher nichts an der Haftg des Kreises, wenn der Kreiskommunalbeamte von seinem Landrat mit der Wahrnehmg staatl Aufg betraut wird; denn hier wird der Beamte nicht in einer Doppelstellg, sond als Beamter des Kreises, wenn auch im staatl AufgKreis, tätig (BGH **87**, 202). – Zu trennen von dieser Betraug mit Aufg and Körpersch ist die **Abordnung** des Beamten zu diesen. Soweit hiernach die and Körpersch uneingeschr über die Dienste des abgeordneten Beamten verfügen kann, haftet sie. Das gilt auch dann, wenn der Beamte nur zu einem Teil seiner ArbKraft an eine and Körpersch abgeordnet worden ist (BGH **34**, 20). Daher keine Haftg der Kirche für Pfarrer, der Religionsunterricht an einer öff Volksschule erteilt (BGH **34**, 20). Kriterium zur Unterscheidg zw einf Betraug u Abordng ist neben dem Formalakt der Abordng die Direktionsbefugn der and Körpersch mit der korrespondierden Weisgsunterworfenh des Beamten, mag auch der Beamte der Organisation seiner Anstellgskörpersch weiter eingegliedert sein.

23 **e)** Für **Angestellte,** denen ein öff Amt übertr worden ist (Rn 29) gelten die gleichen vorgenannten Grdsätze. Es haftet daher auch für sie idR die Anstellgskörpersch, u zwar auch dann, wenn es sich um die Wahrnehmg der dieser Körpersch übertragenen staatl VerwAufg handelt (BGH **6**, 215). Amtl anerk Kfz-Sachverst (Rn 150 „Sachverst").

24 **f)** Haben sich zwzeitl die räuml od sachl **Grenzen geändert,** so haftet die Körpersch, die die Funktion des früheren VerwTrägers übernommen hat, Funktionstheorie (BGH NJW **59**, 287, 289, BGH **27**, 29: BAnstalt f ArbVermittlg).

25 **g) Durchführung der hoheitlichen Maßnahme durch Dritte.** Zieht der HohTräger zur Erf seiner Aufg mit privrechtl Vertr einen selbstd PrivUntern heran, so haftet er für diesen nach § 839, wenn der hoheitl Charakter der Aufg im Vordergrund steht, die Verbindg zw der übertr Tätigk u der von der Beh zu erfüllden Aufg eng u der EntschSpielraum des Untern begrenzt ist, was im Bereich der EingrVerw stets der Fall ist (BGH **121**, 161). **Beispiele** für Haftg: Prüflng für Baustatik (BGH **39**, 358); AbschleppUntern für liegengebliebenes Kfz (BGH **121**, 161); Behandlg eines Soldaten in einem ziv Krankenhaus im Auftr der Bundeswehr (BGH NJW **96**, 2431). Keine Haftg nach § 839: Mit der Schaltg einer VerkSignalAnl beauftragte Elektrofirma (BGH NJW **71**, 2220); Beschädigg von VollstrGut bei vom GVz beauftr Einlagerer (Bln NJW-RR **98**, 1327). – Zieht der HohTräger zur Erf seiner Aufg beliehene Untern od unselbstd VerwHelfer heran, so haftet er allein wg der Zielsetzg nach § 839. **Beispiele:** Amtl anerkannte Sachverst des TÜV iR der Tätigk nach § 29 StVZO (Köln NJW **89**, 2065); vom Lehrer vorübergehd mit der Aufs beauftr Schüler (LG Rottweil NJW **70**, 474); Schülerlotsen (BGH VersR **58**, 705); im Turnunterricht Hilfestellg leistder Schüler (BGH VersR **58**, 705).

26 **C) Verhältnis der Staatshaftung zur persönlichen Haftung des Beamten.** Staatshaftg anstelle des Beamten gem Art 34 GG, wenn Beamter in Ausübg öff Gew gehandelt hat. Insoweit entfällt persönl Haftg des Beamten dem Dritten ggü. Hat der Beamte innerh des privatr GeschKreises des öffrechtl Dienstherrn gehandelt, so haftet Staat für unerl Hdlg des Beamten nach §§ 89, 30, 31, 831 u neben ihm der Beamte persönl, jedoch nur gem § 839 (BGH DRiZ **64**, 197). Für den Staat kommt in diesem Falle die Befreiungs-Vorschr des § 839 I S 2 nicht in Frage, wohl aber für den Beamten, der sich gerade auf den Staat als einen and ErsPflichtigen berufen kann (Kln VersR **90**, 898). Bei vorsätzl Handeln haften beide nebeneinand. Stellt sich die Hdlg eines od mehrerer Beamter sowohl als Betätigg innerh des privatr GeschKreises des Dienstherrn als auch als eine in Ausübg öff Gew begangene AmtsPflVerl dar (Rn 85), so haftet der öffrechtl Dienstherr trotz der Befreiungsmöglichk des § 839 I S 2 oder III immer noch gem §§ 89, 30, 31, 831 (BGH **LM** § 823 (Dc)

Nr 19, Kblz VersR **73**, 41). – Ist der Beamte als Halter eines Kfz erspflichtig (§ 7 StVG), so haftet er insoweit unmittelb; jedoch keine Haftg neben der öffrechtl Körpersch als KfzFührer nach § 18 StVG (BGH **29**, 38 [43], NJW **59**, 985). Konkurrenz zw Haftg der Körpersch aus AmtsPflVerletzg u § 7 StVG vgl Rn 56.

3) Der Beamtenbegriff ist verschieden, je nachdem, ob es sich um Eigenhaftg des Beamten nach § 839 im privatr Bereich oder um Staatshaftg nach Art 34 GG u die EigHaftg des Beamten für hoheitl Tätigk handelt. Bei privatr Handeln gilt für die EigHaftg des Beamten der staatsr BeamtenBegr (Rn 28), bei hoheitl Tätigk gilt für die StaatsHaftg u die EigHaftg des Beamten der weitere haftgsrechtl BeamtenBegr (Rn 29, BGH VersR **96**, 202). Für die StaatsHaftg ist Voraussetzg, daß es sich um die AmtsPfVerletzg einer best einz Pers (Ggsatz: Dienststelle, Behörde) handelt. Jedoch bedarf es, wenn das pflichtwidr Verhalten feststeht, nicht der Feststellg der verantwortl Einzelpersönlichk (BGH WM **60**, 1305). Fehlerh Kollegialentscheidgen vgl Rn 84. 27

a) Eigenhaftung des Beamten bei privatrechtlicher Tätigkeit. Unter § 839 fallen alle Bundes-, Landes-, Kommunalbeamte u Beamte and öffrechtl Körpersch – unerhebl ob mit Gehalt od unentgeltl, ob auf Probe, Künd od Widerruf, ob ständ od nichtständ, ob Dienst höherer od niederer Art, ob hauptamtl oder nebenamtl. Entscheidd ist, and als bei hoheitl Tätigk, daß es sich um einen beamten-(staatsr) Beamten handelt (BGH **42**, 178, **LM** (Fa) Nr 3). Das BeamtenVerh wird nach BBG § 6 II dch Aushändigg einer Urk, in der die Worte „unter Berufg in das Beamtenverhältn" enthalten sind, begründet. Für Landesbeamte vgl die entspr RahmenVorschr § 5 BRRG. 28

b) Bei **hoheitlicher Tätigkeit** gilt für die EigHaftg des Beamten u für die Haftg der JP der haftgsr BeamtenBegr. Entscheidd ist, daß dieser Pers öff Gew anvertraut ist. Auch der Nichtbeamte im staatsrechtl Sinn fällt also unter Art 34 GG, sofern er mit hoheitsr Aufg betraut ist, wie Angestellte, Schöffen od sonst Beisitzer in Ger, Angeh des JugAmts (Düss VersR **79**, 942: KindererholgsFahrt), auch Angeh von Hilfsorganisationen, die zur Katastrophenabwehr (Düss VersR **71**, 185) od im öffrechtl geregelten rettgsdienstl od Abschleppeinsatz (BGH **121**, 161) von staatl Organen herangezogen werden. Die Pers muß in Ausübg einer hoheitl Aufg tät sein, was bei rein mechan SchreibArb meistens nicht der Fall sein wird. Beamte iS von Art 34 GG sind daher: Schiedsmänner (BGH **36**, 193), Soldaten u ZivDienstLeistde (Rn 163), Kfz-Sachverst (vgl Rn 150 „Sachverst"), Schülerlotsen, es haftet der schul HohTräger (Köln NJW **68**, 655), der vom Lehrer vorübergehd mit AufsPfl (LG Rottweil NJW **70**, 474) od im Turnunterricht mit Hilfestellg beauftragter Schüler (BGH VersR **96**, 202). Freiwillige Feuerwehr (BGH **20**, 290), Beamte der öffrechtl Kirchen (BGH **22**, 383, VersR **61**, 437). Über RStellg der Notare Rn 112ff, über die gerichtl Sachverst § 823 Rn 117. Hierher gehören auch Mitgl der BReg u der LandesReg (BGH DB **67**, 985), der Parlamente (vgl Rn 19), des Kreistages (BGH **11**, 197), des GemRats (BGH WM **70**, 1252) u eines VerwAusschusses (BGH WM **65**, 719: BeschlFassg über Ausübg gemeindl VorkR). Bezirksschornsteinfegermeister vgl Rn 94. – **Keine öffentliche** 30
Gewalt üben aus: RA, auch nicht als beigeordneter RA (BGH **60**, 255), SchiedsRi (§ 675 Rn 20), Amtsvormd, Pfleger, TestVollstr, Nachl- u InsVerw. Ferner öffrechtl Körpersch iR sog fiskal HilfsGesch, auch wenn sie der Ausübg hoheitl Tätigk dienen. So öffrechtl RundfunkAnst bei Vertr zur Programmbeschaffg (BGH NJW **90**, 2815 [2817]), Anmietg von Räumen als Wahllokal u deren Beschädigg (Kln VersR **92**, 701). Ferner die Gem ledigl dch Übertr von BauArb an private Fa, auch wenn die Ausf des BauVorh zu ihren öffrechtl Pfl gehört (Düss VersR **72**, 158), idR die Polizei im Verh zum privrechtl beauftr AbschleppUntern (BGH Warn **76**, 255; vgl auch Rn 25).

4) Die **Amtspflicht** muß dem Beamten einem Dr ggü obliegen. Ist der Staat, in dessen Diensten der Beamte steht, der Geschädigte, so haftet der Beamte nach BBG § 78 I; bei Pers, die nicht Beamte im staatsr Sinne sind, ist DienstVertr maßg. Auch Ruhestandsbeamter kann AmtsPflVerl begehen (RG JW **38**, 1597: Zurückhaltg von Akten). 31

a) Inhalt der Amtspflicht. Maßgebl sind Ges, allg Dienst- u VerwVorschr; zur unricht Gesetzesauslegg s Rn 52, 53. Pfl zur Amtsverschwiegenh (BGH **34**, 184), zur vollst Erforschg des Sachverhalts iR des Zumutb (BGH NJW **89**, 99) u zu sorgfält geschäftl Behandlg anvertrauter fremder Belange. Anträge sind ggf mit dem AntrSt zu erörtern, auf ihre sachgem Formulierg ist hinzuwirken (OVG Lünebg BB **60**, 643). Bei Antr in einem behördl GenVerf besteht die AmtsPfl, das Gesuch gewissenh, förderl, sachdienl u in angem Fr zu bearbeiten u zu entscheiden (BGH WM **94**, 430), dabei jede vermeidb Schädigg des AntrSt zu unterlassen, eine sachgerechte, ermfehlerfreie StellgN zu dem Antr abzugeben u ihn nicht verzögerl zu behandeln (BGH WM **70**, 1252). Auch AmtsPfl zur konsequenten Durchführg der eingeleiteten Maßn, um Schädigg Dr, die 32 33
auf die Fortdauer des einmal geschaffenen Tatbestdes vertrauen, zu vermeiden (BGH WM **66**, 801); spätere sachl Änderg daher nur ausnahmsw, wenn sachl zwingd geboten (BGH NJW **60**, 2334, **63**, 644). Daraus ergibt sich auf jeden Fall Pfl zur Mitteilg der Änderg (BGH NJW **65**, 1227). Jedoch kein allg Anspr auf Aufrechterhaltg der zZ geltden Rechtslage (BGH **45**, 83: Aufhebg eines Schutzzolls). Bei Abg einer VerpflErkl hat der Beamte deren Zulässigk nach dem Ges sorgf zu prüfen; § 307 I 2 ist nicht anwendb (BGH **76**, 16: Nichtige Verpfl einer Gemeinde zur Aufstellg eines BebauungsPlanes innerh best Fr). AmtsPfl des Beamten den von ihm zu betreuden PersKreis zu belehren u aufzuklären, auch von ihm vermeidb Schad abzuwenden (BGH NJW **65**, 1227, BB **70**, 1279), insbes bei soz schwächeren u rechtsunkund Gesuchsteller (Hamm NJW **89**, 462).

b) Befugnis des Beamten zur VorN dieser AmtsHdlg ist ausreichd, Verpfl nicht notw. Polizeibeamter befindet sich auch dann in amtl Eigensch, wenn er in seiner dienstfreien Zeit gg Störer der öff Ordng einschreitet. Handelt der Beamte auf **Weisung** seines Vorgesetzten, so kann AmtsPflVerlg dch ihn entfallen (BGH NJW **59**, 1629). – AmtsPflVerl kann auch in **Zuständigkeitsüberschreitung** liegen, wenn eine 34 35
innere Beziehg zw der unter ZuständigkÜberschreitg vorgenommenen schädigden Amtshandlg u den dch die zuständ Stelle zu schützden Belangen des Dr besteht, dh wenn dessen Interessen dadch konkr berührt werden (BGH **117**, 240). Ist für ein Vorgehen die Mitwirkg des Parlaments (RechtsVO) erforderl u handelt eine VerwBeh ohne solche, so verpfl ihr Vorgehen zum SchadErs (BGH **63**, 319).

36 c) **Ermessensfehler** setzt ErmSpielraum voraus. Fehlt es hieran, etwa weil best VerwAnordngen Erm ausschließen, weil der Beamte nur einen unbest RBegr mit Beurteilgsspielraum anzuwenden hat (BGH NJW **70**, 1543: StaatsAnw bei der Entsch über die Erhebg der Ankl) od weil nur eine einz ermfehlerfreie Entsch denkb ist (ähnl BGH WM **94**, 430), so ist bereits Ausübg des Erm fehlerh. Auch sow Erm zul, ist Klärg des Sachverh vor Ausübg des Erm geboten, andernf kann schon in unterl Klärg AmtsPflVerl liegen (BGH WM **64**, 383). – Keine AmtsPflVerl, solange sich die Beh innerh der Grenzen fehlerfreien ErmGebr hält, wobei sie an die allg Erfordern des RStaats gebunden ist. Der Beamte verletzt also seine AmtsPfl, wenn er die ges Grenzen des Erm überschritten od von dem Erm in einer dem Zweck des Ges nicht entspr Weise Gebr gemacht hat, ohne daß bereits die Schwelle des ErmMißbr erreicht sein od ein Fall evident fehlerh Amts-Tätigk vorliegen müßte (BGH **74**, 144 [156]: BankenAufs). AmtsPflVerl insbes, wenn Beamter willkürl gehandelt (BGH **4**, 10) – nicht ausgeschl allerd, typ Fälle nach generellen Erwäggen zu behandeln (BGH **6**, 178) –, die ihm gesetzten Schranken bewußt überschritten (BGH WM **66**, 800: Einfuhrlizenz von GgLeistg abhäng gemacht), sachfremden Erwäggen Raum gegeben (BGH NJW **57**, 298) hat. – Da ordngsgem Verw
37 erfordert, daß **Zweck und Mittel in angemessenem Verhältnis** zueinand stehen, kann schon in der Wahl eines dch den Zweck nicht gerechtf Mittels ErmFehler liegen (BGH **4**, 308, NJW **64**, 198: Beeinträchtigg der Benutzer dch Straßensperrg nur, soweit unvermeidl, BGH DB **67**, 985: BReg bezeichnet jmden als Landesverräter, obschon insow nur Verdacht besteht). Die obj Vorauss für die Ausübg des Erm sind nachprüfb (BGH **45**, 149). Nicht jeder gefahrdrohde Zust verpfl die Polizei zum Einschreiten, sond nur ein solcher, in dem wesentl RGüter unmittelb gefährdet sind (BGH NJW **62**, 1246: Überschreitg der Toleranzgrenze, Hamm NJW **88**, 1096: Rammen eines Kfz zur Verhinderg von VerkGefährdg). Aus der Notwendigk, das gelindeste Mittel anzuwenden, folgt die Verpflg, die nachteil Folgen für den Betroffenen herabzumindern (BGH **18**,
38 366). – **Ursächlicher Zusammenhang** zw ErmFehlEntsch u Schad besteht nur, wenn feststeht, daß bei rmäß Handhabg des Erm der Schad nicht eingetreten wäre (BGH VersR **85**, 887). Die Verzögerg der Entsch in AntrVerf ist ursächl, wenn der Schad bei rechtzeit Entsch nicht eingetreten wäre (BGH WM **94**, 430).

39 **d) Unerlaubte Handlungen** fallen ow unter § 839, zB Beamte als agent provocateur verleiten zu einer strafb Hdlg (BGH **8**, 83), fahrl Verl der allg Pfl, auf Leben, Gesundh u Freih gebührd Rücks zu nehmen (BGH **LM** (Fc) Nr 15), ebso auf das PersönlkR (BGH **78**, 274, WM **94**, 992). Nachteile, die unbeteil Dr drohen, sind tunlichst gering zu halten; wiegen sie schwerer als die zu beseitigde Gef, so hat Einsatz des Machtmittels überh zu unterbleiben (BGH **12**, 206). AmtsPfl eines Beamten, auch außerh des Dienstes jede Gefährdg Dr durch mangelh Zustand seiner Waffe u deren mißbräuchl Benutzg auszuschließen. Unterbringg asozialer Elemente ohne gehör Überwachg (BGH **12**, 206); widerrechtl Festhaltg eines Geisteskranken in einer öff Heilanstalt (BGH **LM** (Fc) Nr 15); Eingr in eingerichteten u ausgeübten GewBetr (BGH NJW **77**, 1875).

40 **e) Pflicht zum rücksichtsvollen Verhalten** ggü jedem Dr obliegt jedem Beamten, u zwar auch dann, wenn er nur im AllgInteresse od im Interesse eines best Dr tätig wird (BGH **LM** (C) Nr 77). Er hat sein Amt sachl und im Einklang mit den Fdgen von Tr u Gl und guter Sitte zu führen, sich jedes Mißbrs seiner AmtsGew zu enthalten, Machtmittel streng in den Schranken der Amtsausübg zu gebrauchen, nachteil Folgen – auch später – soweit wie mögl, zu beheben u nicht in den Bereich eines Unbeteil einzugreifen (RG **139**, 149). Soweit rechtl zweifelh, ist der für den Betroffenen sicherere Weg zu wählen (BGH WM **65**, 1058). Der Beamte darf nicht beziehgsl zu dem vorgebrachten Anliegen tät werden, insb nicht sehden Auges zulassen, daß der Bürger Schad erleidet, den zu verhindern er dch einen Hinw in der Lage ist (BGH WM **78**, 37, NJW
41 **96**, 1967). Dazu gehört auch die **Amtspflicht zu konsequentem Verhalten.** Die Beh ist verpfl, eine in best Weise geplante u begonnene Maßn, im Vertrauen auf deren Weiterführg der Betroffene best wirtsch Dispositionen getroffen hat, entspr dchzuführen (BGH **76**, 343 u VersR **90**, 422: GrdstErschließg), darf eine amtspflwidr od nicht mehr erfdl Maßn nicht aufrechterhalten (BGH **117**, 240 [247]). – Erfüllg der allg
42 **Verkehrssicherungspflicht** gehört jedenf dann zu den AmtsPfl ggü Dr, wenn Ausübg öff Gew in Frage steht (BGH **42**, 180). And, wenn es sich um Beamte in privatrechtl UnternBetr des Staates handelt (BGH **16**, 114).

43 **f) Anregungen einer Behörde oder ihre Einwirkung auf die formell zuständige Behörde,** best Maßn gg einen Dr zu ergreifen, können AmtsPflVerl sein, wenn unvollst od sonst nicht sachgemäß (BGH NJW **63**, 1199).

44 **g) Auskünfte.** Es ist AmtsPfl eines Beamten, der die Erteilg v Rat od Ausk übernommen hat, diese richt, klar, unmißverständl u vollst zu erteilen, selbst wenn Pfl zur AuskErteilg nicht bestand (BGH NJW **80**, 2574) od der Beamte zu ihrer Erteilg nicht befugt war (BGH VersR **85**, 492). Diese AmtsPfl besteht ggü jedem, auf dessen Antr od in dessen Interesse die Ausk erteilt wird (BGH NJW **85**, 1338), so daß der Empf, wie er die Ausk nach seinen erkennb Vorstellgen verstehen kann, entspr disponieren kann (BGH NJW **91**, 3027). Das gilt auch dann, wenn sich die Ausk auf eine künft Entsch od Leistg der Beh bezieht (BGH NJW **70**, 1414: fehlerh Zusage, die von der Beh nicht eingehalten werden kann, BGH WM **86**, 1327: Ausk an Spark über die zu erwartde EnteigngsEntschädigg des GrdstEigtümers) od auf einen künft Zust (BGH NJW **78**, 371: Ausk über FertStellg eines U-Bahnbaus, BGH WM **80**, 988: künft bauliche Nutzbark von Grdst). In teilw Widerspr zu vorgenannten Entsch steht die Auffassg des BGH (**117**, 83: Bauvoranfrage), auf eine mündl erteilte Ausk in einem förml, noch nicht abgeschlossenen VerwVerf könne sich der AntrSt nicht verlassen, weil sie nicht den Zweck habe, seine VermInteressen zu schützen. Der Betroffene hat zu bew, daß ihm Schad inf seines in die RWirksamk der Zusage gesetzten Vertrauens entstanden ist (BGH WM **76**, 98). Vertrauensschutz genießt auch eine TatsAusk, die sich auf die künft Entschließg eines zur Normsetzg berufenen Organs bezieht (BGH DB **76**, 575: Gemeindebeamter erteilt Ausk über beabsichtigte Änderg des Bebauungsplans). Dabei hat der Geschäd darzulegen, inwiefern die Ausk unricht, unvollst od mißverständl war. Wenn dafür die äußeren Umst sprechen u es sich um Vorgänge im Bereich der Beh handelt, hat sie darzulegen, inwiefern die Ausk trotzdem richt u vollst war (BGH NJW **78**, 371). VersTräger Rn 161.

45 **h) Folgenbeseitigung.** Für die Verw besteht die AmtsPfl, einen rwidr Zustd, dessen Entstehg ihr zuzurechnen ist, dch Wiederherstellg des urspr Zustds zu beseitigen. Dabei kommt es auf die RWidrigk der Folgen, nicht des VerwHandelns an. Desh Anspr auf SchadErs bei Aufrechterhaltg einer rwidr, dch ZtAblauf beendeten (BGH **130**, 333) od einer nicht mehr erforderl VerwMaßn (BGH **117**, 240 [247]).

i) Verfahrensfehler. Ggü AmtshaftgsAnspr aus verfahrensm fehlerh Hdlgen kann nicht geltd gemacht werden, diese hätten bei Beachtg der VerfVorschr rechtsgült vorgenommen werden können (RG **169**, 358). Dagg kann eingewendet werden, der Beamte hätte bei pflgem Verhalten denselben Erfolg herbeiführen müssen (BGH WM **75**, 95, WiB **97**, 218). 46

5) Einem Dritten gegenüber muß die AmtsPfl bestehen, nicht nur ggü der Allgemeinh od der Behörde. Bsp Rn 89 ff. 47

a) Maßgebend ist der **Schutzzweck** dem die AmtsPfl nach den sie begründden u umreissden Best u nach der bes Natur des AmtsGesch dienen soll (BGH **106**, 323 [331], WM **97**, 375 [378]). Einem Dr ggü besteht die AmtsPfl nur dann, wenn der Zweck mind auch die **Wahrnehmung der Interessen des einzelnen** ist (BGH **109**, 163), wenn zw der verletzten AmtsPfl u dem Geschädigten eine bes Beziehg besteht (BGH **110**, 1 [9], NJW **91**, 2696). Den Ggsatz bilden die AmtsPfl, die dem Beamten nur zur Aufrechterhaltg der öff Ordng od nur zum Schutze der Allgemeinh obliegen od die im Interesse des Staates an einer ordnungsgem Amtsführg des Beamten erlassen sind. Die AmtsPfl der ZentralBeh, die zur SachEntsch zuständ Stelle pers u mat in den Stand zu setzen, ihre Aufg gehör zu erfüllen, besteht nur im Interesse einer ordngsgem Verw (BGH NJW **90**, 2615). Unerhebl ist, ob die Ausübg der AmtsPfl mittelb in die Interessen Dr eingreift (BGH **109**, 163), ob sie sich für sie mehr od weniger nachteil auswirkt (BGH WM **91**, 1425). Beispiele vgl Rn 50, 51, 89 ff. Je nach dem zu schützden Interesse können AmtsPfl ein u derselben Pers ggü aufgespalten sein, sodaß in einer gewissen Bez der Schutz eines einz bezweckt wird, in and Bez nicht; abzustellen ist also immer auf das im EinzFall berührte Interesse (BGH NJW **94**, 2415).

b) Auch **innerhalb des öffentlichen Dienstes** ist AmtsPflVerl mögl (BGH **34**, 378 u VersR **83**, 1031). So bei Verstoß gg das Prinzip der Vertraulichk von Personal- u Disziplinarakten; nur unabweisb öff Belange können im EinzFall das GeheimhaltgsInteresse des Beamten überwiegen (BGH NJW **71**, 468). AmtsPfl öffrechtl ArbG auch beim Austausch besoldgsrechtl VerglMitt ggü dem einz davon betroffenen Besoldgs- od GehaltsEmpf (BGH NJW **84**, 2946). Kein Anspr auf Anstellg od Beförderg (BGH **21**, 256, DRiZ **69**, 157). Dies schließt aber AmtsPflVerl ggü dem Beamten od versorggsberecht Angehör iR einer Beförderg nicht aus, zB sachwidr, möglicherw auf Organisationsmangel beruhde verzögerl Behandlg bei Aushändigg der ErnennungsUrk (BGH VersR **83**, 1031). Bei Besetzg öff ausgeschriebener Stellen der Verw hat der DHerr auch ggü einem unterlegenen außenstehden Mitbewerber die AmtsPfl, den Ausgang des AuswahlVerf so rechtzeit mitzuteilen, daß dieser noch die Möglk hat, vorläuf RSchutz dch Antr auf Erl einer einstw AO in Anspr zu nehmen (BGH **129**, 226, Köln VersR **97**, 971). Keine AmtsPflVerl dch Ermittlgen, die der Überwachg der VerfTreue eines einzustelldden Bewerbers dienen, ohne sachwidr VerfVerzögerg (BGH NJW **79**, 2041). Verl der dem DHerrn obliegden **Fürsorgepflicht** (§ 79 BBG) ist idR Verl der schuldrechtsähnl SonderVerbindg sowie AmtsPflVerl. Für erstgen kommt vertragsähnl SchadErsAnspr entspr §§ 276, 278, 618 III (BGH **43**, 184) in Frage, zuständ die VerwG gem § 126 I BRRG (BVerwG **13**, 17). Für letztgen ist § 839 AnsprGrdlage (BGH VersR **72**, 368). Beide Anspr bestehen in AnsprKonkurrenz unabh nebeneinand (Einf 10 vor § 823). Bei **Amtsmißbrauch** des Beamten ist jeder dadch Geschäd Dr (BGH DB **73**, 468). 48 49

c) Dritter ist jeder, dessen Interessen die AmtsPfl iS der Rn 47 dient u in dessen RKreis dch die AmtsPflVerletzg eingegriffen wird, auch wenn er nur mittelb od unbeabsichtigt betroffen od zu einem Eingr in seine RStellg veranlaßt wird (BGH NJW **66**, 157, DB **74**, 915, VersR **88**, 963). Liegt die AmtsPflVerl im Erl eines rwidr belastden VA od in der rwidr Ablehng od Unterl eines begünstigden VA, deckt sich die Drittgerichteth mit der KlBefugn nach § 42 II VwGO (BGH NJW **94**, 1647). Der Kreis der geschützten Pers geht somit über den Kreis der bei einem AmtsGesch unmittelb Beteiligten, zB Prozeßpart, Zeugen, Sachverst, VertrSchließende, AntrSt in behördl GenVerf hinaus; vgl auch Rn 112 ff unter Notar. Bei AuskErteilg ist Dr jeder, auf dessen Antr od in dessen Interesse die Ausk erteilt wird (BGH WM **80**, 1199). AmtsPfl der Gem im Feuerschutz auch ggü dem einz Bürger (BGH **LM** (C) Nr 26). Bauvorschr als AmtsPfl ggü Nachbarn od aber nur der Allgemeinh ggü vgl § 903 Rn 14–18. Pfl zur Amtsverschwiegenh (BGH **34**, 186). IR der Staats- u DienstAufs hat die AufsichtsBeh die AmtsPfl ggü dem BeschwFührer, ihn vor geswidr Maßn zu bewahren u für ihre Beseitigg zu sorgen, ggf die Sache an sich zu ziehen u selbst zu entsch (BGH NJW **71**, 1699). Die StiftgsAufs dient auch dem Schutz der **Stiftung** vor ihren eig Organen, deren Versch allerd nach § 254 zu berücksichtigen ist (BGH **68**, 142). – **Eine andere öffentlich-rechtliche Körperschaft** kann Dr nur dann sein, wenn ihr der für die haftpfl Körpersch tät gewordene Beamte bei der Erledigg seiner DienstGesch in einer Weise ggütritt, wie sie für das Verh zw ihm u seinem Dienstherrn einers u dem Staatsbürger andrers charakterist ist, nicht bei der gleichsinn Erf einer den beiden Körpersch gemeins übertragenen Aufgabe (BGH **116**, 312). 50

d) Dritter ist nicht, wessen Interesse der Zweck der Amtshdlg nicht iS der Rn 47 zu dienen best ist, wie zB die VersGesellsch, die für den Schad haftet, od der Bürge. Beschafft sich ein Beamter für eine Dienstfahrt zwecks hoheitl Tätigk ein priv Kfz, mit dem er einen Unfall verschuldet, so ist der Eigtümer dieses Kfz nicht Dr (BGH NJW **92**, 1227). Keine Haftg ggü dem Untern einer Seilbahn, wenn staatl Überwachg unzulängl (BGH NJW **65**, 200). Keine Amtshaftg der LandwBeh wg Verletzg der Vorschr zur Beschrkg des Verk mit landw Grdst (Celle RdL **68**, 242); desgl nicht, wenn Käufer von Geflügel dadch geschädigt wird, daß veterinärpolizeil Maßn gg die Ausbreitg der Geflügelpest unzulängl waren (BGH **LM** (C) Nr 60). Keine Haftg ggü dem Importeur od Abnehmer bei Prüfg der lebensmittelrechtl EinfuhrFähigk ausländ Ware (BGH MDR **72**, 127); nicht, wenn VerwErlasse der nachgeordneten Verw allg eine best GesAuslegg vorschreiben (BGH NJW **71**, 1699). Diese behördl Maßnahmen dienen nur den Interessen der Allgemeinh. Keine AmtsPfl der VersÄmter ggü den VersTrägern bei der Beurkundg u Prüfg von RentenAntr (BGH **26**, 232), desgl nicht des Beamten der UmsiedlgsBeh des Abgabelandes ggü dem Aufnahmeland (BGH **32**, 145). AmtsPfl ggü der Allgemeinh zu wahrheitsgem Unterrichtg der Presse, nicht aber ggü der Presse od einem best Journalisten (BGH **14**, 319). Kein SchadErsAnspr bei legislativem Unrecht, weil der GesGeber AmtsPfl idR nur ggü der Allgemeinh zu erfüllen hat; Ausn sind denkb bei Maßn- u EinzelfallGes (BGH **87**, 321 [335], NJW **89**, 101, BayObLG NJW **97**, 1514; vgl aber Rn 19 b). Regelm auch keine AmtsPfl Dr ggü, Dienststellen hinreichd mit Personal auszustatten (BGH WM **63**, 1104). PersAmt hat aber Dr ggü die AmtsPfl, die vorh Kräfte 51 sachgem einzusetzen (BGH NJW **59**, 575). – Ist eine AmtsPfl nach Art der Tätigk auf einen best PersKreis beschr, so sind and Pers nicht Dr. Deshalb begründen zB rein schuldrechtl Beziehgen eines Dr zum VollstrGläub od Schu keine AmtsPfl des GVz diesem Dr ggü. Ein UrkBeamter, der Rechtskr eines Urt zu Unrecht attestiert, verletzt AmtsPfl nur ggü den ProzPart (BGH **31**, 388). Der Händler ist nicht Dr, wenn die BPrüfStelle für jugdgefährdde Schriften ein Buch oder ein Computerspiel zu Unrecht auf den Index setzt (Köln CR **94**, 465). Ebso bestehen für die Träger der VersAufs keine AmtsPfl ggü einz Versicherten od Geschäd (BGH **58**, 96 für KfzPflVers; aA Scholz NJW **72**, 1217). – Der Erbe des Gl eines erst mit seiner Festsetzg vererbl werdden EntschädiggsAnspr ist nicht Dr (BGH **56**, 251). Ebso nicht der Käufer eines gebrauchten Kfz, dessen ErstZulassg die ZulassgsStelle nicht ermittelt u im KfzBrief falsch eingetragen hat (BGH WM **82**, 213) od bei Zulassg dch TÜV trotz techn Mängel; ebso nicht der Kfz-HaftpflVersicherer bei Verletzg der StrVerkSichgPfl (BGH NJW **73**, 458). Eine Pers, der ggü eine AmtsPfl zu erf ist, muß nicht in allen ihren Belangen Dritter sein (Bsp: BGH NJW **81**, 2345).

52 **6) Verschulden.** Nicht jede obj unricht Sachbehandlg hat ErsPfl zur Folge. Nicht notw ist, daß Vors od Fahrlk sich auch auf die Voraussehbark des Schad beziehen (BGH NJW **65**, 963, WM **69**, 535). – **a) Vorsätzlich** handelt der Beamte, der die Tats, die die PflVerl obj ergeben, kennt – also zB sich bewußt über bestehde Vorschr hinwegsetzt – und sich auch der PflWidrigk bewußt ist od mind mit der Möglk eines
53 Verstoßes gg AmtsPfl rechnet u gleichwohl handelt (BGH **34**, 381, VersR **73**, 443). – **b) Fahrlässig** handelt der Beamte, der bei Beobachtg der erforderl Sorgf hätte voraussehen müssen, daß er seiner AmtsPfl zuwiderhandelt. Für den SorgfMaßst kommt es auf die für die Führg des Amtes im Durchschnitt erforderl Kenntn u Fähigk an, die sich der Beamte verschaffen muß (BGH **117**, 240 [249], NJW **98**, 2738). Ein bes strenger Maßst gilt für Beh, die sich selbst VollstrTitel schaffen kann (FinAmt), bei der Schaffg solcher Titel (Düss VersR **93**, 439) u für oberste LandesBeh im atomrechtl GenVerf (BGH WM **97**, 375 [378]). – **Unrichtige Gesetzesauslegung oder Rechtsanwendung** ist vorwerfb, wenn sie gg den klaren, best, unzweideut Wortlaut einer Vorschr od gg höchstrichterl Rspr verstößt, wobei schon eine einz Entsch Klärg herbeiführen kann (BGH VersR **89**, 184, NJW-RR **92**, 919). Ebso, wenn sich Beamter nicht rechtzeit über GesÄndergen unterrichtet. And dagg, wenn Beamter bei der Auslegg v zweifelh GesBest zu einer zwar unricht, aber nach gewissenh tats u rechtl Prüfg der zu Gebote stehden Hilfsmittel zu einer auf vernünft Überleggen gestützten StellgN kommt (BGH **119**, 365, NJW **94**, 3158), bes wenn die Best neu u die Zweifelsfragen noch ungeklärt sind (BGH **36**, 149, VersR **68**, 788); kann danach die GesAnwendg als rechtl vertretb angesehen werden, so ist die spätere Mißbilligg der RAuffassung des Beamten ihm nicht rückschauend als Versch anzulasten (BGH NJW **94**, 3158; krit Baumeister/Ruthig JZ **99**, 117/122). Auch wenn die Beh sich einer gg sie ergangenen nicht rechtskr Entsch nicht beugt, ist ein Festhalten an ihrer Haltg nur dann schuldh, wenn dies nach der Beurteilg im EinzFall nicht mehr vertretb erscheint (BGH NJW **94**, 3158). Entsch ist, daß die maßgebl Norm herangezogen u die Probleme erkannt wurden. RAnwendg ist auch die Auslegg unbest RBegr (BGH NJW **70**, 1543). Auch keine versch Unkenntn des Richters von neuerer, von den führden Erläutergsbüchern abweichder Entsch höchster Gerichte, wenn ihm diese nicht im ordentl GeschGang zugängl gemacht worden ist. Hat ein mit mehreren Rechtskund besetztes KollegialGer unrichtigerw RMäßigk der Amtshdlg bej, so ist im allg Versch des Beamten zu verneinen (BGH **97**, 97 [107]), auch wenn diese Entsch erst nach der AmtsHdlg ergangen ist (BHG NJW-RR **92**, 919). Ausn: Wenn das KollegialGer in entscheidden Punkten von einem unricht Sachverh ausgegangen ist od diesen nicht erschöpfd gewürdigt hat (BGH NJW **90**, 3206); wenn es eine eindeut Best handgreifl falsch ausgelegt hat od das Verhalten des Beamten aus and RGründen als der Beamte als obj gerechtf ansieht (BGH NJW **82**, 36) od wenn es sich bei dem beanstandeten Verhalten um eine grdsätzl Maßn zentraler Dienststellen bei Anwendg eines ihnen bes anvertrauten SpezialGes handelt (BGH NJW **71**, 1699); außerd, wenn der Entsch des Ger nur ein summar Verf zGrde liegt (BGH **117**, 240 [249]) od wenn das Ger die Amtshdlg nur auf ihre Vertretbark zu überprüfen hatte (BGH NJW **98**, 751; Rn 153). – **Arbeitsüberlastung** des Beamten kann unter bes Umst EntschuldiggsGrd sein (BGH WM **63**, 1103). AmtsPflVerl bei ErmessensEntsch Rn 36. – EntschädiggsPfl bei rechtsw-schuldloser Ausübg öff Gew vgl Übbl 4–54 vor § 903. Versch bei Verstoß gg GemschR der EU Rn 19 b, c.

54 **7) Hilfsweise Haftung** tritt nach **Abs I S 2** ein, wenn Beamter ledigl fahrl gehandelt hat. Gilt nur für Anspr aus AmtsPflVerl (BGH **6**, 23, NJW **88**, 2946). Keine analoge Anwendg auf die Haftg der Körpersch aus konkurrierder anderweit AnsprGrdlage wie GoA, öffr Verwahrg, Aufopferg (BGH NJW **75**, 207). Die Best wird vielf als antiquiert erachtet, die Rspr hat desh die Tendenz, ihren AnwendgsBereich einzuschränken, indem sie nicht mehr die bloße Möglk anderweit Ers mit dem Ziel einer StaatsEntlastg genügen läßt, sondern auch darauf abstellt, ob der ErsAnspr des Verl gg den Dr den Zweck hat, den Schädiger endgült auf Kosten des Dr zu entlasten (BGH NJW **78**, 495), außerd darauf, ob die Ausnutzg einer anderweit ErsMöglk dem Geschädigten zumutb ist BGH NJW **97**, 2109). Verstoß gg GemschR der EU Rn 19 b.

55 **a) Bedeutung.** Es ist gleichgült, ob ein and ErsPflichtiger nicht vorh ist od ob aus tats Grden, zB Konkurs (BGH DB **96**, 1868), die InanspruchN eines and nicht zum Ziel führt. Solange eine andweit ErsMöglk ernsth in Betracht kommt, ist die AmtsHaftgsKl unschlüss, der Nachweis der Unmöglichk anderweiter ErsErlangg gehört zur Klagebegründg, ist also vom Verl darzulegen u zu bew (BGH **121**, 65 [71]). Kläger kann sich jedoch zunächst auf Widerlegg der sich aus dem Sachverhalt selbst ergebden ErsMöglichk beschränken (BGH WM **69**, 621). Es genügt die Darlegg, daß u wesh die InAnsprN eines Dr keine Aussicht auf Erfolg verspricht, der Bew, daß gg den Dr nicht alle AnsprVorauss vorliegen, kann nicht verlangt werden (BGH VersR **78**, 252). Sache der Bekl ist es sodann, and ErsMöglichk aufzuzeigen (BGH DB **69**, 788). Bevor der Ausfall feststeht, ist weder Leistgs- noch Feststellgsklage begr, außer wenn Dr nur zu einem best Bruchteil haftet (BGH **4**, 10). Das schließt aber nicht gleichzeit KlErhebg gg Beamten bzw Körpersch u Dr aus; mit Abs I S 2 kann die Kl dann nicht vorweg mit TlUrt abgewiesen werden (BGH NJW **93**, 784). GrdUrt ist zuläss, wenn feststeht, daß eine vorh anderweit ErsMöglichk den Schad nicht zureichd ausgleichen kann (BGH WM **76**, 873).

56 **b) Unanwendbar** ist Abs I S 2, wenn die in Anspr genommene Körpersch selbst der ErsPflichtige ist (BGH GrZS **13**, 88: Konkurr zw AmtsPflVerl u enteigngsgleichem Eingr). Ebso, soweit sich die Anspr gg die Körpersch aus § 839 u aus §§ 7, 12 StVG decken (BGH **50**, 271). Abs I S 2 ist wg der haftgsrechtl

Gleichbehandlg aller VerkTeiln nicht anwendb, wenn ein Amtsträger, auch ein Angehör der StationiergsStreitkräfte mit einem MilitärKfz (BGH NJW **81**, 681), ohne die InAnsprN v SonderR nach § 35 I, VI StVO bei einer Dienstfahrt im allg StrVerk einen VerkUnfall verurs (BGH **68**, 217, BGH NJW **79**, 1602), auch wenn dabei ein Kfz-Insasse verl wird (Köln VRS **95**, 321). Dies gilt auch, sow die HaftgsHöchstgrenzen des StVG überschritten werden, für SchmerzG u wenn im EinzFfall die Körpersch nicht KfzHalter ist; interner Ausgl zw mehreren ErsPfl entspr ihren VerantwortgsAntlen nach § 17 StVG. Bei InAnsprN von SonderR nach § 35 I, VI StVO ist Abs I S 2 auf den immat SchadErs Anspr anwendb (BGH **113**, 164, VersR **92**, 1129). Der Grds haftgsr Gleichbehandlg gilt auch, Abs I S 2 ist also unanwendb bei Verl der als hoheitl Aufgabe ausgestalteten allg VerkSichgPfl (BGH NJW **81**, 682), zB Standunsicherh eines StrBaumes, auch zG des Anliegers (BGH **123**, 102). Das gilt auch, wenn die Gem die StrReiniggsPfl dch Satzg auf die anliegden GrdstEigtümer übertr u ein Amtsträger die ihm als hoheitl Aufgabe obliegde Pfl verletzt hat, die Einhaltg der Räum- u StreuPfl zu überwachen (BGH **118**, 368). Ebso wenn er dch Verl der ihm als hoheitl Aufgabe obliegden StrVerkSichgPfl einen VerkUnfall schuldh verurs (BGH **75**, 134: and Kraftfahrer, BGH NJW **93**, 2612: BauUntern). Dagg nur subsidiäre Haftg, wenn ein PolBeamter unter Verl seiner AmtsPfl die zuständ Stelle nicht unverzügl von der FunktionsStörg einer LichtampelAnl unterrichtet (BGH **91**, 48). – Abs I S 2 ist ferner unanwendb, wenn sich der anderweit ErsAnspr gg eine and öffrechtl Körpersch richtet, sofern nur dieser Anspr u der aus Amtshaftg demselben TatsKreis entsprungen ist, da insow von der Einheitlichk der öff Hand auszugehen ist; dabei spielt es keine Rolle, welchem RGrd der and Anspr gg die öff Hand entspringt (BGH **62**, 394, **111**, 272). Ebso gilt Abs I S 2 nicht im Verhältn zw der Staats- u der konkurrierden Notarhaftg (BGH NJW **93**, 3061 [3063]). Anspr gg ges Unfall- u RentenVers ist nicht als anderweit ErsMöglk anzusehen (BGH **70**, 7, NJW **83**, 2191). Gleiches gilt für Leistgen der ges Krankenvers bei unfallbdgter Krankh jedenf für die Haftg des Staates (BGH **79**, 26). Das gilt für alle Anspr gg Sozial- u priv Vers mit ges FdgsÜbergang, weil eben dieser die HaftgsFolge nicht endgült der Vers zuweist u weil der Zweck des Abs I 2 nicht ist, den Schädiger zu Lasten einer dch Prämienzahlgen erkauften Vers u damit zu Lasten aller Versicherten zu entlasten (Stgt VersR **82**, 351). Das gilt auch für Anspr gg die priv Krankenvers, denn ihr Zweck ist nicht, dem Staat das HaftgsRisiko abzunehmen (BGH **79**, 36). Das gilt auch iF unsachgem Feuerstättennachschau dch BezSchornsteinfegermeister: Anspr des Geschädigten gg priv Feuervers ist keine anderweit ErsMöglichk (BGH VersR **83**, 462). Ebso ist die Leistg des Kaskoversicherers an den Geschädigten keine anderw ErsLeistg (BGH **85**, 230). Lohnfortzahlg an den verl ArbNehmer nach LFZG ist kein „Ers", insow die Haftg des Staates also nicht nur subsidiär (BGH **62**, 380). Ferner keine Subsidiarität für die BRep im Verh zur EG jedenf dann, wenn der EuGH dem Kl aufgegeben hat, ihm eine Entsch der dtschen Ger über seine SchadErsKl gg die BRep vorzulegen (BGH NJW **72**, 383, nach Köln NJW **68**, 1578 schlechthin). – Unanwendb ist Abs I S 2 auch, wenn Beamter, auch Arzt (BGH NJW **88**, 2946), auch aus Vertr haftet; ferner wenn Haftg des Beamten nicht auf § 839, sond ausschließl auf §§ 823, 826 beruht. Erfüllt der Tatbestd sowohl die Vorauss von §§ 823 ff als auch von § 839, so entfällt die Befreiungsmöglichk (BGH **LM** § 823 (Dc) Nr 19). Die ErsPfl aus § 839 geht derjen aus dem EntschädiggsFonds für Schäd aus KfzUnfällen vor (BGH VersR **76**, 885). ZumutbkGrenze Rn 64. BewLast Rn 84.

c) Auch eine **früher vorhandene Ersatzmöglichkeit** darf der Verl nicht schuldh versäumt haben, die BewLast dafür trägt er (BGH BB **92**, 950: Verj-lassen des ErsAnspr). Im übr ist auf den Ztpkt der Erhebg der RückgrKlage abzustellen. Nichtbetreiben eines ZwVollstrVerf wie Unterlassg der Pfändg eines AuseinandSAnspr (BGH **LM** (Fi) Nr 5). Keine Berufg auf Aushilfshaftg, wenn geschädigter Mj ErsAnspr gg Vormd hat, aber mangels Bestellg eines Pflegers nicht geltd machen konnte. Hatte Geschädigter keine Kenntn von Entstehg des Schad u dadch anderweite ErsMöglichk versäumt, so schließt dies die HaftPfl des Beamten selbst dann nicht aus, wenn Verletzter den Eintritt des Schad schuldh nicht gekannt hat; wohl aber kann dies für § 254 von Bedeutg sein. 57

d) Rechtsgrundlage anderweitiger Ersatzmöglichkeit kann Vertrag oder Ges sein, sie muß ihre Grdl 58
in demselben TatsKreis finden, der für das Entstehen des AmtsHaftgsAnspr maßg ist (BGH WM **97**, 375 [390]). Daß der SchadErsAnspr des Geschäd auf andere übergeht (§§ 116 SGB X, 67 VVG, 4 LFZG, 87 a BBG) steht der Anwendg des Abs I S 2 nicht entgg (Bamb NJW **72**, 689; aA Waldeyer NJW **72**, 1249). Dagg ist Abs I S 2 nicht anwendb auf den RückgrAnspr des SozVersTrägers auf Ers seiner Aufw zum Ausgl des Schad (§§ 640, 641 RVO), der dem verl Versicherten inf einer AmtsPflVerl entstanden ist; auch § 254 ist auf diesen RückgrAnspr nicht anwendb (BGH NJW **73**, 1497). And ErsMögk des Hofinhabers gg seinen Sohn, der ohne sonst Einkommen u Verm als künft Hoferbe auf dem Hof mitarbeitet, kann nicht nach § 850 II ZPO fingiert werden (BGH NJW **79**, 1600). Auch schuldh Versäumg einer nur **tatsächlichen Möglichkeit** 59
von SchadErs hindert Anspr gg Beamten u Staat (BGH VersR **60**, 663: Möglichk der Anfechtg eines Vertr). Es genügt, wenn HaftgsAnspr u ErsAnspr gg Dr demselben TatsKreis entspringen (BGH **31**, 150). Die ErsLeistg des Dr ist anzurechnen. Leistg Dr, auf die kein RAnspr besteht, od die ihrer Natur nach nicht dem Schäd zugute kommen sollen, sind nicht zu berücks (Hamm VersR **69**, 1150). Notwendigk der Verfolgg des 60
Anspr im **Ausland** vgl Rn 64.

e) Klage gegen Dritten. Keine Verpfl des Verl, zunächst gg den Dr zu klagen; er kann die Vorauss der Aushilfshaftg im AmtshaftgsProzeß nachweisen (BGH VersR **60**, 663). Unerhebl für Anwendbark der BefreiungsVorschr ist, ob der ersatzpfl Dr seiners von dem Beamten SchadErs verlangen kann (BGH WM **71**, 802). 61

f) Auf eine **zukünftige Ersatzmöglichkeit** braucht sich der Verl nicht verweisen zu lassen (BGH WM **65**, 1061). Schwierigk der Auslegg ges Vorschr, die für die Frage anderw ErsMöglichk maßg sind, begründen nicht die Vorauss des Abs I S 2. Zumutbark Rn 64. 62

g) Haben **mehrere Beamte** fahrl gehandelt, so kann nicht etwa der eine den Verl an den and verweisen, da insow ein GesamtschuldVerh besteht (BGH WM **65**, 1061); ebso, wenn mehrere öff Körpersch nebeneinand haften (BGH **13**, 88) od der Staat u der Notar (BGH WM **60**, 986, WM **91**, 653). And aber, wenn ein Beamter vorsätzl, die and nur fahrl gehandelt haben; die letzteren können sodann den Geschädigten an den vorsätzl Schädiger verweisen. 63

64 h) **Unzumutbar** kann im EinzFall für den Verl die InanspruchN des Dr sein, sodaß die Körpersch sich auf die Subsidiarität ihrer Haftg nicht berufen kann, zB bei Schädigg einer Ehefr dch ihren Ehem u ein Kfz der Körpersch (BGH **61**, 101). Außerd braucht der Geschädigte sich nicht auf anderweit ErsAnspr verweisen zu lassen, die er nicht in absehb u angem Zeit u mit nur zweifelh Ergebn dchsetzen kann (BGH BB **95**, 1871), insbes gg weitere Dr, wenn er gg einen Dr bereits einen Titel erwirkt hat, den er wg dessen VermVerfalls nicht realisieren konnte (BGH **120**, 124). Die Verfolgg des Anspr gg einen ErsPfl im **Ausland** scheidet als andweit ErsMöglk aus, wenn die Kl u eine etwaige ZwVollstr dort eine unzumutb Erschwerg u Verzögerg mit sich bringen würde (BGH NJW **76**, 2074, Hamm VersR **92**, 493).

65 i) **Rechtskraftwirkung** des Urt, das die Klage gg den Beamten wg anderweit ErsAnspr abweist, nur insow, als zZ unbegründet (BGH **37**, 377 ff). Die Kl kann also wiederholt werden, wenn nachher feststeht, daß ein anderweit ErsAnspr nicht besteht od nicht dchsetzb ist (BGH VersR **73**, 443).

66 8) **Richterprivileg des Abs II.** Allg s Hagen NJW **70**, 1017 mit beachtl Grden für Ausdehng der Staatshaftg auch auf grob fahrl fehlerh Sachbehandlg, soweit dadch zusätzl außergerichtl Kosten verurs werden; realisierb aber erst de lege ferenda. Abs II gilt auch ggü NichtPart (BGH **50**, 14).

67 a) **Spruchrichter** sind auch Beisitzer, Schöffen u and ehrenamtl Ri der verschiedenen GerZweige; nicht dagg SchiedsRi; doch ist bei ihrer Bestellg als stillschw VertrBedingg anzunehmen, daß sie nicht weiter haften sollen als Ri der ord Gerichtsbark (BGH **42**, 313). Schiedsgutachter haften nur, wenn ihre PflVerletzg dazu führt, daß ihr Gutachten wg offenb Unrichtigk unverbindl ist (BGH **43**, 374). Sachverst vgl § 823 Rn 117.

68 b) **Urteil.** Entscheidend ist nicht die formale Natur der Entsch, sond ihr materieller Inhalt (BGH NJW **66**, 246). Auch Beschlüsse fallen unter Abs II, wenn es sich um richterl Entsch handelt, die ihrem Wesen nach ein Urt sind u die ein durch Kl od Anklage begründetes ProzVerh unter den für ein Urt wesentl ProzVorauss für die Instanz beenden. Maßg Kriterien sind Notwendk rechtl Gehörs, Begründgszwang, mat RKraftWirkg (BGH **51**, 326 [329]). BerichtiggsBeschl gem § 319 ZPO gehört hierher, weil Bestandtl eines Urteils.
69 **Urteilscharakter bejaht** für Beschl nach § 91 a ZPO (BGH **13**, 142); für solche in ErbgesundhSachen (BGH **36**, 379). Beschl der freiw Gerichtsbk, sow sie Streitsachen betreffen (vgl Keidel-Kuntze-Winkler § 12 Rn 109 ff). Beschl gem § 383 I StPO, der Eröffng des PrivatKlVerf ablehnt (BGH **51**, 326, abl Leipold JZ **70**, 26: Trend zur Ausdehng des Richterprivilegs), für Beschl des Strafrichters, der Entschädigg nach dem G betr die Entschädigg der im WiederaufnVerf freigesprochenen Pers ablehnt (BGH NJW **71**, 1986), EinstellgsBeschl
70 nach § 153 II StPO (BGH **64**, 347). – **Urteilscharakter verneint** für Entsch im Arrest- u einstw VfgsVerf dch Beschl (BGH **10**, 55 [60]), im ProzKostenhilfeVerf (BGH VersR **84**, 77), im Vollstr-, insb KonkVerf (BGH NJW **59**, 1085), Verf der freiw Gerichtsbark, sow Fürsorgecharakter (BGH NJW **56**, 1716; aA für AO der Betreug Coeppicus NJW **96**, 1947); bei vorläuf Entziehg der Fahrerlaubn im StrafVerf nach § 111 a StPO (BGH NJW **64**, 2402), Entsch im KostenfestsetzgsVerf (BGH NJW **62**, 36, KG NJW **65**, 1603), Streitwertbeschluß (BGH **36**, 144). – Jedes Versagen bei einem Urteil ist gemeint, gleichgült ob eth od intellektuell. –
71 **Bei dem Urteil** heißt nicht „durch" das Urt; darunter fallen also nicht nur Fehler der SachEntsch selbst, sond auch bei Maßn, die darauf gerichtet sind, die Grdlagen für sie zu gewinnen (BGH **50**, 14; BGH VersR **84**, 77: differenzierd für Festsetzg der Sachverst-Entschädigg; Düss JMBl NRW **88**, 119: ZgLadg trotz EntschuldiggsGrden).

72 c) **Unterausnahme nach Abs II S 2.** Die Verweigerg od Verzögerg eines RiSpruches kann nicht Ggst eines Urt sein. Bei ProzVerzögerg dch überflüss BewErhebg verbleibt es bei S 1 (and Blomeyer NJW **77**, 557), denn der Fehler ist „bei dem Urt" gemacht u Abs II will, jedenf auch, die richterl Unabhängigk schützen.

73 9) **Schadensabwendung durch Einlegung eines Rechtsmittels, Abs III.** Schuldh Nichteinlegg ist ein Fall des mitw Versch, der ohne Abwägg gem § 254 zum völl HaftgsAusschl führt (BGH NJW **97**, 2327). Das muß sich der unmittelb Beteil u jeder in den Schutzbereich der verl AmtsPfl einbezogene Dr (Rn 115) entgegenhalten lassen, auch wenn er selbst kein RMittel einlegen konnte (BGH NJW **97**, 2327). Entspr anwendb bei Verl der beamtenr Auslesekriterien für eine BefördergsStelle u bei Verl der FürsorgePfl im BeamtenR (BVerwG NJW **98**, 3288).

a) **Rechtsmittel** sind alle RBehelfe im weitesten Sinne, die eine sich unmittelb gg die AmtsHdlg od Unterl selbst, ggf mehrerer Beamter (BGH NJW **60**, 1718) richten u Beseitigg od Berichtigg der schädigden Anordng u zugl Abwendg des Schad bezwecken u ermöglichen (BGH VersR **82**, 954). So Widerspr gg Arrest, WiederAufn des Verf (str), Antr auf gerichtl Entsch, Einspruch gg Strafbefehl, Erinnerg nach ZPO 732, 766, DrittwidersprKl (Düss NJW-RR **92**, 1245), Antr auf Aussetzg der Vollziehg eines Steuerbescheids (Mü u BGH WM **84**, 1273 u 1276), Widerspr gg Teilgsplan in ZwVerst (RG **166**, 255), Einwdgen gg eine fehlerh Ausk (BGH NJW **98**, 138), Einwdgen gg Entsch des Rpflegers, auch Anregg der Eintr eines Amtswiderspr ins GB (RG **138**, 114), auch einf Erinnerg an Erledigg eines Antr (BGH **28**, 104) od Erinnerg des Not an den Abschl des Gesch (BGH NJW **97**, 2327), Hinw in der BeurkVhdlg, der vorgelesene Text entspreche nicht dem geäußerten PartWill (Hamm DNotZ **97**, 573), auch DAufsBeschw (BGH VersR **86**, 575), GgVorstellg (BGH NJW **74**, 639), Antr an Beh auf TätWerden (Düss NJW-RR **95**, 13), den Eintritt der GenFiktion zu bescheinigen, verbunden mit einem Hinw auf den verspätet ergangenen ZwBescheid (BGH NJW **93**, 3061), Verlangen nach Abhilfe bei VerfFehlern währd einer Prüfg (Düss VersR **93**, 99), Verpfl- (BGH **15**, 312), Anfechtgs- (BGH **113**, 17), UntätigkKlage (BGH WM **63**, 841) im VerwGerVerf, Antr auf einstw AO nach VwGO 123 (BGH WM **97**, 177), Antr auf ZwangsgeldFestsetzg gg eine Beh nach VwGO 172 (Peglau DVBl **96**, 1350). Der Geschädigte hat nicht etwa ein WahlR zw PrimärRSchutz dch Anf einer ihn rwidr belastden Maßn u SchadErs mittels AmtshaftgsKl (BGH **113**, 17, NJW **92**, 1884). Nicht anwendb ist III, wenn der Betroffene es unterläßt, gg einen VerwAkt, der den Inhalt eines vorher erlassenen u von ihm angefochtenen VerwAkts ledigl wiederholt, erneut ein RMittel einzulegen (BGH **56**, 57). Der RechtsmBegr ist auch bei
74 AmtsPflVerl dch Notar derselbe (BGH NJW **74**, 639) – **Nicht zu den Rechtsmitteln gehören selbständige Verfahren,** die zwar einem drohden Schad begegnen sollen, nicht aber der Überprüfg der beanstandeten AmtsHdlg od dem TätWerden der Beh dienen, zB Antr auf einstw Einstellg der ZwVollstr bei Einlegg der

Berufg, EinstellgsAntr nach ZVG 30a (BGH VersR 93, 1521). Unanwendb ist Abs III, solange eine AmtsPflVerl nicht begangen ist (BGH VersR 82, 953) u wenn die Einlegg des RMittels nicht zur Abwehr der Entstehg des Schad, sond zur Wiedergutmachg bereits entstandenen Schad gedient hätte; dafür gilt Abs I S 2. – Zum ordngsgem GebrMachen von einem RMittel gehört, falls ges vorgeschrieben, auch seine Begründg.

b) Schuldhafte Nichteinlegung des RMittels bedeutet Vorwerfbark iS des § 254 Rn 1 (BGH **113**, 17). 75
Es ist darauf abzustellen, welches Maß an Sorgf u Umsicht von Angehör des betr PersKreises zu verlangen ist (BGH WM **97**, 177), wobei der Bürger im allg auf die Richtigk einer amtl Belehrg vertrauen, wenn hiergg nicht gewicht Grde sprechen (BGH WM **63**, 841). Bei RUnkenntn muß der Geschädigte RKund zuziehen. Fahrl handelt im allg, wer die vom GBA od RegGer erhaltene EintrMitteilg nicht auf Richtigk u Vollständigk prüft (BGH WM **58**, 1050). Der Mj hat für Versch des ges Vertr, die Partei für Versch des RA (Düss NJW-RR **92**, 1245) einzustehen. IR betreuender Tätigk auf dem Gebiet der vorsorgden RPflege gem § 24 BNotO kann auch ein Notar ErfGeh eines Beteil ggü der and Part bei Einlegg von RBehelfen sein (BGH WM **84**, 364). – **Kein Verschulden,** wenn Bietgswilliger im ZwVerst Verf inf Unkenntn der Vorschr es unterläßt, gg 76
das Unterbleiben des Einzelausgebots (ZVG § 63) Erinnerg einzulegen, oder wenn ein Gl es unterläßt, gg Teilgsplan bei verwickelter RLage Widerspr zu erheben (RG **166**, 255); ebso nicht bei Unterlassg einer AufsBeschwerde od Erinnerg an Erledigg, wenn die Ann einer Dienstwidrigk nicht dringl naheliegt (BGH WM **63**, 350); ebso nicht die Nichterhebg der verwger VerpflKlage alsbald nach Ablauf der ges Fr (BGH **15**, 312). Eine Part verstößt idR nicht gg die im eig Interesse gebotene Sorgf, wenn sie sich auf die Richtigk einer erstinstanzl GerEntsch verläßt; die Nichteinlegg eines RMittels ist schuldh nur, wenn bes Umst eine Anf als aussichtsreich erscheinen lassen (BGH MDR **85**, 1000). Die Nichteinlegg ist nicht schuldh, solange die Wahl zw alsbald RMitteleinlegg u aussichtsreichen Verh mit der Behörde besteht (BGH VersR **89**, 959); außerd, wenn feststellb ist, daß die Beh od das erstinstanzl Ger auf RMittel keinen dem Geschädigten günst RStandpkt eingenommen hätte (Düss VersR **93**, 439).

c) Kausalzusammenhang zw der Nichteinlegg des RMittels u dem Schad, zu beweisen vom Beamten. 77
Hätte der RBehelf den Schad nur teilw abwenden können, so entfällt bei Nichteinlegg der SchadErsAnspr nur zum entspr Tl (BGH NJW **86**, 1924). Kommt es darauf an, wie das Ger od die Beh auf den RBehelf entschieden hätte, ist grdsätzl darauf abzustellen, wie sie nach Auffassg des Ger im AmtsPflProz richtigerw hätten entscheiden müssen. Steht allerd fest, daß GgVorstellg od DAufsBeschw erfolgl geblieben wären, ist ihre Nichteinlegg nicht ursächl für entstandenen Schad (BGH NJW **86**, 1924).

10) Schadenersatz. – a) Das **negative Interesse** ist zu ersetzen (§ 823 Rn 159). Maßg ist also, wie sich 78
bei pflichtgem Handeln des Beamten die VermLage des Betroffenen entwickelt hätte (BGH NJW-RR **88**, 1367). Bei unricht Ausk Rn 44. Die AmtsPflVerl ist für den Schad nicht ursächl, wenn dieser auch bei pflichtgem Handeln des Beamten entstanden wäre, zB wenn der Prüfling die Prüfg auch sonst nicht bestanden hätte (BGH NJW **83**, 2241). Nicht ursächl ist die AmtsPflVerl für einen Schad inf von Hdlgen des Betroffenen, wenn er zumutb darauf vertrauen konnte, den Schad allein durch das eingelegte RMittel abzuwenden (MüVersR **89**, 142). Wenn ein SchadErsAnspr davon abhängt, wie eine gerichtl od behördl Entsch hypothet ausgefallen wäre, ist darauf abzustellen, wie sie nach Auffassg des über den ErsAnspr urteilden Ger richtigerw hätte getroffen werden müssen (BGH **133**, 110; näher Vorbem 85 vor § 249). Gilt auch, wenn der Not schuldh seine AmtsPfl verl hat u der Kläger infolgedessen in einem RStreit unterliegt (BGH NJW **56**, 140).

b) Geldersatz. Im Ggs zum Grds der Naturalrestitution richtet sich der SchadErsAnspr aus AmtsPflVer- 79
letzg auf Geldersatz (BGH (GrZS) **34**, 99). Andernf würden die ord Ger mit der Verurteilg zur Aufhebg eines schädigden VerwAktes in den ZustdkBereich der VerwGer übergreifen; auch kann allenf von der zust Körpersch, nicht aber von dem Beamten, dessen Amtsführg beanstandet wird, ein best öffrechtl Verhalten gefordert werden. Daher grdsätzl auch kein Anspr gg den Beamten auf Unterl od Widerruf (BGH aaO). Ob ausnahmsw ein solcher Anspr doch gg den Beamten besteht, weil insow eine unvertretb persönl Leistg des Beamten in Rede steht, ist nur aus den Besonderh des EinzFalles zu beantworten. – Es bestehen jedoch keine Bedenken gg Naturalrestitution, die nicht auf Rückgängigmachg des VerwAktes – Herausg der beschlagn Sache –, sond auf Lieferg eines and Ggst von best Art u Beschaffenh od auf vertretb Sachen gerichtet ist (BGH **5**, 102). Ebso kann AuskErteilg u Abg einer eidesstattl Vers zur Vorbereitg eines auf GeldErs gerichteten AmtshaftgsAnspr verlangt werden (BGH **78**, 274). – §§ 843 bis 845 sind anwendb, auch § 847, auch bei Staatshaftg (BGH **12**, 278). Vorteilsausgleichung gilt auch hier (vgl Vorbem 119–161 vor § 249). Bei Rangverschlechterg einer Hyp führt Anwendg von § 255 zur Verurteilg gg Abtretg der Hyp. Für SchadBemessg ist grdsätzl Ztpkt der letzten mdl TatsVhdlg maßg. Eine Heilg des gemachten Fehlers bis zu diesem Ztpkt ist bei der SchadEntwicklg zu berücksichtigen, zB Sanierg eines kontaminierten Grdst (BGH **109**, 380 [391]), nachträgl Erl einer wirks gemeindl Satzg als RGrdl eines Gebührenbescheids (BGH NJW **95**, 394). Bei versehentl Eintr eines schlechteren Ranges im GB entsteht der Schad sofort, weil dadch die Gef eines Ausfalls näher rückt u die Befriedigg des Gläub gefährdet wird (RG JW **37**, 1917); ebso bei pflichtwidr Auszahlg der Valuta ohne die vereinb dingl Sicherg best Ranges (RG **144**, 80). Schad des Nacherben ist schon dann entstanden, wenn Vorerbe inf unrichtiger Ausstellg des Erbscheins als freier Erbe handeln konnte u mit der Erbsch unwirtsch verfahren ist (RG **139**, 343).

c) Kosten als Teil des Schadens. Zu dem Schad gehören alle nicht von einem Dr zu erstattden Kosten, 80
die zur zweckentspr RVerfolgg aufgewandt werden mußten (BGH **21**, 361, **30**, 154), insb die Kosten eines VorProz gg einen Dr, der weg Abs I S 2 auf ErsLeistg zunächst in Anspr genommen werden mußte (BGH NJW **56**, 57), auch die Kosten eines nur wg der AmtsPflVerl notw gewordenen Proz (BGH NJW **90**, 176).

d) § 254 ist anwendb, wenn die ErsPfl nicht nach § 839 III ausgeschl ist (BGH NJW **65**, 962 u VersR **85**, 81
358). Da der Verl im allg auf die RMäßigkeit der AmtsHdlg vertrauen darf, handelt er nur dann vorwerfb, wenn er nicht das ihm zumutb Maß an Aufmerksamk u Sorgf bei der Besorgg seiner eig Angelegenh aufgewendet hat (BGH VersR **59**, 233). Er ist jedoch darü hinaus auch gehalten, iR des Zumutb alles zur Vermeidg von Schwierigk zu veranlassen u daher ggf zu einem berichtigden Hinweis verpfl (BGH NJW **64**, 195). Auf die Richtigk einer gerichtl Entsch kann sich die Partei idR verlassen, Nichteinlegg eines RBehelfs

ist nur dann schuldh, wenn bes Umst die Anfechtg als aussichtsreich erscheinen lassen (BGH VersR **85**, 358). Fällt dem Beamten Vors zur Last, so kommt demggü bloße Fahrlk des Geschädigten regelm nicht in Betr (vgl § 254 Rn 52–55). Desgl nicht, wenn auch die zust Beamten nicht erkannt haben, wie zweckmäßigerw vorzugehen ist (BGH **15**, 315). – Mündel muß gg sich gelten lassen, daß Vormd drohden Schad nicht abgewendet od gemindert hat, § 254 II (BGH **LM** § 254 (Ea) Nr 10). Hingg keine Anrechng des schuldh Verhaltens des Vormds, wenn dieser eig Interessen wahrnahm u daher das Mündel gar nicht vertreten konnte (BGH **33**, 136: Unterschlagg von Mündelgeldern).

82 **e) Drittschadensliquidation** kommt bei AmtsPflVerl regelm nicht in Betr (Hamm NJW **70**, 1793), weil die Bestimmg des Kreises der geschützten „Dritten" bereits ein taugl Instrument für einen interessengerechten SchadAusgl bietet (BGH NJW **91**, 2696).

83 **f) Mehrere Ersatzpflichtige** haften nach § 840 I (BGH **118**, 263, NJW **93**, 3065), im InnenVerh nach § 426, Sonderfall § 841.

84 **11) Beweislast. – a) Geschädigter** hat zu beweisen: – **aa)** Schuldh AmtsPflVerletzg – also auch, daß Beamter hoheitl u nicht fiskal tät gewesen ist (Schneider NJW **66**, 1263; über den AnscheinsBew in diesen Fällen oben Rn 12) u hierdch entstandenen Schad (BGH NJW **62**, 1768). Sow eine tats Vermutg od tats Wahrscheinlichk für einen erfahrgsgem Ablauf besteht, kann der Geschäd sich darauf beschränken, die AmtsPflVerl u die nachfolgde Schädigg zu beweisen; Sache des Beamten ist es sodann, die Vermutg des ursächl Zushangs seinerseits auszuräumen (BGH NJW **83**, 2241). Benenng des schuld Beamten, wenn fehlsames Verhalten der Beh feststeht, vgl Rn 27–30. Bei KollegialGer muß Geschäd auch beweisen, daß der etwa persönl in Anspr Genommene der Entschg zugestimmt hat; uU Vernehmg der Ri über die Abstimmg (RG **89**, 13), keine Vermutg für die Einstimmigk des Kollegiums. – **bb)** Bei fahrl PflVerletzg: daß er auf and Weise Ers nicht erlangen kann, ggf eine früh ErsMöglichk ohne Versch versäumt hat (vgl Rn 54). – **cc)** Im Fall des II: Nachw, daß die PflVerletzg in einer Straftat besteht. – **dd)** Dieselben Grdsätze gelten auch, wenn Anspr auf Verl der FürsPfl gestützt wird (BGH **LM** (Fd) Nr 12).

b) Der Beamte hat zu beweisen: daß Geschädigter schuldh RMitteleinlegg versäumt hat; daß die an sich gegebene Widerrechtlichk aus bes Gründen ausgeschl ist.

85 **12) Verhältnis zu anderen Bestimmungen. – a)** Verh zu **§§ 7, 17, 18 StVG** vgl Rn 26, 56. – **b) § 79 BBG,** FürsPfl der Beh ggü ihrem Beamten, Rn 48. – **c)** Über **§ 46 BeamtVG** – Begrenzg der Anspr des Beamten bei DienstUnfall – vgl Einf 7 vor § 823. Hierdch wird nicht ausgeschl, daß die Anspr des Beamten auf UnfallFürs u -Versorgg auch auf Verletzg der FürsPfl gestützt werden können (BGH **43**, 178). – **d) §§ 104 ff SGB VII** vgl § 611 Rn 155 u Einf 7 vor § 823. – **e)** Verh zu **§§ 734 ff HGB,** Art 7 EG HGB (BGH **3**, 321: ZusStoß mit einem Kriegsschiff). – **f) BEG** ist Spezialregelg; Anspr aus AmtsPflVerl gg Bund u Länder (nicht gg and Körpersch, BEG 8 II) ausgeschl (BGH **11**, 198, Köln NJW **99**, 1555). Auch kein SchmerzG, da auch Anspr hierauf echter SchadErsAnspr ist (BGH **7**, 223; aA BGH **12**, 278 zur älteren Fassg des BEG). Das gilt auch dann, wenn das LandesR Anspr aus Amtshaftg neben solchen aus dem EntschG zuläßt; denn der Vorbeh zG weitergehder entschädiggsrechtl Anspr nach LandesR (§ 228 II) greift nicht Platz, weil Anspr aus Amtshaftg eben nicht ein solcher des EntschädiggsR ist (BGH **12**, 10). – **g)** Verhältn zur **Enteignung** u zum **enteignungsgleichen Eingriff:** Anspr bestehen selbständ nebeneinander (BGH (GrZS) **13**, 88); das gleiche gilt für EntschädiggsAnspr aus § 77 BLG (BGH NJW **66**, 881). – **h)** Anspr der VersorggsBerech gg den Bund nach **BVersG §§ 81, 81 a** und **§ 91 a SoldVersG** vgl Einf 7 vor § 823. Anspr gg Dritte, auch gg JP des öff Rechts, insb aus unerl Hdlg, auch AmtsPflVerletzg, sind hierdch jedoch nicht ausgeschl (BGH **LM** § 81 BVG Nr 2). – **i)** AmtshaftgsAnspr werden durch **LAG** u **AKG** nicht berührt (BGH WM **64**, 704), desgl nicht dch Anspr nach der **Menschenrechtskonvention** v 4. 11. 50 (BGH **45**, 30, 46, 58). – **k)** SchadErsAnspr aGrd **öffentlich-rechtlicher Sonderbeziehungen** § 276 Rn 130–133. – **l)** Soweit mit der Erf einer öffrechtl Pfl zugl das privatrechtl Gesch eines Dr besorgt wird, bleiben **§§ 680, 677** ohne die Einschränkg in § 839 I 2 anwendb (BGH **63**, 167). – **m) Haftg aus § 839 u § 823** kann grdsätzl nicht zustreffen. Ausn nur, wenn sich ein best Verhalten eines Beamten als eine in Ausübg eines öffentl Amtes begangene AmtsPflVerl u zugleich als uH innerh des bürgerlrechtl GeschKreises des öffentl Dienstherrn darstellen kann (BGH VersR **83**, 640). – **n)** Im **Flurbereinigungsverfahren** kann ein Teiln nicht von der Anfechtg ihn belastder rwidr Maßn absehen u sich auf StaatshaftgsAnspr beschränken (BGH **98**, 85). – **o) § 44 IV SGB X** schließt Anspr aus § 839 nicht aus (BGH NJW-RR **89**, 1252).

86 **13) Bindung der Zivilgerichte an verwaltungsgerichtliche und andere Vorentscheidungen.** Ist im VerwStreitVerf auf AnfKlage ein VerwAkt rechtskr aufgeh worden, so steht die RWidrigk dieses VerwAkts, nicht auch die Begründg, für die ZivGer im Verf über den SchadErs wg Fehlerhaftigk dieses VerwAkts fest (BGH **103**, 242, NJW **98**, 2738). Ebso ist das ZivGer an ein verwgerichtl FeststellgsUrt (BGH **121**, 131) u an die rkräft Feststellg der RWidrigk dch das OLG gem EGGVG 28 I 4 iR ihrer RKraftWirkg gebunden (BGH NJW **94**, 1950). Dagg muß das ZivGer einen ohne verwaltgsger Entsch bestandskräft, auch unanfechtb VerwAkt auf seine RMäßigk überprüfen (BGH **113**, 17, **127**, 223; aA Berkemann JR **92**, 18, i Erg zust Nierhaus JZ **92**, 209). – Bei Dienst- u ArbUnfall vgl Einf 7 vor § 823.

87 **14) Rückgriff des Staates gegen den Beamten** gem Art 34 S 2 GG nur bei vorsätzl od grob fahrl Verhalten, das sich nur auf die AmtsPflVerl, nicht auch auf den UrsZushang zw dieser u dem entstandenen Schad erstrecken muß (BayObLG VersR **84**, 990). Gilt auch für Rückgr gg Soldaten, § 24 II SoldatenG u gg den Dienstleistden nach § 34 ZDG. Rückgr auch zul, wenn der Staat dem Verl sowohl aus beamtenrechtl UnfallFürs wie auch aus AmtsPfl Verl ersatzpflicht gew ist (BGH NJW **63**, 2168). RGrdlage für Rückgr gg Nichtbeamten, für den aber Amtshaftg besteht, ist nicht Art 34 GG, sondern VertrVerh, mangels eines solchen der allg RSatz, daß bei schuldh rechtsw ZuwiderHdlg gg öff- od prirechtl Pfl diese sich in Verpfl zum Ausgl des dem Berecht dadch entstandenen Schad verwandelt (RG **165**, 334). Rückgr auch gg Nichtbeamten ausgeschl, wenn er nur leicht fahrl gehandelt hat (RG **165**, 333). – Ggü dem Rückgr kann Beamter einwenden, daß den Staat MitVersch treffe, weil er der dienstl Überlastg trotz Vorstellgen nicht abgeholfen hat
88 (vgl auch Rn 53 aE). – **Zuständig** für die Geltdmachg des RückgrAnspr aus Amtshaftg im hoheitl TätigkBe-

reich sind gem Art 34 S 3 GG die ZivGer (MüKo/Papier Rn 320, RGRK/Kreft Rn 136), einschl des Anspr auf Erstattg der Kosten, die der AnstellgsKörpersch dch den AmtshaftgsProz entstanden sind (BayObLG VersR **84**, 990). Für eig SchadErsAnspr, die nicht RückgrAnspr sind, zB wenn ein Beamter schuldh BehEigt verl, sind die VerwGer zust, §§ 40 I VwGO, 126 I BRRG); außerdem kann der öffrechtl Dienstherr einen LeistgsBescheid erlassen (MüKo/Papier Rn 319).

15) Einzelfälle von Pflichtverletzungen (alphabetisch geordnet, nur bei größeren Abschn neuer Abs):

Abgasuntersuchung StVZO 47 a, die Wkstätte handelt hoheitl (Schlesw NJW **96**, 1218), es haftet das 89
Land. – **Abwasserbeseitigung.** Für Fehler beim Betrieb einer solchen Anlage kann die Gemeinde aGrd eines öffrechtl SchuldVerh oder aGrd Amtshaftg zu SchadErs verpfl sein (BGH NJW **84**, 615). Dr ist jedenf jeder an die Kanalisation angeschl GrdstEigtümer (BGH NJW **94**, 1468). – **Abfälle.** Art 4 der EWGRiL v 15. 7. 75 über Abfälle begründet für die einz keine Rechte, die die nationalen Ger zu schützen haben (EuGH NVwZ **94**, 833). – **Amtspfleger.** AmtsPfl zur Wahrnehmg der Kindesinteressen ggü dem Kind (Kln VersR **92**, 576: Zu weitgehde Stundg von UnterhLeistgen). – **Amtsvormund.** Pfl zum Abschl einer HaftPflVers zG des Mdls nur unter Umst (Hamm VersR **82**, 77); Pfl zur Überprüfg des NachlWertes bei Anerk des PflichtteilsAnspr des Mündels (BGH VersR **83**, 1080). Ausnahmsw AmtsPfl auch ggü VertrPartner, mit dem er über ArbVertr zG des Mündels verhandelt (BGH **100**, 313: Hinw auf krankh Neigg des Mündels zur Brandstiftg). – **Arbeitsamt.** Zuweisg eines Arbeiters ohne Führerschein auf Anforderg eines Kraftfahrers (BGH **31**, 126: PflVerl ggü dem ArbGeber); mangelnde RücksNahme auf den GesundhZustand des Arbeitslosen (BGH **AP** Nr 2). Der ArbGeber ist nicht Dr, wenn das ArbAmt die Vorauss für die Gewährg von Kurzarbeitergeld prüft (BGH MDR **72**, 492). Unterl Belehrg (Karlsr VersR **79**, 944).

Arzt. Amtsarzt. Der staatsr beamtete Krankenhausarzt mit eig LiquiR haftet auch bei Ausgestaltg als priv 90
Nebentätigk deliktsr für Schäd aus Behandlgsfehlern bei stationärer Behandlg nach § 839 (BGH **85**, 393, **89**, 263, auch Abs I S 2 anwendb), auch iR einer WahlleistgsVereinbg gem § 7 BPflV (Stgt VersR **94**, 1476). Diese unbefriedigde Belastg des Geschädigten ist dadch erträgl, daß er im Regelfall, insbes bei totalem KrankenhausVertr (Einf 19 vor § 611) den Krankenhausträger gem §§ 31, 89, 831 in Anspr nehmen kann (BGH **85**, 393 [399]). Bei gespaltenem KrankenhausVertr haftet er für Fehler in seinem VerantwortgsBereich allein, weil es keinen and ErsPfl gibt (BGH **95**, 63 [68]). Für Schäd aus einer fehlerh ambulanten Behandlg von PrivPatienten haften der beamtete Arzt u sein Vertreter aus § 823. § 839 I 2 gilt nicht (BGH **120**, 376). Falsches Gutachten über Dienstfähigk (BGH **LM** (Fc) Nr 2). Unricht Zeugn über Eigng einer Pers zum Schwimm-Meister in öff Schwimmbad (Düss VersR **70**, 1058). Pfl, im psychiatr Gutachten klarzustellen, daß er die Vorauss für eine Eilmaßn nicht geprüft hat u sicherzustellen, daß eine vorhersehb rwidr vorl Einweisg unterbleibt (Oldbg VersR **91**, 306 u BGH **aaO**, 308). Haftg des Krankenhausträgers auch für nachteil VermDisposition aGrd unricht psychiatr Gutachtens (BGH NJW **95**, 2412). Verletzg der Kontroll- u AufsichtsPfl in bezug auf priv KrankenAnst (BGH **LM** (Fe) Nr 42). Keine AmtsPfl, anläßl der EigngsUntersuchg zur Erteilg od Verlängerg der FahrErlaubn zur FahrgastBeförderg, den Bewerber vor drohden gesundheitl Nachtlen zu bewahren (BGH NJW **94**, 2415). – **Amtstierarzt** im Tuberkulose-BekämpfgsVerf (BGH **LM** (Fc) Nr 6, 7), Kennzeichng von für den Export best Tieren (Hamm VersR **92**, 493). – **Anstaltsarzt.** Widerrechtl Festhaltg eines Geisteskranken in einer öff Heilanstalt (BGH **LM** (Fc) Nr 15, BayObLG **80**, 114). Amtspfl zur Erstellg einer fehlerfreien psychiatr Diagnose auch ggü dem Patienten (Oldbg NJW-RR **96**, 666). – **Impfarzt** muß die Vorauss für eine Schutzimpfg prüfen (BGH NJW **90**, 2311), auch vor Wiederimpfg (BGH VersR **68**, 987). Bei Impfg mit Lebendviren Pfl zur Aufklärg vor AnsteckgsGef ggü allen, bei denen mit einer Verwirklichg der bes AnsteckgsGef gerechnet werden muß (BGH **126**, 386; eingehd Deutsch VersR **98**, 1053). – **Notarzt** s Rn 144 „RettgsDienst". – **Truppenarzt.** Ärztl Behdlg von Soldaten iR der ges Heilfürs ist hoheitl Aufg (BGH **108**, 230), auch in KrankenAnst der BWehr u in ziv Krankenhäusern in deren Auftr (BGH NJW **96**, 2431). Anspr, die ausschl auf einen BehandlgsFehler gestützt werden, können gem § 91 a SoldVersG beschr sein (BGH NJW **92**, 744) bis zum völl Wegfall (BGH **120**, 176). – **Medizinischer Dienst** einer öff KrankenVers gem § 278 SGB V (fr Vertrauensarzt). Falsches Gutachten über Krankh; für ihn haftet LandesVersAnstalt (BGH MDR **78**, 736); Pfl des Vertrauensarztes ggü KassenMitgl zur sorgf, sachgem Untersuchg (BGH VersR **78**, 252), auch Nachuntersuchg eines RentenEmpf im Auftr des VersorggsAmts (BGH NJW **61**, 969). Fehlerh Begutachtg eines VersorggEmpf (BGH **LM** § 81 BVG Nr 2). Fehlerh Feststellg der ArbFähigk (BGH NJW **68**, 2293).

Atombehörde. AmtsPfl, keine rwidr Anl(Tl)Gen zu erteilen, die für den zukünft Errichter, Betreiber od 91
sonst Inhaber drittschützd wirkt, weil sie als VerlässlichkGrdl in Betr kommt; es gelten ähnl Grds wie für die Erteilg einer BauGen (Rn 93); ersetzb ist der VertrauensSchad (Rn 17 v § 249), außer wenn der Empf der Gen selbst erkennt od es sich ihm aufdrängen muß, daß der behördl Akt rwidr od aus and Grden (noch) nicht geeignet ist, die mit hierauf aufbauden wirtsch Dispositionen verbundenen Risiken wesentl zu begrenzen. Der Vertrauensschutz erstreckt sich auf die RMäßigk des gestattden Tls der Gen u hat darühinaus vertrauensbildde Wirkg auf das darin enthaltene vorläuf posit GesamtUrt (BGH WM **97**, 375 ff). – **Auskünfte** Rn 44. – **Ausschreibungen** Rn 144 „Prüfgsausschuß". Behördl Betätigg in der **Außenhandelswirtschaft** (s auch Rn 96 „Einfuhrverfahren"). Regelmäss kein Anspr gg die BRD od die an der Verhängg beteil Organisationen wg der Folgen eines WirtschEmbargos (Kadelbach JR **93**, 1134).

Bankaufsicht s § 823 Rn 147, 154 „KWG". – **Baubehörde.** AmtsPfl der BauBeh, das Baugesuch bzw 92
den Antr auf Erl eines Vorbescheids im Einklang mit dem geltden R gewissenh, förderl u sachdienl zu 93
behandeln, ohne Verzögerg innerh angem Fr zu bescheiden (BGH WM **94**, 430, BayObLG **95**, 95) u dabei jede vermeidb Schädigg des AntrSt zu unterlassen. Nichtbearbeitg ist pflichtwidr, wenn Zurückstellg des Gesuchs gem § 15 BauGB mögl, aber nicht beschlossen war (Köln VersR **96**, 456). Die BauGen muß erteilt werden, wenn keine im Ges vorgesehenen VersaggsGrde vorliegen (BGH **39**, 358 [364]). AmtsPflVerl, wenn die Baubeh die Erteilg der Gen an unzuläss Bdggen knüpft od sie mit den AntrSt belastden NebenBest versieht, ohne daß dafür die rechtl Vorauss vorliegen (BGH VersR **86**, 683). Die bei der Entsch über eine Bauvoranfrage wahrzunehmden AmtsPfl schützen das Interesse an der baul Nutzbark (BGH **125**, 258 [269]). Im Falle rwidr Ablehng einer Bauvoranfrage kommt eine AmtsPflVerl der BauAufsBeh nur in Frage, wenn sie

das BauVorh aGrd eig Sachprüfg nur (dann haftet sie allein) od auch (dann gemschaftl Haftg) im Hinblick auf die Versagg des Einvernehmens der Gem (vgl Rn 100) für unzuläss hält (BGH **118**, 263, NJW **93**, 2065). Der Kreis der geschützten Dr kann unterschiedl zu bestimmen sein, je nachdem, ob es um Erteilg od Versagg des betr Bescheides geht (BGH **122**, 317), weil die Versagg der BauGen grdsl persbezogen, die Erteilg grdstbezogen ist (BGH NJW **94**, 130). Der Schutzzweck der BauGen besteht in dem Vertrauen, das sie begründen soll, daß der Durchf des BauVorH rechtl Hindern nicht entggstehen, sodaß der Bauherr eine verläßl Grdl für seine wirtsch Dispositionen hat. Nicht ist Schutzzweck der AmtsPfl im BauGenVerf, den Bauherrn vor allen denkb wirtsch Nachtln zu bewahren, die bei Durchf seines Vorh entstehen können (BGH WM **95**, 771). Ebso hat die AmtsPfl, eine BauGen nur bei Bestehen einer ausr TrinkwasserVersorgg zu erteilen, nicht den Schutzzweck, den Bauherrn vor vermeidb MehrAufw für die spätere Sanierg des Trinkwasseranschlusses zu bewahren (BGH WM **95**, 771). Bei stat BerechngsFehler dch Prüflng für Baustatik (BGH **39**, 358) SchadErsAnspr bej bei widerrechtl erteilter BauGen (BGH **60**, 117, NJW **94**, 2087) – aber nicht ggü dem BauUntern (BGH NJW **80**, 2578) u nicht, wenn der Bauherr in wesentl Pkten von der gen Plang abweicht (BGH MDR **94**, 1216). Bej bei Anordng der sofort Vollziehbark einer rwidr BauGen, aber Wegfall des Anspr, wenn der Bauherr weiß, daß ein Nachb gg die Gen (einen später erfolgreichen) Widerspr eingelegt hat, er aber voreil mit dem Bau beginnt (Kblz u BGH NJW **85**, 265, Düss NJW **97**, 873). Verneint ggü dem Nachbarn, wenn die RWidrigk der BauGen nicht auf der Verletzg solcher baurechtl Vorschr beruht, die nachbarschützden Charakter haben (BGH **86**, 356; § 903 Rn 14ff). Verneint ggü dem Eigtümer auf Antr eines Dr, so bei sachl unricht (BGH WM **83**, 628) u bei verspätet erteiltem Bauvorbescheid (BGH NJW **91**, 2696). Ebso ist der GrdstEigtümer nicht Dr bei Ablehng einer vom Mieter (BGHR § 839 I 1 „Dritter" 35) od vom GrdstKäufer (BGHR § 839 I 1 „Dritter" 21) beantragten BauGen, auch wenn er wirtsch interessiert u zum VerwRStreit des AntrSt über die RMäßigk des BauVerwAkt beigeladen war (BGH NJW **94**, 2091, aA Hartmann VersR **94**, 905). Bei Erl eines rwidr belastden od Ablehng od Unterl eines begünstigenden VA fällt idR die DrGerichteth der verl AmtsPfl mit der Klagebefugn nach § 42 II VwGO zusammen. Das ProvInteresse eines mit der Baureifmachg des Grdst beauftr Arch fällt nicht in den Schutzbereich der AmtsPfl der BauAufsBeh bei Bearbeitg einer von diesem Arch im eig Namen gestellten Bauvoranfrage (BGH **125**, 258 [268]). Ausnahmsw kann ein am Verf formell nicht Beteil „Dr" sein, so derjen, der dch Vertr mit dem GrdstEigtümer befugt ist, das Grdst zu bebauen u Anspr auf Übertragg des Grdst hat (BGH **93**, 87) od der RNachf des BauAntrSt (BGH **119**, 365 [368]). Wer im Vertrauen auf die Richtigk eines ihm pflwidr erteilten, von Anfang an fehlerh Vorbescheids Aufw für den Erwerb vermeintl Baugeländes od für Bauplangen macht, kann deren Ers verlangen, wenn später die Bebaug aus Grden scheitert, die schon zur Versagg des Bescheids hätten führen müssen (BGH **105**, 52, **122**, 317, NJW **94**, 130). Eine Bauvoranfrage mit mehreren PlangsVarianten darf nicht insgesamt abgelehnt werden, wenn das BauVorh nach einem der Vorschläge genfäh gewesen wäre (BGH NJW-RR **94**, 1171). Rückn eines rwidr erteilten Vorbescheids ist rmäß, das Ger hat aber im AmtsHaftgsProz des Kl, der die Rückn für rwidr hält, auch zu prüfen, ob sich der AmtsHaftgsAnspr aus dem Erlaß des Vorbescheids herleiten läßt (BGH WM **87**, 568). Kein Vertrauensschutz an die mündl erteilte Ausk des SachBearbeiters iR eines BauvoranfrageVerf, der zuständ Beamte werde den beantragten Vorbescheid erlassen (BGH **117**, 83). VertrSchutz an eine schriftl amtl Bescheinigg über die bauplangs- u bauordngsrechtl Zulässigkeit des Vorh anstelle eines Vorbescheids (BGH NJW **94**, 2087 [2090]). MitVersch des Bauherrn, wenn er wg gewpolizeil od bauordngsr Bedenken u sachl Widerstände der Nachb Zweifel am endgült Bestand der BauGen haben mußte (BGH NJW **75**, 1968). Pfl zu Hinw an AntrSt od Kreisbauamt im BauGenVerf, wenn sich die Verh inf eines EntwässergsPlanes geändert haben (Hamm BB **74**, 391: Höhenlage des Erdgeschosses). Pfl zum Hinw an AnstrSt auf Bedenken gg Gültigk der BaustufenOrdng (BGH MDR **78**, 296). PflVerl der BauBeh, die die Erteilg einer BauGen mit der Verpfl des AntrSt zu einem GeldBeitr für die Schaffg öffentl Parkplätze koppelt, die ohne Auswirkg auf das BauVorh sind (BGH NJW **79**, 642) od die sie nicht errichtet (BGH NJW **83**, 2823). Aus der Pfl der BauBeh zu konsequentem Verhalten aGrd der Erteilg einer früh BauGen läßt sich keine Pfl zur Gen eines mit der mat Baurechtslage nicht in Einklang stehden u auch vom überwirkden Bestandsschutz nicht gedeckten ErweitergsBaus herleiten (BGH WM **85**, 142). Pfl der Gem, bei Plang ihrer Ver- u EntsorggsLeistgen auf die Bauleitplang Rücks zu nehmen (BGH VersR **80**, 650). Anspr auf Ers von Aufw im Vertrauen auf eine rechtsw erteilte TeilgsGenehmigg (BGH **92**, 302). Für die GbdeStandfestigk auf dem ausgewiesenen Grdst haftet die Gem nicht (BGH **123**, 363). – **Bauleitplanung, Altlasten.** Zusfassd Raeschke-Kessler NJW **93**, 2275. AmtsPfl, schon bei der Aufstellg der Bauleitpläne, nicht erst bei Erteilg der BauGen die Sicherh der Wohn- u ArbBevölkerg vor Umwelt- u GesundhGef zu berücksichtigen, die von dem Grd u Boden des Plangebiets selbst ausgehen, für die künft Bewohner nicht vorhersehb u beherrschb sind u sich mit planer Mitteln bewältigen lassen (BGH **106**, 323, BGH NJW **93**, 384, WM **99**, 1016). Eine PrüfgsPfl besteht nur bei VorhSein hinreichder Anhaltspunkte, die der Beh zu eingehden BodenUntersuchgen hätten Anlaß geben müssen (BGH **124**, 363: früh Chemiefabrik), nur bei Erkennbark einer GefQuelle (BGH **123**, 191). Ersetzb sind nur solche Schäden, bei denen eine unmittelb Beziehg zu der GesundhGefährdg besteht (BGH **109**, 380, **121**, 65), dh dadch verurs, daß die vom Boden ausgehden Gef zum völl Ausschl der NutzgsMöglk der errichteten od noch zu errichtden Wohngen führt; nicht: Aufw wg mangelnder Standfestigk, Tragfähigk, auch wenn damit zugleich der Zweck verfolgt wird, das Eindringen von Schadstoffen in das Gbde abzuwehren (BGH **123**, 363). Dazu gehören auch die aus den Gesamtkosten der Baureifmachg ausscheidb MehrAufw des bauwill Eigtümers für die Sanierg des gesundhgefährdden Grdst (BGH **123**, 363). Geschützte Dr, auch in ihren VermInteressen, sind objektbezogen alle Eigtümer u dingl NutzgsBerecht an den im Plan ausgewiesenen kontaminierten Grdsten, sow sie die Abs haben, diese zu bebauen (BGH **108**, 224) od als Baugelände weiter zu veräußern (BGH **117**, 363), außerd ArbG im Hinbl auf ihre Verpfl ggü ihren ArbN, die ArbRäume von GesundhGef frei zu halten (BGH NJW **93**, 384). – Nicht geschützt sind dingl Berecht an im Bebauungsplan nicht gekennzeichneten altbelasteten Grdsten hins ihrer nicht mit GesundhGef zushängden bloßen VermInteressen (BGH **113**, 367: Mehrkosten für Aushub u Abtransport des nicht gesundhgefährl Deponieguts, BGH **121**, 65: überhöhter KaufPr für ein minderwert Grdst, BGH MDR **93**, 516: Geeigneth des Grdst zur gärtner Nutzg). Nicht geschützt sind ferner dingl Berecht an von Schadstoffen unbelasteten, ledigl in ihrer Wohnqualität herabgesetzten Grdst, wenn sie selbst weder GesundhGef ausgesetzt noch in sonst Weise für gesunde Wohn- u ArbVerh verantwortl sind (BGH **109**, 380, **110**, 1: Ausweisg eines

(The margin number "93 a" stands beside the line beginning "dem ausgewiesenen Grdst haftet die Gem nicht".)

Wohngebietes auf einem früh Zechengelände bzw neben einem Asbest verarbeitden Betr, Verl des Grds der Trenng von unverträgl Nutzgen). Nicht geschützt sind ferner Eigtümer, deren kontaminierte Grdst bereits vor Aufstellg u Verabschiedg eines BebaugsPlans bebaut waren u die keine weitere Bebaug beabsichtigen (Köln NJW **91**, 2710). Den Amtsträgern einer Gem obliegen iR der plangsrechtlAbwägg nach § 1 VI BauGB ggü einem Planbetroffenen grdsätzl nur dann drittgerichtete AmtsPfl, wenn das Gebot der RücksNahme zG des Betroffenen drittschützde Wirkg hat (BGH **92**, 34). Bei Aufstellg einer AbrundgsSatzg bestehen grdsätzl keine drittgerichteten AmtsPfl (BGH **116**, 215).

Beamte. Entsch über seine RBeziehgen zu seiner Beh (Entlassg, Beförderg usw) darf nicht and Stellen übertr werden (BGH **15**, 185). Beamter ist zu hören, bevor für ihn ungünst Schlüsse aus einem Sachverhalt gezogen werden (BGH **22**, 258). – **Besoldungsstelle.** AmtsPfl ggü dem von einer VerglMitt betroffenen Besoldgs- od GehaltsEmpf, nicht ggü einem and DHerrn od ArbG (BGH NJW **84**, 2946, MDR **87**, 387). – **Betriebsprüfer der AOK.** Keine AmtsPfl, den BetrInhaber vor Überzahlgen oder Nachfdgen zu schützen; AmtsMißbr dch Verschleierg eig Unregelmäßigk iR einer Nebentätigk für den geprüften Betr (BGH VersR **85**, 281). – **Bezirksschornsteinfegermeister** übt öff Gew aus, soweit es sich um die Wahrnehmung hoheitl Aufgaben in der Feuerschau u der BauAufs handelt; iü, so insb bei KehrArb, privatrechtl Tätigk (Hamm NJW **72**, 2088). Für Schad aus hoheitl Tätigk haftet der BezSchornsteinfegermeister als Gebührenbeamter (vgl Rn 13) selbst (BGH **62**, 372). – **Binnenschiffahrt.** Pfl bei der Verwaltg des Abwrackfonds (§§ 32 e, b BSchVG) bestehen nur im Interesse der Allgemeinh, nicht auch zum Schutz der Schiffahrt Treibden (BGH NJW **84**, 2220). – **Bundesbank.** Rwidr Heranziehg zur BardepotPfl (BGH NJW **79**, 2097). – **Bundesprüfstelle für jugendfördernde Schriften.** Bei der Mitwirkg des Vorsitzden im Verf der Freigabe der veränderten Fassg eines bereits indizierten Bildträgers für Jugendl dch die freiwill Selbstkontrolle der Filmwirtsch Amtspfl zur zutr Bescheidg auch ggü der antragstellden FilmVertriebsGesellsch (BGH **128**, 346). – **Bundeswehr.** Erteilg von Befehlen u Disziplinarstrafen währd des Verf auf Anerkenng als Kriegsdienstverweigerer u bis zur Entlassg wg Wehrdienstuntauglichk sind keine PflVerl (Hamm NJW **69**, 1388). Die Verpfl, eine Waffenstörg zu melden, besteht auch ggü den and Soldaten (BGH MDR **96**, 796), die Verpfl militär AufsichtsPers, die vorschriftswidr Benutzg von DienstKfz im öffentl StrVerk zu verhindern, auch ggü gefährdeten VerkTeiln (BGH VersR **83**, 638). – **Bußgeldverfahren.** Für Maßn der VerfolgsBeh gelten die selben Grds wie für die Staatsanwaltsch (Rn 153). Zusätzl muß sich die Beh wg OWiG 47 I 1 in den Grenzen fehlerfreien Erm halten (BGH NJW **94**, 3162). Erl eines Bußgeldbescheids gg den KfzHalter ohne Ermittlg des Fahrers ist AmtsPflVerl (LG Ffm NJW-RR **97**, 1383). 94

Deichunterhaltungspflicht vgl § 823 Rn 79. – **Demonstration.** ErmSpielraum der Polizei bei Einschreiten (Celle NdsRpfl **71**, 64). – **Deutscher Wetterdienst.** Die Pfl zur metereolog Sichg der See- u Luftfahrt besteht nicht ggü konkreten geschützten Dr (BGH **129**, 17, 23). – **Deutsches Rotes Kreuz.** Wahrnehmg gemeinnütz Aufg innerh des normalen TätigkBereiches ist keine Ausübg hoheitl Gew (BayVerfGH BayVBl **92**, 12; Ffm VersR **73**, 1124); vgl aber Rn 144 „RettgsDienst“. – **Dienstherr** ggü dem Beamten. FürsPflVerletzg dch Abordng eines 60jähr unvorbereiteten Beamten binnen 2 Tagen in eine entfernte Stadt (Br OLGZ **70**, 458). – **Drehbrücke** (BGH Warn **77**, 171). 95

Einfuhrverfahren. Bei wirtschaftslenkden Maßn ist gerecht u unparteiisch zu verfahren; Waffengleichh für alle Bewerber. Vertrauen in die Beständigk behördl Maßn darf nicht mißachtet w (BGH WM **66**, 799). – **Eisenbahn** ist privrechtl Betr. VerkSichgsPfl § 823 Rn 80. – **EWG,** Marktorganisation für Milch u MilchErzeugn. Die wahrzunehmden nationalen Kontroll- u ÜberwachgsPfl dienen nicht zum Schutze Dritter (BGH NJW **87**, 585). – **Explosionsgefahr.** AmtsPfl zur Kennzeichng gefährl Ggstde mit international allg verständl Symbol (BGH NJW **92**, 2625). 96

Fahndung, öffentliche: Die Beh muß den Grds der Verhältnismäßigk beachten, so Schwere der Straftat, entscheidde Bedeutg der öff Fahndg für ihre Aufklärg, erhebl Tatverdacht des Beschuldigten, Schwere seiner Beeinträchtigg, VorhSein weniger einschneidder Mittel (Hbg GRUR **79**, 72 u NJW **80**, 842). – **Fernsehanstalt:** Die Veranstaltg von Sendgen ist Aufg der öff Gewalt. Die Anst übt desh insow eine Tätigk der öff Verw aus, nimmt sie aber weitgehd mit privrechtl Mitteln wahr. Im Einzelfall kann die Ausstrahlg aber auch Ausübg hoheitl Gewalt sein, die Anst unterliegt dann der Haftg nach § 839, Art 34 GG (BVerfG **14**, 121, BGH NJW **62**, 1295). Ausübg öff Gewalt ist eine Sendg in ZusArb mit den ErmittlgsBeh zu Zwecken der kriminalpoliz Ermittlg od Fahndg. In solchen Fällen ist auch Aufbereitg in einer für das Publikum interessanten Form ohne Verl der Pfl zur Wahrh u Sachlichk zul (Mü NJW **70**, 1745 mit Anm Schmidt NJW **70**, 2026 im Ergebn zust, aber keine Ausübg hoheitl Gewalt; ebso Ffm NJW **71**, 47, Fette NJW **71**, 2210, dagg Buri NJW **71**, 468, NJW **72**, 705). Sonst bei Verl des PersönlkR zivrechtl Haftg. Vgl auch § 823 Rn 188–194, 198–200. 97

Feuerwehr. Hydrant muß so bezeichnet sein, daß seine schnelle Auffindbark gesichert ist (BGH **LM** (C) Nr 26). Tätigk in der freiw Feuerwehr als öff Gew (BGH MDR **59**, 107, BayObLG **70**, 216, Düss NJW-RR **94**, 1444); aber geringere Anfordergen an die Pfl der Mitgl dieser Feuerwehr (Celle NJW **60**, 676). Unfallrettgswagen (BGH **37**, 337); Fahrt des Feuerwehrwagens zur Überprüfg dch TÜV (Oldbg NJW **73**, 1199, abl Butz NJW **73**, 1803). ÜbgsFahrten als Ausübg öff Gew, als fiskal Tätigk jedoch anläßl des Ankaufs u der Erprobg von Fahrz (BGH MDR **62**, 803). Transport von Blutkonserven kann Ausübg hoheitl Gew sein (BGH VersR **71**, 864). – **Finanzamt** vgl Steuerbeamter Rn 153. – **Fluglotsen.** Haftg der BRep ggü GewBetr, die sich auf das ungestörte Funktionieren der FlugSicherg in ihrer betriebl Plang eingerichtet hatten, für Schäd inf Bummelstreiks (BGH **69**, 129 u **76**, 387). – **Flugverkehr** s Luftverkehr. – **Forstamt.** AmtsPfl ggü der Gem als Eigtümerin, bei der Gestattg der Holzabfuhr aus dem Wald die Berechtigg des Käufers zu prüfen (Ffm NJW-RR **87**, 1056). – **Förster** bei Tötg eines wildernden Hundes (RG **155**, 338). 98

Geistlicher. Haftg des kath Bistums für unricht Lebensbescheinigg (Düss NJW **69**, 1350). S auch Kirchl Beamte. 99

Gemeinde. Öffrechtl Pfl im Feuerschutz auch ggü dem einz Bürger (BGH **LM** (C) Nr 26); Pfl, in den Grenzen der LeistgsFähigk die notw LöschwasserversorgsAnl bereitzustellen (BayObLG **86**, 398). Pfl im öff BauR auch ggü dem Nachb § 903 Rn 14–23. Haftg für PflVerl bei Aufn von Nottestament (BGH NJW **56**, 100

260, Nürnb OLGZ **65**, 157). Pfl nach § 5 GaststättenG Auflagen zu verfügen (BGH NJW **59**, 767). Abwässerbeseitigg, Beschädigg von VersorggsLeitgen (BGH VersR **67**, 859). PflVerl der Gem ggü dem Bauwerber, uU auch ggü einem am Verf formell nicht Beteil (bej BGH **93**, 87 u NJW **93**, 530; verneint BGH VersR **86**, 95), wenn sie das nach § 36 I BauGB erfdl Einvernehmen versagt, obwohl das BauVorh nach den §§ 33–35 BauGB zuläss ist (BGH **65**, 182); dies auch dann, wenn sich später herausstellt, daß das Einvernehmen nicht erfdl war (BGH NJW **80**, 387). Kausal für den Schad ist dies aber nicht, wenn die BauAufsBeh nach eig Sachprüfg die Ablehng der Bauvoranfrage nur auf and Grde als die Versagg des Einvernehmens der Gem stützt (BGH **118**, 263, NJW **93**, 3065; Rn 93). Erteilg einer unricht Ausk über Tragfähigk des BauGrdst (BGH DB **77**, 301), über Bebaubark (Brdbg DtZ **96**, 381), über künft bauliche Nutzbark (BGH NJW **80**, 2576). Keine Pfl ggü dem Träger der ges KrankenVers, dessen Interesse an einer Vermeidg nicht rückforderb Krankengeldüberzahlgen wahrzunehmen (BGH VersR **77**, 765). Unterlassener Hinw an Bauwerber auf Bedenken gg Gültigk einer städt BaustufenOrdng u unterlassene Unterrichtg der Bediensteten v solchen Bedenken (BGH MDR **78**, 296). Kein ErsAnspr für Aufw im Vertrauen auf einen Bebauungsplan, der nichtig ist, weil er entgg § 8 II BauGB nicht aus einem FlächenNutzgsPlan entwickelt wurde (BGH **84**, 292). AmtsPfl ggü gemeinnütz WoBauUntern beim Vollzug des WoBindG (BGH WM **83**, 1157). Verpfl zur Freimachg der Wohng nach Ablauf der EinweisgsFr für einen Obdachlosen (BGH NJW **95**, 2918). Haftg der Gem für PflVerl der Mitgl des Umleggs- (BGH NJW **81**, 2122) od eines VerwAusschusses (BGH WM **65**, 719), des GemRats (BGH WM **78**, 1252, Saarbr VersR **88**, 520: BebaugsPlan, Verpfl zur Kennzeichng von Flächen, bei denen bes baul Vorkehrgen erforderl sind, auch im Interesse des einz GrdstEigtümers). Pfl des Gutachterausschusses nach § 192 BauGB zur Erstellg eines richt VerkGutachtens auch ggü dem GrdstEigter (BGH WM **82**, 617). Verfrühte ZwVollstr aus einem HaftgsBescheid vor Vorliegen ihrer Vorauss (BGH NJW **92**, 2086). AufklärgsPfl einer kommunalen AdoptionsVermittlgsStelle ggü dem Adoptionsbewerber über den Verdacht einer geist Behinderg des anzunehmden Kindes (Hamm NJW-RR **94**, 394, auch zum Umfang des SchadErsAnspr). Vgl auch Rn 93, 93a, ferner Rn 98, 110, 139 sowie zur StrVerkSichgPfl der Gem § 823 Rn 124ff Straßen.

101 **Gerichtsvollzieher.** BenachrichtiggsPfl von Versteigergstermin u Zwangsräumg (BGH **7**, 287). Die Einlagerg gepfändeter od zwangsgeräumter Sachen bei einem Dr ist keine hoheitl Tätigk, sondern privrechtl VerwahrgsVertr (BGH NJW **84**, 1759). – **Zwangsvollstreckung:** Verzögerg. Nichtbeachtg der Frist v ZPO § 798. Bei Pfändg von Münzen AmtsPfl zur Prüfg, ob es sich um Kostbark handelt (Kln NJW **92**, 50). Ungenügde Kenntlichmachg der Pfändg (BGH NJW **59**, 1775: Pfl ggü dem Schu); Versteigerg eines Kfz ohne Sicherstellg des Briefes (aA Hbg MDR **54**, 431). Belassg der Pfandstücke im Gewahrs des Schu trotz Gefährdg der Anspr des Gläub (BGH MDR **59**, 282, Hbg MDR **67**, 763: Kfz). Nichtbeachtg der Vorschr über das Mindestgebot ist AmtsPflVerl, geschützt sind nur Gläub u Schu (Düss MDR **92**, 1035). Ausübg öff Gew auch bei freiwill Verst §§ 1228ff (RG **144**, 262). Auszahlg des Versteigergserlöses trotz bestehder Hindern. Abführg des Versteigerungserlöses vor Überg der Sache an Ersteher (RG **153**, 257). Nichtausführg der Weisg des Gläub, den beim Schu eingezogenen Betr an einen Dr zu zahlen, keine Haftg ggü dem Dr (RG **151**, 113). Fehler bei Wechselprotest, bei Zwangsräumg, bei gewalts Öffng von Türen (ZPO 758 II, BGH BB
102 **57**, 163). – Fehler im **Zustelldienst,** insbes bei Eilanträgen. Bei Zweifeln über Auslegg eines PfändgsBeschl muß GVz sich an VollstreckgsG wenden (RG HRR **31**, 220).

103 **Geschäftsstelle.** ObhutsPfl bei Verwahrg von Sachen ggü Einlieferer u Eigtümer. – Gerichtl **Geschäftsverteilung** u BesetzgsPlan dient auch den Interessen der RSuchenden (BGH VersR **78**, 460). – **Gesundheitsbehörden.** Fehler in der Trinkwasserversorgg (BGH BB **57**, 277, NJW **89**, 2945). Tuberkulosefürs (Karlsr NJW **90**, 2319). Organisator Maßn, um Errichtg von Testamenten in öff Krankenhäusern zu gewährleisten (BGH NJW **58**, 2107). Kontrolle der Nachuntersuchg Tuberkuloseverdächt (BGH **LM** (Fc) Nr 12). AmtsPfl der chem Untersuchgsämter als Kontrollorgane der öff GesundhAufs u -Fürs (BGH **LM** (Fc) Nr 19). Unberecht öff Warng vor best Prod eines best Herstellers von Lebensmitteln als verdorben (Stgt NJW **90**, 2690). SchulgesundhPflege dch Überwachg ansteckd erkrankter Lehrer od Schüler (BGH VersR **69**, 237). Überprüfg des GesundhZust eines Schwimmeisters wg seiner Eigng für öff BadeAnst (DüssVersR **70**, 1058). FürsPfl des ärztl Leiters einer Blutsammelstelle ggü dem Blutspender, sow aus der Blutentnahme Gef erwachsen (BGH NJW **72**, 1512). – **Gewerbeaufsichtsamt.** Keine Amtspfl ggü der Berufsgenossensch bei der Leistg von Amtshilfe zur Durchführg von Maßn der Unfallverhütg (BGH VersR **74**, 666), ggü den am BauGenVerf Beteil iR dieses Verf (BGH BB **90**, 1794).

104 **Grundbuchamt.** Dr ist jeder, der im Vertrauen auf die richt Handhabg der GBGesch am RVerk teilnimmt. Der Staat haftet bei Abschreibg von GrdstTln für die Abweichg der in das GB eingetragenen Parzellen von der TeilgsErkl des Eigtümers, bei der Anlegg von WohngsGB für die Abweichg des Ggst der TeilgsErkl vom Ggst des in den WohngsGB eingetr MitEigtAntls (BGH **124**, 100). Zurückweisg eines Antr auf Eintr einer AuflVormkg wg Nichtzahlg des Kostenvorschusses, ohne vorher auch dem Begünstigten als weiteren KostenSchu Gelegenh zur Einzahlg zu geben (BGH WM **81**, 1357). Haftg bei Eintr einer Hyp vor Erledigg eines früher eingegangenen Antr; bei Eintr des Vorerben ohne das Recht der Nacherben zu vermerken, Haftg auch ggü späteren Käufern des Grdst (RG **151**, 395). Bei fehlerh Nichteintr einer EigtümerGrdSchu ist auch der Zessionar Dr, nicht geschützt ist aber seine Aussicht, eine FremdGrdSchu kr guten Gl an die unricht Eintr einer matrechtl nicht bestehden EigtümerGrdSchu zu erwerben (BGH NJW **86**, 1687). Keine Pfl zu umfassder RBelehrg (BGH **117**, 287 [302]). – **Grundstücksverkehr.** Verspäteter Erl eines ZwBescheids gem GrdstVG 6 I 2 (BGH **123**, 1). AmtsPfl zur Zurückstellg der Gen zum Verk eines restitutionsbelasteten Grds in der früh DDR bis zum bestandskräft Abschl des RestitutionsVerf auch ggü dem Käufer (BGH WM **99**, 1124).

105 **Hafenlotse** in Hamb übt bei seinen naut Maßn keine hoheitl Gewalt aus (BGH **50**, 250). – **Hauptfürsorgestelle.** AmtsPfl ggü ArbG u schwerbehindertem ArbN, vor Erteilg der Zustimmg zur Künd deren Vorauss hinreichd zu ermitteln (Kln VersR **89**, 748). – **Heil- u Pflegeanstalt.** Zw ihr u dem gg seinen Willen Eingewiesenen besteht öffrechtl Verh mit der Pfl, den Eingewiesenen vor Schad zu bewahren (BGH NJW **71**, 1881). Es ist im EinzFall abzuwägen, welches Maß an BeweggsFreih dem Kranken im Interesse seiner Heilg gewährt werden kann, ohne ihn selbst u and zu gefährden (Stgt Just **75**, 228). Verletzg der Pfl zur

Beaufsichtigg von Patienten, die sich freiwill od mit Einverständn ihres ges Vertr in einer offenen öffrechtl getragenen psychiatr Klinik befinden, beurt sich privrechtl, nicht nach § 839 (BGB VersR **84**, 460).

Angeh v **Hilfsorganisationen,** die zur Katastrophenabwehr von staatl Organen herangezogen werden, üben hoheitl Gewalt aus; es haftet der Staat (Düss VersR **71**, 185). Vgl auch Rn 98 „Feuerwehr". – **Hochschulinstitut,** das als Prüfstelle dem Herst von Haushaltsgeräten aGrd eines privatr Vertr eine Prüfbescheinigg nach MaschSchG erteilt, wird nicht hoheitl tät (BGH NJW **78**, 2548). – **Hochschulprofessor.** UrhRVerletzg in Ausübg des anvertrauten Amtes, es haftet die AnstellgsKörpersch; urhrechtl UnterlAnspr aus § 97 I UrhG besteht daneben (BGH NJW **92**, 1310). – **Hochwasserschutz** ist in Plang, Anordng u Durchf (BGH NJW **96**, 3208) als Daseinsvorsorge hoheitl Aufg, näml zumutb Schutz von möglicherw Betroffenen (BGH VersR **94**, 935), insbes Anliegern (Celle VersR **89**, 484) u Eigtümern nahegelegener Grdst, auch gg sog 100jähr Hochwasser (BayObLGZ **89**, 397), auch NichtMitgl eines Wasser- u Bodenverbandes (BGH **54**, 165). Dazu gehört auch, die aus NachbGrdsten zuströmden Niederschlagwasser bei der Plang zu berücksichtigen (BGH WM **99**, 1016). Dagg ist die GewässerUnterhaltg privr Aufg (BGH NJW **94**, 3090, NJW **96**, 3208). Bei Durchf von StrBauMaßn sind die Erfordern des Hochwasserschutzes zu beachten (BGH Vers **74**, 365, Mü VersR **91**, 776). Pfl des WasserWirtschaftsVerbandes auch ggü Bauuntern, das im gefährdeten Gebiet Arb dchführt (Karlsr VersR **75**, 59). S auch Rn 108. 106

Jagdbehörde. Die waldbaul und forstwirtschaftl Belange haben Vorrang vor den Hege- und Abschuß-Vorschr des BJagdG; die fehlerh Festsetzg von Abschußplänen kann eine AmtsPflVerl ggü dem WaldEigtümer darstellen (BGH **91**, 243). – **Jugendamt.** Überwachg des Vormundes u Pflegers (BGH **33**, 136); vgl Rn 81. Aufs bei Kindererholgsfahrt (Düss VersR **79**, 942). AmtsPfl, die Mutter über sozrechtl Anspr zu beraten u auf sachgerechte Antr hinzuweisen (Celle FamRZ **99**, 785). – **Juristische Personen des öffentlichen Rechts** sind im Verh zueinand Dritte nur, wenn sie bei Erledigg des DienstGesch, bei der die AmtsPflVerl geschehen ist, widerstreitde Interessen verfolgen, nicht dagg, wenn sie gleichsinnig zuswirken (BGH MDR **87**, 387: Austausch von VerglMitteilgen). 107

Kanalisation. Für die Auslegg der Regenwasserkanalisation ist nicht allein auf den einjähr Berechngsrahmen, sondern auch auf die örtl Gegebenh abzustellen (BGH **109**, 8, NJW **98**, 1307, WM **99**, 1016). Haftg der Gem für Überschwemmung inf ungenügder Kapazität (BGH NJW **90**, 1167, NJW-RR **91**, 733, BGH **115**, 141), uU inf Fehlkonstruktion eines AbwasserpumpWks (BGH **125**, 19). – **Katastrophenschutz** ist hoheitl Aufg, Dritte sind alle von den Auswirkgen möglicherw Betroffenen (BGH VersR **94**, 935). Haftg des Landes auch für herangezogene Hilfsorganisation (BGH **20**, 290, VersR **94**, 935: Hessen). – **Kassenärztliche Vereinigung,** AmtsPfl der rechtsetzden Organe ggü den Mitgl (BGH **81**, 21). AmtsPfl ggü dem einz Arzt, ihn nicht in stärkerem Maße als and Ärzte in vergleichb Lage zum Notdienst heranzuziehen (Hamm MedR **92**, 342). AmtsPfl ggü Notfallpatienten, iR des RettgsDienstes die erforderl Notärzte zur Vfg zu stellen (BGH **120**, 184). SGB V 95 u RVO 368 n haben keine drittschützde Wirkg (Ffm MedR **90**, 88). – **Kindergärten, Kinderheime**, öffrechtl. Inhalt u Umfang der Amtspfl zur Beaufsichtigg u BewL wie § 832 (Dresd NJW-RR **97**, 857, Köln MDR **99**, 997). – **Kirchliche Beamte** (BGH **22**, 383, VersR **61**, 437). – **Kläranlage.** AmtsPfl ggü Nachb zur Einhaltg nachbarschützder Auflagen in einem betriebsbezogenen PlanfeststellgsBeschl (BGH **97**, 97). – **Kommunalaufsicht.** Pfl ggü Gem zur Wahrg ihrer Belange u zur Bewahrg vor Schad. – **Konsuln** (BGH **LM** KonsularG Nr 1). – **Kraftfahrzeugbenutzung** Rn 12, 13, 56. – **Krankenhaus.** AmtsPfl der Bediensteten einer PflegeAnst, für sichere Fenster des BeruhiggsRaumes im 3. Stock zu sorgen (BGH VersR **87**, 985). Pfl zu organisat Maßn, um einem testierwill Patienten die Errichtg eines wirks Test zu ermöglichen (BGH NJW **90**, 505). Vgl GesundhAmt u Rn 13, 15, 19 vor § 611. – **Gesetzliche Krankenkasse.** Pfl zur Belehrg eines freiwill beitretden Mitgl über Ausschl der Vers für bestehde Vorerkrankgen (Hamm NJW-RR **89**, 1507). – **Kreistag** (BGH **11**, 197). 108

Lehrer. Vgl auch Rn 152. ZüchtiggsR § 1631 Rn 9–11. Verl des PerslkR eines Schülers (Zweibr NJW **98**, 995). AufsPfl bei Schulausflug auch ggü and, der beim Spiel der Kinder verl wird (BGH **28**, 297). AmtsHaftgsAnspr, die aus Schulunfällen abgeleitet werden könnten, sind ausgeschl iR der SGB VII 2 Nr 2, 104 ff (Celle VersR **74**, 747). – **Luftverkehr.** Die Aufgaben der LuftAufs (Luftpolizei, Flugleitg) sind hoheitl Natur u werden von den Ländern im Auftr des Bundes wahrgenommen, sow sie nicht der BAnst für Flugsicherg od dem LuftfahrtBAmt übertr sind (Karlsr VersR **69**, 547). AmtsPfl der LuftfahrtBeh, sich bei der Prüfg der GenVorauss für ein Drachenflugexperiment eines Sachverst zu bedienen (BGH VRS **73**, 432). S auch Rn 159 „Tiefflüge". 109

Marktordnung. Kontroll- u ÜberwachgsPfl iR der gemeins Marktorganisation für Milch u -Erzeugn der EWG dienen nicht dem Schutz der am WirtschVerk teilnehmden Unternehmen (BGH WM **86**, 1528). – **Meldebehörde.** Unricht AufenthBescheinigg, ausgestellt zum Nachw der ansprbegründden Vorauss nach den EntschädiggsG (BGH **LM** (C) Nr 56: AmtsPfl auch ggü dem Land). – **Müllkippe** § 823 Rn 112. 110

Naturschutzbehörden. AmtsPfl, VerkTeiln gg die Gef zu schützen, die von einem eingetragenen Naturdenkmal ausgehen (BGH **LM** RNatSchG Nr 3). – **Nord-Ostsee-Kanal.** Verwaltg ist Ausübg öff Gewalt (BGH **35**, 111). 111

Notar. a) Rechtsstellung. Der N ist nicht Beamter, sond unabhäng Träger eines öff Amtes, § 1 BNotO; und die N im OLGBez Karlsr u die ehemal württ BezirksN, für die die BNotO gem deren §§ 114, 115 nicht gilt (Keidel-Kuntze-Winkler Tl B § 64 BeurkG Rn 1). Im Rahmen betreuender Tätigk auf dem Gebiet vorsorgder RPflege (§ 24 BNotO) kann ein N ErfGeh eines Beteil sein (BGH NJW **84**, 1748). 112

b) Keine Staatshaftung. Der N haftet für AmtsPflVerl pers nach § 19 BNotO. Gilt auch für N in den ostdtsch Ländern mit eig Praxis, gilt nicht für württemberg BezN (§ 114) u bad N (§ 115); insow bleibt es bei der landesges Regelg (BGH WM **95**, 64). Der N kann seine Haftg grdsätzl nicht ausschließen, weil er Träger eines öff Amtes ist. – **Notarvertreter,** auch Assessor als Vertr, haftet neben dem Not als GesSchu, im InnenVerh allein, § 46 BNotO. **Notarassessor** (§ 19 II BNotO) haftet bei selbständ Erledigg eines Gesch nach §§ 23, 24 BNotO wie der N. Bei Übertr zur selbständ Erledigg haftet N als GesSchu mit, im InnenVerh der Assessor allein. Staatshaftg nicht bei Verl der allg DAufsPfl, mögl aber ggü allen RSuchden, wenn die 113

AufsBeh trotz Kenntn von Tats, die Anlaß zur Einleitg eines AmtsenthebgsVerf ergeben, untät bleibt (BGH **35**, 44, **135**, 345).

114 **c) Haftungsvoraussetzungen. – aa) Verletzung einer Amtspflicht.** Rn 118 ff. Rechtmäß Alternativ-
115 verhalten Vorbem Rn 105–107 vor § 249. – **bb) Einem Dritten gegenüber** muß die AmtsPfl bestehen. Das sind die AuftrG u alle Pers, deren Interesse nach der bes Natur des AmtsGesch dch dieses berührt werden u in deren RKreis dadch eingegriffen werden kann, auch nur mittelb u unbeabsicht dch die Amtsausübg Betroffene, die auf die Zuverlässigk einer Beurk angewiesen sind u hierauf vertrauend am RVerk teilnehmen (BGH NJW **97**, 2327, NJW-RR **98**, 1275). Der N haftet daher dem in Aussicht genommenen testamentar Erben, der wg unterlassener Beurkundg nicht Erbe werden konnte (BGH aaO) u dem ges Erben, die erbrechtl Anspr hätten geltd machen können, wenn der Widerruf einer wechselbezügl Vfg eines gemschaftl Test wirks gewesen wäre (BGH **31**, 5). AmtsPfl des Not bei Beurk des Angeb zur Aufhebg eines ErbVertr ohne gleichzeit Anwesenh beider VertrPart auch ggü demjen, dem die Aufhebg zugute käme (BGH WM **82**, 615). N, der Bestellg eines GrdPfR beurk hat, muß die Bank, die bei ihm nach der Sicherh des GrdPfdR anfragt, auf ihm bekannten NachEVermerk im GB hinweisen (BGH WM **69**, 621). Bei der BelehrgsPfl ist zw den Beteil wg deren unterschiedl Interessen zu differenzieren; die konkr Pfl, deren Verl der AnsprSteller behauptet, muß gerade ihm ggü bestanden haben (Düss NJW **93**, 1602). Auf den **Auftraggeber** stellt § 19 ab in bezug auf die Gesch nach §§ 23, 24 (Verwahrg von WertGgständen [für den N im OLG-Bez Karlsr gilt G v 20. 7. 62, *BaWü* GBl 73]; Betreuung u Beratg der Beteil; das kann nach den Umst auch ein potentieller Anleger sein, an den sich der N mit einer Erkl gewandt hat (BGH **134**, 100). Weitergehde betreude BelehrgsPfl Rn 119. –
116 **cc) Vorsätzlich** handelt der N, der die Tats, die die PflVerl obj ergeben, kennt u sich der PflWidrigk bewußt ist (BGH DRiZ **66**, 308) od zumind mit der Möglichk eines Verstoßes rechnet u gleichwohl handelt (BGH
117 **34**, 381, VersR **73**, 443). – **dd) Außerachtlassung der den Umständen nach gebotenen Sorgfalt.** Maßgebd ist die Eigenart der not Tätigk, zu verlangen die spezif Sorgf eines erfahrenen, pflbewußten Not mit den zur Führg des Amtes erforderl Kenntn (BGH **LM** § 839 (Fi) Nr 28). Er hat sich über die Rspr der obersten Ger, die in den amtl Sammlgen u den für seine Tätigk wesentl Zeitschr veröffentlicht ist, unverzügl zu unterrichten u die übl ErläutergsBücher auszuwerten (BGH NJW **92**, 3237).

118 **d) Amtspflichten des Notars** regeln BeurkG 10 ff. Dch die Beurk eines Gesch, an dem er selbst mat beteil ist (§ 3 I Nr 1 BeurkG) verletzt der N seine AmtsPfl (BGH NJW **85**, 2027). AmtsPfl, die UrkTätigk wg Unredlichk des mit dem Gesch verfolgten Zwecks zu unterlassen (Hamm VersR **96**, 1544). § 254 anwendb, wenn Verlezter den N ungenügd unterrichtet hat (BGH WM **59**, 1112). Zur Anwendbark des § 278 dort Rn 34 u hier Rn 128.

119 **aa) Umfassende Prüfungs- und Belehrungspflicht** (§§ 10–12, 17–21 BeurkG), auch ggü FamAngehör bei entgeltl VerkGesch (BGH NJW **96**, 3009), wobei sich der N ggü einem RKund od rkund Beratenen uU kürzer fassen kann (BGH NJW **90**, 2882 [2884]). Die BewL für die Entbehrlk der Belehrg dch früh Belehrg hat der N (BGH NJW **96**, 2037). – **1.** Bei der **Beurkundung** AmtsPfl, für die rechtsgült Errichtg der Urk zu sorgen (BGH **138**, 359: UrkAkt im Ausland). Dabei u bei VertrEntw, auch wenn der Vertr dann nicht beurk, sond schriftl abgeschl wird (BGH VersR **72**, 1049), hat der N persönl (BGH NJW **95**, 1761) die Pfl zur Belehrg über das ZustKommen einer formgült Urk, die den wahren Will der Beteil vollständ u unmißverständl in der für das beabsichtigte RGesch richt Form rechtswirks wiedergibt (BGH NJW-RR **92**, 772). Dabei hat er darauf zu achten, daß unerfahrene u ungewandte Beteil nicht benachteil werden (BGH NJW **90**, 1484, WM **91**, 1046). Dazu gehören: Sorgfält Ermittlg des Will der Beteil, möglichst umfassde Aufklärg des Sachverhalts (BGH NJW **87**, 1266) in der Erkenntn, daß die Beteil allg gebräuchl RechtsBegr, die sie als Tats vortragen, nicht verstanden oder weitere Tats nicht als erhebl erkannt haben (BGH NJW **96**, 524); Ansprechen regelgsbedürft Fragen wie die Problematik nicht angerechneter ErschließgsKostenBeitr (BGH NJW **94**, 2283); Pfl, die Wahrh zu beurk u keinen falschen Schein zu erwekken mit der Gef eines folgenschweren Irrt bei einem geschützten Dr (BGH NJW-RR **92**, 1176, DNotZ **97**, 221); eig Entsch, welche Unterlagen von Bedeutg sein können, Pfl, diese u die von den Beteil vorgelegten Unterlagen pers zur Kenntn zu nehmen und bei Errichtg der Urk zu berücks (BGH NJW **89**, 586, NJW **96**, 520). Anl sind mit der Urk dauerh zu verbinden u genau zu bezeichnen (BGH NJW **91**, 1172). Hinw auf VorkR (§ 20). Sichere Formulierg des BebauungsZwecks im GrdstKaufVertr iF des § 19 II Nr 1 BauGB u Belehrg über Bedeutg des Negativattests (BGH NJW **81**, 451). Schuldh AmtsPflVerl dch Beurk einer (teil)nichtigen Vereinbg (BGH NJW **93**, 1587, NJW-RR **98**, 1275). Der N muß den zur Erreichg des erstrebten Zieles sichersten u gefahrlosesten Weg wählen, die vertragl Vereinbgen auf ihre Vereinbark mit den Ges prüfen (BGH NJW **93**, 2617), ggf die Part über bestehde RUnsicherh u die daraus folgden Gef belehren (Köln VersR **91**, 890), ihnen eine and vertragl GestaltgsMöglichk vorschlagen (Hamm VersR **92**, 362) u sie über den kostengünstigsten Weg aufklären (KG NJW-RR **99**, 861). Hinw, falls UnbedenklichkBescheinigg des FinAmts für die Eintr im GB od HandelsReg erforderl ist, § 19. Auch Pfl des N ggü den an der Errichtg der Urk Beteil (BGH MDR **92**, 813), deren beurkundete Erkl unverzügl bei dem GBA od RegGer einzureichen. Pfl des N bei Übersendg des GrdSchBriefes dch die Post, die Kontrolle des Zugangs beim Empf sicherzustellen (Oldbg DNotZ **98**, 651). – Zur **Belehrung über die rechtliche Tragweite** nach § 17 I S 1 BeurkG, dh über die Vorauss, von denen der rechtl Erfolg abhängt, ist der N in jedem Fall verpfl, außer er beweist im Streitfall, daß sich die Beteil über die Tragweite ihrer Erkl u das damit verbundene Risiko vollst im klaren waren u die konkr VertrGestaltg gleichwohl ernsth wollten (BGH NJW **95**, 330). Dazu gehört insbes die RBelehrung über die Gef einer ungesicherten Vorleistg (BGH NJW **89**, 102, NJW **95**, 330) und Hinw zur GefVermeidg (BGH DNotZ **98**, 437), uU auch dann, wenn der Beteil weiß, daß er eine ungesicherte Vorleistg erbringt (BGH NJW **99**, 2188), zB bei VorausZahlg auf den KaufPr vor Löschg einer nicht vom Käufer übernommenen Belastg (BGH DB **67**, 727), Zahlg der Valuta vor Eintr des sichernden GrdPfdR (BGH WM **60**, 890), Übern einer nicht voll valutierten Hyp dch Käufer (BGH VersR **78**, 60), Möglichk einer Sichg dch AuflVormkg (BGH NJW **89**, 102), Vorrang früh gestellter EintrAntr vor AuflVormkg (BGH VersR **69**, 422); ferner Hinw auf die Gef, daß die vorgesehene Sichg der Rechte eines Beteil vereitelt werden könnte (BGH NJW **96**, 522); RBelehrg darüber, daß die als KaufPr vorgesehene Leibrente nicht dch eine Reallast zG Dr gesichert werden kann (BGH NJW **93**, 2617), über bestehde Belastgen des Grdst u ihre Auswirkg, bei Bestellg einer GrdDbk auch

hins des and Grdst (BGH NJW **93**, 2741). Auch ggü den übr MitEigtümern, wenn nur ein Antl belastet ist (BGH NJW-RR **92**, 393). – Zur **betreuenden Belehrung** iR der allg Aufklärg ist der N nur aus bes Anlaß 119a
verpfl, im wesentl dann, wenn er befürchten muß, einem Beteil drohe wg der Besonderh des konkr Gesch aus Unkenntn ein Schad (BGH NJW **93**, 729, NJW **95**, 330). Dazu gehört zB Behinderg anderweit Veräußerg des Grdst dch eine eingetragene Vormkg (BGH NJW **93**, 2744), bestehde BauBeschrkg bei Kauf eines HausGrdst (BGH BB **95**, 1871). – Der N muß darauf hinwirken, daß im Vertr die Rückzahlg des KaufPr iF vorbehaltenen Rücktr des Käufers von der Bewilligg der Löschg der eingetragenen AuflVormkg abhäng gemacht wird (BGH NJW **88**, 1143). Bei Antr auf Löschg der AuflVormkg mit Eintragg des EigtmWechsels Pfl zur Prüfg, ob abredewidr ZwischenR eingetragen oder Eintragg beantragt ist (BGH VersR **91**, 1028). Belehrg über ges od im GB eingetragenes vertragl VorkRecht u seine Bedeutg (BGH VersR **84**, 537). Unter bes Umst Pfl zu dem Hinw, als KaufPr hinterlegtes Geld auf dem AnderKto des N als Festgeld anzulegen (BGH NJW **96**, 1823). Wg Pfl zur Unparteilichk darf der N nicht zG eines Beteil Sichgen vorschlagen, die im Widerspr zum erkennb Will eines and Beteil stehen u nicht wg prakt undurchführb Sichg eines Beteil vom VertrSchluß abraten (BGH NJW-RR **87**, 84). Grdsätzl keine Pfl des N, den Beteil steuerrechtl Belehrgen zu erteilen. And, wenn aGrd bes Umst Anlaß zu der Besorgn besteht, daß sich ein Beteil wg mangelnder Kenntn der RLage einer Gefährdg seiner Interessen nicht bewußt ist (BGH VersR **83**, 181), zB Pfl zur Belehrg über Entstehg der GrdrEwerbsteuer bei Erwerb aller GeschAnteile einer GmbH (BGH BB **71**, 724), über Gef der Versteuerg eines SpekulationsGew (BGH NJW **89**, 586); sonst nur unter bes Umst BelehrgsPfl über entstehde GrdErwerbsteuerPfl od wegfallde GrdErwerbsteuerVergünstigg (BGH NJW **80**, 2472, DB **92**, 1819). Keine Pfl des N zur Ermittlg bes Umst, aus denen sich eine SteuerPfl ergeben könnte, auch nicht bei der Einsichtnahme in das GB (BGH NJW **85**, 1225, NJW **95**, 2794). Jedenf Pfl zu richt Ausk auf Frage, zB nach EinkSteuer (BGH VersR **83**, 181), nach Spekulationssteuer (Hamm VersR **81**, 361); über Gef bei Zahlg des Kaufpr vor vormschgerichtl Gen des GrdstKaufVertr (BGH **19**, 5); Hinw auf Bestehen u RWirkgen des § 1365, falls nicht seine Anwendbk nach Familien- u Güterstd od VermVerh von vorneherein ausscheidet; Nachforschgen muß N nur anstellen, wenn konkr AnhaltsPkte dafür vorh sind, daß das Grdst nahezu das ganze Verm des Veräußerers darstellt (BGH NJW **75**, 1270). Pfl zum Hinw auf rechtl Bedenken gg die Wirksamk eines Test, uU auch dem Schlußerben ggü (BGH WM **74**, 172). BelehrgsPfl über Haftg des übernehmden Gters iF der Umwandlg einer GmbH für Verbindlichkten (Karlsr VersR **82**, 197). Sow eine BelehrgsPfl besteht, setzt sie der SchweigePfl des N Grenzen u geht ihr vor (BGH VersR **73**, 443). – **Keine** 120
Belehrungspflicht über Zuverlässigk u Zahlgsfähigk des Kreditnehmers od eines Beteil (BGH NJW **67**, 931). BelehrgsPfl über die wirtsch Folgen des Vertr, die nicht auf rechtl, sond rein tats Umst beruhen, grdsätzl nicht (BGH NJW **67**, 931); ausnahmsw dann, wenn der N aGrd bes Umst Anlaß zu der Vermutg haben muß, einem Beteil drohe Schad u sei sich der Gef nicht od nicht voll bewußt (BGH NJW **75**, 2016). Auch keine BelehrgsPfl über anfallde UmsatzSt (BGH BB **71**, 724). – **2.** Bei **Beglaubigung** von Unterschr beschränkt 121
sich PrüfgsPfl des N darauf, ob er tät werden darf. Hatte der N den Auftr, eine Urk für ein beabsichtigtes RGesch zu entwerfen, muß er über die zu seiner Wirksamk erfdl Hdlgen bei der Beglaubigg der Unterschr auch ledigl eines and Beteil belehren (BGH DNotZ **97**, 51). – **3.** Bei Ausstellg einer **Bestätigung** hat der N 122
wahr zu bezeugen u einen falschen Anschein, zB dch Unvollständigk zu vermeiden (BGH DB **72**, 1672). Dazu hat er den zGrde liegden Sachverh zu ermitteln, die rechtl Schlußfolgergen zu ziehen u das Ergebn in einem Schriftstück niederzulegen (BGH WM **85**, 1109). – **4. Betreuung nach BNotO § 24.** Insow gilt Abs 123
I S 2 nicht, BNotO 19 I S 2 Hs 2. Inhalt u Umfang der AmtsPfl richten sich nach dem übernommenen Auftr, sie erstrecken sich auf Erforschg des übereinstimmden VertrWill der Beteil, auf Belehrg über die rechtl Tragweite des Gesch, auf eine auftrgerechte, zweckmäß u rechtl zuläss Gestaltg des beabsicht RGesch u auf klare u unzweideut Wiedergabe der VertrErkl der Beteil (BGH VersR **93**, 1405). Eine Weisg hat er einzuhalten, zB keine Vfg über hinterlegten Betr vor AuszahlgsReife (BGH NJW **96**, 3343), Antr auf EigtUmschreibg erst nach Nachw der KaufPrZahlg (Köln BB **94**, 2444).

bb) Einzelpflichten: 1. Identitätsprüfung. Bei Beurk u Beglaubigg ist diese Prüfg bes sorgfält vorzunehmen, §§ 10, 40 BeurkG. **2. Prüfung der Geschäftsfähigkeit.** Bei schwer erkrankten Pers hat N bei der 124 125
Beurk von RGesch Tats der Erkrankg u seine Feststellg über die GeschFgk in der Niederschr anzugeben, § 11. – **3. Prüfung der Vertretungsmacht und der Verfügungsbefugnis,** auch eines ausländ Käufers 126
(BGH NJW **93**, 2744), bei der Beurk von RGesch, Erörterg von Bedenken, uU Ablehng der Beurk bei fehlder Vollm u Aussichtslosigk der Gen (BGH WM **97**, 1901). – **4. Prüfung der Genehmigungsbedürftigkeit** eines zu beurkundden Gesch. Bei Vfg eines Nichtberecht Hinw auf die Notwendigk der Gen u die 127
Folgen ihrer Versagg (BGH VersR **96**, 1543). Hinw auf die Notwendigk aller ger od behördl Gen u Vermerk in der Niederschr über welche GenErfordern im einz der N belehrt hat (BGH NJW **93**, 648), auch wenn die GenBedürftigk zweifelh ist, § 18. – **5. Pflicht zur Grundbucheinsicht** bei Gesch, die im GB eingetragene 128
od einzutragde Rechte betreffen, § 21 BeurkG. Dazu gehört auch die Einsichtn in die EintrBewilligg, auf die Bezug genommen ist. Haftg für Versch von HilfsPers bei GB-Einsicht nach § 278 (BGH **131**, 200). Der N, der mit der EigtUmschreib die Löschg der für den Käufer eingetragenen AuflassgsVormkg beantragt, muß sicherstellen, daß weder vertrwidr ZwRechte eingetragen sind noch deren Eintr beantragt ist (BGH NJW **91**, 1113). – **6. Prüfung der Echtheit** der dem N übergebenen WertP (RG **114**, 295). – **7. Vollzugspflicht** 129
(§ 53 BeurkG). AmtsPfl zur Einreichg von Urk nur ggü den formell Beteil (BGH NJW-RR **92**, 1178). 130
Unverzügl Mitteilg an Beteil, wenn eine von ihm erwartete VollzugsMaßn nicht dchführb ist (BGH WM **93**, 1518). – **8. Vollzugsüberwachung** durch den N nur dann, wenn vereinb od im Einzelfall dch bes Umst erforderl (BGH VersR **69**, 902). Prüfg der Zustellg durch den GVz, wenn wechselbezügl Vfg eines gemschaftl Testaments widerrufen (BGH **31**, 5). – **9.** Bei **Auszahlung von Treuhandgeld** hat der N sich an die 131
erteilten Weisgen zu halten (BGH NJW **96**, 3343), i ü grdsl nur die formellen Vorauss zu prüfen, die Auszahlg aber ausnahmsw zu verweigern, wenn ihm erkennb ist, daß die hinterlegde Part dadch geschäd werden kann (BGH VersR **78**, 247, VersR **97**, 324). SchadErsPfl des N bei pflichtwidr Auszahlg einer KaufPrRate (BGH WM **85**, 832), bei verspäteter Auszahlg des treuhänder empfangenen KaufPr (Naumbg OLG-NL **97**, 227). Pfl des N, EinlösgsZusage einer Bank für einen Scheck auf ihre OrdngsMäßigk zu überprüfen (BGH WM **82**, 452). – **10. Zur Befolgung von Weisungen** ist der N verpfl, zB Einreichg einer Anmeldg zum HReg bis zu 132

einem best Termin aus steuerl Grden (BGH NJW **83**, 1801), Rückn eines GB-EintrAntr (BGH NJW **90**,
133 324); weisgwidr Auszahlg hinterlegten Betr (BGH DNotZ **97**, 70). – **11. Mitteilung an andere Beteiligte,** wenn der N weisgem ein Amtsgesch nicht ausführt, von dessen Ausf and Beteil ausgehen und von dessen Vollzug möglicherw weitere wirtsch Maßn abhäng sind (BGH NJW **90**, 324).

134 **cc) Organisation des Bürobetriebs** so, daß RSuchde vor Schad bewahrt bleiben (RG **162**, 24: RAusk dch Bürovorsteher).

135 **e) Subsidiarität der Haftung** (Rn 54). Der Geschädigte muß wissen, daß eine and ErsMöglk zumindest teilw ausscheidet od er muß die Tats kennen, die einen AusnTatbestd – vors Handeln, Beauftragg mit einem der in BNotO 23, 24 bezeichneten AmtsGesch – begründen (BGH NJW-RR **99**, 2041). Die von der NKammer abgeschlossene VertrauensschadVers zG eines dch einen ungetreuen N Geschäd ist im Verh zu der nach § 839 haftden AufsBeh (Rn 113) eine anderweit ErsMöglk (BGH **135**, 345). Auch Ber- u SchadErsAnspr gg VertrPartner können andweit ErsMöglk sein (BGH NJW **93**, 1589). Sie gilt nicht, also PrimärHaftg des N ggü dem AuftrG, wenn der Geschädigte von ihm aGrd RA-Haftg Ers verlangen kann od, falls dieser Anspr verj ist, hätte erlangen können (BGH NJW **93**, 2747) u bei den AmtsGesch der Verwahrg u der vorsorgden RPflege gem §§ 23, 24 BNotO, wenn er sie selbständ, also nicht nur in Verbindg mit einer Beurk vornimmt (BGH WM **95**, 1883). Zu den letztgen gehören treuhänd Aufbewahrg u Auszahlg des GrdstKaufpr u vorherige zusätzl BetreuungsAufg (BGH NJW **85**, 2028).

136 **f) Schadenersatz** nach den Vorschr der u H, auch VermSchad. Verj § 852 Rn 12. Bei Verl einer AmtsPfl grdsätzl keine Haftg nach § 278, ausgenommen wenn die HilfsPers mit selbständ nicht in vollem Umfang nachzuprüfden VorArb für UrkEntw betraut ist, insbes mit der Einsicht in das GBA od ähnl öff Register (BGH NJW **96**, 464). Im Falle der BNotO 23, 24 kann bei N, der zugl RA ist, zweifelh sein, in welcher Funktion er tät geworden ist; in Verbindg mit typ AmtsGesch als unparteiischer Betreuer aller Beteil (Hamm DNotZ **97**, 228), zB Beratg vor der Beurk, als N; isoliert als einseit InteressenVertr eines AuftrG (Hamm aaO), als RA (§ 24 II BNotO); insow Haftg aus DVertr, auch § 278. Ob die AmtsPflVerl einen Schad verursacht hat, ist iR der haftgsausfüllden Kausalität mit den BewErleichtergen nach ZPO 287 zu beurteilen (BGH NJW **96**, 3343, BGH **135**, 345), wobei eine Anscheinsvermutg dafür spricht, daß die Beteil einem geschuldeten best Rat od einer solchen Warng gefolgt wären (BGH NJW **96**, 3009). Mehrere kausal fehlerh handelnde N haften als GesSchu. Ein vorhergehder nicht bemerkter RA-Fehler beseitigt den haftgsrechtl Zushang zw PflVerl des N u Schad nicht (BGH WM **97**, 1901). – Ausschl zuständ die LGe.

137 **g) Unterlassener Rechtsbehelf** vgl Rn 73–77, wobei hier als RBehelf auch Beanstandg der Amtsführg ggü dem N u DienstaufsichtsBeschw gelten (BGH VersR **82**, 953).

138 **Ordnungsamt.** Rwidr Verschrottg eines abgestellten Kfz (Naumbg NJW-RR **95**, 919). – **Paßbehörde.** Nachforschg nach VersaggsGrd (BGH NJW **57**, 1835: Entziehg aus UnterhPfl). – **Pflanzenschutz.** Fernhalten nicht entseuchgspflicht Pflanzen von der Entseuchg bei Einfuhr ist keine AmtsPfl ggü dem Importeur (BGH VersR **84**, 488).

139 **Polizei.** VerkRegelg Rn 158. Rwidr Festhalten an PolGewahrs (Mü NJW-RR **97**, 279). Verpfl zum Einschreiten bei gefahrdrohdem Zust (Hamm VersR **94**, 726: Ölspur auf der Str). Pfl zur Feststellg des Unfallherganges mit Aufn der Personalien eines als Verursacher in Betr Kommden (Celle NZV **97**, 354), zu HilfsMaßn für die Verl u ihr Eigt u zur Wiederherstellg der VerkSicherh an der Unfallstelle (KG DAR **77**, 134), verkpoliz Sicherg von Straßenbanketten (BGH VersR **69**, 280). Sicherstellg eines aufgebrochenen Kfz, wenn die Vorauss der GoA vorliegen (Hamm VersR **99**, 363), eines unversicherten (Brschw OLGZ **67**, 275), eines verkunsicheren (Nürnbg VersR **71**, 279), eines gestohlenen (Hamm NZV **98**, 374) od des Kfz eines fahruntücht Fahrers (BGH NJW **58**, 1724). Vermittlg od Beauftragg eines priv Abschleppuntern Rn 25, 30. SorgfPfl bei Führg eines Polizeihundes u BewLast § 833 Rn 20, 15. Rammen eines Kfz, um jugendl Fahrer ohne FahrErlaubn zum Halten zu zwingen, kann zur GefAbwendg rmäß sein (Hamm NJW **88**, 1096). Nichtverhütg strafb Hdlgen (BGH **LM** (Fg) Nr 5); nicht gehör Überwachg eines Asozialenlagers (BGH **12**, 206) od von Strafgefangenen; Nichteinschreiten gg unfriedl Demonstration mit Lahmlegg des StrVerk (Celle VersR **75**, 177; AmtsPflVerl verneint). Die Zulässigk der Anwendg unmittelb Zwangs schließt die Annahme amtspflichtwidr Verhaltens bei Durchf der ZwangsMaßn nicht aus (BGH VersR **84**, 68). – Erhöhte SorgPfl beim Umgang mit einer Schußwaffe (BGH VersR **80**, 924). – Mitteilg von im StrafReg getilgten Strafen an and Beh (RG **168**, 193). Einweisg eines vermeintl Gemeingefährl in eine Heilanstalt (BGH NJW **59**, 2303). Gen eines Autorennens trotz ungenügd gesicherter Rennstrecke (BGH NJW **62**, 1245). – Vgl auch Rn 153,
140 Staatsanw, sow Pol als dessen Hilfsbeamter tät wird, Rn 157, 158 u Rn 109 Luftverkehr. – **Baupolizei.** Zulassg der Errichtg u InbetriebN ungeprüfter Bauten (BGH **8**, 97); unzulängl Prüfg der statischen Berechng (BGH **39**, 358); vorl BauGen, ohne daß Vorauss für die endgült Gen erfüllt werden können (BGH NJW **59**, 1778); Unterl des Hinw auf bevorstehde Änderg baurechtl Vorschr (BGH NJW **60**, 1244); ungenügde BauAufs, auch bei MitVersch des Bauherrn (Stgt NJW **58**, 1923, vgl zu dieser Entsch im übr BGH **39**, 364); Ruineneinsturz, wenn baupolizeil ÜberwachgsPfl verletzt (Düss NJW **51**, 567, keine Überspanng der Anfordergen, BGH **LM** [Fe] Nr 1).

141 **Post. – a) Haftung im Benutzungsverhältnis.** Die RBez, die dch die InansprN der Einrichtgen des Postwesens bestehen, sind privrechtl Natur. Hoheitl betätigt sich die Post gem PostG 33–35 v 22. 12. 97 (BGBl I 3294) nur bei förml Zustellg; nur in diesem Rahmen Haftg nach § 839, GG 34. AmtsPfl zur Aufbewahrg u Aushändigg eines nach ZPO 182 niedergelegten ZustellgsBriefes (BGH **28**, 30). Iü haftet die Post in den Bereichen PostD u Postbank ausschl (BGH NJW **93**, 2235) privatrechtl (BGH **111**, 334). Im Bereich der Telekommunikation ebenf privrechtl Haft (Karlsr NJW **94**, 1291) beschr nach Maßg der amtl veröffentlichten, zur EinsichtN bereitgehaltenen AGB (AGBG 23 II 1 a, dort Rn 5). – Für den Verlust von Einschreibsendgen im internat PostVerk haftet die Post nicht, wenn er auf einer Beschlagn aGrd der RVorschr des BestimmgsLandes beruht (Art 41 § 2 Nr 2 WeltpostVertr). Auf die Rechtmäßigk der Maßn staatl Stellen des BestimmgsLandes kommt es nicht an (BGH DB **80**, 1339).

142 **b)** Für Schäd **außerhalb eines konkreten Benutzungsverhältnisses,** insb für Verl der VerkSichgsPfl, haftet die Post nicht nach § 839, Art 34 GG, sondern mangels Zuweisg zu den hoheitl Aufgaben (§ 823

Rn 124) privrechtl, weil ein u dieselbe Tätigk nicht gut iR eines BenutzgsVerh privrechtl (vorstehd Rn 141), außerh eines solchen aber hoheitl Natur sein kann (ebso Karlsr NJW **94**, 1291 für Errichtg u Betr von Telekommunikationsanlagen; aA Karlsr NJW **94**, 2033: Telekommunikationsbaudienst, Nürnbg NJW **94**, 2032: VerkUnfall bei Zustellg eines Eilbriefs, weil MonopolLeistg, Mü NJW-RR **94**, 1442 ohne eig Begründg).

c) Wg **Verletzung privatrechtlicher Pflichten einschließlich der Verkehrssicherungspflicht** haftet 143
die Post nach §§ 823 ff.

Produktsicherung. AmtsPfl gem ProdSG 8 S 1, 2 zu AOen, insbes ggü Herst, die sicherstellen, daß alle, 144
die einer von einem Prod ausgehden Gef ausgesetzt sein können, auf diese Gef hingewiesen werden, subsidiär bei Gef im Verz AmtsPfl zur Warng der Öffentlk. Eingehd Tremmel/Nolte NJW **97**, 2265. SchadErsAnspr in ProdSG 8 S 3, 7 III. – **Prüfungsausschuß** bei Ausschreibgen; Ermittlg des vorteilhaftesten Angeb (BGH WM **61**, 207). – **Prüfungswesen** (Hochschule). Fehlerh Anwendg von PrüfgsBest bei Abn einer Prüfg (BGH VersR **79**, 1056, BayObLG NJW **69**, 846), bei Bewertg einer schriftl Arb (Kblz u BGH VersR **91**, 304); unpräzise Fragestellg im Antwort-WahlVerf (BGH **139**, 200); Voreingenommenh des Prüfers (BGH NJW **83**, 2241). – **Staatliche Reblausbekämpfung** ist Ausüb öff Gewalt (BGH **LM** Art 34 GG Nr 59). – Beigeordneter **Rechtsanwalt** übt keine öff Gew aus (BGH **60**, 255). – **Falsche Rechtsmittelbelehrg** dch Behörde kann AmtsPflVerletzg sein (BGH NJW **84**, 168). – **Gesetzliche Rentenversicherung.** AmtsPfl, das konkr Anliegen des Ratsuchden zu ermitteln u verständnisvoll zu fördern (BGH VersR **97**, 745). Auskunft Rn 161. – **Rettungsdienst** ist, wenn öffentl organisiert, Ausübg hoheitl Gew (Hausner MedR **94**, 435), so Notarzteinsatz in NRW (BGH NJW **91**, 2954). Vgl aber Rn 95 „DRK".

Richter, Rechtspfleger. – Spruchrichter Rn 67 ff. Weiter ErmSpielraum, ob zum Schutz von VerfBe- 145
teil u Zuhörern sitzgspolizeil Maßn geboten sind (Köln VersR **98**, 893). Unricht Streitwertfestsetzg, unricht Besetzg des KollegialGer (BGH **36**, 144). Grdsätzl kein Unterschied zw AmtsPfl des Ri u Not bei Aufn von Urk (BGH DRiZ **63**, 234), bei Beurk eines ProzVergl auch ggü dem auf seine RGültigk vertrauenden Dr (RG **129**, 37). Im ProzKostenhilfeVerf ist der RA, dessen Beiordng beantragt ist, nicht Dr (BGH **109**, 163). –
b) Aufsichtsrichter: Haftg für AO hins Pfandkammer (RG **145**, 204). – **c) Haftrichter.** Es gelten die 146
gleichen Grdsätze wie für den Staatsanwalt (BGH **122**, 268 [271]; vgl Rn 153. – **d) Insolvenzgericht.** Pfl das SchuVerzeichn richt zu führen ggü allen, die in das Verzeichn einsehen. Ggü den Gläub Pfl zur Überwachg u Beaufsichtig des InsVerw (BGH DRiZ **65**, 378); Prüfg der Zahlgsunfähigk des GemSchu u des Bestands einer noch nicht rkräft titulierten Fdg vor Eröffng des InsVerf (BGH NJW-RR **92**, 919). Nichtentlassg eines InsVerw, von dem sich der RPfleger hat bestechen lassen, Ers des daraus entstandenen Schad (Mü NJW-RR **92**, 1508). – **e) Nachlaßgericht.** Dr im ErbSchVerf ist, wer als RNachf in Frage kommt, u wer im Vertrauen auf die Richtigk des ErbSch ein RGesch in Bezug auf den Nachl (§§ 2365, 2366) abschließt (BGH NJW **92**, 2758). Pfl zu sorgf Prüfg der Echth eines Test, insbes bei Verändergen zu sorgf Ermittlg aller für die ges Erbfolge erhebl Tats (BGH NJW-RR **91**, 515). Pfl zur Einziehg eines unricht ErbSch (BGH **117**, 287 [301]). Nichterwähng der Nacherbfolge im Erbschein. Ungenügde Beaufsichtigg des NachlVerw, Haftg auch den NachlGläub. AmtsPfl, bei Erteilg eines Zeugn über die Fortsetzg der ehel GüterGemsch ggü einem einseit Abkömmling insow, als dessen RStellg dch die Verwendg eines unricht Zeugn im RVerk beeintr werden kann (BGH **63**, 35). MittPfl an Beteil gem § 2262 u an GBA gem § 83 GBO (BGH **117**, 287 [295,
300]). – Keine Pfl zu umfassder RBelehrg der Beteil (BGH **117**, 287 [302]). – **f) Registergericht.** Pfl zur 147
NichtEintr od Löschg einer unzul Firma im öff Interesse an der Richtigk u Vollständigk des HandelsReg zum Schutz des Publikums vor irreführendem Firmengebrauch; dazu gehört nicht der Einzutragde (BGH **84**, 285). – **g) Strafrichter.** Entsch über Eröffng des HauptVerf ist keine ErmEntsch; hinreichder Tatverdacht ist unbest RBegriff mit BeurteilgsSpielraum (BGH NJW **70**, 1543). – **h) Vollstreckungsgericht.** Fehler in der ZwVollstr, zB bei Verteilg nach ZPO § 872 (RG **144**, 391); unzuläss AO u Vollziehg von Beugehaft (Mü-NJW RR **94**, 724); Nichtverständigg des Gläub von Abn der eidesstattl Vers, Nichterforschg des Versterks
von VermWerten (BGH **7**, 287). – **i) Vormundschaftsgericht.** PflVerl ist jede Verl des Kindes-, od 148
Pfleglingsinteresses innerh des dem VormschGer übertr AufgKreises, zB mangelh Beaufsichtigg des Vormd, unterlassene AO der Vormsch (§§ 1837, 1773, 1846), Übertr von Vormsch über die Kräfte des Vomd hinaus (BGH MDR **62**, 641). Das Ger muß bei seinen AO den für den Mdl gefahrloseren Weg wählen (BGH DNotZ **62**, 158) u auf die RWirksamk von RGesch achten, an denen es mitwirkt (BGH WM **68**, 196). AmtsPfl ggü dem Mündel zu sorgf Aufklärg u Gesamtwürdigg des Sachverhalts bei GenAnträgen (BGH WM **95**, 64); dabei genaue Abwägg, ob ideelle Interessen des Mündels es rechtfertigen, einen wirtsch nicht vorteilh Vertr zu genehmigen (BGH NJW **86**, 2829). Übermäß GrdstBelastg darf nicht gen werden (BGH VersR **74**, 358). Daß auch der Notar denselben Fehler gemacht hat, ist keine Entlastg (BGH DNotZ **62**, 158). Pfl zur erforderl rechtzeit Pflegerbestellg (BGH VersR **68**, 172). Zu den AufsPfl des VormschGer gehört vor allem Überwachg der für das MdlVerm gegebenen SchutzVorschr §§ 1814 ff. MdlGeld darf nicht ohne Grd in der Hand des Vormd bleiben, die Sperre über das Sparkassenbuch nicht über den erforderl Betr hinaus aufgeh werden (RG **85**, 416). Versch des Vormd bei Abwendg des Schad muß sich Mdl gem § 254 II anrechnen lassen, wenn er als sein ges Vertr gehandelt hat, was bei Veruntreuungen des ungenügd überwachten Vormd zu verneinen ist (BGH **33**, 136). Sorgfält Prüfg vor Entsch nach § 1822 Ziff 2 (BGH WM **65**, 1058). Auch Pfl zur unterstützden u wirtsch beratden Tätigk ggü dem Vormd, insb über die Gefahren des v ihm zu beurkundden Gesch (BGH DRiZ **63**, 234). Auch FürsPfl ggü dem Kind bei AuseinandS der VermGemsch
zw ihm u dem sich wiederverheiratden ElternTl, § 1683 (BGH WM **65**, 1957). – **k) Zwangsverstei- 149
gerungsgericht.** Pfl zur Einhaltg der ges Vorschr u Hinw auf die RLage ggü allen an der ZwVersteigerg Beteil einschl den Bietern (BGH NJW **91**, 2759: Bestehenbleiben eines AltenteilsR, Köln VersR **97**, 970: Eigtumslage an grenzüberschreitden Aufbauten); nicht ggü Unbeteil, zB Bürgen. Entferng des RPflegers währd der Bietgsstunde aus Terminszimmer, auch wenn in einem and Zimmer jederzeit erreichb (RG **154**, 397). ZuschlErteilg trotz fehlder Vorauss der ZwVollstr. Versagg des Zuschlags wg eines Formfehlers (BGH MDR **87**, 298). Unricht Berechng des geringsten Gebots (BGH WM **77**, 592). Ungerechtf Vertagg eines Termins (RG **125**, 299). ZwVerstGer darf sich auf Richtigk der ihm nach ZVG § 19 II zu erteilden

GBAbschr verlassen (RG **157**, 92). Zwangsverwaltungsverfahren (BGH WM **64**, 789). – **Grundbuchamt** oben Rn 104.

150 **Rundfunkanstalt** vgl Rn 97 „Fernsehanstalt". – **Saatgut.** Die Prüfgs- u ÜberwachgsPfl der Landwirtsch-Kammer schützen nicht die VermInteressen einz erzeugder od verarbeitder Betriebe (BGH LM Cb Nr 92). – **Sachverständiger.** Gerichtl vgl § 823 Rn 117; Kfz-Sachverst des TÜV iR der Hauptuntersuchg des Kfz gem § 29 StVZO (BGH NJW **89**, 2065). Ebso, wenn ein Angest des TÜV das Kfz iR polizeil Sicherstellg bei der Fahrt zur Kontrolle beschädigt (Mü VersR **95**, 1054). Es haftet das Land (Kln VersR **89**, 1196, Mü aaO); ebso bei Vorprüfg einer überwachgspflicht Anl (BGH **122**, 85). Der Käufer eines gebrauchten Kfz ist mit seinen VermInteressen aber nicht „Dr" bei Zulassg trotz techn Mängel des Kfz (BGH NJW **73**, 458), VerkSichgPfl ggü Besuchern für das Gelände u die Einrichtgen des TÜV beurteilt sich nach § 823 (Brschw VersR **91**, 1264). Prüflng für Baustatik vgl „BauBeh". – Ein HochschulInst wird nicht hoheitl tät, wenn es als Prüfstelle den Herst eines HaushGeräts aGrd privrechtl Vertr eine PrüfBescheinigg erteilt (BGH VersR **78**, 518).

151 **Schiedsmann.** Ausübg öff Gew (BGH **36**, 193). – **Schiedsrichter** Rn 67. – **Schlachthof.** Anhalten von verdächt Fleisch (BGH **LM** § 839 [B] Nr 11). Einstellen von Tieren begründet öffrechtl BenutzgsVerh, auf das die vertragl Best des SchuldR sinngem anzuwenden sind. Die VerkSichgPfl kann den kommunalen Bediensteten als AmtsPfl auferlegt sein (BGH **61**, 7). – **Schleusenmeister** s „Nord-Ostsee-Kanal". – **Schornsteinfeger** s „Bezirksschornsteinfegermeister".

152 **Schulen.** Haftg für VerkSicherh des Schulgebäudes (BGH MDR **67**, 656), auch währd eines schulischen Festes, ggf neben dem Veranstalter (Köln MDR **99**, 1000); gefährl Pausenhalle (BGH **LM** [Fd] Nr 12a: Glaswände auf dem Schulhof); Oldbg VersR **68**, 655: tiefreichde Glasfenster in der Turnhalle; Stgt MDR **98**, 967: nicht gesicherte Falltür im Speicher. Zweistünd Fehlen einer Aufs über Klasse mit 14–15Jähr (BGH VersR **72**, 979). PausenAufs im Schulh je nach den Umst (Celle NdsRpfl **85**, 281). Keine AmtsPfl des Lehrers, radfahrde Schulkinder auf dem Weg von der Schule zu einer außerh der Schule stattfindden Schulveranstaltg zu überwachen (BGH **44**, 103). Pfl, berechtigterw mitgebrachtes Eigt der Schüler in angem Umfang vor Verlust u Beschädigg zu schützen (BGH NJW **73**, 2102). Pfl zur sicheren Aufbewahg mitgebrachter Garderobe währd einer ElternVersammlg nur unter best Vorauss (BGH NJW **88**, 1258). Verantwortg des Trägers der SchulVerw für möglichst gefahrl Auswahl, Einrichtg u Überwachg einer Schulbushaltestelle (BGH MDR **77**, 207 u NJW **82**, 37). Anpassg des SchulGbdes nebst Anlagen an die bes Zwecke der Schule (BGH VersR **69**, 799). Haftg für ordngsgem Beschaffenh von Geräten u Einrichtgen (BGH **LM** § 839 (Fd) Nr 9). Sicherg des Treppengeländers gg Hinunterrutschen (BGH NJW **80**, 1745); Turngeräte (BGH VersR **57**, 201), Spielgeräte (BGH **LM** § 839 (Fd) Nr 11). Schulausschuß NRW. AmtsPfl beim VorschlagsR für BefördergsStellen auch zG von Mitbewerbern (BGH VersR **94**, 558). – **Schulbus** ist nicht in SchulBetr eingegliedert, Haftg des BusUntern also nicht dch RVO §§ 636, 637 ausgeschl (BGH NJW **82**, 1042). Haftg für **Schülerlotsen** (Köln NJW **68**, 655). Mitwirkdes Versch der Eltern (BGH NJW **64**, 1670 u Einf 12, 13 vor § 823). Vgl Rn 109 „Lehrer". – **Sozialhilfe.** Beim Anspr aus BSHG 69 III 2 ist geschützter Dr nur der FürsBedürft (Stgt u BGH VersR **90**, 276 u 268). Keine Amtspfl des Sozhilfeträgers ggü dem Altersheimträger bei Zahlg ausstehder Pflegekosten (Köln NJW-RR **95**, 570). AmtsPfl, einen Antr auf SozHilfe in angem Zt zu bescheiden, nur ggü dem AntrSt (Köln VersR **95**, 784).

153 **Staatsanwalt.** Einen Dritten kränkde Veröffentlichg währd des ErmittlgsVerf, Pfl bei Stellg des Antr auf Haftbefehl (BGH **27**, 338). Sicherstellg der dem Täter abgenommenen Sachen. Grds der VerhältnMäßigk bei Fahndg in Massenmedien (Hamm NJW **93**, 1209). Pfl, unter dem Grds der VerhältnMäßigk ggü dem Beschuldigten, nicht ggü seiner Ehefrau (Saarbr OLGZ **94**, 181), nach Beendigg des ErmittlgsVerf alsbald Anklage zu erheben od das Verf einzustellen (BGH **20**, 178, NJW **89**, 96). Gewisse staatsanwaltschaftl Maßn im Ermittlgs- u Strafverf sind wg des Beurteilsspielraums (BGH **122**, 268) im AmtshaftgsProz nicht auf ihre Richtigk, sondern nur auf ihre Vertretbark zu prüfen (BGH NJW **98**, 751, 2051). Unberecht Anklageerhebg ist amtspflwidr nur, wenn die Bejahg hinreichden Tatverdachtes, unberecht Einl eines ErmittlgsVerf nur, wenn die Bejahg eines Anfangsverdachts unvertretb war (BGH NJW **89**, 96, **98**, 751, 2051). Gleiches gilt für die DchsuchgsAO (BGH NJW **89**, 1924). Ausschaltg eines PrivDetektivs ist rmäß nur zur Abwehr rwidr Störg des ErmittlgsVerf (BGH NJW **89**, 1924). Bei PresseErkl über ErmittlgsVerf gelten vorstehde Grds nicht, nöt ist vielmehr die erforderl Abwägg zw dem InformationsR der Presse u dem allg PerslkR des Beschuldigten, ganz bes Vorsicht bei NamensNenng (BGH WM **94**, 992, 1950). Die Amtspfl zur Ermittlg u AnklErhebg besteht nur ggü der Allgemh, nicht ggü dem dch die Straftat Verl; allenf in einem laufden ErmittlgsVerf können konkr SchutzPfl ggü dem dch die Straftat Geschädigten erwachsen, etwa Sicherstellg der Diebesbeute (BGH NJW **96**, 2373). – BußgeldVerf vgl Rn 94. – **Standesbeamter.** AmtsPfl, den Verlobten iF dringder Todesgef eine unverzügl Eheschliessg zu ermöglichen, auch zum Schutz des Interesses des Überlebden an einer Hinterbliebenenrente (BGH NJW **90**, 505), auch sonst keine unnöt Verzögerg der Eheschließg (Ulm NJW-RR **95**, 198). Falscheintragg im FamBuch kann AmtsPflVerl ggü dem ges Erben sein (Br NJW-RR **98**, 1537). – **Steuerbeamter.** NichtGewährg rechtl Gehörs vor Erl eines HaftgsBescheids (BGH NJW **96**, 1971). Unbegründete Steuerveranlagg (BGH **39**, 77). Verzögerte Sachbehandlg (BGH WM **63**, 349). Schätzg der BesteuergsGrdl nur, wenn die SteuerBeh sie nicht ermitteln od berechnen kann (Düss NJW **93**, 1210). KonkAntr wg rückständ Steuern ohne Vorliegen eines KonkGrdes, BewLast hierfür beim SteuerSchu (BGH **110**, 253). Einlegg eines unzul RMittels (BGH **21**, 359). Gleichzeit Steuerfestsetzg u Vollstr ohne vorher Mahng u ohne Gewährg v Erleichtergen wie Stundg, VollstrSchutz (BGH WM **82**, 824). Unbefugte Preisgabe eines Steuergeheimn (BGH NJW **82**, 1648). Rwidr AO u Vollziehg eines Steuerarrestes (BGH NJW **86**, 2952). Unzuläss Aufr mit festgesetzter EinkSteuerFdg gg Anspr auf Auszahlg einer zur Haftverschong hinterlegten Kaution (OLG Karlsr u BGH VersR **91**, 334). AmtsPfl des Steuerprüfers zu richt Feststellgen auch ggü dem Steuerpflichtigen (BGH NJW **87**, 434). Beim Erl von Gewerbesteuerbescheiden dch die LandesFinBeh

154 ist die hebeberecht Gem nicht Dr (Saarbr VersR **94**, 1191). – **Stiftungsaufsicht.** Dem damit betrauten Beamten obliegt die Wahrnehmg als AmtsPfl auch ggü der Stiftg selbst (BGH **68**, 142). – **Strafregisterführer.** Tilggsreife eines Strafvermerks übersehen (BGH **17**, 153). Pfl zur Richtigstellg des Zeugn, aber nicht ggü dem Verpächter einer Gaststätte hinsichtl des Pächters (BGH NJW **81**, 2347). – **Strafvollzugsanstalt.** AmtsPfl des AnstArztes ggü dem an ansteckder Krankh leidden Häftling u ggü den and Häftlingen (BGH

NJW **62**, 1054). Vgl auch Rn 8. Ebso Pfl zur GesundhFürs für UntersuchgsHäftling mit schweren KrankhErscheingen (BGH NJW **82**, 1328). Pfl zur Verhinderg eines erkennb SelbsttötgsVersuchs eines Häftlings (Hamm NJW **89**, 1809). Pfl dafür zu sorgen, daß an einen Gefangenen versandte Waren diesen erreichen, auch ggü dem Lieferanten (BGH NJW **83**, 627). AmtsPfl zu richt u vollständ Ausk über Vorstrafen eines Häftlings im Hinbl auf dessen Bewerbg vor Einstellg bei PrivUnternehmen (BGH NJW **91**, 3027).

Straßenbaumaßnahmen. Plang, Anordng u Durchf einschl der erforderl EntwässergsMaßn (StrGraben) u 155
der BauAufs über priv BauUntern ist hoheitl Tätigk (BGH WM **73**, 390, NJW **96**, 3208). – **Straßenverkehr.** 156
Teiln ist Ausübg hoheitl Gew, wenn damit hoheitl Aufgaben unmittelb wahrgen werden (Streifenfahrt der Polizei), ferner wenn die eigentl Zielsetzg der Fahrt hoheitl Tätigk zuzurechnen ist u zw dieser Zielsetzg u der schädigden Handlg ein enger innerer u äußerer Zushang besteht (BGH VersR **71**, 934 mit Beisp). VerkSichgPfl § 823 Rn 124ff. Verantwortlichk der Stadt für baul Mängel einer Bushaltestelle (BGH VersR **73**, 346).

Straßenverkehrsbehörde. – a) Zulassung, ohne daß KfzBrief vorgelegt wird, ist PflVerletzg nur ggü 157
dem Eigentümer u dingl Ber (BGH **10**, 122) u ggü dem EigtVorbehKäufer (BGH **30**, 374); unberecht Stillegg eines Kfz (BGH WM **64**, 65); unricht Übermittlg der technischen Daten an Sammelstelle ist PflVerl ggü Eigentümer des abhanden gekommenen Kfz (BGH **10**, 389), nicht jedoch deren unricht Aufn in den KfzBrief ggü Erwerber (BGH **18**, 110). Pfl zur richt Ermittlg der ErstZulassg u ihrer Eintr im KfzBrief besteht nicht ggü dem Erwerber zum Schutz seiner VermInteressen (BGH NJW **82**, 2188). Zulassg ohne HaftPflVers ist AmtsPflVerl (BGH BB **53**, 694). Ebso muß die ZulassgStelle auf Anz nach § 29d II StVZO unverzügl den KfzSchein einziehen u die notw Maßn zur Stillegg des nichtvers Kfz einleiten. – Geschützt sind potentielle Opfer des StrVerk einschl dem Mitfahrer u die weiterhaftde Vers (BGH NJW **82**, 988, NJW **87**, 2737), allerd Beschränkg der Haftg auf die ges vorgeschriebenen MindestVersSummen (BGH **111**, 272); nicht geschützt sind Halter, Entleiher und Fahrer (Düss NJW-RR **88**, 219, Kln VersR **93**, 319). Überwachg der züg Erledigg eines Amtshilfeersuchens in dieser Richtg (Kblz VersR **78**, 575); keine AmtsPfl ggü dem öff Dienstherrn des Verletzten, der diesem Versorggsleistgen zu erbringen hat (BGH NJW **61**, 1572); AmtsPfl zum sofort Handeln der PolDienststelle, die StilleggsErsuchen der KfzZulassgsStelle erhält (BGH VersR **76**, 885). AmtsPfl nach § 25 III StVZO, mißbräuchl Verwendg von KfzBriefVordrucken zu verhüten, auch ggü dem Käufer eines Gebrauchtwagens (BGH NJW **65**, 911). Keine Haftg ggü dem Käufer eines Gebrauchtwagens für VermSchäd wg Mängeln, die der Sachverst bei Zulassg übersehen hat, § 21 StVZO (BGH DAR **73**, 155). Ausgabe eines Führersch an körperl Untaugl (BGH VersR **56**, 96). Versagg der Wiedererteilg eines entzogenen Führerscheins ohne hinreichde Ermittlg nach § 9 StVZO (BGH NJW **66**, 1356). – **b) Verkehrsregelung** ist 158
öffrechtl Pfl der StrVerkBeh (§§ 44, 45 StVO) ggü allen VerkTeiln, die die Str nach der Art ihrer VerkEröffng benützen dürfen (BGH VersR **81**, 336). Dazu gehören Sicherh u Leichtigk des Verk u die Einrichtgen für die VerkRegelg. Zu unterscheiden ist die VerkSichergsPfl, dh Schutz der VerkTeiln vor Gef, die aus dem Zust der Str bei zweckgerechter Benutzg drohen (§ 823 Rn 125ff). Die Anbringg von Warnschildern od sonst VerkZeichen ist zur Sicherh des StrVerk nur an gefährl Stellen obj erforderl (Nürnb DAR **96**, 59: Schlaglöcher auf der Autobahn, Hamm NJW-RR **99**, 753: hydraul sich aus dem Boden hebde Metallpoller zur Absperrg einer Fußgängerzone). Das setzt voraus, daß wg der nicht ow od nicht rechtzeit erkennb bes Beschaffenh der Str die Möglk eines Unfalls auch für den Fall naheliegt, daß der VerkTeiln die im Verk erforderl Sorgf hat walten lassen (BGH VersR **81**, 336). Verkehrsumleitg (BGH NJW **60**, 239). Fehlerh Aufstellg eines VerkZeichens (Hamm NJW-RR **86**, 770); fehlde Negativbeschilderg einer von rechts kommden Str (Karlsr VersR **84**, 1077). Hinw auf überraschd eingeführte Änderg der VorfahrtsRegelg (BGH Warn **70**, 95); kein zusätzl Hinw auf geänderte VerkFührg, wenn die VerkRegelg auch so deutl erkennb ist (Stgt VersR **89**, 627). Haftg für undeutl u irreführde Maßn (BGH NJW **66**, 1457); sich widersprechde Lichtzeichen an einer KreuzgsAmpelAnl, „feindl Grün" (BGH NJW **72**, 1806, NJW **87**, 1945, Düss VersR **89**, 58, Karlsr NJW **93**, 1402), PhasenSchaltg nicht den örtl Verh angepaßt (Düss VersR **77**, 455), zeitversetzte Phasenschaltg innerh einer grünen Welle, auch an Fußgängerüberweg (BGH VersR **90**, 739); fehlerh Ampelschaltg inf falscher Programmierg (BGH NJW **71**, 2220: HerstFirma wird nicht öffrechtl tät); automat Umschaltg auf gelbes Blinklicht bei Ausfall aller Rotlichter in einer FahrtRichtg (Kln DAR **77**, 323); bei BetrStörg liegt die BewLast für fehldes Versch bei der Gem (Düss MDR **76**, 842). In einigen BLändern bestehen spezielle Regelgen, nach denen es für die Haftg nicht auf Versch ankommt (vgl Jox NZV **89**, 133). Dagg gehört Überwachg der AmpelAnl auf Funktionsstörgen (SchaltgsDefekte) zur privrechtl VerkSichgPfl (BGH NJW **72**, 1268); keine laufde ÜberwachgsPfl bei eingebauten techn SichergsSystem (Celle VersR **82**, 76) aber Pfl zur unverzügl Unterrichtg der StrVerkBeh über Funktionsstörg einer AmpelAnl (BGH **91**, 48); Nichtbeseitigg einer Ölspur (BGH VersR **54**, 401), wie überh Duldg verkwidr Zust auf öff Str u Märkten (BGH VersR **55**, 453). Vgl auch Rn 139.

Theatersubvention. Grdsätzl Pfl, das Vertrauen des Subventionsbewerbers in die Beständigk des Verw- 159
Handelns zu beachten (BGH JZ **75**, 485). – **Tiefflüge.** Pfl der Verantwortl, dafür zu sorgen, daß die NATO-Streitkräfte die festgesetzten zuläss Flugzeiten einhalten, andernf SchadErsPfl der BRD für GesundhSchäden von Bewohnern der Tieffluggebiete (BGH **122**, 363). – **Tierarzt** s unter Amtstierarzt. – Nichtbeamteter **Trichinenbeschauer** in Bayern; Haftg der Gem (BGH VersR **61**, 849). – **Trimmanlage** ist Leistg der Verw iR der Daseinsvorsorge, Haftg der Gem für konstruktiv bdgte Gefahren (Düss VersR **76**, 1160). – **TÜV** vgl Rn 150.

Umsiedlungsbehörden. Keine Pfl der beteil Beh gg einand (BGH **32**, 145). – **Umweltschutz.** Ab- 160
wasserbeseitigg ist hoheitl Tätigk, Pfl zur Abwendg von Gef (BGH NJW **72**, 101). Haftg für UmweltSchäd vgl Schmidt-Salzer VersR **92**, 389. Keine AmtsPfl ggü Waldbesitzern zum Erlaß von Vorschr gg schädl Immissionen (Mü VersR **86**, 871). Überplang von Altlasten s Rn 93. – **Urkundsbeamter.** Fehlerh Ausfertigg eines VollstrBesch, aber kein Schutz der Gläub in allen ihren Belangen (BGH NJW **81**, 2345). Versehentl Aufn in Liste der Pers, bzgl deren KonkAntr mangels Masse abgelehnt ist. Pflichtwidr verzögerte Zustellg einer Wechselkl (BGH ZIP **83**, 1245). Fehlerh Zustellg. Nichtüberwachg der wg VerjGef eiligen Zustellg eines Schriftsatzes (BGH WM **83**, 985). Unrichtiges RechtskrAttest (BGH **31**, 388: ggü ProzPart, nicht ggü Dr). Vgl auch Grundbuchamt.

161 **Versicherungsaufsicht,** keine AmtsPfl ggü dem einz VersN od VerkOpfer (BGH **58**, 96, Ffm VersR **70**, 657; aA Scholz NJW **72**, 1217). – **Versicherungsträger.** Bei Beanstandg des Heil- u Kostenplanes eines Zahnarztes über Prothetik u dadch veranlaßtem Wechsel des Zahnarztes Haftg (BGH NJW **81**, 636). Falsche Ausk des RentenversTrägers nach FGG 53 II 2 im familienr Verf (BGH **137**, 11). – **Versorgungsbehörde.** Pfl zur sachgem Beratg von Schwerbeschädigten (BGH NJW **57**, 1873). Pfl in Bezug auf die versorggsrechtl notw Untersuchg u Begutachtg (BGH **LM** § 81 BVG Nr 2). Fehlerh unterlassene Zuerkenng des Merkzeichens „G" an den Schwerbehinderten (Nürnbg NJW **88**, 1597). Ausübg öff Gew auch bei Gewährg freiwill FürsLeistgen (BVerwG NJW **61**, 137). – **Vormund** vgl „Jugendamt".

162 **Waldsterben.** Kein SchadErsAnspr des geschäd Eigtümers gg die BRepublik od das Land (BGH **102**, 350, Kln NJW **86**, 589, v Hippel NJW **85**, 30). – **Wasseraufsicht** s Rn 106. – **Wasserlieferung** s § 823 Rn 139. – Landwirtsch **Wasser- und Bodenverband.** SchadErsPfl ggü Mitgl wg fehlerh dchgeführter Meliorations-Maßn (BGH VersR **87**, 768). – **Wehrersatzamt.** Kein SchadErsAnspr für Zeitverlust bei Einziehg eines Untaugl zum Wehrdienst (BGH **65**, 196). – **Weinbaugebiet:** Siehe bei Reblausbekämpfung. – **Staatlicher Weinkontrolleur** (BGH **LM** [Fc] Nr 19).

163 **Zivildienst.** IdR Haftg des Bundes nach § 839, auch wenn der Träger der BeschäftiggsStelle privrechtl organisiert ist u privrechtl Aufg wahrnimmt (BGH **118**, 304, NJW **97**, 2109). Zw diesem u dem Bund wird zugleich ein verwaltgsr SchuldVerh begründet (BGH **135**, 341). Keine AmtsPflVerletzg, wenn ein ZivDienst-Leistder fahrl das Eigt seiner privrechtl organisierten BeschäftiggsStelle beschädigt (BGH **87**, 253). – **Zollbeamte.** Richt Tarifierg der gerade einzuführden Sendg auch im Interesse des ZollPflicht (BGH NJW **76**, 103). Beachtg des ges PfdR von Spediteur, der Waren beim Zollamt einlagert, Anfertigg einer Niederschr über die getroffenen Maßn u Zuleitg einer Abschr an den Betroffenen (BGH **LM** (Fl) Nr 5). Zurückweisg nichtvers ausländ Kfz von der Einreise (BGH NJW **71**, 2222, Kln VersR **78**, 649) an zugelassenen Grenzübergängen (Hbg NJW **74**, 413). SchußwaffenGebr als ultima ratio (Brdbg OLG-NL **96**, 147). Im SammelzollAnmeldgsVerf uU Hinw- u WarnPfl ggü einem Importeur vor der Gef einer ihm drohden beträchtl Schädigg (BGH VersR **96**, 453).

840 ***Haftung mehrerer.*** **I Sind für den aus einer unerlaubten Handlung entstehenden Schaden mehrere nebeneinander verantwortlich, so haften sie als Gesamtschuldner.**

II Ist neben demjenigen, welcher nach den §§ 831, 832 zum Ersatze des von einem anderen verursachten Schadens verpflichtet ist, auch der andere für den Schaden verantwortlich, so ist in ihrem Verhältnisse zueinander der andere allein, im Falle des § 829 der Aufsichtspflichtige allein verpflichtet.

III Ist neben demjenigen, welcher nach den §§ 833 bis 838 zum Ersatze des Schadens verpflichtet ist, ein Dritter für den Schaden verantwortlich, so ist in ihrem Verhältnisse zueinander der Dritte allein verpflichtet.

1 **1) Allgemeines.** § 840 setzt voraus, daß von Mehreren jeder einz nach allg DeliktsVorschr bereits haftet, schafft aber selbst keine AnsprGrdl (BGH NJW **79**, 544). **Begriff der unerlaubten Handlung (Abs I)** ist hier im weitesten Sinne zu verstehen, er umfaßt nicht nur die Tatbestd der §§ 823 ff, auch § 839 (BGH **118**, 263), sond jede Haftg aus wirkl od vermutetem Versch, ebso die Gefährdgshaftg o Rücks darauf, ob sie im BGB od in SonderG geregelt sind. Anwendb auch, wenn ein Schädiger aus uH, der and aus nachbarrechtl AusglPfl haftet (BGH **85**, 375). Haftg des Untern ggü dem SozVersTräger neben dem, der den ArbUnfall vorsätzl od grob fahrl verursacht hat, vgl SGB VII 110, 111. Ist die Haftg des ArbG seinem ArbN ggü nach SGB VII 104 ff od nach den Grdsätzen in § 611 Rn 152 ff ausgeschl, so fehlt GesSchuldVerh mit dem außerh des SozVersVerh stehden ZweitSchäd; dieser haftet desh dem SozVerTräger nur auf den Tl des Anspr, der seinem VerantwortgsTl im Verh zum ArbG entspricht (BGH **51**, 37). Ebso, wenn es sich bei dem für den Unf mitverantwortl ErstSchäd um einen ArbKollegen des Verl handelt (BGH MDR **71**, 122). Ein MitVersch des Untern, der seinem geschäd ArbN Krankenbezüge bezahlt hat, muß sich der SozVersTräger anrechnen lassen (BGH MDR **70**, 834). Kein GesSchuldVerh zw dem erspflicht Beamten u einem aus Gefährdg haftden Tierhalter (BGH NJW **86**, 2883).

2 **2) Verhältnis nach außen**

a) Nebeneinander verantwortlich sind mehrere, wenn jeder von ihnen nach § 830 I haftet, ferner wenn mehrere nicht miteinand in Verbindg stehde Pers selbständ als Nebentäter denselben Schad verurs haben (BGH **LM** Nr 7 a). Nebeneinand verantwortl sind also: mehrere Tierhalter, Tierhalter u KfzHalter, die Eisenbahn u der Tierhalter, die Eisenbahn u mehrere KfzHalter (BGH **11**, 170), die Eisenbahn mit einem nach § 823 haftenden Dr (BGH **17**, 214), auch wenn dies ein ElternTl wg Verl der AufsPfl ist (BGH **73**, 190), mehrere Eisenbahnen, Eigtümer u Pächter bei Verl der allg VerkSichgPfl, KfzHalter u Fahrer, der sich eigenmächt in Bes des Kfz gesetzt hat (KG OLGZ **79**, 77). Mehrere ArbN bei Tätlichk, die zugl and ArbN gefährden, (BAG BB **68**, 1383), ArbG u ArbN, die dem Verl nach §§ 823, 831 haften, sow nicht die Grds gem § 611 Rn 152 ff greifen (BAG DB **89**, 1727). Mehrere Schädiger, wenn der Schad dch das ZusWirken mehrerer EinzelSchäd (KörperVerl dch zwei aufeinanderfolgde Unfälle) verurs worden ist, es sei denn, daß der spätere GesSchad ganz od teilw auch unabhängig von dem 2. SchadEreign eingetreten sein würde (BGH **LM** Nr 7 a, NJW **64**, 2011). Gleichgült ist, ob einer der GesSchu bereits rechtskr verurteilt ist.

3 **b) Zusammentreffen mit Vertragshaftung.** Haftet einer der an der uH Beteil auch aus Vertrag, bleibt § 840 anwendb, grds nicht jedoch, wenn einer nur aus Vertr haftet. Stehen jedoch die Beteil in einem echten GesamtschuldVerh zueinand, was sich danach bemißt, ob ein innerer Zushang der beiden Verpfl iS einer rechtl ZweckGemsch besteht, so gilt für sie § 840, auch wenn einer von ihnen nur aus Vertr haftet (BGH VersR **69**, 737). Über den vertragl Ausschl der Haftg ggü einem Schädiger vgl § 426 Rn 15–18. Mitw Versch, das sich der Geschäd im Verh zu einem GesSchu aGrd einer zu diesem bestehden VertrBeziehg anrechnen lassen muß, wirkt auch zG der übr GesSchu, auch wenn diese allein aus uH haften (BGH **90**, 86).

c) Haftung als Gesamtschuldner bedeutet, daß jeder zum Ers des ganzen Schad verpfl ist, der Gläub den SchadErs aber nur einmal fordern darf (§§ 421 ff). Daß Haftg der mehreren GesSchu stets gleich hoch sein müsse, folgt nicht aus § 840 I, vielm ist unterschiedl Haftgsumfang mögl, zB BilligkHaftg eines Verletzers nach § 829, unterschiedl Bemessg des SchmerzGeldes wg unterschiedl pers od wirtsch Verh (BGH NJW **71**, 33). GesSchuldVerh besteht sodann bis zum geringeren Betrag (BGH **12**, 213 [220]). Wg der HaftgsFreistellg des ArbN (§ 611 Rn 155) verkürzt sich der ErsAnspr des ArbG gg den außenstehden Zweitschädiger um die Quote, die im InnenVerh der beiden Schädiger auf den ArbN entfällt (Karlsr OLG **69**, 157). Ebso ist der Anspr des geschäd ArbN gg einen außerh des SozVersVerh stehden ZweitSchäd auf den Betr beschr, der auf ihn im InnenVerhältn zum ArbG (ErstSchäd) endgült entfiele, wenn die SchadVerteilg nach § 426 nicht dch die SonderRegelg der SGB VII 104 ff gestört wäre (BGH **61**, 51, Hamm VersR **98**, 328). Wg der HaftgsBeschrkg in § 46 BeamtVG kann der auf einer Dienstfahrt verl Beamte einen außerh des DienstVerh stehden Zweitschädiger nur insow auf SchadErs in Anspr nehmen als dieser im Verh zu dem im öff Dienst stehden Erstschädiger für den Schad verantwortl ist (BGH **94**, 173). Sind für eine UnfallVerl sowohl der Ehegatte des Verl als auch ein Dritter verantwortl, dann sind die ErsAnspr gg den Dr nicht von vornherein wg § 1359 um den MitVerantwortgsAntl des Ehegatten zu kürzen (BGH NJW **83**, 624), die ErsPfl des Schäd wird auch nicht dch das HaftgsPrivileg der mitbeteil Eltern in § 1664 I berührt (BGH **103**, 338). Das Vorgehen des Gläub nur gg einen GesSchu kann im Einzelfall rmißbräuchl sein (BGH WM **84**, 906). – **Vertragliche Haftungsvereinbarung** zw privilegiertem Erst- u nichtprivilegiertem Zweitschädiger. Hat der Zweitschädiger im InnenVerh die Verantwortlichk übernommen, so verkürzt sich der ErsAnspr des Geschädigten gegen ihn nicht, weil der Zweitschädiger unabhäng von der HaftgsPrivilegierg des Erstschädigers von diesem keinen Ausgl verlangen kann, dch dessen Privilegierg also nicht belastet wird (BGH VersR **76**, 991). Hat der privilegierte Erstschädiger den nichtprivilegierten Zweitschädiger von der Haftg freigestellt, so ist zu unterscheiden: Betrifft die Vereinbg die Verantwortlichk für die GefSichg, SchadVerhütg, zB Übertragg der VerkSichg auf den Erstschädiger, u damit die HaftgsZuständigk, so ist sie iR des gestörten GesSchuldVerh auch im AußenVerh zum Geschädigten rechtserhebl. So hat der Verl keinen Anspr gg den außerh des SozVersVerh stehden Zweitschädiger, den der privilegierte Erstschädiger von der Haftg vertragl freigestellt hat (BGH NJW **87**, 2669). Betrifft dagg die Vereinbg ledigl die HaftgsFreistellg des Zweitschädigers, ohne ihn von seiner Verantwortlichk für die SchadVerhütg zu entlasten, so ist sie aus diesem Grund u weil sie den Erstschädiger über seinen VerantwortgsAntl für den Schad hinaus belasten würde, im Außenverh zum Geschädigten unbeachtl (BGH **110**, 114 [119]). 4

d) Mitverschulden des Geschädigten iF der Mit- u NebenTätersch, Gesamtschau, EinzAbwägg, HaftgsEinh § 254 Rn 56–58. Eine MitVerantwortlk eines schuldl, geschäd Kindes wg MitVersch seines ges Vertr kommt weder aus § 278 noch aus dem Gesichtspunkt der Haftgs- od ZurechngsEinh in Betr (BGH MDR **82**, 142). 5

3) Verhältnis nach innen 6

a) Regelfall. Nach § 426 I S 1 sind GesSchu im Verh zueinand zu gleichen Anteilen verpfl, soweit nicht ein anderes bestimmt ist. Dieser AusglAnspr ist selbständ u besteht neben u unabhäng von dem Anspr des Verl gg Täter, er ist insb auch unabhäng davon, ob etwa Haftg des einen von mehreren Verantwortl durch rechtskr Urt verneint worden ist (RG **69**, 422). Einfluß einer Vereinbg üb HaftgsAusschl od -Beschrkg auf die AusglPfl der übr Schädiger § 426 Rn 15–18.

b) Eine anderweite Bestimmung iS von § 426 kann sich aus dem Ges ergeben, vgl dazu auch § 426 Rn 10. Sie kann sich auch aus dem VertrVerh od aus dem die SchadErsPfl begründden Sachverhalt ergeben, zB inf entspr Anwendg von § 254 (BGH **30**, 203, NJW **64**, 2011: Nebentäter, NJW **62**, 1680: Haftg des KfzHalters u des -Führers, KG OLGZ **79**, 77: Haftg des KfzHalters u des Fahrers, der sich eigenmächt in den Bes des Kfz gesetzt hat, BGH NJW **80**, 2348: idR kein AusglAnspr des Zweitschädigers gg den ersten, wenn dessen Haftg ggü dem Geschädigten nur darauf beruht, daß er eine vom Zweitschäd bewußt geschaffene Gefahrenlage nicht alsbald erkannt hat, BGH **54**, 177: Untern, der für Unfall des ArbN mitverantwortlich ist u Krankenbezüge bezahlt hat, muß sich ggü ZweitSchäd außerh des SozVersVerh sein MitVersch anrechnen lassen). Halter und Fahrer desselben Kfz bilden einem Mitschädiger ggü eine Haftgseinheit u sind ihm deshalb entspr ihrem gemeins Anteil nur einmal zum Ausgl verpflichtet (BGH NJW **66**, 1262, § 426 Rn 11, 12). – Bei SchiffsZusStößen ist, soweit überh eine gesschuldner Haftg der Reeder eingreift (Schäden an Leib u Leben), für den AusglAnspr mehrerer Reeder untereinander § 736 II HGB maßg. 7

c) Keine entsprechende Anwendung der für den SchadErsAnspr geltden Regeln auf den AusglAnspr; denn beide Anspr sind selbstd nach den für sie geltden Normen zu beurteilen (BGH **11**, 172). Daher auch Verj des AusglAnspr in 30 Jahren, wenn für SchadErsAnspr kürzere Verj gilt (BGH aaO). 8

d) Ein **Anspruch aus § 812** ist dann nicht ausgeschl, wenn die Vorauss des § 426 nicht erf sind. So, wenn ein Nebentäter (Kfz-Fahrer) unter Verkenng einer ihn mit dem geschäd Mdj (VerkOpfer) verbindden ZurechngsEinh (vgl vorstehd Rn 5) mit einer zu hohen Quote belastet worden ist u nunmehr von einem and Nebentäter (AufsPfl über das VerkOpfer) teilw Ers verlangt (BGH NJW **78**, 2392). Ausgl bei ZusTreffen mit **Anspruch aus § 816** vgl dort Rn 6. 9

4) Abs II u III enthalten eine anderweit Best iS des § 426 I S 1. **Grundgedanke:** wenn auf der einen Seite GefährdgsHaftg od Haftg aus vermutetem Versch, auf der and erwiesenes Versch vorliegt, soll im Innenverh derj den ganzen Schad tragen, der nachweisl schuldh gehandelt hat (Schlesw NJW-RR **90**, 470). Ands wird aber die Ausdehng dieser Vorschr auf ähnl Fälle von HaftgsUnterschieden, insb zG der Haftg des EisenbahnUntern u KfzHalters, im Verhältn zu einem and ErsPfl in der Rspr abgelehnt (BGH **6**, 3 [28]), da die Wesensverschiedenh der Tatbest der §§ 833–838 die Ableitg eines allg Grds nicht zulasse. Der nach dem HaftpflG verantwortl EisenbahnUntern kann daher von einem dritten Verantwortl Ausgleichg nur nach § 426, nicht nach § 840 II, III verlangen. 10

a) Abs II: Nach § 831 haften neben dem Täter der GeschHerr u die ihm nach § 831 II gleichgestellten Pers, nach § 832 der AufsPflichtige, vorausgesetzt daß der Täter für sich den HaftgsTatbestd erf hat. Diese Pers 11 können – abweichd vom Grds des § 426 – in vollem Umfang beim Täter Rückgr nehmen. Ausn bei D- u ArbVerh (§ 611 Rn 152 ff). Der gem § 829 nur subsidiär haftde Täter hat im InnenVerh vollen RegreßAnspr gg den mitverantwortl AufsPflichtigen.

12 **b) Abs III** betr den Fall, daß neben den nach §§ 833–838 ErsPfl ein Dr für den Schad verantwortl ist. Dieser soll im Verh zu dem aus §§ 833–838 Haftden allein verpfl sein. Das ist verständl, wenn der Dr aus wirkl od vermutetem Versch haftet, mag auch seine Haftg auf einer Sonderregelg außerh des BGB beruhen. Nicht vertretb ist es jedoch, den Dr im InnenVerh auch dann allein haften zu lassen, wenn für ihn ein reiner GefährdgsTatbestd gegeben ist. Hier kann sich der nach §§ 833–838 Haftde dem gleichf aus Gefährdg Haftden ggü nicht auf § 840 III berufen, ist vielm nach der allg Regel des § 426 zum Ausgl verpfl. Er hat daher ebso wie in den Fällen, in denen auch der Dr nach §§ 833–838 haftet, intern einen Teil zu tragen (ebso Hamm NJW **58**, 346, MüKo/Mertens Rn 29). Abs III ist entspr anwendb, wenn dem geschädigten Tierhalter nur die mitwirkde TierGef aus GefährdsHaftg, dem and ein feststehdes Versch zur Last fällt; er haftet dann dem Tierhalter voll (Hamm NJW-RR **90**, 794). – Sonderregelg nach § 17 StVG (mehrere Kfz, Kfz u Tier, Kfz u Eisenbahn) u nach § 41 LuftVG (mehrere Luftfahrzeuge, Luftfahrzeug u ein and ErsPflichtiger).

13 **c) § 254 ist entsprechend anwendbar** auch im Verh zw Gläub u Schu, u zwar auch dann, wenn einer von ihnen für Versch, der and für Gefährdg einzustehen hat (vgl § 254 Rn 6). Auch hier Sonderregelg nach § 17 I S 2 StVG u § 41 I S 2 LuftVG. Rechnerische Verteilg des Gesamtschad in diesen Fällen, wenn mehrere Nebentäter dem mitverantwortl Geschädigten quotenmäß haften, gem den bei der Einzelabwägg gewonnenen Quoten (BGH NJW **64**, 2011).

841 ***Ausgleichung bei Beamtenhaftung.*** **Ist ein Beamter, der vermöge seiner Amtspflicht einen anderen zur Geschäftsführung für einen Dritten zu bestellen oder eine solche Geschäftsführung zu beaufsichtigen oder durch Genehmigung von Rechtsgeschäften bei ihr mitzuwirken hat, wegen Verletzung dieser Pflichten neben dem anderen für den von diesem verursachten Schaden verantwortlich, so ist in ihrem Verhältnisse zueinander der andere allein verpflichtet.**

1 **Weitere Ausnahme von dem Grundsatz des § 426.** Vorauss ist ein GesSchuVerh zw Beamten u Dr, mögl auch bei nur fahrl Handeln des Beamten. In § 839 S 2 ist nicht die rechtl Existenz eines Anspr gg den Dr, sond seine prakt Durchsetzbark entscheidd (vgl § 839 Rn 55). Kann der Verl seinen Anspr gg den Dr nicht realisieren od ist ihm auch nur die Verfolgg dieses Anspr nach Tr u Gl nicht zuzumuten (vgl § 839 Rn 64), so haften ihm Beamter u Dr als GesSchu; andernf besteht überh kein GesSchuVerh (BGH VersR **84**, 759). § 841 gibt den dort genannten Beamtengruppen in diesen Fällen abweichd von § 426 Anspr auf den vollen Ausgl. In allen übr Fällen eines GesSchuVerh bestimmt sich der Ausgl nach § 840 I iVm § 426. **Hauptfälle:** VormdschRi im Verh zu Gewalthaber, Vormd, GgVormd, Pfleger. NachlRi ggü dem NachlPfleger. KonkRi ggü dem KonkVerw. VollstrRi ggü dem ZwVerw. – Ähnl Best enthält § 1833 II S 2 über das Verh von Vormd zum GgVormd oder MitVormd.

842 ***Umfang der Ersatzpflicht bei Verletzung einer Person.*** **Die Verpflichtung zum Schadensersatze wegen einer gegen die Person gerichteten unerlaubten Handlung erstreckt sich auf die Nachteile, welche die Handlung für den Erwerb oder das Fortkommen des Verletzten herbeiführt.**

1 **1) Bedeutung, Anwendungsbereich.** Unter § 842 fallen alle gg Pers gerichteten uH, insow auch die Tatbestde in §§ 833, 834, 836, 838, obwohl hier eine gegen die Pers gerichtete uH im strengen Wortsinn nicht vorliegt (RGRK/Boujong Rn 2). Entspr Anwendg iF des § 618 III. Dagg keine Anwendg auf uH, die nur gg das Verm gerichtet sind. Gleiches Ergebn nach § 249. § 842 ist wg eigenständ Regelg in den SonderGes der GefährdgsHaftg nicht anwendb. – Ist ein Kind verletzt, kommt FeststellgsKl in Betracht (§ 843 Rn 14).

2 **2) Nachteile für Erwerb oder Fortkommen** entstehen nicht schon dch Wegfall od Verminderg der ArbKraft als solcher, ersetzb Schad ist vielmehr erst die negat Auswirkg des Ausfalls der ArbLeistg im Verm des Verl, wie sie sich sichtb im ErwerbsErgebn niederschlägt (BGH NJW **95**, 1023). Dies hat das Ger in einer Prognoseentscheidg über die voraussichtl Entwicklg der Erwerbstätigk ohne das schädigde Ereign in Anwendg von ZPO 287 festzustellen (BGH NJW **98**, 1633), in die auch Erkenntn nach dem UnfallEreign bis zur letzten mündl TatsVerhdlg einzubeziehen sind (BGH NJW **99**, 136).

3 **a) Zu ersetzen** sind ein **konkreter Schaden** dch den Verlust von ArbEink u alle wirtsch Beeinträchtiggen, die der Geschäd erleidet, weil u soweit er seine ArbKraft verletzgsbdgt nicht verwerten kann (BGH VersR **84**, 639). Zum entgangenen Verdienst aus abhäng u unabhäng Arb u zu den BewErleichtergen § 252 Rn 5–18, vor Berufseintritt, Berufsanfänger, Behinderte dort Rn 19. Gilt auch für eine nebenberufl Laufbahn (BGH NJW **98**, 1633). – **Beispiele:** Verlust bisher bezogener Einnahmen od wahrscheinl künft Gewinnsteigerg, Differenz zw dem tats erzielten Eink u dem hypothet Entgelt des entgangenen Berufs (Ffm VersR **83**, 1083), Differenz zw bisherigen u unfallbdgt verminderten Einnahmen aus einer aufgenommenen ErsTätigk; diese darf der Verl nicht vorrang auf die Quote seines ErwerbsSchad anrechnen, die von der Haftg des Schädigers nicht gedeckt ist (BGH NJW-RR **92**, 1050). Der in das GesGut der GüterGemsch fallde Anspr des verl Eheg auf Ers des Verdienstausfalls erstreckt sich auf die gesamten unfallbdgten Einbußen des Erwerbs-Gesch (BGH FamRZ **94**, 295). Aufw für ErsArbKräfte od den erhöhten Einsatz vorh Personals, wenn dadch ein BetrErgebn erzielt worden ist, das jedenf nicht höher lag, als es ohne das SchadEreign dch den Untern selbst hätte erzielt werden können (BGH NJW **97**, 941). Verdienstausfall auch nach Beendigg der Erwerbsunfähigk inf weiterer, dch die Verl verursachter Erwerbslosigk (BGH NJW **91**, 2422). Der geschführde (auch) AlleinGter kann Erstattg seiner weiter bezahlten TätigkVergütg als GeschF (BGH NJW **71**, 1136) u Ers seines

Einnahmeausfalls als Gter wg entgangenen GeschGewinns der Gesellsch, auch iR einer EhegInnenG (BGH Warn **72**, 210), verlangen (BGH NJW **77**, 1283; krit Mann NJW **77**, 2160 u John JZ **79**, 511); ebso Tantiemenausfall (Hamm VersR **79**, 745), Entgang einer Auslöse (Mü VersR **86**, 69; vgl aber Rn 6). Zu den Nachteilen gehören schlechter bezahlte Stellg trotz Ausheilg der Verl, entgangene GewinnBeteiligg (BGH VersR **73**, 423), Verlust einer noch nicht rechtl begründeten Aussicht auf Erwerbsstellg (Köln VersR **89**, 756), Einnahmeausfall durch verletzgsbdgte Verzögerg des Eintritts in das Erwerbsleben (BGH NJW-RR **92**, 791), Differenz zw ArbEinkünften u unfallbdgt Altersruhegeld schon mit Vollendg des 63. Lebensjahres (BGH NJW **82**, 984), Rückstellgn, die der ArbG währd des BeschäftiggsVerh zur Sicherg einer arbvertragl gegebenen VersorggsZusage macht (BGH **139**, 167). Ferner VermSchaden, der dadch entsteht, daß Verl sein ErwerbsGesch unter dem wirkl Wert veräußern mußte oder dadch, daß er seine ArbKraft verlbdgt nicht zur Renovierg des eig Hauses einsetzen kann u desh Lohn an Handw bezahlen muß (Hamm BB **89**, 1226). VermSchad kann auch entstehen dch Beschränkg der Heiratsaussichten einer Frau (BGH JZ **59**, 365). Bei der Bemessg des ErwerbsSchad kann auch ein nach dem SchadEreign gefaßter Entschl des Geschäd hins seiner ferneren Lebensgestaltg zu beachten sein, sow er nicht ausschließl dch das Bestreben nach höheren SchadErs-Anspr motiviert ist (BGH **74**, 221). – **Versicherungen.** VermSchad sind auch der Verlust der Anwartsch auf 4 Leistgen aus öff od priv Vers, unfallbdgte BeitrDefizite zur SozVers u BeitrErhöhgen der PrivVers; dazu u zum ges FdgsÜbergang Rn 154 v § 249 u § 252 Rn 12–15. – **Berufliche Umschulung.** Die Kosten sind zu 5 ersetzen, wenn sie nach dem Grds „Rehabilitation vor Rente" im Ztpkt der Entschließg bei verständ Beurteilg ihrer Erfolgsaussichten u des Verh dieser Chancen zum wirtsch Gewicht des andernf absehb ErwerbsSchad geeignet u sinnvoll erscheint (BGH NJW **82**, 1638), u zwar die Kosten der Ausbildg zu einem finanziell u sozial (BGH VersR **91**, 596) gleichwert Beruf ohne VortAusgl wg des Mehrverdiensts, wenn der Verl sich zu einem höher qualifizierten Beruf ausbilden läßt (BGH NJW **87**, 2741). Beeinträchtigg der Ehefr in der Haushaltsführg § 843 Rn 8.

b) Nicht zu ersetzen. Die vom ArbG des Baugewerbes gezahlte Winterbauumlage (BGH NJW-RR **86**, 6 513). Nicht zu ersetzen sind Bezüge, die sich nicht als – ggf auf ZtAbschn aufteilb – Vergütg für unfallbdgt Ausfallen der ArbLeistg darstellen, sond die, bloß als Vergütg für ArbLeistgen bezeichnet, in Wahrh eine Entn auf Gewinn verdecken, zB beim GeschF einer GmbH, der zugl Gter ist (BGH NJW **78**, 40). Nicht zu ersetzen ist ferner der Ausfall an Zahlgen, die sich als Ers für Aufw des Verl darstellen wie Spesen, Zulagen, auch Auslöse (BGH MDR **68**, 38), sow er sie nicht erspart hat (Mü DAR **84**, 117). Nicht zu ersetzen ist iF einer Verl, die zur SchwerbehindertenEigensch führt, der Schad des ArbG inf des nach SchwBG 44 zu gewährden ZusatzUrl (BGH NJW **80**, 285). Nicht zu ersetzen ist entgangener Gewinn, den der Geschädigte nur mit rwidr Mitteln erlangt hätte (BGH NJW **94**, 851), zB wenn er nur unter Verstoß gg die ArbZeitordng erzielb gewesen wäre (BGH NJW **86**, 1486); nur eingeschr zu ersetzen ist entgangener Erwerb aus einer Betätigg, die gg die guten Sitten verstößt wie Prostitution (BGH **67**, 119).

c) Sonstiges. Steuerl Auswirkgen des SchadFalles auf den ErsAnspr Vorbem 144, 145 v § 249. Fdgs 7 Übergang auf Vers- u VersorggsTräger Vorbem 148–161 v § 249. Ersparn währd der Zt beitragsl soz KrankenVers inf Zahlg von Krankengeld sind bei der SchadBerechng anzurechnen (BGH DAR **88**, 23).

843 *Geldrente oder Kapitalabfindung.* **I Wird infolge einer Verletzung des Körpers oder der Gesundheit die Erwerbsfähigkeit des Verletzten aufgehoben oder gemindert oder tritt eine Vermehrung seiner Bedürfnisse ein, so ist dem Verletzten durch Entrichtung einer Geldrente Schadensersatz zu leisten.**

II Auf die Rente finden die Vorschriften des § 760 Anwendung. Ob, in welcher Art und für welchen Betrag der Ersatzpflichtige Sicherheit zu leisten hat, bestimmt sich nach den Umständen.

III Statt der Rente kann der Verletzte eine Abfindung in Kapital verlangen, wenn ein wichtiger Grund vorliegt.

IV Der Anspruch wird nicht dadurch ausgeschlossen, daß ein anderer dem Verletzten Unterhalt zu gewähren hat.

1) Allgemeines. Bei Verl von Körper u Gesundh ist als Ausgl für dauernde Nachtle regelm Rente zu 1 bezahlen, KapitalAbfindg nur in bes AusnFällen. Herstellg in Natur ist ausgeschl. Vorauss ist entw Beeinträchtigg der Erwerbsfähigk od Vermehrg der Bedürfn. Es handelt sich hierbei nicht um zwei versch ErsAnspr, vielm ist die Rente ein einheitl, ziffernm nicht teilb Ganzes, gleichgült, ob sie aus dem einen od and GesichtsPkt gewährt wird. Daher ist bei der Festsetzg auf beide Umst Rücks zu nehmen. Auch kann eine anderw Verteilg innerh dieser beiden SchadErsTeile stattfinden, ohne daß dadch VerjEinr gg die Erhöhg des einen od and RechngsPostens zul wäre (RGRK/Boujong Rn 37). Infolgedessen besteht bei Klage aus ZPO 323 keine Herabsetzgsmöglichk, falls das Eink sich zwar gebessert, die Bedürfn sich aber vermehrt haben; ebso keine Erhöhg im umgekehrten Fall. Anspr auf Erstattg der Heilgskosten steht selbständ neben dem Anspr wg Beeinträchtigg der Erwerbsfähigk od Vermehrg der Bedürfn; für ihn gelten §§ 249 ff, aber auch § 843 IV. Die Grds des VortAusgleichs gelten. Ersparte Aufw für Fahrt zur ArbStätte sind grdsl zu berücksichtigen (BGH NJW **80**, 1787). **Sondervorschriften** enthalten HaftpflG 6, 8; StVG 10 ff; LuftVG 36, 38.

2) Beeinträchtigung der Erwerbsfähigkeit (Abs I, 1. Alternative). Haftgsrechtl SchadBegr § 842 Rn 2, 2 3. Der Schad ist demnach nicht abstrakt, sond **konkret nach der tatsächlichen Erwerbsminderung** zu ermitteln. ErwTätigk ist auch die ArbLeistg im Haushalt, sow sie der Erf der ges UnterhPfl ggü FamMitgl dient (BGH NJW **74**, 41, NJW-RR **97**, 256), u nicht den eig Bedürfn (Rn 3, 8). Kein SchadErs also, wenn jmd von den Einkünften aus seinem Verm gelebt hat, ohne von seiner Erwerbsfähigk Gebr zu machen; ebso bei noch nicht erwerbsfäh Kind. Doch Feststellgsklage für den Fall, daß sie in Zukunft in die Lage kommen, Erwerbstätigk auszuüben (BGH **4**, 133, Köln VersR **88**, 1185); dabei dürfen Schwierigk in der Aufklärbark nicht zu Lasten des Kindes gehen (Karlsr VersR **89**, 1101). § 843 ist unanwendb, sow es sich um die Minderg der VersorggsBezüge der Angehör handelt; sie stehen ihnen kr eig Rechts, nicht als Erben des Verletzten zu u sind daher allein nach § 844 II zu beurteilen (BGH NJW **62**, 1055). Sow ErwerbsSchad vorliegt u SozVers-Träger dafür Rente bezahlt, ges FdgsÜbergang nach SGB X 116, Vorbem 148–161 v 249.

3 **3) Vermehrung der Bedürfnisse** (Abs I, 2. Alternative). Gemeint sind verletzgsbdgte, konkret darzulegde MehrAufw im Vergl zu einem gesunden Menschen (BGH NJW **74**, 41, NJW-RR **92**, 791), also alle unfallbdgt stänḍ wiederkehrden vermwerten objektivierb Aufw, die den Zweck haben, diejen Nachtle auszugleichen, die dem Verl inf dauernder Störg körperl Wohlbefindens entstehen (KG VersR **82**, 978) wie MehrAufw dch bessere Verpflgg, dch Kuren, dch Erneuerg künstl Gliedmaßen, Pflegepersonal, verstärkte Verkehrsmittelbenutzg eines Gehbehinderten (BGH NJW **65**, 102), höhere Miete für Wohng am zwangsläuf neuen ArbOrt (Celle NdsRpfl **62**, 108), Mehrkosten, um bisher selbst vorgenommene Arb dch Dr ausführen zu lassen (Köln VersR **91**, 111), uU Zuschuß für Bau od Ausbau eines der Behinderg angepaßten Eigenheimes (BGH NJW **82**, 757), Kosten einer notw HaushHilfe – sie muß nicht tats eingestellt werden (BGH NJW-RR **92**, 792) –, sow die ausgefallene ArbLeistg im Haush nicht der Erf der UnterhPfl ggü FamilienMitgl – insow ErwTätigk, 1. Alternative –, sond den eig Bedürfn diente (BGH NJW **74**, 41, NJW **97**, 256); zu den HaushaltsArb iwS gehören auch GartenArb u EigLeistgen an einem BauVorh (BGH NJW **89**, 2539). Kosten für die Unterbringg eines hilfebedürft Verl in einem Tagespflegeheim u zusätzl einer Hilfskraft außerh der ÖffngsZt (Köln FamRZ **89**, 178). Im Aufwand für den Unterh enthaltene MehrAufw der Eltern für behindergsbdgten Mehrbedarf des geschädigten Kindes (Düss VersR **99**, 232). Betreuungsleistgen der Eltern für das verl Kind sind nur dann Erspfl, wenn sie sich so weit aus dem selbstverständl, originären Aufgabenbereich der Eltern herausheben, daß der entgeltl Einsatz einer fremden Pflegekraft bei vernünft Betrachtg als prakt Alternative ernsth in Frage gekommen wäre (BGH NJW **99**, 2819); die Höhe ist grds auszurichten nach dem Nettolohn einer entgeltl Hilfskraft, ggf mit einem Zuschlag für die eig Kranken- u Altersversorgg des helfden FamMitgl (BGH NJW **99**, 421). Nicht ersfäh ist die vermehrte elterl Zuwendg als solche an das verl Kind (BGH **106**, 28, NJW **99**, 2819). Aufw für ambulante Pflege eines vollj gew Schwerbehinderten in seiner bisher Umgebg können angem sein, auch wenn sie höher sind als die Kosten in einer stationären Einrichtg (Br NJW-RR **99**, 1115). Anspr wg Vermehrg der Bedürfn entsteht schon mit ihrem Eintritt, nicht erst mit ihrer Befriedigg; (BGH NJW **58**, 627, VRS **39**, 163).

4 **4) Geldrente** ist ihrer Natur nach kein Unterh-, sond SchadErsAnspr. Die für UnterhAnspr geltden Vorschr finden keine Anwendg, auch nicht § 1613. Vgl aber unten Rn 16. Der RentenAnspr entsteht als Ganzes bereits mit der Beeinträchtigg der Erwerbsfähigk, nur die Fälligk der einz Rentenbetr ist hinausgeschoben. Für Höhe u Dauer der Rente bilden die Verh zZ des Unfalls den zeitl Ausgangspkt, doch ist, da es sich um Ausgl für zukünft Nachtle handelt, die künft Gestaltg der Verh insow zu berücksichtigen, als sie nach dem gewöhnl Lauf der Dinge u den Umst des Einzelfalles voraussehb ist, u zwar von dem Ztpkt der Urteilsfällg aus gesehen. Anwendbark von ZPO 323 s unten Rn 17. Soweit der Geschädigte vom unterhpfl Schädiger gepflegt wird, ist der ZahlgsAnspr wg Vermehrg der Bedürfn befriedigt (Mü NJW-RR **95**, 1239).

5 **A) Höhe der Rente**

a) Die **konkrete Sachlage** ist maßg, keine abstr Berechng. Der Schad ist in beiden Fällen des Abs I meßb an der Entlohng, die für die verletzgsbdgt nicht mehr ausführb oder nicht mehr zumutb HausArb an eine Hilfskraft gezahlt wird – dann Erstattg des Bruttolohnes – od, wenn Angehör od Fremde einspringen, gezahlt werden müßte – dann Orientierg am Nettolohn. Zu diesem Zweck ist festzustellen, wieviele Stunden eine Hilfskraft benötigt wird od, bei anderweit Ausgl eines schadensbdgten Arbdefizits, benötigt würde (BGH NJW-RR **90**, 34). Berücksichtigg krankh Veranlagg des Verl (BGH **20**, 137, MDR **60**, 916).

6 **b) Verdienstausfall, entgangener Gewinn** bei abhäng u selbständ Arb § 252 Rn 8–18, § 616 Rn 30–32. Kein Ers des Vortls, der nach dem G verboten od sittenw ist (BGH **67**, 119: Prostitution). Überobligationsmäß Anstrenggen des Verl (Vorbem 125 v § 249) zur Erzielg eines Eink trotz ErwerbsUnfähigk dürfen dem Schädiger nicht zugute kommen (BGH NJW **94**, 131: Ers der PflVersBeitr zur RentenVers). Steuerl Auswirkgen des SchadFalles auf den ErsAnspr Vorbem 144, 145 vor § 249.

7 **c)** Bei **verminderter Erwerbsfähigkeit** kommt es darauf an, wie weit der Geschädigte den Rest seiner ArbKraft nutzb machen kann. Kann er trotz teilw Erwerbsfähigk keine ArbStelle finden, so ist der ganze DurchschnVerdienst zu ersetzen (Zweibr VersR **78**, 1029). Zwecks SchadMinderg zumutb ärztl Behandlg, Operation, Berufswechsel § 254 Rn 35, 37, BewLast dort Rn 39.

8 **d) Verletzung eines Ehegatten. – aa) Häusliche Arbeitsleistung.** Auch der nicht berufstät verl Eheg hat eig Anspr gg den Schädiger auf Ers seines Schad hins der Verminderg seiner häusl ArbLeistg (BGH (GrZS) **50**, 304) einschl der vom and Eheg bezahlten Kreditkosten für die Einstellg einer ErsKraft im Haush (Celle NJW **69**, 1671). Der Ausfall der Haushaltstätigk gehört zur SchadGruppe vermehrte Bedürfnisse, sow er sich auf die eig Bedarfsdeckg bezieht, zur SchadGruppe Erwerbsfähigk, sow er die UnterhLeistg an FamAngehör betrifft (BGH NJW-RR **90**, 34); nur insoweit ist eine Verletztenrente der Berufsgenossensch anzurechnen (BGH NJW **85**, 735). Der ErsAnspr ist, and als in § 844 II, nicht nach der ges geschuldeten, sond nach dem Wert der ohne die Verl tats erbrachten ArbLeistg zu bemessen (BGH NJW **74**, 1651). Der Schad ist meßb an der Entlohng, die für die verletzgsbdgt nicht mehr ausführ- oder zumutb HausArb an eine Hilfskraft bezahlt wird – dann Erstattg des Bruttolohns – od, wenn keine Hilfskraft eingestellt wird, bezahlt werden müßte – dann Erstattg des Nettolohns (BGH NJW-RR **90**, 34); für sie geben bestehde TarifVertr über die Vergütg der im Haush beschäftigten Pers einen geeigneten Anhaltspkt (Oldbg NJW **77**, 961). Der and Eheg ist nicht berecht, SchadErs wg Behinderg des Verl in der HaushFührg zu verlangen (BGH GrZS **50**, 304). – Ges FdgsÜbergang nach § 116 SGB X, Rn 2 aE. – Die Haushaltsführg (§ 1360 S 2) in einer nichtehel Lebens-Gemsch fällt mangels ges UnterhPfl nicht in die SchadGruppe ErwerbsSchad (Düss VersR **92**, 1418; aA
9 Zweibr FamRZ **94**, 955). – **bb) Erwerbstätigkeit.** Auch soweit der verl Eheg erwerbstät ist, stehen die
10 Anspr aus der Aufhebg od Minderg der ArbKraft ihm selbst zu (BGH **59**, 172; § 845 Rn 2–8). – **cc)** Bei **Gütergemeinschaft** ist dch Erwerbsausfall eines Eheg immer das GesGut geschädigt, also auch der and Eheg. Der das GesGut verwaltde Eheg (§ 1422) ist daher stets klageberecht; ist er nicht der Verl, so kann auch dieser klagen.

e) Anrechnung von Versicherungs-, Versorgungsleistungen, Ruhegehalt, gesetzlicher Forderungsübergang Vorbem 131–138 v § 249. 11

B) Dauer der Rente. Die zeitl Grenze der Verdienstausfallrente ist auf die voraussichtl Dauer der Erwerbs-Tätigk des Verl im Urt festzusetzen, ihre Best richtet sich nach der Art der Berufstätigk, dem körperl u geist Zust des Verl. Im Erwerbsleben ist bei nicht selbständ Tät grdsätzl von einem Ende der ErwerbsTätigk mit Erreichen des ges Ruhestandalters auszugehen (BGH NJW-RR **95**, 1272), auch bei Frauen (BGH NJW **95**, 3313). Wer nach den konkr Umst Abweichdes behauptet, hat dies zu bew. 12

C) § 760 ist anzuwenden, § 843 II S 1. Der RentenAnspr endigt mit Ablauf des Todesmonats des Berecht. Die FormVorschr des § 761 findet auf einen Vergl, dch den als Abfindg eine Rente zugesagt wird, keine Anwendg (§ 759 Rn 8). 13

D) Verfahrensbesonderheiten: – a) Ob **Leistungs- oder Feststellungsklage,** hängt davon ab, ob sich die künft Erwerbsmöglichk mit hinreichder Wahrscheinlichk übersehen lassen (vgl auch § 844 Rn 5 und unten Rn 17). Ist dies der Fall, so kann Verl Leistgsklage auch für eine fernere Zukunft erheben. Leistgsklage als Nachforderg- od Zusatzklage nach ZPO 258, wenn ein früh Urt nur über einen Teil des Anspr entsch hat, Rn 17. Nur Feststellgsklage ist idR mögl bei noch nicht erwerbsfäh Jugendl. Ist künft Entwicklg nicht zu übersehen, so kann statt der begehrten Leistg auf Feststellg erkannt werden. Bei Leistgsklage kann die Höhe der Rente in das richterl Ermessen gestellt werden, wenn dem Ger genügde Grdlagen hierfür geboten werden (BGH **4**, 138). 14

b) Entscheidung über Grund des Anspruchs gem ZPO 304 muß grdsätzl alle den Anspr selbst betr Einwdgen erledigen (Th-P § 304 Rn 7 ff). Jedoch ist Vorbeh im ZwUrt zul, wenn KlagFdg auf jeden Fall AufrechngsFdg übersteigt, u zwar auch bei konnexer AufrFdg (BGH **11**, 63). Auch über die Quote des mitw Versch muß im ZwUrt entsch werden; jedoch genügt auch hier Vorbeh, wenn feststeht, daß KlagFdg nur gemindert werden kann (BGH **1**, 34). ZwUrt kann nur ergehen, wenn über den Einwand des gesetzl FdgsÜbergangs auf öff VersTräger entschieden werden kann (BGH NJW **56**, 1236). Zeitl Begrenzg der Rente im Grdurteil zweckm; wenn nicht, muß sie in den UrtGrden dem NachVerf vorbehalten werden (BGH **11**, 181). 15

c) Pfändungsschutz: Die Rente ist grdsätzl unpfändb, ZPO 850 b I Nr 1. Daher grdsätzl keine Übertragbark (§ 400), keine Aufrechng (§ 394), keine Verpfändbark (§ 1274 II), keine Zugehörigk zur InsMasse (InsO 35, 36). Ausnahmen: ZPO 850 b II u § 400 Rn 3; der Anspr auf Rente ist in dem Umfang abtretb, wie der Zessionar den Schad getragen hat (Celle DAR **75**, 325). 16

d) Abänderung. – aa) Abänderungsklage nach ZPO 323 für alle Renten gg alle dort genannten Titel bei wesentl Veränderg der Verhältn, sei es im konkreten Bereich des Berecht od Verpfl, sei es im allg wirtsch Bereich. Das Gericht muß aber bereits bei Festsetzg der Rente auf die künf Gestaltg der Verhältn, soweit voraussehb, Rücks nehmen. ZPO 323 greift erst ein, wenn eine davon abw Entwicklg eintritt (BGH **34**, 118). Die Einheitlichk der Rente ist auch für die AbändergsKl von Bedeutg (Rn 1). AbändergsKl auch bei FeststellgsUrt (OGH **1**, 62), nicht bei Kapitalabfindg (BGH NJW **81**, 818). Ob AbändergsKl nach ZPO 323 od Nachforderg- bzw Zusatzklage nach ZPO 258 zu erheben ist, bemißt sich danach, ob im ersten Verf über die volle dem Verl zustehde Rente – dann ZPO 323 – od nur über einen Teil hiervon entschieden worden ist – dann Nachforderg nach ZPO 258 (Th-P § 323 Rn 39 ff), die schon bei nur geringer Änderg des allgem Lohn- u Preisgefüges gegeben ist (BGH **34**, 110). Wesentl Änderg der wirtsch Verhältn Th-P § 323 Rn 19 ff. – **bb) Vereinfachte Abänderung** von UnterhRenten Mj, die auf einer GerEntsch, Vereinbg od VerpflUrk beruhen, gem § 1612 a u der RegelBetrVO. Für UnterhTitel geschieht dies nach dem vereinfachten Verf gem ZPO 655, 656 dch Beschl des AG. Die AbändergsKl ist nach ZPO 323 V nur zul, wenn das vereinfachte Verf zu einem Betr führen würde, der wesentl von dem Betr abweicht, der der Entwicklg der bes Verh der Part Rechng trägt. 17 18

5) Sicherheitsleistung. Nur, wenn die Umst nach freiem Erm des Ger SicherhLeistg geboten erscheinen lassen, zB bei Gefährdg des RentenAnspr inf der VermVerhältn des ErsPflichtigen. Höhe des Gesamtbetr u Dauer der Rentenverpfl sind hierbei zu berücksichtigen. Nachträgl SicherhLeistg s ZPO 324. 19

6) Kapitalabfindung (Abs III) kann der Verl bei Vorliegen eines wicht Gr verlangen. Doch kein Recht des ErsPflichtigen, den Verl in Kapital abzufinden. Der ErsBerecht kann die Wahl zw Rente u KapAbfindg idR bis zum Schluß der letzten TatsVerh treffen (BGH DB **72**, 1868).Bei mehreren ErsPfl ist die Frage, ob Kapitalabfindg od Rente, nach den Verhältn aller Beteil einheitl zu entscheiden, mehrere GesGläub (SozVers-Träger nach FdgsÜbergang) können die Wahl nur gemschaftl treffen (BGH **59**, 187). Zuläss ist Zusprechg von Rente für einige Jahre u später Kapitalabfindg. Auch bei Festsetzg des KapitalBetr sind mögl künft wirtsch Verändergen, zB EinkSteigerg, GeldEntwertg wie sonst bei der Dynamisierg der Renten in Anw von ZPO 287 zu berücksichtigen (BGH NJW **81**, 818). – **Wichtiger Grund** kann darin liegen, daß Gewährg der Abfindg voraussichtl günst Einfluß auf den Zust des Verl od daß Gewährg einer Geldrente ungünst Einfluß haben würde od daß Verl gg einen von mehreren Schädigern aus Vertr einen KapitalAnspr hat (RG JW **32**, 3719) od daß der jugendl Verl den Wunsch hat, sich durch Errichtg eines ErwerbsGesch selbständ zu machen od daß die Durchsetzg eines RentenAnspr gg den im Ausland wohnden od seinen Wohns oft wechselnden Schu bes Schwierigk bereiten würde, selbst dann, wenn eine inl VersGesellsch für den Verpfl den Schad zu tragen hat (Nürnb FamRZ **68**, 476; zweifelh). Kein wicht Grund, wenn Schu zwar in Ins geraten, aber zahlgsfäh Vers hinter ihm steht. 20 21

7) Andere Unterhaltspflichtige (Abs IV) schließen den Anspr des Verl nicht aus, auch nicht, wenn der UnterhPflichtige bereits geleistet hat (BGH **54**, 269 [274]). Ausdruck des allg RGedankens, daß auf den Schad keine Leistgen and anzurechnen sind, die nach ihrer Natur dem Schädiger nicht zugute kommen sollen (BGH NJW **63**, 1051). Abs IV gilt nicht, wenn nur die Pers des UnterhVerpfl, nicht aber die VermMasse gewechselt hat (BGH NJW **69**, 2008: Verm, aus dem Unterh geleistet wurde, geht durch Erbf auf and UnterhPflichtigen über). Die Vorschr des IV ist auch nicht auf den Fall der Wiederverheiratg anwendb, bei der der Ehepartner nunmehr UnterhAnspr gg den neuen Eheg erlangt, sond bezieht sich nur auf Fälle, in denen ein and 22

UnterhPfl „aus Anlaß des Unfalls" unterhpfl wird (BGH NJW **70**, 1127). Daher kann der Anspr aus § 843 auch nicht geschmälert werden dch Anspr des Verl gg den UnterhPfl aus Verl seiner AufsPfl (Celle NJW **62**, 51), – Abs IV bezieht sich auch auf die Heilgskosten. Anspr hierauf also auch dann, wenn UnterhPfl diese gezahlt hat; auch dann, wenn die verl Ehefr dch ihren Ehem (Arzt) behandelt worden ist. Andrers muß sich das verl Kind die inf KrankenhausAufenth ersparten UnterhLeistgen der Eltern anrechnen lassen (Celle NJW **69**, 1765). – Der UnterhPfl kann seiners aus auftragloser GeschFg od ungerechtf Bereicherg von dem Schädiger Ers verlangen (BGH NJW **79**, 598, VersR **61**, 272).

844 ***Ersatzansprüche Dritter bei Tötung.*** **I Im Falle der Tötung hat der Ersatzpflichtige die Kosten der Beerdigung demjenigen zu ersetzen, welchem die Verpflichtung obliegt, diese Kosten zu tragen.**

II Stand der Getötete zur Zeit der Verletzung zu einem Dritten in einem Verhältnisse, vermöge dessen er diesem gegenüber kraft Gesetzes unterhaltspflichtig war oder unterhaltspflichtig werden konnte, und ist dem Dritten infolge der Tötung das Recht auf den Unterhalt entzogen, so hat der Ersatzpflichtige dem Dritten durch Entrichtung einer Geldrente insoweit Schadensersatz zu leisten, als der Getötete während der mutmaßlichen Dauer seines Lebens zur Gewährung des Unterhalts verpflichtet gewesen sein würde; die Vorschriften des § 843 Abs. 2 bis 4 finden entsprechende Anwendung. Die Ersatzpflicht tritt auch dann ein, wenn der Dritte zur Zeit der Verletzung erzeugt, aber noch nicht geboren war.

1 **1) Allgemeines.** Neue Literatur vgl § 843 Rn 1. – **a)** §§ 844, 845 regeln die **Ansprüche Dritter,** die inf der Verl eines and Schad erlitten haben. Einz Ausn von dem Grds, daß nur der in seinem RGut selbst Verletzte ersberecht ist. Der AusnCharakter schließt entspr Anwendg auf and mittelb Geschädigte regelm aus (BGH **7**, 30). Die Anspr des Dr sind in ihrem Bestand unabhäng von dem Anspr des unmittelb Verletzten, entstehen aber nicht, wenn der unmittelb Verletzte keinen Anspr haben würde. Daher schließt vertragl HaftgsAusschl ggü dem unmittelb Verletzten auch die Anspr der Dr aus §§ 844, 845 aus (RG **117**, 102). Umstr ist, ob das auch für den gesetzl Ausschl der Haftg ggü dem Verletzer gilt. Auszugehen ist hierbei von dem Zweck des ges HaftgsAusschl; erfordert dieser, daß der Verletzer überhaupt freigestellt wird von Anspr aus der Verl, so entfallen auch die Anspr des Dr aus §§ 844, 845. Das gilt für die Anspr der Hinterbl u Angehör nach SGB VII 104 ff (vgl § 611 Rn 153–157; BAG DB **89**, 2540). Von §§ 844, 845 abgesehen sind die ErsAnspr der Erben, auch nach § 839 u Aufopferg, beschr auf die Anspr, die auch der Erbl schon zu seinen Lebzeiten hätte geltd machen können, selbst wenn die Folgen des SchadEreign noch über den Erbf hinaus wirken u das Verm des Erbl nach seinem Tod nunmehr in der Pers der Erben schädigen (BGH BB **68**, 566: Abwicklgskosten eines Notariats). – Vergleiche u Verzichte, die der unmittelb Verletzte nach der Verl abschließt, beseitigen Anspr aus §§ 844, 845 nicht (MüKo/Mertens Rn 5). Mitw Versch des unmittelb Verl vgl § 846. Bei Klagen von Hinterbl ist zu scheiden zw eig Anspr der Hinterbl aus §§ 844, 845 u dem auf sie als Erben übergegangenen Anspr des Getöteten (BGH NJW **62**, 1055).

2 **b) Geltungsbereich** für alle uH, auch bei Gefährdgshaftg (§§ 833, 836), auch im Fall des § 829. Dagg keine Anwendg auf vertragl Anspr (Saarbr NJW-RR **95**, 986) außer § 618, HGB 62 III. SonderVorschr: HaftpflG 5, 8, StVG 10 ff; LuftVG 35 ff; AtomG 28 ff.

3 **2) Tötung.** Vorsätzl oder fahrl. Erforderl ist hier nur tatsächl obj Zushang zw schuldh begangener Körperverl u dem Tode. Unerhebl ist dagg, ob Täter den Tod voraussehen konnte od nicht, auch Selbstmord inf traumat Neurose fällt unter § 844 (MüKo/Mertens Rn 11). UnterhSchad inf KörperVerl fällt nicht darunter (BGH NJW **86**, 984).

4 **3) Beerdigungskosten.** Ersberecht ist, wer verpfl ist, die Beerdiggskosten zu tragen (§§ 1968, 1615 II, 1615 m, 1360 a III, 1361 IV S 4). Hat sie ein nicht dazu Verpfl bezahlt, folgt sein ErsAnspr gg den Schäd aus §§ 683, 677 (KG VersR **79**, 379). Auch die nur vertragl begründete Verpfl ist ausreichd (MüKo/Mertens Rn 12, Staud- Schäfer Rn 34). Der Umfang der ErsPfl stimmt mit der KostenTragsPfl des Erben für eine standesgem Beerdigg gem § 1968 (dort Rn 1–3) überein (Hamm NJW-RR **94**, 155). Nicht: Grabpflege- u InstandsetzgsKosten (BGH **61**, 238), Transport des Verl zum Krankenhaus u Kosten der versuchten Heilg; diese Anspr sind vielm in der Pers des Verl entstanden u gehen auf dessen Erben über. IdR auch nicht die Reisekosten eines Angeh, um an der Beerdigg teilzunehmen (BGH **32**, 72), wenn nicht Besonderh eines fremden Kulturkreises, dem der Verstorbene angehörte, zu berücksichtigen sind (KG VerkMitt **99**, 11). – Übergang des Anspr auf den Versorggs- u VersTräger Rn 14.

5 **4) Unterhaltsberechtigte nach Abs II.** Die gesetzl UnterhPfl umfaßt den Bar- u den Natural (Betreugs)-Unterh (BGH FamRZ **90**, 878). Darunter kann auch die unentgeltl Betreug eines Körperbehinderten dch seine nicht berufstät Ehefrau fallen (BGH MDR **93**, 124). Den Kreis der gesetzl UnterhPflichtigen bestimmen §§ 1360 ff, 1570 ff, 1601 ff, 1615 a ff, 1754, 1755; Vorauss ist regelm Bedürftigk des UnterhBer, § 1602. Sow jedoch die Ehefrau ihre UnterhPfl der Familie ggü durch Führg des Haushalts od dch geschuldet MitArb in Beruf od Gesch des Ehem erfüllt (§ 1360, BGH **77**,157), kommt es auf die Bedürftigk des Mannes nicht an u umgekehrt. Diese ArbLeistg kommt daher dem Ehem u den Kindern als gesetzl geschuldeter Unterh zugute, so daß Ehem u Kinder nach Abs I, auch im Bereich der GefährdgsHaftg, Anspr gg den Schädiger haben (BGH **51**, 109), wobei sich die Höhe der Antle zueinand am ausgefallenen Unterh nach dem EinzFall bemißt (BGH NJW **72**, 251). Angem FamUnterh § 1360 a Rn 3. Die zur Deckg des Wohnraumbedarfs einer Familie unterhrechtl geschuldeten HaushKosten bemessen sich nach dem Mietwert einer dem Eigenheim nach Ortslage, Zuschnitt u Bequemlichk vergleichb Wohng (BGH NJW **85**, 49). – Sow **Bedürftigkeit** AnsprVorauss ist, genügt es, daß sie erst später eintritt od ein zunächst UnterhPflichtiger später fortfällt. Solange Bedürftigk nicht eingetreten ist od der entstandene od noch entstehde Schad nicht od nicht voll beziffert werden kann, gibt es nur FeststellgsKl (BGH NJW **56**, 1479). Ebso FeststellgsKl, wenn der getötete Angehör, zB mj Sohn, erst später unterhpfl geworden wäre. Kl- u UrtTenor etwa: Es wird festgestellt, daß der Bekl der Klin SchadErs

dch Entrichtg einer Geldrente zu leisten hat, sobald sie von ihrem am . . . getöteten Sohn Unterh hätte verlangen können. Da das die UnterhPfl begründde Verhältn z Zt der Verletzg, also nicht z Zt des Todes bestanden haben muß, steht der Witwe, die den bereits Verl geheiratet hat, der Anspr nicht zu; ebso nicht dem erst nach der Verl Erzeugten (vgl II S 2) u der z Zt der Verl Verlobten (Ffm VersR **84**, 449). Darüber, ob der Dr zur Zt der Verl bereits erzeugt war, ist gem ZPO § 286 ohne Bindg an § 1592 zu entsch. Leistgen der SozHilfe ändern an der Bedürftigk nichts, auch wenn der Träger der SozHilfe den UnterhAnspr nicht auf sich überleitet oder wg des Verbots od der Beschrkgen in § 91 BSHG nicht auf sich überleiten kann (BGH **115**, 228). – Auf eine Bedürftigk, die sich dch zumutb Maßn abwenden läßt od hätte abwenden lassen, kann sich der UnterhBerecht nicht berufen (Köln FamRZ **92**, 55).

5) Entziehung des Rechtes auf Unterhalt durch Tötung (Abs II). Dazu gehört auch LeistgsFähigk 6 des UnterhVerpfl (BewLast beim Berecht) u Beitreibbark (BGH NJW **74**, 1373, Br FamRZ **90**, 403). Für den Beweis der Ursächlichk gilt zw der schädigden Handlg u der KörperVerl § 286, zw dieser u dem Tod des UnterhPflichtigen § 287 (BGH NJW **92**, 3298). UnterhSchad auch, wenn die UnterhPfl auf die Erben übergeht, diese aber tats zur Leistg nicht in der Lage od aus RGründen zu geringeren Leistgen befugt sind. Erlischt die UnterhPfl mit dem Tode, so kann sich der ErsPflichtige nicht darauf berufen, daß nunmehr ein and hilfsw zur UnterhGewährg verpflichtet sei, § 843 IV iVm § 844 II S 1. § 843 IV jedoch unanwendb, wenn nur der UnterhPflichtige, nicht aber die UnterhQuelle gewechselt hat, wenn also auch nach dem Tode des ursprüngl UnterhPflichtigen der Unterh ebso wie vorher aus denselben Einkünften gewährt wird (Mü VersR **67**, 190). Ebso wird dem Kind dch den Tod der Mutter kein UnterhAnspr gg diese entzogen, wenn ihm dch den Tod des Vaters – sei es bei dem näml Unfall – im Erbweg Verm zufällt, dessen Einkünfte den Unterh des Kindes decken (BGH NJW **74**, 745). Auf den Fall, daß dem Dritten ein UnterhSchad inf KörperVerl des UnterhVerpfl entsteht, ist Abs II nicht entspr anwendb (BGH NJW **86**, 984).

6) Geldrente (Abs II) ist SchadErs, u zwar Ers des tats Ausfalls (BGH **LM** § 844 Abs 2 Nr 2). Ob Abs II 7 auch die UnterhRückstände erfaßt, ist bestr; bej, soweit der Getötete in der Lage gewesen wäre, sie im Laufe der Zt zu tilgen (Nürnb VersR **71**, 921, Düss FamRZ **70**, 103; verneind BGH NJW **73**, 1076, KG NJW **70**, 476, Mü NJW **72**, 586), vgl auch § 843 Rn 4. Die Bewertg entgangener HaushFührg bestimmt sich konkret nach dem tats erfdl Aufwand, wobei aber dem Schädiger nicht zugutekommen darf, daß der Schad teilw interfamiliär aufgefangen wird (BGH VersR **86**, 790).

A) Höhe. – a) Maßgebend sind der nach den famrechtl Vorschr (vgl Rn 5) geschuldete, nicht der tatsächl 8 gewährte Unterh (BGH DAR **89**, 21), also die Anspr, die die Hinterbliebenen gg den Getöteten währd der mutmaßl Dauer seines Lebens gehabt hätten (BGH NJW **69**, 1667, DAR **86**, 114, Hamm FamRZ **91**, 1179). Dabei sind die letzten EinkVerh des UnterhPfl u deren voraussichtl Entwicklg zu berücksichtigen. Bei der Festsetzg der Rente, insbes für Mdj, muß das Ger die für die Bemessg in Zukunft maßg Faktoren iR einer Prognose, ggf mittels Schätzgen nach § 287 ZPO berücks; soweit dies nicht mögl ist, muß es dies in den EntschGrden deutl zum Ausdruck bringen (BGH DAR **90**, 296). Der BarUnterhSchad ermittelt sich nach folgder Methode: Best des für UnterhZwecke verfügb Eink – grdsätzl netto, nur in bes AusnFällen brutto (BGH NJW-RR **90**, 706) – unter Ausscheidg der Aufw für VermBildg, Aussonderg der fixen Kosten, Verteilg des verbleibden Eink auf den Getöteten u die Hinterbliebenen nach Quoten (aA Ffm NJW-RR **90**, 1440), Erhöhg der danach auf die Hinterbliebenen entfallden Beträge um die nur unter ihnen aufgeteilten fixen Kosten (BGH NJW-RR **90**, 221). Zu diesen gehören auch die Aufw für den Kindergartenbesuch der hinterbliebenen Kinder (BGH **137**, 237). Zum Eink gehören unabhäng von ihrer Bezeichng, ihrer steuer- od arbeitsr Behandlg alle Bezüge, sofern sie nicht von vornherein dch ihren bes VerwendgsZweck aufgebraucht werden. Zu berücksichtigen sind also als Eink des Getöteten zB VerlRente seitens einer Berufsgenossensch (Brschw VersR **79**, 1124), KriegsbeschRente (BGH NJW **60**, 1615), Auslöse, sow sie nicht dch die erhöhten Aufw des auswärts Arbeitden aufgezehrt wird (Saarbr VersR **77**, 272:50%), UrlGeld, Gratifikation, LeistgsZuschlag, Treueprämie (BGH NJW **71**, 137). Ohne Bedeutg sind dagg die Verhältn des ErsPflichtigen. – Die Aufw des Ehem für eine angem Altersversorgg können seiner Witwe als Tl des ihr entgangenen Unterh zugebilligt werden (BGH VersR **71**, 717), ebso der Tl der Einkünfte, der üblicherw für die spätere Altersversorgg des UnterhBerecht zurückgelegt worden wäre (BGH VersR **56**, 38), u die Prämien, die der Erbl für eine Lebens- od Unfallvers weiter hätte zahlen müssen, wenn er nicht vorzeitig gestorben wäre (BGH **39**, 254). Die UnterhLeistg kann auch in Dienstleistgen der nichtehel Mutter ggü dem pflegebedürft Kind (BGH NJW **53**, 619) bestanden haben. Der UnterhSchad dch den Tod der Mutter ist unter Berücksichtigg v HaushFührg u BarEink zu ermitteln, weil die Berufstätigk die Mutter nicht von der Sorge um die pers Betreuung und Erziehg der Kinder befreit (BGH FamRZ **76**, 143).

b) Kinder. Das Maß des zu ersetzden Unterh best sich danach, welchen Betr seines Eink der Unterh- 9 Pflichtige hätte aufwenden müssen, um seinem Kind denjen LebensUnterh zu verschaffen, der nach der Lebensstellg der Eltern des Kindes angem ist. Dabei ist gg eine Bemessg der UnterhAntle der Kinder am verteilb Eink des Getöteten nach Abzug der fixen Kosten nach richterl SchätzgsErm aGrd von Quotentabellen (Eckelmann-Nehls-Schäfer NJW **84**, 946, RegelUnterhVO, Nürnb-Tabelle, Düss Tabelle) unter Berücksichtigg der Besonderh u Auswertg dieser Tabellen, auch mit einigen % Abweichg von den dort Quoten nach oben od unten, nichts einzuwenden (BGH NJW-RR **87**, 538, NJW **88**, 2365, Hbg VRS **87**, 249: 15% bis 12, 17,5% ab 12 Jahre). Die Quote für Kinder in versch Altersgruppen muß wg unterschiedl tats Bedarfs nicht gleich hoch ausfallen, eine Staffelg je nach Alter ist angebracht (BGH NJW **88**, 66 u 2365: 15–23,5% für Kinder von 4 bis 10 Jahren). Vorweg abzuziehende fixe Kosten sind diejen HaushAusgaben, die unabhäng vom Wegfall eines FamMitgl weiterlaufen; dazu können auch die Kosten für Haltg eines Kfz gehören (BGH NJW **88**, 2365). Diese fixen Kosten sind auf die UnterhBerecht nach den Umst des EinzFalles aGrd richterl SchätzgsErm zu verteilen, wobei idR ein höherer Antl auf die Witwe als auf die Kinder entfällt (BGH NJW **88**, 2365). IF der Tötg der Mutter u entgeltl Unterbringg bei Verwandten sind die dafür erforderl Kosten zu ersetzen (BGH NJW **82**, 2864), sonst sind AnhPkt die übl Kosten einer gleichwert Unterbringg in einer fremden Familie ohne die gesondert zu berechnden Sachleistgen für Verpflegg, Kleidg etc (BGH NJW **71**, 2069) bzw die Kosten einer ErsKraft, deren Leistgen denen der Mutter entsprechen, wenigstens als Orientiergs-

Rahmen (Stgt VersR **93**, 1536). Im Falle einer notw Heimunterbringg sind die Heimkosten abzügl anzurechnden BarUnterh zu ersetzen (Düss VersR **85**, 698). Bei Tötg beider Elternteile sind iF der Nur-Hausfrauenehe der vom Vater geleistete Bar- u der von der Mutter geleistete NaturalUnterh als gleichwert anzusehen; bei and einverständl AufgTeilg, insbes iF der Berufstätigk auch der Mutter in intakter Ehe, bewertet sich der Anteil am BarUnterh idR nach dem Verhältn des ErwerbsEink der beiden Elternteile, der Anteil am NaturalUnterh im umgekehrten Verhältn; je nach dem EinzFall bedarf dieses Schema der Korrektur (BGH NJW **85**, 1460). Bei einem nichtehel Kind kann als BewertgsMaßstab dafür der Regelbedarf als AusgangsPkt genommen werden (Celle VersR **80**, 583). Rückstände s oben. Kein Ers für das vom Getöteten bezogene Kindergeld (BGH DAR **80**, 85).

10 **c)** Die **Witwe** kann als UnterhRente eine betragsmäß zu errechnende Quote vom verteilb Eink des verstorbenen Ehem verlangen. Für die Festsetzg des %-Satzes gelten die Ausf vorstehd Rn 9 (BGH NJW- RR **87**, 538). Die Witwe kann auch Ers dafür fordern, daß sie inf des vorz Ablebens ihres Mannes ein geringeres od überh kein Witwengeld erhält (BGH **32**, 246, Warn **70**, 322), desgl auch Ers für Verringerg der Sozialrente inf des Todes ihres Mannes (Düss VRS **3**, 329). Hat die Witwe neben ihrem getöteten Ehem zum FamUnterh beigetragen, so ist ihr an Unterh nur der Tl entgangen, den der Ehem zu den HaushKosten u zu ihren pers Bedürfn zugesteuert hatte (BGH NJW **83**, 2315). BerechngsBeisp, wenn der getötete Ehem im Betr der Frau mitgearbeitet hat, BGH NJW **84**, 979. Dch den Tod des Ehem hat die Witwe nicht nur den UnterhAnspr verloren, sond ist auch von ihrer UnterhVerpfl aus eig ArbEink od Renteneinkünften (BGH FamRZ **83**, 567) ihm ggü frei geworden. Inwieweit dieser Vort den ErsAnspr wg des UnterhSchad mindert, beurt sich nach den Grds der VortAusgl (BGH VersR **83**, 726). Ein schadmindernder Umst kann dem Schädiger nicht zugute kommen, wenn ihn seine Berücksichtigg bei Würdigg aller Umst unbill entlasten würde. Hat die Witwe für ein Kind, nach überwiegder Auffassg bis zu 15 Jahren (Ffm NJW-RR **98**, 1699), zu sorgen u war sie ihrem Mann ggü zu einer Erwerbstätigk nicht verpfl, braucht sie weder den nach Berücksichtigg ihrer Rentenbezüge verbleibden RestBetr dch Aufn eig ErwerbsTätigk selbst zu verdienen (Celle FamRZ **80**, 137) noch sich den Ertr ihrer Arb auf den UnterhSchad anrechnen zu lassen (BGH VersR **69**, 469); ebso nicht eine 74jähr Witwe ihr ArbEink, das sie neben ihrer Rente freiwill erzielt (KG VersR **71**, 966). Einer jungen, arbfäh, kinderl Witwe ist im allg zuzumuten, zum Zwecke der SchadMinderg einen ihrem soz Stand u ihren Fähigk angem Beruf auszuüben (BGH NJW **76**, 1501).

11 **d)** Der **Witwer** hat Anspr auf diejen Mittel, die erforderl sind, um den Wegfall der geschuldeten Unterh-Leistgen, sei es in der HaushFührg, sei es dch geschuldete MitArb in Beruf od Gesch (BGH NJW **80**, 2196) auszugleichen, sow sie ihm zugute kamen. Dabei kommt es auf das Maß des rechtl geschuld, nicht des tats geleisteten UnterhBeitr der Ehefr an. Geschuldet ist die HaushTätigk so, wie es dem Einvernehmen beider Eheg entspricht; der Anspr auf SchadErs wg entgangener HaushTätigk besteht grds auch dann, wenn die Eheg den Haush zu gleichen Teilen besorgt haben (BGH **104**, 113: zeitl Mehraufwand des hinterbliebenen Eheg). AnhPkt für den Wert der HaushFührg ist die NettoVergütg einer vergleichb ErsKraft (BGH **86**, 372), wobei die Größe des Haush, der Umfang der anfallden Arb unter Berücksichtigg des Wegfalls der Ehefr u Mutter (BGH VersR **82**, 951), die zur Vfg stehden Hilfsmittel, die erforderl Kenntn u Fähigk der ErsKraft u die übl Vergütg zu berücks sind. Zu ersetzen sind die angem tats Aufw, wenn dch sie der entstandene Schad vollständ ausgeglichen wird; erledigt die ErsKraft nur einen Tl der Arb, zB weil der Schad innerfamiliär aufgefangen wird, so darf dies dem Schädiger nicht zugute kommen (BGH NJW-RR **86**, 1217). Zu den Kosten einer fiktiven ErsKraft sind nicht die ArbGAntle zur SozVers hinzuzurechnen (BGH NJW **82**, 2866). Aus ArbEink der getöteten Ehefr aus eig ErwTätigk, auch wenn sie zu ihr nicht verpfl war, hatte sie einen Beitrag zum FamUnterh zu leisten; auch sein Wegfall ist desh zu ersetzen (BGH NJW **74**, 1238). Berechngs-Beispiel, wenn beide Eheg Bareinkommen erzielten, BGH VersR **84**, 81. – Nach den Regeln des VortAusgl ist zu best, inwieweit einers der Wegfall der eig UnterhVerpfl ggü der Ehefr (BGH NJW **71**, 2066), ands deren über das ges geschuldete Maß hinausgehde tats ArbLeistgen (BGH NJW **79**, 1501) zu berücksicht sind. Bestehen neben dem Anspr des Witwers gleichart UnterhAnspr von Kindern, so bemißt sich der Schad des einz UnterhBerecht nach dem auf ihn entfallden Ant an der von der Ehefr u Mutter geschuldeten Haush-Führg (BGH NJW **72**, 1130). Bei Ermittlg der zur Erf der ges UnterhPfl erforderl ArbZeit ist auf eine der übl SchätzgsMethoden abzustellen (BGH NJW **79**, 1501), auch ErfahrgsWerte in Tabellen darf das Ger heranziehen (BGH VersR **88**, 390). Eine MitVerpfl der heranwachsden Kinder u des pensionierten Ehem zur MitArb im Haush ist zu berücksichtigen, so daß im EinzFall eine stundenw bez Hilfskraft zum Ausgl der ausgefallenen HaushFührg dch die Ehefr u Mutter ausr sein kann (BGH FamRZ **73**, 535). Muß der Geschäd die SchadErsRenten versteuern, so hat ihm der Schäd diese Steuer zu ersetzen, nicht dagg sonst dch Aufhebg der Ehe entstandene steuerl Nachteile wie Verlust des Splittingtarifs, Verringerg steuerfreier PauschalBetr (BGH NJW **79**, 1501). Der SchadErsAnspr des Witwers wg Tötg seiner zweiten Ehefr erstreckt sich nicht auf die weggefallene unentgeltl Versorgg seiner erstehel Kinder dch die zweite Ehefr; der dadch entstehde Mehraufwand zur Erf seiner ges UnterhPfl kann aber iW der VortAusgleichung auf seine UnterhErsparn angerechnet werden (BGH NJW **84**, 977).

12 **e) Vorteilsausgleichung, insbesondere Anrechnung von Versicherungs-, Versorgungsleistungen, gesetzlicher Forderungsübergang, Erbschaft** Vorbem 119–161 vor § 249. Auf den SchadErsAnspr sind diejen finanziellen Vortle anzurechnen, die mit dem SchadEreign korrespondieren (BGH VersR **84**, 936). Die begrenzten Anspr mittelb geschädigter Hinterbliebener erlauben nur VortlsAnrechng, die mit der Verwertg der ArbKraft in unmittelb Zushang steht (BGH NJW **84**, 979). Haftet der Schädiger nur auf eine Quote, so sind Renteneinkünfte der Witwe bzw des Witwers nur insow schadmindernd zG des Schädigers zu berücksichtigen, als die Ersparn den von der Witwe bzw dem Witwer selbst zu tragden SchadTl übersteigt (BGH VersR **83**, 726, VersR **87**, 70).

13 **B) Dauer der Rente. – a) Mutmaßliche Lebensdauer des Getöteten.** Die Rente kann nur beansprucht werden für die Zeit, in der der Getötete währd der mutmaßl Dauer seines Lebens unterhpfl gewesen wäre. Jedoch kann hieraus nicht allg gefolgert werden, daß ErsAnspr für die Zeit nach dem mutmaßl Ztpkt des Todes entfallen. Soweit näml der Getötete währd der mutmaßl Dauer seines Lebens für seine Angehör auch für die Zeit nach seinem Tode gesorgt haben würde, er hieran aber dch seinen vorzeit Tod gehindert

worden ist, ist auch dieser erst nach dem mutmaßl Tode des Getöteten eintret Schad den Hinterbl zu erstatten (BGH **32**, 246). Die mutmaßl Lebensdauer des Getöteten ist primär nach seinen individuellen Umst wie Veranlagg, Konstitution, GesundhZustand, Alter, Beruf, Lebensgewohnh des Verl zu ermitteln. Die Rente ist daher trotz der Schwierigk der Ermittlg dieses Ztpktes kalendermäß abzugrenzen. Mangels individueller Anhaltspkte ist für die mutmaßl Lebensdauer des Getöteten auf die vom statist Bundesamt herausgegebene „Sterbetafel" abzustellen, die zeitl dem TodesZtpkt am nächsten liegt (Hamm MDR **98**, 1414). Daß der Getötete ohnehin an einer Krankh zZt des Unfalls gestorben od aus gesundheitl Grden vorzeit erwerbsunfäh geworden wäre (überholde Kausalität), hat der Schädiger zu bew (BGH NJW **72**, 1515). – **Anspruchs- 14 übergang.** Ist der Anspr gg den Schädiger nach SGB X 116, BVersG 81 a, BBG 87 a auf den Träger der Vers bzw der Versorgg od den Dienstherrn übergegangen, so können diese ihn so lange geltd machen, als sie selbst die dch den Tod ausgelösten VersorggsAnspr der Hinterbl zu erfüllen haben, also bis zu seinem voraussichtl natürl Tode (BGH GrZS **9**, 179). Zuläss Pauschbeträge § 843 Rn 3. Kein Übergang des SchadErsAnspr gg FamAngeh, Vorbem 159 v § 249.

b) Durch Wiederverheiratung verliert die Witwe den Anspr nicht, vielm bleibt er insow bestehen, als 15 sie in der neuen Ehe nur eine geringere Versorgg erhält. Es ist daher unzul, den Anspr bis zum Ztpkt der Wiederverheiratg zu beschränken (§ 843 Rn 22). Der Umst, daß die Witwe eine eheähnl LebensGemsch eingegangen ist, in der sie dch ihren Lebensgefährten Versorgg erhält, kann als solcher bei der Feststellg ihres UnterhSchad nicht berücksichtigt werden. Der Wert der Haushaltführg ist aber unter dem Gesichtspkt der zumutb Erwerbsobliegenh (§ 254 Rn 36) als Eink wie jede and Tätigk zu berücksichtigen (BGH **91**, 357). **Adoption** von Unfallwaisen ist auf ihren SchadErsAnspr ohne Einfluß (BGH NJW **70**, 2061; vgl auch § 1755 Rn 3–5). Wesentl Änderg der Verhältn § 843 Rn 17.

c) Wegfall des Anspruchs. Der RentenAnspr kann schon vor dem mutmaßl Lebensende des Unterh- 16 Verpfl wegfallen, wenn seine UnterhPfl früher endigen würde. Dabei ist darauf abzustellen, wie sich die RBeziehgen zw dem UnterhBerecht u dem unterhpflicht Getöteten bei Unterstellg seines Fortlebens entwikkelt haben würden. Für die Beurteilg dieser künft Entwicklg benötigt der Richter greifb Tats als Ausgangsposition (BGH **54**, 45 [55]). Nicht zu berücksichtigen ist in diesem ZusHang eine bloße ScheidgsAbs, wohl aber die Erfolgsaussicht eines bereits erhobenen ScheidgsAntr (BGH DB **74**, 1284) u ein greifb Anhaltspkt für Versöhng der Ehegatten (Hamm VersR **92**, 511). Zu berücksichtigen ist ferner zB, wenn die Kinder wirtschl selbständ werden. Auch die Wahrscheinlichk der Heirat der Kinder ist in Betr zu ziehen (Düss NJW **61**, 1408). UnterhRenten eines 8-jähr Kindes sind idR auf die Vollendg des 18. LebensJhres zu begrenzen u etwaige weitere Anspr dch ein FeststellgsUrt abzusichern (BGH NJW **83**, 2197).

C) Verfahrensrechtliches. – Klageantrag. Mehrere gg einen Bekl aus dem gleichen Ereign Berecht 17 müssen EinzSummen angeben (BGH **11**, 181), dürfen aber eine and Aufteilg auf die einz Kl iR des insges geltd gemachten Betr dem Ger überlassen (BGH NJW **72**, 1716). – **Leistungs- und Feststellungsklage** Rn 5 u § 843 Rn 14. Abändergsklage u Antr auf Anpassg im vereinfachten Verf wegen wesentl Veränderg der Verhältn § 843 Rn 17, 18. – **Streitwert:** § 843 Rn 14.

845 ***Ersatzansprüche wegen entgangener Dienste.*** **Im Falle der Tötung, der Verletzung des Körpers oder der Gesundheit sowie im Falle der Freiheitsentziehung hat der Ersatzpflichtige, wenn der Verletzte kraft Gesetzes einem Dritten zur Leistung von Diensten in dessen Hauswesen oder Gewerbe verpflichtet war, dem Dritten für die entgehenden Dienste durch Entrichtung einer Geldrente Ersatz zu leisten. Die Vorschriften des § 843 Abs. 2 bis 4 finden entsprechende Anwendung.**

1) Allgemeines und Geltungsbereich vgl § 844 Rn 1, 2. Ges FdgsÜbergang nach § 116 SGB X (BGH 1 NJW **59**, 2062 für früh § 1542 RVO). Streitwert: § 843 Rn 14.

2) Dienstleistungspflicht kraft Gesetzes. Der Eheg erbringt weder dch die HaushFührg noch dch 2 MitArb im Beruf od Gesch Dienste iS des § 845, sond erfüllt seine UnterhPfl. Sow er diese Tätigk schuldete, bestehen ErsAnspr nur nach § 844 II, nicht nach § 845, der auch für darüihinausgehde Dienste des getöteten Eheg keinen ErsAnspr gibt (BGH **77**, 157). Das gilt auch, wenn der getötete Ehem im Haush mitgearbeitet hat (Stgt VersR **73**, 1077). R des Eheg zu eig Erwerbstätigk § 1356 II. Auch insow steht der ErsAnspr aus der Aufhebg od Minderg der ArbKraft dem verl Eheg selbst zu (BGH **59**, 172). Kinder ggü Eltern § 1619, auch angen Kinder, §§ 1754 bis 1756. Die Ann familienrechtl DLeistg eines erwachsenen Sohnes im elterl Hof ist auch unter heut Verh nicht ausgeschl (BGH VersR **91**, 428). Entscheidd ist nicht die Art der Dienste, sond nur ob sie in den Rahmen des Hauswesens od Gesch der Eltern fallen. Keine DLeistgsPfl eines in der Ausbildg befindl Kindes, das nach deren Vollendg zur Selbständk strebt u die HausGemsch gelöst hätte (Celle NZV **97**, 232). Verh zum Anspr des Kindes selbst Rn 8. Grdsätzl keine DLeistgsPfl der Eltern ggü Kindern (BGH VersR **85**, 290, Bambg NJW **85**, 2724). Keine Anwendg auf vertragl od tats DLeistgen ohne gesetzl Verpfl, so wenn der Getötete mit seinem Eheg iR eines GesellschVerh (BGH NJW **62**, 1612) od der Sohn iR eines D- od ArbVertr (BGH NJW **91**, 1226) od ein Ordensbruder kr Satzg od Gelübde (Celle VersR **88**, 1240) tät war. – Die DVerpfl muß bereits im Ztpkt der Verl bestanden haben (Mü NJW **65**, 1439, KG NJW **67**, 1090).

3) Schadensersatz. – a) Nur für die gesetzlich geschuldeten entgehenden Dienste. Unerhebl ist, 3 ob der DVerpfl die Dienste tats geleistet hatte od nicht. Bei Verl eines Eheg steht diesem selbst der ErsAnspr infolge Ausfalls seiner ArbKraft im Haush u im Beruf od Gesch des and Eheg zu. Hat der DBerecht ErsKräfte eingestellt, so sind grdsätzl die an diese geleisteten Zahlgen einschl etwaiger Kreditspesen zu ersetzen (Celle NJW **69**, 1671). – **b) Höhe der Geldrente:** ZPO § 287. Ausgangspunkt bieten die tats Verhältn im Ztpkt 4 des Unfalles, doch ist die voraussichtl künft Entwicklg zu berücksichtigen. Zu ersetzen ist aber nicht der Schad aus Verlust der Dienste, sond deren Wert, das ist der Betr, der auf dem freien ArbMarkt für eine ErsKraft aufzuwenden ist, die die Leistgen des Verl erbringt (Karlsr FamRZ **88**, 1050), zuzügl Wert der SachAufw wie Verpflegg. Anrechng der Ersparn Rn 6. – **c) Dauer der Rente.** Maßg ist wie lange der DVerpfl voraussichtl 5

die Dienste geleistet hätte. Auch hier keine schemat Beurteilg der voraussichtl ArbFähigk. Auch Annahme überdurchschnittl Lebenserwartg kann sachl gerechtf sein (BGH VRS **26**, 327). Etwaige Wiederverheiratg des Mannes ist unberücksichtigt zu lassen; für diesen Fall bleibt Abändergsklage aus ZPO 323. RentenAnspr endet
6 in jedem Fall mit dem Tode des Dr. – **d) Anrechnung anderer Renten** u Übergang auch der Anspr aus § 845 auf den Träger der Vers od Versorgg Vorbem 134, 148–161 v § 249. Keine Anrechng, sow diese Renten einem and Zweck dienen als dem Ausgl für die entgangenen Dienste (BGH NJW **62**, 800). – VortAusgleichg wg Wegfalls der UnterhPfl nur, sow Ausgaben für Wohng u Verpflegg entfallen, im übr nicht (BGH **4**, 123,
7 VersR **61**, 856). – **e) Übertragbarkeit.** And als in den Fällen der §§ 843, 844 ist ZPO 850 b nicht anwendb.
8 Die Rente ist also pfändb, übertragb, verpfändb, aufrechenb u gehört zur KonkMasse. – **f) Verhältnis zum Anspruch des Kindes selbst aus § 842:** Dem Anspr der Eltern geht vor ein eig Anspr des verl Kindes nach § 842, sow es dch Aufn einer zumutb ErwerbsTätigk außer Haus seine ArbKraft zu verwerten vermag. Das Fehlen eines vorrang Anspr des Kindes selbst haben die Eltern zu beweisen (BGH **69**, 380). Ist das bereits berufstät Kind zur Mitarb in der Nebenerwerbslandwirtsch der Eltern verpfl, können beide Anspr nebeneinand bestehen (Saarbr VersR **89**, 757).

846 *Mitverschulden des Verletzten.* **Hat in den Fällen der §§ 844, 845 bei der Entstehung des Schadens, den der Dritte erleidet, ein Verschulden des Verletzten mitgewirkt, so finden auf den Anspruch des Dritten die Vorschriften des § 254 Anwendung.**

1 **1) Mitwirkendes Verschulden** des Verl ist den ansprberecht Dr zuzurechnen. Trifft auch sie ein MitVersch, so mindert sich ihr ErsAnsp um beide Antle (Köln VersR **92**, 894). Der Schädiger kann sich auch den nach §§ 844, 845 Berecht ggü auf den gesetzl u vertragl Ausschl der Haftg dem Verl ggü berufen (§ 844 Rn 1, 2). Handeln auf eig Gefahr § 254 Rn 76–78. Einwand unzul RAusübg ist ggü den nach §§ 844, 845 Berecht in gleicher Weise wie ggü dem Verl mögl (RG **170**, 315). Sow die SchadErsAnspr kraft G auf Dr übergegangen sind, kann diesen ein eig mitw Versch ebso wie eine von ihnen zu vertretde BetrGef nicht entggehalten werden. – Unanwendb auf Fälle, in denen eine schadstiftde Einwirkg auf einen Dr begriffl kein notw Erfordern für die zum Schad des Verl führde Ursachenreihe ist (BGH NJW **56**, 260: AmtsPflVerletzg bei der Beurkundg eines Testamentes; SchadErsAnspr dessen, der hierdch nicht Erbe wird).

2 **2) Keine entsprechende Anwendung,** wenn bei einer dch Unfall eines nahen Angehör seel verurs GesundhBeschädigg (Vorbem 71 vor § 249) den unmittelb Verl ein MitVersch trifft. Dieses Versch kann aber nach §§ 254, 242 anzurechnen sein, weil die psych vermittelte Schädigg nur auf einer bes pers Bindg an den unmittelb Verl beruht (BGH **56**, 164; vgl § 254 Rn 68, 69).

847 *Schmerzensgeld.* **I Im Falle der Verletzung des Körpers oder der Gesundheit sowie im Falle der Freiheitsentziehung kann der Verletzte auch wegen des Schadens, der nicht Vermögensschaden ist, eine billige Entschädigung in Geld verlangen.**

II Ein gleicher Anspruch steht einer Frauensperson zu, gegen die ein Verbrechen oder Vergehen wider die Sittlichkeit begangen oder die durch Hinterlist, durch Drohung oder unter Mißbrauch eines Abhängigkeitsverhältnisses zur Gestattung der außerehelichen Beiwohnung bestimmt wird.

1 **1) Regelungsgehalt. – a) Bedeutung.** Ausn von dem Grds, daß NichtVermSchad nicht in Geld zu ersetzen ist, § 253. Selbständ Anspr neben dem auf Ers des mat Schad, nicht nur RechngsPosten des GesSchad. Doch genügt für RechtsHängigk Einklagg v VermSchäd u SchmerzG in einer Summe, Aufteilg ist
2 wg RKraftWirkg erforderl. – **Anwendbar** auf alle uH des BGB u auf Anspr wg rwidr Inhaftierg nach EMRK 5 V (BGH **122**, 268: fehlde HaftTauglichk). Bei Verl des allg PerslkR § 823 Rn 198–200, iF des § 829 dort
3 Rn 3. Bei Verl des UrhR in bes Fällen s § 97 II UrhG. – **Nicht anwendbar** auf and Tatbestd, insb nicht auf Haftg aus HaftpflG, StVG, LuftVG, EVO § 4, ProdHaftG, auf Haftg aus öffrechtl Verpflichtg (BGH **4**, 147); wenn Anspr ges Unfallversicherter ausgeschlossen ist (Rn 7 v § 823). Der Ausschl ist verfmäß (BVerfG NJW **73**, 502). Ggü SchadErsAnspr des Nothelfers wg Verl bei der HilfeLeistg, die nach SGB VII 2 versichert sind, kann derjen, dem die Hilfe geleistet worden ist, sich grdsätzl nicht auf das HaftgsPrivileg aus SGB VII 104 ff berufen (BGH NJW **81**, 760). Unanwendb, wenn durch VersorggsG (BBG, BVersG usw) ausgeschl, Einf 7 v § 823 (BGH VRS **26**, 334 zu SoldVersG 91 a). Desgl unanwendb auf Vertragshaftg, auch iF des § 618 u des § 670 (BGH NJW **69**, 1665). – In den ZugewinnAusgl ist § 847 vorbehaltl der HärteRegelg in § 1381 einzubeziehen (BGH **80**, 384). – Keine analoge Anwendg, da AusnBestimmg.

4 **b) Wesen des Anspruchs.** Der Anspr ist vorrang auf den **Ausgleich der Schäden** des Verl gerichtet, der dch das SchmerzG in die Lage versetzt werden soll, sich Erleichtergen u and Annehmlichk an Stelle derer zu verschaffen, deren Genuß ihm dch die Verl unmögl gemacht wurde. Darühinaus soll das SchmerzG auch zu einer **Genugtuung** führen (BGH GrZS, **18**, 149), wenngleich der Sühnegedanke für das zivrechtl SchadErsR nicht tragfäh ist (BGH NJW **93**, 781). Einheitl Anspr, keine Aufspaltg in einen Betr zum Ausgl immat Schäden u einen solchen, der der Genugtuung dienen soll (BGH **128**, 117). Bes bei VerkDelikten tritt die Genugtuungsfunktion hinter die AusglFunktion zurück (BGH **18**, 149) u kann bei Schädigg eines Kindes dch den eig Vater ganz entfallen (Hamm VersR **98**, 1392). Strafr Verurteilg des Täters ist für den SchmerzGAnspr u seine Bemessg ohne Bedeutg (BGH **128**, 117, NJW **96**, 1591 mwN auch zur GgMeing). BemessgsGrdl Rn 11. Bei rechtsw Körperverl ist Anspr nicht desh abzulehnen, weil beim rechtm Eingr ähnl Schmerzen entstanden wären (BGH VersR **67**, 495). Führen schwerste Schädiggen des überlebden Opfers zum Erlöschen der geist Fähigk u zum weitgehden Verlust der Wahrnehmgs- u EmpfindgsFähigk, so ist auch diese Zerstörg der Persönlk dch eine eigenständ Bewertg des Ausmaßes der Beeinträchtigg u den Grad der verbliebenen Erlebn- u EmpfindgsFähigk in Geld zu entschädigen (BGH **120**, 1). Die Bemessg des SchmerzG bei einer KörperVerl, an deren Folgen der Verl alsbald (hier: 35 Min bei Bewußtsein, dann 10 Tage im künstl Koma) verstirbt, erfordert eine Gesamtbetrachtg der immat Beeinträchtigg unter bes Berücksichtigg von Art u

Schwere der Verl, des hierdch bewirkten Leidens u dessen Wirkg auf den Verl sowie des ZtRaums zw Verl u Tod (BGH **138**, 388, ähnl MüVersR **98**, 644, Düss NJW **97**, 806, Stgt VersR **99**, 632: 10 Tage ununterbrochen Koma); weitere Fälle aus der OLG-Rspr Schlesw NJW-RR **98**, 1404. Ein Anspr auf SchmerzG kann niedrig oder zu verneinen sein, wenn die KörperVerl nach den Umst des Falls (hier Tod nach einer Stunde ohne Bewußtsein) keine abgrenzb immat Beeinträchtigg darstellt, die aus BilligkGrden einen Ausgl in Geld erfdl macht (BGH NJW **98**, 2741, Hbg MDR **99**, 938: Tod nach 3 1/2 Stunden).

2) Der **Anspruch. – a) Voraussetzung** ist die Verl des Körpers od der Gesundh od des PerslkR (§ 823 Rn 198 ff) als ursächl Folge iner uH, u zwar jeder, gem §§ 823 ff od rwidr Inhaftierg nach EMRK 5 V (BGH **122**, 268: fehlde Hafttauglk). Es kann der Billigk entsprechen, für BagatellSchäd kein SchmerzG zuzubilligen (BGH NJW **92**, 1043, Köln VersR **99**, 116: geringfüg Verl der Gesundh, KG OLGZ **73**, 327: kurzfrist Festhaltg auf PolDienststelle). Kein SchmerzGAnspr, wenn die schädigde Hdlg unmittelb den Tod herbeigeführt hat (KG VersR **97**, 327). 5

b) Mitwirkendes Verschulden des Verl ist nach § 254 nur als einer der BewertgsFaktoren, nicht aber quotenmäß (Karlsr VersR **88**, 59) mindernd zu berücksichtigen. Ebso die BetrGef, für die der Verletzte, zB als KfzHalter, einzustehen hat (BGH **20**, 259; auch § 254 Rn 5). Obliegenh des Geschäd, den Schad dch zumutb Maßn zu mindern (§ 254 Rn 32–44). Der Erfolg solcher zumutb Bemühg soll auch dann anspruchsmindernd berücks werden, wenn er nur wg einer dem Verl eig außergewöhnl Willenskraft mögl war (BGH NJW **70**, 1037; aA Nürnb VersR **69**, 91). Stehen dem Verl, den mitw Versch trifft, mehrere Schädiger ggü, gilt bei Mittätern der Grds der GesSchau (§ 840 Rn 5). In and Fällen kann die Höhe der angem Entsch bei jedem einz Beteil entspr den Grds der Rn 10–12 unterschiedl sein (BGH **54**, 283). 6

c) Mehrere Schädiger § 830 Rn 2–5, § 840 Rn 4; im Verh zu mitw Versch des Verl Rn 6. 7

3) Nichtvermögensschaden. – a) Nachteilige Folgen für die körperl u seel Verfassg des Verl, also Schmerzen, Kummer u Sorgen, Unbehagen, Bedrückg inf Entstellg, Wesensänderg, Schmälerg der Lebensfreude. Bei den psych Schäden muß es sich um solche handeln, die sich als adäquate Folge einer Körperverl od einer medizin diagnostizierb GesundhBeschädigg darstellen (BGH NJW **89**, 2317; vgl Vorbem 71 vor § 249). Schwangersch u Geburt eines Kindes sind als solche keine Verl der Gesundh u rechtf desh kein SchmerzG (Karlsr NJW **79**, 599). Ausfall eines geplanten Urlaubs ist außerh des § 651 f II kein ersetzb VermSchad, kann aber bei Bemessg des SchmerzG berücksichtigt werden (BGH **86**, 212). 8

b) Beispiele für uH u zuerkannte Beträge s ADAC-Handbuch, Hacks-Ring-Böhm, SchmerzGBeträge, Slizyk, Becksche SchmerzGTabelle, Slizyk/Schlindwein IMM-DAT SchmerzG-Datenbank. 9

4) Billige Geldentschädigung. – a) Höhe gem ZPO 287 nach Erm zu bestimmen. Es muß das Bemühen um eine angem Beziehg der Entschädigg zu Art u Dauer der Verl unter Berücksichtigg aller für die Höhe maßgebl Umst erkennen lassen u darf nicht gg RSätze, DenkGes u ErfahrgsSätze verstoßen (BGH VersR **88**, 943). **Bemessungsgrundlagen** (BGH GrZS **18**, 149), im Urt darzulegen (BGH VersR **92**, 1410), sind Ausmaß u Schwere der psych u phys Störgen, Alter, persönl u VermVerh des Verl (aA Schlesw NJW-RR **90**, 470) u des Schädigers, also Maß der Lebensbeeinträchtigg, Größe, Dauer (Oldbg MDR **96**, 54), Heftigkeit der Schmerzen, Leiden, Entstellgen, Dauer der stationären Behandlg, der ArbUnfähigk u der Trenng von der Familie, Unübersehbk des weiteren KrankhVerlaufs, Fraglk der endgült Heilg, ferner Grad des Versch u wirtsch LeistgsFähigk des Schädigers (BGH NJW **93**, 1531), des MitVersch des Verl, Bestehen einer HaftPflVers für den Schädiger in vernünft Grenzen im Hinbl auf die VersichertenGemsch (Ffm VersR **90**, 1287), zusätzl Belastg dch langwier RStreit in Kenntn der ZahlgsVerpfl (BGH WM **89**, 1481) od Verschweigen einer Fehldiagnose (Karlsr VersR **88**, 1134). Verzögerl ReguliergsVerhalten des Schädigers u seiner Vers ggü einem erkennb begründeten Anspr (Nürnb VersR **98**, 731). Bei Verl des PerslkR § 823 Rn 200. Familiäre Beziehgen zw Schädiger u Geschäd können, wenn die FamGemsch dch die AusglPfl übermäß belastet würde, die Pfl begründen, SchmerzG nicht geltd zu machen (BGH **61**, 101, Karlsr VersR **77**, 232). Wenn ein Anspr besteht, kommt für seine Höhe dem Umst, daß die Verl dch einen FamAngehör verursacht worden ist, keine entscheidde Bedeutg zu (BGH VersR **89**, 1056), kann aber zu einer gewissen Kürzg des Anspr führen (Schlesw VersR **92**, 462). Ebso eine bereits vorh SchadBereitsch in der Konstitution des Geschädigten (BGH NJW **97**, 455). Keine Kürzg wg langer Freundsch u GefälligkFahrt (Hamm NJW-RR **98**, 1179); auch nicht bei Verlust eines paarigen Organs (Nürnbg VersR **98**, 594). Tod des Verl nach kurzer Zt Rn 4. Bestrafg des Täters wg einer vorsätzl Tat mindert den Anspr nicht (BGH **128**, 117, NJW **96**, 1591); ebso nicht sozialadäquates Verhalten des Schädigers (BGH NJW **97**, 455: Teiln am StrVerk); ebso nicht, daß der Verl UnfallAusgl nach 35 BeamtVG erhält (Hamm NJW-RR **94**, 991). Wofür der Verl das SchmerzG verwenden will u ob dies sinnvoll ist, spielt keine Rolle (BGH NJW **91**, 1544). Gesond Bemessg nach best, abgrenzb ZtAbschn u Addition zu einem GesBetr (so Hbg NJW **73**, 1503) ist unzuläss, weil es sich um einen einheitl Anspr handelt (Oldbg NJW-RR **88**, 615, Ffm VersR **95**, 1061). Begrenzg auf einen Ztpunkt in der Vergangenh ist unzuläss, auf den Ztpunkt der mündl Vhdlg nur hins der Zukunftrisiken (Düss NJW-RR **96**, 927). Bei der Bemessg dürfen GesichtsPkte des mat SchadAusgl nicht berücksichtigt werden (BGH NJW **82**, 1589). VortAusgl (Vorbem 119–161 vor § 249) findet nicht statt. 10 11

b) Kapital oder Rente. Regelm Kapital, doch ist uU Rente, insb bei dauernden Nachtlen, zweckm (BGH **18**, 167, NJW **57**, 383). Die Rente muß in einem ausgewogenen Verh zu vergleichb KapBeträgen stehen, also bei Berechng der KapLeistg annähernd einem vergleichb KapBetrag entsprechen (Celle VersR **77**, 1009). Auch für gewisse ZeitAbschn, wenn die Auswirkgn der Verl nur für einen best Zeitraum übersehb (BGH VersR **61**, 727). Rente neben Kapital setzt wg ZPO 308 Antr voraus (BGH NJW **98**, 3411), zB wenn die lebenslängl Beeinträchtigg des Geschäd sich immer wieder erneuert u immer wieder schmerzl empfunden wird (Ffm JZ **78**, 526: schwere BrandVerl im Gesicht, Hamm VersR **90**, 865: schwerste KopfVerl, Ffm VersR **92**, 621: ständ Schmerzen, erhebl Beeinträchtigg der Lebensqualität). Dabei müssen die Kap- u RentenBetr in einem ausgewogenen Verh stehen einers untereinand, ands zum zeitl Auftreten der Nachtle; endl muß der GesBetr eine bill Entsch für die GesBeeinträchtigg darstellen. Starkes Abweichen v vergleichb Rspr muß im Hinbl auf RSicherh u GleichhGrds aus den Gegebenh des EinzFalles gesondert begründet werden (BGH DB **76**, 1520). Dynam Rente dch Koppelg an den amtl LebenshaltgsKostenindex ist unzul (BGH NJW **73**, 1653). 12

13 **5) Übertragbarkeit, Vererblichkeit.** Der Anspr ist übertragb u, ohne daß es einer WillKundgebg für die GeltdMachg dch den verstorbenen Verl bedarf (BGH NJW **95**, 783), vererbl, also auch pfändb, verpfändb, er ist InsGgst. Kein Übergang auf den VersTräger, Dienstherrn nach § 116 SGB X, 81 a BVG (BGH **3**, 298, DB **70**, 2114) wg fehlder Kongruenz. Aufr vgl § 393.

14 **6) Prozeßrecht. – a) Unbezifferter Klageantrag** ist zuläss, wenn Kl dch Darlegg des ansprbegründden Sachverhalts die geeigneten tats Grdlagen für die Bemessg vorträgt u die ungefähre Größenordng des geltd gemachten Anspr angibt, ev mit Angabe des MindestBetr, auch außerh des KlAntr (BGH NJW **92**, 311). Dies setzt dem Ri iR des § 308 ZPO keine Grenze nach oben (BGH NJW **96**, 2425), die Rhängigk unterbricht die VerjFr für den ganzen SchmerzGAnspr (BGH ZZP **89**, 199). **Zinsen** kann der Berecht auch bei unbeziffertem KlAntr ab RHängigk verlangen (BGH NJW **97**, 3099, BGH NJW **65**, 1376, KG NJW **66**,
15 259). **Streitwert** Th-P § 3 Rn 63. **Beschwer** Th-P Rn 23 vor § 511.

16 **b)** Im **Grundurteil** wird teilw eine Quotierg des Anspr für zul erachtet (Br NJW **66**, 781; Nürnb NJW **67**, 1516); teilw hält die Rspr nicht eine Quotierg des Anspr, sond den Ausspr für zul, daß der Bekl ein angem SchmerzG unter Berücksichtigg eines best prozentualen MithaftgsAnteils des Verl schuldet (Celle NJW **68**, 1785; Düss VersR **75**, 1052). Prakt läuft das auf das Gleiche hinaus. Dogmat richtiger ist die zweitgenannte Auffassg, weil matr nicht eine Quote eines eigentl, vollen Betr, sond ein Betr zuzusprechen ist, für dessen Angemessenh der MithaftgsAnteil des Verl ein bestimmder Faktor ist.

17 **c) Rechtskraftwirkung.** Neue erhebl Beeinträchtiggen (Spätfolgen, Komplikationen) kann der Verl nach rkräft Entsch über uneingeschränktes SchmerzG nur geltd machen, wenn sie in dem früh Verf nicht berücks werden konnten, weil sie obj nicht erkennb u ihr Eintreten nicht vorhersehb waren (BGH NJW **80**, 2754, NJW **88**, 2300, NJW **95**, 1614). NachFdg nach AbfindgsVergl § 779 Rn 12. – **Änderung** einer Rente nach § 323 ZPO mögl (BGH GrZS **18**, 149).

18 **d)** Ein **Feststellungsurteil** auf Ers jed weiteren Schad erstreckt sich auf immat Schäd, wenn sich nicht aus dem Urt od dem PartWillen eindeut Hinw auf eine gewollte Beschränkg des StrGgstdes auf mat Schäd ergibt (BGH NJW **85**, 2022). Für die Feststellg der ErsPfl für künft immat Schäden genügt die nicht eben entfernt liegde Möglichk, daß künft weitere, bisher noch nicht erkenn- u voraussehb Leiden auftreten (BGH NJW-RR **89**, 1367).

19 **e) Revision.** Die Bemessg des SchmerzG ist Sache des TatRi. Die RevInst kann nur nachprüfen, ob das Urt über die Höhe des zuerkannten Betr die Bemühg um eine angem Beziehg der Entschädigg zu Art u Dauer der Verletzgen unter Berücksichtigg aller maßgebl Umst erkennen läßt u nicht gg RSätze, DenkGes u ErfahrgsSätze verstößt (BGH WiB **96**, 644, NJW **98**, 2741).

848 ***Haftung für Zufall bei Entziehung einer Sache.*** **Wer zur Rückgabe einer Sache verpflichtet ist, die er einem anderen durch eine unerlaubte Handlung entzogen hat, ist auch für den zufälligen Untergang, eine aus einem anderen Grunde eintretende zufällige Unmöglichkeit der Herausgabe oder eine zufällige Verschlechterung der Sache verantwortlich, es sei denn, daß der Untergang, die anderweitige Unmöglichkeit der Herausgabe oder die Verschlechterung auch ohne die Entziehung eingetreten sein würde.**

1 **Haftung für Zufall,** wenn der Schädiger aGrd uH zur Herausg einer körperl Sache verpfl ist. Geldentschädigg nach § 251. Dafür, daß der Untergang, die Verschlechterg od die Unmöglichk der Herausg auch ohne die Entziehg der Sache eingetreten sein würde, ist der HerausgVerpflichtete bewpflichtig. – § 848 enthält einen RGrds, hypothet Kausalverlauf ist zu berücks (BGH **10**, 6).

849 ***Verzinsung der Ersatzsumme.*** **Ist wegen der Entziehung einer Sache der Wert oder wegen der Beschädigung einer Sache die Wertminderung zu ersetzen, so kann der Verletzte Zinsen des zu ersetzenden Betrags von dem Zeitpunkt an verlangen, welcher der Bestimmung des Wertes zugrunde gelegt wird.**

1 **1) Anwendungsbereich.** Zinsen sind als SchadErs zu leisten für die endgült verbleibde Einbuße an Substanz u Nutzbark der Sache, nicht für and Beträge, die wg der Entziehg od Beschädigg der Sache geschuldet werden (BGH **LM** Nr 2). Der Verl kann für denselben ZtRaum abstrakte Verzinsg od Ers des konkreten NutzgsAusfalls verlangen, nicht beides nebeneinand (BGH **87**, 38). Gesetzl Zinsfuß § 246. Auch Entziehg von Geld gehört hierher (BGH **8**, 288: Unterschlagg, Düss ZIP **90**, 1014: Nichtabführg des Erlöses für eine versteigerte Sache an den PfdGläub). SchadNachweis nicht erforderl, Geltdmachg höheren Schad nicht ausgeschl. Entspr Anwendg auf GefährdgsHaftg, zB Anspr aus StVG (BGH **87**, 38), sow nicht dort eine abschließde Regelg enthalten.

2 **2) Dauer der Zinspflicht.** Beginn: Ztpkt der Wertbestimmg, das ist regelmäß der des Eingr od des SchadEreign. Bei zwischenzeitl Wertsteigerg ZinsPfl jeweils von dem betr BerechngsZtpkt an; ggf auch gleichmäß Verzinsg nach mittleren Werten (BGH NJW **65**, 392). Keine Verzinsg währd der Zeit, für die konkreter Nutzgsausfall zu ersetzen ist (BGH **87**, 38). – Ende der Verzinsg mit Beschaffg der ErsSache aus Mitteln des Schädigers od mit Zahlg des ErsBetr dch den Schädiger (BGH **87**, 38).

850 ***Ersatz von Verwendungen.*** **Macht der zur Herausgabe einer entzogenen Sache Verpflichtete Verwendungen auf die Sache, so stehen ihm dem Verletzten gegenüber die Rechte zu, die der Besitzer dem Eigentümer gegenüber wegen Verwendungen hat.**

1 Vgl §§ 994–1003. ZurückbehaltgsR wg der Verwendgen gem § 273, es sei denn, daß der Besitz dch vorsätzl uH erlangt ist (§ 273 II, § 1000 S 2).

851 ***Ersatzleistung an Nichtberechtigten.*** **Leistet der wegen der Entziehung oder Beschädigung einer beweglichen Sache zum Schadensersatze Verpflichtete den Ersatz an denjenigen, in dessen Besitze sich die Sache zur Zeit der Entziehung oder der Beschädigung befunden hat, so wird er durch die Leistung auch dann befreit, wenn ein Dritter Eigentümer der Sache war oder ein sonstiges Recht an der Sache hatte, es sei denn, daß ihm das Recht des Dritten bekannt oder infolge grober Fahrlässigkeit unbekannt ist.**

Schutz guten Glaubens bei Leistg von SchadErs wg Entziehg od Beschädigg einer bewegl Sache, zB wenn HaftpflVers an Leasingnehmer des Pkw bezahlt (KG VersR **76**, 1160). Keine Ausdehng auf unkörperl Ggstände, an denen kein Besitz besteht. Ausgleichg zw Besitzer u Eigtümer § 816. Die BewLast für die Kenntn od grobfahrl Unkenntn trifft den ErsBerechtigten. 1

852 ***Verjährung.*** **I Der Anspruch auf Ersatz des aus einer unerlaubten Handlung entstandenen Schadens verjährt in drei Jahren von dem Zeitpunkt an, in welchem der Verletzte von dem Schaden und der Person des Ersatzpflichtigen Kenntnis erlangt, ohne Rücksicht auf diese Kenntnis in dreißig Jahren von der Begehung der Handlung an.**

II Schweben zwischen dem Ersatzpflichtigen und dem Ersatzberechtigten Verhandlungen über den zu leistenden Schadensersatz, so ist die Verjährung gehemmt, bis der eine oder der andere Teil die Fortsetzung der Verhandlungen verweigert.

III Hat der Ersatzpflichtige durch die unerlaubte Handlung auf Kosten des Verletzten etwas erlangt, so ist er auch nach der Vollendung der Verjährung zur Herausgabe nach den Vorschriften über die Herausgabe einer ungerechtfertigten Bereicherung verpflichtet.

1) Anwendungsgebiet. – a) Gilt für alle Tatbestd aus uH u Gefährdg im BGB u and G, sow nicht dort eine Sonderregelg getroffen (BGH **57**, 170 [176]) od sow dort auf § 852 verwiesen ist, wie in HaftPflG 11, StVG 14, LuftVG 39. Für SchadErsAnspr aus ZPO 302 IV, 600 II, 717 II, 945 (BGH NJW **80**, 189, NJW **92**, 2297), für ErsAnspr wg Verl gemeinrechtl Flußinterdikte (RG JW **33**, 508), aus GWB 35, 26 II (BGH **133**, 177) u aus Art 5 V der MenschenRKonvention (BGH **45**, 58; Einf 11 vor § 823); ferner für ErsAnspr aus WassHaushG 22 (BGH **57**, 170, **98**, 235), aus AFG 145 (BSG MDR **84**, 523). Gilt entspr für AusglAnspr aus ZGB 30 III, ErsAnspr der Beteil gg den InsVerw gem InsO 60 (BGH **93**, 278 für früh KO 82), bei vor dem 1. 1. 99 beantragten VerglVerf gg VerglVerw, Sachwalter u Mitgl des GläubBeirats gem VerglO 42, 44 III, 92 I (BGH NJW **93**, 522, BGH **126**, 138). ErsAnspr wg unzul Immissionen vgl § 906. – Beim **Zusammentreffen mit Vertragshaftung** besteht grdsätzl AnsprKonkurrenz, dh der VertrAnspr wird dch die Verj des DeliktsAnspr nicht berührt (BGH **66**, 315), grdsätzl auch nicht umgekehrt (BGH **116**, 297, NJW **98**, 2282); das gilt auch bei konkurrierden Anspr aus GmbHG 43, AktG 34, 41 GenG, 93, 116 (BGH **100**, 190 [201]), § 651 f (BGH WM **88**, 537). Jedoch gilt für konkurrierde SchadErsAnspr des Käufers ausnahmsw die kürzere VerjFr in § 477 I, wenn sein dch § 823 geschütztes Integritätsinteresse mit dem dch die GewlVorschr geschützten Äquivalenzinteresse völl deckgsgleich ist (BGH NJW-RR **93**, 793, 1113). Ferner gilt für konkurrierde SchadErsAnspr des Vermieters, Verleihers u Nießbrauchers wg Veränderg od Verschlechterg der Sache aus fahrl begangener uH die kürzere VerjFr in §§ 558, 581 II, 606, 1057 (BGH **55**, 392, **71**, 175, BGH NJW **85**, 798), u zwar auch dann, wenn der Mieter die ErsPfl für Verschlechtergen übernommen hat, die dch vertrgem Gebr entstanden sind (BGH NJW **87**, 2072). Sind Vermieter u Eigtümer nicht ident, gilt dies dann, wenn zw ihnen eine enge wirtsch Verflechtg besteht (BGH **116**, 293: 2 GmbH, derselbe GeschF u GeschSitz). Für alle Anspr aus einer der CMR unterliegden Beförderg gilt dessen Art 32 auch für Anspr aus uH, nicht § 852 (BGH NJW **76**, 1594). Bei AmtspflVerl eines Notars gilt nur § 852, da AmtsPfl nicht Ggst vertragl Bindg sein kann. – **Zusammentreffen mit Ansprüchen aus UWG.** § 852 gilt, soweit SchadErsAnspr wg FirmenRVerl auf WG 16 u auf uH gestützt werden können (BGH NJW **85**, 1023; vgl § 826 Rn 61). Jedoch gilt nicht § 852, sond UWG 21, sow ein Unterl- od WiderrufsAnspr seine AnsprGrdl sowohl in UWG 1 wie in § 823 I unter dem Gesichtspkt des Eingr in den eingerichteten u ausgeübten GewerbeBetr hat, weil der letztgen Anspr nur lückenfüllde Bedeutg hat (BGH NJW **95**, 2788). Ebso unterliegen SchadErsAnspr u Anspr auf Ers wettbewrechtl Abmahnkosten (vgl § 683 Rn 4) gem § 823 II iVm wettbewrechtl AnsprGrdl der VerjFr in UWG 21 (BGH NJW **92**, 429). – **Bereicherungsansprüche** verj, auch wenn sie mit DeliktsAnspr konkurrieren, grdsätzl in 30 Jahren (Einf 24 v § 812). 1

b) Gilt nicht für Anspr aus § 904 S 2 (BGH **19**, 82), aus §§ 985 ff, AusglAnspr der GesSchu untereinand, §§ 830, 840, 426 I, Anspr aus §§ 618, 463, RegreßAnspr des Kindes gg den Inhaber des SorgeR, des Mündels gg den Vormd (§§ 1664, 1833), Anspr der AG u der Genossensch gg Vorstands- u AufsRMitgl, AktG 93 VI, 116 (Celle NdsRPfl **82**, 212), GenG 34 VI, 41. Ferner nicht für Anspr auf Ers von Aufw, den ein Dr aus ungerechtf Ber od GoA geltd macht, weil er den dch die uH verursachten Schaden behoben habe. AufopfergsAnspr u enteigngsgleicher Eingr vgl Übbl 19–23, 50–54 v § 903. 2

c) Sondervorschriften: UWG 21 (vgl oben Rn 1), UrhRG 102, PatG 141, MarkenG 20, 129, GebrMG 15 III, HGB 902, BinnenSchG 117, 118 (BGH **69**, 62), AtomG 32, BRAO 51 b, PatAO 45, BBG 78 für die ErsAnspr u die RückgrAnspr des Staates gg den Beamten; entspr Regelg in den Ländern, BRRG 46; SGB VII 113 für die RückgrAnspr des Trägers der Unfallvers. – DeliktAnspr auf Ers eines dch Nichterbringg wiederkehrder Leistgen (Renten) entstandenen Schad verjähren nach § 852, die aGrd uH bestehden RentenAnspr selbst verjähren nach § 197 (BGH NJW **68**, 46), auch wenn sie rkräftig dch Urt festgestellt sind (BGH VersR **80**, 927). 3

2) Beginn der Verjährungsfrist mit Kenntn des Betroffenen vom Eintritt eines Schad zumind dem Grde nach, von seiner eig SchadBetroffenh u von der Pers des ErsPflichtigen (BGH NJW **93**, 648, NJW **96**, 117). Diese Kenntn ist vorh, wenn dem Geschädigten zuzumuten ist, aGrd der ihm bekannten Tats gg eine best Pers eine SchadErsKlage, zumind als FeststellgsKl zu erheben, die bei verständ Würdigg der von ihm vorgetragenen Tats Erfolgsaussicht hat. Es kommt auf die Kenntn der ansprbegründden Tats an, nicht auch auf deren rechtl Würdigg (BGH NJW **96**, 117), nicht darauf, ob der Geschädigte aus den ihm bekannten Tats zutr Schlüsse auf 4

den in Betr kommden naturwissenschaftl zu erkennden Kausalverlauf zieht (BGH NJW **84**, 661, NJW **91**, 2351) u nicht darauf, ob der AnsprGgner seine Verantwortlk bestreitet (Düss VersR **97**, 1241). Nicht nöt ist Kenntn aller Einzelh u daß der anzustrengde Proz mehr od weniger risikolos erscheint (BGH NJW **94**, 3092). Bei bes verwickelter u zweifelh RLage können ausnahmsw auch erhebl rechtl Zweifel bis zu ihrer Klärg die Kenntn ausschließen (BGH DB **74**, 427). Grobfahrl Unkenntn steht der pos Kenntn nicht gleich, wohl aber, wenn sich der Verl die Kenntn in zumutb Weise ohne nennenswerte Mühe u Kosten beschaffen kann, sich vor einer sich aufdrängden Kenntn mißbräuchl verschließt (BGH NJW **90**, 2808, NJW **99**, 423, Düss VersR **99**, 893: Einsicht in übersandte Akten), auf der Hand liegde ErkenntnMöglk nicht ausnützt. Als solche Möglk genügen nicht: Schließg der Wissenslücke dch lange u zeitraubde Telefonate (BGH **133**, 192), Nichtüberprüfg von Krankenhausunterlagen auf ärztl Behandlgsfehler (BGH NJW **89**, 2323), Nichtverfolg eines gg den Schädiger anhäng StrafVerf (BGH WM **90**, 642), die Vernehmg als Zeuge im StrafVerf, dessen Abschl od Akteneinsicht (BGH WM **91**, 135), wenn die wirtsch Abläufe u Zushänge schwer dchschaub sind (BGH NJW **94**, 3092: WarenterminoptionsGesch). Keine Pfl des Geschäd, im Interesse des Schäd an einem möglichst frühzeit FrBeginn Initiative zur Unterrichtg über den SchadHergang zu entfalten (BGH VersR **95**, 551). Bei der Arzthaftg beginnt die VerjFr nicht zu laufen, bevor nicht der Patient als med Laie Kenntn von den wesentl Umst des BehandlgsVerlaufs u von Tats hat, aus denen sich ein Abweichen des Arztes vom übl ärztl Vorgehen (Standard) ergibt (BGH NJW **91**, 2350, NJW **99**, 2734), eine Informations- u AufklärgsPfl dch Beiziehg eines RA besteht nicht (BGH NJW **95**, 776). Bei der EingrAufklärg muß der Patient wissen, daß die eingetretene Komplikation ein dem Eingr eigentüml Risiko u nicht ein unvorhersehb unglückl Zufall war (Oldbg NJW-RR **98**, 1245). Bei der Haftg des ArzneimittelHerst beginnt die VerjFr erst, wenn dem Patienten die Umst bekannt sind, die den Schluß tragen, daß die schädl Wirkgen im Verh zum Nutzen einer bestimmgsgem Anwendg nach den Erkenntn der medizin Wissensch unvertretb sind (BGH NJW **91**, 2351). Besteht die SchädiggsHdlg im Unterl einer Aufklärg, so hat der Geschädigte Kenntn erst dann, wenn er die Umst kennt, aus denen sich die OffenbargsPfl ergibt (BGH NJW **90**, 2808). Auch bei komplizierten WirtschStraftaten hängt die Kenntn vom Tathergang nicht von Abschl des StrafVerf u von Akteneinsicht ab (BGH WM **91**, 2135). – Die Unkennt von Tats, die mögl Einwdgen des Schädigers ausfüllen, schließt den FrBeginn ausnahmsw nur dann aus, wenn bei KörperVerl konkr Anhaltspunkte für eine Notwehr- od Nothilfehandlg des Schädigers bestehen u der Verl wg der VerlFolgen keine Erinnerg an den Ablauf der Geschehn hat (BGH NJW
4a **93**, 2614). – **Im Fall des § 839** muß der Geschädigte wissen, daß die in Rede stehde Amtshdlg widerrechtl u schuldh, bei gewissen Maßn des Staatsanw, daß sie unvertretb war (§ 839 Rn 153); dies ist im Zushang mit der Anklageerhebg idR erst mit rkräft Ablehng der Eröffng des HauptVerf der Fall (BGH **138**, 247). Dabei genügt, daß der Geschädigte die Amtshdlg in ihren Grdzügen kennt u gewicht AnhPkte für ein Versch des Verantwortl vorliegen (BGH WM **76**, 643, WM **89**, 1822), wobei Kenntn der tats Umst im allg ausreicht. Schließl ist dem Geschädigten die Erhebg einer Klage solange nicht zumutb, als die aussichtsreiche Möglichk besteht, dch Verhdlgen mit der Behörde od in and Weise zu einem anderweit Ausgl der VermEinbuße zu kommen (BGH NJW **90**, 245, NJW **93**, 2303). Unterbrechg der Verj im Hinbl auf PrimärRSchutz Rn 16. – In den Fällen der **§§ 844, 845** kommt es auf die Kenntn der ersberecht Dr an. Waren RentenAnspr nach § 844 dch Wiederheirat entfallen u wird die 2. Ehe aufgelöst, so beginnt mit dieser Auflösg die VerjFr neu zu laufen (BGH NJW **79**, 268). – Bei **Behörden und öffentlichen Körperschaften** kommt es auf die Kenntn des unter Beachtg der behördl ZuständkVerteilg zuständ Bediensteten der vfgsberecht Beh an (BGH **134**, 343). Das können mehrere Bedienstete versch Abteilgen der Beh od Körpersch sein, die als WissensVertr mit der Vorbereitg u
5 Verfolgg von Anspr betraut sind (BGH NJW **94**, 1150, Jena OLG-NL **99**, 155). – **Vertreter:** Bei GeschUnfähigen od GeschBeschränkten – BewL dafür trägt der Verl (BayObLG **67**, 319) – ist Kenntn des gesetzl Vertr maßg, die des Bevollm genügt nicht. Kenntn des WissensVertr (§ 166 Rn 6) steht der des Verl gleich (BGH NJW **76**, 2344: Ein ElternTl, BGH NJW **89**, 2323: RA), auch bei JP, selbst wenn für die GeltdMachg des
6 Anspr eine and Abteilg zuständ ist (BGH NJW **94**, 1150). – Bei **Abtretung** muß sich der neue Gl den KenntnStand des Zedenten anrechnen lassen (BGH NJW **96**, 117). – Geht **bei gesetzlichem Forderungsübergang,** zB SGB X 116, BVG 81 a, OpferentschädiggsG 5 der ErsAnspr sofort mit Entstehg auf den Versbzw LeistgsTräger über, so kommt es nur auf seine Kenntn an (BGH **48**, 181, **133**, 129, Kblz NJW **99**, 224). Bestand die SozVers zZt des Unfalls noch nicht, muß sich der SozVersTräger die bis zum FdgsÜbergang erworbene Kenntn des Verl anrechnen lassen (BGH NJW **83**, 1912). Bei öffrechtl LeistgsTrägern ist auf die Kenntn des für den Regreß zuständ Bediensteten der vfgsberecht Behörde abzustellen (BGH NJW **92**, 1755, **133**, 129), bei Übertr der LeistgsAufg auf eine and Körpersch des öffR auf deren Kenntn (BGH NJW **74**, 319); das den RentenAntr aufnehmde VersAmt gehört nicht zu diesen and Körpersch (BGH VersR **77**, 739). Geht der Anspr erst später über, zB VVG § 67, ist KenntnErlangg des VersTrägers nur dann maßg für Beginn der VerjFrist, wenn der Verl zZ des FdgsÜberg noch keine Kenntn hatte (BGH **LM** § 1542 RVO Nr 23). Entspr gilt für SchadErsAnspr des verl Beamten, der auf den Dienstherrn übergegangen ist; Fristbeginn in dem Ztpkt, in dem die Unfallfolgen voraussehb sind, nicht erst mit der Versetzg des Verl in den Ruhestand (BGH
7 NJW **65**, 909). – **Im Erbfall** ist maßg Kenntn des verl Erblassers. Fehlt es hieran, so ist Kenntn jedes einz Miterben erforderl, solange die ErbenGemsch den Anspr als solchen der GläubGesHand geltd macht, auch wenn ein Miterbe Leistg an die GesHand verlangt (Celle NJW **64**, 869, § 2039 S 1). – Bei **Drittschadensliquidation** (Einf 113 vor § 249) ist maßg die Kenntn des AnsprStellers, nicht die des Dr (BGH NJW **67**, 931).

8 **a) Kenntnis vom Schaden** ist nicht gleichbedeutd mit Kenntn von Umfang u Höhe des Schad. Es genügt, wenn der Verl davon Kenntn erlangt, daß eine uH zu einem Schad geführt hat, nicht erforderl ist, daß er den Schad iSv SchadEinh in seinen einz Elementen u Ausprägen überschaut (BGH NJW **97**, 2448), so
9 daß er zur Erhebg einer FeststellgsKl in der Lage ist (BGH WM **60**, 885). **Bei späteren, fortdauernden oder sich wiederholenden Schadensfolgen** ist zu unterscheiden: Sind sie dch eine abgeschl uH, auch DauerHdlg verurs, beginnt die VerjFr auch für nachträgl auftretde SchadFolg (Verschlimmergen), die im Ztpkt der Kenntn vom Schad als mögl voraussehb waren, mit diesem Ztpkt (BGH WM **78**, 331). Nur solche SchadFolgen, die auch für Fachleute nicht voraussehb waren, sind von der allg SchadKenntn nicht erfaßt. Für sie läuft bes Verj vom Tage ihrer Kenntn u der Kenntn ihres ursächl Zushanges mit der uH (BGH NJW **97**, 2448). Für fortdauernde wiederkehrde Nachtle läuft keine bes VerjFr, wenn eine gewisse Dauer der SchadFol-

gen als mögl zu erwarten war. Das gilt auch für negator Anspr wg Verl des PersönlkR (BGH NJW **69**, 463). Dauert dagg die schädigde Hdlg an od wiederholt sie sich (zB laufde od wiederholte Einl von Abwasser in einen Fluß mit immer bzw jeweils neuen SchadFolgen; wiederholter Gebr einer fremden Firma) od haben mehrere selbständ Hdlgen jeweils Schad verurs, so beginnt die VerjFr bei laufden SchadHdlgen entw nach Ablauf best ZtAbschn für die währd dieser ZtAbschn eingetretenen Schäd od, wenn sich eine solche zeitl Zäsur nicht machen läßt, mit Ende der schädigden Hdlg, bei mehreren selbständ Hdlgen jeweils mit der Kenntn von ihnen (BGH NJW **85**, 1023, NJW **93**, 648). Dabei hat der Schädiger darzulegen, welche SchadErsAnspr aus den einz uH verjährt sind u wann der Geschäd Kenntn v den Folgen der einz uH erlangt hat (BGH WM **77**, 788: wiederholte Immissionen währd eines längeren Zeitraumes verursachen Pers- od SachSchad; BGH NJW **81**, 573: Vertiefg eines Grdst). Unterläßt es der PatentInh pflwidr, eine unberecht ausgesprochene Verwarng zu widerrufen, so beginnt der Lauf der VerjFr für jeden inf der NichtBeseitigg eintretden Schad jeweils mit dem Ztpkt, in dem der Geschäd von diesem Schad Kenntn erlangt (BGH NJW **78**, 1377: Abnehmer beziehen wg Nichtwiderrufs der Verwarng bei der Konkurrenz). Soweit der Verl Anpassg einer fortlaufd gezahlten SchadRente an die veränderten Lohn- u Preisverhältn verlangt, kann ihm nicht entggehalten werden, er hätte diesen „erweiterten" Anspr rechtzeit iW der FeststellgsKl geltd machen müssen; denn es handelt sich hierbei gar nicht um einen Anspr auf Ers eines weitergehden Schad, sond allein um die Neubewertg des alten, rechtskr festgestellten SchadErsAnspr, die den Verletzer, da ihm die Änderg der wirtsch Verh ja ebenf bekannt ist, nicht überraschen kann (BGH **33**, 112; **34**, 119; auch § 843 Rn 17). Ebso beginnt die VerjFr mit Auflösg der zweiten Ehe neu zu laufen, wenn RentenAnspr wg der Wiederverheiratg entfallen waren (BGH NJW **79**, 268, VersR **81**, 1080).

Einzelfälle: Fehlerh Wirbelsäulenoperation, Spätschaden (BGH NJW **60**, 380). FrBeginn iF des § 945 10
ZPO mit rkräft Abweisg des Arrest/VfgsAntr (BGH NJW **92**, 2297) bzw mit rkräft Abschl des HauptsacheVerf (BGH NJW **93**, 863). Verj des SchadErsAnspr bei laufder Einl von Abwasser in einen Fluß (BGH DB **72**, 2056). Bei unterl Aufklärg erlangt der Geschäd Kenntn vom SchadHergang erst, wenn er die Umst kennt, aus denen sich rechtl die OffenbargsPfl ergibt (BGH MDR **90**, 810, Kln VersR **88**, 744). Verj bei ungenügder ärztl Aufklärg über Operationsfolgen, deren Ausmaß erst später übersehb wird (BGH NJW **76**, 363), bei ärztl BehandlgsFehler (BGH NJW **84**, 661, MDR **85**, 834: nöt ist Wissen von den wesentl Umst des BehandlgsVerlaufs). Beginn der VerjFr mit Entziehg einer Sache, nicht erst mit ihrer folgden Zerstörg (BGH WM **78**, 331). Beginn bei Vorenthaltg von BeitragsAntlen zur SozVers mit nicht fristgerechter Abführg (BGH VersR **90**, 166). Die Berufg des Schädigers auf ausr Kenntn des Geschäd vom Schad kann unter bes Umst ausnahmsw gg Tr u Gl verstoßen (BGH NJW **91**, 973).

b) Kenntnis von der Person des Ersatzpflichtigen hat der Verl, wenn ihm dessen Name u Anschrift 11
bekannt sind (BGH NJW **98**, 988) u er Kenntn von Tats hat, die auf ein schuldh Verh des Schäd hinweisen, das Schad verursacht haben kann, wobei jedoch Kenntn von Einzelh des schädigden Verhaltens nicht erforderl ist. Sie muß aber sow gehen, daß der Geschäd in der Lage ist, eine SchadErsKl erfolgversprechd, wenn auch nicht risikolos zu begr (BGH NJW **99**, 2734). Zustellg der Anklageschrift in einem StrafVerf gg die Schädiger kann genügen (BGH VersR **83**, 273). Bis zur RKraft des StrafUrt gg den auf frischer Tat ertappten Dieb sollte der Beginn der VerjFrist nicht ausgedehnt werden (so aber Hamm NJW-RR **94**, 866). VerjBeginn bei Arzthaftg Rn 4. Ein RIrrt über die Verantwortlichk des Schädigers hindert FrBeginn grdsätzl nicht (BGH VersR **72**, 394). Soweit Kenntn innerer Tats für FrBeginn erforderl (zB hins Zweck u BewegGrd der Hdlg), ist maßg Kenntn der äußeren Umst, aus denen auf die inneren Tats geschl werden kann (BGH NJW **64**, 494). Kennenmüssen vgl oben Rn 4. Mehrere Beteil an einem KfzUnfall beantworten erfahrgsgem die Schuldfrage verschieden; Sache des Verl ist es, alsbald gerichtl Klärg herbeizuführen; tut er das nicht, so beginnt die VerjFrist zu laufen; nicht ist insow darauf abzustellen, ob ProzKostenhilfe gg einen Beteil bewilligt worden wäre (BGH NJW **63**, 1104). Kenntn zu bej, wenn ProzKostenhilfe gg eine Pers gewährt wird (BGH **LM** Nr 9: mehrere öff Körpersch). Kenntn der Pers des in Anspr zu nehmden Erben des Schädigers ist ebenf nicht
erforderl (Neust MDR **63**, 413). – **Bei Amtshaftung** gehört das Wissen, daß an Stelle des Beamten der Staat 12
haftet, nicht zur Kenntn von der Pers des ErsPflichtigen. Da aber gem § 839 I S 2 bei nur fahrl AmtsPflVerl Beamte bzw JP nur hilfsw haften, beginnt Verj diesen ggü erst mit Kenntn des Verl, daß entw der Beamte vors gehandelt hat od daß keine anderweit ErsMöglk besteht (BGH **121**, 65 [71]). Dazu ist die Kenntn erfdl, daß die anderweit ErsMöglk den Schad zumind teilw nicht deckt u desh die Erhebg einer FeststellgsKl zumutb ist (BGH NJW **86**, 1866, BGH **102**, 246), zB Ausfall der InsFdg gg den and ErsPflichtigen (Ffm NJW-RR **87**, 1056). Hat der Verl die Erhebg der Klage gg dritten ErsPflichtigen unterlassen, so beginnt Verj in dem Ztpkt, in dem er sich im Proz od in and Weise hinreichde Klarh hätte verschaffen können, ob u in welcher Höhe ihm ein and ErsAnspr zustand; dabei kann er sich nicht auf Umst berufen, die ihn an der Erhebg der AmtsHaftgsKl tats in keiner Weise gehindert haben (BGH **121**, 65 [73]). – Dieselben Grds gelten für die
Notarhaftung (BGH NJW **88**, 1146, NJW **93**, 2741). Der Geschädigte muß auch wissen, ob es sich bei der 13
Tätigk des N um eine Amtshdlg (subsidiäre Haftg) od um einen Auftr (§ 839 Rn 123, uneingeschränkte Haftg) gehandelt hat (BGH WM **99**, 974). Bei Anspr aus **§ 829** ist Kenntn, daß von einem aufsichtspfl Dritten Ers nicht zu erlangen ist, sowie Kenntn von der Nichtverantwortlichk des Täters erforderl. In den Fällen der **§§ 831** bis **834**, **836** bis **838** kommt es auf die Kenntn der Pers des GeschHerrn usw an (BGH NJW **99**, 423), es bedarf nicht der Kenntn, daß diesem keine entlastden Umst zur Seite stehen. In den Fällen der **§§ 831**, **832** bedarf es ferner nicht der Kenntn von der Pers, die zur Verrichtg bestellt worden ist. Werden Anspr aus dems Ereign gg die näml Pers sowohl aus § 823 wie aus § 831 hergeleitet, ist eine getrennte Berechng der VerjFr
nicht mögl (BGH VersR **71**, 1148). Bei **mehreren Ersatzpflichtigen** beginnt die VerjFr erst mit dem 14
Zeitpkt, in dem begr Zweifel über die Pers des ErsPfl nicht mehr bestehen (BGH NJW **99**, 2734). Die Kenntn von der Pers eines best and Beteil tritt auch dann ein, wenn der Geschädigte irrtüml einen dritten Beteil für den eigentl Verantwortl hält (BGH NJW-RR **90**, 222).

3) Die 30jährige Verjährung beginnt nicht mit der Entstehg des ErsAnspr (§ 198), sond mit Begehg der 15
uH, dh mit dem Setzen der SchadUrs, auch dann, wenn der Schad erst später eingetreten od erkennb geworden ist (BGH **117**, 287).

16 **4) Lauf der Verjährungsfrist. – a)** Für **Unterbrechung und Beendigung** gelten §§ 208ff. Die UnterbrechgsWirkg einer Leistgs- od FeststellgsKl beschränkt sich auch bei SchadEinh auf deren StreitGgst, erstreckt sich nicht auf and nicht eingeklagte SchadFolgen (BGH NJW **98**, 1303); and beim Anerk (§ 208 Rn 5). Einklagg eines KapitalAnspr aus § 843 unterbricht auch Verj des RentenAnspr, soweit sich beide der Höhe nach decken, denn es handelt sich um die näml SchadFolge. Dagg unterbricht Klage wg VermSchad nicht Verj des SchmerzGAnspr. – Läßt sich der GesSchad noch nicht übersehen, so kann Verj dch Erhebg der FeststellgsKl unterbrochen werden. Dies gilt auch, wenn sich die künft ErwerbsMöglken noch nicht übersehen lassen (§ 843 Rn 14) od erst später die Bedürftigk eintritt bzw UnterhPfl des Getöteten beginnen würde (§ 844 Rn 5). Schlägt sich die AmtsPflVerl in einem rechtsw belastden (BGH NJW **93**, 2303) VerwAkt od in der Vollz eines rwidr Steuerbescheids (BGH NJW **95**, 2778) nieder, so unterbrechen wegen des Vorrangs des PrimärRSchutzes Widerspr, Anf-, Feststellgs- od VerpflKl nach VwGO, FGO u sozrechtl HerstellgsKl die Verj des AmtshaftgsAnspr in entspr Anwendg von § 209 I (BGH **95**, 238, **103**, 242, NJW **95**, 2778, NJW **98**, 2051); kein WahlR zw diesen Klagen u AmtsHaftgsAnspr (BGH **98**, 85, **113**, 17). Ebso kann die Verj von AmtshaftgsAnspr aus dem pflichtwidr Vollzug eines PlanfeststellgsBeschl dch die Anfechtg mit verwrechtl RBehelfen u dch die Einleitg eines Verf zur Verschärfg der im Beschl festgesetzten Auflagen unterbrochen werden (BGH **97**, 97). Dagg keine Unterbrechg der Verj dadch, daß der Verl zur Abwendg des Schad gg einen Dr klagt, weil es sich hier nicht um Primärschutz gegen denselben Bekl handelt (BGH NJW **90**, 176).

17 **b)** Für die **Hemmung** gelten Abs II u §§ 202–207. StVG 14, LuftVG 39, HaftPflG 11 verweisen auf § 852. Abs II gilt für delikt, vertragl u konkurrierde Anspr aus § 558 (BGH **93**, 64), auch für solche delikt Anspr, die nach § 218 II verjähren (BGH FamRZ **90**, 599). Er gilt entspr für Vhdlg nach SchiffsZusStoß BinnSchG 92, 118 (BGH NJW **82**, 1041). Für rein vertragl Anspr gilt er nicht im TransportR, falls nicht die zGrde zu legde ges Regelg Abweichdes vorsieht (BGH NJW **94**, 1220). Die Hemmg wirkt auf den Ztpkt der ersten GeltdMachg
18 der Anspr zurück (Hamm NJW-RR **98**, 101). Der Begr **Verhandlung** ist weit auszulegen (BGH NJW **83**, 2075). Es genügt jeder Meingsaustausch über den SchadFall zw dem Berecht u dem Verpfl, wenn nicht sofort erkennb die Vhdlg über die ErsPfl od jeder Ers abgelehnt werden (BGH **93**, 64, DB **91**, 2183). Nicht nöt ist Vhdlg ausdr über Anspr aus uH (Düss ZIP **85**, 1394) od Erkl der VerglBereitsch. Es genügen Erkl, die den Geschäd zu der Ann berecht, der Verpfl lasse sich jedenf auf Erörtergen über die Berechtigg von SchadErsAnspr ein (BGH MDR **88**, 570), zB die Erkl des Schu, er wolle dem Gläub seinen Standpkt, der Anspr sei verj, in einer Besprechg erläutern (BGH NJW **97**, 3447); auch die Mitteilg des Versicherers, er werde nach Abschl des StrafVerf unaufgefordert auf die Sache zurückkommen (BGH VersR **75**, 440); auch erneute Überprüfg nach Ablehng einer Regulierg über GgVorstellg des Gläub (Hamm NJW-RR **98**, 101); auch Verf vor einer ärztl Schieds- od Gutachterstelle (BGH NJW **83**, 2075, Düss VersR **85**, 744). Vhdlgen mit dem Halter wg der Regulierg beziehen sich auch auf Anspr gg den berecht Fahrer (BGH MDR **65**, 198). Keine Vhdlg ist formularmäß Eingangs-Bestätigg einer nicht spezifizierten RegreßAnz (Stgt VersR **71**, 1178). Nach Abbruch der Vhdlgen od Ablehng einer ErsLeistg wird dch WiederAufn der Vhdlg die noch nicht abgelaufene VerjFr erneut gehemmt. Hat der Verl den GesSchad angemeldet, so umfassen die Vhdlgen idR diesen u beschränken sich nicht auf konkretisierte EinzAnspr (BGH VersR **85**, 1141); ausnahmsw wirkt die VerjHemmg für einen abgrenzb Tl der gesamten Anspr
19 dann nicht, wenn die Part nur über einen and Tl verhandelt haben (BGH NJW **98**, 1142). – Die **Hemmung endet** dch Verweigerg der Fortsetzg v Vhdlgen. Dies muß grdsätzl dch ein klares u eindeut Verhalten einer der Part zum Ausdruck kommen (BGH NJW **98**, 2819). Läßt der ErsBerecht die Vhdlgen einschlafen, zB dch Schweigen auf das Anerbieten, die Vhdlgen abzuschließen (BGH FamRZ **90**, 599) so sind sie in dem ZtPkt beendet, in dem der nächste Schritt nach Tr u Gl zu erwarten gewesen wäre (BGH NJW **86**, 1337, Düss VersR **99**, 68). Haben die Beteil eine VhdlgsPause vereinb, um die SchadEntwicklg abzuwarten, ist es grdsätzl Sache des Schu, die Initiative zur WiederAufn der Vhdlgen zu ergreifen, wenn er die Hemmg beenden will (BGH NJW **86**, 1337). Nimmt bei KfzUnfällen der Geschädigte die HaftPflVers direkt in Anspr, so gilt auch für den Anspr aus uH PflVersG 3 Nr 3 S 3, wonach die VerjFr von der Anmeldg des Anspr beim Versicherer bis zum Eingang seiner schriftl Entsch, dh bis zur endgült Ablehng des ErsAnspr nach Grd u ggf Höhe (Köln VersR **83**, 959), gehemmt ist (BGH NJW **77**, 532), u zwar des ganzen Anspr, nicht nur des Teils, für den auch die Vers iR der vereinb DeckgsSumme einzustehen hat (BGH VersR **84**, 441). An die Anmeldg des SchadErsAnspr sind dabei inhaltl nur geringe Anfdgen zu stellen (BGH NJW-RR **87**, 916). Die Hemmg wg etwaiger Spätfolgen wird beendet dch Abschl einer AbfindgsVereinbg u Ann des AbfindgsBetr (Karlsr NJW-RR **97**, 1318, Hamm MDR **99**, 38).

20 **c) Arglisteinwand** ggü Verj Übbl 10–17 vor § 194. **Verzicht** auf die Einr § 225 Rn 2.

21 **5) Der Bereicherungsanspruch, Abs III,** behält die RNatur eines SchadErsAnspr, §§ 812ff sind nicht für die Vorauss der HerausgPfl, sond ledigl für deren Umfang maßg (BGH **71**, 86; auch Einf 15–17 vor § 812). Jedenf hat aber der Empf für die Bereicherg einzustehen, wenn er an der uH beteiligt war (BGH NJW **65**, 1914). Herauszugeben ist ein VermZuwachs auch dann, wenn er dem Schädiger über einen VertrPartner auf Kosten des Geschäd zugeflossen ist (BGH **71**, 86). Auch ggü dem Anspr aus III schließt § 393 die Aufr aus (BGH NJW **77**, 529). Anspr aus § 852 III verjährt idR in 30 Jahren (BGH DB **86**, 2017).

853 *Arglisteinrede.* **Erlangt jemand durch eine von ihm begangene unerlaubte Handlung eine Forderung gegen den Verletzten, so kann der Verletzte die Erfüllung auch dann verweigern, wenn der Anspruch auf Aufhebung der Forderung verjährt ist.**

1 **Bedeutung.** AnwendgsFall unzuläss R-Ausübg. Gemeint ist, daß dch uH eine Fdg begründet worden ist, deren Aufhebg der Verl als SchadErs nach § 249 verlangen kann. Ist dieser SchadErsAnspr verjährt, so kann der Verl gleichwohl die Erf verweigern. Tut er das, so ist er verpfl, das, was er seiners aGrd des ggs Vertr erhalten hat, dem Schädiger zurückzugeben, da er andernf selbst argl handeln würde. Ist jedoch der ggs Vertr nichtig, weil er gg die guten Sitten od gg das G verstößt, so gilt auch hier § 817 S 2. § 853 ist bei Hinzutritt bes Umst sinngem anzuwenden, wenn Verletzter die AnfFrist aus §§ 123, 124 versäumt hat (BGH NJW **69**, 604), ebso hins der Fristen InsO 133, 135, 146. Konkurrenz zw Vertr- u DeliktsAnspr u solchen aus ungerechtf Bereicherg § 463 Rn 23–26.

Drittes Buch. Sachenrecht

Bearbeiter: Dr. Bassenge, Vorsitzender Richter am Landgericht a. D.

Schrifttum: a) Lehrbücher: Baur/Stürner, 17. Aufl 1999 – Müller, 4. Aufl 1997. – Schapp, 2. Aufl 1995. – Schreiber, 2. Aufl 1996. – Schwab/Prütting, 28. Aufl 1999. – Westermann, 7. Aufl 1998. – Weirich, GrdstR, 2. Aufl 1996. – Wieling [Lb], 3. Aufl 1997. – Wilhelm, 1993. – E. Wolf, 2. Aufl 1979. – Wolff-Raiser, 10. Bearbeitg 1957. – **b) Grundrisse:** Heck, 1930. – Stoll, 1983. – M. Wolf, 15. Aufl 1999. – **c) Enzyklopädien:** Wieling, SachenR, Bd I 1990.

Einleitung

1) Sachenrecht (§§ 854–1296 u SonderG wie zB ErbbRVO, LandesNachbR, LuftfzRG, SchiffRG, WEG) regelt die RVerhältn der körperl Ggstände („Sachen", § 90), vereinzelt aber auch an Rechten (vgl §§ 1068, 1273). Seine Systematik, der individualist EigtBegriff, die Scheidg von Eigt u Besitz ua wurzeln im römischen, die vielf Andersbehandlg von bewegl u unbewegl Sachen, der Gutglaubensschutz, das Grundbuchsystem ua im deutschen Recht. – Das SachenR hat die Aufgabe, die **Sachen bestimmten Personen zuzuordnen;** daraus folgt das Wesen der dingl Rechte (Rn 2). 1

2) Dingliche Rechte – a) Wesen. Das BGB (vgl aber InsO 47, ZPO 24) verwendet den Ausdruck nicht. Es spricht von Rechten „an einer Sache (Grdst)" oder ähnl, vgl zB §§ 889, 901, 955 I 2, 973 I 2, 1042 S 2, nur in § 221 von dingl Anspr. Das dingl Recht wird aufgefaßt als das **Recht einer Person zur unmittelbaren Herrschaft über eine Sache:** beim Eigt grdsätzl unbeschränkt, bei den übrigen dingl Rechten in bestimmten Beziehgen. – Die dingl Rechte sind **absolute Rechte:** sie wirken gg jedermann. Der Berecht kann ihn beeinträchtigde Einwirkgen Dritter ausschließen, vgl §§ 894 ff, 985, 1004, 1005, 1017 II, 1027, 1065, 1090 II, 1098 II, 1107, 1134 I, 1192, 1200 I, 1227; ErbbRVO 11 I 1; WEG 34 II. In der Insolvenz eines Dritten bleiben sie vollwirks, vgl InsO 47 ff. 2

b) Ausschluß der Vertragsfreiheit. Die Gesetze (Rn 1) bestimmen die mögl dingl Rechte erschöpfd (Typenzwang) u schreiben den RInhalt zwingd vor (Typenfixierg); insow keine VertrFreih (RG **88**, 160). Dies ist dch das Bedürfn nach RSicherh, insb im GrdstVerkehr, gerechtfertigt. Doch kann sich der RInhalt mit den LebensVerh u der Denkweise der Beteil wandeln (zB Anpassg des Inhalts von Dbk an wirtsch u soziale Entwicklg; vgl § 1018 Rn 9). 3

c) Gegenstand der dingl Rechte sind Sachen (§ 90) u Tiere (§ 90 a); bei Sachgesamth nur die Einzelsachen. Rechte sind mit Nießbr (§ 1068 I) u PfdR (§ 1273 I) belastb, grdstgleiche Rechte (Übbl 3 vor § 873) sind wie Grdst belastbar. – Das BGB unterscheidet bewegl Sachen (Fahrnis) u Grdst (Liegenschaften); Besitz, Eigt u Nießbr können an allen Sachen, PfdR nur an bewegl Sachen u an Rechten bestehen; ErbbR, Dbk, dingl VorkR, Reallast u GrdPfdRe können nur Grdst belasten; aber Erstreckg auf bewegl Sachen u auf Rechte nach §§ 1096, 1107, 1120 ff, 1192 I, 1200 I. 4

d) Umfang des Herrschaftsrechts: – aa) Eigentum ist das umfassdste u grdsätzl unbeschränkte (vgl aber § 903) HerrschR an einer Sache. – **bb) Beschränkte dingliche Rechte** schließen, soweit sie reichen, das HerrschR des HauptRInh aus (doppelte Zuordng). Sie können NutzgsRe (ErbbR, Dbk, DWR), VerwertgsRe (Reallast, GrdPfR, PfdR) od ErwerbsRe (dingl VorkR, AneigngsR, AnwR) sein. – **cc) Besitz.** 5

e) Inhaber des Herrschaftsrechts: – aa) Subjektiv-persönliche Rechte, die einer bestimmten natürl od jur Person (od PersMehrh) zustehen, u **subjektiv-dingliche Rechte,** die dem jeweil Eigtümer eines Grdst zustehen u bei Übertr des Eigt ohne weiteres als Bestandt iSv § 96 mit übergehen. Es gibt Rechte, die nur subj-persönl (zB Nießbr) od nur subj-dingl (zB GrdDbk) sein können; einige können entweder das eine od and sein (zB Reallast, dingl VorkR). – **bb) Fremdrechte,** die einem NichtEigtümer der Sache zustehen, u 6
Eigentümerrechte, die dem Eigentümer der belasteten Sache zustehen. Bestellg als EigtümerR gesetzl vorgesehen bei GrdPfdR (§§ 1163, 1196) u von hM zugelassen bei GrdDbk (§ 1018 Rn 3), Nießbr (§ 1030 Rn 4), bpDbk (§ 1090 Rn 3), Reallast (§ 1105 Rn 3), ErbbR (ErbbRVO 1 Rn 9), DWR (WEG 31 Rn 5); in and Fällen kann EigtümerR nachträgl entstehen (zB §§ 1063 II, 1173, 1256). Dogmat Bedenken gg Bestellg von EigtümerR, die nicht fordergsabhäng, wg § 889 nicht dchschlagd; Erleichterg des Dchgangs zum FremdR (bei Veräußerg) rechtfertigt Zulässigk ohne bes BestellgsInteresse. 7

f) Von **Akzessorietät** eines dingl Rechts spricht man, wenn es bzgl Entstehg, Erlöschen u RInhabersch von einer schuldrechtl Fdg abhängt (vgl Heck § 78; Medicus JuS **71**, 497). Sie besteht krG u zwingd bei Vormkg (§ 883 Rn 2), Hyp (Vorb 2 vor § 1113) u PfdR (Übbl 2 vor § 1204); nicht aber bei SichgEigt (§ 930 Rn 12), SichgReallast (§ 1105 Rn 9) u SichgGrdSch (§ 1191 Rn 18). 8

g) Gesetzliches Schuldverhältnis (Dimopoulos-Vosikis AcP **167**, 515). Wird an einem Ggst für einen Dritten Besitz od ein beschr dingl Recht begründet, so knüpft diese doppelte Zuordng häufig auch schuldrechtl Beziehgen zw dem jeweil Eigtümer u dem jeweil Besitzer bzw RInh (zB zw Verlierer u Finder [Vorbem 3 vor § 965], zw Eigtümer u Besitzer [Vorb 1 vor § 987], zw Eigtümer u DbkBerecht [§ 1018 Rn 1, Einf 1 vor § 1030, § 1090 Rn 1]) od zw RBesteller uRInh (zB zw Verpfänder u PfdGläub [Übbl 3 vor § 1204]), für die die Vorschr des allg SchuldR gelten (zB § 278; BGH NJW **85**, 2944). 9

3) Dingliche Ansprüche dienen dem Schutz u der Verwirklichg dingl Rechte (Heck §§ 31, 32; Mager AcP **193**, 68). Zu ihnen gehören: HerausgAnspr (zB §§ 861, 985, 1007, 1065, 1227), AbwehrAnspr gg Störgen auf Beseitigg/Unterl aus Sach- u RBesitz (zB §§ 862, 1029, 1090 II) od aus dem Recht (zB §§ 888, 894, 1004, 1027, 1065, 1134, 1227) u Anspr auf Befriedigg aus dem PfdGgst (zB §§ 1113, 1191, 1199, 1204). Sie sind nicht ohne das dingl Recht, aus dem sie fließen, abtretb; AusübgsErmächtigg aber zuläss. – Die **Anwendung des allgemeinen Schuldrechts** ist grdsätzl mögl (zB §§ 284 ff, 293; Schwerdtner, Verzug im 10

SachenR, 1972), soweit nicht SonderVorschr od die Eigenart sachenrechtl Beziehgen entggsteht (BGH **49**, 263).

11 **4) Dingliche Rechtsgeschäfte** beinhalten die unmittelb Begründg, Übertragg, Inhaltsänderg od Aufhebg eines dingl Rechts (Verfüggen; vgl Übbl 16 vor § 104). Die dingl RGesch sind entw einseit RGesch (zB EigtAufgabe gem §§ 928, 959; Bestellg einer EigtümerGrdSch gem § 1196) od Verträge (zB Einigg über EigtÜbertr gem §§ 873, 929; Einigg über Inhaltsänderg eines GrdstR gem § 877).

12 **a) Die allgemeinen Vorschriften über Rechtsgeschäfte (§§ 104–185)** sind anwendb, soweit nicht SonderVorschr entggstehen (zB Ausschluß der Befristg u Bdgg in § 925 II, ErbbRVO 11 I 2, WEG 4 II). – **Einzelfragen: – aa) § 134:** Dingl RGesch nichtig, wenn dieses selbst (nicht nur GrdGesch) unter das gesetzl Verbot fällt (vgl § 134 Rn 13). – **bb) § 138 I:** Sittenwidrigk des dingl RGesch ergibt sich nicht schon aus dem GrdGesch, sond erst, wenn die Sittenwidrigk gerade in seinem Vollzug liegt (BGH ZflR **97**, 260; vgl § 138 Rn 20). **§ 138 II:** Nichtig ist das dingl RGesch, mit dem Bewucherter das wucherische GrdGesch erfüllt; so ist zB das für wucherische Fdg bestellte GrdPfdR nichtig (BGH NJW **82**, 2767). Nach hM erfaßt der Mangel des Wuchers (unbeschadet § 139) das ErfGesch des Wucherers nicht (vgl § 138 Rn 75). – Wg des
13 RückFdgsAnspr aus **§§ 812, 817** bei sittenwidr GrdGesch u wirks ErfGesch vgl § 817 Rn 8. Ist auch das ErfGesch nichtig, so hat Verfügder die dingl Anspr aus §§ 894, 985. Ihnen soll § 817 S 2 nicht entggstehen (BGH **41**, 341; **63**, 365; OVG Münst NJW **89**, 2834; Staud/Gursky § 985 Rn 81 [bei Nichtigk im Drittinteresse]; § 817 Rn 2). Der GgMeing (Erm/Hefermehl § 985 Rn 7; Soergel/Mühl § 986 Rn 9; Zimmermann JR **85**, 48) ist zuzustimmen: wenn verwerfl Gesinng dem Leistden schon dann schadet, wenn nur GrdGesch nichtig, so muß dies erst recht gelten, wenn auch ErfGesch wg Sittenwidrigk nichtig. § 817 S 2 steht nicht entgg, wenn nicht EigtÜbertr, sond nur GebrÜberlassg vereinbart war (zum Mietwucher vgl aber § 138 Rn 76) od wenn sich Zuwendg außerh des rgesch Verkehrs vollzog (BGH MDR **64**, 494).

14 **b) Die allgemeinen Vorschriften des Schuldrechts (§§ 241–432)** sind grdsätzl nicht anwendb (RG **66**, 97), denn dingl RGesch enthalten kein verpflichtdes Element. Einzelfragen: – **aa) §§ 328 ff:** Dingl RGesch zG Dritter sind nicht mögl (BGH NJW **93**, 2617; krit Limmer ZflR **97**, 633); schuldrechtl Anspr aus Vertr zG Dritter aber dch Vormkg sicherb (vgl § 883 Rn 12). – **bb) §§ 399 Fall 2, 413:** Teilw sind dingl Rechte schon krG unübertragb (zB §§ 1059 S 1; 1092 I 1; 1098 iVm 514). Subjdingl Rechte folgen dem herrschdem Grdst, bzgl dessen eine ÜbertrBeschrkg gg § 137 S 1 verstieße. Bei ErbbR (ErbbRVO 5) u WohngsEigt/DWR (WEG 12, 35) kann VfgsBeschrkg zum RInhalt gemacht werden. Vertragl Ausschl einer FdgsAbtr/Verpfändg wirkt wg § 885 Rn 19, §§ 1153 II, 1250 I 2 auch hinsichtl sie sichernder Vormerkg/ Hyp/PfdR. Auch AbtrBeschrkg für GrdSch od subjpers Reallast dch Inhaltsänderg nach § 877 zul (Stgt OLGZ **65**, 96; Hamm NJW **68**, 1289; Köln DNotZ **70**, 419; aA Böttcher Rpfleger **83**, 49 [51]). Keine dingl wirkde ÜbertrBeschrkg für AnwR des VorbehKäufers (BGH NJW **70**, 699).

15 **c) Die Vorschriften des AGBG** sind anwendb (BayObLG **79**, 434 [439]).

16 **5) Dingliches Rechtsgeschäft und schuldrechtliches Grundgeschäft. – a) Verhältnis.** Das dingl RGesch (zB Übereigng) ist ein ggü dem zugrde liegden schuldrechtl GrdGesch, dessen Erfüllg es dient (zB KaufVertr), gesondertes RGesch (Trenngsprinzip) u in seiner Geltg von dessen Geltg unabhäng (Abstraktionsprinzip); vgl Jauernig JuS **94**, 721. Letzteres wird teilw als lebensfremd bekämpft (vgl Übbl 22 vor § 104), doch kann auch schon nach geltdem Recht das ErfGesch die Ungültigk des GrdGesch teilen (vgl Übbl 23, 24
17 vor § 104; vgl Eisenhardt JZ **91**, 271). – **b) Folgen:** Die Ungültigk des GrdGesch (zB Formfehler, Anfechtg, Sittenwidrigk, fehlde Gen) hat als solche noch nicht die des ErfGesch zur Folge (Ffm NJW **81**, 876; BayObLG RhNK **89**, 253; über Gültigk als rgesch Bdgg vgl Übbl 23 vor § 104); Erwerber wird Berecht u kann als solcher verfügen. Dingl RÄnderg auch dann, wenn die Beteil von verschied GrdGesch ausgehen. Fehlt das GrdGesch anfängl od entfällt es nachträgl, so ist Verfügder auf schuldrechtl Anspr aus §§ 812 ff angewiesen; er hat also keine dingl Anspr (zB §§ 894, 985).

18 **6) Öffentliche Lasten** sind auf öff Recht beruhde AbgabeVerpfl, die dch wiederkehrde od einmalige Geldleistgen zu erfüllen sind, u für die der Schuldn persönl sowie eine Sache (idR Grdst) dingl haften (BGH NJW **81**, 2127). Wegen der Verwandtsch mit den VerwertgsR des BGB können dessen Vorschr auf die öff Lasten entspr angewendet werden (RG **146**, 321; str). Öffentl Lasten sind nur eintraggsfähig, wenn die Eintragg gesetzl zugelassen od vorgeschrieben (GBO 54). Entstehg stets außerh des GB, kein Gutglaubensschutz! Bedenkl Aushöhlg des öff Gl des GB! Über die Behandlg in der ZwVerst u ZwVerw vgl ZVG 10 I Nr 3 und 7, 13, 156 I. Gleicher Rang aller öff Lasten untereinand. Haftg des Verkäufers § 436, des Nießbrauchers § 1047. – Öff Lasten kraft BundesR sind zB Beitragspflichten der Teilnehmer am Flurbereiniggs Verf (FlurbG 20), im UmleggsVerf u für Erschließgsanlagen (BauGB 64, 134); der Eigtümer u Nutznießer von Wasser- u Bodenverbänden (1. WassVerbVO 80, 95, IV), Kehrgebühren (SchornsteinfegerG 25 IV); GrdSteuer (GrdSteuerG 12). Im übr beruhen die öff Lasten auf LandesR.

19 **7) Baulasten** nach LBauO (zB *BaWü* 71; *Bln* 73; *Brem* 85; *Hess* 110; *MecklVP* 83; *Nds* 92; *NRW* 83; *RhPf* 84; *Saarl* 92; *SchlH* 79; vgl Harst RhNK **84**, 229; Wilhelmi DB **85**, 161; Drischler Rpfleger **86**, 289; Lohre NJW **87**, 877) enthalten freiwill öffrechtl Verpfl des Eigtümers ggü der Baubehörde zu einem das Grdst betr Tun, Dulden od Unterlassen, die sich nicht schon aus öffR ergibt. Sie entstehen dch öffrechtl VerpflErkl, Eintr im BaulastenVerzeichn teils konstitutiv (zB *NRW, SchlH*) u teils nur deklaratorisch (zB *BaWü, Hess*); keine GBEintr. Zu den privatrechtl Folgen vgl BGH **79**, 201; **88**, 97; Düss OLGZ **92**, 208; VG Schlesw NVwZ **85**, 782; Schwarz, Baulasten im öffR u im PrivatR, Wiesbaden 1995; Masloh NJW **95**, 1993; Lorenz NJW **96**, 2612. – Zu unterscheiden von öffR Herstellgs- u UnterhaltsgsPfl (zB Straßenbaulast).

20 **8) Surrogation** (vgl Wolf JuS **75**, 643, 710; **76**, 32, 104; Coester-Waltjen Jura **96**, 24). Die Surrogations-Vorschr enthalten keinen allg Grds (RG **105**, 87); zur entspr Anwendg eingehd Wolf aaO. – **a)** Bei **dinglicher** Surrogation tritt krG anstelle eines Ggst bei Eingr in ihn dch Delikt, HohAkt, rgesch Vfg, TatHdlg od Natureign sein Surrogat (dafür erworbener Ggst, ErsStück, EntschFdg, ErsAnspr, VersichergsFdg) entweder in eine SachGesamth (zB §§ 582 a II 2, 1048 I 2, 1370, 2111 II) bzw ein SonderVerm (zB §§ 718 II, 1418 II 3,

1473 I, 1638 II, 2041, 2111 I) ein (bei BeziehgsGesch unter Verwendg fremden Verm ist das Surrogat kein ErsGgst) od es tritt anstelle eines EinzelGgst mit Fortbestand an diesem urspr bestehder beschr dingl Rechte (zB §§ 966 II 3, 975 S 2, 979 II, 1046 I, 1075 I, 1127 I, 1219 II 1, 1247 S 2, 1287). – **b)** Bei **schuldrechtlicher** Surrogation besteht nur ein Anspr auf Einräumg einer RStellg am Surrogat, die der am urspr Ggst entspr (zB §§ 816 I 2, 1258 III).

9) Internationales Privatrecht: EG 43–46. – **Landesrecht:** EG 55 ff. – **Übergangsrecht:** EG 180 ff (altes Recht), 233 (fr DDR-Recht). 21

Erster Abschnitt. Besitz

Überblick

1) Besitz: Begriff im BGB nicht umschrieben. Besitz ist die vom Verkehr anerkannte tatsächl Herrschaft einer Pers über eine Sache (wg RBes vgl Rn 4), also kein Rechts-, sond tatsächl Verhältnis (str). Dennoch gewährt er eine wichtige RStellg, so daß er Bedeutg eines, wenn auch nur vorläuf Rechts hat. Besitzer hat Recht auf Schutz seines Besitzstandes, §§ 859 ff; früherer Besitzer hat uU HerausgAnspr gg jetzigen, § 1007; Besitzer kann uU auch dem Eigtümer ggü Herausg verweigern, §§ 985, 986; Besitz ist übertragb, §§ 854 II, 870, u vererbl, § 857; kann Ggst eines Vermächtn sein, § 2169. Wichtige RVermutgen knüpfen an Besitz an, zB EigtVermutgen, §§ 1006, 1248, 1362 I und II, Vermutg für die Empfangsberechtigg des Besitzers od Legitimation eines Eigtümers ggü gutgl Dritten, §§ 793 ff, 851, 932, 969, 1117 III, 1253, vgl auch § 920; Besitz ist Voraussetzg für Erwerb verschiedener SachenR, §§ 929 ff, 900, 927, 937, 955, 958, 1032, 1205. Besitz ist „sonstigem Recht" iS des § 823 I gleichzuachten (RG **170**, 6), auch mittelb Besitz (nur nicht ggü unmittelb Besitzer, BGH **32**, 204); andrers Haftg nach §§ 836/7. Besitz kann wie Vermögensleistg als ungerechtf Bereicherg herausverlangt werden (RG **129**, 311, vgl aber § 861 Rn 12). Str ob auf Bes bewegl Sachen, wenn dem Schuldn ggü Recht auf Besitz besteht, WidersprKl nach ZPO 771 gestützt werden kann (vgl Prütting/Weth JuS **88**, 505 [511] mwN); jedenf nicht auf GrdstBes, da nur GBEintr für dingl RGestaltg maßgebd. WidersprKl des Besitzers aber iF ZVG 93 I 3 mögl u bei HerausgTiteln (Hamm NJW **56**, 1682). Über AussondergsR in der Insolvenz vgl § 861 Rn 2, § 1007 Rn 1. 1

2) Besitzschutz: Der von der ROrdng dem zunächst nur rein tatsächl HerrschVerh verliehene Schutz gg unrechtm Entziehg u Störg. Das hiervon scharf zu trennende **Recht zum Besitz** ist in anderen Teilen des BGB behandelt (vgl zB §§ 903, 1007, 1036, 1205, 1206, 1274, 1278, 1422, 1450 I 2, 1487, 1985, 2205). – **a)** Der **unmittelbare** Besitzschutz besteht in Selbsthilfe, § 859, u Rechtshilfe (Anspr auf Wiedereinräumg entzogenen Besitzes, auf Beseitigg u Unterlassg von Besitzstörgen, §§ 861/2, u auf Gestattg der Aufsuchg u Wegschaffg aus der Gewalt gelangter Sachen, § 867). – **b) Mittelbarer** Schutz wird durch §§ 812 ff, 823 ff (vgl dazu § 861 Rn 13), insb durch die dingl Anspr betreffenden Bestimmgen, zB §§ 985, 1004, 1007 III 2, 989 ff; 1065, 1227, gewährt. – Grd für weitgehenden Besitzschutz ist allg Interesse am RFrieden, der fordert, daß bestehende tatsächl Verhältnisse nicht eigenmächtig beseitigt werden; demgem regelm Besitzschutz ohne Erforschg des dem BesitzVerh zugrunde liegenden RGrundes. 2

3) Arten. – a) Eigenbesitz und Fremdbesitz, je nachdem, ob Besitzer die Sache als ihm gehörd besitzt, § 872, od nicht. Eigenbesitz wichtig für Ersitzg, § 937, Aneigng, § 958, Buchersitzg, § 900, Aneigng nach Aufgebot, § 927, Erwerb von Früchten, § 955. Mögl, daß sich ein dritter Besitzer dazw schiebt, der Oberbesitzer des unmittelb Fremdbesitzers ist, der zugl aber für diesen als zweitstufigen mittelb Besitzer besitzt, zB § 1052 II 2. Ein unmittelb Alleinbesitzer kann nicht teils Eigen- u teils Fremdbesitzer sein, denn Eigen- u FremdbesWille nicht gleichzeit verwirklichb (BGH **85**, 263; aA Baur NJW **67**, 22). – **b) Unmittelbarer und mittelbarer Besitz,** je nachdem, ob Besitzer tatsächl SachHerrsch unmittelb ausübt od durch Besitzmittler, der auf Dauer eines zeitl begrenzten RVerh Sache unmittelb in Besitz hat, § 868. Mittelb Besitz kann mehrf gestuft sein, § 871; er ist übertragb, § 870. „Besitzer" im BGB bedeutet häufig beide Arten, zB §§ 929 II, 930, 931, 937; in anderen Fällen nur der unmittelb Besitz gemeint, zB §§ 935, 1007 (abhanden gekommene Sache); in wieder anderen Fällen zweifelh u nur durch Einzelauslegg zu ermitteln, zB §§ 858, 985. Im Zw ist mittelb Besitz dem unmittelb gleichzustellen. – **c) Vollbesitz und Teilbesitz** an abgesonderten Teilen einer Sache, § 865. – **d) Alleinbesitz und Mitbesitz,** je nachdem, ob einer allein od mehrere als unmittelb od gleichstufig mittelb Besitzer dieselbe Sache beherrschen, § 866. – **e) Besitzdiener** hat keinen Besitz, § 855. 3

4) Gegenstand. – a) Sachen (§ 90) u **Tiere** (§ 90 a), reale Sachteile (§ 865); nicht aber ideelle SachAnt (BGH **85**, 263). Bei Sachgesamth Besitz nur an den zugehör Einzelsachen mögl (RG **52**, 388). Nicht besitzfähig sind Personen, Naturkräfte, ArbKraft, Geisteswerke, eingerichteter Gewerbebetrieb (RG Warn **27**, 55). An öff Sachen Besitz mögl, zB an Grabstätten Besitz der FriedhVerwaltg (KG JW **36**, 399); nach Hbg LZ **24**, 476 GrabstättenInh an Grabsteinen: uU bei Ausübg des Gemeingebrauchs (Hbg MDR **62**, 407 für Parklücke). – **b) Rechtsbesitz.** BGB kennt ihn nur bei GrdDbk u bpDbk (§§ 900 II, 1029, 1090). Nicht an sonstigen dingl Rechten; soweit mit diesen Sachbesitz verbunden, zB Nießbr, ErbbauR, auch WohngsR, reicht Sachbesitzschutz aus. RBesitz ferner nach LandesR anerkannt, vgl zB *Bay* FischereiG 16. Dem Jagdpächter spricht man RBesitz zu, u zwar an dem ihm überlassenen JagdausübgsR, während er am Grdst idR keinen Besitz (auch nicht Mitbesitz) hat (BGH **LM** § 823 (F) Nr 10; RG **107**, 206) wg Fischereipacht vgl OLG **35**, 326. Vgl Schapp, Jagdverpachtg u JagdausübgsR des Pächters, MDR **68**, 808. 4

5) Besitz in anderen Gesetzen: „Gewahrsam" in ZPO 739, 808, 809, 886 enspricht dem unmittelb Besitz (RG **61**, 92). In ZVG 55 II soll Besitz nach Hbg JW **37**, 552 nicht im techn Sinne gebraucht sein; bedenkl; hier nur die Besonderh, daß Scheinbesitz genügt: Ersteher erwirbt Eigt auch an nicht dem GrdstücksEigtümer gehör Zubehör, sofern er diesen für den Besitzer der auf dem Grdst befindl Sache halten konnte; ist der Besitz des Dritten nicht äußerl erkennbar, so steht dies dem EigtErwerb durch Zuschlag nicht 5 entgg (RG **49**, 254; Mü SeuffA **73**, 172; Naumbg SeuffA **68**, 479). Im StrafR sind „Besitz" und „Gewahrsam" nach rein natürl, nicht zivilistischen Gesichtspunkten zu bestimmen (RGSt **52**, 143; **58**, 143). Im SteuerR liegt Besitzbegriff nicht fest, vielm gibt Zweck des Steuergesetzes Ausschlag. Zum Besitzbegriff im AbfallR vgl BGH JZ **85**, 689.

6 **6) Internationales Privatrecht:** EG 43 I. – **Übergangsrecht:** EG 180 (altes Recht), 233 § 1 (fr DDR-Recht).

854 *Besitzerwerb.* **I Der Besitz einer Sache wird durch die Erlangung der tatsächlichen Gewalt über die Sache erworben.**

II Die Einigung des bisherigen Besitzers und des Erwerbers genügt zum Erwerbe, wenn der Erwerber in der Lage ist, die Gewalt über die Sache auszuüben.

1 **1) Erwerb des unmittelbaren Besitzes** (wg des mittelb vgl § 868) entweder **a) originär** durch einseit Besitzergreifg, sei es einer bisher besitzlosen Sache (zB Fund), sei es einer bisher im Besitz eines anderen befindl gg dessen Willen (zB Diebstahl, Unterschlagg des Besitzdieners) od **b) derivativ** durch Gesamt- (zB § 857) od Einzelnachfolge, bei der bish unmittelb Besitz aufgegeben wird (BGH **27**, 360).

2 **Zu a):** Nötig Erlangg der **tatsächlichen Gewalt (I)** und **Besitzbegründungswille** (Rn 5). Ob tatsächl Gewalt erlangt ist, entscheidet die Verkehrsanschauung aGrd zusfassder Wertg aller Umstände (BGH **101**, 186). Dies ist für Erwerb strenger zu beurteilen als für die Fortdauer des Besitzes. Erlangg der tatsächl Gewalt braucht nicht rechtm zu sein, auch der Dieb wird Besitzer. Tatsächl Gewalt setzt gewisse Dauer, Festigk der Beziehgen voraus; bloß vorübergehende, flüchtige Sachberührg unzureichd (vgl RG **92**, 266). Auch räuml Beziehg zur Sache notw, derart, daß Sache der Pers räuml zugängl geworden u diese jederzeit in der Lage ist, belieb auf sie einzuwirken, sei es aGrd physischer Innehabg od zufolge der Achtg anderer vor fremdem Bes (Schwab/Prütting Rn 52). Für AlleinBes nicht nötig, daß Sache Einwirkg Dritter völlig entzogen (RG **151**, 187); nur darf Mitbesitz anderer nicht bestehen, sonst fehlt erforderl Ausschließlichk (RG JW **07**, 141). Bloßes Mitbenutzen ist noch kein Mitbesitzen, wenn eigener Besitzwille fehlt (RG **108**, 123).

3 **Zu b):** Einzelnachfolge dch **Übergabe** (I) od **Einigung** (II, vgl Rn 8). Überg erfordert Geben u Nehmen od Nehmen dch Erwerber mit Zust des bish Besitzers u beiderseit Wille zur Änderg der Sachherrsch (BGH **67**, 207; dazu Damrau JuS **78**, 519), wobei auch bei dem Übertragden GeschFgk nicht nötig (anders nach II); natürl Wille genügt; fehlt dieser beim Übertragden, so kann BesErwerb nach a) vorliegen. Einräumg bloß rechtl Befugnisse genügt nicht, es muß tats HerrschVerh des Erwerbers hergestellt werden (RG **153**, 261); VerkAuffassg entscheidd (BGH DB **71**, 40). Gilt auch bei behördl Einweisg (OGH MDR **48**, 230; **49**, 281); anders bei Enteigng (vgl W-Raiser § 64 III) und im UmleggsVerf nach BauGB 72. Für BesErwerb guter Glaube an Besitz des anderen bedeutgslos (RG **105**, 414).

4 **Zu a** und **b):** Für BesErlangg äußerl **Erkennbarkeit** (durch alle, die darauf achten, RG **77**, 208) des Vorgangs u des Bes selbst erforderl, symbolische Handlg unzureichd (RG **151**, 186; BGH NJW **79**, 714); vgl auch Rn 6, 7. Besitzwille allein (zB des BesDieners) reicht nicht aus.

5 **2) Besitzwille.** Erlangg der Sachherrsch muß von nach außen hervorgetretenem SachherrschWillen des Erwerbers getragen sein, wobei allg u nicht auf best Sachen gerichteter Wille genügt (BGH **101**, 186). Zwar kein rechtsgeschäftl, wohl aber der zur Vornahme rein tatsächl Hdlg erforderl Wille in natürl Sinne notw. GeschFgk nicht Voraussetzg für BesErwerb, aber Wille des GeschUnfähigen muß reif genug sein, um sich auf SachHerrsch richten zu können (W-Raiser § 10 III 2). Kein Besitz an Sachen, die ohne Wissen des Wohngsinhabers in seine Räume gelangen u hins deren genereller Beherrschgswille fehlt (RG **106**, 136). Aber BesErlangg ohne Bewußtsein von Erwerb, wenn Anstalten getroffen, die allg auf Empfang der betr Sache gerichteten Willen erkennen lassen, wie Anbringg von Briefkasten (Hbg WM **97**, 2027), Sammelbüchse, Wild- u Fischfangvorrichtg (vgl KG JW **26**, 2647), Fundsachenstelle in Kaufhaus (BGH **101**, 186). BesErwerb idR daher auch bei EntggNahme unbestellt zugesandter Waren (vgl W-Raiser § 10 Anm 2). – RLehre verlangt vielf keinen BesBegründgsWillen bei Einfügg der Sache in eine Organisation, die eine HerrschSphäre darstellt (Wstm/Gursky § 13 I 2; Celle NJW **92**, 2576 [Ggst in Kirche]). – BesBegründg als solche keine WillErkl, sond Realakt (Tathandlg), desh Vorschr über Willensmängel unanwendb.

6 **3) Einzelfälle. – a) Besitzerwerb bejaht:** SchlüsselÜberg (fällt idR unter I) führt zu Bes an dazugehörigen Räumen/Behältern mit Inhalt (für Kfz: Schlesw SchlHA **97**, 182; vgl auch Mü NJW-RR **93**, 1455). Tatfrage, ob bei Überg einzigen Schlüssels Allein- od MitBes (BGH **LM** Nr 8). Offenes Behalten eines Zweitschlüssels führt zu MitBes (BGH NJW **79**, 714), AlleinBes aber bei fehlder MitbenutzgsAbsicht (Düss NJW-RR **96**, 839; Hamm ZMR **96**, 372); unbewußtes zu AlleinBes (Rosenberg JW **22**, 219). Heimliches Behalten eines Zweitschlüssels führt zu MitBes (Wstm/Gursky § 128 II 1 a; aA RG JW **22**, 219); and iFv II, da hier § 116 hilft. – BesErwerb des LadenInh an üblicherw morgens an Ladentür abgestellten Waren (BGH JR **68**, 106); des Patienten an probew eingesetzten Goldkronen (RG AkZ **38**, 279); des Fallenstellers an gefangenem Wild (KG JW **26**, 2647); des Mieters von GeschRäumen an für Reklame geeigneter Außenwand im Mietbereich jedenf mit Anbringen der Reklame (RG **80**, 284; vgl auch BGH **LM** § 535 Nr 10); Sonderlagerg von umspannten Steinstapeln auf Fabrikgelände, die tags von Angestellten des BesErwerbers bewacht werden (BGH DB **71**, 40). Parkplatzunternehmer hat MitBes mit Gemeinde (BGH **21**, 328). Wegen Parklücke Hbg MDR **62**, 407; Hamm NJW **70**, 2074. Automatenaufsteller an Stell/Hängefläche (Düss OLGZ **85**,
7 233) u Automat (§ 868 Rn 18). – **b) Besitzerwerb verneint:** Bloße Gestattg der Wegnahme ohne tats BesErgreifg (RG **153**, 261; KG OLG **18**, 135); bloße KfzBriefÜberg für BesErwerb am Kfz nach I (Schlesw SchlHA **97**, 182); Gestattg des Abhiebs des auf Stamm verkauften Holzes u dessen Abholzen, wenn nach dem VertrEigt u Besitz erst nach Bezahlg u Abfuhr übergehen sollen (RG **72**, 310); Gestattg des Entrindens u dgl (BGH **LM** Nr 4); vgl aber auch Rn 10. Anschlagen mit Hammer (Danzig JW **32**, 67); Anbringg von EigtTafeln an Lagergut od Ggst, der fest mit beschr zugängl Grdst verbunden (Ffm BB **76**, 573); Bestellg eines TrHänders, ohne daß dieser unmittelb Besitzer wurde (RG **151**, 186); bloßes Fällen von Holz auf fremdem

Grdst (RG LZ **23**, 311); Verbringen auf umzäunten Platz, wenn Dr Torschlüssel hat (BGH JR **75**, 214). Bank an Schließfachinhalt (§ 866 Rn 2). ZollVerw an Waren unter Zollverschluß (RG **112**, 40) u auf Amtsplatz gem ZollG 6 I 1 (BGH JR **75**, 214).

4) Einigung (II) reicht zum Besitzerwerb nur aus, wenn Erwerber sogleich in der Lage, SachHerrsch auszuüben (was er darzutun hat, RG Gruch **49**, 127). Bish Besitzer muß tatsächl SachHerrsch erkennbar aufgeben (BGH NJW **79**, 714); andernf nützt auch die formularmäß Bezeichng des Erwerbers als unmittelb Besitzers nichts (BGH WM **69**, 657). Erlangg der tatsächl Gewalt selbst oder deren Ausübg nicht nötig (KG OLG **16**, 328; Siebert JW **36**, 2453), aber sie muß auch ohne Mitwirkg des bish Besitzers überh mögl sein, auch dürfen sonstige Umst, insb das Verhalten Dritter unmittelb SachHerrsch nicht hindern (OLG **5**, 150; RGRK/Kregel Rn 14). Einigg kann der Möglichk, SachHerrsch auszuüben, vorausgehen u muß bei Erlangg der SachHerrsch fortbestehen (BGH NJW **76**, 1539). 8

a) Rechtsnatur. RGesch, das allen Regeln über WillErkl (insb §§ 104 ff, 116 ff, 158 ff, 164 ff) unterliegt. Bei Eintritt aufschiebder Bdgg muß Erwerber die Herrsch noch ausüben können; dies nicht der Fall, wenn Übertrager erkennbar nicht mehr den Besitz aufgeben will, uU auch bei Eingriffen Dritter (BGH **LM** Nr 4). Nichtigk des GrdGesch berührt die Einigg u damit den BesÜbergang nicht; anders idR bei Nichtigk der Einigg über den Eigtümerwechsel (PfdR/NießbrBestellg). BesErwerb zGDr (§ 328) mittels Einigg nicht mögl (RG **66**, 99). – Einigg formfrei, ausdr Erkl nicht erforderl. Mögl daher auch stillschw, gleichzeit mit Einigg über Eigtümerwechsel (BGH DB **62**, 1638); von jener aber inhaltl zu scheiden. Einigg liegt in Abmachg, daß bish Besitzer bestehde BesLage auf and überträgt. Einigg, dch die ledigl ein VfgsR begründet wird, nie ausreichd; auf rechtl VfgsGewalt kommt es nicht an. 9

b) Einzelfälle: Einigg ausreichd bei BesÜbertr auf BesDiener (RG Recht **24**, 1686); an einem im Fluß liegden Kahn (RG Recht **24**, 1232); bei Drittem befindl Sache, die dieser für Erwerber bewacht (vgl BGH **27**, 362); auf Käufer von Holz im Walde, wenn Forstverwaltg die Holzabfuhrzettel aushändigt (Celle DRZ **50**, 40) od die Abfuhr erlaubt (BGH **LM** Nr 1; BayObLGSt **53**, 23); vgl aber auch Rn 7 und BGH **LM** Nr 4. Im Probeeinbau von Heizkörpern (Rohmontage) liegt idR BesAufgabewille des Handwerkers auch bei EV (BGH NJW **72**, 1187 mit Anm Mormann **LM** § 97 Nr 6 u Kuchinke JZ **72**, 659). 10

5) Vertreter, Organ. – a) Erwerb des unmittelbaren Besitzes durch Stellvertreter (§ 164) nicht mögl (außer hins der Einigg iF II), da BesErwerb nicht auf RGesch, sond Erlangg der tats Gewalt beruht (BGH **16**, 263). BesDienersch (§ 855) keine eigentl Stellvertretg, wenn auch ihr ähnl (RG **137**, 26). Auch Übergabe einer Sache an Besitzmittler des Erwerbers (§ 868) kein Fall der Stellvertretg (RG aaO). – TestamentsVollstr, Insolvenz-, ZwangsVerw, NachlVerw, Treuhänder handeln kraft eigenen Rechts, nicht als Stellvertreter, erwerben daher ihrerseits unmittelb Bes (RG **52**, 333). Auch bei gesetzl Stellvertretg (elterl Sorge, Vormsch) ist der Stellvertreter vermöge seiner selbständ Stellg unmittelb Besitzer der von ihm in Bes genommenen, dem Vertretenen gehörigen Sachen (OLG **4**, 148), soweit nicht nach den jeweiligen Verhältnissen das Kind Alleinbesitzer ist (zB auswärts studierender Sohn). 11

b) Juristische Person: Da handlgsunfäh, BesWille u Innehabg dch Organ, das grdsätzl weder BesMittler noch BesDiener ist, so daß jur Pers selbst Bes (BGH **57**, 166; abw E. Wolf § 2 E II b 2) u Gewahrs iSv ZPO 808, 809 (Ffm OLGZ **69**, 461) erwirbt u hat. Sie ist für BesSchutzAnspr sachbefugt, die Organ als ihr Vertreter verfolgt; bei Streit mehrerer VorstandsMitgl § 866 entspr. Passivlegitimiert ebenf die jur Pers als Besitzer; Vollstreckg des Urteils auf Herausg gg jur Pers über ZPO 883, 886, da ihr Organ die Sachherrsch ausübt. Aus diesem Grd ist die dch das Organ unbefugt weggegebene Sache der jur Pers auch nicht abhgek iSv § 935 (BGH **57**, 166); gleichw verübt das EigenBes begründde Organ verbotene Eigenmacht (Erm/Werner Rn 6). Auch wenn BesDiener Sachherrsch ausübt, besitzt die jur Person. Ein Doppelorgan, wie der bay Landrat erwirbt für die jeweils in Frage kommende Körpersch (BGH **LM** Art 11 *bay* LandkreisO Nr 1). Zur Umwandlg des Willens, für die eine od die and jur Pers zu besitzen, vgl BGH WM **71**, 1452. Eine Stellvertretg iS von § 164 liegt aber nicht vor, da das Handeln der Vertreter als eig Handeln der jur Pers anzusprechen ist. Mögl ist jedoch auch, je nach der Verfassg, daß der Vertreter unmittelb Besitz für sich selbst erwirbt. Das Organ wird ab Ende der Organstellg BesMittler, wobei das abzuwickelnde AnstellgsVerh § 868 erfüllt (Wstm/Gursky § 20 II 2 b; str). 12

6) Gesamthandsgemeinschaften. Schrifttum: Klett, Die BesVerh bei der PersGesellsch, Diss Fbg 1989.

a) Nichtrechtsfähiger Verein: Wenn auch die Träger des geshänder gebundenen Vermögens selbst handlgsfäh sind, legt die körperschaftl Organisation doch die Annahme nahe, daß die unmittelb Sachherrsch dch die Organe ausgeübt wird, woran der zeitweil MitGebr der Mitgl nichts ändert. Bei unbefugter Weggabe dch Organe gilt Rn 12. – Sind für bestimmte Geschäfte bes Vertreter bestellt, ist damit die Übertragg ggständl beschr unmittelb Sachherrsch verbunden u der Vertreter wird idR für seinen Machtbereich unmittelb Fremdbesitzer für die mittelb besitzden Gesamthänder sein. 13

b) BGB-Gesellschaft: Die Vorstellg des OrganBes versagt, da die GesHänder handlgsfäh, die geschführgs- u vertretgsberecht Gter nicht Organe sind. Einen unmittelb GesHandsMitBes im rechtstechn Sinn gibt es nicht. Das Faktum des Bes läßt sich nicht mit dem RBegr der gebundenen Verfüggsmacht der GesHand zur Deckg bringen. Der qualifizierte MitBes (Mitverschluß – § 1206) wird fälschl oft als GesHandsBes bezeichnet. Grdsätzl haben die Gter also MitBes nach § 866 (BGH **86**, 340); tats Verh maßg, ob schlichter od qualifizierter MitBes (BGH **86**, 300). Ihre geshänder Bindg wird immer dann offenb, wenn sich das Faktum der unmittelb Sachherrsch in rechtl Abstraktion zeigt: im mittelb MitBes der GesHänder ggü einem unmittelb besitzden Dritten; wenn BesStörg Ansprüche entstehen läßt; insoweit: § 719. Für BesStörg innerh der GesHand: § 866, bei Entziehg steht Anspr aus § 861 der GesHand od dem einzelnen GesHänder (actio pro socio) zu. Unbefugte Veräußerg dch einen Gter führt zu Abhandenkommen iSv § 935. 14

Ist einem Gter eine Sonderaufgabe oder ein abgegrenzter Sonderbereich der GeschFührg übertragen, kann er insow alleiniger unmittelb Fremdbesitzer sein, der allen GesHändern als mittelb Eigenmitbesitzern den Bes vermittelt. Ob diese BesAufspaltung grdsätzl mit der Beschrkg der GeschFührg auf einen od einz Gter Hand in Hand geht, ist str. Nach Ballerstedt (JuS **65**, 276) liegt in der auftragsähnl Bindg des GeschFührden an das 15

Gemeininteresse der GesHand ein BesMittlgsVerh (§§ 713, 868). Für letzteres ist nach Steindorff (FS-Kronstein **67**, 151) die bloße Beziehg GeschFührer – Gesamthand nicht ausreichd; er nimmt daher unmittelb Eigen-MitBes auch der von der GeschFg ausgeschl Gter an, dessen Ausübg allerd entspr der gesellschaftsrechtl Bindg modifiziert sei („unmittelb Mitbesitz zur ges Hand"). Nach Flume (FG- Hengeler **72**, 76) wird von einz Gtern od von BesDiener ausgeübter Bes der Gesellsch als einer Gruppe zugerechnet. Nach Kuchinke (FS-Paulick **73**, 45) besteht GesHandsMitBes aller Gter u unmittelb Bes der Gesellsch als solcher. Ungezwungener erscheint, alle Gter als mittelbare, die GeschFührden als unmittelb Besitzer anzusehen. Zur Passivlegitimation vgl § 866 Rn 10, 11.

16 **c) OHG – KG:** Hier ergibt sich die gleiche Problemstellg wie Rn 14, 15, falls man nicht, gestützt auf HGB 124, der Ans folgt, daß die vertretgsberecht Gter OrganBes – wie zu Rn 12, 13 – ausüben. Dies ist aus den zu Rn 14, 15 dargelegten Gründen u auch deshalb abzulehnen, weil beide Handelsgesellsch eben nicht körperschaftl organisiert sind. Auch sind die Gesellschafter, ebensowenig wie die Organe der jur Pers, nicht BesDiener der OHG (so Schwerdtner JR **72**, 116). BGH **57**, 166 (= **LM** § 854 Nr 5/6 Anm Braxmaier) spricht den **Kommanditisten** schlechth jede Besitzerstellg ab, da der Bes als tats Herrsch allein den geschführgsbefugten Gesellschaftern zustehe; dies vermengt die Frage, wer Besitzer sei u wer die (aktive u passive) RPosition des Besitzers (hier: der Gesamthänder) aGrd der gesellsch Bindg ausüben könne; die oben Rn 15 angedeutete Lösg über § 868 ließ BGH unerörtert; triftiger erscheint das Arg, die nicht beschränkb Vertretgsmacht nach HGB 126 II schließe einen auf §§ 859 ff gestützten Angriff des Kommanditisten gg BesÜbertr an Dritte aus. – HerausgAnsprüche aber könnten, da der unmittelb MitBes der Gter zum GesHandVermögen gehört, nach beiden Ansichten wg HGB 124 I auch gg die OHG selbst gerichtet werden (BGH JZ **68**, 69 Anm Steindorff; OLG Celle NJW **57**, 27). HGB 128, 161 II allein begründen keine Passivlegitimation des persönl haftden Gters; BGH JZ **70**, 105 (Anm Steindorff) bejaht sie (bei Anspr aus § 985), wenn er die tatsächl Verfüggsgewalt hat, mit der Begründg, auch der Mitbesitzer sei für den Herausg-Anspr (allein?!) legitimiert; vgl § 866 Rn 10. 11. Unbefugte Weggabe einer Sache dch vertretgsberecht Gter führt nicht zur Anwendg des § 935, gleichviel ob man ihm den Bes zuspricht (BGH **57**, 166), ob man BesMittlg dch ihn, ob man Organstellg od BesDienersch (Schwerdtner JR **72**, 116) od MitBes aller GesHänder annimmt, da auch in letzterem Fall die Vertretgsmacht durchschlägt.

17 **d) Erbengemeinschaft:** s § 857 Rn 2. Miterben werden Mitbesitzer gem § 866, mittelb Mitbesitzer zur ges Hand, wenn der Erblasser mittelb Besitzer war, da sich auch hier die gesamthänder Bindg zwar nicht im Faktischen des unmittelb MitBes, wohl aber in der vergeistigten Sachherrsch des mittelb Bes auswirkt. Unbefugte Weggabe dch einen Erben führt zu Abhandenkommen iSv § 935. BesitzschutzAnspr kann jeder Miterbe geltend machen, § 866, 2038 I, 2039. Ergreift ein Miterbe befugt allein die tats Sachherrsch an NachlGgst für die ErbenGemsch, werden alle Miterben mittelb Mitbesitzer u er unmittelb Fremdbesitzer.

18 **e) Gütergemeinschaft:** § 866 Rn 5.

855 *Besitzdiener.* **Übt jemand die tatsächliche Gewalt über eine Sache für einen anderen in dessen Haushalt oder Erwerbsgeschäft oder in einem ähnlichen Verhältnis aus, vermöge dessen er den sich auf die Sache beziehenden Weisungen des anderen Folge zu leisten hat, so ist nur der andere Besitzer.**

1 **1)** Besitzdienerschaft erfordert nach außen erkennb (RG HRR **33**, 923; str) **soziales Abhängigkeitsverhältnis,** kraft dessen der Besitzer die tatsächl Gewalt dch einen anderen als Werkzeug ausübt (BGH **LM** § 1006 Nr 2; Düss NJW-RR **97**, 998). Nicht ausreichd bloß wirtschaftl Abhängigk od schuldrechtl Verpflichtung zur Aufbewahrg od Herausg (BGH DB **56**, 963). Tatsächl Unterordng unter Besitzherrn erforderl, derart, daß seinen Weisungen schlechthin Folge zu leisten u dieser notf selbst eingreifen darf, wobei aber nicht erforderl, daß Besitzer ununterbrochene räuml Einwirkungsmöglichk hat (vgl RG **71**, 252; BGH **27**, 363; BAG DB **98**, 135). Das AbhängigkVerhältn braucht nicht dauernder Art zu sein. BesDienerschaft bleibt auch bei räuml Trenng bestehen (GeschReisender). Anders bei zeitl ungewisser Überlassg von Sachen zu selbstverantwortl Entscheidung (Bambg NJW **49**, 716). Das BesDienerVerh kann privrechtl u öffrechtl Natur sein. Auch ein rein tatsächl Verhältnis (nichtiger DienstVertr) kann genügen, wenn Beteiligte nur glauben, daß Weisgen des „anderen" Folge zu leisten ist. Die Vollm, über Sachen des Besitzherrn verfügen zu dürfen, schließt BesDienersch nicht aus. BesDiener kann dann wirks DrittBes begründen, ohne verbotene Eigenmacht zu verüben (BGH WM **71**, 1268; vgl auch RG **138**, 270). IdR ist BesDiener in eine Organisation (einen HerrschBereich) eingegliedert; dann erstreckt sich das BesDienerVerh grdsätzl auf alle zu der Organisation in Beziehg stehenden Sachen. **Haushalt** weiter als Hausstand (§ 1619). Der Gast dagg kein BesDiener; reines RaumVerh. „In dessen Haushalt" nicht räuml zu verstehen (RG **71**, 248), auch nicht nur auf HaushaltsGgstände beschränkt. **Erwerbsgeschäft** in weitestem Sinne zu verstehen; jede berufsm, auf Erwerb gerichtete kaufmänn, gewerbl, künstlerische, wissenschaftl Tätigk. Bloße wirtschaftl Abhängigk aber nicht genügd (RG HRR **33**, 923; BGH **27**, 360).

2 **2) Ausübung der tatsächlichen Gewalt für den Besitzherrn im Rahmen des Abhängigkeitsverhältnisses.** Dies Erfordern rein sachl zu verstehen; anders gerichteter Wille des BesDieners unbeachtl, wenn er nur tatsächl aGrd des Folgeverhältn die tats Gewalt anstelle des anderen ausübt.

3 **3) Folgen der Besitzdienerschaft. – a)** Nur der andere, der BesHerr, ist Besitzer, u zwar unmittelbarer, **Besitzdiener hat keinen Besitz,** nur Innehabg. Desh ist Widerstand gg Entziehg der tats Gewalt durch BesHerrn verbotene Eigenmacht (§ 858). Aber im Interesse des BesHerrn hat BesDiener VerteidiggsR, § 860. Aber keine Klage wg BesEntziehg od -störg. Keine Vermutg aus § 1006.

4 **b) Besitzerwerb durch Besitzdiener.** § 855 deckt auch einen solchen, der aber nicht kraft Stellvertretg erfolgt (§ 854 Rn 11). Originär zB dch Ansichnahme erlegten Wildes dch Förster od verlorener Sachen innerh des Rahmens des DienstVerh (BGH **8**, 133: Platzanweiserin im Kino). Entggstehender Wille des BesDieners unbeachtl, außer wenn dieser erkennb betätigt. Dies gilt auch beim BesErwerb von dritter Seite.

Läßt sich Hausangestellte zB beim Einkauf den Besitz übertragen, so spricht Vermutg dafür, daß dies iR des BesDienerVerh geschehen, sofern nicht Wille, für sich zu erwerben, erkennb hervortritt. Wegen Gut- oder Bösgläubigk iS des § 990 vgl dort Rn 6.

c) Besitzverlust durch Besitzdiener. BesHerr behält den Besitz, bis er selbst od sein BesDiener diesen 5
aufgegeben. Nicht erkennb betätigter Wille des BesDieners, nicht mehr für den Herrn zu besitzen, wieder unbeachtl. Aber BesVerlust, wenn der BesDiener sich die Sache zueignet, indem er sie in seinen Alleinbesitz bringt (Mitnahme in seine Wohng in ZueigngsAbs u dgl) od wenn er den Besitz einem anderen einräumt. Geschieht dies gg den Willen des BesHerrn, so ist sie diesem (der ja die Sache nicht „aus der Hand gegeben" hat, wie bei der Übergabe an Besitzmittler) iS des § 935 abhanden gekommen (§ 935 Rn 4); hierbei gleichgültig, ob sich der BesDiener strafbar gemacht hat, wobei wieder unerhebl, ob Diebstahl od Unterschlagg od (str) ob Weggabe aus Versehen od inf sonstigen Irrtums.

d) Eigtümer, der unmittelb Besitzer, kann dingl Übereigng mit sich selbst als dem Vertreter u künft 6
BesDiener eines anderen abschließen (RG **99**, 209).

4) Einzelfälle: – a) Besitzdiener sind zB: Mitarbeiter (einschl Prokurist; RG **71**, 252) eines Betr (nicht 7
aber bzgl überlassener Ggst wie zB DienstPKW, die auch privat benutzt werden dürfen; Düss NJW **86**, 2513); Verwalter eines Kinos (BGH WM **60**, 1149); idR Gutsverwalter bzgl Inventar (RG **99**, 209; KG OLG **42**, 272) Reisender bzgl der auf die Reise mitgenommenen Muster (RG **71**, 248); anders die selbstd Handelsvertreter (vgl LG Brschw MDR **55**, 362). Ferner zB auch Zweigstelle der Bank, die bei ihr hinterlegte Wertpapiere für die Hauptbank verwahrt (RG **112**, 113); Jagdaufseher hins erlegten Wildes (RGSt **39**, 179); Förster hins zu beaufsichtigenden geschlagenen Holzes (RGSt **14**, 305); Garderobepächter hins der Garderoberäume (RG **97**, 166); Kapitän hins des Schiffes (Ewald MDR **57**, 134); Kahnschiffer hins Unterkunftsräume (RAG **5**, 266); Pfandhalter als Vertreter des PfdGläub im Pfdbesitz (RG **77**, 209); ArbN, der mit Vollm des ArbG für diesen Geld von dessen Bankkonto abhebt (LAG Düss DB **71**, 2069); Eheg, der GewBetr des and bei dessen Verhaftg fortführt (BGH **LM** Nr 3); Soldat/Beamter bzgl dienstl anvertrauter Sachen (Mü NJW
87, 1830). – **b) Keine Besitzdiener** sind: BesMittler iSv § 868; Eheg u Lebensgefährten (Ffm NJW-RR **86**, 8
470) od erwachsene FamMitgl (Düss NJW-RR **97**, 998) bzgl Sachen des/der and (aA LG Bn FamRZ **67**, 678 bei Empfangn von Privatbriefen des and); wem WohngsInh bei längerer Abwesenh Wohngsschlüssel anvertraut (Dresden OLG **33**, 103); Bahn (BGH **LM** Nr 1); Vorstd einer jur Pers (vgl § 854 Rn 12); VollstrSchuldn hins der in seinem Gewahrs belassenen Sachen (RG **94**, 348); AmtsG als Hinterleggsstelle (KG OLG **15**, 348); ausl Tochtergesellsch bzgl ihr mit bestimmter Weisg von der Muttergesellsch übersandter Konnossemente (RG **168**, 8). – Zur Stellg des Hausverwalters vgl LG Mannh MDR **73**, 764.

5) Beweislast: BesDienerVerh von dem zu beweisen, der sich darauf beruft. 9

856 *Beendigung des Besitzes.* **[I] Der Besitz wird dadurch beendigt, daß der Besitzer die tatsächliche Gewalt über die Sache aufgibt oder in anderer Weise verliert.**

[II] Durch eine ihrer Natur nach vorübergehende Verhinderung in der Ausübung der Gewalt wird der Besitz nicht beendigt.

1) Allgemeines: Für Beendigung, des **unmittelbaren Besitzes** (wg mittelb Besitzes vgl § 868 Rn 23– 1
25) entscheidd ist der Verlust der tatsächl Sachherrschaft. Dann läßt sich Besitz nicht durch bloßen Willen aufrechterhalten. Andererseits reicht der Wille allein, nicht mehr zu besitzen, nicht aus; ebsowenig idR bloße Erkl der BesAufgabe. Erlöschen des Rechts zum Besitz allein beendet den Besitz nicht, sond ist nur für dessen Rechtmäßigk von Bedeutg. Zeitablauf od Eintritt auflösder Bdgg nicht ausreichd. § 856 gilt auch für Besitz an Grdst. BesVerlust durch BesDiener vgl § 855 Rn 5.

2) Aufgabe der tatsächlichen Gewalt: Nur bei erkennb Handeln od Unterlassen (zB der Wiederbe- 2
schaffg, RG Gruch **69**, 373), verbunden mit Willen, tatsächl SachHerrsch aufzugeben (BGH WM **76**, 1192; Köln NJWE-MietR **97**, 227). Für BesAufgabewillen (natürl Wille) gilt § 854 Rn 5. Besitzaufgabe kann durch Preisgeben od durch Besitzübertragg erfolgen. Besitzergreifg durch Dritten im Einverständn mit früh Besitzer ist der Übergabe gleichzusetzen (RG JW **08**, 681). Keine Besitzaufgabe bei bloßer Beschrkg in Ausübg (BayObLG **31**, 309) od bei Mitbesitzeinräumung (RG **66**, 259). Verlassen eines zu räumden Grdst auch genügd, wenn Ggst unter EigtAufg zurückgelassen od Schlüssel ohne BenutzgsAbsicht behalten wird (Hamm ZMR **96**, 372). Über Bes an Leiche/-asche vgl LG Kiel FamRZ **86**, 56.

3) Besitzverlust auf andere Weise: Bei Einbuße der tatsächl Gewalt unabhäng vom Willen des Besitzers, 3
zB Verlieren (vgl Vorbem 1 vor § 965), BesErgreifg seitens eines Dritten od and Ereign, die das HerrschVerh nicht nur vorübergehd (§ 856 II) beenden. Kein Verlust bei Verlegen der Sache innerh der gewaltunterworfenen Räume od Grdst (RGSt **39**, 28). Bei Haustieren ist Ablegg der Gewohnh, zurückzukehren, nicht unbedingt entscheidend (RGSt **50**, 185; wg Tauben vgl auch RGSt **48**, 385). Besitzverlust an gesunkenen Schiffen: RG **165**, 172; Gruch **69**, 374, Ewald MDR **57**, 134; Reich MDR **58**, 890; die zunächst nur als vorübergehend iS des Abs II erscheinende Verhinderg in Ausübg der Gewalt wird durch Unterlassen mögl Hebg zu endgült Besitzverlust.

4) Vorübergehende Verhinderung keine Besitzbeendigg. Einzelfälle: Vorübergehde Benutzg der Sache 4
durch Besitzdiener im eig Interesse (RG **52**, 118); zeitweilige Abwesenh aus der Wohng (Düss MDR **98**, 893); uU kurzfristige Beschlagn durch Besatzgsmacht (LG Köln MDR **51**, 356); frei umherlaufende Haustiere (RGSt **50**, 184; LZ **19**, 208); Flucht eines Lagerhalters, wenn Besitzdiener Gesch fortführen (RG **138**, 265); Liegenlassen (auch in Eisenbahn), wenn Ort des Verlustes bekannt, bei Möglichk der Wiederlangg (RGSt **38**, 445); vorübergehdes Verlassen eines gestrandeten Schiffes (RG **57**, 26, vgl auch RGSt **10**, 85); Verlust des Ankers, wenn Schiff in der Nähe bleibt u Anstalten zur Bergg getroffen werden (RG **138**, 121; vgl auch RG **134**, 168).

857 *Vererblichkeit.* **Der Besitz geht auf den Erben über.**

1 **1) Besitzvererbung** bedeutet nicht Übergang der SachHerrsch auf Erben (das ist rein tatsächl, nach Verkehrsanschauung zu bestimmender Vorgang), sond Nachfolge in die an SachHerrsch des Erblassers geknüpfte Besitzstellg, die Erblasser zZ des Erbfalls innehatte, ohne daß bes Besitzergreifg erforderl (RG **83**, 229). Also Besitz ohne SachHerrsch (andere sprechen von vergeistigter SachHerrsch). Die tatsächl SachHerrsch entsteht erst mit bes Besitzergreifg (vgl Celle NdsRpfl **49**, 199). Ob Erbl materielles Recht zum Besitz hatte, gleichgültig. Auch bei Nichtvererblichk des Rechts zum Besitz (zB Nießbr) Besitz selbst vererbl (RG JW **18**, 368). So auch Übergang bei **Verwaltungsbesitz** (Staud/Bund Rn 9), zB bei Besitz des Beauftragten, verwaltenden Eheg (§ 1422), TestVollstr, Konkurs- u ZwangsVerw, jedoch nur, wenn diese ihrers Besitz ergriffen hatten, sonst Anfall an die sonst berechtigten Personen, zB nachfolgenden TestVollstr. Bei Fortbestand einer **Gesellschaft** trotz Todes eines Gesellschafters (§ 727) geht Mitbesitz des Erblassers kraft Anwachsg (§ 738) auf übrige Gesellschafter über, etwaiger Alleinbesitz an Sachen der Gesellsch aber auf einen Erben (Ebenroth/Frank JuS **96**, 794 [799]). – § 857 gilt nicht für BesDiener, da diese nicht Besitzer. – Besitzvererbg setzt voraus, daß Erblasser zZt des Todes noch Besitz hatte. Ob Besitzübergang, wenn Verlust der tatsächl Gewalt gleichzeitig mit Tod des Erblassers, zB bei Kleidgsstücken im Falle des Ertrinkens u Nichtauffindbark der Leiche, ist str. – Unkenntnis von Erbanfall u Erblasserbesitz unschädl (BGH JZ **53**, 706). GeschFgk nicht erforderl, auch § 1923 II anwendbar. Wegen der Anspr des wahren Erben gg besitzenden vorl Erben § 1959. – Vom Besitz nach § 857 zu unterscheiden **„Erbschaftsbesitz"** des § 2018, der voraussetzt, daß jemand aGrd eines ihm nicht zustehenden, aber angemaßten ErbR etwas aus der Erbsch erlangt hat, was auch durch Anmaßg des Eigenbesitzes an Sachen des Erblassers erfolgen kann, die der „Erbschaftsbesitzer" vor Todesfall in umittelb Fremdbesitz hatte (RG **81**, 294). – Über Nacherbfolge vgl § 2139 Rn 4.

2 **2) Folgen der Besitzvererbung:** Besitz geht auf Erben über, wie er beim Erbl bestand; gilt für unmittelb u mittelb, Fremd-, Eigen-, Teil-, Mitbesitz. BesitzmittlgsVerh zw Erbl u Erben erlischt, Erbe wird (od bleibt) unmittelb Besitzer (RGRK/Kregel Rn 2). Fehlerhaftigk des ErblBesitzes setzt sich fort (vgl § 858 II). Wg §§ 935, 2366 in diesem Fall vgl § 2366 Rn 7. – Erbe genießt BesSchutz nach §§ 861, 862 (LG Köln NJWE-MietR **96**, 269). Eingreifen eines Nichterben in den Nachl bedeutet verbotene Eigenmacht; bei Wegnahme ist die Sache abh gekommen (§ 935). Hatte allerd der vorläuf Erbe, der seine Erbenstellg dch Anf der Ann od des Test od dch ErbunwürdigErklärg verloren hatte, eine Sache aus dem schon in Besitz genommenen Nachl weggegeben, so greift § 935 nicht zG des endgült Erben ein (Ebenroth/Frank JuS **96**, 794 [798]; str; vgl § 1953 Rn 4). And, wenn Pseudoerbe (aGrd früheren, dch späteres entkräfteten Test) Besitz ergriffen hatte. Hier hilft dem Erwerber gg § 935 nur § 2366 (s dort Rn 7). – Erbe kann sich auf die an Besitz geknüpften Vermutgen (zB § 1006; BGH NJW **93**, 935) berufen, wie er anderers auch als Besitzer haftet. Die für u gg Erbl bestehenden possessorischen Anspr bleiben aufrecht erhalten. – Erbenbesitz des § 857 kann durch tatsächl Besitzergreifg zum Besitz des § 854 werden, der Erbenfremdbesitz zum Eigenbesitz des Erben (§ 872). Zur Frage, ob Bösgläubigk des Erbl dch Gutgläubigk des Erben geheilt wird, vgl § 943 Rn 1, § 990 Rn 7.

3 **3) Entsprechende Anwendung** von § 857 bei Anfall eines Vereins- od Stiftgsvermögens an Fiskus, vgl §§ 46, 88, und bei sonstiger Gesamtrechtsnachfolge, zB bei Verschmelzg od Umwandlg von Kapitalgesellsch, auch in den Fällen der §§ 1416 II, 1483, 1490. Wegen § 738 vgl Rn 1.

4 **4) Beweislast:** Wer sich auf Besitz gem § 857 beruft, muß bisherigen Besitz des Erblassers u das behauptete Erbrecht beweisen.

858 *Verbotene Eigenmacht; Fehlerhaftigkeit des Besitzes.* **I Wer dem Besitzer ohne dessen Willen den Besitz entzieht oder ihn im Besitze stört, handelt, sofern nicht das Gesetz die Entziehung oder die Störung gestattet, widerrechtlich (verbotene Eigenmacht).**

II Der durch verbotene Eigenmacht erlangte Besitz ist fehlerhaft. Die Fehlerhaftigkeit muß der Nachfolger im Besitze gegen sich gelten lassen, wenn er Erbe des Besitzers ist oder die Fehlerhaftigkeit des Besitzes seines Vorgängers bei dem Erwerbe kennt.

1 **1) Verbotene Eigenmacht** ist jede ohne Gestattg vorgenommene Beeinträchtigg (Entziehg, Störg) der tatsächl Gewalt des unmittelb Besitzers (RG **55**, 55; JW **31**, 2904), einerlei, ob dieser Recht auf Besitz hatte od nicht (RGSt **60**, 278; JW **21**, 686). Hins des mittelb Besitzers vgl § 869. Widerrechtl Beeinträchtigg liegt idR auch bei Eingriffen derjenigen vor, die Anspr auf Besitzeinräumg haben; zur Durchsetzg ihrer Rechte müssen sie sich staatl Machtmittel bedienen (RG **146**, 182); vgl aber § 864 II. War Besitz dem Besitzer schon vorher abh gekommen (zB durch Verlust), so verbotene Eigenm begriffl ausgeschl. Keine verbotene Eigenm des BesHerrn ggü BesDiener mögl, jedoch umgekehrt; Nichtbefolgen der Weisg des BesHerrn kann schon genügen. Verbotene Eigenm des mittelb Besitzers ggü unmittelb Besitzer mögl (RG **69**, 197; Stgt Recht **17**, 1277); nicht aber umgekehrt (Ffm NJW **97**, 3030). Auch jur Personen können durch ihre Vertreter verbotene Eigenm begehen (Mü SeuffBl **72**, 553; RG **55**, 56). Verbotene Eigenm kann vorliegen bei Verhinderg der Besitzübertragg, nicht aber bei Verhinderg der Besitzerlangg (RG JW **31**, 2904). – Zur **Widerrechtlichkeit** genügt objektive Beeinträchtigg des Bes ohne Willen des Besitzers. Bewußtsein der Widerrechtlichk nicht nötig (OGH MDR **48**, 472), auch nicht **Verschulden.** Gleichgült ist Kennen od Kennenmüssen des beeinträcht Bes (wg verbotener Eigenm des ErbschBesitzers gg Erben § 2025 Rn 2); ebso irrtüml Annahme des Einverständn des Besitzers (RG **67**, 389). – GeschFgk des Handelnden nicht notw.

2 **2) Ohne Willen,** dh ohne irgendwie kundgegebene Zust des unmittelb Besitzers; nicht erforderl gg Willen, gg ausdrückl Widerspr des Besitzers (RG JW **28**, 497). Zust auch stillschw; sie kann in Gleichgültigk hins des Verbleibs der Sache (RG **72**, 198) liegen, aber nicht ohne weiteres in Unterlassg gewalts Widerstandes od Nichtanrufen der Polizei, wenn Besitzer widerspricht (RG Warn **14**, 335). Sie folgt auch nicht aus

unrechtm Besitz (RG SeuffA **81**, 309). Zustimmg muß zZ der Beeinträchtigg bestehen. Doch kann sie im voraus erteilt werden, zB vertragl Gestattg der Wegn der Sache (RG **146**, 186; Schlesw SchlHA **75**, 47; vgl auch Brdbg MDR **98**, 401: AGBG) od des Betretens der Mietwohng; sie wirkt weiter bis zum (jederzeitigen) Widerruf (Löwisch/Rieble NJW **94**, 2596), doch wird ihre Fortdauer vermutet (RG **146**, 186). War Zust bedingt erteilt, muß Bedingg eingetreten sein (RG **67**, 388). Zustimmg braucht nicht rechtsgeschäftl wirks zu sein (str; vgl Mittenzwei MDR **87**, 883 mwN), doch muß Besitzer den für Besitzerwerb nötigen Willen in natürl Sinne haben (§ 854 Rn 5). Zustimmg muß auf freier Entschließg des Besitzers beruhen (RG Warn **25**, 24: Besitzentziehg ggü sinnlos Betrunkenem), darf also nicht unter Druck des Entziehenden erteilt sein (RG JW **28**, 497; LG Kiel MDR **49**, 366: Besitzaufgabe wg unerträgl Besitzstörg; enger Freibg JZ **53**, 474: unwiderstehl psych Zwang). Vertragl Vereinbarg nach § 138 nichtig bei Knebelg des Besitzers (RG JW **29**, 1380). Entscheidend immer nur Wille des unmittelb Besitzers, bei Besitzdienersch also des Besitzherrn; Zust nicht ersetzb durch die des mittelb Besitzers. – **Beweislast:** vgl § 861 Rn 9.

3) Einzelfälle: – a) Verbotene Eigenmacht: Fällen von Holz gg Willen des GrdstBesitzers (RG **129**, 384); Jagdausübg auf fremdem Grdst mit Zust des Jagdpächters, aber gg Verbot des Eigtümers (OLG **6**, 254); Pfändg u Wegnahme entgg ZPO 809, 883 bei widersprechendem Dritten (OLG **10**, 104; str; vgl Lüke NJW **57**, 425); Wegnahme unter EigtVorbeh verkaufter Sachen durch Verk, auch wenn Käufer zur Duldg vertragl verpflichtet, zZ der Wegn aber entggstehenden Willen hatte (RG **146**, 182; JW **35**, 1554); eigenmächtige Rückn verliehener Sachen (RG Recht **24**, 986); Ausräumg der Möbel (RG SeuffBl **68**, 145) od Türschloßauswechselg (Düss ZMR **94**, 163) dch Vermieter ohne Willen des Mieters; Zurückbehalten der vom verreisten WohngsInh überlassenen Schlüssel u Abschließen der Wohng (OLG **31**, 308); ArbGeber reißt ihm mißlieb Anschläge der Gewerksch vom schwarzen Brett, das er ihr im Betr zur Vfg gestellt hatte (LAG Ffm DB **72**, 1027); eigenmächtiges Anbringen von Antenne durch Mieter (Hbg JR **27**, 11); Sperrg von Versorggs-Leitgen dch Vermieter (LG Itzehoe SchlHA **62**, 245; AG Landau ZMR **84**, 246); eigenmächt Parken auf Privatparkplatz (Karlsr OLGZ **78**, 206). – **b) Keine verbotene Eigenmacht:** Anbringg von Lichtreklame an Außenwand durch Mieter, vgl § 854 Rn 6; Betreten des Pachtguts durch Verpächter zu erlaubten Zwecken, zB Ausübg des Forstschutzes (OLG **2**, 40); Behinderg des Nachbarn am Befahren, wenn GrdDbk nicht mehr besteht (Mü LZ **28**, 426); bei Störg des Jagdpächters, weil dieser keinen Sachbesitz (Jena JW **22**, 233); aber Schutz des JagdausübgsR nach § 823 dch UnterlKlage; uU § 826: RG JW **08**, 653); Klageerhebg (BGH **20**, 169); Erwirkg einer unberechtigten einstw Vfg (Kiel SchlHA **11**, 209) oder eines Arrests. 3 4

4) Besitzentziehung ist vollständige u andauernde Beseitigg der SachHerrsch (RG **67**, 389), nicht aber deren Nichtwiederherstellg dch NichtRückg nach BesREnde (BayObLG NJW-RR **98**, 876). Durch physische Einwirkg; auch durch psychische (Raape JW **28**, 497), zB dch Drohg (OLG **20**, 395). Grenze ggü Besitzstörg fließd, nur quantitativer Art (OLG **15**, 328: Abzäung eines GrdstTeils; Schwarz/Ernst NJW **97**, 2550: Parken). 5

5) Besitzstörung ist Beeinträchtigg des unmittelb Besitzers im Genusse des Besitzes in der Weise, daß befriedeter Zustand in solchen der RUnsicherh verwandelt wird. Dies kann geschehen dch **körperliche** Einwirkgen, zB Immissionen iS des § 906, überschwenkder Baukran (Karlsr NJW-RR **93**, 91), sicherhgefährdde Veranstaltgen, Rundfunkstörgen, geräuschvolle Wohngsbenutzg (LG Köln ZMR **67**, 273; LG Bln NJW-RR **88**, 909), Beschädigg der Sache (Köhler JuS **77**, 652 zu II 1 d), Briefkastenwerbg (§ 1004 Rn 7), Parkplatzwerbg (Brdbg NJW-RR **96**, 1514; Stgt NJW-RR **96**, 1516). Auch dch **psychische** Einwirkg, zB dch bloß wörtl Bestreiten des Bes dch Drohgen od Verbote. Wörtl Bestreiten nur ausreichd, wenn mit Verbot von Besitzhandlg od mit Androhg tätl Verhinderg der Besitzausübg (zB dch Wegn) verbunden, wobei Verwehrg der Herausg der Sache an mittelb Besitzer dch Verbot od Drohg genügen kann (RG JW **31**, 2904). Auch mit Sicherh zu erwartde Einwirkg kann genügen, zB bedrohl Bauvorbereitg. Besitzstörg kann dch eigenes Einwirken (Handeln od Unterlassen) des Störers, durch Duldg der Einwirkg Dritter, die verhindert werden könnte (Köln MDR **78**, 405), od dch Behinderg des Besitzers in Besitzausübg erfolgen (W-Raiser § 17 I 2). Nicht erforderl gewisse Dauer der Beeinträchtigg, jedenf nicht bei körperl (aA LG Augsbg NJW **85**, 499). § 905 S 2 gilt entspr (Brem VersR **71**, 277). – **Nicht ausreichd** bloße GebrHinderg ohne Eingr in Sachherrsch (v Venrooy JuS **79**, 102), wie zB Einstellg der Energieversorgg dch das VersorggsUntern (LG Ffm NZM **98**, 714); Fotographieren einsehb Sachen (Celle MDR **80**, 311). 6

6) Gestattung der Entziehung/Störung durch Gesetz (oder VerwAkt kraft gesetzl Ermächtigg, Bettermann MDR **48**, 474) schließt Widerrechtlichk aus. ZB bei zuläss Eingreifen der Polizei; aber verbotene Eigenm dessen, der es dch falsche Angaben veranlaßte (Köln NJW-RR **94**, 557). Ob Beamter iR seiner Amtsbefugn handelte, ist dch ordentl Ger nachprüfb (RG **108**, 239). Wichtig Bestimmgen der ZPO 758, 808 ff, 883–885, 892, ferner ZVG 150. Keine BesEntziehgsKl des VollstrSchuldn gg VollstrGläub, sond nur ZPO 766 (RG JW **02**, Beil 102). ZwVerstAntr keine verbotene Eigenm ggü besitzdem NichtEigtümer (RG **116**, 356). BeschlagnR gemäß StPO (RG **64**, 385). Endl gehören Bestimmgen über SelbsthilfeR hierher, §§ 227–229, 859 auch §§ 561 I, 581 II, 910, 962; auch solche der Länder gem BJagdG 23, 25. Ferner EG 89 betr PrivatpfändgsR. DuldgsPfl nach §§ 904, 906, TKG 57 (Düss ZfIR **98**, 705) u BImSchG 14. Stets zu prüfen, ob eigenmächtiges Handeln gestattet od nur (wie zB in §§ 1361 a I 1, 1422, 1450 I 2, 1985, 2205, InsO 148 (Naumbg OLG-NL **97**, 163), Hammerschlags- u LeiterR nach LNachbR [Karlsr NJW-RR **93**, 91]) ein einklagb Recht verliehen wird. Keine Gestattg der Beeinträchtigg bedeuten die §§ 867, 258. Schuldrechtl Gestattg nicht genügd (RG **146**, 186); uU hierin Zust (vgl Rn 2); ebsowenig subjektives dingl (zB WegeR; KG NJW- RR **88**, 780) od persönl Recht, das zur Vornahme der betr Besitzhandlg befugt (Rn 1; aA RG JR **25**, 1750); insow nur § 683. – **Beweislast** für Gestattg hat eigenmächt Handelnder. 7

7) Fehlerhaftigkeit des Besitzes (nicht zu verwechseln mit unredl od ungerechtf Besitz). – **a)** Sie **wirkt relativ,** dh nur zG des Beeinträchtigten u seiner RNachf (§§ 861 II, 862 II) u nicht auch Dritten ggü; daher ist zB Dieb gg Besitzentziehg durch Dritte nach § 859 geschützt. – **b)** Makel der Fehlerhaftigk geht auf **Besitznachfolger** über: **aa)** Bei Erbfolge Haftg schlechthin, auch ohne Kenntnis der Fehlerhaftigk; Voraussetzg, daß Erbe als Erbe Besitz erlangt, nicht etwa vor Erbfall durch Besitzübertragg, dann seine Stellg wie die 8 9 jedes Besitznachfolgers. **bb)** Sondernachfolger muß bei Erwerb Fehlerhaftigk kennen; nachträgl Erkennen steht nicht gleich; fahrl Unkenntnis genügt nicht. Nur fehlerh Besitz des unmittelb Vormannes schädl. War Sache schon von einem früh Besitzers fehlerh erworben, so muß Vormann bei Besitzerwerb Fehlerhaftigk gekannt haben, damit sie derzeitigem Besitzer, der sämtl den Besitz fehlerh machende Umstände bei Erwerb kennen muß, angerechnet werden kann (RGRK/Kregel Rn 14). SonderNachf im Besitz ist nicht nur, wessen Besitz auf Übertragg beruht, sond auch, wer unmittelb nach früherem Besitzer Besitz erlangt, zB der zweite Dieb (Wstm/Gursky § 22 IV 1) od wer eine vom fehlerh Besitzenden fortgeworfene Sache in Kenntn der Fehlerhaftigk in Besitz nimmt. – SonderNachf besitzt nicht fehlerh, wenn ihm Gesetz (Schlesw SchlHA **75**, 47) od Erstbesitzer die Nachfolge im Bes gestatten (vgl Schneider JR **61**, 368). BewLast für BesitzNachf und Kenntn der Fehlerhaftigk trifft den, der Rechte daraus herleitet; Gegner muß Recht zum Eingr od Zust des Besitzers beweisen (RGRK/Kregel Rn 15).

859 *Selbsthilfe des Besitzers* **I .Der Besitzer darf sich verbotener Eigenmacht mit Gewalt erwehren.**

II Wird eine bewegliche Sache dem Besitzer mittels verbotener Eigenmacht weggenommen, so darf er sie dem auf frischer Tat betroffenen oder verfolgten Täter mit Gewalt wieder abnehmen.

III Wird dem Besitzer eines Grundstücks der Besitz durch verbotene Eigenmacht entzogen, so darf er sofort nach der Entziehung sich des Besitzes durch Entsetzung des Täters wieder bemächtigen.

IV Die gleichen Rechte stehen dem Besitzer gegen denjenigen zu, welcher nach § 858 Abs. 2 die Fehlerhaftigkeit des Besitzes gegen sich gelten lassen muß.

1 **1) Allgemeines.** Selbstwehrberechtigt ist unmittelb Besitzer, auch fehlerhafter (RG Recht **26**, 1674); wg des mittelb vgl § 869 Rn 2. Besitzdiener: § 860. Gesetzl Vertreter zur Ausübg der Rechte des § 859 auch dann befugt, wenn nur der vertretene Besitzer (RG **64**, 386); sonst Ausübg durch Dritte unzul, sofern vom G nicht ausdrückl gestattet (RGSt **60**, 278). Besitzer darf sich aber im Rahmen der Erforderlichk der Hilfe Dritter bedienen. – Selbsthilfe bei Besitzentziehg wie bei Besitzstörg, sofern diese verbotene Eigenm darstellen; zu beachten § 906 u BImSchG 14, vgl § 862 Rn 2. Einwendg fehlerh Besitzes gg Selbsthilfe unzul, wohl aber gilt § 864 II (RG **107**, 258); gilt auch für Mieter gg Vermieter, vorbehaltl abw Regelg (zB BetretgsR, LG Köln ZMR **67**, 177); vgl § 861 Rn 1.

2 **2) Recht der Besitzwehrung (I),** dh Recht zur Verteidigg bestehenden Besitzes, nicht identisch mit NotwehrR, § 227, od SelbsthilfeR des § 229, sond weitergehend (vgl BGH NJW **67**, 46/47: nicht jedes, § 859 I auslösde Aufrechterhalten eines rechtsw Zustands ist auch schon die Notwehr rechtfertigder ggwärt Angr iS von § 227). Daß obrigkeitl Hilfe nicht zu erlangen (§ 229), keine Voraussetzg (RG HRR **34**, 1282). Gewaltanwendg nur insow eingeschränkt, als sie nicht über das zur Abwehr ggwärtiger, verbotener Eigenm gebotene Maß hinausgehen darf (Kblz MDR **78**, 141; Schlesw SchlHA **87**, 12; LG Köln ZMR **67**, 177), sonst wird Handlungsweise widerrechtl u Besitzer bei Versch schadensersatzpfl (§ 823); nicht anwendb § 231. Aus an sich berecht, die störde Sache gefährdder BesWehr kann sich gem § 242 RPfl zu gefahrmindernden zumutb Maßn ergeben (BGH WM **68**, 1356: Abdecken von ins Freie gestellten Töpferwaren). Ob Überschreitg vorliegt, nach obj Sachlage zu beurteilen. Höhe des drohden Schadens ohne Bedeutg (Schlesw SchlHA **87**, 12). Widerstand des Eigenmächtigen gg rechtm Besitzwehr keine Notwehr, sond widerrechtl.

3 **3) Recht der Besitzkehrung.** Überschreiten ist verbotene Eigenm, sofern nicht § 229 gegeben. – **a)** Bei **beweglichen Sachen (II):** Nur im unmittelb Anschl an Wegnahme zul, entweder bei Ertappen auf frischer Tat, dh unmittelb bei od alsbald nach der Tat, od wenn die Tat bei od sofort (Schlesw SchlHA **87**, 12: 30 Minuten) nach Verübg entdeckt, durch Verfolgen auf frischer Spur, sog Nacheile. Verfolgg darf bis in
4 Wohng des Eigenmächtigen fortgesetzt werden (vgl RG JW **31**, 2643). – **b)** Bei **Grundstücken (III):** Entsetzung des Täters aus dem Bes/TeilBes. Mit der Wiederbemächtigg muß sofort nach Entziehg begonnen werden. Parken auf fremdem Grdst idR Teilentziehg (LG Ffm NJW **84**, 183; AG Brschw NJW-RR **86**, 1414); über WarteFr vgl AG Ffm NJW-RR **89**, 83. „Sofort" nicht gleich unverzügl sond: so schnell wie nach obj Maßstab mögl ohne Rücks auf subj Kenntnis der Entziehg (LG Ffm aaO: 4 Std nach widerr Parken; Schünemann DAR **97**, 267: 1/2 Std nach widerr Parken; AG Mü NJW **96**, 853: nicht 7 Std nach widerr Parken). Aber dem Besitzer ist Zeit zu notw Vorbereitg zu lassen. Ist BesWehrg bzgl Grdst zugl BesKehrg bzgl GrdstTeils, gilt Zeitgrenze des III auch für BesWehrg (BGH NJW **67**, 46: Wegnahme eines an Gebäudefläche angebr Werbeschildes). III berecht nicht dazu, dem auf fremden Grdst widerrechtl Parkden die Ausfahrt zu versperren, da dadch keine Beseitigg der BesStörg (Hamm MDR **69**, 601).

5 **4) Besitznachfolger (IV):** Vgl § 858 Rn 9. Es gelten die Zeitgrenzen von II, III.

860 *Selbsthilfe durch Besitzdiener.* **Zur Ausübung der dem Besitzer nach § 859 zustehenden Rechte ist auch derjenige befugt, welcher die tatsächliche Gewalt nach § 855 für den Besitzer ausübt.**

1 **Selbsthilferecht** des BesDieners iSv § 855 ist kein ihm zustehendes selbstd Recht, sond ledigl Befugnis zur Ausübg des dem Besitzherrn zustehenden SelbsthilfeR (RG **97**, 167); daher nur in dessen Interesse, nie gg ihn zul. BesDiener kann erforderlichenf Gehilfen zuziehen; er darf auch solche Sachen gem § 859 verteidigen, über die anderem BesDiener tatsächl Gewalt zusteht, die aber innerh desselben Kreises (zB Betr, Haushalt) befindl (vgl W-Raiser § 6 IV). Wegen Selbsthilfe gg anderen BesDiener desselben BesHerrn bzgl Arbeitsgeräten vgl Köln **AP** Nr 1 § 860 BGB m Anm von Götz Hueck. Rechte aus §§ 861, 862 stehen ihm nicht zu; dagg hat er selbstd Rechte aus §§ 227, 229, nicht aber gg BesHerrn, es sei denn, daß dieser widerrechtl Angriffe auf seine Pers unternimmt, § 227.

861 *Besitzentziehungsanspruch.* **I Wird der Besitz durch verbotene Eigenmacht dem Besitzer entzogen, so kann dieser die Wiedereinräumung des Besitzes von demjenigen verlangen, welcher ihm gegenüber fehlerhaft besitzt.**

II Der Anspruch ist ausgeschlossen, wenn der entzogene Besitz dem gegenwärtigen Besitzer oder dessen Rechtsvorgänger gegenüber fehlerhaft war und in dem letzten Jahre vor der Entziehung erlangt worden ist.

1) Die §§ 861 (BesEntziehg), 862 (BesStörg) geben bei verbotener Eigenm dem im Besitz bewegl wie unbewegl Sachen Beeinträchtigten einen **Besitzschutzanspruch** (possessorischen Anspr), abgeleitet aus dem Besitz als solchem; daher Recht (od besseres Recht) zum Besitz unerhebl sowohl für den Anspr wie für die Verteidigg (§ 863); entscheidend allein, ob Besitz des Bekl durch verbotene Eigenm ggü Kläger erlangt. Sachbefugt daher auch fehlerhafter Besitzer, zB Dieb, mit der sich aus II ergebenden Einschränkg (vgl Rn 5). Aber Fehlerhaftigk aus and Grd als verbotener Eigenm als KlageGrd nicht ausreichd (RG Recht **07**, 588). Dem Mieter, der nach Beendigg des Mietvertr wohnen bleibt, steht der Anspr aus §§ 861, 862 gg Vermieter zu, wenn dieser den Besitz entzieht od stört (Düss BB **91**, 721; ZMR **94**, 163). Auch keine Einr der Argl (KG NJW **67**, 1915; Wstm/Gursky § 24 II 4; Mühl NJW **56**, 1659). Wer dem Besitzer, der ihm den Besitz dch verbotene Eigenm entzogen hat, diesen wieder entzieht, ist besitzberechtigt (BGH WM **66**, 774). 1

2) **Wiedereinräumungsanspruch** ist HerausgAnspr gerichtet auf Herstellg des Zust vor BesEntziehg (Schlesw SchlHA **75**, 47); auch auf Auskunft über Verbleib (Hbg OLG **45**, 184). Bei MitBesEntziehg auf Einräumg von AlleinBes, wenn MitBes nicht mehr herstellb (Düss MDR **98**, 893). Selbstd abtretb (RG Recht **14**, 1839) u vererbl. §§ 251, 987 ff gelten nicht. Im Konk gibt § 861 AussondergsR (InsO 47). 2

3) **Anspruchsberechtigt** (sachbefugt) ist der (bisherige) unmittelb Besitzer, auch gg mittelb Besitzer (vgl § 858 Rn 1). Wegen des mittelb Besitzes vgl § 869. Ob unmittelb Besitzer Sache für sich od als gesetzl Vertreter für anderen, ob als eig od fremde Sache besaß, gleichgültig (RG **59**, 327). Selbst bloßer Verwahrer hat Anspr gg Eigentümer (OLG **6**, 256 u **10**, 104). Wegen Teil- u Mitbesitzer vgl § 865 Rn 2, § 866 Rn 8, 9. Gesellschaft: vgl § 854 Rn 14–16; nach BGH **57**, 166 nie Kommanditisten, da sie nicht besitzen. Sachbefugt auch Erbe u sonstige Gesamtnachfolger, vgl § 857 Rn 2, 3. Dem Besitzdiener steht Klage nicht zu. 3

4) **Anspruchsgegner:** Ggwärt fehlerh (§ 858) Besitzer. Hatte Entzieher an gutgl Dritten weiterveräußert u dann von diesem Besitz zurückerlangt, so gilt § 932 Rn 17 entspr, so daß Fehlerhaftigk nicht auflebt (so bei Rückkauf Oldbg DJZ **35**, 441). Bekl muß zZ der Klageerhebg noch Besitzer sein, sonst nur SchadErsKlage (Rn 13). Gleichgültig, ob er Besitz für sich od andere, aus eigenem Antrieb od im Auftrage Dritter erworben. Klage auch gg mittelbaren Besitzer mögl, zB wenn er unmittelb Besitz fehlerh erworben u dann nach § 868 an Besitzmittler übertr hat (Köln JurBüro **96**, 217 [Pfändg]; ZMR **98**, 696 [Doppelvermietg]). Nicht passivlegitimiert ist BesDiener. Zur Passivlegitimation beim Besitz jur Personen od Handelsgesellsch vgl § 854 Rn 11–16 u § 866 Rn 10, 11. 4

5) **Ausgeschlossen (II)** ist Anspr, wenn Besitz des Klägers (od seiner Besitzvorgänger) dem Bekl od seinem Rechtsvorgänger ggü fehlerh u fehlerhafter Besitz des Klägers innerh Jahresfrist vor seiner Entsetzg erlangt war (vgl LG Duisb ZMR **70**, 190: Vermieter beseitigt die widerrechtl errichtete Dachantenne des Mieters). Rechtsvorgänger, nicht Vorgänger im Besitz wie bei § 858 II, ist nicht nur Erblasser, sond jeder, in dessen Besitzstellg Beklagter inf, nicht nötig aGrd, Rechtsnachfolge eingetreten ist (RG **53**, 10; **56**, 244), od eingetreten wäre, wenn nicht der Kläger verbotene Eigenm begangen hätte (W-Raiser § 19 Fußn 10). Nicht genügd bloße Übertragg des Anspr aus § 861 seitens eines Dritten auf Bekl (RGRK/Kregel Rn 9). AusschließgsGrd auch dann, wenn Kläger nach Maßg des § 858 II Fehlerhaftigk des Besitzes seines Besitz- (nicht Rechts-) Vorgängers gg sich gelten lassen muß. – Da ggü „Einwand" des Bekl Kläger seiners einwenden kann, daß Bekl vor Entsetzg durch ihn (Kläger) ihm ggü fehlerhaft besessen habe, und so fort, so ist Anspr des Klägers nur begründet, wenn die Reihe der gem § 861 in Betr kommenden widerrechtl Besitzentziehgen von der anderen Partei eröffnet wurde (Kiel SchlHA **25**, 110) u zw den einzelnen Entziehgen nicht mehr Zeit als ein Jahr verstrichen ist. – Frist des Abs II ist AusschlFrist, § 186. Sie rechnet von der Entsetzg des Klägers, nicht vom Ztpkt der Klageerhebg zurück. – Geltdmachg von II keine Einrede im eigentl Sinne, sond anspruchshindernde Tats; daher auch im VersäumnisVerf zu berücksichtigen. 5

6) **Prozessuales: a) Anspruchshäufung:** Stützt der Kläger sein HerausgVerlangen materiell auf § 861, hindert ihn das nicht, sein RFolgebegehren gleichzeit mit petitor Anspr (§§ 1007, 985) zu begründen (BGH DB **73**, 913). Das Ger muß sogar den vorgetragenen Sachverhalt auch unter diesen rechtl Gesichtspunkten prüfen, da Kläger mit der Behauptg, er sei früherer Besitzer, zugl die von Amts wg anzuwendde Vermutg des § 1006 anspricht. Trotz materiellr AnsprKonkurrenz ein StreitGgst, somit keine Klagehäufg iS ZPO 260 (Jauernig 4; MüKo/Joost 13; aA Soergel/Mühl 10; Zöller/Vollkommer Einl 70). – Zul, unter den Voraussetzgen der ZPO 256, 280 WiderKl iF II auf Feststellg, daß Bes des Klägers dem Beklagten ggü fehlerh war. – Zu beachten auch § 864 II. 6

b) Besitzverlust nach KlErhebg erledigt Kl in der Haupts; dann bei übereinstimmder ErledigtErklärg Entscheidg nach ZPO 91 a; beharrt Bekl auf KlAbweisg, muß SachUrt über die bestr Erledigg ergehen, falls Kläger nicht auf InteresseKl (ZPO 264 Nr 3) übergeht. 7

c) Weitergabe des Besitzes währd des RStreits: – **aa)** Beklagter bleibt nicht Oberbesitzer (§ 868): Dann gelten ZPO 265, 325 I; nach Titelumschreibg (ZPO 727, 731) Vollstr gg BesNachfolger. Diesen schützt aber sinngem ZPO 325 II, wenn er hins der Streitbefangenh u der Fehlerhaftigk des VorBes (§ 858 II 2) gutgläub war. – **bb)** Bleibt der Beklagte mittelb Bes, ist er zwar (wie bei §§ 985, 1007; vgl oben Rn 4) weiter passiv legitimiert, währd er iF aa) nur prozführgsbefugt bleibt. Doch könnte der BesMittler sowohl iF des ZPO 886, wie bei Verurteilg des mittelb Besitzers zur Abtretg des HerausgAnspr gg BesMittler sein vom Beklagten abgeleitetes BesR einwenden. Diese Abschwächg der Passivlegitimation ist der Grd dafür, daß GesGeber auch die BesStufg nach § 868 in die Regelg der ZPO 265, 325 I eingezogen hat. Dann muß sich aber der 8

BesMittler gg die Wirkg des ZPO 325 I wie zu aa) verteidigen können (Staud/Bund Rn 24), was ihn allerd nur gg § 861 schützt, nicht aber wenn HerausgAnspr zugleich auf § 1007 II od § 985 gestützt ist. – **cc)** Kläger kann bei BesVerlust zur InteressenKl (ZPO 264 Nr 3) übergehen; bei BesÜbertr wird dies zweckm sein, wenn er im Verf zur Klauselumschreibg gg BesNachfolger diesem bösen Glauben nicht beweisen kann. BesInteresse, wenn Kl nur possessor, volles Sachinteresse, wenn sie zugleich petitorisch begründet war.

9 **d) Beweislast: – aa) Kläger** für Besitz vor Entziehg (wobei tatsächl Vermutg für Fortbestehen, wenn einmal nachgewiesen), für Besitzentziehg ohne seinen Willen (BGH DB **73**, 913) u für Besitz des Bekl; Entziehg ohne Wissen des Klägers spricht für solche ohne seinen Willen (RG JW **04**, 361), Bekl muß dann GgBew führen. – **bb) Beklagter** für Voraussetzgen von **II,** für Beendigg des Besitzes des Klägers vor Entsetzg durch Bekl, für eigene od BesDienersch des Klägers, für gesetzl Gestattg der Entziehg (RG **64**, 386). Vgl auch Schneider JR **61**, 367.

10 **e) Getrenntlebende Ehegatten:** Über BesSchutz u Verfahren vgl § 1361 a Rn 3, § 1361 b Rn 2.

11 **f) Einstweilige Verfügung** erfordert idR keinen bes VfgsGrd (Köln JMBlNRW **90**, 178; Stgt NJW-RR **96**, 1516). Mit ihr kann Zust geschaffen werden, der Befriedigg gleichkommt (Köln JurBüro **96**, 217).

12 **7) Sonstige Rechtsbehelfe: – a) Bereicherungsanspruch** nur, wenn Besitzübergang auf einer (rechtsgrundlosen) Leistg des früheren Besitzers beruht (RG **129**, 311). Er ist ausgeschl, sofern nur auf verbotene Eigenm oder sonstigen unfreiw BesVerlust gestützt; denn §§ 861, 1007 insoweit Sonderregelg, die vom Gesetz nicht dem BereichergsR unterstellt; also idR keine Eingriffskondiktion, es sei denn, der entzogene Bes hätte durch Recht zum Bes einen bestimmten Zuweisgsgehalt bekommen (vgl BGH WM **87**, 181).

13 **b) Schadensersatzanspruch** (zB wg NutzgsEntzug, Rückhol/EntsetzgsKosten) aus § 823 II iVm § 858 (BGH VIZ **96**, 86) u § 823 I (RG **170**, 6; BGH **32**, 204); aber kein SchadErsAnspr des mittelb gg den unmittelb Besitzer aGrd § 823 I (BGH **32**, 194). Str, ob im übr §§ 866, 864 I auch delikt SchadErsAnspr des Besitzers einschränken; so Medicus AcP **165**, 118; dagg zutr Wieser JuS **70**, 559, Wstm/Gursky § 21, 4; § 25, 2. – Wg Höhe des zu ersetzden Schadens eingehd Medicus aaO 115 ff; er gibt, weil sonst Schaden des Besitzers nicht ermittelb (Wert des Bes als solcher kaum feststellb), SchadErsAnspr nur, wenn Bes mit über den possessorischen Schutz hinausgehder Befugn zustrifft, die den Bes eigtumsähnl erscheinen läßt, wie zB NutzgsR, ZbR, endgült HerausgAnspr (§ 1007). Gg Anspr des rechtlosen Besitzers auf Ers des Nutzgsschadens (and bei Haftgs- u Verwendungsschäden) auch Wieser NJW **71**, 597; BGH **114**, 305; NJW **81**, 865 (krit dazu Honsell JZ **83**, 531). Beachte für die Zeit nach der BesEntziehg §§ 1007 III 2, 989–992, 823 I, 286 (vgl Medicus aaO; dort auch zur Konkurrenz mit SchadErsAnspr des Eigtümers). Über Anspr bei widerr Parken vgl Schwarz/Ernst NJW **97**, 2550.

14 **c) Sonstige.** Petitorische BesitzKl (§ 1007). UnterlKl bei Wiederholgsgefahr (§ 862 Rn 7). – Keine FeststellgsKl auf Anerkenng des Bes als Tats (Staud/Bund 21) zB bei mündl Bestreiten.

862 *Besitzstörungsanspruch.*

I Wird der Besitzer durch verbotene Eigenmacht im Besitze gestört, so kann er von dem Störer die Beseitigung der Störung verlangen. Sind weitere Störungen zu besorgen, so kann der Besitzer auf Unterlassung klagen.

II Der Anspruch ist ausgeschlossen, wenn der Besitzer dem Störer oder dessen Rechtsvorgänger gegenüber fehlerhaft besitzt und der Besitz in dem letzten Jahre vor der Störung erlangt worden ist.

1 **1) Besitzstörung.** Allgemeines über den possessorischen Anspr vgl § 861 Rn 1. Vgl auch § 858 Rn 6; Einzelfälle dort Rn 3, 4. SchadErsAnspr nur bei Versch (§ 823).

2 **2) Besitzstörungsanspruch** gerichtet auf Herstellg des vor Störg bestehenden Zustandes (BeseitiggsAnspr) od der früh Sicherh im Besitz (UnterlassgsAnspr). Letzterer nur bei einer auf Tatsachen sich gründenden Wahrscheinlichk weiterer Wiederholg (RG JW **13**, 543); bloß denkbare Möglichk nicht ausreichd (RG **63**, 379). Verbot weiterer Störgen kann Verpflichtg zur Beseitigg von Anlagen (der Störgsquelle) od Vornahme von Einrichtgen bedeuten (vgl RG aaO). Da Anspr aus § 862 kein SchadErsAnspr, keine Geldentschädigg (BGH WM **76**, 1056). Kein BesitzstörgsAnspr, soweit gem § 906 Eigtümer Einwirkg zu dulden hätte (vgl § 906 Rn 1), währd ihm andrers ein AusglAnspr entspr § 906 Anm 31, 42 zusteht.

3 **3) Anspruchsberechtigter** vgl § 861 Rn 3, § 869 Rn 1. Mieter gg Hausgenossen bei Immissionen (RG HRR **31**, 1219). Besitzverlust nach Rechtshängigk beseitigt Sachbefugnis; bei BesÜbertragg ZPO 265 II (vgl auch § 861 Rn 8).

4 **4) Anspruchsgegner:** Störer, dh derjenige, mit dessen Willen beeinträchtigender Zustand besteht od von dessen Willen Beseitigg abhängt (RG JW **36**, 3454) zB ggwärt Besitzer der störenden Anlage (vgl RG **103**, 174); auch bei Handeln im Auftr eines anderen; aber auch AuftrGeber Störer (RG **92**, 25), uU nur dieser (OLG **2**, 42). UU ist Störer auch, wer Einwirkg Dritter duldet, die er hindern könnte (RG **97**, 26). Vgl auch § 1004 Rn 16–21.

5 **5) Ausschluß des Anspruchs (II)** vgl § 861 Rn 5.

6 **6) Prozessuales:** Vgl Rn 3. – Bei Abhilfe währd des RStreits Anspr auf Beseitigg erledigt (RG HRR **31**, 1219), aber UnterlAnspr nur bei Gewähr für dauernde Abhilfe. Widerklage im Falle II auf Rückg der durch Kl od dessen Besitzvorgänger mittels verbotener Eigenm gg Bekl od dessen RVorgänger erlangten Sache mögl. BewLast: Kläger für seinen Besitz, für Störg u Pers des Störers, für Besorgn weiterer Beeinträchtiggen; Beklagter für Voraussetzgen von II, für gesetzl Gestattg der Beeinträchtigg, für Voraussetzgen des § 906 (RG HRR **31**, 1219), für Besitzdienereigensch des Klägers u Beendigg des Besitzes vor Störg. – ZwVollstr bei BeseitiggsAnspr: ZPO 887, bei UnterlAnspr: ZPO 890. – Einstw Vfg: § 861 Rn 11.

7) Erweiternde Gesetzesanwendung: Rspr gibt in Ausdehng des in §§ 12, 862, 1004 enthaltenen RGedankens Unterlassgsklage bei jedem obj rwidr Eingr in geschütztes RGut, sofern Wiederholgsgefahr besteht (RG **116**, 151). So auch Schutz eines eingerichteten Gewerbebetriebes vor Störgen, obwohl keine „Sache". Ggüber UnterlKlage wg Störg kann, da es nicht die Besitzstörgsklage ist, Recht zur Vornahme störender Hdlg unbeschränkt geltd gemacht werden (RG LZ **27**, 905). 7

863 ***Einwendungen aus dem Recht.*** **Gegenüber den in den §§ 861, 862 bestimmten Ansprüchen kann ein Recht zum Besitz oder zur Vornahme der störenden Handlung nur zur Begründung der Behauptung geltend gemacht werden, daß die Entziehung oder die Störung des Besitzes nicht verbotene Eigenmacht sei.**

1) Einwendungen aus materiellem Recht sind ggü BesSchutzAnspr aus §§ 861, 862 grds ausgeschl, um Besitzer rasche Wiederherstellg seines dch verbotene Eigenmacht beeinträchtigten BesStandes zu ermöglichen (BGH NJW **79**, 1358). Ggü Klagen aus and RGrd (zB §§ 812, 823, 1007) gilt § 863 nicht; bei ihrer Verbindg mit BesSchutzKl gilt § 863 nur ggü letzterer. 1

2) Zulässige Einwendungen (BewLast hat AnsprGegner): – **a)** Gesetzl Gestattg (§ 858 Rn 7). – **b)** Einverständn des AnsprInh (§ 858 Rn 2). – **c)** ZbR aus § 273 II (Soergel/Mühl 3), nicht aber aus § 320 (Schlesw SchlHA **62**, 245). – **d)** Einwendgen aus § 864 II. Gilt entspr, wenn über §§ 861, 862 letztinstanzl entschieden wird u das BesR des Bekl feststeht (BGH NJW **99**; 425). 2

3) Widerklagen ggü BesSchutzKl auch zul, wenn sie auf gem § 863 ausgeschl Einwendg gestützt (BGH NJW **79**, 1358). Hierdch verliert § 863 nicht an Bedeutg, da über die idR zuerst entscheidgsreife BesSchutzKl dch TeilUrt (ZPO 301) zu entscheiden ist. Sind Kl u WiderKl gleichzeit entscheidgsreif, so ist unabhäng davon, ob Entscheidg über WiderKl sogleich rkräft wird (BGH NJW **79**, 1359) od nicht (BGH NJW **79**, 1358), die Kl zur Vermeidg widerspr Verurteilgen entspr § 864 II abzuweisen. Vgl auch Hagen JuS **72**, 124; Spieß JZ **79**, 717; Gursky JZ **84**, 604 zu I 4. 3

864 ***Erlöschen der Besitzansprüche.*** **I Ein nach den §§ 861, 862 begründeter Anspruch erlischt mit dem Ablauf eines Jahres nach der Verübung der verbotenen Eigenmacht, wenn nicht vorher der Anspruch im Wege der Klage geltend gemacht wird.**

II Das Erlöschen tritt auch dann ein, wenn nach der Verübung der verbotenen Eigenmacht durch rechtskräftiges Urteil festgestellt wird, daß dem Täter ein Recht an der Sache zusteht, vermöge dessen er die Herstellung eines seiner Handlungsweise entsprechenden Besitzstandes verlangen kann.

1) Jahresfrist (I) ist vAw zu berücksichtigde AusschlFrist (RG **68**, 389). Sie beginnt mit Abschluß der StörgsHdlg (bei DauerHdlg also nicht mit deren Beginn), auch wenn beeinträchtigder Zustand fortwährt; bei wiederholten StörgsHdlgen Fristablauf hins vorheriger Störgen unschädl (BGH NJW **95**, 132). Fristbeginn unabhäng von Kenntn od Unkenntn des Klägers, Kenntn nur maßg bei BesStörg dch wörtl Bedrohen. Fristberechng nach §§ 187 I, 188 II. Unterbrechg nur dch Erhebg des BesSchutzKl; FeststellgsKl od Antr auf einstwVfg genügen nicht. Ab Anordng nach ZPO 251 läuft neue Frist (Düss OLGZ **75**, 331). – **Beweislast** für Fristbeginn u -ablauf hat Bekl, für Fristwahrg der Kläger. 1

2) Stellt ein **Urteil ein Recht des Besitzentziehers/störers auf den eigenmächtig hergestellten Besitzstand** fest, so erlischt der BesSchutzAnspr **(II); akzessor** verursachter SchadErsAnspr erlischt nicht. Dies ist Tatbestands- u nicht RKraftWirkg des Urt. BesSchutzKl ist als unbegründet abzuweisen; war ihr schon vorher stattgegeben, so ZPO 767. Wg Pfändg des gg Gläub selbst gerichteten Anspr aus § 861 vgl Stgt HRR **34**, 389. 2

a) Gesetz spricht von **Recht an der Sache.** Aber nicht auf dingl Rechte (zB § 985) zu beschränken; gilt auch bei obligator Anspr (zB §§ 433 I 2; 556 I) u Recht aus älterem Bes (§ 1007). 3

b) Rechtskräftiges Urteil. Vorl vollstreckb Urt (aA Hagen JuS **72**, 124) od einstw Vfg genügen nicht; BesSchutzKl aber abzuweisen, solange eine das GgTeil bestimmde einstw Vfg besteht (Kiel JW **32**, 3640; Dresd Recht **41** Nr 2922); nach ihrer Beseitigg neue Kl zul. EnteigngsBescheid steht Urt nicht gleich (Hbg OLG **43**, 208). Da rkräft Feststellg des Rechts notw, muß über Kl od WiderKl (vgl dazu § 863 Rn 3) des Täters entschieden worden sein; nicht genügd, wenn EigtKl des BesSchutzKlägers abgewiesen wurde (Soergel/Mühl Rn 7). BesSchutzAnspr erlischt nicht, solange noch VollstrSchutz besteht (Furtner NJW **55**, 698). FeststellgsUrt genügt, wenn es Berechtigg des Täters ausspricht, Herstellg eines seiner Handlg entspr BesStandes zu verlangen; ebso Abweisg der negativen FeststellgsKl des Gegners. 4

c) RKräft Feststellg **nach Verübung** verbotener Eigenm. Keine entspr Anwendg auf vorher rkräft gewordenes Urt, damit nicht FaustR statt ZwVollstr u wg Möglichk der Änderg der RLage (Soergel/Mühl Rn 8; Wieling § 5 IV 3 d; aA RG **107**, 258; Wstm/Gursky § 24 II 6). 5

865 ***Teilbesitz.*** **Die Vorschriften der §§ 858 bis 864 gelten auch zugunsten desjenigen, welcher nur einen Teil einer Sache, insbesondere abgesonderte Wohnräume oder andere Räume, besitzt.**

1) Teilbesitz mögl, soweit gesonderte räuml Herrsch am einzelnen Teil neben Herrsch einer anderen Pers am anderen Teil mögl u von Verkehrsanschauung anerkannt. Ist Besitz am realen Sachteil, nicht MitBes 1

(§ 866) an der ganzen Sache. Kein Bes an ideellen Brucht mögl (RG JW **36**, 251). TeilBes mögl an bewegl (zB selbständig verschließb Schubfach) u an unbewegl Sachen. Gewisse baul Abgeschlossenh erforderl (RGSt **64**, 235). Auch an wesentl Bestandteilen mögl; § 93 steht nicht entgg, denn Besitz kein dingl Recht. So ist Teilbesitz am Holz auf dem Stamm mögl, wenn auch tatsächl Herrsch nur ausnahmsw (RG **108**, 272; vgl auch § 854 Rn 7; RG **72**, 310; **77**, 207; Mü OLG **26**, 1). Teilbesitz am häufigsten bei abgesonderten Räumen. Mieter einzelner Räume hins dieser Teilbesitzer, hins mit anderen Mietern gemeinschaftl benutzter (zB Treppenflur, Waschküche) Mitbesitzer; Eigtümer hins des ganzen Gebäudes unmittelb Besitzer (RG **64**, 182), hins der vermieteten Teile mittelb Besitzer. Über Außenwand vgl § 854 Rn 6. Kein Besitz des Stockwerksmieters am Dach (Hbg JR **27**, 11 betr Antenne). – Mögl Teileigenbesitz (str) u Teilmitbesitz (§ 866 Rn 1). Über Besitz u Besitzschutz beim WohngsEigt vgl WEG 13 Rn 1, 2.

2 **2) Besitzschutz** genießt Teilbesitzer in gleicher Weise wie Alleinbesitzer; Mieter auch ggü Vermieter u Mitmietern, wobei § 906 zu beachten (RG JW **32**, 2984). Bei Anbringg von Reklame- u Firmenschildern hat Mieter Besitzschutz gg Vermieter nur, wenn Anbringg mit dessen Gen od ohne diese statthaft (vgl § 854 Rn 6; KG OLG **2**, 32); gg Dritte auch ohne diese Voraussetzg (RG **80**, 281).

866 *Mitbesitz.* **Besitzen mehrere eine Sache gemeinschaftlich, so findet in ihrem Verhältnisse zueinander ein Besitzschutz insoweit nicht statt, als es sich um die Grenzen des den einzelnen zustehenden Gebrauchs handelt.**

1 **1) Mitbesitz** erfordert, daß mehrere Pers in der Weise besitzen, daß jeder die ganze Sache od einen realen Sachteil (§ 865) besitzt u dabei dch den gleichen Besitz der and beschränkt ist; kein MitBes nach ideellen Bruchteilen. Mitbenutzg ist nicht MitBes, wenn AlleinBes des and anerkannt u eigener BesWille fehlt (RG **108**, 122; Hbg OLG **26**, 3). Inh eines unter Zollverschluß stehden Lagers hat AlleinBes (RG **112**, 40). Der Besitz muß gleichstuf sein (mittelb u unmittelb Besitzer haben keinen MitBes), kann aber verschiedenen Zwecken dienen (zB Fremd- u EigenBes). RVerh unter den Mitbesitzern gleichgült; zB gemeins Bewohnen einer Wohng (KG NJW-RR **94**, 713). – **Erwerb** dch gemschaftl BesErgreifg (§ 854) od dadch, daß Alleinbesitzer MitBes einräumt, zB dch Aushändigg eines Zweitschlüssels (vgl § 854 Rn 6) od uU auch des einzigen Schlüssels (vgl BGH **LM** § 854 Nr 8). – **Verlust** gem § 856.

2 **a) Formen. – aa) Schlichter Mitbesitz:** jedem Mitbesitzer ist die Sache alleine zugängl; zB gemeinsamer Hausflur (RG **64**, 182) od Fahrstuhl (BGH **62**, 243) od Privatweg (LG Münst MDR **61**, 234). Bei zeitl Wechsel (zB Waschküche) kein aufeinandfolgder AlleinBes (Soergel/Mühl Rn 4). – **bb) Qualifizierter Mitbesitz:** den Mitbesitzern ist die Sache nur gemschaftl zugängl; zB Mitverschluß mittels verschiedenartiger Schlüssel (am Inhalt des Bankschließfachs hat die Bank idR keinen MitBes [Celle JW **27**, 73; Düss NJW-RR **96**, 839; aA Werner JuS **80**, 175]; mehrere Mieter haben MitBes [BGH NJW **93**, 935]) od unmittelb Besitzer besitzt für mehrere mittelb Besitzer gemeins (zu unterscheiden von NebenBes, vgl § 868 Rn 2) od BesDiener besitzt für mehrere BesHerren gemeins.

3 **b) Eherecht. – aa)** Für alle Güterstände gilt: **Alleinbesitz** jedes Eheg an den seinem persönl Gebrauch dienden Sachen u solchen unter seinem Sonderverschluß (Kblz NJW-RR **94**, 1351); wg persönl Briefe vgl § 855 Rn 8. – **Mitbesitz** am gemeins benützten **Hausrat,** wobei jew der mitbesitzde NichtEigtümer dem Eigtümer den Bes aGrd des MitBesR aus § 1353 vermittelt (BGH NJW **79**, 976); zG des Gläub jedes Gatten gelten aber die Vermutgen § 1362 u ZPO § 739, wonach der jew Schu als Alleinbesitzer gilt, so daß der and Eheg der ZwVollstr nicht wg seines MitBes nach ZPO 766, 771 widersprechen kann. Gleiches gilt für **Ehewohnung,** auch wenn sie nicht gemeins gemietet (Celle FamRZ **71**, 28), u an gemeins bewohntem Grdst eines Eheg (Köln DGVZ **92**, 170). – **Besitzdienerschaft:** § 855 Rn 8. – Vgl weiter Grdz 1 vor § 1414.

4 **bb)** An **sonstigen Sachen** ist bei Gütertrenng u ZugewGemsch jeder Gatte Besitzer der ihm gehörden. Der Verwalter nach § 1413 vermittelt dem and Bes nach § 868.

5 **cc) Gütergemeinschaft. – Vorbehaltsgut:** Für gemeins benützten Hausrat u Ehewohng gilt hier erst recht das für Gütertrenng u ZugewGemsch oben zu Rn 3 Gesagte. Sonst idR AlleinBes des Eigtümers (Erm/Heckelmann § 1418 Rn 6). – **Sondergut:** idR unkörperl Gegenstände; sow RechtsBesSchutz vorgesehen (vgl etwa §§ 1090 II, 1029), steht dieser dem Eheg zu, zu dessen Sondergut das Recht gehört. – **Gesamtgut:** Bei **Einzelverwaltung** vgl § 1422 Rn 2. Doch muß auch hier aGrd v § 1353 MitBes an Hausrat u Ehewohng angen werden (Erm/Heckelmann § 1422 Rn 4). Sow der Verwalter im übr das GesGut in Bes genommen hat (was iZw anzunehmen), vermittelt er der GesHand der Gatten den Bes (§ 868). – Bei **gemeinsamer Verwaltung** vgl § 1450 Rn 6.

6 **dd) Getrenntleben** beendet das Recht zum Bes am Hausrat, sow es auf § 1353 beruhte; nun greift **§ 1361 a** ein. Der GrdGedanke dieser Vorschr sollte auch für das Recht zum Bes der Ehewohng gelten (vgl Mü FamRZ **69**, 93; **70**, 86; Stgt NJW **70**, 101). Hat sich ein Eheg unter Aufg seines MitBes an der Ehewohng von der Familie in ScheidgsAbs getrennt, kann er ein Recht zum Betreten der Wohng nicht aus der Verpfl zu ehel LebensGemsch od elterl Sorge für die Kinder herleiten (BGH MDR **72**, 33).

7 **c) Gesellschaftsrecht:** vgl § 854 Rn 14–16.

8 **2) Besitzschutz: a)** Ggü **Mitbesitzern** bei BesEntziehg nur, soweit es sich nicht um Grenzen des den einz zustehden Gebr handelt, wie bei völl BesEntziehg (BGH DB **73**, 913; Köln FamRZ **97**, 1276). Dagg bei BesStörgen untereinand kein BesSchutz (BGH **29**, 377), sond nur RKlage (zB § 823 I), wobei derart Anspr nicht analog § 866 „relativiert" wird (BGH **62**, 243); and wohl zutr Köln MDR **78**, 405, wenn MitBes nicht nur in einz Beziehgen sond insges beeinträchtigt. Über Berufg des Störers auf § 242 vgl BGH NJW **78**, 2157.

9 – **b)** Ggü **Dritten** hat jeder einz Mitbesitzer unbeschränkten BesSchutz (§§ 859–862, 867). – Mitbesitzer kann idR nach § 861 nur Wiedereinräumg des MitBes fordern; aber solche des AlleinBes, wenn übr Besitzer den MitBes nicht mehr übernehmen wollen od können (§ 869 S 2 Halbs 2 entspr).

3) Herausgabepflicht der Mitbesitzer (§§ 861, 1007, 985): Teilw wird angenommen, daß Mitbesitzer (aGrd ihres Mitbesitzes?) gesamtverbindl zur Herausg verpflichtet seien (Mü LZ **22**, 169; Erm/Hefermehl § 985 Rn 5; Soergel/Mühl § 985 Rn 14), teilw, daß gg einen Mitbesitzer „geklagt" werden könne, wenn die and einverstanden seien (RG LZ **24**, 123) od, daß der volle HerausgAnspr gg einen Mitbesitzer begründet sei, wenn er allein die ungehinderte tatsächl Gewalt habe (RG JW **18**, 368 bzgl eines Miterben). Doch kann jeder Mitbesitzer für den dingl HerausgAnspr nur in dem Umfang passiv legitimiert sein, in dem er besitzt. Das wird klar, wenn man die ZwVollstr eines Urt bedenkt, das (nur) einen Mitbesitzer zur (umfassden) Sach-Herausg verurteilt; sie muß an den Erinnergen (ZPO 809, 766) der nicht verurteilten Mitbesitzer scheitern, wenn diese Mitgewahrs haben. Die Tats des MitBes allein begründet keine GesSchuldnersch zur Herausg (MüKo/Medicus § 985 Rn 12; Staud/Gursky § 985 Rn 48). Wenn auch jeder Mitbesitzer die Sache ganz besitzt, so doch nicht allein. Er kann also nur verurteilt werden, seinen MitBes zu übertragen. Daß er uU dem Gläub des HerausgAnspr je nach Sachlage den AlleinBes verschaffen kann, schließt nicht aus, daß er dadch verbotene Eigenm gg seine Mitbesitzer verübt. Vgl BGH **4**, 77, in welchem Sonderfall die an einen Mitbesitzer gerichtete LeistgsAnforderg nach RLG 15 auch die BesÜbertr dch diesen ggü seinen Mitbesitzern deckte. – Hat sich allerd der Erbenmitbesitz nach §§ 2032, 857 in der Hand eines Erben, der für sich u seine Miterben tatsächl Bes ergriff, verdichtet, ist dieser auch allein (aber nicht nur er allein) passivlegitimiert. – Übt im Rahmen einer KG der alleinige Komplementär die tatsächl Vfgsgewalt aus, so mag seine Verurteilg zur Herausg (des ganzen Bes) als Zweitbeklagter neben der KG unbedenkl sein (so BGH JZ **70**, 105), weil die Verurteilg der KG als Erstbeklagter den Mitgewahrs etwa unmittelb mitbesitzder Kommanditisten (vgl dazu § 854 Rn 16) als erinnergsbegründd iS von ZPO 809, 766 ausschaltet, weil zudem die dem Komplementär unterstellte, „alleinige VfgsGewalt" dessen Alleingewahrs bedeuten wird; die Praktikabilität der Entscheidg im Einzelfall ändert aber nichts an der Berechtigg von Steindorffs Kritik in JZ **68**, 70 u **70**, 106. – And, wenn man wie BGH **57**, 166 dem Kommanditisten jeden Bes abspricht. – Sind mehrere Mitbesitzer verklagt, kein Fall des ZPO 62 (vgl RG JW **18**, 368), da die Voraussetzgen des § 932 (ggü §§ 985, 1007 I) od des § 859 II (ggü § 861) den einen Beklagten schützen können, den and nicht. Anderes gilt, wenn mehrere Beklagte als Besitzer nach § 857 passivlegitimiert sind; doch auch hier kein Fall des § 62 Gruppe 2 (notw gemeins Kl). 10 11

867 *Verfolgungsrecht des Besitzers.*

Ist eine Sache aus der Gewalt des Besitzers auf ein im Besitz eines anderen befindliches Grundstück gelangt, so hat ihm der Besitzer des Grundstücks die Aufsuchung und die Wegschaffung zu gestatten, sofern nicht die Sache inzwischen in Besitz genommen worden ist. Der Besitzer des Grundstücks kann Ersatz des durch die Aufsuchung und die Wegschaffung entstehenden Schadens verlangen. Er kann, wenn die Entstehung eines Schadens zu besorgen ist, die Gestattung verweigern, bis ihm Sicherheit geleistet wird; die Verweigerung ist unzulässig, wenn mit dem Aufschube Gefahr verbunden ist.

1) Voraussetzungen: Sache muß aus Gewalt des Besitzers auf von einem anderen besessenes Grdst gelangt sein; ob mit od ohne Versch, gleichgült; bei Absicht entfällt AbholgsAnspr nur, wenn darin BesAufg (Soergel/Mühl Rn 3). Besitzverlust nicht erforderl, liegt auch idR nicht vor, vgl § 856 II. Gelangt Sache auf bewegl Sachen, zB auf Schiff, Wagen, § 867 entspr. 1

2) Verfolgungsrecht (vgl auch §§ 911, 962). Ergänzg der allg Besitzschutzmittel. Nur Aufsuchen u Wegschaffen, keine sonstige Tätigk erlaubt, u dies auch nur, wenn GrdstBesitzer es gestattet. Verweigert er Gestattg (mit, S 3, od ohne Recht), so ist eigenmächt Vorgehen des Sachbesitzers (Betreten des Grdst) verbotene Eigenm; bei Versch SchadErsPfl des Sachbesitzers (§ 823), Eigenmächt Verhalten nur nach §§ 229, 904 statth – § 867 gibt nur Anspr auf Gestattg. Ggü Klage aus § 867, weil reine Besitzklage, Einreden aus dem Recht unzul (Staud/Bund Rn 8). Sachbefugt unmittelb Besitzer (wg mittelb Besitzers vgl § 869 S 3), Teilbesitzer, Mitbesitzer, auch Eigtümer (§ 1005), aber nicht BesDiener (Soergel/Mühl Rn 3; aA Staud/Bund Rn 5). AnsprGegner ist der unmittelbare GrdstBesitzer (uU auch der mittelbare, vgl Staud/Bund Rn 6), einerlei, ob zugl GrdstEigtümer, aber nur solange er die Sache nicht in Bes genommen hat; dann uU §§ 861, 985, 1007 (vgl Düss MDR **72**, 147 Anm Weitnauer). – ZwVollstr nach ZPO 890. – Bei widerrechtl schuldh Verweigerg der Gestattg (od grdlosem Verlangen von SicherhLeistg; vgl S 3) SchadErsPfl des GrdstEigtümers, § 823, ggf § 286 (Naumburg OLG **26**, 4). 2

3) Inbesitznahme der Sache durch Dritte od GrdstBesitzer läßt VerfolggsR entfallen. Diese Einwendg muß GrdstBesitzer beweisen. In Verweigerg der Abholg liegt idR noch nicht Inbesitznahme. Inbesitznahme durch diesen od Dritte ist regelm verbotene Eigenm, wenn Gelangen auf Grdst, wie meist, ohne Besitzverlust erfolgt. Dann Besitzschutz nach §§ 859–861 (KlageAntr gem § 861 zu ändern [ZPO 264 Nr 2], wenn sich Bekl auf Inbesitznahme beruft, Staud/Bund Rn 9); bei Versch auch SchadErsAnspr; ferner unabhäng von verbotener Eigenm, RBehelfe aus Recht selbst, §§ 985, 1065, 1227, und aus früh Besitz, § 1007. 3

4) Schadensersatzanspruch des GrdstBesitzers aus § 867 S 2 setzt kein Versch des Aufsuchenden voraus, er ist ähnl wie § 904, AusglAnspr. Schaden, der durch Sache selbst angerichtet, nach §§ 823 ff zu ersetzen; außerdem können §§ 833 f, 836–838 in Frage kommen. 4

5) Sicherheitsleistung (vgl §§ 232 ff) kann nicht verlangt werden, wenn mit Aufschub Gefahr verbunden; ErsAnspr (Rn 4) bleibt unberührt. Wegen SchadErsPfl vgl Rn 2. Vor SicherhLeistg dilatorische Einrede. 5

868 *Mittelbarer Besitz.*

Besitzt jemand eine Sache als Nießbraucher, Pfandgläubiger, Pächter, Mieter, Verwahrer oder in einem ähnlichen Verhältnisse, vermöge dessen er einem anderen gegenüber auf Zeit zum Besitze berechtigt oder verpflichtet ist, so ist auch der andere Besitzer (mittelbarer Besitz).

1 **1) Allgemeines. – a) Mittelbarer Besitz** ist auch eine tatsächl Beziehg einer Pers zur Sache, u zwar vermittelt dch die unmittelb SachHerrsch des BesMittlers; erforderl ein zw ihnen bestehdes BesMittlgsVerh u Willen des Mittlers, „für den anderen" zu besitzen, also als Fremd-, nicht als Eigenbesitzer. Er ist wirkl Besitz („vergeistigte Sachherrsch"), nicht nur Fiktion od schuldrechtl HerausgAnspr; denn mittelb Besitzer genießt Besitzschutz (§ 869); er kann uU ohne Ausübg des HerausgAnspr Einräumg des unmittelb Besitzes an sich verlangen (vgl § 869 Rn 3 u 4), Einwand des § 861 II geltd machen, als solcher gemäß ZPO 76 verklagt werden. Für ihn gilt EigtVermutg des § 1006, ihm steht HerausgAnspr des § 1007 zu, er kann aus § 985 verklagt werden. Alle für den Besitzer gegebenen gesetzl Bestimmgen auf mittelb Besitzer (der Eigen- od Fremdbesitzer sein kann) anwendb, sofern sie nicht ausdrückl od sinngemäß auf unmittelb Besitzer beschränkt, wie §§ 854–856. Sonderregelg für mittelb Besitzer in §§ 869, 870, 871. Mittelb Besitz kein Stellvertretgs-Verh, vgl § 854 Rn 11. – Erweiterg des § 868 durch § 871, der mehrf gestuften mittelb Besitz vorsieht. Gem § 866 auch gleichstufiger mittelb Mitbesitz mögl durch Schaffg eines Ges- od GemschGläubigerverhältnisses, §§ 428, 432 (vgl § 866 Rn 1); dies von Anfang an od dch Umwandlg des dem bish allein mittelb Besitzden zustehden HerausgAnspr in einen GesGläubAnspr (BGH WM **68**, 406).

2 **b) Nebenbesitz** iS eines gleichstuf mittelb Bes mehrerer Pers, der auf von einand unabhäng (Unterschied zum mittelb MitBes) BesMittlgsVerh zu demselben unmittelb Besitzer beruht, ist abzulehnen, da die Anerkenng der HerausgPfl ggü dem einen ihre Verneing ggü dem anderen bedeutet (RG **135**, 75; **138**, 265; Tiedtke WM **78**, 446 [450]; Picker AcP **88**, 511 [533]; aA [bei nicht eindeut Beendigg eines BesMittlgsVerh bei Begründg eines and] Baur/Stürner § 52 Rn 24; Medicus Rn 558, 561; Wieling § 6 III 3b). Für Vertreter
3 der NebenBesLehre genügt Übertragg bloßen NebenBes iFv § 934 Fall 1 nicht. – **aa)** Überträgt der unmittelb besitzde VorbehKäufer *K* sein AnwR nach § 930 an *A*, so erlangen der Verkäufer zweitstuf mittelb EigenBes u *A* erststuf mittelb FremdBes, nicht aber beide NebenBes, u *A* kann die Sache nach § 934 Fall 1
4 dch Abtretg seines HerausgAnspr gg *K* übereignen (BGH **28**, 16 [22]). – **bb)** Übereignet der unmittelb besitzde *K* die von *V* unter EV erworbene Sache unbefugt nach § 930 an *A* (wodch *A* wg § 933 nur das AnwR des *K* erwirbt; vgl § 929 Rn 45), so vernichtet *K* dch die Begründg des BesMittlgsVerh zu *A* das zu *V* (vgl Rn 25), so daß nur *A* mittelb Bes hat, nicht aber beide NebenBes, u *A* kann die Sache nach § 934 Fall 1 dch Abtretg seines HerausgAnspr gg *K* übereignen (BGH **50**, 45; Ffm BB **76**, 573; Lange JuS **69**, 162; aA
5 Medicus Rn 561; Picker AcP **88**, 511; Musielak JuS **92**, 713 zu II 4). – **cc)** Übereignet *A* eine Sache, die der Eigtümer *E* an *B* zur Aufbewahrg gegeben hat, dch Abtretg seines angebl HerausgAnspr gg *B* an *C* u erklärt *B* dem *C*, für *C* künft besitzen zu wollen, so vernichtet *B* damit das BesMittlgsVerh zu *E* (vgl Rn 25), so daß nur *C* mittelb Bes hat, nicht aber beide NebenBes, u *C* ist nach § 934 Fall 2 Eigtümer geworden (vgl § 934 Rn 4; RG **135**, 75; **138**, 265; Tiedtke WM **78**, 446 [450]; aA Medicus Rn 558).

6 **2) Besitzmittlungsverhältnis. – a) Allgemeines.** Erforderl **konkret bestimmtes,** schuldrechtl, dingl od sonstiges wirkl od vermeintl RVerh, durch das NutzgsR od VerwPfl des sein Recht von dem anderen ableitenden unmittelb Besitzers begründet wird (RG **54**, 396; JW **29**, 2149; BGH **LM** Nr 6).

7 **aa) Subjektiv** entspr BesWille beider Teile notw (RG **135**, 78), sofern mittelb Bes auf RVerh beruht, das vom Willen der Beteil abhängt (BGH **LM** Nr 4). Unmittelb Besitzer muß HerausgPfl anerkennen (BGH **85**, 263); geheimer Vorbeh des BesMittlers, nicht für mittelb Besitzer besitzen zu wollen, dürfte unbeachtl sein (vgl Tiedtke WM **78**, 451). Bei gesetzl BesMittlgsVerh (zB elterl Sorge, TestVollstr) ist abw Wille unbeachtl (BGH **LM** Nr 4; BayObLG **53**, 277).

8 **bb)** Nicht notw, daß mittelb Besitzer vorher Besitzer war u unmittelb Besitzer dch ihn Besitz erlangte (BGH NJW-RR **99**, 1239), vielm (nur) nötig, daß Besitzmittler sein BesitzR vom mittelb Besitzer **ableitet,** daß sein BesitzR dem des mittelb Besitzers untergeordnet ist (BGH **LM** Nr 6); also mögl, daß Besitzmittler vorher unmittelb Eigenbesitzer war u dann mit „anderem" BesitzmittlgsVerh vereinbart (vgl RG JW **29**, 2149), od auch, daß er Sache überh erst erwirbt u dadurch mittelb Besitz des anderen zur Entstehg gelangt, sofern übrige Voraussetzgen gegeben, vgl Rn 22.

9 **cc)** Unmittelb Besitzer darf dem anderen ggü **nur auf Zeit** (bestimmte od unbestimmte, RG **90**, 219) zum Besitze berecht od verpflichtet sein, dh MittlgsVerh muß als eines Tages endigend gedacht sein, wobei nicht erforderl, daß dies gerade durch Herausg an mittelb Besitzer; mögl auch zB durch EigtErwerb seitens bish Besitzmittlers (RG **69**, 198). Ausreichd HerausgAnspr nur für den Fall des Nichteintritts einer Bedingg od Nichterfüllg der Verpflichtgen des unmittelb Besitzers, zB bei käufl Übergabe unter EigtVorbeh od bei Sichergsübereigng (RG **54**, 397). Nicht erforderl, daß mittelb Besitzer HerausgAnspr an sich selbst zu irgendeinem Ztpkt hat (BGH **LM** § 2203 Nr 1).

10 **dd) Rechtswirksamkeit** des vereinb RVerh nicht erforderl, sofern nur BesMittlgswille u HerausgAnspr irgendwelcher Art (zB GeschFührg, Bereicherg) besteht (BGH **10**, 81 [87]; **96**, 61 [65]; Staud/Bund Rn 16, 23); RG **98**, 131 verneinte bei Nichtigk des Vertr wg GeschUnfgK des Oberbesitzers, RG **86**, 265 bei fehlender Vertretgsmacht für diesen ein BesMittlgsVerh; beide Entscheidgen aber gerechtf, weil BesErwerbswille fehlte. Bei BesMittlgsVerh trotz ungültigem RVerh kein Recht/Pflicht zum Besitz. – Bestellt Nichteigtümer Nießbr od PfdR, dann wird er u nicht der Eigtümer mittelb Besitzer.

11 **ee)** BesMittlgsVerh **stillschweigend** begründbar (RG HRR **33**, 1186); nur muß es sich immer um konkret bestimmtes RVerh handeln (RG Warn **25**, 166) u auf individuell bestimmte Sache beziehen (RG **52**, 390, vgl auch RG **132**, 187).

12 **b) Einzelfälle.** Jedes Verhältn, das obigen Voraussetzgen der beispielsw genannten VertrFormen entspricht, also konkret bestimmtes RVerhältn, vermöge dessen unmittelb Besitzer sein Recht vom mittelb Besitzer ableitet u diesem ggü auf Zeit zum Besitze berecht od verpflichtet ist. Nicht erforderl, daß es sich um benannten Vertr (RG JW **15**, 656), od um solchen handelt, der den gesetzl Begriffsmerkmalen eines in § 868 angeführten Vertr entspricht (RG **132**, 186). Genügd zB Verpflichtg, Lagerbestände für einen anderen zu besitzen, zu bearbeiten u zu verkaufen (RG Gruch **53**, 1048).

13 **aa) Gesetzliche Beispiele: – Nießbraucher** vermittelt den Besitz (§ 1036) idR dem Eigtümer, uU dem NichtEigtümer, vgl § 1032. – **Pfandgläubiger** vermittelt dem Verpfänder (s §§ 1205 ff, 1223 I, 1253, 1274,

1278). – **Pächter/Mieter** vermittelt (nicht jedoch hins eingebrachter Sachen) dem Verpächter/Vermieter (§§ 581, 536); vom Pächter zu vorübergehendem Zwecke (§ 95) errichtetes Bauwerk steht nicht im mittelb Besitz des Verpächters, auch nicht aGrd dessen gesetzl PfdR (RG JW **34**, 1484). Wg Gasautomaten vgl RGSt **45**, 249). – **Verwahrer** (vgl RG **106**, 135) vermittelt dem Hinterleger (§ 688) Besitz, gerichtl bestellter Verwahrer demj, zu dessen Sicherg er Verwahrg erhielt (vgl §§ 432, 1217, 1281, 2039). VormschG Besitzmittler bzgl Sparkassenbücher der Mündel (RG **59**, 201). Über Sammelverwahrg nach DepotG vgl RGRK/Kregel Rn 13.

bb) Ähnliche Verhältnisse: – Hinterlegung. Nach KGJ **44**, 279 ist der Hinterleger noch solange mittelb Besitzer, als ihm Rücknahme mögl, § 376 II. Verlangt man aber richt Ansicht nach (RG **135**, 274) ein irgendwie in Erscheing tretdes Einverständn des Begünstigten, damit für ihn die – wenn auch vergeistigte – Sachherrsch des mittelb Bes entsteht, kann man ihm diesen erst mit Annahme, nicht schon mit Rücknahmeverzicht zusprechen, arg auch § 382. Haben mehrere Begünstigte Annahme erklärt, besitzt Hinterleggsstelle für den, an den letztl gem HintO 21 ausgehändigt wird (nach RGRK/Kregel Rn 9 mittelb MitBes der Beteiligten); vgl dazu (Hinterlegg eines GrdSchBriefs) BGH WM **69**, 208, 209. – **Leihe** (§ 604) u ähnl NutzgsR (Düss NJW **86**, 2513). – **Verwahrungsähnliches Verhältnis** (RG **132**, 186); GBA bzgl HypBrief (KGJ **40**, 322); dch Übersendg des Nummernverzeichn seitens Bank kann Kunde uU mittelb Besitz an Kuxscheinen erlangen (RG **121**, 50); Eigtümer des Grdst, auf das Unternehmer zwecks Bauausführg Materialien geschafft hat, vermittelt für diesen (RG **104**, 93). – **Lager-** (RG Warn **26**, 281), **Fracht-** (BGH **32**, 204) u **Speditionsvertrag,** wobei Unterspediteur wieder dem Hauptspediteur Besitz vermitteln kann (RG **118**, 253). – **Auftragsverhältnisse** (RG **109**, 170) insb VerwaltgsAuftr, TrHdVerh; kann (als vorweggen BesMittlgsVerh) dch Erteilg u GebrMachen von Empfangsvollm entstehen (vgl Einf 6 vor § 662; zweifelh daher Ffm NJW-RR **86**, 470, wo aber keine Vollm [BGH NJW **86**, 2826]). – **Verkaufskommissionär** Besitzmittler hins der ihm übergebenen Ware (RGSt **62**, 357), auch hins der für Kommittenten vereinnahmten Gelder, deren sofortiger Übergang auf letzteren vereinbart ist (RGSt **62**, 31). Bei **Geschäftsbesorgung** u Dienstleistg Verhältn nach § 868 mögl. Bei **Geschäftsführung ohne Auftrag** soll nach RG **98**, 134, HRR **28**, 1805, Wille des GeschFührers, Sache für andern zu besitzen, genügen; bedenkl, solange GeschHerr nicht Willen zum mittelb Besitz hat; diesen hat er erst ab Gen; daß die Aufn der GoA den GeschF mit dem GeschHerrn dch ein ges SchuldVerh verknüpft, schafft noch kein BesMittlgsVerh. – **Werkvertrag** od ähnl Vertr (RG Warn **22**, 70); Übergabe von Holz an Sägemüller zum Schneiden (RG Warn **29**, 180), einer Sache zur Reparatur (Köln VersR **94**, 1428). – Bei **Sicherungsübereignung** nach § 930 begründet die SichgsVereinbg ein BesMittlgsVerh (§ 930 Rn 7). Hier noch den SichgNehmer gleichzeitig als BesMittler für den SichgGeber (als Oberbesitzer 2. Stufe) anzusehen, wäre überspitzt u scheitert auch daran, daß SichgEigtümer Eigenbesitzer ist (vgl § 872 Rn 1). – Bei Veräußerg unter **Eigentumsvorbehalt** ist Käufer BesMittler für den Verkäufer (§ 929 Rn 27). – **Erbbaurecht** s ErbbRVO 1 Rn 11.

14 (Rn für „bb)“-Absatz), 15 (Rn bei „Verkaufskommissionär“)

Familienrecht: BesMittlgsVerh zw Eheg s § 866 Rn 3–6. BesMittlgsVerh zw besitzden SorgeBerecht u Kind (§ 1626; BGH NJW **89**, 2542); sowie zw besitzden Vormd/Betreuer u Mündel/Betreutem hins der seiner Verwaltg unterliegden Sachen (§§ 1793, 1901). – **Erbrecht:** BesMittlgsVerh zw besitzden TestVollstr/NachlVerw/NachlPfleger u Erben. 16

Pfändung (ZPO 808): hat GVz Sache in Gewahrs, so hat er unmittelb FremdBes, Gläub mittelb FremdBes 1. Grades u Schu mittelb EigenBes 2. Grades; bleibt Sache beim Schu, so hat er unmittelb FremdBes u zugl mittelb EigenBes 3. Grades, GVz mittelb FremdBes 1. Grades u Gläub solchen 2. Grades (vgl Schlesw SchlHA **75**, 47). Bei Wegnahme einer Sache aGrd einstw Vfg GVz unmittelb, Gläub u Schu mittelb Mitbesitzer (Hbg HRR **34**, 1058). Durch Versteigerg u Zuschlag Ersteher noch nicht Besitzer, Überg (mittels Besitzkonstituts ausreichd) außerdem erforderl (RG Warn **17** Nr 55). – **Insolvenzverwalter** vermittelt dem Schu (InsO 148 I) u **Zwangsverwalter** dem Eigtümer (ZVG 150, 154) den Besitz, sobald sie diesen ergriffen. – **Beschlagnahme:** Mittelb Bes der BeschlagnBeh an von ihr nicht in unmittelb Bes gen Sachen. Mittelb Bes des Vorbesitzers an von der BeschlagnBeh in unmittelb Bes gen Sachen (BGH NJW **93**, 935), wobei diese auch ein BesMittlgsVerh zu einem Dritten begründen kann (LG Mainz NJW **54**, 194); and bei fehlder RückgAbsicht (Düss JZ **51**, 269; Mü NJW **82**, 2330). Kein BesMittlgsVerh zw BeschlagnBeh u Bestohlenem bei Beschlagn des Diebesguts beim Dieb (RG Warn **25** Nr 25). Ein öffr VerwahrgsVerh iSv §§ 688, 868 wird nicht schon durch Beschlagn od behördl VfgsVerbot, sondern erst dch die den Berecht insow verdrängde Inbesitznahme begründet (BGH WM **73**, 1416). 17

cc) Kein Besitzmittlungsverhältnis: Zw **Käufer u Verkäufer** nach GrdstÜberg vor Auflassg u Eintragg (RG **105**, 23); bei nichtigem GrdstKaufVertr (RG LZ **19**, 788); bei bloßer Vereinbg, Erwerber könne jederzeit Herausg von Veräußerer verlangen (RG DRZ **33**, 83). Aber mögl, daß bdgter (zB dch KaufprZahlg) od sofortiger EigtÜbergang gewollt u Verkäufer Ware fortan als Verwahrer besitzen soll (zB wenn Käufer fortan für Erhaltgskosten aufkommt; BGH NJW-RR **98**, 1661). Nicht ausreichd Erkl der Übereigng von Hausrat seitens Mutter an vollj Tochter (RG LZ **26**, 486, wo aber wohl mit Annahme stillschw Verwahrgsabrede ein befriedigenderes Ergebn mögl gewesen wäre). – Zw **Kommittent u Einkaufskommissionär** nicht ohne weiteres BesMittlg, vgl aber Rn 22, § 929 Rn 24. – Keine BesMittlg zw **Eigentümer u Finder,** selbst wenn Finder Eigtümer kennt u dieser von Besitz des Finders weiß (RG JR **27**, 1114; str). – **Organbesitz** (§ 854 Rn 12) u **Besitzdienerschaft** (§ 855). – Kein BesMittlgsVerh zw **Vor- u Nacherben;** keine EigtÜbertr unter auflösder Bdgg (RG JW **12**, 144). – An **Spiel/Warenautomaten** in Gaststätte u Aufstell/Anhängfläche haben Aufsteller u Gastwirt idR unmittelb MitBes (Weyland, Automatenaufstellg, Diss Marburg 1989, S 72 ff; Hamm NJW-RR **91**, 1526). 18

3) Erwerb durch selbstd Begründg (wobei die Sachen, deren Bes vermittelt wird, bestimmt sein müssen, vgl § 930 Rn 2–4) od dch Übertr (§ 870). Bei Begründg drei Möglichkeiten: 19

a) Bish unmittelb Besitzer überträgt unter Vereinbg eines RVerh gem § 868 seinen unmittelb Besitz auf Dritten u wird selbst mittelb Besitzer, zB er vermietet die Sache; **Insichgeschäft** § 181, mögl, nur muß entspr Wille erkennb in Erscheing treten (RG **139**, 117). Entsteht RVerh krG (zB VormundBestellg), so wird bish unmittelb Besitzer durch bloße Inbesitznahme seitens des Vormunds zum mittelb. Mittelb Besitz kann auch für Dritte mit deren Zust entstehen (str), zB dch Hinterlegg für die Berecht. 20

21 **b)** Unmittelb Besitzer verschafft anderem mittelb Besitz durch Vereinbg eines RVerh gem § 868, zB bei Sichergsübereigng (§ 930 Rn 7) unter Vereinbg leihweiser Belassg. Auch hier Selbstkontrahieren mögl, wenn entspr Wille erkennb (RG **86**, 264).

22 **c)** Keiner der Beteiligten hat zunächst Besitz; wirks aber Vereinbg, daß, sobald der eine unmittelb Besitz erlangt, er diesen als BesMittler für den anderen erwerben soll; sog **vorweggenommenes Besitzkonstitut** (§ 930 Rn 9). Häufig bei Auftr zum Erwerb einer Sache für AuftrGeber (hier bes Abrede über BesMittlgsVerh nicht nöt) u bei SichgÜbereigng von Warenlager mit wechselndem Bestand. Ob der Erwerber des unmittelb Besitzes hins des mit der BesÜbertr verbundenen schuldrechtl od dingl Gesch als offener od verdeckter Stellvertreter handelt, ist für den Erwerb des mittelb Besitzes gleichgült (str). Im Ztpkt der Erlangg des unmittelb Besitzes muß der Wille zur Begründg eines BesMittlgsVerh fortbestehen, was vermutet wird, aber dch entggstehdes äußeres Verhalten widerlegb ist. Eines InsichGesch (§ 181) bedarf es beim vorweggen Konstitut nicht (RG **109**, 170).

23 **4) Verlust** auf dreif Weise mögl: – **a) Beendigung des Besitzmittlungsverhältnisses** unter gleichzeitigem Erlöschen des aus RVerh herrührenden HerausgAnspr (zB durch ErlaßVertr, EigtÜbertragg nach § 929 S 2 ua); solange dieser fortbesteht, Beziehg zur Sache nicht gelöst, zB Mieter behält nach Ablauf des MietVertr Sache weiter; dann bleibt Vermieter trotz Beendigg des MittlgsVerh mittelb Besitzer (RGRK/Kregel Rn 20).

24 **b) Ende des unmittelbaren Besitzes,** sei es mit od ohne Willen des Besitzmittlers, unter gleichzeitiger Beseitigg der Beziehgen des mittelb Besitzers zur Sache, zB bei Verbrauch, Veräußerg od endgültigem Verlust der Sache. Ohne Lösg der Beziehgen keine Beendigg; zB wenn unmittelb Besitzer Sache einem Dritten unter Vereinbg eines Verhältn nach § 868 übergibt (§ 871; nach Mü OLGZ **91**, 492 auch bei Überg ohne solche Vereinbg). Endigt unmittelb Besitz, ohne daß Dritter Besitz erlangt, so kann hierdurch bisheriger mittelb Besitzer zum unmittelb werden, zB Verpächter bei Aufgabe des Pachtbesitzes durch Pächter. Wegen „Abhandenkommens" vgl § 935 Rn 2. – Rein persönl Verhältnisse des unmittelb Besitzers, zB Eintritt der GeschUnfgk od Tod, berühren mittelb Besitz im allg nicht.

25 **c) Einseitige Loslösung** des unmittelb Besitzers vom BesMittlgsWillen, sei es, daß er Sache fortan als Eigenbesitzer od als Fremdbesitzer für neuen mittelb Besitzer (BGH NJW-RR **99**, 1239) besitzen will. Geheime Willensänderg hierzu nicht ausreichd (BGH **LM** Nr 6); Erklärg nicht gerade ggü mittelb Besitzer nötig, (BGHZ JZ **66**, 234); ausreichd bestimmte, äußerl feststellb Hdlg, zB durch Wegnahme der Pfandsiegel (RG **57**, 326); durch Mitteilg an bisherigen mittelb Besitzer. Ausreichd zB Duldg der Pfändg durch GVz für einen Dritten (RG **105**, 415). Ebenso vernichtet jedes Besitzkonstitut mit Drittem (auch bei geheimem Vorbeh des Fortbestandes) den Besitz des früheren mittelb Besitzers (BGH NJW **79**, 2037; Tiedtke WM **78**, 451). Zum Problem des Nebenbesitzers vgl Rn 2–5. Wegen gesetzl BesMittelgsVerh vgl Rn 7.

869 ***Schutz des mittelbaren Besitzers.*** **Wird gegen den Besitzer verbotene Eigenmacht verübt, so stehen die in den §§ 861, 862 bestimmten Ansprüche auch dem mittelbaren Besitzer zu. Im Falle der Entziehung des Besitzes ist der mittelbare Besitzer berechtigt, die Wiedereinräumung des Besitzes an den bisherigen Besitzer zu verlangen; kann oder will dieser den Besitz nicht wieder übernehmen, so kann der mittelbare Besitzer verlangen, daß ihm selbst der Besitz eingeräumt wird. Unter der gleichen Voraussetzung kann er im Falle des § 867 verlangen, daß ihm die Aufsuchung und Wegschaffung der Sache gestattet wird.**

1 **1) Allgemeines:** Mittelb Besitzer genießt den ihm durch § 869 gegebenen Besitzschutz nur bei verbotener Eigenm gg unmittelb Besitzer (BGH WM **77**, 218), da er selbst keine unmittelb SachHerrsch hat u sein Besitz auf RVerh beruht. Mittelb Besitzer hat keinen Besitzschutz gg Besitzmittler (Ffm NJW **97**, 3030), auch nicht bei vertrags- od rechtswidr Verhalten desselben (RGSt **36**, 322); dann auf petitorische Klagen u sonstige RBehelfe angewiesen. Dagg hat unmittelb Besitzer gg mittelb vollen Besitzschutz, zB Mieter gg Vermieter (Hbg LZ **24**, 169; vgl auch § 858 Rn 1, 3; § 861 Rn 1). Liegt keine verbotene Eigenm gg unmittelb Besitzer vor, hatte dieser zB, wenn auch dem mittelb Besitzer ggü zu Unrecht, Besitzbeeinträchtigg gestattet, so kein Anspr aus § 869 (RG **111**, 410). War Anspr aber einmal entstanden, so nachträgl Gen der verbotenen Eigenm ohne Einfluß. – Keine Haftg des unmittelb Besitzers ggü dem mittelb aus § 823 I wg Besitzverletzg (BGH **32**, 204).

2 **2) Selbsthilferecht** hat mittelb Besitzer nach §§ 227 ff; auch nach § 859 bei verbotener Eigenm gg unmittelb Besitzer (Wstm/Gursky § 26 III 2; Lopau JuS **80**, 503; aA Wieling § 6 IV 2; Schwab/Prütting Rn 87).

3 **3) Besitzklagen:** Bei Besitzstörg decken sich Anspr des mittelb u unmittelb Besitzers (RG JW **31**, 2906). Bei Besitzentziehg hat mittelb Besitzer regelm nur Anspr auf Wiedereinräumg an Besitzmittler. An sich selbst kann er Einräumg nur verlangen, wenn bish Besitzer Besitz nicht mehr übernehmen kann od will, was mittelb Besitzer zu beweisen hat (Soergel/Mühl Rn 5). Gg Besitzklagen gem § 869 kann Einwand des Bekl aus §§ 861 II, 862 II auch dahin gehen, daß unmittelb Besitzer ihm ggü fehlerh besessen habe (RGRK/Kregel Rn 4). – KlageR des mittelb Besitzers als selbständ Recht unabhängig von dem des unmittelb Besitzers, so daß Klage beider mögl; RHängigk od RKraft der Klage des einen läßt Klage des anderen unberührt (RGRK/Kregel Rn 3), so daß an sich in beiden Prozessen verschiedene Entscheidgen mögl (vgl Rimmelspacher, Materiellr Anspr u StreitGgstProbleme im ZivilProz, 1970, § 11 IV). Ggüber jeder Klage Einwand mögl, daß dem Anspr des anderen Klägers Genüge getan. Bei Klagenverbindg (ZPO 147) notwend Streitgenossensch iSv ZPO 62 (Erm/Werner Rdn 3; aA RGRK/Kregel Rdn 3). – Wird mittelb Besitzer selbst mit Besitzklage belangt, weil er sich unmittelb Besitz durch verbotene Eigenm verschafft, so hat er Einwand des § 861 II (RG **69**, 197).

4 **4) Verfolgungsrecht.** Nur wenn bisheriger Besitzer Besitz nicht mehr übernehmen kann od will, hat mittelb Besitzer Anspr des § 867 für sich selbst; dann muß er ggf SchadErs u Sicherh leisten; sonst Anspr nur auf Gestattg der Aufsuchg u Wegschaffg durch unmittelb Besitzer.

870 *Übertragung.* **Der mittelbare Besitz kann dadurch auf einen anderen übertragen werden, daß diesem der Anspruch auf Herausgabe der Sache abgetreten wird.**

1) Übergang des mittelbaren Besitzes. a) Rechtsgeschäftl **Übertragung** erfolgt (nur) dch Abtretg des aus RVerh nach § 868 fließden HerausgAnspr (RG Warn **19**, 95); also nicht des etwaigen Anspr aus § 985; vgl auch Rn 4. Die übr Anspr aus RVerh (zB auf Mietzins) können, brauchen aber nicht mitabgetreten zu werden. Keine Übertr dadch, daß BesMittler aufhört, für bish mittelb Besitzer zu besitzen u statt dessen für einen anderen besitzt; nach hM dann Beendigg des einen u Neuentstehg des anderen, aber str, ob letzteres der Fall, vgl § 868 Rn 25. Wenn mittelb Besitzer seinen BesMittler anweist, an seiner Stelle für Dritten zu besitzen, keine Übertr des mittelb Besitzes, sond Untergang und, bei Vereinbg eines BesitzmittlgsVerh, Neuentstehg eines solchen für Dritten; aber auf diese Weise EigtÜbertr nach § 929 S 1 mögl (§ 929 Rn 14). – Auch mittelb Mitbesitz nach § 870 übertragb; wg Begründg mittelb Mitbesitzes vgl § 866 Rn 1, § 868 Rn 1 u BGH WM **68**, 406. 1

b) Überg von **Traditionspapieren** überträgt mittelb Besitz an der Ware (str; vgl auch § 929 Rn 21). Keinen Besitz verschaffen Frachtbrief, Faktura, KfzBrief (BGH NJW **78**, 1854), Schuldanweisg (KG OLG **14**, 80). Aber Aushändigg des Zollniederlagescheins enthält meist Abtretg des HerausgAnspr (RG Warn **33**, 22); ebso bei Frachtbriefdoppel gem EVO 61 IV, so vor allem bei Aushändigg nach Klausel „Kasse gegen Dokumente". Vgl auch § 931 Rn 5. Wg Bedeutg der Überg eines Lieferscheins bei „DchHandeln" eingelagerter Ware vgl § 929 Rn 21. 2

c) Gesetzlicher Übergang, zB §§ 571, 857. 3

2) Abtretung des Herausgabeanspruchs (Rn 1). Wenn das RVerh nicht wirks ist (vgl § 868 Rn 10), wird Abtretg des BereichergsAnspr genügen (vgl Schönefeld JZ **59**, 302). Anspr kann befristet (OLG **34**, 218) od bedingt sein. Abtretg formlos nach §§ 398 ff; Mitwirkg oder Kenntnis seitens unmittelb Besitzers nicht erforderl (RG **52**, 277). Mitteilg aber wg Sicherh des Nachfolgers (§§ 407 ff) empfehlenswert. Unmittelb Besitzer behält gem § 404 die ihm gg mittelb Besitzer zustehenden Einwendgen. Bei Übergang des HerausgAnspr kraft G §§ 412, 413. Überweisg des HerausgAnspr zur Einziehg im Wege der ZwVollstr reicht zur Übertragg nicht aus (RG **63**, 218). Zessionar erlangt keinen mittelb Besitz, wenn ihn Zedent nicht hatte (RG Warn **19**, 95). 4

871 *Mehrfach gestufter mittelbarer Besitz.* **Steht der mittelbare Besitzer zu einem Dritten in einem Verhältnisse der in § 868 bezeichneten Art, so ist auch der Dritte mittelbarer Besitzer.**

1) § 871 betrifft nur das Verhältn des entfernteren od mehrstufigen mittelb Besitzes, dh daß ein unmittelb Besitzer mittelb Besitz in nachgeordneter Stufenfolge mehreren vermittelt (Staffelbesitz). – Sog „Nebenbesitz", dh mehrfacher gleichstufiger mittelb Besitz aus gesonderten RBeziehgen unmögl, mögl aber mittelb Mitbesitz; vgl § 868 Rn 1. 1

2) Entstehung in der Weise mögl, daß bish Besitzmittler seinerseits unter Vereinbg eines Verhältnisses nach § 868 mittelb Besitzer wird (OLG **39**, 223), zB Mieter einer Sache vermietet sie weiter an Dritten; dann Dritter unmittelb Besitzer, Mieter (Untervermieter) der nähere, Vermieter der entferntere mittelb Besitzer. Wegen Pfändg vgl § 868 Rn 17. Entstehg ferner so mögl, daß bish mittelb Besitzer mit Drittem RVerh nach § 868 abschließt, so daß dieser entfernterer mittelb Besitzer, er selbst näherer mittelb Besitzer wird u der unmittelb Besitzer dies bleibt, zB Vermieter schließt mit Drittem SichgÜbereigngsVertr mittels Besitzkonstituts nach § 930. Unmittelb Besitzer braucht höherstufigen mittelb Besitzer nicht zu kennen (BGH NJW **64**, 398). 2

3) Rechtsstellung des entfernteren mittelb Besitzers die gleiche, wie die jedes mittelb Besitzers; nur bei Besitzklage gem § 861 kann er Besitzeinräumg an sich selbst nur verlangen, wenn auch der nähere mittelb Besitzer Besitz nicht haben kann od will. Gleiches gilt im Falle von § 867. EigtVermutg des § 1006 III nur zG des entferntesten Besitzers, ebso Ersitzg nur für diesen. 3

872 *Eigenbesitz* **Wer eine Sache als ihm gehörend besitzt, ist Eigenbesitzer.**

1) Eigenbesitzer ist, wer die tatsächl Gewalt über die Sache mit dem Willen ausübt, sie wie eine ihm gehörde zu beherrschen (BGH NJW **96**, 1890 [1893]); unmittelb u mittelb EigenBes mögl. Nicht erforderl, daß sich dieser Wille auf Eigt od rechtmäß Erwerb stützt (BGH **LM** Nr 1): Dieb kann Eigenbesitzer sein. Mittelb Eigenbesitzer kann zugleich unmittelb Fremdbesitzer sein (Eigtümer wohnt bei Mieter zur Untermiete), unmittelb Eigenbesitzer aber nicht zugl unmittelb Fremdbesitzer (BGH NJW **83**, 568). – Käufer unter **Eigentumsvorbehalt** ist Fremdbesitzer (BGH **LM** § 1006 Nr 11). – **Sicherungseigentümer** ist unabhängig davon, ob er mittelb od unmittelb Besitzer, von BesErwerb an Eigenbesitzer, denn er besitzt die Sache von vornherein als ihm gehörd (BGH **LM** § 1006 Nr 11; Serick II § 20 III; aA BGH aaO Nr 8 [erst ab Verwertgsreife]; Soergel/Mühl § 930 Rn 51); § 1006 daher anwendb (vgl dort Rn 4). 1

2) Erwerb dch BesErwerb mit Eigenbesitzerwillen; soweit für BesErwerb natürl Wille ohne GeschFähigk ausreicht, genügt dies auch für EigenBesWillen. Auch dch Umwandlg von Fremd- in EigenBes dch Kundmachg des EigenBesWillens (BGH **LM** Nr 1). – **Verlust** dch Verlust des unmittelb (§ 856) od mittelb (§ 868 Rn 23–25) EigenBes sowie dch Umwandlg von Eigen- in FremdBes (RG **99**, 210). 2

3 **3) Bedeutung** für EigtErwerb nach §§ 900, 927, 937 ff, 955, 958; für Haftg nach § 836, für EigtVermutg nach § 1006. Vgl ferner §§ 920, 1120, 1127; ZVG 147, 164; nicht für ZPO 771 (str). Kein bes Schutz.

Zweiter Abschnitt.

Allgemeine Vorschriften über Rechte an Grundstücken

Überblick

1 **1) Grundstück und Grundstücksrechte – a) Grundstück (im Rechtssinn; Grundbuchgrundstück)** iSv BGB u GBO ist unabhäng von der Nutzgsart ein räuml abgegrenzter Teil der Erdoberfläche, der im BestandsVerzeichn eines GBBlattes unter einer bes Nr od nach GBO 3 V gebucht ist (Oldbg Rpfleger **77**, 22). Auch GrdstVG (BGH **49**, 145) u BauGB/BauNVO (BVerwG DNotZ **76**, 686) gehen von diesem GrdstBegriff aus. Auch Gewässer können Grdst sein; für sie gelten aber SonderVorschr (EG 65). Davon zu unterscheiden: – **aa) Flurstück (Katasterparzelle)** ist ein Begriff des Vermessgs- u Katasterwesens. FlSt ist ein Teil der Erdoberfläche, der von einer in sich zurücklaufden Linie umschlossen u im amtl Verzeichn der Grdst iSv GBO 2 II (Flurkarte des LiegenschKastasters) unter einer bes Nr geführt wird. Ein GBGrdst kann aus mehreren FlSt bestehen, nicht aber umgekehrt (BayObLG **56**, 470). – **bb) Zuflurstück** ist eine Teilfläche, die von einem FlSt zu einem and FlSt gemessen wurde. Es erhält keine eigene FlStNr u kann daher weder im BestandsVerzeichn eines GBGrdst als dessen Teilfläche geführt werden (Ffm DNotZ **60**, 246) noch selbstd GBGrdst sein, wird aber für Abtrenng u Verbindg wie ein solches behandelt (BayObLG Rpfleger **95**, 151). Zu Einzelh vgl Weber DNotZ **60**, 229. – **cc) Grundstück im wirtschaftlichen Sinn** sind Bodenflächen, die eine wirtsch Einh bilden. So wird der Begriff zB im RSiedlG (BGH NJW **97**, 1073) verstanden; vgl auch BewG 2, 70.

2 **b) Rechte an Grundstücken** (GrdstR) sind das Eigt u die beschr dingl Rechte an einem Grdst; Vormkg, Widerspr u VfgsBeschrkgen gehören nicht dazu.

3 **c) Grundstücksgleiche Rechte** sind beschr dingl Rechte an einem Grdst, die gesetzl den Grdst gleichgestellt sind; zB ErbbR (ErbbRVO 11 Rn 1), BergwerksEigt (BBergG 9 I); nicht WohngsEigt (Übbl 2 vor WEG 1). Sie werden materiell u formell wie Grdst behandelt (BGH **23**, 244; KG JFG **14**, 397).

4 **d) Rechte an Grundstücksrechten** sind Belastgen eines beschr dingl Rechts an einem Grdst (vgl § 876 Rn 2) bzw an einem grdstgl Recht.

5 **2) Heimstätte** (RHeimstG v 25. 11. 37 [BGBl III 2 Nr 2332–1] mit AVO v 19. 7. 40 [BGBl III 2 Nr 2332- 1–1], aufgehoben dch AufhebgsG v 17. 6. 93 [BGBl I 912]. – **a) Begriff.** Bestimmte Grdst (auch ErbbR [KG JFG **4**, 384] u WohngsEigt [BayObLG **67**, 128]) konnten als Heimstätten ausgegeben werden. Eintragg der HeimstEigensch in Abt II des GB (§ 4; GBV 62); dieser Vermerk ist nach dem 31. 12. 98 vAw zu löschen (AufhebgsG Art 6 § 2). Die HeimstEigensch hat krG ersten Rang vor allen Eintraggen in Abt II u III (§ 5). Zu ihren RWirkgen vgl 52. Aufl Rn 6 vor § 873. Ab 1. 10. 93 keine Heimst mehr begründb. –
6 **b) Übergangsrecht** für RWirkgen (vgl Hornung Rpfleger **94**, 277): Die VollstrBeschrkg auf dingl gesicherte Schuld u öff Abgaben (§ 20) blieb bis 31. 12. 98 bestehen (AufhebgsG Art 6 § 1 I 1). – Die vor dem 1. 10. 93 eingetr GrdPfdR erlöschen abw von § 1163 I 2 weiterhin unbefristet gem § 17 II 2 (AufhebgsG Art 6 § 1 I 2); dies ist bei Löschg des HeimstVermerks bei dem GrdPfdR zu vermerken (AufhebgsG Art 6 § 2 III; dazu Hamm Rpfleger **95**, 501).

3) Grundsätze des Grundbuchrechts (Schrifttum: Bauer/vOefele, GBO 1999; Haegele/Schöner/Stöber, GBR 11. Aufl 1997; Demharter, GBO 22. Aufl 1997; Kuntze/Ertl/Herrmann/Eickmann, GBR 5. Aufl 1999; Meikel, GBR 8. Aufl 1997/98).

7 **a) Allgemeines.** Die große wirtsch Bedeutg von GrdstEigt u GrdstRen erfordert Klarh über den dingl RZustand an Grdst. Diese wird dch das **Grundbuchsystem** erreicht. Jedoch ist das GB dch zahlr unsichtb GrdstBelastgen entwertet (vgl Walter JA **81**, 322; Böhringer BWNotZ **92**, 3); auch sonst gibt das GB nicht stets den wahren RZustand an (RÄnderg krG außerh des GB). Sonderformen des GB: Wohngs/TeilEigtGB (WEG 7, 30), ErbbRGB (ErbbRVO 14), BahnGB (EG 112), BergwerksGB (*BaWü* VO v. 7. 9. 81 [GBl 505]; *Bay* AGGVG 40; *Brdbg* G v 17. 11. 92 [GVBl 482]; *Nds* FGG 20 a ff; *Thür* VO v 28. 10. 92 [GVBl 557]), SalzabbauRGB (Nds FGG 20 d, FischereiGB (BayFischereiG 14). Die **Hauptgrundsätze** des Grdst- u GBRechts sind unten Rn 8–16 in den Grdzügen zusgestellt.

8 **b) Eintragungsfähigkeit.** Grdsätzl dürfen nur Eintr erfolgen, die dch RNorm vorgeschrieben od zugelassen sind; die Zulassg kann sich auch daraus ergeben, daß das materielle Recht an die Eintr od NichtEintr eine RWirkg knüpft (Zweibr Rpfleger **82**, 413). Regelm folgt aus der Eintraggsfähigk auch die EintrBedürftigk; Ausn (dh Eintr zul, aber zur Wirkg ggü Gutgläubigen nicht notw) zB BauGB 64 VI, EG 187 I 1. Eintr, die kein eintraggsfäh Recht verlautbart od das Recht nicht mit dem gebotenen od zuläss Inhalt angibt, ist vAw als inhaltl unzuläss zu löschen (GBO 53 I 2). – **aa)** Die **dinglichen Rechte** an einem Grdst/MitEAnt od GrdstR, soweit sie sich aus dem BundesR od LandesR ergeben (Typenzwang, vgl Einl 3 vor § 854), sind mit ihrem gesetzl gebotenen od erlaubten Inhalt (Typenfixierg, vgl Einl 3 vor § 854) eintraggsfäh. Ausn enthalten zB §§ 914 II 1, 917 II 2. – **bb) Bedingungen und Befristungen** für Entstehg, Übertr u Änderg eines dingl Rechts sind wg §§ 161 III, 163, 892, 893 eintraggsfäh. – **cc) Sicherungsmittel** wie Vormkgen (§§ 883, 1179; GBO 18 II, 76; BauGB 28 II 2), Widerspr (§§ 899, 1139, 1157; GBO 18 II, 23, 24, 53 I, 76; BauGB
9 23 III; GrdstVG 7 II) u RHängigkVermerk (§ 899 Rn 9) sind eintraggsfäh. – **dd)** Bei **Verfügungsbeschränkungen** ist zu unterscheiden: **Absolute** VfgsBeschrkgen, die erst mit GBEintr entstehen (zB BauGB 35 VI 3, BVersG 75 I 3, RVO 610 II 2), sind notw eintraggsfäh. Soweit sie außerh des GB entstehen (zB §§ 1365 ff; StPO 290 ff; InsO 21 II Nr 2, 24, 81), sind sie nur eintraggsfäh, wenn eine RNorm die Eintr zuläßt (zB BauGB 54; InsO 23 III). **Relative** VfgsBeschrkgen (zB VAG 72, 110 II; FlurbG 53; StPO 111 c; einstw Vfg)

u die ihnen gleichgestellten VfgsEntziehgen nach §§ 1984, 2113ff, 2129, 2211 sind eintraggsfäh. **Rechtsgeschäftliche** VfgsBeschrkgen nach ErbbRVO 5; WEG 12, 35u solche, die zum Inhalt eines beschr dingl Rechts gemacht werden können (vgl Einl 14 vor § 854), sind eintraggsfäh; sonstige nicht. Auf **persönlichen Eigenschaften** beruhde VfgsBeschrkgen (zB Minderjährigk) sind nicht eintraggsfäh. – **ee) Öffentliche Lasten** (GBO 54) **und Rechte** (BayObLG **60**, 447) sind, soweit keine Ausn gesetzl vorgesehen (zB BauGB 64 VI), ebsowenig eintraggsfäh wie **persönliche Rechte** (zB Miete, WiederkR, AnkaufsR).

c) Eintragungsgrundsatz. Die rgesch RÄnderg erfordert idR deren Eintr im GB, die RÄnderg dch Hoheitsakt erfordert teils GBEintr (zB ZPO 867 I) u vollzieht sich teils außerh des GB (zB ZVG 90), die gesetzl RÄnderg vollzieht sich außerh des GB. Eine Eintr, die nicht mit den materiellrechtl Voraussetzgen der RÄnderg in Einklang steht, macht das GB unrichtig; Berichtigg nach § 894, GBO 22 mit Sicherg dch Widerspr gem § 899, GBO 53 I 1. 10

d) Einigungs- und Bewilligungsgrundsatz. – aa) Das materielle Recht erfordert zur rgesch RÄnderg neben der GBEintr die Einigg als dingl Vertrag **(materielles Konsensprinzip)** zw Verlierdem u Gewinndem (zB §§ 873, 877). – **bb)** Das formelle Recht erfordert zur GBEintr der rgesch RÄnderg idR nur die einseit Bewilligg **(formelles Konsensprinzip)** des Betroffenen als VerfHdlg (GBO 19; vgl Ffm FGPrax **96**, 212 mwN); dabei hat das GBA auch VfgsMacht, GeschFgk u Vertretg des Bewilligden zu prüfen. Über Widerruf vgl Hamm Rpfleger **89**, 148. Doch Pfl des GBA, das GB richtig zu halten; daher keine Eintr, wenn GBA aGrd feststehder Tats zweifelsfrei weiß, daß die Eintr (zB wg Unwirksamk des dingl RGesch) das GB unricht macht (BayObLG **81**, 110); daher muß GBA auch sich aus den EintrUnterlagen ergebde Unwirksamk der Einigg nach AGBG beachten (Vorb 8 vor AGBG 8). Zur Frage, ob GBA bei Kenntn von mangelnder Berechtigg/VfgsMacht des Verfügden dch Eintr einen gutgl RErwerb herbeiführen darf, vgl § 892 Rn 1. **Ausnahme:** Bei Aufl eines Grdst sowie Bestellg, Inhaltsänderg u Übertr eines ErbbR prüft das GBA, ob die zur RÄnderg notw Erkl gem GBO 29 nachgewiesen (GBO 20), nicht deren Wirksamk (insow gilt Rn 12); str, ob zusätzl Bewilligg nach GBO 19 notw (vgl Weser MittBayNot **93**, 253 zu B). 11 12 12a

e) Antragsgrundsatz. Eine Eintr erfolgt grdsätzl nur auf Antr (GBO 13) od behördl Ersuchen (GBO 38); zum Verzicht auf AntrR vgl Karlsr BWNotZ **94**, 69u LG Ffm RhNk **92**, 116. Der Antr als VerfHdlg bestimmt, ob u was eingetr wird; GBA aber nicht an Fassgsvorschlag für Eintr gebunden (BayObLG Rpfleger **75**, 362). Keine Ermittlgen vAw (FGG 12) in AntrVerf (BayObLG WM **83**, 1270). – In zahlr AusnFällen Eintr vAw (zB GBO 18 II, 48, 51, 52, 53 I, 76, 82a, 84ff, 90ff; BauGB 54 I 2). Hier gilt FGG 12. 13

f) Bestimmtheitsgrundsatz. Der Zweck des GB erfordert klare u eindeut Eintr. Betroffenes Grdst (vgl GBO 28), Berecht, Umfang u Inhalt des Rechts, Bdgg für Entstehen/Erlöschen (BayObLG Rpfleger **85**, 489; Zweibr OLGZ **89**, 399) sind bestimmt zu bezeichnen. Auslegg unklarer EintrBew (BayObLG Rpfleger **82**, 141) u GBEintr (§ 873 Rn 15) zuläss. 14

g) Vorrangsgrundsatz. Materiell richtet sich der Rang eines GrdstR nach dem Rangvermerk bzw der Reihenfolge der Eintr im GB (§ 879). – Formell hat die früher beantragte Eintr Anspr auf den besseren Rang (GBO 17, 45). 15

h) Richtigkeitsvermutung des Grundbuchs. Dch GBEinsicht (GBO 12) kann sich jeder, der ein berechtigtes Interesse darlegt, von dem dingl RZustand des Grdst überzeugen. Er kann auf den GBInhalt vertrauen, denn die Richtigk des Eingetragenen wird vermutet (§ 891). Der gutgl Erwerber wird geschützt (§§ 892, 893): Dem Gutgläubigen ggü gelten Eintr als richtig, dh er erwirbt das Recht wie es eingetr ist u wird damit Berecht (**positive** Wirkg). Dem Gutgläubigen ggü gilt der GBInhalt als vollständ, dh nicht eingetr (relative) VfgsBeschrkgen hindern den RErwerb nicht u nicht eingetr Rechte erlöschen od treten im Rang zurück (**negative** Wirkg). 16

4) Beschränkungen im Grundstücksverkehr (Schrifttum: Haegele/Schöner/Stöber Rn 3800ff).

a) Allgemeines. Zahlr VfgsGesch über Grdst/grdstgl Rechte u GrdstR bedürfen der **Genehmigung** einer Behörde od PrivPers. Die Beschrkgen entstehen idR außerh des GB, zT aber auch erst mit GBEintr (zB BauGB 35 VI 3, BVersG 75 I 3; RVO 610 II 2). Die VfgsBeschrkg hindert grdsätzl nicht die Eintr einer Vormkg vor Gen der Vfg (vgl § 885 Rn 3). Eine zur absoluten Unwirksamk führde VfgsBeschrkg u eine ErwerbsBeschrkg bewirken eine GBSperre (keine Eintr der RÄnderg). Eine zur relativen Unwirksamk führde VfgsBeschrkg führt nur zur GBSperre, wenn sie nicht eingetr u dem GBA bekannt ist (sofern man GBA für berecht u verpflichtet hält, gutgl Erwerb zu verhindern; vgl § 892 Rn 1); aber auch bei Eintr keine Löschgen ohne notw Gen. Bei Gen unter Auflage muß GBA ohne ErfNachw eintragen (KG JW **37**, 895), bei Gen unter aufschiebder Bdgg nur bei Nachw (in der Form von GBO 29) des BdggEintritts (Ffm OLGZ **80**, 84). Bei Eintr ohne notw Gen wird das GB unrichtig; ggf AmtsWiderspr (GBO 53 I 1). – Bei **privatrechtlichen** VfgsBeschrkgen gelten für die Gen §§ 182ff, soweit keine SonderVorschr. – Bei **öffentlichrechtlichen** VfgsBeschrkgen sind §§ 182ff nicht anwendb (vgl Einf 6 vor § 182; str). Die Gen ist ein privatrechtsgestaltder Ger-/VerwAkt. Mit der Gen wird die zunächst schwebd unwirks Vfg rückwirkd wirks. Die Rückn der Gen ist auch nach Eintritt der sachenrechtl Wirksamk der Vfg nicht generell aus geschl, sond richtet sich nach VwVfG 48 (BVerwG NJW **78**, 338; Hamm OLGZ **78**, 304; LG Bielef Rpfleger **78**, 216); vgl aber FGG 55. Mit unanfechtb Versagg der Gen wird die Vfg rückwirkd endgült unwirks (BayVGH BayVBl **72**, 297) u heilt nicht dch nachträgl Gen/Negativattest (BayVGH aaO), nachträgl Wegfall des GenErfordern (BGH **37**, 233) od nachträgl Aufhebg der Versagg (BGH NJW **56**, 1918). Zu Einzelh vgl § 275 Rn 26–31 mwN. 17

b) Die **wichtigsten Verfügungsbeschränkungen** für den RInhaber sind:

aa) BauGB. – (1) Unter den **Voraussetzungen von § 19 I** bedarf die **Teilung eines Grundstücks** der Gen der nach § 19 III zuständ Behörde. Grdst ist im RSinn (Übbl 1 vor § 873) zu verstehen (BVerwG DNotZ **76**, 686; Hamm NJW **74**, 865). Teilg ist sachenrechtl zu verstehen; zB auch Aufhebg einer Vereinigg (BayObLG **74**, 237) od Zuschreibg (BayObLG Rpfleger **78**, 56), Abschreibg räuml getrennter FlSt (BVerwG NJW **74**, 818). Genehmigt wird nur best Teilg (BayObLG Rpfleger **79**, 337); notw daher neue Gen bei Unterteilg des TeilGrdst (BayObLG **74**, 263) od wenn dieses verselbständigt statt zugeschrieben werden soll (BayObLG Rpfleger **81**, 482). GBA hat GenBedürftigk selbst zu prüfen u bei Zweifeln an GenFreih Gen bzw 18

Negativattest zu verlangen (§ 20 II 2), wenn GenFreih nicht in der Form von GBO 29 nachgewiesen (BayObLG Rpfleger **78**, 56; **79**, 337) od keine Ortssatzg über GenPfl bzw VO nach BBauG 19 V erlassen (Rstk MittBayNot **99**, 410); RKraftZeugn für Gen/Negativattest kann GBA nicht verlangen (Hamm NJW **74**, 863; LG Lüb SchlHA **78**, 86). Dch Eintr genbedürft Teilg ohne Gen od aGrd falschen Negativattestes (BGH NJW **80**, 1691) wird GB unrichtig mit Heilgsmöglichk dch nachträgl Gen od gutgl Erwerb (BayObLG Rpfleger **95**, 495); Widerspr nach GBO 53 I 1 od § 23 III (GBA darf EintrErsuchen der GenBeh nur zurückweisen, wenn GB mit Sicherh richtig; BayObLG **74**, 263; Hamm OLGZ **78**, 304), Widerspr nach § 20 III auch bei Rückn (LG Bielef Rpfleger **78**, 216) od Widerruf (Hamm aaO) der Gen gem VwVfG 48, 49, sofern Eigtümer nicht vorher übereignet hat. Zwzeitl Belastg hindert Widerspr nicht (Hamm aaO). – (2)
19 Unter den **Voraussetzungen von § 22, 174 I 4** bedarf die **Begründung/Realteilung von Wohnungs-/Teileigentum** (bzw Wohngs-/TeilErbbR u DWR) einer Gen der nach §§ 22 V, 173 I zuständ Behörde. GBVerf wie bei § 19 (§§ 22 VI, 172 I 6). – (3) Unter den **Voraussetzungen von § 35 VI** bedarf die **Veräußerung eines Grundstücks** der Gen der zuständ Behörde. Beschrkg wirkt erst ab GBEintr; bei Verstoß ist Veräußerg absolut unwirks. – (4) Im **Umlegungsverfahren** bedürfen die **Grundstücksteilung sowie Verfügungen jeder Art über Grundstücke und Grundstücksrechte** (zB Bestellg [BayObLG **64**, 170] u Aufhebg [Hamm OLGZ **80**, 267] eines GrdPfdR) der schriftl Gen der UmleggsStelle (**§ 51**); genfrei sind Eintr von Vormkg (BayObLG **69**, 303) u ZwHyp (AG Eschweiler Rpfleger **78**, 187), ErbteilsÜbertr u Zuschlag in ZwVerst. Zur Eintr des Umleggsvermerks auf Ersuchen der UmleggsStelle vgl BayObLG **70**, 182 u Ffm Rpfleger **74**, 436. Dch Eintr genbedürft Teilg/Vfg wird GB (auch wenn kein Umleggsvermerk eingetr) unrichtig mit Heilgsmöglichk dch nachträgl Gen; Widerspr nach GBO 53 I 1 od gem BGB 899 auf
20 Ersuchen der UmleggsStelle (Haegele/Schöner/Stöber Rn 3870). – (5) Im **förmlich festgelegten Sanierungsgebiet** (zum FestleggsZtpkt vgl KG FGPrax **96**, 213) bedürfen gem **§ 144** der Gen der Gemeinde: Veräußerg eines Grdst od MitEigtAnt (Ffm Rpfleger **97**, 209) dch RGesch (auch Übertr des AlleinEigt auf Miterben iW der ErbauseindS [Brem OLGZ **77**, 16], nicht aber Bestellg einer AuflVormkg [LG Hann DNotZ **74**, 295]); Bestellg u Veräußerg eines ErbbR sowie GrdstBelastg (nicht aber Eintr einer ZwHyp; LG Regensbg Rpfleger **77**, 224) einschl des schuldrechtl GrdGesch (bei dessen Gen gilt auch ErfGesch als genehmigt); GrdstTeilg (Begriff wie in § 19. Für das GBVerf gilt § 23 entspr (§ 145 VI). – (6) Im **städtebaulichen Entwicklungsbereich** gelten die gleichen VfgsBeschrkgen (§ 169 I Nr 5).

21 **bb) BVersG 75, RVO 610 II.** Wird eine Kapitalabfindg zum Ankauf eines Grdst gewährt, so kann der Versorggsträger anordnen, daß **Weiterveräußerung und Belastung** innerh höchstens 5 Jahren nur mit seiner Gen zuläss; der Eintr der VfgsBeschrkg zeitl nachfolgde Vfgen sind absolut unwirks (KG JFG **9**, 178; Wolber Rpfleger **78**, 433). Wird MitEigt erworben, gilt die VfgsBeschrkg nur für MitEigtAnt (BGH **19**, 355).

22 **cc) GrdstVG.** Die **Veräußerung land- und forstwirtschaftlicher Grundstücke** sowie kultivierb Moor- u Ödlandes, wobei nicht tats Nutzg, sond obj Eigng maßg (BGH DNotZ **81**, 769), u die in § 2 II gleichgestellten RGesch bedürfen der Gen der zuständ (vgl Fußn zu § 3 bei Schönfelder) Behörde (§§ 1–3); Erweitg dch LandesR mögl. Die GenPfl entfällt iFv § 4 u nach Maßg des LandesR (vgl Fußn zu § 2 bei Schönfelder) bei Grdst best Größe (§ 2 III Nr 2; vgl dazu Hötzel AgrarR **83**, 176). Schuldrechtl GrdGesch u dingl VfgsGesch bedürfen der Gen (§ 2 I 1); Gen des GrdGesch erfaßt die in seiner Ausführg (vgl dazu BGH
23 DNotZ **81**, 770: ScheinGesch; BayObLG **62**, 362: Messgskauf) erfolgte Vfg (§ 2 I 2). – **Genehmigungspflichtig** sind nur die in § 2 aufgeführten RGesch, zu denen auch gehören: AuseinandS von GesHdsGemsch, insb ErbenGemsch (Stgt AgrarR **79**, 319); Schenkg (Köln RdL **64**, 13); VermächtnErfüllg (Karlsr RdL **75**, 78); Übertr des AnwR aus Aufl. **Genehmigungsfrei** sind: Veräußerg von Bestandt u Zubehör; Gebot u Zuschlag in ZwVerst (Stgt Rpfleger **81**, 241); Übertr von GesellschAnt, wenn landw Grdst zum GesellschVermögen gehört; EheVertr auf GüterGemsch; EigtAufgabe; Belastgen (außer Nießbr; § 2 II Nr 3); Bestellg von VorkR, ErbbR (BGH DNotZ **76**, 369) od AnkaufR (BGH **87**, 233); BeschaffgsVertr, wenn Beauftragter im eigenen Namen handelt (BGH **82**, 292); Vormkg; Widerspr; GBBerichtigg; Übertr eines ErbbR. – Genpfl
24 RGesch vor Gen **schwebend unwirksam** (BGH NJW **93**, 648). Klage auf Aufl aus noch nicht genehmigtem GrdGesch unbegründet (erfolgt Verurteilg, so Vfg noch genpfl); bei genfreien ÜbertrAnspr (zB BeschaffgsVertr) Verurteilg zur Aufl schon vor deren Gen zuläss (BGH **82**, 292). RGesch wird mit Gen rückwirkd wirks (BGH NJW **65**, 41); Negativattest (auch unrichtiges; vgl BGH NJW **80**, 1691) steht Gen gleich (§ 5
25 S 2). – **Grundbuchamt** hat GenBedürftigk selbst zu prüfen. Hält es Gen für erforderl od hat es aGrd konkreter Anhaltspkte (wofür Lage des Grdst in Landgemeinde nicht ausreichd; aA Ffm Rpfleger **80**, 297 abl Anm Meyer-Stolte) ernsth Zweifel an GenFreih (Zweibr FGPrax **99**, 3), so darf es RÄnderg erst eintr, wenn ihm Unanfechtbark der Gen/Negativattest nachgewiesen (§ 7 I). RKraftBescheinigg der GenBeh dafür nur erforderl, wenn Gen unter Auflage od Bdgg erteilt (BGH **94**, 24), da Negativattest u vorbehaltlose Gen unanfechtb (§ 22); and bei gerichtl Gen. Dch Eintr genbedürft RÄnderg ohne Gen (nicht aber aGrd falschen Negativattests; vgl BGH NJW **80**, 1691) wird GB unrichtig mit Heilgsmöglichk dch nachträgl Gen, gutgl Dritterwerb od gem § 7 III (gilt auch, wenn GrdGesch nur ScheinGesch; BGH DNotZ **81**, 770); Widerspr nach GBO 53 I 1 od § 7 II (GBA darf EintrErsuchen der GenBeh nur zurückweisen, wenn GB mit Sicherh richtig; Stgt Rpfleger **81**, 241). Widerspr nach § 7 II auch bei Rückn od Widerruf der Gen nach VwVfG 48, 49 (vgl oben Rn 18), sofern kein zwzeitl Dritterwerb.

26 **dd) Verschiedenes. – §§ 1365 ff, 1424 ff** iVm FGG 50. – **FlurbG** 52, 53: Veräußergs- u BelastgsVerbot für Abgefundenen. Bei Verstoß relative Unwirksamk der Vfg ggü TeilnehmerGemsch (§ 52 III 2). – **HdwO:** Veräußerg u Belastg von Grdst dch Handwlnng u Kreishandwerkersch bedürfen der Gen der HandwKammer (§§ 61 III, 89 I Nr 3), GrdstBelastgen dch HandwKammer der Gen der obersten LandesBeh (§ 106 II). – **KAGG:** Vfgen über das GrdstSonderVerm bedürfen der Zust der Depotbank (§ 31 II 1). Bei Verstoß relative Unwirksamk der Vfg ggü den AntInh (§ 31 II 2) mit GutGlSchutz (§ 31 II 3); daher Eintr der VfgsBeschrkg (§ 31 IV 1). – **Kirchenrecht:** Veräußerg u Belastg von Grdst/grdstgl Rechten u Vfgen über GrdstR bedürfen nach Maßg des KirchenR der Gen der kirchl AufsBeh (vgl zB Hamm NJW-RR **93**, 1106); ohne Gen ist die Vfg zivilrechtl absolut unwirks (Hbg MDR **88**, 860; Brschw NJW-RR **92**, 440). – **Kommunalrecht:** Veräußergen u Belastgen von Grdst der Gemeinden u Kreise bedürfen nach Maßg des KommunalR (GemO,

KreisO) der Gen der AufsBeh; bei Verstoß ist die Vfg absolut unwirks (BayObLG **95**, 225). – Fr **DDR:** Die in §§ 2, 23 GrdstVerkVO genannten RGesch (insb GrdstÜbereigng) bedürfen der behördl Gen. – **VAG** 72 I, 110 II: Vfgen über zum Deckgsstock gehörde Grdst, BuchHyp (vgl LG Dortm Rpfleger **90**, 454), Grd- u RentenSch nur mit Zust des TrHänders; bei Verstoß relative Unwirksamk der Vfg ggü dem VersichUnternehmen (KG JFG **11**, 321). TrHändervermerk, der nur deklarator Wirkg hat (Ffm DNotZ **72**, 490), ohne Bezugn auf EintrBew ins GB einzutragen (LG Bn DNotZ **79**, 309); zum EintrVerf vgl LG Kblz DNotZ **71**, 97; LG Bielef Rpfleger **93**, 333. – **WasserverbandsG** v 12. 2. 91 (BGBl I 817): Unentgeltl GrdstVeräußerg u SicherhBestellg bedürfen der Gen der AufsBeh (§ 75). 27

c) Erwerbsbeschränkungen. – aa) Nachfolgde Vorschr machen den Erwerb von Grdst, grdstgl Rechten u GrdstRen von einer behördl Gen abhäng, bei deren Fehlen das ErwerbsGesch absolut unwirks ist: EG 86, 88 iVm LandesR; HdwO 61 III, 89 I Nr 3; SGB IV § 85. – **bb)** Nachfolgde ErwerbsBeschrkgen haben keine zivilrechtl Wirkg: BauspG 4 IV, HypBkG 5 IV, KAGG 27, VAG 54 a II Nr 10. – **cc)** Über Erwerbsverbot aGrd einstw Vfg vgl § 888 Rn 11. 28

873 *Erwerb durch Einigung und Eintragung.*

I Zur Übertragung des Eigentums an einem Grundstücke, zur Belastung eines Grundstücks mit einem Rechte sowie zur Übertragung oder Belastung eines solchen Rechtes ist die Einigung des Berechtigten und des anderen Teiles über den Eintritt der Rechtsänderung und die Eintragung der Rechtsänderung in das Grundbuch erforderlich, soweit nicht das Gesetz ein anderes vorschreibt.

II Vor der Eintragung sind die Beteiligten an die Einigung nur gebunden, wenn die Erklärungen notariell beurkundet oder vor dem Grundbuchamt abgegeben oder bei diesem eingereicht sind oder wenn der Berechtigte dem anderen Teile eine den Vorschriften der Grundbuchordnung entsprechende Eintragungsbewilligung ausgehändigt hat.

1) Allgemeines – a) Grundsatz. Vfgen iSv I erfolgen dch **Einigung und Eintragung;** zeitl Reihenfolge unerhebl (vgl § 879 II). Beide Erfordern müssen inhaltl übereinstimmen (Rn 13) u zeitl zustreffen (BGH NJW-RR **88**, 1274); eine Eintr ohne entspr Einigg (nicht aber umgekehrt) macht das GB unricht (Widerspr nach § 899 u ggf GBO 53 I 1; Berichtigg nach § 894, GBO 22). – Bei **nachfolgender Eintragung** müssen Einigg (vgl Rn 16) u VfgsBerechtigg (vgl Rn 11) bei Eintr noch bestehen. – Bei **nachfolgender Einigung** ist NeuEintr nicht notw bei Ersetzg zur Eintr führder nichtiger Einigg dch neue Einigg der VertrPart od ihrer GesamtRNachf (RG **139**, 229; KG JFG **4**, 329). Nach älterer Rspr aber NeuEintr geboten, wenn fälschl als Berecht aGrd Erbfolge Eingetragener dch RGesch erwirbt (KGJ **51**, 187; BGH **LM** Nr 1), bei Neubestellg des Rechts nach Erlöschen außerh des GB (RG SeuffA **91**, 56) od bei Ersetzg zur Eintr führder nichtiger Einigg mit BuchBerecht dch neue Einigg mit wahrem Berecht (RG JR **26** Nr 804; aA BGH NJW **73**, 613); auch in diesen Fällen jedoch bei Deckg des eingetr RZustandes mit neuer Einigg entspr § 929 S 2 keine NeuEintr notw (Gotzler NJW **73**, 2014; Ffm OLGZ **89**, 3; LG Lüb NJW-RR **96**, 914; einschränkd Streuer Rpfleger **88**, 513: nur bei anfängl Unrichtigk), ggf bloße Berichtigg der EintrGrdlage (GBV 9 d). Einigg wirkt nicht zurück; Eintr aber für Rang maßg (§ 879 II). Eintr muß zZ der Einigg noch bestehen; § 184 hilft nicht bei Gen schwebd unwirks Einigg nach Löschg der Eintr (BGH MDR **71**, 380). – **Zustimmung Dritter** ausnahmsw erforderl; zB ErbbRVO 5, WEG 12. 1 2

b) Ausnahmen. – aa) Einseitige Erklärung u Eintr genügen bei Bestellg von EigtümerRen (zB § 1196 II) sowie zB nach §§ 1188, 1195, BauGB 28 III 3. – **bb) Ohne Eintragung** zB Vfg über buchgsfreies Grdst (GBO 3 II). Statt Eintr genügt schriftl Abtretgs- od BelastgsErkl bei BriefGrdPfdRen u Rechten daran: §§ 1069, 1154, 1192, 1200, 1274, 1291. 3

2) Geltungsbereich. § 873 gilt nur bei Übertr od Begründg der in I genannten Rechte dch RGesch, nicht aber bei Erwerb krG od dch Staatsakt. 4

a) Wechsel des Rechtsträgers erforderl. – **aa)** § 873 **anwendbar** bei: Übertr des Rechts von GesHdGemsch (auch bei AuseinandS) auf GesHänder (RG DR **44**, 292) u umgekehrt. Umwandlg von Gesamtgut in VorbehGut (KG JFG **15**, 192) u umgekehrt (KGJ **52**, 136). Übertr des Rechts von einer PersGemsch auf daneben bestehde and personengleiche PersGemsch: von ErbenGemsch/GüterGemsch auf persgl PersGesellsch (Hamm DNotZ **58**, 416) u umgekehrt; von GesHdGemsch auf persgl BruchtGemsch u umgekehrt (KG FGPrax **95**, 219); von PersGesellsch auf persgl and PersGesellsch, die nicht dch bloße Umwandlg entstanden (KG OLGZ **87**, 276); von PersGesellsch auf KapitalGesellsch mit gleichen Anteilseignern (RG **74**, 6) u umgekehrt. – **bb)** § 873 **nicht anwendbar** (ggf GBBerichtigg) bei: An- bzw Abwachsg des GesellschVerm inf Ein- bzw Austritts eines Gters bei PersGesellsch (RG **106**, 63; Düss Rpfleger **69**, 177; Hamm OLGZ **84**, 50). RFormwechselnde Umwandlg einer PersGesellsch: OHG/KG in BGB-Gesellsch (Hamm OLGZ **84**, 50) u umgekehrt (BGH NJW **67**, 821). 5 6

b) Bei Übertr von **Anteilen an Gesamthandsvermögen,** zu denen in I genanntes Recht (auch als einziger VermGgst) gehört, gilt § 873 nicht (ggf GBBerichtigg): Übertr von MitErbenAnt (BayObLG **59**, 50). Übertr von PersGesellschAnt; auch bei gleichzeit Auswechselg aller Gter (BGH **44**, 229) od bei Übertr aller Anteile auf einen NichtGter (BGH NJW **78**, 1525; BWNotZ **79**, 149) od auf einen Gter (BayObLG Rpfleger **83**, 431) od auf eine aus den alten u neuen Gtern bestehde Gesellsch (Hamm OLGZ **86**, 316). 7

c) Bei Erwerb iW der **Gesamtrechtsnachfolge** gilt § 873 nicht, selbst wenn in I genanntes Recht einziger VermGgst (ggf GBBerichtigg): §§ 1416, 1922, 2139. Übertragde Umwandlg nach UmwG. Umwandlg von GesellschVerm in AlleinVerm bei Beendigg einer PersGesellsch dch Ausscheiden des vorletzten Gters aGrd vertragl Fortsetzgsklausel od Ausübg eines ÜbernahmeR (BGH **32**, 307; **50**, 307; Rpfleger **90**, 158; NJW-RR **93**, 1443). 8

3) Einigung; zu unterscheiden von der rein verfrechtl (BayObLG NJW-RR **93**, 283; str) EintrBew nach GBO 19, die aber in Einigg enthalten sein kann (BayObLG Rpfleger **75**, 26). Auf dingl RÄnderg gerichteter 9 abstrakter Vertr (Einl 11, 16 vor § 854). Formfrei (Ausn: § 925 I, WEG 4 II); aufschiebde/auflösde Bdgg u Befristg zul (Ausn: § 925 II, ErbbRVO 11 I 2, WEG 4 II). Sie verschafft (auch iFv II) keinen schuldrechtl Anspr auf Ränderg (Düss DNotZ **98**, 949), bewirkt ohne Eintr noch keine RÄnderg (Rn 1) u beschränkt (auch iFv II) nicht die VfgsBefugn des Veräußerers. Sie kann die Zustimmg zu weiteren Vfgen des Erwerbers als (Noch-)NichtBerecht enthalten (§ 925 Rn 23) u diesem ein AnwR verschaffen (§ 925 Rn 25).

10 **a) Inhalt.** Das betroffene Grdst/GrdstR (§ 925 Rn 12) sowie die gewollte RÄnderg nach Art/Umfang/ Inhalt müssen erkennb sein. Bei RErwerb von PersMehrh ist Angabe des GemschVerh notw Inhalt (vgl § 925 Rn 16). Über Fehlvorstellg u Falschbezeichng vgl § 925 Rn 14. – **Auslegung/Umdeutung** mögl (KG OLGZ **67**, 324; Mü MittBayNot **94**, 329). Ist das Recht eingetr, so kann es keinen and Inhalt haben, als die Auslegg des EintrVermerks (Rn 15) ergibt (BGH NJW-RR **91**, 457); mögl ist dann eine schuldr Vereinbg über eine Beschrkg/Erweiterg od eine Nichtübereinstimmg iSv Rn 13.

11 **b) Einigungsberechtigt** (auf Veräußererseite) ist der nicht in seiner VfgsBefugn beschr wahre RInh (bzw der für ihn VfgsBefugte wie zB TestVollstr, InsVerw); seine GBEintr (GBO 39) ist materiellrechtl nicht erforderl. Für EiniggsErkl eines NichtBerecht gilt § 185 (BGH NJW **89**, 521); vgl aber §§ 892, 893. Die VfgsBefugn muß im Ztpkt der nachfolgden Vollendg der RÄnderg noch bestehen, insb bei nachfolgder Eintr (BGH **27**, 366); vgl aber § 878! – **aa) Ehegüterrecht:** Zust des Eheg notw, wenn Grdst zw Einigg u Eintr Gesamtgut geworden (BayObLG MittBayNot **75**, 228; aA Staud/Gursky Rn 71) od VfgsBeschrkg nach § 1365 eingetreten (sofern nicht schon vorher wirks VerpflGesch (str; vgl § 1365 Rn 12). § 878 aber anwendb (vgl insb dort Rn 11). – **bb) Rechtsnachfolge** vor Vollendg: Bei EinzelRNachf neue Einigg od Gen der alten (§ 185) notw (BayObLG **56**, 172). Bei GesamtRNachf wirkt Einigg fort (BayObLG **99**, 104; zB § 2033), selbst wenn RNachf zweitl eingetr (BGH **48**, 351); ebso Einigg des VorE bei Eintritt der Nacherbfolge (KG DR **41**, 2196). Einigg des Erbl wirkt weiter, wenn Erbe od Erbeserbe Grdst nach Übereigng an Dritten zurückerwirbt (BayObLG **73**, 139; § 185 II 1 Fall 2). Zur Änderg des GterBestandes bei PersGesellsch zw Einigg u Eintr vgl Eickmann Rpfleger **85**, 85 zu VI 5; LG Achen Rpfleger **88**, 14. –
12 **cc) Verfügungsbefugte** (zB TestVollstr, InsVerw): Bei PersWechsel od Erlöschen der VfgsBeschrkg des RInhabers vor Vollendg ist neue Einigg od Gen der alten notw (Celle NJW **53**, 945; Köln RhNK **81**, 139; Soergel/Stürner Rn 28; Staud/Gursky Rn 73). § 878 aber anwendb (vgl dort Rn 11). – **dd) Stellvertreter:** Bei PersWechsel od Erlöschen der VertrMacht vor Vollendg wirkt Einigg fort (Celle NJW **53**, 945; BayObLG DNotZ **83**, 752).

4) Eintragung. Das EintrVerf richtet sich nach GBO u GBV sowie ergänzdem LandesR.

13 **a) Inhaltliche Übereinstimmung mit der Einigung** notw; wg nachfolgder Einigg vgl Rn 2. Ist mehr eingetr als gewollt (zB Hyp von 3000 DM statt 2000 DM), so ist das Recht nur im Umfang der Einigg entstanden (BGH NJW **90**, 112); ist weniger eingetr als gewollt (zB Hyp von 2000 DM statt 3000 DM), so ist für Entstehg des Rechts im eingetr Umfang § 140 maßg (RG **108**, 146). Ist bei bedgter/befristeter Einigg unbdgtes/unbefristetes Recht eingetr, so ist nur bdgtes/befristetes entstanden (BayObLG NZM **98**, 531); gutgl Dritter erwirbt eingetr Recht. Ist bei unbdgter/unbefristeter Einigg bdgtes/befristetes Recht eingetr, so ist für Entstehg bdgten Rechts § 140 maßg. Bei Eintr subjdingl statt subjpers Rechts entsteht letzteres (BayObLG NJW **61**, 1265), nicht aber umgekehrt. Vgl auch § 879 Rn 17 (RangAbw), § 881 Rn 4 (VorbehAbw), § 1008 Rn 3 (MitEigt statt AlleinEigt), § 1116 Rn 3 (Brief- statt BuchHyp u umgekehrt), § 1184 Rn 6 (VerkHyp statt SichgHyp), Horn NJW **62**, 726 (GrdSch statt Hyp).

14 **b) Rechtswirksame Eintragung** notw. Inhaltl unzul Eintr ist unwirks; zB Eintr ohne Angabe des notw Inhalts, unzul Bezugn auf EintrBew (§ 874 Rn 2), unbehebb Unklarh in wesentl Punkt (BayObLG NJW **61**, 1263). Unwirks auch Eintr dch PrivPers od sachl unzuständ Beamten (KG JFG **11**, 180) od unter Drohg/ Zwang; kein GutGlSchutz (BGH NJW **52**, 1289 Anm Hoche; aA Lutter AcP **164**, 152). Eintr aber wirks bei: Verstoß gg GBO 13, 19, 20, 29, 39; Eintr in falsche Abteilg od Spalte des GB (RG **94**, 8); Täuschg, örtl Unzuständigk, Unzuständigk nach GeschVerteilg od GeschUnfähigk des GBBeamten (Hoche aaO). – **Teilunwirksamkeit** läßt Wirksamk der RestEintr idR unberührt (BGH NJW **66**, 1656).

15 c) Die **Eintragung ist auslegbar** (§ 133), soweit nicht eindeut (BGH WM **93**, 2176); auch vom Rev-/ RBeschwGer. Maßg ist die für Unbefangene nächstliegde Bedeutg, wie sie sich unter Berücksichtigg der EintrZeit (BayObLG **87**, 129) aus dem Wortlaut der Eintr einschl der gem § 874 in Bezug gen EintrBew (einschl nicht einzutragder Teile; BGH WM **69**, 661) unter Berücksichtigg der jedermann ohne weiteres erkennb Tats außerh der Urk (insb der GrdstVerh zZ der RBestellg) ergibt (BGH NJW **92**, 2885); Entstehgs-Geschichte u GrdGesch ohne Bedeutg. Unzul Bezugn ist zur Auslegung (nicht Ergänzg) verwertb (Staud/ Gursky Rn 262; aA MüKo/Wacke Fußn 146). Klare in Bezug gen EintrBew geht unklarer Eintr vor (KG DNotZ **56**, 555) u läßt bewilligtes Recht entstehen (AG Stgt BWNotZ **74**, 34). Bei Zweifeln aus ZusHalt von Eintr u Bewilligg ist die Eintr nur dann inhaltl unzul, wenn Zweifel nicht anderweit behebb (BGH WM **68**, 1087; BayObLG NJW **61**, 1263).

16 **5) Bindung an die Einigung (II).** Die Einigg ist (and als das GrdGesch; BGH NJW **80**, 228) bis zur Eintr dch Erkl ggü dem and Teil einseit widerrufl, auch wenn Recht „unwiderrufl" od unter Verzicht auf Widerruf von EintrAntr/Bew bestellt ist (Mü DNotZ **66**, 283). Dieser Grds wird unter den Voraussetzgen von II aufgehoben:

17 **a) Voraussetzungen;** es genügt, wenn eine erfüllt ist. – **aa)** Notarielle Beurkundg (BeurkG 8 ff) der EiniggsErkl beider VertrPart od ProzVergl (§ 127 a). Öff Beglaubigg (§ 129, BeurkG 40) genügt nicht. – **bb)** Abgabe der EiniggsErkl beider VertrPart vor dem GBA; Protokollierg nicht notw (str). – **cc)** Einreichg
18 der (auch privatschriftl) EiniggsErkl beider VertrPart beim GBA. – **dd)** Aushändigg einer GBO 28, 29 entspr EintrBew (GBO 19) mit Willen des Bewilligden (Ffm DNotZ **70**, 162) an Erwerber; davon hat GBA bei Vorlage dch Erwerber auszugehen. BesMittlgsVerh Veräußerer/Erwerber unzureichd (RG JR **25** Nr 1759); Veräußerer muß Besitz aufgeben. Erwerber muß Besitz erlangen; daher genügt Einreichg vom Veräußerer beim GBA nicht (KG HRR **30**, 975). UrkNotar zum Empfang für Erwerber oft stillschw bevollmächtigt (BGH NJW **63**, 36). Ermächtigg des Notars, von der Bewilligg zG des Erwerbers Gebr zu machen, steht erst

ab Erstellg der Ausfertigg der Aushändigg gleich (BGH **46**, 398). Bloße Anweisg in not Urk, Erwerber Ausfertigg zu erteilen, ersetzt Aushändigg nicht (Ffm DNotZ **70**, 162). Zur Frage, ob Anspr aus BeurkG 51 der Aushändigg gleichsteht, vgl Ertl DNotZ **67**, 652; Kofler RhNK **72**, 674.

b) Wirkung. Die EiniggsErkl sind für beide VertrPart (KG HRR **30**, 975) u ihre GesamtRNachf (BGH **32**, 369; BayObLG **73**, 139) nicht mehr einseit widerrufl. Ist die Erkl eines vollmachtlosen Vertreters/NichtBerecht bindd geworden, so ist Vertretener/Berecht mit Wirksamwerden seiner Gen gebunden (BayObLG **57**, 229). Bindg hindert weder anderweit Vfg des Veräußerers über das Recht (BayObLG Rpfleger **83**, 249) noch die Rückn des EintrAntr (BGH **49**, 200); auch Erwerbsverbot (§ 888 Rn 11) u Kondiktion der Einigg wg unwirks GrdGesch (RG **111**, 98) bis zur GBEintr mögl. 19

6) Aufhebung der Einigung (auch bindder) bis zur GBEintr auch bei formbedürft Einigg dch formlosen Vertr (Brem OLGZ **76**, 92). Nach GBEintr nur noch § 875 bzw RückÜbertr. 20

874 *Bezugnahme auf die Eintragungsbewilligung.*

Bei der Eintragung eines Rechtes, mit dem ein Grundstück belastet wird, kann zur näheren Bezeichnung des Inhalts des Rechtes auf die Eintragungsbewilligung Bezug genommen werden, soweit nicht das Gesetz ein anderes vorschreibt.

1) Allgemeines. § 874 ist materiell-rechtl Natur (KG OLGZ **75**, 301). Die im Erm des GBA stehde Bezugn (insow keine Bindg an Antr) soll Überfüllg des GB vermeiden. – **a) Zulässige Bezugnahme** wirkt als vom öff Gl des GB erfaßte Eintr (BayObLG NJW-RR **89**, 907); maßg ist die jeweils bei den GrdAkten befindl Urk (BGH WM **95**, 1628). Der Inhalt eines widersprüchl/unklaren EintrVermerks ist dch Auslegg der in Bezug gen UrkTeile zu ermitteln (BGH ZflR **97**, 734). EintrVermerk u in Bezug Genommenes bilden eine Einh (RG **113**, 229; Hamm Rpfleger **89**, 448); bei Widersprüchlichk kein gutgl Erwerb gem Vermerk od EintrBew (Hamm aaO). – **b) Unzulässige Bezugnahme** wirkt nicht als Eintr; sie verhindert nicht gutgl Dritterwerb im Umfang der Eintr (Hamm aaO) u ist nicht zur Auslegg des EintrVermerks verwertb (BGH ZflR **97**, 734). Fehlt der Eintr dadch ein wesentl Teil, so ist sie inhaltl unzul (GBO 53 I 2) u das Recht nicht entstanden (KG OLGZ **75**, 301); fehlt ein unwesentl Teil, so ist die Eintr inhaltl zul u führt zur RÄnderg, wenn sie sich noch mit der Einigg deckt od entspr Einigg nachfolgt (RG **108**, 146). 1 2

2) Grundstücksrechte sind alle eintraggsfäh Rechte außer Eigt (RG SeuffA **91**, 104). Bezugn ferner zul bei Eintr von Vormkg (§ 885 II), Widerspr (§ 899 Rn 6), ErbbR (ErbbRVO 14 I 3; GBV 56 II, 60), SonderEigt u DWR (WEG 7 III, 32 II), InhaltsÄnderg (§ 877) sowie nach dem Zweck des § 874 bei Eintr von VfgsBeschrkgen (MüKo/Wacke Rn 7; aA RGRK/Augustin Rn 4) u Rechten an GrdstR (KGJ **48**, 181). 3

3) Inhaltsbezeichnung. – a) Inhalt: § 877 Rn 2. Nicht zum Inhalt gehören (u daher in EintrVermerk aufzunehmen): Bezeichng des BelastgsGgst (BGH ZflR **97**, 734) u des Berecht (BGH WM **93**, 2176) einschl BeteiliggsVerh; Bdgg/Befristg (BayObLG NZM **98**, 531 [Bezugn nur zu ihrer näheren Kennzeichng zul; Düss OLGZ **83**, 352]). Bezugn auf Bdgg für RAusübg aber zul, weil zum Inhalt u nicht zur Entstehg gehörd (Karlsr DNotZ **68**, 432; aA Ffm Rpfleger **74**, 430). Ergibt sich Bdgg/Befristg nur aus der EintrBew, so ist bdgtes/befristetes Recht entstanden (vgl § 873 Rn 13), aber gutgl Dritter erwirbt unbdgtes/unbefristetes Recht (Düss OLGZ **83**, 352; LG Mannh BWNotZ **84**, 22). – **b) Bezeichnung.** Im EintrVermerk genügt die ges Bezeichng des Rechts, wenn diese den wesentl RInhalt kennzeichnet (zB ErbbR, Hyp, Nießbr, VorkR). Sonst (zB GrdDbk, Reallast, bpDbk) muß konkreter RInhalt mind schlagwortart (zB WohnR) aufgen werden (BGH **35**, 378), sofern er sich nicht aus der Bezeichng iVm and Angaben des EintrVermerks (KG OLGZ **75**, 301; BayObLG NJW-RR **86**, 882) od aus ges InhaltsBeschrkg (zB dch LandesR) ergibt; vgl für Dbk § 1018 Rn 31. – **c) Belastungsumfang** muß aus EintrVermerk erkennb sein (Nürnb OLGZ **78**, 79). 4 5 6

4) Eintragungsbewilligung (GBO 19). Bezeichng als solche nicht erforderl (KG JFG **8**, 232); privat schriftl Urk unschädl, da GBO 29 nur VerfR (KG HRR **31**, 1459). Bezugn zul auch auf Urk (auch Karte, Zeichng), auf die die EintrBew verweist; sie muß eindeut bezeichnet u zu den GrdAkten gen werden (KGJ **48**, 175). Zul auch Bezugn auf Urk, die EintrBew ersetzen, insb Ersuchen (GBO 38) u Urteile (BayObLG **62**, 38) sowie auf einf geltde ges Vorschr (KGJ **51**, 252). – **a) Bestimmtheitsgrundsatz** für EintrVermerk (Übbl 14 vor § 873) gilt auch für die ihn ergänzde EintrBew (BayObLG **67**, 48; Ffm Rpfleger **73**, 23). – **b) Uneingeschränkte Bezugnahme** auf Urk, die eintraggsfäh u nichteintraggsfäh Bestimmgen enthält, ist unzul. Trenng der Bestimmgen sowie Beschrkg der EintrBew auf erstere in der Urk u Bezeichng des die EintrBew enthaltden Teils der Urk in der Bezugn notw (KG JFG **1**, 284; **8**, 232; Köln Rpfleger **56**, 340; BayObLG **67**, 48; NJW-RR **93**, 283). Die nichteintraggsfäh Bestimmgen wird dch die Bezugn nicht Inhalt des in seinem Bestand davon unberührten Rechts (Ffm FGPrax **97**, 211). 7 8 9

5) Ausschluß: §§ 879 III, 881 II, 882, 1115, 1116 II, 1179a V 2, 1184 II, 1189 I, 1190 I (1192), 1199 II, ZPO 800 (KGJ **45**, 261; Köln Rpfleger **74**, 150). – **Erweiterung:** GBO 49. 10

875 *Aufhebung eines Rechtes.*

I Zur Aufhebung eines Rechtes an einem Grundstück ist, soweit nicht das Gesetz ein anderes vorschreibt, die Erklärung des Berechtigten, daß er das Recht aufgebe, und die Löschung des Rechtes im Grundbuch erforderlich. Die Erklärung ist dem Grundbuchamt oder demjenigen gegenüber abzugeben, zu dessen Gunsten sie erfolgt.

II Vor der Löschung ist der Berechtigte an seine Erklärung nur gebunden, wenn er sie dem Grundbuchamte gegenüber abgegeben oder demjenigen, zu dessen Gunsten sie erfolgt, eine den Vorschriften der Grundbuchordnung entsprechende Löschungsbewilligung ausgehändigt hat.

1 **1) Allgemeines. – a)** Ganz/teilw rgesch **Aufhebung von Grundstücksrechten** dch AufgabeErkl des Berecht u die Löschg im GB; Aufhebg eines BruchtAnt an GrdPfdR erfordert eine Teilg dch alle MitBerecht (KEHE/Munzig § 27 Rn 21; Meikel/Böttcher § 27 Rn 25; aA KG JFG **5**, 363). Das Recht erlischt erst, wenn beides zustrifft; Löschg ohne AufgabeErkl (nicht aber umgekehrt) macht das GB unricht (Widerspr nach § 899 u ggf GBO 53 I 1; Berichtigg nach § 894, GBO 22 dch WiederEintr). Auch iFv GBO 23 II führt bei vorhandenen Rückständen die Löschg alleine nicht zum Erlöschen (BGH NotZ **76**, 49). – **b)** Daneben **Zustimmung des Eigentümers** bei Aufhebg eines GrdPfdR (§§ 1183, 1192, 1200) od eines ErbR (ErbRVO 26) sowie eines **Drittberechtigten** (§ 876) erforderl.

2 **2) Geltungsbereich. – a)** Nur bei Aufhebg von **Grundstücksrechten** (über RangVorbeh vgl § 881 Rn 12; über Vormkg vgl § 886 Rn 3; für Eigt gilt § 928) dch RGesch; nicht bei Erlöschen krG ohne AufgabeErkl außerh des GB. Entspr Anwendg in §§ 1132 II 2, 1168 II, 1180 II 2. Enthaftg von MitEAnt nur soweit solche belastb (§§ 1095, 1106, 1114, 1192); bei Enthaftg realer GrdstTeile GBO 7 zu beachten. – **b)** Bei Aufhebg von **Rechten an Grundstücksrechten** gilt § 875, wenn Belastg eines grdstgl Rechts aufgehoben wird; Nießbr u PfdR an GrdstRen dch bloße AufgabeErkl aufhebb (§§ 1064/1072; 1255/1273).

3 **3) Aufgabeerklärung.** Zu unterscheiden von verfrechtl LöschgsBew nach GBO 19; sie enthält aber idR
4 die AufgabeErkl (Hamm DNotZ FGPrax **98**, 208) u umgekehrt (BayObLG DNotZ **75**, 685). – **a) Einseitige empfangsbedürftige Willenserklärung,** die auf eine Vfg über das Recht gerichtet u formfrei ist. Sie verschafft (auch iFv II) keinen schuldrechtl AufhebgsAnspr, bewirkt ohne Löschg noch keine RÄnderg (Rn 1) u beschränkt (auch iFv II) nicht die VfgsBefugn des RInh. Aufhebgswille muß erkennb sein; bei GrdPfdR ist Unterscheidg von Verzicht wesentl (§§ 1168, 1175, 1178 II). Sie wird bei ordngsgem Abgabe mit Zugang beim empfangsberecht Adressaten wirks (§ 130); nach §§ 111, 182, 1831 erforderl Zust muß nicht vorher wirks geworden sein (Düss RhNK **93**, 89; Staud/Gursky Rn 41; str), sond Wirksamwerden bis zur Löschg genügt (sie vollendet erst das RGesch). Bdgte/befristete AufgabeErkl materiell wirks; Löschg aber nur, wenn aufschiebde Bdgg eingetreten od Anfangsfrist abgelaufen (nicht bei auflösder Bdgg od Endfrist). –
5 **b) Erklärungsberechtigt** ist der wahre RInh (bzw der für ihn VfgsBefugte); bei Hyp nach Befriedigg also der Eigtümer (§§ 1143 I, 1163 I 2, 1172, 1173) od der, auf den Hyp sonst übergegangen (§§ 1150, 1164, 1174), aber nicht mehr der Gläub (daher reicht seine löschgsfäh Quittg nicht; § 1144 Rn 4). Bei GesamtBerecht genügt AufgabeErkl des materiell VfgsBerecht (BayObLG **75**, 191); da Aufgabe ausleggsbedürft (ob Aufhebg der Hyp im ganzen od nur der EinzelSicherg des Erklärden), genügt AufgabeErkl eines GesamtGläub nicht, um Hyp im ganzen aufzuheben (KEHE/Munzig § 27 Rn 27; Staud/Gursky 34; aA KG JW **37**, 3158; BayObLG **62**, 205). Die VfgsBefugn muß im Ztpkt der Löschg noch bestehen (§ 873 Rn 11 gilt entspr); vgl
6 aber § 878. – **c) Empfangsberechtigt** sind jeder Begünstigte (Eigtümer; gleich- od nachrang Berecht) u als sein Vertreter (BGH JR **80**, 412 Anm Kuntze) das GBA. § 181 gilt, wenn Begünstigter die Aufgabe als Vertreter des RInh ggü sich od dem GBA (BGH aaO) erklärt; nicht aber, wenn RInh ggü sich als Vertreter des Begünstigten od dem GBA erklärt (nur rechtl Vorteil für Vertretenen; vgl aber § 1183 Rn 5).

7 **4) Löschung** erfolgt auf Antrag (GBO 13) u Bewilligg (GBO 19) in der Form des GBO 46 I (Rötg nach GBVfg 17 genügt alleine nicht) od II. Bei der Herabsetzg von Nebenleistgen eines GrdPfdR genügt Eintr der Herabsetzg in der Verändergsspalte ohne LöschgsVermerk (KG HRR **32**, 1657).

8 **5) Bindung an die Aufgabeerklärung (II).** Die AufgabeErkl ist (and als zugrde liegdes VerpflGesch; BGH NJW **80**, 228) dch Erkl ggü ihrem Adressaten einseit widerrufl. Dieser Grds wird unter den Voraussetzgen von II aufgehoben: – **a) Voraussetzungen:** Abgabe (auch mündl od privatschriftl) der AufgabeErkl ggü dem GBA od Aushändigg einer GBO 28, 29 entspr LöschgsBew (GBO 19) mit Willen des Aufgebden an den ErklAdressaten (vgl § 873 Rn 18); auch not Beurk innerh eines Vertr mit letzterem genügt (KGJ **49**, 155). – **b) Wirkung:** § 873 Rn 19 gilt entspr.

876 ***Aufhebung eines belasteten Rechtes.*** **Ist ein Recht an einem Grundstücke mit dem Rechte eines Dritten belastet, so ist zur Aufhebung des belasteten Rechtes die Zustimmung des Dritten erforderlich. Steht das aufzuhebende Recht dem jeweiligen Eigentümer eines anderen Grundstücks zu, so ist, wenn dieses Grundstück mit dem Rechte eines Dritten belastet ist, die Zustimmung des Dritten erforderlich, es sei denn, daß dessen Recht durch die Aufhebung nicht berührt wird. Die Zustimmung ist dem Grundbuchamt oder demjenigen gegenüber zu erklären, zu dessen Gunsten sie erfolgt; sie ist unwiderruflich.**

1 **1) Grundsatz. – a) Zustimmung des Drittberechtigten** zur Aufhebg eines GrdstR dch RGesch (nicht bei Erlöschen krG) notw, da die Belastgen des Rechts mit seiner Aufhebg erlöschen; entspr Anwendg in §§ 880 II, 1109 II, 1116 II, 1132 II, 1168 II, 1180. Löschg ohne Zust macht GB unricht (Widerspr nach § 899 u ggf GBO 53 I 1; Berichtigg nach § 894, GBO 22 dch WiederEintr); BerichtiggsAnspr hat neben DrittBerecht wg absoluter Unwirksamk auch Inh des GrdstR (MüKo/Wacke Rdn 13; aA Erm/Hagen Rn 2).
2 – **b) Belastungen.** Unmittelb belastet sind Reallasten/GrdPfdR/DWR mit Nießbr od PfdR bzw Vormkg dafür (KG JFG **9**, 218), übertragb Rechte mit Vormkg für ÜbertrAnspr (BayObLG Rpfleger **87**, 156) u grdstgl Rechte wie Grdst. Mittelb belastet sind subjdingl Rechte (§§ 1018, 1094 II, 1105 II) dch alle Belastgen des herrschden Grdst. Widerspr (§ 899) steht Belastg gleich (KG HRR **28**, 1463; aA Staud/Gursky § 899 Rn 13).

3 **2) Ausnahmen. – a)** Bei Aufhebg eines **subjektivdinglichen Rechts** Zust entbehrl, wenn sie das DrittR nicht berührt **(S 2);** rechtl (nicht wirtsch) Beeinträchtigg maßg (BGH **LM** ZPO § 3 Nr 40). Reallast- u GrdPfdRBerecht am herrschden Grdst müssen stets zustimmen, da das Recht ihnen als Bestandt (§ 96) mithaftet, währd bei Dbk Zust oft entbehrl (BGH aaO). GBA muß Bewilligg (GBO 19) erfordern, wenn Recht vermerkt (GBO 21) od ihm sonst bekannt (Übbl 12 vor § 873). Zust ersetzb dch UnschädlichkZeugn: EG 120 II Nr 2. – **b)** Bei Aufhebg **grundstücksgleichen Rechts** Zust entbehrl, wenn das Grdst zu gleich-

günst Rang für belastdes Nutzgs/VerwertgsR haftet (BayObLG Rpfleger **87**, 156; LG Krfld Rpfleger **98**, 284).

3) Zustimmungserklärung. Zu unterscheiden von der rein verfrechtl LöschgsBew nach GBO 19; sie enthält aber idR die ZustErkl u umgekehrt. – **a) Einseitige empfangsbedürftige Willenserklärung,** die eine Vfg über das DrittR enthält (Düss Rpfleger **93**, 337) u formfrei ist; selbstd RGesch ggü Aufhebg nach § 875. Sie führt selbstd zum Erlöschen des DrittR, wenn sie dazu alleine ausreichde AufgabeErkl (vgl § 875 Rn 2) enthält. Sie schafft keinen schuldrechtl ZustAnspr u beschränkt nicht die VfgsBefugn des DrittBerecht. Sie wird bei ordngsgem Abgabe mit Zugang beim EmpfangsBerecht **wirksam** u ist dann unwiderrufl **(S 3).** Für notw Zust zu ihr sowie bdgte/befristete Erkl gilt § 875 Rn 4 entspr. – **b) Zustimmungsberechtigt** ist der wahre Inh des DrittR (bzw der für ihn VfgsBefugte) zZ des Wirksamwerdens der ZustErkl; danach eintretde Änderg in der Vfgs-/VertretgsMacht unerhebl, auch RNachf ist an unwiderrufl gewordene Zust vorbeh § 892 gebunden (Hamm FGPrax **95**, 10). – **c) Empfangsberechtigt** sind jeder Begünstigte (Eigtümer, Inh des aufzuhebden Rechts, diesem gleich- od nachrang Berecht) u als sein Vertreter (BGH JR **80**, 412 Anm Kuntze) das GBA. Für Anwendbark von § 181 bei Vertretg des DrittBerecht dch den Begünstigten u umgekehrt gilt § 875 Rn 6 entspr.

4 (Rn 4) 5 (Rn 5) 6 (Rn 6)

877 *Inhaltsänderungen.* **Die Vorschriften der §§ 873, 874, 876 finden auch auf Änderungen des Inhalts eines Rechtes an einem Grundstück Anwendung.**

1 **1) Recht an einem Grundstück** iSv § 877 sind alle beschr dingl Rechte an einem Grdst einschl grdstgl Rechte, nicht aber Rechte an GrdstR (KG OLG **29**, 377; Einigg u, soweit für Bestellg notw, Eintr), Vormkgen (KG DNotZ **30**, 110; vgl § 885 Rn 2), Widerspr. § 877 gilt auch bei Inhaltsänderg von Rechten an grdstgl Rechten (vgl ErbbRVO 11 Rn 3); wg Inhaltsänderg von WohngsEigt vgl WEG 8 Rn 6, § 10 Rn 9.

2 **a)** Der **Rechtsinhalt** umfaßt alle dem Berecht zustehden Befugn (Hamm NJW **68**, 1289) einschl VfgsBeschrkgen (str) u iwS auch den Rang (Zweibr Rpfleger **85**, 54; aA Planck/Strecker Anm 3 vor § 879).

3 **b) Inhaltsänderung** iSv § 877 ist jede Änderg der Befugn des Berecht iR des bereits bestehden Rechts, die nicht Übertr/Belastg (§ 873), Aufhebg (§ 875) od Rangänderg (§ 880; § 877 aber ergänzd anwendb, soweit §§ 880, 881 nicht zutreffen) ist. Nicht aber Umwandlg eines GrdstR in ein and (KG JW **34**, 2997; zB WegeDbk in ÜberbauungsDbk [BayObLG Rpfleger **67**, 11], GrdDbk in bpDbk u umgekehrt, RentenSch in Reallast u umgekehrt), wozu Aufhebg u Neubestellg an rangbereiter Stelle notw; Ausn: §§ 1116 II, 1186, 1198, 1203. – **Beispiele:** Ausschluß der Übertragbark (Einl 14 vor § 854), Umwandlg von Gesamtberechtigg iSv § 428 in Sukzessivberechtigg (LG Schweinf MittBayNot **82**, 69), Erstreckg auf neuen Bestand bei Vereinigg/Zuschreibg (Neust DNotZ **64**, 344) od als Gesamtberechtigg auf and Grdst, Aufteilg einer Gesamt- in Einzelbelastgen (Neust DNotZ **60**, 385), Bildg einer EinhHyp (RG **145**, 47), Änderg einer KündVereinbg (BGH **1**, 305); **nicht** aber: Künd (BGH **1**, 306), Vereinbg einer Unterwerfgsklausel iSv ZPO 800 (KG HRR **31**, 1705; str), Überlassg der RAusübg gem §§ 1059 S 2, 1092 I 2 (KG JFG **1**, 411).

4 **c) Erweiterung und Verminderung des Rechtsumfangs** fallen nicht unter § 877; sie sind Teilneubestellg (Ffm Rpfleger **78**, 312; insb Erhöhg des GrdPfdRKapitals) bzw Teilaufhebg (RG **72**, 362; insb Herabsetzg von GrdPfdRKapital/zinsen). Wie Inhaltsänderg zu behandeln (Eintr in Verändergsspalte): Erhöhg der Nebenleistg eines GrdPfdR bzw Einzelleistg einer Reallast (Ffm aaO), Austausch von Nebenleistgen eines GrdPfdR, Verlängerg der Nießbr- (KG JFG **13**, 75) od ErbbRZeit (BayObLG **59**, 520), Umwandlg bdgten in unbdgtes (KG aaO) bzw befristeten in unbefristetes Recht u umgekehrt, Änderg der EntstehgsBdgg.

5 **2)** Die **rechtgeschäftliche Inhaltsänderung** erfordert: – **a) Einigung** zw GrdstEigtümer u RInh (bei Rechten an eigenen Grdst genügt einseit Erkl des Eigtümers) **und Eintragung** gem §§ 873, 874. – **b) Zustimmung Drittberechtigter** gem § 876. Entbehrl aber, wenn Beeinträchtigg ihrer RStellg ausgeschl (BGH **91**, 343); zB des GrdPfdRGläub an ErbbR bei Verlängerg der ErbbRZeit (BayObLG **59**, 520) od Erstreckg des ErbbR auf zugeschriebenes Grdst (Neust DNotZ **64**, 344) im Ggs zur zustbedürft Aufteilg eines Gesamt- in EinzelErbbR (Neust DNotZ **60**, 385). Im Zweifel Zust geboten. – **c) Zustimmung gleich- und nachrangiger Rechtsinhaber** zur Vermeidg des Rangverlustes, wenn deren RStellg verschlechtert wird, weil die Inhaltsänderg (insb die ihr gem Rn 4 gleichzubehandelnden Erweitergen) den Gesamtumfang des Rechts erweitert (BayObLG **59**, 520); zB Erhöhg von Nebenleistgen eines GrdPfdR außerh von § 1119 (KG HRR **32**, 320) od der Einzelleistgen einer Reallast (Ffm Rpfleger **78**, 312), Erleichterg der EntstehgsBdggen für ein Recht (KG HRR **33**, 1929) im Ggs zu deren zustfreier Verschärfg/Erweiterg (KGJ **52**, 197). Zust entbehrl bei Erhöhg einer Nebenleistg, wenn wg gleichzeit Herabsetzg einer and Nebenleistg (nicht des Kapitals; KG HRR **32**, 320) Gesamtumfang der Belastg nicht erweitert (Brschw JFG **9**, 255). Fehlde Zust macht Inhaltsänderg nicht unwirks, nur der Rang ist unrichtig (Ffm Rpfleger **78**, 312).

878 *Nachträgliche Verfügungsbeschränkungen.* **Eine von dem Berechtigten in Gemäßheit der §§ 873, 875, 877 abgegebene Erklärung wird nicht dadurch unwirksam, daß der Berechtigte in der Verfügung beschränkt wird, nachdem die Erklärung für ihn bindend geworden und der Antrag auf Eintragung bei dem Grundbuchamte gestellt worden ist.**

1) Allgemeines.

1 **a) Zweck.** Die in §§ 873, 875, 877 genannten RÄndergen treten grdsätzl nur ein, wenn der Verfügde im Ztpkt der seiner VfgsErkl nachfolgden rechtsändernden GBEintr noch vfgsberecht ist. Den Ztpkt der GBEintr können die Beteil nicht bestimmen. Obwohl alles von ihnen Vorzunehmde getan ist, würde die RÄnderg vereitelt, wenn der Verfügde noch vor GBEintr in seiner VfgsBefugn beschr wird; dieser sich aus dem EintrGrds ergebden Gefahr will § 878 begegnen (Mot III 90), indem unter best Voraussetzgen die nachträgl

VfgsBeschrkg die Wirksamk der VfgsErkl nicht mehr beeinträchtigt. – Liegen diese Voraussetzgen nicht vor, so ist die Vfg unwirks; sie kann aber zB iFv §§ 1984, 2113, 2211; InsO 81, 91 dch Zust des NachE, TestVollstr, Nachl/InsVerw wirks werden (Düss DNotZ **81**, 130).

2 **b) Nicht anwendbar** ist § 878, wenn folgde Ereign zw dem Vorliegen der für § 878 maßg Voraussetzgen u der GBEintr eintreten: – **aa)** Bei **Tod oder Verlust der Geschäftsfähigkeit** bleibt die VfgsErkl wirks (§ 130 II); sie kann aber, sofern keine Bindg nach §§ 873 II, 875 II eingetreten, vom Erben (bei Miterben genügt einer; Düss NJW **56**, 876) bzw Vormund einseit widerrufen werden (KG HRR **36** Nr 361; vgl § 873 Rn 16, § 875 Rn 8). – **bb)** Bei **Verlust der Rechtsinhaberschaft** (Ffm OLGZ **80**, 100; BayObLG RdL **84**, 179; vgl auch § 873 Rn 11); jedoch muß NachE rechtm Vfg des VorE gelten lassen, wenn Nacherbfall vor GBEintr eingetreten (KG DR **41**, 2196). Über Umwandlg von Allein- in GesamtBerechtigg vgl Rn 11. – **cc)** Bei **Verlust der Vertretungsmacht** für den RInh; diese ist unschädl (vgl § 873 Rn 12). – **dd)** Bei absoluten u relativen **Erwerbsbeschränkungen** (RG **120**, 118; BayObLG **97**, 55; aA MüKo/Wacke Rn 25).

3 **c) § 878 und § 892 schließen sich aus** bzgl derselben VfgsBeschrkg (Rahn NJW **59**, 97; Schönfeld JZ **59**, 140): § 878 regelt den Fall, daß die VfgsBeschrkg nach der AntrStellg eintrat, währd sie bei § 892 vorher eingetreten sein muß (§ 892 II). – War die VfgsBeschrkg außerh des GB vor Erfüllg der Voraussetzgen des § 878 eingetreten, aber erst nach deren Erfüllg ins GB eingetr, so ermöglicht weder § 878 noch § 892 einen Erwerb (Däubler JZ **63**, 588 zu III; aA Baur/Stürner, ZwVollstr/Konk/Vergl12, Rn 988); vgl § 892 Rn 9.

4 **2) Geltungsbereich – a) Rechtsgeschäftliche Verfügungserklärungen** nach §§ 873, 875, 877, auch wenn nach ZPO 894/5 ersetzt. Anwendg vorgeschrieben in §§ 880 II 1, 1109 II 2, 1116 II 2, 1132 II 2, 1154 III, 1168 II 2, 1180 I 2, 1196 II. – **aa) Entsprechende Anwendung** auf EigtVerzErkl (§ 928 Rn 2), einseit EigtümerErkl bei Vereinigg/Zuschreibg/Teilg (§ 890 Rn 5, 12) od Bestellg/Änderg/Aufhebg von EigtümerR, Bestellg (§ 885 Rn 11) u Aufhebg (Köln Rpfleger **73**, 299) einer Vormkg, Bewilligg (§ 899 Rn 5) u Aufhebg eines Widerspr, BerichtiggsBew nach GBO 22, TeilgsErkl nach WEG 8 (aA LG Köln RhNK **84**, 16). – **bb) Nicht anwendbar** auf erzwungene Vormkg (§ 885 Rn 7) u Widerspr, Zust Dritter nach §§ 876, 880, 1183 (RG **52**, 411), Vfg iW der ZwVollstr (BGH **9**, 250; aA Wacke ZZP **82**, 377), Unterwerfgsklausel nach ZPO 800.

5 **b)** VfgsErkl des **Verfügungsberechtigten** iSv § 873 Rn 11; bei BerechtMehrh muß § 878 für jeden erfüllt sein (KG JFG **13**, 92). Bei VfgsErkl eines NichtBerecht ist zu unterscheiden: – **aa)** Ist ein **Nichtberechtigter als Berechtigter eingetragen** u ergeht gg ihn eine das eingetr Recht erfassde VfgsBeschrkg, so ist auf seine VfgsErkl § 878 anwendb, damit gutgl Erwerber nicht schlechter steht als bei Erwerb vom Berecht (Däubler JZ **63**, 588 zu II 3; MüKo/Wacke Rn 13; Soergel/Stürner Rn 7 a; aA RGRK/Augustin Rn 2). –
6 **bb)** Auf VfgsErkl eines **nichteingetragenen Nichtberechtigten mit Einwilligung des Berechtigten (§ 185 I)** ist § 878 anwendb, wenn gg den NichtBerecht eine VfgsBeschrkg ergeht (KG DNotZ **34**, 284; Köln Rpfleger **75**, 20 [bei Vfg über AnwR]); Däubler aaO zu II 1 a; MüKo/Wacke Rn 14; Staud/Gursky Rn 57; aA RG **135**, 378; BGH **49**, 197; BayObLG **60**, 456), weil Vfg des Berecht gleichzustellen (ähnl wie Stellvertretg). Unterliegt der Berecht einer VfgsBeschrkg, nachdem NichtBerecht die Voraussetzgen des § 878 erfüllt hat, so ist § 878 entspr anwendb (Däubler aaO zu II 1 b; Schönfeld JZ **59**, 140 zu III 3 b; MüKo/Wacke aaO; Staud/Gursky aaO), zumal auch seine Einwilligg nach bindder VfgsErkl des NichtBerecht nicht mehr
7 nach § 183 widerrufb (§ 183 Rn 1). – **cc)** Auf VfgsErkl eines **nichteingetragenen Nichtberechtigten mit Genehmigung des Berechtigten (§ 185 II 1 Fall 1)** ist § 878 anwendb, wenn gg den NichtBerecht eine VfgsBeschrkg ergeht; dabei muß die Gen vor deren Eintritt erteilt sein, denn bei späterer Erteilg fehlt die Voraussetzg nach Rn 15 für § 878 (Soergel/Stürner Rn 7 a; Staud/Gursky Rn 58; aA Däubler aaO zu II 2 a; AK/LvSchweinitz Rn 17). Unterliegt der Berecht einer VfgsBeschrkg, so ermöglicht seine Gen den Erwerb
8 nur, wenn er sie vor deren Eintritt erteilte (allgM); sie ist unwiderrufl (BGH **40**, 156 [164]). – **dd)** Auf VfgsErkl eines ohne Zust des Berecht verfügden **eingetragenen Nichtberechtigten, der den VfgsGegenstand nachträglich erwirbt (§ 185 II 1 Fall 2)** ist § 878 unmittelb anwendb, wenn der Erwerb vor Eintritt der VfgsBeschrkg erfolgte; erfolgte er danach, so ist § 878 nicht anwendb, da VfgsErkl dch Erwerb nicht mehr wirks geworden (RG **89**, 152). Gilt entspr iFv § 185 II 1 Fall 3.

9 **c) Verfügungsbeschränkungen** beeinträchtigen unmittelb die Befugn des Berecht, rgeschäftl über ein Recht dch Übertr, Aufhebg, Belastg od Inhaltsänderg zu verfügen. Sie können auf Gesetz (vgl § 135), behördl Anordng (vgl § 136) u ausnahmsw (vgl § 137) auf RGesch (ErbbRVO 5; WEG 12, 35; §§ 1424, 1450) beruhen. Gleich stehen **Verfügungsentziehungen** (Mot III 192) zB nach InsO 21 II Nr. 2, 80; §§ 1984, 2211. Keine VfgsBeschrkg iSv § 878 ist die **Vormerkung** (vgl § 883 Rn 3); entspr Anwendg von § 878 aber trotz § 1098 II auf dingl VorkR, wenn nach Vorliegen der für § 878 maßg Voraussetzgen die VorkLage
10 eingetreten, da dies im Ggs zur Vormkg nicht im GB erscheint. – **aa)** § 878 gilt für alle **außerhalb des Grundbuchs** entstehden absoluten u relativen (KG JFG **9**, 178) VfgsBeschrkgen; nicht aber für solche, die erst mit Eintr entstehen, da hier gem GBO 17 Schutz des Erwerbers dch vorrang Erledigg des EintrAntr für
11 RÄnderg (KG aaO). – **bb)** § 878 gilt entspr bei Verlust der **Verfügungsmacht als Amtsinhaber,** zB als KonkVerw od TestVollstr (Brdbg VIZ **95**, 365; LG NBrdbg MDR **95**, 491; Däubler JZ **63**, 588 zu IV; Böhringer BWNotZ **84**, 137; Haegele/Schöner/Stöber 124; MüKo/Wacke 13; Staud/Gursky 52; aA KG OLG **26**, 4; Celle NJW **53**, 945; Köln RhNK **81**, 139; LG Osnabr KTS **72**, 202). – **cc)** § 878 gilt entspr, wenn sich außerh des GB nach dem maßg Ztpkt **Allein- in Gesamtberechtigung** umwandelt; zB gem § 1416 (MüKo/Wacke 20; vgl auch Staud/Gursky 18).

12 **3) Voraussetzungen** für Wirksambleiben der VfgsErkl. Alle müssen vor Eintritt der VfgsBeschrkg erfüllt sein; zB vor KonkEröffng (vgl dazu Düss MittBayNot **75**, 224). Zeitl Reihenfolge gleichgült.

13 **a) Bindung an die Verfügungserklärung** gem §§ 873 II, 875 II. Bei and als den in § 875 II genannten einseit VfgsErkl (vgl Rn 4) gilt § 875 II entspr (Soergel/Stürner 5; MüKo/Wacke 9; aA LG Köln RhNK **84**, 16 iFv WEG 8).

14 **b) Eingang des Eintragungsantrags beim Grundbuchamt.** Verfügder (Staud/Gursky Rn 45) od Erwerber kann AntrSteller sein. Antr muß sich auf das betroffene Recht beziehen; was nicht der Fall, wenn

Notar allg Antr in der Urk im Begleitschreiben auf and Punkt beschr (Köln KTS **68**, 245). Er muß zur Eintr führen. AntrRückn od -Zurückweisg machen VfgsErkl unwirks; bei Aufhebg der Zurückweisg gem FGG 18 od auf Beschw lebt die Schutzwirkg des § 878 nicht wieder auf, wenn die Zurückweisg rechtmäß war u die Aufhebg auf neuen Tats beruht (BGH **136**, 87). Eine ZwVfg nach GBO 18 führt noch nicht zur Unwirksamk (Brdbg VIZ **95**, 365; LG Nürnb MittBayNot **78**, 216); dies gilt wg Rn 15 aber nur, wenn Mängel bzgl formeller EintrVoraussetzgen bestehen (Haegele/Schöner/Stöber 118).

c) Sonstige zur Rechtsänderung notwendige Voraussetzungen müssen erfüllt sein, da § 878 nur Nachteile des EintrGrdsatzes ausschließen will. Dazu gehören zB: BriefÜberg bei Bestellg eines BriefGrdPfdR (KG NJW **75**, 878), Entstehg der gesicherten Fdg bei Hyp, notw Zust DrittBerecht, notw Gen dch VormschG od and Behörde (Hamm JMBlNRW **48**, 244 [Beh]; **51**, 92 [VormschG]; Rstk EWiR 1/**96**, 839 [Beh]; Staud/Gursky 38; Haegele/Schöner/Stöber 122; aA Köln NJW **55**, 80 [Beh]; Dieckmann FS-Schiedermaier **76**, 99; Knöchlein DNotZ **59**, 3 [17]; MüKo/Wacke 12). 15

4) Wirkung. Die VfgsErkl bleibt wirks u die RÄnderg tritt mit Eintr ein. Dies auch, wenn VfgsBeschrkg noch vor Eintr der RÄnderg eingetr (KG JW **32**, 2441) od Erwerber bekannt geworden (Hbg OLG **15**, 230; Staud/Gursky 23; Schönfeld JZ **59**, 140 zu II 1 b; aA BGH **28**, 182 [aber gleiches Ergebn über § 892 II]; Seufert NJW **59**, 527). Das GBA muß auch noch einem Antr des Verfügden stattgeben (KG Rpfleger **75**, 88; MüKo/Wacke 8; aA Venjakob Rpfleger **91**, 284 mwN), da § 878 auch AntrR fortbestehen läßt. – Anfechtg nach InsO 129 bleibt mögl; maßg Ztpkt dafür aber Eintr (BGH **41**, 17; Ganter DNotZ **95**, 517; aA Wacke ZZP **82**, 377). Über Auswirkgen auf WahlR des InsVerw aus InsO 103 u AntrRückn dch ihn vgl Müller JZ **80**, 554; MüKo/Wacke 23; Staud/Gursky 63. 16

879

Rangverhältnis mehrerer Rechte. **I Das Rangverhältnis unter mehreren Rechten, mit denen ein Grundstück belastet ist, bestimmt sich, wenn die Rechte in derselben Abteilung des Grundbuchs eingetragen sind, nach der Reihenfolge der Eintragungen. Sind die Rechte in verschiedenen Abteilungen eingetragen, so hat das unter Angabe eines früheren Tages eingetragene Recht den Vorrang; Rechte, die unter Angabe desselben Tages eingetragen sind, haben gleichen Rang.**

II Die Eintragung ist für das Rangverhältnis auch dann maßgebend, wenn die nach § 873 zum Erwerbe des Rechtes erforderliche Einigung erst nach der Eintragung zustande gekommen ist.

III Eine abweichende Bestimmung des Rangverhältnisses bedarf der Eintragung in das Grundbuch.

1) Allgemeines. – a) Das materielle Rangverhältnis in § 879 regelt die Reihenfolge, in der an demselben BelastgsGgst bestehde Rechte der Abt II u III verwirklicht werden; zB dch Befriedigg von VerwertgsR in der ZwVollstr od dch Dchsetzg widersprechder NutzgsR (vgl § 1024 Rn 1) bzw ErwerbsR (vgl § 1094 Rn 1). Die RNatur des Ranges ist str (vgl MüKo/Wacke 2; Planck/Strecker 3 vor § 879); jedenf sind die für den RInhalt geltden Vorschr entspr anwendb (Hamm OLGZ **81**, 129). – **b) Belastungsgegenstand** kann ein Grdst, ein selbstd belastb GrdstMitEigtAnt (auch WE/TeilE), ein grstgl Recht od ein dch Eintr belastb GrdstR (KG JFG **3**, 439) sein. Ein RangVerh ist nur für Rechte an demselben BelastgsGst mögl; nicht zB für Rechte an verschied MitEigtAnt eines Grdst (KJG **52**, 213). – **c)** Bei **nichteintragungsbedürftigen Rechten** richtet sich der Rang nach dem Gesetz (zB §§ 914 I 1, 917 II 2) od dem EntstehgsZtpkt (zB §§ 1075 I, 1287 S 2 [BayObLG NJW-RR **91**, 567]; ZPO 848 II 2); eine dem nicht entspr Eintr macht das GB unrichtig. – **d) Zwingender Rang.** Hat eine räuml od zeitl später eingetr Belastg krG Vorrang, so bedarf es keines RangRücktr der voreingetr Belastg (vgl LG Aach DNotZ **59**, 318). Darf ein Recht nur an best Rangstelle bestellt werden (zB ErbbRVO 10), so ensteht es bei Eintr an and Rangstelle nicht (vgl Hamm Rpfleger **76**, 131). – **e) Relatives Rangverhältnis.** Grds ist das RangVerh absolut: ist ein Recht (C) ggü einem and (B) nachrang, so ist es (C) auch denen (A) ggü nachrang, denen dieses (B) nachrang ist. In AusnFällen (§ 881 Rn 11; § 892 Rn 20) ist es relativ: C ist ggü B nachrang, aber ggü A vorrang, obwohl B ggü A nachrang ist. 1 2 3

2) Materielle Rangfähigkeit. – a) Beschränkte dingliche Rechte an Grdst u GrdstR, die für Entstehg eintragssbedürft u deren RangVerh dch RGesch änderb (KG JFG **14**, 435). § 879 regelt das RangVerh dieser Rechte unter sich u zu Vormkgen. Teile u NebenR haben gleichen Rang, soweit sie unter einer Nr im GB eingetr sind (RG **132**, 110; Planck/Strecker 8 a) u sich nichts anderes aus abw Vorschr (zB §§ 1143, 1150, 1164, 1176; ZVG 10, 12, 13) ergibt; einheitl GrdPfdR nicht mit unterschiedl Rang für TeilBetr bestellb (Zweibr Rpfleger **85**, 54). – **b) Vormerkungen** (auch AuflVormkg). § 879 regelt das RangVerh von Vormkgen unter sich u zu beschr dingl Rechten (RG **124**, 200; Ffm Rpfleger **80**, 185; Düss RhNK **99**, 22). LöschgsVormkgen sind nicht rangfäh (KG DR **44**, 189). – **c) Vereinbarungen nach § 1010** sind rangfäh (vgl dort Rn 2). – **d) Widersprüche** sind nicht rangfäh; sie haben den Rang des jeweils gesicherten Rechts (RG **129**, 124). Soweit die Eintr für die Möglichk gutgl Erwerbs bedeuts, sind GBO 17, 45 anwendb (KEHE/Eickmann § 45 Rn 8). – **e) Verfügungsbeschränkungen** sind nicht rangfäh, da aus ihnen keine Befriedigg erlangt werden kann. Hier ist nur die Wirksamk ggü and VfgsBeschrkgen (sie richtet sich nach der Entstehgszeit; MüKo/Wacke 6; Staud/Kutter 12) od GrdstR/Vormkgen (sie richtet sich nach §§ 878, 892/893 u SonderVorschr wie §§ 2113, 2136; KG JW **32**, 2441; JFG **16**, 234) bedeuts. Soweit die Eintr einer VfgsBeschrkg für ihre Entstehg od nach §§ 892/893 für die Möglichk ihr widersprechden gutgl RErwerbs Bedeutg hat, sind GBO 17, 45 anwendb (KG JW **33**, 2708; JFG **13**, 114; KEHE/Eickmann § 45 Rn 8; Böttcher Rpfleger **83**, 49 [55]). Wird eine VfgsBeschrkg vor (KG JW **35**, 3560), gleichzeit mit (KG JW **33**, 2708) od nach (KG JFG **16**, 234) einer vom Eigtümer bestellten Belastg eingetr, so ist aus dem GB nicht ersichtl, ob der RErwerb dem dch die VfgsBeschrkg Geschützten ggü wirks ist; bei WirksamkNachw gem GBO 29 aber deklarator Vermerk in Verändergsspalte bei Belastg zul, daß sie ihm ggü wirks (KG JW **35**, 3560; Saarbr RhNK **95**, 25) u Antr auf „Rangvermerk" ist dahin umzudeuten (Hamm Rpfleger **57**, 19). – 4 5 6

7 **f) Eigentum** ist nicht rangfäh (BayObLG NJW-RR **91**, 567). Hat GBA neuen Eigtümer u Belastg am selben Tag eingetr, so ist von einheitl Vollzug u damit vom Eintritt beider auszugehen (RG **123**, 19; Nürnb DNotZ **67**, 761; aA MüKo/Wacke 3 bei zuerst beantragter EigtUmschreibg), wenn nicht wg Anlegg eines neuen GBBlatts anzunehmen ist, daß EigtümerEintr zuerst vollzogen wurde (BGH DNotZ **71**, 411); es geht hier um die Frage, bis zu welchem Ztpkt der alte Eigtümer noch vfgsbefugt war.

8 **3) Gesetzliches Rangverhältnis (I, II). – a)** Bei **Eintragungen in derselben Abteilung (I 1)** entscheidet unabhäng vom EintrDatum die räuml Aufeinanderfolge (RG HRR **35** Nr 1016; MüKo/Wacke 17; Planck/Strecker 1; aA KGJ **41**, 223; Stadler AcP **89**, 425 [tats EintrZeit]). Über RangVerh bei sog Sammelbuchgen vgl Böttcher BWNotZ **88**, 73. Mangels ggteil Vermerks haben aber die gem GBO 49 zusgefaßten Rechte Gleichrang (Staud/Kutter 20). IFv von GBO 45 1 Halbs 2 richtet sich der Rang nach dem Gleichrangvermerk, der insow materielle Bedeutg hat. – Dch nachträgl Eintr in einen ZwRaum (zB der entgg GBVfg 21 III freigelassen od bei Umschreibg einer nicht entstandenen bzw erloschenen Vormkg) geht der einmal erworbene Rang and Rechte nicht verloren. Der Rang so eingetr Rechte richtet sich nach der tats EintrZeit (nicht nach der Datumsangabe); sie können jedoch von Dritten gem § 892 mit dem ihrer räuml Stellg entspr Rang erworben werden, wobei das EintrDatum noch nicht bösgl macht (MüKo/Wacke 18). –
9 **b)** Bei **Eintragungen in verschiedenen Abteilungen (I 2)** entscheidet die zeitl Aufeinanderfolge nach Maßg der Tagesangabe (aA Stadler AcP **89**, 425 [tats EintrZeit]); bei gleicher Tagesangabe besteht (vorbehaltl abw Vermerks nach GBO 45 II, der insow materielle Bedeutg hat) Gleichrang. Fehlde od falsche Tagesangabe macht Eintr nicht unwirks (GBO 44 S 1 ist nur OrdngsVorschr). – Eine **undatierte** Eintr geht nach allgM Eintr in and Abteilgen vor, wenn das GB aus dem ZusHalt der übrigen Eintr den zeitl Vorrang ergibt (folgt einer undatierten Eintr in derselben Abteilg eine datierte, so hat erstere Vorrang vor allen später datierten Eintr der and Abteilg). Läßt sich die wirkl EintrZeit anders (zB aus den GrdAkten) zweifelsfrei nachweisen, so ist sie ebenf maßg, so daß undatierte an letzter Stelle ihrer Abteilg nicht notw ggü datierten Eintr der and Abteilg nachrang (Staud/Kutter 61; Erm/Hagen 12; aA Planck/Strecker 2). – Dch **falsch datierte** Eintr geht der einmal erworbene Rang and Rechte nicht verloren. Der Rang bestimmt sich nach der tats EintrZeit (MüKo/Wacke 23); das Recht kann jedoch von Dritten gem § 892 mit dem seinem EintrDatum entspr Rang erworben werden.

10 **4) Einzelfragen. – a)** Bei **nachfolgender Einigung (II)** wird trotz späterer Entstehg auf die Eintr gem I abgestellt. Dies gilt entspr bei einseit EigtümerErkl zur Bestellg eines EigtümerR, bei Genehmgg schwebd unwirks od Nachholg nichtiger Einigg (KG HRR **32** Nr 1823), aufschiebder Bdgg od AnfangsFr für REntstehg (Planck/Strecker 3). Aber kein Schutz gg vertragswidr Vfg aus der Zeit vor ihrer Entstehg (§ 883 Rn 20). Entspr II wird zT rückwirkde Heilg angen, wenn TitelZustellg der ZwHypEintr od Erlaß der
11 einstwVfg der VormkgsEintr nachfolgt (Streuer Rpfleger **88**, 513). – **b)** Eine **Eintragung in der Veränderungsspalte** teilt idR den Rang des zugehör Rechts (Ffm Rpfleger **78**, 312; Hamm OLGZ **85**, 23; aA Schmid Rpfleger **84**, 130; Böttcher BWNotZ **88**, 73). Über Nachverpfändg eines Grdst für mehrere
12 Belastgen eines auf demselben GBBlatt eingetr Grdst dch Mithaftvermerk vgl § 1132 Rn 7. – **c)** Bei **Verstoß gegen GBO 17, 45** wird das GB nicht unrichtig (Ffm FGPrax **95**, 17), denn I bestimmt den Rang mit materiellrechtl Wirkg; daher weder GBO 53 I noch § 894. Benachteiligter hat keinen BereichergsAnspr gg Begünstigten, da § 879 RGrd für den besseren Rang schafft (BGH **21**, 98; Hoche JuS **62**, 60; Staud/Kutter 47; aA Erm/Hagen 11; Westermann JZ **56**, 655). Mangels schuldrechtl RangverschaffgsVereinbg hat Eigtümer gg Begünstigten auch keinen BereichergsAnspr auf RangRücktr, dessen Abtretg Benachteiligter verlangen
13 könnte. Es bleibt Amtshaftg. – **d) Erlöschen eines vorrangigen Rechts.** Die nachrang Rechte rücken vor (bewegl RangVerh); wo das Gesetz dem Eigtümer die Rangstelle erhalten will, ordnet es das Nichterlöschen an (vgl §§ 889, 1163). Eine unrechtmäß Löschg läßt den Rang unberührt u macht das GB unrichtig. WiederEintr kann wg § 892 zu relativem RangVerh führen (§ 892 Rn 20), gutgl lastenfreier EigtErwerb zu Rechts- u damit Rangverlust.

14 **5) Rangbestimmung durch die Beteiligten (III). – a) § 879 III, GBO 45 III.** Von der materiellrechtl Rangbestimmg (III) ist die verfrechtl nach GBO 45 III zu unterscheiden. Letztere muß im EintrAntr od in der EintrBew enthalten sein, zB dch Bezugn auf mit materiellrechtl Rangbestimmg bestelltes Recht (BayObLG Rpfleger **76**, 302). Eintr unter Verstoß gg bloß verfrechtl Rangbestimmg macht GB nicht
15 unrichtig. – **b) Materiellrechtliche Rangbestimmung (III)** erfordert Einigg zw Eigtümer u Erwerber (bei EigtümerR einseit EigtümerErkl) über den Rang eines zu bestellden Rechts. Den vereinbarten Rang erlangt das Recht erst mit der ihm entspr Eintr, wobei ein Rangvermerk (insow keine Bezugn nach § 874) zumind bei nachrang Recht eingetr sein muß (vgl § 880 Rn 3). Stillschw Einigg mögl; zB ist idR vereinb, daß ein bei GrdstVeräußerg für den Veräußerer bestelltes Recht Vorrang vor für Dritte zu bestellde Rechte haben soll (BayObLG Rpfleger **76**, 302; Bauch Rpfleger **83**, 421). Nicht ausreichd: Bestellg an „bereitester" Stelle (KGJ **26**, 290, **52**, 197); ein Recht soll den ersten Rang erhalten, wobei Part aber mit Löschg von Vorlasten erst nach seiner Eintr rechnen (Düss DNotZ **50**, 41); ein Recht soll einen bestimmten Rang u notf den bereitesten Rang erhalten (BayObLG aaO); wenn einem Recht bestimmte andere nicht vorgehen dürfen (Ffm DNotZ **81**, 580 [FallBesonderh maßg]). Ausreichen kann: Bestellg mehrerer Rechte mit einem an bereitester Stelle (KG HRR **35** Nr 114); Bestellg eines Rechts im Rang nach einem and zu bestellden Recht (Düss RhNK **94**, 80; LG Köln RhNK **81**, 259). GBO 15 berecht Notar nicht zur Rangbestimmg nach III (Ffm Rpfleger **91**,
16 362). – **c) Schuldrechtliche Rangverschaffungsvereinbarung** von III zu unterscheiden; dch Vormkg sicherb. Ist sie vom Besteller nicht erfüllt, so hat benachteil Erwerber SchadErsAnspr gg ihn, der gem §§ 275, 281 auf Abtr etwa vorhandenen RangfreimachgsAnspr (zB §§ 812, 894) gg vorrang Berecht geht; eigener
17 Anspr auf Rangtausch nur bei Vereinbg zw beiden RInh, nicht aber aus § 812. – **d) Nichtübereinstimmung von Einigung und Eintragung.** Zu der sehr str RLage vgl Planck/Strecker 6 b; Staud/Kutter 67 ff; Streuer Rpfleger **85**, 388; Böttcher BWNotZ **88**, 73. Wg der Nichtübereinstimmg ist das Recht (vorbehaltl § 139) nicht entstanden (BGH NJW-RR **90**, 206; Mü MittBayNot **94**, 329) u das GB bezgl des Rechts (nicht nur des Rangs) unrichtig. Vielf ist aber wenigstens die Entstehg auch ohne den vereinb Rang gewollt (§ 139) u das Recht dann mit dem Rang nach I entstanden; fehlt ein der Einigg entspr Rangvermerk, so ist das GB

richtig (KG JFG **12**, 290; wg schuldrechtl Anspr vgl Rn 16), währd ein der Einigg nicht entspr Rangvermerk das GB bezgl des Vermerks unrichtig macht (KG HRR **35** Nr 114; BayObLG Rpfleger **76**, 302).

880 ***Rangänderung.*** **I Das Rangverhältnis kann nachträglich geändert werden.**

II Zu der Rangänderung ist die Einigung des zurücktretenden und des vortretenden Berechtigten und die Eintragung der Änderung in das Grundbuch erforderlich; die Vorschriften des § 873 Abs. 2 und des § 878 finden Anwendung. Soll eine Hypothek, eine Grundschuld oder eine Rentenschuld zurücktreten, so ist außerdem die Zustimmung des Eigentümers erforderlich. Die Zustimmung ist dem Grundbuchamt oder einem der Beteiligten gegenüber zu erklären; sie ist unwiderruflich.

III Ist das zurücktretende Recht mit dem Rechte eines Dritten belastet, so finden die Vorschriften des § 876 entsprechende Anwendung.

IV Der dem vortretenden Rechte eingeräumte Rang geht nicht dadurch verloren, daß das zu rücktretende Recht durch Rechtsgeschäft aufgehoben wird.

V Rechte, die den Rang zwischen dem zurücktretenden und dem vortretenden Rechte haben, werden durch die Rangänderung nicht berührt.

1) Allgemeines. – a) § 880 regelt die rgeschäftl **nachträgliche Rangänderung** dch Rücktr eines schon 1
eingetr Rechts unter Einräumg des Vor- od Gleichrangs für ein schon eingetr od gleichzeit einzutragdes Recht (Hamm OLGZ **81**, 129; BayObLG NJW-RR **89**, 907); nicht aber die gleichzeit Eintr mehrerer Rechte mit Rangbestimmg (§ 879 III) u nicht die Änderg iW der GBBerichtigg (KG HRR **29** Nr 35). Die RNatur ist str (vgl Planck/Strecker II 1; Staud/Kutter 33). Von der dingl wirkden Rangänderg sind zu unterscheiden: die dch Vormkg sicherb schuldrechtl Verpfl zur Rangänderg (Hamm DNotZ **72**, 493) u die schuldrechtl Abrede über die Vorwegbefriedigg eines rangschlechteren Rechts (RG Warn **10** Nr 117). – **b) Rangänderungsfähig** sind materiell rangfäh Rechte (§ 879 Rn 4) an demselben BelastgsGgst (§ 879 Rn 1); nicht aber Rechte mit gesetzl vorgeschriebenem Rang (zB ErbbRVO 10).

2) Voraussetzungen. – a) Formfreie Einigung (II 1) der ggwärt Inhaber (daher nicht des Eigtümers 2
bzgl künft EigtümerGrdSch; RG **84**, 78) der rangändernden Rechte bzw einseit Erkl bei Rechten desselben Inhabers; § 873 Rn 9–12 gilt entspr. Bei Gesamt- od BruchtBerecht müssen alle mitwirken, da Rangänderg nur für ganzes Recht mögl (BayObLG **98**, 187). Bdgg/Befristg zuläss u für Drittwirkg eintraggsbedürft (RG JW **34**, 282). Einigg über GrdPfdR samt Nebenleistgen erfaßt auch Zinsen (Ffm Rpfleger **80**, 185). Wird zu bestellder BaugeldHyp Vorrang eingeräumt, so erstreckt er sich iZw auch auf die vom Eigtümer dem ZwFinanzierer abgetretene vorläuf EigtümerGrdSch (BGH **60**, 226). – **b) Eintragung (II 1)** bei beiden 3
Rechten (GBV 18); materiellrechtl genügt Eintr bei rücktretdem Recht (RG HRR **31** Nr 1912; KJG **44**, 256; str; vgl Ulbrich RhNK **95**, 289 [290]), nicht aber nur bei vortretdem Recht (aA Fratzky BWNotZ **79**, 27). Änderg ist auf GrdPfdRBrief zu vermerken (Oldbg WM **82**, 494), nicht konstititiv (Hamm Rpfleger **85**, 17). AntrR (GBO 13 I 2) haben die beteil RInh; ferner der Eigtümer bei Vor- od Rücktr eines GrdPfR wg Auswirkg auf künft EigtümerGrdSch (Oldbg MDR **97**, 1114). EintrBew (GBO 19) des Zurücktretden u der ZustBerecht iSv II 2, III (idR in Zust enthalten) notw; auch des Berecht eines nur teilw vortretenden GrdPfdR (BayObLG Rpfleger **85**, 434). – **c) Zustimmung des Eigentümers (II 2),** wenn GrdPfdR (nicht 4
aber GrdPfdRVormkg; KG JFG **13**, 418) zurücktritt. Formfreie (uU schlüss, LG Köln DNotZ **77**, 610) einseit empfangsbedürft WillErkl; selbstd RGesch ggü Einigg (RG **157**, 24). IdR in EintrBew enthalten. Empfänger: II 3. § 181 gilt, wenn einer der Beteil die Zust als Vertreter des Eigtümers ggü sich od dem GBA (vgl BGHZ JR **80**, 412) erklärt; nicht aber, wenn Eigtümer die Zust ggü sich als Vertreter eines Beteil od dem GBA erklärt (kein rechtl Nachteil für Vertretenen). Eintr ohne Zust macht GB unricht (Widerspr nach § 899 u ggf GBO 53 I 1; Berichtigg nach § 894, GBO 22); BerichtiggsAnspr haben neben dem Eigtümer auch die Beteil. § 878 auf ZustErkl nicht anwendb (RG **52**, 411). – Keine Zust erforderl: §§ 1151, 1192; wenn keine EigtümerGrdSch entstehen kann (RG **88**, 160 für § 1178); bei Vorrangeinräumg für ZwangsHyp (KG JFG **12**, 304). – **d) Zustimmung Dritter (III)** wg Beeinträchtigg erforderl; vgl § 876.

3) Wirkung. – a) Allgemeines. Das vortretde Recht tritt mit seinen NebenR vor bzw neben das 5
zurücktretde Recht u verdrängt es aus seinem Rang (KGJ **53**, 178); aber keine Haftgserstreckg auf nur dem zurücktretden Recht haftdes Zubeh (RG Recht **18** Nr 863). Vorrang ggü TeilBetr führt zu Gleichrang mit RestBetr. Treten mehrere Rechte gleichzeit od nacheinand hinter ein anderes zurück, so ändert sich ihr RangVerh untereinand nicht (KGJ **42**, 265); ebso wenn mehrere gleichzeit vor ein anderes treten (KGJ **47**, 189), währd bei nicht gleichzeit vollzogenem Vortritt die Eintr das RangVerh bestimmt (KG JFG **8**, 306). Bei Nichtbestehen eines der rangändernden Rechte behält das andere seinen Rang; dch Vortritt ist aber der Rang des zurücktretden ScheinR gutgl erwerbb u Dritter kann vortretdes ScheinR mit eingeräumten Vorrang gutgl erwerben (Erm/Hagen 4, 8; Staud/Kutter 38, 39). – **b)** Bestehen **keine Zwischenrechte oder treten diese** 6
auch zurück, so hat die Rangänderg für die beteil u die ihnen nachrang Rechte dieselbe Wirkg wie bei ursp Bestellg im neuen Rang (KG HRR **42** Nr 539; Düss OLGZ **66**, 489); vgl Rn 8 zu 1/2/3. Die dch den späteren Rücktr des ZwischenR entfallde Beschrkg nach V wird dch die Eintr des Rücktr verlautbart (Düss aaO; Köln RhNK **76**, 587). Bloße Zust des ZwBerecht ohne eigenen Rücktr wirkt nur schuldrechtl. –
c) Zwischenrechte werden nicht berührt (V): sie dürfen weder Vor- noch Nachteile haben. Ist das 7
zurücktretde Recht größer als das vortretde, so tritt es nur mit einem TeilBetr in Höhe des vortretden hinter das ZwischenR, währd der Rest zw vortretdem u ZwischenR bleibt (Hamm Rpfleger **85**, 246); vgl Rn 8 zu 1/2. Ist das vortretde Recht größer als das zurücktretde, so tritt es nur mit einem TeilBetr in Höhe des zurücktretden vor, währd der Rest hinter dem ZwischenR u vor dem zurücktretden bleibt; vgl Rn 8 zu 3/4. – Bei **Erlöschen des zurücktretenden Rechts** krG (zB §§ 158 II, 1061; Freiwerden mithaftder Grdst nach §§ 1173–1175, 1181 II) tritt das vortretde Recht wieder hinter das ZwischenR (vgl Rn 8 zu 4/5 b), währd die Aufhebg dch RGesch (zB § 875; inf Zahlg [MüKo/Wacke 17]) den Rang des vortretden Rechts vor dem

ZwischenR gem IV nicht berührt (vgl Rn 8 zu 4/5 a). – Bei **Erlöschen des vortretenden Rechts** inf RGesch od krG tritt das zurücktretde wieder vor das ZwischenR (BayObLG **81**, 44); vgl Rn 8 zu 4/5 c. –
8 **d)** Bei **mehrfacher Rangänderung** zu verschied Zeiten ist der Rang schrittw für die einz Ändergen festzustellen (Düss OLGZ **66**, 489). Beispiel:

1 1. Juni	2 3. Juni	3 5. Juni	4 7. Juni	5 a oder 9. Juni	5 b oder 9. Juni	5 c 9. Juni
Ausgangslage	A räumt C Vorrang ein	B räumt C Vorrang ein	A räumt D Vorrang ein	A wird dch RGesch aufgehoben	A erlischt	D wird aufgehoben od erlischt krG
1. 50 für A 2. 10 für B 3. 30 für C 4. 70 für D	1 a. 30 für C 1 b. 20 für A 2. 10 für B 3. 30 für A 4. 70 für D	1. 30 für C 2. 50 für A 3. 10 für B 4. 70 für D	1. 30 für C 2. 50 für D 3. 10 für B 4 a. 20 für D 4 b. 50 für A	1. 30 für C 2. 50 für D 3. 10 für B 4. 20 für D	1. 30 für C 2. 10 für B 3. 70 für D	1. 30 für C 2. 50 für A 3. 10 für B

9 **4) Aufhebung** der Rangänderg rgeschäftl nur dch neue Rangänderg mögl.

881 *Rangvorbehalt.*

I Der Eigentümer kann sich bei der Belastung des Grundstücks mit einem Rechte die Befugnis vorbehalten, ein anderes, dem Umfange nach bestimmtes Recht mit dem Range vor jenem Rechte eintragen zu lassen.

II Der Vorbehalt bedarf der Eintragung in das Grundbuch; die Eintragung muß bei dem Rechte erfolgen, das zurücktreten soll.

III Wird das Grundstück veräußert, so geht die vorbehaltene Befugnis auf den Erwerber über.

IV Ist das Grundstück vor der Eintragung des Rechtes, dem der Vorrang beigelegt ist, mit einem Rechte ohne einen entsprechenden Vorbehalt belastet worden, so hat der Vorrang insoweit keine Wirkung, als das mit dem Vorbehalt eingetragene Recht infolge der inzwischen eingetretenen Belastung eine über den Vorbehalt hinausgehende Beeinträchtigung erleiden würde.

1 **1) Allgemeines. – a) Rechtsnatur.** Der RangVorbeh ermöglicht dem Eigtümer weitere Belastgen mit besserem Rang (zu idR günstigeren Bdggen), als ihnen nach § 879 zukäme. Er ist für den Eigtümer ein nicht selbstd übertragb/verpfändb Stück EigtR u für den Inh des belasteten Rechts eine RBeschrkg (LG Köln RhNK **96**, 234). Ähnl wirtsch Erfolg unter Vermeidg der relativen Rangordng (Rn 11) dch Bestellg eines EigtümerR (vgl Eickmann NJW **81**, 545) od einer Vormkg zur Sicherg des Anspr des Eigtümers auf künft Rangänderg (vgl KG aaO) bzw des Anspr des künft RInh auf Bestellg des vorbehaltenen Rechts. Der Vorbeh steht weiteren Belastgen (ohne VorbehAusnutzg od entspr Vorbeh) nicht entgg. – **b) Belastetes Recht** kann jedes dch RGesch (nicht dch ZwVollstr) bestellte GrdstR sowie aGrd Bewillig (nicht aGrd einstwVfg) eingetr Vormkg (auch AuflVormkg) sein, sofern nicht Erstrangigk geboten (zB ErbbRVO 10). – **c) Vorrang oder Gleichrang** können vorbehalten werden (BayObLG **56**, 456).

2 **2) Inhalt. – a) Vorbehaltenes Recht** kann jedes dch RGesch zu bestellde eintrag- u rangfäh Recht einschl Vormkg zur Sichg des BestellgsAnspr (KG JW **26**, 2546) sein. Es muß nach Inhalt u Umfang bestimmt sein; Berecht braucht nicht angegeben zu werden. Bei Nebenleistgen eines GrdPfdR muß HöchstBetr so genau wie bei ihrer Eintr (vgl § 1115 Rn 10–20) bestimmt sein, ihre Art muß nicht erkennb sein (Henke JW **38**, 50); bei wiederkehrder Nebenleistg ist der AnfangsZtpkt anzugeben; andf ist die Eintragg des GrdPfdR der AnfangsZtpkt (BGH **129**, 1; Ffm FGPrax **96**, 169/206 Anm Demharter). – **b)** Aufschiebd od auflösd **bedingter oder befristeter Vorbehalt** zuläss (KG JFG **8**, 294); zB bei zwei Vorbeh ist einer auflösd bdgt dch
3 Ausnutzg des and. – **c) Beschränkungen** sind vereinb; zB dahin, daß vorbehaltenes Recht nur zugl mit zuläss LöschgsVormkg (KG JFG **18**, 41), nach Löschg einer vorrang Rechts (KGJ **48**, 179), nach Absicherg dch Versicherg (LG Duisbg RhNK **76**, 643), bei Beglaubigg der EintrBew dch best Notar (LG Düss Rpfleger **85**, 100), für best Berecht (KG HRR **31** Nr 288), dch best Bevollm (LG Köln RhNK **96**, 234) od bei Entstehg als FremdR (KGJ **28**, 255) bestellt werden darf, od dahin, daß eingeräumter Vorrang auflösd bdgt (zB dch Vereinigg des vortretden Rechts mit dem Eigt; RG JW **33**, 605; KG JFG **18**, 41) od nur einmal ausnutzb. – **d) Mehrere Rangvorbehalte** für verschied Rechte zu Lasten eines Rechts zuläss (KG JFG **8**, 294).

4 **3) Begründung. – a) Zeitpunkt.** Bei Bestellg des belasteten Rechts gem § 873 od nachträgl gem § 877 (KG OLG **15**, 330). Zuläss ist auch nachträgl Begründg mit Ausnutzg für schon bestelltes Recht (KG JFG **8**, 287; nach aA nur § 880). – **b) Einigung** zw Eigtümer u Berecht des belasteten Rechts; bei Belastg eines EigtümerR nur einseit EigtümerErkl. – **c) Eintragung** bei belastetem Recht **(II)** u in dessen Brief (BayObLG MittBayNot **79**, 113); bei anfängl Begründg auf EintrBew des Eigtümers in der Hauptspalte, bei nachträgl auf EintrBew nur des RInh (bei nachträgl Belastg eines GrdPfdR EintrBew des Eigtümers nicht erforderl; KG JFG **12**, 285; aA Haegele/Schöner/Stöber Rn 2131) in der Verändergsspalte. Im EintrVermerk müssen das vorbehaltene Recht entspr § 874 Rn 3, 4 u der Höchstumfang (bei GrdPfdR entspr § 1115) bezeichnet werden; iü gilt § 874 entspr, zB für Beschrkgen iSv Rn 3 (KGJ **48**, 179; HRR **31** Nr 288). – **d)** Zu den sehr str Fragen bei **Nichtübereinstimmung von Einigung und Eintragung** vgl MüKo/Wacke Rn 9, Staud/Kutter Rn 10 ff.

5 **4) Ausnutzung. – a) Wirkung** grds wie eine Rangänderg (KG JFG **6**, 307). Das vorbehaltene (= vortretde) Recht erlangt den Rang des belasteten (= zurücktretden) u verliert ihn nicht dch dessen rgesch Aufhebg (§ 880 IV); ZwischenR werden nicht berührt (§ 880 V), beeinflussen aber die Rangordng zw dem

vortretden u dem zurücktretden Recht (**IV;** vgl Rn 11). – **b) Bestellung des vorbehaltenen Rechts** nach 6
allg Grds. Bestellgsberecht ist der jeweil Eigtümer **(III)** bzw der für ihn VfgsBefugte (zB KonkVerw). Inh des belasteten Rechts u von ZwischenR müssen nicht zustimmen od Eintr bewilligen. Im EintrVermerk müssen Vorrang vor zurücktretdem Recht (§ 879 III) u VorbehAusnutzg (KG JFG **6**, 307) angegeben werden; Brief des zurücktretden Rechts wird nicht ergänzt (BayObLG MittBayNot **79**, 113). Einem schon eingetr Recht kann nachträgl gem § 877 der vorbehaltene Rang beigelegt werden (KGJ **40**, 236). – **c) Vorbehaltsinhalt** 7
(Rn 2, 3) darf nicht überschritten werden; sonst § 894, GBO 53 I 1, sofern nicht nach § 880 verfahren. Vorbeh für Hyp deckt GrdSch u umgekehrt (KG JFG **5**, 340); über Ausnutzg eines GesamtGrdPfdRVorbeh vgl LG Bchm DNotZ **56**, 604, Staud/Kutter Rn 28. Vorbeh für „10% Jahreszinsen u Nebenleistgen" geht nicht über jährl 10% des Kapitals hinaus (LG Kiel SchlHA **85**, 41). Vorbeh für Zinsen erfaßt auch and Nebenleistgen (Schmitz-Valckenberg NJW **64**, 1477; aA Ffm Rpfleger **64**, 376 abl Anm Haegele). Bei Vorbeh „verzinsl" GrdPfdR ist § 1119 anwendb; nicht aber bei Auschl der Verzinsg des vorbehaltenen Rechts (hM) u bei VorbehBegrenzg auf best Zins. Vorbeh für ein Recht erfaßt entspr Vormkg. Vorbeh für Vorrang erfaßt auch Gleichrang (Mümmler JurBüro **79**, 1777). – **c) Stufenweise Ausnutzung** dch mehrere Rechte zuläss 8
(KGJ **49**, 234); Ausschl wiederholter Ausnutzg steht nicht entgg (BayObLG MittBayNot **79**, 113). Sie haben unter sich Rang nach § 879 I (vgl Unterreitmayer Rpfleger **60**, 82); Gleichrang unter sich nur bei entspr Eintr zB aGrd Rangänderg od GleichrangVorbeh bei dem den GesamtVorbeh ausnützden rangbegünstigtem Recht (BayObLG **56**, 456). Also keine zweitstell Eintr eines den Vorbeh nur teilw ausnutzden Rechts; notw hierzu weiterer RangVorbeh bei diesem zG des die Restlücke ausfülldén TeilR (Düss RhNK **67**, 781). –
d) Wiederholte Ausnutzung nach Erlöschen des vortretden Rechts zuläss, wenn keine einmalige Ausnutz- 9
bark vereinbart (hM; KG JFG **8**, 294; Ulbrich RhNK **95**, 289 [303]; aA Planck/Strecker Anm 6). Sie kann aber als VorbehInhalt vereinbart u gem § 874 eingetr werden (LG Aach Rpfleger **77**, 22). – **e) Zwangsvollstreckung.** Der Vorbeh ist nicht pfändb (RG **117**, 426). Keine Eintr einer ZwangsHyp für Gläub des Eigtümers in vorbehaltener Rangstelle (BGH **12**, 238; Jansen AcP **152**, 508; Ulbrich RhNK **95**, 289 [303]; aA MüKo/Wacke Rn 14; Staud/Kutter Rn 18). – **f) Grundstücksteilung** (real u ideell) u VorbehAusnutzg vgl LG Köln Rpfleger **87**, 368.

5) **Wirkung in der Zwangsversteigerung** (Beisp in Rn 13). – **a)** Solange der **Vorbehalt nicht aus-** 10
genutzt ist, ist er nicht im geringsten Gebot zu berücksichtigen. Nach Beschlagn keine Ausnutzg mehr zum Nachteil des betreibden Gläub. – **b)** Bei **Ausnutzung ohne Zwischenrecht** richtet sich das RangVerh zw beiden Rechten nach § 880. – **c)** Bei **Ausnutzung mit Zwischenrecht** (zw Eintr u Ausnutzg des Vorbeh ist 11
ein Recht ohne Vorbeh wie bei dem des zurücktretden Rechts im Rang nach letzterem entstanden; RG **131**, 206) gilt folgdes: **aa)** Das zurücktretde Recht muß sich das bei seiner Bestellg and als iFv § 880 nicht vorhandene ZwischenR nicht vorgehen lassen, sond nur das vortretde Recht **(IV);** es erhält also den Erlösanteil, der das vorbehaltene Recht übersteigt. **bb)** Das ZwischenR braucht sich, da selbst nicht mit dem Vorbeh belastet, nur den Erlösanteil vorgehen zu lassen, der auf das ihm vorrang zurücktretde Recht entfällt (§ 880 V). **cc)** Das vortretde Recht erhält den Überschuß. Das führt zu merkwürd Ergebn: das zurücktretde Recht erhält nichts, solange der Erlös das vortretde Recht nicht übersteigt, währd ihm ein MehrBetr auf Kosten des vortretden Rechts zugute kommt (relatives RangVerhältn zw beiden).

Beispiel: 12

	Erlösverteilung bei einem Gesamterlös von DM:			
	5000	10 500	12 000	13 000
Nr. 1: 4000 DM mit 10 000 DM Vorbeh	–	500	2 000	3 000
Nr. 2: 7000 DM ohne Vorbeh	1 000	6 500	7 000	7 000
Nr. 3: 10 000 DM in Vorbeh Ausnutzg	4 000	3 500	3 000	3 000

6) **Erlöschen.** – **a)** Ein **nicht ausgenutzter** Vorbeh erlischt mit dem belasteten Recht (KGJ **40**, 234). 13
Ferner dch Aufhebg gem § 877 (Ulbrich RhNK **95**, 289 [306]; aA § 875); Löschg im GB u auf Brief des belasteten Rechts erfordert nur EintrBew des Eigtümers (BayObLG MittBayNot **79**, 113). – **b)** Ein **ausgenutzter** Vorbeh erlischt mit Wegfall des vortretden Rechts, sofern er auf einmalige Ausübg beschr (Rn 9). Ferner dch Aufhebg (wie zu a), die Vorrang des vortretden Rechts nicht berührt (Staudenmaier Rpfleger **60**, 81; hM), so daß dessen Inh nicht zustimmen muß (LG Hof MittBayNot **74**, 268).

882 ***Höchstbetrag des Wertersatzes.*** **Wird ein Grundstück mit einem Rechte belastet, für welches nach den für die Zwangsversteigerung geltenden Vorschriften dem Berechtigten im Falle des Erlöschens durch den Zuschlag der Wert aus dem Erlöse zu ersetzen ist, so kann der Höchstbetrag des Ersatzes bestimmt werden. Die Bestimmung bedarf der Eintragung in das Grundbuch.**

1) Erlischt dch Zuschlag ein nicht auf KapitalZahlg gerichtetes Recht (zB Dbk, Reallast, dingl VorkR für 1
mehrere VerkFälle, altes ErbbR, DWR, Vormkg), das nicht ablösb ist (daher nicht RentenSch, vgl § 1199 II), so tritt an seine Stelle ein Anspr auf WertErs (ZVG 92 I). Nach Rn 2 bestimmte HöchstBetr ist dann in den Teilgsplan aufzunehmen (ZVG 114 I); Herabsetzg auf den wahren Wert auf Widerspr (ZVG 115). Keine Bindg für ZVG 50 II (Hamm OLGZ **84**, 71).

2) Wertbestimmg bei RBestellg dch Einigg u Eintr. Auch nachträgl dch Inhaltsänderg (§ 877); Zustimmg 2
gleich- od nachrang Berecht wg ZVG 115 nicht notw, wohl aber Zust von Berecht am geänderten Recht.

883 *Wesen und Wirkung der Vormerkung.* **I Zur Sicherung des Anspruchs auf Einräumung oder Aufhebung eines Rechtes an einem Grundstück oder an einem das Grundstück belastenden Rechte oder auf Änderung des Inhalts oder des Ranges eines solchen Rechtes kann eine Vormerkung in das Grundbuch eingetragen werden. Die Eintragung einer Vormerkung ist auch zur Sicherung eines künftigen oder eines bedingten Anspruchs zulässig.**

II Eine Verfügung, die nach der Eintragung der Vormerkung über das Grundstück oder das Recht getroffen wird, ist insoweit unwirksam, als sie den Anspruch vereiteln oder beeinträchtigen würde. Dies gilt auch, wenn die Verfügung im Wege der Zwangsvollstreckung oder der Arrestvollziehung oder durch den Insolvenzverwalter erfolgt.

III Der Rang des Rechtes, auf dessen Einräumung der Anspruch gerichtet ist, bestimmt sich nach der Eintragung der Vormerkung.

Schrifttum: Assmann, Die Vormerkung, 1998

1 **1) Allgemeines.** Die Vormkg schützt schuldr Anspr auf dingl RÄnderg, indem sie den Anspr gefährdde Vfgen über das betroffene Recht dem VormkgsBerecht ggü unwirks sein läßt (II) u den Rang des geschuldeten Rechts wahrt (III). Vgl auch Vormkgen nach LuftfzRG 10, SchiffsRG 10. – Die Wirkg einer Vormkg haben das dingl VorkR (§ 1098 II), das VorR auf ErbbRErneuerg (ErbbRVO 31 IV), das eingetr WiederkR aus § 20 RSiedlG (Übbl 11 vor § 1094); für sie keine Vormkg aus § 883 (KG JW **28**, 2467). – Der Widerspr (§ 899) sichert gg RVerlust bei unricht GB dch gutgl Dritterwerb u das Veräußergsverbot (§ 888 II) sichert nicht vormerkb Anspr.

2 **a) Rechtsnatur.** Die Rspr geht zutreffd davon aus, daß die Vormkg weder ein dingl Recht ist noch ein solches aufschiebd bdgt verschafft, sond daß es sich um ein mit gewissen dingl Wirkgen ausgestattetes **Sicherungsmittel eigener Art** für einen schuldrechtl Anspr auf dingl RÄnderg handelt (BGH DNotZ **75**, 414; BayObLG Rpfleger **80**, 294; KG NJW-RR **99**, 149). Zweifelsfragen sind nicht dch formal-begriffl Subsumtion (zB unter dingl Recht), sond dch Interessenbewertg zu lösen. Sie ist **abhängig vom Bestand des gesicherten Anspruchs** (akzessorisch), denn sie entsteht nicht ohne ihn, erlischt mit ihm (§ 886 Rn 4) u kann ohne ihn nicht erworben werden (§ 885 Rn 12, 20); daher müssen AnsprGläub u VormkgsBerecht ident sein.

3 **b) Wirkung. – aa) Sicherungs- (II) und Rangwirkung (III).** Sie rechtfertigen es, die Bewilligg einer Vormkg einer Vfg über das vom Anspr betroffene Recht iSv **§§ 878, 893** gleichzustellen (§ 885 Rn 7); ihrerseits ist die Vormkg aber keine VfgsBeschrkg iS dieser Vorschr (RG **113**, 403; aA Knöpfle JuS **81**, 157). – **bb) Sonstige Wirkungen:** §§ 884, 1971, 1974 III, 2016 II; InsO 106, 254 II; ZVG 48.

4 **c) Vormerkungen besonderer Art. – aa) GBO** 18 II. Sie ist nicht wesensgl mit der des § 883 (KG JFG **23**, 146); InsO 106 auf sie nicht anwendb (KGJ **39**, 167). Sie gewährt in GBVerf einen vorl Schutz für den öff-rechtl Anspr gg das GBA auf Erledigg eines EintrAntr nach Maßg des Sachstandes zZ seines Eingangs (RG **110**, 207). Vgl auch SchiffsRO 28 II, LuftfzRG 77, 86 I. – **bb) Enteignungsrecht:** zB *Pr*EnteigngsG 24 IV (dazu KGJ **40**, 130; LG Duisbg NJW **64**, 670). – **cc) BauGB** 28 II 3 – **dd) § 1179. – ee) ZVG** 130 a.

5 **2) Gesicherter Anspruch (I)** muß ein auf einem best SchuldGrd beruhder schuldr Anspr auf dingl RÄnderg sein; zur Prüfg der RBeständigk vgl § 885 Rn 14. Fälligk nicht erforderl. Gesichert sind nicht auch inhaltsgl Anspr aus and SchuldGrd (KG OLGZ **72**, 113): Vormkg für AuflassgsAnspr aus VorkR sichert nicht auch AuflAnspr aus AnkaufsR u umgekehrt; AuflassgsVormkg des Käufers sichert nicht auch seine Ansprüche aus VertrRückabwicklg (BGH WM **66**, 1224); AuflVormkg für „Anspr aus dem Vertr" kann aber AuflAnspr aus VertrRückabwicklg sichern (KG OLGZ **69**, 202 [207]). Zur Sicherg des Anspr eines Eheg bei ausländ GüterGemsch vgl BayObLG NotZ **86**, 487. – Über AnsprÄnderg vgl § 885 Rn 1.

6 **a) Schuldrechtlicher Anspruch** des PrivatR (RG **60**, 423) aus Vertr, einseit RGesch od Gesetz (BGH **134**, 182); auch WahlschuldVerh (Ffm MittBayNot **83**, 59: nur eine Vormkg). Anspr bis zur Eintr der RÄnderg vormerkb (KG OLGZ **71**, 457). Dingl Anspr zB aus §§ 894, 1169 sind dch Widerspr gem § 899 zu sichern (BayObLG **75**, 39); daneben bestehder schuldr Anspr aus § 812 dch Vormkg sicherb (RG **139**, 353); uU beides gleichzeit. Einigg alleine begründet keinen vormerkb Anspr (BGH **54**, 56). Wg erbrechtl Anspr vgl
7 Rn 19. – Der Anspr muß eindeut **inhaltlich bestimmbar** sein; Bestimmbark des zu bestellden Rechts auch ausreichd, wenn dieses selbst bei seiner Bestellg bestimmt sein muß (KG JW **31**, 2743). Dafür genügd, daß der LeistgsGgst später von einer VertrPart (BayObLG FGPrax **98**, 48) od einem Dritten (Düss Rpfleger **96**, 503) gem §§ 315, 317 zu bestimmen ist (Vormkg belastet das ganze Grdst!); Zweckbestimmg (BayObLG MittBayNot **72**, 228, „erforderl Straßengrd") oder Flächenmaß (BayObLG FGPrax **98**, 48), alleine reichen nicht. Wenn nur eine **unvermessene Teilfläche** betroffen werden soll, muß diese nach Lage u Größe dem VerkBedürfn entspr zweifelsfrei bezeichnet werden (BayObLG DNotZ **85**, 44). Diese Bezeichng kann dch wörtl Beschreibg unter Anknüpfg an Merkmale in der Natur (BayObLG Rpfleger **82**, 335) od dch Bezugn auf mit EintrBew verbundener (Verbindg ohne Bezugn reicht nicht) nicht notw amtl Karte/Zeichng erfolgen (BayObLG DNotZ **85**, 44). Bei geringem Unterschied zu vorgemerkter u später vermessener Fläche wirkt Vormkg auch für letztere (BGH DNotZ **71**, 95).

8 **b) Dingliche Rechtsänderung;** REinräumg iSv I ist auch RÜbertragg. Gesicherter Anspr muß seine Erfüllg dch endgült Eintr der RÄnderg finden können u daher sowohl eine nach ihrer allg Natur als auch an dem Recht, an dem sie vorgemerkt werden soll, eintraggsfäh (wenn auch nicht notw eintraggsbedürft) dingl RÄnderg betreffen (BayObLG **86**, 511); Vormkg eines nicht eintraggsfäh Rechts ist gem GBO 53 I 2 zu löschen. – Auf dingl RÄnderg richten sich zB auch Anspr auf HypBestellg mit Unterwerfgsklausel nach ZPO
9 800 (KG JFG **4**, 407) u RückgewährAnspr aus InsO 143. **Kein Rechtsänderungsanspruch** besteht bei rgesch VfgsVerbot/Beschrkg (BGH FamRZ **67**, 470), Anspr aus AnfG 11 (Kblz NJW-RR **93**, 1343), Anspr aus ZahlgsTit bzgl SichgsR (BayObLG **75**, 39; JW **22**, 911), GBBerichtiggsAnspr aus § 894 u HerausgAnspr aus § 2130 (hier hilft uU VeräußerungsVerbot gem § 888 II). Neben einem nicht vormerkb VfgsVerbot kann aber ein bdgter Anspr auf dingl RÄnderg bei verbotswidr Vfg vereinbart u vorgemerkt werden (BGH **134**,

182); zB in ErbVertr mit verbotswidr Vfg des Erbl als Bdgg für AuflAnspr des VertrErben (Köln RhNK **95**, 100) od in VeräußergsVertr mit verbotswidr Vfg des Erwerbers (BGH aaO) od ZwVollstr in Grdst (BayObLG **77**, 268) als Bdgg für RückAuflAnspr.

c) Gläubiger des Anspr (= VormkgsBerecht) muß eine natürl od jur Person (auch GmbH in Gründg; BayObLG NJW-RR **87**, 334; vgl auch **87**, 812) od eine OHG/KG (iFv HGB 2 auch schon vor HandelsRegEintr; BayObLG Rpfleger **85**, 353) unter ihrer Firma sein. – **aa) Vertrag zugunsten Dritter.** Stets ist der eigene Anspr des VersprEmpf (§ 335) dch seine Eintr als bestimmb Gläub sicherb; Dritter kann dann noch unbestimmt sein (BGH NJW **83**, 1543). Hat Dritter eigenen Anspr (§ 328 I), so ist dieser (auch neben dem des VersprEmpf) nur sicherb, wenn Dritter als Gläub eintragb (nicht dch Eintr des VersprEmpf als VormkgsBerecht; BayObLG DNotZ **87**, 101); das erfordert zumindest Bestimmbark des Dritten nach sachl Merkmalen (Schlesw DNotZ **57**, 661): zB jeweil Eigtümer eines best Grdst (RG **128**, 246) bzw Inh einer Firma (KG DNotZ **37**, 330), noch nicht erzeugter Abkömmling; nicht aber Längstlebder einer best PersMehrh (LG Köln RhNK **81**, 237), vom VersprEmpf noch zu benennde Pers (BGH NJW **83**, 1543; BayObLG Rpfleger **96**, 502), Erben einer best Pers (LG Traunst NJW **62**, 2207). – **bb) Gläubigermehrheit.** Maßg ist, ob das SchuldR die GläubMehrh u ihre Rform (zB § 428) an der gesicherten Fdg zuläßt, selbst wenn das dingl Recht ihnen nicht in dieser RForm zustehen kann (Zweibr Rpfleger **85**, 284). – **cc) Alternativberechtigte.** Kann ein aufschiebd bdgt Anspr bei BdggsEintritt nur *A* od *B* endgült zustehen, so handelt es sich um zwei dch zwei Vormkgen zu sichernde Anspr (BayObLG **84**, 252). – **dd) Sukzessivberechtigte.** Die Rspr nimmt einen dch eine Vormkg sicherb Anspr an, wenn ein Anspr zunächst *A* u *B* gemschaftl zusteht u bdgt/künft *A* od *B* (BayObLG DNotZ **96**, 366) od wenn ein Anspr zunächst auflösd bdgt *A* zusteht u dch dasselbe Ereign aufschiebd bdgt *B* (KG JFG **20**, 6). Zumindest im letzten Fall erscheint angesichts der Fragwürdigk derart Berechtiggen sicherer, für *B* selbstd Anspr (zB gem Rn 12) zu begründen u zu sichern (vgl BayObLG DNotZ **96**, 374).

10 11 12 13

d) Schuldner des Anspr muß bei Eintr der Vormkg derjenige sein, dessen Eigt od GrdstR von der künft RÄnderg betroffen wird (BGH **134**, 182); iFv §§ 876, 880 III ist Anspr gg Dr sicherb (str). Da SchuldR maßg für AnsprGestaltg (RG **128**, 246) u diesem Vertr zu Lasten Dr fremd, ist Anspr gg jew Eigtümer od RInh nicht vormerkb (BGH NJW **93**, 324). Vormerkb aber Anspr, der erst gg Erben des ggwärt Berecht dchsetzb, zB weil binddes Angebot des Berecht erst nach seinem Tod annehmb (KG JFG **21**, 32) od Anspr dann erst fäll bzw unbdgt (BGH **134**, 182) od Anspr dch Tod des Berecht aufschiebd bdgt (BayObLG **77**, 268); nicht aber Eigenverbindlichk des künft Erben (Hamm DNotZ **95**, 315). Wechsel des Schuldn nicht eintraggsfäh (KG JR **27**, 1394); § 418 I gilt entspr (Hoche NJW **60**, 464). 14

e) Künftiger Anspruch (I 2). Dazu zählen aufschiebd befristete (mit Anfangstermin für Entstehg) Anspr; sie sind stets vormerkb. Künft sind aber auch Anspr, deren rgeschäftl EntstehgsTatbestd noch nicht vollendet sind; Vormerkbark aller dieser Anspr würde aber fakt VfgsSperre bedeuten, so daß Eingrenzg geboten (BayObLG **77**, 247). Künft Anspr dieser Art nur vormerkb, wenn für Entstehg schon feste RGrdLage geschaffen; sonst Vormkg unzul iSv GBO 53 I 2 (BayObLG **77**, 103). Dafür genügt die **vom künftigen Schuldner nicht mehr einseitig zu beseitigende Bindung** (BayObLG DNotZ **96**, 374); sie ist eingetreten, wenn künft Schuldn seine zur AnsprEntstehg notw WillErkl nicht mehr einseit widerrufen kann od zu ihrer Abgabe verpflichtet ist. Nicht notw, daß AnsprEntstehg **nur** noch vom Willen des VormkgsBerecht abhängt (Geimer DNotZ **77**, 662; Lichtenberger NJW **77**, 1755; KG OLGZ **92**, 257; aA BGH NJW **81**, 446; BayObLG **77**, 247, 268); sonst wäre zB künft AuflAnspr aus schuldr VorkR nicht vormerkb, da VorkFall im Belieben des künft Schuldn. – **aa) Ausreichend:** Binddes formgült GrdstVerkAngebot (BGH NJW **81**, 446), von dem sich Verkäufer nicht einseit lösen kann (Oldbg DNotZ **87**, 369). Für Käufer von vollmachtlosem Vertr geschlossener GrdstKauf Vertr (Ffm NJW-RR **97**, 208). Schuldn zum Abschluß des HauptVertr verpflichtder VorVertr (BGH **LM** Nr 13). KaufVertr, der noch behördl Gen (KG OLGZ **92**, 257) od Zust Dr (KG NJW **73**, 428) bedarf; Vertr zG noch unbest Dritten (Denck NJW **84**, 1009). – **Ankaufsrecht** (BayObLG Rpfleger **93**, 58; nach aA bdgt Anspr [vgl BGH **LM** Nr 13]), vereinbartes **Rücktrittsrecht** (Celle RhNK **76**, 15; BayObLG **77**, 103; aA BGH **16**, 153: bdgter Anspr), schuldr **Vorkaufsrecht** (Larenz SchuldR II § 44 III; aA RG **104**, 122: bdgter Anspr) geben vormerkb künft Anspr, der erst mit RAusübgsErkl des Berecht entsteht (Larenz aaO; Jahr JuS **63**, 224 Fußn 9), währd Vereinbg des Rechts den Schuldn schon bindet. Unerhebl, ob RAusübgsErkl des Berecht von best Handlgen des Schuldn od sonst Bdgg abhäng, wie dies bei VorkR wesensnotw u bei and Rechten idR vereinbart (im Ergebn Ertl u Lichtenberger aaO; für RücktrR Celle aaO gg BayObLG **77**, 103). – **bb) Nicht ausreichend:** Formnicht GrdstKaufVertr (BGH **54**, 56; MittBayNot **83**, 10; aA Lüke JuS **71**, 341). Auf Verkäuferseite von einem Dritten ohne BindgsWirkg für den Verkäufer (zB vollmachtloser Vertr) abgeschl GrdstKaufVertr (BayObLG Rpfleger **77**, 361). VorVertr, von dem sich Schu jederzeit lösen kann (BayObLG **76**, 297). Vgl auch Rn 19.

15 16 17

f) Bedingter Anspruch (I 2), aufschiebd od auflösd, ist vormerkb. Zur AnsprBegründg notw rgesch WillErkl sind abgegeben u bilden feste RGrdLage (BGH **134**, 182). BdggsEintritt kann im Belieben des Gläub (RG **69**, 281) od Schuldn (zB seine Vfg über Grdst als Bdgg; BGH aaO) stehen. Auch hier daher nicht notw, daß Wirksamwerden des Anspr **nur** noch vom Willen des VormkgsBerecht abhängt. Bdgg darf aber nicht so sein, daß in Wahrh noch keine vertragl Bindg des Schuldn (KGJ **48**, 189). Mehrfache Bedingth zul (BGH **134**, 182). – **Beispiele:** AuflAnspr aus KaufVertr, der erst mit Erteilg einer BauGen wirks werden soll (Ffm DNotZ **72**, 180); RückAuflAnspr des Verkäufers bei Vorversterben (BayObLG **77**, 268) od Scheidg des Erwerbers (LG Mannh BWNotZ **78**, 43) od bei ZwVollstr in das Grdst (Hamm Rpfleger **78**, 137). Bdgtes WiederkR (BGH DNotZ **95**, 204). 18

g) Erbrechtliche Ansprüche sind aus mehreren Grden nicht vormerkb; insb weil Erbl seine Vfg vTw jederzeit widerrufen (Testament, Schenkg vTw) u unter Lebden noch verfügen (ErbVertr, Überlebder bei gemschaftl Testament) kann. Über Sicherg eines VfgsVerbots im ErbVertr vgl Rn 9. – **aa) Erbe** aGrd Testaments (KGJ **48**, 189) od ErbVertr (BGH FamRZ **67**, 470; Hamm OLGZ **65**, 347) hat zu Lebzeiten des Erbl keinen vormerkb Anspr gg diesen. Ebso Schlußerbe aus gemschaftl Testament gg Überlebden (KG JFG **23**, 148). – **bb) Vermächtnisnehmer** aGrd Testaments od ErbVertr hat zu Lebzeiten des Erbl keinen 19 vormerkb Anspr gg diesen od künft Erben (BGH **12**, 115; Schlesw NJW-RR **93**, 11 [bei Nacherbfall zu erfülldes Verm]); Sicherg nach Rn 9 mögl. Gilt auch bei Vermächtn aGrd gemschaftl Testaments (Schlesw SchlHA **59**, 175) u bei VorausVerm (KGJ **48**, 189). Nach Erbfall VermAnspr gg Erben (Hamm MDR **84**, 402) u NachvermAnspr gg VermNehmer (§ 2191 Rn 3) vormerkb. – **cc) Schenkung von Todes wegen** (§ 2301) nicht zu Lebzeiten des Erbl vormerkb (BGH **12**, 115; KG JFG **21**, 32). – **dd) Auseinandersetzungsanspruch** vor Erbfall weder aGrd Vereinbg unter künft Erben (Hamm OLGZ **65**, 347) od zw VorE u NachE (KG HRR **31**, 590) noch aGrd TeilgsAO (KGJ **48**, 189) vormerkb. – **ee) Herausgabeanspruch** des NachE gg VorE (§ 2130) nicht vormerkb. – **ff)** Anspr aus **Nachvermächtnis** (§ 2191) nach Eintr des VermächtnNehmers vormerkb (BayObLG Rpfleger **81**, 190).

20 **3) Sicherungswirkung (II 1).** Den Anspr vereitelnde od beeinträchtigde Vfgen sind (dazu zählt auch eine Vormkg; Dresd NZM **99**, 632) ggü dem VormkgsBerecht unwirks. Die SichgsWirkg bei AuflVormrkg erfaßt auch Vfg über von Anspr betr Zubeh/Erzeugn (BGH **LM** § 559 Nr 1; aA Schmidt BWNotZ **75**, 104) sowie über VersichgsFdg, die nach § 1128 für vormkgswidr GrdPfdR haftet (BGH **99**, 385). Gutgl VormkgsErwerber wird der spätere RErwerb gesichert (§ 885 Rn 13). – **Beginnt** mit Eintr der Vormkg (beachte aber § 878; vgl § 885 Rn 11) u schützt künft Anspr daher schon vor seiner Entstehg (BGH NJW **81**, 446); aber keine Rückwirkg der späteren dingl RÄnderg, denn III betrifft nur den Rang (BGH **13**, 1). Ist aus § 117 nichtiger AuflAnspr vorgemerkt, so wird Käufer nicht rückbezogen auf Ztpkt daneben mündl geschl u gem § 313 S 2 geheilten Vertr geschützt (BGH **54**, 56); ebso wenn Anspr aus endgült nicht genehmigtem Vertr bzw nach § 326 erloschener Anspr vorgemerkt ist u dieser dch genehmiggsfäh Vertr bzw neuen ersetzt wird (Zweibr Pfleger **89**, 495; LG Lüb NJW-RR **96**, 914). – **Unrechtmäßige Löschung** der Vormkg hebt SichgsWirkg ggü Vfg vor u nach der Löschg nicht auf (BGH **60**, 46; BayObLG **61**, 63); bei Vfg nach Löschg gutgl DrErwerb mögl.

21 **a) Vormerkungswidrigkeit.** Inhalt des gesicherten Anspr maßg, ob er von Vfg betroffen. Belastg mit FremdR widerspricht AuflVormkg, sofern nicht Übereigng unter Bestehenbleiben späterer Belastgen vereinbart (BGH NJW **81**, 980). Belastg mit EigtümerGrdSch widerspricht AuflVormkg (da mit Übereigng FremdGrdSch), nicht aber Abtr schon bestehder (BGH **64**, 316). Vermietg/Verpachtg widerspricht wg § 571 AuflVormkg auch bei GebrÜberlassg (Schwab/Prütting Rn 190; Erm/Hagen 20; MüKo/Wacke 42; aA BGH NJW **89**, 451). BaulastÜbern ist vormkgswidr (VGH Mannh NJW **93**, 678; vgl Drischler Rpfleger **91**, 234). Vormkgswidr kann nur eine Vfg sein, die nach VormkgsEintr dingl vollendet wird (RG **113**, 403); Verstoß gg GBO 17 unschädl (BGH WM **95**, 404). Ggü eingetr Vormkg ist Gutgläubigk des DrErwerbers unerhebl (BGH NJW **94**, 2947). – Keine Vfg: bloße GBBerichtigg od Widerspr; Umwandlg einer Hyp in EigtümerGrdSch gem ZPO 868 (Ffm KTS **84**, 162).

22 **b) Relative Unwirksamkeit.** Der vormkgswidr Dritterwerber wird ggü jedermann RInhaber; dem Verfügden bleibt aber die Fähigk, zugunsten des VormkgsBerecht über das nunmehr fremde Recht zu verfügen (Gursky JR **84**, 3 mwN; vgl KG Rpfleger **65**, 14); nur VormkgsBerecht kann sich daher auf die Unwirksamk berufen (Nürnb WM **69**, 1427). Sie endet mit Erlöschen der Vormkg (vgl § 886 Rn 5) od wenn der VormkgsBerecht auf die VormkgsWirkg verzichtet (BGH DtZ **97**, 224) bzw die vormkgswidr Vfg genehmigt (BGH **LM** Nr 6). Die Vfg wird voll wirks; **Wirksamkeitsvermerk** entspr § 879 Rn 6 zuläss u sowohl bei der Vormkg als auch bei der Vfg einzutragen (BGH NJW **99**, 2275). Zur Gen dch BuchBerecht vgl Stöber MittBayNot **97**, 143 u Lehmann RhNK **97**, 258).

23 **c) Keine Verfügungsbeschränkung** (GBSperre). Das GBA darf Eintr der vormkgswidr Vfg nicht ablehnen (RG **132**, 419 [424]); sie macht das GB nicht unricht (§ 888 Rn 2). Jedoch ist das mit der Vormkg belastete Recht entspr § 876 nur mit Zust des VormkgsBerecht aufhebb (KG JFG **9**, 218); lastenfreie Abschreibg eines GrdstTeils nur mit LöschgsBewilligg des VormkgsBerecht (BayObLG Rpfleger **75**, 425) od wenn dessen Nichtbetroffenh gem GBO 29 nachgewiesen (BayObLG **73**, 297).

24 **4) Erweiterung der Sicherungswirkung** (Rn 20) auf Vfg iSv **II 2.** Entspr Anwendg auf Erwerb krG, zB Buchersitzg, geboten (W-Raiser § 48 III 1).

25 **a) Insolvenz.** SichergsWirkg nur, wenn Vormkg vor InsEröffng eingetr; für rgesch bewilligte Vormkg gilt aber § 878 zG des vorgemerkten Rechts (§ 885 Rn 11). Vfg des InsVerw relativ unwirks. Er muß gesicherten Anspr, sofern dieser auf Erfüllg geht u sie (wie zB § 648) nicht nur sichert, erfüllen (InsO 106) ohne WahlR nach InsO 103; über künft Anspr vgl Denck NJW **84**, 1009, Ludwig Rpfleger **86**, 345. Geht der dem gesicherten Anspr zugrdeliegde Vertr auch auf Erstellg eines Bauwerks u ist dieses noch nicht (fertig) erstellt, so verdrängt auch hier InsO 106 in Ansehg des AuflAnspr (im Ggs zum BauherstellgsAnspr) InsO 103 (BGH NJW **81**, 991). Bei Anspr auf RÄnderg ist Vormkg nicht inkongruente Deckg iSv InsO 131 (BGH **34**, 254). BGH **47**, 181 verneint AbsondergsR des GrdSchGläub am Erlös für GrdstVeräußerg dch InsVerw an rangbesseren AuflVormkgsBerecht (aA beachtl Keuk NJW **68**, 476).

26 **b) Zwangsversteigerung. – aa) Grundsatz.** VormkgsBerecht ist Beteil nach ZVG 9. Dch Vormkg gesichertes Recht ist bei der Feststellg des geringsten Gebots wie eingetr Recht in der Rangstelle des ZVG 10 Nr 4 zu berücksichtigen. Es müßte aber bei endgült Eintr selbstd neue GrdstBelastg ergeben; zB Anspr auf Neubestellg od Erweiterg im Ggs zu Anspr auf Aufhebg, Übertr od RangÄnderg (BGH **53**, 47; krit Häsemeyer KTS **71**, 22). Es ist wie ein bdgtes Recht zu behandeln: ZVG 50, 51, 114, 119, 120, 124, 125; insb ErsBetr zu bestimmen, den Ersteher neben Bargebot zahlen muß, wenn gesicherter Anspr nicht besteht od nicht entsteht. Ist das Recht des betreibden Gläub dem VormkgsBerecht ggü unwirks, so fällt die Vormkg auf Einräumg eines Rechts in das geringste Gebot u bleibt bei Zuschlag bestehen (ZVG 52); anderenf erlischt sie mit Zuschlag (ZVG 91) u WertErsAnspr (ZVG 92) für VormkgsBerecht. Im VerteilgsVerf Auszahlg des auf
27 die Vormkg entfallden Erlösanteils erst nach endgült Feststellg des Anspr (RG **55**, 217). – **bb) Auflassungsvormerkung.** Ist sie **vorrangig** ggü dem Recht des betreibden Gläub, so ist ZwVerst deshalb nicht ausgeschl (BGH NJW **96**, 3147). ZPO 772 nicht anwendb, da Vormkg kein VeräußergsVerbot (str). Aufl Vormkg gehört auch bei bdgtem Anspr in geringstes Gebot (BGH **46**, 124). Wird VormkgsBerecht vor Zuschlag als Eigtümer eingetr, so ist Verf aufzuheben (ZVG 28; LG Frankth Rpfleger **85**, 371). Vormkg als solche dagg

kein der ZwVerst entggstehdes Recht iSv ZVG 28, 37 Nr 5 (BGH **46**, 124). Aber beeinträchtigte Vfg iW der ZwVollstr relativ unwirks u VormkgsBerecht kann vom Ersteher Zust zur Aufl (§ 888 I) u Herausg verlangen (BGH NJW-RR **97**, 399). Ersteher hat keinen Anspr auf GgLeistg (Kaufpr) des VormkgsBerecht (str), kann aber, wenn er Gläub des bish Eigtümers ist, dessen KaufprAnspr pfänden. – Ist sie **nachrangig** ggü dem Recht des betreibden Gläub, so kommt sie nicht in das geringste Gebot u erlischt mit Zuschlag (ZVG 91); VormkgsBerecht hat WertErsAnspr (ZVG 92). Erlös ist bdgt zuzuteilen u zu hinterlegen; str, ob dabei vom VormkgsBerecht zu erbringde GgLeistg abzuziehen (nein: RG **144**, 284; Tiedtke Jura **81**, 360; ja: Wörbelauer DNotZ **63**, 721; Keuk NJW **68**, 476; Blomeyer DNotZ **79**, 528).

c) Arrestvollziehung/Zwangsvollstreckung (zB ZwHyp trotz AuflVormkg; HypPfändg trotz Übertr-Vormkg). Die Sichgswirkg begründet nicht ZPO 771 (BGH NJW **94**, 128), 772 (Staud/Gursky Rn 184), ZPO 771 erst nach Erwerb des vorgemerkten Rechts. 28

5) Rangwirkung (III). – a) Rangverhältnis. Die Vormkg (auch AuflVormkg) steht im RangVerh (§ 879) zu den eingetr Rechten (§ 879 Rn 5); RangÄnderg u bei bewilligter Vormkg auch RangVorbeh mögl. Bei mehreren ranggl AuflVormkgen ist die erste Übereigng den and VormkgsBerecht ggü wirks (Celle VIZ **96**, 104; Holderbaum JZ **65**, 712; Wieling JZ **82**, 839 Fußn 48; MüKo/Wacke Rn 59; aA Erm/Hagen Rn 8; Lemke JuS **80**, 514; Lüdtke-Handjery DB **74**, 517: BruchtEigt der VormkgsBerecht). – **b) Rangverwirklichung.** Wird der gesicherte Anspr dch Herbeiführg der dingl RÄnderg erfüllt, so verwirklicht sich die Rangwahrg, indem krG das Recht, in das die Vormkg umgeschrieben wird, den Rang der Vormkg erhält. Ztpkt der Umschreibg unerhebl. Ist für *V* eine HypVormkg eingetr u wird vor ihrer Umschreibg dem *H* eine Hyp bestellt, so hat die danach für *V* eingetr Hyp ohne weiteres den Rang vor *H* (§ 879 I 1): die Hyp des *V* steht im GB räuml vor der des *H*, weil eine HypVormkg in die linke Halbspalte eingetr wird, die vorgemerkte Hyp dann in die freie rechte Halbspalte (vgl GBV 12, 19); wird vor Umschreibg für *N* ein Nießbr eingetr, so hat die Hyp des *V* den Vorrang vor *N* (§ 879 I 2): die VormkgsEintr datiert vor der des Nießbr. Evtl Rangvermerk der Vormkg maßg. Voraussetzg ist, daß die Vormkg noch bestand, als der gesicherte Anspr erfüllt wurde (KG JW **31**, 1202) u das endgült Recht in einem RangVerh stehen kann (KG JFG **8**, 318); über Eintr einer SichgHyp nach ZPO 848 vgl KG aaO. 29 30

884 *Haftung des Erben.* **Soweit der Anspruch durch die Vormerkung gesichert ist, kann sich der Erbe des Verpflichteten nicht auf die Beschränkung seiner Haftung berufen.**

Stirbt der Schu des gesicherten Anspr, so hat ihn nach allg Grdsätzen der Erbe zu erfüllen. § 884 gewährt dem Gläub bes Schutz: der Erbe haftet unbeschränkt u unbeschränkbar, soweit Anspr u Vormkg sich decken. Auch die aufschiebenden Einreden stehen ihm nicht zu, § 2016. Ferner wird der Gläub vom Aufgebot nicht betroffen, §§ 1971 S 2, 1974 III, 2060 Nr 2. Die Vormkg muß vor dem Erbfall aGrd Bewilligg od einstw Vfg od nach dem Erbfall aGrd Bewilligg des Erblassers (Staud/Gursky Rn 5) od Erben eingetr worden sein; vgl §§ 1990 II, 2016. 1

885 *Begründung der Vormerkung.* **I Die Eintragung einer Vormerkung erfolgt auf Grund einer einstweiligen Verfügung oder auf Grund der Bewilligung desjenigen, dessen Grundstück oder dessen Recht von der Vormerkung betroffen wird. Zur Erlassung der einstweiligen Verfügung ist nicht erforderlich, daß eine Gefährdung des zu sichernden Anspruchs glaubhaft gemacht wird.**

II Bei der Eintragung kann zur näheren Bezeichnung des zu sichernden Anspruchs auf die einstweilige Verfügung oder die Eintragungsbewilligung Bezug genommen werden.

1) Allgemeines. § 885 gibt SonderVorschr für Begründg einer Vormkg; § 873 nicht anwendb, da keine Begründg dch Einigg (vgl Rn 8). 1

a) Inhaltsänderung. § 885 gilt auch für die Änderg/Erweiterg eines schon vorgemerkten Anspr; zB Verlängerg der AnnFr für Kaufangebot (Ffm Rpfleger **93**, 329; Karlsr DNotZ **94**, 252). Eintragg als Inhaltsänderg (§ 877) der Vormkg (LG Köln RhNK **83**, 154), der nachrang Berecht bei Beeinträchtigg zustimmen müssen (BGH **LM** § 883 Nr 6; Karlsr aaO). Unwesentl Änderg ohne Eintragg beeinträchtigt SichgWirkg nicht (Düss RhNK **86**, 195). Bei AnsprBeschrkg bleibt Vormkg insow bestehen, so daß keine Eintragg der Inhaltsänderg notw. Keine InhaltsÄnderg sind Entstehen des vorgemerkten künft Anspr (BayObLG NJW-RR **95**, 398) u AnsprNovation ohne Erweiterg (Wacke DNotZ **95**, 507 [514]); Vormkg sichert weiter. 2

b) Verfügungsbeschränkungen (Übbl 17–26 vor § 873). Die Eintragg einer Vormkg bedarf keiner Gen, wenn sie den Zweck der VfgsBeschrkg nicht beeinträchtigt, weil die Gen des vorgemerkten RGesch versagt werden kann. – **aa) Genehmigungsfrei** ist Vormkg für genehmiggsbedürft RGesch nach GrdstVG 2, BauGB 19, 51 (BayObLG **69**, 303) u 144 (LG Hann DNotZ **74**, 295), BVersG 75 (aA RG **134**, 182), DevisenR (KG JFG **17**, 184; aA BayObLG DNotZ **52**, 578), ErbbRVO 5 (Köln NJW **68**, 505; str), WEG 12 (BayObLG **64**, 237), § 1365 (BayObLG **76**, 15); § 1821 I Nr 5 (BayObLG DNotZ **94**, 182); GVO 2 I (KG OLGZ **92**, 257). – **bb) Genehmigungsbedürftig** ist Vormkg iFv § 1821 I Nr 1 (Ffm Rpfleger **97**, 255) u bei Beschlagn nach StPO 290 ff, AO 399. 3

2) Einstweilige Verfügung ersetzt die Bewilligg (Rn 8) des von der VormkgsEintr Betroffenen (Rn 10) u muß sich daher gg diesen richten (BayObLG NJW **86**, 2578: nicht gg einen Gter, wenn OHG/KG betroffen). Jeder Gläub eines vormerkb Anspr (sowie der PfdR- u PfdgsGläub; Hoche NJW **56**, 146) kann sie erwirken, selbst wenn er bei AnsprBegründg auf sie verzichtet hat (Ffm NJW **58**, 1924; Friese DNotZ **55**, 243); nach Bewilligg fehlt aber RSchutzInteresse für einstw Vfg, sofern nicht nur ZPO 895 gegeben u Gläub Sicherh leisten muß (Celle MDR **64**, 333). Über Vormkg aGrd vorläufAO nach LwVG 18 vgl Celle NdsRpfl **65**, 245. Die einstw Vfg muß der Eintragg vorausgehen (KGJ **46**, 200 [208]; Staud/Gursky Rn 32). 4

5 **a) Verfahren:** ZPO 935 ff. – Zuständ ist nur das ProzGer, nicht das GBA u in LandwSachen auch nicht das LandwGer (Celle NdsRpfl **64**, 268; Oldbg NdsRpfl **67**, 271). – Zu sichernder Anspr ist glaubh zu machen (ZPO 920 II, vgl aber 921 II), nicht aber seine wg EintrGrds stets gegebene Gefährdg **(I 2)** u bes SichergsBedürfn (Hamm MDR **66**, 236); Bestehen des Anspr braucht daher nicht festzustehen (Ffm NJW-RR **93**, 473). Einstw Vfg zwar wg betagter u bedgter Anspr, nicht aber wg künft Anspr zul, weil ZPO 926 nicht erfüllb (RG **74**, 158; Soergel/Stürner Rn 4; Knöpfle JuS **81**, 157 [160]; aA Jauernig Rn 8; Hager JuS **90**, 429 [433]); wg Anspr aus II WoBauG 54 vgl Köln RhNK **80**, 109. Bei GesHyp gilt ZPO 867 II nicht (Ffm FGPrax **95**, 138). Vollziehg mit Eingang des EintrAntr/Ersuchens beim GBA (ZPO 932 III). Beide VollziehgsFr des ZPO 929 II u III müssen gewahrt sein; sonst Vormkg nichtig u Umschreibg in endgült Recht unzul (RG **151**, 155); auch keine Umdatierg der Eintr auf neue einstw Vfg (KG HRR **29**, 1823).

6 **b) Inhalt.** Sie muß alle Erfordern der sie ersetzden Bewilligg enthalten, insb den Berecht u Verpflichteten sowie den Ggst (nicht den SchuldGrd) des vorzumerkden Anspr; vgl ferner GBO 28 (Düss Rpfleger **78**, 216; BayObLG Rpfleger **81**, 190).

7 **c) §§ 878, 892/893** nicht anwendb, da keine rgesch VfgsErkl des Berecht; also kein gutgl Ersterwerb (BayObLG NJW-RR **87**, 812; aA Hager JuS **90**, 429 [438]).

8 **3) Bewilligung des Betroffenen.** Einseit empfangsbedürft materiellrechtl WillErkl, die entspr § 873 Rn 2 der Eintragg nachfolgen kann (Staud/Gursky Rn 11; aA KGJ **46**, 200 [208]); idR in der von ihr zu unterscheidden EintrBewill (Rn 14) enthalten. Einigg nicht erforderl (BGH **28**, 182; KG OLGZ **92**, 257). In Einigg über RÄnderg oder EintrBew für diese liegt noch nicht VormkgsBewilligg (BayObLG Rpfleger **79**, 134). Materiellrechtl formfrei (RG JW **26**, 1955). Vormkg aGrd einstw Vfg hindert Vormkg aGrd Bewilligg nicht (KG JR **27**, 1021); nachträgl Bewilligg im GB eintragb (KGJ **20**, 79), dann Löschg nach GBO 25 ausgeschl. – Ohne bes Abrede kein **Bewilligungsanspruch** aus GrdGesch der RÄnderg (Staud/Gursky 883 Rn 19; aA Hager JuS **90**, 429 [433]); daher gibt dieses auch keine Einrede gg den Anspr auf Löschg einer ohne materiellrechtl Bewilligg eingetr Vormkg (Naumbg FGPrax **98**, 1).

9 **a) Abgabe** ggü Gläub od GBA. Tod des Gläub nach Zugang der Bewilligg beim GBA u seine Eintr läßt Vormkg für Erben entstehen (RG JW **26**, 1955). Bei Urt auf Bewilligg der Eintr einer Vormkg gilt Bewilligg mit RKraft als abgegeben (ZPO 894); ZPO 895 gilt hier nicht (BayObLG Rpfleger **97**, 525). Bei Urt auf Bewilligg der Eintr einer dingl RÄnderg gilt Eintr einer Vormkg mit Verkündg vorl vollstreckb Urt als bewilligt (ZPO 895; vgl auch Rn 4); Eintr erfordert weder VollstrKlausel noch Zustellg (vgl BGH Rpfleger **69**, 425), aber Nachw angeordneter SicherhLeistg.

10 **b) Betroffen** ist der ggwärt wahre Inh des dingl Rechts, das dch die Erfüllg des gesicherter Anspr übertr oder beeinträchtigt wird; auch wenn sich der Anspr erst gg den Erben richtet (KG DR **40**, 796). Nicht ein DrBerecht (zB PfdGläub an Hyp, deren Aufhebg vorgemerkt); diesen schützt § 876. Bei Mehrh von RInh sind alle betroffen. An die Stelle des RInh tritt der VfgsBerecht (InsVerw, TestVollstr). Bei gleichzeit Eintr eines Rechts u einer Vormkg daran genügt Bewilligg des GrdstEigtümers, da beschr Recht bewilligt (KG JFG **11**, 269; Hieber DNotZ **58**, 379). Für Bewilligg eines NichtBerecht gilt § 185; hieraus folgt aber kein Recht des AuflEmpfängers, für sich AuflVormkg eintragen zu lassen (BayObLG Rpfleger **79**, 134). Zur Frage, ob AuflEmpfänger seinen Abkäufer dch Vormkg sichern kann, vgl § 925 Rn 23.

11 **c) § 878** ist auf bewilligte Vormkg entspr anwendb (BGH **28**, 182; BVerwG VIZ **95**, 531). Er verhilft zur Vormkg, wenn diese rechtzeit iSv § 878 beantragt war u Betroffener vor Eintr vfgsbeschr geworden; Vormkg sichert dann auch RErwerb, auf den gesicherter Anspr zielt. VfgsBeschrkg nach VormkgsEintr hindert RErwerb nicht. – Dies gilt auch bei fingiertem rgesch Erwerb nach ZPO 894, 898; nicht aber iFv ZPO 895.

12 **d) Gutgläubiger Erwerb** (Ersterwerb). § 893 Fall 2 ist auf die bewilligte Vormkg anwendb (§ 893 Rn 3). Ebso bei fingiertem rgesch Erwerb nach ZPO 894, 898; nicht aber iFv ZPO 895 (aA Hager JuS **90**, 429
13 [437]). Gesicherter Anspr muß aber bestehen, denn er wird vom öff Gl des GB nicht erfaßt. – **Sicherungswirkung für späteren Rechtserwerb** (neben § 883 II). Bei Erwerb vom Berecht ist der Erwerber nach Maßg von §§ 892, 893 gg nichteingetr Rechte/VfgsBeschrkgen geschützt (BGH NJW **94**, 2947; BayObLG MittBayNot **91**, 78) u bei Erwerb vom Nichtberecht gilt dieser nach Maßg von §§ 892, 893 als Berecht (BGH **57**, 341; Karlsr NJW-RR **98**, 445). Für Erwerb des vorgemerkten Rechts daher unschädl, wenn nach dem für den gutgl VormkgsErwerb maßg Ztpkt der Erwerber bösgläub geworden (nach Hepting NJW **87**, 865 bei künft Anspr dessen Entstehg maßg), GB berichtigt od Widerspr eingetr worden ist (aA Goetzke/Habermann JuS **75**, 82; Wiegand JuS **75**, 205 [211]; Knöpfle JuS **81**, 157 [165]); iF zweitl GBBerichtigg gilt § 888 entspr (Roloff NJW **68**, 484; Canaris JuS **69**, 82; Dannecker MittBayNot **79**, 144 [147]; str).

4) Eintragung. Die EintrStelle im GB regeln GBV 12, 19. Über Ranggleichh vgl § 883 Rn 29.

14 **a) Voraussetzungen.** Abschreibg betr Teilfläche nicht notw. – **Antrag** (GBO 13) od Ersuchen des ProzGer der einstw Vfg (GBO 38, ZPO 941); uU Vorlage des GrdPfdRBriefs (GBO 41), den AntrSteller sich beschaffen muß. Bei Eintr aGrd einstw Vfg müssen VollziehgsFr gewahrt sein (vgl Rn 5). – **Eintragungsbewilligung** (GBO 19) in der Form GBO 29 **oder einstweilige Verfügung.** Sie muß inhaltl den Erfordern der beantragten Eintr entsprechen (KG OLGZ **72**, 113); dazu Rn 16. Das GBA prüft aGrd der EintrUnterlagen, ob es sich seiner RNatur nach um einen vormerkb Anspr (§ 883 Rn 6–19) handelt; nicht aber, ob er (auch als künft/bdgt) tats besteht (BayObLG NJW-RR **93**, 472). Eintr nur abzulehnen, wenn GBA sicher weiß, daß Anspr aus rechtl Grd nicht vormerkb od aus tats Grd nicht besteht bzw künft entstehen kann (BayObLG aaO); bloße Zweifel (zB ob Gläub nach ausländ GüterR AlleinBerecht werden kann; BayObLG Rpfleger **86**, 127) rechtfertigen weder ZwVfg noch AntrZurückweisg. – **Voreintragung** (GBO 39); GBO 40 anwendb (KG JFG **7**, 328). Daher keine Vormkg zur Sicherg der Abtr einer vorl EigtümerGrdSch (§ 1163 Rn 8) u des AuflAnspr gg weiterveräußernden AuflEmpfänger.

15 **b) Inhalt.** Teilw unzuläss Inhalt unschädl, wenn Vormkg mit gewolltem Inhalt zuläss (BGH NJW **93**, 324). – **aa) Vormerkung** (nicht notw wörtl, wenn AnsprSichg erkennb; Karlsr NJW **89**, 1189) im EintrVermerk. Für Bdgg/Befristg der Vormkg gilt § 874 Rn 4. – **bb) Gläubiger** bestimmb im EintrVermerk (BayObLG MittBayNot **75**, 93). Bei Mehrh gilt § 47; maßg ist das GemschVerh (Brucht-, GesHdsGemsch, § 428) am

gesicherten Anspr (BGH **136**, 327), selbst wenn es in dieser Form am zu bestellden/übertragden Recht nicht bestehen kann; ist auf einen AuflAnspr aus VorkR § 513 anwendb, so ist das zu vermerken (BGH aaO). – **cc) Schuldner** bestimmb im EintrVermerk. Es genügt, wenn er sich mittelb aus LeistgsGgst u and GBInhalt ergibt (KG JFG **9**, 202); zB Eigtümer als Schuldn eines AuflAnspr. – **dd) Gesicherter Anspruch** bestimmb 16
nach Ggst/Art/Umfang der RÄnderg im EintrVermerk. Bei GrdPfdRVormkg gilt § 1115 I nicht; Zinsen mangels abw Angabe ab GrdPfdRBestellg gesichert (LG Lüb SchlHA **57**, 99). SchuldGrd muß weder im EintrVermerk noch nach II eingetr werden (KG OLGZ **72**, 113; nach BGH **LM** § 883 Nr 1 gg Jansen DNotZ **53**, 382 aber bei mehreren inhaltsgl Anspr eines Gläub). Eintr falschen SchuldGrds unschädl, wenn Gläub richtigen beweisen kann. Nach II eintragb: Bdgg/Befristg u AbtretgsAusschl (BayObLG **98**, 206) für gesicherten Anspr, VollstrUnterwerfg als NebenR (KG JFG **4**, 407); nähere Kennzeichng der betroffenen Teilfläche (Staud/Gursky Rn 55). – **ee) GBO-23 II-Klausel** nicht eintragb (BGH **130**, 385).

c) Nach **Insolvenzeröffnung** keine Eintr aGrd einstw Vfg (InsO 91 I); für bewilligte Vormkg gilt InsO 17
91 II. – Über Eintr währd **Flurbereinigungsverfahren** vgl LG Bn NJW **64**, 870; währd **Baulandumlegungsverfahren** vgl LG Wiesb Rpfleger **72**, 307.

d) Rechtsmittel. Unbeschr Erinnerg nach RPflG 11, GBO 71 I (BayObLG DNotZ **96**, 30), da kein 18
gutgl Zweiterwerb mögl (vgl Rn 20). Wer mit BGH **25**, 16 bei bestehdem Anspr gutgl Zweiterwerb zuläßt, kann in diesem Fall nur beschr Beschw nach GBO 71 II zulassen.

5) Übertragung, Pfändung, Verpfändung. – a) Nur der **gesicherte Anspruch** ist übertragb/pfändb/ 19
verpfändb. Für Vormkg gilt § 401 (BGH NJW **94**, 2947); Eintr des neuen Gläub bzw PfdREintr bei Vormkg ist GBBerichtigg nach GBO 22 (BayObLG **98**, 206); bdgte AnsprAbtret/Verpfändg bei Vormkg eintragb (BayObLG aaO; Rpfleger **86**, 217). Bei Ausschl des Übergangs erlischt Vormkg mit AnsprAbtr (Staud/Gursky § 886 Rn 16). Übergang der Vormkg auch, wenn nur TeilAnspr abgetreten wird (zur TeilAbtr eines AuflAnspr vgl BayObLG Rpfleger **72**, 17; Düss RhNK **89**, 252). Übertr der dch Aufl erlangten RStellg (AnwR) bewirkt Übergang der Vormkg nur, wenn zugl noch nicht erfüllter AuflAnspr abgetreten wird.

b) Gutgläubiger Erwerb (Zweiterwerb) ist denkb, wenn nur BuchVormkgsBerecht bestehden Anspr gg 20
denjenigen, für den betroffenes Recht eingetr, abtritt. BGH **25**, 16 (mit unzutreffder Beschrkg auf Erwerb vom bösgläub Ersterwerber) bejaht dies ohne Begr; Schriftt stimmt zT zu, da dch Eintr VertrauensTatbestd (AK/BvSchweinitz Rn 26; Wstm/Eickmann § 84 IV 2; Wunner NJW **69**, 113; vgl auch Hager JuS **90**, 429 [438]). Gutgl Erwerb jedoch abzulehnen, da kein RGesch über eingetr Recht (sond über Anspr, dem Vormkg gem § 401 folgt) mit BuchBerecht (Reinicke NJW **64**, 2373; Canaris JuS **69**, 80; Rahn BWNotZ **70**, 25; Wiegand JuS **75**, 205 zu V 2; Kupisch JZ **77**, 486 zu IV; Medicus AcP **163**, 9). – Kein gutgl Erwerb einer 21
mangels Fdg nicht entstandenen Vormkg (BayObLG Rpfleger **93**, 58), denn die Vormkg ermöglicht keinen FdgsErwerb.

886 *Beseitigungsanspruch.* **Steht demjenigen, dessen Grundstück oder dessen Recht von der Vormerkung betroffen wird, eine Einrede zu, durch welche die Geltendmachung des durch die Vormerkung gesicherten Anspruchs dauernd ausgeschlossen wird, so kann er von dem Gläubiger die Beseitigung der Vormerkung verlangen.**

1) Unwirksame und erloschene Vormerkungen haben keine Sichergs- u keine Rangwirkg; sie können 1
nicht in das vorgemerkte Recht umgeschrieben werden. Bei Erlöschen einer HypVormkg entsteht keine EigtümerGrdSch (BayObLG Rpfleger **80**, 294). – **Zu Unrecht gelöschte Vormerkung** wirkt fort (§ 883 Rn 20). GB wird unricht u Gläub hat Anspr aus § 894; dch Widerspr (§ 899, GBO 53) sicherb, der nur bei LöschgsVermerk eintragb. Über WiederEintr der Vormkg vgl BayObLG **61**, 63.

a) Unwirksamkeit (anfängl) der Vormkg, wenn materiellrechtl Bewilligg (BayObLG Rpfleger **97**, 525) 2
od einstw Vfg (Köln OLGZ **87**, 405 [Nichtwahrg der VollziehgsFr]) fehlen/unwirks. Ferner wenn gesicherte Anspr nicht entstanden ist (BGH **57**, 341); mit Bestätigg nichtiger Fdg entsteht sie ohne NeuEintr u ohne Rückwirkg (Ffm DNotZ **95**, 539).

b) Erlöschen der Vormkg: – **aa)** Entspr **§ 875** dch AufgErkl des Berecht u Löschg im GB (BGH NJW **94**, 3
2947); nicht alleine dch Löschg auf Antr u Bewilligg (BGH **60**, 46), doch kann LöschgsBew die AufgErkl enthalten (vgl § 875 Anm 3). § 1183 gilt nicht. Bei Vormkg für Recht an GrdstR genügt AufgErkl (str; Planck/Strecker Anm 1 b). AufgErkl hinsichtl aller vor EigtErwerb des Bewilligden eingetr Belastgen erfaßt für ihn eingetr AuflVormkg nur bei gleichzeit Löschg aller ZwRe (BGH aaO). – **bb)** Wenn **gesicherter** 4
Anspruch erlischt, zB dch Erlaß, Rücktr, AufhebgsVertr, Unmöglichk der Erfüllg, Konfusion (zB inf Beerbg; BGH NJW **81**, 447; dazu Wacke NJW **81**, 1577 u Hager JuS **90**, 437), endgült NichtGen des Vertr (Zweibr Rpfleger **89**, 495), §§ 158 II (BayObLG **97**, 223), 163, endgült Nichtentstehen künft/bdgt Anspr (BayObLG Rpfleger **93**, 58). Dch Erf aber erst, wenn alle aGrd relativ unwirks Vfg eingetr Rechte beseitigt (BGH BB **64**, 576). Erlöschen gleichzustellen die endgült Umwandlg in GeldAnspr (zB § 326) wg Unvermögen zur Erfüllg (LG Lüb NJW-RR **96**, 914). – **cc)** Nach **GBO 25** bei Vormkg, die auf § 885 Rn 2, ZPO 895, VermG 34 I 3 beruht; Löschg ist GBBerichtigg (BGH **39**, 21). – **dd)** Bei **Abtretung des gesicherten Anspruchs** unter Ausschl des VormkgsÜbergangs (KGJ **43**, 209). – **ee) Befreiende Schuldübernahme** 5
ohne gleichzeit wirks werdden Erwerb des betr Rechts (Hoffmann MittBayNot **97**, 10). – **ff)** Nach **§§ 158 II, 163** (Ffm OLGZ **94**, 129) bei bdgter/befristeter Vormkg. Vorher vorgen vormkgswidr Vfg wird wirks (BGH **117**, 390). – **gg)** Nach **§ 887.** – **hh)** Vgl auch RSiedlG 9, BauGB 28 II 6.

c) Grundbuchverfahren. – aa) Löschung aGrd Bewilligg (GBO 19) des VormkgsBerecht, auf die 6
betroffener RInhaber Anspr aus § 894 hat (BayObLG **97**, 223) od entspr GBO 22, wenn Unwirksamk od Erlöschen gem GBO 29 nachgewiesen (BayObLG NJW-RR **97**, 590), auch gem GBO 84. Über GBO 23 vgl BGH **130**, 385. Bei PfdgsVermerk für gesicherten Anspr Löschg nur bei gleichzeit VermerkLöschg auf Bewilligg des PfdgsGläub od UnrichtigkNachw (BayObLG **83**, 301). – **bb)** Nach Eintr des vorgemerkten 7

Rechts keine Löschg der Vormkg vAw, solange gesicherter Anspr noch nicht erfüllt (zB weil ZwRe noch eingetr od Erf aus and Grd [zB VfgsBeschrkg] unwirks). Bei beschr dingl Recht zul aber **Umschreibung** in vorgemerktes Recht mit schlichter Rötg der Vormkg (GBV 19 II), da Recht u Vormkg in gleicher Abt u Spalte (GBV 12 I b); Vormkg wirkt dann fort (BGH **60**, 46). Zulässigk derart Umschreibg bei AuflVormkg bestr, weil Eigt u AuflVormkg gem GBV 9, 12 I a in versch Abt eingetr (nein: LG Karlsr BWNotZ **78**, 167; LG Hdlbg BWNotZ **85**, 86; ja: LG Heilbr Rpfleger **77**, 99; LG Mannh BWNotZ **80**, 38; Dieterle Rpfleger
8 **86**, 208); zur Löschg auf Antr u Bewilligg vgl BayObLG Rpfleger **75**, 395. – **cc) Rechtsmittel** gg Löschg wg § 892 Rn 15 nur gem GBO 71 II 2.

9 **2) Beseitigungsanspruch** bzgl wirks Vormkg gibt § 886. Kann Schuldn Erf des bestehden Anspr aGrd Einrede dauernd verweigern (zB §§ 222 I [BGH NJW **89**, 220: Einredeerhebg notw], 821, 853), so hat Gläub die Vormkg zu beseitigen (GBO 13, 19; nicht bloß zuzustimmen wie nach § 894). Auch der RNachf des urspr Schuldn kann den Anspr geltd machen (Jahr JuS **64**, 299); ebso, weil auch von Vormkg betroffen (§ 1004), nachstehde dingl Berecht (Wörbelauer DNotZ **63**, 594; Ripfel BWNotZ **69**, 34).

887 ***Ausschluß unbekannter Berechtigter.*** **Ist der Gläubiger, dessen Anspruch durch die Vormerkung gesichert ist, unbekannt, so kann er im Wege des Aufgebotsverfahrens mit seinem Rechte ausgeschlossen werden, wenn die im § 1170 für die Ausschließung eines Hypothekengläubigers bestimmten Voraussetzungen vorliegen. Mit der Erlassung des Ausschlußurteils erlischt die Wirkung der Vormerkung.**

1 **Voraussetzungen:** § 1170 Rn 2. – AufgebotsVerf: ZPO 988, 1024. – **Wirkung** (S 2): Die Vormkg erlischt; auch eine HypVormkg, weil § 1163 nicht anwendb. GBBerichtigg dch Löschg. Über Vorbehalte im AusschlUrteil vgl § 1170 Rn 4. Der gesicherte Anspr erlischt nicht (BGH DtZ **94**, 214).

888 ***Verwirklichung des Anspruchs; Veräußerungsverbot.*** **I Soweit der Erwerb eines eingetragenen Rechtes oder eines Rechtes an einem solchen Rechte gegenüber demjenigen, zu dessen Gunsten die Vormerkung besteht, unwirksam ist, kann dieser von dem Erwerber die Zustimmung zu der Eintragung oder der Löschung verlangen, die zur Verwirklichung des durch die Vormerkung gesicherten Anspruchs erforderlich ist.**

II Das gleiche gilt, wenn der Anspruch durch ein Veräußerungsverbot gesichert ist.

1 **1) Allgemeines. – a) Fehlt eine vormerkungswidrige Verfügung,** so wird das vorgemerkte Recht nach allg Grds eingetr. Bei rangfäh Recht muß EintrBew od sie ersetzdes Urt wg § 883 III Ausübg der Vormkg ergeben (LG Ffm Rpfleger **77**, 301). Bei teilb Recht (zB Hyp, Reallast) stufenw Ausnutzg der Vormkg zul (BayObLG **77**, 93). HypVormkg nicht in ZwangsHyp aGrd ZahlgsTit umschreibb (KG JW **31**,
2 1202); wohl aber mit Zust des VormkgsBerecht in GrdSch (KG DNotZ **35**, 321) u umgekehrt. – **b) Eintragung einer vormerkungswidrigen Verfügung** macht das GB nicht unrichtig u VormkgsBerecht hat keinen BerichtiggsAnspr aus § 894 (Hamm FGPrax **96**, 210); dieser entsteht erst mit Erwerb des vorgemerkten Rechts (Dresd NZM **99**, 632). Zur Dchsetzg des gesicherten Anspr kann VormkgsBerecht vom Schuldn aus schuldr AnsprGrdLage Erfüllg (Rn 3) u vom DrErwerber aus **I** dessen nach GBO 19 notw Zust (Rn 4–7) verlangen (BayObLG **98**, 255); Zust eines Nacheingetragenen aber nicht notw, wenn vorgemerktes Recht nach § 883 III den Vorrang hat. Klage gg beide gleichzeit od einzeln in beliebiger Reihenfolge (BGH NJW-RR **88**, 1357). Fehlde Zust des DrErwerbers hindert RErwerb des VormkgsBerecht nicht (BayObLG NJW-RR **90**, 722). – I entspr anwendb, wenn nach AuflVormkg VeräußergsVerbot eingetr (BGH **LM** Nr 1). Über Anwendbark ggü wahrem Berecht, der nach gutgl VormkgsErwerb eingetr, vgl § 885 Rn 12.

3 **2) Rechtsverhältnis zwischen Vormerkungsberechtigtem und Schuldner.** Nur der Schuldn des gesicherten Anspr ist zur Herbeiführg der dingl RÄnderg verpflichtet. Ihn hat der VormkgsBerecht notf aus dem SchuldVerh zu verklagen; dadch wird Grdst/GrdstR nicht streitbefangen iSv ZPO 265 (BGH **39**, 21; Link NJW **65**, 1464) u ZPO 24 gilt nicht; kein dingl Anspr. Schuldn hat die Erkl abzugeben, die die vorgemerkte RÄnderg herbeiführt; er kann sich wg § 883 I nicht auf Unvermögen berufen. SchuldnErkl wird nicht dch DrZust nach Rn 5 ersetzt (BGH NJW **90**, 2459). Kann VormkgsBerecht vorgemerkte RÄnderg aGrd pers SchuldVerh auch vom DrErwerber verlangen, so Mitwirkg des Schuldn nicht notw (BGH BB **58**, 1225). Für Verschlechterg des Grdst haftet Schuldn aus VertrVerh, nicht aus §§ 823, 1004.

3) Rechtsverhältnis zwischen Vormerkungsberechtigtem und Dritterwerber.

4 **a) Zustimmungsanspruch.** VormkgsBerecht kann vom DrErwerber (der nicht Schuldn des gesicherten Anspr) die nach GBO 19 notw Zust (BayObLG NJW-RR **90**, 722) zur Eintragg der dingl RÄnderg u ggf Vorlage des GrdPfdBriefs (KG JFG **5**, 327) verlangen. Dieser unselbstd HilfsAnspr ist nur zus mit dem gesicherten Anspr abtretb (RG JW **27**, 1413) u verjährt nicht (Weber BlGBW **64**, 23); er unterliegt § 242 (BGH NJW **81**, 980) u § 284 (MüKo/Wacke Rn 10; Hager JuS **90**, 429 [435]; aA BGH **49**, 263).

5 **aa) Welche Zustimmung** zu erklären ist, hängt von der Art der Vormkg u der Beeinträchtigg ab. IdR Zust zu der mit dem Schuldn vereinbarten RÄnderg. Ist lastenfreie RÜbertr vorgemerkt, so hat Erwerber einer zwzeitl Belastg deren Löschg zuzustimmen (KG JFG **5**, 324); doch kann VormkgsBerecht auch Verzicht od Übertr an sich verlangen (str). Ist AuflAnspr abgetreten, kann AbtrEmpfänger Zust zu seiner Eintr verlangen (RG JW **27**, 1413). Ist der DrErwerber buchm an Stelle des Schuldn vfgsbefugt, so darf er auch selbst gem § 267 I die zur RÄnderg notw Erkl (zB Aufl) abgeben (BGH BB **58**, 1225; KGJ **51**, 192); nach LG Tüb BWNotZ **84**, 39 genügt AuflVormkg.

6 **bb)** Der DrErwerber kann **Einreden/Einwendungen aus seinem persönlichen Rechtsverhältnis zum Vormerkungsberechtigten** geltd machen (BGH **LM** § 883 Nr 6); sie gehen mit Übertr des vormkgswidr erworbenen Rechts nicht ohne weiteres auf dessen Erwerber über (RG **142**, 331; **143**, 159). –

Ferner entspr §§ 768, 1137, 1211 **Einreden/Einwendungen des Schuldners gegen den gesicherten Anspruch** (BGH aaO), auch wenn Schuldn auf sie verzichtet hat (Celle NJW **58**, 385) od schon rkräft zur Erfüllg verurteilt ist (RG **53**, 28); zB Nichtfällig (Düss OLGZ **77**, 330). Anf- u RücktrR des Schuldn gibt Einrede entspr § 770 (Arndt DNotZ **63**, 597). RG **144**, 281, versagt Berufg auf nur verzögerl Einrede wie §§ 320, 322; GgMeing (Celle aaO; Wörbelauer DNotZ **63**, 591; Arndt aaO; Wstm/Eickmann § 83 IV 4c; W-Raiser § 48 III 1) ist zutr, da keine weitergehde Verpfl als Schuldn. – Weiter **Einwendungen gegen Bestand der Vormerkung** (zB unwirks Bestellg, Erlöschen).

cc) Prozeßrecht. VormkgsBerecht muß Bestehen u Fälligk des gesicherten Anspr beweisen. Urt zw ihm u 7
Schuldn hat keine RKraft gg DrErwerber (RG **53**, 28); bei rkräft Abweisg seiner Klage gg Schuldn fehlt der Klage gg den DrErwerber aber das RSchutzInteresse. – Für Klage gilt ZPO 24; sie macht das Grdst/GrdstR streitbefangen iSv ZPO 265 (BGH **39**, 21; Link NJW **65**, 1464).

b) Sonstige Ansprüche sind insb bei AuflVormkg denkb (vgl ähnl Problemlage bei § 1098 Rn 4).

aa) Dritterwerber gegen Vormerkungsberechtigten: Mietzins, solange MietVerh zw Schuldn u Vor- 8
mkgsBerecht gem § 571 mit DrErwerber fortbesteht (BGH **LM** § 883 Nr 13). – NutzgsEntsch aus § 812, wenn VormkgsBerecht ihm ggü ohne RGrd besitzt (BGH aaO); RGrd entfällt mit Fälligk des Aufl- u ZustAnspr (BGH **75**, 288; and wohl **LM** § 883 Nr 13). – Herausg nach § 985, solange Aufl- u ZustAnspr nicht fäll. – VerwendgsErs entspr §§ 994 ff ab Fälligk des Aufl- u ZustAnspr (auch für Verwendgen vor diesem Ztpkt) mit ZbR aus § 273 II ggü ZustAnspr (BGH **75**, 288; Gursky JR **84**, 3). Bösgläubigk iSv § 990 I 1 dch VormkgsEintr, deren Unkenntn idR grobe Fahrlässigk begründet; dies gilt auch, wenn AuflAnspr bei DrErwerb noch künft od aufschiebd bdgt (Gursky aaO; Kohler NJW **84**, 2849; aA BGH aaO: Kenntn von späterer Entstehg/BdggsEintritt zB dch Ausübg des WiederkR).

bb) Vormerkungsberechtigter gegen Dritterwerber: Vor EigtErwerb des VormkgsBerecht kein Her- 9
ausgAnspr (Gursky JR **84**, 3; bedenkl BGH **75**, 288 über § 1100). – Bei Verschlechterg des Grdst dch DrErwerber nach Fälligk des Aufl- u ZustAnspr (neben schuldr Anspr zB aus §§ 459 ff gg Schu) UnterlAnspr aus §§ 823, 1004 schon vor EigtErwerb des VormkgsBerecht (Hager JuS **90**, 429 [437]; Canaris, FS- Flume **78**, 384; aA Paulus JZ **93**, 555). – Keine Herausg von Nutzgen aus § 985, da EigtErwerb des VormkgsBerecht nicht zurückwirkt; §§ 987 ff ab Fälligk des Aufl- u ZustAnspr entspr anwendb (BGH **75**, 288; krit Kohler NJW **84**, 2849).

4) Veräußerungsverbot (II): nur relatives aus §§ 135, 136, nicht aGrd Bewilligg (§ 137). Obwohl § 1365 10
absolutes VeräußergsVerbot, ist wg subj Theorie (§ 1365 Rn 9) gerichtl Verbot widersprechder Vfg eintragb (Celle NJW **70**, 1882) u unterliegt II. – **a)** Es kann schuldr Anspr aller Art (zB auf Duldg der ZwVollstr) u dingl Anspr sichern; ggf gleichzeit Sicherg dch Vormkg u VeräußergsVerbot zul. VeräußergsVerbot aGrd einstw Vfg (ZPO 938 II) wird mit Zustellg innerh der VollziehgsFr (ZPO 929 II) an Gegner wirks; Eintr (wohl erst ab Zustellg zul; Furtner MDR **55**, 136 gg hM) nicht notw, hindert aber gem § 892 I 2 gutgl Erwerb (RG **135**, 384), so daß ab Eintr keine GBSperre. GBA muß (auch ggü vorherigem EintrAntr) ihm bekanntes Verbot schon vor dessen Eintr beachten; dann also GBSperre (BayObLG **54**, 97; str), aber § 878 zu beachten. § 884 gilt nicht. – **b)** Geschützter kann von DrErwerber gleiche Zust wie VormkgsBerecht verlangen. Auch zur Einräumg des Vorrangs, denn § 883 III gilt nicht.

5) Erwerbsverbot. Gesetzl nicht vorgesehen, von der hM aber als SichgsMaßn iRv ZPO 938 (zB zur 11
Verhinderg der Heilg eines nichtigen KaufVertr nach § 313 S 2) zugelassen. Sie sieht in dem mit Zustellg der einstw Vfg innerh der VollziehgsFr (ZPO 929 II) wirks werdden Verbot, einen EintrAntr zu stellen bzw aufrechtzuerhalten (dessen Nichtbeachtg sachlrechtl bedeutgslos wäre, da GBO 13 nur OrdngsVorschr), zugl einen sachlrechtl Eingr in das ErwerbsR (BayObLG Rpfleger **78**, 306); nach aA suspendiert es vorläuf die Wirksamk der Aufl (Böttcher BWNotZ **93**, 25) bzw der Bindg an sie (Lange/Scheyhing, Fälle zum SachenR2, Fall 5 zu Fußn 4). Kein Verbot an GBA (RG **120**, 118). – GBA muß ihm bekanntes wirks gewordenes Verbot (auch ggü vorherigem EintrAntr) beachten u widersprechde Eintr ablehnen (BayObLG **97**, 55; aA Böttcher aaO); § 878 nicht anwendb (§ 878 Rn 2; aA Böttcher aaO). Bei gleichwohl erfolgter Eintr ist der Erwerb dem Geschützten ggü unwirks (RG **117**, 291; Mü OLGZ **69**, 196; Hamm OLGZ **70**, 438); das GB wird unricht (Hamm DNotZ **70**, 661) u BerichtiggsAnspr (§ 894) des Geschützten dch Widerspr (§ 899, GBO 53 I 1 [BayObLG **22**, 314]; aA Böttcher aaO: § 888 II entspr) sicherb, denn Verbot mangels VorEintr des Erwerbers (GBO 39) nicht eintragb (BayObLG **97**, 55; nach LG Tüb BWNotZ **84**, 39 genügt als VorEintr Vormkg für Erwerber) u daher gutgl DrittErwerb mögl.

889 *Keine Konsolidation.* **Ein Recht an einem fremden Grundstück erlischt nicht dadurch, daß der Eigentümer des Grundstücks das Recht oder der Berechtigte das Eigentum an dem Grundstück erwirbt.**

1) Das BGB läßt beschr dingl **Rechte am eigenen Grundstück** u grdstgl Recht (EigtümerR) zu, sofern 1
sie nicht (wie Vormkg u Hyp) eine gesicherte Fdg (die Eigtümer nicht gg sich haben kann) voraussetzen. Sie können anfängl bestellt werden (vgl Einl 7 vor § 854) od nachträgl dch ZusTreffen von Eigt u urspr FremdR in einer Pers entstehen. Bei Veräußerg eines mit einem EigtümerR belasteten Grdst wandelt sich das Recht in ein FremdR des früh Eigtümers, wenn es nicht bes mitübertragen wird (BayObLG MDR **84**, 145). – Ausn von § 889: §§ 914 III, 1107, 1178 I, 1200 I.

2) Treffen **Nießbrauch/Pfandrecht an einem Grundstücksrecht** mit letzterem in einer Pers zus, so 2
erlöschen sie nach Maßg §§ 1072, 1063 bzw §§ 1273 II, 1256. Erwirbt Eigtümer jedoch Nießbr/PfdR an einem FremdR, so bleibt dieses bestehen (KGJ **47**, 194).

890 *Vereinigung und Zuschreibung.* **I Mehrere Grundstücke können dadurch zu einem Grundstücke vereinigt werden, daß der Eigentümer sie als ein Grundstück in das Grundbuch eintragen läßt.**

II Ein Grundstück kann dadurch zum Bestandteil eines anderen Grundstücks gemacht werden, daß der Eigentümer es diesem im Grundbuche zuschreiben läßt.

1 **1) Vereinigung und Zuschreibung von Grundstücken (I, II)** haben gemeins, daß aus zwei oder mehr Grdst dch Eintr unter einer neuen Nr des BestandsVerzeichn (GBV 13 I 2) **ein einziges neues Grundbuchgrundstück** (Übbl 1 vor § 873) wird. Die Zuschreibg ist eine bes Art der Vereinigg u unterscheidet sich von dieser wg § 1131 teilw in ihrer Wirkg (BayObLG DNotZ **72**, 350); Zuschreibg kann nur zu einem u nicht zu mehreren Grdst erfolgen (KG HRR **41** Nr 602), mehrere Grdst können aber einem and zugeschrieben werden. – **Aufhebung** nur dch GrdstTeilg gem Rn 11 (BayObLG **56**, 470).

2 **a) § 890 gilt auch** für die Vereinigg/Zuschreibg gleichart grdstgl Rechte untereinand. Ferner für Vereinigg von Grdst mit grdstgl Recht (str; vgl Staud/Gursky Rn 15) sowie für Zuschreibg eines grdstgl Rechts zu einem Grdst u umgekehrt, sofern das grdstgl Recht nicht das Grdst belastet (Jena Rpfleger **98**, 196). Über Vereinigg/Zuschreibg im Bereich des WEG vgl WEG 6 Rn 2, 3, 7, WEG 7 Rn 11 u im Bereich Grdst/GbdeEigt vgl EG 233 § 4 Rn 3. Keine Vereinigg/Zuschreibg mögl von MitEigtAnt untereinand od mit einem Grdst, selbst wenn sie nach GBO 3 IV gebucht (BayObLG **93**, 297).

3 **b) Voraussetzungen. – aa) Rechtliche Selbständigkeit** der betroffenen Grdst als GBGrdst (Übbl 1 vor § 873). Soll von einem GBGrdst nur eine Teilfläche betroffen werden u wird diese aus einem od mehreren **Flurstücken** (Übbl 1 vor § 873) gebildet, so ist sie zunächst als GBGrdst zu verselbständigen. Wird die GBGrdstTeilfläche aus der Teilfläche eines FlSt gebildet, so kann die Verselbständigg unterbleiben; man spricht dann von einem **Zuflurstück** (Übbl 1 vor § 873), das für § 890 als selbstd Grdst gilt (BayObLG Rpfleger **74**, 148). Erhalten mehrere ZuFlSt nach ZusMessg eine neue FlStNr, so kann dieses FlSt als GBGrdst aGrd Vereinigg eingetr werden (BayObLG DNotZ **58**, 388); nach hM Zuschreibg eines ZuFlSt zu einem and nur mögl, wenn als HauptGrdst vorgesehenes ZuFlSt eigene FlStNr erhält, die zu der des HauptGrdst wird (so
4 BayObLG DNotZ **58**, 388; **72**, 350; Ffm Rpfleger **76**, 245; LG Nürnb DNotZ **71**, 307). – **bb) Gleiche Eigentumsverhältnisse.** Die Grdst müssen spätestens zZ der NeuEintr als ein Grdst demselben Eigtümer in derselben EigtForm (bei Mehrh zu gleichen Anteilen) gehören (Zweibr NJW-RR **90**, 782); über Vereinigg/Zuschreibg eines Grdst u eines WEGrdst vgl WEG 6 Rn 7. Räuml od wirtsch ZusHang materiellrechtl nicht notw (vgl aber GBO 5 II, 6 II; EG 119 Nr 3); bei Zuschreibg kann das kleinere u wirtsch weniger bedeuts
5 Grdst HauptGrdst werden (BayObLG DNotZ **72**, 350). – **cc)** Formfreie **Vereinigungs-/Zuschreibungserklärung** aller Eigtümer; verfrechtl gilt GBO 29. Sie muß erkennen lassen, ob Vereinigg od Zuschreibg gewollt (KGJ **49**, 233); iZw ist Vereinigg gewollt (BayObLG DNotZ **72**, 350), nicht aber wenn „Zuschreibg" beantragt ist (KG HRR **41** Nr 28). Der (dann der Form von GBO 30 unterliegde) EintrAntr enthält idR diese Erkl (BayObLG DNotZ **58**, 388). § 878 anwendb. Ohne diese Erkl macht die Eintr der Vereinigg/
6 Zuschreibg das GB unrichtig (KGJ **49**, 233). – **dd) Zustimmung Drittberechtigter** nicht erforderl (Saarbr OLGZ **72**, 129 [137]). Der Zuschreibg müssen aber iFv § 1131 diejenigen zustimmen, die der Belastg des
7 zugeschriebenen Grdst zustimmen müßten. – **ee) Grundbucheintragung.** Zum Verf gem GBO 5, 6; GBV 6, 13 vgl Haegele/Schöner/Stöber Rn 621 ff, 650 ff; Demharter § 5 Rn 19, § 6 Rn 21. Ein Verstoß gg GBO 5, 6 macht die Vereinigg/Zuschreibg nicht unwirks.

8 **c) Wirkung.** Die von der Vereinigg/Zuschreibg betroffenen Grdst werden nichtwesentl Bestandt des neuen einheitl Grdst (BGH DNotZ **78**, 156); zukünft Belastgen erfassen das ganze Grdst. – **aa) Berechtigungen.** War eines dieser Teile herrschdes Grdst einer GrdDbk an einem DrittGrdst, so bleibt die GrdDbk dem GesamtGrdst in AusübgsBeschrkg auf den Teil, der bish herrschdes Grdst war (BayObLG Rpfleger **74**, 148); war ein and GrdstTeil bish diendes Grdst, so erlischt die GrdDbk nicht (Staud/Gursky Rn 26; MüKo/
9 Wacke Rn 13; vgl auch BGH DNotZ **78**, 156; aA KGJ **51**, 258; RGRK/Augustin Rn 18). – **bb) Belastungen, die nicht Grundpfandrecht.** Jeder Teil bleibt wie bish belastet u unterliegt insow der ZwVollstr (KG NJW-RR **89**, 1360); ein auf allen Teilen lastdes GesamtR bleibt als solches bestehen. Die nur an einem GrdstTeil bestehden Belastgen erstrecken sich nicht auf die and GrdstTeile (BGH DNotZ **78**, 156); Erstreckg auf diese erfordert rgesch Inhaltsänderg (vgl § 877 Rn 3), sie behalten dabei unter sich den bish Rang (vgl KG
10 HRR **41** Nr 683). – **cc) Grundpfandrechte.** Bei Vereinigg gilt Rn 9. Bei Zuschreibg gilt Rn 9 nur für GrdPfdR, die auf dem zugeschriebenen Grdst lasten, währd für GrdPfdR des HauptGrdst § 1131 Sondervorschr enthält.

11 **2) Realteilung eines Grundstücks** im BGB nicht geregelt; Befugn folgt aus BGB 903 (Hamm NJW **74**, 865). Sie liegt vor, wenn aus einem GBGrdst mehrere gebildet werden (auch nur vorübergehd zwecks Vereinigg od Zuschreibg mit and Grdst) od von einem Grdst ein ZuFlSt abgetrennt wird, u muß erfolgen bei Veräußerg u nach Maßg von GBO 7 bei Belastg eines GrdstTeils. Über ideelle Teilg vgl § 1008 Rn 2, 3. Über Teilg im Bereich des WEG vgl WEG 6 Rn 6, WEG 7 Rn 10, über ErbbRTeilg vgl ErbbRVO 11 Rn 4. – **Aufhebung** nur dch Vereinigg/Zuschreibg gem Rn 1.

12 **a) Voraussetzungen. – aa) Teilungserklärung** aller Eigtümer; formfrei (nur verfrechtl gilt GBO 29; Ffm OLGZ **90**, 253). Der (dann der Form von GBO 30 unterliegde) EintrAntr (GBO 13 II) enthält idR diese Erkl; iFv GBO 7 (BayObLG **56**, 470) u Teilveräußerg (Ffm DNotZ **62**, 256) erfolgt die Abschreibg vAw.
13 § 878 anwendb. Ohne diese Erkl macht die Eintr der Teilg das GB unrichtig. – **bb) Genehmigung** erforderl nach BauGB 19 I, 51 I Nr 1, 144 I Nr 2, 169 I Nr 5 (vgl Übbl 18–20 vor § 873) u LandesR (vgl EG 119
14 Nr 2). **Drittberechtigte** brauchen nicht zuzustimmen (KG NJW **69**, 470). – **cc) Grundbucheintragung.** Zum Verf vgl Haegele/Schöner/Stöber Rn 666 ff; Demharter § 7 Rn 12, 27; GBV 13.

15 **b) Wirkung.** Es entstehen (soweit nicht bloße Abtrenng eines ZuFlSt) selbstd GBGrdst, die wie bish belastet bleiben; GrdPfdR werden zu GesamtGrdPfdR (KGJ **34**, 292 [296]). Bes Vorschr für Teilg belasteter Grdst in §§ 1026, 1090 II, 1108 II; für Teilg berechtigter Grdst in §§ 1025, 1109. Vgl ferner EG 120.

3) **Ohne materiellrechtliche Wirkung** u von Vereinigg/Zuschreibg u Teilg zu unterscheiden sind: – 16
a) **Zusammenschreibung** mehrerer GBGrdst auf gemschaftl GBBlatt je unter bes Nr des BestandsVerzeichn nach GBO 4 u deren Wiederaufhebg. Nur gbtechn Verf, das rechtl Selbständigk der Grdst nicht berührt. –
b) **Katastermäßige Verschmelzung und Zerlegung** von FlSt (BayObLG MittBayNot **80**, 66); die 17
Verschmelzg folgt einer GrdstTeilg mit anschl Vereinigg/Zuschreibg unter Beteiligg von ZuFlSt stets nach (vgl Weber DNotZ **60**, 229). Verschmelzg nur innerh eines GBGrdst (LG Mü I MittBayNot **79**, 70).

4) **Landesrechtliche Verbote/Beschränkungen** gem EG 119; zB *BaWü* AGBGB 30; *RhPf* AGBGB 19: 18
Saarl AGJuG 23

891 *Gesetzliche Vermutung.* **I Ist im Grundbuche für jemand ein Recht eingetragen, so wird vermutet, daß ihm das Recht zustehe.**

II Ist im Grundbuch ein eingetragenes Recht gelöscht, so wird vermutet, daß das Recht nicht bestehe.

1) **Allgemeines.** § 891 begründet eine **widerlegbare Vermutung** (BewLastRegelg) für einen RZustand; 1
die ihn ergebden Tats brauchen nicht dargelegt u bewiesen zu werden (sie selbst werden nicht vermutet). Sie gilt in jedem Verf (daher auch für das **Grundbuchamt** [BayObLG Rpfleger **92**, 56; Zweibr FGPrax **97**, 127], das WohnEigtGer [KG NJW-RR **94**, 208] u das VollstrGer) u für jeden, für den das Bestehen/Nichtbestehen von Bedeutg ist (BGH **LM** Nr 5). Sie wirkt für u gg den Berecht des eingetr/gelöschten Rechts.

2) **Vermutungsgrundlage. – a) Eintragung** einschl in Bezug gen Urk (zB § 874) konstitutiver od 2
berichtigder Natur. Sie muß wirks (§ 873 Rn 14) u inhaltl zuläss (§ 892 Rn 10) sein; Verletzg von Verf-Vorschr bei Eintragg schadet nicht (LG Hagen NJW **66**, 1660). Bei widersprechden DoppelEintr (auch in GB verschied GBA; Stgt BWNotZ **78**, 124) besteht keine Vermutg. – **b) Grundbuch** ist das ganze GBBlatt, auf 3
dem das Grdst gebucht ist (BayObLG **57**, 49; Köln Rpfleger **98**, 333); die Vermutg gilt daher auch bei Eintragg an falscher Stelle des Blatts (BayObLG **95**, 413 [417]). Bei subjdingl Rechten ist nur das GB des belasteten Grdst maßg u eingetr/fehlder Vermerk nach GBO 9 ist unerhebl (BayObLG aaO). Bei grdstgl Rechten mit SonderGB ist mangels bes Vorschr (zB ErbbRVO 14 II) das GrdstGB für Entstehg/Bestand, Rang u Inhalt u das SonderGB für Übertragg u Belastg maßg.

3) **Rechte.** Eigt (auch MitEigt/WohngsEigt); beschr dingl Rechte am Grdst u solche an ihnen; Vormkg für 4
unstr/bewiesenen Anspr (MüKo/Wacke Rn 7; Staud/Gursky Rn 11; str). – **Nicht aber:** Einreden iSv § 1157; VfgsBeschrkgen (KGJ **52**, 166); Widerspr (RG JW **10**, 149); öff Rechte/Lasten; Rechte, die nicht eintraggsfäh (zB §§ 914 II 1, 917 II) od zur Wirksamk ggü Dritten nicht eintraggsbedürft (zB EG 187 I 1). Für diese Eintraggen gilt ZPO 417 u nicht ZPO 418 (MüKo/Wacke Rn 24).

4) **Vermutung bei eingetragenem Recht (I). – a)** Der **eingetragene Berechtigte** gilt als ggwärt RInh 5
(Köln FGPrax **96**, 5); eingetr Gläub eines BriefR muß zusätzl den Brief besitzen (BayObLG Rpfleger **92**, 56). Sind mehrere Berecht gem GBO 47 eingetr, so erfaßt die Vermutg auch die Art der MitBerechtigg (KG OLG **10**, 88; BayObLG **57**, 49); ohne solchen Vermerk keine Vermutg für BruchtGemsch (KG OLG **1**, 301; MüKo/Wacke 14); ist „MitEigt" ohne AntAngabe eingetr, so gilt § 742 (Staud/Gursky 24; aA KGJ **27**, 143). Vermutg gilt für Erben des Eingetragenen (Dresd OLG-NL **94**, 155; auch wenn dieser schon vor Eintr verstorben [Staud/Gursky 15; aA KG OLG **41**, 25]). – **Nicht vermutet** werden: GeschFähigk; RFähigk (Ffm NJW-RR **97**, 401; KG FGPrax **97**, 212); Nichtbestehen einer außerh des GB entstandenen VfgsBeschrkg (KG NJW **73**, 428; Staud/Gursky 27; aA Ffm Rpfleger **91**, 361). – **b)** Das **Recht** gilt ab 6
Eintragg (KG JFG **11**, 277; MüKo/Wacke 13; Staud/Gursky 29; aA [ab Geltdmachg] RG HRR **29** Nr 950; Erm/Hagen 2) mit dem eingetr Inhalt u seinem Rang als bestehd. Auf Bestandsangaben erstreckt sich I insow, als sie bestimmte Bodenflächen als Ggst des eingetr Rechts nachweisen (BayObLG **87**, 410). – **Nicht vermutet** werden: Freih des Rechts von TrHdBeschrkg (RG JW **29**, 2592; dafür aber tats Vermutg); tats Abgaben in Spalte 3 c, 4 des BestandsVerzeichn (BGH NZM **99**, 669; BayObLG **87**, 410).

5) **Vermutung bei gelöschtem Recht (II);** Löschg gem GBO 46 (nicht bloße Rötg; BayObLG **95**, 413 7
[418]). Das Recht gilt ab Löschg als nicht bestehd; für die Zeit der Eintragg gilt I, wenn feststeht, daß Löschg nicht berichtigen sollte (BGH **52**, 355). – **Nicht vermutet** wird negat Vollständigk (Nichtbestehen eines nicht eingetr eintraggsfäh Rechts).

6) **Widerlegung der Vermutung** nicht schon dch ihre Erschütterg, sond dch vollen Beweis des GgTeils 8
(BGH NJW **80**, 1047). Dafür genügt nicht Verletzg von VerfVorschr bei Eintragg (RG JW **36**, 2399; BGH WM **69**, 1352) od eingetr Widerspr nach § 899 od GBO 53 I 1 (BGH **LM** Nr 3, 5). Nicht jede denkb, aber jede sich aus dem GB ergebde od vom Eingetragenen behauptete Möglichk des Bestehens/Nichtbestehens ist zu widerlegen (BGH NJW **96**, 1890 [1892]; Rpfleger **99**, 122). Bei Eintragg aGrd Erbscheins genügen aber Tats, die dessen Einziehg rechtfertigen (LG Hagen NJW **66**, 1660), soweit nicht anderweit Erwerb behauptet.
– Bei **Briefrecht** ist Vermutg zG eingetr Gläub widerlegt, wenn ein Dritter Brief u AbtrErkl (privatschriftl 9
reicht [BayObLG MittBayNot **91**, 256 Anm Amann; LG Köln RhNK **95**, 27; aA Köln FGPrax **96**, 5]) vorlegt; sie gilt aber wieder, wenn Eingetragener Brief u RückAbtrErkl besitzt (BayObLG aaO). – Für das
Grundbuchamt ist die Vermutg widerlegt, wenn ihm Tats bekannt od (auch außerh GBO 29) nachgewiesen, 10
die die Unrichtigk zweifelsfrei ergeben (BayObLG DNotZ **90**, 739; Zweibr FGPrax **97**, 127); auch gutgl Erwerb des Eingetragenen ist auszuschließen (KG OLGZ **73**, 76). Keine Widerlegg nur dch and Auslegg der EintrUnterlagen (Schlesw SchlHA **62**, 174; BayObLG Rpfleger **82**, 467).

892 *Öffentlicher Glaube des Grundbuchs.* **I Zugunsten desjenigen, welcher ein Recht an einem Grundstück oder ein Recht an einem solchen Rechte durch Rechtsgeschäft erwirbt, gilt der Inhalt des Grundbuchs als richtig, es sei denn, daß ein Widerspruch gegen die Richtigkeit eingetragen oder die Unrichtigkeit dem Erwerber bekannt ist. Ist der Berechtigte in**

der Verfügung über ein im Grundbuch eingetragenes Recht zugunsten einer bestimmten Person beschränkt, so ist die Beschränkung dem Erwerber gegenüber nur wirksam, wenn sie aus dem Grundbuch ersichtlich oder dem Erwerber bekannt ist.

II Ist zu dem Erwerbe des Rechtes die Eintragung erforderlich, so ist für die Kenntnis des Erwerbers die Zeit der Stellung des Antrags auf Eintragung oder, wenn die nach § 873 erforderliche Einigung erst später zustande kommt, die Zeit der Einigung maßgebend.

1 **1) Allgemeines.** § 892 fingiert die Richtigk u Vollständigk des GB (kein GgBew) zG des gutgl Erwerbers (RG **116**, 177). Unerhebl ist, ob er den GBInhalt kannte od auf ihn vertraute (BGH Rpfleger **80**, 336). – **Kennt das Grundbuchamt die Unrichtigkeit,** muß es aber den zum gutgl Erwerb führden EintrAntr zurückweisen (KG OLGZ **73**, 76; Düss MittBayNot **75**, 224; Ffm Rpfleger **91**, 361; BayObLG **94**, 66 [71]; Karlsr NJW-RR **98**, 445; aA Staud/Gursky Rn 176, 201; Schmitz JuS **95**, 245; Lenenbach NJW **99**, 923), denn bis zur Vollendg der Eintragg gilt für das GBA § 891 (vgl § 891 Rn 1).

2 **2) Geschützter Erwerb.** § 892 schützt den rgesch Erwerb (Rn 3) von Rechten (Rn 4) dch Verkehrs-Gesch (Rn 5). – **Nicht geschützt** sind der Erwerb krG (zB Erbfolge) u dch Staatsakt (BGH BB **63**, 286 [ZwHyp auf schuldnerfremdem Grdst]; RG **90**, 335 [Pfändg einer VfgsBeschrkg unterliegden Hyp]); dch Zuschlag (ZVG 90) erwirbt der Ersteher aber auch dann Eigt, wenn er NichtEigt des VollstrSchuldn kannte.

3 **a) Rechtsgeschäft.** Geschützt ist nur ein auf dingl RÄnderg gerichtetes RGesch (BGH DNotZ **97**, 383); daher nicht ein gesetzl AblösgsErwerb (str; vgl § 1150 Rn 5, 1157 Rn 3). Es muß einen abgeleiteten RErwerb beinhalten; daher nicht Erwerb nach § 928 (Zweibr OLGZ **81**, 139). Das RGesch darf nicht einen ungeschützten gesetzl Erwerb vorwegnehmen wie zB vorweggen Erbfolge (BayObLG NJW-RR **86**, 882; aA LG Bielef Rpfleger **99**, 22). Erwerb aGrd Verst dch PrivPers nach ZPO 844 ist rgeschäftl (BGH **LM** Nr 6). – Das RGesch muß **wirksam** sein. Kein Schutz gg fehlde Vertretgs- (RG **134**, 283) od VfgsMacht (RG **128**, 276), GeschUnfähigk, Willensmängel (BGH DNotZ **66**, 172), mangelnde Identität zw Eingetragenem u Verfügden, unwirks GBEintr des Erwerbs. – Bei **Gesamtrechtsnachfolge** kr RGesch in VermGesamth wie zB UmwG 2 ff (Schmidt AcP **91**, 495 [517]) od § 1416 I 1 u Erwerb von Erb-/GesellschAnt (BGH NJW **97**, 860) gilt § 892 nicht (selbst wenn die Rechte einziger VermGgstd); er gilt aber, wenn die zugehörigen Ggst dch EinzelRGesch übertragen werden müssen wie zB § 419, HGB 22, AktG 361 (BayObLG NJW-RR **89**, 907).

4 **b) Rechte** sind Eigt einschl MitEigt (für Zubehör gilt § 926 II), beschr dingl Rechte an Grdst u solche an ihnen. Über Vormkg vgl § 885 Rn 12, 13, 20. Der Grd ihrer unricht Eintragg ist unerhebl; daher unwirks ZwHyp auf schuldnerfremdem Grdst (Rn 2) dch Abtretg nach § 892 erwerbb.

5 **c) Verkehrsgeschäft.** Geschützt wird nur ein RGesch, bei dem auf der Erwerberseite mind eine Pers beteiligt, die nicht auch auf der Veräußererseite beteiligt. Guter Glaube an Nichtbeteiligg auf Veräußererseite wird nicht geschützt (MüKo/Wacke Rn 43; Staud/Gursky Rn 94; aA Hbg MDR **59**, 759; Erm/Hagen Rn 12), da Erwerber insow nicht auf Unterrichtg dch GB angewiesen. VerkGesch liegt aber vor, wenn Veräußerer/Erwerber auf der and Seite als Vertreter (RG **131**, 64) od AmtsInh (zB TestVollstr; BGH NJW **81**,
6 1271) beteiligt. – **aa) Kein Gutglaubensschutz bei persönlicher Identität:** BuchEigtümer bestellt sich EigtümerR (KG OLG **46**, 61) od behält sich bei GrdstVeräußerg beschr dingl Recht vor (Stgt OLGZ **69**, 477 [481]). Umwandlg von GesHands- in BruchtBerecht u umgekehrt bei MitglIdentität. Übertragg von GesHand auf and persgleiche GesHand od auf GesHänder (zB von ErbenGemsch auf OHG [RG **117**, 257] od Miterben [Hamm MittBayNot **75**, 72]). Als AlleinEigtümer eingetr GesHänder überträgt an and GesHänder (BGH **30**, 255; aA Hbg MDR **59**, 759; Staud/Gursky Rn 83). GutGlSchutz aber bei Übertragg von EinzPers
7 an GesHandsGemsch, an der sie u Dritte beteiligt (Staud/Gursky Rn 83; vgl BGH VIZ **96**, 342). – **bb) Kein Gutglaubensschutz bei wirtschaftlicher Identität:** Übertragg auf Strohmann (RG **130**, 390) od Verw-TrHänder (§ 903 Rn 38) des Veräußerers. Übertragg von Brucht- (RG **119**, 126) od GesHandsGemsch (KG JW **27**, 1431) auf jur Pers u umgekehrt bei MitglIdentität. Übertragg von jur Pers an einziges Mitgl/AntEigner (RG **126**, 46) u umgekehrt (BGH NJW-RR **98**, 1057 [1059]). GutglSchutz aber bei Übertragg von EinzPers
8 an jur Pers, an der sie u Dritte beteiligt (RG JW **30**, 3740), u umgekehrt (RG JW **20**, 1387). – **cc) Erwerb unter Bruchteilsberechtigten:** GutGlSchutz, wenn BuchMitBerecht Ant eines and BuchMitBerecht (Erm/Hagen Rn 12; Staud/Gursky Rn 100; aA MüKo/Wacke Rn 41; Soergel/Stürner Rn 24; vgl auch KG JW **27**, 2521 u BayObLG JW **28**, 522 [kein gutgl lastenfreier Erwerb, wenn MitEigtümer nach fälschl Löschg einer GesBelastg weiteren Ant erwirbt]) od beschr dingl Recht an diesem erwirbt. Kein GutGlSchutz bei Belastg des Grdst zG eines BuchMitEigtümers mit nur am ganzen Grdst bestellb Recht wie GrdDbk (Staud/Gursky Rn 101); GutGlSchutz aber bei Belastg des ganzen Grdst mit an Ant bestellb Recht wie GrdPfdR für Erwerb (nur) an den Ant der and BuchMitEigtümer (MüKo/Wacke Rn 41; Staud/Gursky Rn 101; aA KG Recht **28** Nr 2461; Soergel/Stürner Rn 24).

9 **3) Grundbuchinhalt;** maßg ist der GBInhalt zZ der Vollendg des RErwerbs (BGH Rpfleger **80**, 336). Wurde das GB (auch unter Verstoß gg GBO 17, 45) nach Stellg des EintrAntr richtig, so findet kein gutgl
10 Erwerb nach Maßg des Buchstandes bei AntrStellg statt (RG HRR **31** Nr 1313). – **a) Eintragung.** Kein GutGlSchutz bei inhaltl unzuläss (rechtl unzuläss RZustand od eine dch Auslegg nicht zu behebde Widersprüchlichk) Eintragg (BGH **130**, 159 [171]; Köln Rpfleger **98**, 333); bei unwirks Eintragg (§ 873 Rn 14; zB Radierg [Ffm OLGZ **82**, 56]) u bei Eintragg nicht eintraggsfäh Rechte (zB § 914 II 1). Verletzg von GBO-
11 Vorschr unschädl (BGH NJW **94**, 2947). – **b) Umfang.** Maßg ist die Gesamth der sich auf das Recht/VfgsBeschrkg beziehden Eintraggen einschl zuläss in Bezug gen Urk (RG **98**, 215; BayObLG NJW-RR **87**, 789) auf dem GBBlatt, auf dem das Grdst gebucht ist (LG Aach DNotZ **84**, 767); nicht sonstiger GrdAkten-Inhalt. Kein GutGlSchutz bei **widersprechenden Doppeleintragungen** (Hamm NJW-RR **93**, 1295) auf demselben od verschied Blättern (auch verschied GBA; Stgt BWNotZ **78**, 124), weil sie sich aufheben. Bei **subjektivdinglichen Rechten** ist alleine das GB des belasteten Grdst maßg (BayObLG NJW-RR **87**, 789): ist eine GrdDbk nicht auf dem Blatt des dienden sond nur gem GBO 9 auf dem des herrschden Grdst eingetr,

so hindert dieser Vermerk nicht den gutgl lastenfreien Erwerb des dienden Grdst u vermittelt nicht den gutgl
Erwerb der GrdDbk bei Erwerb des herrschden Grdst; aber gutgl Erwerb mit herrschdem Grdst, wenn nicht
bestehde GrdDbk nur auf dienden Grdst eingetr. – Bei **grundstücksgleichen Rechten** mit SonderGB ist
mangels bes Vorschr (zB ErbbRVO 14 II) das GrdstGB für Entstehg/Bestand, Rang u Inhalt u das SonderGB
für Übertragg u Belastg maßg (Staud/Gursky Rn 21). – **c) Tatsächliche Angaben.** Der öffGlaube erstreckt 12
sich auf die Bestandsangaben, soweit dadch eine bestimmte Bodenfläche als Ggst des eingetr Rechts aus-
gewiesen wird (BayObLG **87**, 410), nicht aber auf die Angaben in Spalte 3a, 4 des BestandsVerzeichn
(ausführl Lutter AcP **164**, 122 [137]). Auch hier kein Schutz bei widerspr DoppelEintr.

4) Gutglaubensschutz in bezug auf Rechte (I 1). – a) Der **eingetragene Berechtigte** gilt als wahrer 13
Berecht; bei MitBerechtigg wird das gem GBO 47 vermerkte RVerh fingiert (Hamm DNotZ **54**, 256; vgl
auch § 891 Rn 5). Der ErwerbsGrd wird nicht erfaßt. Ist noch der nichtberecht Erblasser eingetr, schützt I 1
den vom wahren Erben Erwerbden; gem I 1, § 2366 kann ein doppelt GutGläub vom falschen ErbSchErben
ein Recht erwerben, das fälschl für Erblasser eingetr (vgl BGH NJW **72**, 434), wobei aber II iRv § 2366 nicht
gilt. – **b)** Das **eingetragene Recht** (für das GutGlSchutz nicht nach Rn 10 entfällt) gilt als mit dem eingetr 14
Ggst (BayObLG Rpfleger **95**, 495) u Inhalt, zu dem nicht Klauseln nach ZPO 800 (Mü JFG **15**, 259) u GBO
23 II (BayObLG DNotZ **85**, 41) zählen, sowie Rang (BayObLG NJW-RR **89**, 907) als bestehd. Gilt mangels
abw Regelg auch, wenn Eintragg für Entstehg nicht notw war; fälschl eingetr § 1287-Hyp also gutgl erwerbb
(MüKo/Wacke Rn 15; Planck/Strecker Anm I 2). Bei vom GBInhalt abw tats Verh wird der gute Glaube
daran, daß sie dem eingetr RInhalt entspr, nicht geschützt (BGH NJW **76**, 417). – **c)** Das **Grundbuch gilt** 15
als vollständig, dh das eingetr Recht gilt als unbeschrkt dch nie eingetr u gelöschte Rechte; dies gilt nicht
ggü nicht eintraggsfäh Rechten (zB § 914 II 1) u öff Lasten (VG Freibg NJW **79**, 1843; vgl Kutter ZMR **98**,
601). Gilt mangels abw Regelg auch, wenn Eintragg für Entstehg nicht notw ist; gutgl lastenfreier Eigt- bzw
vorrang BelastgsErwerb also mögl, wenn ZPO 848-Hyp noch nicht eingetr (BayObLG Rpfleger **94**, 162) od
fälschl gelöscht.

5) Gutglaubensschutz in bezug auf Verfügungsbeschränkungen (I 2). Nie eingetr u gelöschte 16
VfgsBeschrkgen gelten als nicht bzw nicht mehr bestehd. Kein GutGlSchutz, daß dch eingetr VfgsBeschrkg
erlangte VfgsBefugn fortbesteht; zB kein gutgl Erwerb vom früh InsVerw, wenn InsVermerk fälschl nicht
gelöscht. – **a) Erfaßt** werden VfgsVerbote nach §§ 135, 136 (zB ZVG 23, einstwVfg) einschl Erwerbsverbot 17
(§ 888 Rn 11). Ferner VfgsBeschrkgen, denen ggü gutgl Erwerb mögl, wie zB §§ 161 (BayObLG Rpfleger
94, 342), 1984, 2113, 2211, InsO 81. Ist der Vorerbe des verstorbenen Eigtümers noch nicht eingetr, so wird
guter Gl eines Erwerbers, daß Veräußerer Vollerbe ist, nicht geschützt (BGH **LM** Nr 9 Anm Batsch NJW **70**,
1314). Auch RHängigk (ZPO 325 II); vgl dazu § 899 Rn 9. – **b) Nicht erfaßt** werden VfgsBeschrkgen, 18
denen ggü ein gutgl Erwerb nicht mögl ist, wie zB § 1365; vom Ersterwerber (BuchBerecht) ist gutgl
Zweiterwerb mögl (RG **156**, 89; BGH **LM** § 932 Nr 28). Ferner VfgsVerbote nach § 134. Bei gesetzl (zB
BauGB 35 VI 3; BVersG 75 I 3) od rgesch zum RInhalt gemachten (zB ErbbRVO 5, WEG 12, 35, Abtretgs-
Verbot für GrdSch) VfgsBeschrkgen, die erst mit GBEintr entstehen, verhindert diese einen gutgl Erwerb,
währd bei fälschl Löschg der VfgsBeschrkg gutgl Erwerb mögl ist (Staud/Gursky 211).

6) Wirkung des gutgläubigen Erwerbs. – a) Der **Erwerber** erwirbt so, als entspräche die Eintragg der 19
wahren RLage. Damit wird das GB richtig; die Wirkg des § 313 S 2 tritt ein (BGH **47**, 266). Bei Erwerb
eines Rechts an einem nicht (od mit schlechterem Rang) bestehden GrdstR (zB Hyp an ErbbR) gilt dieses
nur insow (bzw mit besserem Rang) als entstanden, nicht aber im Verhältn zw Eigtümer u BuchBerecht des
belasteten Rechts (BayObLG **86**, 294 [301]). – **b)** Der (nicht eingetr) **bisherige Berechtigte** verliert sein 20
Recht, soweit das des Erwerbers dch dieses geschmälert würde: Wurde Hyp (2000) des *A* fälschl gelöscht u
danach eine Hyp (5000) für den bösgl *B* u später eine Hyp (3000) für den gutgl *C* eingetr, so verliert *A* den
Vorrang vor *C,* nicht aber vor *B* (relatives RangVerh) u die Erlösverteilg erfolgt entspr § 881 IV (§ 881
Rn 11; KG JFG **5**, 397 [402]), so daß bei einem Erlös von 6000 *A* 1000, *B* 4000 u *C* 1000 erhalten; erwirbt
der gutgl *D* das Eigt, so erlischt die Hyp des *A*. Wegen seines RVerlustes ist bish Berecht auf §§ 816 I 2, 826
od Anfechtg nach KO/AnfG beschränkt; kein SchadErsAnspr aus § 823 (RG **90**, 397), weil § 892 Haftg für
Fahrlässigk ausschließt, u kein Anspr aus § 1004 (BGH **60**, 46), da rechtmäß Erwerb; wg § 826 vgl Rn 24.
Über Ggst des BereichergsAnspr, wenn BuchEigtümer belastet, vgl Pütz/Schuler NJW **62**, 2332. Zur Frage,
ob bish Berecht wieder Berecht wird, wenn der Erwerber das Recht auf den früh BuchBerecht überträgt, vgl
§ 932 Rn 17. – **c)** Der **Verfügende** erlangt keine Rechte: BuchAlleinEigtümer erwirbt keinen MitEigtAnt, 21
wenn Dritter solchen gutgl erwirbt (RG DJZ **29**, 917). – **d)** Ein **Dritter** erwirbt vom Erwerber auch bei
Kenntn früh Unrichtigk (BayObLG Rpfleger **87**, 101), denn er erwirbt vom Berecht (Rn 19).

7) Kein Erwerb bei Widerspruch. – a) Widerspruch (§ 899, GBO 53 I 1). Er muß wirks für den 22
wahren Berecht eingetr u begründet sein (RG **128**, 52); ein gelöschter Widerspr reicht, wenn Erwerber die
Unrechtmäßigk der Löschg kennt (MüKo/Wacke Rn 47; Soergel/Stürner Rn 27; aA KGJ **49**, 179; Staud/
Gursky § 899 Rn 57). Das dch Widerspr gesicherte Recht muß dem zu erwerbden Recht entggstehen.
Widerspr gg das Eigt hindert Bestellg eines beschr dingl Rechts u seine WeiterÜbertr; letztere aber dann nicht,
wenn der Widerspr erst nach RBestellg eingetr wurde u Übertragder das Eigt (zB wg Bösgläubigk) nicht
erworben hatte (Staud/Gursky Rn 111; Soergel/Stürner Rn 27; aA RG **129**, 124). – **b) Maßgebender** 23
Zeitpunkt für Eingetragensein ist die Vollendg des RErwerbs (Ausn: § 1139 S 2), also ggf die der Eintragg
nachfolgde Einigg (Staud/Gursky Rn 152). Fehlder Widerspr u Gutgläubigk des Erwerbers bei Stellg des
EintrAntr unerhebl.

8) Kein Erwerb bei Kenntnis der Unrichtigkeit. BewLast hat Gegner des Erwerbers. – **a) Kenntnis** 24
der Unrichtigk als solcher; grobfahrl Unkenntn/Zweifel (Karlsr NJW-RR **98**, 445), od billigde Inkaufn (LG
Bayr MittBayNot **87**, 200) reichen nicht; keine ErkundiggsPfl (BayObLG NJW-RR **89**, 907). Kenntn aber,
wenn Erwerber über Unrichtigk so aufgeklärt, daß sich ein redl Denkder der Überzeugg von ihr nicht
verschließen würde (BGH **LM** Nr 5). Bei zweifelh RLage ergibt sich die Kenntn der Unrichtigk nicht schon
aus der Kenntn der sie begründden Tats (RG **156**, 122 [128]). Ob bei eindeut RLage Kenntn der die

Unrichtigk begründden Tats ausreicht, hängt vom Einzelfall ab (Hamm NJW-RR **93**, 1295); zB sind Folgen der GeschUnfähigk als bekannt anzusehen (BGH WM **70**, 476; Karlsr aaO). Bei Gutgläubigk iSv § 892 kann Erwerb nicht aGrd § 826 versagt werden (MüKo/Wacke Rn 49; Staud/Gursky Rn 130; aA Stgt OLGZ **69**,
25 477 [481] mwN; Soergel/Stürner Rn 31), da abschließde Regelg. – **Sonderfälle.** Handeln Vertreter des Erwerbers, so gilt § 166 (BayObLG NJW-RR **89**, 907); bei KollektivVertr genügt Kenntn eines Vertr, bei jur Pers auch die eines nicht mitwirkden OrganMitgl (vgl BGH Rpfleger **99**, 142). Kenntn des Notars, der nur UrkPers, schadet nicht (KG OLGZ **73**, 76 [82]). Bei anfechtb RErwerb des Verfügden gilt § 142 II. Bei bdgtem RErwerb kommt es nur auf die Kenntn der Bedingth u nicht vom BdggsEintritt/Ausfall an (RG **144**, 28). Kenntn der RHängigk einer Klage, mit der Unrichtgk geltd gemacht wird, genügt (ZPO 325 II; RG **79**, 165).

26 **b) Maßgebender Zeitpunkt für die Kenntnis** der GBUnrichtigk ist die Vollendg des RErwerbs (BayObLG MittBayNot **91**, 78), sofern er nicht nach II od aGrd gutgl erworbener Vormkg zur Sichg des RErwerbs (§ 885 Rn 13) vorverlegt ist. Über Gutgläubigwerden zw Einigg u maßg Ztpkt vgl Gursky JR **86**,
27 225. Über maßg Ztpkt für GBUnrichtigk vgl Rn 9. – **aa) Stellung des Eintragungsantrags (II)** seitens des Erwerbers od des Verfügden dch Eingang beim GBA maßg, wenn das GB schon zu diesem Ztpkt unricht ist u der Antrag (auch nach ZwVfg od RMittel) zur Eintragg führt (RG HRR **29** Nr 384; Hamm Rpfleger **99**, 385). Da II Erwerber vor den Folgen des EintrGrds schützen soll, ist er nicht anwendb, wenn sich der RErwerb nach AntrStellg nicht nur dch die noch fehlde Eintragg vollzieht, sond weitere Erfordern (zB Einigg [nicht aber BdggsEintritt bei aufschiebd bdgter], HypBriefÜberg, HypValutierg, Gen des ErwerbsGesch dch den vollmachtlos vertretenen Verfügden [keine Rückwirkg gem § 184 I; RG **134**, 283) od VormschGer/ Behörde [RGRK/Augustin Rn 114; Staud/Gursky Rn 169; aA RG **142**, 59; Soergel/Stürner Rn 38])
28 hinzutreten müssen. Maßg ist dann der Ztpkt des Eintritts des letzten notw Erfordern. – **bb)** Wird das **Grundbuch erst nach Antragstellung unrichtig,** so gilt Rn 27 mit der Maßg, daß der Ztpkt des Unrichtigwerdens (Soergel/Stürner Rn 41; Staud/Gursky Rn 168; aA [Vollendg des RErwerbs] RG **116**, 351; **140**, 35) an die Stelle der AntrStellg tritt: Wird zB eine Belastg nach Stellg des EigtUmschreibgsAntr fälschl gelöscht, so erwirbt der Erwerber das Eigt lastenfrei, wenn er im Ztpkt der Löschg (bzw des Eintritts des letzten ErwerbsErfordern außer der Eintr) gutgl war. Werden auf gleichzeit gestellte Anträge gleichzeit eine Belastg fälschl gelöscht u ein RErwerb eingetr, so erwirbt der Erwerber, wenn er im Ztpkt der einheitl Eintragg gutgl war (BGH NJW **69**, 93).

893 *Rechtsgeschäft mit dem Eingetragenen.* **Die Vorschriften des § 892 finden entsprechende Anwendung, wenn an denjenigen, für welchen ein Recht im Grundbuch eingetragen ist, auf Grund dieses Rechtes eine Leistung bewirkt oder wenn zwischen ihm und einem anderen in Ansehung dieses Rechtes ein nicht unter die Vorschriften des § 892 fallendes Rechtsgeschäft vorgenommen wird, das eine Verfügung über das Recht enthält.**

1 **1) Allgemeines.** Der eingetr NichtBerecht (bei BriefR muß BriefBes hinzukommen; RG **150**, 348 [356]), der eine Leistg annimmt (Rn 2) od verfügt (Rn 3) gilt als wahrer Berecht (RG **116**, 177), sofern nicht ein Widerspr eingetragen ist (§ 892 Rn 22) od der Leistde bzw VfgsBeteil die NichtBerechtigg kennt (§ 892 Rn 24). Die Leistg wirkt wie eine an den wahren Berecht (§ 372 S 2 bleibt unberührt; RG **97**, 173) u die Vfg wird so behandelt, als habe sie der wahre Berecht vorgen. Gilt entspr bei nichteingetr VfgsBeschrkg.

2 **2) Leistung auf Grund eingetragenen Rechts,** dh die Leistg muß dem RInh kraft des dingl Rechts zustehen. – **Dazu gehören:** Jede Sach- (zB §§ 1094, 1105) od Geldleistg (zB §§ 1105, 1113, 1191, 1199) auch iF eines ErfSurrogats (MüKo/Wacke Rn 3) zur Tilgg des dingl Anspr; auch Leistg eines Dritten (zB §§ 268, 1143, 1150) auf das dingl Recht. Auf VerkHyp leistder Eigtümer, der zugl pers Schuldn, wird auch von pers Schuld befreit (BGH NJW **96**, 1207), nicht aber auf SichgsGrdSch leistder Eigtümer (BGH aaO; aA Tiedtke NJW **97**, 851). Bei Kapitalzahlg an eingetr NichtBerecht eines BriefR muß dieser auch Briefbesitzer sein (RG **150**, 348 [356]); für Nebenleistgen vgl §§ 1158, 1159. Über SichgHyp vgl § 1184 Rn 5. – **Dazu gehören nicht:** Leistg des nur pers Schuldn od Bürgen (MüKo/Wacke Rn 4). Leistg an VormkgsBerecht, der nicht Gläub des gesicherten Anspr (Staud/Gursky Rn 7). Leistg des Mieters an vermeintl GrdstErwerber (Staud/Gursky Rn 5; aA Erm/Hagen Rn 2).

3 **3) Verfügungen über das Recht** sind unmittelb auf seine Änderg gerichtete RGesch (BGH **1**, 294 [304]), die nicht den Erwerb zum Ggst haben; es muß sich um VerkehrGesch handeln (§ 892 Rn 5). Auch zuläss (zB §§ 875 I 2, 876 S 3) Erkl ggü dem GBA (MüKo/Wacke Rn 8; Soergel/Stürner Fußn 6; Staud/ Gursky Rn 25; aA RGRK/Augustin Rn 10). – **Dazu gehören:** Aufhebg (§ 875), InhaltsÄnderg (§ 877), RangÄnderg (§ 880), Kündigg (§§ 1141, 1193, 1202), DrittZust (§§ 876, 880, 1183), Zustimmg zur Vfg (RG **90**, 395), VormkgsBestellg (BGH **57**, 341; nach aA § 892). – **Dazu gehören nicht:** Schuldr Vertr einschl Vermietg mit BesÜberlassg (RG **106**, 109), unwiderrufl Vollm zur Einräumg von Bes u Nutzg verkauften Trennstücks (aA RG **90**, 395), ProzFührg.

894 *Berichtigung des Grundbuchs.* **Steht der Inhalt des Grundbuchs in Ansehung eines Rechtes an dem Grundstück, eines Rechtes an einem solchen Rechte oder einer Verfügungsbeschränkung der in § 892 Abs. 1 bezeichneten Art mit der wirklichen Rechtslage nicht im Einklange, so kann derjenige, dessen Recht nicht oder nicht richtig eingetragen oder durch die Eintragung einer nicht bestehenden Belastung oder Beschränkung beeinträchtigt ist, die Zustimmung zu der Berichtigung des Grundbuchs von demjenigen verlangen, dessen Recht durch die Berichtigung betroffen wird.**

1 **1) Allgemeines.** Ein unricht GB wird vom GBA nur in wenigen Fällen (GBO 51, 52, 82 a, 84 ff) vAw berichtigt; idR muß der Beeinträchtigte die Berichtigg betreiben, um einen RVerlust dch gutgl Dritterwerb

od in der ZwVerst zu verhindern. Bei EintrBew des Betroffenen (GBO 19) od UnrichtigkNachw (GBO 22) kann er die Berichtigg im **Grundbuchverfahren** beantragen. Fehlen die EintrBew u ein formgerechter (GBO 29) UnrichtigkNachw, dann bleibt nur die Klage aus § 894. Für sie fehlt aber das RSchutzBedürfn, wenn der UnrichtigkNachw zB dch öff Urk (Zweibr OLGZ **67**, 439) od aus dem GB selbst (Ffm NJW **69**, 1906 Anm Hoffmann NJW **70**, 148) glatt geführt werden kann, Bei zweifelh Erfolg des GBVerf nach GBO 22 kann Anspr aus § 894 eingeklagt werden (Schlesw MDR **82**, 143).

2) Unrichtigkeit des Grundbuchs besteht, wenn die dch den GBInhalt dargestellte RLage bzgl Eigt, 2
beschr dingl Rechte u solchen an ihnen, nichteingetr/gelöschter od eingetr VfgsBeschrkg iSv § 892 (Staud/
Gursky Rn 16, 37), gelöschter od eingetr Vormkg (RG **132**, 419; **163**, 62) od eingetr Widerspr (BGH NJW
69, 93) nach RBestand, RInhalt u RInh nicht mit der wirkl RLage übereinstimmt. Schuldrechtl Anspr auf
Änderg der dargestellten RLage genügt nicht. Eintragg vormkgswidr Vfg (§ 888 Rn 2) sowie entgg eingetr
Veräußergsverbot iSv § 888 II (§ 888 Rn 10) od Widerspr (§ 899 Rn 7) macht das GB nicht unricht, wohl
aber Eintragg entgg einem nicht unter § 888 II fallden Veräußergsverbot (RG **132**, 145; BGH NJW **95**,
2715) od Erwerbsverbot (§ 888 Rn 11). Unrichtigk kann anfängl bestehen od nachträgl eingetreten sein.
Maßg Ztpkt ist die letzte mündl TatsVerhdlg. – **a) Keine Unrichtigkeit** iSv § 894 bei: Fälschl gelöschtem 3
Widerspr; hier nur NeuEintr nach § 899, GBO 53 I 1 mögl. Inhaltl unzuläss Eintragg (§ 892 Rn 10); hier
nur Löschg nach GBO 53 I 2 (Staud/Gursky Rn 7, 17; vgl auch BGH NJW **62**, 963) od BeseitiggsAnspr aus
§ 1004 (RG JW **23**, 750). Unricht Angaben in Spalte 3 e, 4 des BestandsVerz, unricht Bezeichng des Berecht
(KG JFG **1**, 368), Schreibfehler od ungenau gefaßte Eintragg (KG DR **42**, 1796); hier nur Berichtigg/
Klarstellg im GBVerf. – **b) Beweislast** hat der dch die Unrichtigk Beeinträchtigte. Über BewLast des Gläub 4
einer Sichg-/HöchstBetrHyp für gesicherte Fdg, wenn Umschreibg in EigtümerGrdSch/Löschg verlangt wird
vgl §§ 1184 Rn 4, 1190 Rn 14.

3) Berichtigungsanspruch. Dingl Anspr als Bestandt des dch die Unrichtigk beeinträchtigten dingl 5
Rechts, der in Insolvenz AussondergsR gibt. Sicherg dch Widerspr (§ 899). **Nicht abtretbar/verpfändbar,** sond nur GeltdmachgsErmächtigg unter den Voraussetzgen der ProzStandsch (BGH WM **87**, 1406); liegt idR in Einigg zur Übertragg des beeinträchtigten Rechts u macht ZwEintr des Berecht wg GBO 39 nicht entbehrl (RG **133**, 279). Der **Ausübung nach pfändbar** (ZPO 857 III; BGH NJW **96**, 3147). Dadch entsteht kein PfdR am zugrdeliegden Recht, aber Gläub kann Eintragg des Berecht herbeiführen (Stöber Rn 1514) u dann in dessen Recht vollstrecken; deshalb LöschgsAnspr unpfändb (RG Warn **10** Nr 230; Dresd OLG **18**, 235; Staud/Gursky Rn 75; aA MüKo/Wacke Rn 25; Soergel/Stürner Rn 28). **Nicht verzichtbar** iSv § 397 (Staud/Gursky Rn 103) u Verzicht nicht eintragb (Hbg Rpfleger **59**, 379); vgl aber Rn 12.

a) Gläubiger ist nur, wer dch die Unrichtigk unmittelb beeinträchtigt (auch dch tats VfgsBehinderg zB 6
dch fälschl Eintragg nicht gutgl erwerbb Belastg) ist; daher zB nicht der Eigtümer bei Eintragg unricht GrdSchAbtr. Bei einer nicht oder unricht eingetr Belastg/Vormkg ist es der wahre Berecht, bei einer fälschl eingetr Belastg/Vormkg der Eigtümer u gleich/nachrang Berecht, bei fälschl Löschg eines belasteten GrdstR dessen Inh u der DrittBerecht (vgl § 876 Rn 1), bei nicht od unricht eingetr VfgsBeschrkg der dch sie Geschützte (KGJ **52**, 140). Bei MitEigtümern (§ 1011) od Miterben (§ 2039) ist jeder unabhäng von and berecht (Hamm ZFIR **98**, 52). Niemals nur BuchBerecht (vgl aber Rn 15).

b) Schuldner ist derj, dessen eingetr Recht von der Berichtigg betroffen wird, indem sie es beseitigen od 7
schmälern würde (BGH NJW **96**, 1890). Das ist jeder, dessen EintrBew od sonst Mitwirkg nach GBVerfR zur GBBerichtigg notw ist; er braucht nicht selbst als Berecht im GB eingetr zu sein (BGH NJW **96**, 3006).

c) Inhalt. – aa) Zustimmung zur Berichtigung bedeutet EintrBew iSv GBO 19 in der Form von 8
GBO 29 I 1 bzw ZPO 894 unter Beachtg von GBO 28 (bei Teilfläche daher erst nach Abschreibg bzw
Vorliegen eines VerändergsNachw einklagb; BGH NJW **86**, 1867) für bestimmte Berichtigg; Anspr daher
nicht auf bloße Löschg des eingetr Eigtümers beschränkb (BGH **LM** Nr 6). Eigtümer kann statt Zustimmg
zur Berichtigg der EigtümerEintr Aufl (RG Warn **29** Nr 44) u statt Zustimmg zur Umschreibg einer Hyp in
EigtümerGrdSch Zustimmg zur Löschg (BGH **41**, 30) verlangen; ein MitEigtümer kann aber nur Berichtigg
verlangen (BGH WM **72**, 384). Bei Erwerb eines BriefR außerh des GB kann nicht Eintragg des früh Gläub
verlangt werden (Staud/Gursky Rn 96; aA RG JW **38**, 1255). Anspr reicht nur soweit, wie die Beeinträchtigg
geht (RG **135**, 33); daher muß sich nachrang Berecht mit VorrangEinräumg begnügen, wenn er nur insow
beeinträchtigt (RG **146**, 355). – **bb) Sonstiges.** Vorlage eines zur Berichtigg notw GrdPfdRBriefs (BGH **41**, 9
30). Duldg einer zur Berichtigg notw Vermessg (BayObLG **62**, 210 [215]; Schäfer BWNotZ **57**, 123; Taupitz
WM **83**, 1150).

4) Ergänzende Ansprüche. Auf BuchEigt sind **§§ 987 ff** anwendb, wobei die Stellg des BuchEigtümers 10
der des unrechtmäß Besitzers gleicht (BGH **75**, 288 [292]); zB steht GBBerichtiggKl der HerausgKl gleich, schuldet BuchEigtümer dem Eigtümer Beseitigg der von ihm veranlaßten Belastg aus §§ 989, 990 u hat ErsAnspr aus §§ 994 ff wg Verwendgen auf das Grdst, wobei ZbR aus § 1000 ggü Anspr aus § 894 besteht (BGH aaO) u EigtümerEintr der BesErlangg iSv § 1001 S 1 entspr (RG **163**, 62). Daher auch **§§ 284 ff, 990 II** anwendb (Saarbr OLGZ **87**, 221).

5) Einreden, Einwendungen. – a) Zurückbehaltungsrecht. Aus § 273 I zB wg KaufprRückzahlgs- u 11
SchadErsAnspr ggü Anspr auf Löschg der AuflVormkg (BGH NJW-RR **89**, 201; **90**, 847); wg § 1144 aber
nicht des BuchGrdPfdRGläub wg pers Fdg ggü BerichtiggsAnspr des Eigtümers (BGH NJW **88**, 3260). Aus
§ 273 II zB des BuchEigtümers od BuchAuflVormkgsBerecht (RG **163**, 62), nicht aber des Buch-
GrdPfdRGläub (BGH **41**, 30) wg Verwendgen auf das Grdst ggü BerichtiggsAnspr des Eigtümers. – **b) Ver-** 12
zicht iSv § 397 nicht mögl (Rn 5). Enthält uU dingl Einigg, die GB richtig macht; sonst keine dingl sond
nur schuldrechtl Wirkg iS eines *pactum de non petendo* (Staud/Gursky Rn 104). – **c) Unzulässige Rechtsaus-** 13
übung zB bei Widerspr zu früh Verhalten (BGH NJW **79**, 1656); bei Verwirkg (BGH **122**, 308); bei
schuldrechtl Verpfl des wahren Berecht, dem BuchBerecht das Recht zu verschaffen (BGH NJW **74**, 1651).
Steht der BerichtiggsAnspr einer PersMehrh zu, so muß die Einwendg allen ggü bestehen (BGH **44**, 367).

14 **6) Rechtskraftwirkung.** – **a)** Das **stattgebende Urteil** stellt in den subj Grenzen der RKraft das dingl Recht rkräft auch für and Anspr aus ihm (zB § 1004) fest (RG **158**, 43). – **b)** Das **abweisende Urteil** verneint in den subj Grenzen der RKraft das dingl Recht (RG JW **36**, 3047). Feststellgen zur schuldrechtl GrdLage für RErwerb des Bekl erwachsen nicht in RKraft, so daß eine Klage auf RückÜbereigng aus § 812 noch mögl (RG JW **35**, 2269). Abweisg auf best ErwerbsGrd (zB ges Erbf) gestützter Klage steht auf and ErwerbsGrd (zB gewillkürte Erbf) gestützter Klage nicht entgg (BGH NJW **76**, 1095).

15 **7) Andere Berichtigungsansprüche.** Aus **§§ 823, 249,** wenn Delikt des BuchBerecht zu seiner Eintragg führte; wg Rn 10 aber § 992 zu beachten (Staud/Gursky Rn 122). Aus **§ 812** (Saarbr OLGZ **87**, 221; vgl § 812 Rn 20), auch des nur BuchBerecht (BGH NJW **73**, 613). Nicht aber aus **§ 1004** (BGH **5**, 76; Staud/Gursky Rn 15).

895 ***Voreintragung des Verpflichteten.*** **Kann die Berichtigung des Grundbuchs erst erfolgen, nachdem das Recht des nach § 894 Verpflichteten eingetragen worden ist, so hat dieser auf Verlangen sein Recht eintragen zu lassen.**

1 **1) Allgemeines.** Erweiterg des Anspr aus § 894 (nicht eines schuldrechtl BerichtiggsAnspr) wg Notwendigk der Voreintragg des aus § 894 Verpflichteten (GBO 39); daher kein Anspr bei Entbehrlichk der Voreintragg (GBO 39 II, 40), sofern GBA nicht auf ihr besteht. Berecht kann auch nach GBO 14 vorgehen, wenn er sich die notw Urk zB gem FGG 85, ZPO 792, 896 beschaffen kann.

2 **2) Herbeiführung der Eintragung** (nicht bloß Zust zu ihr) dch: – **a)** AntrStellg (GBO 13); Vollstr bei genügder Bestimmth nach ZPO 894, sonst nach ZPO 888. – **b)** Vorschußzahlg (KostO 8); Vollstr nach ZPO 887. – **c)** Beschaffung der EintrUnterlagen (GBO 19, 22, 29); Vollstr nach ZPO 888 (MüKo/Wacke Rn 5; Soergel/Stürner Rn 2; aA RG **55**, 57: ZPO 887).

896 ***Vorlegung eines Briefes.*** **Ist zur Berichtigung des Grundbuchs die Vorlegung eines Hypotheken-, Grundschuld- oder Rentenschuldbriefs erforderlich, so kann derjenige, zu dessen Gunsten die Berichtigung erfolgen soll, von dem Besitzer des Briefes verlangen, daß der Brief dem Grundbuchamte vorgelegt wird.**

1 Erweiterg des Anspr aus § 894 (nicht eines schuldrechtl BerichtiggsAnspr) wg Notwendigk der Briefvorlage (GBO 41, 42). Anspr geht auf Vorlegg des Briefs (bzw eines AusschlUrt) an GBA (vgl auch § 1145), nicht auf Aushändigg an Gläub (vgl aber §§ 1144, 1167). Vollstr nach ZPO 883 I (Kiel SeuffA **68** Nr 70). Gläub ist der Berecht aus § 894. Schuldn ist der Briefbesitzer im Ztpkt der Klageerhebg (bei späterem BesVerlust gilt § 985 Rn 8), auch wenn er keine EintrBew abgeben muß (RG **69**, 36 [42]); Einreden/Einwendgen zB aus §§ 273 II, 896 (RG JW **36**, 1136) zuläss.

897 ***Kosten der Berichtigung.*** **Die Kosten der Berichtigung des Grundbuchs und der dazu erforderlichen Erklärungen hat derjenige zu tragen, welcher die Berichtigung verlangt, sofern nicht aus einem zwischen ihm und dem Verpflichteten bestehenden Rechtsverhältnisse sich ein anderes ergibt.**

1 § 897 regelt nur die Kostentragg im InnenVerh zw Gläub u Schuldn für die Kosten der GBBerichtigg nach §§ 894, 895 (Staud/Gursky Rn 2) u der nach §§ 894–895 geschuldeten Erkl/Handlgen; er gilt nicht für schuldrechtl BerichtiggsAnspr. Für Haftg ggü Ger/Notar gelten KostO 2 ff, für die ProzKostenTragg gelten ZPO 91 ff. BerichtiggsBerecht ist vorschußpflicht. Verj nach § 195. – Vorrang RVerh zB Vertr, § 823.

898 ***Unverjährbarkeit der Berichtigungsansprüche.*** **Die in den §§ 894 bis 896 bestimmten Ansprüche unterliegen nicht der Verjährung.**

1 § 898 gilt nur für Anspr aus §§ 894–896 u EG 187 I 2 (LG Dresd JW **34**, 2354); nicht für Anspr aus § 897 u schuldrechtl BerichtiggsAnspr. Er schließt Verwirkg nicht aus (vgl § 894 Rn 13). Auch dann keine Verj, wenn HerausgAnspr gg Besitzer verjährt ist (§§ 985, 195), das Eigt des nicht eingetr Dritten aber nicht erlischt (heute ganz hM).

899 ***Widerspruch.*** **I In den Fällen des § 894 kann ein Widerspruch gegen die Richtigkeit des Grundbuchs eingetragen werden.**

II Die Eintragung erfolgt auf Grund einer einstweiligen Verfügung oder auf Grund einer Bewilligung desjenigen, dessen Recht durch die Berichtigung des Grundbuchs betroffen wird. Zur Erlassung der einstweiligen Verfügung ist nicht erforderlich, daß eine Gefährdung des Rechtes des Widersprechenden glaubhaft gemacht wird.

1 **1) Allgemeines.** Der Widerspr schützt bei unricht GB vor RVerlust (über SichergsWirkg der Vormkg vgl § 883 Rn 1). Er ist ein SichergsMittel eigener Art, kein dingl Recht; nur zus mit dem geschützten Recht übertragb/verpfändb/pfändb (KGJ **47**, 169 [177]). Gleiche Wirkg (KG JW **25**, 1780) haben Widerspr nach GBO 53 I 1, 76 I, 125; GBV 38 I b 2; GrdstVG 7 II, BauGB 23 III; LuftfzRG 21; SchiffsRG 21. Widerspr eigener Art enthalten GBO 18 II, 23, 24; SchiffsRegO 28 II.

2) Unrichtigkeit des Grundbuchs. Weil der Widerspr den Anspr aus § 894 sichert, muß eine GBUnrichtigk iSv § 894 vorliegen. Aus der WidersprWirkg (Rn 7) ergeben sich wg fehlder Möglichk gutgl Erwerbs (Jena OLG-NL **95**, 44) Einschränkgen: – **a) Widerspruch.** Kein Widerspr gg eingetr Widerspr (RG **117**, 346 [352]) u seine Löschg (§ 894 Rn 3). – **b) Verfügungsbeschränkung.** Kein Widerspr gg eingetr VfgsBeschrkg (KG HRR **30** Nr 239), da sie keinen gutgl Erwerb ermöglicht. Widerspr aber gg NichtEintr (bei Entstehg außerh des GB) u Löschg, da gutgl beschrkgswidr Erwerb mögl. – **c) Vormerkung.** Kein Widerspr gg eingetr Vormkg bei Nichtentstehen/Erlöschen des gesicherten Anspr (KG OLGZ **78**, 122), da gutgl Zweiterwerb nicht mögl (§ 885 Rn 20). Nach hier vertretener Auffassg (§ 885 Rn 20) gutgl Zweiterwerb aber auch sonst nicht mögl (wer BGH **25**, 16 folgt, muß Widerspr zulassen). Zum Widerspr gg Vormkg, um gutgl Erwerb des vorgemerkten Rechts vom BuchBerecht zu verhindern, vgl Medicus AcP **163**, 12 u (abw) Staud/Gursky Rn 24. Widerspr aber gg Löschg einer Vormkg, da gutgl vormkgswidr Erwerb mögl. – **d) Nichtübertragbare Rechte.** Widerspr zwar nicht zur Verhinderg gutgl Erwerbs notw, aber um RFolgen nach §§ 900 I 3, 902 II auszuschließen (Köln DNotZ **58**, 488; Staud/Gursky Rn 23). Widerspr gg Löschg, da gutgl lastenfreier Erwerb mögl.

2 3 4

3) Eintragungsvoraussetzungen. – **a) Antrag** (GBO 13) od gerichtl Ersuchen (GBO 38, ZPO 941). Über Briefvorlage vgl GBO 41 I 2, 42. – **b) Eintragungsbewilligung.** Einseit formfreie empfangsbedürft materiellrechtl WillErkl ggü WidersprBerecht od GBA (Staud/Gursky Rn 32, 33); nur formellrechtl gelten GBO 19, 29. Keine Vfg über das betroffene Recht (RG HRR **28** Nr 842), § 878 aber anwendb (Erm/Hagen Rn 4; Soergel/Stürner Rn 10; aA RGRK/Augustin Rn 20). Widerspr aGrd einstw Vfg steht nicht entgg (vgl § 885 Rn 8). Bewilligen müssen alle, die aus § 894 verpfl. – **c) Einstweilige Verfügung** (ersetzt EintrBew). Anspr aus § 894 ist glaubh zu machen (ZPO 936, 920 II), nicht aber Gefährdg **(II 2).** Sie muß sich gg alle richten, die aus § 894 verpfl; zB gg Eigtümer u vorrang GrdPfdRGläub, wenn vom nachrang Berecht erwirkt (KG JFG **5**, 352). 5

4) Eintragung (wird dch Konk nicht gehindert). GBA prüft Wahrg der VollziehgsFr (ZPO 929 II u III), nicht aber GBUnrichtigk od Rechtmäßigk der einstw Vfg (Karlsr JFG **3**, 421). EintrStelle: GBV 10 I, 11 I, 12 II, 19 III. – **a) Eintragungsvermerk** muß den Gläub des Anspr aus § 894 als Berecht (daher iFv BauGB 23, GrdstVG 7 nicht die Behörde [BayObLG **55**, 314] u bei GeltdmachgsErmächtigg nicht den Ermächtigten) angeben (BGH NJW **85**, 3070) u gg welches Recht/Berecht er sich richtet sowie den Inhalt des Anspr aus § 894 (zB „gg die Eintr des N als Eigtümer"); iü gilt § 885 II entspr. – **b) Rechtsmittel.** Beschw nach GBO 71 I (nach aA Erinnerg nach RPflG 11 I) mit dem Ziel der Löschg (KG OLGZ **67**, 342). 6

5) Wirkung. Voraussetzg ist, daß gesichertes Recht u damit Anspr aus § 894 wirkl bestehen. Auch Dritte können sich auf die Wirkg berufen (hM). – **a) Verhinderung gutgläubigen Erwerbs** (§§ 892 I 2, 893; vgl auch §§ 1138, 1139, 1155, 1157); Ausn bei vorher gutgl erworbener Vormkg zur Sichg des RErwerbs (§ 885 Rn 13). Keine VfgsBeschrkg (RG **117**, 346 [351]) u auch die Vermutg des § 891 gilt weiter (§ 891 Rn 8), so daß GBA Vfgen des Betroffenen eintragen muß, solange die Vermutg nicht widerlegt ist. – **b) Weitere Wirkungen:** §§ 900 I 3, 902 II, 927 III. 7

6) Löschung, wodch Widerspr rückwirkd (MüKo/Wacke Rn 31; aA Staud/Gursky Rn 58 [teilw]; Wieling [Lb] § 20 II 4 d) jede Wirkg verliert. – **a)** Auf EintrBew des WidersprBerecht (GBO 19, 29), die gem § 894 erzwingb. Sie ist keine Vfg (KG HRR **28** Nr 842). Bei Widerspr aGrd behördl Ersuchens nur bei nicht rechtmäß Eintragg ausreichd (KG HRR **35** Nr 131), sonst Löschg nur bei Nachw der Gen/GenFreih oder behördl Ersuchen. – **b)** Auf UnrichtigkNachw (GBO 22, 29). – **c)** Nach Aufhebg der einstw Vfg (GBO 25). 8

7) Rechtshängigkeitsvermerk. Die RHängigk einer Klage, die das Eigt/GrdstR streitbefangen macht (nicht schuldrechtl RÄndergsAnspr; Stgt FGPrax **96**, 206) ist wg ZPO 325 II wie eine VfgsBeschrkg eintragb; NichtEintr ermöglicht gutgl Erwerb (§ 892 Rn 17, 25), Eintragg schließt ihn aus. – **a) Voraussetzungen.** Antr/Ersuchen wie Rn 5. EintrBew des Beklagten (GBO 19, 29) od einstw Vfg. Für letztere sind RHängigk u Anspr aus § 894 (Wächter NJW **66**, 1366; aA Mü NJW **66**, 1030) glaubh zu machen; entspr II 2 aber keine Gefährdg (Mü aaO; aA Stgt NJW **60**, 1109). Statt EintrBew/einstw Vfg genügt RHängigkNachw (GBO 22, 29) ohne GlaubhMachg des Anspr aus § 894 u seiner Gefährdg (Stgt OLGZ **79**, 300; Zweibr NJW **89**, 1098; Schlesw NJW-RR **94**, 1498; Soergel/Stürner Rn 14; aA Mü aaO; MüKo/Wacke Rn 33; Staud/Gursky Rn 64). Desh fehlt idR für einstw Vfg RSchutzinteresse (Stgt aaO). – **b) Eintragung.** EintrStelle wie Rn 6. EintrVermerk wie Rn 6 (zB „gg die Eintr des Eigtümers hat E Klage erhoben"). RMittel wie Rn 6 (Stgt aaO). – **c) Löschung** wie Rn 8 (zB auf Nachw der KlageRückn od UrtRKraft). 9 10 11

900 *Buchersitzung.*

I Wer als Eigentümer eines Grundstücks im Grundbuch eingetragen ist, ohne daß er das Eigentum erlangt hat, erwirbt das Eigentum, wenn die Eintragung dreißig Jahre bestanden und er während dieser Zeit das Grundstück im Eigenbesitze gehabt hat. Die dreißigjährige Frist wird in derselben Weise berechnet wie die Frist für die Ersitzung einer beweglichen Sache. Der Lauf der Frist ist gehemmt, solange ein Widerspruch gegen die Richtigkeit der Eintragung im Grundbuch eingetragen ist.

II Diese Vorschriften finden entsprechende Anwendung, wenn für jemand ein ihm nicht zustehendes anderes Recht im Grundbuch eingetragen ist, das zum Besitze des Grundstücks berechtigt oder dessen Ausübung nach den für den Besitz geltenden Vorschriften geschützt ist. Für den Rang des Rechtes ist die Eintragung maßgebend.

1) Allgemeines. Eingetr Rechte können vom fälschl als Berecht Eingetragenem bzw seinem Erben ersessen werden (also keine Ersitzg gg den GBInhalt), um im Hinblick auf den verjährten HerausgAnspr gg den eingetr Besitzer ein dauerndes Auseinandfallen von Recht u Besitz zu vermeiden (BGH ZfIR **97**, 532). 1

§ 900 daher nicht anwendb, wenn Beginn der ErsitzgFr u Beginn der VerjFr für den Anspr aus § 985 gg den eingetr Berecht so weit auseinandfallen, daß die Ersitzg nicht mehr als Verstärkg der Verj dieses Anspr verstanden werden kann (BGH NJW **94**, 1152). Auch jurPers des öffR können ersitzen (aA Luthra NJW **96**, 364).

2 **2) Ersitzbare Rechte. – a) Eigentum (I);** auch MitEigtAnt u WohngsEigt. GesHdsEigt nicht ersitzb; wohl aber MitEigtAnt zu entspr Quote (vgl Siebels RhNK **71**, 439 [446]). – **b) Grundstücksgleiche Rechte** iSv Übbl 3 v § 873 (BayObLG **71**, 351). – **c) Rechte (II),** die zum GrdstBes berechtigen (Nießbr, WohngsR, DWR), od deren Ausübg BesSchutz genießen (GrdDbk, bpDbk); daher nicht VorkR, Reallast, GrdPfdR. Das Recht muß seinem Inhalt nach bestehen können (Karlsr NJW-RR **92**, 1499).

3 **3) Voraussetzungen;** guter Glaube nicht erforderl (BGH NJW **94**, 1152). – **a) Eintragung** des Eigt/Rechts für den Eigenbesitzer od dessen Erblasser; Vormkg od Widerspr genügen nicht. Keine Ersitzg bei widerspr Doppelbuchg (BayObLG **79**, 104 [111]) u bei bloßer Firmenfortführg ohne RNachf (Brschw NdsRpfl **52**, 16). – **b) Eigenbesitz** (iFv I), wobei mittelb EigenBes genügt (BayObLG aaO), od **Rechtsausübung** (iFv II) in jedem der 30 Jahre mind einmal (vgl § 1029; MüKo/Wacke 8; Soergel/Stürner 1; Staud/Gursky 22; aA RGRK/Augustin 9). Muß sich mit Eintragg decken. – **c) Dauer:** 30 Jahre. Für die Berechng gelten §§ 939–944 (I 2). Ersitzgszeit des RVorgängers u des ErbschBesitzers (Eintr letzteren nicht notw, wohl aber des Erbl) anzurechnen. Hemmg nach I 3, nur bei begründetem Widerspr (Staud/Gursky 13).

4 **4) Beweislast.** Da § 891 für den Eingetragenen streitet, muß der Gegner alle Voraussetzgen der Ersitzg widerlegen (BGH **LM** § 891 Nr 6). Der Eingetragene braucht nicht die Voraussetzgen des § 938 zu beweisen (Baumgärtel/Laumen 1; Staud/Gursky 22).

5 **5) Wirkung.** Urspr RErwerb mit Rang nach II 2; das GB wird richtig u bish Berecht verliert sein Recht. Über schuldrechtl RückgewährAnspr vgl Vorb 2 v § 937 (sie sind aber auch verjährt).

6 **6) Übergangsrecht:** EG 169, 189. Ab GBAnlegg kann noch nicht vollendete Ersitzg nur nach § 900 fortgesetzt werden (BGH MDR **72**, 224).

901 ***Erlöschen nichteingetragener Rechte durch Verjährung (Versitzung).*** **Ist ein Recht an einem fremden Grundstück im Grundbuche mit Unrecht gelöscht, so erlischt es, wenn der Anspruch des Berechtigten gegen den Eigentümer verjährt ist. Das gleiche gilt, wenn ein kraft Gesetzes entstandenes Recht an einem fremden Grundstücke nicht in das Grundbuch eingetragen worden ist.**

1 **1) Allgemeines.** § 901 gilt für eintraggsfäh beschr dingl Rechte aller Art an Grdst (einschl grdstgl Rechte) u für eintraggsfäh Rechte an solchen (Staud/Gursky 2) bei fälschl Löschg (S 1) od NichtEintr nach Entstehg außerh des GB (S 2; zB §§ 1075 I, 1287 S 2, ZPO 848 II 2); nicht für Eigt (vgl §§ 900, 927) u nichteintraggsfäh Rechte (zB §§ 914, 917).

2 **2) Voraussetzungen:** Verj des Anspr des Berecht aus dem dingl Recht auf Duldg (zB § 1113), Leistg (zB § 1105) od Anerkenng (zB § 1094; str, vgl Staud/Gursky 6) nach §§ 194 ff; nicht des GBBerichtiggsAnspr (vgl § 898). VerjBeginn mit AnsprEntstehg (§ 198), iFv S 1 aber nicht vor Löschg (vgl § 902). AnsprEntstehg mit Entstehg eines dem Recht nicht entspr Zustandes (bei GrdPfdR/Reallast mit Fälligk, bei GrdDbk mit Ausübgsverweigerg, bei Nießbr mit BesVorenthaltg dch Eigtümer). Bish VerjLauf wird mit (Wieder-)Eintragg des Rechts od eines Widerspr wirkgslos (vgl § 902 II); mit deren Löschg beginnt neue Frist (§ 216 I bei Löschg aGrd einstVfg eingetr Widerspr entspr anwendb; Staud/Gursky 11).

3 **3) Beweislast.** Bei S 1 gilt § 891 II, so daß Fortbestand von dem zu beweisen, der ihn geltd macht; bei S 2 ist Erlöschen von dem zu beweisen, der es geltd macht (Baumgärtel/Laumen 2).

4 **4) Wirkung.** Abweichd von § 222 I erlischt das Recht; damit wird das GB richtig u auch Anspr aus § 894 erlischt.

902 ***Unverjährbarkeit eingetragener Rechte.*** **I Die Ansprüche aus eingetragenen Rechten unterliegen nicht der Verjährung. Dies gilt nicht für Ansprüche, die auf Rückstände wiederkehrender Leistungen oder auf Schadensersatz gerichtet sind.**

II Ein Recht, wegen dessen ein Widerspruch gegen die Richtigkeit des Grundbuchs eingetragen ist, steht einem eingetragenen Rechte gleich.

1 **1) Allgemeines.** Das dingl Recht verjährt nach BundesR nicht (§ 194 Rn 4); es kann nach §§ 901, 1028 I 2, 1090 II erlöschen. Die dch ein dingl Recht/Vormkg gesicherte Fdg verjährt nach den für sie geltden Vorschr.

2 **2) Ansprüche aus dem dinglichen Recht** (zB §§ 985, 1018, 1094, 1105, 1147); wg § 1004 vgl dort Rn 36. Einem eingetr Recht steht ein dch Widerspr gesichertes nichteingetr Recht gleich (II). – **a) Grundsatz (I 1).** Der Anspr des eingetr wahren (MüKo/Wacke 3; Soergel/Stürner 1; Staud/Gursky 7; aA Erm/Hagen 2; Planck/Strecker 2 a) Berecht u seiner RNachf, die das Recht außerh des GB erwarben, verjährt nicht. Anspr aus nichteingetr Teilen verjähren. Unverjährb daher Anspr auf TilggsBeitr (auch als Zinszuschlag). – **b) Ausnahme (I 2).** Anspr auf rückständ wiederkehrde Leistgen (zB §§ 1107, 1115, 1199 I) u SchadErs (zB §§ 904, 989 ff, 1057, 1065) verjähren.

Dritter Abschnitt. Eigentum

Überblick

1) Begriff, Inhalt und Garantie des Eigentums . . . 1–3
a) Eigentum im Sinne des BGB . . . 1
b) Eigentum im Sinne des GG . . . 2
c) Eigentumsgarantie . . . 3
2) Enteignung, enteignender Eingriff und enteignungsgleicher Eingriff . . . 4–49
A) Enteignung . . . 4, 5
B) Gesetzliche Regelungen . . . 6–8
C) Eingriff . . . 9–12
D) Enteignender und enteignungsgleicher Eingriff . . . 13, 14
E) Entschädigungsbeteiligte . . . 15, 16
F) Verfahren und Rechtsweg . . . 17, 18
G) Entschädigung . . . 19–23
H) Einzelfälle . . . 34–46
I) Konkurrenzen . . . 47–49
3) Öffentlichrechtliche Aufopferung . . . 50–54
a) Allgemeines . . . 50
b) Anspruchsvoraussetzungen . . . 51–53
c) Anspruchsinhalt . . . 54
4) Übergangsrecht . . . 55

1) Begriff, Inhalt und Garantie des Eigentums.

Neueres **Schrifttum:** Böhmer, Gewährleistg des Eigt in der Rspr des BVerfG, NJW **88**, 2561. – Erbguth, Verfassgsrechtl EigtGarantie, JuS **88**, 699. – Schoch, EigtGarantie des GG 14, Jura **89**, 113.

a) Eigentum im Sinne des BGB. Das BGB enthält keine Legaldefinition des Eigt, denn § 903 will hauptsächl den Inhalt der dem Eigtümer zustehden Befugn festlegen (Mot III 262). **Begrifflich** ist das Eigt das umfassdste Recht zu tatsächl (Benutzg, Verbrauch) u rechtl (Belastg, Veräußerg) HerrschaftsHdlgen, das die ROrdng an einer bewegl u unbewegl Sache zuläßt; als formaler ZuordngsBegr ist er unwandelb u für alle Sachen gleich. **Inhaltlich** wird das Eigt dch den Umfang der aus dem HerrschR fließden Befugn des Eigtümer bestimmt. Der EigtInhalt ergibt sich daher aus der jeweil ROrdng, die ihn für unterschiedl Kategorien von Sachen unterschiedl ausgestalten kann, u ist mit ihr wandelb. Dabei stellen die Einschränkgen des HerrschR dch Gesetz u Rechte Dritter iSv § 903 keine Ausn ggü einem grdsätzl totalen HerrschR dar, sond sind wesensmäß Begrenzgen des EigtInhalts. – Das BGB geht nicht von einem in Ober- u Unter(Nutzgs)-Eigt teilb Eigt aus, sond betrachtet die zeitw Übertr von EigtümerBefugn auf Dritte als Belastg des **ungeteilten Eigentums** mit einem beschr dingl Recht. 1

b) Eigentum im Sinne des GG. Das GG enthält keine Legaldefinition des Eigt. **Begrifflich** folgt aus der EigtGarantie (Rn 3), daß grds alle vermögenswerten Rechte erfaßt werden, die dem Berecht von der ROrdng in der Weise zugeordnet sind, daß er die damit verbundenen Befugn nach eigenverantwortl Entscheidg zu seinem priv Nutzen ausüben darf (BVerfG NJW **91**, 1807); Beispiele in Rn 9. **Inhaltlich** wird das Eigt dch die Rechte u Pflichten bestimmt, die der RTräger aGrd der Gesamth aller verfassgsmäß Gesetze privat- u öffentlrechtl Natur hat (BVerfG NJW **82**, 745). 2

c) Eigentumsgarantie. GG 14 I 1 gewährleistet zum einen das **Privateigentum als Rechtseinrichtung.** Sie soll dem RInh einen Freiraum im vermögensrechtl Bereich erhalten u ihm damit die Entfaltg u eigenverantwortl Gestaltg seines Lebens ermöglichen (BGH NJW **91**, 1807); der rechtl Gehalt des Eigt wird daher dch Privatnützigk (Ausübbark zum eigenen Vorteil) u Verfügbark (nicht notw unbeschr) gekennzeichnet (BVerfG NJW **99**, 2877). Aber nicht jedes RGut muß privatrechtl Herrsch unterworfen sein (BVerfG NJW **82**, 745). Die konkrete Reichweite dieses Schutzes ergibt sich aus der abstrakten u generellen Bestimmg von **Inhalt und Schranken** des Eigt (GG 14 I 2), bei deren Festlegg sowohl die Institutsgarantie (GG 14 I 1) als auch das Sozialgebot (GG 14 II) zu beachten u auszugleichen sind (BVerfG NJW **85**, 2633). Maß u Umfang zul Sozialbindg hängen vom sozialen Bezug u der sozialen Funktion des EigtObjekts ab u müssen den Gleichh- u VerhältnismäßigkGrds wahren (BVerfG NJW **99**, 2877). In jedem Fall erfordert die Institutsgarantie die Erhaltg des ZuordngsVerh u der Substanz des Eigt (BVerfG NJW **85**, 2633), anderenf verstößt die Inhalts- u Schrankenbestimmg gg GG 19 II (BVerfG NJW **82**, 745). Verfassgsmäß Gesetze iSv GG 14 I 2 führen nicht zur Enteigng; and uU bei Entzug aGrd alten Rechts ausgeübter subj Rechte (vgl BVerfG NJW **82**, 745; BGH NJW **82**, 2488). – GG 14 I 1 schützt zum and den **konkreten Bestand in der Hand des einzelnen Eigentümers** (BVerfG NJW **99**, 1176). Dieser braucht die Entziehg seiner verfassgsrechtl geschützten RStellg nur hinzunehmen, wenn der Eingr GG 14 III entspricht; dann tritt an die Stelle der Bestands- eine **Wertgarantie** (BVerfG NJW **82**, 745). Ein verfassgswidr Gesetz iSv GG 14 I 2 ist unwirks u kann nicht dch Zubilligg einer in ihm nicht vorgesehenen Entschädigg in eine Enteigng umgedeutet u geheilt werden (BVerfG NJW **80**, 985). 3

2) Enteignung, enteignender Eingriff, enteignungsgleicher Eingriff.

Neueres **Schrifttum:** Kreft, Öffr ErsLeistgen, 2.Aufl 1998. -Krohn/Löwisch, EigtGarantie/Enteigng/Entschädigg, 3. Aufl 1984. – Ossenbühl, StaatshaftgsR, 5. Aufl 1998. – Aust/Jacobs, Die EnteigngsEntsch, 4. Aufl 1997. – Nüßgens/Boujong, Eigt/Sozialbindg/Enteigng, 1987.

A) Enteignung.

a) Begriff. Enteigng ist Entzug des Eigt iS des GG (Rn 2) dch Gesetz **(Legalenteignung)** od VerwAkt aGrd Gesetzes **(Administrativenteignung)** u der damit bewirkte Rechts- u Vermögensverlust unter Überschreitg der Grenze des GG 14 I 2; nicht erforderl ist die Übertragg des entzogenen Objekts auf einen and RTräger (BVerfG NJW **91**, 1807; dazu Lege NJW **93**, 2565). 4

b) Enteignung und Inhaltsbegrenzung. Verfassgsmäß Ges, die nach GG 14 I 2 Inhalt u Schranken des Eigt bestimmen, führen nicht zur Enteigng u können dies daher ohne EntschRegelg tun; Ges, die die verfassgsmäß Grenzen von GG 14 I 2 überschreiten, ohne eine Entsch vorzusehen, führen nicht zu entschä- 5 diggspfl Enteigng, sond sind nichtig (vgl Rn 7). – **aa)** Zur Festlegg der verfassgsmäß Grenzen von GG 14 I 2 dch das **Bundesverfassungsgericht** vgl oben Rn 3. – **bb)** Der **Bundesgerichtshof** stellt darauf ab, ob der Eingr den Eigtümer unverhältnismäß od im Vergl zu anderen ungleich u damit unzumutb belastet (BGH NJW **93**, 2605), wobei die Unzumutbark dch eine nicht an GG 14 III zu messde EntschRegelg kompensiert werden kann (BGH NJW **97**, 388, 391). Sonderopfer erbringt idR nicht, wer sein Eigt freiwill in Gefahr bringt (BGH **37**, 48). Mangels Sonderopfer sind Eingr der Justiz dch fehlerh VollstrAkte keine Enteigng (BGH **30**, 123: ArrestPfändg; **32**, 240: Vollstr in DrittEigt; NJW **59**, 1085: KonkEröffng; BB **67**, 941: ZwVerst; NJW **87**, 2573: SichgsMaßn im StrafVerf). Wesentl für die Feststellg der Unzumutbark u damit für die Abgrenzg zw Sozialbindg u Enteigng ist bei Eingr in Grdst weiter die Situationsgebundenh (BGH NJW **94**, 3285): bei NutzgsBeschrkg ist eine bloß situationsbdgte Belastg (Sozialbindg) anzunehmen, wenn vernünft u einsicht Eigtümer, der auch Gemeinwohl nicht aus dem Auge verliert, von sich aus im Hinblick auf Lage u Umweltverhältn von best Nutzgsform absehen würde (BGH NJW **94**, 3285); hierfür idR bedeuts bish Nutzg u ob beschr Nutzg schon verwirklicht war bzw sich nach GrdstSituation als künft Nutzg obj anbietet (BGH NJW aaO). – **cc)** Das **Bundesverwaltungsgericht** folgt jetzt dem BVerfG (BVerwG NJW **90**, 2572; DtZ **96**, 283).

B) Gesetzliche Regelungen.

6 **a) WeimRV 153:** ReichsG (nicht LandesG; vgl BGH WM **91**, 336) konnte Enteigng ohne Entsch anordnen; galt bis 23. 5. 1949 (BGH **6**, 270; BVerfG **2**, 237). Enteigngen vor Geltg des GG aGrd von Gesetzen, die keine Entsch vorsahen, bleiben dch GG unberührt, wenn Eingr vorher abgeschl (BGH **71**, 1). Entsch ab GG dann, wenn Eingr noch nicht abgeschl u Enteigng sich fortsetzt in die GeltgsZeit von GG 14.

7 **b) GG 14 III:** Enteigng nur zum **Wohl der Allgemeinheit** (S 1). Zugriff auf das Eigt nur dann zul, wenn er einem bes im öff Interesse liegden Zweck dient (BVerfG NJW **87**, 1251); fiskal Grd od ZweckmäßigkErwägg reicht nicht (BVerfG NJW **99**, 1176). Auch Enteigng zG Privater kann AllgWohl dienen (BVerfG NJW **87**, 1251; BGH NJW **89**, 216). Enteigng nur auf der GrdLage eines Gesetzes (vgl Rn 4), das Art u Maß der Entsch gerecht regelt (S 2, 3: **Junctimklausel**), wobei salvatorische Klausel genügt (BGH **99**, 24; vgl aber BVerwG NJW **90**, 2572; Melchinger NJW **91**, 2524); Gesetze sind auch RechtsVO u autonome Satzg, wenn ErmächtiggsG GG 14 III 2, 3 genügt (str). EnteigngsG ohne EntschRegelg ist nichtig u darf nicht dch Rspr ergänzt werden (BVerfG NJW **82**, 745), and bei vorkonstitutionellem Recht (BGH NJW **80**, 888). Keine Nichtigk bei ungewollten, atyp Eingriff in Eigt; hier uU Entsch aus enteigndem Eingr (vgl unten Rn 13).

8 **c) Einzelregelungen:** Vorbeh für LandesR in EG 109; BundesenteigngsG fehlt, doch sehen EinzelG Enteigngen vor wie zB: BauGB 85 ff, 185; FStrG 8 IX, 9 IX, 9 a II, 19; BLG 20 ff; LBG 10 ff.

C) Eingriff.

9 **a) Gegenstand. – aa) Eigentum,** auch das ausländ jur Pers (BGH NJW **90**, 1567); über Eigt einer Körpersch des öffR vgl BVerfG NJW **87**, 2501. – **bb) Eigentumsähnliche Rechte** u RStellgen wie zB: Fdgen (BGH NJW **80**, 2705), UrhR (BGH NJW **99**, 1953 [zum Kopienversand]), schutzfäh Warenzeichen (BVerfG NJW **80**, 383), VorkR (BVerfG NJW **91**, 1807); schuldr NutzgsR (BGH NJW **94**, 3156), Jagdausübgsr (BGH **132**, 63), Fährregal (BGH **94**, 373), konzernrechtl AbfindgsAnspr (BVerfG ZIP **99**, 532), ForstR (BVerwG NVwZ **86**, 1012), ErbbR (BVerfG NJW **89**, 1271), BesR des Mieters (BVerfG NJW **93**, 2035; krit Depenheuer NJW **93**, 2561 u Rüthers NJW **93**, 2587), AnliegerGebr (§ 903 Rn 29), GewerbeBetr (unten Rn 40); aber grdsl nicht das Vermögen als solches (BVerfG NJW **88**, 3258) u dch GG 12 gewähr-
10 leisteter Erwerbsschutz (BGH NJW **94**, 1468, 2229). – **cc)** Eigtmäß geschützte **Rechtspositionen** , nicht bloße Aussichten u Erwartgen (BVerfG NJW **92**, 1878; BGH NJW **94**, 3157). Eine solche RPosition ist insb das dch die rechtm EigtAusübg Geschaffene (BVerwG NJW **76**, 765) u ein dch rechtl zuläss Nutzg erworbenes Qualitätsmerkmal eines Grdst (BGH NJW **82**, 2488). GrdstNutzg dch baul Anlage, wenn Anlage endgült Bestandsschutz hat (BGH NJW **99**, 1247; Gewässernutzg nicht ohne formelle Legalität (BGH aaO). Auch eine noch nicht verwirklichte EigtNutzg kann EigtSchutz genießen (BVerwG NJW **76**, 765; vgl aber BGH NJW **87**, 1256). – **Eingriff:** Herabzong von Bauerwartgs- zu Grünland (BGH BauR **75**, 118) u GebietsErkl (zB BNatSchG 12 ff), die dch Behinderg von Verkauf/Beleihg/Bebauung spürb beeinträchtigen (BGH BauR **78**, 211). Vorenthaltg angem GrdstNutzg dch Bebauungsplan (BGH **92**, 34) od Zugangsbeeinträchtigg (Rn 41, § 903 Rn 29). Abrißverbot aGrd DenkmalSch (BGH **72**, 211). Verhinderg der Kiesausbeute aus nicht wasserwirtsch Grd (BGH NJW **83**, 1657). – **Kein Eingriff:** Erschwerg der Fischerei dch Wasserbau (BGH NJW **68**, 1284); Entzug der Möglichk, Ware wie bish zu bezeichnen (BGH NJW **69**, 2083); Widerruf unter WiderrufsVorbeh erteilter BauGen (BGH NJW **70**, 1178); Künd eines Vertr (BGH MDR **77**, 821); Verhinderg erst geplanter BetrErweiterg (BGH NJW **72**, 758; BVerwG NJW **76**, 765); Verhinderg der Entwicklg von Acker- zu Bauland (BGH **64**, 382) od zu intensiverer Bebaubark (BGH BauR **77**, 337); Lagevorteile eines Grdst (BGH WM **89**, 1154); VerkLärm ggü Grdst ohne RAnspr auf Bebauung (BGH JR **76**, 476); Versagg eines Dispenses, zu dessen Erteilg keine Verpfl besteht (BGH NJW **98**, 3432); Versagg wasserrechtl Erlaubn zur Auskiesg (BGH NJW **84**, 1172; vgl auch Krohn WM **84**, 825); Fähr-
11 regalbeeinträchtigg dch Brückenbau (BGH **94**, 373). – **dd) Öffentlichrechtliche Rechtspositionen** werden geschützt, wenn sie dem priv Nutzen dienen, der priv VfgsBefugn unterliegen u dch eigene Leistg erworben sind, wie zB: Sozialversichergsrechtl Positionen (BSG NJW **92**, 260); Anspr auf Arbeitslosengeld (BVerfG NJW **87**, 1930); Apothekenpersonalkonzession (BGH **15**, 17); Überwachgskompetenz des TÜV (BGH **25**, 266); Schornsteinfegerbezirk (BGH NJW **56**, 1109); Kassenarztzulassg (BGH **81**, 21); RA – Zulassg (BGH NJW-RR **86**, 2499).

12 **b) Art und Inhalt.** Es gilt der Grds des **geringstmöglichen Eingriffs** (BVerfG NJW **75**, 37). Keine Vollenteigng, wenn Dbk od schuldrechtl Nutzgsabrede genügt, so wenn zB GestattgsVertr (vgl BGH MDR **69**, 467) angeboten wird, der Benutzg des Straßenkörpers für Versorggsleistgen gewährleistet (BVerwG DVBl **69**, 210, 312). – **aa) Positiver Eingriff** rechtl od tatsächl (BGH **94**, 373) Art nötig. Keine Enteigng dch Unterlassen (BayObLG **78**, 69 [76]; Köln NJW **86**, 589), sofern dieses nicht ausnahmsw wg Verstoßes gg eine HdlgsVerpfl als eingreifdes Handeln zu qualifizieren (BGH NJW **94**, 858 [861]; WM **97**, 1755). Fakt Eingr aber, wenn ablehndes Verhalten der Behörde jemanden von der AntrStellg od -verfolgg absehen läßt (BGH

NJW **80**, 1567). Kein Eingr bei unabsichtl Verzögerg der AntrBearbeitg (BayObLG **76**, 310). Eingr aber bei rechtswidr AntrAblehng trotz bestehden Anspr (BGH NJW **70**, 1178). – **bb)** Die Enteigng erfolgt dch einen **gewollten und gezielten** Legal- od AdministrativEingr aGrd Gesetzes in den geschützten Ggst (vgl Rn 7). – **cc)** Inhaltl besteht die Enteigng in der **Entziehung oder Beschränkung** (zB Belastg mit Dbk; BGH **83**, 61) der EingrObjekte. Das dch Enteigng erworbene Recht verändert seine RNatur nicht, die Enteigng verändert nur das ZuordngsVerh. Dch Enteigng kann nur Eigt iS des ZivilR übertr od nur ein im ZivilR vorgegebenes beschr dingl Recht bzw schuldr NutzgsR begründet werden (BVerfG NJW **77**, 2349). Enteigng kann auch in der Beschrkg der Benutzbark eines Grdst bestehen.

D) Enteignender und enteignungsgleicher Eingriff.

a) Von **enteignendem Eingriff** spricht die Rspr, wenn die einzelfallbezogene nachteil Einwirkg auf den geschützten Ggst (oben Rn 9) die ungewollte Nebenfolge rechtm hoheitl Maßn ist u dadch die Schwelle des enteigngsrechtl Zumutbaren überschritten wird (BGH NJW **92**, 3229). Dieses HaftgsInstitut wird aus Einl ALR 74, 75 (vgl unten Rn 50) abgeleitet (BGH **102**, 350). – Die Maßn muß **unmittelbar** in den geschützten Ggst eingreifen, indem sie eine von ihr ausgehde typische Gefahr verwirklicht (BGH NJW **87**, 2573), so daß sich eine natürl Einh von Maßn u Folge ergibt (BayObLG **78**, 69 [77]), bloß mittelb (BGH **LM** GG 14 D Nr 42) od adäquat kausale (BGH NJW **87**, 2573) Auswirkgen reichen nicht. Zum Eingr dch Unterlassen vgl oben Rn 12; Schenke NJW **91**, 1777. – **Beispiele** sind die Immissionen iSv § 906 (vgl dort Rn 44–48) u Einwirkgen iSv § 909 (vgl dort Rn 14) sowie Eingr in GewerbeBetr inf Straßenarbeiten/verändergen (vgl unten Rn 40); nicht aber Waldsterben (BVerfG NJW **98**, 3264), Beschädigg gestohlenen PKWs bei polizeil Verfolgg (Hamm NJW **88**, 1096). 13

b) Von **enteignungsgleichem Eingriff** spricht die Rspr, wenn rwidr (schuldh od schuldlos) dch hoheitl Maßn in einen geschützten Ggst (vgl oben Rn 9) eingegriffen u dadch dem Berecht ein Sonderopfer für die Allgemeinh auferlegt wird (BGH WM **97**, 1755). Dieses HaftgsInstitut wird aus Einl ALR 74, 75 (vgl unten Rn 50) abgeleitet (BGH NJW **97**, 3432). Es erfaßt legislat Unrecht nur, wenn es auf untergesetzl Normen (VO, Satzg) beruht (BGH aaO). Keine Entsch für Nachteile, die dch schuldh unterl RMittel hätten abgewehrt werden können (BGH **110**, 12). EntschAnspr entfällt aber wg Mißachtg der Junctimklausel, wenn Eingr nur deswegen rwidr, weil zugrdeliegdes Gesetz mangels EntschRegelg nichtig (Papier NVwZ **83**, 258): Betroffener muß sich gg Eingr selbst wehren. – Die Maßn muß nicht gewollt u gezielt aber **unmittelbar** in den geschützten Ggst eingreifen, indem sich eine in der Maßn selbst angelegte Gefahr verwirklicht (BGH **125**, 19); zB Unfall dch militärisch bdgte Ausrüstg eines MilitärKfz (BGH MDR **76**, 826) im Ggs zu Unfall in normalem Verkehrsablauf. Zum Eingr dch Unterlassen vgl oben Rn 12; krit Schenke NJW **91**, 1777. – Eingr **bejaht:** Waldbrand inf Schießübg (BGH **37**, 44); Panzer rammt Haus (BGH NJW **64**, 104); Hausbeschädigg dch Kanalisationsarbeiten (BGH **LM** GG 14 Cc Nr 15 a); GrdstSchäden dch Betrieb einer Talsperre (BGH **LM** GG 14 Cc Nr 21) od hoheitl Abwasserregulierg (BGH JR **76**, 478); Schädigg eines GewerbeBetr inf Straßenschäden dch Panzer (BGH MDR **68**, 391), unsachgem Straßenbauarbeiten (BGH **LM** GG 14 Cf Nr 24) od unsachgem Straßensperrg (BGH MDR **68**, 307); Beschädigg einer Stützmauer dch Straßenkörper (BGH NJW **76**, 1840); Fluglotsenstreik (BGH **76**, 387); verfassgswidr RechtsVO (BGH **78**, 41); Beschrkg aGrd nichtigen Bebauungsplans (BGH **92**, 34); rwidr Versagg des Einvernehmens nach BauGB 36 (BGH **134**, 316) od der Gen nach GrdstVG 9 (BGH **136**, 182); rwidr Smogalarm (Jacobs NVwZ **87**, 100); Forst/Flurschäden dch Tiere als Folge unsachgem JagdVorschr (BGH WM **96**, 1238); Überschwemmg inf fehlerh Brückendchlasses (BayObLG **89**, 452); rwidr Ablehng einer Bauvoranfrage (BGH NJW **94**, 1647); rwidr Aufrechterhaltg einer Beschlagn trotz Beschw (BGH WM **97**, 1755). – Eingr **verneint:** Rohrbruch gemeindl Wasserleitg (BGH **55**, 229); VerkUnfall inf Ampelversagens (BGH **54**, 332; vgl aber **99**, 249; krit Ossenbühl JuS **71**, 575); rwidr Erteilg des Einvernehmens nach BauGB 36 (BGH NJW **87**, 1320), Waldsterben (BVerfG NJW **98**, 3264). 14

E) Entschädigungsbeteiligte.

a) Entschädigungsberechtigt ist, wer in seinem Recht dch den Eingr beeinträchtigt wird u dadch einem VermNachteil erleidet (vgl BauGB 94 I). Entschberecht auch Inh dingl od pers Recht an dem Ggst des Eingr (NebenBerecht; BauGB 97), die Bes- od NutzgsR haben od Verpflichteten in der Nutzg beschr; zB GrdDbkBerecht, Pächter (BGH **59**, 250), Mieter (BGH ZMR **68**, 196). – Kein Übergang des EntschAnspr bei Übertr des beeinträchtigten Rechts nach vollzogenem Eingr (BGH NJW **86**, 1980); zur uU stillschw AnsprAbtr BGH NJW **78**, 941. Gilt entspr, wenn ggü Voreigtümer erfolgter Eingr erst bei RNachf spürb wird (BGH NJW **95**, 1823). 15

b) Entschädigungspflichtig ist mangels SonderVorschr bei Enteigng u enteignendem Eingr der Begünstigte (BGH NJW **80**, 582). Das ist (abgesehen von VermTrägern mit Spezialaufgaben) bei Begünstigg der Allgemeinh grdsl eine Gebietskörpersch mit Allzuständigk, mithin idR der Staat u nur bei Eingr zur Erfüllg rein örtl Aufgaben die Gemeinde (BGH JZ **73**, 630). Ebso bei enteigngsgl Eingr, nur daß hier stets Hoheitsträger statt begünstigter PrivPers haftet (BGH **40**, 49; DB **73**, 1599); mangels Begünstigg haftet die Körpersch, die den Aufgabenbereich wahrnimmt, dem die EingrHdlg zuzuordnen ist (BGH **76**, 387). Nicht selbst eingreifder Hoheitsträger ist begünstigt, wenn ihm bes Vorteil zugeflossen (BGH NJW **76**, 1840). Bei Begünstigg mehrerer uU GesSchuld (BGH **134**, 316). – Gemeinde haftet idR bei Eingr dch baupol (BGH **26**, 10) u bauplanerische (BGH BauR **75**, 317) Maßn; Träger der Straßenbaulast haftet bei VerkLärm (BGH NJW **80**, 582); Land bei Natur/LandschSchutzMaßn (BGH NJW **84**, 1169); zur Wohnraumbeschlagn vgl BGH **13**, 371, 395; BayObLG **57**, 252; Celle MDR **57**, 101. 16

F) Verfahren und Rechtsweg.

a) Verfahren. Die älteren EnteigngsG gliedern meist in vier Abschnitte: Auf Antr wird dem zu begünstigden Unternehmer das EnteigngsR verliehen, worauf im PlanfeststellgsVerf nach Prüfg der Einwendgen der Enteigngsplan festgestellt wird; nach Festsetzg der Entsch wird sodann die Enteigng vollzogen (Vollzugsakt). Die wichtigsten neueren EnteigngsG vereinfachen: EnteigngsPlan u Entsch werden in einer Entscheidg festgelegt (EnteigngsBeschl, vgl BauGB 113, LBG 47). 17

18 **b) Rechtsweg.** Er ist grdsätzl gespalten: VerwRWeg gg die EnteigngsMaßn selbst (zB SchBG 26), ordentl RWeg gg die Festsetzg der Entsch (GG 14 III 4; zB SchBG 25); gilt mangels abw Regelg auf auch für Entschädigg iFv Rn 13, 14 (BGH NJW **95**, 965; Schenke NJW **95**, 3145; aA Lege NJW **95**, 2745). Auch hier Vereinfachg in BauGB u LBG: Gegen die umfassde Festsetzg gem BauGB 113, LBG 47 kann binnen AusschlFrist (vgl BauGB 217, LBG 61) Antr auf einheitl gerichtl Entscheidg gestellt werden. Dann entscheidet die ZivKammer (LBG 59 III) bzw die beim LG gebildete Baulandkammer. – Sieht Betroffener in einer Maßn eine Enteigng, so kann er eine Entsch im ordentl RWeg nur einklagen, wenn zugrde liegdes Gesetz eine EntschRegelg enthält; fehlt sie, so kann er nur die Maßn selbst im VerwRWeg angreifen (BVerfG NJW **82**, 745).

G) Entschädigung.

19 **a) Höhe.** Nach GG 14 III 3 der Einbuße (dazu gehört merkantiler Minderwert; BGH NJW **81**, 1663) entspr angem Ers (nicht voller SchadErs), der abstr Wiederbeschaffg gleichen Objekts ermöglicht (BGH **119**, 62); ob ErsObjekt fakt greifb od zu seinem Erwerb bes Aufwendgen nötig, bleibt außer Betracht (BGH **41**, 354). Maßg ist der Preis, der im gewöhnl GeschVerkehr nach den rechtl Gegebenh u tats Eigensch ohne Rücks auf ungewöhnl oder pers Verh zu erzielen wäre (BGH NJW **99**, 938). ZPO 287 anwendb (BGH NJW **99**, 938). – GG 14 III 3 begrenzt Entsch für GGeber nicht nach oben (BayObLG **67**, 358) und erlaubt Entsch dch ÜbernAnspr bzgl wertgeminderten EingrGgst wie zB ErgGRSiedlG 7 II (BGH **59**, 250); BauGB 40 ff, 93 ff (BGH NJW **86**, 2253); GSBEG 2 ff (BayObLG **72**, 7). Wegen Entsch dch ErsLand vgl BBauG 100; LBG 22. – Grds gelten auch bei enteigngsgl Eingr (BGH NJW **97**, 3432). Entsch mind so hoch wie bei rechtm Eingr (BGH **13**, 395; BayObLG **72**, 7), sie kann über die in SonderG gewährte hinausgehen. – Einheitl EntschAnspr, bei dem mehrere EingrFolgen nur unselbstd RechngsPosten (BGH NJW **92**, 2880); Entsch für Vorwirkg (unten Rn 30) kann aber schon vor Enteigng verlangt werden u ist auf Entsch für letztere anzurechnen (BGH NJW **78**, 939).

20 **aa) Substanzverlust** (vgl BauGB 95 I 1). Zu ersetzen ist der Verkehrswert; das ist der im gewöhnl GrdstVerkehr erzielb Preis (BGH NJW-RR **95**, 911). Bewertg nach dem Ertrags-, Sach- od VerglWertVerf, wobei das Verf zu wählen ist, das im Einzelfall den GgWert im Gesamtbetrag angem feststellt (BGH **120**, 38); gilt auch bei Grdst, für die nach ihrer Art kein Markt besteht (BGH NJW-RR **95**, 911). Bei bebautem Grdst auch Nutzg des Außenwohnbereichs (Terrasse/Garten) zu berücksichtigen (BGH **119**, 62). Bodenschätze beeinflussen Substanzwert nur, wenn Eigtümer sie hätte nutzen können u wollen (BGH WM **69**, 275), wobei mit Abbau nicht begonnen sein muß (BGH NJW **80**, 39). Da kein SchadErs, keine Entsch künft Wertsteigerg, die ohne Enteigng od deren Vorwirkg eingetreten wäre, sofern nicht die preiserhöhden Faktoren als solche schon im gesunden GrdstVerk greifb waren (BGH NJW **66**, 497).

21 **bb) Teilflächen** (Vahle MDR **81**, 625). Bei selbstd VerkWert, gibt dieser Maß. Andernf (zB bei Vorgärten) idR Bewertg nach der Differenzmethode; dabei VerkWerte des GesGrdst u des RestGrdst ggüzustellen, wenn Ertragswerte nahezu gleich (BGH BauR **75**, 326). Bodenwert unbebauter Teilfläche idR unter Dchschnittswert des GesGrdst (BGH aaO). Vorteilsausgleichg, wenn RestGrdst dch Teilenteigng wertvoller. Teilenteigng kann auch zugl Eingr in RestGrdst sein (BayObLG **94**, 80); entfällt für RestGrdst Schutzzone gg lästige Nutzg fremden Grdst, so Entsch nur für Mehrbeeinträchtigg dch Straße an neuer statt (parallel verschoben) an alter GrdstGrenze (BGH NJW **99**, 1247). Zur Berechng sog „Arrondiergsschadens" (Straße dchschneidet geschlossenen GrdBes) vgl BGH NJW **82**, 95; WM **96**, 1231.

22 **cc) Bauerwartungsland.** Es ist fallw zu prüfen, ob greifb (nicht nach starren Fristen zu beurteilde) Bauerwartg sich im gesunden GrdstVerk preissteigernd auswirkt; maßg sind die konkr tats (Lage, Beschaffenh, Verk Anbindg) u rechtl (Plangsstand, Dispensmöglichk) Umstände (BGH **39**, 198; BauR **77**, 337; Krohn/Löwisch Rn 284).

23 **dd) Enteignung durch Belastung.** Wertminderg ist der Unterschied zw den Werten, die das Grdst im gesunden GrdstVerkehr mit u ohne Belastg hat (BGH **120**, 38), wobei für die GrdstBewertg Rn 20 gilt. – **Einzelfälle:** Dbk für U-Bahn (BGH NJW **85**, 387), für Versorggsleitgen (BGH **120**, 38; WM **77**, 827, 983; Celle DVBl **80**, 689; Hamm BlGBW **82**, 137), für Arkaden (BGH **120**, 38). Nießbr (BGH WM **77**, 1411).

24 **ee) Zeitlich begrenzte Eingriffe in Benutzbarkeit.** Nutzgsentgang ist Bewertgsfaktor. Vorübergehde Nutzgs- (BGH **125**, 258; NJW **94**, 3158) od Veräußergssperre (BGH NJW **97**, 3432): Betrag, den potentieller Nutzer für die Erlaubn zeitl Nutzg gezahlt hätte („Bodenrente"). Vorübergehender Eingr in GewerbeBetr: Unterschied zw tats erzieltem Gewinn od Verlust u dem Gewinn od Verlust, der aGrd konkr im Betr begründeter Aussichten ohne den Eingr hätte erzielt werden können (BGH NJW **75**, 1966; **76**, 1312; **77**, 1817; **83**, 1663).

25 **ff) Folgeschäden** (dazu Schmitt-Assmann NJW **74**, 1265). Auch wenn SonderVorschr (zB BauGB 96, LBG 19) es nicht vorsehen, sind VermNachteile zu entschädigen, die noch nicht dch SubstanzEntsch abgegolten (BGH NJW **77**, 189); dies aber nur bis zum Betrag des Aufwands für Nutzg eines Grdst in gleicher Lage (DoppelEntsch unzul). – **Ja:** Umzugs-, Verleggs- u Reisekosten (BGH MDR **67**, 390); Abstands- u InstandsetzgsKosten für ErsObjekt; unbrauchb gewordenes Inventar; Anlaufkosten, Minderg des Firmenwerts, Verlust best Kundenkreise (BGH NJW **66**, 493; MDR **67**, 390); PrivGutachten (BGH NJW **86**, 1980); Anwaltskosten im EnteignsVerf (nicht aber im UmleggsVerf; BGH **63**, 81), falls es zur Enteigng kommt (BGH **65**, 280), u im BesEinweisgsVerf, falls es zur BesEinweisg kommt (BGH aaO); Umsatzsteuer für Entsch (BGH **65**, 253). – **Nein:** Entgangener Gewinn aus erst zu schaffdem Wertobjekt (BGH **32**, 351; MDR **68**, 219); Kosten für Beschaffg (Kaufpr, Makler- u Notarkosten), Aufschließg od Bebauung eines ErsGrdst (BGH NJW **66**, 493); Mehrkosten dch Auflage für Lärmbekämpfg (BGH WM **70**, 1250); Einkommensteuer für Entsch (BGH **65**, 253); Steuer für Veräußerungsgewinn, wenn wg drohder Enteigng veräußert (BGH WM **76**, 98); AusglPfl des Hoferben nach HöfeO 13 (BGH **55**, 82).

26 **gg) Einzelfälle:** Enteigng schuldr NutzgsR: BGH NJW **93**, 3131 (MietR); MDR **89**, 797 (PachtR). – Enteigng dingl NutzgsR: Brem NJW **68**, 657 (WohnR); Nürnb OLGZ **72**, 35 (QuellR); Hbg NJW **74**, 801 (ErbbR). – Beschrkg der GrdstBenutzg dch: Widmg zur öff Straße (BGH DB **70**, 1537); Veränderg des

Straßenniveaus (BGH NJW **74**, 53); Entziehg der Bebaubark schon in Betr einbezogenen Grdst (BGH NJW **65**, 2101). – Entsch für wg bes Einrichtg beschr verwendb Grdst: BGH BauR **75**, 122; GewGrdst mit Wohnbauqualität: BGH NJW **77**, 1725; Mietshaus: Kblz DB **77**, 1362; bebautes Grdst im Außenbereich: BGH NVwZ **91**, 404. – LandwBetr (insb Teilenteigng): BGH **67**, 190, 200; WM **78**, 468; **79**, 1191; BayObLG **77**, 134. – Waldgelände (Ffm WM **81**, 1368) – JagdausübgsR (BGH NJW **92**, 2078).

b) Verzinsung der Entsch kann verlangt werden, wenn Entsch nicht zugl mit Eingr zur Vfg gestellt wird 27
(Ausgl für entzogene Nutzgsmöglichk des EingrGgst). Zinslauf ab RVerlust; zB EigtÜbergang, BesEinweisg (BGH NJW **69**, 1897), EnteigngsVorwirkg (BGH BauR **75**, 328). – Mangels abw Vorschr (zB 4% in *Pr*AGBGB; BGH **60**, 337) kann BauGB 99 III, *bay*EnteigngsG 13 II (2% über jeweil Diskontsatz; BGH NJW **86**, 1980) Anhalt bieten. – § 248 anwendb (BGH DB **73**, 2184); and nur, wenn Verzinsg des Wertes des EingrGgst Entsch für Minderwert dch entzogene Nutzgsmöglichk darstellt (BGH NJW **64**, 294; vgl auch **LM** LBG Nr 20). – §§ 284 ff nicht entspr anwendb (BGH NJW **82**, 1277).

c) Minderung. – aa) Vorteilsausgleich mit VermVorteilen, deren Anrechng Zweck der Entsch entspr u 28
Enteignetem zumutb (BGH NJW **77**, 189) u Sondervorteil für ihn darstellen (BGH NJW **77**, 1817), zB Abzug „alt für neu" (BGH NJW **92**, 2884). Sie ist eine Frage der EntschHöhe (BGH BauR **75**, 325). Vorteile bei Folgekosten nicht auf SubstanzEntsch anrechenb (BGH **55**, 294). SonderVorschr zB BLG 32 I; LBG 17 II; BauGB 93 III; LandesR. – Bei Enteigng von Teilflächen Werterhöhg des RestGrdst anrechenb (BGH DB **83**, 2188); plangsbdgte Wertsteigerg aber nur, wenn sie dem RestGrdst dch bes Zuordng Sondervorteil erbringt u nicht nur allg Wertzuwachs des GesGebiets (BGH NJW **78**, 941). Entsch für NutzgsVerlust auf Verzinsg der Entsch anrechenb (BGH **48**, 291). Ersparte Aufwendgen für Erfüllg von Auflagen für GrdstNutzg anrechenb (BGH **60**, 126). Wertsteigerg auf Bodenrente für Bausperre anrechenb (BGH NJW **89**, 2117). –
bb) § 254 anwendb bei schuldh unterl Abwendg od Minderg der EingrFolgen (BGH **56**, 57; JR **76**, 478) u 29
schuldh Mitverwirklichg des SchädiggsTatbest (BGH **90**, 17).

d) Zeitpunkt für Bemessung der Entschädigung. Scharf zu trennen sind zwei Stichtage:

aa) Qualitätsstichtag (vgl BauGB 93 IV). Der Ztpkt des Eingr ist maßg für die **wertbildenden Faktoren** 30
(BGH WM **99**, 1686), zB ob ein Grdst Acker-, Bauerwartgs- od Bauland ist. Künft NutzgsMöglichk kann schon werterhöhd sein (BayObLG NJW-RR **91**, 1231). – Vorwirkg künftiger Enteigng: wenn eine vorbereitde od verbindl Plang, die für die spätere Enteigng ursächl ist u sie hat sicher erwarten lassen, das Grdst von der konjunkturellen Weiterentwicklg ausgeschl hat; maßg ist dann schon der Ztpkt des Ausschl (BGH WM **99**, 1686) u spätere Qualitätserhöhgen (BGH **LM** BBauG § 95 Nr 4) od -mindergen (Brem OLGZ **70**, 466) bleiben unbeachtl. Vorwirkg auch bei zivilrechtl Beanspruchg mögl (BGH NJW **80**, 40). Über vor Geltg des GG eingetretene entschädiggslos hinzunehmde (WeimRV 153) Vorwirkg u Enteigng nach Geltg des GG vgl BGH NJW **78**, 939, 941.

bb) Bewertungsstichtag (vgl BauGB 95 I 2, II) bei schwankden Preisen. Der Ztpkt der Zustellg des die 31
Entsch festsetzden Bescheides (BGH **44**, 52) od der Vorlage eines angem (BGH NJW **87**, 1256) u später nicht widerrufenen (BGH **61**, 240) Kaufangebots ist maßg für die **Preisverhältnisse** (für Wert maßg Ztpkt). Wird die Zahlg nicht nur unwesentl verzögert, so verschiebt sich der Stichtag iF nachträgl Preissteigerg auf den ZahlgsZtpkt; nicht aber bei nachträgl Preisrückgang. – Wird vom Enteigneten die **Zulässigkeit der Enteignung** (erfolglos) angefochten, so verschiebt sich der Stichtag iF nachträgl Preissteigerg nicht (BGH WM **90**, 1173), währd iF nachträgl Preisrückgangs sich der Stichtag auf die letzte gerichtl TatsVerhdlg bzw Rückn der Anfechtg verschiebt (BGH **118**, 25). Dies gilt auch, wenn neben einer Anfechtg der Enteigng hilfsw eine höhere Entsch verlangt wurde (BGH aaO). – Wird vom Enteigneten nur eine **höhere Entschädigung** erfolgreich begehrt, so verschiebt sich der Stichtag iF nachträgl Preissteigerg auf die letzte gerichtl TatsVerhdlg (BGH NJW **86**, 2421), wenn die festgesetzte u alsbald gezahlte Entsch nicht nur unwesentl zu gering war; nicht aber bei nachträgl Preisrückgang (BGH **118**, 25). – Erweist sich eine gezahlte Entsch als zu gering, so ist eine verhältnismäß Befriedigg des EntschAnspr eingetreten: nur der noch nicht geleistete Anteil der Entsch nimmt an späteren Ändergen des Preisgefüges teil (BGH NVwZ **86**, 1053).

e) Zeitablauf: Der EntschAnspr verjährt gem § 195 (BGH NJW **82**, 1277), sofern nicht SonderVorsch 32
(zB *Bay*AGBGB 71 [dazu BGH NJW **75**, 1783], LBG 61 [dazu BGH **35**, 227], *pr*EnteigngsG 30 I [dazu BGH NJW **72**, 1714; **86**, 2255; Köln NJW **73**, 198], WaStrG 39 I) kürzere Verj- od AusschlFr vorsieht; nach deren Ablauf kein Rückgr mehr auf enteigngsgl Eingr (BGH NJW **82**, 1281).

f) Rückübereignung. – aa) Enteigneter hat RückübereignungsAnspr, wenn Zweck der Enteigng nicht 33
in angem Zeit verwirklicht wird (BVerfG NJW **75**, 37). SonderVorschr: zB BauGB 102/3 (vgl BVerwG NJW **90**, 2400); BLG 43; LBG 57 (vgl BVerwG NJW **99**, 1272); RSiedlG 21. Wertsteigerg steht früherem Eigtümer zu (BGH **76**, 365). – **bb) Bei Verkauf zur Abwendung der Enteignung** (die noch nicht eingeleitet; zu unterscheiden vom „EnteigngsVertr" gem BauGB 110, 111) regeln sich die Beziehgen der Parteien nur nach PrivR; ob dann die Grds über die Höhe der EnteigngsEntsch anwendb, hängt vom Willen der Vertragschließden ab (BGH NJW **67**, 31; WM **68**, 581); RückübereigngsAnspr des Verk bei Nichtverwirklichg des Ankaufszwecks dann uU aus dem Vertr (BGH **84**, 1; BayObLG **89**, 457) od aGrd § 812 I 2 Fall 2 (BayObLG **73**, 173), aber kein Anspr des Käufers auf Rückabwicklg (BGH **71**, 293).

H) Einzelfälle.

a) Wirtschaftslenkungsmaßnahmen enthalten idR EigtBegrenzg iSv GG 14 I 2 (BGH NJW **56**, 468): 34
Allg AnbauBeschrkg (BGH **LM** GG 14 Nr 49); Verbot der Neuanlage von Weinbergen (BVerfG **21**, 150); Verbot der Schweinemästerei im Wohngebiet (BGH **45**, 23); Export- (BGH **22**, 6; **LM** § 839 [C] Nr 5) u Importregelg (BGH NJW **68**, 2140), über EmbargoAO vgl Wimmer BB **90**, 1986; Änderg ges Bestimmgen, auf die ein Unternehmen seine Produktion ausgerichtet hatte (BGH NJW **68**, 293); Herabsetzg des Schutzzolls (BGH **45**, 83); Zweckentfremdgsverbot für Wohnraum (BVerwG NJW **83**, 2893). – And wenn VertrauensTatbestd geschaffen u die Täuschg der Erwartg zu Eingr in UnternStruktur führt (BGH **LM** GG 14 [Cf] Nr 22; DB **68**, 43; dazu Ossenbühl JuS **75**, 545); gg Übermaßverbot verstoßde PreisregelgsVO (BGH **48**, 385).

35 **b) Energieversorgungsanlagen,** die nach AVBGasV 8 zu AVBEltV 8 zu dulden (§ 1004 Rn 34). DuldgsPfl bleibt im Rahmen der Sozialpflichtigk (Düss NJW-RR **86**, 1208; vgl Kimminich NJW **83**, 2785).

36 **c) Umlegung und Flurbereinigung** sind EigtBegrenzg iSv GG 14 I 2, wenn wertgleiche Landabfindg vollst dchgeführt (BGH **31**, 49; NJW **83**, 1661). And bei unentgeltl od nicht wertgleicher LandAbtr (BGH NJW **76**, 1088) u bei nicht gewünschter Geldabfindg; and auch, wenn Sonderopfer (zB dch verzögerl Verf) auferlegt wird (BGH NJW **65**, 2101).

37 **d) Natur-, Landschafts-, DenkmalschutzG** enthalten im allg nur EigtBegrenzg iSv GG 14 I 2. Enteigng erst dann, wenn ges Regelg bish ausgübte Nutzg od vernünftigerw in Betracht zu ziehde Nutzgs-Möglichk ausschließt (BVerfG NJW **99**, 2877). – Einzelfälle: BGH BauR **78**, 211 (GipsAbbauverbot); BVerfG NJW **99**, 2877 (GbdeAbrißverbot wg DenkmSch); BGH NJW **84**, 1172 (KiesAbbauverbot); BaWüVGH NVwZ **82**, 204 (Abbrennverbot); BGH NJW **94**, 3283: (Unterschutzstellg u NutzgsBestimmg bei Denkmal/NaturSch); BGH **90**, 17 (*Nds* BodenabbauG, *NRW* AbgrabgsG); VGH Mannh NJW **84**, 1700 (Naturdenkmal); BVerwG NJW **88**, 505 (Eintr in Denkmalliste); BayObLG **88**, 154 (Torfabbauverbot); BGH NJW **88**, 3201 (Sichg von Bodenfunden). BGH NJW **93**, 1656 (BNatSchG 20 f I Nr 1); BGH NJW **93**, 155 (Versagg der BauGen wg DenkmalSch); BGH NJW **93**, 2605 (Sandabbauverbot wg Bodengestalt); BGH WM **96**, 1233 (Bimsabbauverbot wg DenkmalSch).

38 **e) Forstwirtschaft.** Abholzverbot (LVG Schlesw SchlHA **60**, 29); Aufforstgszwang (OVG Lünebg DÖV **61**, 623); rechtm Holzeinschlagsanordng (BGH **LM** WeimRV 153 Nr 19).

39 **f) Anschlußzwang.** EigtBegrenzg iSv GG 14 I 2: Wasser, Müllabfuhr u dgl dch Gemeindesatzg (auch ggü MüllabfuhrBetr; BGH **40**, 355; aA OVG Lünebg GewA **77**, 218); auch wenn dadch früher erworbenes WasserableitgsR des Eigtümers ggstlos wird (BGH **54**, 293); Schlachthausbenutzg (BGH MDR **68**, 999); Fernheizg (vgl BGH **77**, 179: uU ggü Lieferant).

40 **g) Gewerbebetrieb – aa) Allgemeines.** Der eingerichtete u ausgeübte GewBetr ist dch GG 14 in seinem ggwärt sachl Bestand (vgl dazu BGH **92**, 34) u in allen seinen Erscheinungsformen, die auf dem Arbeits- u Kapitaleinsatz des Inh beruhen (zB Kundenstamm, Verkehrsanbindg, Außenkontakt [BGH NJW **78**, 373]) geschützt; der Schutz reicht aber nicht weiter als der seiner wirtsch GrdLage, so daß kein Schutz bloßer Chancen (zB Lagevorteil [BGH **78**, 41]; Erweitergsabsicht [BGH NJW **96**, 2422]; Produktausgestaltg [BVerfG NJW **92**, 36]) od rechtl unzul GrdstNutzg (zB Auskiesg; BGH NJW **82**, 2488). Begriff des GewBetr weit zu fassen, zB auch landw Betr (BGH **92**, 34) u freier Beruf (BGH **81**, 21). – Erwerb bestehden GewBetr währd Eingr steht Entsch nicht entgg (BGH **LM** GG 14 [Cf] Nr 27); bei Errichtg u Investition währd Eingr ist auf dessen dch Einholg einer Auskunft voraussehb Dauer Rücks zu nehmen (BGH NJW **78**, 371). Über Enteigng noch nicht in Betr einbezogenen NachbGrdst vgl BGH NJW **87**, 1256.

41 **bb) Eingriff in Straßen.** – AnliegergewerbeBetr muß **Straßenbauarbeiten** (Erhaltg/Verbesserg, Versorggsleitgen) grdsl entschädiggslos dulden, sofern nur die Straße als VerkMittler erhalten bleibt. Entsch wg enteigngsgl Eingr (Rn 14), wenn die Arbeiten nach Art u Dauer über das hinausgehen, was bei ordngsgem Plang u Dchführg mit mögl u zumutb sachl u pers Mitteln mögl (BGH NJW **80**, 2703; Karlsr NJW **87**, 384; Brdbg OLG-NL **98**, 247). Entsch wg enteignden Eingr (Rn 13), wenn die Arbeiten trotz ordngsgem Plang u Dchführg nach Art u Dauer zu einer existenzgefährdden od sonst bes einschneidden Beeinträchtigg führen (BGH aaO; Karlsr aaO); wie oft bei U-Bahn- (BGH NJW **83**, 1663) u S-Bahn-Bau (BGH NJW **76**, 1312) od VerkBedeutg übersteigder Umgestaltg (BGH NJW **80**, 2703). – Keine Entsch bei **Änderung von Lagevorteilen;** zB Verschlechterg der Verkehrsanbindg (BGH NJW **78**, 373), Verkehrsumleitg (BGH WM **63**, 1100), Aufhebg öff Parkplatzes (BGH NJW **78**, 373), Anordng eines Halteverbots (BGH NJW **78**, 373), Umwandlg einer Straße in Fußgängerzone (BGH NJW **78**, 373); Änderg der VerkehrsFührg (BGH NJW **83**, 1663); Einziehg von AusflugsBetr genutzter Straße (BVerfG NJW **92**, 1878). – Entsch bei **Zufahrtsbehinderung** wg enteignden Eingr (Rn 13), wenn bish Benutzbark des Grdst verändert u deshalb Wert erhebl gemindert (§ 903 Rn 29); zB Straßenverengg (BGH NJW **79**, 1043), Niveauänderg (BGH WM **70**, 1191), Militärübg (BGH **LM** § 906 Nr 61). Zufahrt muß rechtm gewesen sein (LG Hann BlGBW **82**, 135) u sich im GemeinGebr gehalten haben (BGH WM **83**, 1244).

42 **cc) Sonstige Eingriffe. – Entschädigungspflicht bejaht:** bei Verbot einer Verkaufsausstellg dch WanderGewTreibden (BGH **32**, 208); uU Schließg eines Friedhofs (BGH **LM** WeimVerf 153 Nr 20). Stillegg eines AbdeckereiBetr dch Aufteilg des Anfallbezirks (BGH MDR **68**, 126). RWidr Versagg der BauGen (BGH NJW **80**, 387), einer AusnGen nach StVO 46 (BGH NJW **75**, 1880) od einer SondernutzgsErlaubn nach StraßenR (BGH **78**, 41); Schädigg der Fischzucht dch lange Schonzeit für Reiher (BayObLG **78**, 75) od Beeinträchtigg rechtl geschützter Wasserzufuhr (BayObLG **89**, 57); Dschchneidg von Gewerbe- (BGH WM **79**, 168) od LandwGrdst (BGH NJW **82**, 95) inf Straßenbau; Luftraumsperrg über Flugschule (LG Marbg NVwZ **82**, 154); ImSchBeschrkg aGrd nichtigen Bebauungsplans (BGH **92**, 34). – **Entschädigungspflicht verneint:** Umweg für Fischer inf Staudammerrichtg (BGH **45**, 150) od Landwirt inf Unterbrechg eines Verbindgsweges (BGH BauR **75**, 335); Änderg der Vorschr über Ausrüstg von Kfz, auf die Produktion eingerichtet war (BGH NJW **68**, 293); Indizierg eines Produkts aus großem Programm (Köln MDR **94**, 354).

43 **h) Bebauungsanordnungen – aa)** GG 14 I 1 ergibt **Anspruch auf Baugenehmigung** (BGH **65**, 182); AnsprBeschrkg dch GG 14 I 2 gedeckt, wenn sie dadch gerechtfertigt, daß sie Eigt gg über- od gleichgeordnete kollidierde Werte abgrenzt (BVerwG NVwZ **98**, 842). Die Vorschr des materiellen BauR sind daher grdsl Inhaltsbestimmg des Eigt (BVerwG aaO), ebso AbstandsVorschr bei Wäldern (BVerwG BlGBW **64**, 81) u Werbeanlagenverbot nach FStrG 9 (BVerwG **16**, 301); and Bauverbote nach FStrG, wenn sie schon verwirklichte Nutzgsart ausschließen (BGH BB **67**, 1225). Jetzt in erster Linie BauGB maßg; vgl auch BNVO. Im GeltgsBereich eines Bebauungsplans grdsätzl Recht zur Bebauung; im Außenbereich nur ausnahmsw gem bes Zulassg, BauGB 30, 35. Ein allg, auf **Plangewährleistung** gerichteter Anspr wird dch BundesR nicht eingeräumt (BVerwG BB **69**, 1507). In BauGB 40 ff umfangreicher Katalog von EntschPflichten (ev ÜbernahmeAnspr des Eigtümers) für VermNachteile aGrd eines Bebauungsplans, insb wenn dort Bebauungsverbote ausgesprochen, Grdst für den Gemeindebedarf, als Verkehrs-, Grünflächen u dgl aus-

gewiesen, sog **Herabzonung** (dazu BGH WM **75**, 697). – Eingr bei Festhalten an dch baul Entwicklg außer Kr getretenen Bebauungsplan (BGH WM **75**, 630).

bb) Nach BGH **15**, 268 Beschrkg des gesamten GrdEigt einer Gemeinde aGrd behördl Kontrolle der Bauvorhaben idR inhaltl Begrenzg. Daher keine Enteigng, wenn Grdst in die Bauleitplang der Gemeinde nicht miteinbezogen (BGH WM **68**, 1132). Auch nicht Baufluchtlinien- u Baustufenfestsetzg, Plangen (vgl BGH **17**, 96) u **Veränderungs(Bau-)sperren.** Gesetzl EntschPfl bei letzteren in BauGB 18 u FStrG 9 a (nicht zu verwechseln mit BauGB 15, vgl Brem OLGZ **70**, 26). – Von **faktischer Sperre** spricht man, wenn eine Bauvoranfrage (BGH **125**, 258) od ein Baugesuch rwidr abgelehnt od verzögerl behandelt wird (BGH WM **92**, 1858) od Eigtümer schon von Antr absieht, weil Haltg der Behörde diesen als aussichtslos erkennen läßt (BGH NJW **75**, 1783; BGH **94**, 77). Liegen weder die sachl Voraussetzgen für eine förml Verändergssperre noch die vor, unter denen eine Bausperre nur eigtbeschränkd ist (BGH NJW **66**, 884), hat der Eigtümer zudem bauen wollen u können (BGH **58**, 124), gilt für ihn nicht die entschädiggslose zeitl DuldgsPfl (BGH NJW **79**, 653); solange allerd förml Bausperre ohne Entsch hinzunehmen gewesen wäre, gilt dies auch für die fakt (BGH NJW **81**, 458). 44

cc) Entschädigung für Bauverbot, wenn Betroffener währd der Verbotszeit die konkrete Absicht u Möglichk hatte, das Grdst zu bebauen od zu Bauzwecken zu veräußern (BGH NJW **94**, 3158). – **Enteignung** mögl bei: Bauverbot gleichkommde Versagg der Baulinienfestlegg (BGH NJW **64**, 202); Versagg der BauGen wg beabsichtigter Neufestsetzg der Baulinien (BGH **19**, 1) od nach BauGB 33 (OVG Bln DÖV **64**, 817), 34 (BGH **64**, 366); Umklassifizierg von Bauland (BGH **43**, 120; **50**, 93; OVG Bln JR **70**, 394); Einstufg als Außengebiet od BaulinienÄnderg (BayObLG **74**, 190); Beschrkg der baul Nutzbark ohne Rücks auf nachbarrechtl BesStand, damit Nachbar sinnvoll bauen kann (BGH DVBl **76**, 173). ImSchBeschrkg für GewerbeBetr aGrd Bebauungsplans (BGH **92**, 34). Zur Entsch bei Verlegg der Baugrenze Wagner NJW **77**, 2046; BGH NJW **79**, 2303. – **Keine Enteignung:** Bauverbot für bish nur als Ackerland genutztes Grdst, für das keine Bebauung vorgesehen war (BGH **64**, 361); Zurückverlegg einer Baulinie, wenn Bebauung in bish übl Art mögl (BGH **LM** GG 14 [Ce] Nr 24). Sanierg iSv BauGB 136 ff (BVerwG NJW **96**, 2807). 45

i) Verschiedenes. – aa) Enteignung verneint: Bei Verbot verunstaltender Werbg (BayVerfGH DÖV **58**, 822) u der Aufstellg von Plakaten u Schaukästen in Vorgärten (BVerwG DVBl **55**, 61); bei Beschränkg dch landesr FensterR (BayVerfGH **11**, 81); bei Beschränkg dch RGaragenO (BVerwG DÖV **56**, 215; **63**, 71; BB **62**, 81); bei Schäden, die Bienen eines Imkers auf fremdem Grdst dch Schädlingsbekämpfg erleiden (BGH **16**, 366). – **bb) Enteignung bejaht:** Bei rechtsw Verbot, Dachflächen für Reklame zu vermieten (BGH NJW **65**, 1912) bei willkürl Widerruf einer AusnahmeGen (BGH NJW **64**, 1567; **65**, 1172: EntschPfl uU auch bei willkürfreiem Widerruf, wenn im Zug anderw Enteigng). Bei Gebäudeschäden inf Kanalisationsarbeiten (BGH DÖV **65**, 203); Hühnertod dch Düsenjägerlärm (Düss NJW **68**, 555); über Immissionen dch Straßenbau u -Verkehr vgl § 906 Rn 44–48. 46

I) Konkurrenzen.

a) EntschAnspr wg schuldh enteigngsgleichem Eingr u SchadErsAnspr aus **§ 839** können konkurrieren; keiner ggü dem and subsidiär (BGH NJW **76**, 1840). Zur Abgrenzg beider Anspr vgl Kuschmann NJW **66**, 574; zur wahlweisen Verurteilg aus einem der beiden HaftgsGründe vgl BGH **14**, 363. 47

b) AusglAnspr aus enteigngsgl Eingr lassen keinen Raum für Anspr aus **§§ 987 ff, 812 ff,** treten ihrerseits zurück, wenn der Eingr von hoher Hand in schlichter Teilnahme am StraßenVerk (zB Unfall dch Postbus) besteht; dann gelten nur **StVG** u BGB (so zutr Kessler DRiZ **67**, 378). Dagg sollen nach Düss NJW **68**, 555 Anspr aus enteigngsgl Eingr u aus Gefährdgshaftg (LuftverkG 33 ff, 53) konkurrieren. 48

c) Neben Anspr aus **BLG** 77 keine wg Enteigng (Schlesw SchlHA **68**, 17). Wohl aber können uU Anspr aus § 839 mit BLG 77 konkurrieren (BGH NJW **66**, 881). 49

3) Öffentlichrechtliche Aufopferung.

a) Allgemeines. Der aus §§ 74, 75 Einl ALR abgeleitete u in der ganzen BRep gewohnhrechtl anerkannte (BGH **9**, 83) öffrechtl AufopfergsAnspr bildet in seinem heutigen Anwendgsbereich die **Entschädigungsgrundlage für hoheitliche Eingriffe in immaterielle Rechtsgüter** wie insb Leben, Gesundh u BeweggsFreih (BGH **66**, 118), nicht aber in dch GG 12 gewährleisteten Erwerbsschutz (BGH NJW **94**, 1468, 2229; **96**, 2422); weitergehd zB Schenke NJW **91**, 1777 mwN. Er ist eine Ausprägg der Prinzipien der Lastengleichh (GG 3) u des sozialen RStaats (GG 20 I). Die Vorschr lauten: 50

§ 74: Einzelne Rechte und Vorteile der Mitglieder des Staates müssen den Rechten und Pflichten zur Beförderung des gemeinschaftlichen Wohls, wenn zwischen beiden ein wirklicher Widerspruch (Kollision) eintritt, nachstehen.

§ 75: Dagegen ist der Staat denjenigen, welcher seine besonderen Rechte und Vorteile dem Wohl des gemeinen Wesens aufzuopfern genötigt wird, zu entschädigen gehalten.

b) Anspruchsvoraussetzungen. – aa) Hoheitliche Zwangsmaßnahmen, aus deren Eigenart notw eine Gefahrenlage folgt, aus der der Schaden an dem geschützten RGut entstanden ist (vgl BGH **28**, 310). Gezielter Eingr gg Geschädigten nicht erforderl (BGH **20**, 81: auf fliehenden Verbrecher gerichteter Schuß der Polizei trifft Passanten; **45**, 290). Psychische Einwirkg kann Zwang (BGH **24**, 45: Gewissenszwang; BGH **31**, 187 u Mü NJW **70**, 1236: psycholog Abfordern) sein; dazu Arndt DRiZ **70**, 326 u Burmeister NJW **83**, 2617 (staatl Förderg des Hochleistgssports [zu weitgehd]). Der Eingr kann rechtmäß (gesetzl angeordnet) od rwidr (schuldh od schuldos) sein (BGH **45**, 58 [77]). – **bb)** Dem **Wohl der Allgemeinheit** muß der Eingr (nicht das dch ihn bewirkte Sonderopfer) zumind auch dienen, ohne daß dieser Erfolg eingetreten sein muß (BGH **36**, 379 [388]). – **cc)** Als **Sonderopfer** des Geschädigten muß sich die Schädigg darstellen; das ist am GleichhSatz zu prüfen (BGH **9**, 83; **36**, 379 [389]; Krumbiegel, Der SonderopferBegr in der Rspr des BGH, 1975) u kann auch beschr PersKreis treffen (vgl BGH **37**, 44). Bei **allgemeinem Zwang** (zB Schule, Wehr/Zivildienst, FreihEntziehg) konstituiert sich das Sonderopfer erst in eingriffsinadäquaten (-atypischen) Schäden. Primär entscheidet der (ggf dch Auslegg zu ermittelnde) GesZweck (vgl zB BSeuchG 52 I), welche Opfer gefordert u gewollt sind (BGH **36**, 379 [389]; **65**, 196 [207]). Soweit Opfergrenze so nicht zu ermitteln, 51 52 ist „vernünft Urt der billig u gerecht Denkden" (BGH **17**, 172; NJW **63**, 1828 [1830]) bzw „allg Lebensrisiko" (BGH **46**, 327; dazu Ossenbühl JuS **70**, 276) maßg. Wer sich (ohne psych Zwang; vgl Rn 51) selbst in Gefahr versetzt, bringt idR kein Sonderopfer (BGH **60**, 302). Innerh der Opfergrenze liegd: Wehrdienstbeschädigg (BGH **20**, 61); Wehrdienst eines Untauglichen od Freizustellden (BGH **65**, 196); Zivildienst unter Verstoß gg ZDG 19 I 2 (BGH **66**, 118); Schäden (auch eines Unbeteil; BGH NJW **68**, 989) inf unricht Urt (BGH **36**, 379; **45**, 58 [78]) od and spruchrichterl Maßn iSv § 839 II (BGH JZ **68**, 463 krit Anm Leipold); Schäden in Straf- u zurechenb Untersuchgshaft (BGH **60**, 302; str); Verletzg dch Kfz- SicherhGurte (Schwabe NJW **83**, 2370; aA Müller NJW **83**, 593). Außerh der Opfergrenze liegd: Querschnittslähmg inf Behandlg nach GeschlechtskrankenG (BGH **25**, 238); Tötg eines Strafgefangenen dch geisteskranken Mitgefangenen (Tiedemann NJW **62**, 1761; aA BGH **17**, 172); Körperverletzg eines nach StGB 63 Untergebrachten dch Mitpatienten (BGH NJW **71**, 1881). Bei **Sonderzwang** kann dieser schon das Sonderopfer begründen (BGH **20**, 61: zwangsw Erprobg von Medikamenten), so insb der rwidr Zwang (BGH **36**, 379 [391]). –

53 **dd) Keine Entschädigung aus anderer Rechtsgrundlage.** Der Anspr scheidet aus, wenn für die Entsch SonderVorschr bestehen (BGH **45**, 58 [77]); zB BVG für Wehrdienstbeschädigg (BGH **20**, 61), G v 8. 3. 71 (BGBl 157) u MRK 5 V für StrafverfolggsMaßn (BGH **45**, 58 [80]; NJW **73**, 1322), BSeuchG 51 ff jetzt für Impfschäden (BGH NJW **90**, 2311), RVO 539 I Nr 14 jetzt für Schulunfälle. Auch zivilrechtl (vertragl) ErsAnspr schließen den Anspr aus, so daß vertragl Haftder nicht Ausgl nach § 426 von dem verlangen kann, der aus Aufopferg haften würde (BGH **28**, 297). Anspr entfällt, soweit zG des Geschädigten Versicherg besteht, die das Risiko eines Sonderopfers ausgleicht (BGH NJW-RR **94**, 213). AufopfergsAnspr u § 839 bestehen aber nebeneinand (Celle DVBl **66**, 44) u verjähren jeder für sich.

54 **c) Anspruchsinhalt.** Angem Entsch in Geld (Kapital od Rente; BGH **22**, 43) für unmittelb Beeinträchtigg (BGH **45**, 59 [77]); § 847 nicht anwendb (BGH aaO). Kann sich im Einzelfall mit vollem SchadErs decken (BGH **22**, 43), bleibt aber oft dahinter zurück; BVersG-Regelg heranziehb, ZPO 287 anwend (BGH NJW **70**, 1231). § 254 anwendb (BGH **45**, 290); vgl aber oben Rn 52 (Sonderopfer kann entfallen). Einheitl AusglAnspr, in dem verschied EingrFolgen nur unselbstd BerechngsFaktoren (BGH **22**, 43). – **Anspruchsberechtigt** ist der Beeinträchtigte. §§ 844, 845 gelten entspr; nur in diesem Rahmen haben RNachf Anspr. – **Anspruchsverpflichtet** ist nie eine PrivatPers, sond der dch das Sonderopfer begünstigte (muß nicht zugl der eingreifde sein) HohTräger (oben Rn 16 gilt entspr; BGH NJW-RR **94**, 213). – **Verjährung** nach § 195 (BGH **45**, 58 [77]); für *Bay* gilt AGBGB 71. Kein Rückgr auf allg AufopfergsAnspr, wenn kürzere Verj in SonderVorschr abgelaufen (BGH **45**, 58 [82]). – **Rechtsweg:** ZivilGer (VwGO 40 II 1).

55 **4) Übergangsrecht:** EG 180 (altes Recht), 233 § 2 (fr DDR-Recht). – **IPR:** EG 43 Rn 12.

Erster Titel. Inhalt des Eigentums

903 *Befugnisse des Eigentümers.* **Der Eigentümer einer Sache kann, soweit nicht das Gesetz oder Rechte Dritter entgegenstehen, mit der Sache nach Belieben verfahren und andere von jeder Einwirkung ausschließen. Der Eigentümer eines Tieres hat bei der Ausübung seiner Befugnisse die besonderen Vorschriften zum Schutz der Tiere zu beachten.**

1) Bürgerlichrechtliches Eigentum 1–3
a) Begriff 1
b) Gegenstand 2
c) Formen 3
2) Befugnisse des Eigentümers 4–10
a) Positive Wirkung 5
b) Negative Wirkung 6
c) Benachbarte Grundstücke 7–10
3) Beschränkung der Eigentümerbefugnisse durch Gesetz 11–26
a) Privatrecht 11–13
b) Öffentliches Recht 14–23
c) Privat- und öffentlichrechtlicher Nachbarschutz 24–26
4) Beschränkung der Eigentümerbefugnisse durch Rechte Dritter 27
5) Gemeingebrauch 28–32
6) Treuhandeigentum 33–44
a) Rechtsgeschäftliche Treuhand 33–37
b) Dingliche Rechtslage 38–43

1 **1) Bürgerlichrechtliches Eigentum – a)** Zum **Begriff** des Eigt als des umfassdsten HerrschR an einer Sache u der Bedeutg seiner Beschrkg dch Gesetz u Rechte Dritter vgl Übbl 1 vor § 903. – Im LandesR findet sich das von der Rspr (BVerfG NJW **69**, 309; **76**, 1836; BVerwG DVBl **67**, 917) anerkannte RInstitut **„öffentliches Eigentum"** (*BaWü*WasserG 5; *Hbg*WasserG 4a; *Hbg*WegeG 4) mit seiner Ausgestaltg; solches besteht aber nicht an AusweisPap (aA AG Heilbr NJW **74**, 2182). Davon zu unterscheiden das privrechtl Eigt von jur Pers des öffR, bei dem der privrechtl EigtInhalt im Umfang der öffrechtl Zweckbestimmg (zB GemeinGebr) zurücktritt (dazu Papier Jura **79**, 93; Pappermann JuS **79**, 794).

2 **b) Gegenstand** des Eigt können nach BGB nur einz bewegl u unbewegl Sachen iSv § 90 sein, nicht aber unkörperl Ggst (BGH **44**, 288); weitergehd der EigtGgst in GG 14 (vgl Übbl 2 vor § 903). Zu Einzelh der EigtFähigk vgl Übbl 7 vor § 90, § 90 Rn 1, 2. Eigtfähig sind auch AusweisPap (aA AG Heilbr NJW **74**, 2182), doch steht die öffrechtl Zweckbestimmg VfgsGesch entgg.

3 **c) Formen. – aa) Alleineigentum.** RInh ist nur eine natürl od jur Pers. – **bb) Miteigentum** (§ 1008). Jedem MitEigtümer steht ein ideeller Anteil an der ganzen Sache zu, über den er frei verfügen kann. Dch RGesch begründb. – **cc) Gesamthandseigentum.** Es besteht an Sachen, die zum Vermögen einer GesHandsGemsch (§§ 54, 718, 1416, 1485, 2032; HGB 105, 161, 489) gehören. Jedem GesHänder steht ein Anteil am geshänd gebundenen Vermögen zu; die einz Sache (auch wenn einziger VermGgst) gehört ihm ganz (daher keine Vfg über den Anteil an der einz Sache mögl: §§ 719 I, 1419 I, 1485 II, 2033 II), aber beschr dch das gleiche Recht der and GesHänder. Dch RGesch nicht begründb. – **dd) Sonderformen:** BergwerksEigt (BBergG 9 I), StockwerksEigt (EG 131, 182), Wohngs/TeilEigt (WEG 1).

2) Die **Befugnisse des Eigentümers** wirken im Rahmen der Beschrkgen nach Rn 11–28 (zu deren 4
Bedeutg für den EigtInhalt vgl Übbl 1 vor § 903) in zwei Richtgen:

a) Positive Wirkung: mit der Sache nach Belieben verfahren. Rechtl dch Übereigng, EigtAufgabe, 5
Belastg mit beschr dingl Rechten od Reglg der Benutzg (zB Hausordng; vgl dazu BGH NJW **94**, 188); tatsächl dch Besitz, Benutzg/Nichtbenutzg, Veränderg, Verbrauch od Vernichtg.

b) Negative Wirkung: Einwirkung Fremder auf die Sache ausschließen. Das AusschließgsR 6
betrifft Einwirkgen auf die Sache wie zB Wegnahme, Zerstörg, Beschädigg, Benutzg (BGH **LM** § 1004 Nr 27), Bemalen (auch bei Verschönerg; Hoffmann NJW **85**, 244), Immissionen (vgl § 906), vgl weiter § 1004 Rn 5. Geltdmachg des AusschließgsR dch Notwehr (§ 227) sowie Klage auf Herausg (§ 985) u Unterlassg od Beseitigg der EigtStörg (§§ 907–909, 1004); bei rwidr schuldh Einwirkg auch SchadErs (§ 823; uU § 826).

c) Bei **benachbarten Grundstücken,** auch wenn sie nicht unmittelb aneinand grenzen, kann die posit 7
Wirkg (insb BenutzgsR) für den einen Eigtümer mit der negat (AusschließgsR) für den anderen kollidieren. Jedes dieser Rechte ist dch die inf des nachbarl Verhältn gebotene Rücksichtn inhaltl begrenzt. Dabei gehen §§ 903 ff davon aus, daß bei einer mit Grenzüberschreitg verbundenen Benutzg des eigenen Grdst das BenutzgsR ggü dem AusschließgsR zurücktritt, so daß dem Eigtümer des betroffenen Grdst das AbwehrR aus § 1004 zusteht, wenn nicht ein bes ErlaubnTatbestd vorliegt. Grdsätzl sind daher **Grenzüberschreitungen von Menschen und festkörperlichen Gegenständen** (einschl Tieren u Flüssigk) nach § 1004 abwehrb. Führt die GrdstBenutzg zur **Grenzüberschreitung von unwägbaren Stoffen und ähnlichen Einwirkungen** iSv § 906 (vgl dort Rn 5), so ist diese nur unter den einschränkden Voraussetzgen des § 906 nach § 1004 abwehrb; soweit danach EigtBeeinträchtiggen zu dulden sind, wird das Eigt am betroffenen Grdst dch Einschränkg des AusschließgsR inhaltl begrenzt. Eine **Benutzung, die sich innerhalb der Grenzen des** 8
eigenen Grundstücks hält, bedarf keiner bes Rechtfertigg (BGH NJW **84**, 729). Daraus, daß einz mit Beeinträchtigg des NachbGrdst verbundene nichtgrenzüberschreitde Benutzgen in §§ 907 ff u im LNachbR (EG 124) für abwehrb erklärt sind, folgt, daß grdsätzl Beeinträchtiggen des Eigt an einem Grdst inf einer insb zu negat (vgl Rn 9) od immateriellen (vgl Rn 10) Einwirkgen führden Benutzg eines and Grdst in seinen räuml Grenzen nicht nach § 1004 abwehrb ist; insow ist das Eigt am betroffenen Grdst dch Einschrkg des AusschließgsR inhaltl begrenzt. Erst wenn das privrechtl unbeschr BenutzgsR des eigenen Grdst dch dritt (nachb)-schützde Vorschr des öffR beschr wird, ist eine widerspr Benutzg abwehrb (vgl Rn 24). – Demggü wird namentl im Schriftt (Nachw unten Rn 9, 10) teilw die Auffassg vertreten, § 906 enthalte eine abschließde Dchbrechg des AbwehrR aus §§ 903, 1004, so daß jede EigtBeeinträchtigg, die auf einer nicht von § 906 erfaßten Einwirkg (wie insb negat u immaterielle) beruht, in den entspr anwendb Grenzen des § 906 nach § 1004 abwehrb sei.

aa) Negative Einwirkungen. Hdlgen auf dem eigenen Grdst, die natürl Vorteile u Zuführgen vom 9
NachbGrdst abhalten od Ableitgen von diesem verhindern, sind aus dem genannten Grd nicht als Bes/ EigtBeeinträchtigg nach §§ 862, 1004 abwehrb (BGH NJW **92**, 2569; Köln WuM **96**, 640; Hamm MDR **99**, 930; hM). Abwehr/AusglAnspr können sich aus nachbarl GemschVerh (BGH aaO; vgl Rn 13) od bei Verstoß gg §§ 226, 826 (vgl RG **98**, 15) ergeben. Weiterer Schutz dch nachbschützdes öffR wie zB GrenzabstandsVorschr des öff BauR (vgl Rn 17), nach Hinz JR **97**, 137 auch dch GG 14. – **Beispiele.** Kein AbwehrAnspr aus §§ 862, 1004 gg: Behinderg der Licht/Luftzufuhr zum NachbGrdst od des Ausblicks/Luftabflusses von diesem dch baul Anlagen/Zäune/Antennen od Bäume/Pflanzen (BGH **LM** Nr 1, 2; NJW **91**, 1671; **92**, 2569; Düss NJW **79**, 2618; Ffm NJW-RR **89**, 464); Rundfunk/Fernsehempfangsstörgen (BGH **88**, 344); Entziehg von GrdWasser dch GrdWasserförderg auf eigenem Grdst (BayObLG **65**, 7; vgl auch § 905 Rn 2); Beeinträchtigg der Uneinsehbark (Köln NJW-RR **92**, 526). AbwehrAnspr aber bei Beeinträchtigg des dch § 917 gewährleisteten Zugangs zum NachbGrdst, da Eingr in erweitertes Eigt am NachbGrdst (§ 917 Rn 14); zur Behinderg des dch GemeinGebr vermittelten Außenkontakts eines Grdst vgl § 906 Rn 42.

bb) Immaterielle (ideelle) Einwirkungen. Hdlgen auf dem eigenen Grdst, die das ästhetische/sittliche 10
Empfinden des Nachb verletzen oder den Verkehrswert des NachbGrdst mindern, sind aus dem genannten Grd nicht als Bes/EigtBeeinträchtigg nach §§ 862, 1004 abwehrb (BGH **95**, 307; KG NJW-RR **88**, 586; Ffm NJW-RR **89**, 464; aA Jauernig JZ **86**, 605). AbwehrAnspr können sich aus nachbarl GemschVerh (vgl Rn 13), bei Verstoß gg §§ 226, 826 (RG **57**, 239; **76**, 130; LG Limburg NJW- RR **87**, 81; so im Fall AG Münst NJW **83**, 2886), bei Verletzg des allg PersönlichkR (LG Brschw NJW **98**, 2457 [Videoüberwachg]) od bei Störg des gesundheitl Wohlbefindens bzw bei körperl Unbehagen (BGH **95**; 307; KG NJW-RR **88**, 586) ergeben. Weiterer Schutz dch nachbschützdes öffR (vgl Rn 14), nach Hinz JR **97**, 137 auch dch GG 14. – **Beispiele.** Kein AbwehrAnspr aus §§ 862, 1004 gg: Nacktbaden (RG **76**, 130) od Bordell (BGH **95**, 307) auf NachbGrdst; Baumaterialienlager in Wohngegd (BGH JZ **69**, 431 abl Anm Baur); Schrottplatz neben Hotel (BGH JZ **70**, 782 abl Anm Grunsky); häßl Stützmauer an GrdstGrenze (BGH NJW **75**, 170 abl Anm Loewenheim NJW **75**, 826), Antenne auf NachbDach (Ffm NJW-RR **89**, 464).

3) Beschränkung der Eigentümerbefugnisse durch Gesetz – a) Privatrecht. Die EigtümerBefugn 11
werden dch zahlr Vorschr des PrivatR beschr. In Einzelfällen ist dort ein Anspr auf Schadloshaltg als Ausgl für eine DuldgsPfl vorgesehen (zB §§ 904 S 2, 906 II 2, 912 II, 917 II, 962 S 2; LNachbR). Im Schriftt wird hieraus ein allg bürgerlrechtl AufopfergsAnspr hergeleitet für alle Fälle, in denen ein (meist geringerwert) einem (meist höherwert) Interesse aufgeopfert werden darf (Hubmann JZ **58**, 489; AK/Kohl § 904 Rn 4; MüKo/Säcker § 904 Rn 24; zur Dogmatik vgl Spyridakis FS-Sontis **77**, 241). Für eine ZusFassg zu einem RInstitut der privatrechtl Aufopferg sind aber die jeweil positivrechtl Ausgangslagen u erfolgten Teilregelgen zu unterschiedl (Konzen, Aufopferg im ZivR, 1969, S 154; Canaris JZ **71**, 399).

aa) Die wichtigsten ges Beschrkgen der EigtümerBefugn enthalten **§§ 904, 905 und das Nachbarrecht** 12
(§§ 906 ff; EG 124 Rn 2); diese Vorschr bestimmen auch ggü hoheitl Eingr die Grenzen des Eigt (BGH NJW **78**, 1052). Die letzte Schranke bilden **§§ 226, 242, 826.**

13 **bb)** Der gerechte Ausgl widerstreitder Interessen von Nachb kann im Einzelfall ein Hinausgehen über die ges Regelgen des NachbR erfordern. RGrdLage ist das sog **nachbarliche Gemeinschaftsverhältnis** (vgl dazu Brox JA **84**, 182; Deneke, Das nachbarl GemschVerh, 1987 [Erlanger Jur Abhandlgen Bd 36]), das eine Ausprägg von § 242 für den bes Bereich des notw ZusLebens von GrdstNachb, aus dem Pfl zu ggseit Rücks entspringen, darstellt; es soll nach der Rspr (BGH **42**, 374 [vgl aber ZfIR **97**, 404]; LG Dortm MDR **65**, 202; aA § 278 Rn 3 mwN; vgl aber § 922 Rn 5) kein ges SchuldVerh iSv § 278 sein. Aus diesem RInstitut wurden vor Erlaß der LNachbRG Rechte u Pfl entnommen, die heute im LNachbR abschließd geregelt sind, so daß insow kein Rückgr mehr auf nachbarl GemschVerh (Schlesw SchlHA **82**, 58; LG Dortm AgrarR **90**, 208); das gilt auch für die im BGB geregelten Tatbest des NachbR (zB § 906 [BGH **111**, 63], § 917 [BGH NJW **90**, 2555; Brdbg DtZ **96**, 389]; krit Köhler Jura **85**, 225). Das nur in zwingden AusnFällen anwendb (BGH NJW **91**, 2826) RInstitut kann: bestehde Rechte (zB Befugn nach § 903 S 1 [Bambg NJW-RR **92**, 406; LG Itzehoe NJW-RR **95**, 979: Taubenhaltg]; Stollwerk NZM **98**, 324: Heckenhöhe]; Anspr aus §§ 908, 909, 1004 [BGH NJW **91**, 2826]) beschr od ausschließen, selbst wenn die Ausübg nicht sittenwidr (BGH **28**, 110), u dafür AusglAnspr (BGH NJW **91**, 1671; vgl § 906 Rn 42) od Hdlgs/UnterlAnspr (BGH aaO; Ffm NJW-RR **89**, 464; aA BGH NJW **95**, 2633) geben. Zur Duldg von Grenzüberschreitgen dch Haustiere (Katzen) vgl Celle NJW-RR **86**, 821; LG Oldbg NJW-RR **86**, 883; LG Kass AgrarR **87**, 58; LG Darmst NJW-RR **94**, 147;AG Neu-Ulm NJW-RR **99**, 892 mwN. Zur Duldg in absehb Zeit entfallder Immissionen vgl Mü ZMR **98**, 553.

14 **b) Öffentliches Recht.** Die EigtümerBefugn werden dch zahlr Vorschr des öffR beschr (Rn 28 ff, § 1004 Rn 34). Die Dchsetzg dieser EigtBeschr präventiv dch GenVerf u repressiv dch Einschreiten gg Verstöße obliegt primär den VerwBeh (Steinberg NJW **84**, 457); eine PrivPers kann ihre Einhaltg erzwingen, wenn sie sich aus drittschützden Normen (Rn 15) ergeben (Saarbr NZM **99**, 265). Daneben begründen einen öffrechtl Drittschutz **GG 14 I,** wenn unmittelb in das NachbGrdst eingegriffen wird (zB dch direkte Inanspruchnahme) od wenn dch nachhalt Veränderg der GrdstSituation das Eigt am NachbGrdst schwer u unerträgl betroffen wird (BVerwG NJW **76**, 1987; BauR **76**, 181; **77**, 244; Schwerdtfeger NVwZ **82**, 5 zu II; Schenke NuR **83**, 81 zu IV; Wahl JuS **84**, 577 zu III 1) u **GG 2 II** (nicht I; BVerwG NJW **78**, 554; Schwerdtfeger aaO zu III, IV; Steinberg NJW **84**, 457) sowie bei weniger gravierder Betroffenh das insb im BauR u ImSchR entwickelte **Gebot der Rücksichtnahme** (BGH **86**, 356; BVerwG NVwZ **85**, 37; vgl dazu Dürr NVwZ **85**, 719 u Geiger JA **86**, 76 mwN).

15 **aa) Drittschützende Normen** müssen, wenn auch nicht als Hauptzweck, den Schutz eines hinreichd bestimmten u abgrenzb Kreises Einzelner beabsichtigen (Schutznormtheorie; vgl BVerwG DVBl **74**, 358; BGH **86**, 356; NJW **76**, 1888; Wahl JuS **84**, 577; krit Schlichter NVwZ **83**, 641; Degenhart JuS **84**, 187; Martens NJW **85**, 2302); dies ist dch Auslegg zu ermitteln. Von **nachbarschützender** Norm spricht man, wenn der geschützte Dritte Nachb des in seiner Benutzg dch öffrechtl Normen geregelten Grdst ist.

16 Erhebl Bedeutg haben drittschützde Normen im **Baurecht;** aber nicht jede Norm des öff BauR hat potentiell drittschützde Wirkg (BVerwG NVwZ **87**, 409; dazu Degenhart JuS **84**, 187). Außerh konkreter baurechtl Normen hat hier der öffrechtl Drittschutz aus GG 2 II, 14 I u dem RücksichtnGebot Bedeutg. –
17 Im **Bauordnungsrecht,** das in zT abweichden LandesR (LBauO) geregelt ist, besteht eine umfangreiche Kasuistik. Auch bei vergleichb Vorschr wird der Drittschutz unterschiedl beurteilt; zB Anordng von Stellplätzen u Garagen (OVG Lünebg BauR **79**, 489: ja – BaWüVGH DÖV **81**, 293: nein). Als drittschützd anerkannt sind Vorschr über seitl Grenzabstand (BGH NJW **85**, 2825; Köln ZMR **94**, 115; Zweibr OLGZ **94**, 60; Kblz NZM **99**, 679) u zur Verhütg von Bränden sowie von Schall- und Geruchsbelästiggen (BayObLG NJW-RR **94**, 781). Nicht als drittschützd anerkannt sind Vorschr über Baugestaltg (OVG Münst BB **65**, 1205), Erreichbark (HessVGH NJW **83**, 2461) u Schaffg (VGH Mannh BauR **80**, 256) von Stellplätzen, Anlage u Unterhaltg von Freiflächen (HessVGH NJW **83**, 2461), Anfordergen an Aufenthaltsräume (BayObLG **95**,
18 392; Saarbr NZM **99**, 265). – Im **Bauplanungsrecht** (vgl Dolde/Menke NJW **99**, 2150 [2158]) werden nicht als drittschützd angesehen: Erfordern vorgäng Bauleitplang für Großvorhaben gem BauGB 1 III (OVG Saarlouis NJW **82**, 2086; krit Degenhart JuS **84**, 187), Erfordern der Erschließg gem BauGB 30, 34 (VGH Mannh BaWüVBl **80**, 57), Zulässigk von Bauvorhaben im unbeplanten Innenbereich gem BauGB 34 (BGH NVwZ **86**, 789; and wenn die Eigenart der näheren Umgebg einem Baugebiet der BauNVO entspr [BVerwG NJW **94**, 1546]) u im Außenbereich gem BauGB 35 (BGH **86**, 356); drittschützd aber Erfordern der Würdigg nachbarl Interessen gem BauGB 31 II (BVerwG NVwZ **87**, 409). Den Festsetzgen eines Bebauungsplans (BauGB 9 iVm BauNVO) kann (muß aber nicht) drittschützde Wirkg zukommen (BVerwG NVwZ **87**, 409); dieser Schutz ist idR gegeben bei der Festsetzg nach BauNVO 1 III u 12 II (BVerwG NJW **94**, 1546), 20 (OVG Münster BauR **77**, 389), 23 (VGH Mannh (NVwZ **92**, 496), nicht aber nach BauNVO 16 (BVerwG NVwZ **96**, 170). Zum Drittschutz dch BauNVO 15 als Ausprägg des RücksichtnGebots vgl BVerwG NJW **94**, 1546.

19 Im **Gaststättengesetz** (BGBl **98**, 3418) haben §§ 5 I Nr 3, 18 drittschützde Wirkg, nicht aber § 4 I Nr 3 (Stober JuS **83**, 843 zu IV ; Uechtritz JuS **84**, 130 zu II 2). – **Gewerbeordnung** (BGBl **99**, 202) haben §§ 69, 69 a relative drittschützde Wirkg (OVG Münst NVwZ **84**, 531). – Vorschr des **Sonn- und Feiertagsschutzes** sind nicht nachbschützd (OVG Lünebg NJW **90**, 1685; VGH Mannh NVwZ **91**, 180).

20 Im **Immissionsrecht** (vgl Schlotterbeck NJW **91**, 2669) haben BImSchG 5 Nr 1 (BGH NJW **95**, 132; gg Immissionen iR dieser Vorschr kein Drittschutz aus GG 14 od RücksichtnGebot, BVerwG NJW **84**, 250) im Ggs zu Nr 3 (OVG Münst NVwZ **87**, 146), BImschG 22 (BGH NJW **95**, 132), *NRW*ImSchG 9,10 (OVG Münst NVwZ **84**, 531) u *Nds*SpielplatzG 2 III 2 (OLG Lünebg NJW **85**, 217), AtomG 7 II Nr 3 u 5 drittschützde Wirkg; nicht aber FluglärmG (BGH NJW **77**, 1917), BImSchG 5 I Nr 2 (BGH NJW **88**, 478) u AtomG 7 II Nr 6, 9 a (BaWüVGH DVBl **84**, 880). Zur drittschützden Wirkg der Grenzwerte der TA-Luft/Lärm vgl Jarass NJW **83**, 2844 zu II 6.

21 Im **Umweltrecht** gibt das GG kein UmweltGrdR, Drittschutz aber dch GG 2 II mögl (BVerwG BauR **77**, 394); zu BayVerf 141 vgl BayVerfGH NVwZ **86**, 631/633. Nicht drittschützd sind BWaldG 1 Nr 1 (OVG Münst NuR **83**, 122), EinbringgsG 2 II (BVerwG DVBl **83**, 353).

Im **Wasserrecht** haben WHG 7, 8 als solche keine drittschützde Wirkg (BGH **88**, 34), wohl aber das in WHG 7, 8 iVm LandesR enthaltene materielle Recht (BGH aaO) u WHG 4 I 2 (BVerwG NJW **88**, 434; dazu Bauer JuS **90**, 24). – Im **Bergrecht** ist BBergG 55 I nicht nachbschützd (BVerwG NVwZ **89**, 1157). 22

bb) Wer **geschützter Dritter** ist, ist nach dem Schutzzweck der Norm zu beurteilen. – Im **Baurecht** sind es der Eigtümer (auch WohngsEigtümer; OVG Bln BauR **76**, 191) eines NachbGrdst u gleich schutzwürd dingl Berecht wie Dbk/ErbbBerecht (OVG Münster NVwZ **94**, 696 [Art der Dbk maßg; verneind für § 1093-Berecht bzgl Grenzabstand OVG Saarlouis II R 74/76 v 13. 7. 77 u bzgl EigtümerBauGen OVG Brem NVwZ **84**, 594]), wobei dch Vormkg gesicherter Anspr auf EigtÜbertr/RBegründg ausreicht (BVerwG JZ **83**, 201); nicht aber VorkBerecht (VGH Mannh NJW **95**, 1308), SchenkgsVersprEmpfänger (OVG Lünebg NVwZ **96**, 918) u schuldrechtl BesBerecht wie Mieter/Pächter (BVerwG NVwZ **98**, 956), denen aber Drittschutz aus GG 2 II, 14 I zustehen kann (Schlichter NVwZ **83**, 641 zu VI). Normzweck maßg, ob benachbart außer angrenzdem Grdst auch and im Wirkgsbereich liegde (BVerwG NJW **67**, 2325; Schlichter aaO). – Im **Immissionsrecht** u AtomR sind es die Benutzer aller im Einwirkgsbereich der Anlage gelegenen Grdst (Jarass NJW **83**, 2844 zu III). Benutzer sind neben dem Eigtümer auch die, die auf dem Grdst dauerh wohnen (BGH NJW **95**, 132) od regelm arbeiten (OVG Lünebg DVBl **84**, 890), nicht aber nur zufäll od gelegentl Benutzer (BVerwG NJW **83**, 1507). 23

c) Privat- und öffentlichrechtlicher Nachbarschutz. – aa) Drittschützde Normen des öffR (Rn 15) sind **Schutzgesetze im Sinne von § 823 II**, wenn sie dem Dritten die RMacht verleihen sollen, seinen Schutz unmittelb selbst zu verwirklichen (Dietlein AgrarR **96**, 241). Verstößt der GrdstEigtümer gg sie, so hat der geschützte Dritte gg ihn bei Verschulden einen SchadErsAnspr aus § 823 II (BGH NJW **70**, 1180) u entspr § 1004 den sog quasinegator verschuldensunabhäng Unterl- bzw BeseitiggsAnspr (BGH **86**, 356; **LM** § 1004 Nr 132; NJW **70**, 1180). Verstößt die VerwBeh (zB bei Erteilg einer BauGen) gg sie, so kann der geschützte Dritte SchadErsAnspr aus § 839 haben (BGH **86**, 356). Ist dch unanfechtb VerwAkt Befreig von einer drittschützden Norm erteilt, so ist auch für das ZivilR bindd die Norm außer Kraft gesetzt (Hbg MDR **63**, 135; Rüfner DVBl **63**, 609; Picker AcP **176**, 28); ob diese Schutzwirkg auch aGrd bestandskräft AusnGen od einf Gen (zB BauGen) entfällt, ist str (vgl Breuer DVBl **83**, 431 zu II 2 a). – **bb)** Die **Durchsetzung des öffentlichrechtlichen Drittschutzes** erfolgt im VerwRWeg. Verletzt eine BenutzgsGen eine drittschützde Norm, so kann der geschützte tats beeinträchtigte Dritte dies mit der AnfechtgsKl (VwGO 42 I) geltd machen (vgl Degenhart JuS **84**, 187; Hahn JuS **87**, 536), nicht aber sonstige RWidrigk (BVerwG NJW **81**, 67). Ist die wirks angefochtene Gen bereits ausgenutzt, so kann Beseitigg des materiell rwidr Zustandes mit dem FolgenbeseitiggsAnspr verlangt werden. Wird ein Grdst ohne notw Gen unter Verstoß gg drittschützde Normen benutzt, so kann der geschützte Dritte mit der VerpflKl (VwGO 123) ein behördl Einschreiten erzwingen (vgl zum Ermessensspielraum der VerwBeh BVerwG NVwZ **98**, 395); ebso bei genehmiggsfreier Benutzg unter Verstoß gg drittschützde Normen (vgl Degenhart NJW **96**, 1433). – **cc)** In der Geltdmachg sind priv- u öffrechtl **Abwehrrechte voneinander unabhängig** (OVG Bln NJW **83**, 777); eine Möglichk nimmt der and nicht das RSchutzInteresse (vgl auch Breuer DVBl **83**, 431 zu I 3). 24 25 26

4) Beschränkung der Eigentümerbefugnisse durch Rechte Dritter. Beschr dingl Rechte (Einl 5 vor § 854) an der Sache u UrheberRe (BGH NJW **74**, 1381; Ffm OLGZ **86**, 208) beschränken das HerrschR des Eigtümers unmittelb. Schuldrechtl Anspr bzgl einer Sache beschränken nicht das Eigt, sond legen dem Eigtümer nur eine pers Verpfl auf u beschränken ihn in der RAusübg. 27

5) Gemeingebrauch. (Papier, Recht der öff Sachen, 3. Aufl 1998. – Pappermann/Löhr/Andriske, Recht der öff Sachen, 1987).

a) Allgemeines. Eine Sache kann krG im **Gemeingebrauch** stehen; jedermann darf sie dann ohne bes Zulassg gem ihrer sich aus Gesetz od Widmg ergebden Zweckbestimmg unter Beachtg des GemeinverträglichkGrds benutzen u das aus dem fortbestehden Eigt fließde HerrschR des Eigtümers tritt insow zurück (BGH **33**, 230; BayObLG **80**, 121). Str, inwieweit sich GebrUmfang aGrd gewandelter VerkGewohnh ändert (vgl VGH Mannh NJW **84**, 819). Im Rahmen der Zweckbestimmg darf die zuständ VerwBeh ohne Zustimmg des Eigtümers über den GemeinGebr hinausgehde u diesen beeinträchtigde **Sondernutzung** gestatten (vgl zB FStrG 8 I); zur Abgrenzung vgl Thiele DVBl **80**, 977. Benutzg innerh GemeinGebr/Sondernutzg gibt Einwendg nach §§ 863, 1004 II ggü AbwehrAnspr des Besitzers/Eigtümers (BGH **60**, 365; BayObLG **80**, 121). – Bei **Behinderung** der Benutzg iRv GemeinGebr/Sondernutzg dch HohTräger im VerwRWeg verfolgb öffrechtl AbwehrAnspr u dch PrivPers im ZivilRWeg verfolgb privrechtl AbwehrAnspr aus § 1004 (BGH NJW **98**, 2058). – GemeinGebr ist **unentgeltlich,** soweit nicht Ausn gesetzl vorgesehen (zB FStrG 7 I 4); Unentgeltlichk daher kein Wesenmerkm. Für GemeinGebr beeinträchtigde Sondernutzg darf Gebühr erhoben werden (zB FStrG 8 III); über privrechtl Vertr vgl BGH NJW **65**, 387, OVG Lünebg DVBl **70**, 588. Beeinträchtigt Sondernutzg den GemeinGebr nicht, so kann sie nur dem privrechtl VfgsBerecht aGrd privrechtl Vertr gestattet werden (vgl zB FStrG 8 X). 28

b) Wege. – aa) Er ist in FStrG 7 u in entspr LandesR geregelt. Inhalt u Grenzen nicht allggült beschreibb (BGH NJW **79**, 435). GemeinGebr für jedermann nur, wenn Straße/Weg/Platz dem öff Verkehr gewidmet (Stattfinden öff Verkehrs alleine nicht genügd; BGH **20**, 270), u iR der Gemeinverträglichk. „Gebr zum Verkehr" iSv FStrG 7 u LandesR ist nicht nur Fortbewegg (Schneider NJW **63**, 276). – Der **Anliegergebrauch** ist dch GG 14 so weit geschützt, wie eine angem Nutzg des GrdstEigt eine Benutzg der Straße erfordert, nicht aber gg den Verlust von Lagevorteilen (BGH WM **89**, 1154; BayObLG **89**, 97; Übbl 41 vor § 903). Dies ist keine SonderNutzg. – **bb) Einzelfälle,** bei denen aber stets Landes- u OrtsR zu beachten: – **Kommerzielle Werbung** für AnliegerUntern im Luftraum über der Straße dch sog Nasenschilder zul (BVerwG NJW **79**, 440; OVG Kblz NJW **82**, 1828; Schwab NVwZ **83**, 459; vgl aber BGH NJW **78**, 2201; OVG Bln GewA **81**, 88), nicht aber für Waren (BVerwG aaO). Keine Verteilg von Handzetteln (BVerwGE **35**, 326; VGH Mü DVBl **76**, 920). – **Verkauf:** Unzul sind Aushängen von Warenautomaten (BVerfG NJW **75**, 357), Aufstellg von Ständen (BGH **23**, 166) od Imbißwagen (HessVGH NVwZ **83**, 48), Eisverkauf aus Kfz (Stgt NVwZ **84**, 468); über Aufstellg von Obstkisten uä vgl LG Kblz NJW **61**, 1071; Bauchladen zul (Köln NVwZ **92**, 100). – **Bauliche Anlagen u Geräte:** Zul sind Hotelschutzdach (RG **132**, 398; BGH 29

NJW **57**, 1396), Radständer (OVG Lünebg SchlHA **63**, 80), Bauzaun nebst Lagerg von Baugerät (BGH **22**, 397; **23**, 168); Kellerschacht (BVerwG NJW **81**, 412). Unzul ist Überbau von Erker u Balkonen (RG SeuffA
30 **65**, 241). – **Parken:** Laternengaragen iRv StVO u Gemeinverträglichk grdsl zul (BVerwG DVBl **79**, 155), ebso mehrtäg Abstellen von Wohnwagenanhänger (BVerwG NJW **86**, 337); aA Brschw NVwZ **82**, 63 für Wohnmobil); vgl Hentschel NJW **86**, 1307 zu II 1 b. Keine Aufstellg von MietKfz (BayObLG NJW **80**, 1807; aA BVerwG NJW **82**, 2332) od Kfz zum Verkauf (BayObLG VRS **63**, 476). Kein Anspr auf Parkmöglichk in GrdstNähe (BVerwG NJW **83**, 770). – **Politische Werbung:** Steinberg/Herbst JuS **80**, 108; OVG Lünebg NJW **77**, 916 (Flugblattverteilg zul); Karlsr Just **77**, 422 (Plakatkleben auf Kabelkästen unzul); BVerwG NJW **78**, 1933 (Informationsstand u zahlreiche Plakattafeln unzul); BGH NJW **79**, 1690 (Aufstellen eines Tisches unzul). – **Religiöse Werbung:** Düss NJW **98**, 2375 (freihänd Abgabe von Büchern/CD zuläss). – **Straßenkunst:** Würkner NJW **89**, 1266; Heinz NVwZ **91**, 139; BVerwG NJW **87**, 1836 (Musik); BVerwG NJW **90**, 2011 (Scherenschnitte). – **Zufahrt:** Beschrkg zul (BGH NJW **79**, 1043; BVerwG NJW **80**, 354; BayObLG NJW **75**, 693; OVG Lünebg NJW **79**, 1422; KG OLGZ **80**, 486). – **Informationsbroschüren:** BVerfG NVwZ **92**, 53.

31 **c) Gewässer.** Gesetzl Regelgen: WaStrG 5, 6; WHG 23 iVm LandesR. – Zum **Meeresstrand** vgl BGH **44**, 27; VG Schlesw SchlHA **73**, 124; Gröpper SchlHA **66**, 49.

32 **d) Wälder.** Gesetzl Regelgen: § 14 BWaldG v 2. 5. 75 (BGBl 1037), vgl BVerfG NJW **89**, 2525 (Reiten), u LandesR (Wald/Forst/NaturSchG), vgl Düss NJW-RR **88**, 526 für *NRW.*

6) Treuhandeigentum

Aus dem **Schrifttum:** Siebert, Das rgeschäftl TrHandVerhältn, 1933 (1959). – Coing, Die TrHand kraft privaten RGesch, 1973. – Liebich/Mathews TrHand u TrHänder in Recht u Wirtsch, 2. Aufl 1983. – Serick, EigtVorbeh u SichgÜbertr, Bd I–VI, 1963–1986. – Breuer, RhNK **88**, 79. – Gernhuber, JuS **88**, 355. – Henssler AcP **196**, 37.

33 **a) Rechtsgeschäftliche Treuhand** (über gesetzl TrHandVerhältn vgl Liebich/Mathews S 327 ff). Allen TrHandVerhältn ist gemeins, daß der TrGeber dem TrHänder VermögensRe überträgt od ihm eine RMacht einräumt, ihn aber in der Ausübg der sich daraus im Außenverhältn (TrHänder zu Dr) ergebden RMacht im Innenverhältn (TrHänder zu TrGeber) nach Maßg der schuldrechtl TrHandVereinbg beschränkt (vgl auch Übbl 25 vor 104, Einf 7 vor § 164).

34 **aa)** Nach der **Rechtsstellung des Treuhänders** ist zu unterscheiden: **Ermächtigungstreuhand** (BGH NJW **54**, 190). Der TrGeber bleibt VollRInh (daher auch unechte TrHand genannt) u ermächtigt den TrHänder gem § 185 (vgl dort Rn 13) zu Vfgen im eigenen Namen; der TrGeber kann auch selbst verfügen, solange der TrHänder nicht verfügt hat. Die Ermächtigg erlischt mit dem Ende der RInhabersch des TrGebers u entspr § 168 mit Ende des TrHandVertr. Bei Insolvenz des TrHänders od ZwVollstr gg ihn hat der TrGeber InsO 47 bzw ZPO 771; bei Insolvenz des TrGebers od ZwVollstr gg ihn hat der TrHänder nicht InsO 47 bzw ZPO 771 (bei Besitz aber ZPO 809, 766). – **Vollmachttreuhand** (BGH WM **64**, 318). Der TrGeber bleibt VollRInh (daher auch unechte TrHand genannt) u bevollm den TrHänder zu RGesch im Namen des TrGebers. Es gelten §§ 164 ff. – **Vollrechtsübertragung** (sog fiduziarische od echte TrHand); vgl dazu Rn 38. Der TrGeber verliert die VfgsMacht; der TrHänder kann ihn aber zu Vfgen bevollmächtigen od ermächtigen (BGH DB **72**, 2010).

35 **bb)** Nach dem **Interesse an der Treuhand** ist zu unterscheiden: **Eigennützige (Sicherungs-) Treuhand,** wenn das TrHandVerhältn im Interesse des TrNehmers (idR um ihn dingl zu sichern) begründet wird (BGH WM **69**, 935); Beispiele: SichgsAbtretg (§ 398 Rn 20), SichgsÜbereigng (§ 930 Rn 11), SichgsGrdSch (§ 1191 Rn 16). – **Fremdnützige (Verwaltungs-) Treuhand,** wenn das TrHandVerhältn im Interesse des TrGebers (weil er sein Recht nicht ausüben will od kann) begründet wird (BGH NJW-RR **93**, 367); Beispiele: InkassoAbtretg (§ 398 Rn 26), RA/Notaranderkonto (Zimmermann DNotZ **80**, 457), Übertr aus steuerl Grd (BGH aaO) od um GläubZugriff zu verhindern (BGH NJW **93**, 2041), SaniergsTrHand. Vergütg des TrHänders steht nicht entgg (BGH WM **69**, 935). – Bei **doppelseitiger Treuhand** ist beides mögl: der TrHänder verwaltet das TrGut agrd Vertr mit dem TrGeber (VerwTrHd) u verwendet es agrd Vertr mit od zG der TrGeberGläub für diese (SichgTrHd); vgl BGH WM **89**, 1779. Beispiele: BassinVertr (Serick II § 19 I 1, 21 IV 3), TrHandliquidationsVergl (BGH **118**, 70; NJW **93**, 1851), TrHänder verwaltet Fdg für Abtretden u dessen Gläub (Karlsr WM **91**, 293); Anderkontoverwahrg für mehrere Beteil (Hamm OLGZ **84**, 387; KG OLGZ **84**, 410), Konsortialkredit mit SicherhPool (Obermüller DB **73**, 1833). Bei Mehrh von Gläub ist es auch mögl, das TrGut auf einen von ihnen als eigennütz TrHänder, der auch die SichgsInteressen der and wahrnimmt, zu übertragen (BGH NJW **66**, 1116; Serick II § 28 I 3).

36 **cc)** Einen typ **Treuhandvertrag** gibt es nicht, der Einzelfall bestimmt die RBeziehgen zw den Beteil (BGH WM **69**, 935); zB Auftr od GeschBesorgg (BGH **32**, 67; vgl § 675 Rn 6), InnenGesellsch (§ 705 Rn 26), SichgsVertr (§ 930 Rn 14, § 1191 Rn 16). VertrArt auch dafür maßg, ob TrGeber jederzeit RückÜbertragg des TrGuts verlangen kann (wie zB bei fremdnütz TrHand; BGH FamRZ **72**, 559) od ob TrHandVertr mit Tod des TrHänders erlischt (wie zB bei Auftr/GeschBesorgg; KG HRR **31** Nr 1866).

37 **dd)** Dch das Erfordern einer **unmittelbaren Übertragung des Treuguts** vom TrGeber auf den TrHänder begrenzt die Rspr (BGH DNotZ **93**, 384; krit Gernhuber aaO zu IV mwN) die bei Konk u ZwVollstr für die Gläub des TrHänders nachteil Anerkenng der wirtsch Zugehörigk des TrGuts zu TrGeberVermögen. Diese Beschrkg gilt nicht für die Anerkenng einer schuldrechtl TrHandVerpfl im InnenVerh zw TrGeber u TrHänder (Serick II § 19 II 2; vgl RG LZ **28**, 1248). – Keine Unmittelbark bei MietzinsZahlg, wenn TrHänder das TrGut im eigenen Namen vermietet u Mietzins auf EigensonderKto einzieht (BGH aaO). An ihr soll es auch fehlen, wenn der **Treuhänder als mittelbarer Stellvertreter** das TrGut für Rechng u im Interesse des TrGebers erwarb (RG **153**, 366; JW **31**, 3105; Hbg MDR **65**, 1001). Die bemängelte Offenkundigk der TrGutEigensch kann aber auch bei unmittelb Erwerb fehlen. Die Interessenlage spricht für Anerkenng als TrGut, wenn der TrHänder mit Mitteln des TrGebers erwarb. Um Rspr zu genügen, muß als mittelb Stellvertr zu eigenem Recht erwerbder TrHänder dch InsichGesch gem § 930 auf TrGeber übereignen

u von diesem gem § 929 S 2 rückübereignet erhalten. Unmittelbark bzgl Fdg gg Bank (TrGut) anerkannt, wenn TrGeber auf offenes TrHandKto des TrHänders (BGH NJW **59**, 1223; Canaris NJW **73**, 825), nicht aber auf verdecktes TrHandKto (BGH NJW **71**, 559) einzahlt. – Eine **dingliche Surrogation** wird nicht anerkannt. An der Unmittelbark soll es daher bzgl dessen fehlen, was vom TrHänder als Ers für Zerstörg/Beschädigg/Enteigng des TrGuts, mit Mitteln des TrGuts od dch ein sich auf das TrGut beziehdes RGesch erworben wurde (RG **153**, 366; Wolf JuS **75**, 716). Dem ist für ErsLeistgen nicht zuzustimmen (RGRK/Pikart Rn 96 vor § 929; Soergel/Mühl Einl Rn 50; Serick II § 19 II 3).

b) Dingliche Rechtslage. – aa) Der Treuhänder erwirbt das **Eigentum zu vollem Recht** nach den für die Sache geltden ÜbereignsVorschr u ist ggü dem TrGeber schuldrechtl gebunden, das EigtR nur nach Maßg der TrHandVereinbg auszuüben (BGH NJW **54**, 190). Ein **gutgläubiger Erwerb** vom TrGeber ist bei SichgsTrHand mögl, mangels VerkGesch aber nicht bei VerwaltgsTrHand (Gernhuber aaO zu IV 6). Das Eigt ist **vererblich** (KG HRR **31** Nr 1866), sofern der Tod des TrHänders nicht auflösde Bdgg für die Übereigng, u unterliegt sonstigen GesamtRNachf (KG JFG **7**, 307). 38

bb) Die Übereigng kann (auch stillschw) unter einer **auflösenden Bedingung** erfolgen, sofern dies nicht gesetzl verboten (zB § 925). Bdgg kann zB sein: Beendigg des TrHandVerh (vgl BGH NJW **62**, 1200; Ffm MDR **54**, 110), Nichtentstehen od Fortfall des SichgsZwecks (vgl § 930 Rn 15), vertrwidr Vfg des TrHänders, ZwVollstr von TrHänderGläub in TrGut. TrGeber hat bis BdggsEintritt ein AnwR auf EigtErwerb (BGH NJW **84**, 1184), über das er verfügen kann. 39

cc) Verfügungen des Treuhänders über das TrGut erfolgen im eigenen Namen u aus eigenem Recht. Vfgen, für die der ges Vertr des TrGebers die Gen des VormschG benötigt hätte, bedürfen einer solchen nicht. – **Vertragswidrige Verfügungen** sind dem Erwerber ggü grds wirks, da der TrHänder als dingl Berecht verfügt u die Bindg ggü dem TrGeber gem § 137 nur schuldrechtl wirkt (BGH NJW **68**, 1471); der TrGeber hat gg den Erwerber idR weder dingl (§ 985) noch schuldrechtl (auch bei unentgeltl Vfg nicht § 816 I 2; BGH WM **99**, 23, 484) Anspr. Wirkte der Erwerber vorsätzl an bewußt vertragswidr Vfg des TrHänders mit, dann ist die Vfg gem §§ 134 iV StGB 266, 138 nichtig u TrGeber hat dingl HerausgAnspr (Huber JZ **68**, 791; aA Serick III § 37 I 3 a) u schuldrechtl SchadErsAnspr aus §§ 823 II iVm 266 StGB, 826 (BGH NJW **68**, 1471) auf Herausg an sich (vgl RG **108**, 58). Bei bloßer Fahrlässigk des Erwerbers ist der TrGeber nicht dch Anspr gg ihn geschützt, da die Grds über die fahrl Unkenntn des VollmMißbr (§ 164 Anm 2) nicht anwendb sind (BGH aaO; aA Timm JZ **89**, 13 zu IV 2 mwN). – Bei **auflösend bedingter Übereignung** an den TrHänder ist der TrGeber gem § 161 II geschützt, wobei §§ 161 III, 936 iF der nach § 930 erfolgten Übereigng den Verlust des AnwR dch gutgl Erwerb verhindern u EigtRückerwerb mit BdggsEintritt ermöglichen. 40

dd) Nach Erledigg des TrHandZwecks, die nicht auflösde Bdgg für Übereigng (vgl Rn 39), ist der TrHänder zur **Rückübereignung** des TrGuts verpfl (BGH NJW **94**, 726); Anspr bei Grdst dch Vormkg sicherb. Dabei bei eigennütz TrHand EigtErwerb des TrGebers, der zuvor als NichtBerecht übereignete (MüKo/Quack § 932 Rn 63; RGRK/Pikart § 932 Rn 17; vgl § 932 Rn 17; aA Gernhuber aaO zu V 3); bei fremdnütz TrHand erwarb TrHänder kein Eigt (vgl Rn 38) u EigtErwerb entfällt mangels VerkehrsGesch (vgl § 932 Rn 1). Bei fremdnütz TrHand ZbR des TrHänders auch wg nicht aus TrHandVerh stammder Anspr (BGH NJW **93**, 2041); ebso bei eigennütz TrHand, wenn dies TrHdZweck widerspricht (NGH NJW **94**, 2885). Über Haftg des TrGebers nach § 419 wg einer vom TrHänder für Rechng des TrGuts eingegangenen Verbindlichk vgl BGH **27**, 257. 41

ee) Treugut in der Zwangsvollstreckung. – Vollstrecken **Gläubiger des Treuhänders** in das TrGut, so hat bei fremdnütz TrHand der TrGeber auch ohne Offenkundigk des TrHdVerh WidersprR aus ZPO 771 (BGH NJW **93**, 2622; **96**, 1543), da das TrGut wirtsch zu seinem Vermögen gehört (vgl aber Rn 37). Bei unmittelb Besitz kann TrGeber auch nach ZPO 766, 809 vorgehen. Bei eigennütz TrHand vgl § 930 Rn 22. – Vollstrecken **Gläubiger des Treugebers** in das TrGut, so hat bei fremdnütz TrHand der TrHänder keine Rechte aus ZPO 771, 805 (BGH **11**. 37), da das TrGut wirtsch nicht zu seinem Vermögen gehört. Bei unmittelb Besitz kann TrHänder nach ZPO 766, 809 vorgehen; Gläub muß dann in AnwR/RückübereigngsAnspr des TrGebers vollstrecken. Bei eigennütz TrHand vgl § 930 Rn 23. 42

ff) Treugut in der Insolvenz. – In der Insolvenz **des Treuhänders** hat bei fremdnütz TrHand der TrGeber ein AussondergsR (BGH DNotZ **93**, 384), da das TrGut wirtsch zu seinem Vermögen gehört (vgl aber Rn 37). Bei eigennütz TrHand vgl § 930 Rn 24. – In der Insolvenz **des Treugebers** hat bei fremdnütz TrHand der TrHänder kein Aus-/AbsondergsR u KonkVerw kann Herausgabe verlangen (BGH NJW **62**, 1200), da das TrGut wirtsch nicht zum TrHänderVerm gehört u TrHandVerh mit Konk des TrGebers endet (InsO 115, 116). Bei eigennütz TrHand vgl § 930 Rn 25. 43

904 *Notstand.*

Der Eigentümer einer Sache ist nicht berechtigt, die Einwirkung eines anderen auf die Sache zu verbieten, wenn die Einwirkung zur Abwendung einer gegenwärtigen Gefahr notwendig und der drohende Schaden gegenüber dem aus der Einwirkung dem Eigentümer entstehenden Schaden unverhältnismäßig groß ist. Der Eigentümer kann Ersatz des ihm entstehenden Schadens verlangen.

1) Allgemeines. § 904 behandelt die zur Abwehr einer dem Einwirkden (Notstand) od einem Dritten (Nothilfe) drohden Gefahr vorgenommene **Einwirkung auf fremde Sachen, von denen die Gefahr nicht ausgeht** (Aufopfergsgedanke); § 228 behandelt demggü die Einwirkg auf die gefahrbringde Sache (Verteidigg). § 904 auch anwendb bei Einwirkg auf and absolute VermögensRe (hM), nicht aber bei Einwirkg auf **eigene Sachen** iW der Selbstaufopferg (MüKo/Säcker Rn 27; Soergel/Baur Rn 24; hier uU § 683 [BGH **38**, 270]). Einwirkgen zur Gefahrenabwehr auf **Personen** od pers RGüter, von denen die Gefahr ausgeht, sind iRv StGB 34 auch zivilrechtl gerechtfertigt (vgl § 228 Rn 1; dort auch zur Anwendg von § 904 S 2 iFv 1

StGB 34, 35). – **Sondervorschriften:** zB LuftVG 25; HGB 700, BinnSchG 78; KatastrophenschutzG (zB *SchlH* G v 9. 10. 74, GVBl 446, §§ 17, 18; *Brdbg* G v 11. 10. 96, GVBl 278, § 9).

2 **2) Voraussetzungen der Notstandslage. – a)** Notstandsfäh sind eigene u fremde **Rechtsgüter jeder Art;** bes Beziehg des Einwirkden zum bedrohten RGut nicht erforderl. – **b)** Für das RGut muß eine **gegenwärtige Gefahr** bestehen. Sie liegt vor, wenn zur Abwendg von Schaden für das RGut sof Abhilfe erforderl (MüKo/Säcker Rn 4; RG **57**, 187). Sie kann über längere Zeit andauern, wenn mit Schadenseintritt jederzeit zu rechnen ist (BGH **LM** Nr 3; Hamm NJW **72**, 1374). Gleich gült, ob u von wem die Gefahr verschuldet ist (Hamm VRS **16**, 142). BewLast wie Rn 3.

3 **3)** Die **Notstandshandlung** besteht in der unmittelb od mittelb (RG **156**, 187) Einwirkg auf eine Sache; zB Benutzg, Beschädigg, Zerstörg, Unterfangen eines wg Bauarbeiten einsturzgefährdeten NachbGbdes (Karlsr Just **91**, 12). – **a)** Die Einwirkg muß zur Abwehr der Gefahr **notwendig** sein. Die Notwendigk ist obj zu bestimmen. Kann die Gefahr anders abgewendet werden, ist § 904 nicht anwendb. Eigng zur Gefahrabwehr genügt, Erfolg nicht wesentl. Die Einwirkg muß die **Gefahrabwehr bezwecken** u nicht nur zufäll bewirken (BGH **92**, 357; LG Aach NJW-RR **90**, 1122; aA Braun NJW **98**, 941). – **b)** Der drohde Schaden muß ggü dem aus der Einwirkg **unverhältnismäßig groß** sein. Gefahr für Leben u (idR) Gesundh wiegt schwerer als Sachschaden; bei VermSchäden Abwägg dch Schätzg beider in Geld. – **c) Beweislast** hat, wer sich auf Rechtfertigg dch § 904 beruft.

4 **4) Rechtsfolgen. – a)** Eigtümer u Besitzer (RG **156**, 187) der betroffenen Sache können die **Einwirkung nicht verbieten: sie ist rechtmäßig;** keine AbwehrAnspr aus §§ 823, 862, 1004, keine Rechte aus §§ 227, 859, Einwirkder kann Widerstand nach § 227 brechen. Bei lang andauernder Gefahr auch einklagb
5 DuldgsAnspr (Hamm NJW **72**, 1374; MüKo/Säcker Rn 14). – **b) Verschuldensunabhängiger Schadensersatzanspruch** des Duldgspflichtigen, auch bei seiner Einwilligg in Einwirkg (BGH **LM** Nr 2); entfällt, wenn er Notstandslage schuldh verursacht hat (BGH **6**, 102; LG Fbg NJW-RR **89**, 683). Umfang: §§ 249 ff (BayObLG **94**, 140), § 254 anwendb. S 2 bei hoheitl Einwirkg nicht anwendb (BGH **117**, 240); Entschädigg wg enteigndn Eingr mögl. – **Schuldner** ist nicht der Begünstigte (so aber LG Essen NZM **99**, 95; MüKo/Säcker Rn 17), sond der Einwirkde (BGH **6**, 102; RGRK/Augustin Rn 9; Soergel/Baur Rn 23), denn er ist für Geschädigten leichter zu ermitteln u Anspr gg ihn aus §§ 862, 1004 wird ersetzt. Nur bei AbhängigkVerh u Einwirkg in Ausübg daraus folgder Verrichtg haften AuftrGeber bzw Anweisder (BGH **6**, 102; Danzig JW **38**, 1205) u Einwirkder als GesamtSchuldn (entspr §§ 831, 823); dies gilt auch bei Einwirkg im öff Interesse (BGH **LM** Nr 2). Bei HdlgsPfl des Einwirkden aus StGB 323 c haftet er nicht (Erm/Hagen Rn 8; Schwab/Prütting Rn 313; aA Soergel/Baur Rn 23). Geschäftsunfäh haftet ohne Beschrkg nach § 829 (Erm/Hagen Rn 8; aA MüKo/Säcker Rn 18), da Einwirkg zu dulden. Mehrere haften als GesamtSchuldn (BGH **LM**
6 Nr 2). – **Rückgriff** des Einwirkden gg Begünstigten gem §§ 677 ff, 812 ff. – Bei fahrl **Irrtum** über Voraussetzgen nach S 1 haftet Einwirkder aus § 823, bei unverschuldetem Irrtum aus S 2 entspr (MüKo/Säcker Rn 26; Soergel/Baur Rn 14). – **Verjährung** gem § 195 (BGH **19**, 82).

905 ***Begrenzung des Eigentums.*** **Das Recht des Eigentümers eines Grundstücks erstreckt sich auf den Raum über der Oberfläche und auf den Erdkörper unter der Oberfläche. Der Eigentümer kann jedoch Einwirkungen nicht verbieten, die in solcher Höhe oder Tiefe vorgenommen werden, daß er an der Ausschließung kein Interesse hat.**

1 **1)** Das **Herrschaftsrecht des Eigentümers** erstreckt sich auch auf das Erdreich einschl vorhandener Hohlräume (BGH WM **81**, 129) senkrecht unter u den Luftraum senkrecht über seinem Grdst. **(S 1).** Einwirkgen können Eigtümer (§ 1004) u Besitzer (§ 862) verbieten. Gesetzl Beschrkgen zB gem EG 124 u öffR (zB BBodSchG v 17. 3. 98, BGBl I 502). – **a) Luftraum.** DuldgsPfl ggü zugelassenen Luftfahrzeugen (LftVG 1; vgl Martin NJW **72**, 564). LNachbR (EG 124) regelt vielf DuldgsPfl ggü übergreifden Bauteilen einer Grenzwand (zB *BaWü* 7 b; *SchlH* 15) u aGrd Hammerschlags/LeiterR (zB *BaWü* 7 c, *SchlH* 17). –
2 **b) Grundwasser** wird vom HerrschR des GrdstEigtümers nicht erfaßt (BVerfG NJW **82**, 745). GrdWasser ist das gesamte unterird Wasser, soweit es nicht künstl gefaßt ist (BVerwG DVBl **68**, 32); nur vorübergehd hervortretdes (BVerwG DÖV **69**, 755) od freigelegtes (zB Baggersee; str) GrdWasser bleibt solches. Einwirkgen auf das GrdWasser, die sich auf GrdWasser unter NachbGrdst auswirken, verstoßen nicht gg § 823 I (BGH NJW **77**, 1770); beachte aber LNachbRG (EG 124) *Hess* 20, *Nds* 38, *SchlH* 27 u § 909 Rn 5. Nach WHG 2 bedarf GrdWasserBenutzg iSv WHG 3 grdsl der Erlaubn od Bewilligg, auf die Eigtümer keinen RAnspr hat (BVerfG aaO). Über Drittschutz dch WHG vgl § 903 Rn 22. Zum Recht auf GrdWasserZufluß
3 vgl auch Jarass NJW **76**, 2195. – **c) Bodenbestandteile,** die nicht dem Bergregal (BBergG 3 II 1) unterliegen, werden vom HerrschR erfaßt (BGH NJW **84**, 1169, 1172).

4 **2) Gesetzlicher Ausschluß des Verbietungsrechts (S 2);** vgl weiter § 1004 Rn 31. Gilt auch für Besitzer (Brem OLGZ **71**, 147) u Erbb/Dbk/DWRBerecht. – **Kein Ausschließungsinteresse.** Geschützt ist jedes schutzwürd vermögensrechtl od immaterielle (zB ästhetische) Interesse (BGH WM **81**, 129) an ungestörter Benutzg des Grdst (nicht nur seiner Oberfläche; BGH aaO) dch den Eigtümer od NutzgsBerecht (BGH NJW **81**, 573); Besorgn künft Behinderg reicht (BGH **125**, 56 [64]). Mangels Beziehg zur GrdstBenutzg genügt es nicht, nur Wettbewerber fernhalten od Vergütg für Gestattg erlangen zu wollen (BGH WM **81**, 129). – **Beispiele:** Führg von Leitgen unter (Brem OLGZ **71**, 147) od über Straßen (RG JW **28**, 502; **32**, 46; Hamm JW **27**, 2533) od über noch wachsde Bäume (BGH NJW **76**, 416); Untertunnelg (RG JW **12**, 869; BGH NJW **81**, 573; **82**, 2179); überschwenkder Baukran (Düss NJW-RR **89**, 1421; Karlsr NJW-RR **93**, 91); hineinragde Reklametafel (Hbg MDR **69**, 576), Tiefenspeicher (BGH WM **81**, 129; Baur ZHR **86**, 507), VersorggsLeitg in 2,3 m (BGH NJW **94**, 999) od 3 m (Hbg NJW-RR **91**, 403; Düss OLGZ **91**, 211)
5 Tiefe. – Einwirkder muß **beweisen,** daß vom Eigtümer behaupteter Gesichtspkt für Ausschließgsinteresse nicht besteht (BGH NJW **81**, 573; WM **81**, 129). Ist Einwirkg nach S 2 zu dulden, so hat Duldgspflichtiger **Ausgleichsanspruch** entspr § 906 Rn 42.

906 *Zuführung unwägbarer Stoffe.* **[I] Der Eigentümer eines Grundstücks kann die Zuführung von Gasen, Dämpfen, Gerüchen, Rauch, Ruß, Wärme, Geräusch, Erschütterungen und ähnliche von einem anderen Grundstück ausgehende Einwirkungen insoweit nicht verbieten, als die Einwirkung die Benutzung seines Grundstücks nicht oder nur unwesentlich beeinträchtigt. Eine unwesentliche Beeinträchtigung liegt in der Regel vor, wenn die in Gesetzen oder Rechtsverordnungen festgelegten Grenz- oder Richtwerte von den nach diesen Vorschriften ermittelten und bewerteten Einwirkungen nicht überschritten werden. Gleiches gilt für Werte in allgemeinen Verwaltungsvorschriften, die nach § 48 des Bundes-Immissionsschutzgesetzes erlassen worden sind und den Stand der Technik wiedergeben.**

[II] Das gleiche gilt insoweit, als eine wesentliche Beeinträchtigung durch eine ortsübliche Benutzung des anderen Grundstücks herbeigeführt wird und nicht durch Maßnahmen verhindert werden kann, die Benutzern dieser Art wirtschaftlich zumutbar sind. Hat der Eigentümer hiernach eine Einwirkung zu dulden, so kann er von dem Benutzer des anderen Grundstücks einen angemessenen Ausgleich in Geld verlangen, wenn die Einwirkung eine ortsübliche Benutzung seines Grundstücks oder dessen Ertrag über das zumutbare Maß hinaus beeinträchtigt.

[III] Die Zuführung durch eine besondere Leitung ist unzulässig.

1) Privat- und öffentlichrechtlicher Immissionsschutz 1–3
2) Einwirkungen im Sinne von § 906 4–15
3) Keine oder unwesentliche Beeinträchtigung der Benutzung eines Grundstücks (I) 16–20
a) Regelungsinhalt 16
b) Unwesentliche Beeinträchtigung 17–19
c) Beweislast 20
4) Wesentliche Beeinträchtigung der Benutzung eines Grundstücks (II) 21–36
a) Regelungsinhalt 21
b) Wesentliche Beeinträchtigung 22, 23
c) Ortsübliche Benutzung 24–28
d) Unverhinderbarkeit der Beeinträchtigung . 29
e) Beweislast 30
f) Ausgleichsanspruch 31–34
g) Summierte Einwirkungen 35, 36
5) Beeinträchtigungen durch Betriebe und Anlagen 37–41
a) BImSchG 14, AtG 7, LuftVG 11 37–39
b) Umwelthaftungsgesetz 40
c) Gemeinwichtige Betriebe 41
6) Nachbarrechtlicher Ausgleichsanspruch außerhalb von § 906 II 2 . . . . 42, 43
7) Beeinträchtigungen durch hoheitliche Tätigkeit 44–48
a) Eingeschränkter Abwehranspruch 44
b) Öffentlichrechtlicher Entschädigungsanspruch 45, 46
c) Hoheitliche und nichthoheitliche Tätigkeit . 47, 48

1) Privat- und öffentlichrechtlicher Immissionsschutz – a) Privatrechtlicher Immissionsschutz. 1
§ 906 enthält als gesetzl EigtInhalt eine Beschrkg des AusschließgsR des Eigtümers aus § 903 dch Ausschl des AbwehrAnspr aus §§ 907, 1004. Entspr ausgeschl ist der AbwehrAnspr des Dbk/DWR/ErbbBerecht aus §§ 907, 1004 iVm §§ 1027, 1065, 1090 II, ErbbRVO 11 I, WEG 34 II u des Besitzers aus § 862 (BGH **LM** Nr 32); anwendb auch auf das Verhältn mehrerer Mieter eines Gbdes untereinand (BGH **LM** Nr 1; Düss ZMR **97**, 181). **Grundgedanke:** aus dem nachbarl LebensVerhältn heraus sind bestimmte Störgen (notf gg GeldAusgl) hinzunehmen, um eine sinnvolle GrdstNutzg zu ermöglichen; über § 906 u nachbarl GemschVerhältn vgl § 903 Rn 13. Die Anwendg muß der steten Änderg der Verhältn u Anschauungen inf techn u wirtsch Fortschritts angem Rechng tragen (RG **154**, 161; BGH **48**, 31; **LM** Nr 23), insb der stärker werdden Bedeutg des ImSch u Umweltschutzes (BGH NJW **99**, 356; Schlesw NJW-RR **86**, 884). – **Internationales Privatrecht:** EG 43 I, 44.

b) Öffentlichrechtlicher Immissionsschutz insb dch: **BImSchG** mit 1. BImSchV (Kleinfeuergsanlagen) idF v 14. 3. 97 (BGBl 490). 7. BImSchV (Holzstaub) v 18. 12. 75 (BGBl 3133), 8. BImSchV (Rasenmäher) idF v 13. 7. 92 (BGBl 1248), 13. BImSchV (Großfeuergsanlagen) v 22. 6. 83 (BGBl 719), 15. BImSchV (Baumaschinen) v 10. 11. 86 (BGBl 1729), letzte ÄndVO v 14. 3. 96 (BGBl 513), 16. BImSchV (Verkehrslärm) v 12. 6. 90 (BGBl 1036), 17. BImSchV (Verbrenngsanlagen) v 23. 11. 90 (BGBl 2545) letzte ÄndVO v 23.2.99 (BGBl 186), 18. BImSchV (Sportanlagenlärm) v 18. 7. 91 (BGBl 1588), 24. BImSchV (VerkWegeSchallschutz) v 4. 2. 97 (BGBl 172), 1. BImSchVwV (TA-Luft) v 27. 2. 86 (Beil BAnz Nr 58 a), 2. BImSchVwV (Krane) v 19. 7. 74 (BAnz Nr. 135), 3. BImSchVwV (Drucklufthämmer) v 10. 6. 76 (BAnz 112/165) u den gem BImSchG 66 fortgeltden Vorschr (insb TA-Lärm v 16. 7. 68, BeilBAnz Nr 137). – **LImSchG:** *Bay* G v 8. 10. 74 (BayRS 2129–1–1-U), letztes ÄndG v 9. 5. 98 (GVBl 243); *Brdbg* G v 22. 7. 99 (GVBl 386); *Brem* G v 30. 6. 70 (GBl 71), letztes ÄndG v 16. 8. 88 (GBl 223); *NRW* G v 18. 3. 75 (GV 232), letztes ÄndG v. 20. 5. 92 (GV 214); *RhPf* G v 28. 7. 66 (GBVl 211), letztes ÄndG v 5. 10. 90 (GVBl 289). – **AtomG** mit StrahlenschutzVO idF v 30. 6. 89 (BGBl 1321). – **FluglärmG** mit SchallschutzerstattgsVO v 11. 8. 77 (BGBl 1553). – **LärmschutzVO:** *Bln* VO v 6. 7. 94 (GVBl 231); *Hbg* VO v 6. 1. 81 (GVBl 4) idF v 15. 3. 88 (GVBl 36); *Hess* VO v 16. 3. 93 (GVBl 257); *RhPf* VO v 25. 10. 73 (GVBl 312). 2

c) Privatrechtliche Auswirkungen des öffentlichrechtlichen Immissionsschutzes. – aa) Bei **§ 906** 3
hat die Einhaltg bzw Nichteinhaltg öffrechtl ImSchVorschr Bedeutg für die Beurteilg der Wesentlichk einer Beeinträchtigg (I 2, 3; Rn 17–19), der Kausalität zw Emission u Beeinträchtigg (Rn 20), der Ortsüblichk einer GrdstBenutzg (Rn 30) u der Zumutbark einer Beeinträchtigg (Rn 31, 45). – **bb)** Soweit öffrechtl ImSchVorschr als SchutzG iSv § 823 II anzusehen sind (zB LärmschutzVorschr), wird ein **quasinegatorischer Abwehranspruch** nach hM (BGH **122**, 1; NJW **97**, 55) nicht dch § 906 eingeschränkt (fragl, ob nicht § 906 den privrechtl ImSch abschließd regelt).

2) Einwirkungen im Sinne von § 906. – a) Nicht unter § 906 fallen Grenzüberschreitgen von 4
größeren festkörperlichen Gegenständen (sog Grobimmissionen; BGH **111**, 158), zu denen auch größere Tiere u Flüssigk (and bei Zerstäubg) zählen; AbwehrAnspr hier aber uU ausgeschl aGrd nachbarl GemschVerhältn (vgl § 903 Rn 13; zum AuslAnspr vgl Rn 42) od WasserR (vgl BGH VersR **65**, 689; zB

*SchH*WasserG 68 II). Ferner nicht die sog **negativen Einwirkungen** (vgl § 903 Rn 9) u die sog **immateriellen Einwirkungen** (vgl § 903 Rn 10).

5 **b) Unter § 906 fallen** ohne Beschrkg auf unwägb Stoffe grenzüberschreitde Einwirkgen, die in ihrer Ausbreitg weitgehd unkontrollierb u unbeherrschb sind (BGH **117**, 110), inf natürl Verbreitg (zB Zuführg dch wild abfließdes Regenwasser; BGH **90**, 255). Dabei zeigen die gesetzl Beisp, daß es sich auch bei den ähnl Einwirkgen um Grenzüberschreitgen mit gesundh- od sachschädigder Wirkg handeln muß (RG **76**, 130; BGH **51**, 396). Die Einwirkg geht auch dann von einem Grdst aus, wenn sie nur zurechenb Folge eines auf ihm eingerichteten Betr ist (BGH **69**, 105). Einzelfälle:

6 **aa) Gase, Dämpfe, Gerüche:** Fluor (BGH **70**, 102); Kläranlage (BGH **91**, 20; Ffm VersR **83**, 41); Misthaufen (AG Esens NdsRpfl **72**, 61); Komposthaufen (LG Mü I NJW-RR **88**, 205); Müllbehälter (Kblz MDR **80**, 578); Nerzfarm (Köln DB **63**, 199); Ölheizg (Düss MDR **77**, 931); Schwefeldioxyd (BGH **15**, 146; **30**, 273); Schweinemast (BGH NJW **77**, 146; **99**, 356; Oldbg AgrarR **84**, 73; Hamm AgrarR **81**, 317); Teer (BGH **LM** Nr 29, 40); landw NebenerwerbsBetr (Brschw NdsRpfl **87**, 185); Katzen (Mü NJW-RR **91**, 17); Naturdung (Düss NJW-RR **95**, 1482; AG Neuss NJW-RR **91**, 18).

7 **bb) Rauch, Ruß (Staub):** Erzverladg (BGH **30**, 273); GbdeBau (BGH **LM** Nr 49); Industrie (Nürnbg MDR **80**, 667); Ölheizg (BGH **LM** Nr 18; DB **71**, 526; Köln VersR **65**, 722; Düss MDR **77**, 931); Splittwerk (BGH **LM** Nr 39); Zementwerk (BGH **62**, 186; LG Münster NJW-RR **86**, 947); Straßenbau (BGH **LM** Nr 27, 40).

8 **cc) Geräusche. – Fahrzeuge:** auf Straßen (BGH NJW **88**, 900); auf NachbGrdst (BGH **LM** Nr 11, 19, 38); unzul Halten mit lfdem Motor (BGH NJW **82**, 440); Bushaltestelle (BGH NJW **84**, 1242; Düss VersR **79**, 578); Straßenbahnkehre (BGH **LM** Nr 28); Parkplatz (LG Kempten NJW **95**, 970). – **Musik:** Freilichtbühne (BGH **LM** 32); Hausmusik (Karlsr NJW-RR **89**, 1179); Kino (Oldbg MDR **56**, 738); Kirche (LG Esn MDR **70**, 505); Volksfest (BGH **111**, 63); Stadtteilfest (VG Düss NVwZ **91**, 398); Gaststätte (Rn 11). –
9 **Sport:** Kegelbahn (BGH ZMR **66**, 50; Hamm NJW-RR **89**, 1176); Tennisplatz (BGH NJW **83**, 751; Mü NJW-RR **86**, 1142; Karlsr NJW-RR **89**, 145; Köln NVwZ **89**, 290; **93**, 301; Schlesw NJW-RR **91**, 715; Zweibr NJW **92**, 1242; Kblz NVwZ **93**, 301; Celle Sp*u*Rt **95**, 126; Ffm Sp*u*Rt **95**, 127; Saarbr Sp*u*Rt **95**, 129); Tischtennis (Köln NJW-RR **91**, 1425); Minigolf (Karlsr ZMR **89**, 90); Sportplatz (Stgt NVwZ **85**, 784; Nürnb NJW-RR **88**, 979; LG Aachen NVwZ **88**, 188); vgl auch Schmitz NVwZ **91**, 1126 mwN. –
10 **Kinder:** Spielplatz (VGH Mannh NVwZ **90**, 988); Spielstraße (Düss NJW-RR **96**, 211); Kindergarten (Celle MDR **97**, 1023); Wohnanlage (LG Hdlbg NJWE-MietR **97**, 234). – **Tiere:** Hühner (Hamm MDR **88**, 966; LG Mü I NJW-RR **88**, 205; **89**, 1178; LG Ingolstadt NJW-RR **91**, 654); Hunde (Hamm NJW-RR **90**, 335; Nürnbg NJW-RR **91**, 1230; Düss NJW-RR **95**, 542; LG Darmst DWW **93**, 19; LG Mainz DWW **96**, 50; LG Schweinf NJW-RR **97**, 1104); Hundezucht (Stgt NJW-RR **86**, 1141); Kühe (LG Fbg AgrarR **77**, 41 u AG Lindau NJW-RR **92**, 277: Glocken; LG Darmst AgrarR **80**, 319: Muhen); Tauben (vgl Rn 14); Vogelhaltg (Ffm NJW-RR **87**, 1166; LG Nürnbg-Fürth DWW **96**, 50); Frösche (BGH **120**, 239; Schlesw
11 NJW-RR **86**, 884). – **Verschiedenes:** Alarmsirene (Schlesw ZMR **80**, 146); Altglascontainer (VG Köln NVwZ **93**, 401); Bauarbeiten (BGH **LM** Nr 1, 14, 22, 49; NJW **86**, 1980; Bodanowitz NJW **97**, 2351); Militärflugplatz (BGH **129**, 124); Zivilflugplatz (BGH **79**, 45); Gaststätte (BGH **LM** Nr 17, 37; LG Aachen NJW-RR **86**, 818); Kirchenglocken (BVerwG NJW **92**, 2779); LadenGesch (LG Hbg WuM **84**, 79); Manöver (BGH **LM** Nr 61); Maschinen (BGH **46**, 35; ZMR **65**, 301); Holzverarbeitg (Stgt NJW-RR **86**, 1339); Müllbehälter (Kblz MDR **80**, 578); Schule (BGH **38**, 61); Stadtparkfontäne (BGH **LM** Nr 25); Wasserrauschen in Bad/WC (Düss MDR **68**, 496; Karlsr NJW-RR **91**, 1491); Gartenfest (LG Ffm NJW-RR **90**, 27); Radio (Mü NJW-RR **91**, 1492); Schießstand (Mü ZMR **98**, 553).

12 **dd) Erschütterungen:** GbdeBau (BGH **85**, 375); Maschinen (BGH ZMR **65**, 301); Rammarbeiten (BGH WM **66**, 33); Sägewerk (BGH **LM** Nr 30); Sprengg (BGH NJW **99**, 1029); Straßenbau (BGH **72**, 289).

13 **ee) Ähnliche Einwirkungen;** dazu zählen nicht ideelle u immaterielle Einwirkgen (vgl Rn 4). – **Laub/Nadel/Blütenbefall.** Als Folge erstrebenswerter Begrünung nach Dchschnittsempfinden idR unwesentl Beeinträchtigg iSv Rn 17 (Stgt NJW-RR **88**, 204; Düss NJWE-MietR **96**, 2). Bei Wesentlichk idR ortsübl iSv Rn 24 u unvermeidb iSv Rn 25 (Ffm NJW **88**, 2618; Düss aaO; LG Ulm NJW **85**, 440); für danach zu duldden Befall wg Lagevorteil in begrünter Umgebg idR kein GeldAusgl nach Rn 31 (Stgt NJW **86**, 2768; Ffm NJW-RR **87**, 1101; **91**, 1364; NJW **88**, 2618; Müller NJW **88**, 2587; LG Saarbr MDR **88**, 54; aA Karlsr NJW **83**, 2886; LG Wiesb NJW **79**, 2617; LG Lüb NJW-RR **87**, 532). Kein Abwehr- u AusglAnspr, wenn NaturschutzR Eingriff in Baum untersagt (Ffm NJW-RR **91**, 1364). – **Sonstige Kleinstkörper:** Feuerwerksrückstände (RG JW **27**, 45), Samenflug (Düss NJW-RR **95**, 1231; Schlesw SchlHA **93**, 170; Schmid NJW **88**, 29); Fäkalien (Schlesw NJW-RR **96**, 399); nicht aber Fußball (VGH Kassel NJW **93**,
14 3088), Golfball (Haunhorst JuS **96**, 225). – **Kleintiere:** Bienen (BGH **117**, 110; Bambg NJW-RR **92**, 406; Celle AgrarR **90**, 198; Hamm MDR **89**, 993; LG Ambg NJW-RR **88**, 1359; AgrarR **90**, 200; LG Hanau AgrarR **90**, 201; Schwendner AgrarR **90**, 193); Fliegen (RG **160**, 381; LG Stgt RdL **67**, 49); Brief-/Tauben (Düss MDR **68**, 841; OLGZ **80**, 16; KG RdL **69**, 54; Hamm MDR **88**, 966; Celle NJW-RR **89**, 783; LG Mü NJW-RR **92**, 462; LG Itzehoe NJW-RR **95**, 979; Stollwerk ZMR **93**, 445); Langwanzen (Köln OLGZ **92**, 121); Wolläuse (BGH NJW **95**, 2633). Nicht aber: Katzen/Hühner/Kaninchen (§ 903 Rn 13); Flugenten (aA Oldbg VersR **76**, 644); Ratten (KG HRR **30** Nr 1105). – **Licht:** grelle Lichtreflexe (RG **76**, 130); Lichtreklame (Hbg MDR **72**, 1034); Straßenbeleuchtg (OVG Kblz NJW **86**, 953). – **Strahlungen;** Wahrnehmbark nur dch Meßgerät ausreichd: elektromagnet Wellen (RG **133**, 342; BVerfG NJW **97**, 2509; LG Mü II NJW-RR **97**, 465; Fritz BB **95**, 2122); Röntgenstrahlen; ionisierde Strahlg. – **Chemikalien:** Rückstände von Unkrautvernichtgsmitteln (BGH **90**, 255) od Öl/Benzin (LG Aachen NVwZ **88**, 188) in wild abfließdem Regenwasser.

15 **c)** Wird eine Einwirkg iSv Rn 5 dch eine **besondere Leitung,** zB an der Grenze angebrachtes Auspuffrohr (Mü OLG **26**, 125) im Ggs zu zufäll Schall/Wärmeleiter (RG HRR **33**, 1928), zugeführt, so ist sie nie nach § 906 zu dulden **(III).** BewLast für derart Zuführg hat Betroffener.

3) Keine oder unwesentliche Beeinträchtigung der Benutzung eines Grundstücks (I). a) Regelungsinhalt. Gehen von einem (emittierden) Grdst aGrd nichthoheitl Tätigk (auch wenn sie nichtortsübl Benutzg; Schlesw NJW-RR **86**, 884) nicht dch bes Leitg zugeführte Einwirkgen iSv § 906 auf ein nicht notw unmittelb angrenzdes (BGH **LM** Nr 6) and (betroffenes) Grdst aus, die dessen Benutzg höchstens unwesentl beeinträchtigen, so sind vorbehaltl (§ 903 Rn 13) für dessen Eigtümer (Dbk DWR/ErbbBerecht) u Besitzer (BGH NJW **95**, 132) **Abwehransprüche aus §§ 862, 907, 1004 ausgeschlossen,** ohne daß Einwirkder ausglpflicht; die Einwirkg ist auch nicht rwidr iSv §§ 823 ff (BGH **90**, 255). Betroffener darf die Einwirkg aber tatsächl abwehren (BGH **16**, 366). 16

b) Keine wesentliche Beeinträchtigung der GrdstBenutzg. – **aa) Maßstab.** Nach I 2, 3 (idF Art 2 § 4 SachenRÄndG) ist die Beeinträchtigg idR (dh Abw im EinzFall mögl; vgl Rn 23) unwesentl, wenn die nach den Vorschr des I 2 u 3 ermittelten u bewerteten Einwirkgen (zB 18. BImSchV) die dort genannten Werte eingehalten sind. Die Vorschr müssen der Beurteilg individueller Lärmbeeinträchtiggen dienen; daher nicht FluglärmG (Staud/Roth Rn 141; aA 57. Aufl). Priv Umweltstandards (zB DIN-, VDI-, VDE-Normen) begründen keine Regelfälle, die Einhaltg hat aber Indizwirkg (Düss NJW-RR **97**, 272; LG Mü II NJW-RR **97**, 465). Die Überschreitg der Werte ist nicht als Regelfall der Wesentlichk ausgestaltet. Soweit keine Werte nach I 2, 3 bestehen, gilt Rn 22. – **bb) Gesetze/Rechtsverordnungen (I 2)** sind nur ParlamentsG u förml RVOen (zB BImSchV) des Bundes- u LandesR, nicht aber Gemeindesatzgen iSv BImSchG 49 III. Der Begriff „Grenz- (= Maximal-) u Richtwert (= unter best Voraussetzgen überschreitb)" erfaßt sämtl Im- u Emissionswerte (BT-Drucks 12/7425 S 88). – **cc) Verwaltungsvorschriften nach BImSchG 48 (I 3),** wenn das dort vorgesehene ErlaßVerf eingehalten ist; zB TA-Luft. Gleich stehen die in BImSchG 86 II genannten Vorschr (BT-Drucks 12/7425 S 89); zB TA-Lärm. Keine Maßgeblichk dieser Vorschr, wenn sie (was vom ProzGer mit sachverständ Hilfe zu prüfen) nicht mehr den Stand der Technik wiedergeben. „Stand der Technik" (einschl der WirkgsForschg bei Immissionen) ist der Entwicklgsstand fortschrittl u in der Praxis bewährter Verf, Einrichtgen u Betriebsweisen, der nach deutl überwiegder Meing führder Fachleute die Erreichg des ges vorgegebenen Ziels gesichert erscheinen läßt (BT-Drucks 12/425 S 90). 17 18 19

c) Beweislast. – **aa) Betroffener** für Emission, Beeinträchtigg u Kausalität zw beiden (BGH **70**, 102). Die Nichteinhaltg der Werte nach I 2, 3 ist ein deutl Hinweis auf die Kausalität (BGH **92**, 143; Oldbg NJW-RR **91**, 653). – **bb) Einwirkender** für Unwesentlichk (BGH **120**, 239 [257]). Dafür genügt, daß er die Einhaltg der Werte nach I 2, 3 beweist; Betroffener muß dann beweisen, daß die Beeinträchtigg gleichwohl wesentl (BTDrucks 12/7425 S 88; Baumgärtel/Laumen 7; Fritz NJW **96**, 573; aA Wstm/Gursky § 62 II 2 b; Marburger FS-Ritter **97**, 901 [913]: GgBew reicht), od iFv I 3 die eingehaltene Vorschr nicht mehr dem Stand der Technik entspr. 20

4) Wesentliche Beeinträchtigung der Benutzung eines Grundstücks (II) – a) Regelungsinhalt. Gehen von einem (emittierden) Grdst aGrd nichthoheitl Tätigk Einwirkgen iSv § 906 auf ein nicht notw unmittelb angrenzdes (BGH **LM** Nr 6) and (betroffenes) Grdst aus, die dessen Benutzg wesentl beeinträchtigen, so bestehen AbwehrAnspr aus §§ 862, 907, 1004, sofern diese nicht aus bes Grd (zB Dbk, schuldr Vertr, Rn 37–39, § 903 Rn 13) ausgeschl. Dem Betroffenen sind idR keine Schutzmaßn (zB Schlafzimmerverlegg) zumutb, damit die Beeinträchtigg unwesentl iSv I wird (BGH **111**, 63; Schlesw NJW-RR **86**, 884). – Unter den Voraussetzgen von **II 1** sind bei nicht dch bes Leitg zugeführten Einwirkgen für den Eigtümer (Dbk/DWR/ErbbBerecht) u Besitzer (BGH NJW **95**, 132) diese **Abwehransprüche ausgeschlossen;** die Einwirkg ist auch nicht rwidr iSv §§ 823 ff (BGH **117**, 110). Betroffener darf die Einwirkg aber tatsächl abwehren (BGH **16**, 366). Unter den Voraussetzgen von **II 2** tritt an die Stelle des ausgeschl AbwehrAnspr ein **Ausgleichsanspruch.** – Zwischen einem nicht nach II 1 ausgeschl AbwehrAnspr u dem subsidiären AusglAnspr besteht **kein Wahlrecht** des Betroffenen (Staud/Roth Rn 228; vgl auch BGH **120**, 239 [251]). AusglAnspr daher unbegründet, wenn Betroffener Nichtvorliegen der AusschlGrd nach II 1 behauptet od dies unstr ist; wg BewLastverteilg (Rn 34) kann Betroffener aber abwarten, ob Einwirkder Nichtvorliegen behauptet u beweist, u dann auf AbwehrAnspr übergehen. 21

b) Wesentliche Beeinträchtigung der GrdstBenutzg. – **aa) Maßstab** ist das Empfinden eines verständigen (der zB das veränderte Umweltbewußtsein [BGH **120**, 239 (255); Schlesw NJW-RR **96**, 399] od das AllgInteresse an jugendfreundl Umgebg [BGH **121**, 248; Düss NJW-RR **96**, 211] od die berecht Belange Behinderter [Köln NJW **98**, 763] berücksichtigt) DchschnittsBenutzers (dazu Vieweg/Röthel NJW **99**, 969) des betroffenen Grdst in seiner dch Natur (zB Wohngebiet od Außenbereich), Gestaltg (zB Einfach- od Doppelverglasg) u Zweckbestimmg (zB Wohn- od GewerbeGrdst) geprägten konkreten Beschaffenh u nicht das subj Empfinden des Gestörten (BGH **120**, 239 [259]; NJW **99**, 357). Wesentlichk ident mit Erheblichk iSv BImSchG 3 I (BGH **122**, 76). Für ein WohnGrdst ist maßg, ob das Wohnen an Annehmlichk verliert u GrdstWert dadch gemindert (BGH **LM** Nr 64); Geräusch/Geruchseinwirkg idR erst unwesentl, wenn dchschnittl Mensch sie kaum noch empfindet (BGH NJW **82**, 440). Einmalige Einwirkg oft unwesentl (Schlesw NJW-RR **86**, 884; vgl auch VG Ffm NJW **99**, 1986), Sachbeschädigg idR wesentl (BGH **92**, 143). Beurteilg ist im wesentl tatrichterl Natur; RevGer prüft aber, ob Tats verffehlerfrei festgestellt u von zutreffden Gesichtspkten ausgegangen. – **bb)** Bei **Einhaltung der Werte nach I 2, 3** kann eine Beeinträchtigg gleichwohl wesentl sein (Rn 17), insb wenn immissionsbdgte Schäden eintreten (BGH NJW **99**, 1029). Bei Geräuschen entscheidet die Lästigk, für die die Lautstärke nur eine Komponente (Schlesw NJW-RR **86**, 884; Köln OLGZ **94**, 315); die Eigenarten der verschied Lärmeinwirkgen wie hohe Frequenzen (BGH **LM** Nr 32), Nachtzeit (BGH **120**, 239 [257]), Dauer (Köln OLGZ **94**, 315), An-/Abschwellen sowie plötzl Auftreten (BGH **120**, 239 [258]), kurzzeit hohe Schalldrücke in best FrequenzZusSetzgen (BGH **79**, 45) sowie Appell- (Mü NJW-RR **91**, 1492) od Impulscharakter (BGH NJW **83**, 751) können unterschiedl Bewertung meßb physikal Größen gebieten. – **cc)** Bei **Überschreitung der Werte nach I 2, 3** ist eine Beeinträchtigg nicht schon idR wesentl. Sie gibt aber einen deutl Hinweis dafür (BGH DVBl **90**, 771; Oldbg NJW-RR **91**, 635). – **cc) Fehlen notwendiger Genehmigung** des öffR spricht für Wesentlichk, solange nicht feststeht, daß die störde Benutzg uneingeschränkt genfäh ist (BGH NJW **99**, 357 Anm Petersen JZ **99**, 471). 22 23 23 a

24 **c) Ortsübliche Benutzung** des emittierden Grdst. Beurteilg ist im wesentl tatrichterl Natur; RevGer prüft aber, ob von zutreffden rechtl Gesichtspkten ausgegangen. Bei Fehlen notw Gen des öffR gilt Rn 23 a entspr (BGH aaO).

25 **aa)** Im maßg VerglBezirk muß eine Mehrh von Grdst mit nach Art u Umfang **annähernd gleich beeinträchtigender Wirkung** auf and Grdst benutzt werden (BGH **120**, 239 [260]); diese Benutzgen müssen öfter erfolgen (BGH **LM** Nr 49). Aber schon die Art der Benutzg nur eines Grdst kann den Gebietscharakter prägen; zB Fabrik (RG Warn **12**, 215; BGH **15**, 146; **30**, 273), Flughafen (BGH **59**, 378; **69**, 105; **LM** Nr 54), Baudenkmal (BGH **LM** Nr 49), Mülldeponie (BGH NJW **80**, 770). – Maßg nicht die abstr Benutzgsart der VerglGrdst zB als Garagen- od SchulGrdst, sond der jeweil **Beeinträchtigungsgrad** zB aGrd unterschiedl Lage (BGH **LM** Nr 11) od Stärke (LG Darmst DWW **93**, 19) der Lärmquelle, Art der landw Nutzg (BGH **117**, 110), der unterschiedl NutzgsZeiten (Köln NVwZ **89**, 290) od unterschiedl Lärmschutz-Maßn (BGH **38**, 61). Trotz gleicher Emission kann Benutzg ortsunübl sein, weil sie Wohn- statt GewerbeGrdst od einz Grdst bes stark beeinträchtigen (BGH **30**, 273) od in der Frei- statt in der Arbeitszeit erfolgen (BGH NJW **83**, 751). Die Einwirkgen müssen **gleichartig** sein (Lärm nicht mit Geruch vergleichb; RG Warn **12**, 215); sie können aber unterschiedl erzeugt sein (zB Sport- u Gewerbelärm), wenn Auswirkgen
26 annähernd gleich (BGH ZMR **66**, 50; Ffm NJW **88**, 2618). – Als **Vergleichsbezirk** ist vom ganzen Gemeindegebiet auszugehen (Brschw NdsRpfl **87**, 185), bei gebietsprägder Benutzg von weiteren Räumen (BGH **30**, 273). Beschrkg auf engeres Gebiet geboten, wenn dieses wg gleichart Benutzg (zB Villen- od Industrieviertel) erkennb eigentüml Gepräge aufweist (BGH **LM** Nr 11; Karlsr NJW **60**, 2241). Str, ob in vielen Orten einer Region anzutreffde Benutzg schon damit in jedem ortsübl (bejahd RG DJZ **06**, 486 für Dorfschmiede; RG Recht **11** Nr 2733 für Schützenhaus; verneind Karlsr aaO für Volksfest). Bei **Verkehrsanlagen** sind die Verhältn im gesamten Gebiet, dch das die Anlage führt, zum Vergl heranzuziehen (BGH **54**, 384; **LM** Nr 25); Schnellstraßen sind idR ortsübl (BGH **LM** Nr 29).

27 **bb)** Die mit zeitw **erhöhten Einwirkungen** verbundenen gewöhnl Herstellgs- (BGH **72**, 289; LG Kstz NJW-RR **91**, 916), Erhaltgs- (BGH **LM** Nr 29, 49), Umgestaltgs- (BGH **LM** Nr. 40; vgl aber Nr 23) od Abbrucharbeiten (BGH **LM** Nr 14) sind ortsübl, wenn das Halten der Anlage ortsübl ist; and bei vermeidb od außergewöhnl starken Einwirkgen (BGH **54**, 384; **LM** Nr 14, 27). Die Steigerg des Verk auf öffentl Straßen (BGH **49**, 148; **62**, 186) od Flughäfen (BGH **59**, 378; **69**, 105) bleibt idR ortsübl; ebso bes störde Übg im Manövergebiet (BGH **LM** Nr 61). Ortsüblichk entfällt nicht notw schon dann, wenn allg geübte Benutzg aus betrwirtsch Grd geändert u dadch störder erfolgt, sofern nicht BetrArt dadch ortsunübl wird (BGH **48**, 31).

28 **cc) Maßgebender Zeitpunkt** ist die letzte mdl TatsVerhdlg (BGH NJW **76**, 1204), wobei Zufälligk auszuschalten. Bei **längerer Benutzung** Gesamtbild aller Teilakte maßg, wobei Unüblichk weniger Teilakte unschädl (BGH **72**, 289). Unerhebl idR, daß beeinträchtigte **Benutzung des betroffenen Grundstücks später begonnen** als die des emittierden (BGH **LM** Nr 32; NJW **76**, 1204; **77**, 146) od Ortsüblichk dch Änderg der Verhältn später entfallen (LG Augsbg AgrarR **72**, 259). Eine im **Bebauungsplan** erst vorgesehene Benutzg hat noch keinen maßg Einfluß auf die Ortsüblichk (BGH **46**, 35; ZMR **66**, 301; **LM** Nr 5, 11, 39; NJW **76**, 1204; Brschw NdsRpfl **87**, 185; Hagen NVwZ **91**, 817).

29 **d) Unverhinderbarkeit der Beeinträchtigung** bei Fortdauer der beeinträchtigden Benutzg dch wirtsch zumutb techn od organisator Maßn; unzumutb kann auch nur sofortige Unterl sein (Schlesw NJW-RR **96**, 399). Ob Zumutbark gegeben, ist unter Berücksichtigg des nachbarl Verhältn, der Vor- u Nachteile, der techn/organisator Möglichk u der Leistgsfähigk eines dchschnittl (nicht des konkreten) Benutzers (Karlsr BB **65**, 690; Düss OLGZ **80**, 16) des emittierden Grdst festzustellen. Nach Hager NJW **86**, 1961 Verhältnismäßigk iSv BImSchG 17 II maßg. Nach Schlesw NJW-RR **86**, 884 auch NaturSch zu berücksichtigen.

30 **e) Beweislast.** – **aa) Betroffener** für Emission, Beeinträchtigg u Kausalität zw beiden (BGH **70**, 102; über Nichteinhaltg der Werte nach I 2, 3 vgl Rn 20). – **bb) Einwirkender,** der Unwesentlichk nicht beweisen kann (vgl Rn 20), für Ortsüblichk seiner GrdstBenutzg (BGH **LM** Nr 38) u Unverhinderbark dch zumutb Maßn (BGH WM **90**, 1074). Planerische Zulässigk u Einhaltg öffrechtl Grenzwerte geben nur allg Anhalt (BGH NJW **83**, 751), nicht aber AnscheinsBew (Baumgärtel/Laumen 7; aA Baur JZ **74**, 657 zu II 3) für Ortsüblichk (so kann Tennisplatz trotz Lage in Mischgebiet u Grenzwerteinhaltg wg Nähe zu WohnGbde u Lärmeigenart ortsunübl sein; BGH NJW **83**, 751), u trotz Nichteinhaltg ist Ortüblichk mögl (Baumgärtel/Laumen 6; aA Mittenzwei MDR **77**, 99 zu V).

31 **f) Ausgleichsanspruch (II 2).** Der verschuldensunabhäng u ggü SchadErsAnspr subsidiäre (BGH **120**, 239 [249]) GeldAnspr tritt an die Stelle des ausgeschl AbwehrAnsprs, wenn die zu duldde Einwirkg eine ortsübl Benutzg (Rn 24 gilt entspr) des betroffenen Grdst od dessen Ertrag unzumutb beeinträchtigt. Folgeschäden werden nur erfaßt, wenn u soweit diese sich aus der Beeinträchtigg der Substanz od Nutzg dieses Grdst selbst entwickeln (BGH **92**, 143). – **Ausgleichsberechtigt** sind Eigtümer (Dbk/DWR/ErbbBerecht) u Besitzer (BGH **30**, 273) des betroffenen Grdst; nicht bloße Nutzer (BGH **92**, 143). **Ausgleichspflichtig** ist der Benutzer (wer NutzgsArt bestimmt; Erm/Hagen Rn 25) des emittierden Grdst; nicht der von diesem beauftragte BauUntern (BGH **72**, 289) od Architekt (BGH **85**, 375) od der Begünstigte (BGH **LM** Nr 29). – **Verjährung** nach § 195 (BGH NJW **95**, 714).

32 **aa)** Für die **Unzumutbarkeit** ist auf das Empfinden eines normalen (nicht des konkreten) Benutzers des betroffenen Grdst in seiner örtl Beschaffenh, Ausgestaltg u Zweckbestimmg abzustellen (BGH **49**, 148; **LM** Nr 64). Keine Beschrkg auf bes schwere Beeinträchtiggen insb Existenzbedrohg (BGH **LM** Nr 14, 40; NJW **78**, 373). Grenze kann steigen, wenn beeinträchtigte Benutzg erst in Kenntn bereits erfolgder Einwirkg vorgenommen (BGH NJW **77**, 894). Grenzwerte in ImSchVorschr sind Anhaltpkte, binden die ZivilGer aber nicht (BGH **69**, 105; BauR **78**, 391). Dem DuldgsPflichtigen können iR der Ortsüblichk selbst aufwend SchutzMaßn zumutb sein; zB Verstärkg der GbdeFestigk (BGH **66**, 70) od SchallschutzMaßn (BGH **LM** Nr 32).

33 **bb) Anspruchsinhalt.** Die Rspr (BGH NJW-RR **88**, 1291) gleicht nach EnteigngsGrds (Übbl 19 ff vor § 903) die Vermögenseinbuße aus, die AusglBerecht dch Überschreiten der ZumutbarkGrenze erleidet (dh den unzumutb Teil der Beeinträchtigg); § 254 entspr Übbl 29 vor § 903 auch bei schuldloser Mitverursachg

des AusglBerecht anwendb (BGH NJW **92**, 2884). Ausgleichb für Eigtümer zB: Unterschied zw VerkWert inf der Beeinträchtigg (unter Berücksichtigg merkantilen Minderwerts; BGH NJW **81**, 1663) u dem fiktiven VerkWert bei noch zumutb Beeinträchtigg, wobei für ertragsabhäng VerkWert auf Verhältn vor Beeinträchtigg ohne Berücksichtigg hypothet Entwicklg abgestellt wird (BGH **62**, 361; vgl aber auch **LM** Nr 29: entgangener Gewinn bei GrdstErzeugn). NutzgsBeeinträchtigg bei selbst bewohntem Haus (BGH **91**, 20) od GewerbeGrdst (BGH NJW-RR **88**, 1291: Ertragsverlust). Aufwendgen für BeeinträchtiggsBeseitigg ersetzb (BGH **62**, 186; Karlsr NJW **83**, 2886). Richtig aber volle Schadloshaltg nach §§ 249 ff, 254 unter Berücksichtigg von überholder Kausalität (vgl BGH **LM** Nr 18) u VorteilsAusgl ab ZumutbarkGrenze (Oldbg AgrarR **79**, 199; Jauernig JZ **86**, 605; Spieß aaO zu III 2; schon ab DuldgsGrenze: Müko/Säcker Rn 136). ZPO 287 anwendb (BGH **LM** Nr 30). Zur DbkBestellg für AusglPflichtigen iR des Ausgl vgl BGH **LM** § 249 Ha Nr 27 mwN.

cc) Beweislast: Betroffener für Emission, Beeinträchtigg der ortsübl Benutzg seines Grdst (BGH **117**, 110) u Kausalität zw beiden (BGH **70**, 102; über Nichteinhaltg der Werte nach I 2, 3 vgl Rn 20), Wesentlichk u Unzumutbark (BGH NJW **78**, 373) der Beeinträchtigg. Einwirkder für ortsübl Benutzg des emittierden Grdst u Unverhinderbark der Beeinträchtigg (BGH **92**, 143; Staud/Roth Rn 233; aA 53. Aufl); obwohl Ausschl des AbwehrAnspr nach II 1 AnsprVoraussetzg, da dies für Betroffenen schwer beweisb (BGH aaO). 34

g) Summierte Einwirkungen mehrerer Emittenten; zu unterscheiden von mehreren Einwirkgen eines Emittenten (vgl dazu Stgt NJW-RR **86**, 1339). – **aa) Abwehranspruch.** Ist jede Beeinträchtigg für sich unwesentl, werden sie aber dch ihr ZusWirken wesentl, so kann wahlw von jedem Emittenten Unterl verlangt werden, bis Unwesentlichk erreicht (Soergel/Baur Rn 125). Daher kein AusglAnspr (Oldbg AgrarR **75**, 258). 35
– **bb) Ausgleichsanspruch.** Ist jede Beeinträchtigg für sich nach § 906 II 1 nicht abwehrb, so ist unter Anwendg von ZPO 287 festzustellen, wie weit die Beeinträchtigg dch den einz Emittenten (lineare Steigerg) od ob sie nur dch ZusWirken (progressive Steigerg) entstanden (BGH **66**, 70) od ob sie auch ganz von jedem alleine bewirkt werden kann (Alternativität); vgl auch Düss JZ **99**, 684. Bei linearer Steigerg haftet jeder Emittent nur nach Maßg seines Anteils (BGH **66**, 70; Zweibr NJW-RR **86**, 688); nach Hager NJW **86**, 1961 ist Anteil nicht gem ZPO 287 festzustellen, sond von Ermittelten zu beweisen (sonst Gesamtschuld). Bei progressiver Steigerg haften alle als Gesamtschuldn (BGH **66**, 70; **72**, 289; **85**, 375); ebso insow unaufklärb, ob lineare od progressive Steigerg (BGH **66**, 70; **85**, 375). Bei Alternativität kann Haftg zu gleichen Anteilen gerechtfertigt sein (BGH **72**, 289; **85**, 375). 36

5) Beeinträchtigungen durch Betriebe und Anlagen – a) Dch **BImSchG 14** u entspr **AtG 7, LuftVG 11** (gilt nicht für Landeplätze [BGH **69**, 118] u Militärflughäfen [BGH **LM** Nr 41]) werden die AbwehrAnspr aus §§ 862 (BGH NJW **95**, 132), 907, 1004 ggü einer nicht schon nach § 906 nicht abwehrb Einwirkg auf SchutzMaßnAnspr beschr bzw dch SchadErsAnspr ersetzt (BGH NJW **88**, 478); auch diese Anspr entfallen, wo bereits BImSchG 10 III 3 zum AnsprAusschl führt. Soweit AbwehrAnspr bereits nach § 906 ausgeschl, verbleibt es dabei u bei § 906 II 2 (BGH **69**, 105; Baur JZ **74**, 657 zu II 2). BImschG 14 ist eine Norm des PrivatR (BGH NJW **88**, 478). 37

BImSchG § 14. – *Ausschluß von privatrechtlichen Abwehransprüchen: Auf Grund privatrechtlicher, nicht auf besonderen Titeln beruhender Ansprüche zur Abwehr benachteiligender Einwirkungen von einem Grundstück auf ein benachbartes Grundstück kann nicht die Einstellung des Betriebs einer Anlage verlangt werden, deren Genehmigung unanfechtbar ist; es können nur Vorkehrungen verlangt werden, die die benachteiligenden Wirkungen ausschließen. Soweit solche Vorkehrungen nach dem Stand der Technik nicht durchführbar oder wirtschaftlich nicht vertretbar sind, kann lediglich Schadenersatz verlangt werden.*

aa) Voraussetzungen. Nach BImSchG genehmbedürft Anlage; für genehmfreie Anlagen gelten §§ 862, 907, 1004 iVm 906 u nicht BImSchG 14. Die Erst- od ÄndergsGen (auch TeilGen; str) muß unanfechtb sein u die Anlage in ihrem Rahmen betrieben werden. 38

bb) Rechtsfolgen. Aus §§ 823, 862, 907, 1004 u LNachbR (nicht aber aus RGesch) sich ergebder Einstellgs- od vorbeugder UnterlAnspr wird auf **Schutzvorkehrungsanspruch** beschr, bleibt aber iü (zB RWeg, Verj) unverändert. Nach Erlöschen der Gen od Wegfall der GenPfl lebt unbeschr AbwehrAnspr wieder auf, sofern Betroffener nicht dch SchadErs (S 2) endgült abgefunden (Jarass Rn 5). – Unter den Voraussetzgen von S 2 od wenn für SchutzMaßn ÄndergsGen erforderl (Ffm VersR **83**, 41), wandelt sich der AbwehrAnspr des GrdstBesitzers/Eigentümers in einem verschuldensunabhäng **Schadensersatzanspruch** gg den Störer (BGH **102**, 350); daher nicht die BRep bei Waldsterben (BGH aaO; Mü JZ **87**, 88). Dieser bemißt sich nach §§ 249 ff u verjährt wie der verdrängte AbwehrAnspr (idR § 195). Nach Wegfall der Voraussetzgen von S 2 lebt SchutzMaßnAnspr wieder auf, sofern Betroffener nicht dch SchadErs endgült abgefunden. 39

b) Bei **Umwelteinwirkungen durch besondere Anlagen** SchadErsAnspr nach Maßg des UmweltHG. Zur Frage, ob DuldgsPfl aus § 906 eine Haftg aus § 1 aaO ausschließt, vgl Petersen NJW **98**, 2099. 40

c) Führt ein unmittelb dem öffentl Interesse diender nichthoheitl **gemeinwichtiger Betrieb** dch Einwirkgen iSv § 906 (vgl BGH NJW **76**, 416) zu Beeinträchtiggen, die nicht schon nach § 906 zu dulden u ggf auszugleichen sind, so ist ein sich aus §§ 862, 907, 1004 u LNachbR sich ergebder Einstellgs- u vorbeugder UnterlAnspr ausgeschl. Es besteht nur ein beschr AbwehrAnspr auf Unterl einz BetrMaßn od auf SchutzMaßn, wenn dies ohne unzumutb Aufwendgen sowie ohne wesentl Änderg u funktionelle Beschrkg des Betr mögl (BGH **LM** Nr 25, 31; NJW **84**, 1242; BayObLG **62**, 421 [437]; Soergel/Baur § 903 Rn 121; aA AK/Winter Rn 22; Papier NJW **74**, 1797: nur wenn Gen- od PlanfeststellgsVerf vorgeschaltet; krit auch MüKo/Säcker Rn 123 ff). Soweit danach nicht abwehrb Beeinträchtigg das nach § 906 II 2 entschädiggslos zu Duldde übersteigt, hat Betroffener AusglAnspr nach Rn 43 (BGH **LM** Nr 25). – **Beispiele:** priv EnergieversorggsBetr (BGH **LM** § 249 Ha Nr 27 [aber keine DuldgsPfl ggü Leitgsmasten; BGH NJW **76**, 416]), priv AutobusBetr (BGH NJW **84**, 1242), Straßenbahn (BGH **LM** Nr 28), nichthoheitl gestaltete Bauarbeiten an öffentl VerkWegen/Daseinsvorsorgeanlagen (BGH **LM** Nr 27; Zweibr NJW-RR **86**, 688), Tiefennutzg (BGH NJW **90**, 978); nicht aber Zeitgsdruckerei (BGH **LM** § 903 Nr 4), Stadtpark (BGH **LM** Nr 25), Waldorfschule (BGH **LM** Nr 29 a), Freilichtbühne (BGH **LM** Nr 32). – SonderVorschr für **Betriebe der Volksertüchtigung/gesundheit** (vgl dazu 46. Aufl) sind aufgehoben (Art 38 G v 16. 12. 86, BGBl 2441). 41

42 **6) Nachbarrechtlicher Ausgleichsanspruch außerhalb von § 906 II 2. – a) Voraussetzungen.** Gehen von einem Grdst inf nichthoheitl Benutzg (auch der öffentl Hand), die auch nicht ortsübl sein kann (Hamm NJW **88**, 1031), auf ein Grdst nach §§ 862, 907 ff, 1004 grdsätzl abwehrb Einwirkgen iSv § 906 aus, an deren **Abwehr der Betroffene aus besonderem Grund gehindert** ist, so besteht ein aus dem RGedanken der §§ 904 S 2, 906 II 2, BImSchG 14 S 2 abgeleiteter (auch bürgerlrechtl AufopfergsAnspr genannter) verschuldensunabhäng nachbrechtl AusglAnspr (BGH NJW **99**, 2896); über Verh zu §§ 459 ff vgl BGH NJW **88**, 1202 krit Pfeiffer JuS **89**, 358. Anspr nicht gegeben, wenn (wie zB negat od immaterielle, vgl § 903 Rn 9, 10) Einwirkg schon grdsätzl nicht abwehrb (BGH **120**, 239 wg NaturSchR; dazu Vieweg NJW **93**, 2570], **122**, 283 [Einwirkg dch Naturkräfte]) od abschließde gesetzl Regelg besteht (BGH **72**, 289). Der **Hinderungsgrund** kann rechtl (zB genehmigte GemeinGebrÜberschreitg [BGH **70**, 212], DuldgsPfl aus nachbarl GemschVerh [BGH **28**, 225; **58**, 149; **68**, 350; NJW **87**, 2808]) od tatsächl (zB rechtzeit Geltdmachg unmögl [BGH NJW **99**, 2896] od nicht veranlaßt [BGH **85**, 375], schädl Auswirkg nicht erkennb [BGH NJW **99**, 1029], Geltdmachg würde Störgsbeseitigg nicht beschleunigen [BGH NJW **95**, 714]) Art sein. – Anspr besteht auch bei **anderen Einwirkungen als solchen iSv § 906** wie zB: bei Grobimmissionen (BGH **28**, 225; **68**, 350), Verstoß gg § 908 (BGH **58**, 149) od § 909 (BGH **85**, 375) od GrenzabstandsVorschr (BayObLG **79**, 16; vgl aber § 912 Rn 1), Beeinträchtigg des Außenkontakts dch Zugangs- (BGH **62**, 361) od Werbebehinderg (BGH **70**, 212), Anlockgswirkg auf Tiere (Zweibr NJW-RR **86**, 688), Tiefennutzg (BGH **110**, 17); nicht aber übergreifdes Feuer bei Brandstiftg (Hamm NJW-RR **87**, 1315).

43 **b) Anspruchsinhalt.** Auszugleichen sind Einwirkgen, die das entspr § 906 entschädiggslos zu Duldde übersteigen (BGH **85**, 375). Die Rspr (BGH NJW **99**, 2896) entschädigt insow nach EnteigngsGrds wie bei § 906 II 2 (vgl Rn 33); richtig aber auch hier volle Schadloshaltg (vgl Rn 33; vgl auch BGH aaO). AnsprBeteil u Verjährg wie Rn 31.

44 **7) Beeinträchtigungen durch hoheitliche Tätigkeit. – a)** Führt hoheitl Tätigk zu nicht mehr als nur unwesentl Beeinträchtigg (vgl Rn 17), so ist diese entschädiggslos zu dulden (BGH NJW **80**, 582; BaWüVGH DVBl **84**, 881). Führt sie zu wesentl Beeinträchtigg u kann sie nicht untersagt werden, so besteht ein im VerwRWeg verfolgb **eingeschränkter Abwehranspruch** auf SchutzMaßn, wenn diese ohne unzumutb Aufwendgen u ohne wesentl Änderg/Beschrkg der Tätigk mögl (vgl OVG Kblz NJW **86**, 953); anderenf AbwehrAnspr ausgeschl u dafür EntschAnspr nach Rn 45. Einwirkgen können zB nicht untersagb sein: weil sie auf Planfeststellg (BGH **54**, 384: Straßenbauimmission), Widmg (BGH NJW **80**, 582: VerkImmission), Betr der Daseinsvorsorge (BGH NJW **76**, 1204 u **84**, 1876: Kläranlage; BGH NJW **80**, 770: Mülldeponie) od MilitärMaßn (BGH **129**, 124) beruhen; rechtzeit Dchsetzg eines AbwehrAnspr nicht mögl ist (BGH **72**, 289); Einwirkg ortsübl ist (OVG Kblz NJW **86**, 953).

45 **b)** Soweit ein AbwehrAnspr rechtl od tats ausgeschl, hat Duldgspflichtiger einem im ZivilRWeg verfolgb **öffentlichrechtlichen Entschädigungsanspruch** (enteignder Eingr; vgl Übbl 13 vor § 903), wenn die Beeinträchtigg sich als unmittelb Eingr in Eigt darstellt u das nach § 906 II entschädiggslos zu Duldende übersteigt, weil die Benutzg des störden Grdst nicht ortsübl (BGH **54**, 384) od bei ortsübl Benutzg ZumutbarkGrenze von § 906 II 2 überschritten (BGH NJW **88**, 900). Anspr besteht auch bei and Einwirkgen als Immissionen iSv § 906; zB Verstoß gg § 909 (BGH NJW **81**, 1663), Beeinträchtigg der Zugänglichk („Außenkontakt") insb eines GewerbeGrdst (vgl Übbl 40 vor § 903). Über Verh zu §§ 459 ff vgl BGH NJW **88**, 1202 krit Pfeiffer JuS **89**, 358. – Die **Zumutbarkeitsgrenze** iSv § 906 II 2 wird von der GrdstSituation beeinflußt u steigt, wenn betroffenes Grdst im zur Aufnahme von immissionsintensiven Anlagen best Außenbereich liegt (BGH **129**, 124) od beeinträchtigte Benutzg erst in Kenntn bereits erfolgder Immission vorgenommen (BGH **59**, 378; NJW **77**, 894). Bei dauerh **Verkehrslärm** richtet sich die Grenze nach der WertEntscheidg des BImSchG; maßg ist, ob die zugel Straßennutzg die dch die örtl Verhältn einschl Gebietsstruktur geprägte u realisierte Funktion des betroffenen Grdst schwer u unerträgl trifft (BGH NJW **88**, 900; dort auch zur Bedeutg von Lärmvorbelastg). Grenzwerte in VerwVorschr (TA-Lärm/Luft, VDI-Richtl) sind Anhaltspkte, binden die ZivilGer aber nicht (BGH NJW **88**, 900). Dem Duldgspflichtigen können Aufwend-
46 gen für SchutzMaßn zumutb sein (BGH NJW **77**, 894). – **Anspruchsinhalt:** Auszugleichen sind nur die Beeinträchtiggen, die nicht nach § 906 entschädiggslos zu dulden wären (BGH NJW **86**, 2421; WM **87**, 245). Die Rspr entschädigt insow nach EnteigngsGrds (BGH NJW **93**, 1700) entspr Rn 31–33. Bei dauerh VerkLärm entspr BImSchG 42 AufwendgsErs für Lärmschutzanlagen; am geminderten VerkWert ausgerichteter GeldAusgl erst, wenn Lärmschutz unwirks od unverhältnismäß aufwend bzw bei unbebautem aber baureifem Grdst nicht mögl u Eigtümer dch nachhalt Veränderg der GrdstSituation schwer u unerträgl getroffen (BGH **129**, 124; NJW **99**, 1247). – **Entschädigungsberechtigt** sind Eigtümer (Dbk/DWR/ErbbBerecht) u Besitzer des betroffenen Grdst. **Entschädigungsverpflichtet** ist nicht die eingreifde Körpersch, sond der Begünstigte (BGH NJW **80**, 582), die aber oft ident; zB bei VerkImmission der Träger der Straßenbaulast (BGH aaO). Mehrere haften als Gesamtschuldn, soweit nicht trennb Sonderbegünstigg vorliegt (BGH **72**, 289). – **Verjährung:** § 195 (vgl Übbl 32 vor § 903).

47 **c) Hoheitliche Tätigkeit:** Betr öffentl Schule (RG Warn **16**, 248); ClubBetr der NATO (BGH **LM** Nr 17); Militärübg (BGH **LM** Nr 61); Betr eines Militärflughafens (BGH **129**, 124); Betr gemeindl Kläranlage (BGH **91**, 20), Kanalisation (BGH NJW **78**, 1051), Mülldeponie (BGH NJW **80**, 770), Sportplatz (Kblz NVwZ **87**, 1021) od dafür gewidmeten Kinderspielplatzes (Karlsr NVwZ **86**, 964); Denkmalserhaltg (BGH **LM** Nr 49); Eröffng öffentl Straße mit dadch bewirkten BenutzgsImmissionen (BGH NJW **88**, 900); Feuersirene (BVerwG NJW **88**, 2396); Kirchenglocken (Ffm NJW-RR **86**, 735; OVG Lünebg NVwZ **91**, 801), and bei Zeitschlagen (BVerwG NJW **94**, 956; dazu Lorenz JuS **95**, 492); Straßenbeleuchtg (VGH Kass NJW **89**, 1500); Fastnachtsumzug (VG Ffm NJW **99**, 1986). – **Nichthoheitliche Tätigkeit:** gemeindl Kirmesfest (BGH **41**, 264; Karlsr NJW **60**, 2241); Betr eines Stadtparks (BGH **LM** Nr 25), kirchl Sportplatzes (Nürnbg NJW-RR **88**, 979) od gemeindl Operettenfreilichtbühne (BGH **LM** Nr 32); Bau u Betr gemeindl Saalbaus (BGH **70**, 212) od eines Zivilflughafens (BGH NJW **81**, 1369); privatrechtl betriebene Buslinie
48 (BGH NJW **84**, 1242) od Eisenbahn (BGH NJW **97**, 744); Kurkonzert. – Nach **Organisationsform:** Tätigk der Daseinsvorsorge wie Bauarbeiten an öffentl Straßen (BGH **72**, 289), Kanalisation (BGH NJW **88**, 1202) u

U/S-Bahn (BGH NJW **81**, 1663) od der Betr einer Mülldeponie (Zweibr NJW-RR **86**, 688) sind idR hoheitl, können aber dch Beauftragg priv Untern nichthoheitl gestaltet sein, sofern die Untern aGrd von Weisgen u and starke Einflußn nicht bloße Werkzeuge hoheitl Tätigk sind.

907 *Gefahrdrohende Anlagen.* **I Der Eigentümer eines Grundstücks kann verlangen, daß auf den Nachbargrundstücken nicht Anlagen hergestellt oder gehalten werden, von denen mit Sicherheit vorauszusehen ist, daß ihr Bestand oder ihre Benutzung eine unzulässige Einwirkung auf sein Grundstück zur Folge hat. Genügt eine Anlage den landesgesetzlichen Vorschriften, die einen bestimmten Abstand von der Grenze oder sonstige Schutzmaßregeln vorschreiben, so kann die Beseitigung der Anlage erst verlangt werden, wenn die unzulässige Einwirkung tatsächlich hervortritt.**

II Bäume und Sträucher gehören nicht zu den Anlagen im Sinne dieser Vorschriften.

1) Abwehranspruch als EigtInhalt, der von § 1004 unabhäng; für Eigtümer der Gefahrquelle beschr er das 1
Recht aus § 903. – **a) Anlagen** sind künstl geschaffene Werke von gewisser Selbständigk u Dauer (BGH BB **65**, 1125) wie zB: Bauwerke, Teich (RG JW **10**, 654), Graben, Erdaufschüttg (RG **60**, 138), Taubenschlag (Düss OLGZ **80**, 16), angepflockte Bienenkörbe (LG Lüb MDR **70**, 506), dauerh Lagerg aufgeschichteter bewegl Sachen (str); nicht aber: natürl Geländebeschaffenh (RG **134**, 234: Felshang), Bodenerhöhgen (BGH NJW **80**, 2580; vgl dazu EG 124 Rn 3), einzelne bewegl Sachen (RG JW **12**, 752), Bäume u Sträucher (II). – **b) Benachbart** sind alle Grdst im mögl EinwirkgsBereich der Anlage (RG JW **23**, 288). – **c) Unzulässige Einwirkung** dch grenzüberschreitde sinnl wahrnehmb Stoffe (BGH NJW **91**, 1671), deren Beseitigg Nachb nach § 1004 verlangen könnte, weil keine priv- od öffrechtl DuldgsPfl. Die Einwirkg muß auf dem normalen Stand (wenn auch dch Mitwirkg von Naturkräften) od der ordngsgem Benutzg der Anlage beruhen (BGH **51**, 396); bei Einwirkgen aGrd Mängeln od unsachgem Benutzg nur § 1004 (RG **63**, 374; JW **07**, 299; Marienwerder OLG **4**, 59). – **d) Sichere Voraussicht** ist höchster Grad der Wahrscheinlichk (RG **134**, 255); 2
Gewißh nicht erforderl, bloße Möglichk nicht ausreichd. Fehlt idR bei ordngsgem verlegten Rohrleitgen (Oldbg NJW **58**, 1096), ordngsgem gelagertem Baumaterial (BGH **51**, 396), Garagenausfahrt in Grenznähe (Celle JW **37**, 2116; vgl aber BGH BB **65**, 1125). **Eintritt** der unzul Einwirkg notw bei Einhaltg privrechtl (zB EG 124 Rn 3) od öffrechtl (zB LBauO) AbstandsVorschr des LandesR; auch keine vorbeugde Unterl. – **e) Beweislast** hat Berecht auch insow, als Störer iRv § 906 beweispfl wäre (BGH **LM** § 559 ZPO Nr 8); Verpflichteter für Einhaltg landesrechtl AbstandsVorschr (RG **104**, 84).

2) Berechtigt sind Eigtümer/Miteigtümer (§ 1011), Nießbraucher (§ 1065), ErbbBerecht (ErbbRVO 11) 3
u wg Ähnlichk mit § 1004 DbkBerecht (§§ 1027, 1090); nicht Besitzer (RG **59**, 326; RGRK/Augustin Rn 3; aA Soergel/Baur Rn 12), der aber zur Ausübg ermächtigt werden kann. **Verpflichtet** ist der Störer iSv § 1004 Rn 16–21. **Klageantrag/Urteil** gehen auf Beseitigg der Anlage; bei erst geplanter Anlage auf Unterl (Mü NJW **54**, 513).

3) Schaden. SchadErs nach § 823 II (BGH NJW **80**, 2580). Verschuldunabhäng Ausgl/EntschAnspr, 4
wenn Anlage als nichthoheitl Maßn aus bes Grd (§ 906 Rn 42) od als hoheitl Maßn (§ 906 Rn 44) zu dulden.

908 ***Drohender Gebäudeeinsturz.*** **Droht einem Grundstücke die Gefahr, daß es durch den Einsturz eines Gebäudes oder eines anderen Werkes, das mit einem Nachbargrundstücke verbunden ist, oder durch die Ablösung von Teilen des Gebäudes oder des Werkes beschädigt wird, so kann der Eigentümer von demjenigen, welcher nach dem § 836 Abs. 1 oder den §§ 837, 838 für den eintretenden Schaden verantwortlich sein würde, verlangen, daß er die zur Abwendung der Gefahr erforderliche Vorkehrung trifft.**

1) Vorbeugender Abwehranspruch unabhängig von § 1004 als EigtInhalt; für Eigtümer der Gefahr- 1
quelle beschränkt er das Recht aus § 903. – **a) Gebäude:** Bauwerk, das dch räuml Umfriedg Menschen od Sachen Schutz gewährt; Beispiele bei § 836 Rn 4. **Werk:** zu einem best Zweck (auch nur vorübergehd) unter Verbindg mit dem Erdkörper nach techn Regeln hergestellter Ggst (BGH NJW **61**, 1670); Beispiele bei § 836 Rn 7. – **b) Einsturz** od **Ablösung:** § 836 Rn 3. Sie müssen inf Beschaffenh od Erhaltgszustand des Gbdes/Werkes eintreten (RG **70**, 206), mögen auch menschl Tätigk (RG Warn **19**, 169) od NaturEreign (BGH **58**, 149) sie auslösen. – **c) Beschädigungsgefahr** für and Grdst (muß nicht unmittelb angrenzen) od seine Bestandt/Zubehör. Schaden muß dch die bewegd wirkde Kraft von Einsturz/Ablösg herbeigeführt werden können (BGH NJW **61**, 1670). Nicht ganz entfernte Möglichk des Schadeneintritts reicht aus. Verschulden des Verpflichteten nicht erforderl u des Berecht unerhebl (LG Lüb SchlHA **51**, 25). – **d) Beweislast** hat Berecht; keine Entlastg nach § 836 I 2, da Verschulden unerhebl.

2) Berechtigt sind Eigtümer/Miteigtümer (§ 1011), Nießbraucher (§ 1065), ErbbBerecht (ErbbRVO 11) 2
u wg Ähnlichk mit § 1004 DkbBerecht (§§ 1027, 1090); nicht Besitzer (Planck/Strecker Anm 2a; RGRK/Augustin Rn 6; aA MüKo/Säcker Rn 7; Staud/Roth Rn 11), der aber zur Ausübg ermächtigt werden kann. **Verpflichtet** ist, wer bei Verschulden nach §§ 836 I, 837, 838 schadenersatzpfl wäre; nicht früh Besitzer (§ 836 II nicht angeführt). Die zu treffden Vorkehrgen sind im **Klageantrag/Urteil** nicht anzuführen (LG Lüb SchlHA **51**, 25); Wahl obliegt Schu u ist vom Gläub erst in der ZwVollstr nach ZPO 887 zu treffen.

3) Schaden. SchadErs nach § 823 II. Verschuldunabhäng Ausgl/EntschAnspr, wenn Gbde als nichthoheitl 3
Maßn aus bes Grd (§ 906 Rn 42; vgl BGH **58**, 149) od als hoheitl Maßn (§ 906 Rn 44) zu dulden.

909 *Vertiefung.* **Ein Grundstück darf nicht in der Weise vertieft werden, daß der Boden des Nachbargrundstücks die erforderliche Stütze verliert, es sei denn, daß für eine genügende anderweitige Befestigung gesorgt ist.**

1 **1) Allgemeines.** § 909 richtet sich gg jedermann (vgl Rn 11, 12) u beschränkt für den Eigtümer das Recht aus § 903 (BGH **103**, 39). Er gilt **nur für Vertiefungen.** Keine entspr Anwendg zB auf Abbruch eines Gbdes (BGH VersR **62**, 572), Erhöhgen (BGH NJW **76**, 1840; vgl aber LNachbR [EG 124 Rn 3] u Rn 3); in diesen Fällen kann nachbarl GemschVerh (§ 903 Rn 13) Anspr auf billigen Ausgl od SchutzMaßn (BGH NJW **76**, 1840) geben. Gg Einwirkg auf Grdwasser ohne Vertiefg u Stützverlust schützen nur WasserR (EG 65) u LNachbR (EG 124 Rn 3).

2 **2) Unzulässige Vertiefung.** Behördl Gen beseitigt privatr Unzulässigk nicht (BGH NJW **83**, 872); auch nicht Einhaltg von AbstandsVorschr des LandesR. Aber kein UnterlAnspr, wenn Vertiefg in Planfeststellg einbezogen (BGH BauR **80**, 582; zB FStrG 17 VI).

3 **a) Vertiefung** ist jede Senkg der (idR auch künstl erhöhten; vgl Stgt SeuffA **64**, 111; Hbg OLG **31**, 319) Oberfläche, selbst auf kleinstem Raum (zB Bohrloch) od nur vorübergehd (BGH **LM** Nr 17); Vertiefg einer Vertiefg genügt (BGH WM **79**, 1216). **Bodenaushub nicht notwendig;** es genügten zB Abgraben eines Hangfußes (BGH **LM** Nr 14; NJW **80**, 1679), Abbruch eines Kellers (BGH NJW **80**, 224) od Oberflächensenkg inf Drucks dch Bebauung od Auflagerg (BGH **LM** Nr 12). Einrammen einer Spundwand auf Grdst *A*, um dieses gg Grube auf Grdst *B* zu sichern, ist nicht Teil der Vertiefg von *B* (BGH **LM** Nr 7). Vertiefg erfordert Mitverursachg dch Hdlg od pflichtwidr Unterlassg (RG DRiZ **35** Nr 386); nicht bloße Wirkg von Naturkräften (vgl § 1004 Rn 6). BewLast hat Nachb.

4 **b) Stützverlust für Nachbargrundstück;** BewLast hat Nachb. – **aa) Schutzbereich.** NachbGrdst muß nicht angrenzen; Wirkgsbereich der Vertiefg maßg (RG **167**, 21). Geschützt sind auch die auf Bodenfestigk angewiesenen GrdstBestandt u im DrittEigt stehden Scheinbestandt (LG Köln VersR **70**, 644). Widerrechtl
5 Aufschüttgen sind nicht geschützt (BGH **LM** Nr 14). – **bb) Stütze in der Waagerechten oder Senkrechten** (BGH **101**, 106, 290). Geschützt wird zum einen die Festigk, die das NachbGrdst in seinen unteren Bodenschichten findet u sein **Einstürzen** verhindert u die dadch verlorengeht, daß der UnterGrd absinkt od in Bewegg gerät (BGH **101**, 106, 290; LG Fbg NJW-RR **87**, 141). Diese Stütze kann dch die stabilisierde Wirkg der Bodenfeuchtigk inf versickernden Regenwassers mitgegeben werden (BGH **LM** Nr 17). Sie kann auch dch das GrdWasser mitgegeben werden (BGH **101**, 106, 290) u bei GrdWasserSenkg/-Entziehg/-Strömg inf Vertiefg verloren gehen; zB auch weil GründgsPfähle anfaulen (BGH WM **79**, 1216). Auch GrdWasserAnstieg inf Vertiefg kann dch Aufweichen des Untergrdes zu Stützverlust führen (aA RG **155**, 160). – Geschützt wird zum and die Festigk, die sich NachbGrdst ggseit dch das Erdreich gewähren u **seitliches Abstürzen** verhindert. Diese Stütze kann verlorengehen zB bei Grabenaushub mit Drainagewirkg verlegter Rohre (BGH
6 **LM** Nr 17) od bei Abschwemmg dch dchfließden Wasserlauf (BGH **63**, 176). – **cc) Stützverlust.** Es genügt Einsturzgefahr. Die Vertiefg muß adäquat kausal für den Stützverlust sein (BGH **LM** Nr 17). Schäden am Grdst od seinen Bestandt, die zwar auf Vertiefg eines and Grdst, nicht aber auf Beeinträchtigg seiner eigenen Festigkeit beruhen, erfaßt § 909 nicht (BGH **12**, 75; **LM** Nr 20). Der zu erhaltde FestigkGrad bestimmt sich
7 nach der ggwärt u künft sich iR bestimmgsmäß Ausnutzg haltden Benutzg (BGH **63**, 176). – **dd) Schlechter Zustand** des NachbGrdst od seiner Bestandt, der für Stützverlust ursächl, beseitigt Vertiefgsverbot nicht (BGH **101**, 106, 290); Ausn nach § 242, wenn auf Vertiefg angewiesener Eigtümer im Verhältn zum GrdstNutzen zu außergewöhnl Opfern für die Sicherg veranlaßt wird (BGH NJW-RR **88**, 136).

8 **c) Keine anderweitige Befestigung.** Die notw Maßn richten sich nach den örtl Verh u dem zu erhaltden FestigkGrad (Rn 4). Sie muß schon zZ der Vertiefg auf vertieftem Grdst erfolgen (BGH NJW **97**, 2595) u den nach ihrem jeweil Umfang zu erwartden Stützverlust ausschließen. NachbGrdst kann iR des Hammerschlags- u LeiterR (EG 124) zur Ausführg der Befestigg betreten werden; über Duldg vorübergehder SichgMaßn auf NachbGrdst vgl Stgt NJW **94**, 739. Kostenbeteiligg des Nachb gem § 242, wenn Schong baufäll Gbdes Aufwendgen unzumutb erhöht (BGH **LM** Nr 9; NJW **81**, 50). BewLast hat Nachb.

9 **3) Ansprüche aus § 909.** Von § 1004 unabhäng selbstd **Unterlassungs- u Beseitigungsanspruch** des Eigtümers/Miteigtümers (§ 1011) einschl AnwBerecht (BGH **114**, 161; abl Paulus JZ **93**, 555), Nießbrauchers (§ 1065), ErbbBerecht (ErbbRVO 11) u wg Ähnlichk mit § 1004 auch der DbkBerecht (§§ 1027, 1190), der aber nach § 1004 II ausgeschl sein kann (vgl auch Rn 14); da in erfolgter Vertiefg EigtStörg liegt, wird dann oft inhaltsgl Anspr aus § 1004 gegeben (RG **103**, 174; BGH **LM** Nr 8). Nach hM (aA zutr Planck/Strecker Anm 3 a; wohl auch Mot III 296) auch des Besitzers; anderenf ist dieser nach § 862 geschützt od kann zur Ausübg ermächtigt werden. Anspr entfällt, wenn sie od RVorgänger selbst das NachbGrdst vertieften (BGH **91**, 282). – **a) Unterlassungsanspruch** bei drohder (erster od wiederholter) Vertiefg gg Eigtümer, Besitzer u and Vertiefde (Rn 11, 12). Anspr geht auf Unterl iSv § 909 unzul Vertiefg, wobei zu erhaltde Festigk in KlageAntr/Urt anzugeben (vgl BGH NJW **78**, 1584). – **b) Beseitigungsanspruch** nach erfolgter Vertiefg gg Eigtümer od Besitzer (RG **103**, 174), auch wenn RVorgänger vertiefte (BGH **LM** Nr 8); bei Veräußerg währd RStreits gilt ZPO 265. Gegen Vertiefde iSv Rn 12 idR kein Anspr, da keine VfgsMacht über Grdst (BGH NJW-RR **96**, 852). KlageAntr/Urt, müssen wiederherzustellde Festigk ohne Auferlegg best Maßn angeben (BGH NJW **78**, 1584); die Wahl der Maßn obliegt dem Schu u ist vom Gläub erst in der ZwVollstr nach ZPO 887 zu treffen (Zweibr OLGZ **74**, 317).

10 **4) Schadenersatz.** § 909 ist SchutzG iSv § 823 II (BGH **101**, 290); falls nicht zG des Besitzers (vgl Rn 9), kann § 858 SchutzG sein. Versch muß sich auf Stützverlust erstrecken (BGH **LM** Nr 16); dabei ist die Gefahrenlage für das NachbGrdst genau zu prüfen (BGH NJW **83**, 872; Düss NJW-RR **97**, 146). Auch § 823 I anwendb (BGH VersR **65**, 1204; aA RG JW **36**, 804; Düss aaO); jedenf bei unmittelb Eingriff in NachbGrdst (BGH NJW **70**, 608). **Verjährung** gem § 852 (vgl dazu BGH NJW **81**, 573; WM **82**, 616).

11 **a) Es haften** (ggf gem § 840), sofern nicht RWidrigk wg DuldgsPfl (vgl Rn 14) ausgeschl (BGH **101**, 290): – **aa)** Ggwärt u früherer **Eigentümer/Besitzer,** der Vertiefg veranlaßte od fortdauern ließ (RG **103**,

174; **167**, 28). Bei Ausführg dch Fachleute idR kein Versch, wenn er sorgfält auswählt, informiert u sich von Beachtg des § 909 vergewissert (BGH **101**, 106; NJW-RR **97**, 1374; Düss BauR **96**, 881); Rspr stellt hohe Anfordergen. Für Dritte haftet er nach § 831 (Architekt, BauUntern usw aber idR keine Verrichtgsgehilfen; Brem MDR **60**, 495), nicht aber nach § 278 (BGH **LM** Nr 2; str; vgl § 903 Rn 13). – **bb) Architekt,** 12
Bauunternehmer, bauleitender Ingenieur, Statiker (BGH NJW **96**, 3205). Jeden von ihnen trifft eigenverantwortl PrüfgsPfl (BGH aaO) mit hohen Anfordergen, von der er nicht dch Weisgen eines and od des Bauherrn befreit wird. Für Mitarbeiter u SubUntern haften sie nach § 831 (Kblz BauR **89**, 637).

b) Mitverschulden. Schlechter Zustand des NachbGrdst u seiner Bestandt bei Versch des Eigtümers/ 13
Besitzers (zB mangelh Erstellg od Unterhaltg) zu berücksichtigen (BGH **63**, 176; Düss NJW-RR **97**, 146), iü grdsl nicht (BGH WM **79**, 950; NJW **81**, 50; **83**, 872; Düss aaO); bei baufäll Gbde beschr sich Anspr aber auf zusätzl herbeigeführten Schaden (BGH **LM** Nr 6). Verbot des Betretens des NachbGrdst zur Ausführg von SichergsMaßn kann Mitversch begründen (RG JW **10**, 330).

5) Ausgleichs/Entschädigungsanspruch unabhängig von Verschulden gg Eigtümer bzw Benutzer 14
(BGH **101**, 106, 290), wenn Vertiefg als nichthoheitl Maßn aus bes Grd nicht abwehrb (§ 906 Rn 42; BGH NJW-RR **97**, 1374; Düss NJW-RR **97**, 146) od als hoheitl Maßn zu dulden (§ 906 Rn 44).

910 *Überhang.*

I Der Eigentümer eines Grundstücks kann Wurzeln eines Baumes oder eines Strauches, die von einem Nachbargrundstück eingedrungen sind, abschneiden und behalten. Das gleiche gilt von herüberragenden Zweigen, wenn der Eigentümer dem Besitzer des Nachbargrundstücks eine angemessene Frist zur Beseitigung bestimmt hat und die Beseitigung nicht innerhalb der Frist erfolgt.

II Dem Eigentümer steht dieses Recht nicht zu, wenn die Wurzeln oder die Zweige die Benutzung des Grundstücks nicht beeinträchtigen.

1) Abschneiderecht. – **a) Allgemeines.** § 910 gibt ein nicht verjährb (aber verwirkb) SelbsthilfeR als 1
EigtInhalt, ist aber kein SchutzG iSv § 823 II bzgl Überwuchsschäden (Düss NJW **75**, 739). Er schließt § 1004 nicht aus (BGH **97**, 231; str). – **b) Berechtigt** sind Eigtümer/Miteigtümer (§ 1011) u ErbbBerecht (ErbbRVO 11); DbkBerecht (vgl BGH NJW **92**, 1101; str) u Mieter/Pächter können nur zur Ausübg ermächtigt werden. – **c) Überwuchs.** Grenzüberschreitg erforderl (BayObLG **68**, 76); gg bloße Unterschreit des Grenzabstandes schützt LNachbR (EG 124). Auf and Pflanzen (Stauden, Ranken, Unkraut) als Wurzeln/ Zweige ist § 910 entspr anwendb (Staud/Roth Rn 16; Schmid NJW **88**, 29); bei grenzüberneigdem Baumstamm nur § 1004. – **d) Fristsetzung** nach § 910 nur bei Zweigen; sie muß zB Wachstums- u Obsterntezeit 2
berücksichtigen. Bei Wurzeln uU nach § 242, damit BaumEigtümer für Erhaltg des Baumes sorgen kann (Köln ZMR **93**, 567; LG Oldbg ZMR **85**, 99). – **e) Rechtsinhalt.** Abschneiden des Überwuchses, aber nicht jenseits der Grenze (LG Bielef NJW **60**, 678) u ohne Betreten des NachbGrdst (KG OLG **26**, 72; LG Mü WuM **88**, 163). Berecht wird Eigtümer einschl der Früchte am Zweig. Da Abschneiden rechtmäß, kein SchadErs für daraus entstehden Schaden (Köln aaO; LG Oldbg aaO). – **f) Ausschluß (II)** des AbschneideR, 3
wenn GrdstBenutzg (auch bzgl bevorstehder NutzgsÄnderg) im Vergl zum Zustand ohne Überwuchs nach obj Maßstab nicht od nur ganz unerhebl beeinträchtigt (Köln NJW-RR **89**, 1177; **97**, 656); uU bei geringem Laub/Blütenbefall (LG Saarbr NJW-RR **86**, 1341; AG Ffm NJW-RR **90**, 146). BewLast hat Nachb. Beeinträchtigt nur ein Teil des Überwuchses, so darf nur dieser abgeschnitten werden (Staud/Roth Rn 19, 20). Zur Anwendg von II iRv § 1004 vgl dort 34. – Beschrkg nach EG 122, 183 u dch öff NaturschutzR (auch LandesR u GemeindeR) mögl (vgl Düss NJW **89**, 1807; LG Aschaffbg NJW **87**, 1271; LG Dortm NJW-RR **87**, 1101; aA Karlsr WEZ **88**, 149), denn es gilt auch für eigene Bäume. – **Kein Ausschluß,** wenn erst nach Überwuchs vorgen GrdstNutzg erhebl beeinträchtigt (BGH NJW **97**, 2234).

2) Ansprüche. – **a) Beseitigungskosten.** AbschneideBerecht kann von dem, der aus § 1004 beseitiggspfl 4
war, nach §§ 812, 818 Ers der von diesem ersparten Aufwendgen verlangen (BGH JZ **92**, 310 Anm Gursky; Düss NJW **86**, 2648; aA LG Han NJW-RR **94**, 14 mwN). – **b) Schutzmaßnahmen** gg künft Überwuchs können nach § 1004 verlangt werden (Düss aaO). – **c) Überwuchsschäden.** SchadErs/BeseitiggsPfl aus §§ 823 I, 1004 (Düss aaO); nicht aus § 823 II (vgl Rn 1). – **d) Beseitigungsschäden.** SchadErs aus § 823 I bei von § 910 nicht gedecktem (zB Verstoß gg Fristsetzgsgebot, sofern für Schad kausal; LG Gießen NJW-RR **97**, 655) od unsachgem Abschneiden. – **e) Herausgabe/abholung** aus §§ 861, 985 bzw §§ 867, 1005, wenn der Abschneidde kein Eigt erworben hat, weil Abschneiden nicht dch § 910 gedeckt.

911 *Hinüberfall.*

Früchte, die von einem Baume oder einem Strauche auf ein Nachbargrundstück hinüberfallen, gelten als Früchte dieses Grundstücks. Diese Vorschrift findet keine Anwendung, wenn das Nachbargrundstück dem öffentlichen Gebrauche dient.

Abweichg von §§ 953 ff: Fallen Früchte, gleichviel wodch, auf NachbGrdst and Art als S 2, gehören sie 1
dessen Eigtümer od dem hier zum Bezug der Früchte Berecht. Aus EigtErwerb folgt keine DuldgsPfl (AG Backnang NJW-RR **89**, 785). Gemeint sind nur Früchte im engsten Sinne, zB nicht Äste. Selbst abtrennen od schütteln darf der Nachbar nicht; er erwirbt dann kein Eigt u haftet auf SchadErs (§§ 823 ff).

912 *Überbau.*

I Hat der Eigentümer eines Grundstücks bei der Errichtung eines Gebäudes über die Grenze gebaut, ohne daß ihm Vorsatz oder grobe Fahrlässigkeit zur Last fällt, so hat der Nachbar den Überbau zu dulden, es sei denn, daß er vor oder sofort nach der Grenzüberschreitung Widerspruch erhoben hat.

II Der Nachbar ist durch eine Geldrente zu entschädigen. Für die Höhe der Rente ist die Zeit der Grenzüberschreitung maßgebend.

1 **1) Anwendungsbereich. – a)** Die §§ 912–916 regeln den **unrechtmäßigen Überbau;** die zur Verhütg wertvernichtder Zerstörg (Mot III 283) bestehde DuldgsPfl beseitigt nicht die RWidrigk des Überbaus (BGH **LM** Nr 4). Sie sind entspr anwendb auf die unrechtm Verletzg von Grenzabständen, die auf dem eigenen Grdst gem nachbschützdem öffentl BauR (Staud/Beutler Rn 29), LNachbR (Karlsr NJW-RR **93**, 665), dingl Rechten (BGH **39**, 5; str) od schuldrechtl Verpfl (Staud/Beutler Rn 28; Wstm/Westermann § 63 I 2; aA W-Raiser § 55 Fußn 8) einzuhalten sind; im letzteren Fall aber wohl nur § 912 I iVm SchadErsAnspr. – **Übergangsrecht:** Für Überbau vor dem 1. 1. 1900 gelten §§ 912ff (EG 181; BGH **97**, 292).

2 **b)** Besonderh gelten für den mit formfreier Zustimmg des Eigtümers des NachbGrdst (nicht des NutzgsBerecht od BuchEigtümers) erfolgten u daher **rechtmäßigen Überbau;** Unterlassen des Widerspr (Rn 10) ist keine Zustimmg (Nürnb RdL **68**, 102), and uU bei WidersprRückn (Nürnb DWW **63**, 124). Ist nur für eine best Breite zugestimmt, so gelten für weitergehden Überbau §§ 912ff, 1004 (BGH **LM** Nr 21). Keine DuldgsPfl nach Ablauf zeitl beschränkter Zustimmg (BGH BB **66**, 961). Über Nachbarwand (Kommunmauer) vgl § 921 Rn 5. – **aa) Beseitigung** kann nicht verlangt werden; die DuldgsPfl folgt aus der Zust (BGH NJW **83**, 1112). EinzelRNachf des Zustimmden nicht an schuldrechtl Zustimmg (and bei Dbk) gebunden; §§ 912ff aber anwendb, wenn Überbau vor Eintritt der EinzelRNachf erfolgte, da Überbau wg Zustimmg des RVorgängers iSv Rn 9 entschuldigt (BGH NJW **83**, 1112). – **bb) Für Entschädigung/Abkauf** ist die Vereinbg maßg (BGH NJW **83**, 1112; Düss NJW-RR **98**, 1388). Fehlt EntschRegelg, so ist dch Auslegg zu ermitteln, ob auf Entsch verzichtet; andernf gilt II (RG **74**, 87; Ffm MDR **80**, 229). Bloß schuldrechtl Vereinbg bindet RNachf nicht (BGH NJW **83**, 1112); unentgeltl NutzgsR zGDr begründb (Düss aaO; vgl auch § 914 Rn 2, 3. – **cc) Eigentümer** des GesamtGbdes ist der jeweil Eigtümer des Grdst, das unabhäng von obj Kriterien nach dem Willen des Erbauers zZ der Errichtg StammGrdst ist (BGH **62**, 141; **LM** Nr 7).

3 **c)** Baut ein **Erbbauberechtigter** über, so sind die §§ 912–916 mit der Maßg anwendb, daß das ErbbR an die Stelle des überbauenden Grdst (zB für § 914) u der ErbbBerecht an die Stelle des Eigtümers tritt (ErbbRVO 11 I).

4 **2) Voraussetzungen des Überbaus im Sinne von § 912. – a) Gebäude** ist ein Bauwerk, das dch räuml Umfriedg gg äußere Einflüsse Schutz gewährt u den Eintritt von Menschen gestattet (BGH **LM** Nr 25); völlige Umschlossenh nicht notw. Der Normzweck (Rn 1) gebietet Einbeziehg and großer Bauwerke (Staud/Roth Rn 6; LG Meing OLG-NL **96**, 281) u Ausschl leicht versetzb Gbde (Stgt Recht **13** Nr 1290). Für Zeitbauten gelten §§ 912–914, 916 bis zur Erfüllg des Bestimmgszwecks (Nürnb DWW **63**, 124). – **Kein Gebäude:** selbstd Backöfen (BGH **LM** Nr 1); Zäune/Mauern (BGH **LM** Nr 25); Gruben (AG Garmisch-P MDR **66**, 505); seitenoffener Carport (Karlsr NJW-RR **93**, 665).

5 **b)** Der **Eigentümer** des überbauenden Grdst muß das Gbde errichten, dh es muß in seinem Namen u wirtsch Interesse (GeschHerr) gebaut sein (BGH WM **90**, 718); wer GeschHerrnEigensch beansprucht, ohne unmittelb mit Herstellg befaßt zu sein, muß sie beweisen (BGH aaO). Errichtg dch Dritte (Bucheigtümer, DbkBerecht, Pächter) genügt nur, wenn Eigtümer dem Überbau entspr §§ 183–185 zustimmt (BGH **15**, 216; aA MüKo/Säcker Rn 11); über Errichtg dch ErbbBerecht vgl Rn 3.

6 **c) Grenzüberschreitung. – aa)** Ein **einheitliches Gebäude** muß übergebaut sein (BGH NJW-RR **89**, 1039). Ausreichd, daß GbdeTeil über die Grenze ragt, der mit dem and GbdeTeil fest verbunden u von diesem nicht getrennt werden kann, ohne daß der eine od and zerstört od in seinem Wesen verändert wird (BGH aaO); zB Dachvorsprung (BGH WM **79**, 644), Balkon, Erker, nicht aber Doppelhaushälften (Karlsr BWNotZ **88**, 91). Überschreitg nur unter (BGH **53**, 5; **LM** Nr 19: Benutzg der NachbFundamente) od über (BGH NJW **76**, 669) der Erdoberfläche ausreichd. – **bb) Umfang** der Überschreitg unerhebl. Gbde kann überwiegd auf NachbGrdst stehen (BGH WM **90**, 718); NachbGrdst kann auch ganz überbaut sein (RG **83**, 146). Gbde
7 darf sich aber nicht ausschließl auf NachbGrdst befinden. – **cc)** Überschreitg im **Zeitpunkt** der GbdeErrichtg erforderl. Nicht ausreichd daher Überschreitg mit nachträgl angebautem GbdeTeil wie zB Balkon od Erker (Staud/Roth Rn 17). Ausreichd aber Überschreitg mit Anbau, der selbst Gbde wie zB Veranda (Stgt Recht **13** Nr 1291) od Garage, sofern er nicht vollständ auf NachbGrdst (vgl RG **169**, 172 [178] u oben bb). Ausreichd auch Überschreitg bei Erweiterg dch Versetzen der Außenwand (BGH **LM** Nr 9) sowie anläßl späterer Neigg od Ausbauchg der Wand (BGH **97**, 292). §§ 912ff entspr anwendb auf spätere Erweiterg eines
8 Überbaus (Staud/Beutler Rn 9; aA RG **160**, 183), aber nicht auf bloßen Anbau an Überbau. – **dd) Keine Überschreitung,** wenn Grenzwand auf NachbGrdst (§ 921 Rn 13) dch Anbau in Gbde auf eigenem Grdst einbezogen wird (vgl BGH **41**, 177); and wenn auf die Grenze gesetzte Wand (Nürnb RdL **68**, 102) od bloße Reste einer Grenzwand (LG Duisbg NJW **62**, 1251) in eigenes Gbde einbezogen werden. – **ee)** Ein Grdst muß **überbauendes Grundstück** (StammGrdst iSv Rn 14) sein (BGH NJW **85**, 789).

9 **d)** Höchstens **leichte Fahrlässigkeit** des Überbauers im Ztpkt der Grenzüberschreitg (BGH WM **79**, 644); BewLast hat Überbauer (BGH **42**, 68). Vorsatz u grobe Fahrlässigk schließen § 912 auch aus, wenn kein Widerspr erhoben. Sie können sich auf Kenntn od Beachtg des Grenzverlaufs (RG **88**, 39) od die Annahme eines ÜberbauR (BGH DB **68**, 799; LG Meing OLG-NL **96**, 281) beziehen. – Verschulden des **Architekten** ist dem Bauherrn zuzurechnen (BGH NJW **77**, 375: § 166); nach BGH idR aber nicht das Verschulden des **Bauunternehmers** u seines Personals: weder nach § 166 (BGH aaO), noch nach § 831 (BGH aaO; aA Schubert JR **77**, 414), noch nach § 278 (BGH **42**, 63). – **Verschulden** idR anzunehmen, wenn Überbauer/Architekt örtl Lage nicht genau angibt (BGH NJW **77**, 375), den Ausführden freie Hand läßt od sich auf Zaunverlauf verläßt (Nürnb RdL **68**, 102).

10 **e) Kein sofortiger Widerspruch** des Eigtümers des NachbGrdst (vgl auch § 916) od seines Vertreters; bei MitEigtümern genügt gem § 1011 Widerspr eines von ihnen, ebso bei GesHdsEigtümern (str). Der Widerspr muß vor od nach objektiv erkennb Grenzüberschreitg so rechtzeit erhoben werden, daß Beseitigg ohne erhebl Zerstörg mögl (BGH **59**, 191); BewLast hat WidersprBerecht. Kenntn od Erkennbark der Überschreitg unerhebl (BGH **97**, 292). Unterlassen des Widerspr ist nicht anfechtb (BGH **59**, 191); WidersprRückn zuläss (Posen OLG **15**, 350; vgl Rn 2). – Der Widerspr ist formfrei, bedarf keiner Begründg (falsche daher unschädl;

BGH **59**, 191) u ist beschränkb (RG **109**, 107). Adressat ist der Überbauer (bei mehreren genügt einer; Staud/Roth Rn 32, str) od sein Vertreter.

3) Rechtsfolgen des Überbaus im Sinne von § 912. – a) Duldungspflicht (I) des jeweil Eigtümers 11
(vgl auch § 916) des überbauten Grdst als gesetzl EigtBeschrkg (BGH **LM** Nr 1, 33) u **Duldungsrecht** des jeweil Eigtümers des überbauenden Grdst als EigtInhalt verbunden mit einem **Recht zum Besitz** am überbauten GrdstTeil (BGH **27**, 204). Überbau darf nach Kenntn der Grenzüberschreitg nur ohne deren Vergrößerg plangemäß vollendet werden (BGH WM **79**, 644; Staud/Beutler Rn 21); spätere Erweiterg, Aufstockg (BGH **64**, 273) od Vertiefg (Nürnb RdL **68**, 102) sind nicht zu dulden. DuldgsPfl/R endet mit Beseitigg (Ursache unerhebl) des Überbaus; Wiederaufbau aber zu dulden, wenn Reste noch von wirtsch Bedeutg (BGH **LM** Nr 8). Bei Beseitigg dch DuldgsPflichtigen aber Anspr auf Wiederherstellg aus §§ 823, 249. – DuldgsPfl/R nicht im **Grundbuch** eintragb (BGH **LM** Nr 1); Zweifel aber dch GrdDbk klarstellb (Düss OLGZ **78**, 19). Ausschl od Beschrkg der DuldgsPfl im GB des überbauenden Grdst als GrdDbk eintragb (BGH **LM** Nr 9). Formfreier schuldrechtl Vertr über BeseitiggsPfl wirkt nur zw den VertrPart. – Duldgs-Pflichtiger hat keine **Sicherungspflicht** bzgl des Überbaus (BGH VersR **64**, 975).

b) Eigentümer des ganzen Gbdes einschl in Überbau einbezogener Kellermauerreste auf NachbGrdst 12
(BGH **LM** Nr 19) wird der Eigtümer des überbauenden Grdst (BGH **110**, 298); str, ob dies aus § 95 I 2 od (wohl zutreffd) aus §§ 93, 94 II folgt. Eigtümer des Überbaus hat Rechte des § 903 (zB Abriß; BGH **105**, 202) mit Ausn baul Erweiterg (Karlsr NJW-RR **88**, 524).V

c) Geldrente (II). Entschädigg für DuldgsPfl als Ausgl für NutzgsVerlust (BGH NJW **76**, 669). Einzelh: 13
§§ 913, 914. – **Schadensersatzanspruch** gg Überbauer aus § 823 u AusglAnspr aus § 906 Rn 42 wg NutzgsVerlusts dch II ausgeschl (BGH NJW **86**, 2639), nicht aber wg weitergehder Verletzg des Eigt od and Rechte (BGH **28**, 116; **57**, 304). SchadErs gg BauUntern aus § 823 dch II nicht ausgeschl (BGH JZ **58**, 744 Anm Westermann [auch zur Vermeidg einer DoppelEntsch]; aA Soergel/Baur Rn 22). SchadErsAnspr des Käufers gg Verkäufer des überbauten Grdst aus § 463 nicht ausgeschl (BGH NJW **81**, 1362).

4) Eigengrenzüberbau. – a) Wird ein Gbde **auf mehreren Grundstücken desselben Eigentümers** 14
errichtet, so wird das GesamtGbde Bestandt des Grdst (StammGrdst), zu dem es nach Absicht u Interesse des Erbauers gehören soll (BGH **110**, 298) u damit Eigt des Eigtümers dieses Grdst; obj Umstände maßg, wenn Absicht nicht feststellb (Köln ZMR **96**, 85). Ein Erwerber des überbauten Grdst hat den Überbau zu dulden; für ihn gelten §§ 912 II, 915 ab Erwerb, § 912 II 2 bleibt unberührt (Hamm NJW-RR **91**, 656). Ist ein StammGrdst nicht festzustellen (vgl BGH aaO) od sind die GbdeTeile selbstd RaumEinh (BGH **102**, 311), so wird jeder GbdeTeil Bestandt des Grdst, auf dem er steht (EigtSpaltg). – **b)** Wird ein Gbde nach **Grund-** 15
stücksteilung von der Grenze dchschnitten, so gilt Rn 14 mit der Maßg entspr, daß sich das StammGrdst nach obj Umständen bestimmt (BGH **64**, 333); ist solches nicht feststellb, so vertikale Teilg (vgl Düss NJW-RR **87**, 397; aA Karlsr OLGZ **89**, 341 [MitEigt]). – **c)** Baut ein **Nutzungsberechtigter des Stammgrundstücks auf ein eigenes Grundstück** über u stimmt der Eigtümer des StammGrdst zu, so sind §§ 912 ff anwendb (BGH **15**, 216).

5) Sind die **Voraussetzungen des § 912 I nicht erfüllt** (u hat der Nachb dem Überbau nicht zuge- 16
stimmt), so gilt folgendes: – **a)** Der Eigtümer des NachbGrdst kann **Beseitigung** des Überbaus (§ 1004) auf Kosten des Überbauers u Herausg der überbauten Fläche (§ 985) verlangen; vgl auch §§ 823, 862. Der Anspr ist verwirkb (BGH WM **79**, 644); dafür reicht langjähr Duldg alleine nicht (Nürnb RdL **68**, 102). In engen AusnFällen kann er dch DuldgsPfl aus nachbarl GemschVerh (§ 903 Rn 13; vgl BGH **LM** Nr 25) od entspr § 251 II (BGH **62**, 388; WM **79**, 644; vgl § 1004 Rn 38) ausgeschl sein; dann aber RentenPfl entspr II. – **b)** Der übergebaute GbdeTeil wird **Eigentum** des Nachb, da §§ 93, 94 II bei rechtsw EigtVerletzg zurücktreten (BGH NJW-RR **89**, 1039; hM). Da Überbauer idR Besitzer, gelten im Verh zum Nachb §§ 987 ff (BGH **27**, 204). Überbauer hat, da Überbau keine Verwendg auf das Grdst (Vorbem 6 vor § 994), Anspr aus § 951 (aA BGH **41**, 157) nach den Grds der aufgedrängten Bereicherg.

913 *Zahlung der Rente.*

I Die Rente für den Überbau ist dem jeweiligen Eigentümer des Nachbargrundstücks von dem jeweiligen Eigentümer des anderen Grundstücks zu entrichten.

II Die Rente ist jährlich im voraus zu entrichten.

1) Schuldner (I) ist der jeweil Eigtümer (auch bei gutgl Erwerb) des überbauenden Grdst. Er haftet dingl 1
(§§ 914 III, 1107 Rn 4) auch für Rückstände u persönl (§§ 914 III, 1108) erst für ab EigtErwerb fäll Rente. Veräußerer haftet persönl für Rückstände zZ des EigtÜbergangs weiter.

2) Gläubiger (I) ist der jeweil Eigtümer (vgl auch § 916) des überbauten Grdst. StammR als subjdingl 2
Recht (BayObLG Rpfleger **76**, 180) nicht selbstd abtretb, verpfändb od pfändb (§ 96); and aber der Anspr auf Einzelleistgen (§§ 914 III, 1107 Rn 2). Gläub der zZ des EigtÜbergangs fäll Einzelleistgen bleibt der Veräußerer.

3) Beginn der RentenPfl mit Grenzüberschreitg unabhäng vom Ztpkt der Entdeckg. – **Vorauszahlung** 3
gem II wirkt ggü Erwerber; von II abw Vereinbg wirkt ggü Dritten entspr § 914 II nur bei GBEintr (RGRK/Augustin Rn 5). Keine Verzugszinsen (§§ 914 III, 1107 Rn 6), bei Verzug auch kein Beseitiggs-Anspr. – **Erlöschen:** § 914 Rn 3.

4) Höhe. GrdLage ist der Verkehrswert (für den konkrete Bebauungsmöglichk zu berücksichtigen) der 4
überbauten Fläche im vom Gläub zu beweisden (BGH NJW **86**, 2639) Ztpkt der Grenzüberschreitg (§ 912 II 2); spätere Änderg (zB der Benutzbark od des Bewertgsmaßstabes) bewirken keine Änderg der Rentenhöhe (BGH **57**, 304); ZPO 323 nicht anwendb. Der Verkehrswert ist angem zu verzinsen (Stgt MDR **76**, 400); für Angemessenh auch Ztpkt der Grenzüberschreitg maßg. Mangels Verkehrswert (zB bei Straßen) übl Nutzgsentgelt (BGH NJW **76**, 669). – Über Festlegg dch **Vertrag/Urteil** vgl § 914 Rn 2.

914 *Rang; Eintragung; Erlöschen.* **I Das Recht auf die Rente geht allen Rechten an dem belasteten Grundstück, auch den älteren, vor. Es erlischt mit der Beseitigung des Überbaues.**

II Das Recht wird nicht in das Grundbuch eingetragen. Zum Verzicht auf das Recht sowie zur Feststellung der Höhe der Rente durch Vertrag ist die Eintragung erforderlich.

III Im übrigen finden die Vorschriften Anwendung, die für eine zugunsten des jeweiligen Eigentümers eines Grundstücks bestehende Reallast gelten.

1 **1) Rang (I 1)** hat das RentenR vor allen and Rechten; der Rang mehrerer Überbau- u Notwegrenten untereinand richtet sich nach der Entstehg. Es ist **nicht eintragungsfähig (II 1).**

2 **2) Feststellung der Rentenhöhe durch Vertrag oder Urteil** wirkt zw den Part u GesamtRNachf. Wirkg ggü Dritten nur bei Eintr im GB (Abt II) des überbauenden Grdst (Brem DNotZ **65**, 295 abl Anm Bessell); GBO 9 anwendb (Staud/Roth 5). Vorrang (I 1) für gesetzl Höhe (§ 913 Rn 4) übersteigden Teil nur bei Vorrangeinräumg. Niedrigere als die gesetzl Höhe wirkt ggü RealBerecht am überbauten Grdst nur bei deren Zustimmg (RGRK/Augustin 5; Staud/Roth 5).

3 **3) Erlöschen** des RentenR **(I 2, II)**. Verzicht, der nicht nur zw den Part wirken soll (BGH NJW **83**, 1112), erfordert Aufhebg des RentenR gem §§ 875, 876 S 2, die im GB (Abt II Spalte 3) des überbauenden Grdst einzutragen ist (BayObLG **98**, 152); GBO 9 anwendb (KG Rpfleger **68**, 52; LG Düss Rpfleger **90**, 288; aA BayObLG aaO). Verzicht schon eintragb, wenn RentenR zweifelh (Düss OLGZ **78**, 19). Kein Erlöschen dch ZwVerst (ZVG 52 II) od Ablösg (EG 116). – **Verjährung:** nur Recht auf Einzelleistgen (§§ 924, 197).

4 **4) Entsprechend anwendbar** (III): §§ 1107, 1108, 1109 III, 1110; nicht aber §§ 1111, 1112. Bei Teilg des überbauten Grdst bleibt das RentenR alleine bei dem überbauten neuen Grdst; bei Teilg des überbauenden Grdst haften die Eigtümer aller neuen Grdst.

915 *Abkauf.* **I Der Rentenberechtigte kann jederzeit verlangen, daß der Rentenpflichtige ihm gegen Übertragung des Eigentums an dem überbauten Teile des Grundstücks den Wert ersetzt, den dieser Teil zur Zeit der Grenzüberschreitung gehabt hat. Macht er von dieser Befugnis Gebrauch, so bestimmen sich die Rechte und Verpflichtungen beider Teile nach den Vorschriften über den Kauf.**

II Für die Zeit bis zur Übertragung des Eigentums ist die Rente fortzuentrichten.

1 **1) Berechtigt** ist nur der jeweil Eigtümer des überbauten (nicht auch des überbauenden) Grdst; mehrere nur gemschaftl, da einer die and nicht zur Übereigng verpflichten kann (Soergel/Baur Rn 1; Staud/Beutler Rn 1). § 915 nicht anwendb auf Zeitbauten (Erm/Hagen § 912 Rdn 2; aA MüKo/Säcker § 912 Fußn 15; Staud/Roth § 912 Rn 2) u wenn kein RentenR (zB Verzicht) besteht. – **Rechtsausübung** erfordert einseit empfangsbedürft formfreie (RG **74**, 90) WillErkl, die RVerh entstehen läßt, auf das §§ 433 ff (zB §§ 434, 449; nicht aber § 439) anwendb; entstandene Anspr verjähren nach KaufR. Mangels KaufVertr kein VorkRAusübg (str). – **Übereignung** nach §§ 873, 925; über Zustimmg des Nach erben vgl KG Rpfleger **74**, 222. – **Rentenrecht erlischt** (II) auch schon mit Annahme des WertErs (allgM). Rentenzahlgen auf WertErs (zur Höhe vgl § 913 Rn 4) nicht anzurechnen.

2 **2) Entsprechende Anwendung** auf RückgPfl eines Käufers, der trotz nichtigen KaufVertr das Grdst bebaut hat (RG **133**, 293; Staud/Roth Rn 8).

916 *Beeinträchtigung von Erbbaurecht oder Dienstbarkeit.* **Wird durch den Überbau ein Erbbaurecht oder eine Dienstbarkeit an dem Nachbargrundstücke beeinträchtigt, so finden zugunsten des Berechtigten die Vorschriften der §§ 912 bis 914 entsprechende Anwendung.**

1 Für jeden Beeinträchtigten besteht ein selbständiges RentenR. Entspr anwendb auf Berecht nach WEG 31, aber nicht auf andere RealBerecht (zB HypGläub; ihnen haftet das RentenR, §§ 96, 1107, 1126).

917 *Notweg.* **I Fehlt einem Grundstücke die zur ordnungsmäßigen Benutzung notwendige Verbindung mit einem öffentlichen Wege, so kann der Eigentümer von den Nachbarn verlangen, daß sie bis zur Hebung des Mangels die Benutzung ihrer Grundstücke zur Herstellung der erforderlichen Verbindung dulden. Die Richtung des Notwegs und der Umfang des Benutzungsrechts werden erforderlichen Falles durch Urteil bestimmt.**

II Die Nachbarn, über deren Grundstücke der Notweg führt, sind durch eine Geldrente zu entschädigen. Die Vorschriften des § 912 Abs. 2 Satz 2 und der §§ 913, 914, 916 finden entsprechende Anwendung.

1 **1) Allgemeines.** Die DuldgsPfl ist für das VerbindgsGrdst gesetzl Beschrkg, das BenutzgsR für das verbindgslose Grdst gesetzl Erweiterg des EigtInhalts. – Das LandesR regelt in den Wald- od ForstG vielf ein NotwegR an **Waldgrundstücken** (zB *BaWü* 28; *Hess* 17; *RhPf* 17; *Saarl* 15; *SchlH* 9 II) u in den NachbRG (EG 124 Rn 2) ein NotwegR für **Versorgungsleitungen** (*BaWü* 7 e [BGH NJW **91**, 176]; *Brdbg* 44; *Hess* 30; *RhPf* 26; *Saarl* 27; *Sachs* 19 ff; *Thür* 26 ff). Soweit dort keine SonderVorschr (BGH aaO), gelten §§ 917, 918 auch für die Benutzg von WaldGrdst bzw die Verlegg od Mitbenutzg von VersorggsLeitgen (BGH NJW **81**, 1036; Hamm NJW-RR **92**, 723). – **§ 904** bleibt unberührt.

2) Voraussetzungen; Verhältn zZ der letzten TatsVerhdlg maßg (BGH NJW **65**, 537). Ohne sie begründet langjähr stillschw Duldg nur Leihe, deren Kündbark nicht auf bes Grd beschr (Hamm NJW-RR **87**, 137; Brdbg DtZ **96**, 389; LG Gießen MDR **95**, 257); freiw Gestattg wirkt nicht ggü EinzelRNachf. 2

a) Fehlende Verbindung zu einem öffentlichen Weg. LandesR maßg, ob ein Weg öffentl. Fehlt die Verbindg inf Entwidmg od WidmgsBeschrkg, so NotwegR erst nach Ausschöpfg der RMittel (Köln OLGZ **67**, 156). Ursache für Verbindgslosigk nur iRv § 918 erhebl. Vorübergehde Verbindgslosigk ausreichd; ebso uU Verbindgslosigk nur eines GrdstTeils (BGH **LM** Nr 1; Hamm NJW **59**, 2310). – Fehlde Verbindg zu Wasserstraße (BGH **LM** § 891 Nr 3), Eisenbahn od and Grdst desselben Eigtümers reicht nicht; ebso Haustür zum NachbGrdst statt zur Straße (Düss OLGZ **89**, 118). – Verbindg ist tats od rechtl (zB WegeR) Zugangsmöglichk (Brschw OLG **26**, 29). 3

b) Ordnungsmäßige Benutzung des verbindungslosen Grundstücks, wenn sie der Lage, Größe u WirtschArt des Grdst entspricht (BGH **LM** Nr 12/13); rein persönl Bedürfn des Eigtümers od NutzgsBerecht (BGH **LM** Nr 14) od vorübergehde außergewöhnl Bedürfn (BGH WM **66**, 145; hier uU § 904) sind nicht maßg. Nach Düss OLGZ **92**, 208 nicht für hoheitl Aufgaben. Bei Nutzg dch NutzgsBerecht maßg, ob sie bei Ausübg dch Eigtümer ordngsgem. Bei rkräft BauGen kann Ordngsmäßigk nicht mit BauRWidrigk verneint u bei rkräft Versagg nicht mit BauRMäßigk bejaht werden (BVerwG NJW-RR **99**, 165). Errichtg u Unterhaltg eines WohnGbdes keine ordngsmäß Benutzg, wenn bisher Behelfsheim nur mit Zustimmg des Nachb erreichb (BGH **LM** Nr 14). – **Benutzungsänderung/steigerung** ist ordngsmäß, wenn sie inf techn od wirtsch Entwicklg zur Aufrechterhaltg eines rentablen WirtschBetr notw u den örtl Verhältn Rechng trägt (RG Warn **14** Nr 290; BGH BB **66**, 639; Brdbg DtZ **96**, 389). 4

c) Notwendigkeit der Benutzung des Verbindungsgrundstücks für die ordngsmäß Benutzg des verbindgslosen Grdst. Strenger Maßstab (BGH NJW **64**, 1321). – **aa)** Die **Benutzung als solche** muß notw sein. Dies auch mögl, wenn vorhandene Verbindg nicht ausreicht (BGH **LM** Nr 1; 12/13). Nicht gegeben, wenn and ausreichder (wenn auch unbequemerer od teuerer) Zugang mögl (Hbg ZMR **96**, 509; Brdbg DtZ **96**, 389), zB über eigenes Grdst (Hbg MDR **64**, 325) od aGrd dingl od schuldrechtl WegeR (Celle RdL **64**, 157 [160]; vgl auch RG **157**, 305 [umstr WegeR]) bzw Anspr darauf (Brschw OLG **26**, 29) od bei geringer Zeitverzögerg für RettgsKfz (Köln NJW-RR **92**, 312); im Verhältn zum Gesamtertrag seines Grdst unzumutb Kosten braucht Berecht aber nicht aufzuwenden (BGH NJW **64**, 1321; **LM** Nr 12/13). – **bb) Art und** 5
6 **Ausmaß** müssen notw sein. Nicht notw **Zufahrt für Kraftfahrzeuge** auf WohnGrdst (selbst wenn dort AnwPraxis), wenn in der Nähe auf der Straße Parkmöglichk (BGH **LM** Nr 11; BGH **75**, 315; Karlsr NJW-RR **95**, 1042; Saarbr NJWE-MietR **96**, 217), od für GästeKfz zu Berggasthof (BGH **LM** Nr 2); and bei fehlder Parkmöglichk (LG Aachen MDR **86**, 936) sowie uU wenn Notweg über ausgebaute Privatstraße führt (Ffm MDR **81**, 932; ähnl LG Lüb MDR **75**, 665). Zufahrt auf GewerbeGrdst idR notw, wenn dort Be- u Entladen erforderl. Die Benutzg muß der Verbindg dienen; dazu zählt nicht das Aufstellen von Kfz zum Beladen (BGH **31**, 159), nach Ffm MDR **81**, 932 auf Privatstraße aber Parken bis zu 2 Stunden. – **cc)** Bei **mehreren möglichen Verbindungen** (Mehrh von mögl Wegen od mögl VerbindgsGrdst) muß die Benutzg der konkreten Verbindg notw sein. Das erfordert eine Abwägg zw dem Interesse an geringster Belastg dch den Notweg u dem an größter Effektivität des Notwegs (LG Verden MDR **57**, 547; LG Ffm MDR **69**, 925; LG Meing OLG-NL **94**, 114); daher nicht stets kürzester Weg maßg (BayObLG SeuffA **62** Nr 41; Nürnbg RdL **68**, 78). Auch bei völliger Gleichwertig kein WahlR des Berecht (W-Raiser § 56 II 1 b), sond konstitutive Konkretisierg gem Rn 10 notw.

d) Verlangen der BenutzgsDuldg ist TatbestdMerkmal (BGH **94**, 160; Hamm OLGZ **85**, 222). Empfangsbedürft WillErkl, die bei Mehrh von DuldgsPflichtigen ggü allen abzugeben ist. 7

3) Benutzungsrecht und Duldungspflicht. – a) Notwegberechtigt sind der Eigtümer (mehrere wg RentenPfl nur gemschaftl; RGRK/Augustin Rn 7; Staud/Roth Rn 32; aA MüKo/Säcker Rn 16) des verbindgslosen Grdst u der Inh eines grdstgl Rechts (RG **79**, 116) insb eines ErbbR (ErbbRVO 11); VfgsBefugte (Konk/ZwVerw, TestVollstr) dürfen das NotwegR des Berecht gerichtl u außergerichtl geltd machen (LG Landau NJW **68**, 2013). NutzgsBerecht haben kein eigenes NotwegR (BGH **LM** Nr 6), dürfen den Notweg aber benutzen; vgl auch Rn 13. – **Duldungspflichtig** sind alle Eigtümer, Erbb/DbkBerecht (II 2, § 916), DWR/DNRBerecht (WEG 31 I 2) des VerbindgsGrdst. Das Verlangen (Rn 7) ist an sie zu richten (Brschw SeuffA **56** Nr 150); das dadch entstandene NotwegR wirkt auch ggü deren NutzgsBerecht. 8

b) Es ist die **notwendige Benutzung zu dulden.** Ist Zugang verschlossen, so ist Schlüssel auszuhändigen (Nürnb RdL **68**, 78). – Zur **Herstellung und Unterhaltung** des Notwegs ist der DuldgsPflichtige nicht verpflichtet (BGH WM **95**, 1195 [1198]). DuldgsPflichtiger kann **Verlegung** entspr § 1023 I verlangen (BGH NJW **81**, 1036); für Kosten gilt § 1023 I 1 Halbs 2 jedenf iFv § 918 II entspr (BGH aaO). – DuldgsPflichtiger hat **Zurückbehaltungsrecht** bis Zahlg fäll Notwegrente (BGH **LM** Nr 12/13). 9

c) Festlegung der Ausgestaltung. Der konkrete RInhalt ergibt sich (für die Beteil oft schwer erkennb) aus dem Gesetz. Schuldrechtl **Vereinbarung** der Nachb wirkt (wie auch Verzicht) nicht ggü EinzelRNachf; and bei GrdDbk. **Urteil** nach I 2 wirkt ggü EinzelRNachf iRv ZPO 325. Vereinbg/Urt haben nur deklarator Wirkg (BayObLG SeuffA **61** Nr 369; ganz hM); konstitutive Wirkg nur bei völliger Gleichwertigk mehrerer Möglichk (LG Verden MDR **57**, 547; Erm/Hagen Rn 5). 10

d) Das NotwegR ist nicht im **Grundbuch** eintragb. Vom gesetzl Inhalt abw Ausgestaltg als GrdDbk eintragb; auch bei Zweifeln über gesetzl DuldgsPfl klarstellde GrdDbk eintragb (vgl Düss OLGZ **78**, 19). 11

4) Entstehung und Ausübung, gerichtliche Geltendmachung, Rechtsschutz. – a) Das NotwegR **entsteht** in seiner konkreten gesetzl Ausgestaltg mit dem Vorliegen der Voraussetzgen (RG **87**, 424; LG Hann MDR **91**, 870; MüKo/Säcker Rn 19; Staud/Roth Rn 1), zu denen das DuldgsVerlangen gehört (str; vgl Rn 7). Die **Ausübung** des entstandenen Rechts ohne Gestattg des unmittelb Besitzers des VerbingsGrdst ist verbotene Eigenm (Planck/Strecker Anm 2 a; Soergel/Baur Rn 13; Staud/Roth Rn 1; BGH NJW **79**, 1359 für *Hess*NachbRG 30; Brschw NdsRpfl **71**, 231 für *Nds*NachbRG 47; KG OLGZ **77**, 448 für *Bln*NachbRG 17; aA LG Hann MDR **91**, 870; MüKo/Säcker Rn 23; W-Raiser § 56 II 1 a), denn § 917 gestattet nicht iSv § 858 die Benutzg. In Notfällen eigenmächt Benutzg nach § 904. 12

13 **b) Gerichtliche Geltendmachung** dch Klage auf Duldg der Benutzg (sie braucht Richtg u Umfang nicht anzugeben); MitEigtümer sind als notw Streitgenossen zu verklagen (BGH NJW **84**, 2210). Veräußert Berecht währd des Proz, so gilt ZPO 265 (BGH **LM** Nr 12/13). VerwRWeg, wenn VerbindgsGrdst hoheitl Zwecken dient (BGH MDR **69**, 650; Kblz MDR **81**, 671). – Klagt Eigtümer des VerbindgsGrdst auf Unterlassg aus § 1004 I, so kann NotwegR gem § 1004 II (auch vom NutzgsBerecht; BGH **LM** Nr 6) geltd gemacht werden; klagt er aus § 862, so ist wg § 863 nur WiderKl mögl (vgl § 863 Rn 2).

14 **c) Rechtsschutz** genießt das NotwegR als EigtInhalt dch § 1004 (Mü OLG **29**, 339). BesSchutz nur entspr § 1029 (Staud/Roth Rn 48; Karding AcP **99**, 425 ff), da BesSchutz am verbindgslosen Grdst sich nicht auf Notweg erstreckt (aA Soergel/Baur Rn 15; Figge AcP **160**, 418) u idR auch kein MitBes des Berecht am Notweg.

15 **5) Notwegrente.** – **a)** Anspr **entsteht** mit dem NotwegR (BGH NJW **85**, 1952). Über Vorauszahlg (II 2 iVm § 913 II) u Verzugszinsen vgl § 913 Rn 3; über ZbR bei Nichtzahlg vgl Rn 9. – **b) Höhe** richtet sich nach dem Nachteil für das VerbindgsGrdst (BGH **113**, 32); mangels Nachteil kann Rente entfallen (LG Aach ZMR **83**, 382). Maßgebd, ist die Minderg des VerkWerts des GesamtGrdst (BGH **113**, 32; vgl Kblz OLGZ **92**, 320). Auf die tats Verhältn im EntstehgsZtpkt ist abzustellen (II 2 iVm § 912 II 2; vgl § 913 Rn 4); Änderg nur, wenn sich Umfang der DuldgsPfl ändert. Über Feststellg dch Vertr oder Urt (II 2 iVm § 914 II 2) vgl § 914 Rn 2. – **c) Schuldner** ist der jeweil Eigtümer des verbindgslosen Grdst (II 2 iVm § 913 I), nicht der NutzgsBerecht (BGH **LM** Nr 6); **Gläubiger** der jeweil Eigtümer des VerbindgsGrdst (II 2 iVm § 913 I). Über Einzelh vgl § 913 Rn 1, 2. – **d) Sonstiges** (Rang, GBEintr, Erlöschen, Verzicht, Verj, GrdstTeilg) vgl § 914 Rn 1–4 (II 2 iVm § 914). – **e) Schadensersatzanspruch** wg Beschädigg des Weges aus § 823 od des Käufers gg den Verkäufer des VerbindgsGrdst aus § 463 (vgl BGH NJW **81**, 1362) nicht ausgeschl.

918 *Ausschluß des Notwegrechts.*

I Die Verpflichtung zur Duldung des Notwegs tritt nicht ein, wenn die bisherige Verbindung des Grundstücks mit dem öffentlichen Wege durch eine willkürliche Handlung des Eigentümers aufgehoben wird.

II Wird infolge der Veräußerung eines Teiles des Grundstücks der veräußerte oder der zurückbehaltene Teil von der Verbindung mit dem öffentlichen Wege abgeschnitten, so hat der Eigentümer desjenigen Teiles, über welchen die Verbindung bisher stattgefunden hat, den Notweg zu dulden. Der Veräußerung eines Teiles steht die Veräußerung eines von mehreren demselben Eigentümer gehörenden Grundstücken gleich.

1 **1) Verbindungsverlust durch willkürliche Handlung** des Eigtümers **(I)** od and NotwegBerecht bzw deren Vertretern/Gehilfen (Staud/Roth Rn 5). Hdlg muß bish **Verbindung aufheben;** zB Bebauen (BGH DB **74**, 2469) od Verschütten (Dresden SeuffA **75** Nr 160) des Zugangs, Aufgabe eines WegeR (LG Bielef MDR **63**, 678; LG Gießen MDR **95**, 257), Verzicht auf NotwegR über and Grdst (BGH **53**, 166), GrdstVeräußerg (vgl II), Zust zu sonst nicht erfolgter Verlegg des öffentl Wegs. **Willkür** bei Verstoß gg ordngsmäß GrdstBewirtsch ohne gebotene Rücks auf NachbBelange (Mü NJW-RR **93**, 474; Brdbg DtZ **96**, 389); keine Willkür zB bei ordngsmäß Benutzgssteigerg/änderg (§ 917 Rn 4), Dchführg eines Bebauungsplans (LG Ffm MDR **69**, 925). – **Beweislast** hat DuldgsPflichtiger. – Auch **Rechtsnachfolger** dch RGesch (BGH DB **74**, 2469) od Zuschlag (RG **157**, 305) verliert NotwegR.

2 **2) Verbindungsverlust durch Grundstücksveräußerung (II);** ZwVerst steht gleich (RG **157**, 305). Willkürl Hdlg auch hier notw (Mü NJW-RR **93**, 474). Das NotwegR wird auf bish VerbindgsGrdst, sofern dieses rechtl u tats Verbindg ermöglichte (tats Benutzg nicht maßg), konkretisiert u ggü Grdst and Nachb ausgeschl (BGH **53**, 166; Brschw OLG **26**, 29). Für dieses NotwegR gilt § 917 (RG **157**, 305); Benutzg des bish Weges kann nicht beansprucht werden (RG **160**, 166 [185]). II gilt auch, wenn Zugang zu verbindgslos gewordenem Grdst bish aGrd schuldrechtl Vereinbg über drittes Grdst erfolgte (BGH **53**, 166). – II bindet auch die RNachfolger. – Verzichtet Veräußerer auf dieses NotwegR, so handelt er willkürl iSv I (BGH aaO).

919 *Grenzabmarkung.*

I Der Eigentümer eines Grundstücks kann von dem Eigentümer eines Nachbargrundstücks verlangen, daß dieser zur Errichtung fester Grenzzeichen und, wenn ein Grenzzeichen verrückt oder unkenntlich geworden ist, zur Wiederherstellung mitwirkt.

II Die Art der Abmarkung und das Verfahren bestimmen sich nach den Landesgesetzen; enthalten diese keine Vorschriften, so entscheidet die Ortsüblichkeit.

III Die Kosten der Abmarkung sind von den Beteiligten zu gleichen Teilen zu tragen, sofern nicht aus einem zwischen ihnen bestehenden Rechtsverhältnisse sich ein anderes ergibt.

1 **1)** § 919 dient der **Sicherung einer unstreitigen Grenze** dch Grenzzeichen u begründet einen aus dem Eigt fließden (RG **56**, 58) unverjährb (§ 924) dingl **Mitwirkungsanspruch.** Sind die Nachb über den Grenzverlauf nicht einig, so erst od zugl Klage aus § 920 (KG DFG **37**, 188; Celle NJW **56**, 632) od auf EigtFeststellg; aber keine Verbindg von Klagen aus §§ 919, 985 (Celle aaO). Grd für mangelnde Kennzeichng unerhebl. – **a) Anspruchsberechtigt** sind der GrdstEigtümer u hinsichtl der belasteten Fläche auch der ErbbBerecht; jeder Miteigtümer alleine (§ 1011). Verzicht wirkt nicht ggü EinzelRNachf. **Anspruchsver-**
2 **pflichtet** ist der Eigtümer des unmittelb angrenzden Grdst; Miteigtümer nur gemeins. – **b) Geltendmachung** dch Klage auf Mitwirkg bei der Abmarkg mit ZwVollstr nach ZPO 887 ff *(Hbg)* bzw auf Zustimmg zu dem nach LandesR maßg AbmarkgsVerf mit ZwVollstr nach ZPO 894 *(übrige Länder).*

2) Abmarkungsverfahren. – **a) Landesrecht:** AbmarkgsG od Vermessgs/KatasterG. – **b)** Nur die **Kosten** des AbmarkgsVerf werden geteilt (uU volle Kostentragg gem § 823 II iVm StGB 274 I Nr 3 od Vereinbg); für ErstattgsAnspr ordentl RWeg. Für Kosten des RStreits nach Rn 2 gelten ZPO 91 ff. 3

3) Wirkung. Die Abmarkg ändert nicht den Grenzverlauf u damit nicht die EigtVerh u die dingl Rechte Dritter; sie ist aber ein starkes Beweismittel iRv ZPO 286 (Nürnb BayJMBl **65**, 80). Die anerkannte Abmarkg widerlegt die Vermutg des § 891 bei Abweichg von abgemarkter u eingetr Grenze; Kenntn der abgemarkten Grenze schließt gutgl Erwerb (§ 892) aus. – Hat die Abmarkg als beurkundder VerwAkt Bestandskraft erlangt, so ist sie nur noch dch Einigg der Nachb od Urt änderb (BVerwG DÖV **72**, 174). 4

920 *Grenzverwirrung.*

I Läßt sich im Falle einer Grenzverwirrung die richtige Grenze nicht ermitteln, so ist für die Abgrenzung der Besitzstand maßgebend. Kann der Besitzstand nicht festgestellt werden, so ist jedem der Grundstücke ein gleich großes Stück der streitigen Fläche zuzuteilen.

II Soweit eine diesen Vorschriften entsprechende Bestimmung der Grenze zu einem Ergebnisse führt, das mit den ermittelten Umständen, insbesondere mit der feststehenden Größe der Grundstücke, nicht übereinstimmt, ist die Grenze so zu ziehen, wie es unter Berücksichtigung dieser Umstände der Billigkeit entspricht.

1) Allgemeines. Bei Streit über den Grenzverlauf kann jeder Eigtümer der benachbarten Grdst die Rechte aus dem Eigt der von ihm in Anspr genommenen Fläche (zB §§ 985, 1004) geltd machen od auf Feststellg seines Eigt an dieser Fläche klagen (KG DFG **37**, 188); dabei muß er sein Eigt bezeichnen u beweisen. Kann keine Part die richtige Grenze bezeichnen u nachweisen, dann bleibt nur die (auch hilfsw od dch Klageänderg geltd zu machde) Klage aus § 920 (Rn 2) od ein GrenzfeststellgsVertr (Rn 3). 1

2) Grenzscheidungsanspruch; aus dem Eigt fließder (RG **56**, 58) unverjährb (§ 924) dingl Anspr. – **a) Voraussetzung** ist die Nichtfeststellbark der richtigen Grenze (BayObLG **62**, 214). Daran fehlt es, soweit die Vermutg des § 891 bzgl der GrdstGrenze reicht (Celle NJW **56**, 632) od ein GrenzfeststellgsVertr besteht (Nürnbg DNotZ **66**, 33). – **b) Anspruchsberechtigt u -verpflichtet** sind die unmittelb benachbarten GrdstEigtümer; MitEigtümer wie bei § 919 Rn 1. Nicht RealBerecht (Staud/Roth 8; aA Wstm/Westermann § 65 III 2); doch haben diese uU FeststellgsKl, auf die § 920 entspr anwendb (Staud/Roth aaO). – **c)** Der **Klageantrag** geht auf richterl Abgrenzg der Grdst. Bestimmte Grenzlinie darf beantragt werden (BGH **LM** Nr 1; Kblz OLGZ **75**, 216); dann darf das Urt zwar and Grenze festlegen, die beanspruchte Fläche aber nicht überschreiten (BGH aaO). – **d) Entscheidung** in erster Linie nach dem Besitzstand zZ des Urt **(I 1)**; bei fehlerh Besitz (§ 858) einer Part nach dem früheren (Kblz aaO), solange BesAnspr nicht gem § 864 ausgeschl (Staud/Roth 11). Fehlt ein Besitzstand u steht das streitige Gebiet nach Form u Inhalt fest (Kblz aaO), so Teilg zu gleichen Teilen **(I 2)**. – **II** gilt ggü I 1 u I 2 (RG SeuffA **76** Nr 118). Feststehde Größe ist tatsächl Flächeninhalt (BGH **LM** Nr 2). – **e)** Das Urt hat **konstitutive Wirkung** (KG OLG **20**, 405; Staud/Roth 17; aA RG JW **06**, 302; RGRK/Augustin 8 iFv I 1) u wirkt auch für u gg EinzelRNachf, RealBerecht (Staud/Roth 18; aA Wstm/Westermann § 65 III 4) u VermessgsAmt (BayVGH RdL **79**, 36), sofern zw den richtigen Part ergangen (also nicht wenn BuchEigtümer Part war). Auf Grd des Urt kann Abmarkg (§ 919) u ohne Zust der RealBerecht GBBerichtigg (GBO 22) verlangt werden (KG aaO). 2 3

3) Grenzfeststellungsvertrag. Er bedarf der Form des § 313 nur, wenn mit EigtÜbertr verbunden (RG JW **06**, 302; Nürnb DNotZ **66**, 33). Er kann in Anerkenng eines AbmarkgsProt liegen (Nürnb aaO). Einzelh bei Bengel/Simmerding, GrdBuch-Grdst-Grenze, 3. Aufl 1989, § 22 Rn 77, u Staud/Roth 21, 22. Über Wegfall der GeschGrdLage bei groben VermessgsFehlern vgl BGH MDR **79**, 743. 4

921 *Gemeinschaftliche Benutzung von Grenzanlagen.*

Werden zwei Grundstücke durch einen Zwischenraum, Rain, Winkel, einen Graben, eine Mauer, Hecke, Planke oder eine andere Einrichtung, die zum Vorteile beider Grundstücke dient, voneinander geschieden, so wird vermutet, daß die Eigentümer der Grundstücke zur Benutzung der Einrichtung gemeinschaftlich berechtigt seien, sofern nicht äußere Merkmale darauf hinweisen, daß die Einrichtung einem der Nachbarn allein gehört.

1) Grenzeinrichtung. – a) Voraussetzungen: – aa) Sie muß (nicht notw in der Mitte) von der **Grenzlinie geschnitten** werden (BGH **41**, 177; LG Aachen MDR **98**, 591), so daß an der Grenze ganz auf einem der NachbGrdst stehde Einrichtgen (zB Grenzwand iSv Anm 3; Hecke [LG Oldbg WoM **86**, 283]) u im MitEigt stehde ZwischenGrdst (Celle SeuffA **62** Nr 207) ausscheiden. Bodenflächen (Zwischenraum [RG Recht **16** Nr 1123], Rain, Winkel [BGH WM **66**, 143], Graben [VGH Mü NuR **84**, 28], Dch/Zufahrt [BGH **112**, 1; LG Zweibr MDR **96**, 46]) müssen Bestandt beider Grdst sein; künstl Einrichtgen (Mauer [BGH **41**, 177], Hecke [Düss OLGZ **78**, 190; KG BlGBW **82**, 217], Baumreihe [LG Ffm NJW-RR **92**, 88], Brunnen [Dresden Recht **04** Nr 2490], Zaun [BGH BlGBW **85**, 112]) müssen auf beiden Grst stehen. – **bb)** Sie muß obj dem **Vorteil beider Grundstücke** dienen; zB gemschaftl Garagenzufahrt auf der Grenze (Düss MDR **68**, 322), nicht aber Gbde über der Grenze (RG **70**, 200). – **cc)** Sie muß mit **Zustimmung der Nachbarn** als Grenzeinrichtg geschaffen sein (Ffm NJW-RR **92**, 464). – **dd)** Sie muß aber **keine Grenzscheidungsfunktion** haben (Düss aaO; Staud/Roth Rn 8; aA RG **70**, 200; Celle RdL **58**, 210; wohl auch BGH BlGBW **85**, 112); „voneinand geschieden" weist auf Lage gem aa) hin. 1

b) Zur **Errichtung** sind die Nachb nicht ggseit verpflichtet; bei Errichtg ohne Zustimmg des Nachb hat dieser Anspr aus § 1004 (BGH NJW-RR **97**, 16). Ist die Einrichtg einverständl geschaffen, so wirkt dies auch ggü EinzelRNachf. Die Errichtgskosten trägt der Erbauer; bei EigtVerlust aber Anspr aus § 951 mögl. 2

3 **c)** Ein **Recht zur gemeinschaftlichen Benutzung** wird vermutet; zum Umfang vgl § 922 S 1. Es ist nicht im GB eintraggsfäh. Vermutg entfällt, wenn äußere Merkmale auf AlleinEigt eines Nachb hinweisen (BewLast hat, wer AlleinbenutzgsR beansprucht) od AlleinEigt eines Nachb bewiesen ist.

4 **d) Eigentum;** insow keine Vermutg. Besteht kein MitEigt, so gehört jedem Nachb der auf seinem Grdst stehde Teil (ebso wenn keine Grenzeinrichtg; BGH **91**, 282); bei einer Hecke also die auf seinem Grdst stehden Pflanzen ganz u die auf der Grenze stehden Pflanzen bis zur Grenze in vertikaler Teilg (Düss OLGZ **78**, 190; KG BlGBW **82**, 217), wobei letztere bei Trenng vom Grdst MitEigt werden (RG **70**, 200).

5 **2) Nachbarwand (NbW),** Kommunmauer, halbscheid Giebelwand. Das Recht der NbW ist im LNachbR (EG 124 Rn 2) teils ausführl (*Bln* 4–13; *Brdbg* 5–15; *Hess* 1–7; *Nds* 3–15; *NRW* 7–18; *RhPf* 3–12; *Saarl* 3–14; *SAnh* 5–10; *SchlH* 4–10; *Thür* 3–12), teils nur bzgl Erhöhg (*Bay* 46, *Brem* 24) u teils nicht *(BaWü; Hbg)* geregelt. Die Rn 6–12 stehen unter dem Vorbeh abw **Landesrechts.** Dieses regelt nicht das Eigt u die Eigensch als Grenzeinrichtg. Bei der Beurteilg der EigtVerh kommt es zum Widerstreit zw §§ 94 I 1, 93 u § 94 II; der BGH sucht im Einzelfall nach einer der Verkehrsauffassg u dem prakt Bedürfn entspr Lösg (BGH **27**, 197 u 204) u gibt dabei § 94 II grdsätzl den Vorrang (BGH **57**, 245).

6 **a)** Die NbW ist eine (nicht notw mittig) **auf der Grundstücksgrenze** stehde Wand, die dch Anbau auf beiden Seiten wesentl Bestandt sowohl eines Bauwerks auf dem einen als auch auf dem and Grdst ist od werden kann. Sie wird zugl mit einem (einseit) Anbau auf der Seite des Erbauers od zugl mit (beiderseit) Anbauten auf beiden Seiten errichtet. – Eine gesetzl **Befugnis zur Grenzüberschreitung** gibt es nicht; wenn das öffR Reihenhäuser od geschlossene Bauweise vorschreibt, genügen zwei Grenzwände od Anbau an eine (vgl Rn 13). Befugn nur bei Zustimmg des Nachb; GewohnhR nur noch dort mögl, wo LNachbR nicht Zustimmg vorschreibt. **Fehlt die Überschreitungsbefugnis** od wird mehr als zuläss übergebaut, so ist die Wand im Umfang der unzuläss Überschreitg unter den Voraussetzungen von § 912 I zu dulden. Sind sie erfüllt, so ist der Eigtümer des überbauenden Grdst Alleineigtümer der Wand (§ 912 Rn 12), die er alleine nutzen (zB Reklame auf NachbSeite) u beseitigen darf u alleine zu unterhalten hat; Anbau des Nachb nur mit Zustimmg des Eigtümers zuläss (Korbion-Scherer, Gesetzl BauhaftgsR/baul NachbR, 1964, Rn M 321; aA RGRK/Augustin § 922 Rn 13; Staud/Roth Rn 30) u begründet MitEigt. Sind sie nicht erfüllt, so steht die Wand im real geteilten Eigt (§ 912 Rn 16); jeder Nachb hat seinen Wandteil zu unterhalten u darf ihn alleine nutzen; Anbau des Nachb ohne Zustimmg zuläss (RG Warn **24** Nr 98) u begründet MitEigt an der ganzen Wand (BGH **43**, 127). – Zur Frage der **Überbaurente/Grundabnahme** vgl § 912 Rn 2. Oft ist beides wg AnbauR stillschw abbedungen (BGH **53**, 5; Karlsr MDR **60**, 671); nicht aber, soweit mehr als zuläss übergebaut (BGH aaO).

7 **b) Vor dem Anbau** des Nachb steht die NbW im **Eigentum** des jeweil Eigtümers des überbauenden Grdst (BGH **27**, 197; **57**, 245). Er trägt die Errichtgskosten. Aus AlleinEigt folgt, daß die NbW **keine Grenzeinrichtung** ist (Staud/Roth Rn 22; vgl auch BGH **42**, 374; aA RG Warn **15** Nr 270; BGH **LM** § 912 Nr 8; Soergel/Baur Rn 12). Nur dem Eigtümer obliegt die Unterhaltg (Karlsr NJW-RR **90**, 1164; aber kein Anspr des Nachb darauf), nur er hat Nutzgs- (zB Reklame auf NachbSeite) u BeseitiggsR (nach Beseitigg Anspr des Nachb aus § 812 wg Verlustes der Anbaumöglichk auf Ausgl der GrdstNutzg). **Vergrößerung** (Erhöhg, Verlängerg) der NbW nur mit Zustimmg des Nachb zuläss (BGH **64**, 273).

8 **c)** Das **Anbaurecht** des Nachb ergibt sich aus Gesetz (LNachbR), GewohnhR od Vertr. Bei Vertr als RGrdLage ergeben sich Schwierigk bei EinzelRNachf. Eindeut Bindg der EinzelRNachf auf beiden Seiten nur bei Sicherg dch GrdDbk (vgl Neust NJW **58**, 635). Schuldrechtl AnbauR wirkt vorbehaltl VertrEintritt für EinzelRNachf des Nachb (der NbW stets dulden muß; vgl § 912 Rn 2) nur iFv § 328 u gg EinzelRNachf des Erbauers nicht. Nach Staud/Roth Rn 23 verdinglicht sich die NbWVereinbg mit Baubeginn u wirkt dann ggü EinzelRNachf. Zur Haftg des BauUntern ggü Nachb wg fehlerh Herstellg der NbW vgl Düss NJW **65**, 539. – Ein **Anbau** liegt nur vor, wenn die NbW auch wesentl Bestandt des auf dem NachbGrdst errichteten Bauwerks wird (BGH **36**, 46). Es genügt, wenn sie ohne tragde Funktion in Skelett des NachbGbdes eingefügt wird u dessen Abschlußwand bildet (Karlsr NJW **67**, 1232) od wenn Wand des NachbGbdes erst dch Anlehng an NbW Standsicherh erlangt (BGH **36**, 46); dabei steht mangelnder Standsicherh nicht gleich, daß die Wand ohne die NbW nicht genehmigt worden wäre (BGH NJW **63**, 1868). Bloßes Nebeneinand standsicherer (BGH aaO) od dch isolierde Dehngsfuge verbundener Wände (LG Bn ZMR **71**, 89) genügt nicht; die Wände müssen zu SachEinh zusgefügt sein (Düss ZMR **69**, 20).

9 **d)** Mit dem **Anbau des Nachbarn** u bei gleichzeit Anbau von beiden Seiten wird die NbW wesentl Bestandt beider Bauwerke u damit **Miteigentum und Mitbesitz** beider Nachb (ganz hM). Wird die NbW voll in den Anbau einbezogen, so haben die Nachb MitEigt je zu 1/2 (BGH **57**, 245). Wird in der Tiefe u/od Höhe nur teilw angebaut, so erwirbt der Anbaude zu dem Brucht MitEigt an der ganzen Wand, der dem Verhältn der halben von ihm zugebauten Fläche zur Gesamtfläche der NbW entspricht (BGH **36**, 46); baut er zB in voller Tiefe u halber Höhe an, so werden er zu 1/4 u der bish Alleineigtümer zu 3/4 Miteigtümer. – Wer dch den Anbau AlleinEigt an der Wand verliert, hat gg den Erwerber (anbaude MitEigtümer haften
10 anteilig; Düss NJW-RR **87**, 531) von MitEigt einen **Vergütungsanspruch** aus §§ 951, 812, 818 II in Höhe des Wertes des erworbenen MitEigt (entspr Brucht des obj Mauerwertes zZ des Anbaus; Düss aaO) unabhäng von eigenen Ersparn (BGH **36**, 46; **53**, 5) u ohne Abzug für ersparte Überbaurente (Karlsr MDR **60**, 761); beim Wert der NbW bleiben bes baul Maßn auf der Innenseite des Erstbauden unberücksichtigt (Köln NJW **61**, 1820); Aufwendgen des Anbauden, die auch dem Erstbauden wesentl Vorteile bringen (zB Schallschutz; Düss ZMR **69**, 20) u zu weiter Überbau (BGH **53**, 5; Düss NJW **63**, 161; Köln NJW **65**, 2109) können den Anspr mindern, nicht aber Aufwendgen zur Ermöglichg des Anbaus (Köln NJW **61**, 1820; Düss ZMR **69**, 20). Der Anspr entsteht mit dem Anbau (Fertigstellg im Rohbau) u wird vom Gläub bei Übereigng seines Grdst idR stillschw abgetreten; wg and Vfg über den Anspr vgl Staud/Roth Rn 44. Vereinbg über den Anspr wirken nur zw den VertrPart (aA Korbion-Scherer [Rn 6] Rn M 342). – Die NbW ist nach dem Anbau
11 **Grenzeinrichtung** (BGH NJW **89**, 2541). Für die Verwaltg gelten §§ 922 S 4 iVm 744 ff. Für die Unterhaltgskosten gilt § 922 S 2 ohne Rücks darauf, ob sie nur dch Benutzg eines Nachb entstanden (Karlsr MDR **71**, 1011). Dies kann bei nur teilw Anbau zu Unbilligk führen. Daher wird im Schriftt teilw nur der zum

Anbau benutzte Teil der NbW als Grenzeinrichtg angesehen (Korbion-Scherer [Rn 6] Rn M 363; Staud/Beutler Rn 43); damit entspricht UnterhaltgskostenAnt dem MitEigtAnt u Eigtümer mit größerem MitEigtAnt hat alleinige Nutzg der Freifläche (zB für Reklame) bis zum weiteren Anbau. Nach Karlsr NJW-RR **90**, 1164 ist Eigtümer mit kleinerem MitEAnt im räuml Umfang seines Anbaus zu 1/2 am Unterh beteiligt. – Eine **Vergrößerung** (Erhöhg, Verlängerg) od (auch nur teilw) **Beseitigung** der NbW ist nur mit Zustimmg des MitEigtümers zuläss (BGH **29**, 372).

e) Wird **ein angebautes Bauwerk zerstört oder abgerissen,** so behält dessen Eigtümer MitEigt (BGH 12
78, 397; DB **75**, 1843) u MitBes (vgl BGH **29**, 372); Verlust des MitEigt dch Übereigng an den Nachb iVm Aufhebg des BenutzgsR (vgl BGH **57**, 245). Die NbW bleibt Grenzeinrichtg (Staud/Roth Rn 47, 48; Düss OLGZ **92**, 198). Für die Verwaltg/Unterhaltg gelten dieselben Grds wie vor Zerstörg/Abriß (Karlsr MDR **71**, 1011; Düss aaO); Eigtümer des beseitigten Anbaus muß auf eigene Kosten notw gewordene Außenisolierg vornehmen (BGH NJW **89**, 2541). AnbauR darf wieder ausgeübt werden; die NbW darf auch im Bereich des früh Anbaus anderweit (zB Reklame) benutzt werden (BGH **43**, 127; DB **75**, 1843; Düss ZMR **96**, 28). – Werden **beide angebauten Bauwerke zerstört oder abgerissen** u bleibt die NbW ganz od teilw erhalten, so bleibt die NbW im MitEigt zu bish Quoten (BGH **57**, 245) u MitBes (BGH **29**, 372) beider Nachb u Grenzeinrichtg (BGH **29**, 372). Für die Verwaltg u Nutzg gelten dieselben Grds wie nach Zerstörg/Abriß nur eines Anbaus. Einseit Wiederanbau ändert die MitEigtVerh nicht (Quotenänderg aber, wenn früh Teilanbau vergrößert wird; Staud/Roth Rn 49) u die NbW bleibt Grenzeinrichtg; waren aber nur noch geringe Reste der NbW vorhanden u werden sie in einseit Wiederaufbau einbezogen, so gelten die Regeln des erstmaligen Baus u Wiederanbauer wird Alleineigtümer (BGH **27**, 197; **53**, 5; Köln NJW-RR **93**, 87). Bei späterem od gleichzeit Wiederanbau des and Nachb gilt Rn 9–11.

3) Grenzwand (GzW). Das Recht der GzW ist im LNachbR (EG 124 Rn 2) teils ausführl (*Bln* 14–16; 13
Brdbg 16–19; *Hess* 8–10; *Nds* 16–22; *NRW* 19–23; *RhPf* 13–16; *Saarl* 15–20; *SAnh* 11–16; *SchlH* 12–16; *Thür* 13–16), teils nur in Einzelfragen (*BaWü* 7 a, 7 b) u teils nicht *(Bay; Brem; Hbg)* geregelt. Die Rn 14, 15 stehen unter dem Vorbeh abw **Landesrechts;** dieses regelt ua Gründg, Unterfangen, Unterhaltg.

a) Die GzW ist eine **ganz auf dem eigenen Grundstück an der Grenze** stehde Wand. Errichtet der 14
Erbauer eine Wand als Teil eines auf seinem Grdst stehden Gbdes an der Grenze auf dem NachbGrdst, so ist sie nur unter den Voraussetzgen von § 912 zu dulden; nach LNachbR sind dann zT die GzWVorschr anwendb (*Nds* 22; *Saarl* 20; *SchlH* 16).

b) Vor dem Anbau des Nachb steht die GzW im Eigt des jeweiligen Eigtümers des BauGrdst u ist nicht 15
Grenzeinrichtg (BGH **41**, 177); daran ändert sich dch natürl Drift auf das NachbGrdst nichts (Ffm NJW-RR **92**, 464). – **Anbaurecht** des Nachb nur aGrd Zustimmg des Eigtümers. EinzelRNachf des Eigtümers nicht an schuldrechtl Zustimmg des RVorgängers gebunden (BGH NJW **77**, 1447; aA Köln DWW **75**, 164); and bei GrdDbk. Mangels ihn bindder Zustimmg kann Eigtümer Beseitigg des Anbaus gem § 1004 verlangen, sofern nicht § 242 iVm nachbarl GemschVerh entggsteht (BGH aaO). – **Durch den Anbau** wird die GzW weder MitEigt noch Grenzeinrichtg (BGH **41**, 177; NJW **77**, 1447; Düss ZMR **96**, 28). Daher kein VergütgsAnspr des Eigtümers aus §§ 951, 812, 818 II; Eigtümer obliegt die Verwaltg u die Nutzg freier Außenflächen. Er darf die nur als Abschlußwand diende GzW abreißen (Celle NdsRpfl **76**, 10), sofern nicht § 242 iVm nachbarl GemschVerh entggsteht (BGH NJW **77**, 1447). – Bei **Zerstörung/Abriß** des Bauwerks des Eigtümers nach Anbau (ohne die GzW) ändern sich die EigtVerh u die Eigensch als Nichtgrenzeinrichtg nicht (BGH NJW **77**, 1447; Düss ZMR **96**, 28). Für zu duldde GzW AusglAnspr entspr § 912 II (BGH aaO). Eigtümer darf freie Außenflächen nutzen (Düss aaO) u wieder anbauen. Zur Frage, ob er dafür sorgen muß, daß keine Feuchtigk dch die GzW in NachbGbde eindringt, vgl Ffm OLGZ **82**, 352 u BGH in Anm dazu. Zum Abriß einer GzW, an die nicht angebaut ist, ist er berechtigt, auch wenn GzW auf NachbGrdst dadch freigelegt wird (Köln NJW-RR **87**, 529).

922 *Art der Benutzung und Unterhaltung.*

Sind die Nachbarn zur Benutzung einer der im § 921 bezeichneten Einrichtungen gemeinschaftlich berechtigt, so kann jeder sie zu dem Zwecke, der sich aus ihrer Beschaffenheit ergibt, insoweit benutzen, als nicht die Mitbenutzung des anderen beeinträchtigt wird. Die Unterhaltungskosten sind von den Nachbarn zu gleichen Teilen zu tragen. Solange einer der Nachbarn an dem Fortbestande der Einrichtung ein Interesse hat, darf sie nicht ohne seine Zustimmung beseitigt oder geändert werden. Im übrigen bestimmt sich das Rechtsverhältnis zwischen den Nachbarn nach den Vorschriften über die Gemeinschaft.

1) Allgemeines. § 922 gilt nur, wenn die Benutzgsvermutg des § 921 besteht. Abweichde Vereinbg zuläss; 1
Wirkg ggü EinzelRNachf iRv § 746 u bei GrdDbk. – Über die **Nachbarwand** vgl § 921 Rn 5.

2) Jeder Nachb darf die **ganze Einrichtung benutzen (S 1);** auch soweit sie ihm nicht gehört (RG Warn 2
11 Nr 243). Aber nur die Einrichtg, nicht das anliegde NachbGrdst (RG Warn **16** Nr 169). – **a)** Benutzg nur im Rahmen der Beschaffenh. Bei einer Mauer gehören Erhöhg od Einbau eines Fensters nicht dazu (RG **162**, 209; BGH **29**, 372). – **b)** Nachb hat bei Beeinträchtigg seines MitbenutzgsR AbwehrAnspr aus § 1004 u entspr § 1027 (RG Warn **16** Nr 169); BesSchutz nur bei völl Entzug der Mitbenutzg (BGH **29**, 372).

3) Die **Verwaltung** obliegt beiden Nachb (**S 4** iVm § 744; Köln ZMR **69**, 244). Die **Unterhaltungs-** 3
kosten tragen sie stets zu gleichen Teilen **(S 2);** dazu gehören Aufwendgen für Niederlegg bei Gefahr (vgl BGH **16**, 13), nicht aber für Stützwand neben der Grenzeinrichtg (Zweibr AgrarR **79**, 81; vgl aber Karlsr MDR **71**, 1011), für Innenputz einer Nachbarwand (Düss OLGZ **92**, 198) od für Isolierg nach Abriß eines Anbaus (BGH **78**, 397).

4) Bei **Beseitigung/Änderung** entgg **S 3** (zB Beeinträchtigg des Brand/Feuchtigk-/Lärmschutzes; vgl 4
Zweibr OLG **4**), 294) hat nichtzustimmder Nachb aus § 1004 (LG Gießen NJW-RR **95**, 77; LG Zweibr

MDR **96**, 46) u entspr § 1027 (RG Warn **16** Nr 169) u ggf §§ 823, 249 Unterl- bzw WiederherstellgsAnspr (BGH NJW **85**, 1458). Gilt auch bei Änderg des äußeren Erscheingsbildes (BGH aaO).

5 **5)** Soweit nicht Rn 2–4 eingreifen, sind **§§ 741 ff anwendbar (S 4).** Verweisg auf dieses SchuldVerh deckt auch Anwendg von **§ 278** im Verh zw den Nachb (Düss NJW **59**, 580 für NachbWand; Soergel/Baur Rn 7; Medicus Rdn 799; aA BGH **42**, 378; LG Dortm MDR **65**, 202).

923 *Grenzbaum.* **[I] Steht auf der Grenze ein Baum, so gebühren die Früchte und, wenn der Baum gefällt wird, auch der Baum den Nachbarn zu gleichen Teilen.**

[II] Jeder der Nachbarn kann die Beseitigung des Baumes verlangen. Die Kosten der Beseitigung fallen den Nachbarn zu gleichen Teilen zur Last. Der Nachbar, der die Beseitigung verlangt, hat jedoch die Kosten allein zu tragen, wenn der andere auf sein Recht an dem Baume verzichtet; er erwirbt in diesem Falle mit der Trennung das Alleineigentum. Der Anspruch auf die Beseitigung ist ausgeschlossen, wenn der Baum als Grenzzeichen dient und den Umständen nach nicht durch ein anderes zweckmäßiges Grenzzeichen ersetzt werden kann.

[III] Diese Vorschriften gelten auch für einen auf der Grenze stehenden Strauch.

1 **Grenzbaum** (Strauch) ist ein Baum, wenn er da, wo er aus der Erde tritt (Wurzel unerhebl), von der Grenze dchschnitten wird (Mü NJW-RR **92**, 1369). Vor Fällg/Trenng gehören jedem GrdstEigtümer Baum/Strauch u Früchte, soweit sie sich auf seinem Grdst befinden (vertikal geteiltes Eigt). Mit Fällg/Trenng gehören sie den zum Fruchtbezug berechtigten (§ 954) als MitEigtümern zu gleichen Teilen (Teilg nach §§ 752 ff). Ausn für Stamm in II 3. – II 1 gibt Anspr auf Zust zur Beseitigg (bei Grenzeinrichtg geht § 922 S 3 vor; LG Ffm NJW-RR **92**, 88); Beseitigg ohne Zust ist unzul (LG Mü II NJW **76**, 973). Anspr nach II 4, öffR (vgl § 910 Rn 3) od vertragl ausgeschl, ausnahmsw auch nach §§ 226, 242 (Mü NJW-RR **92**, 1369). Kein SchadErs bei eigenmächt Beseitigg, wenn ZustAnspr bestand. Über Obstbäume u WaldGrdst vgl EG 122, 183. Für Bäume neben der Grenzlinie gilt § 923 nicht (vgl §§ 910, 911).

924 ***Unverjährbarkeit nachbarrechtlicher Ansprüche.*** **Die Ansprüche, die sich aus den §§ 907 bis 909, 915, dem § 917 Abs. 1, dem § 918 Abs. 2, den §§ 919, 920 und dem § 923 Abs. 2 ergeben, unterliegen nicht der Verjährung.**

1 Der Grd der Vorschr liegt in der fortwährenden Neuentstehg der Anspr, in den Fällen der §§ 919, 920 in dem öff Interesse. § 924 gilt nicht für KostenerstattgsAnspr aus § 919 III.

Zweiter Titel. Erwerb und Verlust des Eigentums an Grundstücken

Einführung

1 **1) Erwerbsarten** bei GrdstEigt. – **a) Rechtsgeschäft** nach §§ 873, 925. – **b) Gesetz:** zB §§ 46, 88, 1416, 1922, 2139; TreuhG 11 II, 23 (BezG/BSfZ Dresd Rpfleger **93**, 106). – **c) Staatsakt:** zB Zuschlag (ZVG 90; BGH NJW **90**, 2744); Flurbereiniggsplan (FlurbG 61); Umleggsplan (BauGB 72); Grenzregelgsplan (BauGB 83); Wechsel der Straßenbaulast (zB FStrG 6 I); Zuteilg im EnteigngsVerf; GrdErwerb dch Gemeinde gem BauGB 28 III 3 (vgl Übbl 9 vor § 1094). – **d) Buchersitzung** (§ 900 I 2) u **Aneignung** (§§ 927 II, 928 I, EG 129).

2 **2) Internationales Privatrecht:** EG 43 Rn 3. – **Kirchenrecht:** Über Anwendbark von §§ 925, 873 bei EigtÜbergang an kirchl Grdst vgl BVerfG NJW **83**, 2571; Hbg NJW **83**, 2572 mwN; Mainusel NJW **99**, 2148.

925 *Auflassung.* **[I] Die zur Übertragung des Eigentums an einem Grundstück nach § 873 erforderliche Einigung des Veräußerers und des Erwerbers (Auflassung) muß bei gleichzeitiger Anwesenheit beider Teile vor einer zuständigen Stelle erklärt werden. Zur Entgegennahme der Auflassung ist, unbeschadet der Zuständigkeit weiterer Stellen, jeder Notar zuständig. Eine Auflassung kann auch in einem gerichtlichen Vergleich oder in einem rechtskräftig bestätigten Insolvenzplan erklärt werden.**

[II] Eine Auflassung, die unter einer Bedingung oder einer Zeitbestimmung erfolgt, ist unwirksam.

1 **1) Allgemeines.** § 925 enthält eine SonderVorschr für Form (I) u Inhalt (II) der nach § 873 notw Einigg; iü gilt § 873 (zB EintrErfordern). – **a) Übertragungsgegenstand.** Eigt an Grdst einschl realer GrdstTeile, MitEigtAnt einschl WohngsEigt. § 925 gilt nicht bei Übertragg von Ant an GesHdsGemsch, selbst wenn das Grdst usw deren einziger VermGgst (§ 873 Rn 7). – **b) Übertragungsakt.** RGesch, das zu einem RTrägerwechsel in EinzelRNachf führt (§ 873 Rn 5, 6). § 925 gilt nicht bei RGesch über GesamtRNachf (§ 873 Rn 8) u bei Erwerb krG od dch Staatsakt.

2 **2) Auflassung vor einer zuständigen Stelle (I 1, 2);** Erkl vor unzuständ Stelle ist unwirks. Das sind: Im Inland jeder **deutsche Notar** (vgl EG 11 Rn 9), auch außerh seines AmtsBez (vgl BeurkG 2); im Ausland **Konsularbeamte** gem KonsG 12 Nr 1 iVm 19 (II nur DienstVorschr), 24. Sie müssen zur Entggnahme der (ggü dem VertrPartner abzugebden) AuflErkl bereit sein (RG **132**, 406) u sie wahrnehmen können (Aufenth im gleichen Raum nicht notw; RG JW **28**, 2519).

a) Erklärungsform. Schriftform od Beurk nicht vorgeschrieben; daher fehlde BeteilUnterschr 3
(BayObLG MittBayNot **94**, 39) od fehlde/fehlerh Beurk (BGH NJW **92**, 1101) für materiellr Wirksamk unschädl (über Nachw ggü GBA vgl Rn 29). Nach hM (KG OLG **3**, 428; **10**, 406; Brschw OLG **45**, 210; Erm/Hagen 20; Jauernig 11; Planck/Strecker 3 c; RGRK/Augustin 71) ist eine mündl Erkl erforderl. Nach aA (MüKo/Kanzleiter 18; Staud/Pfeifer 86; Rosenberg Anm RG JW **28**, 2519) genügt jedes ErklMittel, das die Einigg unmißverständl ausdrückt. Dem ist zuzustimmen, denn „erklären" läßt jede Form der WillErkl zu. Das MündlichkErfordern der Rspr dient oft nur der Verneing der Schriftform/Beurk (zB RG **99**, 65; JW **20**, 1029) od der Feststellbark des Zugangs (zB RG JW **28**, 2519) bzw Inhalts (Stgt Recht **20** Nr 904) der Erkl. Bloße Überg einer schriftl AuflErkl an den Notar läßt nicht erkennen, daß die Erkl damit abgegeben werden soll (RG **131**, 406; aA MüKo/Kanzleiter 18).

b) Gleichzeitige Anwesenheit von Veräußerer und Erwerber ist materiellr WirksamkVoraussetzg 4
(BGH **29**, 6 [10]). Aufenth im gleichen Raum nicht notw (RG JW **28**, 2519). Bei PersMehrh als Veräußerer/Erwerber kann unbeschadet Rn 5 jedes Mitgl die Einigg mit dem VertrPartner auch in Abwesenh der and Mitgl erklären (KG OLG **9**, 342). – **aa) Vertreter, Nichtberechtigter.** § 925 I 1 ist genügt, wenn ein 5
anwesder Vertreter (auch gem § 181) od NichtBerecht die Aufl erklärt. Bei VeräußererErkl dch NichtBerecht unerhebl, ob er sich seiner NichtBerechtigg bewußt ist (BGH **19**, 139; LG Aurich Rpfleger **87**, 194). Bei ErwerberErkl dch Verteter muß Vertretener bestimmb sein (AG Hbg NJW **71**, 102; LG Aurich aaO; vgl auch BayObLG Rpfleger **84**, 11). Bei fehlder Vertretgs-/VfgsMacht gelten §§ 177, 182 ff; dch die Rückwirkg der Gen wird § 925 I 1 genügt. Vollm bzw Zustimmg bedürfen materiellr nicht der Form des § 925 (§§ 167 II, 182 II); über Nachw ggü GBA vgl Rn 29. – **bb) ZPO 894.** Nur wenn VollstrGläub bei Abgabe seiner Erkl 6
das rkräft Urt (bei Zug-um-Zug-Verurteilg in vollstreckb Ausfertigg; KG HRR **28** Nr 215) vorliegt, ist der VollstrSchuldn als ebenf anwesd anzusehen (BayObLG **83**, 181).

c) Ausnahmen durch Landesrecht (AGBGB). – aa) EG 127. Bei buchgsfreien Grdst abw von Rn 3 7
BeurkForm zB nach *BaWü* 29, *Bay* 55, *Hess* 24, *Nds* 19, *RhPf* 21, *Saarl* AGJuG 25, *SchlH* 21. – **bb) EG 143 II.** Bei Aufl in not VerstTermin Abw von Rn 4 zB *Brem* 18, *Hess* 23, *RhPf* 20, *Saarl* AGJuG 24.

3) Auflassung in gerichtlichem Vergleich (I 3). – a) Gericht sind die ordentl Ger (ProzGer, FGG- 8
Ger, VollstrGer [Saarbr OLGZ **69**, 210], LandwGer [BGH **14**, 381], StrafGer in PrivKlage u AdhäsionsVerf [Stgt NJW **64**, 110]), Verw/Finanz/SozialGer (BVerwG NJW **95**, 2179) u ArbGer in allen Instanzen. Soweit der RPfleger für das Verf zuständ ist, genügt Vergl vor ihm. – **b) Vergleich** (nicht notw iSv § 779) 9
zur mind teils VerfErledigg. EigtÜbertr muß nicht VerfGgst sein, aber mit ihm zushängen (Hesse DR **40**, 1035; Walchshöfer aaO; aA Keidel DNotZ **52**, 104). Wahrg der jeweil verfrechtl Form notw u genügd (BGH **14**, 381 [390]; Neust DNotZ **51**, 465). Über Nachw ggü GBA (auch der ProzVollm) vgl Rn 29; über WiderrufsVorbeh vgl Rn 19. – **c) Schiedsspruch** mit Aufl (ZPO 1053) reicht nicht (Demharter 9 a
ZfIR **98**, 445).

4) Auflassung in Insolvenzplan (I 3). Mit seiner rkräft Bestätigg (InsO 248, 253) gelten die in ihn 9 b
aufgen AuflErkl als in der dch § 92
5 vorgeschriebenen Form abgegeben (InsO 228 S 1, 254 S 2).

5) Inhalt der Auflassung. Die AuflErkl ist ggü dem VertrPartner (nicht ggü der zuständ Stelle) abzugeben 10
u wird mit Wahrnehmg dch ihn wirks (§ 130 Rn 14; Rosenberg Anm RG JW **28**, 2519).

a) Eigentumsübertragung. Veräußerg u Erwerb von Eigt (RTrägerwechsel) muß erkennb sein; daher 11
liegt in bloßer Feststellg einer Eigtümerstellg (Ffm Rpfleger **73**, 394) u in BerechtiggsBew idR keine Aufl. Bestimmte Wortfassg nicht notw, da AuflErkl ausleggsfäh (BayObLG BWNotZ **94**, 20); daher können EintrBew (GBO 19) des Veräußerers u EintrAntr (GBO 13) des Erwerbers genügen (KG HRR **36** Nr 137). Es genügt die Gen der vom Notar verlesenen vorweg protokollierten AuflErkl (RG JW **28**, 2519) od das Bekenntn zu privatschriftl AuflErkl (Planck/Strecker Anm 3 c; aA Stgt Recht **20** Nr 904).

b) Auflassungsgegenstand. Bei übereinstimmden Vorstellgen der VertrPart von den örtl Grenzen des 12
Grdst ist es in diesen u nicht in den katastermäß Grenzen aufgelassen (RG Recht **14** Nr 627; Hamm NJW-RR **92**, 152); ggf § 119. Ist ein abzumessdes TeilGrdst dch Planeinzeichng u Flächenmaßangabe bezeichnet, so ist idR die eingezeichnete Fläche aufgelassen (BGH WM **80**, 1013). Erklärt ein AlleinEigtümer als vermeintl GesHdsEigtümer mit dem and vermeintl GesHdsEigtümer die Aufl an einen Erwerber, so ist das ganze Grdst aufgelassen (RG **125**, 131). Aufl des ganzen Grdst nicht in Aufl eines MitEigtAnt umdeutb (Ffm Rpfleger **75**, 174). Lassen MitEigtümer zur Hälfte einen halben MitEigtAnt an einen Erwerber auf, so überträgt idR jeder die Hälfte seines Anteils (BayObLG DNotZ **78**, 238). – **aa) Konkretisierende Bezeich-** 13
nung. Materiellr genügt jede den VerkBedürfn entspr zweifelsfreie Bezeichng; für ein abzuvermessdes TeilGrdst gilt § 885 Rn 15 entspr (BayObLG NJW-RR **86**, 505), so daß diese Bezeichng auch bei Verurteilg zur Aufl genügt (BGH NJW **88**, 415). Bei geringem Unterschied zw aufgelassener u später abvermessener Teilfläche wirkt die Aufl auch für letztere (LG Wuppt RhNK **84**, 167). GBO 28 gilt erst im GBVerf (vgl aber I 3 mit InsO 228 S 2); daher erfordert Verurteilg zur Abgabe der EintrBew eines TeilGrdst idR das Vorliegen eines VerändergsNachw (BGH NJW **88**, 415). Über IdentitätsErkl bei Bezeichng eines nach Aufl abvermessenen TeilGrdst vgl Köln Rpfleger **92**, 153 u LG Saarbr RhNK **97**, 364. – **bb) Falsche Bezeichnung** 14
unschädl, wenn VertrPart denselben Ggst meinen (BayObLG **96**, 149; Schlesw FGPrax **98**, 9). Wollen sie nur das Grdst *A* auflassen u erwähnen sie irrtüml auch das Grdst *B*, so ist nur *A* aufgelassen (BGH WM **78**, 194); wollen sie *A* u *B* auflassen u erwähnen sie irrtüml nur *A*, so sind *A* u *B* aufgelassen (BGH JZ **83**, 759; LG Duisbg RhNK **96**, 62; str u zweifelh). Decken sich die Erkl äußerl, meint aber jeder ein and Grdst, so § 155 bei Mehrdeutigk der Erkl (RG **66**, 122; § 155 Rn 4) u § 119 des Irrden bei Eindeutigk (RG Warn **10** Nr 270; § 155 Rn 2). – **cc) Ersatzgrundstück,** das nach BauGB 72, FlurbG 68 an die Stelle des aufge- 15
lassenen Grdst tritt, wird ohne Wiederholg von alter Aufl erfaßt (BayObLG Rpfleger **72**, 366; **80**, 293; Ffm NJW-RR **96**, 974).

c) Mehrere Erwerber. Angabe eines konkreten (keine Alternativangabe; Zweibr RhNK **80**, 49) Gemsch- 16
Verh der Erwerber (nicht auch mehrerer Veräußerer) iSv GBO 47 ist notw Inhalt u WirksamkVoraussetzg der

Aufl (BayObLG **83**, 118; hM); sie kann sich aus Bezugn auf Angaben zum GrdGesch (Düss MittBayNot **77**, 66) od Auslegg (LG Saarbr Rpfleger **71**, 358 [aGrd Angaben im voranstehden GrdGesch]) ergeben. Nachholg u Änderg wg VfgsMöglichk nach Rn 23 dch Erwerber ausreichd (Köln Rpfleger **80**, 16; LG Lünebg Rpfleger **94**, 206; Erm/Hagen Rn 29; Haegele/Schöner/Stöber Rn 3312; aA Ffm Rpfleger **77**, 204; Düss DNotZ **79**,
17 219; BayObLG **83**, 118; Oldbg Rpfleger **91**, 412). – **aa) Gütergemeinschaft.** Wird das Grdst GesGut (§ 1416), so kann unmittelb Eintragg in GüterGemsch auch erfolgen, wenn einem Eheg zu Allein- (BayObLG **75**, 709) od beiden zu MitEigt (BGH **82**, 346) aufgelassen. Irrtüml Aufl an Eheg in GüterGemsch,
18 die tats in ZugewGemsch leben, in Aufl zu MitEigt umdeutb (BayObLG **83**, 118). – **bb) Ausländischer Güterstand.** Wird das Grdst nach dem nach EG 14, 15 maßg GüterR gemschaftl Eigt in ausländ RForm u kann diese EigtForm in Allein- od MitEigt des BGB geändert werden (insb nach EG 15 II Nr 3; vgl LG Mainz DNotZ **94**, 564), so gilt für die Änderg Rn 16 (Köln Rpfleger **80**, 16). Bei Aufl zu Allein- od MitEigt ohne GüterRÄnderg gilt für die Eintragg im GemschVerh ausländ Rechts Rn 17.

19 **d) Bedingte oder befristete Auflassung ist unwirksam (II);** keine Heilg (zB dch BdggsEintritt) mögl. Unwirks Aufl, die dch Wirksamk des GrdGesch bdgt (Celle DNotZ **74**, 731). Ob Aufl bdgt, wenn in gleicher Urk enthaltenes GrdGesch bdgt od unter RücktrVorbeh, ist Ausleggsfrage u bei RücktrVorbeh idR nicht anzunehmen (Oldbg Rpfleger **93**, 330). Aufl unwirks, die in gerichtl Vergl unter WiderrufsVorbeh (BGH NJW **84**, 312; **88**, 415; vgl aber BVerwG NJW **95**, 2179) od in gerichtl ScheidgsVergl „für den Fall der rkräft
20 Scheidg" (KG FGPrax **96**, 140) erklärt. – **Keine Unwirksamkeit nach II:** Zug-um-Zug-Verurteilg zur Aufl (Düss JurBüro **87**, 1823); gleichzeit Bestellg eines GrdstR für Veräußerer (dessen Wirksamk keine Bdgg der Aufl) u Vorbeh nach GBO 16 II (KG JFG **1**, 335); Abrede über Bdgg für GBVollzug (Hamm Rpfleger **75**, 250); bdgte AuflVollm (KGJ **53**, 141). Unschädl ist RBdgg (Einf 5 v § 158); zB Gen der vom NichtBerecht (KGJ **36** A 198) od vollmachtlosen Vertreter (BayObLG Rpfleger **84**, 11) erklärten Aufl, notw Gen des VormschG (KG HRR **38** Nr 1526), künft Entstehg des Erwerbers als jurPers/PersGesellsch des HGB (BayObLG NJW **84**, 497).

21 **6) Wirkung der Auflassung.** Die Aufl ist Teil eines mehrakt RGesch, denn zum EigtÜbergang muß die Eintragg hinzutreten (Ausn: buchgsfreies Grdst). Über notw behördl Gen vgl Übbl 17–27 v § 873.

22 **a) Erfüllungsanspruch** auf EigtÜbertr aus dem GrdGesch erlischt erst mit Eintragg des Erwerbers. Bis dahin ist er noch vormerkb, abtretb, pfändb u verpfändb (BGH NJW **94**, 2947; Ffm NJW-RR **97**, 1308).

23 **b) Verfügungsermächtigung.** In der Aufl liegt idR die Einwilligg (§ 185 I) zu Vfgen des Erwerbers über das Grdst (BGH NJW **97**, 936); insb zur Weiterveräußerg (sog **Kettenauflassung**), bei der Zweiterwerber mit seiner Eintragg ohne ZwEintr des Ersterwerbers unmittelb vom Veräußerer erwirbt (BayObLG NJW-RR **91**, 465). Aber keine Einwilligg in Weiterveräußerg, wenn Übereigngszweck entggsteht (BGH aaO) od Eintragg u Rang eines vom Ersterwerber dem Veräußerer bewilligten Rechts nicht gewährleistet (Düss OLGZ **80**, 343), u keine Einwilligg in GrdPfdRBestellg, wenn KaufPrFdg des Veräußerers noch offen. Keine Einwilligg des Veräußerers, daß Ersterwerber ÜbereigngsAnspr des Zweiterwerbers gg ihn begründet (BayObLG **72**, 397) od Vormkg für Zweiterwerber zur Sicherg dessen Anspr gg den Ersterwerber bestellt (BayObLG Rpfleger **79**, 134), so daß Zweiterwerber aGrd der ErstAufl nicht dch Vormkg sicherb.

24 **c) Vermögensrecht des Erwerbers. – aa) Ungesicherter Erwerber.** Ohne AuflVormkg od EintrAntr des Erwerbers ist dieser nicht gg ZwVfgen des Veräußerers gesichert. Obwohl er seinen EigtErwerb dch eigenen EintrAntr (GBO 13 I 2) befördern kann, hat er noch kein dch § 823 (aber dch § 826) geschütztes (BGH **45**, 186) u dch Übertragg/Pfändg/Verpfändg verfügb (BGH **106**, 108; Jena Rpfleger **96**, 100; Medicus DNotZ **90**, 275; aA KG JFG **4**, 339; Erm/Hagen Rn 55; MüKo/Kanzleiter Rn 32) VermögensR. Verfügb ist
25 nur der ErfAnspr (Rn 22). – **bb) Gesicherter Erwerber (Anwartschaftsrecht).** Dch Eintragg einer AuflVormkg (BGH **83**, 395; ohne Aufl genügt sie nicht [BGH DB **84**, 713]) od den beim GBA eingegangenen Antrag des Erwerbers (nicht des Veräußerers!) auf EigtUmschreibg (BGH **106**, 108) ist der Erwerber nach Maßg von §§ 883 II, 888 bzw GBO 17 gg ZwVfgen des Veräußerers geschützt; daher genügt auch Antr des Erwerbers auf Eintragg bewilligter AuflVormkg. Die RStellg des Erwerbers wird damit zum AnwR, über das dch Übertragg/Pfändg/Verpfändg verfügt werden kann (BGH aaO; hM); Vfgen über den ErfAnspr (Rn 22) daneben od wahlw mögl. Das AnwR aus EintrAntr erlischt mit Rückn od erstinstanzl Zurückweisg (BGH Rpfleger **75**, 432) des Antr, das aus AuflVormkg nicht dch Rückn/Zurückweisg des EigtUmschreibgs-Antr (LG Düss RhNK **85**, 147); in beiden Fällen erlischt es mit Aufhebg der Aufl od Vollendg des EigtErwerbs. Das AnwR begründet kein BesR iSv § 986 (Celle NJW **58**, 870; aA Hager JuS **91**, 1 [7]), wird aber dch §§ 823, 826 geschützt (BGH **49**, 197; NJW **91**, 2019 [GrdstBeschädigg]; bei AnwR aGrd EintrAntr muß
26 Verletzer Aufl u Antr gekannt haben [*arg* § 892 I 2; Röwer NJW **61**, 539). – **Übertragung** des AnwR entspr § 925 ohne Eintragg (auch nicht bei AuflVormkg) u Zust des Veräußerers (BGH **83**, 395); kein gutgl Erwerb vom NichtAnwBerecht (Hager JuS **91**, 1 [5]). Zweiterwerber erwirbt das GrdstEigt mit seiner Eintragg ohne ZwEintr des Ersterwerbers unmittelb vom Veräußerer (BGH **49**, 197). VfgsBeschrkg des Veräußerers nach
27 AntrStellg (§ 878) u des Ersterwerbers nach AnwRÜbertr unschädl. – **Pfändung** des AnwR nach ZPO 857, wobei Zustellg an Erwerber genügt (BGH **49**, 197); bei AuflVormkg eintragb (str; Nachw bei Ffm Rpfleger **97**, 152). Gläub kann sich erforderl Urk nach ZPO 792 beschaffen u Eintragg des Erwerbers herbeiführen; mit dessen Eintragg erwirbt er entspr ZPO 848 II 2 krG eine SichgHyp, die im Rang Rechten nachgeht, deren Eintragg der Veräußerer sich gem GBO 16 II vorbehalten hat (LG Frankth Rpfleger **85**, 231), u Rechten vorgeht, die der Erwerber sich od Dritten bestellt hat (BGH **49**, 197). Einzelh bei Stöber Rn 2054–2065. – **Verpfändung:** § 1274 Rn 5, § 1287 Rn 5.

28 **7) Bindung an die Auflassung** erst unter den Voraussetzgen von § 873 II (Baur § 22 II 4; MüKo/Kanzleiter Rn 29; Staud/Pfeifer Rn 111; Bassenge Rpfleger **77**, 8; aA BayObLG **57**, 229; Jauernig Anm 6). Über Voraussetzgen u Wirkg der Bindg vgl § 873 Rn 16–19. – **Aufhebung der Auflassung** bis zur GBEintr dch formlosen Vertr (BayObLG **54**, 147); § 925 gilt nicht. Nach GBEintr RückÜbereigng notw.

29 **8) Grundbuchverfahren. – a) GBO.** Die Aufl enthält idR auch die nach GBO 19 notw EintrBew des Veräußerers. GBA prüft gem GBO 20 nicht die Wirksamk der Aufl sond nur, ob § 925 nachgewiesen. Trifft

dies zu, darf es die Eintragg nur ablehnen, wenn feststehde Tats eindeut die Unwirksamk der Aufl ergeben (BayObLG **92**, 85; vgl Übbl 12 v § 873). Wg GBO 28 vgl Rn 13. Nachzuweisen gem GBO 29 sind insb die Aufl (iFv ZPO 894 genügt für die AuflErkl des Gläub nicht seine begl Unterschr unter seiner AuflErkl [Celle DNotZ **79**, 308]; über Nachw nicht beurk Aufl vgl Fuchs-Wissemann Rpfleger **78**, 431), Vollm (die hM [vgl Saarbr OLGZ **69**, 210; Walchshöfer NJW **73**, 1102] läßt bei Aufl in gerichtl Vergl die Anführg der ProzBevollm im VerglProt genügen, was im Hinblick auf GBO 29, ZPO 88 II bedenkl [MüKo/Kanzleiter Fußn 48; Staud/Pfeifer Rn 82]) u Gen nach § 182; Verstoß unschädl, wenn Aufl materiellr wirks. – **b) GrdEStG** idF v 30
26. 2. 97 (BGBl 418). Fehlen/Widerruf der nach GrdEStG 22 notw UnbedenklichkBescheinigg läßt die Wirksamk der Aufl unberührt (BGH **5**, 179), ist aber EintrHindern für EigtUmschreibg, dessen Nichtbeachtg das GB nicht unrichtig macht (BayObLG **75**, 90). GBA muß prüfen, ob der RVorgang der GrdErwerbSt unterliegen kann (Hamm FGPrax **97**, 170); nur bei Zweifeln darf es eine Bescheinigg verlangen (BayObLG FGPrax **95**, 95; Ffm Rpfleger **95**, 346). Zum GterWechsel bei PersGesellsch vgl Oldbg NJW-RR **98**. 1632; zur GBBerichtigg vgl Ffm NJW-RR **96**, 14.

925 a *Urkunde über Grundgeschäft.* **Die Erklärung einer Auflassung soll nur entgegengenommen werden, wenn die nach § 313 Satz 1 erforderliche Urkunde über den Vertrag vorgelegt oder gleichzeitig errichtet wird.**

Ordngsvorschr, Verstoß macht Aufl nicht unwirks. GBA darf Umschreibg nicht von Vorlage der Schuldurkunde abhäng machen (Schlesw SchlHA **60**, 341). 1

926 *Zubehör.* **I Sind der Veräußerer und der Erwerber darüber einig, daß sich die Veräußerung auf das Zubehör des Grundstücks erstrecken soll, so erlangt der Erwerber mit dem Eigentum an dem Grundstück auch das Eigentum an den zur Zeit des Erwerbes vorhandenen Zubehörstücken, soweit sie dem Veräußerer gehören. Im Zweifel ist anzunehmen, daß sich die Veräußerung auf das Zubehör erstrecken soll.**

II Erlangt der Erwerber auf Grund der Veräußerung den Besitz von Zubehörstücken, die dem Veräußerer nicht gehören oder mit Rechten Dritter belastet sind, so finden die Vorschriften der §§ 932 bis 936 Anwendung; für den guten Glauben des Erwerbers ist die Zeit der Erlangung des Besitzes maßgebend.

1) Zubehör. § 926 betrifft nur Ggst, die zZ des Übergangs des GrdstEigt (Augsbg OLG **34**, 177) Zubeh iSv §§ 97, 98 nur dieses Grdst (Breslau OLG **35**, 291) sind; kein GutGlSchutz bezgl ZubehEigensch (KG OLG **14**, 80). Es kann nach § 926 od nach §§ 929 ff übereignet werden (Augsbg aaO). – **Bestandteile.** Wesentl Bestandt werden mit dem Grdst ohne weiteres Eigt des Erwerbers. Ebso nichtwesentl Bestandt, die dem Veräußerer gehören; sonst Erwerb nach §§ 932 ff. – **Obligatorische Berechtigung** zum Vorteil des veräußerten Grdst fällt nicht unter § 926 (BayObLG DNotZ **91**, 667; Kohler DNotZ **91**, 362). 1

2) Eigentum des Veräußerers (I) zZ des Übergangs des GrdstEigt; § 1006 anwendb. Wollen die Part mit dem Grdst auch das Zubeh übereignen, so geht das ZubehEigt zus mit dem GrdstEigt über; VeräußererBes, Überg (§ 929 S 1) od ÜbergErs (§§ 930, 931) entbehrl. § 878 auf diese Einigg anwendb. **I 2** gilt nur bei VeräußererEigt (Düss OLGZ **93**, 73; LG Gießen ZMR **99**, 559; str); GgBew mögl. 2

3) Gutgläubiger Erwerb (II). – a) Bei **Eigentum eines Dritten** zZ des Übergangs des GrdstEigt muß zu der Einigg iSv I die BesErlanngg nach §§ 929–931 treten; iFv §§ 929 S 1, 854 II kann die Einigg in der Aufl enthalten sein (Augsbg OLG **34**, 177). Es gelten dann §§ 932–935. Maßg Ztpkt für Gutgläubigk ist der BesErwerb, jedoch iFv §§ 929 S 2, 932 die Aufl u iFv §§ 931, 934 Fall 1 die Abtretg. – **b) Belastungen mit Rechten Dritter** erlöschen bei Gutgläubigk im maßg Ztpkt mit Erwerb des ZubehEigt, iFv I aber erst mit BesErlangg, wenn sie dem EigtErwerb nach folgt. 3

927 *Aufgebotsverfahren.* **I Der Eigentümer eines Grundstücks kann, wenn das Grundstück seit dreißig Jahren im Eigenbesitz eines anderen ist, im Wege des Aufgebotsverfahrens mit seinem Rechte ausgeschlossen werden. Die Besitzzeit wird in gleicher Weise berechnet wie die Frist für die Ersitzung einer beweglichen Sache. Ist der Eigentümer im Grundbuch eingetragen, so ist das Aufgebotsverfahren nur zulässig, wenn er gestorben oder verschollen ist und eine Eintragung in das Grundbuch, die der Zustimmung des Eigentümers bedurfte, seit dreißig Jahren nicht erfolgt ist.**

II Derjenige, welcher das Ausschlußurteil erwirkt hat, erlangt das Eigentum dadurch, daß er sich als Eigentümer in das Grundbuch eintragen läßt.

III Ist vor der Erlassung des Ausschlußurteils ein Dritter als Eigentümer oder wegen des Eigentums eines Dritten ein Widerspruch gegen die Richtigkeit des Grundbuchs eingetragen worden, so wirkt das Urteil nicht gegen den Dritten.

1) Allgemeines. Wer im GB nicht als Eigtümer eingetr ist, kann kein Eigt ersitzen, sond nur nach Ausschl des Eigtümers sich das Grdst aneignen. § 927 gilt auch für MitEigtAnt (hM) u vergleichb altrechtl Anteile (LG Flensbg SchlHA **62**, 246) sowie reale GrdstTeile (Staud/Pfeifer 4); nicht aber für GesHdAnt (LG Aurich NJW-RR **94**, 1170; str), hier können einige GesHänder alle ausschließen (vgl Bambg NJW **66**, 1413). 1

2) Voraussetzungen. – a) 30 jähriger Eigenbesitz iSv § 872; guter Glaube nicht notw. Fristberechng nach §§ 938–944 einschl § 943 (Bambg NJW **66**, 1413). – **b) Wahrer Eigentümer nicht eingetragen oder verschollen.** Ersteres gegeben, wenn kein Eigtümer od ein NichtEigtümer (kann der Eigenbesitzer sein) eingetr (BGH WM **78**, 194); zB weil wg Nichterwerbs NichtBerecht eingetr (Schlesw SchlHA **54**, 52), eingetr ehemals Berecht tot/für tot erklärt (Erben brauchen nicht unbekannt/unfeststellb zu sein; LG Köln 2

RhNK **85**, 215) od jur Pers erloschen. Für Verschollenh ist VerschG 1 nicht Voraussetzg. – **c)** Bei **Tod/ Todeserklärung und Verschollenheit:** Seit 30 Jahren vor Beginn des AufgebotsVerf keine GBEintr, der Eigtümer zZ der Eintr hätte nach GBO 19, 20, 22 II, 27 zustimmen müssen; Nachw der Zust unerhebl (Planck/Strecker 2 c). Keine Fristunterbrechg bei Zust in vor Fristbeginn erteilter Vollm (LG Flensbg SchlHA **62**, 246; str) od dch AbwesenhPfleger (AG Bln-Schönebg MittBayNot **75**, 22).

3 **3) Aufgebotsverfahren:** ZPO 946 ff, 1024 I. AntrR (pfändb) hat nur Eigenbesitzer (ZPO 979).

4 **4) Wirkung des Ausschlußurteils. – a) Ausschluß des Eigentümers.** Mit Erlaß (ZPO 957 I) vorbehaltlosen Urt wird jeder Eigtümer (auch Eigenbesitzer selbst) ausgeschl u das Grdst herrenlos (RG **76**, 357; BGH NJW **80**, 1521). Ein VorbehUrt (ZPO 953) wirkt erst dann wie ein vorbehaltloses, wenn Vorbeh dch Verzicht des Anmeldden od Urt in bes Proz beseitigt u damit feststeht, daß vorbeh Eigt bei Erlaß des AusschlUrt nicht bestand (BGH NJW **80**, 1521). Ausschl wirkt nicht gg Dritte iSv **III** (vgl Rn 5). Über vorschrwidr Beschrkg des Ausschl auf best Pers vgl RG aaO; KG OLG **15**, 353. – **b) Das Aneignungsrecht** des Eigenbesitzers ist abtretb (Form: § 925) u (ver)pfändb. – **c) Eigentumserwerb** mit AusschlUrt nur, wenn Eigenbesitzer schon (weniger als 30 Jahre; sonst § 900) als Eigtümer eingetr (Süß aaO); sonst gilt Rn 5, 6 u Erwerb ist dch Widerspr (nach aA dch Vormkg) sicherb. – **d) Rechtsgrund** für AneigngsR; daher kein BereichergsAnspr das Ausgeschl bei unrichtigem AusschlUrt (LG Kblz NJW **63**, 254).

5 **5) Eigentumserwerb. – a) Durchführung.** AneignungsBerecht kann aGrd AusschlUrt (ggf mit Nachw des VorbehBeseitigg) seine Eintr beantragen. Formloser EintrAntr, weil Erkl des Aneignswillens keine EintrVoraussetzg (hM). FinAmtBescheinigg (§ 925 Rn 24) nicht notw (Zweibr NJW-RR **86**, 1461). – Bei **Eigentümereintragung gemäß III** (die nach § 891 I wirkt) EigtEintr erst mögl, wenn GBBerichtigg (zB nach § 894) od Zust des Eingetragenen erwirkt (KG OLG **15**, 353). Wer erst nach Erlaß des AusschlUrt eingetr, wird von ihm nicht betroffen (KG aaO); EigtEintr erst mögl, wenn GBBerichtigg (zB nach § 894, falls kein gutgl Erwerb) od Zust des Eingetragenen erwirkt (Planck/Strecker 5 e; vgl BGH NJW **80**, 1521). – **Widerspruch gemäß III** hindert EigtEintr nicht (KG aaO); WidersprBerecht kann GBBerichtigg aGrd
6 EigtNachw betreiben. – **b) Wirkung.** Urspr/originärer EigtErwerb mit Eintr **(II)** ohne Rückwirkg (RG JW **13**, 204; vgl LG Aach RhNK **71**, 405). Belastgen (wg urspr Erwerbs auch fälschl gelöschte; W-Raiser § 62 III) u schuldr Anspr bzgl des Grdst (BGH NJW **80**, 1521) bleiben unberührt.

928 *Aufgabe des Eigentums.* **[I] Das Eigentum an einem Grundstücke kann dadurch aufgegeben werden, daß der Eigentümer den Verzicht dem Grundbuchamte gegenüber erklärt und der Verzicht in das Grundbuch eingetragen wird.**

[II] Das Recht zur Aneignung des aufgegebenen Grundstücks steht dem Fiskus des Bundesstaats zu, in dessen Gebiete das Grundstück liegt. Der Fiskus erwirbt das Eigentum dadurch, daß er sich als Eigentümer in das Grundbuch eintragen läßt.

1 **1) Allgemeines.** Aufg auch zuläss, wenn Eigtümer sich dadch mißbräuchl öff Verpflichtgen entziehen kann (BayObLG Rpfleger **83**, 308; aA Stöckle/Röchseisen NJ **93**, 67; vgl aber VGH Mannh NJW **97**, 3259). § 928 auch anwendb auf reale GrdstTeile; nicht aber auf MitEigtAnt (BGH **115**, 1; aA Kanzleiter NJW **96**, 905) u ErbbR (ErbbRVO 11 I 1, 26). II auch anwendb auf urspr herrenloses Grdst (Süß AcP **151**, 25).

2 **2) Eigentumsaufgabe (I)** erfordert VerzErkl u Eintr; erst beides zusammen macht Aufgabe wirks. – **a) Verzichtserklärung** ist einseit empfangsbedürft formfreie (vgl aber GBO 29 I 1) WillErkl, für die § 925 entspr gilt u die nach § 130 I, III mit Eingang beim GBA unwiderrufl (RG **82**, 74). Vom vfgsberecht Eigtümer abzugeben (vgl § 873 Rn 11); § 878 entspr anwendb. – **b) Eintragung** des Verzichts (KG HRR **31**, 1860) erfordert formfreien Antr des Eigtümers (GBO 13), der auch nach Unwiderruflichk der VerzErkl rücknehmb (Karlsr KGJ **48**, 256), u EintrBew des Eigtümers (GBO 19; str), die idR in VerzErkl enthalten (BayObLG Rpfleger **83**, 308). Nicht gebuchtes Grdst ist zuvor einzutragen (BayObLG aaO).

3 **3) Wirkung. – a)** Das **Grundstück wird herrenlos.** Ebso die wesentl u die dem GrstEigtümer gehörden nichtwesentl Bestandt. Dem GrdstEigtümer gehördes Zubeh wird erst mit BesAufgabe herrenlos (§ 959). Erzeugn u Bestandt, die nach § 953 in das Eigt des GrdstEigtümers gefallen wären, unterliegen auch dem AneigngsR des Fiskus (nach aA ist jedermann aneigngsberecht). Subj-dingl Rechte (§ 96) werden subjektlos (vgl von Lübtow, FS-Lehmann I 379 ff). – **b) Rechte Dritter bleiben bestehen,** auch Vormkg (KGJ **51**, 195). Für Klage u ZwVollstr ist ein Vertreter zu bestellen, ZPO 58, 787; ob Pfleger aus § 1913, str (vgl KGJ **50**, 53). Dieser ist Partei kraft Amtes. Gegen den bish Eigtümer können Rechte Dritter dingl nicht mehr geltd gemacht werden (RG **89**, 367). Pers Verpfl des Eigtümers bleiben bestehen; tilgt er sie, so greift zu seinen Gunsten § 1164 ein, umgekehrt nicht § 1143 zu seinen Lasten, wenn der AneigngsBerecht die Hyp tilgt, vielm gilt dann § 1163. – **c)** Eine **Eigentümergrundschuld** wird FremdGrdSch des bish Eigtümers (MüKo/ Kanzleiter Rn 8); nach aM bleibt sie EigtümerGrdsch bzw fällt als gläubigerlos fort.

4 **4) Aneignung. – a) Berechtigt** ist nur der Fiskus des Landes (vgl aber EG 129), den GBA von VerzEintr zu benachrichtigen hat (GBV 39 II). Das AneigngsR ist dch Abtretg übertragb; Form des § 925 (str). – **b) Eigentumserwerb** erst mit Eintr des Berecht (KG JFG **8**, 214); Eintr erfordert neben Antr (GBO 13) AneigngsErkl in der Form des GBO 29 (Schlesw JurBüro **89**, 90). Ursprüngl Erwerb; daher § 892 nicht anwendb (Zweibr OLGZ **81**, 139), auch nicht zG des Erwerbers des AneigngsR (KG JFG **15**, 112). Jedoch § 571 entspr anwendb (RG **103**, 167). Die Aneigng ergreift auch die Surrogate (EnteigngsEntsch, Überschuß in ZwVerst) u die wesentl Bestandt. Fiskus kann wg Verletzg seines AneigngsR (§ 823 I) SchadErs verlangen, wenn ein Dritter das Grdst schuldh beschädigt hat, währd es herrenlos war. §§ 987 ff auf Zeit vor EigtErwerb nicht anwendb (Schlesw NJW **94**, 949). – **c) Verzicht** auf das AneigngsR mögl dch einseit sachlrechtl formfreie Erkl ggü GBA (vgl aber GBO 29) u Eintr (str; vgl BGH **108**, 278; aA AG Unna Rpfleger **91**, 16); jeder Dritte kann dann ohne Verf nach § 927 aneignen (BGH aaO).

Dritter Titel. Erwerb und Verlust des Eigentums an beweglichen Sachen

Einführung

1) Geltungsbereich. §§ 929–984 gelten für **bewegliche Sachen** (§ 90) einschl Geld (BGH NJW **90**, 1
1913) u Tiere (§ 90 a); dazu gehören auch: Schein- (BGH NJW **87**, 774) u nichtwesentl GrdstBestandt (RG
JW **28**, 561), nichteingetr Schiffe u Schiffsbauwerke (§ 929 a). Sie gelten ferner für **Miteigentumsanteile** an
bewegl Sachen (vgl § 1008 Rn 4), **Anwartschaftsrechte** auf Erwerb bewegl Sachen (§ 929 Rn 45).

2) Erwerb des Eigentums ist in folgden Formen mögl: – **a) Erwerb durch Rechtsgeschäft,** das auf 2
Übertragg des Eigt an einer bestimmten Sache gerichtet ist (abstr VfgsGesch iSv Einl 12, 16 vor § 854). Er ist
geregelt in §§ 929–936 u SonderVorschr (zB § 926; DepG 18 III; HintO 7 I, 23) u führt, auch bei Erwerb
vom NichtEigtümer, zu abgeleitetem/derivativem EigtErwerb. – **b) Erwerb kraft Gesetzes** kann Folge eines
nicht auf EigtÜbertragg an der Sache gerichteten RGesch (zB §§ 582 a II, 1416) od einer TatHdlg (zB § 946)
sein od auf einer GesamtRNachf beruhen (zB § 1922) u führt zu urspr/originärem EigtErwerb (beruht nicht
auf rgesch Willen von RVorgänger u RNachf). Die §§ 937–984 regeln Fälle des gesetzl EigtErwerbs. –
c) Erwerb durch Staatsakt zB nach HausRVO 8 III; ZPO 817 (BGH NJW **90**, 2744), 825; ZVG 90 II;
AO 299; StGB 74 e I; Zuweisg iR einer Enteigng. Er führt zu urspr/originärem EigtErwerb (BGH **4**, 272;
BayObLG **84**, 198). Erwerber in ZwVollstr nach ZPO 817, AO 299 erwirbt auch dann Eigt, wenn er
NichtEigt des Schuldn kennt (BGH **119**, 75; hM); ebso wenn iFv ZPO 825; AO 305 VollstrOrgan (nicht aber
PrivatPers; zB Auktionator) freihänd veräußert (BGH aaO). Kein EigtErwerb nach ZPO 825 an wesentl
GrdstBestandt (BGH NJW **88**, 2789; dazu Gaul NJW **89**, 2509).

3) Verlust des Eigentums tritt ein bei Erwerb dch einen anderen (Rn 2), Herrenloswerden (§§ 959, 960, 3
961) u Untergang der Sache.

4) Internationales Privatrecht. Es gilt zwingd EG 43 I (BGH NJW **97**, 461); vgl EG 43 Rn 3. 4

I. Übertragung

Vorbemerkung

1) Rechtsgeschäftlicher Erwerb vom Eigentümer (§§ 929–931). Der wahre Eigtümer ist kraft Inne- 1
habg des materiellen Rechts grdsl vfgsberecht; er kann von einem gesetzl/rgesch Vertreter vertreten werden. –
a) Fehlt dem Eigtümer die **Geschäftsfähigkeit** od der **Veräußerungswille** od seinem Vertreter die **Vertre-
tungsmacht,** so wird der gute Glaube des Erwerbers hieran nicht geschützt (vgl § 932 Rn 3). – **b)** Fehlt dem 2
Eigtümer ausnahmsw die **Verfügungsberechtigung,** so wird der gute Glaube des Erwerbers an dieser nur
geschützt, wenn eine Vorschr dies vorsieht, wie zB 135 II, 136, 161 III, 163, 2113 III, 2129 II 1, 2211 II, EG
168 (vgl auch WG 16; ScheckG 19, 21; HGB 365; AktG 68 I). Kein Schutz daher iFv §§ 1365, 1369 bei
gutem Glauben daran, daß kein gesetzl Güterstand, die Sache nicht unter §§ 1365, 1369 fällt od Zustimmg
des and Eheg erteilt (vgl § 1365 Rn 14, § 1369 Rn 10) u iFv KO 7 I, § 1984. Dritterwerb von demjenigen,
der wg VfgsBeschrkg des Veräußerers nicht erwarb, nach §§ 932 ff mögl (BGH **LM** § 932 Nr 28).

2) Rechtsgeschäftlicher Erwerb vom Nichteigentümer, der im eigenen Namen veräußert, ist in 3
folgden Fällen mögl: – **a)** Wenn der **Nichteigentümer zur Veräußerung gesetzlich berechtigt** ist; zB
§§ 966 II 1, 1048 I 1, 1087 II 2, 1242 I, 1422, 2205; nicht aber befugte GoA (BGH **17**, 181 [188]; Bertzel
AcP **158**, 107; aA Baur JZ **52**, 328). Guter Glaube des Erwerbers hieran wird nur geschützt, wenn eine
Vorschr (zB §§ 1244, 2368 III iVm 2205) dies vorsieht. – **b)** Wenn der **Eigentümer zustimmt** (VfgsEr- 4
mächtigg nach § 185) od in den and Fällen des § 185 II. Zur Rückabwicklg (§§ 346, 812) vgl Braun ZIP **98**,
1469. Zum Schutz des guten Glaubens an EigtümerZust vgl Rn 6. Zum Schutz des guten Glaubens daran,
daß tats Zustimmder Eigtümer ist, vgl § 932 Rn 1, 5. – **c)** Wenn der **Erwerber den Veräußerer für den** 5
Eigentümer hält, nach Maßg der §§ 932–935. Das Gesetz schützt das Vertrauen des Erwerbers im Hinblick
auf den dch den Besitz des Veräußerers begründeten RSchein. – **d)** Wenn der **Erwerber den Veräußerer** 6
für rechtsgeschäftlich verfügungsermächtigt hält, wird der gute Glaube daran nur geschützt, wenn eine
Vorschr dies vorsieht (LG Köln NJW-RR **91**, 868). Hauptfall ist **HGB 366**, der neben §§ 932 ff zu prüfen ist.
Bösgläubigk wird angen, wenn ein Zweiterwerber, der eine normalerw unter EV stehde od sichgsübereignete
Sache, die nur gg Abtr der KaufprFdg vom Ersterwerber weiterveräußert werden darf, erwirbt u dabei die
Abtr dieser KaufprFdg (insb in AGB) ausschließt (BGH **77**, 274); dies wird nach Einführg von HGB 354 a in
dessen Geltgsbereich nicht mehr zu gelten haben (Schmidt NJW **99,** 400; Medicus EwiR § 366 HGB 1/**99**,
215).

929 ***Einigung und Übergabe.*** **Zur Übertragung des Eigentums an einer beweglichen Sache ist erforderlich, daß der Eigentümer die Sache dem Erwerber übergibt und beide darüber einig sind, daß das Eigentum übergehen soll. Ist der Erwerber im Besitze der Sache, so genügt die Einigung über den Übergang des Eigentums.**

1) Allgemeines 1
2) Einigung 2–8
a) Rechtsnatur 2, 3
b) Inhalt 4
c) Einigungsberechtigte 5
d) Zeitpunkt 6–8
3) Übergabe 9–21
a) Allgemeine Voraussetzungen 9–12
b) Einzelfälle 13–16
c) Geheißerwerb 17–19
d) Strecken-/Kettengeschäft 20
e) Traditionspapiere, Lieferschein 21

4) Einigung ausreichend 22
5) Stellvertretung 23–25
a) Unmittelbare Stellvertretung 23
b) Mittelbare Stellvertretung 24
c) Übereignung an den, den es angeht 25
6) Eigentumsvorbehalt und Anwartschaftsrecht 26–61
A. Eigentumsvorbehalt 26–36
a) Allgemeines 26
b) Aufschiebend bedingte Einigung 27–30
c) Bedingungsausfall 31
d) Erwerb des Volleigentums 32
e) Weiterveräußerung mit Verkäuferzustimmung 33
f) Weiterveräußerung ohne Verkäuferzustimmung 34
g) Übereignung durch Verkäufer 35
h) Belastung der Sache 36
B. Anwartschaftsrecht des Käufers 37–44
a) Allgemeines 37
b) Entstehung 38
c) Belastung 39
d) Recht zum Besitz 40–42
e) Schutz 43
f) Erlöschen 44
C. Übertragung des Anwartschaftsrechts . 45–50
a) Übertragung 45, 46
b) Rechtsstellung des Erwerbers 47–49
c) Erlöschen 50
D. Zwangsvollstreckung 51–56
a) Pfändung der Sache 51–53
b) Pfändung des Anwartschaftsrechts 54, 55
c) Doppelpfändung 56
E. Insolvenz 57–60
a) Käuferinsolvenz 57–59
b) Verkäuferinsolvenz 60

1 **1) Allgemeines.** § 929 begründet das für alle Formen der Übereigng geltde Erfordern der Einigg, zu der vorbehaltl S 2 die Überg od ein ÜbergErs (§§ 930, 931) hinzutreten muß.

2 **2) Einigung. – a) Rechtsnatur.** Die Einigg ist ein formfreier abstrakter dingl Vertrag (Einl 11, 16 vor § 854). – **aa) Stillschweigende Einigungserklärungen** (Einf 6–14 vor § 116), insb dch schlüss Verhalten, genügen: Automatenaufstellg u Geldeinwurf in verlangter Höhe. SB-Tanksäulenaufstellg (vgl aber Rn 3) u Abzapfen (Herzberg NJW **84**, 896 mwN; str), währd für Ware in SB-Laden Einigg erst bei Bezahlg erklärt wird (dann auch erst KaufVertr). Verkäufer übersendet die Ware u Käufer gibt zu erkennen, sie als Eigt behalten zu wollen (RG **108**, 25), zB dch hohe Abschlagszahlg trotz für später vereinbarter SchlußAbn (BGH **LM** Nr 20), nicht aber bei unverzügl ZurVfgStellg wg (auch nur angebl) Mangels. FinInstitut des Käufers nimmt dessen SichgsÜbereigngsAngebot dch KaufprZahlg an Verkäufer an (BGH WM **66**, 113). Kfz-Verkäufer nimmt SichgsÜbereigngsAufforderg des FinInstituts des Käufers dch verlangtes Übersenden des Kfz-Briefs an (BGH **LM** Nr 19). Überg einer Sache, von der Beteil irrtüml vorherige Übereigng nach § 930 annehmen (BGH WM **68**, 1145; Tiedtke WM **78**, 446 [454]). Über stillschw Rückübereigng von SichgsGut vgl § 930 Rn 15. Vorschußzahlg wird idR (insb bei Vorauszahlg auf später fäll ZahlgsAnspr) zu Eigt übertr (and uU, wenn von ihnen künft Aufwendgen zu bestreiten); Haushaltsgeldzahlg eines Eheg an den and wird iZw zweckgebundes TrHdEigt (BGH NJW **86**, 1869). Bei Geldautomat keine Einigg mit Bank bei Benutzg der Code-Karte dch NichtBerecht (BGH NJW **88**, 979; LG Ffm NJW **98**, 3785), wohl aber bei unerlaubter KtoÜberziehg dch KtoInh (Schlesw NJW **86**, 2652; Stgt NJW **88**, 981); vgl Bieber WM **87** Beil 6 S 9. –
3 **bb) Bedingte Einigung** zuläss; zB aufschiebd bdgte Einigg bei EV (Rn 27), auflösd bdgte SichgsÜbereigng (§ 930 Rn 15). Bedingth auch stillschw vereinb: Übereigng von Telefonmünzen idR dch AnschlHerstellg bdgt (Düss NJW **88**, 1335). Bloße Nichtaushändigg des Kfz-Briefs (BGH WM **65**, 1136) u SB-Tanksäule (Düss JR **82**, 343; Herzberg NJW **84**, 816; aA Hamm NStZ **83**, 266) idR kein stillschw Angebot zur Übereigng unter EV. Zum stillschw EV vgl Schulte BB **77**, 269. – **cc) Befristete Einigung** zuläss (BGH **LM** § 163 Nr 2). Anfangsbefristet: EigtÜbergang wird auf best Ztpkt hinausgeschoben; endbefristet: zu best Ztpkt endet die Übereigng u Veräußerer ist wieder Eigtümer.

4 **b) Inhalt.** Die Einigg muß auf EigtÜbertr (Veräußerg u Erwerb) gerichtet sein. – **aa) Bestimmte Sache.** Dies ist bes bei Übereigng nach S 2 (Rn 22) zu beachten, währd die Übereigng nach S 1 ohnehin nur dch Überg konkreter Sachen (auf die sich Einigg beziehen muß) mögl. – **bb) Person des Erwerbers** (Ffm NJW-RR **86**, 470). Hochzeitsgeschenke Dritter werden idR (persönl ausgen) MitEigt beider Eheg (KG Recht **07** Nr 1452). Übereigng von Hausrat dch Dritten an einen Eheg führt idR gem EiniggsInhalt (nicht aber krG) zu MitEigt beider Eheg (BGH **114**, 74; Köln NJW-RR **96**, 904); Erwerb mit Mitteln eines Partners bei nichtehel LebensGemsch führt idR zu dessen AlleinEigt (Hamm NJW **89**, 909; aA Düss NJW **92**, 1706). Über Staatsgeschenke vgl Köln NJW **84**, 2299. – **cc) Umfang der Rechtsübertragung.** War Vollübereigng vereinbart, war der Veräußerer aber nur MitEigtümer, so fehlt es idR an einer Einigg über die Übertr von MitEigt (BGH **LM** § 932 Nr 19). War EigtÜbertr vereinb, hat Veräußerer aber nur AnwR, so wird idR dieses übertr (BGH **LM** Nr 11 a).

5 **c) Einigungsberechtigt.** Als Veräußerer der nicht in seiner VfgsBefugn beeinträchtigte wahre Eigtümer (über NichtEigtümer vgl Vorbem 3 vor § 929) bzw bei VfgsBeeinträchtiggen der für ihn VfgsBefugte (zB InsVerw) zZ der Vollendg des RErwerbs (BGH **27**, 360; vgl aber Rn 8). Als Erwerber derjenige, der Eigtümer werden soll (keine Einigg zG Dritter; Einl 14 vor § 854). Über Stellvertretg vgl Rn 23–25.

6 **d) Zeitpunkt. – aa)** Bei Überg/BesErlangg **vorausgehender Einigung** geht das Eigt über, wenn sie bei Überg (BGH NJW **76**, 1539) bzw BesErlangg fortbesteht; aktuelles RFolgenbewußtsein zu diesem Ztpkt nicht notw (vgl BGH NJW **95**, 1085). Einigg bis zum EigtÜbergang einseit widerrufb (arg § 873 II; BGH NJW **78**, 696; **79**, 213; aA Schödermeier/Woopen JA **85**, 622; Wieling I § 1 III 2b); Widerruf muß dem Gegner zugehen (dafür reicht Erkennbark) u ist von dem zu beweisen, der sich auf ihn beruft (vgl BGH NJW **78**, 696). Bei Tod od Beeinträchtigg der GeschFähigk/VfgsBefugn zw Einigg u Überg/BesErlangg kommt es
7 auf den Widerruf dch den Erben bzw ges Vertreter/VfgsBefugten an. – **bb)** Bei **Gleichzeitigkeit** von Einigg u Überg/BesErlangg geht das Eigt sofort über. – **cc)** Bei Überg (vgl aber Rn 11) od BesErlangg **nachfolgender Einigung** geht das Eigt mit der Einigg über, wobei Erwerber nur iFv S 2 im Ztpkt der Einigg noch
8 Besitzer sein muß. – **dd)** Bei **aufschiebend bedingter oder anfangsbefristeter Einigung** im Ztpkt der Überg/BesErlangg schaden einseit EiniggsWiderruf, Tod, Beeinträchtigg der GeschFähigk/VfgsBefugn od BesVerlust zw Überg/BesErlangg u BdggsEintritt bzw Anfangstermin nicht (BGH **20**, 88; **30**, 374; **LM** § 163 Nr 2).

3) Übergabe (S 1).

a) Allgemeine Voraussetzungen. – aa) Veräußerer darf keinen Besitz behalten. Er darf BesDiener des Erwerbers sein (RG **99**, 208), nicht aber mittelb Bes behalten (RG **137**, 23). Bleibt er BesMittler des Erwerbers, so gilt § 930. Über Behalten von MitBes vgl Rn 15. – **bb) Erwerber muß Besitz erlangen** (Ausn: Rn 18), der nicht auf baldige RückÜbertr angelegt sein darf (RG **75**, 221); bloß symbolische ÜbertrHdlg reicht nicht (BGH NJW **79**, 714). Mittelb Bes genügt, sofern Veräußerer nicht BesMittler ist (dann § 930) od er nach § 870 erlangt ist (dann § 931). Ist zweifelh, ob S 1 erfüllt, so kann Auslegg ergeben, daß Übereigng nach § 930 gewollt (BGH **LM** Nr 21). Dch Erlangg von MitBes mit Drittem kann AlleinEigt erworben werden (vgl auch Rn 15). – **cc) Übergabe muß in Vollziehung der Übereignung erfolgen** (BGH MDR **59**, 1006), nicht nur zur vorübergehenden Benutzg. Veräußerer muß daher BesErgreifg dch Erwerber wollen (RG **137**, 23); dazu reicht BesErgreifg mit vorher erklärter u fortbestehder Zust des Veräußerers (BGH NJW **79**, 714; aA BGH **67**, 207 [dazu Damrau JuS **78**, 519]), zB Abzapfen aus SB-Tanksäule (Düss JR **82**, 343). Also kein EigtErwerb, wenn Bote Ware auftragswidr ohne Bezahlg aushändigt. Bauhandwerker, der sich Rohstoffe an Baustelle liefern läßt, übergibt damit idR noch nicht an Bauherrn/Untern (BGH DB **70**, 294). – **dd)** Bei **aufschiebend bedingter oder anfangsbefristeter Einigung** im Ztpkt der Überg hindert späterer BesVerlust des Erwerbers den EigtErwerb bei BdggsEintritt nicht (BGH **LM** § 163 Nr 2; vgl aber Saarbr OLGZ **67**, 1 zur Rückg gem § 1368).

9 10 11 12

b) Einzelfälle. – aa) Übertragung des unmittelbaren Besitzes vom Veräußerer auf den Erwerber. Für beide können entspr angewiesene BesDiener handeln; genügd, daß der Veräußerer mit Zust des Erwerbers seinen BesDiener anweist, die tats Gewalt für den Erwerber auszuüben, od das selbst als dessen BesDiener tut (RG **99**, 208). – **bb) Weisung an Besitzmittler.** Die BesÜbertr erfolgt dch einen entspr angewiesenen BesMittler des Veräußerers od an einen solchen des Erwerbers (BGH WM **76**, 153; NJW **86**, 1166); auch auf beiden Seiten können BesMittler handeln. BesMittler des Veräußerers beendet auf dessen Weisg das BesMittlgsVerh u geht neues mit Erwerber ein (BGH **92**, 280). – **cc) Mitbesitz von Veräußerer und Erwerber.** Alleinbesitzder Veräußerer kann dem Erwerber dch Einräumg von MitBes nur MitEigt übertragen (BGH **LM** § 932 Nr 19); Übertr von AlleinEigt unter Behalt von MitBes nach § 930 mögl. Schon mit Erwerber mitbesitzder Veräußerer kann ohne MitBesAufgabe dem Erwerber MitEigt nach S 2 u AlleinEigt nach § 930 (zB Hausrat an Eheg; vgl § 930 Rn 6) übertragen. – **dd) Einigung nach § 854 II** (BGH NJW **76**, 1539); zB bei Veräußerg an tats Gewalt ausübden BesDiener des Veräußerers (RG LZ **20**, 695). Kann schlüss mit Einigg nach Anm 2 zusfallen (BGH WM **63**, 125).

13 14 15 16

c) Geheißerwerb (dazu Wadle JZ **74**, 689; Martinek AcP **88**, 573). – **aa)** Auf **Veräußererseite:** Die Überg an den Erwerber erfolgt auf Geheiß des Veräußerers dch einen Dritten, der nicht BesMittler des Veräußerers ist (BGH **36**, 56; NJW **74**, 1132) od dch einen Vierten auf Geheiß des vom Veräußerer entspr angewiesenen Dritten (BGH **LM** Nr 22). – **bb)** Auf **Erwerberseite:** Die Überg an den Erwerber erfolgt auf sein Geheiß an einen Dritten, der nicht BesMittler des Erwerbers ist (BGH NJW **99**, 425; aA [weil Erwerber keinen Bes erlangt] Ffm NJW-RR **86**, 470; Jauernig Rn 17). – **cc)** Geheißerwerb auf **Veräußerer- und Erwerberseite** können zustreffen (BGH NJW **99**, 425).

17 18 19

d) Strecken-/Kettengeschäft (dazu Padeck Jura **87**, 454 [460]). Liefert der Erstveräußerer auf Weisg des Ersterwerbers (= Zweitveräußerer) an den Zweiterwerber, so sind idR zwei Übereigngen gewollt (Hager ZIP **93**, 1446), wobei die Einiggen stillschw mit KaufvertrAbschl erklärt werden (BGH NJW **86**, 1166). Die Überg vom Erstveräußerer an den Zweiterwerber enthält eine Überg vom Erstveräußerer an den Ersterwerber nach Rn 14 (zB wenn Übereigng von Erst- an Zweiterwerber unter EV erfolgt) od nach Rn 18 sowie zugl eine Überg vom Erst- an den Zweiterwerber nach Rn 17 (BGH NJW **82**, 2371; Gursky JZ **84**, 604 zu II 2; krit Hager aaO). 20

e) Überg von **Traditionspapieren** an den papiermäß Legitimierten steht der WarenÜberg gleich (HGB 424, 450, 650; nicht aber KfzBrief [BGH NJW **78**, 1854]); vgl dazu Tiedtke WM **79**, 1142 (Lagerschein) u Schnauder NJW **91**, 1642 (grdsätzl). – Die Übertr des mittelb Bes an der Ware dch Überg des TradPap (§ 870 Rn 2) steht für Vfgen über die Ware der Verschaffg des unmittelb Bes gleich. – **Lieferschein,** der beim DchHandeln einer unverändert für den Erstveräußerer eingelagerten Ware verwendet wird, ist Anweisg (Einf 8 vor § 783); seine Überg führt daher nicht zur Übereigng nach S 1 (vgl aber § 931 Rn 5), sond iZw erst mit Ablieferg an Letzterwerber verliert Erstveräußerer sein Eigt (BGH NJW **71**, 1608). 21

4) Einigung ausreichend (S 2), dh Überg/ÜbergErs entbehrl, wenn Erwerber die Sache alleine od mit Drittem (über MitBes mit Veräußerer vgl Rn 15) besitzt: unmittelb Bes (zB Rückübereigng von SichgsGut) od nicht vom Veräußerer vermittelter mittelb Bes (BGH WM **87**, 74); Veräußerer darf keinen Bes haben. Nicht S 2 sond S 1 liegt vor, wenn die BesErlangg dch Überg erfolgte (vgl Rn 11) u Einigg nachfolgt. 22

5) Stellvertretung bei der Übereignung. – a) Unmittelbare Stellvertretung (§ 164 Rn 1). Bei der Versendg von Waren haben TransportPers idR die Stellg von bloßen ErklBoten (MüKo/Quack Rdn 70). – **aa)** Bei der **Einigung** als Vertr können auf beiden Seiten Vertreter handeln; InsichGesch ist nach Maßg von § 181 zuläss. IFv S 2 kann der unmittelb Besitzer für den Vertretenen aGrd (auch vorweggen) BesMittlgsVerh zu ihm erwerben (RG HRR **38** Nr 655). – **bb)** Bei der **Übergabe** können auf beiden Seiten Vertreter handeln, wenn sie als RGesch nach § 854 II erfolgt. Bei der Überg nach S 1 als Realakt ist keine Stellvertretg mögl (BGH **16**, 259; Ffm NJW-RR **86**, 470); da die Überg nach S 1 aber nicht auf die unmittelb Übertr der tats Gewalt vom Veräußerer auf den Erwerber beschr ist, kann die Überg auf beiden Seiten der EiniggsVertreter als BesDiener (Rn 9) od BesMittler (Rn 13) des Vertretenen, wobei das BesMittlgsVerh zw dem Erwerber u seinem Vertreter vorweggen (§ 868 Rn 22) od dch InsichGesch (§ 868 Rn 20) begründet sein kann, od als GeheißPers (Rn 17–19) vornehmen. – **cc) Unmittelbarer Eigentumsübergang** vom Veräußerer auf den Erwerber ohne Dchgangserwerb des Vertreters. 23

b) Mittelbare Stellvertretung (Einf 6 vor § 164). Die Wirkg der Einigg trifft den im eigenen Namen handelnden mittelb Vertreter. – **aa)** Bei mittelb Stellvertretg für den **Veräußerer** erwirbt der Erwerber (vorbehaltl §§ 932 ff) unter den Voraussetzgen von § 185 unmittelb vom Veräußerer (kein Dchgangserwerb). – **bb)** Bei mittelb Stellvertretg für den **Erwerber** kann zunächst nur der Vertreter als EiniggsPart erwerben, der 24 dann an seinen GeschHerrn nach §§ 929 ff (iFv § 930 zB dch erlaubtes I InsichGesch od vorweggen Einigg u BesMittlgsVereinbg) weiterübereignen muß (Dchgangserwerb).

25 **c) Übereignung an den, den es angeht** (vgl dazu Siebert [Schrifttum zu § 903 Rn 33] S 118 ff; von Lübtow ZfHG **122**, 227; Müller JZ **82**, 777) ist unmittelb Stellvertretg für den Erwerber (§ 164 Rn 8). – **aa) Einigung.** Ist es dem Veräußerer gleichgültig, ob er an den übereignet, der die EigtErwerbsErkl abgibt, od an einen von diesem Vertretenen, dann kommt die Einigg (bei wirks VertrMacht) auch dann mit dem Vertretenen zustande, wenn der ErklGegner ohne Offenlegg des Vertretgswillens für diesen erwerben will (RG **140**, 223); auch mögl, wenn ErklGegner schuldrechtl GrdGesch im eigenen Namen abschloß (RG **99**, 208; **100**, 190; Celle NJW **55**, 671). Bei auftragswidr Eigenerwerbswillen des ErklGegners keine Vertretg, selbst wenn er Mittel des AuftrGebers verwendet (RG LZ **20**, 695); äußere Umstände können Vermutg für Fremderwerbswillen ergeben (vgl RG **100**, 190; BGH FamRZ **67**, 279). – **bb) Übergabe:** Rn 23 gilt.

6) Eigentumsvorbehalt und Anwartschaftsrecht (Serick, EV u SichgÜbertr, Bd I–VI, 1963/86).

26 **A) Eigentumsvorbehalt. – a) Allgemeines.** Über den Zweck des EV vgl § 455 Rn 2. Es ist die schuld- (§ 455 mit Anm) von der sachenrechtl Seite des EV zu unterscheiden. Die Übereigng erfolgt idR nach § 929, weil der Käufer schon unmittelb besitzen soll (von dieser Sachlage wird nachfolgd ausgegangen); Übereigng aber auch nach §§ 930, 931 (BesMittlgsVerh bzw Abtretg iZw wie Einigg aufschiebd bdgt), mögl. – **Internationales Privatrecht:** EG 43 Rn 8, 10.

27 **b) Aufschiebend bedingte Übereignung** (§ 158 I) verwirklicht den EV sachenrechtl. Die Übereigng erfolgt nach § 929, wobei die Einigg (auch stillschw; vgl Rn 3) zum Inhalt hat, daß der EigtÜbergang erst mit vollständ Tilgg der KaufprFdg (od and Fdg; vgl § 455 Rn 18) eintritt. Bis zum BdggsEintritt hat der Verkäufer auflösd bdgtes Eigt (das bei Abtretg ges Übergang der KaufprFdg nicht gem § 401 folgt; BGH **42**, 53) u mittelb EigenBes, der Käufer aufschiebd bdgtes Eigt u unmittelb FremdBes (BGH **LM** § 1006 Nr 11; vgl Hamm NJW-RR **87**, 245). Vor BdggsEintritt ist die Einigg dch Vertr zw Verkäufer (nicht einseit dch ihn; vgl Rn 32) u Käufer aufhebb u änderb (insb dch Änderg der Bdgg; BGH **42**, 53; **75**, 221); vgl aber Rn 49, 50 über Einschränkg nach AnwRÜbertr.

28 aa) Ist ein **EV im Kaufvertrag vereinbart,** so enthält (falls Einigg nicht schon früher erfolgt) die Überg das Angebot des Verkäufers zu bdgter Übereigng u die BesErgreifg des Käufers dessen Annahme. Erklärt der Käufer einseit, ohne EV erwerben zu wollen, so scheitert die Einigg u Käufer erwirbt kein aufschiebd bdgtes Eigt.

29 bb) Ist ein **EV im Kaufvertrag nicht vereinbart,** so enthält (falls Einigg nicht schon früher erfolgte) die Überg grdsätzl das Angebot des Verkäufers zu vertragsgem Übereigng ohne EV (BGH NJW **82**, 1751). Der Verkäufer kann aber die Einigg vertragswidr unter EV anbieten (sog **einseitiger nachträglicher EV),** selbst wenn schon vorher Einigg ohne EV erfolgt war (BGH NJW **79**, 213; vgl Rn 6); bei Ablehng scheitert die Einigg u Käufer erwirbt kein aufschiebd bdgtes Eigt, währd er bei Annahme unter EV erwirbt (BGH NJW **75**, 1699). Die Umstände, die dem Angebot den vertragswidr Inhalt geben, müssen spätestens bei Überg dem Käufer od einer für VertrGestaltgen zuständ Pers (BGH NJW **79**, 2199) bekannt sein od ihnen muß die Kenntnisnahme unter Anlegg eines strengen Maßst zumutb sein, anderenf der Käufer ohne EV erwirbt (BGH NJW **79**, 213, 2199). Kenntn zB: Käufer kennt EV enthaltde VerkäuferAGB, die wg Abwehrklausel in KäuferAGB nicht KaufVertrInhalt geworden (BGH NJW **82**, 1749, 1751; dazu Ulmer/Schmidt JuS **84**, 18; vgl auch BGH NJW **75**, 1699). Kenntnisnahme zumutb zB: Hinweis des Verkäufers bei VertrVerhdlg im kfm GeschVerkehr auf seine AGB, ohne daß EV enthaltder Text dem Käufer zugegangen (BGH NJW **82**, 1749); deutl Erkennbark des nicht gelesenen EV auf Lieferschein/Rechng u berecht Erwartg des Verkäufers von Kenntnisnahme wg bes Veranlassg zu diesbzgl Prüfg dch dazu nicht allg verpfl Käufer (BGH NJW **79**, 213, 2199; **82**, 1749).

30 **cc) Nach unbedingter Übereignung** kann Verkäufer dch einseit Erkl keinen EV mehr begründen. Rückübereigng nach § 930 mit nachfolgder Wiederübereigng unter EV nach § 929 S 2 mögl; auch Rück-Übertr um AnwR gekürzten (dh auflösd bdgten) Eigt nach § 930 mit umgestaltetem Kaufvertr als BesMittlgsVerh mögl (Honsell JuS **81**, 705 zu II 3 b; Brox JuS **84**, 657 zu II 2; aA BGH **LM** § 930 Nr 2). Vereinb auch auflösd bdgte SichgsÜbereigng an Verkäufer nach § 930 (Heck § 107, 5; vgl Honsell aaO).

31 **c) Bedingungsausfall** u damit Unmöglichk des EigtÜbergangs wg Wirkgslosigk der Einigg (§ 158 Anm 1) tritt ein bei Erlöschen der KaufprFdg wg Aufhebg od Anfechtg des KaufVertr, Rücktr vom KaufVertr od SchadErsVerlangen nach § 326 I 2 (BGH **35**, 85; **75**, 221); vgl aber Rn 50 über Einschränkg nach AnwRÜbertr. Anfängl Ausfall bei Unwirksamk des KaufVertr.

32 **d) Erwerb des Volleigentums** dch den Käufer. – **aa)** Mit **Bedingungseintritt** geht das VollEigt ohne weiteres auf den Käufer über (wg ZwVfg des Verkäufers vgl Rn 35). Die wirks erklärte u nicht einverständl aufgehobene od wirks angefochtene Einigg wirkt fort (Rn 8), Käufer braucht nicht mehr gutgl (§ 932 Rn 14) u nicht mehr Besitzer (Rn 8) zu sein. Zur Frage der KaufprZahlg bei nichtigem KaufVertr vgl Flume AcP **161**, 385 zu II u Gernhuber FS-Baur 1981, 31 Fußn 11. – **bb)** Mit einseit erklärb **Verzicht des Verkäufers auf den EV** (BGH NJW **58**, 1231; Düss EWiR Art 1 ScheckG 1/**86**, 509; aA Pohlmann NJW **99**, 190 mwN in Fußn 13). ZwVollstr in die Sache dch Verkäufer wg KaufprFdg enthält idR keinen Verzicht (Serick I § 12 IV 1), vgl aber Rn 51. – **cc)** Nach **§§ 949 S 1, 950 II** (über verlängerten EV vgl § 950 Rn 11).

33 **e) Übereignung der Sache durch den Käufer mit Zustimmung des Verkäufers;** zu unterscheiden von AnwRÜbertr (Rn 45). – **aa) Zustimmung** des Verkäufers ist Ermächtigg des Käufers iSv § 185 I, im eigenen Namen zu verfügen. Sie wird insb dadch erteilt, daß Verkäufer mit Weiterveräußerg unter weitergeleitetem (§ 455 Rn 15), nachgeschaltetem (§ 455 Rn 16) od verlängertem (§ 455 Rn 17) EV einverstanden, u deckt dann Veräußerg im ordentl GeschBetr (vgl dazu § 185 Rn 9). Über Widerrufbark der Zust vgl § 183 Rn 2. – **bb) Eigentumserwerb.** Bei unbdgter Übereigng erwirbt der Dritte ohne DchgangsEigt des Käufers unmittelb vom Verkäufer (Serick I § 15 IV 1; aA Wochner BB **81**, 1802). Erfolgt die Übereigng aufschiebd bdgt dch BdggsEintritt im Verhältn Verkäufer/Käufer, so ebenf Direkterwerb vom Verkäufer bei

BdggsEintritt. Schaltet Käufer im ZweitGesch selbstd EV nach, so verliert Verkäufer das Eigt, wenn entweder seine KaufprFdg (dann EigtErwerb des Käufers) od die des Käufers (dann Direkterwerb des Dritten vom Verkäufer) getilgt ist (BGH JR **71**, 287 Anm Bähr).

f) Übereignung der Sache durch den Käufer ohne Zustimmung des Verkäufers (bzw unter ZustÜberschreitg); zu unterscheiden von AnwRÜbertr (Rn 45). – **aa)** Bei **gutgläubigem Erwerb** nach §§ 932 ff, HGB 366 geht iF unbdgter Übereigng das Eigt unmittelb vom Verkäufer auf den Dritten über. Bei bdgter Übereigng (nachgeschalteter EV; § 455 Rn 16) erwirbt er das VollEigt iW des DchgangsErwerbs, wenn erst im Verhältn Verkäufer/Käufer u danach im Verhältn Käufer/Dritter die Bdgg für den jeweil VollEigtErwerb eintritt; tritt erst die Bdgg im Verhältn Käufer/Dritter ein, so wird das gutgl erworbene AnwR des Dritten (Rn 46) zum VollEigt u Dritter erwirbt unmittelb vom Verkäufer. – **bb) Erwirbt der Dritte nicht gutgläubig** (zB bei Übereigng nach § 930 mangels BesErwerbs), so erwirbt er das Eigt iW des DchgangsErwerbs gem § 185 II 1 erst mit BdggsEintritt im Verhältn Verkäufer/Käufer bzw im Anschluß an and EigtErwerb des Käufers; das Eigt des Dritten ist mit ges PfdR/PfdgsPfdR/GrdPfdR belastet, wenn vor Übereigng an ihn deren Entstehgsvoraussetzgen (bis auf KäuferEigt) vorlagen (BGH **LM** § 559 Nr 3; Düss ZMR **99**, 474), nicht aber bei nachträgl Eintritt (§ 185 II 2; str). Übereigng aber idR in AnwRÜbertr umzudeuten (Rn 45), so daß Rn 47 gilt. 34

g) Übereignung der Sache durch den Verkäufer. – aa) Bei Übereigng **ohne Zustimmung des besitzenden Käufers** an einen Dritten nach §§ 930, 931 wird dieser Eigtümer; Käufer kann aber Herausg verweigern (Rn 40). Da das AnwR entspr § 936 I 3, III nicht erlischt, wird Käufer auch bei Gutgläubk des Dritten mit BdggsEintritt Eigtümer (BGH **45**, 186; Düss EWiR Art 1 ScheckG 1/**86**, 509; vgl Döring NJW **96**, 1443). – **bb)** Bei Übereigng **mit Zustimmung des Käufers** an einen Dritten, erwirbt dieser unbdgtes Eigt u das AnwR erlischt (BGH **92**, 280; Celle OLGZ **79**, 329). 35

h) Bei **Belastung der Sache** mit Nießbr/PfdR gelten Rn 33–35 entspr; sofern diese Belastgen (zB mangels Gutgläubigk) nicht entstanden sind, entstehen sie ohne Rückwirkg u daher ggf gleichrang erst mit VollEigtErwerb (vgl Rn 52). Über Pfdg vgl Rn 51. 36

B) Anwartschaftsrecht des Käufers. – a) Allgemeines. Der Verkäufer kann die Vollendg des EigtErwerbs des Käufers nur noch dann einseit verhindern, wenn er den BdggsAusfall herbeiführen kann (Rn 31). Die Summe der sich aus der derart gesicherten RStellg ergebden Befugn des Käufers läßt sich als dingl AnwR bezeichnen, das so verstanden dem Typenzwang des SachenR nicht widerspricht u in seiner BestandsKr dch seine Verknüpfg mit der Fdg, deren Erfüllg Bdgg des EigtErwerbs ist, geschwächt ist (nach Serick AcP **166**, 129 daher schuldrechtl-dingl Recht). Aus dem Begriff „AnwR", insb seiner Umschreibg als Vorstufe des VollEigt (BGH NJW **84**, 1184), sind daher keine RFolgen ableitb, sond nur aus dem Zuweisgsgehalt der den Käufer sichernden Vorschr. 37

b) Entstehung. Das AnwR entsteht dch die bdgte Übereigng (Rn 37), sofern die Fdg, deren Erfüllg zur aufschiebden Bdgg gemacht ist, besteht (BGH **75**, 221). **Gutgläubiger Erwerb** (Ersterwerb) des Käufers nach §§ 932 ff, HGB 366, wenn der Verkäufer Nichteigtümer war, denn er erwirbt auch bei späterer Bösgläubigk das VollEigt mit BdggsEintritt (Rn 32); aber kein gutgl Erwerb, wenn BdggsAusfall (Rn 31) bei bdgter Übereigng schon eingetreten (BGH **75**, 221). 38

c) Belastung. Das AnwR kann mit einem Nießbr (§ 1032 Rn 1) od einem PfdR (§ 1274 Rn 5) belastet werden (wg PfdgsPfdR vgl Rn 54); es unterliegt ges PfdR (§ 559 Rn 9; § 647 Rn 4) u dem GrdPfdR (§ 1120 Rn 8). Verwertg der Sache aber erst, nachdem AnwR zum VollEigt geworden, was RInh nach Maßg §§ 267, 268 herbeiführen kann. Mit BdggsEintritt setzen sich die Belastgen des AnwR im dortigen RangVerh an der Sache fort (Reinicke MDR **61**, 682); sie haben Vorrang vor erst mit VollEigtErwerb entstehdem Nießbr/PfdR an der Sache aGrd deren Belastg vor diesem Ztpkt (vgl Rn 36). Über Schutz des Nießbr/PfdRBerecht gg Aufhebg des AnwR vgl § 1120 Rn 8, § 1276 Rn 5. 39

d) Recht zum Besitz. – aa) Ein **obligatorisches** BesR hat der Käufer aus dem KaufVertr mit VorbehAbrede. Es wirkt grds nur ggü dem Verkäufer u gibt ggü dessen Anspr aus § 985 eine Einwendg nach § 986 I 1; übereignet der Verkäufer die Sache nach §§ 930, 931 an einen Dritten, so wirkt die Einwendg nach § 986 II auch diesem ggü. Es **endet** mit dem BdggsAusfall (Rn 31), u zwar auch iFv § 326 I 2 (§ 325 Rn 13), sowie entspr § 223 mit Berufg des Käufers auf Verjährg der KaufprFdg (BGH NJW **79**, 2195, aA vLook/Stoltenberg WM **90**, 661). Es endet aber auch, wenn der Verkäufer bei ZahlgsVerzug (Honsell JuS **81**, 705 zu IV 2; Serick I § 7 III 1) od vertragswidr Gebr/Weitergabe (Flume AcP **161**, 385 zu IV 4; Honsell aaO; Lange JuS **71**, 511 zu IV 1) wg Gefährdg des SichgsZwecks einen RückFdgsAnspr erlangt hat; die GgMeing (hM seit BGH **54**, 214), nach der erst ein darauf gestützter Rücktr zur RückFdg berechtige, vernachlässigt die SichgsFunktion des EV, das Element der GebrÜberlassg vor BdggsEintritt (das BesR ergibt sich aus der VorbehAbrede des KaufVertr) u den Umstand, daß die BesÜbertr nicht eine schon erbrachte Teilleistg ist (die wirtsch geschl LeistgsPfl des Verkäufers läßt sich nicht in Bes- u EigtVerschaffg zerlegen, da erstere zugl TatbestdElement letzterer ist). – **bb)** Das AnwR gibt dem Käufer ein ggü jedermann wirkdes **dingliches** BesR (Karlr NJW **66**, 885; Diederichsen, Das Recht zum Bes aus SchuldVerh 1965, § 18; Raiser, Dingl Anw, 1961, S 62; Baur/Stürner § 59 Rn 47; Wieling § 17 III 2 a; Soergel/Mühl 68; aA BGH **10**, 69; Stoll JuS **67**, 12; Gudian NJW **67**, 1786; Müko/Medicus § 986 Rn 9; RGRK/Pikart § 986 Rn 9; Staud/Gursky § 986 Rn 10). Die Frage ist zu bejahen, da dem Käufer mit der BesÜbertr das im Eigt enthaltene Recht auf Bes u Nutzg schon übertr ist. Folge: Hatte der Käufer das AnwR gutgl von einem NichtBerecht erworben (Rn 39), so kann er sich auch ggü dem Eigtümer schon vor BdggsEintritt auf sein BesR berufen (BGH **10**, 69 gab Arglisteinrede). – **cc)** Im **Verhältnis zum Verkäufer,** der zugl Eigtümer, ist es im Ergebn gleichgült, ob man dem Käufer neben dem obligator auch ein dingl BesR gibt, denn bei BdggsAusfall endet auch das AnwR u dem RückFdgsAnspr bei Verzug/VertrWidrigk steht ein AnwR nicht entgg. 40 41 42

e) Schutz des AnwR. – **aa)** §§ **858 ff, 1007** schützen Käufer u Verkäufer (diesen nach Maßg von § 869 S 2). – **bb) § 823 I** schützt Käufer (AnwR ist sonstiges Recht; BGH **55**, 20) u Eigtümer; daneben auch 43

§ **823 II** iVm § 858. Der ErsAnspr bzgl des Bes- u Nutzgsschadens steht dem Käufer idR allein zu; bzgl des Substanzschadens ist er entspr §§ 432, 1281 von Käufer u Verkäufer geltd zu machen bzw vom Schädiger (der dch § 851 geschützt) zu erfüllen (Brox JuS **84**, 657 zu III 3 b; Eichenhofer AcP **185**, 162 [190]; aA Müller-Laube JuS **93**, 529 zu III 4: bis zum SichgFall vom Käufer). – **cc) §§ 812 ff** (Eingriffskondiktion) schützen Käufer (AnwR) u Eigtümer. Geltdmachg u Erfüllg wie bei § 823. – **dd) §§ 985 ff, 1004** schützen Käufer (AnwR) u Eigtümer (Müller-Laube JuS **93**, 529 zu II; aA Brox JuS **84**, 657 zu III 3 a: Käufer bedarf Ermächtigg des Eigtümers). Geltdmachg u Erfüllg von SchadErsAnspr wie bei § 823. Für HerausgAnspr des Eigtümers gilt § 986 I 2.

44 **f) Erlöschen** des AnwR. – **aa)** Mit **Erwerb des Volleigentums** dch den Käufer (Rn 32; zum Fortbestand entspr § 1256 II vgl Derleder JuS **69**, 481) od wenn Dritter unbdgtes Eigt erwirbt (Rn 33–35). – **bb)** Mit **Ausfall der Bedingung** für den EigtÜbergang (Rn 31). – **cc)** Mit **Aufhebung der Einigung** (Rn 27); zB wenn Käufer der Übereigng der Sache dch Verkäufer an Dritten zustimmt (BGH **92**, 280). – **dd)** Mit **Untergang der Sache.**

45 **C) Übertragung des Anwartschaftsrechts. – a) Übertragung.** Der Käufer kann das AnwR (insb zur Kreditsichg) auf einen (Zweit-)Erwerber übertragen; zu unterscheiden von Übereigng der Sache (Rn 33, 34). Ist der Käufer (unbewußt) schon VollEigtümer, so ist die AnwRÜbertr in EigtÜbertr umdeutb. Eine EigtÜbertr dch den Anwärter, die wg Bösgläubigk (§ 932) od fehlder BesErlangg (§ 933) nicht zum EigtErwerb führt, ist idR in AnwRÜbertr umdeutb (Loewenheim JuS **81**, 721; nach BGH **20**, 88 so auslegb). – **aa) Durchführung.** Die Übertr erfolgt ohne Mitwirkg des Verkäufers (BGH **20**, 88) nach §§ 929 ff (BGH NJW **84**, 1184; Düss ZMR **99**, 474) u nicht nach § 413; daher wirkt ÜbertrVerbot nur nach § 137 u nicht
46 nach § 399 (BGH NJW **70**, 699). – **bb) Gutgläubiger Erwerb** (Zweiterwerb). Da §§ 932 ff den dch Bes vermittelten guten Glauben an die RZuständigk schützen, sind ein bestehdes AnwR vom NichtBerecht (zB Mieter des Käufers veräußert es; Baur/Stürner § 59 Rn 39; Raiser [Rn 41] S 38; Wieling § 17 IV 1 b aa; Eichenhofer AcP **185**, 162 [177]; aA Flume AcP **161**, 385 zu IV 3; Wiegand JuS **74**, 201 zu VI 2; Brox JuS **84**, 657 zu IV 2 b) u ein trotz wirks KaufVertr wg Unwirksamk/Aufhebg des bdgten Einigg nicht bestehdes AnwR (Raiser [Rn 41] S 39; Wieling § 17 IV 1 b bb; aA Flume aaO; MüKo/Westermann § 455 Rn 70) gutgl erwerbb; wg BdggsVerknüpfg mit zu erfüllder Fdg, die nicht vom GutglSchutz erfaßt (BGH **75**, 221), aber nicht wg BdggsAusfalls nicht bestehdes AnwR u auch kein GutglSchutz bzgl BdggsInhalt (Höhe der Fdg od welche Fdg zu erfüllen; aA Wieling aaO).

47 **b) Rechtsstellung des Erwerbers. – aa)** Der Erwerber rückt in die **dingliche Rechtsstellung** des Käufers ein, deren BestandsKr weiterhin dch die Verknüpfg mit der Fdg, deren Erfüllg Bdgg für den EigtÜbergang, geschwächt ist (vgl aber Rn 49, 50); Käufer verliert sie u kann KaufprZahlg des Erwerbers nicht gem § 267 II widersprechen (BGH **75**, 221). Belastgen des AnwR (Rn 39) bleiben bestehen, soweit sie nicht gem § 936 od aus and Grd (zB §§ 560, 1121) erlöschen; für Belastgen dch den Erwerber gilt Rn 39.
48 Für den Schutz des AnwR gilt Rn 43. – **bb) Besitz.** IFv § 929 erlangt der Erwerber statt des jeden Bes verlierden Käufers unmittelb FremdBes; iFv § 930 schiebt sich sein erststuf mittelb FremdBes zw den unmittelb FremdBes des Käufers u den zweitstuf mittelb EigenBes des Verkäufers (BGH **28**, 16). Da dingl BesR
49 (Rn 41), kann sich der Erwerber ggü dem Eigtümer schon vor BdggsEintritt auf dieses berufen. – **cc) Eigentumserwerb.** Mit BdggsEintritt im Verhältn Verkäufer/Käufer erlangt der Erwerber das VollEigt unmittelb vom Verkäufer (BGH **20**, 88; NJW **84**, 1184; aA Hennrichs DB **93**, 1707); ebso bei Verzicht des Verkäufers auf den EV (Rn 32). Originärer Erwerb nach §§ 949 S 1, 950 II mögl. Beim Erwerb des AnwR bestehen gebliebene u auch später nicht erloschene sowie neue Belastgen des AnwR werden entspr § 1287 zu Belastgen der Sache (BGH **54**, 319 [331]; Düss ZMR **99**, 474; Brox JuS **84**, 657; Reinicke JuS **86**, 957). Wird das AnwR mit od nach Einbringg der Sache in Mietraum übertragen (zB bei RaumSichgVertr), so ist das Eigt mit vorrang VermieterPfdR belastet (BGH **117**, 200 abl Fischer JuS **93**, 542; Düss ZMR **99**, 474). Eine nicht schon vor AnwRÜbertr vorgesehene Erschwerg der Bdgg für den EigtÜbergang (zB Erweiterg des EV auf and Fdg) bedarf der Zust des Erwerbers (BGH **75**, 221).

50 **c) Erlöschen** des AnwR. – **aa)** Mit **Erwerb des Volleigentums** dch den Erwerber (Rn 49) od wenn Dritter unbdgtes Eigt erwirbt (Rn 33–35). – **bb)** Mit **Bedingungsausfall** im Verhältn Verkäufer/Käufer (BGH **75**, 221; Rn 31). Willkürl Herbeiführg dch RHdlgen des Verkäufers u Käufers bedürfen der Zust des Erwerbers; zustbedürft daher vertragl Aufhebg des KaufVertr (Flume AcP **161**, 385 zu IV 2; aA Loewenheim JuS **81**, 721), nicht aber Ausübg ihm innewohnder Rechte (BGH **75**, 221) wie Anfechtg u Wandlg (Gernhuber FS-Baur 1981, 31) sowie gesetzl od vorbeh Rücktr. – **cc)** Mit **Aufhebung der Einigung** zw Verkäufer u Käufer; sie bedarf der Zust des Erwerbers (Marotzke, Das AnwR ein Bsp sinnvoller RFortbildg?, 1977, § 2 III 3; aA Derleder JuS **79**, 480). – **dd)** Mit **Untergang der Sache.**

51 **D) Zwangsvollstreckung. – a) Pfändung der Sache.** Sie hindert nicht die AnwRÜbertr, da sie AnwR nicht erfaßt (Rn 54). – **aa)** Bei Pfdg dch **Gläubiger des Verkäufers** hat der Anwärter ZPO 771 (BGH **55**, 20) u ggf ZPO 766, 809; § 161 I 2 alleine schützt ihn nicht gg hoheitl Dritterwerb in ZwVerst. Das PfdgsPfdR erlischt mit BdggsEintritt. – **bb)** Der **Verkäufer** kann in die Sache wg seiner Fdg gg den Käufer bei diesem (AnwRErwerber hätte ZPO 771; 766, 809) vollstrecken; obwohl kein PfdgsPfdR entsteht (GläubEigt), ermöglicht die Verstrickg die Verwertg (RG **156**, 395). Zur Frage, wann dch VollstrAkte VerbrKrG 13 III erfüllt ist, vgl BGH **37**, 97; **55**, 59. Käufer kann sich auf ZPO 811 berufen (Hamm OLGZ **84**, 368; LG Heilbr Rpfleger **93**, 119), soweit nicht ZPO 811 II entggsteht; and bei Vollstr des HerausgAnspr.
52 – **cc)** Bei Pfdg dch **Gläubiger des Anwärters** entsteht zunächst kein PfdgsPfdR (kein SchuldnEigt), sond nur Verstrickg. Verkäufer hat ZPO 771 (BGH **54**, 214) u nach Versteigerg § 812 (§ 812 Rn 37). Erst mit VollEigtErwerb des VollstrSchuldn entsteht ohne Rückwirkg PfdgsPfdR an der Sache (RG **60**, 70; BGH NJW **54**, 1325); bei zeitl aufeinandfolgden Pfdgen mit Gleichrang (Reinicke MDR **59**, 613; aA Stöber Rn 1496), sofern nicht auch AnwR gepfändet war (Rn 55); gesetzl PfdR/GrdPfdR an der Sache, das aus entspr Belastg des AnwR entstanden (Rn 39), hat Vorrang. Nimmt Verkäufer RestkaufprZahlg des Gläub nicht an, so gilt Bdgg als eingetreten (§ 162 I); and bei Widerspr des Käufers (§ 267 II; vgl aber Rn 55). –
53 **dd)** Bei Pfdg dch **Gläubiger des Käufers, der kein Anwärter** ist (wg AnwRÜbertr vor Pfdg), hat neben

dem Verkäufer (Rn 52) auch der Anwärter ZPO 771 (BGH **20**, 88; JZ **78**, 199) u ggf ZPO 766, 809. Gleiches gilt bei AnwRÜbertr nach SachPfdg. In beiden Fällen erwirbt Gläub mit BdggsEintritt kein PfdR an der Sache (vgl deshalb Rn 55). – **ee)** Über **Schutz des Pfandrechts** am AnwR bei SachPfdg vgl Frank NJW **74**, 211.

b) Pfändung des Anwartschaftsrechts. Verwertg prakt bedeutgslos (Stöber Rn 1494). – **aa)** Die **Durchführung** erfolgt nach ZPO 857 I, 829 u wird mit Zustellg des PfdgsBeschl an den Verkäufer als DrittSchuldn wirks (BGH NJW **54**, 1325; Reinicke MDR **59**, 613; aA [mit Zustellg an Anwärter] Hbg MDR **59**, 398; Strutz NJW **69**, 831); ZPO 811 entspr anwendb (Stöber Rn 1487). Nach aA erfolgt die Pfdg nach ZPO 808 (Bauknecht NJW **55**, 451; Kupisch JZ **76**, 417 [427]; Eichenhofer AcP **185**, 162 [179]), so daß SachPfdg auch AnwR erfassen würde (Raiser [Rn 41] S 91; vgl auch Brschw MDR **72**, 57). Gesetzl PfdR/GrdPfdR am AnwR (Rn 39), das vor Pfdg entstanden, hat Vorrang. – **bb) Wirkung.** Anwärter unterliegt VfgsVerbot hinsichtl des AnwR; die Sache selbst wird nicht erfaßt. Ist er zugl Käufer, so BdggsEintritt jetzt auch, wenn Verkäufer (der nach ZPO 840 über Restkaufpr auskunftspfl) Restkaufpr wg Käufer-Widerspr nicht annimmt (BGH NJW **54**, 1325); Restkaufpr fällt nach hM unter ZPO 788 (Stöber Rn 1500). Mit Erstarken des AnwR zum VollEigt wird das PfdgsPfdR am AnwR nicht zum PfdgsPfdR an der Sache (BGH aaO; Hgb MDR **59**, 398; Stöber Rn 1490), denn es fehlt äußerer Hinweis auf Beschlagn; war aber zugl die Sache gepfändet, so wahrt die Pfdg des AnwR den Rang des an der Sache entstehden PfdgsPfdR (Reinicke MDR **59**, 613; Tiedke NJW **72**, 1404; Rimmelspacher, KreditSichgR2 Rn 262). 54 55

c) Doppelpfändung (Folge aus Rn 52, 55). Da der Gläub des Käufers nur bei Pfdg der Sache erreicht, daß er (bei Erstarken des AnwR zum VollEigt) ein PfdgsPfdR an der Sache erwirbt, u nur die Pfändg des AnwR bewirkt, daß ihm ggü nicht mehr über das AnwR verfügt werden kann u der Käufer den BdggsEintritt dch RestkaufprZahlg nicht mehr dch Widerspr verhindern kann, ist Pfdg von Sache u AnwR geboten. 56

E. Insolvenz. – a) Käuferinsolvenz. – aa) Ist der **Käufer noch Anwärter,** so gehört das AnwR zur Masse. InsVerw hat WahlR aus InsO 103; zur ErklFrist nach ErklAufforderg des Verkäufers vgl InsO 107 II. Wählt er Erfüllg, so ist die RestkaufprFdg Masseschuld (InsO 55 S 1 Nr 2), mit deren Erfüllg der Käufer das in die Masse fallde Eigt erwirbt. Lehnt er die Erfüllg ab, so erlischt das AnwR wg BdggsAusfalls; Verkäufer kann aussondern (InsO 47; Bülow Rn 729) u nimmt mit SchadErsFdg an dere Insolvenz teil. Bei verlängertem EV (§ 455 Rn 17) gelten die Regeln der SichgsAbtr/Übereigng (Bülow Rn 1068, 1070); der InsVerw hat bzgl des Surrogats das VerwertgsR (InsO 166 II) u der Verkäufer hat ein AbsondergsR (InsoO 51 Nr 1). Wg (auf and selbstd Fdg des Verkäufers) erweiterten EV, KtokorrentVorbeh u KonzernVorbeh vgl Bülow Rn 1072 ff). – **bb)** Hatte der Käufer vor InsEröffng **das Anwartschaftsrecht übertragen,** so fällt es nicht in die Masse. Der InsVerw kann nach InsO 103 die Erfüllg ablehnen; dies führt noch nicht zum BdggsAusfall, denn Erwerber hat AblösgsR aus § 268. Erwerber erlangt mit RestkaufprZahlg an Verkäufer massefreies Eigt vom Verkäufer (BGH **20**, 88; **LM** Nr 11 a). – **cc)** Hatte der Käufer vor InsEröffng **die Sache weiterübereignet** u der Erwerber wg VerkäuferZust od gutgl VollEigt erlangt, so wird dies von der Insolvenz nicht mehr berührt. Hatte der Käufer mit nachgeschaltetem EV (§ 455 Rn 16) u VerkäuferZust übereignet, so erlangt der Erwerber mit Zahlg des dem Käufer geschuldeten Kaufpr an die Masse massefreies VollEigt (vgl BGH **56**, 34); fehlte die VerkäuferZust u erwarb der Erwerber sein AnwR gutgl, so erlangt er dch die Zahlg massefreies VollEigt; fehlte die VerkäuferZust u erwarb der Erwerber nicht gutgl ein AnwR (zB iFv § 930 mangels Bes), so fällt die Sache in die InsMasse. 57 58 59

b) Verkäuferinsolvenz. InsVerw u Käufer können Erfüllg verlangen (InsO 107 I) u Käufer erwirbt mit KaufprZahlg Eigt; InsO 103 ist nicht anwendb. 60

929 a

Nicht eingetragene Seeschiffe. **I Zur Übertragung des Eigentums an einem Seeschiff, das nicht im Schiffsregister eingetragen ist, oder an einem Anteil an einem solchen Schiff ist die Übergabe nicht erforderlich, wenn der Eigentümer und der Erwerber darüber einig sind, daß das Eigentum sofort übergehen soll.**

II Jeder Teil kann verlangen, daß ihm auf seine Kosten eine öffentlich beglaubigte Urkunde über die Veräußerung erteilt wird.

Schrifttum: Abraham, Das SeeR, 4. Aufl 1974. – Prüssmann-Rabe, SeehandelsR, 2. Aufl 1983. – Prause, Das Recht des Schiffskredits, 3. Aufl 1979.

1) Schiffssachenrecht

a) Begriffe. – aa) Schiff: Fahrzeug, das zur Fortbewegg auf od unter dem Wasser u zur Beförderg von Personen od Sachen bestimmt ist, zB auch Schwimmbagger (BGH **76**, 201), Schwimmkran (BGH **LM** BinnSchG 4 Nr 3); nicht aber kleinere Ruder- u Segelboote, Flöße, schwimmendes Hotel, Wohnboot, berggs- od ausbessergsunfäh Wrack (Hbg VRS **1**, 317). Für den Charakter als See- od Binnenschiff entscheidet ggwärt regelm Verwendg (Hbg MDR **60**, 316). – **bb) Schiffsbauwerk:** Ein auf der Schiffswerft in Bau befindl Schiff (SchiffsRG § 76 I). Es kann, bestimmte Größe vorausgesetzt (SchiffsRG § 76 II 2), in das SchiffsbauReg eingetr werden, wenn zugleich BauwerksHyp eingetr od ZwVerst beantragt wird (SchiffsRegO 66). Nunmehr auch Schwimmdocks im Bau eintragb. – **cc) Schiffspart** (zu unterscheiden von MitEigt; § 1008). Das Wesen des Anteils an einer Partenreederei (HGB 489) ist bestr (vgl BGH MDR **69**, 556): sie ist gem HGB 491 I ein Anteil am gesamten Reedereivermögen, also eine gesellschaftsrechtl Beteiligg (Ruhwedel, die Partenreederei, 1973 S. 98 ff). Nach aA (Abraham § 13 III 5, 6) baut die Schiffspart auf dem MitEigtAnt der Mitreeder am Schiff u Zubehör auf, zu dem ein entspr Ant am übr ReedereiVerm komme, so daß eine Sonderform der BGB-Gesellsch vorliege, deren sachenrechtl Basis, das Schiff, aber im BruchTEigt stehe. Doch ist es rechtl nicht mögl, das bloße Eigt am Schiff zu übertr (BGH aaO). Der ersteren Auffassg ist dah beizustimmen. 1

b) Materielles Schiffssachenrecht. – aa) Übereignung; VerpflGesch u Einigg sind formfrei. – Eingetr Seeschiff: bloße Einigg (SchiffsRG 2); Eintr ist RegBerichtigg. Nichteingetr Seeschiff: §§ 929 ff, HGB 366 2 mit SonderVorschr §§ 929 a, 932 a. – Eingetr Binnenschiff: Einigg u Eintr (SchiffsRG 3); §§ 932 ff, HGB 366 nicht anwendb (BGH **112**, 4). Nichteingetr Binnenschiff: §§ 929 ff, HGB 366 ohne §§ 929 a, 932 a. – Eingetr Schiffsbauwerk: Einigg u Eintr (SchiffsRG 3, 78). Nichteingetr Schiffsbauwerk: §§ 929 ff, HGB 366 ohne §§ 929 a, 932 a. – Schiffspart: Einigg u Eintr (HGB 503; vgl BGH MDR **69**, 556). – Miteigentumsanteil: wie Eigt. – **bb) Belastung.** Nießbr (§ 1032 Rn 1); PfdR/SchiffsHyp (Einf 4, 5 vor § 1204).

3 **c) Formelles Schiffssachenrecht. – aa) SchiffsRegO** idF v 26. 5. 94 (BGBl 1133) mit DVO idF v 30. 11. 94 (BGBl 3621). Das SchiffsRegR entspr grdsätzl dem formellen GrdstR (vgl Prause MDR **56**, 139). – **bb) Schiffsurkunden.** Das Schiffszertifikat (bei Seeschiffen) begründet u beweist das Recht, die Schiffsflagge zu führen (§ 3 FlaggenRG v 4. 7. 90, BGBl I 1343). Schiffszertifikat u (bei Binnenschiff) Schiffsbrief enthalten die vollständ RegEintr; Vorleggszwang zwecks ständ Ergänzg. Bei Widerspr zw SchiffsReg u SchiffsUrk entscheidet das Reg, da Urk ohne öff Glauben.

4 **d) Zwangsvollstreckung. – Nichteingetragenes Schiff:** wie bewegl Sachen. – **Eingetragenes Schiff:** ZwangsSchiffsHyp od dch ZwVerst (ZPO 870 a) mit einigen Besonderheiten gem ZVG 162 ff. Beschrkg bei Seehandelsschiffen, die sich auf der Reise befinden u nicht in einem Hafen liegen (HGB 482). – In den Fällen des ZPO 870 a III entsteht entgg ZPO 868 I kein EigtümerGrdPfdR, sond die Hyp erlischt, wenn nicht Eigtümer von der ihm auch hier vorbehaltenen Befugn nach SchiffsRG 57 III (dazu Einf 5 vor § 1204) Gebrauch macht. – **Schiffsbauwerk** (eingetr od eintragb): wie eingetr Schiff. – **Schiffspart:** ZPO 857, 858, also Eintr der Pfändg ins Reg konstitutiv. DrittSchu ist nicht vorhanden. Zustellg an Schu zur Wirksamk der Pfändg nicht erforderl, *arg:* ZPO 858 III 1 HS 1. Ist Korrespondenzreeder bestellt (HGB 492): beachte ZPO 858 III 2; zu allem vgl Stöber Rn 1744 ff. Dort auch zur Verwertg, ZPO 858 IV, V, 844 u zum Zugriff auf GewinnanteilsAnspr des Schu (vgl HGB 502). – **Miteigentumsanteil:** ZPO 864 II. – Zur Vollziehg des **Arrests** vgl ZPO 931: Mischsystem, das gem ZPO 931 IV auf GläubAntr zur (berichtigden) Eintr des nach MobiliarVollstr begründeten PfdR als HöchstBetrHyp führt.

5 **2) Übereignung nichteingetragener Seeschiffe.** § 929 a betrifft nur nicht eingetr Seeschiffe; für eingetr gilt SchiffsRG (vgl Rn 2). Es entscheidet allein die Tats der Eintr, nicht die der EintrFähigk. Unter Anteilen sind hier nur solche einer BruchtGemsch zu verstehen. HGB 503, ZPO 858 (Schiffsparten) gelten nur für
6 eingetr Schiffe. Bzgl der Anteile am GesellschVerm vgl § 719, HGB 105 II. – **a) Übereignung.** Sie erfordert eine Einigg nach § 929 Rn 2–8; daher bdgte Einigg zuläss (BGH BB **58**, 676). Die Überg/ÜbergSurrogate nach §§ 929–931 sind entbehrl bei zusätzl Einigg, daß Eigt ohne diese („sofort") übergeht (BGH JZ **95**, 784 Anm Stoll). Urk (**II**) ist nur BeweisUrk, doch kann Erteilg zur Bdgg für den EigtÜbergang gemacht werden. Verschuldete NichtErf dieser gesetzl Verpfl, die nur bei Übereigng nach I besteht, begründet SchadErsAnspr.
7 – **b) Belastung** (Nießbr, PfdR). Überg/ÜbergSurrogat hier nicht entbehrl. – **c) IPR.** Recht des Heimathafens (BGH JZ **95**, 784 Anm Stoll).

930 *Besitzmittelung (Besitzkonstitut).* Ist der Eigentümer im Besitze der Sache, so kann die Übergabe dadurch ersetzt werden, daß zwischen ihm und dem Erwerber ein Rechtsverhältnis vereinbart wird, vermöge dessen der Erwerber den mittelbaren Besitz erlangt.

1) Allgemeines 1
2) Bestimmtheitsgrundsatz 2–4
a) Bezeichnung, Sachgesamtheit 2
b) Einzelfälle 3
c) Wechselnder Bestand 4
3) Besitzmittlungsverhältnis 5–10
a) Besitz des Veräußerers 5
b) Besitzmittlungsverhältnis nach § 868 . . 6, 7
c) Aufschiebende Bedingung 8
d) Vorweggenommenes Besitzmittlungsverhältnis 9, 10
4) Sicherungsübereignung, -eigentum . . . 11–26
a) Begriff 11
b) Gesicherte Forderung, Sicherungsvertrag, Übereignung 12–15
c) Sicherungsgut 16
d) Verwertung 17–21
e) Sicherungsgut in der Zwangsvollstreckung . 22, 23
f) Sicherungsgut in der Insolvenz 24, 25

1 **1) Allgemeines.** § 930 ändert nichts am Erfordern der Einigg (§ 929 Rn 2), sond ermöglicht nur die Ersetzg der Übergabe dch die Vereinbg eines BesMittlgsVerh. Einigg u BesMittlgsVereinbg, die beide formfrei (BGH NJW **91**, 353), bilden zusammen das abstr VfgsGesch. Bei Nichtmitnahme bezahlter Kaufsache Umstände maßg, ob Übereigng nach § 930 (oft bei Vereinbg, daß Verkäufer noch einstw aufbewahrt [Karlsr Just **90**, 359]) od nach § 929 (Hinausschieben des ErfGesch bis Käufer unmittelb Bes erlangt [vgl RG SeuffA **78**, 135]). – **Stellvertretung** (§§ 164–181) ist auf beiden Seiten bei Einigg u BesMittlgsVereinbg zuläss (BGH NJW **89**, 2542). – **Internationales Privatrecht:** EG 43 Rn 3. Befindet sich die Sache im Inland, so gilt § 930 bei Übereigng an im Ausland befindl Ausländer (BGH NJW **96**, 2233), wobei die ausländ ROrdng die Anerkenng versagen kann (vgl OGH Wien ZIP **84**, 1330); über Verbringg ins Ausland vgl EG 43 Rn 10. Umgekehrt gilt das betr AuslandsR (BGH **39**, 173); über Verbringg ins Inland vgl EG 43 Rn 5.

2 **2) Bestimmtheitsgrundsatz.** Die übereignete Sache muß im ÜbereignsVertr (BGH WM **83**, 1409; Tiedtke WiB **95**, 197) dch **einfache äußere Merkmale** so bestimmt bezeichnet sein, daß jeder Kenner des Vertr sie zu dem Ztpkt, in dem das Eigt übergehen soll, unschwer von anderen unterscheiden kann (Düss ZMR **99**, 474); bloße Bestimmbark (insb aGrd außervertragl Umstände; BGH **LM** Nr 9; NJW **95**, 2348; aA wohl BGH NJW-RR **94**, 1537) genügt nicht. Bis zum vorgesehenen Ztpkt des EigtÜbergangs kann der ÜbereignsVertr entspr ergänzt werden (Düss ZMR **99**, 474; ein schriftl auch mündl [BGH BB **56**, 1086]). In dem für den EigtÜbergang vorgesehenen Ztpkt muß diese Bezeichng mit den tats Verhältn übereinstimmen.

3 **a)** Bei **Sachgesamtheit** (Warenlager, Sachmenge) genügt für die notw Einzelübereigng (BGH NJW **68**, 392) eine Sammelbezeichng, die den Übereignswillen auf alle Sachen erstreckt u die gemeinten Einzelsachen klar erkennen läßt (BGH NJW **92**, 1161). Unschädl, wenn sich in solcher Gesamth neben Sachen des Veräußerers auch Sachen unter EV (insow idR Übertr des AnwR vereinbart; vgl § 929 Rn 45) od im VollEigt Dritter (insow zunächst kein gutgl Erwerb; vgl § 933) befinden (RG **132**, 183; HRR **34** Nr 1116; Mü NJW
3 a **87**, 1896). – **Ausreichend:** Die zum Inventar eines bestimmten Hauses (BGH **73**, 253; NJW **89**, 2542) od

Hofes (BGH **LM** Nr 9) gehörden Sachen; alle Sachen einer bestimmten Warengattg (BGH NJW **94**, 133); alle Sachen in einem vertragl festgelegten (BGH NJW **96**, 2654) od vom Veräußerer auszuwählden (BGH WM **60**, 1223) Raum (bei SichgsÜbereigng daher: RaumSichgsVertr); die entspr dem Vertr bes gelagerten u gekennzeichneten (auch dch Kennzeichng der von Übereigng ausgen; BGH NJW **92**, 1161) od in Verzeichn aufgen Sachen (BGH NJW **91**, 2144; bei SichgsÜbereigng daher: MarkiergsVertr). – **Nicht ausreichend:** 3 b bloße Wert- od Mengenangaben (BGH **21**, 52); rechtl UnterscheidgsMerkm (BGH NJW **86**, 1985 [soweit im Eigt des Veräußerers]; BGH FamRZ **88**, 255 [soweit gem ZPO pfändb]; BGH NJW **92**, 1161 [soweit frei von DrittR od bei Übereigng dch RaumSichgVertr schon in Raum eingebracht]); im ÜbereigngsVertr nicht vereinbarte Absonderg (BGH NJW **84**, 803) od Markierg (Celle OLGZ **71**, 40); äußerl nicht erkennb Trenng in Gebraucht- u Reparaturmaschinen (Celle aaO); Angabe des Produktionsdatums (BGH WM **77**, 218); vertragl Bezugn auf Lagerbuch/Schriftwechsel/Rechng (Düss WM **90**, 1190; Celle aaO); funktionale Bezeichng (BGH NJW **92**, 1161: „für tägl Arbeit notw"; NJW-RR **94**, 1547: nicht äußerl abgegrenzte „Handbibliothek Kunst"); Warenlager bei mehreren Einlagerern (Ffm ZIP **94**, 1438).

b) Bei **Sachgesamtheit mit wechselndem Bestand** wird anfängl Bestimmth nicht dadch hinfäll, daß 4 nachträgl dch Hinzukommen weiterer nicht übereigneter Sachen Unsicherh über Abgrenzg eintritt (BGH **73**, 253); nur BewFrage, welche übereignet sind. Über mehrf Übereigng vgl Menke WM **97**, 405. – Sollen auch **künftig hinzukommende Sachen** übereignet werden, so müssen Einigg u vorweggen BesMittlgsVerh (Rn 9) dem BestimmthGrds genügen (BGH NJW **86**, 1985) u ggf muß eine ihm genügde AusführgsHdlg erfolgen (Rn 9); bei ErsSachen, die anstelle abgäng Sachen treten, tritt keine dingl Surrogation ein. Sollen nicht alle hinzukommden Sachen (zB nur ErsSachen) übereignet werden, so müssen die zu übereignden im ÜbereigngsVertr gem dem BestimmthGrds unterscheidb bezeichnet werden (BGH **LM** 9; 12).

3) Besitzmittlungsverhältnis. – a) Im Ztpkt, zu dem der EigtÜbergang vorgesehen ist, muß der 5 **Veräußerer Eigenbesitzer** der Sache sein, wobei MitBes mit Drittem (RG **139**, 114) od Erwerber (BGH **73**, 253) genügt. Ist der Veräußerer mittelb Besitzer, so wird er dch Übereigng nach § 930 erststuf mittelb Fremd- u der Erwerber zweitstuf mittelb Eigenbesitzer; der unmittelb Fremdbesitzer bleibt dies u braucht Übereigng nicht zu kennen (BGH NJW **64**, 398). Übereigng bei mittelb Bes auch nach § 929 S 1 (§ 929 Rn 14) od § 931 mögl.

b) Es muß ein bestimmtes (konkretes/individualisiertes) **Besitzmittlungsverhältnis im Sinne von § 868** 6 zw Veräußerer u Erwerber zumind stillschw begründet sein; wirks RVerh nicht notw (vgl § 868 Rn 10). Ungenügd die allg Abrede, der Veräußerer solle künft für den Erwerber besitzen (sog abstr BesMittlgsVerh; vgl Planck/Brodmann Anm 3). Besteht schon ein (idR gesetzl) RVerh, aGrd dessen der Veräußerer einen Kreis von Sachen des Erwerbers für diesen besitzt (zB §§ 1353, 1626), so genügt für Vereinbg eines BesMittlgsVerh bzgl zugehöriger Sache, daß Veräußerer nach PartWillen aus diesem RGrd BesMittler sein soll (BGH **73**, 253; NJW **89**, 2542). Unschädl, daß VertrPart irrig Übergabe annahmen (RG **118**, 361). Wird Veräußerer nur BesDiener des Erwerbers, so liegt § 929 S 1 vor. – Bei der **Sicherungsübereignung** stellt die SichgsAbrede 7 (vgl Rn 14) ein ausreichdes BesMittlgsVerh dar, wenn sich aus ihr ergibt, daß der SG solange weiterbesitzen darf, bis der SN die Sache zur Befriedigg seiner Fdg herausverlangt; es bedarf keiner Vereinbg eines Leih-, Verwahrgs- od KommissionsVerh. Da die SichgsAbrede die heute typ RBeziehgen zw SG u SN hinreichd konkretisiert, reicht sie auch ohne nähere Ausgestaltg („Übereigng zur Sicherh") als BesMittlgsVerh aus (MüKo/Quack Rn 38; Soergel/Mühl Rn 32; Serick BB **74**, 285; aA RGRK/Pikart Rn 11, 19, 53). Die Rspr kommt dch Auslegg der Abrede „zur Sicherh übereignet" zum gleichen Ergebn (BGH NJW **79**, 2308; Stgt WM **75**, 1322).

c) Das BesMittlgsVerh kann **aufschiebend bedingt** sein (Oldbg NJW **77**, 1780); die Einigg muß dann bei 8 BdggsEintritt fortbestehen (§ 929 Rn 6). Ist die Einigg aufschiebd bdgt, so muß das BesMittlgsVerh bei BdggsEintritt fortbestehen (Planck/Brodmann Anm 4; aA MüKo/Quack Rn 24).

d) Vorweggenommenes Besitzmittlungsverhältnis. – aa) Einigg u Vereinbg des BesMittlgsVerh kön- 9 nen erfolgen, bevor der Veräußerer Eigtümer u/od Besitzer der Sache ist (Düss ZMR **99**, 474; zB bei künft Erwerb/Herstellg). Die notw **Bestimmtheit** (Rn 2) ist gewahrt, wenn die Sache individuell beschrieben ist od eine IndividualisiergsMaßn vereinbart u vereinbgsgem ausgeführt ist (nur insow ist die von der Rspr gelegentl geforderte AusführgsHdlg notw). – **bb)** In dem Ztpkt, in dem der Veräußerer Bes erlangt, müssen 10 **Einigung und Besitzmittlungsverhältnis fortbestehen,** was vermutet wird (BGH WM **65**, 1248; **77**, 218; Düss ZMR **99**, 474); dieser Ztpkt ist auch für GeschFähigk maßg. Hat der Veräußerer zu diesem Ztpkt erkennb u nicht nur insgeheim den Übereignungs- u/od BesMittlgsWillen aufgegeben, so geht das Eigt nicht über; bei mehrf Übereigng dch vorweggen BesMittlgsVerh entscheidet daher, an wen der Veräußerer bei BesErlangg übereignen will u nicht, mit wem der erste ÜbereigngsVertr geschlossen wurde (BGH WM **60**, 1223, 1225). – **cc)** Handelt der Veräußerer beim Erwerb der Sache im eigenen Namen, so erwirbt er zunächst selbst Eigt, das dann gem § 930 auf den Erwerber übergeht: **Durchgangserwerb,** dch den die Sache von gesetzl PfdR (vgl § 559 Rn 10) u GrdPfdR (§ 1120) ergriffen werden kann. Handelt entspr bevollm Veräußerer im Namen des Erwerbers (od für den, den es angeht), so erlangt der Erwerber mit Übergabe der Sache an den Veräußerer unmittelb vom Dritten Eigt gem § 929 S 1 dch Übergabe an BesMittler.

4) Sicherungsübereignung (Serick, EV u SichgÜbertr, Bd I–VI, 1963/86).

a) Begriff. Die Sache wird vom SG (Veräußerer) dem SN (Erwerber) übereignet, um den SN wg einer 11 Fdg gg den SG od einen Dritten zu sichern, indem der SN sich notf dch Verwertg der Sache befriedigt. Der SN erlangt Eigt iSv § 903 (RG **124**, 73) u ist ggü dem SG nur schuldrechtl gebunden: **eigennützige Treuhand** (vgl § 903 Rn 35); er ist desh Eigenbesitzer (vgl § 872 Rn 1).

b) Vier Rechtsbeziehungen sind zu unterscheiden: Die gesicherte Fdg (Rn 13); der SichgsVertr 12 (Rn 14); die Übereigng des SichgGuts (Rn 15); das RVerh zw Schuldn der gesicherten Fdg u SG (zB Auftr, GoA, Schenkg), wenn beide nicht ident. **Keine Akzessorietät** zw gesicherter Fdg u SichgsEigt krG, kann aber vertragl vereinbart werden.

13 **aa)** Die **gesicherte Forderung** mit dem ihr zugrdeliegden RVerhältn, deren Gläub der SN ist, deren Schuldn der SG u/od ein Dritter sein kann. – Ist sie endgült **nicht entstanden oder erloschen,** so berührt das die dingl RLage am SichgsGut nur, wenn das Entstehen der Fdg zur aufschiebdn bzw ihr Erlöschen zur auflösden Bdgg der SÜ vertragl gemacht wurde (vgl Rn 15). Anderenf ist die SÜ mangels Akzessorietät dingl wirks u der SG hat aus dem SichgsVertr (selbst wenn dort keine ausdrückl Regelg; str) einen bis zum Ende des SichgsZwecks aufschiebd bdgten RückübereigngsAnspr (vgl BGH NJW **82**, 2768); aus § 812 aber, wenn die Nichtigk der Fdg gem § 139 die des SichgsVertr bewirkt (BGH NJW **94**, 2855). Verj der Fdg beeinträchtigt das VerwertgsR des SN nicht (BGH **70**, 96; § 223 II); and bei ZinsFdg (§ 223 III; BGH MDR **94**, 54). – Wird die Fdg vom SN **abgetreten,** so geht das SichgsEigt nicht krG auf den Zessionar über, denn es ist kein NebenR iSv § 401. Der Zessionar kann aber idR vom SN die Übertr beanspruchen (vgl § 401 Rn 5), ggü dem SG ist der SN aber nur unter Weitergabe der vereinb InnenVerhRegelgen dazu befugt (str; vgl Zunft NJW **58**, 1219); Gleiches gilt bei ges FdgsÜbergang nach §§ 268 III, 774 (vgl RG DR **41**, 2609), 1225. Dch den FdgsÜbergang wird der Zessionar nicht Partei des SichgsVertr, muß sich aber gem § 404 alle aus dem SichgsVertr ergebden Einreden/Einwendgen gg die Fdg (zB Zahlg nur gg Rückübereigng) entgghalten lassen. – Wird die Fdg **übernommen,** so entsteht entspr § 418 ein RückübereigngsAnspr (Boeck LZ **22**, 241), sofern dies nicht auflösde Bdgg für die SÜ ist.

14 **bb)** Der **Sicherungsvertrag** (nicht die gesicherte Fdg!) ist das grdsl formfreie (vgl aber §§ 311, 313) schuldrechtl GrdGesch der SÜ. Er regelt das InnenVerh (= TrdHdVerh) zw SG u SN wie zB: Verpflichtg zur SÜ; Festlegg der gesicherten Fdg; Verwaltg (bei SÜ von Waren/Materiallagern nach § 930 erhält der SG idR die Befugn, im eigenen Namen iR ordngsmäß Wirtsch über das SichgsGut zu verfügen [§ 185 Rn 9 gilt entspr] iVm Vorausabtretg des Anspr auf die GgLeistg [Konflikt mit Globalzession entspr § 398 Rn 24, 25 mögl] bzw die Befugn, Material zu verarbeiten iVm Übertr des gem § 950 erworbenen Eigt dch vorweggen BesMittlgsVerh) u Verwertg (vgl Rn 17) des SichgsGuts. Aus ihm ergibt sich auch ohne Vereinbg ein dch endgült Fortfall des SichgZwecks aufschiebd bdgter RückÜbertrAnspr (BGH NJW **98**, 671). Hilfsw gelten
14a §§ 662 ff (BGH NJW **94**, 2885). – Bei **Fehlen/Unwirksamkeit** gelten §§ 677 ff (BGH aaO). SÜ als abstr VfgsGesch gleichwohl dingl wirks (Austausch des SichgVertr läßt Übereigng daher unberührt; LG Mü I WM **95**, 41), der SG hat aber einen RückübereigngsAnspr aus § 812 (BGH NJW **94**, 861); nur wenn iFv § 930 damit zugl das Bes MittlgsVerh fehlt, ist auch die Übereigng unwirks (Jauernig 39). Zul aber, wirks SichgsVertr zur Bdgg der SÜ zu machen od beide RGesch zu Einh iSv § 139 zu verbinden (Tiedtke DB **82**, 1709). – Bei Nichtigk wg Sittenwidrigk (vgl dazu § 138 Rn 97; Hamm BB **99**, 1573) ist idR auch die SÜ als dingl
14b RGesch nichtig (vgl § 138 Rn 20). – **Übersicherung.** Bei ursp Übersicherg ist schon bei VertrAbschl gewiß, daß im noch ungewissen Verwertgsfall ein auffäll Mißverh zw realisierb Wert des SichgsGuts u der gesicherten Fdg bestehen wird; der realisierb Wert ist nach den Umständen des Einzelfalls festzustellen (BGH NJW **98**, 2047). Beruht diese Übersicherg nach Inhalt/Beweggrd/Zweck auf verwerfl Gesinng des SN, so sind SichgsVertr u SU nach § 138 nichtig (BGH aaO). – Bei nachträgl Übersicherg dch endgült Fortfall eines Teils der gesicherten Fdg wird der RückÜbertrAnspr unsow unbdgt (Rn 14), als der ggwärt VerkWert des SichgsGuts 150% der noch gesicherten Fdg übersteigt (BGH NJW **98**, 671 für revolvierde GlobalSicherh). Wg AGBG 9 vgl dort Rn 129.

15 **cc)** Die **Übereignung des Sicherungsguts** als abstr VfgsGesch kann nach §§ 925, 929–931 erfolgen; relat Unwirksamk nach KAGG 9 III. Die **Übereignung nach § 930** (zur Konkretisierg des SichgsGuts vgl Rn 2–4; zum BesMittlgsVerh vgl Rn 7) ist der häufigste Fall, um dem SG den oft unentbehrl unmittelb Bes zu erhalten (daher keine Verpfändg). – **Bedingte Übereignung** (außer iFv § 925) mögl. Aber kein allg RGrds, daß Übereigng dch Entstehen der gesicherten Fdg aufschiebd (BGH NJW **91**, 353) u/od dch ihr Erlöschen auflösd (BGH NJW **84**, 1184 bei SÜ aus KreditInst) bdgt; das VfgsGesch ist unter Berücksichtigg der PartInteressen auszulegen (Schmidt FS-Serick **92**, 329). Bei auflösd bdgter SÜ kann der SG über sein AnwR wie VorbehKäufer verfügen (BGH aaO; vgl § 929 Rn 45), zB dch AnschlußSÜ (vgl dazu Picot BB **79**, 1264), u ist gg Vfgen des SN gem §§ 161 III, 936 geschützt (vgl § 903 Rn 40). – Ist **Rückübereignung** bei Wegfall des SichgsZwecks geschuldet (vgl Rn 14), so kann SN mit Außenwirkg verfügen (vgl § 903 Rn 40); der SG ist iFv § 930 auf § 986 II beschränkt (Zunft NJW **58**, 1219). SG braucht die gesicherte Fdg nur gg Rückübereigng zu erfüllen; iFv § 930 liegt in der Annahme der geschuldeten Leistg unter Verzicht auf die Rechte aus dem SÜVertr die Einigg über die nach § 929 S 2 erfolgde Rückübereigng (BGH Warn **71** Nr 10).

16 **c) Sicherungsgut** können sein: bewegl Sachen einschl Tiere (§ 90 a) u WertPap (Hamm WM **84**, 1467) u Flugzeuge (Scholermann/Schmid-Burgk WM **90**, 1137), AnwR auf EigtErwerb; SÜ von Grdst mögl aber unübl (dafür SichgsGrdSch). Zur SÜ von **Sachgesamtheiten** (zB Warenlager) vgl Rn 3, 4. – **Unpfändbare Sachen** (ZPO 811) können vorbehaltl § 138 zur Sichg übereignet werden (Bambg MDR **81**, 50); dies gilt auch für ganze Wohngseinrichtg (Bambg aaO; aA Stgt NJW **71**, 50). Grdsätzl kann sich SG iFv § 930 auf ZPO 811 berufen, wenn SN wg gesicherter Fdg (nicht wg HerausgAnspr) in das SichgsGut vollstreckt (LG Heilbr Rpfleger **93**, 119; LG Hildesh DGVZ **89**, 172). – Bei **Eigentum Dritter** erwirbt SN nur nach §§ 932 ff Eigt. Bei SÜ einer vom SG unter EV erworbenen Sache wird idR das **Anwartschaftsrecht** zur Sichg übertragen, selbst wenn die Part irrtüml von VollEigt des SG ausgehen (vgl § 929 Rn 45).

17 **d) Verwertung des Sicherungsguts.** (Lit: Schreiber JR **84**, 485; Geißler KTS **89**, 787). Maßg ist der SichgsVertr (BGH NJW **80**, 226); schweigt er, so im AußenVerh kein Rückgr auf PfdRVorschr, weil Erwerber vom Volleigtümer erwirbt, u im InnenVerh nur, soweit sie (zB §§ 1228 II, 1234; vgl Ffm NJW- RR **86**, 44) TreuPfl bestimmen. Keine **Verwertungspflicht** des SN (BGH NJW **80**, 226); bei Verwertg aber Gläub-Interesse an günstigster Verwertg zu beachten (BGH NJW **97**, 1063; NJW-RR **87**, 1291; Düss BB **90**, 1016) u nur im zur Befriedigg notw Umfang (BGH BB **61**, 463), sonst SchadErs aus pVV unter Anwendg von § 282. – **Kosten** einschl Vermittlgskosten (BGH BB **62**, 319) trägt SG entspr ZPO 788.

18 **aa) Verwertungsreife** nach Fälligk der gesicherten Fdg entspr § 1228 II. TreuPfl gebietet idR Androhg entspr § 1234 I mit angem Frist. Nach Eintritt kann SN (auch wenn gesicherte Fdg verjährt; BGH **70**, 96) **Herausgabe** ohne Beschrkg nach ZPO 803 I 2 (BGH BB **61**, 463; and bei erhebl Übersichg) verlangen

(BGH NJW **91**, 1415); Wegnahme ohne Zust des SG (Zust in SichgsVertr muß fortdauern; vgl § 858 Rn 2) ist verbotene Eigenmacht. Bei HerausgWeigerg w SG unberecht Besitzer u haftet nach §§ 987 ff (BGH NJW **80**, 226). HerausgUrt ohne Beschrkg nach ZPO 811 vollstreckb.

bb) Verwertungsarten. Schweigt SichgsVertr, so wahlweise: freihänd Verkauf (str), PfdVerkauf gem § 1233 (Verstoß iSv § 1243 I berührt Wirksamk im AußenVerh nicht; VerstV 12 I 3 bei öff Verst anwendb [BGH NJW **73**, 246]) od ZwVollstr aGrd ZahlgsTitels (hier gelten ZPO 777, 803 I 2, 811). NutzgsZiehg (BGH NJW **80**, 226) u Verfall/Selbsteintritt (Rn 21) nur bei Vereinbg. Sieht SichgsVertr best Art vor, so ist nur sie zul (BGH NJW **80**, 226); unzul Verwertg im AußenVerh aber wirks. 19

cc) Erlös. Über EigtErwerb entscheidet VerwertgsGesch (keine Surrogation). Bei EigtErwerb des SN Tilgg der gesicherten Fdg in Erlöshöhe abzügl Kosten (Verrechng gem SichgsVertr); Überschuß an SG auszukehren. SN muß Rechng legen (§ 666). 20

dd) Verfallklausel iSv § 1229 in den Grenzen von § 138 zul (BGH NJW **80**, 226; RGRK/Pikart Rn 72; aA Gaul AcP **168**, 351; Soergel/Mühl Rn 60). Vereinb, daß SN SichgsGut an Erfüllg Statt bindsgsfrei behält u von VerwertgsPfl befreit. § 138 zu prüfen, wenn SN Überschuß zw Marktpr u gesicherter Fdg nicht auskehren muß. – Vereinb, daß SN zw Verkauf u Verfall zum Marktpr **(Selbsteintritt)** wählen darf. Nicht notw Selbsteintritt, wenn SN Erwerber Kaufpr stundet (BGH BB **60**, 193). 21

e) Sicherungsgut in der Zwangsvollstreckung. – aa) Vollstrecken **Gläubiger des Sicherungsnehmers** in das SichgsGut u ist die **gesicherte Forderung befriedigt,** so hat der SG unabhäng davon, ob er dadch VollEigt od RückübereigngsAnspr erlangte, WidersprR aus ZPO 771 (allgM). Bei unmittelb Bes kann SG auch nach ZPO 766, 809 vorgehen. – Ist die **gesicherte Forderung nicht befriedigt** u ist noch keine Verwertgsreife eingetreten, so hat der SG unabhäng davon, ob die SÜ auflösd bdgt ist od nur ein RückübereigngsAnspr besteht, ein WidersprR aus ZPO 771 (BGH **72**, 141; hM), da das SichgsGut noch nicht für den SN verwertb. Nach Eintritt der Verwertgsreife entfällt die VerwertgsBeschrkg u damit das WidersprR des SG aus ZPO 771 (BGH aaO). Bei unmittelb Bes kann der SG auch nach ZPO 766, 809 vorgehen; Gläub kann dann nur in den bei Verwertgsreife fäll HerausgAnspr des SN gg den SG vollstrecken. – NutzgsR des SN nur mit Zust des SG pfändb (Schlesw SchlHA **90**, 55). – **bb)** Vollstrecken **Gläubiger des Sicherungsgebers** in das SichgsGut, so hat der SN bis zur Befriedigg der gesicherten Fdg (BGH NJW **87**, 1880) ein WidersprR aus ZPO 771 (BGH **80**, 296), dem der Gläub AnfG 5 sowie uU § 419 (vgl BGH **80**, 296; NJW **86**, 1985; Becher-Eberhard AcP **185**, 429) entgghalten kann. Bei unmittelb Bes kann der SN auch nach ZPO 766, 809 vorgehen. Gläub kann in AnwR/RückübereigngsAnspr des SG vollstrecken u die gesicherte Fdg gem § 267 I erfüllen. 22 23

f) Sicherungsgut in der Insolvenz. – aa) Ist in der **Insolvenz des Sicherungsnehmers** die gesicherte Fdg befriedigt, so hat der SG unabhäng davon, ob er dadch VollEigt od RückübereigngsAnspr erlangte, ein AussondergsR. – Ist die gesicherte Fdg nicht befriedigt u ist noch keine Verwertgsreife eingetreten, so hat der SG zwar ein AussondergsR (InsO 47; Bülow Rn 1067), der InsVerw ist aber nach Maßg der Sichgsabrede besitzberecht bzw der besitzde SG erhaltgsverpfl. Der SG darf ohne Zust des InsVerw auch nicht vorzeit erfüllen. Nach Verwertgsreife darf der InsVerw wie der SN verwerten u muß Übererlös an SG abführen. – **bb)** In der **Insolvenz des Sicherungsgebers** darf der InsVerw die in seinem Bes befindl Sachen verwerten (InsO 166) u der SN hat ein AbsondergsR (InsO 51 Nr 1). Der InsVerw kann die Sache auch dem SN zur Verwertg überlassen (InsO 170 II). 24 25

931 ***Abtretung des Herausgabeanspruchs.*** **Ist ein Dritter im Besitze der Sache, so kann die Übergabe dadurch ersetzt werden, daß der Eigentümer dem Erwerber den Anspruch auf Herausgabe der Sache abtritt.**

1) Allgemeines. § 931 ändert nichts am Erfordern der Einigg (§ 929 Rn 2), sond ermöglicht nur die Ersetzg der Überg dch die Abtretg des HerausgAnspr; Einigg u Abtretg bilden zusammen das abstr VfgsGesch. Die Abtretg kann stillschw die Einigg enthalten (auch bei irrtüml Annahme, Eigt sei schon übergegangen; BGH DB **68**, 1576) u umgekehrt. Für die Einigg gilt der BestimmthGrds iSv § 930 Rn 2–4 (BGH **LM** Nr 7; Düss WM **70**, 765). – **Stellvertretung** (§§ 164, 181) auf beiden Seiten bei Einigg u AnsprAbtretg zuläss. 1

2) Besitz eines Dritten; bei besitzlosen Sachen genügt bloße Einigg (Erm/Michalski Rn 2; Avenarius JZ **94**, 511; aA Hbg Recht **18** Nr 1536). Unmittelb od mittelb (sofern Veräußerer nicht BesMittler) Bes, Eigen- od FremdBes. Ist Veräußerer mittelb Besitzer, so kann die Übereigng wahlw nach § 929 S 1 (§ 929 Rn 14), § 930 (§ 930 Rn 5) od § 931 erfolgen. 2

3) Herausgabeanspruch. – a) Art und Inhalt. Gemeint sind Anspr auf Herausg an den Veräußerer u nicht bloß auf Vorlage (RG **69**, 36) od Wegnahme (RG JW **34**, 1484) aus BesMittlgsVerh (BGH **LM** Nr 2) od Gesetz (zB §§ 812, 823); mangels Abtretbark aber nicht § 985. Die Pers des AnsprGegners braucht nicht bekannt zu sein (BGH NJW **94**, 133). Fehlt ein solcher Anspr, so genügt bloße Einigg (hM); richtet er sich gg eine and Pers, so liegt keine wirks Übereigng vor. – **b) Künftige Ansprüche** reichen; zB HerausgAnspr bei künft EigtErwerb des Veräußerers nach § 950 bei Verarbeitg in seinem Auftr. 3

4) Abtretung. – a) Form. Formlos nach §§ 398 ff, zB auch dch VertrEintritt (BGH **LM** Nr 2); Abtretgs-Verbot (§ 399) nach § 137 unwirks, wenn hierdch VfgsMacht über Eigt ausgeschl (Düss WM **70**, 765). Zust od Benachrichtigg des AnsprGegners nicht notw; er wird dch §§ 404, 407, 936 III, 986 II geschützt. Bei Abtretg in TradPap verbrieften Anspr (ohne Indossament) ist PapÜberg notw (BGH **49**, 160). – **b) Stillschweigende Abtretung** kann liegen in Überg von Namens- od InhLagerschein (RG **135**, 85; BGH **LM** Nr 7), giriertem Depotschein (RG **118**, 34), indossiertem Lieferschein (BGH **LM** Nr 8), Kfz-Brief (Saarbr NJW-RR **98**, 1068) od Frachtbriefdoppel (RG **102**, 96; Mü NJW **58**, 424); nicht aber in bloßer Überg eines Lieferscheins (BGH **LM** Nr 8) od Bevollm zum Empfang von Sachen (Dresden JW **34**, 2723). – **c) Bestimmbarkeit** des Anspr bzgl herauszugebder Sachen bei künft Anspr od Teilmenge für Abtretg ausreichd (§ 398 Rn 10, 11). Für die Einigg gilt aber der BestimmthGrds (Rn 1); vgl daher Rn 6. 4 5

6 **5) Eigentumsübergang** mit Wirksamwerden von Einigg u AnsprAbtretg. – **a)** Bei Abtretg **künftigen Anspruchs** muß die Einigg bei AnsprEntstehg noch fortbestehen (BGH **LM** Nr 7; § 929 Rn 6 gilt entspr) u dem BestimmthGrds genügen (BGH aaO); bei mehrf Übereigng dch Abtretg künft Anspr entscheidet Priorität der Abtretg daher nur, soweit die zugehörige Einigg bei AnsprEntstehg nicht widerrufen (vgl BGH aaO). – **b)** Bei Abtretg eines Anspr bzgl nicht hinreichd konkretisierter **Teilmenge** geht das Eigt erst mit Aussonderg über (vgl BGH NJW **82**, 2371).

932 *Gutgläubiger Erwerb.*

I **Durch eine nach § 929 erfolgte Veräußerung wird der Erwerber auch dann Eigentümer, wenn die Sache nicht dem Veräußerer gehört, es sei denn, daß er zu der Zeit, zu der er nach diesen Vorschriften das Eigentum erwerben würde, nicht in gutem Glauben ist. In dem Falle des § 929 Satz 2 gilt dies jedoch nur dann, wenn der Erwerber den Besitz von dem Veräußerer erlangt hatte.**

II **Der Erwerber ist nicht in gutem Glauben, wenn ihm bekannt oder infolge grober Fahrlässigkeit unbekannt ist, daß die Sache nicht dem Veräußerer gehört.**

1 **1) Allgemeines. – a)** § 932 schützt den, der eine **bewegliche Sache durch Rechtsgeschäft nach § 929** erwirbt u dabei den trotz NichtEigt od bloßer MitBerecht (RG Warn **18**, 212) als AlleinEigtümer Veräußernden fälschl für den AlleinEigtümer hält. Auch anwendb, wenn Erwerber bei wissentl Erwerb vom NichtEigtümer den gem § 185 Zustimmden fälschl für den Eigtümer hält (vgl Rn 5). § 932 gilt gem ZPO 898 auch bei Erwerb nach ZPO 883, 894, 897; über sonstigen Erwerb in der ZwVollstr vgl Einf 5 vor § 929. – **b)** Ein **Miteigentumsanteil** kann vom angebl AlleinEigtümer gutgl erworben werden. Mangels RScheins für AntGröße aber nicht, wenn angebl MitEigtümer seinen Anteil od wirkl MitEigtümer zu großen Anteil überträgt u die and wahren MitEigtümer nicht zustimmen (Koller JZ **72**, 646; Wieling § 10 IV 5). Übertragen alle angebl MitEigtümer zu AlleinEigt, so ist dieses erwerbb. Überträgt NichtEigtümer AlleinEigt unter Einräumg von MitBes, so wird weder MitEigt (insow keine Einigg) noch AlleinEigt (wg MitBes der Veräußerers) erworben (BGH **LM** Nr 19). – **c)** Das **Rechtsgeschäft** muß sich auf Übereigng der Einzelsache richten u ein VerkehrsGesch sein (vgl § 892 Rn 5–8). – **d)** Kein gutgl Erwerb **abhandengekommener Sachen** (§ 935).

2 **2)** Alle **Erfordernisse des § 929** (bis auf Eigt des Veräußerers) müssen erfüllt sein; bei Übereigng nach § 929 S 2 zusätzl **I 2.**

3 **a)** Die **Einigung** muß wirks sein. Kein Erwerb nach § 932, wenn dem veräußernden NichtEigtümer die GeschFähigk (vgl aber § 107 Rn 7) od der Veräußergswille (RG Warn **32**, 164) od seinem Vertreter die Vertretgsmacht fehlt. VfgsBeschrkgen, die iF des Eigt des Veräußerers (zB nach KO 7 [BGH WM **69**, 175] od § 1369 [Petermann Rpfleger **60**, 233; Eichenhofer JZ **88**, 326]) die Sache ergreifen würden, hindern den EigtErwerb nicht (aA Medicus Rdn 542), weil die Sache nicht erfaßt wird. Über EigenGesch unter fremdem Namen vgl Düss NJW **85**, 2484 (dazu Giegerich NJW **86**, 1975; Mittenzwei NJW **86**, 2472; **89**, 906).

4 **b)** Für **Übergabe** (§ 929 S 1) genügt, daß der unmittelb Besitzer auf Weisg des Veräußerers (der nicht mittelb Besitzer sein muß) dem Erwerber übergibt (BGH **36**, 56; NJW **73**, 141); dabei muß der Besitzer aber wirkl auf Weisg des Veräußerers handeln (Picker NJW **74**, 1790 [1794]; Lopau JuS **75**, 773; Medicus Rn 564; aA [Anschein dafür genügt] BGH NJW **74**, 1132; Wieling JZ **77**, 291 [295]; Musielak JuS **92**, 713 zu II 2b), denn § 932 schützt nicht guten Gl an nicht bestehde Weisg. Es genügt Überg an BesDiener/BesMittler des Erwerbers. – Ist der **Erwerber schon Besitzer** (§ 929 S 2), u zwar unmittelb od dch Dritten als BesMittler, so muß der Besitz vom Veräußerer dch Überg iSv § 929 S 1 (also genügd von Dritten auf Weisg des Veräußerers) erlangt sein **(I 2)**; genügd aber BesErlangg von dem, der ihn zuvor vom Veräußerer erhielt (Wiegand JuS **74**, 203). – Völlige **Besitzaufgabe des Veräußerers** stets notw.

5 **c)** Bei wissentl **Erwerb vom Nichteigentümer mit Zustimmung des angeblichen Eigentümers** ausreichd u erforderl, daß Besitz vom Zustimmden erlangt (BGH **56**, 123; dazu Wieser JuS **72**, 567) od Veräußerer bei BesÜbertr auf Erwerber BesMittler des Zustimmden war (BGH **10**, 81; **LM** Nr 6) sowie völlige BesAufg des Zustimmden (BGH **56**, 123); vgl auch Celle OLGZ **79**, 329.

6 **3) Mangelnde Gutgläubigkeit** (Bösgläubigk) des Erwerbers hindert den Erwerb. Auf den Glauben des Veräußerers kommt es nicht an (RG **89**, 348).

7 **a) Person.** Bei Erwerb dch GesHänder schadet Bösgläubigk eines handelnden GesHänders (RG Warn **18**, 212; BGH WM **59**, 348); bei Erwerb zu MitEigt erwirbt nur der Bösgläubige seinen MitEigtAnt nicht. Bei Erwerb dch StellVertr gilt § 166 (BGH NJW **82**, 38); Bösgläubigk des Erwerbers aber maßg bei Überg an seinen BesDiener/BesMittler, der nicht StellVertr (RG **137**, 22), u iFv ZPO 883, 894, 897, 898 (hM; aA RG **77**, 24), da GVz nicht StellVertr.

8 **b) Gegenstand** des guten Glaubens ist das Eigt des Veräußerers (bzw Zustimmden) an der übereigneten Sache; bei Übereigng dch TradPap auch bzgl der Ware (BGH **LM** HGB § 365 Nr 1; Glaser NJW **58**, 451; Reinicke BB **60**, 1368). Wird Vorerwerb des Veräußerers nach Weiterveräußerg angefochten, so ist Gutgläubigk des Erwerbers bzgl des tats AnfGrd des Vorerwerbs notw (BGH NJW **88**, 482). Gutgläubigk bzgl and fehlder Übereignsvoraussetzgen unerhebl (vgl Rn 3).

9 **c) Begriff (II). – aa) Kenntnis** des NichtEigt; zB bei Kennzeichng als PfdFlasche (Köln NJW-RR **88**, 373). Sie kann bei Kenntn der maßg Tats inf RUnkenntn fehlen (BGH NJW **61**, 777); dann zu prüfen, ob
10 diese auf grober Fahrlk beruht. – **bb) Grobfahrlässige Unkenntnis** des NichtEigt. Erwerber muß die im Verkehr erforderl Sorgfalt in ungewöhnl hohem Maße verletzt u dasjenige unbeachtet gelassen haben, was im gegebenen Fall sich jedem aufgedrängt hätte (BGH NJW **94**, 2022, 2093); dh für ihn muß bei nur dchschnittl Merk- u ErkenntnVermögen ohne bes Aufmerksamk u bes gründl Überleggen aGrd der GeschUmstände u der VerkäuferPers erkennb gewesen sein, daß Veräußerer NichtEigtümer war (BGH WM **78**, 1208). Dies bestimmt sich nach obj Kriterien, so daß die pers Verhältn des Erwerbers u HandelsGewohnh den Maßstab nicht mindern (BGH **LM** Nr 12, 21) wohl aber verschärfen (MüKo/Quack Rn 36) können. Eine allg

NachforschgsPfl, insb bei Dritten, besteht nicht (BGH NJW **75**, 735). Umstände des Einzelfalles (Art, Ggst u Umstände des Gesch; persönl u wirtsch Verhältn der Beteil) maßg, ob Bösgläubigk aGrd konkreter VerdachtsGrd (zB Verkauf von Pelzen zum SchleuderPr; Hbg MDR **70**, 506) od auch ohne solche wg unterl Nachforschg im Hinblick auf verkehrsübl Möglichk von DrittEigt (zB wg EV); nur im letzteren Fall entfällt Bösgläubigk, wenn Ergebn unterl Nachforschg zur Gutgläubigk geführt hätte (MüKo/Quack Rn 44, 47). Bei NachforschgsPfl genügt EigtBestätigg des Veräußerers nicht (BGH **LM** Nr 29; WM **78**, 1208). Bei legitimierden Urk (Vertr, Rechng, Kfz- Brief uä) maßg, welche Legitimationswirkg Erwerber ohne grobe Fahrlk annehmen konnte (Erbschein/TestVollstrZeugn begründen keine Vermutg für NachlZugehörigk; BGH **LM** Nr 35) u ob er Fälschg grob fahrl verkannte (BGH **LM** Nr 21).

d) Einzelfälle. Nur Anhaltspkte, da stets Einzelumstände maßg. RevGer prüft nur, ob RBegr verkannt u BewWürdigg fehlerh (BGH NJW **94**, 2093). – **aa) Mögliche Sicherungsübereignung.** Keine NachforschgsPfl des Erwerbers, der von KreditAufn nichts weiß (BGH **LM** Nr 26), wohl aber bei SÜ von bekanntem hochverschuldetem SG (Celle JZ **78**, 400). Befindet sich die Sache noch bei Vorlieferant, so braucht Erwerber nicht nachzuforschen, ob Veräußerer sie an Dritten sichgsübereignete (BGH **LM** Nr 22). Wg mögl SÜ an Bank bei finanz Erwerb des Veräußerers vgl Rn 12. Wg HGB 366 vgl Rn 6 vor § 929 – 11
bb) Möglicher Eigentumsvorbehalt. Bei Erwerb hochwert Investitions- od Konsumgüter vom Händler (BGH WM **80**, 1349) od Endabnehmer (BGH NJW **99**, 425) ist mit dem üblicherw vereinb EV des Vorlieferanten (bzw mit SÜ an Finanziergsinstitut) zu rechnen, wenn der Erwerb innerh der übl Finanziergsdauer erfolgt (Düss MDR **94**, 473); danach nicht mehr (BGH **LM** Nr 29), sofern nicht schlechte Vermögenslage des Veräußerers bekannt (BGH WM **78**, 1208). Nachforschg bei Vorlieferant in diesen Fällen geboten. Dies auch, wenn üblicherw unter EV gelieferte u zum WeiterVerk im ordentl GeschVerk bestimmte Ware zur Kreditsichg (BGH **LM** HGB § 365 Nr 1) od unter EinkaufsPr (BGH **LM** § 455 Nr 23) erworben wird, od wenn bekannt, daß Veräußerer zahlgsschwach (BGH **LM** Nr 22) od kfm unkorrekt (BGH WM **80**, 1349). Bei Erwerb vom Verarbeiter bes NachforschgsPfl, da oft einf od verlängerter EV (BGH **77**, 274 [dazu Maier JuS **82**, 487; Grunsky JZ **84**, 604]; Ffm MDR **59**, 578). Wg HGB 366 vgl Rn 6 vor § 929. – **cc) Möglicher** 12
Leasinggegenstand. Rn 12 gilt entspr (Düss NJW-RR **99**, 615; LG Schwerin DB **99**, 277). – **dd)** Bei 12 a
Neu-/Vorführwagen steht Gutgläubigk des Erwerbers bzgl Eigt od VfgsBefugn (HGB 366) des Händlers nicht entgg, daß dieser Brief nicht vorlegt (Düss NJW-RR **92**, 381; Ffm NJW-RR **99**, 927); aber zB NichtEintr veräußernder PrivatPers in Kfz-Brief (BGH NJW **96**, 314) od Kenntn von BriefBes einer Bank. – 13
ee) Bei **Gebrauchtwagen** Bösgläubigk gegeben, wenn Erwerber sich nicht aGrd der Eintr im Kfz-Brief davon überzeugt, daß Veräußerer vfgsbefugt (BGH NJW **96**, 2226), sofern sie nicht dch bes Umstände ausgeräumt (BGH **LM** HGB § 366 Nr 12; Schlesw NJW **66**, 1970); dies gilt auch, wenn bei finanz Kauf Brief unmittelb an Bank geht (BGH **47**, 207), bei Veräußerg zum Verschrotten (Mü DAR **65**, 99) od von LeasingKfz unter Händlern (BGH NJW **96**, 2226) sowie bei Erwerb dch Ausländer, dessen HeimatR keinen Kfz-Brief kennt (Celle JZ **79**, 608). Ist jur Pers eingetr, so erstreckt sich PrüfgsPfl auch auf VertrMacht des Handelnden (Schlesw DAR **85**, 26). Diese Prüfg ist aber nur Mindestvoraussetzg für Gutgläubigk; weitere Nachforschgen können geboten sein, zB wenn Brieffälschg nur grob fahrl übersehb (BGH **LM** Nr 21) od Brief den Halter nicht angibt (BGH NJW **94**, 2022) od bei Tageszulassg (Düss NJW-RR **97**, 246). Bei Erwerb von Veräußerer, der Brief besitzt, ohne selbst eingetr zu sein, weitere Nachforschg jedenf geboten, wenn Umstände der Veräußerg zweifelh (BGH NJW **91**, 1415 [Auslandszulassg]; **96**, 314 [NeuwagenVerk dch PrivPers]; Schlesw SchlHA **97**, 182 [desolate VermLage]) od geschäftsuntypisch (Stgt NJW-RR **90**, 635 [Kfz-Tausch unter Händlern]). Über Nachforschg bei Kfz, für das wg Exports kein InlandsKfzBrief ausgestellt wird, vgl BGH **LM** Nr 17, 23, od für das eine BetrErlaubn genügt (Raupe/Bagger), vgl BGH NJW **93**, 1649; WM **93**, 1203. Besteht bzgl des Kfz keine NachforschgsPfl, so besteht sie grds auch nicht bzgl einz nichtwesentl Bestandt (BGH **18**, 233 für Motor). – **ff)** Über **Kunstwerke** insb NS-Raubkunst vgl Müller-Katzenburg NJW **99**, 2551; Heuer NJW **99**, 2558. 13 a

13 b

e) Maßgebender Zeitpunkt. Bei Übereigng nach § 929 S 1: BesErwerb; bei Übereigng nach § 929 S 2: Einigg. Diese Ztpkte (u nicht BdggsEintritt) auch bei aufschiebd bdgter Übereigng (BGH **10**, 69; **30**, 374) u iFv Rn 5 bei Einwilligg maßg, währd iFv Rn 5 bei Gen deren Erteilg maßg ist (vgl § 892 Rn 27). Über Gutgläubigwerden zw Einigg u maßg Ztpkt vgl Gursky JR **86**, 225. Spätere Bösgläubigk vgl Rn 16. 14

4) Beweislast. Wer sich auf EigtErwerb beruft, muß die tats Erwerbsvoraussetzgen beweisen; wer ihn bestreitet, muß NichtEigt des Veräußerers u tats Umstände für Bösgläubigk des Erwerbers beweisen (BGH NJW **82**, 38; dort auch zur Notwendigk substantiierten Bestreitens der Bösgläubigk). 15

5) Wirkung. – a) Der gutgl Erwerb führt zum **Erwerb wie vom Eigentümer.** Bösgläubigk nach dem maßg Ztpkt (vgl Rn 14) unschädl u begründet (auch bei Herausg an früh Eigtümer) keinen RMängelGewLeistgsAnspr. Bei Weiterveräußerg dch gutgl Erwerber (Zweitveräußerer) erwirbt der Dritte vom Eigtümer, so daß seine Bösgläubigk bzgl NichtEigt des Erstveräußerers unerhebl. Früh Eigtümer ist gg den gutgl Erwerber auf Anspr aus §§ 816 I 2, 819 I beschränkt; auch bei leichter Fahrlk wg rechtm Erwerbs kein Anspr aus § 823 (BGH JZ **56**, 490). Entfällt das VfgsGesch inf Anfechtg od Eintritts auflösder Bdgg, so fällt das Eigt an den urspr Eigtümer zurück. Fehlt od entfällt das schuldrechtl GrdGesch, so steht der Anspr aus § 812 dem veräußernden NichtEigtümer zu (v Caemmerer FS-Boehmer S 145; str); über Wirkg der Rückübereigng vgl Rn 17. – **b)** Bei **Rückerwerb des Nichteigentümers** vom Erwerber wird der früh NichtEigtümer Eigtümer u ist dem früh Eigtümer aus SchadErsVerpfl (pVV/§ 823 iVm § 249) od §§ 812 ff zur Übereigng verpfl. Dies gilt nicht nur bei Rückerwerb aGrd selbständ RGesch (allgM), sond auch bei Rückerwerb wg Fehlens (zB Unwirksamk, Anfechtg) od Aufhebg (zB Rücktr, Wandlg) des schuldrechtl GrdGesch od weil dieses (zB SichgsVertr) schon RückübereigngsPfl begründete (Jauernig 2; MüKo/Quack 62 ff; RGRK/Pikart 34 ff; Wstm/Gursky § 47 II 3; Wiegand JuS **71**, 62). Die GgMeing, die in letzteren Fällen EigtErwerb des früh Eigtümers annimmt (Planck/Brodmann 4; Baur/Stürner § 52 Rn 34; Schwab/Prütting Rn 438; Wieling § 10 VI 2; W-Raiser § 69 IV; Lopau JuS **71**, 233; Braun ZIP **98**, 1469), ist nicht konstruierb. EigtErwerb des früh NichtEigtümers auch, wenn Rückerwerb anfängl beabsichtigt, da Übertr auf Erwerber wg dessen Gutgläubigk nicht nichtig (MüKo/Quack 68). 16

17

932 a *Gutgläubiger Erwerb nicht eingetragener Seeschiffe.* **Gehört ein nach § 929 a veräußertes Schiff nicht dem Veräußerer, so wird der Erwerber Eigentümer, wenn ihm das Schiff vom Veräußerer übergeben wird, es sei denn, daß er zu dieser Zeit nicht in gutem Glauben ist; ist ein Anteil an einem Schiff Gegenstand der Veräußerung, so tritt an die Stelle der Übergabe die Einräumung des Mitbesitzes an dem Schiff.**

1 1) Für **eingetragene Schiffe** gelten SchiffsRG 15 ff, wobei der öff Glaube des Registers den Erwerb vom NichtBerecht auch in den Fällen des SchiffsRG 2 deckt, also bei der Übereigng von Seeschiffen, wo zum EigtÜberg dessen Eintr im Reg nicht notw ist (vgl Baur/Stürner § 31 Rn 9). Nach hM gilt die RVermutg des § 15 SchiffRG sinngem auch für die Veräußerg von Schiffsparten u PfdRechten an ihnen.

2 2) Für **nichteingetragene Seeschiffe** usw gem § 929 a gelten gem § 932 a die Grdsätze des § 932.

933 *Gutgläubiger Erwerb bei Besitzmittelung.* **Gehört eine nach § 930 veräußerte Sache nicht dem Veräußerer, so wird der Erwerber Eigentümer, wenn ihm die Sache von dem Veräußerer übergeben wird, es sei denn, daß er zu dieser Zeit nicht in gutem Glauben ist.**

1 **1) Allgemeines. – a)** § 933 schützt den, der eine **bewegliche Sache durch Rechtsgeschäft nach § 930** vom NichtEigtümer erwirbt; § 932 Rn 1 gilt. **Beweislast** wie § 932 Rn 15, **Wirkung** wie § 932 Rn 16, 17. – **b)** Zw VertrAbschl (Rn 3) u EigtErwerb dch Überg (Rn 4) ist der Erwerber aGrd der wirks BesMittlgsVereinbg (MüKo/Quack Rn 13; Jauernig Rn 4; aA W-Raiser § 69 II 2 c) **mittelbarer Besitzer** u Dritter kann von ihm nach § 934 Fall 1 erwerben (vgl § 868 Rn 4).

2 2) Alle **Erfordernisse des § 930** (bis auf Eigt des Veräußerers) müssen erfüllt sein; **zusätzlich Übergabe** von Veräußerer an Erwerber notw (Rn 4).

3 **a)** Die **Einigung** muß wirks sein; § 932 Rn 5 gilt entspr. Einigg u **Besitzmittlungsvereinbarung** (§ 930 Rn 5–10) müssen dem BestimmthGrds genügen (vgl § 930 Rn 2–4).

4 **b) Eigentumserwerb erst mit Übergabe** iSv § 929 S 1, bei der Einigg fortbestehen (wird vermutet) aber nicht wiederholt werden muß. Überg dch BesDiener od unmittelb besitzden Dritten auf Weisg des Veräußerers genügt (vgl § 932 Rn 4). Überg an BesDiener od BesMittler (BesMittlgsVerh muß bei Überg schon bestehen; BGH JR **78**, 154) des Erwerbers genügt. Überg kann dch Abtr des HerausgAnspr gg einen unmittelb Besitzer erfolgen (RGRK/Pikart Rn 10; Tiedtke WM **78**, 450). – Erwerber muß den **Besitz vom Veräußerer mit dessen Willen in Vollziehung der Veräußerung** erhalten (BGH NJW **96**, 2654); dafür genügt Wegn dch GVz aGrd HerausgUrt (nicht aber aGrd einstw Vfg; Hamm Recht **25**, 652) od Herausg dch KonkVerw aGrd vermeintl AussondergsR (BGH **LM** Nr 1; dazu Baumgärtel MDR **60**, 305); nicht genügt, daß Erwerber ihm zunächst trhd übergebene Sache später in EigenBes nimmt (BGH JZ **72**, 165; dazu Serick BB **72**, 277). Wegn dch Erwerber nur genügd, wenn Veräußerer zZ der Wegn damit einverstanden (BGH **LM** Nr 1); dazu reicht vorher erklärte u fortbestehde VeräußererZust (vgl § 929 Rn 11); nicht aber nachträgl Genehmigg (BGH JR **78**, 154; aA Deutsch JZ **78**, 385). – Völlige **Besitzaufgabe des Veräußerers** notw (BGH NJW **96**, 2654); vorübergehde GebrÜberlassg genügt nicht (Mü NJW **70**, 667).

5 **3) Mangelnde Gutgläubigkeit** (Bösgläubigk) des Erwerbers hindert den Erwerb. – **a) Person, Gegenstand, Begriff:** § 932 Rn 6–13 gilt. – **b) Maßgebender Zeitpunkt:** Überg nach Rn 4. Über Gutgläubigwerden zw Einigg u maßg Ztpkt vgl Gursky JR **86**, 225.

934 *Gutgläubiger Erwerb bei Abtretung des Herausgabeanspruches.* **Gehört eine nach § 931 veräußerte Sache nicht dem Veräußerer, so wird der Erwerber, wenn der Veräußerer mittelbarer Besitzer der Sache ist, mit der Abtretung des Anspruchs, anderenfalls dann Eigentümer, wenn er den Besitz der Sache von dem Dritten erlangt, es sei denn, daß er zur Zeit der Abtretung oder des Besitzerwerbes nicht in gutem Glauben ist.**

1 **1) Allgemeines.** § 934 schützt den, der eine **bewegliche Sache durch Rechtsgeschäft nach § 931** vom NichtEigtümer erwirbt; § 932 Rn 1 gilt. **Beweislast** wie § 932 Rn 15; **Wirkung** wie § 932 Rn 16, 17.

2 2) Alle **Erfordernisse des § 931** (bis auf Eigt der Veräußerers) müssen erfüllt sein, soweit nicht iFv Rn 4 ein bloß behaupteter HerausgAnspr genügt. Iü unterscheidet § 934, ob der Veräußerer mittelb Besitzer ist (Rn 3) od nicht (Rn 4).

3 **a) Veräußerer ist mittelbarer Besitzer,** dh ihm steht als mittelb Eigen- od Fremdbesitzer (BGH WM **77**, 1090) ein wirkl bestehder (BGH **LM** § 931 Nr 7; bei Nichtbestehen Erwerb nach Rn 4 mögl) HerausgAnspr aus einem BesMittlgsVerh zu. Das Eigt geht mit der wirks Abtretg auf den Erwerber über; hier genügt also Verschaffg des mittelb Bes nach § 870, währd iFv § 933 zur Verschaffg dch Vereinbg eines BesMittlgsVerh die Überg hinzutreten muß (vgl dazu BGH **50**, 45; Lange JuS **69**, 162; Michalski AcP **181**, 384; Picker AcP **188**, 511; Musielak JuS **92**, 713). EigtErwerb nach § 934 Fall 1 daher in folgden Fällen mögl: erststuf mittelb Fremdbesitzer (= NichtEigtümer) tritt seinen HerausgAnspr gg den unmittelb Fremdbesitzer ab u verdrängt damit zweitstuf mittelb Eigenbesitzer aus dem Eigt (vgl § 868 Rn 3); mittelb Eigenbesitzer (aber NichtEigtümer) tritt seinen HerausgAnspr aus einem BesMittlgsVerh ab, das bei seiner Begründg ein zum Eigtümer bestehdes wg Unvereinbark vernichtet hat (vgl § 868 Rn 4); NichtEigtümer läßt die Sache verwahren u tritt HerausgAnspr gg Verwahrer ab. Spätere einseit Beendigg des mittelb Bes dch BesMittler unschädl. – Entspr § 936 III kein EigtErwerb, wenn Eigtümer als BesMittler des Veräußerers (zB als Mieter des Nießbrauchers) besitzt (MüKo/Quack 12; Wstm/Gursky § 50, 3; aA Staud/Wiegand 7; RGRK/Pikart 7).

b) Veräußerer ist nicht (mittelbarer) Besitzer, dh ihm steht ein nicht auf einem BesMittlgsVerh iSv § 868 beruhder (zB §§ 812, 823) od ein nur behaupteter (BGH NJW **78**, 696) HerausgAnspr zu. Dch Abtretg alleine kein EigtÜbergang. EigtÜbergang erst, wenn der Erwerber (nicht notw vom Schuldn des abgetr Anspr) auf der GrdLage des VeräußergsGesch unmittelb (zB auch dch Überg an seinen BesDiener) od mittelb (zB dch Überg an seinen BesMittler; RG **137**, 23) Bes erlangt; für Erlangg mittelb Bes reicht, daß der unmittelb Besitzer als Schuldn des angebl HerausgAnspr sein BesMittlgsVerh zu einem Dritten (zB Eigtümer) dch Begründg eines mit diesem nicht vereinb BesMittlgsVerh zum Erwerber beendet (BGH NJW **78**, 696; vgl § 868 Rn 5). Eigenmächt BesVerschaffg des Erwerbers reicht nicht (Schlesw SchlHA **57**, 122). Späterer BesVerlust (auch des mittelb Bes dch einseit Beendigg seitens des BesMittlers) unschädl. 4

3) Mangelnde Gutgläubigkeit (Bösgläubigk) des Erwerbers hindert den Erwerb. – **a) Person:** § 932 Rn 7 gilt. – **b) Gegenstand:** § 932 Rn 8 gilt; iF der Abtretg eines nicht bestehden HerausgAnspr (Rn 4) darf der Erwerber auch hinsichtl dieses Anspr nicht bösgläub sein (Staud/Wiegand 15). Kein Schutz des guten Gl iFv Rn 3 daran, daß abgetr Anspr wirkl besteht, nicht gem § 399 beschr abtretb (BGH NJW **79**, 2037) u nicht in nicht mitübergebenem TradPap verbrieft (BGH **49**, 160), so daß mangels wirks Abtretg kein EigtErwerb; EigtErwerb nach Rn 4 bleibt aber mögl (vgl Tiedtke WM **79**, 1142). – **c) Begriff:** § 932 Rn 9–13 gilt. – **d) Maßgebender Zeitpunkt:** Abtretg iFv Rn 3, BesErlangg iFv Rn 4. Über Gutgläubigwerden zw Einigg u maßg Ztpkt vgl Gursky JR **86**, 225. 5

935 ***Abhanden gekommene Sachen.*** **I Der Erwerb des Eigentums auf Grund der §§ 932 bis 934 tritt nicht ein, wenn die Sache dem Eigentümer gestohlen worden, verlorengegangen oder sonst abhanden gekommen war. Das gleiche gilt, falls der Eigentümer nur mittelbarer Besitzer war, dann, wenn die Sache dem Besitzer abhanden gekommen war.**

II Diese Vorschriften finden keine Anwendung auf Geld oder Inhaberpapiere sowie auf Sachen, die im Wege öffentlicher Versteigerung veräußert werden.

1) Allgemeines. – a) Kein Eigentumserwerb nach §§ 932–934, wenn der Eigtümer (**I 1**) od sein BesMittler (**I 2**) ihren unmittelb Bes unfreiwill verloren haben (Ausn: **II**). Das Gesetz hält hier den Eigtümer für schutzwürdiger als den gutgl Erwerber. Der Eigtümer kann die Sache von jedem späteren Erwerber nach § 985 ff herausverlangen, wenn er das Eigt nicht nach §§ 937 ff, 946 ff verloren hat (Mü NJW **87**, 1830); Erwerber kann nicht Ers des Kaufpr verlangen (Vorbem 6 vor § 994). Eigtümer kann Weiterveräußerg dch einen Erwerber genehmigen u von ihm den Erlös verlangen (§ 816 Rn 9). – **b)** Werden **Bestandteile/Früchte** widerrechtl getrennt u in Bes genommen, so sind sie dem Besitzer der Haupt/Muttersache abhgek, in dessen Eigt sie mit der Trenng fielen. Mit der Hauptsache abhgek sind ihre Bestandt zZ des Abhkommens; str für Früchte, die bei Abhkommen der Muttersache schon im Keim vorhanden (vgl § 955 Rn 1). – **c) Nicht anwendbar ist § 935,** wenn unmittelb Besitzer, der nicht BesMittler des Eigtümers, seinen Bes unfreiwill verliert (Düss JZ **51**, 269 Anm Raiser; MüKo/Quack 7; Wstm/Gursky § 49 I 5; Erm/Michalski 5; aA Musielak JuS **92**, 713 zu II 5) u wenn Eigtümer seinen mittelb Bes unfreiwill verliert, weil der BesMittler ohne Willen des Eigtümers die Sache fortgibt, sich aneignet od sonst das BesMittlgsVerh beendet (zB dch Begründg eines BesMittlgsVerh zu einem Dritten). 1

2) Abhandengekommen ist eine Sache, wenn der Eigtümer od sein BesMittler (aA Braun JZ **93**, 391: jeder Besitzer) den unmittelb Bes ohne (nicht notw gg) seinen Willen verloren hat (RG **101**, 224; Mü NJW-RR **93**, 1466). Unfreiwill BesVerlust des BesMittlers aber unschädl, wenn dies mit Willen des Eigtümers geschah. Die Sache ist solange abhgek, bis Eigtümer/BesMittler wieder unmittelb Bes erhalten (Beschlagn reicht nicht; RG Warn **25** Nr 25) od Eigtümer die Rückerlangg ablehnt. – **a) Diebstahl.** Schuld od StrafAntr iFv StGB 247 nicht notw. Bei Unterschlagg dch BesMittler gelten §§ 932–934; über BesDiener vgl Rn 4. – **b) Verlust.** Es gilt nicht Begriff des Verlierens iSv §§ 965 ff, denn im dortigen Sinn verloren ist auch die vom BesMittler ohne Willen des Eigtümers weggeworfene Sache. – **c) Geschäftsunfähigkeit.** Weggabe dch GeschUnfähigen ist unfreiwill (KG OLG **15**, 356; Mü NJW **91**, 2571); bei beschr GeschFähigen ist UrtFähigk über ihre Bedeutg maßg (Jauernig 4; Wstm/Gursky § 49 I 3; aA Hbg OLG **43**, 225: freiwill). – **d) Irrtum, Täuschung** begründen keine Unfreiwilligk (RG **101**, 225; Karlrs NJW-RR **98**, 1761); Anfechtg unerhebl. – **e) Drohung** begründet Unfreiwilligk (Baur/Stürner § 52 Rn 43; enger BGH **4**, 10 [34]; NJW **53**, 1506: nur bei unwiderstehl Gewalt gleichstehdem seelischen Zwang). – **f) Nichtiges Rechtsgeschäft** (Grd- od VfgsGesch) begründet keine Unfreiwilligk (KG OLG **15**, 356; Ffm NJW **49**, 429). – **g) Hoheitsakt** (zB ZwVollstr, Beschlagn) ersetzt Besitzerwillen. Wegnahme aGrd HohAkts begründet (auch nach erfolgreicher Anfechtg; aA RGRK/Pikart 19) kein Abhkommen; and bei Nichtigk (Staud/Wiegand 17; aA MüKo/Quack 14). Über NS-Kunstraub vgl § 932 Rn 13 b. 2 3

3) Besondere Besitzlagen. – a) Besitzdiener. Unfreiwill BesVerlust des BesHerrn, wenn BesDiener die Sache ohne dessen Willen od unter Verstoß gg Weisgen sich zueignet (unterschlägt) bzw weggibt (Ffm OLGZ **89**, 198; Köln VersR **94**, 1428). Gilt auch, wenn BesDiener nicht als solcher erkennb u Einwirkg des BesHerrn entzogen (RG aaO; Baur/Stürner § 52 Rn 39; Wstm/Gursky § 49 I 6; aA Soergel/Mühl 2; Wieling § 10 V 3 c). Erwerber aber geschützt, wenn BesDiener nach HGB 56 od sonst entspr vertretgsbe-recht. – **b) Mitbesitzer.** Unfreiwill BesVerlust für einen Mitbesitzer genügt (Brschw OLG **26**, 58). Die von einem Mitbesitzer ohne Willen des and weggebene Sache ist letzterem abhgek. – **c) Erbenbesitz** ist dch § 935 geschützt (vgl § 854 Rn 17, § 857 Rn 2). – **d) Juristische Person.** Zum Abhkommen bei Weggabe dch ein Organ vgl § 854 Rn 12. – **e) Gesamthandsgemeinschaft.** Zum Abhkommen bei Weggabe dch ein Mitgl vgl § 854 Rn 13–16. 4

4) Ausnahmen wg VerkSchutz in **II.** Bei Bösgläubigk aber kein EigtErwerb (RG **103**, 288). – **a)** Umlauffäh in-/ausländ **Geld,** das obj als Zahlgsmittel geeignet (entggstehde Zweckbestimmg des Veräußerers unerhebl; LG Würzbg NJW **88**, 2191); nicht also reine Sammlerstücke. – **b)** Wahre **Inhaberpapiere:** (§§ 793 ff; AktG 10 I; KAGG 18 I 2; auch auf den Inh gestellte Karten usw (§ 807). Nicht Legitimations- u 5

OrderPap; vgl aber HGB 365, 367; WechselG 16 II; ScheckG 21. Zum GutGlaubSch beim Erwerb gestohlener ErsDividendenscheine Franke WM **73**, 982; bei vor Ausg an die wahren Aktionäre in Verk gelangten Aktien Canaris, Die Vertrauenshaftg im dt PrivR, 1971, S 252f, u Zöllner, WertPapR14, § 29 III. – **c) Öffentliche Versteigerung:** § 383 III (BGH NJW **90**, 899), also nicht aGrd ZPO (vgl dazu Einf 2 vor § 929), ZVG. EigtErwerb nach § 383 III erfolgt gem §§ 929 ff. Für den guten Glauben, der sich, wenn Ersteher nicht schon dch § 932 II geschützt ist, analog § 1244 auch auf die Zulässigk der Versteigerg erstrekken muß (Kuhnt MDR **53**, 641; Dünkel, Öff Verst u gutgl Erwerb, 1970 S 71 ff) entscheidet der Ztpkt der Überg.

6 **5) Beweislast.** Wer EigtErwerb bestreitet, muß Abhkommen beweisen. Wer sich auf Erwerb nach **II** beruft, muß dessen Voraussetzgen beweisen; Gegner muß dann NichtEigt des Veräußerers u Bösgläubigk des Erwerbers beweisen.

936 *Dingliche Rechte Dritter.* **[I] Ist eine veräußerte Sache mit dem Rechte eines Dritten belastet, so erlischt das Recht mit dem Erwerbe des Eigentums. In dem Falle des § 929 Satz 2 gilt dies jedoch nur dann, wenn der Erwerber den Besitz von dem Veräußerer erlangt hatte. Erfolgt die Veräußerung nach § 929a oder § 930 oder war die nach § 931 veräußerte Sache nicht im mittelbaren Besitze des Veräußerers, so erlischt das Recht des Dritten erst dann, wenn der Erwerber auf Grund der Veräußerung den Besitz der Sache erlangt.**

[II] Das Recht des Dritten erlischt nicht, wenn der Erwerber zu der nach Abs. 1 maßgebenden Zeit in Ansehung des Rechtes nicht in gutem Glauben ist.

[III] Steht im Falle des § 931 das Recht dem dritten Besitzer zu, so erlischt es auch dem gutgläubigen Erwerber gegenüber nicht.

1 **1) Allgemeines. – a) Lastenfreier Erwerb** einer veräußerten Sache (**I;** Ausn: **III**), wenn der Erwerber hinsichtl der Belastg gutgl ist (**II**). Die Belastg erlischt endgült (vgl § 932 Rn 16); über Wiederaufleben bei Rückerwerb vgl § 932 Rn 17. – **b) Belastungen:** Nießbr, vertragl/gesetzl PfdR, PfdgsPfdR (RG **161**, 109; BGH WM **62**, 1177; aA Lüke JZ **55**, 484), AnwR aus aufschiebd (zB des VorbehKäufers) od auflösd (zB des SichgGebers) bdgter Übereigng, AneigngsR; nicht aber ZbR nach HGB 369, schuldrechtl BesR (vgl dazu § 986) u öffrechtl Widmg (OVG Münster NJW **93**, 2635). – **c) Sondervorschriften:** §§ 1121 II 1, 1242 II; SchiffsRG 16, 77; LuftfzRG 98 I; PachtKrG 5 (vgl Einf 2 vor § 1204).

2 **2) Voraussetzungen** für Erlöschen. – **a) Eigentumserwerb (I 1)** vom Eigtümer nach §§ 929–931 od vom NichtEigtümer nach §§ 932–934, 935 II. – **b) Besitzerlangung (I 2, 3)** aGrd Veräußerg entspr §§ 932 I 2 (vgl dort Rn 4), 933 (vgl dort Rn 4), 934 Fall 2 (vgl dort Rn 4). Dies ist bei Erwerb vom NichtEigtümer schon Voraussetzg für EigtErwerb (womit zugl Lastenfreih eintritt) u bei Erwerb vom Eigtümer zusätzl Voraussetzg für Lastenfreih des erworbenen Eigt.

3 **3) Kein Erlöschen. – a) Mangelnde Gutgläubigkeit (II)** des Erwerbers (§ 932 Rn 7 gilt) hinsichtl des Bestehens der Belastg zZ der BesErlangg hindert das Erlöschen; bei PfdR wird Gutgläubigk an die Höhe der gesicherten Fdg nicht geschützt. Begriff entspr § 932 II (vgl § 932 Rn 9–13). Wer in Mieträumen befindl Sachen erwirbt, muß idR mit VermieterPfdR rechnen (BGH NJW **72**, 43); nicht aber Käufer landw Erzeugn mit FrüchtePfdR (BGH NJW **93**, 1791; aA 52. Aufl). Guter Gl an Befugn zu lastenfreier Übereigng nur iRv von HGB 366 II geschützt. – **b) Besitz des Rechtsinhabers (III).** Bei Veräußerg nach §§ 931, 934 kein Erlöschen, solange der RInh unmittelb od mittelb (KG OLG **41**, 184) Besitzer ist. Über entspr Anwendg auf Eigt vgl § 934 Rn 3. – **c) Abhandenkommen.** Ist die Sache dem RInh abhgek, so kein Erlöschen (§ 935 I; and iFv § 935 II). Ist sie nicht auch dem Eigtümer abhgek, so kann belastetes Eigt erworben werden.

4 **4) Beweislast.** Wer sich auf Lastenfreih beruft, muß EigtErwerb wie bei §§ 929–934, 935 II sowie BesErlangg beweisen; wer sie bestreitet, muß Bösgläubigk, die EigtErwerb (§§ 932–934, 935 II) bzw Erlöschen hindert, od AbhKommen, das EigtErwerb (§ 935 I) bzw Erlöschen hindert, beweisen.

II. Ersitzung

Vorbemerkung

1 **1) Ersitzung.** Sie ermöglicht den EigtErwerb in Fällen, in denen dies dch RGesch (insb wg §§ 105 I, 935 I) nicht mögl. Ersitzder erwirbt krG urspr/originär Eigt u bish Eigtümer verliert es.

2 **2) Schuldrechtliche Rückgewähransprüche. – a) Bereicherung.** Die RBereinigg aGrd § 937 ist bzgl des Mangels des RGrd engült, so daß keine Anspr aus §§ 812 ff des bish Eigtümers gg den Ersitzden bestehen (Planck/Brodmann § 937 Anm 3; RGRK/Pikart § 937 Rn 20; Schwab/Prütting Rn 450); im Ggs zu §§ 951, 977 keine Verweisg auf BereichergsAusgl. Nach aA Leistgskondiktion, wenn Ersitzder im Zuge fehlgeschlagener Leistgsbeziehg zum bish Eigtümer EigenBes erwarb: BesKondiktion, die sich nach § 818 I auf Herausg des aGrd des Bes erlangten Eigt erstreckt (RG **130**, 69; MüKo/Quack § 937 Rn 24; Staud/Wiegand § 937 Rn 22). – **b) Vertrag.** Vertragl RückgAnspr (zB aus Leihe) bleiben unberührt u gehen auf Rückübereigng. – **c) Delikt.** Anspr aus § 823, der bei leicht fahrl EigenBesErwerb denkb, ausgeschl, selbst wenn VerjFr noch nicht abgelaufen (Erm/Hefermehl § 937 Rn 6).

937 *Voraussetzungen.* **[I] Wer eine bewegliche Sache zehn Jahre im Eigenbesitze hat, erwirbt das Eigentum (Ersitzung).**

[II] Die Ersitzung ist ausgeschlossen, wenn der Erwerber bei dem Erwerbe des Eigenbesitzes nicht in gutem Glauben ist oder wenn er später erfährt, daß ihm das Eigentum nicht zusteht.

Zehnjähriger Eigenbesitz (I); unmittelb od mittelb EigenBes iSv § 872. FrBerechng: §§ 187 ff. BewLast hat, wer sich auf Ersitzg beruft (vgl auch § 938). – **Nicht gutgläubig (II)** ist, wer bei BesErwerb weiß od inf grober Fahrlk nicht weiß, daß er nicht Eigtümer wird, od wer dies nachträgl erkennt (grobe Fahrlk genügt hier nicht). Nachträgl Gutgläubigk mögl (Grunsky JR **86**, 225); mit ihr beginnt Frist nach I. BewLast hat, wer Ersitzg bestreitet. – **Wirkung:** Vorbem 1, 2. Über Ersitzg dch ErbschBesitzer vgl § 2026. 1

938 ***Vermutung des zwischenzeitlichen Besitzes.*** **Hat jemand eine Sache am Anfang und am Ende eines Zeitraums im Eigenbesitze gehabt, so wird vermutet, daß sein Eigenbesitz auch in der Zwischenzeit bestanden habe.**

Beweis des Ggteils ZPO 292. Vgl auch § 940. 1

939 ***Hemmung.*** **Die Ersitzung kann nicht beginnen und, falls sie begonnen hat, nicht fortgesetzt werden, solange die Verjährung des Eigentumsanspruchs gehemmt ist oder ihrer Vollendung die Vorschriften der §§ 206, 207 entgegenstehen.**

Zeit, währd der Verj des Anspr aus § 985 nach §§ 202–204 gehemmt, wird in ErsitzgsFr nicht eingerechnet (§ 205). Solange Ablauf der VerjFr gehemmt (§§ 206, 207), kann Ersitzg nicht vollendet werden. BewLast hat, wer Ersitzg bestreitet. 1

940 ***Unterbrechung durch Besitzverlust.*** **I Die Ersitzung wird durch den Verlust des Eigenbesitzes unterbrochen.**

II Die Unterbrechung gilt als nicht erfolgt, wenn der Eigenbesitzer den Eigenbesitz ohne seinen Willen verloren und ihn binnen Jahresfrist oder mittels einer innerhalb dieser Frist erhobenen Klage wiedererlangt hat.

Verlust des Eigenbesitzes (I) überhaupt (nicht schon dch Tod, § 857) od dch Betätigg des Fremdbesitzerwillens (zB bei SichergsÜbereigng) unterbricht Ersitzg (Wirkg: § 942). BewLast hat, wer Ersitzg bestreitet. – **Keine Unterbrechung (II)** bei zeitweil unfreiwill (§ 935 Rn 2–4) BesVerlust. BewLast hat, wer sich auf Ersitzg beruft. 1

941 ***Unterbrechung durch Geltendmachung des Eigentumsanspruches.*** **Die Ersitzung wird unterbrochen, wenn der Eigentumsanspruch gegen den Eigenbesitzer oder im Falle eines mittelbaren Eigenbesitzes gegen den Besitzer gerichtlich geltend gemacht wird, der sein Recht zum Besitze von dem Eigenbesitzer ableitet; die Unterbrechung tritt jedoch nur zugunsten desjenigen ein, welcher sie herbeiführt. Die für die Verjährung geltenden Vorschriften der §§ 209 bis 212, 216, 219, 220 finden entsprechende Anwendung.**

Gerichtliche Geltendmachung §§ 209, 210, 220) des Anspr aus § 985 (auch iW ZPO 256) dch den wahren Eigtümer unterbricht die Ersitzg zG des Eigtümers u seiner RNachf (Wirkg: § 942). Unterbrechg zG aller MitEigtümer, wenn einer nach § 1011 auf Herausg an alle klagt (MüKo/Quack Rn 9; aA Staud/Wiegand Rn 6). Klage gg BesDiener od ZwBesitzer iSv § 940 II unterbricht nicht (str; vgl MüKo/Quack Rn 6, 7). Dauer der Unterbrechg: §§ 211, 212, 216, 219. – **Außergerichtliche Geltendmachung** unterbricht nicht, kann aber bösgläub iSv § 937 II machen. 1

942 ***Wirkung der Unterbrechung.*** **Wird die Ersitzung unterbrochen, so kommt die bis zur Unterbrechung verstrichene Zeit nicht in Betracht; eine neue Ersitzung kann erst nach der Beendigung der Unterbrechung beginnen.**

Wirkg entspr § 217. Aber neue Ersitzg nur, wenn der Besitzer auch gutgl ist (§ 937 II Fall 1). 1

943 ***Rechtsnachfolge.*** **Gelangt die Sache durch Rechtsnachfolge in den Eigenbesitz eines Dritten, so kommt die während des Besitzes des Rechtsvorgängers verstrichene Ersitzungszeit dem Dritten zustatten.**

Sondernachfolge aGrd Einigg mit Vorbesitzer (vgl § 221 Rn 1; RG **129**, 204) od nach § 158 II. Bei Vorgänger u Nachf müssen die Voraussetzgen des § 937 vorliegen. Anzurechnen ist die Ersitzgszeit des Vorgängers gem §§ 939 ff. – **Gesamtnachfolge.** Gutgl Erbe (§ 857) setzt die Ersitzg des gutgl Erblassers fort; für gutgl Erben eines bösgl Erblassers beginnt eigene Ersitzg (Finkenauer NJW **98**, 960; aA Krämer NJW **97**, 2580). – Bei **mehrfacher Nachfolge** gilt § 943 auch (Ffm MDR **76**, 223; aA Ordemann JR **61**, 93). 1

944 ***Erbschaftsbesitzer*** **Die Ersitzungszeit, die zugunsten eines Erbschaftsbesitzers verstrichen ist, kommt dem Erben zustatten.**

Der ErbschBesitzer (§ 2018) ist nicht RNachf des Erblassers, der Erbe nicht RNachf des ErbschBesitzers. Trotzdem schadet der BesVerlust dem Erben nicht. Er kann sich anrechnen: die Ersitzgszeit des ErbschBesitzers, wenn dieser gutgl annahm, die Sache gehöre zum Nachl; guter Gl in bezug auf das ErbR nicht nötig (Staud/Wiegand Rn 1; aA Erm/Hefermehl Rn 1). Außerdem die Ersitzgszeit des Erblassers nach § 943. 1

945 *Rechte Dritter.* **Mit dem Erwerbe des Eigentums durch Ersitzung erlöschen die an der Sache vor dem Erwerbe des Eigenbesitzes begründeten Rechte Dritter, es sei denn, daß der Eigenbesitzer bei dem Erwerbe des Eigenbesitzes in Ansehung dieser Rechte nicht in gutem Glauben ist oder ihr Bestehen später erfährt. Die Ersitzungsfrist muß auch in Ansehung des Rechtes des Dritten verstrichen sein; die Vorschriften der §§ 939 bis 944 finden entsprechende Anwendung.**

1 **1) Geltungsbereich.** § 945 regelt das Erlöschen vor Erwerb des EigenBes begründeter Rechte Dritter iSv § 936. Danach begründete Rechte bleiben bestehen.

2 **2) Voraussetzungen** für Erlöschen. – **a)** EigtErwerb dch Ersitzg; aber auch dch RGesch, das zu belastetem Erwerb geführt hat (vgl § 936 Rn 3; Ersitzg der LastenFreih). – **b)** Ablauf der ErsitzgsFr ggü dem DrittBerecht (vgl §§ 939–944). – **c)** BewLast hat, wer sich auf LastenFreih beruft (für EigtErwerb hindernde Bösgläubigk vgl aber Rn 3).

3 **3) Kein Erlöschen.** – **a)** Mangelnde Gutgläubigk iSv § 937 II bzgl Belastgen hindert Erlöschen. BewLast hat, wer LastenFreih bestreitet; gilt auch für EigtErwerb hindernde Bösgläubigk. – **b)** Besitz des DrittBerecht hindert Erlöschen (§ 936 III entspr).

III. Verbindung. Vermischung. Verarbeitung

946 *Verbindung von Fahrnis mit Grundstücken.* **Wird eine bewegliche Sache mit einem Grundstücke dergestalt verbunden, daß sie wesentlicher Bestandteil des Grundstücks wird, so erstreckt sich das Eigentum an dem Grundstück auf diese Sache.**

1 **1) Allgemeines.** Verbindg ist TatHdlg (Übbl 9 vor § 104), nicht rgesch Vfg (zB iSv § 816; Stgt NJW-RR **98**, 1171). § 946 ist unabdingb (RG **130**, 310) u schließt § 950 aus (es wird keine bewegl Sache hergestellt); er gilt nicht, wenn die Verbindg Überg nach § 929 ist. – **Beweislast.** Wer sich auf EigtErwerb nach § 946 beruft, muß seine Voraussetzgen beweisen; wer sich auf eine bloße Verbindg nach § 95 beruft, muß dies beweisen (§ 95 Rn 1). – **IPR.** § 946 gilt bei Verbindg mit inländ Grdst.

2 **2) Voraussetzung.** Nicht nur versuchsw (RG LZ **15**, 213) Verbindg einer bewegl Sache mit einem Grdst zu dessen wesentl Bestandt iSv § 94; unerhebl ist, wer verbindet (beteil Eigtümer, Dritte, Naturkräfte). Einem Grdst gleich steht Gbde, das wesentl GrdstBestandt (§ 94 II), u eingetr Schiff (BGH **26**, 225); nicht aber Gbde, das GrdstScheinbestandt (BGH NJW **87**, 774; Wieling § 11 II 1 b; aA Erm/Hefermehl Rn 8; Staud/Wiegand Rn 12). – Verbindg zu **Scheinbestandteil** (§ 95) genügt nicht; zB Anbau an Gbde, das nur GrdstScheinbestandt (BGH aaO). Nachträgl Fortfall der ScheinbestandtEigensch ändert EigtVerh nicht, Übereigng nach §§ 929 ff notw (BGH aaO; Staud/Wiegand Rn 8; aA Erm/Hefermehl Rn 3).

3 **3) Wirkung.** GrdstEigtümer erwirbt mit der Verbindg Eigt an der verbundenen bewegl Sache u ist damit Eigtümer der GesSache; über dingl Rechte an den EinzSachen (auch bei Verbindg eigener Sachen) u Fortgeltg von § 935 vgl § 949 Rn 2, 4; Ausgl für RVerlust dch § 951. Dies gilt auch, wenn er bösgläub od verbundene Sache abhgek war sowie bei VerbindgsVerbot eines Eigtümers od fehldem Erwerbswillen (sofern dies nicht zu § 95 führt). Bei Verbindg einer Sache mit zwei Grdst erwirbt jeder Eigtümer den auf seinem Grdst befindl Teil (RG **70**, 200).

4 **4) Aufhebung der Verbindung.** Die alten EigtVerh an der bewegl Sache (auch EV; Stgt ZIP **87**, 1129 dazu Kohler JuS **90**, 530) leben nicht wieder auf; uU konkretisiert sich die Wertkondiktion auf den abgetrennten Bestandt (§ 951 Rn 14). Auch nachträgl Unterlegg vorübergehden Zwecks (§ 95) ändert EigtVerh nicht (vgl BGH **LM** § 94 Nr 16); notw ist Trenng mit §§ 929 ff.

947 *Verbindung von Fahrnis mit Fahrnis.* **I Werden bewegliche Sachen miteinander dergestalt verbunden, daß sie wesentliche Bestandteile einer einheitlichen Sache werden, so werden die bisherigen Eigentümer Miteigentümer dieser Sache; die Anteile bestimmen sich nach dem Verhältnisse des Wertes, den die Sachen zur Zeit der Verbindung haben.**

II Ist eine der Sachen als die Hauptsache anzusehen, so erwirbt ihr Eigentümer das Alleineigentum.

1 **1) Allgemeines.** Verbindg ist TatHdlg (Übbl 9 vor § 104), nicht rgesch Vfg (zB iSv § 816). § 947 ist unabdingb u wird von § 950 verdrängt (BGH NJW **95**, 2633); er gilt nicht, wenn die Verbindg Überg nach § 929 ist. – **Beweislast.** Wer sich auf EigtErwerb nach § 947 beruft, muß dessen Voraussetzgen (iFv I auch für den Anteil) beweisen. – **IPR.** § 947 gilt bei Verbindg im Inland.

2 **2) Voraussetzung.** Verbindg bewegl Sachen zu wesentl Bestandt iSv § 93 einer GesSache; § 947 gilt auch bei Verbindg mit einem Gbde, das nur GrdstScheinbestandt (§ 946 Rn 2); unerhebl ist, wer verbindet (beteil Eigtümer, Dritte, Naturkräfte). Für nachträgl Wegfall bloßer ScheinbestandtEigensch gilt § 946 Rn 2 entspr.

3 **3) Wirkung.** – **a) Miteigentum (I)** nach §§ 741 ff, 1008 ff entspr dem WertVerh der EinzSachen zZ der Verbindg, wenn keine der EinzSachen als Hauptsache (Rn 5) anzusehen ist. Über dingl Rechte an den
4 EinzSachen (auch bei Verbindg eigener Sachen) u Fortgeltg von § 935 vgl § 949 Rn 3. – **b) Alleineigentum (II).** Der früh Eigtümer des Hauptbestandt wird Eigtümer der GesSache; über dingl Rechte an den EinzSachen (wg § 949 S 1 gilt II entgg BGH NJW **87**, 774 auch bei Verbindg eigener Sachen) u Fortgeltg von § 935 vgl § 949 Rn 2, 4; Ausgl für RVerlust dch § 951. Dies gilt auch, wenn er bösgläub od der Nebenbestandt abhgek war sowie bei Verbindgsverbot eines Eigtümers od fehldem Erwerbswillen (sofern dies nicht

zu § 95 führt). – Für die Eigensch eines Bestandt als **Hauptsache** (= Hauptbestandt der GesSache) ist nicht das WertVerh der EinzSachen maßg (RG **152**, 91 [99]; OGH **3**, 389). Bloße Nebensache ist ein Bestandt, der der GesSache fehlen kann, ohne daß ihre prakt Verwendbark beeinträchtigt wird (RG aaO; OGH aaO; BGH **20**, 159); zB aufgeklebtes Plakat ggü Plakattafel (Oldbg NJW **82**, 1166), Gerbstoff ggü Leder (Schlesw SchlHA **56**, 239); über Kfz-Teile (die heute vielf unwesentl Bestandt) vgl KG NJW **61**, 1026. 5

4) Aufhebung der Verbindung. § 946 Rn 4 gilt entspr. 6

948 *Vermischung.* **[I] Werden bewegliche Sachen miteinander untrennbar vermischt oder vermengt, so finden die Vorschriften des § 947 entsprechende Anwendung.**

[II] Der Untrennbarkeit steht es gleich, wenn die Trennung der vermischten oder vermengten Sachen mit unverhältnismäßigen Kosten verbunden sein würde.

1) Allgemeines. Vermischg/Vermengg ist TatHdlg (Übbl 9 vor § 104), nicht rgesch Vfg (zB iSv § 816; Ffm NJW-RR **87**, 310). § 948 ist unabdingb u wird von § 950 verdrängt (RG **161**, 109 [113]); er gilt nicht, wenn die Vermischg/Vermengg Überg nach § 929 ist (RG Warn **18** Nr 117). – **Beweislast.** Wer sich auf EigtErwerb nach § 948 beruft, muß dessen Voraussetzgen (iFv Rn 3 auch für den Anteil) beweisen (vgl aber Rn 3). – **IPR.** § 948 gilt bei Vermischg/Vermengg im Inland. 1

2) Voraussetzung. Bei untrennb Vermischg verlieren die Sachen ihre körperl Abgrenzg; zB Gase, Flüssigk. Bei untrennb Vermengg behalten sie diese, lassen sich aber mangels natürl Unterscheidbark od Kennzeichng nicht mehr dem bish Eigtümer zuordnen; zB Geld (RG Warn **18** Nr 117), Münzen (BGH NJW **93**, 935), Getreide, Baumaterial, Tiere, nichtvertretb WertPap (das Mit- [Rn 3] bzw AlleinEigt [Rn 4] besteht an jeder EinzSache der GesMenge). Unerhebl ist, wer vermischt/vermengt (beteil Eigtümer, Dritte, Naturkräfte). 2

3) Wirkung. – a) Miteigentum nach §§ 741 ff, 1008 ff an der GesMenge entspr dem WertVerh der EinzMengen zZ der Vermischg/Vermengg. Ist das WertVerh auch unter Anwendg von ZPO 287 nicht feststellb, so gilt § 742 (Staud/Wiegand 7; Wieling § 11 II 3 a; Weitnauer FS-Baur **81**, 709 [719]; Baumgärtel/Laumen 8 [wenn Besitzer an GesMenge nicht beteiligt]; aA RG **112**, 102; BGH NJW **58**, 1523 Anm Hoche = JZ **59**, 24 Anm Leiss). Über dingl Rechte an den EinzMengen (auch bei Vermischg/Vermengg eigener Sachen) u Fortgeltg von § 935 vgl § 949 Rn 3. AuseinandS nach § 752; TeilgsR des besitzden MitEigtümers entspr HGB 419 nur bei Geld (ganz hM). – **b) Alleineigentum** des früh Eigtümers der Hauptmenge entspr § 947 II bei verschiedenart Sachen (zB Leder u Gerbstoff; Schlesw SchlHA **56**, 239) od bei sehr großem Mengenunterschied gleichart Sachen (BGH **14**, 114; Wieling § 11 II 3 b; aA Baur/Stürner § 53 Rn 11). Über dingl Rechte (auch bei Vermischg/Vermengg eigener Sachen) u Fortgeltg von § 935 vgl § 949 Rn 2, 4. Ausgl Für RVerlust dch § 951. Dies gilt auch, wenn er bösgläub od die Nebenmenge abhgek war sowie bei Vermischgs/VermenggsVerbot eines Eigtümers od fehldem Erwerbswillen. 3 4

4) Aufhebung der Vermischung/Vermengung iFv II ändert EigtVerh nicht. Auch die Aufteilg von Geld (Rn 3) erfordert eine Übereigng. 5

5) Sondervorschriften. § 963; HGB 419; OLSchVO 23, 28; DepG 2–17. 6

949 *Rechte Dritter.* **Erlischt nach den §§ 946 bis 948 das Eigentum an einer Sache, so erlöschen auch die sonstigen an der Sache bestehenden Rechte. Erwirbt der Eigentümer der belasteten Sache Miteigentum, so bestehen die Rechte an dem Anteile fort, der an die Stelle der Sache tritt. Wird der Eigentümer der belasteten Sache Alleineigentümer, so erstrecken sich die Rechte auf die hinzutretende Sache.**

1) Allgemeines. Die Wirkgen des § 949 treten unabdingb mit denen der §§ 946–948 ein. § 949 gilt auch für AnwR an einer Sache u bei Verbindg usw eigener Sachen. – **IPR.** § 949 gilt, wenn §§ 946–948 gelten. 1

2) Wirkung. – a) Mit **Erlöschen des Eigentums (S 1)** nach §§ 946, 947 II, 948 Rn 4 erlöschen die beschr dingl Rechte an der Sache; war sie abhgek, so gilt § 935 für die GesSache nicht. Gilt auch, wenn die Sache dem Eigtümer der GesSache gehörte. Ausgl für RVerlust dch § 951. – **b)** Bei **Erwerb von Miteigentum (S 2)** nach §§ 947 I, 948 Rn 3 setzen sich die beschr dingl Rechte am MitEigtAnt fort (daher kein Ausgl nach § 951); war die EinzSache/Teilmenge abhgek, so ergreift § 935 nicht den ihr entspr MitEigtAnt (KG OLG **12**, 125; LG Bielef MDR **51**, 164; Gehrlein MDR **95**, 16; aA Staud/Wiegand Rn 5; Wieling § 11 II 2 b, 3 b). Bei Verbindg usw eigener Sachen Fortbestand an einem MitEigtAnt, der dem Wert der belasteten Sache entspr (RG **67**, 421 [425]; Erm/Hefermehl Rn 5; Staud/Wiegand Rn 6). – **c)** Bei **Erwerb von Alleineigentum (S 3)** nach § 946, 947 I, 948 Rn 4 erstrecken sich die beschr dingl Rechte am Grdst bzw der Hauptsache/menge auf die GesSache/Menge. War die Hauptsache/menge abhgek, so gilt § 935 für die GesSache/Menge. 2 3 4

3) Aufhebung der Verbindung usw. – **a)** IFv Rn 2 leben die beschr dingl Rechte nicht wieder auf, da das Eigt nicht wieder auflebt (§ 946 Rn 4); nach dessen rgesch Wiederbegründg kann schuldr Neubestellgs-Anspr bestehen. – **b)** IFv Rn 3 bleiben die beschr dingl Rechte am MitEigtAnt bestehen, denn dieser bleibt bestehen (§ 947 Rn 6, § 948 Rn 6). – **c)** IFv Rn 4 erlöschen die beschr dingl Rechte nicht, da sich die EigtVerh nicht ändern (§ 946 Rn 4). 5

950 *Verarbeitung.* **[I] Wer durch Verarbeitung oder Umbildung eines oder mehrerer Stoffe eine neue bewegliche Sache herstellt, erwirbt das Eigentum an der neuen Sache, sofern nicht der Wert der Verarbeitung oder der Umbildung erheblich geringer ist als der Wert des**

Stoffes. Als Verarbeitung gilt auch das Schreiben, Zeichnen, Malen, Drucken, Gravieren oder eine ähnliche Bearbeitung der Oberfläche.

II Mit dem Erwerbe des Eigentums an der neuen Sache erlöschen die an dem Stoffe bestehenden Rechte.

1 **1) Allgemeines. – a) Bedeutung.** § 950 löst den Konflikt zw RohstoffEigtümer u Hersteller (bzw zw Herstellern verschied Verarbeitgsstufen) zG des Herstellers (BGH **56**, 88). Er geht §§ 947–949 vor, währd § 946 ihm vorgeht. – **b) Realakt.** Verarbeitg ist TatHdlg (Übbl 9 vor § 104), nicht rgesch Vfg (zB iSv
2 § 816). – **c) Unabdingbarkeit.** § 950 ist als eigtrechtl Zuordng mit Publizitätswirkg ggü Dritten (zB Gläub des Herstellers) unabdingb (Ffm MDR **59**, 578; Erm/Hefermehl 1; Planck/Brodmann 1 c; Wieling § 11 II 4 h; aA RG **161**, 109 [113]; Flume NJW **50**, 841; Dobzalek AcP **195**, 392; Baur § 53 b I 3). Deswg unterliegen auch die einz Voraussetzgen, zB ob eine Sache neu ist (Rn 5) od wer Hersteller ist (Rn 9), nicht
3 der PartVereinbg u keine Teilabdingbark von I 1 Halbs 2 (BGH **LM** § 947 Nr 4). – **d) Beweislast.** Wer sich auf EigtErwerb nach § 950 beruft, muß dessen Voraussetzgen beweisen (BGH NJW **83**, 2022); wer sich auf Nichterwerb nach I 1 Halbs 2 (Rn 8) beruft, muß diese Voraussetzgen beweisen (Baumgärtel/Laumen 2). – **e) IPR.** § 950 gilt, wenn Stoffe ausländ Eigtümer im Inland verarbeitet werden.

4 **2) Voraussetzungen** (kumulativ). – **a) Verarbeitung oder Umbildung** eines od mehrerer Stoffe. Fehlt eine bewußte menschl od menschl gesteuerte ArbLeistg od ist sie gering, so gilt § 950 nicht (ggf aber §§ 947–949). Es genügt das ZusFügen von Bauteilen (BGH **18**, 226) od das Zerlegen einer Sache (Wstm/Gursky § 53 II 2; aA Planck/Brodmann Anm 1 a). Zu bejahen zB bei Ausbrütenlassen von Eiern (Joerges Recht **16**,
5 642); zu verneinen zB bei Okulieren von Pflanzen (RG JW **28**, 2448). – **b) Herstellen neuer beweglicher Sache,** auch iFv I 2. Neuheit wirtsch unter Berücksichtigg der VerkAuffassg zu verstehen; Wertsteigerg alleine nicht maßg (aA Wieling § 11 II 4 e). Sie liegt idR bei Erzielg einer höheren Verarbeitgsstufe vor; daher reicht ZwFabrikat. Anzeichen für eine Neuheit sind neuer Name (Köln NJW **97**, 2187) od Formveränderg. Dchläuft ein GrdStoff mehrere Stufen einer nach der VerkAuffassg einheitl Verarbeitg (zB Kohl-Sauerkraut-Konserve), so ist eine neue Sache erst mit Abschluß der Verarbeitg hergestellt (BGH **LM** § 947 Nr 4). – Zu **bejahen** bei: Belichtg u Entwicklg von FotoPap (Hbg HEZ **3**, 30); Bau eines Schiffs/Kfz aus Einzelteilen, die als solche kein beschädigtes Schiff/Kfz mehr darstellen (Hbg VRS **1** Nr 149; Köln NJW **97**, 2187; LG Bielef MDR **51**, 164; vgl auch OGH NJW **50**, 542); Verarbeitg von Gerste zu Malz (BGH **14**, 114) od Ton zu Ziegeln (RG **72**, 281); Ergänzg eines Motorblocks zu Komplettmotor (BGH NJW **95**, 2633). – Zu **verneinen** bei: Einbau eines Motors in ein Förder-/Beladegerät (Köln NJW **91**, 2570) od von Fahrgestellrahmen u Motorgehäuse in Kfz (KG NJW **61**, 1026); Mästen (BGH NJW **78**, 697) od Dressieren (Wstm/Gursky § 53 II 3) eines Tieres; Reparatur stark beschädigter Sache (RG **138**, 45 [50]; OGH NJW **50**, 542); Zerschneiden eines Schnitzwerks in einz Figuren/-gruppen (RGSt **57**, 159); Bespielen von Ton/Videobändern od Disketten (Wstm/Gursky aaO); Einschmelzen von Metall; Dreschen von Korn.

6 **3) Wirkung. – a) Lastenfreier Eigentumserwerb (I 1, II).** Hersteller (Rn 8–12) erwirbt originäres Eigt an der neuen Sache; auch wenn er schon StoffEigtümer war (RG Warn **29** Nr 161). Dies gilt auch, wenn er bösgläub od der verarbeitete Stoff abhgek war (Köln NJW **97**, 2187) sowie bei VerarbeitgsVerbot des StoffEigtümers (BGH NJW **89**, 3213) od fehldem Erwerbswillen (Köln aaO). Dingl Rechte einschl AnwR am Stoff erlöschen mit EigtErwerb. Auch bei Verarbeitg eigenen Stoffs (Breslau OLG **14**, 105). Ausgl für
7 RVerlust dch § 951. – **b) Ausnahme (I 1 Halbs 2),** auch iFv I 2. Kein EigtErwerb nach Rn 6 (ggf aber nach §§ 947–949; RG **161**, 109 [113]), wenn der Wert der Verarbeitg/Umbildg (VerkWert der hergestellten Sache abzügl des Werts aller [einschl der des Verarbeiters] verarbeiteten Stoffe; BGH **56**, 88) erhebl geringer als VerkWert aller verarbeiteten Stoffe, was jedenf bei Verh von 60 : 100 anzunehmen (vgl BGH NJW **95**, 2633). Maßg ist der Wert der Ausgangsstoffe der Verarbeitg; daher bei mehrstuf einheitl Verarbeitg der Wert der GrdStoffe (vgl BGH aaO) u bei Verarbeitg eines ZwFabriks dessen Wert. Werden FertigErzeugn verarbeitet, so ist ihr VerkWert maßg Stoffwert; dies gilt auch, wenn es iR eines einheitl Verarbeitgsvorgangs zweitl auf die Rohstoffe zurückgeführt war (Erm/Hefermehl 9; aA Wieling § 11 II 4 f).

8 **4) Hersteller.** Mit der Zuordngsfunktion des § 950 ist es unvereinb, über die Herstellereigensch dingl wirkde freie Vereinbgen zuzulassen (Ffm MDR **59**, 578; Neust NJW **64**, 1802; aA Hofmann NJW **62**, 1798; Wagner AcP **184**, 14). Maßg ist aber auch nicht, wer die verarbeitde Tätigk ausführt, sond in wessen Namen u Interesse (GeschHerr) die Verarbeitg nach der VerkAuffassg vom Standpkt eines mit den Verhältn vertrauten obj Beobachters erfolgt (BGH **112**, 243), so daß **fremdwirkende Verarbeitung** mögl ist. Die notw obj Kriterien können darin gesehen werden, daß der nicht selbst Verarbeitde im wesentl das Produktions- u Absatzrisiko trägt (Staud/Wiegand 34) bzw die ökonomische Lenkg der Produktion hat u das Verwendgsrisiko trägt (Wstm/Gursky § 53 III 2 d). Eine solche Verschiebg der Herstellerfunktion ist der AusnFall (Staud/
9 Wiegand Rn 32). Daraus ergibt für die **Hauptfälle: – a) Weisungsgebundene Tätigkeit.** ArbN (auch Heimarbeiter) u Beamte, die iR weisgsgebundener Tätigk die Verarbeitg ausführen, sind nicht Hersteller. Hersteller ist der ArbG/Dienstherr; zB Klinikträger bzgl Patientenkartei des Chefarztes (BGH NJW **52**, 661; vgl auch Hbg HEZ **3**, 30), nicht aber Universität bzgl von Professor iR der Forschg erstellter ArbUnterlagen
10 (BGH **112**, 243). – **b) Werkvertrag.** Der Besteller ist Hersteller, wenn die Verarbeitg in seinem Auftr mit von ihm gelieferten Stoffen erfolgt (BGH **14**, 114; Ffm OLGZ **89**, 198). Bei WerkliefergsVertr ist der WerkUntern Hersteller (vgl § 651). Über Softwarebesteller als Hersteller vgl Paulus JR **90**, 405 (zweifelh). –
11 **c) Verlängerter Eigentumsvorbehalt.** Wird ein Stoff unter EV geliefert u vereinbaren Lieferant u Verarbeiter, daß sich der EV auf die Fertigware erstreckt bzw der Lieferant unter Ausschl von § 950 Eigtümer wird (sog Hersteller- od VerarbeitgsKl), so bewirkt dies nach hM, daß der Lieferant ohne DchgangsErwerb des Verarbeiters Eigtümer der Fertigware wird (BGH **20**, 159 [nicht nach außen erkennb entggstehder Wille des Verarbeiters unbeachtl]; Ffm MDR **59**, 578; Neust NJW **64**, 1802; Karlsr WM **79**, 343); wird die neue Sache aus Stoffen verschied VorbehEigtümer hergestellt, so erwerben sie mangels bes Abrede Allein- od MitEigt nach §§ 947, 948 (Ffm aaO). Das Eigt ist für den Lieferanten auflösd u für den Verarbeiter aufschiebd bdgt entspr dem früh StoffEigt (Nierwetberg NJW **83**, 2235). Auf diese Weise nach hM auch vereinb, daß Lieferant

u Verarbeiter MitEigtümer der neuen Sache werden (BGH **46**, 117 [MitEigtAnt müssen bestimmt festgelegt sein]; **79**, 16 [23]; Neust aaO; Karlsr aaO). Dem ist nicht zuzustimmen, denn der Verarbeiter beherrscht den VerarbeitgsVorgang u trägt das Absatzrisiko u ist desh nach den obj Umständen Hersteller (Erm/Hefermehl 7; Staud/Wiegand 34, 40; Wieling § 11 II 4 i; Wstm/Gursky § 53 III 2 e; Säcker JR **66**, 51); der Lieferant kann nur nach Rn 13 Eigtümer werden. – **d) Sicherungseigentum.** Ist der Verarbeiter SG u ein Dritter als SN 12 StoffEigtümer, so gilt Rn 11 entspr.

5) Übereignung nach § 930. Soweit eine fremdwirkde Verarbeitg nicht mögl ist (insb iFv Rn 11, 12), 13 kann nur dch Einigg u Vereinbg eines vorweggen BesMittlgsVerh (§ 930 Rn 9, 10) zw Verarbeiter u einem nicht am Verarbeitgsvorgang Beteil erreicht werden, daß letzterer Eigtümer der neuen Sache wird, was aber zu DchgangsErwerb des Verarbeiters führt. Ähnl wie die SichgAbrede bei der SichgÜbereigng (§ 930 Rn 7) ist die Hersteller-/VerarbeitgsKl als BesMittlgsVerh iS einer SichgAbrede anzusehen, so daß in diesen Fällen SichgEigt vom Verarbeiter erworben wird (Erm/Hefermehl 7; Staud/Wiegand 45; Wieling § 11 II 4 k; Wstm/Gursky § 53 III 2 e), das im Konk des Verarbeiters nur ein AbsondergsR gibt (§ 930 Rn 25).

951 ***Entschädigung für Rechtsverlust.*** **I Wer infolge der Vorschriften der §§ 946 bis 950 einen Rechtsverlust erleidet, kann von demjenigen, zu dessen Gunsten die Rechtsänderung eintritt, Vergütung in Geld nach den Vorschriften über die Herausgabe einer ungerechtfertigten Bereicherung fordern. Die Wiederherstellung des früheren Zustandes kann nicht verlangt werden.**

II Die Vorschriften über die Verpflichtung zum Schadensersatze wegen unerlaubter Handlungen sowie die Vorschriften über den Ersatz von Verwendungen und über das Recht zur Wegnahme einer Einrichtung bleiben unberührt. In den Fällen der §§ 946, 947 ist die Wegnahme nach den für das Wegnahmerecht des Besitzers gegenüber dem Eigentümer geltenden Vorschriften auch dann zulässig, wenn die Verbindung nicht von dem Besitzer der Hauptsache bewirkt worden ist.

1) Allgemeines. I regelt den schuldrechtl Ausgl zw dem, der einen RVerlust nach den §§ 946–950 erlitten 1 hat, u dem, der hierdch einen RErwerb erlangt hat, ohne and Anspr auszuschließen (II). In der ErwerberIns gibt er nur einf InsFdg. Er ist **abdingbar** (BGH **LM** Nr 9, 28), dh ausschließb u modifizierb (einschl Begründg eines WiederherstellgsAnspr des Verlierden). – **IPR.** § 951 gilt, wenn ein RVerlust nach den aGrd IPR anwendb §§ 946–950 eingetreten ist (vgl BGH NJW **60**, 774).

2) Rechtsgrundverweisung. § 951 begründet keine nur nach BereichgsR abzuwickelnden Anspr, sond 2 erfordert den vollen Tatbestd des § 812 I (BGH **55**, 176) in der Form der **Eingriffskondiktion** nach § 812 I 1 Fall 2 (Hamm NJW-RR **92**, 1105; MüKo/Quack 3, 5; Jauernig 1; Schreiber 187; Staud/Gursky 2; Wieling § 11 II 5 a bb; aA [Verweisg auch auf § 812 I 1 Fall 1, I 2] BGH **40**, 272; NJW **89**, 2745; Erm/Hefermehl 3; RGRK/Pikart 7; Schapp § 13 III 2; Schwab/Prütting Rn 467), denn iF einer Leistg beruht der RErwerb auf dem Willen des Leistden, mag er sich auch nach §§ 946 ff vollziehen (Baur/Wolf JuS **66**, 393 [399]). Erfolgte die Leistg mit RGrd, so entfällt der Tatbestd des § 812; erfolgte sie ohne RGrd, so ist § 812 I 1 Fall 1, I 2 unmittelb anwendb. – Aus der **Gesamtverweisung** auf die EingrKondiktion folgt die 3 Anwendbark von § 818 III, IV, § 819 (BGH **LM** Nr 13), § 822 (Rn 13) u die Unanwendbark von §§ 814, 815; § 818 I wird dch § 951 I ersetzt, so daß der Anspr einen § 818 II entspr Inhalt hat (vgl BGH **LM** Nr 16, 17). Der Ausschl der §§ 812 ff dch §§ 987 ff gilt auch ggü § 951, wenn der Verlierde als nichtberecht Besitzer der Sache des Erwerbden auf diese eine Verwendg machte, indem er sie mit seiner Sache unter Verlust seines Eigt nach §§ 946 ff verband (BGH NJW **96**, 52); nicht aber, wenn der Erwerbde nichtberecht Besitzer einer Sache war, die er dann nach §§ 946 ff erwarb (BGH **55**, 176).

a) Rechtserwerb auf Grund Leistung an den Erwerbenden wird nicht von § 951 erfaßt (Rn 2); zum 4 LeistgsBegr vgl § 812 Rn 3. Unerhebl ist, ob die Leistgsbeziehg unmittelb zw dem Verlierden (*V*) u dem Erwerbden (*E*) besteht od dch einen Dritten (*D*) vermittelt wird (Leistgskette); dabei entscheidet bei Fehlvorstellgen über die Leistgsbeziehgen in einer Leistgskette nicht der innere Wille des *V*, sond maßg ist, als wessen Leistg sich seine Zuwendg bei obj Betrachtg aus Sicht des *E* darstellt (BGH **40**, 272; **67**, 232; Hamm NJW-RR **92**, 1105; vgl § 812 Rn 42; aA Erm/Hefermehl 7; Staud/Gursky 11). Bei der Leistgskondiktion ist I 2 aber im Interesse der Werterhaltg entspr anwendb (Staud/Gursky 2; Wieling § 11 II 5 Fußn 21). – **aa) Un-** 5 **mittelbare Leistungsbeziehung.** § 951 ist nicht anwendb, wenn der RErwerb aGrd einer Leistg von *V* an *E* erfolgte. Verband *V* sein Material in Erfüllg eines WkVertr mit *E* mit dessen Grdst, so hat er nur einen vertragl VergütgsAnspr (§ 651) u bei Unwirksamk des WkVertr die LeistgsKondiktion (§ 812 I 1 Fall 1, I 2 Fall 1). – **bb) Leistungskette.** § 951 ist im Verhältn *V* – *E* nicht anwendb, wenn (der SubUntern) *V* sein 6 Material mit dem Grdst des *E* verband, weil er (dem GeneralUntern) *D* u *D* dem *E* dazu verpfl war (BGH **27**, 317; **36**, 30; **LM** § 812 Nr 14; Hamm NJW-RR **92**, 1105); es bestehen nur vertragl Anspr *V* – *D* u *D* – *E*. Dasselbe gilt, wenn *V* dem *D* Material unter EigtVorbeh lieferte u *D* es befugt od unbefugt (BGH **56**, 228; über abw Meingen vgl die Nachw in BGH NJW-RR **91**, 343) mit dem Grdst des *E* aGrd vertragl Verpfl verband od wenn *V* sein Material aGrd Vertr mit *D* mit dem Grdst des *E* verband (Stgt NJW-RR **98**, 1171). War der Vertr *V* – *D* unwirks, so hat *V* gg *D* einen Anspr aus § 812 I 1 Fall 1, I 2 Fall 1 u nicht gg *E* aus § 951 (BGH **36**, 30), währd es im Verhältn *D* – *E* bei dem vertragl Anspr verbleibt. War der Vertr *D* – *E* unwirks, so hat *D* gg *E* einen Anspr aus § 812 I 1 Fall 1, I 2 Fall 1, währd es im Verhältn *V* – *D* bei dem vertragl Anspr verbleibt u kein Anspr *V* gg *E* aus § 951 besteht. Waren beider Vertr unwirks (sog Doppelmangel), so ist in beiden Leistgsbeziehgen nach § 812 I 1 Fall 1, I 2 Fall 1 abzuwickeln (Erm/Hefermehl 6; Staud/Gursky 8; Wieling § 11 II 5 a bb; vgl § 812 Rn 64; aA [Anspr *V* gg *E* aus §§ 951, 812 I 1 Fall 2] BGH **36**, 30; RGRK/Pikart 11).

b) Rechtserwerb in sonstiger Weise. § 951 verweist somit nur auf § 812 I 1 Fall 2 (Rn 2) u greift ein, 7 wenn die VermVerschiebg ohne RGrd u nicht dch Leistg erfolgte. Ein solcher Fall liegt auch vor, wenn das verlorene Recht zwar Ggst von Leistgsbeziehgen war, der RVerlust aber eintrat, ohne daß der Verlierde sein

8 Recht als Leistg zweckgerichtet in den RVerkehr brachte. – **aa) Erwerb einer dem Verlierenden abhandengekommenen Sache.** Veräußerte *D* eine dem *V* abhgek Sache an *E* (kein EigtErwerb: § 935) u erwirbt *E* sie später nach §§ 946 ff, so hat *V* gg *E* den Anspr aus §§ 951 I, 812 I (BGH **55**, 176); *V* kann die Veräußerg genehmigen u von *D* den Erlös nach § 816 kondizieren (BGH **56**, 131). Letzteres gilt auch, wenn *D* eine dem *V* abhgek Sache aGrd WkVertr mit *E* mit dessen Grdst verband, obwohl die Verbindg keine
9 rgesch Vfg ist (Erm/Hefermehl 8; Staud/Gursky 17). – **bb) Erwerb einer Sache, die der Verlierende ohne auf das Eigentum bezogene Leistung weggab.** Veräußerte *D* eine von *V* geliehene Sache an den bösgläub *E* (kein EigtErwerb: § 932) u erwirbt *E* sie später nach §§ 946 ff, so gilt Rn 8 (Staud/Gursky 16). Gleiches gilt, wenn *D* eine von *V* geliehene Sache aGrd WkVertr mit dem bösgläub *E* mit dessen Grdst verband (Staud/Gursky 17). War *E* gutgläub, so erwarb er schon vor einem Realakt nach §§ 946 ff das Eigt u ist dch § 932 vor Kondiktion geschützt, so daß *V* nur von *D* nach § 816 kondizieren kann. Dies gilt entspr, wenn *D* eine von *V* geliehene Sache aGrd WkVertr mit dem gutgl *E* mit dessen Grdst verband (BGH NJW-RR **91**, 343; Erm/Hefermehl 8; Staud/Gursky 12), denn *E* kann in diesem Fall nicht schlechter stehen als bei vorh Erwerb nach §§ 929, 932.

10 **c) Enttäuschte Erwartung späteren Erwerbs der Hauptsache;** zB *V* verband seine Sache mit dem Grdst des *E* unter EigtVerlust nach § 946 in der *E* bekannten aber nicht erfüllten Erwartg, das Grdst (od ein ErbbR an ihm) später zu erwerben. Nach einer Auffassg handelt es sich um eine Leistgskondiktion, wobei str ist, ob nach § 812 I 2 Fall 1 (Staud/Gursky 50) od Fall 2 (Soergel/Mühl 5; Huber JuS **70**, 515 [520]); innerh der letzteren Ansicht wird entspr dem grds Streit (Rn 2) § 812 I 2 Fall 2 teils unmittelb (BGH **44**, 321) u teils iVm § 951 (BGH **35**, 356) angewendet. Nach and Auffassg handelt es sich um eine EingrKondiktion nach §§ 951, 812 I 1 Fall 2 (§ 812 Rn 89; Erm/Hefermehl 4). Die neuere Rspr läßt offen, ob § 812 I 1 Fall 2 od I 2 Fall 2 u wendet § 951 an (BGH NJW **70**, 136; **89**, 2745), da für sie alle Fälle des § 812 I erfaßt werden (vgl Rn 2).

11 **3) Vergütungsanspruch.** Sein Ggst ist der Wert der dch einen RErwerb nach §§ 946 ff erlangten Substanz. Arbeitsaufwand bei der Verbindg dch den Verlierden (Eigenarbeit, Fremdvergütgen) begründet einen unmittelb Anspr aus § 812 (BGH **LM** § 946 Nr 6). In dem Wertzuwachs (Rn 15) ist beides enthalten, was nach der Rspr zu einem einheitl KondiktionsAnspr führt (BGH **35**, 356; NJW **89**, 2745).

12 **a) Anspruchsberechtigt** ist, wer Eigt od ein beschr dingl Recht (einschl AnwR zB bei EigtVorbeh) verloren hat. Nicht aber der, dessen AlleinEigt sich in MitEigt umgewandelt hat (KG OLG **12**, 125) bzw dessen beschr dingl Recht sich am MitEigtAnt fortsetzt.

13 **b) Anspruchsverpflichtet** ist, wer Eigt erworben hat; MitEigtümer am Grdst (Hauptsache/menge) haften nur entspr ihrem Anteil (BGH 67, 232 [242]), währd Eigtümer u AnwBerecht (bei unter EigtVorbeh veräußerter Hauptsache) als GesSchuldn haften (Staud/Gursky 21). Bei Veräußerg besteht die Verpfl fort (§ 818 II), der Erwerber haftet nur iFv § 822 (BGH **LM** Nr 28). Dingl Berecht, dessen Recht sich nach § 949 S 3 auf die ganze Sache erstreckt, haftet nicht (RG **63**, 423; Staud/Gursky 21).

14 **c) Anspruchsinhalt.** Nur Vergütg in Geld **(I 1).** Wiederherstellg des alten Zustandes kann der Verlierde nicht verlangen **(I 2);** das schützt den Erwerbden vor Zerstörg der Sache u steht daher seinem Beseitiggsverlangen (Rn 19, 20) nicht entgg. Nur bei nachträgl Aufhebg der Verbindg richtet sich der Anspr (soweit noch nicht dch Geldvergütg erfüllt) auf RückÜbertr des verlorenen Rechts, weil der Schutzzweck von I 2 entfallen
15 ist. – **aa) Umfang.** Maßg ist der VermZuwachs des Erwerbden, der die VermEinbuße des Verlierden übersteigen (BGH **17**, 263; aA Klauser NJW **65**, 513) od unterschreiten (BGH **10**, 171) kann. Sein Umfang ergibt sich aus der nach obj Gesichtspkten zu beurteilden Steigerg des VerkWerts (BGH **LM** Nr 16), die sich nicht aus den Kosten der Verbindg usw (Sachwert u ArbAufwand) ergibt (BGH **10**, 171). Bei Bau auf fremdem Grdst gibt es keine zwingde Methode der Wertermittlg (vgl Übbl 20 vor § 903); je nach Lage des Falles ist das SachwertVerf (zB Einfamilienhaus) od das ErtragswertVerf (zB GewerbeGbde [BGH **10**, 171; **17**, 236; **LM** Nr 16, 17]) od eine Kombination (BGH **35**, 356) anzuwenden. Erwerbskosten sind nicht abziehb
16 (BGH **47**, 130; **55**, 176). – **bb) Maßgebender Zeitpunkt** für den Bereichergsumfang ist die Entstehg des Anspr u damit idR der Eintritt der RÄnderg nach §§ 946 ff (Staud/Gursky 31; hM). Bei GbdeErrichtg (§ 946) die Vollendg (BGH **LM** Nr 17; aA Staud/Gursky 31), wobei bei mehreren Gbden einer WirtschEinh die Vollendg des letzten maßg (BGH **LM** Nr 16), bzw die endgült Aufg der Vollendg (BGH **LM** § 946 Nr 6; MDR **61**, 591); dies gilt auch, wenn der Eigtümer das Grdst erst zu einem späteren Ztpkt wieder nutzen kann (BGH **LM** Nr 17; Staud/Gursky 32; aA Erm/Hefermehl 11; RGRK/Pikart 24; Wieling § 11 II 5 a aa). In Fällen der Rn 10 ist der Ztpkt, zu dem das Scheitern des Erwerbs feststeht, für Entstehg u Umfang des Anspr maßg (BGH NJW **70**, 136; **89**, 2745). Ist vertragl ein späterer Ztpkt für die AnsprEntstehg vorgesehen, so ist
17 dieser maßg (BGH **LM** Nr 9; vgl auch Nr 15). – **cc) Nutzungen.** Ab RErwerb nutzt der Erwerbde seine eigene Sache. Der Verlierde kann nicht die Nutzgen bis zur Zahlg der Vergütg beanspruchen (BGH **LM** Nr 13; Staud/Gursky Rn 34); § 818 I wird dch I ausgeschl. In Fällen der Rn 10 kann nach BGH **35**, 356 der Verlierde zwar nicht Verzinsg der Wertsteigerg in der Zeit zw EigtVerlust u AnsprEntstehg, wohl aber die aus der Wertsteigerg tats vom Erwerbden gezogenen Nutzgen verlangen. – Zur Frage, ob der Erwerbde von dem Verlierden Vergütg der von letzterem genutzten Wertsteigerg verlangen kann, vgl BGH aaO u Staud/Gursky 35.

18 **4) Aufgedrängte Bereicherung** (Klauser NJW **65**, 513; Jacobs AcP **167**, 350; Haas AcP **176**, 1). Hat die ohne seine Zustimmg erfolgte (bei Zustimmg Schutz dch vertragl Regelg mögl) Wertsteigerg für den Erwerbden kein Interesse, so kollidiert sein SelbstbestimmgsR mit dem BereichgsAusgl. §§ 814, 815 sind nicht
19 anwendb (Rn 3). – **a) Beseitigungsanspruch** aus §§ 823, 249 od § 1004 gg den Verlierden kann geltd gemacht u damit der VergütgsAnspr abgewehrt werden (BGH **LM** Nr 21); fragl kann sein, ob das Eigt des Erwerbden dch Verbindg usw verletzt/beeinträchtigt ist (vgl Staud/Gursky 40). Richtet er sich nicht gg den Verlierden, so befreit (§ 818 III) erst die vollzogene Beseitigg. Wird der Anspr nicht geltd gemacht, so wird
20 volle Vergütg (Rn 15) geschuldet. – **b) Verweisung auf Wegnahme** (zB Abriß eines nach § 946 erworbenen Gbdes). Der Erwerbde kann den VergütgsAnspr entspr § 1001 S 2 dch Verweisg des Verlierden auf die Wegn abwehren, wenn der Erwerb ohne seine Zustimmg erfolgte (BGH **LM** Nr 14) u für ihn erst nach weiteren

Aufwendgen nutzb ist (BGH **23**, 61; aA Staud/Gursky 41). Wird der VermZuwachs übernommen, so wird volle Vergütg (Rn 15) geschuldet. – **c) Subjektiver Nutzen.** Versagen die Abwehrmittel nach Rn 19, 20 weil Beseitigg/Wegn tats unmögl, ein BeseitiggsAnspr gg den Verlierden nicht besteht (zB Verbindg dch Dritten, § 251 II) od Beseitigg/Wegn unzuläss ist (zB öffr Abrißverbot), so ist der VergütgsAnspr entspr § 818 II nach dem Interesse zu bemessen, den der Zuwachs für den Erwerbden hat (MüKo/Quack 21; Schapp § 13 III 1; Wieling § 11 II 5 a aa); maßg Ztpkt ist die letzte mündl TatsVerhdlg. Für völligen VergütgsAusschl bei wissentl unbefugter Verbindg Staud/Gursky 46–49. 21

5) Weitergehende Rechte des Verlierenden (II); Aufzählg nicht abschließd (OGH **3**, 348). – **a) Schadensersatz** aus §§ 823 ff mögl (soweit nicht dch §§ 987 ff ausgeschl); dem WiederherstellgsAnspr aus § 249 steht I 2 nicht entgg, uU aber § 251 II. Aus §§ 987 ff mögl, wenn Erwerbder vor RErwerb nichtberecht Besitzer der Sache des Verlierden war (vgl BGH NJW-RR **91**, 343). – **b) Verwendungsersatz** zB aus §§ 538 II, 547, 601 II, 683, 693, 1049, 1216. Beruht die VermVerschiebg auf einer Verwendg, die der Verlierde als nichtberecht Besitzer der Sache des Erwerbden gemacht hat, so werden §§ 951, 812 dch §§ 994 ff ausgeschl (Rn 3). Soweit die Rspr (BGH **41**, 157) entgg der hier vertretenen Ansicht (§ 994 Rn 4) die VermVerschiebg wg grdlegder Veränderg der Sache des Erwerbden nicht als Verwendg ansieht, gibt sie dem Verlierden weder §§ 951, 812 (weil dch §§ 994 ff ausgeschl) noch §§ 994 ff (weil keine Verwendg), sond entspr § 997 ein WegnR u bei dessen Ausschl nach öffR angem GeldAusgl aus § 242. – **c) Wegnahmerechte. – aa)** Dch **Sondervorschriften** begründete WegnR bzgl einer Einrichtg (zB §§ 547 a auch iVm 581 II, 601 II 2, 997, 1049 II auch iVm 1093 I 2, 1216 S 2) bleiben unberührt. Das stellt II 1 ggü I 2 klar. – **bb)** Ein **selbständiges Wegnahmerecht** begründet II 2 für jeden, der iF eines EigtVerlustes nach §§ 946, 947 (nicht eines RVerlustes nach § 949 [Staud/Gursky 58; aA MüKo/Quack 25, 27; Wieling § 11 II 5 c aa]) einen Anspr nach §§ 951, 812 I 1 Fall 2 hat (Baur/Wolf JuS **66**, 393 [399]; MüKo/Quack 24; Staud/Gursky 55; Wieling § 11 II 5 c; aA [bloße Erweiterg von § 997] BGH **40**, 272 [280]; Erm/Hefermehl Rn 20), nach den Regeln des § 997 mit der Erweiterg dch II 2; keine Beschrkg auf Einrichtgen (str). Dadch wird I 2 nicht sinnlos, denn der Eigtümer kann die Wegn dch WertErs abwenden (§ 997 II) u ist (and als bei WiederherstellgsAnspr) dch § 258 geschützt. Das WegnR ist ausgeschl, wenn der Anspr aus I 1 den Wert der wegzunehmden Sache einschl der Kosten nach § 258 erreicht (MüKo/Quack 28; aA Staud/Gursky 57), da RGedanke von I 2 dann vorrang. Der VergütgsAnspr aus I 1 erlischt erst mit tats Wegn u nicht schon mit Geltdmachg des WegnR (BGH NJW **54**, 265). Das WegnR beinhaltet einen schuldr Anspr gg den Eigtümer (BGH aaO) auf Duldg der Trenng (kein AussondgsR in der Insolvenz u keine Gestattg iSv § 862 I) u ein dingl AneigngsR bzgl der abgetrennten Sache; nach § 949 erloschene Rechte leben mit der Aneigng nicht wieder auf (Staud/Gursky 63; str), nur schuldr NeubestellgsAnspr.

Randnummern: 22 (Schadensersatz), 23 (Verwendungsersatz), 24 (Wegnahmerechte), 25 (bb).

952 *Eigentum an Schuldurkunden.*

I Das Eigentum an dem über eine Forderung ausgestellten Schuldscheine steht dem Gläubiger zu. Das Recht eines Dritten an der Forderung erstreckt sich auf den Schuldschein.

II Das gleiche gilt für Urkunden über andere Rechte, kraft deren eine Leistung gefordert werden kann, insbesondere für Hypotheken-, Grundschuld- und Rentenschuldbriefe.

1) Allgemeines. Für Urk als bewegl Sachen gelten grds §§ 929 ff, 950. Ausn dch § 952 für Urk über FdgsR; nicht aber für Urk, die ggseit Anspr mehrerer Pers (zB Vertr) enthält (Hbg OLG **12**, 280; MüKo/Quack Rn 6; aA Staud/Gursky Rn 14 [MitEigt]) u für Schuldschein auf Rückseite wertvollen Gemäldes (hier gilt § 950 I 2; Staud/Gursky Rn 16, 21). Urschrift notarieller Urk bleibt Eigt des Notars (RG **163**, 51); ihre Ausfertigg wird Eigt dessen, dem sie gem BeurkG 51, 52 erteilt ist (Mü DNotZ **54**, 552; Hamm FGPrax **97**, 137). – § 952 ist als ges EigtZuordng **unabdingbar** (MüKo/Quack Rn 27; Staud/Gursky Rn 24; aA RG JW **31**, 3121). Aufhebg der Eigensch als Urk iSv § 952 notw u mögl. – **IPR.** § 952 gilt, wenn sich die Urk in dem für Entstehg/Übergang des Eigt maßg Ztpkt (Rn 4) im Inland befindet. 1

2) Geltungsbereich (vgl auch Rn 7, 8). – **a) Schuldschein** ist eine vom Schuldn ausgestellte Urk, die seine Schuld begründet (zB §§ 518, 761, 766, 780, 781) od zur BewSichg bestätigt (zB Schuldscheindarlehn); er kann aus mehreren inhaltl zusgehörden u aufeinand Bezug nehmden Urk bestehen (RG **131**, 1 [6]). – **b) Grundpfandrechtsbriefe,** sofern nicht auf den Inh gestellt (Rn 3). – **c) Sonstige.** Papiere des § 808 wie VersSchein (Hbg VersR **62**, 1169; über GläubEigensch vgl RGRK/Pikart Rn 14 u AG Mölln VersR **78**, 131) auch iFv VVG 4 (RG **66**, 158), Sparbuch (BGH DB **72**, 2299; über GläubEigensch vgl Staud/Gursky Rn 12), LeihhausPfdSchein (Dresd JW **22**, 507), Depotschein der Bank (Warn **18** Nr 57; Celle OLG **26**, 60). RektaPap wie Anweisg (§§ 783 ff), nicht an Order gestellte Papiere des HGB 363, Wechsel/Scheck mit negativer OrderKl. GmbH-AntSchein (RG Warn **28** Nr 107). – **d) Nicht erfaßt werden:** AbtretgsUrk, LegitimationsPap (§ 807), InhPap (§§ 793 ff, 1195, 1199; AktG 10), OrderPap (WG 11 I, ScheckG 14 I, AktG 68 I, KAGG 17 I 2, HGB 363 bei OrderKl). Bei Orderpap ist § 952 anwendb, wenn sie ohne Indossament dch FdgsAbtr nach § 398 mit PapÜberg übertragen werden (Staud/Gursky Rn 5). 2 3

3) Wirkung. – a) Eigentum. Gläub wird bei schon bestehder Fdg mit UrkAusstellg (Begebg nur notw, wenn dies zur FdgsEntstehg notw) krG Eigtümer, bei vorh Ausstellg mit FdgsEntstehg. GläubMehrh erwirbt das Eigt im gleichen RVerh (RG **59**, 313 [318]). Bei echtem VertrzGDr entsteht MitEigt von VersprEmpfänger u Drittem (str). – Mit Übergang der Fdg geht krG das Eigt über; bei TeilAbtr entsteht MitEigt, nicht aber bei bloßer Abtretg der ZinsFdg (Kiel OLG **6**, 267). – Bei Erlöschen der Fdg bleibt der Gläub Eigtümer (Staud/Gursky Rn 18; RGRK/Pikart Rn 9; aA Wieling § 9 IX 1 b); Schuldn hat RückgAnspr aus § 371. Nur bei rückwirkdem Erlöschen der Fdg inf Anfechtg entfällt der EigtErwerb (Staud/Gursky aaO; aA RGRK/Pikart aaO; MüKo/Quack Rn 21). Bei Erlöschen einer HypFdg/GrdSchAblösg erwirbt der GrdEigtümer den Brief mit der EigtümerGrdSch. – § 1006 nicht anwendb (§ 1006 Rn 2). – **b) Rechte an der Forderung** (Nießbr, PfdR) ergreifen krG die Urk; vgl auch Rn 7. DrittBerecht kann vom schlechterberecht Besitzer (zB nachrang PfdGläub) Herausg verlangen. Über Pfändg vgl ZPO 836 III. – **c) Selbständige** 4 5 6

Verfügungen (Übereigng, Belastg) über die Urk sind unwirks; vgl auch Rn 7. Kein Erwerb nach §§ 932 ff, 937 ff. Zuläss ist die Einräumg eines schuldr ZbR (RG **66**, 24; LG Ffm NJW-RR **86**, 986) auch iF einer Leihe (RG **91**, 155); es wirkt aber nicht ggü PfdgsGläub (LG Insterburg JW **33**, 718) od SonderNachf im Eigt (RG Warn **28** Nr 107; Hbg MDR **69**, 139; LG Ffm aaO). SichgÜbereigng/Verpfändg idR in ZbREinräumg umzudeuten.

7 4) **Entsprechende Anwendung. – a)** Auf **Fahrzeugbrief** iSv StVZO 25 (BGH NJW **78**, 1854); Fahrzeug tritt an die Stelle der Schuld. Unwirks daher selbstd EigtVorbeh/SichgÜbereigng/Verpfändg (Stgt DAR **71**, 13; Brem VRS **50**, 24; LG Ffm NJW-RR **86**, 986); Umdeutg in ZbR (Rn 6) mögl. Ges PfdR am
8 Fahrzeug (zB § 647) ergreift den Brief (Köln MDR **77**, 51). – **b)** Auf **sonstige Sachbriefe/Pässe,** für die keine StVZO 25 entspr Vorschr bestehen, nicht entspr anwendb (Staud/Gursky Rn 9; aA MüKo/Quack Rn 9); zB Pferdepaß (aA LG Karlsr NJW **80**, 789; vgl auch Hamm NJW **76**, 1849), Automatenbrief, Tierstammbaum, VermessgsPap eines Segelboots (SchiffsvermessgsVO v 5. 7. 82 [BGBl I S 916] gilt für sie nicht); § 444 gilt. Erst recht nicht auf persbezogene Papiere (zB WaffenBesKarte).

IV. Erwerb von Erzeugnissen und sonstigen Bestandteilen einer Sache

Vorbemerkung

1 1) **§§ 953–957 regeln,** wer nach der Trennung (vorher sind bes Rechte nicht mögl) Eigtümer der dort genannten Ggst ist; sie regeln nicht, ob der Erwerber das Eigt behalten darf (vgl dazu zB §§ 987, 988, 993, 1039 I 2) u ob er es lastenfrei erwirbt. Öffrechtl Trenngsverbote stehen dem EigtErwerb nur entgg, wenn sie ihn verhindern wollen.

2 2) **Geltungsbereich.** §§ 953–957 gelten für: – **a) Erzeugnisse** iSv § 99 I (dort Rn 2). – **b) Bestandteile.** Wesentl (§ 93) u im Eigt des Eigtümers der Muttersache stehde nichtwesentl. Zu ihnen zählt auch die Ausbeute iSv § 99 I (dort Rn 2). – **c)** Über entspr Anwendg auf **Körperteile/Implantate** vgl § 90 Rn 3.

3 3) **Sondervorschriften. – a) § 911** geht §§ 953–957 vor (vgl auch § 910 Rn 2). GewohnheitsR zum Abernten grenznaher Teile des NachbGrdst für EigtErwerb unbeachtl (LG Itzehoe SchlH **53**, 24). – **b) BBergG.** §§ 953–957 gelten nur für grundeigene Bodenschätze (BBergG 3 II 1, IV). Bergfreie Bodenschätze (BBergG 3 II 2, III) sind bis zur Aneigng dch einen Berecht nach BBergG 7 I Nr 2, 8 I Nr 1 u 2, 9 herrenlos. – **c) WaldG,** die die Aneigng von Waldfrüchten usw gestatten (zB *BaWü* 40), berühren §§ 953–957 nicht, sond betreffen die Aneigng nach Trenng.

953 *Grundsatz.* **Erzeugnisse und sonstige Bestandteile einer Sache gehören auch nach der Trennung dem Eigentümer der Sache, soweit sich nicht aus den §§ 954 bis 957 ein anderes ergibt.**

1 1) **Eigentumserwerb** (iSv Fortbestand) mit Vollendg der Trenng (egal dch wen u wodch) vorbeh eines Drittwerbs nach §§ 954–957 dch den Eigtümer der Muttersache in gleicher RForm (zB MitEigt). Besitz der Muttersache od BesErwerb am Trennstück nicht notw.

2 2) **Belastungen** der Muttersache, die an bewegl Sachen bestehen können, setzen sich am Trennstück fort.

954 *Erwerb durch dinglich Berechtigten.* **Wer vermöge eines Rechtes an einer fremden Sache befugt ist, sich Erzeugnisse oder sonstige Bestandteile der Sache anzueignen, erwirbt das Eigentum an ihnen, unbeschadet der Vorschriften der §§ 955 bis 957, mit der Trennung.**

1 1) **Eigentumserwerb** mit Vollendg der Trenng (egal dch wen u wodch, sofern NutzgsR keine Abw vorsieht) vorbeh eines Dritterwerbs nach §§ 955–957 dch den aGrd dingl (bei schuldr gilt § 956) Rechts AneigngsBerecht, soweit die Trennstücke den Ggst des Rechts bilden (iFv § 1213 daher nur Nutzgen). Besitz der Muttersache od BesErwerb am Trennstück nicht notw; BesErwerb am Trennstück aber notw, wenn Berecht nicht ausschließl berecht (Staud/Gursky Rn 4; W-Raiser § 106 II 1). – **a) Nutzungsrechte:** Nießbr, Dbk (zB KiesabbauR), NutzgsPfdR, ErbbR (zB bei Erstreckg auf Garten), LandesR nach EG 68 (sofern es
2 keine ErwerbsVorschr enthält; Staud/Gursky Rn 2). – **b) Übermaßtrennstücke.** EigtErwerb nur iFv § 1039 (Planck/Brodmann Anm 2); bei Gutgläubigk Erwerb nach § 955 II mögl (Staud/Gursky Rn 3). Sonst gilt für ggständl konkretisierb Übermaß § 953, währd andf MitEigt nach §§ 947 II, 948 entsteht (W-Raiser § 106 II 1).

3 2) **Belastungen** der Muttersache. GrdPfdR setzen sich auch bei Vorrang nicht fort (§ 1120 Rn 4); and Rechte, die an bewegl Sachen bestehen können, setzen sich bei Vorrang fort (vgl § 1212).

955 *Erwerb durch gutgläubigen Eigenbesitzer.* I **Wer eine Sache im Eigenbesitze hat, erwirbt das Eigentum an den Erzeugnissen und sonstigen zu den Früchten der Sache gehörenden Bestandteilen, unbeschadet der Vorschriften der §§ 956, 957, mit der Trennung. Der Erwerb ist ausgeschlossen, wenn der Eigenbesitzer nicht zum Eigenbesitz oder ein anderer vermöge eines Rechtes an der Sache zum Fruchtbezuge berechtigt ist und der Eigenbesitzer bei dem Erwerbe des Eigenbesitzes nicht in gutem Glauben ist oder vor der Trennung den Rechtsmangel erfährt.**

II Dem Eigenbesitzer steht derjenige gleich, welcher die Sache zum Zwecke der Ausübung eines Nutzungsrechts an ihr besitzt.

III Auf den Eigenbesitz und den ihm gleichgestellten Besitz findet die Vorschrift des § 940 Abs. 2 entsprechende Anwendung.

1) Geltungsbereich. § 955 gilt für Erzeugn u (abw von §§ 953, 954, 956, 957) nur solche Bestandt, die bestimmgsgemäß Ausbeute (zB Kies) sind; nicht aber für and Bestandt (zB Steine eines Abbruchhauses). 1

2) Eigentumserwerb mit Vollendg der Trenng (egal dch wen u wodch) vorbeh eines Dritterwerbs nach §§ 956, 957: – **a)** Des (gutgl) **Eigenbesitzers (I 1)** der Muttersache. Ihm steht der besitzde Eigtümer gleich, der bzgl des Nichtbestehens eines Rechts iSv § 954 gutgl ist. Treffen mittelb EigenBes u unmittelb Besitz iSv II zus, so geht II vor (Staud/Gursky Rn 13). – **b)** Des (gutgl) **Fremdbesitzers (II)** der Muttersache, der ein Recht iSv § 954 zu haben glaubt. Ihm steht der besitzde Berecht iSv § 954 gleich, der bzgl des Nichtbestehens eines vorrang Rechts iSv § 954 gutgl ist. 2

3) Der **Besitz der Muttersache** iSv Rn 2 muß bei Trenng bestehen u darf nicht bloßer RBes sein (Wieling § 11 III 4 a; str). Mittelb Besitz reicht, wenn der unmittelb Besitzer nicht Berecht iSv § 954 ist. Bei MitBes wird MitEigt erworben. – **Nichtbesitz** schadet unter den Voraussetzgen von § 940 II nicht **(III).** Die in Rn 2 Genannten erwerben bei Trenng aufschiebd bdgtes u die in §§ 953, 954 Genannten auflösd bdgtes Eigt; Bdgg ist die Wiedererlangg des Besitzes der Muttersache (Staud/Gursky Rn 15, 16), des des Trennstücks genügt bei Untergang der Muttersache (Erm/Hefermehl Rn 7; aA Wieling § 11 III 4 a [stets]). III gilt aber nicht, wenn ein zweitl Besitzer nach §§ 929 ff od §§ 953–955 Eigt erworben hat (Wieling aaO). 3

4) Erwerbshindernisse. – a) Bösgläubigkeit (I 2). Kein EigtErwerb, wenn bei BesErwerb (dazu gehört nicht Wiedererlangg iFv III) der Muttersache Fehlen des Eigt (I 1) od NutzgsR (II) bzw Bestehen vorrang NutzgsR bekannt od grob fahrl unbekannt ist od dies nach BesErlangg bekannt wird. BewLast hat, wer sich auf Nichterwerb beruft. – **b) Abhandengekommene Muttersache.** Kein EigtErwerb an Bestandt; an Früchten aber EigtErwerb unabhäng vom Ztpkt der Fruchtbildg (ganz hM; aA Planck/Brodmann Anm 3). 4 5

5) Belastungen der Muttersache. Bei Erwerb nach I gilt § 953 Rn 2 u bei Erwerb nach II gilt § 954 Rn 3. 6

956 ***Erwerb durch persönlich Berechtigten.*** **I Gestattet der Eigentümer einem anderen, sich Erzeugnisse oder sonstige Bestandteile der Sache anzueignen, so erwirbt dieser das Eigentum an ihnen, wenn der Besitz der Sache ihm überlassen ist, mit der Trennung, anderenfalls mit der Besitzergreifung. Ist der Eigentümer zu der Gestattung verpflichtet, so kann er sie nicht widerrufen, solange sich der andere in dem ihm überlassenen Besitze der Sache befindet.**

II Das gleiche gilt, wenn die Gestattung nicht von dem Eigentümer, sondern von einem anderen ausgeht, dem Erzeugnisse oder sonstige Bestandteile einer Sache nach der Trennung gehören.

1) Erwerbsgestattung (zB Kauf zu fällder Bäume od von Steinen auf Abbruch; Pacht). – **a) Gestattungsberechtigt** sind der Eigtümer der Muttersache **(I)** u die nach §§ 954–957 ErwerbsBerecht **(II);** von ihnen im EinzFall derj, dem das Trennstück ohne die Gestattg gehören würde. Bei Gestattg dch einen gutgl Berecht nach §§ 955, 957 erwirbt auch ein bösgl GestattgsEmpfänger, weil Gestattder selbst erwerben würde. Bei Gestattg dch einen Berecht nach §§ 956, 957 schadet gesetzl (zB §§ 549, 581 II) od vertragl Weitergestattgsverbot gem § 137 nicht (Staud/Gursky 14; Wieling § 11 III 5), vorbeh § 957 aber der zuläss Widerruf der ihm selbst erteilten Gestattg (RG **108**, 269). Zum maßg Ztpkt vgl Rn 5. – **b) Gestattung.** Sie ist EiniggsErkl des Gestattden iSv § 929 S 1 (ÜbertrTheorie), so daß sich der Erwerb nach §§ 929 ff wie bei Übereigng künft Sachen vollzieht (RG **78**, 35; Planck/Brodmann 2; Wieling § 11 III 5); nach aA (Erwerbstheorie) einseit (Erm/Hefermehl 4; Schreiber Rn 198) od vertragl (Schwab/Prütting Rn 484; Staud/Gursky 7) Begründg eines ErwerbsR. Als VfgsGesch zu unterscheiden von GestattgsVerpfl aus dem GrdGesch (zB § 581 I). Sie kann bdgt sein; zB aufschiebd bei Kauf der Muttersache (Mü in Anm zu Hbg OLG **31**, 325) od der zu trennden Teile unter EV (RG **72**, 309), so daß Gestattgsempfänger mit Trenng/BesErgeifg ein AnwR u Gestattder auflösd bdgt Eigt erwerben; Gestattg für verderbl Erzeugn idR unbdgt. Der Inhalt der Gestattg bestimmt den Umfang des EigtErwerbs; für Übermaßfrüchte iFv § 581 od bei mengenmäß beschrkter Gestattg gilt § 954 Rn 2 entspr (str). 1 2

2) Eigentumserwerb vorbeh Dritterwerbs nach § 957. – **a)** Mit Vollendg der **Trennung** (egal dch wen u wodch), wenn Gestattgsempfänger die Muttersache bei Trenng mit Willen des Gestattden besitzt **(I 1 Fall 1);** § 940 II wie bei § 955 entspr anwendb (Staud/Gursky Rn 31). Mittelb Besitz genügt, wenn Gestattder nicht unmittelb Besitzer (BGH **27**, 360). Bei MitBes maßg, wem Gestattg erteilt. TeilBes an noch ungetrennten Teilen (str, ob Kennzeichng zu trennder Teile ausreicht) genügt (RG **108**, 269). In Gestattg von Trenng u Abtransport liegt idR BesÜberlassg (Breslau HRR **28** Nr 221). – **b)** Mit **Besitzergreifung** an den Trennstücken dch den Gestattgsempfänger, wenn diesem der Besitz der Muttersache nicht überlassen war **(I 1 Fall 2)**; entggstehder Wille des Gestattden schadet nur, wenn darin Wiederruf nach Rn 7 liegt. Erwerb schon mit Trenng zB nach § 930 vereinb; sonst ist zunächst derj Eigtümer, der es nach §§ 953–955 ist. 3 4

3) Maßgebender Zeitpunkt für die Gestattungsberechtigung ist der EigtÜbergang nach Rn 3 bzw 4 (RG **78**, 35; BGH **27**, 360). Bei vorherigem Erlöschen ist Erwerb nach § 957 mögl (RG **108**, 269). – **a)** Bei vorheriger **Übereignung** der Muttersache wird Eigt nur erworben, wenn Erwerber an Gestattg gebunden (vgl Rn 8). – **b)** Bei vorheriger **Insolvenz** über das Vermögen des Gestattden wird iFv Rn 3 kein Eigt erworben (BGH aaO); wohl aber iFv Rn 4, wenn InsVerw nach InsO 103, 108 an GestattgsPfl gebunden u Gestattg daher unwiderufl (vgl Medicus JuS **67**, 385; Denk JZ **81**, 331). – **c)** Bei vorheriger **Beschlagnahme** der Muttersache (ZVG 20 I, 146 I) ist der EigtErwerb dem VollstrGläub ggü unwirks (ZVG 23; Breslau 5 6

HRR **28** Nr 221); Pächter erwirbt aber beschlagnfrei (ZVG 21 III, 152 II). – **d)** Bei vorheriger **Pfändung ungetrennter Grundstücksfrüchte** (ZPO 810) wird pfdbelastetes Eigt erworben (Naumbg JW **30**, 845). Bei Pfändg dch Gläub des Gestattden kann besitzder Gestattgsempfänger nach ZPO 766, 809 vorgehen; nach ZPO 771 nur bei unwiderufl Gestattg (Baur/Stürner § 53 Rn 65; Staud/Gursky 29), zB besitzder Pächter. Bei Pfändg dch Gläub des Gestattgsempfängers kann Gestattder (auch als Eigtümer) bei unwiderufl Gestattg nicht nach ZPO 771 vorgehen; ZPO 805 (zB wg VerpächterPfdR) bleibt unberührt.

7 **4) Widerruf der Gestattung.** Die Gestattg muß im Ztpkt des EigtÜbergangs nach Rn 3 bzw 4 vorliegen. – **a) Einseitiger Widerruf (I 2)** unzuläss, wenn GestattgsPfl besteht (zB Verpachtg; Verkauf ungefällter Bäume mit AbholzgsBefugn) u Gestattgsempfänger im überlassenen Besitz der Muttersache ist; § 940 wie bei § 955 entspr anwendb (Staud/Gursky 38). Sonst EigtErwerb verhindernder Widerruf zuläss (BGH **27**, 360), EigtVerschaffgsAnspr bleibt unberührt. Bei vertragl Verzicht erwirbt der Gestattde (RG **138**, 237). –
8 **b) Rechtsnachfolger** an Gestattg gebunden, wenn er als Erbe, SchuldÜbern od gem §§ 571, 581 II auch gestattgspfl ist od die Gestattg genehmigt hat (RG **78**, 35; Staud/Gursky 24) u iü I 2 erfüllt ist.

9 **5) Belastungen** der Muttersache. § 954 Rn 3 gilt; § 936 anwendb (vgl Rn 2).

957 ***Gestattung durch den Nichtberechtigten.*** **Die Vorschriften des § 956 finden auch dann Anwendung, wenn derjenige, welcher die Aneignung einem anderen gestattet, hierzu nicht berechtigt ist, es sei denn, daß der andere, falls ihm der Besitz der Sache überlassen wird, bei der Überlassung, anderenfalls bei der Ergreifung des Besitzes der Erzeugnisse oder der sonstigen Bestandteile nicht in gutem Glauben ist oder vor der Trennung den Rechtsmangel erfährt.**

1 **1) Eigentumserwerb** nach § 956 bei Gestattg dch einen NichtBerecht, wenn der Gestattgsempfänger bzgl der GestattgsBerechtigg gutgl ist. Wer EigtErwerb bestreitet, muß Bösgläubigk beweisen. – **a)** Dem Erwerb dch **Trennung** (§ 956 Rn 3) schaden Kenntn u grob fahrl Unkenntn der fehlden Berechtigg bei BesÜberlassg der Muttersache od spätere (vor Trenng) Kenntn. – **b)** Dem Erwerb dch **Besitzergreifung** (§ 956 Rn 4) schaden Kenntn u grob fahrl Unkenntn der fehlden Berechtigg bei BesErgreifg.

2 **2) Erwerbshindernisse** entspr dem RGedanken der §§ 932 ff. – **a) Nichtbesitz des Gestattenden** an der Muttersache bei BesÜberlassg (§ 956 Rn 3) od BesErgreifg (§ 956 Rn 4; RG **108**, 269). – **b) Abhandengekommene Muttersache.** Kein Erwerb an Bestandt, an Früchten aber entspr § 955 Rn 5.

3 **3) Belastungen** der Muttersache: § 956 Rn 9 gilt.

V. Aneignung

958 ***Grundsatz.*** [I] **Wer eine herrenlose bewegliche Sache in Eigenbesitz nimmt, erwirbt das Eigentum an der Sache.**

[II] **Das Eigentum wird nicht erworben, wenn die Aneignung gesetzlich verboten ist oder wenn durch die Besitzergreifung das Aneignungsrecht eines anderen verletzt wird.**

1 **1) Eigentumserwerb (I),** urspr/originärer, Rechte Dritter erlöschen nicht (vgl aber § 945). – **a) Herrenlose bewegliche Sache.** Eigt hat noch nie bestanden, ist aufgegeben worden od sonst erloschen. Aneigng
2 fremder Tauben nach LandesR (EG 130) mögl; über Waldfrüchte vgl Vorb 3 vor § 953. – **b) Eigenbesitzerwerb** (vgl §§ 854, 872); auch dch BesDiener/Mittler. GeschFgk nicht notw, weil EigtErwerb die gesetzl Folge des Eigenbesitzerwerbs. Irrtum, die Sache sei nicht herrenlos, hindert den EigtErwerb nicht (Königsbg OLG **39**, 227).

3 **2) Kein Eigentumserwerb (II);** die Sache bleibt herrenlos. – **a)** Bei **gesetzlichem Aneignungsverbot,** zB BNatSchG 20 f, 22 (über Wiederaneigng nach § 960 II, III herrenlos gewordener Tiere in diesen Fällen vgl OVG Münst RdL **89**, 292 u Hammer NuR **92**, 62). Verbot dch PolizeiVO genügt (RGSt **48**, 124). –
4 **b)** Bei **Verletzung von Aneignungsrechten,** zB des Jagd- (BJagdG) od FischereiBerecht (EG 69). Vgl ferner EG 67, 73; auch StrandO v 17. 5. 74 (vgl aber auch Ewald MDR **57**, 137). EigtErwerb erst durch Aneigng seitens des Berecht; dieser kann aGrd seines AneigngsR vom Besitzer Herausg verlangen, zB JagdBerecht vom Wilderer, in dessen Hand Wild herrenlos bleibt (str). Aber Gutgläubiger kann vom Wilderer Eigt erwerben (Wild dem JagdBerecht nicht abhgek). Wilderer, der nicht mehr im Besitz, haftet dem Berecht aus § 823; auch BereichergsAnspr mögl.

959 ***Aufgabe des Eigentums.*** **Eine bewegliche Sache wird herrenlos, wenn der Eigentümer in der Absicht, auf das Eigentum zu verzichten, den Besitz der Sache aufgibt.**

1 EigtAufgabe ist einseit VfgGesch; GeschFgk u VfgsBefugn erforderl. Der Verzichtswille muß erkennb betätigt werden. Anfechtg (§§ 119 ff) ggü Aneignendem mögl; sie vernichtet aber nur die WillErkl, der § 935 ausschließde Realakt der freiw BesAufgabe bleibt. Verzicht zGDr nicht mögl; ist idR Übereigng (RG **83**, 229). Notw ist ferner Aufg od früh Verlust des unmittelb Bes; mittelb Besitzer kann nicht dch Verz auf HerausgAnspr Eigt aufgeben (str). Ob aus BesAufgabe auf den Verzichtswillen geschlossen werden kann, hängt von den Umst ab (vgl RGSt **57**, 337; **67**, 298; Fritsche MDR **62**, 714; Faber JR **87**, 313 [Nichtabholg bei WkVertr]; LG Ravbg NJW **87**, 3142 [Sperrmüll]). EigtAufgabe steht nicht entgg, daß Eigtümer sich mißbräuchl öff Verpfl entzieht (BayObLG Rpfleger **83**, 308).

960 *Wilde Tiere.* I **Wilde Tiere sind herrenlos, solange sie sich in der Freiheit befinden. Wilde Tiere in Tiergärten und Fische in Teichen oder anderen geschlossenen Privatgewässern sind nicht herrenlos.**

II **Erlangt ein gefangenes wildes Tier die Freiheit wieder, so wird es herrenlos, wenn nicht der Eigentümer das Tier unverzüglich verfolgt oder wenn er die Verfolgung aufgibt.**

III **Ein gezähmtes Tier wird herrenlos, wenn es die Gewohnheit ablegt, an den ihm bestimmten Ort zurückzukehren.**

1) Wilde Tiere (I, II); Tiere, die ihrer Art nach menschl Herrsch nicht unterliegen. – **a)** In **Freiheit** sind sie bis zur Aneigng (§ 958) herrenlos **(I 1).** – **b)** In **Gefangenschaft** sind sie nicht herrenlos **(I 2).** Tiergärten sind wildsicher umschlossene Flächen, in den Tiere ohne Bejagg eingefangen werden können (Staud/Gursky Rn 6); zB Zuchtfarm (Kbg JW **31**, 3463), sog Wild- u Safariparks. Abzulehnen RGSt **42**, 75; **60**, 275 (entscheidend sei hiern, ohne Rücks auf Umfang, ob dem Wild durch die Umschließg das Wechseln in andere Reviere verwehrt). Im Ggs dazu stehen eingehegte Reviere, dort gilt I S 1. Privatgewässer sind geschlossen, wenn sie einen Wechsel in andere Gewässer nicht erlauben. Diese Tiere, auch ihre Abwurfstangen gehören dem, der sie gefangen hält, wenn er aneigngsberechtigt ist, § 958. – **c) Sie werden herrenlos nach II.** Zur Verfolgg rechnen alle zur Wiedererlangg geeigneten Maßnahmen (Mü JW **30**, 2459) wie zB auch Suchanzeigen (Brehm/Berger JuS **94**, 14; Staud/Gursky Rn 10; aA Avenarius NJW **93**, 2589: nur Maßn, die physische Nähe bewirken). Unverzügl § 121 I 1; maßg, ob Verfolgg unverzügl nach Kenntnis der Freiheitserlangg. 1

2) Gezähmte Tiere (III) sind von Natur wilde, aber dch ledigl psychische Mittel (Gewöhng an den Menschen) derart beherrschte Tiere, daß sie die Gewohnh angenommen haben, an den ihnen bestimmten Ort zurückzukehren (zB Beizvögel, Schlesw SchlHA **65**, 191; OVG Münst RdL **89**, 292; aA Hammer NuR **92**, 62). Sie werden herrenlos, wenn sie diese Gewohnh endgült (Hammer aaO) ablegen; nicht aber, wenn sie nach Wiedererlangg der Freih unverzügl u dauerh verfolgt werden (LG Bn NJW **93**, 940; dazu Avenarius NJW **93**, 2589; Brehm/Berger JuS **94**, 14). 2

3) Für **zahme Tiere** (Haustiere, Tauben) gilt § 959. Also kein Verlust des Eigt durch bloßes Entlaufen (RGSt **50**, 183). Die Gewohnh zur Rückkehr kann aber für den Besitz von Bedeutg sein. 3

961 *Herrenloswerden eines Bienenschwarmes.* **Zieht ein Bienenschwarm aus, so wird er herrenlos, wenn nicht der Eigentümer ihn unverzüglich verfolgt oder wenn der Eigentümer die Verfolgung aufgibt.**

Die §§ 961–964 (dazu Schwendner, Hdb BienenR, 1989, Teil 1 D; Gercke NuR **91**, 59) gelten nur für Bienen in Bienenstöcken. § 961 entspricht § 960 II. Herrenlose Bienenschwärme unterliegen der freien Aneigng; gewohnheitsrechtl symbolische Besitzergreifg (Legen einer Sache unter den Baum; J v Gierke, SachenR4 § 37 II 2 a). 1

962 *Verfolgungsrecht des Eigentümers.* **Der Eigentümer des Bienenschwarms darf bei der Verfolgung fremde Grundstücke betreten. Ist der Schwarm in eine fremde nicht besetzte Bienenwohnung eingezogen, so darf der Eigentümer des Schwarmes zum Zwecke des Einfangens die Wohnung öffnen und die Waben herausnehmen oder herausbrechen. Er hat den entstehenden Schaden zu ersetzen.**

Besonderes SelbsthilfeR. Weitergehd als §§ 229, 867, 1005. Zur Verfolgg notwendiges Betreten, Öffnen usw ist nicht widerrechtl. SchadErs also trotz rechtmäß Handelns wie in § 904 S 2. 1

963 *Vereinigung von Bienenschwärmen.* **Vereinigen sich ausgezogene Bienenschwärme mehrerer Eigentümer, so werden die Eigentümer, welche ihre Schwärme verfolgt haben, Miteigentümer des eingefangenen Gesamtschwarmes; die Anteile bestimmen sich nach der Zahl der verfolgten Schwärme.**

Verfolgt nur ein Eigtümer seinen Schwarm, wird er AlleinEigtümer des mit herrenlosen Schwärmen vereinigten Schwarmes. Sonst entsteht MitEigt: aber anders als nach § 947 I nach Maßg der Anzahl der Schwärme (jeder Schwarm hat eine Königin). 1

964 *Einzug in eine fremde besetzte Bienenwohnung.* **Ist ein Bienenschwarm in eine fremde besetzte Bienenwohnung eingezogen, so erstrecken sich das Eigentum und die sonstigen Rechte an den Bienen, mit denen die Wohnung besetzt war, auf den eingezogenen Schwarm. Das Eigentum und die sonstigen Rechte an dem eingezogenen Schwarme erlöschen.**

Erlöschen ohne Entschädigg (auch nach § 812) als Ausgl für regelm angerichteten Schaden. 1

VI. Fund

Vorbemerkung

1 **1) Begriffe** (dazu Gottwald JuS **79**, 247). – **a) Verloren** sind Sachen, die nach BesR besitzlos aber nicht herrenlos sind. Nicht besitzlos sind liegengelassene (RGSt **38**, 444; vgl auch LG Ffm NJW **56**, 873) u versteckte (Hbg MDR **82**, 409) Sachen, deren Lage bekannt u deren jederzeit Wiedererlangg mögl, sowie gestohlene Sachen; ferner verlegte Sachen, deren Lage noch nicht endgült vergessen. Freiw BesAufg dch Eigtümer genügt, sofern darin ausnahmsw (zB GeschUnfgk; Anfechtg) keine EigtAufg liegt; verloren aber Sache, die BesDiener od BesMittler ohne Willen des Eigtümers od Dieb (Hamm NJW **79**, 725; LG Aach
2 MDR **90**, 245) wegwirft. Über nicht abgeholte Sachen bei WkVerk vgl Faber JR **87**, 313. – **b) Finder** ist, wer eine verlorene Sache nach Entdeckg in Bes nimmt; Aufheben zur Besichtigg genügt nicht. Finden setzt als TatHdlg (Übbl 9, 10 vor § 104) GeschFgk nicht voraus. BesDiener findet für BesHerrn (BGH **8**, 130). Zum Schutz des FundBes vgl Mittenzwei MDR **87**, 883. – **c) Empfangsberechtigter** ist, wer BesR u daher HerausgAnspr hat. – **d) Zuständige Behörde** ist jede nach LandesR sachl (W-Raiser § 82 V 1 b) zuständige VerwBehörde; mangels SonderVorschr (*BaWü* AGBGB 5 a, *Bay* VO v 12. 7. 77 [GVBl 386], *Brem* AGBGB 28, *NRW* VO v 27. 9. 77 [GV 350], *RhPf* VO v 20. 9. 77 [GVBl 340], *Saarl* AGJuG 28, *SchlH* VO v 18. 10. 76 [GVBl 266], *Thür* VO v 25. 5. 99 [GVBl 373]) die Gemeinde.

3 **2) Schuldrechtliche Beziehungen.** Dch den Fund entsteht ein ges SchuldVerh, auf das §§ 677 ff ergänzd anwendb (Hbg OLG **8**, 112); aber kein BesMittlgsVerh (§ 868 Rn 18). Dch §§ 965 ff sind ggü ehrl Finder §§ 987 ff ausgeschl (Raiser, FS-Wolf 133, 140; aA RG JW **24**, 1715); vgl aber auch § 970 Rn 1.

4 **3) Sondervorschrift** für Strandgut: RStrandgsO v 17. 5. 1874, BGBl III 9516–1. – **IPR:** Recht des Fundortes maßg (Hbg OLG **10**, 114). – **Reform** dch G v 19. 7. 76, BGBl 1817: Bassenge NJW **76**, 1486.

965 *Anzeigepflicht des Finders.* **I Wer eine verlorene Sache findet und an sich nimmt, hat dem Verlierer oder dem Eigentümer oder einem sonstigen Empfangsberechtigten unverzüglich Anzeige zu machen.**

II Kennt der Finder die Empfangsberechtigten nicht oder ist ihm ihr Aufenthalt unbekannt, so hat er den Fund und die Umstände, welche für die Ermittelung der Empfangsberechtigten erheblich sein können, unverzüglich der zuständigen Behörde anzuzeigen. Ist die Sache nicht mehr als zehn Deutsche Mark wert, so bedarf es der Anzeige nicht.

1 **Anzeige. a)** Stets an einen bekannten od nachträgl bekannt werdden EmpfangsBerecht (Vorbem 2 vor § 965); bei Mehrh genügt an einen. Unverzügl: § 121 I 1. – **b)** Hilfsw an zust Behörde (Vorbem 2 vor § 965); nur diese Anz kann bei Kleinfund unterbleiben. – **c)** Verletzg der Pfl: §§ 971 II, 973, 823 ff.

966 *Verwahrungspflicht.* **I Der Finder ist zur Verwahrung der Sache verpflichtet.**

II Ist der Verderb der Sache zu besorgen oder ist die Aufbewahrung mit unverhältnismäßigen Kosten verbunden, so hat der Finder die Sache öffentlich versteigern zu lassen. Vor der Versteigerung ist der zuständigen Behörde Anzeige zu machen. Der Erlös tritt an die Stelle der Sache.

1 **1) Pflicht zur Verwahrung,** §§ 688 ff; notfalls zur Erhaltg u Fruchtziehg. Von Inbesitznahme ab Freiwerden nur nach §§ 966 II, 967, 969.

2 **2) Pflicht zur öffentlichen Versteigerung;** vgl §§ 156, 383 III, 385. Ersteher wird Eigtümer, weil Finder zur Versteigerg berechtigt ist; Finder handelt kraft gesetzl Ermächtigg (aM Bertzel AcP **158**, 113: gesetzl Vertreter). Dingl Surrogation: **II** S 3. Liegt ein Fall des **II** S 1 nicht vor, gilt § 1244 entspr (RGRK/Pikart Rn 10; Staud/Gursky Rn 6). Vgl ferner § 935 II.

967 *Ablieferungspflicht.* **Der Finder ist berechtigt und auf Anordnung der zuständigen Behörde verpflichtet, die Sache oder den Versteigerungserlös an die zuständige Behörde abzuliefern.**

1 Der Finder wird dch Abliefergan die zust Behörde (Vorbem 2 vor § 965) von seinen Pfl frei, behält aber seine Rechte (§ 975). AbliefergsAnordnung dch allgverbindl Anordng od im Einzelfall dch VerwaltgsAkt ggü Finder (SächsOVG JW **25**, 1061). Verpfl der Behörde nach §§ 973, 975, 976 u nach öffR (Hbg SeuffA **61**, 8); Haftg: OVG **12**, 127.

968 *Umfang der Haftung.* **Der Finder hat nur Vorsatz und grobe Fahrlässigkeit zu vertreten.**

1 Im Rahmen des gesetzl Schuldverhältn u der §§ 823 ff. Vgl § 680 und den entspr anwendbaren § 682 bei Nichtgeschäftsfähigen.

969 *Herausgabe an den Verlierer.* **Der Finder wird durch die Herausgabe der Sache an den Verlierer auch den sonstigen Empfangsberechtigten gegenüber befreit.**

Hat ein BesDiener die Sache verloren, so befreit die Herausg an ihn, wenn das Verhältn aus § 855 noch besteht. Haftg für Herausg an einen Nichtempfangsberechtigten nach § 968. Empfangsberechtigte: Vorbem 2 vor § 965. 1

970 *Ersatz von Aufwendungen.* **Macht der Finder zum Zwecke der Verwahrung oder Erhaltung der Sache oder zum Zwecke der Ermittelung eines Empfangsberechtigten Aufwendungen, die er den Umständen nach für erforderlich halten darf, so kann er von dem Empfangsberechtigten Ersatz verlangen.**

§ 994 I 2 gilt entspr, soweit Finder Nutzgen verbleiben (RGRK/Pikart Rn 3). Vgl im übrigen §§ 256, 257, 972, 974. Anspr der Behörde richten sich nach öff Recht. 1

971 *Finderlohn.* **I Der Finder kann von dem Empfangsberechtigten einen Finderlohn verlangen. Der Finderlohn beträgt von dem Wert der Sache bis zu eintausend Deutsche Mark fünf vom Hundert, von dem Mehrwert drei vom Hundert, bei Tieren drei vom Hundert. Hat die Sache nur für den Empfangsberechtigten einen Wert, so ist der Finderlohn nach billigem Ermessen zu bestimmen.**

II Der Anspruch ist ausgeschlossen, wenn der Finder die Anzeigepflicht verletzt oder den Fund auf Nachfrage verheimlicht.

Der Finderlohn belohnt die Ehrlichk u Mühewaltg des Finders. Daneben besteht der Anspr aus § 970. 1 Maßgebd ist der Wert der Sache od der Versteigergserlös zZ der Herausg. Für Sparkassenbücher gilt **I S 3,** da Ggst des Fundes das Buch, nicht die Fdg. Ausschluß bei mind grob fahrl (§ 968) Verletzg der AnzPfl (§ 965) od bei Verheimlichg auf Nachfrage eines glaubh Berechtigten (Dresden OLG **4**, 333). Wohl nicht beim geschäftsunfäh Finder (Staud/Gursky Rn 4). Geltdmachg § 972.

972 *Zurückbehaltungsrecht des Finders.* **Auf die in den §§ 970, 971 bestimmten Ansprüche finden die für die Ansprüche des Besitzers gegen den Eigentümer wegen Verwendungen geltenden Vorschriften der §§ 1000 bis 1002 entsprechende Anwendung.**

Zurückbehaltungsrecht §§ 273 III, 274, 1000 S 1; vgl auch § 975 S 3. § 1000 S 2 nicht anwendbar. 1 **Klagerecht** entspr §§ 1001, 1002; Gen des Finderlohns genügt für § 1001 (Bassenge NJW **76**, 1486 zu II 2 b). EmpfangsBerecht kann sich nach § 1001 S 2 durch Rückg der Sache befreien.

973 *Eigentumserwerb des Finders.* **I Mit dem Ablauf von sechs Monaten nach der Anzeige des Fundes bei der zuständigen Behörde erwirbt der Finder das Eigentum an der Sache, es sei denn, daß vorher ein Empfangsberechtigter dem Finder bekannt geworden ist oder sein Recht bei der zuständigen Behörde angemeldet hat. Mit dem Erwerbe des Eigentums erlöschen die sonstigen Rechte an der Sache.**

II Ist die Sache nicht mehr als zehn Deutsche Mark wert, so beginnt die sechsmonatige Frist mit dem Funde. Der Finder erwirbt das Eigentum nicht, wenn er den Fund auf Nachfrage verheimlicht. Die Anmeldung eines Rechtes bei der zuständigen Behörde steht dem Erwerbe des Eigentums nicht entgegen.

Nach Ablauf von sechs Monaten seit Anzeige **(I)** bzw Fund **(II)** erwirbt der Finder *ex nunc* (str) **Eigentum** 1 an der Sache nebst inzwischen gezogenen Früchten od am Versteigergserlös. Rechte Dritter erlöschen. BereichergsAnspr § 977. Der Finder od die Behörde muß aber die Sache (od den Erlös) noch in Besitz haben (RG JW **31**, 930; str). Für Anspr gg Behörde auf Herausg ZivRWeg (VwGO 40 II 1; VGH Brem DVBl **56**, 628 überholt). Vor Fristablauf hat Finder ein übertragb AnwR (Mittenzwei MDR **87**, 883; RG JW **31**, 930), ohne daß damit Erwerber in die volle Stellg des Finders im gesetzl SchuldVerh mit Verlierer einrückt: seine Beziehgen zum Eigtümer regeln sich nach §§ 987 ff; Übertragg entspricht EigtÜbertragg; Erwerber erwirbt dann nach Fristablauf unmittelb Eigt; passivlegitimiert für Anspr aus § 977 bleibt aber Finder, (außer iF des § 822) da EigtErwerb des neuen Anwärters Folge der Leistg des Finders ist. – **Ausnahmen:** Vor Ablauf der 2 Frist **a)** verzichtet Finder auf sein Recht, § 976 I; **b)** wird ihm das Recht des EmpfangsBerecht (nicht notw zugl sein Aufenth, § 965 II) bekannt. Ferner **c)** im Falle **I:** es meldet der EmpfangsBerecht sein Recht bei einer zust Behörde (Vorbem 2 vor § 965) an; **d)** im Falle **II:** Finder verheimlicht trotz Nachfrage; vgl § 971 II. **Zu b und c:** vgl § 974.

974 *Eigentumserwerb nach Verschweigung.* **Sind vor dem Ablauf der sechsmonatigen Frist Empfangsberechtigte dem Finder bekannt geworden oder haben sie bei einer Sache, die mehr als zehn Deutsche Mark wert ist, ihre Rechte bei der zuständigen Behörde rechtzeitig angemeldet, so kann der Finder die Empfangsberechtigten nach den Vorschriften des § 1003 zur Erklärung über die ihm nach den §§ 970 bis 972 zustehenden Ansprüche auffordern. Mit dem Ablaufe der für die Erklärung bestimmten Frist erwirbt der Finder das Eigentum und erlöschen die sonstigen Rechte an der Sache, wenn nicht die Empfangsberechtigten sich rechtzeitig zu der Befriedigung der Ansprüche bereit erklären.**

1 Aufforderg an alle Empfangsberechtigte. Verschweigen sich alle, erwirbt der Finder Eigt wie nach § 973. Genehmigt auch nur einer, hat der Finder das KlageR nach §§ 972, 1001. Bestreitet einer den Anspr, zunächst Feststellgsklage u danach neue Aufforderg, vgl § 1003 Rn 5. Hier setzt die Setzg einer unangemessenen Frist die angemessene nicht in Lauf, vielmehr muß neue gesetzt werden, damit Ztpkt des EigtErwerbs bestimmt ist (RGRK/Pikart Rn 2; Staud/Gursky Rn 1).

975 ***Rechte des Finders nach Ablieferung.*** **Durch die Ablieferung der Sache oder des Versteigerungserlöses an die zuständige Behörde werden die Rechte des Finders nicht berührt. Läßt die zuständige Behörde die Sache versteigern, so tritt der Erlös an die Stelle der Sache. Die zuständige Behörde darf die Sache oder den Erlös nur mit Zustimmung des Finders einem Empfangsberechtigten herausgeben.**

1 Die Befugn der Behörde zur Versteigerg richtet sich nach öff Recht. – Zustimmg (S 3) an Stelle des ZbR aus § 972; Nachw notf dch Urt (ZPO 894). Herausg ohne Zust wirks, aber § 839.

976 ***Eigentumserwerb der Gemeinde.*** **I Verzichtet der Finder der zuständigen Behörde gegenüber auf das Recht zum Erwerbe des Eigentums an der Sache, so geht sein Recht auf die Gemeinde des Fundorts über.**

II Hat der Finder nach der Ablieferung der Sache oder des Versteigerungserlöses an die zuständige Behörde auf Grund der Vorschriften der §§ 973, 974 das Eigentum erworben, so geht es auf die Gemeinde des Fundorts über, wenn nicht der Finder vor dem Ablauf einer ihm von der zuständigen Behörde bestimmten Frist die Herausgabe verlangt.

1 Formloser Verzicht. Im Falle **I** Vorbeh der Anspr aus §§ 970, 971 mögl. Im Falle **II** sind sie erloschen. Ist der Aufenth des Finders unbekannt, gilt § 983.

977 ***Bereicherungsanspruch.*** **Wer infolge der Vorschriften der §§ 973, 974, 976 einen Rechtsverlust erleidet, kann in den Fällen der §§ 973, 974 von dem Finder, in den Fällen des § 976 von der Gemeinde des Fundorts die Herausgabe des durch die Rechtsänderung Erlangten nach den Vorschriften über die Herausgabe einer ungerechtfertigten Bereicherung fordern. Der Anspruch erlischt mit dem Ablaufe von drei Jahren nach dem Übergange des Eigentums auf den Finder oder die Gemeinde, wenn nicht die gerichtliche Geltendmachung vorher erfolgt.**

1 Anspruchsberechtigt sind der bish Eigentümer u die dingl Berechtigten; aber nicht der Finder im Falle des § 976 II. Anspruchsverpflichtet ist der Finder (§§ 973, 974) od die Gemeinde (§ 976) od ein Dritter nach § 822. Vgl im übr §§ 812 I 2, 818, 819. S 2 bestimmt eine AusschlFrist.

978 ***Fund in öffentlicher Behörde oder Verkehrsanstalt.*** **I Wer eine Sache in den Geschäftsräumen oder den Beförderungsmitteln einer öffentlichen Behörde oder einer dem öffentlichen Verkehre dienenden Verkehrsanstalt findet und an sich nimmt, hat die Sache unverzüglich an die Behörde oder die Verkehrsanstalt oder an einen ihrer Angestellten abzuliefern. Die Vorschriften der §§ 965 bis 967 und 969 bis 977 finden keine Anwendung.**

II Ist die Sache nicht weniger als einhundert Deutsche Mark wert, so kann der Finder von dem Empfangsberechtigten einen Finderlohn verlangen. Der Finderlohn besteht in der Hälfte des Betrages, der sich bei Anwendung des § 971 Abs. 1 Satz 2, 3 ergeben würde. Der Anspruch ist ausgeschlossen, wenn der Finder Bediensteter der Behörde oder der Verkehrsanstalt ist oder der Finder die Ablieferungspflicht verletzt. Die für die Ansprüche des Besitzers gegen den Eigentümer wegen Verwendungen geltende Vorschrift des § 1001 findet auf den Finderlohnanspruch entsprechende Anwendung. Besteht ein Anspruch auf Finderlohn, so hat die Behörde oder die Verkehrsanstalt dem Finder die Herausgabe der Sache an einen Empfangsberechtigten anzuzeigen.

III Fällt der Versteigerungserlös oder gefundenes Geld an den nach § 981 Abs. 1 Berechtigten, so besteht ein Anspruch auf Finderlohn nach Absatz 2 Satz 1 bis 3 gegen diesen. Der Anspruch erlischt mit dem Ablauf von drei Jahren nach seiner Entstehung gegen den in Satz 1 bezeichneten Berechtigten.

1 **1) Fundort: Geschäftsraum/Beförderungsmittel** einer öff Behörde aller VerwaltgsArten (dazu Eith MDR **81**, 189; Kunz MDR **86**, 537 [BBahn]); auch Nebenräume wie Treppen, Flure, Restaurationsräume, Aborte, Höfe, Bahnsteige. – **Verkehrsanstalt** für öff Verkehr; hier nur die öff od priv Transportanstalt (Schwab/Prütting Rn 505, 508), nicht aber Gaststätten (RG **108**, 259), Warenhäuser (vgl dazu BGH **101**, 186), Privatbanken (aA Hbg SeuffA **63**, 105; W-Raiser § 82 IX), auch nicht Betriebe (vgl dazu Rother BB **65**, 247).

2 **2) Ablieferungspflicht** des Finders (I 1); unverzügl: § 121 I 1. Haftgsmaßstab iRv § 968. Bei Verletzg: kein Finderlohn (II 3).

3 **3) Finderlohn** (Höhe: II 2) nur bei Sachen ab 100 DM Wert. Maßg obj VerkWert im Ztpkt der Wiedererlangg dch EmpfangsBerecht od VerstErlös; mangels solchen Werts der Wert für den EmpfangsBerecht (vgl II 2 mit § 971 I 3). – **a) Schuldner. aa) Empfangsberechtigter** (Vorbem 2 vor § 965), solange Voraussetzgen des § 981 I noch nicht gegeben (II 1). Aber erst nachdem dieser die Sache wiedererlangt od Anspr (§ 972 Rn 1) genehmigt hat (II 4 mit § 1001; Bassenge NJW **76**, 1486); vorher keine Aufrechng. Dch Rückg an

Behörde/VerkAnstalt vor Gen kann EmpfangsBerecht sich von Anspr befreien (II 4 mit § 1001). Dch Wiedererlangg od Gen unbdgt gewordener Anspr verjährt nach § 195; § 1002 nicht anwendb. **bb) Eigentümer des Geldes,** der dies nach § 981 I erworben; Finder hat keinen Anspr auf Verst. Rechtzeit (III 2) geltd gemachter Anspr (nicht notw gerichtl) verjährt nach § 195; ordentl RWeg. – **b) Ausschluß** (II 3). 4
Bedienstete der Behörde/VerkAnstalt (auch zB Angestellte einer beauftragten ReiniggsFirma) haben keinen Anspr. Ebso Finder, der mind grob fahrl (§ 968) AbliefergsPfl verletzt; Verheimlichg ggü EmpfangsBerecht unschädl, ebso unverzügl Ablieferg unmittelb an diesen (Umweg über Behörde/VerkAnstalt nur zur AnsprErhaltg nicht sinnvoll); wg geschäftsunfäh Finder vgl § 971 Rn 1. – **c) Benachrichtigungspflicht** der 5
Behörde/VerkAnstalt (II 5), damit Finder Anspr geltd machen kann. Bei Verletzg: § 839 od § 276 (priv VerkAnstalt).

4) Sonderregelung in § 978, die auch bei Bes der Behörde usw anwendb (BGH **101**, 186), schließt aus: 6
Anspr aus § 970; EigtErwerb nach §§ 973, 974; Finderlohn bei Sachen unter 100 DM Wert.

979 *Öffentliche Versteigerung.* **I Die Behörde oder die Verkehrsanstalt kann die an sie abgelieferte Sache öffentlich versteigern lassen. Die öffentlichen Behörden und die Verkehrsanstalten des Reichs, der Bundesstaaten und der Gemeinden können die Versteigerung durch einen ihrer Beamten vornehmen lassen.**

II Der Erlös tritt an die Stelle der Sache.

Öff Versteigerg. Vgl § 966 Rn 2 und §§ 980–982. Statt „Reichs“ u. „Bundesstaaten“ jetzt Bundesrepublik 1
u Länder. Verkehrsanstalten zB Post, Bundesbahn. §§ 979, 980 gelten gem WaStrG 30 VII für beseitigte Ggstände, die ein Schiffahrtshindern bilden. – **II:** dingl Surrogation.

980 *Öffentliche Bekanntmachung des Fundes.* **I Die Versteigerung ist erst zulässig, nachdem die Empfangsberechtigten in einer öffentlichen Bekanntmachung des Fundes zur Anmeldung ihrer Rechte unter Bestimmung einer Frist aufgefordert worden sind und die Frist verstrichen ist; sie ist unzulässig, wenn eine Anmeldung rechtzeitig erfolgt ist.**

II Die Bekanntmachung ist nicht erforderlich, wenn der Verderb der Sache zu besorgen oder die Aufbewahrung mit unverhältnismäßigen Kosten verbunden ist.

Vgl § 982. Ist die Versteigerg unzul, erwirbt nur der gutgl Ersteher nach § 935 II od entspr § 1244 1
(RGRK/Pikart Rn 3) Eigt.

981 *Empfang des Versteigerungserlöses.* **I Sind seit dem Ablaufe der in der öffentlichen Bekanntmachung bestimmten Frist drei Jahre verstrichen, so fällt der Versteigerungserlös, wenn nicht ein Empfangsberechtigter sein Recht angemeldet hat, bei Reichsbehörden und Reichsanstalten an den Reichsfiksus, bei Landesbehörden und Landesanstalten an den Fiskus des Bundesstaats, bei Gemeindebehörden und Gemeindeanstalten an die Gemeinde, bei Verkehrsanstalten, die von einer Privatperson betrieben werden, an diese.**

II Ist die Versteigerung ohne die öffentliche Bekanntmachung erfolgt, so beginnt die dreijährige Frist erst, nachdem die Empfangsberechtigten in einer öffentlichen Bekanntmachung des Fundes zur Anmeldung ihrer Rechte aufgefordert worden sind. Das gleiche gilt, wenn gefundenes Geld abgeliefert worden ist.

III Die Kosten werden von dem herauszugebenden Betrag abgezogen.

982 *Ausführungsvorschriften.* **Die in den §§ 980, 981 vorgeschriebene Bekanntmachung erfolgt bei Reichsbehörden und Reichsanstalten nach den von dem Bundesrat, in den übrigen Fällen nach den von der Zentralbehörde des Bundesstaats erlassenen Vorschriften.**

Statt ReichsBeh/Anstalt jetzt BBeh/Anstalt, statt BRat jetzt zuständ BMinister (Friehe ArchÖffR **109**, 76) 1
u statt BStaat jetzt BLand. Für BBeh gilt Bek v 16. 6. 1896 (BGBl III 403–5). – *BaWü* VO 29. 9. 81 (GBl 510); *Bay* VO v 12. 7. 77 (GVBl 386); *Hbg* VO v 19. 11. 62 (GVBl 183); *Nds* AGBGB 25; *Saarl* VO v 31. 3. 92 (ABl 386); *SchlH* VO v 18. 10. 76 (GVBl 266).

983 *Unanbringbare Sachen bei Behörden.* **Ist eine öffentliche Behörde im Besitz einer Sache, zu deren Herausgabe sie verpflichtet ist, ohne daß die Verpflichtung auf Vertrag beruht, so finden, wenn der Behörde der Empfangsberechtigte oder dessen Aufenthalt unbekannt ist, die Vorschriften der §§ 979 bis 982 entsprechende Anwendung.**

ZB für Überführungsstücke, deren Eigtümer unbekannt ist. Vgl auch § 976 Rn 1. Für vertragl Anspr 1
bestehen SonderVorschr in HintO 19 ff; PostG 26 I. Für Private gelten nur die §§ 372 ff.

984 *Schatzfund.* **Wird eine Sache, die so lange verborgen gelegen hat, daß der Eigentümer nicht mehr zu ermitteln ist (Schatz), entdeckt und infolge der Entdeckung in Besitz genommen, so wird das Eigentum zur Hälfte von dem Entdecker, zur Hälfte von dem Eigentümer der Sache erworben, in welcher der Schatz verborgen war.**

Schrifttum: Dörner, Zivilrechtl Probleme der Bodendenkmalpflege, Berlin 1992.

1 **1) Verborgen** ist eine (bewegl) Sache, wenn sie nicht ohne weiteres sinnl wahrnehmb ist; offen liegde Ggst sind nicht verborgen, wenn ihre Auffindg dch Verhältn wesentl erschwert ist (Köln OLGZ **92**, 253: Münzen in Karton auf schwer zugängl Dachboden; Celle NJW **92**, 2576: Kruzifix unter Schildern in Kiste in Kapelle). Die Sache muß so lange verborgen gewesen sein, daß gerade deshalb der Eigtümer nicht zu ermitteln ist (Hbg MDR **82**, 409). Entsprechd wohl bei herrenlosen Sachen von wissenschaftl Wert, zB Fossilien; str. Bergende Sache kann auch bewegl sein (Geheimfach). – **Entdeckung** (erfordert als TatHdlg kein GeschFgk) ist Wahrnehmg ohne Rücks auf Anlaß (zB auch bei Straftat). Bei planmäß/gezielter Nachforschg (nicht genügd, daß bei GbdeAbbruch auf wiederverwendb Sachen zu achten ist) iR eines ArbVerh/Auftr/WerkVertr ist der ArbGeber usw Entdecker, andf der ArbNehmer usw (BGH **103**, 101). – Eigt wird aber erst mit **Inbesitznahme** (vgl dazu Celle NJW **92**, 2576) aGrd der Entdeckg (nicht notw dch Entdecker) erworben. Entdecker u Eigtümer der Sache, in der Schatz bei Bloßlegg (Wahrnehmg kann nachfolgen) verborgen war (BGH aaO), werden MitEigtümer iSv § 1008. Anspr aus §§ 809 u §§ 260, 261; vgl auch § 1040. – Schatzfund u StrandR, vgl Ehlers SchlHA **71**, 227.

2 **2) Landesrecht:** EG 73; ferner AusgrabgsG u DenkmalsschutzG (zB *BaWü* 23) der Länder.

Vierter Titel. Ansprüche aus dem Eigentume

Schriftum: Köbl, Das Eigtümer-Besitzer-Verh im AnsprSystem des BGB, 1971. – Pinger-Scharrelmann-Thissen, Das Eigtümer-Besitzer-Verh, 4. Aufl 1988. – Pinger, Funktion u dogm Einordng des Eigtümer-Besitzer-Verh, 1973.

985 *Herausgabeanspruch.* **Der Eigentümer kann von dem Besitzer die Herausgabe der Sache verlangen.**

1 **1) Allgemeines.** Aus dem Eigt abgeleiteter dingl Anspr für Sachen aller Art *(rei vindicatio)*; kein SchadErs-
2 Anspr nach § 249 S 1, so daß § 251 nicht anwendb (BGH NJW **64**, 2414). – **a) Verfügungen.** Der Anspr ist nicht abtretb; Ermächtigg eines Dritten zur Geltdmachg im eigenen Namen (im Proz unter den Voraussetzgen der gewillkürten ProzStandsch) zuläss (BGH DtZ **95**, 360 [365]) u in sie ist eine Abtretg idR umzudeuten. Nicht verzichtb, erlaßb (uU Umdeutg in §§ 929 S 2, 959) u verpfändb (§ 1274 II), aber pfändb (ZPO
3 857 III). – **b) Anspruchskonkurrenz** besteht mit vertragl Rückg- (zB § 556 III; BGH NJW **96**, 321; hM) u Rückabwicklgs- (zB §§ 346 ff; MüKo/Medicus Rn 28) sowie gesetzl HerausgAnspr (zB §§ 812 [BGH NJW **77**, 31], 823 mit 249, 861, 1007, 2018). Dies gilt auch, wenn sie einem Dritten zustehen, der ggü dem Eigtümer kein BesR hat (vgl Müller-Laube AcP **183**, 215).

4 **2) Gläubiger** ist der Eigtümer (auch SichgsEigtümer). Über MitEigtümer vgl § 1011 Rn 2; Geltdmachg
5 dch GesHdsEigtümer nach Maßg der GemschVorschr (zB §§ 714, 2039). – **a)** Mit **Eigentumsverlust** erlischt der Anspr (u entsteht bei einem Erwerber neu). Erfolgt dies nach RHängigk dch Veräußerg iSv ZPO 265, so hat das auf den Proz keinen Einfluß (ZPO 265 II 1; Ausn: ZPO 265 III): Veräußerte der klagde Eigtümer (zB §§ 925, 931), so muß er zur Vermeidg der KlAbweisg Herausg an den Erwerber beantragen (BGH NJW **86**, 3206). Veräußerte der beklagte Besitzer (zB § 932), so kann der Kläger entw den KlAntr unverändert lassen (RG **121**, 379) u die Umschreibg der VollstrKlausel gg den Erwerber nach ZPO 727, 731 erwirken od (zB wenn dies wg Gutgläubigk iSv ZPO 325 II nicht mögl) gem ZPO 264 Nr 3 Herausg des Erlangten (§ 816)
6 od SchadErs (§§ 989, 990) verlangen. – **b) Beweislast.** Kläger für sein Eigt; dh für Tats, die EigtErwerb od EigtVermutg (§§ 891, 1006) begründen. Bei bewegl Sachen muß er die für den Bekl sprechde Vermutg des § 1006 I, II widerlegen od die Voraussetzgen von § 1006 I 2 beweisen; bei GBEintr des Bekl muß er die Vermutg des § 891 widerlegen.

7 **3) Schuldner** ist der unmittelb od mittelb Eigen- od Fremdbesitzer unabhäng von der Art seines BesErwerbs; nicht der BesDiener; über Mitbesitzer vgl § 866 Rn 10, 11. Wechsel der BesArt ist kein BesVerlust iSv
8 Rn 8. – **a)** Mit **Besitzverlust** erlischt der Anspr ohne Rücks auf Wiederbeschaffgsmöglichk (RG **115**, 31), jedenf reicht Ungewißh, ob u wann HerausgHindern behoben wird (BGH WM **82**, 749); kein BesVerlust bei Herausg aGrd einstwVfg (RG HRR **29** Nr 104; aA Staud/Gursky 52 bei Herausg an Eigtümer). Ist unstr/bewiesen, daß Bekl im Ztpkt der letzten mündl Verhdlg nicht mehr Besitzer ist, so ist die HerausgKl abzuweisen (BGH aaO). Bei BesVerlust nach RHängigk dch Veräußerg iSv ZPO 265 gilt aber Rn 5 entspr
9 (Staud/Gursky 49). – **b) Beweislast.** Kläger für Bes des Bekl im Ztpkt der letzten mündl Verhdlg (Baumgärtel/Laumen 14; Staud/Gursky 54; aA [nur bei RHängigk] RG Recht **23** Nr 745; BGH WM **82**, 749); Bekl dafür, daß er trotz tats Gewalt nur BesDiener. HerausgVerurteilg aber ohne BewAufn über str BeklBes, wenn Bekl für BesVerlust haften würde (RG Warn **29** Nr 27; Kblz AnwBl **90**, 107; Baumgärtel/Laumen aaO; aA Wittig NJW **93**, 635); ermöglicht Kläger Vorgehen nach § 283 (vgl Rn 18).

10 **4) Anspruchsinhalt.** Geschuldet wird die von Duldg der Wegn zu unterscheidde **Herausgabe** iSv Verschaffg des unmittelb Bes (Düss ZMR **99**, 386). Dies gilt auch für Bargeld; ändert sich dessen Erscheingsform (Wechseln, KtoEinzahlg), so gelten §§ 989 ff, 816. Auch dann **keine Wertvindikation,** wenn der Geldwert noch erkennb in and Noten/Münzen od Buchgeld beim Besitzer unterscheidb (Medicus JuS **83**, 897; aA Erm/Hefermehl 6), da sonst Geld- ggü SachEigtümer bevorzugt.

11 **a) Mittelbarer Besitzer. – aa)** Von ihm kann nach ZPO 894 vollstreckb **Abtretung seines Herausgabeanspruchs** gg den unmittelb Besitzer verlangt werden; bei mittelb Bes aGrd Beschlagn (§ 868 Rn 17) Zust zur Herausg an Eigtümer (Hbg MDR **74**, 754; aA Staud/Gursky 70). Bei mittelb Bes als VollstrGläub
12 wird § 985 dch ZPO 771 verdrängt (BGH NJW **89**, 2542; Düss ZMR **99**, 474). – **bb)** Von ihm kann auch nach ZPO 886 (bei Fortdauer des mittelb Bes) bzw ZPO 883 (bei Rückerlangg des unmittelb Bes) vollstreckb **Herausgabe der Sache** verlangt werden. Nach der Rspr (BGH **53**, 29; LG Saarbr NJW-RR **87**, 11) aber nur, wenn er dem Eigtümer nach §§ 989 ff bei Nichtherausg haftet, damit dieser nicht über § 283 einen den

§§ 989 ff widerspr ErsAnspr erlangt. Sachgerechter ist es, erst iR des SchadErsProz nach § 283 I 2 zu prüfen, ob auch §§ 989 ff erfüllt sind (MüKo/Medicus 11; Wieling § 12 I 2 c; vgl Rn 18).

b) Herausgabeort (§ 269). Die Herausg hat zu erfolgen (BGH NJW **81**, 752): Vom gutgl u unverklagten 13 Besitzer dort, wo sich die Sache befindet; vom bösgl (§ 990) od verklagten (§ 989) Besitzer dort, wo sie sich bei Eintritt der Bösgläubigk befand; vom Deliktsbesitzer (§ 992) am Ort der BesErlangg.

c) Herausgabekosten einschl Transport zum HerausgOrt trägt der Besitzer (BGH NJW **88**, 3264); 14 Eigtümer hat aus §§ 684, 812 (nicht §§ 989 ff) ErstattgsAnspr für verauslagte HerausgKosten (BGH NJW **81**, 752). Die Kosten der Abholg vom HerausgOrt trägt der Eigtümer.

5) Einreden, Einwendungen. – a) Aufrechnung (§ 387) eines Anspr auf GeldHerausg (Rn 10) mit/gg 15 ZahlgsAnspr zuläss (hM; aA Dresd SeuffA **72** Nr 24). – **b) Besitzrecht:** § 986. – **c) Mitverschulden:** § 254 nicht anwendb (BGH **LM** § 366 HGB Nr 4). – **d) Sittenwidrigkeit** von Grd- u ErfGesch: Einl 13 v § 854. – **e) Rechtsmißbrauch** (§ 242); zB (EinzUmstände stets maßg!) Besitzer hat Anspr auf EigtErwerb gg den Eigtümer (BGH **10**, 69), Eigtümer hat Erwerbsaussicht des Besitzers erweckt/unterhalten u Besitzer deswg VermDispositionen getroffen (RG **133**, 293; BGH **47**, 189), Herausg führt zu baulastwidr Zustand (BGH **79**, 210). Zur Frage, ob Besitzer dann ÜbereigngsAnspr hat, vgl v Olshausen JZ **83**, 288. – **f) Verjährung:** § 195 (BGH **LM** § 989 Nr 2); bei Grdst vgl § 902 Rn 2. – **g) Zurückbehaltung:** §§ 273 (BGH **64**, 122), 1000.

6) Verzug. – a) Gläubigerverzug. §§ 293 ff anwendb; Eintritt zB, wenn Eigtümer bei Abholg Ver- 16 wendgskostenErs verweigert (MüKo/Medicus 39) od die Abholg wg Verschlechterg. RFolgen: §§ 300 I, 302 ff. – **b) Schuldnerverzug.** Eintritt nach §§ 284, 285; Haftg wg § 990 II aber nur bei Bösgläubigk iSv § 990 I (§ 990 Rn 9) VerzögergsSchad nach § 286 I (BGH NJW **64**, 2414) u Haftgsverschärfg nach § 287. Dann auch § 286 II anwendb (§ 990 Rn 9; str).

7) Schadensersatz bei Nichtherausgabe. – a) Der HerausgAnspr erlischt erst mit BesVerlust (Rn 8) u 17 die Haftg des bish Besitzers dafür regeln **§§ 989 ff**; nicht anwendb §§ 275, 280 u auch § 281 (RG **157**, 44; Kindl JA **96**, 23 [28]; hM). Eigtümer kann daher nicht wahlw Herausg od SchadErs verlangen (MüKo/ Medicus 53; Staud/Gursky 71; aA RG Warn **29** Nr 27); auch keine ErsetzgsBefugn. – **b) § 283** ist anwendb 18 (BGH **53**, 29; WM **76**, 248; **82**, 749; aA Staud/Gursky 72), nicht aber ZPO 510 b. Fristsetzg schon im HerausgUrt mögl (ZPO 255). Bei nicht fristgem Herausg erlischt der HerausgAnspr ohne Rücks auf BesVerlust. Wg der abschließden Regelg in §§ 989 ff SchadErsPfl des Besitzers nur, wenn sie erfüllt (MüKo/Medicus 36); SchadErs entspr § 255 nur gg Übereigng. Geltdmachung unter den Voraussetzgen von ZPO 259 schon im HerausgProz (BGH NJW **99**, 954). Daher muß schon dort feststehen, daß Besitzer bei Nichtherausg haftet (was entgg Mü OLGZ **65**, 10 mögl; zB nach §§ 990 II, 287 S 2). Steht dies fest, kann SchadErsAntr nicht desh abgewiesen werden, weil BewAufn über Höhe bei fristgem Herausg umsonst (aA Kblz AnwBl **90**, 107).

8) Prozeßrecht. Vgl auch Rn 5, 8 (Veräußerg nach RHängigk); 6, 9 (BewLast), 18 (künft SchadErs).

a) Erkenntnisverfahren. – aa) Zuständigkeit: ZPO 12, 13, 24. Für HerausgAnspr unter Eheg im 19 Geltgsbereich der HausRVO u der §§ 1361 a/b ist das FamGer zuständ (vgl BGH NJW **86**, 1339; Bambg NJW-RR **96**, 1413; vgl aber Celle FamRZ **97**, 381). – **bb) Klage.** Der Antr muß die Sache genau bezeichnen (ZPO 253 II Nr 2); zusfassde Bezeichng mehrer Sachen nur genügd, wenn zweifelsfrei. Die Begründg muß die Tats angeben, die das Eigt des Klägers (sofern dieses nicht unstr; BGH VIZ **95**, 597) u den Bes des Bekl ergeben (BGH **LM** Nr 1). – **cc) Klagehäufung** liegt nicht vor, wenn der Lebenssachverhalt konkurrierde Anspr (Rn 3) ergibt (BGH **9**, 22; Berg JuS **71**, 522; § 861 Rn 6). – **dd) Einstweilige Verfügung** idR nur auf Herausg an Sequester (vgl Düss MDR **84**, 411).

b) Rechtskraftwirkung. – aa) Objektiv. Das Urt stellt bezogen auf den Ztpkt der letzten mündl Verhdlg 20 nur bindd fest, daß ein HerausgAnspr aus § 985 besteht od nicht besteht; nicht aber das EigtR (BGH Rpfleger **99**, 122), sodaß ZPO 256, 260 zweckm. Diese Feststellg bindet auch im RStreit über die von § 985 abhäng NebenAnspr aus §§ 987 ff (BGH NJW **98**, 1709 [stattgebdes Urt], **81**, 1517 [abweisdes Urt]) u gilt bezogen auf den Ztpkt der RHängigk nur, wenn das HerausgUrt ein BesR ab diesem Ztpkt verneint hat (BGH NJW **98**, 1709). Diese Feststellg bindet nicht für Anspr aus § 1004 (BGH **28**, 153). Bei Abweisg neue HerausgKl zul, wenn Abweisg wg fehlden Bes des Bekl od wenn auf späteren EigtErwerb (nicht aber auf and ErwerbsGrd) od schuldrechtl Anspr (zB § 812; RG JW **35**, 2269) gestützt. – **bb) Subjektiv.** Stets für RNachf (auch Nachf in EigenBes; BGH NJW **81**, 1517) nach RHängigk (ZPO 325 I); gg ihn nur bei Bösgläubigk bzgl Eigt u RHängigk (ZPO 325 I). Abweisg gg unmittelb Bes wirkt nicht ggü mittelb Bes bei Klage auf Abtretg des HerausgAnspr (BGH **2**, 165) od auf Herausg nach Rückerhalt. Über VerfStandsch vgl BGH NJW-RR **86**, 158; Werner JuS **87**, 855 zu Fußn 45.

986

Einwendungen des Besitzers. **I Der Besitzer kann die Herausgabe der Sache verweigern, wenn er oder der mittelbare Besitzer, von dem er sein Recht zum Besitz ableitet, dem Eigentümer gegenüber zum Besitze berechtigt ist. Ist der mittelbare Besitzer dem Eigentümer gegenüber zur Überlassung des Besitzes an den Besitzer nicht befugt, so kann der Eigentümer von dem Besitzer die Herausgabe der Sache an den mittelbaren Besitzer oder, wenn dieser den Besitz nicht wieder übernehmen kann oder will, an sich selbst verlangen.**

II Der Besitzer einer Sache, die nach § 931 durch Abtretung des Anspruchs auf Herausgabe veräußert worden ist, kann dem neuen Eigentümer die Einwendungen entgegensetzen, welche ihm gegen den abgetretenen Anspruch zustehen.

1) Allgemeines. Ein BesR iSv § 986 gibt eine **Einwendung** (BGH **82**, 13 [18]) ggü dem Anspr aus 1 § 985 u ist daher auch zu berücksichtigen, wenn es sich nur aus dem Klägervortrag ergibt. Es führt zur Abweisg der HerausgKl (auch nach ZPO 331 II Halbs 2); nur bei PfdR zur Verurteilg Zug-um-Zug gg Zahlg der gesicherten Fdg (Peters JZ **95**, 390).

2 **2) Recht zum Besitz.** Es muß dem Besitzer ggü dem Eigtümer (Ausn: Rn 6, 8) im Ztpkt der letzten mündl TatsVerhdlg zustehen. Sein Bestand richtet sich nach dem zugrdeliegden RVerh. BewLast hat der Besitzer (BGH NJW-RR **86**, 282); ist die Entstehg bewiesen/unstr, so gilt eine tats RFortdauervermutg (Baumgärtel/Laumen 2; aA MüKo/Medicus 26). – **a) Dingliche Rechte** wie zB §§ 1036 I, 1093, 1205, DWR, ErbbR, AnwR des VorbehKäufers (§ 929 Rn 41) nicht aber des AuflEmpfängers (§ 925 Rn 25). –
3 **b) Obligatorische Rechte,** die auf vertragl od gesetzl schuldrechtl Beziehgen zum Eigtümer beruhen, wie zB §§ 535 I, 598, 1003 I 2, sonstige BesÜberlassgsVertr. Ein EigtErwerbsAnspr (wirks VorVertr genügt; RG **129**, 357 [370]; BGH MDR **91**, 150) begründet ein BesR; dies auch nach Verj des ErfüllgsAnspr auf Übereigng (BGH **90**, 269), bei schwebder Unwirksamk des Vertr mangels behördl Gen (BGH LM Nr 1) od wenn BesErwerb nicht auf Überg iSv § 929 Rn 11 beruht (Staud/Gursky 25; Wieling § 12 I 3 a). Zum Ende des BesR, wenn Verkäufer SchadErs wg NichtErf verlangt, vgl § 325 Rn 13; zum Ende bei VorbehKauf vgl
4 § 929 Rn 40. – **c) Zurückbehaltungsrechte** nach §§ 273, 972, 1000, HGB 369 ff, die zur Verurteilg Zug-um-Zug führen, begründen kein BesR iSv § 986, da sie nur die Vollstr des HerausgAnspr beschränken (Dresd DtZ **94**, 252; Erm/Hefermehl 1; MüKo/Medicus 17; Staud/Gursky 28; Seidel JZ **93**, 180 [dort auch zu
5 § 322]; aA BGH NJW **95**, 2627; Roussos JuS **87**, 606); and iFv § 1003 I 2. – **d) Sonstige Rechte** wie zB §§ 1353 (BGH **71**, 216; Düss NJW-RR **99**, 441), 1422, 1626 I 2 (§ 1638 Rn 1), 1985, 2205; InsO 80, 148; nicht aber ZPO 721 (BGH **LM** § 987 Nr 10; LG Saarbr NJW **65**, 1966), 765 a (BGH **79**, 232 [238]).

6 **3) Abgeleitetes Besitzrecht. – a) Befugte Besitzüberlassung (I 1 Fall 2).** Leitet der Besitzer sein BesR von einem Dritten ab, so ist er bei befugter BesÜberlassg nicht zur Herausg verpfl, solange (BGH **79**, 232) der Dritte ein BesR ggü dem Eigtümer hat od zur BesÜberlassg berecht ist; der Dritte braucht nicht Besitzer gewesen zu sein. Dies gilt abw vom Wortlaut auch, wenn zw Besitzer u Drittem kein BesMittlgsVerh besteht (BGH **111**, 142). War das BesR des Besitzers ggü dem Dritten nicht wirks begründet od ist es
7 beendet, so gilt I 2 (Staud/Gursky 39, 41; aA Wieling § 12 I 3 a bb). – **b) Unbefugte Besitzüberlassung (I 2).** Hat der Dritte ggü dem Eigtümer ein BesR, das ihn nicht zur BesÜberlassg an den Besitzer befugt, so ist dieser zur Herausg verpfl. Herausg an sich (statt an den Dritten) kann der Eigtümer nur unter den von ihm zu beweisden Voraussetzgen von I 2 od wenn der Dritte nie Besitzer war (Staud/Gursky 42) verlangen. Dies gilt abw vom Wortlaut auch, wenn zw Besitzer u Drittem kein BesMittlgsVerh besteht.

8 **4) Obligatorisches Besitzrecht gegenüber dem Voreigentümer (II).** Dingl BesR wirken stets ggü dem Erwerber. – **a)** Nach Veräußerg einer **beweglichen Sache** dch den nicht unmittelb besitzden Eigtümer nach § 930 (BGH **111**, 142) od § 931 hat der Besitzer ggü dem HerausgAnspr des Erwerbers alle Einwendgen, die er gg den Veräußerer hatte; §§ 404, 407 gelten entspr (BGH **64**, 122). II gilt entspr bei Nießbr/PfldRBestell nach § 931 (§§ 1032, 1205 II) u Veräußerg vorübergehd getrennten Zubeh nach § 926 (Ehlke
9 JuS **79**, 202); nicht aber bei Erwerb krG wie zB nach § 952 (RG **51**, 83 [88]; Hbg MDR **69**, 139). – **b)** Auf **Grundstücke** nicht anwendb (nicht nach §§ 930, 931 veräußerb). Hier gelten SonderVorschr wie § 571, ZVG 57 ff.

Nebenansprüche des Eigentümers auf Nutzungen und Schadensersatz (§§ 987–993)

Vorbemerkung

1 **1) Allgemeines.** Die §§ 987–993 begründen ein **gesetzliches Schuldverhältnis** (zus mit §§ 994–1003 sog „Eigtümer-Besitzer-Verh", in dem sich die Anspr auf Nutzgs- u VerwendgsErs saldieren [vgl BGH JZ **95**, 151 Anm Medicus]); daher §§ 254, 276, 278 anwendb. Die sich aus ihnen ergebden Anspr des Eigtümers sind schuldrechtl Natur; sie sind abtretb (BGH DtZ **95**, 360) u belastb (§§ 1074, 1279; ZPO 829), gehen mit Übereigng des VindikationsGgst nicht automat auf den Erwerber über u sind einf InsFdgen. Die Rspr lehnt die Anwendg von § 817 S 2 auf die Anspr auf NutzgsHerausg aus §§ 987, 990 ab (BGH NJW **51**, 643; **75**, 638 [aber Beschrkg auf obj NutzgsWert]; vgl auch Einl 13 vor § 854).

2 **2) Geltungsbereich.** Die §§ 987–993 regeln die Anspr des Eigentümers gg den nichtberecht Eigen- od Fremdbesitzer (pers GeltgsBereich) auf Herausg gezogener Nutzgen u Ers für nicht gezogene Nutzgen sowie auf SchadErs für Verschlechterg/Nichtherausgebbark u HerausgVerzug (sachl GeltgsBereich); zur Anwendg auf den BuchEigtümer vgl § 894 Rn 10. Voraussetzg ist daher eine **Vindikationslage zur Zeit der Tatbestandsverwirklichung** (BGH NJW **81**, 1517; **96**, 858); zur RKraftwirkg eines HerausgUrt vgl § 985 Rn 20. War der Besitzer zu dieser Zeit Eigtümer u verlor er das Eigt später ohne Rückwirkg (zB dch Eintritt des Nacherbfalls; BGH WM **85**, 206), so sind die §§ 987–993 nicht anwendb; vgl aber § 888 Rn 9, § 1098 Rn 4.

3 **a)** Auf den bei Tatbestdsverwirklichg **berechtigten Fremdbesitzer** (berecht Eigenbesitzer ist zugl Eigtümer), dessen BesR noch fortdauert (= keine Vindikationslage) sind die §§ 987–993 nicht anwendb; es gilt VertrR u hilfsw §§ 677 ff, 812 ff, 823 ff. Dies gilt auch bei Überschreitg der BesRGrenzen **(Exzess des berechtigten Fremdbesitzers);** zB wenn der Mieter entgg § 549 I 1 untervermietet (BGH **131**, 297) od der Frachtführer die Sache beschädigt/zerstört (BGH **46**, 140 [146]). Dabei bleibt es auch, wenn nach der
4 Tatbestdsverwirklichg das BesR ohne Rückwirg endet (BGH **LM** § 817 Nr 1). Eine **lückenausfüllende Anwendung** in Fällen, in denen das BesRVerh die NutzgsHerausg (so BGH WM **70**, 1366; NJW **95**, 2627; 56. Aufl) od die Verschlechterg/Nichtherausgebbark (so BGH **LM** § 688 Nr 2; § 989 Nr 2) nicht regelt, ist abzulehnen (Baur/Stürner § 11 Rn 24 Fn 2; MüKo/Medicus 13 vor § 987; Staud/Gursky 13 vor § 987; Wieling § 12 II 3 a). Soweit die ergänzde Auslegg der Normen/VertrRegelg des BesRVerh zu keinem Ergebn führt, haftet der Besitzer nach allg VertrR u §§ 812 ff, 823 ff.

5 **aa)** Berecht Besitzer ist, wer zZ der Tatbestdsverwirklichg ein **vindikationshinderndes Besitzrecht** iSv § 986 hatte. Dieses endet ohne Rückwirkg (über rückwirkde Beendigg vgl Rn 8) zB dch Zeitablauf, Künd, Rücktr, VertrAufhebg, Eintritt auflösder Bdgg.

bb) Berecht Besitzer ist, wer zZ der Tatbestdsverwirklichg eine **jederzeitige Herausgabepflicht unterliegende Besitzberechtigung** hatte. Diese endet ohne Rückwirkg dch HerausgVerlangen (zB nach §§ 604, 667 [BGH NJW **82**, 2304], 681 S 2 mit 667 bei berecht GoA [BGH **31**, 129] od DuldgsVerlangen bei WegnR zB nach § 547 a bzgl schon zurückgegebener Mietsache [BGH **81**, 146]); bei Empfang unbestellter Waren ab HerausgVerweigerg bei Abholversuch (Staud/Gursky 15 vor § 987; aA Schwung JuS **85**, 449; Roth JuS **97**, 518 [521]) u nicht schon ab unbefolgter Aufforderg zu portofreier Rücksendg. 6

cc) Berecht Besitzer ist, wer mit EigtümerZust im Hinblick auf ein **künftiges vertragliches Besitzrecht** besitzt (BGH NJW **95**, 2627; Kohler NJW **88**, 1054); zB aGrd noch abzuschließden Kauf- od MietVertr od mangels notw Gen noch nicht wirks Vertr. Die GgMeing bejaht gutgl BesErwerb iSv § 990 I 1, wenn sich der gute Gl auf das künft Wirksamwerden des Vertr bezieht (BGH NJW **77**, 31 [34]). Der rechtm Bes endet ohne Rückwirkg ab Fehlschlagen des VertrAbschl bzw Abstandn von ihm. Sofern man ab diesem Ztpkt §§ 987 ff anwendet (vgl Rn 12), ist bösgläub iSv § 990 I 2, wer Fehlschlagen kennt od betrieben hat (RG DR **40**, 1949). 7

b) Auf den **anfänglich nichtberechtigten Eigen- oder Fremdbesitzer** (zB bei anfängl od nach § 142 I rückwirkd nichtigem EigtErwerb od BesRVerh) sind die §§ 987–993 anwendb; nicht aber, wenn mit rückwirkdem EigtVerlust rückwirkd rechtmäß FremdBes entsteht (zB GoA nach Erbausschlagg; MüKo/Leipold § 1959 Rn 2). Einschränkgen ergeben sich bei einem gutgl Fremdbesitzer, weil er nicht besser od schlechter gestellt werden darf als bei Bestehen des vermeintl BesRVerh (vgl § 987 Rn 8; § 993 Rn 4, 6). 8

c) Auf den **nachträglich nichtberechtigten Fremdbesitzer,** dessen BesRVerh ohne Rückwirkg endete, sind die §§ 987–993 anwendb, soweit das AbwicklgsR auf sie verweist (zB §§ 292, 347). Iü ist zu unterscheiden (wer hier entgg § 985 Rn 3 eine Vindikationslage verneint, kann schon deshalb §§ 987 ff nicht 9
anwenden; zB Wieling § 12 I 3 b) – **aa)** Auf **Tatbestandsverwirklichungen vor Besitzrechtsende** sind 10
§§ 987 ff nicht anwendb (Rn 3, 4). – **bb)** Auf **Tatbestandsverwicklichungen nach Besitzrechtsende** 11
wendet die Rspr teilw nur §§ 987 ff an (BGH **LM** § 817 Nr 1 [Untergang nach Ende des VerwahrVertr]; NJW **95**, 2627 [Nutzg nach Ende des MietVertr]). Teilw wendet sie ohne Erörterg von §§ 987 ff nur AbwicklgsR an (BGH **44**, 241; **54**, 34 [Nutzg bzw Beschädigg nach Ende des MietVertr]). Teilw bejaht sie die Anwendbark beider Normengruppen (BGH NJW **68**, 197 u Rstk OLG-NL **97**, 146 [Nutzg nach Ende des PachtVertr]; BGH NJW **82**, 2304 [VerzSchad bei Nichtherausg]). Das Schrifttt hält teilw die §§ 987 ff für nicht anwendb (Baur/Stürner § 11 Rn 30; MüKo/Medicus 19 vor § 987; Roth JuS **97**, 518 [522]; Ebenroth-Zeppernick JuS **99**, 209 [215]); es gelte nur AbwicklgsR u §§ 812 ff, 823 ff. – Nach der GgMeing sind **beide** 12
Normengruppen mit folgden Maßg anwendb: Nur AbwicklgsR ist anwendb, wenn es die Abwicklg abschließd regelt (wie § 557 für Nutzgen); §§ 987 ff sind daneben anwendb, wenn sie (wie § 987 II für unterl Nutzg) den Eigtümer stärker begünstigen (Erm/Hefermehl 6 vor § 987; Staud/Gursky 18 vor § 987; Kindl JA **96**, 115 [118]). Dem ist zuzustimmen, denn es besteht kein Grd, den dem Anspr aus § 985 unterliegden Besitzer von einer uU weitergehden Haftg nach §§ 987 ff freizustellen. Die BesFortsetzg ist aber kein neuer BesErwerb iSv § 990 I 1, so daß sich die Bösgläubigk nach § 990 I 2 beurteilt (Staud/Gursky § 990 Rn 27; aA Blanke JuS **68**, 263 [267]).

d) Auf den **nachträglich nichtberechtigten Eigenbesitzer, der vorher berechtigter Fremdbesitzer** war, sind die §§ 987–993 nicht anwendb, soweit die Tatbestdsverwirklichg vor dem Ende des FremdBes erfolgte (Rn 3). Anwendb sind sie aber auf spätere Tatbestdsverwirklichgen u die BesFortsetzg als Eigenbesitzer ist BesErwerb iSv § 990 I 1 (BGH **31**, 129; RGRK/Pikart § 990 Rn 17; Staud/Gursky § 990 Rn 28; Ebenroth/Frank JuS **96**, 794 [801]; aA Baur/Stürner § 11 Rn 27; Schwab/Prütting Rn 540; Roth JuS **97**, 518 [521]); AnsprKonkurrenz besteht mit Anspr aus dem verletzten BesRVerh (zB iFv BGH aaO aus pVV wg Verletzg der Pflichten aus GoA). – Abgrenzg zum FremdBesExzeß (Rn 3): §§ 987 ff nur anwendb, wenn nicht nur der FremdBes beendet wurde (vgl dazu § 868 Rn 25) sond das BesRVerh selbst (Staud/Gursky § 990 Rn 29); daher genügt Veräußerg der Mietsache nicht. 13

e) Besitzmittler eines Dritten. – aa) Ist der **Dritte anfänglich nichtberechtigter Besitzer,** so ist auch sein BesMittler ggü dem Eigtümer nichtberecht Besitzer u im Verh zw BesMittler u Eigtümer sind die 14
§§ 987–993 anwendb. – **bb)** Ist der **Dritte berechtigter Besitzer** u zur BesÜberlassg befugt, so ist auch sein 15
BesMittler ggü dem Eigtümer berecht Besitzer u im Verh zw BesMittler u Eigtümer sind die §§ 987–993 sind nicht anwendb. Bei unbefugter BesÜberlassg ist der BesMittler ggü dem Eigtümer nichtberecht Besitzer u §§ 987–993 sind anwendb; hat der Eigtümer aber die NutzgsBefugn vertragl dem Dritten zugewiesen, schuldet der BesMittler ihm die Nutzgen nicht, wenn der Eigtümer Herausg der Muttersache nur an den Dritten (§ 986 I 2 Halbs 1) verlangen kann (Wolf/Merz JuS **91**, 660 zu II 2; aA Staud/Gursky 73 vor § 987, § 991 Rn 2), so daß zB der Untermieter dem Eigtümer bei unbefugter Untervermietg idR keine GebrVort
schuldet. – **cc)** Mit **Ende des Besitzrechts des Dritten** wird (auch bei befugter BesÜberlassg) der BesMitt- 16
ler ggü dem Eigtümer nichtberecht Besitzer u §§ 987–993 werden anwendb (BGH **LM** § 987 Nr 10). Daher schulden der Entleiher des Mieters ab Ende des MietVerh (§ 988) u der Untermieter ab Kenntn vom Ende des HauptmietVerh (§§ 987, 990) bzw ab RHängigk der gg ihn erhobenen HerausgKl (§ 987) dem Eigtümer die GebrVort (BGH aaO; LG Köln WuM **97**, 46); für den Untermieter gilt § 988 solange nicht, als er dem Hauptmieter den Untermietzins schuldet (Schwab/Prütting Rn 534; vgl § 988 Rn 4; aA LG Stgt NJW-RR **90**, 654; LG Mü NJW-RR **90**, 656).

3) Verhältnis zu anderen Ansprüchen.

a) Außerhalb des sachlichen Geltungsbereichs der §§ 987–993 (Rn 2) bleiben and Anspr unberührt. – **aa)** Da dieser nicht die **Eingriffskondiktion bezüglich des Eigentums** bei Nichtherausgebbark der Sache umfaßt, bestehen gg den nichtberecht Besitzer WertErsAnspr bei Verbrauch der Sache unter AusgErsparn aus §§ 812, 818 II (BGH **14**, 7) od bei EigtErwerb des Besitzers an ihr nach §§ 946 ff (BGH **55**, 175; § 951 Rn 3) sowie HerausgAnspr bei wirks Vfg über sie aus § 816 I 1 (Köln NJW-RR **97**, 1420); sie können neben den aus §§ 987 ff bestehen (zB ErlösHerausg aus § 816 I 2 u weitergehder Schaden aus 17
§§ 989, 990; Köln aaO). – **bb)** Der Anspr aus **§ 1004** gg den Besitzer (zB bei Bau auf fremdem Boden) 18
wird nicht ausgeschl (RGRK/Pikart § 993 Rn 1; aA Schwab/Prütting Rn 565). – **cc) Auskunftsan-**

spruch (§ 242) gg gutgl Besitzer über Verbleib der Sache (Hamm NJW **93**, 2623; aA Lorenz NJW **94**, 173).

19 **b) Innerhalb des sachlichen Geltungsbereichs der §§ 987–993** (Rn 2) enthalten diese Vorschr grdsätzl eine **abschließende Regelung** (str; Nachw bei Pinger S 8 ff), denn sie sollen den unverklagten u gutgl
20 Besitzer vor Anspr aus §§ 812 ff, 823 ff schützen (hM). – **aa)** Dies gilt, wenn die **Haftungsvoraussetzungen nicht erfüllt** sind (§ 993 I), weil der unverklagte u gutgl (auch nicht nach § 991 II haftde) Besitzer den Bes entgeltl erlangte u keine Übermaßfrüchte zog od weil der bösgläub Besitzer nach § 991 I nicht haftet. Über
21 Ausn vgl § 993 Rn 4, 6. – **bb)** Dies gilt auch, wenn die **Haftungsvoraussetzungen erfüllt** sind, weil der unverklagte u gutgl Besitzer den Bes unentgeltl erlangte (§ 988) od seinem Oberbesitzer verantwortl ist (§ 991 II) od Übermaßfrüchte zog (§ 993 I) od weil der Besitzer verklagt (§§ 987, 990) od bösgläub (§§ 989,
22 990, 991 I) ist. – **Nutzungsherausgabeansprüche** aus §§ 812 ff werden dch §§ 987–993 verdrängt (BGH **41**, 157; aA Pinger S 44 ff, 57); die oft zugel Leistgskondiktion (Erm/Hefermehl 28 vor § 987; Staud/Gursky 45 vor § 987) betrifft einen Sonderfall (§ 988 Rn 10, § 993 Rn 4). Nicht verdrängt werden Anspr aus
23 §§ 687 II, 681, 677 (hM). – **Schadensersatzansprüche** aus §§ 823 ff werden dch §§ 987–993 (soweit nicht nach § 992 anwendb) verdrängt (BGH NJW **80**, 2353; **90**, 242 [244]; Staud/Gursky 60 vor § 987; aA Pinger S 71 ff, 86; Müller JuS **83**, 516 zu IX); ebso Anspr aus §§ 280 ff wg Leistgsstörg bzgl des dingl HerausgAnspr. Nicht verdrängt werden Anspr aus § 826 (allgM) u §§ 687 II, 677, 678 (hM). Unberührt bleiben Anspr aus §§ 823 ff gg einen Nichtbesitzer wg Teiln an der SchadZufügg dch den Besitzer (BGH **56**, 73; **LM** § 989
24 Nr 3). – **cc)** Wenn man im **Abwicklungsverhältnis** die §§ 987 ff anwendet (vgl Rn 9–12), dann werden die sich aus seinen Vorschr ergebden Anspr auf NutzgsHerausg od SchadErs (zB wg Leistgsstörg des vertragl RückgAnspr) nicht dch §§ 987 ff ausgeschl (BGH NJW **82**, 2304), ggf aber eingeschränkt.

25 **4) Internationales Privatrecht.** Es gilt EG 43 I. §§ 987 ff daher anwendb, wenn sich die Sache bei Nutzg bzw Untergang/Verschlechterg im Inland befand (BGH **98**, 1321; vgl auch Ffm WM **95**, 50).

987 *Nutzungen nach Rechtshängigkeit.* **I Der Besitzer hat dem Eigentümer die Nutzungen herauszugeben, die er nach dem Eintritte der Rechtshängigkeit zieht.**

II Zieht der Besitzer nach dem Eintritte der Rechtshängigkeit Nutzungen nicht, die er nach den Regeln einer ordnungsmäßigen Wirtschaft ziehen könnte, so ist er dem Eigentümer zum Ersatze verpflichtet, soweit ihm ein Verschulden zur Last fällt.

1 **1) Allgemeines.** HaftgsGrd: Besitzer muß mit HerausgVerurteilg rechnen. Verfügb schuldrechtl Anspr (Rn 1 vor § 987), der nach § 195 verjährt.

2 **2) Voraussetzungen. – a) Besitzer.** Ggü dem Eigtümer nichtberecht (vgl Rn 8–16 vor § 987) gutgl Eigen- oder Fremdbesitzer der Muttersache, der selbst auf Herausg verklagt ist; daher nicht der unmittelb Besitzer (selbst wenn er Streitverkündeter oder Nebenintervenient ist), wenn nur der mittelb verklagt ist (BGH **LM** Nr 10), u auch nicht bei RKrafterstreckg nach ZPO 265, 325 (RG JW **36**, 3454). Er muß Eigtümer der Nutzgen geworden sein; hat der Eigtümer der Muttersache das Eigt nach §§ 953 ff erworben, so
3 gilt § 985 u ggf §§ 989 ff (MüKo/Medicus 2). – **b) Rechtshängigkeit** (ZPO 253, 261) einer auf Eigt gestützten u zur Verurteilg führden Klage auf Herausg der Muttersache; nicht ZPO 256 (BGH **93**, 183 [186]) od 771 (RG **61**, 430). Bei Abweisg (RG DR **44**, 453) od Rückn entfällt der Anspr rückwirkd; § 212 II 1 nicht entspr anwendb.

4 **3) Anspruchsgegenstand** sind die nach RHängigk (ZPO 270 III nicht entspr anwendb) gezogenen bzw nicht gezogenen Nutzgen; tritt die Vindikationslage erst nach RHängigk ein, so beginnt erst damit die Haftg
5 (RG DR **44**, 453). Zeitl Abgrenzg gem § 101. Nutzgen sind (§ 100): – **a) Sachfrüchte** iSv § 99 I, III (BGH **65**, 365), nicht RFrüchte iSv § 99 II. Gewinn aus GewerbeBetr zählt jedenf dann nicht dazu, wenn er vom Besitzer mit der Muttersache erst begonnen wurde (BGH NJW **84**, 2937); erhielt er einen schon werbd tätigen Betr, so zählt der Gewinn insow (Anteil notf nach ZPO 287 zu schätzen) dazu, als er nicht auf pers Leistg/Fähigk des Besitzers beruht (BGH NJW **78**, 1578; Erm/Hefermehl 3; aA MüKo/Medicus 9 ff; Staud/
6 Gursky 20; vgl auch BGH **7**, 207 [217]). – **b) Gebrauchsvorteile;** dazu zählt nicht der Verbrauch der Muttersache (BGH **14**, 7); hier § 989.

7 **4) Anspruchsinhalt. – a) Herausgabe gezogener Nutzungen (I).** Unerhebl, ob Eigtümer sie gezogen hätte (BGH **39**, 186) u ob Besitzer sie nur mit Hilfe ihm nicht zu ersetzder Verwendgen ziehen konnte (BGH aaO; aA Staud/Gursky 22). Bei Früchten iSv § 99 I sind Bes u Eigt zu übertragen. Bei Unmöglichk/Unvermögen gelten §§ 275 (daher keine Haftg bei unverschuldetem Untergang), 280 ff (Pinger S 16; Roth JuS **97**, 897 [898]). Für Früchte iSv § 99 III u GebrVorteile ist WertErs zu leisten (RG **93**, 283); bei Gebr vermietb Sachen idR der (vom Eigtümer zu beweisde) obj Mietwert (Mietzins ggf zuzügl Umsatzsteuer; BGH NJW-RR **98**, 803), für den (vom ihm zu beweisde) Investitionen des Besitzers unberücksichtigt bleiben (BGH NJW **95**, 2627). Anspr auf **Auskunft** nach § 260 (BGH **31**, 76 [96]; Dresd VIZ **99**, 556), nicht aber
8 auf Rechngslegg nach § 259 (RG **137**, 206 [212]). – **b) Ersatz für nicht gezogene Nutzungen (II)** bei obj Verstoß gg Regeln ordngsmäß Wirtsch (BewLast: Eigtümer) u Verschulden (BewLast: § 282 anwendb; Baumgärtel/Laumen 2) iSv §§ 276 (827, 828), 278. Nicht maßg, ob Eigtümer sie hätte ziehen können (vgl BGH **39**, 186). Verschulden entfällt bei Unkenntn der RHängigk (aA Staud/Gursky 33) u wenn das vermeintl BesR des gutgl Fremdbesitzers eine Nutzg nicht gestattet (BGH DB **71**, 2155). Zu ersetzen ist der obj Wert der unterl Nutzg (idR der obj Mietwert wie Rn 7); BewLast: Eigtümer.

988 *Nutzungen des unentgeltlichen Besitzers.* **Hat ein Besitzer, der die Sache als ihm gehörig oder zum Zwecke der Ausübung eines ihm in Wirklichkeit nicht zustehenden Nutzungsrechts an der Sache besitzt, den Besitz unentgeltlich erlangt, so ist er dem Eigentümer gegenüber zur Herausgabe der Nutzungen, die er vor dem Eintritte der Rechtshängigkeit zieht, nach den Vorschriften über die Herausgabe einer ungerechtfertigten Bereicherung verpflichtet.**

1) Allgemeines. Grd der ggü § 987 vorverlegten (aber milderen) Haftg: Unentgeltlichk der BesErlangg. 1
Verfügb schuldrechtl Anspr (Rn 1 vor § 987), der nach § 195 verjährt.

2) Voraussetzungen. – a) Besitzer. Ggü dem Eigtümer nichtberecht (Rn 8–16 vor § 987) unverklagter 2
u gutgl Eigen- oder Fremdbesitzer der Muttersache; das vermeintl BesR des Fremdbesitzers kann dingl od
schuldrechtl Natur sein (BGH **71**, 216 [225]). – **b) Unentgeltliche Besitzerlangung;** BewLast: Eigtümer 3
(BGH DtZ **95**, 360 [365]). – **aa) Vom Eigentümer:** Unwirks GrdGesch für unentgeltl FremdBes (zB
nichtige Leihe) od nicht vollzogene bzw unwirks unentgeltl Übereigng (zB nichtige Schenkg); unwirks
GrdGesch mit nicht erbrachter (über erbrachte vgl Rn 8–10) GgLeistg (zB nichtiger MietVertr ohne Mietzinszahlg; MüKo/Medicus 6); unentgeltl u gutgl Fortsetzg von FremdBes nach BesREnde (BGH **32**, 76 [95]),
wobei VertrAbwicklgsR (zB § 557) aber vorrang. – **bb) Von Drittem:** Nicht zu GgLeistg verpfl RGesch, 4
das kein BesR ggü Eigtümer gibt (zB Leihe/Schenkg vom Dieb); unentgeltl u gutgl Fortsetzg von FremdBes
nach Ende des BesR ggü dem Eigtümer (BGH **32**, 76 [95]). Entgeltl aber, wenn das RGesch zu (auch nicht
erbrachter; BGH DtZ **95**, 360 [365]) GgLeistg verpflichtet (zB Kauf/Miete vom Dieb). – **cc) Ohne Grundgeschäft:** zB irrtüml Ann von Herrenlosigk od eigenen Eigt (Staud/Gursky 5).

3) Anspruchsgegenstand sind die zw BesErlangg u RHängigk der Klage auf Herausg der Muttersache 5
gezogenen Nutzgen iSv § 987 Rn 5, 6; für nach RHängigk gezogene Nutzgen gilt § 987 (BGH **120**, 204
[215]). BewLast: Eigtümer.

4) Anspruchsinhalt. – a) Herausgabe gezogener Nutzungen nach §§ 812 ff (RFolgenVerweisg); 6
Übereigng bei EigtErwerb nach §§ 955, 957. Soweit Früchte iSv § 99 I nicht mehr vorhanden sowie bei
Früchten iSv § 99 III u GebrVorteilen (BGH **LM** Nr 3) ist WertErs zu leisten (§ 818 II). HaftgsBeschrkg
nach § 818 III; daher WertErs u Aufwendungen des Besitzers auf die Sache zu saldieren, auch wenn Besitzer
deren Ers nicht nach §§ 994 ff verlangen kann (BGH NJW **98**, 989; aA 57. Aufl). – **Auskunft** wie § 987
Rn 7. – **b) Kein Ersatz nicht gezogener Nutzungen,** da §§ 812 ff keine § 987 II entspr Vorschr 7
enthalten.

5) Unwirksames Grundgeschäft mit erbrachter Gegenleistung; zB nichtiger KaufVertr mit noch 8
nicht vollzogener bzw unwirks Übereigng od nichtiger MietVertr u (auch teilw) gezahltem KaufPr/Mietzins;
das GrdGesch kann anfängl od rückwirkd nichtig sein. Zur Vermeidg eines Widerspr mit dem Fall der wirks
Übereigng bei unwirks GrdGesch (mangels Vindikationslage würden hier §§ 812, 818 unmittelb gelten) zwei
Lösgswege, die bei BesErlangg vom Eigtümer zum gleichen Ergebn führen: – **a) Anwendung von § 988** 9
(RG **163**, 348; BGH NJW **93**, 389 [392]; **95**, 454). Bei BesErlangg vom Eigtümer wird die ihm erbrachte
GgLeistg iRv §§ 988, 818 III saldiert (RG u BGH aaO); dies aber nicht mögl, wenn der Bes von einem
Dritten erlangt u ihm die GgLeistg erbracht ist (Jauernig 13 vor § 987; Staud/Gursky 44 vor § 987; Kindl JA
96, 117 [120]; aA RG aaO), u mangels Ggseitigk kein ZbR. – **b) Leistungskondiktion** zum umfassden 10
Schutz des gutgl die GgLeistg erbringden Besitzers als Ausn von § 993 I Halbs 2 daher zuzulassen (Erm/
Hefermehl 6; MüKo/Medicus 9; Schreiber 221; Roth JuS **97**, 897 [900]). Bei BesErlangg vom Eigtümer wird
die ihm erbrachte GgLeistg iRv von § 818 III saldiert (§ 818 Rn 46). Bei BesErlangg dch Leistg eines Dritten
kann nur dieser kondizieren u dabei wird die ihm erbrachte GgLeistg saldiert; der Eigtümer muß sich an den
Dritten halten (zB §§ 823, 249; 687 II; 812 ff). Soweit sich die Nutzgen als Eingr in das Eigt darstellen, bleibt
die EingrKondiktion dch § 993 ausgeschl.

989 *Schadensersatz nach Rechtshängigkeit.* **Der Besitzer ist von dem Eintritte der Rechtshängigkeit an dem Eigentümer für den Schaden verantwortlich, der dadurch entsteht, daß infolge seines Verschuldens die Sache verschlechtert wird, untergeht oder aus einem anderen Grunde von ihm nicht herausgegeben werden kann.**

1) Allgemeines. HaftgsGrd: Besitzer muß mit HerausgVerurteilg rechnen. Verfügb schuldrechtl Anspr 1
(Rn 1 vor § 987), der nach § 195 verjährt (BGH **LM** Nr 2).

2) Voraussetzungen. – a) Besitzer. Ggü dem Eigtümer nichtberecht (Rn 8–16 vor § 987) gutgl Eigen- 2
od Fremdbesitzer, der auf Herausg verklagt ist (§ 987 Rn 2 gilt). – **b) Rechtshängigkeit** (ZPO 253, 261) 3
einer auf Eigt gestützten u zur Verurteilg führden Klage auf Herausg (§ 987 Rn 3 gilt). – **c) Verschlechterung** nach RHängigk dch Beschädigg, Abnutzg, Unterl notw UnterhMaßn, Belastg mit beschr dingl Recht 4
(BGH **LM** Nr 10); nicht aber Valutierg einer GrdSch (BGH aaO), Wertverlust dch Preisverfall (BGH NJW
64, 2414; Hbg OLG **11**, 359). BewLast: Eigtümer. – **d) Nichtherausgebbarkeit** nach RHängigk aGrd 5
Unmöglichk (zB Untergang) od Unvermögen (zB Weggabe). Bei Weggabe auch dann, wenn das Urt nach
§ 985 Rn 5, 8 gg den neuen Besitzer wirkt (Staud/Gursky 11). Kurzfrist HerausgVerzögerg (zB wg kurzzeit
Vermietg) reicht nicht (Erm/Hefermehl 4). BewLast: Eigtümer – **e) Verschulden** iSv §§ 276 (827, 828), 6
278. Es liegt idR in Weggabe an einen Dritten, Herausg an den Oberbesitzer aGrd schuldr HerausgAnspr (wg
ZPO 76; Staud/Gursky 18; MüKo/Medicus 8; str), Belastg, ZwVollstr dch Dritte (RG **139**, 353; Erm/
Hefermehl 5; str), nicht zur Erhaltg notw Gebr (Saarbr NJW-RR **98**, 1068). Es entfällt bei Unkenntn der
RHängigk (§ 987 Rn 8); wg des HaftgsGrd (Rn 1) aber nicht, wenn das vermeintl BesR des gutgl Fremdbesitzers die Verschlechterg gestattet (zB § 548). BewLast: § 282 (BGH NJW **93**, 626). – Trotz **Verzuges** keine 7
Haftung für Zufall nach § 287 S 2; dies nur, wenn § 990 I erfüllt (vgl § 990 Rn 10).

3) Schadensersatz nach §§ 249 ff (bei Gattgssache daher Leistg and Sache; RG **93**, 281) einschl § 252 8
(BGH NJW-RR **93**, 626; hM); bei SichgsEigt begrenzt dch das SichgsInteresse (RG **143**, 374). Bei unwirks
Veräußerg gg Übereigng (§ 255); Anspr entfällt hier nicht schon dadch, daß Eigtümer die Veräußerg
genehmigt u den Erlös nach § 816 herausverlangt (BGH **32**, 53). Bei Abnutzgsschäden ist ein geforderter Ers
für GebrVorteile (§ 987) anzurechnen. Bei Nichtherausgebbark auch Auskunft über Verbleib (Lorenz NJW
94, 173). § 254 I, II 1 (RG **93**, 281; BGH MDR **62**, 473) u II 2 mit § 278 (gesetzl SchuldVerh; Staud/

9 Gursky 34; aA RG **119**, 152) anwendb. – **Vorenthaltungsschaden** wg verzögerter Herausg nur nach §§ 990 II, 992 (BGH NJW-RR **93**, 626).

990 *Bösgläubiger Besitzer.* I **War der Besitzer bei dem Erwerbe des Besitzes nicht in gutem Glauben, so haftet er dem Eigentümer von der Zeit des Erwerbes an nach den §§ 987, 989. Erfährt der Besitzer später, daß er zum Besitze nicht berechtigt ist, so haftet er in gleicher Weise von der Erlangung der Kenntnis an.**

II **Eine weitergehende Haftung des Besitzers wegen Verzugs bleibt unberührt.**

1 **1) Allgemeines.** Grd der ggü §§ 987, 989 zeitl vorverlegten (I) u verschärften (II) Haftg: Bösgläub Besitzer muß mit begründetem HerausgVerlangen rechnen. Verfügb schuldrechtl Anspr (Rn 1 vor § 987), der nach § 195 verjährt (Karls NJW **90**, 719). Nur unter den Voraussetzgen von § 992 AnsprKonkurrenz mit §§ 823 ff mögl (Vorb 22 vor § 987, § 992 Rn 1).

2 **2) Haftung des bösgläubigen Besitzer (I);** jeder Mitbesitzer haftet selbstd für seine Nutzg/SchadZufügg. Der ggü dem Eigtümer nichtberecht (Rn 8–16 vor § 987) Eigen- od Fremdbesitzer haftet ab BesErwerb, wenn er schon zu diesem Ztpkt bösgläub war, entspr § 987 I auf Herausg gezogener Nutzgen (§ 987 Rn 5–7 gilt), entspr § 987 II auf Ers schuldh nicht gezogener Nutzgen (§ 987 Rn 5, 6, 8 gilt) u entspr § 989 auf SchadErs für schuldh Verschlechterg/Nichtherausgebbark (§ 989 Rn 4–8 gilt mit der Maßg, daß die Herausg an den Oberbesitzer nur dann Verschuld begründet, wenn dieser dem Eigtümer ggü erkennb kein BesR hat [str; vgl BGH NJW **79**, 1203; MüKo/Medicus 16 a; Staud/Gursky § 989 Rn 18, 19]); bei späterer Bösgläubigk haftet er nur für die nach ihrem Eintritt gezogenen Nutzgen usw. Nachträgl Gutgläubigk läßt die Haftg weder für die Zeit vor noch nach ihrem Eintritt entfallen (Gursky JR **86**, 225; aA MüKo/Medicus 8).

3 **a) Bösgläubigkeit** bzgl eines BesRMangels ggü dem Eigtümer (BGH NJW **77**, 31 [34]); bei BesRMangel wg Anfechtg gilt § 142 II. Bei BesMittler eines Dritten genügt sie bzgl eines BesRMangels diesem ggü (Staud/Gursky 13; aA Naumbg NZM **98**, 584). Sie folgt nicht zwingd aus Bösgläubigk bzgl der den Mangel
4 ergebden Tats (RIrrtum; vgl Rn 5). BewLast: Eigtümer (RG JW **12**, 197). – **aa) Grobfahrlässige Unkenntnis bei Besitzerwerb (I 1 mit § 932 II)** od bei erst späterer KenntnErlangg vom BesErwerb (BGH **16**, 259); gilt auch bei Grdst (Jauernig 2; Staud/Gursky 10; aA Wieling § 12 II Fußn 45). Späteres grob fahrl Nichterkennen genügt nicht (Naumbg NZM **98**, 584). § 932 Rn 10 ff gilt entspr (bei Rn 13 aber zu beachten, daß Kfz-Brief für FremdBesErwerb idR nicht bedeuts). Über BesErwerb dch Umwandlg der BesArt vgl Rn 13 vor § 987. Wiedererwerb nach kurzzeit BesVerlust entspr § 940 II kein neuer BesErwerb
5 (Staud/Gursky 31). – **bb) Kenntnis bei (I 1) oder nach (I 2) Besitzerwerb.** Unterl Nachforschg bei aufkommden Zweifeln (BGH **26**, 256) u billigde Inkaufn genügen nicht. Kenntn hat, wem bei RKenntn liquide Beweise für die den Mangel ergebden Tats vorliegen od bei zutreffder TatsKenntn über seinen RIrrtum so aufgeklärt ist, daß ein redl u vom eigenen Vorteil nicht beeinflußt Denkder sich der Erkenntn seiner Nichtberechtigg nicht verschließen würde (BGH **LM** Nr 10; NJW **96**, 2030). HerausgKl (BGH NJW **93**, 389 [392]; auch gg den Oberbesitzer [BGH **LM** Nr 10]) u Widerspr im GB machen als solche nicht schon bösgläub.

6 **b) Anknüpfungspersonen. – aa) Besitzherr/diener.** Bösgläubigk des BesHerrn ausreichd. – Bösgläubigk des BesDieners bei BesErwerb (I 1) entspr § 166 ausreichd, wenn er eine dem rgesch Vertreter ähnl freie Entscheidg hatte (BGH **32**, 53; **41**, 17 [21]; NJW **97**, 1917); sonst § 831 entspr anwendb (Schwab/Prütting Rn 73; Schreiber Rn 222; aA Staud/Gursky 48). Nach aA § 831 stets entspr anwendb (MüKo/Medicus 12; Roth JuS **97**, 710 [711]; vgl auch BGH **16**, 259 [Eigtümer muß aber SorgfaltsPflVerletzg beweisen]). Bei arbeitsteil Einsatz mehrerer BesDiener gilt Rn 18 entspr. Über Bösgläubigk des BesDieners nach BesErwerb (I 2) vgl Staud/Gursky 55; Lorenz JZ **94**, 549 [grds dem BesHerrn zuzurechnen]). –
7 **bb) Mittelbarer Besitzer/Besitzmittler:** Rn 6 gilt entspr. – **cc) Erblasser/Erbe.** Die Bösgläubigk des Erbl wird dch GutGläubigk des Erben nicht geheilt (hM). Da der Erbe den ErblBes fortsetzt, haftet er, wenn
8 dieser gutgl war, gem I 2 nur bei Kenntn (aA Staud/Gursky 24). – **dd) Juristische Person/Personengesellschaft.** Bösgläubigk eines OrganMitgl bzw vertretgsberecht Gters ausreichd. Der Vertr haftet selbst nicht aus §§ 987 ff (kein Bes), sond aus § 823 (BGH **56**, 73). – **ee) Natürliche Person/gesetzlicher Vertreter.** Bösgläubigk des Vertr ausreichd, wenn er den Bes erwirbt/ausübt od weiß, daß der Vertretene dies tut. Bösgläubigk des Vertretenen bei Schuldfähigk iSv §§ 827, 828 maßg, wenn er den Bes erwirbt/ausübt (vgl BGH **55**, 128 [135]; hM; aA Staud/Gursky 39 [keine Haftg bei Rückabwicklg unwirks Vertr]). – **ff) Verwaltungsbefugter** (InsVerw, TestVollstr), wenn er Bes erwirbt/ausübt (BGH NJW **98**, 992; Hbg OLG **11**, 359).

9 **3) Verschärfte Haftung bei Verzug (II)** nur bei Bösgläubigk iSv I (BGH NJW **93**, 389 [392]). VerzEintritt nach §§ 284 (Mahng/Klageerhebg machen nicht notw bösgläub; BGH aaO), 285. Haftg nach § 286 I für VerzögergsSchad (BGH NJW **64**, 2414) u Früchte, die nur der Eigtümer gezogen hätte. HaftgsVerschärfg nach § 287 S 2 bei Verschlechterg/Nichtherausgebbark. Auch § 286 II anwendb (BGH **58**, 309 [315]; aA Staud/Gursky 90).

10 **4) Sonderfall: Abhandengekommener Inhaber- oder Orderscheck.** An ihm kann nach Maßg von ScheckG 21 kein Eigt u damit auch nicht die verbriefte Fdg erworben werden. Kann der bösgl Besitzer den Scheck nicht mehr herausgeben, so haftet er dem Scheckeigentümer nach § 990 (allgM; krit Aden NJW **94**, 413).

11 **a) Grobe Fahrlässigkeit der einziehenden/einlösenden Bank;** Gesamtumstände maßg, da alleine nicht ausreichde Verdachtsmomente sich ggseit verstärken können (BGH NJW **93**, 1066); auch können frühere SorgfaltsPflVerletzgen bei der BesErlangg fortwirken (BGH NJW **92**, 3235). Grds besteht keine Verpfl, die materielle Berechtigg des Scheckbesitzers zu prüfen, sofern nicht bes Umstände (Rn 12–17) den Verdacht des Abhandenkommens nahelegen (Celle NJW-RR **96**, 169; KG NJW-RR **96**, 495). Keine allg Pfl
12 zur Prüfg der Rückseite (BGH NJW **77**, 1197). – **aa) Disparität** (gem ScheckG 5 od 14 I namentl bezeich-

neter ZahlgsEmpfänger nicht mit Einreicher ident) alleine begründet keine bes PrüfgsPfl, da Weiterleitg zahlgshalber empfangener Schecks auch im GeschVerk nicht ungewöhnl (BGH NJW **89**, 3012; **92**, 3235; KG NJW-RR **96**, 496; Düss NJW-RR **97**, 496; aA Ffm ZIP **99**, 1207); gilt insb, wenn Einreicher auf GeschKto einziehen läßt (BGH NJW **93**, 1583). Bes PrüfgsPfl kann sich aus Rn 13 ff ergeben – **bb) Ungewöhnlicher** 13
Geschäftsvorgang. Bes PrüfgsPfl bei: Verwendg eines auf eine Firma ausgestellten Schecks dch deren angebl GeschFührer zum Ankauf einer Münzsammlg (KG NJW-RR **94**, 1391). Einziehg eines solchen Schecks auf SparKto (BGH NJW **87**, 1264). Einziehg eines vom ArbG des Einreichers für Dritten ausgestellten od an den ArbG adressierten Schecks (ab 5000,– DM) auf das Kto des ArbN (BGH **135**, 202; NJW-RR **98**, 255). – **cc)** 14
Ungewöhnlich hohe Schecksumme. Bes PrüfgsPfl bei Einreichg eines auf eine Firma ausgestellten Schecks dch PrivPers (BGH NJW **93**, 1067; WM **97**, 2395; Mü BB **98**, 605; Celle NJW-RR **91**, 503) od Ausländer ohne bekannten Inlandswohnsitz (KG NJW-RR **96**, 495). – **dd) Umstände in der Person des Nehmers** 15
oder Einreichers. Bes PrüfgsPfl bei: Kenntn, daß der Nehmer (zB Bank; LG Hbg EwiR § 990 BGB 3/**97**) Schecks grds nicht zahlgshalber weitergibt (BGH NJW **96**, 657); diese Kenntn soll nicht schon dadch vermittelt werden, daß Nehmer eine Behörde/AOK (BGH WM **80**, 891; abzulehnen). Einreicher stellt ungedeckte Schecks aus (BGH NJW **93**, 1067). Einreicher eines auf eine Firma ausgestellten Schecks ist mj (Celle NJW-RR **96**, 169) od als angebl Kfm unerfahren im Umgang mit Schecks (KG NJW-RR **94**, 1391). Nicht aber, wenn Einreicher schnellstmögl Einziehg verlangt (BGH NJW **88**, 2798). – **ee) Erscheinungsbild des** 16
Schecks. Bes PrüfgsPfl bei: Überkleben des Nehmerfeldes (BGH **102**, 316). Ungewöhnl Indossamentenform (Celle NJW-RR **96**, 169; Hbg WM **97**, 2027). – **ff) Verrechnungsscheck.** Bes PrüfgsPfl bei: Barankauf (vgl 17
BGH **LM** § 989 Nr 12; NJW **95**, 3315). Nicht aber schon bei sof Auszahlg der dem vor Einreichg eröffneten EinreicherKto gutgeschriebenen Schecksumme (BGH WM **77**, 1019; KG WM **80**, 226; Kblz WM **84**, 467); jedoch gesteigerte PrüfgsPfl (and bei geringer Schecksumme; BGH WM **77**, 1040) bei zeitgl Einreichg u KtoEröffng (Düss WM **84**, 636; KG NJW-RR **96**, 495). Unsorgfält Personalienfeststellg bei KtoEröffng kann Fahrlässigk bei späterer Einreichg begründen (BGH NJW **74**, 458; WM **77**, 1019).

b) Maßgebende Person. Alle am Einziehgs/Einlösgsvorgang dieses Schecks beteil Pers wie Entggnehmer 18
am Schalter/Poststelle u über Hereinnahme entscheidder Sachbearbeiter (BGH **135**, 202), auch wenn in verschied Filialen damit befaßt (BGH NJW **93**, 1066). Die Bank muß dafür sorgen, daß ihnen Wissen verfügb ist, das bei and GeschVorgängen (BGH WM **97**, 1092 [Lohn/GehaltsKto]; aA Karlsr NJW-RR **95**, 177 [KreditKto]) od von Vorgängern in der Scheckbearbeitg (BGH aaO) erlangt wurde.

c) Schaden des Scheckeigentümers (vgl auch Schnauder WM **98**, 1901). – **aa)** Der **Aussteller** eines 19
nicht begebenen Schecks erleidet einen Schaden, wenn der gutl Bezogene den Scheck zu seinen Lasten eingelöst hat u er weiter aus dem GrdGesch haftet. Da die Einlösg ggü dem Aussteller wirks, ist die ZahlgsAnweisg verbraucht (KG NJW-RR **95**, 495). Der bösgl Bezogene hat keinen ErstattgsAnspr gg den Aussteller bzw dieser könnte die KtoBelastg kondizieren, so daß kein Schaden (Kblz WM **87**, 679). – **bb)** Der 20
Nehmer eines ihm begebenen Schecks verliert den RückgrAnspr gg den Aussteller, wenn der gutgl Bezogene eingelöst hat (Zöllner, WPR14 § 26 III 7; Richardi WPR § 31 II 2). Kein Schaden des Nehmers, wenn er einredefreien ErfAnspr aus dem GrdGesch hat (BGH NJW **90**, 242); idR aber Schaden, da Aussteller Einrede der NichtRückg des Schecks hat (BGH NJW **96**, 1961). Auch ein bösgl Bezogener haftet bei Einlösg (BGH **102**, 316; Bilda DB **81**, 1451; krit Staud/Gursky 88).

d) Mitverschulden zB bei Unterl schadverhindernder Maßn (KG NJW-RR **96**, 495) od bei unsorgfält 21
Aufbewahrg/Bearbeitg (BGH **LM** § 989 Nr 12; DB **97**, 1459; Celle NJW-RR **91**, 503; **96**, 169). Nicht aber bei Postversand eines nicht erkennb Verrechngsschecks (BGH NJW **98**, 2898; KG aaO), jedoch bei Postversand mit Fensterumschlag (Ffm WM **99**, 1318).

991 ***Haftung des Besitzmittlers.*** **Leitet der Besitzer das Recht zum Besitze von einem mittelbaren Besitzer ab, so finden die Vorschriften des § 990 in Ansehung der Nutzungen nur Anwendung, wenn die Voraussetzungen des § 990 auch bei dem mittelbaren Besitzer vorliegen oder diesem gegenüber die Rechtshängigkeit eingetreten ist.**

II War der Besitzer bei dem Erwerbe des Besitzes in gutem Glauben, so hat er gleichwohl von dem Erwerb an den im § 989 bezeichneten Schaden dem Eigentümer gegenüber insoweit zu vertreten, als er dem mittelbaren Besitzer verantwortlich ist.

1) Allgemeines. Bei gestuftem Bes richten sich die Anspr des Eigtümers auf Nutzgen u SchadErs gg jeden 1
ihm ggü nichtberecht Besitzer (Hbg NJWE-MietR **97**, 228). Für die Haftg des BesMittlers eines Dritten (vgl dazu Rn 14–16 vor § 987) enthält § 991 Sonderregelgen.

2) Eingeschränkte Haftung für Nutzungen (I); gilt nicht für SchadErs. Die Haftg des bösgläub 2
unverklagten BesMittlers nach § 990 für Nutzgen setzt voraus, daß der Dritte selbst nach § 990 haftet od auf Herausg verklagt ist (er muß also selbst nichtberecht Besitzer sein); denn ein gutgl unverklagter u daher dem Eigtümer nicht haftder Dritter soll vor RückgrAnspr des BesMittlers geschützt sein (I gilt aber auch, wenn solche nicht mögl; str). Bei mehrstuf Bes genügt, daß ein Oberbesitzer nach § 990 haftet od verklagt ist (MüKo/Medicus 5; Staud/Gursky 4). Da Haftg des BesMittlers aus §§ 987 (wenn selbst verklagt), 988, 993 bleibt unberührt (zur Haftg iFv § 986 I 2 Halbs 1 vgl Rn 15 vor § 987). – Der Eigtümer kann die 3
Nutzungen nicht doppelt (zB vom Dritten den Mietzins der dem BesMittler vermieteten Sache u vom BesMittler ihren Mietwert) verlangen; jeder haftet aber solange, bis der Anspr einmal in voller Höhe erfüllt ist (BGH **LM** § 987 Nr 10; Hbg NJWE-MietR **97**, 228).

3) Erweiterte Haftung für Schäden (II); gilt nicht für Nutzgen. War der BesMittler bei BesErwerb gutgl 4
iSv § 990, so haftet er gleichwohl dem Eigtümer für Verschlechterg/Nichtherausgebbark, wenn er dem Dritten nach dem RVerh zu diesem für den Schaden verantwortl ist; denn er würde dem Dritten ohnehin haften. Freizeichng ggü dem Dritten (BGH **LM** § 985 Nr 8) u dessen Gestatten der Schädigg (Staud/Gursky 17) wirken daher auch ggü dem Eigtümer. Für VerzögergsSchad u Zufall haftet er selbst dann nicht, wenn er

dem Oberbesitzer dafür haftet (Erm/Hefermehl 4). SchadErsZahlg an den Oberbesitzer befreit entspr § 851
5 bzw 893 I (Roth JuS **97**, 710 [713]); DrittSchadLiquidation des Oberbesitzers für den Eigtümer zul (str). – Da es abw von I auf die Haftg des Dritten nicht ankommt, kann dieser (zB iFv § 986 I 2 Halbs 1) berecht Besitzer sein (Staud/Gursky 2).

992 *Haftung des deliktischen Besitzers.* **Hat sich der Besitzer durch verbotene Eigenmacht oder durch eine Straftat den Besitz verschafft, so haftet er dem Eigentümer nach den Vorschriften über den Schadensersatz wegen unerlaubter Handlungen.**

1 **1) Allgemeines.** Grd der ggü § 990 verschärften Haftg (vgl Rn 5) ist die Art des BesErlangg, die einen Ausschl der §§ 823 ff (vgl Rn 22 vor § 987) nicht rechtfertigt. AnsprKonkurrenz mit § 990 mögl (Müller JuS **83**, 516 zu XI).

2 **2) Voraussetzungen. – a)** BesVerschaffg dch **verbotene Eigenmacht** (§ 858 I) ggü dem unmittelb Besitzer, sofern dieser Eigtümer od dessen BesMittler ist. Sie muß dch schuldh TatbestdsVerwirklichg begangen sein (BGH ZMR **60**, 303); kann zB bei schuldlosem Irrtum über WegnEinverständn fehlen. Außerdem muß der Besitzer dch sie nichtberecht Eigen- od FremdBesitzer geworden sein (Rn 2 vor § 987);
3 entfällt bei BesR ggü Eigtümer. – **b)** BesVerschaffg dch **Straftat.** Erfordert Verstoß gg StrafG zum Schutz des Eigtümers vor der Art der BesVerschaffg (BGH **LM** Nr 2); zB StGB 240, 242, 249, 259, 263, nicht aber Zoll/BewirtschVorsch od Ordngswidrigk. StGB 246, 266 nur bei Begehg mittels unbefugter BesVerschaffg (Staud/Gursky 14), zB Fundunterschlagg im Ggs zu bloßer Umwandlg von Eigen- in FremdBes.

4 **3) Haftung nach §§ 823 ff, 249 ff für Eigentumsverletzung.** RGrdVerweisg (Karlsr NJW **90**, 719); daher § 992 keine selbstd AnsprGrdLage u Verj nach § 852 (KG JR **55**, 259; Karlsr aaO; aA [§ 195] RG **117**,
5 423; Mü VersR **61**, 1048). – **a) Schuldhafte Eigentumsverletzung schon durch Besitzverschaffung.** Liegt bei Straftat immer vor (da Vorsatz erforderl) u erfordert bei verbotener Eigenm mind leichte Fahrlässigk auch bzgl des FremdEigt (BGH WM **60**, 1148). Haftgsumfang: Verschlechterg/Nichtherausgebbark (gem § 848 auch bei Zufall); VorenthaltgsSchad; gezogene Nutzgen (mangels Schad aber nicht, wenn Eigtümer sie nicht gezogen hätte [MüKo/Medicus 14; Staud/Gursky 26; Roth JuS **97**, 897 [900]; aA BGH aaO; Erm/
6 Hefermehl 5]); nicht gezogene Nutzgen, die Eigtümer gezogen hätte. – **b) Schuldhafte Eigentumsverletzung erst nach Besitzverschaffung.** Kann vorliegen, wenn bei BesVerschaffg dch verbotene Eigenm kein Verschuld bzgl EigtVerletzg; zB Wegnehmder hielt sich bei Wegn schuldlos für Eigtümer. Schuldh EigtVerletzg hier erst bei Hdlg/Unterlassg, die nach Eintritt der Kenntn/fahrläss Unkenntn des FremdEigt erfolgt (BGH aaO; Staud/Gursky 12). Haftgsumfang wie Rn 5; § 848 aber mangel BesVerschaffg dch unerlHdlg gg Eigt nicht anwendb (vgl MüKo/Medicus 10; Staud/Gursky 1).

993 *Haftung des redlichen Besitzers.* **I Liegen die in den §§ 987 bis 992 bezeichneten Voraussetzungen nicht vor, so hat der Besitzer die gezogenen Früchte, soweit sie nach den Regeln einer ordnungsmäßigen Wirtschaft nicht als Ertrag der Sache anzusehen sind, nach den Vorschriften über die Herausgabe einer ungerechtfertigten Bereicherung herauszugeben; im übrigen ist er weder zur Herausgabe von Nutzungen noch zum Schadensersatze verpflichtet.**

II Für die Zeit, für welche dem Besitzer die Nutzungen verbleiben, finden auf ihn die Vorschriften des § 101 Anwendung.

1 **1) Allgemeines.** § 993 regelt grdsätzl abschließd die Haftg des nichtberecht Besitzers im sachl Geltgsbereich der §§ 987–993 (Rn 2 vor § 987), wenn deren **Haftungsvoraussetzungen nicht erfüllt** sind (RG **163**, 348; BGH NJW **52**, 257; aA Pinger S 48 ff, 57 [Nutzgen], 73 ff, 86 [SchadErs]. Über Ausn vgl Rn 4, 6. Zur RLage bei Erfüllg der Haftsgvoraussetzgen vgl Rn 21 vor § 987. – Außerh des sachl Geltgsbereichs bleiben and Anspr unberührt (Rn 17 vor § 987).

2 **2) Nutzungsherausgabe. – a) Übermaßfrüchte** (vgl auch §§ 1039, 2133) sind nach §§ 812 ff (RFol-
3 genverweisg) herauszugeben (I Halbs 1), dh bei EigtErwerb nach § 955 zu übereignen. – **b) Andere Nutzungen** (auch ÜbermaßGebrVort) verbleiben dem nichtberecht Besitzer u bis zum Eintritt der RHängigk/Bösgläubigk gilt § 101 (II), denn die Haftgsvoraussetzgen der §§ 987 ff sind nicht erfüllt u § 993 schließt
4 § 818 I aus (RG **137**, 206). – **Ausnahmen:** Ist § 988 wg entgeltl BesErwerbs an der Muttersache dch den gutgl Besitzer nicht erfüllt, unterliegt die Muttersache aber der Leistgskondiktion, so ist § 818 I anwendb (§ 988 Anm 10). Ferner muß ein unverklagter gutgl Fremdbesitzer die Nutzgen nach § 812 herausgeben, die er unter Überschreitg seines vermeintl BesR zog, denn er darf nicht besser als iR des vermeintl BesR stehen.

5 **3) Schadensersatz.** Anspr gg den unverklagten gutgl nichtberecht Fremdbesitzer aus §§ 823 ff wg EigtVerletzg od aus §§ 280 ff wg Leistgsstörg bzgl des dingl HerausgAnspr sind ausgeschl (Staud/Gursky 60,
6 69 vor § 987). – **Ausnahme:** Der unverklagte gutgl Fremdbesitzer haftet bei Überschreitg der Grenzen seines vermeintl BesR (zB Beschädigg der vermeintl gemieteten Sache über § 548 hinaus) nach § 823 (Roth JuS **97**, 710 [713]) aus den Grden wie Rn 4.

Gegenansprüche des Besitzers auf Ersatz der Verwendungen (§§ 994–1003)

Vorbemerkung

1 **1) Allgemeines.** Die §§ 994–1003 begründen ein **gesetzliches Schuldverhältnis** (mit §§ 987–993 sog „Eigtümer-Besitzer-Verh"; zur Saldierg der ggseit Anspr vgl Rn 1 vor § 987). Die sich aus ihnen ergebden Anspr des Besitzers sind schuldrechtl Natur; sie sind abtretb (§ 398) u belastb (§§ 1074, 1279; ZPO 829), geben in der ZwVollstr kein Recht aus ZPO 805 u sind einf InsFdgen. § 817 S 2 ist auf sie nicht anwendb (BGH **41**, 341).

2) Geltungsbereich. Die §§ 994–1003 regeln die Anspr des nichtberecht Eigen- u Fremdbesitzers gg den Eigtümer (nach Schröder/Bär Jura **96**, 449 [453] nicht gg Geschunfäh) auf VerwendgsErs; zur Anwendg auf den Bucheigtümer vgl § 894 Rn 10. Voraussetzg ist daher eine **Vindikationslage zur Zeit der Verwendungsvornahme** (über Ausn dch die Rspr vgl Rn 3, 8); zur RKraftwirkg des HerausgUrt vgl § 985 Rn 20. War der Besitzer zu dieser Zeit Eigtümer u verlor er das Eigt später ohne Rückwirkg (zB dch Eintr des Nacherbfalls; BGH WM **85**, 206), so sind die §§ 994–1003 nicht anwendb; vgl aber § 888 Rn 8, 1098 Rn 4. 2

a) Auf den bei Verwendgsvornahme **berechtigten Fremdbesitzer** iSv Rn 5–7 vor § 987 (berecht Eigenbesitzer ist zugl Eigtümer), dessen BesR noch fortdauert (= keine Vindikationslage), sind die §§ 994–1003 nicht anwendb; es gilt VertrR u hilfsw §§ 677 ff, 812 ff. Dabei bleibt es auch, wenn nach der Verwendgsvornahme das BesR ohne Rückwirkg endet (BGH NJW-RR **90**, 142). Eine **lückenausfüllende Anwendung** in Fällen, in denen das BesRVerh den VerwendgsErs nicht abschließd regelt, ist abzulehnen (MüKo/Medicus § 994 Rn 24; Staud/Gursky 31 vor § 994; Wieling § 12 V 2 e; aA BGH NJW **79**, 716; **96**, 921); Rn 4 vor § 987 gilt entspr. 3

b) Auf den **anfänglich nichtberechtigten Eigen- oder Fremdbesitzer** (vgl dazu Rn 8 vor § 987) sind die §§ 994–1003 anwendb, sofern nicht mit rückwirkdem EigtVerlust rückwirkd rechtmäß FremdBes entsteht (vgl Rn 8 vor § 987). – **aa)** Ein **gutgläubiger Fremdbesitzer** darf aber nicht besser gestellt werden als nach der vertragl od gesetzl Ausgestaltg seines BesR (BGH NJW **79**, 716; Erm/Hefermehl 5 vor § 994; Wieling § 12 V 2 g; aA MüKo/Medicus § 994 Rn 31); dabei muß er aber den Ausschl/Beschrkg des VerwendgsErs insow nicht gg sich gelten lassen, als die damit wirtsch zushängde Nutzgsmöglichk entfällt (Staud/Gursky 37, 38 vor § 994). Er kann nicht Ers von nach §§ 994 ff nicht ersetzb Verwendgen verlangen, die er bei gült BesRVerh nicht zu tragen brauchte (StaudGursky § 995 Rn 5; aA 58. Aufl). – **bb)** Dem Eigtümer **vom Fremdbesitzer vermeintlich geschuldete Leistungen** (zB Reparatur aGrd unwirks WerkVertr zw beiden) sind keine Verwendgen des Besitzers u nur nach § 812 I 1 Fall 1 (Leistgskondiktion) rückabzuwickeln (Staud/Gursky 41 vor § 994; Wieling § 12 V 2 f; Hager Jus **87**, 877; Kindl JA **96**, 201; aA Kraft NJW **63**, 1849; Pinger 105); vgl auch Rn 10. 4 5 6

c) Auf den **nachträglich nichtberechtigten Fremdbesitzer**, dessen BesR ohne Rückwirkg endete, sind die §§ 994–1003 anwendb, soweit das AbwicklgsR auf sie verweist (zB §§ 292, 347; vgl Dresd MDR **99**, 539). Iü ist zu unterscheiden (wer hier entgg § 985 Rn 3 eine Vindikationslage verneint, kann auch §§ 994 ff nicht anwenden [zB Wieling § 12 V 2 b]): – **aa)** Auf **Verwendungen vor Besitzrechtsende** sind sie nicht anwendb (BGH NJW-RR **90**, 142); es gilt Rn 3. Die Rspr wendet sie aber an u stellt den berecht Besitzer einem unverklagten gutgl Besitzer gleich, wenn das BesRVerh den VerwendgsErs nicht abschließd (auch dch Ausschl) regelt (BGH NJW **79**, 716 [ZbR]; **96**, 921 [bloße Benutzgsgestattg]). – **bb)** Auf **Verwendungen nach Besitzrechtsende** sind sie anwendb, soweit nicht gesetzl od vertragl AbwicklgsR (zB Ausschl des § 1000 dch § 556 II) den VerwendgsErs abschließd regelt (MüKo/Medicus § 994 Rn 32; Staud/Gursky 40 vor § 994; aA Baur/Stürner § 11 Rn 30). 7 8 9

d) Besitzmittler eines Dritten. Dieser ist nur Verwender iSv §§ 994 ff, wenn er die Verwendg ggü dem Dritten nicht als diesem geschuldete VertrLeistg vornimmt. Erbringt er sie ihm als VertrLeistg (zB §§ 631, 688/689), so ist sie nicht dch den Bes veranlaßt u Verwender iSv §§ 994 ff ist entspr § 950 Rn 10 nur der Dritte (MüKo/Medicus § 994 Rn 28; Staud/Gursky 20 vor § 994; Kindl JA **96**, 201; vgl auch Beuthien JuS **87**, 841 [847]; aA BGH **34**, 122; **51**, 250; Hager JuS **87**, 877 [881]); er ist auch nicht dch § 812 (BGH NJW **87**, 1880), § 1257 (vgl dort Rn 2) od entspr Anwendg von § 1000 (aA Beuthien aaO) od § 1003 (aA Jacobs JA **70**, 697 [713]) geschützt. – **aa)** Ist der **Dritte anfänglich nichtberechtigter Besitzer**, so ist auch sein BesMittler ggü dem Eigtümer nichtberecht Besitzer u im Verh zw BesMittler u Eigtümer sind die §§ 994–1003 anwendb. – **bb)** Ist der **Dritte berechtigter Besitzer** u zur BesÜberlassg befugt, so ist auch sein BesMittler ggü dem Eigtümer berecht Besitzer u im Verh zw BesMittler u Eigtümer sind die §§ 994–1003 nicht anwendb Bei unbefugter BesÜberlassg ist der BesMittler ggü dem Eigtümer nichtberecht Besitzer u im Verh zw BesMittler u Eigtümer sind die §§ 994–1003 anwendb. – **cc)** Mit nicht rückwirkdem **Ende des Besitzrechts des Dritten** wird (auch bei befugter BesÜberlassg) auch der BesMittler ggü dem Eigtümer nichtberecht Besitzer. Währd es für vorher getätigte Verwendgen des BesMittlers bei Rn 12 verbleibt (Baur/Stürner § 11 Rn 29; Staud/Gursky 31 vor § 994; aA wohl BGH **87**, 274), gilt für danach getätigte Verwendgen Rn 11. 10 11 12 13

3) Verhältnis zu anderen Ansprüchen. – a) §§ 677 ff. Berecht GoA begründet ein BesR (vgl Rn 6 vor § 987), so daß §§ 994 ff nicht anwendb sind. Bei irrtüml EigenGeschFg (zB gutgl Eigenbesitzer od iFv Rn 6) sind §§ 677 ff nicht anwendb (§ 687 I). Bei angemaßter EigenGeschFg (zB bögl Eigenbesitzer) sind § 687 II u §§ 994 ff anwendb (vgl Staud/Gursky 52 vor § 994). Bei nichtberecht GoA eines nichtberecht Fremdbesitzers sind §§ 994 ff nicht anwendb, sond es gilt nur § 684 (Erm/Hefermehl 8 vor § 994; Schapp § 8 IV 1; Staud/Gursky 50 vor § 994; aA BGH WM **83**, 393). – **bb) §§ 812 ff.** Für Verwendgen, die nicht nach §§ 994 ff zu ersetzen sind (BGH **39**, 186; WM **83**, 393; Dresd MDR **99**, 539) od deren Ers wg § 1001 S 1 nicht geltd gemacht werden kann (BGH NJW **96**, 52) kann nicht Ers nach §§ 812 ff (Verwendgskondiktion) verlangt werden; **abschließende Regelung** in §§ 994 ff (hM; Nachw bei Staud/Gursky 43 vor § 994) zum Schutz des Eigtümers (BGH NJW **98**, 989). Dieser Ausschl erstreckt sich auch auf den Ers von Aufwendgen, die nicht Verwendgen iSv §§ 994 ff sind (BGH NJW **96**, 52). 14 15

4) Internationales Privatrecht. Es gilt EG 43 I. §§ 994 daher anwendb, wenn sich die Sache bei Verwendgsvornahme im Inland befand. 16

994 *Notwendige Verwendungen.* **Der Besitzer kann für die auf die Sache gemachten notwendigen Verwendungen von dem Eigentümer Ersatz verlangen. Die gewöhnlichen Erhaltungskosten sind ihm jedoch für die Zeit, für welche ihm die Nutzungen verbleiben, nicht zu ersetzen.**

II Macht der Besitzer nach dem Eintritte der Rechtshängigkeit oder nach dem Beginne der im § 990 bestimmten Haftung notwendige Verwendungen, so bestimmt sich die Ersatzpflicht des Eigentümers nach den Vorschriften über die Geschäftsführung ohne Auftrag.

1 **1) Allgemeines.** § 994 regelt (mit § 995) den ErsAnspr des ggü dem Eigtümer nichtberecht Besitzers
(Rn 2 vor § 994) für notw Verwendgen. Keine Verwendg des Besitzers sind vertragl Leistgen eines nicht
besitzden Dritten an ihn; zB Überlassg eines Aufbewahrgsraums an den Besitzer (Ffm JW **32**, 1228) im Ggs zu
2 seiner Mietzinszahlg für den Raum (BGH NJW **78**, 1256). – **a) Verwendungen** sind VermAufwendgen, die
(zumind auch) der Sache zugute kommen, indem sie ihrer Wiederherstellg/Erhaltg/Verbesserg dienen (BGH
131, 220), wie zB Zufügg wesentl Bestandt, geldwerte ArbKraft (BGH aaO: einschl helfder Angehöriger;
einschrkd Wstm/Gursky § 33 I 3: bei Entgang anderw Einkünfte), Kosten für Reparatur (BGH **34**, 122) od
erhaltgsdienl Transport (OGH MDR **49**, 470) od Aufbewahrg (BGH NJW **78**, 1256; Nürnbg OLGZ **66**, 415
3 [sonst and verwertb Platz]). – **b) Keine Verwendungen** sind VermAufwendgen für den rgesch Erwerb (BGH
NJW **90**, 447) od tats BesErwerb (aA BGH NJW **55**, 340 [Wrackhebg]), Zufügg nichtwesentl Bestandt
(Planck/Brodmann 1 vor § 994; Staud/Gursky 11 vor § 994; aA Wieling § 12 V 3 b; Schmidt JuS **88**, 289)
mangels EigtVerlustes, Aufwendgen für nicht mehr funktionsfäh Sache (BGH **48**, 264 [272]), bloße Verwaltg.
4 – **c) Umgestaltungsaufwendungen.** Aufwendgen für grdlegde Veränderg der Sache (zB GbdeErrichtg auf
unbebautem Grdst, sofern das Gbde nicht dem bish Nutzgszweck dient), sind Verwendgen iSv §§ 994 ff
(MüKo/Medicus 10; Staud/Gursky 8 vor § 994; Wieling § 12 V 3 c; aA BGH **41**, 157; 58. Aufl). Sie davon
auszunehmen, zugl §§ 812 ff auszuschließen u nur § 997 zuzulassen (BGH aaO), bevorteilt den Eigtümer; sie
davon auszunehmen u §§ 812 ff anzuwenden, bevorteilt den bösgl Besitzer (vgl § 996).

5 **2) Notwendig ist eine Verwendung,** wenn sie zur Erhaltg od ordngsmäß Bewirtschaftg der Sache nach obj Maßstab zZ der Vornahme erforderl ist (BGH NJW **96**, 921), die also der Eigtümer sonst hätte machen müssen u die nicht nur den Sonderzwecken des Besitzers dient (BGH NJW-RR **96**, 336). Wertsteigerg, fortdauernder Nutzen od Erfolg der Maßn nicht erforderl (BGH NJW **96**, 921). – **Beispiele:** Wiederaufbau zerstörten Gbdes (str; einschrkd BGH **LM** § 1004 Nr 14), BetrUmstellg zur Erhaltg der Wirtschftlichk (RG **117**, 112; **139**, 353; Erm/Hefermehl 1; str), Mietzins für notw Aufwahrg (BGH NJW **78**, 1256), Reparatur einer GbdeHeizg (BGH NJW-RR **96**, 336), Kfz-Reparatur einschl Austauschteile bei Reparaturwürdigk, gewöhnl Erhaltgskosten (Rn 7), Lasten (§ 995); **nicht aber:** Enttrümmerg/Planierg eines Grdst zur Anlegg eines Lagerplatzes (BGH **39**, 186), entgeltl Kfz-Parken bei mögl (u hinreichd sicherem) unentgeltl Parken (LG Augsbg DAR **77**, 71), Rekultivierg von Moor in Weideland (LG Itzehoe AgrarR **84**, 130), Fertigstellg angefangenen Bauwerks (Oldbg DNotZ **94**, 875), Generalüberholg verkommenen PKWs (Celle NJW-RR **95**, 1527), An-/Umbau (Köln NJWE-MietR **96**, 199), grdlegde Umgestaltg (Rn 4).

6 **3) Unverklagter gutgläubiger Besitzer** (über Fremdbesitzer vgl auch Rn 5 vor § 994). – **a)** Bei
Verpflichtung zur Nutzungsherausgabe nach §§ 988, 812 (§ 988 Rn 10) wg unentgeltl BesErwerbs kann
er unabhäng vom noch vorhandenen Verwendgserfolg Ers aller notw Verwendgen verlangen (**I 1**), auch wenn
er keine Nutzgen gezogen hat (auch weil sie keine abwirft). BewLast: Besitzer für Vornahme/Notwendigk/
7 Wert. – **b) Verbleiben ihm die Nutzungen** wg entgeltl BesErwerbs (HerausgPfl für Übermaßfrücht nach
§ 993 unschädl), so kann er nur Ers solcher notw Verwendgen verlangen, die nicht gewöhnl Erhaltgskosten
sind (**I 2**), auch wenn er keine Nutzgen gezogen hat (auch weil sei keine abwirft) od diese Kosten höher als
die Nutzgen sind. **Gewöhnliche Erhaltungskosten** (BewLast: Eigtümer) sind zB Füttergskosten, Kosten für
Kfz-Inspektion einschl Ers normalen Verschleißes (Schlesw SchlHA **51**, 32; Oldbg DAR **93**, 467), Beseitigg
von Schäden inf bestimmgsgem Nutzg (BGH **44**, 237); nicht aber Austauschmotor (vgl BGH DB **61**, 1449;
MüKo/Medicus 22). BewLast: Eigtümer für NutzgsVerbleib u Gewöhnlichk.

8 **4) Verklagter oder bösgläubiger Besitzer** (§§ 987/989 bzw 990), der nach Eintr der RHängigk/Bösgläubigk (für die Zeit davon gilt Rn 6, 7) notw Verwendgen gemacht hat, kann für sie unter den Voraussetzgen von § 683 S 1 (zB Beendigg erhaltgsnotw Reparatur; BGH NJW **96**, 921) od §§ 683 S 2, 679 od § 684 S 2 unabhäng vom noch vorhandenen Verwendgserfolg Ers des tats Aufgewendeten nach § 670 verlangen. Unter den Voraussetzgen von § 684 S 1 kann er bis zur Höhe des tats Aufgewendeten (MüKo/Medicus 20) nach §§ 812, 818 III Ers in Höhe des noch vorhandenen Verwendgserfolges verlangen (BGH JZ **91**, 986 [990]; Erm/Hefermehl 10; aA Staud/Gursky 26); Schutz des Eigtümers vor für ihn unbrauchb Verwendgen entspr § 951 Rn 18 (MüKo/Medicus 19; Wieling § 12 V 4 b bb). Verbleiben ihm die Nutzgen (vgl § 991 Rn 2), so gilt I 2 entspr (BGH **44**, 237). § 687 nicht anwendb, daher kein FremdGeschFgWille erforderl. BewLast: Eigtümer für RHängigk/Bösgläubigk u Vornahme nach deren Eintr (aA Baumgärtel/Laumen 3: Besitzer für Letzteres), Besitzer für Voraussetzgen der §§ 683, 684.

9 **5) Ergänzendes.** Wert der Verwendg nach ZPO 287 ermittelb (BGH **LM** § 254 Dc Nr 6). BefreigsAnspr aus § 257. Verzinsg gem § 256.

995 *Lasten.* **Zu den notwendigen Verwendungen im Sinne des § 994 gehören auch die Aufwendungen, die der Besitzer zur Bestreitung von Lasten der Sache macht. Für die Zeit, für welche dem Besitzer die Nutzungen verbleiben, sind ihm nur die Aufwendungen für solche außerordentliche Lasten zu ersetzen, die als auf den Stammwert der Sache gelegt anzusehen sind.**

1 **1) Allgemeines.** Aufwendgen zum Bestreiten öffentl (Einl 18 vor § 854) u priv (zB GrdPfdR, Reallast, Überbau-/Notwegrente) Lasten sind stets notw Verwendgen iSv § 994 (**S 1**); der Ers richtet sich daher nach § 994.

2 **2)** Für **auf das Stammrecht angelegte außerordentliche Lasten** gilt eine § 994 I 2 entspr Einschrkg (**S 2**). Verbleiben dem unverklagten gutgl Besitzer die Nutzgen wg entgeltl BesErwerbs (§ 994 Rn 7 [gilt entspr,

wenn dem verklagten od bösgl Besitzer die Nutzgen verbleiben; § 994 Rn 8]), so kann er nur Ers der in S 2 genannten Aufwendgen verlangen. Das sind **einmalige** (Ratenzahlg wie zB iFv § 1113 Rn 26 unschädl; Düss OLGZ **75**, 341) Leistgen, die typischerw nicht aus den Erträgen bestritten werden (BGH NJW **56**, 1070); wie zB Zahlg der GrdPfdRKapitals, Ablösg der Reallast, Erschließgsbeitr (BGH **114**, 16), nicht aber **laufende** Leistgen (auch wenn sie nicht aus den Erträgen bestritten werden) wie zB GrdSteuer, GrdPfdRZinsen, Reallasteinzelleistgen, Überbau-/Notwegrente, VersPrämien. Zeitl Verteilg: § 103.

996 ***Nichtnotwendige Verwendungen.*** **Für andere als notwendige Verwendungen kann der Besitzer Ersatz nur insoweit verlangen, als sie vor dem Eintritte der Rechtshängigkeit und vor dem Beginne der im § 990 bestimmten Haftung gemacht werden und der Wert der Sache durch sie noch zu der Zeit erhöht ist, zu welcher der Eigentümer die Sache wiedererlangt.**

1) Allgemeines. § 996 regelt den ErsAnspr des ggü dem Eigtümer nichtberecht Besitzers (Rn 2 vor 1
§ 994) für Verwendgnen (§ 994 Rn 1–3), die nicht notw iSv § 994 Rn 4 sind. Über Anspr aus §§ 677 ff, 812 ff vgl Rn 14, 15 vor § 994.

2) Unverklagter gutgläubiger Besitzer (über Fremdbesitzer vgl auch Rn 5 vor § 994). – **a)** Für **Nütz-** 2
liche Verwendungen (Wertsteigerg für Eigtümer) Ers der bei BesWiedererlangg dch den Eigtümer (bzw bei Eintr des AnnVerz od Gen der Verwendg) noch vorhandenen Wertsteigerg, jedoch nur bis zur Höhe der tats Aufwendgen (BGH **75**, 288 [295]); BewLast: Besitzer. Schutz des Eigtümers vor für ihn unbrauchb Verwendgen entspr § 951 Rn 18 (Erm/Hefermehl 2; MüKo/Medicus 5; Wieling § 12 V 4 b bb; Hoeren/Hildernick JuS **99**, 668; aA Staud/Gursky 6). Iü gilt § 994 Rn 9. – **b) Luxusverwendungen** (keine Wertsteigerg für 3
Eigtümer). Kein ErsAnspr aus §§ 994 ff.

3) Verklagter oder bösgläubiger Besitzer (§§ 987/989 bzw 990), der nach Eintr der RHängigk/ 4
Bösgläubigk (für die Zeit davor gilt Rn 2, 3) nichtnotw Verwendgen macht, hat keinen ErsAnspr aus §§ 994 ff. BewLast: Eigtümer für RHängigk/Bösgläubigk u Vornahme nach deren Eintritt (aA Baumgärtel/Laumen 2: Besitzer für Letzteres).

997 ***Wegnahmerecht.*** I **Hat der Besitzer mit der Sache eine andere Sache als wesentlichen Bestandteil verbunden, so kann er sie abtrennen und sich aneignen. Die Vorschriften des § 258 finden Anwendung.**

II **Das Recht zur Abtrennung ist ausgeschlossen, wenn der Besitzer nach § 994 Abs. 1 Satz 2 für die Verwendung Ersatz nicht verlangen kann oder die Abtrennung für ihn keinen Nutzen hat oder ihm mindestens der Wert ersetzt wird, den der Bestandteil nach der Abtrennung für ihn haben würde.**

1) Allgemeines. § 997 begründet Rechte des ggü dem Eigtümer nichtberecht Besitzers (Rn 2 vor § 994) 1
der Hauptsache, der währd des Besitzes die Verbindg vornahm. Sie bestehen auch dann noch, wenn ein VerwendgsErsAnspr gem § 1001 geltd gemacht werden könnten. Der VerwendgsErsAnspr erlischt erst mit tats Ausübg des Rechts aus § 997 (BGH NJW **54**, 265).

2) Voraussetzungen (BewLast: Besitzer). Der Eigtümer der herauszugebden Sache muß an der zugefügten 2
Sache nach §§ 946, 947 II Eigt erworben haben; bei MitEigt nach § 947 I gilt § 997 nicht (OGH NJW **50**, 543; aA Wieling § 12 V 9 a). Die Verbindg muß Verwendg iSv §§ 994 ff sein (aA BGH **41**, 157; dort lag aber eine Verwendg vor [§ 994 Rn 4]); § 997 daher bei vermeintl geschuldeter Leistg (Rn 6 vor § 994) nicht gegeben (Staud/Gursky 1). Unerhebl, ob VerwendgsErsAnspr besteht (Ausn: Rn 6) u ob Eigtümer die Hauptsache zurückfordert/wiedererlangt od die Verwendg genehmigt.

3) Abtrennung und Aneignung (I); ohne Aneigg unterliegt die getrennte Sache auch § 985. Abtrenng 3
ist TatHdlg, Aneigng erfolgt wie nach § 958. – **a) Berechtigt** sind der gutgl unverklagte u der bösgl/verklagte (auch mittelb) Besitzer. Er muß nicht Eigtümer der zugefügten Sache gewesen sein (MüKo/Medicus 5; aA Staud/Gursky 7), muß dann aber den früh Eigtümer entschädigen (§ 951 I 1). – **b) Verpflichtet** ist der Eigtümer; § 999 II gilt entspr, wenn der Verbindde zZ des Eigtümerwechsels noch Besitzer war (Oldbg DNotZ **94**, 875). – **c) Rechtsinhalt.** Verfügb schuldr Anspr, der in der Ins kein Aus-/AbsondergsR gibt. 4
Grdsl kein ZbR ggü dem HerausgAnspr bzgl der einheitl Sache (BGH WM **61**, 179); nur ZbR für die Trenng u die dafür benötigte Zeit (BGH NJW **55**, 532). Nach Rückg der einheitl Sache zeitl unbegrenzter (aber verjährb) Anspr gg den Eigtümer auf Gestattg/Duldg der Trenng u Wegn (OGH NJW **50**, 543) entspr § 258 S 2 (keine Gestattg iSv § 862 I). Bei Trenng vor Rückg gilt § 258 S 1. Besitzer darf sich nicht auf Abtrenng nur der verwertb Teile beschränken (BGH NJW **70**, 754). Da bei Samen/Pflanzen (§ 94 I 2) der Zuwachs zur Nutzg gehört, auf die verklagter/bösgl Besitzer keinen Anspr hat, muß er dem Eigtümer bei Wegn WertErs leisten (MüKo/Medicus 13).

4) Ausschluß in den Fällen Rn 6–8 (**II**) u wenn Trenng ohne Zerstörg der Hauptsache unmögl; BewLast: 5
Eigtümer. Erlöschen nach § 1002 (Hamm BB **77**, 418; aA OGH NJW **50**, 543; 58. Aufl). Bei Verstoß gg II SchadErsPfl (§ 823 I) u kein AneigngsR. – **a)** Wenn Besitzer für die verbundene Sache **nach § 994 I 2** 6
keinen Verwendungsersatz verlangen kann (vgl § 994 Rn 7); nicht aber zB iFv § 996 Rn 4. Dies gilt auch, wenn ihr Wert den der Nutzgen übersteigt (str). – **b)** Bei **Nutzlosigkeit der Abtrennung** für den Besitzer. 7
Dafür reicht nicht, daß VerwendgsErs mehr Nutzen brächte (Staud/Gursky 20); auch Liebhaberinteresse zu beachten. – **c) Wertersatz** dch den Eigtümer. Voller Wert (auch Liebhaberinteresse) ohne Abzug von 8
Abtrenngs-/Wiederherstellgkosten (RG **106**, 147; str).

998 ***Bestellungskosten bei landwirtschaftlichem Grundstück.*** **Ist ein landwirtschaftliches Grundstück herauszugeben, so hat der Eigentümer die Kosten, die der Besitzer auf die noch nicht getrennten, jedoch nach den Regeln einer ordnungsmäßigen Wirtschaft vor dem Ende des Wirtschaftsjahrs zu trennenden Früchte verwendet hat, insoweit zu ersetzen, als sie einer ordnungsmäßigen Wirtschaft entsprechen und den Wert dieser Früchte nicht übersteigen.**

1 Ansprberecht ist jeder (auch verklagt/bösgl) ggü dem Eigtümer nichtberecht Besitzer (Rn 2 vor § 994) eines landw Grdst (auch Gartenbau, nicht aber Forstwirtsch). WirtschJ ist örtl u für jeder Fruchtart bes zu bestimmen innerh eines Jahres seit Bestellg. Zu den ersfäh Kosten gehören die der Bestellg u weiteren Pflege (Saatgut/Düngemittel/Arb- u Maschinenstunden, nicht Maschinenreparatur; Nürnbg RdL **71**, 147); für Früchtewert ist Ztpkt der GrdstHerausg maßg (hM).

999 ***Besitznachfolger, neuer Eigentümer.*** **I Der Besitzer kann für die Verwendungen eines Vorbesitzers, dessen Rechtsnachfolger er geworden ist, in demselben Umfang Ersatz verlangen, in welchem ihn der Vorbesitzer fordern könnte, wenn er die Sache herauszugeben hätte.**

II Die Verpflichtung des Eigentümers zum Ersatze von Verwendungen erstreckt sich auch auf die Verwendungen, die gemacht worden sind, bevor er das Eigentum erworben hat.

1 **1) Allgemeines.** § 999 begründet keine Anspr, sond bestimmt für die aus §§ 994 ff einen ges Anspr-Übergang (I) bzw eine ges SchuldÜbern (II).

2 **2) Rechtsnachfolge im Besitz (I)**; auch mehrf. Gesamt- od EinzNachf; letztere erfordert ein (auch unwirks) VeräußergsGesch, nicht nur Übertragg der tats Gewalt (RG **129**, 199). BesMittler ist nicht Nachf seines mittelb Besitzers (RG **158**, 394) u kann nur nach §§ 986 I 1, 1000 das ZbR des mittelb Besitzers
3 ausüben. – **a) Übergang aller Anspüche** des Vorbesitzers aus §§ 994 ff auf den Erwerber; Vorbesitzer verliert sie. Übergang dch Vertr zw Vorbesitzer u Erwerber ausschließb; dann verbleiben sie beim Vorbesitzer (MüKo/Medicus 9). Hatte Eigtümer ggü Vorbesitzer genehmigt (§ 1001), gehen sie nur bei Abtretg über (Staud/Gursky 4; aA Wieling § 12 V 7 a).Gibt der Erwerber ohne Vorbeh nach § 1000 S 3 an den Eigtümer heraus, so kann dies iR eines SchadErsAnspr gg den Vorbesitzer als Mitverschulden gewertet werden (BGH **LM**
4 § 254 Dc Nr 6). – **b) Anspruchsumfang.** Maßgebd ist, welchen Anspr der Vorbesitzer erlangt hatte. Keine Begrenzg auf die Höhe des RegreßAnspr des Erwerbers gg seinen Vorbesitzer (Gursky AcP **171**, 81; MüKo/Medicus 8; Wieling § 12 V 7 a; aA Fbg JZ **53**, 404; Böhmer JZ **53**, 392 zu Fußn 5; 58. Aufl).

5 **3) Eigentümerwechsel (II)**; auch mehrf u dch originären Erwerb. Der Erwerber haftet auch für Verwendgen iSv 994 ff vor seinem Erwerb (Ausn: ZVG 93 II); für sie gilt auch § 997. Der Voreigtümer haftet (als GesSchuldn mit dem Erwerber) nur weiter, wenn er die Verwendgen vor EigtVerlust genehmigt hatte (BGH NJW **96**, 52). Ein AnsprVerzicht des Voreigentümers wirkt auch gg den Erwerber (BGH NJW **78**, 716), nicht aber eine VerwendgsGen (Erwerber kann noch gem § 1001 S 2 zurückgeben). Gen des Voreigtümers nach EigtWechsel kann nur vertragl ErsAnspr begründen..

1000 ***Zurückbehaltungsrecht des Besitzers.*** **Der Besitzer kann die Herausgabe der Sache verweigern, bis er wegen der ihm zu ersetzenden Verwendungen befriedigt wird. Das Zurückbehaltungsrecht steht ihm nicht zu, wenn er die Sache durch eine vorsätzlich begangene unerlaubte Handlung erlangt hat.**

1 **1) Allgemeines.** § 1000 ist neben § 273 II nötig, weil der VerwendgsErsAnspr vor Herausg der Sache erst bei Gen der Verwendg iSv § 273 II fäll wird (§ 1001). Das ZbR erlischt mit freiw od gerichtl erzungener (RG **109**, 104) Herausg u entsteht bei Wiedererlangg des Bes (Ausn: § 1001 S 2) nicht neu (BGH **101**, 307 [316]; hM).

2 **2) Zurückbehaltungsrecht (S 1).** §§ 273 III, 274 anwendb. In der Ins des Eigtümers AbsondergsR (InsO 51 Nr 2) u BefriediggsR des Besitzers (§ 1003, InsO 173). Bei MobiliarZwVollstr dch Gläub des Eigtümers hat Besitzer ZPO 766, 809. Bei GrdstZwVerst hat er kein WidersprR (Saarbr OLGZ **84**, 126); Erwerber haftet nicht für Verwendgen vor Zuschlag (ZVG 93 II) u kein WertErs für Besitzer, Verwendgen nach Zuschlag sind gem ZPO 767 geltd zu machen. Zur Frage, ob unmittelb Besitzer das ZbR seines mittelb Besitzers ausüben kann, vgl Dörner DAR **80**, 102 u Staud/Gursky 2).

3 **3) Ausschluß**; BewLast: Eigtümer. – **a)** Wenn Besitzer selbst (iFv § 999 I nicht nur Vorbesitzer) die Sache dch **vorsätzliche unerlaubte Handlung** (nicht notw ggü Eigtümer) erlangte (**S 2**; entspr § 273 III). verbotene Eigenm u Straftat genügen nur bei Vorsatz. Kein Ausschl, wenn Eigtümer selbst Teilnehmer (BGH
4 NJW **64**, 1672). – **b)** Aus **anderen Gründen**. Bei Verstoß gg § 242 (RG JW **28**, 2438), wenn vom Eigtümer zu erstattde Nutzgen erhebl höher (BGH JR **52**, 473; aA MüKo/Medicus 3); bei entggstehdem öff Interesse (Breslau HRR **40** Nr 77; zu verallgemeinernd) insb wenn ein Gesetz dem Behalten entggsteht (zB GrdstVG 24 I Nr 1).

1001 ***Klage auf Verwendungsersatz.*** **Der Besitzer kann den Anspruch auf den Ersatz der Verwendungen nur geltend machen, wenn der Eigentümer die Sache wiedererlangt oder die Verwendungen genehmigt. Bis zur Genehmigung der Verwendungen kann sich der Eigentümer von dem Anspruche dadurch befreien, daß er die wiedererlangte Sache zurückgibt. Die Genehmigung gilt als erteilt, wenn der Eigentümer die ihm von dem Besitzer unter Vorbehalt des Anspruchs angebotene Sache annimmt.**

1) Allgemeines. Die Anspr aus §§ 994 ff sind bis zur vom Besitzer nicht erzwingb Wiedererlangg (Rn 2) bzw Gen/GenErs (Rn 3, 4) aufschiebd bdgt (nach aA nicht fäll bzw unvollkommen). Vorher keine Aufrechng des Besitzers mit ihnen u keine Verj; Besitzer ist auf §§ 997, 1000, 1003 beschränkt. 1

2) Wiedererlangung durch den Eigentümer; BewLast: Besitzer. Der wahre Eigtümer muß den Bes auf beliebige Art u nicht notw unmittlb vom Verwender (Hoche NJW **57**, 468; Hassinger NJW **57**, 1268) erlangt u der Besitzer ihn vollständ verloren haben. Wiedererlangg dch BesMittler des Eigtümers genügt nur, wenn dieser für den Eigtümer Entscheidgen nach § 1000 treffen kann (Hamm MDR **56**, 100; Köln NJW **57**, 224; Düss NJW **66**, 2361; nach BGH **87**, 274 reicht bei SichgsEigt Wiedererlangg dch den SG). Der Wiedererlangg steht die ZwVollstr in die Sache dch Gläub des Eigtümers gleich (Staud/Gursky 5), nicht aber die Realisierg des Mehrwerts dch Veräußerg seitens des Besitzers (BGH NJW **96**, 52) u AnnVerzug des Eigtümers.- Dch **Rückgabe an den Besitzer (S 2)** vor Gen/GenErs iSv Rn 4, 5 (BewLast: Eigtümer für 2
3
Rückg u Besitzer für vorherige Gen/GenErs [Baumgärtel/Laumen 2]) wird der noch nicht getilgte od rkräft ausgeurteilte (Staud/Gursky 19) ErsAnspr wieder bdgt; Besitzer hat wieder die Rechte aus §§ 1000, 1003 u von ihm erklärte Aufrechng wird hinfäll. Gleiche RFolgen hat der AnnVerzug des Besitzers (MüKo/Medicus 8; aA Staud/Gursky 18: Hinterlegg notw). AnnVerpfl des Besitzers auch bei Verschlechterg (§ 281 auf SchadErs des Eigtümers anwendb; Erm/Hefermehl 3); bei (auch zufäll) Untergang keine Befreig mögl. Über Rückg bei Eigtümerwechsel vgl § 999 Rn 5.

3) Genehmigung durch den Eigentümer (wahrer Eigtümer); BewLast: Besitzer. Ausdrückl od stillschw (zB dch Aufrechng) Gen der konkreten Maßn (beschränkb auf einz Maßn), nicht notw des verlangten Betrages. Gen wirks, wenn Eigtümer die Verwendg als solche genehmigt, aber die AnsprHöhe bestreitet (vgl Rn 6). Über Gen bei Eigtümerwechsel vgl § 999 Rn 5. – **Genehmigungserstz (S 3)**, soweit nicht 4
5
beiderseit PartWille entggsteht (BGH NJW **55**, 341); BewLast: Besitzer. Ann der vom Besitzer unter berecht Vorbeh seines Anspr angebotenen Sache; Widerspr des Eigtümers gg Vorbeh unbeachtl (BGH NJW **59**, 528). Der im Vorbeh genannte Betrag wir nicht verbindl festgelegt (MüKo/Medicus 15). Ann nicht wg Irrtums über ihre RFolgen anfechtb. Ob in Ann trotz unberecht Vorbeh (zB iFv § 1000 S 2) eine Gen liegt, ist Ausleggsfrage. – **Rechtsfolgen:** Gen/GenErs machen den ErsAnspr in seinem (ggf im Proz zu klärden) 6
gesetzl Umfang unbdgt, schließen S 2 aus u verhindern den Beginn des AusschlFr des § 1002. Sie begründen keinen selbstd ErsAnspr, wenn die Voraussetzgen der §§ 994 ff nicht erfüllt sind (BGH NJW **59**, 528 für S 3; Staud/Gursky 7; aA RG DR **42,** 1278; Wolf JZ **66**, 467 [473]), sofern nicht ein entspr PartWille besteht.

1002 *Erlöschen des Verwendungsanspruchs* **I Gibt der Besitzer die Sache dem Eigentümer heraus, so erlischt der Anspruch auf den Ersatz der Verwendungen mit dem Ablauf eines Monats, bei einem Grundstücke mit dem Ablaufe von sechs Monaten nach der Herausgabe, wenn nicht vorher die gerichtliche Geltendmachung erfolgt oder der Eigentümer die Verwendungen genehmigt.**

II Auf diese Fristen finden die für die Verjährung geltenden Vorschriften der §§ 203, 206, 207 entsprechende Anwendung.

1) Allgemeines. Selbstd ErlöschensGrd für ErsAnspr aus §§ 994 ff u WegnR aus § 997 (dort Rn 5). Kein Wiederaufleben bei späterer Wiedererlangg des Bes (BGH **87**, 274). Nicht erloschene Anspr verjähren nach § 195. 1

2) Erlöschen (I) einen bzw sechs Monate (vAw zu beachtde AusschlFr) nach freiwill od dch Urt erzwungener (RG **109**, 104) Herausg dch den Besitzer (od Bevollm) an den wahren (RG **142**, 417) Eigtümer; BewLast: Eigtümer für HerausgZtpkt. Wiedererlangg auf and Weise genügt nicht. Bei Herausg an BesMittler gilt § 1001 Rn 2 entspr (MüKo/Medicus 3); sonst beginnt die Fr erst, wenn Besitzer von BesMittlgsVerh u Eigtümer Kenntn hat (Staud/Gursky 2). **Kein Erlöschen**, wenn vor FrAblauf ErsAnspr gem § 209 geltd gemacht wurde (Einrede aus § 1000 genügt nicht; RG SeuffA **77** Nr 295) od der Eigtümer die Verwendg genehmigte (GenErs nach § 1001 S 3 steht gleich); BewLast: Besitzer. – **Fristberechnung (II)** nach §§ 187 I, 188 II u III; Hemmg/Ablaufhemmg entspr §§ 203, 206, 207. 2
3

1003 *Befriedigungsrecht des Besitzers.* **Der Besitzer kann den Eigentümer unter Angabe des als Ersatz verlangten Betrags auffordern, sich innerhalb einer von ihm bestimmten angemessenen Frist darüber zu erklären, ob er die Verwendungen genehmige. Nach dem Ablaufe der Frist ist der Besitzer berechtigt, Befriedigung aus der Sache nach den Vorschriften über den Pfandverkauf, bei einem Grundstücke nach den Vorschriften über die Zwangsvollstreckung in das unbewegliche Vermögen zu suchen, wenn nicht die Genehmigung rechtzeitig erfolgt.**

II Bestreitet der Eigentümer den Anspruch vor dem Ablaufe der Frist, so kann sich der Besitzer aus der Sache erst dann befriedigen, wenn er nach rechtskräftiger Feststellung des Betrags der Verwendungen den Eigentümer unter Bestimmung einer angemessen Frist zur Erklärung aufgefordert hat und die Frist verstrichen ist; das Recht auf Befriedigung aus der Sache ist ausgeschlossen, wenn die Genehmigung rechtzeitig erfolgt.

1) Allgemeines. § 1003 ermöglicht dem Besitzer, sich wg der Verwendgen aus der Sache zu befriedigen, wenn er den ErsAnspr nach § 1001 nicht geltd machen kann. Zweckmäß auch, den Eigtümer in AnnVerzug bzgl § 985 zu setzen (wg §§ 300 I, 302, 304). 1

2) Fristsetzung (I 1) mit BetrAngabe für GenErkl nach § 1001 Rn 4 dch einseit empfangsbedürft WillErkl ggü wahrem (hM) Eigtümer; BewLast: Besitzer. Entbehrl bei ernsth Bestreiten der ErsPfl; dann 2 gleich Verf nach II (RG **137**, 98). Zu kurze Frist setzt angemessene in Lauf (allgM), zu hoher Betrag ist unschädl (MüKo/Medicus 3; Staud/Gursky 4).

3 **3) Weiteres Verfahren.** – **a)** Bei **Genehmigung** (nicht notw auch des Betrages; vgl § 1001 Rn 4) vor FrAblauf kann nur der ErsAnspr geltd gemacht werden (§ 1001). Bei verspäteter Gen gilt Rn 5 (Staud/Gursky 15; aA Wieling § 12 V 8 d ff), damit auch Höhe feststeht; § 1001 wird aber nicht ausgeschl (wichtig, falls
4 ErsAnspr Sachwert übersteigt). – **b)** Bei **Bestreiten (II)** vor FrAblauf nach Grd od Höhe ist FeststellgsKl (ZPO 256) bzgl des Betrages erforderl; kann nach ZPO 255, 259 schon mit DuldgsKl (Rn 5) verbunden werden. Nach RKraft erneute FrSetzg für GenErkl (sofern nicht schon im FeststellgsUrt erfolgt; RG **137**,
5 98); bei Gen vor FrAblauf gilt Rn 3, andf gilt Rn 5. Bei verspätetem Bestreiten gilt Rn 5. – **c)** Bei **unterlassener Erklärung (I 2)** bzgl bewegl Sache Befriedigg nach §§ 1234–1247 u bzgl Grdst Klage auf Duldg der ZwVollstr mit anschl ZwVerst/ZwVerwaltg (nicht ZPO 867; hM); BewLast: Eigtümer für rechtzeit Gen/Bestreiten. Kein Anspr gg (früheren) Eigtümer bei unzureichdem Erlös, auch wenn dieser selbst ersteigert hat (keine Wiedererlangg iSv § 1001). Eigtümer kann ErsAnspr nach Grd u Höhe nicht mehr bestreiten (RG **137**, 98).

1004 *Beseitigungs- und Unterlassungsanspruch.* **Wird das Eigentum in anderer Weise als durch Entziehung oder Vorenthaltung des Besitzes beeinträchtigt, so kann der Eigentümer von dem Störer die Beseitigung der Beeinträchtigung verlangen. Sind weitere Beeinträchtigungen zu besorgen, so kann der Eigentümer auf Unterlassung klagen.**

II Der Anspruch ist ausgeschlossen, wenn der Eigentümer zur Duldung verpflichtet ist.

1 **1) Allgemeines.** – **a) Stellung im System.** § 1004 ergänzt den dch §§ 985, 1005 gewährten Schutz des Eigt u sichert es gg Beeinträchtiggen, die nicht BesEntziehg sind; SchutzG iSv § 823 II (BGH NJW **93**, 925). Er erstrebt die Herstellg des dem Inhalt des verletzten Rechts entspr Zustandes dch Wiederaufhebg der Beeinträchtigg; er kann sich bei fortdauernder Beeinträchtigg inhaltl mit Naturalrestitution des § 249 decken (vgl Rn 22). Einschränkd die neuere Lehre (Picker, Der negator BeseitiggsAnspr, 1972; Gursky JR **89**, 397): die hL vermenge unzul das TatbestdMerkmal „Beeinträchtigg" (§ 1004) mit dem der Schadenszufügg (§ 823); sie will insb Fälle fortwirkder Beeinträchtigg aus dem GeltgsBereich des § 1004 ausscheiden, wenn der Störer nicht mehr auf die betroffene Sache einwirkt bzw die Einwirkg des Eigtümers auf seine Sache nicht be- oder verhindert. Dies schränkt den Begr der Beeinträchtigg u eine interessegerechte Anwendg des § 1004 auf die Fälle fortdauernder Störg allzusehr ein.

2 **b) Geltungsbereich.** – **aa)** § 1004 schützt unmittelb nur das **Eigentum.** Entspr Anwendg auf **beschränkte Sachenrechte** zu deren Schutz: § 1017 II bzw ErbbRVO 11 I; §§ 1027, 1065, 1090 II; 1227; WEG 34 II; PachtkreditG 8. – **bb)** Ähnl RSchutz zG anderer **absoluter Rechte:** §§ 12, 1053, 1134, 1192 I; HGB 37 II 1; MarkenG 14, 15; PatG 6, 139; GebrMG 15; UrhG 11, 97 (dazu § 687 Rn 5); GeschmMG 1. In entspr Anwendg des RGedankens dieser Vorschr stellte die Rspr alle absoluten Rechte unter den Schutz des § 1004. Daher sind insb geschützt: Leben, Gesundh, Freih, allg PersönlichkR (§ 823 Rn 175), Recht am eigenen Bild (KUG 22; vgl Nasse Sp*u*Rt **95**, 145), Ehre (Einf 20 vor § 823), eheliche LebensGemsch (Einf 6 vor § 1353), eingerichteter u ausgeübter GewerbeBetr (§ 823 Rn 19), Jagd- u JagdausübgsR (Nürnb RdL **85**, 315; LG Lünebg RdL **90**, 94), FischereiR (BGH **LM** § 906 Nr 43; BayObLG **95**, 174), SondernutzgsR am Meeresstrand (BGH **44**, 32), GemeinGebr (BGH NJW **98**, 2058). – **cc)** Schließlich stellte die Rspr auch bloße **Rechtsgüter** u **rechtlich geschützte Interessen** unter den Schutz dieses AbwehrAnspr. Daher sind entspr § 1004 insb geschützt: alle deliktisch geschützten RGüter (§§ 823 II iVm SchutzG [BGH **LM** Nr 132], 824, 826), Erwerb u Fortkommen (RG **140**, 402; Köln NJW **72**, 293), Freih der Willensbetätigg (BGH **LM** § 812 Nr 6). – **dd)** Bei aa spricht man allg von **negatorischen** Anspr. Bei bb und cc ist die Bezeichng unterschiedl: teils spricht man bei den SonderVorschr in bb von **quasinegatorischen** Anspr u iü von **deliktischen** Anspr (zB MüKo/Medicus Rn 10), teils bei bb von negatorischen u bei cc von quasinegatorischen Anspr (zB Baur JZ **66**, 381) u teils bei bb u cc von quasinegatorischen Anspr (zB RGRK/Pikart Rdn 7, 137).

3 **c) Konkurrenzen.** – **§ 985** bei TeilBesEntziehg (RG **160**, 166; BGH **LM** Nr 14) u **§ 862** (BGH **44**, 27) neben § 1004 mögl. – **§ 894** geht als SonderVorschr § 1004 vor (BGH **5**, 76). Dies gilt trotz § 897 auch bei Vormkg u Widerspr. – **§ 910** (BGH **97**, 231) u **BFernStrG 11 II 2** sowie entspr LandesR (BGH **LM** Nr 156) schließen § 1004 nicht aus. – **§§ 823, 249** bei Verschuld neben § 1004 mögl. **ZPO 767, 771** verdrängen § 1004 (Henckel AcP **174**, 109).

4 **2) Voraussetzungen des Abwehranspruchs.** – **a) Beeinträchtigung des Eigentums** außer dch BesEntziehg (dann § 985) od eines and SchutzGgst (Rn 2) Beeinträchtigg ist jede Einwirkg; daher auch wertsteigernde/verbessernde Maßn (Brdbg OLG-NL **96**, 133).

5 **aa) Hauptanwendungsbereich bei Grundstücken:** Betreten dch Menschen (über Hausverbote vgl BGH NJW **80**, 700 u Nürnb BB **82**, 1505 [unzul für Testkäufer/beobachter], LG Münst NJW **78**, 1329 [unzul für Reporter bei Sportveranstaltg]) od Haustiere (§ 903 Rn 13); ZugangsBehinderg (Karlsr NJW **78**, 274); Immissionen (§ 906); Anlagen (§ 907); Vertiefg u Untergrabg (§ 909); Überwuchs (§ 910); Überbau (§ 912); Verletzg nachbschützder GrenzabstandsVorschr (Köln ZMR **94**, 115); Einsickern auslaufden Heizöls (Baur JZ **64**, 355; BayVGH NJW **67**, 1146); Fotografieren außerh UrhG 59 sowie gewerbl Verbreitg der Fotos (BGH NJW **75**, 778 Anm Schmieder NJW **75**, 1164; vgl auch Ruhwedel JuS **75**, 242; Pfister JZ **76**, 156; Beater JZ **98**, 1101), nicht aber iRv UrhG 59 (BGH NJW **89**, 2251; Brem NJW **87**, 1420); untersagte Briefkastenwerbg (Rn 7); über Einwirkg von (Kriegs-)TrümmerGrdst vgl Ffm OLGZ **82**, 352; Düss OLGZ **92**, 198; Kübler AcP **159**, 281. Auch Bauten, die nach § 946 Eigt des Gestörten werden (Celle MDR **54**, 294); daß dieser bereichert, schließt § 1004 nicht aus (vgl § 951 Rn 19). – Droht dem Bauherrn Beeinträchtigg dch vom Bauunternehmer errichtetes Bauwerk, soll der Bauherr nach Stgt NJW **67**, 572 auch nach Verjährg der GewährleistggsAnspr Beseitigg aus § 1004 verlangen können; anders wohl BGH **39**, 366, weil

Bauwerk nur beeinträchtigt schon ins Eigt des Bauherrn gelangte, ein Ergebn das dem Vorrang der SachmängelgewährAnspr entspricht. – Bloße RBerühmg idR noch keine Beeinträchtigg (Köln NJW **96**, 1290; vgl auch Rn 42). Störg kann aber in rgesch Vfg über das Eigt bestehen (Brdbg VIZ **95**, 365; Erm/Hefermehl Rn 8; Soergel/Mühl Rn 31). – **Keine Eigentumsbeeinträchtigung** dch Behinderg des Blicks auf ein Grdst (Pleyer in abl Anm zu Köln JZ **63**, 94) od Blendg dch helles NachbGbde (Düss OLGZ **91**, 106). Über negat u immaterielle (ideelle) Einwirkgen vom NachbGrdst vgl § 903 Rn 9, 10.

bb) Nicht ausreichd, daß Beeinträchtigg ausschl auf **Naturkräfte** zurückgeht. Lösen sie eine von einem Grdst ausgehde Störg aus, so ist dessen Eigtümer nur verpflichtet, wenn er od sein VorEigtümer sie dch eigene Hdlgen od pflichtwidr Unterlassen (mit-)verursacht hat u der geschaffene/geduldete Zustand eine konkrete Gefahrenquelle gebildet hat (BGH NJW **95**, 2633; **99**, 2896). – **Beispiele:** zB Erdabschwemmg wird dch künstl Hangabschrägg erleichert (BGH NJW-RR **96**, 659); Verstärkg des Regenwasserablaufs dch Bodenveränderg (Kblz MDR **75**, 403); Beseitigg eines regulierden Weihers (Nürnbg RdL **70**, 220); Nestbau für Schwalben (LG Hechingen NJW **95**, 971) u anlockdes Füttern von Tauben (LG Bln MDR **66**, 146; AG Karlsr NJW-RR **92**, 463) od Katzen (Schlesw NJW-RR **88**, 1360; Köln NJW- RR **89**, 205), die NachbHaus verschmutzen; Froschquaken in künstl Teich (BGH NJW **93**, 925); Blätter-/Samenflug (Düss NJW-RR **90**, 144) od Wurzeln (BGH NJW **91**, 2826; LG Itzehoe NJW-RR **95**, 978) von Anpflanzgen; Halten störder Haustiere (Mü MDR **90**, 1117); Dachlawine (LG Schweinf NJW-RR **86**, 1143); grenzübergreifender Brand inf Defekts an Leitgen/Geräten (BGH NJW **99**, 2896). **Nicht aber** Auswirkgen notw Bodenbearbeitg bei landwirtsch Grdst (BGH NJW **84**, 2207; WM **91**, 1115; vgl aber LG Kblz NJW-RR **91**, 655) od von natürl Schwalbennestern an Hauswand (AG Kreuzn NJW-RR **86**, 98); Umstürzen angepflanzter widerstandsfäh Bäume bei außergewöhnl Sturm (BGH **122**, 283); Samenflug von unbearbeitetem Grdst (Düss OLGZ **93**, 451; Schlesw SchlHA **93**, 170); natürl Schädlingsbefall (BGH NJW **95**, 2633); Erdrutsch aGrd Bodenstruktur (Stgt NuR **90**, 141); wild abfließdes Regenwasser (BGH **114**, 183; Düss NJW-RR **91**, 1115). – Anders die Vertreter der Eigt- (Kübler AcP **159**, 276) od BesTheorie (Herrmann NJW **97**, 153): geht die Beeinträchtigg vom Zustand einer Sache aus, soll hiernach deren Eigtümer allein agrd seines Eigt bzw der sichgspfl Besitzer iR kausalen Unterlassens Störer u demnach aus § 1004 verpflichtet sein. Die hM lehnt diese Garantenstellg ab (BGH **122**, 283; NJW **99**, 2896). Doch kann sich aus dem nachbarl GemschVerh die Pflicht des Eigtümers ergeben, die Beeinträchtigg zu verhindern, zu beseitigen od wertm auszugleichen (vgl § 903 Rn 13; vgl auch BGH NJW **89**, 2541). 6 6 a

cc) Briefkastenwerbung. (vgl auch Fikentscher/Möllers NJW **98**, 1337). Einwurf von Werbematerial (auch polit Part; Brem NJW **90**, 2140) ist EigtStörg (Bes-/PersönlichkRStörg), wenn dies allg (zB Aufkleber) od speziell (zB UnterlAufforderg) untersagt ist (BGH **106**, 229). Gilt auch für Anzeigenblätter mit redaktionellem Teil, soweit sich Untersagg auf sie erstreckt (vgl dazu Stgt NJW-RR **94**, 502); nicht aber für Werbebeilage einer abonnierten Tageszeitg (LG Bn NJW **92**, 1112). Werbder ist bei Beauftragg eines Verteilers mittelb HdlgsStörer u zu zumutb VerhindergsMaßn verpfl (dazu BGH **106**, 229; Karlsr NJW **91**, 2910; KG NJW **90**, 2824); die Nichtverhinderbark von gelegentl Ausreißern zwingt nicht zur Einstellg der Werbg (Karlsr aaO). Vom Werbden kann nicht Unterlassg der Werbg mittels Postwurfsendg verlangt werden, soweit er von der Post nicht die Beachtg der Untersagg erzwingen kann (Brem NJW **90**, 2140; Stgt NJW **91**, 2912; LG Kass NJW **91**, 2912; aA LG Freibg NJW **90**, 2824; LG Hagen NJW **91**, 2911); alle zur RLage bis 27. 2./30. 6. 91 (Änderg der AusführgVorschr zu PostO 59 II Nr 1 bzw Einführg PostAGB Nr 6.4 II). Jetzt besteht UnterlAnspr gg die Post (Ffm NJW **96**, 934). Unaufgeforderte **E-mail-Werbung** ist EigtStörung (LG Bln NJW **98**, 3208; AG Brakel NJW **98**, 3209). – Über Verstoß gg **UWG 1** vgl BGH NJW **92**, 1958 u Ffm NJW-RR **92**, 39 (Handzetteleinwurf), BGH NJW **92**, 1109 (Postwurfsendg vor RÄnderg), BGH NJW **96**, 660 (Telefaxwerbg), LG Traunst NJW **98**, 1648 (E-mail). 7

b) Beeinträchtigg muß vom Störer (mit-)**verursacht** sein (RG **127**, 34); vgl auch Rn 6. Über Adäquanz vgl Pleyer AcP **156**, 294 Fußn 10; Herrmann JuS **94**, 273 [282]). Einwand **mitwirkender Verursachung** zul, zB bei bes Anfälligk des betroffenen Bauwerks (BGH WM **64**, 1102) od unterl Abwehr (BGH **135**, 235); führt zur Beteiligg an Beseitiggskosten (BGH aaO). 8

c) Rechtswidrig muß der dem Inhalt des Eigt (§ 903) widersprechde Zustand sein, nicht die EingrHdlg (BGH NJW **76**, 416; BayObLG FGPrax **95**, 231). Die RWidrigk wird idR dch die EigtVerletzg indiziert (BGH WM **71**, 278). Zur Rechtfertigg der Beeinträchtigg vgl Rn 31–34. 9

d) Verschulden nicht erforderl (BGH **110**, 313), führt aber uU zu SchadErsPflicht, auch aus § 823 II, da § 1004 SchutzG (vgl BGH **30**, 7; NJW **71**, 426). Auch nicht Bewußtsein der RWidrigk. 10

e) Regelmäßig muß ein **Eingriff stattgefunden** haben. Bei bloßer Besorgn künftiger Beeinträchtigg im allg nur Feststellgsklage, ZPO 256. Androhg od Vorbereitg einer RVerletzg können aber schon eine Beeinträchtigg darstellen; so bei sicher bevorstehenden Störgen (zB dch Errichtg von Anlagen iSv § 907, BGH **51**, 196, 399) od ernsthafter Gefahr (BGH WM **64**, 798; KG OLGZ **77**, 494, Köln NJW-RR **89**, 1177; BayObLG NJW-RR **87**, 1040; Düss NJW-RR **91**, 656). Vgl auch Rn 29. 11

f) Die **Beeinträchtigung muß fortdauern.** Geht sie von einer Anlage aus, dauert sie fort, solange Wiederholgsgefahr besteht. Insoweit gilt die Voraussetzg von **I 2** auch für den BeseitiggsAnspr. 12

3) Anspruchsberechtigt sind: **a)** Der **Eigentümer** bzw wem das beeinträchtigte Recht (RGut) zugeordnet ist. Auch eine jur Pers des öffR zB als Eigtümerin einer dem öffentl Gebr dienden Sache (BGH **33**, 230; **49**, 68) od als Ehrverletzte (BGH NJW **83**, 1183); bei Beleidigg eines Beamten aber nur dieser selbst (BGH aaO). Das gemeine Eigt am Meeresstrand gibt keinen AbwehrAnspr aus § 1004 (BGH **44**, 27, 31). – Jeder MitEigtümer für die ganze Sache (§ 1011). – Nach RG **137**, 266 bei herrenlosen Grdst der AneignsBerecht (str). – Nicht der Imker, dessen Bienen bei Flug auf fremdes Grdst dch vergiftete Pflanzen (Industrieabgase, Spritzmittel) Schaden leiden (BGH **16**, 366; RG **159**, 72). 13

b) Rechtsnachfolger: Wird die beeinträchtigte Sache nach RHängigk veräußert: ZPO 265, 266 (BGH **18**, 223). Bei Veräußerg vor RHängigk hat bei Fortdauer der Störg nur der neue Eigtümer Anspr aus § 1004 (BGH aaO; vgl Hoche NJW **64**, 2420); er ist ident mit dem des Veräußerers (BGH NJW **90**, 2555, **94**, 999). 14

15 **c)** Der Anspr aus § 1004 ist **nicht selbständig abtretbar;** zulässig aber Ermächtigg eines Dritten zur Geltdmachg im eigenen Namen, in die Abtretg idR umzudeuten (Düss ZMR **96**, 28).

16 **4) Passivlegitimiert** ist der **Störer.** Seine Bestimmg ist verschieden, je nachdem die Beeinträchtigg des Eigt Folge menschl Handlg od des störden Zustands einer Sache ist. Störer daher jedenf der, auf dessen Willensbetätigg die Beeinträchtigg wenigstens mittelb zurückzuführen ist (BGH NJW **99**, 2896); also nicht nur, wer den störden Zustand (mit-)geschaffen hat, sond auch, wer dch seinen maßgebenden Willen den, etwa von einem RVorgänger (BGH WM **68**, 750) geschaffenen aufrechterhält (RG **159**, 136; BGH **29**, 314/7; **LM** § 1004 Nr 14; Ffm OLGZ **82**, 352), wobei die Störereigensch mit der Handlgsfähigk verloren geht (BGH **40**, 18, 21). – Nicht also schlechthin der Eigtümer als solcher (vgl Rn 6 a), sond zB auch der VorbehKäufer als Inhaber des AnwR, der PfdGläub (vgl Picker [Rn 1] S 141 ff); and vor allem die Vertreter der Eigt- bzw BesTheorie (vgl Rn 6 a). Anspr richtet sich auch nicht gg Begünstigten als solchen, also zB nicht gg den Staat, sond gg die beim Straßenbau tät Firma (BGH MDR **68**, 912); Störer kann auch ein MitEigtümer sein (Düss OLGZ **78**, 349).

17 **a) Handlungshaftung:** Störer ist immer der Einwirkde selbst. Bei gewerbl Anlagen neben dem Inh auch der, in dessen Interesse u mit dessen Mitteln sie errichtet ist u aufrechterhalten wird (RG **155**, 319). Untern eines störden Betr ist auch Störer, wenn er Dritten ggü zum Betr verpflichtet ist (BGH NJW **83**, 751). ArbN ist nicht Störer, wenn er weisgsgebunden handelt (vgl BGH aaO); and, wenn er noch selbstd u eigenverantwortl handeln kann (BGH DB **79**, 544) od nur bei Gelegenh u nicht iR der Arbeit stört (Pleyer AcP **161**, 500). – **Störer (mittelbarer)** ist auch, wer die störde Einwirkg Dritter adäquat ursächl veranlaßt hat u sie verhindern kann (BGH NJW **82**, 440; Düss NJW **86**, 2512 über Elt bei Störg dch Kinder); Veranlasser muß beweisen, daß er alle zumutb AbstellgsMaßn versucht hat (BGH NJW **82**, 440; Kblz NJW-RR **88**, 142). Beispiele: ZeitgsVerleger bzgl Störg in Zeitg (BGH NJW **86**, 2503) od Beilage (BGH **3**, 275); BusUntern bzgl Störg dch Fahrgäste (BGH **LM** Nr 51; LG Esn MDR **88**, 864); Bauherr bzgl Störg dch BauUntern (BGH NJW **62**, 1342); Clubhausbesitzer bzgl Besucherlärm auf der Straße (BGH NJW **63**, 2020; LG Aach NJW-RR **86**, 818); BRep bzgl Störg dch Nato-Streitkräfte (BGH **49**, 340); FlughafenUntern für Boden- sowie Start-/Landelärm (BGH **59**, 378; **69**, 105 u 118); BetrInh bzgl Störg dch Kunden u Lieferanten (BGH NJW **82**, 440; Kblz NJW-RR **88**, 142) od SubUntern (Saarbr NJW-RR **87**, 500); Tennisplatzbetreiber bzgl Spiellärm (BGH NJW **83**, 751); werbdes Untern bzgl Störg dch WerbgsVerteiler (BGH **106**, 229), Automatenbetreiber bzgl Störg dch Benutzer (LG Regbg NJW-RR **89**, 1458): Vermieter bzgl Störg dch Mieter (Rn 20). Notw ist eine gewisse Sachbeherrschg, wie sie zB der SichgsEigtümer vor Erlangg des unmittelb Bes (BGH **41**, 393), der Verkäufer nach BesÜberg an Käufer (BGH NJW **98**, 3273) u Telefonzellenbetreiber (BaWüVGH DVBl **84**, 881) nicht haben.

18 **b) Zustandshaftung:** Störer ist auch (oder allein), wer eine störende Anlage hält, wenn von seinem Willen die Beseitigg abhängt (BGH **LM** Nr 14); jedenf dann, wenn er die störden Umst kennt (BGH NJW **66**, 1361). So BRep als Eigtümerin der Autobahnen, wenn sie störenden Zustand nicht beseitigt (BGH **29**, 317); Landkreis, der Abdeckerei finanziert (RG **155**, 316); der Eigtümer eines Grdst, auf dem ein Unbefugter einen störden Zustand schuf (BGH NJW-RR **96**, 659).

19 **c)** Bei einer **Mehrheit von Störern** besteht der Anspr gg jeden unabhäng vom Tatbeitrag, nur der AnsprInhalt richtet sich nach dem konkr Tatbeitrag (BGH NJW **76**, 799); zB Hersteller u Importeur von Zeitgen mit störden TatsBehauptgen (BGH aaO), Eigtümer u Benutzer störder Anlagen (RG **162**, 358; Warn **17**, 245); vgl auch BGH **14**, 174 (Haftg des Verlegers für Beilagen zu Druckschrift). Häuf sind mittelb u unmittelb Störer gemeins legitimiert, sow sie zur Beseitigg der Störg imstande sind (BGH **49**, 340); bei Ausführg eines Baus dch Mehrere vgl BGH NJW **71**, 935. Über entspr Anwendg von § 830 I 2 vgl LG Köln NJW-RR **90**, 866.

20 **d) Vermieter/Mieter.** Stört der Mieter, kann neben ihm der Vermieter in Anspr genommen werden, wenn er dem Mieter die störde Benutzg ausdrückl od stillschw gestattet hat u nicht ausgeschlossen werden kann, daß er die Störg beseitigen kann, was er beweisen muß (vgl BGH NJW **67**, 246; **LM** Nr 44; BayObLG NJW-RR **87**, 463; Celle NJW **88**, 424; LG Ffm NJW-RR **86**, 817; LG Aach NJW-RR **86**, 818). – Aber auch wenn Vermieter das störde Verhalten des Mieters verboten, also zunächst willentl keine adäquate Ursache für die Beeinträchtigg gesetzt hat, wird er zum Störer, wenn er das Verhalten des Mieters „in ungehöriger Weise duldet" (RG **45**, 298 u stRspr), dh wenn er es unterläßt, die Beeinträchtigg zu verhindern: dch Tathandlgen od rechtl Maßnahmen gg den Mieter, der dch Störg der Nachbarn regelm den MietVertr verletzen w. Einzelheiten, auch zu den Fällen samtverbindl Haftg von Verm u Mieter vgl Lutter/Overrath JZ **68**, 345.

21 **e)** Bei einer **Rechtsnachfolge** auf seiten des Störers (vgl dazu Brehm JZ **72**, 225) erlischt der Anspr aus § 1004, wenn die Beeinträchtigung aufhört. Besteht sie fort od besteht Wiederholgsgefahr, richtet sich der Anspr gg den bish Störer nur, wenn dieser über die störde Sache verfüggsberecht bleibt, zB wenn der Nießbraucher Eigtümer wird u das Grdst einem anderen vermietet. Sonst richtet er sich nur gg den RNachfolger, der den Zustand bestehen läßt, obwohl er ihn beseitigen könnte u müßte, da der von „Menschenhand geschaffene" Zustand „potentielle Störgsquelle" ist (BGH NJW-RR **96**, 659; Köln NJW-RR **96**, 1104). Anders bei Anspr auf SchadErs. Ob ZPO 265, 266 bei RNachf auf der Störerseite anwendb, ist str; nein: bei persönl Anspr; ja, wenn sich Beeinträchtigg, wie im NachbR od dch Errichtg u Aufrechterhaltg eines Bauwerks gewissermaßen „verdinglicht" hat (vgl BGH **28**, 153/6; Heinze, RNachf in Unterlassen, 1974 S 251 ff).

5) Beseitigungsanspruch zur Abwehr ggwärt Beeinträchtigg.

22 **a) Inhalt. – aa) Beseitigung** der Beeinträchtigg ist Abstellg der Einwirkg für die Zukunft, nicht Herstellg des früh Zustandes dch Beseitigg der Einwirkgsfolgen. Sie ist zu unterscheiden von dem Ersatz des Schadens, der nur nach §§ 823 ff bei Versch verlangt werden kann (BGH **28**, 113; NJW **96**, 845); Abgrenzg mitunter schwierig u in Rspr u Schriftt nicht einheitl (vgl Baur AcP **160**, 487). BayObLG SeuffA **38**, 106: bei Dammbruch nur Beseitigg der Dammlücke, nicht Ersatz des ÜberschwemmgsSchad (aA Stgt OLG **41**, 162);

BGH **49**, 340: Beseitigg von im Übermaß angeschwemmten Sand, der dch Panzerübg auf Truppenübgsplatz abgelöst; BGH NJW **96**, 845 (dazu Lobinger JuS **97**, 981): Beseitigg kontaminierten Bodens; RG **63**, 379: kein Ersatz für Explosionsschaden bei unverschuldetem Gasrohrbruch; RG **127**, 35: Anspr auf Eindämmg übergreifenden Feuers u Beseitigg der schon erfolgten Zerstörg; BGH **135**, 235: Anspr auf Wiederherstellg dch Überwuchs zerstörten Platzes. BeseitiggsPfl entfällt nicht schon desh, weil sich stördes Material mit GrdEigt verbunden hat (BGH **40**, 18; NJW **96**, 845); BayObLG NZM **98**, 1010: ErsAnpflanzg für gefällte Bäume nur aus § 823. – **bb) Zumutbarkeit.** § 249 S 2, § 251 I nicht anwendb. Ist völlige Beseitigg nicht 23
sofort mögl, kann Herabminderg der Störg in zumutb Weise verlangt werden (BGH **LM** Nr 70). BeseitiggsPfl auch dann, wenn zB Beseitigg einer Anlage aus techn Gründen über die Behebg der Störg als solche hinausgeht (BGH **18**, 266). BeseitiggsAnspr grdsätzl auch bei unverhältnism hohen Kosten (BGH **LM** Nr 14; vgl aber Rn 38). – **cc) Kosten der Beseitigung** trägt der Störer; dies gilt auch, wenn sein RVorgänger (der 24
dem Eigtümer nur noch aus §§ 823 ff haften kann) die Beeinträchtigg verursacht hat. Beseitigt der Eigtümer selbst, so haftet der Störer nach §§ 812 ff (BGH **97**, 231; NJW **91**, 2826) sowie u uU nach § 683 (BGH **110**, 313); Mitverursachg des Gestörten gem § 254 zu berücksichtigen (BGH **135**, 235). – **dd) Schuldner- und** 25
Gläubigerverzug mögl.

b) Klageantrag und Urteil müssen lauten auf Vornahme geeigneter Maßn, dch die für das Grdst des 26
Klägers wesentl Beeinträchtiggen (sofern Umfang der zu unterlassden Störg nicht näher bestimmb) dch Einwirkgen best Art verhindert werden (BGH NJW-RR **96**, 659; Jena OLG-NL **98**, 356); die Wahl der Maßn obliegt dann dem Bekl (BGH aaO) u ist vom Kläger erst in der ZwVollstr nach ZPO 887 zu treffen (aA Düss OLGZ **88**, 83: ZPO 888). Verurteilg zu best Maßn aber, wenn nur sie Beseitigg gewährleistet (BGH **120**, 239; Schlesw SchlHA **93**, 170). Bedarf die Maßn einer behördl Gen, so ist ein entspr Vorbeh in den UrtTenor aufzunehmen u erst in der ZwVollstr die GenErteilg zu prüfen (BGH **120**, 239); Bekl ist auf Antr zur Stellg des GenAntr zu verurteilen (BGH aaO). – Zur Vorbereitg **Auskunftsanspruch** mögl (Düss NJWE-MietR **97**, 181).

6) Unterlassungsanspruch zur Abwehr künft Beeinträchtiggen.

a) I 2 gibt einen **materiellen Anspruch** auf Unterlassg (vgl Wesel, FS-vLübtow 1970, 787; Henckel AcP 27
174, 97). Er hat seine materielle GrdLage im bedrohten HerrschR; dies zu achten, ist allerd jedermann gehalten (vgl Larenz NJW **55**, 263). Aus der scheinb dogm Schwierigk, sich eine Vielzahl daraus entspringder Abwehrrechte gg jedermann vorzustellen, folgert ein Teil des Schrifttums, daß die vorbeugende UnterlKl ein rein prozessuales RInstitut, eine bes Form des RSchutzes ist, der ein materieller Anspr als StreitGgst nicht zugrde liegt. Aber wie der vertragl, so ist auch der gesetzl UnterlAnspr dch schlichte LeistgsKl verfolgb. Dem absoluten HerrschR entspringt näml nicht nur bei Verletzg, sond schon bei konkreter Bedrohg (vgl Rn 29) der Anspr auf Unterlassg künft Beeinträchtiggen, womit nicht zu verwechseln ist (vgl BGH **LM** § 241 Nr 2) ein erst zukünf fäll werdder UnterlAnspr.

b) Bestr ist weiter, ob die LeistgsKl auf vorbeugde Unterlassg bes **Prozeßvoraussetzungen** erfordert. – 28
Sieht man von der Möglichk eines erst künft fäll werdden UnterlAnspr ab (was bei gesetzl UnterlAnspr schwerl begegnen dürfte), so besteht kein Grd, die Klage dem **ZPO 259** zu unterstellen. Ist der Anspr dch die konkrete, tatbestdsmäß Bedrohg des Rechts dch einen Dritten einmal entstanden, so ist die UnterlPfl auch in der Gegenwart solange zu erfüllen, als die Bedrohg andauert, so daß ZPO 259 ausscheidet (Th-P § 259 Anm 2). – Möglichk **strafrechtlicher Verfolgung** schließt allg RSchutzBedürfn nicht aus (BGH NJW **57**, 1319).

c) Wiederholungsgefahr ist materielle AnsprVoraussetzg; daher erlischt Anspr bei Fortfall (BGH NJW 29
95, 132). Sie ist die auf Tatsachen gegründete obj ernstl Besorgn weiterer Störgen; maßg Ztpkt ist die letzte mündl TatsVerhandlg. BewLast hat der Gestörte. Meist begründet vorangegangene Verletzg eine tats Vermutg für die Wiederholgsgefahr, an deren Widerlegg dch den Störer hohe Anfordergen zu stellen sind (BGH NJW **99**, 356; BayObLG NJW-RR **87**, 463, 1040; KG ZMR **88**, 268; Köln NJW-RR **93**, 97; OLGZ **94**, 313). Im RStreit abgegebene VerpflichtgsErkl beseitigt die Wiederholgsgefahr nur, wenn sie uneingeschränkt u nach der Überzeugg des Gerichts aus besserer Einsicht, nicht bloß unter dem Druck des Proz, abgegeben (RG **98**, 269). Zur Frage der Sicherg des UnterlassgsVerspr dch VertrStrafe u der Wertg einer Weigerg, sich ihr zu unterwerfen vgl Ffm OLGZ **70**, 40 u Einf 24 vor § 823. In den Fällen der §§ 550, 581 II, 1053 außerdem Abmahng erforderl. Nach dem Wortlaut („weitere") setzt der Anspr eine bereits erfolgte Beeinträchtigg voraus. Diese kann aber schon in Ankündigg liegen (vgl BGH **2**, 394; RG **151**. 246), währd bloße RBerühmg regelm dch ZPO 256 abgewehrt werden. Doch genügt auch eine **erstmals drohende Beeinträchtigung** (BayObLG NJW-RR **87**, 1040; Zweibr NJW **92**, 1242); trifft Störer Anstalten hierzu, braucht mit Unterl-Klage nicht bis zur Vollendg des Eingriffs gewartet zu werden (BGH **LM** Nr 27, 32; § 906 Nr 19). Volle BewLast hat der Gestörte (Hamm NJW-RR **95**, 1399).

d) Anspruchsinhalt: Ihn bestimmt die zu besorgde weitere Beeinträchtigg. Liegt ein störder Zustand vor, 30
deckt sich Anspr auf dessen Beseitigg inhaltl mit dem UnterlAnspr (BGH **LM** Nr 32). **Klageantrag und Urteil** müssen die zu unterlassde Einwirkg so konkret festlegen, daß für das VollstrVerf (auch unter Heranziehg der UrtGrde) die notw Bestimmth gesichert ist (Mü NJW-RR **91**, 1492); bei immissionsrechtl UnterlKl genügt „Unterl von Störgen bestimmter Art (zB Gerüche/Geräusche)", so daß Wesentlichk uU im VollstrVerf (ZPO 890) erneut zu prüfen (BGH NJW **99**. 356 [Geruch]; Köln OLGZ **94**, 313 [Hundegebell]). Über Notwendigk behördl Gen der Unterl vgl Rn 26. – Zur Vorbereitg **Auskunftsanspruch** mögl (Düss NJWE-MietR **97**, 181).

7) Ausschluß des Anspruchs (II). Der Anspr aus § 1004 setzt RWidrigk des BeeinträchtiggsZustandes 31
voraus (vgl Rn 9). Er entfällt daher, wenn Eigtümer den Eingr dulden muß. Damit begründet II (wie § 986) eine rechtshindernde Einwendg (ganz hM), die auch entspr § 986 I 1 Fall 2 von einem berecht Dritten ableitb (BGH NJW **58**, 2061). Dies muß Störer beweisen (BGH NJW **89**, 1032). Fällt der rechtfertigde Grd (zB Anlage rechtfertigde GrdDbk [aA Schlesw SchlHA **68**, 259]) später weg, so ist der Störer zur Beseitigg

fortbestehder Beeinträchtigg verpfl (BGH NJW **90**, 2058; **94**, 999; Picker JZ **76**, 370). – DuldgsPfl kann begründet sein dch:

32 **a) Allgemeine Rechtfertigungsgründe. – aa) Gesetzliche:** §§ 227, 229, 904; StGB 193. Meings/Kunst/PresseFreih (GG 5; vgl § 823 Rn 189, 190); sie hat auch ggü Recht am eingerichteten u ausgeübten GewBetr (GG 14) Vorrang (Stgt JZ **75**, 698), nach LG Münst NJW **78**, 1329 auch ggü HausR. Polit Plakate (Karlsr Just **77**, 422) u Kunstwerke (Köln NJW **98**, 1405) auf fremdem Eigt unzul. – **bb) Einwilligung** des Gestörten (BGH WM **71**, 179), auch wenn aGrd unwirks Vertr (RG **133**, 296); längere Duldg bedeutet noch nicht Einwilligg (BGH VersR **64**, 1070; Hbg MDR **69**, 576); Unterschrift unter BauAntr für stördes Bauwerk reicht idR (vgl Reidt JuS **93**, 20; Karlsr NZM **98**, 268; KG NZM **98**, 771; aA BayObLG ZMR **90**, 418). Über Widerruf vgl Mü OLGZ **90**, 97. – **cc) Sonstige.** Einstw Vfg (BGH **LM** ZPO § 926 Nr 1).

33 **b)** Auf **Rechtsgeschäft:** dingl Recht (zB GrdDbk) od schuldr Vertr (zB stillschw LeihVertr; Köln NJW-RR **92**, 1497) zw Eigtümer u Störer. Schuldr Vertr bindet EinzelRNachf der Part nur iRv § 328 od nach Abtr der DuldgsAnspr bzw bei SchuldÜbern (dazu Schapp in Anm zu BGH NJW **76**, 1092); ohne dingl Sicherg ist der EinzelRNachf des Eigtümers idR nicht gebunden u kann Beseitigg verlangen (BGH NJW **76**, 416; **LM** Nr 123; Hbg NJW-RR **91**, 403). Oft stillschw Verzicht auf Anspr bei Veräußerg eines GrdstTeils für Zweck, der Beeinträchtigg voraussehen läßt (RG Warn **31**, 8). Vermieter eines Hauses kann dessen Betreten durch Besucher des Mieters od WohnBerecht idR nicht verbieten (Medicus SchlHA **63**, 269; LG Ffm WM **64**, 41; Köln MDR **54**, 359 nicht zu verallgemeinern; vgl LG Karlsr NJW **61**, 1166); auch nicht das Befahren von Privatstraßen einer Siedlg dch Lieferanten der Mieter (LG Münst MDR **61**, 234). – Keine Berufg des Störers auf Handelsbrauch (BGH **LM** Nr 27). Keine grdsätzl Pflicht, GemeinschFernsehantenne auf Reihenhaus zu dulden (Schleier SchlHA **66**, 135).

34 **c)** Auf **Rechtsnormen: – aa) Privatrechtlicher** (einschl GewohnhR) Natur: insb die Vorschr des NachbR (§§ 906 ff, EG 124; BGH NJW **91**, 2826); daneben § 242, vor allem iR des nachbarl GemschVerh (vgl § 903 Rn 13). Bei Überwuchs ist § 910 II entspr anwendb (Köln NJW-RR **89**, 1177; LG Saarbr NJW-RR **86**, 1341. – **bb) Öffentlichrechtlicher** Natur: zB AbwasserR; BauordngsR (BauGen reicht nicht; BayObLG ZMR **90**, 418); DenkmalsSchR; VermessgsR; NaturSchR (BGH NJW **93**, 925; Düss MDR **88**, 776 u LG Landshut NJW-RR **89**, 1420: auch kommunales; LG Hechingen NJW **95**, 971; Vieweg NJW **93**, 2570); TKG 57 (Düss NJW **99**, 956; Oldbg NJW **99**, 957); StraßenR (über von Straße auf Grdst eindringde Wurzeln vgl BGH **97**, 231; vgl Hamm VersR **75**, 1154). Kann vom Duldgsgebot eine behördl AusnGen erteilt werden u ist diese noch nicht rbeständ abgelehnt, so muß das ZivilGer die Voraussetzgen prüfen (BGH NJW **93**, 925) u bejahdenf zur Beseitigg/Unterl unter Vorbeh der Gen verurteilen (vgl Rn 26). – Über GemeinGebr vgl § 903 Rn 28. Das Recht von Trägern von VerwVermögen (zB Rathaus), Betretgsverbote auszusprechen, kann aus der öffr Zweckbestimmg u dem GleichhSatz heraus beschränkt sein (BGH **33**, 230; JZ **72**, 663 mit Anm Stürner); hierzu allg Zeiler DVBl **81**, 1000. – Über Ausschl/Beschrkg des AbwehrAnspr dch BImschG 14 u ggü hoheitl Einwirkgen bzw dch lebenswicht Betr vgl § 906 Rn 37–44. – **cc) § 254** kann AbwehrAnspr nicht nur beschränken, sond ausnahmsw ganz ausschließen (vgl (Soergel/Mühl Rn 106), u zwar uU ohne Verschulden des Gestörten bei bloßer Mitverursachg (RG **138**, 329; BGH WM **64**, 1104; ZMR **65**, 301; **66**, 50). – **dd) Energieversorgungsanlagen:** BauGB 41 I 2 (BGH NJW **76**, 416; Celle NJW **73**, 1505); AVBGasV 8 (BGH NJW-RR **93**, 141); AVBEltV 8 (BGH aaO; Düss NJW-RR **86**, 1208; Köln NJW-RR **91**, 99); AVBWasserV 8 (BGH aaO; Hamm NJW-RR **92**, 346).

35 **8) Verjährung, Verwirkung, rechtsmißbräuchliche Ausübung.** Unzulässige Einwirkgen werden durch Zeitablauf allein nicht zul. Auch ist es grdsätzl unerhebl, daß der Verletzte das Eigt erst nach Errichtg der störenden Anlage erworben (RG JW **35**, 1775).

36 **a) Verjährung** nach § 195 (BGH **125**, 56; aA [§ 902 I 1 bei Grdst] LG Tüb NJW-RR **90**, 338; Volmer ZfIR **99**, 86); bei Konkurrenz mit § 558 gilt dieser (BGH **135**, 152). Aber erst von der letzten Einwirkg ab; mit jeder Einwirkg (zB unzul Immission, § 906) entsteht ein neuer Anspr; anders bei Fortdauer schädigder Einwirkgen dch ein u dieselbe Handlg (vgl BGH NJW **90**, 2555). Bei Störg dch Baum (Schatten) ließ BGH **60**, 235 im Hinbl auf NachbRG*NRW* 41 I 1 b, 50 die Verj einmalig mit Einpflanzg, nicht aber wg fortdauernder Einwirkg ständ neu entstehen (ebso Köln ZMR **94**, 115 für Abstandsunterschreitg); and für Blätter- u Samenwurf dieses Baums. – Beachte aber §§ 902, 924. Wirkt sich der Zustand eines Grdst erst dch Veränderg auf dem NachbGrdst aus, beginnt mit dieser die Verjährg. Mit Wechsel des Eigt am gestörten Grdst beginnt keine neue VerjFr (BGH **125**, 56; Köln ZMR **94**, 115). Für deliktische Unterl- u Beseitiggs- (Widerrufs-)Anspr gilt § 852. Weithin wird § 852 auch auf quasinegator Anspr dieser Art angewendet (BGH NJW **69**, 463; **LM** Nr 3 zu § 21 UWG; Soergel/Mühl Rn 186; Hoche FS-H. Lange 1970, 241 [250]); doch erscheint hier die hist Herkunft des Instituts aus dem DeliktsR überbewertet. Negator Anspr verjähren nach § 195.

37 **b) Verwirkung** mögl bei längerer Duldg der Störg unter Umständen, die Vertrauen in Einwilligg begründen (Köln NJW **95**, 3319). Verwirkg dch Verletzten wirkt auch ggü seinem RNachf (Düss NJWE-MietR **97**, 229; Köln NJW-RR **98**, 1625; Stgt WE **99**, 191).

38 **c)** BeseitiggsVerlangen kann entspr §§ 251 II, 633 II 3 **Rechtsmißbrauch** sein, wenn die Beseitigg mit unverhmäß, nach den Interessen der Beteil u allen sonst Umst unbill Aufw verbunden wäre (BGH **62**, 388; **LM** Nr 132); and idR bei vors Beeinträchtigg (BGH NJW **70**, 1180; BayObLG NJWE-MietR **97**, 253; vgl aber Hamm OLGZ **76**, 61).

39 **9) Prozessuales. a) Zivilrechtsweg** auch bei fiskal Handeln von Beamten/Behörden (BGH **34**, 99). Beruht die Störg dch Privaten auf VerwAkt, kann Gestörter zwar dessen Nichtigk, auch den Wegfall der hoheitl Bindg (Widmg) der streitbefangenen Sache zur Nachprüfg dch das ordentl Gericht stellen (BGH **4**, 304, **5**, 70; **18**, 253; **LM** GVG 13 Nr 16); doch muß er einen (nur angreifb) VerwAkt mit den Mitteln des
40 VerwRSchutzes zu beseitigen suchen (BGH **5**, 102; **14**, 228; **34**, 99; **LM** GVG 13 Nr 70). **Verwaltungsrechtsweg** bei hoheitl Eingr gegeben (BGH NJW **78**, 1860; Zweibr NVwZ **82**, 332; OVG Kblz NVwZ **90**, 279); insb für öffr FolgenbeseitiggsAnspr (dazu: BVerwG NJW **85**, 817; Brugger JuS **99**, 625) u öffr Abwehr-

Anspr (dazu: Köckerbauer/Büllesbach JuS **91**, 373; VGH Kass NJW **93**, 3088). RWeg bei Hausverbot für BehördenGbde richtet sich danach, ob der Betroffene privatr od öffr Angelegenh regeln will (SchlHOVG SchlHA **93**, 238; OVG Münster NJW **98**, 1425; aA Ipsen/Koch JuS **92**, 809 [VerwRWeg bei bestimmgsgem Benutzg]). – **Abgeordnetenimmunität u -indemnität** stehen Verurteilg nicht entgg (BGH **75**, 384; NJW **82**, 2246; Mü OLGZ **87**, 442).

b) Ausschl **Zuständigkeit** iF des ZPO 24 (BayObLG **96**, 14): Lage des gestörten Grdst. 41

c) Über Zulässigk einer **Feststellungsklage** anstelle der beiden Leistgsklagen aus § 1004 I gelten die allg 42 Regeln des ProzR. Sie wird zweckmäß sein, wenn neben dem LeistgsAnspr auch das Eigt des Klägers rechtskr festgestellt werden will, od wenn Bekl sich des vom Kläger für sich in Anspr genommenen absoluten Rechts berühmt, ohne damit schon den Tatbestd des Eingr vollendet zu haben (bloße RAnmaßg). – Häufig nach ZPO 260 zuläss.

d) Klageänderung: Nein, wenn zur Begründg des BeseitiggsAnspr neue, gleichart Einzeltatbestände der 43 Störg vorgebracht werden (RG **99**, 175; **108**, 169;). Soweit §§ 1004, 985 konkurrieren (Rn 3), liegt im Wechsel des Anspr keine Klageänderg (vgl Soergel/Mühl Rn 214). Nach BGH MDR **69**, 648 ist der Übergang von UnterlAnspr zum AusglAnspr nach § 906 II 2 KlÄnderg.

e) Rechtskraft: Abwehrkl macht das Eigt des Klägers nicht zum StreitGgstand; nur Vorfrage. – Benutzgs- 44 verbot erfaßt rechtskraftmäß nur die konkrete Verletzgsform. Nur wenn deren spätere Abänderg den Kern der Störgsform unberührt läßt, erfaßt die Rechtskr des Urt auch sie (BGH **5**, 189).

f) Erledigung der Hauptsache: Problematisch insb, wenn Bekl den Wegfall der Wiederholgsgefahr 45 währd des RStreits behauptet, Hauptsache ist dann nur erledigt, wenn feststellb, daß Versprechen des Bekl, nicht weiter zu stören, redl, also nicht nur unter dem Druck des RStreits abgegeben ist (BGH **14**, 163); dazu genügt zB Übern einer Verpflichtg zur Unterlassg mit Vertragsstrafe (BGH **LM** § 823 Ag Nr 1). Die bloße Versicherg, die störde Handlg nicht mehr vorzunehmen, kann die Wiederholgsgefahr regelm nicht ausräumen (RG **103**, 177; BayObLG **95**, 174 [179]; NJW-RR **87**, 463).

1005 *Verfolgungsrecht.* **Befindet sich eine Sache auf einem Grundstück, das ein anderer als der Eigentümer der Sache besitzt, so steht diesem gegen den Besitzer des Grundstücks der im § 867 bestimmte Anspruch zu.**

Vgl Anm zu § 867. Anspr aus § 1005 auch bei Verbindg der Sache mit dem fremden Boden (§ 95); str; vgl BGH NJW **56**, 1274. Nur solange die Sache nicht in Besitz genommen ist; dann Klage aus § 985.

1006 *Eigentumsvermutung für Besitzer.* **I Zugunsten des Besitzers einer beweglichen Sache wird vermutet, daß er Eigentümer der Sache sei. Dies gilt jedoch nicht einem früheren Besitzer gegenüber, dem die Sache gestohlen worden, verloren gegangen oder sonst abhanden gekommen ist, es sei denn, daß es sich um Geld oder Inhaberpapiere handelt.**

II Zugunsten eines früheren Besitzers wird vermutet, daß er während der Dauer seines Besitzes Eigentümer der Sache gewesen sei.

III Im Falle eines mittelbaren Besitzes gilt die Vermutung für den mittelbaren Besitzer.

1) Allgemeines. – a) § 1006 **verkürzt die Behauptungs- und Beweislast** des Besitzers (iFv § 855 des 1 BesHerrn) nur zu seinen Gunsten u ohne Auswirkg auf die materielle RLage: Der Besitzer braucht nur den ggwärt bzw früheren unmittelb od (höchststuf) mittelb Besitz als TatsBasis der Vermutg darzulegen u zu beweisen, nicht aber die den EigtErwerb begründden Tats (BGH FamRZ **70**, 586) wie zB VfgsBefugn des Veräußerers (BGH **LM** Nr 8) od Unbedingth der Einigg (BGH **LM** Nr 14); weil EigenBes vermutet wird (BGH **LM** Nr 14), kann er sich auch die Behauptg seines Eigt ersparen (Medicus FS-Baur **81**, 63; aA Werner JA **83**, 617). Gilt auch ggü einem früheren Besitzer od Eigtümer u unter Eheg (Oldbg NJW-RR **91**, 963). Bei MitBes wird MitEigt iSv § 1008 vermutet (BGH NJW **93**, 935), nicht aber BruchtGröße (iZw gilt § 742; BGH NJW **97**, 1434). § 1006 gilt nicht, wenn Eigt des Besitzers unstr, aber str, ob nur trhd übereignet (BGH WM **62**, 1372). Die Vermutg gilt auch zG desjenigen, der Rechte von dem dch § 1006 geschützten Besitzer ableitet (RG HRR **32**, 234); zB: PfdgsGläub kann sich im Verf nach ZPO 771 auf für den Schuldn sprechde Vermutg berufen (Düss OLG-Report **92**, 89), Gläub eines ges PfdR kann sich für SchuldnEigt auf für diesen sprechde Vermutg berufen (BGH **54**, 319; Düss ZMR **99**, 474; LG Hbg NJW-RR **86**, 971), auf III kann sich der BesMittler berufen (BGH **LM** Nr 8), auf für Schuldn sprechde Vermutg kann sich InsVerw berufen (Hbg ZIP **84**, 348). – **b)** § 1006 gilt nur für **bewegliche Sachen** einschl Geld/InhPap, Sachen iSv § 95 u 2 GrdstZubeh. Er gilt nicht für Urk iSv § 952 (BGH **LM** Nr 13), da hier keine Übereigng dch Besübertragg (Vermutg spricht also für Kfz- u nicht für Briefbesitzer). Für blankoindossierte OrderPap gelten nur HGB 365 I, AktG 68 I, WG 16, ScheckG 21 (Rstk OLG **31**, 117). – **c)** § 1006 gilt iR aller **Ansprüche, die** 3 **Eigentum voraussetzen** (BGH BB **95**, 276). In schuldrechtl Anspr (zB §§ 816, 823) bezieht er sich nur auf das Eigt, nicht aber auf subj AnsprVoraussetzgen wie Kenntn/Kennenmüssen des DrittEigt (BGH JR **77**, 242). – **d)** § 1006 dient auch zum Nachw von **Nießbrauch und Pfandrecht** (§§ 1063, 1227) des Besitzers, u zwar auch ggü dem Eigtümer. – **e) IPR:** vgl BGH NJW **94**, 939; **96**, 2233; Lorenz NJW **95**, 176.

2) Vermutungsinhalt. – a) Die Vermutg baut auf dem ZusTreffen von Bes- u EigtErwerb auf (arg I 2). Es 4 wird nicht Eigt des Besitzers vermutet (BGH **LM** Nr 19), sond daß die in I–III genannten Besitzer **bei Erwerb dieses Besitzes Eigenbesitz begründeten, dabei unbedingtes Eigentum erwarben und es während der Besitzzeit behielten** (BGH NJW **94**, 939); Streit über schuldrechtl GrdGesch mit Vorbesitzer unerhebl (BGH NJW-RR **89**, 651). § 1006 daher nicht anwendb, wenn Besitzer selbst behauptet, daß BesErwerb nicht zum EigtErwerb führte, weil er schon vorher Eigt erworben habe (BGH NJW **84**, 1456) od weil er bei BesErwerb zunächst FremdBes u erst später Eigt erworben habe (BGH NJW **79**, 1358); ein-

schränkd Wolf JuS **85**, 941. Erwerb als SichgsEigt bedeutet EigenBesErwerb (vgl § 872 Rn 1). Begründete
Besitzer bei Erlangg der tats Sachherrsch noch keinen EigenBes, so gilt § 1006 nur, wenn feststeht, daß er
5 damals BesDiener war (BGH **LM** Nr 2). – **b)** Für die **Dauer des Eigentums** gilt die allg RFortdauerver-
mutg. Daher wirkt trotz II des Wortlauts auch noch nach BesVerlust für früheren Besitzer fort (BGH BB **95**,
276; Düss NJW-RR **96**, 839), tritt aber hinter die Vermutg aus I (u II für späteren früheren Besitzer) zurück
(Düss NJW-RR **94**, 866); somit kann sich früherer Besitzer weiter auf II berufen, wenn für späteren Besitzer
wg I 2 od Widerlegg keine Vermutg streitet (BGH **LM** Nr 4).

6 **3) Widerlegung der Vermutung.** Gegner kann beweisen: – **a) Abhandenkommen** der Sache (die
nicht Geld od InhPap) iSv § 935 ihm od seinem RVorgänger. I–III gilt dann nur ihm ggü nicht **(I 2)** u späterer
7 Besitzer muß EigtErwerb nach §§ 935 II, 937, 947, 948, 950 beweisen. – **b) Besitzer erwarb Fremdbesitz**
nach eigener Willensrichtg **oder erwarb kein Eigentum** trotz Erwerb zu EigenBes (BGH FamRZ **70**, 586);
beweist ein Mitbesitzer dies bzgl der and, so wird sein AlleinEigt vermutet (Düss NJW-RR **94**, 866). Diesen
Beweis muß der Gegner auch dann führen, wenn der Besitzer die ihm mögl Behauptg von ErwerbsTats
unterlassen hat, u bei Behauptg solcher Tats beschränkt sich der ihm obliegde Beweis nicht auf deren
Widerlegg (Werner JA **83**, 617; aA Medicus FS-Baur **81**, 63; Staud/Gursky Rn 44); die Widerlegg vom
Besitzer behaupteter ErwerbsTats kann aber im Einzelfall gem ZPO 286 zur Vermutgswiderlegg ausreichen,
zumal der Gegner schwer jede denkb Erwerbsmöglichk ausräumen kann (BGH **LM** Nr 7, 16; vgl auch BGH
NJW-RR **89**, 1453; KG JR **78**, 378; Baumgärtel/Wittmann JR **78**, 18) u das Ger keinen Sachverhalt als mögl
ansehen darf, den keine Part behauptet u der sich auch nicht nach allg Erfahrg aufdrängt. Besitzer muß dann
8 nachträgl EigtErwerb beweisen. – **c) Besitzer verlor das Eigentum** nach BesErwerb wieder (Widerlegg der
RFortdauervermutg). Besitzer muß dann Rückerwerb beweisen. Für besitzdes Mitgl einer GesHdsGemsch
wird AlleinEigt erst vermutet, wenn AuseindS nachgewiesen (BGH WM **64**, 788).

9 **4) Verhältnis zu § 1362.** Die Vermutg des § 1362 I 1 gilt für vor u währd der Ehe erworbene Sachen u verdrängt die ohnehin nur zG des Eigtümers geltde (Rn 1) Vermutg des § 1006. Der NichtSchuldnEheg kann aber mittels § 1006 II die Vermutg des § 1362 I 1 widerlegen, indem er seinen vorehel Bes (BGH NJW **92**, 1162) od den eines von ihm beerbten Dritten (BGH NJW **93**, 935) beweist. Die Vermutg des § 1362 I 2 läßt eine MitEigtVermutg nach § 1006 für einen mitbesitzden Dritten unberührt (BGH aaO).

1007 ***Ansprüche des früheren Besitzers.*** **I Wer eine bewegliche Sache im Besitze gehabt hat, kann von dem Besitzer die Herausgabe der Sache verlangen, wenn dieser bei dem Erwerbe des Besitzes nicht in gutem Glauben war.**

II Ist die Sache dem früheren Besitzer gestohlen worden, verloren gegangen oder sonst abhanden gekommen, so kann er die Herausgabe auch von einem gutgläubigen Besitzer verlangen, es sei denn, daß dieser Eigentümer der Sache ist oder die Sache ihm vor der Besitzzeit des früheren Besitzers abhanden gekommen war. Auf Geld und Inhaberpapiere findet diese Vorschrift keine Anwendung.

III Der Anspruch ist ausgeschlossen, wenn der frühere Besitzer bei dem Erwerbe des Besitzes nicht in gutem Glauben war oder wenn er den Besitz aufgegeben hat. Im übrigen finden die Vorschriften der §§ 986 bis 1003 entsprechende Anwendung.

1 **1) Allgemeines.** – **a) Bedeutung** der Vorschr ist gering. Sie ermöglicht dem früh Besitzer, der sich nicht auf §§ 985, 861, 823 od Vertr stützen kann, die Wiedererlangg des Besitzes vom schlechter Berecht. – **b)** § 1007 gilt nur für **bewegliche Sachen,** nicht auch für Räume (hM; aA BGH **7**, 208). – **c)** Anspr aus §§ 812, 823, 861, 985 können **konkurrieren.** Abweisg der Klage aus § 1007 steht Klage aus diesen Anspr nicht entgg; zur RKraftWirkg vgl weiter RGRK/Pikart 39; Staud/Gursky 44. – **d)** In der **Insolvenz** gibt § 1007 ein AussondergsR.

2 **2) Zwei selbständige Ansprüche** in I u II, die nebeneinand bestehen können (ggwärt Besitzer abhgek Sache war bei BesErwerb bösgl); sie sind abtretb u vererbb. – **a) Anspruchsberechtigter** ist in beiden Fällen der früh Besitzer. BesArt unerhebl: Eigen-, Fremd-, Allein-, Mit-, Teil-, unmittelb od mittelb Besitzer; nicht aber BesDiener. – **b) Anspruchsgegner** ist in beiden Fällen der ggwärt Besitzer. BesArt unerhebl (wie bei Berecht). BesVerlust nach RHängigk hat gleiche Wirkg wie bei §§ 861, 985. – **c) Anspruchsinhalt.** Der Anspr geht auf Herausg wie bei § 985. Früh mittelb Besitzer kann aber nur entspr § 869 S 2 Herausg verlangen. Früh Mitbesitzer kann nur Einräumg des MitBes od Herausg entspr § 1011 Rn 2 verlangen. – **d) Verjährung** gem §§ 195, 198 ff, 221.

3 **3) Anspruch gegen den bösgläubigen Besitzerwerber (I, III);** erfaßt auch Geld/InhPap.

4 **a) Voraussetzungen: – aa) Früherer Besitz.** AnsprBerecht ist der frühere rechtmäß Besitzer. Das BesR
(als Eigtümer od diesem ggü als dingl od obligator Berecht) muß bei BesErwerb bestanden haben (späteres
Erlöschen unerhebl) od vor BesVerlust entstanden sein (Staud/Gursky Rn 12 aE). AnsprBerecht ist aber auch
der bei BesErwerb gutgl frühere unrechtmäß Besitzer (spätere Bösgläubigk unerhebl). BesR u Gutgläubigk bei
fehldem BesR werden vermutet u brauchen vom AnsprSteller nicht dargelegt zu werden (vgl Rn 6). –
5 **bb) Bösgläubigkeit.** Ggwärt Besitzer muß bei BesErwerb bösgläub gewesen sein **(I)**; spätere Bösgläubigk
bzw Gutgläubigk unerhebl. Er muß das Fehlen eines ggü dem AnsprSteller wirkden BesR (gegeben, wenn
ggwärt Besitzer kein BesR od nur ein schwächeres als der AnsprSteller hat; Staud/Gursky 15) gekannt od
grob fahrl verkannt haben (BGH Warn **73** Nr 3); alle Mängel des ErwerbsGesch dch Gutgläubigk heilb. Vom
AnsprSteller zu beweisen.

6 **b) Ausschlußgründe: – aa)** Anspr ausgeschl, wenn **früherer Besitzer bei Besitzerwerb kein Besitz-
recht hatte und bösgläubig** war **(III 1 Fall 1),** weil er Mangel des BesR bei BesErwerb kannte od grob
fahrl verkannte (alle Mängel des ErwerbsGesch dch Gutgläubigk heilb); vgl Rn 4. Vom AnsprGegner zu
7 beweisen; AnsprSteller muß dann nachträgl BesRErwerb vor BesVerlust beweisen. – **bb) Besitzaufgabe** dch

früh Besitzer schließt Anspr aus **(III 1 Fall 2);** vom AnsprGegner zu beweisen. Keine BesAufgabe dch unmittelb Besitzer, wenn er (zB dch Vermietg) zum mittelb Besitzer wird. Bei Weggabe dch unmittelb Besitzer/BesDiener ohne Willen des mittelb Besitzers/BesHerrn keine BesAufgabe dch letztere (BGH Warn **73** Nr 3; RGRK/Pikart 27; Staud/Gursky 14); and wenn erstere zur BesAufgabe für letztere bevollm (BGH **LM** § 855 Nr 3). Für Weggabe dch nicht voll GeschFähige od aGrd Drohg/Täuschg/Zwang gilt § 935 Rn 3. – **cc) Ein gegenüber dem Anspruchsteller wirkendes Besitzrecht des gegenwärtigen Besitzers** 8 (BGH **LM** § 855 Nr 3) gibt letzterem eine Einwendg (hM) ggü dem HerausgAnspr **(III 2 iVm § 986);** vom ggwärt Besitzer zu beweisen. Es muß nach BesErwerb erlangt sein, da BesR bei BesErwerb schon Bösgläubigk nach Rn 5 ausschließt; BesR bei BesErwerb kommt aber in Betracht, wenn stärkeres des AnsprStellers nachträgl entfallen. Das BesR des ggwärt Besitzers kann sich aus Eigt/PfdR/Nießbr (zu deren Beweis keine Berufg auf § 1006; Staud/Gursky Rn 18) od einem obligator RVerh zw ihm u dem Eigtümer od dem AnsprSteller ergeben. – Ggwärt Besitzer dringt mit der Einwendg aus seinem BesR aber nicht dch, wenn AnsprSteller beweist, daß er ihm ggü wirkdes stärkeres BesR erworben hat (zB PfdR ggü Eigt); dessen Erlöschen ist dann vom ggwärt Besitzer zu beweisen. BesR des AnsprStellers aus obligator RVerh, das nicht (unmittelb od mittelb) zw ihm u ggwärt Besitzer besteht, wg seiner nur relativen Wirkg der Einwendg nicht entggsetzb; zB entfällt Anspr aus § 1007, wenn AnsprSteller aGrd fortbestehenden MietVertr mit Eigtümer besaß u Eigtümer die Sache dem ggwärt Besitzer übereignet od vermietet hat (Staud/Gursky 16; aA BGH **LM** § 855 Nr 3; Canaris FS-Flume **78**, 399; Koch ZMR **85**, 187).

4) Anspruch bei abhandengekommenen Sachen (II, III). Der Anspr besteht nicht bei Geld u InhPap 9 **(II 2),** denen blankoindossierte OrderPap gleichzusetzen (RGRK/Pikart 19; W-Raiser § 23 Fußn 17; aA Staud/Gursky 29); hier nur Anspr aus I (Rn 3) mögl.

a) Voraussetzungen: – aa) Früherer Besitz. AnsprBerecht ist der frühere entw rechtmäß od bei 10 BesErwerb gutgl unrechtmäß Besitzer; Rn 4 gilt. – **bb) Abhandenkommen.** Die Sache muß dem früheren Besitzer abhgek sein (gleicher Begriff wie in § 935); vom AnsprSteller zu beweisen. Ist sie dem unmittelb Besitzer abhgek, so ist sie es auch dem mittelb (vgl § 935 I 2). Da dann keine BesAufgabe, entfällt AusschlGrd nach III 1 Fall 2 (vgl Rn 7).

b) Ausschlußgründe: – aa) Anspr ausgeschl, wenn **früherer Besitzer bei Besitzerwerb kein Besitz-** 11 **recht hatte und bösgläubig** war **(III 1 Fall 1);** Rn 6 gilt. – **bb)** Anspr ausgeschl, wenn **gegenwärtiger Besitzer Eigentümer** der Sache ist **(II 1 Fall 1;** BGH NJW **90**, 899). In II überflüss u irreführd hervorgehoben, weil Eigt schon Einwendg aus III 2 iVm § 986 gibt (Rn 13); dem Eigt aber auch hier stärkeres BesR des AnsprStellers entgghaltb. – **cc)** Anspr ausgeschl, wenn die Sache **dem gegenwärtigen Besitzer** 12 **(oder seinem Rechtsvorgänger) selbst vor der Besitzzeit des Anspruchstellers abhandengekommen** ist **(II 1 Fall 2);** war ggwärt Besitzer bei BesErwerb bösgl, so bleibt Anspr aus I. Vom AnsprGegner zu beweisen. Dieser Einwendg entggsetzb, daß ggwärt Besitzer bei Erwerb seines früh Besitzes selbst bösgl war od AnsprSteller nachträgl Eigt od ggü ggwärt Besitzer wirkdes BesR erworben hat (RGRK/Pikart 22; Staud/Gursky 31; W-Raiser § 23 II 2 a); vom AnsprSteller zu beweisen. – **dd)** Ein **gegenüber dem Anspruch-** 13 **steller wirkendes Besitzrecht des gegenwärtigen Besitzers** (BGH **LM** § 855 Nr 3) gibt letzterem eine Einwendg (hM) ggü dem HerausgAnspr **(III 2 iVm § 986);** Rn 8 gilt.

5) Neben- und Gegenansprüche (III 2 iVm §§ 987–1003); früh Besitzer muß HerausgAnspr („Vindi- 14 kationslage") haben (BGH NJW **91**, 2420). – **a) Nutzungen** sind entspr §§ 987 ff stets nur zu Besitz herauszugeben; auch keine EigtÜbertr, wenn AnsprSteller bei fortdauerndem Besitz Eigtümer geworden wäre (Staud/Gursky 39). HerausgPfl auch bei EigtErwerb eines Dritten (MüKo/Medicus 12; aA Staud/Gursky 38) u wenn ggwärt Besitzer selbst Eigtümer geworden u AnsprSteller kein NutzgsR hat u dies weiß (Staud/Gursky 39; aA W-Raiser § 23 Fußn 18). – **b) Schadensersatz** entspr §§ 989 ff. Zu ersetzen ist nur das BesInteresse (RG Warn **29** Nr 181 u hM; aA Staud/Gursky Rn 34); es bemißt sich vor allem nach dem Haftgs-, Zurückbehaltgs- (Hbg WM **97**, 2027) u NutzgsInteresse des früh Besitzers (vgl Medicus AcP **165**, 115 [140 ff]). – **c) Verwendungsersatz** entspr §§ 994 ff. Weiß ggwärt Besitzer, daß AnsprSteller Nicht-Eigtümer, so BefriediggsR gem §§ 1003, 1248 nur, wenn Frist dem wahren Eigtümer gesetzt (Wstm/Gursky § 35 IV; W-Raiser § 23 III 2 c).

Fünfter Titel. Miteigentum

1008 ***Miteigentum nach Bruchteilen.*** **Steht das Eigentum an einer Sache mehreren nach Bruchteilen zu, so gelten die Vorschriften der §§ 1009 bis 1011.**

1) Allgemeines. – a) Rechtsnatur. BruchtEigt ist eine Unterart der BruchtGemsch iS §§ 741 ff. Keine 1 reale Teilg der Sache sond ideelle Teilg des sich auf die ganze Sache beziehden EigtR. Der MitEigtAnt ist Eigt, auf den neben §§ 741 ff u §§ 1009 ff alle Vorschr über das AlleinEigt anwendb sind (BGH **36**, 368). Gemschaftl Eigt ist idR BruchtMitEigt (§ 741); wer GesHandsEigt behauptet, muß es beweisen. – **b) Rechtsin-** 2 **haber.** Die Brucht müssen grds verschied RInh gehören. Soweit keine Ausn zugelassen (GBO 3 VI, WEG 8), ist daher MitEigt nicht dch Teilg von Allein-/GesHdsEigt ohne AntÜbertr **(Vorratsteilung)** begründb (BGH **49**, 250) u nacheinand erworbene Ant bleiben nicht selbstd (BayObLG **96**, 41; vgl aber § 1114 Rn 3). Belastg ideeller Brucht in ungeteiltem Eigt stehder Sache **(Bruchteilsbelastung)** mit Recht, das an Mit-EigtAnt bestellb, zuläss (§§ 1066 Rn 2, 1258 Rn 1), soweit nicht dch §§ 1095, 1106, 1114 ausgeschl.

2) Entstehung. – a) Rechtsgeschäft: Übereigng an mehrere, die nicht GesHänder (RG SeuffA **88**, 8), 3 od wenn AlleinEigtümer einem and Brucht übereignet; vgl auch Rn 2. Bei Fahrnis Einigg u MitBesVerschaffg erforderl. Bei Grdst gem §§ 925, 873, Angabe der Brucht im GB (GBO 47); auch BruchtGemsch an Erbanteil wg prakt Bedürfn einzutragen, obwohl keine BruchtGemsch am NachlGrdst (Düss Rpfleger **68**, 188; Köln Rpfleger **74**, 109; aA BayObLG **67**, 405). Kein MitEigt entsteht, wenn bei Auflassg zu AlleinEigt MitEigt eingetr (Kblz MDR **78**, 669). – **b) Gesetz:** §§ 947 I, 948, 963, 984; vgl auch § 921 Rn 9, 15; DepG 6; HGB 419; OLSchVO 23, 30 II.

4 **3) Verfügung über Anteile.** Jeder MitEigtümer kann über seinen Anteil verfügen (§ 747 S 1); nicht mit
dingl Wirkg beschränkb (Walter DNotZ **75**, 518). Vfg über die ganze Sache nur dch alle MitEigtümer (§ 747
S 2); über Umdeutg in Vfg eines MitEigtümers nur über seinen Anteil vgl RG JW **10**, 473. Vfg über
5 AlleinEigt nicht in Vfg über Anteil umdeutb (BGH **LM** § 932 Nr 19; Ffm Rpfleger **75**, 174). – **a) Über-**
tragung. Bei Grdst gem §§ 925, 873; über gutgl Erwerb dch MitEigtümer vgl § 892 Rn 8; dch Vormkg im
GB des ungeteilten Grdst sicherb (MüKo/Schmidt 6; aA Düss MittBayNot **76**, 137). Bei Fahrnis gem
§§ 929 ff; Übertr des MitBes ersetzb nach §§ 930 (RG **139**, 117), 931 (zB WertPap in Sammelverwahrg od
Streifband; BGH DB **67**, 1677; WM **74**, 450); über gutgl Erwerb vgl § 932 Rn 1; Koller DB **72**, 1860,
1905 u Krümpel WM **80**, 422 (SammeldepotAnt); Pikart WM **75**, 404. SonderVorschr: DepG 24 II. Bei
Übertr eines Anteils von einem auf mehrere RInh od eines Anteils am Anteil entsteht keine UnterBrucht-
Gemsch sond einheitl Gemsch an der ganzen Sache (BayObLG RPfleger **79**, 302). – **b) Quotenänderung**
6 bei Grdst wie Übertr (GBO 20 gilt; BayObLG DNotZ **83**, 752); bei Fahrn genügt Einigg. – **c) Belastung**
auch zG and MitEigtümer mögl (BayObLG **58**, 201); vgl auch §§ 1095, 1106, 1114 (1192, 1199), 1258.
Belastg mit GrdDbk, bpDbk od ErbbR ausgeschl (KG DNotZ **75**, 105); belasten diese Rechte das ganze
Grdst, so können sie nicht dch gutgl Erwerb eines MitEigtAnteils, wohl aber dch Zuschlag in der ZwVerst
7 (str, vgl § 1018 Rn 35) erlöschen. – **d) Zwangsvollstreckung** (Stöber Rn 1542 ff). Bei Fahrnis dch Pfdg des
Anteils nach ZPO 857 (BGH NJW **93**, 935); Pfdg der ganzen Sache dch Gläub eines MitEigtümers können
die and MitEigtümer nach ZPO 771 widersprechen (BGH aaO), auch wenn sie nur MitEigtümer unwesentl
Bestandt sind (RG **144**, 241). Bei Grdst nach ZPO 864 ff, nicht dch Pfdg des Anteils nach ZPO 857. In
beiden Fällen zul Pfdg u Überweisg der Anspr aus §§ 743 I, 749 (BGH **90**, 207); nicht im GB eintragb (LG
Siegen Rpfleger **88**, 249). Weiteres Verf bei Fahrnis nach §§ 751 S 2, 752 ff, bei Grdst nach ZVG 181 II 1;
Ausschl der Aufhebg wirkt entspr § 751 S 2 auch nicht bei Grdst gg Gläub (vgl § 1010 Rn 1). – **e) In-**
solvenz: InsO 84.

8 **4)** Das **Gemeinschaftsverhältnis** regeln §§ 741 ff, 1009 ff. AufhebgsAnspr ausgeschl bei MitEigt der AnteilsInh am SonderVerm einer KapitalanlageGesellsch (KAGG 11). Wg Realteilg von Grdst u Häusern bei GemschAufhebg vgl BGH **58**, 146; Schlesw SchlHA **67**, 179; § 752 Rn 3.

1009 *Belastung zugunsten eines Miteigentümers.*

[I] Die gemeinschaftliche Sache kann auch zugunsten eines Miteigentümers belastet werden.

[II] Die Belastung eines gemeinschaftlichen Grundstücks zugunsten des jeweiligen Eigentümers eines anderen Grundstücks sowie die Belastung eines anderen Grundstücks zugunsten der jeweiligen Eigentümer des gemeinschaftlichen Grundstücks wird nicht dadurch ausgeschlossen, daß das andere Grundstück einem Miteigentümer des gemeinschaftlichen Grundstücks gehört.

1 **1) I** gestattet **Belastung der ganzen Sache** zG eines MitEigtümers mit jedem beschr dingl Recht (Ffm Rpfleger **94**, 204). Da alle MitEigtümer verfügen müssen (§ 747 S 2), erklärt Erwerber die erforderl Einigg im eigenen Namen mit sich selbst (RG **47**, 209). Dem GBA sind EintrBew u VfgBefugn auch des auf Seiten der Belastden mitwirkden Erwerbers nachzuweisen, in seinem EintrAntr (für den dann GBO 29 gilt) liegt idR Gen der EintrBew der übr MitEigtümer. § 1009 schließt §§ 1063, 1177, 1256 I 1 aus. Hyp des MitEigtümers ist FremdHyp am ganzen Grdst u an den and Anteilen, am eig Anteil EigtGrdsch (KG JR **57**, 420); MitEigtümer kann ZwVollstr in das ganze Grdst u die Anteile der and MitEigtümer (nicht in den eig) betreiben. – **II** betr die subj-dingl Rechte: §§ 1018, 1094 II, 1105 II.

2 **2)** Auf **Gesamthandseigentum** ist § 1009 insow entspr anwendb, als das einem GesHänder an der gemsch Sache bestellte Recht insges FremdR ist, da es einen sonderrechtsf Anteil eines GesHänders nicht gibt (Soergel/Stürner Rn 5; zu allg KG OLG **8**, 119; Stgt OLG **15**, 410).

1010 *Sondernachfolger eines Miteigentümers.*

[I] Haben die Miteigentümer eines Grundstücks die Verwaltung und Benutzung geregelt oder das Recht, die Aufhebung der Gemeinschaft zu verlangen, für immer oder auf Zeit ausgeschlossen oder eine Kündigungsfrist bestimmt, so wirkt die getroffene Bestimmung gegen den Sondernachfolger eines Miteigentümers nur, wenn sie als Belastung des Anteils im Grundbuch eingetragen ist.

[II] Die in den §§ 755, 756 bestimmten Ansprüche können gegen den Sondernachfolger eines Miteigentümers nur geltend gemacht werden, wenn sie im Grundbuch eingetragen sind.

1 **1) Regelungen nach §§ 744 ff und §§ 749 ff** wirken nach §§ 746, 751 S 1 für u gg den SonderNachf
eines MitEigtümers. Zur ReglgsBefugn des Alleineigtümers iFv GBO 3 VI vgl LG Memmg MittBayNot **99**,
77. – **a) I** macht bei MitEigt (nicht GesHdsEigt) **an Grundstücken** die Wirkg **gegen** den (auch bösgl)
SonderNachf von der GBEintr abhäng (Mü NJW **55**, 637). Aber auch bei Eintr gelten InsO 84, §§ 749 II,
III, 750, 751 S 2 (hM). § 1010 gilt auch für PfdgsGläub an einem aus dem MitEigt fließden Anspr (Ffm NJW
58, 65) u bei Übergang eines Brucht auf mehrere Pers zu Brucht (LG Bln NJW **56**, 471). – Über Anspr der
übr MitEigtümer, wenn einer entgg NutzgsVereinbg seinen Anteil mit Nießbr belastet BGH **40**, 326. –
2 **b)** Die Vereinbg begründet eine **Belastung** der MitEAnteile zG des aus ihr Berecht, die im RangVerh zu and
Belastgen steht (LG Zweibr Rpfleger **65**, 56) u ohne weiteres ggü dem AntErwerber wirkt (BayObLG
Rpfleger **80**, 478). Der Berecht muß MitEigtümer sein (Pöschl BWNotZ **74**, 79; Fleitz BWNotZ **77**, 36; Ertl
Rpfleger **79**, 81; aA Hamm DNotZ **73**, 546; MüKo/Schmidt Rn 10; Döbler RhNK **83**, 181). Die Belastg
wird mit Beendigg der Gemsch ggstandslos; Vereinbg für Zeit danach nicht sicherb (BayObLG MittBayNot
3 **64**, 275). – **c) Eintragbar:** Vereinbg, daß Zust eines MitEigtümers od Außenstehden zur Aufhebg notw.

(KGJ **51**, 198; Hamm DNotz **73**, 546) od Aufhebg nur bei best Erlös (KG aaO; Köln OLGZ **70**, 276); Vereinbgen zw dem AlleinEigtümer u dem Nießbraucher an einem ideellen Anteil (Erm/Michalski § 1066 Rn 4; aA LG Mü I MittBayNot **72**, 294 abl Anm Promberger). **Nicht** aber: TeilgsAbreden (Ffm Rpfleger **76**, 397); Verpfl zur Kosten- u LastenTragg (Hamm DNotZ **73**, 546; aA BayObLG Rpfleger **93**, 59; LG Bn RhNK **94**, 81 [bei gleichzeit Benutzgsregelg]); SchadErsPfl (BayObLG aaO); Vereinbg über Beschrkg der VfgsBefugn nach § 747 (Hamm DNotZ **73**, 549). – **d) Eintragung** in Abt II richtet sich nach §§ 873–878; 4
Berecht ist anzugeben (BayObLG DNotZ **76**, 744). EintrBew nur des Inh des belasteten Anteils notw (BayObLG Rpfleger **81**, 352). Bei Eintr gem § 874 genügt Eintr „Verw- u BenutzgsRegelg" (BayObLG **73**, 84); Einzeichng auf in EintrBew in Bezug gen Karte genügt zur Bezeichng des GrdstTeils, auf den sich die Regelg erstrecken soll (Hamm DNotZ **73**, 546; vgl BGH NJW **81**, 1781).

2) II. Einschränkg der §§ 755 II, 756 S 2 für Grdst. Eintr als Belastg in Abt II. Zur Sicherg des Anspr eines 5
Dritten auf allen Anteilen (vgl aber Rn 2); des Anspr eines MitEigtümers auf den übrigen Anteilen. – II betrifft nicht Anspr, die in der Person des RNachfolgers, außerh der dingl RLage, entstanden sind (BGH WM **66**, 579).

1011 ***Ansprüche aus dem Miteigentum.*** **Jeder Miteigentümer kann die Ansprüche aus dem Eigentume Dritten gegenüber in Ansehung der ganzen Sache geltend machen, den Anspruch auf Herausgabe jedoch nur in Gemäßheit des § 432.**

1) Gegenüber den anderen Miteigentümern kann jeder MitEigtümer nur sein AnteilsR geltend 1
machen; zB auf Einräumg des Mitbesitzes (§ 985), Beseitigg einer Beeinträchtigg (§ 1004) od aus §§ 743, 744, 745 (KG NJW **53**, 1592), 748. Über Besitzschutz vgl § 866.

2) Gegenüber Dritten kann jeder MitEigtümer sein AnteilsR geltd machen. Darüber hinaus nach § 1011 2
die dingl Anspr (zB §§ 894, 985, 1004) aus dem Eigt einschl EigtFeststellg sowie die auf EigtVerletzg beruhden schuldr Anspr (BGH NJW **93**, 727; zB §§ 812 ff, 823, 906 II, 987 ff) **aller Miteigentümer,** ebso Anspr aus Besitz (§§ 861, 862, 1007) u ZPO 771; nicht zB Feststellg des Nichtbestehens eines Mietvertr (Celle ZMR **94**, 218). Er muß das Eigt aller MitEigtümer beweisen, wobei § 1006 anwendb. Jeder MitEigtümer hat ein von den gleichen Rechten der anderen unabhängigen SonderR (BGH aaO). – Sofern die anderen nicht mit Leistg an den AnsprSteller einverstanden (Köln FamRZ **59**, 460) od nicht empfangen können/wollen (entspr § 986 I 2), kann der MitEigtümer nur **Leistung an alle** (§ 432) bei HerausgAnspr (BGH NJW **93**, 935) u im RSinn unteilb Anspr aGrd EigtVerletzg (BGH NJW **93**, 727) verlangen; soweit letztere teilb, kann er anteilige Leistg an sich od volle Leistg an alle fordern. – Im **Prozeß** ist der alleine klagde MitEigtümer nicht gesetzl ProzStandschafter der and (BGH NJW-RR **99**, 166) u mehrere sind keine notw Streitgenossensch (BGH **92**, 351); zur RKraftwirkg vgl BGH NJW **85**, 2825.

3) Auf **Gesamthandseigentum** ist § 1011 nicht anwendb (BGH WM **64**, 651). 3

Vierter Abschnitt. Erbbaurecht

Überblick

Aus dem **Schrifttum: a)** Zum ErbbauR des BGB: Pesl, Das Erbbaurecht, 1910. – **b)** Zur ErbbRVO: Ingenstau, Kommentar zur ErbbRVO 7. Aufl 1994. – Knothe, Das ErbbR, 1987. – Linde/Richter, ErbbR u Erbbzins, 1987. – vOefele/Winkler, Handbuch des ErbbR, 2. Aufl, 1995.

1) Bedeutung. Dch das ErbbR wird der Kleinwohngsbau gefördert u die Bodenspekulation bekämpft. 1
ErbbBerecht spart den Kaufpreis für das Grdst u wird gleichwohl Eigtümer des Bauwerks, das mit dem ErbbR veräußerl u vererbl ist. Der Wertzuwachs am Grdst verbleibt dem GrdstEigtümer.

2) Rechtsgrundlage. – a) Für vor dem 22. 1. 1919 begründete ErbbRe gelten die **§§ 1012–1017** fort 2
(ErbbRVO 35, 38); vgl dazu 50. Aufl. Für die seit dem 22. 1. 1919 begründeten ErbbRe gilt die **ErbbRVO** (amtl Begründg RAnz 1919 Nr 26). – **b) EG 131, 133** (LandesR); **181, 182, 184, 189, 196** (ÜbergangsR). **WEG 30** (WohngsErbbR).

3) Erbbaurecht ist das veräußerl u vererbl **Recht, auf oder unter einem fremden Grundstück ein** 3
Bauwerk zu haben (§ 1012, ErbbRVO 1 I). Vereinbgen nach ErbbRVO 2, 5, 27 I 2, 32 I 2 werden dch Eintr zum RInhalt. Das ErbbR ist ein **beschränktes dingliches Recht** an einem fremden Grdst u zugl ein **grundstücksgleiches Recht,** das grdsl wie ein Grdst behandelt wird (§ 1017, ErbbRVO 11).

4) Schuldrechtliches Grundgeschäft (ErbbRVO 11 II) vom ErbbR u seinem dingl BestellgsGesch 4
(ErbbRVO 11 Rn 2) zu unterscheiden, auch wenn beide RGesch zusgefaßt. Es ist idR auch GrdGesch für die Erbbzinsreallast u ihr dingl BestellgsGesch. Über mögl Nichtigk der RBestellg bei Formnichtigk des GrdGesch vgl Wufka DNotZ **85**, 651; über Unmöglichk bei Bauverbot vgl BGH **96**, 385. Es wirkt für u gg SonderRNachf nur bei Abtretg bzw Übernahme der sich aus ihm ergebden Anspr/Pfl (BGH **96**, 371). Aus diesem Vertr ist Besteller uU auch ohne Abrede verpflichtet (§ 242), Konkurrenz fernzuhalten (aA Karlsr NJW **62**, 807). – **a)** Verstoß gg **verdinglichte Verpflichtung** (ErbbRVO 2) führt **nach Eintragung** des ErbbR nicht zu dessen Aufhebg, da sonst Zweck des ErbbRVO 1 IV (Sicherg des Bestandes für vorgesehene Dauer) gefährdet. Daher haben der GrdstEigtümer bei LeistgsStörgen/VertrVerletzgen des ErbbBerecht (BGH WM **61**, 1148; aA Hbg MDR **62**, 132) u der ErbbBerecht bei solchen des GrdstEigtümers (BGH **LM** § 1 Nr 4; krit Hönn NJW **69**, 1669) kein RücktrR od KündR (als DauerschuldVerh aus wicht Grd). Anderes gilt **vor Eintragung** des ErbbR (BGH **LM** § 1 Nr 1). – **b)** Bei Verstoß gg **nichtverdingliche Verpflichtung** (zB GewährLeistg) gefährdet Rückabwicklg des KausalGesch (dch Übertr auf GrdstEigtümer)

über § 346 iVm §§ 326, 465 den Schutzzweck des ErbbRVO 1 IV nicht (BGH WM **61**, 1148; Düss NJW **71**, 436).

1012–1017 *(aufgehoben; vgl Übbl 2)*

Verordnung über das Erbbaurecht

Vom 15. Januar 1919
(RGBl S 72, 122/BGBl III 403–6),
zuletzt geändert durch Art 11 a Abs 1 EuroEG vom 9. Juni 1998 (BGBl I 1242)

I. Begriff und Inhalt des Erbbaurechts

1. Gesetzlicher Inhalt

ErbbRVO 1 I **Ein Grundstück kann in der Weise belastet werden, daß demjenigen, zu dessen Gunsten die Belastung erfolgt, das veräußerliche und vererbliche Recht zusteht, auf oder unter der Oberfläche des Grundstücks ein Bauwerk zu haben (Erbbaurecht).**

II **Das Erbbaurecht kann auf einen für das Bauwerk nicht erforderlichen Teil des Grundstücks erstreckt werden, sofern das Bauwerk wirtschaftlich die Hauptsache bleibt.**

III **Die Beschränkung des Erbbaurechts auf einen Teil eines Gebäudes, insbesondere ein Stockwerk ist unzulässig.**

IV **IV Das Erbbaurecht kann nicht durch auflösende Bedingungen beschränkt werden. Auf eine Vereinbarung, durch die sich der Erbbauberechtigte verpflichtet, beim Eintreten bestimmter Voraussetzungen das Erbbaurecht aufzugeben und seine Löschung im Grundbuch zu bewilligen, kann sich der Grundstückseigentümer nicht berufen.**

1 **1) Gesetzlicher Rechtsinhalt (I).** Verwendg als BauGrd für ein (od mehrere) Bauwerke unabdingb; kein ErbbR an Grdst, das nicht bebaut werden soll (LG Lüb SchlHA **62**, 247). Veräußerlichk u Vererbbark sind unabdingb, aber einschränkb (vgl § 5 u § 2 Nr 4 sowie Rn 10).

2 **a) Umfang.** Das ErbbR belastet das ganze Grdst (KG NJW-RR **92**, 214); Belastg realen Teils nur nach Abschreibg (GBO 7); Belastg ideellen Anteils unzul. Vereinigg/Zuschreibg eines Grdst bewirkt Belastg des neuen GrdstBestandteils nur bei Erstreckg des ErbbR, dessen Belastgen dann das erweiterte ErbbR ergreifen
3 (Hamm DNotZ **74**, 91). – **aa) Erstreckung auf nicht zu bebauende Fläche (II).** Soweit das Grdst nicht für das Bauwerk benötigt wird, hat der ErbbBerecht keine NutzgsBefugn (KG NJW-RR **92**, 214). Das ErbbR kann dch Einigg u Eintr auf die bestimmt zu bezeichnde (KG aaO) Benutzg solcher Fläche nur erstreckt werden, wenn das Bauwerk ggü dieser Fläche wirtsch Hauptsache bleibt (dazu vOefele MittBayNot **92**, 29), wobei großzüg Maßstab anzulegen; bei Verstoß ist BGB 139 maßg, ob nur Erstreckg od ganze ErbbRBestellg unwirks (vOefele aaO; aA BayObLG NJW-RR **91**, 718 [Bestellg unwirks]). Wirtsch **Hauptsache:** Kfz-Halle ggü Park-/Lagerfläche (LG Ingolstadt MittBayNot **92**, 56), Bauwerke eines Golf- (BGH **117**, 19) od Campingplatzes (LG Paderborn MDR **76**, 579) od landw Betr (Jena FGPrax **96**, 45 [zweifelh]; aA Kiel JW **32**, 1977) ggü Freifläche; **nicht aber:** kleine Garage ggü großem Garten (BayObLG NJW-RR **91**, 718), Stadion in großer Sportanlage (Brschw MDR **53**, 480; zweifelh). Die ErbbRBestellg hat idR stillschw zum Inhalt, daß der Berecht diese Fläche nutzen darf, soweit es für die Bauwerksnutzg zwingd notw ist (KG NJW-RR **92**, 214). – II gilt entspr, wenn EinzelErbbR auf nicht zu bebauendes Grdst erstreckt werden soll (Düss
4 Rpfleger **71**, 356; BayObLG Rpfleger **84**, 313), wodch GesErbbR entsteht (Rn 8). – **bb) Beschränkung auf Gebäudeteile (III).** Str, ob das Verbot nur hins horizontalen (Stockwerk) od auch hins vertikalen GbdeTeils gilt; ob also ErbbR zul, das Errichtg eines Bauwerks auf mehreren ErbbGrdst aGrd selbstd EinzelErbbR **(Nachbarerbbaurecht)** od teils auf ErbbGrdst u teils auf eigenem Grdst vorsieht (Ja: Stahl-Sura DNotZ **81**, 604 mwN; Düss DNotZ **74**, 698; Stgt NJW **75**, 786; nein: BGH **LM** Nr 7/8); Sonderfall in SachenRBerG 39 III. Bei Beschrkg auf vertikalen GrdstTeil sind die EigtVerh am Bauwerk ebso wie bei Beendigg eines GesErbbR problemat (dazu Schraepler NJW **72**, 1981; Rothoeft NJW **74**, 665), soweit nicht bei ErbbRBestellg geregelt (dazu Esser NJW **74**, 921). Wirtschaftl Bedürfn erheischt Lockerg zumindest hins Grenzüberbauung; Beschrkg auf selbstd NebenGbde od vertikalen GbdeTeil, den VerkAuffassg als selbstd Gbde ansieht, zul (BayObLG DNotZ **58**, 409). Nach BGH **LM** Nr 7/8 wird ErbbRVertr nicht unwirks,
5 wenn Gbde ohne entspr Vereinbg teils auf ErbbGrdst u teils auf and Grdst errichtet. – **cc) Ausübungsbeschränkung auf realen Grundstücksteil** (zB auf eines von mehreren Gbden) mit dingl Wirkg dch Einigg u Eintr zul (Hamm FGPrax **98**, 126); ErbbR belastet aber weiter ganzes Grdst. Nach Abschreibg dieses Teils erlischt ErbbR entspr BGB 1026 am RestGrdst (BayObLG DNotZ **58**, 409).

6 **b) Bauwerk.** – **aa) Begriff.** Dch Verwendg von Arbeit u bodenfremden Material iVm dem Erdboden hergestellte Sache (BGH **117**, 19); Erdbodenverbindg dch Schwerkraft ausreichd (LG Oldbg Rpfleger **83**, 105). Außer Gbde auch Brücke, Leitgsmast, Seilbahnträger (Kiel OLG **26**, 126), unterird Bauwerke, oberird Großtank (LG Oldbg aaO), Grabdenkmal (Stgt OLG **8**, 122), Gleisanlage (KGJ **29** A 130), Straße (LG Kiel SchlHA **72**, 169), Tennis- mit Kinderspielplatz (LG Itzeh Rpfleger **73**, 304), über Golf- u Campingplatz vgl Rn 3; **nicht** aber festgeschraubte Maschine (BayObLG **6**, 596), lose Rohrleitg (KGJ **29** A 132), Sportplatzanlage (LG Brschw MDR **53**, 480; and aber bei Kunststoffaschenbahn, Rasenheizg uä), Garten (LG Lüb

SchlHA **59**, 151). – **bb) Einigung und Eintragung** müssen Art u Umfang der zul Bebauung mind ungefähr bezeichnen (BGH Rpfleger **87**, 361; NJW **92**, 1681; KG Rpfleger **79**, 208); auch ob ein od mehr (Zahl nicht notw) Gbde (BGH WM **75**, 498). Ungenügd bloße Wiedergabe des GesWortlauts „Bauwerk" (BGH **LM** Nr 3). Genügd, wenn offenkund örtl Verh nur eine best Bauweise zulassen (BGH **47**, 190; Ffm Rpfleger **75**, 305), sowie „nach Maßg künft Bebauungsplans" (BGH **101**, 143) od „unter Einhaltg öff BauR" (BGH **126**, 12). „Parkhaus/Tankstelle" steht zusätzl Einrichtg einer Gaststätte nicht notw entgg (BGH **LM** Nr 10). Ungenügde Bezeichng läßt ErbbR nicht entstehen, Eintr ist inhaltl unzul (Ffm OLGZ **83**, 165). 7

2) Gesamterbbaurecht als Belastg mehrerer Grdst (auch verschiedener Eigtümer) mit einem einheitl ErbbR ohne EigtümerZust zul; es entsteht dch anfängl Bestellg, Teilg eines mit ErbbR belasteten Grdst, Erweiterg eines EinzelErbbR auf and Grdst od Vereinigg von EinzelErbbR mit im wesentl gleichen Inhalt (BayObLG **95**, 379). Zuläss auch GesUnterErbbR u GesErbbR an Grdst u ErbbR (GBO 6 a). Die Grdst müssen nicht benachbart sein (Böttcher MittBayNot **93**, 129 zu IV 4; aA Köln Rpfleger **88**, 355); verfrechtl gilt GBO 6 a (Verstoß hindert REntstehg nicht). Bei Erweiterg erstrecken sich Belastgen des früheren Einzel-ErbbR in Abt II u III auf das neue GesamtErbbR (Hamm DNotZ **74**, 91). Über GesErbbR an Grdst u MitEAnt vgl Diekgräf DNotZ **96**, 338. 8

3) Berechtigter. Natürl od jur Pers; auch PersMehrh (GesHandsGemsch, BruchtGemsch). GesBerecht entspr BGB 428 zul (LG Bielef Rpfleger **85**, 248). Auch **Eigentümer des belasteten Grundstücks** (BGH Rpfleger **82**, 143): EigentümerErbbR; daher auch ein Mitgl einer PersMehrh, der das Grdst gehört. Nicht aber jeweil Eigtümer eines and Grdst (KG OLG **15**, 360). 9

4) Auflösende Bedingung IV; über Befristg vgl § 27 Rn 1. – **a) Auflösend bedingtes Erbbaurecht ist nichtig (IV 1);** § 139 unanwendb (str). Befristete u aufschiebd bdgte Bestellg zul. Wg Unsicherh für Beleihg wendet die hM IV 1 auf Bestellg mit ungewissem Endtermin entspr an (BGH **52**, 269 [Tod des Eigtümers]; Celle Rpfleger **64**, 213 [Tod des Berecht]). – **b) Unwirksamkeit einer Vereinbarung nach IV 2** trifft nur Besteller, § 139 unanwendb (BGH RhNK **74**, 23). Unwirks (jedenf ab Eintr des ErbbR) auch vereinbartes RücktrR vom KausalGesch (BGH **LM** Nr 1). Über Heimfall vgl § 2 Nr 4. 10

5) Besitz. Eigtümer ist mittelb Eigen- u ErbbBerecht unmittelb Fremdbesitzer des Grdst (wg Bauwerk vgl § 12 Rn 2). Dch ErbbREnde bdgt HerausgAnspr des Eigtümers ist abtretb (BGH **LM** BGB 868 Nr 10). 11

2. Vertragsmäßiger Inhalt

ErbbRVO 2 **Zum Inhalt des Erbbaurechts gehören auch Vereinbarungen des Grundstückseigentümers und des Erbbauberechtigten über:**

1. **die Errichtung, die Instandhaltung und die Verwendung des Bauwerkes;**
2. **die Versicherung des Bauwerkes und seinen Wiederaufbau im Falle der Zerstörung;**
3. **die Tragung der öffentlichen und privatrechtlichen Lasten und Abgaben;**
4. **eine Verpflichtung des Erbbauberechtigten, das Erbbaurecht beim Eintreten bestimmter Voraussetzungen auf den Grundstückseigentümer zu übertragen (Heimfall);**
5. **eine Verpflichtung des Erbbauberechtigten zur Zahlung von Vertragsstrafen;**
6. **die Einräumung eines Vorrechts für den Erbbauberechtigten auf Erneuerung des Erbbaurechts nach dessen Ablauf;**
7. **eine Verpflichtung des Grundstückseigentümers, das Grundstück an den jeweiligen Erbbauberechtigten zu verkaufen.**

1) Die **Vereinbarungen** wirken nur bei GBEintr ohne weiteres auch für u gg SonderRNachf u zT gg Dritte (BGH NJW **54**, 1443); ohne Eintr nur schuldr Wirkg unter den Part u Wirkg für u gg SonderRNachf nur bei Übern (Hamm DNotZ **76**, 534). Zur Bestimmth des Antr vgl BayObLG **67**, 48; **69**, 97; ungenügd: den ErbbRVertr als RInhalt einzutragen, soweit gesetzl zuläss. Bei dingl wirkder Vereinbg Verpflichtg u Berechtigg des jeweil ErbbBerecht ggü jeweil Eigtümer u umgekehrt bzgl der währd Bestehens seines Rechts fälligen Leistgen. ErbbR haftet aber nicht dingl für PflVerletzgen des ErbbBerecht (BGH NJW **90**, 832). HeimfallAnspr wirkt mangels RHeimstG 14 entspr Vorschr nicht ggü RNachf, wenn ggü RVorgänger entstanden (Knothe S 271 ff; Ranft, Die Verdinglichg der ErbbRInhalts, S 60 ff; aA hM). Änderg mit Zust der Gläub der das ErbbR belastden Rechte (BGB 876 S 1). Bes Sicherg dch Dbk mögl (str). 1

2) Einzelheiten. – **a) Zu Nr 1:** Zur Errichtg gehört auch die Erschließg (Schulte BWNotZ **61**, 321). Unter Nr 1 fällt auch Abrede über Verwendg der unbebauten GrdstTeile, über BesichtggsR des Eigentümers (LG Regbg Rpfleger **91**, 363), über Notwendigk der EigtümerZust zur Vermietg (hM; MietVertr bei fehlder Zust aber wirks [BGH DNotZ **68**, 302]) od Veränderg (BayObLG NJW-RR **87**, 459) des Bauwerks; nicht aber AbrißPfl (LG Düss RhNK **87**, 129). Bei Verstoß hat Eigtümer gg ErbbBerecht vertragl Anspr auf Unterlassg/Beseitigg/SchadErs, auch BGB 1004 (BGH **59**, 205); uU auch gg Dritte (vgl Ingenstau Rn 22); wg nur mittelb Besitzes aber keinen BesSchutz (vgl BGH **32**, 199). ZustAnspr kann sich aus BGB 242 ergeben (BayObLG NJW-RR **87**, 459) u kann vor ProzGer dch Klage od Einrede gg Unterl/BeseitiggsAnspr geltd gemacht werden. – **b) Zu Nr 2;** Pfl zum Wiederaufbau nur bei Abrede u, wenn zumutb (§ 242). Vgl auch § 13 Rn 1. – **c) Zu Nr 3:** Gilt nicht für VerkSichgsPfl (LG Mannh BWNotZ **83**, 146). Aus Übernahme von 2
3
Lasten folgt aber keine unmittelb Haftg dem Gläub ggü (Ingenstau Rn 31). – **d) Zu Nr 4:** Die frei vereinb (Ausn §§ 6 II, 9 IV) Voraussetzgen des Heimfalls müssen bestimmt sein (BGH DNotZ **85**, 370) u mit dem ErbbR zushängen (LG Oldbg Rpfleger **79**, 383); zB Tod des Berecht (Hamm DNotZ **66**, 41), Unvermögen des Berecht zu fristgem Bebauung (BGH WM **73**, 1074), Vernachlässigg/Verändg/Untergang des Bauwerks (BGH NJW-RR **86**, 1269 [auch zur Beschrkg nach BGB 242]), bei kirchl Grdst Kirchenaustritt (LG Mü II Rpfleger **83**, 268; aA Brschw OLGZ **76**, 52) u kirchenfeindl Verhalten, zweckwidr Nutzg (BGH NJW **84**, 2213), Belastg nur mit EigtümerZust bei schuldrechtl BelastgsVerbot (vgl § 6 Rn 2), Nichteintritt eines

Erwerbers in ErbbRVertr (Oldbg DNotZ **88**, 591), Unzumutbark der VertrFortsetzg (LG Düss RhNK **89**, 218); nicht aber jederzeit Verlangen des GrdstEigtümers (LG Oldbg Rpfleger **79**, 383). Entstandener ÜbertrAnspr idR auch dchsetzb, wenn verletzte VertrPfl nachgeholt ist (BGH NJW-RR **88**, 715). Zur VertrGestaltg bei Gesamt- u NachbErbbR vgl Haegele Rpfleger **67**, 280; Krämer DNotZ **74**, 659. Da Anspr auf Übertr, ist
4 Verpfl zur Löschg unwirks (Mattern WM **73**, 667). – **e) Zu Nr 5:** VertrStrafe soll die Erfüllg der Vereinbg nach § 2 sichern; Schuldn ist der ErbbBerecht, der die strafbewehrte Vereinbg verletzt (BGH **109**, 230). VertrStrafe auch für unpünktl ErbbZinszahlg (Strafzinsen; § 9 I gilt insow nicht); auch Verzugszinsen in fest bestimmter Höhe (Merkel NJW **55**, 1114); keine gesetzl VerzZinsen (§ 289; BGH NJW **70**, 243). Anspr auf VertrStrafe durch Hyp sicherb; sonst kein Recht auf Befriedigg aus dem ErbbR (str). – **f) Zu Nr 6:**
5 ErneuergsR, vgl § 31. – **g) Zu Nr 7:** Als Inhalt des ErbbR eingetr (u dah nur für die Zeit währd seines Bestehens zu begründde, Hamm NJW **74**, 863) dingl **Verkaufsverpflichtung** wirkt zwar nicht wie Vormkg, aber dem Erwerber des Grdst ggü ausübb (BGH NJW **54**, 1444, dort auch über Verhältn zu dingl VorkR). Die wesentl KaufBdggen müssen festgelegt, mind bestimmb sein. Mögl ist Beschrkg auf den Fall des Verkaufs an Dritten u Übernahme des Inhalts dieses Vertr; ähnelt dann dem dingl VorkR, über dieses BGH aaO u § 10 Rn 1. Ausübg der Rechts nach Nr 7 durch Erkl ggü Eigtümer; hierdurch kommt Kauf zustande. Bei Erwerb des Grdst (durch Aufl u Eintr) bleibt ErbbR bestehen, ebso sonstige Belastgen des Grdst. ErbbBerecht konnte sich aber AuflAnspr durch Vormkg sichern (Ingenstau Rn 67). Wurden ErbbR u AnkaufsR notariell beurkundet, kann ersteres unter Fortbestand des AnkaufsR dch forml Vereinbg aufgehoben u dch MietVertr
6 ersetzt werden (BGH MDR **72**, 854). – Eine **Kaufverpflichtung** des ErbbBerecht nicht mit dingl Wirkg begründb, sond nur schuldrechtl, Form: § 313 BGB. Sie ist nicht ohne weiteres sittenwidr (BGH NJW **89**, 2129), Gestaltg des Einzelfalles maßg; wg AGBG 9 vgl BGH **114**, 338. Über analoge Anwendg von § 9 a vgl Macke NJW **77**, 2233; Richter BWNotZ **78**, 61; Uibel NJW **79**, 24; über KaufprAnpassg gem § 242 vgl Demmer NJW **83**, 1636.

ErbbRVO 3

Der Heimfallanspruch des Grundstückseigentümers kann nicht von dem Eigentum an dem Grundstück getrennt werden; der Eigentümer kann verlangen, daß das Erbbaurecht einem von ihm zu bezeichnenden Dritten übertragen wird.

1 **Halbs 1:** HeimfallAnspr ist als wesentl GrdstBestandt nicht übertragb/verpfändb/pfändb (Düss DNotZ **74**, 177). – **Halbs 2:** Abdingb (str). Nur Anspr auf dingl Übertr an Dr, nicht auf schuldr Vereinbg mit Dr (Düss aaO). Übertr auf Dr erfüllt HeimfallAnspr des Eigtümers (BGH NJW **66**, 730). Bezeichng des Dr, der kein eigenes Recht erhält, änderb. MitbestimmgsR eines and bei Bezeichng des Dr nicht mit dingl Wirkg vereinb u nicht dch Vormerkg sicherb (Alberty NJW **53**, 691; LG Münst NJW **54**, 1246).

ErbbRVO 4

Der Heimfallanspruch sowie der Anspruch auf eine Vertragsstrafe (§ 2 Nr. 4 und 5) verjährt in sechs Monaten von dem Zeitpunkt an, in dem der Grundstückseigentümer von dem Vorhandensein der Voraussetzungen Kenntnis erlangt, ohne Rücksicht auf diese Kenntnis in zwei Jahren vom Eintreten der Voraussetzungen an.

1 **1) Allgemeines.** § 4 ist AusnVorschr zu BGB 902. Sie regelt Beginn u Dauer der VerjFr; iü gelten BGB 187 ff, 202 ff. Frühere Verwirkg der Anspr mögl.

2 **2) Kenntnis** ist erlangt, wenn Eigtümer positive Kenntn von Tats hat, die einer Klage einigermaßen sichere Erfolgsaussicht geben (wie bei BGB 852); falscher rechtl Schluß aus diesen Tats idR unbeachtl (vgl RG **142**, 280/350). Bei Unterl einer gebotenen Hdlg (zB Bebauung) muß die HdlgsPfl fäll sein. BewLast für KenntnErlangg hat der ErbbBerecht.

3 **3) Jede anspruchsbegründende Handlung** (auch bei Gleichartigk) löst neue VerjFr aus. Anders bei einmaliger Handlg, die fortlaufd weitere Nachteile bringt, zu deren Verhinderg ErbbBerecht nicht verpfl (RG **106**, 283; vgl auch BGH NJW **81**, 573).

ErbbRVO 5

I Als Inhalt des Erbbaurechts kann auch vereinbart werden, daß der Erbbauberechtigte zur Veräußerung des Erbbaurechts der Zustimmung des Grundstückseigentümers bedarf.

II Als Inhalt des Erbbaurechts kann ferner vereinbart werden, daß der Erbbauberechtigte zur Belastung des Erbbaurechts mit einer Hypothek, Grund- oder Rentenschuld oder einer Reallast der Zustimmung des Grundstückseigentümers bedarf. Ist eine solche Vereinbarung getroffen, so kann auch eine Änderung des Inhalts der Hypothek, Grund- oder Rentenschuld oder der Reallast, die eine weitere Belastung des Erbbaurechts enthält, nicht ohne die Zustimmung des Grundstückseigentümers erfolgen.

1 **1)** Die **Verfügungsbeschränkungen** des § 5 sind ergänzd zu § 2 als dingl RInhalt vereinb; Ausn von BGB 137. Sie sollen den Eigtümer schützen (vgl Rn 2, 3); Schutz des ErbbBerecht dch § 7. – **a) Entstehung** anfängl (BGB 873) od nachträgl (BGB 877) dch Einigg u Eintr im ErbbGB. Eintragg dch Bezugn auf EintrBew (§ 14 I 3) materiellrechtl wirks, nur formellrechtl gilt GBVfg 56 II (BayObLG Rpfleger **79**, 384). Ohne Eintr nur schuldrechtl Wirkg. – **b) §§ 5–8 gelten** entspr für UnterErbbR, wo ZustErfordern des Eigtümers (aA RGRK/Räfele Rn 11) u/od des OberErbbBerecht (LG Kleve RhNK **79**, 74) vereinb.

2 **2) Veräußerungsbeschränkung (I)** soll zweckwidr Veräußerg bzw an unzuverläss Erwerber verhindern. – **a) Veräußerung** ist die vollständ od teilw Übertragg des ErbbR dch RGesch unter Lebden auf neuen RInh (vgl auch WEG 12 Rn 2–4); auch iW vorweggen Erbfolge (LG Münst MDR **68**, 585; aA Köln RhNK **91**, 114). **Nicht** aber Übertragg eines Anteils am GesHdsVermögen, wenn ErbbR (auch als einziger Ggst)

zum Vermögen gehört (BayObLG **67**, 408); UnterErbbRBestellg (RGRK/Räfle Rn 5) od Teilg (vgl auch WEG 30 Rn 1); Umwandlg GesHdsBerechtigg in BruchtBerechtigg derselben Pers (LG Lüb Rpfleger **91**, 201); VorkRBestellg (Brschw OLGZ **92**, 263). Wg Vormkg für ÜbertrAnspr vgl § 6 Rn 1. – **b) Zustimmungserfordernis** auf best Veräußergsfälle (zB bis zu best Ztpkt od an best Pers) beschränkb bzw best Veräußergsfälle (zB an best Pers od iW der ZwVerst [auch aus best GrdPfdR; Brschw OLGZ **72**, 187]) ausnehmb (auch iW der Vorauserteilg); das ist als RInhalt eintragb.

3) Belastungsbeschränkung (II) soll wg § 33 übermäß Belastg verhindern. RInhalt kann nur das ZustErfordern sein; nur mit schuldrechtl Wirkg vereinb u nicht eintraggsfäh, daß Belastg nur mit best Inhalt, für best Gläub od zu best Zweck zul (KG JFG **20**, 14; BayObLG **59**, 327). – **a) Belastung (II 1)** ist auch BGB-648 (BayObLG **96**, 301) u 1287-Hyp u wg WEG 42 II auch DWR (Stgt NJW **52**, 979; LG Osnabr JurBüro **71**, 455; str); nicht aber Dbk od UnterErbbR (RGRK/Räfle § 7 Rn 9). Nach Düss RhNK **95**, 62 steht Entlassg aus der Mithaft für GesGrdPfdR an mehreren ErbbR einer Belastg gleich. **II 2** erfaßt nicht Teilg der Belastg, Umwandlg Hyp in GrdSch u umgekehrt, Abtretg (KG JFG **16**, 208), Unterwerfg gem ZPO 800 (str). Wg Vormkg vgl § 6 Rn 1. – **b) Zustimmungserfordernis** auf best Belastgsfälle beschränkb bzw best Belastgsfälle (zB best GrdPfdR [BayObLG Rpfleger **79**, 384]) ausnehmb; Rn 2 gilt entspr. 3

4) Zustimmungserteilung nach BGB 182ff; formfrei (für GBEintr gilt GBO 29); sie liegt in Vereinbg nach § 9 III 1 Nr 2 für vorbehaltenes Recht (Weber Rpfleger **98**, 5). ZustBerecht ist der Eigtümer im Ztpkt der RÄnderg (vgl BGB 873 Rn 11) bzw der für ihn VfgsBefugte (zB KonkVerw); über BGB 1821 vgl dort Rn 10. Erst wenn VfgsErkl des ErbbBerecht gem BGB 873 II, 878 bindd geworden, ist sie unwiderrufl (BGH **LM** Nr 2) u EigtVerlust des Zustimmden unschädl (Köln Rpfleger **96**, 106). Kosten der Zust trägt mangels abw Vereinb (vgl dazu BGH NJW **94**, 1159; Hamm Rpfleger **92**, 58) der Eigtümer; vereinb ErstattgsAnspr gibt kein ZbR ggü ZustAnspr (Hamm aaO), da dieser nicht vertragl beschränkb (§ 7 Rn 1). 4

ErbbRVO 6

I Ist eine Vereinbarung gemäß § 5 getroffen, so ist eine Verfügung des Erbbauberechtigten über das Erbbaurecht und ein Vertrag, durch den er sich zu einer solchen Verfügung verpflichtet, unwirksam, solange nicht der Grundstückseigentümer die erforderliche Zustimmung erteilt hat.

II Auf eine Vereinbarung, daß ein Zuwiderhandeln des Erbbauberechtigten gegen eine nach § 5 übernommene Beschränkung einen Heimfallanspruch begründen soll, kann sich der Grundstückseigentümer nicht berufen.

1) Fehlende Zustimmung (I), deren Erfordern RInhalt (§ 5 Rn 1), macht die Vfg über das ErbbR u das schuldrechtl GrdGesch ggü jedermann schwebd unwirks (BGH **33**, 76; BayObLG **97**, 37 [43]). Bei Belastg mit GrdPfdR auch keine EigtümerGrdSch. – **Vormerkung** aGrd Bewilligg od einstwVfg, insb iFv BGB 648 (Nürnb OLGZ **67**, 22; Köln OLGZ **67**, 193), ohne Zust eintragb u wirks; vgl BGB 885 Rn 3). 1

2) Heimfall (II). Vereinbg, daß bei Verstoß gg Vereinbg nach § 5 HeimfallAnspr, nicht eintragb (BayObLG NJW-RR **91**, 718) u nicht dchsetzb; aber erfüllb (LG Mü II MittBayNot **72**, 20; Soergel/Stürner Rn 3; aA BayObLG aaO). Verstoß gg bloß schuldrechtl VfgsVerbot als Heimfallvoraussetzg vereinb (Hamm OLGZ **86**, 14). 2

ErbbRVO 7

I Ist anzunehmen, daß durch die Veräußerung (§ 5 Abs. 1) der mit der Bestellung des Erbbaurechts verfolgte Zweck nicht wesentlich beeinträchtigt oder gefährdet wird, und daß die Persönlichkeit des Erwerbers Gewähr für eine ordnungsmäßige Erfüllung der sich aus dem Erbbaurechtsinhalt ergebenden Verpflichtungen bietet, so kann der Erbbauberechtigte verlangen, daß der Grundstückseigentümer die Zustimmung zur Veräußerung erteilt. Dem Erbbauberechtigten kann auch für weitere Fälle ein Anspruch auf Erteilung der Zustimmung eingeräumt werden.

II Ist eine Belastung (§ 5 Abs. 2) mit den Regeln einer ordnungsmäßigen Wirtschaft vereinbar, und wird der mit der Bestellung des Erbbaurechts verfolgte Zweck nicht wesentlich beeinträchtigt oder gefährdet, so kann der Erbbauberechtigte verlangen, daß der Grundstückseigentümer die Zustimmung zu der Belastung erteilt.

III Wird die Zustimmung des Grundstückseigentümers ohne ausreichenden Grund verweigert, so kann sie auf Antrag des Erbbauberechtigten durch das Amtsgericht ersetzt werden, in dessen Bezirk das Grundstück belegen ist. Die Vorschriften des § 53 Abs. 1 Satz 1, Abs. 2 und des § 60 Abs. 1 Nr. 6 des Reichsgesetzes über die Angelegenheiten der freiwilligen Gerichtsbarkeit gelten entsprechend.

1) Zustimmungsanspruch. – a) Gesetzlicher (I 1, II). Nicht ausschließb/einschränkb (zB vertragl Festlegg der VerweigergsGrde) u nicht selbstd abtretb/verpfändb/pfändb; Übertragg u Pfdg/Überweisg zur Ausübg (ZPO 857 II) zul (BGH **33**, 76). Er soll ErbbBerecht VfgsFreih u wirtsch Nutzg des ErbbR ermöglichen. – **b) Vertraglicher als Rechtsinhalt (I 2).** Ist Vereinbg nach I 2 dch Einigg u Eintr RInhalt geworden, so wirkt sie auch ggü RNachf. Für Abtretg usw gilt a). Nicht auf Belastgen (II) anwendb; hier nur Anspr nach c) mögl (BGH **98**, 362). – **c) Schuldrechtlicher.** ZustAnspr bzgl Veräußerg, der nicht RInhalt geworden, od bzgl Belastgen wirkt, ggü SonderNachf nur bei Übernahme/Eintritt. 1

2) Voraussetzungen bei Veräußerung (I 1). Feststellgslast hat ErbbBerecht. – **a) Keine Zweckbeeinträchtigung/Gefährdung.** Zweck der ErbbRBestellg bestimmt sich nach dem ErbbRVertr (GrdGesch, dingl Bestellg, Bauwerksbezeichng [§ 1 Rn 7] u Vereinbgen nach § 2 Nr 1, 4, 5); ferner nach den Umständen des Zustandekommens u der Handhabg (BayObLG **72**, 260; LG Mü I DNotZ **73**, 554; aA Hamm NJW **68**, 554). Beeinträchtigg idR bei spekulativer Veräußerg (BGH NJW **98**, 1387) od wenn ErbbBerecht schuld- 2

rechtl Verpfl ggü Eigtümer (insb bzgl ErbbZins) nicht an Erwerber weitergibt (Oldbg Rpfleger **85**, 203 u BayObLG **97**, 37 [bei Verpfl dazu]; Celle DNotZ **84**, 387); nicht aber, wenn Erwerber Zusatzvereinbg (insb über ErbbZinserhöhg) mit Eigtümer od berechtigte (u deshalb einklagb) ErbbZinserhöhg (vgl Hamm Rpfleger **94**, 19) verweigert. Wesentlichk kann bei Hinnahme früh Beeinträchtiggen (BayObLG **72**, 260) od geringer NutzgsÄnderg (Hamm MittBayNot **96**, 37) fehlen. HeimfallAnspr gibt kein VerweigergsR (LG Lüb
3 Rpfleger **94**, 21). – **b) Zuverlässigkeit des Erwerbers** bzgl der Erfüllg von Verpfl aus dem gesetzl od vertragl ErbbRInhalt u der übernommenen Belastgen (Hamm MittBayNot **96**, 37); nicht aber bzgl schuldrechtl Verpfl od der nicht zum RInhalt gehörden ErbbZinszahlg (str). Da Erzielg vereinb ErbbZinses aber idR auch Zweck der ErbbRBestellg (BGH **100**, 107; Hbg OLGZ **88**, 385), kann mangelnde Zahlgsgewähr ZustVerweigerg wg Zweckgefährdg (Rn 2) rechtfertigen (Celle DNotZ **84**, 387).

4 **3) Voraussetzungen bei Belastung (II).** Feststellgslast hat der ErbbBerecht. Voraussetzgen zu a) u b) können sich überschneiden. – **a) Keine Zweckbeeinträchtigung/Gefährdung** (über Bestellgszweck u Wesentlichk vgl Rn 2): Belastg zwecks Bebauung and Grdst bei Vermietg auf ErbbGrdst errichteten Hauses (Hamm NJW **68**, 554); Belastg für zul Anbau (BayObLG Rpfleger **74**, 357); Belastg des zum Gewerbebau bestellten ErbbR zur Finanzierg des Betr (Ffm DNotZ **78**, 105); ErbbBerecht verweigert berechtigte (u daher einklagb) ErbbZinserhöhg (BayObLG NJW-RR **87**, 459); idR auch Belastg des zum Wohnbau bestellten ErbbR zur Finanzierg von Gewerbebau auf and Grdst (BayObLG Rpfleger **89**, 97; aA Karlsr WuM **72**, 97).
5 Nicht aber Belastg mit jederzeit neuvalutierb GrdSch (Hamm NJW-RR **95**, 399). – **b) Ordnungsmäßige Wirtschaft.** Zum einen muß dem ErbbBerecht ein wirtsch GgWert zufließen, der sich zu seinem Nutzen bzgl des Bauwerks od seiner wirtsch Lage auswirkt u zum and darf keine Überbelastg erfolgen (Hbg OLGZ **88**, 385; BayObLG NJW-RR **89**, 97). Hierfür sind weder die bankübl (BayObLG NJW-RR **87**, 459) noch die Beleihgsgrenzen nach §§ 18–22 (Ffm DNotZ **78**, 105) maßg; 70% des Verkehrswerts idR zul (BayObLG Rpfleger **89**, 97). Zu beachten Auswirkgen für Eigtümer bei Heimfall gem § 33 (BayObLG NJW-RR **87**, 459; Hbg OLGZ **88**, 385); zB bei langjähr TilggsFreih (Hamm OLGZ **90**, 385).

6 **4) Zustimmungsersetzung (III).** Nur bei Verweigerg der Zust trotz Anspr aus I 1, 2 u II u bei für GBEintr nicht ausreichder Zust (Hamm NJW-RR **93**, 1106; Rpfleger **92**, 58: bdgt dch Erstattg der Beglaub-Kosten); Eintragg entgg § 15 steht nicht entgg (KG JFG **17**, 81). ProzGer zuständ für: schuldrechtl ZustAnspr (BGH **98**, 362), ZustAnspr bzgl baul Veränderg (§ 2 Nr 1), ZustAnspr bzgl ErbbRTeilg (LG Bchm NJW **69**, 1673), Streit über Wirksamk der Zust (KG JFG **17**, 81), Anspr des ErbbBerecht gg Eigtümer auf Vorrangeinräumg (Stgt BWNotZ **63**, 303). – **a) Voraussetzung.** Kein ausreichder VerweigergsGrd, wenn ZustAnspr nach I 1, 2, II gegeben (BGH **100**, 107). VfgsVerpfl zG eines Dritten steht nicht entgg (BayObLG FGPrax **99**,
7 89). Verhältn bei Erlaß der Entscheidg maßg (BayObLG NJW-RR **87**, 459). – **b) Verfahren.** Echtes StreitVerf der FG. AntrR hat nur der ErbbBerecht bzw der für ihn VfgsBefugte (Hamm OLGZ **66**, 574); über AntrR bei ZwVollstr in ErbbR u für BGB-648-Hyp vgl § 8 Rn 4. Bei Mehrh von GrdstEigtümern braucht Antr nur gg Verweigerer gerichtet zu werden (Ffm Rpfleger **79**, 24). Amtsermittlg (FGG 12) mit FeststellgsLast des ErbbBerecht. Bei GrdstVeräußerg im Verf gilt ZPO 265, 266 (Hamm OLGZ **90**, 385). GeschWert: KostO
8 30; idR 10–20% des VerkWerts bzw der Belastg (BayObLG FGPrax **99**, 89). – **c) Entscheidung.** Ersetzg muß das VfgsGesch genau bezeichnen (Ffm Rpfleger **77**, 308), wobei Bdgg (zB Aufhebg vorrang Belastg) zul (Ffm aaO); wirks mit RKraft (FGG 53 I 1; Ausn: FGG 53 II) u mit sofBeschw nur des Eigtümers anfechtb (FGG 20 I, 60 I Nr 6). Versagg mit einfBeschw nur des AntrStellers anfechtb (FGG 19, 20 II).

ErbbRVO 8

Verfügungen, die im Wege der Zwangsvollstreckung oder der Arrestvollziehung oder durch den Insolvenzverwalter erfolgen, sind insoweit unwirksam, als sie die Rechte des Grundstückseigentümers aus einer Vereinbarung gemäß § 5 vereiteln oder beeinträchtigen würden.

1 **1) Allgemeines.** § 8 dehnt ein gem § 5 vereinb ZustErfordern vollen Umfangs auf die genannten Maßn aus (BGH **100**, 107); nicht auf ZwVerwaltg u Vormkg aGrd einstwVfg (§ 6 Rn 1). Gilt auch für ZwVollstr in EigtümerErbbR (BayObLG NJW-RR **96**, 975) od wenn Eigtümer selbst vollstreckt (BayObLG **60**, 473; VollstrAntr enthält wg § 7 Rn 3 noch nicht Zust). Wirkg fehlder Zust wie in § 6 (BGH **33**, 85).

2 **2) Veräußerungszustimmung** (§ 5 I). – **a)** Notw für Zuschlagserteilg in ZwVerst. Zust bzw Ersetzg muß wg § 7 Rn 3 erst bei Zuschlagserteilg vorliegen (BGH **33**, 76). BelastgsZust enthält wg § 7 Rn 3 noch nicht ZuschlagsZust bei ZwVollstr aus dieser Belastg (BGH **100**, 107). – **b)** Notw für VerpflGesch (MüKo/vOefele Rn 13; aA Ingenstau Rn 24; RGRK/Räfle Rn 10) sowie Vfgen (freihänd od iW der ZwVerst) des InsVerw.

3 **3) Belastungszustimmung** (§ 5 II). – **a)** Notw für SichgsHyp nach ZPO 848 II, 867, 932 (aA AG Eppelheim BWNotZ **88**, 169), sofern Belastg zG des Gläub nicht zustfrei (Celle RPfleger **85**, 22). Str für Anordg der ZwVerst auf Betreiben pers Schuldn (Reinke Rpfleger **90**, 498 [ja]; Muth Rpfleger **91**, 441 [nein]). Nicht für SichgsHyp nach ZVG 128 (weil Folge zul Verst) u nicht für AnfKlage nach AnfG (BGH NJW **66**, 730). – **b)** Für InsVerw gilt Rn 2 entspr.

4 **4) Zustimmungsersetzung** nach § 7 III nur, wenn ZustAnspr nach § 7 I (BGH **100**, 107) od II (Hamm OLGZ **85**, 269) gegeben. Kein VerweigergsGrd bei Zuschlagserteilg, daß dem Recht des betreibden Gläub nachrang ErbbZinsreallast erlischt u Ersteher Neubestellg verweigert (BGH aaO; aA Hamm DNotZ **87**, 40). AntrR hat betreibder Gläub bzgl BelastgsZust für ZwHyp nur aGrd Pfdg/Überweisg des ZustAnspr (Hamm Rpfleger **93**, 334 abl Anm Streuer Rpfleger **94**, 59) u bzgl VeräußergsZust für ZwVerst ohne dies (BGH aaO); BGB-648-Gläub hat eigenes AntrR (BayObLG **96**, 301). Iü gilt § 7 Rn 6–8.

3. Erbbauzins

ErbbRVO 9 **I Wird für die Bestellung des Erbbaurechts ein Entgelt in wiederkehrenden Leistungen (Erbbauzins) ausbedungen, so finden die Vorschriften des Bürgerlichen Gesetzbuchs über die Reallasten entsprechende Anwendung. Die zugunsten der Landesgesetze bestehenden Vorbehalte über Reallasten finden keine Anwendung.**

II Der Anspruch des Grundstückseigentümers auf Entrichtung des Erbbauzinses kann in Ansehung noch nicht fälliger Leistungen nicht von dem Eigentum an dem Grundstück getrennt werden.

III Als Inhalt des Erbbauzinses kann vereinbart werden, daß

1. die Reallast abweichend von § 52 Abs. 1 des Gesetzes über die Zwangsversteigerung und die Zwangsverwaltung mit ihrem Hauptanspruch bestehenbleibt, wenn der Grundstückseigentümer aus der Reallast oder der Inhaber eines im Range vorgehenden oder gleichstehenden dinglichen Rechts die Zwangsversteigerung des Erbbaurechts betreibt, und

2. der jeweilige Erbbauberechtigte dem jeweiligen Inhaber der Reallast gegenüber berechtigt ist, das Erbbaurecht in einem bestimmten Umfang mit einer der Reallast im Rang vorgehenden Grundschuld, Hypothek oder Rentenschuld im Erbbaugrundbuch zu belasten.

Ist das Erbbaurecht mit dinglichen Rechten belastet, ist für die Wirksamkeit der Vereinbarung die Zustimmung der Inhaber der der Erbbauzinsreallast im Rang vorgehenden oder gleichstehenden dinglichen Rechte erforderlich.

IV Zahlungsverzug des Erbbauberechtigten kann den Heimfallanspruch nur dann begründen, wenn der Erbbauberechtigte mit dem Erbbauzinse mindestens in Höhe zweier Jahresbeträge im Rückstand ist.

Vorbem: II idF des Art 11 a I EuroEG v 9. 6. 1998 (BGBl I 1242)

1) Allgemeines. Ob die ErbbRBestellg entgeltl od unentgeltl (BGH **LM** Nr 6) erfolgt, ist eine Frage des GrdGesch (BayObLG **59**, 525); Entgeltlichk kann nicht nach § 2 vertragl RInhalt werden (KG DNotZ **84**, 384). Beliebiges Entgelt vereinb; auch einmalige Leistg. – **a) Dinglicher Erbbauzins;** nur für ihn gilt § 9. Haben die Beteil nicht erkennb nur einen schuldrechtl ErbbZins gewollt, so enthält die ErbbZinsVereinbg die Einigg (BGB 873) über die Bestellg einer ErbbZinsreallast, die mit der Eintragg im ErbbGB entsteht; BestellgsAnspr in SachenRBerG 52. Daneben idR kein schuldrechtl ErbbZins gewollt (vgl Hbg NJW-RR **91**, 658; LG Münst Rpfleger **91**, 330). – **b) Schuldrechtlicher Erbbauzins.** Nur schuldrechtl Verpfl zur ErbbZinszahlg (auch zG jeweil GrdstEigtümer [BGB 328], nicht aber zu Lasten des jeweil ErbbBerecht) alleine od neben dingl ErbbZins (BGH **LM** Nr 6) begründb. Auf sie ist § 9 nicht anwendb; daher Verzugszinsen mögl (BGH NJW-RR **92**, 591), aber BGB 571 nicht anwendb (BGH aaO). 1

2) Erbbauzinsreallast (I). Sie ist eine Belastg u nicht Inhalt des ErbbR (BGH NJW-RR **87**, 74). BGB 1105 ff entspr anwendb (vgl Rn 7), soweit § 9 keine Abweichg vorsieht **(I 1).** Rangstelle nicht vorgeschrieben. Landesrechtl Vorbeh (EG 113, 115, 120 II Nr 2) gelten nicht **(I 2).** 2

a) Leistungsgegenstand ist eine (nicht notw regelm) dauernd od für einen best Zeitraum wiederkehrde (nicht notw aus dem Grdst zu erbringde; Celle DNotZ **55**, 315) Sach- od GeldLeistg; unterschiedl Höhe (BGH **LM** Nr 12) u Art der Einzelleistgen zuläss. Über angem Höhe vgl Götz DNotZ **80**, 3. 3

b) Bestimmbarkeit. I 1 iVm BGB 1105 I 1 läßt Bestimmbark genügen; dafür gilt BGB 1105 Rn 6 entspr. 4

c) Gleitender Erbbauzins (zB dch Indexbindbg) kann dingl RInhalt werden (I 1 iVm BGB 1105 I 2); über GenBedürftigk nach PaPkG mit Ausn nach PrKV 1 Nr 4 vgl § 245 Rn 24 ff. Die Anpassg erfolgt dann autom mit Eintritt der Voraussetzgen, wobei die Erhöhung auch vom GläubVerlangen abhäng sein kann (BGH **111**, 324); gleich- u nachrang RealBerecht am ErbbR müssen nicht zustimmen. 5

d) Berechtigter (II) kann nur jeweil Eigtümer des mit dem ErbbR belasteten Grdst sein (BayObLG Rpfleger **90**, 507); subjpers Recht inhaltl unzuläss (GBO 53 I 2). Einzelleistgen stehen jeweil GrdstEigtümer zu (zur Berechtigg bei GesErbbR vgl Haegele Rpfleger **67**, 280). GrdstErwerber erwirbt Anspr auf die nach EigtÜbergang fäll Leistgen; Anspr auf rückständ Leistgen von Übertragg ausnehmb. Anspr auf nicht fäll Leistgen nicht selbstd verfügb/pfändb (auch nicht nach ZPO 857 VI); Zugriff nur über Vollstr in Grdst. 6

e) Einzelfragen. – Persönliche Haftung des ErbbBerecht iRv BGB 1108. – **Dingliche Haftung** nach BGB 1105, 1107, 1147 mit ErbbR u Ggst nach BGB 1107, 1120 ff. – **Unterlassungsanspruch** des Eigtümers aus BGB 1107, 1134, 1135. – Keine **Verzugs-/Prozeßzinsen** (BGH NJW **80**, 2519). – **Rückstände** gem BGB 1107, 1178 II verzichtb, gem BGB 1107, 1159, 1274, 1280 abtretb/verpfänd, gem ZPO 829, 835 pfändb. – **Verjährung** fäll ErbbZinsen: 4 Jahre (BGB 902 I 2, 197). – **Unterwerfungsklausel** (ZPO 800) unzuläss (BayObLG **59**, 83). 7

3) Änderung der Erbbauzinsreallast, die vom gleitden ErbbZins (Rn 5) als anfängl RInhalt zu unterscheiden, dch Einigg u Eintragg (BGB 877). Der geänderte dingl Anspr entsteht erst mit der Eintragg u wird frühestens mit ihr fäll (BGH **LM** Nr 12). 8

a) Dinglicher Anpassungsanspruch. Er konnte nach II 2, 3 idF Art 2 § 1 SachenRÄndG zum RInhalt der Reallast gemacht werden u wirkt dann für u gg RNachf des GrdstEigtümers u des ErbbBerecht u gibt klagb Anspr auf ZinsÄnderg. Diese Möglichk ist dch die Neufassg von II entfallen. Vor dem 9. 6. 98 bei Reallastbestellg (BGB 873) od nachträgl (BGB 877) begründeter Anspr bleibt bestehen. Der Umfang der Erhöhg unterliegt § 9 a. Die Anpassg erfolgt dch Einigg u Eintragg; keine automat Anpassg (Mohrbutter ZIP **95**, 806); erst damit entsteht der geänderte ZinsAnspr (Rn 8); gleich- u nachrang RealBerecht am ErbbR müssen nicht zustimmen (vgl BayObLG **96**, 159; vgl 57. Aufl Rn 11). 9/11

12 **b) Schuldrechtlicher Anpassungsanspruch.** Vor Geltg von II 2, 3 idF Art 2 § 1 SachenRÄndG war nur eine schuldrechtl AnpassgsVerpfl mögl, die dch Vormerkg (Rn 15) od HöchstBetrHyp (str; vgl Haegele/Schöner/Stöber Rn 1837) gesichert wurde. Dies bleibt für damals bestellte ErbbR bedeuts u ist
13 auch für neue ErbbR mögl (§ 9a III gilt fort). – **aa) Schuldrechtliche Vereinbarung,** ErbbZins in best Zeitabständen od unter best Voraussetzgen neu festzusetzen (BGH **22**, 220; **61**, 209); bei EigtümerErbbR aber nicht mögl (BGH Rpfleger **82**, 143). Sie besteht nach Grdst/ErbbR-Veräußerg fort (BGH **111**, 214) u wirkt für u gg SonderRNachf nur, wenn sie in diese eingetreten (BGH NJW-RR **87**, 74); BGB 571 gilt bei GrdstVeräußerg nicht entspr (BGH NJW **72**, 198); Abrede kann aber gem BGB 328 zG künft GrdstErwerber getroffen werden (BGH WM **82**, 977). Vereinbg in ErbbRVertr unterliegt BGB 313 iVm § 11 II, nicht aber die ihr entspr Neufestsetzg (vgl BGH DNotZ **73**, 609). Schutz vor unbill Erhöhgen gibt § 9a. Fehlt BemessgsGrdLage für Neufestsetzg, so gilt BGB 315 (Karlsr DB **79**, 934); bei ErbbR für Eigenheim Änderg der allg Lebenshaltgskosten maßg (BGH **LM** Nr 9; DNotZ **73**, 478; vgl aber § 9a!), bei Gewerbebau auch die der Bodenpreise (BGH **LM** Nr 13). Sieht Klausel Einigg über Neufestsetzg (BGH DB **78**, 927) od Festsetzden (BGH **57**, 47) vor, so ist idR bei Nichteinigg Neufestsetzg dch Urt gewollt; dabei kann (ebso wie bei Verweigerg der Schiedsgutachterernenng; BGH **74**, 341) sogleich auf Zahlg u Eintr erhöhter Reallast geklagt werden (BGH NJW **92**, 2088). Ab wann der geänderte Erbbzins zu zahlen
14 ist, ist Frage der Klauselauslegg (BGH NZM **99**, 677). – **bb) Auslegung typischer Klauseln:** angem Verzinsg des Bodenwerts (BGH DNotZ **70**, 351) bzw Vergütg der GrdstNutzg (BGH NJW **95**, 1360); VerkWert für Grdst gleicher Bebaubark (BGH NZM **99**, 677; Wert unbebauter Grdst); Änderg des zuletzt für die Berechng maßg VerkWerts (BGH aaO: zuletzt vereinbarter bzw gerichtl festgesetzter VerkWert); allg Wirtsch- u WährgsVerh (BGH NJW **92**, 2088; Köln OLGZ **79**, 104); Bodenwertsteigerg (BGH **LM** Nr 5; Hbg MDR **70**, 49); Beamtenbesoldg ohne Zuschläge u Zuwendgen (BGH DB **76**, 1574: Änderg von Ortszuschlag u Weihnachtsgeld bleiben unberücksichtigt); BeamtenGrdGehalt (BGH DNotZ **77**, 411: GrdGehalt iS des BesoldgsR); Beamtendienstbezüge (BGH DB **79**, 933); Gehalt eines [Amtsbezeichng] (Düss DB **78**, 2166); Getreidepreis (BGH WM **84**, 406); Lebenshaltgskosten (BGH WM **85**, 417). Muß die Änderg wesentl/erhebl sein od der Zins nach Treu u Glauben nicht mehr angemessen/zumutb, so genügt
15 idR eine Veränderg um über 10% (BGH NJW **95**, 1360). – **cc) Vormerkung** zur Sicherg des Anspr auf Bestellg einer ErbbZinsReallast entspr dem neu festzusetzden Zins; sie kann mehrere Anpassgen sichern (BayObLG **77**, 93). – Künft ZinsAnspr muß nach Höhe u Anpassgsvoraussetzgen **bestimmbar** sein (vgl BGB 883 Rn 7), wie zB: Wert des ErbbGrdst (BGH **22**, 220); Jahresmietzins des Gbdes (LG Duisbg JMBlNRW **60**, 99); best Lebenshaltgskostenindex des Statist Bundes- (Celle Rpfleger **84**, 462) od Landesamtes (BGH **61**, 209); Ecklohn best Lohngruppe BAT oä (Oldbg NJW **61**, 2261); best Beamtengehalt (Hamm DNotZ **64**, 346); angem Verzinsg des GrdstWerts gemessen am Lebenshaltgskostenindex (Celle NdsRpfl **85**, 70); wesentl Änderg der wirtsch Verh/Lebenshaltgskosten (Hamm FGPrax **95**, 136; vgl auch Rpfleger **99**, 325). **Zu unbestimmt:** Anpassg, die ohne Rücks auf Zeitablauf u Anlaß verlangt werden kann (Schlesw SchlHA **70**, 60); VerkWert (Hamm OLGZ **67**, 450) od Pachtzins (Düss OLGZ **69**, 221) von Grdst in vergleichb Lage.

16 **c) Wegfall der Geschäftsgrundlage** mögl, wenn ergänzde VertrAuslegg keine schuldrechtl AnpassgsPfl ergibt (BGH **81**, 135; WM **85**, 417). Urspr Verh zw Leistg u GgLeistg muß so stark gestört sein, daß Grenze des dch langfrist Vertr übernommenen Risikos überschritten u Interessen des Benachteiligten nicht mehr annähernd gewahrt (BGH **97**, 171: über 60% Kaufkraftschwund). ErhöhgsAnspr u Anspr auf Änderg der ErbbZinsReallast aus dem GrdGesch (BGH **96**, 371; **111**, 214); es kann auch sogleich auf Zahlg des erhöhten ErbbZinses geklagt werden. Für den Umfang der Anpassg ist die Steigerg der allg wirtsch Verh iSv § 9a Rn 7 seit VertrAbschl maßg, sofern nicht Steigerg des Bodenwerts geringer (BGH **119**, 220).

17 **4) Bestehenbleiben, Rangvorbehalt (III);** eingefügt dch Art 2 § 1 SachenRÄndG. Trotz des Wortlauts „und" in S 1 Nr 1 aE kann auch nur eine Vereinbg nach Nr 1 getroffen werden (BT-Drucks 12/7425 S 85: „soll auch ein RangVorbeh begründet werden können"); bloßer RangVorbeh nach BGB 881 mögl. –
18 **a) Bestehenbleiben (Nr 1).** Diese Vereinbg verhindert iVm ZVG 52 II 2, daß der Erwerber das ErbbR in der ZwVerst erbbauzinsfrei erwirbt. Der ReallastBerecht kann Befriedigg nur wg der fäll Einzelleistgen erlangen, die künft sind dch die zu übernehmde Reallast gesichert. – **Rangvorbehalt (Nr 2);** dazu Weber Rpfleger **98**, 5. Betreibt ein vorrang GrdPfdRGläub die ZwVerst des ErbbR, so würde das GrdPfdR dch Zuschlag erlöschen u die Reallast mit einem RInhalt nach Nr 1 im Rang aufrücken. Um dem Erwerber, der das ErbbR in der ZwVerst erwirbt, diese Rangstelle für eine Beleihg freizuhalten, kann ein RangVorbeh vor der Reallast begründet werden, der iZw nur zum Erhalt dieser Rangstelle ausgenutzt werden darf (sonst BGB
19 881). Gilt entspr bei gleichrang GrdPfdR. – **b) Begründung.** RInhalt der Reallast mit Wirkg für u gg RNachf des Reallast- u ErbbBerecht werden die Vereinbgen anfängl (BGB 873) od nachträgl (BGB 877) dch Einigg u Eintragg (auch gem BGB 874). Zust der in **III 2** Genannten wg mögl Beeinträchtigg (zB Mindererlös wg ReallastÜbern); daher entbehrl, wenn solche rechtl ausgeschl. Für die Zust gilt (trotz Abw von II 3) BGB 880 II 3 entspr.

20 **5) Verzug (IV). – a) Zahlungsverzug,** der als Voraussetzg für Heimfall vereinbart (§ 2 Nr 4), braucht nicht aufeinandfolgde Zeiträume zu betreffen. Haftg für Verzugsschaden: BGB 286. Keine Verzugszinsen (Rn 7; vgl aber Rn 1 aE). – **b) Anpassungsverzug.** Haftg für Verzugsschaden: BGB 286 (BGH **LM** Nr 18). Keine Verzugszinsen, da keine Zinsschuld (im Ergebn zutr Düss DB **78**, 2166).

ErbbRVO 9 a

I Dient das auf Grund eines Erbbaurechts errichtete Bauwerk Wohnzwecken, so begründet eine Vereinbarung, daß eine Änderung des Erbbauzinses verlangt werden kann, einen Anspruch auf Erhöhung des Erbbauzinses nur, soweit diese unter Berücksichtigung aller Umstände des Einzelfalles nicht unbillig ist. Ein Erhöhungsanspruch ist regelmäßig als unbillig anzusehen, wenn und soweit die nach der vereinbarten Bemessungsgrundlage zu errechnende Erhöhung über die seit Vertragsabschluß eingetretene Änderung der allgemeinen wirtschaftlichen Verhältnisse hinausgeht. Änderungen der Grundstückswertverhält-

nisse bleiben außer den in Satz 4 genannten Fällen außer Betracht. Im Einzelfall kann bei Berücksichtigung aller Umstände, insbesondere
1. einer Änderung des Grundstückswertes infolge eigener zulässigerweise bewirkter Aufwendungen des Grundstückseigentümers oder
2. der Vorteile, welche eine Änderung des Grundstückswertes oder die ihr zugrunde liegenden Umstände für den Erbbauberechtigten mit sich bringen,

ein über diese Grenze hinausgehender Erhöhungsanspruch billig sein. Ein Anspruch auf Erhöhung des Erbbauzinses darf frühestens nach Ablauf von drei Jahren seit Vertragsabschluß und, wenn eine Erhöhung des Erbbauzinses bereits erfolgt ist, frühestens nach Ablauf von drei Jahren seit der jeweils letzten Erhöhung des Erbbauzinses geltend gemacht werden.

II Dient ein Teil des auf Grund des Erbbaurechts errichteten Bauwerks Wohnzwecken, so gilt Absatz 1 nur für den Anspruch auf Änderung eines angemessenen Teilbetrages des Erbbauzinses.

III Die Zulässigkeit einer Vormerkung zur Sicherung eines Anspruchs auf Erhöhung des Erbbauzinses wird durch die vorstehenden Vorschriften nicht berührt.

1) Allgemeines. § 9a ergänzt § 9u will sozial („Wohnzwecke") unerwünschte Belastgen des ErbbBerecht 1
aus AnpassgsKlauseln eindämmen. – **a)** § 9a **erfaßt Erhöhungsanspruch aus Anpassungsvereinbarung** 2
iSv § 9 Rn 9, 12, die im ErbbVertr od später (Mü MDR **76**, 931) getroffen; nicht aber im Einzelfall (zB anläßl einer Zust nach § 5) vereinb Erhöhgen (BGH NJW **80**, 588). Unerhebl ist die Pers des Gläub des AnpassgsAnspr; zB auch Voreigtümer nach Übereigng ohne Abtr des AnpassgsAnspr. Unerhebl ist die Art der AnpassgsVereinbg; § 9a gilt bei Gleit- u Spanngsklauseln ebso wie bei LeistgsVorbehKlauseln; entspr dem GZweck auch bei ErsetzgsBefugn, Wahlschuld u Sachleistg, soweit derart Vereinbg tats wie AnpassgsVereinbg wirken; Umfang der Erhöhg kann nach BGB 315ff (BGH **68**, 152) oder aGrd vereinb BemessgsGrdlage vorzunehmen sein. – **b)** § 9a **beschränkt den Anspruch aus der Anpassungsvereinbarung** u gibt ihm 3
ggü Einwendg. Eine diese Beschrkg überschreitde Vereinbg ist nicht nach BGB 134, 138 nichtig, sond wird nur in ihrer Wirksamk begrenzt (zB Befristg nach I 5 gilt statt vereinb kürzerer Frist; BGH NJW **83**, 986). Übereinstimmg einer Vereinbg mit § 9a ersetzt nicht GenErfordern nach WährG 3. – Neufestsetzg über die Grenze des § 9a ist im Umfang der Unbilligk unwirks u geleistete Zahlg vorbehaltl BGB 814 kondizierb (Brem RhNK **80**, 178; Erm/Hagen 10; Soergel/Stürner 17; aA Dürkes BB **80**, 1069; Falk NJW **92**, 540).

2) Wirkungsweise. § 9a unterwirft den Umfang (nicht aber Voraussetzgen) des ErhöhgsAnspr einer 4
Billigkeitsprüfung (BGH **LM** Nr 6). Bei einer vereinb BemessgsGrdLage ist zunächst die sich aus ihr ergebde Erhöhg festzustellen. Das gilt auch für GrdstWertKlauseln, denn I 3 schließt den GrdstWert nicht als zu vereinbarde BemessgsGrdLage sond nur bei der BilligkPrüfg aus (BGH **LM** Nr 6), u für Lebenshaltgskostenindexklauseln, denn dieser Index ist nicht allein maßg. Die BilligkPrüfg kann das Ergebn der vereinb BemessgsGrdLage bestätigen od ermäßigen, nicht aber erhöhen; bleibt die vereinb BemessgsGrdLage hinter dem zurück, was nach § 9a zul wäre, so ist nur sie maßg (BGH **75**, 279). – **Beweislast.** AnsprBerecht muß beweisen, daß Erhöhgsverlangen nicht unbill (Baumgärtel/Laumen 1).

a) Bei der BilligkPrüfg sind die **Wertverhältnisse des Grundstücks** (isoliert od im Verband mit Nachb- 5
od sonst vergleichb Grdst) vorbehaltl I 4 nicht zu berücksichtigen **(I 3).** Nach BGH (NJW **79**, 1546; **82**, 2382; abl Uibel NJW **83**, 211) soll dies auch für negative Entwicklg gelten; dies entspr zwar dem allg Wortlaut des I 3, nicht aber dem Schutzzweck des § 9a. – Ausn in **I 4: Nr 1:** Aufwendgen des GrdstEigtümers sind auch solche aus seiner Sphäre (zB des RVorgängers). **Nr 2:** Nur die vom ErbbBerecht realisierb Vorteile (Staud/Ring Rn 8); keine Realisierbark einer intensiveren Bebauung aGrd BauRÄnderg, wenn Bebauung schon vor ihr abgeschl (RGRK/Räfle 20).

b) Im übrigen sind **alle Umstände des Einzelfalles** zu berücksichtigen **(I 1),** daher auch die pers Verh 6
(zB Alter, Krankh, Einkommen) des ErbbBerecht (MüKo/v Oefele 12; aA BGH NJW **79**, 1546 abl Anm v Hoyningen-Huene; vgl auch Köln OLGZ **79**, 104). Ist eine BemessgsGrdLage vereinb, so sind grdsl nur ihre Faktoren zu berücksichtigen, da UnbilligkMaßstab in I 2.

c) Obergrenze für die Erhöhg gibt **I 2;** sie gilt entgg Wortlaut auch, wo keine BemessgsGrdLage vereinb 7
(BGH **68**, 152). – **aa)** I 2 bildet **keine absolute Grenze,** wie „regelm" u I 4 zeigen; Einzelumstände (I 1) können daher Über- od Unterschreiten der objektiv u ohne BilligkErwäggen zu ermittelnden Grenze nach I 2 rechtfertigen (BGH **75**, 279). – **bb)** Maßstab für die **Änderung der allgemeinen wirtschaftlichen Verhältnisse** ist der aus den im jeweil Bezugszeitraum (vgl Rn 8) eingetretenen prozentualen Steigergen einers der Lebenshaltgskosten (eines 4-Pers-ArbNHaush) u ands der Einkommen (Mittelwert aus Bruttoverdienst der Arb in der Industrie sowie aus dem der Angest in Industrie u Handel) gebildete Mittelwert (BGH NJW **80**, 2519); dabei ist auf die für die männl u weibl Gesamtbevölkerg der BRep maßg Monatsindexzahlen des StatistBAmts abzustellen (BGH **87**, 198). – **cc) Vertragsabschluß** iSv I 2 ist Vereinbg der AnpassgsKl u 8
nicht die letzte ErhöhgsVereinbg (BGH NJW **81**, 2567). Bei mehrf Vereinbg von AnpassgsKl kommt es darauf an, welche Vereinbg die Part als Basis für künft Erhöhgen angesehen haben (BGH **LM** Nr 17); das kann eine unverändert übern AnpassgsKl bei frei vereinb ZinsErhöhg (BGH NJW **81**, 2567; Karlsr NJW-RR **88**, 332) od bei Erstreckg des ErbbR auf weiteres Grdst (BGH NJW-RR **88**, 775) sein. Maßg Werte für Abschluß der Entwicklg sind die zuletzt vor Stellg des Erhöhgsverlangens veröffentlichten Monatsindizes (BGH **87**, 198).

3) Befristung (I 5). Der ErhöhgsAnspr ist, auch wenn er nicht unbill ist od AnpassgsVereinbg keine 9
Fristenregelg enthält (BGH NJW **83**, 986), von der Erstfestsetzg bis zur Ersterhöhg bzw von einer Erhöhg bis zur nächsten 3 Jahre zwingd (BGH NJW-RR **89**, 138) aufschiebd befristet; Zahlg aGrd früherer ErhöhgsVereinbg ist vorbehaltl BGB 814 kondizierb (BGH NJW **83**, 986). Aber Geltdmachg vor Ablauf der 3 Jahre für diesen Ztpkt zul (BGH NJW **83**, 986). Zul ist auch Vereinbg, daß Neufestsetzg ab einem best Ztpkt eintritt; dieser darf nur nicht vor Ablauf der 3-Jahres-Fr liegen: I 5 steht also ErhöhgsAnspr für feste Intervalle nicht entgg.

10 4) Das Bauwerk muß **Wohnzwecken** dienen **(I 1)** od Nebenanlage zu WohnGbden (Garage, Schwimmbad) sein. Dazu gehören auch vom ErbbBerecht vermietete Wohngen (BGH **75**, 279), gewerbl betriebenes Wohnheim, Ferienwohng; nicht aber Hotel, Pflegeheim (Dürkes BB **80**, 1611), Hausmeisterwohng in GeschHaus (BGH NZM **99**, 677). Keine Begrenzg auf sozialen od steuerbegünst Wohngsbau. Bei vom ErbbRVertr abw Verwendg entscheidet jeweils die Zweckbestimmg, der die betr Part (od RVorgänger) in dem für sie nachteil Fall zugestimmt hat: dh § 9 a nur anwendb, wenn Verwendg gem ErbbRVertr od mit Zust des GrdstEigtümers zu Wohnzwecken erfolgte; § 9 a dagg nicht anwendb, wenn ErbbBerecht gem ErbbVertr od eigenmächt Bauwerk zu and Zwecken benutzt. – Bei **gemischter Verwendung (II)** ist der ErbbZins im Verh der Bruttoertragswerte von Wohn- u (zB) Gewerbeteil aufzuteilen (Düss DB **78**, 2166).

11 5) **III** sanktioniert bish schon geübte Praxis von Vormkgen für erhöhten ErbbZins (vgl § 9 Rn 15). III hat weiter die Bedeutg, daß Vormkg nicht deshalb als unwirks angesehen werden kann, weil vorgemerkter Anspr wg § 9 a nicht hinreichd bestimmb wäre.

12 6) **Übergangsregelung** gem G v 8. 1. 74, BGBl 41:

Art. 2: *I Für nach dem Inkrafttreten dieses Gesetzes fällig werdende Erbbauzinsen ist § 9 a der Verordnung über das Erbbaurecht in der Fassung des Artikels 1 Nr. 1 dieses Gesetzes auch bei Vereinbarungen des dort bezeichneten Inhalts anzuwenden, die vor Inkrafttreten dieses Gesetzes geschlossen worden sind.*

II Ist der Erbbauzins auf Grund einer solchen Vereinbarung vor dem Inkrafttreten dieses Gesetzes erhöht worden, so behält es hierbei sein Bewenden. Der Erbbauberechtigte kann jedoch für die Zukunft eine bei entsprechender Anwendung der in Absatz 1 genannten Vorschrift gerechtfertigte Herabsetzung dann verlangen, wenn das Bestehenbleiben der Erhöhung für ihn angesichts der Umstände des Einzelfalles eine besondere Härte wäre.

13 **a) Abs 1** gilt für die inhaltl u für die zeitl Schranke der Erhöhg. Die 3-Jahres-Fr läuft ab der letzten Festsetzg des ErbbZinses, nicht etwa ab Inkrafttr der Neuregelg.

14 **b) Abs 2:** Erhöhgen des ErbbZinses aus der Zeit vor dem 23. 1. 74 bleiben grdsl bei Bestand. Muß Erhöhg dch Urt erfolgen, weil Einigg gescheitert (BGH DB **78**, 927) od Schiedsgutachten unbill (BGH DB **79**, 887; nicht aber, wenn Urt Unbilligk verneint, BGH WM **82**, 767), so ist Erhöhg erst mit Verurteilg vorgenommen; Zugang des Erhöhgsverlangens reicht nur bei Gleitklausel (BGH WM **79**, 466). Nach S 2 aber Möglichk einer (nicht rückw) Herabsetzg gem dem Maßstab des § 9 a I 1 mit 4; zusätzl Voraussetzg ist, daß Bestehenbleiben bes Härte wäre, was vom ErbbBerecht zu beweisen. HerabsetzgsMöglichk besteht nur, wenn ErbbZins aGrd eines Anspr iSv § 9 a I 1 erhöht wurde.

4. Rangstelle

ErbbRVO 10 **I Das Erbbaurecht kann nur zur ausschließlich ersten Rangstelle bestellt werden; der Rang kann nicht geändert werden. Rechte, die zur Erhaltung der Wirksamkeit gegenüber dem öffentlichen Glauben des Grundbuchs der Eintragung nicht bedürfen, bleiben außer Betracht.**

II Durch landesrechtliche Verordnung können Bestimmungen getroffen werden, wonach bei der Bestellung des Erbbaurechts von dem Erfordernisse der ersten Rangstelle abgewichen werden kann, wenn dies für die vorhergehenden Berechtigten und den Bestand des Erbbaurechts unschädlich ist.

1 **1) Erste Rangstelle (I)** zwingd; damit Ausfall in ZwVerst des Grdst unmögl (vgl auch § 25) u Beleihbark gesichert. Umfang u Ausübg der Vorbelastg unerhebl (Ffm Rpfleger **73**, 400). Unzul auch gleichrang Rechte. Bestellg mehrerer ErbbRe im Gleichrang auch dann unzul, wenn Ausübg auf verschied GrdstTeile beschr (Ffm DNotZ **67**, 688; MüKo/v Oefele § 1 Rn 37; aA Weitnauer DNotZ **58**, 414). I gilt nur für Belastg mit rangfäh Rechten (vgl BGB 879 Rn 4). Bei belastetem Grdst ErbbR nur nach RangRücktr des RealBerecht bestellb. – **a) Zulässig** ist gleichrang subjdingl VorkR für ErbbBerecht (BGH Rpfleger **73**, 355); ebso subjpers, wenn es in seiner Bedeutg für ErbbR konkret dem subjdingl gleichkommt (Düss NJW **56**, 875). Zul auch gleich- od nachrang Vormkg für ErbbR, wenn nur erste Rangstelle für ErbbR gewollt. NachEVermerk steht ErbbREintr nicht entgg (Hamm Rpfleger **89**, 232); stimmt NachE zu, ist ErbbRBestellg wirks u es besteht kein Rangproblem; zur Nichtigk bei Nichtzustimmg vgl § 1 Rn 10. – **b) Verstoß** macht Eintr inhaltl unzul (GBO 53 I 2); Löschg u rangricht NeuEintr erforderl, nicht bloße Vorrangeinräumg (Hamm Rpfleger **76**, 131). KausalGesch wird dch vor- od gleichrang Belastg nicht berührt, wenn erstrang ErbbR gewollt (LG Aach RhNK **68**, 542). – **c) Rangverschlechterung kraft Gesetzes** wird dch I 1 nicht verhindert: fälschl gelöschtes ErbbR kann nach gutgl erworbenen ZwischenR eingetr werden (BGH **51**, 50).

2 **2) Ausnahme (I 2):** BGB 914 II 1, 917 II 2; EG 187 I 1 (BayObLG **82**, 210); RSiedlG 5, 14; öff Lasten (zB BauGB 64 III). Vgl Ingenstau Rn 11 ff.

3 **3) Landesrecht (II).** *Pr* VO v 30. 4. 19 (GS 88; dazu Hbg DNotZ **67**, 373), aufgeh in *Nds* (VO v 26. 3. 71, GVBl 135) u *SchlH* (AGBGB 25 I Nr 11); *BaWü* VO v 17. 1. 94 (GBl 49); *Hbg* AGBGB 42 a; *Sachs* JustAG v 12.12.97 (GVBl 638) § 41.

5. Anwendung des Grundstücksrechts

ErbbRVO 11 **I Auf das Erbbaurecht finden die sich auf Grundstücke beziehenden Vorschriften mit Ausnahme der §§ 925, 927, 928 des Bürgerlichen Gesetzbuchs sowie die Vorschriften über Ansprüche aus dem Eigentum entsprechende Anwendung, soweit sich nicht aus dieser Verordnung ein anderes ergibt. Eine Übertragung des Erbbaurechts, die unter einer Bedingung oder einer Zeitbestimmung erfolgt, ist unwirksam.**

II **Auf einen Vertrag, durch den sich der eine Teil verpflichtet, ein Erbbaurecht zu bestellen oder zu erwerben, findet der § 313 des Bürgerlichen Gesetzbuchs entsprechende Anwendung.**

1) Allgemeines. Das ErbbR wird wie ein Grdst behandelt **(I): grundstücksgleiches Recht** (Übbl 3 vor BGB 873; BVerfG ZfIR **99**, 113). Es kann herrschdes Grdst für subjdingl Rechte sein. – **a) Entsprechend anwendbar** sind auf Entstehg u entstandenes ErbbR neben den in Rn 2–8 genannten Vorschr zB BGB 93 ff, 416, 436, 439 II, 444, 446 II, 449, 477, 503, 510 II, 571 ff (wenn ErbbBerecht sein Bauwerk vermietet u dann ErbbR veräußert; BGH NJW **72**, 198), 648, 753, 836, 837, 891 ff, 1126, 1424, 1807 I Nr 1 u II, 1821. Ferner Vorschr and Bundes- (BGH MDR **72**, 854) od LandesG (KG JW **35**, 650), soweit sich nicht aus ihrem Inhalt, Sinn u Zweck od der ErbbRVO etwas and ergibt (RG **108**, 70). – **b) Ansprüche aus dem Eigentum:** BGB 985 ff, 1004, 1011; ferner BGB 861 ff (vgl § 1 Rn 11). 1

2) Für **rechtsgeschäftliche Verfügungen** ergibt sich aus I:

a) Bestellung. – aa) Als **dingliches Recht** gem BGB 873 (BGB 925 a nicht anwendb; BGH **LM** § 1 Nr 3) dch formfreie (Oldbg DNotZ **85**, 712) Einigg bzw einseit Erkl bei EigtümerErbbR u Eintr im GrdstGB (vgl § 10 Anm 1); GBO 20, 29 gelten (KG Rpfleger **79**, 208). GBA muß grdsl auch bei formlosem u daher nichtigem GrdGesch eintragen (Oldbg aaO; Wufka DNotZ **85**, 651). Mangelh Einigg bei Verstoß gg BestimmthGrds (BGH **LM** § 1 Nr 3). Gen nach GrdstVG 2 nicht erforderl (BGH NJW **76**, 519), aber nach BauGB 51 I Nr 1, 144 II Nr 1 u EGBGB 88 (Hbg JW **27**, 2323). UnbedenklichkBescheinigg iSv § 925 Rn 30 notw (EGAO 1977 Art 97 § 7); vgl auch BFH NJW **79**, 392. – **bb) Anfangszeitpunkt.** Dingl entsteht das ErbbR frühestens mit der Eintr (BGH Rpfleger **73**, 355); über aufschiebde Bdgg u Befristg vgl § 1 Rn 10. Ein Ztpkt vor der Eintr kann aber als AnfangsZtpkt für die Berechng des BeendiggsZtpkts festgelegt werden (BayObLG NJW-RR **91**, 718; Zweibr NJW-RR **94**, 1294; vgl § 27 Rn 1); auch and Wirkgen der ErbbRBestellg sind schuldr auf jeden belieb Ztpkt beziehb. 2

b) Inhaltsänderung gem BGB 877 dch formfreie Einigg bzw einseitl Erkl bei EigtümerErbbR u Eintr; GBO 20, 29 gelten. Gem BGB 876 kann Zust von DrittBerecht an Grdst od ErbbR erforderl sein. Die Eintr erfolgt im ErbbGB (§ 14 III 1), nur für Änderg von aufschiebden Bdggen sowie Anfangs- u EndZtpkt entscheidet das für Bestand des ErbbR maßg GrdstGB. Verlängerg der ErbbRZeit (BayObLG **59**, 527) u Erstreckg auf zuzuschreibds Grdst (BayObLG MittBayNot **91**, 172) sind wie InhaltsÄnderg zu behandeln. 3

c) Teilung zul, wenn ErbbBerecht mehrere Bauwerke (Ffm DNotZ **67**, 688) u nicht nur eines (Hamm MDR **84**, 402: Doppelhaus) haben darf. Für entstehde TeilErbbRe gilt urspr ErbbRVertr; für bestehde Belastgen gilt BGB 890 Rn 15. Teilg erfordert: – **aa) Grundstücksteilung** (BGB 890 Rn 11) dch Eigtümer (Hamm Rpfleger **55**, 232; Ingenstau Rn 125), wozu dieser dem ErbbBerecht nur bei Vereinbg verpflichtet (Hamm MDR **84**, 402); TeilgsAnspr vor ProzGer einklagb, nicht nach § 7. – **bb) Erbbaurechtsteilung** dch ErbbBerecht dahin, auf jedem TeilGrdst (mindestens) ein Bauwerk zu haben. Sie beschränkt ErbbRe auf Umfang der TeilGrdst u enthält damit TeilAufhebg, der gem BGB 875, 876 RealBerecht am ErbbR (Neust NJW **60**, 1157), nicht aber am Grdst, u gem § 26 Eigtümer (BGH NJW **74**, 498; für Verpfl dazu gilt aa entspr) zustimmen müssen. Sie enthält EnthaftgsErkl (Lutter DNotZ **60**, 91; KEHE/Eickmann § 7 Rn 23); Praxis verlangt vielf ausdrückl EnthaftgsErkl. – **cc) Eintragung** im ErbbRGB. 4

d) Vereinigung, Zuschreibung (BGB 890). Mehrere ErbbRe können vereinigt od einand als Bestandt zugeschrieben werden. Zugeschriebenes ErbbR haftet nur für GrdPfdR (BGB 1131) auf HauptErbbR, nicht aber für Einzelleistgen einer ErbbZinsreallast (vgl BGB 1107 Rn 4). Über Vereinigg/Zuschreibg von ErbbR u Grdst vgl BGB 890 Rn 2. 5

e) Übertragung gem BGB 873 dch Einigg u Eintr im ErbbGB. Bdgg (auflösd od aufschiebd) u Befristg unzul **(I 2).** Übertr auf Eigtümer mögl, da gem BGB 889 kein Erlöschen. Für behördl Gen u Unbedenklichk-Bescheinigg gilt Rn 2; kein VorkR nach BauGB 24. – Kein Erwerb entspr BGB 927. 6

f) Belastung gem BGB 873 dch Einigg u Eintr im ErbbGB. Zul ist die Belastg mit jedem Recht, das an einem Grdst bestellt werden kann; wg dingl BelastgsBeschrkg vgl § 5. Bei Nichtentstehg des ErbbR inf Nichtigk der dingl Bestellg können Belastgen kr öff Glaubens des ErbbGB wirks entstehen (BGH WM **63**, 533); ErbbR gilt dann insow als bestehd u entsteht für den Ersteher in der ZwVerst. Keine Heilg, wenn ErbbBerecht selbst belastet (BGH WM **64**, 182). Inhaltl unzul Eintr ermöglicht keinen gutgl Erwerb (Ffm Rpfleger **75**, 305). – **aa)** Zul ist auch die Belastg mit einem **Untererbbaurecht** (BGH **62**, 179; hM). Der Inhalt muß sich im Rahmen des belasteten ErbbR halten (BGH aaO), in dessen ErbbGB in Abt II es erscheint, währd für das UnterErbbR ein eigenes ErbbGB anzulegen ist. – **bb)** Belastg mit einer **Dienstbarkeit** nur im Rahmen der eigenen NutzgsBefugn des ErbbBerecht (KG NJW-RR **92**, 214); zB nicht mit TankstellenDbk, wenn ErbbBerecht nur Wohnhaus haben darf (BayObLG DNotZ **58**, 542). – **cc)** Belastg des ErbbR ergreift nicht das Grdst (Hamm NJW **69**, 2052). Aber ein GrdPfdR kann gleichzeit auf beiden lasten u ist dann GesGrdPfdR (Mü JFG **23**, 151); wohl auch GesDbk (BayObLG **59**, 365; Rutenfranz DNotZ **65**, 464). Wird ErbbR auf zugeschriebenes Grdst erstreckt, so ergreifen dingl ErbbRBelastgen das ErbbR in seinem neuen Bestand (Hamm DNotZ **74**, 94). 7

g) Beendigung dch Aufhebg (§ 26), Zeitablauf (§ 27), Verj (BGB 901), Enteigng, entspr BGB 1026 (vgl § 1 Rn 5); **nicht** aber dch Verzicht entspr BGB 928 (I 1), auflösde Bdgg (§ 1 IV 1), Untergang des Bauwerks (§ 13), Erwerb des Grdst dch ErbbBerecht od des ErbbR dch GrdstEigtümer (BGB 889), Zuschlag in ZwVerst (§ 25), Heimfall (§ 32), NichtErf der BebaubarkErwartg (BGH **101**, 143). 8

h) Zwangsvollstreckung in ErbbR wie in Grdst. Bei ZwVollstr in Grdst bleibt ErbbR bestehen (§ 25). 9

3) Form des Grundgeschäfts (vgl Übbl 4 vor § 1012). – **a)** Der Form des **BGB 313** unterliegen die vertragl Verpfl zur Bestellg, Übertr od Erwerb eines ErbbR **(II, I 1)** sowie ihre Änderg (BGH **59**, 269); nach vielf LitMeing auch die AufhebgsVerpfl (Staud/Ring 23; Wufka DNotZ **86**, 475). Dies gilt auch für Übertr aGrd Träger-Siedler-Vertr (BGH **16**, 334). – **aa) Gegenstand/Umfang** des Formzwangs wie bei § 313; zB VorkR. Eine Vereinbg über die Ablösbark des ErbbZinses kann nicht als formlos wirks selbstd Vertr angesehen werden (BGH BB **67**, 8). NichtBeurk einer GrdstErwerbsPfl des ErbbBerecht macht ganzen ErbbRVertr 10 nichtig (BGH BB **64**, 148). – **bb) Heilung** (BGB 313 S 2). ÜbertrVertr wird auch geheilt dch Eintr des Erwerbers als GrdstEigtümer ohne VorEintr als ErbbBerecht u Bewilligg der ErbbRLöschg dch Veräußerer des ErbbR (BGH **32**, 11). Die Eintr des ErbbR heilt nicht die formlos (in ErbbR- od ÄndergsVertr) begründete Verpfl, das Grdst nach Beendigg des ErbbR zu übereignen (BGH **59**, 269).

11 **b) Formfrei** sind: satzgsgem Zuteilg dch Genossensch an Genossen (BGH NJW **78**, 2505) im Ggs zur Erkl des Genossen, die ErwerbsPfl für ihn begründet (vgl BGH aaO); vertragl Verpfl zur InhaltsÄnderg bestehden ErbbR (MüKo/v Oefele 28; aA Ingenstau 76) od Belastg/BelastgsÄnderg (zB ErbbZins; BGH NJW **86**, 932); Bestimmg des ErbbGrdst, wenn ErbbRVertr dies einer VertrPart od Dr überläßt (BGH **LM** § 1 Nr 7/8).

6. Bauwerk. Bestandteile

ErbbRVO 12 **I Das auf Grund des Erbbaurechts errichtete Bauwerk gilt als wesentlicher Bestandteil des Erbbaurechts. Das gleiche gilt für ein Bauwerk, das bei der Bestellung des Erbbaurechts schon vorhanden ist. Die Haftung des Bauwerkes für die Belastungen des Grundstücks erlischt mit der Eintragung des Erbbaurechts im Grundbuch.**

II Die §§ 94 und 95 des Bürgerlichen Gesetzbuchs finden auf das Erbbaurecht entsprechende Anwendung; die Bestandteile des Erbbaurechts sind nicht zugleich Bestandteile des Grundstücks.

III Erlischt das Erbbaurecht, so werden die Bestandteile des Erbbaurechts Bestandteile des Grundstücks.

1 **1)** Zu **I:** Das **Bauwerk** teilt als **wesentlicher Bestandteil des Erbbaurechts** dessen dingl RLage u kann nicht Ggst bes dingl Rechte sein; daher Enthaftg nach I 3 krG (Schutz der GrdstGläub dch § 10 I). Sofern zul, Bauwerk teils auf eig u teils auf ErbbGrdst zu errichten (vgl § 1 Rn 4), ist entspr Eigengrenzüberbau
2 (BGB § 912 Rn 14) gesamtes Bauwerk vielf nur Bestandt des eig Grdst. – **a) Erbbauberechtigter wird Eigentümer** u unmittelb EigBesitzer (Weitnauer DNotZ **68**, 303) der zZ der Entstehg des ErbbR (Nürnb DNotZ **55**, 204) vorhandenen (ganz hM) od von ihm od Dr aGrd des ErbbR, wenn auch vertrwidr (vgl § 2 Nr 1) errichteten Bauwerks. Bei dingl wirkder AusübgsBeschrkg (§ 1 Rn 5) EigtErwerb nur an Bauwerk im AusübgsBereich (Zweibr FGPrax **96**, 131). Bei Überbau über den zum Bau best GrdstTeil: BGB 912 ff entspr. –
3 **b)** Mit **Übertragung des Erbbaurechts** wird der Erwerber Eigtümer, bei Heimfall (vorbeh § 3 Halbs 2) der GrdstEigtümer. Bei Heimfall eines GesamtErbbR (§ 1 Rn 8) entsteht GesamtEigtümerErbbR u MitEigt – uU GesHandsEigt – (Rothoeft NJW **74**, 665; Krämer DNotZ **74**, 647). Str, ob bei Heimfall eines NachbErbbR (§ 1 Rn 4) vertikal geteiltes AlleinEigt (Rothoeft u Krämer aaO) od MitEigt (Schraepler NJW **74**, 2076) entsteht.

4 **2)** Zu **II: Erzeugnisse** des Grdst nach BGB 94 iFv 1 II sind Eigt des ErbbBerecht u unterliegen der Belastg des ErbbR. Anders die Sachen iSv BGB 95, die im Eigt des bish Eigtümers verbleiben.

5 **3)** Zu **III:** Mit **Erlöschen des Erbbaurechts** (auch nach § 26) wird das Bauwerk wesentl GrdstBestandt u damit Eigt des GrdstEigtümers, es haftet nicht mehr für die Belastgen des ErbbR; vgl aber § 29. Mit Erlöschen des ErbbR erlöschen auch damit verbundene subjdingl Rechte (BGB 96); das soll nach LG Verden NdsRpfl **64**, 250 für ein für den ErbbBerecht eingetr WegeR selbst dann gelten, wenn ErbbBerecht das Eigt am Grdst erwirbt (unbefriedigd; man könnte an Fortbestand des WegeR bis zum vorgesehenen Ablauf des ErbbR denken; jedenf schuldrechtl Anspr aus evtl BestellgsVertr). – Str, ob bei Erlöschen eines Gesamt- (§ 1 Rn 8) od NachbErbbR (§ 1 Rn 4) vertikal geteiltes AlleinEigt (Rothoeft NJW **74**, 665; Krämer DNotZ **74**, 647) od MitEigt (Schraepler NJW **74**, 2076) entsteht.

ErbbRVO 13 **Das Erbbaurecht erlischt nicht dadurch, daß das Bauwerk untergeht.**

1 Berecht darf ein neues Bauwerk errichten, dazu auch die Baustoffe des alten (die sein Eigt bleiben) verwenden od (str) veräußern. Verpflichtg zum Neuaufbau nur ggf aus BestellgsVertr. – Untergang des Bauwerks gibt nicht Anspr auf Herabsetzg des ErbbZinses (BGH **LM** § 157 D Nr 1). Vereinbg, daß ErbbR erlischt, wg § 1 IV unwirks; mögl aber Vereinbg eines HeimfallR nach § 2 Nr 4 (Ingenstau Rn 4).

II. Grundbuchvorschriften

ErbbRVO 14 **I Für das Erbbaurecht wird bei der Eintragung in das Grundbuch von Amts wegen ein besonderes Grundbuchblatt (Erbbaugrundbuch) angelegt. Im Erbbaugrundbuch soll auch der Eigentümer und jeder spätere Erwerber des Grundstücks vermerkt werden. Zur näheren Bezeichnung des Inhalts des Erbbaurechts kann auf die Eintragungsbewilligung Bezug genommen werden.**

II Bei der Eintragung im Grundbuch des Grundstücks ist zur näheren Bezeichnung des Inhalts des Erbbaurechts auf das Erbbaugrundbuch Bezug zu nehmen.

III Das Erbbaugrundbuch ist für das Erbbaurecht das Grundbuch im Sinne des Bürgerlichen Gesetzbuchs. Die Eintragung eines neuen Erbbauberechtigten ist unverzüglich auf dem Blatte des Grundstücks zu vermerken. Der Vermerk kann durch Bezugnahme auf das Erbbaugrundbuch ersetzt werden.

IV Werden das Grundbuch und das Erbbaugrundbuch in maschineller Form geführt, so genügt es für die Eintragung nach Absatz 1 Satz 2, daß lediglich der Eigentümer des belasteten Grundstücks gemäß der jeweils letzten Eintragung im Grundbuch dieses Grundstücks vermerkt ist.

1) Grundstücksgrundbuch. Eintragg des ErbbR hier (Abt II) ist konstitutiv für Entstehg (daher Bdgg hier einzutragen), belastetes Grdst, Pers des Ersterwerbers, Rang u Dauer (daher auch deren Änderg hier einzutragen; vgl BayObLG **59**, 520). **II** (keine Bezugn auf EintrBew; Dresd JFG **2**, 304), **III 2, 3** sind nur OrdngsVorschr. 1

2) Erbbaugrundbuch. Anlegg nach Maßg GBV 54 ff vAw **(I 1);** nicht konstitutiv für REntstehg. Für GesErbbR nur ein GB (Köln Rpfleger **61**, 18). Eintragg hier ist konstitutiv für RInhalt, Übertragg u Belastg **(III 1);** Bezugn auf EintrBew **(I 3)** entspr BGB 874 (vgl auch § 5 Rn 1). Eintragg des GrdstEigtümers **(I 2, IV** [idF Art 3 I Nr 1 RegVBG]) nur OrdngsVorschr. 2

3) Maßgebendes Grundbuch für öffGlaub (BGB 891–893) u bei Widerspr zw beiden GB ist das, in dem die betreffde Eintragg konstitutiv wirkt. Dort sind auch bzgl dieser Eintragg Vormkg/Widerspr einzutragen. 3

ErbbRVO 15

In den Fällen des § 5 darf der Rechtsübergang und die Belastung erst eingetragen werden, wenn dem Grundbuchamte die Zustimmung des Grundstückseigentümers nachgewiesen ist.

OrdngsVorschr; Nachw gem GBO 29. Gilt auch im Fall des § 8 (BayObLG **60**, 472). 1

ErbbRVO 16

Bei der Löschung des Erbbaurechts wird das Erbbaugrundbuch von Amts wegen geschlossen.

ErbbRVO 17

I Jede Eintragung in das Erbbaugrundbuch soll auch dem Grundstückseigentümer, die Eintragung von Verfügungsbeschränkungen des Erbbauberechtigten den im Erbbaugrundbuch eingetragenen dinglich Berechtigten bekanntgemacht werden. Im übrigen sind § 44 Abs. 2, 3, § 55 Abs. 1 bis 3, 5 bis 8, §§ 55 a und 55 b der Grundbuchordnung entsprechend anzuwenden.

II Den Erbbauberechtigten soll die Eintragung eines Grundstückseigentümers, die Eintragung von Verfügungsbeschränkungen des Grundstückseigentümers sowie die Eintragung eines Widerspruchs gegen die Eintragung des Eigentümers in das Grundbuch des Grundstücks bekanntgemacht werden.

III Auf die Bekanntmachung kann verzichtet werden.

Die entspr Anwendg von **GBO 44 II, III** bedeutet, daß die Vorschr über die Bezugn auf die EintrBew bei der Eintragg einer GrdstBelastg (GBO 44 II) bei der Eintr einer ErbbRBelastg im ErbbGB u die Vorschr über die Nachholg der Bezugn auf die EintrBew bei der Umschreibg des GrdstGBBl usw (GBO 44 III) bei der Umschreibg des ErbbGBBl usw entspr gelten. – Die entspr Anwendg von **GBO 55, 55 a, 55 b** stellt klar, daß bei Eintraggen in das ErbbGB auch die dort vorgeschriebenen Bekanntmachgen entspr zu erfolgen haben; zB ist die Eintragg eines neuen ErbbBerecht den GrdPfdRGläub am ErbbR bekannt zu machen. 1 2

III. Beleihung

1. Mündelhypothek

ErbbRVO 18

Eine Hypothek an einem Erbbaurecht auf einem inländischen Grundstück ist für die Anlegung von Mündelgeld als sicher anzusehen, wenn sie eine Tilgungshypothek ist und den Erfordernissen der §§ 19, 20 entspricht.

ErbbRVO 19

I Die Hypothek darf die Hälfte des Wertes des Erbbaurechts nicht übersteigen. Dieser ist anzunehmen gleich der halben Summe des Bauwerts und des kapitalisierten, durch sorgfältige Ermittlung festgestellten jährlichen Mietreinertrags, den das Bauwerk nebst den Bestandteilen des Erbbaurechts unter Berücksichtigung seiner Beschaffenheit bei ordnungsmäßiger Wirtschaft jedem Besitzer nachhaltig gewähren kann. Der angenommene Wert darf jedoch den kapitalisierten Mietreinertrag nicht übersteigen.

II Ein der Hypothek im Range vorgehender Erbbauzins ist zu kapitalisieren und von ihr in Abzug zu bringen. Dies gilt nicht, wenn eine Vereinbarung nach § 9 Abs. 3 Satz 1 getroffen worden ist.

I 1 bestimmt die Beleihgsgrenze. – **I 2, 3** regelt die Wertermittlg. – **II:** GrdPfdR u kapitalisierter ErbbZins dürfen die Beleihgsgrenze nicht übersteigen **(S 1);** nichtkapitalisierter ErbbZins bleibt unberücksichtigt **(S 2** idF Art 2 § 1 Nr 2 SachenRÄndG). 1

ErbbRVO 20

I Die planmäßige Tilgung der Hypothek muß

1. unter Zuwachs der ersparten Zinsen erfolgen,
2. spätestens mit dem Anfang des vierten auf die Gewährung des Hypothekenkapitals folgenden Kalenderjahrs beginnen,
3. spätestens zehn Jahre vor Ablauf des Erbbaurechts endigen und darf

4. nicht länger dauern, als zur buchmäßigen Abschreibung des Bauwerkes nach wirtschaftlichen Grundsätzen erforderlich ist.

II Das Erbbaurecht muß mindestens noch so lange laufen, daß eine den Vorschriften des Absatzes 1 entsprechende Tilgung der Hypothek für jeden Erbbauberechtigten oder seine Rechtsnachfolger aus den Erträgen des Erbbaurechts möglich ist.

2. Sicherheitsgrenze für sonstige Beleihungen

ErbbRVO 21 **I Erbbaurechte können nach Maßgabe der §§ 11 und 12 des Hypothekenbankgesetzes von Hypothekenbanken und nach Maßgabe des § 54 a des Versicherungsaufsichtsgesetzes von Versicherungsunternehmen beliehen werden, wenn eine dem § 20 Abs. 1 Nr. 3 und 4 entsprechende Tilgung vereinbart wird.**

II Auf einen der Hypothek im Range vorgehenden Erbbauzins ist die Vorschrift des § 19 Abs. 2 entsprechend anzuwenden.

1 **I** (idF Art 2 I G v 8. 6. 88; BGBl I 710): Bei Beleihg dch HypBank/VersUntern sind die Beleihgsgrenzen von HypBkG 11 II bzw VAG 54 a II Nr 1 auf der GrdLage einer Wertermittlg nach HypBkG 12 bzw VAG 54 a II Nr 1 einzuhalten u eine Tilgg nach § 20 I Nr 3 u 4 zu vereinbaren; Verstoß macht GrdPfdR nicht unwirks (bedeuts nur für DeckgsEigng). – **II:** wie § 19 II.

3. Landesrechtliche Vorschriften

ErbbRVO 22 **Die Landesgesetzgebung kann für die innerhalb ihres Geltungsbereichs belegenen Grundstücke**

1. die Mündelsicherheit der Erbbaurechtshypotheken abweichend von den Vorschriften der §§ 18 bis 20 regeln,

2. bestimmen, in welcher Weise festzustellen ist, ob die Voraussetzungen für die Mündelsicherheit (§§ 19, 20) vorliegen.

1 Zu Nr 2: zB BremAGBGB 56; vgl auch § 1807 II.

IV. Feuerversicherung. Zwangsversteigerung

1. Feuerversicherung

ErbbRVO 23 **Ist das Bauwerk gegen Feuer versichert, so hat der Versicherer den Grundstückseigentümer unverzüglich zu benachrichtigen, wenn ihm der Eintritt des Versicherungsfalls angezeigt wird.**

2. Zwangsversteigerung

a) des Erbbaurechts

ErbbRVO 24 **Bei einer Zwangsvollstreckung in das Erbbaurecht gilt auch der Grundstückseigentümer als Beteiligter im Sinne des § 9 des Gesetzes über die Zwangsversteigerung und die Zwangsverwaltung (Reichsgesetzbl. 1898 S. 713).**

1 ZwVollstr in ErbbR dch ZwHyp/Verst/Verw. Fällt ErbbZinsreallast nicht in das geringste Gebot u ist keine Vereing nach § 9 III 1 Nr 1 getroffen, so erlischt sie u Ersteher erwirbt erbzinsfrei (BGH **81**, 358) ohne Eintritt in schuldrechtl Vertr; schuldrechtl Verpfl erlischt (LG Münst Rpfleger **91**, 330). Im VerteilgsVerf Kapitalisierg bei Deckg (ZVG 92 I).

b) des Grundstücks

ErbbRVO 25 **Wird das Grundstück zwangsweise versteigert, so bleibt das Erbbaurecht auch dann bestehen, wenn es bei der Feststellung des geringsten Gebots nicht berücksichtigt ist.**

1 Ausn von ZVG 52 I 2, 91 I, 92. Vgl aber ZVG 59 I. Bestehen bleiben auch die Belastgen des ErbbR.

V. Beendigung, Erneuerung, Heimfall

1. Beendigung

a) Aufhebung

ErbbRVO 26 **Das Erbbaurecht kann nur mit Zustimmung des Grundstückseigentümers aufgehoben werden. Die Zustimmung ist dem Grundbuchamt oder dem Erbbauberechtigten gegenüber zu erklären; sie ist unwiderruflich.**

Aufhebung gem § 11 I iVm BGB 875 (maßg Löschg im GrdstGB), 876 (Düss Rpfleger **93**, 337), 878. Über Form der AufhebgsVerpfl vgl § 11 Rn 10. Zust des GrdstEigtümers sachlrechtl formfrei; verfrechtl GBO 29. Über ZustErfordern bei Mithaft des Grdst vgl BGB 876 Rn 3. Dingl Rechte am ErbbR erlöschen mit dessen Aufhebg (daher muß RInh nach BGB 876 zustimmen); ggf Neubestellg am Grdst notw (liegt idR in „Übertr" der Rechte bei Erwerb des Grdst dch ErbbBerecht unter Aufhebg des ErbbR mit Zust des RInh; BayObLG Rpfleger **84**, 145). 1

b) Zeitablauf

ErbbRVO 27

I Erlischt das Erbbaurecht durch Zeitablauf, so hat der Grundstückseigentümer dem Erbbauberechtigten eine Entschädigung für das Bauwerk zu leisten. Als Inhalt des Erbbaurechts können Vereinbarungen über die Höhe der Entschädigung und die Art ihrer Zahlung sowie über ihre Ausschließung getroffen werden.

II Ist das Erbbaurecht zur Befriedigung des Wohnbedürfnisses minderbemittelter Bevölkerungskreise bestellt, so muß die Entschädigung mindestens zwei Dritteile des gemeinen Wertes betragen, den das Bauwerk bei Ablauf des Erbbaurechts hat. Auf eine abweichende Vereinbarung kann sich der Grundstückseigentümer nicht berufen.

III Der Grundstückseigentümer kann seine Verpflichtung zur Zahlung der Entschädigung dadurch abwenden, daß er dem Erbbauberechtigten das Erbbaurecht vor dessen Ablauf für die voraussichtliche Standdauer des Bauwerkes verlängert; lehnt der Erbbauberechtigte die Verlängerung ab, so erlischt der Anspruch auf Entschädigung. Das Erbbaurecht kann zur Abwendung der Entschädigungspflicht wiederholt verlängert werden.

IV Vor Eintritt der Fälligkeit kann der Anspruch auf Entschädigung nicht abgetreten werden.

1) Zu I: – a) Das ErbbR wird idR auf **bestimmte Zeit** bestellt; zur Bestellg auf Lebenszeit vgl § 1 Rn 10. 1
Zeitdauer (als Bestimmg des EndZtpkts) kann ab Eintragg od ab einem best Tag davor od danach festgelegt werden (Promberger Rpfleger **75**, 233; § 11 Rn 2). Mit Zeitablauf erlischt ErbbR; keine Aufhebg. GrdstEigtümer zZ des Erlöschens schuldet vereinb, sonst angem Entsch für Bauwerk (bei Einfamilienhaus nach SachwertVerf, BGH DB **75**, 685). EntschPfl ausschließb (Ausn: II). – **b)** Bestellg auf **unbestimmte Zeit** („ewiges ErbbR") zul; jedenf solange Eigt nicht völlig ausgehöhlt (vgl LG Degdf MittBayNot **87**, 254).

2) Zu II: Auch hier muß (entgg dem zu engen Wortlaut) andere Vereinbg wirks sein, wenn GrdstEigtümer 2
selbst das Bauwerk errichtet hatte. II auch anwendb bei Errichtg von Mietwohngen für Minderbemittelte (KG Rpfleger **81**, 108). Über Minderbemittlgen vgl LG Ffm DNotZ **69**, 299 u KG aaO. – Zu **III:** Angebot muß so rechtzeit erfolgen, daß Verlängerg vor Ablauf des ErbbR mögl (BGH NJW **81**, 1045). AbwendgsR unterliegt BGB 242 (BGH aaO). Angebot/Annahme materiellr formfrei. Verlängerg ist Inhaltsänderg iSv BGB 877 (BGH aaO). RealGläub braucht Ablehng nicht zuzustimmen. Erlöschen im ErbbRVertr abdingb. – Zu **IV:** Bei Abtretg nach Fällígk (Erlöschen des ErbbR) bleiben Rechte der RealGläub, § 29, bestehen.

ErbbRVO 28

Die Entschädigungsforderung haftet auf dem Grundstück an Stelle des Erbbaurechts und mit dessen Range.

Ein im Wege der GBBerichtigg eintraggsfäh u zum Ausschl gutgl Erwerbs eintraggsbedürft reallastähnl 1
dingl Recht eigener Art (Ingenstau Rn 1; aA Soergel/Stürner Rn 1: SichgHyp), das an die Stelle des ErbbR tritt. RealRe am ErbbR setzen sich an der Fdg fort (§ 29). § 28 begründet Gefahr des Ausfalls nachrang Rechte in der ZwVerst (BGH WM **74**, 430).

ErbbRVO 29

Ist das Erbbaurecht bei Ablauf der Zeit, für die es bestellt war, noch mit einer Hypothek oder Grundschuld oder mit Rückständen aus Rentenschulden oder Reallasten belastet, so hat der Gläubiger der Hypothek, Grund- oder Rentenschuld oder Reallast an dem Entschädigungsanspruch dieselben Rechte, die ihm im Falle des Erlöschens seines Rechtes durch Zwangsversteigerung an dem Erlöse zustehen.

Mit Erlöschen des ErbbR wird Bauwerk Eigt des GrdstEigtümers (§ 12 III). Daher schützt § 29 wenigstens 1
die aufgeführten RealGläub. Auch Gläub von Überbau- u Notwegrenten (BGB 914 III, 917 II 2) u vorgemerkten Anspr. Vgl ZVG 92. Rangordng der Gläub wie nach ZVG 10. Befriedigg wie PfdGläub einer Fdg (hM). Rechte bei Eintr des EntschädiggsAnspr mit eintragb (Ingenstau Rn 8).

ErbbRVO 30

I Erlischt das Erbbaurecht, so finden auf Miet- und Pachtverträge, die der Erbbauberechtigte abgeschlossen hat, die im Falle der Übertragung des Eigentums geltenden Vorschriften entsprechende Anwendung.

II Erlischt das Erbbaurecht durch Zeitablauf, so ist der Grundstückseigentümer berechtigt, das Miet- oder Pachtverhältnis unter Einhaltung der gesetzlichen Frist zu kündigen. Die Kündigung kann nur für einen der beiden ersten Termine erfolgen, für die sie zulässig ist. Erlischt das Erbbaurecht vorzeitig, so kann der Grundstückseigentümer das Kündigungsrecht erst ausüben, wenn das Erbbaurecht auch durch Zeitablauf erlöschen würde.

III Der Mieter oder Pächter kann den Grundstückseigentümer unter Bestimmung einer angemessenen Frist zur Erklärung darüber auffordern, ob er von dem Kündigungsrechte Gebrauch mache. Die Kündigung kann nur bis zum Ablauf der Frist erfolgen.

BGB 571 ff entspr anwendbar. Auch bei rechtsgeschäftl Aufhebg. Vgl aber **II, III.** 1

2. Erneuerung

ErbbRVO 31 **I Ist dem Erbbauberechtigten ein Vorrecht auf Erneuerung des Erbbaurechts eingeräumt (§ 2 Nr. 6), so kann er das Vorrecht ausüben, sobald der Eigentümer mit einem Dritten einen Vertrag über Bestellung eines Erbbaurechts an dem Grundstück geschlossen hat. Die Ausübung des Vorrechts ist ausgeschlossen, wenn das für den Dritten zu bestellende Erbbaurecht einem anderen wirtschaftlichen Zwecke zu dienen bestimmt ist.**

II Das Vorrecht erlischt drei Jahre nach Ablauf der Zeit, für die das Erbbaurecht bestellt war.

III Die Vorschriften der §§ 505 bis 510, 513, 514 des Bürgerlichen Gesetzbuchs finden entsprechende Anwendung.

IV Dritten gegenüber hat das Vorrecht die Wirkung einer Vormerkung zur Sicherung eines Anspruchs auf Einräumung des Erbbaurechts. Die §§ 1099 bis 1102 des Bürgerlichen Gesetzbuchs gelten entsprechend. Wird das Erbbaurecht vor Ablauf der drei Jahre (Absatz 2) im Grundbuch gelöscht, so ist zur Erhaltung des Vorrechts eine Vormerkung mit dem bisherigen Range des Erbbaurechts von Amts wegen einzutragen.

V Soweit im Falle des § 29 die Tilgung noch nicht erfolgt ist, hat der Gläubiger bei der Erneuerung an dem Erbbaurechte dieselben Rechte, die er zur Zeit des Ablaufs hatte. Die Rechte an der Entschädigungsforderung erlöschen.

1 ErneuergsR nur ähnl dingl VorkaufsR; für ErbbBerecht deshalb u wg **II** praktisch zieml wertlos. Entstehg des Recht nach BGB 873, 876, 877. Mit seiner Ausübg entsteht zw dem Berecht u dem GrdstEigtümer ein Vertr über die Bestellg eines ErbbR zu den mit dem Dritten vereinbarten Bdggen (BGB 505 II). Wirkg ggü Dritten: BGB 883 II, 888 I u 1099 ff. Über AmtsEintr der Vormkg vgl GBV 17 II 3. – **IV** S 3 gilt nur bei Erlöschen des ErbbR durch Zeitablauf, nicht bei Aufhebg gem § 26 (KG DR **44**, 624). – An dem neuen ErbbR entstehen die Hyp usw **(V)** krG; GBBerichtigg nach BGB 894; GBO 22.

3. Heimfall

ErbbRVO 32 **I Macht der Grundstückseigentümer von seinem Heimfallanspruche Gebrauch, so hat er dem Erbbauberechtigten eine angemessene Vergütung für das Erbbaurecht zu gewähren. Als Inhalt des Erbbaurechts können Vereinbarungen über die Höhe dieser Vergütung und die Art ihrer Zahlung sowie ihre Ausschließung getroffen werden.**

II Ist das Erbbaurecht zur Befriedigung des Wohnbedürfnisses minderbemittelter Bevölkerungskreise bestellt, so darf die Zahlung einer angemessenen Vergütung für das Erbbaurecht nicht ausgeschlossen werden. Auf eine abweichende Vereinbarung kann sich der Grundstückseigentümer nicht berufen. Die Vergütung ist nicht angemessen, wenn sie nicht mindestens zwei Dritteile des gemeinen Wertes des Erbbaurechts zur Zeit der Übertragung beträgt.

1 **1) Heimfallanspruch:** § 2 Nr 4, §§ 3, 4; Geltdmachg ist ErfVerlangen u nicht RGestaltg (BGH NJW-RR **90**, 1095). Übertr dch Einigg u Eintr, kein Übergang krG (BGH DB **76**, 671); vgl auch § 3 Halbs 2. GrstEigtümer wird mit Übertragg ErbbBerecht (BGB 889) u BauwerksEigtümer (§ 12 I).

2 **2) Vergütung** für das ErbbR umfaßt realen Wert des Bauwerks, Ertragswert des ErbbR u Wert für Rückerhalt der Bodennutzg (BGH DB **75**, 685). Anspr entsteht mit Erfüllg des HeimfallAnspr (BGH **111**, 154); VorausVfg nach allg Grds (vgl BGH NJW **76**, 895). Erfüllg ist maßg Ztpkt für Wert, soweit keine Abweichg vereinbart (BGH **116**, 161). Anspr haftet wg § 33 nicht den GrdPfdRGläub. Schu ist auch iF § 3 Halbs 2 der GrdstEigtümer. Vertragl abdingb (Ausn II 1; vgl § 27 II).

ErbbRVO 33 **I Beim Heimfall des Erbbaurechts bleiben die Hypotheken, Grund- und Rentenschulden und Reallasten bestehen, soweit sie nicht dem Erbbauberechtigten selbst zustehen. Dasselbe gilt für die Vormerkung eines gesetzlichen Anspruchs auf Eintragung einer Sicherungshypothek sowie für den Bauvermerk (§ 61 des Gesetzes über die Sicherung der Bauforderungen vom 1. Juni 1909, Reichsgesetzbl. S. 449). Andere auf dem Erbbaurechte lastende Rechte erlöschen.**

II Haftet bei einer Hypothek, die bestehen bleibt, der Erbbauberechtigte zugleich persönlich, so übernimmt der Grundstückseigentümer die Schuld in Höhe der Hypothek. Die Vorschriften des § 416 des Bürgerlichen Gesetzbuchs finden entsprechende Anwendung. Das gleiche gilt, wenn bei einer bestehenbleibenden Grundschuld oder bei Rückständen aus Rentenschulden oder Reallasten der Erbbauberechtigte zugleich persönlich haftet.

III Die Forderungen, die der Grundstückseigentümer nach Absatz 2 übernimmt, werden auf die Vergütung (§ 32) angerechnet.

1 **1) Belastungen** des ErbbR, (auch UnterErbbR) außer den in S 1 u 2 (zB BGB 648) sowie in WEG 42 II, 31 genannten, erlöschen beim Heimfall (§ 2 Nr 4) mit dingl Vollzug der Übertr **(I)**. Mit dem ErbbR verbundene subj-dingl Rechte (zB GrdDbk) bleiben bestehen. Geht das ErbbR in and Weise auf den Eigtümer über, so bleiben alle Belastgen bestehen.

2) Befreiende Schuldübernahme (II) unabdingb krG dch GrdstEigtümer (iF § 3 Halbs 2: Dr) hins der pers Schuld des ErbbBerecht (nicht Dr). Solange Gläub nicht genehmigt: ErfüllgsÜbern (BGB 415 III). GrdstEigtümer kann sich nach § 5 II schützen. – **Anrechnung** auf VergütgsAnspr des ErbbBerecht nach § 32 **(III).** Übersteigt die übern Schuld die Vergütg (od ist diese ausgeschl), so hat der GrdstEigtümer bereichergsrechtl AusglAnspr gg den ErbbBerecht (BGH WM **92**, 607). 2

4. Bauwerk

ErbbRVO 34 **Der Erbbauberechtigte ist nicht berechtigt, beim Heimfall oder beim Erlöschen des Erbbaurechts das Bauwerk wegzunehmen oder sich Bestandteile des Bauwerkes anzueignen.**

Gleichviel, weshalb das ErbbR erlischt; auch nicht vor dem Heimfall usw im Hinbl auf diesen od nachher. Gilt auch für unwesentl Bestandteile, nicht für Sachen iSv BGB 95, 97 (BGH **23**, 57; WM **62**, 767). Abdingbar (BGH DNotZ **70**, 35). – § 34 ist SchutzG iS § 823 II (Soergel/Stürner Rn 2). 1

VI. Schlußbestimmungen

ErbbRVO 35 **Diese Verordnung hat Gesetzeskraft und tritt am Tage der Verkündung in Kraft. Gleichzeitig treten die §§ 1012 bis 1017 des Bürgerlichen Gesetzbuchs und § 7 der Grundbuchordnung außer Kraft.**

Verkündg am 22. 11. 19. Für die vor diesem Tage begründeten ErbbR gelten BGB 1012ff weiter, § 38, ebso GBO 8, der dem § 7 alter Fassg entspricht; für neue ErbbR gelten §§ 14–17. 1

ErbbRVO 36 **Soweit in Reichs- oder Landesgesetzen auf die §§ 1012 bis 1017 des Bürgerlichen Gesetzbuchs verwiesen ist, treten an deren Stelle die entsprechenden Vorschriften dieser Verordnung.**

ErbbRVO 37 *(betrifft Änderungen der GBO).*

ErbbRVO 38 **Für ein Erbbaurecht, mit dem ein Grundstück zur Zeit des Inkrafttretens dieser Verordnung belastet ist, bleiben die bisherigen Gesetze maßgebend.**

Keine Umwandlg eines alten in ein neues ErbbR durch Inhaltsänderg gem BGB 877 (aA Ffm DNotZ **56**, 488; Staud/Ring Rn 4). 1

ErbbRVO 39 **Erwirbt ein Erbbauberechtigter auf Grund eines Vorkaufsrechts oder einer Kaufberechtigung im Sinne des § 2 Nr. 7 das mit dem Erbbaurechte belastete Grundstück oder wird ein bestehendes Erbbaurecht erneuert, so bleiben reichs-, landesgesetzliche und kommunale Gebühren, Stempel- und Umsatzsteuern jeder Art insoweit außer Ansatz, als sie schon bei Begründung des Erbbaurechts entrichtet worden sind.**

Ob pers od dingl VorkR bleibt gleich. Gebühren- u Steuervergünstigg gilt sinngem auch bei Verlängerg des ErbbR gem § 27 III; sie gilt nicht für Notargebühren, nicht für die bloße Vereinbg der Verlängerg (Hamm Rpfleger **66**, 380). 1

Fünfter Abschnitt. Dienstbarkeiten

Überblick

1) Dienstbarkeiten sind auf ein Dulden (der Benutzg bzw NutzgsZiehg) od Unterlassen (tats Hdlgen, RAusübg) gerichtete beschr dingl Rechte am BelastgsGgst, währd die Reallast auf eine aktive Hdlg gerichtet ist; es gibt kein dingl Recht mit dem Doppelcharakter von Dbk u Reallast. Es sind zu unterscheiden: – **a) Grunddienstbarkeit** (§§ 1018–1029). Der Eigtümer eines („dienden") Grdst muß einzelne Benutzgen des Grdst dulden od darf einzelne tats Hdlgen auf dem Grdst nicht vornehmen od darf einzelne aus dem Eigt fließde Rechte nicht ausüben (Übereinstimmg mit bpDbk). Berecht kann nur jeweil Eigtümer eines and („herrschden") Grdst sein u die GrdDbk muß für die Benutzg dieses Grdst vorteilh sein (Unterschied zur bpDbk). – **b) Nießbrauch** (§§ 1030–1089). Der Eigtümer eines Grdst od einer bewegl Sache bzw der Inhaber eines Rechts muß dulden, daß sämtl (einzelne ausschließb) Nutzgen des Ggst vom Berecht gezogen werden. Berecht kann nur eine bestimmte Pers sein. Nicht übertragb u nicht vererbl. – **c) Beschränkte persönliche Dienstbarkeit** (§§ 1090–1093). Gleicher RInhalt wie bei der GrdDbk. Berecht kann nur eine bestimmte Pers sein u Vorteil für Benutzg eines and Grdst nicht notw (Unterschied zur GrdDbk). Nicht übertragb u nicht vererbl (Unterschied zum DWR/DNR). – **d) Dauerwohn-/nutzungsrecht** (WEG 31ff). Der Eigtümer eines Grdst muß dulden, daß Räume in einem Gbde auf seinem Grdst bewohnt bzw benutzt werden. Berecht kann nur eine bestimmte Pers sein. Übertragb u vererbl (Unterschied zu bpDbk). 1

2 **2) Landesrecht.** EG 96 (Altenteil); 113, 114 (Ablösg, Umwandlg u Einschränkg von Dbk); 115 (Inhalt von GrdDbk u bpDbk), 120 I (Befreig von Belastg mit Dbk bei GrdstTeilg) u II 2 (Nichterforderlichk der Zust von RealBerecht des herrschden Grdst bei Aufhebg von GrdDbk), 128 (Begründg u Aufhebg von Dbk an buchgsfreien Grdst). – **Übergangsrecht.** EG 184 (Fortbestand altrechtl Dbk), 187 (öff Gl des GB ggü nicht eingetr altrechtl GrdDbk), 189 (Vfgen über altrechtl Dbk), 191 (Besitzschutz). – **Internationales Privatrecht.** Es gilt das Recht des Ortes des BelastgsGgst (EG 43 I), auch soweit Pfl für Eigtümer des herrschden Grdst bestehen (W-Raiser § 111 II).

3 **3) Baulasten** nach LBauO sind öffR (vgl dazu Einl 19 vor § 854; Steinkamp RhNK **98**, 117).

Erster Titel. Grunddienstbarkeiten

1018 *Begriff.* **Ein Grundstück kann zugunsten des jeweiligen Eigentümers eines anderen Grundstücks in der Weise belastet werden, daß dieser das Grundstück in einzelnen Beziehungen benutzen darf oder daß auf dem Grundstücke gewisse Handlungen nicht vorgenommen werden dürfen oder daß die Ausübung eines Rechtes ausgeschlossen ist, das sich aus dem Eigentum an dem belasteten Grundstücke dem anderen Grundstücke gegenüber ergibt (Grunddienstbarkeit).**

1 **1) Allgemeines.** Neben der GrdDbk als beschr **dinglichen Recht** besteht ein ges SchuldVerh (vgl Einl 9 vor § 854) zw dem jeweil Eigtümer des belasteten Grdst u dem Berecht mit Inhalt nach §§ 1020–1023 u NebenPfl (BGH DNotZ **89**, 565; Amann DNotZ **89**, 531); über NebenPfl zur Bewilligg inhaltsgl Baulast vgl BGH NJW **94**, 2757; Karlsr NVwZ **92**, 1021. Ranggl GrdDbk für verschied Berecht zuläss, wenn die GrdstBenutzg usw wechselseit ausgeschl od beschränkt (Schlesw NJW-RR **96**, 1105). – Neben der GrdDbk ist ein vom GrdGesch (Rn 33) zu unterscheiddes **schuldrechtliches Nutzungsrecht** (zB Pacht) mögl; erfordert idR ausdrückl Abrede (BGH **LM** Nr 22). Sein Bestand kann Bdgg für die GrdDbk sein (BayObLG NJW-RR **90**, 208). Es wirkt ggü EinzelRNachf nur bei Übernahme. Auch ein nach den Regeln der GrdDbk ausgestaltetes rein schuldrechtl NutzgsR ist vereinb (RG JW **30**, 2922).

2 **2) Belastungsgegenstand.** Grdst (auch öffentl), reale GrdstTeile (vgl aber GBO 7; zu unterscheiden von örtl AusübgsBeschrkg gem Rn 32), WohngsEigt (WEG 6 Rn 9), grdstgleiche Rechte; nicht aber MitEigtAnt (BGH **36**, 187), and bei Dbk iSv Rn 26 (LG Bchm Rpfleger **82**, 372). **Gesamtbelastung** mehrerer Grdst desselben od verschied Eigtümer mit einer einzigen GrdDbk zuläss, wenn gleichzeit u gleichart RAusübg an ihnen stattfinden soll (BayObLG **55**, 170; NJW-RR **90**, 208; Böhringer BWNotZ **88**, 97; aA LG Dortm Rpfleger **63**, 197; Böttcher MittBayNot **93**, 129 zu IV 6). – Bei **Vereinigung/Zuschreibung** (§ 890) findet keine Erstreckg der Belastg statt (BGH **LM** Nr 26).

3 **3) Berechtigter.** Nur jeweil Eigtümer (subjdingl Recht) eines and („herrschden") Grdst, WohngsEigt (Übbl 2 vor WEG 1) od grdstgl Rechts (Hamm DNotZ **81**, 264); nicht aber jeweil Inhaber eines MitEigtAnt. Eigtümer kann PersMehrh (zB MitEigt) sein (Köln NJW-RR **93**, 982). Bestellg für jeweil Eigtümer eines realen GrdstTeils erfordert Abschreibg nach GBO 7 I (BayObLG **65**, 267), doch ist Ausübg auf Vorteil für GrdstTeil beschränkb (BayObLG aaO). Bei Bestellg für best Pers „u deren RNachf" entsteht höchstens bpDbk (BGH **LM** Nr 11). – Für die (auch verschied) **Eigentümer mehrerer Grundstücke** usw können selbstd inhalts- u ranggleiche GrdDbk bestellt werden. Diese können aber auch als GesamtBerecht iSv § 428 (BayObLG **65**, 267; Schlesw SchlHA **75**, 94; LG Traunst Rpfleger **87**, 242) sowie bei unteilb LeistgsGgst als MitBerecht iSv § 432 u bei teilb LeistgsGgst als BruchtBerecht iSv § 420 (BayObLG aaO; RGRK/Rothe Rn 10) verbunden sein; unteilb LeistgsGgst bei UnterlPfl (KG JW **35**, 3564) u DuldgsPfl (Köln DNotZ **65**, 686). – Mehrere Grdst können wechselseit herrschd u belastet sein (Neust NJW **58**, 635). – **Eigentümergrunddienstbarkeit.** Berecht kann zugl Eigtümer des belasteten Grdst sein (BGH NJW **88**, 2362). – Bei **Vereinigung/Zuschreibung** (§ 890) findet keine Erstreckg der Berechtigg statt (KG JFG **13**, 314).

4 **4) Inhalt.** Die GrdDbk kann die **aus dem Grundstückseigentum fließenden Befugnisse** (§§ 903 ff) in dreifacher Weise (Rn 13, 19, 26) **beschränken,** um dadch Vorteile für die Benutzg des herrschen Grdst zu bieten (§ 1019); ZusFassg unterschiedl Beschrkgen zu einheitl GrdDbk mögl (BGH **LM** Nr 30). And Inhalt macht Eintr unzuläss iSv GBO 53 I 2. **Gemeinsamkeiten:**

5 **a) Aktive Handlung** kann nicht HauptPfl sein. Außer den NebenPfl nach §§ 1021–1023 kann aber als NebenPfl des Eigtümers des belasteten Grdst dessen Erhaltg in einem der GrdDbk entspr Zustand RInhalt sein (BGH DNotZ **59**, 240). Ist nur ErhaltgsPfl (zB für Bäume, Zäune) vereinbart, so ist dies idR nur zuläss NebenPfl zu stillschw vereinbartem Beseitiggsverbot als HauptPfl (KGJ **41**, 228; Köln Rpfleger **76**, 209). Keine Umgehg dch UnterlassgsPfl, die gleiche Wirkg wie Pfl zur Vornahme der einzig noch erlaubten Hdlg hat, wie zB Wärmeerzeugungsverbot auf WohnGrdst (BayObLG MittBayNot **82**, 242; aA BGH WM **84**, 820; Walter/Maier NJW **88**, 377).

6 **b)** GrdDbk, die **inhaltsgleiche gesetzliche Beschränkung** zum Ggst hat, ist nicht eintraggsfäh (Köln Rpfleger **82**, 463); eintraggsfäh aber, wenn Bestehen (Düss Rpfleger **78**, 16) od Umfang (Celle NJW **58**, 1096) der ges Beschrkg zweifelh od weitergehde Pfl vereinb (Hamm OLGZ **76**, 47). Dazu gehören nicht Beschrkgen aus Flächennutzgs- od Bebauungsplänen (Hamm FGPrax **96**, 171; aA Quack Rpfleger **79**, 281) u GemGebr (aA RG HRR **32**, 134), da diese nicht dauerh; jedenf aber Bestellg unter aufschiebder Bdgg des Wegfalls derart Beschrkg zul (Staud/Ring Rn 54).

7 **c)** Ob bei Belastg des ganzen Grdst **örtliche Ausübungsbeschränkung** (vgl § 1023 I 2) zum RInhalt gehört, hängt davon ab, ob die AusübgsStelle dch RGesch (§§ 873, 877) festgelegt ist (KG NJW **73**, 1128; Oldbg Rpfleger **79**, 199). Diese Festlegg gehört zum notw RInhalt, wenn die AusübgsStelle von so wesentl Bedeutg ist, daß ohne ihre Festlegg der RInhalt nicht erkennb (KG aaO; Hamm OLGZ **81**, 270); das gilt zB

für Bauverbot bzgl Teilfläche (Celle NdsRpfl **78**, 57; Hamm aaO), sofern Ausübg nach tats Verh nicht ohnehin nur an einer Stelle mögl. Gehört sie nicht zum notw RInhalt wie zB bei WegeR od AnlagenR (einschl zugehörigem Bauverbot; BGH **90**, 181) bzgl Teilfläche (KG aaO; LG Aach RhNK **81**, 110), dann kann von der Festlegg dch RGesch abgesehen werden u die Bestimmg der tats Ausübg überlassen bleiben, die dann § 1020 S 1 unterliegt (KG aaO). Wird dagg nur ein nicht abgeschriebener GrdstTeil belastet, so ist dieser stets genau festzulegen (BGH WM **86**, 1155).

d) Konkreter Inhalt der GrdDbk ist dch Auslegg (vgl dazu § 873 Rn 10, 15) unter Berücksichtigg 8 etwaiger InhaltsÄnderg (Rn 9) festzustellen. Dabei kann längere Zeit geduldete tats Ausübg (BGH MDR **88**, 1044), auch wenn mit ihr erst einige Zeit nach Bestellg begonnen (BGH **LM** Nr 25), Anhalt für ursprüngl RInhalt geben; aber kein gutgl Erwerb aGrd einer von Eintr abw Ausübg (BGH aaO). **Ausübung außerhalb des Inhalts** braucht Verpflichteter auch dann nicht zu dulden (§ 1004), wenn er bei inhaltsgem Ausübg genauso belastet wäre (BGH **LM** § 1004 Nr 131). Duldg einer über den Inhalt hinausgehden Ausübg bewirkt keine dingl RÄnderg u idR auch keine schuldrechtl Erweiterg (BGH **LM** Nr 10).

e) Der **Inhalt kann sich ändern,** insb wenn GrdDbk zeitl unbegrenzt. Mangels abw Vereinbg (vgl 9 Rn 10) richtet er sich nach dem jeweil Bedürfn des herrschden Grdst, so daß sich mit diesem auch der Umfang der dingl Belastg selbst ändern kann (BGH NJW-RR **95**, 15). – **aa)** Ist der **Inhalt genau fixiert,** so 10 wandelt er sich nicht mit einer BedürfnÄnderg (Baur/Stürner § 33 Rn 25). Dies gilt insb für Regelgen über den räuml (zB genaue Wegebreite; Zweibr OLGZ **68**, 143), zeitl (zB genaue BenutzgsZeit) u ggständl (zB nur zu Fuß; vgl aber Rn 17) Umfang u die Art (FahrR gibt kein AbstellR: BGH DB **77**, 206; BauBeschrkg bewirkt keine NutzgsBeschrkg: BGH **LM** § 874 Nr 5; Hbg MDR **85**, 1029) der Benutzg des belasteten Grdst. Gilt aber auch für die Festlegg des Bedürfn des herrschden Grdst, so daß WegeR für haus- u landwirtsch Zwecke kein WegeR für gewerbl Zwecke gibt (BGH **LM** Nr 5, 10) u WegeR für Hofzugang kein WegeR für seitl Hauseingang (BGH **LM** Nr 25). – **bb)** Ein **nicht abschließend fixierter Inhalt** kann 11 sich entspr dem Bedürfn ändern. **Umfangserweiterung** tritt ein, wenn bei einer der Art nach gleichbleibden Benutzg des herrschden Grdst inf techn od wirtsch Entwicklg der NutzgsBedarf steigt (BGH **LM** Nr 25; BayObLG **62**, 24; Mü MDR **82**, 144). Bei Bedarfssteigerg inf NutzgsÄnderg tritt sie ein, wenn Änderg bei RBestellg vorhersehb u nicht willkürl (BGH NJW-RR **99**, 166). Kein GeldAusgl. **Umfangsbeschränkung** kann bei Bedarfsminderg eintreten (BGH DNotZ **59**, 240; **LM** § 1028 Nr 1). Mit Rücks auf Gebietscharakter vereinb BauBeschrkg auf 2-Familien-Haus kann sich bei entspr Änderg des Gebietscharakters auf 4-Familien-Haus beschränken (Hbg MDR **63**, 679). **Nutzungsänderung** iR gleicher Nutzgsart zuläss, wenn keine stärkere Beanspruchg als bei bish Nutzg (Karlsr NJW-RR **90**, 663).

f) (Un-)Entgeltlichkeit (GgLeistgsPfl des Berecht) kann nicht zum dingl RInhalt gemacht werden 12 (BayObLG **79**, 278). Die schuldrechtl (vgl Rn 27) geschuldete GgLeistg kann aber zur aufschiebden (zB bei einmaliger GgLeistg) od auflösden (zB bei fortlaufder GgLeistg) Bdgg für die RAusübg (BGH **54**, 18; Karlsr DNotZ **68**, 432; Ffm Rpfleger **74**, 430; RGRK/Rothe Rn 21; nach aA nur für RBestand: MüKo/Falckenberg Rn 7; Ripfel DNotZ **68**, 404; Dammertz RhNK **70**, 88) od den RBestand gemacht werden. GgLeistgsPfl u Pfl zur Beteiligg an UnterhaltgsKosten auch dch Reallast auf Grdst des Berecht sicherb.

5) Duldung der Benutzung in einzelnen Beziehungen, die Eigtümer kraft seines Eigt (§ 903) sonst 13 verbieten könnte. Schuldrechtl Vereinbg, die einz Benutzgen wieder verbietet (vgl BGH NJW **81**, 343) od BenutzgsR erweitert (BGH **LM** Nr 10), zulässig; ebso, daß derart Dbk (zB BiervertriebsR) nur Sichg nicht dch Dbk sicherb HdlgsPfl (zB BierbezugsPfl) dient (BGH BlGBW **85**, 167).

a) Benutzung ist jeder fortgesetzte od wiederholte (nicht nur einmalige) Gebr (BGH **41**, 209); zB 14 Überweg (Rn 16), Halten von Anlagen (zB Leitg, Gbde), Entnahme von Bodenbestandt od Wasser, GbdeBenutzg (keine AufbauPfl des Eigtümers nach Untergang des Gbdes; BGH NJW **80**, 179), Betreten, GewerbeBetrR (BayObLG NJW-RR **90**, 208) od WarenvertriebsR (BGH NJW **85**, 2474), Errichtg u Mitbenutzg einer halbscheidigen NachbWand (BGH **LM** Nr 24). Bloße Mitbenutzg ausreichd (KG HRR **34**, 169). Unschädl bei GewerbeBetrR, daß GbdeErrichtg einmalige Nutzg, denn sie bildet mit Betreiben eine Einh. Pflicht zur Duldg einmaliger Benutzg kann neben UnterlPfl DbkInhalt sein, wenn die Handlg die fortdauernde Unterl erst ermöglicht (BayObLG DNotZ **66**, 538); zB Pfl, GbdeAbriß zu dulden u neue Bebauung zu unterl. – **Ausschließliches/alleiniges** BenutzgsR beinhaltet zugl Pfl des Eigtümers zur Unterl gleichart Benutzg (BGH NJW **85**, 2474). – **Benutzungsberechtigt** sind je nach dem Einzelfall auch ohne Eintr Hausgenossen, Angehörige, Mitarbeiter, Mieter, Kunden uä (BGH **LM** Nr 20; BayObLG **92**, 224).

b) Einzelne Beziehungen; auch mehrere. Umfassdes BenutzgsR („Benutzg unter Ausschl des Eigtü- 15 mers") nicht als GrdDbk sond nur als Niebr zuläss. Bei Einräumg spezifizierter NutzgsRe darf nach hM nicht jede sinnvolle Benutzg dch den Eigtümer ausgeschl sein (BayObLG **79**, 444; Köln Rpfleger **82**, 61), währd nach aA solche GrdDbk stets zuläss ist (Demharter Anm zu KG FGPrax **96**, 226; Staud/Ring Rn 44; vgl auch BayObLG **87**, 359; NJW-RR **90**, 208). Zuläss ist eine GrdDbk, deren Ausübg auf Teilfläche beschrkt ist u dort eine Benutzg des Eigtümers ausschließt (BGH NJW **92**, 1101). Wohngs- u StellplatzTeilEigt mit GrdDbk zur Benutzg als Wohng bzw Stellplatz zuläss, wenn Eigtümer weiter aus GemschE Nutzen ziehen kann (BayObLG **87**, 359; aA KG FGPrax **96**, 226). Ausreichd Mitbenutzg des ganzen Grdst (Schlesw NJW-RR **96**, 1105; Zweibr FGPrax **98**, 6).

c) Wegerecht. RInhalt oft nur allg beschrieben („ÜberweggsR"), so daß ggwärt RInhalt dch Auslegg des 16 urspr RInhalts (Rn 8) u Feststellg etwaiger InhaltsÄnderg (Rn 9) zu ermitteln; über genau fixierten Inhalt vgl Rn 10. – **aa) Ursprünglicher Inhalt:** Auszugehen ist vom tats (Bedürfn prägden) Charakter des herrschden Grdst zZ der RBestellg (offenkund GrdstVerh) u nicht von überholten Angaben im BestandsVerzeichn (BGH **LM** Nr 20). UmfangsBeschrkg auf diese NutzgsArt muß eindeut erkennb sein (BGH **92**, 351) WegeR für WohnGrdst deckt Ausübg bei gelegentl Vermieten eines Zimmers (BGH aaO). FahrR beinhaltet GehR (RG Warn **08**, 479) u WendeR (Düss RhNK **97**, 133), nicht aber AbstellR (Karlsr NJW-RR **91**, 785). – **bb) Inhaltsänderung zu bejahen:** „FahrR" berecht zur Ausübg mit jeweils gebrauchsübl Fahrzeug (Karlsr 17 OLGZ **78**, 81); ebso „WegeR" (Karlsr OLGZ **86**, 70; BayObLG **96**, 286 [für Tiergespann in AltR]). WegeR für gewerbl Zimmervermietg erfaßt stärkere Ausübg inf ortsübl BetrErweiterg (BGH **LM** Nr 23). WegeR für

landwirtsch Betr erfaßt stärkere Ausübg inf Umstellg von Ackerbau auf Viehzucht (Karlsr aaO). Stärkere Ausübg wird erfaßt, wenn erweiterte Benutzg des herrschden Grdst dch zusätzl Bebauung (BGH **LM** Nr 20), intensivere Vermietg (BGH **LM** § 242 [D] Nr 41) od Änderg der NutzgsArt (BGH WM **66**, 254; **LM** Nr 23: gewerbl statt privat) bei RBestellg vorhersehb. Ist Betr auf herrschdem Grdst auf weiteres Grdst ausgedehnt, so gibt dchschnittl Benutzg vor Erweiterg unter Berücksichtigg normaler Weiterentwicklg Maß für Umfang des WegeR (BGH **44**, 171; **LM** § 1004 Nr 131). Nach Karlsr (Just **73**, 204) soll stärkere Belastg dch BetrÄnderg auf herrschdem Grdst insow zu dulden sein, als allg VerkSteigerg reicht (bedenkl, da u insow diese belastetes
18 Grdst sonst nicht erreicht hätte). – **cc) Inhaltsänderung zu verneinen:** Bei RBestellg nicht vorhersehb Änderg der Nutzg des herrschden Grdst dch Umstellg von Landwirtsch auf Fabrik/Handwerk/Gaststätte (Karlsr OLGZ **78**, 81) od Anlage eines Sportplatzes auf GaststättenGrdst (BGH **LM** Nr 14).

19 **6) Unterlassung gewisser tatsächlicher Handlungen** (nicht aber rechtl Vfgen), die der Eigtümer kraft seines Eigtums (§ 903) sonst vornehmen dürfte; verbotene u noch zul Hdlgen müssen unterschiedl tatsächl Nutzgsart darstellen (BayObLG **89**, 89). Schuldr Vereinbg, dch die einz Hdlg wieder gestattet, zulässig (BayObLG Rpfleger **83**, 391); zB ErlaubnVorbeh (BGH NJW **83**, 115), dessen Eintr keine inhaltl Unzulässigk begründet (Karlsr NJW **86**, 3212).

20 **a)** Ihm muß die Benutzg des Grdst in **bestimmten einzelnen Beziehungen** verwehrt sein (Ggstück zu Rn 13), wobei ihm wenigstens eine Verwertgsmöglichk verbleiben muß (BayObLG **80**, 232), die auch die einzig sinnvolle sein kann (BayObLG **85**, 285). Die verbotenen Hdlgen können dch Bezeichng der gestatteten Befugn umschrieben werden (BayObLG aaO; vgl aber Rn 5). GewerbeBetrR (Rn 15) verpfl nicht, nach
21 Zerstörg des BetrGbdes neue zu errichten (BGH NJW **80**, 179). – **aa) Zulässig:** BebauungsBeschrkg (Celle NJW **58**, 1096); Gestaltgs-/FarbgebgsBeschrkg (BGH NJW **83**, 115); Verbot des Anbaus ohne Benutzg der NachbWand (BGH **LM** Nr 24); BeseitiggsVerbot für Einfriedg (Köln Rpfleger **76**, 209); WohngsbesetzgsBeschrkg (BayObLG **89**, 89; LG Ravbg Rpfleger **92**, 192); Verbot and als befristeter Eigen- u ständ wechselnder Fremdbenutzg einer Wohng (BayObLG **85**, 193); Verbot and Nutzg als Betr einer Behindertenwerkstatt (BayObLG **85**, 285); FensteröffngsVerbot (BGH **107**, 289); Verbot des Beziehens einer Wohng ohne
22 Zust des DbkBerecht (LG Ravbg Rpfleger **92**, 192). – **bb) Unzulässig:** Verbot rgesch Vfg über das Grdst (BayObLG **53**, 84); Veräußerg nur zus mit and Grdst od nur mit Zust Dr (Ffm Rpfleger **78**, 306; Schlesw FGPrax **97**, 168); TeilgsVerbot; VerpachtgsVerbot (KGJ **51**, 297); Beschrkg in Architektenwahl (Dittus NJW **54**, 1827); NutzgsÜberlassg nur dch Vermietg (Düss NJW **61**, 176); Nutzg eines WE nur dch Vermietg an Hausmeister (BayObLG **79**, 444); Verbot, Grdst Drittem zu einem and als einem best Zweck zu überlassen (BayObLG Rpfleger **81**, 105); GrdstVerwendg nur für gewerbl Fremdenverkehr (BayObLG NJW **82**, 1054; vgl aber BayObLG **85**, 193); Wohngsbenutzg nur dch Eigtümer (BayObLG Rpfleger **82**, 273); Atomwaffenlagergsverbot (LG Siegen Rpfleger **84**, 58).

23 **b) Sicherung von Wettbewerbsbeschränkungen** (über Verh zu GewO u GWB vgl Stürner AcP **194**, 265 [286] mwN). – **aa)** Zul Dbk, die dem Eigtümer den **Betrieb eines od eines bestimmten Gewerbes** (auch iVm einem BetriebsR des Berecht; Rn 14) auf dem Grdst schlechthin od ohne Zust des Berecht verbietet (BGH NJW **79**, 2149; **81**, 343; BayObLG Rpfleger **83**, 391); schuldrechtl kann vereinbart werden, daß das Gewerbe unter best Voraussetzgen (zB ausschließl Bezug von Waren des Berecht) betrieben werden
24 darf (BGH aaO; BayObLG aaO; Karlsr NJW **86**, 3212). – **bb)** Unzul Dbk, die Lagerg, Verarbeitg, Vertrieb od Bezug and Waren als die eines **bestimmten Herstellers/Lieferanten** auf dem Grdst verbietet (BGH NJW **85**, 2474). Zul aber Dbk mit derart Verbot für **Waren bestimmter Art** (zB Wein, Flaschenbier; Weißbier) schlechthin od ohne Zust des Berecht (BGH aaO; BayObLG **97**, 129); schuldrechtl können
25 Ausnahmen (zB für Waren eines best Herstellers/Lieferanten) vereinbart werden (BGH aaO). – **cc)** Soll dch die Dbk eine nur mit zeitl Begrenzg zul **Bezugspflicht gesichert** werden, so ist die Verpfl zur Bestellg einer zeitl unbegrenzten Dbk nichtig (BGH NJW **79**, 2150). Eine der notw zeitl Begrenzg nicht entspr Dbk ist grds wirks (BGH NJW- RR **92**, 593); für schuldrechtl (Vertr od § 812) AufhebgsAnspr des Eigtümers bei Unwirksamk od Ende der BezugsPfl (zur Aufrechterhaltg nach § 139 mit zul zeitl Begrenzg vgl BGH NJW **92**, 2145) sind Inhalt u Reichweite der SichgAbrede maßg (BGH NJW-RR **92**, 593).

26 **7) Ausschluß der Rechtsausübung.** Unterlassg nach §§ 903 ff erlaubter Einwirkg auf das herrschde Grdst od Duldg nach §§ 903 ff nicht zu duldder Einwirkg vom herrschden Grdst (BayObLG DNotZ **91**, 253); nicht aber Ausschl rgesch Befugn (Ffm Rpfleger **78**, 306) od rein schuldr Anspr (zB SchadErs; LG Traunst MittBayNot **81**, 241). Unterlassgs/DuldgsPfl, die schon krG besteht, ist nicht eintraggsfäh (Köln Rpfleger **82**, 463); and bei Zweifeln am Bestehen u Umfang (RG **119**, 211; **130**, 350). Verzicht auf einen EntschädiggsAnspr, der krG anstelle eines gesetzl ausgeschl UnterlAnspr zB nach BBergG 114 (Hamm Rpfleger **86**, 364), BImschG 14 (LG Kreuzn Rpfleger **89**, 448) od § 906 (BayObLG aaO) tritt, kann RInhalt sein; ebso Verzicht auf Entschädigg für rgesch DuldgsPfl (BayObLG aaO: Duldg nicht nach § 906 zu duldder Einwirkg). – Soll aber die Ausübg eines Rechts ausgeschl werden, das aus einer GrdDbk entspringt, so kann dies nicht dadch geschehen, daß ein Recht aus der GrdDbk wieder durch eine GrdDbk wegbedungen wird, sond nur dadch, daß das diende Grdst unmittelb zum Teil gem § 875 entlastet wird (KG OLG **4**, 305).

27 **8) Schuldrechtliche Vereinbarungen** können neben dem dingl Recht selbständ od als Teil des GrdGesch (Rn 33) getroffen werden; zB über GgLeistg des Berecht (BGH DNotZ **98**, 946), UnterhaltgsPfl des Berecht (Ffm Rpfleger **74**, 430) sowie and Einschränkgen od Erweitergen der beiderseit Rechte u Pfl ggü dem dingl RInhalt (RG HRR **29**, 602; BGH **LM** Nr 10; NJW **81**, 343). Sie sind nicht eintraggsfäh u wirken ohne Übern nicht ggü EinzelRNachf; § 571 ist nicht anwendb (BGH **LM** § 398 Nr 20). – **Auswirkungen auf das dingliche Recht** haben sie insow, als Umstände aus ihrem Bereich (zB Erfüllg od Nichterfüllg; Ausübg eines GestaltgsR; Wegfall/Beendigg des GrdGesch, vgl Düss DNotZ **61**, 408) als Bdgg für die Ausübg od den Bestand der GrdDbk zu deren dingl RInhalt gemacht worden sind (vgl Rn 12) od sich Einreden gg das dingl Recht aus ihnen ergeben (BGH DB **77**, 206).

28 **9) Rechtsgeschäftliche Entstehung;** Entstehg auch dch Staatsakt (zB EnergiewirtschG 11) sowie krG (zB § 900 II) Mögl.

a) Als abstraktes **dingliches Recht** entsteht sie dch Einigg (bei EigtümerR: einseit Erkl) u Eintr auf dem GBBlatt des belasteten Grdst (§ 873); auch bei Bezeichng als bpDbk kann GrdDbk gewollt u entstanden sein (BGH **LM** Nr 15). Vermerk auf GBBlatt des herrschden Grdst zul (GBO 9) u zweckm (vgl GBO 21), aber ohne konstitutive Wirkg u nicht für §§ 891, 892 maßg. Bei Bestellg eines WegeR keine GenPfl nach GrdstVG 9 (Oldbg DNotZ **67**, 394), wohl aber nach BauGB 51 iF der Gefährdg eines UmleggsPlans (BayObLG NJW **58**, 1092). Entspr Rn 34 Bestellg unwirks, wenn Ausübg anfängl dauernd ausgeschl (BGH NJW **85**, 1025). – 29
aa) Die sachlrechtl formfreie **Einigung** muß ein subjdingl Recht (Rn 3) u einen zuläss sowie notw Inhalt (Rn 4–26) zum Ggst haben. Aufschiebde (Hamm Rpfleger **76**, 95) od auflösde (BayObLG Rpfleger **85**, 489) Bdgg u Befristg zul; auch beides nebeneinand (Köln Rpfleger **63**, 381). Über RWirkg der Einigg vor GBEintr vgl Rn 34. – 30
bb) Die **Eintragung** muß den Berecht (Rn 3) u den RInhalt (Rn 4–26) enthalten. Letzterer ist so genau zu bezeichnen, daß er im Streitfall dch Auslegg feststellb (BayObLG RhNK **88**, 234; Ffm OLGZ **83**, 34; Karlsr BWNotZ **85**, 123; Hamm Rpfleger **86**, 364); Bezugn auf örtl BauR (KGJ **46**, 221) od allg Grds der Baugestaltg/Denkmalspflege (Düss Rpfleger **79**, 305) bzw des Naturschutzes (LG Ravbg BWNotZ **92**, 99) genügt nicht. – Der **Berechtigte** ist im EintrVermerk anzugeben; sonst GBO 53 I 2 (Ffm Rpfleger **80**, 185). – Der **Rechtsinhalt** ist im EintrVermerk mind schlagwortart anzugeben (BGH **35**, 378), sonst GBO 53 I 2; dafür genügen zB BauBeschrkg, Hochspanngs- od RohrleitgsR, TankstellenBetrR od -Verbot, WegeR, WohnR, WohngsBeleggsR (vgl BayObLG Rpfleger **89**, 230; Düss NJW-RR **96**, 15), nicht aber bloß BenutzgsR od BenutzgsBeschrkg (BayObLG Rpfleger **95**, 13; Zweibr ZfIR **97**, 300). Für Einzelh genügt Eintr gem § 874. – 31
cc) Bei Belastg des ganzen Grdst kann die **Ausübung auf einen Grundstücksteil beschränkt** werden (vgl Rn 7). Dies kann zum einen dadch erfolgen, daß die Ausübgsstelle der tats Ausübg überlassen wird; sie braucht dann in EintrBew/GBEintr nicht angegeben zu werden (BGH Rpfleger **81**, 286; **84**, 277). Zum and kann die Ausübgsstelle festgelegt werden; sie ist dann in der EintrBew (zB dch Bezugn auf beigefügte Karte od wörtl Beschreibg) u der GBEintr idR gem § 874 anzugeben (BGH Rpfleger **69**, 128). Für hinreichd bestimmte Bezeichng der AusübgsStelle genügt bei WegeR u AnlagenR (einschl Bauverbotsstreifen) Anknüpfg an Lage von Weg/Anlage in der Natur, wenn Weg/Anlage schon vorhanden u die Lage die vereinb AusübgsStelle kennzeichnen soll (BGH Rpfleger **82**, 16; BayObLG MittBayNot **92**, 399; Stgt Rpfleger **91**, 198 [Wegbreite nicht notw]). Eine solche Beschreibg liegt auch vor, wenn die GrdDbk nach ihrem Inhalt nur auf bestimmten GrdstTeilen ausgeübt werden kann (zB „Benutzg der Wege"); genaue Bezeichng hier nur geboten, wenn die Benutzg auf bestimmte Wege beschrkt ist (Hamm OLGZ **67**, 457). – Wird nicht die Ausübg sond die **Belastung auf einen Grundstücksteil beschränkt,** der nicht abgeschrieben ist, so gilt GBO 7 II. 32

b) Schuldrechtliches Grundgeschäft, bei dessen Fehlen die GrdDbk wirks aber kondizierb, kann sein zB Schenkg, Kauf, SichgsVertr (Amann DNotZ **86**, 578 Walter/Maier NJW **88**, 377; insb iFv Rn 23); es unterliegt nicht § 313 u § 567 (BGH **LM** Nr 22). Stillschw Verpfl mögl (RG JW **12**, 361; Stgt ZMR **65**, 122); zB wenn Eigtümer zweier Grdst das fakt herrschde verkauft, für das Anlage auf ihm verbleibden unentbehrl. Wird Bestellg dch GrdstVeräußerg unmögl, so kein Anspr des Gläub aus § 281 auf Herausg des Mehrerlöses inf Lastenfreih (BGH **46**, 260); Auslegg des VeräußergsVertr kann ergeben, daß Erwerber BestellgsPfl übernimmt (BGH BNotZ **71**, 723; Rpfleger **74**, 351). – Das GrdGesch ist mit Entstehg der Dbk erfüllt u kein kündb (and uU bei SichgsDbk) DauerschuldVerh (BGH Rpfleger **99**, 122); keine Verpfl zur Verschaffg der einz Nutzgen (RG HRR **36**, 1166). 33

10) Übertragung nur zus mit dem herrschden Grdst, dessen Bestandt (§ 96) sie ist. Abtrenng (auch Übertr an ErbbBerecht) wg § 1019 nicht mögl (Hamm Rpfleger **80**, 225), wohl aber schuldrechtl Überlassg der Ausübg (Hamm aaO). Mit GrdstÜbereigng geht das ein dch gem § 873 II bindd gewordene Einigg über die RBestellg entstandene VermR auf den Erwerber über (Köln OLGZ **68**, 453; Hbg NJW-RR **90**, 1297). – **Belastung** unmögl, weil GrdDbk nicht für sich alleine übertragb (§§ 1069 II, 1274 II). – **Inhaltsänderung** dch RGesch nach § 877 od krG dch BedürfnÄnderg (vgl Rn 11). Gilt auch für altrechtl GrdDbk. – **Umwandlung** in bpDbk nicht mögl (Hamm Rpfleger **89**, 448); Aufhebg u Neubestellg notw. 34

11) Erlöschen dch Aufhebg (§§ 875, 876), krG (zB §§ 158 II, 163, 901, 1025 S 2, 1026, 1028, EG 120) od dch Staatsakt (zB ZVG 91 [auch bei Versteigerg eines MitEigtAnt des belasteten Grdst; Ffm Rpfleger **79**, 149], Enteigng); dch Kündigg nur, wenn diese zur auflösden Bdgg gemacht (BayObLG MittBayNot **90**, 39). Ferner wenn Ausübg inf Veränderg eines der Grdst dauernd ausgeschl od Vorteil für herrschdes Grdst aus rechtl od tats Grd dauernd entfallen (§ 1019 Rn 1; BGH NJW-RR **88**, 1229; BayObLG NJW-RR **88**, 781), was vom Eigtümer zu beweisen ist. KellerR erlischt noch nicht mit Zerstörg des Gbdes auf belastetem Grdst (BayObLG **67**, 397), GewerbeBetrVerbot nicht mit Zerstörg der BetrGbde auf herrschdem Grdst (BGH **LM** § 1020 Nr 1), BauBeschrkg nicht ohne weiteres mit gleichart öff Bauplang (BGH **LM** § 1028 Nr 1, § 242 [D] Nr 58; KG JR **63**, 18), Wettbewerbsverbot nicht dch Unmöglwerden gleichzeit vereinb BetrR (BGH **LM** Nr 30). Eigtümer des belasteten Grdst hat Anspr aus § 894; mögl auch Verf nach GBO 84 ff. Erlöschen auch bei Vereinigg von belastetem u herrschdem Grdst od wenn eines dem and als Bestandt zugeschrieben (KGJ **51**, 260); nicht aber wenn Eigtümer des herrschden das belastete Grdst erwirbt u umgekehrt (§ 889). – Kein Erlöschen aber **Anspruch auf Verzicht** (dch Aufhebg) gem § 242, wenn inf endgült Verändergen Nutzen für herrschdes Grdst in keinem Verh zum Schaden für belastetes Grdst u dem nicht dch InhaltsÄnderg (Rn 9–11) Rechng getragen werden kann (BGH DNotZ **68**, 28, 172; Kblz DNotZ **99**, 511). 35

1019 ***Vorteil für herrschendes Grundstück.*** **Eine Grunddienstbarkeit kann nur in einer Belastung bestehen, die für die Benutzung des Grundstücks des Berechtigten Vorteil bietet. Über das sich hieraus ergebende Maß hinaus kann der Inhalt der Dienstbarkeit nicht erstreckt werden.**

1) Zwingende Vorschrift für Inhalt der GrdDbk (and bei § 1090). Anfängl Fehlen des Vorteils macht Bestellg nichtig (idR keine Umdeutg in bpDbk; Mü NJW **57**, 1765), bei nachträgl dauerh Fortfall erlischt die GrdDbk (vgl § 1018 Rn 35; zB WegR mit Widmg des belasteten Grdst zu öff Straße [Düss MDR **95**, 471] 1 nicht aber bei zusätzl öff Straße [Kblz DNotZ **99**, 511]). GBBerichtigg nach § 894, GBO 22, 84; GBO 53 I 2 nur, wenn fehlder Vorteil aus Eintragg ersichtl (Planck/Strecker 3 a). Bei Verstoß gg S 2 ist Bestellg hins Überschreitg nichtig; iü ist sie idR wirks. – § 1019 gilt auch bei InhaltsRegelg nach EG 115, nicht aber für altrechtl GrdDbk (EG 184; RG **169**, 183).

2 **2) Vorteilhaftigkeit. – a)** Der Vorteil muß für die **Benutzung des herrschenden Grundstücks** bestehen, wofür die obj Nützlichk (KG NJW **75**, 697) aGrd seiner Lage, Beschaffenh u Zweckbestimmg maßg ist (Celle DNotZ **58**, 153); unmittelb Nachbarsch nicht notw, aber weite Entferng schließt Vorteil vielf aus (BayObLG MittBayNot **96**, 376); Überlassg des Grdst an NutzgsBerecht steht nicht entgg (KG NJW **75**, 697). Beispiele: KfzStellplatz auf Grdst nahe eines MietshausGrdst (BGH DNotZ **76**, 18); Bewirtschaftg erleichterndes WohnR auf nahem Grdst (aA Celle DNotZ **58**, 153); Gewerbeverbot u BauBeschrkg in Umgebg eines GaragenGrdst (BGH NJW **83**, 115). WasserleitgsDbk uU auch bei AnschlZwang an öff Versorgg (BayObLG NJW-RR **89**, 1495). Nicht ausreichd sind bloße Wertsteigerg (KGJ **52**, 173), Vorteile nur für Eigtümer persönl (Celle aaO) od Vorteil für weiteres Grdst des Berecht. – Mittelb Vorteil wie **Förderung des Gewerbebetriebs** auf herrschdem Grdst genügt; zB EntnR für Bodenbestandt, wenn Ausbeute nicht nur verkauft sond auf herrschdem Grdst verarbeitet werden soll; Kundenparkplatz (LG Aachen RhNK **97**, 363). Bei WettbewerbsBeschrkg (§ 1018 Rn 23) ist Vorteil für Benutzg des herrschden Grdst dch Förderg dortigen GewerbeBetr mögl, wenn dieses dafür speziell u dauerh eingerichtet (KGJ **52**, 173; Mü MDR **83**, 934; zweifelh Mü MittBayNot **80**, 15) wie zB Produktionsstätte im Ggs zu HandelsGesch (Mü MDR **83**, 934); vielf nur bpDbk mögl.

3 **b)** Der Vorteil muß **privater und wirtschaftlicher Natur** (BGH NJW **83**, 115) u rechtl erlaubt sein. Sicherg bloßer Annehmlichk wie baul Gestaltg der Umgebg (BGH **LM** Nr 2; KG JR **63**, 18) od Erhaltg freien Ausblicks (Hbg OLG **36**, 161) od Fernhalten eines GewerbeBetr (BGH **LM** § 1018 Nr 19) genügt; nicht aber Einhaltg öffentl BauR (BGH aaO).

4 **c)** Der Vorteil muß **nicht gleichbleibend oder dauerhaft** sein; einmaliger kurzfrist Vorteil reicht aber nicht (RGRK/Rothe Rn 5), zeitw Behinderg der Ausübg unschädl (BGH **LM** § 1020 Nr 2). Bei normalem Verlauf künft zu erwartder Vorteil genügt (BGH NJW **84**, 2157).

1020 *Schonende Ausübung.*

Bei der Ausübung einer Grunddienstbarkeit hat der Berechtigte das Interesse des Eigentümers des belasteten Grundstücks tunlichst zu schonen. Hält er zur Ausübung der Dienstbarkeit auf dem belasteten Grundstück eine Anlage, so hat er sie in ordnungsmäßigem Zustande zu erhalten, soweit das Interesse des Eigentümers es erfordert.

1 **1)** Die **Pflichten des Berechtigten** sind Inhalt des ges SchuldVerh zw den beteiligten GrdstEigtümern (BGH **95**, 144; vgl § 1018 Rn 1) u Ausprägg des § 242; sie sind nicht im GB eintraggsfäh (Ffm Rpfleger **83**, 61). Bei **Verletzung** hat der Eigtümer des belasteten Grdst Anspr aus §§ 823 I, 1004 (wg EigtStörg) u aus pos VertrVerletzg (bei Bejahg ges SchuldVerh); kein Anspr auf Aufhebg der GrdDbk (BGH **LM** § 1004 Nr 79). – § 1020 gilt auch für altrechtl GrdDbk (EG 184 S 2; Mü ZMR **97**, 586).

2 **2) Schonung (S 1).** Der Eigtümer des belasteten Grdst soll in dessen Benutzg nur soweit eingeschränkt werden, als es zur sachgem RAusübg notw ist. Berecht muß unerhebl Erschwergen hinnehmen, zB Verschließg des Weges bei Nacht (Ffm NJW-RR **86**, 763) u Fensterverschluß dch Anbau (Mü NJWE-MietR **96**, 193); aber kein teilw AusübgsVerzicht (RG HRR **30**, 1323). AusübgsStelle ist mangels vertragl Festlegg gem S 1 zu wählen (BGH BB **65**, 1125). Aus S 1 kann sich Pfl des Berecht zur Anbringg von Schutzvorrichtg (BGH **LM** Nr 2; vgl aber Kblz DNotZ **99**, 511) od zur Beseitigg von Verschmutzgen (Hamm OLG **18**, 147) ergeben.

3 **3) Anlage (S 2);** dh vom Grdst zu unterscheidde (RG HRR **34**, 1027) von Menschen auf ihm geschaffene Einrichtg, die der GrdstBenutzg dient (Köln NJW-RR **90**, 1165). Die ges UnterhaltgsPfl des Berecht erweitert S 1 u soll nur Beeinträchtiggen des Eigtümers des belasteten Grdst dch den Zustand der Anlage (zB Lärmimmission; Köln MDR **97**, 545) verhindern, nicht aber ihre Benutzbark sichern (das ist Sache des Berecht); daher greift S 2 nicht ein, wenn es sich um die Erhaltg der GebrFähigk einer von beiden benutzten Anlage handelt (KG OLGZ **70**, 372). Unerhebl, wer Eigtümer der Anlage (RG HRR **40**, 1248) u ob ihre Verschlechterg vom Berecht verschuldet. Halten der Anlage erfordert alleiniges BenutzgsR des Berecht; S 2 nicht anwendb bei MitbenutzgsR neben Eigtümer (Köln NJW-RR **96**, 16) od bei unbefugter Benutzg (RGRK/Rothe 5; aA MüKo/Falckenberg 9).

1021 *Vereinbarte Unterhaltungspflicht.*

I **Gehört zur Ausübung einer Grunddienstbarkeit eine Anlage auf dem belasteten Grundstücke, so kann bestimmt werden, daß der Eigentümer dieses Grundstücks die Anlage zu unterhalten hat, soweit das Interesse des Berechtigten es erfordert. Steht dem Eigentümer das Recht zur Mitbenutzung der Anlage zu, so kann bestimmt werden, daß der Berechtigte die Anlage zu unterhalten hat, soweit es für das Benutzungsrecht des Eigentümers erforderlich ist.**

II **Auf eine solche Unterhaltungspflicht finden die Vorschriften über die Reallasten entsprechende Anwendung.**

1 **1) Unterhaltungspflichten (I)** können bei RBestellg od später (§ 877) dch Einigg u Eintr (auch gem § 874; KG JFG **20**, 280) im GB des belasteten Grdst zum dingl RInhalt werden (BayObLG **79**, 372); ohne Eintr nur schuldrechtl Wirkg zw den VertrPart. IFv I 2 keine Eintr als Reallast im GB des herrschden Grdst für Wirkg gg jeweil Eigtümer notw (MüKo/Falckenberg Rn 7; aA LG Ellw BWNotZ **87**, 141 abl Anm
2 Böhringer). Zum Begriff der Anlage vgl § 1020 Rn 3. – **a)** Bei UnterhaltgsPfl des **Eigentümers (S 1)** ist die Anlage so zu unterhalten, daß Berecht die GrdDbk ausüben kann (BGH **LM** § 242 [D] Nr 41); dazu gehören

auch Verbessergen iR sachgem Unterhaltg u Wiederherstellg (LG Heilbr BWNotZ **75**, 124). Auch nur teilw Auferlegg der Unterhaltg (zB Kostenquote, Teil der Anlage, Art der Maßn) zul; bzgl des Restes ist UnterhaltgsPfl des Berecht ggü dem Eigtümer nur bei MitbenutzgsR (S 2) vereinb (KG OLGZ **70**, 372). Erstherstellgs- (RG **131**, 176) od HaftPflVersPfl (Ripfel BWNotZ **58**, 181) sind keine Unterhaltg. – **b)** Unter- 3
haltgsPfl des **Berechtigten (S 2)** ggü dem Eigtümer (zB VerkSichgsPfl bei WegeR) nur bei MitbenutzgsR vereinb (BayObLG **90**, 8; Köln Rpfleger **90**, 409); dann auch Verteilg entspr Rn 2 mit ggseit Verpfl (KG OLGZ **70**, 372). Ohne Vereinbg keine ggseit UnterhaltgsPfl (KG aaO; aA Köln NJW-RR **90**, 1165); auch § 1020 S 2 gilt dann nicht (vgl § 1020 Rn 3).

2) UnterhaltgsPfl ist **keine selbständige Reallast (II).** LandesR gilt nicht (EG 116); statt § 1109 gilt 4
§ 1025. Persönl Haftg gem § 1108 (RG **131**, 163).

3) § 1021 gilt auch für altrechtl GrdDbk. 5

1022 ***Anlagen auf baulichen Anlagen.*** **Besteht die Grunddienstbarkeit in dem Rechte, auf einer baulichen Anlage des belasteten Grundstücks eine bauliche Anlage zu halten, so hat, wenn nicht ein anderes bestimmt ist, der Eigentümer des belasteten Grundstücks seine Anlage zu unterhalten, soweit das Interesse des Berechtigten es erfordert. Die Vorschrift des § 1021 Abs. 2 gilt auch für diese Unterhaltungspflicht.**

1) Das Recht, auf einer baul Anlage eine baul Anlage zu halten, muß Hauptinhalt der GrdDbk sein (RG 1
112, 368); sonst §§ 1020, 1021. Die ges UnterhaltgsPfl ist nicht eintraggsfäh; abw Vereinbg bedarf für dingl Wirkg der Eintr (vgl § 1021 Rn 1).

2) § 1022 gilt auch für altrechtl GrdDbk. 2

1023 ***Verlegung der Ausübung.*** **I Beschränkt sich die jeweilige Ausübung einer Grunddienstbarkeit auf einen Teil des belasteten Grundstücks, so kann der Eigentümer die Verlegung der Ausübung auf eine andere, für den Berechtigten ebenso geeignete Stelle verlangen, wenn die Ausübung an der bisherigen Stelle für ihn besonders beschwerlich ist; die Kosten der Verlegung hat er zu tragen und vorzuschießen. Dies gilt auch dann, wenn der Teil des Grundstücks, auf den sich die Ausübung beschränkt, durch Rechtsgeschäft bestimmt ist.**

II Das Recht auf die Verlegung kann nicht durch Rechtsgeschäft ausgeschlossen oder beschränkt werden.

1) Allgemeines. § 1023 ist ein bes Fall des § 1020 S 1 (BGH **LM** Nr 2). Trotz II erleichternde Voraus- 1
setzgen vereinb (Amann DNotZ **82**, 410); dingl Wirkg nur bei GBEintr. Verj (§ 902). – § 1023 gilt auch für altrechtl GrdDbk.

2) Voraussetzungen. – a) Belastg des ganzen Grdst mit GrdDbk. Ist nur realer Teil belastet, so gilt § 1023 2
für ihn. – **b)** AusübgsBeschrkg auf best GrdstTeil; dabei unerhebl, ob sie sich aus dem Wesen der GrdDbk (zB AnlagenR, WegeR) od RGesch (I 2) ergibt (KG OLGZ **69**, 216). § 1023 aber nicht anwendb, wenn Berecht auf gesamtem Grdst gleichzeit ausüben darf, aber nur auf Teilfläche ausübt. – **c)** Besondere Beschwerlichk (schon anfängl od erst nachträgl) für Eigtümer des belasteten Grdst u ebso geeignete Stelle für Berecht. Interessen der Beteil sind abzuwägen (BGH WM **63**, 483).

3) Verlangen. – a) Berechtigt ist der Eigtümer des belasteten Grdst; Eigtümer des herrschden Grdst uU 3
nach § 242 (MüKo/Falckenberg Rn 7). – **b) Durchsetzung.** Gehört die AusübgsStelle zum RInhalt (vgl § 1018 Rn 7), so ist Verlegg eintraggsbedürft InhaltsÄnderg nach § 877 (BGH **LM** Nr 1) u Klage geht auf Einigg u EintrBew; ist sie nur AusübgsRegelg, so ist Verlegg nicht eintraggsfäh (KG NJW **73**, 1128) u Klage geht auf Unterlassg der beschwerden Ausübg (§ 1004). Keine eigenmächt Dchsetzg der Verlegg („kann verlangen"), sonst § 1029. – **c)** Verlegg auf **anderes Grundstück** des Eigtümers nur in bes Ausnahmefällen nach § 242 (MüKo/Falckenberg Rn 6; Soergel/Stürner Rn 6; aA RG HRR **30**, 1323; RGRK/Rothe Rn 3) dch Aufhebg u Neubestellg.

4) Zu den **Kosten** der Verlegg gehören die für Herstellg/Veränderg notw Einrichtgen u GBEintr. Abw 4
Vereinbg (KostenPfl des Berecht) mögl; dingl Wirkg nur bei GBEintr. Persönl Haftg des Berecht.

5) Zur entspr Anwendg auf die Kosten einer dch Straßenausbau erforderl Neuverlegg von **Versorgungs-** 5
leitungen vgl BGH **LM** Nr 2; NJW **82**, 1283; **93**, 3131; BayObLG **69**, 169.

1024 ***Zusammentreffen mehrerer Nutzungsrechte.*** **Trifft eine Grunddienstbarkeit mit einer anderen Grunddienstbarkeit oder einem sonstigen Nutzungsrecht an dem Grundstücke dergestalt zusammen, daß die Rechte nebeneinander nicht oder nicht vollständig ausgeübt werden können, und haben die Rechte gleichen Rang, so kann jeder Berechtigte eine den Interessen aller Berechtigten nach billigem Ermessen entsprechende Regelung der Ausübung verlangen.**

1) Voraussetzungen. – a) GrdDbk im gleichen Rang (bei verschied Rang geht besserrang Dbk vor) mit 1
and dingl NutzgsR (GrdDbk, Nießbr, bpDbk, ErbbR, DWR/DNR; nicht aber Eigt, Reallast, GrdPfdR, schuldr NutzgsR); auch bpDbk mit WohngsR (Saarbr Rpfleger **92**, 16). – **b)** Ggseit AusübgsBeeinträchtigg.

2) Ausübungsregelung. Nur unverjährb (§ 902) Anspr der NutzgsBerecht ggeinand ohne Auswirkg auf 2
RVerh zu Eigtümer; daher keine InhaltsÄnderg u nicht eintraggsfäh (RGRK/Rothe Rn 4; Staud/Ring

Rn 4; aA Erm/Baumert Rn 2; Planck/Strecker Anm 4). Kommt Vereinbg nicht zustande, so Klage auf Unterlassg best NutzgsArt (§§ 1027, 1004; BGH **LM** Nr 1), od auf Abschluß einer best Vereinbg. Keine Wirkg ggü EinzelRNachf (aA Staud/Ring aaO). Regelg entfällt, wenn ein beteiligtes NutzgsR wegfällt.

3 **3)** § 1024 gilt auch für altrechtl GrdDbk.

1025 *Teilung des herrschenden Grundstücks.* **Wird das Grundstück des Berechtigten geteilt, so besteht die Grunddienstbarkeit für die einzelnen Teile fort; die Ausübung ist jedoch im Zweifel nur in der Weise zulässig, daß sie für den Eigentümer des belasteten Grundstücks nicht beschwerlicher wird. Gereicht die Dienstbarkeit nur einem der Teile zum Vorteile, so erlischt sie für die übrigen Teile.**

1 **1) Grundsatz (S 1).** – **a)** Nach ideeller od realer Teilg des herrschden Grdst besteht die GrdDbk als einheitl Recht in BruchtGemsch fort (BayObLG NJW-RR **90**, 1043). Eintr der Teilg bei den Teilstücken zuläss, aber nicht notw (BayObLG **95**, 153); für die Löschg stets Bewilligg der Eigtümer aller Teile erforderl (KG NJW **75**, 697). Jeder Berecht kann die GrdDbk ausüben, dch Klage geltd machen, Unterhaltg von Anlagen (§§ 1021 I 1, 1022) verlangen. Bei Verstoß gg Halbs 2 hat Eigtümer des belasteten Grdst Anspr aus § 1004; Halbs 2 gilt nicht, wenn der Umfang der Ausübg sich nach den jeweil Bedürfn des herrschden Grdst richten soll. Für die Berecht untereinander gilt § 745 entspr (nach aA § 1024 entspr; vgl MüKo/Falckenberg Rn 2 mwN), denn S 1 hat den Beteil hier abw von § 1024 keinen Anspr auf AusübgsRegelg gegeben, sond beschrkt die Ausübg kr G. Verteidigg des beschwerten Eigtümers des belasteten Grdst hier nach § 1004. – **b)** Die UnterhaltgsPfl aus §§ 1020 S 2, 1021 I 2 hat jeder Eigtümer der Teilstücke.

2 **2) Ausnahme (S 2).** – **a)** Teilerlöschen im Hinbl auf § 1019 kr G ohne Löschg. Berichtigg nach § 894, GBO 22; vgl auch GBO 9. – **b)** Die UnterhaltgsPfl aus §§ 1020 S 2, 1021 I 2 hat nur noch der Eigtümer des berecht bleibden Grdst.

1026 *Teilung des dienenden Grundstücks.* **Wird das belastete Grundstück geteilt, so werden, wenn die Ausübung der Grunddienstbarkeit auf einen bestimmten Teil des belasteten Grundstücks beschränkt ist, die Teile, welche außerhalb des Bereichs der Ausübung liegen, von der Dienstbarkeit frei.**

1 **1) Grundsatz.** – **a)** Nach Teilg des belasteten Grdst ist jedes Grdst mit einer GrdDbk belastet (BayObLG Rpfleger **83**, 143). Sie ist bei der Abschreibg mitzuübertr (BayObLG aaO); sonst Berichtgg nach § 894, GBO 22. – **b)** Unterhaltspfl aus §§ 1021 I 1, 1022 u -berecht aus §§ 1020 S 2, 1021 I 2 ist jeder Eigtümer.

2 **2) Ausnahme;** auch bei altrechtl Dbk (BayObLG **88**, 102). – **a)** Die GrdDbk erlischt krG auf dem Teil, der völl außerh des Bereichs liegt, auf den ihre Ausübg rechtl beschränkt ist, weil der Berecht aGrd rgesch Vereinbg od nach Art der GrdDbk dauernd gehindert ist, diesen Teil des belasteten Grdst zu benutzen (BayObLG Rpfleger **83**, 143, MittBayNot **94**, 318); tats Beschrkg genügt nicht, wenn Änderg mögl (KG NJW **69**, 470). – Löschg dch Nichtmitübertragg (GBO 46 II); bei Mitübertragg wird GB unricht. Nachw des Erlöschens gem GBO 29 mit strengen Anfordergen (BayObLG Rpfleger **97**, 15). – **b)** Unterhaltgspfl u -berecht (vgl Rn 1) ist nur noch der Eigtümer, auf dessen Grdst die Anlage steht (KG JW **34**, 3142).

1027 *Beeinträchtigung der Grunddienstbarkeit.* **Wird eine Grunddienstbarkeit beeinträchtigt, so stehen dem Berechtigten die im § 1004 bestimmten Rechte zu.**

1 **1) Beeinträchtigung** der GrdDbk ist jede Behinderg der zu duldden Benutzg des belasteten Grdst (bei WegeR aber nicht immer schon Mitbenutzg [Köln OLGZ **75**, 221] insb dch nachrang Berecht [Hamm Rpfleger **81**, 105]) od die Vornahme zu unterlassder Hdlgen. – Bei Beeinträchtigg des belasteten Grdst dch von RInhalt nicht gedeckte Hdlg gilt § 1020 Rn 1, § 1018 Rn 8 (BGH Rpfleger **99**, 122).

2 **2) Ansprüche** des Eigtümers (vgl aber auch § 1065) des herrschden Grdst (für bloßen Besitzer gilt § 1029) gg den Störer (zB Eigtümer des belasteten Grdst, der Störg dch Dritte duldet; BGH NJW **92**, 1101). – **a) Beseitigung/Unterlassung** gem § 1004 unabhäng von Verschulden; verjährt wie § 1004 (RGRK/Rothe § 1028 Rn 1). Bei MitEigt an herrschdem Grdst kann jeder MitEigtümer den Anspr geltd machen (BGH aaO). Anspr gem § 1004 II ausgeschl, wenn Beeinträchtigg zu dulden; zB bei Zust, nach § 1024, entspr § 912 I (BGH **39**, 5; MDR **66**, 749; str), Hoheitsakt. – **b) Besitzschutz** nach §§ 858 ff, wenn Berecht im SachBes gestört, od § 1029. – **c) Schadensersatz** aus § 823 I u II (RG Warn **11**, 331) u pVV des ges SchuldVerh (wenn Eigtümer stört). – **d) Geldrente** entspr § 912 II (wenn § 1004 entspr § 912 I ausgeschl) od **Entschädigung** nach EnteigngsGrds (wenn hoheitl Eingr zu dulden).

3 **3)** § 1027 gilt auch für altrechtl GrdDbk.

1028 *Verjährung.* **I Ist auf dem belasteten Grundstück eine Anlage, durch welche die Grunddienstbarkeit beeinträchtigt wird, errichtet worden, so unterliegt der Anspruch des Berechtigten auf Beseitigung der Beeinträchtigung der Verjährung, auch wenn die Dienstbarkeit im Grundbuch eingetragen ist. Mit der Verjährung des Anspruchs erlischt die Dienstbarkeit, soweit der Bestand der Anlage mit ihr im Widerspruch steht.**

II Die Vorschriften des § 892 finden keine Anwendung.

1) Verjährung des Anspruchs auf Beseitigung einer störenden Anlage auf belastetem Grdst wie auch in den and Fällen des § 1027 nach 30 Jahren ab Errichtg der Anlage **(I 1).** Unerhebl von wem u warum Anlage errichtet. Wird Anlage in der VerjFr dch andere Anlage ersetzt, so beginnt neue VerjFr (BGH **LM** Nr 1). EigtWechsel bei belastetem od herrschden Grdst unterbricht Verj nicht (§ 221). 1

2) Mit Verj dieses BeseitiggsAnspr (nicht in and Fällen des § 1027) **erlischt die Grunddienstbarkeit** krG **(I 2);** GBBerichtigg nach § 894, GBO 22 (vgl Hbg FGPrax **96**, 211). GrdDbk bleibt aber in dem Umfang bestehen, in dem Anlage sie nicht beeinträchtigt (BayObLG **59**, 478). – **Kein Gutglaubensschutz (II)** für Erwerber, der herrschdes Grdst in Unkenntn der lfden VerjFr od des Erlöschens der GrdDbk erwirbt; jedoch für Erwerber, der es erst nach Beseitigg der Anlage erwirbt (Soergel/Stürner Rn 2; aA RGRK/Rothe Rn 5). 2

3) § 1028 gilt auch für altrechtl GrdDbk. 3

1029 *Besitzschutz des Rechtsbesitzers.* **Wird der Besitzer eines Grundstücks in der Ausübung einer für den Eigentümer im Grundbuch eingetragenen Grunddienstbarkeit gestört, so finden die für den Besitzschutz geltenden Vorschriften entsprechende Anwendung, soweit die Dienstbarkeit innerhalb eines Jahres vor der Störung, sei es auch nur einmal, ausgeübt worden ist.**

1) Besitzschutz bei verbotener Eigenmacht genießen: – **a)** Wer in Ausübg der GrdDbk (auch wenn diese nicht eingetr) das belastete Grdst iSv §§ 854 ff besitzt **(Sachbesitz),** unmittelb nach §§ 858 ff. – **b)** Wer das herrschde Grdst in unmittelb od mittelb Voll-, Teil-, Allein-, Mit-, Eigen- od FremdBes hat u eine für den Eigtümer eingetr (Widerspr nach unrechtm Löschg reicht nicht) GrdDbk ausübt **(Rechtsbesitz),** nach § 1029 iVm §§ 858 ff wie Sachbesitzer; zB Eigtümer selbst, NutzgsBerecht. 1

2) Voraussetzg für BesSchutz des RBesitzers ist wenigstens **einmalige Ausübung** der GrdDbk dch eine befugte Pers (zB auch Besucher des Mieters) ohne Rücks auf RAusübgsAbsicht (hM; aA Stgt OLG **6**, 252) nach GBEintr u innerh eines Jahres vor der Störg. Bei Berechtigg zum Halten einer Anlage kein FrBeginn, solange Anlage besteht. Bei UnterlassgsDbk genügt als AusübgsHdlg schlichtes Unterlassen ohne bes Verbot (BayObLG **33**, 292), so daß Frist mit erster Zuwiderhdlg beginnt. 2

3) § 1029 gilt für altrechtl GrdDbk, sofern diese eingetr; andernf gilt EG 191. 3

Zweiter Titel. Nießbrauch

Einführung

1) Dch die NießbrBestellg entsteht zw Eigtümer u Nießbraucher ein **dingliches Rechtsverhältnis und ein gesetzliches Schuldverhältnis** (vgl Einl 9 vor § 854; zB §§ 1041–1047; 1049–1051, 1055). Letzteres gestaltet den Inhalt des dingl Rechts, denn es regelt die RBeziehgen zw Nießbraucher u jeweil Eigtümer (auch wenn Nießbr von Dritten bestellt). Dch anfängl od nachträgl Vereinbg kann der Inhalt des ges **Schuldverhältnisses geändert** werden; dies wirkt dingl (dh ohne Übernahme ggü RNachf) nur bei Eintr (auch gem § 874) im GB. Dingl wirkde u eintragb Abänderg darf aber Wesenskern der Nießbr nicht beeinträchtigen (dazu Schippers RhNK **96**, 197): **unzulässig** (nur schuldrechtl Wirkg) daher Begründg von LeistgsPfl des Eigtümers (BayObLG **85**, 6), Abdingg von §§ 1036, 1037 I (KG OLGZ **92**, 1), 1039 I 2, Abhängigk des dingl Rechts von MietVertr (BayObLG **79**, 273); VfgsBefugn für Nießbraucher (§ 1030 Rn 8) – **zulässig** aber Abdingg von § 1051 (BayObLG **77**, 81) u § 1059 S 2 (LG MöGladb NJW **69**, 140), Vereinbg von EntgeltPfl des Nießbrauchers (BayObLG **79**, 273) u Verwendg der Nutzgen zu best Zwecken (§ 1030 Rn 7), Erweiterg von § 1041 S 2 (BayObLG Rpfleger **98**, 70). – **Kein Nießbrauch:** NutznießgsR nach §§ 1417 III 2, 1649 II; Vorerbsch. Keine Eintr im GB (vgl RG HRR **36** Nr 336). 1

2) Entstehung. – **a)** Außer krG (zB §§ 900 II, 1033, 1075 I, FlurbG 68, BauGB 63) als abstraktes **dingliches Recht** dch RGesch: bewegl Sachen gem § 1032; Grdst gem §§ 873, 874; Rechte gem §§ 1069, 1081 II. Befristg od Bdgg zul (zB Bestellg für mehrere nacheinand derart, daß für den einen auflösd u den and aufschiebd bdgt). Behördl Gen erforderl nach GrdstVG 2 II Nr 3, BauGB 51 I Nr 1, 144 II Nr 2. – **b) Schuldrechtliches Grundgeschäft** für Bestellg kann sein zB ÜberlassgsVertr, Vfg vTw (zB Vermächtn; BGH **LM** § 2203 Nr 1), Kauf, SichgsVertr (§ 1030 Rn 7). Versprechen des Eigtümers, VertrPartner solle GrdstEinn in eigtümerähnl Stellg haben, kann Anspr auf NießbrBestellg begründen (BGH Warn **69**, Nr 153). 2

3) Erlöschen. – **a)** Kraft **Rechtsgeschäfts:** §§ 875, 1062, 1064. – **b)** Kraft **Gesetzes:** Tod bzw Erlöschen des Berecht (§ 1061; vgl aber § 1059 a). Auflösde Bdgg (§ 158 II [zB Künd; BayObLG MittBayNot **90**, 39]) od Befristg (§ 163); Verlängerg erfordert Neubestellg (OGH MDR **49**, 470). Dch völligen Untergang der Sache (vgl aber auch § 1046); nicht aber des Gbdes bei GrdstNießbr. Dch Konsolidation regelm bei Fahrn (vgl § 1063), nicht bei Grdst (§ 889). Bei bewegl Sachen ferner nach §§ 936, 945 od 1242 II 2. Bei Grdst nach §§ 892, 901 od dch ZwVerst (ZVG 91, 121). Bei Rechten: § 1072. Vgl auch EG 184, 189. 3

4) Zwangsvollstreckung: Zur ZwVollstr gg den Nießbraucher vgl § 1059 Rn 5, 6. Bei ZwVollstr ggden Eigtümer: Bei VermögensNießbr § 1086, ZPO 737, 738. Allg gilt: Nießbraucher hat gg FahrnVollstr ZPO 771 u (wenn im Besitz der Sache) ZPO 766, 809; pfändb also nur der Anspr des Eigtümers auf Herausg nach NießbrEnde (§ 1055, ZPO 846, 847). In der Eigtümerinsolvenz: InsO 47 für Nießbraucher – **Zwangsversteigerung:** Ist Nießbrauch rangbesser, kommt er ins geringste Gebot u bleibt nach Zuschlag bestehen, ZVG 44, 52; geht Nießbr dem betreibden Gläub nach, erlischt er mit Zuschlag, ZVG 52 I, 91 I; an seine Stelle tritt der Anspr auf WertErs aus dem Versteigergserlös als Rente, ZVG 121, 92 II – **Zwangsverwaltung:** Geht der 4 betreibde Gläub vor, kann u muß er Duldgstitel gg Nießbraucher erwirken, damit Zwangsverwalter Grdst besitzen u verwalten kann (KG JW **33**, 2348; OLG **20**, 390). Ist Nießbr rangbesser, kann zwar die ZwVerw angeordnet w; doch ist sie auf Erinnerg des Nießbrauchers hin zu beschränken, so daß Zwangsverwalter nur mittelb Besitz u die dem Eigtümer gg den Nießbraucher zustehden Befugnisse erhält (Köln NJW **57**, 1769). – Zusammentreffen von Hyp u Nießbr am gleichen Grdst: § 1124 Rn 5.

I. Nießbrauch an Sachen

1030 *Begriff.* [I] **Eine Sache kann in der Weise belastet werden, daß derjenige, zu dessen Gunsten die Belastung erfolgt, berechtigt ist, die Nutzungen der Sache zu ziehen (Nießbrauch).**

[II] **Der Nießbrauch kann durch den Ausschluß einzelner Nutzungen beschränkt werden.**

Schrifttum: Schön, Der Nießbrauch an Sachen, Köln 1992

1 1) Über **Nießbrauchsverhältnis, Entstehung** u **Erlöschen** des Nießbr vgl Einf 1–3 vor § 1030.

2 **2) Gegenstand. – a) Sachen.** Bewegl Sachen, Tiere (§ 90 a), Grdst, grdstgl Rechte (Übbl 3 vor § 873), Schiffe (§ 1032 Rn 1); nicht aber eingetr Luftfz (LuftfzRG 9). Mehrere Sachen nur dch selbstd EinzelR belastb (KG HRR **34** Nr 521; LG Düss RhNK **73**, 658): kein Gesamtnießbr (Böttcher MittBayNot **93**, 129 zu IV 3). **Reale Sachteile,** die unwesentl Bestandt (zB GrdstTeile [LG Tüb BWNotZ **81**, 140; Nießbr erfaßt dann auf ihm stehde Gbde]); nicht aber wesentl Bestandt (zB GbdeTeil; BayObLG **79**, 361). **Ideelle Bruch-**
3 **teile** (§ 1066), zB WE (WEG 6 Rn 9).– **b)** Der Nießbr **erstreckt sich auf die Bestandteile** iSv §§ 93–96. Unwesentl Bestandt sind aber ausnehmb; bei DrittEigt an ihnen gelten §§ 1032 S 2, 892. Nachträgl eingefügte wesentl Bestandt werden erfaßt (zB wiederaufgebautes Gbde; BGH **LM** § 1090 Nr 10), nicht aber gem § 890 II zugeschriebene Grdst (arg § 1132). **Zubehör** vgl § 1031. Keine Erstreckg auf **schuldrechtliche Ansprüche** (u deren LeistgsGgst) gg Dritte wegen Zerstörg/Beschädigg od aus Veräußerg (Zust des Nießbrauchers kann Verpfl zur NießbrBestellg am Erlös begründen; RGRK/Rothe 6), wohl aber auf VersFdg (§ 1046) u nach LandesR (EG 52, 53, 109) auf EnteignsEntschädigg.

4 **3) Berechtigter** kann nur eine bestimmte natürl od jur Person sein; subjdingl Bestellg nicht mögl. – Bestellg für **Mehrheit von Berechtigten** mögl: GesHandsGemsch, BruchtGemsch od GesamtBerecht nach § 428 (BGH NJW **81**, 176); nicht aber für MitBerecht nach § 432 (Hamm Rpfleger **80**, 21). Bei BruchtBerecht gelten im InnenVerh §§ 741, 746, 748, 1010, 1011 entspr; erlischt Nießbr eines Berecht, so entsteht zw den anderen u dem Eigtümer eine Nutzgs- u VerwGemsch, für die §§ 741 ff entspr gelten (BayObLG **55**, 155). Eintr als „GesamtBerecht" genügt GBO 47 nicht (BGH NJW **81**, 176). Ergibt GBEintr nicht Art des GemschVerh, so ist wirtsch Anlaß der Bestellg zur Auslegg heranzuziehen (RG HRR **37** Nr 1443). – **Eigentümernießbrauch** bei Grdst zul (Köln NJW-RR **99**, 239; vgl Einl 7 vor § 854); hM verlangt schutzwürd Interesse (LG Hbg DNotZ **69**, 39; LG Verd NdsRpfl **70**, 208). Ebso bei bewegl Sachen (Kanzleiter in Anm zu Düss DNotZ **99**, 440) zB bei Veräußerg unter NießbrVorbeh (Staud/Frank 32)

5 **4) Rechtsinhalt** (wg Abänderg vgl Einf 1 vor § 1030). – **a) Nutzungsziehungsrecht (I)** u BesR (§ 1036 I); Eigtümer hat nicht zu leisten, sond nur zu dulden. Nießbraucher kann die Sache vermieten/ verpachten; veräußert Eigtümer vermietete Sache unter NießbrVorbeh für sich, so bleibt er Vermieter (LG Ba-Ba WoM **93**, 357). Nießbraucher erwirbt die Nutzgen aus eigenem Recht; bei unmittelb Früchten nach §§ 954 ff, bei mittelb dch Einziehg. Er wird Gläub der Miet/PachtzinsFdg (RG **124**, 329), u zwar bei bestehdem Miet/PachtVertr schon mit NießbrBestellg (wg der hiervon verschied Frage, ab wann sie ihm „gebühren", vgl § 101). Trotzdem Pfändg der eigenen Fdg dch Nießbraucher wg einer Fdg gg Eigtümer zul (RG **86**, 138; wg § 1124); nicht folgericht, wenn RG **80**, 316 Abtretg nicht zuläßt. Dritte bedürfen zur
6 ZwVollstr in die Nutzgen eines Titels gg den Nießbraucher. – **b) Ausschluß einzelner Nutzungen** (zB Gebr [BGH **LM** § 2203 Nr 1], Vermietg [LG Aach Rpfleger **86**, 468]) bei Bestellg od später dch InhaltsÄnderg vereinb **(II);** wirkt ggü EinzelRNachf nur bei GBEintr. Stets muß RNatur als umfassdes NutzgsR erhalten bleiben; unzulässig daher Bestellg nur für eine od einzelne NutzgsArten (zB HolznutzgsR an WaldGrdst; BayObLG Rpfleger **81**, 439) sowie Ausschluß wesentl Bestandt (zB bestimmte Wohng; BayObLG **79**, 361) von NutzgsR. Über Verh zu §§ 1018, 1090 (Benutzg in einz Beziehgen) vgl Schöner DNotZ **82**, 416. Ausschließb aber NutzgsR für unwesentl Bestandt/GrdstTeile, da Hauptsache ohne sie belastb. –
7 **c) Verwendungszweck der Nutzungen** (SichgsNießbr) bei Bestellg od später dch InhaltsÄnderg vereinb, zB Verrechng auf Fdg des Nießbrauchers gg Eigtümer (BayObLG **79**, 273); wirkt ggü EinzelRNachf nur bei GBEintr. Nießbr ist dann idR dch Tilgg der Fdg auflösd bdgt u SG hat bei Wegfall des SichgsZwecks LöschgsAnspr (BGH WM **66**, 653). Nießbraucher ist im InnenVerh dch TreuPfl beschr (BGH WM **65**, 479), im AußenVerh aber unbeschr Nießbraucher (Dresden OLG **9**, 15). Bei Abtr der gesicherten Fdg kann Eigtümer Aufgabe des Nießbr verlangen, wenn Nießbraucher Früchte nicht weiter zur Tilgg verwendet od neuem Gläub nicht Ausübg des Nießbr überläßt. – **d)** Erweiterg des RInhalts auf Befugn zu
8 **Verfügungen über den Belastungsgegenstand** (DispositionsNießbr), wie zB Belastg, widerspricht dem Wesen des Nießbr als NutzgsR; Eigtümer kann aber Nießbraucher zu Vfgen ermächtigen (§§ 183, 185) od bevollmächtigen u sich ihm gem § 137 S 2 verpflichten (BGH NJW **82**, 31). Für GrdstInventar vgl aber § 1048.

9 **5) Quotennießbrauch;** zu unterscheiden von BruchtNießbr (§ 1066 Rn 2). An einer in ungeteiltem Eigt stehden Sache Nießbr zu einer Quote der GesNutzgen bestellb (KG JFG **13**, 447; BayObLG **73**, 168 [172]; LG Wuppt Rpfleger **95**, 209; LG Köln RhNK **99**, 246); zw Eigtümer u NießbrBerecht entsteht Nutzgs- u VerwaltgsGemsch, für die §§ 741 ff entspr gelten (KG aaO; LG Wuppt aaO). § 1066 nicht anwendb.

1031 ***Erstreckung auf Zubehör.*** **Mit dem Nießbrauch an einem Grundstück erlangt der Nießbraucher den Nießbrauch an dem Zubehöre nach den für den Erwerb des Eigentums geltenden Vorschriften des § 926.**

1 **1) Allgemeines.** Regelmäß werden die Beteiligten Grdst u Zubehör (§§ 97, 98) als wirtschaftl Einh behandeln wollen. Dem tragen §§ 314, 926, 1031, 1096 Rechng.

2 **2)** Entspr Anwendg des **§ 926.** Im Zw ist anzunehmen, daß sich die Belastg auf das vorhandene Zubehör erstrecken soll. Dann wird das dem Besteller gehörende Zubehör mit der Entstehg des Nießbr am Grdst (§§ 873, 874) belastet, anderes Zubehör mit Besitzergreifg durch den gutgl Nießbraucher entspr §§ 932 ff. Rechte Dritter gehen dem Nießbr nach entspr § 936. Nachträgl Belastg nur nach § 1032.

1032 ***Bestellung an Fahrnis.*** **Zur Bestellung des Nießbrauchs an einer beweglichen Sache ist erforderlich, daß der Eigentümer die Sache dem Erwerber übergibt und beide darüber einig sind, daß diesem der Nießbrauch zustehen soll. Die Vorschriften des § 929 Satz 2, der §§ 930 bis 932 und der §§ 933 bis 936 finden entsprechende Anwendung; in den Fällen des § 936 tritt nur die Wirkung ein, daß der Nießbrauch dem Rechte des Dritten vorgeht.**

1 **1)** Die **Bestellung** des Nießbr **an beweglichen Sachen** ist ähnl geregelt wie die Übertr des Eigtums (§§ 929 ff). Bestellg an den einzelnen Sachen auch iFv §§ 1035, 1085, 1089 erforderl. Nießbr am AnwR w mit EigtErwerb des Bestellers zum Nießbr an der Sache. Nach S 2 NießbrBestellg mögl, auch wenn Nießbraucher unmittelb Bes nie erhalten soll (BGH **LM** § 2033 Nr 1). – Für die Bestellg des Nießbr an nicht eingetr **Schiffen** bewendet es bei den allg für Fahrn geltden Vorschriften; §§ 929 a, 932 a sind nicht entspr anwendb. Für eingetr Schiff: SchiffsRG 9, 82: also nicht an Schiffsbauwerken u Schwimmdocks; an eingetr Schiffen nur, wenn damit die Verpfl zur Bestellg des Nießbr am ganzen Verm des Eigtümers od an einer Erbsch od an Bruchteil daran erfaßt w soll. Auf Nießbr am Schiff gelten die Vorschr des BGB für GrdstNießbr, SchiffsRG 82 I.

2 **2) Grundsatz: Einigung** zw Eigtümer u Nießbraucher **und Übergabe** (entspr § 929 S 1). Auch des Zubehörs, anders für Grdst, § 1031. Überg entbehrl nach § 929 S 2. ÜbergErsatz entspr § 930 (so daß mittelb Besitz zB genügt bei TestVollstreckersch, BGH **LM** § 2203 Nr 1) u § 931. NießbrBestellg an Fahrnisbruchteil (vgl § 1066) erfordert Mitbesitzeinräumung. Dem gutgl Nießbraucher ggü gilt Besteller als Eigtümer, § 1058. Schutz des gutgl Nießbrauchers entspr §§ 932–935; Rechte Dritter (§ 936) gehen dem gutgl Nießbraucher nach, S 2 Halbs 2; ist er bösgl, geht sein Nießbr den Drittrechten nach. Bei Vorbeh des Nießbr seitens des bösgl Veräußerers verbleibt Nießbr dem Eigtümer (Blomeyer AcP **153**, 253).

1033 ***Erwerb durch Ersitzung.*** **Der Nießbrauch an einer beweglichen Sache kann durch Ersitzung erworben werden. Die für den Erwerb des Eigentums durch Ersitzung geltenden Vorschriften finden entsprechende Anwendung.**

1 Die Vorschr schützt den gutgl Erwerber im Falle des § 935. Entspr anwendb sind die §§ 937–942. Wg § 1059 nicht die §§ 943, 944 bei natürl Pers; doch kommt die BesZeit des gutgl Nichteigtümers dem Nießbraucher zugute (W-Raiser § 115 Fußn 7). § 945 ist nur mit der Maßg entspr anwendb, daß das Recht des Dritten im Range zurücktritt; vgl § 1032 S 2. Für GrdstNießbr gilt § 900 II. Vgl ferner EG 185.

1034 ***Feststellung des Zustandes.*** **Der Nießbraucher kann den Zustand der Sache auf seine Kosten durch Sachverständige feststellen lassen. Das gleiche Recht steht dem Eigentümer zu.**

1 Der Zustand der Sache zZ der Bestellg des Nießbr ist wesentl für ihre Rückg. Eigtümer u Nießbraucher können deshalb jederzeit die Feststellg verlangen. Bei Grdst/WohngsNießbr kein BesichtiggsR des Eigtümers (LG Fulda NJW-RR **89**, 777). Verf nach FGG 15, 164. § 1034 stellt nicht auf Besteller, sond auf Eigtümer ab; doch gelten für Besteller die Vermutgen §§ 891 I, 1006; für Nießbraucher § 1058.

1035 ***Nießbrauch an Inbegriff von Sachen; Verzeichnis.*** **Bei dem Nießbrauch an einem Inbegriffe von Sachen sind der Nießbraucher und der Eigentümer einander verpflichtet, zur Aufnahme eines Verzeichnisses der Sachen mitzuwirken. Das Verzeichnis ist mit der Angabe des Tages der Aufnahme zu versehen und von beiden Teilen zu unterzeichnen; jeder Teil kann verlangen, daß die Unterzeichnung öffentlich beglaubigt wird. Jeder Teil kann auch verlangen, daß das Verzeichnis durch die zuständige Behörde oder durch einen zuständigen Beamten oder Notar aufgenommen wird. Die Kosten hat derjenige zu tragen und vorzuschießen, welcher die Aufnahme oder die Beglaubigung verlangt.**

1 Gilt nur für Nießbr an einem **Inbegriff von Sachen,** vgl § 260 Rn 6. Ebenso für Nießbr an Rechten, § 1068, Vermögen u Erbschaft. Vgl auch § 2121. Verlangen nach Mitwirkg, Beglaubigg, § 129, od behördl Aufnahme kann jederzeit gestellt w. Bloße Ausk genügt nicht. Persönl Mitwirkg od durch Bevollmächtigte, um Zahl u Beschaffenh der belasteten Sachen mögl unstreitig festzustellen (RG **126**, 106). ZwVollstr nach ZPO 888. Unterzeichng begründet keinen AnerkenngsVertr; nur Geständn, daß die Sachen vorhanden u mit dem Nießbr belastet sind.

1036 ***Recht zum Besitz, Pflicht zur Bewirtschaftung.*** **[I] Der Nießbraucher ist zum Besitze der Sache berechtigt.**

[II] Er hat bei der Ausübung des Nutzungsrechts die bisherige wirtschaftliche Bestimmung der Sache aufrechtzuerhalten und nach den Regeln einer ordnungsmäßigen Wirtschaft zu verfahren.

1 **1)** Gegen jedermann wirkdes u nicht mit dingl Wirkg abdingb (Hamm Rpfleger **83**, 144) **Recht zum Besitz (I).** Regelm Anspr auf unmittelb Besitz; anders nur, wenn ein Dritter nach § 868 unmittelb besitzt (BGH **LM** § 2203 Nr 1; Hamm aaO); Vereinbg von Mitbesitz möglich, so für § 1030 II; Mitbesitz krG: § 1081. Über SchutzAnspr (auch gg Dritte) vgl § 1065. Mittelb Besitz des Bestellers: § 868.

2 **2)** Bei **Ausübung des Nutzungsrechts (II)** ist die wirtsch Bestimmg zZ der NießbrEntstehg zu erhalten; nicht mit dingl Wirkg abdingb (LG Köln RhNK **86**, 24). Charakter des Ganzen darf nicht geändert werden; teilw Änderg, zB einzelnen Waldstückes in Obstpflanzg, kann zul sein (RG **80**, 231). Die ordngsm Bewirtschaftg kann auch positive Hdlgen erfordern, zB Aufforstg nach Kahlschlag (BayObLG **72**, 366); nicht aber Wiederaufbau eines Weinbergs nach Rodg im FlurbVerf (Zweibr OLGZ **84**, 460). Bei Verstoß SchadErsPfl wg pVV des ges SchuldVerh (Einf 1 vor § 1030) u § 823 I. Vgl auch §§ 1037, 1038, 1041.

1037 ***Umgestaltung.*** **[I] Der Nießbraucher ist nicht berechtigt, die Sache umzugestalten oder wesentlich zu verändern.**

[II] Der Nießbraucher eines Grundstücks darf neue Anlagen zur Gewinnung von Steinen, Kies, Sand, Lehm, Ton, Mergel, Torf und sonstigen Bodenbestandteilen errichten, sofern nicht die wirtschaftliche Bestimmung des Grundstücks dadurch wesentlich verändert wird.

1 **I** führt den Grds des § 1036 II weiter fort u gilt auch bei Verbesserg/Wertsteigerg (KG OLGZ **92**, 1); nicht mit dingl Wirkg abdingb (KG aaO). Unwesentl Ändergen zur Verbesserg der WirtschFührg sind gestattet. Die Errichtg von Anlagen nach **II** ist keine Umgestaltg, wenn der Gesamtcharakter des Grdst gewahrt bleibt. Errichtg (KG aaO) u Umbau/Vergrößerg (LG Köln RhNK **86**, 24) von Gbden über II hinaus idR unzul. Wg des Eigt am Gebäude vgl § 95 I 2; Platten BB **65**, 1211. Über BergR u AbbauR vgl EG 67, 68. Vgl ferner § 1038.

1038 ***Wirtschaftsplan für Wald und Bergwerk.*** **[I] Ist ein Wald Gegenstand des Nießbrauchs, so kann sowohl der Eigentümer als der Nießbraucher verlangen, daß das Maß der Nutzung und die Art der wirtschaftlichen Behandlung durch einen Wirtschaftsplan festgestellt werden. Tritt eine erhebliche Änderung der Umstände ein, so kann jeder Teil eine entsprechende Änderung des Wirtschaftsplans verlangen. Die Kosten hat jeder Teil zur Hälfte zu tragen.**

[II] Das gleiche gilt, wenn ein Bergwerk oder eine andere auf Gewinnung von Bodenbestandteilen gerichtete Anlage Gegenstand des Nießbrauchs ist.

1 Verlangen jederzeit zul; Zuziehg von Sachverst kann beiderseits verlangt werden. Kosten tragen Eigtümer u Nießbraucher je zur Hälfte. Notfalls Klage auf Gen eines bestimmten Planes. SchadErs bei schuldh Verletzg des Planes. Abänderg, wenn er den Regeln ordngsmäßiger Wirtsch nicht mehr entspricht. Die Landesgesetze (EG 67, 68) verlangen Betriebspläne nur nach polizeil Gesichtspunkten.

1039 ***Übermäßige Fruchtziehung.*** **[I] Der Nießbraucher erwirbt das Eigentum auch an solchen Früchten, die er den Regeln einer ordnungsmäßigen Wirtschaft zuwider oder die er deshalb im Übermaße zieht, weil dies infolge eines besonderen Ereignisses notwendig geworden ist. Er ist jedoch, unbeschadet seiner Verantwortlichkeit für ein Verschulden, verpflichtet, den Wert der Früchte dem Eigentümer bei der Beendigung des Nießbrauchs zu ersetzen und für die Erfüllung dieser Verpflichtung Sicherheit zu leisten. Sowohl der Eigentümer als der Nießbraucher kann verlangen, daß der zu ersetzende Betrag zur Wiederherstellung der Sache insoweit verwendet wird, als es einer ordnungsmäßigen Wirtschaft entspricht.**

[II] Wird die Verwendung zur Wiederherstellung der Sache nicht verlangt, so fällt die Ersatzpflicht weg, soweit durch den ordnungswidrigen oder den übermäßigen Fruchtbezug die dem Nießbraucher gebührenden Nutzungen beeinträchtigt werden.

1 **1) Eigentumserwerb. – a)** Der Nießbraucher erwirbt das Eigt an allen **Sachfrüchten** (§ 99 I) mit der Trenng (§ 954); auch an Raub- u Übermaßfrüchten. Ausn nur nach §§ 955–957. – **b) Mittelbare Früchte** (§ 99 III) erwirbt er zu Eigt dch Einziehg; das Recht auf Erträge aber schon mit NießbrBestellg od späterer Entstehg des Rechts (vgl § 1030 Rn 5).

2 **2) Ausgleich** zw Nießbraucher u Eigtümer bei Übermaßfrüchten. – **a)** Dem **Nießbraucher gebühren** nur die Früchte, die er bei ordngsmäßiger Wirtsch (§ 1036 II) gezogen hätte. Der Wert der darüber hinaus gezogenen Früchte ist dem Eigtümer zu erstatten. Grd der Fruchtziehg unerhebl; Wertersatz auch bei Gestattg
3 einer Umwandlg (RG **80**, 233). – **b) Wertersatz (I 2)** regelm erst nach Beendigg des Nießbr. Bis dahin gebühren dem Nießbraucher die Zinsen des Wertersatzes. Aber SicherhLeistg nach §§ 232ff, 1051ff. Statt dessen Anspr Beider auf sof Verwendg des ErsBetrages zur Wiederherstellg der Sache im Rahmen ordngsmäßiger Wirtsch: **I** 3, **II** (wo zB an Waldabholzg gedacht). WertErsPfl nicht mit dingl Wirkg abdingb (BayObLG
4 Rpfleger **77**, 251). – **c) Schadensersatz** (sofort) wg pVV des ges SchuldVerh (Einf 1 vor § 1030). Vgl ferner §§ 1051–1054.

1040 *Schatz.* **Das Recht des Nießbrauchers erstreckt sich nicht auf den Anteil des Eigentümers an einem Schatze, der in der Sache gefunden wird.**

Der Schatz (§ 984) ist weder Frucht noch Bestandt noch Zubehör der Sache. 1

1041 *Erhaltung der Sache.* **Der Nießbraucher hat für die Erhaltung der Sache in ihrem wirtschaftlichen Bestande zu sorgen. Ausbesserungen und Erneuerungen liegen ihm nur insoweit ob, als sie zu der gewöhnlichen Unterhaltung der Sache gehören.**

1) Die §§ 1041–1047 behandeln **Pflichten** iR des gesetzl Schuldverhältn (Einf 1 vor § 1030). – **a)** Zur **Erhaltung der Sache in ihrem wirtschaftlichen Bestand** (S 1) gehört zB bei (selbst gestattetem) Kahlschlag die Wiederaufforstg (BayObLG **72**, 366); zur regelm Neubestockg eines Weinbergs vgl Zweibr OLGZ **84**, 460. ErhaltgsPfl nicht mit dingl Wirkg abdingb (BayObLG **77**, 205; aA LG Ulm BWNotZ **77**, 173; LG Augsbg MittBayNot **76**, 139). Doch ist Nießbraucher nicht zum Wiederaufbau zerstörten Hauses verpflichtet (dies auch nicht der Eigtümer, vgl BGH **LM** § 1090 Nr 10). – **b)** Von laufenden **Unterhaltungskosten** (S 2) trägt er nur die gewöhnl, da ihm auch nur die gewöhnl Nutzgen gebühren. Vertragsm Erlaß zul. Er hat für die Erhaltg zu sorgen: bei gewöhnl UnterhaltgsMaßn dch Vornahme, iü dch Anzeige an den Eigtümer (§ 1042) u Duldg (§ 1044). Zu außergewöhnl UnterhaltgsMaßn (zB Dachsanierg nach Ablauf der Lebensdauer; Kblz NJW-RR **95**, 15) ist er nicht verpflichtet (abw Vereinbg als NießbrInhalt zuläss; BayObLG RPfleger **98**, 70), aber berechtigt (§§ 1043, 1044, 1049); vom Eigtümer kann er sie nur bei schuldr Verpfl beanspruchen (BGH **113**, 179). Für verschuldete Schäden haftet der Nießbraucher nach §§ 276, 278, 249, wg pVV des ges SchuldVerh (Einf 1 vor § 1030) u aus § 823 I. Vgl auch §§ 1048, 1050. 1 2

2) Nießbraucher einer ideellen GrdstHälfte ist dem Eigtümer der and Hälfte nicht zur Erstattg von Baukosten über § 1041 hinaus verpfl (BGH NJW **66**, 1707). 3

1042 *Anzeigepflicht des Nießbrauchers.* **Wird die Sache zerstört oder beschädigt oder wird eine außergewöhnliche Ausbesserung oder Erneuerung der Sache oder eine Vorkehrung zum Schutze der Sache gegen eine nicht vorhergesehene Gefahr erforderlich, so hat der Nießbraucher dem Eigentümer unverzüglich Anzeige zu machen. Das gleiche gilt, wenn sich ein Dritter ein Recht an der Sache anmaßt.**

1) Vgl § 1041 Rn 1. Ähnl § 545. AnzeigePfl (§ 121) entfällt nicht, wenn der Nießbraucher selbst erneuert od selbständig gg Dritte vorgeht, §§ 1036 I, 1065. SchadErs bei schuldh Verletzg der AnzeigePfl wg pVV des ges SchuldVerh. Eigtümer ist beweispfl für die Voraussetzgen der AnzeigePfl u seinen Schaden; Nießbraucher für die gehörige Absendg der Anzeige od sein Unverschulden. 1

2) Von dem Dritten können Eigtümer u Nießbraucher selbständig SchadErs beanspruchen; s dazu Anm zu § 1065. Über die Entschädigg für eine Enteigng vgl EG 52, 53, 109. 2

3) Anmaßg eines Rechts wörtl od dch Handlgen. Abwehrklage, § 1004, für Eigtümer u Nießbraucher; sow die Anmaßg beide zugleich berührt, können sie, müssen aber nicht zugleich klagen; tun sie es: notw Streitgenossen nach ZPO 62 I 1. Fall. 3

1043 *Ausbesserung oder Erneuerung.* **Nimmt der Nießbraucher eines Grundstücks eine erforderlich gewordene außergewöhnliche Ausbesserung oder Erneuerung selbst vor, so darf er zu diesem Zwecke innerhalb der Grenzen einer ordnungsmäßigen Wirtschaft auch Bestandteile des Grundstücks verwenden, die nicht zu den ihm gebührenden Früchten gehören.**

Vgl § 1041 Rn 1. Nur soweit der Nießbraucher nach § 1049 Ersatz beanspruchen könnte, darf er statt dessen Bestandteile verwenden, die nicht Früchte sind od im Übermaß gezogen waren. Ebso bei gewöhnl Ausbessergen, wenn ihm diese vertragsm entgg § 1041 S 2 nicht zur Last fallen. Nießbraucher kann also entw nach § 1043 verfahren od eigene Aufwendgen machen u nach § 1049 vorgehen. 1

1044 *Duldung von Ausbesserungen.* **Nimmt der Nießbraucher eine erforderlich gewordene Ausbesserung oder Erneuerung der Sache nicht selbst vor, so hat er dem Eigentümer die Vornahme und, wenn ein Grundstück Gegenstand des Nießbrauchs ist, die Verwendung der im § 1043 bezeichneten Bestandteile des Grundstücks zu gestatten.**

Vgl § 1041 Rn 1 u § 1043 Rn 1. § 1044 gilt für gewöhnl u außergewöhnl Ausbessergen. Kein BesichtiggsR des Eigtümers, ob ReparaturBedürfn besteht (LG Fulda NJW-RR **89**, 777); and zur Vorbereitg notw Reparatur. VornahmeR des Nießbrauchers geht dem des Eigtümers vor. Vornahme ohne NießbraucherZust ist verbotene Eigenm, § 858. ZwVollstr des Eigtümers gg den Nießbraucher nach ZPO 890, 892; schuldh Weigerg macht schadenersatzpfl. Nutzgsminderg dch Verwendg von Bestandteilen (§ 1043) muß Nießbraucher dulden, wenn Grenzen ordngsm Wirtsch nicht überschritten werden. 1

1045 *Versicherungspflicht des Nießbrauchers.* **[I] Der Nießbraucher hat die Sache für die Dauer des Nießbrauchs gegen Brandschaden und sonstige Unfälle auf seine Kosten unter Versicherung zu bringen, wenn die Versicherung einer ordnungsmäßigen Wirtschaft ent-**

spricht. Die Versicherung ist so zu nehmen, daß die Forderung gegen den Versicherer dem Eigentümer zusteht.

II Ist die Sache bereits versichert, so fallen die für die Versicherung zu leistenden Zahlungen dem Nießbraucher für die Dauer des Nießbrauchs zur Last, soweit er zur Versicherung verpflichtet sein würde.

1 Die ErhaltgsPfl (§ 1041 S 1) gebietet dem Nießbraucher die Versicherg – nicht HaftPflVers – im Rahmen ordngsmäßiger Wirtsch. Also nach Lage des einzelnen Falles, insb auch Ortsüblichk. Durch Versicherg für fremde Rechng, VVG 74 ff mit § 1046. Zum vollen Wert der Sache ohne Abzug des Nießbr, vgl § 1046. Unterlassg begründet Anspr auf SchadErs, Übern der vom Eigtümer abgeschlossenen Versicherg u Erstattg der Kosten. Bei bestehender Versicherg haftet Nießbraucher dem Eigtümer (nicht dem Versicherer) für die Kosten, **II.** Über Hagelversicherg vgl VVG 115. Str, ob auch wg der stehden Früchte Fremdversicherg od EigVersicherg; letzteres nur, wenn man bei Tod des Nießbrauchers vor Ernte gem VVG 115 Eintritt des Eigtümers in den Vertrag annimmt, was RG **161**, 86 wohl zu Recht ablehnt.

1046 ***Nießbrauch an der Versicherungsforderung.*** **I An der Forderung gegen den Versicherer steht dem Nießbraucher der Nießbrauch nach den Vorschriften zu, die für den Nießbrauch an einer auf Zinsen ausstehenden Forderung gelten.**

II Tritt ein unter die Versicherung fallender Schaden ein, so kann sowohl der Eigentümer als der Nießbraucher verlangen, daß die Versicherungssumme zur Wiederherstellung der Sache oder zur Beschaffung eines Ersatzes insoweit verwendet wird, als es einer ordnungsmäßigen Wirtschaft entspricht. Der Eigentümer kann die Verwendung selbst besorgen oder dem Nießbraucher überlassen.

1 Erstreckg des Nießbr auf die beim VersFall entstandene EntschädiggsFdg (dingl Surrogation), um Nießbraucher u Eigtümer gleichermaßen zu schützen. Gilt für bestehde u neu abgeschlossene Versichergen im Rahmen des § 1045. Nach Maßg der §§ 1070–1072, 1076–1079 mit 1046 II. Wird die Wiederherstellg verlangt, geht das Recht des Eigtümers vor; anders § 1044 Anm 1; § 1079 S 2. Im Verhältn zum Versicherer gelten §§ 1070 I, 406 ff; sinngem Anwendg des § 1128 II wird überw abgelehnt.

1047 ***Lastentragung.*** **Der Nießbraucher ist dem Eigentümer gegenüber verpflichtet, für die Dauer des Nießbrauchs die auf der Sache ruhenden öffentlichen Lasten mit Ausschluß der außerordentlichen Lasten, die als auf den Stammwert der Sache gelegt anzusehen sind, sowie diejenigen privatrechtlichen Lasten zu tragen, welche schon zur Zeit der Bestellung des Nießbrauchs auf der Sache ruhten, insbesondere die Zinsen der Hypothekenforderungen und Grundschulden sowie die auf Grund einer Rentenschuld zu entrichtenden Leistungen.**

1 **1) Allgemeines.** Regelm soll dem Nießbraucher nur der Reinertrag gebühren. Deshalb hat er die **Lasten** zu tragen, deren Entrichtg aus den Erträgen der Sache erwartet werden darf (RG **153**, 32). Ebso die Betriebs- u Fruchtgewinngskosten. Auch wenn die Lasten die Erträge übersteigen (RG **153**, 35); der Nießbraucher kann nicht die Erträge guter Jahre behalten, die Fehlbeträge schlechter Jahre auf den Eigtümer abwälzen. Er muß dann im ganzen auf den Nießbr verzichten. Für Nießbr am Vermögen vgl § 1088.

2 **2)** § 1047 gilt nur für das **Innenverhältnis** zw Eigtümer u Nießbraucher. Der Eigtümer kann die Befreiung von den Lasten verlangen. Verteilg nach Beendigg des Nießbr nach § 103. Dem Gläub haftet der Nießbraucher regelm nicht persönl (BGH WM **65**, 479); Ausn § 1088. Bei öff Lasten kommt es auf die dafür gegebenen Vorschr an. Zahlg der Lasten durch den Nießbraucher tilgt die Fdg. Kein Übergang der Fdg auf den Nießbraucher, Abtretg an ihn mögl, doch wertlos, da Eigtümer gg Nießbraucher Einwendg der BefreiungsPfl hat (RG **100**, 157).

3 **3) Öffentliche Lasten,** Begriff: Einl 18 vor § 854. Auch wenn erst nach NießbrBestellg entstanden. Kosten der ZwVerwaltg sind nicht öff Lasten (Köln NJW **57**, 1770 abl Anm Dempewolf).

4 **a) Zu tragen hat sie der Nießbraucher,** insb die auf den wirtschaftl Ertrag der Sache gelegten, zB Grund-, Gewerbesteuer. Aber nur die auf der Sache ruhenden. Daher nicht die VermSteuer, die eine persönl des Eigtümers ist (Karlsr NJW-RR **89**, 13); anders bei VermNießbr (§ 1088 III).

5 **b) Ausnahmen.** Eigtümer trägt von den Lasten, die auf den Stammwert gelegt sind (dh die nicht aus den Erträgen, sond aus der Substanz zu leisten sind; BGH NJW **56**, 1070), die außerordentl, dh die nicht ständig wiederkehrenden, zB Erschließgsbeiträge, Flurbereiniggsbeiträge (vgl OVG Lünebg RdL **59**, 332). Zur Frage, nach welchen GrdSätzen der Nießbraucher „angemessen“ an den Beiträgen des Eigtümers (FlurBerG 19, 69) zu beteiligen ist, vgl BVerwG MDR **70**, 355.

6 **4) Privatrechtliche Lasten. a)** Das sind **Zinsen von Grundpfandrechten** (BayObLG Rpfleger **88**, 523), mangels abw Vereinbg einschl HöchstBetrHyp (MüKo/Petzoldt Rn 20; hM); wg EigtümerGrdPfdR vgl § 1197 Rn 2. Die einzelnen Leistgen von Reallasten u Rentenschulden; Überbau- u Notwegrenten; Leistgen nach § 1022. **Nicht** hierunter fallen: Tilggsbeträge (Düss OLGZ **75**, 341), Verzugszinsen für verspätete Kapitalzahlgen; Zinsen für vorgemerkte od dch Pfand gesicherte Fdg.

7 **b)** Der **Nießbraucher** hat alle zZ der Bestellg bestehenden privatrechtl Lasten zu tragen; dies auch, wenn „unentgeltl Nießbr“ bewilligt u eingetr (BGH NJW **74**, 641). Zinsen von GesHyp nur soweit, als sie sonst dem Eigtümer des mit dem Nießbr belasteten Grdst zur Last fallen; fehlt es an interner Regelg, muß er sie ganz tragen (Soergel/Stürner Rn 9). Für eigene Hyp usw kann der Nießbraucher keine Zinsen beanspruchen, auch nicht bei Entziehg der Verw nach § 1052 (RG **141**, 225). Nachträgl aufgenommene od erweiterte

Belastgen erhöhen die Haftg des Nießbrauchers regelm nicht; doch wird für eine wirtschaftl gebotene Zinserhöhg eine Ausn zu machen sein (MüKo/Petzoldt Rn 18; RGRK/Rothe Rn 12), zT wird der Gedanke des § 1119 angewendet (Soergel/Stürner Rn 9). Beim SichgNehmer wird vielf auch stillschw vereinb sein, daß der Eigtümer die die Nutzgen übersteigden Lasten zu tragen hat (vgl RG Gruch **57**, 631).

5) Abweichende Vereinbarung zul, u zwar, da Verpflichtg aus § 1047 zum Inhalt des Nießbr gehört (RG **143**, 234), bei Eintr auch mit dingl Wirkg; die Einschränkg Einf 1 vor § 1030 gilt auch hier. 8

1048 ***Nießbrauch an Grundstück mit Inventar.*** **I Ist ein Grundstück samt Inventar Gegenstand des Nießbrauchs, so kann der Nießbraucher über die einzelnen Stücke des Inventars innerhalb der Grenzen einer ordnungsmäßigen Wirtschaft verfügen. Er hat für den gewöhnlichen Abgang sowie für die nach den Regeln einer ordnungsmäßigen Wirtschaft ausscheidenden Stücke Ersatz zu beschaffen; die von ihm angeschafften Stücke werden mit der Einverleibung in das Inventar Eigentum desjenigen, welchem das Inventar gehört.**

II Übernimmt der Nießbraucher das Inventar zum Schätzwert mit der Verpflichtung, es bei der Beendigung des Nießbrauchs zum Schätzwert zurückzugewähren, so finden die Vorschriften des § 582 a entsprechende Anwendung.

1) Das Inventar ist nicht Eigt des Nießbrauchers. Er darf darüber aber in den Grenzen ordngsmäßiger Wirtsch **verfügen, I 1.** Auch bei Überschreitg der VfgsMacht ist die Vfg dann gutgl Erwerber ggü wirks, wenn sie ihrem Inhalt nach innerh der Grenzen einer ordngsm Wirtsch liegen kann (Celle JW **38**, 49; Westermann § 121 III 3; str). Verpflichtg zur Ersatzbeschaffg entspr § 1041 S 1. – **I 2:** Der InventarEigtümer erwirbt das **Eigentum an den Ersatzstücken** kraft G, wenn Nießbraucher Eigt erworben hatte, u zwar in Sonderform des EigtErwerbs dch Einverleibg (Herstellg räuml Verhältn) od bei späterem EigtErwerb. Aber nur, soweit der Nießbraucher zur Anschaffg verpflichtet war (Stgt HRR **32**, 1049). 1

2) Entspr Anwendg auf Nießbr an Sachinbegriff wie zB Unternehmen (BGH **LM** § 930 Nr 12), wenn nicht § 1067 Platz greift. 2

1049 ***Ersatz von Verwendungen.*** **I Macht der Nießbraucher Verwendungen auf die Sache, zu denen er nicht verpflichtet ist, so bestimmt sich die Ersatzpflicht des Eigentümers nach den Vorschriften über die Geschäftsführung ohne Auftrag.**

II Der Nießbraucher ist berechtigt, eine Einrichtung, mit der er die Sache versehen hat, wegzunehmen.

1) Die §§ 994 ff gelten für die Dauer des Nießbr nicht. Für Aufwendgen nach §§ 1041, 1047, 1048 kann der Nießbraucher keinen Ersatz verlangen; er hat dann auch kein WegnR. Für andere Verwendgen (vgl RG **152**, 101) kann er: – **a)** Ersatz verlangen nach §§ 677 ff (insb §§ 679, 683); nur vom Eigtümer zZ der Verwendg (RG HRR **37**, 1444 u hM; aA Staud/Frank Rn 9: § 999 entspr). – **b)** Ersatz verlangen nach §§ 684, 812 ff; auch vom späteren Eigtümer (§ 822; hM). – **c)** Statt Ersatz nach §§ 677 ff, 684 zu verlangen, die Einrichtg wegnehmen (**II**; vgl § 258); auch wenn sie wesentl Bestandt, was sie wg § 95 idR nicht ist (RG **106**, 49). 1

2) Verjährg: § 1057. Wegen der ErsAnspr hat Nießbr ZbR (§ 273 II) u AbsondergsR (InsO 51 I Nr 2). Verzinsg lehnt hM ab (Soergel/Stürner Rn 1; aA RGRK/Rothe Rn 2); maßg wohl, ob Nießbrauch gg Vergütg (Staud/Frank Rn 10; vgl § 256 S 2). 2

1050 ***Abnutzung.*** **Veränderungen oder Verschlechterungen der Sache, welche durch die ordnungsmäßige Ausübung des Nießbrauchs herbeigeführt werden, hat der Nießbraucher nicht zu vertreten.**

Vgl § 1041. Ähnl § 548. Vgl auch § 1057 u Anm. Für Nießbr an HandelsGesch nach LG Mannh (BB **60**, 1147) insow nicht anwendb, als die für Instandhaltg nöt Investitionsmittel aus dem BetriebsVerm genommen w (bestr, vgl Hassel RhNK **68**, 170 Fußn 4). 1

1051 ***Sicherheitsleistung.*** **Wird durch das Verhalten des Nießbrauchers die Besorgnis einer erheblichen Verletzung der Rechte des Eigentümers begründet, so kann der Eigentümer Sicherheitsleistung verlangen.**

Verschulden wird nicht vorausgesetzt. Gefährdg durch Dritten, dem die Ausübg des Nießbr überlassen ist, genügt; leistgspflichtig ist aber nur der Nießbraucher. SicherhLeistgen nach §§ 232 ff. § 1011 entspr anwendb. Anordng einer Verw § 1052. Maßn bei eingetretener RVerletzg §§ 1053, 1054; §§ 284 ff anwendb (vgl E. Schwerdtner, Verz im SR 183). Mit dingl Wirkg abdingb, dies ist im GB eintragb (BayObLG Rpfleger **77**, 251). 1

1052 ***Gerichtliche Verwaltung mangels Sicherheitsleistung.*** **I Ist der Nießbraucher zur Sicherheitsleistung rechtskräftig verurteilt, so kann der Eigentümer statt der Sicherheitsleistung verlangen, daß die Ausübung des Nießbrauchs für Rechnung des Nießbrauchers einem von dem Gerichte zu bestellenden Verwalter übertragen wird. Die Anordnung der Verwaltung ist nur zulässig, wenn dem Nießbraucher auf Antrag des Eigentümers von dem Gericht eine**

Frist zur Sicherheitsleistung bestimmt worden und die Frist verstrichen ist; sie ist unzulässig, wenn die Sicherheit vor dem Ablaufe der Frist geleistet wird.

II Der Verwalter steht unter der Aufsicht des Gerichts wie ein für die Zwangsverwaltung eines Grundstücks bestellter Verwalter. Verwalter kann auch der Eigentümer sein.

III Die Verwaltung ist aufzuheben, wenn die Sicherheit nachträglich geleistet wird.

1 **1)** Der Eigtümer kann die **Sicherheitsleistung** dch ZwVollstr erzwingen.

2 **2)** Statt dessen kann er beim VollstrGer (ZPO 764) die Anordng einer **Verwaltung** beantragen. Voraussetzgen: Rechtskr u fruchtloser Ablauf der Frist, vgl ZPO 255 II. Vgl auch § 1070 II. Die Anordng ist nicht eintraggsfäh. Für den Verwalter gelten ZVG 153, 154 entspr. Er ist Partei kr Amtes, arg: § 1052 II 1. Der Nießbraucher kann die Verw abwenden durch Leistg der Sicherh; im Einvernehmen mit dem Eigtümer auch durch Bestellg eines Bevollmächtigten zur Verw. – Anordng der vorläuf Verw dch einstw Vfg vor Verurteilg zur SicherhLeistg zul (Celle HRR **34**, 1683).

1053 *Unterlassungsklage bei unbefugtem Gebrauch.* **Macht der Nießbraucher einen Gebrauch von der Sache, zu dem er nicht befugt ist, und setzt er den Gebrauch ungeachtet einer Abmahnung des Eigentümers fort, so kann der Eigentümer auf Unterlassung klagen.**

1 Einschränkg des § 1004. Abmahng u Fortsetzg des unbefugten Gebrauchs sind unentbehrl Voraussetzgen. Ähnl § 550. Über Verhältn zu § 1004 vgl Medicus SchlHA **63**, 34. Die Klage kann auch gg den Ausübungsberechtigten (§ 1059 S 2) gerichtet werden.

1054 *Gerichtliche Verwaltung wegen Pflichtverletzung.* **Verletzt der Nießbraucher die Rechte des Eigentümers in erheblichem Maße und setzt er das verletzende Verhalten ungeachtet einer Abmahnung des Eigentümers fort, so kann der Eigentümer die Anordnung einer Verwaltung nach § 1052 verlangen.**

1 Verschulden wird nicht vorausgesetzt. SicherhLeistg befreit hier nicht, wie bei Besorgn erhebl Verletzg. Der Eigtümer muß auf Duldg der Verw klagen. Vgl im übrigen § 1052 Rn 1.

1055 *Rückgabepflicht des Nießbrauchers.* **I Der Nießbraucher ist verpflichtet, die Sache nach der Beendigung des Nießbrauchs dem Eigentümer zurückzugeben.**

II Bei dem Nießbrauch an einem landwirtschaftlichen Grundstück finden die Vorschriften des § 596 Abs. 1 und des § 596 a, bei dem Nießbrauch an einem Landgut finden die Vorschriften des § 596 Abs. 1 und der §§ 596 a, 596 b entsprechende Anwendung.

1 **1) I.** Der hier behandelte Anspr auf Rückg beruht auf dem gesetzl SchuldVerh, Einf 1 vor § 1030. Daneben besteht der Anspr gg den Besitzer nach §§ 985 ff. Berechtigt ist derjenige, der zZ der Beendigg des Nießbr Eigtümer ist. Rückg in dem Zustande, in dem sich die Sache bei ordngsm Wirtsch befinden müßte; vgl §§ 1036 II, 1050. § 591 gilt für jeden Nießbr entspr. Beweispflichtig für diesen Zustand ist der Eigtümer; vgl § 1034 S 2. Bei verschuldetem Unvermögen ist der Nießbraucher schadenersatzpfl (§§ 275 ff); §§ 989 ff greifen nicht ein, da Nießbr nicht rechtloser Besitzer war. Wg Beschädigg nach Ende des BesRechts vgl Vorbem 9 vor § 987. Vgl ferner §§ 101, 103, 1056. Kein Anspr auf Rechngslegg (Naumbg JW **30**, 278).

2 **2)** Zu **II** vgl die Anm zu §§ 596–596 b. § 1067 gilt für die in § 596 b behandelten landwirtschaftl Erzeugnisse nicht.

3 **3)** Zur Divergenz zw Eigtümer u Besteller vgl § 1065 Rn 6.

1056 *Miet- und Pachtverhältnisse bei Beendigung des Nießbrauchs.* **I Hat der Nießbraucher ein Grundstück über die Dauer des Nießbrauchs hinaus vermietet oder verpachtet, so finden nach der Beendigung des Nießbrauchs die für den Fall der Veräußerung geltenden Vorschriften der §§ 571, 572, des § 573 Satz 1 und der §§ 574 bis 576, 579 entsprechende Anwendung.**

II Der Eigentümer ist berechtigt, das Miet- oder Pachtverhältnis unter Einhaltung der gesetzlichen Kündigungsfrist zu kündigen. Verzichtet der Nießbraucher auf den Nießbrauch, so ist die Kündigung erst von der Zeit an zulässig, zu welcher der Nießbrauch ohne den Verzicht erlöschen würde.

III Der Mieter oder der Pächter ist berechtigt, den Eigentümer unter Bestimmung einer angemessenen Frist zur Erklärung darüber aufzufordern, ob er von dem Kündigungsrechte Gebrauch mache. Die Kündigung kann nur bis zum Ablaufe der Frist erfolgen.

1 **1)** Nach NießbrEnde (auch gem § 1061) würden die mit Nießbraucher geschlossenen Miet- u Pachtverträge ggü dem Eigtümer nicht mehr zum Besitz (§ 986) berechtigen, obwohl Miet/PachtVertr dch NießbrEnde nicht erlischt (BGH NJW **90**, 443). § 1056 (entspr § 2135; vgl auch ErbbRVO 30; ZVG 57 a S 2) bestimmt für Grdst, die dem Mieter bereits überlassen worden sind (vgl § 571 I) 2 Ausnahmen – **a)** Das **Miet-/Pachtverhältnis** endet vor VertrEnde nur, wenn der Eigtümer mit gesetzl Frist **(II S 1),** nicht

notwend zum erstzul Termin, aber innerh einer vom Mieter gesetzten Frist **(III)** kündigt. Gilt nach AG Stgt ZMR **73**, 152 auch für MietVerh auf best Zt; WoRKSchG anwendb. Kein KündR, wenn Eigtümer selbst aus dem MietVertr verpfl ist (BGH **109**, 111; LG Stgt NJW-RR **89**, 1171). – Sonst gelten die Vorschr über die Veräußerg des Grdst entspr. Dies gilt auch für den Ersteher, wenn der Nießbr durch Zuschlag erlischt; bleibt er bestehen, so auch die vom Nießbraucher abgeschl Miet- u PachtVertr (ZVG 57 ff dann nicht anwendb, Staud/Frank Rn 25). Über Verhältn des Mieters zum Nießbraucher nach Künd vgl § 541.

b) Ein **Verzicht** des Nießbrauchers beeinträchtigt den Mieter nicht, **II S 2.** Erlischt der Nießbr gem § 875, so verliert der Zessionar die ihm vom Nießbraucher abgetr künft MietzinsAnspr jenseits des dch § 573, 1 bestimmten ZtRaumes; Eigtümer ist dch Einziehg der nun in seiner Pers entstehden Fdgen auch nicht auf Kosten des Zessionars ungerechtf bereichert (BGH **53**, 174). 2

2) Eigtümer, der dem MietVertr beigetreten war, bleibt an ihn gebunden (Staud/Frank Rn 21). 3

3) Keine erweiternde Anwendg der AusnVorschr, etwa wenn NießbrBestellg nichtig od nur schuldrechtl Anspr darauf besteht (Köln NJW **68**, 2148). 4

1057 ***Verjährung der Ersatzansprüche.*** **Die Ersatzansprüche des Eigentümers wegen Veränderungen oder Verschlechterungen der Sache sowie die Ansprüche des Nießbrauchers auf Ersatz von Verwendungen oder auf Gestattung der Wegnahme einer Einrichtung verjähren in sechs Monaten. Die Vorschriften des § 558 Abs. 2, 3 finden entsprechende Anwendung.**

Nur die ErsAnspr des Eigtümers wg Verändergen od Verschlechtergen; nicht wg Unmöglichk der Rückg (RG Warn **08**, 320). Gleichviel, ob sie auf der Verletzg des gesetzl SchuldVerh od auf unerl Hdlg beruhen. Anspr des Nießbrauchers vgl § 1049 Rn 1. Vgl Anm zu § 558. Ebenso § 1226. Die ab Veränderg od Verwendg laufende (§ 198 S 1) ordentl Verj wird durch § 1057 ausgeschl. § 902 I 1 nicht anwendb (§ 902 I 2). 1

1058 ***Guter Glaube des Nießbrauchers.*** **Im Verhältnis zwischen dem Nießbraucher und dem Eigentümer gilt zugunsten des Nießbrauchers der Besteller als Eigentümer, es sei denn, daß der Nießbraucher weiß, daß der Besteller nicht Eigentümer ist.**

1) Im Gegensatz zum PfandR (Pfandgläub-Verpfänder) knüpft das G hier das gesetzl Schuldverhältn zw Nießbraucher u Eigtümer des NießbrObjektes. Dieser muß nicht mit dem Besteller (mit dem der Nießbraucher jedenf dch das rechtswirks Grundverhältn verknüpft ist) ident sein: So bei wirks (gutgläub) Bestellg dch Nichtberecht; so wenn der Besteller währd des Nießbr seine belastete Sache veräußert. Im ersten Fall schützen den Nießbraucher §§ 1032, 892. Darüber hinaus erstreckt § 1058 den Schutz des gutgläub Nießbrauchers auf das gesetzl Schuldverhältn (Einf 1 vor § 1030) dch **unwiderlegbare Vermutung.** Der Eigtümer muß Rechtshandlgen des Bestellers u Leistgen an diesen gg sich gelten lassen, so Rückgabe, Ers der Übermaßfrüchte; er muß Verwendgen ersetzen, doch entscheidet für sie Wille u Interesse des Bestellers §§ 1049 I, 683. Ist Nießbraucher bei Rechtshängigk gutgläub iS des § 1058, muß der Eigtümer das Urteil im Rechtsstreit zw Nießbraucher u Besteller auch gg sich gelten lassen. Zu Leistgen wird er aber durch Verträge des Bestellers od gg diesen ergangene Urteile nicht verpflichtet. Der Eigtümer ist auf die §§ 816 u 823 ff beschränkt. 1

2) Der Nießbraucher ist **bösgläubig** nur bei Kenntnis zZ der RechtsHdlg od der Rechtshängigk. Grobe Fahrl (anders § 932 II) od Eintr im GB (anders § 892 I) genügen hier nicht, wenn der Nießbraucher den Nießbr wirks erworben hat. 2

3) Für den **Besteller** gelten nur die Vermutgen der §§ 891, 1006 III, nicht § 1058. 3

1059 ***Unübertragbarkeit; Überlassung der Ausübung.*** **Der Nießbrauch ist nicht übertragbar. Die Ausübung des Nießbrauchs kann einem anderen überlassen werden.**

1) Unübertragbarkeit (S 1). Der Nießbr ist zwingd unübertragb (Ausn: §§ 1059a ff), ebso der EinräumgsAnspr (*arg* § 1059e); vgl auch §§ 1061, 1069 II, 1274 II. Mögl sind: dch Vormkg gesicherter Anspr des *B* auf Einräumg bei Erlöschen des Nießbr des *A* (LG Traunst NJW **62**, 2207), Einräumg dch dasselbe Ereign auflösd bdgt für *A* u aufschiebd bdgt für *B* (vgl KG JFG **20**, 6), Erstreckg auf weitere Pers als GesamtBerecht (vgl Düss RhNK **79**, 191). 1

2) Überlassung der Ausübung (S 2); anfängl (§ 873) od nachträgl (§ 877) abdingb (BGH **95**, 99). Ohne Gestattg des Eigtümers im ganzen od für einz Nutzgen dch formlosen Vertr. „Abtretg" ist idR in AusübgsÜberlassg umzudeuten (RG JW **10**, 801), nicht aber Vermietg des NießbrGrdst (BGH **109**, 111; aA Celle MDR **52**, 744 bei Verpachtg) od Aufn des Eheg (BGH NJW **93**, 3326). Der AusübgsBerecht hat als unmittelb Besitzer BesSchutz (§§ 858 ff) u ggü dem Eigtümer ein BesR (§ 986). Das AusübgsR ist vererbl u nach Maßg von §§ 399, 413 übertragb; es endet mit Erlöschen des Nießbr (BGH **109**, 111). – **a)** Die Überlassg begründet einen **schuldrechtlichen Anspruch** auf Duldg der NießbrAusübg (BGH **55**, 111) u ist keine eintraggsfäh Änderg des RInhalts (KG JFG **1**, 411). Fruchterwerb nach §§ 956 II, 957. Der AusübgsBerecht übt die aus dem Nießbr fließdn Rechte im Namen des Nießbrauchers für eigene Rechng aus (RG **101**, 5). Das gesetzl SchuldVerh besteht weiterhin zw Eigtümer u Nießbraucher, dessen ErfGeh der AusübgsBerecht ist. Unmittelb Anspr des Eigtümers gg den AusübgsBerecht gem §§ 823 ff, 1004; aber nur gem § 1053. – **b) Abtretung einzelner Ansprüche** aus dem Nießbr (zB MietzinsFdg) an den AusübgsBerecht mit dingl Wirkg mögl (RG **101**, 5). Diese EinzAnspr macht der AusübgsBerecht im eigenen Namen u für eigene Rechng 2 3 4 geltd. Da Nießbraucher auch hier StammRInh bleibt, erlöschen mit Aufhebg u sonstigem Erlöschen des Nießbr alle Rechte das AusübgsBerecht. Zust des AusübgsBerecht zur AufgErkl nicht notw; er ist auf seine pers Anspr gg den Nießbraucher beschränkt. Vgl aber § 1056 II.

5 **3) Pfändung. – a)** Der **Nießbrauch** ist pfändb (BGH **62**, 133; BayObLG Rpfleger **98**, 69; aA 56. Aufl); ein Ausschl der ÜberlassgsBefugn steht nicht entgg (BGH **95**, 99). Pfdg im GB eintragb, Eintragg aber kein WirksamkErfordern (BGH **62**, 133). PfdgsGläub tritt in LastentraggsPfl des Nießbrauchers ein (RG **56**, 388) u Vfgen über den Nießbr bedürfen seiner Zust. Verwertg nach ZPO 857 IV, 844 dch Verwaltg (vgl Düss
6 Rpfleger **97**, 315; LG Lüb Rpfleger **93**, 360), nicht dch Veräußerg. – **b)** Die **schuldrechtlichen Ansprüche** auf NießbrEinräumg (Bambg OLG **1**, 18; StJ/Brehm § 857 Rn 79; aA Staud/Frank 31) u AusübgsÜberlassg (BGH **62**, 133 [138]) sind pfändb. Pfdg nicht im GB eintragb u PfdGläub braucht Vfgen über den Nießbr nicht zuzustimmen.

7 **4)** In der **Nießbraucherinsolvenz** fällt der Nießbr in die Masse; auch wenn ÜberlassgsR ausgeschl (BGH **95**, 99). Nießbraucher kann nicht mehr über den Nießbr verfügen (Ffm NJW-RR **91**, 445).

1059 a *Übertragbarkeit bei juristischer Person.* **I Steht ein Nießbrauch einer juristischen Person zu, so ist er nach Maßgabe der folgenden Vorschriften übertragbar:**

1. Geht das Vermögen der juristischen Person auf dem Wege der Gesamtrechtsnachfolge auf einen anderen über, so geht auch der Nießbrauch auf den Rechtsnachfolger über, es sei denn, daß der Übergang ausdrücklich ausgeschlossen ist.

2. Wird sonst ein von einer juristischen Person betriebenes Unternehmen oder ein Teil eines solchen Unternehmens auf einen anderen übertragen, so kann auf den Erwerber auch ein Nießbrauch übertragen werden, sofern er den Zwecken des Unternehmens oder des Teiles des Unternehmens zu dienen geeignet ist. Ob diese Voraussetzungen gegeben sind, wird durch eine Erklärung der obersten Landesbehörde oder der von ihr ermächtigten Behörde festgestellt. Die Erklärung bindet die Gerichte und die Verwaltungsbehörden.

II Einer juristischen Person steht eine Personengesellschaft gleich, die mit der Fähigkeit ausgestattet ist, Rechte zu erwerben und Verbindlichkeiten einzugehen (rechtsfähige Personengesellschaft).

1 **I Nr 1.** GesRNachfolge: zB §§ 46, 88, 873 Rn 6–8 (RG **155**, 86; BGH **50**, 307); UmwG 2 ff (auch Spaltg nach 132 [Bungert BB **97**, 897]); HGB 142; nicht bei bloßer Übertr des Aktiv- u Passivvermögens. – **I Nr 2.** Übertragg (S 1) nach § 873 ohne EigtümerZust. Festellg (S 2) dch LGPräs ([*Bln Hbg:* AGPräs] AV RMJ v 8. 12. 38, DJ 1974; *Bay* VO v 14. 10. 91, GVBl 368; *Ba-Wü* AV v 2. 5. 57, Just 71; *Bln* AV v 21. 11. 58, ABl 1488; *Nds* AV v 26. 11. 71, NdsRpfl 270; *NRW* VO v 6. 3. 90, GV 194; *RhPfl* VO v 3. 11. 86, GVBl 297; *Saarl* AGJuG 30; *SchlH* AV v 21. 10. 82, SchlHA 182), OLGPräs (*Thür* VO v 25. 3. 94, GVBl 406) od RegPräs (*Hess* VO v 25. 8. 81). JustVerwAkt iS von EGGVG 23. – Zu den Voraussetzgen vgl Wessel DB **94**, 1605). – **II** (eingefügt dch G v 17. 7. 1996, BGBl I 990): OHG, KG, Partnersch, EWIV (Bassenge NJW **96**, 2777; vgl auch Seibert JZ **96**, 785); nicht GbR (vgl Berndt/Boin NJW **98**, 2854).

1059 b *Unpfändbarkeit.* **Ein Nießbrauch kann auf Grund der Vorschriften des § 1059 a weder gepfändet noch verpfändet noch mit einem Nießbrauch belastet werden.**

1 Keine Erweiterg der Pfänd/Belastbark aGrd § 1059 b; über Pfändbark vgl § 1059 Rn 6.

1059 c *Übergang oder Übertragung des Nießbrauchs.* **I Im Falle des Übergangs oder der Übertragung des Nießbrauchs tritt der Erwerber an Stelle des bisherigen Berechtigten in die mit dem Nießbrauch verbundenen Rechte und Verpflichtungen gegenüber dem Eigentümer ein. Sind in Ansehung dieser Rechte und Verpflichtungen Vereinbarungen zwischen dem Eigentümer und dem Berechtigten getroffen worden, so wirken sie auch für und gegen den Erwerber.**

II Durch den Übergang oder die Übertragung des Nießbrauchs wird ein Anspruch auf Entschädigung weder für den Eigentümer noch für sonstige dinglich Berechtigte begründet.

1 **I 1** betrifft das gesetzl SchuldVerh in der mit dingl Wirkg gestalteten Form. – **I 2** betrifft alle schuldrechtl Vereinbgen bzgl des Nießbr.

1059 d *Miet- und Pachtverhältnisse bei Übertragung des Nießbrauchs.* **Hat der bisherige Berechtigte das mit dem Nießbrauch belastete Grundstück über die Dauer des Nießbrauchs hinaus vermietet oder verpachtet, so sind nach der Übertragung des Nießbrauchs die für den Fall der Veräußerung geltenden Vorschriften der §§ 571 bis 576, 578 und 579 entsprechend anzuwenden.**

1 Gilt auch, wenn schon der Eigtümer vermietet/verpachtet hatte (Staud/Frank Rn 4).

1059 e *Anspruch auf Einräumung des Nießbrauchs.* **Steht ein Anspruch auf Einräumung eines Nießbrauchs einer juristischen Person oder einer rechtsfähigen Personengesellschaft zu, so gelten die Vorschriften der §§ 1059 a bis 1059 d entsprechend.**

Geändert dch G v 17. 7. 1996 (BGBl I 990). Bei der UnternÜbertr ist auch der Anspr auf Einräumg eines Nießbr iSv § 1059 a I Nr 2 abtretb. 1

1060 ***Zusammentreffen mehrerer Nutzungsrechte.*** **Trifft ein Nießbrauch mit einem anderen Nießbrauch oder mit einem sonstigen Nutzungsrecht an der Sache dergestalt zusammen, daß die Rechte nebeneinander nicht oder nicht vollständig ausgeübt werden können, und haben die Rechte gleichen Rang, so findet die Vorschrift des § 1024 Anwendung.**

Vgl § 1024. Über ZusTreffen mit Miete vgl § 577; mit PfdR vgl §§ 1208, 1242 II 2, 1245 I 2, 1247. 1

1061 ***Tod des Nießbrauchers.*** **Der Nießbrauch erlischt mit dem Tode des Nießbrauchers. Steht der Nießbrauch einer juristischen Person oder einer rechtsfähigen Personengesellschaft zu, so erlischt er mit dieser.**

1) Natürliche Person (S 1). Der Nießbr erlischt mit dem Tod des Berecht unabdingb (unvererbl). Der Eigtümer kann sich aber (dch Vormkg sicherb) verpflichten, dem Erben des Berecht einen neuen Nießbr zu bestellen (§ 1059 Rn 1). Stand er BruchtBerecht zu, erlischt er nur zum Bruchteil des Verstorbenen u zw den übrigen Berecht u dem Eigtümer besteht dann eine NutzgsGemsch entspr §§ 741 ff (KG JFG **13**, 448; BayObLG **55**, 155); Neubestellg zum Bruchteil mögl. Kein Übergang, sond Neuentstehg, wenn der Nießbr für den Berecht *A* aufschiebd bdgt dch den Tod des Berecht *B* bestellt wird (BayObLG **55**, 155). – Da Nießbr befristet bestellt w kann, Abrede ev früheren Erlöschens (auch mit Tod eines Dritten) zul; über Eintr u Löschg im GB (GBO 22–24) LG Mü u Nürnb DNotZ **54**, 260, 262; Hamm DNotZ **73**, 616; BGH **66**, 341 (Eintr einer Klausel nach GBO 23 II). – Bei Tod eines GesBerechtigten iSv § 428 oder GesHänders bleibt Nießbr für die übrigen bestehen (BayObLG **55**, 155). 1

2) Juristische Person und rechtsfähige Personengesellschaft; zu letzterer vgl § 1059 II. Erlöschen erst mit Ende der Liquidation (RG **159**, 199), sofern nicht schon ihr Erlöschen auflösde Bdgg. – Erlöschen aGrd GesamtRNachf (§ 1059 a I Nr 1). 2

1062 ***Erstreckung der Aufhebung auf das Zubehör.*** **Wird der Nießbrauch an einem Grundstücke durch Rechtsgeschäft aufgehoben, so erstreckt sich die Aufhebung im Zweifel auf den Nießbrauch an dem Zubehöre.**

1) Aufhebung nach §§ 875, 878. Zustimmg nach § 876 niemals erforderl, auch nicht bei Pfändg, § 1059 Rn 6. Aufhebg an Fahrnis § 1064, an Rechten an Grdst § 1072. Aufhebg durch Staatsakt zB nach FlurbG 49; BauGB 61. 1

2) Der Nießbr am **Zubehör** (§§ 97, 98) besteht nur fort, wenn dahingehender Wille festzustellen. Dann besondere Aufhebg nach § 1064. Vgl auch §§ 926, 1031. 2

1063 ***Zusammentreffen mit den Eigentum.*** **I Der Nießbrauch an einer beweglichen Sache erlischt, wenn er mit dem Eigentum in derselben Person zusammentrifft.**

II Der Nießbrauch gilt als nicht erloschen, soweit der Eigentümer ein rechtliches Interesse an dem Fortbestehen des Nießbrauchs hat.

1) An **beweglichen Sachen** erlischt der Nießbr, wenn der Nießbraucher das AlleinEigt erwirbt. Ausnahme: wenn die Sache mit gleichrangigen od nachstehenden Rechten, Nießbr od PfdR, belastet ist. Der Dritte soll nicht auf Kosten des Eigtümers unbegründete Vorteile erlangen; vgl §§ 1060, 1242 II 2, 1247 S 2. Ebenso bei auflösd bedingtem od befristetem EigtErwerb. Entspr § 1256. Vgl auch § 1072. 1

2) Für **Grundstücke** gilt § 889. Beachte aber § 1072 Rn 1. 2

1064 ***Aufhebung des Nießbrauchs an Fahrnis.*** **Zur Aufhebung des Nießbrauchs an einer beweglichen Sache durch Rechtsgeschäft genügt die Erklärung des Nießbrauchers gegenüber dem Eigentümer oder dem Besteller, daß er den Nießbrauch aufgebe.**

Die einseitige Erkl genügt. An den Besteller auch dann, wenn Nießbraucher den wahren Eigtümer kennt. Rückg der Sache od Besitzaufgabe nicht notw. Auch nicht Zust des PfändgsGläub, § 1059 Rn 6. Über Grdst vgl § 1062 Rn 1; Rechte an Grdst § 1072. 1

1065 ***Ansprüche bei Beeinträchtigung.*** **Wird das Recht des Nießbrauchers beeinträchtigt, so finden auf die Ansprüche des Nießbrauchers die für die Ansprüche aus dem Eigentume geltenden Vorschriften entsprechende Anwendung.**

1) Ansprüche gegen Dritte.

a) Aus **Besitz,** §§ 861, 862, 1007. 1

b) Aus **dem Eigentum,** §§ 985 ff, 1004, 1005, 1006. Jedoch nur in entspr Anwendg. SchadErs, nur sow er geschädigt ist. Den übr Schaden liquidiert der Eigtümer. Klagen beide gemeins: Einf Streitgenossen. Der Nießbr erstreckt sich nicht kr Gesetzes auf die ErsFdg des Eigtümers (and § 1046). Doch kann der Nieß- 2 braucher uU gem dem Grdverhältn verlangen, daß die ErsLeistg zur Wiederherstellg des NießbrObjekts verwendet wird (RGRK/Rothe Rn 4). – Herausg der Nutzgen insow, als sie dem Nießbraucher gebühren, § 1030 II; damit aber auch Anspr auf Übermaßfrüchte, da § 1039 I 2 erst bei NießbrEnde eingreift. Seine ErsPflicht für Verwendgen des Drittbesitzers (§ 994 II) bestimmt sich nach seinem Interesse u Willen; Befriedigg (§ 1003) kann der Besitzer nur nach ZPO 857 III, IV suchen. Gem § 1006 besteht die Vermutg, daß er Nießbraucher ist od war. Für mehrere Berechtigte gilt § 1011 entspr.

3 **c)** Aus **unerlaubter Handlung** (§§ 823 ff) u **ungerechtfertigter Bereicherung** (§§ 812 ff), sow diese Vorschr nicht dch die Sonderregelg der §§ 987 ff, 993 im Verhältn des Nießbrauchers zu einem rechtlosen Besitzer verdrängt werden.

4 **d)** Ist eine GrdDbk Bestandt des mit dem Nießbr belasteten Grdst, hat der Nießbraucher die Schutzrechte nach § 1027.

5 **2) Ansprüche gegen den Eigentümer** richten sich nach dem der Bestellg zugrundeliegden vertragl u nach dem dch die Bestellg entstandenen gesetzl Schuldverhältn (vgl Einf 1 vor § 1030). Daneben § 823.

6 **3)** Hat der nicht mit dem Eigtümer ident Besteller gestört, haftet er nach dem Grdverhältn, daneben aus § 823.

1066 *Nießbrauch am Anteil eines Miteigentümers.* **I Besteht ein Nießbrauch an dem Anteil eines Miteigentümers, so übt der Nießbraucher die Rechte aus, die sich aus der Gemeinschaft der Miteigentümer in Ansehung der Verwaltung der Sache und der Art ihrer Benutzung ergeben.**

II Die Aufhebung der Gemeinschaft kann nur von dem Miteigentümer und dem Nießbraucher gemeinschaftlich verlangt werden.

III Wird die Gemeinschaft aufgehoben, so gebührt dem Nießbraucher der Nießbrauch an den Gegenständen, welche an die Stelle des Anteils treten.

1 **1) Nießbrauch am Miteigentumsanteil** (§ 1008) wird wie SachNießbr behandelt u bestellt; bei bewegl Sache MitBesEinräumg notw. – **a) I:** Der Anteilsnießbraucher übt die Rechte der §§ 743–745, 1011 an Stelle des MitEigtümers aus. Da er nicht mehr Rechte haben kann als dieser, muß er früher getroffene Vereinbgen gg sich gelten lassen (§ 746). Keine Erweiterg der Befugn aus §§ 1036 ff ggü Inh des belasteten Anteils; dieser muß daher Umgestaltg der Sache zustimmen (BGH NJW **83**, 932). Übrige MitEigtümer haben gg Nießbraucher keinen Anspr auf Kosten- u Lastentragg (BGH DB **79**, 545). – **b) II:** Das Aufhebgsverlangen (§§ 749–751, 1010) kann nur von beiden u gg beide gemschaftl (notw StreitGen) gestellt werden. Ggseit MitwirkgsPfl, wenn Aufhebg ordngsgem Wirtsch entspr (MüKo/Petzold Rn 5; RGRK/Rothe Rn 3). – **c) III:** Wortlaut („gebührt") spricht für schuldrechtl Anspr auf NießbrBestellg am Surrogat. BGH **52**, 99 nimmt für gleichlautden § 1258 III dingl Surrogation an (vgl § 1258 Rn 3).

2 **2) Bruchteilsnießbrauch;** zu unterscheiden von QuotenNießbr (§ 1030 Rn 9). Ideeller Brucht einer Sache in ungeteiltem Eigt belastb (KG JFG **13**, 447; BayObLG **85**, 6 [9]); zw Eigtümer u NießbrBerecht entsteht Nutzgs- u VerwaltgsGemsch, für die §§ 741 ff entspr anwendb (KG aaO). § 1066 entspr anwendb (hM; LG Wuppt RhNK **96**, 234; aA Soergel/Stürner Rn 1 a).

1067 *Nießbrauch an verbrauchbaren Sachen.* **I Sind verbrauchbare Sachen Gegenstand des Nießbrauchs, so wird der Nießbraucher Eigentümer der Sachen; nach der Beendigung des Nießbrauchs hat er dem Besteller den Wert zu ersetzen, den die Sachen zur Zeit der Bestellung hatten. Sowohl der Besteller als der Nießbraucher kann den Wert auf seine Kosten durch Sachverständige feststellen lassen.**

II Der Besteller kann Sicherheitsleistung verlangen, wenn der Anspruch auf Ersatz des Wertes gefährdet ist.

1 **1)** An **verbrauchbaren Sachen** (§ 92) erlangt der Nießbraucher das Eigt mit der Bestellg, § 1032. Wird die Sache später zu einer verbrauchbaren, mit Eintritt des Ereignisses, zB Tod des Tieres. Vgl auch § 1084.

2 **2)** Hier entsteht das **gesetzliche Schuldverhältnis** (Einf 1 vor § 1030) ausnahmsw zw dem Nießbraucher u dem Besteller. Nicht dem bisherigen Eigtümer; dieser ist auf § 816 beschränkt. Der Nießbraucher hat den Wert zu erstatten; er ist nicht verpflichtet, unverbrauchte od den verbrauchten gleichart Sachen zurückzugewähren. Feststellg des Wertes nach FGG 15, 164; entspr § 1034. Auch § 1035 anwendb. **II** ersetzt die §§ 1051–1054. Es entscheidet die objektive Gefährdg. Verhalten des Nießbrauchers unerhebl. SicherhLeistg nach §§ 232 ff.

3 **3) Nachgiebiges Recht.** So kann zB dem Nießbraucher nur die VfgsBefugn eingeräumt werden od die Befugn, das Eigt erst mit dem Verbrauch zu erwerben. Folgen für die Aufrechng: § 1074 Rn 5.

II. Nießbrauch an Rechten

1068 *Grundsatz.* **I Gegenstand des Nießbrauchs kann auch ein Recht sein.**

II Auf den Nießbrauch an Rechten finden die Vorschriften über den Nießbrauch an Sachen entsprechende Anwendung, soweit sich nicht aus den §§ 1069 bis 1084 ein anderes ergibt.

1) Allgemeines. Nießbr an (auch obligator) Rechten ist ein absolutes Recht (Wstm/Gursky § 140.1) – **a) Belastungsgegenstand** kann nur ein übertragb (§ 1069 II) u unmittelb od mittelb nutzgsfäh absolutes (zB UrheberR, PatentR, GrdSch [§ 1080], ErbAnt [RG **153**, 30]) od obligator (zB ErfAnspr aus Kauf- od PachtVertr über nutzgsfäh Sache, Leibrente [§ 1073], Fdg [§§ 1074 ff] Recht sein; nicht nutzgsfäh sind zB Vor- u WiederkaufsR. Nießbr am MitEigtAnt (§ 1066) u grdstgl Rechten ist SachNießbr. – **bb) Berechtigter** wie § 1030 Rn 4; gilt auch für Eigennießbr (Kanzleiter in Anm zu Düss DNotZ **99**, 440) wie zB bei Veräußerg unter NiebrVorbeh.. 1

2) Entsprechende Anwendung der §§ 1030 ff, insb der §§ 1030, 1036, 1039, 1045–1047, 1049–1055, 1057–1061, 1063–1067. Zu berücksichtigen ist die rechtl Natur des Nießbr als dingl Belastg des Rechtes u der wirtschaftl Zweck. Der Nießbraucher erwirbt den Anspr auf Zinsen (bei der Reallast auf die einzelnen Leistgen) mit der Bestellg des Nießbr (RG **124**, 329) auflösd dadurch bedingt, daß sie währd seines Nießbr fällig werden. Ausgl § 101 Nr 2. Der Nießbraucher hat das Recht auf den Besitz des Schuldscheines, § 1036 I. Ihm ggü gilt der Besteller als der Berecht, § 1058. 2

a) Aktien u GmbHAnteile (Spieß RhNK **69**, 752). – **aa) Stimmberechtigt** bleibt der Gter (Kblz NJW **92**, 2163; str); aber StimmRVollm für Nießbraucher mögl. – **bb) Gewinnanteil** steht dem Nießbraucher zu. Ob BezugsR gem AktG 186, GmbHG 55 ihm zusteht, ist str; die hM gibt es belastet mit Nießbr dem Aktionär/Gter (Brem DB **70**, 1436 mwN; vgl auch § 99 Rn 3). Zweckm läßt sich Nießbraucher aber Bestellg des Nießbr an den jungen Aktien ausdr ausbedingen u den Nießbr übertr (Heidecker NJW **56**, 892 mwN). – **cc) Liquidationsquote** (AktG 271, GmbHG 72) gebührt dem Gter, Nießbraucher hat entspr § 1079 Anspr auf NießbrBestellg. Nach Brem aaO gehört dem Aktionär auch der beim Verk der Aktien erzielte Kursgewinn, da dieser weder Frucht noch GebrVorteil der Aktie sei. 3

b) Personalgesellschaften (Schüller RhNK **80**, 97). – **aa)** Nießbr am **Anspruch auf Gewinnanteil und Auseinandersetzungsguthaben** zul; MitgliedschR werden vom Gter ausgeübt (ebso bei str Nießbr an GewinnstammR [BGH DNotZ **75**, 735], für den § 1073 entspr gelten würde [str]). Nießbraucher am Verlust nicht beteiligt, § 717 Rn 6 gilt entspr; doch hat Nießbraucher AuskAnspr bzgl Höhe des Gewinnanteils. Wirtschaftl gibt dies als Nießbr an Fdg gem § 1075 I nur solchen an deren Erlös, also prakt nur Zinsgenuß am Gewinn. – **bb)** Nießbr am **Gesellschaftsanteil** ist wg Unübertragbark der GterR (§§ 717 S 1, 719) nur zul, wenn der GesellschVertr die Übertr od Belastg von GesellschAnteilen erlaubt od die MitGter zustimmen (Düss DNotZ **99**, 440); zu unterscheiden von trhd VollRÜbertr (BGH DNotZ **75**, 735). Der dem Nießbraucher zustehde Ertrag ist der nach GesellschR entnahmefäh Ertrag wie der Gewinn einschl Zinsen auf Guthaben der GterKonten (BGH WM **85**, 1343) abzügl von den Gtern beschlossener Rücklage (BGH DNotZ **75**, 735), nicht aber ausgeschüttete stille Reserven u AuseinandSGuthaben (BFH NJW **95**, 1918). Bei Erhöhg der MitglAnteile hat er keinen Anspr auf Vollerwerb eines Anteils (BGH **58**, 316). Zum MitVerwR des Nießbr vgl BFH aaO u Hermann RhNK **99**, 235), StimmR bleibt beim Gter (BGH NJW **99**, 571 [bei GrdLagenBeschl]; Schmidt ZGR **99**, 601 [mangels abw VertrGestaltg stets]; str; vgl auch WEG 25 Rn 4). Nießbr ist im GB eines GesellschGrdst eintragb (Hamm Rpfleger **77**, 136). 4

1069 *Bestellung.* **I Die Bestellung des Nießbrauchs an einem Rechte erfolgt nach den für die Übertragung des Rechtes geltenden Vorschriften.**

II An einem Rechte, das nicht übertragbar ist, kann ein Nießbrauch nicht bestellt werden.

1) Bestellung (I) wie Übertragg (Einigg beinhaltet aber NiebrBestellg); zB formlose Einigg bei Fdg (§ 398; bei SchuldbuchFdg keine Eintr in Schuldbuch erforderl), formlose Einigg u Eintr (§ 873) bzw BriefÜberg/Surrogat (§§ 1154, 1117) bei GrdstR, beurkundete Einigg bei ErbAnt (§ 2033 I 2; im GB des NachlGrdst eintragb [Hamm Rpfleger **77**. 136]) od GmbH-Ant (GmbHG 15 III). Erfolgt die Bestellg eines GrdstR (KG JFG **11**, 269) od die Übertragg eines GrdstR/Eigt unter gleichzeit Bestellg eines Nießbr an dem Recht/Eigt für den Besteller bzw Eigtümer, so genügt dessen einseit Erkl u EintrBew. Gutgl Erwerb nur mögl, wenn belastetes Recht gutgl erwerbb. – **Wertpapiere:** RektaPap entspr Übertr des verbrieften Rechts; Nießbr am Pap nach § 952. OderPap dch Einigg über NießbrBestellg u Überg (Surrogat) des indossierten Pap; bei Blankoindossament auch wie InhPap (§ 1081 II). InhPap dch Einigg u Überg (Surrogat) od MitBes-Einräumg (§ 1081 II). 1

2) Unübertragbare Rechte (II) vgl §§ 399, 400, 514, 613 S 2, 664 II, 717 S 1 (vgl § 1068 Rn 4), 847 I 2, 1300 II. Kein Nießbr bestellb. Auch Nießbr am Nießbr unzul, § 1059 S 1; ob der Nießbraucher am AusübgsR Nießbr bestellen kann, ist str; zul aber, daß der Erwerber des – obligator – AusübgsR an diesem einem Dritten einen Nießbr bestellt. Ebso bei bpDbk (§ 1090, 1093), am DWR/DNR (WEG 31 Rn 4); kein Nießbr an GrdDbk u subjdingl (§ 1105 II) Reallast; Nießbr am berecht Grdst erfaßt die Nutzgen auch dieser Rechte. An Hyp u PfdR nur zus mit der Fdg, §§ 1153 II, 1250 I 2. Vgl auch § 1274. – Zur NießbrBestellg an WasserNutzgsRen iVm ErbbRBestellg an den wirtsch dazugehör Grdst BGH WM **73**, 999. 2

1070 *Nießbrauch an Recht auf Leistung.* **I Ist ein Recht, kraft dessen eine Leistung gefordert werden kann, Gegenstand des Nießbrauchs, so finden auf das Rechtsverhältnis zwischen dem Nießbraucher und dem Verpflichteten die Vorschriften entsprechende Anwendung, welche im Falle der Übertragung des Rechtes für das Rechtsverhältnis zwischen dem Erwerber und dem Verpflichteten gelten.**

II Wird die Ausübung des Nießbrauchs nach § 1052 einem Verwalter übertragen, so ist die Übertragung dem Verpflichteten gegenüber erst wirksam, wenn er von der getroffenen Anordnung Kenntnis erlangt oder wenn ihm eine Mitteilung von der Anordnung zugestellt wird. Das gleiche gilt von der Aufhebung der Verwaltung.

1 **1) I.** Der Schuldn soll dch die Bestellg des Nießbr nicht beeinträchtigt od begünstigt w. Deshalb gelten für den Nießbr an Fdg die §§ 404–411; an Hyp u Grdschulden für künftig fällig werdende Zinsen u Nebenleistgen die §§ 1156, 1192. Entspr für künftige Einzelleistgen bei Reallasten u Rentenschulden, §§ 1107, 1200 I. Für Rückstände gilt § 1159. – Zugunsten des Nießbrauchers gelten § 796; HGB 364, 365; WG 16, 40. – Über Aufrechng vgl § 1074 Rn 5.

2 **2) II** entspricht dem § 407. Jedoch genügt Zustellg des Beschlusses statt Kenntnis. Entspr §§ 1275, 2129 II 2, 3.

1071 ***Aufhebung oder Änderung des belasteten Rechts.*** **I Ein dem Nießbrauch unterliegendes Recht kann durch Rechtsgeschäft nur mit Zustimmung des Nießbrauchers aufgehoben werden. Die Zustimmung ist demjenigen gegenüber zu erklären, zu dessen Gunsten sie erfolgt; sie ist unwiderruflich. Die Vorschrift des § 876 Satz 3 bleibt unberührt.**

II Das gleiche gilt im Falle einer Änderung des Rechtes, sofern sie den Nießbrauch beeinträchtigt.

1 **1) Allgemeines.** Aufg u Änderg (nicht aber Übertr u weitere Belastg) des belasteten Rechts bedürfen der Zust des Nießbrauchers (vgl auch §§ 876, 877, 1276); Fehlen führt zur relativen Unwirksamk ggü Nießbraucher (hM; vgl BayObLG **67**, 295 zu § 1276). §§ 1070, 406, 407 bleiben unberührt.

2 **2) Einzelheiten. – a) Aufgabe (I 1)** dch RGesch. Keine Zust erfordert die Vereinigg von Schuld u Fdg od die Übertragg aller GbR-Ant auf eine Pers, denn der belastete Anspr (RG **77**, 254 u KGJ **44**, 295 zu § 1276) bzw GbR-Ant (aA Düss DNotZ **99**, 440 abl Anm Kanzleiter) bleiben ggü dem Nießbraucher bestehen. – **b) Änderung (II)** dch RGesch. Sie muß den Nießbr beeinträchtigen (bei GrdstR Einschränkg ggü § 877). Bei Belastg eines GmbH-Ant ist satzgsmäß Künd der GmbH ohne Zust des Nießbrauchers zuläss (Hamm BB **71**, 13). In der Insolvenz vertritt der Nießbraucher eine unverzinsl Fdg alleine u eine unverzinsl Fdg zus mit dem Gläub (MüKo/Petzold 4; Staud/Frank 10). – **c) Zustimmung** iSv §§ 183, 184. Formfreie (für GBEintr gilt GBO 19) einseit empfangsbedürft WillErkl; selbstd RGesch ggü Aufg/Änderg. Mit Zugang bei Empfangsberecht wirksam u (auch iFv § 183) unwiderrufl. (**I 2 Hs 2**). Empfangsberecht (**I 2 Hs 1**) sind Gläub (u nachstehde Gläub) u Schuldn des belasteten Rechts u bei eingetr Rechten das GBA (**I 3**); vgl § 876 Rn 6.

1072 ***Beendigung des Nießbrauchs.*** **Die Beendigung des Nießbrauchs tritt nach den Vorschriften der §§ 1063, 1064 auch dann ein, wenn das dem Nießbrauch unterliegende Recht nicht ein Recht an einer beweglichen Sache ist.**

1 Der Nießbr am Recht endet mit Vereinigg von Recht u Nießbr, mit der Ausn des § 1063 II. Gilt auch für Nießbr an GrdstRechten; § 889 gilt hier nicht (aber für Nießbr an ErbbR). Erlöschen ferner durch einseit formlose AufgabeErkl (§§ 1064, 1071) ggü dem Berecht od dem Besteller, nicht ggü dem GBA. Löschg im GB nicht erforderl (anders § 875); sie ist nur Berichtigg. Gutgl Erwerb vorher mögl. Im übr erlischt Nießbr an Rechten aus den gleichen Gründen wie SachNießbr, vgl Einf 3 vor § 1030; Erlöschen der belasteten Fdg durch Konfusion wirkt nicht ggü Nießbraucher (KGJ **44**, 295); auch durch Vereinigg von Nießbr u Schuld erlischt Nießbr nicht, auch auf das belastete Recht ist sie ohne Einfluß (KG OLG **31**, 341).

1073 ***Nießbrauch an einer Leibrente.*** **Dem Nießbraucher einer Leibrente, eines Auszugs oder eines ähnlichen Rechtes gebühren die einzelnen Leistungen, die auf Grund des Rechtes gefordert werden können.**

1 Die **einzelnen Leistungen** der Leibrenten, §§ 759ff, Altenteile, EG 96, Reallasten, Rentenschulden werden als Erträge des StammR behandelt. Vgl §§ 1107, 1200 I. Sie gebühren deshalb dem Nießbraucher aus eigenem Recht (RG HRR **28**, 1417). Er klagt sie aus eigenem Recht ein (BayObLG **32**, 57). Anders bei wiederkehrden Leistgen, die als Kapitalteile anzusehen sind, zB Tilggsbeträge. Zur sinngem Anwendg auf Nießbr am „GewinnstammR" vgl § 1068 Rn 4.

1074 ***Nießbrauch an einer Forderung; Kündigung und Einziehung.*** **Der Nießbraucher einer Forderung ist zur Einziehung der Forderung und, wenn die Fälligkeit von einer Kündigung des Gläubigers abhängt, zur Kündigung berechtigt. Er hat für die ordnungsmäßige Einziehung zu sorgen. Zu anderen Verfügungen über die Forderung ist er nicht berechtigt.**

1 **1) Allgemeines.** Die Befugnisse des Nießbrauchers sind verschieden geregelt, je nachdem ob das Recht sich in **einmaliger Leistung** erschöpft od ob es **dauernd Früchte** trägt. Im ersten Fall (unverzinsl Fdg) soll sich der Nießbraucher den LeistgsGgst nutzbar machen können. Er erhält die **alleinige Einziehungsbefugnis** (§ 1074) mit der Wirkg des § 1075. Im zweiten Fall (verzinsl Fdg) soll dem Nießbraucher die Nutzg auch gesichert, gleichzeitig aber verhindert werden, daß er die Substanz gg den Willen des Gläub verändert. Deshalb sind **nur beide zusammen einziehungsberechtigt** (§§ 1076–1078) u das Kapital ist wieder zinstragend anzulegen, § 1079; die §§ 1067, 1075 II werden ausgeschaltet.

2) Beschränkte Verfügungsbefugnis. – a) Zur Einziehg gehören die Künd, Mahng, Klage, ZwVollstr u
2 Annahme. Auch die Ausübg eines WahlR, § 263; str. Der Nießbraucher ist aus eigenem Recht zur Einziehg berechtigt. Leistg an den Gläub braucht er nur nach Maßg der §§ 1070, 407 gg sich gelten zu lassen. Anders eine Künd, weil er nach S 2 die Fdg so früh wie mögl einzuziehen hat, anders die hM,ein Schutzbedürfn des

Nießbrauchers besteht jedoch hier nicht. Die Rechtskr des zw Nießbraucher u Schuldn ergehenden Urteils wirkt nicht gg den Gläub (RG **83**, 120). Vgl weiter § 407 II: Urt zw Gläub u gutgl Schuldn wirkt Rechtskr ggü Nießbraucher.

b) Der Nießbraucher klagt hier in gesetzl Prozeßstandsch, der Rechtsinhaber ist nicht prozeßführgsbefugt. 3
Gleichwohl lehnt – im Anschluß an RG **83**, 120 – die hM eine RechtskrErstreckg des Urteils gg den Gläub des Rechts ab; unbefriedigd, weil sich der Schuldner erneut dessen Klage ausgesetzt sieht. Sein Interesse sollte schwerer wiegen als das des Eigtümers, der bei nachläss ProzFührg durch den Nießbraucher aus dem gesetzl Schuldverhältn bei diesem Regreß nehmen kann. Wer dem Nießbraucher ein eigenes materielles EinziehgsR gibt, verneint damit die RechtskrErstreckg zwingd; vgl Bettermann, Die Vollstreckg des ZivUrt in den Grenzen seiner Rechtskr S 145 ff. War der Nießbr an bereits rechtshäng Fdg bestellt worden, so führt der Gläub den Rechtsstreit weiter; dann gelten ZPO 265, 325.

3) S 3. Die Abtretg u die Ann an Zahlgs Statt sind dem Nießbraucher stets verwehrt; Stundg, Erlaß u Vergl 4
regelm; sie können nur ausnahmsweise im Rahmen einer ordngsm Einziehg liegen.

4) Aufrechnung. Es kann aufrechnen: der Schu mit seiner Fdg gg den Gläub nach Maßg der §§ 1070, 5
406. Der Schu mit seiner Fdg gg den Nießbraucher u der Nießbraucher gg die Fdg des Schuldners (aA RG **103**, 29). Jedoch wirkt die Aufrechng wie die Einziehg; vgl auch §§ 1075 II, 1067 I 1, wie hier W-Raiser § 121 Fußn 1; Staud/Frank Rn 16, 17 bei Forderg auf Geld u verbrauchb Sachen; einer Einschränkg, falls die Beteiligten § 1067 abbedungen haben (vgl dort Rn 3) ist zuzustimmen.

1075 *Wirkung der Leistung.*

I Mit der Leistung des Schuldners an den Nießbraucher erwirbt der Gläubiger den geleisteten Gegenstand und der Nießbraucher den Nießbrauch an dem Gegenstande.

II Werden verbrauchbare Sachen geleistet, so erwirbt der Nießbraucher das Eigentum; die Vorschriften des § 1067 finden entsprechende Anwendung.

1) Betrifft nur unverzinsl Fdg. Der Nießbraucher ist aus eigenem Recht annahmeberechtigt, **I;** § 1074 1
Rn 2. Er ist auch befugt, eine Aufl entggzunehmen. **a)** Die **Annahme** wirkt ebso wie die Annahme durch den Gläub. Dieser **wird Eigentümer** der an den Nießbraucher übergebenen (§§ 929 ff) Sache (Ausn **II**) od Gläub des übertragenen Rechtes. Bei Grdst kann der Nießbraucher die Eintr für den Gläub beantragen. Maßgebd ist der gute Glaube des Nießbrauchers, wenn er nicht nach bestimmten Weisgen gehandelt hat; vgl § 166. Über den Fall, daß der Nießbraucher zugl der Schu ist, vgl Planck/Brodmann Anm 5.

b) Zugleich mit dem EigtErwerb des Gläub erwirbt der **Nießbraucher** kraft G **den Nießbrauch am** 2
geleisteten Gegenstand. Ebenso § 1287; ZPO 848 II. Besondere Bestellg nicht notw. Das GB wird unrichtig, Berichtigg nach § 894, GBO 22; vgl auch § 1287 Rn 1. § 1075 gilt nur bei Leistg an Nießbraucher. Anders wenn der Schu unmittelbar an den Gläub leistet; dann ist besondere Bestellg nötig; str für den Fall, daß Schu dem Nießbraucher ggü (nach §§ 1070, 407 I) frei wird; vgl W-Raiser § 121 I 2.

2) II bringt eine Ausn für verbrauchbare Sachen (insb Geld) entspr § 1067. 3

1076 *Nießbrauch an verzinslicher Forderung.*

Ist eine auf Zinsen ausstehende Forderung Gegenstand des Nießbrauchs, so gelten die Vorschriften der §§ 1077 bis 1079.

Vgl § 1074 Rn 1. Nur Fdg, die kraft RGeschäfts (Staud/Frank Rn 2; aA RGRK/Rothe Rn 2) dauernd 1
Nutzgen abwerfen soll. Tägl Geld fällt nicht hierunter. Andererseits schadet eine zeitweilige Unverzinslichk nicht. § 1074 S 2 gilt nicht. Abweichende Vereinbarg zul. Entspr ZVG 120 II.

1077 *Kündigung und Zahlung.*

I Der Schuldner kann das Kapital nur an den Nießbraucher und den Gläubiger gemeinschaftlich zahlen. Jeder von beiden kann verlangen, daß an sie gemeinschaftlich gezahlt wird; jeder kann statt der Zahlung die Hinterlegung für beide fordern.

II Der Nießbraucher und der Gläubiger können nur gemeinschaftlich kündigen. Die Kündigung des Schuldners ist nur wirksam, wenn sie dem Nießbraucher und dem Gläubiger erklärt wird.

1) Zahlung des Kapitals einer verzinsl Fdg muß **an Nießbraucher und Gläubiger** gemeinschaftl 1
erfolgen. Ähnl § 432; vgl auch § 1281. Auch Zahlg von SchadErs (RG **89**, 432). Beide werden Mitbesitzer; der Gläub erwirbt das Eigt, der Nießbraucher den Nießbr. § 1075 II gilt nicht (hM; aA Soergel/Stürner Rn 1, die Miteigtum annehmen, bis § 1079 durchgeführt). Hinterlegg nach §§ 372 ff (Nießbraucher erlangt Nießbr an Fdg des Gläub gg Hinterleggsstelle). Zahlg an Gläub ohne Einwilligg des Nießbrauchers ist diesem ggü idR unwirks, vgl §§ 1070 I, 407.

2) Kündigung von u an beide. Sie wird erst mit der letzten Erkl wirks. Kündigt einer für den anderen, so 2
gelten die §§ 174, 180. Die Mahng eines von ihnen ist wirks. Vgl auch § 1283.

3) Kein Zwang zur gemeins Klage. Wird sie aber erhoben: ZPO 62 1. Altern. Die Notwendigk der 3
einheitl Entscheidg folgt aus der Unteilbark des Streitgegenstandes. Bei getrennter Klage keine RKraftErstreckg.

1078 *Mitwirkung zur Einziehung.*

Ist die Forderung fällig, so sind der Nießbraucher und der Gläubiger einander verpflichtet, zur Einziehung mitzuwirken. Hängt die Fälligkeit von einer Kündigung ab, so kann jeder Teil die Mitwirkung des anderen zur Kündigung verlangen,

wenn die Einziehung der Forderung wegen Gefährdung ihrer Sicherheit nach den Regeln einer ordnungsmäßigen Vermögensverwaltung geboten ist.

1 Weder der Nießbraucher (anders § 1074 S 2) noch der Gläub ist zur ordngsm Einziehg verpflichtet. Jeder kann vom anderen nur die **Mitwirkung** verlangen. Zur Kündigg nur bei Gefährdg der Sicherh, S 2. Klage auf Einwilligg in die vom Kläger bestimmt zu bezeichnende Hdlg. Bei schuldh Verletzg SchadErs aus pos VertrVerletzg des ges SchuldVerh. Vgl § 1285. ZwVollstr: ZPO 894.

1079 *Anlegung des Kapitals.* **Der Nießbraucher und der Gläubiger sind einander verpflichtet, dazu mitzuwirken, daß das eingezogene Kapital nach den für die Anlegung von Mündelgeld geltenden Vorschriften verzinslich angelegt und gleichzeitig dem Nießbraucher der Nießbrauch bestellt wird. Die Art der Anlegung bestimmt der Nießbraucher.**

1 Obligator Surrogation. Anlegg nach Maßg der §§ 1807, 1808, EG 212 auf den Namen des Gläub. ZwVollstr: ZPO 887. Der Nießbr entsteht hier nicht krG wie nach § 1075 I; er ist bes zu bestellen. Für Inh- u Orderpapiere gelten die §§ 1081 ff. Vgl auch § 1288.

1080 *Nießbrauch an Grund- oder Rentenschuld.* **Die Vorschriften über den Nießbrauch an einer Forderung gelten auch für den Nießbrauch an einer Grundschuld und an einer Rentenschuld.**

1 Entspr § 1291. Bei der Reallast gebühren die einzelnen Leistgen dem Nießbraucher, § 1073 Rn 1. Wenn sie nach LandesR ablösb sind, ist auf die Ablösgssumme § 1079 entspr anwendb. – Nießbr an Hyp ist Nießbr an Forderg.

1081 *Nießbrauch an Inhaber- oder Orderpapieren; gemeinschaftlicher Besitz.* **I Ist ein Inhaberpapier oder ein Orderpapier, das mit Blankoindossament versehen ist, Gegenstand des Nießbrauchs, so steht der Besitz des Papiers und des zu dem Papiere gehörenden Erneuerungsscheins dem Nießbraucher und dem Eigentümer gemeinschaftlich zu. Der Besitz der zu dem Papiere gehörenden Zins-, Renten- oder Gewinnanteilscheine steht dem Nießbraucher zu.**

II Zur Bestellung des Nießbrauchs genügt anstelle der Übergabe des Papiers die Einräumung des Mitbesitzes.

1 **1)** Die §§ 1081–1083 gelten für alle Papiere, die durch **bloße Übergabe** der Urk übertragen werden. Vgl §§ 793 ff (aber nicht Legitimationspapiere nach § 808, zB Sparkassenbücher); HGB 363, 365; AktG 10 I, 24, 68 I, 278 III; WG 12 III, 13 II, 14 II; ScheckG 15 IV, 16 II, 17 II. Ausn: § 1084. Abweichende Vereinbarg zul (RG Warn **08**, 168).

2 **2) Gemeinschaftlicher Besitz** (vgl §§ 866, 1084) des Papiers u des Erneuergsscheins, § 805. Zum Schutz des Eigtums gg eigenmächtige Einziehg des Nießbrauchers. Der Schu darf an alleinbesitzenden Nießbraucher zahlen; § 1077 I 1 gilt nicht.

3 **3)** Zur **Bestellung** (vgl § 1069 Rn 1) genügt die Einräumg unmittelb od mittelb Mitbesitzes. Auch wenn eine SichgHyp nach § 1187 bestellt ist.

1082 *Hinterlegung.* **Das Papier ist nebst dem Erneuerungsschein auf Verlangen des Nießbrauchers oder des Eigentümers bei einer Hinterlegungsstelle mit der Bestimmung zu hinterlegen, daß die Herausgabe nur von dem Nießbraucher und dem Eigentümer gemeinschaftlich verlangt werden kann. Der Nießbraucher kann auch Hinterlegung bei der Reichsbank, bei der Deutschen Zentralgenossenschaftskasse oder bei der Deutschen Girozentrale (Deutschen Kommunalbank) verlangen.**

1 Hinterlegg beim AmtsG, HintO § 1. Befreiung von der HinterleggsPfl zul; zB dch Test (RG Recht **11**, 1144). Kosten tragen beide Teile je zur Hälfte. Ähnl §§ 1814, 2116. – Die beiden ersten Institute des S 2 bestehen nicht mehr. Die RBank ist nicht dch die Deutsche Bundesbank od die Landeszentralbanken ersetzt (RGRK/Rothe 2; Staud/Frank 15; aA MüKo/Petzoldt 2; Soergel/Stürner 2). An Stelle der Dtsch ZentrGenKasse nunmehr Deutsche Genossenschaftsbank (G v 22. 12. 75; BGBl I 3171).

1083 *Mitwirkung zur Einziehung.* **I Der Nießbraucher und der Eigentümer des Papiers sind einander verpflichtet, zur Einziehung des fälligen Kapitals, zur Beschaffung neuer Zins-, Renten- oder Gewinnanteilscheine sowie zu sonstigen Maßnahmen mitzuwirken, die zur ordnungsmäßigen Vermögensverwaltung erforderlich sind.**

II Im Falle der Einlösung des Papiers finden die Vorschriften des § 1079 Anwendung. Eine bei der Einlösung gezahlte Prämie gilt als Teil des Kapitals.

1 Erweiterg des § 1078 auf alle Maßnahmen ordngsmäßiger Verw. Vgl §§ 799 ff, 805. Auch auf Verkauf wg gefährdeter Sicherh. Kosten der Maßn je zur Hälfte.

1084 *Verbrauchbare Sachen.* **Gehört ein Inhaberpapier oder ein Orderpapier, das mit Blankoindossament versehen ist, nach § 92 zu den verbrauchbaren Sachen, so bewendet es bei den Vorschriften des § 1067.**

Vgl § 92; zB Banknoten u zur Veräußerg im Betriebe bestimmte Papiere. Der Nießbraucher wird Eigtümer, § 1067. Abweichende Vereinbarg zul. 1

III. Nießbrauch an einem Vermögen

1085 *Bestellung.* **Der Nießbrauch an dem Vermögen einer Person kann nur in der Weise bestellt werden, daß der Nießbraucher den Nießbrauch an den einzelnen zu dem Vermögen gehörenden Gegenständen erlangt. Soweit der Nießbrauch bestellt ist, gelten die Vorschriften der §§ 1086 bis 1088.**

1) Der Nießbr an einem **Vermögen** (praktisch insb der am Nachlaß, § 1089) ist seinem Wesen nach eine **Summe von Nießbrauchsrechten an den einzelnen Gegenständen** (RG **153**, 31). Deshalb keine Bestellg durch eine einheitl RechtsHdlg; keine GesRNachfolge. Zum Schutz der bei der Bestellg vorhandenen Gläub des Bestellers ist eine Sonderregelg notw. Die §§ 1086 ff gelten aber nur hins der Ggstände, an denen der Nießbr zum Zwecke der Bestellg des Nießbrauchs am Verm bestellt worden ist, § 1085. Im übrigen gelten die §§ 1030 ff. 1

2) Vermögen. Vgl §§ 310, 311, § 419. Nachl § 1089. Am ganzen Verm od an einem Bruchteil. Unschädl, wenn einzelne Ggstände ausgenommen werden. Nicht übertragbare Rechte können nicht belastet werden, § 1069 II; doch kann dem Nießbraucher der Anspr auf die Nutzgen eingeräumt werden. Keine unmittelb Anwendg auf den Nießbr an einem SonderVerm, zB VorbehGut; entspr Anwendg der §§ 1087, 1088 III, wenn vertragl vereinbart. 2

3) Verpflichtg zur Bestellg nach §§ 311, 2174. **Bestellung für jeden Gegenstand gesondert** gemäß §§ 873, 1031, 1032, 1067, 1069 I, 1081 II, SchiffsRG 9. Daher neue Bestellg nötig für einen später in das Verm gelangenden Ggst (keine dingl Surrogation dch Einverleibg, Brem DB **70**, 1436); umgekehrt bleibt der aus dem Vermögen ausscheidde EinzelGgst weiter belastet. Wird ein Grdst veräußert, bleibt der Nießbr also an ihm bestehen, nicht ergreift er die für den Eigtümer bestellte RestkaufgeldHyp. Bestellg „an sämtl Erbteilen" kann die Einigg über die Bestellg an allen Ggständen enthalten (RG **153**, 30). Zugehörigk zu einem Verm ist nicht eintraggsfäh (Staud/Frank Rn 8; hM). 3

4) Nießbrauch an einem Handelsgeschäft. – Prakt in vorweggenommener Erbf od zur wirtschaftl Sichg von MitE des verstorbenen Untern statt VorErbsch. Scheide den **Ertragsnießbrauch** (der Eigtümer leitet das Unternehmen weiter, der Nießbraucher ist – obwohl dingl berecht – auf gewisse KontrollR u den Ertrag beschr) vom echten **Unternehmensnießbrauch:** hier führt der Nießbraucher selbst das Untern. Behält sich Einzelkaufm bei Überg des Gesch an Dritten QuotenNießbr (§ 1030 Rn 9) vor, ist er idR nur noch Ertragsbeteiligter, (also Löschg im HReg), falls nicht ausdrückl anderes (kaufmänn Weitermitverantwortg) vereinb (BayObLG **73**, 168). – Das Nachstehde handelt vom UnternehmensNießbr. 4

a) HGB 22, VVG 151 II setzen ihn voraus. Sachenrechtl gibt es keine Bestellg dch Gesamtakt. Also muß jeder einzelne Ggst des Inbegriffs belastet w; damit ist aber nicht erfaßb der „Tätigkeitsbereich" des Unternehmens (von Gierke HandelsR § 14 II), die „Chancen", der good will, also die Betriebs- u Absatzorganisation, Kundenstamm, Geschäftsbeziehgen, -erfahrgen u -geheimnisse. Das GrdGeschäft verpflichtet den Besteller regelmäß, den Nießbraucher hierein einzuweisen; erst dann ist sein Zweck erreicht; nun hat der Nießbraucher die Möglichk, diesen „Tätigkeitsbereich" absolut gg rechtswidr Eingriffe zu verteidigen hat. In diesem Sinne erkennt die hL an, daß die so vollzogene NießbrBestellg ein umfassendes dingl Recht am Handelsgeschäft (MüKo/Petzoldt Rn 9 mwN) begründet. – Die §§ 1085 ff allerd sind auch hier nur anwendb, wenn das Handelsgeschäft das Vermögen des Bestellers ausmacht, sonst gelten die §§ 1030 ff; dann auch das VerpflGesch formfrei (BGH **25**, 1). 5

b) Im einzelnen: Das GrdGesch (Vertr, letztw Vfg) wird idR ergeben, daß Fdgen zur vollen Vfg im Rahmen ordentl GeschBetriebs zu übertr sind; sonst würden §§ 1074, 1076 gelten, die hier unpraktikabel wären. UmlaufVerm (Warenlager) wird Eigt des Nießbrauchers, § 1067, AnlageVerm bleibt im Eigt des Bestellers. § 1048 gilt entspr (BGH **LM** § 930 Nr 12). Dem Nießbraucher gebührt als Nutzg der bilanzm ausgewiesene (Baur JZ **68**, 79) Reingewinn. Echte Betriebsverluste hat Nießbraucher zu tragen, für Werteinbußen des Unternehmens haftet der dem Besteller nur bei Versch. Unverschuldete Einbußen am AnlageVerm trägt grdsätzl der Eigtümer. Fdgen u Schulden aus dem Betr treffen allein den Nießbraucher, seine Gläub können sich nur an das UmlaufVerm u das pers Vermögen des Nießbrauchers halten. Für AltGläub gelten §§ 1086, 1088. Bei Firmenfortführg (vgl HGB 22 II) haftet für Altschulden der Nießbraucher nach HGB 25, entspr der Besteller nach Rückerwerb für solche des Nießbrauchers (RG **133**, 323; str). 6

c) Die umfassde RNatur des dingl Gesch beeinflußt auch das gesetzl SchuldVerh zw Eigtümer u Nießbraucher; vgl § 1050 Rn 1. Nießbraucher muß aus dem Gewinn die Abschreibgen für die Abnutzg des Anlagevermögens vornehmen, die mit dem Gesch verbundenen öff u priv Lasten tragen, kurz den Betrieb als solchen erhalten. 7

5) Satz 2: Die Bestellg erfordert – außer der Summe der einzelnen dingl BestellgsGesch – daß die Beteiligten über die Bestellg des Rechts gerade als eines VermögensNießbr einig sind (RG SeuffA **91** Nr 103). Auch muß der Nießbraucher – wie bei §§ 419, 1365 gewußt haben, daß ein Vermögen belastet wird (RAG HRR **40**, 669); was zu § 419, gilt im allg auch hier. Geschieht der dingl Vollzug zeitl nacheinander, so greift S 2 ein, wenn der GläubSchutz (§ 1086) es erfordert, wenn also die Summe der belasteten 8

Einzelgegenstände den wesentl Teil des Vermögens ausmacht (bestr; nach aA soll schon der Beginn der Belastgsgeschäfte die §§ 1086 ff auslösen; vgl Soergel/Stürner Rn 4; Staud/Frank Rn 23).

1086 *Rechte der Gläubiger des Bestellers.* **Die Gläubiger des Bestellers können, soweit ihre Forderungen vor der Bestellung entstanden sind, ohne Rücksicht auf den Nießbrauch Befriedigung aus den dem Nießbrauch unterliegenden Gegenständen verlangen. Hat der Nießbraucher das Eigentum an verbrauchbaren Sachen erlangt, so tritt an die Stelle der Sachen der Anspruch des Bestellers auf Ersatz des Wertes; der Nießbraucher ist den Gläubigern gegenüber zum sofortigen Ersatze verpflichtet.**

1 **1) Allgemeines. a)** Nur beim VermNießbr haben die Gläub das unmittelb ZugriffsR. Beim EinzelNießbr müssen die nachstehenden dingl u die persönl Gläub den Nießbr gg sich gelten lassen od nach dem AnfG anfechten.

2 **b)** Über die obj u subj Erfordernisse des Eingreifens des § 1086 siehe § 1085 Rn 8. Erst die Einigg in diesem Sinn eröffnet § 1086; folgt sie zB bei Eintragg des Nießbr bei dem das Vermögen bildden Grdst nach (RG SeuffA **91** Nr 103), so tritt die Wirkg erst im letzteren Ztpkt ein.

3 **2) Zugriffsrecht.** Nießbraucher hat die ZwVollstr zu dulden. Weitergehend § 1088 I, II. – **a) Berechtigt** sind die persönl Gläub des Bestellers, nicht des Eigtümers. Für die Fdg genügt die Entstehg vor Bestellg des Nießbr, wofür die Grdsätze zu InsO 38 Maß geben. So reicht Entstehg der Forderg als bedingte od als befristete (vgl RG **69**, 421). Bei Anspr auf wiederkehrende Leistgen entscheidet die Entstehg dem Grunde nach; bei Anspr aus § 1602 I (§ 1615 a) muß die Bedürftigk eingetreten sein. – **b) Gegenstand.** ZwVollstr in alle dem Nießbr unterliegenden Ggstände. Titel nach ZPO 737, 738, 794. Auch in die ErsAnspr des Eigtümers; vgl Rn 4. In Fahrnis, auch wenn der Besteller nicht Eigtümer ist. Für Grdst gelten ZPO 866 ff, ZVG 17, 147. Der Nießbraucher hat den Eigtümer zu benachrichtigen, § 1042. Der Eigtümer, der nicht Besteller ist, kann nach ZPO 64, 771 vorgehen.

4 **3) Verbrauchbare Sachen;** vgl §§ 1067, 1084. Der ErsAnspr ist dem Gläub ggü sofort fällig. Pfändg aGrd Titels gg Besteller (Nießbraucher ist DrittSchuldn); str.

1087 *Verhältnis zwischen Nießbraucher und Besteller.* I **Der Besteller kann, wenn eine vor der Bestellung entstandene Forderung fällig ist, von dem Nießbraucher Rückgabe der zur Befriedigung des Gläubigers erforderlichen Gegenstände verlangen. Die Auswahl steht ihm zu; er kann jedoch nur die vorzugsweise geeigneten Gegenstände auswählen. Soweit die zurückgegebenen Gegenstände ausreichen, ist der Besteller dem Nießbraucher gegenüber zur Befriedigung des Gläubigers verpflichtet.**

II **Der Nießbraucher kann die Verbindlichkeit durch Leistung des geschuldeten Gegenstandes erfüllen. Gehört der geschuldete Gegenstand nicht zu dem Vermögen, das dem Nießbrauch unterliegt, so ist der Nießbraucher berechtigt, zum Zwecke der Befriedigung des Gläubigers einen zu dem Vermögen gehörenden Gegenstand zu veräußern, wenn die Befriedigung durch den Besteller nicht ohne Gefahr abgewartet werden kann. Er hat einen vorzugsweise geeigneten Gegenstand auszuwählen. Soweit er zum Ersatze des Wertes verbrauchbarer Sachen verpflichtet ist, darf er eine Veräußerung nicht vornehmen.**

1 **1) Allgemeines.** Das InnenVerh zw Nießbraucher u Besteller richtet sich in erster Reihe nach dem Vertr. § 1087 enthält nur nachgiebiges Recht (RG **153**, 31). Zweck: Abwendg der ZwVollstr unter Wahrg der beiderseitigen Interessen. Vgl auch § 1088 III. Über die in Betr kommenden Gläub vgl § 1086 Rn 3.

2 **2) I verpflichtet den Nießbraucher** zur nießbrauchfreien Rückg der erforderl Ggstände; dabei § 242 dch Eigtümer zu wahren; vorzugsw geeignet sind zB Schuldverschreibgen (Brem DB **70**, 1436). Statt verbrauchbarer Ggstände hat der Nießbraucher sofort Wertersatz zu leisten.

3 **3) II berechtigt ihn zur unmittelb Befriedigung** des Gläub, wenn ein bestimmter in seinem Besitz befindl Ggst geschuldet wird. Ist dieser nicht im NießbrVermögen, darf er bei Gefahr im Verzug einen zur Befriedigg vorzugsw geeigneten anderen Ggst (S 3) dieses Vermögens veräußern (S 2). Soweit er aber dem Besteller Wertersatz schuldet, muß er diesen zur Befriedigg des Gläub verwenden (S 4); vgl auch § 1086 S 2 Halbs 2. Schuldh Verletzg macht schadensersatzpfl. Die Veräußerg ist wirks, wenn die Verbindlichk besteht u Gefahr im Verzuge; guter Glaube bzgl dieser Voraussetzgen genügt nicht; doch schützt § 1058 den Nießbr auch hier.

1088 *Haftung des Nießbrauchers.* I **Die Gläubiger des Bestellers, deren Forderungen schon zur Zeit der Bestellung verzinslich waren, können die Zinsen für die Dauer des Nießbrauchs auch von dem Nießbraucher verlangen. Das gleiche gilt von anderen wiederkehrenden Leistungen, die bei ordnungsmäßiger Verwaltung aus den Einkünften des Vermögens bestritten werden, wenn die Forderung vor der Bestellung des Nießbrauchs entstanden ist.**

II **Die Haftung des Nießbrauchers kann nicht durch Vereinbarung zwischen ihm und dem Besteller ausgeschlossen oder beschränkt werden.**

III **Der Nießbraucher ist dem Besteller gegenüber zur Befriedigung der Gläubiger wegen der im Abs. 1 bezeichneten Ansprüche verpflichtet. Die Rückgabe von Gegenständen zum Zwecke der Befriedigung kann der Besteller nur verlangen, wenn der Nießbraucher mit der Erfüllung dieser Verbindlichkeit in Verzug kommt.**

1) Der **Nießbraucher haftet (I)** für die Dauer des Nießbr pers u unbeschr u unabdingb **(II)** mit dem Besteller als GesSchu für best wiederkehrde Leistgen (ges Schuldbeitritt), für die dieser pers haftet (also nicht für HypZinsen, wenn ein Dr pers Schu ist). § 103 gilt auch im Verh zum Gläub. – **a) Zinsen** (vertragl od ges). Die Fdg muß vor NießbrBestellg als verzinsl entstanden sein. – **b) Wiederkehrende Leistungen,** die ein ordentl Verwalter aus den Einkünften zu bestreiten pflegt, auch wenn sie diese übersteigen (RG **153**, 29). Die Fdg muß vor NießbrBestellg entstanden sein. Dazu gehören: Tilggsraten (insb am Verm dingl gesicherter Schulden; Düss OLGZ **75**, 341); Einkommen- u VermSteuern (RG **153**, 29; Halm BWNotZ **56**, 103; aA Boesebeck JW **37**, 463); Unterhaltsbeiträge; Versichergsprämien; vgl auch LAG § 73. 1

2) Im **Innenverhältnis** hat der Nießbraucher die Lasten zu tragen **(III).** Dies gilt über den zu engen Wortlaut hinaus für alle (auch nach NießbrBestellg entstandenen) Lasten, die ein ordentl Verwalter aus den Einkünften bestreitet (Düss OLGZ **75**, 341). – Über Ausgleich zw Besteller u Nießbraucher, wenn Gläub aus nießbrauchsfreiem (nachträgl erworbenem) Verm befriedigt wird, die Schuld aber dem NießbrGut zur Last fällt, und umgekehrt, vgl W-Raiser § 124 V. Die bei Bestellg bestehden Passiven trägt intern das NießbrVerm; entstanden die Schulden aus einem das nießbrauchsfreie Verm betr Rechtsverhältn, muß dieses sie tragen, techn dch Auffüllg des NießbrVerm seitens des Bestellers. 2

1089 ***Nießbrauch an einer Erbschaft.*** **Die Vorschriften der §§ 1085 bis 1088 finden auf den Nießbrauch an einer Erbschaft entsprechende Anwendung.**

1) Nießbrauch am Nachlaß. Zuwendg durch Vermächtn, §§ 2147 ff, häufig unter Eheg im gemeinschaftl Testament unter Erbeinsetzg der Kinder; oft zweifelh, ob nicht Vor- u Nacherbsch gemeint (vgl Petzold BB **75** Beil 6 zu Heft 13). Zu unterscheiden von der Zuwendg des bloßen Anspr auf die Nutzgen (KG JW **33**, 184). Bestellg des Nießbr an den einzelnen Ggständen gem § 1085; vgl dazu RG **153**, 30; auch hier keine dingl Surrogation, § 1088 auch anwendb, wenn Vermächtn nicht an allen NachlGgst bestellt wird (vgl Düss OLGZ **75**, 341). Gläub (§§ 1086/8) sind nur die NachlGläub, §§ 1967 ff (RG DR **44**, 371), wo Anwendg der §§ 1087/8 auf ErbschSteuerschuld verneint wird; mutmaßl Wille des Erblassers maßg, ob Erbe vom Nießbraucher Zahlg der ErbschSteuer verlangen kann). Erbe kann Bestellg des Nießbr an denjenigen Ggständen verweigern, die er zur Erfüllg der NachlVerbindlichk benötigt (BGH **19**, 312). Vgl dort über Unanwendbark der Rechte aus § 1087, soweit der durch Ausschlagg (§ 2306 I 2) des zunächst Berufenen Erbe Gewordene jenem den Pflichtt zahlen muß. Nießbraucher haftet für NachlSchulden, auch wenn Nichterbe gem § 2366 den Nießbr bestellt hat. § 1058 gilt aber (W-Raiser § 124 VI). Rückg (§§ 1087 I, 1088 II 2) kann nur der wahre Erbe verlangen. 1

2) Für den **Nießbrauch an einem Miterbenanteil** (reiner RechtsNießbr) gelten die §§ 2033, 1068 ff, 1066 (Mü JFG **21**, 177). Auch bei Nießbr an allen Erbteilen, bei dem §§ 1086/8 entspr anzuwenden (str), der aber von dem an allen NachlGgständen zu unterscheiden ist; der Nießbr an allen Erbteilen ist ein Nießbr an einem Recht. Er ergreift die NachlGgstände nicht mehr, wenn sie aus dem Nachl ausschieden, dafür aber die in den Nachl gelangenden; umgekehrt beim Nießbr an einem Verm: Er belastet die aus ihm ausscheidden Ggstände weiter, ergreift aber nicht die neu darein gelangenden; vgl im einz Wolff-Raiser § 123 I; vgl aber auch § 1085 Rn 3. Erbauseinandersetzg u sonstige Vfg über NachlGgstände nur mit Zust des Nießbrauchers, § 1071; daher Eintr im GB als VerfüggsBeschrkg mögl (Hamm OLGZ **77**, 283). 2

Dritter Titel. Beschränkte persönliche Dienstbarkeiten

1090 ***Begriff.*** **I Ein Grundstück kann in der Weise belastet werden, daß derjenige, zu dessen Gunsten die Belastung erfolgt, berechtigt ist, das Grundstück in einzelnen Beziehungen zu benutzen, oder daß ihm eine sonstige Befugnis zusteht, die den Inhalt einer Grunddienstbarkeit bilden kann (beschränkte persönliche Dienstbarkeit).**

II Die Vorschriften der §§ 1020 bis 1024, 1026 bis 1029, 1061 finden entsprechende Anwendung.

1) Allgemeines. Die bpDbk ist ein **beschränktes dingliches Recht** an einem Grdst. Ihre Bestellg begründet ein **gesetzliches Schuldverhältnis** zw dem jeweil Eigtümer des belasteten Grdst u dem Berecht (vgl § 1018 Rn 1) mit dem Inhalt nach II iVm §§ 1020–1023, dessen anfängl od nachträgl Änderg ggü EinzelRNachf nur bei GBEintr (auch gem § 874) wirkt. Für mehrf bpDbk u Nebeneinand von bpDbk u GrdDbk (BayObLG **82**, 246) gilt § 1018 Rn 1. – Neben der bpDbk ist ein vom GrdGesch (Anm 7) zu unterscheiddes **schuldrechtliches Nutzungsrecht** (zB Pacht) mögl (BGH **LM** Nr 7); § 1018 Rn 1 gilt entspr. 1

2) Belastungsgegenstand wie bei GrdDbk (§ 1018 Rn 2). 2

3) Berechtigte können nur bestimmte natürl od jur Pers (auch des öffR) sein (subjpers R). – Für **mehrere Berechtigte** können selbstd inhalts- u ranggleiche bpDbk bestellt werden (BGH **46**, 253; BayObLG Rpfleger **80**, 151). Die Mitgl einer GesHdsGemsch sind GesHdsBerecht einer zum GesHdsVerm gehörden bpDbk. Mehrere Berecht können auch als GesamtBerecht iSv § 428 (BGH **46**, 253; BayObLG **91**, 431), bei unteilb LeistgsGgst als MitBerecht iSv § 432 (KG JW **35**, 3564; Köln DNotZ **65**, 686) u bei teilb LeistgsGgst als BruchtBerecht iSv § 420 (KEHE/Eickmann § 47 Rn 4) verbunden sein; über Teilbark des LeistgsGgst vgl § 1018 Rn 3. – **Eigentümerdienstbarkeit.** Berecht kann zugl Eigtümer des belasteten Grdst sein (LG Lünebg NJW-RR **90**, 1037; vgl Einl 7 vor § 854); hM verlangt schutzwürd Interesse im Hinblick auf geplante Veräußerg (Ffm Rpfleger **84**, 264 mwN) od aus and Grd (Saarbr OLGZ **92**, 5); Dbk für einen MitEigtümer an ganzem Grdst zul (Ffm aaO; LG Wuppt RhNK **89**, 172). 3

4 **4) Inhalt.** Die bpDbk kann alles zum Inhalt haben, was Inhalt einer GrdDbk sein kann, aber auch nur das (zB **keine Entgeltlichkeit** als RInhalt; BGH ZMR **66**, 333); § 1018 Rn 4–26 gilt entspr. Unterschied nur insow, als § 1019 nicht anwendb ist, so daß wirtsch Vorteil für Berecht nicht notw; es genügt ein mit privatrechtl Mitteln verfolgb eigenes od zu förderndes fremdes (zB bei jur Pers für Mitgl) schutzwürd wirtsch od ideelles Interesse des Berecht (BGH **41**, 211; BayObLG **65**, 180), auch öff Interesse wie Benutzg als Verkehrsfläche (LG Pass Rpfleger **72**, 135) od VerändergsBeschrkg wg Denkmalsschutz (LG Pass MittBayNot **77**, 191) od Entlastg öff Verkehrsfläche (BayObLG **65**, 180) od Fernhaltg bestimmter Gewerbeart in beplantem Gewerbegebiet (BGH Rpfleger **83**, 478). – **a) Duldung der Benutzung in einzelnen Beziehungen** (§ 1018 Rn 13); zB WohngsDbk (Saarbr OLGZ **92**, 5; vgl Übbl 3 vor § 1105. – **b) Unterlassung gewisser tatsächlicher Handlungen** (§ 1018 Rn 19); zB keine and GrdstBenutzg als KfzEinstellg (BayObLG **65**, 180). – **c) Ausschluß der Ausübung gewisser Rechte** (§ 1018 Rn 26) ggü dem Berecht statt ggü herrschdem Grdst (RG **119**, 211).

5 **5) Schuldrechtliche Vereinbarungen** (insb GgLeistg des Berecht) können neben dem dingl Recht getroffen werden; § 1018 Rn 27 gilt entspr.

6 **6) Entsprechend anwendbar (II)** auf die bpDbk sind §§ 1020–1024, 1026–1029 (BesSchutz genießt nur Berecht, nicht Drittbegünstigte; RGRK/Rothe 11), 1061 (vgl dazu Rn 8).

7 **7) Entstehung.** Als dingl Recht rechtsgeschäftl gem § 873 dch Einigg (bei EigtümerR: einseit Erkl) u Eintr; § 1018 Rn 29–32 gilt entspr. Wird Klausel iSv GBO 23 II bei DbkBestellg eingetr, so genügt EintrBew des Eigtümers (BGH **66**, 341). – Über **Übertragung u Belastung** vgl § 1092. – **Inhaltsänderung** dch RGesch gem § 877 od dch BedürfnÄnderg (vgl § 1018 Rn 9). Auswechselg des Berecht ist nicht InhaltsÄnderg sond Neubestellg (KG JFG **20**, 7). – **Umwandlung** in GrdDbk nicht mögl (Hamm Rpfleger **89**, 448); Aufhebg u Neubestellg notw.

8 **8) Erlöschen** dch Aufhebg, krG, Staatsakt u dauerndes AusübgsHindern; § 1018 Rn 35 gilt entspr. – Ferner mit **Wegfall des Berechtigten** dch Tod einer natürl u Erlöschen einer jur Pers od rfäh PersGesellsch (II iVm § 1061). Aus § 1061 folgt Unvererblichk des dingl Rechts. Mögl Gestaltgen zur ErgebnVermeidg: § 1092 Rn 2. Auch der BestellgsAnspr aus dem GrdGesch ist (arg § 1059 e) unvererbl (Staud/Ring § 1092 Rn 1; Soergel/Stürner § 1092 Rn 2; aA BGH **28**, 99). Fällt ein GesamtBerecht fort, so bleibt bpDbk für den/die and bestehen (BGH **46**, 253).

1091 *Umfang.* **Der Umfang einer beschränkten persönlichen Dienstbarkeit bestimmt sich im Zweifel nach dem persönlichen Bedürfnisse des Berechtigten.**

1 Nur wenn die Beteil den Umfang der Ausübg nicht geregelt haben, gilt die **Auslegungsregel** (BGH **41**, 209) des § 1091; sie schließt Bestellg für fremde Bedürfn (auch nur für diese) nicht aus (BGH aaO). Persönl Bedürfn weit zu fassen; zB auch des Haushalts od Geschäfts (KGJ **33**, 233).

1092 *Übertragbarkeit; Überlassung der Ausübung.* **I Eine beschränkte persönliche Dienstbarkeit ist nicht übertragbar. Die Ausübung der Dienstbarkeit kann einem anderen nur überlassen werden, wenn die Überlassung gestattet ist.**

II Steht eine beschränkte persönliche Dienstbarkeit oder der Anspruch auf Einräumung einer beschränkten persönlichen Dienstbarkeit einer juristischen Person oder einer rechtsfähigen Personengesellschaft zu, so gelten die Vorschriften der §§ 1059 a bis 1059 d entsprechend.

III Steht einer juristischen Person oder einer rechtsfähigen Personengesellschaft eine beschränkte persönliche Dienstbarkeit zu, die dazu berechtigt, ein Grundstück für Anlagen zur Fortleitung von Elektrizität, Gas, Fernwärme, Wasser, Abwasser, Öl oder Rohstoffen einschließlich aller dazugehörigen Anlagen, die der Fortleitung unmittelbar dienen, für Telekommunikationsanlagen, für Anlagen zum Transport von Produkten zwischen Betriebstätten eines oder mehrerer privater oder öffentlicher Unternehmen oder für Straßenbahn- oder Eisenbahnanlagen zu benutzen, so ist die Dienstbarkeit übertragbar. Die Übertragbarkeit umfaßt nicht das Recht, die Dienstbarkeit nach ihren Befugnissen zu teilen. Steht ein Anspruch auf Einräumung einer solchen beschränkten persönlichen Dienstbarkeit einer der in Satz 1 genannten Personen zu, so ist der Anspruch übertragbar. Die Vorschriften der §§ 1059 b bis 1059 d gelten entsprechend.

1 **1) Allgemeines.** § 1092 gilt nur für die bpDbk u den EinräumgsAnspr; nicht für WertErsAnspr nach ZVG 92 (LG Ffm Rpfleger **74**, 122). – **II** idF Art 11 a II Nr 1 EuroEG v 9. 6. 1998 (BGBl I 1242) u **III** angefügt dch G v 17. 7. 1996 (BGBl I 990); dazu Bassenge NJW **96**, 2777; Heller/Schulten VIZ **96**, 503. Gilt auch für vorher bestellte Rechte.

2 **2) Übertragung des dinglichen Rechts. – a) Grundsatz (I 1).** Die bpDbk ist zwingd (BayObLG **80**, 176) unübertragb; auch als Teil eines Altenteils (KG JW **32**, 1564). Mögl sind: dch Vormkg gesicherter Anspr des *B* auf Bestellg bei Erlöschen der bpDbk des *A* (BGH **28**, 99); Bestellg dch dasselbe Ereign auflösd für *A* u aufschiebd für *B* bdgt (KG JFG **20**, 6); Erstreckg auf weitere Pers als GesamtBerecht (Düss RhNK **79**, 191)
3 auch iVm Ausscheiden einer Pers (LG Landshut MittBayNot **98**, 261). – **b) Ausnahmen** bei folgden Berecht: JurPers des öffR od PrivatR u rfäh PersGesellsch iSv § 1059 a II. – **aa) Bei beliebigem Rechtsinhalt (II)** Übergang bei GesamtRNachf entspr § 1059 a I Nr 1 u Übertragg nach § 873 entspr § 1059 a I Nr 2, II. –
4 **bb) Bei besonderem Rechtsinhalt (III)** Übertragg nach § 873 ohne EigtümerZust. Voraussetzgen von III 1 ergeben sich aus dem GBInhalt (notf Übertr nach II); daher genügt EintrBew des Berecht. Unmittelb der Fortleitg dienen zB Umspann/Pumpstation, Versorggsweg, Befördergs- sowie Fördergs/SammlgsAnlage

(nicht: AufbereitgsAnlage). TelekomAnlage: TKG 3 Nr 17. Bahnanlage: AEG (v 27. 12. 93, BGBl I 2396) 2 III 1. Produkte sind auch ZwProdukte. Übertragg der Anlage nach §§ 929 ff, da keine ErbbRVO 12 I 1 entspr Vorschr. Teilg **(III 2)** liegt vor, wenn die Befugn nach III 1 auf- od von and RInhalt abgespalten werden sollen; zuläss aber Auf-/Abspaltg dch InhaltsÄnderg (§ 877) in gleichrang bpDbk, die nach III 1 abtretb.

3) Übertragung des Einräumungsanspruchs. – a) Grundsatz. Der aus dem GrdGesch fließde Anspr ist zwingd unübertragb (*arg* II, III 3, § 1059 e; Soergel/Stürner Rn 2; Staud/Ring Rn 1; aA BGH **28**, 99). – **b) Ausnahme** für Anspr auf Einräumg einer bpDbk nach II (II iVm § 1059 a) u III (III 3). 5 6

4) Belastung des dingl Rechts u des EinräumgsAnspr wg Unübertragbark ausgeschl (§§ 1069 II, 1274 II); keine Ausn bei Übertragbark (II, III 4 iVm § 1059 b). Damit auch **Pfändung** u Überweisg zur Einziehg ausgeschl (ZPO 851 I, 857 I); ZPO 857 III gilt aber. 7

5) Überlassung der Ausübung (I 2). Bei Eintritt des Berecht in MietVertr zw Eigtümer u Dritten (§ 577 S 1) beginnt sie mit NichtKünd ab erster KündMöglichk (BGH **59**, 51). – **a) Voraussetzung** ist Gestattg des Eigtümers. Sie ist eine (auch stillschw) anfängl od nachträgl getroffene Vereinbg zw Eigtümer u Berecht (BGH **LM** § 1090 Nr 7), die nur zur Wirkg ggü EinzelRNachf der GBEintr (auch gem § 874; KG JFG **15**, 31) bedarf (BGH **LM** KO § 1 Nr 5); sie liegt noch nicht in Bestellg einer bpDbk zum Betr eines Gewerbes (BGH aaO). Kein einseit Widerruf der Gestattg dch Eigtümer (vgl Schmidt-Futterer ZMR **67**, 163). Überlassg selbst nicht eintraggsfäh. – **b) Wirkung.** Dritter erwirbt kein dingl Recht (BayObLG **82**, 246) u keinen Anspr gg Eigtümer, sond nur eine Einwendg gg die Klage aus §§ 1004, 1027. Nur iFv I 2 kann er gewillkürter ProzStandschafter für Berecht sein (BGH **LM** Nr 4). Nur iFv I 2 fällt bpDbk in KonkMasse des Berecht (BGH **LM** § 1090 Nr 7) u ist gem ZPO 857 III pfändb (KG OLGZ **68**, 295); über Verzicht des Berecht nach Pfändg vgl § 1059 Rn 6. – **c)** Bei **Überlassung ohne Gestattung** hat Eigtümer Anspr aus § 1004; bei Vermietg dch Berecht aber keinen Anspr auf den Mietzins (BGH **59**, 51). 8 9 10

1093 *Wohnungsrecht.* **I Als beschränkte persönliche Dienstbarkeit kann auch das Recht bestellt werden, ein Gebäude oder einen Teil eines Gebäudes unter Ausschluß des Eigentümers als Wohnung zu benutzen. Auf dieses Recht finden die für den Nießbrauch geltenden Vorschriften der §§ 1031, 1034, 1036, des § 1037 Abs. 1 und der §§ 1041, 1042, 1044, 1049, 1050, 1057, 1062 entsprechende Anwendung.**

II Der Berechtigte ist befugt, seine Familie sowie die zur standesmäßigen Bedienung und zur Pflege erforderlichen Personen in die Wohnung aufzunehmen.

III Ist das Recht auf einen Teil des Gebäudes beschränkt, so kann der Berechtigte die zum gemeinschaftlichen Gebrauche der Bewohner bestimmten Anlagen und Einrichtungen mitbenutzen.

1 **1)** Das **Wohnungsrecht** ist ein Sonderfall der bpDbk mit nießbrauchsähnl Gestaltg; nicht neben Nießbr bestellb (Hamm FGPrax **97**, 168). Es ist oft Bestandt (auch einziger) eines Altenteils (vgl EG 96).

2 **a)** Ob **Miete** od WohngsR gewollt, ist dch Auslegg des PartWillens zu ermitteln. Von der Bestellg eines WohngsR bzw einer Verpfl dazu ist nur auszugehen, wenn ernsth Wille zur GrdstBelastg genügd klar ausgedrückt; iZw Miete (LG Gießen NJWE-MietR **96**, 218). Weder Wortlaut (zB „Mietzins" für Entgelt) noch Vereinbg nur schuldrechtl mögl Pfl (vgl Rn 15) sind alleine maßg. – Anfängl od nachträgl **Nebeneinander** von MietVertr u WohngsR ist mögl (BGH Rpfleger **74**, 187; Hamm DNotZ **57**, 314); mit späterer Künd des MietVertr entfällt nicht RGrd für WohngsR, da dieses nicht GrdGesch, u WohngsR erlischt nur, wenn Erlöschen des MietVertr auflösde Bdgg (BGH Rpfleger **99**, 122). Bei nachträgl WohngsRBestellg entspricht es oft dem PartWillen, den MietVertr aufzuheben u dch GrdGesch für WohngsR zu ersetzen (BGH **LM** § 398 Nr 20); VertrAuslegg oft dahin, daß die nicht ausschließl mietrechtl Bestimmgen des MietVertr als Bestandt des GrdGesch für WohngsR weitergelten (BGH aaO).

3 **b)** Unterschiede zur **Dienstbarkeit nach §§ 1090–1092. – aa) Wohnen** muß Hauptzweck der Benutzg sein; andersart Nutzg vereinb, wenn sie nur Nebenzweck (BGH **LM** Nr 3; aA MüKo/Joost Rn 4). – **bb) Gebäude oder Gebäudeteile** müssen Ggst des BenutzgsR sein. Unschädl, daß Gbde nicht für langfrist Wohnen geeignet (BGH BB **68**, 105) od noch nicht errichtet (Hamm DNotZ **76**, 229) bzw ausgebaut (LG Regbg BWNotZ **87**, 147). Erstreckg des BenutzgsR auf unbebaute GrdstTeile (zB Hausgarten, Garagenzufahrt) od nicht zum Wohnen bestimmte Gbde/Räume (zB Garage, Stall) desselben Grdst zul, wenn Benutzg iR des hauptsächl Wohnzwecks (Ffm OLGZ **83**, 31). – **cc) Ausschluß des Eigentümers** von der Benutzg des Gbdes/GbdeTeils ist unabdingb Wesensmerkmal; sonst nur bpDbk nach § 1090 (vgl Rn 3 vor § 1105). Wesentl ist, daß im Ausübgsbereich des WohngsR der Eigtümer als solcher (nicht als Berecht; vgl Rn 7) neben dem Berecht nicht nutzgsberecht ist (BayObLG **91**, 431). Unschädl aber MitbenutzgsR des Eigtümers an unbebauten GrdstTeilen (Ffm OLGZ **83**, 31), weiteren Nebenräumen (Saarbr FGPrax **95**, 222) od NichtwohnGbde/Raum (LG Osnabr Rpfleger **72**, 308; aA LG Stade Rpfleger **72**, 96), auf die sich WohngsR erstreckt; doch auch insow Ausschl des Eigtümers vereinb (Schlesw SchlHA **66**, 67), wodch auch beim WohngsR vollständ BenutzgsAusschl des Eigtümers bzgl des ganzen Grdst erreichb (LG Fbg BWNotZ **74**, 85). Eigtümer kann ranggl MitbenutzgsR aGrd bpDbk haben (Saarbr OLGZ **92**, 5). 4

c) Bei **Grundstücksüberlassung zu Wohnzwecken** (nicht nur realen GrdstTeils; RG **164**, 196) kann Nießbr gewollt sein. Dann muß Berecht umfassdes NutzgsR erhalten u darf nur von einz Nutzgen ausgeschl sein (§ 1030 Rn 6). – Über Wohngsgewährg als Inhalt einer Reallast vgl Rn 3 vor § 1105. 5

2) Belastungsgegenstand wie bei bpDbk (§ 1090 Rn 2); nicht GaragenTeilEigt (BayObLG NJW-RR **87**, 328). Die Beschrkg des BenutzgsR auf Gbde/GbdeTeile (Rn 3) bedeutet nur eine räuml Ausübgs-Beschrkg bei Belastg des ganzen Grdst (BGH **LM** Nr 3). Bei GesamtWohngsR an mehreren Grdst (gg Zulässigk Böttcher MittBayNot **93**, 129 zu IV 7) muß auf jedem ein dem BenutzgsR unterliegdes Gbde sein (Zweibr FGPrax **98**, 84). Grdst muß noch nicht bebaut sein (Hamm DNotZ **76**, 229). 6

7 **3) Berechtigter** kann nur eine best natürl/jur Pers sein. – Für **mehrere Personen** selbstd inhalts- u ranggl WohnungsR bestellb (BGH **46**, 253). Für sie WohngsR auch als GesHds- (zB EhegGesellsch; BGH NJW **82**, 170), Gesamt- (§ 428; BGH aaO) od MitBerecht (§ 432; MüKo/Joost 13) bestellb; wg Unteilbark der Leistg aber nicht als BruchtBerecht (§ 420; Köln DNotZ **65**, 686). Über Eheg in GüterGemsch vgl BayObLG **67**, 480. – Für **Eigentümer** des belasteten Grdst (aber nicht jeweil!) bestellb (hM; LG Lünebg Rpfleger **98**, 110); daher auch zuläss: ranggl WohngsR für Eigtümer u Dritten (aA KG OLGZ **85**, 65), WohngsR für Eigtümer u Dritten in GesHdsGemsch (LG Lünebg NJW-RR **90**, 1037), WohngsR für einen MitEigtümer alleine (LG Wuppt RhNK **89**, 172) od in RGemsch mit Drittem (BayObLG **91**, 431), gemschaftl WohngsR für mehrere MitEigtümer (LG Ffm NJW-RR **92**, 600).

8 **4)** Der **Inhalt** des WohngsR ergibt sich zunächst aus der RNatur als bpDbk (vgl § 1090 Rn 4) mit den sich aus I 1 ergebden Abweichgen (vgl Rn 3, 4). Er darf sich nicht nach einem zw den Beteil bestehden MietVertr richten (BGH **LM** § 398 Nr 20). Über Grdst/GbdeTeile, die WohngsR nicht unterliegen, darf Eigtümer frei bestimmen (BGH WM **82**, 298).

9 **a)** Die **dem Wohnungsrecht unterliegenden Gebäude/Räume** müssen bestimmt sein, sofern es sich nicht erkennb auf alle Gbde/Räume bezieht (Zweibr FGPrax **98**, 84); Auswahl darf nicht Eigtümer (LG Aachen RhNK **75**, 12) od Berecht (BayObLG **64**, 1) vorbehalten bleiben, Ausübg eines WahlR kann aber zugl auflösde u aufschiebde Bdgg für WohngsR an best Raum sein (BayObLG MittBayNot **88**, 127).

10 **b) Unterhaltung des Gebäudes. – aa) Gesetzlich** ist Berecht zu schonder Ausübg verpfl (§§ 1090 II, 1020 S 1) u hat ggü Eigtümer über §§ 1090 II, 1020 S 2 hinausgehde UnterhaltgsPfl iRv I 2, § 1041. Zu weitergehder Unterhaltg ist Berecht nicht verpfl (aber AnzeigePfl nach I 2, § 1042); bei Vornahme aber ErsAnspr nach I 2, § 1049. Eigtümer trifft keine Pfl (auch nicht aus §§ 1090 II, 1027) zur GbdeUnterhaltg (BayObLG **85**, 414; LG Kass WuM **89**, 519), da Dbk nicht zu aktiver Hdlg verpfl; daher muß Berecht dch die Benutzg verusachte WohngsNebenkosten (Müll, Wasser, Heizg) selbst tragen (LG Duisbg WoM **88**, 167).
11 Zum ReparaturR einschl BesichtiggsR des Eigtümers vgl § 1044 Rn 1. – **bb) Vertraglich** vereinb (Rn 15), daß Eigtümer Gbde u Anlagen/Einrichtgen iSv III unterhält (BayObLG **80**, 176; Köln RhNK **86**, 264; Hamm RhNK **96**, 225), zB beheizt, Kosten für SchönhRep u Ver-/Entsorgg trägt (Schlesw NJW-RR **94**, 1359; LG Trier MittBayNot **94**, 545) od nach Zerstörg wiederaufbaut (LG Heilbr BWNotZ **75**, 124). Dies kann dch Einigg u Eintr zum RInhalt gemacht werden; auch Reallast mögl (Köln RhNK **92**, 46).

12 **c) Benutzung durch Dritte. – aa) Familienangehörige/Hauspersonal** dürfen ohne bes Gestattg aufgenommen werden **(II).** Familie setzt keine UnterhaltsPfl voraus u umfaßt auch Sohn mit Angehörigen (AG Lindlar MDR **71**, 844); nach BGH **84**, 36 (abl Heinz FamRZ **82**, 763) auch dauerh Lebensgefährten. Aufnahme erfaßt nicht mehr Überlassg zur alleinigen Benutzg, sond erfordert Mitbenutzg (vgl dazu Oldbg NJW-RR **94**, 467); sie ist keine Überlassg iSv § 1092 I 2 (BGH **LM** KO § 1 Nr 5). – **bb) Sonstigen Dritten** darf die Allein- od Mitbenutzg nur bei Gestattg nach § 1092 I 2 überlassen werden; Gestattg idR bei WohngsR für jur Pers (KGJ **53**, 157). Ohne Gestattg kann Eigtümer vom Berecht Unterlassg verlangen (§ 1004), nicht aber etwaigen Mietzins (BGH **59**, 51; krit Baur JZ **72**, 630 u Kollhosser BB **73**, 820) od NutzgsEntschädigg (Oldbg NJW-RR **94**, 467). Vorübergehde Aufn von Besuch bedarf keiner Gestattg. Über GestattgsAnspr aus § 242 bei Unmöglichwerden eigenen Wohnens vgl Celle NZM **98**, 929.

13 **d) Mitbenutzung gemeinschaftlicher Anlagen/Einrichtungen (III).** Mangels bes Vereinbg sind die Grdst- u GbdeVerh sowie die allg Lebens- u Wohngewohnh maßg. Dazu gehören zB Sammelheizg (BGH **52**, 234), Keller (LG Verd NdsRpfl **65**, 84), Treppenhaus, Hof, Waschküche, Trockenboden (Schlesw SchlHA **66**, 67), Ver-/EntsorggsAnlagen (BayObLG Rpfleger **92**, 57); nicht aber Garten u für Zugang nicht notw Flächen (BayObLG aaO; Zweibr FGPrax **98**, 84). Parkflächen (LG Ellw Rpfleger **65**, 12) u Garagen nur, wenn sie die Kfz aller Bewohner aufnehmen können; daher nicht Einzelgaragen u idR auch nicht Doppelgaragen. MitbenutzgsR gilt auch für neue (LG Kblz ZMR **63**, 11) u erneuerte/umgestaltete (BGH **52**, 234; BayObLG NJW-RR **97**, 651) Anlagen usw. Beheizg kann nicht unentgeltl verlangt werden; daher hat Berecht auch BediengsKostenAnt zu tragen (aA LG Hbg MDR **63**, 218). Eigtümer ist dem Berecht zur Instandhaltg verpfl (BGH **LM** Nr 8), darf aber für Berecht zumutb umgestalten (BayObLG NJW-RR **97**, 651).

14 **e) (Un-)Entgeltlichkeit** kann nicht dingl RInhalt sein (BGH **LM** § 398 Nr 20; BayObLG NJW-RR **93**, 283; Ffm NJW-RR **92**, 345; Hamm MittBayNot **97**, 230); § 1018 Rn 12 gilt entspr. Vgl aber Rn 15.

15 **5) Schuldrechtliche Vereinbarungen** (zB über GgLeistg des Berecht u Künd des Eigtümers) können neben dem WohngsR getroffen werden; § 1018 Rn 27 gilt entspr. MietpreisR auf NutzgsEntgelt nicht anwendb (BGH WM **65**, 649; LG Mannh WuM **75**, 170).

16 **6)** Entspr **anwendbar auf das Wohnungsrecht** sind die in **I 2 und 1090 II** genannten Vorschr. Außerdem sind anwendb § 1055 I (hM) u bei BesVorenthaltg § 1065 (W-Raiser § 113 Fußn 9; Hurst ZMR **69**, 97; aA RGRK/Rothe 6); nicht aber § 1058 (RGRK aaO; aA W-Raiser § 113 II 3).

17 **7) Entstehung. – a)** Als abstraktes **dingliches Recht** gem § 873 dch Einigg (bei EigtümerR: einseit Erkl) u Eintr. Für Klausel iSv GBO 23 II bei RBestellg genügt EintrBew des Eigtümers (BGH **66**, 341). – Die **Einigung** muß den Berecht (Rn 7) u einen zul sowie notw Inhalt (Rn 8–14) zum Ggst haben. Bdgg (BayObLG **97**, 246) u Befristg zuläss. – Die **Eintragung** muß den Berecht (Rn 7) u den RInhalt (Rn 8–14) enthalten, zu letzterem gehört insb die Angabe der betroffenen Räume. Im EintrVermerk genügt Angabe „WohngsR" mit Bezugn gem § 874 wg Einzelh (KG OLGZ **68**, 295); „MitbenutzgsR" für Garten genügt (Ffm Rpfleger **82**, 465). – **b)** Für das **schuldrechtliche Grundgeschäft** gilt § 1018 Rn 33 entspr; zB formfrei (Köln NZM **98**, 930). Über GrdGesch u MietVertr vgl Rn 2.

18 **8) Übertragung, Belastung, Pfändung, Ausübungsüberlassung:** § 1092 Rn 1–7 gilt; keine Überleitg nach BSHG 90 (Brschw FGPrax **95**, 224). Wird ein WohngsR für Räume bestellt, die an Dritten vermietet, so gilt § 577 S 1 unabhäng von Gestattg nach § 1092 I 2 (BGH **59**, 51); § 1092 I 2 widerspr Überlassg erst ab erstmal KündMöglichk für Berecht (BGH aaO).

9) Erlöschen dch Aufhebg, krG (zB § 158 II; BayObLG Rpfleger **83**, 61), Staatsakt; § 1018 Rn 35 gilt entspr. Kein Erlöschen bei subj AusübgsHindern (Celle NZM **98**, 929; dort auch zur Umwandlg in Geldleistg); über RäumgsVerpfl vgl BGH Rpfleger **99**, 122. – **Zerstörung des Gebäudes** bewirkt Erlöschen nur, wenn Wiederaufbau dauernd unmögl (Ffm SJZ **48**, 385; Dammertz RhNK **70**, 105; aA BGH **LM** Nr 6 u hM: Erlöschen), denn WohngsR belastet Grdst; kein Wiederaufleben, wenn Eigtümer nicht zum Wohnen bestimmtes Gbde aufbaut (vgl auch BGH **8**, 58). WiederaufbauPfl des Eigtümers nur bei Vereinbg (vgl Rn 11) od nach LandesR. Bejaht man Erlöschen, so ist WiederaufbauPfl dch Reallast u NeuBestellgsAnspr dch Vormkg sicherb. – Bei **Tod des Berechtigten** gilt § 1090 Anm 8 entspr. Bei UnterhaltgsPfl des Eigtümers als dingl RInhalt sind Rückstände nicht iSv GBO 23 I ausgeschl (BayObLG **79**, 372; vgl auch Düss FGPrax **95**, 11). 19

Sechster Abschnitt. Vorkaufsrecht

Überblick

1) Begriff. Das **Vorkaufsrecht** ermöglicht dem Berecht, von dem Verpflichteten das belastete Grdst zu denselben Bedinggen zu kaufen, zu denen der Verpflichtete es an Dritten verkauft hat. Das persönl VorkR (§§ 504 ff) verpflichtet nur den Besteller (od dessen GesRNachf) u gilt nur für einen Verkaufsfall; es kann sich auf Grdst u Fahrnis beziehen. Das dingl VorkR nur an Grdst (u deren Zubehör) bestellbar, §§ 1094, 1096; aber auch für mehrere od alle Verkaufsfälle, § 1097; dann verpflichtet es den jeweil Eigtümer. Es wirkt Dritten ggü, u zwar wie eine Vormkg, § 1098 II; über Unterschiede zum persönl, durch Vormkg gesicherten VorkR vgl Vorbem 5 vor § 504, Hochmann BWNotZ **81**, 166. – Die **Rechtsnatur** ist str (vgl Schurig, Das VorkR im PrivatR, 1975, S 61–106). Jedenf dingl Belastg des Grdst (RG **167**, 300); also keine VertrFreih (vgl § 1098 Rn 2); §§ 889, 891 ff, 902 anwendb. Es ist kein verdinglichtes persönl VorkR (str), es setzt ein persönl VorkR auch nicht (als KausalGesch) voraus, wenn es auch zur Verstärkg eines solchen bestellt werden kann. KausalGesch kann auch ein kaufähnl Vertr, Vermächtn ua sein, od aber auch ganz fehlen. 1

2) Bedeutung. Das BGB kennt an Sachen nur rechtsgeschäftl bestellte VorkR. Es ermöglicht dem Verk, insb dem Gutsübergeber (Altenteiler), Einfluß auf das veräußerte Grdst zu behalten. Auch andere Beteiligte, zB Nießbraucher, Mieter, Pächter, können durch ein VorkR ihre RStellg verstärken. Gesetzl Vorkaufsrechte an einzelnen Ggständen gibt es nach dem BGB nicht. Die §§ 2034 ff betreffen nur den Anteil am Nachl. Das BGB hat sich damit vom deutschen Recht entfernt, das in großem Umfang „Näherrechte" für nächste Verwandte, Gemeinschafter, Marktgenossen u Nachbarn kannte. 2

3) Gesetzliche Vorkaufsrechte enthalten das Bundes- u LandesR. Sie bedeuten keine Enteigng (BGH WPM **77**, 197 zu RSiedlG; **77**, 550 zu BBauG). Die Ausübg kann uU RMißbr sein (BGH **60**, 275; Warn **66**, 79). Über Nichtigk einer NießbrBestellg zur Umgehg ges VorkR vgl BGH **34**, 204. Ges VorkR hindert nicht Bestellg eines solchen nach § 1094 (LG Lüb SchlHA **63**, 119 zu BBauG 24 aF). 3

a) RSiedlG 1, 4–10, 11 a. VorkR zG gemeinnütz SiedlgsUnternehmen (nach LandesR auch and Stellen) bei Verkauf **landwirtschaftlicher Grundstücke** (auch Weinberge [BGH MDR **66**, 490], nicht aber forstwirtsch Grdst [BGH WM **74**, 539)]; über gemischt land/forstwirtsch Nutzg vgl BGH **134**, 166) u kultivierb Öd- u Moorlandes von 2 ha aufwärts (nach LandesR höher od, für beschränkte Zeit, niedriger bestimmb), sofern die Veräußerg nach GrdstVG der Gen bedarf u diese nach GrdstVG 9 nach Auffassg der GenBehörde zu versagen wäre (dazu BGH **67**, 300; Jena OLG-NL **98**, 254). Kein VorkR, wenn Veräußerg unter Auflage genehmigt werden kann (BGH NJW **65**, 816) u bei Verkauf an Erwerber iSv § 4 II (vgl Schlesw RdL **70**, 75). Bei Verkauf mehrerer zusgehöriger Grdst kommt es auf die GesGröße an (Jena OLG-NL **98**, 254). Unterliegen in einem Vertr verkaufte Grdst teils dem VorkR teils nicht, kann das VorkR nicht ausgeübt werden, außer Vertr u Antr auf Gen sind nach Sachlage od Interessen der Beteil teilb (BGH WM **74**, 539). Rgesch VorkR erlöschen bei Ausübg des gesetzl; uU EntschädiggsPfl, § 5. Nicht erlöschen (jetzt) AuflVormerkgen; diese noch von Bedeutg, wenn VorkR ausgeübt w für anderen als die durch die Vormkg Gesicherten, vgl Schulte RdL **61**, 277. Anwendb jetzt nur noch §§ 505 II, 506–509, so daß VorkR nach RSiedlG jetzt nicht mehr Wirkg einer Vormerkg hat (KG DNotZ **62**, 557; str); dies beruht auf der Verknüpfg dieses VorkR mit der GenBedürftigk des RGesch nach GrdstVG. Eintr des EigtümerWechsels darf nicht erfolgen, bis Gen nach GrdstVG vorliegt; erfolgt sie trotzdem, sind KaufVertr u Aufl unwirks. GenBehörde hat KaufVertr der Siedlgsbehörde vorzulegen, GrdstVG 12; diese reicht ihn dem Siedlgsunternehmen zur Entsch über Ausübg des VorkR weiter u hat dann den Beteiligten entspr Mitteilg zu machen (RSiedlG 6; BGH NJW **81**, 174; Karlsr RdL **68**, 69) mit Begr, weshalb Gen zu versagen (GrdstVG 21), aber die Versagg nicht auszusprechen (Oldbg NdsRpfl **64**, 197). Bis zum Zugang (nicht nachh, Düss OLGZ **72**, 416) dieser Mitteilg wird dch Rückn des GenAntrags (BGH **41**, 119) od einverständl Aufhebg des KaufVertr (Schulte RdL **64**, 117) das VorkR hinfällig. Einwendgen der Kaufparteien, daß Verkauf nicht genehmiggspfl od Gen nicht zu versagen wäre, sind vor dem LwG geltd zu machen, § 10. Zum Verzicht auf VorkR vgl BGH WM **65**, 1178. Zum GenVerf nach GrdstVG bei Ausübg des VorkR vgl Herminghausen DNotZ **65**, 211; Bendel RdL **62**, 169; Kahlke RdL **62**, 312; Pannwitz RdL **63**, 197. – Verwendet SiedlgsUntern das erworbene Grdst nicht binnen 6 Jahren zur Siedlg, hat Erstkäufer (od nach § 5 ausgefallener Vorkäufer) Anspr auf Übereigng gem § 9. 4

b) BauGB 24–28. VorkRe der Gemeinde nach §§ 24, 25 bei Kauf bebauter od unbebauter Grdst (nicht von Rechten nach dem WEG od ErbbR), sofern nicht nach § 26 ausgeschl. Es muß vor Abschluß des KaufVertr entstanden sein (BGH **32**, 383; VGH Mü BauR **80**, 249). Abwendgsmöglichk nach § 27. 5

aa) Ausübung dch VerwAkt ggü Verkäufer binnen 2 Monaten ab Mitteilg (zu dieser vgl BGH **60**, 275) des rechtswirks (erforderl behördl Gen; zB nach WährG 3, BGH DNotZ **73**, 87, im Ggs zur Gen nach § 19) KaufVertr an Gemeinde (§ 28 II 1; Fristverlängerg nach § 27 I 3). Ausübg nur, wenn Wohl der Allgemeinh es erfordert (§ 24 III 1). Dch Ausübg kommt KaufVertr zw Verkäufer u Gemeinde (vgl aber § 28 IV 2) 6 zustande: BGB 504, 505 II, 506–509, 512 gelten (§ 28 II 2); iFv § 28 III 1 Kaufpr zwingd nach Entschädiggswert. – **Anfechtung** der RAusübg zum vertragl Kaufpr nach VwGO 40 u zum Entschädiggswert (§ 28 III 1) nach BauGB 217. – Kauft die Gemeinde ein Grdst u w daraufhin ein rgesch VorkR ausgeübt, so kann die Gemeinde noch ihr vorrangiges ges VorkR ausüben (BGH WM **77**, 550).

7 **bb) Sicherung.** Das GBA darf Erwerber eines Grdst aGrd Veräußerg erst als Eigtümer eintragen, wenn Nichtbestehen od Nichtausübg des VorkR dch Zeugn der Gemeinde nachgewiesen (§ 28 I 2); AuflVormkg u dingl VorkR für Erwerber ohne Zeugn einzutragen (vgl § 28 II 5, 6). Bei Verstoß EigtErwerb mögl. Daneben auf Ersuchen der Gemeinde Vormkg für diese einzutragen (§ 28 II 3), zB als Schutz gg Belastgen; nicht mehr
8 nach EigtUmschreibg (BayObLG NJW **83**, 1567). – **Kein Kauf** iSv § 24: Schenkg (BGH NJW **79**, 875), AltenteilsVertr uä (LG Mü II Rpfleger **77**, 173; LG Cobg DNotZ **77**, 414; LG Kleve RhNK **77**, 110; LG Osnabr Rpfleger **84**, 146; einschrkd Brschw DNotZ **78**, 97), ErbAuseinandS (KG OLGZ **79**, 11), ErbschKauf (LG Bln Rpfleger **94**, 502), Tausch (LG Regbg MittBayNot **77**, 234; kein Tausch, wenn WertPap die GgLeistg [Ffm NJW **96**, 935]), GesGutAuseinandS (LG Memmg MDR **78**, 149), Übertr von Ant einer Gesellsch mit GrdstVerm (Düss RhNK **77**, 176), Übertr von MitEigtAnt auf and MitEigtümer (BayObLG **85**, 322) im Ggs zu Übertr an Dritten (BGH NJW **84**, 1617; Ffm FGPrax **95**, 139), vorweggenommene Erbfolge (Köln RhNK **78**, 54). Liegt zweifelsfrei kein VorkFall vor (zB Verkauf dch KonkVerw; LG Lüb Rpfleger **90**, 159), kann GBA kein Negativattest verlangen (Köln Rpfleger **82**, 338; BayObLG **85**, 322).

9 **cc) Wirkung der Ausübung.** Nach § 28 III 3 geht das GrdstEigt ohne Aufl auf die Gemeinde über, wenn der Bescheid über die Ausübg unanfechtb geworden u Eigt auf Ersuchen der Gemeinde im GB umgeschrieben. Diese Regelg gilt für alle Fälle der Ausübg; denn auch wenn für Kaufpr nicht stets § 28 III 1 gilt, kann sie als allg Vorschr angesehen werden. – Mit EigtErwerb der Gemeinde erlöschen rgesch VorkRe (§ 28 II 5), auch wenn für mehrere VorkFälle bestellt; AuflVormkg für Käufer (zur Sicherg des AuflAnspr od schuldrVorkR) ist auf Ersuchen der Gemeinde zu löschen (§ 28 II 6), ebso dingl VorkR (GBO 22).

10 **c) Landesrecht:** zB DenkmalsschutzG *Bay* 19; *NRW* 32; *RhPf* 32; *Saarl* 24 – NaturschutzG *Hbg* 37; *Hess* 40; *Nds* 48 WaldG *BaWü* 25. – **Neue Bundesländer:** VermG 20 (dazu Flik BWNotZ **93**, 83).

11 **4) Dingliche Wiederkaufsrechte** (über persönl vgl §§ 497 ff) gibt es nach BGB nicht. Aber nach RSiedlG 20, 21; dazu Hoche NJW **68**, 1661; Haegele Beschr Rnrn 388 ff; es gilt für alle WiederkFälle (Celle RdL **70**, 187); ist es eingetr, ist es ein dem GBR unterliegdes R mit der dingl Wirkg einer Vormkg (BGH NJW **80**, 833). Zur Eintr unbefristeter WiederKR aus RSiedlG 20 vgl KG OLGZ **77**, 6. Nach Ausübg des WiederKR kann das Siedlgsunternehmen die Löschg nachrang Belastgen nicht verlangen, sow sie dch den WiederKPreis gedeckt sind (BGH **58**, 395). Über HeimfallAnspr vgl ErbbRVO 2 Nr 4; 3; 4; 32 ff; WEG 36; der Sache nach, wenn entgeltl, WiederKR. Nach LandesR aGrd der Vorbehalte im EG häufiger. AnkaufsR sind stets rein persönl (KG JFG **3**, 317; RG **154**, 358); dch Vormkg sicherb.

1094 ***Begriff und Formen des Vorkaufsrechts.*** **I Ein Grundstück kann in der Weise belastet werden, daß derjenige, zu dessen Gunsten die Belastung erfolgt, dem Eigentümer gegenüber zum Vorkaufe berechtigt ist.**

II Das Vorkaufsrecht kann auch zugunsten des jeweiligen Eigentümers eines anderen Grundstücks bestellt werden.

1 **1) Allgemeines.** Begriff; Übbl 1. Mehrere dingl VorkRe sind (entspr AuflVormkgen; vgl § 883 Rn 30) gleichrang bestellb (Hamm NJW-RR **89**, 912; LG Landsh MittBayNot **79**, 69; AG Gemünden MittBayNot **74**, 145 [jedenf wenn sie nach ihrer Ausgestaltg nicht kollidieren können], LG Düss Rpfleger **81**, 479; RGRK/Rothe Rn 3; Zimmermann Rpfleger **80**, 326 [nur wenn Kollision ausgeschl]; aA Soergel/Stürner Rn 4; LG Darmst MDR **58**, 35). Mögl ist auch Eintr mit verschiedenem Rang; das rangschlechtere dann bei späterem Verkauf ausübbar (BGH **35**, 146). Für GrdPfdR Vorrang vor VorkR bestellb (Brschw JFG **1**, 423). Die VertrParteien können vereinb, daß dem dingl auch ein obligator VorkR zugrdeliegen soll (Hamm NJW-RR **96**, 849); bedeuts, wenn mangels Eintr dingl Recht nicht entsteht. – § 1365 auf Bestellg nicht anwendb (MüKo/Gernhuber § 1365 Rn 54). Gen nach GrdstVG für Bestellg nicht nöt (BGH NJW **52**, 1055; Celle RdL **66**, 181); aber für den die VorkLage auslösden u aGrd ihrer geschl Drittkauf (BGH aaO; Hamm RdL **55**, 274). Ausn: GrdstVG § 4 Nr 3. Zur Ausübg s § 505 Rn 1 u (vormschgerichtl Gen) § 1831 Rn 3. Bei Ausübg dch vollmlosen Vertr muß die Gen des Vertretenen binnen der AusübgsFr erteilt w sein (BGH **32**, 375). Dies gilt nicht für behördl Gen, die etwa für den dch Ausübg des VorkR zustande kommden Drittkauf notw sind, so zutr Schindler u Pachtner (BWNotZ **73**, 52, 54) gg Wendelstein (BWNotZ **72**, 55). – WoBindG berührt VorkR nicht (Düss MDR **67**, 1014).

2 **2) Belastungsgegenstand.** Grdst (über Zubehör vgl § 1096). Reale Teile (vgl GBO 7); zul auch Belastg des ganzen Grdst mit bei Verk eines Teils auszuübden VorkR (BayObLG **97**, 160), wobei dieser entspr § 885 Rn 15 zu bezeichnen ist. MitEigtAnteil, § 1095. Wohngs/TeilEigt. Grdstgleiche Rechte; das VorkR kann aber erst nach Begr der selbstd Gerechtigk bestellt werden (KG HRR **40**, 293). – Kein GesamtVorkR an mehreren Grdst (BayObLG **74**, 365; Böhringer BWNotZ **88**, 97); bei Eintr auf mehreren Grdst entstehen EinzelVorkRe (Böttcher MittBayNot **93**, 129 zu IV 2). Bei einheitl Verkauf mehrerer belasteter Grdst ist die RAusübg nicht auf einz Grdst beschränkb (Karlsr BWNotZ **58**, 218).

3 **3) Berechtigter** kann sein: – **a)** Natürl od jur Pers **(subjektivpersönlich, I).** Mehrere (zB GesBerecht; Ffm DNotZ **86**, 239) können das Recht nur im ganzen ausüben (§§ 1098, 513), so daß zw ihnen hinsichtl des entstandenen ÜbereignsAnspr ein „gesamthandart" Verh (so KG JFG **6**, 293; BayObLG **58**, 202) entsteht, was die Frage unberührt läßt, in welcher Gemsch sie das Grdst erwerben; keine Bestellg für BruchtBerecht (Ffm FGPrax **98**, 170). Kein VorkR zG Dritter (LG Düss RhNK **77**, 129). – **b)** Jeweil Eigtümer eines Grdst **(subjektivdinglich, II)** od MitEigtAnteils (BayObLG Rpfleger **82**, 274). Realer GrdstTeil muß vorher abgeschrieben sein (KGJ **53**, 171). Bestellg eines VorkR auch für die RNachf fällt nicht unter II (BGH **37**,

147). Bei Teilg des herrschden Grdst steht den Eigtümern der Teile das VorkR gemschaftl zu (BayObLG **73**, 21). – **c) Umwandlung** vgl. § 1103.

4) Entstehung. Als abstraktes **dingliches Recht** nach §§ 873, 874 (RG **125**, 262); bdgte/befristete Bestellg zuläss (BayObLG NJW-RR **90**, 1169; Zweibr OLGZ **89**, 399). Eintr auf Blatt des belasteten Grdst; Vermerk des subjdingl VorkR auch auf Blatt des herrschden Grdst (GBO 9). Mehrf Eintr desselben VorkR für denselben Berecht unzul (KGJ **51**, 274). Bei Eintr eines subjdingl statt des gewollten subjpers VorkR entsteht letzteres (BayObLG NJW **61**, 1265). Keine Ersitzg, § 900. – GBVerf: GBO 13, 19, 29; Einigg (LG Düss RhNK **77**, 129) u GrdGesch (BayObLG MittBayNot **87**, 53) nicht nachzuweisen. – Das **schuldrechtliche Grundgeschäft** unterliegt § 313 S 1. Heilg des Formmangels entspr § 313 S 2 (BGH DNotZ **68**, 93), sofern nicht nur schuldr VorkR vorgemerkt war (RG HRR **34**, 1098). 4

5) Verfügungen, Vererbung. – a) Subjektivpersönliches VorkR vor Ausübg idR nicht übertragb u nicht vererbl (§§ 514, 1098). Abw Vereinbg (zB: „für *A* u RNachf") dch Einigg u Eintr (für die § 874 gilt) nach §§ 873, 877 zul (Hamm Rpfleger **89**, 148; LG Würzbg DNotZ **92**, 319 u LG Aachen RhNK **96**, 328 [beschr Erbfolge]); über Zuwendg dch Vermächtn vgl Hamm Rpfleger **60**, 154; LG Stgt BWNotZ **74**, 85). Belastg mit Nießbr unzul (§ 1068 Rn 1); über Verpfändg vgl § 1274 Rn 10. Pfändg vgl ZPO 851, 857. – **b) Subjektivdingliches** VorkR nicht selbstd übertragb/belastb/pfändb. Veräußerg/Belastg des herrschden Grdst u ZwVollstr in dieses ergreifen das Recht als GrdstBestandt (§ 96). Bei Teilg des herrschden Grdst kann das Recht nur von allen Eigtümern im ganzen (§§ 513, 1098 I) ausgeübt werden (RG **73**, 320); §§ 1025 S 2, 1109 III nicht entspr anwendb (BayObLG **73**, 21). 5

6) Erlöschen. Mit einmaliger fristgemäßer Ausübg (RG HRR **32**, 1208). Dch Nichtausübg innerh der Frist des § 510 II od Erkl auf die vom Verk gemachte Mitteilg, das VorkR nicht ausüben zu wollen (W-Raiser § 126 Anm 42), durch Übereigng des Grdst an Dritten ohne VorkFall (vgl § 1097 Rn 2, 3). All dies aber nur bei Bestellg für **einen** VerkFall. Schon vor Verkauf durch ErlaßVertr mit VorkVerpflichtetem (BGH DNotZ **57**, 306; nach Düss MDR **67**, 1014 ohne Rücksicht auf Löschg), oder Drittkäufer (BGH WPM **66**, 893). Dch Aufhebg nach §§ 875, 876; vgl dazu EG 120 Nr 2, GBO 21. Durch Zuschlag, ZVG 91 I, außer wenn das für mehrere Verkaufsfälle bestellte VorkR im geringsten Gebot. Vgl auch § 1097 Anm 2. Dch Eintritt auflösder Bdgg, Befristg, Aufgebot, § 1104. Zur Löschg eines subj persönl VorkR beim Tod des RInh (GBO 23) vgl Zweibr OLGZ **90**, 11. Verj § 901. Entspr anwendb § 1026. – § 889 bei vererbl u veräußerl subjpers VorkR anwendb (BayObLG MDR **84**, 145). 6

1095 *Belastung eines Bruchteils.* **Ein Bruchteil eines Grundstücks kann mit dem Vorkaufsrecht nur belastet werden, wenn er in dem Anteil eines Miteigentümers besteht.**

Miteigentumsanteil belastb; nicht GesHdsAnt (BayObLG **52**, 246) od Brucht von AlleinEigt. VorkR auch zG der übrigen MitEigtümer (vgl auch § 1094 Rn 3) bestellb, die kein gesetzl VorkR haben (vgl BayObLG **58**, 201). Bei Verkauf des belasteten Bruchteils an MitEigtümer VorkR ausübbar (BGH **13**, 133, aber einschränkd). Keine Ausübg, wenn bei ZwVerst zur Aufhebg der Gemeinsch (ZVG 180) das ganze Grdst einem Miteigtümer zugeschlagen wird, dessen Anteil nicht dem VorkR unterliegt (BGH **48**, 1). 1

1096 *Erstreckung auf Zubehör.* **Das Vorkaufsrecht kann auf das Zubehör erstreckt werden, das mit dem Grundstücke verkauft wird. Im Zweifel ist anzunehmen, daß sich das Vorkaufsrecht auf dieses Zubehör erstrecken soll.**

Grdst u Zubehör (§§ 97, 98) werden die Beteiligten regelm als wirtschaftl Einh behandeln. S 2 entspricht § 314. Vereinbg ist nicht eintraggsfähig. Alles mit dem Grdst verkaufte Zubehör, auch wenn es dem Verpflichteten nicht gehört. Der Berecht erwirbt das Eigt am Zubehör nach § 926. 1

1097 *Bestellung für einen oder mehrere Verkaufsfälle.* **Das Vorkaufsrecht beschränkt sich auf den Fall des Verkaufs durch den Eigentümer, welchem das Grundstück zur Zeit der Bestellung gehört, oder durch dessen Erben; es kann jedoch auch für mehrere oder für alle Verkaufsfälle bestellt werden.**

1) Vorkaufsfälle: – a) Beim **Verkauf an Dritten,** u zwar nach Entstehg des VorkR; früher liegender scheidet selbst dann aus, wenn behördl Gen erst nachher (BGH JZ **57**, 578; dies gilt auch für gesetzl VorkR, BGH **32**, 383). Ferner bei ZwVerst auf Antr des Erben (ZVG 175, 179) u zum Zwecke der Aufhebg der Gemsch, ZVG 180ff (BGH **13**, 136). Bei freihänd Verk durch InsVerw § 1098 I 2. Bei Verkauf eines MitEigtAnt (BGH NJW **84**, 1617). Verkauf auch bei WertPap als GgLeistg (Ffm NJW **96**, 935). 1

b) Dagg iZw **nicht** beim Verkauf an einen gesetzl Erben (§§ 511, 1098 I 1; Stgt Rpfleger **97**, 473) od dessen Ehegatten (RG JW **25**, 2128) od bei ErbauseinanderS (BGH DNotZ **70**, 423) od sonstiger Übertr auf einen der GesHänder, BGH **LM** § 1098 Nr 3; BB **70**, 1073 (selbst dann nicht, wenn zuvor ein Miterbe seinen Erbanteil an den Erwerber übertr hatte, außer wenn Zweck hiervon Vereitelg des VorkR war). Nach BGH **13**, 133 nicht bei Erwerb eines Bruchteils des ganz belasteten Grdst durch MitEigtümer (bedenkl); nach BGH **48**, 1 auch nicht, wenn bei Belastg nur eines MitEigtBrucht der Eigtümer eines nicht belasteten Brucht bei TeilgsVerst das ganze Grdst erwirbt. Nicht dch Übertr eines Erbteils, zu dem Grdst gehört (BGH DNotZ **70**, 423), selbst wenn Grdst einziger NachlGgst (LG Mü MittBayNot **86**, 179). **Nicht bei Tausch,** sei es auch mit Barzulage (BGH NJW **64**, 541). Nicht bei sonstigem ErwerbsGesch (KGJ **40**, 134) od bei (auch gemischter) Schenkg (RG **101**, 101). Nach Nürnb (DNotZ **70**, 39) nicht, wenn Gter ihm gehördes, mit VorkR belastetes BetrGrdst zus mit GterStellg an Dritten übertr. Nach RG **104**, 42 nicht bei Verkauf aller GmbH-Anteile, selbst wenn Grdst einziges Verm der GmbH; anders wohl mit Recht hM im Schriftt. RGesch zur 2

Beeinträchtigg des VorkR, zB NießbrBestellg am verk Grdst (BGH WM **61**, 543), sind nichtig. Über Umgehgsgeschäfte vgl Ebert NJW **56**, 1623; **61**, 1435; BGH NJW **64**, 540 (Sittenwidrigk eines Tauschs nur ausnahmsw, insb bei ausschließl Zweck der SchadZufügg od aus verwerfl Motiven); wenn als Kaufverträge auslegb, zB Schenkg unter Auflage, lösen sie VorkR aus. – Kein VorkR bei ZwVerst in anderen als den in Rn 1 genannten Fällen, §§ 512, 1098 I 1.

3 **2)** Das VorkR ist mangels abw Bestimmg beschränkt auf **einen Verkaufsfall** (vgl Rn 1) durch den Besteller od dessen Erben. Es erlischt also, wenn diese dch Nichtverkauf (Rn 2) veräußern (Stgt Rpfleger **97**, 473; aA BayObLG JurBüro **81**, 752, wenn MitEigtümer im Wege der AuseinandS erwirbt) od wenn der Berecht das Recht bei Verkauf nach Rn 1 nicht fristgemäß ausübt. GBBerichtigg nach § 894, GBO 22 (dazu Stgt aaO). Verzicht auf Ausübg bei geplantem, aber nicht ausgeführtem Verkauf bezieht sich iZw nicht auf späteren Verkauf.

4 **3) Abweichende Vereinbarungen** zul. ZB: Nur für Verkauf dch den Besteller (nicht dessen Erben) od nur für ersten Verkauf dch Besteller od einen nach Rn 2 erwerbden SonderNachf. Ausschl des Erlöschens bei Erwerb nach Rn 2 (Waldner MDR **86**, 110). Für mehrere od für alle Verkaufsfälle, die wieder bedingt od befristet sein können; dann ist die Ausübg zul, auch wenn der Berecht in früh Fällen auf die Ausübg verzichtet od sie unterlassen hatte. Eintr notw, §§ 873, 874 (Köln Rpfleger **82**, 16), 877; sonst entsteht nur ein nach Rn 3 beschränktes VorkR.

5 **4)** § 1097 nicht entspr für gesetzl VorkR nach RSiedlG u BauGB (BGH DVBl **62**, 62).

1098 *Wirkung des Vorkaufsrechts.* **I Das Rechtsverhältnis zwischen dem Berechtigten und dem Verpflichteten bestimmt sich nach den Vorschriften der §§ 504 bis 514. Das Vorkaufsrecht kann auch dann ausgeübt werden, wenn das Grundstück von dem Insolvenzverwalter aus freier Hand verkauft wird.**

II Dritten gegenüber hat das Vorkaufsrecht die Wirkung einer Vormerkung zur Sicherung des durch die Ausübung des Rechtes entstehenden Anspruchs auf Übertragung des Eigentums.

III Steht ein nach § 1094 Abs. 1 begründetes Vorkaufsrecht einer juristischen Person oder einer rechtsfähigen Personengesellschaft zu, so gelten, wenn seine Übertragbarkeit nicht vereinbart ist, für die Übertragung des Rechts die Vorschriften der §§ 1059 a bis 1059 d entsprechend.

1 **1) Allgemeines.** Beim dingl VorkR sind vier verschiedene RVerh mögl, vgl Rn 2–10. § 1098 berührt davon nur drei, vgl Rn 2–8.

2 **2)** Für das **Rechtsverhältnis zwischen Berechtigtem und Verpflichtetem (I)** gelten (mit der Erweiterg des S 2) die Vorschr über das persönl VorkR (§§ 504 ff). Jedoch sind beim dingl Recht erweiternde abw Vereinbgen unzul (BayObLG NJW-RR **98**, 86); zB wäre Koppelg von VorkR mit AnkaufR inhaltl unzul Eintr, BGH WM **68**, 1087. Deshalb dingl VorkR zu fest bestimmtem Kaufpreis ungültig, BGH DB **66**, 1351, RG **154**, 358; aber (für GBA wohl erst nach erfolgreicher ZwVfg gem GBO 18 zulässige, BayObLG DNotZ **54**, 30) Umdeutg (§ 140) in ein durch Vormkg zu sicherndes persönl VorkR, RG **104**, 123, auch zG des jeweiligen Eigtümers eines anderen Grdst, vgl RG **128**, 247; aM BayObLG JFG **4**, 348. MitteilgsPfl: §§ 510 I, 1099. Vertragl Abänderg der Formlosigk der Mitteilg nicht mit dingl Wirkg (aM LG Karlsr BWNotZ **62**, 257). **Ausschlußfrist für Rechtsausübung:** § 510 II; Fristbeginn nur, wenn mitgeteilt, daß wirks KaufVertr fest abgeschlossen, BGH DB **66**, 1351 – dort auch über Umfang u Inhalt der Anzeige; mangels anderer Abrede (die zur dingl Wirkg bei mehrf AusübgsR im GB einzutragen) 2 Monate ab Empfang der Mitteilg vom VertrSchluß, dessen Inhalt u evtl GenErteilg. Ausübg des VorkR (§ 505) schon vorher, aber immer erst nach Abschl wirks KaufVertr, der also formgült u ggf behördl genehmigt sein muß (BGH **67**, 395); Ausübg vertragl vorbeh Rücktr des Käufers vor Ausübg des VorkR beeinträchtigt dieses nicht (BGH aaO). Über Verwirkg Celle NJW **63**, 353. Bdgg im KaufVertr hindert die Ausübg nicht (RG **98**, 49). Ringtausch (Koppelg des Verk des belasteten Grdst mit Vertr mit Dritten über Erwerb von dessen Grdst dch den
3 VorkVerpflichteten) löst das VorkR nicht aus (BGH **49**, 7). Mit der RAusübg kommt ein **selbständiger Kaufvertrag** zw dem Verpflichteten u dem Berecht zustande. Er bedarf der Gen nach GrdstVG, vgl § 1094 Rn 1. Der Berecht kann daraus vom Verpflichteten Aufl u von schon eingetr Käufer Zust zur Eintragg verlangen (§ 888 Rn 3, 4). Kannte der Käufer das VorkR u war deshalb (wie idR) sein KaufVertr auflösd bdgt, so hat der Verpflichtete gg ihn auch Anspr auf Zust zur Aufl an den Berecht (RG JW **22**, 576). Den Kaufpr hat er grdsätzl an den Verpflichteten zu zahlen. Nur soweit er nach § 1100 unmittelb an den Käufer od dessen RNachfolger zu leisten hat, ist er dem Verpflichteten ggü von der Verpflichtg frei, § 1101. Keine Herabsetzg eines unangemessen hohen Kaufpreises. Abtretg der Rechte aus ausgeübtem VorkR nicht eintragb (BayObLG **71**, 28). – Ausübg des VorkR unzul (§ 242), wenn sich Berechtigter schuldrechtl zur Nichtausübg in bestimmten Fällen verpflichtet hat, BGH **37**, 147; DB **66**, 1351. Zu § 508 II (KoppelgsGesch) Celle BB **63**, 1236. Zu § 514 vgl § 1094 Rn 5.

4 **3) Rechtsverhältnis zwischen Berechtigtem und besitzendem Käufer** (u dessen RNachf). **a) Vor Eigentumserwerb des Berechtigten.** VorkBerecht hat ab Ausübg des VorkR den in § 1100 vorausgesetzten HerausgAnspr (BGH NJW **92**, 236; zu dessen Sichg vgl Hoche NJW **63**, 302). Im Verh zw VorkBerecht u besitzden Käufer gelten §§ 987 ff entspr (BGH **87**, 296; Staud/Mayer-Maly/Mader § 1100 Rn 10; Lüke ZfIR **97**, 245 [254 f]; Gursky JR **84**, 3 [nur für §§ 994 ff]; aA MüKo/Westermann u RGRK/Rothe je § 1100 Rn 5 ff). Dabei gilt der Käufer im Verh zum VorkBerecht als bösgl Besitzer, wenn er das Grdst in Kenntn (wohl auch bei grob fahrl Unkenntn) des VorkR vor Ablauf des AusübgsFr für das VorkR in Besitz nimmt (BGH aaO); Bösgläubigk setzt also nicht Ausübg des VorkR u Kenntn davon voraus. Anspr aus §§ 994 ff gibt ZbR aus § 273 II ggü Anspr auf Zust zur Aufl (BGH NJW **80**, 833). Fehlgeschlagener KaufVertr zw Verkäufer u Käufer macht Käufer nicht zum unentgeltl Besitzer iSv § 988. Ab VorkRAusübg
5 hat VorkBerecht UnterlAnspr aus §§ 823, 1004 gg GrdstBeeinträchtigg (Hoche aaO). – **b) Ab Eigentumserwerb des Berechtigten** gelten §§ 985 ff unmittelb (BGH WM **64**, 301).

4) Das Rechtsverhältnis des Berechtigten zu Dritten, die das Eigt od ein Recht am Grdst erwerben, regelt sich entspr der AuflVormkg **(II)**; daher keine GBSperre. Gesichert wird der dch Kauf in Ausübg des VorkR bdgte ÜbereigngsAnspr. – **a)** Bei **Belastungen** beginnt der VormkgsSchutz mit Entstehen der Vork- 6
Lage, also nach wirks geschl u ggf behördl genehmigtem KaufVertr; Belastgen nach diesem Ztpkt sind dem VorkBerecht ggü unwirks, vorher entstandene sind voll wirks (RG **154**, 366 [377]; vgl BGH **60**, 275 [294]) – 7
b) Bei **Übereignung** (die auf Kauf beruht), beginnt der VormkgsSchutz mit dem Entstehen des VorkR (BGH aaO), also bei vertragl VorkR ab dessen Eintragg u bei gesetzl VorkR zu den gesetzl festgelegten Ztpkten (vgl BGH **58**, 78). 8

5) Der Vertrag zwischen dem Verpflichteten u dem Käufer wird durch die Ausübg des VorkR nicht aufgelöst. Erlangt der Käufer nicht das Eigt, gelten die §§ 439 I (RG JW **22**, 576), 440. Erwirbt er od sein RNachfolger das Eigt, verliert er es aber an den VorkBerecht, gilt daneben § 1102. 9

6) III idF des G v 17. 7. 1996 (BGBl I 990). Rfäh PersGesellsch: § 1059 a II. 10

1099 ***Mitteilungen.*** **I Gelangt das Grundstück in das Eigentum eines Dritten, so kann dieser in gleicher Weise wie der Verpflichtete dem Berechtigten den Inhalt des Kaufvertrags mit der im § 510 Abs. 2 bestimmten Wirkung mitteilen.**

II Der Verpflichtete hat den neuen Eigentümer zu benachrichtigen, sobald die Ausübung des Vorkaufsrechts erfolgt oder ausgeschlossen ist.

1) I ergänzt den § 510 I. Jeder Eigtümer kann durch formlose Mitteilg des KaufVertr die Frist des § 510 II in Lauf setzen. Zum Inhalt der Mitteilg BGH WM **66**, 891. 1

2) Ausübg nur ggü dem Verpflichteten, §§ 505 I, 1098 I 1. Dieser hat deshalb die Ausübg od die Fristversäumg dem jetzigen Eigtümer mitzuteilen, **II.** Unterlassg begründet SchadErs. 2

1100 ***Rechte des Käufers.*** **Der neue Eigentümer kann, wenn er der Käufer oder ein Rechtsnachfolger des Käufers ist, die Zustimmung zur Eintragung des Berechtigten als Eigentümer und die Herausgabe des Grundstücks verweigern, bis ihm der zwischen dem Verpflichteten und dem Käufer vereinbarte Kaufpreis, soweit er berichtigt ist, erstattet wird. Erlangt der Berechtigte die Eintragung als Eigentümer, so kann der bisherige Eigentümer von ihm die Erstattung des berichtigten Kaufpreises gegen Herausgabe des Grundstücks fordern.**

Grdsätzl hat VorkBerecht (= Vorkäufer) nach VorkRAusübg den Kaufpr dem VorkVerpfl (= Verkäufer) zu zahlen, u zwar ohne Rücks auf eine etwa schon vom Käufer erfolgte Zahlg (dieser mag vom Verkäufer zurückfordern, vgl § 1098 Rn 7). War der Käufer (od sein RNachfolger) aber schon als neuer Eigtümer eingetr (uU schon vorher; BGH NJW **92**, 236), so erfolgt nach §§ 1100 ff eine einfachere Abwicklg der schuldrechtl Beziehgen. Den vom Käufer bereits an den Verkäufer entrichteten Kaufpr muß der Vorkäufer dem Käufer erstatten, unter Befreiung des Vorkäufers ggü dem Verkäufer (§ 1101) u unter Befreiung des Verkäufers ggü dem Käufer (§ 1102 Halbs 2). Freilich entfällt hierdch für Vorkäufer Möglichk der Aufrechng, die er dem Verkäufer ggü hätte erklären können. Käufer (od RNachf) hat ZbR ggü den Anspr des Vorkäufers (auf Zust zur Eintr u Herausg), S 1, nach Eintr des Vorkäufers klagb Anspr nach Maßg S 2 auf Erstattg. Seine Pfl zur Herausg des Grdst entfällt, wenn er den Besitz nie erlangt hat. Die Kosten des ersten KaufVertr kann er auch erstattet verlangen (RG JW **37**, 1255; BGH DVBl **64**, 526 [Notarkosten, aber nicht GrdErwerbsteuer]; **LM** § 505 Nr 2 [wonach Käufer, der Kaufpr an Verk gezahlt hat, diesen vom Vorkäufer kondizieren kann; bedenkl]); vgl auch Henrichs DNotZ **55**, 373 (zum RSiedlG); Celle NJW **57**, 1802 (zum *Nds* AufbauG). 1

1101 ***Befreiung des Berechtigten.*** **Soweit der Berechtigte nach § 1100 dem Käufer oder dessen Rechtsnachfolger den Kaufpreis zu erstatten hat, wird er von der Verpflichtung zur Zahlung des aus dem Vorkaufe geschuldeten Kaufpreises frei.**

Vgl § 1098 Rn 2, 3 und § 1100 Rn 1. Der Vorkäufer schuldet also nach seiner eigenen Eintr, wenn Käufer (od RNachf) schon eingetr gewesen war, den Kaufpr, soweit dieser vom Käufer dem Verkäufer gezahlt war, dem Käufer (od dessen RNachf), im übr dem Verkäufer. 1

1102 ***Befreiung des Käufers.*** **Verliert der Käufer oder sein Rechtsnachfolger infolge der Geltendmachung des Vorkaufsrechts das Eigentum, so wird der Käufer, soweit der von ihm geschuldete Kaufpreis noch nicht berichtigt ist, von seiner Verpflichtung frei; den berichtigten Kaufpreis kann er nicht zurückfordern.**

Vgl § 1100 Rn 1. Die Befreiung tritt erst mit dem Verlust des Eigtums ein (BayObLG **26**, 127). Frei wird nur der erste Käufer. Das Verhältn zu seinem Abkäufer regelt sich nach §§ 320 ff. 1

1103 ***Subjektiv-dingliches und subjektiv-persönliches Vorkaufsrecht.*** **I Ein zugunsten des jeweiligen Eigentümers eines Grundstücks bestehendes Vorkaufsrecht kann nicht von dem Eigentum an diesem Grundstücke getrennt werden.**

II Ein zugunsten einer bestimmten Person bestehendes Vorkaufsrecht kann nicht mit dem Eigentum an einem Grundstücke verbunden werden.

1 Keine **Umwandlung** eines subjdingl in ein subjpers VorkR u umgekehrt; Aufhebg u Neubestellg notw. Wg Übertragg, Belastg u Pfändg vgl § 1094 Rn 5.

1104 *Ausschluß unbekannter Berechtigter.* **I Ist der Berechtigte unbekannt, so kann er im Wege des Aufgebotsverfahrens mit seinem Rechte ausgeschlossen werden, wenn die im § 1170 für die Ausschließung eines Hypothekengläubigers bestimmten Voraussetzungen vorliegen. Mit der Erlassung des Ausschlußurteils erlischt das Vorkaufsrecht.**

II Auf ein Vorkaufsrecht, das zugunsten des jeweiligen Eigentümers eines Grundstücks besteht, finden diese Vorschriften keine Anwendung.

1 Vgl Anm zu § 1170. AufgebotsVerf nach ZPO 988, 1024 I. – Vgl auch GBBerG 6 I a.

Siebenter Abschnitt. Reallasten

Überblick

1 **1)** Bei der **Reallast** ist das Grdst mit dem dingl StammR auf Entrichtg wiederkehrder Leistgen aus dem Grdst (§ 1105 I) u mit dem dingl Recht auf Entrichtg jeder Einzelleistg (§ 1107) belastet. Die ergänzde persönl Haftg des Eigtümers für die Einzelleistgen (§ 1108) ist nur eine Folge der dingl Haftg (BGH NJW **72**, 814). Die Reallast ist ein VerwertgsR (BayObLG NJW-RR **93**, 530). Prakt Bedeutg hat sie im AltenteilsR (EG 96), bei der Energieversorgg (§ 1105 Rn 4) u als dingl SichgsMittel (§ 1105 Rn 9). – **Öffentliche Lasten** (Einl 18 v § 854) sind keine Reallasten des BGB.

2 **a)** Die **Rentenreallast** hat große Ähnlichk mit der **Rentenschuld** (§ 1199); Auslegg des PartWillens, ob Kaufpr dch Reallast od RentenSch zu sichern (BGH WM **70**, 92). Rechtl bestehen ua folgde Unterschiede: – **aa)** Eine **Ablösungssumme** ist bei der Reallast im Unterschied zur RentenSch (§ 1199 II) nicht einzutragen. – **bb)** Die **Ablösung** richtet sich bei der Reallast nur nach LandesR (EG 113; RG **129**, 213), bei der RentenSch nach §§ 1200 ff. Sie führt zum Erlöschen der Reallast (§ 1105 Rn 13), währd die RentenSch auf den Eigtümer übergeht (§§ 1143, 1192 I). – **cc) Persönliche Haftung** nur bei Reallast (§ 1108).

3 **b)** Von der **Dienstbarkeit** unterscheidet sich die Reallast dadch, daß erstere auf ein Unterlassen od Dulden u letztere auf eine aktive Hdlg gerichtet sein muß; kein dingl Recht mit DoppelRNatur von Dbk u Reallast. Bei der **Wohnungsreallast** ist der Eigtümer verpflichtet, allg u nicht an best Räumen (dazu aber zusätzl schuldrechtl Verpfl zul) ohne Ausschluß des Eigtümers Wohnraum zu gewähren u gebrauchsfäh zu erhalten; bei der **Wohnungsdienstbarkeit** hingg zur Duldg der Benutzg best Räume zum Wohnen ohne (§§ 1090–1092) od unter (§ 1093) Ausschluß des Eigtümers (BayObLG Rpfleger **81**, 353).

4 **2) Landesrecht** gilt namentl für Ablösg, Umwandlg u InhaltsBeschrkg (EG 113–115); vgl § 1105 Rn 4. Es gilt nicht in den Fällen von Rn 5 (EG 116; ErbbRVO 9 I 2). – **Übergangsrecht:** EG 184, 189.

5 **3) Entsprechende Anwendung** finden §§ 1105–1112 auf die Überbaurente (§ 914 III), die Notwegrente (§ 917 II 2), die UnterhaltsPfl nach §§ 1021 II, 1022 u auf den ErbbZins (ErbbRVO 9 I).

1105 *Begriff und Formen der Reallast.* **I Ein Grundstück kann in der Weise belastet werden, daß an denjenigen, zu dessen Gunsten die Belastung erfolgt, wiederkehrende Leistungen aus dem Grundstücke zu entrichten sind (Reallast). Als Inhalt der Reallast kann auch vereinbart werden, daß die zu entrichtenden Leistungen sich ohne weiteres an veränderte Verhältnisse anpassen, wenn anhand der in der Vereinbarung festgelegten Voraussetzungen Art und Umgang der Belastung des Grundstücks bestimmt werden können.**

II Die Reallast kann auch zugunsten des jeweiligen Eigentümers eines anderen Grundstücks bestellt werden.

Vorbem: I 2 angefügt dch Art 11 a II Nr 2 EuroEG v 9. 6. 1998 (BGBl I 1242)

1 **1)** Es sind zu **unterscheiden:** – **a)** Die **Reallast als Ganzes (Stammrecht)** als dingl Belastg des Grdst **(I).** Für das StammR haftet der Eigtümer nur mit dem Grdst; ZwVollstr aber erst nach Ablösg wg der Ablösgssumme (EG 113). Zur selbstd rechtl Bedeutg des StammR vgl Planck/Strecker Anm 2 vor § 1105; Staud/Amann Rn 20–22 vor § 1105. – **b)** Das **Recht auf die Einzelleistungen** als dingl Belastg des Grdst **(§ 1107).** Für sie haftet der Eigtümer mit dem Grdst (vgl § 1107 Rn 4). – **c)** Die **persönliche Haftung des Eigentümers für die Einzelleistungen (§ 1108)** mit seinem gesamten Vermögen (vgl § 1108 Rn 1). – **d)** Die **persönliche Haftung für die durch die Reallast gesicherte Forderung;** für sie haftet Schu unabhäng davon, ob er GrdstEigtümer ist, mit seinem ganzen Vermögen u sie geht auf GrdstErwerber nur bei SchuldÜbern/Beitritt über (BGH NJW-RR **89**, 1098). Ein SichgsAnspr kann sich aus Vertr (Rn 9) od Gesetz (zB *schlh* AGBGB 2) ergeben. Besteht die Fdg nicht (mehr), so hat Eigtümer Anspr auf Aufhebg od Übertr der Reallast aus der SichgsAbrede (vgl § 930 Rn 13, § 1191 Rn 17).

2 **2) Belastungsgegenstand.** Grdst, MitEAnt an Grdst (§ 1106), reale GrdstTeile (vgl aber GBO 7), WohngsEigt (WEG 6 Rn 9), grdstgleiche Rechte. **Gesamtreallast** an mehreren Grdst desselben od verschiedener Eigtümer zul (Oldbg Rpfleger **78**, 411; Böttcher MittBayNot **93**, 129 zu IV 1); sie entsteht auch bei realer Teilg des belasteten Grdst. Für Gesamtreallast an MitEigtAnt gilt § 1114 Rn 2.

3 **3) Berechtigter** kann sein: – **a) Subjektivpersönliche Reallast (I).** Eine od mehrere natürl od jur Pers; mehrere können GesamtBerecht iSv § 428 (BayObLG **75**, 191) od MitBerecht iSv § 432 (RGRK/Rothe

Rn 7) sein. GesamtBerechtigg von Eheg in GüterGemsch nur, wenn Recht kein Gesamtgut (BayObLG **67**, 480). – **b) Subjektivdingliche Reallast (II).** Der jeweil Eigtümer eines selbstd Grdst (reale GrdstTeile erst nach Abschreibg; KGJ **53**, 170), grdstgl Rechte (Übbl 3 vor § 873), WohngsEigt (Übbl 2 vor WEG 1); nicht eines gewöhnl MitEAnt (BayObLG DNotZ **90**, 398). – **c)** Subjpers u subjdingl **Eigentümerreallast** anfängl dch Bestellg (heute allgM; vgl Einl 7 vor § 854) u nachträgl nach § 889 mögl; nicht aber entspr §§ 1163 I 2, 1168 dch Ablösg (vgl Rn 12). Vorschr über EigtümerGrdSch entspr anwendb.

4) Rechtsinhalt. – a) Leistungsgegenstand. Aktive Handlgen u nicht bloßer Unterlassungen (BayObLG **59**, 301). Sie müssen nicht in Natur aus dem Grdst gewährt werden od mit ihm in Beziehg stehen, denn „aus dem Grdst zu entrichten" ist nur Hinweis auf die dingl Haftg des Grdst im Wege der ZwVollstr (Schlesw DNotZ **75**, 720; Köln RhNK **92**, 46); darum müssen sie in GeldFdg umwandelb sein (BayObLG **59**, 301). – **aa) Beispiele:** Zahlg einer Rente (vgl auch Rn 8); Lieferg von Nahrg od Energie/Wasser (BayObLG NJW-RR **93**, 530); Gewähren von Wohng (vgl Übbl 3 vor § 1105); Aufrechterhaltg (nicht nur Herstellg) eines best GrdstZustandes zB dch Betrieb u/od Unterhaltg von Einrichtgen auf dem Grdst; Anzeige von jedem abzuschließden MietVertr (KG OLG **7**, 32); Wärmebezug aus best Heizwerk (Celle JZ **79**, 268; Linde BWNotZ **80**, 33; Soergel/Stürner Rn 24; aA Joost JZ **79**, 467; Prütting GS-Schultz **87**, 287 [302]); persönl Dienste (BGH NJW **95**, 2780); Beerdiggskosten u Grabunterhaltg (BayObLG Rpfleger **83**, 308; **88**, 98); Stellen einer PflegePers (LG Aach Rpfleger **86**, 211); Freistellg von best Kosten (Köln RhNK **92**, 46). – **bb)** Das **Landesrecht beschränkt den Inhalt** vielf auf best LeistgsGgst (vgl EG 115): *BaWü*AGBGB 33, *Brem*AGBGB 26, *Hess*AGBGB 25, *NRW*PrAGBGB iVm § 22 II G v 28. 11. 1961 – GV 61, 319 (nichtbeständ Leistgen, die keine Geldrenten, zuläss [vgl Köln Rpfleger **96**, 190]), *RhPf*AGBGB 22, *Saarl* AGJuG 26. 4

b) Wiederkehrend. Die Leistgen müssen dauernd od für eine best Zeit (Schlesw DNotZ **75**, 720) u nicht nur einmal zu entrichten sein; regelm Wiederkehr (RG **131**, 175) u gleiche Art u Höhe (BGH Rpfleger **75**, 56) nicht notw. Unschädl, daß Leistgsbeginn nach Tod derzeit Eigtümers (Zweibr Rpfleger **91**, 496), einzelne von mehreren Leistgen nur einmal zu entrichten (Hamm Rpfleger **73**, 98) od erst nach Tod des Berecht fäll (BayObLG Rpfleger **83**, 308; LG Cobg Rpfleger **83**, 145). VerfallKl kann daher nicht RInhalt sein (Köln Rpfleger **91**, 200). 5

c) Leistungsumfang. Er muß in der Weise bestimmb sein, daß die höchstmögl Belastg aGrd der Eintr (auch gem § 874) erkennb u der Haftgsumfang zu einem best Ztpkt aus in ihr genannten Faktoren, die außerh des GB liegen können, bestimmt werden kann (BGH NJW **95**, 2780). – **Ausreichend** zB: standesgem Unterhalt (BayObLG **53**, 200; LG Aachen RhNK **96**, 232); Höchstpension eines bay Notars (BGH **22**, 58); Anknüpfg an LebenshaltgsIndex (Düss OLGZ **67**, 461); den LebensVerh des Berecht angem u für Grdst tragb Betrag (LG Brschw NdsRpfl **71**, 233); Beköstigg u Versorgg bei Krankh (LG Würzb MittBayNot **75**, 99); Nettomietwert best Wohng (LG Nürnb-Fürth MittBayNot **92**, 278); Heimpflegekosten (LG Mü MittBayNot **90**, 244) nach berufl/familiären Verh zumutb Pflege (BGH **130**, 342). – **Nicht ausreichend** zB: Abänderbark entspr ZPO 323 ohne inhaltl ausreichd bestimmte Angabe von Voraussetzg u Maßstab (BayObLG NJW-RR **93**, 1171); jeweil Kosten vom Berecht auszuwählder Mietwohng (KG Rpfleger **84**, 347); Anknüpfg an „Sozialrente" (aA LG Oldbg Rpfleger **84**, 461); Ertragskraft landw Betr (aA LG Augsbg MittBayNot **85**, 259); Unterh im Notfall (Düss RhNK **90**, 167). 6

d) Gleitender Leistungsumfang (I 2). Er kann dch Einigg u Eintragg zum RInhalt gemacht werden; über GenPfl nach PaPkG vgl § 245 Rn 24ff. Die Anpassg erfolgt dann automat mit Eintritt der Voraussetzgen, wobei die Anpassg auch vom GläubVerlangen abhäng sein kann (BGH **111**, 324); gleich- u nachrang RealBerecht am Grdst müssen nicht zustimmen. Voraussetzgen u Umfang müssen bestimmb iSv Rn 6 sein. Ein nur schuldrechtl AnpassgsAnspr bei bestimmb Anpassgsrahmen (Düss Rpfleger **89**, 231) ist dch Vormkg zu sichern (Hamm OLGZ **88**, 260); der Leistgsumfang ändert sich dann erst mit Vollzug der Anpassg dch Änderg des RInhalts. „Altenteil" bedeutet noch keine WertSichg (BGH NJW-RR **89**, 1098). 7

e) Sonstiges. GgLeistg des Berecht kann nur Bdgg (Rn 9) sein. – Umkehrg von ZVG 12 Nr 2, 3 als RInhalt vereinb (BayObLG Rpfleger **91**, 50). – **Geldrente** materiellr in jeder Währg; formellr gilt GBO 28 II iVm VO v 30. 10. 97 (BGBl I 2683). – Umstellg dch **Roggen/Weizenklausel** gesicherter Reallast dch GBBerG 2 II 2. – **Euro-Umstellung:** Art. 2 IV Nr 1 ÜG. 8

5) Entstehung. – **a)** Als abstraktes **dingliches Recht** gem § 873 dch Einigg (bei EigtümerR: einseit Erkl) u Eintr (§ 874 u nicht § 1115 auch für Höhe der Einzelleistgen anwendb; Düss Rpfleger **86**, 366) auf GBBlatt des belasteten Grdst; bei subjdingl Recht zusätzl nichtkonstitutiver Vermerk auf GBBlatt des herrschden Grdst gem GBO 9. Ggf weiter Einigg u Eintr gem § 882. Keine Bestellg zG Dritter (BGH NJW **93**, 2617). Bdgte/befristete Bestellg zuläss (Köln Rpfleger **94**, 292); für gleichzeit Eintr einer GBO 23 II-Klausel genügt EigtümerBew (BGH **66**, 341). Entstehg dch Staatsakt zB BauGB 101 I Nr 1, FlurbG 49 I 3. Keine Ersitzg. – **b)** Formfreies **Schuldrechtliches Grundgeschäft,** bei dessen Fehlen Reallast wirks aber kondizierb, können sein zB Schenkg, VersorggsVertr, SichgsVertr für Darlehn, Unterh od Kaufpr (keine Akzessorietät; daher können gesicherte Fdg u dingl Recht verschied Inhalt haben [Köln Rpfleger **94**, 292]). 9

6) Inhaltsänderung gem § 877; vgl aber § 1110 Rn 2, § 1111 Rn 2. Anspr darauf (insb bei Altenteil) nach § 242 mögl (BGH **25**, 293; DB **81**, 1614; Celle RdL **85**, 11; Düss NJW-RR **94**, 201), auch wenn derzeit Eigtümer nur dingl haftet (Schlesw MDR **66**, 1002); vgl auch G v 18. 8. 23 (BGBl III 7811–5). – Mehrere Reallarten entspr § 1113 Rn 28 zu einer **Einheitsreallast** zusfaßb (BayObLG **96**, 114). 10

7) Übertragung, Belastung, Pfändung: § 1110 Rn 2, § 1111 Rn 2. Nichtübertragbark kann dch Einigg u Eintr RInhalt werden (Einl 14 vor § 854). 11

8) Erlöschen. – a) Aufhebung dch RGesch gem §§ 875, 876; bei subjdingl Recht vgl EG 120 II Nr. 2, GBO 21. Dch Staatsakt zB gem BauGB 86 I Nr 2, FlurbG 49. – **b) Eintritt der Endbefristung/auflösenden Bedingung.** GBO 23 II-Klausel für nach dem Tod des Berecht zu erbringde Leistg nicht in LöschgsVollm umdeutb (BayObLG Rpfleger **99**, 71). – **c) Ablösung** nach LandesR (EG 113); hM, aA MüKo/Joost 40. – **d) Ausschluß** gem § 1112. – **e) Zuschlag** des Grdst in ZwVerst (ZVG 91); WertErs nach ZVG 92 (vgl dazu Haegele DNotZ **76**, 11). Wg Altenteils (EGZVG 9) vgl EG 96 Rn 8. 12

1106 *Belastung eines Bruchteils.* **Ein Bruchteil eines Grundstücks kann mit einer Reallast nur belastet werden, wenn er in dem Anteil eines Miteigentümers besteht.**

1 **1)** Nur der **Anteil eines Miteigentümers nach Bruchteilen** (§§ 1008 ff) ist selbstd be- u entlastb (ebso §§ 1095, 1114); nicht aber Anteil an GesHdsGemsch u keine BruchtBelastg von Allein- (KG JW **36**, 3479) od MitEigt (Colmar OLG **20**, 407). Maßg Ztpkt ist die Entstehg der Reallast. Bei späterer Vereinigg belasteter u unbelasteter Anteile in der Hand eines MitEigtümers od eines Dritten ist nur fiktiv fortbestehder Anteil belastet, in den ggf ZwVollstr; über Erstreckg der Belastg vgl § 1114 Rn 1.

2 **2) Gesamtreallast** an mehreren Anteilen zul; § 1114 Rn 2 gilt entspr.

1107 *Einzelleistungen.* **Auf die einzelnen Leistungen finden die für die Zinsen einer Hypothekenforderung geltenden Vorschriften entsprechende Anwendung.**

1 **1)** Die **Einzelleistungen** (als dingl Belastg) verhalten sich zum StammR wie die HypZinsen zum HypKapital. Die Vorschr über die HypZinsen (auch außerh des BGB; BayObLG **59**, 87) sind entspr anwendb, soweit §§ 1105 ff keine abw Regelg enthalten od die Vorschr sich nur auf das HypKapital beziehen (zB §§ 1115, 1132 II, 1133, 1136–1138, 1149) bzw auf der bes Gestaltg der Hyp beruhen (zB Anhängigk von pers Fdg, Briefbildg). – § 1107 betr auch Anspr auf künft fäll Einzelleistungen (hM; aA MüKo/Joost 3).

2 **2) Einzelheiten. – a) Verfügungen;** erfassen auch Anspr aus § 1108 (vgl § 1108 Rn 1). Voraussetzg für aa) – cc) ist Übertragbark (§ 1111 Rn 3). – **aa) Abtretung:** künft Leistgen nach §§ 873, 1158; fäll Leistgen nach §§ 398 ff, 1159. – **bb) Belastung** (Nießbr, PfdR): künft Leistgen nach §§ 873, 1069, 1274; fäll Leistgen nach §§ 398 ff, 1069, 1274, 1280. – **cc) Pfändung** (KG JW **32**, 1564; Stöber Rn 1738, 1739): künft Leistgen nach ZPO 829, 830 I 3 u II, 835, 837 I 2; fäll Leistgen nach ZPO 829, 830 II 1, 837 II 1. – **dd) Verzicht:** künft Leistgen nach § 875; fäll Leistgen nach § 1178 II. Dingl Belastg mit Einzelleistg erlischt.

3 **b) Erbringung der Einzelleistung.** Eigtümer dazu nach §§ 1107, 1147 (vgl aber § 1108) nicht verpflichtet (ganz hM), aber nach § 1142 berechtigt. Dingl Belastg mit Einzelleistg erlischt (§ 1178 I). War Leistg vor EigtErwerb fäll, so erwirbt Eigtümer Anspr aus § 1108 gg früh Eigtümer (ohne dingl Recht) gem § 1143 I (vgl aber Staud/Amann 13); erbringt nach § 1108 haftder früh Eigtümer u hat er ErsAnspr gg Eigtümer, so erwirbt er dingl Recht entspr § 1164 (Planck/Strecker 2i). Bei GesamtR gelten ferner §§ 1173, 1174.

4 **c) Geltendmachung des dinglichen Anspruchs** nur dch ZwVollstr nach §§ 1147, 1148, 1150/268. Dingl Belastg mit Einzelleistg erlischt bei Befriedigg (§ 1181). Bei GesamtR gelten §§ 1132 I (nicht II), 1182. Da bei ZwVerst StammR nicht in geringstes Gebot aufzunehmen, erlischt es mit Zuschlag u Berecht erlangt ErsAnspr (vgl § 1105 Rn 13); wünscht Berecht Erhalt des StammR, muß er ZwVerwaltg beitreiben, Aufnahme des StammR in geringstes Gebot erreichen (ZVG 59) od nur Anspr aus § 1108 beitreiben. – **Haftungsgegenstand:** §§ 1120–1130; nicht aber § 1131, da keine weitergehde Haftg als für StammR (Königsberg OLG **11**, 332; RGRK/Rothe 4; Staud/Amann 7; aA Erm/Baumert 4; MüKo/Joost 16). – Da
5 ZwVollstr DuldgTitel wg GeldFdg voraussetzt, muß **Naturalleistungsanspruch** vor AntrStellg gem § 283 in GeldAnspr umgewandelt werden (vgl Dümchen 449; Haegele DNotZ **76**, 12; RGRK/Rothe § 1105 Rn 20); ZVG 46 nicht anwendb (aA RGRK/Rothe aaO; Staud/Amann 16; MüKo/Joost 14: entspr), da zu vollstreckdes Recht nicht in geringstes Gebot aufzunehmen. Da Eigtümer iRv § 1107 nicht zur Leistg verpflichtet (vgl Rn 3), erfolgt Verurteilg zur Duldg der ZwVollstr in Grdst wg des NaturalleistgsAnspr (MüKo/Joost 13; aA v Lübtow 362: Berecht kann gleich gemeinen Wert einsetzen); Eigtümer kann in zu setzder Frist zwar nicht diese Leistg, aber die zur Befriedigg führde Naturalleistg erbringen. Nach Fristablauf besteht Anspr auf Duldg der ZwVollstr (nur) wg des gemeinen Werts der Leistg (v Lübtow 361 Fußn 115). Daraus folgt auch, daß auf Grdst vorhandene Naturalleistg weder vom GVz gem ZPO 883 ff (Wstm/Gursky § 124 III 2; aA v Lübtow 361) noch vom ZwVerwalter iR der ZwVollstr wg des Anspr (MüKo/Joost 14; aA Erm/Baumert 5) zwecks Befriedigg weggenommen u Berecht übergeben werden darf.

6 **d) Verschiedenes. – aa) Verjährung** nach §§ 197, 902 I 2 auch für regelm wiederkehrde Leistgen (hM, aA Planck/Strecker Anm 2a). – **bb)** Keine **Verzugszinsen** gem §§ 289 S 1, 291 (BGH NJW **90**, 2380), jedoch VerzSchad nach §§ 286 I, 289 S 2. Zul aber, KaufprRaten von 320 DM zuzügl 30 DM Zinsen dch Reallast mit Einzelleistgen von 350 DM zu sichern (BayObLG Rpfleger **81**, 106). – **cc)** Keine **dingliche Unterwerfungsklausel** nach ZPO 800 (KG DNotZ **58**, 203; BayObLG **59**, 83). – **dd)** Bei **Gefährdung der Sicherheit** §§ 1134, 1135 anwendb (KG OLG **29**, 359), nicht aber § 1133. – **ee)** Bei **Vereinigung mit Grundstückseigentum** erlischt Haftg für bei Vereinigg fäll Einzelleistgen nach Maßg § 1178 I. Für währd der Vereinigg fäll werdde Einzelleistgen gilt § 1197 II.

1108 *Persönliche Haftung; Teilung des belasteten Grundstücks.* **I Der Eigentümer haftet für die während der Dauer seines Eigentums fällig werdenden Leistungen auch persönlich, soweit nicht ein anderes bestimmt ist.**

II Wird das Grundstück geteilt, so haften die Eigentümer der einzelnen Teile als Gesamtschuldner.

1 **1) Persönliche Haftung** des Eigtümers; zu unterscheiden von gesicherter Fdg (§ 1105 Rn 1), für die § 1108 nicht gilt (BGH NJW-RR **89**, 1098). Dieser schuldrechtl Anspr u der dingl aus § 1107 stehen derselben Pers zu (W-Raiser § 128 II 2c); Abtr des Anspr aus § 1107 erfaßt notw Anspr aus § 1108, Anspr aus § 1108 aber ohne (dann entspr § 1178 erlöschden) Anspr aus § 1107 abtretb (W-Raiser § 128 III; aA Staud/Amann § 1107 Rn 23). – **a) Durchsetzung.** LeistgsKl (ZPO 24 ff gelten) u ZwVollstr in gesamtes Vermögen. – **b) Ausschluß oder Beschränkung** der pers Haftg (zB Anrechng von Zahlg, die auf gesicherte

Fdg erbracht; Hamm FGPrax **98**, 9) dch formlose Einigg zw Eigtümer u Gläub bei RBestellg od nachträgl. Wirkg ggü RNachf nur bei GBEintr (§ 874 anwendb). Keine dingl wirkde Erweiterg (zB auf Haftg vor EigtErwerb) mögl.

2) Umfang wie der der dingl Haftg einschl etwaiger Dynamisierg (BGH NJW-RR **89**, 1098). Keine pers (aber dingl) Haftg für vor EigtErwerb fäll Einzelleistgen (BGH NJW **90**, 2380). Haftg nur für ab EigtErwerb fäll Leistgen, für künftige auflösd bdgt dch EigtVerlust (BGH Rpfleger **78**, 207). Haftg des früh Eigtümers für zw Eigt-Erwerb u -Verlust fäll Leistgen besteht nach EigtVerlust fort, daneben haftet gesamtschuldähnl neuer Eigtümer für diese Leistgen (nur!) dingl (§ 1107); über InnenVerh zw beiden vgl § 1107 Rn 3. Neben Haftg des neuen Eigtümers aus § 1108 besteht mangels SchuldÜbern Haftg aus KausalGesch (§ 1105 Rn 1) fort; über InnenVerh zw beiden Schuldn vgl BGH Rpfleger **93**, 503. 2

3) Bei realer od ideeller **Teilung des belasteten Grundstücks** entsteht GesamtR u jeder Eigtümer haftet pers als GesamtSchu (**II,** §§ 421 ff); im InnenVerh gilt § 1109 I 2 entspr (hM; aA Planck/Strecker Anm 5 b). II gilt entspr bei anfängl Gesamtreallast. 3

1109 *Teilung des herrschenden Grundstücks.*

I Wird das Grundstück des Berechtigten geteilt, so besteht die Reallast für die einzelnen Teile fort. Ist die Leistung teilbar, so bestimmen sich die Anteile der Eigentümer nach dem Verhältnisse der Größe der Teile; ist sie nicht teilbar, so finden die Vorschriften des § 432 Anwendung. Die Ausübung des Rechtes ist im Zweifel nur in der Weise zulässig, daß sie für den Eigentümer des belasteten Grundstücks nicht beschwerlicher wird.

II Der Berechtigte kann bestimmen, daß das Recht nur mit einem der Teile verbunden sein soll. Die Bestimmung hat dem Grundbuchamte gegenüber zu erfolgen und bedarf der Eintragung in das Grundbuch; die Vorschriften der §§ 876, 878 finden entsprechende Anwendung. Veräußert der Berechtigte einen Teil des Grundstücks, ohne eine solche Bestimmung zu treffen, so bleibt das Recht mit dem Teile verbunden, den er behält.

III Gereicht die Reallast nur einem der Teile zum Vorteile, so bleibt sie mit diesem Teile allein verbunden.

1) Grundsatz (I). Wird bei subjdingl Reallast herrschdes Grdst (auch ohne Veräußerg) geteilt, so bleibt **Stammrecht** als einheitl R bestehen ((**I 1);** die Eigtümer der Teile bilden Gemsch nach §§ 741 ff. Hinsichtl teilb (§ 752 Rn 3) **Einzelleistungen** sind sie TeilGläub, bei Unteilbark gilt § 432 (**I 2);** gilt für Anspr aus §§ 1107, 1108. **I 3** abdingb; wirkt ggü RNachf nur bei GBEintr. 1

2) Ausnahmen (II, III). Reallast an einem verselbständigtem Teil erlischt: – **a)** Bei Bestimmg (= AufgabeErkl iSv § 875) nach **II 1, 2;** Eintr bei belastetem Grdst. Kann auch im ZusHang mit Teilveräußerg erfolgen. – **b)** Bei unterl Bestimmg nach **II 3;** auch hier gelten §§ 876 (RGRK/Rothe Rn 6; aA hM), 878. Reallast erlischt mit Abschreibg; GBBerichtigg bei belastetem Grdst. Bei Veräußerg aller Teile gilt I. – Dch Einigg des Veräußerers mit dem Erwerber u dem Eigtümer des belasteten Grdst sowie GBEintr kann Belastg an veräußertem Teil mit Wirkg nach I aufrechterhalten werden (Planck/Strecker Anm 3 b; RGRK/Rothe Rn 8; aA Staud/Amann Rn 7). – **c)** IFv **III.** Reallast erlischt mit Abschreibg; GBBerichtigg bei belastetem Grdst. Keine Zust nach § 876 notw. 2

3) Dch **Vereinigung** (§ 890 I) od **Zuschreibung** (§ 890 II) keine Erweiterg der Berechtigg (§ 1110). 3

1110 *Subjektiv-dingliche Reallast.*

Eine zugunsten des jeweiligen Eigentümers eines Grundstücks bestehende Reallast kann nicht von dem Eigentum an diesem Grundstücke getrennt werden.

1) § 1110 gilt nur für das **Stammrecht;** für Einzelleistgen gilt § 1107 Rn 2. Die selbstd Übertragbark von AltR gehört zum „Inhalt" iSv EG 184 (allgM). 1

2) Keine **Umwandlung** in subjpers Recht u keine selbstd **Übertragung/Belastung/Zwangsvollstrekkung.** Veräußerg u Belastg des herrschden Grdst erfassen Reallast als Bestandt iSv § 96. 2

1111 *Subjektiv-persönliche Reallast.*

I Eine zugunsten einer bestimmten Person bestehende Reallast kann nicht mit dem Eigentum an einem Grundstücke verbunden werden.

II Ist der Anspruch auf die einzelne Leistung nicht übertragbar, so kann das Recht nicht veräußert oder belastet werden.

1) § 1111 gilt nur für das **Stammrecht;** für Einzelleistgen gilt § 1107 Rn 2. 1

2) Verfügungen. – a) Keine **Umwandlung** in subjdingl Recht **(I);** Aufhebg u Neubestellg notw. – **b) Übertragung/Belastung** (Nießbr, PfdR) nach § 873, **Pfändung** nach ZPO 857 VI, 830 (KG JW **32,** 1564; Stöber Rn 1736, 1737); sofern nicht Anspr auf Einzelleistgen unübertragb (**II,** ZPO 851; vgl Rn 3). – **c) Vererblich,** sofern nicht dch RGesch od Natur der Leistg (wie oft bei Altenteil) auf Lebzeit des Berecht beschränkt (BayObLG DNotZ **89**, 567); diese Beschrkg ist keine Bdgg/Befristg (Köln Rpfleger **94**, 292). 2

3) Anspruch auf Einzelleistungen (bei subjdingl u subjpers Recht) **unübertragbar** nach §§ 399, 400, 413 (u damit unpfändb, ZPO 851). Unübertragb idR Anspr auf pers Dienste. Anspr auf Altenteilsleistgen daher unübertragb (BGH **53**, 41), selbst wenn Altenteil auch übertragb Leistgen (Geld) enthält (BayObLG **67**, 480); Altenteil mit bloßen Geldleistgen aber übertragb (RG **140**, 60). 3

1112 ***Ausschluß unbekannter Berechtigter.*** **Ist der Berechtigte unbekannt, so finden auf die Ausschließung seines Rechtes die Vorschriften des § 1104 entsprechende Anwendung.**

1 Vgl §§ 1104, 1170. § 1112 gilt nicht für subjdingl Reallasten (§ 1104 II). – Vgl auch GBBerG 6 I a.

Achter Abschnitt. Hypothek. Grundschuld. Rentenschuld

Überblick

1 **1) Grundpfandrechte.** Das BGB unterscheidet – unter Vermeidg des Oberbegriffs „GrdPfdR" – Hyp, GrdSch u RentenSch. GrdPfdR begründen keine nur in das Grdst vollstreckb ZahlgsAnspr, sond **Verwertungsrechte** (ganz hM), indem der Eigtümer nur zur Duldg der ZwVollstr verpfl ist; in diesem Sinne sind auch Grd- u RentenSch trotz Fehlens einer gesicherten Fdg echte PfdRe (vLübtow JuS **63**, 171). Aus dem Grdst sind Geldleistgen zu entrichten (§§ 1113 I, 1191 I, 1199 I, 1146); wg dieser kann sich der Gläub aus dem Wert des Grdst iW der ZwVollstr befriedigen.

2 **a)** Die **Hypothek** sichert eine pers Fdg gg den Eigtümer od einen Dritten (§ 1113). Rechtl ist die Fdg das HauptR u die Hyp das NebenR (RG **81**, 268); wirtschaftl ist es umgekehrt. Die Hyp ist als solche vom Bestand der Fdg abhängig **(akzessorisch).** Sie kann aber nur als solche ohne Fdg nicht begründet werden. Soweit die Fdg nicht od nicht mehr besteht, ist das dingl Recht eine GrdSch des Eigtümers (§§ 1163 I, 1177 I). Sie kann ohne die Fdg nicht abgetreten, belastet od gepfändet werden (§§ 1153, 1154, 1069, 1274, ZPO 830). Über Arten der Hyp vgl § 1113 Rn 2.

3 **b)** Die **Grundschuld** ist eine Belastg des Inhalts, daß schlechthin eine Geldsumme aus dem Grdst zu zahlen ist (§ 1191); diese Zahlg kann, muß aber nicht zur Befriedigg einer Fdg dienen. Tut sie es, so ist die GrdSch trotzdem ihrem dingl Inhalte nach von der Fdg unabhängig **(nichtakzessorisch).** Sie kann als solche für den Eigtümer bestellt werden (§ 1196). Über Arten der GrdSch vgl § 1191 Rn 4.

4 **c)** Die **Rentenschuld** ist als Unterart der GrdSch wie diese von der persönl Fdg unabhängig **(nichtakzessorisch).** Ihre Besonderh liegt darin, daß zu regelmäßig wiederkehrenden Terminen eine bestimmte Summe aus dem Grdst zu zahlen ist, wobei der Eigtümer ein AblösgsR (Zahlg einer Ablösgssumme), der Gläub aber regelm kein KündR hat.

5 **2) Deckungshypotheken/grundschulden der Hypothekenbanken** (Schrifttum: Bellinger/Kerl, HypBkG 4. Aufl 1995). Die HypBanken refinanzieren sich dch HypPfdBriefe, die (vorbehaltl HypBkG 6 I 2, IV) dch Hyp od GrdSch gedeckt sein müssen (HypBkG 6 I 1, 40 I). Um diese Deckg bei der Verwertg der GrdPfdR zu gewährleisten, dürfen die GrdPfdR 3/5 des nach HypBkG 12 ermittelten Beleihgswerts des Grdst nicht übersteigen (HypBkG 11). Die DeckgsGrdPfdR werden in ein Register eingetragen (HypBkG 22 I) mit der Folge, daß Arreste u ZwVollstr in sie nur wg der Anspr aus den HypPfdBriefen stattfinden (HypBkG 34 a) u diese Anspr im Konk der HypBank bevorrechtigt aus ihnen befriedigt werden (HypBkG 35). Die von einem Treuhänder als Interessenwahrer der PfdBriefGläub (BVerwG NVwZ-RR **89**, 572) überwachte Deckg (HypBkG 30) macht die HypPfdBriefe mündelsicher (§ 1807 I Nr 4 iVm § 1 Nr 1 VO v 7. 5. 40 – BGBl III 404–12). – Ähnl SchiffspfandbriefbankenG v 8. 5. 63 (BGBl I 301).

6 **3) Wertbeständige Grundpfandrechte** haben eine Geldsumme zum Ggst, die zB nach dem Preis einer bestimmten Menge von Waren an einem bestimmten Stichtag zu errechnen ist. Das BGB läßt sie nicht zu, da § 1113 eine best Geldsumme voraussetzt. Ermöglicht wurden sie dch G v 23. 6. 23 (RGBl 407) mit mehreren DVOen u wieder eingeschränkt dch VO v 16. 11. 40 (RGBl I 1521). Diese wurden nach 1945 wie folgt umgestellt: 1 kg Feingold = 1395 DM, 1 Zentner Roggen = 3,75 DM, 1 Zentner Weizen = 4,75 DM (vgl jetzt GBBerG 2 II 1). And wertbeständ GrdPfdR sind jetzt dch GBBerG 3 umgestellt. Soweit im Gebiet der früh DDR GrdPfdR dch GBBerG 1 umgestellt werden, erfolgt die Umrechng auch nach GBBerG 2, 3. Die Streitfrage, ob heute noch wertbeständ Hyp begründet werden können (weil die einschläg Bestimmgen nach dem 2. Weltkrieg formell nicht aufgeh wurden; vgl dazu Soergel/Konzen § 1115 Rn 10–13) kann nach Aufhebg von WährG 3 (EuroEG Art 9 § 1) wieder prakt Bedeutg erlangen (vgl aber PaPkG 2 I 1; dazu § 245 Rn 24 ff). Fdgen mit Gleitklausel können dch Hyp wg der Voraussetzg des bestimmten GeldBetr nur iF der HöchstBetrHyp gesichert werden, insow es sich um reine Geldschulden handelt.

7 **4) Grundpfandrechte in ausländischer Währung** (Reuter, Fremdwährg u RechngsEinh in GB; Ffm 1992; über ECU-Fdg vgl auch Siebelt/Häde NJW **92**, 10 zu V): Eintr wäre nach BGB mögl; aber dch GBO § 28 S 2 iVm VO v 30. 10. 97 (BGBl I 2683) beschränkt auf Euro, EU-Währg, Sfr u US-Dollar. – Sonderregelg für **Schweizer Goldhypotheken:** Abkommen v 6. 12. 1920, RGBl 2023, sah Rückzahlg in Gold od Schweizer Franken vor. Dch ZusatzAbk v 25. 3. 23, RGBl II 286, Umwandlg in Schweizer Franken-GrdSch. Vereinb v 23. 2. 53 u G hierzu v 15. 5. 54, BGBl II 538, 740; Fälligk bis 31. 12. 57 hinausgeschoben, dann Tilg innerh 13 Jahren. Einzelh BGH WM **66**, 324. – Andere Frage, inwiew bei **Fremdwährungsschulden** Sicherg dch Hyp in dtscher Währg erfolgen kann; vgl hierzu RG **106**, 79; **152**, 219. ZwHyp zuläss (BGH NJW **91**, 2024).

8 **5) Euro-Umstellung** von GrdPfdR: Art 2 IV Nr 1 ÜG; vgl auch Bestelmeyer Rpfleger **99**, 368.

9 **6)** GEntw für **nichtakzessorisches Grundpfandrecht im EU-Bereich**: Wolfsteiner/Stöcker DNotZ **99**, 451.

Erster Titel. Hypothek

1113 *Begriff.* **[I] Ein Grundstück kann in der Weise belastet werden, daß an denjenigen, zu dessen Gunsten die Belastung erfolgt, eine bestimmte Geldsumme zur Befriedigung wegen einer ihm zustehenden Forderung aus dem Grundstücke zu zahlen ist (Hypothek).**

[II] Die Hypothek kann auch für eine künftige oder eine bedingte Forderung bestellt werden.

1) Allgemeines . . . 1–3
a) Rechtsinhalt . . . 1
b) Arten . . . 2
c) Grundgeschäft . . . 3
d) Rechtsbeziehungen . . . 4
2) Belastungs-, Haftungsgegenstand . . . 5
3) Entstehung . . . 6, 7
4) Gesicherte Forderung . . . 8–17
a) Bestimmtheit . . . 8–10
b) Subjekte der Forderung . . . 11–13
c) Leistungsgegenstand . . . 14
d) Schuldgrund . . . 15, 16
e) künftige, bedingte Forderung . . . 17
5) Gläubigerbefriedigung . . . 18–22
6) Tilgungshypothek . . . 23–26
7) Einheitshypothek . . . 28

1) Allgemeines. – a) Rechtsinhalt. Die Hyp ist eine Belastg des Inhalts, daß eine Geldsumme (idR mit Nebenleistgen) zur Befriedigg einer Fdg aus dem Grdst zu zahlen ist. Die Hyp ist nach Bestand als FremdR, Inhalt u Zuordng von der Fdg abhäng (akzessorisch; Vorb 2 vor § 1113); rechtl ist die Fdg das HauptR u die Hyp das NebenR (RG **81**, 268). Sie ist ein dingl VerwertgsR, denn der Eigtümer ist nicht zur Zahlg verpfl, sond muß nur die ZwVollstr wg Kapital/Nebenleistgen in das Grdst dulden (§ 1147; Vorb 1 vor § 1113). 1

b) Arten. – aa) Verkehrshypothek ist die (im BGB so nicht genannte) Regelform der Hyp, bei der der gutgl Erwerber auch hinsichtl Einwendgen/Einreden gg die Fdg bzgl der Hyp geschützt wird (§ 1138), was sie für den Umlauf geeignet macht. – **bb) Sicherungshypothek,** bei der der gutgl Erwerber hinsichtl Einwendgen/Einreden gg die Fdg bzgl der Hyp nicht geschützt wird (§§ 1184 I, 1185 II), was der Umlauffähigk entggsteht. WertPap- (§ 1187), HöchstBetr- (§ 1190) u Zwangs/ArrestHyp (ZPO 866, 932) sind notw SichgHyp. – **cc) Briefhypothek** ist die Regelform der VerkehrsHyp (§ 1116 I); sie ermöglicht die Übertragg außerh des GB (§ 1154 I), was sie für den Umlauf geeignet macht. – **dd) Buchhypothek** ist die SichgHyp (§ 1185 I) u eine VerkehrsHyp, bei der die Briefbildg dch Einigg u Eintragg ausgeschl ist (§ 1116 II). – **ee) Einzelhypothek,** die eine od mehrere Fdgen an einem Grdst sichert. – **ff) Gesamthypothek,** die eine od mehrere Fdgen an mehreren Grdst sichert (§ 1132 Rn 1). – **gg) Eigentümerhypothek.** Der Eigtümer kann für sich selbst zur Sicherg einer eigenen Fdg keine Hyp bestellen (KG JW **36**, 3131; Zweibr Rpfleger **90**, 15); die für einen Dritten bestellte Hyp kann aber zunächst EigtümerGrdSch sein (zB §§ 1163 I 1, II, 1177 I) od es nachträgl werden (zB §§ 1163 I 2, 1168, 1177 I). Eine FremdHyp kann aber nachträgl zur EigtümerHyp werden, wenn der Eigtümer die gesicherte Fdg u damit gem §§ 401, 412, 1153 auch die Hyp erwirbt (zB §§ 1143 I, 1177 II). – **hh) Sonderformen** agrd rgeschäftl Gestaltg: TilggsHyp (Rn 23), EinheitsHyp (Rn 28). 2

c) Grundgeschäft für die HypBestellg (Einl 16 vor § 854) ist ein SichgsVertr, für den § 1191 Rn 15–17 gilt, soweit das Fehlen der gesicherten Fdg od deren Abtretg in den Auswirkgen auf die Hyp nicht dch den AkzessorietätsGrds geregelt ist (zB § 1163 I statt RückgewährAnspr bei fehlder Fdg). 3

d) Rechtsbeziehungen. Zu unterscheiden sind: die gesicherte Fdg (Rn 8–17); das GrdGesch (Rn 3); die Hyp u ihre Bestellg (Rn 6); das RVerh zw pers Schuldn u Eigtümer (zB Auftr, GoA, Schenkg, § 415 III), wenn beide nicht ident. 4

2) Belastungsgegenstand. Grdst; reale GrdstTeile (vgl aber GBO 7); MitEigtAnt (§ 1114) einschl WE/TeilE; grstgl Rechte (Übbl 3 vor § 873); BruchtAnt an grdstgl Rechten u WE/TeilE. – **Haftungsgegenstand** sind der BelastgsGgst u die nach §§ 1120–1131 mithaftden Ggst. 5

3) Entstehung der Hypothek. – a) Rechtsgeschäft. Dch Einigg (Ausn: § 1188) u Eintr (§ 873); ohne wirks Einigg entsteht kein dingl Recht (auch keine EigtümerGrdSch; vgl § 1163 Rn 1), jedoch gutgl Dritterwerb mögl. Die Hyp steht trotz wirks Einigg u Eintr dem Eigtümer bis zur FdgsEntstehg (§ 1163 I) u bei BriefHyp bis zur BriefÜberg/ÜbergErs (§§ 1117, 1163 II) zu. Über Eintr vgl § 1115. Tritt der Gläub die Fdg vor der Eintr ab, kann der Zessionar unmittelb eingetr werden; notw ist entw EintrBew des Eigtümers zG des Zedenten u dessen AbtrErkl od EintrBew des Eigtümers zG des Zessionars. – Die Hyp kann **bedingt oder befristet** sein (RG **122**, 327); Bdgg aber nicht auf GrdstTeil beschränkb (BayObLG **78**, 223). Vor Eintritt aufschiebder Bdgg (Ablauf der AnfangsFr) u nach ihrem Ausfall keine EigtümerGrdSch. Bei Eintritt auflösder Bdgg (Ablauf der EndFr) erlischt Hyp (keine EigtümerGrdSch). Hyp auch dch selbes Ereign auflösd für Gläub *A* u aufschiebd bdgt für Gläub *B* bestellb (LG Traunst RhNK **78**, 134). Bdgte Hyp zu unterscheiden von unbdgter Hyp für bdgte Fdg (Rn 17). – Wg **behördlicher Genehmigung** vgl Übbl 17 vor § 873. 6

b) Zwangsvollstreckung (nur SichgsHyp, § 1184): ZwHyp (ZPO 866, AO 322); ArrestHyp (ZPO 932); für Fdg gg Ersteher in der ZwVerst (ZVG 128); nach LandesR (EG 91). – **Kraft Gesetzes** (ohne Eintr): dch Surrogation (§ 1287 S 2, ZPO 848 II); dch UmleggsPlan (BauGB 61). 7

4) Gesicherte Forderung. – a) Bestimmtheit. Der Hyp ist bei der Bestellg eine nach Gläub/Schu, LeistgsGgst u SchuldGrd individualisierte GeldFdg dch Einigg u Eintr zugrdezulegen (BGH NJW **94**, 460; Westermann JZ **62**, 302); Ausn dch § 1190 für FdgsHöhe u SchuldGrd. Unwirks ist die Bestellg für die eine od die and Fdg (RG JW **11**, 653). Auswechselg der Fdg nach § 1180 (vgl auch §§ 1164 I 1, 1173 II, 1174 I, 1182 S 2); sie ist auch erforderl, wenn die bei Bestellg zugrdegelegte Fdg nicht entstanden ist u die Hyp eine and Fdg (zB desh entstandenen BereichersAnspr) sichern soll (Büdenbender JuS **96**, 665 [667] mwN; aA BGH **36**, 89). – **aa) Eine Hypothek für mehrere Forderungen** mögl. Sie können sich gg denselben od verschiedene (selbständ od in VerpflGemsch stehde) Schuldn richten (RG **126**, 272; BayObLG **64**, 32). Bei 8

9

10 GesSchuldn müssen nicht die Fdgen gg alle gesichert werden. – **bb) Mehrere Hypotheken für dieselbe Forderung** am gleichen Grdst nicht mögl (RG **131**, 16; vgl aber § 1132); wohl aber für selbständ FdgsTeile (RG aaO), zB MehrBetrHyp od Kapital u Zinsen. Zul aber: Hyp u GrdSch für eine Fdg am gleichen od verschied Grdst (RG **132**, 136; LG Lüb Rpfleger **85**, 287; aA [bei gleichem Grdst] Köln FGPrax **96**, 13 für ZwHyp. die pers Haftg für GrdSchBetr sichert; MüKo/Eickmann Rn 67); unbdgte u dch Ausfall in ZwVerst bdgte Hyp an verschied Grdst (RG **122**, 327); Verkehrs- u ZwangsHyp an verschied Grdst (BayObLG Rpfleger **91**, 53), aber wg ZPO 867 II nicht mehrere ZwangsHyp (KG JFG **18**, 152).

11 **b) Subjekte der Forderung.** – **aa) Gläubiger** der Fdg u der Hyp müssen zwingd dieselbe Pers sein; Zahlgsempfänger kann Dritter sein (KG JFG **12**, 312). Deshalb kann bei Begründg der Fdg dch echten Vertr zG Dritter nur der Dritte (Hyp aber nicht so bestellb; Einl 14 vor § 854) u bei ihrer Begründg dch unechten Vertr zG Dritter nur der VersprEmpfänger HypGläub sein (BayObLG NJW **58**, 1917). Obwohl Fdg für jeweil Eigtümer eines and Grdst begründb (RG **128**, 246), kann dieser mangels §§ 1094 II, 1105 II entspr Vorschr nicht HypGläub sein (KG HRR **31**, 1862), wohl aber VormkgsBerecht für Hyp (§ 883 Rn 12). Sofern (zB gem § 328) künft Abkömmlinge od unbekannte Erben einer best Pers FdgsGläub sein können, ist ihre Fdg dch Hyp sicherb (BayObLG aaO); die Einigg nach § 873 müssen sie aber dch einen Vertreter (zB Pfleger,
12 TestVollstr) selbst erklären. – **bb) Gläubigermehrheit.** Mehrere können gleichzeit Gläub nur in Bruchteils- (KGJ **31** A 313) od GesHdsGemsch od als GesBerecht iSv § 428 (BGH NJW **75**, 445) sein, nicht aber alternativ (KG OLG **26**, 129; **45**, 238). Mehrere können nacheinand Gläub sein, wenn dasselbe Ereign für A auflösde u für B aufschiebde Bdgg für GläubStellg ist (RG **76**, 89). Bei GesGläub müssen nicht alle HypGläub
13 werden (BGH **29**, 363). – **cc) Schuldner** der Fdg u GrdstEigtümer müssen nicht dieselbe Pers sein; RVerh zw ihnen zB Auftr od Schenkg (vgl BGH **LM** § 516 Nr 2). Wg SchuMehrh vgl Rn 9.

14 **c) Leistungsgegenstand** muß die Zahlg einer der Höhe nach bestimmten Geldsumme sein (sonst ist die Bestellg unwirks; aA BGH NJW **94**, 460: EigtümerGrdSch entsteht); and Anspr sind daneben nicht sicherb (BayObLG **67**, 48). Anspr auf Lieferg von WertPap nicht sicherb (KG JFG **2**, 366). GeldFdg steht Befugn des Schu zur Leistg and Ggst nicht entgg (BGH **LM** Nr 3). WahlschuldVerh nur sicherb, wenn die Hyp die GeldFdg sichern soll u diese erst dch die Leistg and Ggst erlischt (RG **132**, 9; KG JFG **9**, 235). Keine Hyp ausschließl für lfde ZinsFdg, wohl aber für kapitalisierte ZinsFdg (LG Bn Rpfleger **82**, 75).

15 **d) Schuldgrund.** Die Fdg kann auf jedem rechtl zul SchuldGrd beruhen. – **aa)** Da die mit der Hyp verknüpfte Fdg bzgl des SchuldGrd **individualisiert** sein muß (Rn 8), muß die Einigg ergeben, ob bei nichtigem DarlehnsVertr Anspr aus § 812 gesichert (zB wenn SchuldGrd allg RückzahlgsAnspr wg Geldhingabe; Hbg MDR **68**, 756) od nicht (zB wenn SchuldGrd dch Fälligk u Zinsen konkretisierter VertrAnspr; RG JW **11**, 653); sehr str (wie hier: Jauernig 8; Schwab/Prütting Rn 638; aA Wstm/Eickmann § 95 II 3: grdsl gesichert; RGRK/Thumm § 1163 Rn 8: nicht gesichert); wg Eintr des SchuldGrd vgl § 1115 Rn 20. –
16 **bb)** Auch **öffentlich-rechtliche Ansprüche** sicherb. Wg Verbots der Doppelsicherg aber nur, wenn sie nicht od nicht mehr VorR gem ZVG 10 I 3 genießen (BayObLG **56**, 122); eintragb aber schon vor Wegfall des VorR als dch Wegfall aufschiebd bdgt od als HöchstBetrHyp (BayObLG aaO; LG Köln Rpfleger **62**, 104). Einzelfälle: SteuerFdg gem §§ 241 I Nr 5 c, 322 AO 1977; ZahlsAnspr aus öffentlrechtl Vertr (RG Warn **08**, 161; KG JW **32**, 1062); ErschließgsBeiträge nach BBauG 133 II, III (LG Köln aaO).

17 **e) Künftige oder bedingte Forderung (II).** Sie muß dem BestimmthGrds (Rn 8) genügen, woran es idR bei der Sicherg zukünft ZugewinnAusglFdg fehlt (Gaul FamRZ **61**, 132). Bei künft u aufschiebd bdgter Fdg entsteht zunächst EigtümerGrdSch (§§ 1163 I, 1177), die sich unter Beibehaltg ihres Ranges mit Entstehg der Fdg bzw BdggsEintritt in Hyp wandelt; bei nur noch nicht fäll Fdg entsteht Hyp schon mit Eintr (RG JW **32**, 1216). Bei auflösd bdgter Fdg entsteht mit BdggsEintritt EigtümerGrdSch. – Unbdgte Hyp für bdgte Fdg von bdgter Hyp (Rn 5) für bdgte od unbdgte Fdg zu unterscheiden. Gleiche Bdgg für Entstehen/ Erlöschen von Fdg u Hyp vereinb.

18 **5) Gläubigerbefriedigung. – a) Zwei Ansprüche,** die nebeneinand bestehen u gleichzeit geltd gemacht werden können. – **aa)** Der Gläub hat zum einen gg den pers Schuldn den **schuldrechtlichen Anspruch** zB aus § 607 auf Zahlg (Anspr auf Befriedigg der gesicherten Fdg). Dieser Anspr kann freiwill (zB dch Zahlg) od zwangsw (dch ZwVollstr gg den Schuldn) befriedigt werden. Die ZwVollstr findet agrd eines auf Zahlg lautden pers Titels in das gesamte Vermögen des Schuldn statt; ist er zugl Eigtümer des belasteten Grdst, so kann auch in dieses vollstreckt werden, wobei die Befriedigg aber nicht aus der Rangstelle der in das geringste Gebot fallden Hyp erfolgt. – **bb)** Der Gläub hat zum and gg den Eigtümer den **dinglichen Anspruch** auf Befriedigg aus dem Grdst (§ 1113). Dieser Anspr kann freiwill dch HypAblösg (§§ 1142, 1150) od zwangsw dch ZwVollstr in das Grdst u/od die mithaftden Ggst (§ 1147) befriedigt werden. Die ZwVollstr findet agrd eines DuldgsTitels (§ 1147 Rn 2) nur in die der HypHaftg unterliegden Ggst statt, wobei die Befriedigg aus der Rangstelle der Hyp erfolgt. – **cc) Unterschiedlicher Erfolg der Klagen** aus beiden Anspr mögl; zB wirkt eine Einrede gg den schuldrechtl Anspr nicht gg den dingl Anspr, wenn ein Dritter die Hyp gutgl einredefrei erworben hat (§ 1138), od eine Einrede kann nur gg den dingl Anspr bestehen (zB auf ihn beschr Stundg).

19 **b) Arten und Wirkungen.** Es ist zu unterscheiden, wer befriedigt u ob der schuldrechtl od der dingl Anspr befriedigt wird. Es gelten folgde Grdsätze: – **aa)** Befriedigt der **auch persönlich schuldende Eigentümer** freiwill, so befriedigt er idR (BGH **7**, 123) den schuldrechtl Anspr. Die Fdg erlischt (§ 362) u die Hyp erwirbt der Eigtümer als EigtümerGrdSch (§§ 1163 I 2, 1177 I); ausnahmsw FdgsErwerb nach § 426 II mit Erwerb der Hyp als EigtümerHyp nach §§ 401, 412, 1153, 1177 II. Dasselbe gilt bei zwangsw Befriedigg des schuldrechtl Anspr. Wird der dingl Anspr zwangsw befriedigt, so erlöschen Fdg (§ 362) u Hyp
20 (§ 1181). – **bb)** Befriedigt der **nicht persönlich schuldende Eigentümer,** so befriedigt er bei freiwill Befriedigg idR (HypAblösg) u bei zwangsw Befriedigg stets den dingl Anspr. Er erwirbt den schuldrechtl Anspr (§ 1143); bei HypAblösg mit der Hyp als EigtümerHyp (§§ 401, 412, 1153, 1177 II), währd die Hyp
21 bei zwangsw Befriedigg erlischt (§ 1181. – **cc)** Befriedigt **persönlicher Schuldner, der nicht Eigentümer ist,** freiwill od zwangsw, so befriedigt er den schuldrechtl Anspr. Die Fdg erlischt (§ 362); die Hyp geht bei einem ErsAnspr gg den Eigtümer zu dessen Sichg auf den Schuldn über (§ 1164), währd sie bei Fehlen eines

ErsAnspr zur EigtümerGrdSch wird (§§ 1163 I 2, 1177 I). Bei AusglAnspr gg GesamtSchuldn erwirbt der Schuldn die Fdg (§ 426 II 1) mit der Hyp (§§ 401, 412, 1153). – **dd)** Befriedigt ein **Dritter,** so erlischt die 22
Fdg (§§ 267, 362; KG NJW **73**, 56), sofern sie nicht agrd von SonderVorschr auf den Dritten übergeht (zB §§ 268, 1150; §§ 426 II 1, 774 I 2) od der Dritte nur gg Abtretg geleistet hat (FdgsKauf; vgl Planck/Strecker § 1143 Anm 2a). Bei Erlöschen der Fdg wird die Hyp zur EigtümerGrdSch (§§ 1163 I 2, 1177 I), währd sie beim Übergang der Fdg mit dieser übergeht (§§ 401, 412, 1153).

6) Tilgungshypothek (AmortisationsHyp). Bei ihr hat der Schuldn aus Zins- u Tilggsbeträgen zusgesetzte 23
gleichbleibde Jahresleistgen (sog Annuitäten) in einem bestimmten Hundertsatz des urspr Kapitals bis zu dessen vollständ Tilgg zu entrichten; zB ist ein Darlehn bei einer aus 6,5% Zinsen u 1% Tilgg zusgesetzten Jahresleistg von 7,5% in 32 Jahren getilgt. Da die Jahresleistg bis zur vollständ Tilgg gleichbleibt, die Verzinsg aber wg des Kapitalabtrags lfd geringer wird (vgl ErbbRVO 20 I Nr 1; HypBkG 20 II), wird innerh der Jahresleistgen der Zinsanteil ständ geringer u der Tilggsanteil ständ größer. Auf der Höhe der vereinb Zinsen u Tilggsbeträge baut sich ein Tilggsplan auf, dem bei regelm Zahlg der jeweil Stand der KapitalFdg entnommen werden kann; Beisp bei Kaps DR **41**, 401. – Jede Teilzahlg auf eine Jahresleistg ist zuerst auf Zinsen u dann auf Tilgg zu verrechnen, jede Zahlg auf einen Rückstand auf den ältesten; abw SchuldnBestimmg wg Widerspr zum Tilggsplan unwirks (Kaps aaO zu III 1).

a) Einzelheiten. – aa) Grundbuch. Zur GBEintragg der Hyp vgl § 1115 Rn 3. Bei Teillöschg Klar- 24
stellgsvermerk, ob jetzt Jahresleistg vom Urspr- od Restkapital zu berechnen (vgl Hamm OLGZ **85**, 273; Düss Rpfleger **85**, 394). Über Abtretg vgl Rn 26. – **bb) Tilgungsbetrag.** Er wird auf die HauptFdg geleistet; daher sind die für Nebenleistgen geltden Vorschr (zB §§ 1115, 1119 I, 1158, 1159, 1178) nicht anwendb (RG **104**, 68). Über Anwendg von § 1145 vgl dort Rn 1. Bei Rückständen verjährt die pers Fdg nach § 197; der dingl Anspr verjährt nicht nach §§ 223 III, 902 I 2 wie bei Zinsen (Erm/Räfle Vorbem 13 vor § 1113; W-Raiser § 150 II 2; aA RG **54**, 88 [93]; KGJ **24**, 246 [251]). – **cc) Kündigung.** Gläub zur Künd mit gesetzl Frist berecht, sofern Unkündbark nicht vertragl od gesetzl (vgl zB HypBkG 19) vorgesehen; im Einzelfall kann stillschw Ausschl des KündR bei vertragsmäß Verhalten des Schuldn vorliegen (nach Hamm MDR **63**, 844 idR nicht bei Privatkredit) od § 242 einer Künd entggstehen (BGH NJW **78**, 1579; Hbg MDR **65**, 294). – **dd) Eigentümergrundschuld.** Mit jeder Teiltilgg der Fdg entsteht eine EigtümerGrdSch 25
(§§ 1163 I 2, 1177 I) für den Eigtümer im TilggsZtpkt mit Rang nach der RestHyp (§ 1176); über Vermeidg dch Verrechngsabrede vgl § 1163 Rn 12. Mit jedem Tilggsbetrag entsteht eine neue EigtümerGrdSch (MüKo/Eickmann § 1163 Rn 25; Staud/Wolfsteiner 20). Über Anwendg von § 1177 I 2 vgl dort Rn 2. – **ee) Grundstücksübereignung.** Wird eine nach dd) entstandene EigtümerGrdSch nicht mitübertragen, so wird sie FremdGrdSch des Veräußerers. Bei mehrf Übereigng ohne GrdSchMitÜbertragg zersplittert die Hyp in die RestHyp des Gläub, mehrere FremdGrdSch der VorEigtümer (die jüngere geht der älteren im Rang vor) u die EigtümerGrdSch des letzten tilgden Eigtümers. Wird die GrdSchMitÜbertragg (mangels Eintragg od Teilbriefbildg) nicht dingl vollzogen, so kann der letzte Eigtümer seine Eintragg als GrdSchGläub iH der Gesamttilgg ohne ZwEintragg der VorEigtümer herbeiführen, wenn alle VorEigtümer jeweils die Abtretg ihrer EigtümerGrdSch auf ihren NachEigtümer grdbuchmäß (GBO 29) erklärt haben, denn mit der AbtrErkl ermächtigt der Veräußerer den NachEigtümer über seine EigtümerGrdSch zu verfügen u die von seinem VorEigtümer erworbene Ermächtigg hinsichtl dessen EigtümerGrdSch auszuüben (KGJ **41**, 234; Staud/Wolfsteiner Rn 24 vor § 1113). – **ff) Abtretung.** Treten Gläub u Eigtümer die RestTilggsHyp u die nach dd) 26
entstandene TeilEigtümerGrdSch ab, so ist bei GBUmschreibg deutl zu machen, welcher Teil Hyp u welcher EigtümerGrdSch ist (KG JFG **21**, 306). Über Anwendg von §§ 1138, 892 bei Abtretg nach Teiltilgg vgl § 1138 Rn 3.

b) Sonderformen. – aa) Tilgungsfondshypothek. Bei ihr ist schuldrechtl vereinbart, daß die Tilggsbe- 27
träge als bes Guthaben des Schuldn in einem Fonds gesammelt werden u erst bei Erreichen des Kapitals od eines best Teils eine Tilgg der Fdg dch Verrechng/Aufrechng stattfindet, so daß erst dann eine EigtümerGrdSch entsteht. Zuläss iRv EG 167; zur Zulässigk iü vgl § 1163 Rn 12. – **bb) Abzahlungshypothek** (TilggsHyp iwS). Bei ihr werden im Unterschied zur TilggsHyp ieS sich ständ verringernde Jahresleistgen entrichtet, die sich aus einem gleichbleibden Tilggsbetrag u den Zinsen für das Restkapital zussetzen.

7) Einheitshypothek. Mehrere im Range gleichstehende od unmittelb aufeinanderfolgde Hyp desselben 28
Gläub an denselben Grdst können zu einer einheitl Hyp zugefaßt werden (RG **145**, 47), um die GBFührg zu vereinfachen. Nebenleistgen können den Rang hinter and Rechten haben (KG DNotZ **39**, 728); ZahlgsBdggen (RGRK/Mattern 41; aA hM), Zinsbeginn (LG Hof Rpfleger **64**, 375) u Zinssatz (vgl Celle Rpfleger **72**, 97; aA hM) können verschieden sein. Bei der Bildg der EinhHyp muß ihr eine einheitl HauptFdg zugrde liegen od gelegt werden. Die EinhHyp kann anfängl zu einem Teil GesHyp (KG JFG **20**, 381) od zu einem Teil mit Rechten Dritter belastet (Soergel/Konzen 31; Erm/Räfle Rn 21 vor § 1113; KG JFG **20**, 385 für LöschgsVormkg) sein. Die ZusFassg ist nicht Aufhebg u Neubestellg, sond InhaltsÄnderg dch Verlust der Selbständigk (§ 877). Zur GBEintr vgl Haegele/Schöner/Stöber 2693 ff. Spätere Teilg zuläss; Teile haben ohne Rangbestimmg (§ 1151) Gleichrang (Hamm NJW-RR **91**, 1399).

1114 *Belastung eines Bruchteils.* **Ein Bruchteil eines Grundstücks kann außer in den in § 3 Abs. 6 der Grundbuchordnung bezeichneten Fällen mit einer Hypothek nur belastet werden, wenn er in dem Anteil eines Miteigentümers besteht.**

1) Belastungsgegenstand. – a) Anteil eines Miteigentümers nach Bruchteilen (§§ 1008 ff) einschl 1
des Anteils an den mithaftden Ggst (§§ 1120 ff) ist selbstd be- u entlastb; nicht aber Anteil an GesHdsGemsch (RG **117**, 276) u keine quotenmäß beschr Be- u Entlastg von Allein- (BayObLG **74**, 466; vgl aber Rn 3) od MitEigt (BayObLG RJA **16**, 137). Maßgebder Ztpkt ist die Entstehg der Belastg (auch iFv § 1163). Bei späterer Vereinigg belasteter u unbelasteter Anteile in der Hand eines MitEigtümers (BayObLG **96**, 41) od Dritten (BayObLG DNotZ **71**, 659) ist nur fiktiv fortbestehder Anteil belastet, in den ggf ZwVollstr;

Erstreckg auf unbelasteten Anteil dch RGesch mit Gläub (§ 873) mögl, wobei str, ob Zust vor- u gleichrang
2 Berecht dieses Anteils notw (nein: KGJ **36**, 237; ja: MüKo/Eickmann Rn 6). – **b) Gesamthypothek** entsteht: bei Belastg mehrerer Anteile (urspr od iW der Nachverpfändg) mit Hyp für dieselbe Fdg (BGH NJW **89**, 831); bei Umwandlg von AlleinEigt an belastetem Grdst in MitEigt (Ffm DNotZ **61**, 411); bei Belastg des ganzen Grdst dch alle MitEigtümer gem § 747 S 2 (BGH **40**, 120), wobei iFv § 1163 die EigtümerGrdSch den MitEigtümern in BruchtGemsch (§ 741) zusteht (BGH NJW-RR **86**, 233).

3 **2) Bruchteil eines Alleineigentümers** be- u entlastb, wenn er gem GBO 3 VI gebucht. Dies ist ferner zuläss, wenn der gesondert belastete Bruchteil eine gewisse rechtl Selbständigk hat (Ffm NJW-RR **88**, 463); vgl auch Rn 1. – **a)** SichgHyp des ZVG 128 ist auf ersteigertem Anteil einzutragen, auch wenn Ersteher jetzt AlleinEigtümer (RG **94**, 154). – **b)** Eintr einer ZwangsHyp auf gem AnfG 7 anfechtb erworbenen Anteil zul (KG HRR **31**, 1709). – **c)** FlurbG 68; dazu LG Karlsr BWNotZ **60**, 24. – **d)** Vorbeh für LandesR EG 112, 113. – **e)** Abweichg auch dch gutgl Erwerb mögl (W-Raiser § 133 Anm 3: AlleinEigtümer fälschl als MitEigtümer eingetr; RG LZ **29**, 838). – **f)** Erwirbt BruchtEigtümer RestBrucht als VorE, so kann er bish Brucht gesondert belasten (BayObLG NJW **68**, 1431). – **g)** Gläub eines VermÜbergebers (§ 419) kann ZwangsHyp auf mitübertr GrdstBrucht verlangen (Jena JW **35**, 3647).

4 **3)** Auf die **Grund/Rentenschuld** entspr anwendb (§ 1192 I).

1115 *Eintragung.*

[I] **Bei der Eintragung der Hypothek müssen der Gläubiger, der Geldbetrag der Forderung und, wenn die Forderung verzinslich ist, der Zinssatz, wenn andere Nebenleistungen zu entrichten sind, ihr Geldbetrag im Grundbuch angegeben werden; im übrigen kann zur Bezeichnung der Forderung auf die Eintragungsbewilligung Bezug genommen werden.**

[II] **Bei der Eintragung der Hypothek für ein Darlehen einer Kreditanstalt, deren Satzung von der zuständigen Behörde öffentlich bekannt gemacht worden ist, genügt zur Bezeichnung der außer den Zinsen satzungsgemäß zu entrichtenden Nebenleistungen die Bezugnahme auf die Satzung.**

1 **1) Allgemeines. – a)** Die für die Entstehg der Hyp **nach § 873 notwendige Eintragung** wird umfangmäß dch § 1113 bestimmt u muß daher die RNatur der Belastg als Hyp (Rn 3) sowie die gesicherte Fdg nach ihren Individualisiergsmerkmalen (Rn 4–20) enthalten. Die für diese Eintr gegebene **Möglichkeit der Bezugnahme auf die Eintragungsbewilligung nach § 874 wird durch § 1115 eingeschränkt.** Fehlt eine nach § 1115 vorgeschriebene Angabe im EintrVermerk, so ist die Hyp nichtig (RG **127**, 309) u die Eintr unzul iSv GBO 53 I 2; fehlt die Eintr der Nebenleistgen, so ist die Hyp iü entstanden (RG **113**, 229). – Weiterer Ausschl der Bezugn in §§ 1116 II, 1184 II, 1189 I 2, ZPO 800 I 2; auch VfgsBeschrkg nach VAG 70, 72 ist in EintrVermerk aufzunehmen (LG Bn DNotZ **79**, 309).

2 **b) Eintragungsfähigkeit von Vereinbarungen.** Eintragb sind zunächst die rechtl mögl **Gestaltungen des dinglichen Rechts** selbst (zB zeitl begrenzter Ausschl der Geltdmachg). Sodann alle rechtl mögl **Gestaltungen der gesicherten Forderung,** weil sie Inhalt u Umfang des dingl Rechts bestimmen (Riedel DNotZ **54**, 454): Klare u eindeut (Ffm Rpfleger **73**, 23) Bestimmgen über Tilgg, Fälligk, AufrechngsVerbot, Anrechng von Teilleistgen, Wirksamk von Erkl für mehrere Schu, Kündigg (Hamm MittBayNot **79**, 173), AbtretgsVerbot (Stgt OLGZ **65**, 96). **Sonstige persönliche Verpflichtungen** des Schu od Eigtümers, die nicht die Fdg gestalten (zB GrdstUnterhaltg, GbdeVersicherg, VeräußergsVerbot) sind als solche nicht eintragb; soweit die Nichterfüllg Fälligk- od KündiggsVoraussetzg ist, sind (unmittelb od gem § 874) nur diese Voraussetzgen, nicht aber die pers Verpfl selbst eintragb (BGH **21**, 34; Riedel aaO).

3 **2)** Die **Bezeichnung der Belastung** als Recht, sich wg einer Fdg aus dem Grdst zu befriedigen, braucht nur gem § 874 eingetr zu werden. Bezeichng als „Hyp" im EintrVermerk nicht notw; Angabe des SchuldGrd („1000 DM Darlehn für A") ausreichd; bloße Angabe des Kapitalbetrages („1000 DM für A") ausreichd, wenn RNatur als Hyp aus Eintr in Abt III iVm in Bezug gen EintrBew ersichtl (KG PrJMBl **14**, 772). TilggsHyp braucht nicht als solche im EintrVermerk bezeichnet zu werden (BGH **47**, 41), wohl aber SichergsHyp (§ 1184 II); vgl auch ZVG 130 I 2.

4 **3)** Der **Gläubiger** (§ 1113 Rn 11) muß im EintrVermerk angegeben sein; Verstoß führt zur Nichtigk der HypBestellg.

5 **a)** Gläub ist der **materiellrechtliche Inhaber** von Fdg u Hyp; er wird dch die Einigg bestimmt. Eintr eines and läßt Hyp nicht entstehen, ermöglicht aber gutgl Erwerb von diesem. Eintr eines and aber unschädl, wenn wahrer Berecht identifizierb (Rn 6). – Bloß **Verfügungsbefugte** wie InsVerw (BayObLG **80**, 255), NachlVerw (Hamm Rpfleger **89**, 17), TestVollstr (Hbg OLG **20**, 416) od gesVertr (KGJ **36**, 226) sind nicht einzutragen, sond RInh selbst. Im Falle v VerglO 93 ist der Sachwalter nicht als Gläub sond als Vertreter ohne Namensangabe zusätzl einzutragen. – **Juristische Personen** des priv od öffR sind einzutragen, nicht ihre Organe bzw Behörden. Eintr eines Vertretgszusatzes unzul (LG Düss Rpfleger **77**, 167), macht Eintr aber nicht unwirks. – Bei **nichtrechtsfähigen Personenmehrheiten** wie nichtrechtsfäh Verein (RG **127**, 309; Schmidt NJW **84**, 2249), GbR (and OHG/KG wg HGB 124 I), ErbenGemsch u BruchtGemsch (einschl WE-Gemsch; Köln OLGZ **94**, 521) sind die einz Mitgl zZ der HypBestellg einzutragen. – **Treuhänder** ist einzutragen, da VollRInh; TrHdZusatz unzul (Saarbr OLGZ **67**, 112), macht Eintr aber nicht unwirks (KG HRR **30**, 219). Keine gleichzeit Eintr von TrHänder u TrGeber (Hamm Rpfleger **54**, 464), Eintr idR wg Unbestimmth des Gläub unwirks. Im Falle v VAG 72 ist der TrHänder nicht als Gläub sond als ZustBerecht ohne Namensangabe zusätzl einzutragen (vgl dazu LG Wiesb Rpfleger **68**, 393). Vgl weiter Haegele/Schöner/Stöber Rn 1996 ff.

6 **b)** Die **Bezeichnung** des Gläub erfordert keine Namensangabe. Es genügen sonstige Angaben, aus denen die Pers des Gläub zu entnehmen ist (RG **127**, 309), wie zB künft Abkömmlinge einer best Pers (KGJ **29**, 153) od die noch unbekannten Erben eines best Verstorbenen (KGJ **36**, 226). Vgl aber § 1187 Rn 3; VerglO

93. – **aa)** Die Bezeichng muß auf den Gläub passen (Hoche DNotZ **55**, 151) u ihn so best bezeichnen, daß **keine begründeten Zweifel an seiner Identität** aufkommen können (Brem DNotZ **65**, 566). Es können ausreichen: Firma statt pers Name (BayObLG DNotZ **81**, 578), „Kfm W. F." statt „W. F. OHG" (Hbg DNotZ **55**, 148), „A & B" als PersGesellsch des HGB mit unzutreffendem Zusatz „GmbH" (Brem aaO), Behörde statt der unzweifelh von ihr vertretenen jur Pers des öffR (KGJ **39**, 210; **51**, 242; Schlesw JZ **55**, 619; Karlsr DNotZ **55**, 544), „A als KonkVerw über das Vermögen des B" statt „B"; nach RG **127**, 309 nicht aber jeweil Mitgl eines nichtrechtsfäh Vereins. – **bb) GBVfg 15** ist nur OrdngsVorschr, deren Verletzg Entstehg der Hyp nicht hindert (Schlesw JZ **55**, 619; BayObLG **81**, 391); auch unterl Angabe des GemschVerh entgg **GBO 47** (dazu Böhringer BWNotZ **85**, 73) macht Eintr nicht unwirks (Demharter § 47 Rn 26; Hamm DNotZ **65**, 408). Daher führt BezeichngsMangel, der zur Zurückweisg des EintrAntr berechtigt (zB Firma bei EinzelKfm; BayObLG NJW-RR **88**, 980), bei Eintr nicht notw zur Unwirksamk.

4) Der **Schuldner** (§ 1113 Rn 13) braucht nur gem § 874 eingetr zu werden. Fehlen der Eintr bewirkt 7
weder bei Identität mit dem Eigtümer (allgM; Güthe Recht **09**, 463) noch (sofern Schuldn feststellb) bei Verschiedenh von ihm (RG **136**, 80; Soergel/Konzen Rn 8; Erm/Räfle Rn 4; aA Naumburg JW **30**, 846) Nichtigk der Hyp; and wenn von Einigg abw Schuldn eingetr (Hamm JW **33**, 2921).

5) Der **Geldbetrag** (§ 1113 Rn 14) muß aus dem EintrVermerk selbst hervorgehen. Es ist zahlenmäß 8
bestimmte Summe einzutragen, nicht in Berechngsmerkmalen (KGJ **36**, 229).

6) Nebenleistungen (NbL). – a) Allgemeines – aa) Begriff. Nebenleistgen sind außer dem Kapital zu 9
entrichtde Beträge, die nach dem Willen der Beteil von der HauptFdg abhäng sind (Schlesw SchlHA **68**, 260): der Anspr auf sie kann nur währd des Bestehens der HauptFdg entstehen. § 1115 behandelt nur vertragl (im Ggs zu gesetzl: § 1118) NbL u unterteilt sie ohne rechtl Unterschied (BGH **47**, 41) in Zinsen u and NbL. Die NbL kann einmalig sowie entw für die Dauer des Bestehens der HauptFdg (unbefristet lfd) od nur für einen Zeitraum ihres Bestehens (anfangs- u/od endbefristet) in wiederkehrden Betr zu entrichten sein; in beiden Fällen kann sie bdgt sein. – **bb) Bestimmtheit.** Die NbL muß dem Umfang nach aGrd jederzeit 10
feststellb obj (auch außerh des GB liegder) Umstände bestimmb sein (BGH **35**, 22), sonst insow keine wirks Belastg (BGH NJW **75**, 1314); dies erfordern das materielle (§ 1113 Rn 14) u das formelle (Übbl 14 vor § 873) BestimmthGebot (BayObLG **75**, 126). Bei variablen NbL sind neben der Normal- die Mindest- u Höchstbelastg mit den Ändergsvoraussetzgen einzutragen (BGH NJW **75**, 1314). – **cc) Eintragung.** Der 11
GBVermerk muß die größtmögl Belastg ohne Hinzunahme der EintrBew od von Umständen außerh des GB konkret errechnen lassen (BGH **47**, 41); dies gilt auch bei gesetzl (KG OLGZ **71**, 450) od dch Urt (KG JW **34**, 1506) festgelegter NbL (zB kein Eintr „2% Zinsen über Bundesbankdiskont"). Eine die HöchstBelastg nicht betreffde Vereinbg ist gem § 874 eintragb. – **Bezugnahme auf die Satzung** (II) genügt nur für and NbL iSv Rn 15 einer DarlehnsHyp: Bezugn nur auf die EintrBew genügt insow nur, wenn diese auf die Satzg verweist (KGJ **47**, 206). Mind die SatzgsBestimmgen über die NbL müssen amtl veröffentl sein (KGJ **40**, 262). Dch Bezugn kann nur die bei HypBestellg (nicht die jeweils) geltde Satzg EintrInhalt werden (KG JFG **5**, 346). Bezugn nur für NbL zul, die satzgsgem für jedes Darlehn zu entrichten (KGJ **33**, 250). Geldbetrag muß bestimmt sein (KG DRiZ **29** Nr 269).

b) Zinsen. Für verschied Teile einer Hyp sind unterschiedl Zinsen zul (Celle Rpfleger **72**, 97). Eintr 12
„Zinsen" enthält Angabe des SchuldGrd. – **aa) Höhe.** Der EintrVermerk muß den Zinssatz (mit Bezugsgröße, sofern sie vom UrsprKapital abweicht [BGH **47**, 41]) od einen FestBetr („jährl 500 DM") angeben; ohne diese Angabe ist verzinsl bezeichnete Hyp unverzinsl (RG **113**, 229). Gleitder Zinssatz bei Wahrg von Rn 10 zuläss. Bei Zinssatz („%") muß Zusatz „jährl" nicht in EintrVermerk aufgen werden (Ffm Rpfleger **80**, 18); insow genügt Eintr gem § 874. – **bb) Dauer.** Der Beginn kann vor od nach der Eintr liegen (BGH NJW **86**, 13
314), auch vor Eintritt aufschiebder Bdgg für Verzinsg (Stgt NJW **53**, 464). Eintr (gem § 874 genügt) muß iVm allg zugängl ErkenntnQuellen Beginn u Ende bestimmb ergeben (BayObLG **95**, 271 [verneint für „ab Darlehnshingabe"]). Mangels abw Angabe Beginn ab Eintr (LG Aachen Rpfleger **63**, 116; für GrdSch: RG **136**, 232 u Köln NJW **60**, 1108) und Ende mit Erlöschen der HauptFdg. – **cc) Bedingung.** Sie kann sich 14
auf die Verzinsg als solche u/od auf die Höhe beziehen. Zuläss, daß sich Zinssatz im eingetr Rahmen bei Änderg des Bezugsfaktors automat („gleitd") entspr ändert; Bezugsfaktor kann zB sein: allg Änderg der HypZinsen bei den öff Sparkassen (BGH **35**, 22) od einer best öff Sparkasse (BayObLG **75**, 126), Bundesbankdiskont. Zuläss auch, daß Gläub Zinssatz im eingetr Rahmen unter best Voraussetzgen dch einseit Erkl ggü Schuldn in best Umfang ändert; Voraussetzg kann zB sein: allg Änderg der HypZinsen (Stgt NJW **54**, 1646; LG Wuppt RhNK **76**, 24), Änderg der von den öff Sparkassen allg erhobenen HypZinsen (LG Köln RhNK **81**, 199), nicht aber willkürl Ändergswille des Gläub (BGH DNotZ **63**, 436). – EintrVermerk muß Höchstzins u Bedingtsein angeben (zB „uU bis 5% Zinsen"), Angabe von Normal- u Mindestzins sowie nähere Kennzeichng der Bdgg gem § 874 zuläss (BGH NJW **75**, 1314).

c) Andere Nebenleistungen wie zB: Entschädigg für Kapitalrückzahlg vor Fälligk, Zinseszinsen nach 15
§ 248 II 2 (KG JFG **1**, 464), Erstattg verauslagter VersPrämien (KG JW **37**, 2973), VerwKostenbeitrag, Geldbeschaffgskosten/AuszahlgsEntschädigg/Agio (BayObLG **68**, 315; Karlsr Rpfleger **68**, 353), BürgschGebühr (LG Bielef Rpfleger **70**, 335), Zinsen („Strafzinsen") bei unpünktl Kapital- od NbLZahlg als pauschalierter Verzugsschaden (BayObLG Rpfleger **81**, 297), Zinsen von Ursprungskapital auch ab Teillöschg (Düss FGPrax **95**, 218); nicht aber Kapitalanteile darstellde Tilggsbeiträge (RG **104**, 72). Sie sind auch dann and NbL, wenn sie in % des Kapitals festgesetzt u in die Form einer Zinserhöhg gekleidet (KG Rpfleger **66**, 303). Art der NbL als SchuldGrd einzutragen (Anm 7). – **aa) Höhe.** Der EintrVermerk muß die Berechngsfaktoren 16
od einen FestBetr angeben (BGH **47**, 41); bei Festlegg in %-Satz ist Zusatz „einmalig" od „jährl" bzw „monatl" aufzunehmen (Ffm OLGZ **78**, 437; Köln RhNK **79**, 40; LG Kiel WM **84**, 509), nicht aber Bezugsgröße wie Ursprungs-, Restkapital od VerzugsBetr (BGH **47**, 41; BayObLG DNotZ **83**, 44; aA MüKo/Eickmann Rn 33), für die Eintr gem § 874 genügt. – **bb) Befristung.** Die Dauer einer abw vom 17
Bestehen der HauptFdg befristeten NbL ist nach hM im EintrVermerk anzugeben (zB „2% NbL jährl von . . . bis . . ."; „2% NbL auf 5 Jahre"), um Belastgsumfang errechenb zu machen (BGH **47**, 41; Stgt OLGZ **66**, 105; KG Rpfleger **66**, 303; Karlsr Rpfleger **68**, 352; Zweibr Rpfleger **68**, 390; Erm/Räfle Rn 12). Angabe

eines GesamtBetr (zB bei 2% jährl für 5 Jahre: „10% NbL“ [BayObLG Rpfleger **74**, 189] od „einmalig 10% NbL“ [LG Mü I DNotZ **73**, 617; aA LG Bielef Rpfleger **74**, 396]) materiell wirks Eintr, im letzteren Fall
18 aber mehrdeut. – **cc) Bedingung.** Sie kann sich auf die LeistgsPfl als solche u/od auf die Höhe beziehen. EintrVermerk muß HöchstBetr u Bedingtsein angeben (zB „uU bis 10% jährl NbL“), Angabe von Normal- u MindestBetr sowie nähere Kennzeichng der Bdgg gem § 874 zul (BayObLG DNotZ **83**, 44).

19 **d) Mehrere Nebenleistungen** sind zu einem GesamtBetr zusfaßb, wenn der EintrVermerk den Anfordergen jeder in ihm enthaltenen NbL genügt (dazu Böttcher Rpfleger **80**, 81); auch Zinsen mit and NbL zusfaßb (KG Rpfleger **66**, 303; Hamm OLGZ **71**, 455; aA MüKo/Eickmann Rn 40) u bdgte mit unbdgten. – Einmalige NbL sind zusfaßb: zB einmalig 4% u bdgt einmalig 2% zu „bis 6% NbL einmalig“; nicht aber mit wiederkehrden NbL (Karlsr Rpfleger **68**, 353). – Unbefristet lfde NbL sind zusfaßb (KG Rpfleger **66**, 303; Hamm OLGZ **71**, 455; LG Itzeh RhNK **79**, 64): zB jährl 6% Zinsen mit bdgt jährl 3% and NbL zu „bis 9% Zinsen u NbL jährl“; nicht aber mit befristeten u einmaligen NbL. – Befristete NbL sind nur untereinander u bei gleicher Laufzeit zusfaßb: zB 6% Zinsen u jährl bdgt 1% and NbL je von . . . bis . . . zu „bis 7% Zinsen u NbL jährl von . . . bis . . .“.

20 7) Der **Schuldgrund** (§ 1113 Rn 15) braucht nur dch Bezugn eingetr zu werden. Er muß so individualisiert sein, daß §§ 891, 1138 sinnvoll anwendb (BGH WM **72**, 786). Das GBA hat bei fehlder (Colmar OLG **16**, 154) od (ihm bekannt) unricht (LG Hof Rpfleger **65**, 367) Angabe die Eintr abzulehnen. Bei Eintr trotz **fehlender Angabe** ist Hyp wirks, wenn sich eine bestimmte Fdg (richtige od falsche) aus der Eintr iVm den zur Auslegg verwertb Umständen ermitteln läßt (KG JW **34**, 1422). Bei Eintr mit **unrichtiger Angabe** ist die Hyp wirks; Gläub muß notf richt SchuldGrd beweisen (RG JW **14**, 829; BayObLG **51**, 594).

21 8) Auf die **Grund/Rentenschuld** entspr anwendb (§ 1192 I). Statt des GeldBetr der Fdg ist der der GrdSch einzutragen u die Angabe des SchuldGrd entfällt. NbL nur aus gesichertem FdgsVerh (zB VorfälligkEntsch [LG Oldbg WM **82**, 283], GeldBeschaffgsKosten, AuszahlgsEntsch) nicht eintraggsfäh (Stöber ZIP **80**, 613). Bei and NbL (Rn 15) braucht ihre Art (weil SchuldGrd) nicht eingetr zu werden (Stgt Rpfleger **86**, 464; LG Oldbg Rpfleger **81**, 60; WM **82**, 283; LG Bln Rpfleger **85**, 56; LG Bielef Rpfleger **99**, 388; aA Stöber aaO; MüKo/Eickmann Rn 44); Eintr darf aber nicht ergeben, daß möglw Haupt- statt Nebenleistg gewollt (Schlesw SchlHA **68**, 260) od nur fdgsabhäng Nebenleistg.

1116 *Brief- und Buchhypothek.*

I Über die Hypothek wird ein Hypothekenbrief erteilt.

II Die Erteilung des Briefes kann ausgeschlossen werden. Die Ausschließung kann auch nachträglich erfolgen. Zu der Ausschließung ist die Einigung des Gläubigers und des Eigentümers sowie die Eintragung in das Grundbuch erforderlich; die Vorschriften des § 873 Abs. 2 und der §§ 876, 878 finden entsprechende Anwendung.

III Die Ausschließung der Erteilung des Briefes kann aufgehoben werden; die Aufhebung erfolgt in gleicher Weise wie die Ausschließung.

1 **1) Briefhypothek (I).** Eine Hyp, die nicht gem §§ 1184, 1187, 1190 SichgsHyp u damit gem § 1185 stets BuchHyp ist (sog VerkehrsHyp), ist BriefHyp, wenn nicht gem II zur BuchHyp gemacht. Da BriefHyp Regelfall, entsteht sie auch bei fehlder od nichtiger Einigg über HypForm (vgl auch Rn 3) u Eintr als BriefHyp bei Verurteilg zur HypBestellg schlechthin (KGJ **21** A 171). – Diese Eigensch erleichtert Vfgen des Gläub (§§ 1154, 1069, 1274) u schützt Eigtümer iFv § 1163 gg Vfg des nur BuchGläub.

2 **2) Hypothekenbrief. – a) Rechtsnatur.** Er ist WertPap iwS, da für Vfg über das verbriefte Recht (§ 1154) u seine Ausübg (§ 1160) BriefBes notw; aber nicht WertPap iSv DepG 1 (RGSt **65**, 257) u HGB 369 (RG **149**, 93). Er genießt keinen öffentl Glauben, sond kann nur den des GB zerstören (§ 1140). Er begründet keine AnscheinsVollm für den Empfang der Valuta (Neumann-Duesberg BB **66**, 308). – **b) Eigentümer** ist stets der Gläub (§ 952 II), iFv § 1163 der GrdstEigtümer; bei teilw Valutierg MitEigt beider (RG **69**, 40). Am Brief kann kein selbstd dingl Recht bestehen (Düss DNotZ **81**, 642); wohl aber (zB bei Überg ohne Abtretg) ein schuldrechtl ZbR (Düss aaO), jedoch kein ZbR nach HGB 369 (RG **149**, 93). – **c) Bedeutung** hat er für: HypErwerb (§ 1117); Befriedigg des Gläub (§ 1144); Übertr (§ 1154), Belastg (§§ 1069, 1274) u Pfändg (ZPO 830) der gesicherten Fdg; Geltdmachg von Hyp u Fdg (§ 1160 I, 1161); Künd u Mahng (§ 1160 II); GBEintr bei Hyp (GBO 41, 43). – **d) Inhalt u Erteilung:** GBO 56 ff, GBV 47 ff.

3 **3) Buchhypothek (II).** Entstehg erfordert zusätzl Einigg iSv § 873 zw Eigtümer (bei GesamtHyp: alle) u Gläub (bei Mehrh: alle) über Briefausschließg u Eintragg letzterer (zB „brieflos“) im GB selbst (nicht gem § 874) auf Bewilligg von Eigtümer u Gläub (BayObLG **87**, 97). Wird Ausschließg trotz Einigg nicht eingetr, so ist das Recht bis zur zul Nachholg BriefHyp; PartWille kann dazu führen, daß ausnahmsw kein GrdPfdR entstanden (§ 139). Wird Ausschließg ohne Einigg eingetr, so ist das Recht bis zur Nachholg der Einigg od GBBerichtigg BriefHyp.

4 **4) Umwandlung. – a)** Brief- in BuchHyp dch nachträgl Ausschließg (**II 2;** vgl Rn 3). Brief ist unbrauchb zu machen (GBO 69); wird aber auch ohne dies rechtl bedeutgslos (KG JFG **7**, 419) u ermöglicht keinen gutgl Erwerb iW § 1154. – **b)** Buch- in BriefHyp dch Aufhebg der Ausschließg mittels Einigg u Eintr **(III).**

5 **5)** Auf die **Grund/Rentenschuld** entspr anwendb (§ 1192 I).

1117 *Erwerb der Briefhypothek.*

I Der Gläubiger erwirbt, sofern nicht die Erteilung des Hypothekenbriefs ausgeschlossen ist, die Hypothek erst, wenn ihm der Brief von dem Eigentümer des Grundstücks übergeben wird. Auf die Übergabe finden die Vorschriften des § 929 Satz 2 und der §§ 930, 931 Anwendung.

II Die Übergabe des Briefes kann durch die Vereinbarung ersetzt werden, daß der Gläubiger berechtigt sein soll, sich den Brief von dem Grundbuchamt aushändigen zu lassen.

III Ist der Gläubiger im Besitze des Briefes, so wird vermutet, daß die Übergabe erfolgt sei.

1) Allgemeines. – a) Das **dingliche Recht entsteht** schon mit Einigg u Eintr; es steht aber vor BriefÜberg (I) od AushändiggsVereinbg (II) dem Eigtümer als EigtümerGrdSch zu (§§ 1163 II, 1177) u eingetr Gläub kann mangels BriefBes nicht über das Recht verfügen. – **b)** Gläub hat aus GrdGesch **Anspruch auf Übergabe/Aushändigungsvereinbarung** als Teil der RVerschaffg, aber erst nach Entstehen der gesicherten Fdg dchsetzb, aber schon vorher dch Vormkg sicherb. – **c)** Der **Rechtserwerb** nach I od II tritt nur ein, wenn im Ztpkt der Überg/AushändiggsVereinbg die übr EntstehgsVoraussetzgen der Hyp (insb gesicherte Fdg!) erfüllt sind. Erwerb nach § **878** mögl, wenn vor VfgsBeschrkg des Eigtümers Einigg über HypBestellg gem § 873 II bindd u EintrAntr gestellt sowie vorher auch Überg erfolgt bzw AushändiggsVereinbg getroffen (KG NJW **75**, 878); letzteres vom Gläub ohne Hilfe von III zu beweisen (KGJ **40**, 278). 1

2) Briefübergabe (I). – a) Körperl **Übergabe** dch Eigtümer od seinen Bevollm (zB GBA iFv GBO 60 II); vgl auch ZPO 897 II. Bei EigtümerMehrh (GesamtHyp, GesHdsEigt) müssen alle zumind dch Einverständn mitwirken (RG **52**, 360). Überg dch Unbefugten (RG **75**, 221) od zu ganz vorübergehenden Bes (RG aaO) od vom GBA entgg GBO 60 I genügt nicht. – **b) Einigung** iFv § 929 S 2 über BesAusübg als HypGläub. – **c) Vereinbarung eines Besitzmittlungsverhältnisses** iSv § 930. Bei Vereinbg vor Briefherstellg erwirbt Gläub erst mit BesErlangg dch Eigtümer. – **d) Abtretung eines Herausgabeanspruchs** iFv § 931; zB des aus GBO 60 I auch bzgl des noch zu bildden Briefes (RG SeuffA **92**, 152; aA MüKo/Eickmann Rn 17). Bdgte Abtr zul (RG JW **29**, 583). Überweisg zur Einziehg genügt nicht (RG **63**, 214). 2

3) Aushändigungsvereinbarung (II); kein Fall des § 931 (aA Derleder DNotZ **71**, 272). Sie ersetzt nicht Anweisg nach GBO 60 II, so daß GBA trotz Eigt des Gläub mangels solcher an Eigtümer aushändigen muß (KGJ **40**, 322). – **a)** Die **Vereinbarung** ist formfrei u nicht einseit widerrufl; nicht als Vertr zGDr mögl (RG JW **30**, 3545). Verurteilg zur HypBestellg muß sich auf sie erstrecken (sonst I). Brief braucht noch nicht hergestellt zu sein, Voraussetzgen dafür müssen aber beim GBA vorliegen (RG **84**, 314). – **b) Rechtserwerb** dch Gläub (vorbehaltl Valutierg) mit Vereinbg, wenn Hyp schon eingetr; sonst mit Eintr (RG **89**, 161). Unerhebl, wann Brief hergestellt u wem er übergeben wird; Herstellgsvoraussetzgen müssen aber vorliegen (BayObLG **87**, 97). 3

4) Übergabevermutung (III) bei mittelb od unmittelb Bes des Gläub; gilt nicht für ÜbergZtpkt (KGJ **40**, 278). Eigtümer muß widerlegen (ZPO 292), Gläub kann aber bei dchsetzb RVerschaffgsAnspr auf Einigg klagen. III gilt auch in Verf nach GBO 22, 53 (Bassenge/Herbst, FGG § 12 Rn 7; MüKo/Eickmann Rn 31, 32; aA für GBO 53: Oldbg Rpfleger **66**, 174). Gläub, der Brief nicht besitzt, muß RErwerb (zB nach II) ohne Vermutg des § 891 beweisen (BayObLG **73**, 246). 4

5) Auf die **Brief-Grund/Rentenschuld** entspr anwendb (§ 1192 I); Ausn: § 1195. 5

1118 *Haftung für Nebenforderungen.* **Kraft der Hypothek haftet das Grundstück auch für die gesetzlichen Zinsen der Forderung sowie für die Kosten der Kündigung und der die Befriedigung aus dem Grundstücke bezweckenden Rechtsverfolgung.**

1) Gesetzliche Haftung, daher keine GBEintr (KGJ **35** A 325). Ergänzg in § 1146 (Verzugszinsen des Eigtümers), ZPO 867 I 3 (EintrKosten bei ZwangsHyp); Einschränkg in § 1190 II (Zinsen bei HöchstBetrHyp). Haftg für and Zinsen u Kosten nur bei Einigg u Eintr (§§ 873, 1115). 1

2) Haftung für: – **a) Gesetzliche Zinsen** der Fdg bis zur Höhe des gesetzl Zinssatzes (Hbg OLG **14**, 100); auch wenn Eigtümer nicht pers Schu ist. Beispiele: §§ 288 I 1 (nicht II), 291, 452, 641 II, 668, 675, 698, 1834. – **b) Kosten der Kündigung** mit Wirkg für die Hyp ggü Eigtümer (§ 1141); zB Zustellg, VertrBestellg (§ 1141 II), Anwalt bei Notwendigk (MüKo/Eickmann Rn 12). – **c) Kosten der Rechtsverfolgung,** soweit zweckentspr (entspr ZPO 91 I, 788). RVerfolgg muß Befriedigg bezwecken (BGH WM **66**, 326), auch wenn sie nicht erreicht wird (and wenn Gläub RVerfolgg abbricht; KG JW **33**, 708). Darunter fallen: Kosten dingl Klage einschl ZwVollstr (§ 1147; auch gg eingetr NichtEigtümer, KG JW **37**, 3159) od Beitritts zur ZwVerst (Anmeldg genügt; KG aaO), Maßn nach § 1133; nicht aber: EintrKosten, Kosten pers Klage (RG **90**, 171), UnterlKl nach § 1134 I, Maßn nach § 1134 II (RG **72**, 332), verauslagte VersPrämien, Kosten für GrdstErwerb dch Mitbieten (KG JW **34**, 777). 2

3) Auf die **Grund/Rentenschuld** entspr anwendb (§ 1192 I). 3

1119 *Erweiterung der Haftung für Zinsen.* **I Ist die Forderung unverzinslich oder ist der Zinssatz niedriger als fünf vom Hundert, so kann die Hypothek ohne Zustimmung der im Range gleich- oder nachstehenden Berechtigten dahin erweitert werden, daß das Grundstück für Zinsen bis zu fünf vom Hundert haftet.**

II Zu einer Änderung der Zahlungszeit und des Zahlungsorts ist die Zustimmung dieser Berechtigten gleichfalls nicht erforderlich.

1) Zinserhöhung (I). – a) Grundsatz. Zinserhöhg ist InhaltsÄnderg iSv § 877, die Zust der gleich- u nachstehenden Berecht bedarf, um gleichen Rang mit HauptR zu erhalten; ohne Zust Rang nach diesen Berecht. – **b) Ausnahme in § 1119 I.** Erhöhg bis 5% ist zustfrei, auch bei Rückwirkg (KGJ **37** A 295). Über Anwendg auf HöchstBetrHyp nach Umwandlg in Verkehrs- od gewöhnl SichgHyp vgl § 1190 Rn 20. I gilt nicht bei Erweiterg and Nebenleistgen iSv § 1115 Rn 15, Ersetzg bdgter dch unbdgte Verzinsg (KG JFG **11**, 234), Erhöhg über 5% mit gleichzeit Kapitalherabsetzg (KG HRR **32**, 320). 1

2 **2) Änderung von Zahlungszeit u -ort (II);** zB Vereinbg von TilggsBetr (KG RJA **11**, 248). Ausfluß des allg Grds, daß InhaltsÄnderg iSv § 877, die gleich- u nachstehde Berecht nicht beeinträchtigen, deren Zust nicht bedürfen.

3 **3)** Auf die **Grund/Rentenschuld** entspr anwendb (§ 1192 I).

1120 ***Erstreckung auf Erzeugnisse, Bestandteile und Zubehör.*** **Die Hypothek erstreckt sich auf die von dem Grundstücke getrennten Erzeugnisse und sonstigen Bestandteile, soweit sie nicht mit der Trennung nach den §§ 954 bis 957 in das Eigentum eines anderen als des Eigentümers oder des Eigenbesitzers des Grundstücks gelangt sind, sowie auf das Zubehör des Grundstücks mit Ausnahme der Zubehörstücke, welche nicht in das Eigentum des Eigentümers des Grundstücks gelangt sind.**

1 **1) Allgemeines.** § 1120 regelt, welche vom Grdst getrennten Bestandt u welches Zubeh dem HypGläub haften; die §§ 1121, 1122 regeln, unter welchen Voraussetzgen diese Ggst von dieser Haftg wieder frei werden. Keine dingl wirkde Erweiterg od Beschrkg dch Vertr (RG **125**, 362). – Entstehg bzw Erlöschen der Haftg muß **beweisen,** wer Rechte daraus herleitet.

2 **2) Bestandteile.** Dazu gehören die wesentl Bestandt einschl der Erzeugn (§§ 93, 94) u die nichtwesentl Bestandt (§ 93), nicht aber die ScheinBestandt (§ 95). Wg Bestandt iSv § 96 vgl § 1126.

3 **a) Ungetrennte Bestandteile** (mit Ausn im DrittEigt stehder nichtwesentl; Baur/Stürner § 39 Rn 24) haften unabhäng davon, ob diese Eigensch vor od nach HypBestellg/HypVormkg erlangt. Bei Pfdg hat HypGläub ZPO 766, 771; nur Früchte iRv ZPO 810 I pfändb, aber Hyp/Gläub hat ZPO 810 II, 771 u 805 (RG **143**, 245).

4 **b) Getrennte Bestandteile** werden mit Trenng (Loslösg von Boden u Gbde) selbstd Sachen. – **aa)** Sie **haften nicht,** wenn Trenng vor HypBestellg/HypVormkg erfolgte (RG **135**, 201); mögl aber Haftg als Zubeh für später bestellte Hyp. – **bb)** Bei vorheriger HypBestellg/HypVormkg eingetretene **Haftung besteht fort,** wenn Eigtümer (§ 953) od Eigenbesitzer (§ 955 I) des Grdst das Eigt mit Trenng erwirbt. Sie kann (später) nach §§ 949 S 1, 950 II, 1121, 1122 erlöschen; dagg nicht dch Zuschlag, wenn Bestandt von ZwVerst ausgen (BGH NJW **79**, 2514). PfdR nach DüngemittelG geht vor (§ 2 IV; vgl Einf 3 vor § 1204). – Pfdg vor GrdstBeschlagn zuläss; HypGläub hat ZPO 805 (RG Warn **36** Nr 91) u 771, um gem ZPO 769 zur Enthaftg führdes Entfernen dch GVz verhindern zu können (Hoche NJW **52**, 961). Pfdg nach GrdstBeschlagn unzuläss (ZPO 865 II 2); HypGläub hat ZPO 766, 771 (RG **69**, 93). – **cc)** Bei vorheriger HypBestellg/HypVormkg eingetretene **Haftung erlischt** mit Trenng, wenn ein and als der Eigtümer od Eigenbesitzer des Grdst das Eigt nach §§ 954ff erwirbt. Dies auch bei Vorrang der Hyp vor AneigngsR (Staud/Wolfsteiner Rn 23). Doch erlischt NießbraucherR zur hypfreien Fruchtziehg, wenn vorrang HypGläub ZwVerwaltg betreibt; entspr PächterR bleibt dagg bestehen (ZVG 21 III) u HypGläub hat Ausgl dch Haftg der PachtzinsFdg (§ 1123; Staud/Wolfsteiner Rn 24).

5 **3) Zubehör** (§§ 97, 98). Unpfändb (ZPO 865 II 1); HypGläub hat bei Pfdg haftden Zubeh ZPO 766 u 771 (RG **55**, 208).

6 **a) Eigenes Zubehör** des GrdstEigtümers haftet unabhäng davon, ob die ZubehEigensch vor od nach HypBestellg/HypVormkg erlangt (Plander JuS **75**, 345); aber keine Haftg mehr bei Verlust dieser Eigensch vor HypBestellg/HypVormkg, währd bei Verlust nach diesem Ztpkt §§ 1121, 1122 gelten. VermieterPfdR, das vor Entstehg der ZubehEigensch (Hamm OLG **27**, 153) od der HypBestellg/HypVormkg (BGH **LM** § 559 Nr 1) entstanden, hat Vorrang. – Bei MitEigt am Zubeh haftet MitEigtAnt. Ist bei MitEigt od GesHdsEigt ganzes Grdst belastet, so haftet auch im AlleinEigt stehdes Zubeh (RG **132**, 321) sowie Zubeh, das allen unabhäng von RForm gehört (Naumb OLG **20**, 413).

7 **b) Fremdes Zubehör** haftet nicht (vgl aber ZVG 55 II). Ausnahmsw Haftg nach Rn 4, wenn im Eigt des Eigenbesitzers stehd u zugl getrennter Bestandt (Staud/Wolfsteiner Rn 36). Übereignet Eigtümer vor HypBestellg/HypVormkg, so ist Zubeh auch ohne Entferng hypfrei (BGH **LM** § 559 Nr 1; Zweibr OLGZ **77**, 212); bei Übereigng nach diesem Ztpkt erlischt Haftg nur nach §§ 1121, 1122.

8 **c) Anwartschaftsrecht am Zubehör** (zB bei Kauf unter EV) haftet (BGH **35**, 85; vLübtow JuS **63**, 171). VorbehVerkäufer muß wg ZVG 55 II gem ZVG 37 Nr 5, ZPO 771 vorgehen, sonst erlischt VorbehEigt mit Zuschlag (aA Graba/Teufel Rpfleger **79**, 401) u Anspr auf VerstErlös bzw aus § 812 nach Verteilg ist dch RestKaufPreisFdg begrenzt (Möschel BB **70**, 237; Mümmler JurBüro **71**, 815). Geht mit BdggsEintritt VollEigt auf GrdstEigtümer od AnwErwerber (u ist Sache noch auf Grdst) über, so setzt sich Hyp am AnwR im bisherigen Rang an Sache fort. HypR setzt sich am Übererlös fort, wenn Sache für VorbehVerkäufer verwertet wird (Staud/Wolfsteiner Rn 44; aA Bambg JZ **64**, 518 abl Anm Grunsky). – **Haftung entfällt** bei Aufhebg/Übertr des AnwR bzw Aufhebg der ZubehEigensch vor HypBestellg/HypVormkg. Bei Übertr des AnwR u Aufhebg der ZubehEigensch nach diesem Ztpkt gelten §§ 1121, 1122; bei Aufhebg des AnwR ist entspr § 1276 Zust des HypGläub notw (vgl § 1276 Rn 5).

9 **4)** Auf die **Grund/Rentenschuld** entspr anwendb (§ 1192 I); auch auf EigtümerGrdSch (BGH NJW **79**, 2514; Plander JuS **81**, 565).

1121 ***Enthaftung durch Veräußerung und Entfernung.*** **I Erzeugnisse und sonstige Bestandteile des Grundstücks sowie Zubehörstücke werden von der Haftung frei, wenn sie veräußert und von dem Grundstück entfernt werden, bevor sie zugunsten des Gläubigers in Beschlag genommen worden sind.**

II Erfolgt die Veräußerung vor der Entfernung, so kann sich der Erwerber dem Gläubiger gegenüber nicht darauf berufen, daß er in Ansehung der Hypothek in gutem Glauben gewesen sei.

Entfernt der Erwerber die Sache von dem Grundstücke, so ist eine vor der Entfernung erfolgte Beschlagnahme ihm gegenüber nur wirksam, wenn er bei der Entfernung in Ansehung der Beschlagnahme nicht in gutem Glauben ist.

1) Allgemeines. § 1121 regelt, unter welchen Voraussetzgen nach § 1120 haftde Bestandt u Zubeh dch 1
Veräußerg **und** Entferng (eines allein wie zB Veräußerg nach § 930 genügt nicht; BGH NJW **79**, 2514) haftgsfrei werden. Keine dingl Erweiterg od Beschrkg dch Vertr (RG **125**, 362). Es bedeuten: – **a) Veräußerung** ist Übereigng der bewegl Sache ohne das Grdst. KaufVertr, Belastg od Pfdg genügen nicht (RG **143**,
241). – **b) Entfernung** ist Wegschaffen vom Grdst dch Eigtümer, Erwerber od Dritten. Sie muß im Zushang 2
mit der Veräußerg stehen (BGH **60**, 267) u auf dauernde Lösg vom Grdst gerichtet sein; zB aGrd Pfdg zwecks PfdVerwertg (RG **143**, 241). Überg nur zur Sicherg im Ggs zur Verwertg (Kbg HRR **34** Nr 1118) od Wegschaffg dch GVz aGrd nur Sicherg u Verwahrg bezweckder einstw Vfg (RG JW **11**, 46; vgl aber RG **144**,
152, wo einstw Vfg gerade Beschlagn zuvorkommen sollte) genügt nicht. – **c) Beschlagnahme** sind zunächst 3
Anordng der ZwVerst/ZwVerwaltg bzgl des Grdst (ZVG 20, 146) u Beitrittszulassg (ZVG 27); Umfangs-Beschrkg in ZVG 21, 148. Auch ZwVerwaltg aGrd einstw Vfg zur Sicherg des Anspr aus § 1147 (RG **92**, 20). BeschlagnWirkg nur zG des betreibden od beigetretenen HypGläub (Zweibr OLGZ **77**, 212). Beschlagn ist weiter Pfdg der bewegl Sache wg Anspr aus § 1147 (vgl RG **103**, 139).

2) Erfolgen **Veräußerung und Entfernung vor der Beschlagnahme** (gleichgült in welcher Reihen- 4
folge), so tritt Enthaftg ein **(I).** Dabei unerhebl, ob Erwerber Belastg mit Hyp kennt od ob Verstoß gg ordngsgem Wirtsch (BGH **60**, 267). – I gilt auch für InsVerw; über RLage am Erlös vgl BGH aaO; Staud/Wolfsteiner Rn 9.

3) Bei den Reihenfolgen **Beschlagnahme – Veräußerung – Entfernung** sowie **Veräußerung – Be-** 5
schlagnahme – Entfernung wird die Sache nicht dadch haftgsfrei, daß Erwerber bzgl eingetr (über RLage bei zu Unrecht gelöschter vgl Plander JuS **75**, 345 zu III 5 b) Hyp gutgl **(II 1);** § 936 also nicht anwendb. Enthaftg nur, wenn Erwerber im Ztpkt der Entferng bzgl der Beschlagn gutgl war **(II 2);** bösgl ist er, wenn VerstVermerk eingetr od ihm VerstAntr bekannt od grob fahrl unbekannt. Enthaftg aber auch, wenn Erwerber bzgl Zugehörigk zum HaftgsVerband gutgl iSv § 932 II (W-Raiser § 135 II 1; Plander aaO zu III 5 a mwN; aA Erm/Räfle Rn 6; MüKo/Eickmann Rn 33).

4) Bei den Reihenfolgen **Entfernung – Beschlagnahme – Veräußerung** (sofern Entfernung nicht 6
Enthaftg nach § 1122 bewirkt) sowie **Beschlagnahme – Entfernung – Veräußerung** tritt Enthaftg nach §§ 136, 135 II, 932 ff ein, wenn der Erwerber zu dem nach §§ 932 ff maßg Ztpkt bzgl der Beschlagn (nicht auch der Hyp) gutgl iSv § 932 II (Plander aaO zu III 7, 8); ebso bei Gutgläubigk bzgl Zugehörigk zum HaftgsVerband (vgl Rn 5).

5) Mit der **Enthaftung** erlischt insow der Anspr des HypGläub aus § 1147. Mögl bleiben GläubAnfechtg 7
(RG **100**, 87) sowie bei Verstoß gg §§ 1134, 1135 SchadErsAnspr aus §§ 823 I, II, 830 gg GrdstEigtümer u Erwerber (BGH **92**, 280).

6) Auf die **Grund/Rentenschuld** entspr anwendb (§ 1192 I). 8

1122 *Enthaftung ohne Veräußerung.*

I Sind die Erzeugnisse oder Bestandteile innerhalb der Grenzen einer ordnungsmäßigen Wirtschaft von dem Grundstücke getrennt worden, so erlischt ihre Haftung auch ohne Veräußerung, wenn sie vor der Beschlagnahme von dem Grundstück entfernt werden, es sei denn, daß die Entfernung zu einem vorübergehenden Zwecke erfolgt.

II Zubehörstücke werden ohne Veräußerung von der Haftung frei, wenn die Zubehöreigenschaft innerhalb der Grenzen einer ordnungsmäßigen Wirtschaft vor der Beschlagnahme aufgehoben wird.

1) Allgemeines. § 1122 regelt, unter welchen Voraussetzgen nach § 1120 haftde Bestandt u Zubeh ohne 1
Veräußerg haftgsfrei werden. Keine dingl wirkde Erweiterg od Beschrkg dch Vertr (RG **125**, 362). – Über die Wirkg der Enthaftg vgl § 1121 Rn 7.

2) Erzeugnisse u Bestandteile (I) werden unter zwei Voraussetzgen (eines allein genügt nicht) ohne 2
Veräußerg nur mit der Entferng frei: – **a) Trennung** (§ 1120 Rn 4) iR ordngsmäß Wirtsch; an letzterem fehlt es zB bei BetrStillegg dch KonkVerw (BGH WM **96**, 293 [Zust der GrdPfdRGläub unerhebl]) od aus wirtsch Grd (LG Darmst KTS **77**, 125) sowie bei Ausbau wesentl GbdeBestandt dch Lieferant (RG **73**, 333). Entsteht dch Trenng Zubeh, so gelten nur II u § 1121. – **b) Dauernde Entfernung** (§ 1121 Rn 2) vor Beschlagn (§ 1121 Rn 3); iR ordngsmäß Wirtsch hier nicht notw (RG **143**, 249). BewLast für vorübergehden Zweck hat HypGläub.

3) Zubehör (II) wird dch Aufhebg der ZubehEigensch (vgl § 97) iR ordngsmäß Wirtsch (vgl Rn 2) ohne 3
Veräußerg u/od Entferng frei. Bloße Veräußerg (zB nach § 930) hebt ZubehEigensch nicht auf (BGH NJW **79**, 2514).

4) Auf die **Grund/Rentenschuld** entspr anwendb (§ 1192 I). 4

1123 *Erstreckung auf Miet- oder Pachtzinsforderung.*

I Ist das Grundstück vermietet oder verpachtet, so erstreckt sich die Hypothek auf die Miet- oder Pachtzinsforderung.

II Soweit die Forderung fällig ist, wird sie mit dem Ablauf eines Jahres nach dem Eintritte der Fälligkeit von der Haftung frei, wenn nicht vorher die Beschlagnahme zugunsten des Hypothekengläubigers erfolgt. Ist der Miet- oder Pachtzins im voraus zu entrichten, so erstreckt sich die Befreiung nicht auf den Miet- oder Pachtzins für eine spätere Zeit als den zur Zeit der Beschlagnahme laufenden Kalendermonat; erfolgt die Beschlagnahme nach dem fünfzehnten Tage des Monats, so erstreckt sich die Befreiung auch auf den Miet- oder Pachtzins für den folgenden Kalendermonat.

1 **1) Grundsatz (I). – a)** Auf pfändb Leistg gerichtete **Miet/Pachtzinsforderung** des Eigtümers, Eigenbesitzers od rangschlechteren Nießbrauchers (RG **81**, 146) einschl für haftdes Zubeh (RG **136**, 407) haftet für die Hyp (rückständ u künft fäll werdder Zins); nicht aber die des Mieters aus Untervermietg (LG Bn ZIP **81**, 730). Fdg aus gemischtem Vertr wie zB Pensions- (LG Bn NJW **64**, 52) od KrankenhausVertr (LG Karlsr Rpfleger **75**, 175) haftet nur mit dem RaumnutzgsentgeltAnt (MüKo/Eickmann 7; aA LG Karlsr aaO); ebso bei NebenkostenAnt, der nicht Raumnutzg abgilt (LG Bn EWiR § 1123 BGB 1/**91**, 51). Wg Anspr aus
2 KO 19 S 3 vgl Sonnenschein JuS **80**, 559 u Ffm NJW **81**, 235. Eingezogener Zins haftet nicht. – **b) Zeitlicher Umfang.** Unerhebl, ob der Miet/PachtVertr vor od nach (Karlsr NJW-RR **98**, 1569) der HypBestellg abgeschl wurde; bei schon bestehdem Vertr haftet auch die Fdg für die Nutzg vor der HypBestellg. – **c)** Rangbesserer **Nießbrauch** (auch EigtümerNießbr; aA MüKo/Eickmann 11) geht der Hyp vor (Kiel OLG **15**, 366); Fdg aus Vermietg/Verpachtg dch rangschlechteren Nießbraucher haftet (RG **81**, 146).

3 **2) Freiwerden von Rückständen durch Zeitablauf (II). – a)** Ist der **Zins nachträglich** zu entrichten (§§ 551, 581 II), so wird die Fdg nach einem Jahr von der Haftg frei, wenn nicht vorher die Beschlagn (Rn 5) erfolgte **(S 1).** Die Beschlagn erfaßt also nur die längstens ein Jahr fäll Rückstände (ältere werden befreiend an Eigtümer gezahlt); zahlt Mieter/Pächter sie nach Beschlagn an HypGläub, so kann Eigtümer sich nicht
4 gestützt auf § 1124 I als Verzugsschaden nochmals fordern (BGH WM **68**, 947). – **b)** Ist gem Vertr der **Zins voraus** zu entrichten u erfolgt die Beschlagn (Rn 5) später als ein Jahr nach Fälligk, so betrifft die Haftgsbefreig nach S 1 nicht den für die in **S 2** bestimmte Zeit nach der Beschlagn rückständ Zins; ist zB der am 1. 1. auf 2 KalJ voraus zu zahlde Zins rückständ, so haftet bei Beschlagn bis Ende des 1. KalJ die Fdg voll u bei Beschlagn am 16. 1. des 2. KalJ der auf März bis Dez entfallde Zins.

5 **3) Beschlagnahme** zG (nicht: dch) des HypGläub. – **a)** Anordng der **Zwangsverwaltung** (ZVG 146 ff), wg ZVG 21 II nicht auch der ZwVerst, auf Antr eines dingl od pers (RG JW **33**, 1658) Gläub. ZwVerw kann die ZinsFdg mit NebenR (RG **144**, 194) einziehen u den Zins gem ZVG 155 verteilen. – **b) Pfändung** der ZinsFdg (ZPO 829 ff) wg des dingl (nicht nur pers) Anspr aus § 1147 (RG **103**, 137; Saarbr Rpfleger **93**, 80), die auch gg KonkVerw zul (Mü OLG **29**, 245). Wirkt nur zG des pfändden HypGläub, der iFv ZPO 835 die ZinsFdg mit NebenR (Hbg OLG **12**, 141) einziehen kann.

6 **4)** Auf die **Grund/Rentenschuld** entspr anwendb (§ 1192 I).

1124 *Vorausverfügung über Miet- oder Pachtzins.* **I Wird der Miet- oder Pachtzins eingezogen, bevor er zugunsten des Hypothekengläubigers in Beschlag genommen worden ist, oder wird vor der Beschlagnahme in anderer Weise über ihn verfügt, so ist die Verfügung dem Hypothekengläubiger gegenüber wirksam. Besteht die Verfügung in der Übertragung der Forderung auf einen Dritten, so erlischt die Haftung der Forderung; erlangt ein Dritter ein Recht an der Forderung, so geht es der Hypothek im Range vor.**

II Die Verfügung ist dem Hypothekengläubiger gegenüber unwirksam, soweit sie sich auf den Miet- oder Pachtzins für eine spätere Zeit als den zur Zeit der Beschlagnahme laufenden Kalendermonat bezieht; erfolgt die Beschlagnahme nach dem fünfzehnten Tage des Monats, so ist die Verfügung jedoch insoweit wirksam, als sie sich auf den Miet- oder Pachtzins für den folgenden Kalendermonat bezieht.

III Der Übertragung der Forderung auf einen Dritten steht es gleich, wenn das Grundstück ohne die Forderung veräußert wird.

1 **1) Grundsatz (I).** Vfgen über die nach § 1123 haftde ZinsFdg sind dem HypGläub ggü wirks, wenn sie vor der Beschlagn (§ 1123 Rn 5) erfolgten (Karlsr NJW-RR **98**, 1569); sie können gem II nachträgl unwirks werden (vgl Rn 2–4). Vfgen nach der Beschlagn sind relativ unwirks (§§ 136, 135; ZVG 23 I 1), aber Schutz des zahlden Mieters/Pächters gem ZVG 22 II 2, 148 I. Vfgen sind: – **a) Einziehung** dch: Erfüllg (§ 362) u Leistg an ErfStatt (§ 364); Aufrechng (auch dch Mieter/Pächter) nach §§ 387 ff od dch Vertr (Hbg OLG **34**, 207); schuldbefreide Hinterlegg (§ 378), AuszahlgsAnspr des Eigtümers gg die HinterleggsStelle haftet nicht
2 (BGH NJW-RR **89**, 200). Fdg erlischt, die eingezogene Leistg haftet nicht. – **b) Abtretung** (§§ 398 ff), auch wenn im Miet/PachtVertr vorgesehen (RG **144**, 194); Veräußerg des Grdst ohne die Fdg **(III).** Haftg der Fdg erlischt, das AbtrEntgelt haftet nicht. – **c) Belastung** mit Nießbr (wg Nießbr am Grdst vgl Anm 3) od PfdR. Die Hyp tritt im Rang hinter das Recht des Dritten zurück **(I 2)** u erlischt mit Einziehg der Fdg dch ihn. –
3 **d) Zwangsvollstreckung** aGrd pers od dingl Anspr dch Pfdg nach ZPO 829 ff (RG **103**, 137) od ZwVerwaltg nach ZVG 146 ff (Staud/Wolfsteiner Rn 9). Bei Pfdg gilt iFv Überweisg an ZahlgsStatt b) und iFv Überweisg zur Einziehg c) entspr; bei ZwVerwaltg gelten ZVG 148, 155. – **e) Sonstiges.** Erlaß wirkt wie Einziehg. InhaltsÄnderg (zB Stundg; BGH NZG **99**, 305) muß HypGläub gg sich gelten lassen; ebso zeitw Undchsetzbark krG (BGH aaO). Aufg von NebenR wie zB Bürgsch (RG **151**, 379) u VertrKünd/Aufhebg sind keine Vfg über die Fdg u daher ohne Einschränkg nach II wirks (RG **151**, 379; Karlsr NJW-RR **98**, 1569).

4 **2) Nachträgliche Unwirksamkeit von Vorausverfügungen (II). – a) Unwirksam** wird die Vfg ggü dem HypGläub dch eine zu seinen Gunsten erfolgte Beschlagn (§ 1123 Rn 5) nur insow, als die Vfg den Zins

für die in II bestimmte Zeit nach der Beschlagn betrifft (VorausVfg); Dritter, der Fdg aGrd Abtr/Verpfändg/Pfdg eingezogen hat, braucht den Zins nicht an ZwVerw/HypGläub herauszugeben (Planck/Strecker 2 b; aA Soergel/Konzen 13 bei Gen). Unwirksamk entfällt, wenn HypGläub die Vfg genehmigt od der Eigtümer die Hyp erwirbt (zB dch Befriedigg des HypGläub) u dch Aufhebg der Hyp od der Beschlagn. – **b) Voraus-** 5
verfügung zugunsten eines Hypothekengläubigers. War die Vfg nicht zugleich Beschlagn zG des HypGläub (zB Abtr, Verpfändg, Pfdg wg pers Fdg), so wird sie ab Beschlagn zG eines and HypGläub (§ 1123 Rn 5) nach Maßg von II unwirks, selbst wenn letzterer nachrang Hyp hat (Ffm OLG **18**, 169; Planck/Strekker 2 c; aA Hbg OLG **18**, 165); ersterer muß seinen etwaigen Vorrang dch nachfolgde Beschlagn dchsetzen. War die Vfg eine Pfdg wg des dingl Anspr u damit selbst eine Beschlagn, so gilt nach Maßg von II im Verh der beiden HypGläub ab nachfolgder Beschlagn dch Pfdg das RangVerh iSv § 879 (RG **103**, 137; KG OLG **39**, 251) u ab nachfolgder Beschlagn dch ZwVerwaltg ZVG 148, 155 (Ffm JW **27**, 861; über nachfolgde Beschlagn dch pers Gläub vgl Celle JR **55**, 267). – **c)** Bei **Vorauszahlung** aGrd nachträgl Vereinbg ist II 6
anwendb (RG JW **33**, 1658). Bei im Miet/PachtVertr vereinb Vorauszahlgen ist II nur dann nicht anwendb, wenn für die ganze VertrDauer ein im voraus fäll Betrag zu zahlen ist (aA LG Hbg Rpfleger **95**, 124); anwendb ist II hingg, wenn der nach Zeitabschnitten (zB jährl) vereinb Zins vertragsgem ganz od zT im voraus gezahlt wird (BGH **37**, 346; NJW **67**, 555; Hamm NJW-RR **89**, 1421; aA RG **144**, 194). Ausn davon bei Verrechng mit im Vertr od im ZusHang mit ihm vereinb **Baukostenzuschuß,** sofern dieser auch tats werterhöhd verwendet wurde (BGH **6**, 202; **15**, 296; NJW **59**, 380), was aber entgg BGH nicht vom Mieter/Pächter zu beweisen (MüKo/Eickmann Fußn 28); gilt nicht für WerklohnFdg wg werterhöhder Leistg aGrd selbstd Vertr zw Mieter u Vermieter (Ffm MDR **83**, 669). Auf VertrBestimmg, die wg Leistg des Mieters/Pächters (zB auch Baukostenzuschuß; Erm/Räfle 6) zeitw **geringeren Zins** vorsieht, ist II nicht anwendb (RG **136**, 407). Zu r Einzelh vgl Staud/Wolfsteiner 20 ff mwN.

3) Nießbrauchbestellung am Grundstück u Überlassg seiner Ausübg sind keine Vfg iSv § 1124 (RG 7
101, 5); für RangVerh zur Hyp an ZinsFdgen gilt § 879 (RG **81**, 146). Bei vorrang Nießbr muß HypGläub gg sich gelten lassen, daß die ZinsFdg aus dem Vermögen des Eigtümers ausgeschieden ist (Staud/Wolfsteiner 11). Erst bei Vfg über die ZinsFdg in Ausübg nachrang Nießbr gilt § 1124.

4) Auf die **Grund/Rentenschuld** entspr anwendb (§ 1192 I). 8

1125 *Aufrechnung gegen Miet- oder Pachtzins.* **Soweit die Einziehung des Miet- oder Pachtzinses dem Hypothekengläubiger gegenüber unwirksam ist, kann der Mieter oder der Pächter nicht eine ihm gegen den Vermieter oder den Verpächter zustehende Forderung gegen den Hypothekengläubiger aufrechnen.**

1) Für die Aufrechnung des Mieters/Pächters ggü beschlagnahmter ZinsFdg gilt zunächst § 392. 1
Weitere Einschrkg dch § 1125: Hat der Mieter/Pächter gg den Vermieter/Verpächter einen Anspr, so kann er mit ihm ggü dem die ZinsFdg nach Beschlagn (§ 1123 Rn 5) geltd machden ZwVerw od HypGläub nur gg eine solche ZinsFdg aufrechnen, über die der Eigtümer wirks hätte verfügen dürfen (§ 1124), also nicht gg die ZinsFdg für einen späteren KalMonat als den gem § 1124 II maßgebden seit der Beschlagn. Im Miet/PachtVertr vorgesehene weitergehde Aufrechng unzul (Stgt JW **30**, 2989; Hbg OLG **34**, 208; aA Karlsr JW **30**, 2986). Vorgesehene Aufrechng eines Aufbaudarlehns, die der Sache nach Zinsvorauszahlg ist, wird jedenf zul sein (vgl § 1124 Rn 4). ZbR zul, wenn es nicht unzul Aufrechng gleichkommt (BGH Rpfleger **79**, 53).

2) Auf die **Grund/Rentenschuld** entspr anwendb (§ 1192 I). 2

1126 *Erstreckung auf wiederkehrende Leistungen.* **Ist mit dem Eigentum an dem Grundstück ein Recht auf wiederkehrende Leistungen verbunden, so erstreckt sich die Hypothek auf die Ansprüche auf diese Leistungen. Die Vorschriften des § 1123 Abs. 2 Satz 1, des § 1124 Abs. 1, 3 und des § 1125 finden entsprechende Anwendung. Eine vor der Beschlagnahme erfolgte Verfügung über den Anspruch auf eine Leistung, die erst drei Monate nach der Beschlagnahme fällig wird, ist dem Hypothekengläubiger gegenüber unwirksam.**

1) Subjektivdingliche Rechte, die Anspr auf wiederkehrde Leistg geben (ErbbZins- u and Reallasten, 1
Überbau- u Notwegrenten; nicht aber VorkR) haften als GrdstBestand (§ 96) für die Hyp ebso wie Miet/PachtzinsFdg. Jedoch sind länger als ein Jahr rückständ Beträge stets frei; § 1123 II 2 nicht anwendb. § 1124 II ist ersetzt dch S 3: VorausVfg über mehr als drei Monate nach der Beschlagn unwirks.

2) Auf die **Grund/Rentenschuld** entspr anwendb (§ 1192 I). 2

1127 *Erstreckung auf die Versicherungsforderung.* I **Sind Gegenstände, die der Hypothek unterliegen, für den Eigentümer oder den Eigenbesitzer des Grundstücks unter Versicherung gebracht, so erstreckt sich die Hypothek auf die Forderung gegen den Versicherer.**

II **Die Haftung der Forderung gegen den Versicherer erlischt, wenn der versicherte Gegenstand wiederhergestellt oder Ersatz für ihn beschafft ist.**

1) Allgemeines. § 1127 erstreckt die HypHaftg iW dingl Surrogation auf die VersFdg (keine entspr 1
Anwendg auf and ErsFdg; BGH **107**, 255) u §§ 1128–1130 regeln die VfgsBeschrkg des Eigtümers (Eigenbesitzers) bzgl der VersFdg; nicht dch VersVertr abdingb. Bei der GbdeFeuerVers gelten ergänzd VVG 97– 107 c. – **a)** Der **Hypothekenhaftung** unterliegen neben dem Grdst u seinen ungetrennten Bestandt (§ 1120 Rn 3) die getrennten Bestandt u das Zubeh nach Maßg von § 1120 (vgl dort Rn 4, 5). Soweit Bestandt/Zubeh nach §§ 1121, 1122 haftgsfrei, haftet auch die VersFdg nicht. – **b)** Die **Versicherung** des HaftgsGgst kann

Gefahren aller Art betreffen. Gläub der VersFdg muß der Eigtümer (Eigenbesitzer) des belasteten Grdst sein, es genügt als Versicherter iSv VVG 74 ff (RG Warn **13** Nr 228).

2 **2) Haftung der Versicherungsforderung (I).** – **a) Voraussetzung.** Bei Eintritt des VersFalls müssen die Hyp (bei späterer Entstehg eine sie sichernde Vormkg; RG **151**, 389) u ein wirks VersVertr (RG **141**, 83) bestanden haben. – **b) Umfang.** Die gesamte VersFdg (auch bei NeuwertVers; Planck/Strecker Anm 2 e; str) haftet in Höhe der Valutierg der Hyp zZ des Eintritts des VersFalls. – **c) Verwirklichung.** Die Haftg verwirklicht sich bei der GbdeVers dch ein PfdR (§ 1128 Rn 2) u bei and Vers dch Beschlagn (§ 1129 Rn 2).

3 **3) Wiederherstellung, Ersatzbeschaffung (II);** erfordert Wertsteigerg ggü Zustand nach Eintritt des VersFalls (Kbg HRR **42** Nr 206). Danach haften nur der wiederhergestellte Ggst u die VersFdg aus neuem SchadFall. HypGläub kann vom Versicherer nicht mehr Zahlg verlangen; Vfgen des Eigtümers über die VersFdg nach Wiederherstellg sind wirks, Vfgen vor Wiederherstellg werden es mit dieser (RG **95**, 207): HaftgsFortdauer aber, wenn HypGläub schon vorher in ZwVerst ausgefallen (RG **102**, 350), da ihm Wiederherstellg nicht nützt. Bei Teilwiederherstellg erlischt die Haftg zu entspr Teil (RG **78**, 23); volles Erlöschen aber bei gleichwert Sicherh (RG Warn **09** Nr 144).

4 **4)** Auf die **Grund/Rentenschuld** entspr anwendb (§ 1192 I). Abw von Rn 2 Haftg ohne Rücksicht auf Valutierg in voller Höhe des GrdSchBetr (RG **124**, 91).

1128 *Gebäudeversicherung.*

I Ist ein Gebäude versichert, so kann der Versicherer die Versicherungssumme mit Wirkung gegen den Hypothekengläubiger an den Versicherten erst zahlen, wenn er oder der Versicherte den Eintritt des Schadens dem Hypothekengläubiger angezeigt hat und seit dem Empfange der Anzeige ein Monat verstrichen ist. Der Hypothekengläubiger kann bis zum Ablaufe der Frist dem Versicherer gegenüber der Zahlung widersprechen. Die Anzeige darf unterbleiben, wenn sie untunlich ist; in diesem Falle wird der Monat von dem Zeitpunkt an berechnet, in welchem die Versicherungssumme fällig wird.

II Hat der Hypothekengläubiger seine Hypothek dem Versicherer angemeldet, so kann der Versicherer mit Wirkung gegen den Hypothekengläubiger an den Versicherten nur zahlen, wenn der Hypothekengläubiger der Zahlung schriftlich zugestimmt hat.

III Im übrigen finden die für eine verpfändete Forderung geltenden Vorschriften Anwendung; der Versicherer kann sich jedoch nicht darauf berufen, daß er eine aus dem Grundbuch ersichtliche Hypothek nicht gekannt habe.

1 **1) Allgemeines.** § 1128 enthält für die Verwirklichg der Haftg der VersFdg (§ 1127) eine SonderVorschr ggü § 1129 für GbdeVers. Bei der Vers von Zubeh ist die VersArt maßg: bei Einbeziehg in GbdeVers gilt § 1128, bei Vers als bewegl Sache gilt § 1129. Über Glas/SpiegelscheibenVers vgl Staud/Wolfsteiner Rn 2.

2 **2) Pfandrecht des Hypothekengläubigers (III).** Der HypGläub erwirbt ohne Beschlagn mit Haftgsbeginn (Vorliegen von Hyp/Vormkg u VersVertr) u nicht erst mit Eintritt des VersFalls (Staud/Wolfsteiner Rn 8; aA LG Darmst VersR **79**, 418) an der (zunächst künft) VersFdg ein PfdR, für das §§ 1273 ff gelten u das die VfgsMacht des Eigtümers über die VersFdg beschränkt; III enthält Veräußergsverbot iSv § 135, das HypGläub bei Pfändg der VersFdg dch pers Gläub ZPO 771 gibt (BGH VersR **84**, 1137). Bei mehreren Hyp
3 bestimmt ihr RangVerh das der PfdR (BGH NJW **81**, 1671). – **a) § 1275** (gilt mit Einschränkg dch III Halbs 2). Versicherer kann nach Maßg von § 404 bei Einziehg dch HypGläub die ihm ggü dem Eigtümer zustehden Einwendgen gg die VersFdg geltd machen (RG **122**, 131); zB Verj (RG **142**, 66) od Einwendgen aus dem VersVertr (für GbdeFeuerVers vgl aber VVG 102–106). Versicherer kann nach Maßg von § 406 mit
4 eigener Fdg gg Eigtümer ggü VersFdg aufrechnen (LG Darmst VersR **79**, 418). – **b) § 1276.** Eigtümer kann VersFdg nur mit Zust des HypGläub stunden/erlassen/aufrechnen; ohne Zust kann er sie abtreten/belasten (PfdR bleibt davon unberührt). Zustfrei sind RGesch über das VersVerhältn als Ganzes dch Aufhebg/Künd/Rücktr/Anfechtg (Schmidt, Die rechtl Stellg des RealGläub ggü dem Versicherer, Diss Bielefeld 1982, S 100 ff; aA Planck/Strecker Anm 3 d); für GbdeFeuerVers vgl aber VVG 102–106 (vgl Hamm NJW-RR **88**,
5 217). – **c) § 1281.** Vor Fälligk der HypFdg Einziehg der VersFdg dch Eigtümer u HypGläub. Befreiende Zahlg an Eigtümer allein nur nach Maßg von I, II. – **d) § 1282.** Nach Fälligk der HypFdg (od wenn Eigtümer zustimmt; RG **122**, 131) Einziehg der VersFdg dch HypGläub. Versicherer kann ggü eingetr HypGläub Nichtvalutierg einwenden (da dann EigtümerGrdSch); über and Einwendgen u Aufrechng vgl Rn 3. Versicherer kann nicht Abtretg der Hyp verlangen (RG **122**, 131). Mit der Zahlg erlischt die Hyp entspr § 1181 III (Staud/Wolfsteiner § 1181 Rn 5; Wstm/Eickmann § 107 IV 1; aA RG **56**, 322; Planck/
6 Strecker § 1181 Anm 2 a: wird EigtümerGrdSch [deren Abtr Versicherer nicht verlangen kann]). – **e) § 1290.** Vorrang kann nachrang HypGläub sein EinziehgsR (zB dch Zust zur Auszahlg an diesen) übertragen (BGH NJW **81**, 1671).

3) Befreiende Zahlung an den Eigentümer (I, II); diese Vorschr gelten nicht iFv § 1130.

7 **a) Voraussetzungen** (alternativ). – **aa) Verschweigung (I),** sofern keine Anmeldg nach II vorliegt. Sie erfordert: – (1) Formlose Anzeige des Eintritts des VersFalls an HypGläub, wenn sie nicht (zB Aufenthalt/Erben unbekannt) untunl; III Halbs 2 anwendb. § 893 anwendb; bei BriefHyp ist idR ggwärt Gläub zu ermitteln (BGH VersR **81**, 49). – (2) Kein rechtzeit formloser Widerspr des HypGläub; verspäteter Widerspr unbeachtl (vgl aber Rn 8 aE). Widerspr auch vor od ohne Anzeige wirks. Wirkt nur für Widersprechden. – **bb) Schriftliche Zustimmung (II)** des HypGläub bei formloser Anmeldg; Verschweigg nach I bei Anmeldg unschädl.

8 **b)** Erst die **Zahlung befreit;** HypGläub erwirbt kein PfdR an VersSumme (Planck/Strecker Anm 3 a; aA Staud/Wolfsteiner Rn 32). Zw Fristablauf/Zust u Zahlg besteht PfdR mit VfgsBeschrkg fort (Brsl OLG **14**, 110); HypGläub kann noch Beschlagn (§ 1129 Rn 2) erwirken.

4) Auf die **Grund/Rentenschuld** entspr anwendb (§ 1192 I). Abw von Rn 5 kann Versicherer ggü eingetr FremdGrdSchGläub nicht Nichtvalutierg der GrdSch einwenden (aA Staud/Wolfsteiner Rn 14), denn Bestand von GrdSch u damit PfdR bleiben unberührt; RückgewAnspr muß geltd gemacht werden. 9

1129 *Sonstige Schadensversicherung.* **Ist ein anderer Gegenstand als ein Gebäude versichert, so bestimmt sich die Haftung der Forderung gegen den Versicherer nach den Vorschriften des § 1123 Abs. 2 Satz 1 und des § 1124 Abs. 1, 3.**

1) Allgemeines. § 1129 regelt die Verwirklichg der Haftg der VersFdg (§ 1127) außerh der GbdeVers (§ 1128) nach den für die Haftg der MitzinsFdg geltden Vorschr. Vor der notw Beschlagn (Rn 2) kann der Eigtümer über die VersFdg gem § 1124 I, III frei verfügen (Hamm VersR **77**, 944; vgl § 1124 Rn 1); zB dch Abtretg, Verpfändg, Einziehg (Versicherer wird dch Zahlg an Eigtümer frei), Erlaß, Aufrechng. Ein Jahr nach Fälligk der VersFdg wird sie gem § 1123 II 1 haftgsfrei (vgl § 1123 Rn 3). 1

2) Haftungsverwirklichung. Sie erfordert Beschlgn zG des HypGläub. Danach kann der Eigtümer über die VersFdg nicht mehr mit Wirkg ggü dem HypGläub verfügen (RG **95**, 207; HRR **36** Nr 594). BeschlagnFormen: – **a)** Anordng der **Zwangsversteigerung** auf Antr eines dingl od pers Gläub (Einschränkg bei VersFdg für landw Erzeugn dch ZVG 21 I). Da sich die Beschlagn des Grdst u damit die ZwVerst gem ZVG 20 II, 55 I auf die VersFdg erstreckt, erwirbt sie der Ersteher gem ZVG 90 II, u zwar nach Maßg von ZVG 91 lastenfrei u damit frei von PfdR iSv § 1128 III (BGH NJW **81**, 1671). Zw Beschlagn u Zuschlag hinterlegt Versicherer zweckm (Ffm OLGZ **78**, 283) u Erwerber erwirbt mit Zuschlag die Fdg gg die HinterleggsStelle (Ffm aaO); keine Zahlg an VollstrGer (MüKo/Eickmann § 1130 Rn 5). Wird sie von der Beschlagn nicht erfaßt (zB § ZVG 21 I) od nicht mitversteigert (zB ZVG 65), so haftet sie ausfalldem HypGläub weiter. – **b)** Anordng der **Zwangsverwaltung** auf Antr einer dingl od pers Gläub (wg VersFdg für landw Erzeugn vgl ZVG 148). Der ZwVerw hat die VersFdg einzuziehen u zur GläubBefriedigg zu verwenden. – **c) Pfändung** der VersFdg wg des dingl Anspr aus § 1147 (vgl § 1123 Rn 5). 2

3) Auf die **Grund/Rentenschuld** entspr anwendb (§ 1192 I). 3

1130 *Wiederherstellungsklausel* **Ist der Versicherer nach den Versicherungsbestimmungen nur verpflichtet, die Versicherungssumme zur Wiederherstellung des versicherten Gegenstandes zu zahlen, so ist eine diesen Bestimmungen entsprechende Zahlung an den Versicherten dem Hypothekengläubiger gegenüber wirksam.**

1) Allgemeines. § 1130 enthält eine von §§ 1128 I, II, 1129 abw Vorschr für die Zahlg der VersSumme bei WiederherstellgsKl (die bei GbdeVers übl). Bei GbdeFeuerVers mit WiederherstellgsKl gelten ergänzd VVG 97–100. 1

2) Befreiende Zahlung. Zahlt der Versicherer entspr der Klausel, so wird er auch ggü dem HypGläub befreit; dies gilt auch, wenn die VersSumme bei fehlder SicherstellgsKl nicht zur Wiederherstellg verwendet wird. Bei klauselwidr Zahlg kann HypGläub nochmal Zahlg an Eigtümer zur Wiederherstellg verlangen. 2

3) Verweigerung oder Unmöglichkeit der Wiederherstellung (vgl Schmidt [§ 1128 Rn 4] S 125–147). Bei Verweigerg kann HypGläub stets nach § 1134 II vorgehen (Bestellg eines Verwalters, an den zur Wiederherstellg zu zahlen ist). – **a)** Bei **Mobiliarversicherung** erwirbt HypGläub weder bei einf noch bei strenger WiederherstellgsKl ein EinziehgsR; er muß Beschlagn herbeiführen (vgl Rn 4). – **b)** Bei **Gebäudeversicherung** hat der HypGläub das EinziehgsR aus §§ 1128 III, 1281, 1282; nur bei strenger WiederherstellgsKl entfällt es iFv Verweigerg u HypGläub muß Beschlagn herbeiführen (vgl Rn 4). – **c)** Bei **strenger Wiederherstellungsklausel** gilt a) u b) für den ersten TeilBetr u den RestAnspr, sofern letzterer nicht bei unterbliebener Wiederherstellg ganz entfällt. 3

4) Beschlagnahme. Sie hindert auch iFv § 1130 eine wirks Zahlg an den Eigtümer. – **a)** Bei **Zwangsversteigerung** wird die VersFdg mitversteigert u geht auf den Ersteher über (§ 1129 Rn 2). – **b)** Bei **Zwangsverwaltung** hat der Verwalter die VersSumme einzuziehen u zur Wiederherstellg (bei deren Unmöglichk zur GläubBefriedigg; RG HRR **36** Nr 594) zu verwenden; eine Wiederherstellgsverweigerg des Eigtümers ist unbeachtl. – **c)** Eine **Pfändung** der VersFdg ist wg Zweckbindg unzul (Staud/Wolfsteiner Rn 10), sofern nicht Abtretg zugelassen (zB VVG 98). Zuläss ist die Pfändg bei Unmöglichk der Wiederherstellg; bei ihrer Verweigerg nur iF einer einf WiederherstellgsKl (Schmidt [§ 1128 Rn 4] S 130; str), nicht aber bei strenger. 4

5) Auf die **Grund/Rentenschuld** entspr anwendb (§ 1192 I). 5

1131 *Zuschreibung eines Grundstücks.* **Wird ein Grundstück nach § 890 Abs. 2 einem anderen Grundstück im Grundbuche zugeschrieben, so erstrecken sich die an diesem Grundstücke bestehenden Hypotheken auf das zugeschriebene Grundstück. Rechte, mit denen das zugeschriebene Grundstück belastet ist, gehen diesen Hypotheken im Range vor.**

1) Haftungserstreckung nur bei Zuschreibg (vgl § 890 Rn 10). Die Hyp des HauptGrdst einschl UnterwerfgsKl (BayObLG **29**, 162) u RangVorbeh (Bleutge Rpfleger **74**, 387; aA Haegele Rpfleger **75**, 158) erstrecken sich krG auf den zugeschriebenen Bestandt (nicht umgekehrt; Schlesw MDR **55**, 47); keine GesamtHyp, sond Hyp an demselben HaftgsGgst. Bestand GesamtHyp an beiden Grdst, so wird sie EinzelHyp 1

(KGJ **30**, 178). Auf zugeschriebenem Bestandt lasten zunächst die bish Rechte (insow gesonderte ZwVollstr u Einzelausgebot zul); es folgen die Hyp des HauptGrdst im dortigen RangVerh.

2 **2)** Auf die **Grund/Rentenschuld** entspr anwendb (§ 1192 I).

1132 *Gesamthypothek.* [I] **Besteht für die Forderung eine Hypothek an mehreren Grundstücken (Gesamthypothek), so haftet jedes Grundstück für die ganze Forderung. Der Gläubiger kann die Befriedigung nach seinem Belieben aus jedem der Grundstücke ganz oder zu einem Teile suchen.**

[II] **Der Gläubiger ist berechtigt, den Betrag der Forderung auf die einzelnen Grundstücke in der Weise zu verteilen, daß jedes Grundstück nur für den zugeteilten Betrag haftet. Auf die Verteilung finden die Vorschriften der §§ 875, 876, 878 entsprechende Anwendung.**

1 **1) Voraussetzungen.** Die GesamtHyp ist eine Hyp (Rn 2) an mehreren Grdst (Rn 3) zur Sicherg derselben Fdg (Rn 4). Die Vorschr über die EinzelHyp sind anwendb, soweit nicht § 1172 (RLage iFv § 1163), § 1173 (GläubBefriedigg dch einen Eigtümer), § 1174 (GläubBefriedigg dch pers Schuldn) § 1175 (Verzicht), §§ 1181 II, 1182 (GläubBefriedigg aus dem Grdst) SonderVorschr enthalten; letztere bezwecken,
2 daß der Betrag der pers Fdg nachrang Gläub nur einmal vorgeht (sog Vervielfältiggsverbot). – **a) Eine Hypothek** u keine HypMehrh (ganz hM). Die Hyp muß für alle Grdst so gleichart sein, daß sich das GläubR nicht vervielfachen kann, ohne daß der RInhalt in allen Einzelh gleich sein muß (BGH **80**, 119). Sie muß überall entw Brief- od BuchHyp bzw Verkehrs- od SichgsHyp sein (BayObLG **62**, 184), kann aber teils EigtümerR u teils FremdR sein (BGH NJW **75**, 445). Kein GesamtR aus Hyp u GrdSch od Vertr- u ZwangsHyp (Planck/Strecker Anm 4 a). Zahlgs- u KündBdgg (Planck/Strecker Anm 1 b; Staud/Wolfsteiner Rn 35; aA KGJ **40**, 299; RGRK/Mattern Rn 9), UnterwerfgsKl nach ZPO 800 (BGH **26**, 344), Rang (BGH **80**, 119) u LöschgsAnspr aus § 1179 a (BGH NJW **81**, 1503) können für einz Grdst verschieden sein. Bei unterschiedl Kapital/Nebenleistg besteht eine GesamtHyp im Umfang der sich deckden Beträge (KGJ **40**,
3 299), iü EinzelHyp. – **b) Mehrere Grundstücke** desselben od verschied Eigtümer. Einem Grdst stehen gleich: MitEigtAnt (§ 1114) einschl WE/TeilE u grdstgl Recht (zB ErbbR) sowie BruchtAnt an ihnen. Die
4 BelastgsGgst können unterschiedl sein; zB GesamtHyp an Grdst u ErbbR. – **c) Dieselbe Forderung.** Die Hyp muß an allen Grdst eine (od mehrere; § 1113 Rn 9) Fdg sichern, bei der Gläub, Schuldn u SchuldGrd dieselben sind; Bei Verstoß GBO 53 I 2. Bei Belastg mehrerer Grdst für eine Fdg entsteht krG eine GesamtHyp (KG HRR **34** Nr 278). Gläub können mehrere in RGemsch sein, Schuldn mehrere als GesamtSchuldn (hier auch EinzelHyp für Fdg gg einz Schuldn mögl; RG HRR **31** Nr 1653).

5 **2) Entstehung.** Zur Kennzeichng im GB vgl GBO 48; über HypBrief vgl GBO 59, 63. Kennzeichng als GesamtHyp hat nur deklaratorische Bedeutg u verhindert gutgl Erwerb als EinzelHyp. – **a) Rechtsgeschäftlich** dch Belastg mehrerer Grdst bei der HypBestellg (über Nachverpfändg vgl Rn 7); die GesamtHyp entsteht erst mit Eintr in allen GB (Düss DNotZ **73**, 613). Geht Einigg auch auf Entstehg zunächst als EinzelHyp (Ausleggsfrage), so entsteht bis zur letzten Eintr zunächst solche; Notarermächtigg, EintrAntr zunächst nur für ein Grdst zu stellen, ergibt solche Einigg noch nicht (Düss aaO). Wird die (nicht vorsorgl auch als EinzelHyp gewollte) GesamtHyp nur auf einzelnen Grdst eingetr od ist die Einigg nur bzgl einzelner Grdst wirks, so bestimmt sich nach § 139, ob sie dort als EinzelHyp (od GesamtHyp an weniger Grdst) entstanden; idR spricht Wille zu voller Absicherg an jedem Grdst dafür (BGH DNotZ **75**, 152). Bei Belastg eines im MitEigt stehden Grdst dch alle MitEigtümer gem § 747 S 2 entsteht eine GesamtHyp an allen MitEAnt (§ 1114
6 Rn 2). – **b) Gesetzlich.** Dch ideelle (§ 1114 Rn 2; WEG 7 Rn 7) od reale Teilg mit EinzelHyp belasteten Grdst. Dch Ersetzg der gesicherten Fdg mehrerer EinzelHyp dch eine Fdg gem § 1180 (KG JFG **10**, 230). Nach § 1287 S 2, ZPO 848, wenn Anspr auf Übereigng mehrerer Grdst ver-/gepfändet war (Mü JFG **22**,
7 163). – **c) Nachverpfändung** (PfdUnterstellg/PfdErstreckg) eines weiteren Grdst für bereits dch Einzel- od GesamtHyp gesicherte Fdg. Sie ist für diese Grdst Neubelastg (BGH **80**, 119), die Zust der and Eigtümer nicht erfordert. Bei Nachverpfändg für mehrere Hyp eines auf demselben GBBlatt eingetr Grdst dch Mithaftvermerk in Verändergsspalte gilt bish RangVerh auch für Nachverpfändg (KG JFG **22**, 284; aA Böttcher BWNotZ **88**, 73; Meyer-Stolte Rpfleger **71**, 201); ist nachverpfändetes Grdst auf and GBBlatt eingetr, so kann fehlde Angabe über den Rang an diesem Grdst Auslegg ergeben, daß nicht Gleichrang sond Rang wie am vorverpfändeten Grdst bewilligt ist (LG Köln RhNK **73**, 438). Aber verdeckte Nachverpfändg vgl § 1196
8 Rn 8. – **d) Zwangsvollstreckung.** Nicht dch ZwVollstr (ZPO 867 II; BGH NJW **91**, 2022); Eintr inhaltl unzul (RG **163**, 121). GesamtZwHyp aber zuläss, wenn mehrere Eigtümer als GesamtSchuldn haften (BGH NJW **61**, 1352). GesamtZwHyp kann auch dch reale od ideelle Teilg mit EinzelZwHyp belasteten Grdst entstehen.

9 **3) Einzelfragen. – a) Inhaltsänderung,** die die Gleichartigk berührt (Rn 2), muß für alle Grdst gelten u wird erst mit Eintr in allen GB wirks. – **b) Übertragung** nur bzgl aller Grdst u an denselben Erwerber; sofern GBEintr erforderl, wird sie erst mit Eintr in allen GB wirks (RG **63**, 74). – **c) Belastung:** entspr Übertragg (RG **63**, 74); mehrere PfdR müssen hinsichtl der einzelnen Grdst denselben Rang haben (KGJ **39**, 248). – **d) Verfügungsbeschränkungen:** entspr Übertragg. – **e) Aufhebung** (ganz od teilw) bzgl einzelner Grdst zuläss (KG JFG **4**, 409); ist idR Verzicht nach § 1175 I 2 (KG JFG **11**, 243).

10 **4) Grundstückshaftung.** Der Gläub kann nach seiner noch im Verteilgstermin ausübb Wahl (Köln KTS **58**, 155) in eines der Grdst od gleichzeit/nacheinand in einige/alle vollstrecken.

11 **5) Verteilung (II). – a) Befugnis.** Der Gläub kann die gesicherte Fdg beliebig in selbstd TeilFdgen auf die Grdst verteilen; zur Verteilg unter Löschg eines TeilBetr u teilw PfdEntlassg vgl Düss RhNK **95**, 315. Bei GesamtHyp an mehr als zwei Grdst kann auch in Einzel- u entspr herabgesetzte GesamtHyp aufgeteilt werden (BayObLG **81**, 95). – **b) Durchführung.** GläubErkl ggü GBA od Eigtümer, auf die §§ 875, 876, 878 anwendb; EigtümerZust nicht notw (RG **70**, 91). Ferner GBEintr (zur Fassg vgl Haegele/Schöner/Stöber

Rn 2680, 2682; BayObLG **81**, 95); vgl auch GBO 48 II, 64. Ohne Eintr hat die VerteilgsErkl keine RWirkg (BGH DB **76**, 866). – **c) Wirkung.** Die GesamtHyp zerfällt in selbstd EinzelHyp (BGH aaO) im Rang der GesamtHyp (Celle ZfIR **97**, 604) u erlischt iH der jeweils überschießden Beträge (RG **70**, 91).

6) Auf die **Grund/Rentenschuld** entspr anwendb (§ 1192 I). 12

1133 *Gefährdung der Sicherheit der Hypothek.* **Ist infolge einer Verschlechterung des Grundstücks die Sicherheit der Hypothek gefährdet, so kann der Gläubiger dem Eigentümer eine angemessene Frist zur Beseitigung der Gefährdung bestimmen. Nach dem Ablaufe der Frist ist der Gläubiger berechtigt, sofort Befriedigung aus dem Grundstücke zu suchen, wenn nicht die Gefährdung durch Verbesserung des Grundstücks oder durch anderweitige Hypothekenbestellung beseitigt worden ist. Ist die Forderung unverzinslich und noch nicht fällig, so gebührt dem Gläubiger nur die Summe, welche mit Hinzurechnung der gesetzlichen Zinsen für die Zeit von der Zahlung bis zur Fälligkeit dem Betrage der Forderung gleichkommt.**

1134 *Unterlassungsklage.* **I Wirkt der Eigentümer oder ein Dritter auf das Grundstück in solcher Weise ein, daß eine die Sicherheit der Hypothek gefährdende Verschlechterung des Grundstücks zu besorgen ist, so kann der Gläubiger auf Unterlassung klagen.**

II Geht die Einwirkung von dem Eigentümer aus, so hat das Gericht auf Antrag des Gläubigers die zur Abwendung der Gefährdung erforderlichen Maßregeln anzuordnen. Das gleiche gilt, wenn die Verschlechterung deshalb zu besorgen ist, weil der Eigentümer die erforderlichen Vorkehrungen gegen Einwirkungen Dritter oder gegen andere Beschädigungen unterläßt.

1135 *Verschlechterung des Zubehörs.* **Einer Verschlechterung des Grundstücks im Sinne der §§ 1133, 1134 steht es gleich, wenn Zubehörstücke, auf die sich die Hypothek erstreckt, verschlechtert oder den Regeln einer ordnungsmäßigen Wirtschaft zuwider von dem Grundstück entfernt werden.**

1) **Allgemeines. – a) §§ 1133–1135,** die nebeneinand anwendb, schützen den HypGläub gg Verschlechterg der wichtigsten HaftgsGgst nach HypBestellg: nicht aber den PfdGläub an der Hyp (Staud/Wolfsteiner § 1133 Rn 21; vgl aber Breslau JW **28**, 2474) u den HypVormkgsBerecht. Keine bes SchutzVorschr für sonstige HaftgsGgst; Trenng/Entferng von Bestandt kann Verschlechterg des Grdst selbst sein (KG OLG **29**, 359). Über die Kosten der Maßn vgl § 1118 Rn 2. – **b) Verschlechterung** des Grdst/Zubeh ist jede vom Verschulden unabhäng Zustandsänderg, die den VerkWert mindert wie zB GbdeAbbruch/Umbau (BGH **65**, 211; Rostock OLG **41**, 176); nicht aber bloße Änderg der BetrFührg (RG JW **34**, 755), bloßes Altern trotz Reparaturen (MüKo/Eickmann § 1133 Rn 6; aA RGRK/Mattern § 1133 Rn 6) od wirtsch gebotene VerwaltgsMaßn (KG OLG **21**, 99; Dresden OLG **34**, 213). – **c) Gefährdung** der HypSicherh besteht, wenn inf der Verschlechterg größerer Ausfall in ZwVollstr zu erwarten ist (Hbg OLG **14**, 112). 1

2) **Eingetretene Verschlechterung (§§ 1133, 1135). – a) Ursache** unerhebl, auch Natur-/KriegsEreign. – **b) Gläubigerrechte.** Setzg angem Frist; entbehrl bei endgült BeseitiggsWeigerg des Eigtümers (KG OLG **34**, 211). Befriedigg nach § 1147, wenn Eigtümer die Gefährdg der HypSicherh nicht fristgerecht dch GrdstVerbesserg (erfordert nicht Wiederherstellg des früh Zustandes) od anderweit HypBestellg (auch Rangverbesserg) beseitigt; Beseitigg nach Normzweck bis zum Zuschlag nachholb (MüKo/Eickmann § 1133 Rn 19; aA Staud/Wolfsteiner § 1133 Rn 9), dem Gläub sind dann die Kosten zu ersetzen. BefriediggsR wg des ganzen Anspr, nicht nur im Umfang der Gefährdg (vgl aber HypBG 17 I); ZwZins abzuziehen (Berechng § 1217 Rn 2). – **c) Sonstiges.** Bei Verschulden SchadErsAnspr aus § 823 I, II. 2

3) **Drohende Verschlechterung (§§ 1134, 1135). – a) Ursache.** Einwirkg des Eigtümer od Dritter; NaturEreign genügen nur für II 2. – **b) Gläubigerrechte.** UnterlAnspr **(I)** gg einwirkden Eigtümer (zB auch Veräußergsverbot für Bestandt; KG OLG **29**, 359) od Dritten (zB Architekt; BGH **65**, 211; abl Scheyhing JZ **76**, 706 u Ratjen DB **77**, 389); Verschulden nicht notw. DuldgsAnspr **(II)** gg Eigtümer bzgl notw Maßn wie zB Sequestration (RG **92**, 18) od FeuerVersicherg (BGH NJW **89**, 1034); Verschulden nicht notw. – **c) Sonstiges.** Bei Verschulden des Eigtümers od Dritten auch §§ 823 I, II, 830 (BGH NJW **85**, 376) bei eingetretener Entwertg der Hyp (BGH NJW **89**, 1034; **91**, 695). RückverschaffgsAnspr gg Erwerber von Zubeh nur aus § 823 (MüKo/Eickmann § 1135 Rn 18; aA Kiel JW **33**, 634). 3

4) Auf die **Grund/Rentenschuld** entspr anwendb (§ 1192 I). 4

1136 *Rechtsgeschäftliche Verfügungsbeschränkung.* **Eine Vereinbarung, durch die sich der Eigentümer dem Gläubiger gegenüber verpflichtet, das Grundstück nicht zu veräußern oder nicht weiter zu belasten, ist nichtig.**

1) **§ 1136 schützt die HdlgsFreih des Eigtümers. Seine anfängl od nachträgl Verpflichtung gegenüber dem Gläubiger** (ggü Dr gilt § 137 S 2), nicht über das Grdst zu verfügen, ist nichtig; bei Verstoß gg sie kein SchadErs od VertrStrafe. Die Wirksamk des Vertr iü richtet sich nach § 139 (RG JW **26**, 1960); idR ist gleichzeit HypBestellg nach PartWillen gült (Lopau BlGBW **79**, 101), aber GBA muß EintrAntr zurückweisen, wenn er Vereinbg nicht ausnimmt (Hamm DNotZ **79**, 752; aA Lopau aaO). – Zul Vereinbg mit Gläub, die nicht in innerem ZusHang mit Hyp steht u RStellg als dingl Gläub nicht stärkt (BGH MDR **66**, 756). – Zul Vereinbg, die an vertragswidr Vfg Folgen (zB Fälligk der Hyp, Künd des Darlehns) knüpft 1

(BGH **76**, 371; BayObLG DNotZ **81**, 128; aA Lopau BlGBW **80**, 167), da nur RückzahlgsBdgg. Gläub kann sich auch dch VorkR schützen.

2 **2)** Auf die **Grund/Rentenschuld** entspr anwendb (§ 1192 I).

1137 ***Einreden des Eigentümers.*** **[I] Der Eigentümer kann gegen die Hypothek die dem persönlichen Schuldner gegen die Forderung sowie die nach § 770 einem Bürgen zustehenden Einreden geltend machen. Stirbt der persönliche Schuldner, so kann sich der Eigentümer nicht darauf berufen, daß der Erbe für die Schuld nur beschränkt haftet.**

[II] Ist der Eigentümer nicht der persönliche Schuldner, so verliert er eine Einrede nicht dadurch, daß dieser auf sie verzichtet.

1 **1) Allgemeines.** Ggü dem Anspr aus § 1147 kann der Eigtümer geltd machen: – **a) Einwendungen gegen die Forderung,** die deren Bestand berühren, begründen wg der Akzessorietät Einwendgen gg die Hyp; zB Umwandlg in EigtümerGrdSch nach § 1163 I. – **b) Einreden gegen die Forderung** (Rn 3). Gutgl einredefreier Dritterwerb mögl (§ 1138). – **c) Einwendungen gegen die Hypothek** bzgl ihres Bestandes (zB Nichtentstehg, Eintr mit falschem Inhalt) od der Berechtigg desjenigen, der sie geltd macht (zB Verlust des GläubR dch RÜbergang außerh des GB). Sie können bei gutgl Erwerb entfallen (§§ 892, 1138). –
2 **d) Einreden gegen die Hypothek** aus dem pers RVerhältn zw Eigtümer u Gläub geben zeitw (zB Stundg, ZbR) od dauerndes (zB §§ 242, 821, 853, EntpfändgsVerpfl [KGJ **33** A 258], VollstrVerzicht [BayObLG FGPrax **98**, 165], RückÜbertrVerpfl; nicht aber InsO 146 II [Hamm MDR **77**, 668]) LeistgsverweigergsR ggü dem in seinem Bestand unberührten Anspr aus § 1147 (bei dauernder Einrede: § 1169) od beschränken ihn (zB auf Ausfall bei Verwertg and SichgGuts [BGH NJW **86**, 1487] od auf bestimmte VollstrArt [KG JW **31**, 3284]). Soweit die Einrede dem SondRVorgänger zustand, muß sie dem Eigtümer übertragen sein (BGH **LM** § 1169 Nr 1; KG aaO). Gutgl einredefreier Dritterwerb mögl (§ 1157 S 2).

3 **2) Geltungsbereich.** § 1137 betrifft bei Hyp aller Art nur die Geltdmachg von Einreden gg die gesicherte Fdg ggü dem Anspr aus § 1147 dch den Eigtümer unabhäng davon, ob er zugl pers Schuldn ist od nicht. Der
4 Eigtümer kann geltd machen: – **a) Einreden des persönlichen Schuldners** gg die in ihrem Bestand unberührte Fdg, die diesem ein zeitw (zB Stundg, ZbR) od dauerndes (zB §§ 242, 812, 823) LeistgsVerweigergsR geben **(I 1 Fall 1).** Eigtümer kann sich auch auf rkräft Abweisg der FdgsKlage gg den Schuldn berufen; Stattgabe wirkt ihm ggü aber nicht. Eigtümer hat auch Einreden, auf die mit ihm nicht ident Schuldn verzichtet hat **(II).** Folgde Einreden sind dem Eigtümer versagt: beschr Erbenhaftg **(I 2),** Verj der HauptFdg
5 (§ 223), Herabsetzg in der Insolvenz (InsO 254 II). – **b) Einreden eines Bürgen nach § 770,** zB Aufrechngsmöglichk des Gläub sowie nach § 770 Rn 4 **(I 1 Fall 2);** nach § 771 nur, wenn Hyp für BürgschSchuld bestellt. Die GestaltgsR des Schuldn geben dem Eigtümer nur ein LeistgsVerweigergsR; nach Ausübg des GestaltgsR dch den Schuldn hat der Eigtümer eine Einwendg gg die Fdg u damit auch gg die Hyp. **II** gilt hier nicht; die Einrede des Eigtümers besteht nur solange, wie der Schuldn das GestaltgsR noch ausüben kann.

6 **3)** Auf die **Grund/Rentenschuld** nicht entspr anwendb, da Folge der FdgsAbhängigk.

1138 ***Forderung und öffentlicher Glaube.*** **Die Vorschriften der §§ 891 bis 899 gelten für die Hypothek auch in Ansehung der Forderung und der dem Eigentümer nach § 1137 zustehenden Einreden.**

1 **1) Allgemeines.** Weil die Hyp von der Fdg abhängt u §§ 891–899 nur für die Hyp gelten, erstreckt § 1138 diese Vorschr auf die Fdg u die Einreden nach § 1137, soweit das für die Geltdmachg der Hyp (and bei SichgsHyp; 1185 II) erforderl ist. §§ 891–899 gelten aber nicht für die Fdg selbst (RG JW **34**, 3054): wird aus Fdg u Hyp geklagt, kann desh nur die HypKlage Erfolg haben (selbst wenn Eigtümer zugl pers Schuldn).

2 **2) Vermutung, öffentlicher Glaube** (§§ 891–893). Wird über die Hyp gestritten (zB Klage des Gläub aus § 1147 od des Eigtümers aus § 894), so gelten bzgl des Bestandes der Fdg u der Einreden gg sie aus § 1137:

3 **a) § 891. – aa) Bestand.** Der ggwärt Bestand der eingetr Fdg wird widerlegb vermutet. Der Eigtümer muß beweisen, daß diese Fdg nicht entstanden (bei Darlehn weder nach § 607 I noch nach § 607 II; RG Warn **34** Nr 95) od erloschen ist; nicht nur, daß sie zZ der Eintr nicht bestand. Gläub muß aber beweisen, daß Hyp eine and als die eingetr Fdg sichert u daß als künft/bdgt eingetr Fdg entstanden. Nach HypLöschg muß Gläub Fortbestand (nicht nur Entstehg) der Fdg beweisen. – **bb) Einreden.** Eingetr Einreden gg die Fdg werden widerlegb als bestehd, gelöschte widerlegb als nichtbestehd vermutet. Die NichtEintr begründet aber keine Vermutg für Nichtbestehen (Planck/Strecker Anm 3 c).

4 **b) § 892.** Der geschützte Erwerb muß dch ein VerkehrsGesch (§ 892 Rn 5) erfolgen; zB auch SichgsAbtr im Ggs zur EinziehgsAbtr (Hbg MDR **53**, 171). Nicht anwendb ist § 892 bei Fdgen auf rückständ Zinsen/Nebenleistgen/Kosten (§ 1159 II). – **aa) Bestand.** Ist die Fdg nicht entstanden od erloschen (besteht also eine EigtümerGrdSch), so erwirbt der bzgl der Fdg gutgl Erwerber mit der Abtr der angebl Fdg eine FremdHyp (ohne Fdg), weil wg § 1153 II der Bestand der eingetr Fdg fingiert wird; diese fdgslose Hyp wird nicht zur GrdSch (MüKo/Eickmann Rn 16; aA W-Raiser § 137 II 3). Dies gilt auch für die TilggsHyp, so daß ihr Erwerber sie nicht stets nur iH des tilggsplanmäß Restkapitals erwirbt; maßg ist, welche Tilgg im GB/Brief als erfolgt eingetr oder dem Erwerber bekannt ist (RG JW **34**, 1043; hM). Zum Erwerb einer bestehden Fdg vom NichtBerecht, der als HypGläub eingetr, vgl § 1153 Rn 2. – Gilt entspr für Belastg der Fdg mit PfdR/Nießbr. – **bb) Einreden.** Nichteingetr Einreden gg die Fdg erlöschen bzgl der Hyp (nicht bzgl der Fdg) bei gutgl Erwerb; gg den Erwerber besteht kein Anspr aus § 1169. Gutgl ist, wer die einredebegründden Tats nicht kannte od trotz ihrer Kenntn aus RIrrtum an Nichtbestehen einer Einrede glaubte (BGH **25**, 27).

Bei mögl GgAnspr des Schuldn ist der Erwerber nur bösgl, wenn er ihre Art u wahrscheinl Berechtigg kennt (BGH aaO).

c) § 893. Der wahre HypGläub muß RGesch iSv § 893 bzgl der Fdg zw dem BuchBerecht u dem gutgl Eigtümer gg sich gelten lassen; ebso der wahre Eigtümer RGesch zw dem BuchEigtümer u dem gutgl HypGläub. Dies gilt nur bzgl der Hyp (nicht bzgl der Fdg). 5

3) Grundbuchberichtigung, Widerspruch (§§ 894–899). Der Eigtümer hat gg den HypGläub einen GBBerichtiggsAnspr, wenn die Fdg nicht besteht (auf Löschg od Umschreibg auf Eigtümer) od eine Einrede nicht od falsch eingetr ist; der HypGläub hat den Anspr gg den Eigtümer, wenn die Fdg falsch od eine nicht bestehde Einrede (bzw eine bestehde falsch) eingetr ist. Der GBBerichtiggsAnspr ist dch Widerspr sicherb. 6

4) Auf die **Grund/Rentenschuld** nicht entspr anwendb, da Folge der FdgsAbhängigk. 7

1139 *Widerspruch bei Darlehensbuchhypothek.*

Ist bei der Bestellung einer Hypothek für ein Darlehen die Erteilung des Hypothekenbriefs ausgeschlossen worden, so genügt zur Eintragung eines Widerspruchs, der sich darauf gründet, daß die Hingabe des Darlehens unterblieben sei, der von dem Eigentümer an das Grundbuchamt gerichtete Antrag, sofern er vor dem Ablauf eines Monats nach der Eintragung der Hypothek gestellt wird. Wird der Widerspruch innerhalb des Monats eingetragen, so hat die Eintragung die gleiche Wirkung, wie wenn der Widerspruch zugleich mit der Hypothek eingetragen worden wäre.

1) Widerspruch gg BuchHyp (die nicht SichgHyp, § 1185 II), weil diese bis zur Darlehnshingabe EigtümerGrdSch (§ 1163 I). – **a) Voraussetzungen.** Formfreier (weil GläubBew nicht notw; str) fristgebundener (später nur § 899) Antr des Eigtümers mit Angabe, daß Darlehn nicht hingegeben. Nachw für Nichthingabe, EintrBew des Gläub od einstw Vfg nicht notw. – **b) Wirkung.** Wie § 899 mit der Besonderh der Rückwirkg bei fristgerechter Eintr (damit entfällt gutgl Erwerb eines vorher eingetr HypErwerbers); bei späterer Eintr od and Unrichtigk § 899 ohne Rückwirkg. 1

2) Auf die **Grund/Rentenschuld** nicht entspr anwendb, da Folge der FdgsAbhängigk. 2

1140 *Brief und Grundbuch.*

Soweit die Unrichtigkeit des Grundbuchs aus dem Hypothekenbrief oder einem Vermerk auf dem Briefe hervorgeht, ist die Berufung auf die Vorschriften der §§ 892, 893 ausgeschlossen. Ein Widerspruch gegen die Richtigkeit des Grundbuchs, der aus dem Briefe oder einem Vermerk auf dem Briefe hervorgeht, steht einem im Grundbuch eingetragenen Widerspruche gleich.

1) Der richtige Brief zerstört den öff Glauben des GB; so wird der gutgl Erwerb auch bei Unkenntn des Briefs nicht geschützt, wenn die Unrichtigk des GB aus ihm hervorgeht. Dagg genießt der Brief keinen öff Glauben; so kann sich der Erwerber ggü dem richt GB nicht auf den unricht Brief berufen. – **a)** Der **Vermerk** auf den Brief (nicht auf mit ihm verbundener SchuldUrk) kann amtl od privat (zB TeilzahlgsQuittg) sein; Aussteller ist gleichgült. Ein den Aussteller nicht ausweisder Vermerk genügt, wenn sich aus ihm begründete Zweifel an der Richtigk des GB ergeben (Erm/Räfle Rn 2; aA MüKo/Eickmann Rn 11). Ein dchstrichener (noch lesb) Vermerk ist unbeachtl, wenn die Streichg erkennb vom Vermerkaussteller vorgen (MüKo/Eickmann Rn 14; nach aA wird er stets unbeachtl). – **b)** Der **Widerspruch** ist ein solcher nach § 899. Privater Widerspr ist Vermerk nach Rn 2. 1 2 3

2) Auf die **Grund/Rentenschuld** entspr anwendb (§ 1192 I). 4

1141 *Kündigung der Hypothek.*

I Hängt die Fälligkeit der Forderung von einer Kündigung ab, so ist die Kündigung für die Hypothek nur wirksam, wenn sie von dem Gläubiger dem Eigentümer oder von dem Eigentümer dem Gläubiger erklärt wird. Zugunsten des Gläubigers gilt derjenige, welcher im Grundbuch als Eigentümer eingetragen ist, als der Eigentümer.

II Hat der Eigentümer keinen Wohnsitz im Inland oder liegen die Voraussetzungen des § 132 Abs. 2 vor, so hat auf Antrag des Gläubigers das Amtsgericht, in dessen Bezirke das Grundstück liegt, dem Eigentümer einen Vertreter zu bestellen, dem gegenüber die Kündigung des Gläubigers erfolgen kann.

1) Allgemeines. Der unabdingb (LG Hbg Rpfleger **57**, 114) § 1141 lockert den AkzessorietätsGrds zum Schutz des mit dem pers Schuldn nicht ident Eigtümers; nicht anwendb bei SichgHyp (§ 1185 II). – **a) Kündigung.** Die FdgKünd ist idR vertragl geregelt; sonst gelten die gesetzl Vorschr (zB §§ 609, 609 a; vgl auch EG 117 II). Bei Gläub- od EigtümerMehrh bestimmt sich das KündR nach dem zugrdeliegdn RVerh (bei MitEigt Künd dch od ggü allen). Die formlose Künd ist eine Vfg über die Hyp (BGH **1**, 294) u nicht einseit widerrufb (Hbg Rpfleger **59**, 379). Sie ist nicht eintraggsfäh u wirkt ohne GutGlSchutz ggü späteren RNachf (BGH aaO). SonderVorschr bei Belastg der Fdg mit Nießbr/PfdR: §§ 1074, 1077 II, 1283, 1286; bei Vorerbschaft: § 2114. – **b) Eigentümervertreter (II).** Bestellg im FGG-Verf nur zur Entggnahme der Künd; erspart öff Zustellg nach § 132 II. Vertreter kann seine Kosten (notf dch Klage) nur vom Eigtümer erstattet verlangen (Mü JFG **13**, 273); Kosten des Gläub fallen unter § 1118. 1

2) Wirksamkeit der Kündigung (I); bei BriefHyp vgl auch § 1160 II. – **a)** FdgKünd dch od ggü dem **persönlichen Schuldner,** der nicht zugl Eigtümer, wirkt nur für die Fdg. Der Eigtümer darf schon leisten (§ 1142 I), der Anspr aus § 1147 ist aber noch nicht fällig. – **b)** FdgKünd dch od ggü dem **persönlichen** 2

Schuldner, der zugleich Eigentümer, wirkt für Fdg u Hyp. – **c)** FdgKünd dch u ggü dem **Eigentümer,** der nicht zugl pers Schuldn, wirkt nur für die Hyp; die Fdg wird dadch nicht fällig (RG **104**, 352 [357]).

3 **3) Buchberechtigte. – a) Bucheigentümer (I 2).** Für die Künd des Gläub ist der BuchEigtümer empfangsberecht (auch wenn GBUnrichtigk bekannt od Widerspr eingetr); Gläub kann sich auch ggü dem wahren Eigtümer nicht auf Unwirksamk berufen. § 1141 gilt nicht für die Künd des BuchEigtümers (W-Raiser § 138 Fußn 3; str); sie ist unwirks. – **b) Buchgläubiger.** Bei Künd dch u ggü dem BuchGläub gilt § 893 für den Eigtümer; im Verh zum wahren Gläub ist sie unwirks.

4 **4)** Auf die **Grund/Rentenschuld** nicht entspr anwendb; es gelten §§ 1177 I 2, 1193 bzw §§ 1201, 1202.

1142 ***Befriedigungsrecht des Eigentümers.*** **I Der Eigentümer ist berechtigt, den Gläubiger zu befriedigen, wenn die Forderung ihm gegenüber fällig geworden oder wenn der persönliche Schuldner zur Leistung berechtigt ist.**

II Die Befriedigung kann auch durch Hinterlegung oder durch Aufrechnung erfolgen.

1 **1) Allgemeines.** § 1142 regelt als Sondervorschr ggü § 267 II, 268 das BefriediggsR des (nicht bloß buchmäß) Eigtümers, der nicht auch pers Schuldn ist (Mü JFG **13**, 275); ist er es auch, so leistet er idR auf die gesicherte Fdg (BGH **7**, 123) u die Hyp wird gem § 1163 EigtümerGrdSch. Eigtümer soll den Gläub aus seinem sonstigen Vermögen befriedigen können, um den Verlust des Grdst dch ZwVerst abzuwenden. – **a) Befriedigungsrecht.** Der Eigtümer (u jeder MitEigtümer; BGH RhNK **99**, 52) ist auch bei Widerspr des pers Schuldn befugt, den Gläub zwecks Abwendg von § 1147 (daher nicht mehr nach Erlöschen der Hyp dch Zuschlag; RG **127**, 355) zu befriedigen; aber keine pers BefriediggsVerpfl (BGH **7**, 123) u daher insow kein SchuldnVerzug mögl (Zweibr JW **37**, 894; vgl aber § 1146). Eigtümer erwirbt mit der Befriedigg Fdg (§ 1143 I) u Hyp (§ 1153 I). – **b) Abdingbarkeit.** Das BefriediggsR gehört zum zwingden EigtInhalt u ist nicht mit dingl Wirkg ausschließb (BGH NJW **90**, 258); auch kein Ausschl der Aufrechng (LG Aach Rpfleger **88**, 99), des BestimmgsR nach § 366 II (Schäfer BWNotZ **57**, 128) u der Hinterlegg; über AufrechngsAuschl dch BarzahlgsKl vgl KG JFG **11**, 199; LG Kass NJW **53**, 1024; **54**, 1121; Düss NJW **58**, 1142; Staud/Wolfsteiner n 19.

2 **2) Voraussetzungen. – a) Fälligkeit der Forderung gegenüber dem Eigentümer** nach Gesetz od Vertr od aGrd Künd nach § 1141. Über Fälligk dch Konk des pers Schuldn vgl MüKo/Eickmann Rn 11. – **b) Leistungsrecht der persönlichen Schuldners;** § 271 II gilt nicht (vgl dort Rn 11). Bei entspr vertragl Vereinbg od bei nur ihm u nicht auch dem Eigtümer ggü wirks Künd (§ 1141 Rn 2).

3 **3) Befriedigungsarten. – a) Leistung** des Betr, für den Grdst haftet (§ 362); § 266 gilt (BGH **108**, 372). – **b) Hinterlegung** unter den Voraussetzgen der §§ 372 ff. – **c) Aufrechnung** des Eigtümers mit eigener Fdg gg Gläub (nicht mit bloßer TeilFdg, die HaftgsBetr nicht erreicht; Naumburg OLG **28**, 90); Ausn von § 387 wg fehlder Ggseitigk. Gläub kann mangels abw Vereinbg nicht mit seiner Fdg gg den pers Schuldn gg eine pers Fdg des Eigtümers (keine Ggseitigk) od dessen Anspr aus § 1147 (keine Gleichartigk; Kbg OLG **12**, 305) aufrechnen. Zur Einrede des Eigtümers bei Aufrechngsmöglichk des pers Schuldn vgl § 1137 Rn 5.

4 **4) Grund/Rentenschuld. – a) I:** BefriediggsR des Eigtümers bei Fälligk (§ 1193) der Grd/RentenSch (BGH NJW **90**, 258); bei SichgsGrdSch nicht bei Fälligk nur der gesicherten Fdg. – **b) II:** Eigtümer kann mit pers Fdg gg Gläub gg Grd/RentenSch aufrechnen (RG JW **14**, 196) od unten den Voraussetzgen von §§ 372 ff dch Hinterlegg ablösen.

1143 ***Übergang der Forderung.*** **I Ist der Eigentümer nicht der persönliche Schuldner, so geht, soweit er den Gläubiger befriedigt, die Forderung auf ihn über. Die für einen Bürgen geltenden Vorschriften des § 774 Abs. 1 finden entsprechende Anwendung.**

II Besteht für die Forderung eine Gesamthypothek, so gelten für diese die Vorschriften des § 1173.

1 **1) Allgemeines.** Der nicht mit dingl Wirkg abdingb § 1143 betrifft nur eine der möglichen Arten der GläubBefriedigg (vgl § 1113 Rn 20) u beruht auf dem Gedanken, daß der pers Schuldn u nicht der Eigtümer als bloßer SG die BefriediggsLast tragen soll (über abw Regelg im InnenVerh vgl Rn 4). Er gilt nicht bei HypVormkg.

2) Gläubigerbefriedigung bei Einzelhypothek (I).

2 **a) Voraussetzungen. – aa) Befriedigung.** Sie kann freiwill (§ 1142) od zwangsw (§ 1147; KGJ **42**, 274; RG **150**, 371) erfolgen. Eine einverständl Freistellg des Gläub von Verbindlichk ggü dem Eigtümer genügt (BGH WM **69**, 1102). Nach Maßg §§ 893, 1155 ist die Befriedigg des BuchGläub ggü dem wahren Gläub wirks (KGJ **40**, 265). – **bb) Eigentümer.** Befriedigen muß derjenige, der im Ztpkt der Befriedigg wahrer Eigtümer ist, ohne auch pers Schuldn zu sein. BuchEigtümer (zB auch bei rückwirkder Vernichtg des EigtErwerbs nach Befriedigg) u AuflEmpfänger vor Eintr (Planck/Strecker, Anm 2c; aA Staud/Wolfsteiner Rn 11) leisten als Dritte (vgl dazu § 1113 Rn 22); Befriedigg dch Erwerber vor Vollendg des RErwerbs genügt nur, wenn späterer Erwerb (zB nach § 185) auf BefriediggsZtpkt zurückwirkt (RG **141**, 220). Es
3 genügt Befriedigg namens od für Rechng (KGJ **41**, 249) des Eigtümers. – **cc) Hypothekenablösung.** Der Eigtümer muß auf die Hyp zahlen. Bei Befriedigg iW § 1147 erfolgt dies stets u bei Befriedigg iW § 1142 idR. Keine HypAblösg sond Zahlg für den pers Schuldn auf die Fdg erfolgt iZw, wenn der Eigtümer dem Schuldn ggü zur GläubBefriedigg verpfl ist (zB nach § 415 III; vgl RG **143**, 278); die Fdg erlischt (§ 362) mit der RFolge aus §§ 1163 I 2, 1177 I (KG OLGZ **65**, 92).

b) Rechtsfolgen. – aa) Forderung. Sie geht im Umfang der Befriedigg krG auf den Eigtümer über; auch Anspr auf rückständ Nebenleistgen/Kosten (§ 1178 gilt nur für die Hyp). Gilt auch, wenn der Eigtümer dem Schuldn ggü zur GläubBefriedigg verpfl war (aA [Erlöschen] Schapp § 21 zu Fn 32; Soergel/Konzen Rn 3) u ausnahmsw nicht die Fdg getilgt hat (vgl Rn 3); aber Schuldn kann ihr ggü BefreigsPfl des Eigtümers rechtsvernichtd einwenden (RG **143**, 278; **150**, 371; hM). Bei GesSchuld gehen die Fdgen gg alle Schuldn über u Eigtümer kann sich ohne Rücks auf Innenverh an jeden halten. Bei Teilbefriedigg nur Teilübergang; für RestFdg des Gläub gilt § 774 I 2. – Dem Schuldn verbleiben nach § 412 die Rechte gem §§ 404, 406–408 (nur für Hyp geltder § 1138 nicht anwendb) u nach § 774 I 3 die Einwendgen/Einreden aus seinem RVerh zum Eigtümer (zB BefreigsPfl; vgl oben) u dessen RVorgänger (entspr § 1164; RG **143**, 278). – 4
bb) Hypothek. Sie geht, soweit sie nicht nach § 1178 (RG **143**, 278 [282]) od § 1181 erlischt, mit der Fdg auf den Eigtümer über (§§ 401, 412, 1153) u wird EigtümerHyp (§ 1177 II). Bei TeilBefriedigg hat sie Rang nach der RestHyp des Gläub (§ 1176). – **cc) Andere Sicherungsrechte.** Ist die Fdg auch dch Bürgsch od PfdR gesichert, so gehen diese mit der Fdg auf den Eigtümer über (§§ 401, 412). Sie sichern aber die Fdg nur in der Höhe, in der der Bürge/Verpfänder nach einer Vereinbg mit dem Eigtümer diesem ausglpflicht ist u mangels AusglVereinbg iH eines § 426 I 1 entspr Anteils (BGH NJW **89**, 2530). 5

c) Sonderfälle. – aa) Miteigentümer. Bei EinzelHyp an MitEigtAnt gilt Rn 2–5. Bei Belastg aller od mehrerer MitEigtAnt desselben Grdst entsteht eine GesHyp (§ 1114 Rn 2), so daß Rn 8, 9 gilt. – **bb) Gesamthandseigentümer** (zB Miterben). Sind die GesHänder **nicht persönliche Schuldner** u wird der Gläub von allen befriedigt, so erwerben die GesHänder Fdg u Hyp als GesHänder. Befriedigt einer mit eigenen Mitteln, so erwirbt er die ganze Fdg mit der Hyp (Erm/Räfle Rn 5; MüKo/Eickmann Rn 14; Staud/Wolfsteiner § 1163 Rn 58); nach aA erlischt die Fdg mit der RFolge aus §§ 1163 I 2, 1177 I (KGJ **50**, 206). – Sind die GesHänder **auch persönliche Schuldner** u wird der Gläub von allen befriedigt, so erlischt die Fdg mit der RFolge aus §§ 1163 I 2, 1177 I. Befriedigt ein GesHänder mit eigenen Mitteln, so gehen Fdg u Hyp iH des AusglAnspr auf ihn über (§§ 426 II 1, 401, 412, 1153) u die RestFdg erlischt mit der RFolge aus §§ 1163 I 2, 1177 I (KGJ **50**, 206; Erm/Räfle Rn 5; MüKo/Eickmann Rn 15); nach aA erwirbt er die Hyp in Höhe der RestFdg nach § 1164 zur Sichg eines Anspr aus §§ 683, 812 gg die GesHänder (Fbg MDR **50**, 484; Celle NdsRpfl **51**, 6; Staud/Wolfsteiner § 1163 Rn 58); aber Abwendg von § 1164 scheitert daran, daß Schuldn auch Eigtümer ist. – **cc) Vorerbe.** Befriedigt der Vorerbe mit freien Mitteln, so erwirbt er Fdg u Hyp als nachlfreies Vermögen (BGH Rpfleger **93**, 493); befriedigt er mit NachlMitteln, so fallen Fdg u Hyp in den Nachl (KGJ **50**, 210). – **dd) Eigentümerinsolvenz.** Befriedigt der InsVerw, so erwirbt der Eigtümer Fdg u Hyp, die in die Masse fallen (Celle OLG **9**, 378). Befriedigt der Eigtümer aus insolvenzfreiem Vermögen, so erwirbt er Fdg u Hyp insolvenzfrei (MüKo/Eickmann Rn 9; Staud/Wolfsteiner Rn 9). 6
7

3) Gläubigerbefriedigung bei Gesamthypothek (II). – a) Voraussetzungen. Es gelten die gleichen Voraussetzgen wie bei der EinzelHyp (Rn 2, 3), denn II gilt nur für die Hyp, währd es für die Fdg bei I verbleibt. 8

b) Rechtsfolgen. – aa) Forderung. Es treten die gleichen RFolgen wie bei der EinzelHyp ein (Rn 4, 5), denn II betrifft nur die Hyp (hM; aA Ehlscheid BB **92**, 1290 zu III). Befriedigt einer der (Mit-)Eigtümer den Gläub, so erwirbt er die Fdg nach I; befriedigen die (Mit-)Eigtümer den Gläub gemschaftl (vgl dazu § 1173 Rn 3), so geht die Fdg auf alle (Mit-)Eigtümer zu TeilBetr über, die ihrem MitEigtAnt bzw dem anteil Wert ihres Grdst am GesGrdstWert entspr (KGJ **41**, 243). – **bb) Hypothek.** Befriedigt nur einer der (Mit-) Eigtümer den Gläub, so gilt für die Hyp § 1173 **(II).** Bei gemschaftl Befriedigg geht die Hyp an allen MitEigtAnt/Grdst im Umfang der übergegangenen Fdg nach §§ 401, 412, 1153 mit über (MüKo/Eickmann Rn 12; Planck/Strecker Anm 2 a). 9

4) Auf die **Grund/Rentenschuld** nicht entspr anwendb; dh bei der SichgsGrdSch kein FdgsErwerb des Eigtümers, wenn er den Gläub befriedigt (§ 1191 Rn 33), wohl aber Umwandlg der Fremd- in EigtümerGrdSch (§ 1191 Rn 10). 10

1144 *Aushändigung der Urkunden.* **Der Eigentümer kann gegen Befriedigung des Gläubigers die Aushändigung des Hypothekenbriefs und der sonstigen Urkunden verlangen, die zur Berichtigung des Grundbuchs oder zur Löschung der Hypothek erforderlich sind.**

1) Allgemeines. Der nicht mit dingl Wirg abdingb § 1144 erweitert die EigtümerRe ggü §§ 368, 371. Dch die Befriedigg Zug um Zug gg Aushändigg der Urk wird verhindert, daß der Gläub nach seiner Befriedigg über die ihm nicht mehr zustehde Hyp verfügt. 1

2) Aushändigungsanspruch. – a) Anspruchsberechtigt ist der Eigtümer unabhäng davon, ob er auch pers Schuldn ist (RG **132**, 9 [15]). – **b) Voraussetzung** ist die vollständ (über teilw vgl § 1145) Befriedigg des Gläub dch den hierzu nach § 1142 berecht Eigtümer (RG **111**, 397) auch wg der Kosten (§ 1118). – **c) Inhalt.** Aushändigg der Urk (Rn 3–5), nicht nur Vorlegg an GBA. Gläub hat Urk zu beschaffen, notf § 1162, GBO 67. Kein Anspr auf Abtr an Dritten (KGJ **39**, A 230), sofern Gläub sich dazu nicht verpfl hat (Verpfl gibt Einrede aus § 1157; RGRK/Mattern Rn 18). – **d) Durchsetzung.** Vor Befriedigg hat Eigtümer ZbR (§§ 273, 274); GläubKlage auf Befriedigg braucht daher nicht AushändiggsAnerbieten zu enthalten (Posen OLG **29**, 365). Händigt Gläub nicht aus, kann Eigtümer ihn in AnnVerzug setzen. Nach Befriedigg kann Gläub im GerStand von ZPO 24 (BGH **54**, 201) auf Erfüllg klagen. – **e) Gläubigerrechte.** Kein ges ZbR wg nicht dch Hyp gesicherter Anspr (BGH NJW **88**, 3260); Ausn Rn 6. Vertragl ZbR vereinb (RG **132**, 9 [15]). – **f) Verfügungen.** Der Anspr ist nicht selbstd abtretb/verpfändb/pfändb (Köln OLGZ **71**, 151; dort auch zur Hilfspfändg). 2

3) Urkunden. – a) Hypothekenbrief. Mit Befriedigg wird der Eigtümer auch BriefEigtümer (§ 952) u hat dann Anspr aus § 985. – **b) Löschungsbewilligung** (GBO 19) in der Form von GBO 29 I 1 wahlw statt 3

c) od d). Sie muß bei GläubMehrh einschl GesGläub von allen erteilt werden (MüKo/Eickmann Rn 13, 14; hM). Sie genügt nicht zur Eintr des Eigtümers als neuer Gläub, weil sie den Übergang auf ihn nicht nachweist (KGJ **32**, A 247). Enthält die Angabe der Befriedigg, so ergibt sie, daß die Hyp dem Gläub nicht mehr zusteht u er daher nicht mehr bewilliggsberecht ist (Köln Rpfleger **64**, 149; LG Aach Rpfleger **85**, 489). – **c) Berichtigungsbewilligung** (GBO 19) in der Form von GBO 29 I 1 wahlw statt b) od d). Erfordert schlüss Darlegg, wodch u inwiefern das GB unricht geworden ist (KG JW **34**, 1056); hier also Angabe der Befriedigg
4 notw. BerichtiggsBerecht wie bei b). – **d) Löschungsfähige Quittung** (UnrichtigkNachw iSv GBO 22) in der Form von GBO 29 I 1 (BayObLG FGPrax **95**, 22) wahlw statt b) od c). Die GläubBefriedigg hat bzgl der Hyp unterschiedl Folgen: sie kann FremdHyp, EigtümerGrdSch od EigtümerHyp werden (vgl § 1113 Rn 19–22). Eine Quittg, die nur den LeistgsEmpfang bekennt (§ 368), ergibt daher die eingetretene RFolge nicht; ist der Eigtümer nicht als Befriedigder angegeben, so kann die Löschg od GBBerichtigg (dch seine Eintr als Gläub) nicht erfolgen, weil die Hyp auf einen anderen (zB nach § 1150 Rn 5 od § 1164 Rn 4) übergegangen sein kann; Befriedigg dch den Eigtümer wird nicht vermutet (Schlesw MDR **49**, 682). Da jede Quittg den RVerlust des Gläub ergibt, ist eine nachfolgde Bewilligg der Löschg od Eintr eines neuen Gläub
5 bedeutgslos (KG OLGZ **65**, 92; NJW **73**, 56). – Der Eigtümer kann daher eine Quittg verlangen, aus der sich der Übergang der Hyp auf ihn ergibt. Das erfordert folgden **Inhalt:** Daß der Eigtümer (od ein Dritter für seine Rechng; Hamm Rpfleger **85**, 187) befriedigt hat (Köln Rpfleger **64**, 149); damit ist der RErwerb des Eigtümers nachgewiesen u er kann die Hyp löschen od sich als Gläub eintragen lassen. Will er das entstandene EigtümerR ohne ZwEintr auf einen Dritten umschreiben lassen, kann er die Angabe verlangen, ob er pers Schuldn war, denn bejahdenf erwarb er eine EigtümerGrdSch (§§ 1163 I 2, 1177 I) u verneindenf eine EigtümerHyp (§ 1143 Rn 5) u von der RNatur des EigtümerR hängt es ab, wie u als was es übertragen werden kann (vgl KGJ **51**, 282). Hat nach der HypBestellg ein Eigtümerwechsel stattgefunden, so ist bei der Angabe „Eigtümer" das Befriediggsdatum hinzuzufügen, um nachzuweisen, daß der ggwärt Eigtümer befriedigt hat (Köln NJW NJW **61**, 368; KG OLGZ **65**, 92). Bei GesHyp ist anzugeben, ob Befriedigg dch alle (RFolge: § 1172) od dch einen (RFolge: § 1173) (Mit-)Eigtümer. Bei GesGläub (§ 428) genügt löschgsfäh
6 Quittg eines von ihnen (KG OLGZ **65**, 92); bei and GläubMehrh müssen alle quittiern. – **e) Sonstige Urkunden.** Alle Urk, die das Recht des Gläub (zB § 1155, GBO 35 I), seine VfgsBefugn (zB GBO 32, 33, 35 II) od die NacherbenZust (RG **69**, 260), die EinziehgsBerechtigg des PfdGläub (KG JW **35**, 1641; vgl auch Hamm Rpfleger **85**, 187) od die VertrMacht eines GläubVertr belegen.

7 **4) Kosten.** Die BeschaffgsKosten trägt der Eigtümer (§§ 369, 897; BGH NJW **91**, 1953); Gläub hat insow ZbR (Köln Rpfleger **83**, 307) u kann sie schon mit der § 1147-Klage geltd machen. Kosten zum Nachw der eigenen Berechtigg (zB Erbschein; EinziehgsBefugn als PfdGläub) muß der tragen, der seine Berechtigg nachweisen muß (Gregor NJW **60**, 1286).

8 **5)** Auf die **Grund/Rentenschuld** entspr anwendb (§ 1192 I; BGH NJW **88**, 3260). In EintrBew/löschgsfäh Quittg muß angegeben sein, daß auf das dingl Recht geleistet ist (Ffm FGPrax **97**, 11; vgl § 1191 Rn 32, 33).

1145 *Teilweise Befriedigung.*

I Befriedigt der Eigentümer den Gläubiger nur teilweise, so kann er die Aushändigung des Hypothekenbriefs nicht verlangen. Der Gläubiger ist verpflichtet, die teilweise Befriedigung auf dem Briefe zu vermerken und den Brief zum Zwecke der Berichtigung des Grundbuchs oder der Löschung dem Grundbuchamt oder zum Zwecke der Herstellung eines Teilhypothekenbriefs für den Eigentümer der zuständigen Behörde oder einem zuständigen Notare vorzulegen.

II Die Vorschrift des Absatzes 1 Satz 2 gilt für Zinsen und andere Nebenleistungen nur, wenn sie später als in dem Kalendervierteljahr, in welchem der Gläubiger befriedigt wird, oder dem folgenden Vierteljahre fällig werden. Auf Kosten, für die das Grundstück nach § 1118 haftet, findet die Vorschrift keine Anwendung.

1 **1) Beschränkung des Anspruchs aus § 1144 bei Teilbefriedigung** dch mit dingl Wirkg nicht abdingb § 1145 bzgl der HypBriefs; iü gilt § 1144. Auf TilggsBriefHyp anwendb (hM). – **a) Ersetzung** des AushändiggsAnspr dch Anspr auf Vermerk (wg § 1140) u Vorlegg des HypBriefs zur Teilbriefbildg. Trotz MitEigt am Stammbrief (§ 952) kein Anspr auf Einräumg von MitBes (RG **69**, 41). – **b) Ersatzloser Ausschluß** des AushändiggsAnspr bei nicht von II 1 erfaßten Nebenleistgen u allen Kosten; Eigtümer dch §§ 1158, 1159, 1178 geschützt.

2 **2)** Auf die **Grund/Rentenschuld** entspr anwendb (§ 1192 I).

1146 *Verzugszinsen.*

Liegen dem Eigentümer gegenüber die Voraussetzungen vor, unter denen ein Schuldner in Verzug kommt, so gebühren dem Gläubiger Verzugszinsen aus dem Grundstücke.

1 **1) Allgemeines.** Bei Verzug des pers Schuldn haftet das Grdst für VerzZinsen (§ 1118). Da der mit dem Schuldn nicht ident Eigtümer keine Geldschuld iSv § 288 obliegt, fingiert § 1146 ihn als Schuldn des HypKapitals. Bei Verzug von Schuldn u Eigtümer können VerzZinsen nur einmal verlangt werden.

2 **2) Voraussetzungen:** §§ 284, 285 bzgl des Eigtümers (§ 893 gilt); insb Fälligk der Hyp u vorbehaltl § 284 II Mahng des Eigtümers zur HypAblösg (RGRK/Mattern Rn 3), die Urk iSv § 1144 nicht anzubieten braucht (Kiel OLG **23**, 170). – **Rechtsfolge:** GrdstHaftg (nicht pers Haftg) für 4% bzw weniger VerzZinsen vom Kapital, sofern Hyp nicht bzw unter 4% verzinsl (Planck/Strecker Anm 4). Keine GrdstHaftg für ProzZinsen u weitergehden VerzSchaden; nach hM pers Haftg aus § 823 I bei schuldh

BefriediggsVerzögerg (Köln JW **33**, 634, 1268; Planck/Strecker Anm 3; RGRK/Mattern Rn 5; aA Soergel/Konzen Rn 3).

3) Auf die **Grund/Rentenschuld** (bei letzterer nur bzgl Ablösgssumme) entspr anwendb (§ 1192 I). 3

1147 ***Befriedigung durch Zwangsvollstreckung.*** **Die Befriedigung des Gläubigers aus dem Grundstück und den Gegenständen, auf die sich die Hypothek erstreckt, erfolgt im Wege der Zwangsvollstreckung.**

1) Allgemeines. Der Eigtümer muß wg der dch die Hyp gesicherten Anspr die ZwVollstr in das Grdst u die mithaftden Ggst (§§ 1120–1130) dulden, zur Zahlg ist er nicht verpflichtet (RG **93**, 234; BGH **7**, 123; KGJ **41**, 232; vgl Vorbem 1 vor § 1113). Der DuldgsAnspr kann vertragl beschränkt werden (vgl § 1137 Rn 2); dies ist nicht als RInhalt der Hyp, sond als Einrede gg sie nach §§ 892, 1157 S 2 eintragb (KG JW **31**, 3282). – In der Eigtümerinsolvenz gibt die Hyp ein AbsondergsR (InsO 49), die dingl DuldgsKlage ist gg den InsVerw zu richten (InsO 80 I). 1

2) Duldungstitel. – a) Dinglicher Titel (Rn 3–5) gg den Eigtümer (vgl § 1148) für Kapital (§ 1113), vereinbarte Nebenleistgen (§ 1115) u gesetzl NebenFdgen (§§ 1118, 1146) erforderl; für VollstrKosten gilt ZPO 788. Für ZwVerw genügt dingl Titel gg Eigenbesitzer (ZVG 147); er ist notw, wenn Eigenbesitzer bei bloßem Titel gg Eigtümer widerspricht (Rostock OLG **35**, 188). Bei ZwVollstr in getrennte Erzeugn, die dem Eigenbesitzer gehören (§ 955), ist dingl Titel gg diesen notw (Rostock DR **43**, 414). Dingl Titel auch erforderl bei ZwHyp (Mü OLGZ **84**, 248; Düss WM **93**, 1260) u ArrestHyp (BGH NJW **97**, 3230), sofern nicht im VerwZwVerf (zB AO 322, VwVG 5, JBeitrO 7) erwirkt (LG Kleve Rpfleger **68**, 293). – **b) Persönlicher Titel** auf Zahlg der gesicherten Fdg genügt nicht zur ZwVollstr an der Rangstelle der Hyp. Keine RKrafterstreckg eines pers Titel nach ZPO 325 III (BGH NJW **60**, 1348). 2

3) Titelarten. Beim Institutskredit idR vollstreckb Urk (Rn 5). Das Urt (Rn 4) hat Bedeutg beim Privatkredit, der § 648-Hyp u der Zw/ArrestHyp. Selten sind Vergl (ZPO 794 I Nr 1, 1044 a). 3

a) Vollstreckbares Urteil (auch im UrkProz), nicht VollstrBescheid. – **aa) Antrag/Tenor.** „Beklagter hat wg (nach Kapital u Nebenfdgen genau bezeichneter) DM die ZwVollstr in das (genau bezeichnete) Grdst zu dulden" (Staud/Wolfsteiner Rn 22) od „Kläger darf sich wg X DM dch ZwVollstr aus dem Grst A befriedigen" (W-Raiser § 139 I). Die mithaftden Ggst müssen nicht aufgeführt werden. – **bb) Darlegungs/Beweislast.** Gläub für Entstehg u Fälligk der Hyp. Für die Hyp gilt die Vermutg des § 891; sie erstreckt sich bei der VerkHyp auf die Fdg (§ 1138), währd bei der SichgsHyp der Gläub die Entstehg der Fdg darlegen/beweisen muß (§ 1184 Rn 4). – Eigtümer für Einwendgen/Einreden gg den DuldgsAnspr (§ 1137 Rn 1). Er hat außerdem die Einreden aus §§ 1144, 1160. – **cc) Prozeßkosten.** In die dem Beklagten nach ZPO 91 auferlegten Kosten ist er persönl zu verurteilen. Für die dem Kläger nach ZPO 93 auferlegten Kosten haftet das Grdst nicht (Karlsr HRR **37**, Nr 588); diese Auferlegg ist gerechtfertigt, wenn Gläub den Eigtümer nicht zur UnterwerfgsErkl nach ZPO 794 I Nr 5 aufgefordert hat (Karlsr OLGZ **87**, 250; Schlesw SchlHA **87**, 95 [ZwHyp]). 4

b) Vollstreckbare Urkunde (ZPO 794 I Nr 5), in der sich der Eigtümer wg der DuldgsAnspr der sofZwVollstr unterworfen hat; dingl Wirkg gg RNachf nach Maßg von ZPO 800. – **aa)** Die **Unterwerfungserklärung** ist eine nur auf das Zustandekommen des VollstrTitels gerichtete einseit WillErkl des Eigtümers, die nur verfrechtl Grds untersteht u als prozessuales NebenR weder den RInhalt der Hyp ändert noch bei GBEintr dch §§ 891, 892 geschützt ist (BGH NJW **90**, 258). – **bb) Einwendungen/Einreden** gg den DuldgsAnspr (§ 1137 Rn 1, 2) sind mit einer Klage nach ZPO 767 geltd zu machen (Zuständigk: ZPO 797 V, 800 II). Wg des Ausschl von ZPO 767 II (ZPO 797 IV) auch solche, die vor der Unterwerfg entstanden sind, sofern keine vertragl Beschrkg (BGH WM **76**, 907). 5

4) Zwangsvollstreckung. Aus der haftden VersFdg kann Gläub sich auch dch Einziehg befriedigen (§ 1128 Rn 5). – **a) Immobiliarzwangsvollstreckung** dch ZwVerst od ZwVerw; nicht dch ZwHyp, da Gläub dadch nicht befriedigt wird (Planck/Strecker Anm 1 a, Staud/Wolfsteiner Rn 34; aA Hamm Rpfleger **85**, 233). – **b) Mobiliarzwangsvollstreckung** in die mithaftden Ggst vor deren Beschlagn iW der ZwVollstr nach a). Ausn für Zubeh (ZPO 865 II); in dieses keine EinzelZwVollstr agrd dingl Titels (Plander JuS **81**, 565). Die von der ZwVerst ausgeschl Ggst haften für den Ausfall auch nach Erlöschen der Hyp dch Zuschlag weiter (RG **125**, 362; BGH NJW **79**, 2514). Bish Zubeh kann gepfändet werden, wenn ZubehEigensch mit GrdstVerst erloschen (Plander aaO). 6

5) Auf die **Grund/Rentenschuld** entspr anwendb (§ 1192 I); für EigtümerGrdSch vgl aber § 1197 I. 7

1148 ***Eigentumsfiktion.*** **Bei der Verfolgung des Rechtes aus der Hypothek gilt zugunsten des Gläubigers derjenige, welcher im Grundbuch als Eigentümer eingetragen ist, als der Eigentümer. Das Recht des nicht eingetragenen Eigentümers, die ihm gegen die Hypothek zustehenden Einwendungen geltend zu machen, bleibt unberührt.**

1) Eigentumsfiktion (S 1). Unwiderlegl (RG **94**, 57) Fiktion nur für DuldgsKlage (§ 1147) im Hinblick auf ZVG 17, 146, auch wenn Gläub Unrichtigk kennt od Widerspr eingetr. Eingetragener kann alle Einwendgen/Einreden iSv § 1137 Rn 1, 2 geltd machen. Gläub kann auch wahren Eigtümer verklagen u dessen Eintragg nach GBO 14 herbeiführen. – **Nichteingetragener wahrer Eigentümer (S 2)** kann die Einwendgen/Einreden iSv § 1137 Rn 1, 2 vor Erhebg der DuldgsKlage gem ZPO 256 u danach gem ZPO 64, 771 geltd machen; für Nichtentstehen der Hyp kann er sich trotz S 1 auf sein Eigt berufen, kann aber nicht Fehlen eines VollstrTitels gg sich rügen (ZPO 750). Wird das GB nach RHängigk berichtigt, ist die VollstrKlausel auf den wahren Eigtümer umzuschreiben (ZPO 727; Hamm NJW **99**, 1039). 1

2) Auf die **Grund/Rentenschuld** entspr anwendb (§ 1192 I). 2

1149 *Unzulässige Befriedigungsabreden.* **Der Eigentümer kann, solange nicht die Forderung ihm gegenüber fällig geworden ist, dem Gläubiger nicht das Recht einräumen, zum Zwecke der Befriedigung die Übertragung des Eigentums an dem Grundstücke zu verlangen oder die Veräußerung des Grundstücks auf andere Weise als im Wege der Zwangsvollstreckung zu bewirken.**

1 **1) Schutz der Handlungsfreiheit** des Eigtümers. Keine entspr Anwendg auf nicht dch Hyp gesicherte Fdg (BGH **130**, 101; BayObLG NJW-RR **97**, 590; aA Tiedtke ZIP **96**, 57). – **a) Nichtig** (auch bloß schuldr) Abrede, wenn sie vor Fälligk der Fdg getroffen u die Übertragg/Veräußerg die Befriedigg bezweckt sowie an die Bdgg der Nichtbefriedigg bei Fälligk geknüpft ist (BGH aaO). – **b) Zulässig** ist derart Abrede, wenn VfgsVerpfl unabhäng von Befriedigg besteht od wenn sie nach Fälligk der Fdg getroffen wird.

2 **2)** Auf die **Grund/Rentenschuld** entspr anwendb (§ 1192 I; BayObLG NJW-RR **97**, 590).

1150 *Ablösungsrecht Dritter.* **Verlangt der Gläubiger Befriedigung aus dem Grundstücke, so finden die Vorschriften der §§ 268, 1144, 1145 entsprechende Anwendung.**

1 **1) Allgemeines.** Der nicht mit dingl Wirkg abdingb § 1150 erweitert das AblösgsR des § 268, um die Kosten einer eingeleiteten ZwVollstr zu vermeiden; das dch §§ 823 I, 826 geschützte (vgl RGRK/Mattern 17) AblögsR soll dem Berecht ermöglichen, den HaftgsGgst bzw Besitz zu erhalten (RG **123**, 338). Zur GläubBefriedigg dch and Dritte (dh weder Eigtümer noch pers Schuldn) vgl § 1113 Rn 22. – Nicht anwendb auf Ablös **öffentlicher Lasten** (KG JW **34**, 2793; aA RG **146**, 317); für sie gilt § 268.

2 **2) Voraussetzungen. – a) Befriedigungsverlangen** des HypGläub aus Grdst od mithaftden Ggst; nicht nur aus pers Fdg (hier gilt § 268). Fälligk der Hyp für RAusübg notw, das Verlangen kann aber schon vorher gestellt sein (RG SeuffA **76** Nr 22). Es genügen: HypKünd dch Gläub; ZahlgsAufforderg (RG **146**, 317);
3 Fälligwerden (zB dch Zinsrückstand) bei VollstrUnterwerfg (RG SeuffA **76** Nr 22). – **b)** Drohder **Rechts- oder Besitzverlust** an Grdst od mithaftden Ggst dch HypVerwertg nach § 1147; daher kein AblösgsR bei ZwVerw. Das trifft für Realberecht einschl Berecht einer Aufl- (BGH NJW **94**, 1475) od BelastgsVormkg u ZwHypGläub (LG Verd RPfleger **73**, 296) zu, wenn ihr Recht nicht in das geringste Gebot kommt (KG JW **34**, 2793); AblösgsR auch, wenn sie mit Befriedigg aus dem VerstErlös rechnen können (LG Verd aaO). Vorgehde RealBerecht haben AblösgsR, wenn sie ältere als zweijähr Rückstände von Zinsen u and wiederkehrden Leistgen zu fordern haben (ZVG 10 I Nr 4, 8). Besitzer ist jeder berecht (zB wg KündMöglichk nach ZVG 57 a) unmittelb od mittelb Besitzer. Kein AblösgsR hat der BeschlagnGläub wg pers Fdg (MüKo/Eickmann 8; aA Staud/Wolfsteiner 14). Kein AblösgsR mehr nach eingetretenem R-/BesVerlust insb dch Zuschlag (RG **123**, 338). Mehrere AblösgsBerecht sind gleichberecht; wer zuerst ablöst, schließt die übrigen
4 aus. – **c) Befriedigung** des HypGläub (gem § 893 auch BuchGläub) dch AblösgsBerecht (gem § 893 auch BuchBerecht); auch dch Aufrechng od Hinterlegg (§ 268 II). Sie muß nicht die VollstrAbwendg bezwecken (BGH NJW **94**, 1475). Bdgg für Befriediggswirkg zul (BGH **136**, 246). – **d) Beweislast** hat, wer aus der Ablösg Rechte herleitet; iZw wird VollstrAbwendg bezweckt.

5 **3) Rechtsfolgen. – a) Forderung.** Übergang auf den Ablösden krG gem § 268 III (vgl § 268 Rn 6, 7). – **b) Hypothek.** Übergang auf den Ablösden mit der Fdg krG gem §§ 401, 412, 1153; kein gutgl einredefreier Erwerb (§ 1157 Rn 3; str). Gilt auch bei Ablösg von Zins-/Kostenrückstand (RG **131**, 323). Bei Teilablösg hat die RestHyp des Gläub (nicht and nachrang Hyp des Gläub; RG JW **13**, 1147) Vorrang vor der auf den Ablösden übergegangenen TeilHyp (§ 268 III); sie behält ihn bei Ablösg od Abtretg (RG **131**, 323). Bei GesHyp erwirbt der Ablösde die Hyp an allen Grdst, wenn er ein AblösgsR bzgl des Grdst hat, aus dem
6 der Gläub Befriedigg verlangt. – **c) Grundbuch.** Es wird unricht; GBBerichtigg agrd EintrBew des bish Gläub (GBO 19, 29) od agrd UnrichtigkNachw (GBO 22, 29). – **d) Sonstiges.** Ablösder kann Aushändigg bzw Vorlage der für seine Eintr als Gläub notw Urk vom Gläub verlangen (§§ 1144, 1145). Einstellg der ZwVerst bei Befriedigg des beteibden Gläub (ZVG 75).

7 **4)** Auf die **Grund/Rentenschuld** in der Weise anwendb (§ 1192 I), daß Ablösder die GrdSch in Höhe der Ablösg (Kapital u Zinsen) erwirbt (§ 1191 Rn 10), nicht aber die dch sie gesicherte Fdg (§ 1191 Rn 35).

1151 *Rangänderung bei Teilhypotheken.* **Wird die Forderung geteilt, so ist zur Änderung des Rangverhältnisses der Teilhypotheken untereinander die Zustimmung des Eigentümers nicht erforderlich.**

1 **1) Teilung der Forderung.** Teilbark wird in § 1151 vorausgesetzt u bedarf keiner EigtümerZust. – **a) Teilung** erfolgt ohne Änderg in der Pers des Gläub, wenn reale od ideelle (KGJ **39** A 269) FdgsTeile inhaltl (zB Fälligk, Zinssatz) geändert od belastet/gepfändet werden od wenn Teile der Hyp nach Inhalt od Rang (Zweibr Rpfleger **85**, 54) geändert werden; mit Änderg in der Pers des Gläub, wenn FdgsTeile (bei Teilg der Haupt- od NebenFdg od bei Trenng beider) aGrd RGesch od krG auf Dritten od Eigtümer übergehen. Bei ZwVollstrUnterwerfg bzgl TeilBetr Teilg im GB nur notw, wenn rangmäß best TeilBetr (BayObLG **85**, 141) u nicht nur zuletzt zu zahlder TeilBetr (Hamm DNotZ **88**, 233; LG Lüb MDR **86**, 1037; zur EintraggsFähigk
2 BGH **108**, 372; zur ZwVollstr Celle Rpfleger **90**, 378) betroffen. – **b) Wirkung.** Die FdgsTeilg bewirkt die HypTeilg; es entstehen selbstd GrdPfdR (RG **131**, 91), die ihrer Art nach verschieden sein können (zB teils Hyp u teils GrdSch; teils Brief- u teils BuchR). Gleichrang soweit keine gesetzl Abweichg (zB §§ 1164 I 2, 1176, 1182 S 2) od Teilg inf Rangbestimmg.

3 **2) Rangänderung** der TeilHyp nach § 880. Abw von § 880 II 2 ohne EigtümerZust; gilt für Rangänderg bei (auch ohne gleichzeit Abtretg; KG HRR **30** Nr 981) od nach (auch nach Abtretg; Dresden JFG **4**, 427)

Teilg. Wird eine BriefHyp teilw gem § 1154 I 1 ohne TeilbriefBildg abgetreten, so vollzieht sich die Rangänderg nicht mit der Abtretg außerh des GB (Schmid Rpfleger **88**, 136; Haegele/Schöner/Stöber Rn 2412; Ulbrich RhNK **95**, 289 [292], aA Hamm Rpfleger **88**, 58; Düss Rpfleger **91**, 240).

3) Auf die **Grund/Rentenschuld** ist § 1151 entspr anwendb (§ 1192 I; Hamm Rpfleger **88**, 58). 4

1152 *Teilhypothekenbrief.* **Im Falle einer Teilung der Forderung kann, sofern nicht die Erteilung des Hypothekenbriefs ausgeschlossen ist, für jeden Teil ein Teilhypothekenbrief hergestellt werden; die Zustimmung des Eigentümers des Grundstücks ist nicht erforderlich. Der Teilhypothekenbrief tritt für den Teil, auf den er sich bezieht, an die Stelle des bisherigen Briefes.**

1) Allgemeines. Ohne Teilbriefbildg behält (Stamm-)Brief Geltg auch für die Teile (KGJ **44**, 280). Für eine TeilEigtümerGrdSch ist ein TeilGrdSchBrief, kein selbständ GrdSchBrief zu bilden (KGJ **40**, 340); ohne Teilbriefbildg verkörpert der Brief TeilHyp u TeilGrdSch (KG DR **40**, 1575). Teilbrief für künftige Zinsen zul (KG HRR **31**, 2060), nicht aber für rückständige (§ 1159 Rn 2). Bei Eintr einer BriefHyp für mehrere Gläub in BruchteilsGemsch ist auf Antr für jeden Anteil ein selbständiger Stammbrief zu erteilen (KG JFG **21**, 8); ebso, wenn BuchHyp in mehrere BriefHyp zerlegt od von ihr ein Teil als BriefHyp abgezweigt wird (KGJ **39**, 274). – Über Abtretg u Belastg ohne die (nicht erforderl, KGJ **21**, 330) Bildg eines Teilbriefs vgl § 1154 Rn 12. – Wg Anspr des Eigtümers bzgl des Stammbriefs bei Entstehg einer TeilEigtümerHyp vgl § 1145 Rn 1. 1

2) Herstellung eines Teilbriefes nur auf Antr nach GBO 61, BNotO 20 II durch GBA u jeden Notar. Bisheriger Gläub braucht nicht zuzustimmen (str). Stammbrief ist vorzulegen (KG JFG **6**, 387); vgl auch §§ 1145 I 2, 1150, 1167, 1168 III. Im GB wird Bildg des Teilbriefes nicht vermerkt. Zur NachweisPfl des Teilgrdschuldbrief begehrden Gläub, wenn Dritter teilw gezahlt hat, vgl Saarbr JBl Saar **66**, 203. 2

3) Verfügung über die Teilhypothek. Es bedarf nur der Überg des Teilbriefes, Eintraggen bei der TeilHyp werden nur auf dem Teilbrief vermerkt. Nur zur Eintr der ersten Abtretg der TeilHyp ist auch der Stammbrief vorzulegen (KGJ **30**, 236). 3

4) Auf die **Grund/Rentenschuld** entspr anwendb (§ 1191 I). 4

1153 *Übertragung von Hypothek und Forderung.* **I Mit der Übertragung der Forderung geht die Hypothek auf den neuen Gläubiger über.**

II Die Forderung kann nicht ohne die Hypothek, die Hypothek kann nicht ohne die Forderung übertragen werden.

1) Forderungsübertragung bewirkt zwingd ohne weiteres den HypÜbergang **(I)**; Übertragg der Fdg ohne Hyp (was nur bei erkennb gewolltem Ausschl anzunehmen) ist nichtig **(II)**. Die Übertragg kann dch RGesch, Hoheitsakt od krG erfolgen. Gilt auch für Nebenleistgen (Ausn: § 1159). FdgsBelastg (Nießbr, PfdR) bewirkt ohne weiteres entspr HypBelastg (vgl § 1274 Rn 6). 1

2) Hypothekenübertragung (od Belastg mit Nießbr/PfdR) ohne Fdg ist nichtig **(II)**; Ausn in §§ 1164 I 1, 1173 II, 1174 I, 1182 S 1 für ges HypÜbergang. AbtrErkl nur über Hyp ist idR als Abtretg von Fdg u Hyp auszulegen (RG JW **38**, 44). Tritt ein als HypGläub eingetr NichtBerecht die dem Berecht zustehde Fdg (mit Hyp) an einen gutgl Erwerber ab, so erwirbt dieser mit der Hyp (§§ 1138, 892) auch die Fdg, so sonst Spaltg u Verdoppelg des GläubR (str; vgl Karper JuS **89**, 33; Büdenbender JuS **96**, 665 [673]). 2

3) Auf die **Grund/Rentenschuld** nicht entspr anwendb (vgl § 1191 Rn 19). 3

1154 *Abtretung der Forderung.* **I Zur Abtretung der Forderung ist Erteilung der Abtretungserklärung in schriftlicher Form und Übergabe des Hypothekenbriefs erforderlich; die Vorschriften des § 1117 finden Anwendung. Der bisherige Gläubiger hat auf Verlangen des neuen Gläubigers die Abtretungserklärung auf seine Kosten öffentlich beglaubigen zu lassen.**

II Die schriftliche Form der Abtretungserklärung kann dadurch ersetzt werden, daß die Abtretung in das Grundbuch eingetragen wird.

III Ist die Erteilung des Hypothekenbriefs ausgeschlossen, so finden auf die Abtretung der Forderung die Vorschriften der §§ 873, 878 entsprechende Anwendung.

1) Allgemeines. – a) Geltungsbereich. § 1154 gilt nur für die rgeschäftl Abtretg (erfordert RTrägerwechsel) u Belastg (§§ 1069, 1274) einer dch Hyp gesicherten Fdg (Ausn: §§ 1159, 1187 S 3, 1190 IV); nicht aber für das diesen ErfGesch zugrdeliegde VerpflGesch (RG **54**, 146), das zB Kauf, Schenkg od SichgVertr (RG **148**, 206) sein kann u bis zur Wirksamk der Abtr ErfAnspr gibt (RG **65**, 64). Anspr auf künft VerstErlös vor Zuschlag nur iVm HypFdg nach § 1154 abtretb; isolierte (formfreie) Abtr nur wirks, wenn nach Zuschlag vorgen (BGH **LM** Nr 3). – **b) Abtretungsbeschränkungen** (§ 399) sind vereinb u eintraggsfäh (Mü JFG **16**, 291). – **c) Gesamthypothek:** § 1132 Rn 9. 1

2) Abtretung durch Briefhypothek gesicherter Forderung (I, II) dch AbtrVertr mit schriftl AbtrErkl u BriefÜberg (GBEintr hier nur berichtigd aber rats, da neuer Gläub sonst nicht von ZwVerst u ZwVerw benachrichtigt wird u seine Rechte anmelden muß) od dch formlosen AbtrVertr mit GBEintr u BriefÜberg (GBEintr hier für RErwerb konstitutiv). 2

3 **a) Dinglicher Abtretungsvertrag** über die Fdg dch AbtrErkl des bish Gläub (Rn 4) u formlose (auch stillschw; zB dch BriefAnn [BGH **85**, 388]) AnnErkl des neuen Gläub; beide sind dch Urt ersetzb (ZPO 894 I). Abtr an Eigtümer mit RFolge § 1177 zul (RG JW **29**, 178). Bdgte od befristete Abtr zul (Ffm OLGZ **93**, 385); iü gilt § 398 Rn 3–6. RückAbtr nicht dch bloße Rückg der AbtrErkl (KG OLG **35**, 11).

4 **b) Abtretungserklärung des bisherigen Gläubigers.** Abtretgsberecht ist der wahre Gläub zZ der Vollendg des RÜbergangs (vgl § 873 Rn 11, 12), zB bei nachfolgder BriefÜberg (Ffm Rpfleger **68**, 355). Bei teilw EigtümerGrdSch muß Eigtümer zustimmen, wenn HypGläub ganzes Recht abtritt (LG Wuppt
5 RhNK **84**, 167). – **aa) Schriftliche Erteilung.** Schriftform: § 126. – Notw **Inhalt:** Bestimmte Bezeichng des neuen Gläub (BGH Rpfleger **97**, 255 [Ungenauigk unschädl]), AbtrWille, Bezeichng der Fdg (Identität mit der im EintrVermerk bezeichneten muß erkennb sein), nicht aber Datum (BGH **22**, 132; dieses beweist Ztpkt der Abtr nicht; KGJ **40**, 281); zur Auslegg dürfen nicht Umst herangezogen werden, die außerh der AbtrErklUrk liegen u nicht für jeden Leser ohne weiteres erkennb sind (BGH NJW-RR **92**, 178). Wird Abtr der „Hyp" erklärt (vgl dazu § 1153 Rn 2), so ist sie eindeut zu bezeichnen. Bezeichng kann erfolgen dch Angabe des belasteten Grdst sowie des Betrages u des Gläub od dch Angabe der GBStelle des GrdPfdR (damit auch Grdst mittelb bezeichnet), Rangangabe nicht notw (LG Heilbr Rpfleger **75**, 395; LG Stgt/Tüb Rpfleger **76**, 246/247; aA BGH **LM** Nr 9 beiläuf); diese Bezeichng wird nicht dch Bezugn auf mitübergebenen Brief (BGH **LM** Nr. 9; krit Häsemeyer MDR **75**, 531) od dch Angabe der BestellgsUrk (Düss DNotZ **81**, 642) ersetzt. BlankoAbtr wird erst mit Ausfüllg dch dazu Ermächtigten ohne Rückwirkg wirks (BGH **22**, 132); vorher aber schon dch §§ 1134, 1135 geschütztes AnwR (RG JW **36**, 3234). – Erteilg dch Aushändigg od Entäußerg zG des neuen Gläub, so daß dieser darüber verfügen kann (BGH FamRZ **65**,
6 490). – **bb) Formlose Abtretungserklärung** genügt nur iVm mit vollzogener GBEintr der Abtr (II; RG **54**, 146).

7 **c) Briefübergabe.** – **aa)** Entspr § **1117 I** dch Überg iSv § 929 S 1 (zB auch dch Dritten auf Geheiß) von bish an neuen Gläub, sofern letzterer nicht schon Besitzer (§ 929 S 2) od ÜbergErs iSv §§ 930, 931; bloße BesErlangg reicht nicht (BGH NJW-RR **93**, 369). Kein ZbR des Besitzers bei ÜbergErs nach § 931 (Hbg MDR **69**, 139). – **bb)** Entspr § **1117 II.** Die Überg gilt dch die Vereinbg erst als vollzogen, wenn GBA mit Willen des bish Gläub unmittelb Bes des Briefes erhält (RG Warn **12** Nr 291) od wenn bei GBA Voraussetzgen für Herstellg nicht vorhandenen Briefes vorliegen (bei Verlust also AusschlUrt u NeuerteilgsAntr; BayObLG **87**, 97); keine Rückwirkg auf früh VereinbgsZtpkt (RG **66**, 314; KG JW **25**, 1125; BayObLG aaO; aA RG Warn **35** Nr 58; KG OLG **45**, 281). – **cc)** Vermutg nach § **1117 III** gilt.

8 **d) Forderungsübergang** u damit HypÜbergang (§ 1153 I) erst mit AbtrVertr u BriefÜberg. Rückwirkg einer für Wirksamk der Abtr erforderl Gen (§§ 184, 185) nur auf den Ztpkt, in dem beide Erfordern erfüllt sind (Münzel NJW **59**, 1657). FdgsAbtr ohne BriefÜberg bleibt auch bei nachträgl Erlöschen der Hyp unwirks (RG **76**, 231). Bei BriefÜberg ohne FdgsAbtr nur ZbR wg AbtrAnspr aus VerpflVertr (Düss HRR **41**, 851; BGH WM **65**, 408). Abtr der Briefhyp kann nicht vor ihrer Entstehg dch Eintr wirks werden (RG JW **35**, 2430); zu Unrecht gelöschte u daher fortbestehde BriefHyp vor WiederEintr mit schriftl AbtrErkl abtretb. Über Erlöschen der Hyp nach ZVG 91 vor BriefÜberg vgl BGH **LM** ZVG 91 Nr. 1.

9 **e) Beglaubigungsanspruch (I 2)** nach vollzogener Abtr (RG **115**, 310), damit neuer Gläub nach § 1155 legitimiert (vgl auch §§ 1160, 1161; ZPO 794 I Nr 5, 795, 800, 727) u GBBerichtigg bewirken kann (GBO 26, 29); auch bei SichgAbtr (RG **115**, 307). Anspr geht bei WeiterAbtr über (RG **135**, 357). Kein ZbR des bish Gläub (BGH NJW **72**, 44). ZwVollstr nach ZPO 888 (BayObLG **97**, 88; aA 56. Aufl).

10 **3) Abtretung durch Buchhypothek gesicherter Forderung (III)** dch im ganzen formlosen AbtrVertr über die Fdg (vgl Rn 3) u Eintr (§ 873); zu Unrecht gelöschte BuchHyp daher erst nach WiederEintr abtretb (RG HRR **31**, 738). Bei mehrf Abtr ist Eintr des Zwischenerwerbers nicht notw.

11 **4) Teilabtretung einer Briefhypothekenforderung. – a) Mit Teilbriefbildung** (§ 1152): dessen Überg entspr Rn 6 notw; iFv § 1117 II muß Stammbrief zur TeilbriefBildg im unmittelb Bes des nach GBO
12 61 I Befugten sein (RG JW **28**, 2783). – **b) Ohne Teilbriefbildung** (vgl Rutke WM **87**, 93): Neuer Gläub muß Allein- od MitBes am weiter alle Teile verbriefden Stammbrief dch Überg entspr Rn 6 erhalten (RG **69**, 39), zB dch Überg an gemeins Verwahrer (Köln NJW **57**, 104). MitBes nicht derart begründb, daß bish Gläub als alleiniger unmittelb FremdBes für sich u neuen Gläub als mittelb Eigenbesitzer zur gesHand verwahrt, denn GesHandsGemsch nicht belieb vereinb (BGH **85**, 263), od daß bish Gläub als BesMittler für neuen Gläub mitverwahrt, denn ungleichstufiger MitBes unmögl (§ 866 Rn 1; BGH aaO). TeilAbtr bewirkt MitEigt der Gläub am Brief nach FdgsQuoten (§ 952); Anspr auf MitBesEinräumg. – **c)** Über weitere TeilAbtr vgl v Prittwitz u Gaffron NJW **57**, 85; dagg Hummel NJW **65**, 2376; MDR **67**, 967.

13 **5) Zinsen u Nebenleistungen.** Anspr ohne HauptFdg u HauptFdg ohne diese Anspr abtretb (RG **86**, 218); TeilAbtr, bei der TeilbriefBildg zul (KG HRR **31**, 2060). EintrBew muß bestimmt angeben, ob u ab wann diese Anspr mitabgetr. Angabe „lfde Zinsen" (KG HRR **41**, 604) mehrdeut, ebso nach Ffm NJW-RR **93**, 1299 „sämtl Zinsen" u „samt Zinsen" (zweifelh); ausreichd bestimmt bei schriftl Abtr: „Zinsen ab Eintr" (LG Köln RhNK **78**, 40; aA LG Bn RhNK **77**, 148; LG Ellw BWNotZ **88**, 150) od „Zinsen von Anfang an" (BayObLG Rpfleger **84**, 351) od „Zinsen seit Tag des Zinsbeginns" (Düss Rpfleger **86**, 468). – Anspr auf künft fäll werdde Zinsen usw nach § 1154 abtretb (RG **72**, 364). Erlischt mit HauptFdg. ZinsAbtr auf LebensZt idR NießbrBestellg (KGJ **40**, 275). – Abtretg von Rückständen: § 1159.

14 6) Auf die **Grund/Rentenschuld** entspr anwendb (§ 1192 I); vgl § 1191 Rn 8, 19.

1155 ***Öffentlicher Glaube beglaubigter Abtretungserklärungen.*** **Ergibt sich das Gläubigerrecht des Besitzers des Hypothekenbriefs aus einer zusammenhängenden, auf einen eingetragenen Gläubiger zurückführenden Reihe von öffentlich beglaubigten Abtretungserklärungen, so finden die Vorschriften der §§ 891 bis 899 in gleicher Weise Anwendung, wie wenn der Besitzer des Briefes als Gläubiger im Grundbuch eingetragen wäre. Einer öffentlich beglaubigten**

Abtretungserklärung steht gleich ein gerichtlicher Überweisungsbeschluß und das öffentlich beglaubigte Anerkenntnis einer kraft Gesetzes erfolgten Übertragung der Forderung.

1) Allgemeines. § 1154 ermöglicht Übertr einer BriefHypFdg ohne GBEintr des Erwerbers, so daß ein Nichteingetragener HypGläub sein kann. Da diesem die Legitimation einer GBEintr fehlt, regelt § 1155 die Voraussetzgen, unter denen der Nichteingetragene einem eingetr HypGläub gleichsteht. 1

2) Voraussetzungen der Legitimation eines Nichteingetragenen.

a) Eigenbesitz des Nichteingetragenen am Brief, da ohne BriefÜberg kein RErwerb (§ 1154 I); unmittelb od mittelb Bes (BGH NJW-RR **93**, 369). Bloße Fähigk, dem Erwerber Bes zu verschaffen, genügt entspr § 932 Rn 4 (Kollhosser EWiR § 1155 BGB 1/**93**, 254; Hager ZIP **93**, 1446; Reinicke/Tiedtke NJW **94**, 345; aA BGH aaO). BriefBes der Vormänner (ZwischenGläub) des zu Legitimierden unerhebl. – Gem § 1117 III wird vermutet, daß ggwärt Besitzer (letzter Erwerber) des Briefes (AusschlUrt genügt nicht; BayObLG **87**, 97) der Brief vom bish Gläub übergeben wurde (RG **93**, 41), so daß Rechtmäßigk des BriefBes vom Erwerber nicht zu prüfen (BGH Rpfleger **97**, 258). Ist diese Vermutg widerlegt, kann er sich für seinen Erwerb nicht auf § 1155 berufen; gutgl Erwerb von ihm wieder mögl. 2

b) Vom nichteingetragenen Briefbesitzer auf einen eingetragenen Gläubiger zurückführende Urkundenkette; eine Urk genügt (RG **86**, 262). Unterbrechg dch unwirks privatschriftl AbtrErkl verhindert Legitimation. Bei Unterbrechg dch wirks privatschriftl AbtrErkl gilt § 1155 für vorhergehde formgerechte AbtrErkl, so daß sich Letzterwerber auf diese ebso berufen kann, wie privatschriftl erwerbder Vormann; dies gilt wohl auch für die nachfolgden formgerechten AbtrErkl (RGRK/Mattern Rn 15; aA MüKo/Eickmann Rn 8). Erbgang unterbricht nicht. Als Urk kommen in Betracht: – **aa) Öffentlich beglaubigte Abtretungserklärung,** Beurk unschädl (§ 129 II). Gleichstehen: Zeugn nach GBO 36, 37 u bei Verst nach ZPO 844 GVzProt über Zuschlag (KGJ **31**, 315) od VeräußergsBeschl (KG HRR **35**, 1592); nicht aber Verurteilg zum BeglLassen (BayObLG **97**, 88). Bei Abtr dch Bevollm ist VertrMacht nachzuweisen (RG **151**, 80). Zeitpunkt der nachholb Beglaubigg unwesentl, wenn sie nur vor Kenntn des Erwerbers liegt. Gefälschte Urk vermittelt (entspr gefälschter GBEintr) keinen gutgl Erwerb (Brschw OLGZ **83**, 219; Erm/Räfle Rn 3; aA RG **93**, 41; MüKo/Eickmann Rn 12). – **bb)** Gerichtl **Überweisungsbeschluß.** Überweisg an Zahlgs Statt (ZPO 835 II), nur zur Einziehg genügt nicht für Abtr (BGH **24**, 332); Zahlg an PfdGläub, dem zur Einziehg überwiesen, befreit aber (W-Raiser § 142 Fußn 23). Für VollstrGläub selbst gelten §§ 892, 893 nicht, weil kein Erwerb dch RGesch; aber für seine nach § 1155 ausgewiesenen RNachf. – **cc)** Begl **Anerkenntnis** gesetzl FdgsÜbertr. Beurk unschädl (§ 129 II); zB §§ 268 III, 426 II, 774, 1143, 1163 I 2, 1164, 1173, 1174, 1182, 1416, ZPO 868; auch bei ges Übergang des Hyp ohne Fdg zB nach § 1163 I 1 (RG Warn **30**, 163). Erkl des bish Gläub, daß Fgd aGrd best bezeichneter Tats kr G auf neuen Gläub übergegangen, erforderl; Nachw des ges Übergangs selbst zB dch löschgsfäh Quittg od LöschgsBewilligg genügt nicht (RG HRR **30**, 398). 3 4 5 6

3) Die **Legitimation** erzeugt RSchein wie bei GBEintr des Legitimierten; vgl auch GBO 39 II.

a) § 891: Vermutg, daß dem nach § 1155 Legitimierten die Hyp zusteht. Gilt auch für GBA (BayObLG WM **83**, 1270); es muß ihn trotz eigener Kenntn von Nichtberechtigg des Veräußerers eintr, wenn er Eintr im Wege der GBBerichtigg beantragt u seine Bösgläubigk bei Erwerb nicht feststeht (KG NJW **73**, 56). 7

b) § 892: Wer eine HypFdg (od ein R an ihr) dch RGesch von einem nichteingetr NichtBerecht, der nach § 1155 legitimiert ist (der Brief kann von diesem unterschlagen, RG **93**, 41, od einem Berecht abh gek sein), erwirbt, wird (auch wenn er selbst nur mit privatschriftl AbtrErkl erwirbt) wie bei Erwerb von einem eingetr NichtBerecht geschützt. Kenntn des Erwerbers vom Vorliegen der UrkKette nicht nöt. Kein Schutz gg Mangel der eigenen ErwerbsHdlg (RG Warn **15**, 209). – **aa) Erwerb ausgeschlossen,** wenn sich der Mangel aus GB od Brief (§ 1140) ergibt, Widerspr im GB od Brief vermerkt od Erwerber den RMangel bei Vollendg des RErwerbs (vgl § 892 Rn 26) kannte. Der gutgl Erwerber braucht die Rechtmäßigk des BriefBes des Veräußerers nicht nachzuprüfen (RG **93**, 41). Bösgläubigk eines Zwischenerwerbers u Kenntn des Letzterwerbers davon unschädl, wenn ein zw ihnen stehder Erwerber gutgl erwarb u damit Berecht wurde (RG **135**, 362). Entspr gilt für Einreden u Einwdgen. – **bb)** Soweit öff Gl schon dch den **Grundbuchinhalt** begründet, kommt er auch einem gutgl Erwerber zugute, dessen Vormänner nicht dch § 1155 ausgewiesen sind. Er kann sich also hins der Bestandes der Hyp, nicht aber hins der Pers des Gläub auf § 892 berufen; er ist gg Erlöschen der Hyp geschützt, nicht aber zB gg anderw Abtr od Belastg od gg ges Übergang auf Erben od Dr aGrd Befriedigg der Fdg. – **cc)** Zum Erwerb vom NichtBerecht mittels Vereinbg nach § 1117 II vgl auch Derleder DNotZ **71**, 272 zu III 2 mwN. 8

c) § 893: Leistg iSv § 893 Rn 2 an nach § 1155 Legitimierten sowie VfgsGesch iSv § 893 Rn 3 mit ihm sind so wirks, als wären sie mit einem Eingetragenen vorgen; daher § 1160. Zur Leistg an als Gläub Eingetragenen, der nicht im BriefBes, u zum Schutz des Leistden, der bloß pers Schu: § 893 Rn 2. 9

d) §§ 894 ff: BerichtiggsAnspr u Widerspr des wirkl Berecht so, als wäre Briefbesitzer im GB eingetr (Ffm Rpfleger **75**, 301); also auch bei unricht ÜbertrUrk. 10

4) Auf die **Grund/Rentenschuld** entspr anwendb (§ 1192 I). 11

1156 ***Rechtsverhältnis zwischen Eigentümer und neuem Gläubiger.*** **Die für die Übertragung der Forderung geltenden Vorschriften der §§ 406 bis 408 finden auf das Rechtsverhältnis zwischen dem Eigentümer und dem neuen Gläubiger in Ansehung der Hypothek keine Anwendung. Der neue Gläubiger muß jedoch eine dem bisherigen Gläubiger gegenüber erfolgte Kündigung des Eigentümers gegen sich gelten lassen, es sei denn, daß die Übertragung zur Zeit der Kündigung dem Eigentümer bekannt oder im Grundbuch eingetragen ist.**

1 **1) Allgemeines.** § 1156 schützt den Erwerber einer dch VerkehrsHyp (vgl § 1185 II) gesicherten Fdg (bzw eines Nießbr/PfdR an ihr) davor, daß die **Hypothek** dch RGesch zw dem bish Gläub u dem pers Schuldn od dem Eigtümer bzgl der Fdg od der Hyp, die **nach dem Erwerb** vorgen werden, beeinträchtigt wird. Der Erwerb kann auf RGesch, Gesetz od Hoheitsakt (zB ZPO 835) beruhen. – Für die **Forderung** gilt § 1156 nicht. Erlischt diese nach §§ 406–408, so behält der Erwerber die Hyp wg der Fortbestehensfiktion als fdgslose Hyp (Planck/Strecker Anm 2; aA Jauernig Rn 1 [GrdSch]); wird aus Fdg u Hyp geklagt, kann desh nur die HypKlage Erfolg haben (selbst wenn Eigtümer zugl pers Schuldn).

2 **2) Unanwendbar (S 1)** sind (vgl aber §§ 1158, 1159): – **a) § 406.** Die Aufrechng kann dch den pers Schuldn (§ 387) od den Eigtümer (§ 1142 II) erfolgt sein; Eigtümer wird nur dch §§ 893, 1155 geschützt. Unerhebl, ob Erwerber bei Erwerb die GgFdg kannte; and bei Verstoß gg § 826 (allgM) od entspr § 816 I 2 bei unentgeltl Erwerb (MüKo/Eickmann Rn 9; aA Staud/Wolfsteiner Rn 14). – **b) §§ 407, 408.** Das RGesch kann die Fdg od die Hyp betreffen (zB Befriedigg, Stundg). Eigtümer kann sich dch GBEinsicht od gem § 1160 über Berecht informieren u wird nur dch §§ 893, 1155 geschützt. Ausn in **S 2** für Eigtümer-Künd.

3 **3) Anwendbar** sind: §§ 404, 405, 409, 410 (ergänzt dch §§ 1144, 1145, 1160). Gutgl Erwerber wird aber vor Einreden/Einwendgen gg Hyp u Fdg, die **vor dem Erwerb** begründet waren, dch §§ 892, 1138, 1157 geschützt. Für bei Erwerb schon anhäng FdgsRStreit gilt ZPO 325.

4 **4)** Auf die **Grund/Rentenschuld** entspr anwendb (§ 1192 I; BGH WM **76**, 665).

1157 *Fortbestehen der Einreden gegen die Hypothek.* **Eine Einrede, die dem Eigentümer auf Grund eines zwischen ihm und dem bisherigen Gläubiger bestehenden Rechtsverhältnisses gegen die Hypothek zusteht, kann auch dem neuen Gläubiger entgegengesetzt werden. Die Vorschriften der §§ 892, 894 bis 899, 1140 gelten auch für diese Einrede.**

1 **1) Allgemeines. S 1** überträgt den Grds des § 404 (vgl aber Rn 2) auf das RVerh zw Eigtümer u Erwerber einer dch Hyp gesicherten Fdg (bzw eines Nießbr/PfdR an ihr); der Erwerb kann auf RGesch, Gesetz od Hoheitsakt (zB ZPO 835) beruhen. **S 2** schützt aber abw von § 404 den gutgl rgeschäftl Erwerber; Ausn in §§ 1158, 1159. – § 1157 gilt nur für den **Anspruch aus der Hypothek.** Der pers Schuldn kann sich ggü der Fdg nicht auf Einreden iSv § 1157 berufen. Ist er zugl Eigtümer, so gilt § 1157 nur für den HypAnspr (RG **81**, 82).

2 **2) Einreden gegen die Hypothek.** Begriff u Bsp in § 1137 Rn 2. Dem Erwerber sind auch Ausschl/Beschrkg der Abtretg entgghaltb (RG **91**, 218 [225]; **135**, 357 [364]); nicht aber inhaltl auf Geltdmachg ggü ErstGläub beschr Einrede (RG HRR **29** Nr 2000; **31** Nr 940). Abw von § 404 muß der **gesamte Einredetatbestand vor dem Erwerb verwirklicht** gewesen sein (BGH **85**, 388); bei späterer Verwirklichg gilt § 1156.

3 **3) Einredefreier Erwerb** nach §§ 892, 1140 mögl, auch wenn Erwerber nicht nach § 1155 ausgewiesen (RG **135**, 357 [365]). Daher nur bei rgeschäftl Erwerb (§ 892 Rn 3), so daß nicht bei Erwerb iW §§ 1150, 268 (BGH DNotZ **97**, 383 krit Anm Wolfsteiner; aA zB Hager ZIP **97**, 133; Reischl JR **98**, 405 mwN); § 893 nicht anwendb (BGH aaO; aA Wilhelm Rn 921). Gutgläubigk auch bei Irrtum über RWirkg bekannter Tats mögl (RG **91**, 218; BGH **25**, 27 [32]). – Zur **Verhinderung** kann Eigtümer Eintragg der Einrede iW der GBBerichtigg verlangen (für Bestand eingetr Einrede gilt § 891 nicht) u sie dch Widerspr sichern (§§ 894–899).

4 **4)** Auf die **Grund/Rentenschuld** entspr anwendb (§ 1192 I; vgl § 1191 Rn 9, 20–22).

1158 *Künftige Nebenleistungen.* **Soweit die Forderung auf Zinsen oder andere Nebenleistungen gerichtet ist, die nicht später als in dem Kalendervierteljahr, in welchem der Eigentümer von der Übertragung Kenntnis erlangt, oder dem folgenden Vierteljahre fällig werden, finden auf das Rechtsverhältnis zwischen dem Eigentümer und dem neuen Gläubiger die Vorschriften der §§ 406 bis 408 Anwendung; der Gläubiger kann sich gegenüber den Einwendungen, welche dem Eigentümer nach den §§ 404, 406 bis 408, 1157 zustehen, nicht auf die Vorschriften des § 892 berufen.**

1 **1) Allgemeines.** Die § 1158 beschränkt bei Erwerb (RGesch/Gesetz/Hoheitsakt) einer dch Hyp gesicherten Fdg (bzw eines Nießbr/PfdR an ihr), die auf künft Nebenleistg gerichtet ist, den Erwerberschutz für den HypAnspr aus §§ 1156, 1157 S 2 ein: Eigtümer kann in bestimmtem Umfang zahlen, solange er den neuen Gläub nicht kennt. Die NebenFdg kann mit od ohne HauptFdg erworben sein.

2 **2) Betroffene Nebenleistungen. – a) Zeitlich.** Maßg ist der vom neuen Gläub zu beweisde Ztpkt der Kenntn (fahrl Unkenntn genügt nicht) des Eigtümers vom FdgsÜbergang. Betroffen sind alle Nebenleistgen, die in diesem KalViertelJ (auch vor Kenntn) od dem folgden fällig geworden sind (Bestimmgszeitraum unerhebl). Für spätger fällig werdde geltden §§ 1138, 1140, 1156, 1157. – **b) Sachlich.** Zinsen (§ 1115 Rn 12, § 1118) u and Nebenleistgen (§ 1115 Rn 15), nicht aber TilgsBeiträge.

3 **3) Beschränkung des Erwerberschutzes.** Bzgl dieser Nebenleistgen kann der Eigtümer dem neuen Gläub alle Einwendgen/Einreden entgghalten, die vor (§§ 404, 405 [Breslau OLG **29**, 384] 1157) od nach (§§ 406–408) dem FdgsÜbergang (aber vor Kenntn von ihm) entstanden sind; §§ 1156, 1157 gelten nicht. Neuer Gläub kann sich nicht auf § 892 berufen.

4 **4)** Auf die **Grund/Rentenschuld** entspr anwendb (§ 1192 I).

1159 ***Rückständige Nebenleistungen.*** **I Soweit die Forderung auf Rückstände von Zinsen oder anderen Nebenleistungen gerichtet ist, bestimmt sich die Übertragung sowie das Rechtsverhältnis zwischen dem Eigentümer und dem neuen Gläubiger nach den für die Übertragung von Forderungen geltenden allgemeinen Vorschriften. Das gleiche gilt für den Anspruch auf Erstattung von Kosten, für die das Grundstück nach § 1118 haftet.**

II Die Vorschriften des § 892 finden auf die im Absatz 1 bezeichneten Ansprüche keine Anwendung.

1) Allgemeines. § 1159 erleichtert die Übertragg u beschränkt den Erwerberschutz bei rückständ NebenleistgsAnspr (§ 1115 Rn 9) u Künd/RVerfolggsKosten iSv § 1118; die Übertragg kann mit od ohne HauptFdg erfolgen. Rückstände sind bei Übertragg bereits fällig gewesene Anspr (RG **91**, 297 [301]). Eine isoliert übertragene u eine nach Übertragg nur der HauptFdg beim bish Gläub verbliebene RückstandsHyp ist dch das Bestehen der HauptFdgsHyp auflösd bdgt (LG Regbg MittBayNot **87**, 102 [Löschg der HauptFdgsHyp ohne Zustimmg des RückstandsGläub]; str). 1

2) Übertragung. – a) Form. Abtretg bei Brief- u BuchHyp nach §§ 398 ff (nicht §§ 1153, 1154; Brschw OLG **15**, 336); bei Abtretg der RückstandsFdg ohne Hyp (§ 401) erlischt die Hyp für sie. Für bloße RückstandsHyp GBEintr (KG JFG **6**, 323) u Teilbriefbildg unzuläss; Rangänderg ohne GBEintr u Eigtümer-Zust zuläss (RG **88**, 160). Belastg nach §§ 1069, 1274/1279; Pfändg/Überweisg nach ZPO 829, 830 III 1, 835, 837 II. – **b) Beschränkung des Erwerberschutzes** bei Übertragg dch RGesch/Gesetz/Hoheitsakt wie § 1158 Rn 3. § 891 anwendb, solange HauptFdgsHyp eingetragen. 2

3) Auf die **Grund/Rentenschuld** entspr anwendb (§ 1192 I). 3

1160 ***Geltendmachung der Briefhypothek.*** **I Der Geltendmachung der Hypothek kann, sofern nicht die Erteilung des Hypothekenbriefs ausgeschlossen ist, widersprochen werden, wenn der Gläubiger nicht den Brief vorlegt; ist der Gläubiger nicht im Grundbuch eingetragen, so sind auch die im § 1155 bezeichneten Urkunden vorzulegen.**

II Eine dem Eigentümer gegenüber erfolgte Kündigung oder Mahnung ist unwirksam, wenn der Gläubiger die nach Absatz 1 erforderlichen Urkunden nicht vorlegt und der Eigentümer die Kündigung oder die Mahnung aus diesem Grunde unverzüglich zurückweist.

III Diese Vorschriften gelten nicht für die im § 1159 bezeichneten Ansprüche.

1161 ***Geltendmachung der Forderung.*** **Ist der Eigentümer der persönliche Schuldner, so finden die Vorschriften des § 1160 auch auf die Geltendmachung der Forderung Anwendung.**

1) Allgemeines. – a) Der **dingliche Schuldner** kann verlangen, daß sich der BriefHypGläub dch Vorlegg (am Ort der Geltdmachg) des Briefes (od AusschlUrt; § 1162) u iF seiner NichtEintr auch der ÜbertrUrk ausweist (§ 1160). Kann Gläub ÜbertgrUrk nicht vorlegen, muß er GBBerichtigg herbeiführen. WidersprR mit dingl Wirkg ausschließb; Ausschl dch Einigg u Eintr (auch gem § 874; Ffm DNotZ **77**, 112). – **b)** Der **persönliche Schuldner** hat das WidersprR, wenn er zugl Eigtümer ist (§ 1161); sonst gelten §§ 371, 410 I 2, 810. – **c)** Bei **Rückständen** (§ 1159) gelten §§ 1160, 1161 nicht (§§ 1160 III, 1161); Legitimation nach § 410 I 2. 1

2) Geltendmachung von Hyp/Fdg. – **a) Gerichtlich** (§§ 1160 I, 1161); auch § 894 (RG HRR **30** Nr 1926). Vorlegg gehört nicht zur Klagebegründg (Ausn: UrkProz), sond muß erst auf Einrede erfolgen. Ohne Vorlegg Klageabweisg, keine Zug-um-Zug-Verurteilg (RG **55**, 224). Vorlegg hindert nicht Bestreiten des GläubR u Verlangen nach § 1144. – **b) Außergerichtlich** (§§ 1160 II, 1161). Neben Künd u Mahng auch jede and Art; zB Geltdmachg der Verfallklausel (Brschw DRiZ Rspr **29** Nr 153), Aufrechng (Königsberg OLG **12**, 306). Ohne unverzügl (§ 121) Zurückweisg sind Künd usw wirks. 2

3) Auf die **Grund/Rentenschuld** ist § 1160 entspr anwendb (§ 1192 I), nicht aber § 1161. 3

1162 ***Aufgebot des Hypothekenbriefs.*** **Ist der Hypothekenbrief abhanden gekommen oder vernichtet, so kann er im Wege des Aufgebotsverfahrens für kraftlos erklärt werden.**

1) Allgemeines. Der Gläub verliert seine Rechte dch Briefverlust nicht, kann sie aber wg §§ 1154, 1160, 1161 nicht übertragen u ausüben. Unabdingb § 1162 soll Verkehrsfähigk wiederherstellen. – **a) Abhandenkommen/Vernichten** wie in § 799 (Rebe AcP **173**, 189). Nach Normzweck ausreichd, daß Besitzer sich Vollstreckg des HerausgUrt entzieht (Hbg HRR **36** Nr 401; aA RG **155**, 74). – **b) Aufgebotsverfahren** nach ZPO 946–959, 1003–1018, 1024. 1

2) Kraftloserklärung dch Erlaß des AusschlUrt (ZPO 957 I, 1017 I). – **a) Wirkung.** Brief wird kraftlos u kann keinen gutgl Erwerb mehr vermitteln (KGJ **45**, 294). UrtVorlegg genügt nur für Geltdmachg ggü Eigtümer u Schuldn nach §§ 1160, 1161 (ZPO 1018 I) u iFv GBO 41 II 2. Sonst (zB für §§ 1144, 1154) muß neuer Brief nach GBO 67, 68 erstellt sein; doch statt BriefÜberg genügt ÜbergErs nach § 1117 I 2, II (BayObLG **87**, 97). Wer von AusschlUrt Gebr macht, muß als Gläub im GB eingetragen od nach § 1155 (keine KraftlosErkl dieser Urk) ausgewiesen sein od GläubR seines Vorgängers nachweisen; UrkBes begründet nicht Vermutg des § 1117 III (BayObLG aaO). – **b) Aufhebung** auf AnfKlage (ZPO 957 II). Alter Brief 2 wird wieder wirks u neuer kraftlos. Zweitl Leistgen bleiben nach Maßg ZPO 1018 III wirks; ebso gutl Dritterwerb agrd neuen Briefs.

3 **3) Sondervorschriften** für Verlust inf unwirks Maßn and Staaten u Kriegseinwirkgen: 50. Aufl, Rn 1, 4.

4 **4)** Auf die **Grund/Rentenschuld** entspr anwendb (§ 1192 I); vgl aber §§ 1195, 799.

1163 *Eigentümerhypothek.* **I Ist die Forderung, für welche die Hypothek bestellt ist, nicht zur Entstehung gelangt, so steht die Hypothek dem Eigentümer zu. Erlischt die Forderung, so erwirbt der Eigentümer die Hypothek.**

II Eine Hypothek, für welche die Erteilung des Hypothekenbriefs nicht ausgeschlossen ist, steht bis zur Übergabe des Briefes an den Gläubiger dem Eigentümer zu.

1 **1) Allgemeines. – a) Zweck.** Dch Entstehen eines EigtümerR soll der Rang für den Eigtümer gewahrt werden. Dies mag gerechtfertigt sein, wenn nachrang GrdPfdR wg ihres Nachrangs für den Eigtümer ungünstigere Konditionen (zB höhere Zinsen) haben. In heutiger Kreditpraxis trifft das vielfach nicht mehr zu (zB niedrig verzinsl nachrang BausparDarl/öff WohngsbauDarl); iü wird das erstrebte Ergebn dch § 1179a verhindert. – **b) Grundvoraussetzung.** Das dingl Recht muß wirks nach § 873 (ggf mit § 892) od dch Hoheitsakt (zB ZPO 867) entstanden sein. Es entsteht daher kein EigtümerR nach § 1163 (u § 1196): bei unwirks Einigg, auch wenn EigtümerErkl wirks (RG **106**, 136; Erm/Räfle Rn 6; Planck/Strecker Anm 2; aA Brem DNotZ **65**, 566; Soergel/Konzen Rn 5; Staud/Wolfsteiner § 1196 Rn 5); bei HypBestellg für WucherDarl (§ 138 Rn 75); bei Fehlen wesentl VollstrVoraussetzgen für ZwHyp (KGJ **53**, 189); bei aufschiebd bdgter od anfangsbefristeter HypBestellg (§ 1113 Rn 6). – **c) Gesamthypothek** vgl § 1172 Rn 1.

2 **2) Nichtentstehen der gesicherten Forderung (I 1). – a) Voraussetzungen.** Das Nichtentstehen kann zum einen aus allg Vorschr folgen: anfängl (zB §§ 117 [BGH **36**, 84], 125,134, 138) od rückwirkde (zB § 142 I) Nichtigk des fdgsbegründden RGesch; künft od aufschiebd bdgte Fdg (§ 1113 Rn 17). Es kann zum and aus SonderVorschr folgen: Verstoß gg InsO 226 (vgl RG Warn **31**, Nr 93); Nichtentstehen der DarlFdg mangels Hingabe/Empfang des Darlehns (vgl dazu § 607 Rn 6, 7; § 781 Rn 7 [unwahres Empfangsbekanntn]; BGH NJW **78**, 883 [idR keine Valutierg dch Aufrechng mit GgFdg des DarlGebers]), wobei bei der DamnoHyp die Fdg iH des zurückzuzahlden Betr entsteht (RG HRR **32** Nr 235). Eine kondizierb Fdg ist entstanden (RG **154**, 385), nach ihrer Herausg gilt I 2. Bei einer ArrestHyp fehlt die Fdg, wenn der ArrestAnspr nicht besteht (BGH WM **78**, 1130); bei ZwVollstr eines Urt im ordentl Proz sind die Einwendgen des Eigtümers gg die Fdg dch die RKraftWirkg u ZPO 767 II beschränkt.

3 **b) Rechtsfolgen.** Die Hyp steht unabhäng vom Ztpkt des Feststellens des Nichtentstehens der Fdg krG dem zu, der bei Entstehg des dingl Rechts wahrer Eigtümer war. Bei teilw Nichtentstehen der Fdg hat die TeilHyp des Gläub Vorrang (§ 1176). Bei Strafzinsen ist die Hyp aufschiebd bdgt u daher zunächst noch nicht entstanden (RG **136**, 74; KG JFG **9**, 270). Ist die DarlFdg wg Wuchers nichtig, so entsteht auch kein dingl Recht (§ 138 Rn 75). Zur Frage, ob die Hyp einen zufolge der Nichtigk der Fdg entstandenen Bereichergs-
4 Anspr als FremdHyp sichert, vgl § 1113 Rn 15. – **aa) Unabdingbarkeit.** Die Parteien können die RFolge des I 1 nicht mit dingl Wirkg ändern. Sie können aber das Entstehen der Fdg zur aufschiebdn Bdgg für das Entstehen des dingl Rechts machen (RG **136**, 74; KG JFG **9**, 270); es entsteht dann erst mit der Fdg u
5 sogleich als FremdHyp, während vor Entstehen der Fdg kein GrdPfdR besteht. – **bb) Eigentümergrundschuld.** Die Hyp wird mit ihrer Entstehg EigtümerGrdSch (§ 1177 I), die dem Eigtümer bei Veräußerg des Grdst ohne Mitübertragg der GrdSch als FremdGrdSch verbleibt. Solange die Fdg noch entstehen kann, gilt Rn 6–9. Kann sie nicht od nicht mehr entstehen, so ist bzw wird die EigtümerGrdSch endgült (BGH **60**, 226); GBBerichtigg nach § 894, GBO 22; § 1144 entspr anwendb (BGH NJW **78**, 883).

6 **c) Vorläufige Eigentümergrundschuld.** Solange die Fdg noch entstehen kann, ist die GrdSch des Eigtümers dch das Entstehen der Fdg auflösd bdgt (BGH **60**, 226). Das GB ist unricht; Gläub kann dem Anspr des Eigtümers aus §§ 894, 1144 aber den Anspr auf HypErwerb aus dem GrdGesch entgghalten (RG **153**,
7 167). – **aa) Anwartschaftsrecht des Gläubigers** (vgl Raiser, Dingl Anw, S 31 ff). Der Gläub hat ein AnwR, das unabhäng von ZwVfgen des Eigtümers (Übereigng/Belastg des Grdst) mit Entstehen der Fdg zum VollR (FremdHyp) erstarkt. Das AnwR ist gutgl erwerbb, wenn BuchEigtümer es bestellt od BuchGläub es überträgt. Es ist entspr §§ 1153, 1154 dch Abtretg der künft Fdg übertragb; zur Valutierg nach Übertragg vgl Rn 10. Tritt Gläub VollR statt AnwR ab, so gilt § 1138; kennt Erwerber die Nichtvalutierg, so ist Übertragg
8 des AnwR anzunehmen (§ 140). – **bb) Verfügungen des Eigentümers;** bedeuts für ZwFinanzierg (Rn 11). Eine vorläuf EigtümerBuchGrdSch kann der Eigtümer wg GBO 39 nicht übertragen, sofern er seine Berechtigg nicht gem GBO 29 nachweist. Auch eine Vormkg zur Sichg des Anspr auf GrdSchÜbertragg nach endgült Nichtvalutierg ist wg GBO 39 nicht eintragb (BayObLG **69**, 316; dazu Rimmelspacher JuS **71**, 14; aA MüKo/Eichmann Rn 49). Eine vorläuf EigtümerBriefGrdSch kann der Eigtümer nach §§ 1192, 1154 I,
9 1117 I 1 bzw I 2 iVm § 931 übertragen (BGH **53**, 60). – **cc) Zwangsvollstreckung.** In eine vorläuf EigtümerGrdSch wird wie in eine endgült vollstreckt (BGH NJW **61**, 601); Pfändg vorläuf EigtümerBuchGrdSch jedoch wg GBO 39 nicht eintragb (RG **120**, 110; Stöber Rn 1950), Eintr aber wirks (RG aaO; nach aA inhaltl unzuläss). Nach Valutierg ist das VollR aber unbelastet (§ 161 I 2).

10 **d) Entstehung der Forderung.** Vorbehaltl II wandelt sich die EigtümerGrdSch krG in eine Hyp des Gläub, auch wenn Grdst zweitl übereignet (RG **153**, 167). Hatte der Gläub sein AnwR übertragen u valutiert er (MüKo/Eickmann Rn 42) od der Erwerber (BGH **36**, 48), so erwirbt der Erwerber die Hyp ohne Dchgangserwerb.

11 **e) Zwischenfinanzierung;** zB wenn sich ein Bauendfinanzierer eine BriefHyp eintragen läßt, sie aber erst später valutiert (HypBank nach Baufertigstellg; Bausparkasse nach Auszahlgsreife), u Eigtümer zur Baufinanzierg ZwKredit bei einem and Kreditgeber aufnimmt. Eigtümer tritt zur Sichg des ZwKredits die vorläuf EigtümerGrdSch gem §§ 1154 I, 1117 I 2, 931 (vgl Rn 8) u den DarlAnspr gg den Endfinanzierer an den

ZwFinanzierer ab. Valutiert der Endfinanzierer seine Hyp dch Auszahlg des Darlehns an den ZwFinanzierer, so wird die GrdSch zur Hyp des Endfinanzierers. Scheitert die Endfinanzierg, so wird die vorläuf GrdSch des ZwFinanzierers zur endgült SichgsGrdSch. – Vorstehde Art der ZwFinanzierg hat stark an Bedeutg verloren, da die Endfinanzierer sich idR BuchGrdSch bestellen lassen, die mangels Anwendbark von § 1163 I 1 anfängl als FremdR entstehen. Zur Vermeidg einer nur dch GBEintr wirks werdden Hin- u RückÜbertragg an den ZwFinanzierer, begnügt sich dieser damit, daß der (mit ihm idR konzernmäß verbundene) Endfinanzierer die GrdSch für ihn als Treuhänder hält u Eigtümer ihm bis zur Ablösg des ZwKredits den RückgewährAnspr gg den Endfinanzierer abtritt.

3) Erlöschen der gesicherten Forderung (I 2). – a) Voraussetzungen. Das Erlöschen einer Fdg regelt das SchuldR (Übbl 1, 2 vor § 362). Die GläubBefriedigg führt nicht zum Erlöschen, wenn die Fdg auf den Befriedigden übergeht (zB §§ 268 III, 426 II, 774, 1143, 1150). Trotz Unabdingbark von I 2 (Rn 14) unterliegt die TilggsWirkg einer Zahlg der PartVereinbg (RG **143**, 70). Zuläss daher die Abrede, daß Zahlgen eine Fdg (Guthaben) des Schuldn gg den Gläub entstehen lassen u die Fdg mit der RFolge nach I 2 erst mit Auf-/Verrechng erlischt (KGJ **53**, 181; Erm/Räfle Rn 19; aA RG **104**, 68; MüKo/Eickmann Rn 38; Soergel/Konzen Rn 2). Zuläss Abrede, daß bei TilggsHyp Zahlg erst auf Zinsen u nach Tilgg der Jahreszinsleistg auf das Kapital zu verrechnen (RG **143**, 70; LG Lüb SchlHA **63**, 119). Zuläss Abrede, daß Tilgg (RG **142**, 156) od Erlaß (BayObLG **54**, 39) auflösd bdgt; auch die RFolge nach I 2 ist dann auflösd bdgt (RG **142**, 156). Zuläss Abrede, daß Erlaß aufschiebd bdgt dch Umwandlg der Hyp in FremdGrdSch (Erm/Räfle Rn 16). Zuläss Abrede bei Zahlg eines Dritten (zB GrdstErwerber), daß sie erst zu einem späteren Ztpkt zur Tilgg verwendet werden soll (KG JFG **23**, 102). 12

b) Rechtsfolge. Die Hyp geht krG auf den über, der im Ztpkt des Erlöschens der Fdg (bei Aufrechng beachte § 389) wahrer Eigtümer ist u bleibt ihm bei Aufn in geringstes Gebot nach Zuschlag erhalten (BGH **LM** § 91 ZVG Nr 2; Düss Rpfleger **96**, 298). Daher erwirbt der Veräußerer die Hyp, wenn der Gläub vor EigtUmschreibg befriedigt wird (KG JFG **23**, 102). Da der nichtverteilte Erlös an die Stelle des Grdst tritt u die dch Zuschlag erloschene Hyp sich an ihm fortsetzt, erwirbt der letzte Eigtümer vor dem Zuschlag den Anspr auf den VerstErlös, wenn die Fdg zw Zuschlag u Erlösverteilg erlischt (RG **88**, 300; **127**, 353). Bei teilw Erlöschen hat die RestHyp des Gläub Vorrang (§ 1176); so auch die ZinsHyp bei bloßer KapitalTilgg (Ottow JR **56**, 412). Über Befriedigg dch Miterben (od and GesSchuldn) od Vorerben vgl § 1143 Rn 6, 7. – 13
aa) Unabdingbarkeit. Die Parteien können die RFolge nach I 2 nicht mit dingl Wirkg ändern; sie können nur schuldrechtl vereinbaren, daß erst zu einem späteren Ztpkt Löschg/RückÜbertragg verlangt werden kann (RG **104**, 68). Deshalb nicht eintraggsfäh, daß eine zur Tilgg geleistete Zahlg erst später gutzuschreiben od als Tilgg zu verwenden ist (LG Esn Rpfleger **61**, 296; LG Kblz Rpfleger **63**, 198). Davon zu unterscheiden Abrede über Tilggswirkg einer Zahlg (Rn 12). Die RFolge des I 2 tritt aber nicht ein, wenn das Erlöschen der Fdg auflösde Bdgg für die Hyp ist. – **bb) Eigentümergrundschuld.** Die Hyp wird krG EigtümerGrdSch (§ 1177 I), die dem Eigtümer bei späterer GrdstÜbereigng als FremdGrdSch verbleibt (RG **129**, 27), sofern er sie nicht mitüberträgt. Über Eigtümerinsolvenz vgl § 1143 Rn 7. Übertragg auf den früh Gläub nach § 1153, 1154; Umwandlg in Hyp für and Fdg des früh Gläub nach § 1198 (BGH **LM** § 989 Nr 10). Rückumwandlg krG in urspr FremdHyp bei Eintritt auflösder Bdgg für FdgsErlöschen (Rn 12). – **cc) Ausnahmen** von I 2 bei Erlöschen der Fdg. Erlöschen der Hyp mit der Fdg (§§ 1178 I, 1181 I, vgl auch §§ 1173, 1174; RHeimstG 17 II 2 [vgl dazu Übbl 6 vor § 873]) od gesetzl FdgsAuswechselg mit Fortbestehen der Hyp (§§ 1164 I, 1173 II, 1174; VVG 104). 14 15 16

c) Künftige Eigentümergrundschuld. Vor Erlöschen der Fdg ist die künft EigtümerGrdSch kein verwertgsfäh Recht. Sie kann nicht übertragen/verpfändet (RG **145**, 343; BGH **53**, 60; Staud/Wolfsteiner Rn 48) od gepfändet (Ffm NJW **62**, 640; BayObLG MittBayNot **96**, 435; str) werden. ÜbertraggsAnspr nicht vormerkb (RG aaO; Hamm OLGZ **90**, 3). 17

4) Briefhypothek vor Briefübergabe (II). Vor BriefÜberg bzw ÜbergErs (§ 1117 I 2, II) steht dem Eigtümer eine EigtümerGrdSch zu, über die er verfügen u in die vollstreckt werden kann (wie Rn 8, 9); Gläub hat nur HypBestellgsAnspr aus dem GrdGesch, aber noch kein AnwR (Hamm Rpfleger **80**, 483) u erwirbt mit BriefÜberg bzw ÜbergErs krG die Hyp, wenn zu diesem Ztpkt die Fdg entstanden ist (sonst gem I 1 erst mit späterer Valutierg). Bei BriefÜberg in Eigtümerinsolvenz gilt InsO 91. 18

5) Auf die **Grund/Rentenschuld** ist II entspr anwendb (§ 1192 I; RG **77**, 106), nicht aber I (BayObLG MittBayNot **96**, 435). 19

1164 ***Übergang der Hypothek auf den Schuldner.*** **I Befriedigt der persönliche Schuldner den Gläubiger, so geht die Hypothek insoweit auf ihn über, als er von dem Eigentümer oder einem Rechtsvorgänger des Eigentümers Ersatz verlangen kann. Ist dem Schuldner nur teilweise Ersatz zu leisten, so kann der Eigentümer die Hypothek, soweit sie auf ihn übergegangen ist, nicht zum Nachteile der Hypothek des Schuldners geltend machen.**

II Der Befriedigung des Gläubigers steht es gleich, wenn sich Forderung und Schuld in einer Person vereinigen.

1) Allgemeines. Der nicht mit dingl Wirkg abdingb § 1164 betrifft nur eine der mögl Arten der GläubBefriedigg (vgl § 1113 Rn 21) u enthält eine Ausn von dem Grdsatz, daß eine Hyp beim Erlöschen der gesicherten Fdg zur EigtümerGrdSch wird (§§ 1163 I 2, 1177 I). Er gilt bei GesHyp nur, wenn die Grdst demselben Eigtümer gehören od der Schuldn von allen Eigtümern als GesSchuldn Ersatz verlangen kann; sonst gilt § 1174. 1

2) Voraussetzungen. – a) Befriedigung; freiwill (auch Aufrechng od Hinterlegg) od zwangsw. Die Fdg muß ganz od teilw erlöschen (RG **143**, 278 [284]); geht sie gem § 426 II auf einen GesSchuldn über, so erwirbt dieser insow die Hyp nach §§ 401, 412, 1153 (RG **65**, 414; KGJ **50**, 206; aA Dieckmann WM **90**, 2

1481 wenn kein AusglAnspr im InnenVerh). Befriedigg des BuchGläub genügt nicht, da keine Leistg auf dingl Recht (§ 893 Rn 2). Der Befriedigg stehen gleich: Vereinigg von Fdg u Schuld (II) u Erlaß (allgM); über gesetzl Aufhebg vgl KG JFG **17**, 224. – **b) Persönlicher Schuldner.** Befriedigen muß der nicht mit dem Eigtümer ident pers Schuldn (bei Identität gelten §§ 1163 I 2, 1177 I); auch nicht Mit- od GesHdsEigtümer
3 (vgl § 1143 Rn 6). – **c) Ersatzanspruch** des Schuldn gg den Eigtümer aus Gesetz od Vertr (zB §§ 415 III, 2166–2168; ZVG 53 I), weil der Eigtümer im Verhältn zum Schuldn befriediggspfl war (RG **131**, 154). Da ohne ErsAnspr §§ 1163 I 2, 1177 I gelten (RG **80**, 317), muß der ErsAnspr schon im Ztpkt der Befriedigg bestehen. Es genügt ein ErsAnspr gg den RVorgänger des Eigtümers, sofern der RGrd schon zu dessen EigtZeit bestand (Staud/Wolfsteiner 14). RVorgänger ist jeder frühere Eigtümer (RG **143**, 278 [290]) unabhäng von der Art des EigtÜbergangs (RG **89**, 77); uU auch nichteingetr ZwErwerber (RG **150**, 28 [33]). – **d) Beweislast** hat, wer sich auf HypÜbergang beruft (Baumgärtel/Laumen 1).

4 **3) Rechtsfolgen. – a) Hypothek.** Die Hyp (nach Erlöschen dch Zuschlag der Anspr auf der VerstErlös) geht krG auf den Schuldn über u sichert iW gesetzl FdgsAuswechselg den ErsAnspr (RG **131**, 154); daher § 1178 bei Befriedigg von NebenFdg/Kosten nicht anwendb (RG **143**, 278 [285]). Ist der ErsAnspr geringer als die befriedigte Fdg, so geht die übergegangene TeilHyp der TeilEigtümerGrdSch im Rang vor (I 2); eine RestHyp des Gläub bei TeilBefriedigg geht beiden vor (§ 1176). Die Bdggen der ErsFdg (zB Zins) sind für die Hyp maßg; VollstrUnterwerfg wirkt nicht fort, sond bedarf der Erneuerg (MüKo/Eickmann 16; Staud/Wolfsteiner 28). Eigtümer behält die Einreden gg die Hyp (§ 1157; § 892 mangels rgesch Erwerbs nicht anwendb); er hat Einreden gg ErsAnspr (§ 1137) aus seinem RVerh zum Schuldn. – **b) Grundbuch.** Es wird unricht; Berichtigg agrd EintrBew des Eigtümers (str) u des bish Gläub (GBO 19, 29) od agrd Unrichtigk-Nachw (GBO 22, 29).

5 **4)** Auf die **Grund/Rentenschuld** nicht anwendb (§ 1191 Rn 34), da Folge der FdgsAbhängigk.

1165 ***Freiwerden des Schuldners.*** **Verzichtet der Gläubiger auf die Hypothek oder hebt er sie nach § 1183 auf oder räumt er einem anderen Rechte den Vorrang ein, so wird der persönliche Schuldner insoweit frei, als er ohne diese Verfügung nach § 1164 aus der Hypothek hätte Ersatz erlangen können.**

1 **1) Allgemeines.** Der nur mit schuldrechtl Wirkg abdingb § 1165 schützt den mit dem Eigtümer nicht ident pers Schuldn, der inf Maßn des Gläub bei dessen Befriedigg keine od eine rangschlechtere RegreßHyp nach §§ 1164 erwerben würde. Entspr anwendb, wenn Gläub absichtl HypSichg zum Nachteil des Eigtümers nicht ausnutzt (Staud/Wolfsteiner 6; aA Erm/Räfle 2); vgl auch § 1175 Rn 4.

2 **2) Voraussetzungen. – a) Maßnahme,** die dazu führt, daß der pers Schuldn bei GläubBefriedigg keine RegreßHyp (§ 1164) mindestens im urspr Rang erwibt; daher neben Verzicht (§§ 1168, 1175 I 1), Aufhebg (§ 1183) u RangRücktr (§ 880) auch: FdgsAuswechselg (§ 1180), Umwandlg u GrdSch (§ 1198; vgl Rn 4), Entlassg eines TeilGrdst aus der Haftg. Wille zur SicherhAufg u damit Kenntn der Fdg nicht erforderl (aA RG HRR **29** Nr 199). Bei and Maßn (zB Gestattg der Entferng von Zubeh) hat Schuldn nur § 826 (Erm/Räfle 2; Staud/Wolfsteiner 6; hM). – **b) Befriedigungsbeeinträchtigung** gegeben, wenn Schuldn sich ohne die Maßn bei HypErwerb nach § 1164 wg seines ErsAnspr aus dem Grdst hätte befriedigen können; Schuldn wird also nicht frei, soweit die Hyp nach Rang u GrdstWert ohnehin keine Befriedigg erbracht hätte (Staud/Wolfsteiner 8). – **c) Beweislast** hat der Schuldn (Baumgärtel/Laumen 1).

3 **3) Rechtsfolge.** Die gesicherte Fdg erlischt krG mit der Maßn, soweit die Befriedigg des ErsAnspr aus dem Grdst (and Vermögen unbeachtl; Dieckmann WM **90**, 1481 u hM; aA MüKo/Eickmann 12) inf der Maßn nicht mehr mögl. Bei Rangrücktr entsteht keine FremdGrdSch (sond EigtümerGrdSch), denn die zwingde RFolge aus §§ 1163 I 2, 1177 I kann auch dch die notw EigtümerZust nicht abbedungen werden (Erm/Räfle 4; RGRK/Thumm 6; Staud/Wolfsteiner 10; aA Soergel/Konzen 5). Befriedigt der Schuldn in Unkenntn der Maßn, so hat er RückFdgsAnspr aus §§ 812 ff.

4 **4)** Auf die **Grund/Rentenschuld** nicht anwendb (BGH NJW **89**, 1732; Reinicke/Tiedtke WM **91** Beilage 5; aA Dieckmann WM **90**, 1481), da § 1164 nicht anwendb.

1166 ***Benachrichtigung des Schuldners.*** **Ist der persönliche Schuldner berechtigt, von dem Eigentümer Ersatz zu verlangen, falls er den Gläubiger befriedigt, so kann er, wenn der Gläubiger die Zwangsversteigerung des Grundstücks betreibt, ohne ihn unverzüglich zu benachrichtigen, die Befriedigung des Gläubigers wegen eines Ausfalls bei der Zwangsversteigerung insoweit verweigern, als er infolge der Unterlassung der Benachrichtigung einen Schaden erleidet. Die Benachrichtigung darf unterbleiben, wenn sie untunlich ist.**

1 **1) Allgemeines.** Der nur mit schuldrechtl Wirkg abdingb § 1166 schützt den mit dem Eigtümer nicht ident pers Schuldn vor der Haftg aus der Fdg inf Ausfalls der Hyp; der Schuldn soll den Ausfall (zB dch eigenes Mitbieten od das anderer) verhindern können. Er gilt entspr bei zul PrivatVerk (§ 1149), nicht aber für Bürgen (RG **65**, 134).

2 **2) Voraussetzungen. – a) Ersatzanspruch** des pers Schuldn bzw dessen RVorgängers (RG JW **16**, 1409) bei GläubBefriedigg (§ 1164 Rn 3). Ohne solchen kann sich BenachrichtiggsPfl aus RVerhältn Gläub/ Schuldn ergeben (RG **65**, 134). – **b) Betreiben der Versteigerung** dch Antr auf Anordng (ZVG 15) od Zulassg des Beitritts (ZVG 27). – **c) Unterlassene/verspätete Benachrichtigung.** Der Anordngs-/BeitrittsGläub (RG Recht **14** Nr 2464) hat den pers Schuldn (bei GesSchuldn jeden) nicht unverzügl (§ 121 I 2) von Anordngs-/BeitrittsBeschl (ZVG 15, 27) benachrichtigt; vorherige Benachrichtigg reicht nicht (Karlsr OLG **12**, 136; Dresden OLG **26**, 158). Untunl (S 2) zB, wenn Schuldn unbekannt verzogen (Naumburg

OLG **31**, 352). – **d) Beweislast** für a) hat der Schuldn u für c) der Gläub (RG **54**, 369; Baumgärtel/Laumen 1, 4).

3) Rechtsfolge. LeistgsVerweigergsR (Einrede) des inf Ausfalls weiter aus der Fdg haftden Schuldn insoweit, als er bei unverzügl Benachrichtigg diesen Schaden wg Nichteintritts des Ausfalls nicht erlitten hätte; zB kein LeistgsVerweigergsR bei rechtzeit Kenntn auf and Weise (RG **54**, 369; JW **16**, 1409). BewLast hat Schuldn (RG **54**, 369; Baumgärtel/Laumen 2). 3

4) Auf die **Grund/Rentenschuld** nicht anwendb, da § 1164 nicht anwendb. 4

1167 *Aushändigung der Berichtigungsurkunden.* **Erwirbt der persönliche Schuldner, falls er den Gläubiger befriedigt, die Hypothek oder hat er im Falle der Befriedigung ein sonstiges rechtliches Interesse an der Berichtigung des Grundbuchs, so stehen ihm die in den §§ 1144, 1145 bestimmten Rechte zu.**

1) Anwendung der §§ 1144, 1145 auf den mit dem Eigtümer nicht ident pers Schuldn, der inf GläubBefriedigg nach §§ 426 II 1 (iVm 401, 412, 1153), 1164 (Nachw für ErsAnspr braucht Gläub nicht zu erbringen) od 1174 die Hyp erworben od rechtl Interesse an GBBerichtigg (zB § 439 II 1) hat. 1

2) Auf die **Grund/Rentenschuld** nicht entspr anwendb. 2

1168 *Verzicht auf die Hypothek.* **I Verzichtet der Gläubiger auf die Hypothek, so erwirbt sie der Eigentümer.**

II Der Verzicht ist dem Grundbuchamt oder dem Eigentümer gegenüber zu erklären und bedarf der Eintragung in das Grundbuch. Die Vorschriften des § 875 Abs. 2 und der §§ 876, 878 finden entsprechende Anwendung.

III Verzichtet der Gläubiger für einen Teil der Forderung auf die Hypothek, so stehen dem Eigentümer die im § 1145 bestimmten Rechte zu.

1) Allgemeines. Es sind zu unterscheiden: – **a) Verzicht** auf die Hyp (§ 1168; vgl auch § 418 I 2), wodch der Eigtümer sie erwirbt. – **b) Aufhebung** der Hyp (§§ 875, 1183), wodch sie erlischt. – **c) Erlaß** der gesicherten Fdg (§ 397), wodch der Eigtümer die Hyp erwirbt (§§ 1163 I 2, 1177). 1

2) Voraussetzungen. – a) Verzichtserklärung. Formfreie einseit empfangsbedürft WillErkl. Sie enthält eine Vfg über die Hyp u muß auf unbdgte Aufgabe der Hyp als ein dem Gläub zustehdes Recht gerichtet sein (Celle WM **85**, 1112). Gebr des Wortes „Verzicht" nicht notw; der Wille, das Recht fortbestehen zu lassen, muß erkennb sein, zB Bewilligg der Umschreibg auf Eigtümer (Dresden JFG **5**, 366) im Ggs zur LöschgsBew (KG JFG **18**, 201; Hamm FGPrax **98**, 208). Erklärgsberecht ist der wahre RInh (bzw der für ihn VfgsBefugte) im Ztpkt der VerzEintr; §§ 893, 1155 auf Erkl eines Nichtberecht anwendb. Empfangsberecht sind der Eigtümer u das GBA (**II 1**; vgl § 875 Rn 6); iF bloßen Bucheigtümers ist Erkl ihm ggü unwirks, währd bei Erkl ggü GBA wahrer Eigtümer die Hyp erwirbt (Staud/Wolfsteiner 28). §§ 875, 878 anwendb **(II 2).** – **b) Eintragung** des Verzichts im GB (nicht nur auf HypBrief) ist konstitutiv für RErwerb nach I (BGH Rpfleger **88**, 495); Ausn: §§ 418 I 2, 1178 II. Unrechtm gelöschte Hyp muß zuvor wiedereingetr werden (RG **120**, 230). Eintragg auf Antr des Eigtümers od Gläub (GBO 13) u EintrBew (nicht LöschgsBew; KGJ **32**, 257) des Gläub u DrittGläub (GBO 19, 29). Gleichzeit Umschreibg auf Eigtümer nur auf dessen Antr (Haegele/Schöner/Stöber 2709). Löschg auf EigtümerAntr erst nach VerzEintr (Erm/Räfle 4; Haegele/Schöner/Stöber 2710; aA Schlesw Rpfleger **65**, 178). – **c) Drittgläubigerzustimmung** bei Belastg der Hyp (**II 2**, § 876). 2 3

3) Wirkung. – a) Die **Hypothek** geht krG auf den über, der bei Vorliegen aller VerzVoraussetzgen wahrer Eigtümer ist, u wird EigtümerGrdSch (I, § 1177); Ausn: §§ 1175, 1178. MitEigtümer erwerben zu entspr Anteil (KG RJA **8**, 62). Bei TeilVerz hat die RestHyp des Gläub Rang vor der TeilGrdSch des Eigtümers (§ 1176). EigtümerEintr ist GBBerichtigg. – **b)** Die **Forderung** bleibt unberührt; oft enthält der HypVerz aber auch einen FdgsErlaß (RG Warn **42** Nr 43). 4

4) Sonderfälle. – a) Durch Zuschlag erloschene Hypothek. Formfreier Verzicht ggü VollstrSchuldn (str) od VollstrGer ohne GBEintr (RG JW **31**, 2733). Anspr auf ErlösAnt geht auf letzten Eigtümer vor Zuschlag über (BGH **39**, 242). – **b) Sonstige.** GesamtHyp: § 1175; Hyp an GrdstTeil: § 1175 Rn 3; RückstandsHyp: § 1178; BruchtAnt an Hyp: Staudenmaier BWNotZ **65**, 320; Planck/Strecker 3 e. 5

5) Auf die **Grund/Rentenschuld** entspr anwendb (§ 1192 I). Verz auf EigtümerGrdSch ist Aufhebg. 6

1169 *Dauernde Einreden.* **Steht dem Eigentümer eine Einrede zu, durch welche die Geltendmachung der Hypothek dauernd ausgeschlossen wird, so kann er verlangen, daß der Gläubiger auf die Hypothek verzichtet.**

1) Allgemeines. – a) Dauernde Einreden gg die Fdg, die der Eigtümer nach § 1137 ggü der Hyp geltd machen kann (§ 1137 Rn 4, 5), sowie gg die Hyp aus dem pers RVerhältn zw Eigtümer u Gläub (§ 1137 Rn 1, 2) berühren den Bestand der Hyp nicht, mangels VerwertgsMöglichk für den Gläub gibt § 1169 aber VerzAnspr. – **b) Zeitweise Einreden** gg Fdg/Hyp können nur den Anspr aus § 1147 zeitw abwehren. – **c) Einwendungen** gg die Fdg (RG Warn **34** Nr 96) od die Hyp geben Anspr aus § 894 (nicht § 1169). 1

2) Verzichtsanspruch. – a) Inhalt. Eigtümer kann vom Gläub VerzErkl nach § 1168 (auch AufgErkl nach § 875; RG **91**, 218 [226]), EintrBew u BriefHerausg (RG aaO) verlangen, nicht aber FdgsAbtretg. Ist 2 die Hyp dch Zuschlag erloschen, hat der VollstrSchuldn Anspr auf den auf die Hyp entfallden Erlös (BGH **LM** ZVG § 91 Nr 14). – **b) Sicherung.** VerzAnspr nicht eintraggsfäh (KGJ **33** A 258). Sichg gg einredefreien Erwerb dch Eintragg der Einrede, eines Widerspr (§§ 1138, 1157, 899) od einer Vormerkg (hM; aA Planck/Strecker Anm 3 d). – **c) Verfügung** (Abtretg [BGH NJW **85**, 800], Verpfändg, Pfändg) mögl. Übergang auf GrdstErwerber nur bei zumind stillschw Abtretg (BGH **LM** Nr 1).

3 **3)** Auf die **Grund/Rentenschuld** bzgl Einreden gg die GrdSch (zB aus SichgsVertr, § 1191 Rn 20) entspr anwendb (§ 1192 I); hier kann Gläub auch GrdSchAbtretg an Dritten verlangen.

1170 *Ausschluß unbekannter Gläubiger.* **I Ist der Gläubiger unbekannt, so kann er im Wege des Aufgebotsverfahrens mit seinem Rechte ausgeschlossen werden, wenn seit der letzten sich auf die Hypothek beziehenden Eintragung in das Grundbuch zehn Jahre verstrichen sind und das Recht des Gläubigers nicht innerhalb dieser Frist von dem Eigentümer in einer nach § 208 zur Unterbrechung der Verjährung geeigneten Weise anerkannt worden ist. Besteht für die Forderung eine nach dem Kalender bestimmte Zahlungszeit, so beginnt die Frist nicht vor dem Ablaufe des Zahlungstags.**

II Mit der Erlassung des Ausschlußurteils erwirbt der Eigentümer die Hypothek. Der dem Gläubiger erteilte Hypothekenbrief wird kraftlos.

1 **1) Allgemeines.** § 1170 erleichtert dem Eigtümer den Nachw der GBUnrichtigk, denn er braucht das Erlöschen der Fdg mit der Folge aus §§ 1163 I, 1177 nicht zu behaupten. Ausschl einz BruchtGläub mögl (Brachvolgel DNotZ **29**, 139), nicht aber einz GesHdsGläub (Wieczorek ZPO § 982 Rn B I b).

2 **2) Voraussetzungen. – a) Gläubiger unbekannt.** Er muß trotz nachweisb Bemühgen der Pers nach unbekannt sein od sein GläubR nicht nachweisen können (KG OLGZ **70**, 323) bzw verschweigen (LG Düss NJW-RR **95**, 1232). Bei nur unbekannten Aufenthalt muß Eigtümer mittels öff Zustellg § 894-Klage erheben u HypErwerb darlegen (LG Bückebg Rpfleger **58**, 320; aA LG Augsbg MittBayNot **81**, 131 [bei BriefR]; LG Erf Rpfleger **94**, 310; LG Aachen NJW-RR **98**, 87); vgl aber GBBerG 6 I a. – **b) Fristablauf.** 10 Jahre nach letzter (unter GläubMitwirkg erfolgter; RGRK/Thumm Rn 4; str) Eintragg bei der Hyp u auch 10 Jahre nach letztem § 208 entspr Anerkenntn (KG aaO). FrBeginn bei von Künd unabhäng Fälligk in beiden Fällen erst nach FälligkEintritt (RG **101**, 312 [316]).

3 **3) Aufgebotsverfahren** nach ZPO 946–959, 982–986, 1024. AntrR des Eigtümers pfändb (Ffm NJW **62**, 640).

4 **4) Ausschlußurteil. – a) Wirkung.** Mit Verkündg erwirbt derzeit Eigtümer die Hyp lastenfrei (KG OLG **15**, 379) als EigtümerGrdSch (II 1, 1177; für GesamtHyp vgl § 1175 II); GBEintr ist nur Berichtigg, vor deren Vollzug gutgl Erwerb einer BuchHyp mögl. HypBrief wird ohne Aufgebot kraftlos (II 2); sodaß kein gutgl Erwerb einer BriefHyp mehr mögl. Kein Erwerb/Kraftloswerden, solange Vorbeh nach ZPO 953 nicht dch Verzicht od Urt beseitigt (RG **67**, 95; KG OLG **12**, 278). Die gesichtete Fdg bleibt unberührt (KG OLGZ **70**, 323). – **b) Aufhebung** auf AnfKlage (ZPO 957 II). Gläub erwirbt die Hyp vorbehaltl gutgl ZwErwerbs wieder u der Brief wird wieder wirks.

5 **5)** Auf die **Grund/Rentenschuld** entspr anwendb (§ 1192 I).

1171 *Ausschluß durch Hinterlegung.* **I Der unbekannte Gläubiger kann im Wege des Aufgebotsverfahrens mit seinem Rechte auch dann ausgeschlossen werden, wenn der Eigentümer zur Befriedigung des Gläubigers oder zur Kündigung berechtigt ist und den Betrag der Forderung für den Gläubiger unter Verzicht auf das Recht zur Rücknahme hinterlegt. Die Hinterlegung von Zinsen ist nur erforderlich, wenn der Zinssatz im Grundbuch eingetragen ist; Zinsen für eine frühere Zeit als das vierte Kalenderjahr vor der Erlassung des Ausschlußurteils sind nicht zu hinterlegen.**

II Mit der Erlassung des Ausschlußurteils gilt der Gläubiger als befriedigt, sofern nicht nach den Vorschriften über die Hinterlegung die Befriedigung schon vorher eingetreten ist. Der dem Gläubiger erteilte Hypothekenbrief wird kraftlos.

III Das Recht des Gläubigers auf den hinterlegten Betrag erlischt mit dem Ablaufe von dreißig Jahren nach der Erlassung des Ausschlußurteils, wenn nicht der Gläubiger sich vorher bei der Hinterlegungsstelle meldet; der Hinterleger ist zur Rücknahme berechtigt, auch wenn er auf das Recht zur Rücknahme verzichtet hat.

1 **1) Allgemeines.** § 1171 ermöglicht den GläubAusschl vor FrAblauf nach § 1170, sofern der Gläub dch Hinterlegg befriedigt wird. Wg Brucht-/GesHdsGläub vgl § 1170 Rn 1.

2 **2) Voraussetzungen. – a) Gläubiger unbekannt.** Wie § 1170 Rn 2. Bei nur unbekanntem Aufenth muß Eigtümer nach §§ 132 II, 1141 II kündigen u nach Hinterlegg mittels öff Zustellg § 894-Klage erheben. – **b) Befriedigungs-/Kündigungsberechtigung** des Eigtümers (§§ 1141, 1142). – **c) Hinterlegung** des Kapitals, der Zinsen iRv II 2 u der and Nebenleistgen unter RücknVerz bis zum Urt (ZPO 987 IV).

3 **3) Aufgebotsverfahren** nach ZPO 982–985, 987, 1024 I.

4 **4) Ausschlußwirkung. – a) Forderung.** Gläub gilt mit UrtErlaß als befriedigt (II 1); Befriedigg schon mit Hinterlegg, wenn deren Voraussetzgen vorlagen. Gläub kann sich aus HinterleggsBetr in der Frist von III befriedigen; danach kann der Eigtümer (od sein RNachf) den Betrag in der Frist von HintO 19 beanspruchen. – **b) Hypothek** (für GesamtHyp vgl §§ 1172, 1173). Ist der Eigtümer im Ztpkt von II 1 nicht pers Schuldn,

so erwirbt er Fdg u Hyp (§ 1143). Ist er im Ztpkt von II 1 zugl pers Schuldn, so erwirbt er die Hyp als GrdSch (§§ 1163 I 2, 1177); hat er aber zw (nicht befreiender) Hinterlegg u UrtErlaß das Grdst übereignet, so erwirbt er iF eines ErsAnspr gg den Erwerber die Hyp (§ 1164 I 1), anderenf wird die Hyp GrdSch des Erwerbers (§§ 1163 I 2, 1177). – **c) Hypothekenbrief.** Wird ohne Aufgebot kraftlos (II 2); kein gutgl Erwerb einer BriefHyp mehr mögl.

5) Auf die **Grund/Rentenschuld** entspr anwendb (§ 1192 I). 5

1172 *Eigentümer-Gesamthypothek.*

I Eine Gesamthypothek steht in den Fällen des § 1163 den Eigentümern der belasteten Grundstücke gemeinschaftlich zu.

II Jeder Eigentümer kann, sofern nicht ein anderes vereinbart ist, verlangen, daß die Hypothek an seinem Grundstück auf den Teilbetrag, der dem Verhältnisse des Wertes seines Grundstücks zu dem Werte der sämtlichen Grundstücke entspricht, nach § 1132 Abs. 2 beschränkt und in dieser Beschränkung ihm zugeteilt wird. Der Wert wird unter Abzug der Belastungen berechnet, die der Gesamthypothek im Range vorgehen.

1) Allgemeines. § 1172 ergänzt § 1163 bei einer GesamtHyp an Grdst od sonstigen BelastgsGgst (§ 1132 Rn 3) verschied Eigtümer; gehören sie demselben Eigtümer, so gelten § 1163 (statt I) u § 1132 II (statt II). 1

2) Gesamteigentümergrundschuld (I, § 1177 I).

a) Entstehung. – **aa) § 1163 I 1:** Die dch GesamtHyp gesicherte Fdg ist (noch) nicht entstanden. – 2
bb) § 1163 I 2: Die dch GesamtHyp gesicherte Fdg ist erloschen. Bei Erlöschen dch Befriedigg des Gläub gilt I nicht bei Befriedigg aus dem Grdst (§§ 1181, 1182); bei and Befriedigg nur, wenn entw alle Eigtümer, die zugl pers Schuldn (sind sie es nicht, so gelten §§ 1143, 1153), gemschaftl befriedigen (vgl § 1173 Rn 3) od wenn pers Schuldn, der nicht zugl Eigtümer, befriedigt, ohne ErsAnspr gg einen Eigtümer zu haben (vgl § 1174). – **cc) § 1163 II:** Bei GesamtBriefHyp vor BriefÜberg.

b) Rechtsinhaber sind alle Eigtümer in BruchtGemsch iSv §§ 741 ff (BGH NJW-RR **86**, 233), deren 3
Anteile sich nach II berechnen (Ffm DNotZ **61**, 411) u häufig vor Verteilg nicht feststehen. Über die GesamtGrdSch im ganzen können die Eigtümer nur gemschaftl verfügen (§ 747 S 2), zB dch Aufhebg/Verzicht bzgl einz Grdst. Über seinen Anteil kann jeder Eigtümer verfügen (§ 747 S 1); er ist auch pfändb (AG Obernburg MDR **64**, 846). GrdstVeräußerg läßt RInhabersch unberührt, nur wird die GrdSch am veräußerten Grdst zur FremdGrdSch des Veräußerers (BGH aaO).

3) Zuteilung als Einzelgrundschuld. – **a) Zuteilung.** Nach § 747 S 2, § 1132 II können die MitBe- 4
recht die GesamtGrdSch beliebig verteilen. II gibt jedem das Recht, die Zuteilg einer EinzelGrdSch iH seines Anteils zu verlangen; Dchführg nach § 1132 Rn 11, wobei ZuteilgsErkl notf nach ZPO 894 herbeizuführen ist. Auf den and Grdst kann der Rest GesamtGrdSch der übrigen MitBerecht bleiben. – **b) Anteilberech-** 5
nung. Für GrdstWerte u Belastgen ist Ztpkt der GesamtGrdSchEntstehg maßg. Abzuziehen sind auch EigtümerGrdSch u (wenn gesicherter Anspr im maßg Ztpkt besteht) Vormkgen, nicht aber RangVorbeh. Vorgehde GesamtGrdPfdR sind mit vollem Betrag abzuziehen. Bei GesamtGrdSch an MitEAnt desselben Grdst entsprechen die Anteile den MitEAnt, wenn vorgehde Belastgen nicht vorhanden od auf allen MitEAnt gleichmäß lasten; spätere Änderg der BeteiliggsVerh am GrdstEigt ändert nicht das an der GesamtGrdSch (RG JW **38**, 3236). – **c) Abweichende Vereinbarung** zuläss. Vor Entstehg der GesamtGrdSch nicht eintraggsfäh; 6
nach ihrer Entstehg sind Vereinbgen (insb nach § 751) für Wirkg ggü RNachf eintraggsbedürft.

4) Auf die **Grund/Rentenschuld** nicht anwendb, da Folge der FdgsAbhängigk. 7

1173 *Befriedigung durch einen der Eigentümer.*

I Befriedigt der Eigentümer eines der mit einer Gesamthypothek belasteten Grundstücke den Gläubiger, so erwirbt er die Hypothek an seinem Grundstücke; die Hypothek an den übrigen Grundstücken erlischt. Der Befriedigung des Gläubigers durch den Eigentümer steht es gleich, wenn das Gläubigerrecht auf den Eigentümer übertragen wird oder wenn sich Forderung und Schuld in der Person des Eigentümers vereinigen.

II Kann der Eigentümer, der den Gläubiger befriedigt, von dem Eigentümer eines der anderen Grundstücke oder einem Rechtsvorgänger dieses Eigentümers Ersatz verlangen, so geht in Höhe des Ersatzanspruchs auch die Hypothek an dem Grundstücke dieses Eigentümers auf ihn über; sie bleibt mit der Hypothek an seinem eigenen Grundstücke Gesamthypothek.

1) Allgemeines. – **a) Geltungsbereich.** § 1173 ergänzt §§ 1143, 1163 I 2 bei GesamtHyp an Grdst od 1
sonstigen BelastgsGgst (§ 1132 Rn 3) verschied Eigtümer (Hamm FGPrax **98**, 208); gehören sie demselben Eigtümer, so gelten §§ 1143, 1163 I 2. Er behandelt nur das Schicksal der Hyp, läßt also zB § 1143 I unberührt. – **b) Ersatzanspruch** iSv II ergibt sich nicht aus der GesamtHyp als solcher (BGH NJW-RR **95**, 2
589; Becher, Die Beweggsvorgänge bei der GesamtHyp, Diss Köln 1976, S 64 ff), sond muß auf bes schuldr RVerh vertragl (zB nicht genehmigte SchuldÜbern dch Erwerber eines Trennstücks) od gesetzl (zB § 426 I [BGH aaO]) Art zw den Eigtümern beruhen. Anspr auf Ers der Zinsen genügt (KGJ **47**, 210).

2) Voraussetzungen. – **a) Ein Eigentümer** befriedigt den Gläub; gleich steht, daß mehrere od alle nur 3
im eigenen Namen TeilBetr zahlen (vgl dazu Becher [Rn 2] S 85 ff). § 1173 gilt nicht bei gemschaftl Befriedigg dch alle Eigtümer (vgl § 1172 Rn 2); diese liegt auch vor, wenn einer namens aller zahlt od jeder einen TeilBetr namens aller zahlt (Planck/Strecker Anm 2 a), was bei zeitl ZusHang der TeilZahlgen iZw anzunehmen (MüKo/Eickmann § 1172 Rn 7). Löschgsfäh Quittg muß wg der unterschiedl dingl RFolgen erkennen lassen, in wessen Namen (für wessen Rechng) gezahlt ist. – **b) Befriedigung** jeder Art (Leistg, 4

Aufrechng, befreiende Hinterlegg) mit Ausn der Befriedigg aus dem Grdst (§§ 1181, 1182). Auf BewegGrd/Zweck u Willen, als Eigtümer zu zahlen, kommt es nicht an (RG **157**, 297). Hinterlegg nach § 1171 genügt. § 1173 anwendb bei Erlaß, wenn ein Eigtümer pers Schuldn ist; haftet mit ihm ein NichtEigtümer, so gilt § 1173, wenn beiden erlassen wird (Grdst haftet aber weiter für Schuld des NichtEigtümers, wenn nur dem
5 Eigtümer erlassen wird). – **c) Gleichgestellt der Befriedigung (I 2)** sind: **aa)** Übertr des GläubR auf einen Eigtümer, dh Erwerb der Fdg nebst Hyp dch RGesch (BGH **40**, 115) od krG (zB Erbfolge; RG HRR **33** Nr 1656), wenn Erwerber bei RErwerb schon (RG **77**, 149) u noch (RG **81**, 82) Eigtümer eines mithaftden Grdst ist. **bb)** Vereinigg von Fdg u Schuld in der Pers eines Eigtümers, wodch die Fdg erlischt (BGH **40**, 115); dies setzt voraus, daß Eigtümer zugl pers Schuldn war (Kiel SeuffA **66** Nr 136). § 1173 daher nicht anwendb, wenn Gläub ein Grdst erwirbt, ohne zugl pers Schuldn zu werden (RG **77**, 149; KGJ **51**, 299). –
6 **d) Zwangsversteigerung.** Zur Anwendg von § 1173, wenn Ersteher den Gläub, dessen GesamtHyp in geringstes Gebot aufgen, befriedigt, vgl MüKo/Eickmann Rn 17 ff; Staud/Wolfsteiner Rn 17.

7 **3) Rechtsfolgen.** Bei teilw Befriedigg hat die RestBetrGesamtHyp des Gläub Vorrang vor allen übrigen GrdPfdR nach Rn 7–10 (§ 1176). – **a) Hypothek am eigenen Grundstück** erwirbt befriedigder Eigtümer (I 1 Halbs 1) in voller Höhe (BGH NJW **83**, 2449); gehören ihm mehrere mithaftde Grdst, so erwirbt er sie als GesamtR. Hat er keinen ErsAnspr gg einen and Eigtümer (vgl Rn 2), so ist zu unterscheiden (vgl RG **157**, 297): war er pers Schuldn, so wird die Hyp wg Erlöschens der Fdg zur EigtümerGrdSch (§§ 1163 I 2, 1177 I); war er es nicht, so sichert sie als EigtümerHyp (§ 1177 II) die nach § 1143 I erworbene Fdg. Hat er
8 einen ErsAnspr, so sichert sie diesen als EigtümerHyp (vgl Rn 9). – **b) Hypothek am fremden Grundstück.** Sie erlischt krG (Löschg ist GBBerichtigg) u Nachrangige rücken auf, wenn befriedigder Eigtümer keinen ErsAnspr (vgl Rn 2) gg dessen Eigtümer hat (I 1 Halbs 2); § 1143 II schließt aus, daß mit Erwerb der Fdg nach § 1143 I die sie sichernde Hyp am fremden Grdst nach § 1153 I erworben wird (Becher [Rn 2] S 62; RGRK/Thumm Rn 10; aA MüKo/Eickmann Rn 12). Hat er einen ErsAnspr, so erwirbt er die Hyp
9 als FremdHyp, die den ErsAnspr sichert (vgl Rn 9). – **c) Gesamthypothek.** Hat befriedigder Eigtümer einen ErsAnspr (vgl Rn 2), so bildet die EigtümerHyp nach Rn 7 mit der FremdHyp nach Rn 8 eine GesamtHyp (II aE). die wg der notw FdgsIdentität (§ 1132 Rn 4) an beiden Grdst iW der FdgsAuswechselg nur den ErsAnspr sichert (RG **81**, 71; KGJ **47**, 210; Becher S 70; Planck/Strecker Anm 4 b), währd die nach § 1143 I od § 426 II erworbene pers Fdg ungesichert ist (Becher [Rn 2] S 70, 77 ff; Planck/Strecker Anm 4 a). –
10 **d) Teilweiser Ersatzanspruch.** In Höhe des Teils der befriedigten Fdg, für den ein ErsAnspr besteht, entsteht eine GesamtHyp nach Rn 9. In Höhe des and Teils erwirbt befriedigder Eigtümer ein ihr nachrang (MüKo/Eickmann Rn 11; Staud/Wolfsteiner Rn 11) EigtümerGrdPfdR nach Maßg von Rn 7 (Becher [Rn 2] S 81 f), währd die Hyp am fremden Grdst erlischt (Hbg MDR **60**, 321).

11 **4)** Auf die **Grund/Rentenschuld** entspr anwendb (§ 1192 I; aA Schanbacher WM **98**, 1806 Fn 40 für II); Ausn: Vereinigg von Fdg u Schuld in I 2.

1174 ***Befriedigung durch den persönlichen Schuldner.*** **[I] Befriedigt der persönliche Schuldner den Gläubiger, dem eine Gesamthypothek zusteht, oder vereinigen sich bei einer Gesamthypothek Forderung und Schuld in einer Person, so geht, wenn der Schuldner nur von dem Eigentümer eines der Grundstücke oder von einem Rechtsvorgänger des Eigentümers Ersatz verlangen kann, die Hypothek an diesem Grundstück auf ihn über; die Hypothek an den übrigen Grundstücken erlischt.**

[II] Ist dem Schuldner nur teilweise Ersatz zu leisten und geht deshalb die Hypothek nur zu einem Teilbetrag auf ihn über, so hat sich der Eigentümer diesen Betrag auf den ihm nach § 1172 gebührenden Teil des übrigbleibenden Betrags der Gesamthypothek anrechnen zu lassen.

1 **1) Allgemeines.** § 1174 ergänzt § 1164 bei einer GesamtHyp an Grdst od sonstigen BelastgsGgst (§ 1132 Rn 3) verschied Eigtümer; gehören sie demselben Eigtümer, so gilt § 1164. §§ 1165–1167 entspr anwendb.

2 **2) Voraussetzungen.** Pers Schuldn, der nicht zugl Eigtümer, befriedigt den Gläub u hat gg einzelne Eigtümer od deren RVorgänger ErsAnspr iSv 1164 Rn 3. Hat er gegen keinen Eigtümer einen ErsAnspr, so gilt § 1172 I; hat er vollen ErsAnspr gg alle Eigtümer, so gilt § 1164. – Befriedigg jeder Art (wie § 1164 Rn 2); gleichsteht Vereinigg von Fdg u Schuld in der Pers des Schuldn od Gläub.

3 **3) Rechtsfolgen.** Bei teilw Befriedigg hat die RestBetrGesamtHyp des Gläub Vorrang vor allen übrigen GrdPfdR nach Rn 3 (§ 1176). – **a) Voller Ersatz.** Schuldn erwirbt die Hyp am Grdst des ersatzpfl Eigtümers; sie sichert die ErsFdg. Die Hyp an den and Grdst erlischt krG (Löschg ist GBBerichtigg). Kann Schuldn den vollen Betrag von jedem Eigtümer zT verlangen, so erwirbt er an jedem Grdst eine entspr EinzelHyp, währd sie iH des MehrBetr frei werden (Planck/Strecker 3 c; aA Becher [§ 1173 Rn 2] S 49 ff: insow GesamtEigtümerGrdSch). – **b) Teilweiser Ersatz.** In Höhe des ErsAnspr gilt a); iü gilt § 1172 I. Für die Verteilg des nach § 1172 entstehden GesamtEigtümerR (§ 1172 II) enthält II eine ErgänzgsVorschr (vgl das BerechngsBeisp bei MüKo/Eickmann 11).

4 **4)** Auf die **Grund/Rentenschuld** nicht anwendb, da Folge der FdgsAbhängigk.

1175 ***Verzicht auf die Gesamthypothek.*** **[I] Verzichtet der Gläubiger auf die Gesamthypothek, so fällt sie den Eigentümern der belasteten Grundstücke gemeinschaftlich zu; die Vorschriften des § 1172 Abs. 2 finden Anwendung. Verzichtet der Gläubiger auf die Hypothek an einem der Grundstücke, so erlischt die Hypothek an diesem.**

[II] Das gleiche gilt, wenn der Gläubiger nach § 1170 mit seinem Rechte ausgeschlossen wird.

1) Allgemeines. § 1175 ergänzt §§ 1168 (418 I 2, 3) 1170 bei GesamtHyp an Grdst od sonstigen BelastgsGgst (§ 1132 Rn 3) verschied Eigtümer; gehören sie demselben Eigtümer, so gelten §§ 1168, 1170 (statt I 1) u I 2. 1

2) Verzicht an allen Grundstücken (I 1). Mit VerzErkl u Eintragg des Verzichts in allen GB entsteht eine GesamtEigtümerGrdSch (§§ 1172, 1177 I); bei TeilVerz mit Rang nach RestBetrGesamtHyp (§ 1176). Für das GemschVerh der Berecht gilt § 1172 Rn 3. 2

3) Verzicht an einem Grundstück (I 2) od an einzelnen. – **a) Dingliche Wirkung.** Mit VerzErkl u VerzEintr (auch Löschg nach GBO 46 I od II; RG HRR **32** Nr 513) im GB dieses Grdst erlischt die Hyp krG; EigtümerZust (§ 1183, GBO 27 I) nicht notw (BGH **52**, 93). Bewilligg pfdfreier Abschreibg (LG Augsbg MittBayNot **79**, 20) u LöschgsBew/PfdEntlassgsErkl (Hamm FGPrax **98**, 208) u EntpfändgsErkl (KG JW **34**, 2243) enthalten idR VerzErkl; Erlaß der pers Fdg ggü einem mitschuldden Eigtümer steht dem Verzicht nicht gleich (Staud/Wolfsteiner 14). Verz auf GesamtHyp ermöglicht auch Löschg an nur einem Grdst (Hamm aaO). Betragsmäß TeilVerz mögl (LG Darmst RhNK **76**, 540). – **b) Verlust der Rückgriffssicherung.** Der ersatzberecht Eigtümer eines weiterhaftden Grdst verliert dch den Verzicht die Möglichk des Erwerbs einer RückgrHyp nach § 1173 II. Haftet der ersatzberecht Eigtümer dem Gläub auch persönl, so ist § 1165 anwendb (RG Warn **42** Nr 44), denn er kann dch gleichzeit dingl Haftg nicht schlechter stehen. Haftet er nur dingl, so ist § 1165 nicht anwendb, da sonst WahlR des Gläub aus § 1132 beeinträchtigt (RG JW **13**, 1149; BGH **52**, 93; Staud/Wolfsteiner § 1173 24; Wstm/Eickmann § 108 V 7; Schanbacher WM **98**, 1806; aA Planck/Strecker § 1173 Anm 4 c; Wacke NJW **69**, 1850); aber SchadErsPfl des Gläub, wenn er aus GrdGesch der HypBestellg sich ergebde Verpfl verletzt, nicht zu verzichten u bei HypÜbertr diese Verpfl dem Erwerber aufzuerlegen (BGH aaO). 3 4

4) Auf die **Grund/Rentenschuld** entspr anwendb (§ 1192 I). 5

1176 *Eigentümerteilhypothek; Kollisionsklausel.* **Liegen die Voraussetzungen der §§ 1163, 1164, 1168, 1172 bis 1175 nur in Ansehung eines Teilbetrags der Hypothek vor, so kann die auf Grund dieser Vorschriften dem Eigentümer oder einem der Eigentümer oder dem persönlichen Schuldner zufallende Hypothek nicht zum Nachteile der dem Gläubiger verbleibenden Hypothek geltend gemacht werden.**

1) Allgemeines. Der krG eintretde RÜbergang eines HypTeils soll den Gläub rangmäß nicht schlechter stellen als eine TeilLöschg. Rangunabhäng Nachteile werden von § 1176 nicht betroffen (vgl RG **83**, 404; MüKo/Eickmann Rn 11; Staud/Wolfsteiner Rn 7). 1

2) Voraussetzungen. Gesetzl TeilÜbergang in den genannten Fällen unter Verbleib des Restes beim Gläub. Bei rgeschäftl Übertragg behalten die Teile vorbehaltl § 880 Gleichrang, sofern nicht § 1163 I 2 (zB bei Abtr an Schuldn) verwirklicht wird (KGJ **29** A 179). 2

3) Wirkung. Die TeilHyp des Eigtümers/Schuldn hat krG Nachrang nach der RestHyp des Gläub (RG **131**, 323); dies ist bei GBBerichtigg dch Umschreibg vAw einzutragen (KGJ **25** A 303; aA 50. Aufl). Bei teilw Befriedigg dch Eigtümer u Schuldn ist iFv § 1164 I 2 die Rangfolge: Gläub-Schuldn-Eigtümer. Der Vorrang bleibt bestehen, wenn Eigtümer/Schuldn od Dritter die RestHyp des Gläub erwirbt. Der Rang zu and Rechten wird nicht berührt (Dresden OLG **26**, 162). 3

4) Auf die **Grund/Rentenschuld** entspr anwendb (§ 1192 I), soweit die genannten Vorschr anwendb. 4

1177 *Eigentümergrundschuld, Eigentümerhypothek.* **I Vereinigt sich die Hypothek mit dem Eigentum in einer Person, ohne daß dem Eigentümer auch die Forderung zusteht, so verwandelt sich die Hypothek in eine Grundschuld. In Ansehung der Verzinslichkeit, des Zinssatzes, der Zahlungszeit, der Kündigung und des Zahlungsorts bleiben die für die Forderung getroffenen Bestimmungen maßgebend.**

II Steht dem Eigentümer auch die Forderung zu, so bestimmen sich seine Rechte aus der Hypothek, solange die Vereinigung besteht, nach den für eine Grundschuld des Eigentümers geltenden Vorschriften.

1) Eigentümergrundschuld (I). – **a) Voraussetzung.** Eigtümer erwirbt die wirks bestellte Hyp ohne die nicht entstandene od erloschene (auch inf Erwerbs dch pers schuldden Eigtümer; RG JW **29**, 178) Fdg. Der Erwerb kann schon bei HypBestellg (zB § 1163 I 1, II) od nachträgl (zB §§ 1163 I 2, 1168, 1170 II 1; ZPO 868, 932 II) erfolgen. I gilt nicht, wenn für einen MitEigtümer eine Hyp am ganzen Grdst bestellt wird (§ 1009 Rn 1) od wenn er sie nachträgl dch Erbfolge erwirbt. – **b) Rechtsfolge.** Die Hyp wird krG EigtümerGrdSch **(I 1)** u behält vorbeh § 1176 den bish Rang (BayObLG JFG **9**, 259). Für Verzinsg usw gelten die Bestimmgen der bish gesicherten Fdg fort **(I 2)**; §§ 1193 (RG **107**, 78), 1194 (BGH **71**, 206) gelten nicht, wohl aber § 1197 I u II. Dies alles gilt auch für TilggsHyp (BGH **67**, 291 [Verzinsg ab Umwandlg in FremdGrdSch]; **71**, 206 [Kündigg]). Für Umwandlg in FremdGrdSch bei Veräußerg/ZwVerst des Grdst gilt § 1196 Rn 1. Eigtümer kann dch Abtretg/Belastg/Aufhebg/Inhaltsänderg über die GrdSch verfügen; dazu ist seine VorEintr als GrdSchGläub nach GBO 39 I nicht notw (BGH NJW **68**, 1674), es genügt Nachw des RErwerbs gem GBO 29. Abtretg, die nicht gleichzeit Umwandlg in Hyp (Rn 3) erkennen läßt, bedeutet GrdSchAbtr. – **c) Umwandlung in Hypothek** (nur FremdHyp!) nur nach § 1198 iVm Abtretg (BGH aaO); ohne sie wird das Recht bei Abtretg an bish Gläub (auch wenn urspr gesicherte Fdg noch besteht) od Dritten zur FremdGrdSch. Ist die GrdSch noch als FremdHyp eingetr, so ist bei ihrer Abtretg unter Rückumwandlg in FremdHyp zwar nicht die ZwEintr als EigtümerGrdSch notw (Rn 2), im AbtrVermerk ist aber anzugeben, daß die Abtretg unter Umwandlg des zunächst EigtümerGrdSch gewordenen Rechts 1 2 3 in eine Hyp erfolgt (KGJ **45**, 282; JW **33**, 2010). EintrBew des neuen Gläub nur notw, wenn die Umwandlg erst nach der Abtretg wirks wird (KGJ **39**, 240; JFG **12**, 321).

4 **2) Eigentümerhypothek (II). – a) Voraussetzung.** Eigtümer erwirbt die wirks bestellte Hyp mit der Fdg; zB dch Abtretg, Erbfolge, gem § 1143 I 1. – **b) Rechtsfolge.** Die Hyp bleibt Hyp u behält vorbeh § 1176 den bish Rang. Für die Verzinsg usw gelten die Bestimmgen der Fdg fort, aber § 1197 I u II ist anwendb. Für GrdstVeräußerg/Versteigerg sowie für Vfgen über die Hyp gilt Rn 2 entspr; für Abtretg/Belastg gilt § 1153. Umwandlg in EigtümerGrdSch krG nach § 1163 I 2 od rgeschäftl nach §§ 1168, 1198. FdgsAuswechselg nach § 1180 mögl (KGJ **45**, 282).

5 **3)** Auf die **Grund/Rentenschuld** nicht enspr anwendb.

1178 *Hypothek für Nebenleistungen und Kosten.* **[I] Die Hypothek für Rückstände von Zinsen und anderen Nebenleistungen sowie für Kosten, die dem Gläubiger zu erstatten sind, erlischt, wenn sie sich mit dem Eigentum in einer Person vereinigt. Das Erlöschen tritt nicht ein, solange einem Dritten ein Recht an dem Anspruch auf eine solche Leistung zusteht.**

[II] Zum Verzicht auf die Hypothek für die im Absatz 1 bezeichneten Leistungen genügt die Erklärung des Gläubigers gegenüber dem Eigentümer. Solange einem Dritten ein Recht an dem Anspruch auf eine solche Leistung zusteht, ist die Zustimmung des Dritten erforderlich. Die Zustimmung ist demjenigen gegenüber zu erklären, zu dessen Gunsten sie erfolgt; sie ist unwiderruflich.

1 **1) Allgemeines.** Zwingde Vorschr. Sie gilt nicht für Zinsrückstände bei HöchstBetrHyp (weil in HöchstBetr eingerechnet) u selbständ Hyp für Fdg iSv I (Planck/Strecker 1 c). – **a) Betroffene Forderungen.** Bei Vereinigg/Verzicht bereits fäll (Bestimmgszeit unerhebl) Zinsen (§ 1115 Rn 12, § 1118) u and Nebenleistgen (§ 1115 Rn 15) sowie Künd/RVerfolggsKosten (§ 1118). Bei Ausfall aufschiebder Bdgg für NebenFdg (zB Strafzins, VorfälligkEntsch) gilt § 1178 entspr, wenn sie dch unbdgte Hyp gesichert (RG **136**, 74); bei bdgter Hyp vgl § 1163 Rn 3. – **b) Andere Nebenleistungen/Kosten.** §§ 1168 II, 1177 gelten (KGJ **32** A 265); statt Verzicht wird idR Aufhebg gewollt sein.

2 **2) Vereinigung mit dem Eigentum (I);** Ausn von §§ 889, 1177. – **a) Voraussetzungen** wie § 1177 Rn 1, 4. Bei AnsprAbtr an Dritten (zB FdgsKauf) ist I nicht anwendb (RG Warn **31** Nr 66). Bei Befriedigg dch Dritten ist I nicht anwendb, wenn die Fdg (mit Hyp) auf ihn übergeht (vgl § 1113 Rn 22); sonst gilt I
3 (RG aaO). – **b) Rechtsfolge.** Die Hyp erlischt krG **(I 1);** Entstehg eines EigtümerR insow nicht interessengerecht (BayObLG **78**, 136). Keine Löschg, denn GB gibt über diese Fdgen keine Auskunft. Bei Belastg mit Nießbr/PfdR entsteht bis zu deren Erlöschen EigtümerR nach § 1177 **(I 2).** IFv § 1143 erwirbt der Eigtümer die ungesicherte Fdg (RG **143**, 278 [282]); iFv § 1164 gilt § 1178 nicht (RG aaO [285]), so daß pers Schuldn bei ErsAnspr die Hyp erwirbt.

4 **3) Verzicht (II);** Ausn von § 1168 II. Dch formlose Erkl des Gläub ggü dem Eigtümer. Die mit Wirksamwerden der Erkl auf den Eigtümer übergehde Hyp erlischt nach I; GläubErkl daher unwiderrufl. Bei Belastg miß Nießbr/PfdR formlose unwiderrufl Zustimmg des Berecht ggü Eigtümer.

5 **4)** Auf die **Grund/Rentenschuld** entspr anwendb (§ 1192 I; BayObLG **78**, 136).

1179 *Löschungsvormerkung.* **[I] Verpflichtet sich der Eigentümer einem anderen gegenüber, die Hypothek löschen zu lassen, wenn sie sich mit dem Eigentum in einer Person vereinigt, so kann zur Sicherung des Anspruchs auf Löschung eine Vormerkung in das Grundbuch eingetragen werden, wenn demjenigen, zu dessen Gunsten die Eintragung vorgenommen werden soll,**

1. ein anderes gleichrangiges oder nachrangiges Recht als eine Hypothek, Grundschuld oder Rentenschuld am Grundstück zusteht oder

2. ein Anspruch auf Einräumung eines solchen anderen Rechts oder auf Übertragung des Eigentums am Grundstück zusteht; der Anspruch kann auch ein künftiger oder bedingter sein.

1 **1) Allgemeines. a)** Mit einer LöschgsVormkg, die materiell § 883 erweitert u formell GBO 39 suspendiert, können sich RealBerecht (die nicht nur GrdPfdRGläub) den schuldr Anspr auf Aufhebg eines dem Eigtümer zufallden gleich- od vorrangigen GrdPfdR (nicht einer Reallast; LG Flensbg SchlHA **63**, 142) u damit ihr **Aufrückinteresse** sichern. – **b)** § 1179 ist dch Art 1 Nr 1 des G v 22. 6. 77 (BGBl 998) neugefaßt und gilt ab 1. 1. 1978. Er ist nur auf LöschgsVormkgen anwendb, deren Eintr ab 1. 1. 1978 beantragt wurde (Eingang beim GBA maßg); wg **Übergangsrecht** vgl § 1179 a Rn 15.

2 **2) Gesicherter Anspruch** beruht idR auf Vertr; mögl auch auf Gesetz (zB WEG 41 II). Schuldrechtl Zulässigk wird dch § 1179 nicht beschränkt, nur dingl Sicherbark.

3 **a) Gläubiger** kann sein: – **aa) Nr. 1:** Materiellr Inh eines dem betroffenen GrdPfdR gleich- od nachrang beschr (auch subj-) dingl **Grundstücksrechts, das nicht Grundpfandrecht** (auch nicht ArrestHyp; aA Stöber Rpfleger **77**, 399); unschädl, wenn er daneben auch GrdPfdGläub. Nicht aber jeweil Inh dieses Rechts (BayObLG DNotZ **80**, 483) od ggwärt RInh unabhängig von RInhabersch (KG DNotZ **80**, 487). Bei übertragb Recht wird mit ges od rgesch Übertr des GrdstR auch der LöschgsAnspr übertr (RG **143**, 73) u die Vormkg folgt (§ 401); and bei Ausschl des Mitübergangs od wenn LöschgsAnspr dch Übertr des GrdstR auflösd bdgt. Das begünstigte GrdstR kann auch noch den Eigentümer zustehen (zB EigtümerReallast); da Gläub aber personenverschieden von Eigtümer als Schu sein muß, wird künft Anspr des Zessionars gesichert, dem vertreten dch das GBA mit Antr u Bewilligg der LöschgsVormkg ein VertrAngebot gemacht wird (Knopp DNotZ **69**, 278; Zagst, Das Recht der LöschgsVormkg u seine Reform, 1973, S 61 ff). Bei

RangRücktr des begünstigten Rechts gehen Anspr u Vormkg nicht auf vortretdes Recht über; Abtr an Vorrückden mögl. – **bb) Nr. 2:** Inh eines **schuldrechtlichen Anspruchs** auf Einräumg eines in Nr 1 genannten GrdstR od auf EigtÜbertr; unschädl, wenn er daneben auch GrdPfdGläub. Für abtretb Anspr u Wirkg einer AnsprAbtr gilt Rn 3 entspr. Bei Erfüllg des Anspr auf Einräumung eines GrdstR nach Nr 1 wird RInh nicht von selbst Gläub nach Nr 1. AnsprSicherg dch Vormkg nach § 883 mögl (dann muß betroffenes Recht gleich- od vorrang sein; vgl LG Bn RhNK **78**, 140), aber nicht notw. Wg künft od bdgt Anspr vgl § 883 Rn 15, 18. Nach Stöber [Rn 3] genügt Anspr aus § 894. – **cc)** Bei **Teilung** des begünstigten GrdstR od Anspr kann jeder TeilGläub Löschg des ganzen betroffenen Rechts verlangen (Hbg OLGZ **66**, 288; str), entspr bei Verpfändg (Dresd ZBlFG **10**, 635); bei seiner **Aufhebung** od isolierten **Übertragung** erlischt die Vormkg (aA LG Bn RhNK **78**, 50), Erfüllg des Anspr nach Nr 2 macht sie aber nicht ggstlos. 4 5

b) Schuldner muß der Eigentümer zZ der (dingl wirks; aA LG Wuppt RhNK **86**, 198) VormkgBestellg sein; Abtr des ValutiergsAnspr unerhebl (HbgOLGZ **66**, 288). Er bleibt es, wenn später GrdstErwerber die Schuld nicht übernimmt. Unerhebl, wer Eigtümer zZ der Vereinigg (KG **44**, 301); VormkgFall daher auch bei Vereinigg nach GrdstÜbereigng, nicht aber wenn Veräußerer die Hyp nach § 1164 erwirbt. 6

c) Inhalt. Der Anspr muß sich richten auf Löschg (richtiger: **Aufhebung**) **eines Grundpfandrechts** iF seiner Vereinigg mit dem Eigt. Anspr auf einzelne Vereiniggsfälle (wie auch auf Teile des GrdPfdR od Nebenleistgen; KG **49**, 220) beschränkb; maßg insow der dch Auslegg zu ermittelnde Inhalt der vereinbarten u im GB (auch gem § 874) verlautbarten LöschgsVerpfl (BGH NJW **73**, 846/895; Brem NJW **57**, 1284), iZw w jede Art der Vereinigg gemeint sein. Sicherb auch Anspr auf RangRücktr, wenn keine ZwRe (Zagst [Rn 3] S 37; str.) nicht aber and (schuldr zul) Anspr auf RÄnderg wie zB Abtr (RG **145**, 343) od Löschg iFv § 1164; zur Sicherg des VerzAnspr aus § 1169 vgl Zagst [Rn 3] S 37 ff (Hyp), 132 ff (GrdSch). 7

aa) Hypothek als betroffenes Recht. Kein LöschgsAnspr bei nur vorläuf EigtümerGrdSch nach § 1163 I 1, II. Erforderl ist **endgültige** Vereinigg insb nach §§ 889, 1143, 1163 I 2, 1168, 1170 II od weil sich Vorläufigk nach § 1163 I 1, II in Endgültigk gewandelt hat (Hbg OLGZ **66**, 288). – Erfaßt wird eine Vereinigg **nach** Eintr der LöschgsVormkg; LöschgsAnspr hier aufschiebd bdgt. – Erfaßb auch eine Vereinigg **vor** Eintr der LöschgsVormkg. Die (hier unbdgte) LöschgsVerpfl kann die noch als Hyp eingetr EigtümerGrdSch erfassen (Mü JFG **22**, 307). Sie kann (als aufschiebd bdgte) auch die schon auf den Eigtümer umgeschriebene GrdSch erfassen, falls sie sich nach zweitl FremdRBildg erneut mit dem Eigt vereinigt (Soergel/Konzen Rn 8; MüKo/Eickmann Rn 15; aA BayObLG HRR **35**, 128; LG Bchm MDR **57**, 610: FremdRBildg außerh GB bei Eintr notw). Ob sie (als unbdgte) schon die umgeschriebene u noch dem Eigtümer zustehde EigtümerGrdSch erfassen kann, ist str (abl zB RGRK/Thumm Rn 9; bejahd Zagst [Rn 3] S 25; vgl auch LG Augsb NJW **62**, 592), da § 883 diesen Fall erfaßt; da aber § 883 neben § 1179 anwendb u Eintr nicht angeben muß, auf welche Vorschrift sie sich stützt (KG JFG **11**, 250), kann auch dieser Fall erfaßt werden (Erm/Räfle Rn 2). 8

bb) Fremdgrundschuld als betroffenes Recht. Die Vereinigg kann insb beruhen auf: §§ 889, 1168/1192, GrdSchAblösg dch Eigtümer, RückÜbertr auf Eigtümer. Eigtümer zur Herbeiführg der Vereinigg nicht verpfl (BGH NJW-RR **91**, 1197); § 1179 verbietet nicht Neuvalutierg. Die LöschgsVormkg sichert aber nicht den RückgewährAnspr des Eigtümers, der bei Nichtentstehg od Tilgg der pers Schuld entsteht; desh läßt Löschgs-VormkgsBerecht sich zweckm auch diesen Anspr abtreten u dch vom GrdSchGläub zu bewilligde Vormkg nach § 883 sichern (KG OLGZ **76**, 44; LG Köln RhNK **87**, 106). Ohne diese Maßn könnte zB ein PfdgsGläub nach Erfüllg des RückgewährAnspr ein ErsPfdR gem § 1287 an der EigtümerGrdSch u im ZwVerstVerf am Erlösanteil (BGH Rpfleger **75**, 219) erwerben od der LöschgsVormkgsBerecht bei einer Abtr/Verpfändg dieses Anspr dch den Eigtümer bzw einer Nichtentggnahme der vom GrdSchGläub angebotenen Übertr (nicht schon bei Unterlassg der klageweisen Geltdmachg) dch den Eigtümer nur SchadErs-Anspr gg diesen erwerben (Hoche NJW **59**, 413; Zagst [Rn 3] S 135 ff; aA Wörbelauer NJW **58**, 1705). 9

cc) Eigentümergrundschuld als betroffenes Recht. Hins einer (noch) ursprüngl EigtümerGrdSch (§ 1196) ist ein LöschgsAnspr dch Vormkg dch § 883 sicherb; zurAnwendg von § 1179 u wg nach FremdR-Bildg entstandener EigtümerGrdSch vgl Rn 8. 10

3) Eintragung. – a) Erforderl nur **Eintragungsbewilligung** des Eigtümers, nicht aber Zust des Gläub des betroffenen Rechts (KGJ **50**, 200) u Briefvorlage (GBO 41 I 3); Anspr iS Nr 2 ist gem FGG 15 II glaubh zu machen (GBO 29 a). Bei Ausdehng des betroffenen Rechts auf ein and Grdst (Nachverpfändg), bzgl dessen VormkgsBerecht Gläub iSv Rn 3–5 sein muß, ist gesonderte Bewilligg des Eigtümers des and Grdst erforderl (LG Köln MittBayNot **76**, 176; LG Düss Rpfleger **77**, 167), Vormkg geht nicht von selbst mit über; Unterstellg unter das GrdPfdR „samt NebenR" genügt nicht, da LöschgsVormkg insow kein NebenR. IFv § 1131 aber Erstreckg auch der Vormkg (wie GrdPfdR selbst) krG, so daß keine Bewilligg erforderl. – **b)** Der **Eintragungsvermerk** muß alle Löschgsfälle od eine Bezugn auf die diese bezeichnde EintrBewilligg (vgl BayObLG **56**, 196) enthalten (Mü JFG **22**, 307; Brschw MDR **64**, 148). Eintr erfolgt in der Verändergsspalte des betroffenen Rechts (GBVfg 12 I c iVm 11 IV), nicht auf dem Brief (GBO 57 I 3, 62 I 2). Zur GläubBezeichng vgl Haegele/Schöner/Stöber Rn 2608, BayObLG DNotZ **80**, 483 u LG Wuppt Rpfleger **79**, 421 (für subjdingl R). Bei Umwandlg der Hyp in FremdGrdSch wirkt Vormkg ohne die neue Eintr weiter (BayObLG **41**, 96). – **c)** Kein Eintr ohne **Voreintragung** des betroffenen Rechts (Zagst [Rn 3] S 51; aA Knieper MDR **71**, 11); Eintr einer Vormkg zur Sicherg der GrdPfdRBestellg genügt nicht (BayObLG **74**, 434). 11 12

4) Allgemeine Wirkung: §§ 883 II, 888. Schutz ab Eintr, auch wenn LöschgsAnspr noch aufschiebd bdgt (Zagst [Rn 3] S 48; Hbg OLGZ **66**, 288). Trotz Vormkg geht betroffenes R bei Vereinigg auf Eigtümer über u dieser bleibt über das EigtümerR vfgsbefugt (KG NJW **64**, 1479); die Vormkg sperrt das GB nicht. 13

a) Die Vormkg **schützt** gg: – **aa) Abtretung od Belastung der Eigentümergrundschuld,** die dch Vereinigg entstanden: Eigtümer (als Schu des LöschgsAnspr) ist zur AufgabeErkl u neuer GrdPfdRGläub bzw DrittBerecht gem § 888 zur Zust verpflichtet. Das gilt zB nach Scheitern der endgült Finanzierg für ZwFinanzierer, der sich vorläuf EigtümerGrdSch aus § 1163 I 1 nach Eintr der Vormkg hat abtreten lassen 14

(vgl BGH **LM** § 1163 Nr 9; Hbg OLGZ **66**, 288), and bei Abtr vor Eintr der Vormkg (hier wirkt Vormkg erst, wenn nunmehriges FremdR später zur entgült EigtümerGrdSch wird); gg diesen RVerlust sichert sich ZwFinanzierer dch Zust des VormkgsBerecht zur ZwKreditsicherg. Zum Schutz gg Pfdg vgl Köln OLGZ **71**,
15 151. – **bb) Übereignung des Grundstücks;** dabei gleichgültig, ob Vereinigg schon erfolgt war od erst danach erfolgt: alter Eigtümer (als Schu des LöschgsAnspr) ist zur AufgabeErkl u neuer Eigtümer gem § 888 zur Zust verpflichtet (KGJ **44**, 310; Köln OLGZ **71**, 151). – **cc) Forderungsauswechselung** (§ 1180), die in Wahrheit Verbindg einer verschleierten EigtümerGrdSch mit einer neuen GrdSch ist (RG **125**, 142). Echte FdgsAuswechslg insow vormkgswidr, als Entstehen der EigtümerGrdSch hinausgeschoben wird (vgl Zagst
16 [Rn 3] S 72). § 1119 steht nicht entgg (Zagst aaO; aA Leikam BWNotZ **65**, 15). – **dd) Umwandlung** (§§ 1186, 1198, 1203). § 1198 S 2 steht nicht entgg (Zagst [Rn 3] S 73). – **ee) Rangrücktritt.** Dazu Schmidt BWNotZ **68**, 281. Nach Zagst [Rn 3] S 73 ff bedarf er analog §§ 880 III, 876 der Zust des LöschgsVormkgsBerecht, da der bessere Rang dem Haftgsverband der LöschgsVormkg entzogen werde.

17 **b)** Die Vormkg **schützt nicht** gg gutgl Erwerb vom trotz Vereinigg noch eingetr FremdGläub (MüKo/Eickmann Rn 34; aA RG **93**, 114). Schutz aber, wenn bei Aufn neuen Kredits bei Drittem diesem das Recht vom noch eingetr FremdGläub abgetreten wird u dadch Umschreibg auf Eigentümer umgangen wird; denn Eigtümer verfügt über die EigtümerGrdSch (vgl Wörbelauer NJW **58**, 1516).

18 **c) Verweigert der eingetragene Fremdgläubiger die Löschungsbewilligung,** obwohl Vereinigg eingetreten, so kann VormkgsBerecht (falls Eigtümer ihn nicht zur Ausübg des BerichtiggsAnspr ermächtigt) von diesem entspr § 888 LöschgsBewilligg verlangen (Wörbelauer NJW **58**, 1513; aA Zagst [Rn 3] S 87: eigner Anspr analog § 894; RGRK/Thumm Rn 16: Erzwingg der AusübgsErmächtigg bzgl BerichtiggsAnspr des Eigtümers).

19 **5) Wirkungen. – a) Zwangsversteigerung** (vgl Hoche NJW **55**, 1141; DNotZ **58**, 149; Zagst [Rn 3] S 100 ff). Zuschlag bewirkt (wenn nicht betroffenes u begünstigtes Recht im geringsten Gebot) Zäsur: Das Aufrückinteresse des LöschgsVormerkgsBerecht wird betragsmäß konkretisiert (vgl RG **63**, 152). – Ist nur das betroffene Recht **im geringsten Gebot,** so bleiben es u die LöschgsVormkg bestehen (Hamm Rpfleger **59**, 130). Geltdmachg der LöschgsVormkg bewirkt ZuzahlgsPfl gem ZVG 50 II Nr 1 (Geltdmachgsinteresse entfällt aber, wenn VormkgsBerecht schon voll befriedigt od gleichwohl ausfallen würde). ZVG 48 unanwendb (BGH **53**, 47). – Ist das betroffene Recht **außerhalb des geringsten Gebots** u daher erloschen (ZVG 91 I), so kann der VormkgsBerecht bei vor Zuschlag erfolgter Vereinigg verlangen, so gestellt zu werden, als ob die EigtümerGrdSch vor dem Zuschlag gelöscht worden wäre (BGH NJW **89**, 2536). ZwRechte werden nur fiktiv berücksichtigt; nichtbegünstigte RealGläub (zB ZwRe) rücken nicht auf, der insow auf die EigtümerGrdSch entfallde Erlösanteil steht daher dem früh Eigtümer zu (BGH **25**, 382; **39**, 242). VormkgsFall auch bei Verzicht auf Erlös dch Gläub der vormkgsbelasteten FremdSichergsGrdSch; nicht aber, wenn er bei NichtValutierg ledigl nicht liquidiert (aA Wörbelauer NJW **58**, 1707). – **b) Zwangsverwaltung.** Wird LöschgsVormkg geltd gemacht, muß ZwVerwalter die auf die EigtümerGrdSch entfallden Zinsen (§ 1197 II) hinterlegen. – **c) Konkurs:** vgl Zagst [Rn 3] S 128.

20 **6)** Auf die **Grund/Rentenschuld** entspr anwendb (§ 1192 I); vgl Rn 9, 10.

1179 a *Löschungsanspruch bei fremden Rechten.* **I Der Gläubiger einer Hypothek kann von dem Eigentümer verlangen, daß dieser eine vorrangige oder gleichrangige Hypothek löschen läßt, wenn sie im Zeitpunkt der Eintragung der Hypothek des Gläubigers mit dem Eigentum in einer Person vereinigt ist oder eine solche Vereinigung später eintritt. Ist das Eigentum nach der Eintragung der nach Satz 1 begünstigten Hypothek durch Sondernachfolge auf einen anderen übergegangen, so ist jeder Eigentümer wegen der zur Zeit seines Eigentums bestehenden Vereinigungen zur Löschung verpflichtet. Der Löschungsanspruch ist in gleicher Weise gesichert, als wenn zu seiner Sicherung gleichzeitig mit der begünstigten Hypothek eine Vormerkung in das Grundbuch eingetragen worden wäre.**

II Die Löschung einer Hypothek, die nach § 1163 Abs. 1 Satz 1 mit dem Eigentum in einer Person vereinigt ist, kann nach Absatz 1 erst verlangt werden, wenn sich ergibt, daß die zu sichernde Forderung nicht mehr entstehen wird; der Löschungsanspruch besteht von diesem Zeitpunkt ab jedoch auch wegen der vorher bestehenden Vereinigungen. Durch die Vereinigung einer Hypothek mit dem Eigentum nach § 1163 Abs. 2 wird ein Anspruch nach Absatz 1 nicht begründet.

III Liegen bei der begünstigten Hypothek die Voraussetzungen des § 1163 vor, ohne daß das Recht für den Eigentümer oder seinen Rechtsnachfolger im Grundbuch eingetragen ist, so besteht der Löschungsanspruch für den eingetragenen Gläubiger oder seinen Rechtsnachfolger.

IV Tritt eine Hypothek im Range zurück, so sind auf die Löschung der ihr infolge der Rangänderung vorgehenden oder gleichstehenden Hypothek die Absätze 1 bis 3 mit der Maßgabe entsprechend anzuwenden, daß an die Stelle des Zeitpunkts der Eintragung des zurückgetretenen Rechts der Zeitpunkt der Eintragung der Rangänderung tritt.

V Als Inhalt einer Hypothek, deren Gläubiger nach den vorstehenden Vorschriften ein Anspruch auf Löschung zusteht, kann der Ausschluß dieses Anspruchs vereinbart werden; der Ausschluß kann auf einen bestimmten Fall der Vereinigung beschränkt werden. Der Ausschluß ist unter Bezeichnung der Hypotheken, die dem Löschungsanspruch ganz oder teilweise nicht unterliegen, im Grundbuch anzugeben; ist der Ausschluß nicht für alle Fälle der Vereinigung vereinbart, so kann zur näheren Bezeichnung der erfaßten Fälle auf die Eintragungsbewilligung Bezug genommen werden. Wird der Ausschluß aufgehoben, so entstehen dadurch nicht Löschungsansprüche für Vereinigungen, die nur vor dieser Aufhebung bestanden haben.

1) Allgemeines. – a) § 1179 a begründet einen zum **Inhalt** eines GrdPfdR (Ausn: ZPO 932 I 2) gehörden (BayObLG NJW-RR **92**, 306) u daher nicht selbstd abtretb Anspr auf Aufhebg eines dem Eigtümer zufallden gleich- od vorrangigen GrdPfdR (nicht eines and GrdstR), der krG wie dch eine Vormkg gesichert ist. Daneben für Gläub des begünstigten Rechts keine Vormkg nach § 1179. – **b)** § 1179 a ist dch Art 1 Nr 2 des G v 22. 6. 77 (BGBl 998) eingefügt u gilt ab 1. 1. 1978. Wg **Übergangsrecht** vgl Rn 15. 1

2) Löschungsanspruch. – a) Gläubiger ist nach **I 1** unabhäng von GBEintr der jeweilige materiellr Inh eines GrdPfdR (auch bei EigtümerGrdSch; Brschw DNotZ **87**, 515; aA Schwab/Prütting Rn 731); bei EigtümerGrdSch wird Anspr erst mit Umwandlg in FremdGrdSch aktuell, weil vorher Gläub u Schuldn ident (BayObLG NJW-RR **92**, 306). Wg GesR vgl Jerschke DNotZ **77**, 708. Liegt bei dem (schon od noch) als FremdHyp eingetr Recht einer der drei Fälle des § 1163 vor u ist das somit gegebene EigtümerR weder für den Eigtümer noch (nach Abtr als FremdR) für seinen RNachf in dieses Recht eingetr, so steht der Anspr dem nur BuchBerecht od (zB bei Abtr außerh des GB vor Tilgg der gesicherten Fdg) seinem RNachf in die Hyp mit Wirkg ab deren Eintr zu **(III)**, sofern er später materiellr HypGläub wird (RGRK/Thumm Rn 10; str); zw Eintr u Erwerb steht der LöschgsAnspr einem etwaigen Erwerber der vorläuf EigtümerGrdSch als deren Inhalt zu. – Wg Teilg des begünstigten Rechts vgl § 1179 Rn 5. 2

b) Schuldner ist der GrdstEigtümer zZ der Eintr des begünstigten Rechts, wenn währd seiner EigtZeit die Vereinigg eintritt u er Eigtümer bleibt (I 1). Er bleibt es alleine, wenn er das Eigt an einen SonderNachf überträgt u dabei die Vereinigg aufgelöst wird (I 2); zB er behält die EigtümerGrdSch als FremdGrdSch. Er bleibt es neben dem SonderNachf, wenn die Vereinigg bei diesem inf MitÜbertr der EigtümerGrdSch fortbesteht (I 2); Gläub kann wählen, gg wen er den Anspr dchsetzt. Nur der SonderNachf ist Schu, wenn die Vereinigg nach der EigtÜbertr eintritt (I 1). Eigtümer, zu deren EigtZeit ein begünstigtes Recht nicht eingetr wurde, sind nicht Schu. Wg GesR vgl Jerschke DNotZ **77**, 708. 3

c) Inhalt. Löschg (richtiger: Aufhebg) eines dem GrdPfdR des Gläub (begünstigtes Recht) vor- od gleichrangigen GrdPfdR (betroffenes Recht), wenn u soweit es sich mit dem Eigt vereinigt hat. Die Vereinigg muß entweder vor Eintr des begünstigten Rechts erfolgt sein u bei seiner Eintr fortbestanden haben od nach seiner Eintr erfolgt sein; dem Erwerber des begünstigten Rechts steht der LöschgsAnspr auch hins Vereinigslagen zu, die währd der RInhabersch eines seiner Vorgänger bestanden. – **aa) Hypothek** als betroffenes Recht. Die Vereinigg kann insb beruhen auf: §§ 889, 1143, 1163 I, 1168, 1170 II. Bei § 1163 I 1 kann Löschg erst ab Scheitern des KreditGesch (BewLast: Gläub) verlangt w; dann aber auch hins vorheriger Vereinigg, so daß Gläub gg Vfg über vorläuf EigtümerGrdSch geschützt (II 1). Vereinigg nach § 1163 II begründet keinen LöschgsAnspr (II 2). Besteht gesicherte Fdg bei BriefÜberg, so entsteht FremdHyp. Besteht sie bei BriefÜberg noch nicht, so bleibt das R vorläuf EigtümerGrdSch nach § 1163 I 1 u für den LöschgsAnspr gilt II 1. Scheitert die BriefÜberg entgült, weil KreditGesch gescheitert, so ist ein LöschgsAnspr gegeben (aA Stöber Rpfleger **77**, 425; Kollhosser JA **79**, 176), weil endgült Vereinigg nach § 1163 I 1 vorliegt (II 1). – **bb) Fremdgrundschuld** als betroffenes Recht. Die Vereinigg kann insb beruhen auf: §§ 889, 1168/ 1192, GrdSchAblösg dch Eigtümer, RückÜbertr auf Eigtümer. Eigtümer zur Herbeiführg der Vereinigg nicht verpfl (BGH NJW-RR **91**, 1197); § 1179 a verbietet nicht Neuvalutierg. Kein LöschgsAnspr hins BriefGrdSch, die gem §§ 1163 II, 1192 bis zur BriefÜberg dem Eigtümer zusteht (II 2). Scheitert BriefÜberg endgült (zB weil bei SichgsGrdSch KreditGesch gescheitert), so endet auch hier die Vorläufigk. Da Recht nicht als ursprüngl EigtümerGrdSch bestellt u § 1196 III daher nicht gilt, ist LöschgsAnspr entspr II 1 auch bei anfängl Nichtvalutierg gerechtfertigt (BGH aaO). – Da dch I 3 nicht der RückgewährAnspr des Eigtümers bei Nichtentstehen od Tilgg der gesicherten Fdg gesichert wird, läßt sich der Gläub zweckm diesen Anspr abtreten u dch Vormkg nach § 883 sichern (vgl § 1179 Rn 9). – **cc) Eigentümergrundschuld** als betroffenes Recht **(§ 1196 III).** Hins der ursprüngl EigtümerGrdSch (§ 1196), die noch nicht innerh od außerh des GB abgetreten ist, besteht kein Anspr nach I; LöschgsAnspr vertragl vereinb u nach § 883 sicherb. Ges LöschgsAnspr erst bei Vereinigg nach zwzeitl Umwandlg in FremdGrdSch innerh od außerh des GB (Pfändg od Verpfändg reichen nicht; Stöber Rpfleger **77**, 425; Kollhosser JA **79**, 232), auch wenn nicht valutiert (Celle Rpfleger **86**, 398; vgl auch BGH NJW **87**, 2078). Gefahr für GrdSchErwerber, da er zwzeitl FremdRBildg außerh des GB nicht erkennen kann; Eigtümer kann Verkehrsfähigk der EigtümerBriefGrdSch zu mehrf verdeckten Kreditsicherg dch Ausschluß des LöschgsAnspr nach V zu erhalten versuchen. GrdGedanke (Erhaltg der EigtümerGrdSch zur Kreditsicherg) rechtfertigt entspr Anwendg auf vor Eintr des begünstigten Rechts in EigentümerGrdSch umgeschriebenes FremdR (BGH **136**, 246). 4 5 6 7

d) Sicherung. Der LöschgsAnspr führt nicht unmittelb zum Wegfall des betroffenen Rechts; Aufhebg gem § 875 notw. Vor VerteilgsVerf nach ZwVerst fehlt für Dchsetzug oft RSchutzInteresse (Stöbler Rpfleger **77**, 425). Gegen Vfg des Schu, die der Aufhebg entggstehen, ist der Gläub so gesichert, als wäre mit der Eintr des begünstigten Rechts auch eine LöschgsVormkg eingetr **(I 3);** keine tats Eintr. Die SichergsWirkg beginnt schon ab Eintr des begünst Rechts, auch wenn Gläub es (u damit LöschgsAnspr) später (zB dch Valutierg) erwirbt (Stöber aaO). § 1179 Rn 13–18 gilt entspr; dabei zu beachten, daß hier bei GrdstÜbereigng neuer Eigtümer Schu des LöschgsAnspr werden kann (vgl Rn 3). 8

3) Rangrücktritt (IV). Das zurücktretde Recht erhält den LöschgsAnspr ggüber dem vortretden u etwaigen ZwRechten. Soweit I–III auf den Ztpkt der Eintr des begünstigten Rechts abstellen, ist iF einer Rangänderg auf ihre Eintr abzustellen; Löschg des vortretden Rechts kann verlangt werden, wenn Vereinigg bei Eintr der RangÄnderg bestand od später eintritt (Stöber Rpfleger **77**, 425). – **Zwischenrechte** werden dch § 880 V geschützt. Wird der zu ihrem RInhalt gehörde LöschgsAnspr beeinträchtigt (zB weil zurücktretdes Recht Hyp u vortretdes GrdSch, auf die § 1163 nicht anwendb), so ist str, ob ZwRGläub entspr § 880 III zustimmen muß (Staud/Scherübl Rn 33; Hansen, Der gesetzl LöschgsAnspr ggü GrdPfdR, Diss Bayreuth 1981, S 162 ff) od der Rangrücktr ihm ggü relativ unwirks (Rambold Rpfleger **95**, 284). 9

4) Ausschluß des Löschungsanspruchs (V). – a) Anfänglicher Ausschl ist rgeschäftl Inhalt des GrdPfdR; auch bei EigtümerGrdSch zul (BayObLG NJW-RR **92**, 306). Formlose Einigg zw Eigtümer u Gläub (Köln RhNK **79**, 39) bzw einseit EigtümerErkl bei EigtümerGrdSch u Eintr (auf Bewilligg des 10

Eigtümers) erforderl. Nicht ausschließb ist der LöschgsAnspr eines künft einzutragden gg das jetzt einzutragde GrdPfdR (BayObLG NJW-RR **92**, 306). – **aa)** Der LöschgsAnspr kann bzgl aller od einzelner betroffener Rechte ausgeschl werden. Dieser Ausschl muß in EintrVermerk aufgen werden (V 2 Halbs 1); dabei sind die dem Anspr nicht unterliegden Rechte (auch wenn es alle vor- od gleichrangigen sind) einzeln mit der lfd Nr ihrer Eintr anzugeben (BayObLG NJW-RR **92**, 306). Kein Ausschl bzgl künft vor- od gleichrang Rechte. Bei Rangänderg erfaßt Ausschl nicht vortretdes Recht; aber Aufhebg des vortretden Rechts macht Randänderg hinfäll (§ 880 Rn 7), so daß dem Ausschl unterliegdes Recht wieder vorgeht. – **bb)** Ausschl auf rangmäß zu bezeichnde Teile des betroffenen Rechts beschränkb; Teile sind im EintrVermerk zu bezeichnen (arg V 2 Halbs 2). – **cc)** Ausschl auf best Vereiniggsfall (auch mehrere) beschränkb; Bezeichng der erfaßten Fälle (nicht des Ausschl selbst) gem § 874 zul (V 2 Halbs 2). – **dd)** Bei GesamtHyp Ausschl od Beschrkg hinsichtl eines mitbelasteten Grdst zul (BGH NJW **81**, 1503).

11 **b) Nachträglicher** Ausschl ist InhaltsÄnderg iSv § 877; formlose Einigg zw Eigtümer u Gläub bzw einseit EigtümerErkl bei EigtümerGrdSch u Eintr (auf Bewilligg des Gläub) erforderl, nicht aber Zust and GrdstGläub (für RealBerecht am begünstigten GrdPfdR gilt § 876). Erfaßt wird auch vorher eingetretene Vereinigg.

12 **c) Aufhebung** (V 3) des Ausschl ist InhaltsÄnderg iSv § 877; formlose Einigg zw Eigtümer u Gläub (einseit EigtümerErkl bei EigtümerGrdSch) u Eintr (auf Bewilligg des Eigtümers) erforderl, nicht aber Zust and GrdstGläub u der RealBerecht am begünstigten GrdPfdR. LöschungsAnspr erfaßt nur Vereinigungen, die bei Aufhebg bestehen od danach eintreten; nicht solche, die nur vor der Aufhebg bestanden haben. TeilAufhebg entspr Rn 10 mögl.

13 **5) Einreden** (zB Abrede der Nichtgeltdmachung) aus dem RVerh zw Gläub des begünstigten Rechts u demjenigen, der zur Löschg od zur Zust zur Löschg verpflichtet ist, sind mögl. Ggü einem gutgl Erwerber des begünstigten Rechts wirkt die Einrede nur bei GBEintr (§ 1157); ihm ggü macht die Zust seines RVorgängers zur Vfg über das betroffene Recht diese nicht wirks (Gaberdiel Sparkasse **77**, S 282; Kollhosser JA **79**, 232; aA Wilke WM **78**, 2).

14 **6) Zwangsversteigerung.** Vgl § 1179 Rn 19. Erlischt nur das begünstigte Recht, so bleibt (sofern Berecht nicht aus Grdst befriedigt) ein bei Zuschlag inf Vereinigg bereits entstandener LöschgsAnspr ggüber dem bestehenbleibden betroffenen Recht bestehen (ZVG 91 IV) u ist, sofern der LöschgsAnspr nicht im VerteilgsVerf geltd gemacht wurde, auf Antr des LöschgsBerecht dch Eintr einer Vormkg beim betroffenen Recht sicherb (vgl ZVG 130 a II), da VormkgsWirkg nach § 1179 a I 3 mit Löschg des begünstigten Rechts entfällt (ZVG 130 a I). Ist dem AntrSteller die bei Löschg des bestehen gebliebenen Rechts fäll werdde Zuzahlg des Erstehers nicht zuzuteilen, muß er die Löschg der Vormkg bewilligen u die Löschgskosten tragen (ZVG 130 a II 3). Vgl auch Mohrbutter KTS **78**, 17.

15 **7) Übergangsrecht** gem G v 22. 6. 77 (BGBl 998) Art 8 § 1:

I Ein Anspruch nach § 1179 a oder § 1179 b des Bürgerlichen Gesetzbuchs in der Fassung von Artikel 1 dieses Gesetzes besteht nicht für den als Gläubiger Eingetragenen oder den Gläubiger einer Hypothek, Grundschuld oder Rentenschuld, die vor Inkrafttreten dieses Gesetzes im Grundbuch eingetragen worden ist.

II Wird eine Hypothek, Grundschuld oder Rentenschuld auf Grund eines vor Inkrafttreten dieses Gesetzes gestellten Antrags oder Ersuchens nach Inkrafttreten dieses Gesetzes eingetragen oder ist ein solches nach Inkrafttreten dieses Gesetzes einzutragendes Recht bereits vor Inkrafttreten dieses Gesetz entstanden, so steht dem Gläubiger oder dem eingetragenen Gläubiger des Rechts ein Anspruch nach § 1179 a oder § 1179 b des Bürgerlichen Gesetzbuchs nicht zu. Dies ist von Amts wegen im Grundbuch einzutragen.

III Auf eine Löschungsvormerkung, die vor dem Inkrafttreten dieses Gesetzes in das Grundbuch eingetragen oder deren Eintragung vor diesem Zeitpunkt beantragt worden ist, ist § 1179 des Bürgerlichen Gesetzbuchs in der bisherigen Fassung anzuwenden. Wird die Eintragung einer Löschungsvormerkung zugunsten eines im Range gleich- oder nachstehenden Berechtigten oder des eingetragenen Gläubigers des betroffenen Rechts nach Inkrafttreten dieses Gesetzes beantragt, so gilt das gleiche, wenn dem Berechtigten wegen Absatz 1 oder 2 ein Löschungsanspruch nach den §§ 1179 a und 1179 b des Bürgerlichen Gesetzbuchs nicht zusteht.

16 **a)** Begünstigte Rechte, deren Eintr vor dem 1. 1. 1978 erfolgte od beantragt (ersucht) wurde (Eingang beim GBA maßg) od die zu diesem Ztpkt außerh des GB entstanden, haben keinen LöschgsAnspr zum Inhalt (I, II); auch bei RangRücktr nach dem 31. 12. 1977 erlangen sie ihn nicht (Oldbg Rpfleger **78**, 307; Celle Rpfleger **78**, 308; Ffm Rpfleger **79**, 19; Köln RhNK **79**, 38; BayObLG **79**, 126). Soweit hiernach ein LöschgsAnspr nicht ausgeschl, besteht er auch bzgl vor dem 1. 1. 1978 eingetr betroffener Rechte (BGH **99**, 363).

17 **b)** Zugunsten von Rechten, die nach I, II keinen LöschgsAnspr zum Inhalt haben, kann auch noch ab 1. 1. 1978 eine LöschgsVormerkg nach § 1179 aF eingetragen werden (III 2); zB bei Rangrücktr nach 31. 12. 1977 (Celle Rpfleger **78**, 308; LG Köln RhNK **88**, 18). Auch für LöschgsVormerkg, deren Eintr vor dem 1. 1. 1978 erfolgte oder beantragt war (Eingang beim GBA maßg), gilt § 1179 aF (III 1); vgl dazu 36. Aufl.

§ 1179 aF: *Verpflichtet sich der Eigentümer einem anderen gegenüber, die Hypothek löschen zu lassen, wenn sie sich mit dem Eigentum in einer Person vereinigt, so kann zur Sicherung des Anspruchs auf Löschung eine Vormerkung in das Grundbuch eingetragen werden.*

18 **c)** Zum ÜbergangsR bei Mitbelastg, Vereinigg u BestandtZuschreibg vgl Stöber Rpfleger **78**, 165. Bei Nachverpfändg nach 31. 12. 1977 keine LöschgsVormkg nach § 1179 aF eintragb (BGH NJW **81**, 1503).

19 **8)** Auf die **Grund/Rentenschuld** als begünstiges (Rn 2; Köln WM **96**, 151) u betroffenes (Rn 6, 7) Recht entspr anwendb (§ 1192 I).

1179 b *Löschungsanspruch bei eigenem Recht* **I Wer als Gläubiger einer Hypothek im Grundbuch eingetragen oder nach Maßgabe des § 1155 als Gläubiger ausgewiesen ist, kann von dem Eigentümer die Löschung dieser Hypothek verlangen, wenn sie im Zeitpunkt ihrer Eintragung mit dem Eigentum in einer Person vereinigt ist oder eine solche Vereinigung später eintritt.**

II § 1179 a Abs. 1 Satz 2, 3, Abs. 2, 5 ist entsprechend anzuwenden.

1) Allgemeines. – a) § 1179 b begründet einen nicht selbstd abtretb AufhebgsAnspr für den als Gläub eines GrdPfdR (Ausn: ZPO 932 I 2) Ausgewiesenen iF der Vereinigg des GrdPfdR mit dem Eigt, der krG wie dch eine Vormkg gesichert ist. Begünstigtes GrdPfdR kann neben einer Hyp auch eine Grd/RentenSch sein (§ 1192). – **b)** § 1179 b ist dch Art 1 Nr 2 des G v 22. 6. 77 (BGBl 998) eingefügt u gilt ab 1. 1. 1978. Wg **Übergangsrecht** vgl § 1179 a Rn 15. 1

2) Löschungsanspruch. – a) Gläubiger ist, wer dch GBEintr od (bei Übertr außerh des GB) UrkKette gem § 1155 als Inh des FremdGrdR ausgewiesen ist. Maßg ist die formelle RInhabersch; es kommt daher nicht darauf an, ob eine Hyp für den BuchBerecht wg Nichtvalutierg nie entstanden ist od ob er noch Inh eines Teils des ursprüngl FremdR ist. Bei Teilg des begünstigten Rechts beschränkt sich der Anspr auf den nicht übertragenen Teil; hins des übertragenen (gleichrangigen) Teils kann ein Anspr nach § 1179 a entstehen. – **b) Schuldner** ist der GrdstEigtümer. Gem I, II iVm § 1179 a I 2 gilt gleiche Regelg wie bei § 1179 a (vgl dort Rn 3). – **c) Inhalt.** Löschg (richtiger: Aufhebg) des GrdPfdR, wenn u soweit es sich mit dem Eigt vereinigt hat. Gem I, II iVm § 1179 a II gilt die gleiche Regelg wie bei § 1179 a (vgl dort Rn 4–7). – **d) Sicherung** gg Vfg des Schu, die der Aufhebg entggstehen, dch Vormkgs Wirkg. Gem II iVm § 1179 a I 3 gilt gleiche Regelg wie bei § 1179 a (vgl dort Rn 8). Für ZwFinanzierer wichtig, Zust des Gläub zur Abtr der vorläuf EigtümerGrdSch einzuholen. 2

3) Ausschluß des Löschungsanspruchs als Inhalt des GrdPfdR vereinb. Gem II iVm § 1179 a V gilt gleiche Regelg wie bei § 1179 a (vgl dort Rn 10–12 u LG Wuppt RhNK **88**, 19 [künft FremdGläub einer EigtümerGrdSch]). – Vgl auch § 1187 S 4. 3

4) Einreden sind mögl. § 1179 a Rn 13 gilt entspr. 4

5) Auf die **Grund/Rentenschuld** entspr anwendb (§ 1192 I). 5

1180 *Auswechslung der Forderung.* **I An die Stelle der Forderung, für welche die Hypothek besteht, kann eine andere Forderung gesetzt werden. Zu der Änderung ist die Einigung des Gläubigers und des Eigentümers sowie die Eintragung in das Grundbuch erforderlich; die Vorschriften des § 873 Abs. 2 und der §§ 876, 878 finden entsprechende Anwendung.**

II Steht die Forderung, die an die Stelle der bisherigen Forderung treten soll, nicht dem bisherigen Hypothekengläubiger zu, so ist dessen Zustimmung erforderlich; die Zustimmung ist dem Grundbuchamt oder demjenigen gegenüber zu erklären, zu dessen Gunsten sie erfolgt. Die Vorschriften des § 875 Abs. 2 und des § 876 finden entsprechende Anwendung.

1) Allgemeines. § 1180 erspart den Umweg über §§ 1168 I, 1177, 1198. – **a) Rechtsnatur.** FdgsAuswechselg ist Vfg über die Hyp dch Inhaltsänderg (§ 877) u über das Grdst dch Belastg (desh notw BelastgsGen auch hier notw; Schlesw SchlHA **60**, 57). Ist die neue Fdg höher als die alte, so ist insow Neubestellg an rangbereiter Stelle od Rangvortritt notw (RG JW **34**, 479). – **b) Geltungsbereich.** Alle Hyp, die bei Erlöschen des Fdg zur EigtümerGrdSch werden; auch SichgsHyp (RG **60**, 259), HöchstBetrHyp (KGJ **32** A 269), § 1177 II-Hyp (RG **121**, 38); nicht aber RückstandsHyp (§ 1178) u Auswechselg der Fdg, die dch nur vorgemerkte Hyp gesichert werden soll (KG OLG **20**, 419). 1

2) Auswechselung ohne Gläubigerwechsel (I). – a) Vorausetzungen. Formlose Einigg zw Eigtümer (bei GesamtHyp: alle) u Gläub über Ersetzg der bish gesicherten Fdg dch eine od mehrere and (auch künft/bdgt) Fdgen gg denselben od and Schuldn (bei HöchstBetrHyp kann bish Fdg einbezogen werden) sowie ggf Zust des BelastgsBerecht; pers Schuldn braucht nicht zuzustimmen (vgl aber § 1165 Rn 2). Bei unwirks Hyp liegt darin HypBestellg, wenn den Beteil mögl Unwirksamk bekannt (MüKo/Eickmann Rn 4; Soergel/Konzen Rn 3; aA RG **139**, 118 [129]); sonst kein HypErwerb. Für Auswechselg mit NichtEigtümer gilt § 893 (MüKo/Eickmann aaO; Soergel/Konzen aaO). – Ferner GBEintr mit FdgsBezeichng nach § 1115 (RG **147**, 298). EintrBew des Eigtümers u des Gläub sowie ggf des BelastgsBerecht (GBO 19, 29). – 2
b) Wirkung. Die Hyp sichert nur die neue Fdg; § 1137 gilt nur für Einreden gg sie. Bish Fdg bleibt bestehen, soweit sie nicht aus and Grd erlischt (vgl § 1165 Rn 2). ZPO 800 nur anwendb, wenn Unterwerfg neu erklärt u eingetr (allgM). 3

3) Auswechselung mit Gläubigerwechsel (II). Mögl auch Auswechselg nach I iVm Abtretg; es genügt (auch für gutgl Erwerb des neuen Gläub nach §§ 892, 1138), daß Auswechselg u Abtretg in einem EintrVermerk zusgefaßt (RG **147**, 298). – **a) Voraussetzungen.** Einigg zw Eigtümer u neuem Gläub (§ 878 anwend; Soergel/Konzen Rn 8) u Eintr entspr I (Rn 2) sowie Zustimmg des bish Gläub ggü GBA, Eigtümer od neuem Gläub. Für HypErwerb gilt § 892. – **b) Wirkung.** Die Hyp geht agrd rgeschäftl Vfg des Eigtümers ohne Abtretg (KG JW **35**, 3570) auf den neuen Gläub über. Vor BriefÜberg od FdgsEntstehg gelten §§ 1117, 1163 I 1, II, 1177. 4

4) Auf die **Grund/Rentenschuld** nicht anwendb. EigtümerGrdSch muß unter Umwandlg in FremdR (§ 1198) abgetreten werden (BGH NJW **68**, 1674). 5

1181 *Erlöschen durch Befriedigung aus dem Grundstück.* **I Wird der Gläubiger aus dem Grundstücke befriedigt, so erlischt die Hypothek.**

II Erfolgt die Befriedigung des Gläubigers aus einem der mit einer Gesamthypothek belasteten Grundstücke, so werden auch die übrigen Grundstücke frei.

III Der Befriedigung aus dem Grundstücke steht die Befriedigung aus den Gegenständen gleich, auf die sich die Hypothek erstreckt.

1 **1) Allgemeines.** § 1181 gilt nur bei Befriedigg aus dem Grdst (bzw den mithaftden Ggst) iW der ZwVollstr nach § 1147; wird die pers Fdg iW der ZwVollstr befriedigt, so gilt nur § 1163 I 2 (RG **56**, 325). – Nicht unter § 1181 fällt die Befriedigg aus dem Erlös des zur Vermeidg der ZwVollstr od vom KonkVerw freihänd verkauften Grdst (RG Warn **32** Nr 48).

2 **2) Befriedigung** des Gläub iSv § 1181 (Rn 1) erfolgt: – **a)** Bei **Zwangsverwaltung** mit Zahlg dch den ZwVerw (KG JFG **11**, 254). – **b)** Bei **Zwangsversteigerung** dch Erlösauszahlg. Wie Befriedigg wirken: Befriediggsfiktion nach ZVG 114 a; Übertragg der Fdg gg Ersteher nach ZVG 118 II. – **c)** Bei **Mobiliarvollstreckung** in mithaftde Ggst nach ZPO 819, 825. – **d)** Die **Einziehung der Gebäudeversicherungsforderung** steht der Befriedigg aus dem Grdst gleich (str; vgl § 1128 Rn 5).

3 **3) Rechtsfolgen.** – **a)** Die **Einzelhypothek** erlischt im Umfang der Befriedigg (I). War sie nach ZVG 52 I 2, 91 I schon mit Zuschlag am Grdst erloschen, so setzt sie sich bis zur Befriedigg des Gläub am Erlös fort
4 (vgl § 1191 Rn 11). Kein Erlöschen nach I, wenn Bestehenbleiben vereinbart (ZVG 91); vgl Rn 5. – **b)** Bei einer **Gesamthypothek** erlischt die Hyp an dem Grdst, in das vollstreckt ist, nach I (Rn 3) u vorbeh § 1182 an den mithaftden Grdst, in die nicht vollstreckt wurde, nach II; fällt die GesamtHyp bei der Erlösverteilg aus, so erlischt die Hyp an letzteren mangels Befriedigg nicht, ist am ersteren aber nach ZVG 52 I 2, 91 I
5 erloschen. – **c)** Die **persönliche Forderung** erlischt, wenn der Eigtümer auch pers Schuldn war (§ 362 I); anderenf erwirbt der Eigtümer sie ohne die (erloschene) Hyp (§ 1143 I). Dies gilt auch bei einer BestehenbleibensVereinbg nach ZVG 91; liegt in ihr die Begründg einer pers Haftg des Erstehers ggü dem Gläub (was mangels ggteil Abrede anzunehmen), so sichert die bestehenbleibde Hyp diese abstr neue Schuld (vgl MüKo/Eickmann Rn 10, 15, 17; str), anderenf wird sie GrdSch.

6 **4)** Auf die **Grund/Rentenschuld** entspr anwendb (§ 1192 I).

1182 *Übergang bei Befriedigung aus der Gesamthypothek.* **Soweit im Falle einer Gesamthypothek der Eigentümer des Grundstücks, aus dem der Gläubiger befriedigt wird, von dem Eigentümer eines der anderen Grundstücke oder einem Rechtsvorgänger dieses Eigentümers Ersatz verlangen kann, geht die Hypothek an dem Grundstücke dieses Eigentümers auf ihn über. Die Hypothek kann jedoch, wenn der Gläubiger nur teilweise befriedigt wird, nicht zum Nachteile der dem Gläubiger verbleibenden Hypothek und, wenn das Grundstück mit einem im Rang gleich- oder nachstehenden Rechte belastet ist, nicht zum Nachteile dieses Rechtes geltend gemacht werden.**

1 **1) Allgemeines.** § 1182 entspricht § 1173 II u ergänzt § 1181 II bei einer GesamtHyp an Grdst od sonstigen BelastgsGgst (§ 1132 Rn 3) verschied Eigtümer; gehören sie demselben Eigtümer, so gilt § 1181. Maßg sind die EigtVerh im Ztpkt der Befriedigg.

2 **2) Voraussetzungen.** – **a) Befriedigung** des Gläub aus dem Grdst od den mithaftden Ggst (§ 1181 Rn 2) nur eines Eigtümers. – **b) Ersatzanspruch** iSv § 1173 Rn 2 dieses Eigtümers gg den eines mithaftden Grdst.

3 **3) Rechtsfolgen.** Für die Hyp am eigenen Grdst gilt § 1181 Rn 4. – **a)** In Höhe des ErsAnspr erwirbt der Eigtümer des Grdst, aus dem befriedigt wurde, krG die Hyp am Grdst des ersatzpfl Eigtümers als FremdHyp; sie sichert krG entspr § 1173 Rn 9 nur den ErsAnspr (RG **81**, 71). – **b)** Hat der ersatzpfl Eigtümer mehrere mithaftde Grdst od richtet sich der ErsAnspr gg mehrere Eigtümer als GesamtSchuldn, so ist die RückgrHyp eine GesamtHyp; bei selbstd ErsAnspr gg mehrere Eigtümer erwirbt der ErsBerecht mehrere EinzelRückgrHyp (Becher [§ 1173 Rn 2] S 97 f). – **c)** Die RückgrHyp hat Rang nach den in S 2 genannten Rechten; iFv Halbs 2 müssen diese Rechte (nicht notw GrdPfdR) im Ztpkt der Befriedigg bestehen (KGJ **42**, 274).

4) Auf die **Grund/Rentenschuld** entspr anwendb (§ 1192 I).

1183 *Aufhebung der Hypothek.* **Zur Aufhebung der Hypothek durch Rechtsgeschäft ist die Zustimmung des Eigentümers erforderlich. Die Zustimmung ist dem Grundbuchamt oder dem Gläubiger gegenüber zu erklären; sie ist unwiderruflich.**

1 **1) Allgemeines.** § 1183 ergänzt §§ 875, 876. Die Hyp erlischt erst, wenn die Erfordern der §§ 875, 876, 1183 erfüllt sind; Reihenfolge gleichgült. Die EigtümerZust muß hinzutreten, wenn er nicht selbst HypGläub ist (KG JFG **13**, 394), denn ihm soll die Möglichk erhalten bleiben, die Hyp als EigtümerGrdSch zu erwerben. Aufhebg zu unterscheiden von Verzicht (§ 1168), bei den EigtümerGrdSch entsteht.

2 **2) Geltungsbereich.** Rgeschäftl Aufhebg einer Hyp (§ 875), nicht auch einer HypVormkg. Herabsetzg des Zinsfußes ist teilweise Aufhebg der Hyp (RG **72**, 363). Für rückständige Nebenleistgen u die Kosten des § 1118 gilt § 1178. Aufhebg einer GesHyp an nur einigen Grdst ist regelm als Verzicht nach § 1175 I 2 ohne Zust des Eigtümers wirks (KG JFG **11**, 245); desw auch pfdfreie Abschreibg eines GrdstTeils zustfrei (vgl § 1175 Rn 3).

3) Zustimmung aller Eigtümer, an deren Grdst (od MitEigtAnteilen) die Hyp aufgeh werden soll. Maßgebd ist der Ztpkt der Aufhebg. Beim Wechsel des Eigtums also Zust des Erwerbers nötig, wenn zZ des EigtWechsels die Hyp noch nicht wirks aufgeh war. Bei gleichzeitiger EigtUmschreibg u Löschg genügt Zust des Veräußerers (KG JFG **20**, 8), wenn alle sonstigen Voraussetzungen vorliegen. – **a) Rechtsnatur.** Abstrakte einseit empfangsbedürft WillErkl; selbstd RGesch ggü Aufhebg (RG HRR **33**, 1012). Zu unterscheiden von rein verfrechtl Zustimmg nach GBO 27; eine enthält idR die andere. Sie ist Vfg über AnwR auf Erwerb als EigtümerGrdSch (BayObLG **73**, 220), nicht über das Grdst (str). Daher iFv § 1424 Zustimmg des and Ehegatten nicht nöt; einstw Vfg, die dem Eigtümer Vfg über Grdst verbietet, steht seiner Zustimmg nicht entgg (KG JFG **4**, 418). Über Anwendg von § 1812 vgl BayObLG Rpfleger **85**, 24 Anm Damrau. Zustimmg des Nacherben jedenf bei letztrang Hyp nicht nöt (KG HRR **37**, 1016). Wg Unwiderruflichk ist KonkVerw an Zustimmg des GemSchu vor KonkEröffng gebunden (RG **52**, 416). – **b) Form.** Materiellr formfrei; Nachw ggü GBA gem GBO 29. Inhalt nicht vorgeschrieben; doch muß eindeut sein, auf welche Hyp sie sich bezieht (Köln Rpfleger **70**, 286); im LöschgsAntr od FreistellgsVerpfl in der AuflUrk kann schlüss Zustimmg liegen (BayObLG **73**, 220); and uU bei TeilAufl wg Möglichk eines EigtümerGrdPfdR. – **c) Empfänger:** S 2; § 181 gilt, wenn Gläub die Zustimmg als Vertreter des Eigtümers ggü sich od dem GBA (vgl BGH JR **80**, 412 Anm Kuntze) erklärt; nicht aber, wenn Eigtümer die Zustimmg ggü sich als Vertreter des Gläub od dem GBA erklärt (kein rechtl Nachteil für Vertretenen; vgl aber § 875 Rn 6). 3 4 5 6

4) Auf die **Grund/Rentenschuld** ist § 1183 entspr anwendb (§ 1192; BayObLG Rpfleger **85**, 24). 7

1184 *Sicherungshypothek.*

I Eine Hypothek kann in der Weise bestellt werden, daß das Recht des Gläubigers aus der Hypothek sich nur nach der Forderung bestimmt und der Gläubiger sich zum Beweise der Forderung nicht auf die Eintragung berufen kann (Sicherungshypothek).

II Die Hypothek muß im Grundbuch als Sicherungshypothek bezeichnet werden.

1) Allgemeines. Die SichgHyp ist ggü der gewöhnl (Verkehrs-)Hyp kein verschiedenes sond ein minderes Recht (RG **123**, 169). Die strenge Akzessorietät schützt den Eigtümer gg gutgl Erwerb bei FdgsMängeln u macht die SichgHyp daher nicht zum Umlauf (Bodenkredit) geeignet. – Bestimmte Fdgen können nur dch SichgHyp gesichert werden (§§ 1187–1190). Ob für and Fdgen eine SichgHyp zu bestellen ist, ist eine Frage des GrdGesch (§ 1113 Rn 3) od der gesetzl AnsprGrdLage (zB § 648). 1

2) Strenge Akzessorietät. Sie wird dadch bewirkt, daß wg der Nichtanwendbark von § 1138 (§ 1185 II) die §§ 891–899 in Ansehg der Fdg u der Einreden des § 1137 nicht gelten; für die Hyp selbst gelten sie aber (vgl Rn 3 aE, Rn 4 aE). – **a)** Das **Recht aus der Hypothek bestimmt sich nur nach der Forderung;** maßg ist die in Wahrh gesicherte Fdg, bei zu Unrecht eingetr FdgsAuswechselg also die ursprüngl (KG JW **37**, 111). Wird eine nicht bestehde od einredebehaftete Fdg an einen Gutgläubigen abgetreten, so erwirbt dieser die SichgHyp nicht bzw nur einredebehaftet. Deshalb gelten auch §§ 894–899 bei Einwendgen/Einreden gg die Fdg nicht. Bei Abtretg bestehder Fdg gilt § 892 aber für die Hyp (zB bei unwirks Bestellg) u das Nichtbestehen nicht eingetr Einreden des § 1157 (RG **74**, 213). – **b) Kein Beweis der Forderung durch die Eintragung.** Das Entstehen der gesicherten Fdg muß der Gläub ggü dem Eigtümer (zB im Verf nach § 1147) u jedem Dritten (zB nachrang Gläub im VerteilgsVerf) mit and Mitteln beweisen (BGH NJW **86**, 53). Das Erlöschen der Fdg (BGH aaO) bzw Bestehen einer Einrede muß der Eigtümer beweisen; ebso Unrichtigk des eingetr SchuldGrd, wenn er daraus Rechte herleitet (RG Warn **19** Nr 115). – Ist der Eigtümer zugl pers Schuldn, wird die Fdg im Verhältn Eigtümer/Gläub dch rkräft ZahlgsTitel bewiesen (ZPO 325); ist der Eigtümer nicht zugl pers Schuldn, kann er gg die Fdg auch Einreden/Einwendgen geltd machen, die dem pers Schuldn schon rkräft aberkannt sind (BGH NJW **60**, 1348; Erm/Räfle Rn 2; einschränkd Ffm NJW-RR **88**, 206 bei GrdstVeräußerg zur GläubBenachteiligg). – Bei einer ZwHyp kann der mit dem VollstrSchuldn ident Eigtümer Einreden/Einwendgen gg die Fdg nur iRv ZPO 767 II, 796 II geltd machen (BGH NJW **88**, 828); auch der Eigtümer, der das Grdst mit der ZwHyp erwarb, kann nur Einreden/Einwendgen gg die Fdg geltd machen, die der VollstrSchuldn nach ZPO 767 II, 796 II geltd machen könnte (BGH aaO). – Hat der Gläub die Fdg nachgewiesen, so gilt für die Hyp § 891 (KG JW **37**, 111). – **c) § 893** gilt nicht bzgl der Fdg. Zahlg an den eingetr Gläub befreit den Eigtümer nur, wenn die Fdg dem Eingetragenen zustand (Erm/Räfle Rn 2; hM). 2 3 4 5

3) Entstehung. – a) Rechtsgeschäftlich nach § 873; der Wille zur Bestellg einer SichgHyp muß in der Einigg erkennb sein u Bezeichng als SichgHyp im EintrVermerk selbst notw (**II**; Ausn: §§ 1187 S 2, 1190 III, VerglO 93 II 2). Ist VerkehrsHyp trotz Einigg über SichgHyp eingetr, so ist VerkehrsHyp entstanden (denn Part wollen dingl Sichg), die im InnenVerh u ggü bösgläub Erwerber als SichgHyp zu behandeln (hM; aA Planck/Strecker Anm 3 b [nichts entstanden]). Ist SichgHyp trotz Einigg über VerkehrsHyp eingetr, so ist SichgHyp als minderes Recht entstanden (RG **123**, 169). Bei Dissens über HypArt entsteht die eingetr Hyp (Soergel/Konzen Rn 9; W-Raiser § 151 IV 3 b; aA MüKo/Eickmann Rn 14 [stets VerkehrsHyp]; Planck/Strecker Anm 3 a [nichts entstanden]; Staud/Wolfsteiner Rn 10 [stets SichgHyp]). – **b) Nichtrechtsgeschäftlich.** Kraft Gesetzes: § 1287 S 2, ZPO 848 II (Eintr ist GBBerichtigg). Dch ZwVollstr: ZPO 867, 932, AO 322. Auf behördl Ersuchen: ZVG 128, 130 I 2. 6

4) Auf die **Grund/Rentenschuld** nicht anwendb; insb nicht auf die SichgGrdSch. 7

1185 *Buchhypothek; unanwendbare Vorschriften.*

I Bei der Sicherungshypothek ist die Erteilung des Hypothekenbriefs ausgeschlossen.

II Die Vorschriften der §§ 1138, 1139, 1141, 1156 finden keine Anwendung.

1 **1) Allgemeines.** Für die SichgHyp gelten die Vorschriften der VerkehrsBuchHyp (zB §§ 1132, 1153, 1154 III, 1163, 1164, 1177), soweit ihre Anwendg nicht dch §§ 1184–1190 ausgeschl ist od dort SonderVorschr bestehen.

2 **2) Buchhypothek (I).** Die SichgHyp ist stets BuchHyp. BriefAusschl braucht wg §§ 1184 II, 1190 I 2 nicht eingetr zu werden. Die für die BriefHyp geltden Vorschriften sind nicht anwendb; ein Brief ist wirkgslos.

3 **3) Nicht anwendbare Vorschriften (II);** vgl auch Rn 2. – **a) § 1138;** vgl § 1184 Rn 2–5. – **b) § 1139;** weil wg Ausschl gutgl Erwerbs bes EigtümerSchutz entbehrl. – **c) § 1141.** Künd ggü pers Schuldn od dch ihn ausreichd u notw (RG **111**, 397). Ist dieser od sein Aufenth unbekannt, so gilt § 132 II. Im Falle von ZVG 54 I muß Eigtümer zugl pers Schuldn sein, damit Künd ggü Ersteher wirkt (MüKo/Eickmann Rn 13; Soergel/Konzen Rn 5; weitergehd RG LZ **28**, 1060). – **d) § 1156.** Der Eigtümer kann sich auch dem gutgl Erwerber ggü auf §§ 406–408 berufen; zB befreide Zahlg an bish Gläub in Unkenntn der Abtretg.

4 **4)** Auf die **Grund/Rentenschuld** nicht anwendb; insb nicht auf die SichgGrdSch.

1186 ***Zulässige Umwandlungen.*** **Eine Sicherungshypothek kann in eine gewöhnliche Hypothek, eine gewöhnliche Hypothek kann in eine Sicherungshypothek umgewandelt werden. Die Zustimmung der im Range gleich- oder nachstehenden Berechtigten ist nicht erforderlich.**

1 **1) Allgemeines.** Jede Hyp kann dch RGesch in eine Hyp and Art umgewandelt werden. Eine VerkHyp auch in eine HöchstBetrHyp (KG JW **35**, 3570) u umgekehrt (§ 1190 Rn 19), eine ArrestHyp in eine ZwHyp (Rn 3; aber nicht umgekehrt).

2 **2) Umwandlung. – a) Inhaltsänderung** (§ 877) dch Einigg u Eintr. Bei Umwandlg einer Sichg- in eine VerkHyp ist eine BuchHyp als gewollt anzusehen, wenn nicht Aufhebg des BriefAusschl vereinb ist; nochmalige Eintr des BriefAusschl zweckmäß (Dresden OLG **29**, 371), aber nicht notw. Umwandlg mit FdgsAuswechselg verbindb (RG **147**, 298). Der Brief ist bei nachträgl Erteilg dem Gläub auszuhändigen
3 (GBO 60 I), bei nachträgl Ausschl unbrauchb zu machen (GBO 69). – **b) Arresthypothek** (ZPO 932) wird mit Erlangg eines HauptsacheTit nicht krG zur ZwHyp (BGH NJW **97**, 3230). Umwandlg nach § 1186 notw, wobei statt Einigg SchuldTit u GläubAntr genügen (BGH aaO); bei Eigtümerwechsel EintrBew des neuen Eigtümers notw (KG OLG **44**, 177). Es handelt sich um eine Neueintragg in der dch die ArrestHyp
4 gesicherten Rangstelle (KG JFG **7**, 401). – **c) Zustimmung.** Mangels Beeinträchtigg müssen gleich- u nachrang Berecht (S 2) u pers Schuldn nicht zustimmen. Zustimmen müssen Berecht einer HypBelastg. Berecht einer LöschgsVormkg/ges LöschgsAnspr brauchen die Umwandlg einer Sichg- in eine VerkHyp nicht gg sich gelten zu lassen (§ 1179 Rn 16, § 1179 a Rn 8; Soergel/Konzen Rn 7), währd sie die umgekehrte Umwandlg nicht beeinträchtigt.

5 **3)** Auf die **Grund/Rentenschuld** nicht anwendb; vgl aber §§ 1198, 1203.

1187 ***Sicherungshypothek für Inhaber- und Orderpapiere.*** **Für die Forderung aus einer Schuldverschreibung auf den Inhaber, aus einem Wechsel oder aus einem anderen Papiere, das durch Indossament übertragen werden kann, kann nur eine Sicherungshypothek bestellt werden. Die Hypothek gilt als Sicherungshypothek, auch wenn sie im Grundbuche nicht als solche bezeichnet ist. Die Vorschrift des § 1154 Abs. 3 findet keine Anwendung. Ein Anspruch auf Löschung der Hypothek nach den §§ 1179 a, 1179 b besteht nicht.**

1 **1) Allgemeines.** Die WertPapHyp ist heute ohne prakt Bedeutg; verdrängt dch die SichgGrdSch. WertPapFdgen auch dch HöchstBetrHyp sicherb; GBO 50 dann nicht anwendb (KG JFG **4**, 425). G über die gemeins Rechte der Besitzer von SchVerschreibgen v 4. 12. 1899 (BGBl III 4134–1) gilt auch bei Sichg nach § 1187. Die Hyp ist stets krG SichgHyp **(S 2)**; § 1185 Rn 1 gilt.

2 **2) Sicherbare Forderung;** LeistgsGgst wie § 1113 Rn 14. Aus InhSchVerschreibg (§§ 793 ff; nicht § 808) od OrderPap (WG 11, 27; SchG 14 I; HGB 363). Die Hyp muß die Fdg aus dem Papier unmittelb sichern; bei Sichg einer Fdg dch Papier u Hyp entsteht gewöhnl SichgHyp od VerkehrsHyp.

3 **3) Bestellung** (§ 873). – **a) Einigung.** Bei InhSchVerschreibg genügt wg Unbestimmth der Gläub einseit EigtümerErkl ggü GBA (§ 1188 I). – **b) Eintragung** (vgl Böhringer BWNotZ **88**, 25). Bezeichng als SichgHyp nicht notw (S 2). Als Gläub sind einzutragen: bei InhSchVerschreibg „der Inhaber" des genau bezeichneten Papiers; bei OrderPap der namentl bezeichnete erste Nehmer sowie „jeder dch Indossament ausgewiesene Inhaber". Über Eintragg bei TeilSchVerschreibg vgl GBO 50. Auch zur ErstEintr ist das WertPap entspr GBO 43 vorzulegen (str). – **c) Entstehung** als FremdHyp erst mit Entstehen der verbrieften Fdg (§ 1163 I), vorher EigtümerGrdSch.

4 **4) Übertragung.** Wg Ausschl von § 1154 III **(S 3)** wird die Fdg ohne GBEintr nach den für das WertPap geltden Vorschr übertragen; die Hyp folgt nach § 1153 I (keine GBBerichtigg). Legitimation ggü GBA bei InhSchVerschreibg dch Besitz u bei Order Pap dch Indossament in der Form von GBO 29 I.

5 **5) Gutglaubensschutz. – a) Forderungserwerb.** §§ 1137, 1185 II anwendb; der GutglSchutz richtet sich aber nach den WertPapVorschr (§§ 796, 932 ff; WG 16, 17; SchG 21, 22; HGB 364 II, 365 ff). – **b) Hypothekenerwerb.** §§ 891, 892 gelten; gutgl Erwerb auch, wenn Verfügder nur dch Besitz/Indossamentenkette legitimiert (Erm/Räfle 4; Wstm/Eickmann § 111 III 1; aA Planck/Strecker 4 c). Ferner gilt §§ 1157; bei nur aus Pap ersichtl Einrede § 1140 entspr anwendb (Erm/Räfle aaO; Wstm/Eickmann aaO).

6) Vereinigung mit dem Eigentum bei Erlöschen der Fdg (§§ 1163 I, 1177); kein ges LöschgsAnspr **(S 4),** vertragl (vgl KGJ **50**, 198) nur für Gläub iSv § 1179 sicherb. Die Fdg erlischt aber nicht, wenn pers schuldder Eigtümer das Papier erwirbt; es gilt dann § 1177 II. Auch bei Indossierg des Wechsels auf den Aussteller erlischt die Fdg nicht (WG 11 III). 6

7) Auf die **Grund/Rentenschuld** nicht anwendb; vgl aber § 1195. 7

1188 ***Sondervorschrift für Schuldverschreibungen auf den Inhaber.*** **I Zur Bestellung einer Hypothek für die Forderung aus einer Schuldverschreibung auf den Inhaber genügt die Erklärung des Eigentümers gegenüber dem Grundbuchamte, daß er die Hypothek bestelle, und die Eintragung in das Grundbuch; die Vorschrift des § 878 findet Anwendung.**

II Die Ausschließung des Gläubigers mit seinem Rechte nach § 1170 ist nur zulässig, wenn die im § 801 bezeichnete Vorlegungsfrist verstrichen ist. Ist innerhalb der Frist die Schuldverschreibung vorgelegt oder der Anspruch aus der Urkunde gerichtlich geltend gemacht worden, so kann die Ausschließung erst erfolgen, wenn die Verjährung eingetreten ist.

1) Sondervorschrift nur für Fdg aus InhSchVerschreibg (nicht aus OderPap). – **I** macht Ausn von § 873 bei Bestellg (vgl § 1187 Rn 3). – **II** schützt PapInh gg vorzeit Ausschließg seines Rechts. VorleggsFr: § 801 I 1, III; VerjFr: § 801 I 2. Vgl auch ZPO 986 II. 1

2) Auf die **Inhabergrund/Rentenschuld** entspr anwendb (§§ 1191 I, 1195). 2

1189 ***Bestellung eines Grundbuchvertreters.*** **I Bei einer Hypothek der im § 1187 bezeichneten Art kann für den jeweiligen Gläubiger ein Vertreter mit der Befugnis bestellt werden, mit Wirkung für und gegen jeden späteren Gläubiger bestimmte Verfügungen über die Hypothek zu treffen und den Gläubiger bei der Geltendmachung der Hypothek zu vertreten. Zur Bestellung des Vertreters ist die Eintragung in das Grundbuch erforderlich.**

II Ist der Eigentümer berechtigt, von dem Gläubiger eine Verfügung zu verlangen, zu welcher der Vertreter befugt ist, so kann er die Vornahme der Verfügung von dem Vertreter verlangen.

1) Allgemeines. – a) Grundbuchvertreter soll Vfgen über die § 1187-Hyp ermöglichen, was bei TeilSchVerschreibg wg GläubVielzahl od Schwierigk grdbuchmäß Legitimation (§ 1187 Rn 4) bzw der Ermittlg sonst sehr erschwert. Bestellg nicht zwingd. – **b) Vertreter/Treuhänder anderer Art.** GläubVertr u VertragsVertr nach SchVerschreibgsG (§ 1187 Rn 1) 1 II, 14 ff, 16 I Fall 2 (vgl RG **117**, 369; Warn **34** Nr 56), die die Befugn des GBVertr nicht beschränken u nicht im GB eintragb (Dresden KGJ 43, 308). Treuhänder nach HypBkG 29 ff (vgl Vorb 5 vor § 1113), VAG 70. Sachwalter nach VerglO 93 III. 1

2) Bestellung gehört zum HypInhalt; nachträgl Bestellg daher Inhaltsänderg der Hyp (KGJ **45**, 275). Keine Beschrkg bzgl der Person (auch OHG/KG); aber nicht Gläub od Schuldn (Staud/Scherübl Rn 6). Keine Pfl zur AmtsÜbern. – **a) Einigung** zw Eigtümer u Gläub bei OrderPap (§ 873), einseit EigtümerErkl bei InhSchVerschreibg (§ 1188 I). Bei nachträgl Bestellg in beiden Fällen Einigg des Eigtümers mit allen Gläub, sofern bei ErstBestellg keine and Regelg vorgesehen (zB Bestellg des Nachf dch bish Vertr od Dritten; KGJ **51**, 304). Vgl auch SchVerschreibgsG (§ 1187 Rn 1) 16 III. – **b) Eintragung** des GBVertr u seiner VfgsBefugn (diese auch gem § 874; BayObLG OLG **41**, 182). Bei anfängl Bestellg EintrBew des Eigtümers, bei nachträgl die des Eigtümers u aller Gläub notw (KGJ **45**, 275). VertrMacht beginnt erst mit Eintr (Dresden KGJ **43**, 308). Für eingetr GBVertr gilt § 891 (KGJ **51**, 304). 2

3) Rechtsstellung. – a) Im **Innenverhältnis** Beauftragter/GeschBesorger für Eigtümer u Gläub, bei einseit Bestellg dch Eigtümer Vertr zG der Gläub (KGJ **45**, 270); Annahme des Auftr/GeschBersorggsVertr dch GBVertr (auch stillschw) notw. Dem Recht zur Wahrnehmg der übertr Befugn entspr eine WahrnehmgsPfl (RG **90**, 211; **117**, 369). – **b)** Im **Außenverhältnis** rgesch Vertr der jeweil Gläub (RG **150**, 289). Im RStreit sind die Gläub Partei; ZPO 53 anwendb. Die Gläub bleiben vfgsberecht (KGJ **45**, 275). VertrMacht nur bzgl der Hyp; bzgl der Fdg nur nach allg Grds. – **aa) Umfang der Vertretungsmacht.** Bzgl der Vfgen über die Hyp (zB Aufhebg, Inhalts/Rangänderg, Haftentlassg) ist die Bestellg maßg, sie kann sich auf alle Vfgen erstrecken. Bzgl der Geltdmachg der Hyp (zB Künd, Mahng, HypKlage) umfassd krG. – **bb) Erlöschen der Vertretungsmacht.** Wegfall des GBVertr (zB Tod); Abberufg aGrd Einigg zw Eigtümer u allen Gläub u Eintragg (§§ 873, 877) od nach SchVerschreibgsG (§ 1187 Rn 1) 16 IV; Erlöschen des Auftr/GeschBesorggsVertr (§ 168; GBEintr hier nur Berichtigg). 3 4

4) Auf die **Inhabergrund/Rentenschuld** entspr anwendb (§§ 1191 I, 1195). 5

1190 ***Höchstbetragshypothek.*** **I Eine Hypothek kann in der Weise bestellt werden, daß nur der Höchstbetrag, bis zu dem das Grundstück haften soll, bestimmt, im übrigen die Feststellung der Forderung vorbehalten wird. Der Höchstbetrag muß in das Grundbuch eingetragen werden.**

II Ist die Forderung verzinslich, so werden die Zinsen in den Höchstbetrag eingerechnet.

III Die Hypothek gilt als Sicherungshypothek, auch wenn sie im Grundbuche nicht als solche bezeichnet ist.

IV Die Forderung kann nach den für die Übertragung von Forderungen geltenden allgemeinen Vorschriften übertragen werden. Wird sie nach diesen Vorschriften übertragen, so ist der Übergang der Hypothek ausgeschlossen.

1 **1) Allgemeines.** Die HöchstBetrHyp ist eine SichgHyp, so daß §§ 1184 ff gelten, soweit § 1190 keine SonderVorschr enthält. Sie ist in der Praxis heute weitgehd dch die (Sichg)GrdSch ersetzt. – **a) Verdeckte Höchstbetragshypothek.** Sie ist Verkehrs- od gewöhnl SichgHyp mit nicht eintragb schuldrechtl Abrede, im InnenVerh als HöchstBetrHyp zu gelten. Die Rspr hält dies für zuläss (RG **152**, 213 [219]; BayObLG **54**, 196; Brdbg WM **98**, 283 [288]; LG Düss MittBayNot **77**, 23; aA Wstm/Eickmann § 110 I 3); da § 1163 I 2 zwingd, entsteht bei Tilgg endgült EigtümerGrdSch, die nur nach Übertragg u FdgsAuswechselg wieder FremdHyp wird. – **b) Höchstbetragshypothek kraft Gesetzes** entsteht iFv ZPO 932 I; ferner gem ZPO 848 II 2, wenn Pfändg des AuflAnspr iW der Arrestvollziehg erfolgte.

2 **2) Gesicherte Forderung;** sie muß GeldFdg sein. – **a) Unbestimmte Höhe.** Genügd, daß zunächst bestimmte Fdg noch veränderb ist (zB aGrd WertsichgKl; BayObLG NJW-RR **89**, 1467). Unschädl, daß zu einem FdgsKreis einz bestimmte Fdgen gehören (BayObLG **54**, 196). Unbestimmth der ZinsFdg (KG HRR **33** Nr 202) od der nicht unter § 1118 fallden Kosten (KG DR **43**, 856) genügt. Ist trotz bestimmter Fdg eine HöchstBetrHyp eingetr, so ist idR eine gewöhnl SichgHyp entstanden (RG DR **42**, 1796), was dch Klarstellgsvermerk kundzumachen; bei ausnahmsw nicht mögl Umdeutg ist die Eintragg inhaltl unzuläss (KGJ
3 **51**, 285). – **b) Nebenleistungen.** Für Zinsen (auch gesetzl) u and Nebenleistgen Haftg nur in den Grenzen des HöchstBetr; RNatur als Nebenleistg bleibt unberührt (RG **131**, 289 [295]). Für Kosten der Künd/
4 RVerfolgg (§ 1118) zusätzl Haftg (RG **90**, 171). – **c) Schuldgrund.** Er darf bestimmt sein (zB Fdgen aus bestimmtem Bauvorhaben; Kiel OLG **34**, 217), es genügt aber Bestimmbark. Sicherb daher alle Anspr aus einem FdgsKreis (zB aus GeschBeziehgen zw Gläub u Schuldn; RG **136**, 80) od auch alle ggwärt u künft Fdgen des Gläub gg den Schuldn (RG **75**, 245); auch die eine od and Fdg eines Gläub (RG JW **11**, 653). –
5 **d) Schuldnermehrheit.** Es können Fdgen gg verschied Schuldn gesichert werden (§ 1113 Rn 9). Tilgt ein GesamtSchuldn auf DrittGrdst gesicherte Fdg teilw, so erwirbt er diese mit der Hyp insow, als er von and GesamtSchuldn Ers verlangen kann; ergibt sich bei der FdgsFeststellg eine weitere Fdg des Gläub, so steht
6 diesem die TeilHyp im Rang vor der RestHyp des Tilgden wieder zu (BGH WM **66**, 1259). – **e) Gläubigermehrheit.** Es können Fdgen verschied Gläub in RGemsch gesichert werden (§ 1113 Rn 12): Sonst kann für Fdgen verschied Gläub keine ungeteilte HöchstBetrHyp bestellt werden (RG Recht **11** Nr 1561); and bei VertrBestellg nach § 1189 (KG DR **42**, 1334). Unzuläss auch Hyp für einen Gläub mit der Maßg, daß einem and nur der bei FdgsFeststellg nicht verbrauchte Rest zukommt (RG **75**, 245; aA Staud/Wolfsteiner Rn 29).
7 – **f) Hypothekenmehrheit.** Mehrere HöchstBetrHyp für denselben ungeteilten FdgsKreis nur als GesamtHyp zuläss (RG **131**, 16). Selbstd HöchstBetrHyp zuläss: wenn die eine nur für den Ausfall der and haftet (RG **122**, 327; DR **43**, 856); wenn Gläub befugt ist, den FdgsKreis zu verteilen u zu bestimmen, welchen Teil die eine od and Hyp sichern soll (RG **131**, 16); wenn die zweite Hyp nur den Teil des FdgsKreises sichert, der bei Feststellg den HöchstBetr der ersten übersteigt (RG aaO).

8 **3) Bestellung** (§ 873). – **a) Einigung.** Sie muß den HöchstBetr u den Vorbeh späterer FdgsFeststellg erkennen lassen. – **b) Eintragung.** Der EintrVermerk **(I 2)** muß eine bestimmte Geldsumme angeben (§ 1115 Rn 8) u ersichtl machen, daß der eingetr Betrag nicht der Betrag der gesicherten Fdg sond der HöchstBetr der Haftg ist; ausdrückl Eintragg als „HöchstBetrHyp" od der FeststellgsVorbeh nicht notw (KGJ **43**, 238). Eintragg von Zinsen/Nebenleistgen inhaltl unzuläss **(II).** Iü gilt § 1115 Rn 4–6 (FdgsGläub muß der eingetr Berecht sein), § 1115 Rn 7, 20 (bei Sichg aller Fdgen Eintragg des SchuldGrd entbehrl: KGJ **47**,
9 199; Colmar OLG **26**, 197). – **c) Vollstreckungsunterwerfung** (ZPO 800) bzgl des HöchstBetr wg fehlder Bestimmth nicht eintraggsfäh (BayObLG NJW-RR **89**, 1467). And, wenn sie sich auf einen nach SchuldGrd u Höhe festbestimmten Teil der gesicherten Fdg bezieht (BayObLG aaO; Hornung NJW **91**, 1649).

10 **4) Rechtslage vor Forderungsfeststellung. – a) Vor Entstehen einer Forderung** besteht eine dch Valutierg (Rn 11) auflösd bdgte EigtümerGrdSch (§§ 1163 I 1, 1177 I) des Eigtümers zZ der HypBestellg (RG **125**, 133; § 1163 Rn 3), die er bei GrdstVeräußerg als FremdGrdSch behält (§ 1163 Rn 5). Es kann (soweit FdgsEntstehg noch mögl) weder GBBerichtigg noch Löschg verlangt werden (RG HRR **34** Nr 1357;
11 § 1163 Rn 6); auch eine LöschgsVormkg kann nicht geltd gemacht werden (RG **125**, 133). – **b) Mit Entstehen der Forderung** wandelt sich in deren Umfang die EigtümerGrdSch (Rn 10) in eine FremdHyp
12 des Gläub; sie kann schon mit der HypKlage geltd gemacht werden (RG JW **30**, 3474). – **c) Mit Erlöschen der Forderung** (erfolgt bei Ktokorrent erst mit fdgsbestimmder Saldoanerkenng [MüKo/Eickmann Rn 12] bzw Zahlg auf anerkannten Saldo [Dresden JFG **2**, 441]), wandelt sich in diesem Umfang die FremdHyp (Rn 11) in eine dch Neuvalutierg (Rn 13) auflösd bdgte EigtümerGrdSch (§§ 1163 I 2, 1177 I) der Eigtümers zZ des Erlöschens (RG JW **34**, 1780; § 1163 Rn 13), die er bei GrdstVeräußerg als FremdGrdSch behält (§ 1163 Rn 15) u für die iü Rn 10 gilt. Übersteigt die gesicherte Fdg den HöchstBetr, so gilt dies bei
13 Teilerlöschen nur, soweit die RestFdg unter den HöchstBetr gesenkt wird. – **d) Mit Entstehen einer neuen Forderung** aus dem SichgBereich wandelt sich in deren Umfang die GrdSch (Rn 12) wieder in eine FremdHyp (Rn 11).

14 **5) Forderungsfeststellung. – a) Durchführung.** Nicht dch einseit GläubErkl (KG OLG **20**, 415), sond dch Vertrag (§§ 781, 782) od Urteil (BewLast für Entstehen u Umfang der Fdg hat der Gläub; vgl RG HRR **36** Nr 687). Str, ob Vertr/Urt zw HypBesteller (Erm/Räfle Rn 12; Planck/Strecker Anm 2c; Soergel/Konzen Rn 6) od pers Schuldn (Jauernig Rn 6; MüKo/Eickmann Rn 14; E. Wolf § 11 K IV b) u Gläub notw; vgl auch Staud/Wolfsteiner Rn 18 ff. Vertr/Urt zw HypBesteller u Gläub (iF des EigtWechsels unter Beteiligg des Eigtümers) beschränkt die GläubHyp auf den festgestellten Betrag, wirkt aber nicht ggü dem pers Schuldn. Vertr/Urt zw pers Schuldn u Gläub beschränkt wg der Akzessorietät die Hyp auf den festgestellten Betrag, wirkt aber nicht ggü dem Eigtümer (dieser kann zB ggü HypKl die Fdg bestreiten; RG JW
15 **30**, 3474). – **b) Wirkung.** In Höhe des festgestellten Betrages entsteht eine endgült FremdHyp des Gläub; sie bleibt HöchstBetrHyp (Colmar OLG **18**, 182). Iü entsteht eine endgült GrdSch des Bestellers (bei Eigtümerwechsel FremdGrdSch, sonst EigtümerGrdSch). GrdSchGläub kann GBBerichtigg verlangen; für GBA genügt GläubErkl über Feststellg (KG HRR **33** Nr 199). Übersteigt der festgestellte Betrag den HöchstBetr, so kann Gläub bestimmen, welche Fdg aus dem Kreis dch seine Hyp gesichert werden soll.

6) Übertragung der Fdg (§ 1153 II Halbs 2 gilt) in zwei Formen mögl: – **a) Einigung und Ein-** 16
tragung (§ 1154 III); die Hyp folgt der Fdg (§ 1153 I 1). Zuläss auch vor FdgsFeststellg (KGJ **49**, 224).
Bei vollständ Abtretg sichert die Hyp auch die nach Abtretg entstandenen Fdgen des alten Gläub; Sichg
von Fdgen des neuen Gläub erfordert FdgsAuswechselg. Ist die abgetretene Fdg geringer als der HöchstBetr,
so verbleibt dem alten Gläub die RestHyp zur Sichg seiner RestFdg; erreicht die abgetretene Fdg bei
Feststellg den HöchstBetr, so steht aber die ganze Hyp nunmehr dem neuen Gläub zu. Nach FdgsFeststellg
kann nicht mehr als der festgestellte Betrag abgetreten werden. – **b) Abtretungsvertrag (IV).** Gem 17
§§ 398 ff vor u nach FdgsFeststellg (Planck/Strecker Anm 5 a). Die Fdg geht ohne Hyp über. Bei Abtretg
aller gesicherten Fdgen wird die Hyp zur endgült EigtümerGrdSch (RG Recht **12** Nr 66); bei Abtretg nur
eines Teils sichert die Hyp bis zum HöchstBetr die dem alten Gläub verbleibden od noch entstehden Fdgen
(RG aaO).

7) Sonstiges. – a) Forderungsauswechselung (§ 1180). Sie ist erforderl, wenn bish FdgsKreis erweitert 18
(KG HRR **29** Nr 909) od gg einen and ausgetauscht (KGJ **45**, 286) werden soll; ferner, wenn bei Abtretg der
gesicherten Fdg auch nicht dch diese Abtretg erlangte Fdg des neuen Gläub gg den Schuldn gesichert werden
soll (RG **125**, 133 [141]). Vor FdgsFeststellg muß bei EigtWechsel Besteller als mögl Berecht der vorläuf
EigtümerGrdSch zustimmen (KGJ **45**, 286; Staud/Wolfsteiner Rn 63). – **b) Umwandlung** in Verkehrs- od 19
gewöhnl SichgHyp zuläss (§ 1186). UmwandlgsAnspr vormerkb (KG JW **31**, 2743). Fdg ist gg bestimmte
Fdg auszuwechseln (§ 1180) od vorher festzustellen (KG OLG **44**, 144). Umwandlg in Grd/RentenSch
(§ 1198) vor EigtWechsel ohne FdgsFeststellg zuläss (RG JR **27**, 471). Nach EigtWechsel zu jeder Umwandlg
Zustimmg des Bestellers notw, wenn Erschöpfg des HöchstBetr nicht nachgewiesen (KGJ **45**, 286). Zustimmg
des pers Schuldn nicht notw. Eigtümer auch nach FdgsFeststellg nicht zur Umwandlg verpfl (RG **49**, 162).
Bei Umwandlg in voller Höhe können nur die ab Umwandlg fäll Zinsen neben bish HöchstBetr eingetr
werden (KGJ **44**, 298); dann bis zu 5% auch ohne Zustimmg der gleich- od nachrang Berecht (KG aaO). –
c) Aufhebung, Verzicht (§§ 1168, 1183). Vor FdgsFeststellg muß bei EigtWechsel Besteller als mögl Berecht 20
der vorläuf EigtümerGrdSch zustimmen (Dresden JFG **2**, 441).

8) Auf die **Grund/Rentenschuld** nicht anwendb. 21

Zweiter Titel. Grundschuld. Rentenschuld

I. Grundschuld

Schrifttum: Huber, Die SichgGrdSch, 1965. – Seckelmann, GrdSch als SichgMittel, 1963. – Gaberdiel, KreditSichg dch GrdSch, 5. Aufl 1991. – Clemente, Recht der SichgsGrdSch, 3. Aufl 1998. – Rauch/Zimmer, GrdSch u Hyp (Bankpraxis), 2. Aufl 1998.

1191 *Begriff.* **I Ein Grundstück kann in der Weise belastet werden, daß an denjenigen, zu dessen Gunsten die Belastung erfolgt, eine bestimmte Geldsumme aus dem Grundstücke zu zahlen ist (Grundschuld).**

II Die Belastung kann auch in der Weise erfolgen, daß Zinsen von der Geldsumme sowie andere Nebenleistungen aus dem Grundstücke zu entrichten sind.

1) Allgemeines 1–3
a) Rechtsinhalt 1
b) Übernahme der persönlichen Haftung . . . 2
c) Grundgeschäft 3
2) Grundschuld als dingliches Recht 4–11
a) Arten 4
b) Belastungs-, Haftungsgegenstand 5
c) Bestellung 6
d) Gläubigermehrheit 7
e) Verfügungen 8
f) Einwendungen, Einreden 9
g) Gläubigerbefriedigung 10, 11
h) Beweislast . . . . 11 a
3) Sicherungsgrundschuld 12–39
a) Allgemeines 12–14
b) Sicherungsvertrag 15–17
c) Forderungsunabhängigkeit 18, 19
d) Einreden aus dem Sicherungsvertrag 20–22
e) Rückgewähranspruch 23–28
f) Zwangsversteigerung 29
g) Insolvenz 30
h) Gläubigerbefriedigung 31–37
i) Verwertung 38
k) AGBG-Fragen 39
l) Mehrere Sicherungsgeber 40

1) Allgemeines. – a) Rechtsinhalt. Die GrdSch ist eine Belastg des Inhalts, daß eine Geldsumme (idR 1
mit Nebenleistgen) aus dem Grdst zu zahlen ist. Diese Zahlg braucht (abw von Hyp) nicht der Befriedigg
einer Fdg zu dienen; tut sie es aber (Rn 12), so ist die GrdSch gleichwohl von der Fdg unabhäng (Rn 18).
Die GrdSch verpflichtet den Eigtümer nicht zur Zahlg der Geldsumme, sond er muß mangels Ablösg (Rn 10)
nur die ZwVollstr wg dieser Beträge in das Grdst dulden (§§ 1147, 1192; Vorb 1 vor § 1113).

b) Übernahme der persönlichen Haftung dch Eigtümer für den GrdSchBetrag bzw für Geldbetrag iH 2
der GrdSch neben der GrdSch mögl (zu unterscheiden von Übern der Mithaftg für gesicherte Fdg); sie
ermöglicht Vollstr in sonstiges Vermögen. SchuldVerspr iSv § 780, das den SichgsZweck der GrdSch teilt u
mit dessen Erledigg bzw im Umfang der Befriedigg aus der GrdSch erlischt (BGH NJW **87**, 318; **88**, 707;
NJW-RR **87**, 1350). Haftg erlischt nicht, soweit GrdSch mangels Eintragg nicht entstanden (BGH NJW **92**,
971) od in ZwVerst ausfällt (BGH NJW **91**, 286). Wg AGBG vgl Rn 39.

c) Grundgeschäft für die GrdSchBestellg kann zB sein: Vermächtn od Schenkg (ermöglicht Geldbe- 3
schaffg dch Verwertg), SichgVertr (Rn 15) od and TrHdVertr (zB zur Rangfreihaltg; Eickmann NJW **81**,
545). Anfängl od nachträgl Unwirksamk berühren den Bestand der GrdSch grdsätzl nicht (and bei Wucher-
Gesch; BGH NJW **82**, 2767); aber RückgewährAnspr aus § 812 I 1 (Inhalt: Rn 23), der dch Widerspr

sicherb Einrede gg die GrdSch gibt (§ 1157) u sich an dem auf die GrdSch entfallden VerstErlös fortsetzt (BGH NJW **90**, 392). Leistgsstörgen im GrdGesch berühren den Bestand der GrdSch ebenf nicht; RückgewährAnspr (zB §§ 323 ff) od Einrede (zB § 320) gg die GrdSch.

4 **2) Grundschuld als dingliches Recht. – a) Arten. – aa) Gesetzlich.** Brief- od BuchGrdSch (§ 1116 Rn 5); Einzel- od GesamtGrdSch (§ 1132 Rn 12); Fremd- od EigtümerGrdSch (§ 1196); InhGrdSch (§ 1195). Mangels Akzessorietät keine für dingl RInhalt bedeuts Unterscheidg zw Verkehrs- u SichgsGrdSch. – **bb) Rechtsgeschäftlich.** TilggsGrdSch (LG Bchm Rpfleger **70**, 335; LG MöGldb DNotZ **71**, 99), bei der sich der TilggsBetr der Jahresleistg (§ 1113 Rn 23) auf das GrdSchKapital iS einer FälligkVereinbg nach § 1193 II u nicht auf die dch die GrdSch gesicherte Fdg bezieht (Riggers JurBüro **71**, 27). EinheitsGrdSch entspr § 1113 Rn 28 (RG **145**, 47).

5 **b) Belastungsgegenstand.** Grdst, reale GrdstTeile (vgl aber GBO 7), MitEigtAnt (§§ 1114, 1192) einschl WE/TeilE, grdstgl Rechte (zB ErbbR), BruchtAnt an grdstgl Rechten od WE/TeilE. – **Haftungsgegenstand** ist der BelastgsGgst u die nach §§ 1192 I iVm §§ 1120–1131 mithaftden Ggst.

6 **c) Bestellung.** Als FremdGrdSch dch Einigg u Eintr (§ 873); BriefGrdSch steht bis zur BriefÜberg dem Eigtümer zu (§§ 1117, 1163 II, 1192). Bei unwirks Einigg entsteht auch keine EigtümerGrdSch (RG **70**, 353). Als Inh- od EigtümerGrdSch dch einseit EigtümerErkl u Eintr (§ 1195 Rn 1, § 1196 Rn 6). Für die Eintr gilt § 1115 (dort Rn 21). Für bdgte/befristete Bestellg gilt § 1113 Rn 6.

7 **d) Gläubigermehrheit.** Eine GrdSch kann für mehrere Pers in BruchtGemsch (BayObLG **62**, 184), GesHdsGemsch od GesamtBerechtigg nach § 428 (BGH NJW **75**, 445) bestellt werden. Sie kann dann teils Fremd- u teils EigtümerGrdSch sein (BGH aaO).

8 **e) Verfügungen. – aa) Aufhebung:** §§ 875, 1183, 1192 (GrdSch erlischt). – **bb) Belastung:** Nießbr (§ 1018), PfdR (§ 1291); Pfändg (ZPO 857 VI, 830, 837; vgl Vorb 10 vor § 1113). – **cc) Inhaltsänderung:** §§ 877, 1198 (Umwandlg in Hyp), 1203 (Umwandlg in RentenSch). – **dd) Übertragung:** BriefGrdSch nach §§ 1154 I, II, 1192 u BuchGrdSch nach § 1154 III, 1192, wobei GrdSch ÜbertrGgst ist; über InhGrdSch vgl § 1195 Rn 1. Bdgte/befristete Übertragg zuläss (Ffm OLGZ **93**, 385). Übertragbark ausschließb (Einl 14 vor § 854), Wirkg gg Dritte erfordert GBEintr. Einreden/Einwendgen aus dem RVerh zw dem alten u dem neuen GrdSchGläub kann der Eigtümer der GrdSch nicht entgghalten (BGH NJW **83**, 752). – **ee) Verzicht:** §§ 1168, 1169 (Fremd- wird zur EigtümerGrdSch).

9 **f) Einwendungen/Einreden** des Eigtümers gg den Anspr aus §§ 1147, 1192. – **aa) Einwendungen** bzgl des Bestandes der GrdSch (zB Nichtentstehen) od der Berechtigg desjenigen, der sie geltd macht (zB Verlust des GläubR inf RÜbergangs außerh des GB auf Dritten od Eigtümer). Sie können bei gutgl Dritterwerb entfallen (§ 892). – **bb) Einreden,** die aus pers RVerh zw Eigtümer u Gläub ein zeitw (zB Stundg) od dauerndes (zB §§ 242, 821, 823; RückÜbertrAnspr aus GrdGesch od § 812) LeistgsVerweigergsR geben. Gutgl einredefreier Dritterwerb mögl (§§ 1157 S 2, 1192).

10 **g) Gläubigerbefriedigung. – aa) Grundschuldablösung.** Zahlt der Eigtümer auf die GrdSch, so erwirbt er sie entspr § 1143 als EigtümerGrdSch (BGH NJW **86**, 2108 [2112]), die nach Maßg von §§ 1178, 1192 erlischt (BGH BB **65**, 931); gilt auch bei Ablösg vor Fälligk (BGH **LM** § 1192 Nr 6). Zahlt ein ablösgsberecht Dritter od MitEigtümer, so erwirbt dieser die GrdSch nach §§ 268 III 1, 1150, 1192 (BGH **104**, 26; RhNK **99** 52); zahlt ein nichtablösgsberecht Dritter, so erwirbt der Eigtümer sie als EigtümerGrdSch
11 (Saarbr OLGZ **67**, 102; Coester NJW **84**, 2548). § 266 anwendb. – **bb) Erzwungene Befriedigung.** Gläub hat nur DuldgsAnspr aus §§ 1147, 1192 (Rn 1). AGrd DuldgsTitels ZwVollstr in Grdst u/od mithaftde Ggst. Mit Befriedigg des Gläub iW der ZwVollstr erlischt die GrdSch (§§ 1181, 1192). Ist die GrdSch schon dch Zuschlag erloschen (ZVG 52 I 2, 91 I), so setzt sie sich am VerstErlös, der an die Stelle der GrdSch tritt, fort (BGH NJW **89**, 2536). Über das fortbestehde Recht kann Gläub nach den für die GrdSch geltden Vorschr dch Abtretg, Verzicht (Eigtümer erwirbt Anspr auf Erlösbeteiligg soweit kein Erlöschen nach § 1178; BGH Rpfleger **78**, 363) od Aufhebg verfügen; nur Notwendigk der GBEintr/BriefÜberg entfällt (Stöber ZIP **80**, 833; dort auch zum Hebeverzicht). RückgewährAnspr bzgl GrdSch wandelt sich mit Zuschlag in Anspr auf VerstErlös u nach dessen Auszahlg an Gläub in HerausgAbspr (BGH NJW **75**, 980).

11 a **h) Beweislast. – aa) Gläubiger** für GrdSchErwerb als Voraussetzg des Anspr aus §§ 1147, 1192 I (Rn 1); dabei hilft die Vermutg aus § 891 (ggf iVm §§ 1155, 1192 I). – **bb) Eigentümer** für Einwendgen (zB Verlust des GläubR außerh des GB dch Ablösg) u Einreden (Rn 9) gg den Anspr aus §§ 1147, 1192 I; insb für den Anspr aus § 812 (Rn 3) wg Fehlens wirks GrdGesch einschl Nichtersetzg unwirks (BGH NJW **90**, 392) od aufgehobenen/erledigten (BGH NJW-RR **91**, 759) GrdGesch dch vom Gläub behauptetes anderes. Vgl auch Rn 28.

12 **3) Sicherungsgrundschuld**

a) Allgemeines. – aa) Begriff. Die gesetzl nicht geregelte (nicht § 1184 entspr) SichgGrdSch ist eine FremdGrdSch, die aGrd des SichgVertr eine pers Fdg des GrdSchGläub (= SN) gg den Eigtümer od einen Dritten sichert. Es sind daher vier RBeziehgen zu unterscheiden: die gesicherte Fdg (Rn 14); der SichgVertr (Rn 15); die GrdSch; das RVerh zw pers Schuldn u SG (zB Auftr, GoA, Schenkg, § 415 III), wenn beide
13 nicht ident (es regelt ua, wer im InnenVerh den Gläub zu befriedigen hat). – **bb) Grundbuch.** Im GB sind der SichgZweck („SichgGrdSch") bzw der SichgVertr od die Fdg nicht eintragb (BGH NJW **86**, 53; Köln OLGZ **69**, 419; Düss RhNK **77**, 35; aA MüKo/Eickmann Rn 41). Eintragb sind aber aus dem SichgVertr erwachsde Einreden gg die GrdSch (Rn 20; vgl Huber FS-Serick **92**, 195 [220]), um einredefreien Dritter-
14 werb zu verhindern. – **cc) Gesicherte Forderung** mit ihr zugrdeliegdem RVerh (zB Darlehn). Gläub ist der GrdSchGläub (= SN), Schuldn kann der SG od ein Dritter sein. Sie kann VorR nach ZVG 10 haben (LG Köln Rpfleger **62**, 104) od dch Hyp gesichert sein (§ 1113 Rn 10). Sie wird dch den SichgVertr bestimmt (wg AGBG vgl Rn 39). Auch ohne bes Regelg sichert die GrdSch idR gem PartWillen einen zufolge Unwirksamk der Fdg entstandenen FolgeAnspr (vgl BGH NJW **68**, 1134; **91**, 1746; Wstm/Eickmann § 115 III 2; aA Schlesw WM **82**, 1115; Köln NJW-RR **86**, 1052), nicht aber SchadErsAnspr wg NichtErf (Celle

WM **87**, 1484). Das Bestehen der Fdg kann zur Bdgg für das Bestehen der GrdSch gemacht werden (RG JW
34, 3124; Celle DNotZ **54**, 473; str).

b) Sicherungsvertrag (SichgAbrede, ZweckErkl); formfrei u oft stillschw (BGH NJW-RR **91**, 305). – 15
aa) Parteien. SN ist der FdgsGläub. SG ist der pers Schuldn, wenn er zugl Eigtümer des zu belastden Grdst
bzw Inh der zu übertragden GrdSch ist; bei fehlder Identität kann sowohl der pers Schuldn (wie idR; vgl
BGH WM **69**, 209) als auch der Eigtümer bzw GrdSchÜbertrager SG sein (BGH NJW-RR **96**, 234). Er
wirkt ggü EinzelRNachf in Grdst u Fdg/GrdSch nur bei VertrEintritt (BGH **109**, 197) bzw soweit einz Anspr
abgetr od Verpfl übernommen werden (BGH NJW **85**, 800); Erwerber von Fdg u GrdSch wird dadch noch
nicht VertrPart (BGH **103**, 72). Auch nach Abtr des RückgewAnspr noch änderb (Mü ZfIR **99**, 193). Über
Kündbark vgl RGRK/Joswig 20. – **bb) Rechtsnatur.** Der SichgVertr verpflichtet den SG, dem SN zur 16
Sichg einer Fdg eine GrdSch zu bestellen, zu übertragen od zu belassen; er (nicht die Fdg) ist schuldr
GrdGesch der GrdSchBestellg/Übertr (BGH NJW **89**, 1732). Er hat TrHdNatur, da der SichgZweck die
RMacht des Gläub schuldr begrenzt u den Gläub zur Wahrg der Interessen des SG verpflichtet (BGH aaO);
ist aber kein ggseit Vertr iSv §§ 320 ff, da die SichgGewährg nicht GgLeistg für die Kreditgewährg ist (Jäckle
JZ **82**, 50; str). Bei anfängl od nachträgl Unwirksamk (die sich auch gem § 139 bei Nichtigk der Fdg ergeben
kann; vgl BGH NJW **94**, 2885) gilt Rn 3; sie kann nach § 139 auch zur Unwirksamk der GrdSchBestellg
führen (Süß in Anm zu RG JW **34**, 3124). – **cc) Inhalt.** Neben der Verpfl zur FdgSichg (Rn 16) enthält er 17
idR Abreden ua über: SichgBereich (Rn 14), Form der Rückgewähr (Rn 23), Verrechng von Zahlgen
(Rn 36), Geltdmachg der nicht voll valutierten GrdSch u rückständ Zinsen in der ZwVerst (Rn 29), Verwertg
(Rn 38). Auch ohne Freigabevereinbg begründet der SichgVertr einen dch den endgült **Fortfall des
Sicherungszwecks** aufschiebd bdgten RückgewährAnspr des SG (BGH NJW-RR **96**, 234), der bei **Über-
sicherung** dch teilw Fortfall für entspr rangletzten Teil der GrdSch besteht, sofern nicht ausnahmsw (dafür
reicht anfängl Übersichg alleine nicht) dauernde ÜberSichg gewollt (BGH NJW-RR **90**, 455, 588), u das
Verbot der isolierten GrdschÜbertr (Rn 19) u der GrdSchGeltmachg vor FdgsFälligk (BGH WM **85**, 953).
Hilfsw gelten §§ 662 ff u bei Unwirksamk §§ 677 ff (vgl BGH NJW **94**, 2885).

c) Forderungsunabhängigkeit (Nichtakzessorietät). – **aa) Fremdrecht.** Die GrdSch ist auch dann 18
FremdGrdSch des SN, wenn die Fdg nicht besteht; § 1163 I gilt nicht (BGH NJW **81**, 1505). Davon zu
unterscheiden, daß die Nichtigk der Fdg zur Nichtigk der GrdSch führen kann (Rn 14). – **bb) Rechtsinhalt**
der GrdSch kann nicht von dem der Fdg abhäng gemacht werden; zB nicht Nebenleistgen u Fälligk des
Kapitals (Celle DNotZ **54**, 373; Erm/Räfle Rn 7; krit Riedel DNotZ **54**, 458) od VerwertgsR (KG JW **32**,
1759) nach Maßg der Fdg. – **cc) Übertragung.** Die GrdSch kann (nach § 1154) ohne Fdg u die Fdg (nach 19
§§ 398 ff) ohne die GrdSch übertragen werden: §§ 401, 1153 gelten nicht. Aus dem SichVertr ist der SN
mangels abw Vereinbg verpflichtet, vor FdgsFälligk beide nur gemeinsam zu übertragen; bei Verstoß ist
VfgsGesch wirks (BGH NJW-RR **91**, 305), aber SchadErsAnspr des SG aus pVV (BGH NJW-RR **87**, 139).
Bei isolierter FdgsAbtretg kann der SichgZweck entfallen (BGH NJW-RR **91**, 305), jedenf hat der SG die
nach § 404 ggü dem Erwerber wirkde Einrede, daß die Fdg nur Zug-um-Zug gg GrdSchRückgewähr erfüllt
zu werden braucht (BGH NJW **91**, 1821); über Einrede ggü GrdSchErwerber vgl Rn 22.

d) Einreden gegen die Grundschuld aus dem Sicherungsvertrag. Einreden/Einwendgen gg die Fdg 20
berühren nur diese; §§ 1137, 1163 I gelten nicht. Führen sie aber zu Einreden aus dem SichgVertr, so können
letztere ggü dem Anspr aus der GrdSch geltd gemacht werden, weil sie ihm aufschiebd (zB Nichtfälligk der
Fdg [Rn 17], vorläuf Nichtvalutierg [Rn 21], Geltdmachg erst nach Ausfall and Sicherh [BGH NJW **86**,
1487]) od dauerh (zB § 242 bzgl der Fdg) entggstehen od einen Rückgewähr-Anspr begründen (Rn 23);
nicht aber Verstoß gg Verbot isolierter GrdSchÜbertr (Huber FS-Serick **92**, 195 [219]). BewLast für Einreden
hat der SG (BGH NJW-RR **91**, 759); vgl. aber Rn 21. – **aa) Hauptfall: Nichtvalutierung.** Vorläufige (zB 21
bei Sichg eines Ktokorrentkredits vor Saldierg [Huber aaO 224]) gibt eine zeitw Einrede gg die GrdSch;
endgültige ist BdggsEintritt für den RückgewährAnspr (Rn 17). – **bb) Grundschulderwerb vom Siche- 22
rungsnehmer.** Die dem SG ggü dem SN zustehden aufschiebden/dauerh Einreden (Rn 20) können nach
Maßg von § 1157 ggü dem GrdSchErwerber erhoben werden (ganz hM; vgl Huber aaO 197). Im Ztpkt des
GrdSchErwerbs muß der gesamte Einredetatbestd (zB Nichtentstehen od Erlöschen der Fdg) verwirklicht sein
(BGH **85**, 388) u die Einrede bzw ein Widerspr müssen im GB eingetr sein od der Erwerber muß bösgläub
gewesen sein; verwirklicht sich der Einredetatbestd erst nach GrdSchErwerb, so greift § 1157 (and als § 404)
nicht ein u der Erwerber hat einredefrei erworben u kann so weiterübertragen (BGH NJW-RR **87**, 139).
Bösgläubigk erfordert nicht nur Kenntn des SichgZwecks (so aber Lopau JuS **76**, 553; Wilhelm JZ **80**, 625),
sond auch Kenntn der einredebegründden Tats (BGH **103**, 72; hM). Weiß Erwerber, daß GrdSch noch nicht
abgeschl Ktokorrentkredit sichert, so muß er sich vor Saldierg die Einrede mangelnder Fälligk u danach ggf
die der Nichtvalutierg entgghalten lassen (Huber aaO 224). Einrede der endgült Nichtvalutierg wirkt gg
Erwerber, der Nichtfälligk der Fdg wg vertragsmäß lfder Tilgg gg sich gelten lassen muß, da nur Weiterent-
wicklg der NichtfälligkEinrede (Rimmelspacher, KreditSichgR2 S 211; vgl auch Huber aaO 230). – Bei
Erwerb von Fdg u GrdSch gilt für die Fdg § 404 u für die GrdSch § 1157 (BGH **103**, 72); nach Bezahlg der
Fdg an Erwerber steht Geltdmachg der GrdSch dch diesen § 242 entgg (Huber aaO 216), obwohl Ein-
redetatbestd nach GrdSchÜbertr verwirklicht.

e) Rückgewähranspruch (Hauptfälle: Unwirksamk des SichgsVertr [Rn 16], Fortfall des SichgsZwecks 23
[Rn 17, 21]); bei Verj der gesicherten Fdg gilt § 223 II, III. Er geht mangels abw Vereinbg nach Wahl des
Eigtümers auf Übertragg der GrdSch (§ 1154) auf ihn (EigtümerGrdSch entsteht) od Dritten (GrdSch bleibt
FremdGrdSch), auf Verzicht (§ 1168; EigtümerGrdSch entsteht) od Aufhebg (§ 1183, 875; GrdSch erlischt)
der GrdSch (BGH NJW-RR **96**, 234) u setzt sich an dem auf die GrdSch entfallden VerstErlös fort (BGH
aaO). Er steht GrdstMitEigtümern grds in § 741-Gemsch zu (BGH NJW **86**, 2108). Er begünstigt nachrang
RealGläub nicht (daher Umvalutierg zul; BGH NJW **85**, 800) u ist bei Abtretg an diesen nicht NebenR iSv
§ 401 zu dessen Recht (BGH **104**, 26).

aa) Abtretung erfolgt formfrei nach §§ 398 ff u ist gem § 399 ausschließb (BGH WM **90**, 464); vielf 24
stillschw Abtr bei FdgsAblösg dch Dritte (Schlesw FGPrax **97**, 53). Sie enthält Abtretg des Anspr aus § 1169

(BGH NJW **85**, 800). Mit ihr geht WahlR auf Zessionar über; er ist aber an vor Abtr vom Zedent getroffene Wahl gebunden. Eine Bindg des Zessionars dch den Zedenten dahin, vom WahlR nur in bestimmter Weise Gebr zu machen (zB RückÜbertr), hat keine Außenwirkg. Vorausabtretg zul (vgl dazu BGH **110**, 241). Abtretg an nachrang GrdPfdGläub vielf zur **Verstärkung der Sicherung,** um dch Löschg Aufrücken zu sichern od um dch GrdSchÜbertr (ins bei ZwRechten) rangbessere Sichg zu verschaffen (Haftg aber insgesamt nur im Umfang der nachrang GrdSch); Abtretg aber auch zur **Erweiterung der Sicherung,** um dch GrdSchÜbertr weitere Fdg zu sichern; SichgsVertr für AbtretgsZweck maßg (BGH **110**, 108). Wird die GrdSch in Erfüllg des abgetretenen Anspr an Zessionar übertragen, so darf er über sie nicht dch Weiter-Übertr/Verpfändg verfügen (ggü dieser Einrede aus dem SichgsVertr aber gutgl Dritterwerb gem § 1157 mögl). – Fällt GrdSch bei ZwVerst nicht in geringstes Gebot, erlangt Zessionar Anspr auf entspr VerstErlös (BGH NJW **77**, 247).

25 **bb) Vormerkung** (§ 883) zur Sichg des entstandenen od bdgt/künft Anspr. Eintr agrd EintrBew des Eigtümer, wenn abzutretde GrdSch noch als EigtümerGrdSch eingetr od FremdGrdSch u Vormkg gleichzeit eingetr werden, währd für Eintr bzgl schon eingetr FremdGrdSch EintrBew des GrdSchGläub notw (Hamm OLGZ **90**, 3). – **Widerspruch** (§§ 1157, 899) zur Sichg entstandenen Anspr zul (KGJ **53**, 221): GB ist unricht, da es einredefreie GrdSch verlautbart.

26 **cc) Pfändung** erfolgt nach ZPO 857 I (dazu Stöber Rn 1886 ff). Eintragb, wenn Anspr dch Vormkg gesichert (Stöber Rn 1900). Die schon vor Erlöschen der gesicherten Fdg zuläss Pfändg ist ggstlos, wenn der Anspr schon vorher abgetreten war (BGH **LM** § 313 Nr 14). Die Pfändg hindert den GrdSchGläub nicht an der vertragsgemäß Verwertg der GrdSch (RG **143**, 117). Nach Überweisg des Anspr zur Einziehg (an Zahlgsstatt entspr ZPO 849 unzul; str, vgl Stöber Rn 1892 Fußn 44), kann der PfändgsGläub bei Fällig Übertr der GrdSch auf den Eigtümer (Besteller) beanspr; mit der Übertr erwirbt er entspr § 1287 od entspr ZPO 848 II ein ErsPfdR an der GrdSch; bei Verzicht des GrdSchGläub (§ 1169) entsteht kein ErsPfdR an der EigtümerGrdSch (BGH **108**, 237). – Fällt GrdSch bei ZwVerst nicht ins geringste Gebot, verwandelt sich PfdR in ein solches am Anspr auf den entspr Versteigergserlös (BGH NJW **87**, 1026). – Zur Pfändg des Anspr auf Auskehrg überschießden Verwertgserlöses BGH **LM** § 857 ZPO Nr 4 (bei Abtretg der GrdSch sichergshalber). – **Verpfändung** erfolgt nach §§ 1273 ff (dazu Scholz FS-Möhring **65**, 419).

27 **dd) Veräußerung des Grundstücks** dch den SG läßt seinen RückgewährAnspr unberührt (BGH NJW-RR **90**, 1202). Er geht nur bei (auch stillschw) MitÜbertr auf den Erwerber über (BGH NJW **90**, 576); zB bei Eintritt in KreditVerh (BGH NJW **86**, 2108) u stillschw idR, wenn Erwerber die gesicherte Schuld in Anrechng auf den Kaufpr übernahm (BGH NJW **91**, 1821). Beachte, daß hierbei nach hM die Erleichterg des § 416 nicht gilt (str; aA Brschw MDR **62**, 736; Derleder JuS **71**, 90 Fußn 11; § 416 Rn 3), vgl aber die Anwendbark bei der gesetzl SchuldÜbern auch bei GrdSch nach ZVG 53 II (vgl BGH Rpfleger **71**, 211); ErbbRVO 33 II 3. – **Veräußerung der Grundschuld** dch den SN läßt den gg ihn gerichteten Rückgewähr-Anspr unberührt (Erwerber wird nur bei SchuldÜbern verpfl; vgl Rn 15). Kann der RückgewährAnspr dem Erwerber ggü nach § 1157 (Rn 22) od § 822 geltd gemacht werden, so gilt für seinen Inhalt Rn 23 (BGH **108**, 237).

28 **ee) Beweislast;** dabei unerhebl, ob der Anspr selbstd (nach Rn 23 od nach ZPO 767) geltd gemacht wird. SG dafür, daß kein wirks SichgsVertr (vgl Rn 11 a), daß die Fdg nicht in den SichgsBereich fällt (BGH JW **91**, 1746 [1749]; NJW-RR **97**, 892), u für Fortfall des SichgsZwecks (BGH NJW **90**, 576 [578]) wie zB dch endgült Nichtvalutierg (BGH WM **74**, 47) od Erlöschen der Fdg (BGH NJW **86**, 53). Stand aber die Fdg nach Grd od Höhe bei GrdSchBestellg noch nicht fest, dann muß der SN sie ggü dem RückgewährAnspr beweisen (BGH NJW **92**, 1620), sofern der SG nicht gem § 780 die pers Haftg für den GrdSchBetr übernommen hat (BGH WM **86**, 1355).

29 **f) Zwangsversteigerung.** Soweit die gesicherte Fdg nicht besteht, kann Eigtümer in der ZwVerst Widerspr gg Zuteilg des Erlöses bzw Übererlöses an (bish) GrdSchGläub erheben u Zuteilg an sich selbst (aber wg § 1197 II nicht wg Zinsen) bzw Herausg vom GrdSchGläub (Rn 23) verlangen. GrdSchGläub ist Inh des RückgewährsAnspr ggü verpflichtet, das volle GrdSchKapital anzumelden (Mü NJW **80**, 1051) u den Erlös bzw Übererlös an diesen auszukehren (BGH NJW-RR **89**, 173); zur Anmeldg rückständ GrdSchZinsen ist er wg § 1197 II nicht verpflichtet (Mü aaO; Hamm OLGZ **92**, 376; aA Eckelt WPM **80**, 454) aber berechtigt (BGH DNotZ **66**, 98; NJW **81**, 1505; Celle WM **85**, 1112; Stöber ZIP **80**, 976). Zur Frage, wem der auf die Zinsen entfallde Betr gebührt, vgl LG Ansb BB **87**, 2049 mit Anm v Blumenthal.

30 **g) Insolvenz.** SG kann in der SNInsolvenz nach Fortfall des SichgsZwecks aussondern (InsO 47); RGrdLage sind § 1169 u RückgewährAnspr. – SN kann SGInsolvenz abgesonderte Befriedigg verlangen (InsO 49). RückgewährAnspr fällt in die Masse (BGH NJW **77**, 247); GrdstFreigabe dch InsVerw bedeutet nicht auch Freigabe des RückgewährAnspr (BGH Rpfleger **78**, 363).

31 **h) Gläubigerbefriedigung.** Es ist zu unterscheiden, ob auf die GrdSch (GrdSchAblösg) od die gesicherte Fdg geleistet ist u wer leistet. Leistet ein Dritter für Rechng u mit Zust des dingl u/od pers Schuldn, so ist dies für die Wirkg eine Leistg des Schuldn (BGH **LM** § 1192 Nr 6; NJW **83**, 2502); zB kann lastenfrei verkaufder Eigtümer leisten, wenn Käufer in Anrechng auf Kaufpr vor EigtUmschreibg an Gläub zahlt (vgl BGH ZflR **97**, 409). – Befriedigg iW der **Zwangsvollstreckung** aus der GrdSch ist Zahlg des Eigtümers auf die GrdSch: sie erlischt (§§ 1192 I, 1181); die gesicherte Fdg erlischt, wenn zugleich auf sie geleistet wird (zB wenn Eigtümer auch pers Schuldn; BGH NJW **87**, 503).

32 **aa) Befriedigung durch Eigentümer, der zugleich persönlicher Schuldner.** – Bei Zahlg auf die **Grundschuld** erwirbt er sie entspr § 1143 als EigtümerGrdSch (BGH NJW **86**, 2108 [2112]). AblösgsR bei Fällig der GrdSch (nicht schon der Fdg), Erwerb aber auch bei vorheriger Ablösg (BGH **LM** § 1192 Nr 6). Mit der Ablösg erlischt auch die Fdg (BGH NJW **92**, 3228), weil zugleich auf sie geleistet bzw gem § 364 Rn 8–10 (Reinicke/Tiedtke WM **87**, 485). – Bei Zahlg auf die **Forderung** erlischt diese (§ 362). Die GrdSch bleibt FremdGrdSch; es kann Rückgewähr aus dem SichgVertr verlangt werden (vgl Rn 23).

bb) Befriedigung durch Eigentümer, der nicht persönlicher Schuldner. – Bei Zahlg auf die **Grundschuld** erwirbt er sie als EigtümerGrdSch (wie Rn 32). Die Fdg erlischt nicht (BGH NJW **87**, 838), geht aber nicht entspr § 1143 I auf Eigtümer über (BGH **105**, 154; dazu Oehler JuS **89**, 604); Gläub kann sie aber nicht mehr gg Schuldn geltd machen, wenn dadch doppelte Befriedigg (BGH aaO). Eigtümer, der zugleich SG, hat aus SichgVertr Anspr auf FdgAbtr gg Gläub, wenn er RückgrAnspr gg Schuldn hat (KG NJW **61**, 414; Reinicke/Tiedtke WM **87**, 485; aA Bayer/Wandt JuS **87**, 271 Fußn 8: auch ohne Rückgr-Anspr). Erwirbt Eigtümer, der nicht SG, die Fdg vom Gläub/SN, so kann Schuldn/SG der Fdg gem § 404 entgghalten, daß er an SN aus SichgVertr nur gg GrdSchRückgewähr hätte zahlen müssen (BGH NJW **91**, 1821), sofern die GrdSch nach dem RVerh zw Schuldn/SG u Eigtümer nicht letzterem zusteht. Erwirbt Eigtümer/SG, der keinen RückgrAnspr hat, die Fdg, so kann Schuldn einwenden, daß Eigtümer ihm ggü zur Befriedigg verpfl (vgl RG **143**, 287). – Bei Zahlg auf die **Forderung** erlischt diese (BGH NJW **82**, 2308); and bei FdgAblösg gg Abtretg (BGH aaO). Die GrdSch bleibt FremdGrdSch; es kann Rückgewähr aus dem SichgVertr verlangt werden (vgl Rn 23). 33

cc) Befriedigung durch persönlichen Schuldner, der nicht Eigentümer. – Zahlg auf die **Grundschuld** nur mögl als Leistg des Eigtümers (vgl Rn 31), so daß Rn 33 gilt, od als Dritter, so daß Rn 35 gilt. – Bei Zahlg auf die **Forderung** erlischt diese (§ 362). Die GrdSch bleibt FremdGrdSch; es kann Rückgewähr aus dem SichgVertr verlangt werden (vgl Rn 21). Hat Schuldn RückgrAnspr gg Eigtümer (od and SG), so ist § 1164 nicht anwendb, Schuldn kann aber von diesem Abtretg des RückgewährAnspr od der rückgewährten GrdSch verlangen (nicht aber von GrdSchGläub Abtretg der GrdSch [Reinicke/Tiedtke WM **91** Beilage 5; aA Dieckmann WM **90**, 1481]); auch § 1167 anwendb (MüKo/Eickmann § 1167 Rn 8; aA Staud/Wolfsteiner § 1167 Rn 11). 34

dd) Befriedigung durch Dritte. – Zahlt ein bzgl der GrdSch **ablösungsberechtigter** Dritter auf diese, so erwirbt er sie gem §§ 1192 I, 1150, 268 III 1 (Rn 10); die gesicherte Fdg erlischt nicht (vgl Rn 33; aA MüKo/Eickmann Rn 86). Bei AblösgsR bzgl der gesicherten Fdg (Gläub vollstreckt aus ihr in das Grdst) u Zahlg auf diese, erwirbt er die Fdg (§ 268 III 1) ohne GrdSch (§ 401 nicht anwendb); für die GrdSch gilt cc (Zahlg auf Fdg) entspr. – Zahlt ein **nicht ablösungsberechtigter** Dritter auf die GrdSch, so wird diese EigtümerGrdSch (Rn 10); die gesicherte Fdg erlischt nicht (vgl Rn 33; aA MüKo/Eickmann Rn 86). Zahlt er auf die Fdg, so erlischt sie; die GrdSch bleibt FremdGrdSch u es kann Rückgewähr aus dem SichgVertr verlangt werden (Saarbr OLGZ **67**, 102). 35

ee) Worauf gezahlt ist, entscheidet sich primär nach dem bei Zahlg **erklärten Willen des Zahlenden** (BGH NJW-RR **89**, 1036). Zahlt der Käufer des belasteten Grdst vor EigtErwerb den Kaufpr mit Willen des Verkäufers an dessen Gläub, so ist es eine Zahlg des Verkäufers u sein Wille ist maßg (BGH WM **97**, 1012). – Wird bei Zahlg der **Wille nicht ausdrücklich erklärt,** so ist er aus den Umständen, insb der Interessenlage (Zahlder erstrebt iZw für ihn günstigstes Ergebn) zu ermitteln (BGH NJW-RR **87**, 1350). Ein solcher Umstand ist eine (bei Bankkredit übl; nicht eintragb) **Verrechnungsabrede** zw Zahldem (nicht aber einem Dritten; BGH **LM** § 1192 Nr 7; NJW **87**, 838) u Gläub; eine abw Bestimmg des Zahlden ist nur unwirks, wenn Gläub die Zahlg deswg sofort zurückweist; keine Bindg mehr an Abrede der Zahlg auf die Fdg, wenn Gläub die ZwVollstr aus der GrdSch androht od betreibt (BGH NJW-RR **87**, 1350; Karlsr NJW-RR **88**, 1337). Ein solcher Umstand kann auch der **Sicherungszweck** sein; daher iZw Zahlg auf die Fdg, wenn die GrdSch alle ggwärt od künft Anspr des Gläub (BGH NJW **83**, 2502) bzw Anspr aus lfd Rechng (BGH BB **65**, 931; **69**, 698) sichert; SichgZweck wirkt nicht gg Eigtümer, der nicht SG. – Iü ergibt die **Interessenlage** 37 iZw: Pers Schuldn, der nicht zugleich Eigtümer/SG, zahlt nur auf die Fdg. Pers Schuldn, der zugl Eigtümer/SG, leistet lfde Amortisationszahlgen einschl letzter Rate nur auf die Fdg (BGH **LM** § 812 Nr 107; Hamm OLGZ **90**, 3), Zahlg des vollen Betrages eines langfrist Anlagekredits auf die GrdSch (BGH BB **69**, 698), bei angedrohter/betriebener ZwVollstr aus der GrdSch auf diese (BGH WM **87**, 1213); Zahlgen auf die GrdSch erfolgen idR auch auf die Fdg (BGH NJW **87**, 838; **92**, 3228). Eigtümer, der nicht zugleich pers Schuldn, zahlt nur auf die GrdSch (BGH NJW **83**, 2502; **87**, 838 [auch wenn er zur Abwendg der ZwVollstr nur den die GrdSch nicht erreichden FdgBetrag zahlt]); ist er dem pers Schuldn ggü zur Tilgg der Fdg verpfl, so zahlt er (als Dritter) auch auf diese; ist er zugl Bürge, so zahlt er idR auf GrdSch u Bürgsch (vgl BGH NJW **92**, 3228). KonkVerw des Eigtümers zahlt auf die GrdSch (BGH NJW **94**, 2692). – Dch **nachträgliche Vereinbarung** (nicht einseit) kann eine Zahlg auf die Fdg zur Zahlg auf die GrdSch gemacht werden, wodch diese zur EigtümerGrdSch wird (BGH **LM** § 1192 Nr 6); nicht aber umgekehrt (keine Rückumwandlg der Eigtümer- in FremdGrdSch). 36

i) Verwertung. Die VerwertgsBefugn des Gläub bestimmt sich nach dem SichgsVertr (Rn 15–17). Hiernach darf er (im InnenVerh) idR die GrdSch erst nach Fälligk (auch) der pers Fdg verwerten; bei Verstoß Einrede aus SichgsVertr (Rn 20). Er hat die Wahl, ob er die persönl Fdg od die GrdSch od beide gleichzeitig geltdmacht. Verj nur bei ZinsFdg Verwertgshindern (§ 223 II, III; BGH MDR **94**, 54). Gläub muß bei Verwertg das Interesse des SG an möglichst günstiger Verwertg wahren (BGH NJW **97**, 2672); auch bei Verwertg von Dritten gestellter Sicherh darf er nicht willkürl zum Nachteil des SG handeln (BGH NJW-RR **87**, 1291). Keine RücksnahmePfl ggü Schuldn and dch die GrdSch gesicherter Fdg (BGH NJW **98**, 601). Gläub kann ermächtigt werden, die GrdSch nach Fälligk der Fdg dch Abtretg zu verwerten (Schlesw FGPrax **97**, 53), ohne an die Beschrkgen der §§ 1234ff, 1284 gebunden zu sein (RG **143**, 116) od die ganze GrdSch zu verkaufen od zu versteigern (Schlesw aaO), um sich so wg der pers Fdg zu befriedigen; fehlt Vereinbg, so ist Gläub verpflichtet, nur so abzutreten, daß sich auch der Erwerber nur in Höhe der Fdg aus dem Grdst befriedigen kann, RG JW **36**, 2310. Vgl auch Huber 240 ff. Verwertet der Gläub die GrdSch durch Abtretg, so erlischt die Fdg in Höhe der erhaltenen Valuta (BGH NJW **82**, 2768), jedoch auflösd bedingt dadurch, daß Abtretg durch Anfechtg od Rücktr hinfällig wird. Zahlg an ErstGläub nach Übertr wirkt nicht gg ZweitGläub der GrdSch, auch wenn er SichgCharakter des Rechts kannte (vgl Rn 20). Kein RückgewährAnspr des SG, wenn SN GrdSch nach Verwertg zurückerwirbt (BGH NJW **79**, 717). 38

k) AGBG bei FormularVereinbg anläßl der GrdSchBestellg (vgl auch Joswig ZfIR **98**, 185; Knops ZfIR **98**, 577; Weber ZfIR **99**, 2); vgl auch AGBG 9 Rn 88ff. – **aa) Sicherungsbereich** (Rn 14). Formularmäß 39

ZweckErkl überraschd, wenn sie den SichgBereich über den dch den Anlaß des Gesch bestimmten Rahmen hinaus in einem nicht zu erwartden Umfang erweitert (BGH NJW **96**, 191). Daher Verstoß gg AGBG 3: Wenn Anlaß der GrdSchBestellg die Sichg einer bestimmten fremden (auch des Eheg; BGH NJW **97**, 2320) od eigenen Schuld war u alle bestehden u künft Fdgen gg den pers Schuldn (BGH **109**, 197) od einen Dritten (auch Eheg; BGH NJW **92**, 1822) einbezogen werden; Verstoß kann entfallen, wenn SG aGrd personeller u wirtsch Verflechtg mit pers Schuldn bzw Drittem das Entstehen künft Fdgen beeinflussen kann (BGH NJW **92**, 1822). Ggseit Ermächtigg mehrerer SG zur Erweiterg des SichgBereichs (BGH **103**, 72). Dagg kein Verstoß gg AGBG 3: Wenn aus Anlaß der Sichg einer bestimmten Fdg des SN gg den SG künft Fdgen gg diesen einbezogen werden (BGH **106**, 19). Wenn Anlaß der GrdSchBestellg die Sichg einer fremden Schuld aus lfder Rechng war (BGH NJW **87**, 946). Wenn mit KreditGesch vertrauter SG die GrdSch zur Sichg bestehder u künft fremder Schulden bestellt (BGH NJW **91**, 3141). Wenn SG nicht nur formularmäß auf Erweiterg hingewiesen (BGH NJW **97**, 2677). – Kein Verstoß gg AGBG 9 I: Erstreckg auf alle künft Fdgen des SN gg den SG (BGH NJW **87**, 2228) od gg mit ihm nicht ident KreditN (BGH NJW **97**, 2677). AGBG
40 9 II Nr 1 greift nicht ein (BGH **114**, 9). – **bb) Rückgewähranspruch** (Rn 23). Ausschl des RückÜbertr-Anspr auch für den Fall, daß SG zZ der Rückgewähr wg ZwVerst nicht mehr Eigtümer, verstößt gg AGBG 9 (BGH **106**, 375). ZustVorbeh für Abtretg verstößt jedenf dann nicht gg AGBG 9, wenn Eigtümer nicht SG (BGH **110**, 241). Fehlen einer FreigabeKl verstößt nicht gg AGBG 9 (BGH NJW **98**, 671); über formular-
41 mäß FreigabeKl vgl AGBG 9 Rn 129). – **cc) Persönliche Haftung** (Rn 2). Übern verstößt nicht gg AGBG 11 Nr 15 (BGH **114**, 9). Übern in GrdSchBestellgsUrk dch SG, der zugl pers Schuldn, verstößt nicht gg AGBG 9 II Nr 1 (BGH NJW-RR **90**, 246); and, wenn SG nicht zugl pers Schuldn (BGH **114**, 9). – **dd) Tilungsverrechnung:** Nach bill GläubErmessen verstößt gg AGBG 9 (BGH NJW **99**, 2043).

42 **l) Mehrere Sicherungsgeber** (zB Bürgsch u SichgGrdSch; vgl § 774 Rn 13) sind mangels abw Vereinbg wie GesamtSchuldn ausgleichspflicht (BGH NJW **92**, 3228).

1192 *Anwendbare Vorschriften.* **I Auf die Grundschuld finden die Vorschriften über die Hypothek entsprechende Anwendung, soweit sich nicht daraus ein anderes ergibt, daß die Grundschuld nicht eine Forderung voraussetzt.**

II Für Zinsen der Grundschuld gelten die Vorschriften über die Zinsen einer Hypothekenforderung.

1 **1) Anwendbarkeit des Hypothekenrechts (I).** Vgl dazu jeweils die letzte Rn zu §§ 1114–1190.

2 **2) Zinsen (II).** Es gelten §§ 1115 I Halbs 1, 1118, 1119 I, 1145 II, 1146, 1158, 1159, 1160 III, 1171 I 2, 1178 (bei Tilgg der GrdSchZinsen erlischt insoweit GrdSch; BGH WM **65**, 1197); ferner §§ 1194, 1197 II. Zinsbeginn kann vor Eintr liegen (BayObLG **78**, 136); ist nichts anderes eingetr, beginnt Verzinsg mit Eintr (RG **136**, 234). Ist Unverzinslichk schuldrechtl vereinb, wirkt dies zG eines SonderRNachf des GrdstEigtümers nur, wenn ihm der Anspr aus dieser Abrede abgetreten (BGH BB **67**, 937; vgl auch **LM** § 1169 Nr 1). Bei der SichgGrdSch sichern sie alle Haupt- u NebenFdgen (BGH ZIP **82**, 1051).

1193 *Fälligkeit.* **I Das Kapital der Grundschuld wird erst nach vorgängiger Kündigung fällig. Die Kündigung steht sowohl dem Eigentümer als dem Gläubiger zu. Die Kündigungsfrist beträgt sechs Monate.**

II Abweichende Bestimmungen sind zulässig.

1 **1) Allgemeines.** § 1193 gilt nicht für nach § 1177 I entstandene EigtümerGrdSch (§ 1177 I 2; BGH NJW **78**, 1579). ZwVollstrUnterwerfg mit Verzicht auf FälligkNachw verstößt nicht gg AGBG 9, 11 Nr 15 a (vgl Hamm WM **91**, 1955; Rastätter NJW **91**, 392).

2 **2) Fälligkeit des Kapitals. – a) Keine Bestimmung (I).** Künd ist Vfg über die GrdSch u nicht über das Grdst (BGH **1**, 303); § 1141 I 2 (RGRK/Joswig 2; hM), II entspr anwendb. Sie beendet nicht die Verzinsg (BGH NJW **87**, 946). – **b) Bestimmung (II);** zB sofort Fälligk (über mögl Einrede aus SichgVertr vgl § 1191 Rn 20), best Ztpkt (§ 271 II gilt hier nicht; KG JW **35**, 1641), abw KündFrist. Sie bedarf als RInhalt der Eintr (auch gem § 874); für nachträgl Bestimmg u Änderg gelten §§ 877, 1119 II.

3 **3) Fälligkeit der Zinsen.** In § 1193 nicht geregelt. Mangels abw Vereinbg gilt § 608 entspr (allgM). Über von sofort KapitalFälligk abw Zinsfälligk vgl LG Augsbg Rpfleger **86**, 211 abl Anm Bauch. Bei der SichgGrdSch ist die Verj (§§ 197, 198, 201, 202, 902) nicht bis zum Eintritt des SichgFalls gehemmt (BGH ZfIR **99**, 479; NJW **99**, 2590; aA BGH NJW **96**, 253; 58. Aufl).

1194 *Zahlungsort.* **Die Zahlung des Kapitals sowie der Zinsen und anderen Nebenleistungen hat, soweit nicht ein anderes bestimmt ist, an dem Orte zu erfolgen, an dem das Grundbuchamt seinen Sitz hat.**

1 **1) Allgemeines.** § 1194 ist SonderVorschr ggü § 269 u gilt nicht für nach § 1177 I entstandene EigtümerGrdSch (§ 1177 I 2).

2 **2) Zahlungsort. – a) Keine Bestimmung.** Sitz des GBA, für Leistgsstelle an diesem Ort gilt § 269. Da § 270 gilt, genügt rechtzeit Absendg dort (Posen OLG **26**, 201), nicht aber nach dort. – **b) Bestimmung.** Sie bedarf als RInhalt der Eintr (auch gem § 874); für nachträgl Bestimmg u Änderg gelten §§ 877, 1119 II.

1195 *Inhabergrundschuld.* **Eine Grundschuld kann in der Weise bestellt werden, daß der Grundschuldbrief auf den Inhaber ausgestellt wird. Auf einen solchen Brief finden die Vorschriften über Schuldverschreibungen auf den Inhaber entsprechende Anwendung.**

Bestellung entspr § 1188 I; nur als BriefR. Als Berecht ist der BriefInh einzutragen. §§ 1189 anwendb. – 1
Anwendbar sind §§ 793 ff; jedoch kann die Einwendg der Nichtentstehg dch § 892 ausgeschl sein. Abtretg nach §§ 929 ff (nicht § 1154). Belastg nach §§ 1081, 1293; Pfändg nach ZPO 808, 821, 823. Anwendb auch § 1187 S 4.

1196 *Eigentümergrundschuld.* **I Eine Grundschuld kann auch für den Eigentümer bestellt werden.**

II Zu der Bestellung ist die Erklärung des Eigentümers gegenüber dem Grundbuchamte, daß die Grundschuld für ihn in das Grundbuch eingetragen werden soll, und die Eintragung erforderlich; die Vorschrift des § 878 findet Anwendung.

III Ein Anspruch auf Löschung der Grundschuld nach § 1179 a oder § 1179 b besteht nur wegen solcher Vereinigungen der Grundschuld mit dem Eigentum in einer Person, die eintreten, nachdem die Grundschuld einem anderen als dem Eigentümer zugestanden hat.

1) Allgemeines. – a) Rechtsnatur. Die EigtümerGrdSch ist ein echtes GrdPfdR u gewährt vorbehaltl 1
§ 1197 dieselben Rechte wie eine FremdGrdSch (BGH NJW **88**, 1026); es gelten daher auch §§ 1120 ff (BGH NJW **79**, 2514). Sie ist ein ggü dem Eigt selbstd Recht; daher wird sie zur nicht § 1197 unterliegden FremdGrdSch des früh Eigtümers, wenn er das Grdst ohne ihre Abtretg übereignet (BGH **64**, 316) od sie bei der ZwVerst im geringsten Gebot gestanden hat (BGH NJW-RR **86**, 233), u bei Erlöschen in der ZwVerst steht der auf sie entfallde Erlös (zur Verzinsg vgl § 1197 Rn 3) dem früh Eigtümer zu. Der Eigtümer kann sie dch Abtretg/Verpfändg verwerten; dch Abtretg wird sie zur nicht § 1197 unterliegden FremdGrdSch. –
b) Entstehung dch RGesch (Rn 6) od krG (zB §§ 889, 1163, 1168, FremdGrdSchAblösg [§ 1191 Rn 10, 2
32, 33]).

2) Sonderfälle. – a) GesHdsEigtümer können eine EigtümerGrdSch nur für alle bestellen (KGJ **43**, 259); 3
GrdSch eines GesHänders am Grdst der GesHand ist FremdGrdSch (§ 1197 gilt nicht). In GüterGemsch lebde Eheg können für sich als GesGläub jedenf dann keine EigtümerGrdSch bestellen, wenn sie diese nicht zum VorbehGut erklären (BayObLG **62**, 205). – **b)** Ist ein im MitEigt von *A* u *B* stehdes Grdst mit einer GrdSch 4
für *A* belastet, so besteht eine GesGrdSch an beiden MitEAnt, die an dem des *A* eine EigtümerGrdSch (§ 1197 gilt) u an dem des *B* eine FremdGrdSch (§ 1197 gilt nicht) ist. Gilt entspr, wenn das Grdst des *A* u das des *B* mit einer GesGrdSch für *A* belastet sind. – **c)** Ist ein im Miteigt von *A* u *B* stehdes Grdst mit einer 5
GrdSch für *A* u *B* als GesGläub od BruchtBerecht belastet, so besteht eine GesGrdSch an beiden MitEAnt, die für jeden am eigenen Anteil Eigtümer- u am fremden Anteil FremdGrdSch ist (BGH NJW **75**, 445; aA für BruchtBerecht (BayObLG **62**, 184 [GesEigtümerGrdSch]); da die GrdSch an jedem Anteil auch FremdGrdSch ist, gilt § 1197 nicht (vgl BGH WM **81**, 199; BayObLG aaO). Gilt entspr, wenn das Grdst des *A* u das des *B* so belastet sind (vgl BayObLG aaO). Ist nur das Grdst das *A* so belastet, so ist die GrdSch für *B* FremdGrdSch u § 1197 gilt nicht (vgl BayObLG aaO).

3) Bestellung (II) mit Inhaltsbestimmg. Einseit formfreie (verfrechtl gilt GBO 29) EigtümerErkl u 6
GBEintr; auch als BriefGrdSch entsteht sie schon mit GBEintr (§§ 1117, 1163 II gelten nicht). Die Erkl muß auf Bestellg einer GrdSch für den Eigtümer gerichtet sein (über unwirks FremdRBestellg vgl §§ 1163 Rn 1, 1191 Rn 6). Über Bestellg dch bloßen BuchEigtümer vgl § 892 Rn 6. Bestellg ist Vfg über das Grdst zB iSv §§ 1424 (KGJ **43**, 259), 1821 I Nr 1 (KG JFG **9**, 262); nicht aber GesVermVfg iSv § 1365 (Hamm DNotZ **60**, 320). ZwVollstrUnterwerfg zuläss (BGH **64**, 316). – **Übernahme persönlicher Haftung** (§ 1191 Rn 2) mit ZwVollstrUnterwerfg zuläss (BGH **64**, 316). Angebot an künft GrdSchErwerber mögl, das dieser stillschw (§ 151) annehmen kann (BGH NJW **91**, 228).

4) Verfügungen. Aufhebg gem § 875 (erfüllt auch § 1183). Belastg wie § 1191 Rn 8. Inhaltsänderg gem 7
§ 877 (einseit EigtümerErkl statt Einigg). Pfändg nach ZPO 857 VI. Übertr wie § 1191 Rn 8 (es entsteht eine FremdGrdSch). Verzicht (§ 1168) bedeutet Aufhebg (da EigtümerGrdSch schon besteht).

5) Verdeckte Nachverpfändung. Ist eine BriefEigtümerGrdSch an dem Grdst *1* außerh des GB an den 8
Gläub *G* nach §§ 1154 I, 1192 I abgetreten, so ist die Nachverpfändg des Grdst *2* (§ 1132 Rn 7) ohne Offenlegg der Abtretg („verdeckt") nicht mögl, denn die Einigg muß wg Unzulässigk eines dingl Vertr zGDr (Einl 14 vor § 854) u notw GläubIdentität (§ 1132 Rn 4) mit *G* erfolgen u dieser muß als GesGrdSchGläub im GB des Grdst *2* eingetr werden. Wird der Eigtümer *E* gleichwohl als GesGrdSchGläub eingetr, so wird das GB unricht; eine GesEigtümerGrdSch entsteht aber nachträgl (u kann dann außerh des GB an *G* abgetreten werden), wenn *G* die GrdSch an dem Grdst *1* (auch treuhänd) an *E* rückabtritt (Ffm OLGZ **89**, 3). – **Auswege:** (1) Grdst *2* wird Grdst *1* als Bestandt zugeschrieben (Beck NJW **70**, 1781), wodch aber keine GesGrdSch entsteht (§ 1131 Rn 1). (2) Abtretg einer am Grdst *2* bestellten EigtümerGrdSch außerh des GB an *G* mit schuldr Abrede, beide GrdSch wie GesGrdSch zu behandeln (Lwowski DNotZ **79**, 328). (3) Treuhänd RückAbtretg außerh des GB an *E* (kann vormkgsgesicherten LöschgsAnspr auslösen!), danach Nachverpfändg u Abtretg der GesEigtümerGrdSch an *G* (Kaempfe MittBayNot **71**, 347; Lwowski aaO). (4) Zu weiteren Lösgsversuchen vgl Westermann NJW **70**, 1023 u Ertl DNotZ **90**, 684.

6) Löschungsanspruch (III) aus §§ 1179 a, 1179 b erst nach zweitl FremdRBildg; vgl § 1179 a Rn 7, 9
§ 1179 b Rn 2. IFv § 1179 b wären Gläub u Schuldn vor FremdRBildg ohnehin ident. Auch bei RückAbtretg einer ohne wirks SichgVertr/Valutierg abgetretenen EigtümerGrdSch (Celle Rpfleger **86**, 398). Pfdg/Verpfdg stehen Abtretg nicht gleich (Erm/Räfle § 1179 a Rn 8; aA MüKo/Eickmann Rn 22).

1197 ***Abweichungen von der Fremdgrundschuld.*** **I Ist der Eigentümer der Gläubiger, so kann er nicht die Zwangsvollstreckung zum Zwecke seiner Befriedigung betreiben.**

II Zinsen gebühren dem Eigentümer nur, wenn das Grundstück auf Antrag eines anderen zum Zwecke der Zwangsverwaltung in Beschlag genommen ist, und nur für die Dauer der Zwangsverwaltung.

1 **1) Allgemeines.** § 1197 gilt für die dch RGesch bestellte u die krG entstandene EigtümerGrdSch. Er gilt nicht, soweit die GrdSch an dem BelastgsGgst auch FremdGrdSch ist (vgl § 1196 Rn 3–5) u bei fehlder rechtl Identität von Eigtümer u Gläub (zB Inh aller GesellschAnt einer GmbH hat GrdSch am GesellschGrdst; RG JW **29**, 248). Die Beschrkgen entfallen nach Umwandlg in FremdGrdSch (§ 1196 Rn 1) od wenn der Gläub den Eigtümer beerbt hat u NachlVerw/Konk angeordnet ist (§ 1976 Rn 3).

2 **2) Zwangsvollstreckungsausschluß (I).** Keine ZwVollstr des Eigtümers in das Grdst u mithaftde Ggstd (RG **125**, 362), um nicht Ausfall nachrang Berecht herbeiführen zu können. Pers Beschrkg der RStellg des Eigtümers als GrdSchGläub (BGH **64**, 316); UnterwerfgsKl aber wg mögl Wegfalls der Beschrkg eintragb (BGH aaO). – Für den **Insolvenzverwalter** gilt I nicht. Er kann die ZwVollstr aus der GrdSch betreiben u die GrdstZwVerst (InsO 165, ZVG 172). Für den **Pfand-/Pfändungsgläubiger** an der GrdSch gilt I nicht, denn er vollstreckt zur eigenen Befriedigg u nur der Eigtümer ist pers beschränkt (BGH **103**, 30). Für den **Nießbraucher** an der GrdSch gilt I aus gleichem Grd nicht (aA Wstm/Eickmann § 119 II 2).

3 **3) Zinsausschluß (II).** Keine Zinsen für den Eigtümer, weil NutzgsMöglichk aGrd Eigt; auch nicht bei Nießbr eines Dritten am Grdst (Erm/Räfle Rn 4; MüKo/Eickmann Rn 5; aA Bayer AcP **189**, 470), denn Eigtümer hat sich der Nutzg freiw u idR entgeltl begeben, u nicht währd der ZwVerst. Kein Ausschl währd ZwVerw. Der Ausschl ist GrdSchInhalt (BGH **64**, 316); Zinsen aber wg mögl Wegfalls des Ausschl eintragb (BGH aaO). Erlischt die GrdSch mit Zuschlag, so gilt II nicht für den auf sie entfallden ErlösAnt bis zur Verteilg (Bayer aaO; Soergel/Konzen Rn 4; Staud/Wolfsteiner Rn 8; aA RG **60**, 359; Stöber Rpfleger **58**, 339), da früh Eigtümer keine GrdstNutzg mehr hat; wird sie zur FremdGrdSch des früh Eigtümers, so gilt II
4 für diese nicht (BGH **67**, 291). Bei **Abtretung von Grundschuld und Zinsen** sind nach heute hM Zinsen aus der Zeit vor der GrdSchAbtr abtretb (BayObLG NJW-RR **87**, 1418; Celle Rpfleger **89**, 323; Düss OLGZ **89**, 395; aA [der zuzustimmen ist] Bayer aaO; Erm/Räfle Rn 5). Wird die GrdSch erst mit ihrer Abtretg
5 verzinsl, so kann die Verzinsg rückwirkd beginnen (BGH NJW **86**, 314). – Für den **Insolvenzverwalter** gilt II (Bayer aaO; aA MüKo/Eickmann Rn 8), auch wenn er das Grdst ohne GrdSch freigibt (Soergel/Konzen Rn 4). – Für den **Pfand-/Pfändungsgläubiger** an der GrdSch gilt II nicht (Bayer aaO; Erm/Räfle Rn 5; aA RG **60**, 359; Staud/Scherübl Rn 7), denn er erhält nicht die GrdstNutzg. Für den **Nießbraucher** an der GrdSch gilt II aus gleichem Grd nicht (Bayer aaO; Erm/Räfle Rn 4; aA Hamm HRR **30** Nr 1216; Staud/Wolfsteiner Rn 12).

1198 ***Zulässige Umwandlungen.*** **Eine Hypothek kann in eine Grundschuld, eine Grundschuld kann in eine Hypothek umgewandelt werden. Die Zustimmung der im Range gleich- oder nachstehenden Berechtigten ist nicht erforderlich.**

1 **1) Allgemeines.** § 1198 erfaßt die rgeschäftl Umwandlg; sie ist InhaltsÄnderg iSv § 877. Verfrechtl sind EintrBew von Eigtümer u Gläub notw. Übriger RInhalt (zB BriefAusschl, Zinsen) u UnterwerfgsKl (LG Düss DNotZ **62**, 97) bleiben mangels Änderg bestehen. Gleich-/nachrang Berecht (sie werden dch §§ 1179, 1179 a geschützt) u Schuldn der gesicherten Fdg (er wird dch § 1165 geschützt) müssen nicht zustimmen, wohl aber DrittBerecht (§ 876).

2 **2) Umwandlungsfälle. – a) Hypothek in Fremdgrundschuld.** Die Fdg erlischt nur, wenn GrdSch an Erfüllgs Statt angen wird (§ 364). Ob GrdSch nicht erlöschde Fdg sichert, ist Frage des GrdGesch. – **b) Hypothek in Eigentümergrundschuld.** FremdHyp wird nur krG EigtümerGrdSch (zB §§ 1163 I, 1168). EigtümerHyp (§ 1177 II) in EigtümerGrdSch dch einseit EigtümerErkl u Eintr umwandelb (MüKo/
3 Eickmann Rn 3; Staud/Wolfsteiner Rn 11; aA KG JFG **7**, 356 [362]). – **c) Fremdgrundschuld in Hypothek.** Fdg iSv § 1113 Rn 8–17 ist unterzulegen (zur RLage bei deren Nichtbestehen vgl MüKo/Eickmann Rn 10); bloße GrdSchÜbern dch Käufer in Anrechng auf den Kaufpr reicht dafür nicht (KG OLG **45**, 314). Umwandlg in Hyp für Fdg eines Dritten entweder unter gleichzeit Abtretg an diesen od dch FdgsUnterlegg
4 entspr § 1180 II mit Zust des bish Gläub (KG JFG **6**, 328). – **d) Eigentümergrundschuld in Hypothek.** Fdg iSv § 1113 Rn 8–17 ist unterzulegen mit gleichzeit Abtretg an Gläub (vgl § 1177 Rn 3). Mögl auch Umwandlg in EigtümerHyp (§ 1177 II) dch einseit EigtümerErkl mit Unterlegg einer Fdg des Eigtümers gg einen Dritten (MüKo/Eickmann Rn 4; Staud/Wolfsteiner Rn 9; aA KG JFG 7, 356) u Eintr.

II. Rentenschuld

1199 ***Begriff: Ablösungssumme.*** **I Eine Grundschuld kann in der Weise bestellt werden, daß in regelmäßig wiederkehrenden Terminen eine bestimmte Geldsumme aus dem Grundstücke zu zahlen ist (Rentenschuld).**

II Bei der Bestellung der Rentenschuld muß der Betrag bestimmt werden, durch dessen Zahlung die Rentenschuld abgelöst werden kann. Die Ablösungssumme muß im Grundbuch angegeben werden.

1 **1) Allgemeines.** Die (heute ungebräuchl) RentenSch ist eine GrdSch; sie ist auch als Inh- (§ 1195) od EigtümerRentenSch (§ 1196) bestellb u kann bdgt/befristet sein (Brem OLGZ **65**, 74). Sie kann eine Fdg sichern; zB Leibrente, ratenw zu zahlder GrdstKaufpr (Brem aaO). Über Unterschiede zur Reallast vgl Übbl 2

vor § 1105. Nürnberger Eigengeld u Münchener Ewigleben haben sich in RentenSch umgewandelt (BayObLG **53**, 89; **55**, 60).

2) Einzelne Geldleistungen (I) zu regelm wiederkehrden Terminen; nicht notw in gleicher Höhe. Sie dienen nicht der Tilgg der Ablösgssumme; Anrechng auf diese nicht vereinb (Brem OLGZ **65**, 74). Sie muß bestimmt sein wie bei ErbbRVO 9 (zB keine Bindg an Beamtengehalt; LG Brschw NJW **54**, 883). 2

3) Ablösungssumme (II) in beliebiger Höhe ohne Beziehg zur Rente (Brem OLGZ **65**, 74), auch verschieden hoch je nach Zeit der Zahlg (hM). Nachträgl Erhöhg unzuläss (KGJ **40**, 342). S 2 schließt § 874 aus; Verstoß führt zu GBO 53 I 2 (keine Umdeutg in Reallast). Über Dissens bei fehlder Abrede vgl BGH WM **65**, 950. 3

1200 *Anwendbare Vorschriften.* **I Auf die einzelnen Leistungen finden die für Hypothekenzinsen, auf die Ablösungssumme finden die für ein Grundschuldkapital geltenden Vorschriften entsprechende Anwendung.**

II Die Zahlung der Ablösungssumme an den Gläubiger hat die gleiche Wirkung wie die Zahlung des Kapitals einer Grundschuld.

1) Anwendbare Vorschriften (I). – a) Auf die **einzelnen Leistungen:** Vorschr über HypZinsen (§§ 197, 289, 1115 I, 1119 I [KGJ 40, 342], 1145 II, 1158, 1159, 1160 III, 1178; außerdem §§ 1194, 1197 II), obwohl sie nicht der Verzinsg der Ablösgssumme dienen. – **b)** Auf die **Ablösungssumme:** § 1194 u die Vorschr über das HypKapital, soweit sie nicht in § 1192 I ausgenommen. 1

2) Zahlung der Ablösungssumme (II) dch Eigtümer an den Gläub. Eigtümer erwirbt EigtümerRentenSch entspr § 1191 Rn 10 (BGH NJW **80**, 2198). Ist er zugl Schuldn einer gesicherten Fdg, so kann deren Zweck (zB Rente) ergeben, daß die Fdg nicht erlischt (BGH aaO). 2

1201 *Ablösungsrecht.* **I Das Recht zur Ablösung steht dem Eigentümer zu.**

II Dem Gläubiger kann das Recht, die Ablösung zu verlangen, nicht eingeräumt werden. Im Falle des § 1133 Satz 2 ist der Gläubiger berechtigt, die Zahlung der Ablösungssumme aus dem Grundstücke zu verlangen.

1) Ablösungsberechtigt (I) dch Künd u Zahlg ist nur der Eigtümer. Sein AblösgsR kann nicht ausgeschl sond nur beschränkt werden (§ 1202 II). 1

2) Ablösungsanspruch (II) für Gläub nicht begründb; II 1 widerspr Vereinbg ist nichtig (ob damit Einigg im ganzen nichtig, richtet sich nach § 139). Gläub kann daher vorbehaltl II 2, 1202 III, ZVG 92 I u III, 158 I nicht Zahlg der Ablösgssumme verlangen. 2

1202 *Kündigung.* **I Der Eigentümer kann das Ablösungsrecht erst nach vorgängiger Kündigung ausüben. Die Kündigungsfrist beträgt sechs Monate, wenn nicht ein anderes bestimmt ist.**

II Eine Beschränkung des Kündigungsrechts ist nur soweit zulässig, daß der Eigentümer nach dreißig Jahren unter Einhaltung der sechsmonatigen Frist kündigen kann.

III Hat der Eigentümer gekündigt, so kann der Gläubiger nach dem Ablaufe der Kündigungsfrist die Zahlung der Ablösungssumme aus dem Grundstücke verlangen.

Kündigung (I) zwingd notw. Über Unzulässigk der Künd nach GrdstBeschlagn vgl RG **86**, 259; JW **30**, 631. – Die **Kündigungsfrist (I 2)** kann verlängert od verkürzt werden; Wirkg ggü RNachf nur bei GBEintr (auch gem § 874). – **Beschränkung des Kündigungsrechts (II)** nur insoweit, als es für längstens 30 Jahre (vorbehaltl abw LandesR; EG 117 II) ausgeschl u danach Künd mit sechsmonat KündFr zuläss; Wirkg ggü RNachf nur bei GBEintr (auch gem § 874). Ist Unkündbark vereinb, so gilt II bzw LandesR auch ohne GBEintr (Schlesw SchlHA **60**, 57). – **Zahlungsanspruch (III)** des Gläub bzgl Ablösgssumme erst aGrd Künd (vgl § 1201 Rn 2) od einverständl Fälligstellg (Planck/Strecker Anm 2 a). 1

1203 *Zulässige Umwandlungen.* **Eine Rentenschuld kann in eine gewöhnliche Grundschuld, eine gewöhnliche Grundschuld kann in eine Rentenschuld umgewandelt werden. Die Zustimmung der im Range gleich- oder nachstehenden Berechtigten ist nicht erforderlich.**

Für die Umwandlg gilt § 1198 Rn 1. Bei Umwandlg einer RentenSch werden die Ablösgssumme zum Kapital (darf sie nicht übersteigen) u die Rente zu Zinsen, bei Umwandlg einer GrdSch werden das Kapital zur Ablösgssumme u die Zinsen zur Rente. Umwandlg in alsbald fäll GrdSch kann für gleich/nachrang Berechtigte Anspr aus § 826 begründen (Hbg OLG **36**, 137). – Da die RentenSch auch eine GrdSch ist, kann sie auch unmittelb in eine Hyp u umgekehrt umgewandelt werden (§ 1198). 1

Neunter Abschnitt. Pfandrecht an beweglichen Sachen und an Rechten

Überblick

1 **1) Privatrechtliches Pfandrecht** ist ein zur Sicherg einer Fdg best dingl wirkdes u dch § 823 I geschütztes Recht an fremden bewegl Sachen od Rechten, das den Gläub berecht, sich dch Verwertg des Pfd aus dem Erlös zu befriedigen (vgl aber § 1213). In der ZwVollstr gibt es ein Recht auf vorzugsw (ZPO 805) u im Konk auf abgesonderte (KO 48) Befriedigg. Es begründet eine Haftg, aber keine Schuld. PfdR an (auch obligator) Rechten ist ein abolutes Recht (Wstm/Gursky § 136 I 2; vgl auch BayObLG **67**, 295).

2 **a) Grundsätze. – aa) Akzessorietät.** Das PfdR ist vom Bestehen der gesicherten Fdg dauernd abhängig: Es entsteht nicht ohne sie, ist ohne sie nicht übertragb u erlischt mit ihr; die gesicherte Fdg ist nicht auswechselb (§ 1204 Rn 7). – **bb) Spezialität.** Ein PfdR kann nur an EinzelGgst bestellt werden, nicht an Sach- od RGesamtheiten (§ 1204 Rn 4); Ausn: LuftfzRG 68 ff (Einf 6 vor § 1204), PachtKrG 3 (Einf 2 vor § 1204). – **cc) Publizität.** Das PfdR muß äußerl erkennb sein dch Bes (zB § 1205), Anzeige (zB § 1280), Registrierg (zB LuftfzRG 5, PachtKrG 2); vgl dazu Hromadka JuS **80**, 89. Ausn bei gesetzl PfdR. – **dd) Priorität.** Der Rang des PfdR bestimmt sich nach der Bestellzeit (§ 1209).

3 **b) Beteiligte. – aa)** Verpfänder u pers Schu müssen nicht ident sein (Verpfändg für fremde Schuld); RVerh zw ihnen zB Auftr, GoA. Verpfänder u PfdGgstBerecht (Eigtümer/RInh) müssen nicht ident sein; RVerh zw ihnen zB Auftr od Schenkg, sonst §§ 816, 823, pos VertrVerletzg. Die **Passivseite** kann also drei Beteil haben; die **Aktivseite** nur einen, da Fdgs- u PfdGläub ident sein müssen. – Gläub u PfdGgstBerecht dürfen nicht ident sein: **kein Pfandrecht an eigenen Sachen od Rechten.** Erwirbt bei Einkaufskomm der Kommitent Eigt als der, den es angeht, so kann Kommissionär PfdR erlangen (zB nach AGB-Banken 19 II; vgl Stauder-Comes WM **69**, 611 Fußn 7). – **bb)** Zw Verpfänder u PfdGläub besteht ein **gesetzliches Schuldverhältnis** mit beiders Rechten u Pfl (RG **101**, 47) u den ges PfdRVorschr als Regelinhalt (vgl Einl 9 vor § 854); nicht aber zw PfdGläub u PfdGgstBerecht als solchem (RG Recht **10**, 1590). Daher hat letzterer keine Anspr aus §§ 1215, 1217–1219 (hM). Aus Rechten nach den dispositiven §§ 1215–1226 können gem § 242 Pflichten werden (vgl § 1218 Rn 1, § 1219 Rn 1). – **cc)** RStellg des pers Schu zum PfdGläub wird dch PfdRBestellg nicht berührt. Er kann diesen nicht auf PfdVerwertg verweisen (Ausn: ZPO 777).

4 **c)** Schuldrechtl **Grundgeschäft,** dch das sich Verpfänder zur PfdRBestellg verpflichtet, ist vom dingl VerpfändgsVertr (PfdRBestellg) zu unterscheiden. Letzterer kann in ersterem enthalten sein u umgekehrt. Nur Verpfl, nicht abstr Einigg, gibt Anspr auf weitere Bestellgserfordern wie Überg od Verpfändungsanzeige. Bei nichtiger Verpfl ist Verpfändg wirks, aber kondizierb.

5 **2) Pfändungspfandrecht** (ZPO 803 ff). RNatur sehr str (vgl Lipp JuS **88**, 119). Dch nach VollstrR wirks Pfdg entsteht ohne Rücks auf die EigtVerh am Pfd **öffentlichrechtliche Verstrickung** (Veräußergsverbot iS §§ 135, 136), die nicht dch PartHdlg (zB § 1253; and ZPO 843) erlöschen kann. Daneben entsteht ein
6 **privatrechtliches Pfandrecht** (ZPO 804), wenn die Fdg des VollstrGläub besteht od der VollstrTitel rkräft ist u Pfd dem VollstrSchu gehört (BGH **119**, 75; str); für dieses gelten die §§ 1204 ff, soweit die ZPO nicht entggsteht (RG **156**, 397; BGH NJW **89**, 2536).

7 **3) Unregelmäßiges Pfandrecht (Kaution),** wenn Gläub nach PartWillen das Recht hat, gleichart PfdGgst zurückzugewähren. Er wird verfüggsberecht Eigtümer (Düss NJW **78**, 2511). PfdRVorschr entspr anwendb, insb §§ 1213, 1214 (BGH NJW **94**, 3287); dabei ist die abw dingl RLage zu beachten, zB Übereigng nach Erlöschen der gesicherten Fdg bei § 1223 (vgl Bambg SeuffA **64**, 18) od schuldr Anspr auf den die gesicherte Fdg übersteigden Betr bei § 1247 S 2 (Stettin Recht **12**, 595). – PfdR (befristet bzw mit wechselndem Ggst) aber, wenn Pfd unter best Voraussetzgen veräußert od ersetzt werden darf (RG **58**, 290). –
8 **a) Barkaution.** PartWille maßg, ob bei Geldverpfändg regelm (zB Überg in verschlossenem Umschlag) od unregelm (zB VerzinsgsPfl) PfdR. Einzahlg auf gemschaftl Kto der Part od auf Kto des einen mit Sperrvermerk für and genügt für Gestellg (Hamm BB **63**, 1117). Zur FreigabePfl hins des die gesicherte Fdg übersteigden
9 Betr vgl Kblz BB **74**, 199. Zur Mietkaution vgl Einf 89 vor § 535, § 550 b. – **b) Flaschenpfand** (vgl Kollhosser/Bork BB **87**, 909; Martinek JuS **87**, 514; **89**, 268) ist idR unregelm PfdR an Geld. Gesichert kann sein: Anspr auf LeergutRückg aus Darlehn (BGH NJW **56**, 298), darlehnsähnl GattgsSchuld (Karlsr NJW-RR **88**, 370), Leihe od Miete (BGH **LM** § 989 Nr 2), Rückkauf (Hbg OLG **45**, 150) od vertragl NebenPfl (OGH NJW **50**, 345); VertrStrafe bei NichtErf dieses Anspr (BGH **LM** § 339 Nr 10); dch Rückg auflösd bedingte GeldFdg (Celle DB **69**, 302). Vgl VO v 20. 12. 88 (BGBl I 2455).

10 **4) Landesrechtliche Vorbehalte:** EG 89, 94, 97. – **IPR:** Es gilt die *lex rei sitae* (EG 38 Anh II); im Ausland entstandenes publizitätsloses (besitzlos, nicht eingetr) PfdR bleibt im Inland wirks (BGH **39**, 173; NJW **91**, 1415; NJW-RR **91**, 1211). – **Übergangsrecht:** EG 184 (altes Recht), 233 § 3 (fr DDR-Recht).

Erster Titel. Pfandrecht an beweglichen Sachen

Einführung

1 **1) BGB §§ 1204–1258.** Die wirtsch Bedeutg des vertragl PfdR ist gering, da dch SichgEigt weitgehd ersetzt; bedeuts noch bei LombardGesch der Banken u gewerbl PfdLeihe. – **a) Entstehung** dch RGesch (§§ 1205–1207), kr G (§ 1257) od dch Surrogation (§§ 1219 II, 1247 S 2, 1287). – **b) Erlöschen.** Eintritt auflösder Bdgg (§ 158 II), Fristablauf (§ 163; vgl RG **68**, 141), SchuldÜbn ohne Einwilligg des Eigtümers (§ 418), lastenfreier Erwerb (§§ 936, 945, 949, 950 II, 955 ff, 973 I), rechtm PfdVerk (§ 1242 II), gutgl

Erwerb bei unrechtm PfdVerk (§ 1244); FdgsAbtr mit Ausschl des PfdRÜbergangs (§ 1250 II), Erlöschen der Fdg (§ 1252), PfdRückg (§ 1253), PfdRAufhebg (§ 1255), Vereingg von PfdR u Eigt (§ 1256), Untergang od dauernde Wertlosigk (RG **96**, 185) des Pfd. – **c) Verwertung.** Die Befriedigg des Gläub aus dem Pfd kann nach seiner Wahl (Ffm Rpfleger **74**, 430) erfolgen: **aa)** Ohne vollstrb Tit od gerichtl Ermächtigg dch priv PfdVerk nach §§ 1234–1240, 1245 (§ 1233 I). **bb)** Auf Grund eines Tit zur Duldg des PfdVerk wahlw dch priv PfdVerk nach §§ 1234–1240, 1245 od gerichtl PfdVerk nach ZPO (§ 1233 II). **cc)** AGrd ZahlgsTit gg den pers Schu dch ZwVollstr nach ZPO in das Pfd (RG LZ **16**, 1427). Pfändet Gläub Sache eines Dr, der zur Duldg der PfdVerwertg verpflichtet, so ist dessen Widerspr aus ZPO 771 unbeachtl (RG **143**, 277).

2) Pachtkreditgesetz v 5. 8. 51, BGBl I 494 (Sichtermann, PachtKrG 1954 u RdL **56**, 99; **69**, 169, 200; 2
Jacobi, RdL **68**, 197; Sparberg, Der zivilr RSchutz der PachtKrInst bei Beeinträchtigg des InventarPfdR, 1974). – **a) Pfandgegenstand** sind alle dem Pächter eines landw Grdst bei VertrNiederlegg gehörden Inventarstücke (RG **142**, 202) einschl AnwR (BGH **54**, 319) sowie später erworbene ab Einverleibg (bzw ab EigtErwerb bei vorheriger Einverleibg, BGH **LM** Nr 3), soweit nicht Einzelstücke ausgenommen (§ 3). – **b) Verpfändung** ohne BesÜbertr dch schriftl VerpfändgsVertr (notw Inhalt: § 2 I 3) zw Pächter u PachtKrInst u dessen Niederlegg beim AmtsG (§§ 1, 2). Es braucht noch kein Inventar vorhanden zu sein (BGH **54**, 319). Mehrere PfdR für verschiedene Gläub nicht bestellb (RG **143**, 7). Gutgl PfdRErwerb vorbehaltl BGB 935 mögl (§ 4), aber nicht an nach VertrNiederlegg einverleibten Stücken (BGH **35**, 53). Bösgläubigk bzgl VerpfEigt idR bei Verstoß gg § 2 II. – **c) Gesicherte Forderung** muß Darlehn sein (§ 1); Verwendg für Landw nicht erforderl (BGH **54**, 319). – **d) Rang:** Gleichrang mit ges VerpPfdR (§ 4 II 2); bei Gutgläubigk Vorrang vor Rechten Dr (§ 4 II 1; vgl aber § 4 III); Ausn bei GrdPfdR, die Inventar erfassen, u ZwVollstr (§ 7). – **e) Schutz** gg gutgl Erwerb Dr dch Niederlegg (§ 5 I), jedoch nur gem BGB 936 bei Veräußerg nach Aufgabe der Pachtstelle u Inventarentferng (BGH **51**, 337); gg PfdRBeeinträchtigg entspr BGB 1227 (§ 8); gg Verwertg des ges VerpPfdR gem § 11 II; gg ZwVollstr vgl Noack DGVZ **73**, 101. – **f) Erlischt** dch Vfg über Einzelstücke innerh ordngsm Wirtsch (§ 5 II; nicht mehr nach Pachtende, RG **141**, 203), entspr BGB 1252 (§ 14 I), dch rgesch Aufhebg (§ 14 II) u Untergang. – **g) Verwertung** entspr BGB 1228 ff, ohne öff Verst nur mit Einwilligg des Verp (§ 11 I 2).

3) Gesetz zur Sicherung der Düngemittel- und Saatgutversorgung v 19. 1. 49, BGBl III 403–11 3
(Kreuzer, FrüchtePfdR 1955; Sichtermann, FrüchtePfdRG 1955). Erstrangiges (§ 2 IV) publizitätsloses ges PfdR an Früchten der nächsten Ernte, soweit nicht gem ZPO 811 Nr 2–4, 865 unpfändb (§ 1 I 2; hier PfdR nach Rn 2 mögl, BGH **41**, 6; Oldbg RdL **63**, 25), zG der Lieferanten von Düngemitteln usw bzw der Kreditgeber (§ 1; über PfdR bei KtokorrentFdg BGH **29**, 280). Erlischt mit Entferng der Früchte vom Grdst, außer wenn sie ohne Wissen od gg Widerspr des Gläub erfolgt (§ 2 I 1). Kein WidersprR u damit Erlöschen bei Entferng innerh ordngsm Wirtsch (zB Ernte u Veräußerg nach Reife [BGH **120**, 368]), auch bei Unwissen des Gläub (BGH aaO; aA 52. Aufl), od bei Sichg dch verbleibde Früchte (§ 2 I 2).

4) SchiffsRG (Schrifttum: Vorbem vor § 929 a; Dobberahn RhNK **98**, 145).

a) Pfandrecht. – aa) Verpfändung im SchiffsReg eingetr Schiffe, Schiffsbauwerke, Schwimmdocks u 4
MitEigtAnteile daran nur dch SchiffsHyp (§§ 1, 8, 76, 81 a); für nichteingetr Schiffe usw gelten BGB 1204 ff, für Schiffspart BGB 1273 (HGB 503 III). – **bb) Schiffsgläubigerrechte** sind die ges PfdR an Schiffen. Sie sind für das SeeR in HGB 754 u für das BinnenschiffahrtsR in BinnSchG 102 abschließd aufgezählt. Sie haben im SeeR Vorrang vor and PfdR (HGB 761), im BinnenschiffahrtsR nur teilw (vgl BinnSchG 109; BGH MDR **76**, 646: Vorrang arbeitsr FreistellgsAnspr vor SchiffsHyp).

b) Schiffshypothek. – aa) Bestellung dch Einigg u Eintr im SchiffsReg (§ 8); ges Entstehg BGB 1287 5
S 2, ZPO 847 a II 2, 931. Solange die gesicherte Fdg nicht besteht, entsteht keine dingl Belastg (abw BGB 1163 I 1). Die Eintr begründet für die Hyp die RVermutg des § 16, aber BGB 1138 gilt nicht. – **bb)** Sie hat die **Rechtsnatur** einer SichgHyp (vgl § 8 I 3) u ist damit stets BuchHyp. Sie ist als Gesamt- (§ 28) u HöchstBetrHyp (§ 75) sowie für Fdg aus InhSchVerschreibg u Orderapieren (§§ 72, 73) bestellb. HaftgsUmfang §§ 29, 38 II. HaftgsGgst §§ 31, 32, 79, 80, 81 a. – **cc) Rang** u RangÄnderg §§ 25–27; InhaltsÄnderg § 54; FdgAuswechselg § 55. – **dd)** Sie **erlischt** vorbehaltl § 59 mit der gesicherten Fdg (§ 57 I 1; abw BGB 1163 I 2). Bis zur Löschg hat jedoch der Eigtümer nach § 57 III die weder abtretb noch pfändb Befugn, eine nach Rang u Höhe gleiche neue Hyp zu bestellen. Dies gilt auch bei Erlöschen nach §§ 57 II (auch BGB 418 I 2), 64, 66 II, ZPO 870 a III 1, 931 VI od inf Verz des Eigtümers auf die ihm nach §§ 44 I, 64 II zugefallene Hyp; nicht aber bei Erlöschen aus and Grden (§§ 56, 57 III 1 Halbs 2 iVm I 2, 57 III 3 Halbs 2, 65, gutgl lastenfreier Erwerb, BGB 158, 163, HGB 764 II, SchiffsRegO 17 IV, 20), so daß in diesen Fällen and Rechte nachrücken. – **ee) Verwertung** nur dch ZwVerst (§ 47, ZPO 870 a, ZVG 162 ff).

5) LuftfzRG (Schrifttum: Abraham, Das Recht der Luftfahrt, 1960, 470 ff; Ott MittBayNot **85**, 1; Schölermann/Schmid-Burgk WM **90**, 1137; Dobberahn RhNK **98**, 145).

a) In der LuftfzRolle eingetr **Luftfahrzeuge** u MitEigtAnteile daran sind nur mit einem **Registerpfand-** 6
recht belastb (§§ 1, 6, 9 I); ges PfdR außer BGB 647 sind mögl (Wendt MDR **63**, 448). Für nichteingetr Luftfz gelten BGB 1204 ff, für ausl §§ 103 ff. – Gleiche Rechte wie RegPfdR gewähren nach ausl Recht mit Vorrang ausgestattete Rechte wg Anspr aus Bergg u Erhaltg (§§ 75 ff). – **aa) Verpfändung** dch Einigg u Eintr in LuftfzPfdReg (§ 5) des AG Brschw; unzul wenn ZwVollstrPfdR eingetragen (§ 7). Solange die gesicherte Fdg nicht besteht, entsteht keine dingl Belastg (abw BGB 1163 I 1). RegEintr begründet RVermutg zG des Erwerbers des RegPfdR od eines Rechts daran (nicht aber zG des EigtErwerbs) hins dieser Rechte (BGB 1138 gilt aber nicht) u des Eigt (§§ 15 ff) u steht Belastg mit and als RegPfdR (nicht aber SichgÜbereigng) entgg (§ 9 II). – **bb)** Es hat die **Rechtsnatur** einer SichgHyp (vgl § 4) u ist als Gesamt- (§ 28) u HöchstBetrRegPfdR (§ 3), nicht aber für Fdg aus InhSchVerschreibg u Orderpapieren (§ 8) bestellb. HaftgsUmfang §§ 29, 38 II. HaftgsGgst §§ 31, 32. – **cc) Rang** u RangÄnderg §§ 25–27; InhaltsÄnderg § 54; FdgAuswechselg § 55. – **dd)** Es **erlischt** vorbehaltl § 59 mit der gesicherten Fdg (§ 57 S 1; abw BGB 1163 I 2). Eigtümer hat keine Befugn entspr SchiffsRG 57 III, so daß nachrangige Rechte bei jedem Erlöschensfall (zB §§ 56, 57 I, 63, 66 II, 99 I u II iVm ZPO 870 a III 1) aufrücken u RangÄnderg nicht der Zust des Eigtümers bedarf. – **ee) Verwertung** nur dch ZwVerst (§§ 47, 99 I, ZPO 870 a, ZVG 171 a ff).

7 **b)** Das RegPfdR ist auf **Ersatzteile** erweiterb. Verpfändg u ges PfdR nicht ausgeschl, da § 9 nicht anwendb (§ 70 I). Erweiterg für Gläub zweckm, da ausgewechselte Teile mit Einbringg in ErsTeilLager nicht mehr Bestandt od Zubehör des Luftfz u damit von Haftg frei sind (§ 31 III, IV). – **aa) Verpfändbar** sind alle ggwärtig an einer best inl od ausl Stelle (ErsTeilLager) lagernden u später eingebrachten ErsTeile, die dem Eigtümer des verpfändeten Luftfz gehören (§§ 68 I, 71 I); nicht nur einzelne ErsTeile (AG Brschw NdsRpfl **65**, 151). Sie w bei Entferng aus dem Lager vor Beschlagn frei (§ 71 II). – **bb) Verpfändung** dch Einigg (braucht sich nur auf den jeweiligen Lagerbestand u nicht auf die Einzelteile erstrecken) u Eintr in Luftfz-PfdRReg (§ 68 II). Ohne RegPfdR an Luftfz (mit dessen Aufhebg es auch als aufgehoben gilt, § 70 II; Ausn § 74) nicht bestellb. Unterläßt Eigtümer Bek am Lager (vgl § 69), so ist PfdR wirks, aber keine Anerk im Ausland (Art X Genfer PfdRAbk) u SchadErsPfl ggü Gläub. – **cc)** Für den **Inhalt** gelten die Vorschr über das RegPfdR an Luftfz (§ 70 I).

8 **6) Allgemeine Geschäftsbedingungen** können PfdRBestellg vorsehen; neben ges PfdR (zB § 647) kann so vertragl PfdR bestellt w; idR aber nur für konnexe Fdg (Berg JuS **78**, 86). PfdR besteht nur, wenn in AGB erklärte Einigg in dem Ztpkt noch besteht, da das Pfd in den Bes des Gläub gelangt; doch wird Fortbestehen vermutet (§ 929 Rn 6). Gutgl PfdRErwerb aGrd AGB mögl (BGH **68**, 323; krit Gursky JZ **84**, 604 zu V 3 b mwN), sofern diese nicht PfdR an schuldnerfremder Sache vorsehen, wodch Gläub bösgl (BGH
9 NJW **63**, 2222). – **a) ADSp 50.** Rgesch PfdR (BGH **17**, 1). Strittig iS Abs c ist eine Fdg, wenn die gg sie erhobenen Einwdgen nicht ohne weiteres unbegründet sind (vgl BGH **12**, 143). Gesicherte Fdg braucht nicht dch Beförderg des Pfd entstanden zu sein, muß aber aus Vertr iRv ADSp 2 a herrühren, so daß Erwerb dch Abtr nicht ausreicht (BGH **20**, 231). Kein PfdR an auftraggeberfremder Sache wg inkonnexer Fdg (Stgt WM
10 **78**, 1330; Düss VersR **74**, 661). – **b) AGB-Banken/Sparkassen** vgl AGBG 9 Rn 61. – **c) Sonstige AGB:** BGH **68**, 323; **87**, 274; **101**, 315; NJW **81**, 226; **83**, 2702; Nürnb MDR **76**, 491; Celle AGBE I Nr 138; LG Stgt AGBE § 10 Nr 56.

11 **7) Gewerbliche Pfandleihe.** GewO 34, VO v 1. 6. 76 (BGBl 1335); vgl § 1228 Rn 1, 2; § 1237 Rn 1; EG 94.

1204 *Begriff.* **I Eine bewegliche Sache kann zur Sicherung einer Forderung in der Weise belastet werden, daß der Gläubiger berechtigt ist, Befriedigung aus der Sache zu suchen (Pfandrecht).**

II Das Pfandrecht kann auch für eine künftige oder eine bedingte Forderung bestellt werden.

1 **1) Pfandrecht.** Notw Einräumg eines BefriedigsR aus dem Pfd (nicht nur aus seinen Früchten); andernf kann ZbR gewollt sein. Wirks aber Abrede, Pfd nur zu verwerten, wenn Früchte unzureichd od PfdVerk dch Dritte droht. Bedingtes od befristetes PfdR zul; PartVereinbg maßg, ob Ankündigg der PfdVerwertg od deren Beginn vor Fristablauf notw (RG **68**, 141). Vereinbg zul, daß Pfd nur für best FdgsHöhe haftet.

2 **2) Bewegliche Sache.** Sie kann vertretb (§ 91), verbrauchb (§ 92), unpfändb (ZPO 811) sein. Selbstd verpfändb sind Zubehör (§ 97), MitEigtAnt (§ 1258), unwesentl u ScheinBestandt (§ 95), nicht aber wesentl Bestandt (§§ 93, 94; vgl aber ZPO 810 u DüngemittelG 1) u unausgeschiedene Teile einer Sachmenge (RG Warn **13**, 293; vgl aber Rn 3). Wg Erstreckg auf Bestandt, Zubehör, Früchte u Surrogate des Pfd vgl § 1212.
3 – **a) Verwertbarkeit** der Sache ihrer Art nach dch PfdVerk erforderl. Unverpfändb daher (im Ggsatz zu Order- u InhPap, §§ 1292, 1293) Urk, die nicht selbstd RTräger sind; zB GrdPfdRBrief (RG **66**, 24; BGH **60**, 174), Versichergspolice (RG **51**, 83), Kfz-Brief, PfdSchein (Mü OLG **18**, 193), Sparbuch (RG **68**, 282), Hinterleggs- od Schuldschein; umdeutb in ZbR (RG **66**, 24), Einlösgsermächtigg mit PfdRErwerb gem § 1205 I 2, Verpfändg des verbrieften Rechts od § 1205 II. – Verpfändg von Ggst, der zum SonderVerm einer KapitalanlageGesellsch gehört, AnteilsInh ggü unwirks (KAGG 9 III). Kein PfdR/ZbR an AusweisPap (AG
4 Heilbr NJW **74**, 2182; vgl auch Karlsr NJW **96**, 1416). – **b) Sachgesamtheit.** An jedem EinzelGgst muß ein PfandR bestellt werden, keine Verpfändg dch Gesamtakt (BGH NJW **68**, 392); zusfassde Bezeichng aber unschädl (RG **53**, 220). Bei wechselndem Bestand können ausscheidde Ggst nach §§ 1253, 1254 entpfändet u
5 hinzukommde nach Rn 5 verpfändet werden. – **c) Künftig entstehende Sache** nur dch vorh Einigg für den Fall der Entstehg verpfändb; PfdR entsteht erst mit ihrer Entstehg, wenn dann §§ 1205, 1206 erfüllt sind. Ebso verpfändb: selbstd werdde wesentl Bestandt u Früchte, auszuscheidde od unterscheidb werdde Teile einer Sachmenge, Surrogate, vom Verpfänder zu erwerbde Sache.

6 **3) Forderung** muß vermögensrechtl Art (zB auch VertrStrafe; §§ 780, 781) u GeldFdg sein od (zB auch UnterlAnspr) nach §§ 280, 283, 325, 326 in solche übergehen können (§ 1228 II 2); keine Sicherg dingl Rechte, wohl aber einer Gewähr (Einf 16 vor § 765) für diese. Sie muß sich nicht gg Verpfänder richten
7 (Übbl 3 vor § 1204). – **a)** PfdR kann **ohne Forderung** nicht entstehen (BGH VIZ **98**, 389 [393]). Keine FdgsAuswechselg unter Aufrechterhaltg des PfdR (Karlsr OLG **15**, 393; vgl aber § 1210 Rn 1), Neubestellg erforderl (Rangverlust!). Bei nichtiger Fdg entsteht PfdR nur, wenn Umdeutg (§ 140) mögl. Für eine infolge der Nichtigk entstandene and Fdg (zB § 812) entsteht PfdR, wenn nach Parteiwille auch sie gesichert sein sollte (BGH NJW **68**, 1134); sonst nur ZbR. Bei unvollk Fdg entsteht PfdR, wenn diese schutzwürd ist, zB §§ 222 (223 I), 814 (RGRK/Kregel Rn 8), vgl auch BörsG 54 (RG JW **21**, 464); sonst (zB §§ 656, 762,
8 817) nicht. Kein PfdR entsteht, wenn Fdg nicht erfüllt werden darf (BGH **23**, 293). – **b)** Fdg kann **künftig** od **bedingt** sein **(II).** Sie muß nach EntstehgsGrd (BGH **86**, 340), nicht aber nach Höhe od HöchstBetr (KGJ **44**, 269), bestimmb sein; zB alle ggwärt u künft Fdgen gg einen best Schu (RG **78**, 26), alle Fdgen des Gläub aus lfdem Kredit (KG Recht **27**, 1192; nach Brem BB **74**, 154 sichert PfdR aus AGB-Banken 14 II auch künft ZPO-91-Anspr); vgl auch § 765 Rn 6. PfdR entsteht schon mit Bestellg (BGH **86**, 340; aA Rüll, Das PfdR an Fahrn für künft od bdgte Fdg gem § 1204 II BGB, Diss Mü 1986: AnwR bei bdgt u Erwerbsaussicht bei künft Fdg) mit Rang gem § 1209; wg Erlöschen vgl § 1252 Rn 1. Vereinb, daß PfdR erst mit Fdg bzw
9 ihrer Unbedingth entsteht (BGH **86**, 300). – **c) Beweislast** (nur) für Entstehen: wer PfdR geltd macht (BGH NJW **86**, 2426).

1205 *Bestellung.* **I Zur Bestellung des Pfandrechts ist erforderlich, daß der Eigentümer die Sache dem Gläubiger übergibt und beide darüber einig sind, daß dem Gläubiger das Pfandrecht zustehen soll. Ist der Gläubiger im Besitze der Sache, so genügt die Einigung über die Entstehung des Pfandrechts.**

II Die Übergabe einer im mittelbaren Besitze des Eigentümers befindlichen Sache kann dadurch ersetzt werden, daß der Eigentümer den mittelbaren Besitz auf den Pfandgläubiger überträgt und die Verpfändung dem Besitzer anzeigt.

1) Allgemeines. – a) Verpfändung dch RGesch erfordert Einigg (Rn 2) u (sofern PfdGläub nicht schon 1
Besitzer, Rn 7) BesEinräumg (Rn 4, 8; § 1206); für das zeitl Verhältn zw beiden gilt § 929 Rn 6 (vgl KG JW
25, 1523; BGH NJW **95**, 1085). – **b)** Verpfändg dch **Besitzkonstitut** (vgl § 930) ausgeschl. Umdeutg in
SichergsÜbereigng mögl, wenn EigtÜbertr u RVerh gem § 868 ernsth gewollt. Auf ScheinGesch (zB
Sichergskauf, vgl RG **62**, 126) zur Verdeckg der Verpfändg sind PfdRVorschr anwendb (§ 117 II); sind diese
nicht erfüllt, so weder Eigt- noch PfdRErwerb. Mangels BesEinräumg nichtige Verpfändg nicht in Sichergs-
Übereigng umdeutb, wenn diese nicht gewollt (BGH WM **56**, 258); aber uU in ZbR.

2) Einigung zw Eigtümer u PfdGläub; Verpfändg dch Nichteigtümer wirks nach § 1207 od § 185. Sie 2
muß die Bestellg eines PfdR (§ 1204 Rn 1) für den PfdGläub (keine Bestellg zG Dritter; RG **124**, 221), das
Pfd (§ 1204 Rn 2–5) u die gesicherte Fdg (§ 1204 Rn 6, 8) umfassen (RG **136**, 422). Sie ist abstr dingl
RGesch. Einigg ist formfrei, auch bei Verpfändg für fremde Schuld (Dresden OLG **5**, 323). Sie kann dch
Bezugn auf AGB erfolgen (BGH NJW **95**, 1085).

3) Übergabe (I 1) des Pfd (bzw von TradPap), Stellvertretg nicht mögl (and bei Einigg nach § 854 II). Bei 3
Fehlen Umdeutg in ZbR mögl (OGH NJW **50**, 784).

a) Erfordernisse (vgl auch zu § 929). – **aa)** Eigtümer muß unmittelb Besitz völl aufgeben, darf aber 4
BesDiener bleiben. – **bb)** PfdGläub muß unmittelb Besitz gem § 854 I od II (RG DJZ **12**, 1470) erwerben;
erfordert HerrschaftsVerh, das für alle, die darauf achten, erkennb ist (RG **77**, 208). Ausreichd aber auch
Überg an BesMittler (RG **118**, 253) od BesDiener (der zugl Angestellter des Eigtümers sein kann; RG **77**,
209) des PfdGläub; nicht ausreichd, wenn PfdGläub nur BesDiener wird (RG **92**, 267). – **cc)** Eigtümer muß
BesErwerb dch PfdGläub wollen (RG Warn **12**, 433); zB wenn PfdGläub mit Zust des Eigtümers (die nicht
schon in EiniggsErkl liegt, RG JW **08**, 681) Besitz ergreift od Besitzer auf Weisg des Eigtümers die Sache dem
PfdGläub gibt. Daher erlischt PfdR, wenn PfdGläub Pfd länger als vereinbart besitzt (RG JW **14**, 681).

b) Einzelfälle (vgl auch zu § 854). – **aa) Übergabe bejaht:** Sachen in verschlossenem Raum (Einzäu- 5
nung) dch SchlüsselÜberg, selbst wenn Eigtümer ihn zeitw für best Verrichtgen zurückerhält (RG **67**, 422)
oder unbenutzten (über verheimlichten vgl § 854 Rn 6) Zweitschlüssel behält (RG **66**, 264); and wenn
Eigtümer den Raum wg sof SchlüsselRückg (RG **66**, 258), nur nächtl Verschlusses (RG **77**, 209) od and
Zugangs (Dresden SeuffA **66**, 140) wie bish benutzt. Gesonderte Lagerg bei Eigtümer mit Bewachg dch
PfdGläub (RG Warn **14**, 433). Beendigg des RücknR des Hinterlegers nach § 367 II 1, 2 bei PfdRBestellg
dch Hinterlegg (RG **135**, 274). – **bb) Übergabe verneint:** Auftr an Dritten (auch mit Zust des Eigtümers), 6
die noch im Bestiz des Eigtümers verbleibde Sache für PfdGläub zu beaufsichtigen u zu verwalten (RG **74**,
146). Überg von Legitimationspapieren über Einlagerg, wenn Eigtümer bei Auslieferg mitwirken muß (RG
Warn **13**, 293). Lagerg mit PfdTafel bei Eigtümer in unverschließb Einzäung (RG **74**, 146). Einbringg in
Raum, dessen Schlüssel vom PfdGläub dem Eigtümer überlassen (RG **67**, 424; vgl auch Rn 5).

4) Bloße Einigung genügt, wenn PfdGläub schon Besitzer **(I 2)** od Mitbesitzer iS § 1206 (RG SeuffA 7
85, 115). Mittelb Besitz genügt, sofern Verpfänder nicht BesMittler ist (RG **118**, 250; Rittner JZ **65**, 274); zB
Verpfändg der MitEigtAnteile im Girosammeldepot ruhder Wertpapiere (BGH WM **97**, 1136).

5) Übertragung des mittelbaren Besitzes u Anzeige (II), zB bei Verpfändg schon verpfändeter Sache. 8
Eigtümer wird damit mittelb Besitzer höherer Stufe, PfdGläub wird sein neuer BesMittler u sein alter
BesMittler wird BesMittler des PfdGläub. Verpfändg von Sachen in Bankfach nicht nach II (da MietVertr),
sond nach I od § 1206.

a) Übertragung des mittelb Besitzes dch Eigtümer gem § 870. HerausgAnspr kann bdgt od befristet sein 9
(RG Warn **29**, 11). Anspr aus § 985 nicht abtretb u nicht verpfändb (§ 985 Rn 2). Anweisg des Eigtümers an
BesMittler, fortan für PfdGläub zu besitzen, u Vereinbg eines BesMittlgsVerh zw diesen ist Überg gem I 1
(BGH NJW **59**, 1536; aA RG Recht **26**, 1109). HerausgAnspr muß best u unterscheidb bezeichnete Sache
betreffen, reale Teile einer Sachmenge sind nach Individualmerkmalen u nicht nach Zahl u Menge zu
bezeichnen (RG **52**, 385).

b) Anzeige des Eigtümers an BesMittler; bei MitBes an alle, bei gestuftem mittelb Besitz nur an den 10
nächsten. Formfreie empfangsbedürft WillErkl u VfgsHdlg, die BesMittler zur Herausg an PfdGläub er-
mächtigt u verpflichtet (RG **85**, 436). Sie ist konkludent erklärb (RG **89**, 291; Warn **29**, 11) u muß erkennen
lassen, daß BesMittler fortan für best Dritten besitzen soll, wobei Angabe der Verpfändg nicht notw (Hbg
HRR **33**, 1013). Wg Anzeige beabsichtigter Verpfändg vgl RG Warn **29**, 11; **30**, 69. Eigtümer kann
PfdGläub (od Dritten) zur Anzeige bevollm (PfdVertr genügt dazu idR nicht, RG **85**, 437) od Anzeige
genehmigen (idR nicht dch bloßes Stillschw, RG SeuffA **86**, 118). §§ 174 (W-Raiser § 163 I 1 b), 409 II
anwendb, nicht aber § 409 I 2. Bloße Kenntn des BesMittlers von Verpfändg genügt nicht (RG **89**, 289).
Ohne Anzeige kein PfdR nach II, Umdeutg in Gestattg der Befriedigg aus der Sache mögl (KG SeuffA **73**,
226).

1206 ***Übergabeersatz durch Einräumung des Mitbesitzes.*** **Anstelle der Übergabe der Sache genügt die Einräumung des Mitbesitzes, wenn sich die Sache unter dem Mitverschlusse des Gläubigers befindet oder, falls sie im Besitz eines Dritten ist, die Herausgabe nur an den Eigentümer und den Gläubiger gemeinschaftlich erfolgen kann.**

1 **1)** Überg (§ 1205 I 1) ersetzb dch **Mitverschluß** von Eigtümer u PfdGläub iSv qualifizierten (nicht nur schlichtem) MitBes (BGH **LM** § 987 Nr 7). Eigtümer darf nicht ohne Mitwirkg des PfdGläub (bzw seines BesDieners od BesMittlers) die tats Sachherrsch ausüben können (tats u nicht rechtl Verhältn maßg; BGH **86**, 300), wohl aber PfdGläub ohne die des Eigtümers (RG SeuffA **62**, 57); zB zwei Schlösser, für Zweitschlüssel des Eigtümers zum GläubSchloß u Überlassg des GläubSchlüssels an Eigtümer gilt § 1205 Rn 5 (RG aaO). Gewahrs eines Dritten als BesDiener beider od Verbleib doppelt verschlossener Kassette bei Eigtümer (der ihr Alleinbesitzer wäre) genügen nicht. – An **Schließfachinhalt** hat die Bank auch bei Mitverschluß keinen MitBes (§ 866 Rn 2); daher an Inhalt kein PfdR der Bank dch AGB-Banken 19 II begründb (Dresden BankArchiv **12**, 313) u PfdR aus § 559 entsteht nur für Fdg aus SchrankfachMietVertr; doch kann die Bank aus ZbR (AGB 19 V) vorbehaltl § 242 Zutritt verweigern.

2 **2)** Überg (§ 1205 I 1) ersetzb dch **Pfandhaltervertrag.** Unmittelb Besitzer (Stettin OLG **5**, 323) muß aGrd schuldr Vertr mit Eigtümer u PfdGläub trhd verwahrte Sache nur an beide gemeins (od an einen mit Zust des and) herausgeben dürfen (RG **87**, 41); er braucht VertrZweck nicht zu kennen (RG JW **38**, 867). Vertr zw Eigtümer u PfdHalter zugl zG des PfdGläub ausreichd (zweifelh aber Stgt HRR **29**, 1214, wonach einseit Weisg des Eigtümers an seinen BesMittler, nur an ihn u PfdGläub gemeins herausgeben, auch genügen soll, wenn BesMittler dies ablehnt), nicht aber Vertr nur zw Eigtümer u PfdGläub (Posen OLG **34**, 219) od PfdHalter u PfdGläub (RG **85**, 439). PfdR erlischt mit Anfechtg des Vertr rückw (RG JW **38**, 869). PfdHalter darf nicht nur BesDiener sein (RG **66**, 261).

1207 ***Verpfändung durch Nichtberechtigte.*** **Gehört die Sache nicht dem Verpfänder, so finden auf die Verpfändung die für den Erwerb des Eigentums geltenden Vorschriften der §§ 932, 934, 935 entsprechende Anwendung.**

1 **1) Allgemeines. – a)** § 1207 regelt den **gutgläubigen Erwerb eines Vertragspfandrechts** nach §§ 1205, 1206 (auch bei Verurteilg zur PfdBestellg, ZPO 897 I, 898) vom NichtEigtümer; nicht anwendb auf gesetzl u PfdgsPfdR (BGH NJW **92**, 2570). Einigg, die sich auch auf Verpfänder nicht gehörde Sache erstreckt, sofern PfdGläub nur im Einzelfall gutgl, wg Sittenwidrigk nichtig (BGH **86**, 300). – **b) Sondervorschriften. aa)** Nach HGB 366 genügt guter Gl an Vfgs- u (str) Vertretgsbefugn, HGB 367 enthält ges Vermutg gg guten Gl. **bb)** Wg AGB vgl Einf 9 vor § 1204. **cc)** Nach DepG 4 I 1 besteht eine Fremdvermutg bei Drittverwahrg von WertP (Ausn: DepG 4 II, III), die Hinterleger gg alle PfdR des Drittverwahrers wg aller Fdg aGrd AGB-Banken schützt; § 1207, HGB 366 dadch im Einzelfall nicht ausgeschl, aber Drittverwahrer muß seinen guten Gl beweisen. And hins PfdR des Drittverwahrers für Fdg iS DepG 4 I 2; hier gilt Rn 4 (RG **133**, 187). DepG 4 gilt auch für Sammelbestandanteile (DepG 9). Wg Ermächtigg des Verwahrers zur Verpfändg vgl DepG 12 u RG **164**, 292. **dd)** PachtKrG 4, 5, 7 (Einf 2 vor § 1204) LuftfzRG 15 ff (Einf 7 vor § 1204).

2 **2) Entsprechend anwendbar** sind: – **a) § 932** bei Erwerb nach § 1205 I u § 1206 Rn 2. Im Fall § 1205 I 2 gutgl Erwerb nur mögl, wenn Gläub den Besitz vom Verpfänder erlangte (§ 932 I 2); hierbei ist die tats erstmalige Einräumg, nicht die weitere Belassg dch einen anderen (zB RNachfolger) maßg (RG Warn **29**, 182). Überg von TradPap steht SachÜberg gleich. – **b) § 934** bei Erwerb nach § 1205 II u § 1206 Rn 3. Nicht geschützt wird guter Gl an den mittelb Besitz, so daß bei Abtr nicht bestehden HerausgAnspr PfdR erst mit Erlangg unmittelb Besitzes entsteht. Bei Abtr gemschaftl HerausgAnspr iS § 1206 Rn 3 zwecks Weiterverpfändg kein gutgl Erwerb, weil kein mittelb Besitz iS § 934. – **c) § 935** bei Verpfändg gestohlener usw Sachen; vgl aber EG 94 II. – **d)** § 933 nicht anwendb, da PfdR nicht dch BesKonstitut bestellb.

3 **3) Gutgläubigkeit** liegt vor, wenn Gläub weder weiß noch inf grober Fahrlk nicht weiß, daß der Verpfänder kein Eigtümer; bei Bösgläubigk Heilg nach § 185 II 1 mögl. – **a) Einzelfälle** (konkr Umstände maßg), über Verpfändg von Abzahlgssachen vgl Bull BB **63**, 119. Besondere SorgfaltsPfl hat PfdKreditAnstalt (BGH NJW **82**, 38; Hbg MDR **89**, 66; LG Bchm NJW **61**, 1971). Keine allg ErkundiggsPfl nach Sichgs-Übereigng (BGH **86**, 300); auch nicht, wenn PfdGläub (nur) allg Liquiditätsschwäche der Branche des Verpfänders kennt (BGH aaO). **aa)** Gutgl: Bank, die bei Verpfändg von InhPap dch Erben nicht prüft, ob dieser Alleinerbe (RG **67**, 27), die WertP eines finanzschwachen Kunden verwahrt (RG Recht **19**, 1110) od LombardGesch tätigt (Hbg JW **35**, 440, vgl aber RG **141**, 129); unbeanstandete Ann von WertP ohne Zinsscheinbogen (RG **58**, 162); WerkUntern, der sich Kfz-Brief des zu reparierden Kfz nicht zeigen läßt (vgl BGH NJW **92**, 2570). **bb)** Bösgl: Verpfändg zahlreicher neuer Schreibmaschinen dch Händler (Nbg WPM **62**, 95); unbeanstandete Ann zahlreicher neuer Kleidgsstücke dch Leihhaus (LG Hbg MDR **58**, 690); kfm Unkorrekth (BGH NJW **81**, 227); Annahme zahlreicher wertvoller Teppiche dch PfdKreditAnstalt (BGH NJW **82**, 38). – **b) Maßgeblicher Zeitpunkt:** Entstehg des PfdR, wenn Eigtümer selbst verpfändet hätte
4 (Eintritt der letzten Entstehgsvoraussetzg); gilt auch iFv § 1204 II (BGH **86**, 300). – **c) Beweislast:** Wer PfdRErwerb bestreitet, muß NichtEigt des Verpfänders u Umstände für Bösgläubigk des Gläub beweisen (BGH NJW **82**, 38). Gläub muß seine Bösgläubigk substantiiert bestreiten, wenn Prüfg des übl EigtNachw des Verpfänders (zB Rechng über Erwerb) zur Bösgläubigk hätte führen müssen (BGH aaO).

1208 ***Gutgläubiger Erwerb des Vorrangs.*** **Ist die Sache mit dem Rechte eines Dritten belastet, so geht das Pfandrecht dem Rechte vor, es sei denn, daß der Pfandgläubiger zur Zeit des Erwerbes des Pfandrechts in Ansehung des Rechtes nicht in gutem Glauben ist. Die Vorschriften des § 932 Abs. 1 Satz 2, des § 935 und des § 936 Abs. 3 finden entsprechende Anwendung.**

1 **1) Allgemeines. – a)** § 1208 regelt den **gutgläubigen Erwerb des Vorrangs** eines gem §§ 1205–1207 bestellten VertrPfdR vor schon bestehden beschr dingl Rechten (Art u EntstehgsGrd gleichgült) Dritter am Pfd. – **b) Sondervorschriften:** HGB 366 II; PachtkrG 4, 5, 7 (Einf 2 vor § 1204).

2) Gutgläubigkeit. – a) Liegt vor, wenn PfdGläub weder weiß noch inf grober Fahrlk nicht weiß, daß ältere Rechte bestehen; iü gilt § 1207 Anm 3 entspr. Sie kann auch in Ansehg des Umfangs eines Rechts bestehen (str). – **b) Bewirkt,** daß ältere Rechte in bish Rangfolge dem PfdR des Erwerbers nachrangig w. Bei teilw Gutgläubigk gilt dies nur für die von ihr gedeckten Rechte, währd die and vorrangig bleiben; entspr bei Gutgläubigk hins des Umfangs. Einschränkgen: (1) Kein Vorrang, wenn Pfd dem dingl Berecht abhgek usw (§ 935). (2) Bei Erwerb nach § 1205 I 2 gilt § 932 I 2 (§ 1207 Rn 2). (3) Bei Erwerb nach § 1205 II behalten Rechte des unmittelb Besitzers Vorrang (§ 936 III). 2

1209 *Rang des Pfandrechts.* **Für den Rang des Pfandrechts ist die Zeit der Bestellung auch dann maßgebend, wenn es für eine künftige oder eine bedingte Forderung bestellt ist.**

1) Rangverhältnis. – a) Grundsatz. Das ältere Recht hat Vorrang vor dem jüngeren, bei gleichzeitiger Bestellg entsteht Gleichrang (Befriedigg entspr ZVG 10). Gilt bei PfdR aller Art (BGH **52**, 99; NJW **93**, 2876) untereinander u überh bei allen beschr dingl Rechten (BGH **LM** § 559 Nr 1; Hamm OLG **27**, 153) sowie bei nur nach § 185 II 1 wirks Bestellg. Nicht mit dingl (zB RangVorbeh, Vorrangeinräumg) sond nur mit schuldr Wirkg änderb (Staud/Wiegand 9; str); nachträgl Rangänderg nur dch Aufhebg des älteren Rechts (jüngere rücken nach) u Neubestellg im letzten Rang mögl, best Rangverhältn nur dch Bestellg in entspr Folge erreichb. – **b) Ausnahmen:** § 1208; HGB 366 II, 357 S 1 (BGH NJW **97**, 2322), 443, 761 f. – **c) Sondervorschriften:** PachtKrG 11, 12; FrüchtePfdRG 2 IV, V (Einf 2, 3 vor § 1204). 1

2) Für Rang des PfdR **für bedingte oder künftige** Fdg (§ 1204 II) ist Bestellgs- u nicht Entstehgszeit der Fdg maßg, so daß später bestelltes PfdR für schon bestehde Fdg nachrangig ist (BGH NJW **93**, 2876); zwingde Regelg. Wg § 161 u Unzulässigk von RangVorbeh ist § 1209 entspr anwendb auf Rangverhältn **bedingter oder betagter Pfandrechte** (RGRK/Kregel 4; aA MüKo/Damrau 5). 2

1210 *Umfang der Haftung des Pfandes.* **I Das Pfand haftet für die Forderung in deren jeweiligem Bestand, insbesondere auch für Zinsen und Vertragsstrafen. Ist der persönliche Schuldner nicht der Eigentümer des Pfandes, so wird durch ein Rechtsgschäft, das der Schuldner nach der Verpfändung vornimmt, die Haftung nicht erweitert.**

II Das Pfand haftet für die Ansprüche des Pfandgläubigers auf Ersatz von Verwendungen, für die dem Pfandgläubiger zu ersetzenden Kosten der Kündigung und der Rechtsverfolgung sowie für die Kosten des Pfandverkaufs.

1) Das Pfd haftet mangels abw Vereinbg (RG LZ **27**, 606) für **jeweiligen Forderungsbestand (I 1);** insb für vertragl u ges Zinsen bis zur PfdVerwertg (im Konk bis zur abgesonderten Befriedigg, Jaeger LZ **16**, 1414), VertrStrafe neben od anstelle der HauptFdg, SchadErs- anstelle ErfüllgsAnspr, Aufwertgs- (RG **111**, 62) od UmstellgsBetr; frü KtokorrentFdg vgl HGB 356. Zusätzl für **Kosten des Gläubigers (II):** für Verwendgen (§ 1216) unabhäng von Pers des ErsPflichtigen; zur RVerfolgg gehört auch die pers Klage (Hbg MDR **59**, 580), nicht aber Verteidigg gg Klage des Schu auf Herausg. 1

2) **Erweiterung** der Fdg dch RGesch, die aber keine Neuschuld begründen darf. – **a)** Ist der **persönliche Schuldner zugleich Eigentümer,** so haftet Pfd für Erweiterg auch mit Wirkg gg nachrangige Gläub (str), da sie von Anfang an gleichrangig mit urspr Fdg. Gilt auch, wenn Schu Pfd vor Erweiterg veräußert. – **b)** Ist der **persönliche Schuldner nicht zugleich Eigentümer,** so haftet Pfd mangels abw Vereinbg nicht für Erweiterg **(I 2).** Gilt auch, wenn Schu Pfd vor Erweiterg erwirbt. Hält Gläub den Schu gutgl für Eigentümer, so gilt Rn 2) entspr (RGRK/Kregel Rn 4). 2 3

1211 *Einreden des Verpfänders.* **I Der Verpfänder kann dem Pfandgläubiger gegenüber die dem persönlichen Schuldner gegen die Forderung sowie die nach § 770 einem Bürgen zustehenden Einreden geltend machen. Stirbt der persönliche Schuldner, so kann sich der Verpfänder nicht darauf berufen, daß der Erbe für die Schuld nur beschränkt haftet.**

II Ist der Verpfänder nicht der persönliche Schuldner, so verliert er eine Einrede nicht dadurch, daß dieser auf sie verzichtet.

1) Verpfänder kann aus eigenem Recht Einwdgen gg den Bestand von Fdg u PfdR sowie Einreden aus seinem pers Verh zum Gläub geltd machen. Nach § 1211 kann der Verpfänder, der nicht zugl pers Schu ist, auch (zB dch Klage auf Unterl der PfdVerwertg od auf Feststellg der fehlden VerwertgsBefugn) geltd machen: – **a) Einreden des persönlichen Schuldners gegen die Forderung** (zB rechtskr Abweisg der Klage gg den Schu), selbst wenn sie diesem rechtskr aberkannt sind (RG Warn **33**, 35) od dieser auf sie verzichtet hat (II). Ausn: §§ 223 I, 1211 I 2, 1971. Bei dauernden Einreden gilt § 1254. – **b) Einreden des Bürgen** aus § 770 sowie in den Fällen § 770 Rn 4; Verpfänder kann aber nicht mit Fdg des Schu aufrechnen (RG LZ **31**, 777). II gilt hier nicht (vgl § 770 Rn 2, 3; Arndt DNotZ **63**, 603). 1

2) § 1211 gilt ggü Anspr aus §§ 1204 I, 1231, nicht aber ggü § 1227 (MüKo/Damrau Rn 8); auch anwendb auf Eigtümer, der weder Verpfänder noch pers Schu ist (RG JW **12**, 749). 2

1212 *Erstreckung auf getrennte Erzeugnisse.* **Das Pfandrecht erstreckt sich auf die Erzeugnisse, die von dem Pfande getrennt werden.**

1 **1) Bestandteile** (iZw auch unwesentl) werden vom PfdR erfaßt. PfdR besteht nach Trenng fort; nicht erforderl, daß Verpfänder Eigt od PfdGläub Besitz erlangt. Mit dingl Wirkg nicht vertragl änderb, mögl nur schuldr FreigabeVerpfl. PfdFreih tritt aber ein, wenn Dritter nach §§ 936, 945, 949, 954 (bei nachrangigem AneigngsR wird Eigt mit PfdR belastet erworben), 956 pfdfreies Eigt erlangt.

2 **2) Zubehör** wird vom PfdR nur bei bes Verpfändg erfaßt; diese ist bei MitÜberg zu vermuten.

3 **3) Früchte.** Für Erzeugn u aus der Sachsubstanz gewonnene Ausbeute (Planck/Flad Anm 1) gilt Rn 1 (Ausn: § 1213 Rn 1). And Früchte (zB § 99 III) erfaßt das PfdR nur bei bes Vereinbg.

4 **4) Surrogate** werden nur in den Fällen der §§ 1219 II, 1247, EG 52, OLSchVO 22 I 2 vom PfdR erfaßt. Iü kein PfdR an SchadErs- od VersichergsFdg (RG HRR **34**, 1677) wg Zerstörg des Pfd u kein Anspr entspr § 281 auf PfdRBestellg an ihnen (vgl Einl 20 vor § 854). ErsPfdR vereinb.

1213 *Nutzungspfand.*

I Das Pfandrecht kann in der Weise bestellt werden, daß der Pfandgläubiger berechtigt ist, die Nutzungen des Pfandes zu ziehen.

II Ist eine von Natur fruchttragende Sache dem Pfandgläubiger zum Alleinbesitz übergeben, so ist im Zweifel anzunehmen, daß der Pfandgläubiger zum Fruchtbezuge berechtigt sein soll.

1 **1) Nutzungsberechtigung** verschafft dem PfdGläub abw von § 1212 Eigt an Sachfrüchten gem § 954
2 mit Trenng u an mittelb Früchten (§ 99 III) dch Übereigng der Leistg. Anrechg nach § 1214. – **a)** Bei **nicht fruchttragender Sache** (zB Geld; BGH NJW **94**, 3287) muß sie zumind stillschw vereinbart sein **(I).** Erstreckt sich mangels abw Vereinbg auf alle Nutzgen iS § 100 bis zum Erlöschen des PfdR; Fruchtverteilg § 101. Gewöhnl PfdR in NutzgsPfdR umwandelb u umgekehrt. Bei Nutzgsaneigng ohne Vereinbg Schad-
3 ErsPfl nach § 823; in Klage auf Auskehrg des Nutzgsreinertrags kann Gen liegen (RG **105**, 408). – **b)** Bei **fruchttragender Sache** wird sie vermutet **(II).** Gilt auch bei § 1205 I 2 u § 1205 II, sobald PfdGläub unmittelb Besitz erlangt. Bei MitBes (§ 1206) bes Vereinbg erforderl. II gilt nicht bei Herausg nach § 1231.

1214 *Pflichten des nutzungsberechtigten Pfandgläubigers.*

I Steht dem Pfandgläubiger das Recht zu, die Nutzungen zu ziehen, so ist er verpflichtet, für die Gewinnung der Nutzungen zu sorgen und Rechenschaft abzulegen.

II Der Reinertrag der Nutzungen wird auf die geschuldete Leistung und, wenn Kosten und Zinsen zu entrichten sind, zunächst auf diese angerechnet.

III Abweichende Bestimmungen sind zulässig.

1 **1) Geltungsbereich.** § 1214 ist anwendb bei NutzgsPfdR nach § 1213. Entspr anwendb, wenn PfdGläub Nutzgen ohne Ermächtigg (zB bei ges PfdR) zieht (RG **105**, 409).

2 **2) Gläubigerpflichten (I) – a) Nutzung** mit hierzu notw Verwendgen im Rahmen u nach Regeln ordngsm GeschFührg; keine übermäß Maßn u Aufw. Bei unterl od übermäß Nutzg SchadErsPfl. – **b) Rechenschaft** jederzeit, mind alljährl, aber nicht unnütz u zur Unzeit; §§ 259, 261 gelten.

3 **3) Anrechnung (II).** Der Reinertrag (bei Eigenverbrauch: gemeiner Verkehrswert abzügl Gewinngs- u gewöhnl UnterhKosten; bei Verwertg: Verkaufspreis abzügl vorgenannter u Verwertgskosten) wird kr G angerechnet, so daß gesicherte Fdg von selbst getilgt wird, soweit der Reinertrag sie deckt. Anrechngsfolge: Kosten iS § 1210 II, Zinsen, HauptFdg.

4 **4) Abweichende Vereinbarung (III),** zB keine Pfl nach I, wenn dch Fruchtbezug Zinsen abgegolten sein sollen. Zul auch, daß PfdGläub Nutzgen ohne Anrechng behält (vgl Köhler ZMR **71**, 3).

1215 *Verwahrungspflicht.*

Der Pfandgläubiger ist zur Verwahrung des Pfandes verpflichtet.

1 **1) Verwahrungspflicht** fließt aus ges SchuldVerh zw Verpfänder u PfdGläub (vgl Übbl 3 vor § 1204). Sie besteht nur, wenn PfdGläub (od ein Dr für ihn) Gewahrs hat; bei §§ 1205 II, 1206 also erst, wenn er unmittelb AlleinBes erlangt. Sie endet mit PfdRückg, auch wenn PfdR vorher erloschen. **Inhalt:** §§ 688 ff entspr anwendb, soweit nicht PfdRVorschr entggstehen od sich daraus etwas and ergibt, daß der PfdGläub das Pfd auch zu eigenem Nutzen verwahrt u es nicht aGrd bes Vertrauens erhält, sond weil zur PfdRBestellg notw (KG OLG **29**, 380). Deshalb keine HaftgsBeschränkg nach § 690 (KG aaO); Gläub darf Pfd entgg § 691 S 1 in Drittverwahrg geben u haftet dann entspr § 691 S 2; VerwendgsErs nach § 1216 statt § 693 (Düss HRR **36**, 726); § 697 nicht anwendb. IdR keine ErhaltgsPfl (vgl aber § 1218 Rn 1, § 1219 Rn 1), daher keine VersichergsPfl (KG aaO); Tiere sind zu füttern.

2 **2) Verletzung:** SchadErsPfl des PfdGläub, Verjährg § 1226. Verpfänder kann Schaden des von ihm verschiedenen Eigtümers geltd machen (Vorbem 112 ff vor § 249); Eigtümer hat Anspr aus § 823, wobei PfdGläub iRv § 991 II haftet.

1216 *Ersatz von Verwendungen.*

Macht der Pfandgläubiger Verwendungen auf das Pfand, so bestimmt sich die Ersatzpflicht des Verpfänders nach den Vorschriften über die Geschäftsführung ohne Auftrag. Der Pfandgläubiger ist berechtigt, eine Einrichtung, mit der er das Pfand versehen hat, wegzunehmen.

Verwendungen (Vorbem 5 vor § 994) sind zB Lagerkosten (Düss HRR **36**, 726). § 1216 gilt nicht für Verwendgen zur Nutzgsgewinng od aGrdv Vereinbg mit Verpfänder. – **a) Ersatzanspruch** nach §§ 683 ff. Unerhebl, od PfdGläub auf eigenen od Nutzen des Verpfänders bedacht war. Kein ErsAnspr, wenn Verpfänder bei Zahlgsunfähigk des Schu u Überlastg des Pfd keinen Nutzen von dessen Erhaltg hat. Verpfänder kann sich nicht dch Preisgabe des Pfd befreien. Verzinsg § 256; WegnahmeR § 258; Verjährg § 1226. Für ErsAnspr haftet Pfd gem § 1210 II. – **b) Ersatzpflichtig** ist der Verpfänder; der von ihm verschiedene Eigtümer aus GoA od §§ 994 ff, wenn deren Voraussetzgen ihm ggü erfüllt. Eigtümer u Verpfänder sind ggf GesSchu; AusglPfl nach RVerh zw ihnen. 1

1217 ***Rechtsverletzung durch den Pfandgläubiger.*** **I Verletzt der Pfandgläubiger die Rechte des Verpfänders in erheblichem Maße und setzt er das verletzende Verhalten ungeachtet einer Abmahnung des Verpfänders fort, so kann der Verpfänder verlangen, daß das Pfand auf Kosten des Pfandgläubigers hinterlegt oder, wenn es sich nicht zur Hinterlegung eignet, an einen gerichtlich zu bestellenden Verwahrer abgeliefert wird.**

II Statt der Hinterlegung oder der Ablieferung der Sache an einen Verwahrer kann der Verpfänder die Rückgabe des Pfandes gegen Befriedigung des Gläubigers verlangen. Ist die Forderung unverzinslich und noch nicht fällig, so gebührt dem Pfandgläubiger nur die Summe, welche mit Hinzurechnung der gesetzlichen Zinsen für die Zeit von der Zahlung bis zur Fälligkeit dem Betrage der Forderung gleichkommt.

1) Voraussetzungen. – a) RVerletzg erfordert nicht SchadEintritt u liegt zB in Verletzg vertragl od ges Pfl, in unbefugter Nutzg od Gebr. – **b)** Abmahng, formlos ohne Androhg der ges RBehelfe mögl. – **c)** Fortsetzg der RVerletzg trotz Abmahng. 1

2) Verpfänderrechte; der von ihm verschiedene Eigtümer ist auf §§ 823, 1004 beschr, wobei PfdGläub im Rahmen des § 991 II haftet. – **a)** Anspr auf **Hinterlegung** entspr §§ 372 ff (Vollstr nach ZPO 883). Rückn des Pfd nur mit Zust des Verpfänders. Im Falle HintO 7 gilt § 233. Bei nicht hinterlegb Pfd Ablieferg an gem FGG 165 bestellten Verwahrer, der ggf nach § 1214 verpflichtet. – **b)** Vorzeitige **Einlösung** des Pfd, auch wenn Zeit zG des Gläub bestimmt war. Ist Verpfänder nicht pers Schu, so gilt § 1225. Verpfänder darf bei unverzinsl Fdg entgg § 272 Zwischenzinsen abziehen; Berechng nach Hoffmannscher Methode: zu zahlende Summe x = gesicherte Fdg – [(x · ges Zinssatz · Unterschied an Tagen zw Fälligk u Zahlg): (100 · 365')]. – **c) Übergang** von I zu II u umgekehrt zul, solange eines noch nicht vollzogen. 2

1218 ***Rechte des Verpfänders bei drohendem Verderb.*** **I Ist der Verderb des Pfandes oder eine wesentliche Minderung des Wertes zu besorgen, so kann der Verpfänder die Rückgabe des Pfandes gegen anderweitige Sicherheitsleistung verlangen; die Sicherheitsleistung durch Bürgen ist ausgeschlossen.**

II Der Pfandgläubiger hat dem Verpfänder von dem drohenden Verderb unverzüglich Anzeige zu machen, sofern nicht die Anzeige untunlich ist.

1) Austauschrecht des Verpfänders **(I),** nicht des von ihm verschiedenen Eigentümers (str). – **a) Verderb** ist Unbrauchbarwerden dch Substanzveränderg. **Wertminderung** ist Sinken des Preises inf äußerer Umstände (zB Kursverlust, technische Veraltg) od Substanzveränderg. – **b) Anspruch** auf Rückg Zug um Zug gg anderw Sicherh im Wert des Pfd zZ der Rückg; geringwertige Sicherh genügt, wenn sie Fdg des PfdGläub deckt. Für SicherhLeistg gelten §§ 232 I, 233–238, 240. – **c)** Bei Unvermögen zur SicherhLeistg kann gem **§ 242** verlangt werden, daß PfdGläub das Pfd zum Markt- od Börsenpreis verkauft (kein Verk iS § 1228) u sich aus Erlös befriedigt (RG **74**, 151) od damit and Sicherh anschafft (RG **101**, 47); uU diese VerkPfl auch ohne Anregg des Verpfänders (RG LZ **27**, 1339). 1

2) Anzeigepflicht (II); nicht bei Wertminderg. Bei Verletzg SchadErsAnspr. Für Schaden des vom Verpfänder verschiedenen Eigtümers gilt § 1215 Anm 2 entspr. 2

1219 ***Rechte des Pfandgläubigers bei drohendem Verderb.*** **I Wird durch den drohenden Verderb des Pfandes oder durch eine zu besorgende wesentliche Minderung des Wertes die Sicherheit des Pfandgläubigers gefährdet, so kann dieser das Pfand öffentlich versteigern lassen.**

II Der Erlös tritt an die Stelle des Pfandes. Auf Verlangen des Verpfänders ist der Erlös zu hinterlegen.

1) Versteigerungsrecht des PfdGläub **(I).** – **a)** Verderb/Wertminderg wie in § 1218. SicherhGefährdg entspr § 237 S 1; weitere Sicherh (zB Bürgsch) bleiben unberücksichtigt, nur bei PfdR an mehreren Sachen desselben Verpfänders (§ 1222) entscheidet der Gesamtwert. – **b)** Öffentl Verst: §§ 383 III, 1220; §§ 1232 (str), 1236 bis 1246 gelten. – **c)** Aus § 242 kann sich VerstPfl ergeben (Düss HRR **36**, 726). 1

2) Erlös (II) tritt hins sämtl RVerh an Stelle des Pfd. PfdGläub hat keinen Anspr auf vorzeitige Befriedigg; bei PfdReife Befriedigg dch Aneigng. Hinterlegg auf eigene Kosten kann nur Verpfänder, nicht der von ihm verschiedene Eigtümer (str) verlangen. 2

1220 ***Androhung der Versteigerung.*** **I Die Versteigerung des Pfandes ist erst zulässig, nachdem sie dem Verpfänder angedroht worden ist; die Androhung darf unterbleiben, wenn das Pfand dem Verderb ausgesetzt und mit dem Aufschube der Versteigerung Gefahr**

verbunden ist. Im Falle der Wertminderung ist außer der Androhung erforderlich, daß der Pfandgläubiger dem Verpfänder zur Leistung anderweitiger Sicherheit eine angemessene Frist bestimmt hat und diese verstrichen ist.

II Der Pfandgläubiger hat den Verpfänder von der Versteigerung unverzüglich zu benachrichtigen; im Falle der Unterlassung ist er zum Schadensersatze verpflichtet.

III Die Androhung, die Fristbestimmung und die Benachrichtigung dürfen unterbleiben, wenn sie untunlich sind.

1 **1) Androhung und Fristsetzung (I)** sind einseit empfangsbedürft WillErkl. Bei ungerechtf (vgl I 1, III) Unterl bzw Verst trotz SicherhLeistg (I 2) sind Verst u anschl EigtÜbertr unwirks; aber gutgl Erwerb mögl (§ 1244). Außerdem SchadErsPfl des PfdGläub.

2 **2) Benachrichtigung (II).** Zeit u Ort bevorstehder Verst sind anzugeben (vgl HGB 373 V). Verpfänder soll mitbieten können. Bei Unterl SchadErsPfl, Verst aber wirks.

1221

Freihändiger Verkauf. **Hat das Pfand einen Börsen- oder Marktpreis, so kann der Pfandgläubiger den Verkauf aus freier Hand durch einen zu solchen Verkäufen öffentlich ermächtigten Handelsmäkler oder durch eine zur öffentlichen Versteigerung befugte Person zum laufenden Preise bewirken.**

1 **1) Freihändiger Verkauf** statt Verst nach § 1219 nach Wahl des PfdGläub zul; § 1220 gilt entspr. Börsen- od Marktpreis: § 385 Rn 1. Verk hat an einer Stelle stattzufinden, die nach VerkehrsVerh als Börse od Markt des Verwahrsorts in Frage kommt. PfdGläub darf selbst erwerben, aber nicht unmittelb übernehmen (RG JW **30**, 134). Verk auch an Eigtümer, er erwirbt lastenfrei. Auch wenn laufder Preis nicht erzielt wird, erwirbt Käufer Eigt; aber uU SchadErsPfl des PfdGläub.

2 **2) Verkaufsermächtigte:** Handelsmäkler (HGB 93) mit Ermächtigg nach LandesR (zB *nds* AGBGB 4; *rhpf* AGBGB 1), Kursmäkler (BörsenG 30, 34). **Versteigerungsbefugte:** GVz (§ 383 III), öff Versteigerer (GewO 34 b V, VerstV), Notare (BNotO 20 III).

1222

Pfandrecht an mehreren Sachen. **Besteht das Pfandrecht an mehreren Sachen, so haftet jede für die ganze Forderung.**

1 **1) Entstehung,** wenn für dieselbe Fdg anfängl od nacheinander von demselben od verschiedenen Verpfändern mehrere Sachen verpfändet werden; ferner nach Trenng von Bestandt (§ 1212 Rn 1).

2 **2) Haftung. – a)** Jede Sache haftet für gesamte Fdg. Keine Verteilg entspr § 1132 II; aber Vereinbg zul, daß einzelne Sachen nur in best Höhe haften. – **b)** Verpfänder kann keine Sache zurückverlangen, solange PfdGläub nicht voll befriedigt (BGH BB **66**, 179). Ausn nach § 242 mögl, wenn PfdGläub dch restl Pfd ausr gesichert (BGH NJW **95**, 1085). – **c)** WahlR des PfdGläub bei PfdVerk: § 1230.

1223

Rückgabepflicht; Einlösungsrecht. **I Der Pfandgläubiger ist verpflichtet, das Pfand nach dem Erlöschen des Pfandrechts dem Verpfänder zurückzugeben.**

II Der Verpfänder kann die Rückgabe des Pfandes gegen Befriedigung des Pfandgläubigers verlangen, sobald der Schuldner zur Leistung berechtigt ist.

1 **1) Rückgabepflicht des Pfandgläubigers (I)** bzgl Pfd u Erzeugn bzw Übererlös iSv § 1247 S 2 (Hbg OLG **35**, 131). BewLast für Erlöschen: Verpfänder/Eigtümer. – **a) Verpfänder** hat Anspr aus I; entspr § 986 I 2 nur auf Herausg an Eigtümer, wenn er ihm ggü kein BesR hat (Wstm/Gursky § 129 II 7; aA BGH NJW **79**, 1203). Gesicherte Fdg ist Zug-um-Zug gg Rückg zu erfüllen (BGH aaO). Holschuld (Karlsr OLG **43**, 18). ZbR des PfdGläub nach § 273, HGB 369 mögl (Bambg SeuffA **64**, 48). Bei schuldh Unmöglichk muß PfdGläub Sachwert ersetzen (RG **117**, 57), bei Verpfändg fremder Sachen den BesWert (RG **116**, 266). – Bei
2 PfdR an Geld Aufrechng mit/gg Anspr aus I zuläss (§ 985 Rn 15; aA Bambg aaO). – **b) Eigentümer,** der nicht zugl Verpfänder, hat Anspr aus § 985. – **c) Persönlicher Schuldner** der nicht Verpfänder, hat keinen Anspr (RG **116**, 226).

3 **2) Einlösungsrecht des Verpfänders (II);** § 267 II unanwendb. Nur als Ganzes abtretb (RG SeuffA **83**, 84); auch an Eigtümer (RG LZ **26**, 698). Für Eigtümer, der nicht zugl Verpfänder, gilt § 1249. – **a)** Anspr auf Rückg Zug um Zug gg volle Befriedigg (RG **92**, 281); bei Klage auf Rückg genügt hilfsw Erbieten, die gerichtl festgestellte Schuld zu zahlen (RG **140**, 346). PfdGläub kann ohne Angebot der PfdRückg pers Fdg einklagen (RG Recht **13**, 3258); pers Schu, der zugl Verpfänder, kann Verurteilg Zug um Zug gg PfdRückg
4 verlangen (BGH NJW **79**, 1203). – **b)** War Verpfänder zugl Eigtümer u pers Schu, so erlöschen mit Rückg gg Befriedigg Fdg (§ 362) u PfdR (§§ 1252, 1253); war er zugl Eigtümer aber nicht pers Schu, so geht Fdg mit PfdR auf ihn über (§ 1225), das PfdR erlischt jedoch gem § 1256; war er weder Eigtümer noch pers Schu, so geht Fdg mit PfdR auf ihn über (§ 1225).

1224

Befriedigung durch Hinterlegung oder Aufrechnung. **Die Befriedigung des Pfandgläubigers durch den Verpfänder kann auch durch Hinterlegung oder durch Aufrechnung erfolgen.**

Verpfänder, der nicht pers Schu, kann PfdGläub dch Aufrechng mit eigener Fdg (nicht mit der des Schu) gg PfdGläub od Hinterlegg befriedigen. 1

1225 ***Forderungsübergang auf den Verpfänder.*** **Ist der Verpfänder nicht der persönliche Schuldner, so geht, soweit er den Pfandgläubiger befriedigt, die Forderung auf ihn über. Die für einen Bürgen geltenden Vorschriften des § 774 finden entsprechende Anwendung.**

1) Übergang der Forderung auf den Verpfänder (S 1), verzichtb (RG **71**, 329). – **a) Verpfänder** muß PfdGläub befriedigt haben, ohne pers Schu zu sein (RG Recht **18**, 245). Daher kein FdgsÜbergang nach S 1, wenn nach HGB 128 haftder Gter, der für Fdg gg Gesellsch Pfd bestellte, PfdGläub befriedigt; aus and Grd, zB § 426 II, FdgsÜbergang mögl (RG **91**, 277). Mit Fdg geht PfdR nach §§ 401, 412, 1250 auf Verpfänder über; war er zugl Eigtümer, so erlischt PfdR gem § 1256 u er hat HerausgAnspr aus § 985. War er NichtEigtümer, so hat er HerausgAnspr aus §§ 1227, 985; er erwirbt hier PfdR auch, wenn er bei Verpfändg bösgl war, idR aber AufhebgsAnspr des Eigtümers zB aus § 823. – **b)** Befriedigt **persönlicher Schuldner** (unerhebl ob zugl Verpfänder od Eigtümer) den PfdGläub, so erlöschen Fdg u PfdR (§§ 362, 1252) u für PfdRückg gilt § 1223 Rn 1. – **c)** Befriedigt **Eigentümer,** der weder pers Schu noch Verpfänder, den PfdGläub, so gilt § 1249 Rn 3. – **d)** Befriedigt **anderer Dritter,** so Übergang von Fdg u PfdR nach §§ 426 II, 774, 1249 mögl. 1 2

2) Entsprechende Anwendung von § 774 (S 2). – a) § 774 I 2: Bei bloßer Teilbefriedigg nur Teilübergang u Erwerb eines dem PfdGläub nachgehden, der Befriedigg entspr PfdR. Bei Teilbefriedigg vor u nach KonkEröffng gilt § 774 Anm 2f entspr. – **§ 774 I 3:** pers Schu behält Einwendgen aus RVerh zum Verpfänder (vgl Übbl 3 vor § 1204), vgl RG **85**, 72; wg Einwand, Verpfänder habe PfdGläub wg GgFdg des pers Schu nicht befriedigen dürfen, vgl RG **59**, 207. 3

b) Verhältnis mehrerer Sicherungsgeber (vorbehaltl abw Vereinbg). – **aa) Mehrere Verpfänder:** Befriedigt ein Verpfänder, so erwirbt er mangels abw Vereinbg entspr §§ 774 II, 426 dch PfdR gesicherten kopfteiligen AusglAnspr (BGH **108**, 179), denn der interessengerechte § 426 ist und als § 1173 erweiternd auszulegen. – Gibt Gläub ein Pfd frei, so haftet er einem and Verpfänder nicht (Ausn: Verstoß gg Abrede od § 826); § 776 nicht anwendb (BGH WM **91**, 399). – **bb) Pfandrecht und Hypothek:** Befriedigt ein SichgGeber, so gilt Rn 4 entspr (BGH **108**, 179). – **cc) Pfandrecht und Bürgschaft:** Befriedigt ein SichgGebr, so gilt Rn 4 entspr (BGH aaO; Ehlscheid BB **92**, 1290 [dort auch SichgEigt/GrdSch u PfdR]). 4 5 6

3) § 1225 entspr anwendb bei Befriedigg aus dem Pfd (RG Recht **18**, 244), nicht aber bei selbstd RegreßAnspr (RG LZ **17**, 474). 7

1226 ***Verjährung der Ersatzansprüche.*** **Die Ersatzansprüche des Verpfänders wegen Veränderungen oder Verschlechterungen des Pfandes sowie die Ansprüche des Pfandgläubigers auf Ersatz von Verwendungen oder auf Gestattung der Wegnahme einer Einrichtung verjähren in sechs Monaten. Die Vorschriften des § 558 Abs. 2, 3 finden entsprechende Anwendung.**

Verjährung des Anspr des Verpfänders aus § 1215 (nicht and ErsAnspr) beginnt mit PfdRückg; fehlt solche, so Verj zugl mit Verj des RückgAnspr. Verj des Anspr des PfdGläub aus § 1216 beginnt mit Beendigg des ges SchuldVerh zw Verpfänder u PfdGläub. – Für Anspr des vom Verpfänder verschiedenen Eigtümers bzw gg ihn gelten die allg VerjVorschr. 1

1227 ***Schutz des Pfandrechts.*** **Wird das Recht des Pfandgläubigers beeinträchtigt, so finden auf die Ansprüche des Pfandgläubigers die für die Ansprüche aus dem Eigentume geltenden Vorschriften entsprechende Anwendung.**

1) Eigentumsansprüche. Für Besitzer besteht PfdRVermutg (§ 1006), wenn (was nicht vermutet wird) PfdFdg besteht; dies gilt auch ggü dem Eigtümer (Hbg SeuffA **60**, 192; aA KG OLG **10**, 127). – **a)** Bei BesEntziehg u -Vorenthaltg HerausgAnspr aus § 985 gg Eigtümer u Dritte (Kblz JurBüro **89**, 274) für Pfd u Erzeugn. SchadErsAnspr aus §§ 989 ff; geht vor PfdReife nur auf PfdBestellg am SchadErsBetr. Anspr auf Herausg od Ers von Nutzgen (die nicht Erzeugn) nur im Falle § 1213. – VerwendgsErsAnspr aus §§ 994 ff haben nicht Verpfänder, Eigtümer od pers Schu (W-Raiser § 164 II 6 c), sond nur and Besitzer. – **b)** PfdGläub hat ferner Anspr aus §§ 1004, 1005. – **c)** Bei gemschaftl PfdR gilt § 1011. 1

2) Sonstige Rechte. – a) Anspr als Besitzer aus §§ 858 ff, 1007 (RG **57**, 325). – **b)** Anspr aus §§ 812, 823 I (Stgt OLG **41**, 185). – **c)** Anspr aus PfdVertr. – **d)** SelbsthilfeR §§ 227 ff. – **e)** Rechte aus ZPO 766, 771, 805, 809 bei Pfdg dch Gläub des Verpfänders; zum Schutz von PfdR an EigtAnw in ZwVollstr vgl Frank NJW **74**, 2211. 2

1228 ***Befriedigung des Pfandgläubigers durch Pfandverkauf; Pfandreife.*** **I Die Befriedigung des Pfandgläubigers aus dem Pfande erfolgt durch Verkauf.**

II Der Pfandgläubiger ist zum Verkaufe berechtigt, sobald die Forderung ganz oder zum Teil fällig ist. Besteht der geschuldete Gegenstand nicht in Geld, so ist der Verkauf erst zulässig, wenn die Forderung in eine Geldforderung übergegangen ist.

1) Pfandverwertung (I). – **a)** Sie erfolgt dch **Pfandverkauf** nach §§ 1233 ff, Verfallklausel gem § 1229 unzul. Bei vertragl Ausschl des PfdVerk entsteht kein PfdR, uU aber ZbR. Bei Verpfändg von Geld unmittelb 1

Befriedigg dch Aneigng (Hbg Recht **23**, 349). PfdVerk erfordert unmittelb AlleinBes des FPfdGläub. – **b)** Sie ist **Recht,** nicht Pfl des PfdGläub (RG Recht **14**, 3013); wg Pfl aus § 242 vgl § 1218 Rn 1, § 1219 Rn 1. VerwertgsPfl für gewerbl PfdLeiher nach § 9 II PfdLVO v 1. 6. 76 (BGBl 1335). – Bei Unterl der Verwertg WidersprR des pers Schu gg ZwVollstr gem ZPO 777 u Einrede des Bürgen gem § 772 II.

2 **2) Eintritt der Pfandreife (II).** – **a)** Bei **Geldforderung** mit Fälligk, auch nur eines Teils (zB Zinsen) od wenn nur Zug um Zug zu erfüllen. Weitere Voraussetzgen vereinb, jedoch and als bei § 1245 nur mit schuldr Wirkg, so daß vereinbgswidr PfdVerk rechtm iS von § 1242; Ausleggsfrage ob VerkBerechtigg fehlt, solange dem Gläub eines NutzgsPfdR allmähl Befriedigg aus den Nutzgen mögl. Unzul Vereinbarg, die Voraussetzgen der VerkBerechtigg ermäßigt; Vereinbg jederzeit Verwertbarkeit in Vereinbg jederzeitiger Fälligmachg dch Gläub umdeutb (KGJ **40**, 293). AnnVerzug des PfdGläub macht PfdVerk nicht unrechtm, aber SchadErsPfl des PfdGläub (RG LZ **30**, 118). § 9 I PfdLVO (Rn 1) regelt PfdReife nicht abw von II (BGH NJW-RR **87**,
3 317). – **b)** Bei **Nichtgeldforderung** mit Übergang in GeldFdg. In Fällen der §§ 280, 283, 286 muß PfdGläub abwarten, bis Fdg in SchadErsFdg umgewandelt; hat er dagg die Wahl, Geld zu verlangen od war vertragl bei Nichterfüllg Geld zu zahlen, so VerkBerechtigg schon bei Fälligk der Leistg (RGRK/Kregel Rn 4). BefreigsAnspr des Bürgen wandelt sich in GeldFdg, sobald Bürge belangt wird (RG **78**, 34).

1229 *Verbot der Verfallvereinbarung.*

Eine vor dem Eintritte der Verkaufsberechtigung getroffene Vereinbarung, nach welcher dem Pfandgläubiger, falls er nicht oder nicht rechtzeitig befriedigt wird, das Eigentum an der Sache zufallen oder übertragen werden soll, ist nichtig.

1 **1) Verfallklausel** ist nichtig, wenn vor PfdREntstehg (Hbg SeuffA **65**, 244) od vor PfdReife (§ 1228 II) vereinbart; Vereinbg nach PfdReife vorbeh § 138 gült. Ob ganzer PfdVertr nichtig, richtet sich nach § 139; idR wirks u dch Klausel nicht wucherisch (RG SeuffA **65**, 62). Entscheidd ist Verknüpfg von Nichteinlösg u Verfall. – **a) Unzulässig:** Vereinbg einer Wiedereinlösgfrist (Kiel SchlHA **24**, 149); Vereinbg, Pfd bei Nichteinlösg zum Börsen- od Marktpreis zu behalten (Mot **3**, 821); Vereinbg einer ÜbereigngsVerpfl als VertrStrafe nach § 342, da § 343 nicht ausreichd schützt. – **b) Zulässig:** Vereinbg, daß es PfdGläub freisteht, Pfd auch bei rechtzeitigem Befriediggsangebot zu erwerben (RG **130**, 229); unabhäng von Nichtbefriedigg des Gläub übernommene ÜbereigngsVerpfl (RG JW **35**, 2886); Vereinbg, Pfd freihänd für sich zu verkaufen (RG Gruch **48**, 414; vgl aber § 1245 II). – **c)** Bei Verpfändg von **Geld** ist Verfallklausel in Höhe der Schuldsumme zul; auch ohne sie AneigngsR des Gläub (§ 1228 Rn 1).

2 **2) Keine entsprechende Anwendung** auf nicht dch PfdR gesicherte Fdg (vgl § 1149 Rn 1).

1230 *Auswahl unter mehreren Pfändern.*

Unter mehreren Pfändern kann der Pfandgläubiger, soweit nicht ein anderes bestimmt ist, diejenigen auswählen, welche verkauft werden sollen. Er kann nur so viele Pfänder zum Verkaufe bringen, als zu seiner Befriedigung erforderlich sind.

1 **1) Auswahlrecht** ergänzt § 1222. PfdGläub kann vorbehaltl RMißbr frei wählen (BGH BB **66**, 179). Abw Vereinbarg nur mit schuldr Wirkg mögl; von ihr abw Verk daher rechtm, uU aber SchadErsPfl (§ 1243 II).

2 **2) Übermäßiger Verkauf** unrechtm (§ 1243 I), vorbehaltl gutgl Erwerbs (§ 1244) unwirks u begründet SchadErsPfl (vgl RG Recht **24**, 1237). Abw Vereinbg zul (RG JW **08**, 142). Anwendb auch bei Sachmenge.

1231 *Pfandherausgabe.*

Ist der Pfandgläubiger nicht im Alleinbesitze des Pfandes, so kann er nach dem Eintritte der Verkaufsberechtigung die Herausgabe des Pfandes zum Zwecke des Verkaufs fordern. Auf Verlangen des Verpfänders hat an Stelle der Herausgabe die Ablieferung an einen gemeinschaftlichen Verwahrer zu erfolgen; der Verwahrer hat sich bei der Ablieferung zu verpflichten, das Pfand zum Verkaufe bereitzustellen.

1 **1) Herausgabeanspruch** des PfdGläub, der nur MitBes (§ 1206) hat, gg den mitbesitzden Verpfänder od den, dem dieser MitBes übertr hat; PfdReife: § 1228 II. Anspr geht iF § 1206 Halbs 1 auf Einräumg des AlleinBes; iF § 1206 Halbs 2 auf Übertr des mittelb AlleinBes u Ermächtigg des DrittBesitzers, das Pfd an PfdGläub allein herauszugeben (RG JW **38**, 867). Verpfänder hat Einreden aus § 1211. Bei Verpfändg nach § 1205 II hat Gläub den ihm abgetretenen HerausgAnspr. – Für Anspr gg Dr gelten die allg Vorschr (zB § 1227). Mitbes gleichrangiger Gläub: § 1232 Rn 2.

2 **2) Ablieferungsanspruch** des Verpfänders besteht in beiden Fällen des § 1206, jedoch nur unbeschadet der R des Drittbesitzers. Verwahrer w im Streitfall vom ProzG (FGG 165 gilt nicht) bestellt. Gläub muß Klage ändern, wenn Verpfänder sich ggü Anspr aus S 1 auf S 2 beruft; ggü ZwVollstr des Anspr aus S 1 Verlangen nach S 2 nicht mehr stellb.

1232 *Nachstehende Pfandgläubiger*

Der Pfandgläubiger ist nicht verpflichtet, einem ihm im Range nachstehenden Pfandgläubiger das Pfand zum Zwecke des Verkaufs herauszugeben. Ist er nicht im Besitze des Pfandes, so kann er, sofern er nicht selbst den Verkauf betreibt, dem Verkaufe durch einen nachstehenden Pfandgläubiger nicht widersprechen.

1 **1) Verschiedenrangige Pfandrechte.** – **a)** Besitzt **vorrangiger** Gläub das Pfd, so hat nachrangiger gg diesen niemals HerausgAnspr u kann PfdVerk nicht selbst betreiben (nur sich anschließen). Kann od will

vorrangiger Gläub PfdVerk nicht betreiben, so hat nachrangiger AblösgsR aus § 1249. – **b)** Besitzt **nachrangiger** Gläub das Pfd, so kann vorrangiger das Pfd zZw des PfdVerk herausverlangen. Kann od will vorrangiger Gläub PfdVerk nicht betreiben, so muß er dem nachrangigen das Pfd zum Verk belassen (RG **87**, 325), hat aber AblösgsR aus § 1249. – **c)** Bei rechtm PfdVerk **erlöschen** die and PfdR (§ 1242); Erlös tritt nach Maßg § 1247 an die Stelle des Pfd.

2) Gleichrangige Pfandrechte. – **a)** Bei gemschaftl Bes gelten §§ 741 ff; jeder kann Herausg zZw des PfdVerk verlangen (§ 749). – **b)** Besitzt einer, so haben die and mind die Stellg nachrangiger Gläub, stets aber MitwirkgsR bei PfdVerk. – **c)** Erlös gebührt ihnen nach Maßg ihrer Fdgen (vgl RG **60**, 73). 2

1233 *Ausführung des Verkaufs.* **I Der Verkauf des Pfandes ist nach den Vorschriften der §§ 1234 bis 1240 zu bewirken.**

II Hat der Pfandgläubiger für sein Recht zum Verkauf einen vollstreckbaren Titel gegen den Eigentümer erlangt, so kann er den Verkauf auch nach den für den Verkauf einer gepfändeten Sache geltenden Vorschriften bewirken lassen.

1) Privater Pfandverkauf ohne Titel (I). §§ 1234 ff regeln das VerkVerf; abw Vereinbg gem § 1245 zul, 1
Abw auch gem § 1246 mögl. Verk erfolgt im eigenen Namen des PfdGläub für Rechng des Verpfänders, VerwertgsR ermächtigt Gläub auch zur Übereigng; Gläub w dch Versteigerer vertreten. Wg Sachmängel vgl § 461; für RMängel haftet Gläub, aber Schutz dch §§ 439, 1244, dch § 1242 II verliert RMängelhaftg an Bedeutg.

2) Pfandverkauf mit Titel (II). – **a)** Titel (Urteil, ProzVergl) muß sich gg Eigtümer (nicht gg von ihm 2
verschiedenen Verpfänder od pers Schu; § 1248 aber anwendb) richten u auf Duldg der PfdVerwertg lauten (RG LZ **16**, 1427) u gesicherte Fdg angeben (BGH NJW **77**, 1240). Klage stützt sich auf PfdR, nicht auf Fdg; UrkProz u MahnVerf unzul (str); für Kosten nach ZPO 93 gilt § 1210 II (str). – **b)** Gläub kann PfdVerk nach §§ 1234–1240 od nach ZPO-Vorschr (nicht zu verwechseln mit Vollstr aus ZahlgsTit wg pers Fdg in PfdGgst) betreiben. Auch im letzteren Fall Pfändg nicht erforderl, daher ZPO 803–813 unanwendb, wohl aber ZPO 814, 816 I u III–IV (WarteFr läuft ab Vollstrbark des Titels), 817 I–III, 821–823, 825 (str). Anwendb: § 1230 S 2 statt ZPO 818, § 1236 statt ZPO 816 II, § 1239 statt ZPO 817 IV, § 1242 statt ZPO 806, § 1244, § 1247 statt ZPO 819, § 1248 (wobei Gutgläubigk zZ des Verk maßg, str), § 1249.

1234 *Verkaufsandrohung; Wartefrist.* **I Der Pfandgläubiger hat dem Eigentümer den Verkauf vorher anzudrohen und dabei den Geldbetrag zu bezeichnen, wegen dessen der Verkauf stattfinden soll. Die Androhung kann erst nach dem Eintritte der Verkaufsberechtigung erfolgen; sie darf unterbleiben, wenn sie untunlich ist.**

II Der Verkauf darf nicht vor dem Ablauf eines Monats nach der Androhung erfolgen. Ist die Androhung untunlich, so wird der Monat von dem Eintritte der Verkaufsberechtigung an berechnet.

1) Verkaufsandrohung (I). – **a)** Nach PfdReife (§ 1228 II) erforderl, um Eigtümer Einlösg zu ermögli- 1
chen. Gilt für Verk nach § 1235 I u II, ist aber abdingb (§ 1245). Androhg nur an Eigtümer, dabei gilt EigtVermutg des § 1248 (Ztpkt für Gutgläubigk: Androhg). Ort- und Zeitangabe überflüss, vgl aber § 1237. – Untunlichk richtet sich nach Einzelfall, zB Unkenntn von Eigtümer (vgl RG **145**, 212); BewLast hat PfdGläub. – **b)** Bei Verstoß gg § 1234 PfdVerk rechtm, aber SchadErsPfl des Gläub (§ 1243 II), der BewLast 2
hat, daß auch ohne Verstoß kein besseres Ergebn (RG JW **30**, 134). – **c)** SonderVorschr HGB 440, 623.

2) Wartefrist (II) ein Monat; nach HGB 368, 371, OLSchVO 22 III eine Woche. Abdingb (§ 1245), 3
RFolgen bei Verstoß wie Rn 2 (RG **109**, 327; LG Osnabr WM **93**, 1628).

1235 *Öffentliche Versteigerung; freihändiger Verkauf.* **I Der Verkauf des Pfandes ist im Wege öffentlicher Versteigerung zu bewirken.**

II Hat das Pfand einen Börsen- oder Marktpreis, so findet die Vorschrift des § 1221 Anwendung.

1) Verkaufsformen, Verzicht erst nach PfdReife zul (§ 1245 II). – **a) Öffentliche Versteigerung (I)** 1
nach § 383 III. KaufVertr kommt mit Zuschlag zustande (§ 156), Bieter hat keinen Anspr auf Zuschlag; Übereigng nach §§ 929 ff; vgl auch § 1233 Rn 1. – **b) Freihändiger Verkauf (II)** statt öff Verst nach Wahl des PfdGläub iF II zul, vgl § 1221. Ebenso iF § 1240 II.

2) Verstoß gg § 1235 macht PfdVerk unrechtm (§ 1243 I), gutgl Erwerb unmögl (§ 1244; RG **100**, 276); 2
auch SchadErsPfl des Gläub (§ 1243 II). Verh zum LadenschlußG im Hinbl auf VerstV 10 IV vgl BGH NJW **73**, 246.

1236 *Versteigerungsort.* **Die Versteigerung hat an dem Orte zu erfolgen, an dem das Pfand aufbewahrt wird. Ist von einer Versteigerung an dem Aufbewahrungsort ein angemessener Erfolg nicht zu erwarten, so ist das Pfand an einem geeigneten anderen Orte zu versteigern.**

Versteigerungsort; Ort gleich Ortschaft. Abw Vereinbg zul (§ 1245). Vereinbg über VerwahrgsOrt 1
enthält Abrede über VerstOrt. Ob angem Erfolg zu erwarten und welcher Ort geeignet (S 2), entscheidet

PfdGläub nach Treu u Gl, bei Streit das Ger (§ 1246). Bei Verstoß gg § 1236 Verk rechtm, uU SchadErsPfl (§ 1243 II). **Verkaufsort** bei Verk zu Markt- od Börsenpreis: § 1221 Rn 1.

1237 ***Öffentliche Bekanntmachung.*** **Zeit und Ort der Versteigerung sind unter allgemeiner Bezeichnung des Pfandes öffentlich bekanntzumachen. Der Eigentümer und Dritte, denen Rechte an dem Pfande zustehen, sind besonders zu benachrichtigen; die Benachrichtigung darf unterbleiben, wenn sie untunlich ist.**

1 **1) Bekanntmachung** erfolgt unter Berücksichtigg örtl Übg od bes Vorschr für Versteigerer, vgl für gewerbl PfdLeiher § 9 IV VO v 1. 6. 76 (BGBl I 1334). Allg PfdBezeichng genügt, Benenng der Beteil nicht notw. Verzicht erst nach PfdReife zul (§ 1245 II). Bei Verstoß gg S 1 Verk unrechtm (§ 1243 I), aber gutgl Erwerb mögl.

2 **2) Benachrichtigung** an Eigtümer u dingl Berecht, auch an Inh eines AnwR. SonderVorschr: HGB 440 IV, 623 IV. Verzicht vor PfdReife zul (§ 1245 I). Bei Verstoß gg S 2 Verk rechtm, uU SchadErsPfl (§ 1243 II). Rückn der Benachrichtigg steht Unterl gleich. Wg Untunlichk vgl § 1234 Rn 1.

1238 ***Verkaufsbedingungen.*** **I Das Pfand darf nur mit der Bestimmung verkauft werden, daß der Käufer den Kaufpreis sofort bar zu entrichten hat und seiner Rechte verlustig sein soll, wenn dies nicht geschieht.**

II Erfolgt der Verkauf ohne diese Bestimmung, so ist der Kaufpreis als von dem Pfandgläubiger empfangen anzusehen; die Rechte des Pfandgläubigers gegen den Ersteher bleiben unberührt. Unterbleibt die sofortige Entrichtung des Kaufpreises, so gilt das gleiche, wenn nicht vor dem Schlusse des Versteigerungstermins von dem Vorbehalte der Rechtsverwirkung Gebrauch gemacht wird.

1 **1) Gesetzliche Verkaufsbedingungen (I),** abdingb (§ 1245 I); auch für freihänd Verk. Sie sind in den KaufVertr aufzunehmen, da nicht kr G enthalten (and ZPO 817). Barzahlgsklausel: Zug um Zug gg Überg des Pfd. Verwirkgsklausel: Gläub hat gem § 360 RücktrR, wenn Barzahlg nicht erfolgt.

2 **2) Rechtsfolgen des Verstoßes (II):** Zahlgsfiktion, weder Ungültigk noch SchadErsPfl. Sind die Klauseln nicht im KaufVertr enthalten od übt Gläub bei Nichtzahlg RücktrR nicht rechtzeitig aus, so gilt Kaufpr mit Aushändigg des Pfd an Ersteher als vom PfdGläub empfangen. Dies gilt nur zw Gläub einerseits u Eigtümer, pers Schu u am Pfd dingl Berecht andererseits; gg Ersteher hat Gläub weiterhin KaufAnspr. Wg der gesicherten Fdg u eines Übererlöses vgl § 1247 Rn 3. – Gläub hat ggü Ersteher bei Nichtzahlg auch nach Schluß des VerstTermins RücktrR; dieser Rücktr ggü Eigtümer usw aber belanglos u läßt erwähnte RFolgen unberührt, Gläub w Eigentümer des zurückgegebenen Pfd.

1239 ***Mitbieten durch Gläubiger und Eigentümer.*** **I Der Pfandgläubiger und der Eigentümer können bei der Versteigerung mitbieten. Erhält der Pfandgläubiger den Zuschlag, so ist der Kaufpreis als von ihm empfangen anzusehen.**

II Das Gebot des Eigentümers darf zurückgewiesen werden, wenn nicht der Betrag bar erlegt wird. Das gleiche gilt von dem Gebote des Schuldners, wenn das Pfand für eine fremde Schuld haftet.

1 **1) Bieten** dürfen: betreibder u nichtbetreibder PfdGläub, Eigtümer, Verpfänder, pers Schu, and Dr. § 1239 gilt auch bei freihänd Verk (BayObLG Recht **03**, 2549; KGJ **31**, 318). – **a)** Ersteigert betreibder Gläub selbst, so ist Zuschlag einseit Kausal- u AneignsGesch mit Gutglaubensschutz nach § 1244. Betreibder Gläub hat Stellg des Erstehers, ist aber nicht zur Barzahlg verpflichtet (and nichtbetreibder Gläub); vielm Regelg wie bei § 1238 II 1. Wg der gesicherten Fdg u eines Übererlöses vgl § 1247 Rn 3. – **b)** Ersteigert Eigtümer, so erwirbt er lastenfrei. – **c)** Versteigerer u seine Gehilfen vom Mitbieten, auch als Vertr für Dr, ausgeschl; vgl §§ 456ff.

2 **2) Zurückweisung der Gebote (II)** des Eigtümers u des pers Schu, wenn Bietsumme nicht sofort bar belegt w, dch Versteigerer od PfdGläub. Gebot des Verpfänders nur zurückweisb, wenn er zugl Eigtümer od gem § 1248 als solcher gilt. Zurückweisg bis Zuschlag zul, Unterl ohne RNachteile außer § 1238 II für Gläub.

1240 ***Gold- und Silbersachen.*** **I Gold- und Silbersachen dürfen nicht unter dem Gold- oder Silberwerte zugeschlagen werden.**

II Wird ein genügendes Gebot nicht abgegeben, so kann der Verkauf durch eine zur öffentlichen Versteigerung befugte Person aus freier Hand zu einem den Gold- oder Silberwert erreichenden Preise erfolgen.

1 **1) Gold- u Silbersachen.** Feingehalt nicht maßg, solange noch als Gold- od Silbersache ansprechb. Auf bloße Fassg nur anwendb, wenn diese nach VerkAnschauung Haupts (RG Recht **35**, 7996). Keine Ausdehng auf and Edelmetalle. Erlös (§ 1247 Rn 1, 3) muß Metallwert zZ der Verst erreichen; Schätzg auf PfdKosten zul, aber nicht erforderl (and ZPO 813). – VerstBefugte iF II: § 1221 Rn 2.

2 **2) Verstoß** macht Verk unrechtm (§ 1243 I); gutgl Erwerb nur bei Zuschlag unter Wert in Verst (§ 1244), nicht wenn II verletzt. – Kein Verzicht vor PfdReife (§ 1245 II).

1241 ***Benachrichtigung des Eigentümers.*** **Der Pfandgläubiger hat den Eigentümer von dem Verkaufe des Pfandes und dem Ergebnis unverzüglich zu benachrichtigen, sofern nicht die Benachrichtigung untunlich ist.**

1) Benachrichtigung bei jeder Art von Verk formlos nur an Eigtümer bzw den als Eigtümer geltden Verpfänder (§ 1248). Unverzügl: § 121 I. Unnöt, wenn untunl (§ 1234 Rn 1), Eigtümer selbst Ersteher od VerkVersuch erfolglos. – SonderVorschr: HGB 440 IV, 623 IV. 1

2) Verstoß ohne Wirkg auf Verk, uU SchadErsPfl (§ 1243 II). – Verzicht vor PfdReife zul (§ 1245 II). 2

1242 ***Wirkungen der rechtmäßigen Veräußerung.*** **I Durch die rechtmäßige Veräußerung des Pfandes erlangt der Erwerber die gleichen Rechte, wie wenn er die Sache von dem Eigentümer erworben hätte. Dies gilt auch dann, wenn dem Pfandgläubiger der Zuschlag erteilt wird.**

II Pfandrechte an der Sache erlöschen, auch wenn sie dem Erwerber bekannt waren. Das gleiche gilt von einem Nießbrauch, es sei denn, daß er allen Pfandrechten im Range vorgeht.

1) Rechtmäßige Veräußerung erfordert: – **a) Pfandrecht** des PfdGläub (RG **100**, 274), er braucht EigtVerh nicht zu kennen (Dresden OLG **6**, 126). – **b) Kaufvertrag** (bei Verst dch Zuschlagserteilg) u dingl **Erfüllungsgeschäft** nach §§ 929 ff zw PfdGläub u Ersteher; auch iF § 1233 II, ZPO 825 erlangt Erwerber erst mit Überg Eigt (RG **126**, 21). Ersteht betreibder Gläub: vgl § 1239 Rn 1. – **c) Beachtung** der in § 1243 I genannten Vorschr, soweit nicht Abw nach §§ 1245, 1247 zul. Gutgl Erwerb (§ 1244) macht Verk nicht rechtm. 1

2) Rechtsfolgen: – **a)** Ersteher erwirbt Eigt, das des bish Eigtümers erlischt. Rechte Dr am Pfd erlöschen gem II; allen PfdR vorgehder Nießbr auch bei Gutgläubigk des Erwerbers (§ 936). § 936 III gilt entspr (W-Raiser § 172 IV 3). § 935 nicht anwendb. § 1242 gilt auch, wenn Eigtümer ersteigert. – Über Fortsetzg dingl R am Erlös vgl § 1247. – **b)** Wandelt Ersteher (nur bei freihänd Verk mögl, § 461 Rn 1), so lebt PfdFdg wieder auf, PfdGläub erwirbt wieder PfdR u bish Eigtümer wieder Eigt (Nüßgens, Rückerwerb vom Nicht-Berecht S 170 ff). 2

1243 ***Rechtswidrige Veräußerung.*** **I Die Veräußerung des Pfandes ist nicht rechtmäßig, wenn gegen die Vorschriften des § 1228 Abs. 2, des § 1230 Satz 2, des § 1235, des § 1237 Satz 1 oder des § 1240 verstoßen wird.**

II Verletzt der Pfandgläubiger eine andere für den Verkauf geltende Vorschrift, so ist er zum Schadensersatze verpflichtet, wenn ihm ein Verschulden zur Last fällt.

1) Unrechtmäßige Veräußerung (I). – **a) Voraussetzung:** Verstoß gg die allg (§ 1242 Rn 1) od die in I genannten bes RechtmäßigkVoraussetzgen, sofern nicht nach §§ 1245, 1246 Abw zul. BewLast: wer sich auf Unrechtmäßigk beruft. – **b) Rechtsfolgen:** Wirkgen des § 1242 treten nicht ein, dingl RLage am Pfd bleibt vorbehaltl § 1244 unverändert (RG **100**, 274) u gesicherte Fdg erlischt nicht (RG LZ **21**, 380); vgl § 1247 Rn 5. SchadErsPfl des PfdGläub bei Versch (insb wenn Erwerber gutgl Eigt erworben) aus §§ 823 ff (RG **100**, 274), uU §§ 990 ff (W-Raiser § 166 Anm 13) od pVV des PfdVertr, sofern bei rechtm Veräußerg höherer Erlös erzielt wäre (Ffm NJW-RR **86**, 44); bei Veräußerg von Gattgssache ist gleichartige zu leisten (RG JW **26**, 2847). BewLast: AnsprInh für Schaden; PfdGläub (idR ohne Berufg auf allg Erfahrgssatz; RG Warn **19**, 194) dafür, daß auch bei rechtm Veräußerg kein höherer Erlös (RG JW **30**, 134). 1 2

2) Ordnungswidrige Veräußerung (II). – **a) Voraussetzung:** Verstoß gg and als in I genannte Vorschr sowie gg nach §§ 1245, 1246 getroffene Regelgen. BewLast wie bei I. – **b) Rechtsfolgen:** Nur SchadErsPfl nach II, Veräußerg ist rechtsm; vgl auch § 1238 II. BewLast wie bei I. 3

1244 ***Gutgläubiger Erwerb.*** **Wird eine Sache als Pfand veräußert, ohne daß dem Veräußerer ein Pfandrecht zusteht oder den Erfordernissen genügt wird, von denen die Rechtmäßigkeit der Veräußerung abhängt, so finden die Vorschriften der §§ 932 bis 934, 936 entsprechende Anwendung, wenn die Veräußerung nach § 1233 Abs. 2 erfolgt ist oder die Vorschriften des § 1235 oder des § 1240 Abs. 2 beobachtet worden sind.**

1) Gutgläubiger Erwerb. Hatte Veräußerer kein PfdR od war Veräußerg unrechtm iS § 1243 I, so wird Ersteher unter folgden Voraussetzgen geschützt; – **a) Veräußerung als Pfand** (bei solcher als Eigt gelten §§ 932 ff unmittelb, auch § 935) entweder nach ZPO aGrd dingl Titels (§ 1233 II), od dch öff Verst (§ 1235 I, auch iF § 1219) od freihänd iF der §§ 1235 II, 1240 II u auch 1221. BewLast: Ersteher. – Bei and Veräußergsarten kein gutgl Erwerb mögl (RG **100**, 274), auch wenn Abw aGrd §§ 1245, 1246 erfolgte. – **b) Guter Glaube** dh höchstens leicht fahrl Unkenntn vom Fehlen des PfdR (BGH **119**, 75), falls es tats fehlt, u Unrechtmäßigk iS § 1243 I (RG **100**, 274); guter Gl an Eigt belanglos. BewLast: wer EigtErwerb bestreitet, muß bösen Gl beweisen. – Bei Bösgläubigk hat Ersteher Anspr gem §§ 433, 440. – **c) §§ 932–934, 936** müssen iü erfüllt sein. Da § 935 nicht anwendb, auch gutgl Erwerb bei PfdVeräußerg gestohlener usw Sachen, sofern sich nicht aus Kenntn des Diebstahls usw böser Gl hinsichtl PfdR ergibt. 1 2 3

2) Rechtsfolgen. Erwerb lastenfreien Eigt entspr § 1242 Rn 2. Dingl RLage am Erlös: § 1247 Rn 2; PfdGläub kann etwaiges PfdR am Erlös verwerten, sobald PfdReife eintritt. Über SchadErsPfl des PfdGläub vgl § 1243 Rn 1. – In nachträgl Gen der unrechtm Veräußerg dch die am Pfd dingl Berecht (insb Eigtüm… 4

kann Vereinbg liegen, Änderg der RLage herbeizuführen, wie sie bei rechtm Veräußerg bestehen würde (BGH NJW **95**, 1350); dch nachträgl Anordng gem § 1246 ist dies nicht erreichb (§ 1246 Rn 2).

1245 *Abweichende Vereinbarungen.* **I Der Eigentümer und der Pfandgläubiger können eine von den Vorschriften der §§ 1234 bis 1240 abweichende Art des Pfandverkaufs vereinbaren. Steht einem Dritten an dem Pfande ein Recht zu, das durch die Veräußerung erlischt, so ist die Zustimmung des Dritten erforderlich. Die Zustimmung ist demjenigen gegenüber zu erklären, zu dessen Gunsten sie erfolgt; sie ist unwiderruflich.**

II Auf die Beobachtung der Vorschriften des § 1235, des § 1237 Satz 1 und des § 1240 kann nicht vor dem Eintritte der Verkaufsberechtigung verzichtet werden.

1 **1) Vereinbarungen** nach **I** betr den Inhalt des PfdR mit dingl Wirkg u bleiben daher im Konk des Eigtümers wirks (RG Gruch **48**, 409). Sie sind zw PfdGläub u Eigtümer (nicht Verpfänder als solcher, vgl aber § 1248) od dessen KonkVerw (RG **84**, 70) zu treffen u formlos gült. – **a) Inhalt.** Vereinbg über and Abw als von §§ 1234–1240 od § 1230 S 2 (allgM) nur mit schuldr Wirkg zul, so daß bei Verstoß nur SchadErsPfl aber keine Unrechtmäßigk der Veräußerg (vgl auch § 1228 Rn 2). Vereinbg nach I können Erleichtergen (eng auszulegen, RGJW **27**, 1467), zB freihänd Verk (RG **84**, 70), od Erschwergen (zB Mindesterlös) enthalten. Bei Erschwergen können RechtmäßigkVoraussetzgen gewollt sein, deren Nichtbeachtg PfdVerk unrechtm machen (aber gutgl Erwerb entspr § 1244 mögl), iZw aber nur Bedeutg von OrdngsVorschr haben, bei deren Verletzg § 1243 II gilt. – **b) Zustimmung Dritter (I, 2, 3),** deren R nach § 1242 II erlöschen. Vor od nach Vereinbg u nur ggü Begünstigtem: bei Erschwerg also ggü Eigtümer, sonst ggü PfdGläub.

2 **2) Zeitliche Einschränkung.** Verzicht entgg **II** unwirks, so daß bei Nichteinhaltg der genannten Vorschr Veräußerg unrechtm u PfdGläub schadensersatzpfl. – Wg Vereinbg nach erfolgter unrechtm Veräußerg vgl § 1242 Rn 2.

1246 *Abweichung aus Billigkeitsgründen.* **I Entspricht eine von den Vorschriften der §§ 1235 bis 1240 abweichende Art des Pfandverkaufs nach billigem Ermessen den Interessen der Beteiligten, so kann jeder von ihnen verlangen, daß der Verkauf in dieser Art erfolgt.**

II Kommt eine Einigung nicht zustande, so entscheidet das Gericht.

1 **1) Anspruch auf Abweichung (I)** nur von §§ 1235–1240 (nicht von § 1234); im Konk uU Pfl des PfdGläub, Zust des KonkVerw zu günstiger Verwertg als dch PfdVerk nachzusuchen (RG Recht **35**, 160). Interesse aller braucht nicht gleich groß zu sein; genügd, wenn im Interesse des einen ohne Nachteil für and. – Beteil sind: Eigtümer, PfdGläub u sonstige Dr, deren dingl Rechte nach § 1242 II erlöschen würden; nicht aber Verpfänder als solcher (vgl aber § 1248) u pers Schu. Bei Einigg gilt § 1245.

2 **2) Entscheidung des Gerichts (II)** im StreitVerf der FG nur über Art des PfdVerk; Antragszurückweisg bei Streit über VerkBerechtigg (KGJ **24**, 1). Zum billigen Ermessen vgl BayObLG Rpfleger **83**, 393. Zustdgk: FGG 166. – Nicht mehr nach PfdVerk (Köln EWiR § 559 BGB 2/**95**, 753).

1247 *Erlös aus dem Pfand.* **Soweit der Erlös aus dem Pfande dem Pfandgläubiger zu seiner Befriedigung gebührt, gilt die Forderung als von dem Eigentümer berichtigt. Im übrigen tritt der Erlös an die Stelle des Pfandes.**

1 **1) Barerlös** bei rechtmäß (§ 1242 Rn 1) PfdVerkauf. – **aa)** Die **gesicherte Forderung** zuzügl Neben-Anspr u Kosten (§ 1210) gilt in Höhe des nicht dch vorrang Rechte beanspruchten Erlöses als vom Eigtümer befriedigt. Sie erlischt, wenn Eigtümer zugleich persönl Schuldner; andernf erwirbt er sie (entspr § 1225; aA:
2 § 1249). – **bb)** Übersteigt der **Erlös** die Fdg nicht u bestehen keine vorrangigen Rechte, so wird PfdGläub AlleinEigtümer. – Übersteigt er die erstrang gesicherte Fdg des PfdGläub od deckt er die vorrang Rechte sowie (ganz od teilw) die Fdg des PfdGläub, so werden PfdGläub u Eigtümer MitEigtümer des Gesamterlöses (Quote des PfdGläub: ihm gebührder Anteil). Der MitEigtAnt des Eigtümers ist mit den gem § 1242 II erloschenen Rechten belastet. PfdGläub darf sich vorrang Rechte nicht übersteigden FdgsBetrag aneignen; Eigtümer erwirbt dadch entspr MitEigtAnt belastetes AlleinEigt am Rest. – Deckt Erlös nicht mehr als vorrang Rechte, so erwirbt Eigtümer mit diesen belastetes AlleinEigt; PfdR des PfdGläub erlischt ersatzlos.

3 **2) Unbarer Erlös** bei rechtmäß (§ 1242 Rn 1) PfdVerkauf. – **aa)** Hat PfdGläub entgg **§ 1238** auf Kredit verkauft, so gilt der Kaufpr als vom PfdGläub empfangen (§ 1238 II). Für gesicherte Fdg gilt Rn 1. Soweit ein Erlös dem PfdGläub nicht gebühren würde, erlangt der Eigtümer einen ZahlgsAnspr gg den PfdGläub, der mit den gem § 1242 II erloschenen Rechten belastet ist. Nach Zahlg des Kaufpr an PfdGläub gilt Rn 2. –
4 Entspr, wenn PfdGläub selbst ersteht (§ 1239 I 2). – **bb)** Hat PfdGläub gem **§§ 1245, 1246** auf Kredit verkauft, so ist die KaufprFdg der Erlös. Für die gesicherte Fdg gilt Rn 1. Für die RLage an der KaufprFdg gilt Rn 2 entspr: MitGläub statt MitEigtümer. PfdGläub darf alleine einziehen; danach gilt Rn 2.

5 **3) Unrechtmäßiger Pfandverkauf.** – **a)** Hat Ersteher kein Eigt erworben, so bleibt dingl RLage am Pfd unverändert; PfdGläub ist ErlösEigtümer, ohne daß Fdg erlischt. Rückabwicklg u SchadErs. – **b)** Hat Ersteher nach § 1244 Eigt erworben, so erlischt die Fdg nicht u Eigtümer wird AlleinEigtümer des Erlöses, an dem sich auch PfdR des PfdGläub fortsetzt (RGRK/Kregel § 1244 Rn 7). Nach Eintritt fehlder PfdReife treten die Wirkgen des rechtmäß PfdVertr ein (Staud/Wiegand Rn 17).

1248 ***Eigentumsvermutung.*** **Bei dem Verkaufe des Pfandes gilt zugunsten des Pfandgläubigers der Verpfänder als der Eigentümer, es sei denn, daß der Pfandgläubiger weiß, daß der Verpfänder nicht der Eigentümer ist.**

1 **1) Eigentumsvermutung.** Soweit PfdGläub beim PfdVerk (auch nach § 1233 II; str) dem Eigtümer ggü Handlgen vorzunehmen hat, gilt für ihn der Verpfänder als Eigtümer; insb iF der §§ 1234, 1237, 1239 II, 1241, 1245, 1246 u Aushändigg von Übererlös. Nicht anwendb bei Erwerb des PfdR (§§ 1207 1208) od des Pfd (§§ 1239 I, 1244) sowie zG and Beteil.

2 **2) Kenntnis** des PfdGläub von NichtEigt des Verpfänders schließt Vermutg aus; grobfahrl Unkenntn unschädl. BewLast: wer sich auf die Kenntn beruft. – Währd Unkenntn abgegebene Erkl muß nach Kenntn nicht ggü Eigtümer wiederholt w; iF § 1233 II Ztpkt des Verk u nicht der RHängigk maßg (str). – Bei Verk trotz Kenntn Unrechtmäßigk nur bei Verstoß gg § 1243 I, iü nur SchadErsPfl.

1249 ***Ablösungsrecht.*** **Wer durch die Veräußerung des Pfandes ein Recht an dem Pfande verlieren würde, kann den Pfandgläubiger befriedigen, sobald der Schuldner zur Leistung berechtigt ist. Die Vorschriften des § 268 Abs. 2, 3 finden entsprechende Anwendung.**

1 **1) Ablösungsrecht;** dingl Natur, bei Verletzg § 823 I (RG **83**, 390). Ausübg zul, sobald pers Schu zur Leistg berecht (§ 271; VerkAndrohg nicht erforderl) u solange Pfd Ersteher noch nicht übergeben; bei Zulässigk von Teilleistg (§ 266) auch Teilablösg mögl (vgl Rn 4). PfdGläub muß entgg § 267 II Leistg auch gg Widerspr des pers Schu annehmen, sonst AnnVerzug (RG **83**, 390). Befriedigg auch dch Aufr (nur mit eigener Fdg des Ablösden) u Hinterlegg (§ 268 II).

2 **2) Berechtigte. – a) Eigentümer;** auch wenn zugl Bürge, da dch Zahlg des Bürgen Hauptschuld nicht erlischt (§ 774). Bei Mehrh von Pfd jeder Eigtümer alleine (RG **83**, 390). – Dch Leistg des Eigtümers, der zugl pers Schu, erlöschen Fdg (§ 362) u damit PfdR (§ 1252); über Leistg des Eigtümers, der zugl Verpfänder vgl § 1223 Rn 2. – **b) Dinglich Berechtigte,** deren Rechte nach § 1242 II erlöschen würden; auch wenn sie als pers Mithaftde für die Fdg zugl eigene Schuld bezahlen (RG **70**, 409). Auch Inh des pfdähnl kaufm ZbR (str). Über AblösgsR des Verpfänders vgl § 1223 Rn 2. – **c) Nicht:** wer fremde Schuld nach § 267 bezahlt (RG BayZ **30**, 279); Besitzer als solcher (RG HansGZ **33**, 172); GrdstEigtümer ggü PfdR an Hyp (RG JW **03**, Beil 55); aus § 2034 berecht Miterbe ggü PfdR an and Miterbanteil (RG **167**, 299).

3 **3) Rechtsfolgen. – a)** Mit Befriedigg des PfdGläub gehen gesicherte Fdg u PfdR (bei Befriedigg dch Eigtümer vgl aber § 1256) auf den aus eigenen Mitteln Ablösden über (§§ 268 III, 412, 1250), u zwar ohne Rücks auf seine Willensrichtg (BGH NJW **56**, 1197); erst damit HerausgAnspr gg alten PfdGläub (§ 1251), denn § 1223 II gilt nur für Verpfänder. – Bei Mehrh von Pfd erwirbt voll ablösder Eigtümer eines Pfd ganze Fdg mit allen PfdR, daher alle Pfd an ihn herauszugeben (RG **83**, 390); bei Teilablösg gilt § 1225 Rn 3 hins aller Pfd. Über AusglAnspr unter mehreren Verpfändern vgl § 1225 Rn 4. – **b)** Übergang darf nicht zum Nachteil des PfdGläub geltd gemacht werden; bei Teilbefriedigg gilt daher § 1225 Rn 3 (Celle NJW **68**, 1139), so daß auch kein Anspr aus § 1251. 4

1250 ***Übertragung der Forderung.*** **I Mit der Übertragung der Forderung geht das Pfandrecht auf den neuen Gläubiger über. Das Pfandrecht kann nicht ohne die Forderung übertragen werden.**

II Wird bei der Übertragung der Forderung der Übergang des Pfandrechts ausgeschlossen, so erlischt das Pfandrecht.

1 **1) Übertragung der Forderung (I)** nach den dafür geltden Vorschr dch RGesch (§ 398), krG (§ 412) od dch gerichtl Beschl (ZPO 835) bewirkt auch ohne PfdÜberg kG den Übergang des PfdR **(S 1)**; neuer Gläub hat HerausgAnspr (§ 1251). Kein gutgl Erwerb des PfdR, wenn dieses (Reinicke NJW **64**, 2376) od die Fdg nicht bestand. § 1250 gilt auch iF § 1204 II. Bei Abtr einer TeilFdg od einer von mehreren gesicherten Fdgen haben die Gläub gleichrangige PfdRe. – PfdR für sich alleine nie übertragb **(S 2).** PfdRAbtr idR nicht umdeutb in Abtr der Fdg mit PfdR (RG JW **38**, 44).

2 **2) Ausschluß des Pfandrechtsübergangs (II)** bewirkt Erlöschen des PfdR; and bei Abtr einer EinzelFdg aus laufdem KreditVerh (Baur/Stürner § 55 Rn 33; Wstm/Gursky § 132 I 1 a). War PfdR mit Rechten Dr belastet, so deren Zust notw (§ 1255 II), sonst Ausschluß unwirks u PfdR übergegangen. – Kein Ausschluß, wenn sich bish Gläub nur Besitz vorbehält. Vorbeh der weiteren PfdVerwertg u Erlösverwendg für eigene Rechng zur Deckg der abgetretenen Fdg enthält keinen Ausschluß, sond Abtr des aus dem Pfd nicht gedeckten Teils der Fdg (RG **135**, 272).

1251 ***Wirkung des Pfandrechtsübergangs.*** **I Der neue Pfandgläubiger kann von dem bisherigen Pfandgläubiger die Herausgabe des Pfandes verlangen.**

II Mit der Erlangung des Besitzes tritt der neue Pfandgläubiger an Stelle des bisherigen Pfandgläubigers in die mit dem Pfandrechte verbundenen Verpflichtungen gegen den Verpfänder ein. Erfüllt er die Verpflichtungen nicht, so haftet für den von ihm zu ersetzenden Schaden der bisherige Pfandgläubiger wie ein Bürge, der auf die Einrede der Vorausklage verzichtet hat. Die Haftung des bisherigen Pfandgläubigers tritt nicht ein, wenn die Forderung kraft Gesetzes auf den neuen Pfandgläubiger übergeht oder ihm auf Grund einer gesetzlichen Verpflichtung abgetreten wird.

1 **1) Herausgabeanspruch (I)** in allen Fällen des PfdRÜbergangs geht auf Einräumg gleicher BesArt, wie ihn bish PfdGläub hatte (iF § 1217 auf Abtr des HerausgAnspr gg Verwahrer usw); vgl auch §§ 1227, 985.

2 **2) Rechtsfolgen der Herausgabe (II),** nicht schon des RÜbergangs. – **a)** Für **neuen Pfandgläubiger:** Eintritt in Verpfl aus ges SchuldVerh (Übbl 3 vor § 1204) ggü Verpfänder **(S 1)**; auch in ges Pfl ggü Eigtümer als solchem (str). Kein Eintritt in bereits entstandene SchadErsVerpfl. War Pfd schon gem § 1217 hinterlegt usw, so muß neuer PfdGläub es dabei belassen; war noch nicht hinterlegt usw, so kann Verpfänder das nur bei
3 Fortsetzg der PflVerletzg dch den neuen PfdGläub verlangen. – **b)** Für **bisherigen Pfandgläubiger:** Bürgenhaftg, wenn neuer PfdGläub (od dessen Nachmänner, W-Raiser § 170 II 1) ihn nach II 1 treffde Verpfl verletzt **(S 2)**: daher BesVorbeh (§ 1250 Rn 2) uU zweckm. Gilt nicht bei ges FdgÜbergang u ges AbtrVerpfl **(S 3)**; bei Übertr nach ZPO 835 gilt ZPO 838.

1252 *Erlöschen durch Forderungswegfall.* **Das Pfandrecht erlischt mit der Forderung, für die es besteht.**

1 **1) Erlöschen der gesicherten Forderung** bewirkt Erlöschen des PfdR, sofern nicht SchadErsAnspr an ihre Stelle getreten (§ 1210 Rn 1) od auch künft Fdg gesichert werden soll (§ 1204 II). PfdR erlischt iF § 1204 II, wenn feststeht, daß Fdg nicht mehr entstehen kann (BGH NJW **83**, 1120); zum Erlöschen der zukünft RückgrFdg des Bürgen bei Sicherg des Anspr aus ZPO 945 vgl BGH NJW **71**, 701. Über Verj der Fdg vgl § 223. Mit rückw Wiederaufleben der Fdg (zB bei Anfechtg) lebt auch PfdR wieder auf, sofern Pfd noch nicht zurückgegeben (§ 1253). PfdR erlischt nicht, wenn PfdGläub eine Fdg des Schu gg ihn bezahlt, statt gg gesicherte Fdg aufzurechnen (RG JW **12**, 749). – BewLast: wer Erlöschen geltd macht, muß FdgsErlöschen beweisen (BGH NJW **86**, 2426). – Über Anspr auf PfdHerausg gg PfdGläub vgl § 1223 Rn 1.

2 **2) Bei Teilerlöschen** idR kein Anspr auf Rückg entspr Teils mehrerer Pfd (Kbg OLG **5**, 157); and uU bei PfdR an Bargeld bzw Barkaution, wenn RestFdg dch verbleibenden Betrag gedeckt (Stettin Recht **12**, 595).

1253 *Erlöschen durch Pfandrückgabe.* **I Das Pfandrecht erlischt, wenn der Pfandgläubiger das Pfand dem Verpfänder oder dem Eigentümer zurückgibt. Der Vorbehalt der Fortdauer des Pfandrechts ist unwirksam.**

II Ist das Pfand im Besitze des Verpfänders oder des Eigentümers, so wird vermutet, daß das Pfand ihm von dem Pfandgläubiger zurückgegeben worden sei. Diese Vermutung gilt auch dann, wenn sich das Pfand im Besitz eines Dritten befindet, der den Besitz nach der Entstehung des Pfandrechts von dem Verpfänder oder dem Eigentümer erlangt hat.

1 **1) Rückgabe des Pfandes (I)** bewirkt Erlöschen des PfdR, auch wenn Fortbestand vorbehalten. Bei Austausch (RG **67**, 423) od WiederRückg an PfdGläub (Celle NJW **53**, 1470) Neubestellg notw. Bei erneuter BesErlangg inf Verpfändg für and Fdg keine Haftg für fortbestehde Fdg (BGH NJW **83**, 2140).

2 **a) Rückgabe** erfolgt iF § 1205 dadch, daß PfdGläub dem Verpfänder od Eigtümer seinen unmittelb od mittelb AlleinBes od einf MitBes einräumt, zB dch Rückg des PfdRaumschlüssels (RG JW **14**, 681; vgl aber RG **67**, 424); iF § 1206 dch Aufhebg des Mitverschlusses od in Abrede, daß Verpfänder allein Herausg vom PfdHalter verlangen darf, u in Anweisg an PfdHalter, an Verpfänder allein herauszugeben. Keine Rückg, wenn Bank als PfdGläub von WertPap den EinlösgsBetr dem VerpfänderKto gutschreibt (BGH NJW **97**, 2110).

3 **b)** Rückg an **Eigentümer oder Verpfänder** notw, nicht an pers Schu od Dr. Genügd aber Herausg an KonkVerw (RG Recht **12**, 1481) od BesMittler (RG **92**, 267) des Verpfänders od Eigtümers od an sonstigen Dr auf Anweisg od mit Zust des Verpfänders od Eigtümers (RG **108**, 164).

4 **c) Wille** zur Rückg an Verpfänder od Eigtümer als solchen notw; nicht ausreichd Herausg an sie als ges Vertreter eines ZweitPfdGläub od als BesDiener. Natürl Wille ausreichd, GeschFgk nicht erforderl (MüKo/Damrau Rn 4; aA RGRK/Kregel Rn 2). – **aa) Rückgabemotiv** unerhebl, Wille zur PfdRAufhebg nicht erforderl (RGSt **48**, 244). Erlöschen auch bei Rückg zur Leihe (KG OLG **2**, 80), Verwahrg, Reparatur; and bei ganz kurzfristiger Aushändigg. Erlöschen auch bei Rückg infolge Irrtums (zB Fdg sei getilgt) od argl Täuschg (als TatHdlg unanfechtb; uU Anspr auf Neubestellg od ErsLeistg; RG JW **12**, 459; **29**, 2514); nicht aber bei Herausg an Eigtümer, wenn PfdGläub dessen Eigt unbekannt. – **bb)** Gibt **Dritter** (zB bish Gläub nach FdgAbtr; TrHänder, RG Warn **14**, 58) heraus, so maßg, ob mit Willen des PfdGläub (RG **57**, 326; Recht **21**, 104). – **cc) Wegnahme** dch Verpfänder od Eigtümer mit Zust des PfdGläub ausreichd (RG **67**, 423); auch wenn GVz nach ZPO 883 wegnimmt u an Verpfänder od Eigtümer übergibt.

5 **2) Vermutung (II)** der Rückg, wenn Verpfänder od Eigtümer unmittelb od and als dch PfdGläub vermittelten mittelb Besitz hat. Sie gilt für jeden, ist aber widerlegb (ZPO 292); sie gilt nach WiederRückg an PfdGläub nicht mehr (RG JW **12**, 911; vgl W-Raiser § 171 Anm 12).

1254 *Anspruch auf Rückgabe bei Einrede.* **Steht dem Pfandrecht eine Einrede entgegen, durch welche die Geltendmachung des Pfandrechts dauernd ausgeschlossen wird, so kann der Verpfänder die Rückgabe des Pfandes verlangen. Das gleiche Recht hat der Eigentümer.**

1 **1) Einreden gegen das Pfandrecht,** sofern sie dauernd bestehen, sind: – **a)** Einreden gg das PfdR als solches, zB §§ 821, 853, Verpfl zur Entpfändg, RMißbr. – **b)** Einreden gg die Fdg, die der Verpfänder nach § 1211 geltd machen kann, auch wenn pers Schu auf sie verzichtet hat.

2) Rechtsfolge. – a) Verpfänder u Eigtümer (dieser auch bei Verzicht des pers Schuldn auf Einrede) haben HerausgAnspr als GesGläub (§ 428; hM). Hat Verpfänder BesR, so kann er Leistg an sich u der Eigtümer Leistg an Verpfänder verlangen; hat er kein BesR, so umgekehrt (§ 986). – **b)** PfdR erlischt erst mit Herausg (§ 1253). Rechte and PfdGläub bleiben bestehen; sie haben keine Anspr aus § 1254. 2

1255 *Aufhebung des Pfandrechts.* **I Zur Aufhebung des Pfandrechts durch Rechtsgeschäft genügt die Erklärung des Pfandgläubigers gegenüber dem Verpfänder oder dem Eigentümer, daß er das Pfandrecht aufgebe.**

II Ist das Pfandrecht mit dem Rechte eines Dritten belastet, so ist die Zustimmung des Dritten erforderlich. Die Zustimmung ist demjenigen gegenüber zu erklären, zu dessen Gunsten sie erfolgt; sie ist unwiderruflich.

1) Pfandrechtsaufgabe (I). Einseit empfangsbedürft formlose (auch stillschw mögl) WillErkl ggü Eigtümer od Verpfänder (bei Mehrh ggü allen; Königsberg OLG **6**, 275), auch gg den Willen des and; nicht ggü pers Schu. AnnErkl u Rückg nicht erforderl. 1

2) Zustimmung Dritter (II). Einseit empfangsbedürft formlose (auch stillschw mögl) WillErkl vor od nach AufgabeErkl; iü gilt § 1245 Rn 1 entspr. Ohne Zust Aufgabe unwirks; bei Umgehg dch Rückg (§ 1253) SchadErsAnspr (§ 823) des Dr gg PfdGläub. 2

1256 *Zusammentreffen von Pfandrecht und Eigentum.* **I Das Pfandrecht erlischt, wenn es mit dem Eigentum in derselben Person zusammentrifft. Das Erlöschen tritt nicht ein, solange die Forderung, für welche das Pfandrecht besteht, mit dem Rechte eines Dritten belastet ist.**

II Das Pfandrecht gilt als nicht erloschen, soweit der Eigentümer ein rechtliches Interesse an dem Fortbestehen des Pfandrechts hat.

1) Zusammentreffen von Pfandrecht und Eigentum ergibt sich, wenn PfdGläub AlleinEigt (nicht nur MitEigt, § 1009) am Pfd erwirbt, od wenn Eigtümer die gesicherte Fdg (zB dch Ablösg nach § 1249 od Abtr nach § 1250) erwirbt. 1

2) Rechtsfolge. IdR erlischt das PfdR **(I 1)**. – **Ausnahmen: a)** PfdR erlischt nicht, solange die gesicherte Fdg mit PfdR od Nießbr belastet ist **(I 2)**, auch wenn Eigtümer zugl pers Schu; es erlischt von selbst mit deren Fortfall, wenn es in diesem Ztpkt noch mit Eigt vereinigt. **b)** PfdR gilt als nicht erloschen, soweit Eigtümer rechtl Interesse am Fortbestand hat **(II)**; zB wenn nachrangige Rechte vorrücken würden (vgl auch RG **154**, 382; Eigtümer kann dann Herausg an nachrangigen Berecht ablehnen), wenn Eigtümer Fdg mit vorrangigem PfdR übertr will, wenn NichtEigtümer dem gutgl Eigtümer u später einem Dr PfdR bestellt (W-Raiser § 2 V 3 b). Gilt nicht für Dr (BGH **27**, 233: Untergang des VermieterPfdR bei Abtretg der MietzinsFdg an SichgEigtümer der dem VermieterPfdR unterliegden Sache). **c)** §§ 1976, 1991 II, 2143, 2175, 2377. 2

1257 *Gesetzliches Pfandrecht.* **Die Vorschriften über das durch Rechtsgeschäft bestellte Pfandrecht finden auf ein kraft Gesetzes entstandenes Pfandrecht entsprechende Anwendung.**

1) Gesetzliches Pfandrecht. – a) Beispiele: PfdR des aus Hinterlegg Berecht (§ 233; vgl RG **124**, 219; Henke AcP **161**, 3); des Verm (§ 559); des Verp (§ 592); des Pächters (§ 583); des WerkUntern (§ 647); des Gastw (§ 704); des Kommissionärs (HGB 397); des Spediteurs (HGB 410); des Lagerhalters (HGB 421); des Frachtführers (HGB 441); HGB 623, 674, 726, 752, 755; BinnSchG 89, 97, 103; FlößG 22, 28; DüngemittelG 1. – **b) Nicht** aber PfdR nach ADSp 50 Abs a (BGH **17**, 1: rgesch PfdR) u PfdgsPfdR. 1

2) Entsprechende Anwendung der §§ 1204 ff, soweit nicht SonderVorschr entggstehen.

a) Entstehung. Sie richtet sich nach SonderVorschr; §§ 1205–1208 sind nicht anwendb, da Wortlaut des § 1257 bereits entstandenes PfdR voraussetzt. – **aa) Gutgläubiger Erwerb** nur nach dem nicht entspr anwendb HGB 366 III; iü auch dann nicht entspr § 1207, wenn für Entstehg des ges PfdR Überg notw (zB § 647), denn BesÜberg erfolgt nicht zwecks Vfg über das Eigt, so daß ihr nicht gleiche Legitimationswirkg wie bei § 1207 zukommt (BGH **119**, 75; Düss NJW **66**, 2362; Köln NJW **68**, 304; Wstm/Gursky § 133 I; Wiegand JuS **74**, 546; aA Erm/Küchenhoff 3; RGRK/Kregel 2; Baur/Stürner § 55 Rn 40; Kunig JR **76**, 12). Die Entstehgstatbestände enthalten auch keine Vfg, so daß ges PfdR nicht nach § 185 entstehen kann (BGH **34**, 125; Köln NJW **68**, 304; aA Bernöhr ZHR **135**, 144; Medicus 594). Bestellg rechtsgeschäftl PfdR nach § 185 od § 1207 mögl (BGH **87**, 274). – Wg Anspr des WerkUntern auf VerwendgsErs vgl Vorbem 4 vor § 994. – **bb)** An **Anwartschaft:** § 929 Rn 39; wg aa) bedeuts bei EigtVorbeh. 2

b) Rang. § 1209 anwendb für ges PfdR untereinander u im Verh zu and PfdR (§ 1209 Rn 1). Anwendbark des § 1208 entfällt, soweit gutgl Erwerb nicht mögl (Rn 2). §§ 936, 932, 1208 gelten aber zG gutgl Erwerbers der Sache selbst od rechtsgeschäftl PfdR an ihr. 3

c) Pfandrechtsverhältnis. §§ 1210–1232 sind anwendb (Düss HRR **36**, 726: § 1216; Schlesw SchlHA **56**, 111: § 1218; Hbg SeuffA **65**, 244: § 1229) mit folgden Einschränkgen: § 1215 bei besitzlosem PfdR nur anwendb, wenn Gläub Pfd in Bes genommen hat (RG **102**, 77; JW **13**, 101), was Schu nicht verlangen kann. §§ 1211, 1224, 1225 nur anwendb, soweit ges PfdR an schuldnerfremden Sachen erwerbb. 4

d) Verwertung. §§ 1233 ff anwendb (Ffm Rpfleger **74**, 430), insb § 1247 (RG **119**, 269). § 1248 aber nur, soweit ges PfdR an schuldnerfremder Sache erwerbb. 5

6 **e) Ablösung, Übertragung, Einreden.** §§ 1249 (Celle NJW **68**, 1139), 1250, 1251, 1254 sind anwendb.

7 **f) Erlöschen.** – **aa)** § 1253 ist anwendb (BGH **87**, 274), sofern nicht SonderVorschr Ausn vorsehen (zB HGB 441 III); neues ges PfdR sichert nicht alte Fdg (BGH aaO). Er gilt nicht bei besitzlosen ges PfdR; hier kann Rückg in Bes genommenen Pfd Aufgabe nach § 1255 bedeuten, auch kann in Überg an PfdGläub statt Verwirklichg des ges PfdR seine Aufhebg unter Bestellg rgesch PfdR liegen (Parteiwille maßg). – **bb)** §§ 1252, 1255, 1256 (Celle MDR **65**, 831) sind anwendb.

1258 *Pfandrecht am Anteil eines Miteigentümers.* **[I] Besteht ein Pfandrecht an dem Anteil eines Miteigentümers, so übt der Pfandgläubiger die Rechte aus, die sich aus der Gemeinschaft der Miteigentümer in Ansehung der Verwaltung der Sache und der Art ihrer Benutzung ergeben.**

[II] Die Aufhebung der Gemeinschaft kann vor dem Eintritte der Verkaufsberechtigung des Pfandgläubigers nur von dem Miteigentümer und dem Pfandgläubiger gemeinschaftlich verlangt werden. Nach dem Eintritte der Verkaufsberechtigung kann der Pfandgläubiger die Aufhebung der Gemeinschaft verlangen, ohne daß es der Zustimmung des Miteigentümers bedarf; er ist nicht an eine Vereinbarung gebunden, durch welche die Miteigentümer das Recht, die Aufhebung der Gemeinschaft zu verlangen, für immer oder auf Zeit ausgeschlossen oder eine Kündigungsfrist bestimmt haben.

[III] Wird die Gemeinschaft aufgehoben, so gebührt dem Pfandgläubiger das Pfandrecht an den Gegenständen, welche an die Stelle des Anteils treten.

[IV] Das Recht des Pfandgläubigers zum Verkaufe des Anteils bleibt unberührt.

1 **1) Pfandrecht am Miteigentumsanteil** (§ 1008) wird grdsätzl wie PfdR an einer Sache behandelt. – **a) Entstehung.** Rechtsgeschäftl dch Einigg u Einräumg des dem Verpfänder zustehden unmittelb MitBes od Übertr des mittelb MitBes unter Anzeige an Besitzer (§ 1205 II); ideeller Brucht einer Sache in AlleinEigt belastb (MüKo/Damrau § 1204 4; aA Wstm/Gursky § 126 I 2), wobei abw von § 1206 Einräumg einf MitBes genügt (W-Raiser § 173 II 1). Gesetzl dch Verbindg usw von Sachen desselben od verschiedener Eigtümer, wenn eine zuvor mit PfdR belastet (vgl § 949 Rn 3). Gesetzl PfdR zB wenn Mieter nur Mit-
2 Eigtümer der eingebrachten Sache (RG **146**, 334). – **b) Entsprechende Anwendung.** § 1258 gilt gem § 1273 II auch für GesHandsanteil (RG **83**, 30; **84**, 395), soweit verpfändb (wg Miterbenanteil vgl § 1276 Rn 3; wg GesellschAnteil vgl § 719 Rn 3). – **c) Sondervorschriften.** PfdR am MitEigt der AnteilsInh am SonderVerm einer KapitalanlageGesellsch nur dch Verpfändg des Anteilsscheins unter Überg des (ev indossierten) Scheins (KAGG 18 III; vgl Schuler NJW **57**, 1049). PfdGläub kann nicht Aufhebg der Gemsch verlangen (KAGG 11); RücknAnspr (KAGG 11 II) aber mitverpfändb.

3 **2) Teilhaberrechte** hins Verwaltg (§§ 744–746) u BenutzgsArt (§§ 745, 746) sind zwecks Ausübg des MitBes dem PfdGläub ausschl zugewiesen **(I),** nicht aber Benutzg selbst, die nach § 743 MitEigtümer zusteht (and iF §§ 1213, 1214). Vereinbgen der MitEigtümer über die BesVerh wirken auch ggü PfdGläub (§ 746; RG **146**, 337).

4 **3) Rechtsfolgen.** – **a)** PfdGläub kann Anteil nach Regeln über **Pfandverkauf** verkaufen **(IV).** – **b)** PfdGläub kann dch Betreiben der **Gemeinschaftsaufhebung** (§§ 749 ff) sich Pfd an Sache selbst od deren Erlös verschaffen. Vor PfdReife kann Aufhebg nur von MitEigtümer u PfdGläub gemeins verlangt w; nach PfdReife von PfdGläub allein, auch ohne Zust des MitEigtümers u ohne Bindg an Vereinbargen, die dieser mit and MitEigtümern über Ausschl der Aufhebg od KündFrist getroffen **(II).** Rechtskr Schuldtitel nicht erforderl (and § 751 S 2). ErsPfdR an bei Aufhebg an Stelle des Anteils tretden Ggst entsteht nicht krG, da PfdGläub nur Anspr auf Bestellg hat („gebührt", **III**); aA BGH **52**, 99 zur Vermeidg ungerechtf Rangverlustes des VertrPfdR dch unterschiedl Behandlg ggü PfdgsPfdR (vgl dazu Wellmann NJW **69**, 1903; Lehmann NJW **71**, 1545).

1259–1272 *Registerpfandrecht an Schiffen. (Aufgehoben und ersetzt durch das SchiffsRG.)*

Zweiter Titel. Pfandrecht an Rechten

Einführung

1 **1) Aufbau des 2. Titels.** §§ 1273–1278 enthalten allg Vorschr; §§ 1279–1290 enthalten SonderVorschr für PfdR an Fdgen, die § 1291 auf PfdR an Grd-/RentenSch ausdehnt; §§ 1292–1296 enthalten Vorschr für PfdR an WertPap. – Die **Bezeichnung der Beteiligten** weicht von der im ZwVollstrR ab: Der aus dem verpfändeten Recht eine Leistg zu erbringen hat, heißt Verpflichteter (§ 1275) od Schuldn (§§ 1280 ff), im ZwVollstrR aber DrittSchuldn; der Verpfänder heißt Gläub, ihm entspricht im ZwVollstrR der (Vollstr)Schuldn; dem PfdGläub entspricht im ZwVollstrR der (Vollstr)Gläub.

2 **2)** Das **Vertragspfandrecht an Rechten** ist weitgehd dch SichgAbtr (§ 398 Rn 20) ersetzt, auf die
3 §§ 1273 ff nicht anwendb sind (Hbg OLG **26**, 203); bedeuts noch dch AGB-Banken 14. – **a) Entstehung** dch RGesch (§§ 1274 I ggf iVm 1280; 1292, 1293) od krG (zB §§ 233, 585 S 2; 1293 iVm 1257; HGB 399). – **b) Erlöschen** dch Eintritt auflösder Bdgg (§ 158 II); Fristablauf (§ 163); SchuldÜbn ohne Einwilligg des RInh (§ 418); lastenfreier Erwerb (zB § 1292 Rn 4); rechtm Einziehg; Abtr der gesicherten Fdg mit Ausschl

des PfdRÜbergangs (§§ 1273 II, 1250 II); Erlöschen der gesicherten Fdg (§§ 1273 II, 1252); Rückg einer Sache, deren Überg zur Verpfändg notw (§ 1278); PfdRAufhebg (§§ 1273 II, 1255); Vereinigg von PfdR u PfdGgst (§§ 1273 II, 1256); Untergang des PfdGgst (Ausn: § 1276 Rn 1; § 1281 Rn 3). – **c) Verwertung.** 4
aa) Nach ZwVollstrR aGrd dingl Tit zur Duldg der PfdVerwertg gg RInh bei allen Rechten (§ 1277). **bb)** Dch Einziehg ohne Tit gg den Gläub bei Fdgen (§ 1282), Grd-/RentenSch (§ 1291), Order- u InhPap (§ 1294). **cc)** Dch PfdVerk bei OrderPap (§§ 1293, 1228 ff) u freihänd Verk bei InhPap (§§ 1295, 1221). **dd)** Dch ZwVollstr nach ZPO in den PfdGgst aGrd ZahlgsTit gg den pers Schuldn bei allen Rechten.

1273 *Grundsatz.*

I Gegenstand des Pfandrechts kann auch ein Recht sein.

II Auf das Pfandrecht an Rechten finden die Vorschriften über das Pfandrecht an beweglichen Sachen entsprechende Anwendung, soweit sich nicht aus den §§ 1274 bis 1296 ein anderes ergibt. Die Anwendung der Vorschriften des § 1208 und des § 1213 Abs. 2 ist ausgeschlossen.

1) Recht (I). PfdGgst kann jedes übertragb (§ 1274 II) VermR sein, soweit es nicht grdstgleiches Recht 1
(Übbl 3 vor § 873) od MiteigtAnteil (§ 1258) ist od Verpfändg ges ausgeschl ist (zB PostG 23 III 4, IV 2, V 2); zB Fdg (auch an einer Fdg gg den PfdGläub; BGH **LM** § 610 Nr 1; Düss WM **92**, 1937), GrdSch, AnwR, Miterbenanteil (§ 2033 Rn 14), ImmaterialgüterR (PatG 9; VerlG 28; GebrMG 13; GeschmMG 3; vgl aber UrhG 29), AktienR, GmbH-Anteile, PersGesellschAnteil (Schüller RhNK **80**, 97), Recht aus dem Meistgebot (ZVG 81). – **a) Verwertbarkeit** des Rechts seiner Art nach dch ZwVollstr (§ 1277) od Einziehg (§ 1282) erforderl. – **b) Rechtsgesamtheit:** § 1204 Rn 4 gilt entspr. – **c) Künftig entstehende Rechte** nur dch vorh Einigg für den Fall der Entstehg verpfändb. PfdR entsteht erst mit ihrer Entstehg (Köln NJW-RR **88**, 239), wenn dann alle weiteren Entstehgsvoraussetzgen (zB §§ 1274 I 2, 1280) erfüllt sind (RG **68**, 55). Ges Grdlage für Entstehg des Rechts muß bei Verpfändg schon vorhanden sein (RG **134**, 225; BVerwG NJW **57**, 314). Das Recht muß bestimmb sein; für Verpfändg künft Fdg gilt § 398 Rn 11 entspr (RG **82**, 227); für Verpfändg künft EigtümerGrdSch gilt § 1163 Rn 8, 17 entspr.

2) §§ 1204 bis 1258 sind mit den sich aus **II** ergebden Einschränkgen auf rgesch u ges PfdR entspr 2
anwendb (eingehd Planck/Flad Anm 2). – **a) Anwendbar:** §§ 1204 (RG **136**, 424), 1209, 1210 (KG OLG **29**, 377), 1211 (BGH **LM** § 610 Nr 1), 1213 I, 1214, 1219, 1220, 1221 (RGRK/Kregel § 1227 Rn 4; aA Breslau JW **28**, 2474), 1222, 1223 II (RG DJZ **29**, 442; PfdRAufhebg statt Rückg), 1224, 1225 (RG Recht **18**, 244), 1228 II 1 u 2 (KG OLG **29**, 377), 1229, 1249, 1250, 1252 (RG **100**, 277), 1254 (PfdRAufhebg statt Rückg), 1255, 1256 (RG **154**, 383), 1257, 1258 (vgl dort Rn 1). – **b) Unanwendbar:** §§ 1207 (§ 1274 3
Rn 2), 1208 (Ausn: wenn sich Erwerber auf § 892 berufen kann; zB bei falscher Löschg eines PfdR an GrdPfdR), 1212 (vgl aber §§ 1289, 1296), 1213 II (iZw kein NutzgsPfdR an zinstragdem Recht), 1246. – **c)** 4
Beschränkt anwendbar: – aa) Wenn PfdR zugl Sache erfaßt (§ 952) od SachÜberg zur PfdRBestellg nöt (§ 1274 I 2): §§ 1205, 1206, 1215, 1216, 1217, 1218, 1223 I (RG **100**, 277), 1226, 1227 (RGRK/Kregel Rn 8), 1251, 1253. – **bb)** Vorschr über den PfdVerk, wenn dieser dch Vereinbg nach § 1277 zugel (§ 1277 Rn 3) od nach ZPO 844 angeordnet (§ 1277 Rn 2).

1274 *Bestellung.*

I Die Bestellung des Pfandrechts an einem Rechte erfolgt nach den für die Übertragung des Rechtes geltenden Vorschriften. Ist zur Übertragung des Rechtes die Übergabe einer Sache erforderlich, so finden die Vorschriften der §§ 1205, 1206 Anwendung.

II Soweit ein Recht nicht übertragbar ist, kann ein Pfandrecht an dem Rechte nicht bestellt werden.

1) Die Verpfändung (I) erfolgt grdsl nach ÜbertrRegeln. Unwirks Verpfändg uU in VerpflVertr (Übbl 1
1 d vor § 1204; Dresden Recht **10**, 3517) od ZbR (RG **124**, 28) umdeutb.

a) Einigung zwischen Rechtsinhaber u Pfandgläubiger. – aa) Gutgläubiger Erwerb vom Nichtbe- 2
recht nur, wenn verpfändetes R selbst gutgl erwerbb, insb nach §§ 892 (KG OLG **46**, 61), 1138, 1155, 2366 u nach WertPapR (W-Raiser § 175 Fußn 20). Sonst nur Erwerb nach § 185 mögl. – **bb) Inhalt.** Die Einigg muß die Bestellg eines PfdR (§ 1204 Rn 1) für den PfdGläub (keine Bestellg zGDr; RG **124**, 221), das Pfd (§ 1273 Rn 1) u die gesicherte Fdg (§ 1204 Rn 6) umfassen (RG **148**, 349). VerpfändgsErkl kann liegen in: AbtrErkl (RG JW **28**, 174), Vorrangeinräumg dch Zessionar an PfdgsGläub (RG JW **34**, 221), Vertr über Hinterlegg des HypBriefs bei Notar (RG HRR **32**, 1748). GrdSch nicht als Pfd bezeichnet, wenn AGB als Pfd die in Bes od VfgsGewalt des PfdGläub gelangden „WertGgst" nennt (BGH **60**, 174; dazu Kollhosser JR **73**, 315). – **cc) Form.** Die Einigg bedarf der für die RÜbertr erforderl Form (zB Schriftform gem § 792; 3
Beurk gem GmbHG 15 III); nicht aber das GrdGesch (Übbl 4 vor § 1204), selbst wenn für AbtrVerpfl Formzwang besteht (RG JW **37**, 2118; Ertl DNotZ **76**, 68 zu XII). Verpfändg des AuflAnspr erfordert nicht Form des § 313 (BayObLG **76**, 190; Koch MittBayNot **76**, 161; Ertl DNotZ **77**, 81; str). Bei schriftl Erkl muß sich Verpfänder des Schriftstücks so entäußern, daß PfdGläub darüber verfügen kann (RG **148**, 349). Dem Formzwang unterliegt der notw Inhalt der Einigg (RG aaO) einschl etwaiger NutzgsVereinbg nach § 1213. Blankoverpfändg zul, PfdR entsteht ohne Rückwirkg mit vereinbgsgem Ausfüllg (RG JW **28**, 174).

b) Weitere Erfordernisse, sofern für RÜbertr erforderl. – **aa) Eintragung** im GB (§ 873), zB bei 4
Verpfändg einer BuchGrdSch od BuchHypFdg (vgl aber § 1159); nicht aber bei Verpfändg eines AuflAnspr, Eintr (berichtigd) hier nur zul (nicht notw) bei eingetr AuflVormkg (BayObLG **67**, 297). – **bb) Sachübergabe** (I 2), zB des GrdPfdRBriefs (vgl Rn 6). Für die Überg gelten §§ 1205, 1206; unanwendb §§ 1207, 1208, da Sache nicht PfdGgst (Königsberg OLG **29**, 379). Verpfändg eines Sparguthabens erfordert nicht Überg des Sparbuchs (RG **124**, 217), einer VersFdg nicht der Police (RG **79**, 306) u eines Anspr gg Leihhaus

nicht des PfdScheins (KG OLG **26**, 207). – **cc) Zustimmung Dritter,** zB nach AktG 68 II bei Verpfändg vinkulierter Namensaktie (Hbg OLG **26**, 206).

c) Einzelfälle; vgl auch §§ 1280 (Fdg), 1291 (GrdSch, RentenSch), 1292 (OrderPap), 1293 (InhPap).

5 **aa) Anwartschaftsrecht.** – Aus **bedingter Übereignung** bewegl Sachen dch Einigg u Überg nach §§ 1205 ff (vgl § 929 Rn 39). – Aus **Auflassung:** Bei AnwR iSv § 925 Rn 19, 20 dch Einigg entspr § 925 ohne Anzeige nach § 1280; GBEintr nur zul (nicht notw) bei eingetr AuflVormkg (Vollkommer Rpfleger **69**, 411; LG Mü II Rpfleger **69**, 425). Gen nach GrdstVG nicht erforderl (Mü RdL **60**, 178). Ebso VermR iSv § 925 Rn 21 (krit Vollkommer aaO Fußn 68). – Aus **Nacherbrecht:** § 2108 Rn 6; GBEintr zul (RG **83**, 438), aber nicht notw. – Zum **Erbvertrag** vgl aber Übbl 6 vor § 2274.

6 **bb) Hypotheken.** Verpfändg der gesicherten Fdg; mit ihr entsteht krG PfdR an allein nicht verpfändb Hyp u ggf am HypBrief (§ 952). PfdR an Fdg ergreift mit bish Rang die nachträgl eingetr Hyp auch ohne Eintr des PfdR (BayObLG DJZ **32**, 685). Bei Übertr der gesicherten Fdg folgt PfdR an ihr (§ 1250) u der Hyp u GB wird bzg PfdGläub unricht (Mü Rpfleger **89**, 18). Bei Erlöschen der Hyp dch Zuschlag ges Übergang des PfdR auf ErsSichgHyp nach ZVG 128 (RG **60**, 221). – **Buchhypothek:** Verpfändg der Fdg dch Einigg u Eintr (§§ 1154 III, 873). Bei GesamtHyp Eintr in allen GB (§ 1132 Rn 9). – **Briefhypothek:** Verpfändg der Fdg dch Einigg mit schriftl VerpfändgsErkl u BriefÜberg (§ 1154 I; vgl aber § 1159). Für die BriefÜberg gelten §§ 1205, 1206 (I 2); Abrede nach §§ 1154 I 1, 1117 II ausreichd bei Anzeige an GBA (W-Raiser § 175 Fußn 15). Schriftform der VerpfändgsErkl ersetzb dch Eintr (§ 1154 II), die ohne Bezugn auf EintrBew die gesicherte Fdg (KGJ **33**, 262), nicht aber ihren HöchstBetr (KG OLG **29**, 377), angeben muß. Teilverpfändg ohne Teilbriefbildg mögl (KG JW **36**, 1136).

7 **cc) Pfandrecht.** Verpfändg der gesicherten Fdg, mit ihr entsteht PfdR (AfterPfd) an allein nicht verpfändb PfdR. FdgsPfdGläub kann bei PfdReife seiner Fdg entspr § 1231 vom SachPfdGläub Herausg des Pfd verlangen; für VerstErlös gelten §§ 1247, 1287, 1288 II entspr (Wstm/Gursky § 136 II 6). Vor PfdReife entspr § 1251 Anspr auf MitBesEinräumg.

8 **dd) GmbH-Anteile** (dazu Kolkmann RhNK **92**, 1). Verpfändg dch Einigg idF GmbHG 15 III; Anmeldg nach GmbHG 16 I nicht notw (Kolkmann aaO zu VIII 3; str). Teilverpfändg trotz GmbHG 17 VI unter Beachtg von GmbHG 17 I zul; kommt es nicht zur Verwertg, so bleibt Anteil ungeteilt. AbtrVoraussetzgen nach GmbHG 15 V gelten auch für Verpfändg; VeräußergsGen umfaßt auch Gen zur Veräußerg iRv PfdVerwertg (vgl dazu Contzen RhNK **67**, 682); TeilverpfändsgsGen umfaßt VeräußergsGen für verpfändeten Teil (Müller GmbH-RdSch **69**, 6). – PfdGläub erlangt **kein Mitverwaltungs- und Stimmrecht** (RG **157**, 52; BGH WM **92**, 1655). Übertr des StimmR nach hM unzul (Müller aaO 8 mwN; aA RG aaO); StimmRVollm zul, hindert aber Verpfänder nicht, selbst zu stimmen u Vollm aus wicht Grd zu widerrufen (Müller aaO 10), sofern Vollm nicht unwiderrufl erteilt (Kolkmann aaO zu VI 2 b). – **Gewinnanspruch** gilt nicht als mitverpfändet (§ 1273 II 2); NutzgsPfd (bei dem Gewinnanteil dem PfdGläub ohne Rücks auf PfdReife zufließt) jedoch vereinb (Kolkmann aaO zu VI 1), dieses von Verpfändg der aus dem GeschAnteil entspringden vermögensr Anspr (für die §§ 1279 ff gelten) zu unterscheiden. – Zur Verpfändg einer EinlageFdg vgl BGH **LM** GmbHG § 19 Nr 4; DB **76**, 1325; LG Osnabr DB **76**, 286.

9 **ee) Namens- und Legitimationspapiere** (Einf 2, 5 vor § 793). Verpfändg des verbrieften Rechts in der Form des AbtrVertr (zB § 792) mit der Folge des § 952; beim Rektawechsel muß PapÜberg hinzutreten (vgl BGH NJW **58**, 302). Wg Lagerscheins vgl ADSp 48 Bc.

10 **2) Unübertragbare Rechte (II).** Kann die Ausübg überlassen werden (zB §§ 1059 S 2, 1092 I 2), so ist das ÜberlassgsR verpfändb, ohne daß dadch ein PfdR am Recht selbst entsteht (KGJ **40**, 254). Unübertragbark kann sich ergeben aus: – **a) Gesetz.** ZB § 38; § 400 (auch bdgt pfändb Fdg); §§ 717, 719, HGB 105 II, 161 II (Verpfändg nur zul, wenn GesellschVertr die Übertr od Belastg erlaubt od die MitGter zustimmen; str, ob im GB eines GesellschGrdst eintragb [vgl Hamm NJW-RR **87**, 723; LG Hbg JurBüro **88**, 788; LG Stgt BWNotZ **85**, 162]); §§ 1059, 1092; §§ 514, 1098; subjdingl Rechte (§§ 1018, 1103 I, 1110) als untrennb vom Grdst; Hyp u PfdR als untrennb von der gesicherten Fdg (Rn 6, 7); §§ 1300, 1378 III vor Abtretbark; §§ 1419, 1487, 2033 II; unselbstd EinzelR wie AuseinandSAnspr (and Anspr auf AuseinandSGuth), Firma od ZeitgsTit (RG **95**, 236), vgl auch § 399 Rn 11; wg VersFdg betr unpfändb Sache vgl VVG 15 u RG **135**, 159. – **b) Inhalt** (§ 399 Halbs 1); zB Anspr des Bausparers auf Auszahlg des Baudarlehns, vgl ferner § 399 Rn 4. – **c) Vertrag** (§ 399 Halbs 2), wenn UnübertragbarkVereinbg mögl (RG HRR **34** Nr 557). Vgl § 399 Rn 8 u Einl 14 vor § 854. Ist bei LebensVersicherg BezugsBerecht genannt, so Verpfändg nur mögl, wenn Nenng des Berecht widerrufb u ggü Versicherer widerrufen (RG **127**, 269).

1275 *Pfandrecht an Recht auf Leistung.*

Ist ein Recht, kraft dessen eine Leistung gefordert werden kann, Gegenstand des Pfandrechts, so finden auf das Rechtsverhältnis zwischen dem Pfandgläubiger und dem Verpflichteten die Vorschriften, welche im Falle der Übertragung des Rechtes für das Rechtsverhältnis zwischen dem Erwerber und dem Verpflichteten gelten, und im Falle einer nach § 1217 Abs. 1 getroffenen gerichtlichen Anordnung die Vorschrift des § 1070 Abs. 2 entsprechende Anwendung.

1 **1) Rechtsstellung des Schuldners eines verpfändeten Leistungsanspruchs.** – **a) § 404:** Schuldn kann PfdGläub alle Einwdgen entgeghalten, die ihm ggü dem Gläub zustehen. – **b) § 405:** EinwdgsAusschl mögl (RG Warn **14**, 245). – **c) §§ 406, 407:** Kenntn des Schuldn von AnsprVerpfändg muß nicht dch die nach § 1280 notw Anzeige erlangt sein (RG **52**, 143); Unkenntn dagg trotz Anzeige mögl. Bei Verpfändg eines VergütgsAnspr gilt für Vereinbg zw DienstBerecht u DienstVerpfl, nach der letzterer seine Vergütg von abzuliefernden Einnahmen einbehalten darf, § 392 Rn 2 entspr. Abgabe eines SchuldAnerk in Kenntn, daß Gläub den Anspr verpfänden will, kann Verzicht auf Aufrechng zG des PfdGläub enthalten (RG **71**, 154). – **d) § 409:** Schuldn wird dem Gläub ggü befreit, wenn er nach Anzeige bei (ihm vom Gläub mitgeteilter)

PfdReife an PfdGläub in Unkenntn, daß PfdR (zB inf Untergangs der gesicherten Fdg) erloschen, leistet (v Tuhr DJZ **07**, 605; vgl auch § 1288 Rn 4).

2) Bei Verpfändg von **Hypothekenforderungen** gelten §§ 404 ff nur für pers Fdg u rückständ Zinsen/ 2 Nebenleistungen (§ 1159); für dingl Anspr (Hyp) vgl §§ 1156, 1157, 892 (RG Warn **14**, 245). – Die **Grund-/Rentenschuld** fällt unter § 1275 (§ 1291). Bei Kenntn des PfdGläub vom Nichtbestehen der dch die Grd/RentenSch gesicherten Fdg kann Eigtümer entspr § 1169 Verzicht auf PfdR verlangen (RG LZ **16**, 947). Auch and Einwdgen aus dem RVerh zw Eigentümer u Grd/RentenSchGläub wirken gem §§ 1157, 1192, 892 ggü PfdGläub nur, wenn er sie kannte (RG Warn **34**, 157).

1276 *Aufhebung oder Änderung des verpfändeten Rechtes.* **I Ein verpfändetes Recht kann durch Rechtsgeschäft nur mit Zustimmung des Pfandgläubigers aufgehoben werden. Die Zustimmung ist demjenigen gegenüber zu erklären, zu dessen Gunsten sie erfolgt; sie ist unwiderruflich. Die Vorschrift des § 876 Satz 3 bleibt unberührt.**

II Das gleiche gilt im Falle einer Änderung des Rechtes, sofern sie das Pfandrecht beeinträchtigt.

1) **Allgemeines.** Aufg (§ 1071 Rn 2 gilt entspr) u Änderg (§ 1071 Rn 3 gilt entspr), nicht aber Übertragg 1 u weitere Belastg, des verpfändeten Rechts bedürfen der Zust des PfdGläub (§ 1071 Rn 4 gilt entspr); Fehlen führt zur relativen Unwirksamk ggü dem PfdGläub (BayObLG **67**, 295).

2) **Einzelfälle. – a) Mietzinsforderung.** Aufhebg des MietVertr ohne Zust des PfdGläub ihm ggü wirks, 2 PfdR ergreift nur bis zur Aufhebg entstandene MietzinsFdg (Posen OLG **31**, 358); rückw Aufhebg od unlautere Ersetzg dch neuen MietVertr ggü PfdGläub aber unwirks. Veräußerg der Mietsache (auch an Mieter [Mü OLG **33**, 318; aA MüKo/Damrau 5]) ist Vfg über die Mietsache, die ohne PfdGläubZust zum Erlöschen des MietVerh führt (iFv § 571 gilt § 573). – **b) Erbanteil** (§ 2033 Rn 14). Veräußerg des Erbanteil ohne 3 Zust des PfdGläub ihm ggü wirks, da sie (auch bei Gutgläubigk des Erwerbers) PfdR nicht berührt. ErbauseinandS sowie Übertr sämtl Erbanteile auf einen MitE od Dr nur mit Zust des PfdGläub ihm ggü wirks, da mit Beendigg der ErbenGemsch das PfdSubstrat entfällt u PfdGläub nach § 1258 III nur Anspr auf Bestellg eines ErsPfdR gg Verpfänder hat (BayObLG **59**, 50). Da die NachlGgst, an denen selbst kein PfdR entsteht, dem Erbanteil erst Inhalt u Wert geben, ist auch eine Vfg aller MitE über NachlGgst nur mit Zust des PfdGläub ihm ggü wirks (BayObLG aaO). Wg Gefahr gutgl Erwerbs PfdR als VfgsBeschrkg im GB des NachlGrdst eintragb; nach Eintr darf Erwerber eines NachlGrdst od Rechts daran ohne Nachw der Zust des PfdGläub (Nachw aber erforderl für Löschg eines Rechts od wenn dem GBA bekanntes PfdR nicht eingetr) eingetr w (BayObLG **59**, aaO). ZwVerst eines NachlGrdst erfordert Zust des PfdGläub od DuldgsTit gg ihn (BayObLG aaO), dies gilt aber nur bei ZwVerst auf Antr eines pers Gläub od eines nach Eintr der Verpfändg eingetr dingl Berecht. – Gilt entspr bei Verpfändg eines PersonalGesellschAnteils (vgl § 1274 Rn 10). – **c) Verpfändung eines GmbH-Anteils.** Nicht unter § 1276 fallen GterBeschl (da PfdGläub kein StimmR 4 hat; RG **139**, 227) u das PreisgabeR nach GmbHG 27 (hM). AuflösgsKl erfordert keine Zust des PfdGläub (Baumb/Hueck, GmbHG 61 Rn 15), wohl aber AntEntziehg nach GmbHG 34 II u Künd des GesellschVertr (Baumb/Hueck, GmbHG § 15 Rn 49; hM). – **d) Anwartschaftsrecht.** § 1276 auf Aufhebg (zB dch Einigg 5 zw VorbehVerk u VorbehKäufer) anwendb (Kollhosser JA **84**, 196; JZ **85**, 370; Tiedtke NJW **85**, 1305; **88**, 28; Reinicke JuS **86**, 957; Marotzke AcP **186**, 490; aA BGH **92**, 280; Wilhelm NJW **87**, 1785; Ludwig NJW **89**, 1458; Scholz MDR **90**, 679).

1277 *Befriedigung durch Zwangsvollstreckung.* **Der Pfandgläubiger kann seine Befriedigung aus dem Rechte nur auf Grund eines vollstreckbaren Titels nach den für die Zwangsvollstreckung geltenden Vorschriften suchen, sofern nicht ein anderes bestimmt ist. Die Vorschriften des § 1229 und des § 1245 Abs. 2 bleiben unberührt.**

1) **Pfandverwertung** setzt PfdReife (§§ 1273 II, 1228 II) voraus. Befriedigg nach § 1277 auch mögl, wo 1 §§ 1282, 1291, 1293 ff and Verwertgsarten vorsehen.

2) **Gesetzliche Verwertungsart (I). – a) Dinglicher Titel** auf Duldg der ZwVollstr in das Recht (RG 2 **103**, 139) od auf Gestattg der Befriedigg aus dem Recht nach ZwVollstrVorschr gg den RInh; vollstrb Urk nach ZPO 794 I Nr 5, II genügt (KG JW **38**, 2494). Für die VerfKosten haftet das Pfd (§§ 1273 II, 1210 II). AGrd ZahlgsTit wg pers Fdg nur ZwVollstr in das Recht ohne Rücks auf PfdR (KG HRR **31**, 703). – **b) Zwangsvollstreckung** nach ZPO 828 ff, 857. Trotz PfdR ist Pfändg erforderl (RG **103**, 139; str); für Rang aber PfdBestellg maßg. Abw können nicht nach § 1246 angeordnet werden. Ordnet das VollstrG nach ZPO 844 öff Verst an, so sind die Vorschr über den PfdVerk (insb § 1244) anwendb (KG JFG **6**, 273).

3) **Vereinbarte Verwertungsart (II).** Abw von der ges Verwertgsart (auch Entbehrlichk des dingl Tit) 3 können unter Beachtg von §§ 1229, 1245 II ohne für PfdRBestellg notw Form vereinbart w. Ist PfdVerk vereinbart, so gelten §§ 1243, 1244 (RG **100**, 276; KGJ **40**, 285); § 1244 aber nicht anwendb, wenn von §§ 1233 II, 1235, 1240 II abw Verk vereinbart (§ 1244 Rn 1).

1278 *Erlöschen durch Rückgabe der Sache.* **Ist ein Recht, zu dessen Verpfändung die Übergabe einer Sache erforderlich ist, Gegenstand des Pfandrechts, so finden auf das Erlöschen des Pfandrechts durch die Rückgabe der Sache die Vorschriften des § 1253 entsprechende Anwendung.**

Notwendigk der SachÜberg zur PfdRBestellg: § 1274 Rn 4. – RückgVoraussetzgen: § 1253 Rn 2; Rückg- 1 Vermutg; § 1253 Rn 5. – PfdR an nach § 1292 verpfändeten OrderPap erlischt auch bei Rückg ohne

Rückindossament; DchStreichen des PfdIndossaments schafft dann wechselm/scheckm Legitimation für Gläub (RGRK/Kregel Rn 1).

1279 ***Pfandrecht an Forderungen.*** **Für das Pfandrecht an einer Forderung gelten die besonderen Vorschriften der §§ 1280 bis 1290.**

1 §§ 1280–1290 gelten für PfdR an verpfändb Fdgen aller Art; nicht aber (weil keine Fdg) für PfdR an GesellschAnteilen (RG **57**, 414) einschl des Anspr auf Herausg der nach AuseinandS zuzuteilden Ggst (RG **67**, 331), Erbanteilen (BayObLG **59**, 56), AnwR, dingl Rechten (RG **97**, 34). – Soweit §§ 1280–1290 nichts Abweichdes bestimmen, gelten §§ 1273–1278; für in Order- u InhPap verbriefte Fdgen enthalten §§ 1292 ff weitere SonderVorschr. – Ist die verpfändete Fdg höher als die gesicherte, so ist iZw die ganze Fdg verpfändet; bei teilb Fdg auch Teilverpfändg mögl (Zunft NJW **55**, 442).

1280 ***Anzeige an den Schuldner.*** **Die Verpfändung einer Forderung, zu deren Übertragung der Abtretungsvertrag genügt, ist nur wirksam, wenn der Gläubiger sie dem Schuldner anzeigt.**

1 **1) Verpfändungsanzeige** neben VerpfändgsVertr (§ 1274 Rn 2) erforderl, wenn zur RÜbertr AbtrVertr ausreichd. § 1280 daher unanwendb, wenn RÜbertr weitere Erfordern wie insb GBEintr od SachÜberg (§ 1274 Rn 4); hier Schutz des Schuldn nach §§ 1275, 404. Anzeige nicht erforderl, wenn PfdGläub zugl Schu der verpfändeten Fdg (BGH **LM** § 610 Nr 1). – **a)** Die Anzeige ist **Wirksamkeitsvoraussetzung** für Entstehg des PfdR (Köln NJW-RR **90**, 485) u löst Wirkg von §§ 1275, 409 aus. Sie ist daher nur mögl, solange VfgsBefugn über die Fdg gegeben, u für InsO 81, 91, 129 ff ist der Ztpkt der Anzeige maßg (RG **79**, 306; JW **02**, 185). Kenntn von Verpfändg ohne Anzeige bedeutgslos (RG **89**, 289). Mangels Anzeige unwirks Verpfändg nicht in Abtr umdeutb (RG **79**, 306); mögl aber ZbR an übergebener Urk (RG **51**, 83) od schuldr BefriediggsR (KG JW **19**, 117). – **b)** Verpfänder ist dem PfdGläub aus GrdGesch (Übbl 4 vor § 1204) **zur Anzeige verpflichtet** (RG HRR **30**, 216).

2 **2) Erfordernisse der Anzeige. – a) Formfreie** empfangsbedürft WillErkl, die schlüss od dch Stillschw erklärb ist u erkennen lassen muß, daß Verpfänder Verpfändg gg sich gelten lassen will (Köln NJW-RR **90**, 485); Bezeichng als Abtr unschädl, wenn erkennb Verpfändg gemeint (RG **89**, 289). Anzeigeabsicht erforderl (RG LZ **33**, 521), nicht aber Kenntn der dingl Wirkg (RG JW **04**, 485). – **b) Verpfänder** od sein GesRNachf (RG JW **04**, 485) muß anzeigen, nicht der PfdGläub (RG **79**, 306). Er kann PfdGläub od Dr zur Anzeige bevollm (PfdVertr genügt dazu idR nicht; Köln aaO) od Anzeige eines NichtBevollm genehmigen (idR nicht dch bloßes Stillschw; RG SeuffA **86**, 118). Anzeige hat an den derzeit Schu der Fdg od dessen Bevollm zu erfolgen, bei Mehrh an alle (sofern nicht einer EmpfangsVollm hat).

1281 ***Leistung des Schuldners vor Pfandreife.*** **Der Schuldner kann nur an den Pfandgläubiger und den Gläubiger gemeinschaftlich leisten. Jeder von beiden kann verlangen, daß an sie gemeinschaftlich geleistet wird; jeder kann statt der Leistung verlangen, daß die geschuldete Sache für beide hinterlegt oder, wenn sie sich nicht zur Hinterlegung eignet, an einen gerichtlich zu bestellenden Verwahrer abgeliefert wird.**

1 **1) Geltungsbereich.** § 1281 gilt nur vor PfdReife iSv § 1228 II (vgl § 1282) u ist abdingb (§ 1284).

2 **2) Leistung des Schuldners nur an Gläubiger und Pfandgläubiger (S 1).** Beide müssen die zum Erwerb des LeistgsGgst notw Erkl gemeins od mit Zust des and abgeben. Eine bewegl Sache muß beiden zu MitBes übergeben werden; dabei genügt trotz PfdRErwerbs (§ 1287) einf MitBes (aA MüKo/Damrau Rn 2), denn Verpfl zur Überg zu MitBes iSv § 1206 würde Fdg zum Nachteil des Schuldn verändern. Bei Grdst genügt Überg zu AlleinBes des Gläub (hM), denn SichgHyp (§ 1287) erfordert nicht Bes. Gläub erwirbt alleine (sein guter Gl ggf maßg) u PfdGläub wird gem §§ 1287, 1288 gesichert; Fdg u PfdR an ihr erlöschen.
3 – Erfolgte die Verpfändg zw den LeistgsHdlgen der FdgsPart (zB Aufl) u dem Eintritt des LeistgsErfolges (zB EigtUmschreibg), so braucht der PfdGläub nicht zuzustimmen u wird gleichwohl gem § 1287 gesichert (BayObLG **85**, 332; str); für GBEintr des Gläub EintrBew des PfdGläub notw, wenn Fdg dch Vormkg gesichert u PfdR dort vermerkt (BayObLG aaO; str).

4 **a) Leistung nur an Gläubiger in Kenntnis der Verpfändung. – aa)** Bei **Geld-/Gattungsschuld** erwirbt der Gläub den LeistgsGgst u der PfdGläub ist nicht dch § 1287 gesichert (Brdbg OLG-NL **96**, 208). Die Leistg ist dem PfdGläub ggü unwirks u er kann nochmal Leistg gem § 1281 verlangen (Erm/Küchenhoff
5 Rn 3). – **bb)** Bei **Speziesschuld** erwirbt der Gläub den LeistgsGgst (MüKo/Damrau Rn 5; Staud/Gursky § 925 Rn 127; Stöber DNotZ **85**, 587; Wieling § 16 II 4 a aa; aA [ggü PfdGläub unwirks] BayObLG DNotZ **83**, 758; Erm/Küchenhoff aaO; Ludwig DNotZ **92**, 339), denn „kann nur" betr nur die ErfWirkg ggü dem PfdGläub; PfdGläub nicht gem § 1287 gesichert (hM; aA Kuchinke JZ **64**, 149), hat aber SchadErsAnspr u aus GrdGesch Anspr auf Bestellg eines ErsPfdR. War der Anspr dch Vormkg gesichert u PfdR dort vermerkt, so ist die EintrBew des PfdGläub notw (BayObLG NJW-RR **87**, 793; aA Haegele/Schöner/Stöber 1576).

6 **b) Leistg nur an Gläubiger ohne Kenntnis der Verpfändung** (trotz § 1280 mögl). Schuldn wird auch ggü PfdGläub frei (§§ 1275, 407), der gem § 1287 gesichert ist (Erm/Küchenhoff § 1287 Rn 5; aA Wieling § 16 II 4 a bb).

7 **3) Leistung verlangen (S 2)** können Gläub u PfdGläub unabhäng voneinander aus eigenem Recht (RG **83**, 119; BGH **5**, 253). Jeder zur Mitwirkg verpfl (§ 1285), nicht aber zur Einziehg für beide. – **a)** Es kann nur

Leistung an beide verlangt werden; bei Identität von Schuldn u PfdGläub kann Gläub nicht Leistg an sich verlangen (BGH **LM** § 610 Nr 1). Hinterlegg: §§ 372 ff, Verwahrerbestellg: FGG 165 (über dessen RStellg Hoche NJW **55**, 162), vgl auch § 1217. – **b) Verfahrensrecht.** PfdGläub u Gläub müssen gemeins klagen; 8
einer alleine nicht sachbefugt. Sie können einzeln Konk des Schuldn beantragen u Fdg für gemschaftl Rechng anmelden; beide zus haben einheitl StimmR für VglAnnahme.

1282 *Leistung des Schuldners nach Pfandreife.* **I Sind die Voraussetzungen des § 1228 Abs. 2 eingetreten, so ist der Pfandgläubiger zur Einziehung der Forderung berechtigt und kann der Schuldner nur an ihn leisten. Die Einziehung einer Geldforderung steht dem Pfandgläubiger nur insoweit zu, als sie zu seiner Befriedigung erforderlich ist. Soweit er zur Einziehung berechtigt ist, kann er auch verlangen, daß ihm die Geldforderung an Zahlungsstatt abgetreten wird.**

II Zu anderen Verfügungen über die Forderung ist der Pfandgläubiger nicht berechtigt; das Recht, die Befriedigung aus der Forderung nach § 1277 zu suchen, bleibt unberührt.

1) Geltungsbereich. § 1282 gilt nur nach PfdReife (§ 1228 II) u ermöglicht PfdVerwertg ohne VollstrTit 1
gg Gläub. Er ist abdingb (§ 1284); auch ohne Abdingg ist PfdGläub daneben zur PfdVerwertg nach § 1277 befugt (II Halbs 2).

2) Leistung des Schuldners nur an den PfdGläub (I 1). Die zum Erwerb des LeistgsGgst notw Erkl 2
müssen zw dem Schuldn u dem PfdGläub als ges Vertr des Gläub (bei Geld wg § 1288 II im eigenen Namen) abgegeben werden. Bewegl Sachen sind dem PfdGläub, Grdst dem Gläub zu AlleinBes zu übergeben (vgl § 1281 Rn 2). Schuldn darf mit Fdg gg PfdGläub (RG **58**, 108) u Gläub (§§ 1275, 406) aufrechnen. Gläub erwirbt alleine (für guten Gl gilt § 166) u PfdGläub ist gem §§ 1287, 1288 gesichert. – Bei **Einziehung durch den Gläubiger** gilt § 1281 Rn 3–6.

3) Einziehungsrecht des Pfandgläubigers (I 1), kein FdgsÜbergang. Über dieses unselbständ NebenR 3
kann nicht für sich allein verfügt werden (str), seine Ausübg kann aber überlassen werden (MüKo/Damrau Rn 3). Hat Schuldn rechtm hinterlegt, so hat PfdGläub gg Gläub Anspr auf Einwilligg in Leistg an PfdGläub. – **a) Inhalt.** PfdGläub darf vom Schuldn Leistg an sich nach Rn 2 in voller Höhe der verpfändeten Fdg (Ausn: I 2) verlangen; darf kündigen (§ 1283 III), mahnen, in Verzug setzen, NebenR geltd machen (ist HypFdg od Grd/RentenSch verpfändet, kann PfdGläub ZwVerst des Grdst betreiben; RG Recht **09**, 1518), aufrechnen gg Fdg des Schuldn an ihn (RG **58**, 109), quittieren (auch löschgsfäh; BayObLG Recht **12**, 1181). Er muß sich Einreden, die Schuldn gg Gläub zustehen, entgghalten lassen. Bei PfdR an eigener Schuld Einziehg dch einf Erkl, die Aufrechng entspr (Düss WM **92**, 1937). – **b) Verfahrensrecht.** PfdGläub hat bei 4
Klage gg Schuldn SachBefugn (er muß PfdR u PfdReife beweisen); Schuldn ist nicht sachbefugt. Urt in diesem RStreit schafft nicht RKraft zw Schuldn u Gläub (RG **83**, 116). Er ist RNachf des Gläub iSv ZPO 727 (KGJ **42**, 4). Im Konk gilt § 1281 Rn 8. – **c) Andere Verfügungen (II)** des PfdGläub sind unwirks; 5
insb Antr (RG **97**, 39), Erlaß, Vergl, Novation, Anm an Zahlgs Statt. Gläub nicht benachteiligde Vfg mögl, insb wenn dch Vfg über verpfändete GeldFdg die gesicherte Fdg wie dch Zahlg getilgt wird (Karlsr OLG **15**, 394).

4) Rechtstellung des Gläubigers. – a) Er kann nur noch **Leistung an Pfandgläubiger** nach Rn 2 6
verlangen (RG **77**, 141) u insow auch kündigen (§ 1283 III), mahnen u in Verzug setzen. PfdGläub kann ihn auch zur Einziehg ermächtigen. Zieht Gläub nach dieser Maßg ein, kann Schuldn ihm ggü auch mit Fdg gg PfdGläub aufrechnen (RG LZ **21**, 380). – **b)** Keine **Mitwirkungspflicht** des Gläub ggü PfdGläub (§ 1285 I), aber Sorgf- u MitteilgsPfl des PfdGläub ggü Gläub (§ 1285 II).

5) Abtretung an Zahlgs Statt (I 3), das Verlangen des PfdGläub bewirkt sie noch nicht. PfdGläub gilt, 7
soweit verpfändete GeldFdg besteht, als befriedigt, selbst wenn diese später nicht beitreibb (KG JW **38**, 2494). PfdGläub an HypFdg kann sich auf öff Glauben des GB auch berufen, wenn vor Abtr an ihn, aber nach Verpfändg u PfdReife Widerspr gg Richtigk des GB eingetr (RGRK/Kregel Rn 8).

1283 *Kündigungsrecht.* **I Hängt die Fälligkeit der verpfändeten Forderung von einer Kündigung ab, so bedarf der Gläubiger zur Kündigung der Zustimmung des Pfandgläubigers nur, wenn dieser berechtigt ist, die Nutzungen zu ziehen.**

II Die Kündigung des Schuldners ist nur wirksam, wenn sie dem Pfandgläubiger und dem Gläubiger erklärt wird.

III Sind die Voraussetzungen des § 1228 Abs. 2 eingetreten, so ist auch der Pfandgläubiger zur Kündigung berechtigt; für die Kündigung des Schuldners genügt die Erklärung gegenüber dem Pfandgläubiger.

Kündigung der verpfändeten Forderung; abdingb (§ 1284). – **Gläubiger** darf ihm zustehdes KündR 1
vor u nach PfdReife alleine ausüben. Zust des PfdGläub (§§ 182–184) nur, wenn er NutzgsR (§ 1213) hat; §§ 182 III, 111 gelten, wenn Zust ggü Gläub od Künd unter Vorbeh nachträgl Zust erklärt. – **Pfandgläubiger** darf dem Gläub zustehdes KündR nach PfdReife alleine ausüben; gilt nicht für KündR aus VVG 165, da Umwandlg höchstpers GläubR (RGRK/Kregel Rn 5; aA MüKo/Damrau Rn 4). Vgl auch § 1286. – **Schuldner** muß ihm zustehdes KündR vor PfdReife ggü PfdGläub u Gläub gemeins ausüben, nach PfdR genügt auch Künd ggü PfdGläub (nicht aber nur ggü Gläub).

1284 *Abweichende Vereinbarungen.* **Die Vorschriften der §§ 1281 bis 1283 finden keine Anwendung, soweit der Pfandgläubiger und der Gläubiger ein anderes vereinbaren.**

1 Vereinbg zw PfdGläub u Gläub nur mit der Einschrkg aus § 1277 S 2 zul (RG **90**, 255); bei od nach PfdRBestellg ohne eine für diese notw Form. Bedarf keiner Anzeige nach § 1280; Schuldn dch § 1275 geschützt.

1285 *Mitwirkung zur Einziehung.* **I Hat die Leistung an den Pfandgläubiger und den Gläubiger gemeinschaftlich zu erfolgen, so sind beide einander verpflichtet, zur Einziehung mitzuwirken, wenn die Forderung fällig ist.**

II Soweit der Pfandgläubiger berechtigt ist, die Forderung ohne Mitwirkung des Gläubigers einzuziehen, hat er für die ordnungsmäßige Einziehung zu sorgen. Von der Einziehung hat er den Gläubiger unverzüglich zu benachrichtigen, sofern nicht die Benachrichtigung untunlich ist.

1 **1) Einziehungsrecht von Pfandgläubiger u Gläubiger zur Leistung an beide** gem § 1281 od Vereinbg (§ 1284) begründet zw ihnen ggseit einklagb MitwirkgsPfl (I), vgl dazu § 1078 Rn 1.

2 **2) Einziehungsrecht des Pfandgläubigers zur Leistung an sich** gem § 1282 od Vereinbg (§ 1284). – **a) Einziehungspflicht** des PfdGläub (II 1); da keine weitergehde InteressenwahrgsPfl, braucht er bei von Dr beantragter ZwVerst nicht zur Deckg der verpfändeten HypFdg mitzubieten (RG JW **10**, 20). Notf muß er die Fdg einklagen; aber nicht ohne Kostenvorschuß des Gläub (RG aaO), auf den aber kein Anspr (vgl auch § 1210 II); ZPO 841 gilt nicht. Bei schuldh Verletzg SchadErsPfl. Keine Pfl zur Beitreibg der gesicherten Fdg außerh des Pfd (RG **169**, 323). – **b) Benachrichtigungspflicht** des PfdGläub (nicht des Schuldn) hins EinziehgsErgebn, auch über erfolglose Einziehg; nicht schon von Klage. Bei schuldh Verletzg SchadErsPfl.

1286 *Kündigungspflicht des Gläubigers.* **Hängt die Fälligkeit der verpfändeten Forderung von einer Kündigung ab, so kann der Pfandgläubiger, sofern nicht das Kündigungsrecht ihm zusteht, von dem Gläubiger die Kündigung verlangen, wenn die Einziehung der Forderung wegen Gefährdung ihrer Sicherheit nach den Regeln einer ordnungsmäßigen Vermögensverwaltung geboten ist. Unter der gleichen Voraussetzung kann der Gläubiger von dem Pfandgläubiger die Zustimmung zur Kündigung verlangen, sofern die Zustimmung erforderlich ist.**

1 Hat Gläub nach § 1283 I od abw von § 1283 III (§ 1284) alleiniges KündR, so kann bei Gefährdg der Sicherh PfdGläub vom Gläub Künd (S 1) u Gläub vom PfdGläub nach § 1283 I erforderl Zust (S 2) verlangen. Gefährdg kann schon bei FdgsEntstehg od PfdRBestellg bestanden haben. Klage auf Künd od Zust mögl, ZwVollstr nach ZPO 894. Bei schuldh Verletzg der Künd- od ZustPfl SchadErsPfl.

1287 *Wirkung der Leistung (dingl. Surrogation).* **Leistet der Schuldner in Gemäßheit der §§ 1281, 1282, so erwirbt mit der Leistung der Gläubiger den geleisteten Gegenstand und der Pfandgläubiger ein Pfandrecht an dem Gegenstande. Besteht die Leistung in der Übertragung des Eigentums an einem Grundstück, so erwirbt der Pfandgläubiger eine Sicherungshypothek; besteht sie in der Übertragung des Eigentums an einem eingetragenen Schiff oder Schiffsbauwerk, so erwirbt der Pfandgläubiger eine Schiffshypothek.**

1 **1) Allgemeines. – a) Wirkungen der Leistung nach §§ 1281, 1282** (über Wirkg einer davon abw Leistg vgl § 1281 Rn 3–6, § 1282 Rn 2): **aa)** Verpfändete Fdg u damit PfdR an ihr erlöschen. **bb)** Gläub erwirbt den LeistgsGgst (Ausn: § 1288 Rn 3, 4). Über gutgl Erwerb vgl §§ 1281 Rn 2, 1282 Rn 2). **cc)** PfdGläub erwirbt ErsPfdR am LeistgsGgst (Ausn: § 1288 Rn 2). PfdR an einer HypFdg wandelt sich bei Erlöschen der Hyp inf ZwVerst in PfdR an Anspr des HypGläub auf VerstErlös u an nach ZVG 128 eingetr
2 SichgHyp (RG **60**, 221). – **b) Entsprechende Anwendung:** Wandelt sich der PfdGgst in eine Fdg, so entsteht nach allgM krG ein ErsPfdR an der Fdg; zB PfdR an WertPap setzt sich am EinlösgsBetr (BGH NJW **97**, 2110) u PfdR am GmbH-Anteil setzt sich am Anspr auf Einziehgsentgelt (RG **142**, 378), LiquErlös od Abfindg fort. Zur Frage, ob ein ErsPfdR iF GmbHG 27 sich auf den Erlös od nur den Überschuß erstreckt, vgl Müller GmbHRdSch **69**, 34 Fußn 78, 81; iF GmbHG 27 III erlischt PfdR am GeschAnteil ersatzlos. – PfdR am Erbanteil setzt sich nach AuseinandS nicht an zugeteilten NachlGgst fort (RG **84**, 395).

3 **2) Leistung bewegliche Sachen** (Ausn: § 1288 Rn 2). Bei § 1281 kann PfdGläub vom Gläub verlangen, daß er ihm AlleinBes od MitBes (Wstm/Gursky § 137 II 3 a; vgl § 1281 Rn 2) überträgt. Nach PfdReife kann PfdGläub ErsPfdR nach §§ 1228 ff verwerten. – Bestand kein wirks PfdR an dem Pfd, so kein ErsPfdR sond uU ZbR (RG **66**, 24).

4 **3) Leistung eines Grundstücks oder Grundstücksrechts. – a)** War der **Auflassungsanspruch** verpfändet (dazu Ludwig DNotZ **92**, 339), so entsteht mit Eintr des Gläub als neuer Eigtümer krG SichgHyp für PfdGläub, deren Eintr bloße GBBerichtigg ist (BayObLG NJW-RR **91**, 567). Sie geht einer dem Schu anläßl des Erwerbs bewilligten RestKaufHyp od GrdDbk am RestGrdst im Rang nach (BayObLG **72**, 46); für Dritte (zB KaufprFinanzierer; LG Fulda Rpfleger **88**, 252 abl Anm Böttcher) od den Gläub bewilligten GrdPfdR (BGH **49**, 197) sowie einer einem Zweitkäufer bestellten AuflVormkg (Jena DNotZ **97**, 158) geht die SichgHyp vor (aA Just JZ **98**, 120), da unbelasteter VerschaffgsAnspr verpfändet. – Nach PfdReife kann
5 PfdGläub SichgHyp nach § 1147 verwerten. – **b)** War die **Rechtsstellung aus der Auflassung** (§ 925 Rn 19–21) verpfändet, so ist eine Leistg nach §§ 1281, 1282 wg schon erklärter Aufl nicht mehr mögl, gleichwohl entsteht mit Eintr des Gläub als neuer Eigtümer krG entspr § 1287 SichgHyp für PfdGläub (Vollkommer Rpfleger **69**, 409 zu Fußn 36 mwN); für Eintr u Rang gilt Rn 3. PfdGläub kann dch Nachw der Verpfändg ggü GBA verhindern, daß EigtUmschreibg ohne seine Bewilligg erfolgt u damit Verlust der SichgHyp bei Weiterveräußerg mögl wird (vgl § 1281 Rn 4). – Nach PfdReife kann PfdGläub SichgHyp

nach § 1147 verwerten. – **c)** War der **Anspruch auf Bestellung eines Grundstücksrechts** od der **Berichtigungsanspruch** (§ 894) verpfändet, so entsteht mit Eintr des Rechts ErsPfdR an diesem ohne Eintr (Celle JR **56**, 145). 6

4) Leistung eines eingetragenen Schiffs/Schiffsbauwerks od Luftfahrzeugs. PfdGläub erwirbt SchiffsHyp (S 2) bzw RegPfdR (LuftfzRG 98 II). – Nach PfdReife kann PfdGläub nach Einf 6, 7 vor § 1204 verwerten. 7

1288 *Anlegung eingezogenen Geldes.* **I Wird eine Geldforderung in Gemäßheit des § 1281 eingezogen, so sind der Pfandgläubiger und der Gläubiger einander verpflichtet, dazu mitzuwirken, daß der eingezogene Betrag, soweit es ohne Beeinträchtigung des Interesses des Pfandgläubigers tunlich ist, nach den für die Anlegung von Mündelgeld geltenden Vorschriften verzinslich angelegt und gleichzeitig dem Pfandgläubiger das Pfandrecht bestellt wird. Die Art der Anlegung bestimmt der Gläubiger.**

II Erfolgt die Einziehung in Gemäßheit des § 1282, so gilt die Forderung des Pfandgläubigers, soweit ihm der eingezogene Betrag zu seiner Befriedigung gebührt, als von dem Gläubiger berichtigt.

1) Bei Einziehung vor Pfandreife (I) gem § 1281 Rn 2 od 4 erwirbt der Gläub das Eigt u der PfdGläub ein ErsPfdR am Geld. Danach ggseit MitwirkgsPfl zur mündelsicheren (§ 1807; EG 212) Anlegg des Geldes u Anspr des PfdGläub auf Bestellg eines PfdR zB am RückzahlgsAnspr gg die Bank. 1

2) Bei Einziehung nach Pfandreife (II) gem § 1282 Rn 2 ist zu unterscheiden: – **a)** Sofern der eingezogene Betrag dem **Pfandgläubiger ganz gebührt,** wird er Eigtümer des Geldes u die verpfändete Fdg erlischt samt nachrangigen PfdR (BayObLG Recht **12**, 1181). Erlöschen der gesicherten Fdg; abw davon Übergang auf Gläub nach §§ 1225, 1273 II, wenn dieser nicht ihr pers Schuldn war (RG Recht **18**, 246). Fällt der Vertr, auf dem die verpfändete Fdg beruhte (zB VersVertr), später inf Anfechtg weg, so kann der Schuldn seine Leistg vom PfdGläub kondizieren (MüKo/Damrau Rn 6; aA KG Recht **35**, 2065). – **b)** Sofern der eingezogene Betrag dem **Pfandgläubiger teilweise gebührt,** werden er u der Gläub entspr § 1247 S 2 MitEigtümer des Gesamtbetrages u der Schu befreit (vgl W-Raiser § 176 II 2; aA Hbg Recht **22**, 1567 u hM: Schuldn muß überschießden Betrag nochmals an Gläub zahlen u kann ihn vom AlleinEigtümer gewordenen PfdGläub kondizieren), denn er kann Umfang der EinziehgsBefugn nicht kennen (and daher bei Kenntn). PfdGläub kann sich seinen Anteil kr BefriediggsR aneignen; dch Trenng erhält Gläub mit nachrangigen PfdR belastetes AlleinEigt am Überschuß. – **c)** Sofern der eingezogene Betrag dem **Pfandgläubiger gar nicht gebührt** (zB PfdR nicht entstanden od erloschen), wird Gläub Eigtümer des ganzen Betrages u Schuldn befreit (W-Raiser § 176 II 2); and bei Kenntn des Schuldn (vgl auch § 1275 Rn 1: § 409). 2 3 4

1289 *Erstreckung auf die Zinsen.* **Das Pfandrecht an einer Forderung erstreckt sich auf die Zinsen der Forderung. Die Vorschriften des § 1123 Abs. 2 und der §§ 1124, 1125 finden entsprechende Anwendung; an die Stelle der Beschlagnahme tritt die Anzeige des Pfandgläubigers an den Schuldner, daß er von dem Einziehungsrechte Gebrauch mache.**

1) Zinsen, die nach PfdRBestellg vertragl od gesetzl geschuldet werden u über die Gläub nicht schon vor PfdRBestellg verfügt hat (KG OLG **12**, 286), werden vom PfdR an verpfändeter Fdg krG erfaßt; rückständ Zinsen nur bei bes Vereinbg (Düss WM **84**, 1431). Die Erstreckg ist vertragl mit dingl (KG OLG **12**, 286) od bloß schuldr (KG Recht **14**, 2878) Wirkg ausschließb; dann nachträgl Zinsverpfändg mögl. Bei Ausschluß des PfdR an HypZinsen ergreift PfdR aber TilgsLeistg (RG Recht **14**, 3015). – § 1289 ist unanwendb bei NutzgsPfdR nach § 1213 (RG Warn **14**, 245), bei Verpfändg nur der ZinsAnspr (RG Warn **15**, 85) u bei Verpfändg einer HöchstBetrHyp mit eingerechneten Zinsen (RG Recht **14**, 2877); anwendb auf PfändgsPfdR (Düss aaO). 1

2) Wirksam wird die Haftg (auch bei ausdrückl Mitverpfändg; RG Warn **14**, 245) erst mit Anzeige des PfdGläub an Schuldn, daß er von EinziehgsR nach §§ 1281, 1282 Gebr macht. Sie **umfaßt** die nach PfdRBestellg verfallenen u noch nicht eingezogenen Zinsen zurück bis auf ein Jahr vor Anzeige (§ 1123 II) u die künftigen. Vfgen des Gläub nach PfdBestellg über den ZinsAnspr (Einziehg, Abtr, Verpfändg) sind ggü den PfdGläub nur unwirks, soweit sie sich auf eine spätere Zeit als den zZ der Anzeige laufden bzw folgden KalMonat erstrecken (§§ 1124, 1125). 2

1290 *Einziehung bei mehrfacher Verpfändung.* **Bestehen mehrere Pfandrechte an einer Forderung, so ist zur Einziehung nur derjenige Pfandgläubiger berechtigt, dessen Pfandrecht den übrigen Pfandrechten vorgeht.**

1) Mehrheit vertraglicher Pfandrechte. – a) Bei **ungleichrangigen** PfdR gewährt nur das erstrangige die Rechte aus §§ 1281 bis 1283. Nachrangige PfdGläub können nur Leistg an erstrangigen iFv § 1282 bzw an diesen u Gläub iFv § 1281 verlangen; an sich selbst nur mit Zust des erstrangigen (RG SeuffA **69**, 68; BGH NJW **81**, 1671). Nachrangiger PfdGläub erlangt die Rechte erst, wenn die vorrangigen (zB inf Befriedigg dch nur teilw Einziehg) ausgeschieden sind (BayObLG SeuffA **57**, 25). – **b)** Bei **gleichrangigen** PfdR kann jeder PfdGläub nur Leist an alle verlangen (§ 432); gilt auch bei GeldFdg (str), sofern nicht nur verschiedene TeilFdg verpfändet. 1

2) Vertrags- und Pfändungspfandrecht. § 1290 gilt nicht, wenn verpfändete Fdg für Dr gepfändet u zur Einziehg überwiesen wird. VertrPfdR setzt sich am Erlös fort, uU BereichergsAnspr gg Dr nach dessen 2

Befriedigg aus der Fdg. Erstrangiger PfdGläub hat (außer bei NutzgsPfdR od wenn PfdgsPfdGläub zugl nachrangiger VertrPfdGläub ist) entspr § 1232 kein WidersprR nach ZPO 771 (RG **87**, 321), wohl aber VorzugsR entspr ZPO 805. – **Mehrheit von Pfändungspfandrechten** ist in ZPO 804, 853 geregelt (dazu Stöber Rn 774 ff).

1291 *Pfandrecht an Grund- oder Rentenschuld.* **Die Vorschriften über das Pfandrecht an einer Forderung gelten auch für das Pfandrecht an einer Grundschuld und an einer Rentenschuld.**

1 Bei Anwendg der Vorschr über das FdgsPfdR steht eine **Grundschuld** einer auf Kapitalzahlg gerichteten Fdg (iFv § 1191 II einer solchen, bei der Zinsen/Nebenleistgen bedungen sind) u die **Rentenschuld** einer auf Geldrente gerichteten Fdg (bei der eine §§ 1201, 1202 entspr Ablösg bedungen ist) gleich; der GrdstEig-
2 tümer wird als Schuldn, die Renten werden als Zinsen angesehen. – **Verpfändung** erfordert neben der Einigg über die Verpfändg der Grd/RentenSch bei BuchR GBEintr, bei BriefR schriftl VerpfändgsErkl (dch GBEintr ersetzb) u BriefÜberg (§ 1274 Rn 6 gilt entspr); für InhBriefGrd/RentenSch (§§ 1195, 1199) gilt § 1293. Brief alleine nicht verpfändb (BGH **60**, 174). § 1280 nur bei Verpfändg rückständ Zinsen u Renten anwendb (vgl § 1159). Verpfändg eines BriefR schon vor seiner Eintr mögl, PfdR wird mit Eintr u Brief-Überg wirks (RG Warn **11**, 274). PfdR an dch Grd/RentenSch gesicherter Fdg ergreift Grd/RentenSch nicht (RG **135**, 272). Verpfändg zur Sicherg einer schon dch Hyp am gleichen Grdst gesicherten Fdg zul (KG
3 OLG **45**, 230). – Über **Anwendbarkeit von § 1197** bei Verpfändg einer EigtümerGrdSch vgl § 1197 Rn 2, 5. Über Umschreibg der GrdSch auf Eigtümer nach Befriedigg des PfdGläub vgl KG JW **35**, 1641.

1292 *Verpfändung von Orderpapieren.* **Zur Verpfändung eines Wechsels oder eines anderen Papiers, das durch Indossament übertragen werden kann, genügt die Einigung des Gläubigers und des Pfandgläubigers und die Übergabe des indossierten Papiers.**

1 **1) Für Orderpapiere** [Wechsel (WG 11 I); Scheck (ScheckG 14 I); Namensaktie (AktG 68 I); Namensinvestmentanteilsschein (KAGG 18 I); die kaufm OrderPap des HGB 363] bestehen folgde Verpfändgsmög-
2 lichk: – **a) Verpfändung nach § 1274** dch Einigg über Verpfändg der verbrieften Fdg u Überg des nichtindossierten Papiers nach §§ 1205, 1206 (hM). PfdGläub erwirbt nur gewöhnl PfdGläubR nach §§ 1273 ff an der Fdg u damit nach § 952 am Papier, so daß er gg Einwendgen nicht wie bei Indossament
3 geschützt (RG SeuffA **80**, 47). – **b) Verpfändung nach § 1292 mit offenem Pfandindossament** dch Einigg über Verpfändg des Papiers (W-Raiser § 177 II 1 a; E. Wolf § 14 A VIII f 1 aa; Stranz, WG14, Art 19 Anm 3; nach aA der Fdg: RGRK/Kregel Rn 7; Soergel/Mühl Rn 4; MüKo/Damrau Rn 4) u Überg des indossierten Papiers nach §§ 1205, 1206 (sofern nicht § 1205 I 2 gegeben; RG **126**, 352); Indossament wird bei allen OrderPap (hM) dch VerpfändgsVermerk entspr WG 19 I als PfdIndossament (auch blanko) gekennzeichnet. – PfdGläub erwirbt weitergehde Befugn als nach §§ 1273 ff. Er kann alle Re aus dem Papier im eigenen Namen geltd machen (WG 19 I); es gilt die Vermutg von WG 16 I, ScheckG 19, HGB 365 I u Schutz gutgl Erwerbs nach WG 16 II, ScheckG 21, HGB 365 I; Einwdgen des Schuldn, die sich auf unmittelb Beziehgen zum Gläub begründen (zB dessen Befriedigg), können ihm nur entgegehalten werden, wenn er beim Erwerb bewußt zum Nachteil des Schuldn handelte (WG 19 II, ScheckG 22, HGB 364 II); Einwdgen gg den Bestand des PfdR sind zul. Da Gläub Eigtümer bleibt, ist PfdGläub nicht zu außerh des Verpfändgszwecks liegden RHdlgen befugt (§ 1282 Rn 5); sein Indossament hat nur Wirkg eines Vollm-Indossaments (WG 19 I); er erwirbt gg Gläub keine wechselm/scheckm Anspr (RG **120**, 210); veräußern darf
4 er nur iFv §§ 1284, 1295. – **c) Verpfändung nach § 1292 mit verdecktem Pfandindossament** dch Einigg u Überg wie Rn 3, nur daß Indossament keinen Verpfändgsvermerk enthält (Vollindossament, auch blanko). Das ist Verpfändg u nicht SichgÜbertr (KG JW **25**, 1523), denn nicht Indossament sond der auf Verpfändg gerichtete BegebgsVertr ist maßg (RG SeuffA **80**, 47; RG **117**, 69). PfdGläub erlangt gleiche RStellg wie bei Rn 3. Trotz seiner Stellg als Eigtümer im AußenVerh bleibt er im InnenVerh PfdGläub u erwirbt gg Gläub keine wechselm/scheckm Anspr (RG **120**, 210; KG JW **25**, 1523). Außer iFv §§ 1284, 1295 keine VeräußergsBefugn (KG JW **25**, 1523); da sein Indossament abw von WG 19 I Vollindossament ist,
5 kann Dr aber von ihm gutgl erwerben. – **d) Verpfändung nach § 1274 mit offenem Vollmachtindossament** dch Einigg u Überg wie Rn 2, nur daß Indossament dch VollmVermerk entspr WG 18 I gekennzeichnet (Baumbach-Hefermehl, WG u ScheckG14, WG 19 Rn 4; Stranz, WG14, Art 19 Anm 14; aA Soergel/Mühl Rn 7; Wstm/Gursky § 138 II 2 b; MüKo/Damrau Rn 12), denn BegebgsVertr ist maßg (Rn 4).

6 **2) Einzelfragen.** – **a)** Soweit PfdR nach **AGB-Banken 19 II** wg DiskontiergsAuftr nicht entstanden (Einf 11 vor § 1204), kann nachträgl (auch stillschw) Verpfändg erfolgen, wozu bloßes Nichtzurückfordern des WertPap idR aber nicht ausreicht (RG **126**, 348); mögl auch Verpfändg nach Rn 2 (Karlsr OLG **44**, 247). – **b)** Verpfändg von **Traditionspapieren** (§ 870 Rn 2) ist iZw Verpfändg der Ware selbst.

1293 *Pfandrecht an Inhaberpapieren.* **Für das Pfandrecht an einem Inhaberpapiere gelten die Vorschriften über das Pfandrecht an beweglichen Sachen.**

1 Für **Inhaberpapiere** [InhSchVerschreibg (§ 793); InhScheck (ScheckG 5); InhGrd/RentenSchBrief (§§ 1195, 1199); InhAktie (AktG 10 I); InhInvestmentanteilschein (KAGG 18 I), BSchuldbuchFdg (§ 1 G v 29. 3. 51, BGBl I 218; vgl BGH NJW **96**, 1675), InhVerpflSchein (§ 807)] gelten §§ 1204–1258. –
2 **Verpfändung** dch Einigg über Verpfändg des Papiers (RG **58**, 10) u Überg des Papiers nach §§ 1205, 1206 (sofern nicht § 1205 I 2 gegeben) ohne Anzeige nach § 1280. In Verpfändg liegt Begebg eines noch nicht in Verkehr gebrachten InhPap (RG JW **13**, 200). Gutgl Erwerb nach § 1207, HGB 367 mögl; DepG zu

beachten (§ 1207 Rn 1). Verpfl des PfdGläub zur Zinserhebg u Einforderg neuer Zinsbogen (§§ 1215, 1218, 1219). Schutz des PfdR aus § 1227 dch § 1006 I 2 erschwert. PfdR aus AGB-Banken 19 II gibt scheckm Sicherh nach ScheckG 22 (Stgt WM **71**, 288). Bei Verpfändg von Aktien bleiben mangels abw Vereinbg Stimm- u BezugsR beim Verpfänder, AGB-Banken 19 II erfaßt letztere aber als selbstd PfdGgst; entspr gilt für Gratis- u junge Aktien, sobald sie in Bes der Bank gelangen. Bei Aktienumtausch PfdRFortsetzg an neuen Stücken (RG **116**, 203). – **Verwertung** dch Verk (§§ 1228 ff; oft § 1235 II mit § 1221), dch Einziehg 3
(§ 1294) od nach § 1277.

1294 ***Einziehung und Kündigung.*** **Ist ein Wechsel, ein anderes Papier, das durch Indossament übertragen werden kann, oder ein Inhaberpapier Gegenstand des Pfandrechts, so ist, auch wenn die Voraussetzungen des § 1228 Abs. 2 noch nicht eingetreten sind, der Pfandgläubiger zur Einziehung und, falls Kündigung erforderlich ist, zur Kündigung berechtigt und kann der Schuldner nur an ihn leisten.**

Bei OrderPap (auch bei Verpfändg nach § 1274) u InhPap hat PfdGläub mangels abw Vereinbg (§ 1284) in 1
Erweiterg von § 1281 schon vor PfdReife alleiniges Einziehgs- u KündR, sobald verbriefte Fdg fällig u für Gläub kündb; Schu kann nur an PfdGläub leisten. EinziehgsR vor u nach PfdReife abw von § 1282 I 2 auch über den zur Befriedigg erforderl Betrag hinaus; dann auch Recht auf Abtr an Zahlgs Statt, dies aber nur iRv § 1282 I 3. § 1285 II anwendb (KG OLG **26**, 207). Wirkg der Einziehg: §§ 1287, 1288.

1295 ***Freihändiger Verkauf von Orderpapieren.*** **Hat ein verpfändetes Papier, das durch Indossament übertragen werden kann, einen Börsen- oder Marktpreis, so ist der Gläubiger nach dem Eintritte der Voraussetzungen des § 1228 Abs. 2 berechtigt, das Papier nach § 1221 verkaufen zu lassen.**

Bei börsen- u marktgängigen OrderPap (auch bei Verpfändg nach § 1274) hat PfdGläub nach PfdReife 1
Recht auf freihänd Verk nach § 1221 (nicht auf PfdVerst nach § 1235), EinziehgsR nach §§ 1294, 1281 ff u BefriedigsR nach § 1277 bestehen daneben. Auf freihänd Verk §§ 1234 ff anwendb, denn § 1221 ist an Stelle von § 1235 II angezogen, um doppelte Verweisg zu vermeiden (allgM); anwendb auch § 1244 (RG **61**, 333). PfdGläub kann Papier selbst erwerben, es aber mangels abw Vereinbg (bei der § 1229 zu beachten) nicht ohne weiteres zum Börsenkurs behalten.

1296 ***Erstreckung auf Zinsscheine.*** **Das Pfandrecht an einem Wertpapier erstreckt sich auf die zu dem Papiere gehörenden Zins-, Renten- oder Gewinnanteilscheine nur dann, wenn sie dem Pfandgläubiger übergeben sind. Der Verpfänder kann, sofern nicht ein anderes bestimmt ist, die Herausgabe der Scheine verlangen, soweit sie vor dem Eintritte der Voraussetzungen des § 1228 Abs. 2 fällig werden.**

1) PfdR an Wertpapieren aller Art erstreckt sich abw von § 1289 auf dazugehörige Zinsscheine usw nur 1
bei MitÜberg. Trotz MitÜberg sind sie dem Verpfänder od Eigtümer (vgl § 1254 Rn 2) herauszugeben (and bei NutzgsPfdR) u werden damit pfandfrei, wenn sie vor PfdReife fällig werden; HerausgAnspr dch AGB-Banken 21 I 2 abbedungen. Hat PfdGläub gem § 1294 vor PfdReife eingezogen, so muß er vorbehaltl § 240 wieder herausgeben. – Entspr anwendb auf Herausg von Zinsscheinen usw bei Hinterlegg von WertPap nach §§ 232 I, 234 II, ZPO 108 ff (RG **72**, 264; Bambg SeuffA **70**, 68).

2) Selbständiges Pfandrecht an Zinsscheinen usw zu InhPap mögl; gelten als selbstd InhPap, dahervom 2
HauptPap getrennt verpfändb (RG **77**, 335). Zinserneuergsscheine keine selbstd InhPap (§ 803 Rn 4); dennoch HauptPap ohne sie verpfändb, was aber die Ausn bildet (RG **58**, 162).

Viertes Buch. Familienrecht

Bearbeiter der §§ 1297–1588: Dr. Brudermüller, Richter am Oberlandesgericht Karlsruhe; der §§ 1589–1921: Prof. Dr. Diederichsen, Universität Göttingen

Schrifttum

a) Kommentare zum gesamten FamR: Bäumel ua, FamRReformkommentar, 1998; Böhmer/Coester, Das gesamte FamR, 1998; Hoppenz, FamSachen anhand der Rspr des BGH, 6. Aufl 1998; Johannsen/Henrich (Hrsg), EheR, 3. Aufl 1998; Rolland (Hrsg), FamR, 1994; Schwab (Hrsg), Hdb des ScheidgsR, 3. Aufl 1995. – **b) Lehrbücher:** Gernhuber/Coester-Waltjen, Lehrb d FamR, 4. Aufl 1994; Dölle, 2 Bde 1964/65; Finke/Garbe, FamR in der anwaltl Praxis, 3. Aufl 1999; Giesen, FamR, 1994; Henrich, FamR, 5. Aufl 1995; Lüderitz, FamR, 27. Aufl 1999; Schlüter, BGB FamR, 7. Aufl 1996; Schwab, FamR, 9. Aufl 1999; Seidl, FamR, 5. Aufl 1999. – **c) Handbücher:** Gerhardt/v Heintschel-Heinegg/Klein (Hrsg), Hdb d FachAnw f FamR, 2. Aufl 1999; Rahm/Künkel (Hrsg), Hdb des FamGVerf, 4.Aufl 1997; Schellhammer, ZivR nach AnsprGrdlgen, FamR samt Verf in Fam- u BtSachen, 1998; Scholz/Stein, PraxisHdb FamR 1998. – **d) Tabellen:** Brudermüller/Klattenhoff, Tab zum FamR, 17. Aufl 1999; Kemnade/Scholz/Zieroth FamR 2. Aufl 1998; Schnitzler, ArbHilfen zum FamR, 2. Aufl 1998. – **e) Rspr-Berichte:** Dörr/Hansen (zuletzt) NJW **96**, 2698 u **98**, 3243; A. Weber (zuletzt) NJW **97**, 2787, **98**, 3083 u **99**, 3160; Niepmann MDR **98**, 1256. – **f) Übbl:** Diederichsen FamRZ **92**, 1; Peschel-Gutzeit FamRZ **96**, 1146; Schwab FamRZ **97**, 521; Willutzki FamRZ **97**, 777. – S auch vor § 1569.

Einleitung

1 **1) Begriffe. a) Ehe** ist im BGB gesetzl nicht definiert. In Anknüpfg an die christl-abendländ Trad ist unter Ehe nur die rechtl verbindl LebGemsch zw Frau u Mann zu verstehen (Einf 2 v § 1353), so daß gleichgeschlechtl Partn nach geltd R keine Ehe schließen können (BVerfG-Ka NJW **93**, 3058; Radloff FamRZ **94**, 21; vgl Hepting FamRZ **98**, 716). Zur Kontroverse der Erstreckg von GG 6 auf gleichgeschlechtl Partnersch Pauly NJW **97**, 1955; Ott NJW **98**, 117. Vgl auch Bruns, Steinmeister, Wegner, ZRP **96**, 6 u 214 u **97**, 462. Eine Änderg ist dem GesGeber vorbeh (zur Reform Rn 7). Die Gemeins VerfKomm hat die Ausweitg v GG
2 6 auf LebGemsch aller Art abgelehnt (vgl Isensee NJW **93**, 2585). – **b) Familie** (vgl auch Einf 1 v § 1589) ist die Gesamth der dch Ehe u Verwandtsch verbundenen Pers (vgl BVerwG FamRZ **77**, 541; Huffmann, Die Erfassg der Fam im ZivR, 1990), ieS nach tradit Verständn (nur) die Eheg u ihre Ki, nach neueren Tendenzen
3 unter Einbeziehg auch des ne Eltern-Kind-Verh (ausf E. Schumann, 1998, 169 mN). – **c)** Weiter ist der Begr der **Angehörigen** (vgl §§ 530, 1969; StGB 11 I Nr 1). Zur Einbeziehg in die Schutzwirkg des Vertr: § 328 Rn 17; Eintr in MietVertr: § 569 a; zur Mithaftg mittelloser Angeh: Rn 23 f, § 138 Rn 37. Gleichgeschlechtl LebPartn können nach geltdR grdsl nicht als „Angeh" gelten (vgl aber f neLebG Rn 26, 28).

4 **2) Familienrecht** iS des BGB ist der Inbegr der Vorschr, welche die RVerhältn der dch Ehe u Verwandtsch miteinand verbund Pers regeln, aber (wie bei Vormsch, Bt u Pflegsch) ggf auch verwandtsch-ersetzde Funktionen haben. Das staatl Interesse kommt im FamR dadch zum Ausdr, daß im Ggs zu den übr Teilen des PrivR die Vorschr **meist zwingendes Recht enthalten;** VertrFreih also nur, soweit ausdr anerkannt (vgl § 1585 c). Das BGB hat das FamR nicht in sich abgeschlossen geregelt, sond faßt es als einen Teil des PrivR überh, läßt also die allg Vorschr des 1. u 2. Buchs auch hier Anwendg finden, soweit nicht Sonderregelg eingreifen (zB §§ 1313 ff) od der bes Charakter des FamR jene ausschließt (vgl § 194 II, §§ 200, 204). NebenGes ist das **PersonenstandsG** (Schönfelder Nr. 113). Auf **verfahrensrechtlichem** Gebiet ist den Besonderh des FamR im 6. Buch der ZPO (§§ 606 ff) u in FGG §§ 35 ff Rechng getragen (vgl Th-P, Einf v ZPO 606; Bassenge/Herbst, Vorbem v FGG 35; KKW/Engelhardt, ebd; vgl iü bei den Einzeldarstellgen).

5 **3) Rechtsentwicklung.** Im Ggs zu and Teilen des BGB sind im 4. Buch zT tiefgreifde **Veränderungen und Ergänzungen** erfolgt (vgl die ausf ZusStellg in der 42. Aufl). Von ihnen sind die wichtigsten: das GleichberechtigungsG v 18. 6. 57 (BGBl 609); das NEhelG v 19. 8. 69 (BGBl 1243); das 1. EheRG v 14. 6. 76 (BGBl 1421); das SorgeRG v 18. 7. 79 (BGBl 1061); das UÄndG v 20. 2. 86 (BGBl 301); das VAHRG u das VAwMG (vgl Anh zu § 1587 b). Zum Ende der 13. Legislaturperiode (vgl Wagenitz/Barth FamRZ **96**, 577; Schwab FamRZ **97**, 406) verabschiedet u zumeist ab 1. 7. 98 in Kr getr sind (in zeitl Reihenfolge der Verkündg): das **Beistandschaftsgesetz (BeistandschaftsG)** v 4. 12. 97 (BGBl 2846) mit der neuen Beistandsch zur Feststellg der Vatersch u Geltdmachg von UnterhAnspr als Ersatz für die bish AmtsPflegsch; **das Kindschaftsrechtsreformgesetz (KindRG)** v 16. 12. 97 (BGBl 2942) mit den Konsequenzen der Aufg des StatusUntersch von ehel u ne Geburt im AbstammgsR u im Recht der elt Sorge, ebso wie iR des UnterhR das **Kindesunterhaltsgesetz (KindUG)** v 6. 4. 98 (BGBl 666); das **Eheschließungsrechtsgesetz (EheschlRG)** v 4. 5. 98 (BGBl 833), dch das gleichzeitig **das EheG v 1946 aufgehoben** worden ist (Art 14 Nr 1 EheschlRG, wobei von den im 2.–4. Titel behandelten Ggsten Eingehg der Ehe, Nichtigk u Anfechtbark der und Wiederheirat iF der TodesErkl der §§ 1303–1352 der urspr Fassg des BGB in der Neufassg der Vorschr dch das EheschlRG die §§ 1321–1352 unbesetzt geblieben sind); das **Betreuungsrechtsänderungsgesetz (BtÄndG)** v 25. 6. 98 (BGBl 1580); das **Minderjährigenhaftungsbeschränkungsgesetz (MHbeG)** v 25. 8. 98 (BGBl 2487).

6 **4) Übergangsregelungen:** EG 198–212. **DDR:** EG 234. **IPR:** EG 13–24.

7 **5) Reformen: a)** GesEntwürfe aus der **13.** Legislaturperiode: **Nichteheliche Lebensgemeinschaft:** BT-Drucks 13/7228 (Bündnis 90/Die Grünen): Regelg der RVerhältn NeLebG; vgl dazu FF **99**, 47 (Anhörg im BT-RA am 6. 5. 98). – **Zuweisung der Ehewohnung:** BR-Drucks 307/94 (Nds), BT-Drucks 13/196

(BRat) u BT-Drucks 13/2500 (SPD): insb Abschwächg des HärteErfordern; vgl FamRZ **94**, 809; **95**, 340 u 1549; JHBr § 1361 b Rn 75. – Zur Vereinheitlichg des **Adoptionsrechts** innerh Europas: Einf 13 v § 1741. – Beabsichtigt ist ferner die Reform des **Vormundschafts- und Pflegschaftsrechts** (vgl BT-Drucks 13/892 S 31). **b) 14. Legislaturperiode:** Entw eines Ges zur Regelg der RVerhältnisse eingetragener Lebenspartnerschaften v 23. 6. 99, BT-Drucks 14/1259. Mit dem GesEntw soll die Möglichk eröffnet w, dch das Eingehen einer eingetragenen LebPartnsch in einem „unterhalb der Ehe" gelagerten RInst best LebBereiche rechtl zu gestalten. Vgl ZRP **99**, 81; vgl auch Rn 10. – BVerfG NJW **99**, 557 hat Fr zur verfkonformen Neugestaltg der steuerl Berücks v KiBtKosten (iW der Erhöhg des KiG od dch Ändg der KiFreibetr od Kombination beider Faktoren) gesetzt bis 1. 1. 2000. Zum 1. 1. 2002 müssen danach auch die Vorschr z HaushFreibetr neu gestaltet w.

6) a) Das **Grundgesetz** hat in Art 6 Ehe u Fam unter den bes Schutz der staatl Ordng gestellt (V. Schmid, 8
Die Fam in Art 6 GG, 1989; Loschelder FamRZ **88**, 333; Henrich, FS Lerche 1993, 239; zum KindschR: Seibert FamRZ **95**, 1457). Zum Schutz der Ehe vgl Einf 3 ff vor § 1353; zum elterl SorgeR u KiGrdRe Einf 4–6 v § 1626. Zu den für 1999 geplanten Entsch des **BVerfG:** NJW **99**, 1005; FamRZ **99**, 491. – **b)** Zur 9
Europäischen Menschenrechtskonvention (EMRK): ausf 58. Aufl. Eingehd Brötel, Der Anspr auf Achtg des FamLeb, 1991; u FamRZ **95**, 72. Vgl auch Koeppel FuR **93**, 64; Kuntze FamRZ **95**, 655; Fahrenhorst FuR **95**, 107; Reeken ZfJ **96**, 10. – Zum „Übereink üb die Re des Ki" = **UNO-Kinderkonvention** (FamRZ **92**, 253; Ratifizierg dch G v 17.1.92, BGBl I 121; Schwenzer FamRZ **93**, 1036 mN). Vgl Stöcker FamRZ **92**, 245; Baer NJW **93**, 2209; Münning ZfJ **92**, 553. VölkerR u KindschR: Brötel DAV **97**, 537.

7) Nichteheliche Lebensgemeinschaft (NeLebG). Lit: Battes, Ne ZusLeb im ZivR, 1983; Burhoff, 10
Hdb der neLebG, 2. Aufl 1998; Grziwotz, NeLebG, 3. Aufl 1999; Hausmann, NeLebG u VermAuseinandS, 1989; Hausmann/Hohloch (Hrsg), Das R der neLebG, 1999; Kingreen, Verfrechtl Stellg der neLebG, 1995; E. Schumann, Die neFam, 1998; Schwenzer, Vom Status zur Realbeziehg, 1987; Chr. Schreiber, Die neLebG, 1995; Zwißler, Die neLG in der anwaltl Praxis, 1999. – Übbl: Erler FuR **96**, 10; Grziwotz FamRZ **94**, 1217 u **99**, 413; Plate FuR **95**, 212 u 273; Weinreich FuR **99**, 356; Trimbach-El Alami NJ **96**, 57 (rechtsvergl). – Zum Probl bei ZusLeb in neLebG mit Ausl: Egner FamRZ **96**, 587; ders, Die neLebG im dt AuslR, 1998; Schöbener BayVBl **99**, 129. Zu FamNachzug u Ausweisg: Wegner FamRZ **96**, 587. – Reform: v. Renesse ZRP **96**, 212; Schumacher FamRZ **94**, 857; Schwenzer JZ **88**, 781 u FamRZ **92**, 121. Verbreitung: rd 2 Mio neLebGen (Pressemitt des Statist BAmts v 30. 3. 99).

a) Begriff. Im Anschl an BVerfG (FamRZ **93**, 164) haben BSG u BVerwG (NJW **93**, 3346 u **95**, 2802; 11
VGH Mannh VBlBW **98**, 72) die neLebG als Verantwortgs- u EinstehensGemsch von Mann u Frau definiert, die auf Dauer angelegt ist, daneben keine weitere LebG gleicher Art zuläßt u sich dch innere Bindgen auszeichnet, die ein ggs Einstehen der Partn füreinand begr. Wesentl Merkmal der neLebG ist ihre fehlde umfassde RVerbindlk u die Möglk der jederzt Beendigg der Partnsch ohne Einhaltg best Fristen. Die neLebG stellt auch kein Verlöbn dar, da es an dem erforderl EheVerspr fehlt (§ 1297 Rn 1).

b) Anwendbares Recht. aa) Einz **Gesetze** stellen neLebG (ungeachtet etwaiger PartnschVertr, dazu 12
Rn 27) im Bereich staatl Leistgen der Ehe gleich, um die in neLebG zuslebden Partn sozrechtl nicht besser zu stellen als Verheiratete, sonst würde das staatl R einen unzul (BVerfG **9**, 20/35) wirtsch Anreiz zur Meidg der Ehe ausüben (vgl zB BSHG 122; AFG 137 a II, dazu BVerfG NJW **93**, 643; BSG NJW **88**, 2128; Seewald JZ **93**, 148; Luckey FuR **93**, 22; zu AFG 119: BSG NJW **89**, 3036; zur neLebG im SozHilfeR: Paul ZfF **98**, 73). Es kommt dabei nicht darauf an, ob der Partn noch anderweit verh ist (VGH Mannh u OVG Hmbg NJW **96**, 2178 u 1225); auch das Motiv ist nicht entsch (BVerwG DÖV **85**, 282: Pflegebedürftigk). Vorauss: Gemeins Haush (BVerfG FamRZ **93**, 164; Hamm NJW-RR **94**, 773; OVG Hbg FamRZ **90**, 1288). In and Ges wird auf die pers Nähe zw Eheg, Verlobten u sonst FamAngeh Rücks gen. Die Frage ist dann, ob ein Analogieschluß zuG der ne Partner gezogen w kann.

Vollzogen wurden **Analogien** dch die Rspr zB bei **§ 1093 II** (BGH NJW **82**, 1868) u bei **§ 1969** (in direkter 13
Anwdg Düss NJW **83**, 1566 = FamRZ **83**, 274 m abl Anm Bosch); bei § 549II iFd Aufn des Partn in die gemietete Wohng (BGH **92**, 213) u als ErsMieter nach § 569 a (BGH **121**, 116; vgl BVerfG **82**, 6; vgl § 569 a Rn 1,4,7), da die Vorschr keinen famrechtl Charakter h, sond Ausdr der soz Funktion des soz WoMietR ist – dann aber auch bei gleichgestellten Verantwortgs- u EinstehensGemsch (vgl LG Hann FamRZ **93**, 547; AG Bln-Wedding NJW-RR **94**, 524; zur polit Fdg nach Gleichstellg insow GesEntw der FDP, BT-Drucks 14/326) –; ebso bei § 569 b (dort Rn 1). Bei einer entspr Anwendg ist eine enge Begrenzg notw, sonst könnte das Mietverh dch immer neu eintretde Partn dauerh perpetuiert u Mißbr dch Überlassg an Dr getrieben w.

bb) Darüberhinaus ist die Rspr zurückhaltd. Im VersR hat der BGH eine Analogie zu **VVG 67 II** 14
(SGB X 116 VI) abgelehnt u die Regreßsperre nicht auf nePartn ausgedehnt (BGH **102**, 257 = NJW **88**, 1091 mAnm Striewe = FamRZ **88**, 392 mAnm Bosch; ebso Ffm MDR **98**, 1163; Hamm VersR **93**, 1513 f homophile Gemsch); die Frage ist aber str (aA Ffm VersR **97**, 561; Hamm NJW-RR **97**, 90; LG Potsdam FamRZ **97**, 878: bei ZusLeb mit gemeins Ki; LG Saarbr VersR **95**, 158 mN; vgl auch Kln FamRZ **91**, 1293; Hbg VersR **92**, 685; Hamm VersR **97**, 567). Ein Anspr auf bezahlte ArbFreistellg bei Niederkunft der nePartnerin wurde verneint (BVerfG NJW **98**, 2043 aber mit dem Hinw auf notw Konsequenzen aus der Verstärkg der RStellg des neKi u seiner Elt dch KindRG; BAG NJW **87**, 2454; BVerwG NJW **97**, 3183; vgl auch EuGH NJW **98**, 969: keine Pflicht zur Gleichbehdlg bei Fahrtbegünstiggen). Das BayObLG FamRZ **97**, 1477 hat entsch, daß die Vertretg dch ne LebPartn iR einer WoEigtGemsch wirks ausgeschl w kann, so daß eine Vertretg dch den LebPartn in einer WoEigtGemsch unzul ist, wenn die GemschOrdng iSv **WEG 23** nur die Vertretg dch einen Eheg, Verwandte in gerader Linie od dch einen and WoEigt vorsieht; immerhin wurde eingeräumt, es könne treuwidr sein, den WoEigt an dieser vertragl Regelg festzuhalten.

cc) Steuerrechtliche Behandlung: Die LebPartn u Mu des gemeins Ki wird nicht als kindbdgte Haus- 15
gehilfin iSv § 53 a EStG 1979 angesehen, weil die hier aus der EltStellg folgde u geschuldete Fürsorge nicht Ggst eines steuerl zu berücks DienstleistgsVerh sein könne (BFH NJW-RR **98**, 652; ebso List DStR **97**, 1101/4). Zur doppelten HaushFührg: BFH NJW **95**, 982. Nach BFH FamRZ **98**, 674 sind KiBtKosten nur bei AlleinErz unter den Vorauss v EStG 33 c abziehb (dies wird nach BVerfG FamRZ **99**, 285 aber nicht mehr

ow gelten können). UnterhLeistgen an den Eheg sind währd Bestehens der Ehe nicht abzugsfäh; dagg kommt iR einer neLebG bei Vorliegen der Vorauss des EStG 33 a I ein Abzug in Betr, wenn dem nePartn im Hinbl auf das ZusLeb best öffentl inl Mittel (zB Arblosen- od SozHilfe) gekürzt od gestrichen w (str). And als bei Eheg, bei denen Vereinbgen idR an den strengen Bedinggen des Fremdvergleichs gemessen w, können Vereinbgen zw nePartn mit steuerrechtl Wirkg grdsl unbeschränkt abgeschl w (BFH NJW **88**, 2135). Das BVerfG NJW **90**, 1593 (Ka) hat entsch, daß es GG 3 I nicht gebietet, Partn einer neLebG bei der Einteilg der Steuerklassen u der Höhe des Steuersatzes im ErbStG Eheg gleichzustellen (ebso BSG NJW-FER **99**, 102 zu ErzGG 6 I). Auf nePartnsch ist der Splitting-Tarif bei der EinkSteuer nicht anwdb (BFH NJW **90**, 734 u 2712; krit vMünch ZRP **88**, 327/330: „Ehesubvention"). Eine steuerrechtl Schlechterstellg der Ehe ggü der neLebG entspr nicht dem verfrechtl Gebot des bes Schutzes aus GG 6 (vgl nunm BVerfG FamRZ **99**, 285). Ob eine gemschbdgte Zuwdg an den Partn der **Schenkungssteuer** unterliegt, bedarf der Prüfg im EinzFall (BFH DStR **97**, 2018: verneint bei Zuwdg zur Förderg des die gemeins LebGrdl bildenden Gesch des and Partn; Grziwotz DStR **93**, 149).

16 **c) Rechtliche Einordnung.** Nach einer im Vordringen befindl, vermittldén Ans wird die neLebG zwar als etwas grdsl Anderes als die Ehe angesehen, gleichwohl soll ein gew **Mindestrechtsschutz** gewährt w, ohne dadch ein „eheähnl Institut" zu schaffen (ähnl Schwab FamR Rn 831). Das rechtf eine differenzierde Betrachtg nach Problemfeldern:

17 **1. Rechtslage während des Zusammenlebens.** Bei Streitigk ist zunächst festzustellen, ob ges Anspr od
18 (ausdr od stillschw geschl) Verträge bestehen. – **a) Gesetzliche Rechtslage.** Bestehen keine vertragl Abreden, so ist weder das Ehe- noch das VerlöbnisR analog anwendb. Das hindert nicht die Anwendg der sonst Vorschr des BGB auf neLebG, soweit es sich nicht um ehespezifische Regelgen handelt.

19 **(1) Unterhalt.** UnterhPfl bestehen zw den Partn einer neLebG nicht (BSG NJW **93**, 3346), es sei denn iFv § 1615 l (s dort). Weder § 1361 (Hamm FamRZ **83**, 273) noch §§ 1569 ff sind direkt od analog anwendb. Nur in AusnSituationen wird de lege lata auch § 1298 analog heranzuziehen bzw ein Anspr aus einem vertragsähnl VertrauensVerh zu begr sein (vgl Busche JZ **98**, 393 ff). De lege feranda ist eine Regelg zu erwägen, die iF eines nachhalt ErwVerzichts auf Veranlassg od zuG des and Partn zeitl u der Höhe nach einen begrenzten UnterhAnspr gewährt. Vgl auch Schumacher FamRZ **94**, 857. – Zum ErzGeld: BSG FamRZ **97**, 497.

20 **(2) Wohnung.** Dch die **Aufnahme** eines nePartn in die MietWo (dazu § 549 Rn 4) wird dieser nicht VertrPart; es entsteht idR auch kein UntermietVerh (aber analoge Anwdg v § 549 II; Rn13). Der nePartn ist in den Schutzbereich des MietVertr einbezogen, wenn der Verm die Überl an den Partn zum Mitgebr gen hat od jedenf ein entspr Anspr auf Genehmigg besteht (§ 328 Rn 28). Nach verbreiteter Ans erhält der Partn inf der Aufn ein selbstd BesitzR, auch wenn er nicht Part des MietVertr gew ist (Hbg WuM **92**, 548; Kln WuM **97**, 280; aA LG Bln WuM **90**, 38). Aufn eines Partn in die eig Wo kann EigenbedKünd iSd § 564 b II Nr 2 S 1 rechtf (Karlsr FamRZ **82**, 599 mA Bosch). Bei Vollstr eines **Räumungstitels** ist wg ZPO 750 I auch Tit gg den LebPartn erfdl (KG NJW-RR **94**, 713; Th-P ZPO 885 Rn 4; aA Diederichsen 58.Aufl Rn 13 mN).

21 **(3) Gemeinsame Kinder.** Das KindRG läßt ein gemeins SorgeR auch für nicht miteinander verh EltT zu (zur GestaltgsFreih Schwab u Zimmermann DNotZ **98**, 437 u 404). Das gilt auch noch nach Trenng der neLebG. Zur Reform Lipp u Schwab FamRZ **98**, 65 u 457. Näher bei §§ 1626 a ff.

22 **(4) Vermögenszuordnung.** Die Eingehg der LebG allein führt nicht zu einer Änderg der Güterzuordng (Leipold, FS Gernhuber 1993, 69). Es besteht auch keine Vermutg, daß ein Partn an Ggsten, die gemeins benutzt w, dem and hälftiges MitEigt übertragen will. MitEigt der Partn ist nur bei vertragl Übertragg des Eigt od Einräumg einer Mitberechtigg in and Weise anzunehmen (vgl auch Brdbg FamRZ **97**, 1153: kein gemeinsch Eigt hins „gemeins geschaffener Ggste" nach früh DDR-Recht). Sind die HausrGgste bereits mit in die Partnsch eingebracht worden, so verbleiben sie im AlleinEigt dessen, der sie mitgebracht hat; auch bei späterem Ersatz findet keine VermVerschiebg statt. Bei Haush- u gemeins genutzten Ggsten gilt die Vermutg v HausrV 8 II nicht analog, da es ggü der Ehe an der (rechtl verbindl) Verpfl zur LebG fehlt. Es greift aber die Vermutg des § 1006 ein (Hausmann S 254; Haußleiter/Schulz VIII Rn 40). Bei Ggsten des pers Gebr wird vermutet, daß AlleinEigt vorliegt. Abw EigtVerh hat der and Partn zu bew. Allg gilt, daß ein Partn, der währd des ZusLeb Ggste anschafft, diese grdsl für sich erwirbt, sof kein and Wille zum Ausdr kommt, so daß grdsl kein GesHandVerm einer BGB-Gesellsch, grdsl auch kein MitEigt entsteht (Hamm NJW **89**, 909; vgl Düss MDR **99**, 233), selbst wenn ein Ggst mit Mitteln beider Partn angeschafft wird. And idR bei gemeins Finanzierg (Kln NJW-RR **96**, 1411 TeppichErsteigerg). Für die Frage des EigtErwerbs sind die Grds des Gesch für den, den es angeht, maßg (BGH NJW **91**, 2283 für die entspr Situation bei Eheg). Mangels sonst Anhaltspkte ist der Umst, mit wessen Geld ein Ggst erworben w, ein wichtiges Indiz (vgl Hamm NJW **89**, 909).

23 **(5) Verbindlichkeiten.** Jeder Partn haftet (wie Eheg im ges GütStand) grdsl nur für eig Schulden. Eine ges **Mithaftung**, insb bei Gesch zur Deckg des angem LebBed der Partn, besteht nicht; eine Mitverpfl des Partn ist grdsl nur üb eine Bevollmächtigg (einschl RScheinvollm) mögl. Die inf BVerfG **89**, 214 geänderte Rspr des BGH zur Inhaltskontrolle von Vertr hat dazu geführt, daß die MithaftgsErklärg eines nePartn für Verbindlk des Partn (insb iF der Bürgsch) wg groben MißVerh zw der übernomm ZahlgsVerpfl u der wirtsch LeistgsFähigk des mithaftden Partn nichtig sein kann (vgl BGH **128**, 230; **132**, 328; **134**, 325; FamRZ **97**, 481; **98**, 85; **99**, 151; Kln NJW-RR **95**, 1197 u **97**, 1067; Ffm MDR **98**, 848; Seidel/Brink DB **98**, 661/2; Martis MDR **98**, 936; dazu § 138 Rn 38 a).

24 **(6) Zuwendungen** in einer auf Dauer angelegten, von inneren Bindgen getragenen neLebG sind ohne Hinzutreten bes Umstände nicht sittenwidr (BGH **77**, 55/9; NJW **84**, 2150), selbst wenn mind ein Partn noch verh ist (BGH 112, 259). Entsch ist der Inhalt des RGesch unter Einbeziehg seiner Auswirkgen. Unter nePartn erfolgen Zuwdgen idR zur Verwirklichg od Ausgestaltg ihrer LebG. Sie haben desh im Verh zw den nePartn **keinen Schenkungscharakter** (Düss FamRZ **97**, 1110). And im ErbR (Kln FamRZ **97**, 1113). Vgl Rn 35, 36.

(7) Haftung. Da die neLebG dch die enge pers Verbundenh der Partn zueinand geprägt ist, wird zw nePartn eine allg **Haftungsbegrenzung** analog § 1359 auf Vors od grobe Fahrlk angen (Oldbg NJW **86**, 2259; Karlsr FamRZ **92**, 940). Dies gilt nach hM (unter Eheg) nicht im **Straßenverkehr**, da in diesem Bereich für ind Fehler u Nachlässigk kein Raum ist (BGH **46**, 313; **53**, 352; **63**, 57; vgl § 1359 Rn 2; aA Karlsr: Haftg nur iFv Vors od grober Fahrlässigk, u Celle: stillschw Vereinbg eines HaftgsAusschl f Gefälligk-Fahrt im EinzFall, FamRZ **92**, 940 u 941). Für eine Haftgsbegrenzg besteht jedenf dann kein Anlaß, wenn die Partn sich wie Dr ggüstehen, also üb das normale ZusLeb hinaus ein RVerh (zB ArbVerh) zueinand begr. And als ein Eheg wg der aus § 1353 folgden Verpfl zur Rücksichtn (BGH NJW **88**, 1208; vgl § 1353 Rn 11) ist der nePartn nicht daran gehindert, seinen SchadErsAnspr währd des ZusLeb dchzusetzen. – Ausgehd von der Ann des BGH (vgl nur BGH NJW **84**, 797; **98**, 2895/6), daß die Vereinbg des Gebr empfängnisverhütder Mittel einer rgeschäftl Regelg nicht zugängl ist, kann der Verstoß gg die Vereinbg mit der Folge der Geburt eines gemeins Ki weder vertragl noch delikt SchadErsAnspr der Partner untereinand begr (so BGH **97**, 372). Bei bewußter Täuschg des and liegt aber § 826 nahe (ebso Griwotz NeLebG § 10 Rn 30 mwN). – **Haftung gegenüber Dritten.** Die neLebG ist wie die Ehe dch gemeins Wirtsch geprägt. Dabei kann jeder Partn grdsl nur sich selbst kr RGesch verpflichten; idR haftet daher nur er allein für von ihm begr Verbindlichk. Eine (Mit-)Verpfl des and Partn setzt voraus, daß ein ZurechngsTatbestd erf ist. Dieser kann auch nicht analog aus § 1357 hergeleitet w, da es sich um eine spezielle Norm für Eheg handelt. Eine Verpfl des jew nicht handelnden Partn kommt somit nur iF ausdr Vollmachtserteilg u des Handelns im fremden Na gem § 164 in Betr. Wußte der Dr allerd davon, daß sein GeschPartn in einer neLebG lebt, so ist eine Verpfl des nicht handelnden Partn üb die Grds der Duldgs- od Anscheinsvollmacht denkb. Zur Mithaftg Rn 23. 25

(8) Auswirkungen der NeLG. Unterhaltsrecht: Eine neLebG des getrleb od gesch Eheg kann in mehrf Hins Einfl auf seinen UnterhAnspr haben (näher § 1577 Rn 15, § 1579 Rn 27, 31 ff). **Haftung Dritter bei Tötung oder Verletzung eines Partners.** Wird einer der Partner der neLebG dch einen Dr getötet, so besteht mangels eines ges UnterhAnspr (Rn 19) kein Anspr des hinterbliebenen Partn gg den Dr auf Unterh gem **§ 844 II** (vgl Stgt FamRZ **96**, 1177), u mangels einer Verpfl zu Dienstleistgen auch nicht auf Ers wg entgangener Dienste gem **§ 845** (vgl BGH NJW **91**, 1226; Kln VersR **91**, 1292). Der SchadErsAnspr gg den Schädiger wg Verletzg des nePartn aus einem VerkUnfall umfaßt daher nicht entgangene HaushDienste (aA AG Säckingen FamRZ **97**, 293 unter bedenkl Fiktion einer vertragl UnterhPfl u deren Gleichstellg mit ges UnterhPfl, vgl dagg § 843 Rn 8). Tendenz zur Erweiterg des Begr „FamAngeh" aber insow, als die Fahrtkosten für Besuche beim verletzten Partn zugesprochen w können (so LG Münster NJW **98**, 1801 iF späterer Eheschl). 26

b) Partnerschaftsverträge (Lit: Grziwotz, PartnerschVertr für die ne LebG, 3. Aufl 1998, u MDR **99**, 709; Oberto FamRZ **93**, 1; Schreiber NJW **93**, 624). Die Partn können Vertr schließen, mit denen sie ihr ZusLeb gestalten wollen (BGH NJW **91**, 830). Derartige Vereinbgen verstoßen nicht gegen die guten Sitten, sol nicht einz Regelgen sich als sittenwidr erweisen (Karlsr FamRZ **89**, 866; vgl Rn 24 u § 138 Rn 50 f). Sittenwidrigk bej: bei Übertragg eines hälft MitEigtAnteils am HausGrdst des (Noch-)Eheg, um dadch die TeilgsVerst des FamHeims zu ermögl (Schlesw FamRZ **95**, 735); not Vereinbg währd noch bestehder Ehen der VertrPart (so Hamm NJW **88**, 2474: auch wg Anknüpfg eines AbfindgsAnspr an pers Verhaltensanforder-gen; LG Paderborn FamRZ **99**, 790: wg Erschwerg der Chance zur Wiederherstellg der ehel LebG u wg des Inhalts einer VertrKl als Sanktion m VertrStrafencharakter; vgl aber Rn 24 f Zuwendgen); dagg verneint bei **Verfügungen von Todes** wg zuG des jew Partn, sol mit diesen nicht der ausschließl Zweck verfolgt w, den Eheg od Ki aus einer noch bestehden Ehe zu benachteiligen (BGH FamRZ **69**, 323; **70**, 368). Auch UnterhVertr sind zul (BGH FamRZ **86**, 145), soweit dadch nicht etwa die Lösg der Partnsch verhindert od üb Gebühr erschwert w (vgl Hamm FamRZ **88**, 618 bei Vereinbg einer unangemess Abfindg iF eins Trenng). **Verträge zugunsten des Lebenspartners als Drittem** sind als berechtigde wie als bl ermächtigde Vertr zG Dr zul (vgl Einf 1 v § 328). 27

c) Prozessuale Fragen. (1) Kein Zeugnisverweigerungsrecht. Eine Erstreckg des Aussageverwei-gergsR (ZPO 383 I Nr 1–3, StPO 52 I) u der strafrechtl AngehEigensch (StGB 11 I Nr 1) ist dem GesGeber vorbehalten (vgl BayObLG NJW **86**, 202; str). **(2) Ersatzzustellungen.** NePartn ist nach herkömml Meing kein Hausgenosse iSv 181 I (so zB Stgt MDR **88**, 518; aA Schlesw NJW **99**, 2602 mwN); leben in Wo auch gemeins Ki, ist jedenf das Merkmal der „Fam" erf (BGH **111**, 1; Mayer/Rang NJW **88**, 811; aA noch BGH NJW **87**, 1562). **(3)** Die **Eigentumsvermutung** iF der ZwVollstr (§ 1362 I, ZPO 739) zuG der Gl eines Eheg gilt auch bei ne LebG (vgl § 1362 Rn 1), da die ratio legis, der VermVermischgs- u VerschleiergsGef entggzuwirken, ebso zutrifft u für den Gläub aGrd des Mitgewahrs des and Partn u der meist unklaren EigtVerh an bewegl im gemeins Haush befindl Sachen dieselbe Unklarh besteht wie bei Eheg (str; ebso Thran NJW **95**, 1458/62 mN; aA zB Kln NJW **89**, 1737; Jauernig/Berger Rn 2). 28

2. Auflösung der nichtehelichen Lebensgemeinschaft. 29

(1) Schadensersatz wg eins Beendigg der Gemsch kommt nur ausnahmsw in Betr (vgl Celle NJW **83**, 1065), zB bei bewußter Täuschg (vgl Rn 25). 30

(2) Wohnung (Lit: Thofern, Die neLebG im dt u ital MietR, 1993; Wlecke, Bestandsschutz an der gemieteten EheWo, 1995; Kloster-Harz/M. J. Schmid, EheWo – PartnWo – WoGemsch, 1999. Reform: Theimer ZRP **95**, 266; Brudermüller FamRZ **94**, 207). Bei Streitigk u Trenng der nePartner können §§ 1361 a, b u HVO nicht analog angewendet w (AG Bln-Neukölln u Bln-Schönebg NJW-RR **93**, 133 u 1038; LG Hagen FamRZ **93**, 187; Diederichsen NJW **83**, 1017/9; Schwab Rn 845; Staud/Weinreich vor HVO Rn 3 u § 5 Rn 2; aA LG Mü I NJW-RR **91**, 834; Grziwotz § 13 Rn 16), auch nicht § 745 II (LG Bln NJW-RR **95**, 463). Der nePartn, der **nicht Mitmieter** (MitEigt) der gemeins genutzten Wo ist, kann grdsl jederzeit (ebso Schreiber Rn 425; and AG Bruchsal NJW **81**, 1674; AG Potsdam WuM 94, 528=FamRZ **95**, 1142 LS; Grziwotz § 13 Rn 9: nur bei bes Grd) vom and Partn aus der Wo gewiesen w, aber nicht zur „Unzeit" u auch nicht, soweit der „Hinauswurf" gg **§ 242** (RMißbr) verstößt (vgl FamRZ **94**, 207/210; abw Diederichsen 58. Aufl: ohne Einschränkg; aA LG Mü I NJW-RR **91**, 834; AG Waldshut-Tiengen NJW-RR **94**, 712: verbotene Eigenm dch Verweisg aus der Wo ohne Vorankündigg; LG Chemn NJW-RR **95**, 269: gem § 565 zeitl begrenztes eig R des aufgen Partn zur WoNutzg). Die MSchVorschr sind nicht anwendb. Ein 31

ZbR gem § 273 wg eig ZahlgsAnspr besteht nicht (Hamm NJW **86**, 728). IjF besteht **kein Selbsthilferecht**, so daß der Partn zur ZwDchsetzg seines RäumgsBegehrens Räumgskl erheben muß (vgl LG Bln MDR **90**, 1116; vgl auch LG Oldbg NJW-RR **90**, 590 zur Möglk der „Verzeihg") u auf ges RäumgsVollstr angewiesen ist, gg die dem Nichtmieter ggf RäumgsSchutz gem ZPO 721 V zusteht. Auch eine einstw Vfg (ZPO 940 a) ZPO ist idR unzul; Ausn: Gef f Leib u Leb bei weiterer Mitbenutzg dch den and Partn (LG Bochum u Brschw NJW-RR **90**, 896 u **91**, 832; Helle NJW **91**, 212). Wird der Nichtmieter gleichwohl eigenmächt vor die Tür gesetzt, so kann er nach hM BesSchutzAnspr gem § 861 BGB geltd machen. Bei **Mitmiete** besteht ein Anspr auf Mitwirkg bei der **Kündigung** (Düss FamRZ **93**, 575/6; LG Mü II FamRZ **92**, 1077; LG Kln NJW-RR **93**, 712: LG Karlsr FamRZ **95**, 94; LG Gießen MDR **96**, 898), dagg kein Anspr auf Zust zur Entlassg aus dem MietVertr (AG Bln-Schönebg NJW-RR **93**, 1038); aber Anspr auf Freistellg ggü dem Verm, wenn der and Partn im ggs Einvern die Wo allein behalten will (Düss FamRZ **98**, 739).

32 **(3) Auseinandersetzung. Grundsatz: Kein Ausgleich** für Zuwendgen, mit denen die Partn ihr gemeins Leb gestalten od fördern wollten, od für pers Dienste od Opfer, die der eine Partn für den and erbracht hat, da die neLebG auch in wirtsch Hins keine umfassde RGemsch ist (BGH NJW **80**, 1520; **81**, 1445 u 1502; **83**, 1055). Das Risiko „überobligationsmäß" Leistgen (zB langjähr Pflege- u Bt) trägt jeder Partn selbst (BGH **77**, 55/8; FamRZ **83**, 1213). Auch die nachträgl Ann eines Dienst- od ArbVerh ist ausgeschl (BAG NJW **59**, 1511; BFH NJW **89**, 1696). Eine „Gesamtabrechng" erfolgt nicht. Leistgen u Zuwendgen gelten als ersatzlos v demjen, der dazu in der Lage ist, erbracht, u zwar aus Grden der „Solidarität", nicht in Erf einer RPfl (BGH FamRZ **83**, 791 u 1213). Die Regeln üb den ZugewAusgl sind nicht – auch nicht analog – anwendb, da nur Eheg iF der Auflösg ihrer Ehe Rechte am Verm des and od AusglAnspr als Folge der von ihnen eingegangenen umfassden pers- u vermrechtl Bindgen zustehen.

33 AusglAnspr kommen daher nur in **Ausnahmefällen** in Betr, wenn üb das in einer neLebG übl Maß hinausgehde Leistgen od gemeins VermEinsatz zur Bereicherg nur des einen Partn geführt hat. Als AnsprGrdlen kommen im EinzFall – nicht generell – folgde Regelgen in Betr: im BerR § 812 I 2 Alt 2 (Stgt FamRZ **77**, 545; Ffm FamRZ **81**, 253; vgl BGH NJW **80**, 1520; **82**, 2863; **83**, 2375; **92**, 427 u 906; Hamm FamRZ **90**, 625; vgl § 812 Rn 89), im Inst des Wegf der GeschGrdl (vgl BGH FamRZ **83**, 349; NJW **91**, 830), im Dienstvertr- (BAG Betrieb **65**, 1562) u im AuftrR (BGH NJW **81**, 1502; Saarbr FamRZ **98**, 738; vgl BGH NJW **83**, 1055), vor allem aber im **Gesellschaftsrecht:** Der BGH wendet im EinzFall, trotz genereller Ablehng, gesellschrechtl Regeln dann an, wenn die Partn üb die LebG hinaus Objekte gemeins Wertschöpfg bilden u sich dabei von der Vorstellg leiten lassen, daß dieses Obj nicht nur währd des ZusLeb von beiden genutzt w, sond daß dieser Wert „schuldrechtl gesehen" beiden zugute kommen soll (vgl BGH **77**, 55; **84**, 388; NJW **80**, 1520; NJW **81**, 1502; NJW **83**, 2375; NJW **86**, 51). Dabei kommt es nach der dch BGH NJW **92**, 906 (EigtWo im AlleinEig des and Partn) modifiz Rspr nicht auf die formal-dingl Zuordng des Ggst ijF an, so daß auch wesentl Beiträge des Partn, der nicht (Mit-)Eigt ist, einen Anhaltspkt für gemeinsch Wertschöpfg bilden können. Die Feststellg der Grenze, von der ab ein Ausgl zu erfolgen hat (vgl BGH NJW **85**, 1841: Investition von 40 000 DM), ist im EinzFall problemat. **Fälle:** bej bei Aufbau eines dem Mann gehörden Betriebs unter fin u pers Einsatz der Frau (BGH NJW **82**, 2863; Hamm FamRZ **80**, 1530; vgl aber BGH FamRZ **83**, 1213); Bau eines Hauses auf dem Grdst der Frau mit pers u fin Hilfe des Mannes (BGH FamRZ **65**, 368; NJW **86**, 254; NJW **92**, 906; FamRZ **93**, 939), dagg verneint, wenn der Zweck der Verwirklichg des ZusLeb den Aspekt der Wertschöpfg eindeut überwiegt, zB bei gemeins benutztem Hausr (vgl BGH FamRZ **83**, 349 betr Heizöl), nicht aber bei wertvollen KunstGgsten. Der BGH hat diese Rspr **bestätigt** (ebso Kln FamRZ **95**, 1142 u **96**, 108; krit Götte DStR **97**, 1861): Tilgg von Darl für den eig Hausbau (NJW **97**, 3371) u allg Leistgen für den Bau u die Erhaltg einer Immob des Partn (ebso Braunschw MDR **98**, 1294; Brem NZG **99**, 25); Zahlgen für den Erwerb einer EigtWo (NJW **96**, 1473); Weiterzahlg v LebVersPrämien u nicht geänd Bezugsberechtigg (NJW **96**, 2727; ebso Kblz FamRZ **98**, 770).

34 **4) Kredite.** Für die Frage des Ausgl v TilggsLeistgen ist das **Innenverhältnis** der nePartn, das dch die wirtsch u pers Beziehgen geprägt ist, entsch. Maßg ist der VerwdgsZweck, nicht der Ztpkt der Leistg. Hinsichtl der AusglPflicht im Innenverh der Partn nach Trenng wird zunehmd eine FreistellgsVerpfl hins der künft fällig werdden Kaufpreisrestschuld desjen Partn angen, in dessen wirtsch Interesse die KreditAufn lag (Saarbr FamRZ **98**, 738; Kblz NJW-RR **98**, 1227: gem § 426 I 1 Anspr auf hälftige Freistellg). Kein AusglAnspr wg erbrachter Zahlgen auf einen gemeins Konsumentenkredit (LG Esn NJW-RR **90**, 837). Eine gemeins DarlSchuld muß beim Tod des einen Partn der and im InnenVerh allein tragen (BGH **77**, 55). Ein darüber geschlossener Vergl ist wirks, auch bei schon bestehder TrenngsAbs (KG FamRZ **83**, 1117). Nach Auszahlg eines ZweckDarl u Trenng kann derj Partn Überlassg der gesamten Geldsumme verl, der den Zweck verwirkl kann (Karlsr FamRZ **83**, 1119 GeburtsDarl). Hat der eine Partn aus dem Verk seines Hauses 94 000 DM zur Entlastg der BauDarlVerpfl des and Partn für dessen Haus hingegeben u letzterer zugl schriftl eine entspr RückzahlgsVerpfl übernommen, so kann die darin enth Einschrkg „falls mir etwas zustößt" angesichts der tats Zahlg dieses Betr kaum iS einer Bdgg verstanden u jegl RückzahlgsAnspr verneint w (so aber BGH NJW **97**, 3371; dagg Liebs JZ **98**, 408). Zur Vermutg einer DarlGewährg bei einer kurzfristigen Beziehg: Kblz NJW-RR **98**, 1516. In AusnFällen besteht ein RückFdgAnspr aus § 812 I 2 Alt 2, insb nach Fin von AlleinEigt des LebPartn (Stgt NJW-RR **93**, 1475; Brdbg NJWE-FER **97**, 35: Anspr auf Rückzahlg von Geld, das den Partn zur Rückkehr bewegen sollte); bei Übern von Altschulden des LebPartn (Karlsr FamRZ **94**, 377: Wegf der GeschGrdl) od Leistgen an die Ki des LebPartn (Hamm FamRZ **94**, 380). And gilt bei **besonderer Vereinbarung,** für die der Zuwendde bewpfl ist (BGH FamRZ **83**, 1213).

35 **5) Schenkungen.** Schenkgswiderruf (§§ 530, 531) setzt echte Schenkg (Begr: § 516 Rn 1) voraus (vgl Hamm NJW **78**, 224). Die einseit Abwendg vom Partn berechtigt allein nicht zum Widerruf (Karlsr FamRZ **86**, 1095), Ausn: bei schwerem Vertrauensbruch (Hamm NJW **78**, 224: Der Partn ließ sich noch beschenken, als er bereits eine neue auf Dauer angelegte Beziehg begründet hatte; Celle NJW **83**, 1065: Der Mann nahm noch wertvolle Geschenke entgg, als für ihn die Entsch zur Trenng feststand). Liegt bl **„unbenannte Zuwendung"** (Begr § 516 Rn 10; Düss FamRZ **97**, 1110; zum entspr Probl bei Zuwendgen unter Eheg: BGH FamRZ **90**, 600; Bambg NJW-RR **96**, 1347) vor, zB bei Leistgen als Ausgl für Mitarb od angem

Beteiligg an den Früchten des neZusWirkens, UnterhLeistgen (str), Anschaffg eines gemeins benutzten Pkw, wird bei Trenng entgg BGH (zB NJW **97**, 3371) eine Rückfordg nach den Grds des Wegf der GeschGrdl für mögl gehalten (so Karlsr FamRZ **94**, 377). Dadch kann eine Korrektur der Benachteiligg des wirtschaftl schwächeren (haushführden) Partn, der auf eine eig ErwTätigk verz hat, in krassen AusnFällen erreicht w, wenn ands bei MitFin langlebiger WirtschGüter dch einen Partn ein Ausgl nicht ausgeschl ist (vgl Grziwotz MittBayNot **94**, 338). Zur erbrechtl Behandlg Rn 36.

6) Dem Erbl wird zuG des nePartn grdsl **Testierfreiheit** gewährt (BGH NJW **70**, 1273; NJW 83, 674; 36
BayObLG FamRZ 84, 1153; Düss FamRZ **97**, 1506 u **98**, 583), selbst wenn die Beziehgen ehebrecher Art sind (vgl BayObLG FamRZ **86**, 1248 u **92**, 226; Ffm FamRZ **95**, 1026). Für die Beurteilg der – nur in bes schwerwiegden AusnFällen anzunehmden (dazu allg BGH FamRZ **99**, 580) – Sittenwidrigk ist der Ztpkt der Errichtg der Vfg vTodes wg maßgb (str; Nachw b Schmoeckel AcP 197, 1/65). Bei unbenannten Zuwdgen (Rn 35) an den nePartn besteht bei **Tod** des Zuwendden ein PflichttErgAnspr, da die Zuwdg im Verh zu Dr als Schenkg gilt (Kln FamRZ **97**, 1113); Ausn: Erf einer ges (nicht vertragl) UnterhPfl gem § 1615 l (vgl Düss FamRZ **97**, 1110), allerd nur für Pers, die zZ der Schenkg pflichtberecht waren (so BGH NJW **97**, 2676; str). Zum ErbR u ErbschStR vgl Grziwotz ZEV **94**, 267, ZEV **99**, 299 u MDR **99**, 913 sowie u NeLG §§ 29, 30. Kein Anspr auf WwenRente (BSG NJW **95**, 3270; Ruland NJW **95**, 3234).

1. Abschnitt. Bürgerliche Ehe

Erster Titel. Verlöbnis

Einführung

1) Das Verlöbn ist der **Vertrag,** dch den sich zwei Personen verschiedenen Geschlechts ggs versprechen, 1
künft die Ehe miteinand einzugehen (RG **61**, 267; str). Es handelt sich um ein famrechtl GemschVerh geringen Gehalts (vgl BGH NJW **92**, 427=JZ **92**, 1023 mA Tiedke=JR **93**, 62 mA Smid). Das Verlöbn ist nach der Intention des GesGebers nur auf die Ehe hin ausgerichtet. Zur Rechtsnatur: 43. Aufl Rn 1. Höchstpers RGesch; desh keine Vertretg. In der GeschFähigk beschränkte Pers brauchen f die personenrechtl Folgen des Verlöbn Einsichtsfähigk, bedürfen aber für die wirtsch Risiken des Verlöbn der Zust ihres ges Vertreters (Strätz Jura **84**, 457). Geheimer Vorbeh unbeachtl (RG **149**, 148). Die bes RücktrVorschr des VerlöbnR verdrängen nicht die Anfechtg (aA LG Saarbr NJW **70**, 327). Sittenwidrigk wurde bej bei: Verlöbn mit Verheiratetem (RG **170**, 72; Karlsr NJW **88**, 3023), auch wenn ScheidgsVerf betrieben w (BayObLG NJW **83**, 831); ebso Verlöbn mit einem Verlobten, auch in Form des bdgten EheVerspr (RG **105**, 245); aber nicht, wenn Ehefr eines Verschollenen sich verlobt (SchlH OLG NJW **50**, 899). Die Nichtigk des Verlöbn schließt **analoge Anwendung der §§ 1298 ff** nicht aus (BGH FamRZ **69**, 474), aber Ausschl f denjen, in dessen Pers der NichtigkGrd vorliegt (Karlsr NJW **88**, 3023).

2) Das Verlöbn ist an keine **Form** gebunden, kann also auch in schlüss Weise erfolgen. Insb kommt es auch 2
auf die Einhaltg übl Formen (Ringwechsel, Anzeige) nicht an (RG JW **28**, 3047).

3) Wirkungen. Das Verlöbn begründet die Verpfl zur Eheschließg (RG JW **17**, 848), die allerd weder 3
direkt noch indirekt erzwingb ist. Ein eheähnl Verh ohne ernstl EheVerspr ist kein Verlöbn (BayObLG MDR **84**, 145). Keine güterrechtl Wirkgen, auch § 1357 nicht analog anwendb. Zur steuerl Begünstigg von UnterhAufwendgen BFH NJW **94**, 959. Keine WwenVersorgg od UnterhPfl, so daß auch § 844 II entfällt. Keine Anwdg des BUmzugsKostG (BVerwG NJW **95**, 1847). Wirkgen aber bei Rücktr, §§ 1298–1300, u Unterbleiben der Eheschl überh, § 1301. IFd Scheidg hat der gesch Eheg gem § 1575 I einen AusbildgsfinanziergsAnspr, falls er eine Schul- od BerufsAusbildg in Erwartg der Ehe nicht aufgen od abgebrochen hat. Vgl ferner §§ 2077, 2279 (letztw Vfg), §§ 2275, 2276, 2290 (ErbVertr), 2347, 2351, 2352 (Erbverzicht). Verlöbn gibt Zeugen- und GA-VerweigergsR, ZPO 383 Nr 1 u 2, 385 I, 408 I, StPO 52 I Nr 1, 55, 61 Nr 2, 63, 76. Der Verlobte ist Angeh iSv StGB 11 I Nr 1 a. Die BrautKi genießen kein bes VorR, sind also nehel Ki, vgl aber EG 208 II, §§ 1740 a ff; es kann ihnen u der Braut, deren Verlöbn dch Tod aufgelöst ist, uU iW der Namensänderg der FamName des Verstorbenen gewährt w. Vgl BSG NJW **91**, 3299: Entschädigg nach OEG 1. Zur ErbSt nach Tod des Verl: BFH NJW-RR **99**, 1; vgl auch BGH NJWE-FER **98**, 237.

4) Die Beendigung erfolgt dch Eheschl, Tod, Eintritt der auflösden Bedingg, nachträgl Unmöglichk, 4
AufhebgsVertr und Rücktr.

5) Übergangsrecht DDR EG 234 § 2; **IPR** EG 13 Rn 30; **Reform:** Carsten StAZ **73**, 81. 5

1297 *Unklagbarkeit.* **I Aus einem Verlöbnisse kann nicht auf Eingehung der Ehe geklagt werden.**

II Das Versprechen einer Strafe für den Fall, daß die Eingehung der Ehe unterbleibt, ist nichtig.

Der Wille zur Eheschl soll frei sein. Damit würde sich eine Klagbark od auch nur die mittelb Erzwingbark 1
der Ehe dch eine VertrStrafe nicht vertragen. Vgl auch ZPO 888 II, 894 II. Kl auf Feststellg des Bestehens od Nichtbestehens eines Verlöbn mögl, ZPO 256.

1298 *Ersatzpflicht bei Rücktritt.* **I Tritt ein Verlobter von dem Verlöbnisse zurück, so hat er dem anderen Verlobten und dessen Eltern sowie dritten Personen, welche an Stelle der Eltern gehandelt haben, den Schaden zu ersetzen, der daraus entstanden ist, daß sie in Erwartung der Ehe Aufwendungen gemacht haben oder Verbindlichkeiten eingegangen sind. Dem**

anderen Verlobten hat er auch den Schaden zu ersetzen, den dieser dadurch erleidet, daß er in Erwartung der Ehe sonstige sein Vermögen oder seine Erwerbsstellung berührende Maßnahmen getroffen hat.

II Der Schaden ist nur insoweit zu ersetzen, als die Aufwendungen, die Eingehung der Verbindlichkeiten und die sonstigen Maßnahmen den Umständen nach angemessen waren.

III Die Ersatzpflicht tritt nicht ein, wenn ein wichtiger Grund für den Rücktritt vorliegt.

1 **1)** Der Rücktr erfolgt dch einseit, empfangsbedürft **Willenserklärung,** die auch stillschw (Abbruch des Verkehrs, Einstellg des Briefwechsels) abgegeben w kann. §§ 346 ff sind nicht ow anwendb. Ob das Verlöbn fortbesteht, ist nur aus dem Verhalten der Verl zueinand zu beurt, nicht aber aus Erkl Dritten ggü (RG **141**, 360). Keine Stellvertretg im Willen. Der in der GeschFgk beschränkte Verl bedarf zum Rücktr nicht der Gen seines ges Vertreters, wohl aber zu einem rechtsgült Verz auf SchadErsAnspr, der bei Wiederaussöhng vorliegen w (RG **98**, 13). RücktrErkl nicht einseit widerrufl (Warn **14**, 164). **Folge** des (auch grdlosen) Rücktr ist die Aufhebg des Verlöbn; auch der and Partn ist nicht mehr gebunden (Warn **14**, 164).

2 **2)** Grdloser Rücktr führt zur **Schadensersatzpflicht des zurücktretenden Verlobten** wg NichtErf des EheVerspr, also nicht aus einer unerl Hdlg (RG **163**, 286; Düss FamRZ **62**, 429). Jedoch nicht Erf-, sond begrenztes neg Interesse zu ersetzen (KG JW **25**, 2110). Anspr ist übertragb u vererbl. Verz zul, soweit § 138 nicht entggsteht. Keine Anspr bei einverständl Aufhebg des Verlöbn.

3 **3) Ersetzt wird a)** dem and Verl, dessen Elt sowie Dr, die an deren Stelle gehandelt h, zB PflegeElt od
4 Freunden, nur der dch die Aufw od die Eingehg v Verbindlk entstandene Schaden (vgl §§ 256 f). – **b)** Als **Maßnahmen** iSv I 2 kommen insb Aufgabe einer berufl Stellg od eines Gewerbebetriebs, allg der Verk v WertObj in Betr. Zurückhaltd ist die Angemessh bei Aufgabe einer berufl Position ohne Abspr mit dem Partner zu beurt (BGH NJW **61**, 1716: Aufgabe gutgehder StBeraterpraxis zZw, die VermAngelegenh der Verl zu ordnen, nicht angem). Ers v GesundhSchäd nur nach Rn 7.

5 **4) In Erwartung der Ehe** müssen **Aufwendungen** usw gemacht sein, also falls sie vernünftigerw unterblieben wären, wenn der VerlöbnBruch vorausgesehen worden wäre (Warn **14**, 254). Ist aber der mangelnde Heiratswille bekannt, so fehlt diese Vorauss (Warn **35**, 69). Ebso, wenn Heiratsrisiko bewußt übern w (Zweibr FamRZ **86**, 354 bei Ausreise aus Polen zu unbekanntem Mann). Als in Erwartg der Ehe gemacht w jedoch uU auch solche Aufw angesehen w müssen, die schon gemacht wurden, als das später wirks gew Verlöbn noch unwirks war (vgl RG **170**, 72). Ers kann verl werden für Anschaffgen aller Art im Hinbl auf die Errichtg eines Haush (Vorteilsausgleichg, soweit sie and Verwdg finden), uU auch Ankauf eines Gesch (RG aaO). Kosten für die Veranstaltg der VerlobgsFeier (OLG **14**, 243); jedoch kein ErsAnspr des SchwVaters wg der Kosten der Hochzeitsfeier bei Scheitern der Ehe nach wenigen Tagen (Schlesw MDR **98**, 1033 mA Lipp JuS **99**, 847). Ers bej für Dienste, wenn sie mit dem freien Beruf od Gewerbe des Verl zushängen (BGH NJW **61**, 1716), für ArbLeistgen nur bei konkr Verdienstentgang (LG Gießen FamRZ **94**, 1522). § 254 II kann in Betr kommen (Warn **14**, 254).

6 **Nur begrenzter Vertrauensschutz**, da Verlöbn keine sichere Gewähr f spät Heirat gibt. Wer fin Dispositionen trifft, soll nicht das Risiko für unüberlegte od dem Stand der Dinge od den Verh der Partn nicht entspr Maßn auf den and abwälzen können. **Kein Ersatz** bei Aufw, die nur anläßl des Verlöbn erfolgten, also GelegenhGeschenke im allg, Bewirtgs- u UnterhKosten (Celle OLGZ **70**, 326; Ffm NJW **71**, 470); bei Leistgen in der FreiZt zZw des Hausbaus auf dem Grdst des Verl (AG Augsbg FamRZ **87**, 1141); keine Erstattg des Nutzgswerts f WoÜberlassg (Ffm NJW-RR **95**, 899); ferner Aufw od SchadErs f Sterilisation bzw psychotherapeut Behdlg (Düss FamRZ **81**, 355) od für den Verdienstausfall dch Schwangersch (Hamm FamRZ **95**, 296 mkritA Bosch 483); vgl aber § 1615l. Nicht ersatzfäh sind Anschaffgen zur Vorbereitg des ZusLeb in neLebG, zB Überlassg eines Pkw für Fahrten z ArbPlatz (Oldbg FamRZ **96**, 287); ferner fin Beitr eines Verl zu den Kosten des vorehel ZusLeb hins Reisen, Miete, LebUnterh usw (Düss FamRZ **81**, 770) od in Erwartg der Verlobg (OLG **18**, 249), da es insof an der Ursächlichk fehlt.

7 **5) Weitergehende Ansprüche** zB wg GesundhSchad, bei Täuschg üb die Ernstlichk des EheVerspr (RG Recht **20**, 2861) aus §§ 823 ff, insb §§ 825, 847 II (nicht allein bei Bruch der Verlöbnistreue: Düss FamRZ **81**, 355). Iü sind §§ 1297 ff Spezialregelgen ggü den Anspr wg LstgsStörg u aus c. i. c. Keine Spezialität, soweit es um den VermAusgl f Zuwdgen geht, die Eheg bereits in der VerlZeit einand gewährt h (vgl BGH NJW **92**, 427). Zu den Zugew ergänzden AusglAnspr: § 1372 Rn 2. Anspr auch gg Dritte mögl (vgl RG **58**, 255).

8 **6)** Kein Anspr aus § 1298 bei **wichtigem Grund des Zurücktretenden (III)**, dh bei Vorliegen erhebl Tats, die bei einer sachl, die Umst des EinzFalls berücksichtigden Würdigg geeignet gew wären, den zurücktretden Verl v der Eingehg des Verlöbn abzuhalten (RG JW **07**, 178). Der Grd kann auch in der eig Pers des Zurücktretden liegen; hat er ihn aber verschuldet, so bleibt er schadersрfl. Sonstiges Versch unerhebl. Haben beide Verl RücktrGrde: kein ErsAnspr.

9 **Wichtige Gründe** sind alle Grde, die zur Anfechtg wg Irrtums od argl Täuschg berechtigen würden; Bruch der VerlöbnTreue (vgl Kblz FamRZ **95**, 1068); Lieblosigk, die ernstl Zw an einer späteren ehel Gesinng aufkommen lassen; Verzögerg der Eheschl ohne triftigen Grd; Weigerg, sich bei KrankhVerdacht ärztl untersuchen zu lassen (KG JW **20**, 979); ernstere Zerwürfn zw SchwElt u Verl (RG Recht **15**, 1098).

10 **7) Beweislast:** Für wichtigen Grd der Zurücktretde (RG JW **25**, 2110), währd der Kläger das Vorliegen eines rechtswirks VerlöbnVertr, den Rücktr des and Partn, Schaden u Angemessenh zu beweisen hat.

1299 *Rücktritt aus Verschulden des anderen Teiles.* **Veranlaßt ein Verlobter den Rücktritt des anderen durch ein Verschulden, das einen wichtigen Grund für den Rücktritt bildet, so ist er nach Maßgabe des § 1298 Abs. 1, 2 zum Schadensersatze verpflichtet.**

Der SchadErsAnspr hat denselben Inhalt wie in § 1298. Er steht hier dem Zurücktretden zu, dessen Rücktr dch das schuldh (§ 276) Handeln des and veranlaßt ist, muß aber auch gg den gegeben sein, der zwar aus wichtigem, jedoch von ihm verschuldetem Grd vom Verlöbn zurücktritt. Bewpfl f das Vorliegen des wicht Grdes ist hier der Kläger. 1

1300 *(Schadensersatz wegen Gestattung der Beiwohnung durch die unbescholtene Verlobte. Aufgehoben durch Art. 1 Nr. 1 EheschlRG, vgl BT-Drucks. 13/4898 S. 14f. Dazu 57. Aufl. u bei §§ 825, 847 II).*

1301 ***Rückgabe der Geschenke.*** **Unterbleibt die Eheschließung, so kann jeder Verlobte von dem anderen die Herausgabe desjenigen, was er ihm geschenkt oder zum Zeichen des Verlöbnisses gegeben hat, nach den Vorschriften über die Herausgabe einer ungerechtfertigten Bereicherung fordern. Im Zweifel ist anzunehmen, daß die Rückforderung ausgeschlossen sein soll, wenn das Verlöbnis durch den Tod eines der Verlobten aufgelöst wird.**

1) BereichergsAnspr (§ 812 I 2 Alt 2); übertragb u vererbl. Steht nur dem Verl zu, Dr ggf §§ 812 ff. 1
Nachgiebiges Recht. Im Zw stillschw Verz bei Tod eines der Verl. Zur Verdrängg der Vorschr bei Schenkgen innerh einer zugl vorliegden neLebG: Kln NJW **95**, 2232; vgl Oldbg FamRZ **96**, 287; Grziwotz FamRZ **99**, 13).

2) Voraussetzungen: a) Gült EheVerspr (Einf 1 vor § 1297) zZ der Schenkg (BGH FamRZ **61**, 361). 2
Bestand früh Ehe noch, so genügt es für die RückFdg gem § 1301, wenn Schenkg selbst nach rechtskr Scheidg erfolgte (wg § 141; vgl Fenn FamRZ **75**, 42) od Gläub die die Nichtigk begründden Tats (also Bestehen der fr Ehe) nicht kannte (BGH FamRZ **69**, 474).

b) Unterbleiben der Eheschließg aus irgendeinem Grd. Wird diese wider Treu u Gl verhindert (BewL: 3
Empfänger), so § 815 anwendb (BGH **45**, 263; dazu Göppinger JuS **68**, 405; aM Dölle § 6 VII 2: Verweisg regele nur Ggst u Umfang der HerausgPfl, nicht deren Vorauss). Anwendb auch §§ 818 ff, mAusn v §§ 819 II, 820. Zurückverlangt w können nur Geschenke, also nicht Brautbriefe od sonst Aufwand, der seinen Grd in dem Verlöbn hat. Umgek braucht es sich nicht um Geschenke im herkömml Sinn zu handeln, so daß Erlaß v SchadErs f Reparaturkosten anläßl eines vom Beschenkten versch Unfalls hierunter fallen k (Kln NJW **61**, 1726). Anstandsgeschenke sind nicht rückforderb (§ 814).

1302 ***Verjährung.*** **Die in den §§ 1298 bis 1301 bestimmten Ansprüche verjähren in zwei Jahren von der Auflösung des Verlöbnisses an.**

Die Verj **beginnt** bei einseit Rücktr mit Wirksamwerden der Erkl (§ 1298 Rn 1), sonst mit der Auflösg. 1
Desh kann Eheschl mit Dr uU ohne Kenntn des and hiervon Verj in Lauf setzen. Ist ein Anspr auch aus unerl Hdlg gegeben, so richtet sich deren Verj nach § 852 (Warn **11**, 259).

Zweiter Titel. Eingehung der Ehe

Einführung

1) Seitdem das 1. EheRG das Scheidgs- u ScheidgsFolgenR zum 1. 7. 77 in das BGB reintegriert hat, war 1
das **Ehegesetz** nur noch ein Torso. Das **Eheschließungsrechtsgesetz** hat die Reste des EheG zum 1. 7. 98 aufgehoben u die Eingehg der Ehe, die Aufhebg der Ehe u die Wiederverheiratg iF der TodesErkl eines Eheg wieder im BGB geregelt (vgl zur GesetzgebgsGeschichte Bosch NJW **98**, 2004; Hepting FamRZ **98**, 713).

2) Das EheschlRG hat in den §§ 1303–1320 in den Grdzügen u in vielen Einzelh die Vorschr des EheG 2
übern. Neben eher marginalen Korrekturen (vgl bei den einz Vorschr) gibt es aber auch vier mehr grdsl angelegte **Änderungen**: **(1)** Die Zahl der Eheverbote ist erhebl reduziert worden (Vorbem 1 v § 1306). **(2)** Das Aufgebot ist entfallen (Vorbem 3 v § 1310). **(3)** Hat die Eheschl offenkund nur den Zweck, einem Partner eine AufenthErlaubn zu verschaffen, besteht jetzt eine ausdrückl ges Verpflichtg des StBeamten, seine Mitwirkg an der Eheschl zu verweigern (§ 1310 Rn 6). **(4)** Die Neuregelg hat die EhenichtigkKlage abgeschafft. Alleiniger RBehelf für alle Mängel, die der Ehe von Anfang an anhaften, ist nur noch der Antr auf Aufhebg der Ehe (Einf 2 v § 1313). Krit zu diesen Ändergen u mit wenig aussichtsreichen – Vorschlägen f eine Reform der Reform Bosch NJW **98**, 2004 u auch bereits FamRZ **97**, 65 u 138.

3) IPR: EG 13. ÜberleitsVorschr zum EheschlRG: EG 226. 3

I. Ehefähigkeit

1303 ***Ehemündigkeit.*** **I Eine Ehe soll nicht vor Eintritt der Volljährigkeit eingegangen werden.**

II Das Familiengericht kann auf Antrag von dieser Vorschrift Befreiung erteilen, wenn der Antragsteller das 16. Lebensjahr vollendet hat und sein künftiger Ehegatte volljährig ist.

III Widerspricht der gesetzliche Vertreter des Antragstellers oder ein sonstiger Inhaber der Personensorge dem Antrag, so darf das Familiengericht die Befreiung nur erteilen, wenn der Widerspruch nicht auf triftigen Gründen beruht.

IV Erteilt das Familiengericht die Befreiung nach Absatz 2, so bedarf der Antragsteller zur Eingehung der Ehe nicht mehr der Einwilligung des gesetzlichen Vertreters oder eines sonstigen Inhabers der Personensorge.

1 **1) Allgemeines. – a)** Das EheschlRG hat in § 1303 die Regelg des EheG 1 u 3 mit zwei Modifikationen übern: Das Erfordern, daß der Mj zur Eheschl grdsl eine Einwilligg des ges Vertr bedarf, ist zu einem auf triftige Grde beschränkten WidersprR abgeschwächt worden, III. Das bish zweispurige BefreigsVerf – Befreig v AltersErfordern, Ersetzg der Einwilligg der ges Vertr – faßt § 1303 zu einem einheitl Verf zus (Rn 6).

2 **b) Ehemündigkeit** u Volljk entspr einand. Beide treten mit Vollendg des 18. LebJ (§ 2) ein. Bei der Ehemündigk läßt II aber für Mj, die das 16. LebJ vollendet h, eine Befreig vom AltersErfordern zu, eine Möglichk, die es seit Aufhebg der VolljkErkl (fr §§ 3 ff) bei der Volljk nicht mehr gibt. Sowohl beim Regelalterserfordern als auch bei der Befreig stehen die Geschlechter – and als nach dem bis 1975 geltden Recht – gleich.

3 **2) Befreiung ohne Widerspruch des gesetzlichen Vertreters, II. – a)** Der **Antragsteller** muß das **16. Lebensjahr** vollendet haben, sein künft **Ehegatte** muß **volljährig** sein. Ausgeschl ist eine Ehe zw Mj. Dadch sollen Ehen vermieden w, in denen kein Eheg die zur gemeins LebFührg erfdl Gesch selbstd tätigen kann u in denen für das evtl zu erwartde Ki ein Vormd bestellt w muß (§§ 1673,1773). Ehemündigk muß im Ztpkt der Eheschl gegeben sein; die Anmeldg der Eheschl (PStG 4) kann schon erfolgen, wenn ein Verlobter
4 kurz vor Vollendg des 18. LebJ steht. **b) Antragberechtigt** ist der mj Verlobte, der der Befreig bedarf. Eine Zust des ges Vertr ist nicht erfdl (Rn 6), dieser kann den Antr aber auch selbst stellen (Hamm OLGZ **65**, 363). Das FamG prüft dch Anhörg des ges Vertr, ob dieser der Befreig widerspricht. Es kann dafür eine Fr best. Widerspricht der ges Vertr, sind für das weitere Verf Rn 6 ff maßg. Erfolgt kein Widerspr, ist nach Rn 5
5 zu entsch. **– c) Entscheidung.** Die Befreig wird nicht allg, sond für die Eheschl mit einem best Part erteilt (Kblz FamRZ **70**, 200). Es handelt sich nicht um eine Erm-, sond eine gebundene Entsch (Gernhuber/Coester-Waltjen § 9 II 3; MüKo/Müller-Gindullis Rn 12; aA Diederichsen 58. Aufl). Maßst der Entsch ist das **Wohl des Minderjährigen.** Befreig ist zu versagen, wenn die Ehe dem Wohl des Mj widerspricht. Das FamG prüft, ob die Verlobten die für eine Ehe erfdl charakterl Reife besitzen (LG Oldenbg DAV **83**, 309), ob der Mj die Tragweite seines Heiratsentschl erfaßt (Jena StAZ **97**, 70), ob eine wechselseit Bindg besteht u eine geordnete Erz des evtl zu erwartden Ki gewährleistet erscheint. Der AntrSt braucht nicht notw die pers Reife eines 18jähr zu besitzen (BayObLG FamRZ **63**, 525; Hamm u KG FamRZ **60**, 288, 404, 500; aA AG Ravensbg DAVorm **76**, 433; Bienwald NJW **75**, 957/9). Ob die Ehe Bestand haben w, läßt sich kaum voraussagen. Bes Grde (erhebl Altersunterschied, Vorstrafen des Verl uä), die ein Scheitern der Ehe befürchten lassen, können aber eine Ablehng rechtf. Daß dch die Eheschl eine Abschiebg des ausl Verlobten verhindert w soll, ist bei einer echten wechselseit Bindg dagg kein AblehngsGrd (Jena FamRZ **97**, 1274; LG Augsbg FamRZ **98**, 1106). Zu berücks ist, daß es auf das Wohl des Mj u nicht auf öff Interessen ankommt u daß es häuf nur darum geht, ob die Ehe zwei Jahre früh od später geschl w. Mj **Ausländern** kann Befreig nur erteilt werden, wenn auf ihre Ehevoraussetzgen dt R anzuwenden ist (vgl § 1309 Rn 5 u 6).

6 **3) Befreiung bei Widerspruch des gesetzlichen Vertreters, III und IV. – a) Widerspricht** der ges Vertr dem Antr, darf Befreig nur erteilt w, wenn der Widerspr nicht auf triftigen Grden beruht. § 1303 faßt die Verf zur Befreig vom Alterserfordern u zur Ersetzg der fehlden Einwillig (jetzt: Zurückweisg des Widerspr) abw vom früh R (EheG 1, 3) zu einem **einheitlichen Verfahren** zus. Die Lit hält diese auf einen Vorschlag des BR zurückgehde Regelg f „glücklich" (Bosch NJW **98**, 2007; Hepting FamRZ **98**, 716), ihre Bewährg in der Praxis bleibt aber abzuwarten. Es ergeht eine einheitl Entsch, der Widerspr ist nicht im Tenor, sond in den Grden des Beschl zurückzuweisen, *arg* IV.

7 **b)** Die **Widerspruchsbefugnis** ist Ausfl des **Personensorgerechts**. Sie steht demj zu, der als Sorge-Berecht zur Vertretg des Mj in dessen pers Angelegenh berecht ist (§ 1629). Wer ledigl die VermSorge ausübt, hat kein WidersprR. Die WidersprBefugn ist ein höchstpers Recht, eine Vetretg im Willen ist unzul. Sind die Eltern miteinand verh (§ 1626) od haben nicht miteinand verh Elt SorgeErkl (§ 1626 a I Nr 1) abgegeben, haben beide gem §1629 ein WidersprR. § 1629 I 3 ist nicht anwendb, jeder EltT ist selbstd zum Widerspr berecht. Steht einem EltT allein die Vertretg in pers Angelegenh zu, etwa nach §§ 1626 a II, 1671 od 1672, od ist sie einem Vormd übertr (§ 1671), hat dieser das WidersprR. Wer nur die tatsächl PersSorge ohne Vertretgsbefugn hat, etwa wg Ruhens od Entzugs der Vertretgsbefugn (§§ 1673 II, 1666), ist gleichf zum Widerspr berecht, *arg* III (s MüKo/Müller-Gindullis Rn 15). Wem die PersSorge gem § 1666 völl entzogen ist, hat aber kein WidersprR (BayObLG NJW **65**, 868).

8 **c) Entscheidung.** Auch hier handelt es sich nicht um eine Erm-, sond um eine gebundene Entsch. Ob ein den Widerspr rechtfertigder **triftiger Grund** vorliegt, ist Tat- u RFrage (BayObLGZ **81**, 358, 362). Sie läßt sich nur in Abwägg des Für u Wider des EinzFalls beantworten. Die Befreig ist abzulehnen, wenn sich die Verweigerg obj rechtf läßt (BGH **21**, 340/8). Ein trift Grd kann etwa sein: ein erhebl Altersunterschied (vgl Düss FamRZ **61**, 80), Krankh, schlechter Ruf des Verlobten (Tüb JR **49**, 386), Fehlen einer wirtsch Basis für die Ehe, ungünst RStellg der Frau nach islam R (Neust FamRZ **63**, 443). Für den Dispens kann dagg sprechen, daß die Verl bald vollj wird u für die Ehe günst RahmenBdggen bestehen (BayObLG FamRZ **83**, 66), ebso die Tats, daß aus der Partnersch ein Ki erwartet w od bereits hervorgegangen ist (BGH **21**, 340/9). Diese Tats darf aber, zumal nach der vollen ges Gleichstellg von ehel u nichtehel Kindern, nicht überbewertet w (KG OLGZ **69**, 104/9). Daß sich beide Elt in der Ablehng der Ehe einig sind, reicht als trift Grd nicht aus. Da der Mj nach Vollendg des 14. LebJ in religiösen Fragen eigenverantwortl entscheidet (RelKErzG 5), rechtf auch religiöse Bedenken idR den Widerspr nicht.

9 **4) Rechtsfolgen. – a)** Erteilt das FamG die Befreig vom Alterserfordern u weist es den Widerspr des PersSorgeBerecht zurück, ist die geschl Ehe voll gültig. **– b)** Eine ohne die erforderl Befreig geschl Ehe ist aufhebb (§ 1313 I Nr 1), kann aber vom FamG dch nachträgl Gen od vom mj Eheg nach Eintritt der Volljk bestätigt w (§ 1315 I Nr 1).

5) Verfahren. Zuständ für die Befreig ist das FamG (II), das im FGG-Verf entscheidet (ZPO 621 a I 1, *arg* 10
FGG 49 a I Nr 1). RiVorbeh (RPflG 14 Nr 18). Anhörg der Elt, des Kindes u des JA (FGG 50 a, 49 a I Nr 1). Beschw: FGG 20 II, 57 I Nr 9. Der PersSorgeBerecht, der in 1. Inst nicht widersprochen hat, kann den Widerspr erstmals in der Beschw erheben.

1304 *Geschäftsunfähigkeit.* **Wer geschäftsunfähig ist, kann eine Ehe nicht eingehen.**

1) Allgemeines. § 1304, vom EheschlRG unverändert aus EheG 2 übern, betrifft nur GeschUnfähige. 1
Für beschr GeschFähige gilt § 1303. Psych u geistig **Behinderte** können, soweit nicht die Vorauss des § 104 Nr 2 erf sind, heiraten, u zwar auch dann, wenn **Betreuung** u ein EinwilliggsVorbeh angeordnet sind (§ 1903 Rn 11). Auch für Geistesschwache u Süchtige besteht seit Wegfall der Entmündigg allein bei GeschUnfähigk ein Ehehindern. **Ehefähigkeit** ist gegeben, wenn der Heiratswillige ehemünd u geschfäh ist.

2) Geschäftsunfähigkeit. – a) Sie erfordert nach § 104 Nr 2 einen die freie Willensbestimmg aus- 2
schließdn Zust krankh Störg der Geistestätigk. Er liegt vor, wenn der Betroffene inf der krankh Störg nicht in der Lage ist, die Bedeutg der von ihm abgegebenen WillensErkl zu erfassen u seine Entsch von vernünft Erwäggen abhäng zu machen (§ 104 Rn 5). Debilität mit erhebl Herabsetzg der Intelligenz hindert bei ernst zu nehmendem Ehewillen die Eheschl nicht (AG Rottweil FamRZ **90**, 626). Bei Geistesschwäche kann es so
liegen, daß für eine Eheschl partielle GeschFgk besteht (s BayObLG FamRZ **97**, 297; § 104 Rn 6). – **b)** Eine 3
nur **vorübergehende Störung** begr keine GeschUnFgk (§ 104 Rn 4). Der StBeamte hat die Eheschl aber
gem § 1310 I 2 2. Halbs zu verweigern, da die Ehe nach § 1314 II Nr 1 aufhebb ist. – **c)** Seit Wegfall der 4
Entmündigg muß der StBeamte von sich aus **ermitteln**, ob GeschUnFgk iSv § 104 Nr 2 vorliegt (Böhmer StAZ **92**, 66). Soweit erfdl, ist ein SachverstGA einzuholen (s LG Mü StAZ **94**, 258).

3) Rechtsfolgen. Die von einem GeschUnfäh geschl Ehe ist **aufhebbar** (§ 1314). AntrBerecht sind die 5
Eheg u die zust VerwBeh (§ 1316). Der geschunfäh Eheg kann die Ehe aber nach Wegfall der GeschUnFgk bestätigen (§ 1315 I Nr 2). Bis zur Aufhebg ist die Ehe **wirksam.**

1305 *(Entfallen. Die Vorschrift sollte die Einwilligung des gesetzlichen Vertreters und des Personensorgeberechtigten regeln und ist durch die Regelung in § 1303 III und IV überflüssig geworden; vgl. dort Rn. 12)*

II. Eheverbote

Vorbemerkungen

1) Seit dem 1. 7. 98, dem Inkrafttr des EheschlRG, kennt das Ges **nur** noch **drei Eheverbote**, das Verbot 1
der Doppelehe (§ 1306), das der Ehe zw nahen Verwandten (§ 1307) u das der Ehe zw nahen dch Adoption ges Verwandten (§ 1308). Die Eheverbote der GeschlechtsGemsch, des Ehebruchs u der Namensehe hat bereits das 1. EheRG aufgeh. Dch das EheschlRG sind weiter entfallen die Eheverbote der Schwägersch (EheG 4), der fehlden Wartezeit (EheG 8) u des fehlden AuseinandSZeugn (EheG 9). Die Reduktion der Eheverbote, in der Lit teilw kritisiert (Bosch FamRZ **97**, 74; Muscheler JZ **97**, 1144), entspricht der verfrechtl u verfpolit gebotenen Zurückhaltg bei der Aufstellg von Eheverboten (vgl BVerfG **31**, 58/67, **36**, 146/161) u beseitigt eine nicht sehr erhebl, aber unnötige Belastg von Verw u Rspr (BT-Drs 13/4898, S 1 u 13).

2) Die drei aufrecht erhaltenen Eheverbote, sind **zweiseitige** Verbote, richten sich also gg beide Partner. 2
Die Verbote der Doppelehe (§ 1306) u der Verwandtenehe (§ 1307) sind **trennende** Verbote („darf nicht"), ihre Verletzg macht die Ehe aufhebb (§ 1314 I). Das Verbot der Ehe zw AdoptionsVerwandten (§ 1308: „soll nicht") ist dagg ein **aufschiebendes** Eheverbot, die verbotsw geschl Ehe ist vollgült. Für eine Eheschl zw Adoptionsgeschwistern besteht auch eine Befreigsmöglichk (§ 1308 II; „relatives" Verbot).

3) Die §§ 1306–1308 enth eine **abschließende Aufzählung** der Eheverbote. Für die Eheschl bestehen 3
aber zusätzl Erfordern, deren Fehlen sich als **Ehehindernis** auswirkt. Hierher gehören vor allem die Beschränkg der Eheschl auf Frau u Mann (Einl 1 v § 1297), das Fehlen eines EhefähigkZeugn (§ 1309) u der Ausschl der Eheschl, wenn die Part nicht den Willen h, eine ehel LebG zu begr (§ 1310 Rn 5). GeschlG 6 enth kein Eheverbot, sond eine Strafbest. **Strafgefangenen** darf eine Eheschl auch iF einer lebenslängl FreihStrafe nicht versagt w, *arg* StVollzG 4 II (Hamm FamRZ **68**, 387, einschränkd – aber dch das StVollZG überholt – Celle NJW **61**, 692; Ffm NJW **65**, 412). Geistig **Behinderte** u Betreute dürfen nur dann nicht heiraten, wenn sie geschunfäh sind (§ 1304 Rn 1).

1306 *Doppelehe.* **Eine Ehe darf nicht geschlossen werden, wenn zwischen einer der Personen, die die Ehe miteinander eingehen wollen, und einer dritten Person eine Ehe besteht.**

1) Allgemeines. Die Vorschr schützt den **Grundsatz der Einehe** (Einf 3 v § 1353). Das EheschlRG hat 1
sie sachlich unverändert aus EheG 5 übern. Die jetzt auf die Eheschl mit einer *dritten Person* abstellde Fassg stellt klar, daß die Eheschl mit *demselben* Partner wiederholt w darf (Rn 7). Für die Wiederverheiratg nach unricht TodesErkl enth §§ 1319, 1320 SonderVorschr.

2) Einzelerläuterung – a) Das Verbot, von dem keine Befreig mögl ist, ist **zweiseitig** u richtet sich auch gg 2
den nicht verheirateten Partner. – **b)** Die Eheschl verstößt gg § 1306, wenn zw einem der Eheschließdn u 3
einem Dr eine Ehe besteht. And ist es nur, wenn die **frühere Ehe** eine Nichtehe ist (Vorbem 2 v § 1313), wenn sie gesch (§ 1364) od aufgehoben (§ 1313) ist od wenn sie nach früh od ausl Recht für nichtig erkl worden ist.

Die Zweitehe verstößt auch dann gg § 1306, wenn die erste Ehe (scheinb) rechtskr aufgelöst war, das Scheidgs- od AufhebgsUrt aber im WiederaufnahmeVerf (BGH FamRZ **76**, 336) od aGrd einer Wiedereinsetzg in den vorigen Stand aufgehoben w (BGH **8**, 284, NJW **59**, 45). Entsch ist, ob die erste Ehe im **Zeitpunkt** der zweiten Eheschl (noch) besteht. Ist das der Fall, bleibt sie grdsl auch dann aufhebb, wenn die erste Ehe später dch Tod,
4 Scheidg od Aufhebg aufgelöst w (BGH FamRZ **62**, 299, **64**, 418, vgl aber Rn 7). – **c)** Zur Anerkenng **ausländischer Entscheidungen** s EG 13 Rn 7. Eine dch ein dt Urt gesch Ehe eines Ausl steht einer erneuten Eheschl nicht entgg, auch dann nicht, wenn dessen HeimatR das dt Urt nicht anerkennt (EG 13 II Nr 3).

5 **3) Rechtsfolgen.** – **a)** Die in Verletzg des § 1306 geschl Ehe ist **aufhebbar** (§ 1314 I). Antrberecht sind die zust VerwBeh u die Eheg (§ 1316). Ist die Ehe nur desh eine Doppelehe, weil der Aufhebgskläger den Antr auf Anerkenng des vor der zweiten Eheschl ergangenen ausl ScheidgsUrt nicht stellt, ist der Aufhebgs-
6 Antr mißbräuchl u unzul (BGH FamRZ **61**, 427). Strafbark der Bigamie: StGB 171. – **b)** Bis zur Aufhebg ist die Ehe **wirksam.** Beide Eheg sind aber wg des AufhebgsGrdes berecht, die Herstellg der ehel LebG zu
7 verweigern. UnterhAnspr bestehen wohl nur iRv § 1318 II. – **c)** Die Ehe bleibt grdsl auch dann aufhebb, wenn die erste Ehe nachträgl aufgelöst w (Rn 4). **Heilung** kr Ges tritt nur unter den engen Vorauss des § 1315 II Nr 1 ein (s dort). Nach Auflösg der ersten Ehe können die Eheg die bigamische Ehe aber dch eine Wiederholg der Eheschl bestätigen (Rn 1) u mit Wirkg *ex nunc* heilen.

1307 *Verwandtschaft.* **Eine Ehe darf nicht geschlossen werden zwischen Verwandten in gerader Linie sowie zwischen vollbürtigen und halbbürtigen Geschwistern. Dies gilt auch, wenn das Verwandtschaftsverhältnis durch Annahme als Kind erloschen ist.**

1 **1) Allgemeines.** Das Inzestverbot besitzt eine Überzeuggskraft wie kein and Eheverbot. Es soll eine Geschlechtskonkurrenz innerh der KernFam verhindern u einen Zwang zur Exogamie, dh zum Eingehen außerfamiliärer Beziehgen, begr. Das EheschlRG hat das zweiseit Verbot, von dem keine Befreig erteilt werden k, unter Beschränkg auf Eheschl zw Verwandten sachl unverändert aus EheG 4 übern. Zum Wegfall des Eheverbots der Schwägersch s Vorbem 2 v § 1306.

2 **2) Einzelerläuterung.** – **a)** § 1307 **verbietet** die Ehe zw Verwandten in gerader Linie (§ 1589 S 1), ohne
3 daß es auf den Grad der Verwandtsch ankommt, u zw vollbürt u halbbürt Geschwistern. – **b)** Maßg für das Verbot ist die **blutsmäßige Abstammung.** Der genetische Erzeuger, auch der Samenspender, darf seine Tochter nicht heiraten, auch dann nicht, wenn diese gem § 1592 Nr 1 als Kind des Ehem der Mutter gilt od v Partn der Mutter gem § 1592 Nr 2 anerkannt worden ist. Die Eispenderin darf ihren Sohn nicht heiraten, obwohl sie nach §§ 1591, 1589 mit ihm rechtl nicht verwandt ist. Auch beim Verbot der Geschwisterehe entscheidet die blutsmäß Abstammg. Der mit dem genetischen Vater rechtl nicht verwandte Sohn darf dessen
4 Tochter nicht heiraten, die mit der Eispenderin rechtl nicht verwandte Tochter nicht deren Sohn. – **c)** Da es auf die blutsmäß Abstammg ankommt, bleibt das Verbot auch dann bestehen, wenn die rechtl Verwandtsch
5 dch **Adoption** (§ 1755) erloschen ist, **Satz 2.** – **d)** Der blutsmäß Verwandtsch gleichgestellt ist die **rechtliche Verwandtschaft.** Wer gem § 1592 Nr 1 od 2 als Vater od gem § 1591 als Mutter gilt, darf sein Kind nicht heiraten, auch wenn es blutsmäß nicht von ihm abstammt. Auch Geschwister, die nur rechtl verwandt sind, etwa das Ehebruchskind u das Ki des Scheinvaters aus erster Ehe, werden vom Verbot erfaßt. Beruht die rechtl
6 Verwandtsch auf **Adoption,** gilt aber die SonderVorschr des § 1308. – **e)** Bestehen **Zweifel**, haben die Part nachzuweisen, daß die Eheschl nicht gg § 1307 verstößt, PStG 5 II. Bereits die *mögliche* Verwandtsch begr das Eheverbot (Gernhuber/Coester-Waltjen § 10 II 3).

7 **3) Rechtsfolgen.** § 1306 Rn 5 u 6 gelten entspr. Strafbark: StGB 172. Wird die Abstammg erfolgreich angefochten, entfällt die scheinb Verwandtsch *ex tunc.* Die urspr unter Verletzg des § 1307 abgeschl Ehe kann nicht mehr aufgehoben w (JH/Henrich § 1314 Rn 28).

1308 *Adoption.* **I Eine Ehe soll nicht geschlossen werden zwischen Personen, deren Verwandtschaft im Sinne des § 1307 durch Annahme als Kind begründet worden ist. Dies gilt nicht, wenn das Annahmeverhältnis aufgelöst worden ist.**

II Das Familiengericht kann auf Antrag von dieser Vorschrift Befreiung erteilen, wenn zwischen dem Antragsteller und seinem künftigen Ehegatten durch die Annahme als Kind eine Verwandtschaft in der Seitenlinie begründet worden ist. Die Befreiung soll versagt werden, wenn wichtige Gründe der Eingehung der Ehe entgegenstehen.

1 **1) Allgemeines.** § 1308 enthält eine **Sondervorschrift** für die dch Adoption begr Verwandtsch, die sich seit der Adoptionsreform auf alle Mitgl der neuen Fam erstreckt (§ 1754). Das trennde Eheverbot des § 1307, das grdsl auch für rechtl Verwandte ohne Blutsbande gilt (§ 1307 Rn 5), wird für Ehen zw Adoptionsverwandten zu einem aufschiebden Verbot abgemildert (Rn 4). Das EheschlRG hat unverändert EheG 7 übern, das Verbot aber auf ges Verwandte beschr u Verschwägerte auch hier ausgen (vgl Vorbem 2 v § 1306).

2 **2) Einzelerläuterung.** – **a)** § 1308 **verbietet** die Eheschl zw Part, die dch Adoption in gerader Linie miteinand verwandt sind, oRücks auf den Grad der Verwandtsch. Grdsl verboten sind auch Ehen zw Part, die dch Adoption zu Geschw geworden sind. Das Verbot entfällt, wenn das AnnVerh aufgelöst ist **I 2**, was nur iF
3 der §§ 1760,1763 mögl ist (§ 1759). – **b) Befreiung, II.** Zuständ ist nunm das FamG. RiVorbeh gem RPflG 15 Nr 18. Die Befreig ist ausgeschl bei AdoptionsVerwandten in gerader Linie. Sie ist zul für Adoptions-Geschw. Die Befreig darf nur abgelehnt w, wenn der Ehe **wichtige Gründe** entggstehen. Dabei handelt es sich um einen unbest RBegriff (Hbg FamRZ **70**, 27). Eine ungünst Eheprognose rechtf die Versagg nicht (KG FamRZ **86**, 993). And kann es liegen, wenn die Eheschl als anstöß Störg des FamVerbandes empfunden w (KG FamRZ **84**, 582), was nur selten zutreffen w. Die gem II ermöglichte Ehe läßt das AnnVerh unberührt, die Eheg bleiben Geschwister.

3) Rechtsfolgen. Die verbotsw geschl Ehe hebt das AnnVerh auf (§ 1766), ist aber gült, u zwar auch die Ehe zw in gerader Linie Adoptionsverwandten, für die nach II keine Befreig erteilt w kann. 4

III. Ehefähigkeitszeugnis

1309 ***Ehefähigkeitszeugnis für Ausländer.*** **[I] Wer hinsichtlich der Voraussetzungen der Eheschließung vorbehaltlich des Artikels 13 Abs. 2 des Einführungsgesetzes zum Bürgerlichen Gesetzbuche ausländischem Recht unterliegt, soll eine Ehe nicht eingehen, bevor er ein Zeugnis der inneren Behörde seines Heimatstaates darüber beigebracht hat, daß der Eheschließung nach dem Recht dieses Staates kein Ehehindernis entgegensteht. Als Zeugnis der inneren Behörde gilt auch eine Bescheinigung, die von einer anderen Stelle nach Maßgabe eines mit dem Heimatstaat des Betroffenen geschlossenen Vertrages erteilt ist. Das Zeugnis verliert seine Kraft, wenn die Ehe nicht binnen sechs Monaten seit der Ausstellung geschlossen wird; ist in dem Zeugnis eine kürzere Geltungsdauer angegeben, ist diese maßgebend.**

[II] Von dem Erfordernis nach Absatz 1 Satz 1 kann der Präsident des Oberlandesgerichts, in dessen Bezirk der Standesbeamte, bei dem die Eheschließung angemeldet worden ist, seinen Sitz hat, Befreiung erteilen. Die Befreiung soll nur Staatenlosen mit gewöhnlichem Aufenthalt im Ausland und Angehörigen solcher Staaten erteilt werden, deren Behörden keine Ehefähigkeitszeugnisse im Sinne des Absatzes 1 ausstellen. In besonderen Fällen darf sie auch Angehörigen anderer Staaten erteilt werden. Die Befreiung gilt nur für die Dauer von sechs Monaten.

1) Allgemeines. – a) § 1309 hat die Regelg des EheG 10 mit drei Modifikationen übern: Der Kreis der Pers, die für die Eheschl ein EhefähigkZeugn benötigen, wird neu u enger abgegrenzt (Rn 4). Zugl wird der Kreis der ausl Behörden, deren EhefähigkZeugn das dt Recht anerkennt, erweitert (Rn 8). Geändert ist auch die Vorschr üb die örtl Zustdgk des OLG-Präs als Befreigsbehörde (Rn 11). – **b) Zweck.** Bei Ausländern richten sich die mat Vorauss für eine Eheschl grdsl nach deren HeimatR, EG 13 (vgl dort). Das EhefähigkZeugn, aber auch die Befreig von diesem Erfordern soll dem StBeamten die Prüfg erleichtern, ob das HeimatR des Ausl die Eheschl erlaubt; es soll damit zugl eine dem HeimatR des Eheg widersprechde **hinkende Ehe** verhindern (BGH **41**, 136/9; **46**, 87/92; Hamm NJW **73**, 2158). – **c)** § 1309 ist **zwingendes Recht.** Die Regelg widerspricht nicht MRK 14 (KG NJW **61**, 2209). Es handelt sich aber nur um ein aufschiebdes Ehehindern (Soll-Vorschr). Die ohne Zeugn u Befreig geschl Ehe ist gült. Das „soll" ermächtigt den StBeamten nicht, in Härtefällen (drohde Abschiebg, bevorstehde Niederkunft) auf das erfdl Zeugn od die Befreig zu verzichten. Bei lebensgefährl Erkrankg eines Verlobten kann der StBeamte aber gem PStG 7 die Eheschl ohne ein EhefähigkZeugn vornehmen. 1 2 3

2) Ehefähigkeitszeugnis. – a) Persönlicher Anwendungsbereich. Das früh Recht (EheG 10 iVm 1. DVO zum EheG 15) forderte ein EhefähigkZeugn für alle Pers, die nicht die dt Staatsangehörigk besitzen. Auch der im Inl lebde Staatenlose mußte daher ein EhefähigkZeugn beibringen, eine aus doppeltem Grd unsinnige Regelg, einmal weil das dt Recht für ihn die mat Vorauss der Eheschl festlegt (EG 5 II), zum and, weil es für ihn keine für die Ausstellg des EhefähigkZeugn zust Beh gibt. In bewußter Abweichg von dieser verfehlten Regelg braucht der künft Eheg nach § 1309 nur dann ein EhefähigkZeugn vorzulegen, wenn er hinsichtl der Vorauss der Eheschl **ausländischem Recht** unterliegt. **aa)** Nicht unter § 1309 fallen daher: **(1) Staatenlose,** die ihren gewöhnl Aufenth od, mangels eines solchen, ihren Aufenth im Inl haben (EG 5 II). **(2) Doppelstaatler,** die auch Dtsche sind (EG 5 I 2). **(3) Deutsche iSv GG 116 I,** da sie dt StaatsAngeh gleichstehen. **(4) Heimatlose Ausländer, Asylberechtigte** u **ausländische Flüchtlinge,** die ihren Wohnsitz od gewöhnl Aufenth, hilfsw Aufenth, im Inl haben, weil sie dem dt Personalstatut unterliegen (vgl die Nachw im Anh zu EG 5 Rn 3–32). Das gilt für Asylbewerber aber erst ab Anerkenng (Anh zu EG 5 Rn 31). – **bb)** Ausl, auf die dt Recht kr **Rückverweisung** anzuwenden ist, bedürfen eines EhefähigkZeugn. Die Frage, ob das ausl Recht auf das dtsche zurückverweist, setzt eine Auslegg ausl Rechts voraus. Diese bleibt der zust ausl Behörde od der Entsch im BefreigsVerf vorbehalten (Hepting FamRZ **98**, 718; BT-Drucks 13/ 4898 S 15). 4 5 6

b) Anforderungen. – aa) Das Zeugn muß den **Inhalt** haben, daß der Eheschl nach dem Recht des Heimatstaates des Betroffenen kein Ehehindern entggsteht. Es muß sich auf eine best Ehe u alle mat Vorauss der Eheschl beziehen (BGH **41,** 129/142). Das Zeugn **verliert** seine **Kraft,** wenn die Ehe nicht binnen 6 Mo seit Ausstellg geschl w; ist in dem Zeugn eine kürzere Geltgsdauer angegeben, so ist diese maßg, **I 3.** – **bb)** Das Zeugn muß von der **inneren Behörde** des Heimatstaates des Ausl ausgestellt sein, **I 1.** Abweichd vom früh R (EheG 10), nach der Zeugn von AuslVertretgen nicht anerkannt w durften, reicht nunm auch das Zeugn einer and Stelle, die nach Maßg eines mit dem betreffden Heimatstaats geschl Vertr erteilt worden ist, **I 2.** Im Verh zu Vertr-Staaten des HaagerEheschlAbk (Anh zu EG 13) u des von der CIEC aufgelegten Übereink v 5. 9. 80 üb die Ausstellg von EhefähigkZeugn, das Dtschland im Zuge der EheschlR-Reform ratifiziert h (Ges vom 5. 6. 97, BGBl II 1086), sind daher auch Zeugn, von AuslVertretgen anzuerkennen, soweit diese nach dem HeimatR des Betroffenen zust sind. Bekanntgabe der zust Beh: Art 8 Übk. Einer dem EhefähigkZeugn beigefügten Bescheinigg des zust dt Konsuls üb die Befugn der ausl Behörde zur Ausstellg des Zeugn (Legalisation dch Apostille) – so fr PStG 5 a – bedarf es nicht mehr. 7 8

c) Die wichtigsten **Staaten,** die ein EhefähigkZeugn ausstellen, sind in DA 166 IV aufgeführt: Bulgarien, Dänemark, Finnland, Griechenland, Großbritannien, Irland, Italien, Japan, Kenia, Liechtenstein, Luxemburg, Mosambik, Neuseeland, Niederlande, Norwegen, Österreich, Polen, Portugal, Schweden, Schweiz, Spanien, Tansania, Tschechien, Slowakai, Türkei, Ungarn. Die Aufstellg zeigt, daß die Mehrzahl der Staaten zZ keine EhefähigkZeugn erteilen, in Vollzug des Übereink v 5. 9. 80 (Rn 8) wird sich der Kreis der Staaten, die Zeugn ausstellen, aber erweitern. Überdies entspr die Zeugn mancher Staaten nicht den inhaltl Mindestanfordergen, so zB die Zeugn Tansanias (Böhmer StAZ **90**, 30). 9

10 **d) Wirkung.** Das Zeugn bindet den StBeamten nicht (BGH **46,** 87/92). Er kann gleichwohl prüfen, ob ein Ehehindern vorliegt u hat dazu vor allem Anlaß, wenn das Zeugn aus einem Staat stammt, in dem die Mehrehe zul ist. Kommt er zu dem Erg, daß ein Ehehindern besteht, hat er die Eheschl abzulehnen. Die Verlobten können dann gerichtl Entsch beantragen (PStG 45, 50).

11 **3) Befreiung. – a)** Über die Befreig entscheidet der **Präsident des Oberlandesgerichts** als Organ der JustizVerw. Er hat die Befreig zu erteilen, wenn die dafür erfdl ges Vorauss vorliegen; eine Ablehng aus **Ermessensgründen** ist unzul (BGH **56**, 180/184; Gernhuber/Coester-Waltjen § 10 VIII 3; hM; aA Diederichsen 58. Aufl). Örtl zust ist – abweichd vom fr Recht (EheG 10) – nicht der OLG-Präs, in dessen Bezirk die Ehe geschl w soll, sond der Präs, in dessen Bezirk der StBeamte seinen Sitz hat, bei dem die Eheschl gem PStG 4, 6 II od III angemeldet worden ist.

12 **b) Subjektive Voraussetzungen, II 2 und 3.** Ungeschriebene GrdVorauss ist, daß keine Zweifel an der Identität des AntrStellers bestehen (Düss FamRZ **98,** 1107). Die Befreig soll nur erteilt werden: **aa) Staatenlosen** mit gewöhnl Aufenth im Ausl. Staatenlose mit gewöhnl Aufenth im Inl benötigen kein Ehefähigk-Zeugn (Rn 5). **– bb) Ausländer,** die nach Rn 4 ein EhefähigkZeugn benötigen, wenn die ausl Behörden keine Zeugn ausstellen od deren Zeugn den Anfordergen des § 1309 nicht genügen (Rn 9). Das sind zZ fast alle nicht in Rn 9 aufgeführten Staaten, zB Argentinien, Belgien, Brasilien, Bulgarien, Frankreich, Indien, Iran, Mexiko, Rumänien u die NachfStaaten der Sowjetunion, jedoch werden sich insow in Vollzug des Übereink v 5. 9. 80 Ändergen ergeben (Rn 8). Zur Prüfg der Vorauss des II 2, aber auch für die Prüfg gem Rn 16 bedarf es des Nachw einer best Staatsangehörigk, jedoch sind insow keine zu hohen BeweisAnfordergen zu stellen (Ffm StAZ **90**, 48/139 mAv Kremer). – **cc)** In bes Fällen ist Befreig auch **Angehörigen anderer Staaten** zu erteilen. II 3 ermöglicht, ausl Verlobten in Fällen zu helfen, in denen das Ehefähigk-Zeugn etwa wg Krieg, Unruhen od Naturkatastrophen im Heimatland od aus polit Grden – zB wg NichtErf der WehrPfl (Kln FamRZ **69**, 335) od polit Verfolgg (Oldenbg StAZ **89**, 75) –, nicht od nur unter unzumutb Schwierigk od Nachteilen zu erlangen wäre (Hamm FamRZ **72**, 140, **74**, 457; Riedel StAZ **89**, 243). Dagg genügt es nicht, daß die Beschaffg des Zeugn Kosten od Zeit erfordert; II 3 dient nicht dazu, die nach dem HeimatR des ausl Verlobten normalerw erfdl Formalitäten zu umgehen (Hamm u Karlsr FamRZ **72**, 140 u 507). Befreig kann nur erteilt w, wenn deren sachl Vorauss (Rn 16 f) vorliegen. Vorauss ist also, daß nach dem HeimatR des ausl Verlobten ein Ehehindern nicht besteht od es nach EG 6 od 13 II unbeachtl ist (Hamm FamRZ **74**, 457).

13 **c) Sachliche Voraussetzungen. – aa)** Der OLG-Präs **prüft anstelle der ausländischen Behörde**, ob der Verlobte nach seinem HeimatR die beabsichtigte Ehe eingehen darf. Liegen nach dem HeimatR des Verl die mat Vorauss für eine Eheschl vor u gibt es auch nach dt Recht keine HindergsGrde, so ist die Befreig zu erteilen (BGH **56**, 180/4; KG FamRZ **76**, 353; Düss StAZ **80**, 239; Rn 11). Auch aufschiebde Ehehindern des ausl Rechts sind zu beachten (BGH **56**, 180). Dagg steht der Eheschl in Dtschland nicht entgg, daß das HeimatR des ausl Verlobten eine kirchl Trauung verl u standesamtl Eheschl nicht anerkennt, denn insoweit ist nach EG 13 III allein dt Recht maßg (KG NJW **61**, 2212; Wengler NJW **62**, 348). Auch von der finanz Sicherstellg der dt Verl bei Heirat eines Muslims darf die Befreig nicht abhäng gemacht w (Kln NJW **90**, 644). Sind beide Verlobte Ausl u kann keiner ein EhefähigkZeugn beibringen, müssen beide Befreig beantragen. – **bb)** Verbietet das ausl R die Ehe, so muß gleichwohl Befreig erteilt w, wenn das Verbot dem dt **ordre public** (EG 6) od EG 13 II widerspricht. Dementspr ist Befreig erteilt worden (vgl auch EG 6 Rn 20): Der in Dtschland lebden vollj Iranerin, obwohl der Vater die nach iran R erfdl Zust nicht erteilt hatte (LG Kassel StAZ **90**, 169). Dem jüdischen Israeli, der entgg dem Eheverbot der Religionsverschiedenh seines HeimatR eine dt Nichtjüdin (BGH **56**, 180) od eine religionsversch Israelitin heiraten wollte (Hamm FamRZ **77**, 323). Dem Verl, dessen HeimatR die Ehe nur deshalb als Doppelehe verbietet, weil es die von einem dt Ger ausgesprochene Scheidg od Aufhebg einer früh Ehe nicht anerkennt (BVerfG NJW **71**, 1507; BGH NJW **72**, 1619; **77**, 1014; vgl jetzt EG 13 II Nr 3). – **cc)** Für eine Eheschl, die in offenkund **Mißbrauch** des Inst der Ehe u des Rechts zur Eheschl nur den Zweck hat, dem ausl Part ein **Aufenthaltsrecht** zu verschaffen, lehnt die bish Prax eine Befreig ab (Hbg StAZ **96**, 139; KG StAZ **96**, 84; Celle StAZ **96**, 366; FamRZ **98**, 1108; aA Düss FamRZ **96**, 1145). Daran ist auch nach der Regelg dieser MißbrFälle dch §§ 1310 I S 2, 2. Halbs, 1314 II Nr 5 festzuhalten, weil im BefreigsVerf auch nach dt R bestehde Ehehindern zu beachten sind (KG FamRZ **76**, 353; Düss StAZ **81**, 239).

14 **d) Verfahren.** Die Befreig setzt einen **Antrag** des ausl Verl voraus. Der Antr ist bei dem für die Anmeldg der Eheschl zust **Standesamt** (PStG 4, 6 II u III) zu stellen. Der StBeamte hat alle Nachw zu fordern, die für die Eheschl erbracht w müssen (PStG 5 a). Der AntrSt hat die EheVorauss soweit als mögl zu belegen u urkundl Nachw zu beschaffen u vorzulegen (Riedel StAZ **89**, 243). Wenn die ausl Behörde EhefähigkZeugn ausstellt, kann der StBeamte den Nachw verl, daß der Antr auf Erteilg des Zeugn gestellt u welcher Bescheid darauf ergangen ist (KG NJW **69**, 987). Soweit zur Prüfg der EheVorauss, etwa zur Feststellg der Staatsangehörigk, erfdl, kann der StBeamte die Akten der AuslBehörde heranziehen u gem PStG 5 a S 2 Versichergen an Eides Statt verl. Zur Gef der Verfälschg v GeburtsUrk u LedigkBescheinigen usw s Ffm StAZ **90**, 48 u 139. Erteilt der StBeamte unricht Ausk od verzögert er schuldh das Verf, hat der AntrSt gem GG 34, BGB 839 einen SchadErsAnspr (LG Ulm NJW-RR **95**, 198). Die Entsch üb den BefreigsAntr trifft der **Präsident des Oberlandesgerichts** (Rn 11). Gg die Erteilg der Befreig ist kein RMittel gegeben, gg einen abl Bescheid ist der **Antrag auf gerichtliche Entscheidung** an das OLG (EGGVG 23 ff) zul.

15 **e) Wirkung.** Die Befreig hat ebso wie das EhefähigkZeugn, das sie ersetzen soll, keine matrechtl Wirkg. Sie beseitigt das nach ausl Recht bestehde Eheverbot nicht (Hamm NJW **69**, 373) u ist für den StBeamten nicht bindd. Erlangt der StBeamte vom Bestehen eines Ehehindern Kenntn, hat er trotz der Befreig die Mitwirkg an der Eheschl abzulehnen (BGH **46**, 87/93; Hamm NJW **74**, 457). Die vom OLG im Verf nach EGGVG 23 ff getroffene Entsch ist dagg für den StBeamten bindd. Gem II 4 gilt die Befreig nur für 6 Mo. Nach Ablauf der Fr muß eine neue Befreig beantragt w.

16 **4)** Die Ausstellg des EhefähigkZeugn, das ein Dtscher für eine Eheschl im Ausl benötigt, regelt PStG 69 b u jetzt auch das Übk v 5. 9. 1980 (Rn 8). Vgl zu PStG 58. Aufl Rn 4.

IV. Eheschließung

Vorbemerkungen

1) Der dch das **EheschlRG** wieder in das BGB eingefügte Untertitel regelt die Eheschl in den Grdzügen in Übereinstimmg mit den Vorschr des bish Rechts (EheG 11–15). – **a) Sachlich** geändert ist ledigl folgdes: **(1)** Der StBeamte muß nach § 1310 I 2 Halbs 2 seine Mitwirkg an der Eheschl verweigern, wenn offenkund ist, daß die Ehe nach § 1314 II **aufhebbar** wäre. Soll eine Ehe, ohne den Willen zur Begr einer LebGemsch, nur deshalb geschl w, um einem Partn ein AufenthR zu verschaffen, konnte der StBeamte die Eheschl schon nach bish R wg Mißbr des RInst der Ehe abl. § 1310 I 2 2.Halbs will für die Verweigerg der Eheschl in diesen MißbrFällen eine eindeut RGrdl schaffen (§ 1310 Rn 5). **(2)** 1310 III enth eine neue tatbestandl eng begrenzte **Heilungsvorschrift** für nicht vor dem StBeamten abgeschl Ehen. **(3)** Das **Aufgebot** (EheG 12), vor allem in Städten seit langem funktionslos u datenschutzrechtl bedenkl, hat das EheschlRG abgeschafft. Das UN-EheschlÜbereink v 10. 12. 62 wird hierdch nicht verletzt (Barth/Wagenitz FamRZ **96**, 835). Das Aufgebot wird ersetzt dch die Anmeldg zur Eheschl (PStG 2). **(4)** Die Regelgen üb die Erkl zum Ehenamen (EheG 13 a) u zur örtlichen Zustdgk des Standesbeamten sind wg des engen SachZusHangs in das PStG (6 I 3 u II) übern worden. Unterbleibt die in PStG 6 I 3 vorgesehene Befragg od geben die Eheg keine Erkl ab, behalten die Eheg ihren bish Namen (§ 1355 I 2). Die Eheg können sich aber auch noch nachträgl für einen gemeins Ehenamen entscheiden (§ 1355 III 2). – **b) Terminologie**. Wenn die künft Eheg den StBeamten aufsuchen, haben sie sich idR ein ernsth EheVerspr gegeben u sind daher Verlobte im RSinn (§ 1297). Gleichwohl bezeichnen die §§ 1310 ff sie – and als das bish R u das PStG – nicht mehr als „Verlobte", sond als „Eheschließende" (BT-Drs 13/4898 S 15). Das ist sprachl wenig glückl u wg der Uneinheitlichk kaum überzeugd (vgl 58. Aufl), bedeutet aber für den RAnwender keine Erschwern. 1

2) An der Spitze der Vorschr üb die Eheschl steht in § 1310 I 1 der Grds der **obligatorischen Zivilehe.** Zur Eheschl bedarf es der Mitwirkg eines StBeamten. Die kirchl Traug darf erst im Anschl an die staatl Eheschl vorgenommen w (PStG 67 ff). Die Ehe kommt aber nicht dch staatl HoheitsAkt, sond dch die von den Verlobten abgegebenen Erkl zustande, *arg* 1310 I 1. Der *Konsens* der Verl begründet die Ehe. Die Eheschl ist damit ein **familienrechtlicher**, allerd einer bes Form bedürft **Vertrag** (Gernhuber/Coester-Waltjen § 11 II 4; Hepting FamRZ **98**, 719). Vorauss einer wirks Eheschl: Die Eheg müssen versch Geschlechts sein (Einl 1 v § 1297; zur Eintr gleichgeschl Partnsch in Hbg: Czullay StAZ **99**, 247) u vor einem StBeamten (§ 1310) pers u bei gleichzeit Anwesenh (§ 1311) erkl, die Ehe miteinand eingehen zu wollen (§ 1312 I). Die Eintragg im Heiratsbuch (§ 1312 II) ist nur deklaratorisch. Die Mitwirkg des StBeamten sichert die Publizität der Eheschl (§ 1310 I) u ihre jederzeit Beweisbark (§ 1312 II). 2

1310 ***Eheschließung vor dem Standesbeamten; Heilung fehlerhafter Ehen.*** **I Die Ehe wird nur dadurch geschlossen, daß die Eheschließenden vor dem Standesbeamten erklären, die Ehe miteinander eingehen zu wollen. Der Standesbeamte darf seine Mitwirkung an der Eheschließung nicht verweigern, wenn die Voraussetzungen der Eheschließung vorliegen; er muß seine Mitwirkung verweigern, wenn offenkundig ist, daß die Ehe nach § 1314 Abs. 2 aufhebbar wäre.**

II Als Standesbeamter gilt auch, wer, ohne Standesbeamter zu sein, das Amt eines Standesbeamten öffentlich ausgeübt und die Ehe in das Heiratsbuch eingetragen hat.

III Eine Ehe gilt auch dann als geschlossen, wenn die Ehegatten erklärt haben, die Ehe miteinander eingehen zu wollen, und

1. der Standesbeamte die Ehe in das Heiratsbuch oder in das Familienbuch eingetragen hat,
2. der Standesbeamte im Zusammenhang mit der Beurkundung der Geburt eines gemeinsamen Kindes der Ehegatten einen Hinweis auf die Eheschließung in das Geburtenbuch eingetragen hat oder
3. der Standesbeamte von den Ehegatten eine familienrechtliche Erklärung, die zu ihrer Wirksamkeit eine bestehende Ehe voraussetzt, entgegengenommen hat und den Ehegatten hierüber eine in Rechtsvorschriften vorgesehene Bescheinigung erteilt worden ist

und die Ehegatten seitdem zehn Jahre oder bis zum Tode eines Ehegatten, mindestens jedoch fünf Jahre, als Ehegatten miteinander gelebt haben.

1) Allgemeines. Dch die wechselseit Erkl der Verlobten, die Ehe miteinand eingehen zu wollen, kommt eine Ehe nur zustande, wenn sie vor einem zur Mitwirkg bereiten StBeamten abgegeben worden sind (Vorbem 2). § 1310, der den Grds der obligatorischen Zivilehe u den Inhalt der EheschlErkl normiert, wird ergänzt dch § 1311, der die eigentl Förmlichk der Eheschl (pers Erkl, gleichzeit Anwesenh usw) festlegt. In § 1314, der die AufhebgsGrde best, wird zuR nur § 1311, nicht aber § 1310 erwähnt. Wird der EheschlWille nicht vor einem StBeamten erkl, haben die Erkl – von den Ausn des § 1310 II u III abgesehen – keine famrechtl Wirkg; es handelt sich um NichtEhen (Einf 5 v § 1313). Das gilt auch für die nach Sinti-Art ohne Mitwirkg eines StBeamten geschl Ehen (BVerfG FamRZ **93**, 781). 1

2) Standesbeamter ist, wer als solcher bestellt ist (PStG 51 ff). Obwohl das PStG dchgäng vom „StBeamten" spricht, können selbstverständl auch Frauen StBeamte sein (Diederichsen, FS Gaul 1997, 136: generisches Maskulinum). Die jetzt in PStG 6 II u III enth Vorschr üb die örtl Zustdgk (Vorbem 1) sind bl OrdngsVorschr. Ihre Verletzg läßt die Wirksamk der Eheschl unberührt. Ist der StBeamte außerh des Bez tät gew, für den er bestellt ist, hat er aber als NichtStBeamter gehandelt (Hepting FamRZ **98**, 724). Die Eheschl kann jedoch gem II wirks sein (Rn 5). Ist jemand zum StBeamten bestellt, der nicht hätte bestellt w dürfen od sollen, so berührt das die Gültigk seiner AmtsHdlgen nicht. 2

3 **3) Scheinstandesbeamter, II.** Eine gült Ehe kommt unter den Vorauss von II auch bei Eheschl vor einem NichtStBeamten zustande: – **a)** Die Pers, die an der Eheschl mitgewirkt h, muß das Amt eines StBeamten **öffentlich ausüben**, also wie ein StBeamter standesamtl Gesch vornehmen. Bsp sind etwa der noch nicht od nicht mehr bestellte Beamte, der StBeamte, der außerh seines Bez tät w (Rn 2) od der stellvertr Bürgermeister, dessen Vertreterbestellg nicht die Aufg des StBeamten umfaßt. – **b)** Der ScheinStBeamte muß anschließd die Ehe in das **Heiratsbuch** eingetragen haben. Die Eintragg dch den richt StBeamten genügt nicht. Auf Gutgläubigk der Verlobten u des Scheinbeamten kommt es nicht an.

4 **4) Mitwirkung des Standesbeamten.** – **a)** Die wechselseit Erkl derVerl, die Ehe miteinand eingehen zu wollen, begr nur dann eine Ehe, wenn sie vor einem zur **Mitwirkung bereiten** StBeamten abgegeben worden sind (vgl RG **166**, 141/3). Die Abgabe von EheschlErkl vor einem die Mitwirkg ablehnden StBeamten führt zu
5 einer Nichtehe (Einf 5 v § 1313). – **b)** Der StBeamte ist zur Mitwirkg **verpflichtet,** wenn die Vorauss der Eheschl vorliegen. Das spricht der vom BT-RAusschuß eingefügte § 1310 I 2 1. Halbs ausdr aus, war aber schon immer geltdes R. Der StBeamte prüft aGrd der Anmeldg (PStG 4), ob die Verl ehefäh sind (§§ 1303, 1304), ob Eheverbote vorliegen (§§ 1306 ff) u ob sonst Ehehindern bestehen (Vorbem 3 v § 1306). Ergeben sich keine Bedenken, teilt er den Verl mit, daß er die Eheschl vornehmen kann (PStG 6 I). Stellt er ein **Ehehindernis fest, verweigert** er die Eheschl. Gg die Weigerg können die Verl das AmtsG anrufen (PStG 45).

6 **c) Fehlender Wille zur Begründung einer Lebensgemeinschaft.** – **aa)** Schon vor dem EheschlRG vertrat die Rspr überwiegd den Standpkt, daß der StBeamte berecht sei, seine Mitwirkg zu versagen, wenn die Ehe offensichtl **nur** zu dem **Zweck** geschl w sollte, einem der Part ein **Aufenthaltsrecht** zu verschaffen (vgl statt aller Ffm FamRZ **95**, 1409; wNachw bei Hepting FamRZ **98**, 719 Fn 82–84). Der auf Vorschlag des BT-RAusschusses eingefügte I 2 soll dieser Rspr dch seinen 2. Halbs eine unzweideut RGrdl verschaffen. Sein
7 Wortlaut ist aber viel zu weit u auch sonst nicht unproblemat. – **bb)** Der StBeamte hat nach § 1310 I 2 2. Halbs die Mitwirkg an der Eheschl zu verweigern, wenn offenkund ist, daß die Ehe **nach § 1314 II aufhebbar** wäre. Bei den AufhebgsGrden des § 1314 II Nr 1–4 ergeben sich kaum Probleme; ein Fall der Täuschg (Nr 3) od der Drohg (Nr 4) wird nur selten offenkund sein. Eingefügt worden ist § 1310 I 2 auch allein wg des neuen § 1314 II Nr 5, der Ehen für aufhebb erkl, wenn sich beide Eheg darüber einig waren, daß sie keine **Verpflich-**
8 **tung gemäß § 1353 I** begr wollen (BT-Drucks 13/9416 S 27 ff). – **cc)** Nach § 1310 I 2 iVm § 1314 II 5, 1353 I hat der StBeamte die Ehschl abzulehnen, wenn **offenkundig** ist, daß die Part ohne den Willen zur Begr einer ehel LebG nur heiraten, um einer der Part ein AufenthaltsR zu verschaffen (sog **Aufenthaltsehe**, Scheinehe). Die Ablehng ist in diesen Fällen aus kollisionsrechtl Grden aber nur zul, wenn eine der Part Dtsche ist od auf sie dt Recht anzuwenden ist, EG 13 I (Hepting FamRZ **98**, 721). PStG 5 IV ermächtigt den StBeamten, die notw Ermittlgen anzustellen, erfdl sind aber **konkrete Anhaltspunkte** für einen RMißbr. Bsp sind etwa Fehlen einer Sprache, in denen sich beide Part verständigen k. Alkohol- od Drogenabhängigk des dtschen Partn. Weit auseinandleigde AufentOrte. ZusLeben eines Teils mit einem and Partner. Widersprechde Angaben üb Personalien od Umst des Kennenlernens. Fehlde Kontakte vor dem StAmtsTermin. Zahlg eines Geldbetr für die Eingehg der Ehe. Früh Scheinehe eines Verl. Kürzl vorausgegangene Anmeldg einer Eheschl mit einem and Partner. Entsch ist das Gesamtbild. Zu den insow bestehden Beweisproblemen vgl LG Lübeck StAZ **85**, 164; Otto StAZ **82**, 150. Der StBeamte darf nur Erkenntn verwenden, die „offenkund" sind (Hepting aaO), Hausbesuche u Fragen zur Intimsphäre sind unzul. Bleiben nach Dchführg der Ermittlgen Zweifel, bleibt es bei der Vermutg, daß die Partn eine Leb- u VerantwortgsGemsch begr wollen, der StBeamte darf die Eheschl nicht verweigern. Der StBeamte kann bei bl Zweifeln insb an der Ernsthaftigk der beabsicht Eheschl im – vom neuen R unberührten – VorlageVerf (PStG 45 II), das der Erleichterg u Beschleunigg des PrüfgsVerf des StBeamt dient, die Entsch des AmtsG herbeiführen (aA Ffm FGPrax **99**, 23; Düss FamRZ **99**, 225 m abl Anm Otto 791); die Zulässigk des Verf ist nicht vom Grad evtl Zw des StBeamt abhäng. Hinsichtl der Vorauss f die Ablehng der
9 MitwirkgsHdlg des StBeamt ist dagg Offenkundigk erfdl. – **dd)** Das Ehehindern des § 1310 I 2 2. Halbs iVm § 1314 II Nr 5, 1353 I erfaßt nach seinem auf den fehlden Willen zur Begr einer ehel LebG abstelldden Wortlaut, neben der AufenthEhe auch **weitere Fälle** einer Eheschl zu ehefremden Zwecken. Nicht betroffen sind allerd Ehen auf dem Sterbebett (PStG 7) od Ehen von Strafgefangenen, die eine lebenslange FreihStrafe zu verbüßen h, da die Eheg hier keine Verpfl ausschließen wollen, sond nur aus tatsächl Grden an der Erf der Pflten gehindert w (Wolf FamRZ **98**, 1483). Dagg ist § 1310 I 2 2. Halbs seinem Wortlaut nach auch auf Namensehen, StaatsangehörigkEhen, VersorggsEhen u Eheschl aus steuerl Grden anzuwenden, vorausgesetzt, die Part sind darüber einig, daß keine ehel LebG begr w soll. Der zu weit geratene Wortlaut der Vorschr kann aber dch teleologische Reduktion auf den eigentl RegelgsZweck beschr w. Das Ehehindern gilt entspr der RegelgsAbs des GesGebers (BT-Drs 13/9416 S 27 f) nur für Ehen, dch die einem Part unter Mißbr der Institution der Ehe ein AufhR verschafft w soll (Hepting FamRZ **98**, 122; JH/Henrich § 1314 Rn 79; aA Wolf FamRZ **98**, 1477). Dafür spricht auch der Gedanke, daß Ehehindern wg der verfassgsrechtl geschützten EheschlFreih iZw eng auszulegen sind. Zur Ablehng der Befreig von der Beibringg eines **Ehefähigkeitszeugnisses** s § 1309 Rn 18, zur **Scheidung** mißbr Ehen s § 1565 Rn 12.

10 **5) Heilung von Nichtehen, III.** – **a)** Eine Ehe, die im Inl nicht vor dem StBeamten geschl worden ist, ist eine **Nichtehe.** Das gilt auch für Ehschl zw dt-ausl od ausl Paaren, an denen eine Trauungsperson mitgewirkt hat, die hierzu nach dem jeweil AuslR, nicht aber nach dt Recht (EG 13 III 2) befugt war. III schafft für diese nach dt Recht ungült, nach ausl Recht aber wirks **hinkenden Ehen** eine tatbestandl eng begrenzte Heilgsmöglichk. Unter den Vorauss von III tritt Heilg aber auch für Ehen ein, die sowohl nach dt als auch nach ausl R Nichtehen sind. Krit Sturm, FS Rolland 1999, 167.

11 **b) Voraussetzungen.** – **aa)** Die Verl müssen im Inl od Ausl die **Erklärung** abgegeben h, **die Ehe miteinander eingehen zu wollen.** Dafür genügen Erkl währd einer Party oä nicht. Die Erkl muß vielm vor einer Stelle abgegeben worden sein, die nach kirchl od ausl R für Trauungen zust ist, ohne daß es auf die
12 Zustdgk im Einzelfall ankommt. – **bb)** Die Heilg setzt weiter voraus, daß der StBeamte mit Bezug auf die Nichtehe eine der in III Nr 1–3 genannten **urkundlichen Handlungen** vorgen hat: – **Nr 1.** Hat der StBeamte die Ehe – in Verletzg des § 1312 II – in das **Heiratsbuch** (PStG 9 f) eingetragen od auf Antr ein **Familienbuch** (PStG 15 a) angelegt, so ist das eine ausr HeilgsMaßn. – **Nr 2.** Entspr gilt, wenn der StBeamte

ein gemeins Kind der NichtEheg (das Ges bezeichnet sie fälschl als „Eheg") **„unter Hinweis auf die Eheschließung"** in das Geburtenbuch eingetragen hat. Gemeint ist trotz seiner fehlden BewWirkg der Hinw gem PStV 33 2 (krit Hepting FamRZ **98**, 725). – **Nr 3.** Ebso genügt, daß der StBeamte den vermeintl Eheg nach personenstandsrechtl Vorschr eine **familienrechtliche Erklärung bescheinigt** hat, die wirks nur von Eheg abgegeben w kann. In Betr kommen vor allem Erkl üb den Ehenamen, den BegleitNa (§ 1355 III 2 u IV) od den KindesNa (§ 1617). – **cc)** Heilg tritt nur ein, wenn die Part 10 J od bis zum Tod eines Partn, mind 13
jedoch 5 J wie **Ehegatten miteinander gelebt** haben. Die Fr beginnt mit der urkundl Hdlg des StBeamten, die nach Nr 1–3 Vorauss der Heilg ist (*arg:* „seit dem"). Bei mehreren derart Hdlgen ist die erste entsch. Vorübergehde Trenng dch Krankh, AuslAufenth od Strafhaft heben die LebG nicht auf. Obwohl die amtl Begr (BT-Drs 13/4898 S 17) u die Lit (Bosch FamRZ **96**, 843) den Vertrauensschutz als das tragde Prinzip des III ansehen, tritt unter den Vorauss v III Heilg auch ein, wenn die vermeintl Eheg wissen, daß ihre „Ehe" eine Nichtehe ist.

c) Rechtsfolgen. Die Heilg hat rückw Kraft (Muscheler JZ **97**, 1143). Statt 10 J zu warten, können die 14
Part ihre „Ehe" auch dch **Wiederholung der Eheschließung** heilen, allerd nur mit Wirkg *ex nunc.* § 1306 steht nicht entgg, einmal, weil er nur Eheschl mit dritten Pers, nicht aber mit demselb Partner verbietet, zum and, weil die bestehde Vbdg eine Nichtehe ist.

1311 ***Form der Eheschließung.*** **Die Eheschließenden müssen die Erklärungen nach § 1310 Abs. 1 persönlich und bei gleichzeitiger Anwesenheit abgeben. Die Erklärungen können nicht unter einer Bedingung oder Zeitbestimmung abgegeben werden.**

1) Allgemeines. Das EheschlRG hat § 1311 sachl ohne wesentl Ändergen, aber in redaktioneller nF aus 1
EheG 13 übern. Die Vorschr enth **die zwingenden Voraussetzungen für eine gültige Eheschließung.** Ein Verstoß macht die Ehe aufhebb (§ 1314 I), ist aber dch ZusLeben u Zeitablauf heilb (§ 1315 II Nr 2).

2) Einzelerläuterung. – a) Erklärung des Eheschließungswillens. S 1 verweist auf § 1310 I, der im 2
Lauf des GesGebgsVerf einen 2. Satz bekommen hat, will aber nur § 1310 I 1 in Bezug nehmen. Die Erkl der Verl, die Ehe miteinand eingehen zu wollen, sind der für die Eheschl entsch Vorgang, **Konsensehe**. Die Eheschl ist ihrer **Rechtsnatur** nach ein famrechtl Vertr (Vorbem 2 v § 1310). Der rechtsgesch Wille braucht nicht auf die einz RFolgen der Eheschl (ehel LebG, Unterh, ScheidgsVorauss u -folgen) gerichtet zu sein, diese treten *ex lege* ein. – **aa)** Eine bes **Form** verl § 1311 für die EheschlErkl nicht, § 1312 enth ledigl 3
OrdngsVorschr. Die Erkl kann auch dch Zeichen zum Ausdr gebracht w. Bei Tauben, Stummen u der dtschen Sprache nicht Mächtigen ist ein Dolmetscher hinzuzuziehen (PStV 5,6). Wird der EheschlWille nicht von beiden Verl erkl, entsteht eine Nichtehe. Bei Eheschl unter falschen Namen, kommt die Ehe mit dem Anwesden u nicht mit dem Namensträger zustande (Gernhuber/Coester-Waltjen § 11 II 6). – **bb)** Bei 4
Zufügg einer **Bedingung oder Zeitbestimmung** (S 2) hat der StBeamte die Eheschl zu verweigern. Geschieht das nicht, ist die Ehe aufhebb (§ 1314 I). Bdggen (Begr: Einf 1 v § 158) sind nur die bei der Eheschl hinzugefügten Vorbeh. Absprachen zw den Eheschließden, von denen der StBeamte keine Kenntn erlangt, sind unbeachtl (BayObLG FamRZ **82**, 603/5), ebso der für den StBeamten nicht erkennb Mangel der Ernstlichk der Erkl (vgl RG Recht **20** Nr 3396). Unzul u gem § 1311 S 2 unwirks sind auch Abreden, daß die Eheschl ledigl wg des gemeins Kindes erfolge u alsbald wieder gesch w solle (RG aaO). Wird die Ehe nur geschl, um einem der Partner ein **Aufenthaltsrecht** zu verschaffen, gilt § 1310 I 2 2. Halbs iVm § 1314 II Nr 5 (§ 1310 Rn 8).

b) Persönliche und gleichzeitige Anwesenheit. Die Abgabe der EheschlErkl dch einen Vertreter od 5
Boten (Handschuhehe) ist unzul, ebso eine Ferntrauung, die die Kriegsgesetzgebg vorübergehd zugelassen hatte. Bei verdeckter Stellvertretg (Einf 6 v § 164) kommt die Ehe nicht mit dem vertretenen Dr (so Gernhuber/Coester-Waltjen § 11 II 6; JH/Henrich § 1314 Rn 32), sond zw den Anwesden zustande. Die Ehe ist aber nach § 1314 Nr 2, hilfsw nach § 1314 Nr 5 aufhebb.

1312 ***Trauung.*** **I Der Standesbeamte soll bei der Eheschließung die Eheschließenden einzeln befragen, ob sie die Ehe miteinander eingehen wollen, und, nachdem die Eheschließenden diese Frage bejaht haben, aussprechen, daß sie nunmehr kraft Gesetzes rechtmäßig verbundene Eheleute sind. Die Eheschließung kann in Gegenwart von einem oder zwei Zeugen erfolgen, sofern die Eheschließenden dies wünschen.**

II Der Standesbeamte soll die Eheschließung in das Heiratsbuch eintragen.

1) Allgemeines. Das EheschlRG hat § 1312 mit nur unwesentl Ändergen aus EheG 14 übern. Bloße 1
Sollvorschrift. Ihre Verletzg ist ohne Einfluß auf die Wirksamk der Eheschl.

2) Trauung, I. Sie soll in einer der Bedeutg der Ehe entspr würd Form vorgen w (PStG 8). Ihr Kern ist die 2
vom StBeamten an die Verl gerichtete Frage, ob sie die Ehe miteinand eingehen wollen u die Bejahg der Frage dch die Verlobten. Der Ausspruch des StBeamten, daß sie nunm kr Ges rechtmäß verbundene Eheleute seien, ist nur deklarat. Stirbt ein Eheg vor dem Ausspruch, ist die Eheschl gült. **Ort und Zeit** der Eheschl sind ges nicht best. Sie findet idR im StAmt währd der Dienstzeit statt, kann aber auch außerh des Amtsgebäudes u der Dienstzeit vorgen w (Mählmann StAZ **97**, 184), der StBeamte muß jedoch die Grenzen seines AmtsBez einhalten. Aus bes Grden (zB lebensgefährl Krankh) kann der StBeamte verpfl sein, eine Trauung außerh des Amtsgebäudes u der Dienstzeit zu ermöglichen. **Zeugen** sind nur noch auf Wunsch der Verl hinzuzuziehen (and EheG 14). Mj sollen als Zeugen nicht mitwirken, dagg besteht für Betreute keine derart Beschränkg.

3) Eintragung im Heiratsbuch, II. Die Eheschl wird im Beisein der Verl im Heiratsbuch beurkundet 3
(PStG 9). Auch die Eintragg ist ebso wie I bl SollVorschr. Rechtl Bedeutg hat sie nur bei Eheschl vor einem NichtStBeamten (§ 1310 II) u für die HeilgsVorschr des § 1310 III.

Dritter Titel. Aufhebung der Ehe

Einführung

1 **1) Fehlerhafte Ehen.** Neben der nicht regelgsbedürft u auch nicht bes geregelten Nichtehe (Rn 5) u der gg OrdngsVorschr verstoßden, aber vollgült Ehe (Bsp: Verletzg der §§ 1308, 1309, 1312) kannte das bish Recht zwei Typen **fehlerhafter Ehe**, die **nichtige Ehe** (EheG 16–26) u die **aufhebbare Ehe** (EheG 28–37). Das EheschlRG (Einf 1 v § 1303) hat diese „Zweispurigk" der RFolgen fehlerh Ehen beseitigt. Nach den zum 1. 7. 98 in das BGB eingefügten §§ 1313–1318 besteht bei fehlerh Ehen unter Wegfall der Nichtigk nur noch die Möglichk, sie mit **Wirkung für die Zukunft** aufzuheben (BT-Drucks 13/4898 S 13). Die REntwicklg ging auch schon vor dem EheschlRG dahin, die nichtige u die aufhebb Ehe in den RFolgen einand anzunähern. Aus der Nichtigk war bereits 1938 eine bl Vernichtbark gew; spätere Ändergen haben die Unterschiede zw Ehenichtgk u Aufhebbark immer weiter eingeebnet (Einzelh bei JH/Henrich Rn 2 ff). Die von BT u BR einstimm beschlossene ZusFassg von Nichtigk u Aufhebbark der Ehe zu einem einheitl RInst erscheint daher konsequent (zust Muscheler JZ **97**, 1148; Barth/Wagenitz FamRZ **96**, 833; krit Bosch NJW **98**, 2004/2010) u in den prakt Ergebn vertretb (s Rn 3 u bei den einz Vorschr).

2 **2) Grundzüge der Neuregelung. – a)** Währd das EheG für die Regelg der Ehenichtigk u Eheaufhebg zuletzt noch 17 Paragraphen benötigte – davon 9 für die jährl etwa 30 bis 40 NichtigkFälle –, kommt die Neuregelg mit 6, zT allerd umfangr Vorschr aus. Die Aufhebg erfolgt nach § 1313 dch **Urteil mit Wirkung für die Zukunft.** § 1314 faßt die 10 dchaus unterschiedl Grde zus, die eine Eheaufhebg rechtfert. Die Vorauss, unter denen trotz Vorliegens eines ges AufhebgsGrdes eine Aufhebg der Ehe ausgeschl ist, normiert § 1315. Der wichtigste AusschlGrd ist die Bestätigg, sie hat aber der Natur der Sache nach bei Verstößen gg das Verbot der Doppel- od Verwandtenehe keine heilde Wirkg. Das gerichtl Verf zur Aufhebg der Ehe wird nicht mehr dch Klage, sond dch Antr eingeleitet (ZPO 631). §§ 1316, 1317 regeln die AntrBerechtigg u die AntrFrist u differenzieren dabei zw den einz AufhebgsGrden. And als nach bish Recht steht der **Staatsanwaltschaft** keine AntrBerechtigg mehr zu; zust ist nunm die von der LandesReg dch RVO best **Verwal-**
3 **tungsbehörde** (§ 1316 I Nr 1). Die nach Aufhebg der Ehe eintretden RFolgen regelt § 1318. – **b)** Bis zur rechtskr Aufhebg ist die Ehe **vollgültig.** Kein Dritter u grdsl auch keiner der Eheg darf sich auf die Aufhebbark berufen. Der Eheg, der zur Stellg des AufhebgsAntr berecht ist, hat aber gem § 1353 II das Recht, die **Herstellung der ehelichen Lebensgemeinschaft zu verweigern** (§ 1353 Rn 16). Das gilt nicht nur dann, wenn die Herstellg der ehel LebG als Bestätigg der Ehe gewertet w u zum Verlust des AufhebgsR führen könnte, sond auch für AufhebgsGrde, wie etwa der Verstoß gg das Verbot der Doppel- od
4 Verwandtenehe, bei denen eine Heilg dch Bestätigg nicht in Betr kommt. – **c)** RStellg der Ki u ErbR der Eheg: § 1313 Rn 7. VerfR: § 1313 Rn 4. IPR: EG 13. ÜberleitgsR: EG 226.

5 **3) Nichtehen. a)** Schwerwiegde formelle od matrechtl Mängel können dazu führen, daß die Eheschl (richt: der Versuch der Eheschl) **ohne jede familienrechtliche Wirkung** bleibt. Es entsteht keine aufhebb Ehe, sond eine Nichtehe. Die Tats, daß die Eheschl schlechthin unwirks ist, kann von jedermann jederzeit
6 geltd gemacht w; es bedarf keines gerichtl Gestaltgs- od FeststellgsUrt. – **b) Fälle:** Eine Nichtehe wird dch folgde Mängel begründet: (1) Die Ehe wird nicht vor einem StBeamten, sond vor einem Geistl od nach Sinti-Art geschl (§ 1310 Rn 1). Unter den engen Vorauss des § 1310 III besteht eine HeilgsMöglichk (§ 1310 Rn 10). (2) Die EheschlErkl werden vor einem StBeamten abgegeben, der klargestellt hat, daß er zur Mitwirkg an der Eheschl nicht bereit ist (§ 1310 Rn 4). (3) Die Verlobten haben währd der Trauung keine auf die Eheschl gerichteten Erkl abgegeben (§ 1310 Rn 1). (4) Es handelt sich um eine Eheschl zw Gleichgeschlechtl (Einl 1 v § 1297). Die nachträgl Anerkenng der Geschlechtsumwandlg bei einem der Part dch Beschl des AmtsG (§ 1 Rn 11) führt nicht zur Heilg. Die Part können aber nunm dch erneute Trauung eine
7 wirks Ehe eingehen. – **c) Verfahrensrecht:** Die Kl auf Feststellg des Bestehens od Nichtbestehens einer Ehe zw den Part regelt ZPO 632 (fr ZPO 638). Obwohl der die inter-omnes-Wirkg festlegde ZPO 638 S 2 – wohl wg eines Redaktionsversehens des BMJ (BT-Drs 13/1498 S 26) – nicht in die neue Vorschr übern worden ist, wirkt das FeststellgsUrt weiterhin für u gg alle.

1313 ***Eheaufhebung durch Urteil.*** **Eine Ehe kann nur durch gerichtliches Urteil auf Antrag aufgehoben werden. Die Ehe ist mit der Rechtskraft des Urteils aufgelöst. Die Voraussetzungen, unter denen die Aufhebung begehrt werden kann, ergeben sich aus den folgenden Vorschriften.**

1 **1) Allgemeines.** Die Vorschr ist § 1564 (Scheidg) nachgebildet u gilt f alle fehlerh (jedoch gült, Einf 3) Ehen (Einf 1), auch f solche, die vor dem 1. 7. 98 geschl worden sind (EG 226 III). Die Anwendg von Vorschr des 1. Buchs mit NichtigkFolgen (§§ 105, 134, 138, 142) ist dch die Sonderregelg des §§ 1313–1318 ausgeschl. Die Aufzählg der AufhebgsGrde in § 1314 ist abschließd (S 3), Analogie ausgeschl (JH/Henrich Rn 13). Das AufhebgsVerf (Rn 2) ist der einzige Weg, eine aufhebb Ehe zu beseitigen. Eine Scheidg (§ 1564) kommt nur in Betr, wenn eine Aufhebg nicht beantr (Rn 3) od ein AufhebgsGrd (§ 1314) nicht bewiesen w.

2 **2) Eheaufhebung** (S 1). Sie setzt außer einem AufhebgsGrd (§ 1314) voraus:
3 **a) Bestehende Ehe:** § 1317 III; Nichtehe (Einf 5) genügt nicht. – **b) Antrag** eines AntrBerecht (§ 1316) innerh der AntrFrist (§ 1317). Die prozessualen Erfordern sind ZPO 631 zu entnehmen. Bei der zuläss
4 Verbindg (ZPO 610 I) mit einem ScheidgsAntr geht der AufhebgsAntr vor (ZPO 631 II 3). – **c) Verfahren:** Ehesache (ZPO 606 I 1); daher ausschl Zustdgk des FamG. Es gelten grdsl ZPO 606–620 g, 631. Tod eines Eheg: ZPO 619. Ein Verbund (ZPO 623) ist ausgeschl, da dieser einen ScheidgsAntr voraussetzt; auch nicht analog anwendb (JH/Henrich Rn 9). Ist das Verf anhäng, besteht in and Proz, deren Entsch von der Eheauf-

hebg abhäng ist, Aussetzgszwang (ZPO 152). – **d) Urteil** des FamG (od FamSenats), das auf Eheaufhebg erkennt. Es ist GestaltgsUrt, wirkt ex nunc (ab Rechtskr, Rn 6), für u gg alle (JH/Henrich Rn 11), trotz ersatzl Aufhebg von ZPO 636 a. – **e) Rechtskraft** des Urt (S 2), dh formelle Rechtskr gem ZPO 705. Mit deren Eintritt wird die Eheaufhebg wirks. 5 6

3) Rechtsfolgen der Eheaufhebung. Die Ehe ist voll gült bis zur Rechtskr des AufhebgsUrt (auch hins der Abstammg, § 1592 Nr 1). Von da an treten die RFolgen des § 1318 ein, für das ErbR evt mit Rückwirkg (§ 1318 V). Stirbt ein Eheg vor Eheaufhebg, ist der Überlebde voll erb- u pflichtteilsberecht, nur dann nicht, wenn der verstorbene Eheg zZt des Todes bei Vorliegen eines AufhebgsGrdes die Eheaufhebg beantr hatte (§ 1933 S 2; dort Rn 3, 8); ebso bei testamentar Erbeinsetzg (§ 2077 I 3; § 2268) u ErbVertr (§ 2279 II). War kein AufhebgsAntr gestellt, genügt der AufhebgsGrd für sich allein nicht für eine TestAnfechtg (§ 2078 I; JH/Henrich Rn 5). 7

1314 *Eheaufhebungsgründe.* **I Eine Ehe kann aufgehoben werden, wenn sie entgegen den Vorschriften der §§ 1303, 1304, 1306, 1307, 1311 geschlossen worden ist.**

II Eine Ehe kann ferner aufgehoben werden, wenn

1. **ein Ehegatte sich bei der Eheschließung im Zustande der Bewußtlosigkeit oder vorübergehender Störung der Geistestätigkeit befand;**
2. **ein Ehegatte bei der Eheschließung nicht gewußt hat, daß es sich um eine Eheschließung handelt;**
3. **ein Ehegatte zur Eingehung der Ehe durch arglistige Täuschung über solche Umstände bestimmt worden ist, die ihn bei Kenntnis der Sachlage und bei richtiger Würdigung des Wesens der Ehe von der Eingehung der Ehe abgehalten hätten; dies gilt nicht, wenn die Täuschung Vermögensverhältnisse betrifft oder von einem Dritten ohne Wissen des anderen Ehegatten verübt worden ist;**
4. **ein Ehegatte zur Eingehung der Ehe widerrechtlich durch Drohung bestimmt worden ist;**
5. **beide Ehegatten sich bei der Eheschließung darüber einig waren, daß sie keine Verpflichtung gemäß § 1353 Abs. 1 begründen wollen.**

1) Die Aufhebungsgründe sind in der Vorschr abschließd aufgezählt (§ 1313 S 3 mit Rn 1). In I wird dazu auf diejen Vorschr üb die Vorauss der Eheschließg ledigl Bezug gen, deren Verletzg im öff Interesse eine Aufhebg ermöglichen soll. In II werden sodann diejen Tatbestde umschrieben, die entw in der fehlerh Willensbildg bei Eheschl od in der Mißbilligg des EheschlMotivs begr sind. Das Vorliegen eines dieser Grde ist dch Antr eines Berecht (§ 1316) gerichtl geltd zu machen, sofern nicht dch eingetretene Heilg die Aufhebg ausgeschl ist (s § 1315). Ist ein AufhebgsGrd nach II bereits für den StBeamten offenkund, hat er seine Mitwirkg an der Eheschl zu verweigern (§ 1310 I S 2 mit Rn 8). – Ggü dem bish R sind ledigl einige Nichtigk- u AufhebgsGrde entfallen. Neuer Grd ist die rmißbräuchl Scheinehe (II Nr 5). 1

2) Fehlende Ehefähigkeit (I) ist in zwei Fällen AufhebgsGrd: – **a)** Bei Eheunmündigk (§ 1303), also bei Eheschließg vor Eintritt der Volljk ohne wirks Befreig vom Alterserfordern dch FamG (§ 1303 II). Fehlde Einwilligg des ges Vertr ist kein Grd mehr (and noch EheG 3, 30), da er nur noch WidersprR hat (§ 1303 III). Setzte sich FamG bei Befreig üb Widerspr hinweg, kann eine etw Fehlerhaftigk der Entsch nicht üb § 1314 geltd gemacht w (vgl § 1303 IV). Ausschl der Aufhebg s § 1315 I Nr 1 mit Rn 10. – **b) Bei Eheschließung eines Geschäftsunfähigen (§ 1304).** Vgl dazu § 1304 Rn 2. Nur vorübergehde Störg (§ 105 II) fällt unter II 1. AntrR des ges Vertr s § 1316 II. Ausschl der Aufhebg nach § 1315 I Nr 2 mit Rn 11. 2 3

3) Bei Doppelehe (I; § 1306) ist die Zweitehe aufhebb, wenn bei ihrer Eingehg eine and Ehe noch bestand, sei es auch nur als aufhebb od nach früh R nichtige Ehe; nur als Nichtehe (Einf 5) bleibt die früh Ehe unbeachtl. Dies gilt selbst dann, wenn die Erstehe nachträgl dch Tod, Scheidg od Aufhebg aufgelöst w. Bigamist kann dann Zweitehe nicht dch Fortsetzg heilen (BGH FamRZ **64**, 418; **62**, 299), so daß den Eheg nur Wiederholg ihrer Eheschl mit Wirkg ex nunc bleibt (§ 1306 Rn 7). Selbst die nach Scheidg geschl neue Ehe ist aufhebb, wenn ScheidgsUrt im WiederAufnVerf aufgeh w (BGH FamRZ **76**, 336/338). Guter Glaube an Auflösg der Erstehe w nicht geschützt, zB bei unricht SterbeUrk; od bei Versagg der erwarteten Anerkenng einer ausl Scheidg. Eine erfolgte Anerkenng wirkt dagg auf Zeitpkt der Rechtskr des ausl Urt zurück (BGH FamRZ **61**, 427). War der erste Eheg fälschl für tot erkl worden, gelten die SonderVorschr der §§ 1319; 1320. – Zum AntrR auch beider Eheg der Erstehe s § 1316 mit Rn 5. – Grdsl ist die bigamische Ehe unheilb. Zum ausnahsw Ausschl der Aufhebg s § 1315 II Nr 1 mit Rn 15. 4

4) Verstoß gegen Eheverbot der Verwandtschaft (I; § 1307) macht Ehe aufhebb ohne Heilgsmöglichk. Nach erfolgreicher Anfechtg der Abstammg ist Aufhebg aber nicht mehr mögl, da Eheverbot dann nicht bestanden h (JH/Henrich Rn 28). Zum Kreis der betroffenen Verwandten s § 1307 Rn 2 ff. 5

5) Formmangel (I; § 1311). Die vor dem StBeamten geschl Ehe ist aufhebb, wenn diesem ggü ein Eheg seine Erkl dch Vertr (auch verdeckten) od Boten od unter einer Bedingg od mit Befristg abgegeben hat. Ausschl der Aufhebg s § 1315 II Nr 2 mit Rn 16. – Gelangten Absprachen der Eheg dem StBeamten nicht zur Kenntn, gilt die Vorschr nicht (BayObLG FamRZ **82**, 603). Die Verabredg einer Scheinehe fällt allerd unter II Nr 5. – Formmangel nach § 1310 ist in § 1314 nicht erwähnt, weil dann gar keine aufhebb Ehe zustande kam (§ 1310 Rn 1). Verstoß gg § 1312 hat keine Auswirkg auf die Wirksamk der Ehe (§ 1312 Rn 1). 6

6) Bewußtlosigkeit oder vorübergehende Störung der Geistestätigkeit (II Nr 1) bei Eheschl ist einer der fünf Fälle des II, bei denen die Aufhebg wg willensfehlerh Zustandekommen der Eheschl ermöglicht wird. Abgestellt wird auf einen die freie Willensbestimmg ausschließden (RG **103**, 399; BGH FamRZ **70**, 641) Zustand eines Eheg, u zwar in Bezug auf die Eingehg der Ehe. Die Begriffe sind dieselben wie in 7

§ 105 II. Bewußtlosigk schon bei hochgradiger Bewußtseinstrübg (so JH/Henrich Rn 38) anzunehmen erscheint entbehrl, da Einschränkgen zB dch Drogeneinfluß od Trunkenh bereits von „vorübergehder Störg" erfaßt werden. Im Fall von Hypnose liegt überh keine WillErkl vor. Ausgeschl ist Aufhebg bei Bestätigg der Ehe nach Wegfall des Zustands (§ 1315 I 3 mit Rn 12).

8 **7) Unkenntnis der Eheschließung (II Nr 2)**, dh daß es sich um eine nach dt Recht gültige handelt, kann auf Tats- od RIrrtum beruhen; od auf mangelden SprachKenntn usw. Gilt auch bei Eheschl im Ausl, wenn der dt Partn die rechtl Auswirkg seiner Hdlg auf Dtschl nicht erkannte, selbst wenn er wußte, daß diese ausl od kirchl Recht entsprach (RG JW **25**, 1639). Bl Zweifel genügen bei vorh EheschlWillen nicht (RG Warn **31** Nr 165), ebso nicht Unterlassg einer Prüfg. Antrberecht ist nur der betroffene Eheg (§ 1316 I Nr 2) binnen JahresFr (§ 1317 I). Ausschl der Aufhebg bei Bestätigg dch Ehefortsetzg (§ 1315 I Nr 4 mit Rn 13).

9 **8) Arglistige Täuschung (II Nr 3)** ist der prakt bedeutsamste Tatbestd, obwohl er ausdrückl nicht eingreift, wenn die Täuschg nur die VermögensVerh betrifft (Nr 3 Hs 2). Arglist bedeutet hier subj Vors u liegt in dem Bewußtsein, daß es gerade der Täuschg bedurfte, um den andern zur Eheschl zu veranlassen od um zu verhindern, daß der and von dieser Abstand nimmt; od wenn er in berechnder Weise auf die Möglichk hin, daß die Eheschl sonst nicht zustande kommt, geflissentl von der Mitteilg einer best Tats absieht (RG **111**, 5). Sie wird nicht ausgeschl bei Verschweigen inf mangelnden Muts, Scheu vor Aufregg (RG JW **31**, 1363), Scham (RG Recht **19**, 1977), Hoffng auf einen doch glückl Eheverlauf (RG **111**, 5). Entsch ist, ob Verlobter geglaubt hat, daß der and bei voller Kenntn der Tats die Ehe geschl hätte (BGH NJW **58**, 1290). Natürlicher HdlgsVors genügt bei Geistesstörg des Täters (Hamm FamRZ **64**, 438; aA JH/Henrich Rn 55). SchädiggsAbs ist nicht erfdl (RG JW **31**, 1163). Fahrlk des Getäuschten steht der Aufhebg nicht entgg. Antrberecht ist nur der getäuschte Eheg (§ 1316 I Nr 2) binnen JahresFr (§ 1317 I). Ausschl der Aufhebg gem § 1315 I Nr 4 mit Rn 13.

10 **a) Die Täuschungshandlung** ist gem § 123 I das Hervorrufen od Aufrechterhalten eines Irrtums in der Absicht, den Getäuschten zur Eingehg der Ehe zu veranlassen. Sie kann in einem Tun od Unterlassen bestehen. Sie wird idR vom Eheg, kann aber auch von einem Dr begangen w, sofern dann Eheg sie bei Eheschl kannte u den hervorgerufenen Irrtum bewußt ausnutzte (Nr 3 Hs 2). Bsp f Vorspiegelg falscher od Entstellg bzw Unterdrückg wahrer Tats: Täuschg üb das Bestehen einer Schwangersch od die Pers des Erzeugers; üb Beruf, zB eines kaufm Angest, er sei FamRi (AG Krfld FamRZ **87**, 815 mA Bosch), od berufl Aktivitäten (AG Weinheim FamRZ **95**, 1411). – Bl Verschweigen genügt im allg nicht (RG **52**, 306). Vielm muß dann im EinzFall eine OffenbargsPfl bestehen. Diese besteht nicht allg (Warn **13**, 348), zB nicht bei Vergewaltigg dch den eigenen Vater (RG DRZ **28**, Nr 451), kann sich aber aus einer ausdr Nachfrage od aus den Umst ergeben, wenn also der and Eheg erkennb Wert auf die Mitteilg best Verh legt (RG Warn **26**, 91). Wurde Ehe wg der Schwangersch geschl, besteht OffenbargsPfl auch ohne Nachfrage üb anderw geschlechtl Verk währd der EmpfängnZeit (BGH **29**, 265/8). OffenbargsPfl muß mit Rücks auf das Wesen der Ehe ow angen w bei BeiwohngsUnfähigk (BGH FamRZ **58**, 314); bei erbl od sonst erhebl Krankh; bei unheilb u ansteckden Leiden, zB Aids, Tuberkulose (BGH LM EheG 33 Nr 2). Sie besteht auch bei starker gleichgeschlechtl Veranlagg (BGH NJW **58**, 1290). Ungefragt muß auch eine früh Ehe offenbart w (Celle FamRZ **65**, 213) sowie das Vorhandensein von Kindern (Nürnbg FamRZ **66**, 104; and RG DR **44**, 416 hins nichtehel Vatersch). – Täuschg üb die eig VermVerh reicht nicht aus (II Nr. 3 Hs 2), kann jedoch relevant w, soweit sie für eine sonst erhebl Täuschg von Bedeutg ist (zB bei Irreführg üb die eigene berufl Stellg).

12 **b) Kausalität.** Die Täuschg muß in dem Sinn ursächl gewesen sein, daß der aufhebgsberecht Eheg zur Eingehg der Ehe dch arglist Täuschg üb Umst best worden ist, die ihn bei Kenntn der Sachlage u richtiger, dh verständ Würdigg des Wesens der Ehe davon abgehalten hätten. Anzulegen ist also sowohl ein obj Maßst (richtige Würdigg), so daß bes pers Empfindlk außer Betr bleiben müssen (Hbg FamRZ **82**, 1211), als auch ein subj (Kenntn der Sachlage), so daß zu prüfen ist, wie der betroffene Eheg gerade nach seiner Denk- u Empfindgsweise ohne die Täuschg gehandelt hätte. Eigene laxe Auffassgen können sich also auswirken (RG JW **11**, 543). Steht fest, daß der getäuschte Eheg zum maßgebl Ztpkt der Eheschl den and unter allen Umst geheiratet hätte, findet eine Aufhebg nicht statt. – Die Täuschg muß nicht die alleinige Ursache gewesen sein; es genügt, daß sie mitbestimmend war. Auch Veranlassg zu einer zeitl früh Eheschl kann uU genügen (RG JW **20**, 832: Täuschg üb Schwangersch).

13 **9) Drohung (II Nr 4)**, dch die Eheschl herbeigeführt w. S dazu § 123 Rn 15 ff. Das angedrohte Übel k von jeder Art sein (Gewalt; Strafanzeige; Suizidankündig; Vermögensbenachteiligg usw) u sich auch gg Dr richten (zB nahe Angehör). Bei nicht ernst gemeinter Drohg genügt, daß der and sie als ernst empfunden h. Zur Widerrechtlichk s § 123 Rn 16, zu ursächl Zshg § 123 Rn 17. Antrberecht ist nur der dch die Drohg beeinflußte Eheg (§ 1316 I Nr 2) binnen JahresFr (§ 1317 I). Ausschl der Aufhebg bei Bestätigg (§ 1315 I Nr 4 mit Rn 12).

14 **10) Scheinehe (II Nr 5)** ist eine Ehe, die nur formal mit dem Ziel geschl wurde, keine Verpfl zur ehel LebG zu begr u auch nicht die ggseit Verantwortg von Eheg iS von § 1353 I 2 füreinand zu übernehmen. Der AufhebgsGrd beruht iGgs zu den and Tatbestden des II nicht auf fehlerh EheschlWillen, sond auf Mißbilligg des EheschlMotiv. Er wurde neu geschaffen, um Ehen mit ausl Partnern (vgl Celle FamRZ **98**, 1108) begegnen zu können, die nur die Einreise nach od den Aufenth in Dtschl ermöglichen od die Abschiebg verhindern sollen, ohne daß aber der Wortlaut von II Nr 5 auf die Beseitigg reiner AufenthEhen beschr wurde. Ob trotz ihrer allg Fassg die Vorschr als Generalklausel fungieren soll, ist angesichts der Entstehgsgeschichte zweifelh. Gem dem erkennb Ziel, nur rmißbräuchl geschl Ehen zu mißbilligen, erscheint enge Interpretation angezeigt (so auch Hepting FamRZ 98, 122; JH/Henrich Rn 79). Eheschl nur aus steuerl Grden od nur wg des Namens (EheG 19 aF) kann darunter fallen. Bei reiner Versorggsehe ist dies bereits zweifelh. Eheschl auf dem Sterbebett dürfte nicht darunter fallen (vgl auch PStG 7). – Ausschl der Aufhebg s § 1315 I Nr 5 mit Rn 14.

1315 ***Ausschluß der Eheaufhebung.*** **I Eine Aufhebung der Ehe ist ausgeschlossen**

1. bei Verstoß gegen § 1303, wenn die Voraussetzungen des § 1303 Abs. 2 bei der Eheschließung vorlagen und das Familiengericht, solange der Ehegatte nicht volljährig ist, die Eheschließung genehmigt oder wenn der Ehegatte, nachdem er volljährig geworden ist, zu erkennen gegeben hat, daß er die Ehe fortsetzen will (Bestätigung);

2. bei Verstoß gegen § 1304, wenn der Ehegatte nach Wegfall der Geschäftsunfähigkeit zu erkennen gegeben hat, daß er die Ehe fortsetzen will (Bestätigung);

3. im Falle des § 1314 Abs. 2 Nr. 1, wenn der Ehegatte nach Wegfall der Bewußtlosigkeit oder der Störung der Geistestätigkeit zu erkennen gegeben hat, daß er die Ehe fortsetzen will (Bestätigung);

4. in den Fällen des § 1314 Abs. 2 Nr. 2 bis 4, wenn der Ehegatte nach Entdeckung des Irrtums oder der Täuschung oder nach Aufhören der Zwangslage zu erkennen gegeben hat, daß er die Ehe fortsetzen will (Bestätigung);

5. in den Fällen des § 1314 Abs. 2 Nr. 5, wenn die Ehegatten nach der Eheschließung als Ehegatten miteinander gelebt haben.

Die Bestätigung eines Geschäftsunfähigen ist unwirksam. Die Bestätigung eines Minderjährigen bedarf bei Verstoß gegen § 1304 und im Falle des § 1314 Abs. 2 Nr. 1 der Zustimmung des gesetzlichen Vertreters; verweigert der gesetzliche Vertreter die Zustimmung ohne triftige Gründe, so kann das Familiengericht die Zustimmung auf Antrag des Minderjährigen ersetzen.

II Eine Aufhebung der Ehe ist ferner ausgeschlossen

1. bei Verstoß gegen § 1306, wenn vor der Schließung der neuen Ehe die Scheidung oder Aufhebung der früheren Ehe ausgesprochen ist und dieser Ausspruch nach der Schließung der neuen Ehe rechtskräftig wird;

2. bei Verstoß gegen § 1311, wenn die Ehegatten nach der Eheschließung fünf Jahre oder, falls einer von ihnen vorher verstorben ist, bis zu dessen Tode, jedoch mindestens drei Jahre als Ehegatten miteinander gelebt haben, es sei denn, daß bei Ablauf der fünf Jahre oder zur Zeit des Todes die Aufhebung beantragt ist.

1) Allgemeines. – a) Zweck, Systematik. Das Ges geht davon aus, daß eine von den Partn gelebte Ehe 1
nach Möglichk auch dann aufrechterhalten w soll, wenn bei deren Eingehg ein Mangel vorgelegen hat. § 1315 schließt desh, auch wenn ein AufhebgsGrd gem § 1314 gegeben ist, unter best Vorauss die Aufhebg einer bestehden (dh wirks, Einf 5, weder aufgehoben noch gesch) Ehe aus. Soweit die den Mangel begründde Vorschr dem Schutz der freien Willensentschließg dient (fehlde GeschFgk, WillMängel), bedarf der betroffene Eheg des Schutzes nicht mehr, wenn er im Zust voller EntschFreih zu erkennen gibt, daß er den Mangel als nicht bedeuts erachtet (Bestätigg: Abs I Nr 1 Alt 2, Nr 2–4). Ebso ist uU eine Aufhebg nicht mehr gerechtf, wenn der zur Aufhebbark führde Mangel nachträgl entfällt (Genehmigg des FamG: Abs I Nr 1 Alt 1; unter engen Vorauss Fortfall der Doppelehe: Abs II Nr 1; uU auch Fortfall des VerwandtschVerh s § 1307 Rn 3, insow ist § 1315 nicht abschließd) od sich, soweit er im mangelh Willen der Eheg zur DchFührg der Ehe begr ist, als nicht dauerh erweist (Scheinehe: Abs I Nr 5, Bdgg, Befristg: Abs II Nr 2 iVm § 1311 S 2). Die Mißachtg von FormVorsch ist ebenf nicht so bedeuts, daß sie der Aufrechterhaltg einer dauerh gelebten Ehe entggsteht (Abs II Nr 2 iVm § 1311 S 1). Dagg kommt ein Ausschl der Aufhebbark grdsl nicht in Betr, soweit die Vorauss der im öff Interesse liegden Verbote der Doppel- od Verwandtenehe (weiterhin) gegeben sind. 2
b) Wirkung des Ausschlusses der Aufhebung. Die aufhebb Ehe ist bis zur Aufhebg voll gült (Einf 3, § 1313 Rn 6). § 1315 regelt, getrennt f die einz AufhebgsGrde des § 1314, unter welchen Vorauss auch die Aufhebbark der Ehe, bezogen auf den jeweil AufhebgsGrd, entfällt. Liegen die Vorauss vor, ist ein AufhebgsAntr (§ 1313 Rn 3), auch der des nicht betroffenen Eheg od der VerwBeh (§ 1316 I Nr 1), insow unbegründet; maßg ist der Ztpkt der letzten mdl Vhdlg. Auch die erbrechtl Wirkgen (§ 1313 Rn 7) entfallen, ebso das Recht z Verweigerg der Herstellg der ehel LebG (Einf 3).

2) Bestätigung der Ehe schließt die Aufhebg aus, soweit der AufhebgsGrd nur dem Schutz des betroffenen 3
Eheg dient (Rn 1). – **a) Rechtsnatur.** Die Bestätigg ist der nach außen zu erkennen gegebene Wille des von dem Mangel betroffenen Eheg, die Ehe in Kenntn u trotz dieses Mangels fortsetzen zu wollen (FortsetzgsWille). Sie ist RHdlg (Übbl 4 v § 104), kein RGesch u keine Neuvornahme der Eheschl iSv § 141. Am ehesten entspricht sie der Bestätigg eines anfechtb RGesch iS § 144. Daher ist auch kein Vertr mit dem and Eheg erfdl, noch kommt es überh auf dessen Auffassg od Verhalten an. Entsch ist allein, ob das Verhalten des betroffenen Eheg obj den Schluß auf eine Bestätigg der Ehe zuläßt (vgl RG DR **44**, 840). Zum Sonderfall des Abs I Nr 5 s Rn 14.

b) Voraussetzungen. – aa) Höchstpersönl, nicht dch einen Bevollm od (ges) Vertr muß der Betroffene 4
den FortsetzgsWillen zu erkennen geben. Auch ein Mj kann eine aufhebb Ehe nur selbst bestätigen (zur GeschFgk Rn 5). – **bb) Geschäftsfähigkeit.** Der **geschäftsunfähige Ehegatte** (§ 104; wie § 1304 Rn 2 f) 5
kann nicht wirks bestätigen (**Abs I 2**; vgl BT-Drucks 13/4898 S 19 f). Diese Einschränkg gilt für alle Fälle des Abs I, auch die Heilg einer Scheinehe gem Nr 5. Zur Bestätigg bei urspr GeschUnfgk eines Eheg s Rn 14. Da es eine altersunabhäng beschr GeschFgk iSv § 114 aF nicht mehr gibt (Einf 2 v § 104), bedarf die Bestätigg bei Geistesschwäche, die nicht den Grad einer natürl GeschUnfgk erreicht (§ 104 Nr 2), nicht der Zust des ges Vertr od Betreuers. – Der **minderjährige Ehegatte (I 3)** kann grdsl bestätigen (Ausn: I Nr 1, der Volljk des Bestätigden voraussetzt). Nur in 2 Fällen (I Nr 2, 3; nicht auch iF der Nr 4, 5) bedarf er der **Zustimmung des gesetzlichen Vertreters** (I 3 Hs 1), im wesentl desh, weil die Ehe in diesen Fällen überh erst dch die Bestätigg des Mj konstituiert wird (näher BT-Drucks 13/4898 S 20). **Ersetzung** der Zust (I 3 Hs 2) auf Antr des Mj dch das FamG, wenn für die Verweigerg dch den ges Vertr keine trift Grde (dazu § 1303 Rn 8) vorliegen. – **cc) Kenntnis des Mangels** muß der Bestätigde haben. Erfdl ist das Bewußtsein des betroffenen 6

Eheg, daß an der Gültigk der bish Ehe berecht Zweifel bestehen (RG **157**, 129), also Kenntn der den Mangel begründden Tats u ihre richt Einschätzg in der Tendenz, nicht aber die genaue jur Einordng des Mangels. –
7 **dd) Kundgabe des Fortsetzungswillens** (s I 1 Nr 1–4, jeweils aE) dch den betroffenen Eheg, dh des Willens, die aufhebb Ehe als eine voll gült Ehe fortzusetzen. Sie liegt in jedem Verhalten, mit dem der Eheg zu erkennen gibt, daß er die Ehe trotz des AufhebgsGrdes fortsetzen will (BT-Drucks 13/4898 S 19f). Kundgabe ggü Dr genügt, der and Eheg braucht von der Bestätigg keine Kenntn zu haben u auch das Verhalten des Betroffenen nicht iSe Bestätigg aufzufassen (JH/Henrich Rn 7f). Ausdr Bestätigg ist nicht erfdl, es genügt jedes schlüss Verhalten, dch welches der Eheg nach Wegfall des AufhebgsGrd zu erkennen gibt, daß er die Ehe fortsetzen will (vgl zu Einzelh in diesem ZusHang auch § 144 Rn 2). Die Bestätigg kann in einem einmaligen Verhalten gefunden w (zB offizielle Feier eines Ehejubiläums in Kenntn der Aufhebbark); sie wird aber idR in einem üb längere Zt hinweg gezeigten eheloyalen Verhalten liegen, dch das die Ehe als rechtswirks bej wird. Entsch sind die Umst des EinzFalls (vgl RG **165**, 123). **Beispiele** für ehebejahdes Verhalten: Der vollj Gewordene versichert dem and Eheg seine Liebe u Treue (vgl Dresd DR **42**, 81); ZusLeben der Partn in ehel Gemsch; WiederAufn der ehel Gemsch; ehel Verkehr. Nicht ausreichend sind bl Mitleidsäußergen od
8 kleine Aufmerksamk; Bestätigg unter Vorbeh; nur versuchsw Fortsetzg der Beziehg. – **ee) Keiner Form**
9 bedarf die Bestätigg, insb nicht der Form der §§ 1310–1312. – **ff) Zeitpunkt.** Bestätigg ist ausgeschl, sobald die Ehe rechtskr aufgehoben od gesch worden ist; ebso nach der letzten mdl Vhdlg der TatsInstanz im Scheidgs- od AufhebgsRStreit.

10 **3) Die einzelnen Ausschlußgründe. – a) Bei Eheschließung vor Ehemündigkeit (I Nr 1; §§ 1303, 1314 I** mit Rn 2) kann das FamG bis zur Volljk des Eheg die Eheschl auf Antr (wie § 1303 II; AntrBerechtigg wie § 1316, JH/Henrich Rn 12) nachträgl genehmigen; dann entfällt die Aufhebbark (Rn 2). Mit der Gen wird die zuvor unterbliebene Befreiung vom Erfordern der Ehemündigk nachgeholt. Eine Gen ist desh nur zuläss, wenn auch eine rechtzeit Befreiung nach § 1303 II mögl gewesen wäre. Sie scheidet folgl aus, wenn im Ztpkt der Eheschl keiner der Eheg vollj war, od wenn der mj Eheg das 16. LebJ noch nicht vollendet hatte (BT-Drucks 13/4898 S 19). Die Ehe bleibt dann aufhebb; jedoch kann sie der betroff Eheg nach Erreichg der Volljk bestätigen. – Nach Eintritt der Volljk bedarf die Ehe keiner gerichtl Gen mehr; an ihre Stelle tritt entspr dem allg Prinzip (vgl § 108 III) die Bestätigg der Ehe dch den Vollj (Rn 3ff). Wirkg Rn 2.

11 **b) Bei Geschäftsunfähigkeit (I Nr. 2; §§ 1304, 1314 I** mit Rn 3) kann der betroffene Eheg (Rn 1) die Ehe nach Wegfall der GeschUnfgk bestätigen (Rn 3ff). Wirkg Rn 2.

12 **c) Bei Bewußtlosigkeit oder Störung der Geistestätigkeit (I Nr 3; § 1314 II Nr 1** mit Rn 7) kann nach Entfallen der Störg der betroffene Eheg (Rn 1) die Ehe bestätigen (Rn 3ff). Wirkg Rn 2.

13 **d) Irrtum, Täuschung, Drohung (I Nr 4; § 1314 II Nr 2–4).** Bestätigg (Rn 3ff) dch den betroffenen Eheg (Rn 1) nach Kenntn des Irrt bzw Wegfall der Zwangslage. Für die Kundgabe des FortsetzgsWillens genügt es nicht, wenn der Getäuschte ohne Erfolg versucht, üb die Täuschg hinwegzukommen (RG 163, 139).

14 **e) Eine Scheinehe (I Nr 5; § 1314 II Nr 5** mit Rn 14) wird dch Ausschließg der Aufhebbark als voll gült Ehe behandelt, wenn die (nicht geschunfäh, Rn 5) Eheg nach der Eheschl als Eheg miteinand „gelebt" haben. Darin liegt kein wesentl Unterschied zur Bestätigg der Ehe in den übr Fällen des Abs I, so daß man Nr 5 als Fiktion einer wechselseit Bestätigg verstehen k (JH/Henrich Rn 1 u 18 ordnen die Vorschr den Tatbestden des Abs II zu; s auch Rn 1). – „Als" Eheg ist nicht subj, sond obj zu verstehen. Entsch ist, daß nach außen der Eindruck einer auf Dauer angelegten ehel LebG entstanden ist (Ggs: GetrLeben, § 1567). Desh genügt auch die rgeschäftl Bestätigg dch einen od beide Eheg für sich gen nicht. Auch auf die tats Dauer des Bildes kommt es nicht an. Im Normalfall wird die Ehe dch ggs UnterhLeistg, GeschlechtsVerk, häusl Gemsch „gelebt". Jedoch ist GeschlechtsGemsch der Eheg nicht Vorauss. Wohl aber wird idR entspr dem übl Bild der ehel LebG gemeins Wohnen erfdl sein, bl Besprechgen, Besuche uä Kontakte reichen grdsl nicht aus. – Die Tats des MiteinandLebens als Eheg führt zum Ausschl der Aufhebbark mit den Wirkgen der Rn 2, auch wenn die Eheg diese Rechtsfolge nicht gewollt haben. Wollen die Eheg die Ehe gleichwohl nicht gelten lassen, bleibt ihnen nur die Ehescheidg, auch wenn sie sich auf den Standpkt stellen, ihre Ehe sei von Anfang an eine Scheinehe gewesen u nicht erst gescheitert.

15 **f) Doppelehe (II Nr 1; §§ 1306, 1314 I).** Die Vorschr entspricht der 1980 geschaffenen Regelg in EheG 20 II aF (dazu 57. Aufl dort Rn 3, auch zu den ÜbergFällen). Dch den großen Kreis der an dem VerbundVerf Beteil kann es zu einer hinkden Rechtskr des ScheidgsUrt kommen, wenn das VerbundUrt an einen der Beteil nicht ordngsmäß zugestellt w (vgl Heintzmann FamRZ **80**, 123). Die Eheg halten sich in solchen Fällen uU zu UnR für rechtskr gesch, insb wenn ein Rechtsmittelverz erkl worden ist; heiratet dann einer von ihnen erneut, geht er ohne sein Wissen eine Doppelehe ein. ZPO 516, wonach die BerufgsFr unabhäng von evtl ZustellgsMängeln zu laufen beginnt, bildet nur ein unvollk Korrektiv. Das Ges braucht aber in einem solchen Fall auf der Aufhebbark einer bigamen Ehe nicht zu bestehen, wenn das die Scheidg od Aufhebg der früh Ehe aussprechde Urt rechtskr wird. Desh sieht das Ges die Heilg vor.

16 **g) Führt Verstoß gegen die Form der Eheschließung (II Nr 2; §§ 1311, 1314 I)** zur Aufhebbark (§ 1314 Rn 6), ist Vorauss des Ausschlusses der Aufhebbark die Tats des 5j MiteinandLebens der Eheg. Eintragg im Heirats- u FamBuch ist ohne Bedeutg. Auch auf den guten Glauben der Eheg kommt es nicht an; desh Heilg auch, wenn sie die Bedeutg des Formverstoßes in der Zwischenzeit erkannt h. Anzeichen für das MiteinandLeben (dazu Rn 14) ist ggf die gemeins Namensführg von Eheg u Ki, wobei allerd aus der Führg von Doppelnamen wg § 1355 I 3 kein GgSchluß gezogen w darf. Leben die Eheg miteinand, so stehen vorübergehde Trenngen (dch Krankh, Strafhaft, Expeditionen, AuslAufenth usw) nicht entgg. Dagg scheidet MiteinandLeben aus, wenn einer der Eheg od beide nicht mehr den Willen haben, den and als Eheg zu behandeln u sie dies dem and zu erkennen geben (JH/Henrich 22). Fristberechng §§ 187 I, 188. Dauer 5 J; stirbt ein Eheg vor Ablauf der 5 J, genügt ein 3j ZusLeb. Die Zeit einer neLebG vor der Ehe wird nicht eingerechnet (vgl BGH FamRZ **83**, 450 mAv Bosch; JH/Henrich 24). Hemmg der Fr, solange die Eheg das Miteinander nicht fortsetzen, bis zur WiederAufn (zB Versöhng; JH/Henrich Rn 23). – Ausgeschl ist die Heilg, wenn innerh der Fr eine im Erg (dh ggf auch erst nach Ablauf der Fr) erfolgreiche AufhebgsKl erhoben

w ist (II Nr 2 aE); die Aufhebg braucht nicht wg des Verstoßes gg § 1311 beantr zu sein. Nach Tod eines Eheg scheidet die Aufhebg aus (§ 1317 III). – Wirkg des Ausschlusses Rn 2.

1316 ***Berechtigung zur Eheaufhebung.*** **I Antragsberechtigt**

1. sind bei Verstoß gegen die §§ 1303, 1304, 1306, 1307, 1311 sowie in den Fällen des § 1314 Abs. 2 Nr. 1 und 5 jeder Ehegatte, die zuständige Verwaltungsbehörde und in den Fällen des § 1306 auch die dritte Person. Die zuständige Verwaltungsbehörde wird durch Rechtsverordnung der Landesregierungen bestimmt. Die Landesregierungen können die Ermächtigung nach Satz 2 durch Rechtsverordnung auf die zuständigen obersten Landesbehörden übertragen;

2. ist in den Fällen des § 1314 Abs. 2 Nr. 2 bis 4 der dort genannte Ehegatte.

II Der Antrag kann für einen geschäftsunfähigen Ehegatten nur von seinem gesetzlichen Vertreter gestellt werden. In den übrigen Fällen kann ein minderjähriger Ehegatte den Antrag nur selbst stellen; er bedarf dazu nicht der Zustimmung seines gesetzlichen Vertreters.

III Bei Verstoß gegen die §§ 1304, 1306, 1307 sowie in den Fällen des § 1314 Abs. 2 Nr. 1 und 5 soll die zuständige Verwaltungsbehörde den Antrag stellen, wenn nicht die Aufhebung der Ehe für einen Ehegatten oder für die aus der Ehe hervorgegangenen Kinder eine so schwere Härte darstellen würde, daß die Aufrechterhaltung der Ehe ausnahmsweise geboten erscheint.

1) Allgemeines. Die Vorschr regelt die Berechtigg, den zur Eheaufhebg nach § 1313 S 1 notw Antr zu 1
stellen. Abschließde Regelg, so daß zB der ges Vertr eines Eheg kein eigenes AntrR h (vgl Rn 6, 7). Mehrere AntrBerechtigte können selbstd (BGH **30**, 140) u verbindb (ZPO 610) Antr stellen.

2) Antragsberechtigte (I). Das AntrR ist höchstpers; Übertr auf einen Dr od Ermächtigg zur Ausübg im 2
eig Namen sind unwirks. Keine Bevollmächtigg zur Rausübg; VerfBevollm (ZPO 609) ist nur Vertr in der Erkl. In engen AusnFällen kann die RAusübg RMißbr sein; zB wenn der Antr eines Eheg Ausdr einer sittl verwerfl Gesinng ist, weil es ihm nicht um die Verwirklichg sittl Werte (zB Grds der Einehe), sond um die Dchsetzg selbstsücht Interessen geht (BGH **30**, 140; 37, 51; MDR **61**, 919; 64, 663); kann aber auch für den Antr der VerwBeh zutreffen (vgl Rn 8). – **a)** Bei **Verstößen gegen §§ 1303, 1304, 1307, 1311, 1314 II** 3
Nr 1 und 5 sind antrberecht jeder Eheg unabhäng davon, in wessen Pers der Mangel besteht, u die nach LandesR, zB *Hbg* AO v 1. 9. 98 (AmtlAnz 2450), *Nds* RdErl v 21. 9. 98 (MBl 1334), *NRW* VO v 26. 5. 98 (GV 391), *RhPf* VO v 26. 5. 98 (GVBl 197), *Sachs Anh* VO v 7. 5. 94 (GVBl 568) idF v 9. 12. 98 (GVBl 476), *SchlH* VO v 26. 5. 98 (GVBl 199), *Thür* VO v 11. 1. 99 (GVBl 52) zust VerwBeh. – **b)** Bei **Verstoß** 4
gegen § 1306 die AntrBerecht nach Rn 3 u zusätzl der and Eheg der Erstehe (auch wenn diese nicht mehr besteht, sofern keine Heilg der Zweitehe nach § 1315 II Nr 1 eingetreten ist). – **c)** Bei **Verstößen gegen** 5
§ 1314 II Nr 2, 3 und 4 nur der Eheg, bei dem der WillMangel (Unkenntn, Getäuscht-/Bedrohtsein) vorliegt; nicht der and Eheg od die VerwBeh.

3) Nicht vollgeschäftsfähiger Ehegatte (II). Die Vorschr gilt für alle AufhebgsGrde. – **a) Geschäfts-** 6
unfähiger Ehegatte (II 1, § 104 Nr 2), maßg ist die GeschUnfgk zZ des AufhebgsVerf. Der Antr ist namens des Eheg vom ges Vertr (Mj: Elt o Vormd/Pfleger; Vollj: Betr) mit Gen des VormschG (ZPO 607 II 2 Hs 2, FGG 55) zu stellen; kein eigenes AntrR des ges Vertr. – **b) Minderjähriger Ehegatte** (II 2, § 106), der nicht 7
zugl geschunfäh ist (sonst gilt Rn 6), kann den AntrR nur selbst stellen (u ist dafür nach ZPO 607 I prozfäh); er bedarf nicht der Zust des ges Vertr. Auch bei Verstoß gg § 1303 kein eigenes AntrR des ges Vertr.

4) Verwaltungsermessen, III. Ob die VerwBeh einen AufhebgsAntr stellt, steht grdsl in ihrem pflichtgem 8
u GG 6 beachtden (BGH NJW **86**, 3083) Erm. Weder ein Eheg noch ein Dr (KG NJW **87**, 197) können die (Nicht-)AntrStellg im VerwRWeg erzwingen (vgl Düss FamRZ **96**, 109). ErmMißbr od Aufrechterhaltgs-Interesse iSv III Hs 2 sind vom FamGer im AufhebgsVerf zu prüfen (MüKo/Müller-Gindullis Rn 9; aA BLAH § 631 Rn 12). – **a)** Bei **Verstößen gegen §§ 1304, 1306, 1307, 1314 II Nr und 5** soll die VerwBeh 9
grdsl den AufhebgsAntr stellen, wenn nicht aus den Grden der III Hs 2 ausnahmsw die Aufrechterhaltg der Ehe geboten ist. Die Aufrechterhaltg ist grdsl nicht geboten, wenn bei einem Verstoß gg § 1306 die Erstehe noch besteht (BGH NJW **75**, 872; NJW-RR **94**, 264). Sie kann aber geboten sein, wenn die Erstehe vor AntrStellg rechtskr gesch ist, sofern nicht ein öff Interesse daran besteht, die dch die Doppelehe entstandenen vermögensr Beziehgen (zB auch Sozialhilfe) zu beseitigen (BGH NJW **86**, 3083; Nürnbg NJW-RR **98**, 2); ebso, wenn Heilg nach § 1315 II Nr 1 wg Tod des Partn der Erstehe nicht mehr mögl. Ergeht das ScheidgsUrt erst nach AntrStellg, so bewirkt dies nach der Rspr zu EheG 24 grdsl nicht die Unzulässigk der Klage der Staatsanwaltsch (BGH aaO); da das dch III Hs 2 anerkannte Aufrechterhaltgsinteresse auch in diesem Fall bestehen k, ist ggf die nachträgl Unzulässigk des (nicht zurückgen) Antr anzuerkennen. III Hs 1 bleibt auch dann eine Soll-Vorschr, wenn Hs 2 nicht erf ist; daher kann auch aus and Grden das Absehen von der AntrStellg pflichtgem Erm entspr (MüKo/Müller-Gindullis Rn 8; aA JH/Henrich Rn 9) – **b)** Bei **Verstößen** 10
gegen §§ 1303 und 1311 gilt III nicht. Die VerwBeh kann zB von der AntrStellg absehen, wenn eine Bestätigg od Heilg der Ehe zu erwarten ist (JH/Henrich 12).

1317 ***Antragsfrist.*** **I Der Antrag kann in den Fällen des § 1314 Abs. 2 Nr. 2 bis 4 nur binnen eines Jahres gestellt werden. Die Frist beginnt mit der Entdeckung des Irrtums oder der Täuschung oder mit dem Aufhören der Zwangslage; für den gesetzlichen Vertreter eines geschäftsunfähigen Ehegatten beginnt die Frist jedoch nicht vor dem Zeitpunkt, in welchem ihm die den Fristbeginn begründenden Umstände bekannt werden, für einen minderjährigen Ehegatten nicht vor dem Eintritt der Volljährigkeit. Auf den Lauf der Frist sind die §§ 203, 206 Abs. 1 Satz 1 entsprechend anzuwenden.**

II Hat der gesetzliche Vertreter eines geschäftsunfähigen Ehegatten den Antrag nicht rechtzeitig gestellt, so kann der Ehegatte selbst innerhalb von sechs Monaten nach dem Wegfall der Geschäftsunfähigkeit den Antrag stellen.

III Ist die Ehe bereits aufgelöst, so kann der Antrag nicht mehr gestellt werden.

1 **1) Allgemeines.** Abgesehen vom Sonderfall des § 1320 I 2 besteht nur in den Fällen des § 1314 II Nr 2, 3 u 4 eine Fr für den AufhebgsAntr, um schnell Klarh üb den Fortbestand der Ehe zu schaffen. In den Fällen der §§ 1303, 1304, 1306, 1307, 1311, 1314 II Nr 1 u 5 besteht keine AntrFr.

2 **2) Antragsfrist (I).** Die AntrFr von 1 J (I 1) ist eine vAw zu beachtde matrechtl **Ausschlußfrist,** die nach §§ 187 I, 188 II berechnet w. Auf ihre Einhaltg kann nicht verzichtet w; Verlängerg od Abkürzg kann nicht vereinb w. FrVersäumg führt zum Verlust des AufhebgsR u damit zur Unbegründeth des AufhebgsAntr (BGH
3 25, 74). – **a) Fristbeginn (I 2);** BewLast: AntrGegner (RG **160**, 19). Für jeden AntrBerecht (§ 1316) gesondert; üb nicht vollgeschfäh Eheg vgl Rn 8, 9. Unerhebl ist, wann der AntrBerecht erfährt, daß er aGrd
4 der Irrtums bzw der Täuschg/Drohg ein AufhebgsR hat (BGH FamRZ **67**, 372). – **aa) Irrtum und Täuschung** (§ 1314 II Nr 2, 3). FrBeginn mit deren Entdeckg, wobei iF der Täuschg zur Kenntn auch die der TäuschgsAbs gehört (RG **65**, 86); fahrl Unkenntn od bl Vermutg genügen nicht (RG JW **28**, 896). Erforderl ist die Kenntn der das AufhebgsR begründden Tats, ihrer Tragweite u ihres Vorhandensein zZ der Eheschl (BGH FamRZ **67**, 372); also zB nicht nur von der Krankh, sond ggf auch von ihrer Unheilbark (RG Warn **23/24** Nr 127) od Gefährlichk für den and Eheg/Ki od bei Anlage zu unheilb Krankh die Besorgn, daß sie auch ohne Hinzutreten bes Umst ausbrechen kann (BGH FamRZ **67**, 372). Ergeben bes Tats eine erhebl
5 schwerere Wertg, so beginnt die Fr erst mit deren Kenntn (RG **164**, 106; KG NJW **52**, 980). – **bb) Drohung** (§ 1314 II Nr 4). FrBeginn mit Aufhören der ZwLage u Kenntn davon.

6 **b) Fristwahrung** (BewLast: AntrSteller) dch Zustellg der AntrSchrift an den AntrGegn (ZPO 631 II 2, 622 II 2, 253 I), bei demnächstiger Zustellg schon mit Einreichen der AntrSchrift (ZPO 631 II 1, 270 III); AntrStellg bei unzuständ Ger wahrt die Fr iF der Verweisg nach ZPO 281 (vgl BGH NJW **98**, 3648). Keine FrWahrg, wenn der Antr zurückgen od wg Unzuständigk zurückgewiesen w. Der Antr wahrt die Fr für in ihm nicht angegebenen AufhebgsGrde, ebso wie ein ScheidgsAntr (Oldbg MDR **55**, 166; str). Keine FrWahrg für and AntrBerecht. Eine nach ZPO 607 II 2 Hs 2 erfdl Gen des VormschG muß innerh der Fr wirks gew sein (JH/Henrich Rn 8).

7 **c) Fristhemmung (I 3)** aus tats Grden (§ 203), wofür zB GetrLeben od ProzUnfgk des AntrGegn nicht reichen; BewLast: AntrSteller. Ferner bei Fehlen eines ges Vertr für den geschunfäh AntrSteller (§ 206; vgl auch Rn 8).

8 **3) Nicht vollgeschäftsfähiger Antragsteller. – a) Geschäftsunfähiger Antragsteller** (§ 104 Nr 2). Hat er einen ges Vertr, so beginnt die AntrFr erst in dem Ztpkt, in dem dieser von den Tats nach Rn 4, 5 Kenntn erlangt **(I 2 Hs 2 Teil 1);** wann der Vertretene Kenntn erlangt h, ist unerhebl (Schutz dch II). Bei FrVersäumg dch den ges Vertr (gleichgüt aus welchem Grd) kann der Vertretene binnen 6 Monaten nach Wegfall seiner GeschUnfgk den Antrag selbst stellen (II); I 3 gilt entspr (allgM). Entfällt die GeschFgk währd des FrLaufs ggü dem ges Vertr, so steht dem Vertretenen nur noch die RestFr zur Vfg (JH/Henrich Rn 17; aA MüKo/Müller-Gindullis Rn 8: mind 6 Mo). II gilt nur, wenn der Eheg bei Wegfall seiner GeschUnfgk die nach Rn 3–5 erfdl Kenntn hat; die des ges Vertr wird ihm nicht zugerechnet. Hat er keinen ges Vertr, so gilt bis zu dessen Bestellg I 3 (Rn 7). – 9 **b) Minderjähriger Antragsteller** (§ 106), der nicht zugl geschunfäh ist (sonst gilt Rn 8). Für den FrBeginn nach Rn 4, 5 ist auf seine Kenntn abzustellen; FrBeginn jedoch nicht vor Eintr der Volljk (I 2 Hs 2 Teil 2).

10 **4) Aufhebungsausschluß nach Eheauflösung (III).** Ist die aufhebb Ehe schon aufgelöst, kann ein AufhebgsAntr nicht mehr gestellt werden; ein gleichwohl gestellter Antr ist unzuläss (BT-Drucks 13/9416 S 31). Nach ihrem Wortlaut bezieht sich die Vorschr auf die Auflösg dch Tod, Scheidg od Aufhebg. Wurde die Ehe auf Antr eines AntrBerecht Eheg aufgeh, so kann ein and AufhebgsBerecht auch aGrd neuer AufhebgsGrde nicht nochmals Aufhebg beantr. Er wird in einem solchen Fall auch nicht dch III benachteiligt, weil nach § 1318 die Aufhebgsfolgen unabhäng davon sind, wer die Aufhebg betrieben h. Anders verhält es sich bei der Scheidg, die III nach seinem eindeut Wortlaut auch erfaßt. Das kann zu einer Benachteiligg des mit seinem AufhebgsAntr ausgeschl Eheg führen, weil mit dem AufhebgsAusschl auch die in § 1318 vorgesehenen Modifikationen des ScheidgsFolgenR ausgeschl sein würden. Da III erst vom RAusschuß eingefügt wurde (vgl BT-Drucks 13/9416 S 9, 31), ist anzunehmen, daß mit ihm die Entsch BGH **133**, 227 (vgl dazu Lüke JuS **97**, 397 sowie FS Gaul 1997, 425) aufgegriffen werden sollte, in der beim Ausschl der nachehel Aufhebg dem an sich AufhebgsBerecht die Befugn eingeräumt wird, die ScheidgsFolgen dch FeststellgsKl auf die Regelg der AufhebgsFolgen zu reduzieren. Da die Begr zu III nicht erkennen läßt, daß die RStellg des aufhebgsberecht Eheg mit der Neuregelg verschlechtert w sollte, muß die vom BGH gewählte AnalogieLösg auch weiterhin zugelassen w (Bosch NJW **98**, 2011; JH/Henrich Rn 18).

1318 *Rechtsfolgen der Aufhebung.* **I Die Folgen der Aufhebung einer Ehe bestimmen sich nur in den nachfolgend genannten Fällen nach den Vorschriften über die Scheidung.**

II Die §§ 1569 bis 1586 b finden entsprechende Anwendung

1. zugunsten eines Ehegatten, der bei Verstoß gegen die §§ 1303, 1304, 1306, 1307 oder 1311 oder in den Fällen des § 1314 Abs. 2 Nr. 1 oder 2 die Aufhebbarkeit der Ehe bei der Eheschließung nicht gekannt hat oder der in den Fällen des § 1314 Abs. 2 Nr. 3 oder 4 von dem anderen Ehegatten oder mit dessen Wissen getäuscht oder bedroht worden ist;

2. zugunsten beider Ehegatten bei Verstoß gegen die §§ 1306, 1307 oder 1311, wenn beide Ehegatten die Aufhebbarkeit kannten; dies gilt nicht bei Verstoß gegen § 1306, soweit der Anspruch

eines Ehegatten auf Unterhalt einen entsprechenden Anspruch der dritten Person beeinträchtigen würde.

Die Vorschriften über den Unterhalt wegen der Pflege oder Erziehung eines gemeinschaftlichen Kindes finden auch insoweit entsprechende Anwendung, als eine Versagung des Unterhalts im Hinblick auf die Belange des Kindes grob unbillig wäre.

III Die §§ 1363 bis 1390 und die §§ 1587 bis 1587 p finden entsprechende Anwendung, soweit dies nicht im Hinblick auf die Umstände bei der Eheschließung oder bei Verstoß gegen § 1306 im Hinblick auf die Belange der dritten Person grob unbillig wäre.

IV Die Vorschriften der Hausratsverordnung finden entsprechende Anwendung; dabei sind die Umstände bei der Eheschließung und bei Verstoß gegen § 1306 die Belange der dritten Person besonders zu berücksichtigen.

V § 1931 findet zugunsten eines Ehegatten, der bei Verstoß gegen die §§ 1304, 1306, 1307 oder 1311 oder im Fall des § 1314 Abs. 2 Nr. 1 die Aufhebbarkeit der Ehe bei der Eheschließung gekannt hat, keine Anwendung.

1) Entwicklung. Währd EheG 26–37 iF der NichtigErkl od Aufhebg der Ehe grdsl die ScheidgsFolgen für anwendb erklärten, einen Eheg aber unter best Vorauss zum Ausschl der vermrechtl Folgen für die Zukunft berechtigten, geht die Regelg in § 1318 rechtstechn den umgekehrten Weg, indem pos festgelegt w, wann u mit welchen Modifikationen die ScheidgsFolgen eintreten. Die Vorschr ist „mißglückt" (Tschernitschek FamRZ **99**, 829; vgl auch Diederichsen 58. Aufl Rn 1). 1

2) Unterhalt. a) Voraussetzungen. Unterh verl kann grdsl nur der gutgl Eheg, der bei Eheschl die Aufhebbark der Ehe nicht gekannt h od dem bei Eheschl nicht bewußt war, eine Ehe einzugehen, od der dch argl Täuschg od Drohg zur Eingehg der Ehe best w ist (II **Nr 1**). Kannte der Eheg die Aufhebbark, hat er nur dann einen UnterhAnspr, wenn auch der and Eheg bösgl war u wenn die Vorauss des II **Nr 2** vorliegen. Sow II Nr 1 den UnterhAnspr von der fehlden Kenntn der Aufhebbark abhäng macht, ist bl **Kenntnis der Fakten** (AufhebgsTatbestd) ausr; dagg ist nicht erfdl, daß er zusätzl wußte, daß die ihm bekannte Tats einen AufhebgsGrd darstellt (Schwab, FS für Beitzke, 361; JH/Henrich Rn 3; aA MüKo/Müller-Gindullis Rn 4: laienh Kenntn der RFolgen erfdl). „Kennen" erfordert pos Kenntn (RG **78**, 369; Kblz FamRZ **80**, 589). Unerhebl ist die Ann, der and Eheg werde sich nicht auf Aufhebbark berufen (RG **109**, 64; JW **25**, 355). Bei ZusTreffen mehrerer AufhebgsGrde genügt es, daß der bösgl Eheg nur einen Grd gekannt h, auch wenn dieser nicht zur Aufhebg geführt h (JH/Henrich Rn 4 mN; aA RG **78**, 369; MüKo/Müller-Gindullis Rn 3). Maßg ist der **Zeitpunkt der Eheschließung**; spätere Kenntn ist unschädl. Wer guten Gl bestr, ist hierfür bewpfl (RG **78**, 369). 2

b) Fälle. aa) IFv **§ 1303** ist der UnterhAnspr ausgeschl, wenn ein Eheg gewußt h (fahrl Unkenntn genügt nicht), daß er od sein Partn bei der Eheschl noch mj war u das FamG keine Befreig erteilt hatte. Nach dem eindeut Wortlaut des Ges steht der UnterhAnspr nicht nur dem dch § 1303 geschützten Eheg, sond auch dessen (vollj) Partn zu, mag das auch dem SchutzZw des § 1303 (Begr des RegE, BT-Drucks 13/498 S 21) zuwiderlaufen. § 1303 ist in II Nr 2 nicht aufgeführt, so daß bei Eheschl eines Mj ohne Befreig dch das FamG kein Unterh verl w kann, wenn beide Eheg die Mjk eines von ihnen u die fehlde Befreig kannten. 3

bb) IFv **§ 1304** hat nur derj Eheg, der bei der Eheschl geschunfäh war (bzw sein ges Vertr, wenn die GeschUnfähigk noch andauert) einen UnterhAnspr, nicht aber der and Eheg, denn nur dem Eheg, der die Bedeutg einer von ihm abgegebenen WillErkl nicht einsehen konnte, kann nicht entggehalten w, daß er im Ztpkt der Eheschl die Aufhebbark der Ehe „gekannt" habe. Dies gilt auch iFv **§ 1314 II Nr 1** (Bewußtlosigk od vorübgehende Störg der Geistestätigk) mit der Maßg, daß eine beiders Bösglk ausscheidet (in II S 1 Nr 2 fehlt daher der Bezug auf § 1311). 4

cc) IFv **§ 1306** (Doppelehe) hat der UnterhAnspr des 2. Eheg denselben Rang wie der UnterhAnspr des Eheg aus der 1. Ehe des Bigamisten, wenn der 2. Eheg bei Eheschl gutgl war, die Aufhebbark also nicht kannte. Bei Bösglk beider Eheg bei Eingehg der 2. Ehe kann der 2.Eheg zwar grdsl Unterh verl, aber nur soweit, wie dadch der UnterhAnspr des 1.Eheg nicht beeinträchtigt w (II Nr 2). 5

dd) IFv **§ 1307** (Inzestehe) ist nur der UnterhAnspr des bösgl Eheg gg denjen, der bei der Eheschl die Aufhebbark nicht gekannt h, ausgeschl. Kannte nur ein Eheg die Aufhebbark der Ehe, so besteht nach EheAufhebg ein UnterhAnspr des and wie iF der Ehescheidg. Bei Kenntn beider Eheg v der Aufhebbark der Ehe od beiders Gutglk gelten für beide die Vorschr der §§ 1569 ff. 6

ee) IFv **§ 1311** (Formmangel) gelten die Regelgen gem Rn 6, so daß nur der UnterhAnspr desj, der den Formmangel bei Eheschl gekannt h, gg denj, dem dieser Mangel nicht bewußt war, ausgeschl ist. 7

ff) Bei Verstoß gg **§ 1314 II Nr 5** (Scheinehe) besteht von vornherein kein UnterhAnspr, denn Unterh nach Scheidg kann nur kraft fortwirkder Solidarität der Eheg füreinand verl w; bei einer Scheinehe bestand dagg zw den Partn Einigk, daß sie keine wechselseit verbindl Verantwortg füreinand übernehmen wollen (ebso MüKo/Müller-Gindullis Rn 8; aA Wolf FamRZ **98**, 1477/87). 8

gg) IFv **§ 1314 II Nr 3, 4** (Täuschg, Drohg) kann nur der getäuschte od bedrohte Eheg Unterh verl unter der Vorauss, daß die Täuschg od Drohg von dem and Eheg od mit seinem Wissen verübt w ist. 9

hh) Selbst wenn gem II S 1 ein UnterhAnspr an sich ausgeschl wäre, kann trotzdem Unterh verl w, wenn u soweit die Versagg des Unterh wg der Belange eines ihm zur Pfl od Erz anvertrauten gem Ki **grob unbillig** wäre (**II S 2**). Der KiBtUnterh ist also auch iF der EheAufhebg privilegiert. 10

3) Eheliches Güterrecht und Versorgungsausgleich, III. Die Verweisg auf §§ 1363–1371 beruht auf einem Redaktionsversehen, da diese Vorschr nicht „Folgen der Aufhebg einer Ehe" iSv § 1318 I betr. Stattdessen sind §§ 1372–1390 (güterrechtl Ausgl des Zugew) in Bezug zu nehmen, mit der Folge, daß ein 11

ZugewAusgl auch bei Aufhebg der Ehe stattfindet. Die Regelg in III dient der Konkretisierg des LeistgsVerweigergsR in § 1381 bzw beim VA der Ergänzg der VersaggsGrde in § 1587 c (JH/Henrich Rn 15; aA
12 Diederichsen 58. Aufl Rn 17: Eig BilligkVorbeh unabhäng vom SachR). Bei Aufhebg einer bigamischen Ehe hat der GesGeber vorgesehen, daß der 2. Eheg hinter den 1. Eheg zurücktreten muß, soweit die Dchführg eines Zugew- od VersAusgl zu seinen Gunsten mit Rücks auf die Belange des 1. Eheg grob unbill wäre. Überholt ist damit die Rspr, die den Zugew od erworbene VersAnwartsch idF eine Verteilg auf 3 statt
13 auf 2 Pers vorgen hatte (zB BGH FamRZ **80**, 768; **82**, 474). Vorauss ist ein rechtskr AufhebgsUrt. Unerhebl ist, wer die EheAufhebg betrieben hat u aus welchen Grden die Aufhebg erfolgt. Für die inhaltl Best der RFolgen u ihre Vorauss sind die Vorschr üb die jew ScheidgsFolgen sinngem anzuwenden. Der Begr „Aufhebg" ist aStv „Scheidg" zu setzen (BGH FamRZ **89**, 153 f Ehezeitende gem § 1587 II). Beantragt ein Eheg, der zunächst einen Antr (früh: Kl) auf EheAufhebg erhoben hatte, im VerfVerlauf statt dessen die Scheidg u wird die Ehe auf diesen Antr gesch, so best sich das Ende der Ehezt nach der RHängigk des AufhebgsAntr (früh: KlAntr).

14 **4) Ehewohnung u Hausrat.** Für die gem **IV** angeordnete entspr Anwendg der Vorschr der HVO gilt, daß bei der ErmEntsch (HVO 2) die Umst bei der Eheschl u iF einer bigamischen Ehe die Belange des Eheg der 1. Ehe bes zu berücks sind.

15 **5) Erbrechtsausschluß (V).** Das ges ErbR des überlebden Eheg ist an den Bestand der Ehe zZ des Erbfalls gebunden (§ 1931). Es wird dah dch Auflösg der Ehe beseitigt. Hatte der verstorbene Eheg bei Gericht Aufhebg seiner Ehe beantragt, kommt es aber bis zu seinem Tod nicht mehr zu einem rechtskr Urt, führt bereits der berecht Antr zum Ausschluß des ErbR (§ 1933 S 2). Hat allerd der Erbl trotz AufhebgsGrd keinen AufhebgsAntr rechtshäng gemacht, behält der überlebde Eheg sein ges ErbR. Hiervon macht **V** nun eine Ausn: § 1931 findet auf einen von Anfang an **bösgläubigen** Eheg keine Anwendg, damit dieser nicht besser gestellt ist, als er stünde, wenn sein Eheg AufhebgsAntr gestellt hätte. Kannte also der überlebde Eheg die Aufhebbark seiner Ehe wg GeschUnfähigk, Bigamie, Verwandtsch, Formverstoß od Geistesstörg bereits bei Eheschließg, hat er kein ges ErbR.

16 **6) Namensrecht.** Eine namensrechtl Regelg enth der Katalog der Verweisgen in II–V nicht. Die Lücke kann dch entspr Anwendg des § 1355 V geschl w (vgl 58. Aufl Rn 4).

17 **7) Verfahren.** Das Begehren, eine bereits dch rechtskr Scheidg aufgelöste Ehe nachträgl dch AufhebgsUrt nochmals aufzulösen, wird als Antr auszulegen sein, daß der Auflösg der Ehe dch das rechtskr ScheidgsUrt nunm die RFolgen des § 1318 (früh EheG 37 II aF) beigegeben w. Dies geschieht dch proz GestaltgsUrt od in Anlehng an § 1593 aF dch Gestaltg iF des FeststellgsUrt (BGH NJW **96**, 2727 zum bishR).

Vierter Titel. Wiederverheiratung im Fall einer Todeserklärung

1319 ***Wiederverheiratung im Fall einer unrichtigen Todeserklärung.*** **I Geht ein Ehegatte, nachdem der andere Ehegatte für tot erklärt worden ist, eine neue Ehe ein, so kann, wenn der für tot erklärte Ehegatte noch lebt, die neue Ehe nur dann wegen Verstoßes gegen § 1306 aufgehoben werden, wenn beide Ehegatten bei der Eheschließung wußten, daß der für tot erklärte Ehegatte im Zeitpunkt der Todeserklärung noch lebte.**

II Mit der Schließung der neuen Ehe wird die frühere Ehe aufgelöst, es sei denn, daß beide Ehegatten der neuen Ehe bei der Eheschließung wußten, daß der für tot erklärte Ehegatte im Zeitpunkt der Todeserklärung noch lebte. Sie bleibt auch dann aufgelöst, wenn die Todeserklärung aufgehoben wird.

1 **1) Zweck.** Mit der AusnVorschr (entspr EheG 38 aF) sollen für die Wiederverheiratg iF der TodesErkl bes Vorschr gelten, die den allg für Doppelehe geltden Regelgen (§§ 1306, 1314 I) vorgehen. Wenn ein Eheg für tot erkl w ist, soll seine Ehe auch künft aufgelöst sein, wenn der and Eheg erneut heiratet, wenn mind einer der beid Eheg der neuen Ehe nicht gewußt h, daß der für tot Erklärte in Wahrh die TodesErkl überlebt h. Damit soll das Nebeneinanderbestehen von zwei Ehen vermieden w, indem statuiert w, daß mit der im Vertrauen auf die staatl TodesErkl erfolgten neuen Eheschl die früh Ehe aufgelöst w (BT-Drucks 13/4898 S 21; BGH FamRZ **94**, 498 mA Bosch).

2 **2) Wirkungen** der Wiederverheiratg auf die früh u die neue Ehe iF einer unrichtigen TodesErkl. Die TodesErkl begr die widerlegb **Vermutung,** daß der Verschollene in dem im Beschl festgestellten Ztpkt gestorben ist (VerschG 9 I 1; vgl § 1 Rn 4 u zu §§ 13–20). Von dieser Vermutg macht § 1319 nicht etwa eine Ausn dahingehd, daß die Ehe bis zur Wiederverheiratg fortbesteht (RG **60**, 196), sond behandelt nur den Fall, daß der für tot Erklärte bei der neuen Eheschl noch lebt. Hat der für tot Erklärte den Ztpkt der neuen Eheschl seines Eheg mit dem Dritten tats nicht mehr erlebt, so ist seine Ehe im Ztpkt seines Todes aufgelöst. Lebt der für tot erkl Eheg dagg im Ztpkt der neuen Eheschl noch, gilt: (1) Die neue Ehe ist grdsl wirks u nur ausnahmsw bei Kenntn beider Eheschließden der neuen Ehe, daß die TodesErkl des früh Eheg falsch war, gem §§ 1306, 1314 I aufhebb, I. (2) Die mit dem fälschl für tot Erklärten bestehde früh Ehe ist dagg grdsl mit Schließg der neuen Ehe aufgelöst (II 1 Halbs 1), u zwar auch dann, wenn die TodesErkl ihrerseits wieder aufgeh w (II 2). Die früh Ehe bleibt währd der ZwZt bis zur Aufhebg der neuen Ehe unter der doppelten RBedingg voll gült bestehen, daß beide Partn der neuen Ehe wußten, daß der für tot erkl Eheg im Ztpkt der TodesErkl noch lebte (II 1), u daß ihre Ehe gem §§ 1319 I, 1306, 1314 I, 1313 tats dch rechtskr Urt aufgelöst w. (3) Die Wiederverheiratg des für tot Erkl löst die früh Ehe dagg nicht auf; auch er führt dann ggf eine Doppelehe. Die analoge Anwendg der Vorschr auf die neue Eheschl des irrtüml für tot Erklärten ist unzul (BGH FamRZ **94**, 498).

3) Die neue Ehe. a) Grundsatz. Die neue Ehe ist abw von §§ 1306, 1314 I **nicht aufhebbar,** obwohl der früh Eheg zZ der 2. Eheschl noch lebte. **b) Ausnahmen: aa) Kenntnis der Unrichtigkeit der Todeserklärung.** Die neue Ehe ist als Doppelehe aufzuheben, wenn **beide** Eheg bei der Eheschl **wußten,** daß der früh Eheg die TodesErkl überlebt hatte **(I),** die TodesErkl also falsch war (Warn **23/24,** 126). Bei Kenntn nur eines Eheg wird unbeschadet der Regelg in § 1320 der and Eheg die Aufhebg der neuen Ehe ggf wg argl Täuschg betreiben können (§ 1314 II Nr 3). Für die Kenntn reicht fahrl Unkenntn nicht aus, ebso wie nachträgl Kenntn nicht schadet. Die Aufhebbark der 2. Ehe bleibt auch iF späteren Todes des für tot Erkl bestehen. Stirbt der früh Eheg nach der TodesErkl, jedoch vor der Wiederverheiratg seines früh Eheg, so ist die neue Ehe voll gült (Rn 2). **bb) Aufhebungsberechtigung des doppelt verheirateten Ehegatten:** § 1320. 3

4) Auflösung der früheren Ehe mit Schließung der neuen Ehe, II 1. a) Voraussetzungen. Die Vorschr bezieht sich in systemat Auslegg ausschl auf den Tatbestd der TodesErkl, nicht etwa auch auf das im Ausl ergangene, im Inl unbekannt gebliebene ScheidgsUrt, weil sonst die den Schutz des dt Eheg bezweckde Vorschr v ZPO 328 ausgeschaltet wäre. Auch die **Aufhebung** des die **Todeserklärung** aussprechden Beschl ändert an der Auflösg der Ehe nichts, **II 2.** War der Beschl allerd schon vor der Eheschl aufgeh, so gelten §§ 1306, 1314 I, so daß es auf den guten Gl der AusnVorschr des § 1319 I nicht mehr ankommt. **b) Wirkungen der Auflösung.** Mit der Auflösg der früh Ehe entfallen (ex nunc) auch ihre Wirkgen. Die Vorschr üb die EhescheidgsFolgen sind entspr heranzuziehen (JH/Henrich Rn 4). Die erbrechtl Wirkgen der §§ 1931, 2077 ff, 2281 ff entfallen. Die AuflösgsWirkgen bleiben auch bestehen, wenn die neue Ehe ihrers aufgelöst w, auch beim Tod des 2. Eheg vor Aufhebg der TodesErkl des 1. Eheg (vgl Düss FamRZ **65,** 612). War die 2. Ehe nach bish Recht gem EheG 23 aF nichtig, so ist auch ihre eheauflösde Wirkg entfallen; die früh Ehe hat somit ununterbrochen fortbestanden. Die Aufhebg der Doppelehe mit ihrer bl ex nunc-Wirkg (vgl § 1313 Rn 3) führt dagg nicht zum Fortbestand der früh Ehe; diese bleibt vielm aufgelöst. 4

5) Rechtsstellung des für tot erklärten Ehegatten. Dieser kann unter den oa, von ihm zu beweisden Vorauss die Aufhebg der neuen Ehe als selbstd AntrBerecht betreiben (§ 1316 I Nr 1 aE). Ist seine Ehe aber mangels Kenntn beider Partn der neuen Ehe gem II 1 aufgelöst, kann er gg die neue Ehe nichts unternehmen, ands aber auch selbst eine neue Ehe eingehen. Diese bleibt auch bestehen, wenn die 2. Ehe seines früh Eheg aufgeh od gesch w. Sol er nicht wieder verh war, hatte er nach bish Recht entspr EheG 61 II einen UnterhAnspr gg den Bigamisten (vgl 57. Aufl EheG 38 Rn 6 mN). Die in § 1318 für die EheAufhebg vorgesehenen Regelgen sind nunm auch auf den Fall der dch Wiederverheiratg aufgelösten früh Ehe eines für tot erkl Eheg entspr anzuwenden. In beiden Fällen wird die Ehe ex nunc aufgelöst. Daß die Aufhebg iGgs zur Auflösg der Ehe dch Wiederheirat (§ 1319 I 1) dch gerichtl Urt erfolgt (§ 1313 S 2), soll ledigl verhindern, daß innerh einer einzigen ROrdngg mehrere Ehen nebeneinand bestehen (vgl Rn 1). 5

1320 *Aufhebung der neuen Ehe.* **I Lebt der für tot erklärte Ehegatte noch, so kann unbeschadet des § 1319 sein früherer Ehegatte die Aufhebung der neuen Ehe begehren, es sei denn, daß er bei der Eheschließung wußte, daß der für tot erklärte Ehegatte zum Zeitpunkt der Todeserklärung noch gelebt hat. Die Aufhebung kann nur binnen eines Jahres begehrt werden. Die Frist beginnt mit dem Zeitpunkt, in dem der Ehegatte aus der früheren Ehe Kenntnis davon erlangt hat, daß der für tot erklärte Ehegatte noch lebt. § 1317 Abs. 1 Satz 3, Abs. 2 gilt entsprechend.**

II Für die Folgen der Aufhebung gilt § 1318 entsprechend.

1) Zweck: Die Vorschr trägt dem seelischen Konflikt Rechng, den das Wiederauftauchen des für tot geglaubten früh Eheg beim zurückgebliebenen, inzw wiederverh Eheg auslösen kann u gibt ihm ein weiteres AufhebgsR, um ihm die Möglk zu geben, sich mit dem für tot erkl Eheg wieder zu vereinigen (vgl BayObLG NJW **61,** 1725). Das in EheG 39 II 1 aF im Verh zu dritten Partn bestehde Eheverbot ist dch das EheschlRG entfallen; zur Begründg, daß das Verbot dch Betreiben der Scheidg der neuen Ehe leicht umgangen w könnte: BT-Drucks 13/4898 S 21 f; krit Hepting FamRZ **98,** 728; Diederichsen 58. Aufl Rn 1. 1

2) Voraussetzungen der Aufhebung, I. a) Der für tot Erklärte muß bei AntrStellg **noch leben.** Daß der Zurückgebliebene die Eheschl erlebt, reicht nicht. Stirbt der für tot Erkl währd des AufhebgsVerf, so geht die AntrBefugn des Überlebden nicht verloren. Bewpfl für das Fortleben ist der ASt im AufhebgsVerf. **b) Aufhebungsberechtigt** ist nur der zurückgebliebene Eheg, der sich wiederverh hat, wenn er an die Richtigk der TodesErkl geglaubt h. Es gibt keine Bestätigg der neuen Ehe mit der Wirkg, daß das AufhebgsR ausgeschl w (Oldbg FamRZ **58,** 321). Der früh Eheg kann das AufhebgsVerf dagg nur iFv § 1319 I betreiben (s dort). **c) Bestehen der neuen Ehe.** Ist sie dch Aufhebgs- od ScheidgsUrt aufgelöst, so erlischt das AufhebgsR nach § 1320. **d) Frist.** Die Aufhebg kann nur binnen 1 J begehrt w, **I 2.** Es kommt auf den Ztpkt der AntrStellg an (vgl § 1317 I 1). Die Fr beginnt, sobald der Eheg der früh Ehe Kenntn davon erlangt, daß der für tot erkl Eheg noch lebt, **I 3.** Zur Kenntn: Vgl § 1319 Rn 3. Hemmg u Versäumg der Fr dch den ges Vertr, **I 4:** § 1317 Rn 8. **e) Einwendungen.** Die Aufhebbark ist dch keinen der in § 1315 genannten AusschlGrde behindert. Insb w die Aufhebg auch nicht dch § 1315 II Nr 5 gehindert. Daß die früh Ehe aufhebb ist, steht der Aufhebg der neuen Ehe nicht entgg, sol es sich um iSv § 1315 ausschließb EheAufhebgsGrde handelt. 2

3) Für die **Folgen der Aufhebung (II)** der Zweitehe gilt § 1318 entspr. Das bedeutet insb, daß der Eheg der Zweitehe keinen Unterh verl k, wenn er bei Eheschl bösgl war, also gewußt h, daß der für tot Erklärte zZtpkt der Todeserklärg noch am Leben war (§ 1318 II 1 Nr 1). 3

1321–1352 *(Aufgehoben durch das EheG 1938, bestätigt durch das EheG 1946; die Vorschriften betrafen inhaltlich den 2.–4. Titel)*

Fünfter Titel. Wirkungen der Ehe im allgemeinen

Einführung

1 **1) Allgemeines. a)** Die Ehe ist **Einehe.** Im Ausl geschl polygame Ehen sind anzuerk, wenn das HeimatR der Eheg die Mehrehe gestattet (VerwG Gelsenk FamRZ **75**, 338 mAv Jayme; Cullmann FamRZ **76**, 313). Die Ehe kommt dch **Vertrag** zustande, ihr Wesen erschöpft sich aber nicht in einem VertrVerh, sond generiert darüberhinaus Solidaritätspflichten, die zT auch üb den Bestand der Ehe fortdauern. Das BGB erkennt nur die bürgerl Ehe an u regelt deren privatrechtl Gehalt. Es gilt die **obligatorische Zivilehe.** Die kirchl Verpflichtgen bleiben unberührt (§ 1588) – daher kein Verstoß gg GG 4 –, wirken aber nicht auf die bürgerl Ehe ein. Ebso ist die Entsch geistl Ger in Ehesachen ohne weltl Wirkg (so ausdr GVG 15 III aF). Zur Säkularisierg der Ehe 47. Aufl; vgl Coester-Waltjen NJW **91**, 3205; Wysk, RMißbr u EheR, 1994; Struck FuR **96**, 118. Zu den Ehelehren u zum „sittl Wesen" der Ehe: Rolland/Brudermüller vor § 1353 Rn 6–11,
2 13 mN. – **b)** Der Begr der **Ehe** wird im BGB nicht umschrieben, er w vorausgesetzt (vgl Einl 1 vor § 1297). Die Konturen eines ges Leitbildes der Ehe sind stark reduziert. Der Inhalt ehel Re u Pfl ist kaum noch
3 konkretisiert (§ 1353 Rn 5 ff). – **c)** Die Ehe steht unter bes **staatlichem Schutz (GG 6 I)** iS einer InstGarantie (BVerfGE **31**, 83 u **36**, 161; vgl Pauly NJW **97**, 1955). Dieses GrdR enth einen bes GleichhSatz: Er verbietet, Ehe u Fam ggü and Leb- u ErzGemeinsch schlechter zu stellen. Dieses **Benachteiligsverbot** steht jeder belastden Differenzierg entgg, die an die Existenz einer Ehe od die Wahrnehmg des EltR in ehel ErzGemeinsch (GG 6, I, II) anknüpft (BVerfG **6**, 55; **67**, 186; **75**, 361; **76**, 126; NJW **99**, 557 zur steuerl Berücksichtig v KiBetreuungskosten u Gewährg eines HaushFreibetr). Zu den **Privilegien**: BVerfG NJW **76**, 845, 1311 u 1929; FamRZ **78**, 871. Zum verfrechtl Schutz von Ehe u Fam vgl E. Schumann S 169 ff mN. –
4 **d)** Abgrenzg zur neLebG: Einl 10 ff v § 1297.

5 **2) a)** Das Recht zur ehel LebG (§ 1353 I) ist für beide Eheg ein **absolutes Recht** u löst analog §§ 1004 I, 823 I **Abwehr- und Unterlassungsansprüche,** aber auch unmittelb deliktsrechtl SchadErsFolgen aus (vgl RG **72**, 130), u zwar jedes Eheg gg den and Eheg od beider Eheg gg Dr (vgl §§ 845, 826 Rn 34). Mit dem sich aus § 1353 I ergebenden R auf ehel LebG kann jeder Eheg (Karlsr Just **78**, 365; LG Saarbr FamRZ **67**, 288) mit der **Ehestörungsklage** ggü dem and Eheg od ggü Dr Angriffe auf den sog **räumlich-gegenständlichen Bereich** der Ehe (Lit: Smid NJW **83**, 2486 u NJW **90**, 1344; dazu Riegel NJW **89**, 2798) abwehren, dh Entferng des ehebr Dr aus der EheWo u Unterl derart Störgen (BGH **6**, 360; Mü FamRZ **73**, 93), auch währd des GetrLeb (Celle NJW **80**, 711) u trotz eig ScheidgsAntr (Schlesw FamRZ **89**, 979). Vgl Rolland/Brudermüller § 1353 Rn 69–81 mwN. Der geschützte räuml Bereich erstreckt sich auf die EheWo (vgl 1361 b Rn 5), einschl des Grdst (Stgt FamRZ **80**, 49); bei gemeins BetrFührg auch auf die GeschRäume (Kln FamRZ **84**, 267 u DAV **85**, 80). Der Schutz des äußeren ggständl LebBereichs dient dagg nicht dazu, bei versch Wo unvermeidl Begegngen in dens Haus zu verhindern (Düss FamRZ **91**, 705) od den and Eheg unter Druck zu setzen u ihn unmittelb od mittelb zur Erf seiner ehel Pfl zu zwingen (BGH **34**, 84). Keine EhestörgsKl nach in der EheWo praktiziertem PartnTausch (so Zweibr NJW **89**, 1614; aA Smid FamRZ **89**, 1144). Jeder staatl Zwang, etwa dch Auferlegg wirtsch Nachtle (BGH **46**, 397), ist mit dem Wesen der Ehe unvereinb (BGH **37**, 41). Dem Eheg bleibt nur die gem ZPO 888 II unvollstrb HerstellgsKl od die Scheidg.
6 Ggü dem EhestörgsAnspr gibt es keinen RäumgsSchutz nach ZPO 721 I (Celle NJW **80**, 711). – **b) Schadensersatzansprüche** richten sich **gegen den anderen Ehegatten oder gegen Dritte.** Aus der Eheschl folgen Pfl, insb UnterhPfl, bei deren Verl SchadErsAnspr aus Unmöglichk, Verzug u pos FdgsVerl in Betr kommen (Einf 8 v § 1601; ausf Rolland/Brudermüller § 1353 Rn 82–106 mN); zum SchadErs wg Verl der AuskPfl vgl § 1580 Rn 2 u § 1605 Rn 22. Die ehel Pfl sind zT aber auch nur allg dch die ehel LebG umschrieben, so daß sie der näh Konkretisierg bedürfen (§ 1353 Rn 5–13); zur SchadErsPfl bei ihrer Verl § 1353 Rn 14. Kein SchadErsAnspr gg den and Eheg wie gg den Dr wg **Ehebruchs** (§ 823 Rn 18); and bei KiUnterschiebg (LG Baden-Baden NJW **92**, 1514). Zu den Kosten des **Ehelichkeitsanfechtungsprozesses** § 1615 b Rn 3. Zum SchadErs bei **fehlgeschlagener Familienplanung:** Einf 2 v § 1591; vgl BGH **124**, 52
7 (Spermavernichtg) u 128 (fehlerh genet Beratg); vgl auch § 1353 Rn 7, 14. – **c)** Zum **Schenkungswiderruf:** § 1372 Rn 3.

8 **3) Ehewirkungen. a)** Die §§ 1353–1362 enthalten die **allgemeinen privatrechtlichen Folgen** der Eheschl in pers u vermrechtl Hins (vgl Ramm, FS Gernhuber 1993, 793). Die Regelg gilt unabhäng v Güterstd (Ausn: §§ 1435, 1458). Im Ggs zum EhegüterR (§ 1408) **zwingendes Recht** (RG **61**, 53). **Nicht erschöpfend:** Verj (§§ 194 II, 204 S 1); EhegErb- u PflichttR (§§ 1371 I, 1931 ff, 2303 II); gemschaftl Test (§§ 2265–2271); ErbVertr (§§ 2275 II, 2276 II); Konk (KO 2, 31 Nr 2, 32 Nr 2, 40 II Nr 2) u Anf (AnfG 3 Nr 2 u 4, 11 II Nr 2). Wg der vermrechtl Wirkgen §§ 1363 ff, 1408 ff, 1415, 1483. **Reflexwirkung** der Ehe
9 im öffR zB die Anrechng des Eink des Eheg auf ein Stipendium (BVerfG FamRZ **98**, 893). – **b) Keine Wirkung der Eheschließung** auf **aa) Geschäfts- und Prozeßfähigkeit.** Heirat allein macht nicht mündig; aber Einschrkg der ges Vertretg (§§ 1633, 1649). Keine AufsichtsPfl für den and Eheg, aber uU SchadErsPfl bei Nichtunterbringg eines gemeingefährl Partn (RG **70**, 48). – **bb)** Kein allg **Vertretungsrecht** unter Eheg, so daß abgesehen v §§ 1357, 1429, 1454 (vgl auch §§ 1628, 1629 I 2) Vollm erfdl. Zum unbefugten Öffnen verschl Post: BGH FamRZ **90**, 846. – **cc) Rechtsgeschäfte** der Ehel **miteinander** wie mit Dr sind ow zul (Sandweg BWNotZ **91**, 61): EheVertr (§ 1408), Darl, Schenkg (RG **108**, 122), Gesellsch- u DienstVertr (§ 1356 Rn 6 ff). Vgl auch § 1372 Rn 2–11. Aber keine VertrStrafe zur Dchsetzg der Pfl aus §§ 1353 ff (RG
10 **158**, 300). Zur Sittenwidrigk der **Mithaftung:** § 138 Rn 37. – **c)** In and RGebieten: Im **öffentlichen Recht** zB StrafRPrivilegien (StGB 11 I Nr 1, 139 III, 247, 258 VI); ZeugnVerweigergsR (ZPO 383 I Nr 2, StPO 52 I Nr 2). **Verwaltungsrecht:** vgl Steiner FamRZ **94**, 1289. Im **Bestattungsrecht** hat der Wille des überlebden Eheg Vorrang (LG Mü I FamRZ **82**, 849 Umbettg; AG Grevenbroich MDR **98**, 418 AbwehrAnspr iR der Totenfürsorge).

4) Klagen aus der Ehe. a) Die Kl auf **Feststellung des Bestehens oder Nichtbestehens einer Ehe** ist Ehesache (ZPO 606 I). Zust ist das FamG. Dritte haben keine unmittelb KlMöglichk; das Bestehen einer Ehe kann aber inzident, zB iR eines ErbStr, vom ProzGer zu entsch sein (Hamm FamRZ **80**, 706). Zum Verf im einz vgl ZPO 632 nF. – **b)** Die Kl auf **Herstellung des ehelichen Lebens** (Lit: Stake JA **94**, 115) – heute kaum noch gebräuchl – dient der Dchsetzg der sich aus §§ 1353 ff ergebden wechsels Anspr der Eheg, soweit sie pers (nicht vermrechtl) Natur sind, u schließt im allg and Kl aus (RG **108**, 230; **151**, 159). Nicht ausgeschl allerd UnterlKl aus § 823 gg Angriffe des and Eheg auf das PersönlichkR (Oldbg OLGZ **68**, 139). – **aa)** Mit der **positiven Herstellungsklage** kann verl w: zB Unterrichtg üb VermVerh (§ 1353 Rn 13); Entferng des EhebrPartn aus der EheWo (Einf 5; Zust aber allg ZivAbt des AG: Hamm u Düss FamRZ **81**, 477 u 577; KG FamRZ **83**, 616; aA Celle FamRZ **80**, 242; Diederichsen 58. Aufl Rn 20); nach § 1355 Führg des FamNamens; Übertr der Leitg des Hauswesens (§ 1356). ZwVollstr ausgeschl (ZPO 888 II); trotzdem RSchutzinteresse bej v RG **163**, 384; BGH NJW **57**, 300. – **bb)** Ggstück zur pos ist die auf Feststellg gerichtete **negative Herstellungsklage**, daß der Kl gem § 1353 II zum GetrLeb berecht ist (RG **150**, 70; 48. Aufl mwN). Vorauss ist, daß die gerichtl Feststellg für die RStellg des Kl von Bedeutg ist (KG FamRZ **88**, 81). IdR fehlt das bes FeststellgsInteresse (Mü FamRZ **86**, 807). Ehesache (ZPO 606 ff). Wichtigste Folge: Möglichk einstw AO gem ZPO 620 ff. Die Kl ist mit Inkrafttr des 1. EheRG u insb mit Neufassg des § 1361 b dch UÄndG in der Praxis oBedeutg. Vgl Rolland/Brudermüller § 1353 Rn 56–62 mN. 11 12 13 14

5) Internationales Privatrecht EG 14; **interlokales Privatrecht** EG 14 Rn 4. 15

6) Übergangsvorschriften: 58. Aufl Rn 25. **Übergangsregelung DDR:** EG 234 § 3 Rn 2. 16

1353 ***Eheliche Lebensgemeinschaft.*** **I Die Ehe wird auf Lebenszeit geschlossen. Die Ehegatten sind einander zur ehelichen Lebensgemeinschaft verpflichtet; sie tragen füreinander Verantwortung.**

II Ein Ehegatte ist nicht verpflichtet, dem Verlangen des anderen Ehegatten nach Herstellung der Gemeinschaft Folge zu leisten, wenn sich das Verlangen als Mißbrauch seines Rechtes darstellt oder wenn die Ehe gescheitert ist.

1) Trotz der Erleichtergen der Eheauflösg dch die ZerrüttgsVermutgen (§ 1566) gilt im Grds weiterhin, daß eine **Ehe auf Lebenszeit** (BVerfG FamRZ **59**, 417) geschl w, **I 1** (BT-Drucks 7/4361 S 6). Die Verlobten können ihre Erkl, die Ehe miteinand schließen zu wollen, nicht unter einer Bdgg od Zeitbest abgeben. 1

2) Die Verpfl zur ehel LebG u zur Verantwortg füreinand ist **Rechtspflicht** (BGH NJW **88**, 2032). **I 2** hat als **Generalklausel** für das EheR eine ähnl Bedeutg wie § 242 für das VertrR. Die eherechtl einforderb Solidarität unter Ehel ist vor allem im Unterh- u GüterR im einz festgelegt. Der **Rechtsmaxime** kommt Bedeutg für die Auslegg u Handhabg des Rs zu (vgl Wagenitz, FS Rolland 1999, 379). – **a) Elemente. aa)** Die **Verpflichtung zur Lebensgemeinschaft** kann ggf iW der Kl auf Herstellg des ehel Leb gg den and Eheg verfolgt w (Einf 12); Grenze: RMißbr od wenn die Ehe bereits gescheitert ist, II. Der and Eheg h dann ein VerweigergsR. – **bb)** Daß die Eheg füreinand **Verantwortung** tragen, ist dch Art 1 Nr 3 EheSchlRG in das BGB aufgen w. Der Zusatz erweitert die bish Verpfl zur ehel LebG nicht u soll dazu dienen, das Zustandekommen von Scheinehen zu bekämpfen (vgl § 1310 Rn 13) dch Schaffg eines zusätzl EheAufhebgsGrdes (§ 1314 II Nr 5; vgl dort Rn 10). 2 3 4

b) Inhalt. (Lit: Streck, Generalkl u unbest RBegriff im R der allg Ehewirkgen, 1970; Pawlowski, Die „Bürgerl Ehe“ als Organisation, 1983; Lipp, Die eherechtl Pflichten u ihre Verl, 1988). Die ehel LebG umfaßt die gesamten pers wie die vermrechtl (vgl BGH **34**, 80; **37**, 38) Verh der Eheg zueinander. Der GesGeber wollte mit dem Begr der ehel LebG die Ehe als „Partnersch gleichen Rs und gleicher Pfl mit bes Anfordergen auf ggs Rücksichtn u Selbstdisziplin, auf Mitsprache u MitEntsch“ umschreiben (BT-Drucks 7/4361 S 7). Die ScheidgsErleichterg inf des ZerrüttgsPrinzips (§ 1565 I 1) u der ZerrüttgsVermutgen (§ 1566) haben grdsl nichts an dem Katalog ehel Pfl innerh der bestehden Ehe geändert, mag es auch iR der Frage nach Aufhebg der ehel LebG als Vorauss der Zerrüttg wesentl auf die ind LebGestaltg dch die Eheg ankommen (§ 1565 Rn 2). Abgesehen von den wicht Ändergen im Ber der Aufgabenteilg in der Ehe (§§ 1356 bis 1360) sollten dch das 1. EheRG ggü dem früh R keine Ändergen eintreten (BT-Drucks 7/4361 S 7). Die Zurückhaltg des GesGebers bei der Konkretisierg der ehel Pfl beruht auf der Vorstellg, daß es den Eheg überlassen bleiben soll, ihr Leben in der ihnen gem LebForm zu gestalten. Gleichwohl werden als **Grundelemente** des ehel Leb hervorgehoben: 5

aa) Das ZusLeb in **häuslicher Gemeinschaft** (RG **53**, 340), soweit nicht die LebVerh entggstehen. Weigerg kann gem § 1579 Nr 6 zum Ausschl des Anspr auf nachehel Unterh führen (BGH NJW **87**, 1761; FamRZ **90**, 492); vgl § 1579 Rn 32. **Wohnung und Hausrat** haben die Eheg, soweit sich das nicht schon aus dem Güterstd ergibt, einand zum Gebr zu überlassen (BGH **12**, 380; **71**, 216 f EheWo) u daraufh in **Mitbesitz**, der nach Maßg des § 866 den possessorischen BesSchutz auslöst (vgl Eichenhofer JZ **88**, 326) u bei Verl zu Anspr aus §§ 823, 1004, 1007 führen k. Der Eheg, der die dem and gehör Ggste mitbesitzt, ist insow BesMittler (§ 868) des and (BGH FamRZ **79**, 282). Ein Eheg hat keinen Anspr darauf, daß ihm der äußere ggständl Bereich der Ehe (Einf 5) erh bleibt; es sind die beiders berecht Interessen abzuwägen (BGH **37**, 38; FamRZ **72**, 363). 6

bb) Der in der Eheschl vorausges ggs Zuneigg entspr nach ind Verh (Alter, GesundhZustand, psych Disposition) die Pfl zur **Geschlechtsgemeinschaft** (BGH NJW **67**, 1079; Ausn bei Strafhaft: Hamm FamRZ **85**, 928), ferner die Pfl zur ehel Treue (Stgt OLGR **99**, 188; Schwab FamR Rn 99), unabhäng davon, daß der Ehebr als ScheidgsGrd abgeschafft ist (EheG 42 I aF). Zum Probl bei Aids: Tiedemann NJW **88**, 730. Maßn der **Familienplanung** sollten nur aGrd entspr Vereinbgen der Ehel erfolgen, die jedoch keine rechtl Verbindlichk besitzen. Eine Verabredg in der Frage der FamPlang bleibt für beide Eheg bindd, 7 sol auch nur einer von ihnen daran festhält; ein spät GesinngsWandel kann den and Eheg nicht ins UnR setzen (vgl Rn 14).

8 **cc) Konsensobliegenheit und Funktionsteilung.** Die Eheg sind einand zur Sorge um die gemeins Angelegenh (zB HaushFührg, KiBt, Freizeitplang) verpfl. Entsch, die das ehel ZusLeb berühren, sind nach Möglichk im ggs Einvern zu treffen (vgl § 1618 a, § 1356 II 1). Keiner der Eheg hat die alleinige od letzte Entsch, vielm hat jeder auf die Belange des and u der Fam Rücks zu nehmen. Dch FunktionsTeilg entstehen für jeden Eheg eigenständ EntschBereiche, insb iR der HaushFührg (§§ 1356 I 2, 1357) u KiErz (§ 1627). Der Eheg ist zur Mithilfe in dem vom and geführten Haush (BGH JZ **60**, 371) od Gesch (vgl § 1356 Rn 6) verpfl. Die eLebG verpfl auch zur tats Sorge für das aus einer and Vbdg stammde Ki des and Eheg, jedenf wenn das Ki einvernehml in die Gemsch aufgen wurde (Karlsr FamRZ **61**, 371; Hbg FamRZ **67**, 103).

9 **dd) Beistand,** auch in pers Angelegenh des and Eheg, soweit dies nach Art u Bedeutg der Sache zumutb erscheint. Rspr: Beistand der hochschwangeren Frau (Warn **31**, 110); Unterbringg des kranken Eheg in einer HeilAnst (RG **70**, 50); Abhaltg vom Suizid (BGHSt **2**, 150; BSG NJW **57**, 1943) od strafb Hdlgen (BGHSt NJW **54**, 1818; Kln NJW **73**, 861; krit Geilen FamRZ **61**, 157), aber umgek auch Abstandn von (Straf- od Steuer-)Anzeigen (BGH MDR **64**, 911); Hilfe f sücht gew Eheg (BGH FamRZ **67**, 324), dagg keine Verpfl z Pflege des schwerstbehind Eheg (BGH NJW **95**, 1486); Beistand bei der KiErz (Rn 8); außerdem Unterstützg des and in der Verfolg berecht Int u in RAngelegenh (BGH NJW **83**, 1545; **84**, 2040); ggf Anspr auf Zust zur unmittelb Korrespondenz mit dem BeihilfeTr u der priv KrankenVers des Eheg (AG Karlsr FamRZ **97**, 941).

10 **ee) Rücksicht,** insbes Unterlassen häusl Gewalt (dazu schwab FamRZ **99**, 1317). – Anfordergen an die **eigene Persönlichkeitsgestaltung:** Wiederherstellg der eig Gesundh (RG **95**, 330); Einstellg v Alkohol- (Ffm FamRZ **82**, 484) od MedikamentMißbr (BGH **43**, 331); Zurückhaltg im Einsatz für die eig Glaubens-Gemsch (KG FamRZ **54**, 145; vgl BGH **33**, 145; **38**, 317; MDR **65**, 277; vgl auch BVerfG NJW **64**, 1174) u bei der Oktroyierg der eig LebFormen (BGH NJW **60**, 1447); Achtg der polit Anschauungen des and (Schlesw MDR **54**, 417).

11 **ff)** Die Pfl zur eLebG steht der Geltdmachg **vermögensrechtlicher Ansprüche** unter Eheg nicht grdsl entgg. Das aus § 1353 hergeleitete Gebot der **gegenseitigen Rücksichtnahme** kann aber Einwendgen gg einen erhobenen Anspr begr (BGH NJW **88**, 2032) u auch bedingen, daß ein Eheg den and auch nicht dazu drängen darf, sich für die nur im eig Interesse aufgen Schulden zu verbürgen (vgl BGH NJW **94**, 1726; **95**, 562), od eine TeilgsVerst zurückzustellen hat (vgl Brudermüller FamRZ **96**, 1516). Unabhäng vom Güterstd besteht die Verpfl der Eheg, das Eigt des and vor Schaden zu bewahren (RG **64**, 278; vgl § 1359). Aus dem RücksichtnGebot kann sich ergeben, daß Eheg als MitEigtümer untereinand verpfl sind, Bietinteressenten Zutritt zum HausGrdst zu gewähren (AG Aachen FamRZ **99**, 848 mA Vogel).

12 **gg)** Aus dem Wesen der Ehe iVm mit Treu u Gl (§ 242) folgt für beide Eheg die Verpfl zur **Minimierung der finanziellen Lasten** des and, soweit dies ohne Verl eig Interessen mögl ist (BGH NJW **83**, 1545; **84**, 2040), u zwar iR nachehel Solidarität auch nach der Scheidg (BGH NJW **88**, 1720; Hamm FamRZ **98**, 241). Im **steuerrechtlichen** Bereich gehört dazu die Pfl z Mitwirkg an einer gemeins steuerl Veranlagg (BGH FamRZ **77**, 38; Düss FamRZ **90**, 160; Karlsr FamRZ **91**, 441; Kln FamRZ **93**, 806; Zustdk: ProzGer, BGH aaO; BayObLG FamRZ **85**, 947; Düss aaO; Stgt FamRZ **92**, 1447; Hamm FamRZ **91**, 1070 f SchadErs; zur Veranlagg v Eheg: Genthe FuR **99**, 53 u 153) u beim sog **begrenzten Realsplitting** gem EStG 10 I Nr 1 (BGH NJW **83**, 1545; **88**, 2886; **92**, 1391; FamRZ **98**, 953; Zustdk f Kl auf Zust z Realsplitting, zur Erstattg der dadch entstandenen Kosten u auf SchadErs [Rn 15]: FamG, vgl BGH NJW **83**, 1545; FamRZ **84**, 1211; Hamm FamRZ **87**, 489; Zweibr FamRZ **92**, 830; Düss FamRZ **99**, 1132 u NJW-RR **99**, 1234: Erstattgs-Anspr nur gg Vorlage des StBescheids; entspr aA BayObLG FamRZ **85**, 947). Dem Realsplitt ist auch zuzustimmen, wenn zweifelh ist, ob die v Pfl steuerl geltd gem Aufw dem Grd u der Höhe nach anerk w (BGH FamRZ **98**, 953); es genügt, daß der Bedürft dem Realsplitt zust u die Zust nachweisb erkl. Nach BGH kann die Unterzeichng des Vordrucks „Anlage U" der EinkStErkl nicht verl w, da die Zust keiner bes Form bedürfe. – Es besteht die Obliegenh, in zumutb Rahmen Steuervorteile wahrzunehmen u entspr **Freibeträge** in die LohnStKarte einzutragen; der Eintr des Freibetr wg der Möglichk des Realsplitt kann aber nur iH des unstr zu zahlden Unterh verl w, nicht iH der bestr UnterhPfl od des str Spitzenbetr (BGH FamRZ **99**, 372). Keine Aufr gg die aus dem Realsplitt erwachsden fin Nachteile (BGH NJW **97**, 1441).Vgl auch Einf 10 vor § 1569. Zur SchadErsPfl Rn 15. – **Auseinandersetzg wg der Steuern:** Die Eheg haften dem FinAmt ggü als Gesamtschu (AO 44). Für das InnenVerh gilt § 426; Halbteilg nur, „soweit nichts and best ist". Jeder Eheg haftet für die Steuer, die auf sein Eink entf (BGH FamRZ **79**, 115/7). Vereinfacht: Aufteilg der Steuern im Verh der beiderseit steuerpfl Eink (vgl Karslr FamRZ **91**, 1891; Dostmann NJW **91**, 760; Haußleiter/Schulz III Rn 139 ff). Fehlt es bei VerlustZuweisg an einer (konkludenten) Vereinbg, daß der Eheg mit dem Verlust intern denjen Betr erh, den der and an Eink erspart, gebührt die StErstattg demjen, der die Steuer erh (Karlsr FamRZ **91**, 191; aA Kln FamRZ **95**, 93). Hat in einer Doppelverdienerehe ein Eheg die für ihn ungünstigere StKl V gewählt, gibt es keinen nachträgl Ausgl, wenn die Eheg mit dem beiderseit Eink gemeins gewirtschaftet u das Geld verbraucht haben, unabhäng davon, ob es später zur Trenng kommt (Karlsr FamRZ **91**, 441). Vgl auch § 1372 Rn 11.

13 **hh)** Eine **Auskunftspflicht** üb die eig VermVerh folgt für die nachehel Zeit aus §§ 1379, 1386 III, 1580, 1587 e I, 1587 k I sowie als Nachwirkg der Ehe, wobei es unschädl ist, daß die Lage, in der die Ausk benötigt w, bei Fortdauer der Ehe nicht aufgetreten wäre (BGH NJW **83**, 280; **84**, 2040). Währd des Bestehens der Ehe sind die Eheg einand zur Ausk üb VermBeweggen wenigstens in groben Zügen verpfl (BGH FamRZ **78**, 677; Karlsr FamRZ **90**, 161).

14 **3)** Bei der Frage, ob die Verl der Pfl zur eLebG **schadensersatzpflichtig** macht, ist zu unterscheiden: **a)** Kein SchadErsAnspr, wenn Pfl verletzt sind, die dem eigentl, **höchtspersönlichen Bereich** der Ehe angehören, denn die Erf dieser Pfl kann nur dch die ehel Gesinng gewährleistet w; jeder auch nur indirekte staatl Zwang ist damit unvereinb (vgl Einf 5 v § 1353). Herbeiführen einer Schwangersch entgg einvernehml Abrede zur EmpfängVerhütg (vgl Rn 7) stellt nach BGH **97**, 372 (f unverh Paar) wg der Freih der immer wieder neu zu treffden Entsch f ein Ki kein zum SchadErs (Freistellg v UnterhAnspr des Ki) verpfl Verhalten

dar (vgl BGH NJW **90**, 706: auch nicht wg UnterhZahlgen an das EhebruchsKi; § 823 Rn 18; and Celle FamRZ **92**, 556; vgl auch § 1579 Rn 17 f). Zur Problematik bei Dchkreuzg des manifestierten FamPlans vgl Voß VersR **99**, 545. – **b)** Geht es dagg um rein **geschäftsmäßige Handlungen,** kommt ein SchadErsAnspr 15
in Betr, wobei zu berücks ist, daß bei einem gestörten ehel Verh Pfl aus § 1353 nicht mehr in gl Maß wie bei einer intakten Ehe bestehen. Zum SchadErs kann daher die unberecht Verweigerg der Zust zur steuerl ZusVeranlagg u die Verl der MitwirkgsPl beim begr Realsplitting führen (BGH NJW **88**, 1208 u 2032 sowie 2886; FamRZ **93**, 1304; vgl Rn 12).

4) Verweigerung der Herstellung der Gemeinschaft, II. Die Vorschr ist anges der Neufassg der 16
ScheidgsVorschr (§§ 1564 ff) prakt obsolet geworden (vgl Karlsr FamRZ **89**, 79; ausf 50.Aufl Rn 17–22). Bei Aufhebbark der Ehe (vgl §§ 1313 ff) w das HerstellgsVerl idR rmißbr sein, zumal in dem Eingehen auf ein HerstellgsVerl eine das EheAufhebgsR ausschl Bestätigg liegen könnte (JH/Henrich § 1313 Rn 3).

1354 ***Entscheidungsbefugnis.*** *(Aufgehoben durch GleichberG Art. 1 Nr 5)*

1355 ***Namensgestaltung bei Eheschließung, Verwitwung und Scheidung.***

I Die Ehegatten sollen einen gemeinsamen Familiennamen (Ehenamen) bestimmen. Die Ehegatten führen den von ihnen bestimmten Ehenamen. Bestimmen die Ehegatten keinen Ehenamen, so führen sie ihren zur Zeit der Eheschließung geführten Namen auch nach der Eheschließung.

II Zum Ehenamen können die Ehegatten durch Erklärung gegenüber dem Standesbeamten den Geburtsnamen des Mannes oder den Geburtsnamen der Frau bestimmen.

III Die Erklärung über die Bestimmung des Ehenamens soll bei der Eheschließung erfolgen. Wird die Erklärung später abgegeben, so muß sie öffentlich beglaubigt werden.

IV Ein Ehegatte, dessen Geburtsname nicht Ehename wird, kann durch Erklärung gegenüber dem Standesbeamten dem Ehenamen seinen Geburtsnamen oder den zur Zeit der Erklärung über die Bestimmung des Ehenamens geführten Namen voranstellen oder anfügen. Dies gilt nicht, wenn der Ehename aus mehreren Namen besteht. Besteht der Name eines Ehegatten aus mehreren Namen, so kann nur einer dieser Namen hinzugefügt werden. Die Erklärung kann gegenüber dem Standesbeamten widerrufen werden; in diesem Fall ist eine erneute Erklärung nach Satz 1 nicht zulässig. Die Erklärung und der Widerruf müssen öffentlich beglaubigt werden.

V Der verwitwete oder geschiedene Ehegatte behält den Ehenamen. Er kann durch Erklärung gegenüber dem Standesbeamten seinen Geburtsnamen oder den Namen wieder annehmen, den er bis zur Bestimmung des Ehenamens geführt hat, oder seinen Geburtsnamen dem Ehenamen voranstellen oder anfügen. Absatz 4 gilt entsprechend.

VI Geburtsname ist der Name, der in die Geburtsurkunde eines Ehegatten zum Zeitpunkt der Erklärung gegenüber dem Standesbeamten einzutragen ist.

1) Ehename und Namensbeibehaltung, I (Lit: Coester FuR **94**, 1; Diederichsen NJW **94**, 1089; 1
Wagenitz FamRZ **94**, 409; Wagenitz/Bornhofen, FamNamG Komm 1994; Wacke StAZ **94**, 209; Moritz ZfJ **94**, 262; Liermann FamRZ **95**, 199; Hepting StAZ **96**, 1; Baldus FuR **96**, 3; Loos, NamÄndG, 2. Aufl 1996; zum GesGVerf u zum Leitbild der NeuRegelg ausf Rolland/Brudermüller Rn 1–7). Der EheNa ist Eheg vorbeh; nur sie können einen EheNa best. Nicht verh Paare haben keinen FamNa u können ihn auch dann nicht bilden, wenn Ki aus dieser Vbdg hervorgegangen sind (vgl § 1617 sowie Einl 13 v § 1297). Zum **FamNamRG,** insb zur **Übergangsregelung** für den EheNa, ausf die 55. Aufl Vorbem zu § 1355 u 58. Aufl § 1355 Rn 1 mwN. Ergänzd zu Art 7 § 1: Die Erkl üb die WiederAnn des GeburtsNa ist nicht anfechtb (AG Nürnbg StAZ **95**, 296; zweifelh; vgl Wagenitz/Bornhofen Rn 61). Zur Wahrg der AusschlFr: BayObLG FamRZ **96**, 431; KG NJW-RR **97**, 643. Zu Art 7 § 5 I: Ausl Ehg u zugl Dtsche iS GG 116 vgl Kln FamRZ **97**, 942. – **a)** Indem die Eheg einen gemeins EheNa best „sollen", behält das FamNamRG die **Namenseinheit der Familie** als rechtspolit Ziel bei. Allerd verzichtet das BGB nunm auf einen entspr Zwang (s PStG 6 I 2; vgl Rn 4) u erkennt auch das Interesse beid od auch nur eines Eheg an, den bish Na beizubehalten (BT-Drucks 12/3163 S 11 u 15). Sie können dies in der stärkeren Form dergestalt tun, daß jeder von ihnen den zZ der Eheschl geführten Na auch nach der Eheschl weiterführt, I 3, bzw in einer abgeschwächten Form so, daß sie zwar einen gemeins EheNa führen, daß aber derj Eheg, dessen Na bei Wahl des EheNa übergangen w ist, seinen bish geführten Na dem EheNa als BegleitNa hinzufügt, IV. Zur **Weiterführung der bisherigen Namen, I 3,** bed es keiner ausdr Erkl der Eheg. Es bleibt bei deren bish Na schon dann, wenn sie sich zur Wahl des EheNa überh nicht äußern. Nur wenn dch die Wahl des gemeins Na für einen der Eheg eine NaÄnd eintreten soll, bed es dazu der entspr Erkl. – **b) Geburtsname,** 2
VI, ist nicht der Na „bei der Geburt", sond der in die GeburtsUrk eines Eheg zum Ztpkt der Erkl üb den Ehe- bzw BegleitNa einzutragde Na. Vgl Rn 8. Verfkonform (Celle FamRZ **94**, 1322). Der GeburtsNa ist von Bedeutg einmal beim EheNa (Rn 3) sowie beim BegleitNa (Rn 6), spielt aber als FamNa auch beim Ki (vgl §§ 1617 ff) u iR der Adopt u deren Aufhebg eine Rolle, wenn in deren Zshg der GeburtsNa geänd w (§§ 1757, 1765, 1767 II). Zum **Übergangsrecht:** 58. Aufl Rn 1. **DDR:** EG 234 § 3. **IPR:** EG 10. Zur Namensführg staatsdtscher **UdSSR-Aussiedler** LG Saarbr NJW-RR **98**, 583 mN in der Anm.

2) Wahl des Ehenamens (vgl Einf 10 v § 1310). – **a) Wahlmöglichkeiten, II** (verfkonform; Celle 3
FamRZ **94**, 1322). IGgs zum RegEntw (BT-Drucks 12/3163 S 11 f) beschr die zum Ges gew Fassg des FamNamRG die WahlMöglichk darauf, zum EheNa den **Geburtsnamen** (Rn 2) des Mannes od denj der Fr zu best. Deshalb keine Weitergabe früher erheirateter Namen auf den neuen Eheg (Zweibr FamRZ **96**, 487; BayObLG FamRZ **97**, 554; KG FamRZ **97**, 557: verfkonform). Vor Inkrafttr des FamNamRG (Rn 1) erfolgte Eintraggen im Heiratsbuch sind zu bericht (BayObLG FamRZ **97**, 556). Ebso können ausl NaZu-

sätze nicht zum EheNa best w (Jena StAZ **96**, 172; Hamm StAZ **98**, 258: „Singh"). Ferner dch den Ausschl von dch Kombination der Na von Mann u Fr gebildeten **Doppelnamen** soll verhindert w, daß sich das NaGefüge in Deutschl nach wenigen Generationen grdlegd ändert (BT-Drucks 12/4982 S 18; ausf Wagenitz/Bornhofen Einf Rn 13 ff). Dagg kann, wie sich aus IV 2 ergibt, ow ein bereits als GeburtsNa vorh Doppel- od mehrgliedr Na zum EheNa w („Brockdorff-Rantzau"; „Meier von der Heide"); zur Entstehg neuer DoppelNa als GeburtsNa vgl Wagenitz FamRZ **98**, 1545/7. Unzul ist es, nur einen Teil des DoppelNa zum EheNa zu best (LG Kblz StAZ **97**, 343; AG Bln-Schöneberg StAZ **98**, 180: kubanischer DoppelNa; and
4 Karlsr StAZ **98**, 113: nur der 1. Teil des span DoppNa w zum EheNa). – **b)** Die Wahl erfolgt dch Erkl
5 **gegenüber dem Standesbeamten, II.** – **c) Zeitpunkt:** Der StBeamte soll die Verl vor der Eheschl befragen, ob sie einen EheNa best wollen (PStG 6 I 3). Die Erkl zum EheNa soll zur Vermeidg unnöt administrativen Aufwands u sonst notw NaÄndergen bei den Ki (BT-Drucks 12/5982 S 18) grdsl **bei der Eheschließung** erfolgen, **III 1,** kann dann aber, allerd in öff begl Erkl, **nachgeholt** w, **III 2.** Damit soll den Eheg iSd rpolit Zielsetzg (Rn 1) die Möglichk gegeben w, unter Berücks der evtl veränd LebUmstde sich auch noch nachträgl für einen gemeins Na zu entsch (BT-Drucks 12/3163 S 13 u 16). Die früh 5-J-Fr war nicht sachgerecht; sie ist dch Art 1 Nr 47 KindRG (!) fallengelassen worden. Zur Möglichk einer **Korrektur** der NaWahl dch Anf: BayObLG NJW **93**, 337; Celle FamRZ **82**, 267; Wagenitz/Bornhofen Rn 61; ggf auch NÄG 3.

6 **3) Begleitname, IV.** Zur Bedeutg des BeglNam vgl 53. Aufl Rn 14 ff. Keine NaVerdoppelg bei Identität von EheNa u übergangenem eig Na. Unzul also: „Müller-Müller" (53. Aufl Rn 16). **a) Gestaltung des Begleitnamens.** Währd es dabei bleibt, daß zum BegleitNa der **Geburtsname** (Rn 2) **oder** der zZt der Erkl üb die Best des EheNa **geführte Name** best w kann, **IV 1,** u zwar ersterer auch dann, wenn er zB bei einer voraufgegangenen Eheschl zG eines von dem fr Eheg abgeleiteten EheNa aufgegeben w war, besteht das FamNamRG iGgs zum fr R auf der **Eingliedrigkeit des Begleitnamens, IV 2.** Besteht der als BegleitNa in Betr kommde Geburts- od zum maßg Ztpkt geführte Na aus mehreren Na, so kann nur einer dieser Na
7 hinzugefügt w, **IV 3.** Zur Überprüfg der Zulässigk eines BegleitNa KG FamRZ **87**, 1400. – **b) Stellung des Begleitnamens, IV 1.** Währd in der Zt v 1. 7. 58 bis 30. 6. 76 der BegleitNa dem EheNa angefügt u seit dem 1. 7. 76 dem EheNa vorangestellt w mußte, überläßt das FamNamRG dem Eheg, der seinen bish geführten Na dem gemeins EheNa zum Opfer bringt, die Wahl, ob er den BegleitNa **voranstellen oder anfügen** will. Mit dieser Erweiterg der NaKombinationsMöglichkten sollte nicht nur der Praktikabilität od dem Wohlklang Rechng getr, sond zugl die bei der Wahl des EheNa vorgen Beschrkg der WahlMöglichkten
8 (Rn 3) kompensiert w (BT-Drucks 12/3163 S 12 sowie 12/5982 S 18). – **c)** Die Erkl über den BegleitNa
9 erfolgt **gegenüber dem Standesbeamten, IV 1.** Zum Inhalt der Erkl vgl Rn 10. – **d) Zeitpunkt.** Das Ges sagt nichts darüber, wann die Erkl über den Begleitnamen abgegeben w muß. Daraus w geschl, daß für die Hinzufügg eines BegleitNa **keine Frist** besteht u sie desh zu beliebiger Zt nach der Eheschl (BT-Drucks 7/3119 S 9), ggf also auch noch nach Auflösg der Ehe, mögl ist (AG Flensbg StAZ **78,** 221; Wagenitz/
10 Bornhofen Rn 92, 106 ff, 124 f; krit MüKo/Wacke Rn 20). – **e) Widerruf, IV 4.** Die Erkl üb den BegleitNa kann rückgäng gemacht, aber nicht wiederholt od sonst korrigiert w. Ziel des Widerrufs kann nur die Aufg eines zunächst gewählten BegleitNa sein. Der Widerruf ermögl also nicht, wie IV 4 Halbs 2 verdeutlicht, den zunächst vorangestellten BegleitNa dem EheNa anzufügen od einen nachträgl Wechsel vom GeburtsNa zu dem bei der Eheschl geführten Na vorzunehmen u umgek (BayObLG StAZ **98**, 79). Zur
11 KorrekturMöglichk Rn 5. – **f) Form, IV 5.** Die Best eines BegleitNa u dessen Stellg (Rn 6 u 7) ebso wie der Widerruf dieser Erkl (Rn 10) müssen öff begl sein.

12 **4) Namensgestaltung bei Verwitwung und Scheidung, V.** Grdsl behält der verwitwete od gesch Eheg den EheNa bei, auch den nach II erheirateten Na des and Eheg. Die Änderg des Status soll dem verw od gesch Eheg aber die Möglichk geben, seinen GeburtsNa od denj Na wieder anzunehmen, den er bis zur Best des EheNa geführt hat, od unter Beibehaltg des EheNa nunm auf seinen GeburtsNa dch Best zum BegleitNa (Rn 6) zurückzugreifen (Gaaz StAZ **95**, 26: überfl). Für die Optionen von V sind vom Ges keine Befristgen vorgesehen (vgl BayObLG FamRZ **84**, 1224). Zur NaGestaltg bei der **Eheaufhebung:** § 1318 Rn 16.

1356 *Haushaltsführung und Erwerbstätigkeit.* **I Die Ehegatten regeln die Haushaltsführung im gegenseitigen Einvernehmen. Ist die Haushaltsführung einem der Ehegatten überlassen, so leitet dieser den Haushalt in eigener Verantwortung.**

II Beide Ehegatten sind berechtigt, erwerbstätig zu sein. Bei der Wahl und Ausübung einer Erwerbstätigkeit haben sie auf die Belange des anderen Ehegatten und der Familie die gebotene Rücksicht zu nehmen.

1 **1)** Die Vorschr stellt HaushFührg u ErwTätigk in die Autonomie der Eheg (Lit: Fenn, Die MitArb in den Diensten FamAngeh, 1970; Lieb, Die EhegMitArb im Spanngsfeld zw RGesch, BereichAusgl u ges Güterstd, 1970; Burckhardt, Ausgl f MitArb eines Eheg im Beruf od Gesch des and, 1971; Giesen, Ehe, Fam u ErwLeben, 1977; Rödl, Der EntgeltAnspr f EhegMitarbeit ohne ausdr Vertr im Spiegel des franz R, 1999; Genthe FuR **92**, 207 u 346). Damit wurde bewußt auf ein **gesetzliches Leitbild** verzichtet (BT-Drucks 7/650 S 75; 7/4361 S 7). Den Eheg obliegt also, üb die Bewältigg der in der Ehe u Fam anfallden Aufgaben **Einvernehmen** zu erzielen.

2 **2) Haushaltsführung, I. a) Einvernehmliche Regelung, I 1.** Erfolgt eine vollständ Übertr auf einen Eheg (HaushFührgsehe), so ist die HaushFührg dessen Beruf, den II begriffl von der Erwtätigk unterscheidet. Auf die Feststellg des wirtsch Werts der HaushFührg (Schacht FamRZ **80**, 107) kommt es vor allem bei Tötg u Verl des haushführden Eheg an (§§ 843, 844 jew Rn 8 ff; vgl § 1360 Rn 9). Kommt es zu keinem Einvern üb die Rollenverteilg, obliegt die HaushFührg beiden Eheg (vgl BGH FamRZ **74**, 367). Beschrkgen der Autonomie der Eheg können sich insb aus dem UnterhR ergeben (Rn 5; § 1603 Rn 11). Zur RNatur des
3 Einvern: 44. Aufl; Kurr FamRZ **78**, 2; Hepting, EheVereinbgen, 1984. – **b)** Derj Eheg, dem die HaushFührg

überlassen w ist, leitet den Haush **in eigener Verantwortung, I 2.** Der and Eheg darf ihm nicht etwa dch Verweigerg des WirtschGelds (§ 1360 a Rn 5) die HaushFührg unmögl machen. SchadErsAnspr gg Dr wg Behinderg der HaushFührg stehen dem haushführden Eheg selbst zu (BGH **50**, 304); vgl Rn 7. Dch die HaushFührg erf der Eheg seine UnterhPfl ggü der Fam (§§ 1360 S 2, 1606 III 2). – **c) Umfang.** HaushFührg 4
bedeutet Leitg u Ausführg (RG **152**, 225). Im AußenVerh zu Dr gilt § 1357 Rn 19 ff. **Mithilfe** des and Eheg: § 1353 Rn 8; der Kinder: §§ 1618 a, 1619. Ggf auch nach UnterhR. Entsch ist der Zuschnitt des Hauses, insb die Zahl der Ki sowie der Umfang der ErwTätigk der Eheg (BGH JZ **60**, 371; Stgt NJW **61**, 2113).

3) Erwerbstätigkeit, II. Das in II 1 eingeräumte **Recht** auf ErwTätigk steht nach II 2 unter dem Vorbeh 5
der **Familienverträglichkeit.** Soweit HaushFührgsPfl nicht betroffen sind od Hilfen im Haush zur Vfg stehen, ist der haushführde Eheg erwberecht. Äußerste Grenze bei KiWohlGefährdg (§ 1666 Rn 4–5). Zur Fam gehören nicht nur die in die häusl Gemsch aufgen Angeh, sond auch solche Pers, denen ggü eine sittl Verpfl zur Pfl u Bt besteht (BT-Drucks 7/4361 S 26). Eine **Verpflichtung** zur ErwTätigk kann sich aus dem UnterhR ergeben (§ 1360 Rn 13; § 1603 Rn 9), insb wenn der haushführde Eheg mj Ki aus einer früh Ehe unterhpfl ist (BGH NJW **87**, 1549; Kln FamRZ **79**, 328).

4) Mitarbeit im Beruf oder Geschäft des anderen Ehegatten. a) Im Ggs zu § 1356 II aF ist sie nicht 6
mehr ges vorgeschrieben. Eine entspr **Verpflichtung** dazu kann sich aber aus der ehel BeistandsPfl ergeben (vgl § 1353 Rn 9; Lüke, FS Bosch 1976, 635), insb in ZwSituationen, zB beim Aufbau eines Gewerbebetr (BGH FamRZ **59**, 454); bei Personalmangel od fehlden Mitteln für die Einstellg einer Hilfskraft (BGH **46**, 385). – **b) Rechtsfolgen.** Kein allg VertretgsR des mitarbeitden Eheg, auch nicht bei freiw MitArb; es gelten 7
vielm die allg VertretgsRegeln (§§ 164 ff, 1357, HGB 56). Keine Verpfl zur Beschäftigg des arblosen Eheg, erst recht nicht im Interesse von dessen Gläub (BAG FamRZ **73**, 626 mA Fenn). Soweit MitArbPfl besteht, entspr Anspr des and Eheg, den dieser aber nur iW der HerstellgsKl dchsetzen kann (Einf 13). Dagg kein SchadErs (BGH **23**, 217). Verz auf MitArb zul (BGH FamRZ **62**, 357). Für SchadZufüggen in Ausübg der MitArb haften die Eheg einand gem § 1359 (RG **148**, 303). Haftg Dr ggü vS des mitarbeitden Eheg gem §§ 823 ff, des and Eheg gem §§ 278, 831 (Weimar JR **79**, 271). Zur SchadErsPfl Dr bei Tötg od Verl des mitarbeitden Eheg: §§ 844, 845. ErsAnspr steht dem verletzten Eheg selbst zu (BGH **50**, 304; **59**, 172). Zum UnfallVersSchutz: BSG FamRZ **77**, 709. – **c) Vergütung. aa)** Aus der Üblichk der MitArb folgt nicht ow deren Unentgeltlichk. 8
Entgeltlichk ist bei unbedeutden Hilfstätigk zu verneinen, iü – vorbehaltl abw Vereinbgen (vgl BAG NJW **78**, 343; BGH FamRZ **89**, 732) – zu bej (Rolland/Brudermüller Rn 17 f mN). **bb) Vergütungsformen.** In der Praxis w eine Vergütg vor allem geschuldet aGrd von **(1) Arbeitsverhältnissen** (Einf v § 611; zum UnterArbVertr zw Eheg: Depping BB **91**, 1981), deren Bejahg die Gleichberechtigg nicht entggsteht (BVerfG NJW **57**, 417; FamRZ **62**, 107). Zur BeitrPfl im **Sozialversicherungsrecht:** BSG NJW **94**, 341 (Abgrenzg zum GesellschVerh). **Steuerrechtliche** Anerk solcher ArbVerh nur, soweit sie auch mit Dr vereinb w wären (vgl BFH NJW **89**, 319 u 2150; Genthe FuR **92**, 207), verneint bei Unüblichk (BFH NJW **97**, 1872 Pfarrfrau); iü ist entsch, daß die vereinb Vergütg auch tats gezahlt w (BFH NJW **64**, 1646; BB **68**, 1029), auch wenn der vereinb Lohn unübl niedr ist (BFH NJW **84**, 1487). Kein BetrAusgAbzug bei Zahlg des Gehalts auf ein Eheg-Od-Kto (BFH NJW **90**, 853). VersPfl v EhegBeschäftigten: Schulte BB **75**, 472. Zur steuerl Anerk von DirektVers u Pensionszusagen: Bilsdorfer BB **96**, 2381. **(2) Ehegatteninnengesellschaft:** §§ 705 Rn 27; 1372 Rn 6. Ausf Rolland/Brudermüller Rn 25–36. Zum Ausgl bei Auflösg u zur Abgrenzg ggü ehebezogener unbenannter Zuwendg: BGH NJW **99**, 2962. Abgrenzg zum ArbVerh: BSG BB **94**, 146. **(3) Ausgleichsanspruch wegen Wegfalls der Geschäftsgrundlage:** § 1372 Rn 4.

1357 ***Geschäfte zur Deckung des Lebensbedarfs.*** **I Jeder Ehegatte ist berechtigt, Geschäfte zur angemessenen Deckung des Lebensbedarfs der Familie mit Wirkung auch für den anderen Ehegatten zu besorgen. Durch solche Geschäfte werden beide Ehegatten berechtigt und verpflichtet, es sei denn, daß sich aus den Umständen etwas anderes ergibt.**

II Ein Ehegatte kann die Berechtigung des anderen Ehegatten, Geschäfte mit Wirkung für ihn zu besorgen, beschränken oder ausschließen; besteht für die Beschränkung oder Ausschließung kein ausreichender Grund, so hat das Vormundschaftsgericht sie auf Antrag aufzuheben. Dritten gegenüber wirkt die Beschränkung oder Ausschließung nur nach Maßgabe des § 1412.

III Absatz 1 gilt nicht, wenn die Ehegatten getrennt leben.

1) a) Zweck: Die dch das 1. EheRG neu gefaßte sog **Schlüsselgewalt** soll vor allem den haushführden 1
Eheg in die Lage setzen, seine Aufgaben mit der nötigen wirtsch BeweggsFreih nach außen zu erf. Die SchlüssGew darf ands nicht dazu führen, daß ein Eheg in wicht Dingen des gemeins Leb den and mit BindgsWirkg vor vollendete Tats stellen k. Das entspr dem Verständn des 1. EheRG, „daß das ehel Leb nicht nach gesetzl vorbest Verhaltensmustern abläuft, vielm von der Übereinstimmg der Eheg abhäng ist" (BT-Drucks 7/650 S 99). Sinn der SchlüssGew ist auch nicht, eine unterhrechtl „Selbstbedieng" des einen Eheg aus dem Verm des and zu ermögl. Wichtige gemeins Angelegenh, in denen sich die Eheg vor einer Entsch zu beraten u zu verständigen pflegen, sollen in gemeins Zustdgk bleiben. Die Vorschr gilt daher nur für Gesch, üb deren Abschl sich die Ehel nach ihrem konkr LebZuschnitt nicht vorher verständigen (vgl Ffm FamRZ **83**, 913; Kln FamRZ **91**, 434; offen BGH FamRZ **89**, 35). – **b) Inhalt:** Ist die HaushFührg einem Eheg 2
allein überlassen (§ 1356 I 2), so erh dieser (idR einkommensl) Eheg dch die RMacht zur Besorgg v Gesch mit Wirkg auch für den and Eheg erst die Möglichk, die ihm nach der Funktionsteilg übertr Aufgaben zu erf (vgl aber auch § 1360 a II 2) u damit zugl den von ihm geforderten Beitr z FamUnterh (§ 1360 S 2) zu leisten (BT-Drucks 7/650 S 98). Da aber die HaushFührg auch ggständl zw den Ehel aufgeteilt w kann (§ 1356 Rn 3), wird die Ehe aus den damit iZshg stehden RGesch zur Rechts- u HaftgsGemsch der Ehel (krit Büdenbender FamRZ **76**, 663; vgl Rn 4). Der Ausdr „SchlüssGew" bezieht sich heute nicht mehr auf die umfassde HaushLeitg, sond auf die sich aus dem angem FamLebBed ergebde VerpflBefugn jedes Eheg. –
c) Konstruktion: Die VerpflBefugn zuL des and Eheg ist eig R jedes Eheg u im ges Rahmen des FamBed 3

unabhäng von der Verteilg u dem Umfang der eig HaushFührgsBefugn. Tritt der mit dem Dr abschließde Eheg als solcher, dh unter Offenbarg seines Status auf, wobei Erkennbark ausreicht (§ 164 I 2), so verpfl sich der das Gesch tätigde Eheg selbst (EigenVerpflichtg) u daneben auch den and Eheg dch Stellvertretg (§§ 164 I 1, 1357 I 2). Tritt der Eheg dem Dr ggü jedoch wie jeder and, nicht verh Konsument auf, so wird der and Eheg aus der obj Tats, daß es sich um ein Gesch zur Deckg des FamBed handelt, aGrd des dann als ges
4 VerpflichtgsErmächtigg wirkden § 1357 I 2 berecht u verpfl. – **d)** Die wechselseit VerpflErmächtigg zuslebder
5 Eheg ist **verfassungskonform** (BVerfG NJW **90**, 175; Derleder FuR **90**, 104). – **e) Berechtigung und Haftung:** iR der GeschBesorgg gem I 1 w der and Eheg idR mitberecht (§ 432) u mitverpfl (§ 421), u zwar nicht nur hilfsw od beschrkt u nicht nur hins der vertragl, sond auch der vorvertragl Pfl. Ggf muß sich ein
6 Eheg auch das Wissen des and zurechnen lassen (BGH FamRZ **82**, 776). – **f)** SchlüssGew hat auch der mj
7 Eheg, dagg nicht Verlobte u auch nicht Partn in neLebG (Einl 25 vor § 1297). – **g) Zwingendes Recht** in allen Güterstden, also auch nicht dch EheVertr abänderb (Schlesw FamRZ **94**, 444); aber Möglichk zur
8 Beschrkg od Ausschließg gem II. – **h)** Da die Berufg auf die SchlüssGew zur Abwehr eig Verpfl aus selbst abgeschl RGesch nicht mehr in Betr kommt, trägt die **Beweislast** derj, der sich darauf beruft, also bei Geltdmachg von Berechtiggen aus RGesch des and Eheg jew der Eheg, bei seiner Inanspruchn der Gesch-Gegner. Für die Umst iSv I 2 aE ist der in Anspr gen Eheg beweispfl.

9 **2) Voraussetzungen und Umfang, I 1 u III. a)** Da ein **gemeinschaftliches Hauswesen** Vorauss ist (III), entfällt bei GetrLeb, dh bei Nichtbestehen der häusl Gemsch (§ 1353 Rn 6; § 1567 Rn 4), die wechselseit VerpflBefugn. **Begründung** des gemschaftl Hauswesens idR dch Schaffg eines Hausstandes (EheWo); zu bej aber auch bei Leben im Hotel, bei den SchwElt od wenn sonst eig Haush fehlt; dann aber ggf entspr Einschränkg des Umfangs. Kein Verlust der SchlüssGew dch **vorübergehende Trennung;** ob bei längerer, ist Tatfrage. Entsch der beiderseit Wille zur Aufrechterhaltg der häusl Gemsch, so daß längere AuslReise, SaisonArb, Strafhaft (Hamm FamRZ **75**, 346) u Unterbringg in HeilAnst (RG Gruch **54**, 1027) der Anwendbk v I nicht entggzustehen brauchen. Die SchlüssGew ruht (KG RJA **13**, 120) jedoch, wenn die Eheg willentl nach außen, dem Partner od Dr ggü, die häusl Gemsch aufgegeben h (vgl BGH **4**, 279), also das **Getrenntleben** (§ 1567) manifestiert od das gemeins Hauswesen aufgelöst w (vgl Büdenbender FamRZ **76**, 669); auf ein R zum GetrLeb (§ 1353 II) od ein Versch an der Trenng kommt es nicht an. Währd des GetrLeb kein GutglSchutz Dr (LG Tüb FamRZ **84**, 50; Dörr NJW **89**, 813). Um Wiederaufleben vorzubeugen, ist (and als bei rechtskr Scheidg) Beschrkg gem II u deren Eintr ins GüterRReg mögl (BayObLG FamRZ **59**, 505), dann auch Aufhebg der Beschrkg wg Grdlosigk (str). Die Eigenhaftg der Ehefr für (zahn)ärztl Leistgen ist auch dann nicht ausgeschl, wenn sie währd des GetrLeb noch beim Ehem mitkrankenvers ist (Hamm NJW-RR **98**, 263). Bringt die Ehefr ferner währd des GetrLeb ein gemschaftl Ki ins Krankenhaus: eig Verpfl der Frau; Verpfl des Ehem nicht aus I wg Ruhens der SchlüssGew gem III, aber uU gem §§ 683, 679, 1601 ff (so Bielef FamRZ **67**, 335). Bei Wiederherstellg des ehel Hauswesens lebt SchlüssGew automat wieder auf. RVerpfl w dch eine späteren Trenng nicht beseitigt (AG Beckum FamRZ **88**, 501).

10 **b)** Die VerpflBefugn erstreckt sich auf die **Geschäfte zur angemessenen Deckung des Lebensbedarfs der Familie** (früher: „häusl WirkgsKr"; vgl BT-Drucks 7/650 S 99 zur Begr der – eher marginalen –
11 Ändg). – **aa) Geschäfte.** Es muß sich um ein **Rechtsgeschäft** handeln, das seiner Art nach der Deckg des LebBed dient, also einen Bezug zur familiären KonsumGemsch aufweist (Rn 12). Unerhebl, ob für das Gesch ein Bedürfn vorlag (RG **61**, 78); aber uU Mißbr im InnenVerh. Das Gesch ist nicht desh nichtig, weil der Dr auf Veranlassg des den Vertr schließden Eheg eine falsche Rechng ausgestellt h (RG **101**, 399). **Fälle:** Reisen, wenn diese ein Eheg nach den LebVerh selbstd zu buchen pflegt (Kln FamRZ **91**, 434); ebso Kauf (einschl Reparaturen) eines Pkw für den Haush- u Freizeitbereich der Fam, nicht dagg bei Verwendg für berufl Zwecke eines Eheg (vgl LG Freibg FamRZ **88**, 1052). **Kreditgeschäfte** fallen unter den übr Vorauss dieser Vorschr grdsl unter § 1357 (Lüke AcP 178, 21). Auch Gesch nach dem **VerbrKrG** sind nicht generell von der SchlüssGew ausgen (M. Schmidt FamRZ **91**, 629; Kliffmüller FuR **92**, 138; Schanbacher NJW **94**, 2335; str bei AbzahlgsGesch; vgl Rolland/Brudermüller Rn 33–36 mN). Bei **Haustürgeschäften** hat jeder Eheg ein eigenständ WiderrufsR (Brox, FS Mikat 1989, 841; Cebulla/Pützhoven FamRZ **96**, 1124). Der Eheg ist kein
12 WissensErklVertr iS des **Versicherungsrechts** (BGH NJW **93**, 2112). – **bb)** Das Gesch muß im konkr Fall der ind **Bedarfsdeckung der Familie** zu dienen best u **angemessen** sein, dh sich iR der dchschnittl Verbrauchsgewohnh von Fam in vergleichb soz Lage halten, wobei dem ind Konsumstil Rechng zu tragen ist, so daß bei aufwendigerem LebStil der tats LebZuschnitt der Fam als angem gelten k (BGH FamRZ **85**, 576). Der Abschl eines Gesch ist nicht etwa schon desh unangem, weil es üblicherw nicht ohne vorherige Verständigg unter den Eheg abgeschl w (Schwab FamR Rn 163; aA Kln FamRZ **91**, 434; Diederichsen 58. Aufl Rn 14; and Holzhauer JZ **85**, 685: Angemessenh des Vorgehens maßg). Zum angem LebBed der Fam gehören insb die **Haushaltsgeschäfte,** wobei sich der Umfang obj nach dem FamBed u äußeren
13 Zuschnitt des Hauswesens richtet. Die Gesch müssen tats dem fam LebBed dienen. **Bsp** für SchlüssGewGeschäfte: Anschaffg v LebMitteln; notw Kleidgsstücken f die Fam u den haushführden Eheg selbst; Heizmaterial; Beleuchtg; Kauf v HaushGeräten (einschl hierauf bezogener Reparaturaufträge) u Hausrat; einz EinrichtgsGgste (OLG **40**, 65), nicht der gesamten Einrichtg, einschl der Ersetzg v unbrauchb Gewordenem; Abschl v EnergieversVertr (LG Kblz WM **90**, 445) u FolgeGesch (zB GA-Auftr bzgl Wasserschaden, LG Ffm NJW-RR **93**, 1286); Ausgaben f die KiErz, Spielzeug, Schulbücher u and Lernmaterial im übl Rahmen (LG Stgt MDR **67**, 45); Abschl einer HausrVers; in AusnSituationen Anstellg (Künd, Beurlaubg) einer HaushHilfe (RG JW **06**, 460); nicht Anschaffg eines Haustiers, aber Beauftragg eines Tierarztes (AG Kerpen FamRZ **89**, 619); Beauftragg eines WoRaummaklers (LG Brschw FamRZ **86**, 61); Zuziehg eines RA zur rechtzeit
14 Beantragg einer BU-Rente für den unfallbdgt bewußtl Eheg (VG Ffm NJW-RR **88**, 393). Dagg **nicht:** BauVertr üb ein Wohnhaus (BGH FamRZ **89**, 35), DarlAufn zur Finanzierg eines Hausbaus (LG Aach FamRZ **89**, 1176), langfr Anpachten (Kblz NJW-RR **91**, 66) od Verpachten (OGH NJW **50**, 307), Künd eines PachtVertr (BGH NJW **51**, 309) od MietaufhebgsVertr (LG Kln FamRZ **90**, 744 LS); Zust zur MietErhöhg gem MHG 2 (aA AG Münster MDR **96**, 900); Anmietg einer Wo (Flensb NJW **73**, 1085; str; vgl LG Brschw FamRZ **86**, 61: bej f Maklervertr hierfür); Abrechng mit dem Gläub u Abg v Schuldanerkenntn (OLG **18**, 254); Wechselzeichng u DarlAufn auch zZw des Haush (RG Recht **07**, 840), and uU

bei Ratenkäufen (vgl Rn 11); Verkauf u Verpfändg v Möbeln; Vereinsbeitritt (AG Marl FamRZ **88**, 283: Mieterverein); Sammelbestellgen bei Versandhaus, wenn f Verk erkennb, daß Waren auch f and best sind (AG Altenkirchen MDR **81**, 229), rechnerisch zusgefaßte EinzBestellgen in einem Umfang, der eine vorher Verständigg der Eheg voraussetzt (AG Eschwege FamRZ **80**, 137); Umzug zZw des GetrLeb (LG Aach FamRZ **80**, 996); Maßn der VermAnlage u -verwaltg; Abschl v Vertr im Berufs- od ErwBereich des and Eheg (vgl AG Augsbg FamRZ **87**, 819). – **cc)** Die für den angem FamBed getätigten RGesch sind stets auch mit Wirkg für 15
den and Eheg vorgen, wenn sich nicht **aus den Umständen etwas anderes** ergibt. So ist es mögl, sich auch bei Gesch zur Deckg des angem FamBed nur allein zu verpfl (zB ggü Arzt, vgl Rn 17). Das muß dann aber bes zum Ausdr kommen. Gg die Regelg in I sprechde Umst liegen nicht schon vor, wenn die Bezahlg aus Mitteln des das Gesch abschließden Eheg erfolgt (OLG **26**, 212), so daß der and Eheg zB vertragl SchadErsAnspr auch bei BarGesch hat, wenn ein Warenfehler vorlag, and aber, wenn Ggst zum eig Gebr gekauft w.

c) IdR spielt es keine Rolle, ob der kontrahierde Eheg **im eigenen Namen oder als Stellvertreter** 16
auftritt, um die Wirkg des § 1357 auszulösen. Mögl aber auch die Beschrkg der RWirkgen auf die eig Pers od auf diejen des Eheg dch entspr Erkl (Büdenbender FamRZ **76**, 667), ggf dch konkludentes Handeln (§§ 133, 157). Bei Überschreitg des angem FamBed haftet der and Eheg nicht. Wollte der den Vertr schließde Eheg bei Überschreitg des angem LebBed (Rn 12) auch den and Eheg verpfl, so ggf §§ 177, 179 entspr (LG Bln NJW **69**, 141). Bei GetrLeb ist selbst iF der MitVers der FamAngeh nicht automat v einer Erkl nur im Namen des and Eheg auszugehen (BGH NJW **91**, 2958). Bei Unterzeichng eines auf beide Eheg lautden MietVertr nur dch einen Eheg keine Mithaftg des and Eheg (LG Mannh FamRZ **94**, 445).

d) Unter § 1357 fallen Verträge üb die **ärztliche Behandlung** der Ki; problemat ist die Einbeziehg von 17
Arzt- u KrankenhausVertr üb die Behandlg des Eheg selbst; insow kommt nur eine Mithaftg für die Kosten in Betr (Lit: Peter NJW **93**, 1949). Vorauss ist ijF, daß sich der Eheg nicht ausschl selbst verpfl wollte u daß angesichts der Dringlichk u Art der Behandlg die Angemessenh gewahrt ist, wobei davon auszugehen ist, daß medizin notw u unaufschiebb ärztl Behandlgen stets als angem gelten (BGH FamRZ **92**, 291; vgl BGH **116**, 184 Krebstherapie; KG NJW **85**, 682 Herzrhythmusstörgen; Schlesw FamRZ **94**, 444 Zahnarzt), weil sie sich auf die Erhaltg de Gesundh als des primären u urspr LebBed richten. Der Eheg, der dch die Vertretg des and bei einem VertrAbschluß zeigt, daß er eine kostenintensive privatärztl Behandlg akzeptiert, haftet gem § 1357, es sei denn, daß er seine Ablehng einer Haftg aus dem BehandlgsVertr zwfrei klargestellt hat (Kln FamRZ **99**, 1134). Mit Rücks auf die unterhrechtl Komponente der Haftg aus § 1357 (vgl BGH FamRZ **85**, 576) kommt eine MitVerpfl des and Eheg dann nicht in Betr, wenn er nach seinen Eink- u VermVerh von vornherein nicht leistgsfäh ist (Kln NJW-RR **99**, 733, vgl auch **99**, 228; dazu Weber NJW **99**, 3160). – **Keine Mitverpflich-** 18
tung des and Eheg gem I 2, 2. Halbs, insb weil „sich aus den Umst etwas and ergibt“, auch für der Sache nach ggf notw Behandlgen (Rn 19): **(1)** bei abweichdem Willen des vertrschließden Eheg, sei er ausdr erkl (BGH **116**, 184), sei er konkludent geäußert, zB bei Bestehen einer kostendeckden KrankVers (Kln MDR **93**, 55; vgl aber auch Rn 23) od bei beiderseit Erwtätigk (Büdenbender FamRZ **76**, 671 f). Keine MitVerpfl der Ehefr, wenn sie erkl, sie sei bei ihrem Ehem mitversichert (Kln VersR **94**, 107). Schließt ein leistgsfäh Ehem den gynäkolog BehdlgVertr im Namen seiner Fr, muß er eindeut offenlegen, wenn er seine MitVerpfl für die beanspr Wahlleistgen ausschl will (BGH **94**, 1, 3 f = JZ **85**, 680 mA Holzhauer). **(2)** Keine MitVerpfl ferner, unabhäng davon, wer von den beiden Eheg den BehdlgVertr abschließt (BGH **116**, 184), wenn die wirtsch Verh der Fam in ihrem Bezug zu der voraussichtl Höhe der BehdlgKosten die MitVerpfl des and Eheg ausschl, weil letzterer auch unterhrechtl für diesen SonderBed nicht aufzukommen braucht, zB wenn die Kosten für eine nicht dringl zahnärztl Behdlg den MoVerdienst des Mannes überschreiten (Karlsr FamRZ **67**, 41). **(3)** Die MitVerpfl des and Eheg kann auch ausgeschl sein, wenn sich Eheg üb die in Frage stehden Aufw gewöhnl vorher abstimmen (Rn 11). Das gilt insb bei priv Behdlg für die Inanspruchn kostspieliger, med nicht indizierter Wahlleistgen (BGH **94**, 1), zB Zusatzleistgen wie EinzelZi (LG Bonn NJW **83**, 344); and 2-Bett-Zi für die Geburt eines gemeins Ki (LG Dortm NJW **85**, 922). Vgl iü unter (1). **(4)** Schließl gilt der Ausschl der VertrMacht gem III auch für die ärztl Behdlg von FamAngeh (BGH NJW **91**, 2958).

3) Wirkungen. a) Im **Außenverhältnis** werden dch Geschäfte, die iR der SchlüssGew von einem Eheg 19
abgeschl w, **beide Ehegatten berechtigt und verpflichtet, I 2,** also immer nur Mithaftg (BGH NJW **91**, 2958), gleichgült, dch welchen Eheg der Abschl erfolgt u unabhäng davon, wem die HaushFührg ganz od zu dem Teil obliegt, auf den sich das Gesch bezieht. War einer der Eheg bei Abschl des Gesch mj, so wird er nicht verpfl, auch nicht bei ZahlgsUnfähigk des and Eheg; andernf würde der Mj dch die Heirat des Schutzes der §§ 107, 179 III verlustig gehen. Das hindert nicht die Verpfl des and Eheg (vgl § 165). Nach **BGH** NJW **91**, 20
2283 entfaltet § 1357 **keine dinglichenWirkgen** (ebso Diederichsen 58. Aufl Rn 22), mit der Folge, daß iF, in denen das VerpflGesch unter § 1357 fällt, der and Eheg zwar obligator mitverpfl u -berecht ist, am dingl Erwerb aber nicht krGes beteilgt ist, also kein automat MitEigt (§§ 1008 ff) beid Eheg aus mitverpflichtden RGesch. Ein gemeins RErwerb kann danach nur angen w, wenn der Wille der handelnden Part bei der Vfg (§ 929) hierauf gerichtet ist. Nach BGH sollen die Regeln für den Erwerb „für den, den es angeht“, Anwendg finden. Bei Erwerb von **Hausrat** soll die EiniggsErkl des handelnden Eheg aber iZw kr VertrAuslegg so zu verstehen sein, daß beide Eheg Eigtümer w sollen (Leipold, FS Gernhuber 1993, 695; Brötel Jura **92**, 470), wobei im Regelfall vS des Verk wie des Käufers von dem gemeins EigtErwWillen der Eheg auszugehen ist (Kblz FamRZ **92**, 1303; aA Kick JZ **92**, 217), auch bei Antiquitäten (Kln NJW-RR **96**, 904) oRücks auf den Güterstd, also auch bei GütTrenng (Mü NJW **72**, 542). Damit wird § 1357 allerd zu einer bl GläubSchutz-Vorsch verkürzt, bei er es um die Mithaftg für Schulden geht. Mit der **GgAns** (Schwab FamR Rn 177) gilt die RWirkg v I 2 indes auch für den dingl RErwerb, mit dem das Gesch erf w, so daß auch die zum Vollzug des Kaufs vorgen Übereigng krGes f beide Eheg gilt: Sie erwerben also ow MitEigt zu gleichen Teilen an den iR angem familiärer BedDeckg angeschafften Gsten, soweit die handelnden Pers nicht beim VfgGesch etwas and erkl (zutr aber BGH im konkr entsch Fall, dazu Rolland/Brudermüller Rn 47). – **Rechtsfolgen:** 21
aa) Hins der Anspr aus Gesch gem § 1357 I 2 entsteht eine FdgsGemsch m der Maßg, daß jeder Eheg gem § 432 klberecht, die Kl jedoch auf Leistg an beide Eheg zu richten ist (Übbl 12 v § 420; § 432 Rn 2/3; str). SachmGewlRe stehen beiden Eheg zu, SchadErsAnspr dem jew Geschädigten (vgl aber Rn 22). – **bb)** Aus 22
Gesch, die iR des angem FamBed liegen, haften beide Eheg f KaufpreisFdgen uä als GesamtSchu (§ 421).

Auch wenn der haushführde Eheg die Mittel f den angem FamBed im voraus zur Vfg gestellt bekommen, aber anderweit ausgegeben h (§ 1360 a II 2), wird der and Eheg verpfl. Haftg des and Eheg auch für iZshg mit dem GeschAbschl od der Abwicklg des Gesch begangene PflVerl aus c. i. c. od pos VertrVerl (§ 278), dagg nicht f unerl Hdlgen, die nur anläßl des GeschAbschl erfolgen, zB Warendiebstähle. Mögl auch Bereichergs-Anspr gg den and Eheg (Schlosser FamRZ **61**, 294). Vollstrrechtl gelten § 1362 u ZPO 739 (vgl § 1362 Rn 7).

23 **b)** Im **Innenverhältnis** übt jeder Eheg die SchlüssGew aus eig R aus, soweit ihm die HaushFührg übertr ist (§ 1356 Rn 4), so daß bei Übertr der ges HaushFührg auf den einen Eheg nur dieser berecht u verpfl ist, für den angem LebBed der Fam Gesch zu tätigen, unabhäng v der Wirksamk entspr Geschäfte dch den and Eheg im AußenVerh. Bei Aufteilg der versch HaushFührgsfunktionen auf beide Eheg beschr sich im Innenverh die Befugn, Gesch abzuschließen, auf den zugewiesenen Bereich. Soweit die SchlüssGew reicht, ist der Eheg Weisgen des and nicht unterworfen. Es darf ihm dieses R auch nicht geschmälert w; der and Eheg muß also das erfdl WirtschGeld iR seiner UnterhPfl (§§ 1360, 1360 a) im voraus z Vfg stellen. Aus § 1353 kann sich auch RechenschPfl üb die Ausgaben im einz ergeben. Eine HerausgPfl hins des Erlangten besteht nur iR des MitEigt; soweit im InnenVerh ein Eheg üb seine UnterhPfl hinaus zur Anschaffg v HaushGütern beiträgt, besteht (sof nicht § 1360 b gegeben ist) ggf Anspr auf Überlassg zu AlleinEigt. Bei Überschreitgen des angem FamBed gelten §§ 677 ff. Ggseit Haftg der Eheg gem § 1359.

24 **4) Beschränkung und Ausschließung der Schlüsselgewalt, II. a) Durchführung** erfolgt einseit dch
den Eheg od seinen ges Vertr (OLG **26**, 262), u zwar ggü dem and Eheg od dem Dr entspr § 168 S 3 (str) u
ist damit wirks, ohne daß es zunächst darauf ankommt, ob die Maßn begr ist. Der Eheg kann den and also
nicht mehr verpfl; das R auf HaushFührg iü wird dadch aber nicht beschrkt. Mögl auch, daß Beschrkg od
Ausschließg bei Vorliegen ernstl Grde dch Zeitgsinserat ausgesprochen w (RG **60**, 12). Auch zul, wenn wg
GetrLeb die SchlüssGew ruht (Rn 9). Sie ist nur berecht, wenn Eheg zur Führg der Gesch nicht fäh ist od
ernstl Grde gg seinen guten Willen sprechen. Begrenzg u Ausschl **Dritten gegenüber** nur wirks, wenn im
GüterRReg eingetr od dem Dr bekannt, **II 2** iVm § 1412. AntrBerecht ist der ausschließde Eheg allein
25 (§ 1561 II Nr 4). RegGer hat RMäßigk nicht zu prüfen (RG **60**, 15). – **b) Abwehrmittel** des and Eheg:
Antr beim VormschG auf Aufhebg der Maßn, weil kein ausreichder Grd vorliegt (nicht mehr nach rechtskr
Scheidg). Ger hat zu prüfen, ob obj ein solcher Grd zZ der Entsch vorliegt; ein früher vorhandener, später
weggefallener führt z Aufhebg (BayObLG FamRZ **59**, 505). Versch des in der SchlüssGew beschr Eheg nicht
26 erfdl, auch nicht ein Mißbr aS des beschränkden od ausschließden Eheg. – **c) Verfahrensrecht.** Zustdgk
FGG 45; Entsch dch Ri (RPflG 14 Nr 1). Auch mj Eheg ist selbst antr- u beschwberecht (FGG 59); RMittel
FGG 19, 20, 59, 60 I Z 6; Kosten KostO 97 I Nr 1. Das VormschG kann die Maßn ganz od teilw aufheben.
Eintritt der Wirksamk der Vfg FGG 53; keine rückw Kraft. Antr auf Löschg im GüterRReg k entspr
§ 1561 II nach Rechtskr der GerEntsch auch vom betroffenen Eheg allein gestellt w. Für HerstellgsKl gg
Maßn gem II kein RSchutzBedürfn.

1358 *Kündigungsrecht des Mannes bei Diensten der Frau.* *(Aufgehoben dch Art I Z 7 GleichberG)*

1359 *Umfang der Sorgfaltspflicht.* **Die Ehegatten haben bei der Erfüllung der sich aus dem ehelichen Verhältnis ergebenden Verpflichtungen einander nur für diejenige Sorgfalt einzustehen, welche sie in eigenen Angelegenheiten anzuwenden pflegen.**

1 **1) a)** Die Vorschr ist keine AnsprGrdl, sond gibt nur den Grad der Fahrl (HaftgsMaßst) an, den ein Eheg
dem and ggü iR schadbegr Normen zu vertreten hat. Bedeutg insb für die Haftg iR der UnterhPfl gem
§§ 1360 a III, 1613 (RG **138**, 5) u des ehel GüterR (s aber § 1435) sowie f RGesch zw Eheg, die in engem
Zshg mit der Verwirklichg der ehel LebG stehen, zB f Schäden aus PflVerl iR der HaushFührg od MitArb im
Gesch (RG **148**, 303), bei Ausübg der SchlüssGew (§ 1357); dagg keine Anwendg auf Gesch der Eheg, die
nur anläßl der Ehe erfolgen, od auf die AuseinandS nach Auflösg der Ehe (aA Düss FamRZ **86**, 1240 ggs
2 ProzFührg). – **b)** Zweifelh ist, ob das HaftgsPrivileg auch bei **Deliktsansprüchen** gilt (vgl Jayme, Die Fam
im R der unerl Hdlgen, 1971; Dieckmann, FS Reinhardt 1972, 51). Das ist f KörperVerl u Sachbeschädiggen,
die sich im häusl Bereich ereignen, bei bestehder Ehe grdsl zu bej (vgl Stgt FamRZ **83**, 68 bei Beschädigg des
im Eigt des and Eheg stehden Wohnhauses), dagg zu verneinen, wenn ein Eheg unter Verstoß gg Regeln des
Straßenverk den and verletzt od schädigt (BGH **53**, 352; **61**, 101/6; NJW **88**, 1208; str). Die Befugn zur
Geltdmachg des SchadErsAnspr kann aus § 1353 währd des Bestehens der Ehe beschr sein (BGH **61**, 101/5;
63, 51/8; Jayme FamRZ **70**, 389). Ein „stillschw HaftgsAusschl" wird idR nicht anzunehmen sein (so aber
Ffm FamRZ **87**, 381; vgl BGH **41**, 81; **43**, 72; FamRZ **74**, 641). Der AusglAnspr eines Dr gg den am Unfall
mitschuld Eheg (Fahrer) wird dch § 1359 nicht berührt (BGH **35**, 322; Ffm NJW **71**, 1993; aM Stoll FamRZ
3 **62**, 64). – **c) Dispositives Recht:** Haftgsverschärfg wie -erleichterg mögl. HaftgsAusschl wirkt nur im Verh
der Eheg untereinand (BGH **12**, 213; **43**, 72). Zur analogen Anwendg auf neLebG: Einl 25 v § 1297. –
4 **d) Umfang der Haftung.** Haftg jedenf für grobe Fahrlk, vgl § 277.

5 **2) Beweislast:** Der Eheg, der sich auf die HaftgsPrivilegierg beruft, muß bew, daß er in eig Angelegenh ähnl verfährt wie bei dem schädigden Ereign.

1360 *Verpflichtung zum Familienunterhalt.* **Die Ehegatten sind einander verpflichtet, durch ihre Arbeit und mit ihrem Vermögen die Familie angemessen zu unterhalten. Ist einem Ehegatten die Haushaltsführung überlassen, so erfüllt er seine Verpflichtung, durch Arbeit zum Unterhalt der Familie beizutragen, in der Regel durch die Führung des Haushalts.**

1) Familienunterhalt. a) Geltungsbereich. Die Vorschr zum FamUnterh gelten in ihrem gesamten Umfang bei jedem Güterstd. – **b) Berechtigung.** Aus § 1360 wird nicht die Fam als solche berecht, der auch die RFähigk fehlen würde, sond jeder Eheg (BAG FamRZ **86**, 573) kann Zahlg an sich (nicht in eine gemeins Kasse) verl. Der UnterhAnspr gem §§ 1610 ff besteht neben dem ggs Anspr der Elt auf FamUnterh. Soweit das Ki in der Fam lebt u die Elt beiders ihrer Pfl zum FamUnterh nachkommen, wird der UnterhAnspr der Ki erf. Kommt ein EltT der Verpfl zum FamUnterh nicht nach, ergibt sich kein eig Anspr des Ki aus § 1360, so daß es seinen KiUnterhAnspr gg diesen EltT geltd machen muß (BGH NJW **97**, 735). – **c)** Bei **Leistungsunfähigkeit** eines Eheg kommt unter den Vorauss der §§ 1601 ff, 1608 Inanspruchn der Verwandten in Betr. Bei Erf der UnterhPfl dch Dr ggf ErsAnspr ggü dem unterhpflicht Eheg: Einf 19 v § 1601, § 1606 Rn 15 ff. **Überleitung:** Einf 21 v § 1601. – **d) Dauer.** Vorauss der UnterhPfl ist eine gült, noch bestehde Ehe mit eLebG (§ 1353). Nach Trenng: § 1361 (vollständ GetrLeb erfdl, desh nicht bei teilw Aufrechterhaltg einer WirtschGemsch); nach Scheidg: §§ 1569 ff. Zu den Konkurrenzen: § 1361 Rn 4; Einf 6 vor § 1569. – **e) Eigenschaften. aa)** Die Verpfl zum FamUnterh ist **zwingend.** Verz währd bestehder Ehe auch nicht dch EheVertr zul (§§ 1360 a III, 1614); and uU hins nachehel Unterh (§ 1585 c; s dort). Mögl aber forml Vereinbgen üb Umfang sowie Art u Weise des Unterh; etw Nachtle: zB für Anspr aus §§ 842 ff (Fenn FamRZ **75**, 344), WwenRente (BSG NJW **75** 712). **bb) Verjährung:** § 197. **cc) Pfändbarkeit:** ZPO 850 b I Z 2 u II; TaschengeldAnspr: § 1360 a Rn 4. **dd)** Strafrechtl Schutz: StGB 170 b. **ee) Steuern:** Unterh als außergewöhnl Belastg: BFH NJW **89**, 2015. – **f) Verfahren:** GVG 23 a Nr 2, 23 b I Nr 6; ZPO 621 I Nr 5. Zu den Anfordergen an die Schlüssigk der Klage auf FamUnterh: Bambg FamRZ **99**, 849.

1 (Rn 1 beginnt), 2 (b), 3 (c), 4 (d), 5 (e), 6 (f)

2) Beitragsverpflichtung. a) Jeder Eheg hat für den angem Unterh der Fam **seine Arbeitskraft und sein Vermögen einzusetzen, S 1.** Daraus folgt nicht, daß beide in gl Weise zu leisten od jeder Eheg in gl Höhe zum Unterh beizutragen hätte (vgl Rn 8 ff). Eine Verpfl zur Arb besteht nicht, sol u soweit der FamUnterh dch VermEink aufgebracht w k (§ 1603 Rn 3). 7

b) Ehetypen. Der GesG hat auf ein ges **Leitbild** bewußt verzichtet u überläßt es den Ehel, „eine angem Regelg zu finden" (BT-Drucks 7/650 S 100). Die Art u Weise des zu leistden Unterh ist desh unterschiedl danach, wie die Ehel ihre Ehe ausgestalten; entsch ist, welches Leitbild sie ihrer ind LebG zGrde legen. – 8
aa) Bei der sog **Haushaltsführungsehe** erf der haushführde Eheg (Ehefr od Ehem) dch die HausFührg seine ges UnterhPfl, **S 2,** weil die HaushFührg „eine gleichwert u nicht ergänzgsbedürft BeitrLeistg zum FamUnterh" darstellt (BT-Drucks 7/650 S 99). Der nicht erwerbstät Eheg hat ein in § 1360 a II konkretisiertes R, in angem Umfang üb Geldmittel zum FamUnterh u zur Befriedigg der eig Bedürfnisse zu verfügen. Das wird dch den GesEntw BaWü v. 4. 5. 99, BR-Drucks 268/99, ausdr klargestellt. Die verm- u sachrechtl Zuordng der Eink u des Verm bleibt davon unberührt. Zur Einschrkg der Wahl einer HaushFührgsEhe Rn 13. Der **verdienende Ehegatte** muß dch Erwerbstätigk den für den Unterh erforderl Geldbedarf aufbringen. Zum Rollenwechsel: § 1581 Rn 7; § 1603 Rn 9 f. Hins der HaushFührg keine GesamtGläubigersch mehrerer Berecht; Eheg u Ki stehen vielm eig Anspr zu, die nach Höhe u Dauer iR der §§ 844 f ein selbstd Schicks haben k (BGH NJW **72**, 1716; FamRZ **73**, 129). Wird die Ehefr dch unerl Hdlg an der HaushFührg gehindert, steht der ErsAnspr ihr selbst zu (BGH **50**, 304; **51**, 111). Der haushführde Eheg k auch wg nutzl aufgewendeter UrlaubsZt SchadErs beanspr, wenn nur der and Eheg erwtät ist (BGH FamRZ **80**, 873). Verhinderte HaushTätigk ist teils ErwSchaden, teils vermehrte Bedürfn (BGH NJW **74**, 41). Vgl iü bei § 1356. – **bb)** In der **Doppelverdienerehe** haben sich die Eheg um die Ki gemeins zu kümmern (BSG FamRZ **77**, 642). Die HaushTätigk ist auf beide gleichm bzw entspr der berufl Belastg zu verteilen. Der fin Beitr zum FamUnterh best sich nach dem Eink beider Eheg (§ 1360 a Rn 1). Bei Zuvielleistg: § 1360 b. Reicht das Eink des einen Eheg z Deckg des vollen FamUnterh aus, ist der and ebenf voll erwtät Eheg grdsl nicht berecht, den dch freiw Tätigk erworbenen Verdienst für sich zu behalten (BGH NJW **74**, 1238). Bei versch hohem Eink haben beide Eheg entspr ihrem Eink fin zum Unterh der Fam beizutragen (BGH FamRZ **67**, 380). Die BeitrPfl verringert sich entspr dem Umfang der zusätzl pers geleisteten HausArb (BGH NJW **57**, 537; vgl auch BSG FamRZ **85**, 282 zur Berechng der WwerRente). – **cc)** In der **Zuverdienerehe** geht der haushführde Eheg nur einer TeilzeitBeschäftigg nach. Beteiligg am BarUnterh nur im Verh der beiders Eink (vgl Celle FamRZ **78**, 589), es sei denn, der Zuverdienst soll nur ein Taschengeld (§ 1360 a Rn 4) sichern. – **dd)** Bei Einigk der Eheg, daß der eine zunächst sein **Studium** abschl soll, ist dieser für die Studiendauer von der Pfl befreit, zum FamUnterh beizutragen. Hierzu ist dann der and allein verpfl, ohne daß dies vereinb w müßte (BGH NJW **85**, 803).

c) Unabhäng von einvernehml Regelgen v Haushführg u Erwtätigk kann sich für einen Eheg die **Verpflichtung zur Aufnahme einer Erwerbstätigkeit** od zum Ausbau einer Teil- zur Vollzeitbeschäftigg ergeben, u zwar **aa)** unmittelb aus **S 1,** wenn die ArbKraft des and Eheg (zB aus Alters- od KrankhGrden) zur Deckg des FamUnterh nicht ausr. Ebso bei Arblosigk des and. Keine solche Verpfl dagg, wenn Ki nicht mehr im Haus sind od damit der and Eheg Unterh an ein vollj Ki aus seiner früh Ehe zahlen k (Düss FamRZ **86**, 1027); **bb)** um **eigenen Unterhaltspflichten** nachzukommen (§ 1356 Rn 5). 13

1360 a *Umfang der Unterhaltspflicht; Prozeßkosten.* **I Der angemessene Unterhalt der Familie umfaßt alles, was nach den Verhältnissen der Ehegatten erforderlich ist, um die Kosten des Haushalts zu bestreiten und die persönlichen Bedürfnisse der Ehegatten und den Lebensbedarf der gemeinsamen unterhaltsberechtigten Kinder zu befriedigen.**

II Der Unterhalt ist in der Weise zu leisten, die durch die eheliche Lebensgemeinschaft geboten ist. Die Ehegatten sind einander verpflichtet, die zum gemeinsamen Unterhalt der Familie erforderlichen Mittel für einen angemessenen Zeitraum im voraus zur Verfügung zu stellen.

III Die für die Unterhaltspflicht der Verwandten geltenden Vorschriften der §§ 1613 bis 1615 sind entsprechend anzuwenden.

IV Ist ein Ehegatte nicht in der Lage, die Kosten eines Rechtsstreits zu tragen, der eine persönliche Angelegenheit betrifft, so ist der andere Ehegatte verpflichtet, ihm diese Kosten vorzuschie-

ßen, soweit dies der Billigkeit entspricht. Das gleiche gilt für die Kosten der Verteidigung in einem Strafverfahren, das gegen einen Ehegatten gerichtet ist.

1 **1) Umfang des Familienunterhalts, I.** Vgl § 1360 Rn 1. **a)** Der UnterhAnspr gem §§ 1360, 1360 a bemißt sich nicht ow nach den zum EhegUnterh bei Trenng u Scheidg entwickelten Grds. Er geht nicht auf eine laufde Geldrente für den jew and Eheg, sond ist als ggs Anspr darauf gerichtet, daß jeder Eheg seinen Beitr z FamUnterh entspr seiner nach ind Ehebild übern Funktion leistet. Der Anspr umfaßt den **gesamten Lebensbedarf der Familie**, dh alles, was f die HaushFührg u die Deckg der pers Bedürfn der Eheg u der gemeins Ki u der ihnen gleichstehden Pers (§§ 1719, 1757), soweit sie unterhberecht sind (§§ 1602, 1603), erfdl ist. Zum FamUnterh gehören das **Wirtschaftsgeld** u die sonst Gelder für die iR der Haushführg v dem dazu verpfl Eheg zu bestreitden Ausgaben (§ 1356 Rn 4; § 1357 Rn 14 ff; § 1649 Rn 3). Das Wirtsch- od HaushGeld hat idR nur den Zw, dem haushführden Eheg die Besorgg der Geschäfte des tägl Lebens zu ermögl, währd außergewöhnl Anschaffgen u Ausgaben grdsl nicht davon zu bestreiten sind; bei der Bemessg ist jedoch zu berücks, wenn nach der tats Handhabg der Eheg der haushführde Partn auch solche Kosten trägt, die üb den übl Rahmen hinausgehen (Celle FamRZ **78**, 589). Das WirtschGeld dient dem FamUnterh u muß damit den BeköstiggsAufwand u die übl Gesch des tägl Leb, nicht aber SonderBed iSv § 1613 II decken (KG FamRZ **79**, 427). Das **Maß des Familienunterhalts** best sich nach den ehel LebVerh, so daß § 1578 als OrientiergsHilfe herangezogen w k, wobei ein obj Maßst, zB der LebStil gleicher Berufskreise, anzulegen ist, wobei das Eink beider Eheg die Grdl bildet u die UnterhPfl nach oben begrenzt. Der Anspr gem 1360, 1360 a kann wie nach § 1578 unter den TabMindestUnterh sinken (BGH NJW **95**, 1486). **Überzahlungen** v Unterh: § 1360 b; Einf 13 vor § 1569. Zu **ehebedingten Zuwendungen:** § 1372 Rn 3.

2 **b)** Zum **angemessenen Familienunterhalt** gehören als **Haushaltskosten** die Aufw f Nahrg, Heizg, Beschaffg des erforderl WoRaums, nicht aber des Eigt daran, also keine Verpfl zur Beschaffg eines Eigenheims (BGH NJW **66**, 2401), aber Anschaffg u Erhaltg der WoEinrichtg u der erfdl Ggste fürs Haus, wofür ggf Beträge außerh des WirtschGeldes zur Vfg zu stellen sind, Bekleidg einschl ArbKleidg v Eheg u Ki, auch einmalige Aufw wie Krankh- (Hamm FamRZ **87**, 1142), Kur- u Ferienkosten (Düss FamRZ **67**, 43), Entlohng u Beköstigg v HausAngest, ferner Ausgaben zur Entspanng u Fortbildg, überh zur Pflege (auch nicht gemeins) geist, polit u kultureller Interessen (evtl aber Anrechng auf TaschenG, vgl Rn 4), Erz- u Ausbildgskosten der Ki (§ 1610 Rn 37 ff), schließl die Kosten der Alterssicherg der Ehel (BGH FamRZ **60**, 225). Zum angem FamUnterh k je nach den Eink- u VermVerh der Eheg Aufw zur Anschaffg u zum Betrieb eines **Pkw** gehören (BGH NJW **83**, 1113). **Nicht** hierher gehören UnterhGelder f **bedürftige Verwandte** des and Eheg; für StiefKi vgl 58. Aufl Rn 2. Zum UnterhAnspr v **Eltern:** § 1601 Rn 6.

3 **c)** Zu den **persönlichen Bedürfnissen** gehören Kosten für medizin notw ärztl Behandlgen (BGH NJW **85**, 1394; vgl Brschw FamRZ **96**, 288 f Kosten einer zahnärztl Implantation) u für eine bei Eheschl bereits begonnene, noch nicht abgeschl Ausbildg (BGH NJW **85**, 803), dagg kein allg Anspr auf AusbildgsFinanzierg (str; aA Jung FamRZ **74**, 516; vgl zum AusbildgsAnspr nach Scheidg: § 1575); Ausg zur Pflege v Liebhabereien in angem Umfang (BGH NJW **83**, 1113).

4 **2)** Jeder Eheg hat grdsl (Ausn zB bei Trunks, Hbg FamRZ **98**, 182) Anspr auf einen angem Teil des GesamtEink als **Taschengeld** (Lit: Braun, Der TaschGAnspr des Eheg, AcP 195, 311; Haumer, TaschGAnspr zw Eheg, 1995 u FamRZ **96**, 193), dh einen auf Geld gerichteten ZahlgsAnspr, üb den er frei verfügen k, u zwar auch dann, wenn er arbeits- u leistgsfäh ist u somit eig Eink haben könnte od auch tats hat, so daß der TaschGAnspr nicht nur dem erwlosen, sond auch dem zuverdienden Eheg zusteht. Das TaschG des haushführden Eheg (vgl § 1360 Rn 9) ist regelm ohne nähere Bezifferg im WirtschG (Rn 1, 5) enth, so wie der verdiende Eheg sein TaschG einbehält; andernf hat der nicht verdiende Eheg gg den and einen entspr Anspr. In einer Doppelverdienerehe richtet sich die Beteiligg jedes Eheg am FamUnterh (einschl WirtschG) nach dem Verh der beiders Eink. Bei eig Eink des taschgeldberecht Eheg ist nach BGH NJW **98**, 1553 nur noch ein etwa verbleibder Rest vom and Eheg zu leisten. Der Eheg, der unfreiw v seinem Eink einen höheren FamUnterh leistet, hat einen famrechtl AusglAnspr. Die **Höhe** des TaschG richtet sich nach Verm, Eink, Lebensstil u Zukunftsplang der Ehel, hängt also wesentl v EinzFall ab, im Regelfall 5% (vgl BGH NJW **98**, 1553 mN; Bambg FamRZ **88**, 948; Hamm FamRZ **90**, 531; Celle FamRZ **91**, 726; Nürnbg FamRZ **99**, 505) des NettoEink nach Vorwegabzug der Schulden (vgl AG Recklingh FamRZ **91**, 1297: DarlRaten). Ein Anspr besteht nicht, wenn Eink nur zur Deckg des notw FamUnterh ausreicht (Hamm FamRZ **86**, 357; vgl AG Leverkusen NJWE-FER **99**, 231). Anspr auf TaschGRückstände auch nach Trenng (Hamm FamRZ **88**, 947). TaschGAnspr begr ggf die Leistgsfähigk für eig UnterhVerpfl (§ 1603 Rn 5). Die **Pfändbarkeit** des TaschGAnspr verstößt nicht gg GG (BVerfG FamRZ **86**, 773). Die Pfdg ist währd bestehder eLebG nicht gem § 399, ZPO 851 ausgeschl (so aber LG Brschw NJWE-FER **97**, 281). Aus BilligkGrden kann dch das VollstrGer die Pfdg des TaschG gem ZPO 850 b II zugel w (BGH NJW **98**, 1553; Mü FamRZ **98**, 1161; Nürnbg FamRZ **99**, 505; vgl Sauer/Meiendresch FamRZ **94**, 1441), wobei nur maßg ist, daß nach der RLage ein TaschGAnspr besteht, u nicht, daß es auch tats ausbezahlt w. Dem Schu muß aber ein Teil des TaschG für pers Bedürfn verbleiben. Als sog Mehreink (ZPO 850 c II) ist der TaschGAnspr nur zu 7/10 pfändb (Kln RPfleger **95**, 76; Büttner FamRZ **94**, 1433/40). Einwdgen gg die Zulässigk der Pfdg können nur mit vollstrrechtl RBehelfen geltd gem w (Bambg FamRZ **88**, 948). Im DrSchuProz (FamSache) ist nur zu prüfen, ob u in welcher Höhe der TaschGAnspr besteht. Der Gläub ist f das Bestehen des TaschGAnspr darl- u bewpfl (Hamm FamRZ **89**, 617=Rpfleg **89**, 207 mA Otto). TaschGAnspr der Ki: § 1610 Rn 29.

5 **3) Die Unterhaltsleistung. a)** Deren **Art** ergibt sich aus der LebG, **II 1.** Der UnterhPfl wird grdsl dch **Naturalleistung** genüge getan u richtet sich auf Wo, Verpflegg, Bekleidg, VersSchutz sowie vS des haushführden Eheg (§§ 1356 I 2, 1360 S 2) auf die HaushFührg u die damit zushängden Besorggen. Es genügt, wenn die Ehel einander die Möglichk geben, den Unterh im Haus zu empfangen; die Gewährg einer Geldrente zw Ehel ist – and als bei GetrLeb – grdsl ausgeschl. Der verdiende Eheg hat das **Wirtschaftsgeld,** also mehr als die bl HaushKosten (vgl I) wg § 1356 I 2 ohne vorher Auffordg des haushführden Eheg für einen angem Ztraum, der sich nach den eig Verdienstauszahlgen richtet, im voraus zu entrichten, **II 2.**

Andernf steht dem and Eheg die LeistgsKl zu. Der haushführde Eheg muß das ihm treuhänder überlassene, nicht übereignete Geld f den FamUnterh verwenden. Trotz § 1356 I 2 besteht in gew Umfang RechenschPfl; umgek ist aber übertriebene Kontrolle der HaushFührg unzul (vgl Nürnbg FamRZ **60**, 64). Bei Streit üb die Angemessenh muß der haushführde Eheg üb die Verwendg des WirtschG abrechnen (Hbg FamRZ **84**, 583). Geltdmachg des Anspr auf WirtschG dch einstw Vfg mögl (Düss FamRZ **83**, 1121). Anspr auf WirtschG nicht abtretb u damit un(ver)pfändb (§ 1274 II, ZPO 851); iü gilt ZPO 850 d (Esn MDR **64**, 416) u f das WirtschG selbst ZPO 811 Nr 2. Ab Trenng der Eheg kein Anspr mehr auf WirtschG (Hamm FamRZ **88**, 947; vgl AG Kleve FamRZ **96**, 1408: Anspr bej trotz Anhängigk eines ScheidgsVerf wg fehlden GetrLeb); ein vorh Tit ist gem ZPO 767 zu beseitigen (Hamm FamRZ **80**, 249; vgl § 1360 Rn 5). **Beweislast** für die Unvollständigk der Zahlg bei länger zurückliegden Rückständen beim haushführd Eheg (Kln FamRZ **84**, 1089). – **b) Verweisungen, III. aa) Zeitliche Abgrenzung.** Wg Geltdmachg des UnterhAnspr f die 6
Vergangenh u Vorausleistgen f die Zukunft §§ 1613, 1614 III. Verz f die Zukunft ist unzul, ebso Abfindg. Zur TitAbändg: Einf 3 v § 1601. Der UnterhAnspr erlischt mit dem Tod eines der Eheg; vgl iü § 1615. **bb)** In der Aufzählg der Verweisgen auf die f die UnterhPfl f Verwandte geltden Vorschr der §§ 1613–1615 fehlt § 1605. Der nicht erwtät Eheg sollte ggü dem erwtät Eheg einen Anspr auf **Auskunft** üb dessen Eink- u VermVerh wie unterhberecht Verwandte haben (im GesEntw BaWü v 4. 5. 99, BR-Drucks 268/99, vorgesehen; vgl auch § 1353 Rn 13).

4) Prozeßkostenvorschuß (PKV), IV (Lit: Knops NJW **93**, 1237; Klein FuR **96**, 69 u 147). **a) Grundsätze. – aa) Rechtsgrund.** Die Verpfl, dem and Eheg PKV zu leisten, ist trotz ihrer Vorläufigk, weil es um 7
einen ggwärt Bed geht, **Ausfluß der Unterhaltspflicht** (BGH **110**, 247). Desh enth IV eine abschließde Regelg (BGH **41**, 110) u ist nicht etwa aus § 1353 zu erweitern. Der PKV ist seinem Wesen nach ein Anspr auf Deckg v SonderBed. **Gläubiger** des PKV-Anspr ist der Eheg; mangels GesSchuldnersch keine Haftg der GerKasse ggü (vgl aber §§ 1437 II, 1438 II, 1459 II, 1460 II). – **bb) Subsidiarität.** PKV hat **Vorrang vor** 8
PKH (vgl auch OVG Münster NJW-RR **99**, 1235). Der Anspr auf PKV beseitigt, soweit er zwfrei besteht u zeitnah durchsetzb ist (Kln FamRZ **85**, 967; Düss FamRZ **90**, 420; Mü FamRZ **94**, 1126; vgl Rn 13), gem ZPO 115 II die Bedürftigk für eine beantragte PKH. Ggf aber beiderseit PKH mit Raten (Zweibr FamRZ **97**, 757; vgl Rn 12). Leistgen der **Sozialhilfe** mindern den Anspr auf PKV nicht. – **cc) Anwendungsbereich.** IV gilt nur unter Eheg (Rn 8), nicht auch zw nePartn mangels einer ges UnterhPfl (Einl 19 vor 9
§ 1297). Ggständl gilt IV sowohl bei Streitigk der Eheg untereinand, insb auch für das ScheidgsVerf (BT-Drucks 7/4361 S 26 f), als auch für Proz eines Eheg gg einen Dr. Vgl iü Rn 15. Wie beim FamUnterh besteht der Anspr auch beim TrenngsUnterh (§ 1361 IV 3). Zum PKV zw Verwandten § 1610 Rn 33.

b) Voraussetzung der Vorschußpflicht. – aa) Bestehen einer wirks geschl **Ehe.** Mangels ges Regelg 10
daher **kein Anspr** auf PKV **nach Ehescheidung** (BGH **89**, 33; FamRZ **90**, 280; aber bej f RestitutionsKl gg ScheidgsUrt: Hamm FamRZ **71**, 651). PKV f eine Scheidg mit VerbundVerf nachehel Unterh ist Teil des TrenngsUnterh. PKV daher auch, soweit ZugewAusglAnspr als abgetr Folgesache nach Rechtskr der Scheidg weiter verfolgt w (Nürnbg FamRZ **90**, 421). PKV k auch vom jetzigen Eheg zur Geltdmachg von Anspr **gegen früheren Ehegatten** verl w (Düss FamRZ **75**, 102 Zugew; Ffm FamRZ **83**, 588; Hamm FamRZ **89**, 277; aA Düss FamRZ **84**, 388; MüKo/Wacke Rn 28 für ZugewAusgl). Eine VorschußPfl kommt auch f den **Abstammungsprozeß** in Betr (Kln FamRZ **99**, 792; str).

bb) Der PKV hängt davon ab, daß der berecht Eheg **bedürftig,** dh außerstande ist, die Kosten des RStr 11
selbst zu tragen. Unmaßgebl ist der Maßst von ZPO 114 ff; es entsch vielm die Billigk (Rn 16). PKV w daher nicht erst bei Beeinträchtigg des notw Unterh des UnterhBerecht geschuldet, sond ggf schon bei Gefährdg von dessen angem Unterh (Hbg NJW **60**, 1768). Der Bedürft muß zunächst eig Verm angreifen, sof es sich nicht ledigl um eine angem Rückl für Not- u KrankhFälle handelt (vgl Ffm FamRZ **86**, 485), da auch bei intakter Ehe die Prozeßkosten häufig aus Ersparn bezahlt w müssen (vgl Wendl/Scholz § 6 Rn 26). Eine PKV-Pfl entfällt daher idR, wenn der prozeßwill Eheg aus der Veräußerg des FamHeims ausr Mittel erh hat. Ein PKV k aber in Betr kommen, wenn die VermLage des auf PKV in Anspr gen Eheg wesentl günstiger ist u der Berecht den VermStamm zZ nur schwer verwerten k, zB wg langfristiger VermAnlage (vgl Celle MDR **67**, 402; Mü FamRZ **76**, 696). Bei geringer Leistgsfähigk des VorschußVerpfl sind strengere Maßst anzulegen; dann ist die Heranziehg eig Mittel bis zur Grenze des notw Unterh u die Verwendg auch des eig VermStamms dch den Vorschußberecht geboten.

cc) Die **Leistungsfähigkeit** des auf PKV in Anspr Genommenen entfällt bei Gefährdg seines eig angem 12
Unterh (KG FamRZ **85**, 1067; Kblz FamRZ **86**, 284). Er braucht sich auch ggü mj Kindern nicht auf den notw Unterh beschr zu lassen (Kln FamRZ **99**, 792) u auf Güter des gehobenen Bed zu verzichten (Kln MDR **63**, 680). Ggü der Tilgg von DarlVerbindlk hat der PKV als Unterh Vorrang (Hamm FamRZ **86**, 1013; Karlsr FamRZ **87**, 1062); dagg gehen UnterhPfl der VorschußPfl vor. Soweit der Verpfl **selbst PKH**, auch mit Raten, beantragen könnte, w er als bedürft u damit als zur Zahlg eines PKV nicht leistgsfäh angesehen (str; so Karlsr FamRZ **92**, 77; Düss FamRZ **93**, 1474; Mü FamRZ **93**, 714; Oldbg MDR **94**, 618; Wendl/Scholz § 6 Rn 27; aA KG FamRZ **90**, 183; Kblz FamRZ **91**, 346; Nürnbg FamRZ **96**, 875; Kln FamRZ **99**, 792; JHBü § 1361 Rn 127; Schwab/Borth IV Rn 78). Bei teilw Leistgsfähigk besteht PKV-Pfl nur für den Rest; PKV k auch in **Raten** geschuldet w.

dd) Rechtsstreit ist jedes GerVerf. PKV daher für ZivProz u FG-Verf (Düss NJW **76**, 1851); ferner f 13
arbgerichtl Streitigk (LAG Bln MDR **82**, 436); Strafsachen (vgl IV 2) einschl PrivKl u NebenKl; RStr im VerwR (OVG Lünebg FamRZ **73**, 145) u im SozialR (BSG NJW **60**, 502; **70**, 352). PKV gibt es ferner für sämtl VerfHandlgen: LeistgsKl; Antr auf einstw AO, einstw Vfg u Arrest; vollstrb Urk für UnterhAnspr (Karlsr FamRZ **84**, 584); VollstrGgKl (Ffm FamRZ **83**, 588); Kosten der einstw AO nach ZPO 127 a selbst (Ffm FamRZ **79**, 732); ebso für die entspr RVerteidiggen (Kblz FamRZ **86**, 466). Zur Erstattg außergerichtl RVerfolgsKosten: Kleinwegener FamRZ **92**, 755. Keine Anwendg v IV für Aufw des Betreuers (LG Osnabr NdsRpfl **96**, 159).

ee) Persönliche Angelegenheiten. Der Begr ist schwer zu konturieren, ohne ihn dch and, ebsowenig 14
scharfe Begr zu ersetzen. Mit Rücks auf den Grds, daß Familiensolidarität staatl Fürsorge vorgeht, w eine

weite BegrDefinition bevorzugt. Die Rspr neigt dazu, in weitestem Umfang vermrechtl Anspr einzubeziehen, die ihre „Wurzeln in der LebG" haben (BGH **31**, 384). Zu bej jedenf, wenn ein konkr Bezug zu einer der Verpflichtgen aus § 1353 besteht (vgl Rolland/Brudermüller § 1353 Rn 40 ff mN; weiter Knops/Knops FamRZ **97**, 208: dchsetzb Rechte aus § 823 I, die beid Eheg zugute kommen). Der RStr braucht nicht lebenswicht zu sein, muß aber eine genügd enge Vbdg zur Pers u zu den pers Bedürfn des Eheg h, wofür bei Streit mit einem Dr die Beeinflussg der wirtsch od soz Stellg des Eheg für sich gen allein nicht ausreicht (BGH **41**, 105). Die Praxis behilft sich mit der Aufstellg v **Fallgruppen.** Bej bei: Bt- u Statussachen; Verf betr Ehre, Freih, Unterh uä (Brschw NJW **58**, 1728), Wiederherstellg v Gesundh u ArbKraft, zB SchadErsAnspr wg fehlerh ärztl Behandlg (Ffm FamRZ **67**, 43), einschl SchmerzG (LG Hagen NJW **59**, 48); die Ehe betr Verf: Schutz des räuml-ggständl Bereichs der Ehe (Ffm FamRZ **82**, 606; vgl Einf 5 v § 1353); UnterhAnspr, auch zZw der Steuererstattg aus dem Realsplitting (Hamm FamRZ **89**, 277; § 1353 Rn 15). AuskVerl zur Vorbereitg der AuseinandS mit dem and Eheg (BGH **31**, 384); ZugewAusglAnspr (Ffm u Hamm FamRZ **81**, 164 u 275) u die Verteidigg dagg (Kblz FamRZ **86**, 466), wobei Bevorschussg von GA-Kosten allerd einen entspr GerBeschl voraussetzen (Ffm FamRZ **82**, 714); Rückgewähr von WohnbeschaffgsKosten (Ffm FamRZ **83**, 588). Im VerwR: Führerscheinentziehg u Ausweisg, NachbarKl gg Baugenehmigg, wenn das auch vom and Eheg bewohnte Grdst vor Immissionen geschützt w soll (OVG Lünebg FamRZ **73**, 145). **Dagegen keine** persAngelegenh: Geltdmachg des gesellschrechtl AuseinandSGuth ggü Dr (BGH **41**, 112); Anspr aus Mithaftg zus mit dem früh Eheg ggü Dr (Düss FamRZ **84**, 388); AufwErsAnspr ggü früh Eheg (Nürnbg FamRZ **86**, 697); vorzeit ErbAusgl (Kln FamRZ **79**, 178); Pflichtt- (aA Kln FamRZ **61**, 122) u Pflichtt-Ergänzg (Kln NJW-RR **89**, 967; § 2317 Rn 9); VerwR: Baugenehmigg.

15 **ff)** Entstehg u Umfang („soweit") der PKV-Pfl richten sich schließl nach der **Billigkeit.** Zu ihrer Bedeutg bei Bedürftigk u Leistgsfähigk vgl Rn 14 f. Der PKV muß eine sachdienl ProzFührg ermögl; desh bei entspr Schwierigk od wirtsch Bedeutg PKV auch für RA-Kosten ohne AnwZwang u ggf für VerkAnw (MüKo/Wacke Rn 30). Die beabsicht RVerfolgg darf nicht mutwill od offensichtl aussichtsl sein. Desh kein PKV bei pünktl UnterhZahlg (vgl Nürnb NJW-RR **93**, 327); dagg keine Vorwegn der Entsch dch Prüfg der ProzAussichten wie bei der PKH (Ffm FamRZ **59**, 63; Kln MDR **61**, 941; LG Bln FamRZ **66**, 513; aA Pastor FamRZ **60**, 263; Schwab/Borth IV 46).

16 **gg) Zeitraum.** PKV kann verl w, sol die Part ggü ihrem RA vorschußpfl ist. Der Begr „Vorschuß" in IV knüpft an BRAGO 17 an. Danach besteht eine Vorschußpfl auch für Gebühren, die dch die betreffde anwaltl Tätigk bereits „entstanden" sind, die der RA als solche jedoch noch nicht gem BRAGO 18 erheben k, da seine Vergütg noch nicht gem BRAGO 16 fällig gew ist (BGH NJW **85**, 2263). PKV k nicht für die **Vergangenheit** begehrt w; daher grsl nicht mehr, wenn der RStr od die betreffde Inst bereits abgeschl ist, es sei denn, daß der Verpfl rechtzeit in Verzug gesetzt w ist (Bambg FamRZ **86**, 484; KG FamRZ **87**, 956; Karlsr NJW-RR **99**, 268; vgl Kln FamRZ **91**, 842 als Verzgsschaden; and Schwab/Borth IV Rn 86). Ansonsten kann nach Beendigg der Inst ein PKV wg der entstandenen ProzKosten auch nicht als SonderBed geltd gemacht w (Nürnbg FamRZ **98**, 489). Aus einer einstw AO zur Zahlg von PKV k auch nach Beendigg des Proz u ungeachtet der Kostenentsch die ZwVollstr betrieben w (BGH NJW **85**, 2265).

17 **hh)** Die **Höhe** des PKV ergibt sich aus den Gebühren, die sich nach dem Streitwert des beabs RStr errechnen. Der PKV umfaßt die notw gerichtl u außergerichtl Kosten, dh Gebühren u Auslagen (vgl GKG 65 I, BRAGO 16, 17), auch für eine etw einstw AO gem Rn 18 (Ffm FamRZ **79**, 732), dagg nicht die Kosten einer RBeratg (Schwab/Borth IV 49). Die SchlüssigkPrüfg verl die Untersuchg, inwiew die vom RA zu berechnden Gebühren den eingeforderten PKV überh erreichen (Mü FamRZ **76**, 697).

18 **c) Verfahren. – aa) Zuständig** ist das FamG (GVG 23 a Nr 2, 23 b I Nr 6). **bb)** PKV-Anspr k dch **einstweilige Anordnung** geltd gem w: bei anhäng Ehesache (ZPO 620 Nr 9) od bei anhäng UnterhRStr (ZPO 127 a); iü iRv ordentl RStr (ZPO 644 nF). **cc)** Der Anspr auf PKV k – außer an den RA od das Ger wg deren Kosten – wg seiner „treuhandartigen" Zweckgebundenh (Rn 5), die insb nicht mit der Beendigg des ScheidgsVerf entfällt, **nicht übertragen** w (§ 399). Er unterliegt damit gem ZPO 851 I nicht der Pfändg u gem § 394 auch nicht der Aufr (BGH **94**, 316; Kln FamRZ **93**, 1462). Kein VollstrPrivileg aus ZPO 850 d (str).

19 **d) Rückzahlungspflicht. – aa) Grundsätze aus der Rechtsnatur.** Der Anspr auf Rückzahlg eines PKV leitet sich aus den unterhrechtl Vorschr her, nicht aus § 1353 (BGH NJW **88**, 2032). Mangels einer ges Regelg ergibt sich die AnsprGdl als famrechtl Anspr eig Art aus den dem Fam- u TrenngsUnterh zugrdeliegden RGedanken (§§ 1360 ff) unter Berücks des Vorschußcharakters der Leistg (BGH NJW **90**, 1476). Da es sich mithin nicht um einen ber-rechtl Anspr handelt, sind §§ 814, 818 III nicht anwendb; auch nicht
20 § 1360 b. – **bb)** Ein zuR bezahlter PKV ist **nur dann zurückzuzahlen**, wenn die Vorauss für den Anspr nicht mehr gegeben sind, also zB dann, wenn sich die wirtsch Verh des unterhberecht Eheg, zB nach Dchführg des ZugewAusgl, wesentl gebessert h (ggf auch erst nach der Scheidg; Saarbr NJW-RR **87**, 522; Hamm FamRZ **92**, 672: auch wenn die genauen Eink nicht abschließd geklärt sind) od die Rückzahlg aus and Grden der Billigk entspr (BGH **56**, 92; **94**, 316; **110**, 247; bei GütGemsch: BGH FamRZ **86**, 40). Daß der Empf im RStr unterlegen ist, reicht allein auch unter BilligkGesichtspkten für eine RückzahlgsPfl nicht aus (BGH NJW **85**, 2263). Der gg einen Dr obsiegde VorschußEmpf ist aber rückerstattgspfl. Ein zur Rückzahlg verpflichtder BilligkGrd k auch dann vorliegen, wenn sich nachträgl herausstellt, daß die Vorauss für den PKV nicht gegeben waren; die Gutgläubigk des Empf schließt indes die RückzahlgsPfl nicht aus (BGH NJW **90**, 1476). –
21 **cc) Verfahren.** Die Rückzahlg ist dch selbstd ErstattgsKl vor dem FamG (Mü FamRZ **78**, 601) dchzusetzen. Str ist, ob u inwieweit ein geleisteter PKV im **Kostenfestsetzungsverfahren** berücks w k. Vertreten w, daß ein PKV im KostFestsetzgsVerf jedenf dann keine Berücks finden k, wenn diesem ein Urt od Vergl mit einer KostQuotelg zGrde liegt (Düss FamRZ **96**, 1409); nach aA ist der unstr bezahlte PKV im KostFestsetzgsVerf idR voll zu berücks (Stgt FamRZ **92**, 1462; Mü FamRZ **94**, 1605) od nur entspr der Quotelg in der KostEntsch des HauptsVerf (Celle FamRZ **85**, 731). Zutr erscheint eine Berücks insow, als die Summe aus ErstattgsBetr u Vorschuß den GesamtBetr der den VorschußEmpf treffden Kosten übersteigt (Karlsr FamRZ **86**, 376; KG FamRZ **87**, 1064; Nürnbg FamRZ **99**, 1217), damit die dem Berecht entstandenen Kosten voll abgedeckt bleiben, er jedoch keinen Gewinn macht. Der PKV, der vorrang mit den nicht gedeckten Kosten

des VorschußEmpf zu verrechnen ist, dient auch zur Deckg der Kosten, die nicht vom KostErstattgsAnspr erfaßt w. **Aufrechnung** m RückfdgsAnspr zul (zB im lfden ZugewProz), da insow § 394 nicht entggsteht.

1360 b *Zuvielleistung.* **Leistet ein Ehegatte zum Unterhalt der Familie einen höheren Beitrag als ihm obliegt, so ist im Zweifel anzunehmen, daß er nicht beabsichtigt, von dem anderen Ehegatten Ersatz zu verlangen.**

1) a) Die Vorsch beschr nach allg Regeln besthde ErsAnspr, schafft aber keinen bes (famr) ErsAnspr (BGH NJW **84**, 2095). Sie geht von dem gem § 1360 a geschuldeten angem FamUnterh aus u **erweitert den Unterhaltsbegriff** auf Leistgen, die zwar das geschuldete Maß übersteigen, sich aber ihrem Charakter nach als Beitr zum FamUnterh darstellen. Unerhebl ist, ob es sich um lfde UnterhLeistgen od einmalige Zahlgen handelt u ob sie aus dem Eink od aus dem VermStamm, zB zur Anschaffg eines Pkw (BGH NJW **83**, 1113), erbracht w. Die AusleggsRegel gilt auch f überobligator Leistgen, für die auch keine lfde VergütgsPfl besteht (BGH NJW **95**, 1486), u auch bei vermehrter MitArb in Beruf od Gesch des and Eheg (str). Entspr Regelgen in §§ 685 II, 1620. Gilt auch bei getrlebden Eheg (§ 1361 IV 4), nicht dagg nach Scheidg (Celle NJW **74**, 504). – **b) Zweck:** Bei freiw Mehrleistg entspr ErsVerz der LebErfahrg; ferner soll die Ausschaltg ggs ErstattgsAnspr dem Ehefrieden dienen. Bei fehldem RückFdgsWillen: weder §§ 677 ff noch §§ 812 ff (BGH **50**, 270), auch keine Schenkg, die widerrufl wäre (§ 530), aber Anrechng als Zuwendg gem § 1380 mögl (BGH NJW **83**, 1113). – **c)** Bei **Mehrleistung mit Erstattungsabsicht** folgt ErstattgsAnspr – insb nach der Scheidg – aus § 812 I 2 (vgl §§ 818 III, 819 I); ferner cessio legis gem § 1607 II 2 (dort Rn 5). § 1360 b geht RegreßAnspr wie GoA, ungerechtf Ber usw vor (Karlsr FamRZ **90**, 744). 1 2 3

2) Widerlegbar. Es ist festzustellen, ob eine ggteil Abs zZ der BeitrLeistg vorlag (BGH **50**, 266). Ausdr Vorbeh unnöt, k sich aus den Umst ergeben, zB der Höhe der Leistg. Der zurückfordde Eheg hat höheren Beitr, als ihm obliegt, zu **beweisen,** ebso, daß zZ der Hingabe Ers beabsichtigt war. 4

1361 *Unterhalt bei Getrenntleben.* **I Leben die Ehegatten getrennt, so kann ein Ehegatte von dem anderen den nach den Lebensverhältnissen und den Erwerbs- und Vermögensverhältnissen der Ehegatten angemessenen Unterhalt verlangen; für Aufwendungen infolge eines Körper- oder Gesundheitsschadens gilt § 1610 a. Ist zwischen den getrennt lebenden Ehegatten ein Scheidungsverfahren rechtshängig, so gehören zum Unterhalt vom Eintritt der Rechtshängigkeit an auch die Kosten einer angemessenen Versicherung für den Fall des Alters sowie der Berufs- oder Erwerbsunfähigkeit.**

II Der nichterwerbstätige Ehegatte kann nur dann darauf verwiesen werden, seinen Unterhalt durch eine Erwerbstätigkeit selbst zu verdienen, wenn dies von ihm nach seinen persönlichen Verhältnissen, insbesondere wegen einer früheren Erwerbstätigkeit unter Berücksichtigung der Dauer der Ehe, und nach den wirtschaftlichen Verhältnissen beider Ehegatten erwartet werden kann.

III Die Vorschrift des § 1579 Nr. 2 bis 7 über die Herabsetzung des Unterhaltsanspruchs aus Billigkeitsgründen ist entsprechend anzuwenden.

IV Der laufende Unterhalt ist durch Zahlung einer Geldrente zu gewähren. Die Rente ist monatlich im voraus zu zahlen. Der Verpflichtete schuldet den vollen Monatsbetrag auch dann, wenn der Berechtigte im Laufe des Monats stirbt. § 1360 a Abs. 3, 4 und die §§ 1360 b, 1605 sind entsprechend anzuwenden.

1) Allgemeines. a) Zweck: Währd des GetrLeb besteht das Eheband noch u es ist zunächst ungewiß, ob u wann es zu einer Ehescheidg kommt. Desh soll für eine gew Zeit so wenig wie mögl in den bish soz Zuschnitt der Ehe eingegriffen w, schon um nicht durch Vorwegn der Scheidgsfolgen das endgült Scheitern der Ehe zu fördern. Der wirtschaftl schwächere Eheg soll im Vertrauen auf den Fortbestand der gemeins Plang vor nachteil Verändergen der Verhältn vorläuf geschützt w (BGH NJW **81** 1214). – **b) Maßstäbe:** Währd der Trenng trifft den UnterhVerpfl ein höheres Maß an **Verantwortung** ggü dem UnterhBedürft u ands diesen ein höheres Maß an **Rücksichtnahme** (vgl BGH FamRZ **88**, 256) auf die Interessen des Verpfl als nach der Scheidg (BGH FamRZ **86**, 556). Ein getrleb Eheg kann unterhrechtl jedenf nicht schlechter stehen als ein geschiedener (BGH FamRZ **90**, 283). Nach längerer Trenng ohne Aussicht auf Wiederherstellg der ehel LebG können die §§ 1570 ff Maßstäbe für die Anwendg des § 1361 geben (BGH NJW **80**, 2247; vgl Rn 13). – **c)** Der Schutzgedanke ist – verfkonform (BVerfG NJW **81**, 1771; BGH NJW **79**, 1348) – **losgelöst vom Trennungsverschulden,** aber begrenzt iF grober Unbilligk bei schweren Solidaritätsverstößen des and Eheg. Vgl Rn 70.– **d)** Der Anspr nach § 1361 ist mit dem FamUnterhAnspr (§§ 1360, 1360 a) **nicht identisch** (Düss FamRZ **92**, 943; Hamm FamRZ **99**, 30), auch nicht mit dem nachehel Anspr nach §§ 1569 ff (BGH NJW **81**, 978; vgl § 1569 Rn 6). – **e)** Der Anspr nach § 1361 **erlischt** am Tag des Eintritts der Rechtskr der Scheidg (BGH NJW **88**, 1137; FamRZ **90**, 283; bei weiterer Vollstr: ZPO 767, BGH NJW **81**, 978; **82**, 2072; Kln FamRZ **96**, 1077; str). Er endet auch, wenn die Eheg nicht nur vorübergehd (vgl Rn 9) wieder zusleben (Düss FamRZ **92**, 43; Hamm FamRZ **99**, 30). – **f)** Ob ein währd des GetrLeb von Eheg geschl **Unterhaltsvergleich** auch den nachehel Unterh erfaßt, ist dch Auslegg zu ermitteln (BGH NJW **87**, 651; iZw nur TrenngsUnterh: Mü OLGR **98**, 66). Vgl § 1569 Rn 12. – **g)** Der Anspr besteht nach Vorauss u Umfang unabhäng vom **Güterstand.** Bei Gütgemsch ist ein an sich nach § 1361 gegebener Anspr idR gem § 1420 auf Mitwirkg bei ordgsgem Verwaltg gerichtet (BGH NJW **90**, 2252; Mü FamRZ **96**, 166; Zweibr FamRZ **98**, 239; Kleinle FamRZ **97**, 1194; Weinreich FuR **99**, 49). Nach Sinn u Zw der Regelg kann Zahlg unmittelb an den Berecht in Betr kommen (Bambg FamRZ **87**, 703; Düss FamRZ **99**, 1348). – **h) Anwendungsbereich.** Die Vorschr gilt auch für vor dem 1. 7. 77 (1. EheRG) geschl Ehen. Sie ist seit dem Beitritt im Gebiet der früh DDR unabhäng vom Ztpkt der Scheidg anwendb (ohne ÜbergRegelg). 1 2 3 4 5 6 7 8

9 **2) Voraussetzungen: a) Getrenntleben.** Begr wie in § 1567 (s dort Rn 2 ff). Vollständ Aufhebg der häusl Gemsch erfdl (Mü MDR **98**, 51 mA Wenger), soweit nicht Gemeinsamk wg KiBetreuug (Stgt FamRZ **92**, 1435) od untergeordnete verbleibde Gemeinsamk wg des WoZuschnitts od aGrd aufgedrängter Hilfe. VersöhngsVersuch (§ 1567 II) beendet GetrLeb unterhrechtl nicht (Hamm NJW-RR **86**, 554: Zeitgrenze 3 Mo). TrenngsGrde u -versch können nur iR der BilligkPrüfg gem III iVm § 1579 Nr 2–7 zur Herabsetzg od zum Ausschl des TrenngsUnterhAnspr führen. Die TrenngsDauer hat erst iR der Prüfg einer ErwOblie-
10 genh (II) Bedeutg (Rn 13 ff). – **b)** Str ist, ob eine **aufeinander ausgerichtete Wirtschafts- u Lebensführung** erforderl ist. Nach **BGH** ist grdsl nicht entsch, in welchem Maß die Eheg ihre Eink für den Unterh des and u für eine gem LebFührg verwandt haben, u auch nicht, inwiew sie die LebG verwirklicht u ihre beiderseit LebDispositionen aufeinand abgestimmt haben (NJW **85**, 1345/7; FamRZ **89**, 838 mablA Henrich); ebsowenig ist danach Vorauss, daß die Eheg je zusgelebt haben, so daß die UnterhBedürftigk danach ihre Ursache nicht im **vorherige Bestehen einer ehel Lebensgemeinschaft** haben muß (NJW **82**, 1460).
11 – Diese Rspr berücks jedoch zu wenig die unterhrechtl Auswirkgen der von den Eheg gewählten Lebgestaltg (vgl Rolland/Brudermüller Rn 16 mwN). Der BGH (FamRZ **94**, 558) schwächt seine Rspr inzw ab, indem er die tats LebGestaltg üb § 1579 Nr 7 berücks (dort Rn 41).

12 **3) Bedürftigkeit des Berecht, II.** Der UnterhAnspr bei GetrLeb setzt wie nach der Scheidg (Einf 7 vor § 1569) Bedürftigk voraus (zum Begr: § 1577 Rn 2 ff). Bish Nichterfüllg der UnterhPfl dch den and Eheg führt nicht zur Beschränkg des UnterhBed (BGH NJW **80**, 2349).

13 **a) Erwerbsobliegenheit. aa) Grundsatz.** Der nicht erwtät Eheg kann nach II (zum vorl Schutz der bestehden Verhältn u wg des Interesses an der Erhaltg der Ehe) nur unter wesentl engeren Vorauss als nach § 1574 auf eine Erwtätigk verwiesen w (BGH NJW **81**, 978). Die „ErwerbsVerh" iSd I rechtf idR die Zumutbark der Fortsetzg einer bereits (zumal schon seit längerem) ausgeübten Erwtätigk währd der TrenngsZt (BGH NJW **98**, 2821; vgl Rn 20). Eine ErwObliegenh, erwtät zu w od eine bish Tätigk auszuweiten, besteht allerd nur unter engeren Vorauss als nach der Scheidg gem § 1569 (BGH FamRZ **86**, 1085; **89**, 2809; **91**, 1049). Im 1. TrenngsJ besteht für den Eheg, der bei Trenng längere Zeit nicht erwtät war, grdsl keine Obliegenh zur ErwTätigk od deren Ausweitg. Mit zunehmder Verfestigg der Trenng, insb wenn die Scheidg bevorsteht, nähern sich die Vorauss für eine ErwObliegenh aber immer mehr den Maßst der §§ 1569 ff üb die gesteigerte EigVerantwortg an (BGH NJW **85**, 1695; FamRZ **90**, 283). Dabei sind alle Umst, die für die Bewertg einer Erwtätigk als angem zu berücks sind, umfassd ggeinand abzuwägen (BGH NJW **91**, 1049). Dch jahrelange freiw Zahlg v TrenngsUnterh kann ein Vetrauenstatbestd mit Auswirkg auf die ErwObliegenh des UnterhGl geschaffen w sein (Kln FamRZ **99**, 853:7 J). § 1573 IV ist auf den TrenngsUnterh nicht entspr anwendb (BGH NJW **86**, 718).

14 **bb) Persönliche Verhältnisse.** Eine ErwObliegenh bei – rechtmäß (Ffm FamRZ **95**, 234) – **Kinderbetreuung** im TrenngsZtpkt scheidet aus, wenn nach den für den nachehel Unterh geltden Regeln (§ 1570 Rn 7 ff) im Hinblick auf Alter u Zahl der Ki eine ErwObliegenh nicht in Betr kommt. Beim TrenngsUnterh kann auch die Bt nicht gemeinsch Ki (BGH NJW **79**, 1348; **81**, 448; Schlesw FamRZ **96**, 489), zB PflKi (BGH NJW **81**, 1782), die Verweisg auf eine ErwObliegenh ausschließen.

15 **Ohne Kinderbetreuung** richtet sich die ErwObliegenh in der TrenngsZt nach den sonst persönl Verhältn. Das Ges hebt einige exemplarisch hervor: Die **Dauer der Trennung** ist für die Intensität des Vertrauensschutzes im Hinbl auf eine WiederherstellgsChance (KG FamRZ **91**, 1188) von Bedeutg. War die **Ehe von kurzer Dauer**, ist zur Begr der Unzumutbk einer Erwtätigk die Berufg auf einen erst dch die Eheschl erlangten Status unzul (BGH NJW **79**, 1452). Für den Begr **„Dauer der Ehe"** kann, abw von § 1579 Nr 1, der Ztraum maßg sein, in dem der Eheg zB einer früh ausgeübten ErwTätigk durch die ehel LebG tats enthoben od entzogen w ist (BGH NJW **80**, 2247). Als Ehedauer gilt hier die Zeit der ehebdgten ErwBehinderg (JHBü Rn 20). Der AnpassgsZtraum ist nach kurzer Berufspause (Kbl FamRZ **94**, 1253) oder bl Ausweitg einer TeilZtArb (Mü FamRZ **93**, 328) geringer zu bemessen. Der BeurteilgsMaßstab ist bei Alter u Krankh mit Rücks auf die bestehde Ehe tendenziell großzügiger als bei §§ 1571, 1572. Zur Auswirkg der tats erfolgten od zu unterstelldden Aufn einer ErwTätigk gem II auf die eLV vgl § 1578.

16 **cc)** Bei beiders engen **wirtschaftlichen Verhältnissen** ist die ErwObliegenh verstärkt (vgl Hamm OLGR **97**, 95), dagg bei günst wirtschaftl Verh des Verpfl großzügiger zu beurteilen (BGH FamRZ **90**, 283). Bei erhebl **Schulden** (Rn 49 ff) ist entsch, zu wessen Vorteil sie aufgen wurden u ob bei Fortbestand der Ehe zur Schuldentilgg der bisher haushführde Eheg erwtät gew wäre (BGH NJW **82**, 232).

17 **dd) Beginn** der Obliegenh zur **Arbeitssuche** bei ErwOblh ohne Ki: Bei kurzer Ehe schon im 1. TrenngsJ (Kln FamRZ **96**, 1215; Hamm FamRZ **97**, 1536: 1/2 J bei 22 j Frau); bei mittlerer Ehedauer nach Ablauf des TrenngsJ (Kln NJW-RR **95**, 1157: UmschulgsBeginn); bei langjähr Ehe uU 2 J ÜbergZt (KG FamRZ **91**, 1188). Bei Anwendg der Jahresfrist beginnt die ErwOblh mit dem MoErsten des auf den Ablauf der JFrist folgden Mo (Mü FamRZ **93**, 328).

18 **ee) Erwerbsbemühungen u fiktives Einkommen:** Es gelten die **gleichen Maßstäbe wie beim Verpflichteten** (s Rn 41, 43).

19 **ff)** Für die Berechng der **Einkünfte** aus Erwtätigk gelten die Regeln wie bei der Leistgsfähigk des Verpfl (Rn 28 ff).

20 **b) Einkommen aus unzumutbarer Arbeit.** Es handelt sich insow um Eink aus einer Tätigk, für die eine ErwObliegenh nicht od nicht in dem Umfang besteht u die daher jederzt eingeschr od beendet w kann (vgl § 1578 Rn 4). Die AnrechngsMaßst des § 1577 II gelten entspr (BGH NJW **83**, 933; s dort Rn 21 ff). Eine unzumutb Tätigk kann insb gegeben sein, wenn trotz der Bt kleiner Ki nach der Trenng eine ErwTätigk aufgen w (BGH FamRZ **84**, 364). Dabei kann der Wegfall der MitBt dch den and Eheg inf der Trenng beachtl sein (Brnschw FamRZ **97**, 355; aA Bambg FamRZ **96**, 1076). Nach hM ist eine unzumutb Erwtätigk auch bei längerer Ausübg nicht eheprägd, mit der Folge, daß dann, wenn die Arb wg Älterwerdens der Ki nach der Scheidg zumutb wird, das hieraus erzielte Eink sodann iW der AnrechngsMeth (§ 1577 Rn 31, § 1578 Rn 59) von der UnterhQuote abgezogen w (krit zuR Born FamRZ **97**, 129/32 mN; JHBü Rn 27).

Eine ErwTätigk ist nach BGH allerd **nicht unzumutbar**, wenn sie trotz Belastg dch Pfl u Bt von Kindern ausgeübt wurde u nach der Trenng nur im wesentl gleichen Umfang wie bish fortgeführt w (BGH NJW **81**, 2804; **83**, 2933; **90**, 1847; FamRZ **98**, 1501; NJW **98**, 2821; Mü FamRZ **96**, 169; Bambg FamRZ **97**, 1076) od wenn nach der Trenng, aber vor der Scheidg, aGrd eines gemeins LebPlans eine ErwTätigk begonnen w (Kln FamRZ **90**, 1241). Wurde indes die ErwTätigk in beengten wirtsch Verh nur aus Not wg unzureichder Versorgg dch den Eheg aufgen, kommt ihr eine indizielle Bedeutg für die Zumutbark der Fortsetzg der ErwTätigk nicht zu (dazu auch § 1578 Rn 31). Setzt ein Eheg, der das gemeins noch nicht schulpfl Ki betreut, seine aGrd finanz Engpässe aufgen Tätigk nach der Trenng fort, liegt eine unzumutb Tätigk vor, die die eLV nicht prägte (vgl § 1578 Rn 3). (BGH FamRZ **98**, 1501; zur BewL Rn 72). Die Ausübg einer Berufstätigk kann ein bedeuts Indiz für die Arbfähigk sein (BGH NJW **81**, 2804). Trifft den betreuenden EltT im Verh zu den Ki keine Verpfl zum BarUnterh u damit keine Obliegenh zu einer ErwTätigk, folgt daraus noch nicht, daß er auch hinsichtl seines eig UnterhAnspr gg den and EltT von der Oblh freigestellt wäre, seinen Unterh ganz od teilw dch eine an sich zumutb ErwTätigk selbst zu decken.

c) Sonstige Einkommensquellen. aa) Vermögenserträge sind (nach Steuern) zur BedDeckg einzusetzen. Währd des GetrLeb kann eine VermUmschichtg zur Ertragssteigerg nur ausnahmsw verlangt w (BGH NJW **92**, 1044; FamRZ **98**, 87; Hamm FamRZ **98**, 27), sofern das Interesse an der Eheerhaltg nicht entggsteht. Das gilt auch für die Realisierg vermrechtl Anspr (zB PflichttAnspr; vgl BGH NJW **93**, 1920). Auch beim TrenngsUnterh ist die Verweisg auf eine Verwertg des **Vermögensstamms** nicht stets ausgeschl. Die Oblh zur Verwertg ist hier aber bes streng zu prüfen (Hamm FamRZ **97**, 1537) u idR enger als nach der Scheidg; § 1577 III setzt für getrleb Eheg die äußerste ObliegenhGrenze (BGH NJW **85**, 907; FamRZ **86**, 556 u 439). 21

bb) Der **Nutzgswert mietfreien Wohnens** gilt als VermErtrag (vgl Rn 33). Die Wohnkosten sind – beim Ber wie beim Verpfl – Teil des allg LebBed u können sowohl die Bedürftigk als auch die Leistgsfähigk beeinflussen (Übers Hahne FF **99**, 66/99). Der WoWert kann sich bed-mindernd, aber auch bed-erhöhend auswirken: **(1) Minderung** des Bedarfs u der Bedürftigk: Bewohnt der **Berechtigte** eine Wo **in seinem Alleineigentum,** sind ihm die NutzgsVorteile zuzurechnen, aber nur iH des Betr, der dem WoAnteil im Unterh entspr, da er zunächst auf einen WoWechsel nicht verwiesen w kann u sein RestBed dch einen zu hohen WoWert nicht gedeckt w. Währd des 1. TrenngsJ ist dem Eheg idR nicht zumutb, die früh EheWo, die er allein bewohnt, zur EinkSteigerg (zB dch Vermietg) zu verwerten; ein Umzug in eine günstigere Wo kann danach erst verlangt w, wenn das Scheitern der Ehe feststeht, weil mangels VersöhngsChance die Bereithaltg der größeren Wo wirtsch nicht mehr sinnvoll ist (BGH NJW **89**, 2809) u wenn KiInteressen nicht entggstehen. Bewohnen **mehrere Erwachsene** ein FamHeim, ist der WoWert anteilig nach Köpfen aufzuteilen (Mü FuR **98**, 265; vgl Bay LL 20f). Wohnt der **betreuende Elternteil mit Kindern mietfrei,** führt das zur **Erhöhung des Wohnvorteils,** da im Barunterh für die Ki auch ein Wohnkostenbeitrag (geschätzt idR mit 20% des KiTabUnterh, vgl Wendl/Gerhardt § 1 Rn 289) enthalten ist, reduziert aber nicht den KiUnterh wg mietfreien Wohnens (BGH FamRZ **89**, 1160; NJW **92**, 1044; Mü FamRZ **96**, 1021; **98**, 824). Wohnt der Ber in einer im **Alleineigentum des anderen** stehden Wo, wird der auf Wohnbedürfn entfallde UnterhTeil dch Naturalleistg gedeckt, so daß der entspr Betr direkt vom Unterh abgezogen w kann (BGH FamRZ **85**, 358; Karls FamRZ **88**, 1272; vgl Graba FamRZ **95**, 385). Ist der Nutzgswert bereits in eine UnterhRegelg einbezogen worden, kann nicht zuzügl eine **Nutzungsvergütung** gem §§ 745 II, 1361b II, HausrVO 5 II verlangt w (vgl § 1361b Rn 23ff). Steht die vom Ber bewohnte Wo des Ber im **Miteigentum** mit dem and Eheg, kann der Verpfl als weichder MitEigtümer nur nach billig Ermess gem § 1361b eine Nutzgsvergütg fordern. Wird die Wo von Dr zur Vfg gestellt, gelten die Regeln für freiw Zuwendgen Dr (§ 1577 Rn 20). Soweit eine Nutzgsvergütg verlangt u gezahlt w, handelt es sich unterhrechtl um nichtprägd Eink, bleibt also hins des WoWerts bei der BedErmittlg außer Ansatz, u ist nur bei der Bedürftigk bzw Leistgsfähigk beim Empf als nichtprägdes Eink anzusetzen, beim Leistden als den WoWert kürzde Belastg. Vereinb die Part bei einem im gemeins Eigt stehden FamHeim neben dem Barunterh, daß ein Eheg nach der Scheidg mit den Ki weiterhin das Eigheim bewohnen soll, handelt es sich um ein neben der Geldrente geleisteten NaturalUnterh; veräußert der Ausziehde später seinen MiteigtAnteil an einen Dr u verlangt dieser vom weiterhin im Anwesen lebden Eheg eine Nutzgsvergütg, muß ihn der Ausziehde insow freistellen (BGH NJW **97**, 731). **(2) Erhöhung** des Bedarfs u der Bedürftigk: Der den UnterhBed erhöhde WoVorteil währd des ZusLeb kann nicht pauschal dch den Vorteil des Wohnens eines Eheg nach der Trenng kompensiert w: Der den UnterhBed des Ber erhöhde WoVorteil, den beide Eheg zZ der Ehe hatten, u der Vorteil, den der unterhberecht Eheg dch das Wohnen im Eigenheim nach der Scheidg erzielt, heben sich nur dann bei der Berechng des UnterhAnspr auf, wenn der Anteil des UnterhBer am früh WoVorteil (idR die Hälfte) genau so viel wert ist wie der heutige WoVorteil des Ber. Ist er höher od niedriger, so ergibt sich aus dem Gesetz keine Handhabe, diesen Umst bei der Bemessg des Unterh unberücks zu lassen (BGH NJW **98**, 753). Das Probl stellt sich hier ähnl wie beim VermVorteil im ZugewAusgl (dazu BGH FamRZ **86**, 437). Sind die **Wohnlasten höher als der Wohnwert,** ist zu unterscheiden: Bei **Alleineigentum** sind die den WoWert übersteigden Schulden (Zinsen u Tilgg) bis zur RHängigk des ScheidgsAntr zu berücks, da sie die eLV geprägt haben u der and Eheg dch ZugewAusgl an der VermBildg partizipiert; danach kommt eine Berücks nur nach Billigk in Betr. Bei **Miteigentum** gilt für den TrenngsUnterh, daß der Alleinverdiener die Wohnlasten, insb Schulden, weiter zu tragen hat, was sich auf Leistgsfähigk u BedQuote auswirkt. Auf **trennungsbedingten Mehrbedarf** dch erhöhte Wohnkosten kann sich der im EigHeim Verbleibde nicht berufen; dagg kann ein MehrBed des Ausziehden zu berücks sein, wenn seine Wohnkosten unvermeidb höher sind als der bish Wohnkostenanteil entspr der EinkQuotierg (Wendl/Gerhardt § 1 Rn 282f). Vgl Rn 34ff. 22

cc) Bei **Haushaltsführung für neuen Partner** kann der wirtschaftl Wert der VersorggsLeistg angerechnet w. Es geht hierbei nicht um eine BilligkKorrektur gem III iVm § 1579 (dort Rn 27, 34ff), sond um die Anrechng einer fiktiven Vergütg u die Berücks ersparter LebenshaltgsKosten dch die HaushGemsch mit dem neuen Partn. Nach BGH handelt es sich hierbei – selbst bei voller Erwtätigk – nicht um Eink aus unzumutb Tätigk. Dazu § 1577 Rn 14ff. Zu Anrechg freiw Leistgen Dr vgl § 1577 Rn 20. 23

dd) Sozialstaaliche Leistungen sind unterhrechtl Eink, soweit sie nicht nur subsidiär gewährt w (BGH NJW **97**, 1919; Wendl/Haußleiter § 1 Rn 351ff). **(1) Arbeitslosenhilfe** ist beim Bedürft grdsl kein Eink, da 24 es wie SozHilfe eine subsidiäre UnterhLeistg (AFG 134 I Nr 3, 138) ist, soweit der UnterhAnspr nicht mehr übergeleitet w kann od wird (AFG 140 I). Beim Pfl ist ALH dagg stets Eink, das er, obw SozHilfeleistg, für UnterhZwecke ab der SelbstBehGrenze einsetzen muß (BGH NJW **87**, 1551). Zu Einschränkgen der Subsidiarität Kalthoener/Büttner Rn 472. Zum Arblosengeld Rn 30. **(2) BAföG**-Leistgen sind nicht anzurechnen, soweit sie nur subsidiär gewährt w u Vorausleistgen nach AnsprÜberg (dazu BGH FamRZ **93**, 417; **96**, 1067) vom Verpfl zurückgefordert w k (BGH NJW **87**, 1551); idF handelt es sich nicht um Eink iSd § 1577. Das ist ggü der UnterhPfl des gesch Eheg der Fall. Soweit sie aber nicht nur darlehensw gewährt w, sind sie grdsl anzurechnen (BGH NJW **80**, 393; vgl **85**, 2331 beim Ki). **(3) Erziehungsgeld,** das der UnterhBer nach dem KiErzLeistgsG erhält, ist auf den Bed anzurechnen (BGH NJW **92**, 364). Nach **BErzGG** 9 S 1 werden UnterhVerpfl dch die Gewährg des ErzG u and vergleichb Leistgen nicht berührt. Der ErzGEmpf muß sich das ErzG nur dann (ganz od teilw) als Eink anrechnen lassen, wenn er aus BilligkGrden gem §§ 1361 III, 1579, 1611 I nur einen eingeschr UnterhAnspr hat od gem § 1603 II ggü dem Ki verschärft haftet (Nürnbg FamRZ **94**, 1402; **95**, 674 bei Zuwendg zu neuem Partn; **98**, 981; vgl Hamm FamRZ **95**, 805). Keine weitergehde BilligkKorrektur (Kln FamRZ **89**, 1178). **(4) Kindergeld** – seit 1. 1. 96 keine SozLeistg mehr, sond Steuervergütg; vgl Scholz FamRZ **96**, 65) – ist weder beim Bedarf noch bei der Leistgsfähigk zu berücks, sond dient im Mangelfall (§ 1581 Rn 22 ff) nur zur Aufstockg des gekürzten KiUnterh bis zum RegelBed (§ 1612 b I, IV; BGH NJW **97**, 1919 zur RLage vor 1. 7. 98). Als Eink der Eltern gilt es nur dann, wenn es im konkr Fall nicht für den KiUnterh einzusetzen ist, zB bei VermEink des Ki. **(5) Pflege- und Erziehungsgeld** (zB gem SGB VII 23 III, 39 od PflVers) ist aufS des PflBedürft nur Eink, wenn es die behindbdgten Mehraufw übersteigt; es gelten die Grds nach § 1610 a (vgl BGH FamRZ **93**, 417). AufS der PflPers ist der für den Unterh eines PflKi nicht verbrauchte Teil des PflG unterhrechtl Eink (BGH NJW **84**, 2355; **85**, 2590; **87**, 1201; FamRZ **96**, 933 LS). Die PflBereitsch darf aber nicht unterlaufen w (Hamm FamRZ **97**, 1216 u **98**, 1430). Nach BGH (NJW **87**, 1201 mablA Wendt FamRZ **87**, 1106; Hamm FamRZ **96**, 36) gehört der Anteil des PflG, dch den die Bemühgen der PflPers abgegolten w sollen, zum anrechenb Eink, wenn die PflPers unterhverpfl ist. Mit Rücks auf die ges ZweckBest (BSHG 69) wird der Anteil am PflG, der als Eink der PflPers anzusehen ist, mit etwa 1/3 des PflG zu schätzen sein (Hamm FamRZ **99**, 852; JHBü Rn 104; Wendl/Haußleiter § 1 Rn 363), wobei wie bei ErwEink ein Teil (zB 1/7) anrechngsfrei zu belassen ist (Brschwg FamRZ **96**, 1216). Der Pflegde muß sich ggf fiktive Eink anrechnen lassen. Führt die PflPers die Pfl statt einer Erwtätigk aus, ist das PflG idR voll als Eink anzurechnen. **(6) Sozialhilfe** ist gem BSHG 2 II subsidiäre staatl Leistg u mindert die Bedürftigk nicht, da sie den UnterhSchu nicht von seiner LeistgsPfl befreien soll (BGH FamRZ **84**, 364). Zu beachten sind die Beschränkgen des AnsprÜberg gem BSHG 91 nF (dazu Wendl/Scholz § 6 Rn 565 ff; Fröhlich FamRZ **99**, 758; vgl Rn 43). **(7) Wohngeld** ist nur Eink, soweit es ausnahmsw nicht nur überhöhte Wohnkosten deckt (BGH FamRZ **85**, 374: Darl- u BewL trägt der WoGEmpf). **(8)** Das **Unterhaltsgeld** (SGB III 153) ist mit der Soz- od Arblosenhilfe nicht vergleichb, da es nicht nur subsidiär bezahlt w.

25 **ee)** Zum Eink zählen **öffentl-rechtl Sozialleistungen** (vgl aber § 1578 a). Ihre ZweckBest steht der Berücks als unterhpfl Eink nicht entgg; sie sind daher anzurechnen, soweit sie nicht dch konkr MehrBed aufgezehrt w (BGH FamRZ **83**, 670), insb als Folge der Schädigg, deretwg die Leistg gewährt w (BGH FamRZ **81**, 338). Anzurechnen sind zB **Renten** nach BEG (BGH NJW **83**, 1783), Grdrente gem BVG 31 (BGH FamRZ **81**, 338), Schwerstbeschädigten- u PflZulage gem BVG 31 V, 35 I (BGH NJW **82**, 41); Kleiderzulage gem BVG 15 (BGH NJW **82**, 1594), EhegZuschlag gem BVG 33 a I, Verletztenrente aus der ges UnfallVers (BGH NJW **82**, 1593).

26 **ff) Rentennachzahlungen** wg EU (SGB VI 44, fr AVG 24) sind wg der LohnErsFunktion Eink (BGH NJW **83**, 1481). Zur UnterhBedürftigk währd des Laufs eines Antrags auf EU-Rente vgl BGH NJW **83**, 1481. Ein RentenAnspr, den ein unterhberecht gesch EheG aufgrd VA erlangt, führt insow zum Wegfall des UnterhAnspr (BGH NJW **82**, 1147; FamRZ **88**, 1156: ZPO 767).

27 **gg) Wiederaufgelebte Witwenrenten** (zB nach SGB VI 90 I, fr AVG 68 II 1 Hs 2; BVG 44 V 1) sind nicht ansprmindernd zu berücks (BGH NJW **79**, 815), auch wenn der UnterhAnspr gem § 1579 gekürzt ist (BGH FamRZ **86**, 889: Keine Einbeziehg der subsidiären WwenRente in die BilligkPrüfg gem § 1579).

28 **5) Leistungsfähigkeit des Verpfl. a)** Zur Feststellg des Eink bei der Ermittlg der Leistgsfähigk – ebso der Bedürftigk – sind grdsl **alle Einkünfte** heranzuziehen (BGH FamRZ **80**, 342; **89**, 159; **93**, 1304; **96**, 160). Dazu zählen alle EinkArten gem EStG 2 (BGH NJW **82**, 822; FamRZ **86**, 780). Maßg ist allein, ob die Mittel zur Deckg des LebBed zur Vfg stehen u grdsl zur (teilw) Deckg des LebBed des Empf geeignet sind (BGH NJW **83**, 684). Die Leistgsfähigk erstreckt sich nur auf Eink, das auch währd des ZusLeb dauerh vorh war, nicht auf Eink, das bei höherem Einsatz hätten erzielt w k od nur dch VermUmschichtg od -verwertg erzielb sind (BGH NJW **92**, 2477; **97**, 735).

29 **aa) Erwerbseinkommen aus unselbständiger Arbeit.**

(1) Als ErwEink sind regelm alle Leistgen anzusehen, die im Hinbl auf das Arb- od DVerh gewährt w, egal, aus welchem Anlaß sie im einz gezahlt w, so daß SonderZuwendgen ebso dazu gehören wie Zulagen u sonst Nebeneinnahmen. Dem unterhrechtl relevanten Eink eines **Beamten** sind grdsl alle Bestandt seines Gehalts zuzurechnen, insb auch der Ortszuschlag (BGH NJW **89**, 1033). Maßg ist das auf den Mo umgerechnete **Durchschnittseinkommen** in 1 J (vgl § 1580 Rn 3). **Einkommensbestandteile** sind: Weihnachts- u Urlaubsgeld, Prämien, Leistgszulagen, Gratifikationen, Tantiemen (vgl BGH NJW **80**, 2081; **82**, 822). Die Best einer Leistg zum **Ausgleich besonderer Aufwendungen** führt allein nicht dazu, daß sie von vornherein außer Betr bleibt; es kommt auf den tats Mehraufwand an, den der Empf einer solchen Zulage hat, wobei Steuerfreih u Unpfändbk gem ZPO 850 d I 1 ohne Bedeutg sind (BGH FamRZ **80**, 342; FamRZ **83**, 670; FamRZ **86**, 780; NJW **94**, 134). Das gilt auch für **Auslandszuschläge** (BGH FamRZ **80**, 342; 83, 352; NJW **83**, 2318) u -zulagen, soweit sie nicht den konkr notw Mehraufwand im Ausl ausgleichen (Bambg FamRZ **97**, 1339). **Spesen,** Reisekosten, Auslösen uä sind nach den EinzFallUmst anzurechnen; sie gelten nur als Eink, soweit sie angefallene Aufw übersteigen (BGH NJW **80**, 2251), wobei häusl Ersparn (zB bei Tagegeldern) dem Eink idR mit 1/3–1/2 hinzurechnen sind (vgl Bay LL 1 D; LL Celle I 4, Düss A I 3,

Oldbg I 1 a). Branchenübl **Trinkgelder** können geschätzt w (Kln FamRZ **96**, 1215; vgl zum Erfordern der BewAufn z Tringeldhöhe: BGH FamRZ **91**, 182/4). **Sachbezüge** sind in Geldwerte umzurechnen (dazu Strohal FamRZ **95**, 459; Wendl/Haußleiter § 1 Rn 69); Wert der priv Nutzg des FirmenPkw (Kln FamRZ **94**, 897; Mü FamRZ **99**, 1350: Schätzg gem ZPO 287; vgl JHBü Rn 42: Schätzgswert gem §§ 8 II, 6 I Nr 4 EStGittv monatl 1% des Listenpreises des Fzg zuzügl 0,03% pro km für Fahrten zw Wo u Arbstätte). **Überstunden** sind je nach Zumutbark (iR arbschutzrechtl Vorschr) anzurechnen (BGH NJW **80**, 2251; Kln FamRZ **84**, 1108; Anrechng von Eink aus unzumutb Mehrarb nach Billigk: 50% nur bei sachl gerechtf gleichmäß Beteilig, Stgt FamRZ **95**, 1487; vgl § 1577 Rn 30). Eink aus **Nebentätigkeit** sind nur ausnahmsw einzubeziehen, zB zur Sicherg des MindUnterh in Mangelfällen od bei hohen gemeins Schulden, da den UnterhPfl nur eine Obliegenh zu normalem ArbUmfang trifft u ihm grdsl freisteht, die Nebentätigk aufzugeben (Kln FamRZ **98**, 1427; Hamm FamRZ **99**, 43). NebenEink zB aus Publikationen, Gutachten, Vorträgen usw können aber zum unterhpfl Eink gehören, wenn sie aus der berufl Tätigk folgen u als berufstypisch anzusehen sind (Kln FamRZ **99**, 113 Oberarzt). Die **Arbeitnehmer-Sparzulage** u die vermwirks Leistgen des ArbG bleiben außer Ansatz (BGH NJW **80**, 2251; krit A. Mayer/M.Mayer mit Entgg Becker FamRZ **93**, 258 u 1031). **Leibrenten** sind in voller Höhe Eink (BGH FamRZ **94**, 228). Einmalige Leistgen, insb **Abfindungen** gem SozPlan od als EinzMaßn wg Arbplatzverlustes (BGH NJW **82**, 822: SondZuwdg bei Jubiläum; **87**, 1554; FamRZ **90**, 269; Kbl FamRZ **91**, 573; Mü FamRZ **95**, 1220; **98**, 559: fiktive Anrechng inf Verbrauchs nur bei unterhbezogen leichtfert od verantwortgsl Verh; Schöppe-Fredenburg FuR **99**, 11) u Übergangsgelder (BGH FamRZ **87**, 930: ÜbergHilfe gem SoldVG 12; Kln FamRZ **95**, 353 u OLGR **97**, 192: Austrittsvergütg) sind auf einen angem Ztraum (idR mehrere Jahre) umzulegen (Brdbg FamRZ **95**, 1220; Oldbg FamRZ **96**, 672: SparsamkGebot, wenn keine neue Stellg in Auss), wobei ein teilw Einsatz zur Schuldentilgg angem sein kann (Celle FamRZ **92**, 590); zur Überschneidg mit ZugewAusgl BGH FamRZ **98**, 362. Wird die Abfindg f einmalige Aufw verbraucht, kann sich der UnterhPfl auf eine dadch entstehde LeistgsUnfähigk od -minderg nur berufen, wenn der Verbr des Geldes nicht als unterhbezogenes leichtfert od verantwortgsl Verh anzusehen ist.

(2) **Einkünfte bei Krankheit u Arbeitslosigkeit** sind, soweit sie LohnErsFunktion haben, grdsl ebso 30
zu behandeln (vgl zum SelbstBeh Rn 67). Als ErwEink gelten daher zB Krankengeld (BGH NJW **94**, 1002; Kln Fam RZ **98**, 480; Kblz FamRZ **98**, 1616) u Krankenhaustagegeld (Hamm FamRZ **89**, 631); **Arbeitslosengeld,** da es dch lohnbezogene Abgaben erwirtschaftet wurde (BGH NJW-FER **96**, 15); aber mangels Charakter eines ArbAnreizes kein Abzug eines ErwTätBonus (§ 1578 Rn 51). Zur Arbeitslosenhilfe Rn 24.

(3) Für **verschleiertes ArbeitsEink** (zB bei Tätigk im Betrieb der Elt, Bambg FamRZ **95**, 436; vgl aber 31
BGH FamRZ **98**, 101: keine Pflicht des Ki zu unentgeltl Dienstleistg neben VollzeitArb) gelten die Grds gem ZPO 850 h. **Gesetzwidrig erlangtes Einkommen,** insb aus SchwarzArb, ist als zu UnterhZwecken einzusetzdes Eink zu behandeln (Nürnbg FuR **97**, 292 mA Klein; JHBü Rn 57; aA AG Viechtach FamRZ **90**, 1139), wobei die Grds für die Anrechng überobligator ErwEink anzuwenden sein können, wenn die Schwarz-Arb zusätzl zu einer regulären VollzeitArb erbracht w. Auf die weitere Erzielg dieses (irregulären) Eink kann der UnterhSchu nicht verwiesen w, da er den geswidr GeldErw jederzt aufgeben u dazu, zB sozrechtl, auch verpfl sein kann (Hamm FamRZ **98**, 1169 bei Bezug von EU-Rente u Fortsetzg einer selbstdgen ErwTätigk). Für die Zukunft können diese Eink daher nicht mehr berücks w. Die bestehden tats wirtsch Verh sind aber für die BedErmittlg wie für die Leistgsfähigk beachtl.

bb) Einkünfte aus selbständiger Arbeit. Maßg ist idR der Dchschnitt aus drei aufeinandfolgden mögl 32
zeitnahen KalenderJ (BGH FamRZ **85**, 357); bei schwankden Bezügen kann ein längerer Ztraum zugrunde gelegt w (BGH NJW **84**, 1614; vgl BGH NJW **85**, 909: im EinzFall sogar 6 J; vgl § 1580 Rn 3). Unberücks bleiben atypische Schwankgen (Kln NJW-RR **95**, 1157; Hamm FamRZ **97**, 310). Wg der Steuererspärn darf ein MehrJ-Dchschnitt nur aus den Jahreseink gebildet w, die nach Abzug der jew auf das einz J entfallden Steuern verbleiben (BGH NJW **85**, 909). Bei Freiberuflern u Gewerbetreibden, die keine BilanziergsPfl trifft, wird der Gewinn dch Einn- u Überschußrechng, bei Vollkaufl ua dch BetriebsvermVergl ermittelt (Einzelh bei Schwab/Borth IV Rn 652 ff; Wendl/Haußleiter § 1 Rn 110 ff, 142 ff; Strohal, Die Best des unterhrechtl relev Eink b Selbstdgen, 1998). Das unterhrechtl relev Eink ist nicht mit dem steuerpfl Eink identisch, da das SteuerR einz EinkArten privilegiert u Aufw als einkmindernd anerkennt, die keine tats VermEinbuße zum Ggst haben. So entspr dem dch das steuerl Inst der **Abschreibung** pauschal berücks Verschleiß v Ggsten des AnlageVerm oft keine entspr Wertmindg. Abschreibgen (steuerl AfA) sind daher unterhrechtl nach den EinzFallUmst zu berücks (Brem FamRZ **95**, 935; Brdbg NJW-RR **98**, 217: nur soweit sich der gewählte AbschreibgsBetrag an der betriebsgewöhnl NutzgsDauer der WirtschGüter bemißt, nicht aber Sonderabschreibgen; vgl Kleinle FamRZ **98**, 1346). Die Einnahmen u behaupt Aufw sind im einz so darzustellen, daß die allein steuerl beachtl Aufw von den unterhrechtl relev abgegrenzt w können (BGH FamRZ **98**, 357). Wg versteckter überzogener RücklagenBildg kann eine Korrektur erfdl sein (BGH NJW **87**, 776). EinkSchätzgen sind uU zul (BGH NJW-RR **93**, 898). Anhaltspkte können Privatentnahmen aus dem Betr sein (Hamm FamRZ **96**, 1216; vgl auch BayVerfGH NJW-FER **99**, 49: kein Verstoß gg Willkürverbot). Einmalige Posten sind auszusondern (BGH NJW **92**, 2477). Zur Problematik des sog In-Prinzips bei Selbstdgen u Gewerbetreibden: Fischer-Winkelmann/Maier FamRZ **93**, 880; Blaese FamRZ **94**, 216; Wendl/Haußleiter § 1 Rn 467.

cc) Sonstige Einkommensquellen: Eink aus Vermietg u Verpachtg sind hins des Überschusses der Einn 33
ggü den Aufw unterhrechtl relevantes Eink (vgl JHBü Rn 65 ff). Zu den VermErträgen gehören auch Nutzgen, insb **Wohnvorteile:**

(1) **Allgemeines.** Ausgangspkt ist wie beim Ber (Rn 22), daß mietfreies Wohnen im Eigenheim als 34
Gebrauchsvorteil iSv§ 100 nach Abzug der allg GrdstKosten, verbrauchsunabhäng Nebenkosten (Rn 38) sowie Zins u Tilgg bei der Best der eLV zu berücks ist (BGH FamRZ **86**, 48; NJW **89**, 2809, **90**, 3274; FamRZ **95**, 869; NJW **98**, 753). Nutzgen der EheWo, die der UnterhPfl inf trenngsbdgten Auszugs nicht zu ziehen vermag, bleiben bei der Ermittlg seiner UnterhPfl allerd außer Betr; die TrenngGrde sind unerhebl. Die währd des ZusLeb der Eheg erreichte MietErsparn ist auch für die Zeit nach der Trenng u Scheidg

anzusetzen, weil es der Intention des Ges, den bedürft Eheg inf der Scheidg vor einem soz Abstieg zu bewahren, zuwiderliefe, wenn den Auswirkgen der Trenng Einfl auf die eLV beigemessen würde (BGH NJW **89**, 2809). Das MitEigt des and, anläßl der Trenng ausgezog Eheg berührt weder die Zurechng der VermNutzg, die der Eheg dch das Bewohnen des Hauses zieht, zu seinem Verm noch deren Wert. Er kann dem UnterhAnspr des and nicht entgghalten, dieser könne iW der Neuregelg der Verwaltg u Benutzg des MitEigt (§ 745 II) von ihm ein NutzgsEntgelt verl (BGH NJW **86**, 1340). Beiders freies Wohnen kann außer Betr bleiben (BGH NJW **83**, 2318). Dagg kann die Eigennutzg einer EigtWo dch einen Eheg als VermVorteil anzusehen sein, wenn der and die Kosten einer MietWo bestreiten muß.

35 **(2)** Bei mietfreiem Wohnen ist als **Wohnwert** idR die obj **Marktmiete** (BGH NJW **98**, 753) anzusetzen (mangels Einigg der Part zu ermitteln mit Hilfe zB örtl Mietspiegel; Schätzg bei Sachkunde dch Ger gem ZPO 287 mögl, BGH FamRZ **95**, 869; ggf SachverstGA); sie richtet sich nach einer dchschnittl, nach Ortslage, Größe, Zuschnitt u Ausstattg vergleichb Wo ohne verbrauchsabhäng Nebenkosten (BGH NJW **85**, 49).

36 **(3) Besonderheit beim Trennungsunterhalt:** In der Trenngszt ist der WoWert (auch für die BedErmittlg) **nur mit einem angemessenen Wert,** nicht der vollen Marktmiete, unter Berücks des dch den Auszug des and Eheg entstandenen sog toten Kapitals anzusetzen (BGH NJW **89**, 2809; **90**, 3274; **98**, 2821). Der BGH hält es – entgg verbreiteter Praxis – nicht für gerechtf, eine schematische, von den tats Gegebenh unabhäng „Ober-“Grenze festzulegen, insb **nicht** den auf ein Drittel des Eink ohne Mietkosten zugrdegelegten WoWert als sog **Drittelobergrenze** (zu deren Berechng ausf Wohlgemuth FamRZ **99**, 621 m dem zutr Hinweis, daß diese Marke nach wie vor eine prakt OrientiergsHilfe dafür bietet, was dem Ber u Verpfl außerh des freien Wohnens zum Leb verbleiben muß; vgl auch Quack FamRZ **99**, 442). Da der Wert der WoNutzg Ausprägg der jew ind eLV ist, hat er sich auch an diesen auszurichten (BGH NJW **98**, 753 u 2821). Der verbleibde GebrWert für den die Wo weiternutzden Eheg, der eine an sich zu große Wo bewohnt, ist idR danach zu best, welchen Mietzins der Eheg auf dem örtl WoMarkt für eine dem ehel LebStandard entspr angem kleinere Wo zahlen müßte (ijF nach oben begrenzt dch den vollen WoWert der EheWo). Haben die Eheg im EinzFall, gemessen an ihren wirtsch Verh zu aufwend gewohnt, kann es angebracht sein, diese Umst bei der Bemessg des TrenngsUnterh zu berücks. Desh k der WoWert, der bei dem die EheWo weiterhin nutzden Eheg verbleibt, auf den angemess Betr zurückgeführt w, wie er f eine entspr kleinere Wo auf dem WoMarkt zu zahlen wäre. Es kann dabei im EinzFall notw werden, den unter Ansatz des konkr WoVorteils ermittelten Unterh schließl aus BilligkGrden zu ändern. Insb ist zu berücks, daß auch der aus der Wo ausgezogene Verpfl genötigt sein k, aus seinen nach Abzug des Unterh verbleibden Mitteln seinen WoBed zu decken. Die aus der Entstehg „toten Kapitals“ resultierden nachteilgen Folgen sind bei der UnterhBemessg von beiden Eheg zu gleichen Teilen zu tragen (BGH NJW **86**, 1340; FamRZ **88**, 1160; Mü NJW **99**, 509; Hamm FamRZ **99**, 510 LS; vgl Graba FamRZ **85**, 657, NJW **87**, 1721 u FamRZ **95**, 385). Die als letzten Schritt vorzunehmde AngemessenhPrüfg ist nicht allein auf die Frage des WoVorteils zu beschr, sond muß die eLV umfassd einbeziehen. Wird aus BilligkGrden nur der angem WoWert angesetzt, ist er auch bereits für die BedErmittlg heranzuziehen (vgl Rn 22). Zu beachten ist, daß das Kriterium der aufgedrängten Nutzg nach der Scheidg entfällt u die Drittelobergrenze ohnedies dann nicht mehr anwendb ist (Hamm FamRZ **98**, 1512).

37 **(4) Abzüge aufgrund Hauslasten:** Bei **Abzahlungen** (Zins u Tilgg) ist zu **unterscheiden,** ob es sich um prägd od nichtprägd WoWert handelt, beim prägd ferner, ob es um den Bed od die Höhe bzw um die Leistgsfähigk geht. Abzahlgen für das EigHeim kürzen bei der Ermittlg der eLV stets den prägd WoWert (BGH FamRZ **94**, 1100), soweit sie nach einem obj Maßst wirtsch vertretb sind, unabhäng davon, ob das EigHeim beiden Eheg od nur einem Eheg gehört (BGH FamRZ **95**, 869 f Kreditzinsen), u auch, wenn das EigHeim nach der Trenng verk wurde (BGH NJW **89**, 2809; **90**, 3274). Von einem eheprägd WoWert sind alle Belastgen, die dch die allg GrstKosten u -Lasten, Zins- u TilggsLeistgen u sonst verbrauchsunabhäng Nebenkosten (Rn 38) entstehen, abzuziehen (BGH NJW **98**, 2821; Mü FamRZ **99**, 509). Wohnt der Bedürft weiterhin im gemeins EigHeim, ist dagg bei der UnterhHöhe im EinzFall zu prüfen, ob die Schulden berücks w können: Bei **Miteigentum** u GesSchuld kürzen Zins- u TilggsLeistgen idR den WoWert auch bei dem gem § 1577 I auf den Bed anzurechnden EigEink des Ber, soweit er Abzahlgen übernimmt. Zahlen beide (Pfl u Bedürft) die Schulden je zur Hälfte, werden sie beim Bedürft nur insow wowertmindernd berücks (BGH FamRZ **94**, 1100); zahlt dagg der Verpfl Zins u Tilgg weiter, währd der Bedürft weiterhin im gemeins Eigt lebt, ist bei der UnterhHöhe (BedürftigkStufe gem § 1577 I) mangels Zahlg des Bedürft der volle WoWert auf den Bed anzurechnen. Stellt der Pfl nach der Trenng die Abzahlg auf eine gemeins Schuld ein, kürzt sie in voller Höhe den WoWert des weiterhin im FamHeim lebden Bedürft, da er weiterhin als GesSchu haftet (BGH FamRZ **95**, 869). Bei **Alleineigentum** des Ber werden auf der BedürftigkStufe vom WoWert nur Zinsen abgezogen, Tilggen dagg idR nur bis zur RHängigk des ScheidgsVerf; ebso, wenn der Pfl AlleinEigtümer ist; dann werden bei der Leistgsfähigk ab RHängigk des ScheidgsVerf nur noch die Zinsen, nicht dagg die Tilgg als VermBildg berücks. Zahlgen, die der Rückführg des Darl u damit der VermBildg des UnterhBer dienen, kürzen den WoVorteil nicht, da mit dem Unterh nicht bezweckt w soll, dem Berecht VermBildg zu ermögl (BGH NJW **98**, 753). Wurden bei einer GesSchuld die Zahlgen bei Bildg des bereinigten Nettoeink berücks, besteht kein AusglAnspr gem § 426 II (BGH FamRZ **88**, 264; NJW **95**, 652). Sind die **Abzahlungen höher als der Wohnwert,** entfällt für die BedErmittlg die Zurechng eines WoVorteils (BGH NJW **87**, 1761). Bei **Miteigentum** sind die den WoWert übersteigden TilggsLeistgen beim Bed u bei der Bedürftigk/Leistgsfähigk als neg WoWert zu berücks; bei **Alleineigentum** dagg nicht mehr. Bei **Veräußerung** des überschuldeten EigHeims (Rn 39) u Tilgg aller Schulden kann für die BedErmittlg weiterhin ein WoWert nicht angerechnet w, die den WoWert übersteigden Verbindlk werden aber für die künft UnterhBerechng als getilgte Schulden nicht mehr berücks (vgl Rn 30).

38 **(5) Nebenkosten: Verbrauchsunabhängige** Aufwendgen (zB GrdSteuer, Hausvers) mindern den WoWert, **nicht** dagg **verbrauchsabhängige** (Strom, Wasser, Gas, Heizg, Müllabfuhr, Abwasser; vgl BGH FamRZ **95**, 866).

(6) Veräußerung des Familienheims: Da beim Verpfl zusätzl zu prüfen ist, ob die Eink auch die eLV geprägt haben, ist zu unterscheiden: Nutzgen aus dem VerkErlös des gemeins EigHeims sind kein prägdes Eink (BGH NJW **98**, 753); der beiden Eheg zu gleichen Teilen zufließde VerkErlös ist nicht wertneutral, zu vergleichen sind vielm der frühere hälftige eheprägde WoWert u die dem Bedürft zufließden Zinsen aus dem Erlös. Dagg ist der früh WoWert im EigHeim unter Berücks der damals angefallenen verbrauchsunabhäng Kosten u Abzahlgen (Zins u Tilgg) prägd (BGH FamRZ **95**, 869). Wird aus dem VerkErlös neues Wohneigt gebildet, ist dieser neue WoWert nichtprägd (BGH NJW **92**, 1044). Bei einem nichtprägd WoWert sind **nur die Zinsen,** nicht aber die Tilgg für zusätzl aufgen neue, also nichtprägde Kredite als Abzugsposten beim WoWert zu berücks (BGH NJW **98**, 753; and insow NJW **92**, 1044; Mü FamRZ **97**, 424: weder Zins noch Tilgg), da der Unterh nicht dazu dient, die VermBildg des Bedürft zu fin (vgl Rn 58 aE). Es kommt dann aber eine VermUmschichtg in Betr, wenn die unter Berücks der gesamten Abzahlgen (Zins u Tilgg) verbleibde Rendite ggü einer Rendite aus der Anlage des eingesetzten Kapitals od eines ohne Schulden erlangten WoWerts für eine kleinere Immob unangem niedr ist (BGH NJW **98**, 753). Ggf sind ein fiktiver WoWert eines ohne Schulden gekauften Wohneigt od fiktive Zinsen aus einer entspr Kapitalanlage anzusetzen (Hamm FamRZ **95**, 1418). Soweit der VerkErlös verbraucht wurde, ohne Nutzgen zu erzielen, sind fiktive Zinseink nur anzusetzen, wenn die Ausgaben als mutwill Herbeiführg der Bedürftigk anzusehen sind (verneint bei Zahlg notw VerfKosten, Anschaffg notw neuer EinrichtggGst, Einzahlg in Rentenvers bei unzureichder AltersVors); ein Ansatz fiktiver Zinsen wg Verbrauchs des Erlöses entfällt von vornherein, wenn bei Bt gemeins Ki der MindBed nicht gesichert ist (BGH FamRZ **97**, 873). Für die UnterhBerechng ist der WoWert in voller Höhe ohne Abzug eines ErwTätBonus (zB 1/7, vgl § 1578 Rn 49) anzusetzen (BGH NJW **90**, 3274). Eingehd Wendl/Gerhardt § 1 Rn 247 ff u Hdb VI Rn 45, 233 ff jew m Fallbeisp. 39

dd) Da der Umfang der Leistgsfähigk des UnterhPfl nicht allein dch sein tats vorh Eink (u Verm), sond auch dch seine **Erwerbsfähigkeit** best w (BGH NJW **85**, 732), muß er seine ArbKraft so gut wie mögl einsetzen u sich Eink anrechnen lassen, die er bei gutem Willen dch eine zumutb ErwTätigk uU auch dch ArbPlatz- od Berufswechsel erreichen könnte (BGH NJW **82**, 1812; NJW **94**, 1002). Eine solche Obliegenh verstößt nicht gg GG 2, 3, 6, 12 (BGH FamRZ **81**, 341). Den UnterhPfl trifft allerd grdsl nur die Obliegenh zur Arb im normalen Umfang; es steht ihm frei, eine darüberhinausgehde Nebentätigk aufzugeben (vgl § 1578 Rn 4). Ist eine Beschäftigg zumutb, sind fiktive Eink hieraus (vgl BGH NJW **80**, 934) nur dann nicht anzurechnen, wenn die Part konkret unter sustantiierter Darlegg der Bemühgen um eine entspr ArbStelle nachweist (wozu der allg Hinw auf eine ungünstige ArbMarktlage nicht ausr), daß es ihm trotz intensiver ArbSuche nicht gelungen ist, eine Tätigk zu finden (vgl zu den Anfordergen an den entspr Vortrag des UnterhGl § 1573 Rn 40 ff). Zur ErwObliegenh im Alter vgl § 1571 Rn 3. Es muß jedoch eine **reale Beschäftigungschance** iSe obj ErwMöglichk bestehen (BGH NJW **94**, 1002; **96**, 517 zur gerichtl FeststellgsPfl; vgl Schlesw FamRZ **98**, 1615: sorgfält Prüfg erfdl); zur fiktiven Anrechng Rn 43. Eine unzureichde ArbSuche ist bei fehlder realer BeschäftiggsChance aGrd schlechter ArbMarktlage od subj Hemmnisse (zB fehlde Qualifikation, Krankh) unschädlich (BGH FamRZ **87**, 912). Verändert der EinkRückgang eines **Selbständigen** den erreichten LebStandard grdlegd, ohne daß eine Auss auf Besserg besteht, ist er verpfl, eine höhere Eink versprechde nichtselbstdge Tätigk aufzunehmen, sof der UnterhPfl konkr Chancen auf dem Arbmarkt hat, die, würde er sie nutzen, zur Leistgsfähigk führen (BGH FamRZ **93**, 1304; Schlesw FamRZ **98**, 1180). 40

ee) Erwerbsbemühungen. Die Grds gelten gleichermaßen für den Verpfl wie für den Bedürft zur Deckg seines UnterBed: Der Verpfl muß sich **ernstlich u nachhaltig** bemühen, zur Erf seiner UnterhPfl Eink zu erzielen. Bei Arblosigk muß der Verpfl alle zumutb Schritte unternehmen, wieder einen ArbPlatz zu finden. **Meldung beim Arbeitsamt** ist nötig, aber allein **nicht ausreichend;** es muß allen einschläg Stellenanzeigen in den Tageszeitgen u in Anzeigenblättern nachgegangen w (BGH NJW **90**, 1477; FamRZ **93**, 789; NJW **94**, 1002; Düss FamRZ **98**, 851), ggf VorstellgsBesuche, eig ZeitgsAnnoncen (insb bei qualifiz Berufen). Er muß selbst aktiv werden; die Suche muß intensiv sein. Schriftl Bewerbgen müssen hinr konkr u in werbder, ansprechder Form abgefaßt s (Hamm FamRZ **92**, 63; Bambg FamRZ **98**, 289). Die Anfordergen an den entspr Vortrag hängen von den konkr Umst des EinzFalls ab, insb von den obj Bdggen f die ErwTätigk u den subj Vorauss des ArbSuchden (BGH NJW **86**, 718). Es ist daher nicht allein entsch, ob er f die Stellensuche so viel Zeit aufgewendet hat wie ein ErwTät in seinem Beruf (vgl Hamm FamRZ **96**, 629 u 1218; Naumbg FamRZ **97**, 311; JHBü Rn 7), auch nicht die bl Zahl der Bewerbgen (vgl Karlsr NJW-RR **99**, 153); beide Gesichtspkte können nur iR einer **Gesamtbeurteilung** Bedeutg gewinnen (Karlsr OLGR **99**, 166). Ein LangZtErwloser muß berufsfördernde Maßn ergreifen u uU den Beruf wechseln (Hamm FamRZ **95**, 438). Der krankhbdgt ErwUnfähige hat die Pfl, sich einer notw ärztl Heilbehandlg zu unterziehen, ggf auch einer Operation, falls diese ohne Gefahren u mit hinr Erfolgsauss vorgen w kann (§ 1572 Rn 6). Die ArbSuche muß sich auf einen möglichst weiten Umkreis, ggf auf das ges BGebiet (Hamm NJW-RR **98**, 219), erstrekken, wobei anerkennenswerte Bindgen (zB wg KiBt) zu berücks sind. Angesichts der unterschiedl hohen ArbLosigk in den versch Bereichen Dtschlands ist im EinzFall zu prüfen, ob dem Verpfl der **Umzug** in ein Gebiet zugemutet w kann, in dem er voraussichtl einen ArbPlatz finden könnte. Enspr den Maßst wie beim Ortswechsel wg hoher Fahrtkosten (Rn 48) wird entsch sein, ob der Verpfl anerkennensw Ortsbindgen hat (vgl Hamm FamRZ **99**, 165: Umzug in Westen unzumutb bei Zusleb mit neuer Ehefr u gemeins Ki im Osten) u ob ein ArbPlatzwechsel in eine and Region auch angesichts der damit verb Umzugskosten einen deutl dauerh Vortl bringt. Kann ein Ortswechsel nicht zugemutet w, muß er Verpfl seine ArbKraft bestmögl nutzen, das R auf freie Berufswahl muß dann zurücktreten, wenn die UnterPfl sonst nicht ausr erf w kann (Dres FamRZ **99**, 396). Bei verschärfter UnterhPfl sind auch Gelegenh- u Aushilfstätigk zu suchen (BGH NJW **94**, 1002). Erfdl ist eine substantiierte Darlegg der ArbBemühgen (BGH NJW **96**, 517). Die **Dokumentationspflicht** erfordert eine detaillierte u übersichtl Aufstellg der Bewerbgen u Absagen, damit auch die subj ArbBereitsch geprüft w kann (BGH NJW-RR **93**, 898; FamRZ **96**, 345; Hamm FamRZ **98**, 42 mA Born; Kln FamRZ **98**, 631 u FuR **98**, 421 u FamRZ **97**, 1104: telefon Bewerbgen ohne BewerbgsUnterlagen idR nicht ausr). Zur BewL Rn 72. 41

42 **ff) Leistungsunfähigkeit** ist grdsl auch dann zu beachten, wenn der Eheg sie selbst herbeigeführt hat. Der **selbstverschuldete,** aber **ungewollte Arbeitsplatzverlust** ist unterhrechtl nicht der freiw Aufgabe einer versichpfl Tätigk gleichzustellen. Nur schwerwiegde Grde verwehren ihm nach § 242 die Berufg auf seine LeistgsUnfähigk (BGH NJW **93**, 1974; **94**, 258 u 1002). Es muß sich – bei einer wertden GesBetrachtg – um ein **verantwortgsloses Verhalten** (Hamm OLGR **97**, 283; verneint iFv Oldbg u KG FamRZ **98**, 289 u 1112) handeln; **bewußte Fahrlässigkeit** kann in spiegelbildl Anwendg von § 1579 Nr 3 (dort Rn 16) ausr. Bei einer **Kündigung** ist zu untersch: Eine einverständl Auflösg des ArbVerh ohne ErsatzArbPlatz od gar bl eigene Künd des ArbN legt die Ann der Leichtfertigk nahe (BGH NJW **85**, 732), ebso bei Aufgabe des ArbPlatzes, um sich selbstd zu machen, ohne vorher für die UnterhVerpfl ausr Rücklagen zu bilden (BGH NJW **87**, 770). Nicht erfdl ist die Abs, sich der UnterhPfl zu entziehen. Ob bei einer betriebsbdgten Künd die Unterl eines RBehelfs leichtfert ist (bej v Hbg FamRZ **98**, 619 f Anspr auf Abfindg iFv BerufsUnfähigk), hängt davon ab, ob ein abwägder dchschnittl ArbN sich gg die Künd gewehrt hätte (offen BGH NJW **94**, 1002). Eine alkoholbdgte Künd kann die Fiktion rechtf, wenn dem Alkoholsüchtigen die Möglichk der LeistgsUnfähigk als Folge seines Handelns bewußt war (BGH NJW **94**, 258 mkritA Raiser u Born FamRZ **94**, 817 u **95**, 523; vgl Hamm FamRZ **96**, 1017: leichtfert Herbeiführg der Alkoholabhängigk ausr; dazu auch § 1572 Rn 6, § 1579 Rn 18). Nach diesen Grds kann sich auf LeistgsUnfähigk auch nicht berufen, wer eine ihm gebotene Möglichk, eine zumutb and verspflicht Tätigk aufzunehmen, ausgeschlagen hat (BGH NJW **88**, 2239). Auch bei LeistgsUnfähigk wg **Haft** kommt es unterhrechtl darauf an, ob die Berufg hierauf gg § 242 verstößt (BGH NJW **82**, 1812). Das ist anzunehmen, wenn der Verpfl verantwortgsl od mind leichtfert in Bezug auf die bestehde UnterhPfl gehandelt hat (Karlsr NJW-RR **97**, 1165).

43 **gg) Fiktives Einkommen.** Bei **Verstoß** gg die ErwObliegenh kann – verfkonform mit GG 6 I, II 1 (BVerfG FamRZ **85**, 143) – eine **Anrechung fiktiver Einkünfte** iH der bei gehör Bemühg erzielb Eink gerechtf sein. Unterl ErwBemühgen müssen f die LeistgsUnfähigk **ursächlich** sein; das ist verneinen, wenn auch ErwBemühgen gem Rn 41 erfolgl geblieben wären. Der Ansatz fiktiver Eink erfordert neben dem Nachw fehlder Bemühgen um einen ArbPlatz als obj Kriterium die Prüfg, welches Eink der Bewerber nach den Verh auf dem ArbMarkt (vgl Hamm NJW-RR **98**, 1084: strukturschwache Region in neuen BL; Hamm FamRZ **98**, 42: Ruhrgebiet) aGrd seiner pers Eigensch (Alter, Ausbildg, Berufserfahrg, GesundhZust) erzielen könnte (BGH NJW **96**, 517; zur Frage der EinkFiktion bei Alkoholabhängigk [Rn 42] vgl auch Celle FamRZ **98**, 1614). Bei der Zurechng fiktiven Eink, die wg Umgestaltg des ArbVerh im Hinbl auf KiBt entfallen sind, muß der Bedeutg u Tragweite der EltVerantwortg Rechng getragen w (BVerfG NJW **96**, 915; vgl § 1581 Rn 4, 5). Die **Höhe** der Fiktion richtet sich nach den ind ErwChancen (Hamm FamRZ **96**, 957; **98**, 1251 mA Born). Die Anrechng fiktiver Eink beim Pfl darf nur an die eLV anknüpfen, nicht an zwar möglw erzielb, in der Ehe aber nie erzielte Eink (BGH NJW **97**, 735). Bei Fiktion v ErwEink ist der SelbstBeh für einen ErwTät maßg (Hamm FamRZ **95**, 438). Die Fiktion kann zeitl begrenzt sein (vgl Ffm FamRZ **95**, 735 u 1217). Wird fiktives Eink wg Verstoßes gg die ErwObliegenh (Rn 41) angesetzt, insow kein Überg des UnterhAnspr gem BSHG 91 II 1 bei Leistg von SozHilfe auf deren Träger, da als Eink iSv BSHG 76 nur tats Eink in Geld od Geldwert anzusehen ist (BGH NJW **98**, 2219; **99**, 2365). Bei **Vermögenseinkünften** kann dem Verpfl der bei vernünft Anlage risikolos erzielb Betr fiktiv zugerechnet w, mag er auch die VermNutzg unterl (Hamm FamRZ **99**, 233: Marktmiete bei unvermieteter Wo).

44 **hh)** Die für den nachehel Unterh geltden Grds für das **Studium** des Verpfl (BGH NJW **80**, 393) gelten auch beim TrenngsUnterh (BGH NJW **81**, 1214), ebso für **Berufs- u Rollenwechsel** (vgl § 1581 Rn 7).

45 **b)** Für die UnterhBerechng ist sowohl bei der Bedarfsermittlung als auch bei der LeistgsFähigk das sog **bereinigte Nettoeinkommen,** das für die allg LebFührg zur Vfg steht, zugrdezulegen (BGH FamRZ **85**, 471). **Abzugsposten im Einzelnen:**

46 **(1) Steuern** (insb Eink-, Lohn- u Kirchensteuer) sind nach Maßg der effektiven JahresStSchuld vom BruttoEink abzuziehen. Bei (noch) gemeins Veranlagg richtet sich die Höhe der auf den UnterhPfl entfallden Steuer nach dem Verh der gemeins Eink (Düss FamRZ **88**, 951). Maßg ist die tats anfallde Höhe, auch bei Wechsel der Steuerkl (BGH NJW **90**, 1477; FamRZ **91**, 304; NJW **91**, 1290), auch wenn er erst bevorsteht (BGH NJW **88**, 2101). Zur Wahl der Steuerkl u SteuerklÄnderg inf Trenng u Scheidg: § 1578 Rn 16, 21; inf Wiederverheiratg: § 1579 Rn 41, § 1581 Rn 9. In zumutb Weise erzielb Steuervorteile sind wahrzunehmen u insow auch Freibeträge einzutragen (vgl Einf 10 vor § 1569), wenn u soweit die Höhe des FreiBetr zweifelsfrei feststeht, zB beim Realsplitting die genaue UnterhHöhe, daher nicht wg des str SpitzenBetr (BGH FamRZ **99**, 372; vgl § 1353 Rn 12). Eine Steuervergünstigg f eine unterhrechtl nicht berücksfäh Aufwendg ist bei der EinkBemessg außer Betr zu lassen (BGH NJW-RR **87**, 194). Steuererstattgen erhöhen iJ des Anfalls das Eink, Steuernachzahlgen mindern es (BGH FamRZ **80**, 984). Ein Eink unter Berücks einer best Steuererstattg kann f die Folgejahre nicht zGrde gelegt w, wenn deren Vorauss künftig nicht vorliegen, etwa wenn ein Steuervorteil aGrd des begr Realsplittings künft nicht in Betr kommt (BGH FamRZ **99**, 372). Eine fiktive Steuerberechng erfolgt nur ausnahmsw, zB bei der Bildg von NegativEink aus Vermietg u Verpachtg (BGH FamRZ **87**, 36).

47 **(2) Gesetzliche Vorsorgeaufwendungen,** insb Beiträge zur Kranken- zuzügl Pfl-, Renten- u ArblVers (jew ArbNAnteil) sowie zu einer etw Unfallvers u betriebl Altersversorgg. Bei Selbstd u öff Bediensteten ohne ges KrVers können Kosten für eine angem priv KrVers abgesetzt w (BGH NJW **80**, 934). Das gilt auch für die PflVersBeiträge (Büttner FamRZ **95**, 193/6). Die Angemessh richtet sich nach den Eink- u VermVerh bzw dem vor der Trenng übl Umfang. Abziehb wie ges RentenversBeiträge sind die Beitr zur betriebl Zusatzversorgg. Dienen vom ArbG geleistete Beitr zur Direktvers der angem AltersVors, sind sie nicht als Sachbezüge dem Eink zuzurechnen (Hamm OLGR **98**, 66; aA Mü FamRZ **97**, 613). Bei ErwTät ohne ges AltersVors, insb Selbstd, sind entspr VorsAufw f LebVers iH des BeitrSatzes der ges RV abziehb (Hamm FuR **98**, 263). Weitere freiw Aufw f LebVers können nicht abgezogen w, sofern sie nicht – bei gehobenen EinkVerh – ohne Beeinträchtigg des lfden LebBed der VermBildg od eheangem AltersVors entspr.

(3) Berufsbedingte Aufwendungen (Werbungskosten) sind nur bei NichtSelbstd, zB nicht bei Rentnern, Selbstdgen usw abzuziehen, soweit sie tats anfallen u nicht vom ArbG erstattet w (BGH NJW **88**, 2371; FamRZ **90**, 979). Sie können dann bei Vorliegen entspr Anhaltspkte mit einer **Pauschale von 5%** vom NettoerwEink geschätzt w (Bay LL 10b; LL Brandbg, Celle I 7 Dres I 7 Naumbg 2.1.1.; and LL Hamm I 6 u Kln 43: keine Pauschale), nach DT Anm 3 (ebso LL Oldbg I 2a; vgl KG 11) begrenzt auf mind 90 DM, max 260 DM. Sind sie im EinzFall höher, müssen sie konkr nachgew w. Nach BGH NJW **95**, 963 ist eine konkr Berechng ohne zusätzl Pauschale mit SchätzgsMöglichk für einz Positionen vorzuziehen (ebso LL Brem I 2; Hamm 6; Kln 43; Schlesw A II 1). Werden alle Aufw dch die Pauschale erfaßt, kann der **Erwerbstätigenbonus** zu senken sein (BGH NJW **97**, 806: von $^1/_7$ auf $^1/_9$; vgl § 1578 Rn 49). Die Bestimmg der **Höhe der Km-Pauschale** bei Nutzg eines Pkw für Fahrten zum ArbPlatz ist dem Tatrichter vorbehaltenen. Ein Abzug von **0,42 DM/km,** wie er vielen LL vorgesehen ist (weitergehd LL Naumbg 2.1.2 u Schlesw A II 2: 0,45 DM/km), hat der BGH (FamRZ **98**, 1501) unter Hinw auf seine früh Rspr, die in Anlehng an den jew Satz gem ZuSEG 9 III einen Abzug von 0,40 DM/km zuließ (BGH NJW-RR **92**, 1282; BGH NJW **94**, 190), iR tatrichterl Erm gebilligt. Darin sind alle anfallden Kosten für Haltg, Betrieb, Steuer, Versicherg, FinanziergsAufwd (zB Hamm FamRZ **98**, 1512 u LL 6; and Naumbg FamRZ **98**, 558 u LL aaO) enth. Bei VollzeitArb können dchschnittl 220 ArbTage/J (abzügl KrankhTage) angesetzt w. Bei beengten wirtsch Verh u je nach den Ortsverh kann uU auf die Benutzg öffentl Verkmittel verwiesen w (BGH NJW **82**, 1869; FamRZ **89**, 483; Hamm FamRZ **96**, 985). Berufsbdgter Fahrtkostenaufwand ist so niedr wie mögl zu halten (Hamm FamRZ **98**, 313 u NJW-RR **98**, 724: Höhe v 1100 DM steht der Berücks aber nicht grdsl entgg). Ein Umzug zur **Fahrtkostenverminderung** kann nur ausnahmsw (vgl Kbl FamRZ **94**, 1609) verl w (Vorauss ist, daß die Fahrtkostenreduzierg nicht dch erhöhte WoKosten kompensiert w). Fahrtkosten, die bei einer Entferng von rd 30 km zw Wo u Arbstelle entstehen, liegen je nach den örtl Verh u der ArbMarktsituation (vgl Rn 41) iR des Vertretb u Zumutb (BGH NJW-RR **95**, 129). Führen die Pkw-Kosten zu einem unverhmäß hohen Aufwand (üb $^1/_3$ des NettoEink), dch den angem UnterhLeistgen ausgeschl würden, kann nur ein Teil der Kosten, näml idR iH der Kosten für öff VerkMittel, berücks w (BGH FamRZ **98**, 1501); iü ist Zumutbk eines Wohnortwechsels zu prüfen. Ein **Zeitaufwand** von bis zu drei Stunden tägl f Hin- u Rückweg w noch als zumutb anzusehen sein (Büttner NJW **99**, 2315/2323). Bei **Mischeinkünften** sind bei der Bildg des bereingt NettoEink die Abzugsposten vom HauptEink abzuziehen (Ausn bei zur EinkArt gehörden Abzügen, zB verbrauchsunabhäng Nebenkosten beim WoWert, vgl Rn 38; vgl Gerhardt u insow aA Gutdeutsch FamRZ **94**, 1158 u 1161). 48

(4) Schulden (vgl Hoppenz FamRZ **87**, 324; Wendl/Gerhardt § 1 Rn 519 ff). **Allgemein** ist zw Bed, Bedürftigk u Leistgsfähigk zu **unterscheiden:** Bei der **Bedarfsermittlung** sind beim EhegUnterh Schulden für Konsumkredite zu berücks, die bis zur Trenng der Eheg entstanden sind, da sie insow auch die eLV geprägt haben (BGH NJW **85**, 2268; FamRZ **89**, 159; NJW **98**, 2821). Maßg ist, ob die Schulden mit ausdr od stillschw Billigg des Eheg begr od in die Ehe mitgebracht wurden (Hamm FamRZ **94**, 446; Mü FamRZ **95**, 233); bei Konsumkrediten (vgl Rn 52) ist dagg nicht entsch, wer angeschaffte Ggste nach der Trenng behalten hat (BGH FamRZ **96**, 160). Eine im zeitl Zshg mit der Trenng, aber bereits vor Beginn des UnterhZeitraums vorzeit getilgte Schuld kann im EinzFall als nicht bedprägd anzusehen sein; so ist es als eine nicht vom Normalverlauf abw Entwicklg zu beurteilen, wenn ein Eheg aus wirtsch vernünft Überleggen einen Kapitalwert einsetzt (BGH NJW **98**, 2821: Verk eines Schrebergartens), um damit Schulden des inzw getrlebden Eheg zu tilgen. Eheprägd sind Schulden aus einem in der Ehezeit f den Kauf eines Pkw aufgen Kredits für die Dauer der Laufzeit des ursprüngl Darl u in der urspr vereinb Höhe, auch wenn dieser Kredit zwzeitl wg Verk u Neukaufs eines and Pkw umgeschuldet wurde. Zu berücks sind bei der BedErmittlg auch Schulden zur VermBildg (zB Fin eines EigHeims), soweit sie nach einem obj Maßst angem sind, unabhäng, wer Eigtümer ist (BGH NJW **89**, 2809; **90**, 3274; FamRZ **95**, 869). Nach der Trenng neu entstandene Schulden sind nicht bei der BedErmittlg (aber bei der LeistgsFähigk, su) zu berücks, da sie die eLV nicht geprägt haben u der Unterh nicht die Verpfl umfaßt, Schulden des and Eheg zu tilgen (BGH FamRZ **85**, 902; NJW **92**, 1044). – Danach sind bei der **Bedürftigkeit** iR des § 1577 I eheprägde Konsumkredite, die der Bedürft nach der Trenng weiter abzahlt, als Abzugsposten zu berücks. Eheprägde vermbildde Schulden, die der einseit (dh nicht gemeins) VermBildg dienen (zB für FamHeim), sind ab RHängigk des ScheidgsVerf nur noch mit dem Zinsanteil, nicht mit der Tilgg berücksfäh (vgl Rn 37). Nichtprägde Schulden können im EinzFall den trenngsbdgten MehrBed erhöhen, wenn zusätzl Mittel vorh sind. – Bei der **Leistungsfähigkeit** können alle Verbindlk, dh nicht nur ehebdgte, sond auch trenngsbdgte od erst nach der Scheidg entstandene Schulden berücks w. Es bedarf wie beim KiUnterh einer Abwägg der Interessen des Ber, Verpfl u DrittSchu (BGH NJW **84**, 1237 u 2351); dazu Rn 51. Zu den Besonderh beim VerwandtenUnterh vgl BGH NJW **84**, 2351; FamRZ **86**, 254; FamRZ **96**, 160; Nürnbg FamRZ **98**, 481. 49

α) Grundsätze. Für die Berücks von Schulden, die bereits währd des ZusLeb der Eheg entstanden sind u aus der gemeins LebFührg herrühren, gilt der Grds, daß der unterhberecht Eheg dch die Trenng weder schlechter noch besser gestellt w soll (Rn 2). Sie sind grdsl zu berücks (BGH NJW **82**, 232 u 1641). Das gilt auch von Schulden, die mit der Scheidg zushängen (BGH NJW **85**, 2268). Den Anspr UnterhBer kommt kein Vorrang vor and Verbindlk des Verpfl zu (BGH NJW **82**, 380), so daß auch bei einem nur zur Deckg des notw Unterh ausreichden Eink des Verpfl dessen sonst Schulden grdsl zu berücks sind. Allerd muß bei der Tilgg dieser Verbindlk Rücks auf die UnterhInteressen gen w. Auch im Mangelfall kürzen berückswürd Schulden das Eink (BGH FamRZ **90**, 266/7). Trenngsbdgte Verbindlk können nur als trenngsbdgter MehrBed bed-erhöhd berücks w, soweit zusätzl Mittel vorh sind. Zur Berücks von ProzKosten vgl § 1581 Rn 13. 50

β) Ob Schulden bei der Ermittlg des bereingten NettoEink zu berücks sind, erfordert im EinzFall eine umfassde **Interessenabwägung** nach billigem Erm (BGH NJW **84**, 1237). Bedeuts Umst sind insb der Zweck der Verbindlk, Ztpkt u Anlaß ihrer Entstehg, Dringlichk der beiders Bedürfn, Kenntn des UnterhPfl von Grd u Höhe der UnterhSchuld, seine Möglichk, die Leistgsfähigk in zumutb Weise ganz od teilw wiederherzustellen, u ggf auch schutzwürd Belange der DrittGläub (BGH NJW **82**, 380; NJW **84**, 2351 bei Überschuldg; FamRZ **96**, 160; Hamm FamRZ **98**, 1253 m Zusfg der Maßst; vgl Mü FamRZ **95**, 233; JHBü Rn 82). Gg die Berücks spricht, wenn die Erf der Verbindlk der Bildg von VermReserven dient. Ands ist zu 51 beachten, ob die Verwertg (zB Immob) wirtsch zumutb ist (BGH NJW **84**, 1237). Auf Verbindlk, die der UnterhPfl leichtfert od ohne verständ Grd od für Luxuszwecke eingegangen ist, kann er sich nicht berufen (BGH NJW **82**, 380; NJW **84**, 1237; Hamm FamRZ **92**, 1178 Spielschulden). Aufw für Prozeßkosten im ScheidgsVerf u Folgesachen haben die eLV nicht geprägt u beeinfl grdsl nicht die BedErmittlg, können aber bei der LeistgsFähigk des Verpfl berücks w (Karlsr NJW-RR **98**, 578; Ausn: querulator Prozeßverhalten). Zu berücks sind idR eheprägde Konsumkredite, nicht dagg – wie bei der Bedürftigk – einseit vermbildde Schulden bzgl des TilggsAntls (BGH NJW **98**, 2821).

52 **ψ)** Das gilt auch für sog Konsumkredite zur Anschaffg v **Verbrauchsgütern,** zB Pkw, TV (BGH NJW-RR **95**, 129; vgl Rn 49). Ein nach der Trenng f die Anschaffg v Hausr aufgen Darl k als die Leistgsfähigk mindernd nur berücks w, wenn u soweit die Anschaffg zur normalen HaushFührg dringd notw war u nicht mit den z Vfg stehden Mitteln fin w konnte. Die KreditAufn muß **unvermeidbar** gew sein, was der UnterhPfl bew muß (BGH FamRZ **90**, 283/8; FamRZ **98**, 1501).

53 **δ)** Grdsl sind auch **Hausbauverbindlichkeiten** wie and Schulden zu behandeln, wobei die Tats, daß das Haus als FamHeim gedient hat, für eine unterhrechtl Anerkenng der darauf bezogenen Schulden spricht, sofern sich diese im angem u zumutb Rahmen halten; ggf kann eine VermUmschichtg naheliegen. Kommt ein Verk des FamHeims nicht in Betr, kann es dennoch geboten sein, die TilggsRate für einen Hauskredit unterhrechtl außer Ansatz zu lassen, wenn die Berücks dieser Verbindlk dazu führen würde, daß der Unterh-Schu unberechtigterw auf Kosten des UnterhBedürft Verm bildet (BGH NJW-RR **95**, 129; vgl Rn 56). Haben Eheg Kredite aufgen, um mit den aufgen Geldern eine Wo im Haus der Eltern eines von ihnen zu renovieren u herzurichten, ist die Situation mit der Lage vergleichb, in der Eheg eine fremdfin Immob erwerben u erhalten. Für die Dauer der Trenngszeit ist auf den pers WoVorteil abzustellen, der dem Eheg zuzurechnen ist, der nach der Trenng die EheWo weiternutzt (Hamm FamRZ **98**, 265).

54 **ε) Instandsetzungskosten** können nur insow einkmindernd berücks w, als es sich um notw ErhaltgsAufwand handelt u nicht um den Aufwd für VermBildg, zB Ausbauten u wertsteigernde Verbessergen (BGH NJW **84**, 303; **97**, 735).

55 **φ)** Der UnterhPfl kann sich auf Schulden nur iR eines **vernünftigen Tilgungsplans** berufen. Die Höhe der Beträge ist anhand der verfügb od erzielb Eink unter Berücks der Art u Höhe der Schulden zu schätzen (BGH NJW **82**, 232 u 1641).

56 **γ)** Der UnterhPfl ist zur **Vermögensbildung** auf Kosten des Bedürft nicht berecht (BGH NJW **84**, 292), so daß er zur Tilgg von BausparDarl aufgewandte Betr grdsl nicht ansetzen kann (BGH NJW **87**, 1761). VermBildg kann ihm indes nicht verwehrt w, soweit die Belange des Ber davon nicht betroffen w. Der Ber kann nur verl, so gestellt zu w, als würden die vermbildden Aufw nicht stattfinden. Dem Pfl steht eine Fortsetzg der VermBildg in dem vor der Trenng für angem erachteten Rahmen nach der Trenng nicht mehr frei, wenn der in der Ehe erreichte LebStandard wg trenngsbdgten MehrBed dch die zVfg stehden Mittel nicht mehr voll gedeckt ist (BGH FamRZ **87**, 913). Das bedeutet für die VermBildg zB iR eines **Bauherrenmodells,** daß die hierbei anfallden Zins- u TilggsAufw nicht als einkmindernd berücks w dürfen, ands aber auch die dadch erzielte SteuerErsparn außer Ansatz bleiben, da sie ohne jene Aufw nicht einträten (BGH FamRZ **87**, 36). Eine Berücks der TilggsLeistgen kommt jedoch in Betr, wenn beide Eheg vom fin Engagement des einen profitiert h (BGH NJW **91**, 2703).

57 **(5) Kosten der allgemeinen Lebensführg** sind **nicht** gesond zu berücks, zB Beiträge für eine Wohngs-, Hausr-, Unfall-, Brand- u Haftpfl**Versicherung.** Prämien für eine LebVers sind grdsl Aufw zur VermBildg (BGH NJW **84**, 2041; vgl aber Rn 58). Der Verbrauch finanz Mittel, die unterhrechtl dem lfden Eink zuzurechnen sind, für **Kleidung und Urlaub** läßt den UnterhAnspr unberührt (BGH NJW **82**, 822: Ausn bei Nachholbedarf aus besond, unabwendb Grden). Zur Abzugsfähigk v Kosten eines schwerbehinderten Verpfl f eine **Haushaltshilfe:** Hamm FamRZ **99**, 166; Büttner NJW **99**, 2315/2323 f. Die **Pkw-Kosten** können als BedPosten geltd gem w, wenn der UnterhPfl das Fzg zur Berufsausübg benöt; bei auch priv Nutzg sind die GesamtAufw entspr aufzuteilen (BGH NJW **82**, 1869). Zur Geltdmachg iR berufsbdgt Aufw Rn 48.

58 **(6)** Bei der **Vermögensbildung** ist zu unterscheiden: Beim Bedarf ist bei hohem Eink davon auszugehen, daß ein Teil für die VermBildg best ist (NGH NJW **82**, 1654). Soweit die VermBildg nicht zu einem KonsumVerz u einer Einschränkg des LebStandards führte, ist die vermwirks Anlage beim EhegUnterh einkmindernd zu berücks, wobei ein obj Maßst anzulegen ist (BGH NJW **84**, 1237). Beim eheprägden WoWert sind vermbildde Aufw (Zins u Tilgg) stets zu berücks, soweit die Abzahlg nach einem obj Maßst unter Berücks mietfreien Wohnens angem ist (BGH FamRZ **95**, 869; vgl Rn 89). Sonstige vermbildde Aufw (zB LebVers), die die Ehe geprägt h, sind abzugsfäh, soweit dies nach einem obj Maßst angem ist, dh bei niedrigen Beiträgen für die LebVers auch bei einem dchschnittl Eink (BGH NJW **84**, 292). Bei der Bedürftigk u LeistgsFähigk sind vermbildde Aufw dagg generell nicht berücksfäh, da der Pfl mit dem Unterh nicht die VermBildg des Bedürft finanzieren muß bzw die VermBildg dem Unterh bei der LeistgsFähigk nicht vorgeht (BGH FamRZ **87**, 36; NJW **92**, 1044; vgl Rn 49).

59 **(7) Kinderbetreuungskosten** können abgezogen w, wenn sie entstehen, um einer ErwTätigk nachgehen zu k (BGH NJW **82**, 2664; **91**, 697). Bei (überobligationsmäß) **Erwerbstätigkeit neben Betreuung** ist nach § 242 zu beurteilen, in welchem Umfang das (Mehr-)Eink zu berücks ist. § 1577 II ist hier nicht anwendb (vgl aber dort Rn 30). Läßt der erwtät Eheg die Ki anderw betreuen, kann sein Eink abzügl der **Kosten des Betreuungsaufwands** (zB KiGarten, Tagesheimschule, PflPers) angerechnet w (BGH NJW **86**, 2054; FamRZ **79**, 210: auch bei Versorgg in Ganztagsschule); diese Methode ist ggü einer pauschalen Nichtanrechng eines EinkTeils vorzuziehen (BGH NJW **82**, 2664; vgl Hamm 6. FamS FamRZ **98**, 1568; abw 7. FamS FamRZ **96**, 488: hälftige Nichtanrechng). Läßt sich die Bt zwar ohne konkr Kostenaufwand, aber nur unter bes Erschwern leisten, kommt alternativ ein **Betreuungsbonus** in Betr, mit dem die mit den BtLeistgen verb erhöhten Belastgen aufgefangen w sollen (BGH NJW **86**, 2054). Die Höhe kann sich am geschuldeten Bar(Tab)Unterh orientieren od pauschaliert w (vgl Born FamRZ **97**, 129/135). Es wird im EinzFall auf Art u Umfang der KiBt ankommen (BGH NJW **91**, 697; vgl NJW **86**, 2054: 300 DM als angem

gebilligt; vgl auch Hbg FamRZ **97**, 357; Zweibr FamRZ **98**, 423 u **99**, 852). Derzt wird bei VollErwtätigk ein Pauschalbetrag von 400 DM angemess sein (so KG FamRZ **98**, 1112), bei Halbtatgstätigk entspr geringer (vgl AG Weilbg FamRZ **98**, 1168). Ein solcher Bonus steht dem betreuenden EltT unabhäng davon zu, ob er selbst das Ki betreut; er wird so gestellt, als ob er die Bt des gemeins Ki in eig Pers erbrächte, selbst wenn ein and, zB der neue Eheg, dies tats übernimmt (wozu er jedoch rechtl ggü dem UnterhGl nicht verpfl ist). Ein Abzug eines weiteren **„Zusatzbonus"** (od eine Erhöhg des SelbstBeh) ist nur bei Nachw eines **konkreten Mehraufwands** (von Hamm 13. FamS bej iF FamRZ **96**, 1077, verneint iF FamRZ **98**, 1588 mA Born) zul (vgl auch BGH aaO).

(8) Dch **Ausübung des Umgangs** bedingte **Kosten** können idR nicht vorab vom Eink abgezogen w (BGH NJW **95**, 717: Ausn nur in engen Grenzen aus BilligkGrden, mablA Weychardt FamRZ **95**, 539; KG FamRZ **98**, 1386; vgl Zweibr FamRZ **97**, 837 zur Abzugsfähigk bei außergewöhnl Entferng zum Ki). Soweit sie ausnahmsw aus BilligkGrden anzusetzen sind, handelt es sich um trenngsbdten MehrBed. **60**

(9) Trenngsbed Mehrbedarf: § 1578 Rn 40. **61**

5) Maß des Unterhalts. a) Eheliche Lebensverhältnisse. aa) Der TrenngsUnterh richtet sich nach den „LebVerh u den Erw- u VermVerh der Eheg" (I 1). Diese markieren die Obergrenze des LebZuschnitts. Der Maßst entspr dem nach § 1578. Ist in der TrenngsZt nur ein angem WoWert anzusetzen (Rn 36), best nur dieser angem WoWert die eLV (BGH NJW **98**, 2821). Zu den Methoden der UnterhBerechng u deren Anwendg: § 1573 Rn 20 ff, § 1577 Rn 31, § 1578 Rn 58 ff. Zum ErwTätBonus u zum Vorwegabzug des KiUnterh: § 1578 Rn 51 u Rn 53. **62**

bb) Maßg **Zeitpkt** für die BedBest ist der aktuelle Stand der wirtsch Verh, an deren Entwicklg die Eheg bis zur Scheidg teilnehmen. **Veränderungen** nach der Trenng beeinflussen grdsl die eLV, es sei denn, daß sie auf einer unerwarteten u vom Normalverlauf erhebl abw Entwicklg beruhen; trenngsbdgte Entwicklgen, insb aGrd neuer wirtsch Orientierg, prägen die eLV dagg nicht (näher § 1578 Rn 17 ff). **63**

b) Nur soweit gem §§ 1573 II, 1574 III, 1575 I ein Anspr auf **Ausbildungsunterhalt** in Betr kommt, kann er auch für die TrenngsZt bestehen, wenn ein Zuwarten bis zur rechtskr Scheidg sinnwidr wäre (BGH NJW **85**, 1695; Kln OLGR **96**, 132; Mü FuR **97**, 275), od wenn insow eine (stillschw) Vereinbg der Part besteht, daß die in der Ehe im Einvern der Eheg begonnene Ausbildg nach der Trenng bis zur planmäß Beendigg fortgesetzt w soll (BGH NJW **81**, 1214; Hamm FamRZ **95**, 170). **64**

c) Vorsorgeunterhalt (vgl vor § 1569 Rn 8 u § 1578 Rn 63 ff). **aa) Krankheitsvorsorge.** Zur Fortdauer der ges KrankVers vgl § 10 SGB V (dazu Husheer NJW **91**, 264). Bei Vereinbg des Realsplittings ist der Unterh auch krankversrechtl als Eink anzusehen (BSG FamRZ **94**, 1239 mA Weychardt; Böhmel FamRZ **95**, 270); der getrlebde Eheg kann dadch krankverspflicht w. Entfällt die beitragsfreie MitVers, sind die KrankVersKosten grdsl zusätzl Bed, der – mit dem ElementarUnterh gleichrang (BGH FamRZ **89**, 483) – zusätzl zur übl Quote zu decken u wie die KrankVers des Verpfl vor der Quotenbildg vom Eink abzuziehen ist (BGH NJW **83**, 2937; zur Berechng Wendl/Gutdeutsch § 4 Rn 515 ff). Bei einer priv KrankMitVers ist der UnterhSchu verpfl, ArztRechngen der Vers vorzulegen u erstattete Beträge weiterzuleiten (Düss FamRZ **91**, 437). Die Fortzahlg einer priv KrankVers für den UnterhBer obl bis zur Scheidg dem UnterhPfl; kündigt er ohne Verstängigg des and Eheg eine bestehde KrankVers, macht er sich ihm ggü schadersptl (Kbl FamRZ **89**, 1111). **65**

bb) Altersvorsorge. Zur Gewährg einer lückenl „sozialen Biographie" ist AltVors (als Bestandt des ges LebBed) ab MoAnfang der ScheidgsRHängigk (I 2) zu leisten. Da er nicht der lfden Deckg des LebBed dient, ist er wie beim nachehel Unterh ggü dem ElementarUnterh nachrang. Umfaßt der TrenngsUnterh ausnahmsw auch die ausbildgsbdgte Bedürftigk, erstreckt er sich grdsl auch auf den AltVorsBedarf; die Beschränkg des § 1578 III gilt hier nicht (BGH FamRZ **88**, 1145). Dazu § 1578 Rn 67 ff, auch z Berechg. **66**

6) Grenze der Leistungsfähigkeit, Selbstbehalt. a) Die Leistgsfähigk ist begrenzt dch den Betr, den der Verpfl für seinen eig Unterh u den Unterh der vorrang Ber benötigt. Die **Selbstbehaltssätze** sollen dazu dienen, dem UnterhPfl einen best EinkT zur Bestreitg seines eig LebBed zu sichern, wobei der Verpfl sein ges prägdes und nichtprägdes Eink einzusetzen hat (BGH FamRZ **85**, 354; NJW **89**, 322; § 1578 Rn 3, § 1577 Rn 6, § 1578 Rn 16 ff). Es ist zu unterscheiden zw dem **notwendigen** SelbstBeh als Existenzminimum ggü minderj Ki (§ 1603 II), dem **angemessenen** SelbstBeh ggü vollj Ki (§ 1603 I) u dem **billigen** (eheangem) SelbstBeh ggü Eheg (§ 1581 Rn 14). Die Best der Höhe des SelbstBeh ist Sache des TatRi, dem es unbenommen ist, sich dabei an Richtwerten zu orientieren, wenn nicht im EinzFall bes Umst eine Abweichg bedingen (BGH, st Rspr, zB NJW **84**, 1813 u 2694). Nach Düss Tab (Stand: 1. 7. 1999) beträgt der monatl notw Eigenbed (SelbstBeh) 1500 DM bei ErwTätigk des Verpfl u 1300 DM bei NichtErwTätigk; der angem SelbstBeh 1800 DM (DT A 6, B IV). Der SelbstBeh f ErwTätige gilt auch bei Eink, die Lohnersatzfunktion (Rn 30) haben. Nach DT A 5 u Bay LL 20 f beträgt der Wohnkostenanteil im SelbstBeh ab 1. 1. 96 beim notw SelbstBeh 650 DM, beim angem 800 DM. **67**

b) Bei **Getrenntleben** fehlt zwar eine § 1581 entspr Vorschr; es gelten aber die gleichen Grds wie beim nachehel Unterh mit der Maßg, daß die vor der Scheidg noch bestehde größere Verantwortg der Eheg füreinand zu berücks ist (BGH FamRZ **86**, 556). Obwohl getrlebde Eheg mit den mj Ki gleichrang sind (§ 1609 II 1), ist eine verschärfte Haftg gem § 1603 II hier nicht normiert. Diese wird nur anzunehmen sein, wenn der getrleb Eheg wg Bt eines mj Ki ebso hilfsbedürft ist wie ein Ki, so daß dann auch ihm ggü der notw SelbstBeh gilt. Ohne Bt mj Ki wird, vorbehaltl der EinzFallUmst, als Zwischenstufe zw dem notw u dem angem SelbstBeh ein sog billiger SelbstBeh anzusetzen sein, etwa iHv zZ 1650 DM als Mittelwert (vgl § 1581 Rn 17). Könnte sich der Verpfl nach der Scheidg gem § 1581 auf den angem SelbstBeh berufen, ist der SelbstBeh auch bei § 1361 entspr hoch, wenn die unterhrechtl Verantwortg für den and Eheg bereits deutlich gelockert ist (vgl Rn 2). Zum **Mangelfall** s § 1581 Rn 14. **68**

69 **7) Art u Weise der Leistg (I 2, IV).** Im Unterschied zum FamUnterh (§§ 1360, 1360 a) ist der Unterh inf der Trenng als monatl Geldrente zu leisten, sofern nichts Abw vereinb w (vgl BGH NJW **97**, 731). § 1612 gilt nur beim KiUnterh, nicht beim EhegUnterh. VorausLeistgen sind gem §§ 1350 a III, 1614 II, 760 III nur für 3 Mo wirks (BGH NJW **93**, 2105). Zu Aufrechng u ZbR: § 1585 Rn 3. Zum SonderBed: § 1578 Rn 43. Zum PKV: § 1360 a Rn 7 ff. Zu Überzahlgen: § 1360 b u Einf 13 vor § 1569. Der Unterh für die Vergangenh richtet sich – and als beim nachehelUnterh – nach den Regeln des VerwandtenUnterh (IV iVm 1360 a III, 1613 nF).

70 **8) Begrenzg u Ausschl des Unterh (III).** Die Trenng als solche stellt keine mutwill Herbeiführg der Bedürftigk dar (BGH NJW **86**, 1340). **§ 1579 Nr 1** ist **nicht anwendbar** (BGH NJW **79**, 1348). Die **kurze Ehedauer** kann nicht zur Rechtfertigg eines UnterhAusschl gem § 1579 Nr 7 herangezogen w (BGH NJW **82**, 1460; Hamm FamRZ **97**, 417; Kln **98**, 1427), sie kann aber für die Frage der ErwObliegenh von Bedeutg sein u iR der BilligkAbwägg bei Anwendg der and HärteGrde (vgl Celle FamRZ **90**, 519). Ein TrenngsUnterh kann nach III iVm § 1579 Nr 7 zu versagen sein, wenn sich die Eheg vor der Eheschl darüb einig waren, daß keine Gemsch aufgen w sollte, u ein ZusLeb desh unterblieb (BGH FamRZ **94**, 558 bei einer kirchl nicht gesch Vorehe eines Eheg). Bei verfestigter **nichtehelicher Gemeinschaft** ist iR des TrenngsUnterh § 1578 Nr 7 nicht entspr anwendb, da vor rechtskr Scheidg kein „ehegleiches" Verh bestehen k (Mü FamRZ **98**, 1589); die neue Gemsch kann sich aber beim Bed auswirken (zur Anrechg fiktiver Eink vgl § 1577 Rn 14 ff) od zur entspr Anwendg des § 1579 Nr 6 führen (s dort Rn 27, 34 ff).

71 **9)** Ein **Verzicht** auf den TrenngsUnterh für die Zukunft ist ausgeschl, für die Vergangenh aber mögl (Göppinger/Börger/Miesen § 5 Rn 168). **Nichtgeltendmachung** allein führt nicht zum Verz (BGH FamRZ **81**, 763; zur Möglichk von Vereinbgen BGH FamRZ **97**, 487).

72 **10) Beweislast.** Der Ber muß seine Bedürftigk u die eLV, der Verpfl seine LeistgsFähigk darl u bew (BGH NJW **80**, 393/5; Karlsr FamRZ **97**, 1011; Kln FamRZ **98**, 1427). Der Verpfl muß bew, daß vom Ber nach dessen pers Verh eine ErwTätigk nicht erwartet w kann (JHBü Rn 159; str). Besteht eine ErwObliegenh, trägt die Darl- u BewL für hinreichde Bemühgen – ggf auch deren Erfolglosigk (BGH NJW **86**, 718; vgl auch BGH FamRZ **88**, 256) – der dazu Verpfl; dazu muß er in nachprüfb Weise vortragen, welche Schritte er in welchem zeitl Abstand im einz unternommen hat (BGH FamRZ **93**, 789; NJW **96**, 517; vgl Rn 41). Für die Darl- u BewL ist die Sphärentheorie zu beachten. Steht fest, daß sich der UnterhPfl unzureichd um Arb bemüht hat, muß er darl u bew, daß seine (hypothet) Bemühgen chancenlos gew wären (Brschwg NJW-RR **96**, 454). Das ZusLeb mit einem neuen Partn muß der Verpfl bew; der Ber muß ggf den Vortrag des Verpfl widerlegen, er erbringe dem Partn VersorggsLeistgen u müsse sich dafür eine Vergütg anrechnen lassen (BGH NJW **95**, 717). VerwirkggsGrde muß der Verpfl darl u bew (BGH NJW **91**, 1290). Der UnterhPfl trägt die Darl- u BewL, ob es sich bei einer bereits in der Ehe ausgeübten Tätigk um keine zumutb Tätigk handelt (BGH FamRZ **98**, 1501). Vgl §§ 1578 Rn 81, 1581 Rn 27.

1361 a *Hausratsverteilung bei Getrenntleben.*

I Leben die Ehegatten getrennt, so kann jeder von ihnen die ihm gehörenden Haushaltsgegenstände von dem anderen Ehegatten herausverlangen. Er ist jedoch verpflichtet, sie dem anderen Ehegatten zum Gebrauch zu überlassen, soweit dieser sie zur Führung eines abgesonderten Haushalts benötigt und die Überlassung nach den Umständen des Falles der Billigkeit entspricht.

II Haushaltsgegenstände, die den Ehegatten gemeinsam gehören, werden zwischen ihnen nach den Grundsätzen der Billigkeit verteilt.

III Können sich die Ehegatten nicht einigen, so entscheidet das zuständige Gericht. Dieses kann eine angemessene Vergütung für die Benutzung der Haushaltsgegenstände festsetzen.

IV Die Eigentumsverhältnisse bleiben unberührt, sofern die Ehegatten nichts anderes vereinbaren.

1 **1) a) Zweck:** Nach der Vorschr soll der Gebr v HaushGgsten zw Eheg (nicht auch zw neLebPartn, vgl § 1361 b Rn 4) einstw – ohne Veränderg der EigtVerh – geregelt w können (Karlsr FamRZ **88**, 1186; Hamm
2 FamZ **92**, 208 u 337; Ffm FamRZ **94**, 177). – **b) Inhalt:** Beschränkg auf einz Ggste hier mögl (Bekanntgabe des übr Hausr nicht erfdl, Düss FamRZ **99**, 1270); WiederAufn der eLG soll dch Verteilg des ges Hausr nicht erschwert w. Eine Ermächtigg des FamG zur RGestaltg mit Außenwirkg ggü Dr besteht bis zur Scheidg nicht, selbst wenn der and Eheg einverst ist. Das HausrVerf dient nicht zur vermrechtl AuseinandS; keine AO der Herausg von Bargeld, Sparbüchern, WertPap uä mögl (Hamm FamRZ **80**, 708).

3 **2) Haushaltsgegenstände** sind (wie in HVO 8, §§ 1368, 1932) alle Ggste, die – unabhäng v AnschaffgsMotiv (Düss FamRZ **86**, 1132), Wert (BGH NJW **84**, 1758) u EigtVerh – nach den Verm- u LebVerh der Eheg u Ki für ihr ZusLeb sowie für die Wohn- u Hauswirtsch best sind (BGH FamRZ **84**, 144 u 575).
4 Dazu gehören: **a)** WoEinrichtg einschl Gartenmöbel, Geschirr, Wäsche; Radio u TV (Düss MDR **60**, 850; BayObLG FamRZ **68**, 319), Film- und Videogeräte; Bücher zur Unterhaltg od f das AllgWissen (KG FamRZ **60**, 71: Lexikon); bei gem Nutzg dch die Fam: PC (Hbg FamRZ **90**, 1118); Musikinstrumente (BayObLG **52**, 279); Räder, Sportgeräte, Segel- (LG Ravensbg FamRZ **95**, 1585) od Motorboot; ebso KunstGgste u Antiquitäten zur Ausschmückg der Wo (Bambg FamRZ **97**, 378), nicht aber als Kapitalanlage.
5 – **b) Pkw** ist Hausr, wenn er aGrd gemeins ZweckBest der Ehel überwiegd für das fam u ehel ZusLeb genutzt w u im wesentl nicht den pers Zwecken nur eines Eheg dient (BayObLG FamRZ **82**, 399; Hamm FamRZ **90**, 54; Hbg FamRZ **90**, 1118; Zweibr FamRZ **91**, 848; Düss FamRZ **92**, 14445; Oldbg FamRZ **97**, 942 LS). Unerhebl, wer Eigtümer od Halter des Pkw ist (BGH NJW **78**, 1854; FamRZ **83**, 794; FamRZ **91**, 43) od ob der Pkw geleast ist (Stgt FamRZ **95**, 1275), u ob er zur Führg eines abgesond Haush benötigt w (AG Freibg FamRZ **98**, 1231). Das gilt auch für **Wohnwagen** od **Wohnmobil** (LG Stgt FamRZ **78**, 703; Kln FamRZ **92**, 696; Kbl FamRZ **94**, 1255; Hamm MDR **99**, 615; abw Düss FamRZ

92, 60). Wird er für den gemeins Urlaub angeschafft, ist er Hausr u fällt nicht in den ZugewAusgl. Währd der NutzgsDauer muß der NutzgsBerecht die Kosten für Steuer u Vers des Fzg tragen (Mü FamRZ **98**, 1230), ggf ist es von ihm vollkasko zu vers (Kbl FamRZ **91**, 1302). Ob zusätzl eine NutzgsVergütg in Betr kommt, richtet sich nach den beiders Eink- u VermVerh. – **c)** Bei **eingebauten Einrichtungsgegenständen** kommt es für die Zuordng als HaushGgst darauf an, ob es sich um Normteile handelt, die ohne großen Kostenaufwand ausgebaut u anderw wieder eingebaut w können – dann idR Hausr –, oder ob der Ggst dch den Einbau wesentl Bestandt des Gbdes (§ 94 II) gew ist; das wird regional unterschiedl beurteilt (vgl Zweibr NJW-RR **89**, 84; FamRZ **93**, 82; Hamm NJW-RR **89**, 333; FamRZ **91**, 89; **98**, 1028; Celle NJW-RR **89**, 913; Kln NJW-RR **91**, 1077; Karlsr NJW-RR **86**, 19 u **88**, 459). – **d)** Enstpr Anwendg bei Vorräten (Quambusch FamRZ **89**, 691). – **e)** Als „Ggst" gelten nach hM auch auf Hausr gerichtete Anspr (Hamm FamRZ **90**, 531), zB NutzgsRe, HerausgAnspr wg HausrGgst gg Dr, auch aus §§ 1368, 1369 (BayObLG FamRZ **65**, 331), aus VorbehKauf (BayObLG FamRZ **68**, 320), ErsAnspr gg Dr aus HausrVers ua (Ffm FamRZ **81**, 375; Kln FamRZ **93**, 1462), SchadErsAnspr gg Dr (nicht Eheg untereinand, vgl BGH FamRZ **80**, 45; **83**, 794). – **f) Keine Haushaltsgegenstände** sind die zum **persönlichen Gebrauch** best u den ind Interessen od berufl Zwecken eines der Eheg dienenden Sachen (BayObLG FamRZ **82**, 399; Düss FamRZ **78**, 358; **83**, 514; **86**, 1134: Münzsammlg; Karlsr FamRZ **79**, 609; Hamm FamRZ **80**, 683: Briefmarkenalbum; **93**, 211; Bambg FamRZ **97**, 378). Entsch ist die ZweckBest u Nutzg (nicht Eigt) im EinzFall. Die **Begrenzung auf Haushaltsgegenstände** ist bes wg der RWegspaltg unbefriedigd (JHBr Rn 75 ff). – **g)** Für **Haustiere** kann eine sinngem Anwendg angezeigt sein (Schlesw u Zweibr NJW **98**, 3127 u FamRZ **98**, 1432: Hund; JHBr Rn 23 mwN), aber kein „UmgangsR" im HausrVerf (Schlesw aaO; aA AG Bad Mergentheim NJW **97**, 3033; dazu Schneider MDR **99**, 193; Niepmann MDR **99**, 653/8; Büttner FamRZ **99**, 761).

6 7 8 9 10

3) Voraussetzungen: Begr **Getrenntleben** wie in § 1567 (s dort). Die **Gründe der Trennung** können nur iR der BilligkPrüfg (I 2, II) berücks w. 11

4) Herausgabe bei Alleineigentum (I). a) Nach **I 1** kann jeder Eheg grdsl die in seinem AlleinEigt (dazu BGH FamRZ **84**, 557; BayObLG FamRZ **68**, 319) stehden HausrGgste vor dem FamG herausverl. Nach hM ist § 1361 a für eine NutzgsRegelg **lex specialis gegenüber § 985** (BGH **67**, 217/9; vgl JHBr Rn 24 mwN). Der HerausgAnspr des Eigtümers ist pfändb, sofern nicht der and Eheg einen ÜberlassgsAnspr nach I 2 entgghalten k. Zur VfgBerechtigg vgl § 1369 Rn 1. – **b) Verpflichtg zur Gebrauchsüberlassg bei AlleinEig. I 2** normiert ein eig, auf § 1353 beruhdes BesR des Eheg an Ggsten, die im AlleinEigt des and Eheg stehen. Ggü dem auf § 985 gestützten HerausgVerl kann der and Eheg nur einwenden, daß er best HausrGgste zur Führg eines abgesond Haush benötigt. **Abgesondert** ist ein Haush, wenn der Eheg einen vom ehel LebBereich räuml getr WoBereich innehat. Welche Ggste zur **Führung** eines abgesond Haush benötigt w, richtet sich nach den eLV (vgl BayObLG FamRZ **72**, 139; Kln FamRZ **80**, 249 u **86**, 703). Ein ÜberlassgsAnspr besteht nur, soweit die Überl der **Billigk** entspr. Dabei sind bes die Bedürfn der Ki zu berücks. Bei der BilligkPrüfg können VerschGesichtspkte nach Maßg des § 1579 iVm § 1361 III Berücks finden (JHBr Rn 30–32 mwN). Hat ein Eheg die Wo verlassen, kann er nicht verl, daß ihm der and Eheg eine den bish LebVerh entspr Wo einrichtet od die zur Führg eines abgesond Haush erfdl Ggste anschafft, um sie dem weichden Eheg zu überl. – **c)** Die Ggste w **zum Gebrauch** überl. Mit der Überlassg w der Eigtümer mittelb, der and Eheg unmittelb Besitzer (wichtig wg ZPO 739). – **d)** Der Eigtümer-Eheg ist nur zur Überlassg verpfl. Der and Eheg hat, vorbeh BilligkPrüfg, für den **Transport** zu sorgen u dessen Kosten zu tragen (vgl LG Aachen FamRZ **80**, 996). Der ÜberlAnspr bezieht sich nur auf vorh Ggste. § 1361 a gibt **keinen Beschaffungsanspruch**. Der ÜberlAnspr gem I 2 ist höchstpers u daher nicht pfändb.

12 13 14 15

5) Die **Verteilung gemeinsamen Hausrats (II).** Für die EigtVerh gilt die Vermutg gem HVO 8 II analog. And als nach I 2 ist nicht erfdl, daß die Ggste zur Führg eines abgesond Haush benötigt w. IFv II wird Hausr nach Billigk verteilt. Das FamG kann eine Übereigng nicht anordnen (IV); eine Übertr zu AlleinEig erfordert eine Übereigng nach allg Grds. 16

6) Nutzungsvergütung (III 2). Für die NutzgsÜberlassg kann nach Billigk, insb den beiders Eink- und VermVerh, eine angem NutzgsVergütg vom FamG festgesetzt w. **Höhe:** Stgt FamRZ **92**, 1146; **93**, 1461 (Pkw); vgl JHBr Rn 40. Der VergütgsAnspr ist pfändb. 17

7) Weder § 1361 a noch die HausrVO normieren einen Anspr für einen dem HausrVerf vorangehden Anspr auf **Auskunft** üb den Bestand der HausrGgste. IdR wird hierfür das RSchutzbedürfn fehlen (Düss FamRZ **85**, 1252, 1153; Celle FamRZ **86**, 490); Ausn gem §§ 1353, 242 (vgl KG FamRZ **82**, 68; Düss FamRZ **87**, 81; Ffm FamRZ **88**, 645; Bambg FamRZ **92**, 332). 18

8) Eigenmächtig von einem Eheg entfernte HausrGgste können von dem and analog § 1361 a – ggf dch vorlAO (HVO 13 IV iVm HausrVerf) – verl w, sofern es sich nicht um Ggste handelt, die der auf Herausg in Anspr gen Eheg zur Deckg seines nötigsten Bed selbst braucht (zur Streitfrage JHBr Rn 58 ff mN u FuR **96**, 229 ff mFällen). 19

9) Zum **Verfahren** vgl HVO 13. **Zuständig** ist das FamG (HVO 11), dgg für Kl auf Herausg des pers Bed das ProzG (Düss FamRZ **78**, 358), ebso für den RückgAnspr aus SchenkgsWiderruf od Wegfall der GeschGrdl hins ererbter Möbel (Celle FamRZ **97**, 381). Einzelh JHBr Rn 42 ff mwN. 20

1361 b ***Zuweisung der Ehewohnung bei Getrenntleben.*** **I Leben die Ehegatten getrennt oder will einer von ihnen getrennt leben, so kann ein Ehegatte verlangen, daß ihm der andere die Ehewohnung oder einen Teil zur alleinigen Benutzung überläßt, soweit dies notwendig ist, um eine schwere Härte zu vermeiden. Steht einem Ehegatten allein oder gemeinsam mit einem Dritten das Eigentum, das Erbbaurecht oder der Nießbrauch an dem**

Grundstück zu, auf dem sich die Ehewohnung befindet, so ist dies besonders zu berücksichtigen; Entsprechendes gilt für das Wohnungseigentum, das Dauerwohnrecht und das dingliche Wohnrecht.

II Ist ein Ehegatte verpflichtet, dem anderen Ehegatten die Ehewohnung oder einen Teil zur alleinigen Benutzung zu überlassen, so kann er vom anderen Ehegatten eine Vergütung für die Benutzung verlangen, soweit dies der Billigkeit entspricht.

Rspr-Berichte: Brudermüller FamRZ **87**, 109; FamRZ **99**, 129 ff u 193 ff.

1 **1) a) Zweck:** Dch die 1986 eingef Vorschr wurde die Lücke geschl, die sich daraus ergab, daß das Ges
gem § 1565 II für die Scheidg grdsl das 1 jähr GetrLeb der Ehel fordert, ands die Zuweisg der EheWo dch
einstwAO in ZPO 620 S 1 Nr 7, 620 a II 1 idR von der Einleitg eines – schlüss noch nicht begründb –
ScheidgsVerf abhäng macht (vgl Brudermüller NJW **84**, 2560 mN). Der GesGeber wollte die Ehel von dem
Zwang befreien, eine Scheidg einl zu müssen, um eine WoZuw erreichen zu können (BT-Drucks 10/2888
S 16). Die Inanspruchn gerichtl Hilfe darf aber nicht dazu „mißbraucht" w, ledigl eine spät Scheidg
2 vorbereiten zu wollen (zum Probl vgl JHBr Rn 3 mwN u zu Reformen dort Rn 75 ff). – **b) Inhalt: aa)** Die
mit dem Begr „schwere Härte" vom GesGeber (s Rn 8) **hoch angesetzte „Eingriffsschwelle"** soll die
destabilisierende Wirkg einer WoZuw auf AusnFälle beschr. § 1361 b ermöglicht nur eine **vorläufige Regelung** der NutzgsVerh an der Wo. Es kann weder eine endgült WoZuw noch eine Umgestaltg des MietVerh
mit einem Dr, insb dem Verm, erfolgen, selbst wenn Einigk zw den Eheg besteht, so daß auch bei Zust des
and Eheg keine Gestaltg des MietVertr entspr HVO 5 II mögl ist (Kln FamRZ **94**, 632; HVO 5 Rn 3). –
3 **bb) I 2** dient nicht der Wiedererlangg des Bes zZw der WoVeräußerg od Vermietg wg der FinLasten (Kln
FamRZ **97**, 943; Hamm FamRZ **98**, 1172; Karlsr NJW-RR **99**, 730; aA Hbg FamRZ **96**, 1298 f.; Hdb-Gerhardt/Klein VIII Rn 70), auch nicht zur Aufhebg mietvertragl Pfl des and EheG (Mü FamRZ **96**, 674),
da diese spez famrechtl Vorschr nach ihrem Zw (Rn 1) nur eine vorläuf BenutzgsRegelg für die TrenngsZt
4 unter Berücks der EigtVerh, nicht aber den Schutz des (Mit-) Eigtümers verfolgt. – **cc)** Trotz fehlder
ScheidgsAbs kann eine WoZuw nach § 1361 b in Betr kommen (str; aA Bambg FamRZ **92**, 1299; Diederich-
5 sen 58. Aufl.Rn 1). – **c) Anwendung** der §§ 1361 a, b (wie HVO) **nur bei Ehegatten,** nicht bei neLeb-Partn (FamRZ **94**, 207 mN). Zum Reformbedarf JHBr Rn 75 ff, 85. **Geltung** auch in der früh DDR (KG
FamRZ **92**, 1430). Zum **IPR:** Übbl FamRZ **99**, 194/204 mN.

6 **2) Regelungsgegenstand.** Als **Ehewohnung** gelten Räume, welche die Ehel zum Wohnen benutzten od gemeins bewohnt h od die dafür nach den Umst best waren, uU sogar eine Gartenlaube (BGH FamRZ **90**, 987), nicht dagg ausschl gewerbl od berufl (zB als Praxis) benutzte Räume. Zur Wo gehören die Nebenräume (Keller, Speicher, Garten, Garage usw). Vorauss ist, daß die Räumlk von den Eheg schon vor ihrer Trenng überw zu WoZwecken benutzt wurde. Eine regelm zeitw Nutzg der Wo dch die Ehel reicht aus. Auch ein Wochenendhaus od eine FerienWo können danach als EheWo anzusehen sein. Nicht erfdl ist, daß nur diese Wo den LebMittelpkt darstellt (str; aA Mü FamRZ **94**, 1331; Diederichsen 58. Aufl. HVO 1 Rn 11; offen BGH FamRZ **90**, 987; Naumbg FamRZ **94**, 389; vgl JHBr Rn 7 mwN). Unerhebl ist, ob nur ein Eheg Eigtümer od Mieter ist, ob das NutzgsR an der Wo dch VerwAkt begr wurde (Stgt FamRZ **90**, 1354; Karlsr Just **90**, 399) od ob es sich um eine Wo handelt, die nach der Satzg einer Genossensch od eines Vereins nur für Mitgl best ist (Mü FamRZ **91**, 1452; vgl BVerfG FamRZ **91**, 1413). Auf GeschRäume, auch wenn sie nicht von der EheWo abgetr sind, findet § 1361 b keine Anwendg. Allein dch den Auszug wg bestehder ehel Spanngen verliert die Wo nicht ihren Charakter als EheWo (BayObLG FamRZ **86**, 1019; Mü FamRZ **86**, 1019; Hamm FamRZ **89**, 739; Bambg FamRZ **90**, 1353; KG FamRZ **91**, 467; Celle FamRZ **92**, 676; Kln FamRZ **94**, 632; Karlsr OLGR **99**, 193); eine WoZuw kommt aber nicht mehr in Betr, wenn der ausgezogene Eheg bereits das MietVerh gekündigt hatte (KG NJW-RR **93**, 132)

7 **3) Voraussetzungen. a)** Begr des **Getrenntlebens** wie in § 1567 I. Subj ist erfdl, daß die häusl Gemsch
zumind von einem der Eheg abgelehnt w (str; vgl JHBr Rn 7 mN). TrenngsAbs reicht aus, wobei auch der
8 Eheg WoZuw an sich begehren kann, der seiners die Trenng nicht betreibt. – **b) Schwere Härte. aa)** Der
Begr entspr der Sache nach dem der „unbill Härte" in HVO 3 I (u sollte de lege ferenda darauf zurückgeführt
werden, um einen größeren Spielraum zu lassen). Der GesGeber des UÄndG wollte mit der and Formulierg
den AusnCharakter des § 1361 b hervorheben (BT-Drucks 10/2888 S 5, 16). Die Zuweisg der EheWo an
einen Eheg allein bereits währd des GetrLeb verletzt das aus dem Wesen der Ehe hergeleitete u grdsl bis zur
Scheidg fortbestehde BesR des and u muß daher ultima ratio sein. Dementspr ist eine schwere Härte nur
anzunehmen, wenn der Eheg, der aus der Wo vollständ hinausgewiesen w soll, **in grob rücksichtsloser
Weise** (Karlsr FamRZ **91**, 1440; Brdbg FamRZ **96**, 743) dch erhebl Belästiggen das Wohnen für den and u/
od die Kinder **unerträglich** macht (vgl KG FamRZ **87**, 850; Düss FamRZ **88**, 1058; Hamm FamRZ **89**,
739, 740; Bambg FamRZ **90**, 1353; Schlesw FamRZ **91**, 82 u 1301; Celle FamRZ **91**, 439,440; Ffm FamRZ
96, 289; Mü FamRZ **96**, 730; krit Coester FamRZ **93**, 249). Dabei ist eine unmittelb Gef für Leib u Leb
nicht Vorauss. Ands ist bl Unbequemlichk nicht ausr. Es kommt im EinzFall auf eine **Gesamtabwägung** an
(vgl Rn 18), bei der auch der Zshg zw SorgeRegelg u WoZuw (Partner- u Kinderschutz) zu berücks ist. Das
9 VerhMäßigkPrinzip ist zu beachen; auch der Gedanke des RMißbr (vgl BT-Drucks 10/2888 S 16). **Fälle:**
schwere körperl Mißhandlg der FamMitgl (Kln FamRZ **96**, 1220: Mißhdlg des 1 jähr Ki), schwere Störgen
des FamLeb zB wg Alkohol- od DrogenMißbr (Kbl FamRZ **87**, 852; Schlesw FamRZ **91**, 1301; Karlsr
FamRZ **91**, 1440; Celle FamRZ **92**, 676); Terrorisierg der Fam aufgrd psych Erkrankg (Hamm FamRZ **97**,
301); Ängstigg dch MordDrohg (Karlsr FamRZ **91**, 1440); verbotene Eigenm ggü krankem Eheg (Hamm
10 FamRZ **96**, 1441); dauernde Störg der Nachtruhe (Düss FamRZ **88**, 1058). **Dagegen** schwere Härte
verneint: bl Absicht der WoVeräußerg (Hamm FamRZ **98**, 1172); Unannehmlichk u Belästigg, wie sie
iZshg mit einer in Auflösg befindl Ehe regelm auftreten (Hbg FamRZ **93**, 190); wenn Neigg zu Gewalttätigk
11 nicht angen w kann (Mü FamRZ **96**, 730: verneint bei RA !). – **bb)** Dem **Wohl der Kinder,** auch StiefKi
(KG FamRZ **91**, 467; Schlesw FamRZ **91**, 1301), kommt entsch Bedeutg zu (Bambg FamRZ **95**, 560 u **96**,
1293; Celle FamRZ **92**, 465; Düss FamRZ **88**, 1058; Karlsr FamRZ **91**, 1440; KG FamRZ **87**, 850 u **91**,

467; Kln FamRZ **92**, 322; Kblz NJW-RR **91**, 522; Hbg FamRZ **91**, 1317; Hamm FamRZ **93**, 1441 u 1442; Ffm FamRZ **93**, 1343 u **96**, 289); ebso gesundh Grde (Hamm FamRZ **93**, 1441; Jena FamRZ **97**, 559: TumorErkrankg). Schwere GesundhGefährdg des Ki ist nicht Vorauss (Karlsr OLGR **98**, 112; so aber Düss FamRZ **88**, 1058). – **cc) Zeitmoment.** Bei längerer Dauer der Trenng (üb 1 J) sind idR geringere **12** Anfordgen an die schwere Härte zu stellen (Bambg FamRZ **90**, 1353). – **dd)** Auch bei **freiwilligem Auszug** **13** sind die HärteVorauss zu prüfen (Hamm FamRZ **98**, 1172), der besitzrechtl „Vorsprung" des verbliebenen Eheg rechtf allein nicht die WoZuw an ihn (Düss FamRZ **98**, 1171). Die „Eingriffsschwelle" kann aber höher anzusetzen sein (Kln FamRZ **87**, 77 u **96**, 547). – **ee) Verschulden.** Die Motive der Trenng u die Grde für **14** das Scheitern der Ehe sind grdsl nicht von Bedeutg, es sei denn, daß das Fehlverhalten eines Eheg derart schwer ins Gewicht fällt, daß die NichtBerücks dieses Umst zu einem grob unbill Ergebn führen würde (vgl KG FamRZ **88**, 182; AG Weilburg FamRZ **92**, 191 bei ProzBetrug). Hierbei sind im wesentl die NormVorstellgen maßg, die der Regelg des § 1579 zugrdeliegen. Eine WoZuw an den für die unerträgl WoSituation hauptsächl verantwortl Eheg wird kaum in Betr kommen – zumal wenn keine KiBelange zu berücks sind (Kbl FamRZ **87**, 852; Düss FamRZ **88**, 1058; Bambg FamRZ **90**, 1353; Karlsr FamRZ **91**, 1440) –, u erst recht dann nicht, wenn er sich, ohne daß der and Eheg dazu Veranlassg gegeben hat, einseit aus der Ehe lösen will (BT-Drucks 10/2888 S 16: RMißbr). Überwiegen die KiInteressen (Rn 11) deutl, müssen Schulderwäggen zurücktreten (Bambg FamRZ **95**, 560). – **ff)** Die **Aufnahme eines neuen Partners** in die EheWo **15** kann als schwere Härte anzusehen sein, die eine WoZuw an den and Eheg zur allein Benutzg rechtf k (Hamm FamRZ **93**, 1442; vgl auch Bambg FamRZ **95**, 560). – **gg) Wechselseitiges Verhalten.** Eine WoZuw setzt **16** nicht voraus, daß die Ursache der unerträgl Umst ausschl od überw von dem and Eheg ausgeht. Die WoZuw an einen Eheg ist auch dann mögl, wenn die AuseinandS nicht überw auf das Verhalten des and zurückzuführen sind (vgl Kblz FamRZ **87**, 852; Düss FamRZ **88**, 1058; Bambg FamRZ **90**, 1353; Jena FamRZ **97**, 559). Hat auch der ASt die Integrität des and nachhalt verletzt, kann die „Eingriffsschwelle" höher liegen (vgl Ffm FamRZ **87**, 159). Tragen beide Eheg an der unerträgl WoSituation gleicherm die Schuld (od läßt sich die Einseitigk eines Versch nicht feststellen), wird es – vorbehaltl des KiWohls – darauf ankommen, welchen Eheg der Verlust der Wo pers od berufl härter trifft, u welcher Eheg wirtsch eher in der Lage ist, eine angem ErsWo zu finden. Bei beiders schwerer Härte kann die für den einen Eheg letztl entsch Belastg auch dazu führen, daß die dem weichden Eheg gewährte RäumgsFr nicht üb einen längeren Ztraum ausgedehnt w (Mü FamRZ **98**, 1170). – **hh) Dingliche Rechtspositionen** (zB Allein- od MitEigt mit Dr, Nießbr, ErbbauR, **17** DauerwohnR, dingl WohnR) führen zur Herabsetzg der Härteschwelle (Kln FamRZ **94**, 632), zumal wenn sie schon vor der Eheschl bestanden (Hamm FamRZ **89**, 739).

c) In die **Gesamtabwägung** sind alle wesentl Umst des EinzFalls einzubeziehen, die das Verh der Eheg **18** zueinander, ihre ggwärt LebBdggen und ihre Beziehgen zu der EheWo betr. Dazu gehören als **Kriterien** bes das **Alter** der Eheg u ihr **Gesundheitszustand** (Kblz FamRZ **87**, 852; KG FamRZ **91**, 467; Celle FamRZ **92**, 465; Jena FamRZ **97**, 559), insb dann, wenn ein Eheg auf die bes Lage der Wo angewiesen ist (vgl Hamm FamRZ **93**, 1441) sowie ihre **Einkommens- und Vermögensverhältnisse** (Karlsr FamRZ **81**, 1087; KG FamRZ **88**, 182; AG Kerpen FamRZ **97**, 420). Entsch kann letztl der Umst sein, daß ein Eheg die Wo schon vor der Heirat bewohnt od EigLeistgen zum Auf- od Ausbau der Wo erbracht hat (KG aaO). Auch das Verhalten des einen Eheg ggü dem and zur Dchsetzg seiner vermeintl Rechte kann entscherhebl sein, bes bei Ausübg von Zwang od bei verbotener Eigenm (vgl Hamm aaO) od bei ständ u schwerwiegder Hinwegsetzg üb eine verbindl vereinb Regelg der WoAufteilg (Brnschw NJW-RR **96**, 578).

d) Die für die BilligkAbwägg relevanten Umst müssen detailliert vorgetragen w (vgl Hamm FamRZ **89**, **19** 739; Karlsr FamRZ **91**, 1440; Kln FamRZ **94**, 632; Brdbg FamRZ **96**, 743, 744; strenger Düss FamRZ **88**, 1058; vgl JHBr Rn 18,19).

e) Im Härtefall kann die **Räumungsfrist** (vgl HVO 15 Rn 1) auch dann nicht üb einen längeren Ztraum **20** ausgedehnt w, wenn die Räumg für den and Eheg ebenf eine schwere Härte darstellt (Mü FamRZ **98**, 1170).

4) Bei **verbotener Eigenmacht** ist § 1361 b analog anwendb mit der Maßg, daß der RegelgsGehalt des **21** possessor BesSchutzes einbezogen w (ähnl Menter FamRZ **97**, 76/80; näher JHBr Rn 47–51 mwN).

5) Aufteilung kann uU nach dem VerhältnismäßigkPrinzip (Rn 8) in Betr kommen (Ffm **87**, 159; **96**, **22** 289; Zweibr FamRZ **87**, 508; Düss FamRZ **88**, 1058). Dazu bei HVO 6.

6) Nutzungsvergütung (II): a) Zweck ist eine Entschädigg des aus der Wo verdrängten Eheg für den **23** Verlust einer RPosition, denn bis zur rechtskr Scheidg hat ein Eheg ein aus dem Wesen der Ehe (vgl § 1353 Rn 6) folgdes BesR an der EheWo, sol nicht eine abw Entsch ergangen ist (BGH NJW **78**, 1579; Ffm FamRZ **92**, 677). – **b)** Ist ein Eheg aGrd gerichtl Maßn **gemäß I** verpfl, die EheWo zu räumen u sie dem **24** and Eheg zu überlassen, kann er gem II eine NutzgsVergütg verl (Hamm FamRZ **93**, 191), soweit nicht ein WoWert (vgl § 1361 Rn 22,33 ff, § 1577 Rn 9 ff, 1578 Rn 8) bei der UnterhBerechng angesetzt w (vgl Gerhardt FamRZ **93**, 1139; Graba FamRZ **95**, 385; Winckelmann FuR **97**, 14 u 48; Pauling FPR **97**, 130; Brudermüller FamRZ **99**, 129/134 f). – **c) Isolierte Geltendmachung.** Der Grds gem Rn 24 gilt auch iF **25** einer Vereinbarung zum Auszug (Schlew FamRZ **88**, 722; Kln FamRZ **92**, 440 u FuR **98**, 431 II ist entspr auch anwendb, wenn der weichde Eheg weder gerichtl noch vertragl verpfl ist, dem and Eheg die Wo alein zu überlassen. **aa)** Bei **freiwilligem** Auszug eines Eheg nach endgült Trenng kann bei **Alleineigentum** eines **26** Eheg mangels and AnsprGrdl eine Vergütg **analog II** verl w (Schlesw FamRZ **88**, 722; Kln FamRZ **92,** 440; Ffm FamRZ **92**, 677/9; Brschw FamRZ **96**, 547/9; Mü FamRZ **99**, 1270; vgl Düss FamRZ **99**, 1271: §§ 1361 b II, 745 II analog; aA Kblz FamRZ **89**, 85; Bambg FamRZ **90**, 179; Hamm FamRZ **93**, 191; Diederichsen 58. Aufl. Rn 8; Erbarth NJW **97**, 974). – **bb)** Bei **Miteigentum** ergibt sich eine **Konkurrenz** **27** zw § 1361 b II (Zustdgk: FamG) u 745 II (Zustdgk: ProzGer). Nach stRspr des BGH (FamRZ **82**, 355; **94**, 822; **96**, 931/2) können beide Eheg nur eine Neuregelg (§§ 744, 745 II) nach billigem Erm verl (ebso Kblz FamRZ **89**, 85; Bambg FamRZ **90**, 179; Kln FamRZ **99**, 1272; Diederichsen NJW **86**, 1283 u 58. Aufl Rn 8; Erbarth NJW **97**, 974). Die NutzgsÄnderg beinhaltet dann incidenter auch einen Anspr auf Festsetzg

der Vergütg (BGH FamRZ **87**, 265). Nach zutr GgAns sollte § 1361 b II lex specialis zu § 745 II sein (so KG-R **96**, 271; MüKo/Wacke Rn 3; Hdb-Gerhardt/Klein VIII Rn 80). Das sollte der GesGeber regeln. Vgl
28 auch Wever FamRZ **96**, 905 mwN. – **d)** Gehört die Wo dem weichden Eheg allein od zus mit Dr (zB den SchwiegerElt), wird die Festsetzg einer NutzgsVergütg idR der **Billigkeit** entspr (BT-Drucks 10/2888 S 16; Hamm FamRZ **89**, 740; Bambg FamRZ **90**, 179; Mü FamRZ **90**, 530; Kln FamRZ **92**, 440; vgl auch Naumbg FamRZ **98**, 1529). Gg eine NutzgsVergütg kann uU sprechen, daß die mögl Trenng innerh der geräumigen Wo am Verhalten des sonst VergütgsBerecht gescheitert ist (Kln FamRZ **93**, 562) od daß dem verbleibden Eheg die AlleinNutzg aufgedrängt w (Hamm FamRZ **96**, 1476) od wg Versorgg des KleinKi nicht erwtät sein k (Kln FamRZ **97**, 943). Maßg sind die GesamtUmst des EinzFalls (Schlesw FamRZ **88**, 722). Zur Überprüfg der Billigk kann ein FeststellgsInteresse bestehen (aA Düss FamRZ **88**, 410 mA Gottwald). –
29 **e) Höhe:** BilligkEntsch, maßg insb wirtsch Verh u bish LebFührg der Eheg; auch die Höhe der Belastgen f die Wo u wer sie trägt (Ffm FamRZ **92**, 677; vgl Mü FamRZ **90**, 530; Celle FamRZ **92**, 465). IdR halber Mietwert (BayObLG FamRZ **74**, 22), aber auch darunter (Kln NJWE-FER **99**, 29 u 171). Bei „aufgedrängter" AlleinNutzg u schlechten wirtsch Verh kann ein Anspr auf NutzgsVergütg zumindest bis zum Ablauf des
30 TrenngsJ ausgeschl sein (BGH FamRZ **86**, 436/7; Hamm FamRZ **96**, 1476). – **f) Zeitpunkt.** NutzgsVergütg kann erst ab dem Ztpkt verl w, zu dem das Begehren geltd gem wurde, da der and Eheg Gelegenh h muß, sich auf das ZahlgsVerl einzustellen (Mü FamRZ **99**, 1270). (Kln FamRZ **92**, 440/1 u FuR **98**, 398; Brschw
31 FamRZ **96**, 548/9 Mü FamRZ **99**, 1270; iü Erbarth FamRZ **98**, 1007). – **g)** Für sonstige **Ausgleichszahlungen** (zB sog AbstandsZahlgen) des verbleibden Eheg bietet II keine AnsprGrdl (Hbg FamRZ **88**, 80; Hamm FamRZ **89**, 7; str; ausf Brudermüller FamRZ **89**, 7 mwN; aA Diederichsen 58. Aufl Rn 8).

32 **7) Verfahren** (Übbl FamRZ **99**, 129/194 ff; JHBr Rn 41–46 u Rn 52–74). Vgl HVO 13, dort auch zum vorl RSchutz u zur BewL. Zu den gerichtl RegelgsBefugn vgl HVO 15. Zur Vollstreckbk vgl HVO 16. Zur Abänderbk vgl HVO 17. Zu Kosten, GeschWert vgl Übbl FamRZ **99**, 199.

33 **8) Geltungsdauer, Überleitung.** Eine Regelg gem §§ 1361 a, b kann nur für die Dauer des GetrLeb getroffen werden; sie verliert ihre Wirksk, wenn die Ehe gesch w. Nach Anhängigk einer Ehesache kann das Verf in den Verbund (ZPO 623) einbezogen u als Folgesache geführt w, wenn der bish Antr auf vorl NutzgsRegelg in einen Antr auf endgült Regelg „fdF der Scheidg" geändert w. Bei Zurückweisg od Rückn des ScheidgsAntr kann einer Part auf Antr vorbeh w, eine bish als Folgesache anhäng WoZuwSache als isolierte FamSache (HVO 18 a) nach § 1361 b – beschränkt auf eine vorl NutzgsRegelg – fortzusetzen.

Anhang zu §§ 1361 a, 1361 b

Verordnung über die Behandlung der Ehewohnung und des Hausrats

Vom 21. Oktober 1944 (RGBl I 256),

zuletzt geändert durch Art. 11 des Gesetzes zur Änderung der Bundesrechtsanwaltsordnung, der Patentanwaltsordnung und anderer Gesetze vom 31. August 1998 (BGBl I 2600)

Übbl: Brudermüller FamRZ **87**, 109; **99**, 129 u 193.

Einführung

1 **1) Zweck:** Die HVO erging inf der WohnrVerknappg anläßl des Krieges u der Schwierigk der Beschaffg v Mobiliar u sonstigem Hausr (amtl Begr DJ **44**, 278) als 6. DVO zum EheG 1944. Sie bezweckt eine schnelle, zweckmäß u einf Regelg der RVerh an Wo u Hausr. Sie ist trotz Bedenken verfkonform, insb als Inh- u SchrankBest f Eigt an WoRaum (BVerfG-Ka NJW **92**, 106); gleichwohl insges reformbedürft (JHBr vor § 1 HVO Rn 2, 8, 10 mN).

2 **2) Rechtsentwicklung u Geltung:** Ändergen dch GleichberG u FamÄndG sowie dch 1. EheRG, wodch insb die Zustdgk des FamG begr wurde (VO 11 I). Inf der Aufhebg des EheG iR des EheschlRG wurde in der Überschrift der Klammerzusatz „6. DVO zum EheG" gestrichen. Damit hat der GesGeber zum Ausdr gebr, daß die HVO selbstd, dh als eigenstd RQuelle, fortgelten soll; mangels einer nach GG 80 I erfdl Ermächtigg u trotz der Weiterbezeichng als VO in Form eines einf Ges. Die HVO gilt auch im Gebiet der früh **DDR** (EG Art 234 § 4 Rn 18).

3 **3) Inhalt:** Die HVO regelt die RVerh an EheWo u Hausr **nach Scheidung** (für die Zt vor Einl des ScheidgsVerf: §§ 1361 a, 1361 b). Sie enth matrechtl Vorschr (VO 1–10), aber auch Verf- (VO 2, 11–19) u KostenVorschr (VO 20–23).

4 **4) Anwendungsbereich. a)** Zu einem HausrVerf kommt es **anläßlich der Scheidung,** u zwar entweder als **Scheidungsfolgesache** im VerbundVerf, üb die auf entspr Antr auch nur eines Eheg (vgl § 1 Rn 2 u § 13 Rn 2) zus mit der Scheidg entschieden w soll (ZPO 621 I Nr 7, 623 I, 629 I), dh es muß mind das ScheidgsVerf anhäng sein (Mü FamRZ **96**, 302), **oder** als **selbständiges Verfahren** in einer and FamSache
5 im Anschl an die rechtskr Scheidg. – **b)** Die HVO betr nur Streitigk zw gesch **Ehegatten,** nicht auch mit Dr. Auf **neLebG** ist sie **nicht anwendb** (vgl Einl 31 vor § 1297). Die VO ist sinngem auch nach **Aufhebung der Ehe** anzuwenden (VO 25; dazu JHBr dort Rn 1, 2), nicht aber bei Auflösg der Ehe dch Tod, so daß auch
6 ein bereits eingeleitetes Verf nicht fortgesetzt w kann. – **c)** Zur Anwendg der HausrVO für die AuseinandS gemsch Verm nach früh **DDR-Recht** vgl EG Art 234 § 4 Rn 15.

7 **5)** Das **Verfahren** ist wg der rechtsgestaltden Tätigk des Richters (VO 2) als Verf der **freiwilligen Gerichtsbarkeit** konzipiert (VO 13 I, ZPO 621 a I, 621 I Nr 7). Es best sich nach VO 11–19 u ZPO 621–630, VO 1 II. Vgl HVO 13 u Übbl FamRZ **99**, 129/194 ff. **Zuständig** ist das FamG (VO 11).

1. Abschnitt. Allgemeine Vorschriften

§ 1. *Aufgabe des Richters.* (1) *Können sich die Ehegatten anläßlich der Scheidung nicht darüber einigen, wer von ihnen die Ehewohnung künftig bewohnen und wer die Wohnungseinrichtung und den sonstigen Hausrat erhalten soll, so regelt auf Antrag der Richter die Rechtsverhältnisse an der Wohnung und am Hausrat.*

(2) *Die in Absatz 1 genannten Streitigkeiten werden nach den Vorschriften dieser Verordnung und den Vorschriften des Zweiten und des Dritten Abschnitts im Sechsten Buch der Zivilprozeßordnung behandelt und entschieden.*

1) HVO 1 umschreibt die **Aufgaben des Hausratsrichters,** der bei nicht erfolgter Einigg der Eheg (s Rn 2) iFd Scheidg angerufen w kann, **I. Zweck:** die Befriedigg aktuellen WoBed des ASt mit famgerichtl GestaltgsMöglk der VertrBeziehgen beider Eheg, u zwar and als bei §§ 1361 a,b auch im Verh zum Dr (vgl Karlsr FamRZ **81**, 182 u **93**, 821; Hbg FamRZ **90**, 651; Hamm FamRZ **93**, 574 u **94**, 388; aA Kln FamRZ **89**, 640; Mü NJW-RR **95**, 1474; Diederichsen 58. Aufl Rn 1). 1

2) Voraussetzungen: a) Keine Einigung der Ehegatten. Einigg setzt voraus, daß eine Entsch des FamG überflüss ist (näher JHBr Rn 7 mN u Übbl FamRZ **99**, 195). Desh liegt keine voll wirks Einigg iSv HVO 1 vor, wenn sich nur die Eheg geeinigt h, der Verm aber sein Einverständn mit der Fortsetzg des MietVerh nur mit einem Eheg verweigert (Mü FamRZ **86**, 1019; Hamm FamRZ **94**, 388; Kln FamRZ **99**, 672; vgl HVO 5 Rn 3). Hält sich einer der Eheg nicht an eine außergerichtl Vereinbg, kann das FamG regelnd eingreifen (Kln FamRZ **87**, 77). Bei einer bl **Teileinigung** darf nur noch üb den noch str Teil entsch w (Hamm FamRZ **90**, 1126: Pkw). Eine Einigg kann sich auch aus schlüss Verhalten ergeben, zB iF der endgült Aufgabe der EheWo (Ffm NJW **80**, 2262; Karlsr FamRZ **80**, 998; Kln FamRZ **83**, 1123 u **85**, 498). Eine Einigg ist nur dann VerfHindern, wenn sie bereits vollzogen ist (Kln FamRZ **87**, 77; vgl KG FamRZ **90**, 183) od zu einem vollstreckb Tit geführt hat (vgl JHBr Rn 10 mwN). Ob eine wirks Einigg vorliegt, ist vAw zu klären (HVO 13 I iVm FGG 12). Der **Streit, ob Einigung erfolgt** ist od sich auf best Ggst bezieht (Düss FamRZ **86**, 1132), ist Vorfrage im HausrVerf (Zweibr NJW-RR **93**, 649); keine Aussetzg u Verweisg auf den ProzWeg, sond Zustdgk des FamG (Brem FamRZ **63**, 366; Celle NJW **64**, 1861; Ffm FamRZ **91**, 1327; aA Hamm FamRZ **80**, 901: FeststellgsKl). Nichtaufklärg einer behaupteten Einigg kann in der höh Inst zur Aufhebg u Zurückverweisg führen (Zweibr FamRZ **93**, 82). Dagg sind **Ansprüche aus der Einigung der Ehegatten** (auf Räumg od Vergütg) vor dem ProzG einzuklagen (hM; FamRZ **74**, 197; Zweibr FamRZ **87**, 1054). 2

b) Regelungsgegenstände: EheWo, WoEinrichtg u and Hausr, wobei die eigt- u güterrechtl Verh f die BegriffsBest außer Betr bleiben. Zu den Begr EheWo: § 1361 b Rn 5, Hausr: § 1361 a Rn 6–10. 3

§ 2. *Grundsätze für die rechtsgestaltende Entscheidung.* *Soweit der Richter nach dieser Verordnung Rechtsverhältnisse zu gestalten hat, entscheidet er nach billigem Ermessen. Dabei hat er alle Umstände des Einzelfalls, insbesondere das Wohl der Kinder und die Erfordernisse des Gemeinschaftslebens, zu berücksichtigen.*

1) Der FamRi trifft in einer Art richterl VertrHilfe eine **rechtsgestaltende Entscheidung** (Scharf- 1
schwerdt-Otto, GestaltgsMöglkten u Bindg des bill Ermess im HausrVerf, 1992). – **a)** Der Grds, daß im 2
Streitfall das Ger **nach billigem Ermessen** entsch, ist eingeschränkt (vgl HVO 3–7 u 8–10) u zT ausgeschl (zB f die Vorfrage der EigtFeststellg, BayObLG **52**, 279). Die Entsch ist für Ger u VerwBeh bindd (HVO 16
I 2). – **b)** Ausfl der ErmFreih ist die Befugn, dem begünstigten Eheg zG des ausziehden Eheg eine **Aus-** 3
gleichszahlung aufzuerlegen, um ihm das Finden einer ErsWo zu erleichtern (Karlsr FamRZ **81**, 1087) od um den verbleibden Eheg die Umzugskosten des and tragen zu lassen (BayObLG FamRZ **65**, 513; **70**, 33; **74**,
22; aA Hamm FamRZ **93**, 1462 mN). – **c)** Entsch erfolgt regelm nach **mündlicher Verhandlung,** bei der 4
die Beteil nach Möglk anzuhören sind (HVO 7 u 13 Rn 5). – **d)** Maßg für die zu berücks Umst ist der 5
Zeitpunkt der BeschlFassg (BayObLG **56**, 370), wobei aber voraussehb Entwicklgen (zB Wiederheirat) zu
berücks sind (BayObLG **56**, 375). – **e) Teilentscheidungen** sind nicht zul (Zweibr FamRZ **83**, 1148). ZbR 6
(§ 273) aus and Fdgen, zB ZugewAusglAnspr, sind mit dem Zweck der HVO nicht vereinb (BayObLG FamRZ **75**, 421; Hamm FamRZ **81**, 875).

2) Es sind alle Umst des EinzFalls zu berücksichtigen. **S 2** führt nur Bsp auf („insb“). Das **Wohl der Kinder** 7
steht – wie bei § 1361 b (dort Rn 11 mwN) – an oberster Stelle, so daß dem sorgeberecht EltT meist auch die Wo u der für die Ki erfdl Hausr zuzuweisen sein w, um ihnen ihre Umwelt zu erhalten u weil dem dann alleinstehden Eheg nach den Verh des WoMarkts ein Umzug eher zuzumuten ist (KG **67**, 631 u FamRZ **91**,
467: auch StiefGeschw; Karlsr FamRZ **81**, 1087). Nach den **Erfordernissen des Gemeinschaftslebens** 8
(nicht: EheLeb) soll einem Eheg nicht die Möglk gen w, in der Nähe seiner ArbStelle zu wohnen; gemeint ist ferner die bessere Einfügg eines Eheg in die übr HausGemsch (BayObLG **55**, 205; **56**, 159 u 376); ferner der
WohnaumBed inf Wiederheirat (Stgt OLG **68**, 125). Die **Ursachen der Eheauflösung** sollen nach der auf 9
das 1. EheRG zurückgehden Neufassg nicht mehr berücks w; das hindert indes nicht, eindeut Fehlverhalten mitzuberücks (KG FamRZ **88**, 182). So kann zB gemeins Hausr demj Eheg zu AlleinEigt übertr w, der v dem
and dch ProzBetrug zu UnterhZahlg veranlaßt w ist (AG Weilbg FamRZ **92**, 191). Weitere zu berücks Umst 10
sind die **Eigentumsverhältnisse** (HVO 3), insb bei Verteilg des Hausr (HVO 8, 9), wobei im Hinbl auf den Normzweck, daß die Verteilg auch der Fortsetzg des bish LebZuschnitts dient (Düss FamRZ **87**, 1055), die Herkunft der Mittel für den Erw der HausrGgste (zB Erbsch) von geringerer Bedeutg ist; Aufw, die ein Eheg für die Wo allein erbracht hat; Möglk zur Beschaffg einer geeigneten ErsWo; die **wirtschaftlichen Verhältnisse** beider Ehel (BayObLG FamRZ **65**, 513); das Vorliegen einer Dienst- od WerkWo (HVO 4); die Notwk der Wo für den LebUnterh (zB Wo auf dem Pachthof); die Tats, daß ein Eheg die Wo schon vor der Eheschl bewohnte; daß nahe Angeh des einen Eheg im selben Haus wohnen (Hbg NJW **54**, 1892); welchem der beiden Eheg die Wiederbeschaffg von Wo od Hausr leichter fällt; die **persönlichen Verhältnisse,** insb Alter, GesundhZustand, Hilfsbedürftigk.

2. Abschnitt. Besondere Vorschriften für die Wohnung

Einleitung

Bei der EheWo ist **danach zu unterscheiden,** ob sie einem Eheg allein od gemeins mit einem Dr gehört (HVO 3) od ob sie im MitEigt beider Eheg steht (HVO 3 Rn 5) u ob es sich um eine Dienst- od WerkWo (HVO 4) od um eine MietWo (HVO 5) handelt.

*§ 3. **Wohnung im eigenen Hause eines Ehegatten.*** (1) *Ist einer der Ehegatten allein oder gemeinsam mit einem Dritten Eigentümer des Hauses, in dem sich die Ehewohnung befindet, so soll der Richter die Wohnung dem anderen Ehegatten nur zuweisen, wenn dies notwendig ist, um eine unbillige Härte zu vermeiden.*

(2) *Das gleiche gilt, wenn einem Ehegatten allein oder gemeinsam mit einem Dritten der Nießbrauch, das Erbbaurecht oder ein dingliches Wohnrecht an dem Grundstück zusteht, auf dem sich die Ehewohnung befindet.*

1 **1) Alleineigentum oder Miteigentum mit einem Dritten, I.** Bis zur Scheidg hat der and Eheg ein BesR (vgl § 1353 Rn 6); danach sind aber grdsl die EigtVerh zu beachten. Dem Eigt stehen gleich: WoEigt, DauerNutzgsR, gem **II:** Nießbr, ErbbauR (Oldbg FamRZ **98**, 571), dingl WohnR (Düss FamRZ **80**, 171; Stgt FamRZ **90**, 1260; Bambg FamRZ **96**, 1085; Naumbg NJW-RR **98**, 1380).

2 **2)** Da in verfrechtl geschützte RPosition eingegriffen w soll (vgl BayObLG FamRZ **74**, 17 u **77**, 467), sind an die Ann einer **unbilligen Härte** (Begr entspr dem der „schweren Härte in § 1361 b, dort Rn 8–20) **strenge Anforderungen** zu stellen. Die WoZuw muß dringd notw sein, um eine unerträgl Belastg abzuwenden, die den betroffenen Eheg außergewöhnl beeinträchtigen würde (Ffm FamRZ **78**, 53; Düss FamRZ **78**, 604 u **80**, 171; Kln NJW-RR **92**, 1155 u FamRZ **96**, 492; Bambg FamRZ **96**, 1085; Oldbg FamRZ **98**, 571), zB wenn ein Eheg für sich u die von ihm betreuten Ki keine Wo finden k; wenn er aus berufl od fam Grden auf die Wo dringd angewiesen ist; wenn die KiBt iF des Umzugs nicht gesichert ist. **Keine** unbillige Härte dagg bei bl Unbequemlichk od schlechter Unterbringg in der neuen Wo (Mü FamRZ **95**, 1205). Die „Eingriffsschwelle“ ist nicht schon desh herabzusetzen, weil der dingl Berecht nicht od nur geringen Unterh bezahlt u der and Eheg aus fin Grden keine ErsWo finden k (ebso Mü FamRZ **95**, 1205; aA Klein FuR **97**, 111).

3 **3)** Bei **Miteigentum** der Eheg – ein trotz erhebl prakt Bedeutg v Ges nicht speziell geregelter Fall – gilt nicht der Maßst des § 3, sond des § 2, dh billiges Erm (BayObLG FamRZ **71**, 34 u **74**, 22; Celle FamRZ **92**, 465: KiWohl als vorrangiges Kriterium). IdR wird die WoZuw an den einen Eheg dch Begr eines NutzgsVerh (nicht dch Übereigng, KG FamRZ **86**, 72) erfolgen, wobei eine dem MitEigtAnteil des and angem AusglZahlg festzusetzen sein w (Hbg FamRZ **91**, 1317). Zur **Nutzungsentschädigung** u Begr eines MietVerh HVO 5 Rn 4 ff. Bei dingl WohnR scheidet eine AusglZahlg aus, wenn der weichde Eheg die Wo iRv § 1093 II nicht nutzen k (Bambg FamRZ **96**, 1085). Bei AuseinandS des MitEigt dch TeilgsVerst ist **ZVG 180 III als lex specialis** zu beachten. Hat ein Eheg die EheWo ersteigert, ist eine nachträgl WoZuw an den and Eheg nach der HVO nicht mögl (Hamm FamRZ **98**, 181). Zur Zustdk des FamG bei der Erlösverteilg Kln NJW-RR **96**, 1347.

*§ 4. **Dienst- und Werkwohnung.** Eine Wohnung, die die Ehegatten auf Grund eines Dienst- oder Arbeitsverhältnisses innehaben, das zwischen einem von ihnen und einem Dritten besteht, soll der Richter dem anderen Ehegatten nur zuweisen, wenn der Dritte einverstanden ist.*

1 **1)** Die Benutzg von Dienst- od WerkWo soll nur mit **Zustimmung des Dienstherrn oder der Werkleitung** geändert w. Deren Begünstigg kein Verstoß gg GG 3 II (BayObLG **72**, 216). EigtSituation unerhebl (BayObLG **59**, 403; **71**, 377). D- od ArbVerh muß im Ztpkt des HausrVerf bestehen. Ist eine Frist verstrichen, nach deren Ablauf die Wo nicht mehr als mRücks auf das ArbVerh überlassen gelten sollte, so kann die Wo gleichwohl nicht gg den Widerspr des ArbG dem and Eheg zugew w (Ffm FamRZ **91**, 838; aA Hbg FamRZ **82**, 939).

2 **2) Zuweisung** grdsl („soll“) an den DienstVerpfl od ArbN, mit Zust des ArbG auch an den and Eheg; an ihn ist trotz fehlder od verweigerter Zust des Verm WoZuw mögl, wenn seine Belange (od die der Ki) schwerer wiegen (Ffm FamRZ **92**, 695; AG Luhafen FamRZ **95**, 558 u 1207), insb wenn der Charakter als D- od WerkWo in absehb Zeit aufgeh w od zur Vermeidg einer ungewöhnl Härte, wenn die Fortsetzg des ArbVerh f den betriebsangeh Eheg nicht unmögl od unzumutb erschwert w (BayObLG NJW **70**, 329; BayObLG **72**, 216). Aber keine Überlassg einer BergarbWo an den and Eheg (Hamm FamRZ **81**, 183; aA AG Kerpen FamRZ **97**, 1344). Bei D- u ArbVerh **mit beiden Ehegatten** (zB Hausmeisterehepaar) ist die Wo demj zu belassen, der das ArbVerh fortsetzt.

*§ 5. **Gestaltung der Rechtsverhältnisse.*** (1) *Für eine Mietwohnung kann der Richter bestimmen, daß ein von beiden Ehegatten eingegangenes Mietverhältnis von einem Ehegatten allein fortgesetzt wird oder daß ein Ehegatte an Stelle des anderen in ein von diesem eingegangenes Mietverhältnis eintritt. Der Richter kann den Ehegatten gegenüber Anordnungen treffen, die geeignet sind, die aus dem Mietverhältnis herrührenden Ansprüche des Vermieters zu sichern.*

(2) *Besteht kein Mietverhältnis an der Ehewohnung, so kann der Richter zugunsten eines Ehegatten ein Mietverhältnis an der Wohnung begründen. Hierbei setzt der Richter den Mietzins fest. Ist dieser neu zu bilden, so soll der Richter vorher die Preisbehörde hören.*

1 **1) Umgestaltung des Mietverhältnisses, I 1.** Hat ein Eheg allein od haben beide zus gemietet, so kann der Ri (verfkonform; BayObLG NJW **61**, 317) nach billigem Erm unter Berücks der in HVO 2 (Rn 7 ff) genannten Gesichtspkte best, daß der and Eheg od einer von ihnen das MietVerh fortsetzt, wobei sich das Ger

üb die fehlde Zust des Verm hinwegsetzen k (Karlsr FamRZ **95**, 45 mN). Der Eheg, der bish Mit- od Alleinmieter war, wird mit Wirksamk der Entsch (HVO 16) von seinen vertragl Verpfl als Mieter frei; das VermPfandR an den Möbeln des Ausziehden erlischt. Der FamRi hat (kein Erm!) aber zur **Sicherung der** 2
Ansprüche des Vermieters die gesamtschuldner Mithaftg (Hamm FamRZ **93**, 574) des ausziehden unterhpfl Eheg für zukünft MietzinsFdgen od SicherhLeistg anzuordnen, **I 2**, u zwar auch ggf üb den Ztpkt der Ehescheidg hinaus (aA Herne-Wanne FamRZ **90**, 529), ferner Befr u Beschr auf eine best Höhe (Hamm FamRZ **94**, 388). Eine volle MitHaftg für unbegrenzte Zeit kommt grdsl nicht in Betr (Karlsr NJW **98**, 2148). Die AO wird Teil des alten MietVertr, in den der verbleibde Eheg eintritt u den der FamRi nur ändern kann („fortgesetzt wird", „eintritt"), so daß nach Künd des MietVertr Eintritt des and Eheg in den alten MietVertr, ggf mit Rückwirkg, angeordnet w muß. EigenbedarfsGesichtspkte des Verm bleiben idR außer Betr (BayObLG NJW **61**, 317). Die weitere Haftg des aus dem MietVerh ausscheidden Eheg kommt bei unbezweifelb Solvenz des verbleibden Eheg nicht in Betr (Karlsr FamRZ **95**, 45). Der Verm kann der WoZuw auch bei Benenng eines Bürgen widerspr, wenn der Eheg zu Mietzahlgen nicht in der Lage ist (Mü NJW-RR
95, 1474). Nach der Funktion des WoZuwVerf nach Scheidg zur RGestaltg (u nicht bl Nutzgsregelg im 3
Innenverh wie bei § 1361 b) besteht ein RSchutzbedürfn für ein WoZuwVerf mit dem Ziel einer rechtsgestaltden Regelg des MietVerh auch dann, wenn sich zwar die Ehel üb die Weiterbenutzg der EheWo dch einen Eheg allein geeinigt h, der Verm aber, obwohl er mit einer derartigen Nutzg einverst ist, die Entlassg des weichden Eheg aus dem MietVerh verweigert (Karlsr FamRZ **83**, 820 u **95**, 45; Hbg FamRZ **90**, 651;
Hamm FamRZ **94**, 388; Kln 14. ZS FamRZ **99**, 672 mwN; str). I gilt **analog** für ähnl VertrVerh (BGH LM 4
HVO 3 Nr 1). So kann eine **Genossenschaftswohnung** auch dem Eheg zugew w, der nicht Mitgl der Genossensch ist (Mü FamRZ **91**, 1452). Für MietVerh, die gem I 1 fortgesetzt w, gilt der ges KündSchutz, nicht I. WKSchG Art 1 (vgl JHBr Rn 23 mN).

2) **Neubegründung eines Mietverhältnisses (II)** ist als Folge einer Sonderbindg ohne Entschädigg zul 5
(vgl BGH **6**, 270). Bestand zw dem Verm u dem Eheg, dem die Wo zugew w, noch kein MietVertr – also Fälle der WoZuw einer Wo im AlleinEigt des and (HVO 3 Rn 1) od im MitEigt beider Eheg (HVO 3 Rn 3), ebso iF der NeuBegr eines MietVerh an einer TeilWo (HVO 6 II) –, kann der FamRi ein MietVerh zw dem Eigtümer u dem Eheg, der die Wo erh hat, begr (BayObLG FamRZ **74**, 22), wobei ein vorher Streit zw Verm u begünst Eheg die WoZuw der MietWo an letzteren nicht ausschließt (KG NJWE-FER **97**, 121). Auch Begr eines befristeten MietVerh mögl (BayObLG NJW **57**, 62), für das die SozKlausel des § 556 b gilt (BayObLG FamRZ **74**, 17). Keine analoge Anwendg v II iRv § 1361 b (dort Rn 2). Bei MitEigt der Eheg an der Wo u WoZuw an einen von ihnen hat dieser, soweit keine übergreifde UnterhRegelg getroffen w, an den and eine NutzgsEntschädigg zu zahlen (BayObLG **53**, 49; Offbg FamRZ **65**, 277), u zwar aus einem MietVerh od einem NutzgsVerh iRd MitEigtGemsch (BayObLG FamRZ **74**, 22). IRv HVO 2 ist zu prüfen, ob ein Miet- od wg ZVG 57 ff nur ein NutzgsVerh angem ist. Bei Begr eines NutzgsVerh ist dann keine NutzgsEntschädigg festzusetzen, wenn die Höhe des WoBed in einem rechtskr abgeschl UnterhVerf bereits
berücks w ist (AG Charl FamRZ **80**, 1136). Die **Höhe des Entgelts** richtet sich nach den wirtsch Verh der 6
Ehel. Das Ger kann unter der Marktmiete bleiben, wenn auch der WoBed gemeins mj unterhberecht Ki zu befriedigen ist (BayObLG FamRZ **77**, 467). Bei MitEigt beider Eheg u Aufteilg der Hauslasten unter den Eheg zur Hälfte beträgt auch die NutzgsEntschädigg den halben Mietwert (Celle FamRZ **92**, 465).

3) Eine **Ausgleichszahlung** an den weichden Eheg ist nur gem HVO 8 III 2 bei Verteilg des Hausr, **nicht** 7
aber bei der WoZuw mögl (ausf FamRZ **89**, 7). Eine analoge Anwendg ist nach geltder RLage ausgeschl (str; ebso Hbg FamRZ **88**, 80; Hamm FamRZ **93**, 1463; aA Diederichsen 58. Aufl Rn 1); das ist reformbedürft (JHBr Rn 25 mwN).

4) **Verfahrensrecht.** Zur Beteiligg HVO 7. Widerspr des Verm unerhebl, es sei denn, er würde in einem 8
alsbald RäumgsStr voraussichtl obsiegen (LG Mannh NJW **66**, 1716). Die Neuregelg des MietVerh dch den Ri ist **Hoheitsakt.** Der neue Vertr (HVO 3, 5 II) od die alleinige Fortsetzg u der Eintritt des Eheg, dem die Wo zugewiesen w ist, in den Vertr des and wird mit Rechtskr der Entsch wirks (HVO 16 I), dh der and Eheg tritt in den MietVertr als Alleinmieter ein, ohne daß die Änderg u Begr des MietVerh dch den FamRi einer sonstigen (öff- od privrechtl) Gen bedarf (HVO 16 II). Zur zeitl Beschränkg HVO 12. Auch der Verm ist daran gebunden. And Ändergen des MietVerh (zB bezügl der KündFr od des Mietzinses) sind unzul. Keine Haftg des neuen Mieters für Mietrückstände. Das Ger kann sich, insb iF der Versagg der nach HVO 12 erfdl Zust, darauf beschr, eine nur im InnenVerh der Eheg wirkde Regelg zu treffen (KG NJW **61**, 78; BayObLG NJW **70**, 329).

§ 6. Teilung der Wohnung. *(1) Ist eine Teilung der Wohnung möglich und zweckmäßig, so kann der Richter auch anordnen, daß die Wohnung zwischen den Ehegatten geteilt wird. Dabei kann er bestimmen, wer die Kosten zu tragen hat, die durch die Teilung und ihre etwaige spätere Wiederbeseitigung entstehen.*

(2) Für die Teilwohnungen kann der Richter neue Mietverhältnisse begründen, die, wenn ein Mietverhältnis schon bestand, an dessen Stelle treten. § 5 Abs. 2 Sätze 2 und 3 gelten sinngemäß.

1) **a)** Nach dem Grds der Verhältnismäßigk (geringstmögl Eingr) ist die EheWo zur selbstdgen Benutzg nur 1
von **Teilen der Wohnung** unter den Eheg (nicht auch im Verh zu Dr) unabhäng v dingl R aufzuteilen, wenn eine längerfristige, ggf dch baul Verändgen ermöglichte Aufteilg zweckmäß ist. Vorauss der Teilg ist, daß ein friedl ZusLeb unter demselb Dach zu erwarten ist. HVO 6 gilt auch für das UntermietVerh. **b)** Die Vorschr hatte Bedeutg wg der WoNot in der Kriegs- u Nachkriegszt. Unter den ggwärt Umst wird eine Aufteilg nur in **Ausnahmefällen** in Betr kommen, insb wenn die EheWo aus 2 miteinander verb Wo besteht, die sich mit angem Aufwand wieder in selbstdge Wo trennen lassen. **c)** Die **Kosten** der Teilg tragen die Eheg.

2) Zur **Neugestaltung der Mietverträge** vgl Anm zu HVO 3 und 5. Bestand ein einheitl MietVertr für 2
die nunmehr geteilte Wo, so endet jener mit der Rechtskr der Entsch, **II 1**, HVO 16 I.

*§ 7. **Beteiligte.** Außer den Ehegatten sind im gerichtlichen Verfahren auch der Vermieter der Ehewohnung, der Grundstückseigentümer, der Dienstherr (§ 4) und Personen, mit denen die Ehegatten oder einer von ihnen hinsichtlich der Wohnung in Rechtsgemeinschaft stehen, Beteiligte.*

1 **1) Zweck** der Beteiligg: Gewährg des rechtl Gehörs u Sachaufklärg (BayObLG FamRZ **70**, 36).

2 **2) a) Zu beteiligen sind:** der Dienstherr (HVO 4), der Verm, GrdstEigt, Nießbr (auch wenn nicht Verm, Stgt OLG **68**, 126); bei Zuteilg einer GenossenschWo auch die Genossensch; der Verm auch bei WoTeilg (BayObLG **55**, 202); dagg **nicht:** das JA (str); mj Ki der gesch Eheg (BayObLG FamRZ **77**, 467); der KonkVerw üb das Verm eines Eheg (Celle MDR **62**, 416).

3 **b)** Dritte sind **keine** Beteil iSv HVO 7 bei nur **vorläufigen Regelungen** gem §§ 1361 a, 1361 b (Kln FamRZ **94**, 632; aA Kblz FamRZ **87**, 406; Hamm FamRZ **91**, 466) u ZPO 620 S 1 Nr 7 (Hamm FamRZ **87**, 1277).

4 **3) Verfahren:** Den (Dritt)Beteil sind zuzustellen: der Antr, die sie betreffden Schriftsätze (im Verbund: ZPO 624 IV) u die Entsch. Die Beteiligg schafft eine parteiähnl Stellg (BayObLG FamRZ **70**, 36). Der Ri ist an etwaige Vorschläge der Beteil nicht gebunden (Ausn: HVO 12 für Verm). DrittBeteil haben kein AntrR, aber, soweit beschwert, selbstd BeschwR (JH/Sedemund-Treiber ZPO 621 e Rn 6); dagg kein VollstrR. Da Entsch erst mit Rechtskr ggü allen Beteil wirks w, bleibt die Sache in der Schwebe, sol nicht allen Beteil zugestellt ist. Verstoß gg zwingde Beteiligg kann Zurückverweisg an das FamG rechtf (Düss FamRZ **93**, 575).

3. Abschnitt. Besondere Vorschriften für den Hausrat

Einleitung

1 **1)** HVO 8–10 enth die bes Vorschr für den **Hausrat** einschließl **Wohnungseinrichtung** („u sonst Hausr"). HVO 8 betr gemeins Eigt der Eheg am Hausr, HVO 9 AlleinEigt. GläubigerRe werden dch die HausrTeilg nicht berührt (HVO 10). An den güterrechtl EigtVerh wird, abgesehen v HVO 8 II, nichts geändert. Ein Eingr in Vertr mit Dr erfolgt nicht (vgl HVO 10 I), so daß diese – and als nach HVO 7 bei der Wo – in einem derart Verf nicht Beteil sind. Da die Zuw von Ggsten oft von deren Eigt abhängt (HVO 8 II, 9), wird der FamRi üb das Eigt idF als **Vorfrage** vAw (HVO 12) mit entsch müssen, soweit nicht die Vermutg von HVO 8 II eingreift. Die EigtKl f einz Ggste ist dann ausgeschl, ebso eine FeststellgsKl. Umgekehrt ist der FamRi an eine rechtskr Verurteilg des Eheg zur Herausg eines Ggst an den and Eheg gebunden.

2 **2)** Nach BGH **89**, 137 = JZ **84**, 380 mA Lange unterliegt nicht verteilter Hausr dem **Zugewinnausgleich** (aA Gernhuber FamRZ **84**, 1054; vgl auch Smid NJW **85**, 173). Zur Kritik JHBr Rn 1 vor HVO 8.

*§ 8. **Gemeinsames Eigentum beider Ehegatten.** (1) Hausrat, der beiden Ehegatten gemeinsam gehört, verteilt der Richter gerecht und zweckmäßig.*

(2) Hausrat, der während der Ehe für den gemeinsamen Haushalt angeschafft ist, gilt für die Verteilung (Absatz 1) auch dann, wenn er nicht zum Gesamtgut einer Gütergemeinschaft gehört, als gemeinsames Eigentum, es sei denn, daß das Alleineigentum eines Ehegatten feststeht.

(3) Die Gegenstände gehen in das Alleineigentum des Ehegatten über, dem sie der Richter zuteilt. Der Richter soll diesem Ehegatten zugunsten des anderen eine Ausgleichszahlung auferlegen, wenn dies der Billigkeit entspricht.

1 **1) Zweck. a) I:** Eine AuseinandS dch Verk gem § 753 wird vermieden, die Verteilg der Ggste erfolgt unmittelb an die Eheg. **b)** Umständl BewErhebg darüber, wer Eigtümer der einz Ggste ist, w dch **II** ausgeschl (Ffm MDR **60**, 682). Keine Zuteilg an Dritte. Zum **Auskunftsanspruch** vgl § 1361 a Rn 18.

2 **2) Gegenstand der Verteilung,** dh das, was zum Hausr (Begr wie in § 1361 a, dort Rn 3–10) gehört, richtet sich nach HVO 1. Objekt der HausrVerteilg können nur Ggste sein, die noch vorh sind (Hamm
3 FamRZ **96**, 1423). – **a) Beiden Ehegatten gemeinsam gehörender Hausrat, I,** gleichgült, ob es sich um MitEigt nach Brucht od um eine GesHandGemsch handelt, wird vom Ri gem Rn 6 verteilt. Hierher gehören auch Surrogate, selbst wenn sie wertvoller sind (KG FamRZ **68**, 648; BayObLG FamRZ **70**, 31). Analoge Anwendg v I auf nur im Mitbes der Eheg befindl, ihnen v den Elt zZw späterer Erbf überlassenen Ggste
4 (Hamm FamRZ **90**, 531). Vgl iü § 10 Rn 2. – **b)** Die **Eigentumsvermutung** gem II gilt für die Verteilg unabhäng vom Güterstd, also iF der GütTrenng od ZugewGemsch, soweit nicht § 1370 eingreift, als gemeins Eigt (JHBr Rn 7–11). Dch die widerlegb Vermutg wird eine oft schwierige BewErhebg üb die idR unklaren EigtVerh an derart Ggsten unnöt. Wenn nichts and erkl w od bes Umst nicht dagg sprechen, ist beim Erwerb v Hausr die EiniggsErkl auch nur des einen Eheg dahin zu verstehen, daß beide Eheg MitEigtümer w sollen (BGH **114**, 74). Nutzg fremden Eig währd der Ehe vermag nicht ow gemeins Eig zu begr (bedenkl Bambg FamRZ **96**, 1293). Die BewL für Alleinerwerb liegt beim kaufden Eheg (Mü NJW **72**, 542). Wird AlleinEigt behauptet, muß das FamG vAw ermitteln, kann also nicht nach billigem Erm entsch. Die **Vermutung** ist nur dann **widerlegt,** wenn das AlleinEigt feststeht. Dafür reicht nicht aus, daß währd der Ehe mit Mitteln des einen Eheg gekauft w ist (AG Weilbg FamRZ **92**, 191). Die übl Geschenke v HaushGgsten dch Eheg od Dr
5 erfolgen idR für den gemeins Haush, also kein AlleinEigt eines Eheg (Celle NdsRpfl **60**, 231). – **c) Zeitpunkt der Anschaffung.** Hausr iSd §§ 1361 a, 1361 b, HVO 1, 8 ff sind nur diej Ggste, die in der Zeit von der Eheschl bis zur endgült Trenng (§ 1567) f die gemeins LebFührg angeschafft w sind (BGH **89**, 137).

6 **3) Gerechte und zweckmäßige Verteilung.** Die Verteilg erfolgt unter Berücks der in HVO 2 Rn 7 ff genannten Gesichtspkte, wobei insb das KiWohl zu berücks ist. Es können auch Umst Berücks finden, die für den Bew des AlleinEigt nicht ausreichen, zB wenn ein Ggst einem Eheg bes zugedacht war, aus seinen Ersparn angeschafft w, von ihm fast ausschl für sich allein benutzt w usw. Es besteht auch bei reichhalt gemeins Hausr kein HalbteilgsGrds (Mü FamRZ **97**, 752).

4) Wirkung der Zuteilung, III. a) Mit der Wirksamk der Entsch wird die Gemsch aufgelöst u erwirbt der Eheg mit der Zuteilg **Alleineigentum (S 1).** Die Re Dritter m Ausn des VermPfandR bleiben unberührt (HVO 10 I *arg:* „im Innenverh"). Bestand kein Eigt, so kann es auch dch Zuteilg nicht übergehen. Bei DrittEigt kein Schutz des gutenGl (Saarbr OLG **67**, 1). Die HausrTeilg verpfl zur Herausg; kein ZbR an einz HausrGgsten (LG Limbg FamRZ **93**, 1464). – **b)** Erhält ein Eheg mehr als der and, so kann (Hamm FamRZ **67**, 105) jenem unter Berücks v HVO 2 S 2 eine **Ausgleichszahlung (III 2)** entspr dem Mehrwert auferlegt w, wenn das der Billigk entspr. Die Zuw eines im AlleinEigt des begünst Eheg stehden HaushGgst an den and als Ausgl ist nur unter den Vorauss des § 9 zul (dazu JHBr Rn 16; aA Diederichsen 58. Aufl Rn 11). Berücks aller EinzFallUmst, ohne daß es erfdl ist, einen exakten wertmäß Ausgl zu erreichen (BGH FamRZ **94**, 505). Keine AusglZahlg f Ggste, die nicht mehr vorh sind (Hamm FamRZ **96**, 1423) od die der Eheg vor Eheschl zu AlleinEigt angeschafft hat u nach Scheidg behält (Zweibr FamRZ **87**, 165). Die **Höhe** der AusglZahlg richtet sich nach dem Wert der zugeteilten Ggste zZtpkt der Ehescheidg (Stgt FamRZ **92**, 1446; **93**, 1461: bei Pkw nach dessen Wert zZ der AuseinandS). Da die AusglZahlg die Wiederanschaffg entspr gebr Ggste ermögl soll, ist dieser Wert maßg, nicht der NeuanschaffgsWert (Zweibr FamRZ **93**, 82). Bei der AusglZahlg braucht der VerkWert der Mehrleistg nicht erreicht zu w. Bei dieser Zahlg können aber nicht SchadErsAnspr eines Eheg gg den and für unbefugte Vfgen vor der Scheidg berücks w; auch nicht AusglZahlgen (Hamm FamRZ **80**, 469) od Zahlg anteil Miete, wenn die Eheg sich unabhäng v HVO 5 üb die Benutzg der früh EheWo einig gew sind (Mannh Just **76**, 515). Gg die AusglFdg kann im HausrVerf nicht aufgerechnet w (Hamm FamRZ **81**, 293), auch nicht gg AusglAnspr wg entspr VersLeistgen f abgebrannten Hausr (Kln NJW-RR **93**, 1030). Unzul ist eine isolierte AusglAO ohne Zuteilg von Hausr (Naumbg FamRZ **94**, 390 mN; Jena FamRZ **96**, 1293 LS). Zul dagg der Antr auf WoZuw sämtl im MitEigt stehder Ggste an den and Eheg unter Auferlegg einer entspr AusglZahlg (Karlsr FamRZ **87**, 848).

7 (S. 1) · 8 (b) · 9 (Höhe) · 10 (Gg die AusglFdg) · 11 (Unzul)

5) Verfahrensrecht. Das Ger muß eine teilw Einigg bei der Entsch üb den Rest berücks (BGH **18**, 143). 12
Das Ger hat vAw (HVO 13 I, FGG 12) festzustellen, was an verteilgsfäh Hausr insgesamt tats vorh ist bzw zum Stichtag vorh war u in wessen Eigt diese Ggste stehen (Bambg FamRZ **96**, 1293; Zweibr FamRZ **99**, 672). Übereinstimmde Erkl der Eheg darf das Ger zugrde legen (BayObLG FamRZ **65**, 331). Den Beteil obliegt es, den Sachverhalt eingehd darzustellen, zur Aufklärg beizutragen u die Beweismittel, die das Ger noch nicht kennt, anzugeben. Keine Aussetzg des Verf zur Klärg der EigtFrage im ProzWeg (BayObLG FamRZ **65**, 331; str). Es muß üb die einz dch das Verf betroffenen Ggste entsch w (BGH **18**, 143). Eine SachEntsch hat nur dann einen vollstrfäh Inhalt, wenn die herauszugebden Ggste im einz best sind, so daß sie für den GVz ow identifizierb sind. Zuteilg „soweit vorhanden" ist daher wg Unbesth unzul. Nach Zuteilg Verschaffg der zugeteilten Ggste dch ZwVollstr (HVO 16 III) od bei Nichtvorhandensein GeldErs im ProzWeg.

§ 9. Alleineigentum eines Ehegatten. (1) *Notwendige Gegenstände, die im Alleineigentum eines Ehegatten stehen, kann der Richter dem anderen Ehegatten zuweisen, wenn dieser auf ihre Weiterbenutzung angewiesen ist und es dem Eigentümer zugemutet werden kann, sie dem anderen zu überlassen.*

(2) *Im Falle des Absatzes 1 kann der Richter ein Mietverhältnis zwischen dem Eigentümer und dem anderen Ehegatten begründen und den Mietzins festsetzen. Soweit im Einzelfall eine endgültige Auseinandersetzung über den Hausrat notwendig ist, kann er statt dessen das Eigentum an den Gegenständen auf den anderen Ehegatten übertragen und dafür ein angemessenes Entgelt festsetzen.*

1) AusnVorschr vom Grds, daß jeder Eheg die ihm gehörden Ggste behält; daher eng auszulegen u auf 1
seltene AusnFälle zu beschr. IdR kein Eingr in die EigtVerh bei reichhalt Hausr (Mü FamRZ **97**, 752).

2) Voraussetzungen für die Zuweisung von Gegenständen an den Nichteigentümer, I. a) Allein- 2
Eigt des and Eheg (entgg Vermutg gem HVO 8 II analog). – **b) Notwendige Gegenstände** sind solche, die obj gesehen für das Leb des NichtEigtümers unentbehrl sind, also Bett u Bettwäsche, sonst EinrichtgsGgste, Geschirr, Bestecke, aber auch solche, die der Eheg, der sie begehrt, zur ArbVerrichtg braucht. – **c)** Der Eheg (u ggf Ki) muß **auf die Weiterbenutzung angewiesen** sein, zB weil er sich ErsGgste nach seiner Eink- u VermLage nicht beschaffen kann. – **d)** Die erfdl **Zumutbarkeit** der Überlassg an den and Eheg hängt von wirtsch, aber auch v pers Umst ab (Bambg FamRZ **96**, 1293).

3) Richterliche Gestaltung. Die **Überlassung** an den NichtEigtümerEheg tritt mit Wirksamk der 3
richterl Entsch in Kr (HVO 16 I) u erfolgt (entgg Wortlaut „kann") nur gg ein entspr Entgelt iW der Begr: **a)** eines **Mietverhältnisses (II 1).** Hier ist ein Mietzins zwingd festzusetzen, so daß die Begr eines unentgeltl LeihVerh nicht statth ist. Eine Befristg des Mietverh kann zweckmäß sein. Ergänzd gelten §§ 535 ff. Für Streitigk daraus ist das ProzGer zust. Aufrechng des UnterhAnspr des unterhberecht Eheg gg eine solche MietzinsFdg zul. – **b)** od dch **Eigentumsübertragung (II 2),** wenn eine endgült AuseinandS üb den Hausr erfdl ist, zB weil die Begr eines MietVerh nur Anlaß zu neuen Streitigk geben, die zugeteilten Ggst bald verbraucht sein od ihre Rückschaffg auf bes Schwierigk stoßen würde.

§ 10. Gläubigerrechte. (1) *Haftet ein Ehegatte allein oder haften beide Ehegatten als Gesamtschuldner für Schulden, die mit dem Hausrat zusammenhängen, so kann der Richter bestimmen, welcher Ehegatte im Innenverhältnis zur Bezahlung der Schuld verpflichtet ist.*

(2) *Gegenstände, die einem der Ehegatten unter Eigentumsvorbehalt geliefert sind, soll der Richter dem anderen nur zuteilen, wenn der Gläubiger einverstanden ist.*

1) Für **mit dem Hausrat zusammenhängende Schulden** (zB VersBeitr, InstandsetzgsKosten), für die 1
ein Eheg allein od beide als GesSchu (§ 421) haften, kann – muß aber nicht (Kblz NJW-RR **99**, 1093) – der Ri im **Innenverhältnis** die Verpfl zur Zahlg and best **(I).** Das AußenVerh bleibt unberührt. Wird also ein Eheg aSt des and allein verpfl, so hat er diesen freizustellen; aGrd der richterl Festsetzg kann der freizustellde, aber im AußenVerh in Anspr gen Eheg LeistgsKl gg den and Eheg erheben. Die AO einer AusglZahlg setzt voraus, daß demj, der sie zahlen soll, Hausr zugeteilt w (BayObLG FamRZ **85**, 1057; vgl HVO 8 Rn 11).

2 **2) Unter Eigentumsvorbehalt gelieferte Gegenstände** (§ 455) soll der Ri dem and Eheg nur zuteilen (dch Übertr der Anwartsch), wenn der Gläub damit einverst ist **(II),** da der Gläub im allg an dem Verbleib der Sache interessiert ist. Ausnahmsw Zuteilg auch gg den Willen des insow dann beschwberecht Gläub (str; vgl JHBr Rn 4 mN). Die GläubRe (§ 433 II) bleiben iü unberührt; jedoch kann der Ri best, daß der Eheg, dem zugeteilt w, den erst später fällig werdden Kaufpreisrest sofort zahlt. Mit Zust Abänderg der GläubRe (§ 305). Entspr Anwendg auf gemieteten od geliehenen Hausr.

4. Abschnitt. Verfahrensvorschriften

§ 11. Zuständigkeit. (1) *Zuständig ist das Gericht der Ehesache des ersten Rechtszuges (Familiengericht).*

(2) *Ist eine Ehesache nicht anhängig, so ist das Familiengericht zuständig, in dessen Bezirk sich die gemeinsame Wohnung der Ehegatten befindet. § 606 Abs. 2, 3 der Zivilprozeßordnung gilt entsprechend.*

(3) *Wird, nachdem ein Antrag bei dem nach Absatz 2 zuständigen Gericht gestellt worden ist, eine Ehesache bei einem anderen Familiengericht rechtshängig, so gibt das Gericht im ersten Rechtszug das bei ihm anhängige Verfahren von Amts wegen an das Gericht der Ehesache ab. § 281 Abs. 2, 3 Satz 1 der Zivilprozeßordnung gilt entsprechend.*

1 **1)** Die **sachliche Zuständigkeit** des FamG **(I)** ist ausschl (GVG 23 b I Nr 8, ZPO 621 I Nr 7). FamG ist zust bei Streit der Eheg – nicht: neLebPartn – üb die Wirksamk der Einigg od das Zustandekommen der Vereinbg u nach umstrA auch für Streitigk aus der Vereinbg (vgl JHBr § 1361 b Rn 54 u HVO § 1 Rn 7 mN). Zust auch für AO od Verlängerg einer RäumgsFr; ferner für den einstw RSchutz wg BesEntziehg dch verbotene Eigenm (str), insb die Rückschaffg von eigenmächt aus der EheWo entfernten HausrGgsten, auch wenn einz Ggste kein Hausr sind (BGH NJW **83**, 47); ebso f NutzgsVergütg nach HVO 8. Anspr aus Eigt u Bes (§§ 985 ff, 858 ff) können nicht vor dem ProzG verfolgt w, sol die EntschKompetenz des FamG nach HVO (als lex specialis) besteht. Für HerausgKl pers Ggste ist nach geltdem R das ProzG zust (BayObLG FamRZ **88**, 155; Bambg FamRZ **93**, 335; zu den prakt Probl Brudermüller FuR **96**, 230). Zust ist ProzG f Kl auf SchadErs im Verh der Eheg untereinand wg Verlustes, unbefugter Veräußerg od Zerstörg (Verbrauch) od Nichtherausg v Hausr; im Verh zu Dr ist zu untersch, ob Zuteilg Surrogat f Hausr darstellt (dann FamG) od ob Streit üb Dchsetzg nach Zuteilg im HausrVerf als Surrogat besteht (dann ProzG). Bei Geltdmachg von HausrAnspr vor dem ProzG Abg an das FamG (VO 18). Vgl Übbl FamRZ **99**, 129/194 f.

2 **2) Örtliche Zuständigkeit** (wie in ZPO 621 III) bei Anhängigk einer Ehe-, insb der Scheidgssache ausschließl das Ger der Ehesache **(I),** bei Nichtanhängigk einer Ehesache das FamG der gemeins Wo der Ehel **(II 1).** Fehlt eine gemeins Wo im Inl, ist der gewöhnl Aufenth maßg, hilfsw der AufenthOrt des AntrGegn **(II 2).** Bei nachträgl Anhängigk Abg an das Ger der Ehesache **(III).** Die Zustdgk nach I dauert auch nach Beendigg der Anhängigk der Ehesache fort (BGH NJW **86**, 3141).

§ 12. Zeitpunkt der Antragstellung. *Wird der Antrag auf Auseinandersetzung über die Ehewohnung später als ein Jahr nach Rechtskraft des Scheidungsurteils gestellt, so darf der Richter in die Rechte des Vermieters oder eines anderen Drittbeteiligten nur eingreifen, wenn dieser einverstanden ist.*

1 **1) Zweck:** Da der Antr auf AuseinandS der EheWo nicht fristgebunden ist, soll der Verm innerh 1 J Klarh darüber h, welcher der Eheg künft sein Mieter ist. Da sich die AusschlFr nur auf Eingr in Rechte Dr bezieht, ist die Vorschr (die systemat hinter HVO 6 gehört) für Hausr ohne Bedeutg. Fristwahrg auch dch KlErhebg vor dem ProzGer, wenn Abg an das FamG nach Ablauf von 1 J erfolgt (HVO 18 II).

2 **2) a) Einverständnis** ist **erforderlich** iF von HVO 5 I u 6 II. Einverst auch noch in der RMittelInst widerrufb (BayObLG **57**, 33). – **b)** Einverst dagg **nicht** erfdl für eine Regelg im Verh der Eheg untereinand (zu den RegelgsMöglk BayObLG FamRZ **70**, 35; KG NJW **61**, 78; Mü FamRZ **86**, 1019). – **c)** Kein Anspr des Verm auf RGestaltg nach seinen Wünschen (BayObLG NJW **70**, 329).

§ 13. Allgemeine Verfahrensvorschriften. (1) *Das Verfahren ist unbeschadet der besonderen Vorschrift des § 621 a der Zivilprozeßordnung eine Angelegenheit der freiwilligen Gerichtsbarkeit.*

(2) *Der Richter soll mit den Beteiligten in der Regel mündlich verhandeln und hierbei darauf hinwirken, daß sie sich gütlich einigen.*

(3) *Kommt eine Einigung zustande, so ist hierüber eine Niederschrift aufzunehmen, und zwar nach den Vorschriften, die für die Niederschrift über einen Vergleich im bürgerlichen Rechtsstreit gelten.*

(4) *Der Richter kann einstweilige Anordnungen treffen.*

(5) *(gegenstandslos)*

1 **1) Verfahrensrechtlich (I)** gilt ein **Mischsystem** aus HVO 11–18, ZPO 621–621 f, 623–630 u FGG 12,
2 15 mit Einschränkgen. **a)** Das Verf erfordert als **streitiges FG-Verfahren** einen **Antrag** mit der bl Funktion der VerfInitiative (sog VerfAntr). Es bedarf keines SachAntr; wird er gestellt, ist er als bl Vorschlag des Bet zu behandeln u bindet das Ger nicht (BGH **18**, 143; FamRZ **92**, 414/9 u 531 zu FGB 39 I; **94**, 98/101; BayObLG FamRZ **71**, 34; Zweibr FamRZ **99**, 672: Verkenng der proz Bedeutg des Antr kann in RMittelInst entspr ZPO 539 zur Aufhebg u Zurückverweisg führen). Keine AntrFr, aber Gesichtspkt der **Verwirkung** gem BGB 242 (Bambg FamRZ **92**, 332: RMißbr bei Geltdmachg längere Zeit nach der Scheidg, zumal bei vollzogener VermAuseinandS u Herausgb einz HausrGgste; AG Weilbg FamRZ **98**, 963). Kein BesthErfor-
3 dern iSv ZPO 253 (Zweibr FamRZ **80**, 1143). AntrBerecht nur Eheg. Zustellg an Beteil: HVO 7. – **b)** Im isolierten Verf (auch in BeschwInst) besteht **kein Anwaltszwang,** and im ScheidgsVerbund (ZPO
4 78 II Nr 2; Ausn: AntrStellg im eA-Verf gem ZPO 620). DrittBeteil brauchen keine anwaltl Vertretg. – **c)** Es

gilt der Grds der **Amtsermittlung** gem FGG 12, ZPO 621 a I 2. Das FamG hat vAw nach pflichtgem Erm alle wesentl Verh wie auch die maßg EinzUmst aufzuklären, wenn es Kenntn von ihnen erlangt od sich entspr Anhaltspkte ergeben; es hat dann die erfdl Maßn zur Sachaufklärg zu treffen (Ffm FamRZ **89**, 84; vgl Zweibr FamRZ **93**, 82 u **99**, 672; s HVO 8 Rn 12). Bei Nichtfeststellbk einer Tats, zB des AlleinEigt, Nachteil zL dessen, der daraus Vortle herleiten will. Näher Staud/Weinreich Rn 9 ff. – **d)** IdR **mündliche Verhandlung** 5
(II), nicht öff (GVG 170). Der Ri hat auf eine **gütliche Einigung** hinzuwirken; sie ist ggf gem ZPO 159 ff zu protokollieren **(III).** Dchsetzg der AO des pers Erscheinens eines Beteil üb FGG 33 (BayObLG NJW-RR **87**, 136; Brem FamRZ **89**, 306).

2) Vorläufige Benutzungsregelungen (IV). Übbl: FamRZ **99**, 129/193/200 ff (vgl auch Maurer 6
FamRZ **91**, 886; Klein FuR **97**, 269). **a)** Für den einstw RSchutz kommt im selbstd HauptsVerf gem §§ 1361 a, 1361 b iVm HVO 18 eine vorl AO (Schlesw FamRZ **90**, 546; Kln FamRZ **94**, 632; Rstk FamRZ **95**, 558) od iR eines ScheidgsVerf (ZPO 606) eine einstw AO gem ZPO 620 in Betr. Im Umfang ihres RegelgsBereichs sind diese AOVerf Sonderregelgen ggü ZPO 935 ff (zur Möglk der Umdeutg Brdbg FamRZ **96**, 1222). – **b) Konkurrenzen.** Mit Hilfe von IV läßt sich die Konkurrenzproblematik (§§ 861, 1361 a) 7
entschärfen (Düss FamRZ **94**, 390; Kobusch FamRZ **94**, 942). – **aa)** Sind zugl ein selbstd Verf nach §§ 1361 a, 1361 b u eine Ehesache anhäng, besteht ein WahlR, in welchem der Verf einstw RSchutz (HVO 13 IV od ZPO 620) begehrt w, sofern nicht bereits eines der Verf gewählt wurde (str; vgl KKW/Kahl FGG 19 Rn 33 mN). – **bb)** Wird währd eines selbstd HausrVerf eine Ehesache anhäng, kann trotz der Möglk einer AO gem ZPO 620 eine AO gem IV (bei Anhängigk eines kongruenten HauptsVerf) ergehen (str). – **cc)** Ein Verf nach IV kann nach Anhängigk einer Ehesache in ein Verf nach ZPO 620 übergeleitet w. Zu den Konkurrenzen: JHBr § 1361 b Rn 42–45, 57 u HVO 13 Rn 9 mwN. – **c) Regelungsbefugnisse.** In diesen 8
EilVerf sind nur NutzgsRegelgen (m AnnexEntsch) zul. In ein bestehdes RVerh mit einem Dr darf hier nicht eingegriffen w. – **d) Eingriffsschwelle.** Eine EilMaßn ist nur zul, wenn dafür aGrd außergewöhnl Umst ein 9
dringdes Bedürfn zur Abwendg einer unerträgl Belastg besteht.

*§ 14. **Rechtsmittel.** Eine Beschwerde nach § 621 e der Zivilprozeßordnung, die sich lediglich gegen die Entscheidung über den Hausrat richtet, ist nur zulässig, wenn der Wert des Beschwerdegegenstandes eintausendzweihundert Deutsche Mark übersteigt.*

1) Gg die EndEntsch des FamG üb die EheWo u den Hausr findet die **Beschwerde** statt (ZPO 621 e I, 1
629 a II). Richtet sich diese nur gg die Entsch üb **Hausrat,** u zwar auch bei vorl AO im selbstd HausrVerf (Ffm FamRZ **87**, 407; zu einstw AO gem ZPO 620 vgl Rn 4), so kann sie nicht auf einz Ggste beschr w (Zweibr NJW-RR **93**, 649), sond erfaßt automat den gesamten noch nicht verteilten Hausr (BGH **18**, 143; Zweibr FamRZ **93**, 82). Der **Wert des Beschwerdegegenstandes** muß 1200 DM übersteigen, auch bei 2
weiter Fassg des Begr Hausr (Düss FamRZ **88**, 535). Maßg nicht das Interesse der Beteil an der Regelg (so aber Kln FamRZ **89**, 417), sond der VerkWert (LG Mü FamRZ **70**, 38) der ändergsbetroffenen Ggste (BayObLG **59**, 472; KG FamRZ **60**, 241; NJW **61**, 1028). Wertermittlg gem ZPO 511 a III. Prüfg vAw, ob BeschwWert erreicht ist (Zweibr FamRZ **76**, 699). Das BeschwGer ist an Antr der Beteil nicht gebunden, 3
aber VerschlechtergsVerbot (hM; diff JHBr Rn 4 mN).

2) Beschwerde gegen Anordnungen: a) Bei Anhängigkeit der Ehesache nur eingeschr zul gem 4
ZPO 620 c, näml gg WoZuw, u wg greifb Gesetzwidrigk (vgl JH/Sedemund-Treiber ZPO 620 Rn 8, 9 a–c mN). – **b) Im isolierten Hausratsverfahren** gg vorl AO gem HVO 13 IV nach inzw hM als **einfache** 5
Beschwerde (Rstk FamRZ **95**, 558; Kln FamRZ **97**, 1345; KKW/Kahl § 19 Rn 33), bei Hausr: Wertbegrenzg analog HVO 14.

3) Keine weitere Beschwerde od (im VerbundVerf) Rev (ZPO 621 e II, 629 a I), auch dann nicht, wenn 6
die ErstBeschw als unzul verworfen wurde (BGH NJW **80**, 402).

*§ 15. **Durchführung der Entscheidung.** Der Richter soll in seiner Entscheidung die Anordnungen treffen, die zu ihrer Durchführung nötig sind.*

Zweck: Zur Durchführg der Wo- u HausrTeilg kann das FamG AOen zu ihrer **Vollstreckung** (HVO 1
16 III) treffen, zB: AO üb die **Räumung** der Wo (BGH FamRZ **94**, 98/101) – die WoZuw allein stellt noch 2
keinen RäumgsTit dar – u **Herausgabe** an den and Eheg unter Fristsetzg; Bewilligg gem HVO 2 einer **Räumungsfrist** (BayObLG FamRZ **75**, 421; Hamm FamRZ **89**, 739; Celle FamRZ **92**, 465; Bambg u Mü FuR **95**, 237 LSe mA; Oldbg FamRZ **98**, 571), die bei wesentl Änderg der tats Verh, soweit zur Vermeidg einer unbill Härte erfdl ist, verlängert od abgekürzt w kann (HVO 17 I ist ggü ZPO 721 lex specialis). Außerdem AOen von **Verboten u Geboten** zur sachgerechten NutzgsRegelg (KG FamRZ **91**, 467; Karlsr 3
FamRZ **94**, 1185; Dresd FamRZ **97**, 183); Herausg von HausrGgsten; AO v AusglZahlgen, Auferlegg v Umzugs- u Transportkosten. AO auch ggü Dr zul, zB ggü dem LebPartn des räumgspfl Eheg.

*§ 16. **Rechtskraft und Vollstreckbarkeit.** (1) Die Entscheidungen des Richters werden mit der Rechtskraft wirksam. Sie binden Gerichte und Verwaltungsbehörden.*

(2) Die Änderung und die Begründung von Mietverhältnissen durch den Richter bedarf nicht der nach anderen Vorschriften etwa notwendigen Genehmigung.

(3) Aus rechtskräftigen Entscheidungen, gerichtlichen Vergleichen und einstweiligen Anordnungen (§ 13 Abs. 4) findet die Zwangsvollstreckung nach den Vorschriften der Zivilprozeßordnung statt.

Wirksamk der Entsch des FamG erst mit der Rechtskr, **I 1** (Kln FamRZ **97**, 892), dh keine vorl Vollstrbk. 1
Einschränkg der mat Rechtskr dch HVO 17. Mit der Rechtskr Vollzug des EigtÜberg od Inkrafttr des MietVerh. **Zwangsvollstreckung** nach ZPO, **III.** Umschreibg eines Tit gem HVO auf Dr unzul (Hamm 2

FamRZ **87**, 509). Für die ZwVollstrGgKl fehlt idR wg HVO 17 das RSchutzbedürfn, sonst aber zul (Hamm FamRZ **88**, 745). ZbR idR ausgeschl (BayObLG FamRZ **75**, 421).

§ 17. Änderung der Entscheidung. (1) *Haben sich die tatsächlichen Verhältnisse wesentlich geändert, so kann der Richter seine Entscheidung ändern, soweit dies notwendig ist, um eine unbillige Härte zu vermeiden. In Rechte Dritter darf der Richter durch die Änderung der Entscheidung nur eingreifen, wenn diese einverstanden sind.*

(2) *Haben die Beteiligten einen gerichtlichen Vergleich (§ 13 Abs. 3) geschlossen, so gilt Absatz 1 sinngemäß.*

(3) *Will der Richter auf Grund der Absätze 1 oder 2 eine Wohnungsteilung (§ 6) wieder beseitigen, so soll er vorher die Gemeinde hören.*

1 **1) Abänderungsmöglichkeit (I 1)** für rechtskr Entsch u Vergl **(II)**, gerichtl (Celle NJW **64**, 1861) wie außergerichtl (BayObLG FamRZ **75**, 582; BGH FamRZ **94**, 98). Wird in einem ScheidgsVergl anstelle von EhegBarUnterh die Nutzg der früheren EheWo vereinb, richtet sich die Abändg nach den Grds der Abändg
2 des UnterhVergl gem ZPO 323 (Karls FamRZ **95**, 1157). **Voraussetzungen: a) Wesentliche Änderung der tatsächlichen Verhältnisse** (vgl Hamm FamRZ **88**, 645; Mü FamRZ **97**, 892). RegelgsInhalt ähnl ZPO 323. Beachtl sind nur Umst, die Grdl der ErstEntsch waren. Wesentl ist eine Ändg, wenn das ErstGer bei Kenntn der veränderten Umst mit großer Wahrscheinlk and entsch hätte, zB Erhöhg des WoBed inf
3 Wiederheirat od Änderg der SorgeRegelg. – **b) Zur Vermeidung einer unbilligen Härte.** Die Regelg muß sich nachträgl als grob unbill herausstellen (BayObLG **63**, 286). Allg BilligkErwägen nicht ausr.

4 **2) Verfahren.** Vorauss ist ein Antr (vgl BGH FamRZ **88**, 1035; Kln FamRZ **97**, 1345; str), der zwar nicht befr ist, aber Zeitablauf heilt idR Unbilligk. Zust FamG der 1. Inst bzw gem HVO 11. Haben die Part im HausrVerf einen Vergl üb die Räumg der EheWo geschl, so entsch das FamG üb eine nachträgl beantragte RäumgsFrist gem HVO 17, nicht nach ZPO 794 a; RBehelf: befr Beschw gem ZPO 621 e. **III** ist heute obsolet.

§ 18. Rechtsstreit über Ehewohnung und Hausrat. (1) *Macht ein Beteiligter Ansprüche hinsichtlich der Ehewohnung oder des Hausrats (§ 1) in einem Rechtsstreit geltend, so hat das Prozeßgericht die Sache insoweit an das nach § 11 zuständige Familiengericht abzugeben. Der Abgabebeschluß kann nach Anhörung der Parteien auch ohne mündliche Verhandlung ergehen. Er ist für das in ihm bezeichnete Gericht bindend.*

(2) *Im Falle des Absatzes 1 ist für die Berechnung der in § 12 bestimmten Frist der Zeitpunkt der Klageerhebung maßgebend.*

1 **1) Zweck.** Sicherg der ausschl sachl Zustdgk des FamG bei AuseinandS von EheWo u Hausr dadch, daß bei Geltdmachg von Anspr, die unter HVO 1 od §§ 1361 a, b fallen, vor dem ProzGer dieses die Sache vAw an das gem HVO 11 zustdge FamG **abgibt (I 1)**. Gehört nur ein Teil des StrGgst vor das FamG, so ist eine beschr Abg zul („insow"). Abg auch dann, wenn die Zustdgk dch Trenng der Ehg od ScheidgsAntr (vgl HVO 18 a) erst im Lauf des Verf wechselt (vgl BGH **67**, 217). Abg auch noch in der RMittelInst mögl (KG FamRZ **74**, 195). Beim FamG beginnt ein völl neues Verf (KG FamRZ **74**, 195/7); wg der bereits entstandenen Kosten besteht VerfEinh (HVO 23). Hält der FamRi eine Sache nicht für eine Hausr- od EheWoAngelegenh: Abg an das ProzGer.

2 **2)** Der AbgBeschl **(I 2)** ist für das bezeichn Ger **bindend (I 3).** Bindg tritt nur hins der (sachl) Zustdk, nicht für das Vorliegen einer FamSache ein (BGH FamRZ **88**, 155), auch nicht Bindg an die matrechtl Grdl u an die VerfVorschr der HVO. Bindg auch bei Abg innerh desselb Ger (aA Bambg FamRZ **90**, 179 mablA Ewers FamRZ **90**, 1373) u auch bei fehlerh Ann, es handle sich um Anspr bzgl EheWo u Hausr (BayObLG FamRZ **68**, 319 u **75**, 582). Für die Bindg reicht es aus, wenn die Verweisg der Sache dch das LG an das FamG auch nach HVO 18, 18 a erfolgt (Karlsr FamRZ **92**, 1082). Die Bindgswirkg entfällt nur dann, wenn der AbgBeschl jeder ges Grdl entbehrt (Kln FamRZ **80**, 173; Stgt FamRZ **96**, 172) od bei ganz gravierden Mängeln, zB wg Nichtgewährg rechtl Gehörs. Die Bindgswirkg endet, wenn der Ggst nach Abg an das FamG den Charakter als HausrSache verliert, so daß das FamG dann an das zust ProzGer verweisen k (Ffm FamRZ **81**, 186). Zur BindgsWirkg eines VerweisgsBeschl gem § 281 II 5: BGH FamRZ **99**, 501.

3 **3)** Gg die Abg entspr ZPO 281 II 1 **keine Beschwerde** (vgl BGH FamRZ **94**, 100). Hat fälschl die allg ProzAbt des AG üb eine FamSache entsch, ist nach der formalen Anknüpfg (BT-Drucks 10/2888 S 21) nur Berufg zum LG zul; keine Verweisg innerh der RMittelGer (BGH NJW **91**, 231).

§ 18 a. Getrenntleben der Ehegatten. *Die vorstehenden Verfahrensvorschriften sind sinngemäß auf die Verteilung des Hausrats im Falle des § 1361 a und auf die Regelung über die Benutzung der Ehewohnung im Falle des § 1361 b des Bürgerlichen Gesetzbuchs anzuwenden.*

1 **1)** Leben die Eheg getrennt, **Hausratsverteilung** matrechtl gem § 1361 a, verfrechtl nach HVO 18 a (also HVO 11–18, 20). Wg **Wohnungszuweisung** auch schon **vor Anhängigkeit des Scheidungsverfahrens:** § 1361 b.

2 **2)** Mit Auflösg der Ehe endet die Zulässigk eines selbstd Verf nach §§ 1361 a, b u HVO 18 a; ist es bereits anhäng, so ist es in der Haupts erledigt (str). Eine für die TrenngsZt schon ergangene Regelg verliert ihre Wirksamk; aber auf Antr Fortführg des Verf nach HVO 1 ff mögl, wenn Regelg für die Zeit nach der Scheidg angestrebt w (Karlsr FamRZ **88**, 1305; str).

§ 19. Einstweilige Anordnung in Ehesachen (aufgeh dch 1. EheRG; jetzt in ZPO 620 Nr 7 geregelt).

5./6. Abschnitt. Kosten- und Schlußvorschriften

(auf den Abdruck wird verzichtet)

Zu Kosten u Geschäftswert: Übbl FamRZ **99**, 129/193/199/203.

1362 *Eigentumsvermutungen.* **I Zugunsten der Gläubiger des Mannes und der Gläubiger der Frau wird vermutet, daß die im Besitz eines Ehegatten oder beider Ehegatten befindlichen beweglichen Sachen dem Schuldner gehören. Diese Vermutung gilt nicht, wenn die Ehegatten getrennt leben und sich die Sachen im Besitze des Ehegatten befinden, der nicht Schuldner ist. Inhaberpapiere und Orderpapiere, die mit Blankoindossament versehen sind, stehen den beweglichen Sachen gleich.**

II Für die ausschließlich zum persönlichen Gebrauch eines Ehegatten bestimmten Sachen wird im Verhältnis der Ehegatten zueinander und zu den Gläubigern vermutet, daß sie dem Ehegatten gehören, für dessen Gebrauch sie bestimmt sind.

1) Zweck: Die Gläub eines Eheg sollen vor einer Verschleierg der EigtLage dch ein ZusWirken beider 1
Eheg bewahrt w (BGH NJW **76**, 238). Zwingdes R bei jedem Gütstd (LG Aachen NJW-RR **87**, 712/3; zur Bedeutg eines HausrVerzeichn: Schwarz DNotZ **95**, 115). Nicht verfassgswidr (aA Brox FamRZ **81**, 1125; Wolf FuR **90**, 216; zweifelnd Jauernig ZwVollstr § 17 II aE). Gilt analog für nehel LebGemsch (str; Einl 28 v § 1297). Bei GütGemsch greift § 1362 wg § 1416 erst, wenn feststeht, daß die Sache nicht zum GesGut gehört. § 1006 gilt ggü § 1362 nicht (RG SeuffA **62**, 367). Im Verh der Eheg zueinand gilt § 1006 (Oldbg FamRZ **91**, 814). Eine EigtÜbertragg kann unter Eheg gem § 930 erfolgen (BGH FamRZ **79**, 282). Im Konk entfällt KO 45 (BVerfG FamRZ **68**, 437; Brox FamRZ **68**, 406) u gilt allein § 1362. Kein AuskR des KonkVerw ggü Eheg des GemSchu (BGH NJW **78**, 1002). Die RVermutgen des § 1362 sind **widerlegbar** (ZPO 292). Verzeichn des § 1377 entfaltet Vermutg nur zw den Ehel. Zu den versch Formen des GläubZugriffs auf EhegVerm: Brandner, FS Merz 1992, 3 ff. **IPR:** EG 16 II.

2) Voraussetzungen. a) Bewegliche Sachen, auch Geld, Inh- u mit Blankoindossament versehene 2
OrderPap, **I 3,** nicht Fdgen od Grdst. – **b)** Die Sachen dürfen **nicht ausschließlich zum persönlichen** 3
Gebrauch eines Ehegatten best sein, **II** (der zugl selbstd Vermutg enth, Rn 8). – **c)** Die Sachen müssen 4
sich im **Besitz eines oder beider Ehegatten** befinden. Dann wird vermutet, daß der Schu zugl auch Eigtümer ist, so daß keine schuldnerfremde Sache in Anspr gen w. Zur ZwVollstr Rn 10. Für die Pfändg des HerausgAnspr des EhegSchu reicht mittelb Bes des EhegSchu u ebenf, wenn keiner der Eheg (mehr) mittelb Besitzer ist (BGH NJW **93**, 935). – **d)** Negat Vorauss: Die Vermutg gilt nur, wenn die Eheg **nicht getrennt** 5
leben, I 2. Kein GetrLeb bei auch längerer Strafhaft (Düss NJW-RR **95**, 963). Hat der eine Eheg als Eigtümer Sachen (§ 1361 a) an den and herausgegeben, gilt § 1006 zu dessen Gunsten. Bei Inanspruchn der Eheg als GesSchu schadet Trenng dem Gläub wg § 1006 nicht. – **e)** Die Vermutg gilt nur für **Gläubiger** 6
eines Eheg, nicht im Verh der Eheg zueinand (insof § 1006, vgl RG **84**, 49). Dagg gilt die Vermutg bei SichergsÜbereigng (RG **80**, 62) u auch zG eines KonkVerw bei unentgeltl Vfgen des GemSchu ggü seinem Eheg (BGH MDR **55**, 92). – **f)** Die Vermutg wird **widerlegt** dch den Nachw v MitEigt (vgl § 1357 Rn 20) 7
od dadch, daß die Sachen dch den NichtSchuEheg erworben sind, ohne daß dieser den Fortbestand seines Eigt beweisen müßte (BGH NJW **76**, 238). Zum Verh von § 1362 zu § 1006 vgl dort Rn 9. Ist das Eigt des NichtSchu nachgewiesen, so macht sich der Gläub bei trotzdem erfolgtem Zugriff schadenspflicht (RG JW **11**, 368).

3) Ausschließlich zum persönlichen Gebrauch eines Ehegatten bestimmte Sachen, II, sind Kleider, 8
Schmucksachen, ArbGeräte (§ 1477 Rn 2). MitGebr dch den and Eheg schließt II aus. Iü kommt es auf den Bes hier nicht an; auch der and Eheg od ein Dr kann Besitzer sein. Vermutg des II gilt im Verh zu Gläub eines od beider Eheg wie im Verh der Eheg zueinand. Die Vermutg des II gilt auch nach Auflösg der Ehe bis zur Beendigg der AuseinandS (BGH **2**, 82) u nach dem Tod eines Eheg im Verh der Erben zu den NachlGläub (Mü OLG **42**, 142). Der Eheg, der sich auf II beruft, muß **beweisen,** daß die Sache zu seinem ausschl pers Gebr best ist. Dafür, daß Frauenschmuck der Ehefr gehört, besteht ihrers keine Vermutg (BGH FamRZ **71**, 25). **Wider-** 9
legung der Vermutg dch den Nachw, daß der Eheg, zu dessen persönl Gebr die Sachen best sind, Eigt an ihnen nicht erworben h. Auch der Kapitalanlage dienende Schmucksachen sind nicht ausschl z pers Gebr best (BGH NJW **59**, 142). Überläßt der Ehem seiner Fr von ihm geerbten Schmuck vorbehaltl z Gebr, muß er beweisen, daß damit keine Übereigng gemeint war (RG **99**, 152). Die Vermutg des § 1362 w nicht dch Vorlage eines GütTrenngsVertr widerlegt (LG Verd FamRZ **81**, 778).

4) Verfahrensrecht. § 1362 hilft nur ggü der Gef, die ZwVollstr in schuldnerfremde Ggste zu betreiben. 10
Diese selbst orientiert sich am Gewahrs (ZPO 808, 809, 883), so daß hierfür in ZPO 739 eine dem § 1362 entspr GewahrsVermutg geschaffen w ist. Es genügt also ein ZwVollstrTit gg einen Eheg. Ist dieser nicht der Schu u gehört ihm die Sache, in welche die ZwVollstr betrieben w, allein od zu MitEigt (Schlesw FamRZ **89**, 88), so muß er iRv ZPO 771 die Vermutg des § 1362 I entkräften (and Baur FamRZ **58**, 253; Brennecke NJW **59**, 1260: Erinnerg gem ZPO 766). Spricht die Vermutg des II für einen Eheg, so ist die Pfändg des Ggst zG der Gläub des and Eheg unzul; ebso iF von I 2. In diesen Fällen ZPO 766. Gehört die Sache zum Gesamtgut, was bei allg GütGemsch vermutet w, so ist ein Tit gg den od die verwaltden Eheg erfdl (ZPO 740); bei Alleinverwaltg kann sich der nicht verwaltde Eheg analog ZPO 739 nicht auf seinen Bes od Gewahrs berufen. Rechte Dr werden dch ZPO 739 nicht berührt.

Sechster Titel. Eheliches Güterrecht

Einführung

1 **1) Literatur:** Börger, Ehel GüterR, 1989; Diederichsen, VermAuseinandS bei der Ehescheidg, 6. Aufl 1997; Haußleiter/Schulz, VermAuseinandS anläßl Scheidg u Trenng, 2. Aufl 1997; Schröder FamRZ **97**, 1; Büte FamRZ **99**, 1180. – RsprÜbers: Dörr/Hansen NJW **96**, 2970; **97**, 2918; **98**, 3243.

Zur **Entwicklung** des Güterrechts ausf 42. Aufl. An die Stelle des ges Güterstdes der ehemännl Verwaltg u Nutznießg trat am 1. 4. 53 inf GG 117 I Gütertrenng, bis dch das am 1. 7. 58 in Kraft getretene GleichberG die ZugewinnGemsch ges Güterstd geworden ist.

2 **2) Verfahrensrecht.** Vgl Einf 17 v § 1353. Sämtl Anspr aus dem ehel GüterR sind **Familiensachen** (ZPO 621 I Z 8 u 9), für die das FamG ausschließl zust ist. Entsch isoliert od im VerbundVerf (ZPO 623 I, 629 I). **Zugewinnausgleich:** Die Abweisg einer negat FeststellgsKl über nicht beziff ZugewAusglFdg stellt pos ledigl fest, daß ein AusglAnspr dem Grd nach besteht (BGH NJW **86**, 2508). TeilKl sind zul (BGH NJW **94**, 3165; ggf auch nach rechtskr Entsch üb eine ZugewAusglFdg (Düss NJWE-FER **98**, 186).

3 **3) IPR:** EG 15, 16, vgl auch Anh zu EG 15. **Übergangsregelung DDR:** EG 234 § 4.

4 **4) Ausländisches Recht:** Zum Erfordern des DuldgsTitels gg den Eheg des Schu als Vorauss der ZwVollstr in das Gesamtgut einer GütGemsch niederländ Rechts: BGH FamRZ **98**, 905; eine bei der Trauung türk Ehel nach islam Ritus versprochene Zahlg kann nach der Scheidg von der Ehefr als Morgengabe eingefordert w (Düss FamRZ **98**, 623 mA Öztan).

I. Gesetzliches Güterrecht

Grundzüge

1 **1)** Unter dem **gesetzlichen Güterrecht** versteht das BGB die Ordng der güterrechtl Verh unter den Eheg, die mangels einer anderweit ehevertragl Vereinbg kr Ges eintritt. Das war **bis 31. 3. 53** der Güterstd der ehemännl Verw u Nutzn. An seine Stelle trat v 1. 4. 53 **bis 30. 6. 58** der damalige außerges Güterstd der Gütertrenng, bis mit dem Inkrafttr des GleichberechtG (Einl 3 zum 4. Buch) **ab 1. 7. 58** die **Zugewinngemeinschaft** zum ordtl ges Güterstd wurde. Die **Gütertrennung** bleibt außerordentl ges Güterstd, dh er tritt in best Fällen v Ges wg ein (§§ 1388, 1414, 1449, 1470); vgl § 1414 Rn 1–2. Für den ges Güterstd besteht eine Vermutg, auch f den Grdbuchrichter. Für eine ggteilige Behauptg trägt derj die **Beweislast**, der sich darauf beruft. Zu den **Konkurrenzen zu anderen Ausgleichsformen** § 1372 Rn 2–10. **Übergangsrecht:** Rn 12. **IPR:** EG 15 u 16. **Steuern:** § 1378 Rn 2. **Verfahren:** Einf 4 v § 1564.

2 **2) Übersicht:** Im Güterstd der ZugewGemsch behält jeder Eheg sein Verm in seinem Eigt u in eig Verw u zieht auch selbst die Nutzgen. Es besteht **keine gesetzliche Haftung für Schulden des anderen Ehegatten.** Zur Sittenwidrigk von Mitverpflichtgen: BGH NJW **93**, 322; LG Hbg FamRZ **93**, 196; Emmerich JuS **93**, 340; § 138 Rn 37.

3 **a)** Es besteht **kein gemeinschaftliches Vermögen** (§ 1363 II), auch bei der Auflösg der Gemsch zZw der Teilg nicht (vgl aber § 1372 Rn 6, 8 u 9). Vielm erhält der Eheg mit dem kleineren Zugew eine von einem AuskAnspr flankierte (§ 1379) **Ausgleichsforderung** gg den and Eheg in Höhe des UnterschiedsBetr zw den jew Zugewinnen beider Eheg (§ 1378 I), die sich ihrers aus dem UnterschiedsBetr zw EndVerm (§ 1375) u AnfangsVerm (§ 1374) jedes Eheg errechnen (§ 1373). Dch Hinzurechng v erb- u schenkgsw hinzugekommenem Verm zum AnfangsVerm (§ 1374 II) wird erreicht, daß nur innerh der Ehe u ehehalber erworbenes Verm zum Ausgl gelangt. Umgek wird die AusglFdg begrenzt dch das bei Ende des Güterstds vorh Verm (§ 1378 II) u kann überdies auch noch mit einer BilligkEinrede beschränkt w (§ 1381). Die einz VermBestandt bleiben zugewausglrechtl bloße **Rechnungsgrößen.** Eine Ausn davon besteht ledigl im **Erbfall,** also wenn die Ehe dch Tod eines Eheg aufgelöst w. Hier wird der ZugewAusgl nicht im einz errechnet, sond dch pauschale Erhöhg des ErbR des überlebden Eheg um 1/4, dh dch dingl Beteiligg am Nachl, verwirklicht (§§ 1371 I, 1931). Außerdem kann der AusglGläub auch bei normaler Dchführg des Zugew-Ausgl unter Lebden uU Übertr bestimmter VermGgste verl (§ 1383).

4 **b)** Wie bei der Gütertrenng **verwaltet** jeder Eheg sein Verm selbst (§§ 1363 II, 1364). Im Ggs zu ihr bestehen aber gewisse **Verfügungsbeschränkungen** für Vfgen üb das Verm im ganzen u üb Hausrat (§§ 1365–1369). Um willkürl VermVermindergen u damit einer Schmälerg des AusglAnspr entggzuwirken, werden best benachteiligde Maßn entwed rein rechnerisch zurückgenommen (§ 1375 II) od kann der benachteiligte Eheg von dem Dr das Zugewendete zurückfordern (§ 1390). Nach 3jähr GetrLeben bzw in Fällen wirtschaftl Illoyalität kann **vorzeitiger Zugewinnausgleich** verl w (§§ 1385 ff).

5 **c)** Die **Nutznießung** liegt beim jew Eigtümer der einzelnen VermGgste, wobei die Eheg jedoch gem § 1360 eine Verpfl zur Verwendg ihres Verm für die Fam trifft.

6 **3)** Haben die Eheg in kleinen od mittleren VermVerh angefangen u zus od jeder für sich erworben od auch ein Eheg sich auf die HaushFührg beschränkt, wird die ZugewGemsch einen **gerechten Ausgleich** herbeiführen, der bes dann notw erscheint, wenn ein Eheg im Gesch od Beruf des and Eheg mitgearbeitet hat
7 (§ 1356 Rn 8). **a)** Im einz ergeben sich aber folgde Pkte der **Kritik** (Lit: Müller-Freienfels JZ **57**, 685;
8 Thierfelder FamRZ **59**, 389): **aa)** Der Schematismus der **erbrechtlichen Lösung** (§ 1371) sieht davon ab, ob tatsächl ein Zugew erzielt od dieser sogar auf Seiten des Längerlebden entstanden ist. Damit werden die (ggf auch vorehel) Kinder des vorverstorbenen Eheg benachteiligt (Ferid FamRZ **57**, 70; Lange NJW **57**, 1381). Als unzureichd empfunden w auch die Nichtanrechng von Vorausempfängen sowie die bl Ausbildgs-

Verpfl für Stiefkinder (§ 1371 Rn 5 u 7–11). Zur Kritik der erbrechtl Lösg im einzelnen sa Braga FamRZ **57**, 334; Ulmer NJW **58**, 170; Bärmann JZ **58**, 225; Schopp FamRZ **65**, 409. **bb)** Die von der ZugewGemsch unterstellte Trenng der Gütermassen beider Eheg wird währd der Ehe idR dch zahlreiche **Zuwendungen der Ehegatten untereinander** überspielt, so daß der gleichförmige ZugewAusgl auch iF der Ehescheidg zu Ungerechtigk führt. Man muß sich jedoch im klaren darüber sein, daß es zu den Zielen des neuen ges Güterstds gehörte, bei der VermAuseinandS im Interesse der RKlarh den Streit darüber auszuschließen, ob u in welchem Maß ein Eheg an dem VermErwerb des and wirtsch beteiligt war (BGH **65**, 320). Ggü diesem and AusglMöglichkten, insb auch BereichergsAnspr (BGH NJW **76**, 2131) ausschaltden AusschließlichkPrinzip (BGH **82**, 227; § 1372 Rn 2) hat die Rspr gleichwohl andere, insb gesellschaftsrechtl Lösgen neben dem ZugewAusgl für unverzichtb angesehen (§ 1372 Rn 6). **cc)** Dogmat unbefriedgd sind die versch Nullsetzgen (§ 1373 Rn 3–4), die die wirtsch Beteiligg am Zugew des jew and Eheg zunächst oft ins Leere gehen lassen. Streitigk können sich auch bei Abschätzg der VermWerte (§§ 1374 ff) ergeben, die die Grdlage für die **Berechnung des Zugewinns** sind, da die Ansichten der Sachverst hierüber oft auseinandgehen können. Inhabern von größeren Betrieben wird die Unsicherh der Bewertg u damit die Ungewißh üb die Höhe der AusglFdg, aber auch die Höhe des Erbteils u die Notwendigk der Bilanzierg nicht willkommen s. Bes Bedenken bestehen gg die ZugewGemsch bei Beteiligg eines Eheg an einer PersonalGesellsch wg der diese belastden hohen AuszahlgsVerpflichtgen, wenn der and Eheg Auskehrg des Zugew verl k (Tiedau MDR **57**, 645; vgl Tiefenbacher BB **58**, 565). Gütertrenng mit testamentar Versorgg des and Eheg wird dann vorzuziehen sein. Ähnl bei bäuerl Besitz, so daß der Verbd des nds Landvolks den ges Güterstd abgelehnt h (RdL **57**, 645). **b) Abhilfe.** Jeder Verlobte sollte prüfen, ob dch **Ehevertrag** (§§ 1408 ff) der ges Güterstd ausgeschl od abgeändert w soll. Eine nicht minder schwier Frage ist für jeden Eheg, ob u ggf welche **letztwilligen Verfügungen** er für seinen Todesfall treffen soll, ebso, ob er, wenn seine Ehe dch Tod aufgelöst wird, die **Erbschaft antreten oder ausschlagen** soll (vgl Maßfeller Betr **57**, 624). Die Überleggen zur richt Anpassg an den ind Fall werden meist nicht ohne sachverstd Beratg dchzuführen sein.

9 (margin, beside line 3: "bb)"); 10 (margin, beside "cc)"); 11 (margin, beside "b) Abhilfe")

1363 *Zugewinngemeinschaft.*

I Die Ehegatten leben im Güterstand der Zugewinngemeinschaft, wenn sie nicht durch Ehevertrag etwas anderes vereinbaren.

II Das Vermögen des Mannes und das Vermögen der Frau werden nicht gemeinschaftliches Vermögen der Ehegatten; dies gilt auch für Vermögen, das ein Ehegatte nach der Eheschließung erwirbt. Der Zugewinn, den die Ehegatten in der Ehe erzielen, wird jedoch ausgeglichen, wenn die Zugewinngemeinschaft endet.

1) **Individueller Geltungsbereich.** Eheg, die ehevertragl nichts and, also insb auch diej, die nichts vereinb haben, leben automat im ges Güterstd. Mögl auch, daß der ges Güterstd im Übergang v einem and Güterstd vereinb w (§ 1408). 1

2) Der ges Güterstd **beginnt,** falls kein EheVertr abgeschl wird, von Ges wg mit der Eheschl, **I,** sonst mit Abschl eines dahingehden EheVertr, u **endet** mit dem Tod eines der Eheg (§ 1371 Rn 1) bzw bei Aufhebg od Scheidg der Ehe (§§ 1313, 1564), aber auch iF vorzeit ZugewAusgl (§ 1388) od Vereinbg eines anderweit bzw Ausschl des ges Güterstds (§§ 1408 I, 1414). Vgl auch § 1372 Rn 1. 2

3) Zum **Grundsatz der Vermögenstrennung, II,** vgl Grdz 3 vor § 1363. Eine dingl Beteiligg eines Eheg am Verm des and findet weder währd des Bestehens der Gemsch noch bei ihrer Beendigg, außer bei einer solchen dch den Tod (§ 1371), statt. Jeder Eheg bleibt Eigtümer u Inh seines Verm, auch des nach der Eheschl erworbenen. Doch schließt das nicht aus, daß die Eheg Geschäfte miteinand wie mit Dr abschließen (vgl § 1372 Rn 2–11). Zur **Verwaltung** §§ 1364 ff. Für die vor u währd der Ehe entstandenen Verbindlkten **haftet** jeder Eheg allein mit seinem eig Verm; er braucht also nicht für die Schulden des and Eheg einzustehen. Zur Mithaftg f Bankkredite: Reifner ZIP **90**, 427. Erst **bei Beendigung der Zugewinngemeinschaft** (Rn 2) findet der **Zugewinnausgleich** statt, **II 2.** Dies geschieht nicht dch eine dingl Beteiligg, sond es besteht ledigl ein schuldrechtl ZahlgsAnspr gg den ausglpflicht Eheg (§ 1378). 3

4) **Vertragliche Änderung der Zugewinngemeinschaft** sind zulässig. **a)** Die ZugewGemsch kann dch EheVertr überh **ausgeschaltet** w (§§ 1408 I, 1414, 1415). – **b)** Darüber hinaus sind die einzelnen Regelgen, wie zB die Bewertg, maßg Ztpkte usw, weitgehd **dispositiv** (§ 1408 Rn 18–21). – **c)** Schließl können die güterrechtl Best dch zusätzl Vereinbgen zw den Eheg **überformt** w, dch Schaffg v MitEigt, Überlassg der VermVerw (§ 1413), GesellschVertr usw (§ 1372 Rn 2–11). – **d) Steuerrecht.** Der bei Beendigg der ZugewGemsch entstehde AusglAnspr eines Eheg ist von der Besteuerg ausgenommen (ErbStG 5 II). Die Eheg können desh den ges Güterstd auch dch Vereinbg (§ 1408 I) beenden, den Zugew schenkgssteuerfrei ausgleichen u dann erneut den ges Güterstd wieder begründen. Nicht mögl ist es dagg wg ErbStG 7 I Nr 1, 29 I Nr 3, den Ausgl steuerfrei dchzuführen, ohne zugleich die ZugewGemsch, wenn auch nur vorübergehd, zu beenden (FinMin Nds BB **97**, 2149 u BadWürtt NJW **98**, 440; Sasse BB **98**, 465). Eine ScheidgsKlausel allein führt noch nicht dazu, daß der rechtl Eigtümer sein wirtsch Eigt verliert (BFH BB **98**, 1039). 4 5

1364 *Selbständige Vermögensverwaltung.*

Jeder Ehegatte verwaltet sein Vermögen selbständig; er ist jedoch in der Verwaltung seines Vermögens nach Maßgabe der folgenden Vorschriften beschränkt.

1) Zur ZugewGemsch allg § 1363 Rn 3. Jeder Eheg ist hinsichtl seines Verm selbstd, kann also dem and Eheg ggü auch wie mit Dritten in rechtsgeschäftl Beziehgen treten (Einf 9 vor § 1353). Jeder Eheg handelt grds **im eigenen Namen.** Handeln mit Wirkg für den and nur iRv § 1357 od nach entspr Bevollmächtigg. 1

2 **2) Verwaltungsrecht. a)** Jeder Eheg verwaltet sein Verm selbstd u kann demgem Vfgen auch solche üb einen eintretden Zugew, allein treffen. Es besteht keine Verpfl der Eheg, ihr Verm so zu verwalten, daß ein mögl großer Zugew erzielt w (vgl aber Rn 3). **b) Überlassung der Verwaltung.** Ein Eheg kann aber die Verw seines Verm od eines Teiles dem andern zur Verw überlassen, was formlos geschehen u jederzeit widerrufen w kann (§ 1413). Ansprüche dann aus §§ 662 ff; mangels konkr Absprachen sind die Einkfte in einem solchen Fall für die ganze Fam anzulegen (Karlsr FamRZ **83**, 1250). In der uneingeschränkten Überlassg zur Verw üb einen längeren Zeitraum liegt keine VermÜbertragg (Karlsr FamRZ **83**, 1250). Bei Erwerb gemschaftl Verm steht auch beid Eheg die Verwaltg gemschaftl zu, sofern nichts and vereinb w. Bei gemeins betriebenem ErwGesch evtl BGB-Gesellsch (§ 1356 Rn 8). **c) Rechtsstreitigkeiten** führt jeder Eheg allein. Zum Schutz von Gläub eines Eheg wirken gg den and Eheg § 1362 I, ZPO 739. Bei Erwerb gemschaftl Vermögens steht auch beiden Eheg die Verw gemschaftl zu, sofern nichts and vereinb w.

3 **3) Beschränkungen der Verwaltung** enth die §§ 1365–1369 bezügl RGeschäften üb das Verm im ganzen u HaushGgsten. Mittelb Bindgen ergeben sich aus der ehel LebG (vgl § 1353 Rn 5 ff). Vgl iü die (unzureichden – dazu Schopp Rpfl **64**, 69) SchutzVorschr der §§ 1375 II, 1384, 1386, 1387, 1390.

1365 ***Einschränkung der Verfügungsmacht über Vermögen im ganzen.*** **I Ein Ehegatte kann sich nur mit Einwilligung des anderen Ehegatten verpflichten, über sein Vermögen im ganzen zu verfügen. Hat er sich ohne Zustimmung des anderen Ehegatten verpflichtet, so kann er die Verpflichtung nur erfüllen, wenn der andere Ehegatte einwilligt.**

II Entspricht das Rechtsgeschäft den Grundsätzen einer ordnungsmäßigen Verwaltung, so kann das Vormundschaftsgericht auf Antrag des Ehegatten die Zustimmung des anderen Ehegatten ersetzen, wenn dieser sie ohne ausreichenden Grund verweigert oder durch Krankheit oder Abwesenheit an der Abgabe einer Erklärung verhindert und mit dem Aufschub Gefahr verbunden ist.

1 **1)** Die Vorschr enth eine Beschränkg des sonst gem § 1364 von jedem Eheg selbstd ausgeübten VerwaltgsR. Das absolute VeräußergsVerbot (BGH **40**, 218) soll nicht nur relativ den and Eheg vor einer Gefährdg seines AusglAnspr schützen, sond ist eine SchutzBest im Interesse der FamGemsch u zur Erhaltg der wirtsch Grdl der Fam. Da die Eheg aber ihre güterrechtl Beziehgen frei bestimmen können, kann ehevertragl (§ 1412 Rn 3) auch auf diese VfgsBeschränkg verzichtet werden (Lange FamRZ **64**, 546); mögl auch ein Verz auf die Beschränkg des § 1365 hins bestimmter Ggste (Mülke AcP **161**, 160; Knur DNotZ **57**, 470). Beschränkg nicht eintraggsfäh (BGH **41**, 370). Im einzelnen Fall kann auf Widerruf der Einwilligg forml verzichtet w, da keine Änderg des Güterstd (Reinicke BB **57**, 565). Der Eheg ist nicht verpfl, die Zust des and Eheg herbeizuführen, allenf deren Ersetzg gem II. § 1365 unanwendb, wenn ein Verlobter ein VerpflichtgsGesch eingegangen ist (*arg* I 2: „ohne Zust des and Eheg"). Dagg bedarf er der Zust, wenn nach Eheschl erfüllt w soll. Bei Verstoß gg § 1365 KlMöglichk auf vorzeit ZugewAusgl (§ 1386 II). Bei GrdstVeräußerg muß Notar ggf üb die VfgsBeschrkg des § 1365 aufklären (BGH **64**, 246). **Beweislast** für Vorauss des § 1365 bei demj, der sich auf die Nichtigk beruft (BGH NJW **65**, 910).

2 **2) Einwilligungsbedürftig** sind RGeschäfte, dch die sich ein Eheg zur Vfg üb sein **Vermögen im ganzen** (vgl § 311) verpflichtet, **I 1.** Gemeint ist das AktivVerm, so daß die Vorschr auch auf RGeschäfte eines überschuldeten Eheg anwendb ist. Anders als bei § 311 ist § 1365 aber nicht berührt, wenn bl ein Brucht des Verm Ggst des RGesch ist (Hamm NJW **59**, 104; Düss JMBl NRW **59**, 53), wie sich aus dem GesZweck sowie dem Gebr des Wortes „Verm" in §§ 1376, 1377 ergibt (Schulz-Kersting JR **59**, 135; Tiedau MDR **59**, 81 gg Hoche NJW **58**, 2069). Nicht zustimmgsbedürft ist die Übern einer das Verm ausschöpfden ZahlgsVerpfl (BGH FamRZ **83**, 455 Bürgsch; Rstk FamRZ **95**, 1583 Kaufpreis). Üb die ZustBedürftigk als solche entscheidet **Zeitpunkt** des GeschAbschl (Hamm JMBl NRW **60**, 269). Für Vfgen **nach rechtskräftiger Scheidung** besteht das ZustErfordern nicht mehr (Hamm FamRZ **87**, 591), währd das vor diesem Ztpkt vorgen RGesch auch nach Scheidg zustbedürft bleibt (BGH FamRZ **78**, 396; Saarbr FamRZ **87**, 1248). Vgl
3 iü zur Kenntn Rn 10. Bei TeilRechtskr inf Abtrenng des ZugewAusgl gem ZPO 628 entspr Anwendg v § 1365 (Hamm FamRZ **84**, 53). Umstr ist die Behandlg von **Verträgen über Einzelgegenstände** (Nachw bei Benthin FamRZ **82**, 338; Schlechtriem JuS **83**, 587):

4 **a)** Nach der Gesamttheorie ist § 1365 entspr § 311 nur auf RGeschäfte anzuwenden, die das Verm en
5 bloc zum Ggst haben (Rittner FamRZ **61**, 10; Tiedau MDR **61**, 721). Da diese Auslegg den II ebso wie § 1367 zweckl erscheinen lassen würde u den GesZweck (Rn 1) nicht erfüllt, hat sich die Einzeltheorie dchgesetzt, wonach zustbedürft auch RGeschäfte üb Einzelstücke sind, wenn sie das ganze od **nahezu das ganze Vermögen** ausmachen (BGH **35**, 135; **43**, 174; **77**, 293; NJW **84**, 609). Bei Belastg eines das ganze Verm darstellden, bereits anderweit belasteten Grdst kommt es darauf an, ob die Belastg den verbleibden GrdstWert aufzehrt (BGH **123**, 93). Bei GrdstVeräußerg mit gleichzeit Begr eines Nießbr bleibt dieser für die Beurteilg des verbleibden Verm außer Betr (Hamm FamRZ **97**, 675). Bei der Veräußerg verschiedener VermStücke kommt erst bei dem das letzte größere VermStück betr RGesch § 1365 zur Anwendg. Bei engem zeitl u sachl Zushg gilt § 1365 aber auch bei Vfgen üb mehrere Ggste (Brdbg FamRZ **96**, 1015). Iü genügt es, wenn die Verpfl im wesentl das ganze Verm des Eheg betrifft, also nur Ggst v verhältnismäß untergeordneter Bedeutg übr bleiben (RG **137**, 349). Feste Grenzen für den erfdl **Wertvergleich** sind zuläss (Dörr NJW **89**, 814 f). Bei einem kl Verm bleibt das Gesch zustbedürft, wenn dem Eheg 15% verbleiben; macht bei einem größeren Verm das verbleibde Verm 10% des urspr GesamtVerm aus, greift § 1365 idR nicht ein (BGH NJW **91**, 1739); bei einem Anteil v 30% keinesfalls (BGH **77**, 293/9). Ein Nießbr schöpft den GrdstWert gewöhnl aus (so zuR die RedAnm gg BGH FamRZ **66**, 22). Entsch ist der obj GeschWert, nicht die Bedeutg des Ggst für die Fam od der von den Eheg dem Ggst beigelegte bes Wert (BGH **77**, 293/8; MüKo/Gernhuber Rn 15). Das Verm im ganzen ist nicht betroffen, wenn zwar das einz VermStück v Wert veräuß w, aber Eink aus einem zum Verm gehörden gewerbl Betrieb vorh ist (BGH FamRZ **67**, 383 FriseurGesch). Dagg sind **künftiges Arbeits- und Renteneinkommen** in den WertAusgl nicht einzube-

ziehen (BGH **101**, 225; FamRZ **96**, 792/3); ebsowenig das StammR aus einer lfden Rente (BGH NJW **90**, 112). Iü sind sämtl Ggste in den WertVergl nur insow einzubeziehen, als sie pfändb sind, weil der SchutzZw des § 1365 weiter geht als der VollstrSchutz (Ffm NJW **60**, 2190; Riedel Rpfleger **61**, 262; MDR **62**, 6; DRiZ **63**, 184), währd nach aA der pfändgsfreie Teil mitberücks w soll (KG NJW **76**, 717; Gernhuber/Coester-Waltjen § 35 II 4; Soergel/Lange Rn 17). Bei der Feststellg, ob üb das ges Verm verfügt w, sind auf dem veräußerten Ggst ruhde dingl Belastgen abzuziehen (BGH **77**, 293); eine GrdSchuld unabhäng von der fortbestehden Valutierg (Mü FamRZ **89**, 396). Ein WohnR hat keinen selbständ VeräußergsWert u bleibt bei der Feststellg des verbleibden Verm außer Betr (Celle FamRZ **87**, 942). § 1365 gilt auch f Vfgen gg **Entgelt,** da das Ges nicht auf eine wirtsch Einbuße abstellt (BGH **35**, 145). Unberücks bleibt also das, was an die Stelle des VermGgst tritt, da es nur auf die Vfg ankommt, nicht auf das GgGesch (Eiselt JZ **60**, 563; Beitzke DB **61**, 23; Mülke AcP **161**, 135; Gernhuber/Coester-Waltjen § 35 II 4; aA Wörbelauer NJW **60**, 795, der alle Umsatz- u AnlageGesch v § 1365 ausnehmen will, od Boesebeck DB **58**, 1147; Fischer NJW **60**, 939; Rittner FamRZ **61**, 1; Tiedau MDR **61**, 724; Reinicke BB **60**, 1004, die im einz mit Abweichgen voneinand wg der verbleibden Beteiligg das Einbringen des Verm in eine KapGesellsch grdsl für zustfrei halten). Wird als GgLeistg für GrdstÜbereigng dieses Grdst belastet, so bedarf das keiner Gen (entspr § 1821 I Nr 1 Rn 10; Hamm FamRZ **59**, 6). § 1365 gilt ferner nicht für Vfgen iW der ZwVollstr, zB hins des Antr eines EhegGläub auf TeilgsVerst (LG Brschw NJW **69**, 1675). Desh läßt sich aus dem ZwVollstrR aber auch kein Arg gg die Einzeltheorie gewinnen (aA Liebs AcP **175**, 28). ZustBedürftigk beschränkt sich nicht auf best typ RGeschäfte wie HofÜberg uä, geht umgek aber auch nicht weiter als die Vorschr begriffl voraussetzt. Daher gehören nicht hierher die Führg eines RStr üb RGesch des § 1365, Vfgen v Todes wg (BGH FamRZ **69**, 323), Eingehg v ZahlgsVerbindlkten, die nicht unter § 1365 fallen, selbst wenn dadch das ganze Verm aufgezehrt w kann (Weimar MDR **62**, 696; Riedel DRiZ **63**, 186; aA Mülke AcP **161**, 144), aus dems Grd nicht die Abgabe eines Gebotes in der ZwVerst (Freibg Rpfleger **73**, 302), ferner nicht Garantien (Ffm MDR **68**, 923), Bürgsch, SchuldÜbern, falls nicht UmgehgsAbs vorliegt (vgl RG **54**, 284; Karlsr FamRZ **61**, 317). **Zustimmung erforderlich** für RGeschäfte, falls es im wesentl um das ganze Verm 6
des Eheg geht: HofÜberg, Überlassg des Anwesens gg Altenteilsrente, UnternehmensVerk, SichergsGesch bezügl Anwartsch auf Übern eines Untern (BGH FamRZ **96**, 792), Einbringg v Grdst od and VermGgsten in eine Gesellsch, Bewilligg einer AuflassgsVormg, weil schon das VerpflGesch der Zust des and Eheg bedarf (aA BayObLG NJW **76**, 574; Tiedtke FamRZ **76**, 320). Zustimmgsbedürft sind ggf auch RGesch üb VermGgste, die nach § 1374 II zum AnfangsVerm zu rechnen sind (Muscheler FamRZ **98**, 266). Ebso Künd zwecks Auflösg der Gesellsch u AuseinandS (Eiselt JZ **60**, 564; Beitzke DB **61**, 25), ferner aGrd ausdehnder Auslegg v „Vfg" die Zust zu gesellschvertragl Änd der AbfindgsBdggen (Fischer NJW **60**, 942), bei Preisgabe nahezu des ges Verm (Gernhuber/Coester-Waltjen § 35 II 11; Heckelmann, Abfindgsklauseln in Gesellsch-Vertr, 1973, verl die Zust des and Eheg zu jeder anfängl od nachträgl AbfKlausel, wenn der AbfAnspr das GesamtVerm darstellt u üb ihn insges verfügt w). Zustbedürft ist weiterh ein ErbAuseinandSVergl, wenn GesHandsEigt in vollem Umfang auf einen Miterben übergehen u die übr Miterben in Geld abgefunden w sollen (BGH **35**, 135), dagg nicht bei realer Aufteilg eines Grdst unter den Miterben entspr dem GesamtHds-Anteil gem §§ 2042, 752 (Mü FamRZ **71**, 93), od Teilg dch Verk gem § 753 (Reinicke DB **65**, 1351). Zust 7
erfdl bei Löschg einer Hyp (LG Brem FamRZ **59**, 244); freiw Rückgängigmachen eines GrdstKaufs (Oldbg MDR **65**, 485); Belastg des Grdst mit Nießbr (Schlesw JurBüro **85**, 1695) od wertausschöpfendem WohnR (BGH NJW **90**, 112); GrdSchuld (aA AG Emden NJW-RR **86**, 15 unter Verkenng des VfgsBegr), wenn restl GrdstWert ausgeschöpft w (BayObLG NJW **60**, 821); Verwertg; **nicht dagegen** Begr einer EigtGrd-Schu (Hamm DNotZ **60**, 320); Ändg der BezugsBerechtigg einer LebVers (BGH FamRZ **67**, 383). **Zu-** 8
stimmungsbedürftig aber (vgl auch § 1353 Rn 14) ist (im Ggs zum entspr Antr des Gläub eines in ZugewGemsch lebden Schu auf AO der ZwVerst; Kln NJW-RR **89**, 325 f; KG FamRZ **92**, 846; Dörr NJW **91**, 1092) der **Antrag** eines Eheg **auf Teilungsversteigerung** gem ZVG 180 (BayObLG FamRZ **96**, 1013; Düss FamRZ **95**, 309 mN; LG Kln FamRZ **95**, 1144; Brudermüller FamRZ **96**, 1519), ggf auch nach VorabEntsch üb den ScheidgsAntr, wenn der ZugewAusgl im Verbund geltd gemacht w ist (LG Lüneburg FamRZ **96**, 1489). Geltdmachg im Regelfall gem ZPO 771 (einschränkd Sudhof FamRZ **94**, 1152); sind die Vorauss v § 1365 unstr, dann auch ZPO 766 (Ffm FamRZ **76**, 152; **97**, 1490). Die fehlde Zust des and Eheg führt nicht zur Unwirksamk des Antr auf AO der TeilgsVerst; desh reicht es aus, wenn die Zust od ihre Ersetzg bis zum Zuschlag vorliegt (Ffm FamRZ **97**, 1490). Vorauss für ZPO 766 aber, daß der AusglAnspr dch eine TeilgsVerst konkr gefährdet würde, was v den konkr Belastgen des Grdst abhängt (BayObLG FamRZ **85**, 1040). Keine Zust erfdl, wenn die TeilgsVerst auf einem PfdgsPfandR beruht (Kln NJW-RR **89**, 325; Düss NJW **91**, 851; Dörr NJW **91**, 1092). Der im Zuschl liegde VermVorteil kann Zugew sein (Düss FamRZ **95**, 1145: § 1381).

b) Währd die obj Theorie den Tatbestd, daß das RGesch rein äußerl prakt das ges Verm erfaßt, genügen 9
läßt (LG Bln FamRZ **59**, 65; LG Brem FamRZ **59**, 244; Schulz-Kersting JR **59**; 138; Lorenz JZ **59**, 106; Weimar NJW **60**, 2002; Beitzke DB **61**, 22; Gernhuber JZ **66**, 192 – u jedenf mit Chr. Wolf JZ **97**, 1087 iF eines unentgeltl Erwerbs gelten muß), macht die herrschde **subjektive Theorie** die Gleichsetzg v EinzelGgsten mit dem Verm im ganzen davon abhäng, daß der Dr positiv weiß od zumindest die Verh kennt, aus denen sich ergibt, daß dch das RGesch üb den einen Ggst im wesentl das ganze Verm erfaßt w (BGH **43**, 177; **77**, 295; FamRZ **69**, 322; NJW **84**, 609; Hamm NJW **60**, 1466; Ffm NJW **60**, 2002, Reinicke NJW **57**, 890; Finke MDR **57**, 515; Riedel DRiZ **63**, 185). In den Anfordgen härter läßt Mülke, AcP **161**, 149 parallel zu § 419 ua Kennen-müssen des Erwerbers genügen u wendet Braga FamRZ **67**, 652 die Grdsätze üb den GutglErw vom Nichtberecht an. Aufteilg der VermÜbertr in versch Verträge spielt keine Rolle. Falls erst mehrere ErwVorgänge zus das Verm im ganzen erfassen, muß jeder Erwerber um den Erw des and wissen (Hamm NJW **60**, 1466). Maßg **Zeitpunkt** f die Kenntn ist nicht die Vollendg des 10
RErwerbs, sond derj der Verpfl (BGH **106**, 253; FamRZ **90**, 970); verpflichtet sich also ein Eheg zur Übereigng eines Grdst, das im wesentl sein ganzes Verm darstellt, ohne daß der VertrPartn dies weiß, so bedarf auch das ErfGesch trotz zweitl erlangter Kenntn nicht der Zust des and Eheg (BGH aaO; vgl Jost JR **89**, 506).

11 **3) Rechtsgeschäfte ohne Einwilligung.**

12 **a) Nichtzustimmungsbedürftigkeit.** Bedurfte das RGeschäft der Einwilligg des and Eheg nicht, zB weil zZ des GeschAbschl nicht das ganze Verm betroffen war od mangels Kenntn des GeschGegn, so bedarf auch das ErfGesch keiner Zust (BGH NJW **89**, 1609). Ist die erforderl Einwilligg zum VerpflGesch erteilt, so deckt sie auch das ErfGesch (Tiedtke FamRZ **88**, 1009).

13 **b) Folgen fehlender Einwilligung.** Geht der Eheg die Verpfl ohne die erforderl Einw ein, hängt die Wirksamk des Gesch von der Gen des and Eheg (§ 1366 I, IV; zur SchwebeZt s § 1366 II, III) bzw von ihrer Ersetzg ab (Rn 20). Ohne Zust u ohne Ersetzg darf der Eheg die Verpfl nur erfüllen, wenn der and Eheg hierin einwilligt, **I 2.** Das EinwErfordern bezieht sich aber von vornh nicht auf Verbindlkten, die vor der Eheschl eingegangen wurden (LG Karlsr NJW-RR **86**, 169). Erfüllt Eheg ohne die erfdl Einw, so ist die Vfg
14 unwirks, u zwar auch, wenn sie in mehreren Teilakten nur üb einz Bestandt des Verm erfolgt. Es handelt sich nicht um ein relatives, sond um ein **absolutes Veräußerungsverbot** (BGH FamRZ **64**, 25), so daß der RScheinschutz gem § 135 II keine Anwendg findet (§§ 135, 136 Rn 2); insow muß sich gutgläub Dritter also selbst vergewissern, ob sein VertrPartn verheiratet ist u im ges Güterstd lebt (Reinicke BB **57**, 566; krit Liessem NJW **89**, 497). Das Grdbuch gibt hierüber keine Ausk. Vgl § 1368 Rn 2.

15 **c) Rechtsfolgen: aa) Bei Unwirksamkeit der Verfügung** ist nicht nur der Eheg, der verfügt hat, sond nach § 1368 auch der and Eheg berecht, die sich aus der Unwirksamk der Vfg ergebenden Rechte geltd zu machen (BGH FamRZ **64**, 25). Vgl § 1368 Rn 3–5. Im Grdbuch Eintr eines AmtsWiderspr (BayObLG
16 FamRZ **88**, 503). – **bb)** Bei **Nichterfüllung der** wg NichtgenehmiggsBedürftigk od Einwilligg wirks **Verpflichtung** ggf SchadErs (vgl BGH NJW **89**, 1609/10), der aber ausscheidet bei erst nach Abschl des VerpflGesch erhaltener Kenntn von der GenBedürftigk, weil hier wirks erfüllt w kann (BGH NJW **89**, 1609). Bei Täuschg üb die ZustBedürftigk od das Vorliegen der Einw ledigl Anspr auf das negat Interesse. Auch dann kein ErfAnspr, wenn sich der abschließde Eheg verpfl hat, für die Gen einzustehen (Reinicke BB **57**, 567). –
17 **cc) Einseitige Rechtsgeschäfte:** § 1367. – **dd) Vorzeitiger Zugewinnausgleich:** § 1386 II Nr 1.

18 **4)** Die **Erteilung der Einwilligung** des and Eheg (§§ 182 ff) bedarf keiner Form, auch wenn der Vertrag formbedürftig ist (ebso KG NJW **62**, 1062); kann auch durch schlüss Hdlg gegeben werden, zB durch Mitunterzeichng: grundbuchl Nachweis aber in Form des GBO 29. Die Einwilligg kann (im Ggs zu § 1366 III) sowohl dem and Eheg wie dessen GeschGegn ggü erkl w; umgek ist aber auch nur die diesen beiden ggü erkl Zust wirks (Schlesw NJW-RR **87**, 135). Hat ein Eheg dem and die Verw seines Verm überlassen, so liegt darin noch nicht die Einwilligg, wohl aber bei Erteilg einer GeneralVollm, die regelm wg der Legitimation gegeben sein wird (vgl KG RJA **16**, 292). Bis zur Vornahme des Gesch kann der Eheg, der seine Einw gibt, diese Einw widerrufen, was sowohl dem Eheg wie dem Dr erklärt w kann (§ 183); vgl bei VollmErteilg aber auch §§ 170 ff. Auf Zust kann ein Eheg gg den and nicht klagen, sond nur II. Dch die Einwilligg (§ 183) wird das Gesch bei Vornahme von vornherein wirks, so daß Widerruf des VertrGegn, (§ 1366 III) dann nicht mögl. Dch seine Einwilligg wird der and Eheg nicht verpflichtet. Die **Verweigerung**
19 der Gen kann nicht widerrufen w (BGH **125**, 355). **Tod und Scheidung:** Stirbt der Eheg, dessen Zust erfdl ist, so ist das Gesch damit wirks; stirbt der abschließde Eheg, bedarf es weiter der Zust, die auch weiter dch VormschG ersetzt w kann (Dittmann DNotZ **63**, 707), es sei denn der zustberecht Eheg wird Alleinerbe des Verfügden (Celle NJW-RR **94**, 646; aA Karlsr FamRZ **78**, 505). Endet der Güterstd dch Scheidg, so tritt keine Konvaleszenz ein (BGH JZ **78**, 401); die mit der Rechtskr des ScheidgsUrt eingetretene Beendigg des Güterstds (§§ 1372, 1564 S 2) heilt die Unwirksamk des Gesch nicht (BGH NJW **84**, 609).

20 **5) Ersetzung der Zustimmung, II,** also der Einwilligg zu künft u der Gen bei bereits abgeschl Gesch (§§ 183, 184), kommt nur zu LebZten des ZustBerecht in Betr (BGH **125**, 355).

21 **a)** RGesch muß den **Grundsätzen einer ordnungsmäßigen Vermögensverwaltung entsprechen.** Die Ordngsmäßigk ist am FamInteresse zu orientieren; Maßst ist ein sorgs Wirtschafter mit rechter ehel Gesinng (vgl KG OLG **34**, 250). Nicht notw, daß das Gesch zur ordngsmäß Verwaltg erfdl ist (BayObLG FamRZ **63**, 521). Danach keine ZustErsetzg, wenn das Gesch für den Eheg zweckm od vorteilh ist, also seinen pers Interessen entspricht, auch nicht, wenn nur ein Kind davon Vorteil hätte, zB der EltT ihm so eine Ausstattg zukommen lassen will, ohne daß auch die and gesichert sind. Anders, wenn Eheg die Landwirtsch od das Gesch nicht mehr betreiben kann, die rechte Leitg also fehlt; wenn der Sohn, dem der Hof übergeben wird, nicht nur die Elt, sond auch die Geschwister genügd versorgt od abfindet; od bei dauernd getrlebden Ehel Verk eines geringe Rendite abwerfden Mietshauses, um EigtWohng zu erwerben (BayObLG NJW **75**, 833).

22 **b)** Die Zust des and Eheg muß ohne ausreichden Grd verweigert w. Entscheidd dafür ist der Ztpkt der vormschgerichtl Entsch (BGH NJW **78**, 1380; BayObLG NJW **68**, 1335). **Verweigerung** der Zust ausdr, dch Widerruf (§ 183), bei Erteilg unter Bdgg (vgl KG OLG **4**, 346) od so, daß sie nicht in der für das Gesch
23 gehör Form nachgewiesen w kann; FeststellgsKl gg den and Eheg dann zu umständl. **Ohne ausreichenden Grund:** Zu Recht wird Zust verweigert, wenn das RGesch die Interessen des zustberecht Eheg nicht innerh der gegebenen Möglichk u wie übl berücksichtigt od wenn es ihm sogar schädl ist. Demgem reicht die Verweigerg der Zust mRücks auf den str ZugewAusglAnspr aus (Kln FamRZ **97**, 677); wenn das RGesch zwar den Grds einer ordngsgem Verwaltg entspr, jedoch die Gef besteht, daß der Anspr auf ZugewAusgl nicht mehr realisierb ist (LG Kblz FamRZ **98**, 163/91 mablA Kogel); od wenn zu befürchten ist, daß der Ertrag voraussichtl nicht im Interesse der Fam verwendet od Unterh gefährdet wird. Mit Rücks auf den Schutzzweck (Rn 1) Verweigerg uU auch dann berecht, wenn AusglAnspr dch das RGesch nicht gefährdet würde (FamAusschußBer S 6); erst recht natürl, wenn künft AusglAnspr konkret (etwa inf persönl Unzuverlässigk des verfügden Eheg, bei Anlagen u Beteiliggen mit gesteigertem Risiko) gefährdet w (BayObLG NJW **75**, 833). Persönl Gründe, auch ideeller Art wie der, daß das GesamtVermGesch den FamFrieden zu beeinträchtigen droht (Hamm FamRZ **67**, 573), können ausreichen (Reinicke BB **57**, 566). Aber nicht unsachl Grde; dann Verweigerg ohne ausr Grd: Eheg will dch die NichtErteilg etwas für sich erzwingen, zB Wiederherstellg der ehel Gemsch od eine vermrechtl Besserstellg, auf die kein Anspr besteht (Hamm JMBl NRW **62**, 47). IjF ist eine **Interessenabwägung** erfdl, so daß Zuweisg der EheWo dch einstw AO für sich kein R zur

Verweigerg der Zust zu der Veräußerg dieser Wo gibt (Stgt NJW **83**, 634). Aber iR des ErsetzgsVerf keine Berücks v § 1381 (AG Hann FamRZ **85**, 70). Geringere Anfordgen an die GenErsetzg bei dauerndem GetrLeben der Ehel (BayObLG NJW **75**, 833). Es reicht iR des ErsetzgsVerf aus, wenn sich aus den gesamten Umst bei Prüfg aller bereits vorliegden ErkenntnMittel konkrete AnhaltsPkte dafür ergeben, daß ein Ausgl-Anspr besteht, der dch die Wirksamk der VermVfg gefährdet würde (BGH NJW **78**, 1380). – Dem 24
VerweigergsFall steht gleich, wenn der and Eheg dch Krankh od Abwesenh **an der Abgabe** der Erkl **verhindert** ist. Dauernde Verhinderg nicht erfdl; genügd, daß Zust nicht rechtzeit eintreffen kann (vgl RG **103**, 126). Hinzukommen muß dann aber, daß mit Aufschub Gef verbunden, was sachl zu beurteilen ist; Ansicht des Eheg nicht ausreichd, zB bevorstehende Scheidg, AusglFdg jedoch nur dch Verwertg zu befriedigen, für die gerade bes günstige Gelegenh. Ersetzg der Zust auch, wenn ges Vertreter des Eheg sie verweigert; bei Krankh od Abwesenh dann aber Pflegerbestellg.

6) Verfahren. Statt Kl auf Zust gg den and Eheg sieht das Ges ein bes Verf zur Ersetzg der Zust vor. Die 25
Ersetzg hat dieselbe Wirkg wie die Zust des Eheg; s aber § 1366 III 3. Der ErsetzgsAntr kann (unter Angabe der wesentl Einzelh des Gesch) vor od nach Abschl des Vertr gestellt w. Zustd ist ausschl das VormschG (FGG 45), nicht das FamG (BGH FamRZ **82**, 785), u zwar auch bei HofÜbergVertr. Es entsch der Richter, RPflG 14 Nr 6. Antrberecht ist allein der abschl Eheg, nicht der Dritte. Im InnenVerh zu diesem kann allerd der vertragschl Eheg die Verpfl übernehmen, auf die Zust od deren Ersetzg hinzuwirken. Dann Kl des Dritten auf AntrStellg u ggf Vollstr gem ZPO 888. Das AntrR ist vererbl. Tod des ASt unterbricht das Verf nicht. Der Erbe kann das ErsetzgsVerf gg den zustpfl Eheg fortführen (LG Mannh DNotZ **69**, 372). Ist zustpfl Eheg selbst Erbe, kann er Antr zurücknehmen (BayObLG DNotZ **63**, 732). Vor Entsch üb den Antr ist Anhörg der Beteil zweckm, aber für die Wirksamk der Entsch unerhebl (BayObLG **5**, 417). Kommt das Ger z dem 26
Ergebn, daß kein Fall v § 1365 vorliegt, ein ErsetzgsVerf also nicht erfdl war, erteilt es ein entspr **Negativattest.** Da damit bezügl des zustbedürft Gesch der Anschein der RWirksamk entsteht, kann dagg der zustberecht Eheg Beschw einlegen mit dem Ziel, den ErsetzgsAntr zurückzuweisen (LG Ffm FamRZ **92**, 1079). Iü kann das VormschG die Zust nur ersetzen od die Ersetzg abl, nicht aber teilw ersetzen (KG JW **34**, 908) od an die Stelle des beantr ein and Gesch setzen. Die Ersetzg kann aber unter Bdggen od **Auflagen,** wodch der ausr 27
Grd der Weigerg ausgeräumt w, erfolgen (BayObLG FamRZ **63**, 521; aA Staud- Felgentraeger Rn 88). Unzul ledigl vorzeit ZugewAusgl, da dies den zustberecht Eheg des ges vorgesehenen Entscheidszwanges (§§ 1385, 1386) entheben würde (Gernhuber/Coester-Waltjen § 35 IV 3; BayObLG NJW **75**, 833; aA Nienbg NdsRpfl **64**, 252). Entsch w mit Rechtskr wirks, FGG 53, jedoch hat VormschG bei Gef im Verzuge die Möglk, die sof Wirkg der stattgebden Entsch anzuordnen; dann wird sie mit Bekanntg an den ASt wirks, FGG 53 II. Gg Ablehng einf Beschw, FGG 20, bei Stattgeben sofortige, FGG 60 Nr 6. ProzGer ist an die Entsch des VormschG gebunden (Kassel OLG **15**, 404). Gebühren, KostO 97 I Nr 1.

7) Dem **Grundbuchamt** ggü muß die Einwilligg od Gen in gehöriger Form nachgewiesen werden (GBO 28
29). Eigene Ermittlgen anzustellen ist der Grdbuchrichter nicht verpfl (BGH **30**, 255/8). Anderers kommt es nicht nur auf das Wissen an, das sich aus den Eintraggsunterlagen ergibt (MüKo/Gernhuber Rn 65). Den Nachw weiteren Verm od der Zust des and Eheg dch ZwVfg gem GBO 18 zu verl, ist das GBA nur berecht, wenn sich im Ztpkt der Eintragg aus den Eintraggsunterlagen od sonst bekannten Umst konkr AnhaltsPkte dafür ergeben, daß die TatbestVorauss des VeräußergsVerbots gegeben sind (BGH **35**, 135/9; **64**, 246/50, BayObLG NJW **60**, 821; Zweibr FamRZ **89**, 869; Ffm FamRZ **98**, 31; LG Boch FamRZ **91**, 942; and die MindMeing, die für eine umfassdere PrüfgsPfl des GBA eintritt, so Soergel/Lange Rn 46). Handelt es sich um einen einz Ggst, der das ganze Verm ausmacht, so müssen sowohl AnhaltsPkte dafür wie auch für die subj Seite (Rn 9) gegeben sein (BayObLG NJW **67**, 1614). Bei Vfgen nacheinand kommt es auf die letzte an (Riedel RPfleger **61**, 266). Hat GBA fälschlweise das genbedürft Gesch ohne Gen eingetragen, kann unter den Vorauss v GBO 53 I 1 ein AmtsWiderspr eingetr w, wie auch der betroff Eheg Eintragg eines Widerspr erwirken kann (Hamm Rpfleger **59**, 349).

1366 *Genehmigung von Verträgen.* **I Ein Vertrag, den ein Ehegatte ohne die erforderliche Einwilligung des anderen Ehegatten schließt, ist wirksam, wenn dieser ihn genehmigt.**

II Bis zur Genehmigung kann der Dritte den Vertrag widerrufen. Hat er gewußt, daß der Mann oder die Frau verheiratet ist, so kann er nur widerrufen, wenn der Mann oder die Frau wahrheitswidrig behauptet hat, der andere Ehegatte habe eingewilligt; er kann auch in diesem Falle nicht widerrufen, wenn ihm beim Abschluß des Vertrages bekannt war, daß der andere Ehegatte nicht eingewilligt hatte.

III Fordert der Dritte den Ehegatten auf, die erforderliche Genehmigung des anderen Ehegatten zu beschaffen, so kann dieser sich nur dem Dritten gegenüber über die Genehmigung erklären; hat er sich bereits vor der Aufforderung seinem Ehegatten gegenüber erklärt, so wird die Erklärung unwirksam. Die Genehmigung kann nur innerhalb von zwei Wochen seit dem Empfang der Aufforderung erklärt werden; wird sie nicht erklärt, so gilt sie als verweigert. Ersetzt das Vormundschaftsgericht die Genehmigung, so ist sein Beschluß nur wirksam, wenn der Ehegatte ihn dem Dritten innerhalb der zweiwöchigen Frist mitteilt; andernfalls gilt die Genehmigung als verweigert.

IV Wird die Genehmigung verweigert, so ist der Vertrag unwirksam.

1) Währd ohne erfdl Einwilligg vorgen einseit RGeschäfte unwirks sind, § 1367, läßt § 1366 jeden, also 1
den obligator wie den dingl, ohne Einwilligg geschl **Vertrag schwebend unwirksam** sein, dh es können daraus bis zur Erteilg der Gen od ihrer Ersetzg keine Rechte hergeleitet w. Allerd kann sich der vertragschl Eheg nicht einseit lösen, wohl aber umgek die Ersetzg der Zust betreiben, § 1365 II. Der and Eheg hat die Möglichk, einen vorteilh erscheinden Vertr dch Gen vollwirks werden zu lassen (§ 1365 Rn 18), od einem nachteiligen Vertr die Gen zu verweigern; dann Möglk der ZustErsetzg (§ 1365 Rn 20). Der Dr hat ein in

§ 1366 II 2 eingeschränktes WiderrufsR bzw die Möglk zur Beschleunigg der Entscheidg, Rn 6–9. § 1366 gilt auch bei Vfgen üb HaushGgste, § 1369 III.

2 **2) a)** Die **Genehmigung des zustimmgsberechtigten Ehegatten,** die ohne Aufforderg nach III sowohl dem Eheg wie dem Dr ggü erklärt w kann u unwiderrufl ist (§ 184 Rn 1), läßt den Vertr ex tunc wirks w, **I.**
3 Endet der ges Güterstd währd der Schwebezeit (§§ 1371 Rn 1, 1372 Rn 12), so ist z unterscheiden: Der **Tod** des zustberecht Eheg läßt den Vertr ohne Gen wirks werden, da eine Bindg gem § 1365 I 1 nicht mehr besteht (BGH NJW **82**, 1099). Stirbt der abschließde Eheg, so besteht schwebde Unwirksamk fort, der Vertr ist noch genehmiggsbedürft, u zwar auch, wenn der überlebde Eheg Alleinerbe des Verfügden ist (Karlsr
4 FamRZ **78**, 505; Reinicke BB **57**, 567 f). Auch bei **Scheidung der Ehe** w der Vertr nicht automat ex nunc wirks (BGH NJW **78**, 1380; aA BayObLG NJW **72**, 1470), da der ZugewAusgl für den zustberecht Eheg sonst ungünst w kann (Reinicke NJW **72**, 1786; Herm Lange JuS **70**, 503 f), insb bei konkr Gefährdg des ZugewAusglAnspr (Karlsr FamRZ **76**, 695); ausr aber auch, daß die Gefährdg eines etwaigen ZugewAusglAnspr sich nicht ausschließen läßt (BGH NJW **78**, 1380).

5 **b)** Die **Verweigerung der Genehmigung,** die ebfalls dem Eheg wie dem Dr ggü erkl w kann u Kenntn vom Inhalt des zu genehmigden Gesch voraussetzt, so daß allg Äußergen nicht ausreichen (BGH NJW **82**, 1099), macht den Vertr endgült unwirks, **IV,** sofern die Gen nicht nach § 1365 II ersetzt w. Der Vertr bleibt unwirks auch nach Beendigg des Güterstd. Das gilt sowohl, wenn der Güterstd dch den Tod eines Eheg aufgelöst w (Reinicke NJW **73**, 305), als auch dann, wenn der Güterstd dch Scheidg beendet w (Reinicke NJW **72**, 1786; aA BayObLG NJW **72**, 2272). Mit der Verweigerg der Gen ist auch der abschließde Eheg nicht mehr gebunden. Er kann also, da auch eine vorgen Vfg unwirks ist, dem Dr etwa schon übergebene Ggste zurückfordern, § 985. Kein Schutz des guten Glaubens. Aber endgült Unwirksamk eröffnet den Weg der Umdeutg, § 140, in ein and RGeschäft, zB Konversion eines GrdstÜberg- in einen ErbVertr (BGH NJW **64**, 347).

6 **3) Während des Schwebezustandes hat der Dritte zwei Möglichkeiten:**

7 **a)** Er kann **bis zur Genehmigung widerrufen, II.** Insofern ist er an keine Frist gebunden. Sein Recht erledigt sich erst mit Gen od deren Verweigerg. Ferner muß man Verzicht auf das R annehmen, wenn der Dritte gemäß III auffordert (ebso Reinicke BB **57**, 567). Es besteht nicht, wenn der and Eheg von vornherein eingewilligt hatte (§ 1365 Rn 18), mag das auch dem Dr unbekannt sein. Der Widerruf erfolgt nur ggü dem
8 VertrGegn. **Voraussetzungen des Widerrufsrechts sind: aa)** Der Dr darf nicht gewußt haben, daß sein VertrGegn verheiratet ist; ob aus Fahrl, unerhebl; oder **bb)** dem Dr war das zwar bekannt, aber der abschließende Eheg behauptete der Wahrh zuwider (obj WahrhWidrigk genügt, bei subj §§ 823, 826 mögl, s auch § 1368 Rn 2), der and Eheg habe eingewilligt. Kannte der Dr beim VertrAbschluß die Unrichtigk dieser Behauptg, so entfällt sein WiderrufsR. Hat der abschließde Eheg wahrheitswidr erklärt, es bedürfe keiner Gen, weil er in Gütertrenng lebe, so liegt keine der beiden Voraussetzgen vor; WiderrufsR entfällt, der Dr hätte sich Klarh dch das GüterrechtsReg verschaffen können. Folge des Widerrufs: das RGesch kann nicht mehr genehmigt werden; der Abschluß ist wirkgslos. Etwa schon Übergebenes besitzt der Dr ohne RGrd.

9 **b) Der Dritte kann den abschließenden Ehegatten auffordern, die erforderliche Genehmigung des anderen Ehegatten zu beschaffen, III,** um den Schwebezustand zu beenden. Dann wird eine dem abschließenden Eheg (nicht aber solche ggü dem Dr) vorher vom and Eheg etwa erklärte Gen od Verweigerg der Zust unwirks: natürlich nicht aber die vor VertrSchluß gegebene Einwilligg, die für die Aufforderg keinen Raum läßt, auch wenn der Dr von der Einwilligg nicht wußte (§ 1365 Rn 18). Die Gen kann der and Eheg numm nur noch innerh von 2 Wo nach Empfang der Aufforderg, § 130, deren vertragl Verlängerg aber mögl ist (Knur DNotZ **57**, 453), u nur dem Dr ggü erklären, andernf gilt sie als verweigert. RFolge Rn 5. Genehmigg entfällt aber, Aufforderg also ohne Wirkg, wenn Güterstd innerh dieser 2 Wo endet. Wird Gen dch VormschG ersetzt (§ 1365 Rn 25), so hat, wenn Aufforderg nach III ergangen ist, sein Beschl nur Wirksamk, wenn er vom abschließenden Eheg dem Dr innerh der Zweiwochenfrist mitgeteilt wird.

10 **4) Genehmigung, Widerruf, Verweigerung, Aufforderung** sind einseitige empfangsbedürftige WillErkl. An eine Form, insb die des RGesch, zu dem sie hinzutreten, sind sie nicht gebunden. Genehmigg u Verweigerg sind unwiderrufl (RG **139**, 118).

1367 *Einseitige Rechtsgeschäfte.* **Ein einseitiges Rechtsgeschäft, das ohne die erforderliche Einwilligung vorgenommen wird, ist unwirksam.**

1 Als einseit RGeschäfte, für die gem §§ 1365, 1369 eine Einwilligg des and Eheg erfdl ist, kommen Dereliktion, Anf, Künd u Rücktr in Betr, allenf auch, wenn ein Dr als Nichtberecht ein RGesch gem § 1365 vorgen hat u der Eigtümer-Eheg das RGesch gen. Zum Nachw der Einwilligg §§ 111, 182; dem Eheg muß die Möglk zur Nachreichg gegeben w (RG **50**, 212). Dem GBA ggü muß die Einwilligg mit der Erkl zugehen (KG OLG **7**, 53). Ohne Einwilligg vorgenommene RGeschäfte sind unheilb unwirks, bleiben dies auch nach Beendigg des Güterstdes. Spätere Bestätigg ist als erneute Vornahme anzusehen.

1368 *Geltendmachung der Unwirksamkeit.* **Verfügt ein Ehegatte ohne die erforderliche Zustimmung des anderen Ehegatten über sein Vermögen, so ist auch der andere Ehegatte berechtigt, die sich aus der Unwirksamkeit der Verfügung ergebenden Rechte gegen den Dritten gerichtlich geltend zu machen.**

1 **1) Schutzvorschrift** für den Eheg, der nicht eingewilligt hat, da nur so sein Interesse am Verm od den HaushGgsten (§ 1369 III) sichergestellt ist. Er kann auch auf vorzeit Ausgl klagen (§ 1386 II Z 1). Verf gem § 1368 ist FamSache (BGH FamRZ **81**, 1045).

2) Stellung des Dritten. Der Dr kann sich nicht auf die Vorschr üb den Erwerb vom Nichtberechtigten berufen. Er muß bei den Geschäften üb Verm im ganzen od Ggsten des ehel Haush damit rechnen, daß ihm ein Eheg ggübertritt, sich bei derlei Geschäften also vergewissern, ob das der Fall ist od nicht (§ 1365 Rn 11). Kein Schutz des guten Glaubens (ebso Maßfeller DB **57**, 499; Finke JR **57**, 162; aM Franck NJW **59**, 135; einschränkd Boehmer FamRZ **59**, 84), auch nicht, wenn der verfügde Eheg, der sich dann aber schadensersatzpfl machen würde, §§ 823 II, 826, das wider besseres Wissen versichert; auch §§ 309, 307 greifen ein (Boehmer FamRZ **59**, 6). Da es sich um den ges Güterstd handelt, von dem jeder ausgehen muß, liegt es hier anders als in § 1422 Rn 5 dargelegt. 2

3) Stellung des nicht verfügenden Ehegatten. Hat er nicht zugestimmt u ist seine Zust auch nicht dch das VormschG ersetzt w (§ 1365 II), so ist nicht nur das VerpflichtgsGesch, sond ebso die daraufhin vorgenommene Vfg unwirks (§ 1365 Rn 13, 14). Die Rechte aus dieser Unwirksamk kann auch der nicht zustimmde Eheg **im eigenen Namen** geltd machen, u zwar **auch nach der Scheidung** (BGH NJW **84**, 609) u **in jeder Verfahrensart** (Brdbg FamRZ **96**, 1015), also auch dch Arrest, einstw Vfg, negative FeststellgsKl, Widerspr gg ZwangsVollstr (ZPO 771), sowie ggü VerwBehörden. Anspr auf Feststellg der Nichtigk auch des VerpflGesch gem ZPO 256 (BGH FamRZ **90**, 970). Der Dritte hat **kein Zurückbehaltungsrecht** (aA Dölle § 52 III 3), auch nicht weg des gezahlten Kaufpreises, den er nur von seinem VertrGegner, nicht auch dem and Eheg zurückfordern kann; auch nicht wg eines SchadErsAnspr (dagg Boehmer FamRZ **59**, 6). **Inhalt des Anspruchs:** GBBerichtigg zugunsten des früh EigtümerEheg (BGH NJW **84**, 609). Ggste kann der and Eheg vom Dritten herausverl, indem er im eig Namen auf Herausg an den Eheg od an sich selbst klagt (Zunft NJW **58**, 131); letzteres insb dann, wenn der verfügde Eheg die Sache nicht mehr zurücknehmen will (Rimmelspacher NJW **69**, 1998; aA Kln FamRZ **59**, 460: Herausg nur an beide Eheg od einen Sequester). Das **Urteil,** das ein Eheg erzielt, wirkt nicht für u gg den and (aA Reinicke BB **57**, 568); denn es handelt sich bei den Rechten der Eheg um selbstd RückFdgsAnspr mit Schutzcharakter, der in Frage gestellt würde, wenn ein Eheg dch schlechte ProzFührg dem and das RückFdgsR aus der Hand schlagen könnte (Brox FamRZ **61**, 284). Ein obsiegdes Urt hat aber mat RechtskrWirkg, so daß nicht and entschieden w kann; doch behält der and Eheg die Möglichk, selbst zu klagen, um die Vollstr in die Hand zu nehmen. Der Gläub kann sich dch negat FeststellgsKl gg eine nochmal Inanspruchn schützen (Baur FamRZ **58**, 257). Ein Verz des verfügden Eheg auf Kl od KlageAnspr bindet den and Eheg nicht (Bosch FamRZ **58**, 86). 3 4

4) Stellung des verfügenden Ehegatten. Der Eigtümer kann das nach Rn 3, 4 von dem and Eheg Erlangte wieder in Bes nehmen, behält auch weiter die Verwaltg wg §§ 1363 II, 1364 (Ausn: § 1361 a I 2). Iü kann auch der unwirks verfügde Eheg die Rechte aus der Unwirksamk der Vfg geltd machen, ohne daß dem Dr ein ZbR zustünde. 5

1369 ***Verfügungen über Haushaltsgegenstände.*** **I Ein Ehegatte kann über ihm gehörende Gegenstände des ehelichen Haushalts nur verfügen und sich zu einer solchen Verfügung auch nur verpflichten, wenn der andere Ehegatte einwilligt.**

II Das Vormundschaftsgericht kann auf Antrag des Ehegatten die Zustimmung des anderen Ehegatten ersetzen, wenn dieser sie ohne ausreichenden Grund verweigert oder durch Krankheit oder Abwesenheit verhindert ist, eine Erklärung abzugeben.

III Die Vorschriften der §§ 1366 bis 1368 gelten entsprechend.

1) Die nachgieb (§ 1365 Rn 1) Vorschr enth die zweite Einschränkg der selbstd VerwBefugn üb das eig Verm, § 1364. **Zweck:** Bestandschutz für die stoffl Substanz des FamZusLebens; erst in zweiter Linie Sicherg des ZugewAusglAnspr. Liegt MitEigt vor, muß der and Eheg bei Vfgen ohnehin mitwirken. Dagg zul ZwVollstr in im MitEigt stehde HausrGgste, da Hausgut sonst im prakt Erg zu einer SonderVermMasse würde (K. Schmidt NJW **74**, 323 gg Krefeld NJW **73**, 2304). Die ratio legis erzwingt entspr Anwendg des § 1369 auf die Veräußerg od Belastg von HaushGgsten, die **dem anderen Ehegatten gehören** (umstr; wie hier Köln MDR **68**, 586; Schlesw SchlHA **74**, 111; LG Bln FamRZ **82**, 803; Lorenz JZ **59**, 107; Gernhuber/Coester-Waltjen § 35 III 1; aA Rittner FamRZ **61**, 193; Soergel/H Lange Rn 16). Wirks Verpfl vor Eheschl macht Vfg zustfrei (Soergel/Lange Rn 4; aA Bosch FamRZ **59**, 241). Bei **Getrenntleben** § 1361 a; § 1369 gilt weiter (Kblz NJW **91**, 3224; umstr; and Diederichsen bis zur 51. Aufl). Nach der **Ehescheidung** gilt nicht § 185 II (so aber Saarbr OLGZ **67**, 6), sond das RGesch bleibt zustbedürft (BayObLG FamRZ **80**, 571). Nach der GgMeing sind die berecht Belange des and Eheg nicht gem § 1368, sond iW der AusglZahlg nach HausrVO 8 III 2 zu berücks (Hamm FamRZ **72**, 297). Bei Tod § 1932. Das Eigt wird dch § 1369 nicht berührt; desgl nicht das VerwR, soweit es nicht ohnehin (vgl § 1356 I 2) dem haushführden Eheg zusteht. § 1369 gilt in der fr **DDR** unabhäng von der Option der Eheg f ihren bish GüterStd (EG Art 234 § 4 Rn 34). 1 2 3

2) Die Beschrkg des § 1369 bezieht sich auf best Objekte u auf best Hdlgen. **a) Gegenstände des ehelichen Haushalts, I,** sind alle Sachen, die dem ehel Haush (Hauswirtsch u familäres ZusLeben) dienen, zB WohngsEinrichtg, HaushWäsche, Radio, Fernseher, Gartenmöbel, Wohnwagen (Kblz NJW-RR **94**, 516), auch Nahrgsmittel, Brennmaterial (s § 1361 a Rn 3 ff). § 1369 gilt für einz Ggste wie auch für Sachgesamtheiten, zB SichergsÜbereigng der Wohngseinrichtg (BayObLG FamRZ **60**, 156), aber nicht für eine solche anläßl des Kaufs des Ggst (Bielefeld MDR **63**, 760). EigtLage unerhebl (vgl Rn 1), so daß auch unter EigtVorbeh gekaufte Möbel unter die VfgBeschrkg fallen (Saarbr OLGZ **67**, 4), ebso der MiteigtAnteil an gemeins Sachen, nicht aber Rechte schlechthin wie schuldrechtl Anspr auf Lieferg v HaushGgsten (aA Erm/Heckelmann Rn 5), das ArbVerhältn der Hausgehilfin, so daß ein Eheg (auch iRv § 1357) auch allein kündigen k (Rittner FamRZ **61**, 188). Ebso Künd der dch einen Eheg allein angemieteten Wo ohne Zust dch den and (LG Stgt FamRZ **77**, 200); Ausschl der Künd dagg evtl nach § 1353 Rn 11. Unter die Best fallen ferner nicht die dem **persönlichen Gebrauch** nur eines Eheg best Sachen, auch die für seinen Beruf erfdl. 4 5

6 Bei Kfz, Haustieren usw ist also zu differenzieren (vgl Hbg MDR **61**, 690). Entsch die **Zweckbestimmung** (Widmg) innerh der einzelnen Ehe. Desh bezieht sich § 1369 auch auf Luxus- u überfl Ggste, aber zB nicht auf ererbte, zur Veräußerg best Möbel od als VermAnlage gedachte Ggste (Soergel/Lange Rn 11). Ändg der Zweckbest dch beide Eheg mögl. Nicht dem ehel Haush dienen auch Ggste, die mRücks auf die Trenng bes angeschafft w sind, wohl aber umgek diej, die im Hinbl auf die Errichtg eines Haush besorgt wurden. ErsatzAnspr (etwa aus HausrVersicherg) gehören ebenf hierher (Boehmer FamRZ **59**, 4; Dölle § 53 II; aA Rittner FamRZ **61**, 190), auch (nach der ratio legis) das BesitzR an geliehenen od gemieteten Sachen (aA Lorenz JZ **59**, 108), aber selbstverstdl nur, soweit es wie bei der Veräußerg um die Herauslösg aus dem ehel
7 Haush geht, nicht bei iR des SchuldVerh liegden Maßn wie Künd, Rückg usw. – **b) Einwilligungsbedürftig, I,** sowohl das VerpflGesch wie die Vfg, nach dem Sinn v § 1369 auch dann, wenn Verpfl nicht, wie zB bei GebrÜberlVerträgen, auf eine Vfg gerichtet ist. Zu beachten, daß als lex specialis das HaushFührgsR (§ 1356 I 1) dem haushführden Eheg einen weiteren Spielraum schafft als dem and Eheg, den dieser auch nicht etwa mit der BesitzschutzKl (§§ 861, 866) wieder einengen kann (anders Soergel/Lange Rn 22, der § 1369 als SonderRegelg vorgehen läßt). Es geht aber nicht darum, daß das HaushFührgsR die Befugn gäbe, die gem § 1369 erfdl Zust des and Eheg zu ersetzen, sond dieses macht die Zust überh überfl. Hins Erforderlichk der Zust kein Gutglaubensschutz (vgl Rn 10). Wg Anwendbark v § 1369 bei Trenng, Scheidg u Tod vgl
8 Rn 2–3. Trotz des von § 1365 abw Wortlauts ist idR anzunehmen, daß die **Einwilligung** zum VerpflGesch auch die Erfüllg deckt (Knur DNotZ **57**, 452 Anm 5). Wg der Einwilligg des and Eheg iü § 1365 Rn 18. Längeres Zuwarten mit der Geltdmachg der Unwirksamk wird im allg als Zust aufgefaßt w müssen.

9 **3) Ersetzung der Zustimmung des andern Ehegatten, II.** Vorauss Krankh bzw Abwesenh od ZustVerweigerg ohne ausreichd Grd. Entsch die GesamtUmst des Einzelfalls; unerhebl, ob Gesch den Grd einer ordngsmäß Verwaltg entspricht. ZustErsetzg danach in Notfällen u bei Entbehrlichk des Ggst, es sei denn, die GgLeistg ist unangem niedr, es besteht die Besorgn, der Eheg werde den Erlös unsachgem verwenden od es ist sonst eine Schädigg des – auch bl ideellen (Hamm FamRZ **57**, 572; BayObLG FamRZ **68**, 317) – FamInteresses zu besorgen (vgl BayObLG FamRZ **60**, 157). Berecht ist die Verweigerg der Zust auch, wenn dch die Veräußerg der Anspr des and Eheg auf eine gerechte u zweckmäß Teilg nach Scheidg gefährdet würde (BayObLG FamRZ **80**, 1001). Vgl iü § 1365 Rn 22–24; wg des Verf dort Rn 25–27.

10 **4) Fehlende Zustimmung** trotz ZustBedürftigk führt zur Anwendg der §§ 1366 bis 1368, **III.** Wg der Gen vgl § 1366, Unwirksamk einseit RGeschäfte ohne Einwilligg § 1367. Von Dritten kann der and Eheg die übergebenen Ggste herausverlangen, § 1368 Rn 3–4. Der gute Glaube des Dr wird nicht geschützt, § 1365 Rn 14, 1368 Rn 2. Desh SchadErs aus §§ 823 II, 826 nur in seltenen AusnFällen denkb, Haftg aus c.i.c. gar nicht (Zunft NJW **58**, 130; aA Ziege NJW **57**, 1581), da sonst Normzweck mittelb gefährdet würde: Handelt es sich um HaushGgste, so muß VertrPartner sich stets Gewißh darüb verschaffen, ob der Gegner verh ist od die behauptete Zust des and Eheg vorliegt; er muß behauptete Gütertrenng im GüterRReg nachprüfen (anders von einer streng subj Theorie aus, vgl Scheld Rpfleger **73**, 280). An eine Frist ist die Geltdmachg der Unwirksamk nicht geknüpft (vgl aber Rn 7–8). Bei Nichteinhaltg des § 1369 kann unter den Vorauss des § 1386 II Z 2 iVm § 1375 II vorzeit ZugewAusgl verlangt w.

1370 *Ersatz von Haushaltsgegenständen.* **Haushaltsgegenstände, die an Stelle von nicht mehr vorhandenen oder wertlos gewordenen Gegenständen angeschafft werden, werden Eigentum des Ehegatten, dem die nicht mehr vorhandenen oder wertlos gewordenen Gegenstände gehört haben.**

1 **1) Ersatzbeschaffung** von HaushGgsten (dazu § 1369 Rn 4–6). Wertlosigk nicht wörtl, sond bereits dann, wenn Ggst den pers Zwecken der Eheg nicht mehr genügt (LG Düss NJW **72**, 60), ModernisiergsAbs reicht aus (Nürnbg FamRZ **64**, 297). Gleichartigk od Gleichwertigk nicht erfdl (BayObLG FamRZ **70**, 31). HausrVO 8 II geht dem § 1370 nach (KG FamRZ **68**, 648). Nicht angeschafft sind ererbte Ggste (Stgt NJW **82**, 585).

2 **2) Wirkung:** Eigt am ErsatzGgst hat der Eheg, dem der ersetzte bish gehörte. Dch die Vorschr soll verhindert w, Ermittlgen darüber anzustellen, ob Ersatz gewollt war; vielm EigtErwerb ow u unabhäng davon, mit wessen Mitteln die Ggste erworben wurden.

3 **3) Beweislast:** Der die Ggste für sich in Anspr nehmde Eheg braucht nur zu beweisen, daß er gleiche Ggste gehabt hat, sie nicht mehr vorh od wertlos geworden sind. Damit kann auch Vermutg des § 1362 I 1 widerlegt w. Bei HausrVerteilg wird dann das AlleinEigt iSv HausrVO 8 II feststehen. GgBeweis erfordert den Nachw, daß die Ggste nicht Ers sein sollten.

1371 *Zugewinnausgleich im Todesfall.* I **Wird der Güterstand durch den Tod eines Ehegatten beendet, so wird der Ausgleich des Zugewinns dadurch verwirklicht, daß sich der gesetzliche Erbteil des überlebenden Ehegatten um ein Viertel der Erbschaft erhöht; hierbei ist unerheblich, ob die Ehegatten im einzelnen Fall einen Zugewinn erzielt haben.**

II **Wird der überlebende Ehegatte nicht Erbe und steht ihm auch kein Vermächtnis zu, so kann er Ausgleich des Zugewinns nach den Vorschriften der §§ 1373 bis 1383, 1390 verlangen; der Pflichtteil des überlebenden Ehegatten oder eines anderen Pflichtteilsberechtigten bestimmt sich in diesem Falle nach dem nicht erhöhten gesetzlichen Erbteil des Ehegatten.**

III **Schlägt der überlebende Ehegatte die Erbschaft aus, so kann er neben dem Ausgleich des Zugewinns den Pflichtteil auch dann verlangen, wenn dieser ihm nach den erbrechtlichen Bestimmungen nicht zustünde; dies gilt nicht, wenn er durch Vertrag mit seinem Ehegatten auf sein gesetzliches Erbrecht oder sein Pflichtteilsrecht verzichtet hat.**

IV **Sind erbberechtigte Abkömmlinge des verstorbenen Ehegatten, welche nicht aus der durch den Tod dieses Ehegatten aufgelösten Ehe stammen, vorhanden, so ist der überlebende Ehegatte verpflichtet, diesen Abkömmlingen, wenn und soweit sie dessen bedürfen, die Mittel zu einer angemessenen Ausbildung aus dem nach Absatz 1 zusätzlich gewährten Viertel zu gewähren.**

1) Die Vorschr enth eine **Verbindung von Ehegüterrecht und Erbrecht.** Da es dem GesGeber aber nicht um eine Verstärkg des ErbR ging, entscheiden bei der Auslegg von Zweifelsfragen idR die güterrechtl GesichtsPkte. **Inhalt:** § 1371 regelt die Beendigg des ges Güterstd dch Tod eines Eheg, der bei TodesErkl widerlegb vermutet w (Maßfeller DB **57**, 499). **I** enth die erbrechtl Lösg, näml den Ausgl des Zugew dch Erhöhg des ErbT des überl Eheg um 1/4, der ggf dch eine Ausbildgshilfe an erbberecht Abkömml des Verstorbenen, die nicht seiner Ehe mit dem Überlebden entstammen, beschwert wird, **IV.** Damit sind im Interesse des FamFriedens die Schwierigkeiten, die sich bei der Ermittlg des Wertes des Anfangs- u EndVerm ergeben könnten, ausgeschaltet; allerd ist auch eine Lösg gewählt worden, die die Abkömml benachteiligt u uU das FamVerm in famfremde Hände gelangen läßt. Der Überlebde wird, währd in den sonstigen Fällen der Beendigg des ges Güterstd der Eheg nur eine AusglFdg erhält (§§ 1372, 1378), dingl am Nachl beteiligt u an dessen ordngsgemäßer Verwaltg u Verwertg interessiert, währd bei Gewährg einer AusglFdg mit ihrer baldigen Geltmachg, uU oRücks auf den Nachl zu rechnen wäre. Die erbrechtl Lösg kommt nur für Erbfälle in Betr, die frühestens am 1. 7. 58 eingetreten sind. **II** behandelt die Fälle, in denen der Überlebde weder Erbe geworden, noch mit einem Vermächtn bedacht worden ist, **III** die bes Folgen der Ausschlagg. Diese Fälle erhalten hins des ZugewAusgl die güterrechtl Lösg, dh sie werden den Fällen gleichgestellt, in denen der ges Güterstd nicht dch Tod beendet wird; der überl Eheg erhält den kleinen PflichtT u kann ggf ZugewAusgl verl (§§ 1373 ff). Die Erhöhg des ges ErbT um 1/4 gilt nur, wenn die Eheg im Ztpkt des Todes eines von ihnen im Güterstd der ZugewGemsch gelebt haben (§§ 1363–1370), also nicht bei Gütertrenng, GüterGemsch od einem sonstigen Güterstd, auch nicht, wenn der ges Güterstd zw ihnen früher einmal gegolten hat. Für den TodesZtpkt ist der Hirntod maßg; die Zurückn des ScheidgsAntr vor dem Eintritt des Herz- u Kreislaufstillstands, aber nach Eintritt des Gesamthirntods hat auf die Anwendbark von § 1933 S 1 keinen Einfl mehr (Ffm FamRZ **98**, 190). Wg ehevertragl AbändergsMöglichk § 1408 Rn 18–21. Wg des Nachw, daß der Erbl im ges Güterstd gelebt hat, bei der Erbscheinsbeschaffg § 2356 II; da sich der ErbT der Eheg nach dem Güterstd richtet, hat ihn der Nachlaßrichter vAw zu ermitteln (§ 2358). In den Ländern der *fr Brit Zone* ist iFv II u III hins Stundg usw HöfeO 12 X zu beachten. 1

2) Erbrechtliche Lösung, I. a) Voraussetzungen: Die Verstärkg der erbrechtl Stellg des überl Eheg kommt, wie sich aus II ergibt, nur zur Anwendg, wenn der überl Eheg Erbe od VermächtnN ist (BGH **37**, 58). Da es um die Erhöhg des „ges" ErbT geht, muß der überl Eheg auch „ges" Erbe sein. Dies bleibt er allerd auch bei Einsetzg als ges Erbe (§§ 2066, 2067 BGB) od bei Einsetzg auf den ges ErbT, ferner bei Berufg zum Vorerben (vgl BGH FamRZ **65**, 604) od Nacherben. Ausr auch der Eintr als ErsErbe od die Einsetzg auf ein Vermächtn. Dagg findet der ZugewAusgl gem II, III statt, wenn das Vermächtn so geringfüg ist, daß es prakt einen bl ErinnergsWert hat (Schwab JuS **65**, 435; vgl aber BGH **42**, 191 f). Bei Einsetzg auf den gr PflichtT liegt Vermächtn vor (§ 2304); bei Einsetzg auf den kleinen PflichtT idR Enterbg, so daß II, III eingreifen. Die AOen des Erbl selbst werden dch die ges Regelg in § 1371 nicht berührt; dem Überlebden steht es jedoch ijF frei, ob er sich damit zufrieden geben od ausschlagen will mit der Folge von II u III. Die im Test bzw Vermächtn getroffene Regelg wird jedenf nicht iSv I ergänzt. 2

b) Wirkungen: Der überl Eheg behält den Anspr auf den Voraus (§ 1932). Ihm steht aber kein Zugew-AusglAnspr zu. Stattdessen erfolgt der Ausgl auf erbrechtl Weise dch Erhöhg der Erbportion bzw des Pflichtteils. Der **gesetzliche Erbteil** des Überlebden wird **um ein Viertel erhöht.** Die Erhöhg erfolgt in jedem Fall, auch wenn ein Zugew überh nicht erzielt worden ist od der Überlebde sonst selbst ausgleichspfl gewesen wäre, weil er den höheren Zugew erzielt hat. Diese Folge, die insb für die nicht aus der Ehe mit dem Überlebden stammden Kinder des Erbl unerfreul ist, kann nur dch letztw Vfg ausgeschaltet w; ein Recht des Miterben auf Herabsetzg (entspr § 1381) gibt es nicht. Zur **Berechnung des** ges **Erbteils:** § 1931 Rn 6 ff. 4 Zur Berechng **des Pflichtteils:** § 2303 Rn 4 ff. 3

c) Für die **Berechnung** des ErbT ist der ges Nachl zu berücksichtigen, also einschl eines etwa vorher erzielten Zugew. Anders als beim Zugew (§ 1380) findet auch dann, wenn dem überl Eheg von dem Verstorbenen Zuwendgen gemacht worden sind, eine Anrechng auf das zusätzl Viertel nicht statt. Hat ein Eheg vom and Eheg bereits zu Lebzeiten eine Zuwendg erhalten, die den ZugewAusgl ganz od zT vorwegnimmt, so kann der Anfall des erhöhten ErbT nur testamentar ausgeschl werden, zB dch Ausschluß von der Erbfolge od dch Beschränkg auf den PflichtT, II, auf den bei entspr Bestimmg auch Vorempfänge angerechnet werden müssen (§ 2315). Der PflichtT errechnet sich nach dem um die AusglFdg gekürzten Nachlaß (Reinicke DB **60**, 1267). Zur Geltendmachg des erhöhten ErbT bei einem Hof iS der HöfeO vgl Lange NJW **57**, 1506. 5

d) Rechtsnatur: Das zusätzl Viertel ist kein bes ErbT u kann daher nicht (etwa wg IV) gesondert ausgeschlagen w (§ 1950). Es ist evtl beschwert dch die AusbildgsKosten von StiefAbkömml (Rn 7–11). 6

3) Der nach I zusätzl ErbT ist mit den **Ausbildungskosten der Stiefabkömmlinge** belastet, **IV** (Lit: Rittner DNotZ **57**, 483), die nach dem verstorbenen Eheg erbberecht sind, also **Kinder** aus früheren (nach § 1591 I 1 Halbs 2 aF: auch nichtigen) Ehen, legitimierte (§§ 1719, 1723, 1736, 1740 a) od als Kinder angen Personen (§§ 1741, 1754) u jeweils wieder deren Abkömml. Die Abkömml müssen im konkreten Fall ges **erbberechtigt** sein, dürfen also nicht testamentar eingesetzt sein, die Erbsch nicht ausgeschlagen (Boehmer FamRZ **61**, 47) od einen Erbverzicht erklärt haben, weder für erbunwürd erklärt noch von der Erbfolge ausgeschl sein (§ 1924 II). Die Einbeziehg der fr Erbersatzberechtigg nehel Kinder (§ 1934 a aF) ist dch ErbGleichG Art 1 Nr 1 gestrichen w. Der überl **Ehegatte** haftet nur, wenn er seinerseits ges Erbe geworden ist (Rn 2). Eine Verpfl aus IV entfällt demgem, wenn er TestErbe od VermächtnN ist. Beschwert wird nur das nach I gewährte Viertel, so daß IV auch nicht für den erhöhten PflichtT gilt. Der überl Eheg kann durch Ausschlagg den Eintritt der Verpfl verhindern; doch ist eine Ausschlagg nur der ErbTErhöhg nicht mögl 7 8

9 (Rn 6). Ferner ist Vorauss für den Anspr die **Ausbildungsbedürftigkeit** des Abkömml. Berechtigg u Umfang des AusbildgsAnspr richten sich damit nach § 1602 u § 1610 Rn 37–59. Insb umfaßt der Anspr neben den eigentl AusbildgsKosten auch die allg LebenshaltgsKosten. Kann der Abkömml seine Ausbildg zT selbst bestreiten, wozu er zunächst das ererbte Vermögen einsetzen muß, so ist der überl Eheg nur für den Rest verpfl. Ist noch ein leistgsfäh leibl EltT vorh, so haftet der überl Eheg in dem Umfang, in dem auch der
10 verst Eheg für die AusbildgsKosten hätte aufkommen müssen. Für die **Zahlungsverpflichtung** des überl Eheg aus IV gilt § 1610 Rn 58. Die Verpfl **beschränkt** sich (rechnerisch, nicht etwa gegenständl) von vornherein auf das nach I zusätzl Viertel, so daß es der sonstigen erbrechtl HaftgsBeschränkg nicht bedarf. Maßg ist der Wert des Nachl zZ des Erbfalls (§§ 2311 ff analog). Bei der Inanspruchn dch mehrere Abkömml ist das zusätzl Viertel nach dem Verh der sich ohne I ergebden Erbregelg zu verteilen. Ggf sind die Mittel für
11 jüngere Stiefabkömmlinge zurückzuhalten. IV ist für den Erbl u den überl Eheg **dispositiv.** Der Erbl kann den Anspr dch Test ausschließen u es iü bei der ges Erbfolge belassen; der überl Eheg kann die Entstehg des Anspr dch Ausschlagg verhindern. Zur ehevertragl Festlegg der ZugewAusglFdg auf eine best NachlQuote Geißler BWNotZ **90**, 38.

12 **4) Güterrechtliche Lösung, II. a) Voraussetzungen:** Sie tritt ein, wenn der überl Eheg weder ges noch TestErbe (BGH **37**, 58) wird, noch mit einem (u sei es auch nur geringwert, AG Tecklenbg FamRZ **97**, 1013) Vermächtn bedacht ist (BGH **42**, 182). Der Ausschl von der Erbfolge kann dch Vfg vTw erfolgen (§ 1937 f), liegt im Zweifel aber auch dann vor, wenn der überl Eheg auf den PflichtT gesetzt ist (§ 2304), was für den zuerst versterbden Eheg das geeignete Mittel ist, den and Eheg von der die Kinder benachteiligden Erhöhg des ges ErbT nach I auszuschließen. Unmittelb Anwendg von II ferner, wenn das EhegErbR wg Anhängigk des ScheidgsVerf usw ausgeschl war (§ 1933), nach Entzug des PflichtT (§ 2335), Feststellg der Erbunwürdigk (§§ 2339 ff, 2345 I) od Erbverzicht (§ 2346). Den Fall der Ausschlagg der Erbsch behandelt III (Rn 19, 20). Stirbt ein Eheg, nachdem die Vorauss f die Scheidg der Ehe vorliegen u ScheidgsAntr gestellt w, ist für die
13 Berechng des Zugew nach § 1371 II analog § 1384 der Ztpkt der RHängigk des ScheidgsAntr maßg (BGH **99**, 304 = JR **87**, 327 mA Gernhuber). Ferner ist II analog anzuwenden bei **gleichzeitigem Tod** beider Eheg (etwa inf VerkUnfalls), weil eine Erhöhg des ErbT hier ausscheidet (and BGH **72**, 85; Werner FamRZ **76**, 251: Der jew Nachlaß beschränkt sich auf das Verm im TodesZtpkt beider Erblasser, was im Erg innerh der ZugewGemsch zu sehr die Gütertrenng auf Kosten des ZugewAusgl betont u die MitArb des and Eheg am Zugew außer Acht läßt). Die Kommorientenvermutg VerschG 11 steht der Analogie zu II nicht entgg; zu einem echten ZugewAusgl muß es nach dem GrdPrinzip der §§ 1363 ff immer dann kommen, wenn nicht ausdr die erbrechtl Lösg vorgeschrieben ist. Verm iS von II ist nur das zugewandte, nicht das ges Verm etwa nach § 1969. Zur Berechng der fikt ZugewAusglFdg iRd **Erbschaftsteuer** BFH NJW **94**, 150.

14 **b) Wirkungen:** Wird der überl Eheg nicht Erbe u steht ihm auch kein Verm zu, so erhält er ijF nur den kleinen PflichtT; es bleibt ihm überlassen, daneben den ZugewAusgl geltd zu machen, wenn sich dies lohnt.
15 Dagg hat er **kein Wahlrecht** zw dem kleinen u großen PflichtT dergestalt, daß er (bei gutem VermErwerb innerh der Ehe) unter Beschränkg auf den kleinen PflichtT den ZugewAusgl wählen u (bei geringem Zugew, aber hohem AnfangsVerm des verst Eheg) dch Verz auf den ZugewAusgl den großen PflichtT erlangen könnte (BGH **42**, 182; NJW **82**, 2497 „Einheitstheorie"); der Ausdr „in diesem Falle" in II bezieht sich nicht auf das tatsächl „Verlangen" des Zugew, sond auf den ganzen Vordersatz, der auf den Umst der Enterbg abstellt (ausf 41. Aufl). In allen diesen Fällen wird der Zugew auf Verlangen des überl Eheg ebso, wie wenn der Güterstd nicht dch den Tod beendet wird, ausgeglichen; es gelten also die §§ 1373 ff, soweit sie nicht wg ihrer Besonderh entfallen: Bes Vorschr bestehen danach für die Verj (§§ 1378 IV 3, 1390 III 2), woraus ferner folgt, daß (and als nach I) hier entsch ist, daß der Zugew des verstorbenen Eheg den des überl übersteigt (§ 1378 II). Die AusglFdg des überl Eheg ist eine Nachlaßverbindlichk (ErblSchuld, § 1967 Rn 4) mit Vorrecht vor PflichtT, Vermächtnissen, Auflagen (KO 226). Sie ist also bei Berechng des PflichtT abzusetzen (§ 2311 Anm 2). Sie besteht grds auch nach altem Recht iF des ScheidgsAnspr des Verstorbenen aus Schuld des Überl, da ihre Entstehg nicht abhäng ist von Schuld, sond nur von den Vorauss des § 1378 I. Mögl aber Verweigerg wg grober Unbilligk (§ 1381), die regelm bei Erbunwürdigk vorliegen wird. Mit der erbrechtl
16 Lösg entfällt auch die nur dch sie begründete Erhöhg des Pflichtteils. Es bleibt also beim sog **kleinen Pflichtteil,** dh der Hälfte des sich nach § 1931 ergebden ErbT (§ 2303), soweit das PflichttR überh besteht. Demgem ist dann auch der PflichtT der and PflichtTBerecht größer, da er dch eine Erhöhg des ErbT des
17 überl Eheg nach I nicht mehr herabgedrückt wird. Der PflichtT des einz Kindes, der nach der erbrechtl Lösg nach I $^1/_4$ der Erbsch ausmachen würde, beträgt also nach II $^3/_8$. Auf die **Geltendmachung des Zugewinnausgleichs** gg die Erben finden die §§ 1373–1383, 1390 Anwendg, ferner auch §§ 1384, 1387 für den Fall, daß der Erblasser währd eines ScheidgsStreits od eines Str um vorzeit Zugew verstorben ist (Soergel/Lange Rn 23). Erbunwürdigk, Ausschluß des ErbR nach § 1933 usw stehen der Entstehg des AusglAnspr nicht entgg, begründen aber uU die Unbilligk nach § 1381. Die ZugewAusglFdg geht and Nachlaßverbindlichk aus PflichtT, Vermächtn u Aufl im Rang vor (*arg* § 1991 IV, KO 226 II).

18 **5)** Die **Ausschlagung der Erbschaft oder des Vermächtnisses, III,** stellt einen Unterfall von II dar, da der überl Eheg dadch nicht Erbe wird; s daher Rn 12–17. So darf der überl Eheg (nach der Ausschlagg) weder Erbe noch VermächtnNehmer sein; der ZugewAusgl findet daher nicht statt, wenn der überl Eheg zwar die Erbsch ausgeschlagen, aber ein ihm zugewendetes Vermächtn behalten hat, od iF von § 1948 I. Ist der überl Eheg auch als Verwandter berufen, kann er als Eheg ausschlagen und Zugew verl (§§ 1951 I, 1934). III gibt ledigl einige SonderBest. Zur Ausschlagg im allg §§ 1942 ff; insb hat die Ausschlagg fristgerecht zu erfolgen.

19 **a)** Im Fall einer Ausschlagg steht dem Eheg ein PflichtT grds nicht zu (Ausn § 2306 I 2). Eine Ausschlagg unter Vorbeh des PflichtT ist unwirks. **III Halbs 1** gibt dem ausschlagden Eheg abw von dieser Regelg unter der Vorauss, daß er bis zum Tod des and Eheg in ZugewGemsch gelebt hat, stets den **kleinen Pflichtteilsanspruch,** weil er ein schutzw Interesse an der Ausschlagg haben kann u in seiner Entschließg, ob er die Erbsch ohne AusglFdg od die AusglFdg ohne Erb-, aber mit Pflichtteil wählen will, frei sein soll. Dem überl Eheg steht also frei, den ges ErbT od die Erbeinsetzg anzunehmen, od dch Ausschlagg die güterrechtl Lösg zu wählen. Ein WahlR dahin, dch Verz auf den ZugewAusgl sich den großen PflichtT zu verschaffen, steht ihm

dagg nicht zu (Rn 15). Für den Fall der Ausschlagg eines Vermächtn gibt schon § 2307 I 1 den Anspr auf den PflichtT. Die Entsch, ob der überl Eheg ausschlagen soll, setzt stets eine **Interessenabwägung** voraus (vgl Soergel/Lange Rn 32; Maßfeller DB **57**, 624; **58**, 563; Geißler BWNotZ **90**, 38). *Fall 1:* Dem Eheg ist ein ErbT hinterlassen, der geringer als der PflichtT ist. Nimmt er an, so hat er den ErgänzgsAnspr iH des Werts des FehlBetr des nach I erhöhten PflichtT, jedoch keine AusglFdg (Rn 3); schlägt er aus, so hat er Anspr auf den Zugew (§§ 1371 II, 1378) u den nicht erhöhten PflichtT (Rn 14). *Fall 2:* Übersteigt der ErbT nicht die Hälfte des ges ErbT u nimmt der überl Eheg die Erbsch an, so gelten Beschränkgen u Beschwergen dieses ErbT als nicht angeordnet (§ 2306 I 1). *Fall 3:* Ist der hinterlassene ErbT größer als der erhöhte PflichtT nach I, aber dch Nacherben, Vermächtn u Aufl beschränkt od beschwert, so kann sich der Erbe hiervon nur befreien, wenn er ausschlägt u seinen nicht erhöhten PflichtT verl (§ 2306 I 2). Daneben steht ihm dann aber die AusglFdg zu. Bei der Abwägg wird er evtl Streitigk üb die Höhe des Zugew, die Anrechng von Vorempfängen (§§ 1380, 2315), die Stundgsmöglichk (§ 1382) u evtl Einreden nach § 1381 in Rechng stellen, umgekehrt aber auch die günstigere Stellg im Konkurs (Baur FamRZ **58**, 256), die Erhöhg der AusglFdg dch Hinzurechng von unentgeltl Zuwendgen (§ 1375 II) u die Auss auf Sachwerte (§ 1383). *Fall 4:* Ist der Eheg auf den PflichtT gesetzt u ist das entgg der Regel des § 2304 eine Erbeinsetzg od VermächtnZuwendg (Rn 12), will er aber die güterrechtl Lösg wählen, so muß er ausschlagen, gleichgült, wie hoch die Zuwendg ist.

b) Verzichtsvertrag. Eine Ausn von der Regel des III Halbs 1, daß der Ausschlagde ijF den PflichtT erh, 20
besteht dann, wenn der überl Eheg dch Vertr mit dem and Eheg auf sein ges ErbR einschl PflichtT od nur auf diesen verzichtet hat (§ 2346), um dem Erbl volle VfgsFreih auch hins seines PflichtT zu geben. Dann hat er, wenn er dch letztw Vfg des verstorbenen Eheg Erbe wird u er diese Erbsch ausschlägt, keinen PflichtTAnspr mehr, **III Halbs 2.**

1372 *Zugewinnausgleich in anderen Fällen.* **Wird der Güterstand auf andere Weise als durch den Tod eines Ehegatten beendet, so wird der Zugewinn nach den Vorschriften der §§ 1373 bis 1390 ausgeglichen.**

1) Im Ggs zu § 1371, der den ZugewAusgl bei Beendigg des ges Güterstd dch Tod regelt, **a)** ordnet § 1372 1
für die sonst BeendiggsArten die **güterrechtliche Lösung** an, für die in den §§ 1373–1390 genaue Regeln gegeben w. Zur Bewertg der ges Regelg: Rud. Schröder FamRZ **97**, 1 ff; RsprÜbersicht: Dörr/Hansen NJW **96**, 2970; Büte FamRZ **97**, 1249). Zum GerechtigkGehalt Grdz 7–9 v § 1363; sa § 1373 Rn 3–5. Anwendg der §§ 1372 ff auch bei **gleichzeitigem Tod** beider Ehel (§ 1371 Rn 13), dh die AusglAnspr fallen in die Erbmasse. Die güterrechtl Lösg geht davon aus, daß das Verm der Eheg getrennt, also selbstd geblieben ist u daß nach Beendigg des Güterstd ein Ausgl stattfindet. Die Vorschr der §§ 1372 ff enth weitgehd **dispositives Recht** (vgl § 1408 Rn 5).

b) Verhältnis zu anderen Ausgleichsregelungen (Wever, VermAuseinandS der Eheg außerh des 2
GüterR, 1998, sowie FamRZ **96**, 905): Der **Versorgungsausgleich** (§ 1587 III) u das **Hausratsverfahren** stellen die güterrechtl Vorschr grdsl verdrängende Sonderregelgen dar (zur HausrVO, vgl dort vor § 8 Rn 2 mN; BGH **89**, 137, 142 f). Zur ggstdl Abgrenzg: § 1375 Rn 3. Im übr gilt auch für den ZugewAusgl das **Ausschließlichkeitsprinzip,** dh es kommen, soweit er eingreift, daneben grds keine and AusglRegelgen in Betr (BGH **115**, 132; NJW **83**, 2933; FamRZ **92**, 160; aA Lipp JuS **93**, 94 mN; Ludwig FuR **92**, 201). Doch ist dieses Prinzip inzw in vielfält Weise dchbrochen (Rn 3–12). Unberührt bleiben auch ausglfremde Anspr wie zB aus § 985 (vgl BGH FamRZ **90**, 1219) od zwar AusglAnspr, aber solche außerh der Ehe, wie zB, wenn **Verlobte** im Hinbl auf die Ehe erhebl Sach- u ArbLeistgen erbracht haben (BGH NJW **92**, 427). Eine ErlediggsKlausel in einem umfassden VermAuseinandSVertr bezieht sich ggf nicht auf nicht im Vertr erört Anspr (Hamm FamRZ **97**, 1210). Das AusschließlichkPrinzip soll nach Oldbg NJW **98**, 433 auch bei Verk des im MitEigt beid Eheg stehden Grdst u Erw eines neuen Grdst allein auf den Namen des den Verk u Kauf tätigden Eheg gelten (zweifelh). Im einz gilt folgdes (ausf 54. Aufl):

aa) Schenkungswiderruf unter Eheg: §§ 530 Rn 4 f, 531. Soweit ein Anspr gem § 531 II gg den and 3
Eheg besteht, ist er als Aktivum u beim Schu als Passivum beim jew EndVerm zu berücks (§ 1375 Rn 3 u 4), nicht dagg beim AnfangsVerm (§ 1374 Rn 22). Bei unbenannten od **ehebezogenen Zuwendungen** (Lit: Kleinle FamRZ **97**, 1383; Conradt, UnbenZuwdgen, 1998; Spieker FF **98**, 45) dagg kein SchenkgsWiderruf (§ 516 Rn 10). Nur ausnahmsw Ausgl nach Rn 4. Ehebezog Zuwdg kann auch der Verz auf Zugew bei Vereinbg der GütTrenng sein (BGH NJW **97**, 2747/48). Zur Einbeziehg in den nachehel VermAusgl dch Vertr: Düss FamRZ **91**, 945. **Schwiegereltern** (Langenfeld ZEV **95**, 289): Evtl SchenkgsWiderr (Karlsr FamRZ **89**, 978; Kln NJW **94**, 1540; LG Oldbg FamRZ **97**, 738) od RückFdg wg Wegfalls der GeschGrdl (Oldbg NJW **94**, 1539; Düss NJW-RR **96**, 517; Dresd FamRZ **97**, 739; vgl § 242 Rn 160). Größere GeldZuwendgen v Elt eines Eheg begründen ggf Anspr wg Wegf der GeschGrdl (BGH **129**, 259; vgl § 1374 Rn 21). BereichergsAnspr der SchwiegerElt für anläßl der Eheschl zugewendete Grdst scheiden aus, wenn der ZugewAusgl zw den Ehel einen angem Ausgl enth (LG Landau/Pf FamRZ **97**, 1476).

bb) Geschäftsgrundlage: § 242 Rn 158. Im Falle des Scheiterns der Ehe bleibt es bei ehebezogenen 4
Zuwendgen (Rn 3) beim ZugewAusgl. Daneben AusglAnspr des Zuwendenden wg Wegf der GeschGrdl, wenn bes Umst den güterrechtl Ausgl als nicht tragb Lösg erscheinen lassen (BGH **115**, 132; **127**, 48; FamRZ **94**, 503; vgl LG Mü I FamRZ **98**, 167: RückgVerlangen erst nach rechtskr Scheidg), währd bei GütTrenng schon genügt, daß die Beibehaltg der Zuwendg nach Tr u Gl nicht zuzumuten ist (BGH **84**, 361; NJW **97**, 2747). Verj: § 1378 Rn 11. Abwicklg nach GeschGrdl insb auch bei Zuwdgen v SchwElt: Rn 3 sowie bei Zuwdgen vor Eheschl: Bambg FamRZ **96**, 1221.

cc) Ungerechtfertigte Bereicherung (§ 812 Rn 92) wird für Zuwendgen unter Eheg ebenf dch die 5
güterrechtl Regelg verdrängt (BGH **65**, 320; FamRZ **89**, 147; aA Lipp JuS **93**, 95). Anspr des Ehem gg SchwiegerElt wg WohngsAusbau: BGH NJW **85**, 313; **90**, 1789; umgek der SchwiegerElt: BGH NJW-RR **91**, 1154; Oldbg NJW **92**, 1461; sa Karlsr FamRZ **91**, 804.

6 **dd) Gesellschaftsrecht:** § 705 Rn 27 ff; § 1356 Rn 8. ZugewAusgl ist SonderRegelg. Für das GesellschR ist erst Raum, wo die VermVergemeinschaftg üb die Gestaltg der ehel LebG (§ 1353 I 2) hinausgeht (BGH **84**, 361; FamRZ **89**, 147). Ausdr Vereinbgen gehen schlüss GesellschAbreden vor (BGH NJW **95**, 3383 mN).

7 **ee) Gesamtgläubigerausgleich** (§ 430) hat Vorrang vor dem ZugewAusgl (AG Itzehoe FamRZ **91**, 441). Die ggs Anspr u Verpfl sind also beim EndVerm zu berücks (wie Rn 3). Keine NutzgsEntschädigg ggü dem and Eheg bei Auszug bei gemeins Altenteil (BGH NJW **96**, 2153). Zum **Gesamtschuldnerausgleich** unter Eheg: § 426 Rn 9 ff; zur Bedeutg für den Zugew: § 1375 Rn 4. Vgl iü Gernhuber JZ **96**, 696 u 765; Kleinle FamRZ **97**, 8. Sind gemeins Schulden beim ZugewAusgl zG beid Eheg hälft berücks, dann aber doch von einem allein getilgt w, so findet ein GesSchuAusgl statt (Kblz FamRZ **97**, 364). Steht das FamHeim im AlleinEigt eines Eheg, so hat dieser nach Scheitern der Ehe im InnenVerh die gesamtschuldn FinDarl allein zu bedienen (BGH FamRZ **97**, 487). Kein AusglAnspr, auch wenn die einseit Kostenübernahme bei der zZw der VermBildg dienden EigtWohng mit der Intention erfolgte, eine noch größere steuerl Entlastg dieser Partei zu erreichen (Hamm FamRZ **98**, 242).

8 **ff) Oder-Konten:** §§ 428 Rn 3; 430 Rn 2. Zum BankVertr: § 675 Rn 7. § 430 enth einen eigenstd Anspr auf hälft Teilhabe, nach Vfgen dch den and Eheg auf entspr Ausgl, der bei der endgült Trenng der Eheg entsteht u unabhäng vom EheGüterR geltd gemacht w kann (Karlsr FamRZ **90**, 629; Zweibr NJW **91**, 1835). Anspr od Valuta fallen, soweit am Stichtag vorhanden, in den jew Zugew (wie Rn 3). Die BewLast dafür, daß zw den Eheg „ein and bestimmt" war, trägt derj Eheg, dem mehr als die Hälfte zugeflossen ist (BGH NJW **90**, 705; FamRZ **93**, 413). Verwirkg des AusglAnspr: LG Mainz FamRZ **93**, 563. Eine **Bankvollmacht** (§ 167 Rn 9) üb das AlleinKto eines Eheg ist uU von vornh auf Zwecke der ehel LebG beschr (vgl Düss FamRZ **92**, 439) u gilt jedenf im InnenVerh nur bis zur Trenng der Ehel (BGH NJW **88**, 1208; FamRZ **89**, 834; Bambg FamRZ **91**, 1058). Zum VollmMißbr währd der Trenng Derleder FuR **95**, 301. Der Ausgl erfolgt iW des ZugewAusgl (Zweibr FamRZ **86**, 64), ggf nach § 687 II (Düss FamRZ **92**, 439); vgl Rn 3. Gemeins **Wertpapierdepot:** Hamm FamRZ **90**, 750. Es gelten die zur AusglPfl beim Oder-Kto entwickelten Grds entspr (Düss FamRZ **98**, 165). Ausgleichg eines gemeins **Sparkontos:** Düss FamRZ **97**, 562.

9 **gg) Grundstücksmiteigentum** der Eheg (Lit: Graba NJW **87**, 1725). Zur unterhrechtl Bedeutg: § 1361 Rn 22, 33 ff. RückFordAnspr wg treuhänd Überlassg der GrdstHälfte: Stgt NJW-RR **88**, 134. Zum SchenkgsWiderr: Rn 3. Iü fallen die MitEigtAnt in das jew EndVerm der Eheg (§ 1375 Rn 3). Die Ertragsabwicklg läuft unabhäng vom ZugewAusgl weiter (Kblz FamRZ **89**, 85). Im Zuge der Scheidg kann jeder Eheg Änderg der **Nutzungsvereinbarung** für das FamWohnheim verlangen (§ 745 Rn 5; sa BGH FamRZ **94**, 98). In der Weiterbenutzg dch einen Eheg allein kann eine konkludente Neuregelg liegen (Hamm FamRZ **89**, 740). Aufw eines Eheg nach der Trenng können gem § 748 ausgegl w. Ein Anspr auf **Nutzungsentgelt** kann sich aus § 1361 b II (dort Rn 23 ff), aus einer Vereinbg der Eheg od aus einer aGrd der Trenng zu beanspruchden Neuregelg gem § 745 II ergeben (BGH FamRZ **82**, 355; **86**, 436). Die unentgeltl NutzgsÜberlassg entfällt, wenn einer der Eheg den ScheidgsAntr stellt (Düss FamRZ **98**, 168). Die AlleinNutzg löst noch keine Verpfl zur Entsch des and Eheg aus (BGH FamRZ **83**, 795; **93**, 676; aA Celle NJW-RR **90**, 265), währd umgek bei aufgedrängter AlleinNutzg dem ausgezogenen Eheg kein NutzgsEntg zusteht (LG Itzehoe FamRZ **90**, 630). Aber keine nachträgl NutzgsEntschädigg, wenn dem and Eheg die EigtHälfte mit einer AbgeltgsKlausel überlassen worden war (Kblz FamRZ **98**, 243). Jeder Eheg kann auch die Aufhebg der Gemsch dch Verk des Grdst (§§ 749, 753) od **Teilungsversteigerung** verlangen (Brudermüller FamRZ **96**, 1516; § 753 Rn 3; and iF FGB 39: EG 234 § 4 Rn 8). Letztere kann gem ZVG 180 III, insb zG der (ggf auch vollj; LG Bln FamRZ **87**, 1067) Ki verhindert w, wenn bes Umst vorliegen (LG Heidelbg FamRZ **91**, 588): wie Rückgang der schul Leistgen (LG Limbg FamRZ **87**, 1065); bei einer entspr Vereinbg der Eheg (BGH FamRZ **84**, 563), wenn der Antr rechtsmißbräuchl ist, zB weil er sich gg die querschnittsgelähmte Ehefr richtet (Ffm FamRZ **98**, 641), od wenn das Erg für den widersprechden Eheg schlechthin unzumutb ist (Mü FamRZ **89**, 980). RBehelf: ZPO 771; vgl auch § 1365 Rn 8. Die ZwVerst kann auch bei unentgeltl Zuwendg der EigtHälfte unzul sein (BGH **68**, 299). ZbR gg die Aufhebg der Gemsch nur aus GgRechten, die in der Gemsch wurzeln (BGH **63**, 348). Aber ggü AuszahlgsAnspr ZbR auch wg des ZugewAnspr (BGH FamRZ **90**, 254). Zur Teilg des VerstErlöses vgl BGH FamRZ **90**, 975. Zur Befreig von GrdstBelastgen: BGH NJW **92**, 114; Koch FamRZ **94**, 537; vgl Rn 7. Neben EhegMitEigt kann auch eine EigHeimGes vorliegen, deren AuseinandS dann gesellschrechtl Regeln folgt (K. Schmidt AcP **182**, 481; vgl Rn 6). Übertragg des Hausanteils auf Dr zZw der Umgehg der TeilgVerst ist nichtig (Schlesw NJW-RR **95**, 900).

10 **hh)** Hat ein Eheg dem and die Aufn von Bankkredit dch **Übernahme einer persönlichen Haftung** od dch **Einräumung von dinglichen Sicherheiten** ermöglicht, so kann er nach Scheitern der Ehe Befreig v solchen Verbdlkten nach AuftrR verl, wenn nicht vertragl etwas and best ist (BGH NJW **89**, 1920; Hamm FamRZ **92**, 437; aA Kln NJW-RR **94**, 52). Zur **Sittenwidrigkeit** der MitVerpfl des eink- u vermögensl Eheg bei Bankkrediten: § 138 Rn 37 ff.

11 **ii) Ausgleich von Steuerschulden und Steuerrückerstattung:** SteuerErstattgen zw Eheg nach der Trenng sind nach Maßg einer fikt Einzelveranlagg aufzuteilen (näher § 426 Rn 9 b mwN; vgl § 1353 Rn 12; aA Diederichsen 58. Aufl ebda; LG Stgt FamRZ **98**, 241). Vgl Hamm FamRZ **96**, 1413: Bei StKlasse IV/IV errechn sich der Antl eines Eheg an der StErstattg aus dem Betr, der ihm bei einer getrennten Veranlagg zugeflossen wäre, zuzügl des anteil SplittingVortl. Vgl auch Kln NJW **99**, 3785 zur Aufteilg des ErstattgsBetr bei NegatEink eines Eheg.

12 **c)** Zu den Möglkten der **vertraglichen Vermögensauseinandersetzung** vgl Göppinger/Börger § 6 Rn 80 ff. Zur Auslegg einer den Zugew u nachehel Unterh regelnden Vereinbg BGH FamRZ **88**, 43. Steuerrechtl führt die Beteiligg an GrdstErträgen nicht zu WerbgKost (BFH NJW **93**, 3221). Vgl auch LitHinweise vor § 1585 c.

13 **2) Beendigung des gesetzlichen Güterstandes außer durch Tod.** In Betr kommt die Beendigg dch rechtskr Scheidg, Eheaufhebg, dch rechtskr Urt auf vorzeitigen Ausgl der ZugewGemsch, §§ 1385–1388, u

dch EheVertr, wenn nachträgl ein and Güterstd vereinb, wenn er aufgeh, wenn der Ausgl des Zugew ausgeschl wird, § 1414; eine Änderg des ZugewAusgl kann aber im GüterRReg nicht eingetr w (BGH **41**, 370). SonderVorschr für den Fall der Scheidg enth § 1384, für den des vorzeit Ausgl § 1387, für sämtl hier genannten Beendiggsfälle außer dem dch EheVertr §§ 1389, 1390 IV. Vgl zu den verfrechtl Aspekten Baur FamRZ **62**, 509.

1373 *Begriff des Zugewinns.* **Zugewinn ist der Betrag, um den das Endvermögen eines Ehegatten das Anfangsvermögen übersteigt.**

1) Zugewinn ist nach der BegrBest des § 1373 der Betrag, um den das EndVerm (§ 1375) das AnfangsVerm (§ 1374) übersteigt, also der nach Begleichg des Unterh u anderer Ausgaben im Verm eines Eheg verbliebene Überschuß, der währd der Ehe v ihm erworben w ist. Vor der Eheschl zw den künft Eheg zugewendete, aber wieder verausgabte Beträge gehören weder zum Anfang- noch zum EndVerm (BGH FamRZ **90**, 972). – **a)** Der Zugew ist nur **Rechnungsgröße.** Weder bildet der gemeins od dch einen Eheg vor Beendigg des Güterstds erworbene Zugew eine bes VermMasse eines od auch beider Eheg, noch wird anläßl der Beendigg eine VermMasse gebildet, die dann aufgeteilt würde. Der ges Güterstd kennt vielm nur zwei VermMassen, die des Mannes u der Frau. Jeder dieser VermMassen fließt auch der Zugew zu, den der betr Eheg machte, u bleibt, sofern er nicht wieder verloren geht od aufgebraucht wird, in ihr u damit in der VfgsGewalt des gewinnden Eheg, § 1363 II, bis aGrd der vom and Eheg mit der Beendigg des Güterstds erworbene AusglFdg der ZugewAusgl an diesen ausgekehrt w, § 1378. – **b)** Das AnfangsVerm wird mind mit 0 bewertet, so daß zB bei einer Verschuldg von 10 000 DM bei Beginn des Güterstds u einem EndVerm v 20 000 DM der Zugew nur 20 000, nicht 30 000 DM beträgt (§ 1374 Rn 3). – **c)** Auch der **Zugewinn** beträgt mind 0, dh er kann **nie eine negative Größe** sein; Verluste eines Eheg sind insow nicht auszugleichen (Mü FamRZ **76**, 26). Damit evtl verbundene Ungerechtigkeiten, daß ein Eheg auf Kosten des and, der zB zZw des Unterh Schulden macht, den eig Zugew erhöht, lassen sich nur dch vorherige vertragl Sichergen (Darl, Gesellsch) vermeiden.

1 2 3 4

2) Zum GerechtigkGehalt des ZugewAusgl s Grdz 6–10 vor § 1363. Keine Verpfl der Eheg, ihr Verm so zu verwalten, daß möglichst großer Zugew erzielt w; vgl aber die (unzureichden, vgl § 1364 Rn 3) SchutzVorschr der §§ 1375 II, 1384, 1386, 1387, 1390. Umgek ist unerhebl, ob der Zugew erarbeitet wurde. Ggü der Feststellg des AnfangsVerm bei Berechng des EndVerm sich ergebde höhere od niedrigere Bewertgen von WirtschGütern wirken sich ebenf vorteilh od nachteil für den ausgleichsberecht Eheg aus. Das EndVerm kann dem Betrag nach das AnfangsVerm übersteigen, weil währd des Güterstds VermGgste erworben wurden, bereits bei Ehebeginn vorh wertvoller geworden sind od der der Bewertg zGrde gelegte Geldwert geringer geworden ist (BGH **61**, 387). Vgl zur Bewertg § 1376. 5

1374 *Anfangsvermögen.* **I Anfangsvermögen ist das Vermögen, das einem Ehegatten nach Abzug der Verbindlichkeiten beim Eintritt des Güterstandes gehört; die Verbindlichkeiten können nur bis zur Höhe des Vermögens abgezogen werden.**

II Vermögen, das ein Ehegatte nach Eintritt des Güterstandes von Todes wegen oder mit Rücksicht auf ein künftiges Erbrecht, durch Schenkung oder als Ausstattung erwirbt, wird nach Abzug der Verbindlichkeiten dem Anfangsvermögen hinzugerechnet, soweit es nicht den Umständen nach zu den Einkünften zu rechnen ist.

1) a) Inhalt: Die Vorschr definiert in I den für den Zugew (§ 1373 Rn 1) konstitutiven Begr des AnfangsVerm u entzieht dem Zugew in II ganz best VermBestandt, an denen der and Eheg nach dem GrdGedanken der ZugewGemsch keinen Anteil haben soll. – **b)** Berechng des AnfangsVerm: § 1376; Festlegg des AnfangsVerm dch Verzeichn: § 1377. Andernf **Beweislast** bei demj, der AnfangsVerm od auch wertbildde Faktoren desselben geltd macht (BGH **113**, 325). – **c) Anwendungsbereich:** § 1374 gilt in allen Fällen, in denen der Güterstd nicht dch Tod beendet w ist (§ 1372); außerdem in Todesfällen, wenn es zur güterrechtl Lösg kommt (§ 1371 II u III, dort Rn 12 u 18). – **d) Nachgiebiges Recht:** Die Eheg können dch formgebundenen **Ehevertrag** (§§ 1408, 1410) den Wert des AnfangsVerm ziffmäß anders, als nach I zu errechnen, festlegen, vorh Ggste od nach II dem AnfangsVerm hinzuzurechnde Ggste od Einkfte vom AnfangsVerm ausschl bzw später erworbene Ggste od Eink zB aus einer best Nebentätigk entgg § 1375 dem AnfangsVerm hinzurechnen u dadch dem ZugewAusgl entziehen; auch können sie den Ztpkt für die Berechng des AnfangsVerm vor die Eheschl verlegen (Hbg NJW **64**, 1076; aA MüKo/Gernhuber Rn 3).

1 2 3 4

2) Anfangsvermögen, I 1. Halbs, ist **a) begrifflich** der Wert des Verm eines Eheg, das ihm bei Eintritt des Güterstdes (§ 1363 Rn 2) gehört, also die Wertsumme aller VermGgste abzügl der Verbindlkten. **Voreheliche Leistungen** zw Verlobten können AusglAnspr auslösen, der das AnfangsVerm beeinflußt (BGH NJW **92**, 427). 5

b) Umfang: Zum AnfangsVerm gehören alle Positionen mit wirtsch Wert, dh alle dem Eheg zum Stichtag gehörden Sachen u obj bewertb Rechte (BGH NJW **80**, 229): so der RückerstattgsAnspr gem RVO 1304 aF (BGH NJW **95**, 523). Eine GrdRente nach dem BVersG ist iH der beim Eintritt des Güterstds bereits entstandenen EinzelAnspr zu berücks, Nachzahlgen also in voller Höhe, nicht dagg das StammR als solches, dh die Anspr auf künft fällige Einzelleistgen (BGH NJW **81**, 1038; aA Schwagerl NJW **82**, 1798). Fdgen fallen ow in das AnfangsVerm, etwa der Anspr aus dem LastenAusgl, auch wenn die Zahlgen erst in der Ehe realisiert w (AG Celle FamRZ **86**, 467). Gebäude, die ein Eheg auf fremdem Grdst errichtet hat, sind mit ihrem vollen Wert anzusetzen, wenn er vor dem BewertgsStichtag das Grdst gekauft hatte, mag auch der EigtErwerb selbst erst später erfolgen (Düss FamRZ **89**, 1181). Unentgeltlich überlassener Wohnraum nur bei RBindWille (Mü FamRZ **98**, 825). Zum AnfangsVerm eines Eheg gehört auch das, was ihm der and Eheg vorehel schuldet (Hbg NJW **64**, 1076). Iü muß alles als AnfangsVerm berücks w, was bei späterem Er- 6 werbsZtpkt zum EndVerm gehören würde (vgl § 1375 Rn 3). **Gemeinsames Vermögen** der Ehel ist jedem von ihnen mit der auf ihn fallden Quote zuzurechnen. Das gilt für Hochzeitsgeschenke an beide Eheg, MitEigtAnteil od TeilhabeAnspr bei Oder-Konten uä (vgl § 1372 Rn 8 u 9).

7 **c)** Zum Stichtag bestehde **Verbindlichkeiten** werden abgezogen. Darunter fallen alle priv u öffr Schulden u dingl Lasten sowie Zinsen, soweit sie zum Stichtag bereits fällig waren. Soweit iW vorweggen Erbfolge (Rn 17) auf einen der Eheg ein HausGrdst übertragen wurde unter Vorbeh bzw dem Verspr eines **Nießbrauchs, Wohnrechts oder Leibgedinges,** bleiben diese Belastgen bzw Verpfl beim Anfangs- wie EndVerm unberücks, dh der Wert solcher Belastgen ist von dem übernommenen Verm nicht abzuziehen (BGH NJW **90**, 3018), unabhäng davon, ob der daraus Ber vor Ende des GüterStds gestorben ist (BGH FamRZ **90**, 1082) od nicht (BGH **111**, 8; and BerechngsWeise: Bambg FamRZ **95**, 607). Unerhebl auch, ob der Anspr auf Beköstigg u Pflege dingl gesichert ist (BGH FamRZ **90**, 1082). Dagg sind beim Erwerb des Verm eingegangene Verpfl, **Ausgleichsbeträge an Dritte** zu zahlen, von dem übernomm Verm abzuziehen, u zwar bei künftiger Fälligk unter entspr Abzinsg (BGH NJW **90**, 3018; Hamm FamRZ **95**, 611). **Keine Verbindlichkeiten** ergeben sich aus bei Eheschl bereits bindenden erbrechtl Vfgen (vgl BGH FamRZ **69**, 207). **Bewertung** unbest Verbindlk u Kaufkraftschwund: § 1376 Rn 10–12.

8 **d) Ausschluß eines negativen Anfangsvermögens, I 2. Halbs.** Vermieden werden soll, daß ein Eheg mit einer AusglFdg belastet wird, für die ein GgWert in seinem Verm nicht vorh ist; desh sorgt das Ges dafür, daß rechnerisch der Zugew nie höher sein kann als das EndVerm: Verbindlkten können nur bis zur Höhe des Verm abgezogen w, dh trotz vorh Schulden beträgt das **Anfangsvermögen mindestens 0.** Bsp: Bei Eintr des Güterstds hat der Eheg außer 20 000 DM Schulden kein Verm; sein EndVerm beträgt 10 000 DM; hinzugewonnen wurden also in der Ehe 30 000 DM, so daß dem vermlosen and Eheg an sich 15 000 DM als Ausgl zustünden, die nach § 1378 II auf 10 000 DM zu kürzen wären. Nach I beträgt das AnfangsVerm aber 0 DM, der Zugew somit 10 000 DM, die AusglFdg mithin nur 5000 DM. Daß der and Eheg dch seine MitArb in der Ehe auch 20 000 DM Schulden abgearbeitet hat, bleibt danach unberücks. Die Regelg ist verfassgsrechtl bedenkl, weil sie die wirtsch gleichwertige MitArb des and Eheg ungl behandelt je nachdem, ob er Schulden abträgt od das AktivVerm vergrößert (vgl Soergel/Lange Rn 8: rechtspolit bedenkl).

9 **3) Hinzurechnung zum Anfangsvermögen von nach Eintritt des Güterstandes erworbenem Vermögen, II** (Lit: Battes, in: Bosch, Neuere Entwicklgen im FamR, 1990, S 49; Muscheler FamRZ **98**, 265).

10 **a) Zweck:** An unentgeltl Zuwendgen soll der and Eheg nicht teilh, weil sie zumeist auf pers Beziehgen beruhen u nicht erarbeitet sind (BGH **68**, 45) u diese fehlde Mitverursachg sich bereits in der causa niederschlägt (Muscheler FamRZ **98**, 265 f; vgl Rn 15 ff). Erreicht wird der Ausschl des and Eheg davon dadch, daß der VermErwerb **dem Wert des Anfangsvermögens zugeschlagen** wird. Die ratio legis der Vorschr ist nicht konsequent dchgeführt: Einers werden aus unentgeltl Erwerb stammde Gewinn- u Wertsteigergen dem Zugew zugeführt (Rn 13); ands fällt nicht alles, dem die innere Beziehg zur ehel LebG fehlt, ins AnfangsVerm (Rn 26).

11 **b) Zeitpunkt:** Maßg für die Wertberechng gem § 1376 I ist der des Erwerbs. Zum Ztpkt des Erwerbs bei enteigneten u nach dem Beitritt der fr DDR rückübertragenen Gsten vgl AG Stgt FamRZ **99**, 1065 m Anm Bergschneider. Zum Kaufkraftschwund § 1376 Rn 12.

12 **c) Umfang der Hinzurechnung: aa)** Soweit der erworbene VermGgst dingl belastet od der VermEr-
13 werb mit der Übern von Verpfl verbunden ist, sind diese entspr abzusetzen (Rn 7). – **bb)** Dch II wird der erworbene Ggst selbst aus der ZugewAusglRechng herausgehalten. **Gewinne** (Einkfte) daraus u spätere **Wertsteigerungen** des derart privilegiert erworbenen Ggsts fallen dagg grdsl in den Zugew (vgl dazu grdsl Muscheler FamRZ **98**, 265), auch wenn der Ggst vTw erworben wurde (BGH **87**, 367/74; aA Kblz FamRZ **85**, 286). Ausn: NachErbschAnwartsch (Rn 16). Auch die Wertsteigerg, die dch das allmähl Absinken des Werts eines vom Erbl od Schenkden angeordneten leblangen Nießbr eintritt, unterliegt nicht dem ZugewAusgl (BGH **111**, 8); zur Bewertg im AnfangsVerm Rn 7. Der nachträgl **Verlust** des ererbten od geschenkten Ggst steht der Anwendg von II nicht entgg, da es immer nur um RechngsPosten geht; desgl nicht, wenn der Ggst gg ein **Surrogat** eingetauscht w. Das gilt unabhäng davon, daß der zugewendete Ggst
14 selbst den VfgBeschränkgen der §§ 1365 ff unterliegt. – **cc) Ausgleich negativen Anfangsvermögens:** Erwirbt ein Eheg mit negat AnfangsVerm privileg Verm nach II, so findet keine Verrechng iS von II statt (BGH **129**, 311 mN; zuR and Korenke FuR **95**, 232; Gernhuber JZ **96**, 47). Bsp: Hat der Eheg bei Eheschl 5000 DM Schulden u erbt er währd der Ehe 20 000 DM, so betr sein AnfangsVerm 20 000 DM, nicht 15 000 DM.

15 **d) Hinzurechnungstatbestände.** Nur die im folgden aufgezählten Erwerbsfälle vergrößern das Anfangs-Verm; alles and, was in der Ehe erworben w, fällt in das EndVerm (vgl Rn 26 sowie § 1375 Rn 3). Die Hinzurechg zum AnfangsVerm ist (and als in §§ 1418 II Nr 2, 1638 I) nicht vom Willen des Erbl od Schenkden abhäng. Umgek kann aber die Privilegierg des Erwerbs dch entspr AO des Zuwendden od dch EheVertr ausgeschl w.

16 **aa) Erwerb von Todes wegen** aGrd ges od gewillkürter Erbfolge, Vermächtn, Pflichtt; ferner Abfindgen für einen ErbVerz; das aus einer ErbAuseinandS bzw aGrd eines Vergl in einem ErbschStreit Erlangte; die LebVersSumme, die ein Eheg als BezugsBer aus der Vers eines ihm nahestehden verst Dr erh (BGH **130**, 377; Gernhuber JZ **96**, 205); Befreig von einer Verbindlk dch Konfusion (Düss FamRZ **88**, 287); AbfindgsAnspr des weichden Erben gem HöfeO 12–14; Erlangg einer NacherbenAnwartsch, die aber trotz zweitl Wertsteigerg wg Näherrückens des Nacherbfalls entgg § 2313 beim Anfangs- u EndVerm mit dem gleichen Wert zu veranschlagen ist (BGH **87**, 367; krit Gernhuber FamRZ **84**, 1059). Dagg ist der Wert des AnfangsVerm um wertsteigernde Leistgen, die der Nacherbe im Hinbl auf den Nacherbfall erbracht hat u die seinen Zugew anderweit mindern, zu kürzen (Hamm FamRZ **84**, 481). Nicht vTw erworben ist die Vergütg des TestVollstr; sie fällt daher nicht ins AnfangsVerm. Zur Berücks eines bei Eheschl eingeräumten dreifach bdgten WohnR im End-, aber nicht im AnfangsVerm Mü FamRZ **98**, 234.

bb) Erwerb mit Rücksicht auf ein künftiges Erbrecht ist idR anzunehmen bei Hofübergabe; Übern eines Unternehmens dch einen Abkömml (BGH FamRZ **90**, 1082); vorzeit Übertragg von Grdsten vS der Elt eines Eheg (Rn 7) usw. Es kommt nicht darauf an, daß der begünst Eheg ges od auch nur test Erbe ist; es genügt, daß die Übertr den Erwerb vTw ersetzen soll (Soergel/Lange Rn 13). Vorwegn der Erbfolge u Unentgeltlk sind nicht gleichbedeutd (vgl BGH NJW **95**, 1349). II liegt aber grdsl nur vor, wenn der Erwerber keine od keine vollwert GgLeistg erbringt; dann kann der Erwerb auch in der RForm eines Kaufs vollzogen w (BGH **70**, 291). AusglZahlgen an erbberecht Geschw (BGH FamRZ **86**, 883; **90**, 1082) od die bei GutsüberlassgsVertr übl GgLeistgen (Leibgedinge: Verpflegg, Versorgg bis zum LebEnde, Freistellg v bestehden Belastgen, Übern der Beerdiggskosten) stehen dem Erw mRücks auf ein künft ErbR nicht entgg, sond sind geradezu typ, so daß das Erlöschen des Altenteils für die Berechng des Zugew ohne Bedeutg ist (Schlesw FamRZ **91**, 943) u II selbst noch bei einem gewissen Übergewicht der kapitalisierten GgLeistg anzuwenden ist (BGH FamRZ **90**, 1083). Vgl dazu iü Rn 7. Der Kauf einer NacherbenAnwartsch fällt auch dann nicht unter II, wenn er iR einer vorweggen ErbAuseinandS erfolgt (Hamm FamRZ **84**, 481). 17

cc) Schenkungen. Vorauss wie § 516, also Zuwendg u Einigg üb die Unentgeltlichk (Karlsr FamRZ **74**, 18
306). – **(1) Zuwendung:** Schenkg od Ausstattg liegt nicht schon in unentgeltl Arb (BauMaßn) der Elt (BGH 19
101, 229). Eine Schenkg ist bei der Ermittlg des AnfangsVerm mit ihrem vollen Wert anzusetzen; doch sind dingl Belastgen u mit der Schenkg verknüpfte schuldrechtl Verpfl abzuziehen. Abzusetzen sind auch vor Beendigg der Ehe entstandene PflichttErgänzungsAnspr, weil diese sonst ausglrechtl einseit zL des and Eheg gingen, obwohl sie aus der Schenkg resultieren u zugewschmälernd erfüllt w müssen (aA Stgt FamRZ **90**,
750). – **(2) Unentgeltlichkeit** (§ 516 Rn 8) ist auch bei LebVers mögl (Hamm FamRZ **93**, 1446). Freiw 20
Leistgen des ArbG sind idR keine Schenkg (Mü FamRZ **95**, 1069). Ist (aus steuerl Grden) ein Entgelt festgesetzt w, liegt eine (verdeckte) Schenkg nur vor, wenn die Part steuerrechtl das Scheingeschäft für ausr hielten, in Wirklichk also eine Schenkg wollten (BGH FamRZ **86**, 565/6; GgBsp: Karlsr FamRZ **93**, 1444). Bei **gemischter Schenkung** (§ 516 Rn 13) ist dem AnfangsVerm nur die Differenz zw dem VerkWert u der GgLeistg hinzuzurechnen (Bambg FamRZ **90**, 408). Wird aus baurechtl Grden das auf dem elterl Grdst eines der Eheg errichtete Wohnhaus in WoEigt überführt, ist iR dieser gem Schenkg nur der MitEigtAnteil am
Grdst unentgeltl zugewendet (BGH NJW **92**, 2566). – **(3) Schenkungen an beide Ehegatten** werden 21
gemschaftl Verm u erhöhen die beid AnfangsVerm je nach den EigtAnteilen. Schenkgen dch die Elt eines Eheg: § 1372 Rn 3. Zuwendgen vS der SchwElt zur dauerh wirtsch Sicherg der Eheg sind wg deren evtl RückFdg nach den Grds des Wegfall der GeschGrdl nicht dem AnfangsVerm zuzurechnen (BGH **129**, 259;
mit and Begr auch Tiedtke JZ **96**, 201). – **(4) Zuwendungen zwischen Ehegatten:** Auf echte (ausdr) 22
Schenkgen, die ein Eheg dem and gemacht hat, findet II keine Anwendg (BGH **101**, 65; FamRZ **88**, 373; Ffm FamRZ **87**, 62; Grünenwald NJW **95**, 505 gg Kornexl NJW **94**, 622; aA auch Mü FamRZ **87**, 67; Lipp JuS **93**, 90). Sie sind also Zugew u können dem Zuwendden wertmäß allenf dadch wieder zugute kommen, daß sich seine eig AusglVerpfl üb § 1380 (dort Rn 1) mindert (krit Soergel/Lange Rn 14) od daß ihm gg den beschenkten Eheg seiners ein ZugewAusglAnspr zusteht (vgl Karlsr FamRZ **81**, 556). Entspr gilt für unbenannte Zuwendgen (§ 1372 Rn 3) unter Eheg, auf die II ebenf nicht anzuwenden ist (BGH **82**, 234). –
(5) Widerruf der Schenkung: § 1372 Rn 3. Wird die Eheg- od Schenkg Dr widerrufen, so entstehen 23
unabhäng von der Frage der Anwendg von II aS des beschenkten Eheg RückgewährVerpfl, die seinen Zugew mindern (§ 1375 Rn 4).

dd) Ausstattung: § 1624. Vgl dazu AG Stgt FamRZ **99**, 663. 24

e) Den Umständen nach zu den Einkünften zu rechnender Vermögenserwerb ist nicht dem AnfangsVerm hinzuzurechnen, sond wird, soweit er nicht für den FamUnterh verbraucht wird, Zugew. Hierunter fallen HaushZuschüsse, Kosten für den KrankenhAufenth od eine ErholgsReise, WeihnGratifikationen, Nadelgeld, Überlassg v Wohnraum dch Eltern (Mü FamRZ **99**, 97). Für die Beurteilg sind wirtsch Gesichtspkte entsch, die Abs des Zuwendden, die Verh des Empf u der Anlaß der Zuwendg. Zu den Eink kann auch gerechnet w, was mRücks auf ein künft ErbR geleistet wurde, zB die Zuwendg von Elt iHv 25 000 DM anläßl der Heirat, des Führerscheinerwerbs usw (Zweibr FamRZ **84**, 276). Iü sind Geldzuwendgen naher Verwandter den Eink nur zuzurechnen, wenn sie zur Deckg des lfden LebBed, nicht aber zur VermBildg best sind (BGH **101**, 229). Für Übertragg dieser Grds auf I: Schröder, Anm zu Mü, FamRZ **99**, 97. 25

4) Keine weiteren Hinzurechnungen zum Anfangsvermögen. Das Ges hat die zum AnfangsVerm hinzuzurechnenden Erwerbsfälle enumeriert (Rn 16–24) u damit bewußt Abstand davon gen, alle nicht von den Eheg gemeins erwirtschafteten Ggste aus dem Zugew auszuklammern. II ist daher **nicht analogiefähig** (BGH FamRZ **88**, 593; Muscheler FamRZ **98**, 266 mit der zutreffden Begr, daß nur der VermErw privilegiert sein soll, in dem bereits die causa für den Erw die bes pers Beziehgen zw zuwenddem u bedachtem Eheg widerspiegelt). Im Wege des Umkehrschlusses muß gefolgert w, daß, sofern die Eheg ehevertragl nichts and vereinb haben (Rn 4), weitere Hinzurechngen zum AnfangsVerm nicht stattfinden (Gernhuber FamRZ **84**, 1053/7; abl Schwab FamRZ **84**, 429/34 f). Desh keine Anwendg von od Analogie zu II, sond Berücks als Zugew bei: Schmerzensgeld (BGH **80**, 384); Renten u Abfindgen nach dem BEG (Saarbr FamRZ **85**, 710; zweifelh; aA Schwab FamRZ **84**, 431; Gießler FamRZ **85**, 1258); Abfindg einer WwenRente wg Wiederverheiratg (BGH **82**, 149); Erstattg v RentVersBeitr nach der Eheschl (aA mit allerd nur rpolit richt Wertg AG Stgt FamRZ **90**, 1358); Lottogewinn (BGH **68**, 43). IGgs zu § 1418 II Nr 2 kann auch der zuwendde Dr nicht best, daß etwas zum AnfangsVerm gehört. 26

1375 *Endvermögen.* I **Endvermögen ist das Vermögen, das einem Ehegatten nach Abzug der Verbindlichkeiten bei der Beendigung des Güterstandes gehört. Die Verbindlichkeiten werden, wenn Dritte gemäß § 1390 in Anspruch genommen werden können, auch insoweit abgezogen, als sie die Höhe des Vermögens übersteigen.**

II **Dem Endvermögen eines Ehegatten wird der Betrag hinzugerechnet, um den dieses Vermögen dadurch vermindert ist, daß ein Ehegatte nach Eintritt des Güterstandes**

1. unentgeltliche Zuwendungen gemacht hat, durch die er nicht einer sittlichen Pflicht oder einer auf den Anstand zu nehmenden Rücksicht entsprochen hat,
2. Vermögen verschwendet hat oder
3. Handlungen in der Absicht vorgenommen hat, den anderen Ehegatten zu benachteiligen.

III Der Betrag der Vermögensminderung wird dem Endvermögen nicht hinzugerechnet, wenn sie mindestens zehn Jahre vor Beendigung des Güterstandes eingetreten ist oder wenn der andere Ehegatte mit der unentgeltlichen Zuwendung oder der Verschwendung einverstanden gewesen ist.

1 **1)** § 1375 bestimmt den Umfang des EndVerm, als den and RechngsFaktor, der zur Errechng des Zugew erfdl ist (§ 1373). **Nachgiebiges Recht:** Ehevertragl kann das EndVerm and best w (vgl § 1374 Rn 1), zB dch Herausnahme gewisser VermKomplexe od einz Ggste u Erträge (BGH NJW **97**, 2239 BetrVerm u 10 Mio DM). **Beweislast** wg § 1379 beim AusglKl; auch bezügl wertbildender Faktoren (BGH NJW **91**, 1741) u ggf f Negativtatsachen (Stgt FamRZ **93**, 193; Hamm FamRZ **98**, 237; Kln NJW-RR **99**, 229; aA Karlsr FamRZ **79**, 432).

2 **2) Endvermögen, I 1,** ist das Verm, das einem Eheg bei Beendigg des Güterstandes gehört; maßg die Berechtigg, so daß Hausbau auf dem der SchwMutter gehörden Grdst für sich gen nicht den ZugewAusgl rechtf, auch wenn FinA den Mann wirtsch als Eigtümer behandelt (Kln FamRZ **83**, 71). Berechng § 1376 II.

3 **a) Gegenstand des Zugewinns** ist mit Ausn v § 1374 II u dem, was in den VA fällt (vgl § 1587 III), grdsl alles, was an Verm innerh der Ehezeit hinzuerworben ist. Ein zugewinnausgleichsfreier „eheneutraler" Erwerb widerspricht dem GrdGedanken des ZugewAusgl (Gernhuber FamRZ **84**, 1057; and Schwab FamRZ **84**, 435). Zugew ist danach: Lottogewinn (BGH **68**, 43); Schmerzensgeld, vorbehaltl § 1381 (BGH **80**, 384); dingl WohnR (vgl § 1374 Rn 16); ein mit dem Erlös aus dem gemschaftl ehem Ehewohnhaus ins AlleinEigt angeschafftes neues Haus (Oldbg FamRZ **98**, 1172); Wertsteigerg eines Grdst dch Bauleistgen der Ehel (Kln NJW-RR **95**, 707: nicht § 1374 II); Anspr aus Pkw-Leasing (Bambg NJW **96**, 399); VersorggsAnrechte, die mit Hilfe von Verm erworben wurden, üb das der ZugewAusgl stattfindet (BGH NJW **92**, 1888: Nachentrichtg freiw Beitr mit Mitteln des vorzeit ZugewAusgl; Hohloch NJW **95**, 305). An Abfindgen sollte der Eheg nur insow teilhaben, als das damit auszugleichde Geschehen in die EheZt fällt (Gernhuber, FS Lange 1992, 853). Es fallen darunter: die WiederverheiratgsAbfindg der Wwe gem RVO 1302 (BGH **82**, 149); die Abfindg einer SchadErsRente (BGH **82**, 145; zweifelh: Gernhuber NJW **91**, 2241), auch nach dem BEG (Saarbr FamRZ **85**, 710); eine vom ArbG gezahlte Abfindg (Kln VersR **97**, 697), wobei eine Zurechng auf Zeiträume nach Beendig des Güterstands ausscheidet, wenn das ArbVerh vorher geendet hat (BGH FamRZ **98**, 362). Abhilfe nur dch Aufschieben der Aufhebg des ArbVerh bis nach RHängigk des ScheidgsAntr od entspr zeitl Beeinflussg von diesem (Klingelhöffer BB **97**, 2216 f; vgl iü § 1577 Rn 3). Eine LebVers unterliegt dem ZugewAusgl auch dann, wenn sie zu dem Zweck abgeschl wurde, von der ges AngestVersPfl befreit zu w (BGH **67**, 262); für die Zeit nach Inkrafttr des 1. EheRG (1. 7. 77) ist zu beachten, daß der ZugewAusgl nur noch für LebVers auf Kapitalbasis erfolgt, währd solche auf Rentenbasis dem VA (§§ 1587 III, 1587 a II Z 5) unterliegen. Eine DirektVers iSv BetrAVG (Finger VersR **92**, 535) fällt auch dann in den ZugewAusgl, wenn das BezugsR zwar noch widerrufl (BGH **117**, 70), aber gem BetrAVG unverfallb ist (BGH FamRZ **93**, 1303). Entsprechdes gilt für die DirektVers eines GmbH-GeschF (BGH aaO). Zum EndVerm gehört auch ein Sparguthaben; beruft sich der Inh auf eine bl treuhänderische Verwaltg, so hat er dies näher darzulegen (BGH FamRZ **81**, 240 f). Zugew ist das fortbestehde GrdstNutzgR (Celle FamRZ **93**, 1204). Zum Zugew dch TeilgsVerst § 1365 Rn 8. Dem ZugewAusgl unterliegt dagg nicht **Hausrat,** der nach der HausrVO, die insow eine abschließde SonderRegelg enth (§ 1372 Rn 2), verteilt w kann (BGH **89**, 137/145; s Rn 2 vor HVO 8). Zum Zugew gehört ein im AlleinEigt eines Eheg stehder Wohnwagen (Hamm MDR **99**, 615; aA Diederichsen 58. Aufl; vgl § 1361 a Rn 5 mwN). Haben Eheg auf fremdem Grdst gebaut, so besteht ein ZugewAnspr, wenn das Grdst einem der Eheg zum Stichtag bereits aufgelassen war, auch wenn anschließd der Kauf wieder rückgäng gemacht w ist (Kln FamRZ **83**, 813). Auf die Vererblichk kommt es für den VermBegr nicht an (BGH NJW **87**, 321; Gernhuber NJW **91**, 2239; and noch BGH **68**, 163), so daß ein lebenslanger Nießbr dem Zugew unterfällt (aA Stgt FamRZ **86**, 466); ebso der Nutzwert einer nicht befreiten Vorerbenstellg (AG Landsh FamRZ **98**, 1233). Zu Strategien bei str ggs Fdgen im EndVerm vgl Hansen-Tilker FamRZ **97**, 1188. Künftige Anspr gehören nicht zum EndVerm wie die Übergangsbeihilfe gem SVG 12 I (BGH NJW **83**, 2141) od die AusglZahlg von Berufssoldaten (SVG 38 I), soweit sie nach dem Stichtag des § 1384 in den Ruhestand getreten sind (BGH NJW **82**, 1982); ferner nicht der Wert künft ges Renten- u PensionsAnspr (vgl Krfld NJW **74**, 368), da sie dem VA unterliegen (§ 1587 Rn 5), ebsowenig LebVers auf Rentenbasis (§ 1587 a II Z 5) im Ggs zu solchen auf Kapitalauszahlg, auch wenn zZw der Altersversorgg (Nürnbg NJW **76**, 899). Auch die Anwartsch aus einem ErbVertr unterliegt nicht dem ZugewAusgl (Kblz FamRZ **85**, 286). Die Anwartsch eines Soldaten auf Zeit auf Übergangsgebührnisse gem SVG 11 ist bei der Berechng des ZugewAusgl ebenf nicht zu berücks (BGH NJW **80**, 229); schließl auch nicht auflösd bedingte VersLeistg wg Fluguntauglk (AG Burgwedel FamRZ **98**, 1232). Zur **Grundrente** § 1374 Rn 6. **In das Endvermögen fällt nicht mehr,** was als VermWert zerstört, abgenutzt, verschrottet od sonst verbraucht worden ist. Das gilt vornehml für Geld, das für Reisen, Speisen usw ausgegeben wurde od das der AusglVerpfl vor dem Stichtag zB für eine Sanierg seines Gebisses ausgegeben hat, wenn nicht die Grenze von § 1375 II Nr 2 od 3 erreicht ist (AG Bad Säckingen FamRZ **97**, 1335).

4 **b)** Bei der Feststellg des EndVerm sind die **Verbindlichkeiten** abzuziehen, jedoch (wie sich aus I 2 ergibt) idR nur soweit, als AktivVerm vorh ist; das EndVerm kann also grdsl äußerstenf 0 betragen, nicht passiv sein. Schulden bleiben mithin insof außer Betr, als sie das AktivVerm überschreiten (§ 1373 Rn 4). Unerhebl ist, ob im EndVerm noch dieselben Ggste od Ersatzstücke des AnfangsVerm vorh sind, überh welches Schicksal dieses gehabt hat (§ 1374 Rn 13), also auch ob es ganz verloren gegangen od sich vollst, den Ggsten u Werten nach, verändert hat. Bei Berechng des Zugew werden nur Werte, nicht Ggste verglichen; auch das EndVerm ist eine RechngsGröße. Schulden sind voll abzusetzen; nicht etwa nur TeilBerücks mRücks darauf, daß sie sich bereits f den nachehel Unterh mindernd ausgewirkt h (BGH NJW-RR **86**, 1325). Gleichgült auch der

Grd der Verbindlk, so daß Darl zur Anschffg v Hausr auch dann voll abgesetzt w kann, wenn der AusglBer die Ggste im HausrVerf gg Zahlg einer geringeren Summe übern h (BGH NJW-RR **86**, 1325). Absetzb auch am Stichtg fällige UnterhVerpfl, auch solche der Eheg untereinand (Hamm FamRZ **92**, 679), insb ausgeurteilte UnterhRückstde (Celle FamRZ **91**, 944), sowie ein nicht einklagb, aber sittl bindendes AussteuerVerspr (Ffm FamRZ **90**, 998). Vom EndVerm jedes Eheg sind entspr § 426 I **Gesamtschulden** zur Hälfte abzusetzen, auch wenn nominell nur der eine Eheg DarlSchu ist, sofern bei einer GesamtBetrachtg jeder der Part nach ihren fin Möglichkten zu dem familiären Zwecken dienenden DarlZweck beigetragen hat (Kblz FamRZ **98**, 238). Absetzbark zur Hälfte ggf auch, wenn nach Umschuldg ein Eheg AlleinSchu geworden ist (BGH FamRZ **91**, 1162). Hat dagg ein Eheg im InnenVerh die GesSchuld allein zu tilgen od ist der and Eheg mangels eig Eink zur anteil SchuldTilgg überh nicht in der Lage, so kann der allein auf Leistg in Anspr gen Eheg wg § 421 S 2 den GesamtBetr absetzen (Ffm FamRZ **85**, 482; AG Detmold FamRZ **97**, 1334). Bei Tilgg dch einen Eheg allein ist es eine Frage der Auslegg, ob ihm gg den and ein AusglAnspr zustehen soll (BGH FamRZ **88**, 373). Bei Geltdmachg der ges Tilgg im ZugewAusgl steht dem tilgden Eheg kein AusglAnspr (§ 1372 Rn 7) mehr zu (LG Hildesh NJW-RR **92**, 1285); and ggf, wenn die „Übern" der GesBelastg mangels LeistgsFähigk des and Eheg geschah (Hamm NJW-RR **97**, 262 mwN). Zu den Verbindlkten gehören nicht **negative Kapitalkonten** aus Beteiliggen an AbschreibgsGes (BGH FamRZ **86**, 37), wohl aber unabhäng von ihrer Fällig vor dem BerechngsStichtag entstandene **Steuerschulden** (Mü FamRZ **84**, 1096; Arens FamRZ **99**, 257), wobei zu berücks ist, daß trotz gemeins Veranlagg der unterhbedürft Eheg gg den ausglpflicht Eheg idR einen FreihalteAnspr hat, so daß die ges StSchuld den Zugew des letzteren verringert (Hbg FamRZ **83**, 170). StVerbindlichkten aus dem zZw der Befriedigg der ZugewAusglFdg erfdl werdden Verk eines BetriebsGrdst sind bei der Bewertg des EndVerm zu berücks (BGH NJW **91**, 1547; Düss FamRZ **89**, 1181; § 1376 Rn 10). Evtl gem § 1587 b III aufzubringde Beträge bleiben unberücks (Celle FamRZ **81**, 1067; vgl dazu iü § 1587 b Rn 31).

3) Dem Endvermögen hinzuzurechnende Beträge, II. Zweck: Es soll verhindert w, daß die Erzielg eines Zugw u damit ein Ausgl gg den and Eheg vereitelt w. **Abschließende Aufzählung,** so daß auch ein auf UnterhZahlgen zurückzuführder Minussaldo gem I voll vom EndVerm abzusetzen ist (Karlsr FamRZ **86**, 167). **Auskunftsanspruch:** § 242, beschränkt auf best Tatbestand des II, wofür konkr Anhaltspkte vorgetragen werden müssen (BGH NJW **82**, 176; **97**, 2239; zT aA Hbg FamRZ **99**, 44: Anspr bereits bei ungeklärtem erhebl VermVerlust zw Trenng u ScheidgsAntr; Kln FamRZ **99**, 1071: Anspr bei unterl Angaben üb Verwendg des Erlöses aus GrstVerk an Vater). Hinzuzurechnen sind dagg: 5

a) Unentgeltliche Zuwendungen, II Nr 1. Dahin gehören nicht nur Schenkgen, sond auch Stiftgen, ferner Ausstattgen, insow sie übermäß sind (§§ 516 Rn 5 ff, 1624 Rn 1). Gemischte Schenkg (§ 516 Rn 13) ist nur mit dem als Schenkg anzusehenden Betrag hinzuzurechnen. AbfindungsKlauseln in GesellschVertr, wonach beim Ausscheiden eines (Eheg)Gesellschafters u Fortsetzg der Gesellsch unter den übr eine Abfindg (§ 738 Rn 4 ff) nur teilw od überh nicht stattfinden soll, stellt nur dann eine unentgeltl Vfg zG der MitGesellschafter dar, wenn sie nicht für alle Gter gleichm gilt (Erm/Bartholomeyczik § 1375 Rdn 8, § 1376 Rn 6–10); dagg für vollen Schutz Heckelmann, AbfindgsKlauseln in GesellschVertr (1973) mit Beginn der 10-J-Frist iSv III bei Ende des Güterstds (ebso Reuter JuS **71**, 289; differenzierd K. Schmidt FamRZ **74**, 521). Schenkgen an den and Eheg bleiben schon wg III außer Betr; zur Anrechng § 1380. Wird die Schenkg anläßl der Scheidg widerrufen, so kommt sie bei Rückgewähr od Anspr hierauf in das Verm des Schenkers zurück, was sich auf seinen Zugew auswirkt, den sie bis dahin ohne ZurechngsMöglichk verminderte. Keine Hinzurechng findet statt, wenn mit der unentgeltl Zuwendg einer sittl Pflicht od einer auf den Anstand zu nehmden Rücks entsprochen wurde; s dazu §§ 534 Rn 1, 1425 II. Einer solchen entspr auch die aus Billigk gebotene Schenkg zur Wahrg des FamFriedens (vgl KG JW **36**, 393); auch die Grdst-Schenkg an die gemeins einzige Tochter (Mü FamRZ **85**, 814). Hierher gehört auch die Ausstattg, sofern sie nicht übermäß ist. 6

b) Hinzuzurechnen ist ferner, **was verschwendet wurde, Nr 2.** Keine Verschwendg, wenn betrogener Eheg aus Enttäuschg, Wut u Verärgerg einen namhaften Betrag ausgibt (Schlesw FamRZ **86**, 1208: 15 621 DM). 7

c) Schließl bleiben **in Benachteiligungsabsicht vorgenommene Handlungen** vermögensmindergsmäßig außer Betr, **Nr 3;** vgl § 2287 Rn 6. Erfdl mehr als Vors (RG **57**, 162). Die BenachteiliggsAbs muß als Erfolg gewollt sein, als leitender, wenn auch nicht ausschließl BewegGrd (KG FamRZ **88**, 171). Erkenntn allein genügt nicht (RG **126**, 297). Dolus eventualis ausr. Bei entspr Selbstschädigg dch Suizid evtl keine Anwendg (Ffm FamRZ **84**, 1097). Eine BenachteiliggsAbs dürfte fehlen, wenn der Eheg die aus einer mißglückten Steuermanipulation ihm zugeflossenen VermVorteile gem § 812 I 2 2. Alt an seine Elt zurückgewährt (vgl BGH FamRZ **86**, 565/7). 8

4) Gemeinsames zu 3 a–c, II, III. SchadErsFdgen aGrd unerlaubter Hdlgen, für die RegE I eine gleiche Regelg traf, fallen nicht unter II, müssen also von beiden Eheg getragen werden. Da Verbindlichk vom EndVerm abzuziehen sind, I 1, genügt es für II, daß eine Verbindlichk nach Nr 1–3 bei Beendigg des Güterstds eingegangen ist; die Hinzurechng bewirkt jedoch, daß praktisch ein Abzug nicht stattfindet. Bestand eine solche Verbindlichk bereits bei Eintritt des Güterstds (SchenkgsVerspr also in der Form des § 518, sonst II), wurde sie aber erst später erfüllt, so belastet sie nicht das End-, sond das AnfangsVerm, § 1374 I, so daß II nicht zum Zuge kommt. Prakt Bedeutg von II aber gering, da, um die Gläub nicht zu benachteiligen, Höhe der AusglFdg dch den Wert des Verm begrenzt wird, der nach Abzug der Verbindlichk bei Beendigg des Güterstds vorh ist, § 1378 II. Ist also das Verm des Eheg überschuldet, so fällt die aGrd von II errechnete AusglFdg zT aus (vgl aber § 1378 Rn 10). Bsp: AnfangsVerm 0, EndVerm 10 000 DM, Schulden 15 000 DM, iS v II Nr 1 unentgeltl zugewendet 10 000 DM. Auszugehen von 20 000 DM EndVerm – 15 000 DM = 5000 DM; AusglFdg von 2500 DM fällt aus, da sie nach Abzug der vorhergehenden Verbindlichk von 15 000 DM ohne Deckg. Verhalten nach II gibt uU Klage auf vorzeit ZugewAusgl, § 1386 II; mit Rechtskr des Urt tritt Gütertrenng ein, § 1388. Keine Hinzurechng, wenn VermMinderg mind 10 J vor Beendigg des Güterstds eingetreten ist. Da die Eingehg der Verbindlichk zur VermMinderg genügt, kommt es auf Ztpkt der 9

Eingehg an; die Erfüllg kann weniger als 10 J zurückliegen. Auch keine Hinzurechng, wenn der and Eheg mit der unentgeltl Zuwendg od Verschwendg einverstanden war, III. Beweispflichtig für diese Tatsachen der Eheg, der sich darauf beruft (Baumgärtel/Laumen Rn 2; Soergel/Lange Rn 24). Gilt auch für angebl Zahlgen an Erpresser (AG Kln MDR **98**, 1033).

10 **5) Passives Endvermögen, I 2.** Von dem Grds, daß die Schulden nur bis zur Höhe des EndVerm abgezogen w (Rn 4), macht I 2 eine Ausn, wenn ein Dr vom benachteiligten Eheg in Anspr gen w kann, weil dem Eheg gem § 1378 II eine AusglFdg nicht zusteht, § 1390. Es wäre zu rechnen: Unterstellt Anfangs-Verm 0. Bei Beendigg des Güterst AktivVerm 15 000 DM, Schulden 20 000 DM = EndVerm − 5000 DM zuzügl 10 000 DM unentgeltl Zuwendg = + 5000 DM. Die Hälfte ist die ausgefallene AusglFdg bei einem AnfangsVerm dieses u einem Zugew des geschädigten Eheg von 0; dch Zahlg von 2500 DM könnte also der Dr eine Herausg des Erlangten abwenden, § 1390 I 2; vgl Zahlenbeispiele bei Maßfeller DB **57**, 502.

1376 *Wertermittlung des Anfangs- und Endvermögens.*

I Der Berechnung des Anfangsvermögens wird der Wert zugrunde gelegt, den das beim Eintritt des Güterstandes vorhandene Vermögen in diesem Zeitpunkt, das dem Anfangsvermögen hinzuzurechnende Vermögen im Zeitpunkt des Erwerbes hatte.

II Der Berechnung des Endvermögens wird der Wert zugrunde gelegt, den das bei Beendigung des Güterstandes vorhandene Vermögen in diesem Zeitpunkt, eine dem Endvermögen hinzuzurechnende Vermögensminderung in dem Zeitpunkt hatte, in dem sie eingetreten ist.

III Die vorstehenden Vorschriften gelten entsprechend für die Bewertung von Verbindlichkeiten.

IV Ein land- oder forstwirtschaftlicher Betrieb, der bei der Berechnung des Anfangsvermögens und des Endvermögens zu berücksichtigen ist, ist mit dem Ertragswert anzusetzen, wenn der Eigentümer nach § 1378 Abs. 1 in Anspruch genommen wird und eine Weiterführung oder Wiederaufnahme des Betriebes durch den Eigentümer oder einen Abkömmling erwartet werden kann; die Vorschrift des § 2049 Abs. 2 ist anzuwenden.

1 **1) Bewertungsgrundsätze** (Lit: R Schröder, Bewertgen im ZugewAusgl, 2. Aufl 1998; Kleinle FamRZ **97**, 1133). Währd § 1373 den Begr des Zugew u die §§ 1374, 1375 angeben, wie die für den ZugewAusgl maßg RechngsGrößen Anfangs- u EndVerm gebildet w, gibt § 1376 deren Bewertg an. Es handelt sich um **nachgiebiges** Recht; Abänderg bei Eintritt od währd des Güterstds dch not zu beurkundden EheVertr (§§ 1408, 1410). IR des ZugewAusglVerf können sich die Eheg nach prozrechtl Vorschr auf einen best Wert des Anfangs- od EndVerm bzw auch nur einz VermGgste einigen. Sofern es nicht dazu kommt, ist der **wirkliche Wert** der einz VermGgste im BewertgsZtpkt zu ermitteln, wobei das Ges, abgesehen von IV, keine best **Bewertungsmethode** vorschreibt, deren Wahl desh Sache des TatRi ist (BGH FamRZ **86**, 39; NJW **91**, 1547). Auf den Nutzwert ist etwa bei einer nicht befreiten VorErbsch abzustellen (AG Landsh FamRZ **98**, 1233). IdR entscheidet aber der **Verkehrswert,** also der bei einer Veräußerg voraussichtl erzielb VeräußergsPr, so daß sich der Kaufmann nicht auf den Buchwert, der GrdstEigtümer nicht auf den EinhWert berufen kann. Ands kommt es nicht darauf an, daß sich der (Verk)Wert sogleich realisieren ließe (BGH NJW **92**, 1103 KapLebVers; FamRZ **92**, 918 EinFamHaus). Auch die Steuerwerte sind nicht maßg. Eine Bewertg zum Liquidationswert ist nur gerechtf, wenn die Liqu zwangsläuf Folge des ZugewAusgl ist (BGH **130**, 298; BGH NJW **93**, 2804). Im **Prozeß** müssen die Wertangaben hins des AnfangsVerm wg § 1377 I substantiiert bestr w; beim EndVerm entsch üb die Notwendigk der BewAufn die eig Sachkunde des Ger (BGH **107**, 236).

2 **2) Bewertung einzelner Gegenstände. a) Grundstücke** (Lit: Rössler/Langner ua, Schätzg u Ermittlg v GrdstWerten, 6. Aufl; Zimmermann/Heller, Der VerkWert von Grdst, 1995; Kleiber/Simon/Weyers, VerkWertErmittlg von Grdsten, 2. Aufl 1994; Gablenz, VerkWertErmittlg von landwirtschaftl Grdsten, 1998). Unerhebl sind die HerstellgsKosten (BGH **10**, 171; **17**, 236). Die Auswahl des BewertungsVerf steht grdsl im pflichtgem Ermessen des Gerichts (Saarbr FamRZ **98**, 235 LS). Maßg der Substanzwert, ggf modifiziert dch den Ertragswert (BGH JZ **63**, 320; NJW **70**, 2018; WPM **77**, 302). Die Bewertg kann nach der WertermittlgsVO betr des VerkWertes v Grdsten idF v 15. 8. 72 (BGBl 1416/Sartorius I Nr. 310) erfolgen (BGH NJW **90**, 112/3), wobei das Erg des bei Mietshäusern in Betr kommden ErtragswertVerf allerd krit zu würdigen ist (Ffm FamRZ **80**, 576). Zur BewWürdigg v GA des GA-Ausschusses: Oldbg FamRZ **92**, 451. Auch darf ein Mittelwert zw Sach- u Ertragswert zGrde gelegt w (BGH FamRZ **86**, 39 EigtWo). Bei ungünst Marktlage ist entsch, ob der Preisrückgang als vorübergehd einzuschätzen ist (BGH FamRZ **92**, 918; vgl Rn 1). Ein vorübergehender Preisrückgang braucht nicht dch einen rezessionsbdgten Abschlag berücks zu w, wenn der VermGgst überh nicht zum Verk anstand, sond zB zu WohnZw benutzt w sollte (BGH FamRZ **86**, 40; Celle FamRZ **92**, 1300). Für die Wohnflächenberechng entscheidet die tats Nutzg od NutzgsAbs (Celle FamRZ **81**, 1066). Bei Belastg des Grdst mit einem befr dingl WiederkaufsR kommt es darauf an, ob die AusglFdg ohne Liquidierg des Grdst befriedigt w kann (BGH NJW **93**, 2804). Bei zur Versilberg zwingder Wertermittlg ggf § 1382 (Hohloch NJW **95**, 305). Bewertg eines der MietPrBindg unterliegden MehrFamHauses: Düss FamRZ **89**, 280. ErbbauRBewertg: BayObLG **76**, 239. Zur Bewertg von Grdsten im Beitrittsgebiet, die nach u infolge der Wiedervereinigg einen Wertzuwachs erfahren haben, Düss NJW **99**, 501 = FamRZ **99**, 225 mAnm Schröder. **Landwirtschaftliche** Grdste: Steffen RdL **76**, 116; vgl iü Rn 4. Bei der Bewertg v **Heimstätten** ist der obj ErwerbsPr (RHeimstG 15) anzusetzen. Zu berücks also, daß der Heimstätter in der freien Vfg üb dieses Eigt beschr ist; ands kommt es auf die im Augenbl der Bewertg realisierb Veräußerbark nicht an, sond dann allenf Stundg (BGH NJW **75**, 1021). Zum Streitw des KlBegehrens des Zutritts eines Sachverst zum Grdst: Zweibr FamRZ **98**, 1308.

3 **b) Unternehmen und Gesellschaftsbeteiligungen** (Lit: Großfeld, Untern- u AnteilsBewertg im GesellschR, 3. Aufl 1994; Niehues BB **93**, 2241; Klingelhöffer, Die Ehescheidg des Untern, 1992; sa Hptfach-Aussch DW WirtschPrfg **94**, 423; Buchner/Englert BB **94**, 1573; Kraus-Grünewald BB **95**, 1839): Zu ermitteln ist der „Markt- bzw Verkehrswert“ auf der Grdl des Goodwills, der stillen Reserven u ggf des

Umfangs der Beteiligg (BGH NJW **80**, 229 FamRZ **99**, 361). Ein neg GeschWert kommt nicht in Betr (vgl dagg zum SteuerR Bachem BB **95**, 350 mN). Bei Unternehmen, die nicht mit dem derzeit Inh stehen u fallen, liegt idR die Ertragswertmethode am nächsten (Hamm FamRZ **98**, 235). Der Wert der Beteiligg an einer PersGesellsch ist, da der GesellschAnteil grdsl unveräußerl ist (§ 719), das zum Stichtag festgestellte AuseinandSGut (§ 738). Zu den AbfindgsKlauseln Rn 7. Am einfachsten ist die Bewertg auch hier, wenn sich hypothet ein VerkErlös feststellen läßt (BGH NJW **82**, 2441); andernf erfolgt die Bewertg mit Hilfe der Ertragswertmethode, so daß die in Zukunft mögl NettoEinn aus dem Untern, kapitalisiert auf den Stichtag der Bewertg, den UnternWert darstellen (ausf Bsp: Düss FamRZ **84**, 699 Druckerei). Zur Kapitalisierg der geschätzten Zukunftserträge wird von einem Basiszinsfuß ausgegangen, zu dem ein RisikoZuschl zu machen ist, weil die Kapitalanlage in Unternehmen in höherem Maße risikobehaftet ist als die Anlage von Geld in StaatsPap (Hamm FamRZ **98**, 235). Die Ertragsprognose ist aber nicht unproblemat (Pilz/Wissmann/Rid NJW **85**, 2673). Bedenkl ist das ErtragswertVerf als ausschließl Methode auch dann, wenn aGrd einer einheitl Bewertg von Grdst u Schuhgeschäft der Ertragswert um 200 000 DM unter dem Substanzwert liegt u trotzdem der Ertragswert zGrde gelegt w (Kblz FamRZ **83**, 166). Auf den Liquidationswert am Stichtag ist auch dann abzustellen, wenn das kaufm Untern 3 J später ohne Erlös liquidiert wurde (BGH NJW **82**, 2497). Zur Bewertg eines HandwBetr Bambg FamRZ **95**, 607; Brauerei: BayObLG BB **96**, 259.

c) Land- und fortwirtschaftlicher Betrieb, IV (Lit: Kroeschell, Bewertg landwirtschaftl Betriebe beim ZugewAusgl, 1983, u FamRZ **90**, 468; Köhne AgrarR **86**, 41; Damm, Bewertg landwirtsch Betriebe beim ZugewAusgl, 1986, u AgrarR **87**, 209; Reform: Faßbender AgrarR **90**, 243). Zur Bedeutg landesges Vorschr: EG 137. Abweichd vom allg BewertgsGrds (Rn 1) wird nicht der Verkehrs-, sond der **Ertragswert** zGrde gelegt (Schlesw SchlHA **81**, 147). Zur Ermittlg desselben sind iW statischer Verweisg nur die bei Verkündg des GleichBerG geltden landesrechtl Regelgen heranzuziehen (BVerfG NJW **85**, 1329; zu den gesetzgeber Konsequenzen: Stöcker u Rinck AgrarR **86**, 65 u 69). Der dch G v 14. 9. 94 (BGBl I 2324) eingef IV 2. Hälfte des 1. Halbs beschränkt mRücks auf BVerfG **67**, 348 u NJW **89**, 3211 (vgl 53. Aufl) die Anwendg des ErtragswVerf auf die Fälle, in denen der ld- od forstw Betr auch als solcher dch den Eigtümer od einen Abk (Überbl 2 u 4 v § 1589) bewirtsch w. Die Berücks entfernterer Verwandter überschreitet die verfrechtl zuläss Opfergrenze des möglicherw ausglberecht Eheg. Das ErtragswPrivileg soll darüber hinaus nur noch dem Eheg zugute kommen, der als Eigtümer aus § 1378 I in Anspr gen wird. Das hat zur Folge, daß ggf eine zweistuf Berechng erfolgen muß (Einzelh BT-Drucks 12/7134 S 7 f). Für die künft Fortführg der ldwirtsch Bewirtschftg ist der Eigtümer bewpflicht (BGH FamRZ **89**, 1276). Bei Bewertg nach VeräußergsWert sind die den VeräußergsErlös mindernden Steuern (EStG 14 ff) zu berücks (BGH FamRZ **89**, 1276). Vorauss für die Anwendg von IV ist iü, daß der Betr sowohl beim Anfangs- (vgl auch § 1374 II) wie beim EndVerm zu berücks ist. Er ist also – ggf nachträgl, § 1377 – für das AnfangsVerm mit dem VerkWert anzusetzen, wenn er währd des Güterstds verkauft wurde. Währd der Ehe hinzuerworbene landw Nutzflächen sind im EndVerm mit dem VerkWert anzusetzen, es sei denn der Erwerb war zur Erhaltg der Lebfähigk des Betr erfdl (BGH **113**, 325; Schipprowski FuR **92**, 225). VerkW uU auch maßg, wenn Bauland aus dem land- od forstwirtsch Betr ausgegliedert w kann, ohne die BetrFortführg zu gefährden (vgl BGH **98**, 382) od auch f Zuckerrübenaktien (BGH **113**, 325). Wg Ermittlg des Ertragswertes § 2049 Rn 3 sowie EG 137 (BT-Drucks 12/7134 S 6). Keine entspr Anwendg von IV iRv §§ 1477 II, 1478 (BGH FamRZ **86**, 776). Für Härtefälle bleiben §§ 1381, 1382 (BT-Drucks 12/7134 S 8). 4

d) Andere Vermögenswerte sind nach ihrem VeräußergsWert zu bewerten. Für **Aktien** ist der Kurswert (mittlerer Tageskurs des nächstgelegenen Börsenplatzes) maßg (and LG Bln FamRZ **65**, 438: „Wahrer Wert"). Bei Aktienpaketen Aufschl zul. **Dauerrechte** wie Nießbr (BGH FamRZ **88**, 593; KG FamRZ **88**, 171), WohnR (Kblz FamRZ **88**, 64), Renten usw sind zu kapitalisieren (vgl aber § 1374 Rn 7). Vgl Schneider/Schlund/Haas, Kapitalisiergs- u VerrentgsTab, 2. Aufl 1992; Schlund BB **93**, 2025. Leasing bleibt unberücks (Brauckmann FamRZ **91**, 1271). **Forderungen** sind zum Nennbetrag anzusetzen; bdgte, ungewisse od unsichere Rechte sind zu schätzen; § 2313 ist nicht entspr anzuwenden (BGH NJW **83**, 2244). Bei fehlder Fälligk u Verzinslichk findet weder bei Fdgen noch bei Verbindlk (aA BGH NJW **90**, 3018) eine Abzinsg statt (and Gernhuber NJW **91**, 2240 f, der danach differenziert, ob das Geld in den Händen der Eheg gewinnbringd verwandt w sollte). Zum AnwartschR des Nacherben: § 1374 Rn 9. Beim aktiven Handelsvertreter ist der AusglAnspr gem HGB 89 b am Stichtag eine bl Chance ohne aktuellen VermWert (BGH **68**, 163). Die Anwartsch aus einer **Kapitallebensversicherung** (Schwolow FuR **97**, 17) ist nur dann mit dem Rückkaufswert anzusetzen, wenn am Stichtag die Fortführg des VersVertr nicht zu erwarten ist u auch dch eine Stundg der AusglFdg nicht ermögl w kann (BGH **130**, 298). Für die auf dieser Prognose beruhde Wertermittlg gibt es iRv ZPO 287 II versch Methoden, die vom RevGer nur beschr nachgeprüft w (vgl mN dazu anschaul BGH **130**, 298; vgl Raube/Eitelberg FamRZ **97**, 1322 insb zum LösgsVorschl der Dtschen Aktuarvereinigg). Bei einer gemischten KapLebVers, dh mit gespaltenem BezugsR je nach Erstversterben, ist bei beid Eheg ein aufschiebd bzw auflösd bdgtes Anrecht in den Zugew einzustellen (BGH **118**, 242; Hohloch NJW **95**, 304; Voit FamRZ **92**, 1385 u **93**, 508). 5

3) Sonderprobleme der Bewertung. a) Bei Unternehmen (Lit: Reimann FamRZ **89**, 1248; Wollny BB **91**, Beil 17; Großfeld, Untern- u Anteilsbewertg im GesellschR, 3. Aufl 1994; Kraus-Grünewald BB **95**, 1839), UnternBeteiliggen usw ist auch der **Goodwill** als der innere, nicht unmittelb auf Sachwerte rückführb Wert mit zu berücks (BGH **75**, 195). Bei **Personengesellschaftsanteilen** u sonst persbezogenen Unternehmgen, insb **freiberuflichen Praxen** (Michalski/Zeidler sowie Kleinle, Schröder usw FamRZ **97**, 397 sowie 1133 ff; Englert BB **97**, 142; Frielingsdorf, PraxWert, WertBest in Arzt- u ZahnA-Prax, 1989; Kotzur NJW **88**, 3239; Klingelhöffer FamRZ **91**, 882; Kleffmann FuR **95**, 171; Meyer FuR **96**, 94; vgl iü die vom Vorstand der BÄrzteKa beratene Richtlinie zur Bewertg v ArztPrax, Dt ÄrzteBl **84**, 1987, B 671; zur steuerrechtl Behdlg NJW **95**, 1273), kommt es darauf an, ob ihr Wert dch Übertr bzw Vererbg obj realisierb ist, was anzunehmen ist, wenn Praxisverkäufe übl sind bzw vorkommen zu einem üb dem Sachwert der Einrichtg liegden Pr (BGH FamRZ **77**, 40 VermessgsIng). Auch bei kleineren HandwerksBetr darf ein Goodwill nur dann angesetzt w, wenn Betriebe der in Frage stehden Art als Ganzes veräußert u dabei Preise erzielt w, die üb den reinen Substanzwert hinausgehen (BGH **70**, 224 Bäckerei). Bei ledigl höchstpersönl 6

Nutzbark bleibt die EinkQuelle wie beim unselbstd Erwerbstät unberücks (BGH **68**, 163 HGB 89 b), zB bei einem Architekturbüro (Mü FamRZ **84**, 1096). Bei einer **RA-Sozietät** (Eich, Die Bewertg von AnwPraxen, 1995) entscheidet üb den Goodwill der SozietätsVertr (Saarbr FamRZ **84**, 794; Ffm FamRZ **87**, 485), so bspw eine RentenVerpfl ggü früh Sozius (AG Weilbg NJW-RR **86**, 229). Vgl iü den Ausschußbericht der BRAK-Mitt **86**, 119. Zur Bewertg des Goodwills eines KG-Anteils: Schlesw FamRZ **86**, 1208; einer ArztPrax: BGH NJW **91**, 1547; Kblz FamRZ **88**, 950. IdR gibt es keinen Goodwill bei einer VersAgentur (Stgt FamRZ **95**, 1586).

7 **b) Abfindungsklauseln** in GesellschVertr (Lit: Reimann FamRZ **89**, 1248; DNotZ **92**, 472), wonach iF des Ausscheidens eines Gesellschafters die stillen Reserven u der Goodwill bei der Festsetzg der Abfindg wertmäß unberücks bleiben sollen (§ 738 Rn 7), wirken sich grdsl wertmindernd aus (BGH **75**, 195; FamRZ **99**, 361). AbfindgsAnspr ist maßg, wenn Künd vor Stichtag schon erfolgt ist; andernf k sich die fehlende freie Verwertbark wertmindernd auswirken (BGH FamRZ **99**, 361). Angesichts der verschiedenen LösgsVorschläge (Vollwert: Kohl MDR **95**, 871; Klauselwert; Mittelwert zw beiden; vorl Lösg entspr § 2313 II 1; Einsetzg des Vollwerts mit nachträgl Korrektur entspr § 2313 I 2) u der Notwendigk, den ZugewAusgl ggf im VerbundVerf zu erledigen, empfiehlt es sich am ehesten, vom Vollwert auszugehen u Risikoabschläge nur dann vorzunehmen, wenn ein Ausscheiden als Gesellschafter naheliegt (Benthin FamRZ **82**, 344 mN). In einer Abfindgs-Klausel kann auch eine dem EndVerm hinzuzurechnde Schenkg liegen (§ 1375 Rn 6).

8 **c) Maßgebende Zeitpunkte: aa)** Beim **Anfangsvermögen** (§ 1374 I) ist für die Bewertg der Eintritt des Güterstd (§ 1363 Rn 2) maßg, für die übergeleiteten Güterstde (§ 1363 Rn 1) der 1. 7. 58, dh der Tag des Inkrafttr des GleichberG (Art 8 I Nr 3–5; Grdzüge 12 v § 1363), für dem AnfangsVerm zuzurechndes
9 Verm (§ 1374 II) der Ztpkt des Erwerbs. Vgl auch EG 234 Rn 13 ff. – **bb)** Maßg Ztpkt für das **Endvermögen** ist die Beendigg des Güterstds (§ 1372 Rn 13); wird letzterer vorzeit beendet, so gelten die früher liegden Ztpkte der §§ 1384, 1387. Ist bei der Berechng des EndVerm eine Wertminderg hinzuzurechnen (§ 1375 II), so ist der Wert im Ztpkt des Eintritts der Verminderg maßg. Bei wirtsch sinnvoller Verwertg ist ggf ein späterer BewertgsZtpkt zGrde zu legen u die AusglFdg zu stunden (BGH **117**, 70). Die Einbeziehg mehrerer Jahre bei der Ermittlg des dchschnittl JahresErg kann dazu führen, daß nach dem Stichtag liegde wirtsch Ereign mit berücks w (Hamm FamRZ **98**, 235).

10 **d)** Die für das Anfangs- u EndVerm maßg Ztpkte gelten auch für die **Bewertung von Verbindlichkeiten,** die iü nach ihrem Nennbetrag anzusetzen sind, bei Ungewißh Schätzg. Belasten sie das Anfangs- od das diesem hinzuzurechnde Verm, ist weder der Ztpkt ihrer Entstehg noch ihrer Erf entsch, sond ob sie zum maßg BewertgsStichtag vorh waren. Fällt eine solche Verbindlichk später (zB dch Erlaß) weg, so ändert das am AnfangsVermWert nichts. Schwebt hingg währd des Stichtags ein RStreit üb die Verbindlichk u stellt sich später heraus, daß sie nie bestanden hat, so ist sie zu streichen, selbst wenn sie bei Aufstellg des AnfangsVerm (§ 1377) aufgeführt war. Umgekehrt ermäßigt sich das AnfangsVerm, wenn sich später herausstellt, daß es mit einer erst später erkannten od geltd gemachten Verbindlichk belastet war. Wg der BewL für die Höhe des AnfangsVerm: § 1377 Rn 4. Bei Beendigg des Güterstds vorh Verbindlk werden mit dem Wert in dem Ztpkt angesetzt, der für die Berechng des EndVerm maßg ist. Beim VerkWert sind mit der Veräußg verbundene Kosten ebso wie die bei der Veräußg gem EStG 14 ff anfallden **Steuern** abzusetzen (Dörr NJW **91**, 1092; vgl iü § 1378 Rn 2). Die StSchuld aus der Veräußg eines BetrGrdst zZw der Befriedigg des ZugewAnspr ist ggf zu schätzen (Düss FamRZ **89**, 1181). Wertmindernd kann sich auch eine latente StLast auswirken, dh bei einer zZ nicht beabsicht Veräußg anfallde ErtragsSt, insb dann, wenn bei der Wertermittlg Beträge angesetzt w, die sich nur dch Veräußg des Betr erzielen lassen (BGH FamRZ **89**, 1276/79; NJW **91**, 1547/51; Tiedtke FamRZ **90**, 1188). Beim aktiven Handelsvertreter ist der AusglAnspr (HGB 89 b) am Stichtag eine bl Chance u hat noch keinen VermWert (BGH **68**, 163). **Kautionen** sind nur im Umfang tats Verpfl als Verbindlk absetzb (Hamm FamRZ **96**, 34).

11 **4) Kaufkraftschwund. a)** Vgl § 1373 Rn 5 aE. Die allein dch die GeldEntwertg eingetretene nominale WertSteigerg des AnfangsVerm ist als unechter Zugew nicht auszugl (BGH **61**, 385); denn die WertErhöhg ist hier nur scheinb, näml die Folge davon, daß bei der DifferenzBerechng Anfangs- u EndVerm mit einem äußerl gleichen, in Wahrh aber unterschiedl Maßst bewertet w. Aus dem Prinzip des Nominalismus (§ 245 Rn 9) folgt nicht, daß ein erst später entstehder AusglAnspr zu einer Beteiligg an einem nicht währd des Güterstds hinzugewonnenen oder veränd Sachwert führt (BGH **61**, 392).

12 **b)** Die **Berechnung** des KaufkrSchwundes der DM erfolgt unter Heranziehg des Statist Jahrbuchs für die BRep Dtschl dadch, daß man nach der Formel „(Wert des AnfVerm bei Beginn des Güterstds × LebenshaltgsIndex zum Ztpkt der Beendigg des Güterstds): LebenshIndex zZ des Beginns des Güterstds" den EinsatzBetr für das AnfangsVerm gewinnt, der dann von dem Wert des EndVerm abgezogen w u den realen Zugew ergibt (BGH **61**, 393; krit Stuby FamRZ **67**, 187, wg der Beziehg der Indexzahlen auf verbrauchb Güter. Vgl iü § 1381 Rn 7). Bei Berücks des KaufkrSchwundes sind nicht EinzelGgste herausgreifb, sond wird das AnfangsVerm **insgesamt** umgerechnet, also nicht GebrGüter ausgeschieden od unter Unterscheidg, ob sich Ggste im Anfangs- u im EndVerm befinden od nicht (Hamm FamRZ **84**, 275). Ist Geld im Anfangs-Verm enth, muß dieses ebenf umgerechnet w (Ffm FamRZ **83**, 395; aA Gernhuber FamRZ **84**, 1060). Beträgt das AnfangsVerm wg der Schulden 0 (§ 1374 Rn 3), ändert daran auch die GeldEntwertg nichts; insb dürfen nicht die Schulden zum NominalBetr gerechnet u evtl AktivVerm umgerechnet w (Hbg FamRZ **83**, 168); der Wert des EndVerm ist in einem solchen Fall der auszugleichde Zugew (BGH NJW **84**, 434 RevEntsch). Ggste, die im Lauf des Güterstds erworben w u gem § 1374 II dem AnfangsVerm hinzuzurechnen sind, werden mit dem für den ErwerbsZtpkt maßg Faktor umgerechnet (BGH **101**, 65; Gernhuber FamRZ **84**, 1061 mN; aA v Olshausen NJW **87**, 2814).

13 **c) Preisindex für die Lebenshaltung.**

14 **aa)** Das Statist BAmt veröffentlicht jährl **Preisindices** für die Lebenshaltg. Ihnen liegt als Schema zGrde, daß ein best Jahr (zuletzt: 1995) als BasisJ mit 100 angesetzt w, so daß sich die jährl Preissteigergen (ggf PrRückgänge) in Form eines jährl SteigergsSatzes bzw bei rückläuf PrEntwicklg u für die Jahre vor dem BasisJ

als MindergsSätze ablesen u in die ProportionsRechng von Rn 12 einsetzen lassen. Der wichtigste Preisindex f die Lebhaltg ist der f alle priv Haushalte berechnete Index. Daneben gibt es (letztmals für das BasisJ 1995=100) Indices für versch Haushaltstypen, bish getr f das früh BGebiet u f die neuen Lä einschl Bln-Ost. Da die Funktion eines jeden Index die Wiedergabe der in den jeweils erfaßten GrdDaten liegden KaufkraftÄndergsDynamik ist, läßt sich im Prinzip mit allen Indices ein Kaufkraftschwund berechnen. Die Leistgsfähigk der versch Indices beruhen auf der Unterschiedlk der einbezogenen Daten. So geht der seit BGH **61**, 393 zGrde gelegte Preisindex für die Lebhaltg in langjähr Übersicht von den LebhaltgsKosten eines 4-Pers-Haush von ArbN mit mittlerem Eink aus, der heute aber nur noch etwa 2% der Haush der Gesamtbevölkerg ausmacht (krit dazu 58. Aufl). Ein gewichtiger Einwand gg die Berücks des Kaufkraftschwundes aGrd des LebhaltgsIndex ergibt sich allg daraus, daß der Index AuslandsVerm u Anlagegüter, insb Grdste, überh nicht berücks, obwohl sie für die iR des AnfangsVerm anzustellde Hochrechng prakt die größte Bedeutg haben. Gleichwohl wird die damit verbundene Ungenauigk aus PraktikabilitätsGrden hingenommen (vgl Muscheler FamRZ **98**, 267; JH/Jaeger Rn 22 mwN).

bb) Alte Bundesländer. Für Ehen im früh BGebiet steht ein Preisindex für die Lebhaltg in langjähr 15
Übersicht z Vfg, der aGrd einer Abgleichg mit den Daten des Statist Reichsamts bis in das vorige Jahrh zurückreicht. Er ist hier, bezogen auf alle priv Haushalte, beginnend ab 1962 mit dem aktuellen BasisJ 1995=100 unter Nr 1 abgedruckt (für den Zeitraum v 1950–1997 mit BasisJ 1991=100: s 58. Aufl). Anläßl der Umstellg der Verbraucherpreisindices auf das neue PreisbasisJ 1995 wurden (wie auch in allen früh Neuberechngen) die Ergebnisse ab dem Beginn des BasisJ aGrd der veränderten Verbrauchsgewohnheiten neu berechnet. Diese aktuellen Erg ersetzen die vorher veröffentl Zahlen u können dch eine rein rechnerische Umbasierg nicht nachvollzogen w.

cc) Beitrittsgebiet. Die Anwendg der güterrechtl ÜberleitgsRegelg von Art 234 EG §§ 4, 4 a hängt 16
davon ab, ob nach interlokalem KollR für eine güterrechtl AuseinandS von Eheg das früh DDR-Recht gegolten hätte (vgl EG 234 § 1 Rn 1). Das ist der Fall bei Ehen zw StaatsAngeh der früh DDR, u zwar auch, wenn einer der Eheg vor dem Beitritt nach WestDtschl übergesiedelt ist, er aber seinen Gütstd mit dem in der DDR verbliebenen and Eheg, etwa weil keine Scheidg erfolgte, beibehalten hat. Für solche Ehen des Beitrittsgebiets ist die ZugewGemsch erst am 3.10.90 ges Güterstd geworden (vgl EG 234 § 4 Rn 13), so daß auch erst von diesem Datum ab HochRechngen des AnfangsVerm in Betr kommen. Das zu diesem Ztpkt vorh EigenVerm wie der Anteil an der VermGemsch der Eheg aus dem ges Güterstd in der DDR wird, wenn die Ehg nicht ohnehin für die Beibehaltg ihres bisherigen Güterstds optiert h (vgl EG 234 § 4 Rn 12), zum AnfangsVerm innerh des für sie neuen Güterstds der ZugewGemsch. Für sie ist es daher mögl, den Preisindex f die Lebhaltg aller priv Haush, u zwar den auf die neuen Länder u Bln-Ost bezogenen, anzuwenden. Der Preisindex in langjähr Übersicht (Rn 15) ist nicht anwendb, weil die Werte dieses Index nur für das alte BGebiet ermittelt sind u es auch für die früh DDR keine vergleichb DatenErhebgen gibt. Die dort fehlden Zahlen lassen sich wie folgt ergänzen: 1991 ist sowieso das BasisJ u somit mit 100 anzusetzen. Der unter Nr 2 abgebruckte Index kann auf DDR-Ehen angewendet w, die vor dem 3. 10. 90 geschl w sind u bei denen danach der ScheidgsAntr rechtshäng geworden ist, u zwar auch, wenn einer der Eheg ggf schon längere Zt vor der Wiedervereinigg dch Übersiedlg in die alten BLänder hier AnfangsVerm angesammelt hat (Jena FamRZ **98**, 1028).

dd) Gesamtdeutscher Index. Inzw wurde ein Preisdindex für die Lebhaltg aller priv Haush auch für 17
GesamtDtschl berechnet. Dieser Index beginnt mit dem BasisJ 1991 u berücks die versch wirtsch Entwicklgen im alten u neuen BGebiet einschl der unterschiedl wirtschpolit Maßn, so daß er sich nicht einf rechnerisch als das Mittel der Preisindices f das früh BGebiet u die neuen BLänder u Bln-Ost darstellt. Dieser unter Nr 3 abgedr Index soll auf die Dauer den unter Nr 1 abgedr ablösen u wird schon desh für langfristig güterrechtl Vereinbgen empfohlen.

Preisindices für die Lebenshaltung aller privaten Haushalte 18

Basisjahr 1995 = 100 (Jahresdurchschnitte)

Nr. 1: Früheres Bundesgebiet 19

1962	**1963**	**1964**	**1965**	**1966**	**1967**	**1968**	**1969**		
33,0	34,0	34,8	35,9	37,1	37,8	38,4	39,1		
1970	**1971**	**1972**	**1973**	**1974**	**1975**	**1976**	**1977**	**1978**	**1979**
40,5	42,6	44,9	48,1	51,4	54,5	56,8	58,9	60,5	63,0
1980	**1981**	**1982**	**1983**	**1984**	**1985**	**1986**	**1987**	**1988**	**1989**
66,4	70,6	74,3	76,7	78,6	80,2	80,1	80,3	81,9	83,6
1990	**1991**	**1992**	**1993**	**1994**	**1995**	**1996**	**1997**	**1998**	**1999**
85,8	89,0	92,5	95,8	98,4	100,0	101,3	103,2	104,1	104,4 (1. HalbJ)

Nr. 2: Neue Länder und Berlin-Ost 20

1990	**1991**	**1992**	**1993**	**1994**	**1995**	**1996**	**1997**	**1998**	**1999**
66,2	75,5	85,6	94,7	98,1	100,0	101,9	104,2	105,3	105,4 (1. HalbJ)

Nr. 3: Deutschland 21

1991	**1992**	**1993**	**1994**	**1995**	**1996**	**1997**	**1998**	**1999**
87,2	91,6	95,7	98,3	100,0	101,4	103,3	104,3	104,6 (1. HalbJ)

1377 *Verzeichnis des Anfangsvermögens.* **I Haben die Ehegatten den Bestand und den Wert des einem Ehegatten gehörenden Anfangsvermögens und der diesem Vermögen hinzuzurechnenden Gegenstände gemeinsam in einem Verzeichnis festgestellt, so wird im Verhältnis der Ehegatten zueinander vermutet, daß das Verzeichnis richtig ist.**

II Jeder Ehegatte kann verlangen, daß der andere Ehegatte bei der Aufnahme des Verzeichnisses mitwirkt. Auf die Aufnahme des Verzeichnisses sind die für den Nießbrauch geltenden Vorschriften des § 1035 anzuwenden. Jeder Ehegatte kann den Wert der Vermögensgegenstände und der Verbindlichkeiten auf seine Kosten durch Sachverständige feststellen lassen.

III Soweit kein Verzeichnis aufgenommen ist, wird vermutet, daß das Endvermögen eines Ehegatten seinen Zugewinn darstellt.

1 1) GleichberG Art 1 Nr 9. Da seit Beginn des Güterstds idR längere Zeit verstrichen sein wird, erleichtert § 1377 die Feststellg des AusgangsPkts für die Berechng des Zugew, indem er BewErleichtergen an die Aufstellg eines Inventars knüpft; die Aufnahme eines derartigen Verzeich ist also empfehlenswert, vgl auch Rn 4. Aber keine Verpflichtg zu seiner Aufstellg. Das Ges überläßt es vielm den Eheg, ob sie sich ggs üb den Bestand ihres AnfangsVerm Ausk geben wollen. Eine solche Verpflichtg besteht auch nicht währd des Bestehens des Güterstds, da das zu einer Quelle von Streitigk werden könnte, sond erst nach seiner Beendigg, § 1379 S 1. Wohl kann uU aber die Verweigerg der Unterrichtg üb den Bestand des Verm Klage auf vorzeitigen ZugewAusgl zur Folge haben, § 1386 III.

2 **2) Inhalt des Verzeichnisses, I,** soll den Bestand u den Wert des AnfangsVerm, §§ 1374 I, 1376 I, also auch die Angabe der Verbindlichk enth; desgl die dem Verm hinzuzurechnden Ggste, § 1374 II, u deren Wert zZ des Erwerbs, § 1376 I.

3 **3) Die Aufnahme des Verzeichnisses, II.** Es ist, damit es Wirkg für die spätere Berechng des Zugew hat (Rn 4), gemeinsam aufzustellen. Jeder Eheg kann die Mitwirkg des anderen verl; notf im Prozeßweg, ZPO 888 I, jedoch muß die MitwirkgsPfl auch dann als erf angesehen w, wenn der and Eheg Vorbehalte macht, die mit Rücks auf die spätere Benutzg des Verzeichn zweckmäßigerw zu begründen sind (Buchwald BB **58**, 493). Zur Mitwirkg genügt nicht Übersendg eines solchen Verzeichn an den and Eheg od Vorlage; die Eheg od ihre Bevollmächtigten müssen vielm pers zusammenkommen, auf Verl muß das Verm in seinen einzelnen Bestandt nachgewiesen u das Verzeichn unter Angabe des Tages von beiden Part unterzeichnet werden (RG **126**, 106). Auch öff Beglaubigg der Unterzeichng kann verl w (§ 129 Rn 1). Jeder Eheg, also auch der andere, kann verl, daß das Verzeichn dch die zust Behörde, den zust Beamten od Notar aufgenommen wird, § 1035. Jeder Eheg kann auf seine Kosten den Wert der VermGgste u Verbindlichk unter Beachtg von § 1376 dch Sachverst feststellen lassen; er hat auch die Kosten vorzuschießen. Erwirbt ein Eheg Verm, das dem AnfangsVerm zuzurechnen ist, § 1374 II, Ergänzg des Verzeichn zweckmäß, um III auch insof zu vermeiden.

4 **4) Wirkung, I, III.** Die Aufstellg eines solchen Verzeichn bewirkt, daß im Verh der Eheg zueinand seine Richtigk bis zum Beweis des Ggteils dch den bestreitden Eheg **vermutet** wird, I; die Eheg können aber auch vereinbaren, daß von der vorgenommenen Bewertg ausgegangen w soll, eine andere ausgeschl wird, so daß dann der Beweis der Unrichtigk, soweit diese Erkl nicht etwa wg §§ 119 ff anfechtb ist, entfällt. Das ist etwa der Fall, wenn das Verzeichn die Wirkg eines matrechtl **Vergleichs** (§ 779) hat, zB wenn es Grdst im Ausl ohne BewertgsGA aufführt (AG Bad Säckingen FamRZ **97**, 611). Ist kein Verzeichn aufgenommen, so wird, solange GgBeweis nicht geführt, vermutet, daß ein AnfangsVerm nicht vorh war, das gesamte EndVerm eines Eheg also sein Zugew ist, III. Es genügt dann bei der AuseinandS für die Begründg der AusglFdg die Darlegg des EndVerm des and Eheg, die der fordernde Eheg gem § 1379 dchsetzen kann, u die des eigenen Zugew. Es empfiehlt sich also, daß alle Eheg, die seit dem 1. 7. 58 im ges Güterstd leben, für diesen Tag ein Anfangs-VermVerz aufstellen, ggf nachholen.

1378 *Ausgleichsforderung.* **I Übersteigt der Zugewinn des einen Ehegatten den Zugewinn des anderen, so steht die Hälfte des Überschusses dem anderen Ehegatten als Ausgleichsforderung zu.**

II Die Höhe der Ausgleichsforderung wird durch den Wert des Vermögens begrenzt, das nach Abzug der Verbindlichkeiten bei Beendigung des Güterstandes vorhanden ist.

III Die Ausgleichsforderung entsteht mit der Beendigung des Güterstandes und ist von diesem Zeitpunkt an vererblich und übertragbar. Eine Vereinbarung, die die Ehegatten während eines Verfahrens, das auf die Auflösung der Ehe gerichtet ist, für den Fall der Auflösung der Ehe über den Ausgleich des Zugewinns treffen, bedarf der notariellen Beurkundung; § 127 a findet auch auf eine Vereinbarung Anwendung, die in einem Verfahren in Ehesachen vor dem Prozeßgericht protokolliert wird. Im übrigen kann sich kein Ehegatte vor der Beendigung des Güterstandes verpflichten, über die Ausgleichsforderung zu verfügen.

IV Die Ausgleichsforderung verjährt in drei Jahren; die Frist beginnt mit dem Zeitpunkt, in dem der Ehegatte erfährt, daß der Güterstand beendet ist. Die Forderung verjährt jedoch spätestens dreißig Jahre nach der Beendigung des Güterstandes. Endet der Güterstand durch den Tod eines Ehegatten, so sind im übrigen die Vorschriften anzuwenden, die für die Verjährung eines Pflichtteilsanspruchs gelten.

1 1) Gg die **Verfassungsmäßigkeit** der §§ 1378 ff bestehen keine Bedenken (BGH WPM **78**, 1390). Wird der Güterstd auf and Weise als dch Tod beendet (§ 1372) od kommt es bei Beendigg dch Tod zur güterrechtl Lösg (§ 1371 Rn 12), so w der Zugew jedes Eheg berechnet (§§ 1373 ff) u der Betr, um den der Zugew des
2 einen Eheg den des and übersteigt, dch Beteiligg des and am Überschuß ausgeglichen. Eine dingl Beteiligg

findet im Ggs zur erbrechtl Lösg (§ 1371 I) nicht statt; die Beteiligg besteht ledigl in einer **auf Geld gerichteten persönlichen Forderung, I.** Daran ändert auch § 1383 nichts, wonach auf Antr das FamG best Ggste in Anrechng auf die AusglFdg übertragen k. **Steuern** (W. Müller DAV **95**, 284f): Aufw für den ZugewAusgl sind keine außgewöhnl Belastg iSv EStG 33 (BFH FamRZ **94**, 890; Ausn BFH BStBl II **89**, 706), auch nicht bei Verzugszinsen od bei Zinsen für einen zur Erf der AusglVerpfl aufgen Kredit (BFH DB **93**, 1855). Zur latenten StLast auf dem ZugewAusglAnspr vgl Fischer-Winkelmann FuR **93**, 1. Vgl iü § 1376 Rn 10. Die ZugewAusglSchuld ist iSv ErbStG NachlVerbdlk (BFH NJW **93**, 2461). Das Interesse an der Übertr v Sachen ist iü genügd dch die ggständl Teilg des **Hausrats** gewahrt (HausratsVO 8ff). Für die Entstehg der AusglFdg ist die Ursache f den Zugew ohne Belang, da der Ausgl in der LebGemsch seinen Grd 3
hat; berufl MitArb u HaushFührg stehen gleich. Desh Ausgl auch bei unentgeltl MitArb od Arb des Mannes auf dem Hof seiner Mutter (BGH NJW **66**, 2111). Die AusglFdg **entsteht** erst mit der Beendigg des 4
Güterstds (§ 1372 Rn 13). Von diesem Ztpkt an ist sie vererbl (BGH NJW **95**, 1832) u übertragb, **III,** währd die Pfändbk entgg ZPO 851 eingeschränkt bleibt (ZPO 852 II). Vor diesem Ztpkt sind auch Vfgen nur eingeschränkt zul (Rn 13, 14). Die AusglFdg wird erst am Tag nach dem Eintritt der Rechtskr des Scheidgs-VerbundUrt (Ffm FamRZ **82**, 806), bei vorzeit ZugewAusgl gem § 1388 (vgl Celle FamRZ **83**, 171) mit Rechtskr des ZugewAusglUrt **fällig** (§ 271 I), kann jedoch auf Antr dch das FamG gestundet w (§ 1382). **Verzinsung** daher nicht nach §§ 288, 291, sond erst nach Inverzugsetzg nach Rechtskr. Wg § 1372 haben iF 5
des Todes des sonst AusglBer dessen Erben keine AusglFdg (aA Bärmann AcP **157**, 172ff). Bei **Wiederheirat** 6
der Eheg untereinand od mit Dr bleibt der ZugewAusglAnspr bestehen; ggf ist die Verj gehemmt (Nürnbg MDR **80**, 668). ErlediggsErkl steht Geltdmachg des ZugewAusgl aus der 1. Ehe nicht entgg (Hamm FamRZ **81**, 1065). Die **Klage** erfordert Angaben üb das beiderseit Anfangs- u EndVerm, um daraus den Überschuß- 7
saldo ermitteln zu k; es kann nicht einfach die Hälfte der in der Ehe gemachten Zuwendgen zurückverl w (Oldbg FamRZ **91**, 814). Zur Zulässigk von TeilKl: BGH NJW **96**, 152; Düss FamRZ **98**, 916 mN. Zur **Mutwilligkeit** der Geltdmachg des ZugewAusgl außerh des Verbunds vgl Brdbg FamRZ **98**, 245, u Brem FamRZ **98**, 245. Eine **Nachforderungsklage** ist nach rechtskr Entsch nur dann zul, wenn im ErstProz 8
erkennb war, daß nur eine TeilFdg geltd gemacht wurde (aA Düss FamRZ **84**, 795). Die ZugewAusglFdg kann auch iW eines **Zurückbehaltungsrechts** geltd gemacht w, auch wenn für die konnexen Fdgen unterschiedliche GerZustdgken bestehen (Keller JR **85**, 322), es sei denn, der AusglSchuldn befriedigt das SichergsBedürfn auf and Weise (BGH **92**, 194 = FamRZ **85**, 48/153 mAv Seutemann); dagg kein ZbR vor Beendigg des Güterst (Düss FamRZ **99**, 228). **Aufrechnung** mit nicht vor das FamG gehörenden GgFdgen zul (Kln NJW-RR **92**, 1287). **Prozessuale Sicherung** des ZugewAusglAnspr: Nach hM SichergsSchutz nur für die gem § 1578 III 1 bereits entstandene AusglFdg (vgl KG FamRZ **86**, 1107; Hbg FamRZ **88**, 964; Kblz FamRZ **99**, 97; aA, näml Sicherg dch dingl Arrest ab RHängigk des ScheidgsAntr: Düss FamRZ **94**, 114; Karlsr FamRZ **95**, 822 u NJW **97**, 1017; Celle FamRZ **96**, 1429; Hamm FamRZ **97**, 181; Ditzen NJW **87**, 1806; anders, näml Sicherg dch einstw Vfg: Düss FamRZ **91**, 351; Ullmann NJW **71**, 1294; Kohler FamRZ **89**, 797). Zum matrechtl Anspr auf Sicherg vgl § 1389.

2) Höhe der Ausgleichsforderung. Die AusglFdg beträgt nach I iVm den Vorschr üb Anfangs- u 9
EndVerm (§§ 1374–1376), wonach der Zugew zunächst f jeden Eheg getrennt festzustellen ist, die Hälfte des ZugewÜberschusses des and Eheg. Diese starre Lösg ist als Ausgl dafür gewählt w, daß Eheg mittelb auch an dem Verlust des and beteiligt sind (§ 1373 Rn 3, § 1374 Rn 3, § 1376 Rn 10). Wg Ausgl v Härten hins der Höhe § 1381, wg Stundg § 1382. **Begrenzung der Ausgleichsforderung durch den Vermögenswert,** 10
II: Um die Gläub des and Eheg zu schützen, kann die AusglFdg (trotz §§ 1384, 1387) nie höher sein als die zur Vfg stehde Aktivmasse des ausglpflicht Eheg. Die Gläub gehen der Fdg vor. Das wird (wg §§ 1374 I Halbs 2, 1375 I) prakt insb iF von § 1375 II, wenn dem EndVerm der Betr zugerechnet wird, um den das Verm verringert w ist (Bsp § 1375 Rn 9). Nach Kogel MDR **98**, 86 soll bei Schenkgen, Verschwendg u benachteiligdden Hdlgen vor RHängigk des ScheidgsAntr § 1375 II unmittelb, für solche Hdlgen danach analog gelten. Für die ausgefallene AusglFdg kann sich der berecht Eheg iFv § 1390 beim Dr Ersatz verschaffen (§ 1375 Rn 10; Reinicke BB **57**, 760m ZahlenBsp). Für die Feststellg des Verm iSv II gilt der BerechngsStichtag des § 1384 auch nicht analog (BGH NJW **88**, 2369), so daß auch nach RHängigk des ScheidgsAntr u möglicherw auf Verschwendg beruhde Verbindlk die AusglFdg begrenzen. II wird auch nicht dadch berührt, daß der ausglberecht Eheg gem § 1389 eine SicherhLeistg erlangt hat (BHG NJW **88**, 2369). Berechng der **Erbschaftsteuer:** § 1371 Rn 13.

3) Verjährung, IV (Lit: Schwolow FuR **98**, 196), in Anlehng an § 2332 (dort Rn 2). Zur Beschleunigg 11
der Abwicklg u wg Gef unvermeidb BerechngsSchwierigk nach längerer Zeit ist die VerjFr auf **3 Jahre** bemessen. Sie beginnt mit dem Ztpkt, in dem der Eheg (bzw sein GebrechlkPfleg; Ffm FamRZ **87**, 1147) von der Beendigg des Güterstds erfährt. Solange AnschlußBerufg nach § 629a Abs. 3 ZPO zul ist, bleibt Rechtskr in der Schwebe. Bei Beendigg dch Scheidg u in gleichstehden Fällen (§ 1372 Rn 12) sowie bei Erwirkg eines Urt auf vorzeit Ausgl (§ 1388) entsch also, wann der berecht Eheg von dem rechtskr Urt Kenntn erlangt. Hängt der ZugewAusglAnspr von der Erbunwürdigk ab, entsch trotz § 2344 I die Kenntn von der Rechtskr der ErbunwürdigkFeststellg (BayObLG FamRZ **97**, 315). Mündl Mitteilg genügt. RMittelVerz in Anwesenh der Part dagg nicht (BGH NJW **97**, 2049). Nicht notw Kenntn v der AusglBerechtigg; hiervon wird sich der Eheg vielm sofort gem § 1379 die erfdl Kenntn verschaffen müssen. Kenntn des nicht mit Dchführg des ZugewAusgl beauftr Anw des ScheidgsVerf unerhebl (BGH NJW **87**, 1766). Rechtsirrtum (zB üb Eintr der Rechtskr des ScheidgsUrt bei PKH-Antr mit der Möglk der Wiedereinsetzg) kann Kenntn ausschl (BGH **100**, 203). Ebso wenn die Part im Anschl an die Verkündg des VerbundUrt auf RMittel u AnschlRMittel verzichten u auch der UrkBeamt der GeschStelle ein unricht RechtskrZeugn ausgestellt hat (BGH NJW **97**, 2049). Ohne Kenntn verj die Fdg in 30 J seit Beendigg des Güterstd. Für **Unterbrechung und Hemmung** gelten die allg Vorschr. Mithin Hemmg (vgl §§ 202ff) dch Stundg (§§ 1382, 202 I) od bei vorzeit Ausgl (§§ 1385ff), solange die Ehe besteht (§ 204 S 1). Keine Hemmg bei Vereinbg zur Einholg eines SachverstGA (Zweibr NJW **95**, 260). Unterbrechg (§§ 208ff) dch jede auf Geltdmachg des Zugew, also ggf dch einen auch unter dem GesichtsPkt des ZugewAusgl begründb Anspr auf WertAusgl (BGH FamRZ **96**, 1271) u nicht notwendigerw auf Zahlg gerichtete LeistgsKl (BGH FamRZ **94**, 751), unabhäng v späterer

KlErweiterg (AG Straubing FamRZ **95**, 1070); ferner dch Anerkenng, die aber nicht in der Erteilg der Ausk (§ 1379) liegt (BGH FamRZ **99**, 571) vielmehr ist Stufenklage erfdl (BGH FamRZ **95**, 797); dch Erhebg der Klage auf Zahlg des PflichtT (BGH NJW **83**, 388). Die Unterbrechg dch Klageerhebg endet dch Nichtbetreiben des RStreits gem § 211 II S 1 auch dann, wenn dies auf außergerichtl Vhdlg üb den ZugewAusgl beruht (BGH FamRZ **99**, 571). Zu den Anfdgen an die Individualisierg einer NachFdg in einem Mahnbescheid BGH NJW **96**, 2152. Nach Erlaß des AuskUrt bei Nichtweiterbetr des RStr Verj in 3 J (Nürnbg NJW-RR **95**, 1091). Zu den Erfordern der demnächst Zustellg iSv ZPO 270 III Celle FamRZ **78**, 414; ausreichd 2 Mo (Schlesw SchlHA **79**, 22). Gehen beide Eheg versehentl davon aus, daß sie MitEigtümer eines Grdst sind, steht der VerjEinrede der Einwand unzul RAusübg entgg (Kln FamRZ **82**, 1071). Ebso, wenn die Eheg nach ihrer Scheidg fast 3 J zusleben (AG Viechtach FamRZ **91**, 192). Wird Güterstd dch Tod beendet u ist der überl Eheg von der Erbfolge ausgeschl (§ 1371 II) od wählt er die güterrechtl Lösg gem § 1371 III (vgl § 1371 Rn 12 u 18), so gelten außerd die VerjVorschr des PflichttAnspr, **IV 3**. Zur Kenntn der Beendigg des Güterstd, dh vom Tod des and Eheg, muß also ggf auch die von der letztw Vfg hinzukommen (§ 2332 I), dch die der Überl enterbt od zur Ausschlagg veranlaßt w. Berechtigte Zweifel an der Wirksamk der letztw Vfg werden verjährgsrechtl spätestens mit der Ablehng des Antr des überl Eheg auf Erteilg eines Erbscheins behoben (BGH NJW **84**, 2935). Keine VerjHemmg dadch, daß AusglFdg erst nach der Ausschlagg geltd gemacht w kann (§ 2332 III). Steht dem Bekl nicht nur als AusglBer, sond auch als AusglPflichtigem ein Anspr gg den Kl auf AuskErteilg üb das EndVerm zu, so kann diesem Anspr die Verj seiner eig AusglFdg nicht entggstehen (Mü NJW **69**, 881). Zur Unterbrechg der Verj iFv IV 3 vgl BGH NJW **93**, 2439. Zur AnwHaftg wg Verl v Ausk zum falschen Stichtag u wg mangelnder Bedürftigk zur VerjUnterbrechg untaugl PKHAntr Hamm FamRZ **96**, 864/**97**, 421 m abl Anm Ludwig. Die VerjFr des IV gilt auch bei **vertraglicher** Regelg des AusglAnspr (Karlsr FamRZ **84**, 894). Dagg keine analoge Anwendg auf den famrechtl AusglAnspr (Wiek FamRZ **90**, 1239; aA LG Kln FamRZ **89**, 510) od auf AusglAnspr wg ehebedingter Zuwendgen (BGH FamRZ **94**, 228; aA LG Düss NJW **93**, 541).

12 **4) Vertragliche Abänderung, III** (Lit: Kiethe MDR **94**, 639). Zwingd ist II (Rn 10); ferner wg § 225 keine Erschwerg der Verj der AusglFdg (Rn 11).

13 **a)** Vor Beginn u **vor Beendigung des Güterstandes** ist die ges Regelg des § 1378 dch formgebundenen EheVertr abänderb (§§ 1408, 1410). Darin kann der ZugewAusgl ganz ausgeschl w, dann gilt Gütertrenng (§ 1414), od Herauf- od Herabsetzg der BeteiliggsQuote. Zul also statt der Hälfte ein geringerer Teil des Überschusses, Ausschl der Überschreitg eines best HöchstBetr, best Quote des Überschusses vorab u für den Rest hälft Teilg, Ausschl best VermMassen v der AusgPflicht uä. § 1408 ist ggü § 310 lex specialis. Bei Benachteiligg v Gläub eines Eheg od v dessen erbberecht Verwandten aber möglicherw Nichtigk gem § 138 I. IdR keine GläubAnf des Ändergs-, sond allenf des nachfolgden AuseinandSVertr (vgl BGH **57**, 126).

14 **b)** Auch Abändergen **anläßlich des Ehescheidungsverfahrens** sind grdsl zul, bedürfen aber seit dem 1. EheRG ebenf der not Beurk bzw iFv § 127 a der Aufn der Erkl in das gerichtl VerglProt, **III 2.** Zur äuß problemat Abgrenzg: Gaul, FS Lange 1992, 829; Brix FamRZ **93**, 12. Die Vorschr gilt auch für Vereinbgen vor Anhängigk des ScheidgsVerf für eine beabsichtigte Scheidg (BGH NJW **83**, 753); ferner für Vereinbgen, die nach dem ScheidgsTermin, aber noch vor Rechtskr des ScheidgsUrt getroffen w, auch wenn sie nur die Bewertg einzelner Ggste des EndVerm betreffen (AG Viechtach FamRZ **91**, 570). Das FormErfordern entfällt, wenn der Güterstd bereits dch EheVertr aufgeh war (Düss FamRZ **89**, 181). Iü wird ein Bedürfn, darüber hinaus forml Vereinbgen üb den ZugewAusgl zuzulassen (so noch BGH **54**, 38), nicht mehr ankerkannt, **III 3**. Die Vorschr bezieht sich in einschränkder Auslegg nur auf das FormErfordern, so daß jedenf (u desh nur in dieser Form empfehlenswert; vgl Finger FuR **97**, 68) not Vereinbgen der Eheg vor Anhängigk des ScheidgsVerf (zB ein Erlaß) wirks sind (BGH **86**, 143), soweit sie im Hinbl auf ein konkr beabsicht ScheidgsVerf getroffen w (Soerg/Lange 11). Unwirks ist eine schriftl Vereinbg üb die Beteiligg der ausglberecht Ehefr am Erlös aus dem Verk eines zum Verm des Mannes gehörden ForschgsInstituts (BGH FamRZ **83**, 160). Ein privatschriftl Verz auf den ZugewAusgl wird auch nicht nach § 242 wirks, wenn er mit einem RMittelVerz verbunden war (BGH FamRZ **77**, 37). Iü droht bei Übervorteilg nach wie vor Nichtigk n §§ 138 II od 123 (BGH **54**, 43).

15 **c) Nach Beendigung des Güterstandes** kann üb den AusglAnspr nach allg Vorschr verfügt w (§ 398). Die früh Ehel können (abgesehen von II) forml jede Art Vereinbg üb die AusglFdg treffen. Kein automat **Erlaß** (§ 397) bei Wiederheirat der Eheg (Nürnbg MDR **80**, 668). In einem echten Erl liegt eine steuerpflicht u ggf eine n § 528 rückforderb Schenkg.

1379 *Auskunftspflicht bei Beendigung des Güterstandes.*

I Nach der Beendigung des Güterstandes ist jeder Ehegatte verpflichtet, dem anderen Ehegatten über den Bestand seines Endvermögens Auskunft zu erteilen. Jeder Ehegatte kann verlangen, daß er bei der Aufnahme des ihm nach § 260 vorzulegenden Verzeichnisses zugezogen und daß der Wert der Vermögensgegenstände und der Verbindlichkeiten ermittelt wird. Er kann auch verlangen, daß das Verzeichnis auf seine Kosten durch die zuständige Behörde oder durch einen zuständigen Beamten oder Notar aufgenommen wird.

II Hat ein Ehegatte die Scheidung oder die Aufhebung der Ehe beantragt, gilt Absatz 1 entsprechend.

1 **1) a) Gegenstand der Auskunft** ist das EndVerm, aber nur zum richtigen Stichtag (Hamm FamRZ **93**, 194). Kein AuskR hins des AnfVerm (Karlsr FamRZ **81**, 458; Nürnbg FamRZ **86**, 272); auch nicht in AusnFällen aus § 242 (Karlsr FamRZ **86**, 1105; aA Schlesw FamRZ **83**, 1126) od analog § 1379 (Düss OLGZ **65**, 271), da dieses von jedem Eheg nachgewiesen werden muß, sofern keine Aufstellg gemacht worden ist (§ 1377). Keine AuskPfl ferner hins des Verbleibs best VermGgste, selbst bei konkr Verdachts-

momenten (aA AG Detmold FamRZ **88**, 1165; AG Landstuhl FamRZ **89**, 509; Hbg FamRZ **99**, 94). Die AuskPflicht nach § 1379 BGB erfaßt nicht die nach § 1375 II dem EndVer hinzuzurechnden VermMindergen; ein AuskAnspr kann sich aber aus § 242 ergeben (BGH NJW **82**, 176; **97**, 2239); näher § 1375 Rn 5. Um aber eine evtl AusglFdg berechnen zu können, bedarf jeder Eheg der Kenntn des EndVerm des anderen. Nur insofern ist mit dem ges Güterstd eine OffenbargsPfl hins des eig Verm verbunden. Kein Recht zur Einsicht in GrdstKaufVertr des Eheg beim GBA (aA Stgt NJW-RR **96**, 532). **IPR:** EG 15 Rn 25; AuskAnspr im **Ausland:** Stgt NJW **90**, 641 Griechenld; Ffm NJW-RR **91**, 583 Kroatien.

b) Verfahren. Zuständ für AuskKl das **FamG.** Erfdl ein konkr **Antrag,** der hins der Vorlage v Belegen u zur Wertermittlg einen vollstreckgsfäh Inh hat (Karlsr FamRZ **80**, 1119; Büttner FamRZ **92**, 629; Minimalfassg: Hartung MDR **98**, 509). Ein unbest titulierter AuskAnspr kann erneut eingeklagt w (Zweibr NJW-RR **97**, 1). Ist ScheidgsAntr gestellt, kommt Geltdmachg des AuskAnspr nur innerh des EntscheidgsVerbundes (ZPO 623) u als StufenKl in Betr (Hamm FamRZ **93**, 984 mA Vogel **94**, 49; aA Ffm FamRZ **87**, 299); and bei WiderKl gg ZugewAusglKl (Zweibr FamRZ **96**, 749). Zur verkürzten StufenKl KG FamRZ **97**, 503. Vollstr des AuskUrt nach ZPO 888 der Verurteilg zur Wertermittlg nach ZPO 887 (Bambg FamRZ **99**, 312). Dch AuskErteilg wird ein ZwangsgeldFestsetzgsBeschl ggstandslos (Zweibr FamRZ **98**, 384). Der nach § 1379 auskberecht Eheg kann auch vor vollständ AuskErteilg auf ZugewAusgl klagen (BGH WPM **78**, 1390). **Beschwerdewert:** Maßg ist bei Verurteilg zur Ausk u zur eidesstattl Vers das Abwehrinteresse des AuskBekl, das sich nach dem Wert des Zt- u ArbAufwands der AuskErteilg od Abgabe der Vers richtet (BGH FamRZ **96**, 1543; FamRZ **99**, 649), bei Verurteilg zur Duldg der Begutachtg dch einen Sachverst das Interesse, die Hdlg nicht dulden zu müssen (BGH FamRZ **99**, 647); ggf der Zt- u ArbAufwand des Betreuers (BGH FamRZ **98**, 365). 2

c) Einschränkungen der Auskunftspflicht. Die AuskPfl besteht auch bei kurzer Ehe u wenn die ehel LebGemsch nicht in vollem Umfg hergestellt werden konnte (BGH NJW **72**, 433); auch bei schwersten Eheverfehlgen (Nürnbg FamRZ **64**, 440). Insb hängt die AuskPfl nicht davon ab, ob ein LeistgsverweigergsR gem § 1381 besteht (BGH **44**, 163). Doch kann das Verl nach Ausk rechtsmißbräuchl sein, wenn unzweifelh ist, daß inf der Einr eine AusglFdg nicht besteht (BGH NJW **72**, 433; **80**, 1462). Ferner entfällt Ausk, wenn klar erkennb, daß kein Zugew erzielt worden ist (Mü NJW **69**, 881; Kblz FamRZ **85**, 286). Es besteht grdsl kein **Zurückbehaltungsrecht** des Eheg, bis der and Partn seiners Ausk erteilt (Stgt FamRZ **84**, 273; Ffm NJW **85**, 3083; Jena FamRZ **97**, 1335; Diederichsen ab der 57. Aufl unter Aufgabe seiner früh Ans; aA Stgt FamRZ **82**, 282; Gernhuber NJW **91**, 2240). 3

2) **Auskunftspflicht** besteht für beide Eheg wechselseit nach Beendigg des Güterstds u, um üb Scheidg u ScheidgsFolgen einheitl u gleichzeit entscheiden z können (BR-Drucks 266/1/71 S 9), nach ScheidgsAntr gem § 1564 S 1 bzw Antr auf EheAufhebg gem § 1313 S 1, **II.** Sie besteht grdsl unabhäng davon, ob eine ZugewAusglPflicht besteht (Hamm FamRZ **98**, 1300). Die RHängigk des ScheidgsAntr bleibt für die Ausk auch nach langjähr GetrLeben maßg (näher § 1384 Rn 2). 4

a) Umfang, I 1. Geschuldet wird iSv § 260 die Vorlage eines einzigen geordneten Verzeichn der zum EndVerm gehörden VermWerte (Brdbg NJWE FER **97**, 267; Hartung MDR **98**, 509). Die Ausk umfaßt nur den Bestand des EndVerm am Stichtag (Rn 1), nicht die Wertberechng (BGH FamRZ **89**, 157) u auch nicht aus § 242 einz Transaktionen währd des Güterstds (Kln NJWE-FER **97**, 100; unzutr Hbg FamRZ **99**, 94). Die Angaben iR dieser allg AuskPfl müssen hins der wertbildden Faktoren so best sein, daß der and Eheg die VermWerte ungefähr selbst ermitteln kann (Celle NJW **75**, 1568). Die geschuldete Ausk muß ein geordnetes Verzeichn mit einer zusfassden Darstellg der Einn u Ausgaben sowie des Verm, aufgeschlüsselt in EinzelBetr od jedenf in die einz Eink-, Ausg- u Anlagearten zum Stichtag (Hamm FamRZ **81**, 482) od eine ordngsmäß ZusStellg des EndVerm (Aktiva u Passiva) sein, dh Umsätze u Gewinne, Lage, Größe, Art u Bebauung v Grdsten, Fabrikat, Typ, Bauj u KmStand v Kfzen (Schlesw SchlHA **79**, 17), so daß daraus die ZugewAusglFdg errechnet w kann (Hamm FamRZ **76**, 631 zur Formulierg des Antr Hartung MDR **98**, 510); dagg keine Angabe üb einz VermTransaktionen, bei AufklärgsWeigerg dann aber ggf eidesstattl Bekräftigg des vorgelegten Verzeichn (BGH FamRZ **76**, 516). Kommt es für die Bewertg des EndVerm auf die Ertragslage eines dazugehörden Untern od einer -Beteiligg an, umfaßt der AuskAnspr die Vorlage der zur Beurteilg der Ertragslage benötigten Bilanzen nebst Gewinn- u VerlustRechngen (BGH **75**, 195), bei einer ZahnarztPrax entspr EStG 4 III eine Gewinnberechng (Kblz FamRZ **82**, 280); bei RA-Sozietät Vorlage des GesellschVertr (Hamm NJW **83**, 1914). Der AuskAnspr erstreckt sich auch dann auf den inneren Wert eines GesellschAnteils, wenn das AuseinandSGuthaben lt GesellschVertr nur dem buchmäß Guth entsprechen soll (Düss FamRZ **81**, 48). Bei landwirtsch Untern genügt nicht Vorlage der Einheitswertbescheide, sond ist Ausk üb die BetrFlächen, Nutzgsart u Bonität des Bodens, sämtl BetrMittel usw erfdl (Düss FamRZ **86**, 168). Der AuskAnspr erfordert (wg § 1375 II) bei Krediten Angabe des konkr VerwendgsZwecks (Düss FamRZ **86**, 168). Bei KapitalLebVers wird der AuskAnspr dch Angabe des Rückkaufswerts u der Überschußanteile erfüllt (Kln FuR **98**, 430). Widersprüchl Angaben im RStr rechtf Ann, daß das vorgelegte Verzeichn nicht ordngsmäß (Düss FamRZ **79**, 808). Keine AuskPfl hins VermGgsten, die nach der **HausrVO** verteilt w (BGH **89**, 137; näher § 1361 a Rn 7). Ein **Anspruch auf Ergänzung einer erteilten Auskunft** besteht grdsl nicht (BGH NJW **88**, 2729/30); Ausn jedoch (vgl Hartung MDR **98**, 510 f): wenn die erteilte Ausk den formellen Anfordergen nicht genügt; ferner wenn in der erteilten Ausk inf Irrtums üb den Umfang der AuskVerpfl Angaben üb einen einz VermWert od einer Mehrh von VermGgsten fehlen (BGH **89**, 137/140) od wenn der AuskPflichtige nur eine TeilAusk üb abgrenzb Ggste erteilt hat (BGH NJW **62**, 245). Iü sind Mängel im Verf üb die Abg der eidesstattl Vers od im RStr üb die AusglFdg zu klären (Kln FamRZ **97**, 1336). Der AuskAnspr berechtigt nicht, die Vorlage v **Belegen** zu KontrollZw zu verl (Karlsr FamRZ **86**, 1105). Str ist, ob das Verz unterschrieben sein muß (so Mü FamRZ **95**, 737; aber zweifelh; aA KG FamRZ **97**, 503; für die Praxis wenig hilfreich ist der Vorschl von Hartung MDR **98**, 509, auf die Unterschr jedenf dann als entbehrl zu verz, wenn es Zw üb die Pers, von der die Ausk stammt, nicht gibt). 5

b) Davon zu unterscheiden ist das zusätzl R der **Wertermittlung** iSv **I 2:** Die Eheg haben sich ein BestandsVerzeichn vorzulegen (§ 260 I), das auch die Werte u Verbindlichk (§ 1376 II, III) enth, die er- 6

forderlichenf unter Heranziehg v Sachverst zu ermitteln sind, deren Begutachtg der AuskSchu zu dulden u zu unterstützen hat (Mü FamRZ **82**, 279). Es besteht kein AuskAnspr hins des good will einer VersAgentur (Stgt FamRZ **95**, 1586). Die mit der Erteilg der Ausk od mit der Wertermittlg verbundenen Kosten fallen dem
7 AuskPflicht zur Last (BGH **64**, 63). – **c)** Die Kosten der Wertermittlg **durch einen Sachverständigen** I 2 Halbs 2, hat dagg der AuskBer zu tragen (BGH **84**, 31; Karlsr FamRZ **95**, 736; aA mit erwägensw Grden Mü
8 FamRZ **82**, 279). – **d)** Der and Eheg kann verl, **bei Anfertigung des Verzeichnisses** (auch nachträgl)
9 **zugezogen** zu werden, näher KG FamRZ **98**, 1514. – **e)** Anspr (außer bei geringer Bedeutg) Abgabe einer eidesstattl Vers, wenn Grd zu der Ann besteht, daß das Verzeichn nicht mit der erfdl Sorgf aufgestellt ist (§ 260 II, III). Dagg kein Anspr gem § 260 II, wenn sich der AuskSchu aus RGrden weigert, einen dem and Eheg bekannten VermGgst in die Ausk einzubeziehen (Düss FamRZ **82**, 281). Vgl iü die Anm zu dem entspr § 2314. Wg der Aufn des Verzeichn dch Notar od zust Beamten § 1377 Rn 3. Erfüllt der and Eheg seine Verpfl nicht, so StufenKl (ZPO 254) ggf innerh des EntschVerbundes (BGH FamRZ **79**, 690), die auch wg Unterbrechg der Verj zweckm (§ 1378 Rn 11); sa §§ 259–261 Rn 20 ff, 28.

1380 *Anrechnung von Vorausempfängen.*

I Auf die Ausgleichsforderung eines Ehegatten wird angerechnet, was ihm von dem anderen Ehegatten durch Rechtsgeschäft unter Lebenden mit der Bestimmung zugewendet ist, daß es auf die Ausgleichsforderung angerechnet werden soll. Im Zweifel ist anzunehmen, daß Zuwendungen angerechnet werden sollen, wenn ihr Wert den Wert von Gelegenheitsgeschenken übersteigt, die nach den Lebensverhältnissen der Ehegatten üblich sind.

II Der Wert der Zuwendung wird bei der Berechnung der Ausgleichsforderung dem Zugewinn des Ehegatten hinzugerechnet, der die Zuwendung gemacht hat. Der Wert bestimmt sich nach dem Zeitpunkt der Zuwendung.

1 **1) Zuwendungen zwischen Ehegatten,** die üb den Wert von GelegenhGeschenken hinausgehen, erfolgen meist, um den and Eheg sicherzustellen; sie wären dann im allg dem AnfangsVerm des and Eheg zuzurechnen (§ 1374 II). Wendet man § 1374 II auf Schenkgen unter Eheg nicht an (§ 1374 Rn 22), verliert § 1380 wesentl an Bedeutg (Lipp JuS **93**, 90). IdR stellen EhegSchenkgen dem Sinne nach die vorweggenommene Erf einer etwa gegebenen AusglFdg dar. Würden sie bei deren Berechng nicht berücksichtigt, so erhielte der begünstigte Eheg neben der Zuwendg die ungekürzte AusglFdg. Eine Anrechng erfolgt, außer wenn der Güterstd dch Tod beendigt ist u die erbrechtl Lösg eintritt (§ 1371 Rn 2) od es nicht best ist, auch nicht I 2 eingreift. Die Zuwendgen müssen zw Eheg erfolgt sein, also nicht zw Verlobten, auch nicht unter einem and Güterstd gemacht worden sein, insb also nicht vor Beginn des ges. Zum **Schenkungswiderruf:** § 1372 Rn 3. Zu unbenannten Zuwendgen: § 1374 Rn 22. BGH **82**, 227 beschränkt § 1380 auf die Fälle, in denen dem ZuwendgsEmpf auch eine AusglFdg zusteht (Hepting FamRZ **83**, 781). Zur Möglk, auch bei **überschüssigen Zuwendungen,** wenn also der ZuwendgsEmpf selbst ausglpflicht ist,
2 die Schenkg ausglrechtl hälftig zu berücks, vgl Lipp JuS **93**, 92 f. Behauptet der AusglSchu, er habe vor dem Stichtag des § 1384 zZw der **vorzeitigen Erfüllung** des ZugewAusglAnspr geleistet, so trifft ihn dafür die BewL (Düss FamRZ **88**, 63). Zum Wert der Zuwendg, die vom gemeinsamen Konto bezahlt wurden: Kln FamRZ **98**, 1514.

3 **2) Die Anrechnung, I.** Anrechngspflichtig sind entspr dem Zweck der Vorschr nur unentgeltl **Zuwendungen** unter Lebenden, wobei unerhebl, ob sie aus dem AnfangsVerm (§ 1374 Rn 2 u 6) od dem Zugew stammen, u nur dann, wenn vor od bei der Zuwendg dch einseitige, empfangsbedürftige Erkl die Anrechng best wurde; spätere Best erfordert das Einverständn beider Eheg. Ist eine solche Best nicht getroffen, so erfolgt bis zum Beweis des ggteiligen Willens des zuwendden Eheg die Anrechng gem I 2; sa Motzke NJW **71**, 182. Ausgenommen von der Anrechng Gelegenheitsgeschenke, die den Wert von nach den LebVerh der Eheg übl Geschenken nicht übersteigen, also Geburtstags-, Weihnachtsgeschenke u dgl; für Höhe obj Maßst entspr Eheg in ähnl Verh. Nicht gleichbedeutd mit das übl Maß übersteigden Geschenken überh (FamRAusschußBer S 12); denn darunter kann in begüterten Kreisen auch eine LebVers, eine kostbare Zimmereinrichtg fallen; sie ist jedoch kein GelegenhGeschenk, also anzurechnen. Auch nach § 1360 b nicht rückforderb überschießder Unterh kann Zuwendg iSv § 1380 sein (BGH NJW **83**, 1113).

4 **3) Anrechnung, II** (Brüning NJW **71**, 922), erfolgt entspr § 2315 II dch Zurechng des zugewendeten Betr zum Zugew des Zuwendden, nach Ans des BGH (NJW **82**, 1093) zusätzl dch Abzug der Zuwendg vom EndVerm des Empf. Entsch ist der Wert des ZuwendgsGgst iZtpkt der Schenkg, **II 2.** Nachträgl Wertschwankgen sind ohne Bedeutg (MüKo/Gernhuber Rn 21), ebso wie der zweitl Verlust des Ggst.

1381 *Leistungsverweigerung wegen grober Unbilligkeit.*

I Der Schuldner kann die Erfüllung der Ausgleichsforderung verweigern, soweit der Ausgleich des Zugewinns nach den Umständen des Falles grob unbillig wäre.

II Grobe Unbilligkeit kann insbesondere dann vorliegen, wenn der Ehegatte, der den geringeren Zugewinn erzielt hat, längere Zeit hindurch die wirtschaftlichen Verpflichtungen, die sich aus dem ehelichen Verhältnis ergeben, schuldhaft nicht erfüllt hat.

1 **1)** § 1378 I best als AusglAnteil des and Eheg am überschießden Zugew des ausglpfl Eheg starr die Hälfte, da dies der SchicksalsGemsch am besten entspricht, eine Festsetzg dch den Ri bei Uneinigk üb die Höhe eine Quelle v Streitigk wäre u den Ri vor eine schwer lösb Aufg stellen würde. Diese Lösg kann aber in manchen Fällen einem gerechten Ausgl grob widersprechen. Für sie gibt § 1381 ein VerweigergsR, dh eine dauernde **Einrede** gg die AusglFdg, nicht aber gg die AuskPfl, § 1379 Rn 3; BGH FamRZ **65**, 554. Nach der insoweit eindeut Formulierg findet § 1381 nur zG des AusglSchu Anwendg, kann also nicht zur Begr eines Zugew-

AusglAnspr od dessen Erhöhg benutzt w (aA Kogel MDR **97**, 1000: § 1381 analog). Vorauss für die Anwendg v § 1381 ist, daß die Dchsetzg der AusglFdg ein grob unbill Erg brächte, Rn 2. Schwierige Zahlgslage reicht nicht aus; dafür kommt Stundg in Betr, § 1382. Die RFolge ist die Herabsetzg („soweit") od der gänzl Ausschl der AusglFdg. Abbedingg v § 1381 dch EheVertr unzul (str), zul aber Verz auf die entstandene Einr, vgl § 1378 III. Bei Beendigg der ZugewGemsch dch Tod steht LeistgsVerweigR iFv § 1371 II u III dem Erben zu. Nach Einf des ZerrüttgsPrinzips in das ScheidgsR fehlt iR des ZugewAusgl eine ÜbergangsVorschr wie 1. EheRG Art 12 Nr 3 III S 3, wonach iF nicht erfolgr HeimtrenngsKl der VA gekürzt w kann (Einf 17 vor § 1587); da auch der VA auf dem ZugewAusglPrinzip beruht, ist die Vorschr iF **langjähriger Trennung** der Ehel analog anzuwenden, so daß es der ausdehnden Anwendg v § 1381 nicht bedarf (so Hoffmann NJW **79**, 969). Bei Doppelehe nicht entsch, wenn eine ehel LebGemsch nicht verwirklicht w ist, sond ob der 2. Eheg bösgläub war (BGH NJW **80**, 1462).

2) Voraussetzung für das Verweigerungsrecht ist **grobe Unbilligkeit** des ZugewAusgl. Die Gewährg der dem and Eheg zustehden Hälfte muß in vollem Umfang od zT dem GerechtigkEmpfinden in unerträgl Weise widersprechen (BGH FamRZ **92**, 787), was nur in AusnFällen zutrifft u genaue Prüfg sämtl Umst erfdl macht. Der BGH stellt die von ihm formulierten Sondertatbestde im konkr Fall sachverhaltsmäß oft selbst wieder in Frage (vgl BGH **46**, 343, NJW **70**, 1600). § 1381 schafft keine allg KorrekturMöglk, die in § 1378 I getroffene starre Regelg in ind zu findde Lösgen zurückzuverwandeln, so daß auch das dch bes Tüchtigk Erworbene od ein VermWert auszugl ist, dem jegl innere Beziehg zur ehel LebGemsch fehlt (aA Celle FamRZ **92**, 1300). Eine Typisierg ist wünschenswert, aber nicht dchführb in Anknüpfg an dem ZugewAusgl fremde GesichtsPkten wie ScheidgsTatbestde (Kleinheyer FamRZ **57**, 283) od gar § 242 (Thiele JZ **60**, 394). Vor allem jedoch darf sie nicht daran hindern, stets sämtl Umst des Einzelfalls zu berücks. 2
Eheverfehlungen sind nicht mehr zu berücks, wenn die Ehe im Einverständn beider Eheg ohne Klärg der Schuldfrage aus beiderseit gleicher Schuld gesch w ist (BGH FamRZ **77**, 38). Das LeistgsverweigergsR kann aber dch ein schuldh, zur Trenng der Eheg führdes Verhalten ausgelöst w, wenn der ausglpflicht Eheg den ges Zugew erst nach der Trenng erzielt h (BGH FamRZ **80**, 877). – **a)** Ein Bsp f grobe Unbilligk gibt **II;** der Eheg, der den geringeren Zugew hat, soll bei eigener, länger andauernder **schuldhafter Nichterfüllung seiner wirtschaftlichen Verpflichtungen,** die sich aus der Ehe ergaben, nicht auch noch Anspr auf Zugew-Ausgl haben. Ist der Mann schuldh seiner Arb nicht nachgegangen, hat er nicht genügd f Unterh insb der Ki (Düss FamRZ **87**, 821) gesorgt, hat er trotz ausr Verdienst nicht seinen Teil zum FamUnterh beigesteuert, einen übergroßen Teil f sich verbraucht, u hat umgek die Frau f die Fam gesorgt u Rücklagen aus ihrer Arb machen können, die sie vielleicht nur desh aufgen h, so hat der Mann keinen Anspr auf einen Teil v ihnen. Hat ands die Frau ihre HaushPfl nicht erfüllt, § 1356 I 1, od sich ihrer MitArbPfl entzogen, § 1356 II, so gilt das gleiche, vgl § 1360 S 2. Hat sie den Haush schuldh nur unzureichd versehen, so wird jedenf der volle Ausgl unbill sein. Wg Klage auf vorzeit Ausgl in diesem Fall § 1386 I. – **b)** Jegl **schuldhafte Beeinflussung der Vermögenslage** zL des ausglpfl Eheg, insb also die Tatbestde des § 1375 II Nr 2 u 3, soweit die Zurechng zum EndVerm zB wg Nichtberechenbark der Summen unterblieb, od and den Zugew beeinträchtigde Eheverfehlgen, Verzögerg des ScheidgsVerf üb den Ztpkt des eigtl ZugewEintr hinaus (LG Fbg FamRZ **63**, 647; aM Nürnbg FamRZ **64**, 440). Auch schuldh VermVerluste können ein VerweigR begründen, insb bei leichtsinn GeschGebaren des AusglBer selbst. Dagg begründet § 1381 nicht schon der Konk als solcher; sa § 1386 Rn 1. Unbilligk jedoch mögl, wenn ein Eheg alles Erworbene ausgegeben, der and Eheg aber stets gespart h. § 1381 auch bei Selbstersteigerg eines gemeins Grdst (§ 1365 Rn 8) unter Wert (Düss NJW **95**, 3195). – **c)** Sonstige **grobe Pflichtverletzungen gegenüber dem anderen Ehegatten,** soweit sie einen gewissen Bezug zum Verm aufweisen, zB Berücks der Kosten des Ehescheidgs- u AnfProz (Kln FamRZ **91**, 1192; Bosch FamRZ **66**, 565); ferner bei Erbunwürdigk gem § 2339, insb bei bes verwerfl Tötg des Eheg (Karlsr FamRZ **87**, 823), od wenn ein Eheg dch pflichtwidr Verhalten den and Eheg zur Stellg des ScheidgsAntr best, um günst ZugewAusgl zu erzielen (BGH **46**, 352); ferner Inanspruchn des Eheg auf Unterh für das Ehebruchskind, dessen Ehelk später erfolgr angefochten w ist (Hamm FamRZ **76**, 633), od f 4 EhebrKinder v versch Männern (Celle FamRZ **79**, 431). Ehewidr Verh ausschließl auf nicht wirtsch Gebiet reicht nach dem GrdGedanken des ZugewAusgl nicht aus, insb wenn beide Eheg die wirtsch Lasten der Ehe getragen haben (Düss NJW **81**, 829); § 1381 ist nicht als ScheidgsStrafe gedacht (Gernhuber/Coester-Waltjen § 36 V 6; Wiegmann FamRZ **90**, 627). And die Rspr, die bes grobe u sich über längere Zeit erstreckde rein pers PflVerstöße, zB vielfache (Hamm FamRZ **89**, 1188; **90**, 627 m zu R krit Anm Wiegmann) jahrel schw Ehebr od Verschw vorehel GeschlechtsVerk mit Vater des Ehem (AG Schweinf NJW **73**, 1506), uU genügen lassen will (BGH **46**, 352). Auf jeden Fall wäre dann umgek z berücks, wenn der Ehebrecher den Zugew des and Eheg unmittelb (§ 1356 II) od mittelb miterarbeitet h. Vor allem würden geschlspezif Unterschiede beim Ehebr nicht überzeugen (vgl etwa Hamm FamRZ **89**, 1188 u Bambg FamRZ **90**, 408). Es wird auch erwogen, den ZugewAusgl zu versagen, wenn ein Partner grdlos aus der Ehe ausgebrochen ist (Mikosch MDR **78**, 886). Kein Fall v § 1381, wenn währd 10j Ehedauer u 4 Kindern die Ehefr 3/4 J vor Ende des Gütstds Verh zu and Mann aufnimmt (Kln FamRZ **79**, 511 LS), od auch der vom and Eheg hingenommene Ehebr (Düss NJW **81**, 829). – **d) Unechter Zugewinn,** dh der scheinb Zugew aGrd der Geldentwertg ist entgg Reinicke BB **57**, 763; Soergel/Lange § 1376 Rn 9; Mü NJW **68**, 798, kein Anwendgsfall v § 1381, da der KaufkrSchwund ein wirtsch Sachverh von universaler Bedeutg ist (BGH **61**, 390; § 1376 Rn 11–13). Dagg fallen unter § 1381 andere **Bewertungsunbilligkeiten** wie ein ggü dem für die ZugewBerechng maßg Wert eines Grdst niedrigerer VerkErlös (Hbg FamRZ **88**, 1166). – **e)** Einen VerweigergsGrd kann dagg die **eigene Versorgungslage des Ausgleichspflichtigen** liefern, da der ZugewAusgl auch der Sicherstellg des Eheg dienen soll. Ausgl des Zugew kann danach unterbleiben, wenn der Schu dch Zahlg ggü dem AusglGläub unterhberecht od seine unterhrechtl VersorggsLage auf die Dauer in Frage gestellt würde; eine solche Überschreitg der Opfergrenze ist ihm nicht zumutb, wenn umgek die VersorggsLage des AusglGläub bei Nichterfüllg der AusglFdg ungefährdet bleibt (BGH NJW **73**, 749). Negat Vorauss: Die Herabsetzg od Stundg od beides zus würden nicht genügen, die dch die Befriedigg des AusglAnspr eintretde Gefährdg der wirtsch Existenz des Schu zu vermeiden (BGH NJW **70**, 1600). Ein VerweigergsR des AusglSchu besteht auch dann, wenn er aGrd des gemeins LebPlans der Eheg keine VersorggsAnwartsch erworben hat u ihm der ausglberecht

Eheg mangels Leistgsfähigk keinen Unterh zahlen kann (Ffm FamRZ **83**, 921); ferner wenn der AusglSchu keine Berufsausbildg hat u der Zugew allein in der Wertsteigerg von ererbtem Verm besteht (Schlesw NJW-RR **98**, 1225). – **f)** Grdsl können auch überobligationsmäß **Mehrleistungen** des AusglSchu **während der**
9 **Ehe** grobe Unbilligk begründen, so zB wenn währd relativ kurzfr ZusLeben der Ehel der AusglBer wirtsch kaum etwas beiträgt, aus dem Verm des and Eheg fabrikneue PKWs fin bekommt u sich um gemeins krankes Ki unzureichd gekümmert hat (LG Wiesbaden FamRZ **73**, 658); bei zuviel gezahltem Unterh u ungerechtf in Anspr gen Wohnraum trotz ZPO 323 III (Celle FamRZ **81**, 1066). Dagg gleichen sich Leistgen ggü den vorehel Kindern des and Eheg ggs aus (Hamm FamRZ **73**, 656).

10 **3) Verfahrensrechtliches.** Bekl muß sich ggü der AusglKl auf VerweigergsR berufen (Einrede) u Vorliegen v VerweigergsGrden, Rn 2–9, beweisen. Zul aber auch, § 1381 iW negat FeststellgsKl, ZPO 256, geltd z machen. Es entsch das FamG. Bei ZugewAusgl in Unkenntn des LeistgVerweigergsR § 813 I 1 (Soergel/Lange Rn 21).

1382 *Stundung der Ausgleichsforderung.* **I Das Familiengericht stundet auf Antrag eine Ausgleichsforderung, soweit sie vom Schuldner nicht bestritten wird, wenn die sofortige Zahlung auch unter Berücksichtigung der Interessen des Gläubigers zur Unzeit erfolgen würde. Die sofortige Zahlung würde auch dann zur Unzeit erfolgen, wenn sie die Wohnverhältnisse oder sonstigen Lebensverhältnisse gemeinschaftlicher Kinder nachhaltig verschlechtern würde.**

II Eine gestundete Forderung hat der Schuldner zu verzinsen.

III Das Familiengericht kann auf Antrag anordnen, daß der Schuldner für eine gestundete Forderung Sicherheit zu leisten hat.

IV Über Höhe und Fälligkeit der Zinsen und über Art und Umfang der Sicherheitsleistung entscheidet das Familiengericht nach billigem Ermessen.

V Soweit über die Ausgleichsforderung ein Rechtsstreit anhängig wird, kann der Schuldner einen Antrag auf Stundung nur in diesem Verfahren stellen.

VI Das Familiengericht kann eine rechtskräftige Entscheidung auf Antrag aufheben oder ändern, wenn sich die Verhältnisse nach der Entscheidung wesentlich geändert haben.

1 **1) Zweck:** § 1381 gibt die Möglichk eines HärteAusgl ggü der Fdg u ihrer Höhe, § 1382 ggü ihrer sof Fälligk (§ 1378 Rn 4, 5). Die StundgsMöglk wurde dch das UÄndG erweitert, um den AusglSchu nicht zur Verschleuderg des in der Ehe erarbeiteten Verm zu zwingen; außerd wurde die wirtsch Verwertg der FamWo dem Interesse gemschaftl Kinder untergeordnet (BT-Drucks 10/2888 S 12f). Dems Zweck dient die Neufassg v ZVG 180 (§ 1372 Rn 9). Verweigerg gem § 1381 nur mögl, wenn die dch § 1382 gegebenen Möglk erschöpft sind (BGH NJW **70**, 1600). Stundg nur mögl bei ZugewAusgl gem §§ 1372ff u dem insof gleichgestellten gem § 1371 II, ferner bei vorzeit ZugewAusgl gem §§ 1385, 1386, nicht aber bei Erhöhg des ges Erbteils nach § 1371 I, da dann ErbauseinandSetzg. Zum Begriff der **Stundung:** § 271 Rn 12.

2 **2) Voraussetzungen der Stundung, I: a)** Erfdl ein entspr **Antrag** des AusglSchu, der für die ganze Fdg od für einen Teil gestellt, auch im Zshg mit einer Verweigerg des Ausgl gem § 1381 vorgebracht w kann, V.

3 **b)** Der Antr ist begründet, wenn die sof Zahlg **zur Unzeit** erfolgen würde, **I 1.** Dch dieses (BVerfG NJW **81**, 108 entnommene) Merkm, das an die Stelle des „bes hart treffen" der aF getreten ist, soll klargestellt w, daß auch andere als wirtsch Belange zu berücks sind (BT-Drucks 10/2888 S 16f). Die sof Zahlg erfolgt zur Unzeit, wenn sie den GeschBetrieb des AusglSchu gefährdet; wenn er VermStücke verschleudern müßte u der AusglSchu den ZahlgsAufschub braucht, um einen VermGgst zum VerkWert veräußern zu können. „Zur
4 Unzeit" aber auch, wenn Belange der geschied Eheg selbst od die **Wohn- oder sonstigen Lebensverhältnisse gemeinschaftlicher Kinder** nachhalt verschlechtert würden, **I 2.** Hierdch soll vor allem verhindert w, daß der Verpfl das FamHeim, in dem er mit den gemschaftl Ki wohnt, wg der AusglFdg sofort veräußern muß (Finger JR **85**, 2: wohngsbezogene Verdinglichg des ZugewAusgl), obw es ihm nicht mögl ist, den Ki nach der Veräußerg vergleichb WohnVerh zu bieten. Den Ki sollen in der ScheidgsPhase zusätzl Schwierigkten dch Umzug od SchulWechsel nach Möglk erspart bleiben (BT-Drucks 10/2888 S 17). Die Vorschr bezieht sich auch auf vollj, noch im Haush lebde Ki (krit Weychardt DAV **84**, 846). Zur Beeinträchtigg sonstiger LebVerh: NJW **86**, 1285.

5 **c)** Die Stundg muß die **Interessen des Gläubigers** berücks, dh auch dem AusglGl zumutb sein. Da er nach dem GrdGedanken der ZugewGemsch den Zugew mitverdient hat, ist ihm die Stdg nur ausnahmsw zuzumuten. Zumutbark also zu verneinen, wenn er auf den AusglBetr angewiesen ist. ScheidgsSchuld des einen od and kann berücks w (arg a maiore aus § 1381); ebso wirtsch Verhalten beider Eheg vor u nach Scheidg. Ggf Vermeidg der Stdg dch Übertragg v VermGgsten (§ 1383 Rn 2).

6 **3) Zuständigkeit und Verfahren bei unstreitiger Ausgleichsforderung, I–IV.** Zust FamG, GVG 23b I Nr 10, ZPO 621 I Nr 9. Örtl Zustdgk FGG 45; sa ZPO 621 II, III. Es handelt sich um eine bes Art der richterl Vertragshilfe. Mdl Vhdlg; FamG hat auf gütl Einigg hinzuwirken, FGG 53a. Bei VerglAbschluß Prot entspr ZPO 160 III Nr 1, 159. In den Vergl kann außer der StundgsVereinbg u der Verzinsg der gestundeten Fdg, II, auch die Verpflichtg des Schu zur Zahlg der AusglFdg, desgl die Übertragg best Ggste auf den Gläub in Anrechng auf seine Fdg, § 1383, aufgen werden, FGG 53a I. Aus dem Vergl ist die ZwVollstr, die nach den Vorschr der ZPO erfolgt, mögl, FGG 53a IV. In dem Vergl des FamG kann auch ein etwa anhängiger RStreit üb die AusglFdg, V, beigelegt werden. Einigen sich die Part nicht, so entsch das FamG; nachdem es die gem I erhebl Tats vAw festgestellt hat, FGG 12. Es kann auf Stundg bis zu einem best Termin od auf Ratenzahlg erkennen. Auf Antr des Gläub kann es auch die Verpflichtg des Schu zur Zahlg der AusglFdg aussprechen,

FGG 53a II. Anzuordnen ist die **Verzinsg,** II, üb deren Höhe das FamG ohne Bindg an den ges Zinssatz (BayObLG FamRZ **81**, 392) ebso wie üb eine vom Gläub beantragte SicherhLeistg nach billigem Erm entscheidet, IV; es ist also bezgl der Verzinsg nicht an § 246, bzgl der SicherhLeistg nicht an §§ 232ff gebunden. Außerd erstreckt sich der ErmSpielraum des FamG auch auf die **Fälligkeit** der Zinsen, weil auch schon regelmäß ZinsZahlgen den Verpfl zur Veräußerg des FamHeims zwingen können (BT-Drucks 10/2888 S 17). FamG kann erforderlichenf währd des Verf einstw AOen treffen, die nur mit der EndEntsch angefochten w können, FGG 53a III. Seine Entsch wird erst mit der Rechtskr (FGG 53a II 1), iR des EntschVerbundes darüber hinaus erst mit Rechtskr des ScheidgsAusspruchs wirks (ZPO 629d). Im isolierten Verf (ZPO 621 I Nr 9) u bei unstr AusglFdg entsch der RPfleger, innerh des ZugewProz dagg der FamRi (ZPO 623, 629; RPflG 3 Nr 2a, 14 Nr 2). Beschw binnen Notfr v 1 Mo (ZPO 621 I, III) zum OLG. Daneben ist ein StundgsAntr bei unbestr AusglFdg auch innerh des EntschVerbundes mögl; dann entsch der FamRi bei stattgebder Scheidg einheitl dch VerbundUrt (ZPO 629 I). **Rechtsbehelfe:** Anf zus mit der Scheidg dch Berufg (ZPO 511), dagg keine Rev (ZPO 629a I). Gg die Entsch gem § 1382 als selbstd FamSache befr Beschw (ZPO 621e I, III); weitere Beschw allenf als UnzulässigkBeschw (ZPO 621e II 2). Bei Zustdgk des RPfleg befr Erinnerg (RPflG 11 iVm ZPO 621e III).

(7, 8, 9)

4) Zuständigkeit bei streitiger Ausgleichsforderung, V. Soweit die AusglFdg str ist, insb also soweit ein VerweigergsR geltd gemacht u desh das Ger angerufen w (§ 1381 Rn 10), kann der Schu StdgsAntr nur beim FamG stellen, zweckmäßigerw als HilfsAntr, u spätestens in der letzten TatsInst. Das FamG entsch iR des EntschVerbunds (ZPO 623, 629) od bei selbstd Geltdmachg des AusglAnspr nach Scheidg im Urt (ZPO 621 Z 8, 629 I od 621a II). IjF entsch der Ri (RpflG 14 Nr 2). Die nachträgl Anrufg des FamG wg Stdg der AusglFdg, üb die ein rechtskr Urt vorliegt, ist unzul; der Antr muß abgewiesen w, da das Ger die Anrufg versch Ger ausdr („nur") ausschließt (Ausn in Rn 12). **Rechtsbehelfe:** In der Verbindg mit Anf der Entsch üb die AusglFdg od im EntschVerbund Berufg zum OLG; bei isolierter Anf nur der Entsch üb den StundgsAntr Beschw z OLG (ZPO 621a II 2, 621e, 629a II). 10 11

5) Nachträgliche Aufhebung od Änderung der Stundungsentscheidung, VI. Die eigene Entsch, denen auch die vor dem FamG abgeschlossenen Vergl, soweit sie die Stundg betreffen, gleichstehen müssen, sowie die Entsch des Ger – üb die Stundg (aber natürl nur diese) kann FamG aufheben od ändern, wenn sich die Verh nach der früh Entsch wesentl geändert haben. Es genügt also nicht jede Änderg, wohl aber nachträgl eingetretene ArbUnfähigk des Gläub, drohender VermVerfall des Schu, allg Verteuerg der Lebenshaltgskosten, bes günstige Anlagemöglichk aS des Gläub, Beerbg des Schu, wobei dann die seiner Pers liegenden Grde wegfallen, sich seine Erben auch nicht auf eigene ungünstige VermVerh berufen können (Gerold NJW **60**, 1744). Die Ändergen können also sowohl in der Person der Part wie in den allg Verh liegen; sie können für die Hinausschiebg des endgült ZahlgsTermins od die Höhe der Ratenzahlg von Bedeutg sein. Haben die Verh bereits zZ der StundgsEntsch vorgelegen, so Änderg unzuläss; die Stundg kann nicht auf diesem Weg ein zweites Mal zur Entsch gestellt werden, auch dann nicht, wenn sie fehlerh war. So auch, wenn sich im ersten Verf die Änderg der Verh deutl abzeichnete (vgl RG **126**, 242). Alles das gilt insb auch für den vor dem ProzeßG versäumten StundgsAntr. Lag aber währd des Verf vor dem ProzeßG Anlaß für eine Stundg überh nicht vor u hat sich die Lage des Schu erst nach dem Ztpkt, in dem letztmalig der StundgsAntr hätte gestellt w können, wesentl geändert, so muß er auch trotz **V** beim FamG erstmalig gestellt w können, weil Schu sonst ohne Grund schlechter gestellt wäre, als wenn Fdg unstreitig; das FamG erkennt dann erstmalig auf Stundg (Maßfeller DB **57**, 527). Demgemäß wird man auch beim FamG ggü dem Urt des ProzeßG unter den Vorauss von VI VollstrSchutzAntr nach ZPO 765a, 813a, ZVG 30a zulassen müssen (Baur FamRZ **58**, 255; aA Gernhuber/Coester-Waltjen § 36 VII 7 Fn 42 mwN). RBehelf wie Rn 9. 12

6) Einstweilige Anordnungen. Solche kann FamG, falls dafür ein Bedürfn besteht, treffen, FGG 53a III 1; insb also bei einer voraussichtl Änderg der StundgsEntsch zG des Schu die ZwVollstr vorl einstellen. Die einstw AO des FamG kann nur mit der Entsch angefochten werden, FGG 53a III 2. 13

1383 ***Übertragung von Vermögensgegenständen.*** **I Das Familiengericht kann auf Antrag des Gläubigers anordnen, daß der Schuldner bestimmte Gegenstände seines Vermögens dem Gläubiger unter Anrechnung auf die Ausgleichsforderung zu übertragen hat, wenn dies erforderlich ist, um eine grobe Unbilligkeit für den Gläubiger zu vermeiden, und wenn dies dem Schuldner zugemutet werden kann; in der Entscheidung ist der Betrag festzusetzen, der auf die Ausgleichsforderung angerechnet wird.**

II Der Gläubiger muß die Gegenstände, deren Übertragung er begehrt, in dem Antrage bezeichnen.

III § 1382 Abs. 5 gilt entsprechend.

1) Zweck: Der AusglGl kann üb HausrVO 8 u 9 hinaus ein Interesse an der Zuteilg best Ggste (Sachen, Rechte usw) haben. § 1383 ändert aber nichts daran, daß die AusglFdg eine GeldFdg ist (§ 1378 Rn 2). Das Interesse des AusglSchu, die AusglVerpfl dch Hergabe best Ggste zu verringern, hat sich nicht zu einem GestaltgsR verdichtet (vgl aber § 1378 Rn 12). Vorauss der Übertr ist **a)** aS des Gl eine **grobe Unbilligkeit**, die einen strengen Maßst verl, so daß Übertr eines Ferienhauses abgelehnt w ist (Hamm FamRZ **78**, 687). Lange AuszahlgsFr kann dagg ausr (aA Soergel/Lange Rn 5). **b)** Dem Schu muß die Zuteilg **zuzumuten** sein, was etwa verneint w müßte, wenn es sich um Ggstde aus seiner Fam handelt. 1

2) Verfahren (Soergel/Lange 9ff): GVG 23b Nr 10, ZPO 621 I Nr 9, FGG 53a (vgl § 1382 Rn 6). Erfdl ist ein Antr des Gl, der die Ggste genügd eindeut bezeichnet, **II**. In der Entsch des Ri (RPflG 14 Nr 2) ist der Betr anzugeben, der mit der Übertr abgegolten ist, **I 2**. Die Entsch hat keine dingl Wirkg, sond begr ledigl 2 die Verpfl des AusglSchu. Doch können die AbtretgsErkl in den Beschl aufgen w (Baur FamRZ **58**, 255). Übertr eines Grdst: ZPO 894, FGG 53 a IV; Meyer-Stolte Rpfleger **76**, 6. **Rechtsbehelfe:** § 1382 Rn 9 u 11.

1384 ***Berechnungszeitpunkt bei Scheidung.*** **Wird die Ehe geschieden, so tritt für die Berechnung des Zugewinns an die Stelle der Beendigung des Güterstandes der Zeitpunkt der Rechtshängigkeit des Scheidungsantrags.**

1 **1) Abweichender Berechnungszeitpunkt für den Zugewinn** zur Dchführg des EntschVerbundes (ZPO 623, 629). Noch früh BerechngsZtpkt bei vorzeit Ausgl (§ 1387). Nach § 1376 II wird das EndVerm, das für die Beurteilg der Höhe des Zugew maßg ist (§ 1373), nach dem Stichtag der Beendigg des Güterstdes
2 berechnet; das wäre die Rechtskr des ScheidgsUrt (§ 1372 Rn 13). Um zu verhindern, daß der ausgleichspflicht Eheg den Zugew zum Nachteil des and zu verringern sucht, u da auch kein Grd besteht, den and Eheg an weiterem Zugew zu beteiligen, wenn ein Verf eingeleitet ist, das mit der Scheidg der Ehe endet, ist in diesem Fall für die Berechng des EndVerm u damit des Zugew jedes der beiden Eheg der **Zeitpunkt des Scheidungsantrags maßgebend** (ZPO 253 I, 622). Das gilt auch bei längerem, selbst 5- od 9 j (Hamm NJW **80**, 1637; FamRZ **92**, 1180) Ruhen des ScheidgsVerf (Ffm FamRZ **82**, 1013; KG NJW-RR **96**, 1090) od wenn Antr zwar abgewiesen od zurückgen, die Ehe aber auf WiderAntr geschieden w (BGH **46**, 215; FamRZ **96**, 1142; Heckelmann FamRZ **68**, 59; vgl aber Reinicke BB **67**, 521; aA RGRK Rn 9; Brem FamRZ **98**, 1516, wenn der dch den früh Stichtag Benachteiligte die RHängigk nicht beseitigen konnte). Bei mehrf Anhängigk entscheidet dasj ScheidgsVerf, das schließl zur Scheidg führt (BGH NJW **79**, 2099; Kblz FamRZ **81**, 260); das gilt selbst bei zwischenzeitl Versöhng (BGH FamRZ **83**, 350). BewertgsStichtag für das EndVerm ist der Tag der Zustellg des ScheidgsAntr (Mü FamRZ **82**, 279). Unerhebl der Ztpkt des Beginns des GetrLebens (vgl aber §§ 1385, 1387). Die Beendigg des Güterstds selbst tritt nicht mit Stellg des ScheidgsAntr, sond erst mit Rechtskr des Urt (ZPO 629 nF) ein, so daß auch dann erst die AusglFdg entsteht (§ 1378 III). Mehr als sein Verm nach Abzug der Verbindlk braucht der AusglPflichtige aber auch hier nicht herauszugeben (§ 1378 II), so daß die Vorverlegg des BerechngsZtpkts uU wirkgsl bleibt. Desh kann der ausglberecht Eheg SicherhLeistg verl (§ 1389), möglicherw auch ggü Dr (§ 1390 IV).

3 **2) Gleichgestellte Fälle.** Wie die Scheidg ist auch die Eheaufhebg, § 1313, zu behandeln. Entspr Anwendg v § 1384, wenn nach Einleitg des ScheidgsVerf ein Eheg stirbt (§ 1371 Rn 13). Vgl iü § 1378 Rn 4.

1385 ***Vorzeitiger Ausgleich bei Getrenntleben.*** **Leben die Ehegatten seit mindestens drei Jahren getrennt, so kann jeder von ihnen auf vorzeitigen Ausgleich des Zugewinns klagen.**

1 **1) Zu §§ 1385, 1386.** Vorzeit ZugewAusgl vertragl (§ 1414) od im Klageweg dch **Gestaltungsurteil.** StufenKl auf Ausk u Zahlg des AusglBetrags kann zwar mit der GestaltgsKl verbunden w, üb sie darf aber erst entsch w, wenn zuvor rechtskr dch TeilUrt auf vorzeit ZugewAusgl erkannt u damit die Beendigg des ges Güterstds herbeigeführt w ist (Celle FamRZ **83**, 171). Wg der auch für den bekl Eheg mit der Auflösg der ZugewGemsch verbundenen Vorteile beträgt der **Streitwert** idR 1/4 des zu erwartden ZugewAusgl (BGH NJW **73**, 369; sa Schlesw SchlHA **79**, 180). Die **Voraussetzungen** sind in den §§ 1385, 1386 erschöpfd aufgezählt. Vorzeit ZugewAusgl daher nicht bei AO einer Bt (§ 1896), Pflegerbestellg (§ 1911), Konk, Überschuldg, gewagten Geschäften od solchen, die den bish Zugew ganz od zT aufs Spiel setzen. Ein Recht zum GetrLeben wird nicht mehr vorausgesetzt (BT-Drucks 7/650 S 102). Zur Verwendg der aus dem vorzeit ZugewAusgl stammden Mittel für den Erwerb v Anwartsch in der ges RentVers: § 1587 Rn 45.

2 **2) Vorzeitiger Ausgleich bei Getrenntleben.** Letzteres berecht nicht schlechthin zum vorzeit Ausgl, sond nur, wenn es mind 3 J angedauert hat (dazu Otten FamRZ **58**, 447). **Zweck:** Mit Aufhebg der ehel Gemsch fehlt die Grdl für eine Beteiligg am Zugew; 3-J-Fr soll eine Trenng nur um des vorzeit ZugewAusgl willen verhindern (BT-Drucks 7/650 S 102). Bes der Eheg, der den niedrigeren Zugew gemacht hat, wird ein Interesse am vorzeit Ausgl haben. Aber auch der Eheg, der ausgleichen müßte, wird, wenn er weiteren Zugew zu erwarten hat od von den Beschrkgen, §§ 1365 ff, frei sein will, die ZugewGemsch beenden, auch ein VerweigergsR, § 1381, festgestellt wissen wollen.

1386 ***Vorzeitiger Zugewinnausgleich in sonstigen Fällen.*** **I Ein Ehegatte kann auf vorzeitigen Ausgleich des Zugewinns klagen, wenn der andere Ehegatte längere Zeit hindurch die wirtschaftlichen Verpflichtungen, die sich aus dem ehelichen Verhältnis ergeben, schuldhaft nicht erfüllt hat und anzunehmen ist, daß er sie auch in Zukunft nicht erfüllen wird.**

II Ein Ehegatte kann auf vorzeitigen Ausgleich des Zugewinns klagen, wenn der andere Ehegatte

1. ein Rechtsgeschäft der in § 1365 bezeichneten Art ohne die erforderliche Zustimmung vorgenommen hat oder

2. sein Vermögen durch eine der in § 1375 bezeichneten Handlungen vermindert hat

und eine erhebliche Gefährdung der künftigen Ausgleichsforderung zu besorgen ist.

III Ein Ehegatte kann auf vorzeitigen Ausgleich des Zugewinns klagen, wenn der andere Ehegatte sich ohne ausreichenden Grund beharrlich weigert, ihn über den Bestand seines Vermögens zu unterrichten.

1) Allgemeines. § 1386 will vor einem schädl Verhalten des and Eheg schützen. Er enth drei Fälle der vorzeit Auflösg. Vgl iü § 1385 Rn 1. Kein vorzeit Ausgl bei sonst Gef der Verkürzg der AusglFdg, sond nur § 1389 (Ffm FamRZ **84**, 895). 1

2) Schuldhafte Nichterfüllung der wirtschaftlichen Verpflichtungen, I, die sich aus dem ehel Verh ergeben (dazu § 1381 Rn 4) berechtigt zur Kl auf vorzeit Ausgl, wenn das längere Zeit hindurch geschehen ist, worunter eine geraume, nicht zu knappe Zeitspanne zu verstehen, u ferner anzunehmen ist, daß Eheg sie auch in Zukunft nicht erfüllen wird. Das auch dann zu bejahen, wenn der Mann einmal Unterh zahlt, einmal wieder nicht od die Frau nur ab u zu ihren Hausfrauenpflichten nachkommt, ohne daß Anzeichen für eine wirkl Änderg des Verhaltens gegeben sind; das eine längere Zeit hindurch beibehaltene Verhalten wird also oft die Ann nahelegen, daß es auch weiterhin geschieht. Entsch die Sachlage bei der letzten mdl Vhdlg der letzten TatsInst. Geschützt wird dch I vor allem der ausgleichspfl Eheg, der mit der vorzeit AusglKlage, dch die der and Eheg vom künftigen Zugew ausgeschl wird, vgl § 1387, auch die Feststellg verbinden kann, daß er trotz seines gehabten Zugew zum Ausgl nicht verpfl ist, § 1381. 2

3) Ausgleichgefährdendes Verhalten, II. Verfügt ein Eheg ohne Einwilligg des and üb sein Verm im ganzen, § 1365, macht er übermäß unentgeltl Zuwendgen an Dritte, verschwendet er sein Verm od benachteiligt er den and Eheg, § 1375 II, u ist eine erhebl Gefährdg der künftigen AusglFdg zu besorgen, kann auf vorzeit Ausgl geklagt werden. Das ist vor allem dann der Fall, wenn zu befürchten ist, daß das vorh Verm die AusglFdg nicht deckt, § 1378 II; dabei wird auch das künft Verhalten u die allg Möglichk von Verlusten, die gerade bei der bes Erwerbsart des Eheg eintreten können, nicht außer Betr bleiben; der ausglberecht Eheg braucht dann das vergrößerte Risiko für seine Fdg nicht hinzunehmen. KlageR auch bei Besorgnis weiterer Verletzgen. KlVorauss aber nicht, daß eine AusglFdg wirkl vorh ist („künftige"). Klage entfällt selbst bei erhebl Gefährdg der künft AusglFdg, wenn der and Eheg mit der unentgeltl Zuwendg od der Verschwendg einverstanden war od 10 J seit dem das Verm vermindernden Verhalten vergangen sind, § 1375 II. Ztpkt der Beurt der Gefährdg: letzte mdl Vhdlg üb die Kl auf vorzeit Zugew (Ffm FamRZ **84**, 895). 3

4) Verweigerung der Unterrichtung über das Vermögen, III. Eine Pfl zur Ausk üb das Verm besteht nur nach Beendigg des Güterstds bzw im ScheidgsFall (§ 1379). In einer richt LebGemsch aber wird ein Eheg den and üb den Bestand seines Verm **unterrichten** (§ 1353 Rn 15), was nicht so weit geht wie die AuskPfl (§ 1379 Rn 4). Erfdl Angaben üb die wesentl Bestandt des Verm, deren Wert, auch Verbleib; aber kein R auf Einsicht in die Geschäftsbücher, auf Belegen der Angaben mit Unterlagen (Celle FamRZ **83**, 171), Nachw u Angaben im einz. KlVorauss außerd, daß Eheg sich **ohne ausreichenden Grund beharrlich weigert.** Weigerg kann berecht sein, wenn zu befürchten, daß der and Eheg einen unlauteren od geschäftsschädigden Gebr davon macht. Für die Beharrlk ist der feste Wille erfdl, nicht aber Wiederholg. Es besteht dann der Verdacht, daß er sich seiner Verpfl entziehen will, den and Eheg an dem Zugew zu beteiligen. 4 5

1387 ***Berechnungszeitpunkt bei vorzeitigem Ausgleich.*** **Wird auf vorzeitigen Ausgleich des Zugewinns erkannt, so tritt für die Berechnung des Zugewinns an die Stelle der Beendigung des Güterstandes der Zeitpunkt, in dem die Klage auf vorzeitigen Ausgleich erhoben ist.**

Der **abweichende Berechnungszeitpunkt für den Zugewinn** gilt für die Fälle der §§ 1385, 1386. **Zweck:** Es soll verhindert w, daß nach Klageerhebg der Zugew zum Nachteil des and Eheg verringert w; desh Abweichg v § 1376 II. Berechng des EndVerm u damit des Zugew bereits auf den Ztpkt der KlErhebg (ZPO 253 I, V). Tatsächl endet aber auch hier der Güterstd erst mit Rechtskr des Urt (§ 1388), so daß auch erst dann die AusglFdg entsteht (§ 1378 III). Jedoch bleibt, falls Kl dchdringt, der Zugew beider Eheg nach dem Ztpkt der KlErhebg außer Betr. Wird auch auf Scheidg geklagt, so ist ggf gem ZPO 621 III an das FamG der ScheidgsSache zu verweisen, dieses hat aber den Ztpkt der früh KlErhebg zGrde zu legen, sofern diese Kl dchdringt (and bei vorverlegtem ScheidgsAntr; vgl § 1384 Rn 2); uU Rückn der Kl auf vorzeit ZugewAusgl empfehlensw, wenn Ausgl gem § 1384 günstiger. Wird dagg währd eines lfden ScheidgsVerf Kl auf vorzeit ZugewAusgl erhoben, so ist der BerechngsZtpkt gem § 1384 maßg (Hamm FamRZ **82**, 609). Ztpkt der Rechtskr des Urt f den Stichtag des Zugew unerhebl. Vgl ferner § 1384 Rn 1. Aufhebg der ZugewGemeinsch dch ProzVergl läßt Ztpkt der KlErhebg nur dann maßg sein, falls GestaltgsKl auf vorzeit ZugewAusgl erhoben war (Zweibr OLG **74**, 214). 1

1388 ***Eintritt der Gütertrennung.*** **Mit der Rechtskraft des Urteils, durch das auf vorzeitigen Ausgleich des Zugewinns erkannt ist, tritt Gütertrennung ein.**

1) Die Rechtskraft des Urteils auf vorzeitigen Zugewinnausgleich hat zur Folge, daß der ges Güterstd endet (KG FamRZ **95**, 39: verfkonform). Am Zugew vom BerechngsStichtag an, § 1387, nehmen die Eheg nicht mehr teil, da das idR nur weiteren Streit ergeben würde; so also auch, wenn ein Eheg weiter im Beruf od Geschäft des anderen Eheg mitarbeitet, falls nicht ein gesellschähnl Verh anzunehmen ist (§ 1356 Rn 8); dieses wird bei Fortsetzg der Mitarbeit dch die Klage nicht ow berührt, die dann nur die Wirkg einer Sicherstellg des bish Erworbenen hätte. Güterrechtl tritt mit Rechtskr des Urt Gütertrenng ein. Söhnen sich die Eheg zB nach GetrLeben wieder aus, so Fortsetzg der ZugewGemsch nur ehevertragl mögl. 1

2) Wirkung gegen Dritte. Eine §§ 1449 II, 1470 II entspr Vorschr fehlt; vgl auch Meyer FamRZ **57**, 285. Das wird damit gerechtf, daß Rechte Dritter nicht beeinträchtigt werden, weil beim ges Güterstd ein Eheg Dr ggü nicht mehr Rechte hat als bei Gütertrenng (so zB Erman/Heckelmann Rn 1). Das mag zutreffen. Der RVerkehr ist dch die Unterlassg des GesGebers aber insof erschwert, als der Dr sich üb die Behauptg des verfügden Eheg, er lebe in Gütertrenng, die VfgsBeschrkgen der §§ 1365, 1369 gelten für ihn 2 nicht, aus dem Reg keine Klarh verschaffen kann. Auch eine solche Gütertrenng muß deshalb als eintraggsfäh angesehen werden (Einf 2, 3 vor § 1558; ebso Dölle §§ 46 II 2 c, 62 III 1, 65 III 4).

1389 *Sicherheitsleistung.* **Ist die Klage auf vorzeitigen Ausgleich des Zugewinns erhoben oder der Antrag auf Scheidung oder Aufhebung der Ehe gestellt, so kann ein Ehegatte Sicherheitsleistung verlangen, wenn wegen des Verhaltens des anderen Ehegatten zu besorgen ist, daß seine Rechte auf den künftigen Ausgleich des Zugewinns erheblich gefährdet werden.**

1 **Sicherheitsleistung** (Lit: S. Frey, Sicherg des künft ZugewAusgl, 1990; Derleder FuR **94**, 164: GrdstVeräußerg) kann sowohl bei Erhebg der Kl auf vorzeit Ausgl (§§ 1385, 1386) als auch bei Antr auf Scheidg (§ 1564 S 1) od Aufhebg der Ehe (§ 1313 S 1) verl w. **Zweck:** Schutz vor einer nach § 1378 II beachtl VermVerminderg (MüKo/Gernhuber Rn 2; aA BGH NJW **88**, 2369; Soergel/Lange Rn 2) u Dchsetzg des ZugewAusgl (Hbg FamRZ **82**, 284). Berecht ist nicht nur der Kl od AntrSt, sond auch der and Eheg. Erfolgt
2 grdsl dch Klage. Str, ob bei Gefährdg einstw Vfg od Arrest. Vorauss: Erhebg der AusglKl od Stellg des Scheidgs- od AufhebgsAntr (ZPO 253 I, V) u Besorgn erhebl Gefährdg des zu erwartden Ausgl dch den and; Tatfrage. Wird insb bei wesentl falscher Ausk üb das EndVerm (Ffm FamRZ **96**, 747), ferner bei § 1386 II zu bej sein, aber auch bei § 1386 III, da dort Ges von BenachteiliggsVerdacht ausgeht (§ 1386 Rn 5). Höhe der Sicherh richtet sich nach der zu sichernden vermutl Fdg, hins deren Höhe der and Eheg iRv § 1379, also ggf auch schon nach Beantragg der Scheidg, zur AuskErteilg verpfl ist. Soweit ein Eheg eigenmächt sich Ggste angeeignet hat, entfällt in dieser Höhe sein Anspr auf SicherhLeistg. Art der SicherhLeistg §§ 232 ff; § 1382 IV gilt hier nicht. Abzulehnen wenn Kl ohne ErfolgsAuss (Karlsr FamRZ **99**, 663); einstw Vfg auf Widerspr aufzuheben, wenn sich Erfolglosigk im HauptVerf herausstellt. Ist genügde Sicherh nicht erlangb (Hbg NJW **64**, 1078) od der Schu mit der Gestellg von Sicherh in Verzug, so kann der Anspr aus § 1389 dch AO des dingl Arrests (ZPO 916 ff) gesichert w (Kln FamRZ **83**, 709; aA Hbg FamRZ **82**, 284; KG FamRZ **94**, 1478). Vorauss des Verzugs, daß kein ZbR (wg Herausg v Schmuck, RentVersPap, Geburts- u HeiratsUrk)
3 besteht (Ffm FamRZ **83**, 1233). **Vollstreckung** gem ZPO 887; nach Übergang des WahlR auf den Gläub ggf SicherhLeistg dch Hinterlegg v Geld auf Kosten des Schu (Düss FamRZ **84**, 704). Verwertg der Sicherh erst
4 nach Fälligk der AusglFdg u bei EinredeFreih. Bei Fortdauer des ZugewAusglStr keine Rückgabe der freiw
5 Sicherh nach Rechtskr der Scheidg (Kln FamRZ **88**, 1273). **Haftung:** Ein RA verstößt gg seine SorgfPfl, wenn er trotz konkr Hinw auf eine VereitlgsAbs keine Maßn zur Sicherg der Vollstreckbk des AusglAnspr ergreift (Hamm FamRZ **92**, 430).

1390 *Ansprüche des Ausgleichsberechtigten gegen Dritte.* **I Soweit einem Ehegatten gemäß § 1378 Abs. 2 eine Ausgleichsforderung nicht zusteht, weil der andere Ehegatte in der Absicht, ihn zu benachteiligen, unentgeltliche Zuwendungen an einen Dritten gemacht hat, ist der Dritte verpflichtet, das Erlangte nach den Vorschriften über die Herausgabe einer ungerechtfertigten Bereicherung an den Ehegatten zum Zwecke der Befriedigung wegen der ausgefallenen Ausgleichsforderung herauszugeben. Der Dritte kann die Herausgabe durch Zahlung des fehlenden Betrages abwenden.**

II Das gleiche gilt für andere Rechtshandlungen, wenn die Absicht, den Ehegatten zu benachteiligen, dem Dritten bekannt war.

III Der Anspruch verjährt in drei Jahren nach der Beendigung des Güterstandes. Endet der Güterstand durch den Tod eines Ehegatten, so wird die Verjährung nicht dadurch gehemmt, daß der Anspruch erst geltend gemacht werden kann, wenn der Ehegatte die Erbschaft oder ein Vermächtnis ausgeschlagen hat.

IV Ist die Klage auf vorzeitigen Ausgleich des Zugewinns erhoben oder der Antrag auf Scheidung oder Aufhebung der Ehe gestellt, so kann ein Ehegatte von dem Dritten Sicherheitsleistung wegen der ihm nach den Absätzen 1 und 2 zustehenden Ansprüche verlangen.

1 **1) Allgemeines.** Der AusglAnspr wird der Höhe nach im Interesse der Gläub des AusglPflichtigen dch den Wert seines Verm begrenzt, das nach Abzug der Verbindlichk bei Beendigg des Güterst vorh ist (§ 1378 Rn 10). Wird nach § 1375 II dem EndVerm des AusglPfl die dch ihn veranlaßte VermMinderg hinzugerechnet, ist es mögl, daß die AusglFdg ganz od zT ausfällt (§ 1375 Rn 9). § 1390 gibt dem ausglberecht Eheg einen Anspr gg den dritten Empf. Der Eheg geht ihm vor, um zu verhindern, daß sein Anspr dch unentgeltl Hingabe von VermGgsten an den Dr, I, oder in unlauterem ZusWirken mit ihm, II vereitelt wird. Gleichgültig, ob EndVerm aktiv od passiv ist, § 1375 I 2 u dort Rn 10. § 1390 kann ehevertragl nicht ausgeschl werden.

2 **2) Anspruch bei unentgeltlichen Zuwendungen, I.** Wg unentgeltl Zuwendg s § 1375 Rn 6. Das Vorliegen von § 1375 Nr 1 genügt nicht; die Zuwendg muß in der Abs gemacht sein, den ausglberecht Dr zu benachteiligen. Kenntn des Empf von BenachteiliggsAbs nicht erfdl. AnfG 3 hilft nicht, da Fdg insow sie dch das Verm des Pflichtigen nicht gedeckt ist, nicht zur Entstehg gelangt, Eheg also insow auch nicht Gläub wird. Zur Berechng, insb der Möglichk eines negat EndVerm u des Ausfalls des Berechtigten § 1375 Rn 9, 10. Der Berecht hat, soweit nach § 1378 II seine AusglFdg nicht zur Entstehg gelangt ist, Anspr auf Herausg nach den Vorschr der ungerechtf Bereicherg, §§ 812 insb 818 ff. Der Dr kann statt der Herausg Zahlg des fehlenden Betrages, der der Zuwendg an ihn entspricht, wählen.

3 **3) Anspruch bei anderen Rechtshandlungen, II,** die in BenachteiliggsAbs vorgenommen wurden (vgl § 1375 Rn 8); hier jedoch nur, wenn auch dem Dr die BenachteiliggsAbs bekannt war. Hierfür genügt ein Annehmen od Kennenmüssen nicht; erfdl, daß der Dr von der BenachteiliggsAbs des Eheg gewußt hat, u zwar im Ztpkt der Vornahme der RHdlg, wobei bei Notwendigk mehrerer Hdlgen zur Vollendg der Ztpkt entscheidet, in dem die RWirkg eintritt. BewLast für die Kenntnis hat der Eheg.

4) Verjährung des Anspruchs gegen den Dritten, III. In 3 J seit Beendigg des Güterstds (§ 1372 Rn 12); unerhebl, wann der Ber Kenntnis davon erhält. Endet der Güterstd dch Tod u hat der überl Eheg die güterrechtl Lösg gewählt (§ 1371 Rn 12–20); keine Hemmg der Verj deshalb, weil der Anspr erst nach Ausschlagg der Erbsch od des Vermächtn, also erst nach Ablauf der 6-Wo-Fr, § 1944, geltd gemacht w kann; vgl auch § 1378 Rn 11 u § 2332 Rn 8. 4

5) Sicherheitsleistung, IV. Hat ein Eheg Kl auf vorzeit Ausgl des Zugew od auf Scheidg bzw Aufhebg seiner Ehe gg seinen Eheg erhoben, kann er gleichzeitig vom Dr, der herausgabepflichtig nach I oder II ist, SicherhLeistg verl, ohne daß er Gefährdg seines Anspr darzutun braucht, den das Ges offensichtl unterstellt. Das gilt etwa bei unentgeltl Übertr eines Grdst auf LebPartn (AG Meppen NJW-RR **94**, 4). Vgl iü § 1389. 5

1391-1407 *(Entfallen, GleichberG Art 1 Nr 9.)*

II. Vertragsmäßiges Güterrecht

Grundzüge

Der das ehel GüterR beherrschde **Grundsatz der Vertragsfreiheit** bietet die Möglichk, die dch das Ges bis ins einzelne dchgebildete GüterGemsch od auch die Gütertrenng dch EheVertr zu vereinbaren, aber auch in einz Bestimmgen Abweichgen von diesen zu treffen, ebso wie einz Best der ZugewGemsch geändert w können, zB §§ 1363 Rn 4, 1374 Rn 1, 1375 Rn 1, 1378 Rn 12; vgl auch § 1412. Auch die ZugewGemsch kann ehevertragl zB bei Übergang von der Gütertrenng od GütGemsch vereinb werden. Die ehevertragl Vereinbgen brauchen sich auch nicht an den GleichberGrds, GG 3 II, zu halten (Reinicke NJW **53**, 683; Dölle JZ **53**, 360; Knur DNotZ **57**, 466; Finke MDR **57**, 579). Vgl auch § 1421. ErrGemsch u FahrnisGemsch hat der GesGeber des GleichberG im Ggs zum BGB nicht mehr geregelt; üb die Möglichk ihrer Vereinbg § 1409 Rn 1. – **Beweislast:** Im Verh der Eheg zueinand hat derj das Vorhandensein einer ehevertragl Bindg zu beweisen, der sich darauf beruft. Der Dritte wird dch die Best üb die Eintr ins GüterRReg geschützt, § 1412. Wg der **Übergangsbestimmungen** vgl Grdzüge 2 v § 1414; Grdzüge 3 v § 1415 u bei § 1519. **IPR:** EG 15. Früh **DDR:** EG 234 §§ 4, 4 a. Ehel können nach GütTrenng mit zivrechtl Rückwirkg ab dem Tag der Eheschl ZugewGemsch vereinb, gem ErbStG 5 I 4 nF aber nicht mehr mit erbschsteuerrechtl Vortl (and noch zum alten Recht BFH NJW **89**, 2911). 1

1. Allgemeine Vorschriften

1408 *Ehevertrag; Grundsatz der Vertragsfreiheit.* [I] **Die Ehegatten können ihre güterrechtlichen Verhältnisse durch Vertrag (Ehevertrag) regeln, insbesondere auch nach der Eingehung der Ehe den Güterstand aufheben oder ändern.**

[II] **In einem Ehevertrag können die Ehegatten durch eine ausdrückliche Vereinbarung auch den Versorgungsausgleich ausschließen. Der Ausschluß ist unwirksam, wenn innerhalb eines Jahres nach Vertragsschluß Antrag auf Scheidung der Ehe gestellt wird.**

1) Wirksamkeitsvoraussetzungen. Für den EheVertr gelten die allg Grds. Demgemäß Bdgg, ZeitBest, Anf (zB wg Vortäuschg eines Suizids; BGH NJW-RR **96**, 1281) mögl. Sprachunkundigk eines der Beteil schließt die Wirksamk einer GütertrenngsVereinbg nicht aus, weil BeurkG 16 I bl Soll-Vorschr ist (Hamm FamRZ **98**, 372). Zur Sittenwidrigk Rn 6 u 14. VertrPart sind die Ehel, auch nach Eingehg der Ehe, zB zul Vereinbg von Gütertrenng (RG **88**, 322); ferner die Verlobten, nicht aber Dritte, etwa iR einer Schenkg. Geschäftsunfähigk: § 1411. Stellvertretg zul, auch Abschl dch den von der Fr bevollm Ehem (RG **79**, 282). Form: § 1410. Wirkg ggü Dr: § 1412. Im Verh untereinand können die Eheg schuldrechtl auch Rückwirkg vereinb. **Gläubigeranfechtung** (KO 29 ff; AnfG 3; vgl Jaeger/Henckel KO 9 § 29 Rn 46 ff): Vereinbg von Gütertrenng unter Aufhebg der GütGemsch nicht, ggf aber der AuseinandSVertr (BGH **57**, 123), soweit er mit einer VermEntäußerg verknüpft ist (RG Gruch **52**, 1167; vgl § 1437 Rn 2). Dagg nicht, wenn ein R auf Aufhebg der GütGemsch bestand (RG **57**, 87). Selbst bei großer VermVerschiedenh ist die Vereinbg der GütGemsch keine Schenkg (BayObLG Recht **09** Nr 90), wohl aber uU iVm anschließder Gütertrenng (RG **87**, 301). Keine Anf bei Vereitlg od Mindg v VerwandtenUnterhAnspr (Soergel/Gaul Rn 21 mwN); evtl aber §§ 823, 826. Bei Verbindg m **Erbvertrag** ggf § 139 (Stgt FamRZ **87**, 1034). **Landwirtschaftlicher Betrieb** (Lit: Schwab u Langenfeld, in: Ges Regelg der Scheidgsfolgen u vertragl Gestaltgsmöglk f den landw Betr, Passau 1989, S 1 u 37): Vgl § 1376 Rn 4. Zum **Steuerrecht:** § 1363 Rn 5. 1

2) Dauer des Ehevertrages. Auch hier gelten die allg Grds. Er kann also nicht einseitig aufgeh werden, auch nicht bei GetrLeben. Wird die Ehe nicht geschl, so entfällt der Vertr; wird sie für nichtig erkl, so entfällt an sich die Vorauss. Es gelten jetzt aber, wenn auch nur ein Eheg bei der Eheschl gutgl war, ScheidgsFolgen. Bei Scheidg fällt der EheVertr für die Zukunft weg; ebso bei Aufhebg. Die Vereinbg u alsbald Wiederaufhebg der GütGemsch zZw allein der GrdstEigtÜbertr ist wg GesUmgehg nichtig (aA Stgt NJW-RR **90**, 837). 2

3) Gegenstand des Ehevertrages (Lit: Langenfeld, Hdb der EheVertr u ScheidgsVereinbg, 3. Aufl 1996 sowie FamRZ **94**, 201; Kanzleiter/Wegmann, Vereinbgen unter Eheg, 5. Aufl 1997; Brambring, EheVertr u VermZuordng unter Eheg, 3. Aufl 1997; Zöllner, Vermrechtl FolgenVereinbgen für den Scheidgsfall, FS Lange 1992, 973; Büttner, Grenzen ehevertragl GestaltgsMöglkten, DFGT Brühler Schr 1998, 26; Grziwotz MDR **98**, 1075 u 1327; zur Abgrenzg speziell ggü § 1378 III 2 vgl dort Rn 14) ist die Regelg der vermrechtl 3

Verh der Eheg iS des 6. Tit u der im Anschl an die Ehescheidg vorgesehene VA iS des 7. Tit (§§ 1587 ff).

4 **a)** Zur Regelg der **güterrechtlichen Verhältnisse** der Eheg od Verlobten gehören nicht solche, die sich aus den pers Ehewirkgen, §§ 1353–1362, ergeben, wie Verträge üb die UnterhPfl, Abmachgen üb die Höhe der BeitragsPfl, § 1360, Anstellg der Frau gg Gehalt im Gesch des Mannes (RG Recht **15**, 2516). Werden sie in einem EheVertr mitgeregelt, so gelten trotzdem insof nicht §§ 1408 ff, sond die EhewirkgsVorschr. Sind solche mitgeregelte Vereinbgen nichtig, so entscheidet üb die Gültigk des EheVertr § 139. Ebsowenig gehören hierher Vertr üb die vermrechtl Verh der Eheg nach Aufhebg des Güterstds (RG DJZ **08**, 647), soweit sie nicht etwa ändernd in das bestehde GüterR eingreifen. Künft Gläub (anders § 1480) können nach Änderg des Güterstds sich nicht auf den früh, ihnen günstigeren berufen u deshalb anfechten (BGH **57**, 126). Die Abgrenzg ggü sonstigen vermrechtl Verh der Eheg, die zw ihnen ebenf bestehen können, stößt oft auf Schwierigk. Entsch ist, ob die Regelg das GüterR gerade als solches verändert (RG Gruch **63**, 616), wobei die Änderg allg sein od auch nur für einen einzelnen Ggst gelten kann (RG JW **11**, 154), od ob die Eheg diese auch treffen können, ohne gerade als Eheg u damit güterrechtl gebunden zu sein, so zB eines gemeins GrdstErwerbs für einen Hausbau, wobei zB Gemsch, Gesellsch, aber auch Auftr u Vollm vorliegen kann, was
5 auch die Umst ergeben können (BGH FamRZ **69**, 78; vgl auch Staud-Felgentraeger 9). Ein **Ehevertrag liegt vor** bei Aufhebg od Änderg des ges Güterstd (vgl § 1372 Rn 1); bei Vereinbg der GütGemsch od eines and Güterstds; bei auch rückwirkder Wiederherstellg des ges od vertragl Güterstds nach seiner Ausschließg od Änderg (BGH, FamRZ **98**, 902). Zuläss sind Vereinbgen, die den Eintritt der ZugewAusglRegelg von einer best Dauer der Ehe abhäng machen; ferner Vereinbgen, die das Anfangs- bzw EndVerm od auch beides modifizieren, insb best Ggste dem ZugewAusgl entziehen od hinzurechnen bzw iRv § 1376 best Wertvorgaben machen od BewertgsVerf festlegen (§ 1376 Rn 1). Ferner ist zul die auf den Tag der Eheschl rückwirkde Wiederherstellg der ZugewGemsch nach GütTrenng (BFH NJW **94**, 343; Hoebbel NJW **94**, 2135). Haben währd des vorehel ZusLeb der Eheg bes VermVerschiebgen stattgefunden, so empfiehlt es sich ggf, diese in einem EheVertr dem ZugewAusgl zu unterstellen, weil den meisten Eheschließden nicht klar sein wird, daß diese VermWerte sonst dem AnfangsVerm hinzuzurechnen sind (näher Grziwotz MDR **98**, 129). Ein EheVertr liegt ferner vor bei Verträgen, die die Zugehörigk zum VorbehGut ändern (RG **87**, 59). Der Geschäftswert v EheVertr, dch die die ZugewGemsch ausgeschl od aufgeh w soll, best sich gem KostO 39 III (Hamm RPfleger **79**, 153). Als EheVertr ist auch anzusehen, was wg § 2276 II wichtig, die Vereinbg des sonst ohnehin geltden ges Güterstds dch Verlobte (vgl RG **133**, 20) die Bestätigg einer früh vertragl Regelg üb den Güterstd (KG RJA **15**, 287), die Klarstellg des ges Güterstds bei Zweifeln (RGRK Anm 3 zu § 1432 aF) die Vereinbg, daß zwar der ges Güterstd, aber mit dem zZ des VertrSchlusses sich ergebden Inhalt gelten, spätere
6 ges Ändergen also ausgeschl bleiben sollen (Celle FamRZ **61**, 446). Aus dem oben hervorgehobenen Grund **hingegen kein Ehevertrag:** einzelne Schenkgen, falls diese den Güterstd nicht etwa umgestalten (RG **108**, 124), Gewährg von Darlehn (RG **78**, 207), TrHdVerh (Warn **15**, 135), GesellschVertr hins einzelner VermStücke (RG HRR **40**, 1236), GeschEinlagen. Ein unentgeltl ZugewAusglVerz kann **nichtig** sein, wenn er unklar („alles Verm ist AnfangsVerm") ist (Stgt FamRZ **83**, 498 = DNotZ **83**, 693 mAv Kanzleiter). Iü verstoßen Modifikationen des ges Güterstds wie Herausn von BetriebsVerm aus dem Anfangs- od EndVerm (§§ 1374 Rn 1; 1375 Rn 1) nicht gg § 138 (BGH NJW **97**, 2239). Desgl sind BewertgsAbsprachen zul (§ 1376 Rn 1). Zu den **Grenzen ehevertraglicher Gestaltungsmöglichkeiten:** Büttner FamRZ **98**, 1 ff.

7 **b) Ausschließung des Versorgungsausgleichs, II** (Lit: Eichenhofer DNotZ **94**, 213; Gruntkowski MittRhNotK **93**, 11; Schumann MDR **99**, 844).

8 **aa)** Abgesehen v ParteiVereinbgen iZshg mit der Scheidg (§ 1587 o) gibt § 1408 II den Ehel allg, dh vor der Eheschl od währd des Bestehens der Ehe, aber nicht mehr nach Anhängigk des ScheidgsVerf – dann nur noch genehmiggsbedürft Vereinbg (BGH FamRZ **87**, 467; Kblz FamRZ **89**, 407) –, die Möglk, den VA iS der §§ 1587 ff auszuschließen, **S 1.** Zum GesZweck Hillermeier FamRZ **76**, 580, unter Betong der bes BeratgsPfl der Notare (§ 1410; BeurkG 17), um die Eheg vor übereilten u unzweckmäß Entschl zu bewahren
9 (vgl Reinartz NJW **77**, 82 f). **Nachteile des Ausschlusses:** (1) Der Ausschl des VA bringt die Gef mit sich, jegliche Alters- u Invaliditätsversorgg zu verlieren; er schneidet den bei einer spät Scheidg evtl AusglBer iF, daß dieser keine eig Rechte aus der SozVers hat, von allen deren Leistgen (RehabilitationsMaßn, Renten an Versicherte u Hinterbliebene, KrankenVersSchutz bzw Beiträge zur KrVers) ab. Das gilt insb für die Gesch-Wwen-Rente (RVO 1265), die mit dem 1. 7. 77 weggef ist (vgl Kniebes/Kniebes DNotZ **77**, 294). (2) Der Ausschl führt uU auch zum Verlust v ZugewAusglAnspr (§ 1414 S 2). (3) Ggf kann der Ausschl des VA dch entspr UnterhPfl abgefangen w (§§ 1569 ff), die sich iF des Todes des UnterhPfl gg dessen Erben fortsetzen (§ 1586 b I). Fehlt es jedoch an einer entspr Erbmasse, so ist wiederum zu beachten, daß für Scheidgen ab 1. 7. 77 die Gesch-Wwen-Renten weggefallen sind. Für Beamte vgl dagg BeamtVG 22.

10 **bb) Inhaltlich zulässig** ist nicht nur der vollst **Ausschluß** (negat Regelg), sond auch die Modifizierg od ein TeilAusschl des VA (pos Regelg; BGH NJW **86**, 2316; FamRZ **97**, 800; Kblz FamRZ **86**, 273 mN). **Modifikationen** sind jedoch nur unter dem Gesichtspkt des Vertrauensschutzes zul. Unzul sind insb üb den Rahmen der §§ 1587, 1587 a II hinausgreifde Vereinbgen, wie die Einbeziehg außerh der Ehezeit erworbener VersAnrechte (Kblz FamRZ **86**, 273); ferner darf eine Vereinbg nicht zu einem gem § 1587 o I 2 unzul
11 Supersplitting führen (BGH NJW **90**, 1363). **Zulässig** ist der Ausschl des VA unabhäng von GgLeistgen od Abfindgen (BGH FamRZ **95**, 1482/84; NJW **97**, 126; vgl dazu Grziwotz FamRZ **97**, 585); ferner die Reduzierg der BeteiliggsQuote (BGH NJW **86**, 2316 etwa 31%: 69%); außerdem eine bei Trenng der Ehel getroff Vereinbg, daß in den VA nur die bis zu einem best Ztpkt vor dem EhezeitEnde erworbenen Anwartsch einbezogen w (BGH FamRZ **90**, 273). Zul ist auch der VA-Ausschl mit RücktrVorbeh (Langenfeld NJW **78**, 1505) od unter einer Bdgg, zB derj, daß einer der Eheg sich im Alter mit seinem eig Verm angem versorgen k; daß eine zu erwartde Erbsch anfällt (Reinartz NJW **77**, 83); daß eine ausgeübte ErwTätigk (Doppelverdienerehe) fortgesetzt w usw. Zul der teilw Ausschl v Unterh u VA u der vollst Ausschl des ZugewAusgl bei einer ggf auch geringerwert ErsRegelg (Kln FamRZ **95**, 929, bestät dch BGH FamRZ **96**, 1536). Zul auch die Verkürzg der Ehezeit u der Ausschl des VA f die Zukunft (AG Charl FamRZ **83**, 76). Unter Berücks u iR des angegebenen Prinzips zul auch der Ausschl des VA bezügl Randversorggen, wie zB der Verz auf Einbeziehg einer kaum ins Gewicht fallden betriebl Ruhegeldzusage (vgl AG Lörrach NJW **80**, 58: beiderseit

betriebl Ruhegeldzusagen; vgl iü Gruntkowski MittRhNotK **93**, 14). Bei nachträgl Ändgen der güterrechtl Verh ist aber stets die Einschränkg v § 1587 Rn 33 zu beachten. Grdsl dürften auch keine Bedenken bestehen gg ein Ausweichen auf den schuldrechtl VA (vgl aber zu dessen Nachteilen § 1587f Rn 3). Zul auch die Vereinbg eines RücktrR, das auch wiederum auf best RücktrGrde beschränkt w kann (Kniebes/Kniebes DNotZ **77**, 288). Zul der einseit Ausschl bei ungeklärter Erwerbslage (vgl BGH NJW **97**, 126; aA Diederichsen 58. Aufl). Unzul dagg der Verz auf den VA für den ScheidgsFall, aber Dchführg des VA für den Fall, daß der ausglpflicht Eheg nach der Scheidg stirbt (vgl Diederichsen NJW **77**, 217/223). Läßt man den teilw od einseit Ausschl des VA zu, so treten Schwierigk auf hins der Frage, ob § 1414 S 2 gilt u Gütertrenng eintritt, sowie hins der Dchführg des VA gem FGG 53d (vgl dazu JHBr dort Rn 7ff). Der vollst Ausschl des VA ist idR verfehlt bei der HaushFührgs- u Zuverdienerehe (vgl § 1360 Rn 9u 11). Allerd ist die These v Ruland NJW **76**, 1715, der Ausschl des VA sei unsittl, sof nicht gleichzeit eine anderweitige Sicherg des schwächeren Eheg vereinb w ist, allg auf Ablehng gestoßen (Scheld JurPrax **77**, 11; Kniebes/Kniebes DNotZ **77**, 284; Hoffmann NJW **77**, 235; MüKo/Kanzleiter Rn 19). Einmal können ggf §§ 1569ff helfen (Reinartz NJW **77**, 82); zum and müßte für Abwäggen gem § 138 die Dauer der Ehe bekannt sein. Versorggsausbeutgen können etwa üb die Lehre vom Wegf der GeschGrdl korrigiert w, so wie die Rspr den Unzulänglichkeiten des ehel GüterR dch die Ann v EheglnnengeseIlschaften abgeholfen hat; denn nach der eindeut Wertg der §§ 1587ff gehören die auch nur von einem Eheg in der Ehezeit erworbenen VersTitel wirtsch beiden Ehel. Problemat daher auch die Änderg der AusglQuote beim öffr VA (krit unter prakt Gesichtspkten Langenfeld NJW **78**, 1506). Um Überraschgen dch nachträgl Anfechtgen (zB gem § 119 II) vorzubeugen, empfiehlt es sich, die jew Motivationen der Eheg in den VertrText mit aufzunehmen, zB daß die Eheg eine Doppelverdienerehe ohne Kinder zu führen beabsichtigen od daß sie sich kirchl EheAuffassgen verpfl fühlen, eine HausfrEhe führen wollen u der VA nur wg entspr gesellschaftsrechtl Verpflichtgen des Ehem ausgeschl w soll (krit zu dieser Empfehlg Reinartz DNotZ **78**, 271). Zur Gestaltg v **Gegenleistungen** f den Ausschl des VA vgl Gruntkowski MittRhNotK **93**, 14ff. Zul ist der isolierte Ausschl des VA ohne gleichzeit Regelg der güterrechtl Verh. Weder GetrLeben noch die **konkrete** ScheidungsAbs stehen der Wirksamk des Ausschl 12
entgg (BGH FamRZ **83**, 459; Ffm FamRZ **86**, 1005 mN; Düss FamRZ **87**, 953; Lörrach NJW **80**, 58; vgl auch BVerfG NJW **87**, 179); insb bedarf der Ausschl in einem solchen Fall keiner famgerichtl Gen (Mü FamRZ **81**, 465). **Zeitpunkt:** II 1 gilt wg § 1587o II 3 nicht mehr nach RHängigk des ScheidgsAntr (Düss 13
FamRZ **86**, 68). Zur Ann von **Sittenwidrigkeit** (vgl § 138 Rn 47; Einzelh bei Eichenhofer DNotZ **94**, 14
222) – maßg ist der Ztpkt des VertrSchlusses (BGH NJW **91**, 913) – müssen bes Umst hinzutreten (BGH NJW **97**, 126; Schlesw NJW-RR **99**, 1094). Der Einwand, er habe die Tragweite des Verz nicht erfaßt, ist bedeutgslos, weil auf eig Gef handelt, wer einen Vertr schließt, dessen Inh er nicht voll versteht (Ffm FamRZ **97**, 1540). Die Vereinbg von Gütertrenng, Ausschl des VA u ggs UnterhVerz (näher dazu § 1585c) für den Fall der Scheidg ist nicht desh unwirks, weil ein Eheg in einer Ehekrise den Versuch, die Ehe fortzusetzen, vom Abschl eines solchen Vertr abhäng macht (BGH NJW **97**, 192); and wenn er sich prakt als einseit Verz vS der Ehefr nach 20j Ehe darst (Kln FamRZ **81**, 1087); erst recht, wenn obendrein u im vorhinein auch noch auf das SorgeR für das gemeins Kind verz w (Ffm FamRZ **83**, 176). Für die Sittenwidrigk reicht nicht, daß sich die Ehe bei der Vereinbg bereits in der Krise befindet u ein angem Ausgl nicht stattfindet, wenn der benachteil Eheg dch seine wieder vollzeitig ausgeübte berufl Tätigk noch eine eig Vers aufbauen k (Kln FamRZ **97**, 1539). Ferner keine Sittenwidrigk schon bei strukturell unterschiedl AltersVers der Eheg u entspr Differenzen in der Höhe (Ffm FamRZ **97**, 1540). Nicht sittenwidr ist der Ausschl des VA, wenn die Eheschl mRücks auf eine bestehde Schwangersch erfolgte, da sich der KiVater auch auf die rechtl Verpfl nicht miteinand verh Elt hätte zurückziehen k (BGH FamRZ **96**, 1536). Zur Übern von ZahlgsVerpfl für den Fall der Scheidg: § 1564 Rn 8. Keine Sittenwidrigk des Totalausschlusses, wenn er anläßl der Fortführg der Ehe mit der von einem and Mann schwangeren Frau erfolgt (Hamm FamRZ **95**, 40); wenn er mit der dch die Geburt eines Ki auflösd bdgten ZahlgsVerpfl verbunden w (aA AG Lörrach FamRZ **94**, 1456); wenn potentiell ausglberecht Eheg eine TeilVers hat u sie dch Teilbeschäftigg zur Vollvers ausbauen k (Bambg FamRZ **84**, 483) od wenn eine eig Vers aufgebaut w kann (Hbg FamRZ **91**, 1317). Verz auf ZugewAusgl, Unterh u VA aGrd schlechten Gewissens begr für sich gen nicht die Sittenwidrigk (Kblz NJW-RR **96**, 901). War der Aufbau einer eig Altersvers **Geschäftsgrundlage,** wird ein NotVerz auf den VA ab Geburt des 1.Ki unwirks (Mü FamRZ **95**, 95).

cc) Wirkung: Schließen die Eheg den VA aus, so tritt gem § 1414 S 2 automat Gütertrenng ein (Lit: 15
Kanzleiter, FS Rebmann 1989, 561), auch wenn die Eheg diese Wirkg nicht bedacht od gewollt hatten (dann allerd AnfMöglk gem § 119 I). Der ges Güterstd u damit der ZugewAusgl bleibt dagg erh, wenn sich aus dem EheVertr etwas and ergibt. Braucht nicht ausdr zu geschehen, sond kann sich auch aGrd einer Auslegg (§ 157 BGB) ergeben. Im Zweifel lassen alle Vereinbgen, die den VA nicht einschränkgslos ausschließen, sond nur iR einer Modifikation, den ges Güterstd unangetastet. Empfehlensw die ausdr Best im EheVertr, welcher Güterstd in Zukunft gelten soll, ebso wie Isoliergsklausel iSv § 139 bei Verbindg mit and Regelgen angebracht ist (Langenfeld NJW **78**, 1504). Zu den verfahrensrechtl Konsequenzen Philippi FamRZ **82**, 1057.

dd) Wiederherstellung des Versorgungsausgleichs, II 2: Der Ausschl des VA steht unter einer **Sperrfrist** von 1 J; er ist unwirks, wenn innerh v 1 J nach VertragsSchl Antr auf Scheidg der Ehe gestellt w, **S 2.** 16
Zwingdes R; nicht verfassgswidr (Stgt NJW **83**, 458; aA Gelsenk FamRZ **78**, 598). Der Ausschl des VA steht unter der auflösden Bdgg (§ 158 II) der Stellg des ScheidgsAntr (Kniebes/Kniebes DNotZ **77**, 288). Der ScheidgsAntr muß bei Gef anwaltl Haftg ggf auch vor Ablauf des TrenngsJ gestellt w (Karlsr NJW-RR **95**, 374). **Zweck:** Sinnvoll ist die JahresFr angesichts des langs Anwachsens v VersAnwartsch nur für Ehel nach längerer Ehedauer; in einer kriselnden Ehe soll ein VersöhngsVersuch, den der scheidgswill Eheg nur gg Vereinbg des VA-Ausschl zu unternehmen bereit ist, nicht einseit zL des and Eheg gehen; denkb auch, den Ausschl nach § 1408 sogl mit einer dch den ScheidgsFall bdgten Vereinbg gem § 1587o zu verbinden (Reinartz DNotZ **78**, 272). Die Fr soll verhindern, daß „die Möglk, den VA in einem EheVertr auszuschließen, mRücks auf eine bevorstehde Scheidg der Ehe mißbraucht wird" (BT-Drucks 7/4694 S 13; BGH FamRZ **99**, 155). ZwFragen bei der Auslegg sind desh aus dem bes Schutzbedürfn des an sich ausglberecht Eheg zu entsch. Erfolgte der Ausschl dch Verlobte, beginnt die J-Fr frühestens mit der Eheschl (Schwab

DNotZ-SondH **77**, 66; aA MüKo/Kanzleiter Rn 20). Evtl Genehmiggen wirken auf den Ztpkt des VertrSchl zurück (§ 184 I). Vormschgerichtl Gen gem § 1411 (*arg* § 1408 II: In einem „EheVertr"). Für die Beseitgg des VA-Ausschl kommt es auf die **Zustellung des** von einem beim FamG zugel RA unterschriebenen (BGH FamRZ **87**, 365 mAv Bosch; Düss NJW **80**, 2317) **Scheidungsantrags** an den AntrGegn an (BGH NJW **85**, 315). Der Antr muß unbedingt sein; er darf nicht nur für den Fall der Bewilligg von PKH gestellt sein (BGH FamRZ **99**, 155). Die Unwirksamk tritt auch dann ein, wenn der ScheidgsAntr vor Ablauf der J-Fr bei Ger eingereicht w u die Zustellg demnächst erfolgt, wobei aber die sich aus GKG 65 I ergebden Verpflichtgen nicht dch Nachlässigk verzögert w dürfen (BGH FamRZ **92**, 1405; Zweibr FamRZ **95**, 745). Das FamG hat die sof Zustellg gem GKG 65 VII Nr 3, 4 zu veranl, wenn in der AntrSchr ausdr darauf hingew w ist, daß mit ihr der Ausschl des VA rückgäng gemacht w sollte (Kln FamRZ **95**, 1588). Ist bei Vereinbg des VA-Ausschl ScheidgsAntr bereits gestellt, gilt II 2 analog; die Vereinbg k allenf gem § 1587 o genehmigt w (BGH NJW **87**, 1768). Umgek w ein währd eines ScheidgsVerf nach § 1408 II 1 vorgen VA-Ausschl dch Rückn des ScheidgsAntr nicht wirks (aA Kblz FamRZ **86**, 1220). Iü Einreichg des ScheidgsAntr mit demnächstiger Zustellg gem ZPO 270 III ausr (BGH NJW **85**, 315/7 „unbeschadet"; Bambg FamRZ **84**, 483). Mitteilg des PKH-Gesuchs mit der Erkl, daß ScheidgsAntr nur bei Bewilligung v PKH gestellt w soll, nicht ausr (Bambg FamRZ **84**, 483). Ebsowenig, wenn im PKH-Verf kein Gebr von der sof Zust gem GKG 65 VII Nr 3–4 gem w (BGH NJW **85**, 315/7) od wenn die AntrSchrift v einem nicht postulationsfäh RA stammt (BGH FamRZ **87**, 355). Wird der ScheidgsAntr später zurückgen, bleibt der VA-Ausschl wirks (BGH NJW **86**, 2318). And bei unbegr ScheidgsAntr (Stgt NJW **83**, 458; aA Ffm NJW-RR **90**, 582 mN). Der ausglberecht Eheg, der – evtl nur um die Ehe zu retten u dem and Partn Versöhngsversuche zu erleichtern – auf den VA verzichtet h, kann nicht gezwungen w, die Ehe dch eig Antr aufzulösen, nur um den inzw als verfehlt erkannten Ausschl des VA rückgäng machen zu k (and MüKo/Kanzleiter Rn 21, der auf die Ernstlichk des ScheidgsAntr abstellen will). Insow kommt dem II 2 der Charakter eines an eine bes Form gebundenen Rücktr zu; der VA-Ausschl w aber auch unwirks, wenn der and Eheg ScheidgsAntr stellt. Ein erneuter VA-Ausschl bedarf wiederum not Beurk. Wird der Ausschl des VA gem II 2 rückgäng gemacht, entfällt auch die Wirkg v § 1414 S 1, dh es tritt automat der ges Güterstd in Kr (v Maydell FamRZ **77**, 181). Für zweitl Vfg gilt § 161. **Nach Fristablauf** ggf noch Berufg auf **a)** § 138 od **Anf** (§§ 119, 123), wenn zB der dch den VA-Ausschl begünstigte Ehem von Anfang an nicht die Abs hatte, auf seine Geliebte zu verz; wenn im Anschl an den VAVerz entspr VermUmschichtgen vorgen wurden, die den fortbestehden Anspr auf ZugewAusgl schmälern uä (vgl MüKo/Kanzleiter Fn 56, der auf die Frage des Bevorstehens der Scheidg § 119 I anwenden will); **b) Rechtsmißbrauch,** was aber vorauss, daß der ScheidgsAntr binnen einer angem Fr nach Erkennen des unredl Verh des and Eheg gestellt wurde (BGH NJW **93**, 1004).

17 **ee) Übergangsregelung.** Im Rahmen der dch § 1408 nF gelassenen DispositionsFreih sind auch Vereinbgen üb den Ausschl des VA, die vor dem 1. 7. 77 formgerecht getroffen w sind, wirks; die Fr des II 2 beginnt allerd erst am 1. 7. 77. Vgl iü Einf 17 vor § 1587.

18 **4) Vertragsfreiheit und ihre Schranken.** Vgl auch § 1409 Rn 1 sowie zum **Verzicht auf nachehelichen Unterhalt** § 1585 c. An dem Grds der VertrFreih hat das GleichberG nichts geändert, so daß auch eine solche Regelg gewählt w kann, die dem GleichhGrds nicht entspricht (Grdz 1 vor § 1408). Die Eheg sind frei in zeitl (Rn 1) wie inhaltl Beziehg. Auch der Inhalt des ges Güterstds kann also vertragl geändert w. Mögl zB Vereinbg einer and AusglQuote als der Hälfte (Maßfeller DB **58**, 564), Befreig von den VfgsBeschrkgen der §§ 1365, 1369 (BGH NJW **64**, 1795; Lange FamRZ **64**, 546) auch dahingehd, daß zB nur bei dem MannesVerm (mRücks auf seine Tätigk) die Befreig eintreten soll (Knur DNotZ **57**, 470); Änderg der Best üb das Anfangs- od Endverm; and Ztpkt für Bewertg des AnfangsVerm (Hbg NJW **64**, 1078); Ann eines AnfangsVerm, das noch gar nicht vorh ist, wodurch sich der begünstigte Eheg einen best Vorauss sichert; and BewertgsMaßst als die des § 1376, insb hins der Berücks von Wertschwankgen; Einigg üb die heranzuziehenden Sachverst; ZahlgsVereinbgen für den Ausgl; and Arten des Ausgl, etwa eine Rente, Nießbr, Abschichtg mit einem best VermStück; Ausschließg der erb- od güterrechtl Lösg für den Erbfall; Ausschließg od Beschrkg des ZugewAusgl für den Fall der Scheidg (Lange FamRZ **64**, 546; Johannsen LM § 1412 Nr 1; vgl auch Kohler BB **59**, 929), des Zugew aus GeschVerm (Finke MDR **57**, 579), aus einer best Arb, einer Erfindg; die Herausnahme best Ggste aus dem Ausgl, zB den Firmenwert; allerd k hins solcher Herausn bei einem späteren Ausgl leicht der Einwurf erhoben w, daß für das herausgen VermStück unverhältnismäß mehr als für das sonstige Gut getan worden wäre, also § 1375 II Nr 3, so daß Ausschl des ges Güterstds oft vorzuziehen. Die völl Ausschließg des Zugew bewirkt Gütertrenng, § 1414. Für die VertrFreih bestehen jedoch folgde
19 **Beschränkungen: a)** allg Art, §§ 134, 137, 138 I od weil die Vereinbg mit dem Wesen der Ehe unvereinb wäre; nichtig zB eine Abänderg der zum Schutz Dr getroffenen Vorschr, zB § 1437 II, aber auch, daß die AusglFdg in unbegrenzter Höhe, also höher als das aktive Endverm, zur Entstehg kommen k (§ 1378 Rn 9; Finke aaO); unzul der ehevertragl Ausschl der Rechte der Abkömml, die nur von einem der Eheg abstammen;
20 in diese kann nur ihr EltT dch letztw Vfg, ErbVertr eingreifen. **b)** Bes Beschränkungen enth §§ 1409, 1518. **c)** Die Frage, ob nur die ehevertragl Best, die im Widerspruch mit dem von den Eheg vereinbarten GüterR steht, unwirks ist od ob sie den ganzen Vertr unwirks macht, ist in dieser Allgemeinh zu verneinen, da § 1414 diese Folge selbst dann nicht eintreten läßt, wenn bei Bestehen des ges Güterstds der ZugewAusgl ausgeschl w, dann vielm Gütertrenng eintritt (ebso Finke aaO). Es wird also bei Best, die dem bestehden od gewählten Güterstd widersprechen, dch Auslegg zu ermitteln sein, welche Art GüterR tats besteht, ob die Best nicht derart widerspruchsvoll sind, daß das nicht mögl ist, od ob der VertrTyp feststeht, es sich aber um zu ihr zwingd gehörige NebenBest handelt, wie zB üb den Ztpkt des Entstehens der AusglFdg u die Unmöglichk, vorher sich zu einer Vfg üb sie zu verpfl, § 1378 III. Jedenf widerspricht die Überlassg der Verwaltg beider Verm an einen Eheg nicht dem ges Güterstd, selbst wenn damit eine VfgsBefugn verknüpft w, da sein Zweck, der ZugewAusgl, dadch nicht geändert w; wohl aber eine Bindg der Eheg entspr §§ 1365, 1369 bei Gütertrenng, da einer solchen Bindg § 137 entggsteht. Die vom Ges zur Wahl gestellten Güterstde können also mannigf abgeändert w; aber frei ausgestaltete andersartige GüterVertrTypen nicht mögl (weitergehd Zöllner FamRZ **65**, 113).

1409 ***Beschränkung der Vertragsfreiheit.*** **Der Güterstand kann nicht durch Verweisung auf nicht mehr geltendes oder ausländisches Recht bestimmt werden.**

Im Rahmen der güterrechtl VertrFreih kann auf einen der VertrTypen des BGB (Gütertrenng, GütGemsch) 1
im ganzen verwiesen w. Dagg ist die Verweisg auf ein nicht mehr bestehdes od ausl GüterR unzul; der EheVertr ist nichtig (§ 134). Jedoch zul iR v § 1408 Rn 18–21 die Aufn früh od ausl Einzelregelgen (MüKo/Kanzleiter Rn 1).

1410 ***Form des Ehevertrags.*** **Der Ehevertrag muß bei gleichzeitiger Anwesenheit beider Teile zur Niederschrift eines Notars geschlossen werden.**

1) In Erweiterg der **Formerfordernisse** von § 128 (RG **69**, 133) ist für den Abschl des EheVertr 1
vorgeschr: **a) gleichzeitige Anwesenheit** beider Part. Jedoch Vertretg, auch dch den and Eheg, mögl (§ 1408 Rn 1). Der Form des § 1410 bedürfen weder die Gen (§ 182 II) noch gem § 167 II die Vollm zum Abschl eines EheVertr (BGH NJW **98**, 1857; vgl Ffm NJWE-FER **97**, 221; Kanzleiter NJW **99**, 1612; aA Einsele NJW **98**, 1206; Vollkommer JZ **99**, 519). Ges Vertretg: § 1411.

b) Abschluß des EheVertr **vor dem Notar** (BeurkG 56 III), auch des VorVertr (RG **48**, 186). Eintr im 2
GütRReg zur Wirksamk nicht erfdl (Einf 1 v § 1558). Ersatz der Form dch ProzVergl (§ 127 a). EheVertr-Form reicht für den urkdl damit verbundenen ErbVertr (§ 2276 II). Die FormVorschr erstreckt sich auf alle Nebenabreden, die nach dem Willen der Part Bestandt des EheVertr sein sollen (Kiethe MDR **94**, 641; aA Kanzleiter NJW **97**, 217 mwN).

2) Wird die vorgeschr Form nicht eingehalten, Nichtigk des EheVertr (§ 125). Die Nichtigk des damit 3
verbund ErbVertr richtet sich nach § 139 (§ 1408 Rn 1).

1411 ***Eheverträge beschränkt Geschäftsfähiger und Geschäftsunfähiger.*** **I Wer in der Geschäftsfähigkeit beschränkt ist, kann einen Ehevertrag nur mit Zustimmung seines gesetzlichen Vertreters schließen. Dies gilt auch für einen Betreuten, soweit für diese Angelegenheit ein Einwilligungsvorbehalt angeordnet ist. Ist der gesetzliche Vertreter ein Vormund oder Betreuer, so ist außer der Zustimmung des gesetzlichen Vertreters die Genehmigung des Vormundschaftsgerichts erforderlich, wenn der Ausgleich des Zugewinns ausgeschlossen oder eingeschränkt oder wenn Gütergemeinschaft vereinbart oder aufgehoben wird. Der gesetzliche Vertreter kann für einen in der Geschäftsfähigkeit beschränkten Ehegatten oder einen geschäftsfähigen Betreuten keinen Ehevertrag schließen.**

II Für einen geschäftsunfähigen Ehegatten schließt der gesetzliche Vertreter den Vertrag; Gütergemeinschaft kann er nicht vereinbaren oder aufheben. Ist der gesetzliche Vertreter ein Vormund oder Betreuer, so kann er den Vertrag nur mit Genehmigung des Vormundschaftsgerichts schließen.

1) Beschränkt geschäftsfähige und unter Betreuung stehende geschäftsfähige Ehegatten können 1
a) einen **Ehevertrag nur selbst abschließen.** Der ges Vertr ist dazu niemals befugt, **I 4,** wobei bedeutgslos, welchen Inh der Vertr hat. Ggf § 177. Die AO der Bt als solche schränkt die EheVertrFähigk nicht ein (§ 1896 Rn 2). An dieser Fähigk soll sich aber selbst dann nichts ändern, wenn der geschfäh Betreute unter einem entspr EinwVorbeh (§ 1903) steht (BT-Drucks 11/4528 S 105), wobei zweifelh ist, wie es zu dieser Situation überh kommen soll. Mangels konstitutiver Feststellg der GeschUnfähigk empfehlen sich kombinierte
Erkl nach I u II. – **b)** Doch ist die **Zustimmung des gesetzlichen Vertreters** erfdl: **aa)** beim Mj gem **I 1** 2
ijF (§§ 1629 I, 1705 S 2, 1793 S 1); **bb)** beim Betreuten nur, wenn dafür ein EinwVorbeh angeordnet ist (§ 1903 I 1), **I 2.** Die Vorschr stellt klar, daß entgg § 1903 III 1 die Zust des Betr auch dann erfdl ist, wenn der EheVertr dem Betreuten ledigl einen rechtl Vortl bringt. Zustbefugt ist der Betr nur bei entspr AufgKreis nach §§ 1896 II 1, 1902 (dort Rn 3). Für die vor VolljkEintr erkl Verweigerg der Gen dch seinen ges Vertr
trägt der bei Abschl des EheVertr mj Eheg die BewL (BGH FamRZ **89**, 476). – **c)** Vormd u Betr bedürfen 3
ihrers noch der **Genehmigung des Vormundschaftsgerichts** (§§ 1828–1830), wenn der ZugewAusgl ausgeschl od eingeschrkt od GütGemsch vereinb od aufgeh w soll. Bl Ändgen des GütGemschVertr fallen nicht darunter, falls darin nicht tats eine Aufhebg liegt. Zustdkg: FGG 43 II. Entsch dch RPfleger (RPflG 3 Nr 2 a).

2) Für **Geschäftsunfähige** schließt der ges Vertr den EheVertr ab, **II 1,** wobei er die ZugewGemsch 4
aufheben od den ZugewAusgl ausschließen, nicht dagg GütGemsch vereinb od aufh, wohl aber abänd darf. Vormd u Betr (Rn 2) bedürfen der Gen des VormschG, **II 2** (Rn 3).

1412 ***Wirkung gegenüber Dritten.*** **I Haben die Ehegatten den gesetzlichen Güterstand ausgeschlossen oder geändert, so können sie hieraus einem Dritten gegenüber Einwendungen gegen ein Rechtsgeschäft, das zwischen einem von ihnen und dem Dritten vorgenommen worden ist, nur herleiten, wenn der Ehevertrag im Güterrechtsregister des zuständigen Amtsgerichts eingetragen oder dem Dritten bekannt war, als das Rechtsgeschäft vorgenommen wurde; Einwendungen gegen ein rechtskräftiges Urteil, das zwischen einem der Ehegatten und dem Dritten ergangen ist, sind nur zulässig, wenn der Ehevertrag eingetragen oder dem Dritten bekannt war, als der Rechtsstreit anhängig wurde.**

II Das gleiche gilt, wenn die Ehegatten eine im Güterrechtsregister eingetragene Regelung der güterrechtlichen Verhältnisse durch Ehevertrag aufheben oder ändern.

1 **1)** Zur Wirksamk des EheVertr bedarf es einer Eintr im GüterRReg nicht (Königsbg OLG **15**, 406), ebso wie auch die Eintr für einen unwirks EheVertr keine heilde Wirkg hat (and § 313 S 2). Der Dr kann aber davon ausgehen, daß zw Ehel der ges Güterstd gilt. Beurteilt sich das ehel GüterR nach einer ausl ROrdng, so ist die ZugewGemsch nicht der ges Güterstd u bedarf als vereinbarter der Eintr (BayObLG FamRZ **79**, 583). Abweichgen sind ihm ggü (and zw den Eheg) nur wirks, wenn sie eingetragen sind od ihm bekannt waren **(I).** Ands braucht der Dr nicht damit zu rechnen, daß eine von der Eintr abweichde Regelg getroffen w ist, sol diese Vereinbg nicht eingetr ist, es sei denn, sie ist ihm sonst bekannt gew **(III).** Kein Schutz des guten Glaubens hingg bei § 1368.

2 **2) Anwendungsgebiet. a)** Ehevertragl Ausschließg des ges Güterstds, so daß Gütertrenng gilt (§ 1414).
3 Eintr zul (BGH FamRZ **76**, 443). Auch bei Beendigg krGes ist Eintr sinnvoll (vgl § 1388 Rn 2). – **b)** Ehevertragl Änderg des ges Güterstds, der als solcher bestehen bleibt (Grdz 1 vor § 1408); wird dabei Zugew ausgeschl, tritt Gütertrenng ein (§ 1414). Bsp: Beschrkg des ZugewAusgl auf den Todesfall (Kln FamRZ **94**,
4 1256). – **c)** Ehevertragl Aufhebg der im GüterRReg eingetragenen vertragl Regelg, zB bei Aufhebg der GütGemsch u ges Eintr subsidiären Güterstds mangels and Vereinbg (§ 1424). Ebso (vgl §§ 1449 II, 1470 II)
5 bei Beendigg der eingetragenen Regelg krGes (§§ 1447–49, 1469, 1470). – **d)** Ehevertragl Änderg der im GüterRReg eingetragenen vertragl Regelg, auch bei Änderg der VerwaltgsBefugn, ebso die krAO eines Dr
6 eintretde Änderg (§ 1418 II Z 2, 3, IV). – **e)** Entspr anwendb: Beschrkg od Ausschl der ehel VertretgsMacht (§ 1357 II 2), Einspruch u Widerruf der Einwilligg zum selbstdgen Betr eines ErwerbsGesch (§§ 1431 III, 1456 III).

7 **Nicht anwendbar,** wenn eine vertragl od aus and Grden eingetretene Regelg, die an sich der Eintr bedurft hätte, aber nicht eingetragen wurde, aufgeh od geändert w. Der Dr ist gg Verändergen selbst dann nicht geschützt, wenn er von dem urspr Zustand – zB der nicht eingetragenen GütGemsch, auf die er sich verlassen hat, die nun aber aufgeh ist – dch die Ehel Kenntn erlangt h, aber Haftg aus Erweckg eines RScheins od § 826 mögl.

8 **3) Voraussetzungen für die Wirksamkeit der Veränderungen.** Entweder **a)** muß die Eintr (auf die Bekanntmachg od die Kenntn des Dr von der Eintr kommt es nicht an) im GüterRRegister, §§ 1558 ff, zZ der Vornahme des RGesch, bei genbedürft Gesch also zZ des Abschl, nicht der Gen (RG **142**, 59), od des Eintritts der RHängigk bestehen. Die Eintr muß vollständ sein; andernf § 1421 Rn 2. Zu dem, was **einzutragen** ist, vgl KKW FGG 161 Rn 3. Ehel GüterRVereinbgen sind nur iR der ges VertrTypen eintraggsfäh, also nicht Modifikationen der Gütertrenng in Richtg auf die ZugewGemsch (Schlesw FamRZ **95**, 1586). Einzutragen ist zB bei GütGemsch die VerwBefugn (§ 1421; aM Haegele Justiz **57**, 431); bei VorbehGut nicht nur die Tats, daß solches vorh ist, sond auch die letztw Vfg, die AO des Zuwendden (§ 1418 II Nr 2), ferner die genügd deutl Bezeichng der Ggste, zB ErwerbsGesch, Landgut, nicht aber alles im einz dazu Gehörige; denn die Eintr wirkt dann bereits, wenn bei der im Verk aufzuwendden Sorgf ihre Tragweite im allg erkannt w kann. Es kann auch auf ein bei den Registerakten befindl Verzeichn Bezug gen w (§ 13 Bundesratsbe-
9 stimmg v 3. 11. 1898). Oder **b)** der Dr hat Kenntn von den Verändergen, auch wenn sie nicht eingetragen sind. Auch hier genügt Kenntn der tats Verh im allg, ohne daß der Dr im einz alle rechtl Folgergen daraus zu ziehen braucht; Kennenmüssen genügt nicht.

10 **4)** Der **Schutz** bezieht sich nur auf rechtsgeschäftl Handeln, so daß § 1412 für die ZwVollstr nicht gilt, sond der Abschl des EheVertr auch anderweit nachgewiesen w k. Schutz erstreckt sich nicht auf die Eheg untereinand (Rn 1), auch nicht Dr untereinand, die im Vertrauen auf die Richtigk der Eintr miteinand ein RGesch abschließen. Ferner nur auf Einwendgen gg RGesch u Urt, nicht aber einen Erwerb dch ZwVollstr (Hbg OLG **30**, 42); ebsowenig bei Anspr aus unerl Hdlg od ges UnterhR. IdF kommt es also stets auf die Sachlage an. – Der Dr kann sich auf die Eintr, so wie sie aus dem Reg hervorgeht, berufen, um davon abweichde Einwendgen zu entkräften, muß sich freilich dann auch solche aus dem zu seinen Gunsten angen GüterR entgghalten lassen. Auch äußert sich der Schutz nur darin, daß die Wirksamk des RGesch od Urt nach dem RegStand beurteilt w, ermöglicht aber nicht Befriedigg aus dem Verm des and Eheg, das dann seinem Zugriff unterlegen hätte (vgl Colmar OLG **11**, 282); iFv II versagt der Schutz ferner, wenn die Eintr nicht der wirkl Sachlage entspr, zB ein nichtiger EheVertr eingetragen ist, da auch dann die wahre Sachlage gilt u die falsche Eintr zL des Dr geht. Zum GutglErw § 1422 Rn 5. Der GutglSchutz schützt nicht vor dem Anspr auf Herausg des Erlangten gem § 816 I 2 (BGH **91**, 288).

11 **5) Ende des Schutzes:** mit der Änderg der Eintr der Scheidg u Aufhebg der Ehe sowie mit der Wohnsitzverlegg ohne Eintragg am neuen Wohnsitz, § 1559.

1413 *Widerruf der Überlassung der Vermögensverwaltung.* **Überläßt ein Ehegatte sein Vermögen der Verwaltung des anderen Ehegatten, so kann das Recht, die Überlassung jederzeit zu widerrufen, nur durch Ehevertrag ausgeschlossen oder eingeschränkt werden; ein Widerruf aus wichtigem Grunde bleibt gleichwohl zulässig.**

1 **1) Vermögensverwaltung durch einen Ehegatten: a) Zulässigkeit und Anwendungsbereich.** Jeder Eheg kann dem and sein Verm zur Verw überlassen. § 1413 betr deren Widerruf u stellt f dessen Ausschl ein FormErfordern auf. Die Vorschr gilt f beide Eheg u allg, also auch f die ZugewGemsch- u GütGemsch. –
2 **b) Vertragsinhalt.** Die VermVerwÜberlassg (auch hins bl VermTeile) erfolgt dch schuldrechtl Vertr (Lange
3 FamRZ **64**, 546); gleichzeit NießbrEinräumg zul (Soergel/Gaul 2). – **c) Zustandekommen** des Vertr auch dch schlüss Handeln; doch ist stets RBindgsWille beid Eheg erfdl (RG JW **38**, 3112). Keine VermVerw iS § 1413 mit automat Haftg f ungeklärte Differenzen von Einnahmen u Ausgaben dadch, daß ein Eheg mit Billigg des and alle finanziellen Angelegenh der Ehel erledigt (BGH FamRZ **88**, 42). Auch Erteilg v BankVollm mit Erledigg der fin Angelegenh dch einen Eheg, Vereinnahmg v Bargeldern iR der MitArb in einer Zahnarztpraxis reichen nicht aus (BGH NJW **86**, 1870/71). Keine Vermutg f Überlassg, wenn Eheg in gutem Einvernehmen leben (RG Recht **17**, 64) od wenn ein Eheg das Verm einvernehml in Händen h (BGH

31, 204 f), wohl aber bei längerer Duldg der VerwMaßn. Ist ein Eheg in der GeschFähigk beschr, Einwilligg des ges Vertr erfdl; bei Eintr der Beschrkg währd der Überlassg, § 672 analog. **Beweislast:** Wer sich auf die Überlassg beruft (vgl BGH FamRZ **88**, 42). – **d) Form.** Die Überlassg bedarf nicht der ehevertragl Form 4
(§ 1410), ebsowenig nachträgl Abändergen, wohl aber der Ausschl des Widerrufs. – **e) Widerruf der Über-** 5
lassung ist jederzeit forml mögl (RG **91**, 363), auch bei GüterGemsch (Soergel/Gaul 5). **aa)** Soll er ausgeschl od eingeschr w, ist das jedoch nur dch (nicht im GüterRReg einzutragden) **Ehevertr** mögl, da es sich dann um eine schwerwiegde Entsch handelt, die das GüterR als solches ändert. Ein derart Ausschl würde zB den Güterst der ZugewGemsch dem früh der Verw u Nutzn annähern. **bb)** Auch für den Fall des ehevertragl 6
Ausschl des Widerrufs bleibt dieser **aus wichtigem** Grd mögl, zB bei dauerndem Verstoß des Verwalters gg seine Pfl bei der Verwendg der Eink, verweigerter RechenschLegg od Einleitg der Scheidg.

2) Rechtsstellung des Verwalters. a) Richtet sich nach dem der Überlassg zGrde liegden RVerh, meist 7
Auftr gem §§ 662 ff (RG **87**, 108), mögl aber auch entgeltl GeschBesorgg (§ 675). Also: Einers Bindgg an Weisgen (§ 665); Ausk- u RechenschPfl (§§ 666, 260), wobei auf letztere verzichtet w kann, auch konkludent (RG JW WarnR **15** Nr 277), es sei denn, es tauchen nachträgl Zweifel an der Zuverlässigk des Verw auf (RG JW **38**, 1892); HerausgAnspr (§ 667), wobei jedoch unbelegte Ausgaben dch den bl (also unabhäng von § 1413) wirtschaftden Eheg keinen eigenstdgen famrechtl Anspr auf Rückzahlg (BGH NJW **86**, 1870) od SchadErs (BGH FamRZ **88**, 42) begr; Verzinsg des f sich verwendeten Geldes (§ 668); ands Vorschuß- u AufwendgsErsAnspr (§§ 669, 670); VergütgsAnspr nur bei bes Vereinbg. ZbR nur eingeschr (RG **160**, 59). Im Ggs zu § 672 erledigt sich die VerwÜbertr mit dem Tod, iZw auch bei Konk des Überlassden (KO 23). –
b) Dch Überlassg wird der Verw **Besitzer** u kann sich demgem auch ggü dem and Eheg, der ledigl mittelb 8
Besitzer ist, verbotener Eigenm erwehren (Dresd JW **21**, 686; Celle FamRZ **71**, 28). Im Außenverh Dr ggü wird der überlassde Eheg nur iR der von ihm dem Verw gegebenen **Vollmacht** verpfl (§§ 164 I 1, 167); der Verw wird pers nicht verpfl, allenf gem §§ 177 ff. Iü können Ermächtiggen zur Vfg im eig Na erteilt w (§ 185). Im Innenverh gehört zur ordngsgem Verwaltg, daß der Verw aus den Eink des ihm übertragenen Gutes die dieses belastden Schulden begleicht. Er muß außerdem die erfdl ErsAnschaffgen machen. Die Verwendg der VermEink erfolgt, soweit sie nicht dem FamUnterh zufließen (§ 1360), nach Weisg. Ohne bes Auftr darf der Stamm des Verm (auch zu UnterhZahlgen) nicht angegriffen w. In der Duldg derartiger Vfgen kann aber eine Ermächtigg liegen (Warn **20**, 14). – **c) Haftung** des Verw dem and Eheg ggü etwa bei 9
Eigenverwertg von VermWerten des and (BGH FamRZ **88**, 42), iü aber gem § 1359 nur beschr (RG **87**, 108; str). VertrHaftg des überlassden Eheg aus VerwGesch gem § 278, außerh ders gem § 831 (RG **91**, 363).

2. Gütertrennung

Grundzüge

1) Wesen der Gütertrennung. Die Eheg stehen sich in vermrechtl Beziehg wie Unverh ggü. Es gibt nur 1
zwei VermMassen, das Mannes- u das FrauenVerm. Jeder verwaltet sein Verm allein. Ebso hins der Nutzgen, soweit nicht aus den Einkften zum FamUnterh beizutragen ist (§ 1360). Ferner Alleinbesitz an den eig Sachen (RG JW **14**, 147; **22**, 93), abgesehen von der EheWohng u gemeins Hausr (§ 1353 Rn 6 u 7. ZwVollstr: §§ 1362, ZPO 739). Überh bleiben die §§ 1353 ff unberührt. Die Eheg haben volle Freih, Vertr miteinand abzuschließen, insb dem and Eheg die VermVerwaltg gem § 1413 zu überl (zur gemeins VermVerwaltg trotz Gütertrenng mit anschließder Teilg der VermVerluste vgl LG Mü FamRZ **97**, 560); Arb- u GesellschVertr (§§ 1356 Rn 6 ff; 1372 Rn 6 mwVerweisgen); EheVertr (§ 1408).

2) Zum **Übergangsrecht**, wenn die Eheg bei Inkrafttr des GleichberG (Einl 3 v § 1297) im Güterstd der 2
Gütertrenng gelebt haben, vgl 41. Aufl.

1414 ***Eintritt der Gütertrennung.*** **Schließen die Ehegatten den gesetzlichen Güterstand aus oder heben sie ihn auf, so tritt Gütertrennung ein, falls sich nicht aus dem Ehevertrag etwas anderes ergibt. Das gleiche gilt, wenn der Ausgleich des Zugewinns oder der Versorgungsausgleich ausgeschlossen oder die Gütergemeinschaft aufgehoben wird.**

1) Gütertrennung tritt ein a) bei Ausschließg des ges Güterstandes im EheVertr vor od mit der Eheschl, 1
ohne daß Gütertrenng ausdr vereinbart zu sein braucht. Modifikationen mit wesentl Inh des ges Güterstds sind nicht zul (Schlesw FamRZ **95**, 1586); – **b)** bei Aufhebg des ges Güterstandes, ohne daß im EheVertr ein and Güterstd vereinbart w; – **c)** bei ehevertragl Ausschließg des Zugewinns, wenn die Eheg im ges Güterstd leben, da dann die der ZugewGemsch eigentüml vermögensrechtl Gemsch entfällt. Damit entfällt dann auch die erbrechtl Lösg im Falle der Beendigg der Ehe durch Tod, § 1371 I; also kein erhöhter Erb- od Pflichtteil. Gütertrenng tritt nur dann nicht ein, wenn der GüterVertr etwas anderes ergibt, etwa wenn nur §§ 1365, 1368 od die erbrechtl Lösg des ZugewAusgl (§ 1371 I) ausgeschl w; vgl § 1408 Rn 18; – **d)** mit Ausschluß des VersorggsAusgl (§§ 1414 S 2, 1587 ff) idR, aber nicht zwingd (Lit: Kanzleiter FS Rebmann 1989 S 561). Ausdrückl od iW dch Auslegg festzustelldder Konkludenz kann auch bei gänzl Ausschl des VersorggsAusgl der ges (!) Güterstd der ZugewGemsch beibehalten w; einer bes Vereinbg bedarf es hierzu nicht (aA Reinartz NJW **77**, 83). Zur Zulässigk des VA-Ausschl unter Beibehaltg des ges Güterstd vgl NJW **77**, 223; – **e)** Bei Aufhebg der GüterGemsch, ohne daß im aufhebenden EheVertr ein anderer Güterstd vereinbart ist; – **f)** mit Rechtskraft des Urt, durch das auf vorzeitigen Ausgl der ZugewGemsch erkannt ist, § 1388; – **g)** mit Rechtskraft des AufhebgsUrt bei bisheriger GüterGemsch, §§ 1449 I, 1470 I; – **h)** durch einseitige Erklärg, die jeder Eheg bis zum 30. 6. 58 (in dem FamRÄndG Art 9 Abschn II Z 6 genannten Falle bis zum 31. 12. 61, Grdz 11 vor § 1363) dem AmtsG ggü abgeben kann, wenn die Eheg am 31. 3. 53 im damaligen ges Güterstd der Verw u Nutzg gelebt haben, ebso wenn sie ohne EheVertr zw dem 1. 4. 53 u dem Verkündgstag des GleichberG (21. 6. 57) die Ehe geschlossen haben, GleichberG Art 8 I Z 3, 4; desgl in den Fällen der Z 5, 2

vgl 11 vor § 1363; – **i)** bei ehevertragl Vereinbarg der Gütertrenng. Nur in den Fällen h und i wird vereinbart od erklärt, daß Gütertrenng gelten soll, in den Fällen a–g tritt sie von selbst als **subsidiärer Güterstand** ein. In den Fällen a–g braucht auch aus dem Register nicht ersichtl zu sein, daß Gütertrenng gilt, wohl aber der rechtl Vorgang, aGrd dessen sie von Gesetzes wg eintritt, so daß für den Dritten Erkennbark besteht; vgl auch § 1412 Rn 2, 1449 II, 1470 II. Die Überleitg des früheren Güterstandes in Gütertrenng (oben g) braucht nicht, kann aber auf Antrag eines Eheg eingetragen werden, GleichberG Art 8 I Z 3 II, 4, 5 II.

3 **2) Gütertrennung endet** durch Tod, Scheidg, Aufhebg, NichtigErkl der Ehe, ferner durch EheVertr.

4 **3)** Gütertrenng schließt die Begrdg einer **Ehegatteninnengesellschaft** (sa § 1372 Rn 6) nicht aus (BGH WPM **73**, 1242). Insbes kann wg Wegf der **Geschäftsgrundlage** ein vertragl AusglAnspr entstehen (§ 242 Rn 159). Es kommt maßgebl auf den Zw der Zuwdg an (Düss FamRZ **95**, 1146). Ist in einem GütTrenngsVertr für den Fall der Ehescheidg der alleinige Anspr der Ehefr aus einer von dem Ehem abgeschl **Lebensversicherung** vereinb, so kann die Ehefr nach der Scheidg von dem Ehem die Beseitigg der BezugsBerechtigg Dritter u ihre eig unwiderrufl Einsetzg als Bezugsberechtigte verl (Hamm VersR **97**, 1386).

3. Gütergemeinschaft

Grundzüge

1 **1) Die verschiedenen Vermögensmassen.** Zur Geschichte der GütGemsch vgl 55. Aufl. Entstehg der GütGemsch nur dch Vertr (§ 1415) u dch (inzw erled) landesges Überleitg (EG 200). Ihre Vereinbg ist keine Schenkg (§ 1408 Rn 1). Das eingebrachte u später erworbenes Verm der Eheg wird als **Gesamtgut** gemschaftl Verm (§§ 1416, 1419), dessen Einkfte vor denen des VorbehGuts zum FamUnterh zu verwenden sind (§§ 1360, 1420). Verwaltg dch einen bzw dch beide Eheg (§§ 1421, 1422 ff, 1450 ff). Daneben kann es bei Mann u Frau **Sondergut und Vorbehaltsgut** geben (§§ 1417, 1418). **Schulden** (Riering, Gemschaftl Schulden, 1991, S. 124 ff) sind GesamtgutsVerbindlkten (§§ 1437 ff, 1459 ff). Daneben tritt aber noch die pers Haftg des od der verwaltden Eheg (§§ 1437 II, 1459 II). MRücks auf die unterschiedl pers Haftg u die Verschiedenh der VermMassen bedarf es im InnenVerhältn eines Ausgl: §§ 1441–1446, 1463–1466. Das **Ende** der GütGemsch tritt mit Auflösg der Ehe, dch EheVertr od Urt ein (§§ 1447–1449, 1469, 1470). Zum ZusTreffen v GütGemsch u ScheidgsVerf: Ensslen FamRZ **98**, 1077. Danach kommt es zur **Auseinandersetzung** (§§ 1471 ff): Hins des GesGuts bleibt die Gemsch zur ges Hand mit gemeins Verwaltg bestehen (§§ 1471 II, 1472). Nach Berichtigg der Verbindlkten aus der Masse wird der Überschuß geteilt (§§ 1475, 1476). Erfolgt die Auflösg der Ehe dch den Tod eines Eheg, tritt fortgesetzte GütGemsch nur bei entspr Vereinbg im EheVertr ein (§§ 1483–1518). Für die **Witwerrente** gem RVO 1266 werden ArbEntgelte unabhäng von der GütGemsch demj zugerechnet, der sie tats zum FamUnterh beigesteuert hat (BSG FamRZ **80**, 676). Wohnte nach Trenng der Ehel der eine Eheg in dem zum Gesamtgut gehörden Haus, hat der and Eheg einen Anspr auf NutzgsEntschädigg (Düss FamRZ **84**, 1098).

2 **2) Übergangsrecht,** wenn die Eheg bei Inkrafttr des GleichberG am 1. 7. 58 in allg GütGemsch lebten: 41. Aufl. Zur Anwendg der §§ 1450 ff: BayObLG FamRZ **90**, 411; zur fortgesetzten westfäl GütGemsch: Hamm NJW-RR **93**, 71.

a) Allgemeine Vorschriften

1415 *Vereinbarung durch Ehevertrag.* **Vereinbaren die Ehegatten durch Ehevertrag Gütergemeinschaft, so gelten die nachstehenden Vorschriften.**

1 **1) Eintreten der Gütergemeinschaft** nur dch EheVertr (§ 1408), wodch gleichzeit der ges Güterstd ausgeschl w (§ 1363 I). Zum Wechsel aus dem ges Güterstd § 1478 Rn 4. Abschluß dch beschrkt GeschFähig mögl, dch GeschUnfäh dagg nicht einmal dch seinen ges Vertr (§ 1411). Form § 1410; ebso wie bei Änderg Eintragg ins GüterRReg erfdl, um Wirkg gg Dr zu haben (§ 1412). Die Begründg der GütGemsch kann eine Schenkg enth (BGH **116**, 178).

2 **2) Beendigung der Gütergemeinschaft** außer dch Tod (§ 1482), Eheauflösg (§ 1564, EheG 26, 37) od EheVertr (§ 1408 I) auch dch AufhebgsUrt (§§ 1447–1449, 1469); im letzteren Fall tritt Gütertrenng ein (§§ 1449, 1470). Keine Beendigg aus and Grden (§ 1447 Rn 1), insb wg Wegfall der GeschGrdLage, wenn zB ein Eheg unter den ges Voraussetzgen vom ErbVertr zurücktritt (BGH **29**, 129), od dch Konk (KO 2). Falls im EheVertr vereinbart, schließt sich beim Tod eines Eheg fortges GütGemsch an (§ 1483).

1416 *Gesamtgut.* **I Das Vermögen des Mannes und das Vermögen der Frau werden durch die Gütergemeinschaft gemeinschaftliches Vermögen beider Ehegatten (Gesamtgut). Zu dem Gesamtgut gehört auch das Vermögen, das der Mann oder die Frau während der Gütergemeinschaft erwirbt.**

II Die einzelnen Gegenstände werden gemeinschaftlich; sie brauchen nicht durch Rechtsgeschäft übertragen zu werden.

III Wird ein Recht gemeinschaftlich, das im Grundbuch eingetragen ist oder in das Grundbuch eingetragen werden kann, so kann jeder Ehegatte von dem anderen verlangen, daß er zur Berichtigung des Grundbuchs mitwirke. Entsprechendes gilt, wenn ein Recht gemeinschaftlich wird, das im Schiffsregister oder im Schiffsbauregister eingetragen ist.

1 **1)** Dch die GütGemsch entsteht eine **Gemeinschaft zur gesamten Hand** (RG **129**, 120), also nicht etwa eine neue RPersönlichk; vielm sind beide Eheg Eigtümer. Aus der GütGemsch folgt nicht eine allg

VertreterEigensch des einen für den and Eheg (RG **89**, 360). Zur Verwaltg § 1421. Neben der GütGemsch ist weitere Gesamthand, zB in Form einer oHG, nur dch Begrdg von VorbehGut (§ 1418) in der Form des § 1410 mögl (BGH **65**, 79 mAv Beitzke FamRZ **75**, 574; Schünemann FamRZ **76**, 137; aA Tiedtke FamRZ **75**, 675). Bei rechtswidr Eingr in das GesGut ist jeder Eheg verletzt, also auch zur Stellg des StrafAntr (StGB 77) berecht (RGSt **34**, 64). Sol GütGemsch besteht, keine Vfg über den Anteil, keine Quotenrechte, kein Anspr auf Teilg. Ebsowenig ist die Begrdg von Rechten an GesGutsSachen zG eines Eheg mögl (41. Aufl mN). Zur ZwVollstr § 1459 Rn 3.

2) Umfang des Gesamtgutes, I. Hierzu gehört das ges Mannes- u FrauenVerm, das eingebrachte wie das währd der Ehe erworbene, auch die Erbsch eines Eheg, die AusglFdg aus einer ZugewGemsch, der Anteil am GesGut einer beendigten fortges GütGemsch aus früh Ehe (RG **125**, 347), die EigtAnwartsch aus VorbehKauf (RG JW **25**, 353), die Nutzgen des Ges- u SondGuts, der ArbVerdienst u Einkfte aus einem ErwGesch, der delikt SchadErsAnspr auf Ers des Verdienstausfalls in einem in das Gesamtgut fallden ErwGesch (BGH NJW **94**, 652) sowie nach Aufhebg v § 847 I 2 auch ein SchmerzGeldAnspr (and nach früh R RG **96**, 96). Wird den Eheg ein Grdst zu MitEigt aufgelassen, so sind sie als MitEigtümer in GütGemsch einzutragen, ohne daß es einer erneuten Auflassg an sie als MitEigtümer zur ges Hand bedarf (BGH **82**, 346). Im HandelsReg ist nur der das zum GesGut gehörde **Handelsgeschäft** verwaltde Eheg als Kaufm einzutr (BayObLG BB **78**, 423); and natürl, wenn die „Ehel" evtl sogar mit dem Zusatz „in GütGemsch" firmieren (BayObLG FamRZ **92**, 61). Nicht zum GesGut gehören das SondGut (§ 1417) u das VorbehGut (§ 1418). Für die Zugehörigk zum GesGut besteht eine **Vermutung,** die Zugehörigk zu einer and VermMasse ist also vom Behauptden zu beweisen. Keine Ann, daß bzgl eines ErwGesch daneben eine BGB-Gesellsch besteht (BGH FamRZ **94**, 295). Zur **Betriebsaufspaltung** bei ehel GütGemsch BFH NJW-RR **94**, 542. 2

3) Der **Eintritt der Gesamtgutseigenschaft, II** (Hofmann FamRZ **72**, 117), vollzieht sich kr Ges, ohne daß es einer rechtsgeschäftl Übertragg bedarf, u zwar bei einem EheVertr vor Eheschl mit dieser, währd der Ehe mit Abschluß des EheVertr, bei Erw nach Abschl mit dem Erw. Der Erw kr G hat zur Folge, daß es auf den Willen des Erwerbden, für die Gemsch zu handeln, u auf sein Wissen um ihr Bestehen nicht ankommt (RG **90**, 288). Handelt er im eig Namen, so erwirbt er zwar selbst Eigt, das aber unmittelb zum gemschaftl Eigt wird (RG **84**, 327). Eintragg ins Grdbuch also ohne Zust des and Eheg (BayObLG MDR **54**, 306). Beim Erw vom Nichtberecht (§§ 932, 892) allein Gutgläubigk des erwerbden Eheg erhebl; Bösgläubigk des and Eheg unschädl (RG Gruch **47**, 667). II unanwendb bei Umwandlg von VorbehGut in GesGut; bei Grdst also Auflassg erfdl. 3

4) Gütergemeinschaft im Grundbuch, III. Die Eintragg im Grdb (GBO 47) erfolgt aGrd einer entspr Auflassg an beide Eheg (BGH FamRZ **82**, 356). Eintragg von BruchteilsEigt unstatth (RG **155**, 344), es sei denn, die Eheg erwerben das Grdst zu MitEigt u die Bruchteile werden VorbehGut (BayObLG FamRZ **82**, 285). Bei Erwerb dch die GütGemsch kr Ges (Rn 3) wird das GrdB unricht: Eintr eines Widerspr (RG **108**, 281); BerichtiggsAnspr (§ 894; ZPO 894), auch des nicht verwaltden Eheg (KG JW **34**, 1580). Vgl iü auch zum Schiffs- u SchiffsbauReg usw 48. Aufl sowie MüKo/Kanzleiter 24 ff. 4

1417 *Sondergut.* **I Vom Gesamtgut ist das Sondergut ausgeschlossen.**

II Sondergut sind die Gegenstände, die nicht durch Rechtsgeschäft übertragen werden können.

III Jeder Ehegatte verwaltet sein Sondergut selbständig. Er verwaltet es für Rechnung des Gesamtgutes.

1) Wg der versch VermMassen Grdz 1, 2 v § 1415. Dch EheVertr kann SondGut nicht begründet w, auch nicht dch Bestimmg des VermZuwenders. Verwandlg von SondGut in GesGut ist auch ehevertragl nicht mögl, wohl aber in VorbehGut. Eintragg der SondGutsEigensch ins Grdbuch unzul. 1

2) Der **Umfang des Sonderguts, II,** ist ges erschöpfd festgelegt: es gehören nur die dch RGesch unübertragb Ggstände dazu, also zB nicht abtretb u unpfändb Fdgen (§§ 399, 400); unpfdb Gehalts- u UnterhAnspr iSv ZPO 850 ff (Posen OLG **8**, 336); der Anteil an der OHG, auch wenn er von einem Eheg dch Einbringg eines zum Gesamtgut gehörden VermStückes erworben wird (BGH **LM** § 260 Nr. 1); ebso der Anteil an KG als persönl haftder Gesellschafter (BGH **57**, 128), so daß steuerrechtl der and Eheg an Einkften daraus nicht beteiligt ist (BFH BB **61**, 778); Nießbr (§ 1059); pers Dienstbark (§ 1092); die Rechte aus §§ 1103 II, 1111 II; der Anteil an der bestehenden fortgesetzten GütGemsch (BayObLG **5**, 107 u 287; str); schließl das UrheberR. **Nicht hierzu gehören** Rechte, die nicht ihrem Wesen nach, sond nur kr ParteiVereinbg od auch nur wg Zugehörigk zu einem Vermögensinbegriff unübertragb sind. Demgem fallen ins GesGut: die dem Vorerben angefallene Erbsch; der Anteil am ungeteilten Nachl gem § 1416 II (BayObLG OLG **41**, 55); ebso der Erbhof mit Wegfall des RErbhG, falls er nicht zum VorbehGut erklärt war (BayObLG NJW **53**, 224; sa Lutter AcP **161**, 163); die Nutzgen aus unübertragb Rechten; das AuseinandSGuthaben ob die Abfindg nach Auflösg einer PersGesellsch (RG **146**, 282); pers Dienstbark, soweit sie f beide Ehel gemeins bestellt w wie zB WohnR (BayObLG JW **32**, 3005), od Reallast f die Ehel als GesamtBerecht (BayObLG **67**, 480). 2 3

3) Rechtliche Behandlung. Jeder Eheg bleibt Eigtümer seines SondGutes, das er auch selbst verwaltet; demgem führt er auch selbst RStreitigk. Die Verw erfolgt für Rechng des GesGutes. Die Nutzgen fallen diesem zu, soweit sie dch RGesch übertragen w können, **II;** sie sind ebso wie die des GesGutes in erster Linie zum FamUnterh zu verwenden. Soweit die Lasten aus den Einkften des SondGutes beglichen zu werden pflegen, trägt sie das GesGut (§§ 1440 S 2, 1442 S 1, 1462 S 2, 1464 S 1). Wg der Haftg des SondGutes §§ 1437 Rn 4, 5, 1459 Rn 3. Eintragg im Grdbuch § 1421 Rn 2. 4

1418 *Vorbehaltsgut.* **I Vom Gesamtgut ist das Vorbehaltsgut ausgeschlossen.**

II Vorbehaltsgut sind die Gegenstände,

1. die durch Ehevertrag zum Vorbehaltsgut eines Ehegatten erklärt sind;

2. die ein Ehegatte von Todes wegen erwirbt oder die ihm von einem Dritten unentgeltlich zugewendet werden, wenn der Erblasser durch letztwillige Verfügung, der Dritte bei der Zuwendung bestimmt hat, daß der Erwerb Vorbehaltsgut sein soll;

3. die ein Ehegatte auf Grund eines zu seinem Vorbehaltsgut gehörenden Rechtes oder als Ersatz für die Zerstörung, Beschädigung oder Entziehung eines zum Vorbehaltsgut gehörenden Gegenstandes oder durch ein Rechtsgeschäft erwirbt, das sich auf das Vorbehaltsgut bezieht.

III Jeder Ehegatte verwaltet das Vorbehaltsgut selbständig. Er verwaltet es für eigene Rechnung.

IV Gehören Vermögensgegenstände zum Vorbehaltsgut, so ist dies Dritten gegenüber nur nach Maßgabe des § 1412 wirksam.

1 1) Jeder Eheg kann **Vorbehaltsgut** haben, das in seinem alleinigen Eigt bleibt, also nicht ins GesGut fällt. Er hat auch das alleinige **Verwaltungs- und Verfügungsrecht, III,** u ist auch bei gemeins Benutzg unmittelb Besitzer (RG JW **22**, 93), Besitzübertragg auf den and Eheg wie auf jeden Dr. Verwaltg erfolgt **für eigene Rechnung;** die Nutzgen fallen also dem Eheg zu u sind nur hilfsw, also nach den Einkünften des GesGuts, zum FamUnterh zu verwenden (§ 1420). Zur ZwVollstr genügt ein Titel gg den Eigtümer (ZPO 739). VorbehGut wirkt ggü Dr nur nach § 1412, **IV.** Dch EheVertr kann VorbehGut überh ausgeschl w, eine dahingehde Best eines Dr also unwirks gemacht w (Stgt JW **32**, 1402). Wg der Umwandlg von SondGut in VorbehGut § 1417 Rn 1.

2 2) **Begründung von Vorbehaltsgut** nach der erschöpfden Aufzählg nur nach **II;** keine ausdehnde Auslegg (RG **87**, 100). Demgem fallen der ArbVerdienst, ebso persönl GebrGgstände nicht in das VorbehGut; § 1362 gilt dafür nicht. Einkünfte aus einem nach §§ 1431, 1456 betriebenen ErwGesch werden GesGut, soweit der EheVertr nichts and bestimmt. VorbehGutsEigensch kann nur dch EheVertr geänd w (§ 1408).
3 **Vorbehaltsgut entsteht nur a)** dch **Ehevertrag, Nr 1.** Mögl für einz Ggst, für Inbegriffe, nach dem
4 ErwGrd, zB Schenken unter den Eheg; **b)** dch **Bestimmung Dritter, Nr 2,** ggf auch gg den Willen der Betroffenen, wobei genügt, wenn klar erkennb ist, daß etwa ein Zuschuß nicht GesGut werden soll. Der Ggst wird ohne weiteres VorbehGut, kann aber dch EheVertr zu GesGut gemacht w. Die Best kann von Todes wg dch Erbfolge, Vermächtn, PflichtT erfolgen od dch Erwerb unter Lebden u bedarf dann als solche keiner bes
5 Form; **c)** als **Ersatzstück, Nr 3,** wodch dem Eigtümer des VorbehGuts die Möglichk gegeben w, sich dieses ungeschmälert zu erhalten u frei zu verwalten (RG **72**, 165). Der Ersatz beschränkt sich auf drei Formen: (1) aGrd eines zum VorbehGut gehörden R (Früchte, Mietzinsen, Erfüllg von Fdgen), aber nicht ursprüngl Erwerb wie GrdstErw dch AusschlußUrt (RG **76**, 360); (2) Ersatz für Zerstörg, Beschädigg, Entziehg (EnteigngsEntschädigg, VersSumme); (3) dch sich auf das VorbehGut objektiv (ggständl auf das VorbehGut) u subjektiv (Abschluß für das VorbehGut) beziehde RGesch, wobei wirtschaftl Zusammenhang genügt (RG **87**, 100), zB Kauf von Inventar aus Mitteln des VorbehGuts, Vergl über UnfallVers iRd ErwGesch (RG **72**, 165). Ausführl 41. Aufl.

1419 *Gemeinschaft zur gesamten Hand.* **I Ein Ehegatte kann nicht über seinen Anteil am Gesamtgut und an den einzelnen Gegenständen verfügen, die zum Gesamtgut gehören; er ist nicht berechtigt, Teilung zu verlangen.**

II Gegen eine Forderung, die zum Gesamtgut gehört, kann der Schuldner nur mit einer Forderung aufrechnen, deren Berichtigung er aus dem Gesamtgut verlangen kann.

1 1) Die GütGemsch ist keine BruchteilsGemsch, wie zB das MitEigt (§§ 1008 ff), sond als Gemsch zur gesamten Hand entspr der Gesellsch (vgl § 719) gestaltet. Auch die Vorschriften über Gesamtschuldner u GesGläub (§§ 420–430) sind unanwendb.

2 2) Eine **Verfügung über den Anteil am Gesamtgut** ist ebso wie die über den Anteil an den einzelnen Ggstden nichtig, **I.** Unwirks ist auch die Vfg über den Anspr auf AuseinandS (KG JW **31**, 1371); dagg nicht die Vfg über den Anspr auf das AuseinandSGuth nach beendeter GütGemsch (§ 1471 II). Desh ist wirks auch die vor der AuseinandS eingegangene Verpfl, bestimmte ihm zufallde Ggstände Dr zu überlassen. Der Anteil ist unpfändb (ZPO 860 I) u gehört nicht zur KonkMasse (KO 1). Der Eheg kann aber, wenn nicht fortges GütGemsch eintr, über seinen Anteil von Todes wg verfügen (BayObLG **60**, 254). Verboten ist auch die **Teilung** währd bestehder GütGemsch; es bleibt nur die AufhebgsKl (§§ 1447 ff, 1469 f). Vfg über Grdst iRv § 2113 II zul, da sonst auch eigener GesGutsAnteil blockiert wäre (BGH NJW **76**, 893).

3 3) **Aufrechnung, II,** ist mit Fdgen gg u aus dem GesGut zul. Unzul ist die einseit AufRechng des Gl gg eine GesGutsFdg (§§ 1437–1440, 1459–1462), nicht aber die Aufrechng im Einverständn mit den Eheg (AufrechngsVertr), wodch auch nicht zum GesGut gehörde Fdgen gg GesGutsVerbindlichk aufgerechnet w können.

1420 *Verwendung zum Unterhalt.* **Die Einkünfte, die in das Gesamtgut fallen, sind vor den Einkünften, die in das Vorbehaltsgut fallen, der Stamm des Gesamtgutes ist vor dem Stamm des Vorbehaltsgutes oder des Sondergutes für den Unterhalt der Familie zu verwenden.**

Die **Reihenfolge** der Verwendg von Einkünften für den FamUnterh (§ 1360) ist unabhäng davon, wer das GesGut verwaltet. Zunächst sind zu verwenden die in das GesGut fallden Einkünfte (§ 1416 Rn 2), auch solche aus dem SondGut eines Eheg (§ 1417 Rn 4). Einkfte aus den and VermMassen u diese selbst nur hilfsw, also wenn die Einkfte des GesGuts nicht ausreichen; Reihenfolge: Einkfte aus VorbehGut jedes Eheg, Stamm des GesGuts, dann gleichstehd Stamm von Vorbeh- od SondGut entspr § 1606 III 1. Zum Unterh kann der aus der Ehewohng ausgezogene Eheg unmittel Zahlg eines anteil Nutzgsentgelts an sich selbst verl (Bambg FamRZ **87**, 703). § 1420 gilt auch für den TrenngUnterh (BGH **111**, 248; Mü FamRZ **96**, 166: zur Inanspruchn der versch VermMassen; Kleinle FamRZ **97**, 1194). Der unterhberecht Eheg hat einen Anspr auf Mitwirkg des unterhpflicht Eheg zur Auskehrg des Unterh aus dem von beiden verwalteten Gesamtgut nur in dem Umfang, als der zur Deckg des Bedarfs benöt Betr nicht aus Einkften gedeckt w kann, über die der UnterhBerecht gem güterrechtl Vereinbg allein verfügen kann (Zweibr **98**, 239). NotUnterh unter Eheg nicht iW einstw Vfg sond dch Erzwingg ordngsgem Verw (Mü FamRZ **96**, 557). 1

1421 ***Verwaltung des Gesamtgutes.*** **Die Ehegatten sollen in dem Ehevertrag, durch den sie die Gütergemeinschaft vereinbaren, bestimmen, ob das Gesamtgut von dem Mann oder der Frau oder von ihnen gemeinschaftlich verwaltet wird. Enthält der Ehevertrag keine Bestimmung hierüber, so verwalten die Ehegatten das Gesamtgut gemeinschaftlich.**

1) Mögl **Verwaltung** dch einen Eheg, also Mann od Frau (§§ 1422–1449), od gemschaftl Verwaltg (§§ 1450–1470), wenn im EheVertr über die VerwBefugn keine Bestimmg getroffen wurde. Ggf ist dies unter Berücks der bisher Übg dch Auslegg zu ermitteln (BayObLG FamRZ **90**, 411). AuseinandS (§§ 1471 ff) u fortges GütGemsch (§§ 1483 ff) in beiden Fällen gleich. Unzul ist die Vereinbg eines selbstd VerwR jedes Eheg (BayObLG NJW **68**, 896; umstr); ebso abwechselnde Verw, mögl aber stillschw Bevollmächtigg. 1

2) Ins **Güterrechtsregister** ist außer GütGemsch auch VerwBefugn einzutragen (§ 1412 Rn 8). Bei fehlder Eintr muß Dr von gemschaftl VerwBefugn der Eheg ausgehen. Im Grdbuch wird VerwBefugnis nicht eingetr (§ 1416 Rn 4). 2

b) Verwaltung des Gesamtgutes durch den Mann oder die Frau

1422 ***Inhalt des Verwaltungsrechts.*** **Der Ehegatte, der das Gesamtgut verwaltet, ist insbesondere berechtigt, die zum Gesamtgut gehörenden Sachen in Besitz zu nehmen und über das Gesamtgut zu verfügen; er führt Rechtsstreitigkeiten, die sich auf das Gesamtgut beziehen, im eigenen Namen. Der andere Ehegatte wird durch die Verwaltungshandlungen nicht persönlich verpflichtet.**

1) Rechtsstellung des Verwalters. Ihm steht allein die Verw des GesGutes zu; er ist dadch auch verpflicht, alles Zweckdienl zur Erhaltg des GesGutes zu tun. Er hat zB ein vorhandenes StimmR im Interesse des GesGutes auszuüben, Fdgen rechtzeitig geltd zu machen, Schulden zu bezahlen, die zum GesGut gehörigen Ggstände in polizeimäßigem Zustand zu erhalten, für Versichergen, wo es angebracht ist, Sorge zu tragen, aber auch Hdlgen u RGeschäfte vorzunehmen, die das GesGut verbessern könnten, ggf auch auf die Zust des and Eheg hinzuwirken (§ 1426). Er führt Verw aus eig Rechte im eig Namen, auch mit Wirkg für das GesGut, nicht aber mit Wirkg für den and Eheg persönl, u zwar auch dann nicht, wenn er die gem §§ 1423 ff erfdl Zust gegeben hätte, **S 2**. Handeln im Namen des nicht verwaltden Eheg u damit dessen persönl Verpflichtg nur bei Vollm od Genehmigg (§§ 164, 167, 174), andernf gelten §§ 177–180; denn der Verwalter ist nicht Vertr des nicht verwaltden Eheg (RG SeuffA **71**, 31). Mit Wirkg für das GesGut kann er VerpflGesch eingehen u über Ggstände des GesGuts verfügen, ohne Zust des and Eheg mit Ausn der Geschäfte der §§ 1423–1425; vgl auch §§ 1426–1428, 1434. Einseit RGeschäfte, die Aktiva des GesGuts betreffen, können wirks nur ihm ggü vorgenommen w (Kbg OLG **18**, 172), währd solche, die Passiva betreffen, soweit sie sich auf eine Verbindlk des nicht verwaltden Eheg beziehen, allerd auch ihm ggü vorzunehmen sind, andernf wirken sie nur ggü Verw u GesGut. Die Zahlgseinstellg des Verw wirkt hins des GesGutes auch als die des nicht verwaltden Eheg, nicht aber umgek (KO 2 I). Der Verw ist dem and Eheg ggü zur ordngsmäß Verw verpflichtet, allerd mit Haftgseinschränkg des § 1359, hat auf Verlangen auch Ausk zu erteilen u uU Ers zu leisten (§ 1435; vgl auch § 1447 Z 1, 3, 4). Widerruf der Überlassg der VermVerw gem § 1413 Rn 5. Dch Eintritt der GütGemsch erlangt der verw Eheg **Besitz** nicht von Ges wg, wohl aber ein R auf Inbesitznahme der zum GesGut gehör Ggstände; das R richtet sich gg alle, auch gg den and Eheg, der auch Ausk- u OffenbargsPfl hat (§§ 260, 261). Nach Inbesitznahme dch den Verw, die im allg mit der Einbringg der Sachen erfolgen wird, hat nichtverwberecht Eheg nur mittelb Besitz (RG **105**, 20), außer bei den zu seinem persönl Gebr bestimmten Sachen. Der Verw kann sich der Eigenmacht des and Eheg ggü erwehren. 1 2

2) Der nicht verwaltungsberechtigte Ehegatte ist von der Verw des GesGuts ausgeschl, ein WidersprR gg Vfgen des Verw hat er nicht (Kbg OLG **2**, 70). Eine selbstd Stellg hat er nur in den Fällen §§ 1428–1433, außerd ist seine Zust bei bes bedeuts RGeschäften erfdl (§§ 1423–1425), die allerd ersetzt w kann (§ 1426). Der Verw kann dem and Eheg aber in einz Fällen die Verw übertr (RG **60**, 147); sofern das nicht ehevertragl geschehen ist, kann er die Ermächtigg jederzeit widerrufen. Soweit eine Ermächtigg nicht vorliegt, sind Vfgen des nicht verwaltden Eheg über Ggstände des GesGuts solche eines NichtBerecht (§ 185), Vfgen von Todes wg werden davon aber nicht betroffen. Nimmt der nicht verwberecht Eheg eine zum GesGut geschuldete Leistg an, die versehentl an diesen Eheg bewirkt w, so wird dadch die GesGutsFdg nicht getilgt. Da der Eheg aber für GesGut erwirbt, I 1, BereichergsAnspr des Leistden gg GesGut (BGH NJW **57**, 1635; § 1434 Rn 1). Zum WiderrufsR u § 502 vgl BayObLG FamRZ **94**, 173. Rechtsgeschäftl verpflichten, u zwar auch zu Vfgen über das GesGut, kann sich der and Eheg auch ohne Zust des Verw, demgem also auch verklagt w, da seine GeschFgk dch den Güterstd nicht berührt wird. Hierdch werden aber weder das GesGut noch der Verw 3 verpflichtet, falls er nicht etwa zustimmt od das Geschäft ohne Zust für das GesGut wirks ist (§ 1438). Hingg fließt der Erwerb aus diesem Geschäft dem GesGut zu, von dem es nur nach den Vorschr über die ungerechtf Bereicherg herausverlangt w kann (§ 1434). Demgem also mögl GrdstErwerb dch den nicht verwberecht Eheg unter Übernahme der darauf lastden Hypotheken (KGJ **30**, 207). GBA muß entspr § 1416 Rn 4 eintragen, auch wenn an ihn in Erfüllg eines von ihm ohne Zust des Verw geschl KaufVertr aufgelassen ist, u zwar als GesGut, nicht, außer wenn VorbehGut, auf den Namen eines Eheg (BayObLG MDR **54**, 306, vgl RG **155**, 344). Ein VerwAkt kann auch gg den nicht verwaltden Eheg gerichtet werden (BayVGH FamRZ **88**, 1275).

4 **3)** Der Verw führt **Rechtsstreitigkeiten** im eig Namen (ausführl 41. Aufl). Zur ZwVollstr ist ein Urt gg ihn erfdl u genügd (ZPO 740 I). Bei Klage gg beide Eheg sind diese hins GesGutsVerbindlichk notw Streitgenossen (ZPO 62). Soweit ProzHandlgen eine Vfg enthalten (zB Vergl), bedarf der Verw iRd §§ 1423–1425 der Zust des and Eheg. Ausn v § 1422: § 1428.

5 **4)** Handelt der Verw den §§ 1423–1425 zuwider, so gelten für den **Schutz Dritter** die allg Vorschr über den Rechtserwerb vom NichtBerecht. Grobe Fahrlk (§ 932 II) liegt regelm vor, wenn GütGemsch im GüterRReg eingetragen ist (§ 1412 Rn 10); bei § 892 ist maßgebd, ob der Verfügde als AlleinEigt eingetr ist u der Dr weiß, daß jener in GütGemsch lebt (RG **177**, 189). Handelt der nicht verwberecht Eheg § 1422 zuwider, gilt Entsprechdes.

1423 *Geschäfte über das Gesamtgut im ganzen.*

Der Ehegatte, der das Gesamtgut verwaltet, kann sich nur mit Einwilligung des anderen Ehegatten verpflichten, über das Gesamtgut im ganzen zu verfügen. Hat er sich ohne Zustimmung des anderen Ehegatten verpflichtet, so kann er die Verpflichtung nur erfüllen, wenn der andere Ehegatte einwilligt.

1 **Der Einwilligung des nicht verwaltungsberechtigten Ehegatten,** die auch stillschw gegeben w kann (§ 1365 Rn 18), bedarf die Verpflichtg zur Vfg über GesGut im ganzen (§ 1365 Rn 2–10), nicht aber die Prozeßführg über derartige Geschäfte (§ 1422 Rn 4); Vfgen von Todes wg, sowie ein der Beschrkg der §§ 1423 ff nicht unterliegendes RGesch, selbst wenn durch dessen Erfüllg das GesGut aufgezehrt würde (RG **54**, 283), falls nicht etwa § 1423 umgangen w sollte (Karlsr FamRZ **61**, 317). Wegen des Schutzes des gutgläubigen Dritten (§ 1422 Rn 5). Der ohne Einwilligg handelnde Verwalter wird, soweit nicht unerl Hdlg vorliegt, auch nicht persönl verpflichtet; wohl aber der nicht verwberechtigte Eheg im umgekehrten Falle (§ 1422 Rn 3). Durch Erteilg der Einwilligg verpflichtet sich der andere Eheg nicht persönl, § 1422 Rn 1, wohl aber Verw, der zustimmt, §§ 1438 I, 1437 II. Ehevertragl Ausschluß zul, soweit es sich um entgeltl Geschäfte handelt (vgl § 1365 Rn 1; ebso Gernhuber § 32 III 6); Grenze § 138.

1424 *Geschäfte über Grundstück, Schiff oder Schiffsbauwerk.*

Der Ehegatte, der das Gesamtgut verwaltet, kann nur mit Einwilligung des anderen Ehegatten über ein zum Gesamtgut gehörendes Grundstück verfügen; er kann sich zu einer solchen Verfügung auch nur mit Einwilligung seines Ehegatten verpflichten. Dasselbe gilt, wenn ein eingetragenes Schiff oder Schiffsbauwerk zum Gesamtgut gehört.

1 **1) Zweck:** Sicherg der Fam gg Verlust des die ExistenzGrdl bildden Grdbesitzes. Nicht zwingd, sond abgesehen von unentgeltl Vfgen (aA LG Siegen NJW **56**, 671) nur dch EheVertr abänderb (RG **159**, 363), da sonst Umgehg dch GeneralVollm. Betrifft nur Vfgen unter Lebden. ProzführgsR u Schutz von Dr: § 1422 Rn 4, 5. Einwilligg des nicht verwberecht Eheg (§ 1423 Rn 1) kann auch forml (and ggü GBA; GBO 22) u ohne Kenntn von der Notwendigk der Einwillgg erteilt werden (RG **108**, 281).

2 **2)** Zustimmgsbedürft sind, auch wenn der and Eheg dem VerpflGesch bereits zugest hatte (MüKo/Kanzleiter 2), dann allerd mit der Folge des § 1437, **Verfügungen über Grundstücke,** eingetr Schiff, SchiffsBauw, ErbbauR (ErbbRVO 11) sowie landesrechtl gleichstehde Rechte (EG 196). Vfgen (Überbl 3 d bb vor § 104) **sind:** Veräußerg; Belastg, auch von ErbbR (BGH NJW **68**, 496); VormkgsBewilligg (Staud/Thiele 9; aM BayObLG NJW **57**, 1521); Grdbuchberichtigg; Teilg eines im MitEigt von Eheg u Dr stehden Grdst; ErbAuseinandS od Vfg über ErbschAnteil, wenn ein Grdst dazu gehört (aA Soergel/Gaul 6); Bewilligg
3 höherer HypZinsen; **nicht** dagg: Vfg über ein GrdstR, zB Löschg einer Hyp; Übern bestehder Hyp beim GrdstErw; Belastg des Grdst beim Erw zZw der Sicherstellg des Kaufpr mit Hyp (RG **69**, 177) od Nießbr (BGH NJW **57**, 1187); Umwandlg von GrdSch u Hyp; Vermietg u Verpachtg. Iü § 1821 Rn 9–11. Jeder Eheg kann ohne Zust des and die Auflassg entggnehmen (BayObLG MDR **54**, 306). Wg Eintr § 1416 Rn 4.

4 **3) Verpflichtung** zur Vfg iS v Rn 2 erfordert ebenf Zust, da die Verpfl des Verw GesGutsverbdlk wäre (§ 1437) u damit doch den and Eheg belasten würde. Unwirks desh UmgehgsGesch wie Übern einer VertrStrafe od der Haftg für die Erteilg der Einw des and Eheg (Planck § 1445 Anm 21; aM RG JW **24**, 539). Zustbedürft auch Nebenabreden wie Zusicherg der GrdstGröße (RG JW **03**, Beil 125), so daß ein derart fehlerh Vertr beide Eheg nicht bindet. Dagg Haftg aus § 463, wenn Verw allein bei VorVerhdlgen falsche Zusicherg gegeben hat u dann beide Eheg abgeschl haben (RG **99**, 121). Einwilliggsfrei ist der WeiterVerk eines Grdst dch den Verw vor Auflassg u Eintr (RG **111**, 187), wenn also nur über den schuldrechtl Anspr verfügt wird, selbst wenn dieser dch Vormkg gesichert ist (BGH MDR **71**, 916).

1425 *Schenkungen.*

I **Der Ehegatte, der das Gesamtgut verwaltet, kann nur mit Einwilligung des anderen Ehegatten Gegenstände aus dem Gesamtgut verschenken; hat er ohne Zustimmung des anderen Ehegatten versprochen, Gegenstände aus dem Gesamtgut zu verschenken, so kann er dieses Versprechen nur erfüllen, wenn der andere Ehegatte einwilligt. Das gleiche gilt von einem Schenkungsversprechen, das sich nicht auf das Gesamtgut bezieht.**

II **Ausgenommen sind Schenkungen, durch die einer sittlichen Pflicht oder einer auf den Anstand zu nehmenden Rücksicht entsprochen wird.**

1) GleichberG Art 1 Z 9; Inhalt = § 1446 aF. **Zweck** Schenkgen liegen idR außerh ordnungsgemäßer Verw u sollen desh nur mit Zust des and EheG erfolgen. Zwingde Vorschr, KGJ **52**, 109. GBA hat ohne Berücks v GBO 29 nach allg Erfahrgssätzen das zugrde liegde VerpflGesch darauf z prüfen, ob die beantr Eintr schenkgshalber erfolgt, KG OLG **33**, 341, od dch II gerechtf ist, BayObLG HRR **35**, 1314. Wg Einwilligg des and Eheg § 1423 Rn 1, aber keine Ersetzg, § 1426; Folgen der ZuwiderHdlg §§ 1427, 1428, 1434, 1435 S 3, 1447 Z 1, sa § 1423 Rn 1; auch der gutgl Beschenkte ist herausgabepflichtig, § 816 I 2. Wg § 1804 sind Schenkgen des Verw, außer gem II, nicht mögl, wenn and Eheg unter Vormsch steht, RG **91**, 40. 1

2) Ob iSv I 1 u II **Schenkung** vorliegt, § 516, ist den Umst zu entnehmen, kann also auch gegeben sein bei BürgschÜbern, RG **54**, 284, Sichergsabtretg einer Hyp, BayObLG HRR **35**, 1314, Löschg einer EigtümerGrdSch, KG OLG **33**, 341, vgl § 2113 Anm 2, Ausstattg, soweit sie nach § 1624 Schenkg ist od zB vom Vater dem Kind der Frau aus früh Ehe gegeben w, sofern nicht Anstandsschenkg, § 534, vorliegt, II. Auch die Vfg, dch die wirks abgegebenes SchenkgsVerspr erfüllt w, bedarf der Einwilligg des and Eheg. Gemschaftl Schenkg kann Verwalter allein widerrufen, § 530. 2

3) Das **Schenkungsversprechen, I 2,** bedarf der Einwilligg des and Eheg, u zwar gleichgült, ob etwas aus GesGut, Sonder- od VorbehGut versprochen w, da für sämtl Verbindlk das GesGut haftet, § 1437, das nicht belastet w soll. Anders nur, wenn inf der Übereigng eine schuldrechtl Verpflichtg nicht entstehen kann, wenn also zB der Verwalter aus seinem VorbehGut etwas schenkw übereignet, wobei auch das gg I 2 verstoßde SchenkgsVerspr wirks w kann. 3

1426 ***Ersetzung der Zustimmung des anderen Ehegatten.*** **Ist ein Rechtsgeschäft, das nach den §§ 1423, 1424 nur mit Einwilligung des anderen Ehegatten vorgenommen werden kann, zur ordnungsmäßigen Verwaltung des Gesamtgutes erforderlich, so kann das Vormundschaftsgericht auf Antrag die Zustimmung des anderen Ehegatten ersetzen, wenn dieser sie ohne ausreichenden Grund verweigert oder durch Krankheit oder Abwesenheit an der Abgabe einer Erklärung verhindert und mit dem Aufschub Gefahr verbunden ist.**

Inhalt = § 1447 aF. Wg der Voraussetzgen u des Verf vgl § 1365 Rn 20–27. **Ersetzung** der Zust, wenn die 1
Maßn ordngsmäßiger Verwaltg entspricht, die sich aus ZweckmäßigkErwägen u den wirtschaftl Interessen der Fam ergibt (KG OLG **34**, 250). Ersetzg daher bei Übertragg von BauGrund zur Ablösg eines Pflichtteils-Anspr u Gewinng einer Hilfskr in einem landwirtsch Betr (BayObLG FamRZ **83**, 1127); ferner zur Gewährg einer Ausstattg (BayObLG **23**, 160). Dagg **keine Ersetzung** bei Schenkg aus dem GesGut (§ 1425); bei 2
wirtsch Nachteiligk f den and Eheg (§ 1365 Rn 23). Wg Verhinderg dch Abwesenh § 1911 Rn 3. Kein eig AntrR des Dritten; Verwalter kann aber aGrd des RGesch dem Dr ggü zur Herbeiführg der Ersetzg verpfl sein. Vollstr eines solchen Urt gem ZPO 888. Für Unterlassg der Herbeiführg der Ersetzg haftet der Verw im InnenVerh aus § 1435. Gen ist auch dann einzuholen, wenn noch andere behördl Gen fehlen, da diese 3
unabhäng voneinand sind (BayObLG NJW **55**, 1719). Ersetzg erfolgt dch Richter des VormschG, (RPflG 14 Z 6) u hat dieselbe Wirkg wie die dch den and Eheg gegebene Zust, verpflichtet ihn also nicht persönl (§ 1422 Rn 1).

1427 ***Rechtsfolgen fehlender Einwilligung.*** I **Nimmt der Ehegatte, der das Gesamtgut verwaltet, ein Rechtsgeschäft ohne die erforderliche Einwilligung des anderen Ehegatten vor, so gelten die Vorschriften des § 1366 Abs. 1, 3, 4 und des § 1367 entsprechend.**

II **Einen Vertrag kann der Dritte bis zur Genehmigung widerrufen. Hat er gewußt, daß der Ehegatte in Gütergemeinschaft lebt, so kann er nur widerrufen, wenn dieser wahrheitswidrig behauptet hat, der andere Ehegatte habe eingewilligt; er kann auch in diesem Falle nicht widerrufen, wenn ihm beim Abschluß des Vertrages bekannt war, daß der andere Ehegatte nicht eingewilligt hatte.**

GleichberG Art 1 Z 9; entspricht § 1448 aF. Vgl §§ 1366, 1367. Währd des SchwebeZustd kann Dritter zur Beschaffg der Gen auffordern, I iVm § 1366 III, od iRv II widerrufen. Die Ersetzg dch das VormschG iFv §§ 1423, 1424, vgl § 1426, muß nach Aufforderg innerh 2 Wo v Verwalter dem Dritten mitgeteilt w. Widerruf vS des Dritten nur ggü dem VertrGegner, II 1; inhaltl Entsprechg zu II 2 in § 1366 II. Ist Gen verweigert, so w das RGesch auch nicht dch Beendigg der GütGemsch wirks. Läuft dagg die 2-Wo-Frist noch u erhält Verwalter den VfgsGgst bei der AuseinanderS, so wird die Vfg wirks, § 185 II 1. Bei Unwirksamk des RGesch kann Verwalter den Ggst selbst zurückfordern, ohne daß ihm ein ZurückbehaltsgsR entggesetzt w könnte, § 1434 Rn 1 aE. Keine persönl Verpfl des Verwalters dch ein solches Gesch, § 1423 Rn 1. 1

1428 ***Verfügungen ohne Zustimmung.*** **Verfügt der Ehegatte, der das Gesamtgut verwaltet, ohne die erforderliche Zustimmung des anderen Ehegatten über ein zum Gesamtgut gehörendes Recht, so kann dieser das Recht gegen Dritte gerichtlich geltend machen; der Ehegatte, der das Gesamtgut verwaltet, braucht hierzu nicht mitzuwirken.**

GleichberG Art 1 Z 9; entspricht § 1449 aF. Ausn v § 1422 (dort Rn 4), zum Schutz des and Eheg gg iSv §§ 1423–25 unbefugte RGeschäfte des Verwalters. Zwingd Recht. Klage im eig Namen auf Herausg an sich selbst od den Verwalter, der die Sache anschließd ijF wieder in Besitz nimmt. Schutz Dritter § 1422 Rn 5. Bei gutgl Erwerb dch Dritten fällt evtl BereichergsAnspr, § 816 I 2, unter § 1428. Nach dem Zweck des 1

Revokationsrechts kein ZurückbehR des Dritten wg der ins GesGut bewirkten GgLeistg, hM, aA Dölle §§ 70 VI 4 u 71 II 3. Verwalter kann auch seiners klagen, § 1427 Rn 1 aE. Urteile ggs ohne RechtskrWirkg, str, Soergel-Gaul 6 mNachw. Haftg des GesGuts f die Kosten der Revokation, § 1438 II, die aber nur aGrd eines Urt gg den Verwalter geltend gemacht w kann, ZPO 740 I.

1429 *Notverwaltungsrecht.* **Ist der Ehegatte, der das Gesamtgut verwaltet, durch Krankheit oder durch Abwesenheit verhindert, ein Rechtsgeschäft vorzunehmen, das sich auf das Gesamtgut bezieht, so kann der andere Ehegatte das Rechtsgeschäft vornehmen, wenn mit dem Aufschub Gefahr verbunden ist; er kann hierbei im eigenen Namen oder im Namen des verwaltenden Ehegatten handeln. Das gleiche gilt für die Führung eines Rechtsstreits, der sich auf das Gesamtgut bezieht.**

1 GleichberG Art 1 Z 9; Inhalt = § 1450 aF. **Notverwaltungsrecht** f einz RGesch, die sich auf das GesGut beziehen, einschließl §§ 1423–25. Dagg keine allg Vertretgsbefugn, RG **89**, 360; sa Einf 14 vor § 1353. Der nichtverwaltgsberecht Eheg ist nicht verpfl, aber kann handeln od klagen, u zwar entw gem § 164 I 1, so daß nicht er, sond der Verwalter u das GesGut verpfl w, § 1437, od im eig Namen, so daß er sich außerd auch persönl verpfl, währd das Erworbene ijF ins GesGut fällt. Kosten wie § 1428 Rn 1. Hat Eheg sich iR des NotVerwR auf RStreit eingelassen, so kann er nicht zurück, Stettin OLG **4**, 404; vgl aber § 1433 Rn 2.
2 **Voraussetzung:** Verhinderg (nicht bloßes Nichtwollen, RG **103**, 126, dann § 1430) des Verwalters wg Krankh od Abwesenh; ferner obj Gefahr im Verzug zZ der Vorn des Gesch, zB drohde Verjährg; s § 1365 Rn 24.

1430 *Ersetzung der Zustimmung des Verwalters.* **Verweigert der Ehegatte, der das Gesamtgut verwaltet, ohne ausreichenden Grund die Zustimmung zu einem Rechtsgeschäft, das der andere Ehegatte zur ordnungsmäßigen Besorgung seiner persönlichen Angelegenheiten vornehmen muß, aber ohne diese Zustimmung nicht mit Wirkung für das Gesamtgut vornehmen kann, so kann das Vormundschaftsgericht die Zustimmung auf Antrag ersetzen.**

1 **1)** GleichberG Art 1 Z 9; Inhalt = § 1451 aF. Die zwingde **Schutzvorschrift** zG des nichtverwaltgsberecht Eheg gibt ihm die Möglk, zur Sicherstellg notwend persönl Belange das GesGut in Anspr z nehmen, indem Zust des Verwalters ersetzt w. Kein KlageR des Dritten auf Zust; der and Eheg hat erforderl Zust selbst herbeizuführen. **Verfahren** vgl § 1365 Rn 25–27.

2 **2) Voraussetzungen: a)** Zu den **persönlichen Angelegenheiten** (§ 1360 a Rn 13–15), gehört auch
3 Kündigg eines Mietverhältn, um den Ehestörer z entfernen, BayObLG NJW **65**, 348. **b)** Das RGesch darf
4 nicht bloß zweckm od vorteilh, sond muß **notwendig** s, wie zB Ausstattg des erstehel Kindes. **c)** Der Eheg braucht zur Vorn des RGesch die **Zustimmung des Verwalters,** damit es dem GesGut ggü wirks werden kann, § 1438 I, zB Verwertg v GesGut zur Beschaffg v Mitteln f die persönl Angelegenh, ProzKostVorsch f ScheidgsStr, Aufn v Darl, wenn die flüss Mittel nicht ausreichen, § 1360 a IV. Zust z RStreit nicht erforderl,
5 da GütGemsch ProzFgk nicht berührt; Kostenhaftg des GesGuts § 1438 II. **d) Verweigerung ohne ausreichenden Grund,** also Nichtwollen des Verwalters; sonst § 1429; sa § 1365 Rn 20.

6 **3) Wirkung.** Ersetzg kann nur f das RGesch im ganzen erfolgen, KG JW **34**, 908, sonst Ablehng. Sie hat die Wirksamk des Gesch ggü dem GesGut zur Folge. Im Ggs zu § 1429 tritt der nicht verwberecht Eheg nur im eig Namen auf. Wirkg wie § 1429 Rn 1.

1431 *Selbständiges Erwerbsgeschäft.* **I Hat der Ehegatte, der das Gesamtgut verwaltet, darin eingewilligt, daß der andere Ehegatte selbständig ein Erwerbsgeschäft betreibt, so ist seine Zustimmung zu solchen Rechtsgeschäften und Rechtsstreitigkeiten nicht erforderlich, die der Geschäftsbetrieb mit sich bringt. Einseitige Rechtsgeschäfte, die sich auf das Erwerbsgeschäft beziehen, sind dem Ehegatten gegenüber vorzunehmen, der das Erwerbsgeschäft betreibt.**

II Weiß der Ehegatte, der das Gesamtgut verwaltet, daß der andere Ehegatte ein Erwerbsgeschäft betreibt, und hat er hiergegen keinen Einspruch eingelegt, so steht dies einer Einwilligung gleich.

III Dritten gegenüber ist ein Einspruch und der Widerruf der Einwilligung nur nach Maßgabe des § 1412 wirksam.

1 **1)** GleichberG Art 1 Z 9. Inhalt = § 1452 aF. Der nichtverwberecht Eheg bedarf zur Aufn eines ErwerbsGesch keiner Einwilligung des and, sa § 1356 I 2, unterliegt jedoch bzgl des GesGuts den VfgsBeschrkgen (§ 1422 Rn 3), die bestehen bleiben, wenn Verwalter in den Betr des ErwGesch nicht eingewilligt od die Einwilligg widerrufen hat, III. **Zweck** also: Einwilligg des Verwalters befreit and Eheg v den Beschrkgen des § 1422. Ohne Einwilligg haftet GesGut grdsl nicht, es sei denn, Einspr gg den Betr od Widerruf waren bei Eintr der Rechtshängigk eines RStreits gg den Nichtverwalter im GüterRReg nicht eingetr; f Verwalter dann nur WidersprKl, ZPO 774. Wg Haftg des GesGuts nach § 1440 S 2 u des Verwalters persönl bis zur Beendigg der GütGemsch, § 1437 II (im InnenVerh gilt § 1441 Z 2), ist Einwilligg des Verwalters auch dann erhebl, wenn ErwGesch zum VorbehGut gehört.

2 **2) Selbständiges Erwerbsgeschäft** (Begr § 1822 Rn 11) liegt vor, wenn Eheg verantwortl Unternehmer im wirtschaftl Sinne ist, heute auch der Freiberufler (MüKo/Kanzleiter 3), wie der RA od Arzt (BGH **83**, 76), ebso Landwirt (BayObLG FamRZ **83**, 1128), ohne Rücks, ob der Eheg selbst arbeitet od sich eines Bevollm (Prokurist) bedient, es sei denn, dies ist der verwberecht Eheg u das ErwGesch gehört z GesGut. Selbständ dch einen Eheg betrieben wird ein ErwGesch auch dann, wenn es von beiden Eheg gemschaftl geführt w (BayObLG FamRZ **83**, 1128); ebso, wenn Eheg mit AlleinGeschFührgsBefugn (HGB 115 I) ein z

GesGut gehör ErwGesch als OHG betreiben; ferner Teilhabersch an OHG auch bei ausgeschl Vertretg (RG **127**, 114); ebso Beteiligg als persönl haftder Gesellschafter an einer KG; nicht dagg die bloße Kapitalanlage als Kommanditist, stiller od GmbH-Gesellschafter.

3) Die forml, auch stillschw mögl u iFv II (also bei Kenntn, nicht bloß fahrl Unkenntn) unterstellte u inhaltl nicht beschränkb **Einwilligung des Verwalters** bewirkt, daß es seiner Zust zu einz RGeschäften u RStreitigk nicht mehr bedarf, die der GeschBetr mit sich bringt, vgl HGB 343, 344, dh (sa § 112) alle gewöhnl, aber auch außergewöhnl Geschäfte iR des GeschBetr wie Übern des HandelsGesch vom ausgeschiedenen Gesellschafter, BayObLG OLG **43**, 356, od GrdstVeräußerg, dagg nicht GeschAufg selbst od Auflösg der OHG, RG **127**, 115. In Abweichg v § 1422 Rn 1 sind einseit RGeschäfte, die sich auf das ErwGesch beziehen, ijF dem GeschInh ggü vorzunehmen, I 2. Der nichtverwberecht Eheg ist f alle RStreitigk iR des GeschBetr aktiv u passiv legitimiert; ZwVollstr ins GesGut, ZPO 741; sa § 1433 Rn 2. Verw k Einwendg, es handle sich nicht um GeschSchuld, nur iW der WidersprKl erheben, ZPO 774. Das im GeschBetr Erworbene fällt ins GesGut. Haftg beider Eheg u des GesGuts, §§ 1438 I, 1437 II, u zwar auch über die Beendigg der GütGemsch hinaus, da die Verbindlk dem GesGut zur Last fallen, § 1442 S 2. 3

4) Jederzeit mögl sind forml **Einspruch** gg den Betr des ErwGesch u ebso **Widerruf** der Einwilligg. Mißbr jedoch Grd für Ehezerrüttg od f AufhebgsKl, § 1447 Rn 3. Erklärg ggü dem nichtverw Eheg, aber zur Wirksamk ggü Dritten Eintr im GüterRReg notw, III, auf eins Antr des Verwalters, § 1561 Z 3. Folge: Haftg v GesGut u Verwalter ausgeschl (Rn 1). 4

1432 ***Annahme einer Erbschaft; Ablehnung von Vertragsantrag oder Schenkung.*** **I Ist dem Ehegatten, der das Gesamtgut nicht verwaltet, eine Erbschaft oder ein Vermächtnis angefallen, so ist nur er berechtigt, die Erbschaft oder das Vermächtnis anzunehmen oder auszuschlagen; die Zustimmung des anderen Ehegatten ist nicht erforderlich. Das gleiche gilt von dem Verzicht auf den Pflichtteil oder auf den Ausgleich eines Zugewinns sowie von der Ablehnung eines Vertragsantrags oder einer Schenkung.**

II Der Ehegatte, der das Gesamtgut nicht verwaltet, kann ein Inventar über eine ihm angefallene Erbschaft ohne Zustimmung des anderen Ehegatten errichten.

1) GleichberG Art 1 Z 9; entspricht § 1453 aF. Die in **I** genannten RGesch sind **persönlicher Art** u bedürfen desh nicht der Zust des Verwalters. Für die mit dem Erwerb verbundenen Verbindlk haften gleichw GesGut, § 1438 I, u Verw, § 1437 II. Persönl, freil nicht vertretgsfeindl Gesch sind Erbverzicht, § 2346, Ausschlagg, § 1945, 1953, 2176, 2180, sowie Ann v Erbsch od Vermächtn, §§ 1946 ff, 2180, die, soweit nicht VorbehGut, §§ 1418 II Z 2, 1439, z GesGut werden, da sie f die NachlSchulden haften. Desh kann auch Verwalter HaftgsBeschrkg herbeiführen, §§ 1970, 1975, 1990 ff, 2014 ff, 2186, KO 218, VerglO 113, ZPO 780. Nicht zustbedürft ferner Anf v Ann od Ausschlagg, §§ 1954 ff, 2308, Verzicht auf den angefallenen, nicht den zukftgen Pflichtt (§§ 2303 ff, nicht §§ 2346 ff) od ZugewAusgl aus einem früh ges Güterstd, §§ 1378 III, 1371 II, III u schließl die Ablehng eines VertrAntr u v Schenkgen. In beiden Fällen kann der NichtVerwalter aber auch ohne Zust des Verwalters annehmen, was nicht ggü GesGut wirks w (§ 1422 Rn 3), obwohl das so Erworbene darein fällt, § 1461 I, währd es umgek nur aus Bereicherg haftet, § 1434. Außerh v § 1418 II Z 2 ist Widerruf ggü Verwalter z erkl, § 531, da GesGut betroffen. Eine NacherbenAnwartsch eines Eheg begründet kein MitwirkgsR des and Eheg bei Verfgen des Vorerben u fällt nach Beendigg des Güterstd aus dem GesGut (LG Frankth FamRZ **83**, 1130). 1

2) Inventar können beide Eheg ohne ggs Zust errichten, II. Die InvFrist ist ggü dem Verwalter z bestimmen, § 2008 I. Das dch einen Eheg errichtete Inv wirkt auch f den and Eheg, ebso das v einem Eheg erwirkte GläubAufgebot u AusschlUrt, ZPO 999. 2

1433 ***Fortsetzung eines Rechtsstreits.*** **Der Ehegatte, der das Gesamtgut nicht verwaltet, kann ohne Zustimmung des anderen Ehegatten einen Rechtsstreit fortsetzen, der beim Eintritt der Gütergemeinschaft anhängig war.**

1) GleichberG Art 1 Z 9; Inhalt = § 1454 aF. In Ausn v § 1422 Rn 4 führt der nichtverwberecht Eheg in eig Namen einen bei Eintr der GütGemsch **anhängigen Rechtsstreit** weiter. Aber Umstellg des Antr auf Leistg an Verw, ZPO 265 analog. Urt wirkt f u gg Verw, der als NebIntervenient beitreten kann, ZPO 66 (hM: 69) wg ZPO 265 II. Erteilg der VollstrKl f den Verw, ZPO 742. Haftg des GesGuts § 1438. Vergl, Verzicht, Aufrechng mit einer z GesGut gehör Fdg nur mit Zust des Verw, da der NichtVerw ü GesGut, zu dem der eingekl Anspr gehört, § 1416 I, nicht verfügen k. 1

2) § 1433 **entsprechend anwendbar** bei Führg eines RStr iFd Verhinderg des Verw (§ 1429) u Wegfall der Verhinderg währd des RStr, ferner bei Fortführg eines RStr f das mit Zust des Verw betriebene selbständ ErwerbsGesch, § 1431, nach Widerruf der Zust. 2

1434 ***Ungerechtfertigte Bereicherung des Gesamtgutes.*** **Wird durch ein Rechtsgeschäft, das ein Ehegatte ohne die erforderliche Zustimmung des anderen Ehegatten vornimmt, das Gesamtgut bereichert, so ist die Bereicherung nach den Vorschriften über die ungerechtfertigte Bereicherung aus dem Gesamtgut herauszugeben.**

An Stelle v § 1455 aF dch GleichberG Art 1 Z 9. **Grundgedanke:** Alles, was ein Eheg währd der Ehe dch 1
Leistg v Drittem erwirbt, wird GesGut (§ 1416), währd das vom and Eheg nicht gen RGesch als solches dem GesGut ggü unwirks ist; daher Herausg aus dem GesGut gem §§ 812 ff. Bei Bereicherg in sonst Weise

§§ 812 ff unmittelb. Als RGesch des Verw kommen allenf Gesch nach §§ 1423–25 in Betr, sofern Zust des and Eheg nicht ersetzt worden ist (§ 1426); denn daraus haften weder GesGut noch Verw persönl (§ 1423 Rn 1). Wohl aber eben Haftg v GesGut u Verw (§ 1437 II) aus ungerechtf Bereicherg. RGesch des and Eheg (außer iFv §§ 1429, 1431, 1432) ohne Zust od ZustErsetzg (§ 1430) verpflichten zwar den nicht verwberecht Eheg persönl, nicht aber das insof allenf ungerechtf bereicherte GesGut (§ 1422 Rn 3); VertragsHaftg mit VorbehGut schließt hier BereichergsHaftg des GesGuts nicht aus (Colmar OLG **8**, 336). Hat nicht verwberecht Eheg dch Ann der Leistg ü eine GesGutsFdg verfügt, so fließt die Leistg ins GesGut, ohne daß dch die Ann die Fdg getilgt würde. Für die Bereicherg haftet der nicht verwberecht Eheg nicht persönl; sie kann nur gg den Verw geltd gemacht w (BGH NJW **57**, 1635; sa § 1422 Rn 3). Kein ZurückbehaltgsR des Dritten ggü dem die Unwirksamk des RGesch geltd machden Eheg (aA Stettin JW **30**, 1013), wohl aber Möglk der Aufrechng mit dem BereichergsAnspr.

1435 ***Pflichten des Verwalters.*** **Der Ehegatte hat das Gesamtgut ordnungsmäßig zu verwalten. Er hat den anderen Ehegatten über die Verwaltung zu unterrichten und ihm auf Verlangen über den Stand der Verwaltung Auskunft zu erteilen. Mindert sich das Gesamtgut, so muß er zu dem Gesamtgut Ersatz leisten, wenn er den Verlust verschuldet oder durch ein Rechtsgeschäft herbeigeführt hat, das er ohne die erforderliche Zustimmung des anderen Ehegatten vorgenommen hat.**

1 **1)** GleichberG Art 1 Z 9 hat Pflichten u Haftg des Verw iSv § 1456 aF verstärkt. Entgg der früh Regelg ist der Verw dem and Eheg f die Verwaltg des GesGuts verantwortl. Analoge Anwendg iFv § 1429 mRücks auf die allg Fassg („der Eheg"). Abdingb. Bei Mißbr der VerwBefugn § 1447 Z 1. IdR kein SchadErs bei Dchführg der Trenng (§ 1567), auch nicht in landwirtschaftl Betr (BGH FamRZ **86**, 42).

2 **2) Pflichten des Verwalters. a) Ordnungsmäßige Verwaltung** des GesGuts, dh treuhänderisch im Interesse der Ehe, Erhaltg u Mehrg des GesGuts (vgl RG **124**, 325); aber Ehe keine ErwerbsGemsch, also: Sicherg der GesGutsGgste vor Gefahr (RG **76**, 136); Erfüllg v UnterhPfl ggü dem and Eheg (RG Warn **16**, Nr 21). Mißbr des VerwR liegt vor bei Umgehg v § 1424 dch Unterwerfg unter sof ZwVollstr iSv ZPO 740
3 (BGH **48**, 369). – **b)** Nach **S 2** Pfl zur **Unterrichtung,** iW der HerstellgsKl (Stgt FamRZ **79**, 809; Einf 20 vor § 1353), u zur **Auskunftserteilung,** iW der LeistgsKl erzwingb (§§ 260, 261; ZPO 888, 889); ZPO 888 II steht nicht entgg (Gernhuber § 38 VI 6 Fn 16). RSchutzBedürfn jedoch nur bei begrdtem Anlaß.
4 Untersch zu § 1379, weil im ges Güterstd jeder Eheg sein Verm selbst verwaltet. – **c) Ersatzpflicht, S 3,** ohne zusätzl Verschulden bei Zustimmgsbedürftigk (§§ 1423–25) u sonst bei Verschulden, wobei jedoch zu berücks, daß jede Verwaltg Risiken enthält, ferner § 1359, evtl Ausgl dch and günstigere Gesch od ErsAnspr gg Dritte. ErsLeistg erst nach Beendigg der GütGemsch (§ 1446).

1436 ***Verwalter unter Vormundschaft.*** **Steht der Ehegatte, der das Gesamtgut verwaltet, unter Vormundschaft oder fällt die Verwaltung des Gesamtguts in den Aufgabenkreis seines Betreuers, so hat ihn der Vormund oder Betreuer in den Rechten und Pflichten zu vertreten, die sich aus der Verwaltung des Gesamtgutes ergeben. Dies gilt auch dann, wenn der andere Ehegatte zum Vormund oder Betreuer bestellt ist.**

1 Dch (nur noch bei Mj mögl) Vormsch, Betreuung u Pflegsch (§§ 1773 ff, 1896 ff, 1909 ff) wird der Güterstd nicht berührt; aber AufhebgsKl (§ 1447 Z 1 u 4). Ausübg der Verwaltg dch Vormd od Betr, wenn diese in seinen AufgKreis fällt (§ 1896 Rn 22). Vormd u Betr verpfl das GesGut (§ 1437). Haftg ggü Mdl:
2 § 1833; des Betr: Einf 13–16 v § 1896; dem and Eheg ggü n § 1435. Ist der and Eheg Vormd od Betr, **S 2,** so handelt er im Namen des Verw. Gem §§ 1423–25 erfdl Zust erteilt er sich unabh v § 181 selbst (hM). Haftg wie Rn 1, ohne § 1359.

1437 ***Gesamtgutsverbindlichkeiten; persönliche Haftung.*** **I Aus dem Gesamtgut können die Gläubiger des Ehegatten, der das Gesamtgut verwaltet, und, soweit sich aus den §§ 1438 bis 1440 nichts anderes ergibt, auch die Gläubiger des anderen Ehegatten Befriedigung verlangen (Gesamtgutsverbindlichkeiten).**

II Der Ehegatte, der das Gesamtgut verwaltet, haftet für die Verbindlichkeiten des anderen Ehegatten, die Gesamtgutsverbindlichkeiten sind, auch persönlich als Gesamtschuldner. Die Haftung erlischt mit der Beendigung der Gütergemeinschaft, wenn die Verbindlichkeiten im Verhältnis der Ehegatten zueinander dem anderen Ehegatten zur Last fallen.

1 **1)** Die §§ 1437–44, die dch GleichberG Art 1 Z 9 den §§ 1459–65 aF entnommen w sind, regeln die **Schuldenhaftung** innerh der GütGemsch, u zwar §§ 1437–40 das Außenverhältn der Eheg zu den Gläub mit Ausn in §§ 1438–40, die §§ 1441–44 das Innenverhältn zw den Eheg. Es gibt entspr dem **Gesamthandsprinzip** (§§ 1416 Rn 1, 1419) allein Verbindlkten der Eheg, nicht des GesGuts; dieses u die SonderVerm der Eheg sind nur HaftgsObjekt. Solche persönl Verpfl eines od der Eheg heißen **Gesamtgutsverbindlichkeiten** (§§ 1437, 1459), wenn dafür das GesGut haftet. Für gemeins eingegangene Verbindlk gelten die allg Vorschr, insb also § 427. Die unter Ehel vereinb Beschrkg der Haftg ggü Dritten ist nichtig; zul dagg eine die Haftg auf das GesGut beschrkde od dessen Haftg ausschließde Vereinbg mit dem Gläub. § 1437 bestimmt als **Prinzip** die gesamtschuldner (§§ 421 ff) Haftg des GesGuts, I, u (als Ggstück zu seiner umfassden VerwBefugn) des Verw, II, auch für die Schulden des nicht verwberecht Eheg. Zuständ ist das FamG auch f den Anspr des Gläub (BGH **76**, 305). Nach Beendigg der GütGemsch eingegangene betriebl Verpfl werden zu GesamtgutsVerbindlk (Mü FamRZ **96**, 170).

2) Gesamtgutsverbindlichkeiten sind begriffl diej Schulden der Eheg, wg derer ihre Gläub Befriedigg 2
aus dem GesGut verlangen können (BGH FamRZ **86**, 41), also: **a)** sämtl Schulden des Verw, unabh vom EntstehgsGrd od -Ztpkt u davon, ob sie sich auf sein Vorbeh- od SondGut beziehen. Ggf § 1357; – **b)** grdsl 3
auch sämtl Schulden des and Eheg, unabh vom (vertragl od ges) RGrde, also auch die aus unerl Hdlg, Rückgewährg aGrd AnfG (RG Gruch **48**, 1017), u unabh vom LeistgsGgst, also auch Verpfl zur Herausg (RG JW **04**, 176), ferner alle vor Eintr der GütGemsch entstandenen, die danach entstandenen nur nach Maßg der §§ 1438–40, insb also nicht bei Fehlen der erfdl Zust (§ 1438 I). Bei Tod eines Eheg keine Begrdg von GesGutsVbdlk mehr (BayObLG FamRZ **89**, 1119). **Beweislast** für Nichtvorliegen einer GesGutsVerbindlk bei dem Behauptden; Besonderh § 1438 Rn 1.

3) Persönliche Haftung des Verwalters mit Vorbeh- u Sondergut für: **a)** alle in seiner Pers entstandenen 4
Schulden (Rn 2); – **b)** die Schulden des and Eheg (Rn 3) als GesamtSchu neben ihm; Ausn §§ 1438–40, 5
dann Haftg gem Rn 6. Bei Beendigg der GütGemsch FortHaftg f dem GesGut auch im Verhältn der Eheg zueinand zur Last fallde Schulden (vgl §§ 1441–44), f die übr Wegf der Haftg (II 2). Beweisl beim Verw; ggf ZPO 767. Grd der Beendigg gleichgült; zul also auch Vereinbg der Beendigg zZw, sich dieser Haftg im Hinbl auf eine best Verpfl des and Eheg z entziehen (Hbg OLG **30**, 49).

4) Persönliche Haftung des Nichtverwalters mit Vorbeh- u (soweit pfändb) SondGut für: **a)** die in 6
seiner Pers entstandenen GesGutsVerbindlk, also soweit Verw als Bevollm aufgetreten ist (Mü OLG **14**, 228);
– **b)** die in seiner Pers entstandenen Verbindlk, soweit nicht GesGutsVerbdlk (Rn 5). Keine Haftg f die pers 7
Schulden des Verw, auch nicht die in dessen Pers entstandenen GesGutsVerbdlk (RG **89**, 364); Ausn § 1480.

5) Zur **Zwangsvollstreckung** ins GesGut genügt grdsl Urt gg den Verw (ZPO 740 I), selbst wenn er 8
ohne Zust des and Eheg nicht vfg durfte (RG **69**, 181), ferner auch iFv §§ 1428/29. Zur Eintragg einer ZwangsHyp BayObLG FamRZ **96**, 113. Hat nicht verwberecht Eheg Gewahrs, Klage gg ihn nicht erfdl, da Gewahrs kein WidersprR gibt (bedeuts aber f ZPO 743). Vgl iü § 1431 Rn 3, § 1433 Rn 1. Verurt des Verw zur Duldg der ZwVollstr ins GesGut wirkt wie LeistgsUrt (RG JW **09**, 321, Seuff A **65**, 16), Urt zur Zahlg aus GesGut gibt aber auch nur R zur Vollstr in dieses.

6) Dch den **Konkurs** des Verw keine Auflösg der GütGemsch, aber Anspr auf AuseinandS (§ 1447 Z 3). 9
GesGut gehört zur KonkMasse (KO 2 I); KO 16, 151 unanwendb. Übr Bleibdes wird wieder GesGut. Keine Beschrkg des KonkVerw §§ 1423/24. Konk des NichtVerw erstreckt sich nicht auf GesGut (KO 2 I 2), auch Anteil am GesGut gehört nicht zur Masse (KO 1 I, ZPO 860 I). Verw hat hins GesGut AussondR. AufhebgsKl nur iFv § 1448.

1438 *Haftung des Gesamtgutes.* **I Das Gesamtgut haftet für eine Verbindlichkeit aus einem Rechtsgeschäft, das während der Gütergemeinschaft vorgenommen wird, nur dann, wenn der Ehegatte, der das Gesamtgut verwaltet, das Rechtsgeschäft vornimmt oder wenn er ihm zustimmt oder wenn das Rechtsgeschäft ohne seine Zustimmung für das Gesamtgut wirksam ist.**

II Für die Kosten eines Rechtsstreits haftet das Gesamtgut auch dann, wenn das Urteil dem Gesamtgut gegenüber nicht wirksam ist.

1) Haftg des GesGuts f Verbindlk des Verw folgt aus § 1437 I; § 1438 enthält Einschrkg der Haftg des 1
GesGuts f Verbindlk des nicht verwberecht Eheg. Mit der beschrkten Haftg aus RGesch des nicht verwberecht Eheg bringt § 1438 die **1. Ausnahme** vom Grds des § 1437 I, daß das GesGut auch f die Schulden des nicht verwberecht Eheg haftet. Haftg uneingeschrkt f vor Eintr der GütGemsch entstandene Verbdlk (§ 1437 Rn 3), für solche danach hingg nur, wenn a) VerwZust erteilt od ersetzt (§ 1430) od b) RGesch auch ohne Zust wirks (§§ 1429/31/32/34, 1357). Dann gleichgült, ob RGesch Ges-, Vorbeh- od SondGut des nicht verwberecht Eheg betr (Ausn § 1439); es haften GesGut u Verw (§ 1437 II 1). Beweis für a od b, wer sich darauf beruft. Vereinbg ü HaftgsBeschrkg mit Gläub § 1437 Rn 1, dagg nicht zw Ehel; zul Erteilg der Zust unter dieser Bedingg.

2) Prozeßkosten des Verw sind GesGutsVerbindlk (Haftg § 1437 I); **II** erweitert Haftg für Kosten aus 2
Ziv-, Straf-, Verw- u FGGVerf auch des nicht verwberecht Eheg, selbst wenn Urt nur gg ihn wirkt, dh Proz wg Vorbeh- od SondGut bzw Gesch, dem Verw nicht zugest hat. PKV § 1360 a IV.

1439 *Keine Haftung bei Erwerb einer Erbschaft.* **Das Gesamtgut haftet nicht für Verbindlichkeiten, die durch den Erwerb einer Erbschaft entstehen, wenn der Ehegatte, der Erbe ist, das Gesamtgut nicht verwaltet und die Erbschaft während der Gütergemeinschaft als Vorbehaltsgut oder als Sondergut erwirbt; das gleiche gilt beim Erwerb eines Vermächtnisses.**

Als **2. Ausnahme** v § 1437 I keine Haftg des GesGuts f iRd GütGemsch anfallde ErbschErwerbskosten 1
(§§ 1967 ff, 2130, 2147, 2192, öff Abgaben, VorbehPfl, EheG 70), soweit Erw als Vorbeh- (§ 1418 II Z 2) od SondGut (§ 1417, zB GesellschAnt, RG **146**, 282). Zust des Verw nicht erfdl. Wg Haftg § 1437 Rn 7.

1440 *Haftung für Vorbehaltsgut oder Sondergut.* **Das Gesamtgut haftet nicht für eine Verbindlichkeit, die während der Gütergemeinschaft infolge eines zum Vorbehaltsgut oder Sondergut gehörenden Rechtes oder des Besitzes einer dazu gehörenden Sache in der Person des Ehegatten entsteht, der das Gesamtgut nicht verwaltet. Das Gesamtgut haftet jedoch, wenn das Recht oder die Sache zu einem Erwerbsgeschäft gehört, das der Ehegatte mit Einwilligung des anderen Ehegatten selbständig betreibt, oder wenn die Verbindlichkeit zu den Lasten des Sondergutes gehört, die aus den Einkünften beglichen zu werden pflegen.**

1 **1)** Als **3. Ausnahme** v § 1437 I keine Haftg des GesGuts (S 1) f Verbindlk des nicht verwberecht Eheg aus zum Vorbeh- od SondGut gehörigen Ggstden: Steuern, ungerechtf Bereicherg, Reallast, Haftg aus §§ 833, 836. Dagg GesGutsVerbindlk bei Erweiterg der UnterhPfl dch Vorbeh- od SondGut (§ 1604 S 2); Innenverhältn § 1441 Z 2.

2 **2)** Ausn: Haftg des GesGuts (S 2) bei Zugehörigk zu einem v Verw gen, zum VorbehGut gehörden selbstdg ErwGesch (§ 1431 Rn 1) u Verbindlk iRv § 1417 III 2, also Erhaltgs- u NutzgsGewinngsKosten, öff u priv Lasten, Versicherg.

1441 ***Schuldenhaftung im Innenverhältnis.*** **Im Verhältnis der Ehegatten zueinander fallen folgende Gesamtgutsverbindlichkeiten dem Ehegatten zur Last, in dessen Person sie entstehen:**

1. die Verbindlichkeiten aus einer unerlaubten Handlung, die er nach Eintritt der Gütergemeinschaft begeht, oder aus einem Strafverfahren, das wegen einer solchen Handlung gegen ihn gerichtet wird;

2. die Verbindlichkeiten aus einem sich auf sein Vorbehaltsgut oder sein Sondergut beziehenden Rechtsverhältnis, auch wenn sie vor Eintritt der Gütergemeinschaft oder vor der Zeit entstanden sind, zu der das Gut Vorbehaltsgut oder Sondergut geworden ist;

3. die Kosten eines Rechtsstreits über eine der in den Nummern 1 und 2 bezeichneten Verbindlichkeiten.

1 **1)** Vgl zunächst § 1437 Rn 1. Der der GütGemsch zGrde liegde Gedanke, daß die Ehel auch vermögensrechtl auf Gedeih u Verderb verbunden s, läßt grdsl alle GesGutsVerbindlk dem GesGut zur Last fallen; **Grundsatz:** GesGutsVerbindlk = GesGutsLasten. Die §§ 1441–44 sind **Ausnahmen** davon. Wird eine solche Verbindlk aus dem GesGut getilgt, so ist zu diesem Ersatz zu leisten (§§ 1445/46; sa §§ 1475 II, 1476 II). § 1441 abdingb.

2 **2)** Zum GesGut Ersatz zu leisten ist gem **Z 1:** iFv §§ 823 ff, StrafVerf, PrivatKl. Verbindlk sind: SchadErs, Buße, Geldstrafe, StrafVerf- u VerteidigerKosten, währd Haftkosten dem UnterhVerpfl zur Last fallen (§ 1360). Gilt nur für nach Eintr der GütGemsch begangene unerl Hdlg, sonst endgült Belastg des GesGuts
3 (§ 1437 Rn 3). **Z 2:** Verbindlk des nicht verwberecht Eheg, soweit sich RGesch auf sein Vorbeh- od SondGut bezieht u mit Zust des Verw od (aGrd der §§ 1429/31/32, sa § 1440 S 2) ihm ggü wirks ist. Nicht hierher gehören §§ 1439, 1440 S 1, da dafür das GesGut überh nicht haftet. Verbindlk des Verw bez seines Vorbeh- od SondGuts fallen ihm selbst zur Last. Jeder Eheg trägt die dch Besitz v VorbehGut begrdten od erweiterten
4 UnterhPfl (§ 1440 Rn 1). Im Ggs zu Z 1 auch vor Eintr der GütGemsch entstandene Verbindlk. **Z 3:** RStrKosten wg Angelegenh der Z 1 od 2 unterliegen dens Grdsätzen; sonst § 1443. Ausn zu Z 2 u 3 § 1442.

1442 ***Verbindlichkeiten des Sondergutes und eines Erwerbsgeschäfts.*** **Die Vorschriften des § 1441 Nr. 2, 3 gelten nicht, wenn die Verbindlichkeiten zu den Lasten des Sondergutes gehören, die aus den Einkünften beglichen zu werden pflegen. Die Vorschriften gelten auch dann nicht, wenn die Verbindlichkeiten durch den Betrieb eines für Rechnung des Gesamtgutes geführten Erwerbsgeschäfts oder infolge eines zu einem solchen Erwerbsgeschäft gehörenden Rechtes oder des Besitzes einer dazu gehörenden Sache entstehen.**

1 Ausn v § 1441 Z 2 u 3 bei zum SondGut (§ 1417) gehörden Verbindlk der Art von § 1440 Rn 2 od § 1431 Rn 2, soweit ErwGesch f Rechng des GesGuts geführt w, es also zum Ges- od SondGut (§ 1417 III 2) gehört, nicht aber zum VorbehGut.

1443 ***Prozeßkosten.*** **I Im Verhältnis der Ehegatten zueinander fallen die Kosten eines Rechtsstreits, den die Ehegatten miteinander führen, dem Ehegatten zur Last, der sie nach allgemeinen Vorschriften zu tragen hat.**

II Führt der Ehegatte, der das Gesamtgut nicht verwaltet, einen Rechtsstreit mit einem Dritten, so fallen die Kosten des Rechtsstreits im Verhältnis der Ehegatten zueinander diesem Ehegatten zur Last. Die Kosten fallen jedoch dem Gesamtgut zur Last, wenn das Urteil dem Gesamtgut gegenüber wirksam ist oder wenn der Rechtsstreit eine persönliche Angelegenheit oder eine Gesamtgutsverbindlichkeit des Ehegatten betrifft und die Aufwendung der Kosten den Umständen nach geboten ist; § 1441 Nr. 3 und § 1442 bleiben unberührt.

1 **1)** Weitere Ausn iS v § 1441 Rn 1 hins Kosten v RStreitigk, soweit nicht §§ 1441 Z 3, 1442 eingreifen. Für Dritte handelt es sich um GesGutsVerbindlk (§ 1438 II). PKV § 1360 a IV.

2 **2)** Kosten aus RStreitigk der Eheg untereinand, I, fallen nach ProzGesetzen od Vereinbg den Eheg selbst zur Last. Ist Verw dazu außerstd, trägt sie das GesGut.

3 **3)** Bei RStreitigk eines Eheg mit einem Dritten, II, bleibt es beim Grds § 1441 Rn 1, wenn den Verw die Kosten treffen (Ausn: § 1441 Z 3), dh sie fallen dem GesGut zur Last. Bei Kosten zL des nicht verwberecht Eheg Überwälzg auf GesGut iFv §§ 1428/29/31/33, ferner §§ 1437/38, 1440 S 2, sofern nicht § 1441 Z 3 od RStreit aussichtslos. Kostenlast beim nicht verwberecht Eheg also für RStreitigk aus RGesch, denen Verw nicht zugest hat.

1444 *Kosten der Ausstattung der Kinder.* **I Verspricht oder gewährt der Ehegatte, der das Gesamtgut verwaltet, einem gemeinschaftlichen Kind aus dem Gesamtgut eine Ausstattung, so fällt ihm im Verhältnis der Ehegatten zueinander die Ausstattung zur Last, soweit sie das Maß übersteigt, das dem Gesamtgut entspricht.**

II Verspricht oder gewährt der Ehegatte, der das Gesamtgut verwaltet, einem nicht gemeinschaftlichen Kind eine Ausstattung aus dem Gesamtgut, so fällt sie im Verhältnis der Ehegatten zueinander dem Vater oder der Mutter zur Last; für den Ehegatten, der das Gesamtgut nicht verwaltet, gilt dies jedoch nur insoweit, als er zustimmt oder die Ausstattung nicht das Maß übersteigt, das dem Gesamtgut entspricht.

1) Die dispositive Vorschr regelt Verhältn der Eheg (auch iFv § 1429) bei Gewährg einer **Ausstattung** 1
(§ 1624 Rn 1), zu der Einwilligg des and Eheg nicht erfdl, solange Ausstattg das den Umst entspr Maß nicht übersteigt, dh keine Schenkg vorliegt (§§ 1624 I, 1425).

2) Ausstattg **a) an gemeinschaftliches Kind, I,** fällt dem GesGut zur Last (§ 1441 Rn 1), auch Über- 2
maßausstattg, wenn and Eheg zugest hat; **b) an nicht gemeinschaftliches Kind** dch den Verw, **II,** belastet 3
grdsl Vorbeh- u SondGut v Vater bzw Mutter, v Verw ijF. Handelt es sich um Kind des NichtVerw, so fällt diesem zur Last ohne seine Zust nur die angem Ausstattg; das Mehr ist dann Schenkg des Verw aus dem GesGut, für die Verw Ersatz leisten muß (§ 1435 S 3); ÜbermaßZuwendg ist unwirks (§§ 1425/27/28).

1445 *Ausgleichung zwischen Vorbehalts-, Sonder- u. Gesamtgut.* **I Verwendet der Ehegatte, der das Gesamtgut verwaltet, Gesamtgut in sein Vorbehaltsgut oder in sein Sondergut, so hat er den Wert des Verwendeten zum Gesamtgut zu ersetzen.**

II Verwendet er Vorbehaltsgut oder Sondergut in das Gesamtgut, so kann er Ersatz aus dem Gesamtgut verlangen.

Ersatzleistung. Entspricht § 1466 aF; Fassg u Anpassg GleichberG Art 1 Z 9. Änd dch forml EheVertr 1
zul. **Zweck:** Währd bei Verwendg v GesGut in VorbehGut des nicht verwberecht Eheg u umgek eine ErsLeistg nur über unger Bereicherg, Auftr u GoA in Betr kommt, gibt § 1445 **verschuldens- und entreicherungsunabhängigen** Anspr. Verwendet also der Verw GesGut in sein VorbehGut (entspr Zugehörigk-Vermutg § 1416 Rn 2), insb wenn ihm die Verbindlk zur Last fällt (§§ 1441 f), so hat er den Wert des Verwendeten zum GesGut zu ersetzen, **I.** Bei Verschulden: § 1435 S 2. Ebso kann er im umgek Fall Ersatz aus dem GesGut verl, **II.** Aber bei Verwendg auf Unterh evtl §§ 685, 1360 b (vgl BGH **50,** 266). Zu ersetzen der Wert zZ der Verwendg. Fälligk § 1446.

1446 *Fälligkeit des Ausgleichsanspruchs.* **I Was der Ehegatte, der das Gesamtgut verwaltet, zum Gesamtgut schuldet, braucht er erst nach der Beendigung der Gütergemeinschaft zu leisten; was er aus dem Gesamtgut zu fordern hat, kann er erst nach der Beendigung der Gütergemeinschaft fordern.**

II Was der Ehegatte, der das Gesamtgut nicht verwaltet, zum Gesamtgut oder was er zum Vorbehaltsgut oder Sondergut des anderen Ehegatten schuldet, braucht er erst nach der Beendigung der Gütergemeinschaft zu leisten; er hat die Schuld jedoch schon vorher zu berichtigen, soweit sein Vorbehaltsgut und sein Sondergut hierzu ausreichen.

1) Entspr inhaltl § 1467 aF; GleichberG Art 1 Z 9. Die Vorschr bezieht sich auf alle Fälle, in denen ein 1
Eheg obligator, nicht dingl (Hbg OLG **21,** 232) etwas zum GesGut od dem and schuldet, also iFv § 1445 usw. Zinsen §§ 288, 291; Verjährg § 204.

2) Grundsatz: Erst die Beendigg der GütGemsch läßt **Schulden** v Verw u NichtVerw an das GesGut fäll 2
w; anders soweit Vorbeh- u SondGut zur Berichtigg ausreichen, was Verw nicht erst bei der ZwVollstr, sond bereits im Proz beweisen muß (Hbg OLG **14,** 228). **Forderungen** an das GesGut vS des Verw fäll bei GütGemschEnde, vS des and Eheg nach allg Grdsätzen. Hinausschub der Fälligk hindert nicht FeststellgsKl, Arrest u einstw Vfg (Kbg OLG **2,** 70).

1447 *Aufhebungsklage des nicht verwaltenden Ehegatten.* **Der Ehegatte, der das Gesamtgut nicht verwaltet, kann auf Aufhebung der Gütergemeinschaft klagen,**

1. **wenn seine Rechte für die Zukunft dadurch erheblich gefährdet werden können, daß der andere Ehegatte zur Verwaltung des Gesamtgutes unfähig ist oder sein Recht, das Gesamtgut zu verwalten, mißbraucht;**
2. **wenn der andere Ehegatte seine Verpflichtung, zum Familienunterhalt beizutragen, verletzt hat und für die Zukunft eine erhebliche Gefährdung des Unterhalts zu besorgen ist;**
3. **wenn das Gesamtgut durch Verbindlichkeiten, die in der Person des anderen Ehegatten entstanden sind, in solchem Maße überschuldet ist, daß ein späterer Erwerb des Ehegatten, der das Gesamtgut nicht verwaltet, erheblich gefährdet wird;**
4. **wenn die Verwaltung des Gesamtguts in den Aufgabenkreis des Betreuers des anderen Ehegatten fällt.**

1) Dch GleichberG Art 1 Z 9 wurden §§ 1468–1470 zu den **§§ 1447–1449.** Abgesehen v den hier gen 1
Fällen endigt GütGemsch auch dch EheVertr u EheAuflösg. Für die AuseinandSetzg im Entscheidgsverbund ist dann der Stand des GesGuts zZ der letzten mdl Verh maßg (Karlsr FamRZ **82,** 288). Fortges GütGemsch

bei Tod eines Eheg nur iFv entspr EheVertr (§ 1483). Tatsächl od gestattetes Getrenntleben, Konk, Pflegerbestellg u TodesErkl haben als solche keine auflösde Wirkg. Kehrt f tot Erklärter zurück, gilt GütGemsch weiter (außer bei Wiederverheiratg). Angesichts der ges fest umgrenzten AufhebgsGrde AufhebgsKl auch nicht wg Verletzg der VertrPflichten od Fortfall der GeschGrdlage (BGH **29**, 135). Wg der Wirkg der EheNichtigk EheG 26 Rn 2–7. Aufhebg hat ScheidgsWirkgen (EheG 29). Nach Beendigg der GütGemsch Anspr auf GrdbuchBerichtigg (Colmar OLG **9**, 331; sa § 1416 Rn 4).

2 **2)** § 1447 ist **Schutzvorschrift** zG des nicht verwberecht Eheg. Vertragl Ausschl unzul (§ 138). Vermögensrechtl Anspr, keine Ehesache. Verw kann bis zur letzten mdl Verh KlageVorauss beseitigen; Folge des Anerbietens, aufhebden EheVertr abzuschließen, unter sof Anerk: ZPO 93. Wird Ehe währd des RStreits aufgelöst, ist Haupts erledigt. Ausübg der Verw kann eingeschränkt, uU ganz untersagt w; dagg wg konstitutiver Wirkg v § 1449 keine vorl Aufhebg der GütGemsch dch einstw Vfg.

3 **3) Die einzelnen Fälle. Nr 1:** Verwaltgsunfähigk bei dauernder Abwesenh ohne entspr VollmErteilg, da § 1429 keine ausr Abhilfe; ferner iFv § 1910 u wenn obj ordngsmäß Verwaltg fehlt (wg der dann wahrscheinl Auswirkg auf FamUnterh Z 2). Verschulden nicht erfdl. Mißbr bei Gesch der §§ 1423–25 ohne Zust des and Eheg, ferner bei BenachteiliggAbs od Verstößen gg § 1435. Hinzukommen muß eine erhebl Gefährdg der Rechte des and Eheg f die Zukft, dh die Besorgn, daß der gefährdde Zustd andauert od gefährdde Hdlgen weiterhin in Aussicht stehen; entscheidd Sachlage zZ der letzten mdl Verh. Tatfrage; Berücksichtigg des ges
4 Verhaltens des Verw. **Nr 2:** Verletzg der Pfl, zum FamUnterh (dh für Eheg u gemschaftl Kinder) beizutragen (§ 1360), schon dann, wenn nicht mind in dem sich aus einer ordngsmäß Verwaltg ergebden Umfang zum
5 Unterh beigetr w. Vgl iü zu Z 1. **Nr 3:** Starke, nicht nur drohde (Hbg OLG **12**, 313) Überschuldg des Verw (nicht v dessen VorbehGut), wobei gleichgült, ob die GesGutsverbindlkeiten im Verhältn der Eheg zueinand dem Verw zur Last fallen od nicht. Verschulden nicht erfdl (Hbg OLG **8**, 337). Späterer, aber nicht notw
6 schon in Aussicht stehder Erwerb des NichtVerw muß erhebl gefährdet s. **Nr 4:** beschränkt die Aufhebg als bl Ergänzg zu Nr 1 auf den Fall, daß die GesGutVerw in den AufgKr des Betr fällt (§ 1896 Rn 22). Vgl BT-Drucks 11/4528 S 106 u 203 f.

1448 ***Aufhebungsklage des Verwalters.*** **Der Ehegatte, der das Gesamtgut verwaltet, kann auf Aufhebung der Gütergemeinschaft klagen, wenn das Gesamtgut infolge von Verbindlichkeiten des anderen Ehegatten, die diesem im Verhältnis der Ehegatten zueinander zur Last fallen, in solchem Maße überschuldet ist, daß ein späterer Erwerb erheblich gefährdet wird.**

1 Zunächst § 1447 Rn 1. Als Ggstück zu § 1447 Z 3 **Aufhebungsklage des Verwalters** zZw der Befreiung v Verbindlkeiten iSv § 1437 Rn 5, dh aus unerl Hdlg des NichtVerw usw (§§ 1441–44); dagg nicht solche, für die dieser nur mit seinem Vorbeh- u SondGut haftet (§§ 1438–40). Verschulden nicht erfdl. Erhebl Gefährdg, wenn späterer Erwerb zur Deckg herangezogen w müßte. Wirkgen des AufhebgsUrt § 1449 I u Erlöschen der VerwHaftg (§ 1437 II 2).

1449 ***Wirkung des Aufhebungsurteils.*** **I Mit der Rechtskraft des Urteils ist die Gütergemeinschaft aufgehoben; für die Zukunft gilt Gütertrennung.**

II Dritten gegenüber ist die Aufhebung der Gütergemeinschaft nur nach Maßgabe des § 1412 wirksam.

1 Zunächst § 1447 Rn 1. **Gestaltungsurteil** also keine vorl Vollstreckbark; auch nicht Verj unterworfen, da kein Anspr iSv § 194. **Wirkungen:** Mit Rechtskr (s aber § 1479) Eintr der Gütertrenng, nicht der ZugewGemsch (zu den Mot Soergel-Gaul 2); ferner Erlöschen der Haftg des Verw (§ 1437 II 2). Zur Wirkg gg Dritte Eintr im GütRReg erfdl (§ 1412); AntrR jedes Eheg ohne Mitwirkg des and (§ 1561 II Z 1). Eintr jedoch nur, wenn GütGemsch selbst eingetr war. GütTrenng auch dann, wenn ScheidgsUrt im WiederaufnVerf aufgeh w (Stgt SJZ **49**, 115).

c) Gemeinschaftliche Verwaltung des Gesamtgutes durch die Ehegatten

1450 ***Gemeinschaftliche Verwaltung durch die Ehegatten.*** **I Wird das Gesamtgut von den Ehegatten gemeinschaftlich verwaltet, so sind die Ehegatten insbesondere nur gemeinschaftlich berechtigt, über das Gesamtgut zu verfügen und Rechtsstreitigkeiten zu führen, die sich auf das Gesamtgut beziehen. Der Besitz an den zum Gesamtgut gehörenden Sachen gebührt den Ehegatten gemeinschaftlich.**

II Ist eine Willenserklärung den Ehegatten gegenüber abzugeben, so genügt die Abgabe gegenüber einem Ehegatten.

1 **1)** Die **§§ 1450–1470** eingefügt dch GleichberG Art 1 Z 9; das früh Recht kannte keine gemschaftl Verw des GesGuts dch beide Eheg, sond nur die AlleinVerw dch den Mann. Heute führt fehlde Vereinbg automat zur gemschaftl Verw (§ 1421 S 2). Zu gg das GesGut gerichteten **Verwaltungsakten** VGH Mü NJW-RR **88**, 454. Zur Sicherg von RückrüberlassgsAnspr: Grziwotz MittBayNot **93**, 74.

2 **2) Rechtsstellung der Ehegatten.** Vorschr entspr § 1422; sa den iR der AuseinandS der GütGemsch entspr § 1472 I (dort Rn 1). **a)** Die Eheg können für das GesGut jeder allein erwerben (§ 1416 I 2), iü aber nur **gemeinschaftlich handeln.** Braucht nicht gleichzeit zu geschehen. Der and Eheg kann auch konkludent od testamentar (BGH NJW-RR **89**, 1225) genehmigen; stillschw Zust insb dann, wenn ein Eheg dem and prakt die Verw in best Angelegenh überläßt. Genehmigt der and nicht, so Unwirksamk gem § 1460 I; aber § 179 bzgl Vorbeh- u SondGut des Handelnden; iü Haftg des GesGuts iFv §§ 1454–56. Verweigerg der Mitwirkg zu

RGeschäften, die eine ordngsmäß Verw mit sich bringt, berecht zur AufhebgsKl (§ 1469 Z 2). Zu unwiderrufl Verteilg der VerwGeschäfte EheVertr erfdl (§ 1413), ebso bei unwiderrufl GeneralVollm. Drittwirkg nur gem § 1412. Anders hingg bei widerrufl Bevollmächtigg f einz Gesch od die jederzeit widerrufl Überlassg eines Teils der Verw (vgl RG **133**, 351 f). Bei Alleinerwerb v Grdst dch einen Eheg zu dessen Gunsten Vormerkg zul (BayObLG NJW **57**, 1521), aber Anspr des and auf Berichtigg (§ 1416 III). **b)** Soweit Geschäfte das GesGut 3
angehen, kann grdsätzl auch nur **beiden Ehegatten gemeinsam gegenüber gehandelt** w; Ausn: II (ähnl HGB 125 II 3). **c)** Aus der Verpfl zum gemschaftl Handln folgt die Pfl zur **Mitwirkung** (§ 1451) u die 4
Notwendigk v deren Ersetzg dch das VormschG (§ 1452). Absehen ferner notw iFv §§ 1454, 1455 u 1458.

3) Verwaltungsgegenstände: a) Das GesGut betreffde **Rechtsgeschäfte** (Ausn § 1455) sind von beiden 5
gemeins abzuschließen. Gilt (*arg* „insb") für Verträge u einseit WillErkl; insb müssen die Ehel auch Verfügungen, zB GrdschAbtretg (BayObLG DNotZ **63**, 49), gemschaftl vornehmen; fehlt die erforderl Einwilligg, dann § 1453 I. Schuldverträge verpfl beide Eheg (GesGutsverbindlk, § 1459 II). Zur Wirksamk v WillErkl ggü beiden Eheg genügt Abgabe ggü einem von ihnen, **II,** zB VertrAnn, Anf, Aufrechng, Künd. Entspr steht Kenntn eines Eheg (WillMängel, Bösgläubigk usw) der Kenntn beider gleich. Für Anfechtbark genügt also Irrt eines der Eheg. II gilt nicht für Zustellgen. **b)** Jeder Eheg hat Anspr auf Einräumg v **Mitbesitz** (§ 866) an 6
den zum GesGut gehörden Ggst, jedoch nicht bzgl persönl GebrauchsGgst. GesGutsVermutg (§ 1416) geht § 1362 (dort Rn 1) vor. **c)** Das GesGut betreffende **Rechtsstreitigkeiten** haben beide gemschaftl zu führen 7
(notw Streitgenossen, ZPO 62). ZwVollstr in GesGut nur bei Titel gg beide Eheg (ZPO 740 II); nicht ausr DuldgsTitel gg and Eheg (Deggendorf FamRZ **64**, 49). Diesem steht ggf die DrittwidersprKl zu (vgl Böhnert JuS **97**, 1124). Die Geltdmachg eines in das Gesamtgut fallden SchadErsAnspr dch einen Eheg allein erfordert eine entspr Ermächtigg (BGH NJW **94**, 652).

4) Schutz Dritter § 1412. VerwBefugn ergibt sich aus dem GütRReg; fehlt eine solche Eintr, sind beide 8
Eheg berecht (§§ 1421 Rn 2, 1412 Rn 8).

1451 ***Mitwirkungspflicht beider Ehegatten.*** **Jeder Ehegatte ist dem anderen gegenüber verpflichtet, zu Maßregeln mitzuwirken, die zur ordnungsmäßigen Verwaltung des Gesamtgutes erforderlich sind.**

Zunächst § 1450 Rn 1. Statuierg der ggseit, nicht Dr ggü bestehd (vgl BGH NJW **58**, 2061) **Mitwirkungspflicht** beider Eheg (sa § 1472 Rn 2) ist erfdl, da grdsätzl nur beide Eheg gemschaftl zur Verw berufen s. Über Umfg u Art der Mitwirkg § 1450 Rn 2–7. Erfdl ist Mitwirkg zu allen, entspr Verpfl aber nur zu den Maßn iR einer ordngsm Verw; dazu §§ 1426 Rn 1–3, 1435 Rn 2. Aus § 1451 ergibt sich Verpfl jedes Eheg dem and ggü zur ordngsm Verw, evtl zu Übertr v Befugnissen (§ 1450 Rn 2). MitwirkgsPfl entfällt iFv §§ 1450 II, 1454–56. Keine Klage auf Mitwirkg; aber iF grdloser Weigerg Ersetzg dch VormschG (§ 1452) bzw uU AufhebgsKl (§ 1469 Z 2). 1

1452 ***Ersetzung der Zustimmung.*** [I] **Ist zur ordnungsmäßigen Verwaltung des Gesamtgutes die Vornahme eines Rechtsgeschäfts oder die Führung eines Rechtsstreits erforderlich, so kann das Vormundschaftsgericht auf Antrag eines Ehegatten die Zustimmung des anderen Ehegatten ersetzen, wenn dieser sie ohne ausreichenden Grund verweigert.**

[II] **Die Vorschrift des Absatzes 1 gilt auch, wenn zur ordnungsmäßigen Besorgung der persönlichen Angelegenheiten eines Ehegatten ein Rechtsgeschäft erforderlich ist, das der Ehegatte mit Wirkung für das Gesamtgut nicht ohne Zustimmung des anderen Ehegatten vornehmen kann.**

1) Zunächst § 1450 Rn 1. Da die Eheg grdsl gemeins handeln müssen (§ 1450 Rn 2), muß das VormschG 1
eingreifen, falls ein Eheg seine Mitwirkg grdlos verweigert. Zwingdes Recht. **Ersetzung der Zustimmung** erfolgt dch den Richter (RPflG 14 Z 6) u hat die Wirksamk des Gesch od RStreits dem GesGut u dem verweigernden Eheg ggü zur Folge (§§ 1459 II 1, 1460 I). Zustdgk u Verf § 1365 Rn 25–27. AntrR beider Eheg, nicht des Dr. Bei Nichtersetzg haftet diesem das Sond- u VorbehGut des handelnden Eheg.

2) Rechtsgeschäft oder Rechtsstreit, I, soweit zur ordngsm Verw des GesGuts erfdl (dazu §§ 1426 2
Rn 1, 1435 Rn 2). Grdlose Verweigerg genügt (dazu § 1365 Rn 22, 23); Gefahr braucht mit dem Aufschub nicht verbunden zu sein. ZustErsetzg auch bei RStreit (§ 1450 Rn 7), dessen ErfolgsAuss zu prüfen ist (BayObLG FamRZ **90**, 411), u zwar dch Begrdg einer alleinigen ProzführgsBefugn des handelnden Eheg, ggf auch Ersetzg der Zust zu verfrechtl Erkl wie Vergl, KlRückn u dgl. Ausr Grd für ZustVerweigerg auch ideelle Motive (BayObLG FamRZ **90**, 411), zB bei Klage gg Sohn das Verhältn des Verweigernden zu diesem (Celle FamRZ **75**, 621).

3) Persönliche Angelegenheiten, II (dazu § 1360 a Rn 13–15). RStreitigk in pers Angelegh ohne Zust 3
des and Eheg zul (BayObLG FamRZ **65**, 49). Zur ordngsmäß Besorgg § 1430 Rn 3. Ersetzg der Zust zB zur Auszahlg von ArbLohn des Ehem an seine unterhber Fr (BayObLG FamRZ **97**, 422).

1453 ***Verfügung ohne Einwilligung.*** [I] **Verfügt ein Ehegatte ohne die erforderliche Einwilligung des anderen Ehegatten über das Gesamtgut, so gelten die Vorschriften des § 1366 Abs. 1, 3, 4 und des § 1367 entsprechend.**

[II] **Einen Vertrag kann der Dritte bis zur Genehmigung widerrufen. Hat er gewußt, daß der Ehegatte in Gütergemeinschaft lebt, so kann er nur widerrufen, wenn dieser wahrheitswidrig behauptet hat, der andere Ehegatte habe eingewilligt; er kann auch in diesem Falle nicht widerrufen, wenn ihm beim Abschluß des Vertrages bekannt war, daß der andere Ehegatte nicht eingewilligt hatte.**

1 **1)** Zunächst § 1450 Rn 1. **Zu I** vgl § 1427 Rn 1 u Weiterverweisgen. Bezieht sich nur auf Vfg, weil schuldrechtl Verpfl iGgs zu § 1427 I schon mangels Mitwirkg des and Eheg für GesGut unwirks sind (vgl § 1450 Rn 2 u 5). Gutglaubensschutz (§§ 892 f, 932 ff) eingeschränkt wg MitBes (§§ 935, 1450 Rn 6).

2 **2) Zu II** vgl § 1427 II u § 1366 II sowie dort Rn 6–9.

1454 ***Verwaltungsrecht bei Verhinderung eines Ehegatten.*** **Ist ein Ehegatte durch Krankheit oder Abwesenheit verhindert, bei einem Rechtsgeschäft mitzuwirken, das sich auf das Gesamtgut bezieht, so kann der andere Ehegatte das Rechtsgeschäft vornehmen, wenn mit dem Aufschub Gefahr verbunden ist; er kann hierbei im eigenen Namen oder im Namen beider Ehegatten handeln. Das gleiche gilt für die Führung eines Rechtsstreits, der sich auf das Gesamtgut bezieht.**

1 Zunächst § 1450 Rn 1. **Notverwaltungsrecht** u (wg § 1451) -Pfl. Wg Entsprechg s § 1429 u Rn 1, 2. RGeschäfte (auch ProzFührg) des nicht verhinderten Eheg im eig Namen berechtigen u verpfl GesGut. RStreit gg ihn wg ZPO 740 II unzweckmäß. Weitergehde Befugn bzgl tatsächl Handeln § 1455 Z 10.

1455 ***Verwaltungshandlungen ohne Mitwirkung des anderen Ehegatten.*** **Jeder Ehegatte kann ohne Mitwirkung des anderen Ehegatten**

1. **eine ihm angefallene Erbschaft oder ein ihm angefallenes Vermächtnis annehmen oder ausschlagen;**
2. **auf seinen Pflichtteil oder auf den Ausgleich eines Zugewinns verzichten;**
3. **ein Inventar über eine ihm oder dem anderen Ehegatten angefallene Erbschaft errichten, es sei denn, daß die dem anderen Ehegatten angefallene Erbschaft zu dessen Vorbehaltsgut oder Sondergut gehört;**
4. **einen ihm gemachten Vertragsantrag oder eine ihm gemachte Schenkung ablehnen;**
5. **ein sich auf das Gesamtgut beziehendes Rechtsgeschäft gegenüber dem anderen Ehegatten vornehmen;**
6. **ein zum Gesamtgut gehörendes Recht gegen den anderen Ehegatten gerichtlich geltend machen;**
7. **einen Rechtsstreit fortsetzen, der beim Eintritt der Gütergemeinschaft anhängig war;**
8. **ein zum Gesamtgut gehörendes Recht gegen einen Dritten gerichtlich geltend machen, wenn der andere Ehegatte ohne die erforderliche Zustimmung über das Recht verfügt hat;**
9. **ein Widerspruchsrecht gegenüber einer Zwangsvollstreckung in das Gesamtgut gerichtlich geltend machen;**
10. **die zur Erhaltung des Gesamtgutes notwendigen Maßnahmen treffen, wenn mit dem Aufschub Gefahr verbunden ist.**

1 **1)** Zunächst § 1450 Rn 1. Die Vorschr enthält iR der §§ 1454–56 die 2. Ausn vom Grdsatz der gemeins Verw des GesGuts dch beide Eheg (§ 1450). Hdlgen gem § 1455 wirken trotz der allein Vornahme dch einen Eheg für u gg das GesGut. Beweislast beim Handelnden.

2 **2) Zustimmungsfreiheit gemäß Nr 1 u 2:** Ann u Ausschlagg v Erbsch u Vermächtn sowie Verzicht auf
3 Pflichtteil u ZugewAusgl in Übereinstimmg mit § 1432 I (vgl dort Rn 1). **Nr 3:** Inventarerrichtg wg Haftg
ijF einer dem and Eheg (nicht dem Vorbeh- od SondGut) angefallenen Erbsch; InvFr auch ggü dem Nicht-
4 erbenEheg (§ 2008 I). Vgl iü § 1432 Rn 2. **Nr 4:** Ablehng v VertrAntr od Schenkg als pers Angelegenh
5 (§ 1432 I 2 u Rn 1). **Nr 5 u 6** aus der Natur ihrer Zielrichtg ggü dem and Eheg: Vorn eines sich auf das
GesGut beziehden ein- od zweiseit RGesch jeder Art wie Künd, Mahng, Löschgsbewilligg zG des VorbehGuts
des and Eheg; ferner gerichtl Geltdmachg eines zum GesGut gehörden Rechts gg den and Eheg. KlageAntr:
6 Leistg zum GesGut. **Nr 7:** Fortsetzg eines schon bei Eintr der GütGemsch anhäng RStr (§ 1433 u Anm). Wg
7 der Folgen zG des and Eheg evtl ZPO 69. **Nr 8:** Alleiniges RevokationsR iGgs zu § 1428 (vgl Anm dort u
8 § 1453) mit automat RechtskrErstreckg. Kosten des RStreits § 1460 II. **Nr 9:** WidersprR ggü der ZwVollstr
in das GesGut gem ZPO 732, 766, 767, 771 (bei Verstoß gg ZPO 740 II), 773, 884, 781–86; nach Abschl der
9 ZwVollstr entspr BereichAnspr (BGH **83**, 76). Das entspr Recht des and Eheg bleibt unberührt. **Nr 10:** Notw
Maßn zur Erhaltg des GesGuts (§ 1472 Rn 2). Erweiterg ggü § 1454 auf tatsächl Maßn, die Verminderg u
Schaden vom GesGut abwenden können. Fehlt Gefahr, so allenf § 1452 I bei RGeschäften u RStr.

1456 ***Selbständiges Erwerbsgeschäft eines Ehegatten.*** **I Hat ein Ehegatte darin eingewilligt, daß der andere Ehegatte selbständig ein Erwerbsgeschäft betreibt, so ist seine Zustimmung zu solchen Rechtsgeschäften und Rechtsstreitigkeiten nicht erforderlich, die der Geschäftsbetrieb mit sich bringt. Einseitige Rechtsgeschäfte, die sich auf das Erwerbsgeschäft beziehen, sind dem Ehegatten gegenüber vorzunehmen, der das Erwerbsgeschäft betreibt.**

II Weiß ein Ehegatte, daß der andere ein Erwerbsgeschäft betreibt, und hat er hiergegen keinen Einspruch eingelegt, so steht dies einer Einwilligung gleich.

III Dritten gegenüber ist ein Einspruch und der Widerruf der Einwilligung nur nach Maßgabe des § 1412 wirksam.

1 Zunächst § 1450 Rn 1. 3. Ausn v Grds des § 1450. Zwingd im Interesse des VerkSchutzes (vgl Zöllner FamRZ **65**, 118). Entspricht § 1431 (vgl Anm dort). Zum gemeins Betr eines ErwGesch dch beide Eheg Beck DNotZ **62**, 348. ArztPrax ist ErwGesch (BGH **83**, 76). Zur Abgrenzg v geschäftsbezogenen u privaten RGesch („mit sich bringt") f den Fall der KreditAufn BGH **83**, 76.

1457 ***Ungerechtfertigte Bereicherung des Gesamtgutes.*** **Wird durch ein Rechtsgeschäft, das ein Ehegatte ohne die erforderliche Zustimmung des anderen Ehegatten vornimmt, das Gesamtgut bereichert, so ist die Bereicherung nach den Vorschriften über die ungerechtfertigte Bereicherung aus dem Gesamtgut herauszugeben.**

Zunächst § 1450 Anm 1. BereichergsHaftg des GesGuts (§ 1434 u Anm). Rechtsfolgenverweisg. GesGut haftet auch im Innenverhältn (*arg e contrario* § 1463). 1

1458 ***Vormundschaft über einen Ehegatten.*** **Solange ein Ehegatte unter elterlicher Sorge oder unter Vormundschaft steht, verwaltet der andere Ehegatte das Gesamtgut allein; die Vorschriften der §§ 1422 bis 1449 sind anzuwenden.**

Zunächst § 1450 Rn 1. **Minderjährigkeit** führt iGgs zu § 1436 zur **alleinigen Verwaltung** dch den and Eheg mit der Folge, daß statt §§ 1450 ff die §§ 1422–49 gelten, insb hins der Haftg § 1437 u nicht § 1459; damit verringerte pers Haftg des Mündels (vgl §§ 1459 Rn 2, 1437 Rn 7). Verlust der VerwBefugn vGw; desh keine ÄndergsEintr hins der VerwBefugn im GüterRReg. Bei Bt: § 1469 Nr 5. Haben beide Eheg ges Vertr, dann gemschaftl Verw dch diese. 1

1459 ***Gesamtgutsverbindlichkeiten; persönliche Haftung.*** **I Die Gläubiger des Mannes und die Gläubiger der Frau können, soweit sich aus den §§ 1460 bis 1462 nichts anderes ergibt, aus dem Gesamtgut Befriedigung verlangen (Gesamtgutsverbindlichkeiten).**

II Für die Gesamtgutsverbindlichkeiten haften die Ehegatten auch persönlich als Gesamtschuldner. Fallen die Verbindlichkeiten im Verhältnis der Ehegatten zueinander einem der Ehegatten zur Last, so erlischt die Verbindlichkeit des anderen Ehegatten mit der Beendigung der Gütergemeinschaft.

1) Zur Entstehg u Bedeutg der §§ 1450–70 vgl zunächst § 1450 Rn 1. Die **§§ 1459–1462** entsprechen den §§ 1437–40 bei der EinzelVerw (vgl jew deren Anm) u regeln die **Haftung gegenüber Dritten** nach den gleichen Grdsätzen wie bei der Verw des GesGuts dch einen Eheg. Nach dem Grds v § 1459 sind sämtl Schulden jedes einz Eheg GesGutsverbindlichkeiten (I) u für diese wiederum haften beide Eheg als GesamtSchu (II). In dieser Verknüpfg liegen Gefahren, die nur dch drei Ausn abgeschwächt w sind: Uneingeschrkt dchgeführt würde dieses Prinzip näml dazu führen, daß Eheg dch konkurrierde VerwRechte sich wechselseit unbeschrkt verschulden könnten, was bewußt vermieden w sollte (BT-Drucks II/3409 S 25 f; BayObLG NJW **68**, 896). Vielm wird die Haftg des GesGuts dch die Ausnahmen der §§ 1460–62 mittels zusätzl Voraussetzgen eingeschrkt, insb dch das ZustimmgsErfordern bei einseit eingegangenen Schuldverpflichtgen (§ 1460). Trotzdem liegt die Gefahr dieser Art v GütGemsch noch in persönl Haftg für and Verbindlichkten, weil jeder Eheg dch die Person des and ohne eig Zutun mit schwerwiegden Schulden belastet w kann (Rn 3), die sich nur dch Beendigg des Güterstd wieder beseitigen lassen (II 2). 1

2) Gesamtgutsverbindlichkeiten (Begriff: § 1437 Rn 2, 3) sind grdsätzl alle Schulden von Ehem u Ehefr gleichgült, welcher Art (Geld, Sachen, sonst Leistgen); ob aus Vertr, Delikt usw; aus der Zeit vor Eintr der GütGemsch; auch UnterhVerpfl des and Eheg, so daß die hins Stiefkindern gemachte Einschrkg in § 1360 a Rn 2 entfällt; NachlSchulden, wenn die Erbsch nicht ins VorbehGut (§ 1418 II Z 2), sond ins GesGut fällt (§ 1416 I). Wird etwas zur GesGutsVerbindlk, **haften** beide u insb also auch der and Eheg automat **als Gesamtschuldner persönlich** mit jew Vorbeh- u SondGut (sa §§ 1437 Rn 6, 7, 1438 Rn 1). Aber keine Erstreckg eines nur gg einen der gemschaftl verwaltden Eheg ergangenen Titels entspr ZPO 742 (Stgt FamRZ **87**, 304). Die prakt Bedeutg der Haftg beider liegt vor allem darin, daß das Bestehen einer GesGutsVerbindlk materiellrechtl auch im Proz gg nur einen Eheg festgestellt w kann (BGH FamRZ **75**, 405; aA Tiedtke FamRZ **75**, 538). Die pers Haftg erlischt erst mit Beendigg der GütGemsch (§ 1470), jedoch nur f die Verbindlk der §§ 1463–65. Abw Vereinbg mit Gläub mögl. 2 3

3) Zwangsvollstreckung setzt Titel gg beide Eheg voraus (ZPO 740 II); vgl iü § 1450 Rn 7. Ein persönl Schuldtitel gg den einen wirkt nicht nach ZPO 325 gg den and Eheg (Ffm FamZR **83**, 172). **Konkurs** über das Verm eines Eheg berührt GesGut nicht (KO 2 II); aber selbstd Konk ü GesGut (KO 236 a–c). Vgl auch VerglO 114 a u b. 4

1460 ***Haftung des Gesamtgutes.*** **I Das Gesamtgut haftet für eine Verbindlichkeit aus einem Rechtsgeschäft, das ein Ehegatte während der Gütergemeinschaft vornimmt, nur dann, wenn der andere Ehegatte dem Rechtsgeschäft zustimmt oder wenn das Rechtsgeschäft ohne seine Zustimmung für das Gesamtgut wirksam ist.**

II Für die Kosten eines Rechtsstreits haftet das Gesamtgut auch dann, wenn das Urteil dem Gesamtgut gegenüber nicht wirksam ist.

1) Zunächst § 1459 Rn 1. Ggü der starken Ausdehng der GesGutsverbindlkten (§ 1459 Rn 1, 2), die m Rücks auf die gemschaftl Verw (§§ 1450 Rn 2, 1451 Rn 1) die Regel bilden, beschrkt § 1460 die **Haftung des Gesamtguts aus Rechtsgeschäften** eines Eheg auf die Fälle, in denen der and Eheg zugestimmt hat, **I,** bzw in denen diese Zust dch das VormschG ersetzt w (§ 1452). Bei unerl Hdlg auch iRv RGeschäften (wofür allerd Täuschg über den Güterstd nicht ausr) haftet GesGut u damit auch der unbeteiligte Eheg (§ 1459 Rn 2, 3), ebso bei rechtsgeschäftl Verbindlk, die ohne Zustimmg des and wirks sind (§§ 1454–56) bzw vor dem Eintr der GütGemsch entstanden, ferner ijF aus unger Bereicherg des GesGuts (§ 1457). 1

2 **2) Kosten eines Rechtsstreits, II,** eines oder beider Eheg stets GesGutsverbindlk (sa § 1438 Rn 2). Zul Erstreckg eines KostFestsetzgsBeschl auf den and Eheg (Ellw FamRZ **76,** 152 L = BWNotZ **75,** 126). Ein gg die bekl Ehefr erlassener KostenfestsetzgsBeschl kann bei gemeins Verwaltg des GesGuts auf den klagden Ehem umgeschrieben w (Nürnb JurBüro **78,** 762).

1461 ***Keine Haftung bei Erwerb einer Erbschaft.*** **Das Gesamtgut haftet nicht für Verbindlichkeiten eines Ehegatten, die durch den Erwerb einer Erbschaft oder eines Vermächtnisses entstehen, wenn der Ehegatte die Erbschaft oder das Vermächtnis während der Gütergemeinschaft als Vorbehaltsgut oder als Sondergut erwirbt.**

1 Zunächst § 1459 Rn 1. Erwirbt ein Eheg Erbsch od Vermächtn vor Beginn der GütGemsch, so GesGutsverbindlk (§ 1416 I 1) u damit persönl Haftg des and Eheg auch f die NachlaßSchu (§ 1459 Rn 3). Einschränkg der Haftg ledigl bei Erwerb währd der GütGemsch; s aber § 1457.

1462 ***Haftung für Vorbehalts- oder Sondergut.*** **Das Gesamtgut haftet nicht für eine Verbindlichkeit eines Ehegatten, die während der Gütergemeinschaft infolge eines zum Vorbehaltsgut oder zum Sondergut gehörenden Rechtes oder des Besitzes einer dazu gehörenden Sache entsteht. Das Gesamtgut haftet jedoch, wenn das Recht oder die Sache zu einem Erwerbsgeschäft gehört, das ein Ehegatte mit Einwilligung des anderen Ehegatten selbständig betreibt, oder wenn die Verbindlichkeit zu den Lasten des Sondergutes gehört, die aus den Einkünften beglichen zu werden pflegen.**

1 Zunächst § 1459 Rn 1. Haftg jedes Eheg für Verbindlk des and aus der Zeit vor Beginn der GütGemsch, mögen die Ggstände dann auch ehevertragl Vorbeh- od SondGut sein (§ 1459 Rn 2, 3). Dagg keine Haftg des GesGuts für Verbindlk, die währd der GütGemsch zL des Vorbeh- oder SondGutes eines Eheg gehen; Unterausnahme in S 2, weil SondGut für Rechng des GesGuts verwaltet w (§ 1417 III 2).

1463 ***Haftung im Innenverhältnis.*** **Im Verhältnis der Ehegatten zueinander fallen folgende Gesamtgutsverbindlichkeiten dem Ehegatten zur Last, in dessen Person sie entstehen:**

1. die Verbindlichkeiten aus einer unerlaubten Handlung, die er nach Eintritt der Gütergemeinschaft begeht, oder aus einem Strafverfahren, das wegen einer solchen Handlung gegen ihn gerichtet wird;
2. die Verbindlichkeiten aus einem sich auf sein Vorbehaltsgut oder sein Sondergut beziehenden Rechtsverhältnis, auch wenn sie vor Eintritt der Gütergemeinschaft oder vor der Zeit entstanden sind, zu der das Gut Vorbehaltsgut oder Sondergut geworden ist;
3. die Kosten eines Rechtsstreits über eine der in den Nummern 1 und 2 bezeichneten Verbindlichkeiten.

1 Zunächst § 1450 Rn 1. Vgl iü die Anm zu § 1441, ferner §§ 1464–66.

1464 ***Verbindlichkeiten des Sondergutes und eines Erwerbsgeschäfts.*** **Die Vorschriften des § 1463 Nr. 2, 3 gelten nicht, wenn die Verbindlichkeiten zu den Lasten des Sondergutes gehören, die aus den Einkünften beglichen zu werden pflegen. Die Vorschriften gelten auch dann nicht, wenn die Verbindlichkeiten durch den Betrieb eines für Rechnung des Gesamtgutes geführten Erwerbsgeschäfts oder infolge eines zu einem solchen Erwerbsgeschäft gehörenden Rechtes oder des Besitzes einer dazu gehörenden Sache entstehen.**

1 Zunächst § 1450 Rn 1. Vgl iü Anm zu § 1442.

1465 ***Prozeßkosten.*** **I Im Verhältnis der Ehegatten zueinander fallen die Kosten eines Rechtsstreits, den die Ehegatten miteinander führen, dem Ehegatten zur Last, der sie nach allgemeinen Vorschriften zu tragen hat.**

II Führt ein Ehegatte einen Rechtsstreit mit einem Dritten, so fallen die Kosten des Rechtsstreits im Verhältnis der Ehegatten zueinander dem Ehegatten zur Last, der den Rechtsstreit führt. Die Kosten fallen jedoch dem Gesamtgut zur Last, wenn das Urteil dem Gesamtgut gegenüber wirksam ist oder wenn der Rechtsstreit eine persönliche Angelegenheit oder eine Gesamtgutsverbindlichkeit des Ehegatten betrifft und die Aufwendung der Kosten den Umständen nach geboten ist; § 1463 Nr. 3 und § 1464 bleiben unberührt.

1 Zunächst § 1450 Rn 1. Vgl iü Anm zu § 1443. Der dort f den RStreit des NichtVerw mit einem Dr ausgesproch Grds, daß dieser Kosten tragen muß (§ 1443 II 1), gilt hier f jeden Eheg, II 1.

1466 ***Ausstattung nicht gemeinschaftlicher Kinder.*** **Im Verhältnis der Ehegatten zueinander fallen die Kosten der Ausstattung eines nicht gemeinschaftlichen Kindes dem Vater oder der Mutter des Kindes zur Last.**

Zunächst § 1450 Rn 1. Die Kosten der Ausstattg f ein nicht gemschaftl Kind trägt der EltT des Kindes, u zwar auch, wenn der and Eheg zugestimmt h u sie das dem GesGut entspr Maß nicht übersteigt. Vgl iü § 1444. Ausstattg gemschaftlicher Kinder § 1450. 1

1467 ***Ausgleichung zwischen Vorbehalts-, Sonder- u. Gesamtgut.*** **I Verwendet ein Ehegatte Gesamtgut in sein Vorbehaltsgut oder in sein Sondergut, so hat er den Wert des Verwendeten zum Gesamtgut zu ersetzen.**

II Verwendet ein Ehegatte Vorbehaltsgut oder Sondergut in das Gesamtgut, so kann er Ersatz aus dem Gesamtgut verlangen.

Zunächst § 1450 Rn 1. Vgl iü Anm zu § 1445. 1

1468 ***Fälligkeit des Ausgleichsanspruchs.*** **Was ein Ehegatte zum Gesamtgut oder was er zum Vorbehaltsgut oder Sondergut des anderen Ehegatten schuldet, braucht er erst nach Beendigung der Gütergemeinschaft zu leisten; soweit jedoch das Vorbehaltsgut und das Sondergut des Schuldners ausreichen, hat er die Schuld schon vorher zu berichtigen.**

Zunächst § 1450 Rn 1. Vgl iü Anm zu § 1446. Für Fdgen ggü dem GesGut gelten die allg Grdsätze. Die Fälligk v Schulden eines Eheg zum GesGut schiebt § 1468 hinaus. Herausg v Sachen sofort. 1

1469 ***Aufhebungsklage.*** **Jeder Ehegatte kann auf Aufhebung der Gütergemeinschaft klagen,**

1. wenn seine Rechte für die Zukunft dadurch erheblich gefährdet werden können, daß der andere Ehegatte ohne seine Mitwirkung Verwaltungshandlungen vornimmt, die nur gemeinschaftlich vorgenommen werden dürfen;

2. wenn der andere Ehegatte sich ohne ausreichenden Grund beharrlich weigert, zur ordnungsmäßigen Verwaltung des Gesamtgutes mitzuwirken;

3. wenn der andere Ehegatte seine Verpflichtung, zum Familienunterhalt beizutragen, verletzt hat und für die Zukunft eine erhebliche Gefährdung des Unterhalts zu besorgen ist;

4. wenn das Gesamtgut durch Verbindlichkeiten, die in der Person des anderen Ehegatten entstanden sind und diesem im Verhältnis der Ehegatten zueinander zur Last fallen, in solchem Maße überschuldet ist, daß sein späterer Erwerb erheblich gefährdet wird;

5. wenn die Wahrnehmung eines Rechtes des anderen Ehegatten, das sich aus der Gütergemeinschaft ergibt, vom Aufgabenkreis eines Betreuers erfaßt wird.

1) Zunächst § 1450 Rn 1. Entspricht § 1447. Erschöpfde u zwingde Aufzählg der **Aufhebungsgründe.** 1 Der SondKonkurs über das GesGut (KO 236 a–c) beendet die GütGemsch ebsowenig wie der Konk ü das Verm eines Eheg (KO 2 II) od der Wegfall der GeschGrdlage zB bei Rücktr von einem mit einem EheVertr verbundenen ErbVertr od auch eine pos VertrVerletzg (BGH **29**, 135). Keine Aufhebg des Güterstdes dch einstw Vfg (§ 1447 Rn 2).

2) Ziffer 1 u 2: Verstoß gg die Pfl zum gemschaftl Handeln dch eigenmächt Handeln (Z 1) bzw beharrl 2 Weigerg zur MitArb (Z 2). Im Ggs zur ZustErsetzg zu EinzelGesch (§ 1452) in Z 2 beharrl Sichversagen (§ 1451 Rn 1). In Z 1 (vgl § 1450 Rn 2) genügt die Möglk einer Gefährdg (vgl § 1447 Rn 3). **Ziffer 3 u 5:** § 1447 Rn 4 u 6. **Ziffer 4:** § 1448 Rn 1. Überschuldg des SondVerm des and Eheg nicht ausr.

1470 ***Wirkung des Aufhebungsurteils.*** **I Mit der Rechtskraft des Urteils ist die Gütergemeinschaft aufgehoben; für die Zukunft gilt Gütertrennung.**

II Dritten gegenüber ist die Aufhebung der Gütergemeinschaft nur nach Maßgabe des § 1412 wirksam.

Zunächst § 1450 Rn 1. Vgl iü § 1449 mit Anm. Rechtsgestaltdes AufhebgsUrt bewirkt Gütertrenng. 1

d) Auseinandersetzung des Gesamtgutes

Vorbemerkung. §§ 1471–1473 regeln den RZustand von der Beendigg der GütGemsch bis zur **Auseinandersetzung,** §§ 1474–1481 währd dieser (Lit: M. Klein FuR **95**, 165 u 249). Die Vorschriften über die Gemsch (§§ 741 ff) sind mit den sich aus §§ 1471 ff ergebden Abweichgen anwendb. Beendiggsgründe §§ 1447 Rn 1, §§ 1469 f. Die §§ 1471 ff gelten stets (§ 1482), außer wenn fortges GütGemsch vereinb ist (§ 1483). Der Eintritt der AuseinandSGemsch wird ins Grdbuch im Wege der Berichtigg eingetr (KGJ **50**, 150). Verfahren: FGG 99. Zul die AuseinandS im EntschVerbund (ZPO 621 I Z 8, 623), wobei Stand des GesGuts zZ der letzten mdl Verh zGrde zu legen ist (Karlsr FamRZ **82**, 286). Das AG, also (soweit das RPflG 16 Z 8 fordert) der Richter, vermittelt auf Antr die AuseinandS (FGG 86–98), soweit das LandesR diese Aufgabe nicht and Behörden (Notaren) zuweist, (FGG 193; BNotO 20 IV). Vorlage der Handelsbücher gem HGB 260. Nachweise des LandesR 41. Aufl. 1

1471 ***Auseinandersetzung.*** **I Nach der Beendigung der Gütergemeinschaft setzen sich die Ehegatten über das Gesamtgut auseinander.**

II Bis zur Auseinandersetzung gelten für das Gesamtgut die Vorschriften des § 1419.

1 **1) Recht auf Auseinandersetzung, I.** Jeder Eheg hat nach Beendigg der GütGemsch, (§§ 1447, 1469 f) ein Recht auf AuseinandS hins des GesGuts, primär dch vertragl Einigg (§ 1474), andernf dch Klage. Sofern nicht fortgesetzte GütGemsch besteht (§ 1483), findet die AuseinandS auch ggü den Erben statt (§§ 2039, 2040), so daß ggf ein doppeltes GesHandsVerh am Nachl u am GesGut besteht, für die jew deren bes Vorschr gelten. Vor der AuseinandS ist NachlGgst ledigl der Anteil als solcher (RG **136**, 21). Reihenfolge der AuseinandS: erst das GesGut, dann der Nachl. Das R auf AuseinandS ist nicht einseit verzichtb (RG **79**, 345); wohl aber ist seine vertragl Beschrkg (RG **89**, 292) u die Korrektur des AuseinandSErgebn dch § 242 bei gescheiterter Ehe (BGH FamRZ **87**, 43) mögl; ggf auch entspr Anwendg v § 749 II u III.

2 **2)** Das GesHandsVerhältn dauert, wie sich aus der entspr Anwendg v § 1419 ergibt, unter Wahrg seiner Identität als **Liquidationsgemeinschaft** fort, **II.** Wg der Unterschiede vgl §§ 1472 f. § 1419 erstreckt sich auch auf den Erwerb v Früchten (RG Gruch **49**, 955). Der Erwerb der Eheg fließt nun nicht mehr zum GesGut (Ausn § 1473). Die in der Pers eines Eheg entstehenden Verbindlkten werden nicht mehr GesGutsverbindlkten. Außerd ist die ZwVollstr in den Anteil am GesGut (im ganzen, nicht an den einz Ggständen) nunmehr mögl (ZPO 860 II). Dieser gehört demgemäß auch zur KonkMasse (KO 1 I). Zur AuseinandS zw den AnteilsBerecht außerh des Konkurses KO 16 I, 51.

1472 *Gemeinschaftliche Verwaltung des Gesamtgutes.* **I Bis zur Auseinandersetzung verwalten die Ehegatten das Gesamtgut gemeinschaftlich.**

II Jeder Ehegatte darf das Gesamtgut in derselben Weise wie vor der Beendigung der Gütergemeinschaft verwalten, bis er von der Beendigung Kenntnis erlangt oder sie kennen muß. Ein Dritter kann sich hierauf nicht berufen, wenn er bei der Vornahme eines Rechtsgeschäfts weiß oder wissen muß, daß die Gütergemeinschaft beendet ist.

III Jeder Ehegatte ist dem anderen gegenüber verpflichtet, zu Maßregeln mitzuwirken, die zur ordnungsmäßigen Verwaltung des Gesamtgutes erforderlich sind; die zur Erhaltung notwendigen Maßregeln kann jeder Ehegatte allein treffen.

IV Endet die Gütergemeinschaft durch den Tod eines Ehegatten, so hat der überlebende Ehegatte die Geschäfte, die zur ordnungsmäßigen Verwaltung erforderlich sind und nicht ohne Gefahr aufgeschoben werden können, so lange zu führen, bis der Erbe anderweit Fürsorge treffen kann. Diese Verpflichtung besteht nicht, wenn der verstorbene Ehegatte das Gesamtgut allein verwaltet hat.

1 **1) Gemeinschaftliche Verwaltung, I.** Die Verw des GesGuts steht den Eheg nunmehr bis zum AuseinandSTag, nicht nur bis zur ÜbernahmeErkl (Stgt NJW **50**, 70), gemeins zu. Ein wesentl Unterschied macht sich also nur bei bisheriger Verw dch einen Eheg bemerkb. § 1422 entfällt u damit auch die §§ 1423–1425. Beide Eheg sind gleichberecht (RG **136**, 19). Entspr § 748 tragen die Eheg die Kosten u Lasten der Verw im Verhältn zueinander zur Hälfte. Wg der Nutzgen § 1473. Auch der Eheg, der bisher nicht mitverwaltet hatte, kann verlangen, daß ihm der Mitbesitz eingeräumt u Ausk u Rechensch erteilt w, es sei denn es herrscht zw ihnen Feindseligk (Hamm FamRZ **79**, 810). Verfügen über GesGut haben gemeins zu erfolgen, auch die Verpachtg (RG **136**, 22); Ausnahmen III 2. Halbs u IV; andernf §§ 177 ff, 182–185 (RG **139**, 122; § 2040 Anm 2). Demgemäß ist an beide Eheg zu leisten; jeder Eheg kann nur Leistg an beide fordern od aber Hinterlegg entspr § 2039 (BGH FamRZ **58**, 459). Einseit RGeschäfte sind beiden Eheg ggü vorzunehmen. Jeder verpflichtet, sofern er nicht Vollm des and Eheg hat, nur sich selbst, also weder das GesGut noch den and persönl; ZwVollstr wg eines solchen Gesch gem ZPO 860 II (RG Recht **26**, 1680), in das GesGut also nur, wenn die Eheg sich gemschftl verpflichten (§ 427). Rechtsstreitigken sind von den Eheg gemeins zu führen (RG **108**, 285); Ausn wie oben bei der Vfg. Klagen wg Zahlg aus dem GesGut sind wg ZPO 743 auf Leistg gg beide od auf Leistg gg den einen u Duldg der ZwVollstr gg den anderen zu richten. Ein LeistgsUrt gg beide kommt nur in Betr, wenn der bisher nicht verwberecht Eheg für die GesGutsverbindlk auch persönl haftet; ist das nicht der Fall, kann er nur auf Duldg in Anspr genommen w, da die AuseinandS nichts an seiner Haftg ändert u er dadch auch nicht Vertreter des GesGuts wird (RG **89**, 360). Wg Umschreibg des Titels auch gg den and Eheg ZPO 744. Über Anspr auf NutzgsEntsch nach Auszug aus der EheWo entsch das FamG (Kln FamRZ **93**, 713).

2 **2) Mitwirkungspflicht, III.** Haftg aus § 1359. Keine Möglichk der Ersetzg dch VormschG, sond nur Kl auf Mitwirkg. Zur MitwirkgsPfl gehört auch Zurverfüggstellg des Unterh; ebso die Duldg der ZwVollstr (RG **118**, 131). Ohne Mitwirkg kann jeder Eheg die zur Erhaltg des GesGuts notwend Maßregeln treffen, also zB Antr auf Grdbuchberichtigg, evtl Kl aus GesGutsFdgen. Ein Dr kann sich auf die MitwirkgsPfl nicht berufen (BGH FamRZ **58**, 459).

3 **3) Alleinverwaltung, II.** Der gutgläub bisherige Verwalter soll geschützt w, auch der Dritte. Der Verwalter bleibt also im Falle seiner Gutgläubigk (§ 122 II, nicht § 1359) berecht, die Verw fortzuführen. Die nur ihm ggü abgegebene WillErkl ist wirks. Bösgläubigk bei Kenntn von Scheidg. Bei fehlder Gutgläubigk §§ 177 ff, 677. Haftg § 1359.

4 **4)** Nach dem **Tod eines Ehegatten** führt der überlebde Eheg, der bisher allein od gemeins verwaltet hat, im Interesse der Erben die Verwaltg fort, **IV.** Entfällt, wenn die Erben selbst Fürsorge treffen können. Daher überh nur bei Gefahr im Verzuge (§§ 1365 Rn 24, § 1429 Rn 1). Wg ordngsmäß Verw vgl §§ 1365 Rn 21, § 1426 Rn 1. Im Ggsatz zu II besteht hier eine Verpfl zur Verw. Vgl auch § 672. Da Fortdauer der Pflichten als Eheg, Haftg n § 1359.

1473 *Surrogation.* **I Was auf Grund eines zum Gesamtgut gehörenden Rechtes oder als Ersatz für die Zerstörung, Beschädigung oder Entziehung eines zum Gesamtgut gehörenden Gegenstandes oder durch ein Rechtsgeschäft erworben wird, das sich auf das Gesamtgut bezieht, wird Gesamtgut.**

II Gehört eine Forderung, die durch Rechtsgeschäft erworben ist, zum Gesamtgut, so braucht der Schuldner dies erst dann gegen sich gelten zu lassen, wenn er erfährt, daß die Forderung zum Gesamtgut gehört; die Vorschriften der §§ 406 bis 408 sind entsprechend anzuwenden.

1) Die Vorschr gilt nur für die Zeit nach Beendigg der GütGemsch bis zur AuseinandS (Vorb 1 v § 1471) u macht eine Ausn von der Regel, daß jeder Eheg für sich erwirbt. Das Erworbene fällt kraft G ohne bes Übertr ins GesGut bei **drei Erwerbsarten, I:** – a) auf Grd eines zum GesGut gehörden Rechtes, gleichgült, ob kraft G (Früchte, Zinsen, Zuwachs) od dch RGesch (Mietzins, auf Abzahlg gekaufte Ggstde; RG JW **25**, 353); nicht aber der originäre Erwerb dch AusschlußUrt (vgl RG **76**, 360). – b) Ersatz für Zerstörg, Beschädigg, Entziehg, zB EnteigngsEntschädigg, Anspr wg ungerechtf Bereicherg, VersSumme. – c) dch RGeschäft, das sich auf das GesGut bezieht. Wirtschaftl Zushg genügt; nicht erforderl, daß auch mit Mitteln des GesGuts erworben w (vgl RG **92**, 139), zB bei Verkauf v GesGut, Abtretg v Fdgen aus Mitteln des GesGuts, Kauf mit Mitteln des GesGuts. 1

2) Schutz Dritter, II. Ist Beendigg der GütGemsch ins GüterRReg eingetragen, so müßte der Dr die Zugehörigk der Fdg zum GesGut stets gg sich gelten lassen (§ 1412 I), braucht es nach **II** aber nur dann, wenn er von der Zugehörigk wirkl Kenntn erlangt hat; Kennenmüssen steht nicht gleich (RG **135**, 251). Gilt nur bei einer dch RGesch erworbenen Fdg. 2

1474 ***Durchführung der Auseinandersetzung.*** **Die Ehegatten setzen sich, soweit sie nichts anderes vereinbaren, nach den §§ 1475 bis 1481 auseinander.**

Die AuseinandS erfolgt nach §§ 1475–1481, FGG 99 od dch eine **Vereinbarung,** dch die aber nicht die Rechte Dritter beschränkt w dürfen (§ 1480). Keine Form nach § 1410, wohl aber ggf Einhaltg der für in der Vereinbg enthaltene einz Vollzugsgeschäfte vorgesehenen Form, so daß Zuteilg eines Grdstücks an einen Eheg der Auflassg bedarf (RG **57**, 432); bloße Berichtigg dagg, wenn ein Eheg das GesGut gg Abfindg der übr Erben übernimmt (RG **88**, 116). Bei AuseinandS im KlWege keine GestaltgsFreih des Richters (BGH FamRZ **88**, 813; Meyer JurBüro **88**, 973). Zust für Anspr aus dem AuseinandSVertr das FamG (BGH FamRZ **80**, 989). Zur Teilgsreife des GesGuts BGH FamRZ **88**, 813. And als bei Überführg ins Vorbehgut ist der Erwerb eines GesGutsGrdst iR der Teilg steuerfr (BFH Fres **11**, 1). 1

1475 ***Berichtigung der Gesamtgutsverbindlichkeiten.*** **I Die Ehegatten haben zunächst die Gesamtgutsverbindlichkeiten zu berichtigen. Ist eine Verbindlichkeit noch nicht fällig oder ist sie streitig, so müssen die Ehegatten zurückbehalten, was zur Berichtigung dieser Verbindlichkeit erforderlich ist.**

II Fällt eine Gesamtgutsverbindlichkeit im Verhältnis der Ehegatten zueinander einem der Ehegatten allein zur Last, so kann dieser nicht verlangen, daß die Verbindlichkeit aus dem Gesamtgut berichtigt wird.

III Das Gesamtgut ist in Geld umzusetzen, soweit dies erforderlich ist, um die Gesamtgutsverbindlichkeiten zu berichtigen.

1) Zunächst **Berichtigung der Gesamtgutsverbindlichkeiten** (§§ 1437, 1459), **I 1,** auch der Ersatz-Anspr aus §§ 1445 II, 1446 I, 1467 II, so daß Gläub auch ein Eheg sein kann (BayObLG NJW **71**, 2314). Bei Umschuldg auch erst nach rechtskr Scheidg begründeter Verpfl (Mü FamRZ **96**, 290). Berichtigg gem §§ 362ff, 372ff, 387ff, 397. Berichtigg auch dch SchuldÜbern dch einen u Entlassg des and Eheg aus der Hftg (BGH NJW **85**, 3066). Im Ggsatz zu § 1372 Rn 7 findet kein selbständ GesamtSchuAusgl statt (Zweibr FamRZ **92**, 821). Der Eheg, dem die GesGutsverbindlk im InnenVerh allein zur Last fällt (§§ 1441–1444, 1463–1466), kann nicht Erfüllg verlangen, **II,** wohl aber (wg §§ 1480, 1476 II) der and Eheg. Soweit eine GesGutsverbindlk noch nicht fäll od (auch außergerichtl) streit ist, auch darüber, wem sie im InnenVerh zur Last fällt, wird das zur Berichtigg Erforderl zurückbehalten, **I 2,** in gemeins Verw (§ 1472); also keine Hinterlegg od SicherhLeistg. SchutzVorschr f die Ehel; kein Anspr Dritter. Wg der Haftg der Eheg untereinander § 1481. 1

2) Verwertung des Gesamtgutes, III, entspr §§ 753, 754, soweit es zur Berichtigg der GesGutsverbindlk erforderl ist. Auch bei ErsAnspr eines Eheg an das GesGut. Da er Geld verlangen kann, braucht er nichts in Natur zu übernehmen; III geht dem § 1477 II vor (RG **73**, 41; **85**, 1). 2

1476 ***Teilung des Überschusses.*** **I Der Überschuß, der nach der Berichtigung der Gesamtgutsverbindlichkeiten verbleibt, gebührt den Ehegatten zu gleichen Teilen.**

II Was einer der Ehegatten zum Gesamtgut zu ersetzen hat, muß er sich auf seinen Teil anrechnen lassen. Soweit er den Ersatz nicht auf diese Weise leistet, bleibt er dem anderen Ehegatten verpflichtet.

1) Die **Teilungsmasse** bildet der Überschuß, **I,** der sich nach Berichtigg der GesGutsverbindlk u Zurückbehaltg des dafür etwa Erforderl sowie Übernahme bestimmter Ggstände dch einen Eheg (§§ 1476 I, 1477 II) ergibt. Hinzuzurechnen auch das, was ein Eheg zum GesGut schuldet (§§ 1435 S 3, 1441–1444, 1445 I, 1446, 1463–1466, 1467 I, 1468, 1477 II). Für Entnahmen bedeutgslos, ob sie mit od ohne Einwilligg des and Eheg erfolgt sind (BGH **57**, 129). Von diesem Überschuß gebührt jedem Eheg die Hälfte (BGH FamRZ **76**, 338), gleichgült, wieviel er eingebracht od währd der GütGemsch erworben hat. Ausn § 1478. 1

2 **2) Anrechnung, II.** Hat ein Eheg Ersatz zum GesGut zu leisten (Rn 1), muß er sich bei der Teilg diese Summe auf seinen Anteil anrechnen lassen, hat aber auch ein R darauf, daß eine solche Verrechng erfolgt. Übersteigt die Schuld das Teilgsguthaben, so haftet er dem and Eheg persönl, also auch mit seinem VorbehGut. Andere Vereinbg mögl (§ 1474).

1477 ***Durchführung der Teilung.*** **I Der Überschuß wird nach den Vorschriften über die Gemeinschaft geteilt.**

II Jeder Ehegatte kann gegen Ersatz des Wertes die Sachen übernehmen, die ausschließlich zu seinem persönlichen Gebrauch bestimmt sind, insbesondere Kleider, Schmucksachen und Arbeitsgeräte. Das gleiche gilt für die Gegenstände, die ein Ehegatte in die Gütergemeinschaft eingebracht oder während der Gütergemeinschaft durch Erbfolge, durch Vermächtnis oder mit Rücksicht auf ein künftiges Erbrecht, durch Schenkung oder als Ausstattung erworben hat.

1 **1) Die Teilung erfolgt** entspr §§ 752–754, 755 II u III, 756, 757 (§ 755 I ist dch § 1475 ersetzt) grdsätzl dch Teilg in Natur (§ 752), hilfsw dch Verkauf (§ 753). Wg Beteiligg an einer OHG RG **146**, 284.

2 **2)** Für jeden Eheg und seine RNachfolger (RG DJZ **24**, 141) u TestVollstr (RG **85**, 4) besteht, wenn nichts anderes vereinb ist (§ 1474), ein GestaltgsR (keine Verpfl) auf **Übernahme von Gegenständen, II** (Lit: Kotzur BWNotZ **87**, 134). Ggstd können auch Rechte aus einem KaufVertr mit EheVertrVereinbg auf Einbringg des Grdst sein (Stgt FamRZ **96**, 1474). Das ÜbernR wird nicht dadch ausgeschl, daß sich die GrdstVerhältn dch ein FlurbereiniggsVerf geänd h (Bambg FamRZ **83**, 72; BGH FamRZ **98**, 817). Das R auf Übern eines Grdstück berechtigt (zZw der Verhinderg einer Teilgsversteigerg) zur Zustimmg zur AuseinandS dem Grde nach bereits vor Rkraft des ScheidgsUrt (AG Aach FamRZ **90**, 57) sowie zur DrittwidersprKl nach ZPO 771 (BGH FamRZ **87**, 43). Liegen die Voraussetzgen der Übern bei beiden Eheg vor, so heben sich die Rechte auf. ÜbernahmeR nur bei – a) nach ihrem Zweck u den Umst ausschließl zum persönl Gebrauch des übernehmden Eheg bestimmten bewegl Sachen; gelegentl MitGebr dch den and Eheg steht nicht entgg. Für die erforderl pers Beziehg reicht Übertragg der HaushFührg (§ 1356 I 1) nicht aus; – b) den nicht nur teilw in die GütGemsch eingebrachten Ggständen. Hierbei finden die SurrogationsBest der §§ 1418 II Nr 3, 1473 I keine Anwendg. Aber ein Grdst, hins dessen ein ÜbereigngsAnspr bestand, ist als eingebr anzusehen (Düss FamRZ **93**, 194); – c) den währd der GütGemsch dch Erbfolge, Vermächtn, Schenkg u ähnl Zuwendgen erworbenen Ggstden, nicht aber deren Surrogate (BGH FamRZ **98**, 817). Ein NachlaßGgstd ist auch dann iSv II 2 dch Erbfolge erworben, wenn er einem Miterben im Zuge der ErbAuseinandS zugefallen ist u der Miterbe AusglZahlgen an die übr Miterben leisten mußte (BGH FamRZ **98**, 817).

3 **3) Durchführung.** Die Übernahme erfolgt dch formlose (Mü FamRZ **88**, 1275) empfangsbedürft Erkl ggü dem and Eheg. Sie ist unwiderrufl u bis zur Beendigg der AuseinandS mögl. Sie ist ausgeschl, wenn gerade dieser Ggst einem Gläub des GesGuts herauszugeben od wenn seine Verwertg zur Schuldentilgg, die stets vorgeht, erforderl ist (§ 1475 Rn 2). Die Übern kann schon verlangt w, wenn feststeht, daß der Ggst nicht zur Schuldendeckg (§ 1475) benötigt w (RG **85**, 10; Bambg FamRZ **87**, 825). Kein ÜbernR, wenn unklar, welche eingebrachten Grdste den den Gläub geschuldeten Betrag repräsentieren (Ffm FamRZ **84**, 170). Besteht ein ÜbernR, so kann der Eheg dann auch nicht der auf Antr des and eingeleiteten ZwVerst
4 widersprechen (RG **73**, 41). Zum Erwerb dch den Eheg ist noch die Übereigng erforderl (§ 1474 Rn 1). Der **Übernahmewert** bestimmt sich in erster Linie nach dem Ztpkt, den die Part vereinbaren (zB Ztpkt der ÜbernErkl); andernf nach dem Ztpkt der Übern, also etwa der Eintragg des Übernehmers im Grdbuch, ggf nach der letzt mdl Verh (BGH FamRZ **86**, 41 f). Dabei muß der inflationsbedingte Einbringgswert, der zur Ermittlg der realen Wertsteigerg des GesGuts benötigt w (BGH **84**, 333), stets auf den gleichen Ztpkt bestimmt w (BGH FamRZ **86**, 42). Das gilt auch für § 1478 I, also f die Bewertg der v der and Seite eingebrachten Ggste (aaO). Falls Einigg nicht mögl, Ermittlg dch Sachverst, notf Klage; keine Anwendg v FGG 164 (BayObLG JW **23**, 759). Zur Bewertg v landwirtschaftl Betr Bölling FamRZ **80**, 754. Die Rechte aus §§ 1477 II u 1478 I, näml einers dem GesGut den Wert des zu übernehmden Ggst zu ersetzen u anderers jeder Part aus dem GesGut den Wert der in die GütGemsch eingebrachten Ggste zu erstatten, können nebeneinand geltd gemacht w (BGH **84**, 333/38; FamRZ **86**, 41). Bei der Bewertg landwirtschaftl Grdst
5 keine Analogie zu § 1376 IV (BGH FamRZ **86**, 776). **Wertersatz** nicht unbedingt dch Einzahlg, sond soweit mögl dch Verrechng (BGH FamRZ **88**, 926). Gg den Anspr auf Übern besteht bezügl des Anspr auf WertErs ein ZurückbehR, das dch SichgsHyp abgewendet w kann (Mü FamRZ **96**, 170).

1478 ***Auseinandersetzung nach Scheidung.*** **I Ist die Ehe geschieden, bevor die Auseinandersetzung beendet ist, so ist auf Verlangen eines Ehegatten jedem von ihnen der Wert dessen zurückzuerstatten, was er in die Gütergemeinschaft eingebracht hat; reicht hierzu der Wert des Gesamtgutes nicht aus, so ist der Fehlbetrag von den Ehegatten nach dem Verhältnis des Wertes des von ihnen Eingebrachten zu tragen.**

II Als eingebracht sind anzusehen

1. die Gegenstände, die einem Ehegatten beim Eintritt der Gütergemeinschaft gehört haben;
2. die Gegenstände, die ein Ehegatte von Todes wegen oder mit Rücksicht auf ein künftiges Erbrecht, durch Schenkung oder als Ausstattung erworben hat, es sei denn, daß der Erwerb den Umständen nach zu den Einkünften zu rechnen war;
3. die Rechte, die mit dem Tod eines Ehegatten erlöschen oder deren Erwerb durch den Tod eines Ehegatten bedingt ist.

III Der Wert des Eingebrachten bestimmt sich nach der Zeit der Einbringung.

1) Zweck der Vorschr ist eine auf Billigk beruhde Modifikation des Grdsatzes der Halbteilg (§ 1476 I), um demj, der weniger eingebracht hat u dch sein Verhalten nicht nur die Auflösg der Ehe, sond auch die Beteiligg an dem vom and Eheg in die Ehe eingebrachten Verm erzwingen könnte, nicht noch Vorteile daraus ziehen zu lassen (BT-Drucks 7/650 S 102f). Das gleiche gilt bei Aufhebg der Ehe (EheG 37). Auch eine der Beendigg der GütGemsch nachfolgde Scheidg löst das WahlR der Eheg (Rn 2) aus; an der sachgem Ausübg des R zur Aufhebg der GütGemsch würde ein Eheg gehindert, wenn er befürchten müßte, mit einem früheren Erfolg der AufhebgsKl das bei Scheidg zustehde WahlR einzubüßen (BT-Drucks aaO S 103). Kein zwingdes R. Da wg § 1376 IV bei landwirtschaftl Betrieben ein ZugewAusgl prakt nicht stattfindet u da anderers § 1478 dem einheiratden Eheg iF der Ehescheidg mit dem Hof als eingebrachten Gut die Substanz seiner oft langjähr ArbLeistg wieder entzieht, bedarf es der Möglk, iR eines EheVertr Regelgen über die AuseinandS des GesGutes nach der Scheidg zu treffen. Verneint man mit Bölling FamRZ **80**, 754 die Anwendbark v § 1376 IV iRv §§ 1477, 1478, so bedarf es keiner güterrechtl Vereinbg, um den geschiedenen Eheg an dem VerkWertZuwachs zu beteiligen. Mit der sich aus § 1478 ergebden Maßg bleiben die übr Vorschr über die AuseinandS unberührt (RG **73**, 41); also auch das ÜbernahmeR des § 1477 II (BGH NJW **52**, 1330). Das GesHandsVerh (§ 1471 Rn 2) dauert auch hier bis zur AuseinandS fort. Vor Rückerstattg des Wertes des Eingebrachten müssen erst die GesGutsVerbindlichk gem § 1475 berichtigt w, außer wenn der Ggst zur Schuldendeckg nicht benötigt w (§ 1477 Rn 3). 1

2) Ist die Ehe geschieden, hat jeder Eheg das R zur Gestaltg der AuseinandS gem § 1478, **I.** Dieses **Wahlrecht** kann bis zur Beendigg der AuseinandS ausgeübt werden u geht auch dch eine anders gerichtete Klage nicht verloren. Es ist vererbl. Macht einer der Ehel von dem WahlR Gebrauch, ist auch der and daran gebunden; sie müssen sich nicht über das einzuschlagde Verf einigen. Auch bei Wahl der Rückerstattg bleibt es iü hins der Verteilg des Überschusses bei § 1476. Der Anspr geht nur auf **Wertersatz,** nicht auf Zurück- 3 gabe des Eingebrachten, schließt aber das ÜbernahmeR aus § 1477 II nicht aus (Rn 1); insof ist ledigl der Wert zZ der Übernahme der Teilgsmasse zu ersetzen (§ 1477 Rn 3), währd der Wert des Eingebrachten sich nach dem nominellen Wert (Bölling FamRZ **82**, 234) zur Zeit der Einbringg bestimmt, **III.** Keine entspr Anwendg v § 1376 IV (BGH FamRZ **86**, 776). Geldentwertg zu berücks (BGH **84**, 333 mAv Bölling FamRZ **82**, 993; § 1376 Rn 11–13). Eine vom einen Eheg eingebr ZugewAusglFdg (Rn 4) mindert den Wert des vom and Eheg Eingebrachten (BGH **109**, 89/94). Ein evtl Fehlbetrag fällt nicht mehr jedem zur Hälfte zur Last (so das GleichberG), sond im Verhältn zum Wert des Eingebrachten (BT-Drucks 7/650 S 103; Bsp: Soerg/Gaul Rn 9). Der WertersatzAnspr kann im VerbundVerf geltd gem w (BGH NJW **82**, 2373). 2

3) Eingebracht sind, **II,** gem Nr 1: Ggstände, die dem Eheg beim Eintr der GütGemsch gehört haben, auch wenn Erwerb unter einer Bedingg erfolgte u die Bedingg erst nach Beginn der GütGemsch eintrat. Hierher gehört der ZugewAusglAnspr eines Eheg gg den and bei Wechsel vom ges Gütstd in denj der GütGemsch (BGH **109**, 89). Zu Nr 2 vgl § 1374 Rn 6–12. Nr 3: Mit dem Tode des Eheg erlöschde Rechte, zB Leibrente, od dch den Tod eines Eheg bedingte Rechte, zB LebensVers, deren Fälligk der Versicherte erlebt. 4

1479 ***Auseinandersetzung nach Aufhebungsurteil.*** **Wird die Gütergemeinschaft auf Grund der §§ 1447, 1448 oder des § 1469 durch Urteil aufgehoben, so kann der Ehegatte, der das Urteil erwirkt hat, verlangen, daß die Auseinandersetzung so erfolgt, wie wenn der Anspruch auf Auseinandersetzung in dem Zeitpunkt rechtshängig geworden wäre, in dem die Klage auf Aufhebung der Gütergemeinschaft erhoben ist.**

Der Eheg, der das Urt erwirkt hat, hat zur Vermeidg der Prozeßverschleppg u VermManipulation (Hekkelmann FamRZ **68**, 65) das Recht zur **Wahl des Auseinandersetzungszeitpunkts:** – a) Beendigg der GütGemsch, also RKraft des AufhebgsUrt (§§ 1449 I, 1470 I); – b) den in § 1479 genannten Ztpkt der Rechtshängigk, so daß dann zB Grdstücke, die währd des AufhebgsRStreits erworben w, nicht ins GesGut fallen (Kbg HRR **38**, 1113). WahlR bis Beendigg der AuseinandS. § 1479 entspr § 1387. Besondere Wirkgen: Erwerb fällt bis auf § 1473 I nicht mehr ins GesGut. Wirkg aber nur zw den Eheg, nicht ggü Dritten. Ehevertragl Ausschluß ist nichtig, mögl aber Verzicht auf das schon entstandene WahlR. 1

1480 ***Haftung nach der Teilung gegenüber Dritten.*** **Wird das Gesamtgut geteilt, bevor eine Gesamtgutsverbindlichkeit berichtigt ist, so haftet dem Gläubiger auch der Ehegatte persönlich als Gesamtschuldner, für den zur Zeit der Teilung eine solche Haftung nicht besteht. Seine Haftung beschränkt sich auf die ihm zugeteilten Gegenstände; die für die Haftung des Erben geltenden Vorschriften der §§ 1990, 1991 sind entsprechend anzuwenden.**

1) Vor der Teilg sind zunächst die GesGutsverbindlichkten zu berichtigen (§ 1475 Rn 1). Geschieht das nicht, so besteht – unabhäng v der Möglk der Anf der Teilg wg GläubBenachteiligg (BGH **57**, 126) – im Verhältn zu Dritten eine dch EheVertr nicht auszuschließde erweiterte Haftg (§ 1480). Zur Wirkg im Innenverh § 1481. § 1480 kommt wg der Haftg jedes Eheg für alle GesGutsverbindlk (§ 1459 Rn 3) bei der GütGemsch mit gemeinsamer Verw nur insof in Betr, als die persönl Haftg mit Beendigg der GütGemsch erlischt (§ 1459 II 2). Zust FamG (BGH FamRZ **80**, 551). 1

2) Voraussetzungen: – **a)** Die Teilg des GesGuts ist erfolgt, wenn GesGut als solches nicht mehr besteht u insgesamt od in einz Bestandteilen einem Eheg als SonderEigt zugewiesen ist (RG **75**, 295). Ggste von unerhebl Wert bleiben dabei unberücks (RG **89**, 366). Beendigg der Teilg Tatfrage. Sie ist auch erfolgt, wenn einz Ggstde vereinbargsgem unverteilt im MitEigt bleiben (RG JW **17**, 102), nicht aber schon mit der Zuweisg einzelner Ggstde (RG **89**, 407). – **b)** Von den GesGutsverbindlkten (§ 1437 Rn 2, 3, § 1459 Rn 2) 3 muß ein Rest übriggeblieben sein, was iFv § 1475 I 2 nicht zutrifft. – **c)** Dem nicht persönl haftden Eheg 4 muß etwas aus dem GesGut zugeteilt sein, was nicht der Fall ist bei unentgelt Verzicht od wenn er dafür aus 2 einem and Vermögen, also nicht dem GesGut, etwas erhalten hat (RG **75**, 295). Beweist er, daß er aus dem GesGut nichts erhalten hat, ist die Kl aus § 1480 abzuweisen (RG **89**, 360). Der Haftg kann er sich aber nicht dch Aufgabe des einmal Zugeteilten entziehen (RG **89**, 367).

5 **3) Wirkungen.** Persönl Haftg als GesSchuldner (§§ 421–425), auch des bisher nicht verwberecht u damit nicht pers haftden Eheg, für die in der Pers des Verwalters entstandenen GesGutsverbindlk (§ 1437 Rn 2) od eines der bisher gemschaftl verwaltden Eheg, sof deren Haftg mit Beendigg der GütGemsch erloschen war (§§ 1437 II 2, 1459 II 2). § 1480 setzt Titel gg den neu haftden Eheg voraus (ZPO 750 I); bl Duldg nicht
6 ausreichd. Der aus § 1480 Haftde kann entspr §§ 1990, 1991 die **Befriedigung verweigern,** soweit das ihm aus dem GesGut Zugeteilte nicht ausreicht, **S 2;** er haftet nur mit den ihm zugeteilten Ggsten (RG Gruch **48**, 1021). HftgsBeschrkg muß im Urt vorbehalten w (ZPO 780 I, 781, 785, 786).

1481 ***Haftung der Ehegatten untereinander.*** **I Wird das Gesamtgut geteilt, bevor eine Gesamtgutsverbindlichkeit berichtigt ist, die im Verhältnis der Ehegatten zueinander dem Gesamtgut zur Last fällt, so hat der Ehegatte, der das Gesamtgut während der Gütergemeinschaft allein verwaltet hat, dem anderen Ehegatten dafür einzustehen, daß dieser weder über die Hälfte der Verbindlichkeit noch über das aus dem Gesamtgut Erlangte hinaus in Anspruch genommen wird.**

II Haben die Ehegatten das Gesamtgut während der Gütergemeinschaft gemeinschaftlich verwaltet, so hat jeder Ehegatte dem anderen dafür einzustehen, daß dieser von dem Gläubiger nicht über die Hälfte der Verbindlichkeit hinaus in Anspruch genommen wird.

III Fällt die Verbindlichkeit im Verhältnis der Ehegatten zueinander einem der Ehegatten zur Last, so hat dieser dem anderen dafür einzustehen, daß der andere Ehegatte von dem Gläubiger nicht in Anspruch genommen wird.

1 **1)** Die Vorschr regelt (statt § 426) die Folgen einer Inanspruchn nach § 1480 im InnenVerh. Die EinstandsPfl des § 1481 gibt dem Eheg nur ein R auf Befreiung od Rückgriff, nicht aber auf SicherhLeistg od dem Dr ggü die Einrede der Vorausklage. Zur entspr Anwendg der Vorschr bei noch nicht geteiltem GesGut: Zweibr FamRZ **92**, 821.

2 **2)** Der **Alleinverwalter** hat dem and Eheg dafür einzustehen, daß dieser von dem Gläub nicht über das aus dem GesGut Erlangte hinaus u nicht höher als bis zur Hälfte der Verbindlk (§ 1476 I) in Anspr genommen w,
3 **I.** Bei vorausgegangener **gemeinschaftlicher Verwaltung** erübrigt sich die Beschrkg auf den Wert des
4 Erlangten, da jeder die Hälfte der Verbindlk zu tragen hat, **II.** Bei **Alleinverbindlichkeiten** eines Eheg gem §§ 1441–1444, 1463–1466 hat dieser ohne Rücks auf die Verwaltgsform dem and dafür einzustehen, daß dieser nicht in Anspr genommen w, **III.**

1482 ***Eheauflösung durch Tod.*** **Wird die Ehe durch den Tod eines Ehegatten aufgelöst, so gehört der Anteil des verstorbenen Ehegatten am Gesamtgut zum Nachlaß. Der verstorbene Ehegatte wird nach den allgemeinen Vorschriften beerbt.**

1 Mit dem Tode eines Eheg endet die GütGemsch. Der Anteil des verstorbenen Eheg am GesGut gehört, ebso wie sein Vorbeh- u Sondergut, **zum Nachlaß.** Es gelten die allg erbrecht Bestimmgen (§§ 1922 ff). Die Erben des Verstorbenen haben sich mit dem überlebden Eheg nach §§ 1471–1481 auseinanderzusetzen, es sei denn, der überl Eheg wird Alleinerbe (BGH **26**, 381), währd bei Vorerbsch die GesHand erst nach AuseinandS erlischt (BayObLG FamRZ **88**, 542; K. Schmidt FamRZ **76**, 685 f). Für alle ab 1. 7. 58 vereinb GütGemsch tritt fortgesetzte GütGemsch nur noch ein, wenn das im EheVertr gesagt ist (§ 1483). Wg des früh Rechts 35. u 41. Aufl.

e) Fortgesetzte Gütergemeinschaft

Vorbemerkung

1 **Zweck:** Die fortges GütGemsch, die nur noch auf Grd EheVertr eintritt (§ 1483), deren Vorschriften aber zwingden Charakter haben (§ 1518), soll es dem überlebden Eheg, der bisher in GütGemsch gelebt hat, bis zu seinem Tode, seiner Wiederverheiratg (§§ 1493, 1494) od der dch seine Erkl herbeigeführten Ablehng od Aufhebg (§§ 1484, 1492) ersparen, den gemschaftl Abkömmlingen ihren Anteil am GesGut sofort herauszugeben. Es findet vielm eine Vereinigg des GesGuts in seiner Person statt, die bisher bestehde GütGemsch setzt er mit den gemschaftl Abkömmlingen fort, wobei er die rechtl Stellg des allein verwaltden Eheg, die anteilsberecht Abkömml die des and Eheg haben (§ 1487 I). Das GesGut ist FamVermögen, das den FamMitgliedern erhalten bleiben soll u an dem nicht zur Fam Gehörige keinen Anteil haben sollen. Erbrechtl
2 Gesichtspkte scheiden mithin für das GesGut aus (§ 1483 I 3). Die fortges GütGemsch unterscheidet **4 Vermögensmassen:** Das GesGut (§ 1485), das Vorbeh- u Sondergut des überlebden Eheg (§ 1486), die Vermögen der anteilsberecht Abkömmlinge. – Ins **Güterrechtsregister** wird die fortges GütGemsch nicht eingetragen, da dieses nur über die währd der Ehe bestehden güterrechtl Verhältn Ausk gibt (Vorb 3 vor
3 § 1558). Wg der Eintragg ins **Grundbuch** § 1485 Rn 5. – Zum **Landesrecht** vgl 41. Aufl; zur **HöfeO** Soerg-Gaul Rdn 4 vor § 1483.

1483 ***Eintritt der fortgesetzten Gütergemeinschaft.*** **I Die Ehegatten können durch Ehevertrag vereinbaren, daß die Gütergemeinschaft nach dem Tode eines Ehegatten zwischen dem überlebenden Ehegatten und den gemeinschaftlichen Abkömmlingen fortgesetzt wird. Treffen die Ehegatten eine solche Vereinbarung, so wird die Gütergemeinschaft mit den**

gemeinschaftlichen Abkömmlingen fortgesetzt, die bei gesetzlicher Erbfolge als Erben berufen sind. Der Anteil des verstorbenen Ehegatten am Gesamtgut gehört nicht zum Nachlaß; im übrigen wird der Ehegatte nach den allgemeinen Vorschriften beerbt.

II Sind neben den gemeinschaftlichen Abkömmlingen andere Abkömmlinge vorhanden, so bestimmen sich ihr Erbrecht und ihre Erbteile so, wie wenn fortgesetzte Gütergemeinschaft nicht eingetreten wäre.

1) Falls im EheVertr vereinb u nicht §§ 1506, 1511, 1517 vorliegen, wird zw den nach §§ 1923, 1924 erbberecht gemschaftl (mj, vollj, verheirateten od led) Abkömml u dem überlebdn Eheg die GütGemsch fortgesetzt („beerbte Ehe"). Mögl die Auslegg, daß Abkömml zugl Schlußerben s sollen (BayObLG FamRZ **86**, 1151). ScheidgsBerechtigg schließt im Ggsatz zur Berechtigg, auf Aufhebg der Ehe zu klagen (§ 1509 S 2), die Fortsetzg der GütGemsch nicht aus. § 1483 unterscheidet, ob nur gemschaftl Abkömmlinge vorhanden sind (I) od auch einseit Abkömml des Verstorbenen (II). 1

2) Sind **nur gemeinschaftliche Abkömmlinge** vorhanden, **I,** erfolgt eine Beerbg des Verstorbenen nur hinsichtl seines Vorbeh- u SondGuts. Im übr findet eine AuseinandS nicht statt (vgl § 1503 Rn 2). Zur Zusammensetzg des GesGuts § 1485 Rn 1–3. Pflichtteilsergänzg (§§ 2325 ff) nur aus Vorbeh- u SondGut, da diese allein den Nachlaß bilden. 2

3) Sind neben den gemschaftl **auch einseitige Abkömmlinge** des Verstorbenen vorh, **II,** zB Kinder aus früheren Ehen, ändert sich für den überlebden Eheg u die gemschaftl Kinder nichts, die nicht gemschaftl Abkömml sind hingg von der fortges GütGemsch ausgeschlossen; sie erben so, als wenn fortges GütGemsch nicht eingetreten wäre, dh sie erben zusätzl zum Vorbeh- u SondGut auch aus dem GesGut. Die AuseinandS hat zuerst mit ihnen zu erfolgen (§ 1471). Eine AuseinandS findet nicht statt, wenn der einseit Abkömml nur pflichtteilsberecht od VermächtnNehmer ist; der Wert des Anteils wird dann geschätzt. Der NachlRichter hat vAw zu prüfen, ob gemschaftl Abkömml vorhanden sind (BGH **63**, 35). 3

1484 *Ablehnung der fortgesetzten Gütergemeinschaft.* **I Der überlebende Ehegatte kann die Fortsetzung der Gütergemeinschaft ablehnen.**

II Auf die Ablehnung finden die für die Ausschlagung einer Erbschaft geltenden Vorschriften der §§ 1943 bis 1947, 1950, 1952, 1954 bis 1957, 1959 entsprechende Anwendung. Steht der überlebende Ehegatte unter elterlicher Sorge oder unter Vormundschaft, so ist zur Ablehnung die Genehmigung des Vormundschaftsgerichts erforderlich. Dies gilt auch für die Ablehnung durch den Betreuer des überlebenden Ehegatten.

III Lehnt der Ehegatte die Fortsetzung der Gütergemeinschaft ab, so gilt das gleiche wie im Falle des § 1482.

Eine ausdr AnnErkl ist nicht erforderl, ggf aber unwiderrufl (§ 1943). Nur der Eheg hat das einseit, auch nicht ausschließb (§ 1518) **Ablehnungsrecht, I.** Wg der Abkömml §§ 1491, 1495 f, 1517. Auf die Ablehng finden die erbrechtl Vorschr Anwendg. AblehngsFrist v 6 Wo (§ 1944) beginnt nicht mit der Kenntn vom Tode, sond mit der Kenntn vom Eintritt der fortges GütGemsch, auch wenn die Unkenntn auf RUnkenntn beruht (BGH **31**, 209). Steht der überlebde Eheg unter elterl Sorge od Vormsch, so muß der ges Vertreter die Ablehng erklären od ihr zustimmen, das VormschG genehmigen (§§ 1643, 1828 ff), **II 2.** Entspr gilt bei Ablehng dch den Betr, **II 3,** unabh v der AnO eines EinwVorbeh (§ 1896 Rn 27). Der geschäftsfäh, nicht unter EinwVorbeh stehde Betreute lehnt selbst ab (BT-Drucks 11/4528 S 106). Wirkg der Ablehng § 1482 Rn 1, **III.** Für den Fall einer Ablehng kann der and Eheg über das GesGut von Todes wg verfügen. 1

1485 *Gesamtgut.* **I Das Gesamtgut der fortgesetzten Gütergemeinschaft besteht aus dem ehelichen Gesamtgute, soweit es nicht nach § 1483 Abs. 2 einem nicht anteilsberechtigten Abkömmlinge zufällt, und aus dem Vermögen, das der überlebende Ehegatte aus dem Nachlasse des verstorbenen Ehegatten oder nach dem Eintritte der fortgesetzten Gütergemeinschaft erwirbt.**

II Das Vermögen, das ein gemeinschaftlicher Abkömmling zur Zeit des Eintritts der fortgesetzten Gütergemeinschaft hat oder später erwirbt, gehört nicht zu dem Gesamtgute.

III Auf das Gesamtgut finden die für die eheliche Gütergemeinschaft geltenden Vorschriften des ***§ 1438*** **Abs. 2, 3 entsprechende Anwendung.**

1) a) Zum **Gesamtgut** gehören, **I: aa)** das bisherige GesGut (§§ 1416 I, 1435 S 3, 1445, 1446, 1467) abzügl desjenigen, was einem nicht gemschaftl Abkömml zufällt (§ 1483 II) u ein auf Pflichtteil gesetzter gemschaftl Abkömml zu fordern hat (§ 1511 II); **bb)** das Vermögen, das der überlebde Eheg aus dem Nachl des verstorbenen Eheg erhält, also auch Vermächtn u Pflichtt, ferner was er nach dem Eintritt der fortges GütGemsch erwirbt, insb also auch Nutzgen des SondGuts, nicht aber des VorbehGuts. – **b)** Nicht zum GesGut ghören das Vorbeh- u SondGut des überl Eheg (§ 1486) u das Verm des Abkömml, gleichgült, wann es erworben w, **II,** auch nicht Nutzgen daraus. 1 2 3

2) Wirkung. Der Übergang vollzieht sich ohne Übertraggsakt (§ 1416 II; die Verweisg auf § 1438 ist Redaktionsfehler!). Es besteht GesamthandsEigt (RG **129**, 120). Die Zugehörigk des Verm des überl Eheg wird vermutet (§ 1416 Rn 2). 4

3) Register: Eine Eintragg der fortges GütGemsch im GüterRReg findet nicht statt (2 vor § 1483), wohl aber im Grdbuch (§ 1416 III, GBO 35 II, 47). Zur Entbehrlichk der Zust der Abkömml zur Umschreibg KG 5

JW **35**, 2515. Ins HandelsReg kann nur der überl Eheg als Inh des zur fortges GütGemsch gehörden HandelsGesch eingetragen w (KG JFG **6**, 193).

1486 ***Vorbehaltsgut; Sondergut.*** **[I] Vorbehaltsgut des überlebenden Ehegatten ist, was er bisher als Vorbehaltsgut gehabt hat oder was er nach § 1418 Abs. 2 Nr. 2, 3 als Vorbehaltsgut erwirbt.**

[II] Sondergut des überlebenden Ehegatten ist, was er bisher als Sondergut gehabt hat oder was er als Sondergut erwirbt.

1 Der überl Eheg behält als **Vorbehaltsgut** nur, was bisher VorbehGut war, u Erwerb nach § 1418 II Z 2, 3, **I;** vertragl Zuweisgen zum VorbehGut sind weder dch EheVertr (§ 1518) noch dch Vertr mit den Abkömml zuläss. Bisheriges **Sondergut** bleibt solches, neues wird gem § 1417 gebildet; Nutzgen daraus fallen ins GesGut. Da das Verm der Abkömml dch die fortges GütGemsch nicht berührt w (§ 1485 II), haben sie kein Vorbeh- od SondGut.

1487 ***Rechtsstellung des Ehegatten und der Abkömmlinge.*** **[I] Die Rechte und Verbindlichkeiten des überlebenden Ehegatten sowie der anteilsberechtigten Abkömmlinge in Ansehung des Gesamtgutes der fortgesetzten Gütergemeinschaft bestimmen sich nach den für die eheliche Gütergemeinschaft geltenden Vorschriften der §§ 1419, 1422 bis 1428, 1434, des § 1435 Satz 1, 3 und der §§ 1436, 1445; der überlebende Ehegatte hat die rechtliche Stellung des Ehegatten, der das Gesamtgut allein verwaltet, die anteilsberechtigten Abkömmlinge haben die rechtliche Stellung des anderen Ehegatten.**

[II] Was der überlebende Ehegatte zu dem Gesamtgut schuldet oder aus dem Gesamtgut zu fordern hat, ist erst nach der Beendigung der fortgesetzten Gütergemeinschaft zu leisten.

1 **1)** Der überl Eheg, gleichgült, ob er bisher Verwalter, Mitverwalter od nicht verwberecht Eheg war, hat die rechtl Stellg des Verwalters bei der GütGemsch, die anteilsberecht Abkömml die des and Eheg, **I 2. Halbs.** Sie haben nicht nur eine Anwartsch, sond ein selbstd R am GesGut (RG **75**, 414). Andere Vorschr als in I genannt sind nicht anwendb mit Rücks auf die Stellg der Abkömml od weil andere (§§ 1488, 1489, 1500, 1487 II) an ihre Stelle getreten sind.

2 **2) Entsprechend anwendbar, I,** sind: **§ 1419:** Die fortges GütGemsch ist Gemsch zur gesamten Hand (RG **129**, 120); keiner der Beteiligten kann über seinen Anteil am GesGut od an den einz dazu gehör Ggständen verfügen. Anteile unpfändb (ZPO 860 I 2). Vgl aber § 1497 Rn 2. Der überl Eheg kann über seinen Anteil am GesGut letztw verfügen, soweit nicht Rechte der Abkömml verkürzt w (KG JW **31**, 1369);
3 denn das VfgsVerbot des § 1419 gilt nur für Geschäfte unter Lebden (BGH FamRZ **64**, 423). – **§ 1422:** Der überl Eheg hat Besitzschutz auch ggü den Abkömml, die nur mittelb Besitz haben. Er führt RStreitigk im eig
4 Namen. – **§§ 1423–1426:** Die Abkömml haben bei Bestehen der fortges GütGemsch keine AuskunftsR, sond sind auf ZustimmgsR beschränkt. Sie muß von allen Abkömml erteilt w. Die Übern der Haftg dafür, daß sie erteilt wird, verstößt nicht gg § 138 (RG JW **24**, 539). Bei Mj od Vormsch §§ 1643, 1821 I Z 1. Ist der überl Eheg selbst ges Vertreter, so steht § 181 nicht entgg, daß er die Erkl für die Kinder abgibt (BayObLG DNotZ **52**, 163). Iü reicht es aus, wenn der zur Hälfte am GesGut Beteiligte den widersprechden Beteiligten
5 auf Zust verkl (BGH NJW-RR **91**, 1410). – Das RevokationsR aus **§ 1428** hat nur der Abkömml, der nicht
6 zugestimmt hat; er muß Leistg an das GesGut verlangen. – **§ 1435 S 1, 3:** Zur ordngsmäß Verw gehört im allg nicht die Übertr des GesGuts an einen Abkömml, um die anderen auszuzahlen (KG OLG **42**, 88); anders wenn der überl Eheg das GesGut nicht mehr halten kann (BayObLG **14**, 624). Erschwerg allein genügt nicht (BayObLG **22**, 5). Zur Haftg BGH **48**, 373.

7 **3) Forderungen und Schulden des überlebenden Ehegatten, II,** gleichgült, ob sie vor od nach Eintritt der fortges GütGemsch entstanden sind, sind erst nach deren Beendigg fällig. Die Verpfl zur Gewährg von **Unterhalt** an die Abkömml richtet sich nach den allg Vorschr. Der Unterh für diese ist keine Last des GesGuts (RG JW **07**, 23). Der überl Eheg kann Mittel aus dem GesGut dafür verwenden. – Schulden u Fdgen des verstorbenen Eheg an bzw gg das GesGut sind sofort zu berichtigen. – Hinsichtl der Abkömml gelten die allg Vorschr.

1488 ***Gesamtgutsverbindlichkeiten.*** **Gesamtgutsverbindlichkeiten der fortgesetzten Gütergemeinschaft sind die Verbindlichkeiten des überlebenden Ehegatten sowie solche Verbindlichkeiten des verstorbenen Ehegatten, die Gesamtgutsverbindlichkeiten der ehelichen Gütergemeinschaft waren.**

1 **1)** Für die **Gesamtgutsverbindlichkeiten** haftet der überl Eheg persönl (§ 1489); die §§ 1499, 1500 regeln die Frage, ob im Innenverhältn ein Ausgl stattfindet od aber eine GesGutslast vorliegt. GesGutsVer-
2 bindlk der fortges GütGemsch sind: **a)** sämtl Verbindlk des überl Eheg, gleichgült, wann sie entstanden sind u ob sie vor Eintr der fortges GütGemsch solche der GütGemsch waren, also auch die, die sein Vorbeh- u
3 SondGut betreffen, ferner die UnterhPfl ggü seinem Kind (KG JW **37**, 3159); – **b)** die Verbindlk des verstorbenen Eheg, die GesGutsVerbindkl der ehel GütGemsch waren, gleichgült, ob sie im InnenVerh der Eheg dem GesGut zur Last fielen (§§ 1441–1444, 1463–1466); vgl § 1437 Rn 2, 3, § 1459 Rn 2, 3. Keine
4 GesGutsVerbindlk die des verstorbenen Eheg gem §§ 1460–1462. – **c)** Verbindlk der anteilberecht Abkömml sind niemals GesGutsVerbindlk.

2) Zur **Zwangsvollstreckung** ins GesGut ist ein gg den überl Eheg ergangenes Urteil erforderl u genügd 5
(ZPO 745 I); die Abkömml können auf Duldg verklagt w (RG **148**, 250). Für ein währd der allg GütGemsch ergangenes Urt gilt ZPO 744. Im **Konkurs** der überl Eheg gehört das GesGut zur KonkMasse, eine AuseinandS findet nicht statt (KO 2 III). Besonderh KO 236, 214–234. Der Konk der Abkömml berührt das GesGut nicht.

1489 *Persönliche Haftung für die Gesamtgutsverbindlichkeiten.* **I Für die Gesamtgutsverbindlichkeiten der fortgesetzten Gütergemeinschaft haftet der überlebende Ehegatte persönlich.**

II Soweit die persönliche Haftung den überlebenden Ehegatten nur infolge des Eintritts der fortgesetzten Gütergemeinschaft trifft, finden die für die Haftung des Erben für die Nachlaßverbindlichkeiten geltenden Vorschriften entsprechende Anwendung; an die Stelle des Nachlasses tritt das Gesamtgut in dem Bestande, den es zur Zeit des Eintritts der fortgesetzten Gütergemeinschaft hat.

III Eine persönliche Haftung der anteilsberechtigten Abkömmlinge für die Verbindlichkeiten des verstorbenen oder des überlebenden Ehegatten wird durch die fortgesetzte Gütergemeinschaft nicht begründet.

1) Währd § 1488 den Umfang der GesGutsverbindlichkeiten der fortges GütGemsch angibt, regelt § 1489 1
die **persönliche Haftung des überlebenden Ehegatten, I.** Dieser haftet für die GesGutsverbindlkten der fortges GütGemsch persönl. Anders als in § 1437 II 2 endet diese Haftg nicht mit der Beendigg der fortges GütGemsch. Es besteht aber die Möglichk der **Haftungsbeschränkung, II,** u zwar zum Schutze a) des überl 2
Eheg gg den Zugriff auf sein nicht zum GesGut gehör Vermögen, falls das GesGut nicht ausreicht, b) der GesGutsGläub, denen der überl Eheg bei Beginn der fortges GütGemsch nicht persönl haftete, gg den Zugriff der Gläub auf das GesGut, die diese Möglk erst wg § 1488 erlangt haben. Voraussetzg der HaftgsBeschrkg ist aber, daß der überl Eheg nicht etwa schon ohne den Eintritt der fortges GütGemsch persönl gehaftet hätte (vgl 41. Aufl). HaftgsBeschrkg entspr §§ 1967 ff; an die Stelle des Nachlasses tritt das GesGut im Bestande zZ des Eintritts der fortges GütGemsch, einschließl Surrogate (§ 1473), aber ohne Berücksichtigg des späteren Erwerbs (§ 1485 I). Mittel der Haftgsbeschränkg: GesGutsverwaltg (§§ 1975, 1981–1988), GesGutskonkurs (§ 1975, KO 236), UnzulänglichkEinreden aus §§ 1989, 1990, aufschiebde Einreden aus §§ 2014, 2015. Aufgebot der GesGutsGläub ZPO 1001. Verlust der HaftgsBeschrkg §§ 2005, 2006. Vorbeh der beschränkten Haftg im Urt ZPO 305 II; ZwVollstr ZPO 786.

2) Eine **Haftung der Abkömmlinge** besteht nicht, **III,** soweit sie sich nicht aus anderen Gründen ergibt 3
(zB als Erben, Bürgen, gemschaftl Verpflichtg).

1490 *Tod eines Abkömmlings.* **Stirbt ein anteilsberechtigter Abkömmling, so gehört sein Anteil an dem Gesamtgute nicht zu seinem Nachlasse. Hinterläßt er Abkömmlinge, die anteilsberechtigt sein würden, wenn er den verstorbenen Ehegatten nicht überlebt hätte, so treten die Abkömmlinge an seine Stelle. Hinterläßt er solche Abkömmlinge nicht, so wächst sein Anteil den übrigen anteilsberechtigten Abkömmlingen und, wenn solche nicht vorhanden sind, dem überlebenden Ehegatten an.**

Entspr dem GrdGedanken (Vorbem 1 v § 1483) ist der Anteil des verstorbenen Abkömmlings **unvererb-** 1
lich, so daß dieser darüber weder von Todes wg verfügen kann, noch der Anteil zu seinem Nachlasse gehört. Die Erben, also auch der Eheg des Abkömml (KGJ **44**, 108), erhalten davon nichts; den Gläub des Verstorbenen haftet der Anteil ebenf nicht (vgl § 1487 Rn 2). Die fortges GütGemsch wird vielm mit den Abkömmlingen des Verstorbenen fortgesetzt, die im Falle der ges Erbfolge als seine Erben berufen wären (§ 1924 III), soweit sie nicht nach §§ 1491, 1506, 1511, 1517 ausgeschl sind. Sind solche Personen nicht vorhanden, so wächst der Anteil den übr Abkömml, nicht dem überl Eheg, nach Maßg von deren ges ErbR nach dem verstorbenen Eheg (§ 1503) mit dingl Wirkg u ohne AusschlaggsMöglk an. Der Anteil des letzten Abkömml wächst dem überl Eheg an. Das nehel Kind eines Sohnes ist nicht ges Erbe u erhält desh nur einen Anspr auf Wertabfindg (Stgt JR **76**, 196). Stirbt der anteilsberecht Abkömml nach Beendigg der fortges GütGemsch, ist § 1490 trotz § 1497 I unanwendb; das dann bestehde Recht an der AuseinandsetzgsGemsch ist nach allg Grdsätzen vererbl (BayObLG MDR **67**, 673).

1491 *Verzicht eines Abkömmlings.* **I Ein anteilsberechtigter Abkömmling kann auf seinen Anteil an dem Gesamtgute verzichten. Der Verzicht erfolgt durch Erklärung gegenüber dem für den Nachlaß des verstorbenen Ehegatten zuständigen Gerichte; die Erklärung ist in öffentlich beglaubigter Form abzugeben. Das Nachlaßgericht soll die Erklärung dem überlebenden Ehegatten und den übrigen anteilsberechtigten Abkömmlingen mitteilen.**

II Der Verzicht kann auch durch Vertrag mit dem überlebenden Ehegatten und den übrigen anteilsberechtigten Abkömmlingen erfolgen. Der Vertrag bedarf der notariellen Beurkundung.

III Steht der Abkömmling unter elterlicher Sorge oder unter Vormundschaft, so ist zu dem Verzichte die Genehmigung des Vormundschaftsgerichts erforderlich. Dies gilt auch für den Verzicht durch den Betreuer des Abkömmlings.

IV Der Verzicht hat die gleichen Wirkungen, wie wenn der Verzichtende zur Zeit des Verzichts ohne Hinterlassung von Abkömmlingen gestorben wäre.

1 **1)** Der § 1517 behandelt den **Verzicht** vor, § 1491 denj nach Eintritt der fortges GütGemsch. **Zweck:** Ausn vom VfgsVerbot der §§ 1487 I, 1497 II, 1419 I, um eine Abschichtg zu ermöglichen; der Verzicht kann näml von einer GgLeistg abhäng gemacht w (RG **75**, 263). Für das so aus dem GesGut überlassene Grdstück gelten §§ 434, 439 II (RG SeuffA **86**, 167). Der Verzicht kann nicht dch Vertr (etwa zG Dritter) ausgeschl w (§ 1518, str). Er ist eine Verfügg (BGH **1**, 304), die sich auf den gesamten Anteil beziehen muß, unter einer Bedingg erfolgen kann u der Anf (BayObLG NJW **54**, 928) u GläubAnf (Stettin JW **34**, 921) unterliegt. Er ist bis zur Beendigg der AuseinandS zul (BayObLG MDR **52**, 41). Bei beschr Geschfähigk bzw Betreuung (vgl § 1484 Rn 1) ist Gen des VormschG erfdl, **III 1 u 2** (§§ 1643 III, 1828 ff); Zustdgk FGG 36, 43. Bei verheirateten Abkömml ist deren GüterR zu beachten.

2 **2) Form:** Der Verzicht kann erfolgen a) einseit in öff beglaubigter Erkl (§ 129) ggü dem für den verstorbenen Eheg zust NachlG (FGG 72, 73), **I,** u zwar auch dch einen Bevollm. Mitteilg des NachlG, **I 3,** nur OrdngsVorschr. b) dch notariell beurk (§ 128) Vertrag mit dem überl Eheg u den anteilsberecht Abkömml, **II** (krit zum FormErfordern van Venrooy FamRZ **88**, 561).

3 **3) Wirkung:** Anwachsg mit dingl Wirkg wie § 1490 Rn 1, wesh § 419, ZPO 729 unanwendb sind (LG Mü MDR **52**, 44). Der Verzicht erstreckt sich auch auf die Abkömml des Abkömml. Verzichten alle Abkömml, so ist die fortges GütGemsch beendet.

1492 ***Aufhebung durch den überlebenden Ehegatten.*** **I Der überlebende Ehegatte kann die fortgesetzte Gütergemeinschaft jederzeit aufheben. Die Aufhebung erfolgt durch Erklärung gegenüber dem für den Nachlaß des verstorbenen Ehegatten zuständigen Gerichte; die Erklärung ist in öffentlich beglaubigter Form abzugeben. Das Nachlaßgericht soll die Erklärung den anteilsberechtigten Abkömmlingen und, wenn der überlebende Ehegatte gesetzlicher Vertreter eines der Abkömmlinge ist, dem Vormundschaftsgerichte mitteilen.**

II Die Aufhebung kann auch durch Vertrag zwischen dem überlebenden Ehegatten und den anteilsberechtigten Abkömmlingen erfolgen. Der Vertrag bedarf der notariellen Beurkundung.

III Steht der überlebende Ehegatte unter elterlicher Sorge oder unter Vormundschaft, so ist zu der Aufhebung die Genehmigung des Vormundschaftsgerichts erforderlich. Dies gilt auch für die Aufhebung durch den Betreuer des überlebenden Ehegatten.

1 Neben der Ablehng (§ 1484) kann jederZt die **Aufhebung** der fortges GütGemsch ggü allen Abkömml erfolgen. Entspr Verpfl dazu nach § 1493 II. Sie hat (im Ggs zu § 1491 Rn 3) die Beendigg der fortges GütGemsch u damit die AuseinandS zur Folge. Form: § 1491 Rn 2. Bei elt Sorge, Vormsch u Betr (vgl § 1484 Rn 1) VormschGGen erfdl. Wiederherstellg nicht mögl.

1493 ***Wiederverheiratung des überlebenden Ehegatten.*** **I Die fortgesetzte Gütergemeinschaft endigt mit der Wiederverheiratung des überlebenden Ehegatten.**

II Der überlebende Ehegatte hat, wenn ein anteilsberechtigter Abkömmling minderjährig ist, die Absicht der Wiederverheiratung dem Vormundschaftsgericht anzuzeigen, ein Verzeichnis des Gesamtguts einzureichen, die Gütergemeinschaft aufzuheben und die Auseinandersetzung herbeizuführen. Dies gilt auch, wenn die Sorge für das Vermögen eines anteilsberechtigten Abkömmlings zum Aufgabenkreis eines Betreuers gehört. Das Vormundschaftsgericht kann gestatten, daß die Aufhebung der Gütergemeinschaft bis zur Eheschließung unterbleibt und daß die Auseinandersetzung erst später erfolgt.

1 **1)** Bei **Wiederverheiratung** des überl Eheg endet die fortges GütGemsch von selbst, **I,** mit der Folge der AuseinandS (§ 1497). Auch keine Wiederherstellg, wenn Ehe nichtig ist.

2 **2) Pflichten des überlebenden Ehegatten, II.** AnzeigePfl bei mj anteilsberecht Abkömml, **II 1,** od wenn dieser vollj ist u unter Betreuung steht, **II 2.** Das VormschG (Zustdgk FGG 36, 43, RPflG 3 Z 2 a) kann gestatten, daß die Aufhebg bis zur Eheschließg unterbleibt u die AuseinandS erst später erfolgt.
3 Aufschiebdes Ehehindern (EheG 9). Das **Verzeichnis** muß vollständig die VermStücke u auch die Schuldverbindlkten enthalten, aber nicht Belege od einen RechenschBericht. Ist das Verzeichn ungenügd, nicht § 1682 II 1, sond Verweigerg des Zeugn nach EheG 9. Wg der Aufhebg der GütGemsch § 1492, wg der Dchführg der AuseinandS §§ 1497 ff.

1494 ***Tod des überlebenden Ehegatten.*** **I Die fortgesetzte Gütergemeinschaft endet mit dem Tode des überlebenden Ehegatten.**

II Wird der überlebende Ehegatte für tot erklärt oder wird seine Todeszeit nach den Vorschriften des Verschollenheitsgesetzes festgestellt, so endet die fortgesetzte Gütergemeinschaft mit dem Zeitpunkt, der als Zeitpunkt des Todes gilt.

1 **Tod.** Beendigg kr G, keine AbändergsMöglk (§ 1518). AuseinandS §§ 1497 ff. Der Anteil des Eheg am GesGut gehört zu seinem Nachl bzw zur NachlKonkMasse (BayObLG OLG **33**, 341). Die **Todeserklärung** bzw Feststellg des TodesZtpkts (VerschG 39 ff) beendet die fortgesetzte GütGemsch in dem im Beschl festgesetzten Ztpkt des Todes (VerschG 9, 23, 44), **II,** auch wenn der Eheg lebt. Wird der Beschl aufgeh, weil der Verschollene die TodesErkl überlebt, so werden damit deren Wirkgen rückw beseitigt. Entspr gilt bei nachträgl Feststellg eines and TodesZtpkts.

1495 ***Aufhebungsklage eines Abkömmlings.*** **Ein anteilsberechtigter Abkömmling kann gegen den überlebenden Ehegatten auf Aufhebung der fortgesetzten Gütergemeinschaft klagen,**

1. wenn seine Rechte für die Zukunft dadurch erheblich gefährdet werden können, daß der überlebende Ehegatte zur Verwaltung des Gesamtgutes unfähig ist oder sein Recht, das Gesamtgut zu verwalten, mißbraucht;

2. wenn der überlebende Ehegatte seine Verpflichtung, dem Abkömmling Unterhalt zu gewähren, verletzt hat und für die Zukunft eine erhebliche Gefährdung des Unterhalts zu besorgen ist;

3. wenn die Verwaltung des Gesamtguts in den Aufgabenkreis des Betreuers des überlebenden Ehegatten fällt;

4. wenn der überlebende Ehegatte die elterliche Sorge für den Abkömmling verwirkt hat oder, falls sie ihm zugestanden hätte, verwirkt haben würde.

1) Währd der überlebde Eheg Möglk der Aufhebg nach § 1492 hat, müssen Abkömml **Aufhebungsklage** 1
erheben. Streitw ca die Hälfte vom GesGutsAnteil (NJW **73**, 50). Klageberecht jeder einz, anteilsberecht Abkömml (§ 1483 Rn 1), u zwar zu Nr 3 jeder, zu Nr 1, 2, 4 derj Abkömml, in dessen Pers die Voraussetzgen vorl. Bei Anerbieten eines AufhebgsVertr ZPO 93. AufhebgsGrde erschöpfd, also nicht genügd Volljährigk, Verheiratg des Abkömml, Konk des überlebden Eheg.

2) Aufhebungsgründe. Verschulden nicht erforderl. **Nr 1–3** wie § 1447 Nr 1, 2, 4; dessen Nr 3 fehlt, 2
weil der spätere Erwerb der Abkömml nicht in die fortges GütGemsch fällt. **Nr 1:** Für Mißbr ausreichd, wenn 3
das GesVerhalten des überlebden Eheg die nöt Beachtg der Rechte des Abkömml vermissen läßt, so wenn er sich sof ZwVollstr unterwirft, um die Notwendigk v dessen Einwilligg (§§ 1424, 1487) zu umgehen (BGH **48**, 369). **Nr 4:** Verwirkg der elterl Sorge (obsolet; früher: § 1676), nicht ihr Ruhen (§§ 1673 ff) od § 1666; 4
bei § 1666 II aber evtl § 1495 Nr 2. Geschützt ist auch der vollj Abkömml (*arg* „zugestanden hätte").

1496 ***Wirkung des Aufhebungsurteils.*** **Die Aufhebung der fortgesetzten Gütergemeinschaft tritt in den Fällen des § 1495 mit der Rechtskraft des Urteils ein. Sie tritt für alle Abkömmlinge ein, auch wenn das Urteil auf die Klage eines der Abkömmlinge ergangen ist.**

Urt mit rechtsgestaltder Wirkg; keine vorl Vollstreckbark; vgl iü § 1449 Rn 1. Beitritt macht and 1
Abkömml zu streitgenöss Nebenintervenienten (ZPO 61, 69). Ztpkt der KlageErhebg erhebl für die AuseinandS (§§ 1498, 1479).

1497 ***Rechtsverhältnis bis zur Auseinandersetzung.*** **I Nach der Beendigung der fortgesetzten Gütergemeinschaft setzen sich der überlebende Ehegatte und die Abkömmlinge über das Gesamtgut auseinander.**

II Bis zur Auseinandersetzung bestimmt sich ihr Rechtsverhältnis am Gesamtgut nach den §§ 1419, 1472, 1473.

1) In den Fällen der §§ 1492–1495 hat jeder Beteiligte einen klagb Anspr auf AuseinandS, **I.** Sterben od 1
verzichten alle Abkömml, so wachsen ihre Anteile dem überlebden Eheg an, so daß es keiner AuseinandS bedarf (§§ 1490 Rn 1; 1491 Rn 3). Ebso iF der Beerbg des überl Eheg dch den einz Abkömml (KG FJG **1**, 358). Dch die AuseinandS werden Erb- u PflichttRe der Abkömml ggü dem überl Eheg nicht berührt. Gen des VormschG für AuseinandS dch Vormd od Pfleger nicht erfdl, es sei denn für damit zushängde GrdGeschäfte (KGJ 38 A 219). Zum MannesVorR beim AnerbenR in Wü vgl BGH **125**, 41. Verf Vorbem v § 1471. Die LiquidationsGemsch wird auf Antr ins GB eingetragen.

2) Rechtsverhältnis der Teilhaber am Gesamtgut, II. Zu § 419: Vgl § 1471 Rn 2. Das GesHands- 2
Verh dauert als LiquidationsGemsch bis zur AuseinandS fort. Keine Abtretg des AuseinandSAnspr, da als Vfg über den Anteil unzul (KG JW **31**, 1371), wohl aber des Anspr auf das AuseinandSGuth, in die sich die unwirks Vfg über den Anteil umdeuten läßt (BGH FamRZ **66**, 443). Auch Verzicht auf Anteil bis zur AuseinandS mögl (§ 1491 Rn 1). Auch jetzt keine persönl Haftg der Abkömml (Hbg SeuffA **75**, 31); vgl aber §§ 1498, 1480. Wg Pfändbark u Konk vgl § 1471 Rn 2. ZwVollstr ZPO 745 II. Wg Liquidations- u MiterbenGemsch § 1471 Rn 2. – **Zu § 1472:** Die Verwaltg steht dem überl Eheg u den Abkömml gemeins 3
zu (RG **139**, 121), jedoch Kl eines Abkömml auf Ersatz zum GesGut mögl (§ 1472 Rn 1). Inwiew ein verh Abkömml der Mitwirkg seines Eheg bedarf, entscheidet das für diese Ehe geltde GüterR (RG **125**, 347). Die Erben des überl Eheg sind zur Ausk verpfl (§§ 681, 666), wenn sich dieser die Verw allein angemaßt h (Warn **28**, 42). Zur Mitwirkg zu Maßn einer ordngsmäß Verw (§ 1472 III) kann auch die Duldg der ZwVollstr in das GesGut seitens der Abkömml gehören (RG **148**, 250).

1498 ***Durchführung der Auseinandersetzung.*** **Auf die Auseinandersetzung sind die Vorschriften der §§ 1475, 1476, des § 1477 Abs. 1, der §§ 1479, 1480 und des § 1481 Abs. 1, 3 anzuwenden; an die Stelle des Ehegatten, der das Gesamtgut allein verwaltet hat, tritt der überlebende Ehegatte, an die Stelle des anderen Ehegatten treten die anteilsberechtigten Abkömmlinge. Die in § 1476 Abs. 2 Satz 2 bezeichnete Verpflichtung besteht nur für den überlebenden Ehegatten.**

Es gilt Entspr wie bei der AuseinandS nach Beendigg der GütGemsch. Im Ggs zu den Eheg (§ 1518), 1
können die Beteiligten für die AuseinandS abweichde Anordngen treffen. Dch die Teilg des GesGut verlieren die Abkömml nicht ihr ErbR gg den überl Eheg. **§ 1475 II** wird dch §§ 1499, 1500 ergänzt. **§ 1476 I:** Die 2/3

eine Hälfte des Überschusses erhält der Eheg, die and die Abköмml, die n § 1503 unter sich teilen. Das ErbR des überl Eheg ggü dem verstorbenen wird also nicht berücks (BayObLG **13**, 619), ebsowenig, wenn
4 einseitige Abkömml einen Teil des GesGuts bei Eintr fortges GütGemsch erhalten h (§ 1483 Rn 3). **§ 1476 II 2** bezieht sich nur auf den überl Eheg (§ 1498 S 2), weil die Abkömml dch die fortges GütGemsch persönl
5 nicht verpflichtet w (§ 1497 Rn 2). An Stelle des ÜbernahmeR n **§ 1477 II** treten §§ 1502, 1515. Im AusnFall des **§ 1480** können auch die Abkömml persönl verpfl w; vgl aber auch §§ 1481, 1500. Eine Einbuße hat der überl Eheg zu tragen.

1499 ***Verbindlichkeiten zu Lasten des überlebenden Ehegatten.*** **Bei der Auseinandersetzung fallen dem überlebenden Ehegatten zur Last:**

1. **die ihm bei dem Eintritte der fortgesetzten Gütergemeinschaft obliegenden Gesamtgutsverbindlichkeiten, für die das eheliche Gesamtgut nicht haftete oder die im Verhältnisse der Ehegatten zueinander ihm zur Last fielen;**
2. **die nach dem Eintritte der fortgesetzten Gütergemeinschaft entstandenen Gesamtgutsverbindlichkeiten, die, wenn sie während der ehelichen Gütergemeinschaft in seiner Person entstanden wären, im Verhältnisse der Ehegatten zueinander ihm zur Last gefallen sein würden;**
3. **eine Ausstattung, die er einem anteilsberechtigten Abkömmling über das dem Gesamtgut entsprechende Maß hinaus oder die er einem nicht anteilsberechtigten Abkömmlinge versprochen oder gewährt hat.**

1 **1)** Von dem unausgesprochenen **Grundsatz,** daß alle GesGutsVerbindlken der fortges GütGemsch auch im InnenVerh dem GesGut zur Last fallen, bringen §§ 1499, 1500 **Ausnahmen,** die der sich darauf Berufde zu
2 beweisen hat. **Nr 1** betrifft die vor Eintr der fortges GütGemsch entstandenen GesGutsVerbindlken. Da währd der ehel GütGemsch das GesGut für alle Verbindlk des Verwalters, bei gemschaftl Verw beider Eheg haftet (§§ 1437 I, 1459 I), betrifft Halbs 1 bei früh Verw dch einen Eheg nur die Verbindlk des nicht verwberecht Eheg als Überlebden aus §§ 1438–1440, bei früh gemeinsamer Verw die Verbindlk aus §§ 1460–1462, soweit
3 sie den Überlebden treffen. Wg Halbs 2 §§ 1441–1444, 1463–1466. – **Nr 2:** Vgl §§ 1441, 1442, 1443 I,
4 1463, 1465 I. – **Nr 3:** Vgl §§ 1444, 1466.

5 **2) Wirkung.** Der überl Eheg kann Berichtigg aus dem GesGut nicht verlangen (§§ 1498, 1475 II), ggf ErsLeistg zum GesGut (§§ 1487, 1445 I, 1467 I).

1500 ***Verbindlichkeiten zu Lasten der Abkömmlinge.*** **I Die anteilsberechtigten Abkömmlinge müssen sich Verbindlichkeiten des verstorbenen Ehegatten, die diesem im Verhältnisse der Ehegatten zueinander zur Last fielen, bei der Auseinandersetzung auf ihren Anteil insoweit anrechnen lassen, als der überlebende Ehegatte nicht von dem Erben des verstorbenen Ehegatten Deckung hat erlangen können.**

II In gleicher Weise haben sich die anteilsberechtigten Abkömmlinge anrechnen zu lassen, was der verstorbene Ehegatte zu dem Gesamtgute zu ersetzen hatte.

1 Ausnahme zu Lasten der Abkömml von dem Grds § 1499 Rn 1. Beweislast wie dort. Die Erbenhaftg der Abkömml wird dch § 1500 nicht berührt. Wg der dem verstorbenen Eheg zur Last fallden Verbindlk vgl
2 §§ 1441–1444, 1463–1466; wg seiner ErsPfl zum GesGut §§ 1445, 1446, 1467, 1468. Wg der **Anrechnung** vgl § 1476 Rn 2; jedoch keine persönl Haftg der Abkömml wg § 1489 III. Die AnrechngsPfl entf, wenn der überl Eheg von den Erben des verstorbenen Eheg Deckg erlangt hat od hätte erlangen können; ebso wenn der überl den verstorbenen Eheg beerbt hat.

1501 ***Anrechnung von Abfindungen.*** **I Ist einem anteilsberechtigten Abkömmlinge für den Verzicht auf seinen Anteil eine Abfindung aus dem Gesamtgute gewährt worden, so wird sie bei der Auseinandersetzung in das Gesamtgut eingerechnet und auf die den Abkömmlingen gebührende Hälfte angerechnet.**

II Der überlebende Ehegatte kann mit den übrigen anteilsberechtigten Abkömmlingen schon vor der Aufhebung der fortgesetzten Gütergemeinschaft eine abweichende Vereinbarung treffen. Die Vereinbarung bedarf der notariellen Beurkundung; sie ist auch denjenigen Abkömmlingen gegenüber wirksam, welche erst später in die fortgesetzte Gütergemeinschaft eintreten.

1 **1)** Die **Anrechnung, I,** bezieht sich nur auf den einst Verzicht od VerzichtsVertr nach § 1491, nicht § 1517, bei dem die Abfindg aus dem GesGut die GgLeistg ist. Da der Anteil des verzichtden Abkömml den übr anteilsberecht Abkömml anwächst (§§ 1491 IV, 1490 S 3), erfolgt Ausgl dergestalt, daß die Abfindg von dem auf die Abkömml entfallden Anteil abgezogen, der Anteil des überl Eheg also nicht belastet w. Für den ungedeckten Teil keine persönl Haftg der Abkömml. Ausgleich unter den Abkömml § 1503.

2 **2) Abweichende Vereinbarung, II:** Form § 1491 Rn 2; bei Vereinbg erst nach Aufhebg der fortges GütGemsch, keine Form. Ist der überl Eheg ges Vertr des Abkömml, Pflegerbestellg erfdl (§§ 1629 II, 1795, 1909); Gen des VormschG nur erfdl, wenn die Vereinbg die Verteilg der Abfindg im Verh der Abkömml zueinand betrifft (§ 1503 II), da das erbrechtl Charakter h.

1502 ***Übernahmerecht des überlebenden Ehegatten.*** **I Der überlebende Ehegatte ist berechtigt, das Gesamtgut oder einzelne dazu gehörende Gegenstände gegen Ersatz des Wertes zu übernehmen. Das Recht geht nicht auf den Erben über.**

II Wird die fortgesetzte Gütergemeinschaft auf Grund des § 1495 durch Urteil aufgehoben, so steht dem überlebenden Ehegatten das im Absatz 1 bestimmte Recht nicht zu. Die anteilsberechtigten Abkömmlinge können in diesem Falle diejenigen Gegenstände gegen Ersatz des Wertes übernehmen, welche der verstorbene Ehegatte nach § 1477 Abs. 2 zu übernehmen berechtigt sein würde. Das Recht kann von ihnen nur gemeinschaftlich ausgeübt werden.

1) Das **Übernahmerecht des überlebenden Ehegatten, I,** geht weiter als § 1477 II. Der überl Eheg kann es zur Teilg kommen lassen (§§ 1477 I, 1498) od das GesGut bzw einz GgStde übernehmen, u zwar zum gemeinen Wert im Ztpkt der Übern, den er gem § 1492 dch Aufhebg der fortges GütGemsch selbst best kann. Er hat aber kein ÜbernR ggü den einseit Abkömml des verstorbenen Eheg (RG **118**, 388). Zur Dchführg der Übern § 1477 Rn 3. Kein ÜbernR am EhegHof (HöfeO § 8 I 2, IV). Das ÜbernR ist unvererbl; der Eheg kann aber letztw bestimmen, daß der zum Erben eingesetzte Abkömml in die Übern dch einen and willigt (BGH FamRZ **64**, 425). 1

2) Übernahmerecht der Abkömmlinge, II. Das ÜbernR des überl Eheg entfällt, wenn die fortges GütGemsch dch Urt aufgeh wird (§ 1495) od sich die an sich begründete Aufhebgskl nach Erhebg erledigt (§§ 1498, 1479); dann haben die Abkömml ein vererbl u gemeinschaftl auszuübdes ÜbernR. Umfang § 1477 Rn 2. Vgl auch § 1515. 2

1503

Teilung unter den Abkömmlingen. **I Mehrere anteilsberechtigte Abkömmlinge teilen die ihnen zufallende Hälfte des Gesamtguts nach dem Verhältnisse der Anteile, zu denen sie im Falle der gesetzlichen Erbfolge als Erben des verstorbenen Ehegatten berufen sein würden, wenn dieser erst zur Zeit der Beendigung der fortgesetzten Gütergemeinschaft gestorben wäre.**

II Das Vorempfangene kommt nach den für die Ausgleichung unter Abkömmlingen geltenden Vorschriften zur Ausgleichung, soweit nicht eine solche bereits bei der Teilung des Nachlasses des verstorbenen Ehegatten erfolgt ist.

III Ist einem Abkömmlinge, der auf seinen Anteil verzichtet hat, eine Abfindung aus dem Gesamtgute gewährt worden, so fällt sie den Abkömmlingen zur Last, denen der Verzicht zustatten kommt.

1) Teilung unter den Abkömmlingen, I. Abänderb iRv §§ 1512–1516. An Stelle der vor Beendigg der fortges GütGemsch verstorbenen Abkömml treten die dch sie mit dem verstorbenen Eheg verwandten Abkömml (§§ 1924, 1927). Anteilsberecht Abkömml §§ 1482, 1483 jew Rn 1. 1

2) Ausgleichung des Vorempfangenen, II. Gemschaftl Abkömml haben zZt der Beendigg der GütGemsch nur Vorempfänge aus dem Vorbeh- u SondGut der verstorb Eheg ausgeglichen, die Ausgleichg hins des GesGuts erfolgt erst jetzt (§ 1483 Rn 2); waren auch einseit Abkömml vorh, so erfolgt nur diesen ggü der Ausgl sofort, die Ausgleichg untereinand unterblieb zunächst ebenf (§ 1483 Rn 3). Nunmehr ist das Vorempfangene, dh was der Abkömml aus dem GesGut vom verstorb od überl Eheg erhalten hat, auszugleichen entspr §§ 2050, 2051 I, 2053–2057. Abweichde AnO der Eheg sind unwirks (§ 1518). Keine AusglPfl ggü dem überl Eheg. 2

3) Verzicht eines Abkömmlings, III. Vgl §§ 1491, 1501; nicht § 1517. Vgl weiterh § 1501 Rn 1. 3

1504

Haftungsausgleich unter Abkömmlingen. **Soweit die anteilsberechtigten Abkömmlinge nach § 1480 den Gesamtgutsgläubigern haften, sind sie im Verhältnisse zueinander nach der Größe ihres Anteils an dem Gesamtgute verpflichtet. Die Verpflichtung beschränkt sich auf die ihnen zugeteilten Gegenstände; die für die Haftung des Erben geltenden Vorschriften der §§ 1990, 1991 finden entsprechende Anwendung.**

Wird bei Teilg eine GesGutsVerbindlk nicht berichtigt, haften die Abkömml persönl (§ 1498 Rn 6). Werden sie über den sich aus S 1 ergebden Bruchteil v den Gläub in Anspr gen, können sie v den übr Abkömml Ersatz verl. Diese haften jedoch nicht als GesSchu u nur entspr der Größe ihres Anteils am GesGut. Wg der HaftgsBeschrkg § 1480 Rn 6. 1

1505

Ergänzung des Anteils des Abkömmlings. **Die Vorschriften über das Recht auf Ergänzung des Pflichtteils finden zugunsten eines anteilsberechtigten Abkömmlinges entsprechende Anwendung; an die Stelle des Erbfalls tritt die Beendigung der fortgesetzten Gütergemeinschaft, als gesetzlicher Erbteil gilt der dem Abkömmlinge zur Zeit der Beendigung gebührende Anteil an dem Gesamtgut, als Pflichtteil gilt die Hälfte des Wertes dieses Anteils.**

§ 1505 trifft Vorsorge gg eine Verkürzg des Anteils des Abkömml am GesGut dch Schenkgen über §§ 1512ff hinaus. Es wird so angesehen, als ob der verstorb Eheg erst zZt der Beendigg der fortges GütGemsch gestorben wäre (vgl § 1503 I). Nur entspr Anwendg von §§ 2325–2332, weil kein wirkl Erbfall (Vorbem 1 vor § 1483); da Schenkgen ohne Zust zurückgefordert w können (§ 1425 Rn 1) sind hier nur solche des Verwalters mit Zust des and Eheg, sowie bei gemschaftl Verw solche beider Eheg zu berücks. Die Schenkg gilt im allg als von jedem Eheg zur Hälfte gemacht (vgl § 2331). Nachlaß iS jener Bestimmgen ist die Hälfte des GesGuts zZt der Beendigg der fortges GütGemsch (RG JW **11**, 996). Den Anspr kann jeder Abkömml für sich geltd machen. §§ 2325–2332 finden iü auf den ErgänzgsAnspr hins des Vorbeh- u SondGuts des verstorb Eheg unmittelb Anwendg (§ 1483 Rn 2), ebso wenn der überl Eheg stirbt. 1

1506 ***Anteilsunwürdigkeit.*** **Ist ein gemeinschaftlicher Abkömmling erbunwürdig, so ist er auch des Anteils an dem Gesamtgut unwürdig. Die Vorschriften über die Erbunwürdigkeit finden entsprechende Anwendung.**

1 Erbunwürdigk hat ow Anteilsunwürdigk zur Folge, **S 1,** die ggf auch allein festgestellt w kann. § 1506 bezieht sich auf die Anteilsunwürdigk v gemschaftl Abkömml ggü dem verstorb Eheg, ist aber auch entspr
2 anwendb bei Erbunwürdigk des überl Eheg (Dölle § 81 VI 2b). Die §§ 2339–2345 sind entspr anzuwenden, **S 2.** Erblasser iS dieser Vorschr ist der verstorbene Eheg. Verfüggen von Todes wg (§ 2339) sind auch die gem §§ 1511–1515 sowie die zu diesen erforderl ZustimmgsErklärgen des and Eheg. Der GesGutsAnteil des Erbunwürd kommt den and (auch einseit) Abkömml zugute (§ 2344 II).

1507 ***Zeugnis über Fortsetzung der Gütergemeinschaft.*** **Das Nachlaßgericht hat dem überlebenden Ehegatten auf Antrag ein Zeugnis über die Fortsetzung der Gütergemeinschaft zu erteilen. Die Vorschriften über den Erbschein finden entsprechende Anwendung.**

1 **1) Entsprechende Anwendung** v §§ 2353 ff mit Ausn der §§ 2357, 2363 f, 2368.

2 **2) Antrag.** Zuständ NachlG FGG 72, 73, EG 147. Antragsberecht ist – **a)** bei bestehder fortges GütGemsch mRücks auf das allein ihm zustehde VerwR nur der überl Eheg (Hbg OLG **14**, 234), ferner wg GBO
3 35 II der Gläub, der im Besitz eines vollstreckb Titels ist (ZPO 792, 896; sa GBO 14, 40); – **b)** nach beendigter fortges GütGemsch jeder Abkömml für sich (KG JW **35**, 1437), auch jeder Erbe des zweitverstorbenen Eheg (KG OLG **40**, 155); kein FortsetzgsZeugn, das nur über die fortges GütGemsch Ausk gibt. Vorzulegen ist der EheVertr sowie der urkundl Nachw (StandesRegAuszüge) über den Tod des Eheg u das Vorhandensein gemschaftl Abkömml, die iF der ges Erbfolge als Erben berufen wären (§ 1483 I). Gem § 2356 ist ua eidesstattl zu versichern, daß eine Aufhebg der Vereinbg n § 1483 od die Fortsetzg ausschließde Vfgen (§§ 1509, 1511, 1516) nicht vorliegen (KG OLG **18**, 271) u daß kein RStreit über das Bestehen der fortges GütGemsch anhäng ist.

4 **3)** Das **Zeugnis** enthält Name, Stand u Wohnort beid Eheg, Todestag des Verstorbenen, Bescheinigg, daß nach dessen Tod zw dem überl Eheg u den gemschaftl Abkömml die GütGemsch fortges w ist, ferner, falls das Zeugn erst nach beendigter fortges GütGemsch beantr wurde, den Vermerk, daß diese inzw beendigt w ist. Zweckmäß, aber nicht erfdl, auch die Namen der gemschaftl Abkömml; zul auch Berichtigg des Zeugn, daß ein Abkömml weggefallen u sich alle Anteile in der Hand des überl Eheg vereinigt haben. Erfdl auch Angabe der nicht gemschaftl Abkömml u Bruchteile des früh GesGuts, das nunmehr GesGut der fortges GütGemsch ist (KG DNotZ **34**, 616). Schweigen darüber beweist, daß nur gemschaftl Abkömml vorh. Nicht in das Zeugn gehört die Größe der Anteile der Abkömml. Auch Negativzeugn sind zu erteilen. Zeugn u Erbschein sind voneinand unabh (KG OLG **6**, 319), können auch verbunden w (KG OLG **14**, 237). Ein Erbschein ist auch zu erteilen, wenn Vorbeh- u SondGut nicht vorh s. Einsichtnahme in das Zeugn FGG 78, 85. Zust für das Zeugn der fortges GütGemsch der RPfleg (RPflG 3 Z 2 c). Gebühren KostO 109, 107. Zu den landesrechtl AusfVorschr 42. Aufl.

5 **4) Wirkung.** Dch Zeugn wird nur bewiesen, daß fortges GütGemsch eingetr ist (KG OLG **6**, 319); ob sie noch fortbesteht, darüber muß Dritter sich selbst Gewißh verschaffen. Haftg aus § 839 nur f Schäden aus der Verwendg eines unricht Zeugn, nicht dagg aus falscher Beurt der RLage (BGH **63**, 35).

1508 *(entfällt, GleichberG Art 1 Nr 13; ließ Ausschließg der fortgesetzten GütGemsch durch EheVertr zu, während jetzt stets Vereinbarg für ihr Eintreten erforderl, § 1483 u § 1482 Rn 1).*

1509 ***Ausschließung der fortgesetzten Gütergemeinschaft durch letztwillige Verfügung.*** **Jeder Ehegatte kann für den Fall, daß die Ehe durch seinen Tod aufgelöst wird, die Fortsetzung der Gütergemeinschaft durch letztwillige Verfügung ausschließen, wenn er berechtigt ist, dem anderen Ehegatten den Pflichtteil zu entziehen oder auf Aufhebung der Gütergemeinschaft zu klagen. Das gleiche gilt, wenn der Ehegatte berechtigt ist, die Aufhebung der Ehe zu beantragen, und den Antrag gestellt hat. Auf die Ausschließung finden die Vorschriften über die Entziehung des Pflichtteils entsprechende Anwendung.**

1 **1)** § 1509 bezieht sich auf die Beendigg der Ehe dch Tod (Wirkg § 1510), nicht dch Scheidg, die ohneh die GütGemsch beendigt. Die Berechtigg, den Antr auf EheAufhebg zu stellen (vgl § 1313 Rn 2), steht gleich, wenn der Antr gestellt w ist. Ausschließg ggü den Abkömml § 1511.

2 **2) Voraussetzungen: a)** Formell erfolgt die Ausschließg dch letztw Vfg (§§ 1937, 2299). **b)** Materiell: **aa)** Berechtigg zur PflichttEntziehg dem and Eheg ggü (§§ 2335–2337), die zZt der Errichtg der letztw
3 Vfg vorliegen u angegeben werden muß (§ 2336 II); **bb)** Berechtigg, auf Aufhebg der GütGemsch zu klagen (§§ 1447, 1448, 1469), wodch das PflichttR nicht berührt w. Wohl aber kann in dem Ausschl der fortges GütGemsch die PflichttEntziehg liegen. Keine Eintragg der Ausschließg ins GüterRReg (KG OLG **40**, 79).

1510 ***Wirkung der Ausschließung.*** **Wird die Fortsetzung der Gütergemeinschaft ausgeschlossen, so gilt das gleiche wie im Falle des § 1482.**

Wg der Wirkgen der Ausschließg n § 1509 vgl § 1482 Rn 1. Die Nichtigk der Ausschließg kann jeder 1
geltd machen (KG OLG **6**, 163).

1511 *Ausschließung eines Abkömmlings.* **I Jeder Ehegatte kann für den Fall, daß die Ehe durch seinen Tod aufgelöst wird, einen gemeinschaftlichen Abkömmling von der fortgesetzten Gütergemeinschaft durch letztwillige Verfügung ausschließen.**

II Der ausgeschlossene Abkömmling kann, unbeschadet seines Erbrechts, aus dem Gesamtgute der fortgesetzten Gütergemeinschaft die Zahlung des Betrags verlangen, der ihm von dem Gesamtgute der ehelichen Gütergemeinschaft als Pflichtteil gebühren würde, wenn die fortgesetzte Gütergemeinschaft nicht eingetreten wäre. Die für den Pflichtteilsanspruch geltenden Vorschriften finden entsprechende Anwendung.

III Der dem ausgeschlossenen Abkömmlinge gezahlte Betrag wird bei der Auseinandersetzung den anteilsberechtigten Abkömmlingen nach Maßgabe des § 1500 angerechnet. Im Verhältnisse der Abkömmlinge zueinander fällt er den Abkömmlingen zur Last, denen die Ausschließung zustatten kommt.

1) Währd §§ 1509, 1510 den Ausschl der fortges GütGemsch überh regeln, sind in §§ 1511 ff die Möglk 1
der Bestimmg der Rechte der Abkömml ggü der fortges GütGemsch dch letztw Vfg eines Eheg geregelt. AnOen gem §§ 1511 ff können auch für den Fall getroffen w, daß der Abkömml einer and ihm vom Erblasser auferlegten Beschrkg (zB TeilgsAnO) widerspricht (RG LZ **15**, 1657).

2) Die **Ausschließung, I,** erfolgt dch letztw Vfg (§ 1509 Rn 2), auch stillschw, zB dch ggseitige Erbein- 2
setzg der Eheg, auch als Vorerben (KGJ **26** A 57). Die Ausschließg kann sich auch auf alle gemschaftl, auch noch nicht geborene od erzeugte Abkömml (§ 1482 Rn 1) erstrecken (KG OLG **40**, 78). Der and Eheg muß zust (§ 1516). Stirbt dieser, so ist Ausschließg ohne Wirkg; ebso, wenn die Ehe aus and Grden ihr Ende findet.

3) Wirkungen. a) Der ausgeschloss Abkömml gilt als vor der Beendigg der fortges GütGemsch gestorben, 3
II; an seine Stelle treten seine anteilsberecht Abkömml (§ 1503 Rn 1), soweit diese nicht auch ausgeschl sind (Rn 2). Er kann aber sof einen seinem PflichttAnspr ggü dem GesGut entspr GeldBetr (§ 2303 I 2) verlangen. Maßgebd für die Berechng dieses Anspr ist der Wert des GesGuts zZt der Beendigg der GütGemsch. Ggteilige AnOen vS des Eheg sind unwirks (§ 1518). Vgl iü §§ 2303 ff; unanwendb §§ 2304–2306. Pfändbark ZPO 852 I.

b) Der Anteil des ausgeschloss Abkömml kann nicht Dr zugewendet w (§ 1514), sond fällt n § 1490 an, 4
iFv dessen S 3 gilt § 1482 (BayObLG **13**, 613).

c) Anrechnung des gezahlten Betrags ggü den Abkömml, **III,** erfolgt n § 1501 (§ 1500: Redaktions- 5
versehen). Vgl iü §§ 1503 III, 1501 Rn 1.

1512 *Herabsetzung des Anteils.* **Jeder Ehegatte kann für den Fall, daß mit seinem Tode die fortgesetzte Gütergemeinschaft eintritt, den einem anteilsberechtigten Abkömmlinge nach der Beendigung der fortgesetzten Gütergemeinschaft gebührenden Anteil an dem Gesamtgute durch letztwillige Verfügung bis auf die Hälfte herabsetzen.**

Die **Kürzung des Anteils** erfolgt dch zustbedürft (§ 1516) Vfg, dch Belastg des Anteils mit einer 1
Geldsumme od Herabsetzg des Anteils bis auf die Hälfte. Der Abkömml behält auch dann die Rechte aus §§ 1419, 1472, 1473, 1497 weiter, erhält also bei der AuseinandS nur einen auch den geringeren Lasten entspr kleineren Teil; der Eheg kann ihn nicht ledigl auf eine GeldFdg iH der Hälfte seines Anteils verweisen (RG **105**, 243). Wirkg der Herabsetzg: Anwachsg gem § 1490. Zuwendg an Dr § 1514.

1513 *Entziehung des Anteils.* **I Jeder Ehegatte kann für den Fall, daß mit seinem Tode die fortgesetzte Gütergemeinschaft eintritt, einem anteilsberechtigten Abkömmlinge den diesem nach der Beendigung der fortgesetzten Gütergemeinschaft gebührenden Anteil an dem Gesamtgute durch letztwillige Verfügung entziehen, wenn er berechtigt ist, dem Abkömmlinge den Pflichtteil zu entziehen. Die Vorschriften des § 2336 Abs. 2 bis 4 finden entsprechende Anwendung.**

II Der Ehegatte kann, wenn er nach § 2338 berechtigt ist, das Pflichtteilsrecht des Abkömmlinges zu beschränken, den Anteil des Abkömmlinges am Gesamtgut einer entsprechenden Beschränkung unterwerfen.

1) Entziehung, I. Unter den allg Voraussetzgen v § 1512 Rn 1. Berechtigg zur PflichttEntziehg §§ 2333, 1
2337. Wirkg: Währd des Bestehens der fortges GütGemsch bleibt der Beteiligte in der sich aus § 1487 ergebden Stellg; nach ihrer Beendigg § 1490 S 2 u 3 bzw § 1514. Dafür haftet der Abkömml für die GesGuts-Verbindlichk bei der AuseinandS nicht; auch keine Anrechng (§§ 1499, 1500).

2) Beschränkung in wohlmeinender Absicht, II. Entspr Beschrkg bedeutet Einsetzg der Erben des 2
Abkömml als Nacherben u Ernenng eines TestVollstr. Auch in diesem Falle bleibt der Abkömml währd des Bestehens der fortges GütGemsch Beteiligter. Beschränkte ZwVollstr ZPO 863 III.

1514 *Zuwendung des entzogenen Betrags.* **Jeder Ehegatte kann den Betrag, den er nach § 1512 oder nach § 1513 Abs. 1 einem Abkömmling entzieht, auch einem Dritten durch letztwillige Verfügung zuwenden.**

1 Wg der letztw Vfg § 1509 Rn 2. Zustimmg des and Eheg erfdl (§ 1516). Es kann nur ein zahlenmäß bestimmter od dem Wert des entzogenen Anteils entsprechder **Geldbetrag zugewendet** w, nicht aber der Anteil od ein Ggst des GesGuts. Der Dr wird nicht Beteiligter der fortges GütGemsch. Dr kann auch der überl Eheg od ein Abkömml sein. Geltmachg §§ 2147 ff entspr.

1515 *Übernahmerecht eines Abkömmlings.* **I Jeder Ehegatte kann für den Fall, daß mit seinem Tode die fortgesetzte Gütergemeinschaft eintritt, durch letztwillige Verfügung anordnen, daß ein anteilsberechtigter Abkömmling das Recht haben soll, bei der Teilung das Gesamtgut oder einzelne dazu gehörende Gegenstände gegen Ersatz des Wertes zu übernehmen.**

II Gehört zu dem Gesamtgut ein Landgut, so kann angeordnet werden, daß das Landgut mit dem Ertragswert oder mit einem Preise, der den Ertragswert mindestens erreicht, angesetzt werden soll. Die für die Erbfolge geltenden Vorschriften des § 2049 finden Anwendung.

III Das Recht, das Landgut zu dem in Absatz 2 bezeichneten Werte oder Preise zu übernehmen, kann auch dem überlebenden Ehegatten eingeräumt werden.

1 Das **Übernahmerecht der Abkömmlinge, I, II,** hat Vorrang vor § 1502. Voraussetzgen § 1512 Rn 1. Anteilsberechtigte Abkömml § 1483 Rn 1. Begr des Landguts u Ertragswert § 2049, EG 137. Bezügl Eheg-
2 Hof HöfeO 8 II. Dchführg der Übern § 1477 Rn 3. ÜbernR ist vererbl. Das **Übernahmerecht des überlebenden Ehegatten, III,** entf iFv §§ 1495, 1502 II.

1516 *Zustimmung des anderen Ehegatten.* **I Zur Wirksamkeit der in den §§ 1511 bis 1515 bezeichneten Verfügungen eines Ehegatten ist die Zustimmung des anderen Ehegatten erforderlich.**

II Die Zustimmung kann nicht durch einen Vertreter erteilt werden. Ist der Ehegatte in der Geschäftsfähigkeit beschränkt, so ist die Zustimmung seines gesetzlichen Vertreters nicht erforderlich. Die Zustimmungserklärung bedarf der notariellen Beurkundung. Die Zustimmung ist unwiderruflich.

III Die Ehegatten können die in den §§ 1511 bis 1515 bezeichneten Verfügungen auch in einem gemeinschaftlichen Testamente treffen.

1 Auf die Zust sind §§ 182–184 entspr anwendb. Sie ist auch dann erfdl, wenn die letztw Vfg für den and Eheg vorteilh ist. Sie muß zu LebZten des Verfügden gegeben w u ist unwiderrufl. Der zustimmde Eheg kann aber trotzdem später die Fortsetzg der GütGemsch abl (§ 1484). Die ZustErkl muß notariell beurk sein
2 (§§ 128, 125; gerichtl Beurk dch BeurkG 56 I gestrichen). Der Zust gleichzuachten ist es, wenn die Eheg die Vfgen gem §§ 1511–1515 in einem gemschaftl Test (§ 2265) treffen, **III,** desgl im ErbVertr (§§ 2275 II, 2276 II); die einseit letztw Vfg des Zustimmden genügt nicht (BayObLG **28,** 318). Die Zust kann nicht dch einen Vertreter abgegeben w, wohl ist aber Vertretg in der Erkl denkb. Ein GeschUnfäh kann nicht zustimmen. Der Widerruf der letztw Vfg bedarf nicht der Zust.

1517 *Verzicht eines Abkömmlings auf seinen Anteil.* **I Zur Wirksamkeit eines Vertrags, durch den ein gemeinschaftlicher Abkömmling einem der Ehegatten gegenüber für den Fall, daß die Ehe durch dessen Tod aufgelöst wird, auf seinen Anteil am Gesamtgute der fortgesetzten Gütergemeinschaft verzichtet oder durch den ein solcher Verzicht aufgehoben wird, ist die Zustimmung des anderen Ehegatten erforderlich. Für die Zustimmung gelten die Vorschriften des § 1516 Abs. 2 Satz 3, 4.**

II Die für den Erbverzicht geltenden Vorschriften finden entsprechende Anwendung.

1 Unterschied zu § 1491 dort Rn 1. Gemeinschaftl Abkömml § 1483 Rn 1. Zustimmg § 1516 Rn 1, 2; es gelten aber nicht § 1516 II 1 und 2. Die ZustErkl des and Eheg ist nicht erfdl, wenn der VerzichtsVertr dch beide abgeschl ist. Nur in diesem Falle behält der VerzichtsVertr beim Tode des and Eheg seine Wirkg, ErbverzichtsVorschr §§ 2346 ff. Der VerzichtsVertr erstreckt sich mangels ggteiliger Bestimmg auch auf die Abkömml des Verzichtden (§ 2349). Wird zG eines Dr verzichtet (§ 2350 I), so kann das nur der überl Eheg od ein anteilsberechtigter Abkömml sein.

1518 *Zwingendes Recht.* **Anordnungen, die mit den Vorschriften der §§ 1483 bis 1517 in Widerspruch stehen, können von den Ehegatten weder durch letztwillige Verfügung noch durch Vertrag getroffen werden. Das Recht der Ehegatten, den Vertrag, durch den sie die Fortsetzung der Gütergemeinschaft vereinbart haben, durch Ehevertrag aufzuheben, bleibt unberührt.**

1 **1)** Wirtschaftl ersetzt der Anteil der Abkömml am GesGut ihr ErbR; § 1518 schützt sie vor einer Verkürzg dieses R über die sich für die Eheg aus §§ 1511–1515 ergebden Möglk hinaus (sa § 1509). Mittelb Bschrkgen

allerd mögl (§ 1511 Rn 1; KG JW **31**, 1369). Der überl Eheg kann ü seinen Anteil am GesGut der fortges GütGemsch letztw verfügen.

2) Gem § 134 **nichtig** sind alle **Anordnungen** der Eheg, die mit den §§ 1483–1517 in Widerspr stehen, 2
mögen sie dch letztw Vfg, Erb- od EheVertr getroffen sein, u zwar auch dann, wenn dadch die Abkömml
besser gestellt w (RG JW **16**, 43); zul aber die Aufhebg des die fortges GütGemsch anordnenden EheVertr, 3
S 2. Aufhebg ebenf dch EheVertr. Nichtigk kann von den Abkömml u dem überl Eheg geltd gemacht w (KG OLG **6**, 162). Unzul die einseit Einsetzg des Eheg zum Alleinerben (Warn **08**, 163); die Befreiung des überl Eheg von den sich aus §§ 1423–1425 gem § 1487 ergebden Beschrkgen; die Beschrkg des VerwR des überl Eheg (§§ 1487, 1422) dch Überweisg der Verw an einen TestVollstr od die Verweisg des Abkömml auf einen schuldrechtl Anspr nach dem Tode des Letztverstorbenen (RG **105**, 242). Zul aber der Vertrag des überl Eheg mit einem Dr, zB die Beschrkg seines VerwR zG des TestVollstr (RG JW **16**, 43), die Vfg des überl Eheg v Todes wg über seinen Nachlaß, also auch seinen Anteil am GesGut (BGH NJW **64**, 2298; FamRZ **85**, 278).

4./5. Errungenschaftsgemeinschaft und Fahrnisgemeinschaft

1519-1557 *entfallen (GleichberG Art 1 Z 15). Zur Unzulässigk, auch weiterhin ErrGemsch u FahrnGemsch ehevertragl zu vereinbaren, § 1409 Rn 1. Übergangsrecht GleichberG Art 8 I Z 7 (bis zur 41. Aufl). Literatur: Hardt FamRZ* ***89,*** *1147.*

III. Güterrechtsregister

Einführung

1) Die Eintragung im Güterrechtsregister bewirkt, daß der Dritte die eingetr Tats gg sich gelten lassen 1
muß, auch wenn er sie nicht kennt; denn da die Eintr ihm die Möglichk bietet, sich von der Tats Kenntn zu verschaffen (§ 1563), hat er die Folgen der Nichtkenntn zu tragen. Auf die Veröffentlichg der Eintr (§ 1562), kommt es nicht an. Ist die Tats nicht eingetragen, so muß der Dr sie nur dann gg sich gelten lassen, wenn er sie kennt (§ 1412). Jeder Eheg hat also ein Interesse an der Eintr. Desgl an der Berichtigg einer Eintr, deren Unrichtigk ihm bekannt ist; denn jene muß er dann nach Treu u Gl gg sich gelten lassen. Anders als zB im HandelsReg (FGG 132), keine Erzwingg der Eintr dch den RegRichter. Die Eintr hat nur beurkundden Charakter; dem GüterRReg kommt öff Glaube nicht zu (§ 1412 Rn 10). Gibt auch nur Ausk über die güterrechtl Verhältn des Bestehens der Ehe.

2) Der Kreis der **eintragungsfähigen Tatsachen** beschränkt sich entgg BGH **41**, 370 nicht auf solche, 2
dch deren Nichtkenntn Dritte benachteiligt w können (so jetzt BGH **66**, 203 mit krit Anm v Gottschalg NJW **76**, 1741 auf VorleggsBeschl Celle NdsRPfl **75**, 236). Es kann nicht der Sinn des GleichberG sein, daß der häufigste EheVertr, die Vereinbg der Gütertrenng, nicht mehr registrierfäh ist. Der Zweck des GüterRReg ist neben dem VerkSchutz auch die VerkErleichterg (Celle aaO).

a) Eintragungsfähig sind danach: **aa)** EheVertr, deren Änderg u Aufhebg, u zwar auch, wenn sie dch Urt 3
erfolgt (§§ 1412 II, 1449 II, 1470 II, EG 16 I), VorbehGutsEigensch (§ 1418 IV); – **bb)** Änderg u Ausschließg des ges Güterstdes zZw v § 1412 (BGH NJW **76**, 1258), u zwar auch die dch Urt (§ 1388 Rn 2); – **cc)** Beschränkg u Ausschl der SchlüsselGew (§ 1357 II); – **dd)** Einspr gg den Betrieb eines ErwerbsGesch bei GütGemsch u Widerruf der Einwilligg (§§ 1431 III, 1456 III); – **ee)** als Konsequenz aus BGH NJW **76**, 1258 u iGgsatz zu BGH **41**, 377 jetzt wohl auch die Beseitigg der VfgsBeschrkg des § 1365 I od die Änderg des ZugewAusgl. – Vgl iü auch Anm z § 1412 u § 1408 Rn 3.

b) Nicht eintragungsfähig sind: in sich widerspruchsvolle EheVertr (Colmar RJA **6**, 55; vgl aber auch 4
§ 1408 Rn 21); der Eintritt der fortges GütGemsch, da das GüterRReg nur über Tats währd des Bestehens der Ehe Auskft gibt (BayObLG Recht **16**, 1135); die Aufhebg einer vertragl Regelg, wenn letztere sZt nicht eingetr w ist (§ 1412 Rn 7).

c) Der RegRichter hat nicht zu **prüfen,** ob die abgegebenen Erklärgen, wenn sie inhaltl zul sind, zutreffen 5
(KGJ **45** A 194). Der Nachweis der Eheschl kann dch die HeiratsUrk, aber auch dch die Beurkundg des Notars in der notariellen Urk (§ 1410) erbracht w, daß ihm die VertrSchließden als Ehel bekannt s (KG OLG **30**, 134). Die Eintr nicht eintraggsfähiger Tats ist vom RegRichter abzulehnen.

d) Eine Eintr wird **wirkungslos** dch eine entspr GgEintr od auch dch eine jener widersprechde Eintr. Eine 6
Eintr büßt ihre spätere Wirksamk nicht etwa dadch ein, daß sie bereits vor der Eheschl erfolgt ist (aM KG RJA **1**, 12: unzul).

3) Ergänzende Vorschriften zu den §§ 1558–1563 in FGG 161, 162, 127–130, 142, 143; vgl iü GBO 7
33, 34. IPR EG 16, Kosten: KostO 81. Zu weiteren ErgänzgsG, insb landesrechtl Vorschr 42. Aufl.

4) Reform: Das weitgehd funktionslos gewordene GüterRReg sollte abgeschafft w (Reithmann DNotZ 8
84, 459 mN).

1558 *Zuständiges Registergericht.* **I Die Eintragungen in das Güterrechtsregister sind bei jedem Amtsgericht zu bewirken, in dessen Bezirk auch nur einer der Ehegatten seinen gewöhnlichen Aufenthalt hat.**

II Durch Anordnung der Landesjustizverwaltung kann die Führung des Registers für mehrere Amtsgerichtsbezirke einem Amtsgericht übertragen werden.

1 **1)** Anknüpfg der Zustdgk an den MannesWohns in § 1558 I aF (mit Rücks auf BVerfG NJW **83**, 1968) dch IPRG Art 2 Z 2 beseitigt. **Zuständig** ist das **Amtsgericht,** in dessen Bezirk auch nur einer der Eheg seinen gewöhnl Aufenth hat. Gewöhnl AufenthOrt entsch insb bei mehreren Wohns. Fehlt ein inländ AufenthO, so ist eine Eintragg nicht mögl; dem Dr kann also nur seine Kenntn der güterrechtl Verhältn entggehalten w (§ 1412). Eintr bei einem unzust Ger ist unwirks. Auch bei einem Kaufm ist für die güterrechtl Verhältn allein das GütRReg maßg (RG **63**, 245). Über die eintraggsfäh Tatsachen Vorbem 2–4; zur Wirkg der Eintragg Vorbem 1. Bei Verlegg des AufenthO: § 1559.

2 **2) Zuständig der Rechtspfleger** (RPflG 3 Z 1 e), jedoch VorlagePfl, wenn Anwendg von nicht im Geltgsbereich des RPflG geltdem Recht in Betr kommt, also nicht bei Staatenlosen, auf die Recht der BRep anzuwenden (vgl EG 29 u Anh).

1559 ***Verlegung des gewöhnlichen Aufenthalts.*** **Verlegt ein Ehegatte nach der Eintragung seinen gewöhnlichen Aufenthalt in einen anderen Bezirk, so muß die Eintragung im Register dieses Bezirks wiederholt werden. Die frühere Eintragung gilt als von neuem erfolgt, wenn ein Ehegatte den gewöhnlichen Aufenthalt in den früheren Bezirk zurückverlegt.**

1 Dch **Verlegung des gewöhnlichen Aufenthalts,** also Aufgabe u Neubegründg, verliert die bisher Eintragg ihre Wirkg, u zwar auch dann, wenn im Inland kein gew AufenthO mehr besteht od der gew
2 AufenthO gerade nur in einen and GerBezirk verlegt w. Die bisher Eintr ist aber wg des mögl Wiederauflebens dch **Rückverlegung** nicht zu löschen, **S 2.** Ist sie gelöscht, so kann sie nicht wiederaufleben. Die Wiederholg der Eintr muß beim RegGer des neuen AufenthO erfolgen. Antr § 1561 II Z 2. Verlegt ein Eheg den AufenthO, währd der and am bisher Ort wohnen bleibt, bedarf es der Eintr im neuen Bez, obwohl gem § 1558 für die urspr Eintr viell der Aufenth des and Eheg maßg war.

1560 ***Antrag auf Eintragung.*** **Eine Eintragung in das Register soll nur auf Antrag und nur insoweit erfolgen, als sie beantragt ist. Der Antrag ist in öffentlich beglaubigter Form zu stellen.**

1 **1)** Die Eintr soll nur auf **Antrag** erfolgen. Die Eheg haben es also in der Hand, ob sie überh eintragen lassen (Vorbem v § 1558). Ihr Antr umgrenzt auch den Umfang der Eintr, so daß sie die Teile des EheVertr best können, die eingetr w sollen. Demgem genügt auch die teilw Vorlegg des EheVertr, aus der sich aber dessen Gültigk ergeben muß.

2 **2) Form des Antrags, S 2,** öffentl Beglaubigg (§ 129, BeurkG 39 ff), andernf Nichtigk des Antr. Der Antr kann mit dem EheVertr verbunden, also auch schon vor Eheschl gestellt w. Nur (Kln OLG **83**, 267) der beurk Notar gilt als zur Stellg des EintrAntr ermächigt (FGG 161, 129).

3 **3) Eintragung.** Der RegRichter (§ 1558 Rn 2) hat die Zustdgk, die formellen Voraussetzgen der Anmeldg u die inhaltl Zulässigk zu prüfen, nicht aber, ob der angegebene Inhalt zutreffd ist (Vorbem 5 v § 1558). Die Fassg der Eintr bestimmt der RegRichter (BayObLG **3**, 562); es genügt zB Eintr, daß Gütertrenng od GütGemsch gelten soll. Der Antr auf Eintr der Gütertrenng darf nicht wg Nichtbezahlg eines Kostenvorschusses zurückgew w (Ffm FamRZ **94**, 254). Form der Eintr FGG 161, 130. Die Eintr behält auch dann ihre Wirkg, wenn sie ohne ordngsmäß Antr (Rn 2) erfolgt ist, da § 1560 nur OrdngsVorschr; sie ist dann aber vAw zu löschen (FGG 161, 142, 143). Außerd ggf Haftg des Beamt (§ 839).

1561 ***Antragserfordernisse.*** **I Zur Eintragung ist der Antrag beider Ehegatten erforderlich; jeder Ehegatte ist dem anderen gegenüber zur Mitwirkung verpflichtet.**

II Der Antrag eines Ehegatten genügt

1. **zur Eintragung eines Ehevertrages oder einer auf gerichtlicher Entscheidung beruhenden Änderung der güterrechtlichen Verhältnisse der Ehegatten, wenn mit dem Antrage der Ehevertrag oder die mit dem Zeugnis der Rechtskraft versehene Entscheidung vorgelegt wird;**
2. **zur Wiederholung einer Eintragung in das Register eines anderen Bezirks, wenn mit dem Antrag eine nach der Aufhebung des bisherigen Wohnsitzes erteilte, öffentlich beglaubigte Abschrift der früheren Eintragung vorgelegt wird;**
3. **zur Eintragung des Einspruchs gegen den selbständigen Betrieb eines Erwerbsgeschäfts durch den anderen Ehegatten und zur Eintragung des Widerrufs der Einwilligung, wenn die Ehegatten in Gütergemeinschaft leben und der Ehegatte, der den Antrag stellt, das Gesamtgut allein oder mit dem anderen Ehegatten gemeinschaftlich verwaltet;**
4. **zur Eintragung der Beschränkung oder Ausschließung der Berechtigung des anderen Ehegatten, Geschäfte mit Wirkung für den Antragsteller zu besorgen (§ 1357 Abs. 2).**

1 **1) Antragsberechtigung.** AntrErfordern u Form § 1560. Aussetzg u Benachrichtigg FGG 127, 130 II, 161. Beschw bei Zurückweisg FGG 19, 20 II. Kosten der Eintragg KostO 29, 81, 86.

2 **2) Antrag eines Ehegatten, II,** genügt – **a)** zur Eintr eines EheVertr, wenn der EheVertr vorgelegt w
3 (§ 1560 Rn 1); – **b)** zur Eintr einer auf einer gerichtl Entsch beruhden Änderg der güterrechtl Verhältn (§§ 1388 Rn 2, 1449 II, 1470 II). Dann muß aber die Entsch mit RechtskrZeugn vorgelegt w. Wg Unzulässigk der Änderg der güterrechtl Verhältn iW der einstw Vfg (§§ 1385 Rn 1, 1447 Rn 2, 1469 Rn 1);

– **c)** zur Wiederholg der Eintr bei einem and RegGericht § 1559. Dann muß jedoch eine öff begl Abschr der früh Eintr vorgelegt w, die nach Aufgabe des bish Wohns erteilt ist; – **d)** zur Eintr des Einspruchs gg selbständ Betrieb eines ErwerbsGesch, ebso zur Eintr des Widerrufs der Einwilligg zu einem derart Gesch, falls die Eheg in GütGemsch leben (§§ 1431, 1456). AntrBerecht bei Verw dch einen Eheg dieser, bei gemschaftl Verw der Eheg, der das ErwerbsGesch nicht betreibt. Es genügt die Anmeldg als solche, da die Erkl formlos dem and Eheg ggü abgegeben w (Form § 1560 S 2); – **e)** bei Entziehg der SchlüssGew (§ 1357 II); Antr in Form des § 1560 genügt. Hebt VormschG auf, so Antr des and Eheg; jedoch Nachw der Rechtskr erfdl (FGG 53, 60 I Z 6, 31). Einzelh § 1357 Rn 25–28. 4 5 6

3) Antrag beider Ehegatten, I, ist in allen übr Fällen erfdl, insb also bei Eintr der VorbehGutseigensch (§ 1418), soweit sie nicht aus EheVertr hervorgeht. Der and Eheg ist zur Mitwirkg verpfl u kann darauf verklagt w (ZPO 894). 7

1562 ***Öffentliche Bekanntmachung.*** **I Das Amtsgericht hat die Eintragung durch das für seine Bekanntmachungen bestimmte Blatt zu veröffentlichen.**

II Wird eine Änderung des Güterstandes eingetragen, so hat sich die Bekanntmachung auf die Bezeichnung des Güterstandes und, wenn dieser abweichend von dem Gesetze geregelt ist, auf eine allgemeine Bezeichnung der Abweichung zu beschränken.

Bis auf die zu II genannten Fälle ist die ganze Eintr bekanntzugeben. Unterbleiben beeinträchtigt nicht die Wirksamk der Eintr, die demgem auch nicht vom Ztpkt der Veröff abhängt. Bekanntmachg hat auch dann zu erfolgen, wenn Änderg aGrd eines Urt od kr Ges (§ 1561 Rn 3). 1

1563 ***Registereinsicht.*** **Die Einsicht des Registers ist jedem gestattet. Von den Eintragungen kann eine Abschrift gefordert werden; die Abschrift ist auf Verlangen zu beglaubigen.**

Die kostenl (KostO 90) Einsicht ins GüterRReg steht jedem frei, ohne daß ein berecht Interesse glaubh gemacht zu w braucht; anders bei Einsicht in die RegAkten (FGG 34). Zur RegEinsicht gehören auch Schriftstücke, auf die Eintr Bezug nimmt. Wg der vom RegGer auszustelldn Zeugn FGG 162, GBO 33, 34. 1

Siebenter Titel. Scheidung der Ehe

Schrifttum: Dethloff, Die einverständl Scheidg, 1994; Verschraegen, Die einverständl Scheidg in rechtsvergl Sicht, 1991. – Müller-Freienfels, Ehe u Recht, 1962, 120; Otto, Personale Freiheit u soz Bindg, 1978, 214. – **Übbl:** Schwab FamRZ **76**, 491 u **79**, 14.

Vereinbarungen üb Scheidungsfolgen: Bergschneider, Verträge in FamSachen, 1998; Göppinger/Börger, Vereinbgen anläßl der Ehescheidg, 7. Aufl 1998; Langenfeld, Der Ehevertr, 7.Aufl 1997 u Hdb 3. Aufl 1996; Müller/Traxel, Trenng u Scheidg im Ziv- u SteuerR, 2. Aufl 1995.

Siehe auch vor § 1297.

Einführung

1) Die **Scheidung** führt zur Auflösg der Ehe. Die ScheidgsRegeln haben keine vertragsrechtl Bezüge; auch bei der Konventionalscheidg führt nicht der Konsens zur Scheidg, sond allein die Feststellg der Zerrüttg aGrd einer Vermutg. Wg der Unterschiede zur Aufhebg vgl Einf v § 1313. Aufhebg der ehel Gemsch od Trenng v Tisch u Bett kennt das BGB nicht mehr. 1

2) Das 1. EheRG hat das Schuldprinzip v EheG 42, 43 aF dch das **Zerrüttungsprinzip** ersetzt (BT-Drucks 7/650 S 75), so daß nunm (and noch EheG 42–48 aF) das Scheitern der Ehe einziger ScheidgsGrd ist (§§ 1565, 1566); auch die Regelg der Scheidgsfolgen ist weitgehd von der Schuldfrage gelöst (vgl aber § 1565 Rn 1). Das ist auch für Altehen verfkonform (BVerfG NJW **80**, 689). 2

3) Die **Wirkungen** der Scheidg sind nur zT im 7. Tit geregelt, näml nachehel Unterh (§§ 1569 ff) u VA (§§ 1587 ff); NamensR: § 1355 IV; EhegüterR: §§ 1363 ff; elterl Sorge u UmgangsR: §§ 1671, 1684. Mit der Scheidg entfallen die allg Ehewirkgen (§§ 1353 ff), soweit nicht eine Fortwirkg gerechtf ist, sowie Erb- u PflichttR ggü dem and Eheg. Das gilt zT schon mit Stellg des ScheidgsAntr (§§ 1931 ff, 2077, 2268, 2279, 2303 II). Mit Rechtskr des ScheidgsUrt entfällt auch die VerjHemmg für Anspr der Eheg ggeinand (§ 204 S 1). Die Scheidg ist im FamBuch einzutr (PStG 14 Nr 2). Eine aGrd der Eheschl erworbene StaatsAngeh w dch die Scheidg nicht beeinfl. 3

4) Verfahrensrecht: Es gelten für die Zustdgk GVG 23 b, ZPO 606 ff, 621 ff. AnwZwang: ZPO 78 II. Ab RHängigk des ScheidgsAntr (od PKH-Gesuch hierfür) Möglk einstw RSchutzes dch einstwAO gem ZPO 620 ff. Kosten des ScheidgsVerf: ZPO 93 a. RMittel gg den ScheidgsAusspr auch ohne Beschwer zZw der Aufrechterh der Ehe (BGH FamRZ **87**, 264). Folgen eines verfrühten ScheidgsAntr: § 1565 Rn 12. 4

5) IPR: EG 17. Ausl Privatscheidgen: EG 6 Rn 21; 17 Rn 35 ff. Ausf Henrich, Internationales SchdgsR, 1998. – Keine Anerkenng ohne behördl Registrierg (Celle FamRZ **98**, 686). Anerkenng ausl Scheidgen EG 17 Rn 29. ÜberleitgsR DDR EG 234 § 1. 5

6) ÜbergangsR u Altscheidungen vgl 58. Aufl Rn 6. 6

I. Scheidungsgründe

1564 *Scheidung durch Urteil.* **Eine Ehe kann nur durch gerichtliches Urteil auf Antrag eines oder beider Ehegatten geschieden werden. Die Ehe ist mit der Rechtskraft des Urteils aufgelöst. Die Voraussetzungen, unter denen die Scheidung begehrt werden kann, ergeben sich aus den folgenden Vorschriften.**

1 **1) Scheidung nur durch Urteil, S 1.** Üb die Scheidg hat stets ein Ger zu befinden (BGH NJW **90**, 2194), so daß auch Ausl im Inl dem ScheidgsMonopol der Ger unterliegen (BGH NJW **82**, 517). Bei Scheidg im Ausl, auf die dt SachR anwendb ist, muß die Scheidg daher dch gerichtl Urt erfolgen. Ausgeschl ist damit die Privatscheidg, auch aGrd ausl R (BGH **82**, 34; Dethloff, 1994). Scheidg setzt das Bestehen einer Ehe voraus. Auch eine aufhebb Ehe (§§ 1313 ff) kann gesch w. Das ScheidgsVerf wird nur auf **Antrag** eines od beider Eheg eingeleitet (vgl BT-Drucks 7/650 S 91). Außerdem soll üb die ScheidgsSache u die Folgesachen (zB UnterhRegelg) im Verbund zus mit der Scheidg verh u entsch w (ZPO 623, 629). Ein bereits erhobener ScheidgsAntr eines Eheg steht der AntrStellg dch den and in einem bes Verf entgg. Das gilt grdsl auch für ausl ScheidgsVerf, wenn dem ausl ScheidgsUrt eine solche Wirkg zukommt (BGH NJW **83**, 1269). Der Zerrüttgs-Tatbestd schließt es aus, in der Rückn des ScheidgsAntr einen Verz auf die entstandenen ScheidgsGrde zu sehen (Henrich FamRZ **97**, 1214).

2 **2)** Die **Rechtskraft** des – rechtsgestaltden – Urt bewirkt die Auflösg der Ehe, **S 2,** u zwar mit Wirkg für die Zukunft.

3 **3)** Die **Scheidungsvoraussetzungen** ergeben sich erschöpfd aus §§ 1565–1568, **S 3**. Das mat ScheidgsR ist **nach Fristen abgestuft:** Eine Ehe kann idR nur gesch w, wenn die Ehel **1 Jahr getrennt** gelebt h. Eine Scheidg **vor Ablauf** des TrenngsJ setzt voraus, daß die Fortsetzg für den die Scheidg begehrden Eheg unzumutb ist (§ 1565 II). Danach sind die Eheg im beiderseit Einverständn ow zu scheiden (§§ 1565 I 1, 1566 I). Stimmt ein Eheg der Scheidg nicht zu, so kann der and Eheg diese gleichwohl nach **dreijährigem** GetrLeb durchsetzen (§§ 1565 I 1, 1566 II), sofern nicht mj Ki vorh sind und deren Interessen eine Aufrecht-Erhaltg der Ehe gebieten (§ 1568 Rn 2) od aS des sich gg die Scheidg wehrden Eheg ein Härtefall vorliegt (§ 1568). Übergg v einem zum and ZerrüttgsGrd ist ow zul.

4 **4)** Ein (auch nur zeitl begrenzter) vertragl **Scheidgungsausschluß** ist unzul (BGH NJW **90**, 703), dagg ist **Verzicht** auf die Geltdmachg best ScheidgsUmst, zB auf ein bereits abgelaufenes mehrjähr GetrLeb (BGH **97**, 304) bzw **Erschwerung** der Scheidg auch dch Übern einer AbfindgsVerpfl zul (BGH **97**, 304; NJW **90**, 703; Hamm FamRZ **91**, 443; and Oldbg FamRZ **94**, 1454: § 138; vgl Knütel FamRZ **85**, 1089; Richter JR **87**, 17; Wolf, FS Rebmann 1989, 703). Vgl iü § 1585 c Rn 3; zu Abfindgen: § 1585 Rn 4 ff. Problemat ist die Vereinbg des Schuldprinzips im Ehe- u ScheidgsVertr (vgl Herb FamRZ **88**, 123 mN); zul bis zu einem gew Grad bei ScheidgsFolgesachen (vgl Dethloff JZ **97**, 414).

1565 *Zerrüttungsprinzip; Mindesttrennungsdauer.* **I Eine Ehe kann geschieden werden, wenn sie gescheitert ist. Die Ehe ist gescheitert, wenn die Lebensgemeinschaft der Ehegatten nicht mehr besteht und nicht erwartet werden kann, daß die Ehegatten sie wiederherstellen.**

II Leben die Ehegatten noch nicht ein Jahr getrennt, so kann die Ehe nur geschieden werden, wenn die Fortsetzung der Ehe für den Antragsteller aus Gründen, die in der Person des anderen Ehegatten liegen, eine unzumutbare Härte darstellen würde.

1 **1)** Eine Ehe ist seit dem 1. EheRG oRücks auf ein Versch eines od beider Eheg an der Zerrüttg der ehel Gemsch zu scheiden, wenn sie gescheitert ist, I 1. Die „kann"-Formulierg trägt ledigl den §§ 1565 II, 1568 Rechng (Schwab FamRZ **76**, 492). Ein Versch eines Eheg am Scheitern der Ehe kann aber in and Zshg von Bedeutg sein (vgl insb §§ 1565 II, 1568, 1579 Nr 2, 5, 6, 1587 c, d, h und § 1381). Grdsl kann auch derj Eheg die Scheidg beantr, auf dessen Verhalten die Zerrüttg ganz od teilw zurückzuführen ist (BT-Drucks 7/4361 S 28). Das Ges gibt eine begriffl Umschreibg des Scheiterns (I 2) u erschwert die ScheidgsVorauss für den aus der Ehe herausstrebden Eheg, wenn die Ehel weniger als 1 J getrennt gelebt haben (II). Scheitern iSv § 1565 kann auch die von Anfang an zerrüttete Ehe. Zw den versch Formen des Scheiterns besteht kein RangVerh.

2 **2) Voraussetzungen des Scheiterns, I 2.**

a) Aufhebung der ehelichen Lebensgemeinschaft (eLebG). Die ehel LebG ist im Verh zur häusl Gemsch der umfassdere Begr. Es entsch nicht ausschließl die häusl Gemsch, die fehlen kann, ohne daß die eLebG aufgeh zu sein braucht, wie umgek trotz Bestehens der häusl Gemsch die Ehe gescheitert sein kann (Karlsr NJW **78**, 1534; Schwab FamRZ **79**, 15). Die Aufhebg der häusl Gemsch wird aber meist ein wesentl Indiz sein, daß die eLebG nicht mehr besteht (BGH NJW **78**, 1810). GetrLeben allein reicht aber nicht aus (Oldbg FamRZ **97**, 1213). Der Ann des Scheiterns steht ands nicht entgg, daß die Eheg (noch) nicht getrennt leben, zB dann, wenn die LebG aufgeh u die Wiederherstellg aussichtsl ist, aber die häusl Gemsch, zB aus wirtsch Grden, andauert (BGH NJW **81**, 449).

3 Wesentl für eine eLebG ist die ehel **Gesinnung** (NJW **89**, 1988). Für die Feststellg, daß die eLebG **nicht mehr besteht**, kommt es darauf an, von welchen subj Vorstellgen die **konkrete** LebG geprägt war u insof das Maß der Gemeinsamk, das sich die Eheg erh haben. Die Eheg können Umst f belanglos gehalten h, die für and wichtig sind (BGH NJW **95**, 1082). Dem Erfordern der Aufhebg der LebG muß auch bei dauernder Bt des einen Eheg dch den and inf geistiger Erkrankg Genüge getan w (BGH FamRZ **79**, 469). Die Scheidg kann einem geistig geschädigten AntrSt nicht desh verwehrt w, weil er sich nicht einen Rest von Empfinden für die Zerrüttg der Ehe bewahrt hat (BGH NJW **89**, 1988: Freude des Behinderten üb kontakterhaltde

Besuche). – **b) Prognose.** Ob die Wiederherstellg der eLebG **nicht erwartet werden kann**, ist, wenn die Vermutgen des § 1566 eingreifen, als tatrichterl **Prognose** unter Würdigg aller Umst zu entsch (BGH NJW **78**, 1810). Aus der TrenngsZt von üb 1 J folgt noch keine tats Vermutg für das Scheitern der Ehe. Obwohl VersöhngsAnsätze gem § 1567 II für die TrenngsFrist des § 1566 I unschädl sind, können sie iR der Prognose Bedeutg haben. Die Bereitsch beider Eheg zu einem VersöhngsVersuch steht der Feststellg des Scheiterns der Ehe entgg (BGH NJW **95**, 1082). Ands ist der Umst, daß beide Eheg gesch w wollen, nur ein Indiz für das Scheitern der Ehe (BT-Drucks 7/650 S 107; Kblz FamRZ **80**, 253). Entsch, ob die Ehekrise überwindb erscheint u den od dem einen Eheg jegl VersöhngsBereitsch fehlt. Die **einseitige Zerrüttung** reicht aus, etwa bei völligem Verlust des Gefühls der inneren Bindg an den and Eheg (Stgt FamRZ **78**, 690); nicht dagg die bl Erklärg des AntrSt, er werde nicht mehr zu seiner Fam zurückkehren (BGH NJW **78**, 1810). – 4
c) Indizien für die Zerrüttung: insb das GetrLeb u dessen Dauer (BGH NJW **81**, 449); Unvereinbark der Charaktere (BT-Drucks 7/4361 S 28); anderweit dauerh Partnerbindg; Ehebr; Mißhdlgen; strafb Hdlgen; Beleidiggen; dauernde Lieblosigk; Trunksucht; Vernachläss des Haush u der Ki; Haß gg nicht gemeins Ki des Eheg (BGH NJW **78**, 1810). Der Ann der Zerrüttg stehen nicht entgg: einmalige Zärtlichkten; sachl Briefe; mitmenschl Achtg ggü alkoholkrankem Eheg (Schlesw SchlHA **78**, 81); KrankenhBesuch beim todkranken Eheg (Schlesw FamRZ **77**, 802). **Nicht** ausr: einverständl ScheidgsAbs, u sei sie auch noch so ernsth erkl (Schwab FamRZ **76**, 497; Schröder FamRZ **77**, 768); unfallbdgte Demenz (BGH NJW **89**, 1988). –
d) Beweislast für scheidgsbegünst Umst: AntrSt, für scheidgshemmde Umst: AntrGegn. Das Scheitern kann 5
nur aGrd konkr Umst angen w. Die SubstantiiergsLast liegt beim AntrSt (Kln FamRZ **95**, 1503).

3) Scheidung ohne einjähriges Getrenntleben (Lit: Görgens FamRZ **78**, 647; Holzhauer JZ **79**, 113). 6
a) Zweck des II: Die Vorschr soll dem RMißbr entggwirken, zu dem es dadch kommen könnte, daß ein Eheg die Ehe eins zerstört u sogleich mit einem auf diesen ZerrüttgsTatbestd gestützten ScheidgsAntr, für ihn günstigere RFolgen aus seiner RVerletzg ableitet; leichtfert u voreiligen Scheidgen entggwirken; die nach I anzustellde Prognose erleichtern (BGH NJW **81**, 449), dann auch die Diagnose, ob die LebG schon aufgeh ist. – **b) Anwendungsbereich:** II ist nicht auf str Scheidgen beschränkt, sond auch bei einverst Scheidg zu 7
prüfen (Kln FamRZ **77**, 717) u dient damit auch dem Zweck, verdeckten KonventionalScheidgen entggzuwirken (Schlesw SchlHA **78**, 50). II befreit auch nicht vom VerbundVerf (Karlsr FamRZ **94**, 1399). Vor Prüfg der unzumutb Härte ist festzustellen, ob die Ehe iSv I gescheitert ist (Kblz FamRZ **78**, 31; krit Oldbg FamRZ **78**, 188). II findet keine Anwendg auf **Fehl- und Scheinehen**, bei denen überh keine eLebG begr wurde bzw mit der Eheschl der Zweck verfolgt wurde, dem ausl Eheg eine AufenthErlaubn zu verschaffen, dh Scheidg auch hier grsl erst nach Ablauf des TrenngsJ (BGH FamRZ **81**, 127/9; Karlsr FamRZ **86**, 680; Zweibr FamRZ **97**, 1212 mit entspr Prognose), u zwar auch, wenn AntrSt sich darüb getäuscht h (aA AG Offenbg FamRZ **93**, 810). – **c)** Für das **Getrenntleben** gilt § 1567, insb auch dessen II (Hamm FamRZ **78**, 8
190). Aber auch Scheidg ohne jegl Trenng mögl (Oldbg NJW **78**, 1266; Karlsr FamRZ **78**, 592). Ablauf des TrenngsJ währd der Rev genügt nicht (BGH NJW **81**, 449). – **d)** Die **unzumutbare Härte** muß sich auf das 9
Eheband, dh das „Weiter-miteinander-verheiratet-sein", nicht bl auf die Fortsetzg des ehel ZusLeb beziehen (BGH NJW **81**, 449; Nürnbg FuR **93**, 230; str). An die unzumutb Härte sind **strenge Anforderungen** zu stellen (Mü NJW **78**, 49). Dem AntrSt darf nicht zuzumuten sein, mit der Scheidg bis zum Ablauf des TrenngsJ zu warten. Da es sich um eine **Ausnahmesituation** ggü der bl gescheiterten Ehe handeln muß, kommt eine vorzeit Scheidg bei bl Schwierigkten, Unstimmigk od ehetyp Zerwürfn nicht in Betr (Hamm FamRZ **79**, 511). Ein schwerwiegdes Fehlverhalten kann auch nach räuml Trenng fortwirken u die Bindg des verletzten Eheg an die Ehe unzumutb erscheinen lassen. Der Ann einer unzumutb Härte steht auch nicht entgg, daß ein Eheg die Trunks des and üb Jahre hinweg ertragen h (KG FamRZ **78**, 897) od daß dch die räuml Trenng Gelegenh zu Tätlichkten entfallen ist (BGH NJW **81**, 449). Die HärteGrde sind zu **substantiieren** (Schlesw SchlHA **78**, 36; Saarbr FamRZ **78**, 114).

Umstände nach II können sein: Mißhdlgen des and Eheg u der FamMitgl (Düss FamRZ **77**, 804 u **79**, 10
26; Hamm FamRZ **78**, 28; Stgt FamRZ **77**, 646 u **88**, 1276); Alkoholmißbr (Mü u Schlesw NJW **78**, 49 u 51; Stgt NJW **78**, 52; Bambg FamRZ **80**, 577); das Im-Stich-Lassen des hilfebedürft Eheg (Schlesw NJW-RR **89**, 260; AG Charl FamRZ **78**, 186); dauernde Verweigerg des GeschlVerk (Hamm FamRZ **79**, 37 u 511 bei Phimose), sofern die Unfähigk zum GeschlVerk nicht dch einen vom AntrGegn bish grdlos abgelehnten medizin Eingriff behoben w könnte. Schwere Beleidiggen, grobe Ehrverletzgen, demütigde Beschimpfgen, zumal iVm Tätlichk od ernsth Bedrohgen (BGH FamRZ **81**, 127; Hamm u Ffm FamRZ **78**, 28 u 115; Karlsr Just **88**, 482). Die **Verletzung** der ehel **Treuepflicht** stellt nicht schlechthin einen HärteGrd dar (so aber zB Stgt FamRZ **77**, 646; Düss FamRZ **78**, 27; Hamm NJW 78, 168; Diederichsen 58. Aufl Rn 17), sond es kommt im EinzFall auf die bes Art u Weise sowie die **Begleitumstände** an (Kln u Brem FamRZ **96**, 108 u 489; Schwab FamRZ **79**, 14/20 f). HärteGrd bej: bei ehebr Beziehgen mit Angeh der Fam iwS (zB Schlesw SchlHA **77**, 187: GeschlVerk mit Stieftochter; Oldbg FamRZ **92**, 682: Verh m Schwager) od bei demütigden, ansehenschädigden Auswirkgen der ehebr Beziehgen bes bei herausgehobener berufl Stellg des AntrSt od unter den bes strukturellen Bdggen der Wohnumgebg (Ffm FamRZ **78**, 115; Bambg FamRZ **85**, 1069; Kln FamRZ **91**, 822; Karlsr FamRZ **92**, 1305); Auffordg zum GeschlVerk zu dritt (Köln FamRZ **96**, 108); Aufn der Tätigk als Prostituierte nach Trenng (Brem FamRZ **96**, 489); je nach den Umst: Aufn eines Dritten unmittelb nach Auszug des and Eheg (Karlsr FamRZ **92**, 1305); Verlassen des Eheg wg gleichgeschlechtl Beziehgen zu einem and Partn (aA Celle NJW **82**, 586); ZusLeben mit and Partn, zu dem gleichgeschlechtl Beziehgen unterhalten w (aA Kln FamRZ **97**, 24); Begr einer neLebG bei belastden BegleitUmst, Gesamtwürdigg erfdl (vgl Kln FamRZ **91**, 822; **92**, 319; **97**, 24; Schlesw NJW-RR **89**, 260, 261; enger – mehrere Mo bestehde neLG als solche ausr – Mü FamRZ **78**, 113; Stgt NJW **78**, 546; KG NJW **80**, 1053). Dauerndes Aussperren aus der EheWo kann uU ausr (enger Brem FamRZ **77**, 808).

Dagegen nicht: Bl Unkenntn vorehel Umst (Nürnbg FamRZ **90**, 630 Vorstrafen); bei Eheschl bekannte 11
Nervenkrankh (Düss FamRZ **93**, 809); auf psych Krankh beruhdes Fehlverhalten (Brdbg FamRZ **95**, 807); Lieblosigkten (Stgt NJW **77**, 546); Ehebr als solcher (Ffm FamRZ **78**, 45; aA Düss FamRZ **78**, 27) od allein die Hinwendg zu einem neuen Partn (str; so Kln FamRZ **92**, 319; Nachw bei Dörr/Hansen NJW **94**, 2456 f), sofern nicht bes Umst hinzukommen (Kln FamRZ **99**, 723 hält ehebr Verh in früh EheWo für ausr),

aber Unzumutbark idR zu bej bei hieraus resultierder Schwangersch (Düss FamRZ **92**, 319; Rstk FamRZ **93**, 808; aA grdsl AG Biedenkopf FamRZ **99**, 722), es sei denn, daß beide Eheg mit neuen Partn zusleben (Stgt FamRZ **99**, 722). Verlust von II bei gleichen Verfehlgen wie eig ehebrech Beziehgen (Hamm NJW **78**, 168). Nichtzahlg v Unterh ohne Hinzutreten weiterer Umst (Kln FamRZ **92**, 319; aA Hamm FamRZ **79**, 586; Diederichsen 58. Aufl Rn 17).

12 Die Unzumutbark muß **in der Person des anderen Ehegatten** begr sein (vgl AG Landstuhl FamRZ **96**, 1287). Der Anspr auf vorzeit Scheidg der berecht Ehefr geht allerd nicht verloren, wenn sie von ihrem neuen Partn schwanger ist (Rstk FamRZ **93**, 808). Haben **beide** Ehel die Scheidg gem II beantragt u erweist sich nur ein Antr als begr, ist die Ehe wg der proz Selbstdgk beider Antr als zweier StreitGgste nur auf den begr Antr hin zu scheiden, der unbegr Antr zurückzuweisen (Stgt 15.ZS NJW **78**, 546; Heinz/Stiller NJW **78**, 430; aA Stgt 16. u 17.ZS NJW **79**, 167 u **78**, 52; Diederichsen 58. Aufl Rn 18).

13 **4) Verfahren.** Bei **verfrühter** AntrStellg vor Ablauf des TrenngsJ sind dem AntrSt die Kosten der 2. Inst analog ZPO 97 II aufzuerlegen, wenn feststeht, daß das FamG die Anwendg des II zuR abgelehnt hat u der AntrSt mit seiner Berufg nur desh obsiegt, weil inzw die Vorauss der Scheidg gem I (Ablauf des TrenngsJ) eingetreten sind (nicht aber bei beiders verfrühtem ScheidgsAntr: Hamm NJWE-FER **99**, 19). IdF kann das Urt 1. Inst auch dann nicht bestätigt w, wenn geltd gem w, der ScheidgsAntr sei in der Abs verfrüht gestellt w, sich ungerechtf wirtsch Vortle zu verschaffen (vgl BGH NJW **97**, 1007; aA VorInst Oldbg FamRZ **96**, 1480).

1566 *Zerrüttungsvermutungen.* **I Es wird unwiderlegbar vermutet, daß die Ehe gescheitert ist, wenn die Ehegatten seit einem Jahr getrennt leben und beide Ehegatten die Scheidung beantragen oder der Antragsgegner der Scheidung zustimmt.**

II Es wird unwiderlegbar vermutet, daß die Ehe gescheitert ist, wenn die Ehegatten seit drei Jahren getrennt leben.

1 **1) Fristenscheidung** (Lit: Brüggemann FamRZ **78**, 91; Diederichsen ZZP **91**, 397; Habscheid, FS Bosch 1976, 355). Die Vorschr entlasten als **zwingende Beweisregeln** (ZPO 292 S 1) für die vermutete Tats die Part davon, dem Ger die ehel Verh in allen Einzelh offenzulegen, u den FamRi von der Feststellg der Zerrüttg der Ehe (§ 1565 Rn 2 ff). Das Ger hat auf die Einhaltg der TrenngsFr zu achten (BT-Drucks 7/650 S 112). Liegen bei RHängigk des ScheidgsAntr die Vorauss des § 1566 nicht vor, kann der Antr als unbegr zurückgewiesen w; ausr ist allerd, wenn die Vorauss des 1- bzw 3jähr GetrLeb am Schluß der mdl Vhdlg gegeben sind. Weder I noch II gibt einen eigenständ ScheidgsGrd (BGH NJW **80**, 398); dieser ist allein das Gescheitertsein der Ehe (§ 1565 I). Eine Ehe ohne EheWo ist von der Scheidbark gem § 1566 nicht ausgeschl (str).

2 **2) Einverständliche Scheidung nach einjährigem Getrenntleben, I. a) Zweck:** Es soll übereilten Scheidgen vorgebeugt w (BT-Drucks 7/650 S 112 u 7/4361 S 11). Die Vorauss des GetrLeb richten sich nach § 1567. **b) Zwei Formen: (1) Beiderseitiger** ScheidgsAntr unter den Anfordergen gem ZPO 630. **(2)** Die **Zustimmung** zur Scheidg ersetzt für das Eingreifen der ZerrüttgsVermutg den eig ScheidgsAntr. GgBeweis ausgeschl (Rn 1). **Unterschiede:** Bei wirks (ZPO 269 I) Zurückn des ScheidgsAntr erh der vom AntrGgn erhobene ScheidgsAntr die RHängigk des ScheidgsVerf, seine bl Zust nicht. Für die bl Zust besteht kein AnwZwang (ZPO 630 II 2, 78 III, 129 a). Widerruf od Rückn der Zust krGes mögl, bei ScheidgsAntr gilt ZPO 630 II 1 analog (hM; str). Verz auf WiderrufsR (da scheidgserleichternde Vereinbg) unzul (vgl § 1564 Rn 4).

3 **3) Streitige Scheidung nach 3 Jahren Getrenntleben. II** ermöglicht die Scheidg auch gg den Willen des and Eheg u unabhäng vom Nachw, daß die Ehe gescheitert ist (Rn 1). Maßg Ztpkt ist die letzte mdl Vhdlg der TatsInst (BGH FamRZ **79**, 1003). Trotz unwiderlegb Scheiterns der Ehe kann das FamG das ScheidgsVerf f 6 Mo aussetzen (ZPO 614 IV; dazu BVerfG FamRZ **80**, 319).

1567 *Getrenntleben.* **I Die Ehegatten leben getrennt, wenn zwischen ihnen keine häusliche Gemeinschaft besteht und ein Ehegatte sie erkennbar nicht herstellen will, weil er die eheliche Lebensgemeinschaft ablehnt. Die häusliche Gemeinschaft besteht auch dann nicht mehr, wenn die Ehegatten innerhalb der ehelichen Wohnung getrennt leben.**

II Ein Zusammenleben über kürzere Zeit, das der Versöhnung der Ehegatten dienen soll, unterbricht oder hemmt die in § 1566 bestimmten Fristen nicht.

1 **1)** Das **Getrenntleben** hat grdl Bedeutg für alle ScheidgsTatbestde. Maßst für die Auslegg, die dieser Funktion insb wg der VermutgsWirkg des § 1566 (BT-Drucks 7/650 S 114) gerecht w muß, ist, ob das GetrLeb nach der LebErfahrg ein verläßl Indikator für das Scheitern der Ehe darstellt (BGH NJW **89**, 1988; Hamm FamRZ **90**, 166). Das darf indes nicht zu einer „kleinen ZerrüttgsPrüfg" führen (Schwab FamRZ **76**, 491). Für die Feststellg des GetrLeb ist – and als für die Feststellg des Nichtbestehens der eLebG – das Fehlen der ehel Gesinng unwesentl. Die ges Definition des GetrLeb in § 1567 ist nicht auf das ScheidgsR beschränkt, gilt also zB auch für § 1361 (hM; aA MüKo/Wolf Rn 2).

2 **2) Voraussetzungen des Getrenntlebens, I 1. a) Nichtbestehen der häuslichen Gemeinschaft. aa)** Die **Aufhebung** der häusl Gemsch dch GetrLeb in versch Wo nach vorheriger HaushGemsch muß in dem nach den gegebenen Umst weitestmögl Umfang herbeigeführt w (BGH NJW **79**, 1360: auch bei dauernder Hilfsbedürftigk des einen Eheg inf geist Erkrankg). Die Feststellg des GetrLeb wird dch gelegentl ZusTreffen u vereinzelte Sorgetätigk (vgl Karlsr FamRZ **80**, 52; Düss FamRZ **82**, 1014; Kln NJW **87**, 1561) nicht gehindert. Etw Restgemeinsamkeiten müssen sich in einer GesamtWürdigg als unwesentl darstellen (Mü FamRZ **98**, 826; vgl JH/Jaeger Rn 23 mN). Trotz räuml Nähe muß ein Höchstmaß an Absonderg nach außen erkennb sein (Hamm FamRZ **99**, 723: verneint bei gem Benutzg des Schlafzi). Allein dch Unterbringg

im Pflegeheim werden die Vorauss des GetrLeb nicht erf, es kommt auf den Trenngswillen (Rn 5) an; das gilt auch iF, daß es zu einer häusl Gemsch (noch) nicht gekommen ist. – **bb)** Vorauss für das GetrLeb **innerhalb** 3
der Ehewohnung (I 2) ist, daß kein gemeins Haush geführt wird u zw den Eheg keine wesentl pers Beziehgen mehr bestehen. Es genügt, wenn ein Eheg erkennb die häusl Gemsch nicht herstellen will (BGH NJW **78**, 1810: Bei ausschl Versorgg dch die eig Mutter des Eheg stehen gelegentl gemeins Mahlzeiten I 2 nicht entgg). Getr Schlafen u Essen genügen nicht (BGH FamRZ **69**, 80; NJW **79**, 105). Vielm muß nach obj Kriterien die Trenng nach außen deutl w (Kln FamRZ **82**, 807; vgl Stgt FamRZ **92**, 1435 bei Alkoholkrankh des and Eheg). Zur HausrTeilg u Zuweisg der EheWo vor Einl des ScheidgsVerf: §§ 1361 a, b. –
cc) Die **Fortdauer** des GetrLeb der Eheg nach der dem BerufgsUrt zugrdeliegden mdl Vhdlg stellt eine 4
nachträgl eingetretene, neue Tats dar, die im RevVerf grdsl nicht mehr berücks w kann (BGH NJW **79**, 105).

b) Ein GetrLeb erfordert einen **Trennungswillen**, der bei Fehlen einer häusl Gemsch nicht deren 5
Ablehng, sond die Aufgabe der bish noch rudimentär verwirkl LebG betrifft. Bei Fehlen eines feststellb obj äußeren Zust kommt der **Erkennbarkeit** des TrenngsWillens (Eindeutigk u Unmißverständlichk erfdl) entsch Bedeutg zu, was insb dann wicht ist, wenn die Trenng zunächst wg des Berufs zB als Seemann, Schauspieler (RG **164**, 332) od aus sonst Grden, zB Strafhaft (BGH **38**, 266), erfolgte bzw von Anfang an bestand (KG FamRZ **78**, 342) u der Wille zur Aufg der häusl Gemsch erst später hinzukam (BGH **4**, 279). Auch der zurückgeblieb Eheg kann in solchen Fällen die Trenng dch Hdlgen bewirken, die nach außen zum Ausdr bringen, daß er die häusl Gemsch nicht wieder aufn will, insb dch entspr Erkl (Hamm FamRZ **78**, 190 bei Strafhaft; Bambg FamRZ **81**, 52 bei AuslAufenth) od dch Wegräumen der dem abwesden Eheg gehörden Sachen; nicht ausr dagg die Einstellg des BriefVerk. Eine Mitteilg an den and Eheg ist dagg nicht erfdl (BT-Drucks 7/650 S 114). Die Äußerg des TrenngsWillens ist Tathdlg, keine WillErkl; zu ihr ist auch ein GeschUnfähiger in der Lage. Folgt einer relevanten WillÄußerg zu künft GetrLeb später ein Bekennt zur eLebG, so ist das TatbestdMerkmal des GetrLeb nicht mehr verwirklicht (BGH NJW **89**, 1988). Erst die Kundgabe des ScheidgsWillens bewirkt bei **Schein- od Zweckehen** den Beginn des GetrLeb (Düss FamRZ **81**, 677; Hamm FamRZ **82**, 1073; KG NJW **82**, 112 u FamRZ **85**, 1042; Karlsr FamRZ **86**, 680).

3) Ein der Versöhng dienendes **Zusammenleben über kürzere Zeit**, II, unterbricht od hemmt den Lauf 6
der TrenngsFr nicht; diese läuft weiter. Zweck: Erleichterg von VersöhngsVersuchen (BT-Drucks 7/650 S 114). II gilt für § 1565 II entspr (Celle u Kln FamRZ **79**, 234 u 236). – **a)** Das **Zusammenleben** muß der 7
Versöhnung (wenn auch nicht als einziges Motiv) dienen, dh es muß subj die Abs vorliegen, die Ehe zu retten, mögen auch and Grde (zB Mitleid, pers Not, Hilfe bei Erkrankg usw) zusätzl eine Rolle spielen. Erfdl ist insow die WiederAufn einer mind eingeschr häusl Gemsch. Unberücks bleiben einmaliger GeschlVerk (Celle FamRZ **96**, 804), gelegentl Besuche sowie ein von vornh begrenztes ZusSein (RG **160**, 285), zB währd eines gemeins Urlaubs. Bl Aussöhngs**Versuch**, wenn Rückkehr unter Bdgg (zB das Trinken aufzugeben) od Befristg (Urlaub) erfolgt. Echte Versöhngen führen dagg zu einem KumuliergsVerbot: Haben die Eheg nach einer Zt der häusl Trenng die Gemsch wieder aufgen u trennen sie sich dann erneut, so beginnt die Fr von neuem zu laufen (Hamm NJW-RR **86**, 554; Mü FamRZ **90**, 885). – **b)** Zumind für die JFrist (§§ 1565 II, 1566 I) sind 8
zur Konkretisierg des Begr „kürzere Zeit“ **drei Monate** die Obergrenze (Zweibr FamRZ **81**, 146; vgl Düss FamRZ **95**, 96; weiter Kln FamRZ **82**, 1015: 4 Mo; enger Hamm NJW-RR **86**, 554). – **c) Beweislast:** Da 9
sich die Eheg im Hinbl auf den Fristenlauf nicht von VersöhngsVers abhalten lassen sollen, trägt der ScheidgsGegn die BewL dafür, daß das ZusLeb nicht VersöhngsZwecken gedient od zu einer echten Versöhng geführt od länger als eine „kurze Zeit“ gedauert hat (Mü FamRZ **90**, 885; Zweibr FamRZ **97**, 1212).

1568 ***Härteklauseln.*** **Die Ehe soll nicht geschieden werden, obwohl sie gescheitert ist, wenn und solange die Aufrechterhaltung der Ehe im Interesse der aus der Ehe hervorgegangenen minderjährigen Kinder aus besonderen Gründen ausnahmsweise notwendig ist oder wenn und solange die Scheidung für den Antragsgegner, der sie ablehnt, auf Grund außergewöhnlicher Umstände eine so schwere Härte darstellen würde, daß die Aufrechterhaltung der Ehe auch unter Berücksichtigung der Belange des Antragstellers ausnahmsweise geboten erscheint.**

1) Zweck: Vermieden w soll nicht die Scheidg schlechthin, sond – verfkonform (BVerfG NJW **81**, 108) – 1
aus Grden der Einzelfallgerechtigk nur die Scheidg zur „Unzeit“ (Lit: Graßhof, FS Zeidler 1987, 837; Schwab FamRZ **84**, 1171). Der GesGeber hat eine allg RMißbrKlausel abgelehnt (BT-Drucks 7/650 S 117). Für die Anwendg der Vorschr verbleiben nur die dch die Scheidg selbst verurs atypischen, ungewöhnl Folgen. An die Feststellg der Notwendigk ist ein strenger Maßst anzulegen. Das Scheitern der Ehe muß zunächst festgestellt w (ZerrüttgsVermutgen des § 1566). Trotz Formulierg als Soll-Vorschr hat der FamRi kein Erm u muß, wenn die Aufrechterhaltg der Ehe gem Rn 2ff notw ist, den ScheidgsAntr zurückweisen. Entfällt die bes Härte, kann der abgewiesene Eheg erneut die Scheidg beantragen (BT-Drucks 7/650 S 116).

2) Kinderschutzklausel. Es muß sich um gemschaftl (leibl od Adoptiv)Ki handeln, nicht einbezogen sind 2
StiefKi. Die Verweigerg der Scheidg muß das einz Mittel zum **Schutz des Kindeswohls** sein (vgl Kln FamRZ **98**, 827: verneint, wenn sich das Kind dem scheidgsabl Eheg nicht bes verbunden fühlt). Vermrechtl Interessen (Unterh, ErbAnspr) reichen ebsowenig aus wie das allg Int der Ki daran, daß sich ihre Elt nicht scheiden lassen od nicht and Partn heiraten. Ein Härtefall besteht aber bei ernsth Gef des Suizids des Ki (Hbg FamRZ **86**, 469 mA Henrich). In krit Fällen psych Störg sollte ein Sachverst hinzugezogen w. Die Int mehrerer mj Ki können die ScheidgsResistenz der Ehe erhöhen. Die KiInteressen sind vAw zu beachten.

3) Ehegattenschutzklausel. a) Zweck: Dem and Eheg Zeit zu geben, sich auf die Auflösg der Ehe 3
einzustellen (BT-Drucks 7/4361 S 13). Die Vorschr gewährt nur einen zeitl begrenzten Ehebestandsschutz. Auch bleiben Umst, die schon dch die Trenng u Zerstörg des ehel Verh eingetreten sind, außer Betr (Nürnbg FamRZ **79**, 819). Die Verweigerg der Scheidg muß das einz Mittel sein, um den Eheg vor einer für ihn dch die Scheidg sonst entstehden unerträgl Lage zu bewahren (Hamm FamRZ **89**, 1188). – **b)** Die **schwere** 4
Härte muß dch den ScheidgsAusspruch selbst (mit)verursacht w; eine allein dch das Scheitern der Ehe verurs

Härte genügt nicht (BGH NJW **79**, 1042). Sie muß sich aus Umst ergeben, die nach obj Beurteilg **außergewöhnlich** sind (BGH NJW **80**, 398). Dabei sind alle Gesichtspkte, wirtsch u and (nicht mat) Umst, zu berücks (BGH NJW **84**, 2353). HärteGrden, die noch nach der Scheidg in einem and Verf (zB WoZuweisg nach HVO) geltd gem w können, kommt eine geringere Bedeutg zu (BGH NJW **84**, 2323). Ein Härtefall ist nicht allein wg Verschlechterg des KrankenVersSchutzes anzunehmen (BGH NJW **81**, 2516). Inf des **Zeitablaufs** kann auch bei außergewöhnl Umst eine Scheidg als Härte für den betroffenen Eheg deutl weniger fühlb w (BGH NJW **80**, 398). Dem Ziel, dem die Härtekl in zeitl Hins dienen soll, kann bei mehrjähr VerfDauer in ausr Maß genügt sein (BGH NJW **84**, 2323). Bei Prüfg der schweren Härte ist die **Einstellung** des AntrGegn zur Ehe u dessen Bindg an sie zu berücks (BGH NJW **81**, 2516). Auch wenn ihm die Bereitsch zur WiederAufn der eLebG fehlt, ist ihm die Berufg auf die Härtekl nicht schlechthin versagt; eine schwere Härte wird dann aber nur ausnahmsw feststellb sein (BGH NJW **85**, 2531). Ein Härtefall scheidet aus, wenn der AntrGegn selbst, etwa dch Alkoholmißbr u Beschimpfgen, die erfdl Ehesolidarität vermissen läßt (Kln NJW **82**, 2262). Zum Nachw der Härte bedarf es eines substantiierten Vortrags (Zweibr FamRZ **82**, 293). –
5 Als **Härtefälle** kommen in Betr: lange Ehedauer, bish harmonischer Verlauf, vorgerücktes Alter des betroffenen Eheg; schwere Krankh (Karlsr FamRZ **79**, 512); langjähr gemeins Pflege eines behind Ki (Hamm FamRZ **85**, 189); Opfer für den scheidgswill Eheg im Interesse der Ehe. Sind körperl u seel Beeinträchtiggen zu befürchten, ist allein nicht ausr, daß ein Eheg erkrankt ist u iFd Scheidg aGrd seines Zust Nachteile erleidet (BGH NJW **79**, 1360). Das Ges mutet einem Eheg zu, die mit der Scheidg verbundene seel Belastg selbst dann hinzunehmen, wenn er sich mit der Scheidg nicht abfinden zu können glaubt (BGH NJW **79**, 1042). Sol ihm die Verantwortlichk für sein Verhalten zuzurechnen ist, kann er grdsl selbst vor der Gef einer Fehlreaktion mit Folgen für sein Leben od seine Gesundh nicht dch die Aufrechterhaltg der Ehe gg den Willen des and Eheg geschützt w; das gilt aber nicht, wenn sich der Eheg, bei dem iF der Scheidg eine Reaktion mit schwerwiegden Folgen droht, in einer psych AusnSituation befindet, aGrd derer er sein Verhalten insow nicht in ausr Maß verantwortl steuern kann (BGH NJW **81**, 2808; FamRZ **84**, 560; Celle FamRZ **96**, 614 LS; aA KG FamRZ **83**, 1133), es sei denn, daß der Suizidgefahr in zumutb u erfolgver-
6 sprechder Weise dch eine Therapie begegnet w kann (Hamm FamRZ **90**, 60). – Dagg allein **nicht**: psych steuerb Depressionen (Stgt FamRZ **92**, 320) od weil psych labiler Alkoholiker sich Halt v der Ehe verspricht (Schlesw NJW **78**, 53); dauernde Hilfsbedürftigk inf geist Erkrankg (BGH FamRZ **79**, 469); Herzkrankh (Düss FamRZ **78**, 36); hohes Alter u Einsamk nach der Scheidg (Nürnbg FamRZ **79**, 819); das relig Bekenntn (Stgt FamRZ **91**, 334 mA Bosch u Hauffe [950]; AG Schorndorf FamRZ **92**, 568); drohde Abschiebg (BGH NJWE-FER **98**, 73; Nürnbg FamRZ **96**, 35 mN; vgl Kln FamRZ **95**, 997 u **98**, 827); bl wirtsch Int, zB Festhalten an der Ehe allein aus VersorggsGrden, insb zZw, die WwenRente zu beziehen (Düss FamRZ **80**, 780); um im Genuß der Beamtenbeihilfe zu bleiben (BGH NJW **81**, 2516); zur Vermeidg von VersorggsUnsicherh beim VA (BGH FamRZ **85**, 912) od zur Verbesserg des VA (Karlsr FamRZ **89**,
7 1304). – **c) Belange des Antragstellers** sind in die Abwägg einzubeziehen. Es kommt darauf an, für wen die Härte, gesch od nicht gesch zu werden, überwiegt (BT-Drucks 7/650 S 117), etwa bei beiders lebbedrohder Erkrankg (Hamm NJW-RR **89**, 1159).

II. Unterhalt des geschiedenen Ehegatten

Einführung zum Ehegattenunterhalt

Spezielle unterhrechtl Lit f Praxis: Diwell/Ehinger, Ki-, Trenngs- u GeschUnterh, 3. Aufl 1998; Göppinger/Wax ua, UnterhR, 6.Aufl 1994; Heiß/Born, UnterhR. Ein Hdb f d Praxis, 1998; Kalthoener/Büttner, Die Rspr zur Höhe des Unterh, 6.Aufl 1997; Oelkers, Aktuelles UnterhR. Eine alphabet geordnete Darstellg des form u mat UnterhR m Anleitg z Fallbearbeitg, 2.Aufl 1999; Stollenwerk, PraxisHdb UnterhR, 2.Aufl 1998; Wendl/Staudigl, Das UnterhR in der famrichterl Praxis, 4.Aufl 1997. Vgl iü Lit vor § 1297.

Rspr-Berichte: Graba FamRZ **93**, 386; **94**, 477; **95**, 518; **96**, 321; **97**, 393; **98**, 399; Kalthoener/Büttner NJW **93**, 1826; **94**, 1829; **95**, 1788; **96**, 1857; **97**, 1818; **98**, 2012; Büttner NJW **99**, 2315; Kleffmann FuR **95**, 31; **96**, 22; **97**, 44; **98**, 42 u 74; **99**, 141, 205 u 247; Niepmann MDR **98**, 1256; **99**, 653.

1 **1)** Die **durch die Ehe begründete Unterhaltspflicht** (FamS gem GVG 23b I Nr 6, ZPO 623 I Nr 5) unterteilt sich in den Familien- (§§ 1360, 1360a), Trennungs- (§ 1361) u nachehel Unterh (§§ 1569ff). Dazu zählen als FamSachen **kraft Sachzusammenhangs** die dazugehör AuskAnspr, RückFdgen als Spiegelbild des UnterhAnspr, übergegang UnterhAnspr (zB gem BSHG 91, UVG 7, BAföG 37 IV), der PKV, Anspr auf Zust zum Realsplitting (EStG 10 I Nr 1; vgl § 1353 Rn 12) sowie als FamSachen **kraft Prozeßzusammenhangs** die dazu geh Klagen u EilVerf; Arrest zur Sicherg von UnterhAnspr, VollstrGgKl u DrittwidersprKl bei Zugrdeliegen eines UnterhAnspr (Übbl: Schwolow FuR **99**, 13/16).

2 **2)** Der EhegUnterh ist im Ges **unterschiedlich ausgestaltet** (vgl §§ 1360a Rn 1, 1361 Rn 1, 1569 Rn 1). **a)** Der **Familienunterhalt** beruht auf der FamEinh bei bestehder häusl Gemsch u umfaßt den Bed der ges Fam einschl der Ki zur Deckg der HaushKosten u der übl Ausgaben des tägl Leb; er kann sowohl dch
3 Geld- als auch dch Naturalleistg (§ 1360a) erbracht w. – **b)** Nach Auflösg der FamEinh kann der bedürft Eheg Unterh vom and, leistgsfäh Eheg nur als Geldrente beanspruchen. Der **Trennungsunterhalt** beruht auf der noch bestehden Ehe u ist idR nach Maßg der eLV sowie der Erwerbs- u VermVerh der Eheg gegeben. –
4 **c)** Beim **nachehelichen Unterhalt** gilt der **Grundsatz der Eigenverantwortung**, wonach jeder Eheg – als Konsequenz eines grdsl versch-unabhäng ScheidgsR – nach der Scheidg f seinen Unterh selbst verantwortl ist, eingeschränkt dch den **Grundsatz der nachwirkenden Mitverantwortung** des wirtsch stärkeren Eheg f den and (BVerfG FamRZ **81**, 745). Beide Grds sind gleichgewicht; zw ihnen besteht nicht etwa ein Reg-Ausn-Verh. Zur Ehebedingth der UnterhBedürftigk: § 1569 Rn 3; zur Anknüpfg an EinsatzZtpkte: § 1569 Rn 4; vgl bes §§ 1571 Rn 2, 1572 Rn 2 u 8ff, 1573 Rn 10, 1575 Rn 2, 1576 Rn 5.

3) Die Rechtfertigg f die Beschrkg der an sich dch Art 2 I GG geschützten finanz HdlgsFreih des Verpfl als Folge der UnterhPfl ggü dem bedürft Eheg ist aus der fortwirkden (nach)ehel **Solidarität** herzuleiten, deren verfrechtl Grdl sich aus GG Art 6 I ergibt. Als Folge dieser fortwirkden Verantwortg f den bedürft Partner muß der wirtsch stärkere Eheg bei Erf eines ges UnterhTatbestds die fin UnterhBelastg bis zur Grenze des Zumutb hinnehmen. Die UnterhPfl hängt von dem Maß der Verflechtg der beiders LebDispositionen u von dem Grad der wirtsch Abhängigk des unterhbedürft vom and Eheg ab. Das beruht auf dem GrdGedanken, daß die LebSituationen der Partner in der Ehe dch den gemeins LebPlan entsch geprägt w u mit der Zunahme der Ehedauer auch eine zunehmde Verflechtg der beiders LebDispositionen sowie im allg eine wachsde wirtsch Abhängigk des unterhbedürft Eheg einhergeht, ggü der sich dieser Eheg dch die unterhrechtl Solidarität des Ehepartners abgesichert zu fühlen pflegt (BGH NJW **81**, 754). Bei entspr Bedürftigk des Ber (u bestehder LeistgsFähigk des Verpfl) löst die nachwirkde Solidarität grdsl eine lebenslange UnterhVerpfl aus, soweit nicht im EinzFall ges vorgesehene Beschrkgen eingreifen (vgl §§ 1573 V, 1578 I 2, 1579), ggf zeitl u der Höhe nach beschr dch den Beginn des – auch auf VA beruhden – Altersruhegeldes des Ber. Eine zeitl Begrenzg der UnterhVerpfl in Anlehng an die Dauer der Ehe ist im Ges nicht vorgesehen, vielm ist eine (automat) Bindg der Dauer der UnterhPfl an die Ehedauer im GesGebVerf ausdr abgelehnt w (BT-Drucks 10/2888 S 18 zu § 1573 V; BGH NJW **99**, 1630). Das BVerfG (**57**, 361) sieht das geltde UnterhR, auch in seiner Ausgestaltg dch die höchstrichterl Rspr, daher zuR als Bestandt der verfmäß Ordng an (vgl auch BVerfG FamRZ **92**, 1283). 5

4) Die Anspr auf Fam-, Trenngs- u nachehel Unterh haben **verschiedene Streitgegenstände**, obw sie alle auf der dch die Eheschl füreinander übern Verantwortg (Solidarität) beruhen. Folge: Der Anspr auf FamUnterh erlischt mit der Trenng, der Anspr auf TrenngsUnterh endet mit Rechtskr der Scheidg (§ 1569 Rn 7). 6

5) Schema aller Unterhaltsansprüche: (1) Unterhaltstatbestand als AnsprGrdl (beim EhegUnterh: §§ 1360/1361/1569 ff; beim VerwandtUnterh: § 1601). **(2) Bedürftigkeit** des Ber, dh beim EhegUnterh, daß der Bedürft nicht selbst f seinen Unterh nach Maßg der eLV sorgen kann (§§ 1360/1361/1577 I). **(3) Höhe** des Unterh: Beim EhegUnterh (§§ 1360 a/1361/1578) bemißt sich der Bed nach den eLV (§ 1578 I), die sich idR aus dem gemeins Eink der Eheg herleiten (vgl beim KiUnterh: § 1610). **(4) Leistungsfähigkeit** des Verpfl, dh der Pfl muß in der Lage sein, den UnterhBed zu bezahlen (§ 1581; vgl § 1603). Ein best Betr seines Eink soll dem Pfl f seinen eig LebBed (sog **Selbstbehalt**) verbleiben; der übr Teil (sog **Verteilungsmasse**) ist f die UnterhVerpfl zu verwenden. Reicht die VerteilgsMasse nicht, handelt es sich um einen sog **Mangelfall**. **(5) Zusatzfragen** im EinzFall: grobe Unbilligk (§ 1579, vgl § 1611), Rang (§ 1582, vgl §§ 1608, 1609) – ggf Mangelfall (§ 1581 Rn 22) –, UnterhRückstd (§ 1585 b, vgl § 1613 I). 7

6) Elementar-, Krankenvers-, Vorsorgeunterh sowie MehrBed sind **unselbständige Teile des Gesamtunterhalts**, die in der Höhe voneinander abhängen u daher nicht einz u unabhäng voneinander geltd gemacht w k (BGH NJW **82**, 1873). Soweit nur ohne nähere Bezeichng Unterh begehrt w, umfaßt dies den GesamtUnterh, so daß NachFdgen f die Vergangenh entfallen (BGH NJW **85**, 1701). 8

7) Obliegenheiten. a) Zw den Eheg bestehen wechselseit UnterhObliegenh: Der UnterhBer muß alles unternehmen, um die UnterhLast möglichst gering zu halten; der UnterhVerpfl muß sich leistgsfäh halten, indem er alle zumutb Eink erzielt (BGH FamRZ **85**, 158; NJW **88**, 2371). Bei Verstoß gg diese Obliegenh kann ein fiktives Eink anzusetzen sein (vgl § 1361 Rn 43, § 1578 Rn 9). – **b)** Aus § 242 folgen unterhrechtl **Nebenpflichten** – auch zw gesch Eheg –, zB die Pflicht des unterhberechtigt Eheg zur Mitwirkg beim sog begrenzten Realsplitting, zur Wahrnehmg von Steuervorteilen u Eintr entspr FreiBetr (vgl § 1353 Rn 12, 15 mN; § 1361 Rn 46). Um den UnterhBer nicht zu benachteiligen, darf iF der Wiederheirat nicht die ungünstigere Steuerkl 5 gewählt w (BGH FamRZ **88**, 984), dagg ist die Wahl der Steuerkl 4 zul (Kln FamRZ **89**, 65); auch trifft den UnterhSchu iF der ErwTätigk des neuen Eheg grdsl keine Obliegenh der Wahl v Steuerkl 3 (Bambg FamRZ **96**, 628; abw f Sonderfälle Hamm FamRZ **96**, 505). – **c) Offenbarungspflicht.** Nimmt der Gl eine rechtskr zuerkannte UnterhRente weiter entgg, ohne die Aufn einer ErwTätigk zu offenbaren, so kann darin nur unter bes Umst eine sittenwidr vorsätzl Schädigg iSd § 826 liegen (BGH NJW **86**, 1751 u 2047; vgl § 1580 Rn 8, § 1585 c Rn 24). Zu RückFdgs- u SchadErsKl vgl JHBr ZPO 323 Rn 30. 9 10 11

8) Bei **Leistung unter Vorbehalt** kann die Zahlg untersch Bedeutg h: Im allg will der Schu nur dem Verständn seiner Leistg als Anerkenntn (§ 208) entggtreten u die Wirksamk des § 814 ausschließen, um sich so eine RückFdgsMöglk des Geleisteten gem § 812 zu erh, ein Vorbeh dieser Art stellt die OrdngsGemäßh der Erf nicht in Frage. And kann bei hinr Anhaltspkten gelten, wenn der Schu in der Weise unter Vorbeh leistet, daß dem LeistgsEmpf f einen spät RückFdgsRStreit die BewL f das Bestehen des Anspr auferlegt w soll; ein solcher Vorbeh läßt die Schuldentilgg in der Schwebe u ist keine Erf iSd § 362 (BGH NJW **84**, 2826; **88**, 2376). Vgl auch Einf 16 vor § 1601. 12

9) Rückforderung von Unterhalt. a) Überzahlungen aGrd einer einstwAO auf Unterh, gg die der UnterhSchu erfolgreich FeststellgsKl erhoben hat, u aGrd eines später auf AbändKl (ZPO 323) geänderten Tit (vgl Brschw FamRZ **99**, 1058) begr einen **Bereicherungsanspruch** gem § 812 I 1. Für den **Wegfall der Bereicherung** gem § 818 III (vgl Düss FamRZ **99**, 1059: Berufg hierauf unzul bei deklarator Anerkenntn üb RückZahlg) kommt es darauf an, ob der Empf die Leistgen restlos f seine LebBedürfn verbraucht od sich damit noch in seinem Verm vorh Werte od Vorteile verschafft h (BGH NJW **84**, 2095). Eine Vermutg, daß die Überzahlg verbraucht ist, besteht nur hinsichtl der Verwendg f lfde LebenshaltgsKosten. Für die Entreicherg als rvernichtender Einwdg ist derj darleggs- u bewpfl, der sich hierauf beruft. Die Befreig von Verbindlichk dch Tilgg mittels rechtsgrdl erlangten Unterh steht einem Wegf der Ber grdsl entgg. Die rechtsgrdlose UnterhZahlg muß aber f diesen Vortl **kausal** gew sein. Daran fehlt es, wenn der UnterhEmpf Schulden mit einem and als dem rechtsgrdl erh Betr zahlt u das übr ersatzl verbraucht; idF genügt der Nachw, daß er die Schu auch ohne Überzahlg getilgt hätte (BGH NJW **92**, 2415). – **b)** Die **verschärfte Haftung** nach § 818 IV auf Rückzahlg von Unterh tritt nicht schon mit der RHängigk der negat Feststellgs- od AbändKl ein, sond erst mit RHängigk der Kl auf Herausg des Erlangten nach § 812 od Leistg von WertErs nach § 818 II (BGH NJW **84**, 2095; **85**, 1074; **86**, 2057; FamRZ **98**, 951). Zur Vermeidg v Nachteilen muß der UnterhSchu entw iR der AbändKl die Einstellg der ZwVollstr beantr (analog ZPO 769) od die AbändKl 13 14

hilfsw mit einer Kl auf künft Rückzahlg des währd des AbändVerf zu viel gezahlten Unterh verbinden. Zu den Möglk f den UnterhSchu, dem Entreichergseinwand zu begegnen: BGH NJW **85**, 1074; NJW **92**, 2415.
15 Dazu JHBü vor § 1569 Rn 12 ff u JHBr ZPO 323 Rn 31, 32. – **c)** § 820 ist auf eine UnterhVereinbg, die
16 den ges UnterhAnspr nur modifiziert, nicht anwendb (BGH NJW **98**, 2433). – **d)** Unterh, der an den gesch Eheg f die Zeit nach Wirksamk des **VA** geleistet wird, kann zurückgefordert w, soweit der UnterhBer aGrd des dchgef VA einen RentenAnspr erlangt h (BGH NJW **82**, 1147). Die Erstattg der Nachzahlg einer nachträgl bewilligten EU-Rente kann nach § 242 für einen Ztraum verl w, für den der and zugl Unterh erh h (BGH NJW **83**, 1481; FamRZ **90**, 269); ebso, wenn die Rente aus VA stammt u die Rentennachzahlg dem UnterSchu iW der Kürzg seiner bereits lfden Rente abgezogen w ist (BGH NJW **89**, 1990).

17 **10)** UnterhSchulden sind jedenf ab Eintritt der RHängigk zu **verzinsen** (BGH FamRZ **97**, 352).

18 **11) a) Schuldrechtliche Vorschriften** sind auf das UnterhRVerh nur insow anwendb, als nicht der
19 famrechtl Charakter des Anspr entggsteht. – **b)** Das UnterhR als solches unterliegt nicht der **Verwirkung**. Die Regelgen der §§ 1579 (iVm § 1361 III), 1611 I 2 sind abschließd (BGH NJW **82**, 1999). Rückständ titulierte UnterhAnspr können der Verwirk unterliegen, wenn sich ihre Geltendmachg unter dem Gesichtspkt
20 illoyal verspäteter RAusübg als unzuläss darstellt. – **c)** Zum **Zurückbehaltungsrecht** im FamR: Diederich-
21 sen, FS Heinrichs 1997, 181. – **d)** UnterhAnspr sind wg ZPO 850 b I, II nur bdgt pfdb u damit nicht aufrb (§ 394), es sei denn, daß das VollstrGer die Pfdg zuläßt (ZPO 850 b III). Das **Aufrechnungsverbot** gilt ausnahmsw nicht, wenn der UnterhFdg eine SchadErsFdg aus einer vors begangenen unerl Hdlg im Zshg mit dem UnterhVerh ggüsteht (BGH NJW **93**, 2105: ArglEinwd), dem Gl muß aber auch idF das Exististenzminimum bleiben. Das AufrVerbot ist mit Rücks auf den Schutzzweck der Norm, Notlagen zu vermeiden, nach Tr u Gl (§ 242) begrenzt (vgl Hamm u Naumbg FamRZ **99**, 436 u 437). Eine Aufr mit Unterh, auch mit einer NichtFamSache, ist mögl (BGH FamRZ **96**, 1067). Für die Zukunft kann mit Ki- u TrenngsUnterh nur f 3 Mo (§§ 1361 IV 4, 1360 a III, 1614 II, 760 II), mit nachehel Unterh f 6 Mo aufgerechnet w.

22 **12) Insolvenzordnung.** Im RestschuldbefreigsVerf stehen die UnterhGläub gem InsO 89 II 2 ggü and Gläub hinsichtl der lfden Zahlgen seit 1. 1. 99 schlechter, da sie nur die Möglichk h, auf die Betr zw der PfdgsFreigrenze u dem Existenzminimum (ZPO 850 d) Zugriff zu nehmen (vgl Uhlenbruck FamRZ **98**, 1473).

1. Grundsatz

1569 ***Anspruch auf Unterhalt.*** **Kann ein Ehegatte nach der Scheidung nicht selbst für seinen Unterhalt sorgen, so hat er gegen den anderen Ehegatten einen Anspruch auf Unterhalt nach den folgenden Vorschriften.**

1 **1) Allgemeines. a) Rechtsnatur.** § 1569 ist keine selbstd AnsprGrdl, sond stellt nur einen **Programmsatz** auf, wonach §§ 1570 ff die nachehel UnterhAnspr abschließd regeln, soweit nicht darüberhinaus § 1576
2 als BilligkKl zur Anwendg kommt. – **b)** Das Ges nennt **sieben Unterhaltstatbestände** nach der Scheidg: BetreuungsUnterh (§ 1570), Unterh wg Alters (§ 1571) u wg Krankh od Gebrechen (§ 1572); subsidiär die folgden: ErwerbslosenUnterh (§ 1573 I), AufstockgsUnterh (§ 1573 II), BilligkUnterh (§ 1576); als Sonderfall: AusbildgsUnterh (§ 1575). Soweit nach §§ 1570–1572 nur eine TeilerwTätigk erwartet w kann, kommt
3 zusätzl ein UnterhAnspr gem § 1573 II in Betr (s dort Rn 38). – **c)** Eine **ehebedingte Unterhaltsbedürftigkeit** wird vom Ges nicht in der Weise zur Vorauss des UnterhAnspr erhoben, daß dieser etwa nur bestünde, wenn der gesch Eheg ohne die Ehe nicht ebenf bedürft wäre (BGH NJW **80**, 2247). Ein kausaler Zshg zw Ehe und Bedürftigk erfordern generell weder die Tatbestde der §§ 1570–1575 (BGH NJW **82**, 40) noch des
4 § 1576 (BGH FamRZ **83**, 800). – **d)** Die UnterhAnspr nach §§ 1569 ff sind mit Ausn v § 1570 davon abhäng, daß der Anspr zu dem in der jew Norm genannten **Einsatzzeitpunkt** besteht. Es handelt sich dabei um eine AnsprVorauss, die ab ScheidgsRechtskr iSe „**Unterhaltskette**" ohne zeitl Lücke erf sein muß (vgl Stgt FamRZ **82**, 1015; Bambg FamRZ **84**, 897; zu Ausn: JHBü Rn 6). Die EinsatzZt „KiBt" endet idR mit dem 15./16.LebJ des Ki, nicht erst mit dessen Volljkt (BGH NJW **91**, 224). Soweit ein Anspr eine EinsatzZt verl, müssen nur die TatbestdVorauss zum EinsatzZtpkt vorliegen (Mü FamRZ **93**, 564). Besteht nur eine Verpfl zur Zahlg eines TeilUnterh, kann ein AnschlUnterh auch nur iH des Teilbetr verl w (Stgt FamRZ **83**,
5 501; Düss FamRZ **94**, 965). – **e)** Nachehel Solidarität wird nicht grdsl nur f eine der Ehedauer entspr Zeit
6 geschuldet (BGH NJW **96**, 2793; s Einf 5). – **f)** Ein gesch Eheg kann Unterh auch dann noch beanspr, wenn im Ztpkt der Scheidg zu erwarten war, sein Unterh werde wg des Bestehens best LebVerh nachhalt gesichert sein; die §§ 1573 IV, 1577 IV 1 (s dort) sind AusnRegelgen (BGH NJW **87**, 3129).

7 **2) Zeitpunkt.** Der nachehel UnterhAnspr **entsteht** mit Rechtskr der Ehescheidg (BGH NJW **81**, 978; NJW **84**, 2041: am Tag des RechtskrEintritts).

8 **3)** Der nachehel UnterAnspr ist ein **einheitlicher Anspruch**, dessen Umfang sich stets nach den eLV richtet (§ 1578 I 1), so daß ein Urt üb den nachehel Unterh diesen in dem ausgeurteilten Umfang insges erfaßt, unabhäng davon, welcher Tatbestd der §§ 1570 ff in Betr kommt u vom Ger geprüft ist, so daß bei KlAbweisg alle diese UnterhTatbestde verneint sind. Ein im klagabweisden Urt unerörtert gebliebener UnterhTatbestd kann nur unter den Vorauss einer AbändKl (ZPO 323) geltd gem w (BGH FamRZ **84**, 353). Ist der einem titulierten UnterhAnspr zugrde liegde Tatbestd wg Veränderg der Verh weggef, kann die Aufrechterhaltg aGrd eines and UnterhTatbestds geboten sein (BGH NJW **95**, 1891). Bei einem (teilw) Unterh zusprechden Urt können mehrere UnterhTatbestde gleichzeit od zeitl nacheinander verwirklicht sein.
9 – Ein **Teilunterhaltsanspruch** kann sich aus §§ 1570 ff ergeben (*arg* „soweit" in §§ 1570–1573, 1576). Der TeilUnterhAnspr kann sich aus der Differenz zw dem EigEink (zB aus ErwTätigk) u dem vollen Unterh nach § 1578 (BGH FamRZ **87**, 1011) od jew teilw aus verschied UnterhTatbestden (zB teilw wg Krankh, § 1572, teilw wg Arblosigk, § 1573), ergeben. Das mögl Nebeneinander von versch AnsprGrdl macht idR eine **genaue Differenzierung** u Bezifferg der Teilanspr erfdl (BGH NJW **94**, 935, auch zu Ausn).

4) Zw Trenngs- u NachscheidgsUnterh besteht nach der GrdsE BGH **103**, 62, der inzw die Praxis folgt, **keine Identität** (Einf 6). Das hat zur Folge, daß vor der Entstehg des nachehel Anspr dieser nicht angemahnt w kann (BGH FamRZ **88**, 370; Hamm FamRZ **98**, 1512; dazu JHBü vor § 1569 Rn 21; vgl § 1585 b Rn 2). 10

5) Aus einem Tit auf TrenngsUnterh kann nach Rechtskr der Scheidg nicht mehr vollstr w (Ausn bei einstw AO gem ZPO 620 Nr 6, die gem ZPO 620 f auch üb diesen Ztpkt bis zu einer anderw Regelg fortgilt u bei spezieller vertragl Regelg). Wird trotzdem weiter vollstreckt: ZPO 767. 11

6) Nach der LebErfahrg kann ein PartWille, den UnterhAnspr völlig auf eine **vertragliche** Grdlage zu stellen u ihm damit den Charakter eines ges UnterhAnspr zu nehmen, nur in bes AusnFällen anzunehmen sein (BGH NJW **84**, 2350; FamRZ **88**, 933). Ein vor der Scheidg geschl Vergl erfaßt iZw nur den Trenngs-Unterh (Hamm FamRZ **81**, 1074). Wird aus einer solchen Vereinbg Unterh gleichwohl weiterbezahlt, kann daraus allein nicht auf einen RBindgsWillen geschl w (Hamm FamRZ **98**, 1520). Vgl § 1361 Rn 67. 12

7) Beweislast. Die Part darf die Behauptg des darleggspflicht ProzGegn üb Umstde, die allein in ihrem WahrnehmgsBereich liegen, nicht bl bestreiten, sond muß dem gegn Vorbringen posit Angaben entggsetzen (sonst GeständnFiktion nach ZPO 138 III, die aber nicht schon dann eintritt, wenn der GgVortrag nicht glaubwürd ist, BGH NJW **87**, 1201; vgl § 1579 Rn 50). Trotz ZPO 286 kann ein Ger eine Behauptg üb das Eink einer Part ohne BewAufn als wahr unterstellen (BGH aaO). 13

8) IPR EG 18; interlok PrivatR EG 18 Rn 21; ÜberggsRegelg DDR EG 234 § 5. 14

2. Unterhaltsberechtigung

1570 ***Unterhalt wegen Betreuung eines Kindes.*** **Ein geschiedener Ehegatte kann von dem anderen Unterhalt verlangen, solange und soweit von ihm wegen der Pflege oder Erziehung eines gemeinschaftlichen Kindes eine Erwerbstätigkeit nicht erwartet werden kann.**

1) Zweck: Nach der ges Ausgestaltg handelt es sich um einen Anspr des Eheg, der wg der Pfl u Erz des Ki an einer ErwTätigk gehindert ist u sich desh insow nicht selbst unterh kann. Die Vorschr ist Ausdr der gemeins EltVerantwortg u dient inhaltl dazu, die persönl Bt des Ki trotz Trenng der Elt wenigstens dch einen EltT zu ermögl, um auch Ki aus gesch Ehen gleichm EntwicklgsChancen zu geben (BVerfG FamRZ **81**, 745). 1

2) Voraussetzungen: a) And als nach § 1361 nur **gemeinschaftliche** Ki (da aus deren Bt eine typische ehebdgte BedürfnLage resultiert), also in der Ehe geb Ki (§§ 1591, 1592 Nr 1) u vorehel geb Ki, wenn die Vatersch anerk od festgestellt w (§ 1592 Nr 2, 3; vgl § 1599 II bei nach Anhängigk des ScheidgsAntr geb Ki) u „scheinehel" Ki bis zur rechtskr Feststellg der Vatersch eines and Mannes (§ 1600 d IV; vgl BGH NJW **98**, 1065; zur Anwendg des § 1579 dort Rn 29) sowie gemeins adopt Ki (§ 1754 I), **nicht** aber Ki eines Eheg aus einer früh Ehe od ne Ki, auch nicht sog PflKi (BGH NJW **84**, 1538 u 2355: nur BilligkUnterh gem § 1576 mögl) od StiefKi (vgl BT-Drucks 7/650 S 123, 223). Bei nachehel geb Ki, das von gesch Eheg stammt, nur § 1615 l (BGH NJW **98**, 1065). Der Anspr ist nicht dadch ausgeschl, daß der EltT, der das Ki betreut, das R zum pers Umgang mit dem Ki (zB wg Auswanderg) nicht ausüben kann (BGH NJW **87**, 893). – **b) Notwendigkeit von Pflege od Erziehung. aa)** Die Begr umschreiben den Inhalt der elterl PersSorge u entspr § 1606 III 2. Die Konnotation „oder" soll nur verdeutl, daß auch ein pflbedürft vollj Ki an der ErwTätigk hindern k. – **bb)** Ob bei gemeins elterl Sorge ein EltT einen Anspr gem § 1570 hat, hängt vom Umfang der KiBt ab. Betreuen beide EltT gemeins Ki, f die sie die gem Sorge h, ist die wechsels Leistgsfähigk u Bedürftigk maßg (BGH FamRZ **83**, 569), iü findet eine Verrechng statt. – **cc)** Die KiBt muß nur idS kausal f die NichtErwTätigk sein, daß sich der Betreuende bei Bestehen obj BtBedürftigk subj f die BtAufgabe entsch, da es dem unterhbedürft Eheg grdsl freisteht, ob er das Ki selbst betreuen will od BtMöglk dch Dr nutzt (BGH NJW **80**, 2811; **83**, 1427; vgl Kalthoener/Büttner Rn 353). Unerhebl ist daher, ob er bei Inanspruchn Dr (zB Großeltern) erwtät sein könnte od ob er angesichts seines GesundhZust od seiner Ausbildg sonst eine Arb finden könnte. An eine früh LebPlang (zB ArbAufn des Ber nach Wegf des ErzG) muß sich der Bedürft nicht festhalten lassen. Nunm ist die konkr Lage des betreuden Eheg nach Trenng od Scheidg maßg (BGH FamRZ **88**, 145). – **dd) Keine Einsatzzeitpunkte.** Die den Anspr auslösde BtNotwendigk kann sich jederzt ergeben, zB aGrd einer später eintretden PflBedürftigk des – auch vollj (BGH NJW **85**, 909) – Ki od inf des Wechsels des Ki zum and EltT.

(Randnummern in diesem Absatz: 2, 3, 4, 5, 6)

3) Erwerbsobliegenheit trotz Kinderbetreuung? a) Allgemeine Kriterien: Persönl Situation des Unterh begehrden EltT (insb Alter u GesundhZust, Berufsausbildg u ArbMarktchance), etw früh Berufstätigk des Eheg, die Dauer der Ehe u die wirtsch Lage der Eheg (BGH NJW **83**, 2243); Hilfe dch Dr (BGH NJW **89**, 1083; **90**, 3274); überdchschnittl hoher BtAufwand wg Behindg od Krankh des Ki u bei sog ProblemKi (BGH NJW **84**, 2355). 7

b) Alter und Zahl der Kinder: Die Frage der ErwObliegenh läßt sich nicht iS eines Reg-Ausn-Verh nach Zahl u Alter der Ki fixieren, da es wie beim TrenngsUnterh (§ 1361 Rn 13 ff) jew auf die **Gesamtumstände** ankommt (BGH NJW **82**, 326; FamRZ **84**, 364). In der Praxis sind (ohne Unterscheidg zw Trenngs- u NachscheidgsUnterh) folgde **Grundsätze** verbreitet: 8

Dem betreuden EltT kann eine ErwTätigk nicht zugemutet werden, wenn das **(Einzel)Kind** das 8. LebJ noch nicht vollendet h, idR bis zur Beendigg der 2.GrdSchulklasse (BGH NJW **83**, 1427; **84**, 1537; **95**, 1148; ebso zB Hamm OLGR **97**, 70; vgl aber unten Rn 11). Bei Bt eines Ki vom 8. bis ca zum 11. LebJ sind jew ind sowohl in der Pers des Ki (Kränklichk, Schulschwierigk, EntwicklgsStörgen) als auch in der Pers des Betreuenden (Alter, GesundhZust, BeschäftiggsChancen, anderw BtMöglk) u in den weiteren Verh liegde Kriterien zu berücks (BGH FamRZ **97**, 873 mwN). Bei einem Ki zw dem 11. u 15. LebJ ist weitgehd anerkannt, daß dem betreuenden EltT eine Teilzeitbeschäftigg zumutb ist, die aber nicht stets den Umfang einer Halbtagsbeschäftigg annehmen muß (BGH NJW **97**, 1851; FamRZ **99**, 372). 9

10 Mit **steigender Kinderzahl** kann dem betreuden EltT eine ErwTätigk grdsl nur in geringerem Umfang als bei Bt nur eines Ki zugemutet w (BGH NJW **82**, 326; FamRZ **90**, 989; **99**, 372). Die zur ErwObliegenh bei Bt von 1 Ki entwickelten Grds sind bei der Bt von 2 od mehr schulpfl Ki nicht entspr anzuwenden. Von einem EltT, der mehr als ein Ki betreut, kann nach BGH FamRZ **99**, 372 eine ErwTätigk vor dem 15.LebJ der Ki nur in geringerem Umfang als bei Bt nur eines Ki erwartet w. Bei **2 Kindern** hat der BGH (FamRZ **97**, 873) vorbehaltl bes Umst eine Teilzeittätigk erst ab dem 14. od 15. LebJ des älteren Ki verl (vgl aber BGH NJW **84**, 2358 bei 2 Ki v 11 u 13 J: ErwTätigk nicht von vornh unzumutb). Es kommt im EinzFall darauf an, ob der Betreuende die Mehrbelastg auffangen kann (BGH FamRZ **88**, 145; vgl Hamm **98**, 1518). Das Heranwachsen zweier Ki in das Alter von 16 1/2 u 15 J kann die Möglk eröffnen, eine Vollzeitbeschäftigg aufzunehmen (BGH NJW **84**, 294). Bei Versorgg von **3 Kindern** unter 14 J kann nicht auf eine Erwtätigk verwiesen w (BGH NJW **82**, 1050). Besuchen alle mj Ki noch die Schule, sind – wie stets (vgl BGH zB NJW **82**, 232 u 326) – die EinzFallUmst umfassd zu würdigen (BGH FamRZ **90**, 283: hier im Alter von 9, 13 u 16 J; ebso zB Kln OLGR **98**, 192; Hamm **98**, 243).

11 In den **Leitlinien** der OLGe (Übbl Wendl/Gutdeutsch § 4 Rn 74, 76, 80, 83; Gerhardt-Hdb VI Rn 263) finden sich Unterschiede insb bei der Altersgrenze, ab der eine volle ErwObliegenh einsetzt (zB BayLL 18: ab Vollendg des 15.LebJ; LL Düss 26: Vollendg des 16.LebJ).

12 Die ErwObliegenh bei einem „ne" Ki nach § 1615 l II ist (auch nach dem 1. 7. 98) strenger, was verfrechtl bedenkl erscheint (vgl auch JHBü Rn 15 aE). Keine ErwObl allerd bis zum Alter v mind 3 J (BGH FamRZ **95**, 598; Hamm FamRZ **98**, 1250).

13 **c) Zumutbarkeit der Erwerbstätigkeit. aa)** Die Zumutbk einer (stundenw bis halbschicht) **Teilerwerbtätigkeit** hängt insb v der konkr BtBedürftigk des Ki, berufl Vorbildg u ArbMarktlage des Bedürft ab. Bei Bt eines **Einzelkindes unter 10 J** w nur eine stundenw Tätigk zumutb sein (BGH NJW **80**, 2081; **81**, 448; Hamm NJWE-FER **97**, 123: Auch bei Eink im sozversfreien Geringverdienerbereich). Bei einem Alter **zw 13–15 J** wird eine Halbtagsbeschäftigg als zumutb angesehen; diesen Umfang muß die Tätigk aber nicht stets erreichen (BGH FamRZ **88**, 256). Erst ab dem **15. bis 16. LebJ** w davon ausgegangen, daß dem betreuenden EltT idR die Möglk eröffnet ist, eine **Vollzeitbeschäftigung** aufzunehmen (BGH NJW **83**, 1548; **84**, 292; **97**, 1851). Ein üb 15 j Einzelki, das wg köperl Behindg od psych Schwierigk betreuungsbedürft wie ein EinzelKi unter 15 J ist, wird die ZumutbkGrenze wie bei diesem nur auf eine TeilErwTätigk herabsenken. – Bei Bt von **2 Ki**, die beide üb 15, aber noch nicht 18 J alt sind, wird idR angen, daß die
14 verbleibde Bt einen ähnl Aufwand wie bei einem 15 j EinzelKi erfordert (Köln OLGR **97**, 192). – **bb)** Bei **Fortsetzung bisheriger od früherer Berufstätigkeit** ist zu bedenken, daß der Betreuende nicht mehr wie in intakter Ehe auf die MitBt dch den and EltT zurückgreifen kann. Eine urspr gemeins LebPlang verliert dch den Wegf des Eheg ihre Bedeutg. Maßg ist nunm die konkr Lage des betreuenden Eheg nach Trenng/Scheidg (BGH FamRZ **88**, 145; Hbg NJW-RR **93**, 64; JHBü Rn 24). Eine ErwTätigk neben der Pfl u Erz von Ki kann zumutb sein, wenn damit eine in der Ehe trotz Belastg dch die Ki ausgeübte Berufstätigk in gleichem Umfang fortgeführt w. Bei einer freien Willens – also nicht etwa aus Not wg unzureichder Versorgg dch den UnterhPfl – aufgen Tätigk ist bes zu prüfen, ob nicht die ZumutbGrenze überschritten ist. Die Ausübg einer Berufstätigk kann ein bedeuts Indiz f die ArbFähigk sein (BGH NJW **81**, 2804). Zur Anrechenbk v Eink aus einer trotz KiBt ausgeübten Erwtätigk vgl § 1577 Rn 24.

15 **d)** Bei beengten wirtsch Verh des Schu, bes wenn er nur gem § 1581 zu UnterhZahlgen leistgsfäh ist (**Mangelfall**), können die **Anforderungen** an die ErwObliegenh iR der ZumutbkPrüfg **verschärft** sein (BGH NJW **83**, 1548). Dies kommt im EinzFall bei grob rücksichtsl Verhalten des EltT auch in Betr, wenn der Ber (auch nur teilw) die Vorauss gem § 1579 erf (so Mü FamRZ **96**, 1078; offen BGH NJW **97**, 1851); das kann in ein Dilemma führen, da das Ki dadch mittelb f das Verhalten des EltT verantwortl gemacht würde, obw der GesGeber vermeiden wollte, daß sich die VerwirkgsFolgen zuL der Ki auswirken.

16 **e)** Ist der betreuende EltT im Verh zu den von ihm betreuten Ki nicht zum BarUnterh u damit auch nicht zur Aufn einer ErwTätigk verpfl, ist er deswg nicht auch hinsichtl seines eig UnterhAnspr gg den and EltT von jeder Verpfl freigestellt, einen Teil seines UnterhBed dch Aufn einer an sich zumutb ErwTätigk selbst zu decken (BGH NJW **81**, 2462).

17 **f)** Die Obliegenh zum **Beginn der Arbeitsplatzsuche** besteht bereits vor Beendigg der BtPhase, wenn deren Ende zeitl klar absehb ist (BGH FamRZ **95**, 871).

18 **3) Umfang des Anspruchs. a)** Bei **vollständiger** Verhinderg zur ErwTätigk inf KiBt beruht der Anspr allein auf § 1570; Höhe: voller, den eLV entspr Unterh, soweit er nicht dch eig Eink gedeckt ist. Unerhebl ist, ob die Eink aus einer VollzeitArb (die gerade wg der KiBt unzumutb ist) nicht ausr, um diesen UnterhBed zu
19 befriedigen (BGH NJW **87**, 1761; **90**, 1847). – **b)** Ist der Ber nur **teilweise** an einer ErwTätigk gehindert, kann er nach § 1570 Unterh nur bis zur Höhe des MehrEink verl, das er dch eine VollerwTätigk erzielen könnte. Reicht der ihm zustehde Unterh zus mit seinem Eink aus einer TeilErwTätigk zu seinem vollen Unterh (§ 1578) nicht aus, kommt zusätzl ein UnterhAnspr nach § 1573 II in Betr (dort Rn 38), wobei zuG des Ber berücks w kann, daß er seine (Teil-)ErwTätigk trotz der Übern der mit der KiBt verbundenen zusätzl Belastgen aufrechterh (BGH NJW **90**, 1847).

20 **4)** Der Anspr gem § 1570 ist zum **Schutz der Kindesinteressen privilegiert**: (1) Herabsetzg aGrd der Härtekl des § 1579 nur unter Wahrg der KiBelange (dort Rn 47); (2) Vorrang des Anspr gem § 1582 I 2, 3 vor dem (auch Bt-)Unterh des gesch Eheg; (3) Einschränkg der Berufg auf einen nachehel UnterhVerz gem § 242 (§ 1585 c Rn 21 ff); (4) Hinzurechng der KiErzZten bei der Bemessg der Ehedauer gem §§ 1573 V, 1574 II, 1578 I 3, 1579 Nr 1, 1582 I 3; (5) Unabhängigk vom Wegf eines bedarfsdeckd Verm gem § 1577 IV 2; (6) Wiederaufleben nach Scheidg einer weiteren Ehe (§ 1586 a); (7) Gewährg einer ErzRente bei Tod des gem § 1570 verpfl gesch Eheg (SGB VI 47).

21 **5) Konkurrenzen. a)** Konkurrenz **zu §§ 1571 ff** ist mögl, wenn die einz Anspr nicht den vollen Unterh gewähren. Da f die jew TeilAnspr unterschiedl RFolgen eintreten k, ist der UnterhAnspr seinem RGrd nach gesondert im UrtTenor auszuweisen. **b)** Im Verh **zu § 1615 l I** ist der Anspr gg den ne Vater vorrang (Düss

FamRZ **95**, 690; Zweibr NJW **98**, 318), dagg ist der Anspr nach § 1615l I mit den Anspr wg Bt ehel Ki gleichrang (Mü FamRZ **97**, 613; Zweibr aaO).

6) Beweislast. Spricht f eine best Ann die Erfahrg, ist es im Proz Sache desj, der eine Ausn v der erfahrgsgem Reg in Anspr nimmt, die hierf erfdl Vorauss darzulegen u zu bew (BGH NJW **83**, 1427). Wer Abweichgen von den OrientiergsLinien der Praxis (Rn 7 ff) hins Notwdgk der Pfl u Erz, der Hinderg der ErwTätigk dadch u der BedHöhe in seinem EinzFall behauptet, ist f das Vorliegen dieser Umst darl- u bewpfl. So sind zB bes Grde, die wg der Bt eines Ki ab ca 16 J einer vollen Erwtätigk entggstehen, von demj darzulegen u zu bew, der sich auf das Fortbestehen des Anspr wg KiBt beruft (BGH NJW **90**, 2752). 22

1571 ***Unterhalt wegen Alters.*** **Ein geschiedener Ehegatte kann von dem anderen Unterhalt verlangen, soweit von ihm im Zeitpunkt**
1. der Scheidung,
2. der Beendigung der Pflege oder Erziehung eines gemeinschaftlichen Kindes oder
3. des Wegfalls der Voraussetzungen für einen Unterhaltsanspruch nach den §§ 1572 und 1573
wegen seines Alters eine Erwerbstätigkeit nicht mehr erwartet werden kann.

1) Zweck: Die Vorschr erstreckt die ehel Solidarität auf eine altersbdgte BedürfnLage, wobei das **Alter ursächlich** f die Unzumutbk der ErwTätigk sein muß. Die Mitverantwortg des leistgsfäh Eheg ggü dem unterhbedürft ist eine Folge der Eheschl u des ehel ZusLeb. Sie ist unabhäng vom Alter, in dem die Ehe geschl wurde (BGH NJW **82**, 929). Dagg muß die **Unterhaltsbedürftigkeit** nach BGH NJW **83**, 683 **nicht ehebedingt** sein; sie besteht auch dann, wenn der Eheg bereits im Ztpkt der Eheschl wg seines Alters keiner ErwTätigk mehr nachgehen konnte (zweifelh; krit auch JHBü Rn 2; vgl § 1572 Rn 3). 1

2) Voraussetzungen: a) Einsatzzeitpunkte gem Nr 1–3. Erfdl ist eine alters-(iFv § 1572: krankh-)bdgte Bedürftigk bei der Scheidg od iF des AnschlUnterh eine lückenl anschließde alters-(krankh-)bdgte BedürfnLage („UnterhKette"; vgl § 1569 Rn 4, § 1572 Rn 2). Diese Beschrkg der nachehel Solidarität ist nur insow von Bedeutg, als ein späteres Wiederaufleben des UnterhAnspr ausgeschl ist, wenn zwzeitl eine wirtsch Selbstdgk erreicht war (od fiktiv zuzurechnen ist). In der Praxis schließt der Anspr gem § 1571 häufig an eine BedürfnLage gem §§ 1572, 1573 u zuvor gem § 1570 an. Es genügt, wenn das Alter (die Krankh) zum EinsatzZtpkt vorliegt, die Bedürftigk sich aber erst später einstellt (Mü FamRZ **93**, 564). 2

b) Nichterwartung einer Erwerbstätigkeit wegen des Alters. aa) Der Begr **„Alter"** ist ges nicht festgelegt. Spätest wenn die in der öff RentenVers f den Bezug der Regelaltersrente (SGB VI 35) u in der BeamtVers (BRRG 25, 41 I) festgelegte **allgemeine Altersgrenze** von 65 J erreicht ist, kann auch unterhrechtl keine ErwTätigk mehr erwartet w (BGH FamRZ **92**, 43), da der GesGeber ledigl die Festsetzg einer früh Altersgrenze vermeiden wollte (BT-Drucks 7/850 S 123 f; Strohal FamRZ **96**, 197). – **bb)** Bei **flexibler Altersgrenze** (vgl zB SGB VI 36 ff) läßt allein der Rentenbezug aGrd des Erreichens der Altersgrenze die ErwObliegenh nicht entfallen (BGH NJW **99**, 1547). Diesen Vorschr liegen sozpolit Erwägen zugrde, die f die Beurteilg der ErwObliegenh nicht aussagekräft sind. Maßg f die Frage der ErwObliegenh eines UnterhBer (zum UnterhPfl vgl § 1581 Rn 10) vor Volldg des 65.LebJ sind allein unterhrechtl Gesichtspkte: in obj Hins, ob ein best Beruf im Alter noch ausgeübt werden k, falls nur diese Tätigk angem ist; als subj Kriterium ist die Gesamtentwicklg der Ehe bis zum EinsatzZtpkt zu betrachten (BGH NJW **83**, 1483; Hamm FamRZ **95**, 1416). Bei langer Ehedauer und ausschl HaushTätigk od langer KiBt eines Eheg u guter berufl Stellg des and Eheg kommt uU ein Anspr nach § 1571 schon bei einem Alter unter 60 J in Betr (BGH NJW **91**, 1049; vgl BGH NJW **85**, 1340: Anspr nach § 1571 bei einer 53 j, in der 20 j Ehe nicht berufstät Frau bei sehr guter berufl Stellg des Ehem; vgl Schlesw NJWE-FER **98**, 22: ErwObliegenh einer 57 j Fr verneint, die in 30 j Ehe mit sehr gut verdienendem Ehem nicht berufstät war). Ands kann etwa auch von einer 50 j Frau, die währd der Ehe 20 J Hausfr war, unterhrechtl verl w, nach der Scheidg eine angem ErwTätigk auszuüben (BGH NJW **83**, 683); uU obliegt ihr eine TeilZtBeschäftigg. Auch bei Bezug eines vorgezogenen Altersruhegeldes dch eine 60 j Fr kann nach BGH NJW **99**, 1547 eine ErwObliegenh bestehen, insb iR einer Geringverdienertätigk. – **cc)** Zum **Freiberufler** s § 1581 Rn 10. – **dd) Anrechenbarkeit von Einkünften:** (1) RentenEink mindern den Bed voll, unabhäng v Ztpkt des Erwerbs der Anwartsch. Zur Anrechng von VA-Renten vgl § 1578 Rn 25. Zur Berücks noch nicht beschiedener Antr auf Rente vgl BGH NJW **83**, 1481 (s auch § 1572 Rn 7), auf Altersruhegeld aGrd VA vgl Zweibr FamRZ **97**, 504; vgl auch BGH FamRZ **90**, 269/72. (2) Da nach Erreichen des Renten- u Pensionsalters keine ErwObliegenh besteht (vgl BSG FamRZ **87**, 694), gelten f die Anrechng von Eink aus (unzumutb) Arb im Ruhestand die Maßst des § 1577. Bei ErwTätigk im Vorruhestd kommt es f die Anrechenbk darauf an, ob eine anderw Tätigk erlangb u zumutb ist. 3 4 5 6

3) Anspruchsbegrenzungen. a) Bei kurzer Ehedauer kann der UnterhAnspr gem § 1579 Nr 1 (dort Rn 7 ff) ausgeschl od beschr w. So kann zB bei der Prüfg, ob die Ehe noch als „kurz" anzusehen ist, berücks w, daß sich eine Altersehe f den Ber nicht wirtsch nachteil auswirkt. Aus der bl Tats der Altersehe kann ein Ausschl- oder HerabsetzgsGrd (§ 1579 Nr 7) nicht abgeleitet w, da das Ges die Ehebedingth der Bedürftigk gerade nicht zum TatbestdsMerkmal des Anspr aus § 1571 erhoben h. – **b)** Eine zeitl Begrenzg der Höhe nach u sodann eine Herabsetzg des UnterhAnspr gem § 1578 I 2 (dort Rn 80) ist mögl. 7 8

4) Konkurrenz zu § 1573. a) § 1571 kann erf sein, wenn typischerw im betreffden Alter u der in Betr kommden Berufssparte keine angem Arb mehr gefunden w kann, dagg **§ 1573 I**, wenn ind wg konkr EinzFall-Umst aGrd des Alters die Aufn einer angem Arb scheitert (BGH NJW **87**, 2739). § 1571 ist vorrang (vgl § 1573 Rn 38). Klarstellg der zu differenzierden AnsprGrdl im Urt erfdl wg etw spät AbändVerf u wg fehlder BegrenzgsMöglk gem § 1573 V (BGH FamRZ **88**, 265/7). – **b)** Kann ein Eheg altersbdgt nur eine TeilErw-Tätigk ausüben u reicht sein EigEink zus mit dem TeilAnspr aus § 1571 (wie aus §§ 1570, 1572) zu seinem 9 10 vollen Unterh iSd § 1578 I 1 nicht aus, kommt daneben ein Anspr auf AufstockgsUnterh gem **§ 1573 II** in Betr (BGH NJW **99**, 1547). Zur Notwdgk der Differenzierg der AnsprGrdlagen vgl § 1573 Rn 19.

11 **5) Beweislast.** Der UnterhBer muß bei Zweifel zw AltersArbunfähigk u arbmarktbdgter ErwLosigk darl u bew, daß die ErwTätigk wg seines Alters nicht mehr zumutb ist (sonst § 1573 V zu erwägen). Bei Ruhestand vor der Regelaltersgrenze muß er nachweisen, daß typischerw in den f ihn in Betr kommden Berufssparten keine angem Arb mehr gefunden w kann. Für die Beurteilg bedarf es einer konkr Einzelfallwertg. Erst mit Erreichen der Regelaltersgrenze kann eine ErwTätigk generell nicht mehr verl w. Die Behauptg einer ausnahmsw ErwObliegenh üb die Regelaltersgrenze hinaus muß der UnterhSchu bew.

1572 *Unterhalt wegen Krankheit oder Gebrechen.* **Ein geschiedener Ehegatte kann von dem anderen Unterhalt verlangen, solange und soweit von ihm vom Zeitpunkt**

1. der Scheidung,
2. der Beendigung der Pflege oder Erziehung eines gemeinschaftlichen Kindes,
3. der Beendigung der Ausbildung, Fortbildung oder Umschulung oder
4. des Wegfalls der Voraussetzungen für einen Unterhaltsanspruch nach § 1573

an wegen Krankheit oder anderer Gebrechen oder Schwäche seiner körperlichen oder geistigen Kräfte eine Erwerbstätigkeit nicht erwartet werden kann.

1 **1) Zweck:** Die Vorschr beruht auf dem Gedanken der nachehel Solidarität f krankhbdgte ErwEinschränkgen.

2 **2) Voraussetzungen: a)** Der UnterhAnpr gem § 1572 setzt, wie § 1571, zwar voraus, daß die Krankh **ursächlich** f die NichtErwTätigk ist, üb die im Ges genannten **Einsatzzeitpunkte** (vgl BGH FamRZ **90**, 260) wird aber ein Zshg der krankhbdgten Bedürftigk mit der Ehe hergestellt. Nur dann, wenn zum maßgb Ztpkt der Unterh nicht dch eig ErwTätigk nachhalt gesichert war, kann bei später auftretender Krankh noch von einer Wahrg der EinsatzZtpkte ausgegangen w (Düss FamRZ **98**, 1519). Bei nach der Scheidg eintretden LebRisiken ist es bei Krankh (wie bei ArbLosigk) gerechtf, diese Risiken dem Bedürft zuzuweisen, mögen die
3 tieferen Grde für das Eintreten des Risikos auch schon in der Ehe angelegt sein. – **b)** Die UnterhPfl hängt nach BGH nicht davon ab, daß die Krankh in der Ehe aufgetreten ist; die UnterhPfl w vielm dch jede, auch schon vor der Ehe eingetretene Krankh ausgelöst (BGH FamRZ **88**, 930; NJW **94**, 1286; **96**, 2793): Die **Ehebedingtheit** der Krankh od des Gebrechens ist danach **nicht** Vorauss (zweifelh; vgl Rn 13, § 1571 Rn 1; § 1579 Rn 42 [2]; krit auch JHBü Rn 1). Ist die Krankh *während* der Ehe eingetreten, steht nach BGH dem Anspr gem § 1572 nicht entgg, daß der Eheg auch unabhäng von der Ehe krank gew wäre; ist der Eheg schon *vor* der Ehe erkrankt, ist unerhebl, ob der unterhpfl Eheg im Ztpkt der Eheschl von der Krankh gewußt h (BGH NJW **82**, 40; **94**, 566). Es ist auch unschädl, daß der UnterhBer, wäre er gesund geblieben, keine
4 ErwTätigk aufgen, sondern zB ein Studium begonnen hätte (BGH NJW FamRZ **84**, 353). – **c)** Versch gehört nicht zum Tatbestd des § 1572, sond kann nur iR des § 1579 Nr 3 (zB bei Alkohol- u Drogensucht) berücks w (BGH NJW **88**, 1147).

5 **3) a)** Der Begr „**Krankheit**" entspr dem SozialversR (RVO 1247 II) und BeamtenR (BBG 42 I S. 1). Die dort entwickelten Grds können übern w (BT-Drucks. 7/650 S 124). Zur Alkohol- u Drogensucht (Medikamentenabhängigk) als Krankh vgl Hamm FamRZ **89**, 631; Düss FamRZ **87**, 1262; Foerste FamRZ **99**, 1245 zur Übergewichigk: Kln FamRZ **92**, 65. Die Auswirkgen seelischer Störgen u Fehlreaktionen k unterhrechtl
6 wie im Haftgs- u SozVersR Bedeutg gewinnen (BGH NJW **84**, 1816). – **b)** Bei allen Erscheingsformen einer Krankh trifft den UnterhBedürft (wie den UnterhVerpfl, vgl § 1361 Rn 42) eine Obliegenh zur **Krankeitsbehandlung** (notf dch Operation, vgl BGH NJW **94**, 1593) u zur Mitwirkg an der Genesg. Die ZumutbkGrenzen entspr denen im SchadErsR, dh die Behandlg muß relativ gefahrl, schmerzarm u aussichtsreich
7 sein (§ 254 Rn 35). – **c)** Ist die Krankh so gravierd, daß sie zu einer *vollen* ErwUnfähigk führt, kann dem UnterhBedürft aGrd seiner Obliegenh, die UnterhLast soweit wie mögl zu verringern, angesonnen w, einen **Rentenantrag** zu stellen. Ist dieser noch nicht beschieden, kann iF der EU-Rente (SGB I 42, 43) ein Vorschuß nicht gefordert w; der Verpfl kann aber ein zins- u tilggsfreies Darl gg Abtr des Anspr auf Rentennachzahlg anbieten (BGH NJW **83**, 1481), falls die Vorauss hierf vorliegen (SGB VI 43, 44). Soweit der Bedürft eine EU-Rente bezieht u/od sonstige Eink h (zB Zinsen, Wohnwert), ist bei voller ErwUnfähigk nur der Tatbestd des § 1572 gegeben, nicht § 1573 II (zu den unterschiedl BeschrMöglk: §§ 1473 V, 1578 I 2).

8 **4) Einsatzzeitpunkte: a)** Wird der Eheg erst *nach* der Scheidg erwunfäh, können die zeitl Vorauss der **Nr 1** erf sein, wenn dies auf einer **Verschlimmerung** im wesentl ders Leiden beruht, deretwg der Eheg bereits zum Ztpkt der Scheidg teilw erwunfäh war (BGH NJW **87**, 2229). Der Anspr auf den vollen eheangem Unterh besteht auch dann, wenn der Ber noch stundenw Arb übern h, trotz der Gef, seinen GesundhZust akut zu verschlechtern (so BGH aaO). War die ErwFähigk krankbdgt schon zum EinsatzZtpkt gemindert, liegt Großzügigk näher, als wenn die Erkrankg sich noch nicht auf die ErwFähigk ausgewirkt h. Hamm FamRZ **99**, 231 verneint einen Anspr gem § 1572, wenn ungeachtet der Krankh der Bed im EinsatzZtpkt
9 (noch) dch eig Erwtätigk gesichert war (dazu Büttner NJW **99**, 2315/20). – **b)** IFv **Nr 2** ist nicht der VolljgkZtpkt, sond der Ztpkt maßg, in dem die Vorauss f einen auf § 1570 gestützten Anspr entfallen, im allg
10 ab einem KiAlter von 15/16 J (BGH FamRZ **90**, 260). – **c) Nr 4**. Eine **Verschiebung** der EinsatzZtpkte kann daraus resultieren, daß der Verpfl den UnterhAnspr, obwohl seine Vorauss entfallen sind (zB wg Wegfall der KiBt) weiter erf h, ohne ErwBemühgen zu verl. Der UnterhPfl kann sich dann gem § 242 nicht darauf berufen, daß der UnterhBer in einer Zeit, währd der der Schu ihm tats Unterh geleistet h, erkennb im Vertrauen auf einen tats nicht gegebenen unterhbegr Tatbestd die zum Nachw eines Anspr gem § 1577 I an
11 sich erfdl ErwBemühgen unterl h (BGH FamRZ **90**, 260 u 496/8). – **d)** Ein AnschlUnterh ist nur geschuldet, wenn sich die UnterhTatbestde lückenl aneinanderreihen (vgl Düss FamRZ **98**, 1519). Dazu ist ausr, daß sich eine im EinsatzZtpkt vorhand Krankh **in nahem zeitlichem Zusammenhang** mit dem EinsatzZtpt

verschlimmert (bej v BGH NJW **87**, 2229 bei Eintritt voller ErwUnfähigk 2 J nach Scheidg; verneint v Karlsr FamRZ **94**, 104 4 J nach der Scheidg). Bestand im EinsatzZtpkt nur ein TeilAnspr, zB aus § 1573 II, kann auch nur ein TeilanschlUnterh begr w (Düss FamRZ **94**, 965; Celle FamRZ **97**, 1074), da nur insow der EinsatzZtpkt gem Nr 4 gewahrt ist. Darüb hinaus begr Krankh, die nach den EinsatzZtpkten auftreten, keinen UnterhAnspr (Hbg NJW-RR **96**, 323). – **e)** Entfällt der UnterhAnspr gem § 1572 nur desh, weil dessen 12
Vorauss am EinsatzZtpkt nicht vorlagen, kommt ein BilligkAnspr gem § 1576 in Betr (BGH NJW **90**, 2752).

5) Eine bereits bei Eheschl vorh **unerkannte voreheliche Erkrankung** kann nach BGH NJW **94**, 1286 13
nicht dazu führen, eine unbeschr UnterhPfl nach § 1579 Nr 7 als grob unbill anzusehen, auch wenn die Erkrankg (hier: multiple Sklerose) schon *vor* der Ehe ausgebrochen od angelegt war. Die von einigen InstGer vorgen – erwägenswerte – BilligkKorrektur (so Oldbg NJW **91**, 3222; Hbg FamRZ **95**, 1417; Karlsr FamRZ **98**, 751) ist mit der Rspr des BGH (s § 1579 Rn 42 [2]; vgl auch BGH NJW **95**, 1891; **96**, 2793) nicht vereinb. Eine Ausn (mit der Folge etwa auch nur eines TeilAusschl) kann danach nur ausnahmsw angen w, zB wenn die Eheg nur kurz zuslebten u die unheilb Erkrankg bei der Heirat bekannt war (BGH FamRZ **88**, 930; Oldbg FamRZ **91**, 827) od sonstige, den UnterhPfl bes belastde Umst hinzutreten (Brdbg FamRZ **96**, 866). Ein Wegfall od eine Herabsetzg des Unterh sollte indes in Betr kommen, wenn der UnterhBer dch die Eheschl weder gesundheitl noch berufl od versorggsrechtl Nachteile erlitten h, die Ehe kinderlos geblieben ist u die Ehe nicht mehr als 10 J gedauert hat.

6) Anspruchsumfang. Außer dem allg LebBed kann ein MehrBed der Heilbehdlg geschuldet sein 14
(Hamm FamRZ **97**, 296).

7) Anspruchsbegrenzung. Eine zeitl Begrenzg ist idR nicht mögl, da meist der GenesgsZtpkt nicht hinr 15
sicher vorausgesehen w kann. Der Verpfl ist insow auf eine AbändKl verwiesen, hat aber einen InfoAnspr üb den Krankh- u BehandlgsVerlauf. Eine Begrenzg der Höhe nach (§ 1578 I 2) kommt in Betr (Hbg u Hamm FamRZ **98**, 294 u 295).

8) Konkurrenzen. a) Anspr aus §§ 1572 u 1571 können miteinand konkurrieren (JHBü Rn 15). Bei 16
VollErwUnfähigk ist § 1572 ggü dem Anspr gem § 1573 vorrang. Hat der Ber bei voller ErwUnfähigk neben der EU-Rente **Zusatzeinkünfte** (zB Zinsen, WoWert), bleibt es beim Tatbestd des § 1572; der Anspr beruht dann nicht ergänzd auf § 1573 II (Mü FamRZ **97**, 295). Bei TeilErwUnfähigk kann sich der Anspr teilw aus § 1573 I u teilw aus § 1572 ergeben. – **b)** Übt ein Eheg krankhbdgt gem seiner unterhrechtl Obliegenh nur 17
eine **Teilerwerbstätigkeit** aus, mit der er seinen vollen Unterh nicht verdienen kann, kommt ein Anspr gem §§ 1572, 1573 I (jedoch nur bis zur Höhe des dch eine VollerwTätigk erzielb MehrEink) in Betr u daneben AufstockgsUnterh gem § 1573 II, wenn sein eig Verdienst zus mit dem TeilAnspr zu seinem vollen Unterh nicht ausr (BGH NJW-RR **93**, 898; NJW **99**, 1547; and Dresd FamRZ **99**, 232: nur § 1573 II). Es bedarf dann keiner Feststellg des MehrEink, das ohne gesundheitl Beeinträchtigg dch eine VollErwTätigk erzielt w kann (BGH FamRZ **95**, 869). § 1572 scheidet als AnsprGrdl aus, wenn eine and Arb vollschicht mögl ist. Wird nach der Scheidg trotz behaupteter gesundh Beeinträchtigg eine ErwTätigk ausgeübt, handelt es sich um Eink aus zumutb Tätigk; der Bedürft kann sich iH des hieraus erzielten Eink nicht auf eine überobligator Tätigk berufen (BGH NJW **98**, 2821). – **c)** Kann ein gesch Eheg eine gem § 1574 angem VollZtBeschäftigg 18
ausüben, kann er nicht nach § 1572 Unterh verl, auch dann nicht, wenn ihm aGrd seiner gesundheitl Beeinträchtigg eine best and ErwTätigk, die höhere Eink einbrächte, verschlossen ist. Es kommt dann allein ein Anspr auf AufstockgsUnterh in Betr, wenn die Eink aus der vollschicht ErwTätigk den vollen UnterhBed (§ 1578) nicht decken. Soweit wg Krankh statt der erlernten eine and angem VollZtBeschäftigg ausgeübt w kann, scheidet der Tatbestd des § 1572 also aus. Ist das Eink nicht beddeckd, kommt insow allein ein Anspr nach § 1573 II in Betr (BGH NJW **91**, 224). – **d)** Soweit eine Begrenzg gem § 1573 V in Betr kommt, ist 19
im Urt die AnsprGrdl genau zu bezeichnen.

9) Beweislast. Den Ber, der zur krankhbdgten Beschrkg seiner ErwFähigk substantiiert vortragen muß, 20
trifft die Darl- u BewL f das Bestehen einer Krankh u iF einer neurot Erkrankg f deren KrankhWert (Hbg FamRZ **82**, 762). Er hat auch zu bew, daß eine Krankh latent bereits im EinsatzZtpkt bestand. EU-Rente ist ein Indiz f eine Krankh des UnterhBedürft (Nürnbg FamRZ **92**, 682; Brdbg FamRZ **96**, 866).

1573 ***Unterhalt bis zur Erlangung angemessener Erwerbstätigkeit.*** **I Soweit ein geschiedener Ehegatte keinen Unterhaltsanspruch nach den §§ 1570 bis 1572 hat, kann er gleichwohl Unterhalt verlangen, solange und soweit er nach der Scheidung keine angemessene Erwerbstätigkeit zu finden vermag.**

II Reichen die Einkünfte aus einer angemessenen Erwerbstätigkeit zum vollen Unterhalt (§ 1578) nicht aus, kann er, soweit er nicht bereits einen Unterhaltsanspruch nach den §§ 1570 bis 1572 hat, den Unterschiedsbetrag zwischen den Einkünften und dem vollen Unterhalt verlangen.

III Absätze 1 und 2 gelten entsprechend, wenn Unterhalt nach den §§ 1570 bis 1572, 1575 zu gewähren war, die Voraussetzungen dieser Vorschriften aber entfallen sind.

IV Der geschiedene Ehegatte kann auch dann Unterhalt verlangen, wenn die Einkünfte aus einer angemessenen Erwerbstätigkeit wegfallen, weil es ihm trotz seiner Bemühungen nicht gelungen war, den Unterhalt durch die Erwerbstätigkeit nach der Scheidung nachhaltig zu sichern. War es ihm gelungen, den Unterhalt teilweise nachhaltig zu sichern, so kann er den Unterschiedsbetrag zwischen dem nachhaltig gesicherten und dem vollen Unterhalt verlangen.

V Die Unterhaltsansprüche nach Absatz 1 bis 4 können zeitlich begrenzt werden, soweit insbesondere unter Berücksichtigung der Dauer der Ehe sowie der Gestaltung von Haushaltsführung und Erwerbstätigkeit ein zeitlich unbegrenzter Unterhaltsanspruch unbillig wäre; dies gilt in der Regel nicht, wenn der Unterhaltsberechtigte nicht nur vorübergehend ein gemeinschaftliches Kind

allein oder überwiegend betreut hat oder betreut. Die Zeit der Kindesbetreuung steht der Ehedauer gleich.

1 **1)** § 1573 enth zwei versch UnterhTatbestde: den Unterh wg ArbLosigk (I), wenn die ArbLosigk zZt der Scheidg od zu best EinsatzZtpkten besteht, u den AufstockgsUnterh (II), wonach der gesch Eheg, der erwtät ist, nach seinen Eink aber nicht den vollen Unterh gem den eLV decken kann, Anspr auf Unterh iH der Differenz zum vollen Unterh h. **Zweck:** Beide UnterhTatbestde dienen der Erhaltg des ehel LebStandards, ohne strikt auf „ehebdgte Bedürftigk" beschr zu sein (Hahne FamRZ **86**, 307). Das Ges berücks damit, daß das in der Ehe erreichte LebNiveau idR auf einer Leistg beider Eheg beruht. Das gilt auch f **Doppelverdienerehen**, wenn etwa ein Eheg mit Rücks auf ehel od fam Interessen auf eine berufl (Weiter)Entwicklg verzichtet h. Es wäre ungerecht, ihm die fortwirkden Nachteile der LebGestaltg dieser Gemsch bei einem Scheitern der Ehe allein aufzuerlegen. Die dauerh Aufrechterhaltg des ehel LebStandards ist jedoch nicht stets gerechtf, insb dann nicht, wenn keine dauerh Nachteile aus der LebGestaltg f einen der Eheg bleiben.

2 **2) Unterhalt wegen Erwerbslosigkeit, I.** Die Vorschr soll den Bedürft nach der Scheidg bis zur Erlangg einer angem ErwTätigk vor dem „soz Abstieg" schützen, wobei der vorehel Status zurücktritt, je länger die Ehe gedauert h (BGH NJW **83**, 1483). Das Prinzip der wirtsch EigVerantwortg (§ 1569) ist vorrang zu
3 beachten (BGH NJW **91**, 1049). – **a) Voraussetzung** ist, daß der UnterhBer im Ztpkt der Scheidg nicht od nur teilw in angem Weise erwtät war (BGH FamRZ **85**, 53), dagg nicht eine ErwTätigk unmittelb vor od
4 währd der Ehe. Unerhebl ist, ob er gerade wg der Ehe keiner ErwTätigk nachging. – **b)** Ihn muß eine **Obliegenheit** zur ErwTätigk u damit **zur Arbeitssuche** („zu finden vermag") treffen, deren Beginn schon
5 vor rechtskr Scheidg liegen kann, zB wenn das Ende der KiBtPhase absehb ist. – **aa) Erwerbsbemühungen:**
6 § 1361 Rn 41. – **bb)** Die **Obliegenheitsverletzung** führt zur Vermutg der Ursächlk f die NichtAufn einer zumutb Arb, mit der Folge, daß sich der Ber das erzielb Eink **fiktiv** zurechnen lassen muß, sol die Ursächlichk
7 fortwirkt (zur Beendigg der Fiktion: Hamm FamRZ **95**, 1217). – **cc)** Es muß eine **reale Arbeitsmarkt-**
8 **chance** bestehen (BGH NJW-RR **93**, 898). – **c)** Nicht erfdl ist eine „ehebdgte" Unterlassg der ErwTätigk iS eines KausalZshgs mit der Ehe; die BedürfnLage braucht nur irgendwie mit der Ehe in Vbdg zu stehen (BGH NJW **80**, 393). Unerhebl ist, ob der Eheg währd der TrenngsZt einer Obliegenh gem § 1361 II genügt h, da diese an and Vorauss geknüpft ist als die Obliegenh des gesch Eheg nach §§ 1569 ff (BGH FamRZ **86**, 1085:
9 aber ggf § 1579 Nr 3). – **d)** Ein Anspr gem I kann nicht etwa deswg versagt w, weil der Eheg sich nach der Trenng nicht sofort um einen ArbPlatz bemüht, sond eine Ausbildg begonnen h, in der Erwartg, eine Anstellg
10 in dem erstrebten Beruf eher zu finden als im früher ausgeübten (BGH FamRZ **86**, 1065). – **e)** Der **Einsatzzeitpunkt** (Scheidg od die in III genannten Ztpkte, auch § 1576) ist weniger eng an die Scheidg gebunden als nach §§ 1571, 1572, ein **zeitlicher Zusammenhang** muß aber noch gegeben sein (BGH
11 NJW **87**, 2229: verneint bei 1 1/2 J nach Scheidg). – **f)** Liegen die Vorauss des § 1575 nicht vor, kann ausnahmsw Unterh f die AusbildgsDauer verl w. Bei einer **Weiterbildungsobliegenheit** gem § 1574 III besteht f die Dauer der notw Ausbildg ein Anspr nach § 1573 I (BGH NJW **84**, 1685). Die zeitl Begrenzg der UnterhPfl auf die AusbildgsDauer setzt voraus, daß ein erfolgreicher Abschl der Ausbildg zu erwarten u damit zu rechnen ist, daß der Eheg im Anschl an die Ausbildg eine ErwTätigk finden w (BGH NJW **86**, 985).
12 – **g)** Was als **angemessene** ErwTätigk in Betr kommt, ergibt sich aus § 1574.

13 **3) Aufstockungsunterhalt, II. a) Zweck** der Vorschr ist die Erhaltg des LebStandards des geringer verdienenden Eheg (verfkonform: BVerfG NJW **81**, 1771). Es soll ein Anreiz geschaffen w, auch solche Tätigk beizubehalten od zu übernehmen, die den angem Unterh nicht in vollem Umfang sicherstellen.

14 **b) Voraussetzungen. aa)** Der Unterh begehrde Eheg muß eine angem (§ 1574 Rn 3 ff) Tätigk ausüben. Findet ein Eheg wg der ArbMarktlage nur eine TeilZtArb, braucht diese desw noch nicht „angem" zu sein; ist sie es nicht, hat er keinen Anspr nach II, sond ggf nach I (BGH NJW **88**, 2369). Für die Beurteilg der Kausalitätsfragen sind die tats Gegebenh des ArbMarkts sowie die pers Fähigk des Stellenbewerbers u sein berufl Werdegang obj zu würdigen (Bambg FamRZ **98**, 289; vgl auch Schlesw NJWE-FER **98**, 266). –
15 **bb) Einkommensgefälle.** II betr meist Doppelverdienerehen (sonst ergibt sich der Anspr auf den vollen Unterh unmittelb aus §§ 1570 ff iVm § 1578 I). Geringfügige EinkDifferenzen sind gem dem Normzweck v II – der insow aber nicht auf and UnterhTatbestde, insb § 1570, übertragb ist – nicht auszugleichen (KG FamRZ **81**, 156; str). Nach BGH FamRZ **84**, 988 ist ein QuotenBetr von 160 DM (3100 DM ./. 270 DM x 3/7) eine nicht zu vernachlässigde Größe. In der OLG-Rspr wird zT ein MindestausglBetr von 100 DM f erfdl gehalten (so Düss FamRZ **96**, 947; Mü FamRZ **97**, 425; aA Soergel/Häberle Rn 20: kein Mindestbetr).
16 – **cc)** Auch bei II gelten, obw nicht ausdr erwähnt, die **Einsatzzeitpunkte** wie in I (s Rn 10). II gilt auch,
17 wenn der Ber vor der Eheschl erwtät war, im EinsatzZtpkt seine Eink aber geringer sind. – **dd)** Eine währd der Ehe bestehde **Wirtschaftsgemeinschaft** ist **nicht** Vorauss (BGH FamRZ **89**, 838), ihr Fehlen kann aber
18 zur zeitl Begrenzg gem V führen. – **ee)** II ist anwendb, wenn sich der Gl um die ihm obl ErwTätigk nicht hinr bemüht h, die ihm anzurechnden **fiktiven** Eink aber seinen vollen Unterh nicht decken (BGH FamRZ **88**, 927).

19 **c) Berechnung, Methodenwahl.** Das f den AufstockgsUnterhAnspr bestimmde Maß des **vollen** Unterh richtet sich gem § 1578 I 1 nach den eLV (BGH NJW **81**, 753), die nach st Rspr des BGH (zB NJW **92**, 2477) nur dch das in der Ehe erzielte u zur Deckg des LebBed eingesetzte Eink geprägt w. Für die **Wahl** der Methodenwahl (vgl § 1578 Rn 58 ff), die dem TatRi obl (BGH NJW **84**, 294), ist die Differenzierg zw
20 prägden u nichtprägden Eink (§ 1578 Rn 3) wichtig: – **aa)** Hinsichtl der schon die eLV **prägenden** Eink ist die **Differenzmethode** anzuwenden, so daß danach der AufstockgsUnterh eine Quote (zB 3/7) der
21 Differenz der beiders ErwEink bzw 1/2 der Differenz der sonstigen Eink beträgt. – **bb)** Sind EigEink vorh, die nicht die eLV geprägt h, ist die **Anrechnungsmethode** anwendb, wonach hier die hinzutretden Eink
22 von dem vollen Unterh nach den eLV abzuziehen sind. – **cc)** Die **Additionsmethode** (vgl Bay LL Nr 16, 17) ist eine BerechngsVereinfachg unter ZusFassg von Diff- u AnrechngsMeth: In der 1. Stufe werden das prägde Eink des Verpfl (ErwEink zu 6/7 + sonst Eink) u das prägde Eink des Ber addiert (UnterhBed =

Hälfte der Summe). In der 2. Stufe wird von dem so ermittelten UnterhBed das EigEink des Ber abgezogen (prägde u nichtprägde ErwEink zu 6/7 + sonst prägdes u nichtprägdes Eink; ausf Wendl/Gerhardt § 4 Rn 389 ff). – **dd)** Wurden die eLV dch TeilZtArb geprägt, die nach der Scheidg ausgeweitet w u ist das 23
hinzuerzielte Eink nicht mehr als die eLV prägd anzusehen, ist auf die prägden EinkTeile die DiffMeth u auf das hinzukommde Eink dagg die AnrechngsMeth anzuwenden (**Mischmethode**; entspr den 2 Stufen der AddMeth). – *Krit:* Die Wahl zw Diff- u AnrechngsMeth hängt insb davon ab, wann die ErwAufn des Ber 24
konkret erfolgte. Die Anwendg der AnrechngsMeth kann zu einer einseit Verteilg der nachwirkden BtNachteile führen (vgl § 1578 Rn 34, 59). Um diese zu vermeiden, wird die ErwTätigk trotz KiBt oft fortgeführt od die ErwTätigk oRücks auf KiBelange vor der Trenng wieder aufgen (Garbe FF **97**, 67/70). Gerade in den in der Praxis häufigen Mangelfällen (§ 1581 Rn 22 ff) kommt die AnrechngsMeth zu unangem Ergebn, da der kibetreuende Eheg auch bei einer späteren Verbesserg der Verh (BGH NJW **90**, 1847) auf eine unzureichde BedDeckg beschr bleibt. Weil sein „nichtprägdes" Eink auch auf einen unter dem Existenzminimum liegden Bed nach den eLV angerechnet wird, kommen spätere EinkSteigergen des Verpfl im wesentl nur diesem zugute (JHBü Rn 30; vgl auch K. Chr.Maier FamRZ **92**, 1381: Differenzierg, ob Mangelfall, dann DiffMeth, od nicht, dann AnrechngsMeth). Als unzureichdes Mittel (vgl § 1578 Rn 31) zur Abfederg dieser Nachteile w auf die Möglk verwiesen, trenngsbdgten MehrBed (§ 1578 Rn 40) geltd zu machen (wobei das nichtprägde Eink zunächst auf den trenngsbdgten MehrBed verrechnet w). Vgl Büttner FamRZ **99**, 893 u Gerhardt/Gutdeutsch FuR **99**, 241.

4) Anschlußunterhalt (III) kommt sowohl als Unterh mangels angem ErwTätigk (I) als auch als Auf- 25
stockgsUnterh (II) in Betr, wenn die Vorauss f die Anspr aus §§ 1570–1572, 1575 entfallen sind. Die BedürfnLage daraus, daß der zunächst aus and Grden unterhberecht Eheg nicht sogl eine angem ErwTätigk findet, steht noch iZshg mit der Ehe (BT-Drucks 7/650 S 127). Bei zweitl AusbildgsUnterh ist § 1575 III zu beachten. Für § 1573 III kommt es nur auf das Vorliegen der UnterhTatbestde u nicht darauf an, daß der Unterh tats geleistet w.

5) Nachhaltig gesicherte Erwerbstätigkeit, IV. a) Zweck der Vorschr ist, die nachehel Verantwortg 26
des UnterhSchu f die Bedürftigk des and Eheg zu begrenzen, wenn der UnterhBedürft zunächst eine wirtsch Sicherg erreicht u später aus pers Grden od wg der ArbMarktlage wieder verloren h; ands verdient dieser Schutz, wenn er ernsth, jedoch erfolgl versucht, sich dch Arb selbst zu unterh (Hamm FamRZ **97**, 26). Erfaßt werden Fälle, in denen eine ErwTätigk vor od währd der Trenng od auch erst nach der Scheidg aufgen w ist (BGH NJW **85**, 430). IV dient nur der **Klarstellung**, daß der geforderte EinsatzZtpkt bei nicht nachhalt Sicherg gewahrt bleibt (JHBü Rn 12). Die Vorschr enth keinen allg Grds, daß ein gesch Eheg Unterh nicht mehr beanspr kann, wenn im ScheidgsZtpkt zu erwarten war, sein Unterh werde wg Bestehens best LebVerh nachhalt gesichert sein (BGH NJW **87**, 3129). Bei *vor* der Scheidg begonnener ErwTätigk ist der frühestmögl Ztpkt f die Beurteilg, ob der Unterh nachhalt gesichert ist, der ScheidgsZtpkt. Es kommt auf die Sicherg des Unterh, nicht eines best ArbPlatzes an (BGH NJW **85**, 430).

b) Nachhaltig ist der Unterh gesichert, wenn im Ztpkt der Rechtskr der Scheidg ein DauerArbPlatz 27
erreicht war, also nicht bei einem ArbVerh auf Probe (BGH NJW **88**, 2034) od bei Aufn eines ArbVerh trotz angegriffenem GesundhZust, das wieder aufgelöst w mußte (Hamm FamRZ **97**, 26). Das DauerArbVerh gilt nicht als ungesichert, wenn ein festes ArbVerh kurz nach der Scheidg gekündigt w (Bambg FamRZ **97**, 819/20) od bei einem unerwarteten Konkurs des ArbG (Hamm FamRZ **97**, 821). Das gilt auch bei einer betrbdgten Künd nach Rechtskr der Scheidg, wenn der Wegfall des ArbPlatzes im ScheidgsZtpkt noch nicht absehb war (Kln FamRZ **98**, 1434). Ebso bei späterem krankhbdgtem Verlust des ArbPlatzes (Düss FamRZ **98**, 1519). Solche Risiken soll der gesch Eheg mangels Wahrg des EinsatzZtptes nicht mehr tragen müssen (JHBü Rn 113 f). Die Beurteilg richtet sich danach, ob die ErwTätigk des gesch Eheg im Ztpkt ihrer Aufn nach obj Maßst u allg LebErfahrg mit einer gew Sicherh als dauerh angesehen w konnte od ob befürchtet w mußte, daß der Bedürft sie dch außerh seiner EntschFreih liegde Umst in absehb Zeit wieder verlieren werde. Dabei sind vom Standpkt eines optimalen Beobachters auch Umst in die Beurteilg einzubeziehen, die zwar schon zu diesem Ztpkt bestanden, aber erst später zutage getreten sind, zB eine latente Krankh, deretwg der ArbPlatz in absehb Zeit wieder aufgegeben w mußte (BGH NJW **86**, 375; NJW **85**, 1699: keine nachh UnterhSicherg, wenn eine 30j Lehrerin 2 Tage nach ihrem ersten DAntritt wg Nervenerkrankg dienstunfäh wird u ihre DFähigk auch in 2 J nicht wiederhergestellt w kann). Eine nachhalt Sicherg kann bei ArbAntritt noch zu verneinen, zu einem spät Ztpkt, der vor dem tats BeschäftiggsEnde liegt, aber zu bej sein (BGH NJW **86**, 375).

c) Zeitfaktor. Nach einer gew ZtSpanne, in der der gesch Eheg einer ErwTätigk nachgegangen ist, muß 28
zur Vermeidg einer Ausuferg des Anspr davon ausgegangen w, daß inzw eine nachhalt UnterhSicherg dch diese ErwTätigk eingetreten ist. In Anlehng zB an die Auslegg zu § 1579 Nr 1, 7 (s dort Rn 8 u 37) ist vorbehaltl der EinzFallUmst als Orientierg ein ZtRaum von 2 J anzunehmen (MüKo/Richter Rn 29; vgl Karlsr FamRZ **94**, 104: verneint bei 4 J).

d) Subjektive Voraussetzungen. Der Anspr ist nur gegeben, wenn sich der gesch Eheg um eine nachhalt 29
ErwTätigk iS der Obliegenh gem I **ernstlich bemüht** hat („trotz seiner Bemühgen nicht gelungen"). Daran fehlt es insb, wenn der gesch Eheg ohne verständ Grd seine Tätigk aufgibt od den ArbPlatzverlust versch h (vgl § 1361 Rn 42).

e) Umfang des Anspruchs. Gem IV 2 beschr sich der Anspr auf die Differenz zw dem vollen Unterh u 30
dem erzielten ArbEink, wenn es dem Ber nur gelungen war, den Unterh nachhalt zu sichern (dazu JHBü Rn 16). Wg Versorgg eines neuen Partn angerechnete Eink gelten nicht als aus einer angem ErwTätigk iSd IV erzielte Eink (BGH NJW **87**, 3129).

6) Zeitliche Begrenzung, V (Lit: Brudermüller FamRZ **98**, 649). **Zweck:** Die dch das UÄndG 1986 31
eingef Vorschr will eine zeitl Begrenzg von UnterhAnspr ermögl, wenn nach Dauer u Art der Ehegestaltg eine unbeschr UnterhGewährg unbill wäre. – **Voraussetzungen: a)** Es muß ein UnterhTatbestd nach I–IV 32
vorliegen (BGH NJW **95**, 1891); die and UnterhTatbestde, dh §§ 1570–1572, 1576, können nur gem

33 § 1578 I 2, 1579 reduziert w. – **b) Gesichtspunkte: aa)** Als **Ehedauer** gilt die Zeit von der Eheschl bis zur RHängigk des ScheidgsVerf; die Dauer der (weiteren) KiBt nach diesem Ztpkt ist zusätzl zu berücks. Die TrenngsZt ist auch bei langer Dauer nicht abzuziehen (BGH FamRZ **91**, 307). Die Zeit einer vorangegang Ehe zw denselben Partn ist der Ehedauer nicht hinzuzurechnen (Düss FamRZ **96**, 1416; Hamm NJWE-FER **98**, 2), ebso nicht langes vorehel ZusLeb (Düss FamRZ **92**, 951). Eine starre ZtGrenze, von der ab der UnterhAnspr nicht mehr zeitl begrenzt w dürfte, ist ges nicht normiert. Bei einer Ehedauer von üb **10 Jahren** ist die Begrenzg die Ausn; die Ehedauer erh dann als BilligkKriterium dchschlagdes Gewicht (BGH NJW **90**, 2810), wobei es aber stets auf die Umst des EinzFalls ankommt, so daß auch bei längerer Ehedauer eine Begrenzg nicht schlechthin ausgeschl ist (vgl Kln NJW-RR **93**, 566: 12 EheJ; Düss u Kln FamRZ **87**, 945 u **93**, 565: 13 EheJ; Ffm FamRZ **99**, 97: 15 EheJ; Hamm FamRZ **95**, 1204: 16 EheJ; Kln NJW-RR **95**, 1157:
34 18 EheJ), sond erst ab einer Ehedauer von 20 J (BGH NJW **94**, 935; Bambg FamRZ **98**, 25). – **bb) Umstände:** Die **Gestaltung von Haushaltsführung und Erwerbstätigkeit** steht einer zeitl Begrenzg nur entgg, wenn der Bedürft eig ErwAussichten zurückstellte, um dem and Eheg die volle berufl Entfaltg zu ermögl, u dadch bleibde berufl Nachteile erlitten h (BGH NJW **86**, 2832); die Gestaltg darf also nicht zu einer dauerh ehebdgten Bedürftigk geführt h. Auch and Umst, zB bes Opferleistgen des einen Eheg f den and, können zeitl unbeschr Unterh rechtf, insb bei erhebl VermEinsatz im Vertrauen auf dauerh Unterh-Leistgen (AG Peine FamRZ **87**, 598) u bei langj Einschränkgen in der LebFührg wg der Ausbildg des Verpfl (Hamm FamRZ **91**, 1474/7). Der Anspr nach II kann nach BGH NJW **90**, 1847; NJW-RR **93**, 898 (Aufg früh Rspr; vgl Rn 39) trotz **Kinderbetreuung** gem V beschr w, wenn der Ber dch die KiBt keine berufl Nachteile od nur kurzfristige EinkEinbußen erlitten h. ZuG des Ber kann (etwa f die Bemessg der ÜbergangsFr, Rn 36) berücks w, daß er seine (Teil)ErwTätigk trotz Übern der mit der KiBt verbundenen zusätzl Belastgen aufrechterhält.

35 **c)** Bei der erfdl umfassden **Billigkeitsprüfung** ist insb die Belastg des Verpfl im Verh zw dem ihm verbleibden Eink (oRücks auf nachrang UnterhPfl) u dem Eink des Ber abzuwägen. Je mehr die Bedürftigk auf einer ehezeitbdgt wachsden wirtsch Abhängigk vom Verpfl u auf **ehebedingten Umständen** beruht, desto weniger kommt eine zeitl Begrenzg in Betr (BGH NJW **90**, 2810). Das ArbPlatzrisiko gehört nur dann zu den ehebdgten Risiken, wenn es sich gerade aus der Ehegestaltg ergibt (Kln NJW-RR **95**, 1157). Eine grobe Unbilligk ist, and als bei § 1579, nicht Vorauss (BGH NJW **90**, 1847). Ein Fehlverhalten des UnterhBer kann nur iRv § 1579 (als abschließde Regelg) berücks w (BGH NJW **86**, 2832; Gerhardt FuR **97**, 249). –
36 **d)** Keine sofort Versagg des Unterh, sond nur **zeitliche Begrenzung**. Die **Übergangsfrist** hängt nicht schematisch von der Ehedauer ab (BGH FamRZ **86**, 889; NJW **96**, 2793; Düss FamRZ **96**, 1416; Hamm FamRZ **98**, 292), diese gibt aber einen Anhaltspkt f den Umfang der nachehel Solidarität. Prüfg erfdl, wie lange der Ber voraussichtl braucht, um sich wirtsch u psycholog auf den Wegf des Unterh einzustellen. Für diese **Prognose der Umstellungsdauer** ist von Bedeutg, inwiew u wie lange die Eheg ihren LebZuschnitt
37 aufeinander u auf ein gemeins LebZiel ausgerichtet hatten (Nachw FamRZ **98**, 649/57). – **e) Rechtsfolgen.** Eine Kombination der zeitl Begrenzg gem II mit der zeitl Herabsetzg gem § 1578 I 2 ist mögl, so daß der Unterh iR des V schon vor FrEnde der Höhe nach beschr w k. Der jew UnterhTatbestd ist wg der untersch
38 RFolgen im Urt festzustellen (Mü FamRZ **97**, 295). – **f)** Soweit ein Anspr gem II wg V entfällt, ist zu prüfen, ob ein AnschlTatbestd wg Alters (§ 1571 Nr 3) od Krankh (§ 1572 Nr 4) eingreift, der keiner zeitl Begrenzg unterliegt, sond allenf einer Herabsetzg auf den angem Bed gem § 1578 I 2 (BGH NJW **95**, 1891).

39 **7) Konkurrenzen.** Die Anspr aus I u II sind ggü §§ 1570–1572 (BGH FamRZ **88**, 928), 1575, auch § 1576, grdsl subsidiär, da eine – von diesen Tatbestden gerade ausgeschl – ErwObliegenh vorausgesetzt w. Ein UnterhAnspr eines **teilerwerbstätigen** Eheg gem II kommt zusätzl neben dem gem §§ 1570, 1572 in Betr, wenn der gem §§ 1570–1572 ihm zustehde Unterh zus mit seinen Eink aus TeilErwTätigk zu seinem vollen Unterh (§ 1578 I 1) nicht ausr (BGH NJW **99**, 1547; vgl Rn 34). Soweit neben §§ 1570–1572 ein Anspr nach § 1573 II in Betr kommt, ist wg der nur bei § 1573 mögl zeitl Begrenzg nach V (u auch wg eines etw spät AbändVerf) genau zu differenzieren, welcher UnterhTeil auf §§ 1570–1572 u auf § 1573 II fällt, sofern nicht eine zeitl Begrenzg (Rn 31 ff) von vornh ausscheidet (BGH NJW **88**, 2369; NJW-RR **93**, 898; NJW **94**, 935).

40 **8) Beweislast. a)** Der Unterh begehrde Eheg muß darl u ggf bew, daß er trotz hinr Bemühgen keine angem Arb finden kann (BGH NJW **87**, 898) – bei fehlden hinr Bemühgen: daß er keinen ArbPlatz gefunden hätte (Kln FamRZ **98**, 1434) – sowie daß eine nachhalt Sicherg des Unterh nicht zu erreichen war (BGH NJW **86**, 375). Behauptet er, daß von Anfang an keine reale BeschäftiggsChance bestand, trifft ihn hierf die BewL; jeder ernsth Zw geht zu seinen Lasten (BGH NJW-RR **93**, 898). Gerichtsbekannte ArbMarktlage kann berücks w (Bambg FamRZ **98**, 289). Zu den Anfdgen an die Substantiierg des Vortrags üb ErwBemühgen: § 1361 Rn 41. Bei einem Wegf seiner Eink muß er auch darl u bew, daß der Unterh nicht bereits nachhalt gesichert war. IFv II hat er auch die Höhe des vollen Unterh zu bew u daß seine (ggf fiktiven) Eink f den vollen Unterh nicht ausr. Die Darl- u BewL f diejen Tats, die f die Anwendg des V sprechen, trägt grdsl der Verpfl. Er hat auch die Umst darzulegen u zu bew, die f eine kurze ÜberggsFr sprechen. Eine Erleichterg der BewFührg ergibt sich idR daraus, daß der Ber gem I od II Umst vorbringen u ggf bew muß, die f die Bedürftigk ursächl sind. Hat der Verpfl die BilligkGrde iSv V dargetan, trägt wiederum der Ber die Darl- u BewL f Umst, die iR der BilligkAbwägg gg eine zeitl Begrenzg od f eine längere „SchonFr" sprechen (BGH
41 NJW **90**, 2810). Zum Prozeßrisiko bei zeitl Begrenzg vgl Christl FamRZ **86**, 627 u **87**, 981. – **b)** Im AbändVerf gem ZPO 323 trifft die BewL dafür, daß sich der Ber nicht (mehr) hinr um eine angem ErwTätigk bemüht, die Part, in deren Sphäre sich die ArbSuche abspielt, also den UnterhGl (Soergel/Häberle Rn 14; Baumgärtel/Pruskowski Rn 4). Er darf bei hinr erglosen ArbPlatzbemühgen seine ArbPlatzsuche nach einem obsiegden Urt nicht einstellen, sol weiterhin BeschäftiggsChancen bestehen.

42 **9) Verfahren. a)** Eine UnterhKl darf nicht schon wg fehlder Darl od mangelnden Bew zureichder ErwBemühgen abgewiesen w, sond erst, wenn feststeht od nicht ausgeschl ist, daß bei ausr Bemühgen eine reale BeschäftiggsChance bestanden hätte (BGH FamRZ **86**, 885; NJW **87**, 898; FamRZ **87**, 912: Die Bewertg muß auf konkr Umst gestützt sein). Eine vom ArbAmt vorgeschlagene UmschulgsMaßn ist ein Indiz,

daß der Eheg jedenf vom ArbAmt nicht zu vermitteln ist (BGH NJW **94**, 1002). – **b)** Bei der erstmaligen UnterhFestsetzg ist üb die zeitl Begrenzg zu entsch, wenn die Vorauss dafür vorhersehb sind (BGH NJW **86**, 2832). Eine Berücks im AbändVerf kommt nur in Betr, wenn damals die maßg Umst noch nicht abschließd beurteilt w konnten (Düss FamRZ **96**, 1416). 43

1574 *Angemessene Erwerbstätigkeit.* **I Der geschiedene Ehegatte braucht nur eine ihm angemessene Erwerbstätigkeit auszuüben.**

II Angemessen ist eine Erwerbstätigkeit, die der Ausbildung, den Fähigkeiten, dem Lebensalter und dem Gesundheitszustand des geschiedenen Ehegatten sowie den ehelichen Lebensverhältnissen entspricht; bei den ehelichen Lebensverhältnissen sind die Dauer der Ehe und die Dauer der Pflege oder Erziehung eines gemeinschaftlichen Kindes zu berücksichtigen.

III Soweit es zur Aufnahme einer angemessenen Erwerbstätigkeit erforderlich ist, obliegt es dem geschiedenen Ehegatten, sich ausbilden, fortbilden oder umschulen zu lassen, wenn ein erfolgreicher Abschluß der Ausbildung zu erwarten ist.

1) a) Zweck: Die Vorschr enth keine AnsprGrdl, sondern dient nur der inhaltl Beschrkg der gem §§ 1570 ff zu erwartden ErwObliegenh, konkretisiert also §§ 1571, 1572, 1573 I insow, als dem gesch Eheg nur eine „angem" ErwTätigk angesonnen w. Kommt nach den Umst allein die Aufn solcher berufl Tätigk in Betr, die als nicht angem anzusehen sind, kann „eine ErwTätig nicht erwartet w" (BGH NJW **83**, 1483). – 1
b) Anwendungsbereich. Die Vorschr gilt entspr f die Beurteilg, welche ErwTätigk f den Verpfl angem ist. 2

2) Angemessenheit der ErwTätigk. **a)** Die f einen Eheg erreichb ErwTätigk ist nicht erst dann angem, 3
wenn das damit erzielb Eink den vollen Unterh deckt (BGH NJW **85**, 1695). Vielm hat das Ger unter Berücks aller Umst eine umfassde Abwägg vorzunehmen (BGH NJW **84**, 1685). Die im Ges bes hervorgehobenen **subjektiven** Kriterien (Ausbildg, bei Scheidg vorhand Fähigk, GesundhZust, Alter, eLV, insb Ehedauer u KiBt) sind in ihrer Gesamth zu würdigen. **Objektiv** ist festzustellen, ob f eine danach zumutb ErwTätigk eine reale BeschäftiggsChance besteht (BGH NJW **87**, 898; FamRZ **87**, 912). – **b) Merkmale** der Angemh: 4
Ausbildung, auch ÜbergangsZten zur Fortbildg u anschl Tätigk in verwandten Berufen (Hamm FamRZ **83**, 243; **98**, 243). Nicht nur eine ausbildgsentspr Tätigk kann angem sein (BGH NJW **91**, 1049). Einsatz verwertb pers **Fähigkeiten**, insb eine berufl Qualifikation (vgl KG FamRZ **78**, 692), soweit nicht zum Ausgl ehebdgter Nachteile eine Ausbildg beanspr w kann. Zu prüfen ist jew, ob die in Betr kommde ErwTätigk dem **Lebensalter** (vgl Zweibr FamRZ **83**, 1138: Berücks von UmstellgsSchwierigk) sowie dem **Gesundheitszustand** (vgl BGH FamRZ **86**, 1085) gem ist. Der Bezug auf die **ehelichen Lebensverhältnisse** soll verdeutl, daß der Ber einen unangem soz Abstieg nicht hinzunehmen braucht (BGH FamRZ **88**, 1145: von der Filialleiterin zur bl Angestellten; BGH NJW-RR **92**, 1282: Tätigk als Putzfrau od einf Verkaufshilfe als gesch Frau eines Betriebsleiters; vgl ands BGH NJW **86**, 985: f die Frau eines OStDir Tätigk in Presse, Radio, Touristik od als Dolm angem), soweit der sich aus der gemeins Ehegestaltg ergebde Vertrauensschutz greift (vgl BGH NJW **80**, 393 „Studentenehe"). Mit zunehmder **Ehedauer** (KG FamRZ **84**, 898; Kblz FamRZ **90**, 751; Hamm FamRZ **93**, 970) gewinnen die eLV an Gewicht. Bei langer Ehedauer kann sich in **gehobenen wirtschaftlichen Verhältnissen** der Kreis der als angem in Betr kommden ErwTätigk verengen (BGH NJW **91**, 1049; vgl BGH NJW **87**, 2739: Die Tätigk als HaushHilfe od Altenpfl ist nicht angem, wenn die Eheg in überdchschnittl guten wirtsch Verh gelebt h [hier: JEink vor Steuern 350 000 DM], die Ehe bis zur Zustellg des ScheidgsAntr 32 J bestanden u die Ehefr in dieser Zeit 2 Ki geb h); ands kann trotz gehobener wirtsch eLV die WiederAufn der Arb in dem bereits bei bestehder Ehe ausgeübten od erlernten Beruf angem sein. Bei einer 50j Hausfr kann nicht von vornh gesagt w, daß auf dem ArbMarkt prakt keine angem ErwTätigk zu finden sei (BGH NJW **95**, 1345; vgl Kblz FamRZ **92**, 950 bei 53j Frau nach 30j Hausfrauentätigk). Wie bei § 1578 I sind die eLV idR unter Einbeziehg der Entwicklg bis zur Scheidg zu beurteilen. Außergewöhnl, nicht vorhersehb Verändergen bleiben auch hier grdsl unberücks (BGH NJW **83**, 1483; **84**, 1685; vgl § 1578 Rn 17). Nach den konkr Umst kann auch die nach der Scheidg fortgesetzte KiBt (unabhäng vom Vorliegen der Vorauss des § 1570) zu berücks sein (vgl JHBü Rn 10). Die Aufzählg ist nicht abschließd; es kommen **weitere Kriterien** in Betr, zB die Erreichbk des ArbPlatzes (BGH NJW **86**, 985). Letztlich ist eine **Gesamtabwägung** aller Umst vorzunehmen. In **Mangelfällen** wird § 1574 dch § 1581 eingeschr, so daß den gesch Eheg eine üb § 1574 hinausgehde Obliegenh zum Einsatz seiner ErwFähigk treffen k (BGH NJW **83**, 1548). – **c)** Wird wg **Verstoß** gg die ErwObliegenh ein **fiktives** Eink angesetzt, ist eine genaue 5
Prüfg erfdl, welches Eink der Bedürft nach seinen pers Eigensch auf dem ArbMarkt erzielen kann (BGH NJW **96**, 517; vgl § 1361 Rn 43).

3) Die **Ausbildungsobliegenheit, III** (im Untersch zum AusbildgsA*nspr* gem § 1575) muß zur Aufn 6
einer angem ErwTätigk **erforderlich** sein, dh ohne sie darf eine angem beddeckde ErwTätigk nicht mögl sein (BGH NJW **84**, 1685). Die AusbildgsObliegenh gem III tritt dann an die Stelle der ErwObliegenh nach I, II. Der UnterhAnspr währd der Ausbildg beruht auf § 1573 I (BGH NJW **84**, 1685) u bemißt sich nach den eLV. Bei ObliegenhVerletzg sind die fiktiven Eink zuzurechnen, die bei Erf der Obliegenh – eine obj BeschäftiggsChance vorausgesetzt (BGH NJW **86**, 3080; Dres FamRZ **96**, 1236) – erzielt w wären; ein ergänzd AufstockgsUnterhAnspr ist nicht ausgeschl (BGH FamRZ **88**, 927). Die Vorauss des § 1579 Nr 3 brauchen nicht erf zu sein (so aber BGH NJW **86**, 985; FamRZ **88**, 145 mkritA Hoppenz; Wendl/Pauling § 4 Rn 146; wie hier JHBü Rn 17).

4) Beweislast. Die tats Vorauss der (Un)Angemh einer ErwTätigk muß derj darl u bew, der sich darauf 7
beruft. Langjähr Ausübg begr eine tats Vermutg f die Angemh. Der UnterhGl ist nachweispfl, daß eine ArbPlatzchance nicht besteht (BGH NJW **87**, 898; FamRZ **93**, 789). Dch den Grds der EigVerantwortg bestehen hohe Anfdgen an die NachwPfl, sich um eine angem ErwTätigk zu bemühen (BGH NJW **91**, 1049); vgl § 1361 Rn 41 u 72.

1575 ***Ausbildung, Fortbildung oder Umschulung.*** **I Ein geschiedener Ehegatte, der in Erwartung der Ehe oder während der Ehe eine Schul- oder Berufsausbildung nicht aufgenommen oder abgebrochen hat, kann von dem anderen Ehegatten Unterhalt verlangen, wenn er diese oder eine entsprechende Ausbildung sobald wie möglich aufnimmt, um eine angemessene Erwerbstätigkeit, die den Unterhalt nachhaltig sichert, zu erlangen und der erfolgreiche Abschluß der Ausbildung zu erwarten ist. Der Anspruch besteht längstens für die Zeit, in der eine solche Ausbildung im allgemeinen abgeschlossen wird; dabei sind ehebedingte Verzögerungen der Ausbildung zu berücksichtigen.**

II Entsprechendes gilt, wenn sich der geschiedene Ehegatte fortbilden oder umschulen läßt, um Nachteile auszugleichen, die durch die Ehe eingetreten sind.

III Verlangt der geschiedene Ehegatte nach Beendigung der Ausbildung, Fortbildung oder Umschulung Unterhalt nach § 1573, so bleibt bei der Bestimmung der ihm angemessenen Erwerbstätigkeit (§ 1574 Abs. 2) der erreichte höhere Ausbildungsstand außer Betracht.

1 **1) Zweck:** Ausgl ehebdgter AusbildgsNachteile, indem die Vorauss zur Erlangg der wirtsch Selbstdk – auf dem ehebdgt nicht erreichten Niveau – geschaffen w. Vorteile: Bemessg nach den eLV u unmittelb keine Beschrkg gem den f die öffrechtl Förderg vorgesehenen Altersgrenzen (Dieckmann FamRZ **77**, 92; vgl Hamm FamRZ **83**, 181). Soweit die öffr AusbildgsFörderg ggü dem nachehel UnterhAnspr nicht subsidiär ist, muß sie in Anpr gen w, so daß sich entspr die Bedürftigk reduziert (u ggf nur ein AufstockgsUnterh in Betr kommt). Die prakt Bedeutg der Vorschr ist allerd gering.

2 **2) Fortsetzung der durch die Ehe unterbrochenen Ausbildung, I. a) Voraussetzungen, S 1:** Ehebdgte AusbildgsNachteile sind entstanden, wenn eine Schul- od Berufsausbildg in unmittelb Zshg mit der Eheschl od in der Ehe abgebrochen wurde, zB wg der Geburt eines Ki od wg eines Ortswechsels. Ein AusbildgsAbbruch wg der Ehe ist nicht Vorauss (BGH NJW **80**, 393). Der bedürft Eheg hat die Wahl, ob er die abgebrochene Ausbildg fortsetzt od eine neue Ausbildg beginnt (Kln FamRZ **96**, 867). Im Ggs zu § 1573 I iVm § 1574 III kommt ein UnterhAnspr gem I auch in Betr, wenn der Eheg eine nach § 1574 II angem ErwTätigk an sich finden könnte (BGH NJW **85**, 1695). Hat der Eheg die Ausbildg erst nach der Trenng begonnen, besteht kein Anspr gem § 1575 (BGH NJW **84**, 1685). Der gesch Eheg muß sich in einem planm AusbildgsVerh befinden. Eine selbstd berufl Tätigk genügt auch dann nicht, wenn sie nach einer mehrj Praxis die Zulassg zu einer berufsqualifizierden Prüfg ermögl (BGH NJW **87**, 2233). Für eine „entspr Ausbildg" kommt es nicht auf die fachl Ausrichtg, sond darauf an, ob die Ausbildg ein im Niveau vergleichb AusbildgsZiel vermittelt u sich eine vergleichb soz Zuordng des erstrebten Berufsbildes ergibt (vgl Düss FamRZ **80**, 585: bej bei BetrWirtschStudium nach früh abgebr MedStud; Kln FamRZ **96**, 867: bej bei Ausbildg zur Krankenschwester u RA-Gehilfin; Ffm FamRZ **95**, 879: verneint bei MedStud nach Abbruch der Ausbildg zur Steuergehilfin). Eine Zweitausbildg ist nicht gem § 1575 zu fin (BGH NJW **85**, 1695). Im Ggs zu §§ 1571, 1572, 1573 I, II enth der Tatbestd zwar keinen genauen EinsatzZtpkt; erfdl ist aber, daß die Ausbildg ohne schuldh Verzögerg aufgen w. Ehebdgte Verzögergen, zB wg KiBt (Kln FamRZ **96**, 867), od wg Krankh (vgl BGH NJW **80**, 393) sind hinzunehmen. Die Erwartg des erfolgreichen Abschl mit Unterh-Sicherg ist and als bei § 1610 II TatbestdsMerkmal. Wg des GgskPrinzips ist auch die wirtsch Lage des Verpfl
3 zu berücks. – **b) Dauer, S 2.** Der Anspr besteht längstens f die Zeit, in der eine solche Ausbildg idR abgeschl w (also zB nicht die Mindest-, sond übl Studiendauer). Eine zeitl Befristg des Unterh auf die
4 voraussichtl AusbildgsDauer ist mögl (BGH NJW **86**, 985). – **c)** Die **Höhe** des AusbildgsUnterh richtet sich nach den eLV (§ 1578 I) einschl des ausbildgsbdgten MehrBed (§ 1578 II), unabhäng v der Höhe der öffr Förderg. Eink aus dieser sind, soweit nicht subsidiär, grdsl zu berücks. Die Obliegenh zu einer (Teil-) ErwTätigk u ggf Anrechng der hieraus erzielten Eink richtet sich nach allg Grds (vgl § 1577 Rn 6 ff). Neben AusbildgsUnterh kann nicht AltersvorsUnterh, aber nach allg Regeln KrankenVorsUnterh verl w (§ 1578 III).

5 **3) Fortbildung oder Umschulung, II.** Die Begr entspr SGB VIII 87, 92 III bzw BBiG I 1. Vorauss ist, daß dch die Ehe in der Berufsausbildg Nachteile eintraten, die dch Fortbildg od Umschulg ausgeglichen w können, so daß dem Ber dann eine angem Entfaltg seiner berufl Möglk offensteht, ohne daß eine optimale berufl Erf verl w kann (BGH FamRZ **84**, 988). Ein Studium bleibt iRv II unberücks (BGH NJW **85**, 1695). Für die Ann einer Fortbildg ist entspr BAFöG eine abgeschl Berufsausbildg od eine angem Berufserfahrg erfdl (BGH NJW **87**, 2233).

6 **4) Rückstufung bei Arbeitslosigkeit, III.** Der Ber kann sich nicht auf den dch den AusbildgsAbschl erzielten höh AusbildgsStand berufen, sond muß nach einer ÜberggsZt (Düss FamRZ **87**, 708: 3 Mo) eine ErwTätigk auf dem bish Niveau suchen, soweit diese ErwTätigk iSd § 1574 II angem ist.

7 **5) Konkurrenzen.** Auch wenn der Ber eine angem Arb gem § 1573 I, 1574 II finden könnte, kann ein Anspr nach § 1575 bestehen. § 1575 geht § 1573 vor; die Verweisg auf eine angem ErwTätigk ist dann nicht mögl (Schwab/Borth IV Rn 336).

8 **6) Beweislast.** Die AnsprVorauss muß der Ber darl u bew, also auch, daß die Ehe kausal f die NichtAufn od den Abbruch der Ausbildg war (str; JHBü Rn 26). Bei einem Abbruch währd der Ehe wird die Ehebedingth des Abbruchs vermutet (BGH NJW **80**, 393).

1576 ***Unterhalt aus Billigkeitsgründen.*** **Ein geschiedener Ehegatte kann von dem anderen Unterhalt verlangen, soweit und solange von ihm aus sonstigen schwerwiegenden Gründen eine Erwerbstätigkeit nicht erwartet werden kann und die Versagung von Unterhalt unter Berücksichtigung der Belange beider Ehegatten grob unbillig wäre. Schwerwiegende Gründe dürfen nicht allein deswegen berücksichtigt werden, weil sie zum Scheitern der Ehe geführt haben.**

1) Zweck: § 1576 ist als sog **positive** (negat: § 1579) **Billigkeitsklausel** ausgestaltet u dient als eine AuffangVorschr zur Vermeidg von Härten, die sich aus der enumerativen Aufzählg der UnterhTatbestde in §§ 1570–1575 ergeben (BGH FamRZ **83**, 88; NJW **98**, 1065). Sie darf nicht iSe Generalkl zur Schließg von Lücken führen, die der GesGeber zur Begrenzg der nachehel Solidarität bewußt gesetzt h. 1

2) Voraussetzungen: a) Schwerwiegend sind die sonstigen Grde, wenn sie in ihrer Bedeutg u ihrem 2
Gewicht den Tatbestden der §§ 1570–1572, 1575 **vergleichbar** sind. – **b)** Die schwerwiegden Grde f die 3
Unzumutbark der ErwTätigk u die daraus folgde UnterhBedürftigk müssen **nicht ehebedingt** sein (BGH FamRZ **83**, 800); die Ehebedingth ist aber ein wesentl Indiz f das Vorliegen eines schwerwiegden Grdes. –
c) Grobe Unbilligkeit. Die Versagg des Unterh muß dem GerechtigkEmpfinden in geradezu unerträgl 4
Weise widerspr. Die negat Härtekl des § 1579 greift ggü einem Anspr nach § 1576 nicht ein. Zusätzl zu der Bejahg eines schwerwiegden Grdes ist eine BilligkPrüfg unter Berücks der Belange beider Eheg erfdl, um dem **Ausnahmecharakter** der Vorschr Rechng zu tragen. Dabei ist dch **S 2** nicht ausgeschl, daß ehel Fehlverhalten des Unterh begehrden Eheg, das zum Scheitern der Ehe geführt hat, als ein gg die Zuerkenng des Unterh sprechder Umst berücks w darf (BGH NJW **84**, 1538). Die Umst müssen nicht einen sachl Bezug zur gesch Ehe od zum Verhalten des in Anspr gen Eheg h (BGH FamRZ **83**, 800). Die Maßst f die Zumutbark einer ErwTätigk sind bei § 1576 strenger (BGH NJW **83**, 1548) u erst recht bei beengten wirtsch Verh des Verpfl, dem idR ein höh als der angem SelbstBeh zu belassen ist. – **d)** Zweifelh ist, ob § 1576 einen Anspr 5
begr kann, wenn die Anspr nach §§ 1570 ff am **Einsatzzeitpunkt** scheitern (offen BGH NJW **90**, 2752; vgl JHBü Rn 5). Wird zwar kein EinsatzZtpkt, aber ein zeitl u sachl Zshg mit den eLV gefordert (so Karlsr FamRZ **96**, 948; Hamm FamRZ **97**, 819; Schwab/Borth IV Rn 381, 389), behalten die EinsatzZtpkte jedenf iR der BilligkPrüfg ihre Bedeutg, da mit zunehmder Entferng von den EinsatzZtpkten strengere Anfdgen an die Ausweitg der nachehel Solidarität zu stellen sind.

3) Anwendungsfälle: a) ErwBehinderg dch Bt eines eig, nicht gemschaftl Ki bei Hinzutreten bes Umst, 6
die die UnterhVersagg als grob unbill erscheinen lassen. Das können insb BtLeistgen sein für: (1) **Pflegekinder** unter Berücks folgder Umst: Gesichtspkt der gemschaftl übern Verantwortg f das auf Dauer zur Fam gen Ki u daß das PflKi noch in sehr jungem Alter aufgen w u jetzt bereits jahrelang in seinem neuen LebKreis eingegliedert ist; weitere Umst (zB Alter, gesundh Beschwerden des unterhbedürft Eheg u die Bt gemschaftl Ki) können iR der BilligkPrüfg, bei der dem Wohl des PflKi ggü einem etw Fehlverhalten des Eheg bes Gewicht zukommt, berücks w (BGH NJW **84**, 1538; vgl Düss FamRZ **87**, 1254). Ob eine Aufn nur mit Zust des UnterhVerpfl einer gemschaftl Aufn gleichgestellt w kann (vgl BGH NJW **84**, 2355: Frage des EinzFalls), hängt davon ab, ob mit der Zust ein Vertrauenstatbestd geschaffen wurde u die Interessen des aufgen Ki gleich schützenswert sind. Unter diesen Umst schadet es nicht, wenn die Aufn erst kurz vor der Trenng erfolgt (so aber Hamm FamRZ **96**, 1417). (2) **Kinder des Verpflichteten** (Stgt FamRZ **83**, 503); (3) Die bl gemschaftl Abstammg bei **nachehelichen Kindes** rechtf allein keinen Vertrauenstatbestd (im Erg BGH NJW **98**, 1065: nur § 1615 l); (4) Die Bt eines **Enkelkindes** kann auch ohne die – treuwidr verweigerte – Zust des Verpfl einen Anspr gem § 1576 begr (AG Harne-Wanne FamRZ **96**, 1006). – **b)** Bes Leistgen f den and Eheg, zB 7
dch Pfl von Angeh des Verpfl, VermOpfer. Je entsaggsvoller das iRv § 1576 angeführte Verhalten des gesch Eheg ist, desto eher ist dem and Eheg eine nachehel UnterhLast zumutb. – **c)** Bes, die nachehel Solidarität 8
begründde u üb die Scheidg fortwirkde Vertrauenstatbestde; Mitverantwortg f Krankh u Behinderg außerh der EinsatzZtpkte.

4) Auch bei der Bemessg der **Höhe** u der **Dauer** des UnterhAnspr können BilligkGesichtspkte berücks w 9
(*arg* „soweit", „solange"). §§ 1578 I 2, 1573 V müssen nicht zusätzl herangezogen w. Nach BGH FamRZ **93**, 800 sind bei Bt nichtgemschaftl Ki die f ehel Ki geltden BtZeiten nicht entspr anwendb.

5) Der **Rang** des § 1576 kann nicht aus BilligkGrden geändert w (arg § 1582 I 2; vgl BGH NJW **85**, 10
2268). Der Anspr geht § 1615 l u gem § 1609 II dem Anspr des vollj, nicht privileg Ki vor.

6) Konkurrenzen. § 1576 ist ggü §§ 1570–1572, 1575 subsidiär (BGH NJW **84**, 1538). Soweit diese 11
Anspr eingreifen, sind sie zu beziffern; Klarstellg erfdl, zu welchem Teil der Anspr auf § 1576 beruht.

7) Beweislast. Den Ber trifft die Darl- u BewL, daß von ihm aus schwerwiegden Grden eine ErwTätigk 12
nicht erwartet w kann. Jeder Eheg muß iR der Abwägg der groben Unbilligk die zG sprechden Umst darl u bew.

1577 ***Einkünfte und Vermögen des Unterhaltsberechtigten.*** **I Der geschiedene Ehegatte kann den Unterhalt nach den §§ 1570 bis 1573, 1575 und 1576 nicht verlangen, solange und soweit er sich aus seinen Einkünften und seinem Vermögen selbst unterhalten kann.**

II Einkünfte sind nicht anzurechnen, soweit der Verpflichtete nicht den vollen Unterhalt (§ 1578) leistet. Einkünfte, die den vollen Unterhalt übersteigen, sind insoweit anzurechnen, als dies unter Berücksichtigung der beiderseitigen wirtschaftlichen Verhältnisse der Billigkeit entspricht.

III Den Stamm des Vermögens braucht der Berechtigte nicht zu verwerten, soweit die Verwertung unwirtschaftlich oder unter Berücksichtigung der beiderseitigen wirtschaftlichen Verhältnisse unbillig wäre.

IV War zum Zeitpunkt der Ehescheidung zu erwarten, daß der Unterhalt des Berechtigten aus seinem Vermögen nachhhaltig gesichert sein würde, fällt das Vermögen aber später weg, so besteht kein Anspruch auf Unterhalt. Dies gilt nicht, wenn im Zeitpunkt des Vermögenswegfalls von dem Ehegatten wegen der Pflege oder Erziehung eines gemeinschaftlichen Kindes eine Erwerbstätigkeit nicht erwartet werden kann.

1) Vorauss der UnterhTatbestde der §§ 1570 ff ist die **Bedürftigkeit des Berechtigten.** Dazu best § 1577 1
die Anrechng eig Eink (I, II), die Obliegenh zur VermVerwertg (III) u den Wiedereintritt der Bedürftigk nach

2 VermWegfall (IV). – **a)** Der Begr der **Bedürftigkeit** muß f das UnterhR gesondert ermittelt w; seine
3 Verwendg zB im SozHilfeR unterliegt and Maßst (BGH NJW **80**, 124; **95**, 1486). – **b) Verbindlichkeiten des Berechtigten:** Zweck des EhegUnterh ist die Behebg eig UnterhBedürfn des Ber, nicht aber, ihm die Bildg von Verm zu ermöglichen (BGH NJW **92**, 1044; **98**, 753: Zahlgen zur DarlRückführg; vgl § 1361 Rn 19) od Schulden des Bedürft zu tilgen (BGH NJW **85**, 2265: gg den UnterhEmpf selbst gerichtete UnterhFdgen Dr; FamRZ **90**, 280: ProzKosten). Etwas and kann gelten, wenn ein UnterhBer eig Eink h, die an sich den Bed ganz od teilw zu decken geeignet sind, die er jedoch (teilw) zur Tilgg seiner Verbindlk einsetzt. So muß bei der Bemessg der Bedürftigk berücks w, daß der UnterhBedürft einen EinkTeil zur Erf v BarUnterhPfl ggü seinen Ki aus früh Ehe einsetzen muß (BGH NJW **87**, 1201; vgl auch BGH NJW **91**, 2703). Übersteigen die Belastgen aus Verbindlk aber die eig Eink, führt dies nicht zu einer entspr Erhöhg der UnterhPfl (BGH NJW **92**, 1044). Davon unberührt bleibt die gem § 1603 II 1 bestehde Pfl, auch f den eig Unterh bezogene Leistgen gleichmäß zu UnterhZwecken f sich u die Ki zu verwenden (BGH NJW **85**, 806).
4 – **c) Lebensführung.** Der unterhrechtl relevante Bed des Ber verringert sich nicht dch eine freiw Einschränkg seiner LebFührg (BGH NJW **95**, 1343: auch bei konkr BedErmittlg). Lebt der Ber im Ausl, sind f seinen Bed die dortigen tats VersMöglk u deren Kosten maßg (BGH FamRZ **92**, 1060; vgl § 1578 Rn 40). –
5 **d)** Str ist, ob der UnterhAnspr bei fehlder Bedürftigk zum **Einsatzzeitpunkt** nur ruht u bei später eintretder Bedürftigk wieder auflebt, wenn die sonst Vorauss noch gegeben sind (so Mü FamRZ **93**, 564; Schwab/Borth IV Rn 394; Soergel/Häberle Rn 2; Wendl/Pauling § 4 Rn 48) od gar nicht besteht (so Kalthoener/Büttner Rn 415). Das Problem stellt sich in der Praxis nur iFv §§ 1571, 1572, bei denen eine Bedürftigk im EinsatzZtpkt nicht bestand, aber später (wg Wegf v ErwEink) eintritt (dazu JHBü Rn 2).

6 **2) Anrechnung von Einkünften, I.** Beim *Berechtigten* kürzen alle Eink – prägde u nichtprägde – gem I seinen UnterhBed (BGH NJW **89**, 1083), da es dem Ber obliegt, die UnterhLast des and Eheg so niedrig wie mögl zu halten (Einf 9 vor § 1569). Beim *Pflichtigen* sind dagg Eink, die die eLV nicht geprägt h, bei der Berechng des EhegUnterh nicht einkerhöhd anzusetzen, sond erst bei der Prüf seiner LeistgsFähigk.

7 **a)** Grdsl sind **alle Einkünfte** in Geld od Geldwert anzurechnen (BGH NJW **80**, 2081). Es gelten im Grds dieselben Maßst wie bei § 1361 (s dort Rn 28 ff). Beruhen die Eink auf **unzumutbarer Arbeit**, ist II als SonderRegelg anzuwenden. **Fiktive** Eink sind wie beim Verpfl (vgl § 1581 Rn 2 ff) anzurechnen, soweit er in zumutb Weise (BGH NJW **80**, 393; sonst nicht: BGH NJW **81**, 2805) Eink erzielen kann, dies jedoch unterläßt. Für die Beurteilg der Zumutbk der ErwAufn gelten nach Scheidg and Maßst als bei GetrLeb (vgl § 1361 Rn 13). Schuldet der Verpfl gem § 1581 nur BilligkUnterh, kann das zu einer Verschärfg der ZumutbkAnfordgen an eine ErwTätigk des Ber führen (BGH NJW **83**, 1548; vgl § 1581 Rn 3 ff). Für ErwBemühgen u den Ansatz **fiktiven** Eink wg unzureichder Bemühgen gelten die Maßst wie beim TrenngsUnterh (§ 1361 Rn 43). Für den nachehel Unterh müssen die ErwBemühgen idR spät bei endgült Scheitern der Ehe einsetzen. Ein UnterhGl ist auch dann nicht bedürft, wenn er eine zumutb FdgsEinziehg unterläßt (BGH NJW **98**, 978). Aus I ergibt sich keine Obliegenh des UnterhBer, der aus gesundh Grden eine Stelle (hier: GeringverdienerBeschäftigg) nicht antreten konnte, iW der AbändKl die Kfz-Vers auf Erhöhg der gezahlten Unfallrente in Anspr zu nehmen (BGH FamRZ **98**, 1503).

8 **b) Vermögenserträge.** Es kommt weder auf die Herkunft des ertragbringden Verm (BGH FamRZ **85**, 354: Anteil am VeräußgsErlös des ehem FamHeims) noch auf die Billigk der Anrechng der Erträge an (BGH NJW **85**, 909 u 1343; vgl Anlage von SchmerzG BGH FamRZ **88**, 1031). Kapitalerträge mindern die Bedürftigk iH des Nettozuflusses an den gesch Eheg (BGH NJW **88**, 1282: Umlage idR auf 1J; NJW **92**, 1044: kein Abzug zum Ausgl des inflationsbdgt Wertverlustes des VermStamms). ZinsEink mindern die
9 Bedürftigk ab Ztpkt der Kapitalanlage, auch wenn die Zinsen erst später ausbezahlt w. – **aa) Wohnvorteile**, zB das mietfreie Wohnen im eig Haus (EigtWo; auch bei Nutzg einer Wo aGrd schuldr WoR, BGH NJW **94**, 953; bei GütGemsch vgl Nürnbg FamRZ **97**, 1217) sind wie beim TrenngsUnterh (vgl § 1361 Rn 22, 33 ff) anrechenb Eink, wobei auch nach der Scheidg ein zusätzl trenngsbdgt Mehrbed berücks w kann. Beim Unterh **nach Scheidung** sind folgde **Besonderheiten** zu beachten: (1) Grdsl ist der volle WoWert iS der obj Marktmiete anzurechnen, da ErhaltgsInteressen nicht mehr bestehen (BGH FamRZ **94**, 1100) u dem Ber die volle Nutzg des WoWerts nunmehr zumutb ist. (2) Dieser WoVorteil ist – and als bei § 1578 (dort Rn 8) – um Zahlgen auf einen Kredit zur Finanzierg des EigHeims gemindert, soweit es sich um Zinsleistgen handelt, nicht dagg um TilggsAufwand (BGH NJW **92**, 1044), da insow VermBildg erfolgt. Eine Ausn bei der Berücks v Abzahlgen auf den prägd WoWert besteht, wenn die Schuldentilgg auch ohne Trenng vor od kurz nach der Scheidg ausgelaufen wäre (BGH FamRZ **95**, 869; vgl Mü FuR **98**, 265: gekürzt um Fördermittel gem EigenheimzulagenG). (3) Nach BGH NJW **98**, 753 kann bei AuseinandS eines im MitEigt stehden WoEigt der WoWert f den Eheg, der das Haus zu AlleinEigt erwirbt, nicht mit dem WoVorteil in der Ehe gleichgesetzt w, so daß eine Neutralisierg des WoVorteils währd des ZusLeb mit dem WoVorteil nach VermAuseinderS nicht zul ist.

10 **bb)** Besteht der Ertrag im **Mietzins** f eine EigtWo, darf er um Zahlgen an die BauSpark gemindert w, soweit sie auf Schuldzinsen, nicht dagg auf TilggsLeistgen entfallen. Fließen die Einnahmen aus einer im hälft MitEigt der Eheg stehden EigtWo allein dem Schu zu, kann dieser den Gl unterhrechtl nicht auf die ihm daraus zustehden Eink verweisen.

11 **cc) Auswirkungen des Zugewinnausgleichs** (VermAuseinandS). Dem Ber ist eine angem Fr f die Überlegg zuzubilligen, wie er das ihm daraus zugeflossene Kapital anlegen will (BGH FamRZ **86**, 441). Sowohl die konkr eLV unter Einschl der VermErträge u sonst wirtsch Nutzgen, die währd der Ehe gezogen wurden, als auch die tats erzielten od zumutb erzielb Eink des UnterhBer aus seinem Kapital, die seine Bedürftigk mindern, sind zu ermitteln (BGH NJW **86**, 1342). Das gilt auch bei WoVorteilen währd der Ehe u dem Vorteil, den der Ber nun dch das Wohnen im eig Heim h (BGH NJW **98**, 753). Dabei ist zu berücks: Eine **Wiederanlage des Erlösanteils in Grundeigentum** hält der BGH (zB NJW **98**, 753) dann nicht f gerechtf, wenn dch eine verzinsl Kapitalanlage deutl höh Erträge zu erwirtsch sind. Die Bedürftigk des Ber reduziert sich ggf um fiktive Kapitalerträge, wenn diese in zumutb Weise erzielt w können u erhebl üb dem bei Wiederanlage in GrdEigt erzielb WoWertVorteil liegen. Diese Rspr darf indes im Erg nicht dazu führen,

daß die eLV, die dch das Wohnen in Eigt geprägt waren, eins zuL des wirtsch Schwächeren unberücks bleiben; dem Normzweck wird genügt, wenn eine Besserstellg des Ber dch BedErhöhg inf der Wiederanlage ausgeschl wird (ähnl JHBü Rn 12). **Zinsen** aus dem den anteiligen WoWert übersteigden VeräußergsErlös sind nach der AnrechngsMethode (§ 1573 Rn 21) zu berücks, da sie die eLV nicht prägen. VerkErlöse od ZugewAusgl können zur Schuldentilgg od f notw Anschaffgen iR der Angemh verwendet w; der RestBetr ist verzinsl anzulegen (BGH FamRZ **95**, 540/1). Auch **persönliche Bedürfnisse** sind zu berücks, zB f Anmietg u Ausstattg einer neuen Wo, RA-Kosten f ScheidgsVerf (Hamm NJW-RR **98**, 724).

dd) Obliegenheiten. (1) Eine Obliegenh zur **Vermögensumschichtung** kann nach Abwägg der beiders Interessen bestehen (BGH NJW **98**, 753). Die tats bish Anlageform muß sich als „eindeut unwirtsch" darstellen (BGH FamRZ **86**, 439; Stgt FamRZ **93**, 559). Aus einer anderw – nicht spekulativen u risikoarmen – VermAnlage erzielb Eink können nach einer ÜberggsFr fiktiv anzurechnen sein. Des UnterhBer darf vorh Verm nicht ohne Not in einer Weise umschichten, die zu einem erhebl EinkVerlust führt (Hamm FamRZ **99**, 917). (2) Eine Obliegenh zur **Veräußerung** der ehem EheWo zur Realisierg von (höh) Zinsen aus dem VerkErlös ist nicht ow anzunehmen, wenn das Wohnen im EigHeim den eLV entspr u auch der and Eheg im Eigt wohnt (enger wohl BGH NJW **92**, 1044; **98**, 753). 12

ee) Ist das **Kapital verbraucht**, können Eink daraus nicht mehr angerechnet w (BGH NJW **88**, 2371). Dann ist § 1579 Nr 3 als SonderVorschr, die insow den Rückgr auf allg Grds ausschließt, zu beachten (vgl auch BGH NJW **86**, 985; **88**, 2034; vgl § 1579 Rn 19). Erfüllt das Verhalten des Bedürft nicht die Vorauss dieser Vorschr, kann der Ber nicht fiktiv so behandelt w, als habe er das Kapitalverm noch (BGH FamRZ **86**, 560). Wg KapitalVerbrauchs (ohne entspr Surrogat) sind fiktive Zinseink also nur anzusetzen, wenn von einer mutwill Herbeiführg der Bedürftigk auszugehen ist (BGH NJW **90**, 3274); soweit aber bei Bejahg eines mutwill Verhaltens das Wohl gemeins, vom Bedürft betreuter Ki beeinträchtigt würde, entfällt die Zurechng fiktiver Zinseink (BGH FamRZ **97**, 873). 13

c) Versorgungsleistungen für Dritte, insbes **Haushaltsführung für einen neuen Partner.** Im Unterschied zur Frage einer Verwirkg des UnterhAnspr gem § 1579 (dazu dort Rn 27, 34 ff) geht es hier um die **Zurechnung von Einkünften** (vgl Büttner FamRZ **96**, 136). – **aa)** Das ZusLeb in neLebG nach der Scheidg läßt die Bedürftigk nicht ow entfallen. Aus BSHG 16, 122 kann eine dahingehde RVermutg nicht hergeleitet w (BGH NJW **80**, 124). Es besteht auch weder eine tats Vermutg noch ein auf die LebErfahrg gestützter AnschBew, daß der gesch Eheg von dem neuen Partn angem unterh w (BGH FamRZ **80**, 879). Es ist vielm im EinzFall zunächst festzustellen, welche Zuwendgen dem Eheg vS seines Partn unmittelb od üb dessen Beiträge zur gemeins LebFührg zufließen; sodann erfolgt die Prüfg der Anrechenbk als Eink des Ber. Insow ist vorab der Betr abzuziehen, der erfdl ist, um die dch die Versorgg des Partn verurs (Mehr)Ausgaben zu bestreiten. Erzielb Eink kann aber nur angen w, wenn der Partn zur Zahlg in der Lage ist (BGH NJW **83**, 933; **85**, 806; FamRZ **87**, 1011; vgl NJW **89**, 1083: keine TatsFrage, die iSv ZPO 138 III „unstr" gestellt w könnte). Iü gilt zwar der Grds, daß freiw Leistgen die Bedürftigk im allg nicht einschränken, wenn nur der Ber unterstützt w soll; bei der Aufn des Partn in die Wo u seiner Versorgg sowie der HaushFührg ist jedoch nach BGH in den vom Partn geleisteten Beitr u Zuwdgen mind zT ein Entgelt f die WoGewährg, HaushFührg u sonst VersorggsLeistgen zu sehen (BGH NJW **80**, 124). Dabei handelt es sich nach BGH (FamRZ **87**, 1011; NJW **88**, 2376) nicht um Eink aus ErwTätigk, sond um eine bes – aus BilligkGrden zu berücks – Art anderw Deckg des UnterhBed, wobei sich die Frage der Zumutbk einer ErwTätigk ieS nicht stellt. Unerhebl sind danach Absprachen zw den Partn od der Wille, den UnterhPfl zu entlasten. Eine darüb hinausgehde Ersparn von Generalunkosten kann nach BGH (NJW **95**, 962) nur berücks w, wenn im EinzFall trenngsbdgter MehrBed zuerkannt w ist. Dieser w dch Begr einer WirtschGemsch mit dem neuen Partn idR entfallen (vgl § 1578 Rn 43). 14 15

bb) Die **volle Berufstätigkeit** des UnterhBer **neben der Haushaltsführung u Partnerversorgung** iR einer WirtschGemsch rechtf nicht stets die volle AnrechngsFreih der Vergütg f die HaushFührg. Soweit im EinzFall eine unzumutb Tätigk angen w, ist das insow einzusetzde Eink weder nach S 1 noch nach S 2 v II aus BilligkGrden völlig anrechgsfrei. Eine wenigstens teilw Anrechng ist naheliegd, wenn der neue Partn in gehobenen wirtsch Verh lebt u den UnterhBer daran teilh läßt. Liegt nur eine WoGemsch vor, kommt eine EinkAnrechng nur in Betr, wenn der neue Partn die Mietzinsen od Nebenkosten allein bezahlt (BGH NJW **95**, 962). 16

cc) Ein Eink f VersorggsLeistgen eines neuen Partners kann auch bei **gleichgeschlechtlichen Partnern** entstehen (BGH NJW **95**, 655). 17

dd) In der unterhrechtl Praxis wird der obj wirtsch **Wert** der VersorggsLeistg u HaushFührg dch einen NichtErwTätigen idR mit 500–1000 DM angesetzt (Bay LL 6; LL Oldbg V 2 b: idR 800 DM). Bei Versorgg dch einen Berufstätigen ist der Wert im EinzFall zu ermitteln (vgl Kbl OLGR **97**, 205: 300 DM bei Versorgg am Wochenende zuzügl 1 Werktag; vgl Büttner FamRZ **96**, 136). Bei gleichzeit VollErwTätigk Anrechng entspr § 1577 II; bei gleichz Bt eig Ki: Maßst wie bei Teilversorgg (BGH NJW **95**, 962). 18

ee) Leistet der UnterhBedürft einem Dr ständig **unentgeltliche Dienste**, die übl vergütet w, muß er sich grdsl einen angem Verdienst (vgl ZPO § 850 h II) anrechnen lassen (BGH NJW **80**, 1686). 19

d) Freiwillige Zuwendungen Dritter, die ohne RAnspr gewährt w, kommen grdsl nur dem ZuwendgsEmpf zugute u lassen – auch soweit damit einer sittl Pflicht entspr wird – die UnterhBedürftigk im Verh zum UnterhPfl (iF der Zuwendg an den Schu: § 1581 Rn 8) grdsl unberührt (BGH NJW **80**, 124; **82**, 1216; BGH FamRZ **90**, 979: mietfreies Wohnen; Celle FamRZ **93**, 352; vgl auch BGH BGH NJW **95**, 1486: Vermutg, daß die Leistg dem FamAngeh des Dr allein zugutekommen soll), es sei denn, daß der Dr seinen Willen zum Ausdr bringt, mit seinen Leistgen den UnterhSchu zu entlasten (BGH FamRZ **93**, 417). Bei einer Kapitalzuwendg ist relevant, ob der Schenker dem Ber das Kapital zur freien Vfg überl h (dann Zinsanrechng: Kln FamRZ **93**, 711). Es erscheint dann aber wenig konsequent, freiw Leistgen Dr – entgg der Zweckbest des Dr – zu berücks bei Erf der Vorauss des § 1579 (so aber BGH FamRZ **89**, 1279/80; Karlsr FamRZ **93**, 1353) u in Mangelfällen (so Wendl/Gutdeutsch § 5 Rn 101). 20

21 **3) Nichtanrechnung von Einkünften aus unzumutbarer Arbeit, II.** Eine unzumutb Tätigk liegt vor, wenn derj, der sie aufnimmt, unterhrechtl nicht gehindert ist, sie jederzt zu beenden (BGH FamRZ **83**, 146/
22 8; NJW **84**, 294; vgl § 1361 Rn 20). – **a) Zweck:** Die Vorschr gestattet dem Ber, die Eink aus unzumutb Anstrengg zunächst zur Aufrechterhaltg des ehel LebStandards zu verwenden. Es handelt sich um eine Schutz-
23 vorschr zuG des Ber, nicht um eine StrafVorschr zuL des säumigen UnterhSchu. – **b) Anwendungsbereich. aa)** Die aus II hergeleiteten Grds gelten bei § 1361 entspr (BGH NJW **83**, 933), da der UnterhGl beim TrenngsUnterh mit einer nur gesteigerten EigVerantwortg nicht schlechter gestellt w darf als beim nachehel Unterh mit grdsl voller wirtsch EigVerantwortg (§ 1569). Der RGedanke der Vorschr ist im VerwandtenUn-
24 terhR entspr heranzuziehen (BGH NJW **95**, 1215). – **bb)** Die Vorschr gilt f alle Eink aus unzumutb Quelle (vgl Mutschler FamRZ **82**, 105; Krenzler FamRZ **83**, 653), insb aus unzumutb ErwTätigk. In der Praxis ist die Vorschr vor allem v Bedeutg, wenn die Ehefr, obwohl sie wg der KiBt nicht arbeiten müßte, eine Berufstätigk aufnimmt, fortführt od ausweitet (dazu § 1361 Rn 20, § 1570 Rn 14, § 1578 Rn 18). BGH NJW **83**, 933 hat klargestellt, daß die – mißverständl u rechtspolit zweifelh (vgl Schwab Brühler Schriften Bd 1 S 23 ff) – Vorschr nicht f die Anrechng von Eink aus zumutb ErwTätigk gilt; diese Eink mindern von vornherein die Bedürftigk. Warum eine unzumutb Tätigk aufgen wurde, ist nur iR der BilligkPrüfg (II 2, dazu Rn 30) von Bedeutg. Die Anwendg v II hängt insb auch nicht davon ab, daß die Aufn der ErwTätigk dch die NichtErf der UnterhPfl des Schu veranlaßt w ist. Eine AltersVers, die der Ber dch unzumutb ErwTätigk erlangt, muß er sich nur gem II anrechnen lassen (BGH FamRZ **88**, 145).

25 **c) Regelungsinhalt.** II unterscheidet zw anrechngsfreiem (S 1) u nach BilligkAbwäggen anzurechndem (S 2) Eink des Ber aus unzumutb Tätigk. Welche ErwTätigk unzumutb ist, regelt die Vorschr nicht. Es sind die sich aus §§ 1570 ff u § 1574 II (dort Rn 3) ergebden Maßst heranzuziehen.

26 **d) Berechnung. aa)** Für den Umfang der gem **S 1 anrechnungsfrei** bleibden Eink aus unzumutb Arb ist maßg, inwieweit der vom Verpfl geschuldete Unterh zus mit etw anzurechndem Eink des Ber (aus zumutb ErwTätigk) dessen vollen Unterh nicht deckt. Das insow verbleibde Defizit bildet den Rahmen, innerh dessen die Eink gem S 1 nicht angerechnet w, währd sich die Anrechng des darüb hinausgehden Eink nach S 2 best
27 (BGH NJW **83**, 933). – **(1) Geschuldeter Unterhalt** bedeutet, daß gleichgült ist, ob der Unterh tats geleistet w od nicht. Entzieht sich der Verpfl der geschuldeten Leistg, wäre es unbill, den säumigen UnterhSchu von der Aufn einer unzumutb Arb des Bedürft profitieren zu lassen. Eine Anrechng kommt vielm nur insow in Betr, als die Summe aus geleistetem Unterh u Eink aus unzumutb Tätigk den vollen Unterh übersteigt. –
28 **(2) Voller Unterhalt** ist der Unterh nach Maßg der eLV (§ 1578 I). Dabei sind KrankenVers u Altersvorsorge sowie trenngsbdgter Mehrbed zu berücks (Oldbg FamRZ **97**, 885), nicht aber Eink aus einer währd des GetrLeb der Eheg aufgen unzumutb ErwTätigk (BGH NJW **83**, 933), da dem Ber die Früchte seiner unzumutb Arb bis zum ehel LebNiveau ohne Entlastg des Verpfl belassen w sollen. Unerhebl ist desh, ob der Verpfl wg eingeschr LeistgsFähigk nicht den vollen eheangem Unterh schuldet (Ffm FamRZ **84**, 799). Zur Errechng des vollen Unterh ist nicht vom HalbteilgsGrds auszugehen (so aber Hamm FamRZ **92**, 1427/8), sond vom **Quotenunterhalt** (Hbg FamRZ **92**, 1308; Born FamRZ **97**, 129; Wendl/Gutdeutsch § 4 Rn 547), da das Ges an die LeistgsVerpfl anknüpft, die nur iH des QuotenUnterh besteht. Einen Mindestbetr des vollen Unterh iH der MindestbedSätze nach der Düss Tab anzunehmen (vgl zB LL Oldbg V 1 c), entspr
29 nicht der Rspr des BGH (zB NJW **96**, 517; **97**, 1919; vgl § 1578 Rn 38). – **(3) Billigkeitskorrektur.** Ist der unterhpfl Eheg außerstande, den nachehel UnterhBed des Ber ohne Gefährdg seines eig angem Unterh zu decken, ist in die gem § 1581 vorzunehmde Entsch auch die Frage einzubeziehen, ob es die Billigk erfordert, die Eink aus unzumutb ErwTätigk üb das in S 1 vorgesehene Maß hinaus anzurechenen (BGH NJW **83**, 933). Eine solche Korrektur muß auf Fälle grober Unbilligk u deutl wirtsch Ungleichgewicht beschr bleiben, um den Unterschied zw den Regelgen in II S 1 u S 2 nicht zu verwischen. Eine BilligkPrüfg ist ands nicht schon dann vorzunehmen, wenn noch nicht einmal das Existenzminimum des Bedürft gesichert ist (vgl Luthin FamRZ **97**, 1391).

30 **bb) Anrechnung nach Billigkeit, II 2.** Soweit Eink aus unzumutb ErwTätigk zus mit dem Unterh u den anzurechnden Eink den vollen Unterh übersteigen, sind sie anzurechnen, soweit dies billig erscheint (vgl zB LL Celle III 5, Köln 25). Die Eink aus unzumutb Tätigk sind vor der BilligkAnrechng wie and Eink um den ErwTätBonus u berufsbdgten Aufw (§ 1578 Rn 51) zu bereinigen. Konkr bezifferb KiBtKosten (zB f eine KiFrau), die die überobligationsmäß Arb erst ermöglichen, sind abzuziehen. Ob daneben ein **Betreuungsbonus** für nicht bezifferb Aufw gewährt w kann, wenn bei gleichzeit KiBt überobligationsmäß Eink gem II nur teilw anzurechnen ist, wird in der Praxis uneinheitl beurteilt (Hamm OLGR **97**, 280: Bonus je 300 DM bei Ki zw 4–8 J – vom BGH NJW **86**, 2054 nicht beanstandet –; Hbg FamRZ **97**, 397; KGR **98**, 86: je 400 DM; Schlesw FamRZ **99**, 513: 200 DM kann im EinzFall angem sein; and Hamm OLGR **97**, 310: Abzug konkr Kosten od alternativ Bonus iH des TabUnterh; näher Wendl/Scholz § 2 Rn 313 f; vgl § 1361 Rn 59). Die Höhe des Bonus kann davon abhängen, inwieweit die Kosten daneben beziffert sind. Bei der – davon zu trennenden – Frage der Billigk der Anrechng des verbleibden Eink sind insb die beiders wirtsch Verh zu berücks (KG FamRZ **95**, 355). Die Anrechng von Eink nach S 2 kann dann unbill sein, wenn dem Ber auch ohne Anrechng kaum etwas f seine LebHaltg zur Vfg steht u ands der Verpfl nicht schwer belastet w (BGH FamRZ **88**, 145). Daneben sind allg BilligkGesichtspkte (zB bes Einsatz) im EinzFall zu berücks. Nach diesen Kriterien richtet sich bei Billigk der Anrechng die **Anrechnungsquote**, die idR, aber nicht schematisch, mangels sonstiger Anhaltspkte zur hälft Aufteilg führen dürfte.

31 **cc) Methodenanwendung** (vgl § 1578 Rn 58 ff). **(1) Anrechnungsmethode.** Der zur Anrechng kommde Teil des **Einkommens (nur) aus unzumutbarer Tätigkeit** ist nicht iW der sog DifferenzMeth (§ 1573 Rn 20) in die abschließde UnterhBemessg einzubeziehen, sond von dem UnterhBetr, den der unterhpfl Eheg ohne Berücks des Eink aus unzumutb Tätigk schulden würde, direkt abzuziehen (vgl § 1573 Rn 21), da es sich bei den Eink aus unzumutb Tätigk nach stRspr des BGH (zB FamRZ **84**, 364) um die eLV **nicht prägende** Eink handelt. (2) Hat der Ber nicht nur Eink aus unzumutb Tätigk, sond **auch prägende Einkünfte**, findet nach Düss Tab eine **Mischmethode** (vgl § 1573 Rn 23) Anwendg. Dabei ist nur f die nichtprägden Eink (zB das Eink, das dch überobligationsmäß Arb erzielt w) der gem II anrechngsfreie u anrechenb Teil des Eink aus unzumutb Tätigk zu ermitteln.

Zusammenfassung in fünf Rechenschritten (zur Vereinfachg: Bedürft hat nur Eink aus unzumutb Tätigk): **(1)** Ermittlg des bereinigt NettoEink des Pfl u des bereinigt NettoEink des Ber aus unzumtb Tätigk (unter Abzug insb des ErwTätBonus iHv zB 1/7 bzw 1/10). **(2)** Ermittlg des Bedarfs, dh des QuotenUnterh (3/7 bzw 1/2 von 9/19) aus dem Eink des Pfl; das Eink des Ber aus unzumutb Tätigk w hier (mangels Prägg der eLV, vgl Rn 31) nicht berücks. (Wird kein trenngsbdgter Mehrbed geltd gem od nachgewiesen, verbleibt es bei diesem QuotenUnterh. Die Schritte 3 u 4 werden dann übersprungen, so daß mit Schritt 5 fortgesetzt w). **(3)** Wird trenngsbdgter MehrBed geltd gem u konkret nachgewiesen (§ 1578 Rn 43), ist der so ermittelte QuotenUnterh um diesen Betr bis zum vollen Unterh zu erhöhen. **(4)** Von dem in Schritt (3) festgestellten vollen Unterh w der Quotenunterh abgezogen. Der Restbetr ergibt das nach II anrechngsfreie Eink des Ber (dieser Betr ist rechnerisch identisch mit dem konkr trenngsbdgt MehrBed). Um diesen anrechngsfreien Betr ist nun das bereinigte Nettoeink des Bedürft zu mindern. **(5)** Das noch vorh RestEink des Bedürft ist schließl nach Billigk (II 2 iVm § 1581) in einen weiteren anrechngsfreien u einen anrechenb Betr aufzuteilen. Welches Verh hierbei angen w, hängt vom EinzFall ab (Rn 30). Erfolgt zB eine Anrechng im Verh 50:50, wird von dem nach Schritt 4 (bzw 2) noch vorh RestEink des Bedürft die Hälfte auf die ermittelte UnterhQuote angerechnet; der Rest ist der Betr, den der UnterhPflicht zu zahlen h. – BerechngsBsp: Gerhardt-Hdb VI Rn 310, 311; Kalthoener/Büttner Rn 468; Wendl/Gutdeutsch § 4 Rn 554. 32

4) Verwertung des Vermögensstamms, III. a) Bei nachehel Unterh besteht der **Grundsatz**, daß der Bedürft vor Inanspruchn des Verpfl den VermStamm verbrauchen muß. Für die Obliegenh des Ber u des Verpfl zum Einsatz ihrer wirtsch Mittel sind grdsl dieselb Maßst anzulegen (BGH FamRZ **85**, 354). Alle VermWerte des UnterhBer sollen idR dazu dienen, ergänzd zu dessen sonst Eink den UnterhBed auf LebZt zu sichern. Eine Obliegenh zur Verwertg des VermStamms hängt daher im EinzFall von der voraussichtl Dauer der UnterhBedürftigk u von der dauerh ErtragsMöglk des zur Vfg stehden Verm ab. Wirft Verm keinen Ertrag ab u lassen sich dessen Wertsteigergen nicht verwirkl (zB bei einer Münzsammlg), kann die Veräußerg geboten sein, um es anderw ertragbringd anzulegen. Bl Affektionsinteressen stehen der VermVerwertg grdsl nicht entgg. 33

b) Ausnahmen: aa) Unwirtschaftlichkeit ist anzunehmen, wenn der Ber dch die Verwertg die Basis f eine langfrist teilw Sicherg seines Unterh aus eig Mittel aufgeben müßte (Mü FamRZ **94**, 1459) u wenn der zu erwartde VerkErlös in keinem angem Verh zum Wert der Sache f den Ber steht (Ffm FamRZ **87**, 1179 bei Verk gebrauchten Hausr, and bei antikem Mobiliar, Kln FamRZ **82**, 1018). Auf eine KreditAufn kann bis zur Verwertg nach ZumutbkGesichtspkten verwiesen w. Nach BGH NJW **84**, 2358 besteht eine Gewähr f Wirtschaftlk am ehesten bei einer (zumutb) Verwertg iW der Aufhebg einer MitEigtGemsch, so daß bei schon laufder Verwertg (§ 753) eine KreditAufn unter Belastg des Anteils od dch dessen Verk nicht verl w kann. Der unterhbedürft Eheg muß sich nicht darauf einlassen, einen etw Anspr des UnterhPfl auf Rückzahlg des vor gerichtl Klärg geleisteten Unterh in einen DarlAnspr umzuwandeln u diesen dingl zu sichern (BGH NJW **88**, 2376: darin läge keine wirtsch zumutb Verwertg des ImmobVerm). – **bb)** Bei Prüfg der **Unbilligkeit** der Verwertg sind insb die RGedanken aus ZVG 180 III (HausGrdst, in dem gem Ki wohnen) sowie BSHG 88 II Nr 7 (kl HausGrdst) u Nr 8 (Notgroschen) zu berücks. Dem UnterhBer sind stets gew Rückl f Not- u KrankhFälle zuzubilligen (BGH FamRZ **85**, 354; BGH FamRZ **86**, 439: nur Rendite f kurzfrist verfügb Sparguth ansetzb). Gg eine VerwObliegenh spricht, daß ein VermWert aus dem Verk des gem Hauses stammt u der and Eheg einen entspr Erlösanteil zur freien Vfg erh h (BGH FamRZ **85**, 354; Hamm FamRZ **99**, 717/9). Dagg ist unerhebl, daß das Verm aus dem ZugewAusgl stammt, zB iF der Umschichtg eines schon vor der Zustellg des ScheidgsAntr vorh Verm (BGH NJW **85**, 909); es ist daher grdsl wie sonstiges Verm zu behandeln, wobei jedoch unter BilligkGesichtspkten zu berücks ist, daß dem Verpfl entspr Verm zusteht. Die Unbilligk kann sich auch hinsichtl der Belange naher Angeh ergeben (BGH NJW **80**, 393: Verlust des WohnR der Mutter). Dabei dürfen, unabhäng von der Rangfolge, auch die Belange vollj Ki berücks w. Ein PflichttAnspr ist grdsl zur Behebg der Bedürftigk zu verwerten, sofern dies nicht unbill ist (BGH NJW **93**, 1920: Unbilligk, wenn die aus dem PflichttErw zu erwartden Erträge die Bedürftigk nur geringfüg beheben würden). SchmerzG muß idR nicht verwertet w (BGH FamRZ **88**, 1145; einschrkd BGH NJW **89**, 1033). Die BilligkPrüfg kann in der Rev nur darauf überprüft w, ob das Ger von unzutreffden rechtl Vorstellgen ausgegangen ist od wesentl Gesichtspkte übersehen h (BGH FamRZ **86**, 560). 34 35

c) Soweit danach ein VermStamm zu verbrauchen ist, muß er f die voraussichtl Dauer der UnterhBedürftigk eingesetzt w (BGH NJW **85**, 907). 36

5) Vermögensverlust, IV. Die Zielsetzg entspr § 1573 IV (dort Rn 26) u dient dem Vertrauen des Verpfl darauf, daß der Ber wg des Verm auf Unterh nicht angewiesen ist. Für die Frage der Nachhaltigk der UnterhSicherg gelten die Grds zu § 1574 II (s dort Rn 3 ff), wobei der Ann einer Sicherg entggsteht, wenn schon im ScheidgsZtpkt Umst zwar vorh, aber noch nicht offen zutage getreten waren, die gg eine nachhalt Sicherg sprechen. IV ist anwendb, wenn zunächst ein UnterhAnspr bestand, dieser aber wg spät VermErw erlosch (str; aA Soergel/Häberle Rn 31). Konnte im Ztpkt des VermWegfalls eine ErwTätigk wg KiBt nicht erwartet w, lebt der UnterhAnspr gem § 1570 wieder auf u kann AnschlAnspr gem §§ 1571 ff nach sich ziehen (ebso Soergel/Häberle Rn 32); diese Privilegierg des BtUnterh resultiert daraus, daß idF eine ehebdgte Bedürftigk fortbesteht. 37

6) Beweislast. Die UnterhBedürftigk ist als Vorauss jedes Anspr auf nachehel Unterh vom Gl darzulegen u ggf zu bew (BGH NJW **80**, 393; **83**, 683; **89**, 1083). Der Ber trägt f die Unzumutbk der ErwTätigk u die Nichtanrechenbk von Eink (II) die Darl- u BewL, ebso dafür, daß der Einsatz der VermStamms unwirtsch od unbill wäre (III) od weggefallenes Verm den Unterh nicht nachhalt gesichert h (IV). Der Ber muß ggf auch etw Zw an seiner Bedürftigk beseitigen (BGH FamRZ **83**, 670). Der Bedürft trägt die Darl- u BewL f fehldes Eink wg HaushFührg u daß er dch das ZusLeb mit einem neuen Partn keine Aufw erspart h (BGH NJW **95**, 962). Ihm obliegt, das Vorbringen des and zu widerlegen, er erbringe einem neuen Partn VersorggsLeistgen u müsse sich dafür eine Vergütg anrechnen lassen (BGH NJW **95**, 1148). Bei Vortrag, daß die Bedürftigk aGrd eines strafb od unredl Verhaltens entfallen sei, liegt die BewL f eine derartige ausnahmsw Situation bei dem, der dies behauptet (BGH FamRZ **83**, 670). Soweit es zu einer BilligkAbwägg von Umst aus dem jew Bereich eines Eheg kommt, muß jeder Eheg die zuG sprechden Umst darl u bew. Vgl § 1579 Rn 50. 38

1578 *Maß des Unterhalts; Lebensbedarf.* **I Das Maß des Unterhalts bestimmt sich nach den ehelichen Lebensverhältnissen. Die Bemessung des Unterhaltsanspruchs nach den ehelichen Lebensverhältnissen kann zeitlich begrenzt und danach auf den angemessenen Lebensbedarf abgestellt werden, soweit insbesondere unter Berücksichtigung der Dauer der Ehe sowie der Gestaltung von Haushaltsführung und Erwerbstätigkeit eine zeitlich unbegrenzte Bemessung nach Satz 1 unbillig wäre; dies gilt in der Regel nicht, wenn der Unterhaltsberechtigte nicht nur vorübergehend ein gemeinschaftliches Kind allein oder überwiegend betreut hat oder betreut. Die Zeit der Kindesbetreuung steht der Ehedauer gleich. Der Unterhalt umfaßt den gesamten Lebensbedarf.**

II Zum Lebensbedarf gehören auch die Kosten einer angemessenen Versicherung für den Fall der Krankheit sowie die Kosten einer Schul- oder Berufsausbildung, einer Fortbildung oder einer Umschulung nach den §§ 1574, 1575.

III Hat der geschiedene Ehegatte einen Unterhaltsanspruch nach den §§ 1570 bis 1573 oder § 1576, so gehören zum Lebensbedarf auch die Kosten einer angemessenen Versicherung für den Fall des Alters sowie der Berufs- oder Erwerbsunfähigkeit.

1 **1) a) Inhalt.** Der „volle Unterh" wird nach den „eLV" (I 1) best u umfaßt den „ges LebBed" (I 4). II, III dienen der Klarstellg, daß dazu auch der Kranken- u AltersVersUnterh sowie der AusbildgsBed gehören. Vorauss f die Gewährg dieses Unterh ist **volle Leistungsfähigkeit**, sonst wird er einschränkd gem § 1581
2 bemessen (s dort). **b) Zweck.** Dch die Anknüpfg an die eLV soll dem berecht Eheg der in der Ehe erreichte LebStandard, der als das Erg der gemeins Arb anzusehen ist, auch f die Zukunft erh u der soz schwächere Eheg vor dem soz Abstieg bewahrt w (vgl BT-Drucks 7/650 S 136). Dch UÄndG 1986 wurde diese zunächst ohne Einschränkg geltde sog Lebensstandardgarantie (vgl BVerfG FamRZ **81**, 745/51; NJW **83**, 1733) abgeschwächt.

3 **2) Eheliche Lebensverhältnisse. a)** Das **Maß des vollen Unterhalts** richtet sich gem **I 1** nach den eLV. Das Ges definiert weder, welche Umst die eLV best, noch wird der f die Beurteilg maßg Ztpkt festgelegt. Nach den in Rspr u Lit entwickelten Grds umfassen die eLV alles, was währd der Ehe f den LebZuschnitt der Eheg nicht nur vorübgehd tats von Bedeutg ist. Dazu gehören insb die den LebStandard prägden **wirtschaftlichen Verhältnisse**, dh Eink u Verm, soweit es zur BedDeckg (nicht zur VermBildg) verwendet wurde, sowie Belastgen (BGH in stRspr NJW **81**, 753; **82**, 2439; **86**, 1342; **89**, 1992; **92**, 2477; **94**, 134; **97**, 1919; **99**, 717). Wie beim TrenngsUnterh sind auch beim nachehel Unterh f die Bemessg der eLV nur die **prägenden Einkünfte** relevant (BGH NJW **84**, 292; FamRZ **86**, 780; iFv Verändergen s Rn 13 ff); nichtprägde Eink sind nur bei einem trenngsbdgten MehrBed u bei ansonsten mangelnder LeistgsFähigk heranzuziehen (BGH NJW **84**, 292; FamRZ **85**, 354). Der Bed nach den eLV best sich nur nach den in der Ehe tats vorh Mitteln (BGH NJW **97**, 735). Eink, die f den GetrLebUnterh als nichtprägd anzusehen waren, können f die BedErmittlg beim UnterhPfl wie beim UnterhBer auch f den nachehel Unterh nicht prägd w. In Fällen der **Doppelverdienerehe** werden die eLV idR vom gemeins Eink best (BGH NJW **84**, 1537). Sind die beiders Eink verschieden hoch, folgt daraus nicht, daß entspr auch die eLV f die beiden Eheg unterschiedl zu beurt wären: Das gemeins Eink bleibt vielm grdsl, vorbehaltl erhöhten UnterhBed zB aGrd bes berufsbdgten Aufwands, f die eLV bestimmd (BGH NJW **81**, 753). In Fällen der **Alleinverdienerehe** wird nach BGH der Bed nur nach dem Eink des schon immer erwtät Eheg best. Das bedeutet, daß für die UnterhBemessg grdsl nur das Eink aus ErwTätigk, die bereits währd des ZusLeb der Eheg ausgeübt wurde, maßg ist; der Verdienst aus einer nach der Trenng erstmals aufgen Tätigk od aus der Erweiterg einer Tätigk, wenn der Eheg ohne die Trenng od Scheidg nicht erwtät gew wäre od die ErwTätigk nicht ausgeweitet hätte, bleibt danach außer Betr (BGH **89**, 109; NJW **87**, 58; FamRZ **88**, 256). Die **Haushaltsführung und Kinderbetreuung** währd des ZusLeb der Eheg gehören nach st Rspr des BGH nicht zu den eLV iSv § 1578 (§ 1361). Näher dazu Rn 15 u 30, 31 (krit).

4 **b) Maßgebende Einkünfte.** Für die Best der eLV sind grdsl **alle Einkünfte** heranzuziehen (BGH FamRZ **81**, 541; FamRZ **86**, 780). Näher § 1361 Rn 21 ff. **aa)** Das **Arbeitseinkommen** best die eLV jedoch nur, soweit es nachhalt erzielt u dauerh ist sowie den ehel LebStandard **geprägt** h (BGH NJW **82**, 1873 u 1870). (1) Nach der st Rspr des BGH können Eink aus **unzumutbarer Tätigkeit** beim EhegUnterh die eLV **nicht** prägen, da sie grdsl nicht auf Dauer angelegt anzusehen sind u derj (Schu od Gl), der eine überobligator Tätigk ausübt, unterhr nicht gehindert ist, diese jederzt wieder zu beenden (BGH NJW **83**, 933; **84**, 292; **94**, 149; Mü FamRZ **96**, 169; Bbg FamRZ **96**, 1076; vgl § 1361 Rn 20). And kann iF gelten, in denen die Eheg nach der konkr Ausgestaltg ihrer Ehe die obj unzumutb, lfd ausgeübte Tätigk als zumutb gehalten h (vgl Born FamRZ **97**, 130). Dieser Grds gilt auch, wenn die Tätigk bereits vor der Trenng ausgeübt wurde (BGH FamRZ **98**, 1501; Mü FamRZ **99**, 1350). Eine in der Ehe neben der KiBt zumutb ausgeübte stundenweise Aushilfstätigk ist auch dann eheprägd, wenn daraus zT der Unterh f ein in die Ehe mitgebrachtes vorehel Ki fin wurde (BGH NJW **99**, 717). Das gilt entspr f Eink aus **Nebentätigkeit** zusätzl zu einer vollen Berufstätigk (Schlesw FamRZ **96**, 217; and Mü **96**, 169) od aus **Überstunden**; sind sie aber berufstyp, sind sie prägd (BGH FamRZ **88**, 145; Mü FamRZ **98**, 623 f Nacht- u Feiertagszuschläge). NebenEink des UnterhPfl können desh jedenf dann nicht eink-erhöhd berücks w, wenn die eLV dadch geprägt waren, daß der UnterhPfl äußerst spars lebte, im wesentl VermBildg betrieb u seine ZusatzEink nicht f den FamUnterh einsetzte (Kln FamRZ **98**, 1427); in Betr kommt aber eine Berücks bei der LeistgsFähigk (Mü aaO). (2) Eink, die wg einer ErwObliegenh f die Zeit nach Trenng **fiktiv** zugerechnet w, wirken sich auf die eLV nicht aus (BGH FamRZ **85**, 908; NJW **92**, 2477; NJW **97**, 735), da die Eink nie zur Vfg standen. Andernf kann es bei einer früh Prägg der eLV dch ArbEink bleiben, zB bei Aufgabe der ErwTätigk ohne rechtf Grd, wenn dem Verpfl schon beim TrenngsUnterh fiktive Eink zugerechnet wurden, od wenn die Berufg auf die mangelnde Prägg rechtsmißbr wäre. (3) HaushFührg u KiBt in der Ehe berühren – obwohl sie als wirtsch gleichwert Leistgen gelten – nach stRspr des BGH (zB NJW **81**, 1609) die eLV nicht (krit Rn 31).

5 **bb) Wohnvorteil.** Ein WoVorteil prägt die eLV als EinkFaktor nur insow, als der ersparte Mietaufwand die mit dem Eigt verb Kosten (einschl TilgsLeistgen) übersteigt (BGH FamRZ **95**, 869; NJW **98**, 753; vgl

§ 1361 Rn 34). Daran ändert nichts, daß mit dem Aufwand Verm (f beide od nur f den AlleinEigt) gebildet w (and f § 1577, dort Rn 9). Die sichere Erwartg des baldigen Wegf der Zins- u TilggsLeistgen kann allerd schon die eLV prägen. Dieser nach der Scheidg eintretde Umst kann dann ausnahmsw bei der Bemessg des nachehel Unterh mitberücks w. Bei MitEigt sind die WoVorteile beiden Eheg hälft als Eink zuzurechnen; insow verfügt auch der haushführde Eheg üb EigEink, das zur Anwendg der Differenzmethode (Rn 58 führen kann.

cc) Fiktive Einkünfte. Wg der wechsels UnterhObliegenh (Einf 9 vor § 1569) wird sowohl die Bedürftigk als auch die LeistgsFähigk nicht nur dch tats vorh Eink best, sond auch dch die **Erwerbsfähigkeit**. Beim Ber kann ein **fiktives Einkommen** anzusetzen sein, wenn er seiner ErwObliegenh (§ 1361 Rn 40) nicht od nur zT nachkommt, u ebso beim Pflicht, wenn er seine LeistgsUnfähigk od vermind LeistgsFähigk verantwortgsl od zumindest unterhbezogen leichtfert herbeigeführt h. Die UnterhBerechng ist allerd unterschiedl: Bei Zurechng fiktiven Eink beim **Berechtigten**, gilt dieses Eink als **nicht prägend** (BGH FamRZ **85**, 374; NJW **88**, 709), so daß der Unterh nach der f ihn ungünstigeren AnrechngsMeth bemessen w (BGH NJW **83**, 933; **84**, 292; Oldbg FamRZ **97**, 885; vgl § 1573 Rn 21). Beim **Pflichtigen** gehören dagg fiktive Eink bis zur Höhe des in der Ehe tats erzielten Eink (BGH NJW **97**, 735) zu dem die eLV prägden Eink (BGH NJW **92**, 2477; FamRZ **93**, 1304), da unterstellt w, daß dieses Eink währd des ZusLeb vorh war, so daß idF die UnterhBerechng grdsl nach der DifferenzMeth erfolgt (Rn 58). 6

dd) Vermögenserträge u sonst wirtsch Nutzgen, die die Eheg aus ihrem Verm ziehen, prägen die eLV (BGH FamRZ **85**, 354; vgl BGH NJW **94**, 935: Bezüge einer aGrd Veräußg von Verm erlangten Leibrente des UnterhPfl, einschl TilggsAnteil). Die Berücks eines VermWerts hängt davon ab, ob er auch bei fortbestehder intakter Ehe f den FamUnterh zur Vfg stünde (vgl BGH NJW **92**, 2771: Pflichtt; FamRZ **88**, 1145: Erträge aus dch Erbf erworbenen Verm; Hamm NJW-RR **98**, 6: Erbsch nach Trenng). Zinserträge inf des Verk eines gem Hauses nach Trenng prägen die eLV nicht (Hamm NJWE-FER **97**, 145). Verm u Zinsen, die währd der Ehe nicht zum Verbrauch best waren, bleiben jedenf bei der BedBerechng außer Ansatz (Hamm NJW-FER **99**, 204). Zahlgen aus einer **Lebensversicherung**, die ein selbstd tät UnterhPfl als Altersvorsorge abgeschl h, gehören in voller Höhe (nicht nur iH des Ertragsanteils) wie Beitragszahlgen eines ArbN in die ges RV zum bedprägd Eink (Hamm NJWE-FER **98**, 195). Wie bei Rentenzahlgen aus der ges RV nach Eintritt des Rentenfalls muß ein KapitalBetr aus der LebVers eingesetzt w, wenn ein Eheg auf eine der Alterssicherg dienende LebVers nachehel Zahlgen leistet; die später aus der LebVers fließden Erträge k dann auch mit dem Kapitalanteil bei der BedBerechng berücks w, wenn diese Zahlgen bei der früh Festsetzg des nachehel Unterh angesetzt wurden (Düss FamRZ **98**, 621). Vgl auch Kln FamRZ **98**, 743 zu den Auswirkgen auf die BedErmittlg bei vereinbarter Aufteilg einer VersSumme aus einer LebVers. 7

ee) Vermögensbildung. Der gem § 1578 zu bemessde Unterh dient nur der Deckg des LebBed, nicht der Teilhabe an VermBildg (die idR erst ab einem NettoEink iHv ca 7000–8000 DM anzunehmen ist, vgl Ffm FamRZ **92**, 823 u **97**, 353). EinkTeile zB f die Altersvors (BGH NJW **92**, 1044) prägen die eLV nicht. 8

ff) Schulden aus der Zeit des ehel ZusLeb sind ohne Einfl auf die eLV, wenn sie zur Bestreitg der Kosten der allg LebFührg begr wurden. Zur Anrechng von Schulden vgl § 1361 Rn 49. 9

gg) Das **Kindergeld** (vgl § 1361 Rn 24 [4]) kann nach der neueren Rspr des BGH (NJW **97**, 1919; Aufg früh Rspr) nicht wie sonstiges Eink zur BedBerechng nach § 1578 herangezogen w, da es nicht zu dem die eLV iSd § 1578 prägd Eink gehört (aA Mü FamRZ **99**, 511; vgl dazu auch Rn 52). 10

hh) Unterhaltspflichten, die nur der Ber ggü Dr hat, gehören nicht zum LebBed (BGH NJW **85**, 806; KGR **95**, 201; vgl BGH NJW **86**, 1869). 11

3) a) Zeitpunkt. Maßg Ztpkt ist nicht die Trenng, sondern die Rechtskr der Scheidg (BGH NJW **81**, 1782; **87**, 1551; **94**, 935). Nach der Intention des GesGebers soll der berecht Eheg an dem LebZuschnitt beteilgt w, wie er sich bis zu diesem Endpkt der Ehe entwickelt h (BT-Drucks 7/650 S 136), da die Ehe auch währd der Trenng bis zur rechtskr Scheidg fortbesteht u die ehel LebG grdsl jederzt wiederaufgen w könnte, so daß die Eheg bis dahin auf der Grdl ihrer LebVerh miteinand verbunden sind. Weder die Zerrüttg noch die Trenng geben Gewähr f eine klare, praktikable u gleichmäß Handhabg der Vielzahl v UnterhFällen in der Praxis. Daher gehört auch der Unterh f ein in der Zeit zw dem ScheidgsUrt u dessen Rechtskr geb Ki des UnterhPfl aus seiner neuen Vbdg zu den Umst, die die eLV iSv § 1578 best (BGH FamRZ **99**, 717; vgl dazu Rn 52). Diese Anknüpfg an die zum Ztpkt der Ehe verfügb Mittel hat das BVerfG (NJW **81**, 1771; **93**, 2926) nicht beanstandet. Den die eLV im Ztpkt der Scheidg prägden LebBed festzusetzen ist notw, da an ihm die Bemessg des Unterh auch in späteren ZtRäumen auszurichten ist (BGH NJW **85**, 1340). Ist dieser Ztpkt nicht sicher voraussehb, kommt es auf die letzte mdl Vhlg an (BGH NJW **82**, 2439; **85**, 909). Bei Eink-Rückgg nach der Scheidg sinkt auch der BemessgsMaßst f den Unterh des gesch Eheg, sofern sich der UnterhPfl nicht fiktive Eink (Rn 6) zurechnen lassen muß (BGH NJW **88**, 1722). 12

b) Veränderungen der Lebensverhältnisse. aa) EinkEntwicklgen **vor der Trennung** sind prägd u daher zu berücks (BGH FamRZ **88**, 259), wenn die Eink nachhalt erzielt und dauerh sind (Rn 4), mögen sie sich auch als Vorstufe der Trenng herausstellen. Auch latente Belastgen (Hamm NJW-RR **98**, 6: Gef der Inanspruchn aus Bürgsch) sind zu berücks. 13

bb) Nach der Trennung. (1) Grundsatz. Auf Dauer angelegte EinkVerändergen **zwischen Trennung und Scheidung** prägen idR die eLV, da die Eheg auch währd der TrenngsPhase bis zur ScheidgsRechtskr an der Entwicklg der eLV grdsl teilnehmen (BGH NJW **81**, 1782; **82**, 1870; **83**, 933; **99**, 717; vgl Rn 12). Dieser Grds gilt nach BGH jedenf bei Zwangsläufigk der Aufw; bei vermrechtl Dispositionen u berufl Entwicklgen, insb Verändergen der EinkVerh, dagg nur insow, als die Verändergen nicht auf einer **unerwarteten, vom Normalverlauf erheblich abweichenden Entwicklung** der EinkVerh seit der Trenng beruhen (BGH NJW **82**, 2063; **84**, 1685; vgl Rn 22 ff) od nur wg der Trenng eingetreten sind (Rn 16). Als Ztpkt f die Bemessg der eLV ist beim nachehel Unterh zwar die Rechtskr der Scheidg maßg, die Frage, ob bei einer EinkVeränderg eine „normale" Entwicklg u damit ein prägdes Eink vorliegt, richtet sich aber bereits nach den Verh bei der Trenng; denn prägd können nur Eink sein, deren Wurzeln im gemeins ZusLeb liegen (BGH 14

NJW **84**, 292). Nach BGH (zB NJW **87**, 58; FamRZ **88**, 145; vgl Rn 30) muß eine von den Eheg geplante u voraussehb Entwicklg bis zur Scheidg wenigstens zT verwirklicht w; sonst handelt es sich nicht um prägd Eink.

15 **(2)** Diesen Grds hat der **BGH** zunächst auch angewandt, wenn ein bish ki-betreuender Eheg nach der Trenng wieder erwtät gew ist (NJW **82**, 2439). Nach der neueren Rspr ist dagg maßg, ob die **Aufnahme der Erwerbstätigkeit in der Ehe angelegt** war u auch ohne die Trenng erfolgt wäre. Ist das nicht feststellb, h die ErwEink bei der Ermittlg der eLV außer Betr zu bleiben, auch wenn in der WiederAufn der Berufstätigk keine unerwartete, vom Normalverlauf abweichde Entwicklg gesehen w kann (NJW **84**, 292; **87**, 58; FamRZ **87**, 257). Die Aufn einer ErwTätigk nach der KiBtPhase ist nicht unerwartet, wenn sie der ehel LebPlang entspr (Kln NJW-RR **98**, 723: heute idR anzunehmen; and Hamm FamRZ **97**, 1282), insb nach Beurlaubgen (JHBü Rn 18; and Hamm FamRZ **97**, 884). Der Verpfl muß eine abweichde LebPlang darl u bew. Für die Frage der ErwObliegenh währd der Trenng ist § 1361 II zu beachten. Hat zB der bedürft Eheg seine ErwTätigk nach Trenng u zu einem Ztpkt ausgeweitet, als das gemeins Ki 16 J alt war, ist maßg, ob er seine Tätigk auch ohne Trenng ausgeweitet hätte, sobald dies dch das **Heranwachsen des Kindes** ermöglicht wurde (BGH NJW **84**, 292: dann DifferenzBerechng, sonst ist auf das der Entwicklg bis zum ScheidgsZtpkt entspr Eink abzustellen; vgl Rn 33 f). Nimmt also der bish kibetreuende Eheg kurz nach der Trenng eine ErwTätigk auf, weicht das nicht erhebl vom nicht trenngsbdgten Normalverlauf ab, wenn das Alter des Ki nunm eine ArbAufnahme erlaubt. Die eLV werden dann dch die zusätzl Eink geprägt. Ist die (wieder) aufgen ErwTätigk aber unzumutb, sind die auf ihr beruhden Eink schon desh unerhebl, weil die eLV nur dch nachhalt erzielte Eink geprägt w (BGH NJW **83**, 933; vgl Rn 4 u § 1577 Rn 21).

16 **(3)** Die **Auswirkungen der Trennung** auf die EinkVerh beeinflussen die eLV nicht. Das gilt sowohl f die aus der Trenng resultierden **finanziellen Belastungen** (vgl BGH NJW **86**, 1342: Ausfall der VermNutzg inf des Auszugs des Eheg aus dem zuvor gemeins bewohnten Haus), als auch f trenngsbdgte **Verbesserungen** (BGH FamRZ **85**, 471: zB wenn der Ertrag von Barkapital aus HausVerk dessen NutzgsWert übersteigt). Die Änderg der Steuerklasse (von III zu I währd intakter Ehe) gem EStG 38 b, 39 ist zwar eine Folge v Trenng u Scheidg, maßg ist aber die **tatsächliche Steuerbelastung** (Rn 21).

17 **(4)** Wird dem unterhber Eheg Eink wg der **Haushaltsführung für einen neuen Partner** (§ 1577 Rn 14 ff) zugerechnet, berührt dies die eLV selbst dann nicht, wenn eine solche Entwicklg bereits vor der Scheidg eingesetzt h (BGH NJW **84**, 292 u 1537).

18 **(5)** Auch bei Veräußerg des EigHeims nach Trenng ist ein bei der Trenng vorh **Wohnwert** (nach Abzug des verbrauchsunabhäng Nebenkosten, Zins u Tilgg) prägd (BGH NJW **89**, 2809; **90**, 3247; **98**, 753).

19 **(6)** Nichtprägd sind dagg zusätzl Eink nach der Trenng, die ohne Trenng nicht entstanden wären, zB aus VermAuseindS u ZugewAusgl, od f den FamUnterh nicht zur Vfg standen, zB aus Erbsch, Lotto (BGH FamRZ **85**, 354 u 357; **90**, 3274; **92**, 1044; Ffm FamRZ **86**, 165; Hamm FamRZ **92**, 1184). Erzielt der UnterhPfl dagg nach der Trenng (aber hiervon unabhäng u voraussehb) zusätzl Mieteinnahmen, sind sie einkerhöhd zu berücks (Kln NJWE-FER **98**, 193).

20 **cc) Nach Scheidung. (1) Grundsatz.** Da die f die UnterhBemessg maßg eLV grdsl dch die EinkVerh im Ztpkt der Scheidg (Rn 12) best sind, können Verändergen nach der Scheidg nur ausnahmsw berücks w, wenn ihnen eine Entwicklg zGrd liegt, die aus der Sicht des ScheidgsZtpkts **mit hoher Wahrscheinlichkeit zu erwarten** war, u wenn diese Entwicklg die eLV zZtpkt der Scheidg **bereits mitgeprägt** h, indem die Eheg ihnen erkennb schon im voraus u noch währd der Ehe einen prägden Einfluß auf ihre LebVerh eingeräumt h (BGH, st Rspr, zB FamRZ **82**, 684; NJW **85**, 1699; NJW **86**, 720; FamRZ **86**, 441; NJW **87**, 58 u 1555; **88**, 201 u 2034; vgl FamRZ **93**, 1304 bei Selbstdgen mit schwankdem Eink). Konkr Dispositionen brauchen noch nicht getroffen w zu sein. **Bsp** f prägdes Eink, so daß der UnterhBedürft an Ändergen partizipiert: **Einkommensveränderungen**, deren Grd in der Ehe gelegt w ist u die sich im ScheidgsZtpkt bereits abzeichneten. Erhöhtes ArbEink ist bedprägd, wenn die Höherstufg im Betr bei entspr Leistg mögl u nicht ungewöhnl ist (Hamm FamRZ **98**, 291: bej bei Einsatz in den neuen BL nach der Wiedervereinigg). Das gilt auch f **Berufswechsel** in vergleichb Tätigk (BGH NJW **82**, 2439; **85**, 2268). Die Änderg muß so wahrscheinl sein, daß die Eheg ihren LebZuschnitt bereits darauf einstellen konnten. Das gilt bei Eink**Erhöhungen** (BGH NJW **82**, 1870: nicht bei außergewöhnl Verbessergen aus einem GeschGewahrs; NJW **87**, 1555; FamRZ **90**, 499) ebso wie bei Eink**Minderungen**, zB inf Pensionierg, unverschuldeter ArbLosigk (BGH FamRZ **85**, 374; FamRZ **87**, 913; NJW **88**, 2376; **94**, 935). **Beförderungen** im öffD iR der sicher voraussehb Regel-
21 beförderg sind zu berücks (BGH FamRZ **82**, 684). – Diese Grds gelten **nicht**, soweit es darum geht, Eink in der Höhe in die UnterhBemessg einzustellen, wie sie sich aus den bish EinkQuellen als NettoEink nunm ergeben. Nach BGH (zB NJW **88**, 2107; **90**, 1477) ist die jew **aktuelle Steuerbelastung** zGrde zu legen, u zwar nicht erst f die LeistgsFähigk des Schu, sond schon f die eLV, also f die UnterhBemessg, so daß die UnterhQuote hierdch beeinflußt w. An dieser Rspr, die sich mit dem sonstigen Ansatz des BGH zur Best der eLV kaum vereinb läßt, hält er trotz Kritik (zB FamGB/Griesche Rn 35; Schwab/Borth IV Rn 857) aus PraktikabilitätsGrden u unter dem Gesichtspkt der Vorhersehbk der Änderg fest. Danach ist insb auch die **Lohnsteuer in ihrer jeweiligen tatsächlichen Höhe** maßg (BGH FamRZ **90**, 503; **91**, 132). Die Vorteile des **begrenzten Realsplittings** (vgl § 1353 Rn 12) sind dem unterhrechtl relevanten Eink schon bei der Best des BemessgsMaßst hinzuzurechnen (BGH NJW **90**, 1477). Zur Berücks des SteuerklWechsels inf der Trenng: Rn 16. Bei Wiederheirat vgl § 1579 Rn 41, § 1581 Rn 9.

22 **(2) Künftige berufliche Entwicklung.** Ist die berufl Entwicklg nach AusbildgsAbschl noch ungewiß, entspr eine später erlangte besser bezahlte Stellg nicht den eLV (vgl BGH NJW **85**, 1699). Prägd ist aber das Eink bei Aufn od Ausweitg einer Tätigk, zu der es auch ohne Trenng gek wäre, soweit sie bis zur Scheidg od in nahem zeitl Zshg mit der Scheidg verwirklicht w, zB bei einer PraxGründg eines angestellten Arztes nach Trenng, die vor der Trenng bereits geplant war (BGH NJW **84**, 292; FamRZ **88**, 927). Daher kann auch Eink die eLV (mit)bestimmen, das der im Ztpkt der Scheidg kurz vor dem erfolgreichen AusbildgsAbschluß stehde Eheg aus der Anfangsstellg seiner berufl Laufbahn bezieht (BGH NJW **86**, 720: MedStudium u 9 Mo nach
23 Scheidg Aufn einer Tätigk als Assistenzarzt; verneint iFv BGH FamRZ **82**, 895). – **Bsp** f **Normalverlauf** einer

Karriere: vom Hauptmann zum Major, vom Major zum Oberstleutnant (BGH FamRZ **82**, 684); vom Assistenzarzt zum Oberarzt (BGH FamRZ **88**, 145); vom Maschinensteiger zum Reviersteiger (BGH FamRZ **90**, 1090); vom Betriebsratsvorsitzden zum GewerkschSekretär (BGH FamRZ **91**, 307); vom Betriebsarzt zum ArbMediziner (BGH FamRZ 1988, 156/9); vom Werkstattleiter (Oberfeldwebel) bei der BWehr zum Gewerbelehrer (Hamm FamRZ **90**, 1361); vom RefL zum MinRat (Köln FamRZ **93**, 711). – **Bsp** f **unerwartete** 24
Entwicklung: vom angestellten Ing zum GeschFührer einer GmbH (BGH NJW **90**, 2886; Düss FamRZ **92**, 1439); vom Sachbearbeiter zum AbteilgsBereichsleiter (Hamm FamRZ **90**, 65); vom Angest zum freien HVertreter mit höh Eink (Stgt FamRZ **91**, 952); vom Angest in gehob Position in die GeschFührg (Düss FamRZ **92**, 1439); vom GeschFührer eines mittelständ Unternehmens zum „Senior-Manager" eines internat Konzerns (Hamm FamRZ **94**, 515); vom VerkLeiter zum GeschFührer (Mü FamRZ **97**, 613 bei EinkSteigerg von brutto 4000 DM); LeistgsBeförderg (Kblz FamRZ **97**, 1079) vom gehobenen in den höh Dienst; Beförderg eines Ri v R 2- zur R 3-Stelle (Celle FamRZ **99**, 858); Verändergen inf Entlassg aus Strafhaft, sofern die eLebVerh dch diese Erwartg nicht beeinflußt wurden (so aber Hamm FamRZ **99**, 515 mablA Cramer). – Zur unterhr Relevanz des „Karrieresprungs" ausf Born MDR **99**, 1101.

(3) Normale EinkErhöhungen, die nicht von der allg EinkEntwicklg u der Steigerg der LebHaltgsKosten 25
deutl abweichen, insb **Besoldungsverbessergen** (BGH FamRZ **89**, 172), sind zu berücks (BGH FamRZ **87**, 257). Das gilt auch f allg LebStandardSteigergen od inflationsbdgte Steigergen (BGH FamRZ **95**, 473).

(4) Einkommensminderungen. Da der UnterhPfl seine ArbKraft so gut wie mögl einzusetzen hat, 26
verändern **freiwillige** EinkMindergen, die gg die unterhrechtl Obliegenh verstoßen, die maßg eLV nicht; diese sind dann nach dem erzielb Eink zu bemessen. Muß der UnterhBer dagg die berufl od wirtsch Dispositionen des Pfl (zB einen Berufswechsel) hinnehmen, mindert sich dadch der Maßst f die UnterhBemessg nicht ow, da der Schu zumutb Vorsorge f die Erf der UnterhPflicht auch bei einer EinkErmäßigg treffen muß. Die beiders Interessen sind abzuwägen (BGH FamRZ **88**, 256; NJW **92**, 2477). Ändert der Pfl seine berufl Verh in einer vom Ber aus Grden der Rücksichtn (§ 1353) hinzunehmden Weise, kann sich der Bedürft gg eine dadch bdgte **vorübergehende** Minderg der eLV nicht wehren (BGH FamRZ **88**, 145 u 256: EinkEinbuße inf Wechsels in die Selbstdk; vgl § 1581 Rn 2 ff).

(5) Eine Anpassg des f den ScheidgsZtpkt errechneten Unterh nach der **Entwicklung der Lebenshaltungskosten** ist nicht zul (BGH NJW **87**, 1555). 27

(6) Ändergen des UnterhBed der Ki wirken sich auf die eLV aus. Bei **Wegfall des Kindesunterhalts** nach 28
Trenng od Scheidg erhöht sich der UnterhBed des gesch Eheg, es sei denn, daß bei guten wirtsch Verh die frei werdden Mittel in die VermBildg geflossen wären od dch trenngsbdgten MehrBed aufgezehrt w (BGH NJW **90**, 2866 u 3020). Diese Folge ergibt sich daraus, daß die Veränderg vorhersehb ist u die daraus resultierde wirtsch Erleichterg sonst nur dem Verpfl zugute käme (Scholz FamRZ **90**, 1088; Kalthoener/Büttner NJW **91**, 401).

(7) Entspr gilt, wenn die EinkVerbesserg darauf beruht, daß **Verbindlichkeiten**, zB Kreditraten, erwartgs- 29
gem zu einem best Ztpkt nach der Scheidg **wegfallen** (BGH NJW **88**, 2034; FamRZ **95**, 869). Dagg prägen **Belastungen** nach ScheidgsRechtskr nicht die eLV, unabhäng davon, ob sie absehb waren od nicht, zB spätere PflBedürftigk der Eltern des Schu (so zutr JHBü Rn 21; aA KG OLGR **97**, 277).

(8) Nach BGH (NJW **81**, 1609; **82**, 255; **85**, 1026) bleiben Eink, die ein bis zur Scheidg nicht erwtät Eheg 30
aus einer erst **nach der Scheidung aufgenommenen Erwerbstätigkeit** erzielt, bei der Best der eLV idR außer Betr. Dies entspr dem Grds des BGH, daß Eink nichtprägd ist bei Aufn od Erweiterg einer Tätigk nach u wg der Trenng (BGH NJW **84**, 292; **87**, 58) od aGrd eines gemeins LebPlans nach der Scheidg ohne engen zeitl Zshg (BGH FamRZ **86**, 783; FamRZ **88**, 145). Da mit der Scheidg die ehel Bindg endet, muß danach ein gemeins LebPlan, zB ab einem best Alter des Ki wieder ins BerufsLeb zurückzukehren, später **bis zur Scheidung zumindest teilweise realisiert** w, um prägd zu sein (vgl Rn 14). Der Übergg von der **Teilzeit- zur Vollbeschäftigung** gem der nachehel unterhrechtl Obliegenh liegt – so BGH (zB FamRZ **86**, 783) – außerh einer kontinuierl Entwicklg der eLV. Wird die ErwTätigk erst **nach der Scheidung** aufgen od ausgeweitet, sind Eink hieraus nach BGH nicht prägd, selbst wenn die Aufn oder Ausweitg einer ErwTätigk auf einem gemeins LebPlan beruht. Zu berücks sind dann nur noch normale Fortentwicklgen eines bereits bestehden Eink. Das gilt – and als bei Aufn einer ErwTätigk nach Trenng (Rn 15) – unabhäng davon, ob der Eheg schon früher erwtät gewesen wäre, wenn er eine geeignete Beschäftigg gefunden hätte, u ob der Eheg ohne das Scheitern der Ehe eine and Tätigk ausgeübt hätte (BGH FamRZ **88**, 145).

Krit: Der Grds des **BGH**, daß HaushFührg u KiBt währd des ZusLeb nicht die eLV geprägt haben (Rn 3 31
aE), hat zur Folge, daß sich der UnterhBed der früh Hausfrau (das folgde gilt ebso f den Hausmann) nur nach dem ErwEink des allein verdienenden Eheg bemißt; sie muß sich ihren Verdienst aus einer erst nach der Trenng aufgen ErwTätigk gem den in Rn 15 u 30 dargelegten Grds nach § 1577 auf den Unterh anrechnen lassen. Das bedeutet im Erg, daß ihr hinzukommdes Eink allein den BarUnterh leistden Mann entlastet, nicht aber den früh haushführden Part. Das führt in der unterhr Praxis zu einer Benachteiligg dieser Frauen. Aus prozeßtakt Grden (vgl Born FamRZ **99**, 541) sind sie oft gezwungen, bereits vor der sich anbahnden Trenng, also schon frühzeit währd der Ehekrise, eine ErwTätigk zuL der KiBt aufzunehmen, um sich eine günstigere Ausgangsposition f die Anwendg der DifferenzMeth zu verschaffen (vgl Rn 58). Auch die Unterscheidg danach, ob die ErwAufn aus Anlaß der Trenng od Scheidg der gemeins LebPlang entsprach od aus „Not" erfolgte (vgl § 1361 Rn 20), kann im EinzFall willkürl erscheinen. Der hierf beweispfl UnterhBer ist zudem oft nicht in der Lage, den Bew f die gemeins Plang zu erbringen. Der BGH hat diese Problematik, die sich sowohl bei der BedBemessg wie der MethAnwendg stellt, bislang nicht vertieft u Vorschläge zur Abmilderg der Härten für den Eheg, der sich früh der Haushführg u KiBt gewidmet hat (vgl nur Hampel FamRZ **81**, 851 u **84**, 621/625; Büttner FamRZ **84**, 534 u **99**, 893; Weychardt NJW **84**, 238; Ewers FamRZ **87**, 704; Luthin FamRZ **88**, 1109 u **96**, 329; Graba NJW **89**, 2786/9; Ruptsch NJW **90**, 170; Fricke NJW **91**, 941; Laier FamRZ **93**, 393), (noch) nicht aufgegriffen. Eine Lösg könnte darin bestehen, HaushLeistgen als geldwerte Vorteile anzusehen, also HaushFührg u KiBt des nichterwtät Eheg mit einer ErwTätigk gleich zu bewerten (vgl § 1356 S 2). Diese Sichtweise legte es nahe, dann auch die HaushVersorgg des nicht erwtät

Eheg (Kln FamRZ **82**, 706; Büttner FamRZ **84**, 534; aA Hampel FamRZ **84**, 621) u die anstelle der HausfrTätigk aufgen ErwTätigk als bedprägd anzusehen (Schwab/Borth IV Rn 972). Methodischer Ansatz bei Graba (FamRZ **99**, 1115 mRechenBsp), der bei der Best des Unterh nach den eLV iSv § 1578 (§ 1361) drei BedGrößen unterscheidet. – Ggü einer „Monetarisierg" der Bt- u HaushLeistg ist ein Ansatz vorzuziehen, der in diesen Fällen die Anwendg der AnrechngsMeth vermeidet. HilfsLösgen der BGH etwa üb eine großzüg Anerkenng trenngsbdgten MehrBed (Rn 40; vgl § 1573 Rn 24) sind jedenf unzureichd. Anlaß für den BGH, die bish Rspr zu überdenken, könnte die Entsch des BVerfG NJW **99**, 557 (Rn 7 vor § 1297) zur Berücks der KiBtKosten bei nach Scheidg der Ehe weggefallener KiBt u Aufn einer ErwTätigk des Ki-Betreuden sein. Das BVerfG hat zum Wert der KiBt festgestellt, daß der Staat die Vorauss dafür schaffen müsse, daß nach der KiBtPhase ohne Nachteile wieder in den Beruf zurückgekehrt w könne. Das kann nicht ohne unterhr Auswirkg bleiben.

32 **(9)** Das auf VA beruhde **Renteneinkommen** des UnterhBer ist nicht schon bei der Best der eLV, sond erst als bedarfsmind zu berücks (BGH FamRZ **88**, 1156). Dagg ist das erstmals nach der Scheidg bezogene RentenEink des Verpfl den eLV zuzurechnen, wenn die Grdl des Rentenbezugs in der Ehezeit gelegt ist u mit den Bezügen schon zum ScheidgsZtpkt zu rechnen war (BGH FamRZ **86**, 441; FamRZ **87**, 1218; NJW **87**, 1555: Überzahlgen u Renteneinbehalt bleiben außer Betr; vgl Hamm FamRZ **98**, 27; Kblz NJWE-FER **98**, 123). Vermindern sich die Eink des währd der Ehe allein erwtät UnterhPfl dch Rentenbezug, sind bei der Bemessg des Bed des UnterhBer ausgleichde EinkQuellen (zB Bezug eig Rente) zu berücks (BGH NJW **88**, 2101; FamRZ **89**, 159; Mü FamRZ **97**, 613).

33 **(10)** Haben in der ehem **DDR** gesch Eheg ihren gewöhnl Aufenthalt noch vor dem Beitritt in die BRep verlegt, sind diejen Verh maßg, die sich ergeben, wenn die pers Verh der Part im ScheidgsZtpkt auf die entspr Verh in der BRep projiziert w (BGH FamRZ **95**, 473). Prägd sind die dch den Beitritt eingetretenen EinkVerbessergen, die auf dem Wechsel der untersch gesellschaftl u wirtsch Verh beruhen (Karlsr FamRZ **97**, 370).

34 **4) Lebensbedarf (I 4, II, III). a)** Begr wie in § 1610. Zum LebBed gehört auch trenngsbdgter MehrBed u SonderBed (Rn 40, 44). Die Best der eLV erfordert eine **konkrete Berechnung**. Dabei sind sowohl die konkr eLV unter Einbeziehg der VermErträge u sonst wirtsch Nutzgen, die währd der Ehe gezogen wurden, zu ermitteln als auch die tats erzielten od zumutb erzielb Eink des UnterhBer aus seinem Kapital, die seine
35 Bedürftigk mindern, festzustellen (vgl BGH NJW **86**, 1342; **98**, 753; § 1577 Rn 6 ff). – **aa)** Inhalt der UnterhPfl ist nach st Rspr des BGH nicht die Sicherg des Existenzminimums (dies obliege dem SozHilfeträger), sond des **individuellen Bedarfs** nach den eLV, der wirtsch üb od unter dem Niveau von TabWerten liegen könne, den zB die Düss Tab als notw EigBed vorsieht. Daraus leitet er ab, daß f den EhegUnterh die Quote nach § 1578 (§ 1361) **auch bei niedrigen Einkünften** der eheangem Bed des getrleb od gesch Eheg – auch im Mangelfall (vgl § 1581 Rn 22 ff) – **nicht nach generellen Mindestsätzen** (zB gem Düss Tab) bemessen werden kann (zB NJW **81**, 753; **87**, 3129; **92**, 1621; **95**, 963; **96**, 517 = FamRZ **96**, 345 mkritA Becker; NJW **97**, 1919; FamRZ **98**, 1501; nunm auch Hamm FamRZ **98**, 1428; ebso die LL der meisten OLGe; zust Gutdeutsch FamRZ **95**, 1065; aA Luthin FamRZ **95**, 175; **96**, 328; **97**, 1391 uö; Becker FamRZ **95**, 667; JHBü § 1361 Rn 120; ausf Wendl/Gutdeutsch § 5 Rn 226 ff). Der BGH verweist darauf, daß die TabBedSätze allerd als OrientiergsHilfe bei der konkr Verteilg der verfügb Mittel üb- od unterschritten w können, u daß bei beengten wirtsch Verh die Möglk besteht, trenngsbdgten MehrBed konkret geltd zu machen (Rn 40). Da sich trennsgbdgter MehrBed im Mangelfall bes auswirkt (BGH FamRZ **87**, 266; NJW **95**, 963), wird es nach verbreiteter Praxis (zB LL Hamm 33) nicht f ausgeschl gehalten, bei entspr Anhaltspkten weiter vom Existenzminimum des Ber nach Düss Tab B V auszugehen; zudem ist es im Mangelfall problemat, den Unterh mj Ki vorab abzuziehen, wenn dadch die Quote des EhegUnterh sehr niedrig ausfällt. Die *Kritik* an der Rspr des BGH verweist darauf, daß währd bestehder Ehe „aus einem Topf" gewirtschaftet wurde, wobei der Bed nach den eLV proportional gedeckt w u nicht f den Eheg uU sogar ohne Ansatz bleiben kann, währd bei den gemeins Ki der BedSatz auch aus einer höh Gruppe der Düss Tab entnommen w (JHBü Rn 11; vgl Wendl/Gutdeutsch § 5 Rn 228). Für die UnterhBemessg anhd v MindBedBeträgen spricht, daß f alle gleichrang Ber nach der Trenng iR der nunm notw selbstdgen LebFührg Ausgangspkt ihr jew Existenzminimum sein sollte. Insb kann es sich im EinzFall als nicht gerechtf erweisen, eine niedrigere UnterhQuote währd der Ehe f eine erfdl gleichmäß Aufteilg vorzuschreiben.

36 **bb)** Der **Maßstab** f die Bemessg des (nach)ehel Unterh richtet sich nach der tats ind LebFührg, wird aber – obw MindestBedSätze abgelehnt w – insow **objektiviert** (vgl BGH NJW **82**, 1645; **97**, 735), als sowohl eine verschwenderische (Düss FamRZ **96**, 1418) als auch übertrieben spars LebFührg (Hamm FamRZ **93**, 1089) außer Betr bleiben (BGH NJW **89**, 2809; **93**, 898). Maßg ist der LebStandard, der nach dem verfügb Eink vom Standpkt eines vernünft Betrachters aus angem erscheint (BGH FamRZ **87**, 39; Hamm FamRZ **93**, 1089; Graba FamRZ **89**, 571; aA Luthin FamRZ 88, 1109). Diese Korrektur darf indes nicht dazu führen, daß der Boden der eLV verlassen u Eink des UnterhPfl als prägd zGrde gelegt w, die tats nie vorh waren. Es bedarf stets der Festsetzg des unterhrechtl relevanten Eink des Pfl. Die TrenngsDauer spielt keine Rolle. Vorübergehdes Absinken des LebStandards ist ebso unbeachtl wie vorübergehdes Ansteigen, zB dch unzumutb Arb (BGH FamRZ **88**, 256). In der Anwendg eines obj Maßst ist der BGH (FamRZ **87**, 257; ebso zB Hamm FamRZ **95**, 1152) insof konsequent, als er bei fehlder Feststellbark der eLV im AbändVerf den angemess Unterh ohne Bindg festlegt.

37 **cc)** Lebt der UnterhBer **im Ausland**, sind die Geldbetr maßg, die er an seinem Aufenthaltsort aufwenden muß, um den den eLV entspr LebStandard aufrechtzuerh (vgl § 1577 Rn 4). Dazu können diejen VerglWerte herangezog w, die im Statist JBuch f die BRep zum KaufkraftVerh zw der BRep u dem ausl Staat angegeben sind (BGH FamRZ **87**, 682: auch idF kann zusätzl konkret geltd gem trenngsbdgter MehrBed berücks w).

38 **dd)** Bei gehob EinkVerh kann es zu den LebVerh der Eheg gehören, daß das Eink nicht vollst verbraucht, sondern zT der **Vermögenbildung** zugeführt w, was ihrer ind Entsch überlassen ist. Dazu gibt es keinen ErfahrgsSatz (BGH NJW **83**, 1733). Für die Prüfg ist ein obj Maßst anzulegen (BGH FamRZ **87**, 36; NJW **89**, 2809; vgl Rn 11).

ee) Bedarfshöchstgrenze? Mit dem BGH (NJW **82**, 1654; **94**, 2618) ist davon auszugehen, daß es grdsl 39
(auch f den TrenngsUnterh) keine Ober- od „**Sättigungsgrenze**" gibt. In AusnFällen kann aber eine Beschränkg des Unterh auf Mittel, die nach obj Maßst eine Einzelperson auch bei Berücks hoher Anspr für billigenswerten LebBed sinnvoll ausgeben kann, in Betr kommen. Bei gehobenen EinkVerh kann die schematische UnterhBemessg nach einer Quote zu einem üb dem tats Bed des Ber liegd UnterhAnspr führen (vgl Kln FamRZ **98**, 1170 LS). Nach LL Ffm (IV 9/vgl Darmst 3) kann QuotenUnterh bis 3600 DM verl w (*relative* SättiggsGrenze). Vgl Kln FamRZ **92**, 322: bei J-BruttoEink v 1 Mio DM Obergrenze 10 000 DM; Kblz FamRZ **93**, 191: Quotenberechg bis Eink iHv 10 000 DM; weitergehd Oldbg FamRZ **96**, 288: bis 12 000 DM; Hamm FamRZ **99**, 723: 15 000 DM bei MoEink v 70 000 DM; AG Mü FamRZ **98**, 1583: 15 000 DM sogar iW einstwAO (mkritA Bergschneider). Für die konkr BedBerechng ist eine exemplar Schilderg der Ausg in den einz LebBereichen unter Nachweis entspr Konsumverhaltens erfdl u ausr, sofern sie als SchätzGrdl dienen kann. Ausf Eschenbruch/Loy FamRZ **94**, 665; Schwolow FuR **97**, 313.

b) Trennungsbedingter Mehrbedarf. aa) Begriff. Mehrkosten, die gerade inf der Trenng entstehen (zur 40
Abgrenzg zum SonderBed: Rn 44), können beim Ber zu einer Erhöhg des vollen eheangem Bed bzw beim Verpfl zu einer Minderg der LeistgsFähigk führen (BGH NJW **83**, 2321; FamRZ **84**, 772; FamRZ **90**, 979). Ein trenngsbdgter MehrBed kann beim Ber nur berücks w, wenn neben dem prägd Eink der Eheg od bei Berücks von Mitteln f vermwirks Leistgen bei der Bildg des bereinigten NettoEink des Pfl noch zusätzl Eink vorh sind (BGH NJW **82**, 1873; FamRZ **87**, 36 u 913; NJW **87**, 897; **90**, 2886; **95**, 962). Dazu gehört insb **Wohnmehrbedarf**, dh die Zusatzkosten, die sich aus dem Vergl mit dem bish WohnAufw ergeben (BerechngsBsp Wendl/Gutdeutsch § 4 Rn 424). Im EinzFall kann der Bed wg **Ersparnis durch gemeins Wirtschaften** mit einem Dr niedriger anzusetzen sein; insb bei beengten wirtsch Verh gleicht diese Ersparn oft aber nur den trenngsbdgten MehrBed aus u wirkt sich dann iErg nicht bedmindernd aus (BGH NJW **95**, 655). Verbleibt bei wirtsch engen Verh dem Verpfl mehr als der notw SelbstBeh, kann die Berücks des trenngsbdgt MehrBed zu einer Anhebg der UnterhRente insb bei **Aufnahme einer Erwerbstätigkeit** dch den Ber (u damit Entlastg des Verpfl) führen (BGH NJW **87**, 897). Zur Berücks v ProzKosten vgl § 1581 Rn 13.

bb) Die **Höhe** des trenngsbdgten MehrBed kann nicht generell best u zB nach einem prozentualen Anteil 41
des Bed währd der Ehe bemessen w. Die Mehrkosten sind nach EinzPositionen **konkret darzulegen** (BGH NJW **90**, 2886; **95**, 963; dazu Luthin FamRZ **96**, 328), deren Höhe allerd unter Berücks der EinzFallUmst (vgl BGH NJW **87**, 897) nach ZPO 287 geschätzt w kann (BGH NJW **82**, 1873; **83**, 2321). Bei der Berechng des trenngsbdgten MehrBed sind die Hälfte der konkr Kosten währd der Ehe, zB f Wohng, den angem konkr neuen Kosten ggüzustellen (Düss FamRZ **90**, 1364); soweit dagg der aus dem FamHeim Ausziehde trenngsbdgten MehrBed geltd macht, ist die neue Miete mit dem vollen WoWert zu vergleichen (vgl Wendl/Gutdeutsch § 4 Rn 433 u Wendl/Gerhardt § 1 Rn 276 ff). Ein pauschaler Betr iHv 150 DM f Mietnebenkosten u Aufw f Tel, Zeitg, HausrVers uä hat der BGH (NJW **90**, 1477) als trenngsbdgten MehrBed nicht beanstandet.

cc) Bei der Berechng des Differenz- od QuotenUnterh (Rn 58/62) im **Mangelfall** (vgl BGH NJW **95**, 42
963) ist trenngsbdgter MehrBed grdsl nicht zu berücks, da nichtprägdes od unverteiltes Eink nicht vorh ist, es sei denn, daß zusätzl Mittel vorh sind od der Ber zusätzl Eink h, die iW der AnrechngsMeth (Rn 59) berücks w (Hamm FamRZ **97**, 944).

c) Sonstiger, insbesondere alters- od krankheitsbedingter Mehrbedarf ist konkr darzulegen u nach- 43
zuweisen (BGH NJW **81**, 1313). Schätzg gem ZPO 287 mögl (Karls FamRZ **98**, 1435; vgl Hamm FamRZ **99**, 1349: Mehrbetrag von pauschal 100 DM für Medikamentenzuzahlg anerkannt). Beim Ber kann ein konkr MehrBed f Alter od Krankh nur dann bei der Bildg des bereinigten NettoEink abgezogen w, wenn er üb eig Eink verfügt; sonst ist dieser MehrBed Teil der UnterhHöhe. Soweit ein Eheg PflLeistgen eines Schwerstbehinderten übernimmt, die üb die übl BeistandsPfl (iS freiw Leistgen) hinausgehen, können die ersparten FremdPflKosten als krankhbdgter MehrBed vom Eink abgezogen w (BGH NJW **95**, 1486).

d) Sonderbedarf. Im Ggs zum MehrBed handelt es sich bei SonderBed (der auch Bestandt des 44
trenngsbdgten MehrBed sein kann) um unregelm, außergewöhnl hohen Bed, der bei der Bemessg des lfden Unterh unberücks blieb u auch nach der Trenng entstehen kann (zB Umzugskosten; Renoviergskosten der Wohng, Krankh- u Operationskosten). Zum Begr BGH NJW **83**, 224; krit Karlsr FamRZ **97**, 967 mwN; näher § 1603. Er kann gem § 1585 b iVm § 1613 II (s dort Rn 16) verl w. Soweit ausr Verm vorh ist, muß der SonderBed daraus gedeckt w (Kalthoener/Büttner Rn 285).

e) Zw gesch Eheg besteht **kein Anspruch auf PKV** (vgl § 1360 Rn 4), auch nicht als SonderBed (BGH 45
NJW **84**, 291).

5) Bedarfsberechnung. Die Praxis orientiert sich – vom BGH (zB NJW **79**, 1985; **80**, 124) gebilligt – an 46
Richtsätzen und Leitlinien (LL), die auf die gegebenen Verh abgestellt sind u der LebErfahrg entspr, soweit
nicht im EinzFall bes Umst eine Abweichg bedingen. – **a) Halbteilungsgrundsatz.** Beide Eheg nehmen am 47
ehel LebStandard in gleicher Weise teil, so daß bei Aufteilg des Eink beider gesch Eheg jedem die Hälfte des verteilgsfäh Eink zuzubilligen ist (BGH NJW **82**, 2442; **83**, 1733; **84**, 1537; **92**, 1621; **95**, 963). Dementspr werden zB Renten- u VermEink aufgeteilt (BGH NJW **91**, 2703). Hat der Pfl Erw-, der Ber dagg Renten-Eink, ist eine UnterhZubilligg iH der hälftigen Differenz zw dem um den ErwTätBonus (Rn 48) bereinigten Eink des Pfl u dem ungekürzten RentenEink naheliegd (BGH FamRZ **88**, 1031). Bezieht auch der Pfl eine Rente, verbleibt es grdsl beim HalbteilgsGrds (BGH NJW **82**, 2442; **84**, 2358). Der hälft Anteil der eLV bildet zugl die **Obergrenze** f den vollen Unterh, dh den Bed (BGH NJW **83**, 933).

b) Erwerbstätigenbonus (f Verpfl ebso wie f Ber, vgl BGH NJW **79**, 1985; **88**, 2369): Dem ErwTät wird 48
zum Ausgl des nicht quantifizierb berufsbdgten Mehraufwands u auch als ArbAnreiz (BGH NJW **82**, 2442; **84**, 1237 u 2358; FamRZ **87**, 913; NJW **89**, 1992) vorab eine Quote seines bereinigten NettoEink (BGH NJW **97**, 1919 s Rn 58), nach verbreiteter Praxis iHv $^{1}/_{7}$ (Düss NJW **99**, 1721) bzw $^{1}/_{10}$ (Bay LL 16: $^{1}/_{10}$; Karlsr NJW-RR **99**, 1722), belassen, so daß $^{4}/_{7}$ zu $^{3}/_{7}$ (bzw $^{1}/_{2}$ von $^{9}/_{10}$) vom AlleinverdienerEink od von der EinkDifferenz gequotelt w (BGH NJW **88**, 2369; FamRZ **90**, 499; abw Ffm-Praxis [Ausn Kassel]: $^{1}/_{5}$ des NettoEink vgl Ffm NJW **99**, 2374/5; abw auch LL Stgt B 1: HalbteilgsGrds auch f ErwTätige, aber Vorweg-

abzug einer ErwPauschale bei NichtSelbstdgen von 15% (Selbstdge 5%). Der ErwTätBonus gilt nur f Erw-Eink, nicht f LohnErsLeistgen; bei **Mischeinkünften** ist er nur auf das ErwEink zu beziehen. Bei sonst Eink (zB aus Kapital, Rente) bedarf es bes Grde f eine Höherquotierg (BGH NJW **89**, 2809). Bei ErwTätigk **beider** Eheg hat es BGH NJW **84**, 1237 gebilligt, eine UnterhQuote iHv 3/7 der Differenz zw den beiders Eink anzunehmen; eine strikte Halbteilg des verteilgsfäh Eink bedarf hier konkr Grde (BGH NJW **86**, 1342; Ausn bei gehob EinkVerh: FamRZ **88**, 1145). Die **Höhe** des ErwTätBonus bemißt sich nach dem verteilgsfäh NettoEink, bereinigt um Steuern u VorsorgeAufw u nach Abzug der berufsbdgten Aufw bzw der Pauschale hierf (vgl § 1361 Rn 48) u der anzuerkennden Verbindlichk, insb BarKiUnterh, nicht aber um sonst Schulden, da es hier um das verteilgsfäh Eink geht (vgl BGH NJW **97**, 1919; **99**, 717/9; Karlsr FamRZ **92**, 1438; Mü FamRZ **93**, 328; Düss FamRZ **94**, 1049; Wendl/Gutdeutsch § 4 Rn 407). Der ErwTätBonus ist auch bei nichtprägden Eink anzusetzen (BGH NJW **88**, 709), auch bei fiktiven ErwEink (BGH FamRZ **91**, 307). Ist der berufsbed Aufwand bereits in einer vom HalbteilgsGrds abw Bemessg der anteiligen Quote
49 berücks w, ist eine Vorwegkürzg des NettoEink um 5% nicht mehr gerechtf (BGH NJW **95**, 963). – Wurde das ErwEink zuvor um berufsbdgte Aufw bereinigt, kann der dann nur noch als ArbAnreiz zu gewährde ErwTätBonus nach BGH geringer bemessen w, zB nur mit 1/9 statt 1/7 (BGH FamRZ **90**, 979; NJW **90**, 2866; aA Düss NJW **99**, 1721: auch dann nur 1/7). Im Mangelfall kann der ErwTätBonus noch geringer od gar nicht (BGH NJW (BGH NJW **97**, 1919 bzw **92**, 1621) zu berücks sein (and Düss FamRZ **98**, 851; Rev eingelegt).

50 **6) Vorwegabzug des Kindesunterhalts. a)** Die „persönl Verh" des UnterhVerpfl iSv § 1578 (§ 1361) werden auch dch die Existenz eines ihm ggü unterhberecht Ki best. Insow handelt es sich sich um eine bes typisierte Form der Berücks eheprägd Verbindlichk, die – so der Ausgangspkt – nur iR des Angemh einkmindernd anerkannt w (BGH NJW **85**, 1026; vgl Rn 3). Die Grds üb die Anknüpfg an die zZ der Scheidg verfügb Mittel (Rn 15 ff) werden daher auch angewandt, wenn der Unterh eines Eheg von der UnterhPfl ggü mj Ki mitbest wird. Das gilt nach dem BGH nicht nur beim Pfl, sond auch, wenn der Ber UnterhLeistgen erbringt (BGH NJW **91**, 2703). Der Vorwegabzug des KiUnterh vom NettoEink ist gängige Praxis (Wendl/Gerhardt § 1 Rn 188 mwN), jedenf wenn der Eheg, der den BarUnterh f das Ki trägt, auch zum EhegUnterh herangezogen w, da der entspr Aufwand f den allg LebBed beider Eheg nicht zur Vfg steht (abw f einen Sonderfall Hbg FamRZ **98**, 1585). Auch der Unterh f gemeins vollj Ki ist – wenn die UnterhBelastg die eLV geprägt h – trotz Nachrangs abzugsfäh, sofern kein Mangelfall vorliegt (BGH NJW **86**, 985; **90**, 1477). **Falltypen:**

51 **(1)** Soweit es um **gemeinsame Kinder** der Eheg geht, ist der Vorwegabzug des KiUnterh gerechtf, weil Elt idR zuerst den Bed ihrer Ki decken. Diese prakt Handhabg setzt sich ggü dem getrleb od gesch Eheg fort, soweit sich daraus nicht ein MißVerh zum wechselnden LebBed der Beteil ergibt (BGH NJW **81**, 753; **87**, 1151). Das gilt auch f **nicht vom unterhaltsberechtigten abstammende Kinder**, wenn der unterhpfl Eheg Ki aus einer früh Vbdg in die Ehe mitbringt u dort unterhält od, wenn sie beim and ElT verbleiben, ihnen BarUnterh leistet; ebso, wenn es sich um ein außerehel Ki des unterhpfl Eheg handelt, das währd des ZusLeb der Eheg geb wird. Grd f den Vorwegabzug ist hier, daß sich der UnterhBer in der Ehe auf die UnterhLast eingestellt hat u diese Minderg des LebStandards in der TrenngsPhase fortwirkt.

52 **(2)** Zweifelh ist, ob dies auch f **während der Trennungszeit geborene außereheliche Kinder** gilt, sofern sich die Eheg üb den Vorwegabzug nicht in zul Weise (vgl §§ 1614, 1585 c) geeinigt h. Problemat ist der Vorwegabzug, weil er oRücks auf die in § 1609 II 1 angeordneten Gleichrangigk des EhegUnterh den KiUnterh bevorzugt, u damit dem unterhbedürft Eheg (idR der Frau) abverl, den Unterh f das ehefremde Ki zur Hälfte dch Schmälerg ihres Bed nach dem HalbteilgsPrinzip des § 1578 mitzutragen (noch verschärft dch die Anwendg der AnrechgsMeth, vgl Rn 59), obwohl ihr Verhalten – spiegelbildl gesehen – zum UnterhAusschl gem § 1579 Nr 6 führen würde (dort Rn 23 ff). Der BGH (FamRZ **88**, 1031; NJW **94**, 190; **99**, 717/9 mablA Graba FamRZ **99**, 373 sowie Wenger MDR **99**, 297 u Veit JZ **99**, 678; krit auch Niepmann MDR **99**, 653/6) hat den Vorwegabzug zur Vermeidg von Unwägbk u BewSchwierigk bej, da erst die rechtskr Scheidg einen Endpkt setze (Rn 12) u bis dahin die Eheg an Verändergen wg des weiterbestehden Ehebandes partizipieren (ebso Hamm FamRZ **97**, 886; Kbl FamRZ **98**, 1584 mablA Schumacher). *Krit:* Dieser Rspr ist entggzuhalten, daß das Arg der mögl Wiederherstellg der ehel LebG umso mehr zurücktreten muß, je länger die Trenng dauert u je näher der Ztpkt der Geburt an den ScheidgsZtpkt heranrückt (ebso Ewers FamRZ **94**, 816; JHBü Rn 17; Schwab/Borth IV Rn 918). In solchen Fällen entspr eine Versöhng der Eheg kaum der LebWirklichk, zumal die Geburt eines außerehel Ki die Zerrüttg idR vollends besiegeln w. Für das Scheitern der Ehe spricht unter den Vorauss des § 1566 I, II auch die ges Vermutg. Gemäß dem das gesamte UnterhR bestimmden Grds der Billigk sollte im EinzFall geprüft w, ob dem UnterhBedürft eine Schmälerg seines UnterhAnspr wg des Unterh f ein nach dem Scheitern der Ehe geb Ki des Pfl zumutb ist. Mit Mü FamRZ **99**, 511 (Rev eingelegt) erscheint es gerechtf, daß bei einem neKi nur der Unterh abzügl des KiGAnteils, der auf den UnterhSchu entfällt, vorweg abgezogen w kann, da insow der and Eheg an der Erleichterg der UnterhLast dadch nicht teilnimmt.

53 **(3)** Der Vorwegabzug ist jedenf nicht gerechtf f ein **nacheheliches** Ki (BGH NJW **92**, 1612) oder f Ki aus der neuen Ehe (die Berücks sollte allerd erst bei der LeistgsFähigk erfolgen).

54 **b) Ausnahme:** Der Vorwegabzug darf – im **Mangelfall** – nicht zu einem **Mißverhältnis** bei der Unterh-Gewährg führen (BGH NJW **92**, 1621). Der BGH (NJW **97**, 1919) hat entgg verbreiteter Praxis (zB Kln FamRZ **95**, 613; Düss OLGR **98**, 134) auch im abs (echten) Mangelfall den KiUnterh vor Ermittlg des EhegUnterh abgezogen u dabei den in die MangelRechng einzustellden KiUnterh entspr dem Eink des Verpfl auch nach einer höh EinkGruppe als Gruppe 1 bemessen (dazu § 1581 Rn 22). Treffen UnterhAnspr vollj gem Ki u des Eheg zus, erfolgt ein Vorwegabzug des KiUnterh nur, wenn der angem SelbstBeh des Eheg gedeckt ist; ansonsten liegt ein Mangelfall vor (BGH NJW **86**, 1689).

55 **c) aa)** Bei der Ermittlg des bereingten NettoEink f den EhegUnterh ist beim Unterh mj Ki der **Tabellenbetrag** oBerücks des KiGAnteils abzuziehen (BGH NJW **87**, 58; FamRZ **89**, 159; NJW **97**, 1919; ebso Düss Tab B III; Bay LL 16 d; LL Celle III 2, Hamm 36, Kln 21, Oldbg V 1 b); bei vollj Ki der um das an das Ki ausgekehrte KiG vermind Unterh. Das gilt idR unabhäng von einer Titulierg des KiUnterh (BGH NJW **90**,

3020), sofern nicht ein höh als der nach matR geschuld Unterh aGrd eines Tit bereits währd der Ehe jahrelang tats bezahlt w ist u diese Verbindlk die eLV geprägt h (BGH FamRZ **90**, 979). Das liegt auf der Linie der neueren Rspr des BGH im Mangelfall (NJW **97**, 1919; vgl § 1581 Rn 22). Auch wenn das KiG grdsl nicht zu dem f den QuotenUnterh maßg Eink zu rechnen ist, handelt es sich doch insow um prägd Eink, das gem § 1578 zu verteilen wäre, gäbe es die SonderBest des § 1612 b (früh abgeleitet aus § 1606 III) nicht. Das sollte aber nur f gemeins Ki gelten. Würde auch der KiGAnteil (einschl ZählKiVortl) f ein nicht gemeins Ki als Eink iSv §§ 1361, 1578 außer Betr gelassen, würde der Unterh des gesch Eheg ohne Rechtfertigg gekürzt. – **bb)** Zahlt 56
der UnterhPfl f die gemeins Ki weniger als den geschuld TabUnterh, muß sich der unterhber Eheg auch nur das tats Gezahlte entgghalten lassen (BGH FamRZ **94**, 540). – **cc)** Bei **Mischeinkünften** (zB aus ErwTätigk u 57
Kapital) ist vor der Berechng des EhegUnterh der KiTabUnterh entspr der Quote anteilig vom ErwEink u den sonst Eink abzuziehen (Scholz FamRZ **93**, 125/43), da nur so der Tats hinr Rechng getragen w, daß alle unterhrechtl relevanten Eink auf die UnterhHöhe Einfl h (Karlsr NJW **99**, 1722 mit BerechngsFormel).

7) Berechnungen und Methodenwahl. a) Die **Differenz-(Additions-)Methode** geht im Ansatz von 58
einem UnterhBed aus, wie er dch die eLV in einer **Doppelverdienerehe** best war (BGH NJW **81**, 1609). Der Differenzberechng sind diejen EinkVerh zGrd zu legen, die (weiterhin) f den beiders Unterh zur Vfg stehen u die unterhrechtl einzusetzen sind. Allerd bietet der so errechnete **Quotenunterhalt** nicht die Gewähr, daß er den vollen, nach den eLV bemessenen UnterhBed deckt; vielm bleibt er idR (schon wg des trenngsbdgten MehrBed) hinter dem vollen Unterh zurück u stellt nur den Unterh dar, der gem § 1581 nach den Erw- u VermVerh der gesch Eheg der Billigk entspr. Dennoch führt die DifferenzMeth jedenf iF, in denen sich die einzusetzden Eink in dchschnittl Größenordng halten u zusätzl Mittel fehlen, zur Gewährg von angem Beträgen an den weniger verdienden Eheg (BGH NJW **82**, 2439; **84**, 1237). Der BGH (NJW **99**, 717) wendet die DifferenzMeth auch in dem Fall an, daß die eLV dch einen Zuverdienst der Ehefr u ihre teilw BarUnterhLast für ihr in den Haush aufgen erstehel Ki geprägt waren, weil der Vater unzureichd Unterh zahlte. In Mangelfällen, in denen f die Deckg des dch die Trenng eintretden erhöhten Bed nicht mehr Mittel zur Vfg stehen als f die BedDeckg währd des ZusLeb, ist die DifferenzMeth bei dchschnittl Eink idR geeignet, auch dem beiders trenngsbdgten MehrBed angem Rechng zu tragen (BGH NJW **84**, 292). Die Wahl der MethAnwendg obliegt dem Tatrichter (BGH NJW **84**, 294).

b) Anrechnung des Einkommens. Die sog **Anrechnungsmethode** ist anzuwenden, wenn die eLV nur 59
vom Eink des Verpfl geprägt wurden. Nach der stRspr des BGH wird die **Haushaltführungsehe** (§ 1356 I 2, § 1360 Rn 9) nach dieser Meth behandelt, da der BGH davon ausgeht, daß nur das Eink die eLV geprägt haben kann (Rn 3). Hinzukommde Eink dch **Aufnahme einer Erwerbstätigkeit nach Trennung oder Scheidung** aS des Ber sind danach, da sie – so BGH – die eLV *nicht* geprägt h (krit Rn 31 u § 1573 Rn 24), von der UnterhQuote abzuziehen. Nach BGH NJW **83**, 1427 ist idF bei der UnterhBemessg die Quote des Eink des von Anfang an erwtät Eheg zu bilden u von dieser das eig Eink des unterhberecht Eheg abzuziehen. Diese Aufteilg ist, wie der BGH abschwächt, auf ihre Angemh zu überprüfen u ggf zu modifizieren, insb mit Rücks auf trenngsbdgte Mehrkosten. Auch dem UnterhBer ist als ArbAnreiz ein Ausgl zuzubilligen (BGH FamRZ **85**, 908; **88**, 600). Das gilt auch bei fiktivem Eink (BGH FamRZ **90**, 979; **91**, 130; NJW **95**, 963).

c) Die **gemischte Differenz/Anrechngungsmethode** findet insb bei der Hinzuverdienerehe Anwendg, 60
wenn der Ber teils prägde, teils nichtprägde Eink hat (BGH FamRZ **85**, 908; NJW **86**, 1342; **90**, 3274; **91**, 2703).

d) Bei der **Additionsmethode** (BayLL 16, 17; vgl BGH NJW **89**, 2809; **92**, 1621; **97**,1919) erfolgt die 61
UnterhBerechng in 2 Stufen: zunächst ist der Bed zu ermitteln, sodann die UnterhHöhe (BedürftigkStufe). **Schema** nach Bay LL (nach Düss Tab: Bonus jew $^6/_7$)**: (1) Bedarf** = $^1/_2$ (prägd Eink des Pfl = $^9/_{10}$ prägd ErwEink + sonst prägd Eink) + prägd Eink des Ber (= $^9/_{10}$ prägd u nichtprägd ErwEink + sonst prägd Eink); **(2) Höhe** = Bed ./. EigEink des Ber (= $^9/_{10}$ prägd u nichtprägd ErwEink + sonst prägd *und* nichtprägd Eink). Vgl Gerhardt FamRZ **93**, 261.

e) Die **Quotenbedarfsmethode** ist vor allem bei **Mischeinkünften** anzuwenden (vgl Wendl/Gutdeutsch 62
§ 4 Rn 397, 398 Fälle 4, 5): **(1) Bedarf** = $^3/_7$ des prägd Eink des Pfl + $^4/_7$ des prägd ErwEink des Ber + $^1/_2$ der sonst prägd Eink beider Eheg; **(2) Höhe** = Bed ./. ErwEink der Ber; vor Anrechng ist nichtprägdes ErwEink um $^1/_7$ zu kürzen.

8) Vorsorgeunterhalt, II, III (vgl Einf 8 vor § 1569 Rn u § 1361 Rn 65)**. a) Zweck:** Ausgleich der 63
Nachteile, die dem UnterhBer aus der ehebdgten Behinderg seiner ErwTätig erwachsen (BGH NJW **81**, 1556). Dem Eheg, der nach der Scheidg aus den im Ges aufgeführten Grden verhindert ist, einer ErwTätigk nachzugehen u so auf den ihm dch den VA übertragenen VersAnrechten aufzubauen, soll ermöglicht w, seine Vers iW der freiw Weiterversicherg zu erhöhen, um eine Lücke in seiner „soz Biographie“ zu vermeiden.

b) Ein neben dem ElementarUnterh zuzubilligder Krankh- od AltersvorsUnterh bedarf einer bes Betrachtg 64
(BGH FamRZ **89**, 483). Der VorsUnterh ist **zweckgebunden** u kommt zu den Aufw zur Befriedigg des allg LebBed hinzu. Die **Angemessenheit** der Vorsorge best sich nach den eLV im ScheidgsZtpkt (BGH NJW **83**, 1552); sie bezieht sich auf die Höhe der Kosten u die Bemessg des Anspr, nicht auf die Art u Weise des KrVersSchutzes od die AltVors (BGH NJW **82**, 1986).

c) Zeitpunkt. VorsUnterh kann ab Beginn des Mo der RHängigk des ScheidgsVerf zugebilligt w (vgl 65
§§ 1613 I 2 iVm 1361 IV 4, 1360 a; BGH NJW **81**, 1556).

d) Der Betr zur **Krankenvorsorge** (II) einschl **Pflegevorsorge** (Schlesw FamRZ **96**, 217; Saarbr FamRZ 66
99, 382; Wendl/Gutdeutsch FamRZ **94**, 878) ist nicht in der Quote enth, die in der Praxis üblicherw in Anwendg von UnterhTab als ElementarUnterh errechnet w (BGH NJW **83**, 1552), so daß Kosten des Ber f eine angem Kr- u PflVers als Bestandt des LebBed gesond zu berücks sind (BGH NJW **80**, 934; **82**, 1983). Ist der KrVorsUnterh im Verh zum ElementarUnterh zu hoch, kann der GesamtUnterh in einer den Interessen beider Part gerecht werdden Weise abweichd auf die UnterhBestandt verteilt w (BGH FamRZ **89**, 483). Bei nicht bestimmgsgem Verwendg der auf die Vorsorge entfallden Betr ist der Verpfl insow geschützt, als sich der Ber im VersFall unterhrechtl so behandeln lassen muß, als hätten die Zahlgen zu einer entspr Vers geführt.

67 **e) Altersvorsorgeunterhalt. aa) Lebensbedarf.** Die Kosten einer angem AltVers gehören zum nachehel LebBed bis zur Erreichg des Rentenbezugsalters. Unabhäng von der sonstigen Bedürftigk entfällt ein Anspr auf AltVorsUnterh, wenn der Ber eine AltVers zu erwarten h, die der des Verpfl entspr (BGH NJW **81**, 1556), od wenn der Eheg eine anderw AltVers h (BGH NJW **92**, 1044: KapitalEink, die ihm auch im Alter sowie bei Berufs- od ErwUnfähigk unverändert zufließen) od wenn die LebVerh trotz beiders ErwTätigk dadch geprägt wurden, daß f den UnterhBer keine angem AltVors betrieben wurde (BGH FamRZ **88**, 1145). Entsch ist, ob der Eheg sonst in der Vers schlechter gestellt würde (Hamm FamRZ **92**, 1175), nicht aber, ob überh noch eine AltVers aufgebaut w kann.

68 **bb) Rang.** Der VorsUnterh ist ggü dem lfden Unterh nachrang (BGH NJW **81**, 1556), so daß er nur zuzuerkennen ist, wenn beiders der MindBed gedeckt ist (Hamm FamRZ **94**, 446). Reicht im Mangelfall der errechnete ElementarUnterh f den Bed nicht aus, entfällt ein Anspr auf VorsUnterh (BGH NJW **87**, 2229).

69 **cc) Wahlmöglichkeit.** Der Ber kann zw versch Formen der AltVors wählen, wobei dem Ber obliegt, die Aufw möglichst gering zu halten. Kann sich der Ber nach den RV-Ges freiw versichern, ist die ges RV als die regelm Form der AltVers iSd §§ 1361 I 2, 1578 III anzusehen; die dafür aufzuwenddden Kosten sind als Anhaltspkte f die Bemessg des VorsBeitr geeignet (BGH NJW **81**, 15556). Der Ber ist grdsl nicht verpfl, schon bei der erstmaligen Geltdmachg des Anspr Einzelh üb die beabs AltVors darzulegen (BGH NJW **82**, 1986), wenn an der zweckentspr Verwendg der Beiträge keine Zw bestehen.

70 **dd) Berechnung:** Zur Erf des Normzwecks (Rn 2) wird der ElementarUnterh zum ErwEntgelt u der VorsUnterh zu den aus diesem zu entrichtden VersBeiträgen ins Verh gesetzt u der Ber hins der AltVors so behandelt, als ob er aus einer verspfl ErwTätigk Eink iH des ihm an sich zustehden ElementarUnterh hätte. Die Bemessg erfolgt dch **Anknüpfung an den laufenden Unterhalt** u zwar sowohl bei voller Unterh-Bedürftigk (BGH NJW **81**, 1556) als auch dann, wenn dem UnterhBer ledigl ein ergänzender od Aufstockgs-Unterh gem §§ 1570 ff zusteht, da davon ausgegangen w kann, daß iHd zugerechneten Eink des Ber eine der Höhe dieses Eink entspr AltVors begr w, so daß auch der zuzubilligde VorsUnterh nur der Aufstockg einer dch die ErwTätigk bereits erzielten AltVors dient. Der VorsUnterh ist auch dann in Anknüpfg an den lfden Unterh zu bemessen, wenn dieser zur Deckg des UnterhBed nicht ausr. Wird der Bed an ElementarUnterh anderw (zB dch neuen Partn) gedeckt, ist zunächst der lfde Unterh zu errechnen, den der unterhpfl Eheg bei vollem Bed des and zu entrichten hätte; sodann ist der VorsUnterh in Anknüpfg hieran zu errechnen (BGH NJW **82**, 1987). Deckt der UnterBedürft bei **teilweiser Erwerbstätigkeit** seinen Bed mit einer nichtverspfl Tätigk (dh ohne entspr AltVors) ab, ist der VorsUnterh fiktiv aus einem ohne dieses Eink errechneten Unterh zu ermitteln (BGH FamRZ **99**, 372; NJW **99**, 717/20: Aushilfstätigk ohne VersWert); der VorsUnterh ist dann nach der Höhe des geschuld AufstockgsUnterh (§ 1573 II) zu bemessen, wenn mit dem EigEink VorsBeiträge verb sind (vgl Kln NJW-RR **92**, 1155); sonst ist entsch, ob sich der Ber zB bei fiktivem Eink auch fiktiv eine AltVors zurechnen lassen muß. Ein Anspr auf VorsUnterh besteht nicht, wenn der Eheg VermEink (Zinsen, Miete, WoWert) hat, die ihm voraussichtl auch im Alter u bei Berufs- od ErwUnfähigk zufließen (BGH NJW **91**, 130; **92**, 1044; **99**, 717). Bei Eink dch **Partnerversorgung** od sonst Eink ohne AltSicherg ist an den an sich geschuld ElementarUnterh anzuknüpfen, es sei denn, daß dem Ber fiktive Eink mit fikt AltSicherg zuzurechnen sind (vgl BGH NJW **82**, 1987). Bei **unzumutbarer Erwerbstätigkeit** ist die dch diese Arb erzielte AltVors nur iR des § 1577 II anzurechnen (BGH FamRZ **88**, 145; zur Berechng: Wendl/Gutdeutsch § 4 Rn 475). Soweit dem Bedürft ein fiktives Eink aus nichtselbstdg Tätigk angerechnet w, hat er keinen Anspr auf KrVorsUnterh (Hamm FamRZ **94**, 107). Bei Bemessg des VorsUnterh, der iR der **Abänderungsklage** eines Urt erstmals geltd gem w, ist an den Betr anzuknüpfen, auf den der ElementarUnterh an sich zu erhöhen ist (BGH NJW **82**, 1875).

71 **ee) Rechenmethode:** Um zu verhindern, daß zuL des unterhpfl Eheg v Grds der gleichmäß Teilhabe der Eheg an den eLV abgewichen w, erfolgt die Berechng des VorsUnterh idR **zweistufig:** Zunächst w auf der Grdl des rechnerischen ElementarUnterh der VorsUnterh u dann in einer zweiten BerechngsStufe der endgült ElementarUnterh ermittelt (BGHNJW **81**, 1556; **82**, 2438). Besteht die Gef einer Verletzg des HalbteilgsGrds bei zusätzl Leistg von AltVorsUnterh nicht, entfällt das Erfordern der zweistuf Berechng (vgl Hamm NJWE-FER **99**, 54); **einstufig** kann gerechnet w zB bei konkreter statt quotenmäß BedBemessg, bei bes günst wirtsch Verh (BGH FamRZ **88**, 1145/8), wenn der AltVorsUnterh aus früh zur VermBildg verwendeten Eink aufgebracht w k od wenn wg der Anrechng v Eink des UnterhBer auf den Bed ein die eLV bestimmdes Eink dem UnterhPfl allein verbleibt (BGH NJW **99**, 717) od wenn der Ber nur üb nichtprägdes (auch fiktives) Eink verfügt, das iW der AnrechngsMeth von der UnterhQuote abzuziehen ist, so daß dann der VorsUnterh neben dem ermittelten ElementarUnterh zu zahlen ist. **Zweistufige** Berechnung (BGH NJW **83**, 1547; FamRZ **88**, 1145; NJW **99**, 297; Mü FamRZ **92**, 1310 u **94**, 1459): Zunächst ist der Betr zu errechnen, der (vermind um LohnSt u die dem ArbNAnteil entspr Beiträge zur Soz- u ArblosVers) den NettoBetr ergibt. Der VorsUnterh entspr dann dem vollen BeitrSatz der ges RV. Der (endgült) ElementarUnterh errechnet sich, indem vom bereinigt NettoEink vorab der VorsUnterh abgezogen w u erst danach, dh aus dem verbleibden Eink, der ElementarUnterh nach der maßg Quote bemessen wird (BGH NJW **81**, 1556). Bei Bemessg des VorsUnterh nach der in der Praxis geläufigen **Bremer Tabelle** (Stand 1. 4. 99, Beil H 34/1999 S. 17) bleibt bei der Hochrechng auf ein fiktives BruttoarbEntgelt der Betr, den ein ArbN zur ges KV leisten müßte, unberücks (BGH NJW **83**, 2937). **Berechnungsschema**: (1) Vorläuf Quotenunterh aus GesamtnettoEink; (2) Hochrechng nach Bremer Tab; (3) Daraus (ab 1. 1. 97) der jew BeitrSatz zur RentenVers = VorsUnterh; (4) Abzug des so errechneten VorsUnterh vom NettoEink; (5) Errechng des wirkl QuotenUnterh. Vgl Wendl/Gutdeutsch § 4 Rn 467 ff. Als **Berechnungshilfe** w in der Praxis die **Tabelle von Gutdeutsch** verwendet (Stand 1. 1. 99, NJW **99**, 705). And Methoden (vgl Jacob FamRZ **88**, 999: integrierte Berechng; Maier FamRZ **92**, 1259) h sich nicht dchgesetzt.

72 **ff)** Das so gewonnen Erg ist ijF auf seine **Angemessenheit und Billigkeit** zu überprüfen (BGH FamRZ **88**, 145; NJW **99**, 717/20), insb ob dem unterhbedüft Eheg f den lfden LebBed ausr Mittel zur Vfg stehen od ob eine Kürzg des an sich nachrang AltVorsUnterh erfdl ist (BGH NJW **87**, 2229).

73 **gg) Zahlungsempfänger.** Der VorsUnterh ist grdsl an den Ber zu leisten. Der Verpfl kann idR nicht verl, die Zahlg unmittelb an den VersTräger zu leisten, es sei denn, daß wg bes Umst das Verl des Gl auf Zahlg an

sich selbst treuwidr erscheint (BGH NJW **82**, 1875; **83**, 1552), insb wenn begr Zw an einer zweckentspr Verwendg bestehen (BGH NJW **87**, 2229). Eine Verurteilg zur Zahlg an einen VersTräger setzt voraus, daß der Ber in Ausübg seines WahlR einen geeigneten VersTräger benennt u darlegt, daß Zahlgen an diesen zu einem den Anfordgen gem III entspr VersSchutz führen.

hh) Die **zweckwidrige Verwendung** der als AltVorsUnterh geleisteten Beiträge wirkt sich auf den UnterhAnspr nur unter den Vorauss des § 1579 Nr 3 aus (BGH NJW **87**, 2229: Fehlde Mutwilligk, wenn der Ber wg einer Notlage den AltVorsUnterh f seinen ElementarUnterh verbraucht h). Hat der UnterhGl einen Tit auf Zahlg von AltVorsUnterh an sich selbst erlangt, kann der Schu den Einwand, wg bestimmgswidr Verwendg könne nur noch Zahlg unmittelb an einen VersTräger verl w, nur mit der AbändKl geltd machen. 74

f) Prozessuales. Der VorsUnterh ist Teil eines einheitl, den LebBed betreffden UnterhAnspr (BGH NJW **82**, 1873). Vors- u ElementarUnterh können in getr Verf geltd gem w (BGH FamRZ **82**, 1187). Ein RStreit üb den ab RHängigk des ScheidgsAntr bestehden Anspr des getrleb Eheg auf VorsUnterh ist keine Folgesache (BGH NJW **82**, 1988). Der AltVorsUnterh muß gesondert u beziffert beantragt w (Hamm FamRZ **97**, 1278: nicht vAw). An Berechng u Aufteilg ist das Ger nicht gebunden (BGH NJW **85**, 2713); ZPO 308 ist zu beachten. Der VorsUnterh ist im UrtTenor gesondert auszuweisen. 75

9) Zeitliche Begrenzung des vollen Unterhalts und spätere Herabsetzung, I S 2, 3 (Lit: Gerhardt FuR **97**, 249; Brudermüller FamRZ **98**, 649). **a) Anwendungsbereich.** Eine zeitl Begrenzg des UnterhMaßes ist bei allen UnterhTatbestden mögl (BGH NJW **86**, 2832), auch beim Alt- u KrVorsUnterh (BGH FamRZ **89**, 483; Hbg FamRZ **98**, 294). Der AnwendgsBereich kann sich mit § 1573 V (dort Rn 38; vgl FamRZ **98**, 649/651 mN) dch die Möglk einer Abstufg innerh des befr UnterhZtRaums überschneiden (Hahne FamRZ **86**, 305/310). Den vollen Wegf, auch des herabgesetzten Unterh, erlaubt diese Regelg nicht. 76

b) Regulative. Zunächst ist währd einer ÜberggsPhase der volle Unterh nach den eLV zu gewähren. **S 2** federt die RFolgen f diejen Fälle ab, in denen eine unbefr Beteiligg des gesch Eheg an EinkSteigergen aS des Verpfl, auch wenn sie zum ScheidgsZtpkt absehb waren, nicht angem wäre (BGH NJW **87**, 1555). Nach einer **Schonfrist** soll daher eine sachl nicht mehr gerechtf fortgesetzte Teilhabe am ehel LebStandard entfallen; der Bedürft soll aber nicht schlechter stehen, als er ohne die Ehe gestanden hätte. Eine zeitl Begrenzg kommt umso weniger in Betr, je mehr die Bedürftigk auf ehebdgte Nachteile, zB inf Aufgabe der ErwTätigk od dch VermDispositionen, zurückzuführen ist (BGH NJW **86**, 2832; Düss FamRZ **92**, 952). 77

c) Ein maßg Anhaltspkt f die Prüfg der **Unbilligkeit** ist die Höhe des nach den eLV bemessenen UnterhBetr im Verh zu den dem Verpfl verbleibden Mitteln (BGH NJW **88**, 2101). Es gelten die Maßst wie bei § 1573 V (dort Rn 33 ff). Bei Bt gemeins Ki ist eine zeitl Begrenzg die Ausn. Die RFolgen eines **Fehlverhaltens** des UnterhBer sind in § 1579 abschließd geregelt u daher iR der BilligkAbwägg nach I 2, 3 nicht relevant (BGH NJW **86**, 2832). 78

d) Der ZtRaum der **Ehedauer** bemißt sich wie bei § 1579 Nr 1 (dort Rn 7). Auch bei einer Ehedauer von knapp 3 J ist es nicht ausgeschl, wg sonst Umst von einer zeitl Begrenzg abzusehen (BGH NJW **86**, 2832). Die Bemessg der SchonFr muß sich nicht schemat an der Ehedauer orientieren, es kommt auf den UmstellgsZtRaum an (BGH NJW **86**, 2832). 79

e) Ersatzmaßstab. Die Absenkg auf den **angemessenen** LebStandard bedeutet, daß der Bed oberh des Existenzminimums (Düss FamRZ **92**, 951) liegen u sich am vorehel LebStandard orientieren soll (BGH NJW **86**, 2832; FamRZ **89**, 483: idR keine Absenkg unter den angem SelbstBeh, auch wenn der vorehel Standard niedriger war). In Mangelfällen kommt eine weitere Herabsetzg grdsl nicht in Betr (Hamm NJWE-FER **98**, 2: 9 J dauernde kinderl Ehe, Erkrankg ohne Einfl auf berufl Entwicklg). Üb die zeitl Befristg auf den angem Unterh ist idR bereits im Erstverf zu entsch, soweit die zGrde liegden Tats bereits eingetreten od zuverläss voraussehb sind (BGH NJW **86**, 2832); kann üb die Höhe des angem Bed bei der ErstEntsch noch keine sichere Prognose getroffen w, ist üb eine FeststellgsWiderkl des Pfl jedenf der Ztpkt der Herabsetzg des Unterh vom eheangem auf den angem Bed festzusetzen (Düss FamRZ **92**, 951). Eine nachträgl Herab- od Wiederheraufsetzg ist unter den Vorauss gem ZPO 323 mögl. 80

10) Beweislast. Der UnterhBer hat die BewL f die Gestaltg der eLV u damit auch f einen nach der Trenng verwirklichten LebPlan (BGH NJW **84**, 292). Es genügt, daß er hierf die ggwärt beiders Eink- u VermVerh darl u nachweist. Behauptet der Pfl, daß seit der Trenng eine abweichde außergewöhnl Entwicklg vorliegt, ist er hierf bewpfl (BGH NJW **86**, 718), ebso, wenn er darl will, die Fortsetzg einer in der Ehe trotz KiBt ausgeübten Tätigk sei nicht überobligator (BGH FamRZ **98**, 1501). Nimmt der Bedürft nach der Trenng eine neue Tätigk auf od weitet er eine bestehde Tätigk aus, trifft ihn die BewL, daß es sich um die Verwirklichg eines LebPlans handelt (BGH NJW **88**, 709), es sei denn, die äußeren Umst (zB Berufsausbildg, Berufstätigk vor der Geburt des Ki, Alter des Ki, bei dem üblw eine Berufstätigk fortgesetzt w) sprechen f eine Normalentwicklg (Kln NJW-RR **98**, 723: dann muß der Verpfl bew, daß sie trotzdem trenngsbdgt ist). Die Darl- u BewL dafür, daß die f die eLV maßg EinkVerh der Eheg seit der Trenng eine unerwartete, vom Normalverlauf erhebl abw Entwicklg gen h, trägt im UnterhProz die Part, die daraus Rechte herleitet (BGH NJW **83**, 2318), u der Ber dafür, daß u zu welchem Ztpkt er auch ohne Trenng erwtät gew wäre (BGH FamRZ **88**, 256). Bei Verändergen nach der Scheidg muß der Ber darl u bew, daß sie ausnahmsw f die eLV prägd waren. Für den UnterhMaßst gem § 1578 ist der Gl darl- u bewbelastet (BGH NJW **90**, 2886). Er trägt die Darl- u BewL insb f die Frage, ob nach der Scheidg eingetr Verändergen die eLV bereits mitgeprägt h (BGH NJW **88**, 2034). Für die Vorauss der zeitl Begrenzg des vollen Unterh hat der Schu die Darl- u BewL. 81

1578 a *Deckungsvermutung bei Sozialleistungen.* **Für Aufwendungen infolge eines Körper- oder Gesundheitsschadens gilt § 1610 a.**

Dazu bei § 1610 a. Zur Anrechng des nach BSHG 69 III, IV bezahlten PflegeG anläßl der Bt eines schwerbeh Ki auf den UnterhBed des betreuenden Eheg s § 1361 Rn 24 (5). 1

1579 ***Ausschluß des Unterhaltsanspruchs bei grober Unbilligkeit.*** **Ein Unterhaltsanspruch ist zu versagen, herabzusetzen oder zeitlich zu begrenzen, soweit die Inanspruchnahme des Verpflichteten auch unter Wahrung der Belange eines dem Berechtigten zur Pflege oder Erziehung anvertrauten gemeinschaftlichen Kindes grob unbillig wäre, weil**

1. die Ehe von kurzer Dauer war; der Ehedauer steht die Zeit gleich, in welcher der Berechtigte wegen der Pflege oder Erziehung eines gemeinschaftlichen Kindes nach § 1570 Unterhalt verlangen konnte,
2. der Berechtigte sich eines Verbrechens oder eines schweren vorsätzlichen Vergehens gegen den Verpflichteten oder einen nahen Angehörigen des Verpflichteten schuldig gemacht hat,
3. der Berechtigte seine Bedürftigkeit mutwillig herbeigeführt hat,
4. der Berechtigte sich über schwerwiegende Vermögensinteressen des Verpflichteten mutwillig hinweggesetzt hat,
5. der Berechtigte vor der Trennung längere Zeit hindurch seine Pflicht, zum Familienunterhalt beizutragen, gröblich verletzt hat,
6. dem Berechtigten ein offensichtlich schwerwiegendes, eindeutig bei ihm liegendes Fehlverhalten gegen den Verpflichteten zur Last fällt oder
7. ein anderer Grund vorliegt, der ebenso schwer wiegt wie die in den Nummern 1 bis 6 aufgeführten Gründe.

1 **1) a) Zweck:** Die Vorschr bringt als sog **negative Härteklausel** (iGgs zur pos des § 1576) zum Ausdr, daß auf BilligkAbwäggen auch in einem versch-unabhäng ScheidgsR nicht völlig verzichtet w kann, um dem GerechtigkEmpfinden grob widersprechde Erg im UnterhR zu vermeiden. Beim Eingr in die HandlgsFreih des Eheg dürfen die vom Grds der VerhMäßigk gezogenen Grenzen nicht überschritten w. Geänderte Fassg dch **UÄndG 1986**: Aufhebg des strikten Ausschl der HärteKl gem II aF bei einem UnterhAnspr aus § 1570 (vgl BVerfG NJW **81**, 1771); Präzisierg u Konkretisierg der HärteGrde auf der Grdl der früh Nr 4 (jetzt gleichlautd: Nr 7) unter Berücks der Rspr des BGH (vgl BT-Drucks 10/4514 S 20; Häberle FamRZ **86**, 311;
2 Büttner FamRZ **96**, 136). – **b) Anwendungsbereich:** Die f den nachehel Unterh konzipierte Vorschr gilt mit Ausn von Nr 1 auch f den GetrLebUnterh (§ 1361 III). Auf „Altehen" kommen üb §§ 65, 66 EheG aF (dazu Karlsr FamRZ **99**, 1141) hinaus AusschlGrde gem § 1579 nicht zur Anwendg, auch nicht üb § 242 (so BGH FamRZ **91**, 1040 zu EheG 58 aF; ebso Zweibr FamRZ **99**, 1140; and AmtsG Blomberg FamRZ **99**,
3 1140 zu EheG 61 II aF). – **c) Inhalt:** Keine schematische Begrenzg der UnterhPfl, sond Anpassg der Unterh-Verpfl an die Umst des EinzFalls. Der UnterhAnspr wird bei Vorliegen eines der GrdTatbestde der §§ 1571–
4 1573, 1575 in 7 Fällen ausgeschl bzw umfangmäß od zeitl verkürzt. – **d) Verhältnis zu § 242:** § 1579 ist
5 SonderVorschr im UnterhR; § 242 ist nicht zusätzl zu prüfen (BGH FamRZ **84**, 280; **85**, 376). – **e)** Wird trotz Kenntn eines VerwirkgsGrdes ein UnterhAnspr anerkannt, kann sich der Verpfl später nicht mehr auf Verwirkg berufen (Nürnbg FamRZ **92**, 673). Eine „Verzeihg" von VerwirkgsTatbestden ist mögl (JHBü Rn 45).

6 **2) Die einzelnen Härtegründe** (Lit: Diederichsen, FS Müller-Freienfels 1986, 99; Rspr-Übbl: Oelkers
7 FamRZ **96**, 257): – **a) Kurze Ehedauer, Nr 1. aa)** Die **Ehedauer** wird berechnet wie bei §§ 1573 V, 1578 I 2 von der Eheschl bis zur Zustellg des ScheidgsAntr (BGH NJW **81**, 754; NJW **86**, 2832: Unmaßgebl RHängigk eines früh, zurückgew ScheidgsAntr); nicht ausr: Übersendg des PKH-Antr (Kln FamRZ **85**, 1046). Unerhebl sind insow Zeiten vorehel ZusLeb, einer früh Ehe der Part (Hamm FamRZ **89**, 1091) od die Dauer der TrenngsZt; diese Umst können aber bei der BilligkAbwägg im Hinbl auf die ggs Abhängigk berücks w (BGH FamRZ **95**, 1405). Die Zeit des **tatsächlichen Zusammenlebens** ist nicht allein maßg. Haben die Eheg nur kurze Zeit zusgelebt, deutet dies nicht regelmäß od typw auf grobe Unbilligk (BGH NJW **79**, 1348; **80**, 247).

8 **bb)** Ob die Ehedauer **kurz** ist, kann nicht abstrakt beurteilt w; maßg ist die konkr LebSituation der Eheg, bes des UnterhBedürft. Zur prakt Handhabg hat der BGH den zeitl Bereich eingegrenzt: kurze Ehedauer idR **bejaht bis 2 Jahre** (BGH FamRZ **89**, 483), **verneint über 3 J** (BGH NJW **82**, 823; NJW **99**, 1630). Diese Eckpunkte gelten grdsl auch f in vorgerücktem Alter geschl Ehen (BGH NJW **82**, 2064; Hamm FamRZ **88**, 400; Ffm FamRZ **91**, 823). AGrd bes Umst – Maßst: ob u inwiew die Eheg ihre LebPositionen in der Ehe bereits so weit aufeinander eingestellt u in in wechsels Abhängigk auf ein gemschaftl LebZiel ausgerichtet h (BGH FamRZ **81**, 140) – kann auch eine Ehedauer bis zu 5 J als kurz angesehen w (BGH FamRZ **87**, 463: 3 J 4 Mo; sogar bei knapp 5 J nicht ausgeschl: FamRZ **95**, 1405; NJW **99**, 1547 u 1630=MDR **99**, 613 mA Wenger; Düss FamRZ **83**, 1139; Ffm FamRZ **89**, 630; Kln u Hamm FamRZ **92**, 65 u 326 (üb 4 J: wenn sich die Eheg bei Heirat insb wg der RentenVers noch nicht auf eine wechsels Abhängigk eingestellt hatten); vgl auch Celle FamRZ **87**, 69: Aufg der ArbStelle; Düss FamRZ **92**, 1188: Verlust der WwenRente; Mü FamRZ **96**, 1078: fast 3 J noch kurz, wenn das Verhalten des Bedürft, zB dch Ehebruch, aufzeigt, daß er die Ehe nicht als feste Bindg ansieht u sich desh in seiner ZukunftsPlang nicht auf ein langes ZusLeb mit dem Partn eingerichtet h; Nürnbg FuR **97**, 351). AnhaltsPkte dafür können in Verhaltensweisen vor der Eheschl (BGH NJW **86**, 2832) od in einem längeren ZusLeb vor der Heirat (BGH FamRZ **95**, 1405) zu sehen sein. Bei einer Ehedauer von unter 1 J u üb 5 J (BGH **99**, 1630: 5 1/4 J) entfällt die Möglichk einer subj Korrektur.

9 **cc)** Die Hinzurechg von **Kindererziehungszeiten** erfolgt in verfkonformer Auslegg des Wortlauts („steht . . . gleich") nicht schemat, sond ggf iR der BilligkPrüfg (BVerfG FamRZ **92**, 1283; Mü FamRZ **96**, 1078: desh Mögl der Anwendg der Nr 1 auch iF der KiBt, s Rn 48; vgl Schlüter/Vennemann FuR **90**, 47). **Berechnung:** Auszugehen ist von der tats EheZt, sodann ist die zur Wahrg der Belange des Ki ges vorgeschr Abwägg vorzunehmen. Zeiten, f die der gesch Eheg voraussichtl BtUnterh erh kann, sind der tats EheZt nicht zuzurechnen (BVerfG NJW **89**, 2807; BGH NJW **90**, 1847).

10 **dd)** Bei kurzer Ehedauer ist ein UnterhAnspr nicht völlig ausgeschl: **zusätzliche Prüfung**, inwieweit eine Inanspruchn des Verpfl – üb die Wahrg der Belange des gem Ki hinaus – grob unbill wäre (BGH NJW **82**, 2064: geringere Anfordgen bei Ehedauer bis zu 2 J, danach entspr höh; auch zur Möglk teilw UnterhAusschl; vgl BGH NJW **89**, 483; **93**, 455). Wie der Eheg ohne die Ehe stünde, ist unerhebl. Ehebdgte Nachteile sind in diesem Zshg nur dann v Bedeutg, wenn sie bei Einsetzen des UnterhAnspr noch fortwirken (vgl BGH FamRZ **89**, 483).

ee) Mit Rücks auf die grdsl eingreifde leblange UnterhBelastg (Einf 5 vor § 1569) verbietet es sich, den HärteGrd der Nr 1 üb seinen vorgegebenen AnwendgsBereich hinaus auszudehnen (BGH NJW **99**, 1630). Ob ein HärteGrd gem Nr 1 vorliegt, best sich nicht danach, ob eine leblange UnterhBelastg des Verpfl als Folge der Ehe angem erschiene, sond nur nach allg verbindl, obj Kriterien. 11

b) Schwere Straftat, Nr 2: aa) Erfaßt werden Verbrechen u schwere vorsätzl Vergehen. Vorauss ist **schuldhaftes Verhalten**, damit Schuldfähigk (vgl BGH NJW **82**, 100: Vermind Schuldfähigk ist erst bei der BilligkPrüfg zu berücks; vgl Hamm FamRZ **95**, 808: Psychose). Ausreichd **Versuch** (Kblz OLGR **97**, 245: Prüfg der Grde f das Scheitern der Vollendg iR der BilligkAbwägg; vgl Düss NJW **93**, 3078) u alle Teilnahmehdlgen an einer Straftat. **Versuchter Prozeßbetrug** wird von Nr 2 iF schwerwiegd Unredlichk erfaßt, wenn schon der Versuch so gravierd erscheint, daß die Sanktion des (teilw od völl) UnterhVerlusts angem ist (Karlsr FamRZ **95**, 1488; vgl Rn 14, 30). 12

bb) Der Begr „**naher Angehöriger**" meint eng verbundene Personen. NePartn sind nach geltdR in Nr 2 nicht einbezogen; eine Anwendg der Nr 7 ist aber schon de lege lata in Betr zu ziehen. 13

cc) „Schwer" ist jedenf ein Verbrechen iSd StrafRs. Bei Vergehen ist eine Abwägg erfdl, ob die Tat den Verpfl ebso schwer trifft wie den Ber der UnterhVerlust. **Anwendungsfälle:** (1) Betrüger Erwirkg einer Verurteilg zu UnterhLeistgen dch **Verschweigen** des Studienabbruchs (BGH FamRZ **90**, 1095) od einer eig ErwTätigk (Düss FamRZ **91**, 1313). Dem kommen eine **grob falsche Darstellung** der Höhe der EigEink gleich (Zweibr FamRZ **96**, 220), ebso bewußt falsche Angaben zum ZusLeb mit einem neuen Partn, insb **Leugnen** dieser Gemsch (Hamm FamRZ **93**, 566; **96**, 1079; **97**, 1337; Stgt FamRZ **97**, 1079; AG Solingen FamRZ **98**, 1112), sofern das Verhalten wirtsch Relevanz f den UnterhVerpfl h. Weitere Fälle: Sexuelle Vergehen ggü der Stieftochter im Zust vermind Schuldfähigk (Hamm FamRZ **90**, 887); Verleumdg sex KiMißbr (Hamm FamRZ **95**, 808); Nötigg dch Drohg mit Offenlegg der Homosex (KG FamRZ **92**, 571); Diebstahl (Hamm FamRZ **94**, 168); SchußwaffenGebr ggü Pfl (Düss FamRZ **94**, 896); nicht provozierte Körperverletzg (Kblz FamRZ **91**, 1312). (2) Bei **Verletzg der Pflicht zu ungefragter Information** (Einf 11 vor § 1569; § 1580 Rn 8; vgl auch § 1579 Rn 21, § 1585 c Rn 24) muß das Verschweigen des Eink evident unredl sein (BGH NJW **97**, 1439: maßg Dauer der TatbestdsVerwirklichg u inwiew der and empfindl getroffen wurde; vgl auch Ffm FamRZ **90**, 1363; Celle FamRZ **91**, 1313; Kblz FamRZ **97**, 371: EU-Rente). (3) Ehrverletzgen u **Beleidigungen** sind im allg f eine Anwendg der Nr 2 nicht ausr, soweit sie sich iR typischer Ehewidrigk halten; and bei wiederh schwerwiegd Beleidiggen u Verleumdgen insb bei nachhalt Außenwirkgen (BGH NJW **82**, 100; vgl KG u Hamm FamRZ **95**, 355 u 808). Das gilt auch bei übler Nachrede gem StGB 186 (vgl aber Hamm FuR **97**, 304: SchädiggsAbs iF des Vorwurfs der Steuerhinterziehg erfdl). Der Tatbestd der Nr 2 darf nicht zu einer Umgehg der prinzipiellen Loslösg vom VerschPrinzip führen. 14

dd) Die **Rechtsfolgen** treten nur **für die Zukunft** ein; vor der Straftat bereits entstandene UnterhAnspr bleiben unberührt (BGH NJW **84**, 296; Düss NJW **93**, 3078: Berücks des TatZtpkts bei der BilligkWertg). 15

c) Mutwillig herbeigeführte Bedürftigkeit, Nr 3. aa) Mutwilligkeit verl keinen Vors; leichtfertiges, von sozialen Standards abweichdes Verhalten des UnterhBer iS **bewußter Fahrlässigkeit** reicht aus (BGH NJW **81**, 2805). Es genügt, wenn sich das Verhalten nach Grad u Intensität von der Norm deutl abhebt u sich nicht mehr im Bereich diskutabler Verhaltensweisen bewegt. Ausr ist insb, wenn der UnterhBer in vorwerfb Weise unterläßt, seine ErwFähigk dch geeignete u zumutb Maßn wiederherzustellen (BGH NJW **87**, 1554). 16

bb) Das Verhalten muß **unterhaltsbezogen** sein, dh der Ber muß die Möglk des Eintritts der Bedürftigk als Folge seines Verh erkannt u im Bewußtsein dieser Möglk gehandelt h. Dabei muß er sich unter grober Nichtachtg dessen, was jedem einleuchten muß, od in Verantwortgs- u RücksLosigk gg den UnterhPfl üb die erkannte Möglk nachteiliger Folgen f seine Bedürftigk hinweggesetzt h (BGH FamRZ **84**, 364/7; NJW **86**, 1340). Ob sich ein Eheg idS als verantwortgs- u rücksl verhalten h, bemißt sich danach, welche Verpfl sich f beide aus der ehel LebGem (§ 1353 I) ergaben. Hinzukommen muß stets die Prüfg, ob die Erf der UnterhPfl den Schu grob unbill belastet (Rn 43). 17

cc) Fallgruppen: (1) Bei **Alkoholerkrankung und Drogensucht** müssen die Vorstellgen u Antriebe, die zur SuchtAbhängigk selbst geführt h, unterhbezogen sein (vgl BGH NJW **87**, 1554; Foerste FamRZ **99**, 1245). Die Anwendg v Nr 3 kommt in Betr bei Kenntn der Krankh u schuldh (unterhbezogener) Unterlassg einer risikol KrankhBehandlg. Der Vorwurf der Leichtfertigk w aber in Frage gestellt, wenn die Fähigk des Bedürft, entspr seiner Einsicht in die Notwdigk einer Behandlg suchtbdgt wesentl eingeschr war (BGH NJW **81**, 2805). An einer Mutwilligk kann es daher fehlen, wenn der Bedürft wg seiner WillSchwäche nicht imstande ist, seinem Alkoholmißbr ggzusteuern u Maßn zu dessen Bekämpfg zu ergreifen u dchzustehen (BGH NJW **88**, 1147; vgl Bambg FamRZ **98**, 370) od wenn er empfohlene ärztl Behdlgen unterläßt (Hamm FamRZ **96**, 1080; Kln FamRZ **99**, 920). Das gilt auch f **neurotische Erkrankungen** (vgl Hbg FamRZ **82**, 702; Hamm FamRZ **99**, 237: UnterhVerwirkg, weil Ber bei neurot Depression therap Behdlg verweigerte; dazu auch § 1572 Rn 5, § 1602 Rn 20). **(2)** Bei einem fehlgeschlagenen **Suizidversuch** kommt es darauf an, ob der Bedürft ein mögl Fehlschlagen des Versuchs u als dessen Folge seine ErwUnfähigk ins Auge gefaßt, gebilligt u sich rücks- u verantwortgsl üb die erkannte Möglk solcher nachteiliger Folgen f seine unterhrechtl Bedürftigk hinweggesetzt h (BGH FamRZ **89**, 1054; Kln FamRZ **92**,1311). **(3)** Bei Unterlassg einer als notw erkannten, erfolgversprechden AusbildgsMaßn f eine angem ErwTätigk, um den UnterhAnspr nicht zu gefährden (BGH NJW **86**, 985; vgl Hbg FamRZ **91**, 445). **(4)** Bei **zweckwidriger Verwendung des Vorsorgeunterhalts** (vgl § 1578 Rn 74) ohne Not, dh wenn der ElementarUnterh den LebBed ausr deckt, führt die Anwendg v Nr 3 zur Ann eine Teilverwirkg im Rentenfall iH des dadch niedrigeren RentenEink. **(5)** Die Bedürftigk ist nicht schon bei **einseitiger Trennung** mutwill herbeigef, wenn ein Eheg aus der EheWo auszieht u dadch trenngsbdgten MehrBed verursacht (BGH NJW **86**, 1340), sonst würde ein mittelb Zwang zur Aufrechterhaltg der Ehe ausgeübt, was der GesGeber gerade vermeiden wollte (BGH NJW **89**, 2809). **(6)** An einer unterhbezogenen Mutwilligk wird es idR bei **selbstverschuldetem Arbeitsplatzverlust** fehlen. Diese Fälle können sachgerecht dch eine fiktive EinkZurechng (s § 1578 Rn 9; § 1361 Rn 43) gelöst w. **(7)** HärteGrd gem Nr 3 u Nr 4 wird verneint, wenn bei fortbestehder, nicht mehr ungestörter LebG 18 eine Schwangersch (hierdch künstl Befruchtg) herbeigeführt w, die nicht mehr dem Willen des unterhpfl Ehem entspr, der urspr dieser Form der FamPlang zugest hatte (Stgt FamRZ **99**, 1136 – Rev eingelegt).

19 **dd)** Das **Verhältnis zu § 1577** ist wg der unterschiedl RFolgen bedeuts (§ 1579: BilligkRegelg; § 1577 I: starres R mit ZumutbKorrektiv). Bei **Vermögensverschwendung** (vgl BGH NJW **92**, 1044) stellen sich AbgrenzgsProbleme wie bei der fiktiven EinkZurechng. **Fälle:** Durfte der UnterhBer einen best VermTeil gem § 1577 III unangetastet lassen, kann der **Verbrauch dieses Vermögensteils** nicht als mutw Herbeiführg der Bedürftigk gewertet w (vgl BGH FamRZ **84**, 364). Wer ererbtes Verm zum Erw eines EigHeims verwandt h, handelt im Hinbl auf die dadch herbeigeführte Verringerg der VermErträgn jedenf dann nicht mutw, wenn die wirtsch Verh des UnterhSchu bes günst sind (BGH FamRZ **86**, 560; vgl NJW **90**, 3274: keine VermVerschleuderg bei Kapitalverbrauch aus anerkennensw Grden, zB f VerfKosten, neues Mobiliar nach Trenng, Altersversorgg). **Konkurrenz:** Der Rückgr auf allg Grds ist ausgeschl, so daß dem Bedürft kein fiktives Eink zugerechnet w kann, wenn die Vorauss der Nr 3 nicht vorliegen (BGH FamRZ **86**, 560).

20 **d) Verletzung von Vermögensinteressen des Verpflichteten, Nr 4. aa)** Dazu genügt, daß der Bedürft dch sein Verhalten die Eink des Eheg mindert od nur gefährdet (BT-Drucks 10/2888 S 10; großzüg Düss FamRZ **96**, 1419). Zu den VermInteressen gehören auch EinkInteressen (vgl Celle FamRZ **94**, 1324: SteuerErsparn dch gemeins Veranlagg). Wie bei Nr 3 wird Versch vorausgesetzt, dagg nicht UnterhBezogenh des Verhaltens (Häberle FamRZ **86**, 312). Grd f die Sanktion ist, daß der UnterhBer unter Verletzg des Ggseitigk- u Loyalitätsprinzips dch sein Verhalten (auch nach der Scheidg, da Nr 4 keine ZtGrenze enth) die Eink beeinträchtigt, aus denen er Unterh begehrt. Die Pflichtwidrigk des Ber muß aber ijF den Pfl ebso hart treffen wie der Einschnitt in den UnterhAnspr den Ber.

21 **bb) Fälle:** Geschäftl Schädigg dch Mitwirkg an der Aufkündigg von GeschBeziehgen; (ungerechtf) Denunziation („Anschwärzen“) beim ArbG mit dem Ziel des ArbPlatzverlustes (Hamm FamRZ **87**, 946; Zweibr FamRZ **86**, 63 u **89**, 63; Kln FamRZ **95**, 1580; Karlsr FamRZ **98**, 746; vgl Düss FamRZ **96**, 1418; Hamm NJWE-FER **98**, 122 u 97: nicht ausr bl Vorsprache beim ArbG wg Pfändgen); wissentl falsche – also idR nicht bei berecht od im öff Interesse liegden – Anzeigen, zB wg UnterhPflichtverletzg (Stgt FamRZ **79**, 40) od TrunkenhFahrt (Bambg FamRZ **87**, 1264), od leichtfert Strafanzeigen, insb wg Steuerhinterziehg (Kln NJWE-FER **99**, 107 bei erhebl Tatverdacht; AG Aachen NJW-FER **98**, 244), wenn wirtsch nachteil Folgen nicht ausgeschl w können (Mü FamRZ **82**, 270; Celle FamRZ **87**, 69; Kbl FamRZ **91**, 1312: Gef des Wegf der BetrRente) u sich die Anzeige als schwerwiegde Verletzg der LoyalitätsPfl auch zw gesch Eheg darstellt (vgl Einf 9 vor § 1569; § 1353 Rn 9). Bei betrüger ProzVerhalten, insb wenn das Verschweigen von Eink (dazu Schnitzler FF **99**, 43) evident unredl ist, können sowohl Nr 2 (Rn 12 ff) als auch Nr 4 (BGH NJW **90**, 3020) in Betr kommen (dazu Kbl FamRZ **97**, 1338: fehlde Mutwilligk, wenn der Ber schuldlos von der Nichtanrechenbk der Eink ausgehen konnte; vgl Kblz FamRZ **96**, 1402: keine Verletzg der Pfl zur ungefragten Info, wenn der Verpfl die ArbAufn kannte, ohne von sich aus nach dem Eink zu fragen). Zum UnterhAnspr bei künstl Befruchtg nach einseit Ändg urspr gemeins FamPlang: Stgt FamRZ **99**, 1136 (vgl Rn 18).

22 **e) Gröbliche Verletzung der Unterhaltspflicht vor der Trennung, Nr 5.** Die Vorschr entspr §§ 1587 c Nr 3, 1587 h Nr 3; ähnl RGedanke in § 1381 II. Fälle: Verletzg der Obliegenh, zum FamUnterh beizutragen, zB dch Vernachlässigg der HaushFührg od der Sorge f die Ki währd der Ehe, od wenn der Ber trotz ErwFähigk u ArbPlatzMöglk keiner ErwTätigk nachgeht od bei Eink kein HaushGeld abgibt, sowie bei Verstößen gg die MitArbPfl im Beruf od Gesch des and Eheg (§ 1356 Rn 6). Der klare Wortlaut („FamUnterh“) schließt eine Anwendg auf den TrenngsUnterh aus (ebso Wendl/Gerhardt § 4 Rn 705; Schwab/Borth IV Rn 479; aA Diederichsen 58. Aufl). „Längere“ Zeit (also nicht nur gelegentl) erfaßt jedenf einen ZtRaum von 1 J (Häberle FamRZ **86**, 312). Maßg sind die Umst des EinzFalls.

23 **f) Schwerwiegendes Fehlverhalten, Nr 6. aa)** Die Vorschr ist eine GeneralKl zur Erfassg von Versch-Elementen aS des Ber, insb bei Verstößen gg die ehel Treuepflicht u Solidarität. Die früh Rspr zu Nr 4 aF, die ein offensichtl schwerwiegdes, eindeut allein bei einem Eheg liegdes **einseitiges** Fehlverhalten voraussetzte (st Rspr des BGH, zB NJW **89**, 1083; NJW **90**, 253), wurde dch UÄndG (Rn 1) auf eine ges Grdl gestellt u konturiert (BT-Drucks 10/2888 S 10).

24 **bb)** Für die Gewichtg kann der **Zeitpunkt des Fehlverhaltens** von Bedeutg sein. Die unterhrechtl Berücks von Fehlverhalten bis zur Scheidg erfordert stets einen Verstoß gg die ehel Solidarität u den Grds der Ggseitigk. Voreheliche TäuschgsHdlgen müssen die eLV beeinflußt h. EheaufhebgsGrde (§ 1314 II Nr 2–4; fr EheG 37 II) erf idR nicht die Vorauss des § 1579 Nr 6; § 1314 nF ist insow die speziellere Regelg. Die spätere Feststellg der NichtEhelichk eines „untergeschobenen“ Ki kann ijF berücks w (Schlesw OLGR **98**, 34). Fehlverhalten vor der Trenng kann schwerer wiegen als nach der Trenng (Hamm FamRZ **97**, 1484: außerehel Beziehg), obwohl die ehel TreuePfl grdsl auch in der TrenngsZt gilt (BGH NJW **83**, 541; FamRZ **89**, 1279). Fehlverhalten nach der Scheidg erfordert zur unterhrechtl Berücks einen Verstoß gg nachehel SolidaritätsPfl. Da die ehel TreuePfl mit der Scheidg endet (BGH NJW **95**, 655), können ab diesem Ztpkt Beziehgen zu and Partn nicht üb Nr 6 erfaßt w (vgl Rn 33 ff). Erfdl ist, daß zuvor eine ehel LebG bestanden h (Mü FamRZ **94**, 1108).

25 **cc)** Das Fehlverhalten muß **offensichtlich schwerwiegend** sein, so daß eine dchschnittl Schwere nicht ausr (BT-Drucks 7/4361 S 32). Das deutl Übergewicht muß **eindeutig bei einem Partner** liegen (vgl KG FamRZ **98**, 1112). Hat das Ger ein schwerwiegdes Fehlverhalten festgestellt, sind iR der Prüfg, ob es sich um ein einseit Fehlverhalten handelt, nur konkr Vorwürfe von einigem Gewicht zu berücks (BGH NJW **82**, 1461; **86**, 723). Soweit der Eheg dch schwere Ehewidrigk die Abwendg von der Ehe u Zuwendg zu einem neuen Partn (mit)verurs od sich bereits vorher von den ehel Bindgen losgesagt h, entfällt dieser Tatbestd (BGH NJW **82**, 1461; **83**, 683; **89**,1083).

26 **dd)** Wg der vom Bedürft begangenen gravierden Ehewidrigk muß eine UnterhVerpfl bei **Gesamtbetrachtung** des Verhaltens beider Eheg einem obj Betrachter unerträgl erscheinen (vgl Karlsr NJW-RR **99**, 153: UnterhKürzg abgelehnt selbst bei Inzest der Ehefr mit ihrem 73 j Vater angesichts unwiderlegter GgVorwürfe; zweifelh). Es wird darauf ankommen, ob die Abwendg von der Ehe u die Hinwendg zu einem and Partn eine evidente Abkehr von einer bis dahin intakten Ehe od eine reaktive Flucht aus einer bereits gescheiterten Ehe darstellt. An der Einseitigk des Fehlverhaltens trotz wiederholtem Verstoß gg die TreuePfl

fehlt es, wenn der UnterhVerpfl jahrelang seinen ehel Pfl nicht nachkam u es daher zw den Eheg zu keinen sexuellen Kontakten mehr kam (KG FamRZ **92**, 571). Können Ursache u Vorwerfbk der Eheverfehlgen nicht genau ermittelt w, entfällt die Anwendg der Nr 6 (and Celle FamRZ **99**, 508: böser Schein genüge). Soweit dch ehewidr Beziehgen die Vorauss f einen Ausschl od eine Kürzg des UnterhAnspr eingetreten sind, entfallen diese nicht ow dadch, daß der in Anspr gen Eheg seiners ehewidr Beziehgen aufnimmt. Das kann aber bei der Prüfg, ob u inwiew seine Inanspruchn grob unbill ist, Bedeutg gewinnen (vgl BGH NJW **86**, 722).

Falltypen: (1) Zuwendung zu einem anderen Partner (vgl Wellenhofer-Klein FamRZ **95**, 905). Ein schwerwiegdes Fehlverhalten iSe „Abkehr" von dem Eheg u der Ehe nimmt der BGH (NJW **80**, 1686; **82**, 1216; **84**, 2358) stets an, wenn sich ein Eheg gg den Willen des and einem neuen Partn zuwendet u mit diesem in **eheähnlicher Gemeinschaft** lebt. Ob der auf Unterh in Anspr gen Eheg dch die häusl Gemsch des and mit einem Dr in ungewöhnl Weise betroffen w, hängt auch davon ab, ob der andere nunm woanders lebt (BGH NJW **81**, 1782). Der Tatbestd kann auch schon bei Aufn eines nachhalt, auf Dauer angelegten **intimen Verhältnisses** mit einem neuen Partn (BGH NJW **82**, 1461; **86**, 722), auch ohne häusl Gemsch, erf sein (vgl BGH NJW **90**, 253: bej auch bei krankhbdgten [schuldh] VerhaltensAuffälligk des Eheg). Die Aufn einer auf Dauer angelegten intimen Beziehg zu einem neuen Partn nach einer aus and Grden herbeigeführten Trenng kann die Anwdg der Nr 6 rechtf (Ffm FamRZ **99**, 1135); denn widersprüchl handelt, wer sich auf den die UnterhPfl tragden Grds der unter Eheg geschuldeten Solidarität beruft u sich selbst unter Abkehr von den ehel Bindgen, die währd des GetrLeb weiter bestehen, einem neuen Partn zuwendet. Die Beziehg muß nicht GeschlVerk einschl (Hamm FamRZ **81**, 162; KG FamRZ **89**, 868 mA Finger 1180 u Erwiderg Diener FamRZ **90**, 407; Nürnbg FamRZ **99**, 508). Daß ein Eheg ehebr Beziehgen zu mehreren Partn aufgen h, ist unterhrechtl nicht anders zu beurteilen als die Zuwendg zu einem einz Partner (BGH FamRZ **83**, 670; vgl Hamm u Celle FamRZ **87**, 600 u 603). „Ausbruch" aus einer „intakten"Ehe wurde verneint bei Zuwendg zu einem neuen Partn nach wiederholt geäußerter TrenngsAbs (KGR **98**, 86) od nach mehrmals verziehenem vorangegangem Ehebruch mit dem neuen Partn (Hamm FamRZ **97**, 1080). Unter dem Gesichtspkt der schuldh Bloßstellg des Verpfl können die **Begleitumstände** der neuen Partnsch zur Anwendg der Nr 6 führen, wenn sie den Verpfl zu demütigen, bloßzustellen od lächerlich zu machen geeignet u desh kränkd sind. Maßg ist der RKreis des Verpfl (Nehlsen-vStryk FamRZ **90**, 109/11; JHBü Rn 30; aA Schwab/Borth IV Rn 506 ff: „Öffentlk"). – **(2)** Das **Absehen von einer Heirat** mit dem neuen Partn **nur zur Vermeidung der Rechtsfolgen des § 1586** gehört als Fall vorwerfb Verhaltens auch zu diesem TatbestdsTyp. Der BGH (NJW **84**, 986; **89**, 1083) behandelt ihn dagg als Fall der Nr 7 (vgl Rn 40). Vorauss ist jedenf, daß keine beachtl Grde gg eine Wiederheirat bestehen, zB schlechte wirtsch Verh des Partners. Bl Absehen von einer Heirat mit dem neuen Partn ohne Hinzutreten bes Umst stellt keinen schwerwiegden Grd dar (BGH NJW **84**, 2692). Aus den Motiven des neZusLeb iF einer Leb- und WirschGemsch können aber zusätzl Gesichtspkte f die Anwendg der Härtekl gewonnen w (BGH FamRZ **87**, 1011). – **(3)** Die Unzumutbk kann sich auch daraus ergeben, daß der UnterhBer die **außereheliche Zeugung** eines Ki geleugnet u ein nicht vom Eheg stammdes Ki ihm ggü zumind mit bdgtem Vors als ehel ausgegeben („unterschoben") hat (BGH NJW **83**, 451 u 1548; Kln FamRZ **98**, 749; vgl Brem MDR **98**, 416: vorehel Täuschg üb Vatersch eines erwarteten Ki u dadch veranlaßte Eheschl). Hat die gesch Ehefr den Mann von der rechtzeit Anfechtg der Vatersch (früh: Anfechtg der Ehelk des Ki) abgehalten, kann dies zur Bej eines Härtefalls führen, wenn die Abstammg von einem and Mann unstr ist, u insb, wenn die Ehefr den Mann in der falschen Sicherh gewiegt h, nicht f das Ki aufkommen zu müssen (BGH NJW **85**, 428; Oldbg FamRZ **91**, 448). – **(4) Weitere Fälle:** Gewerbsmäß Betreiben von Telefonsex ohne Wissen des Ehem (Karlsr FamRZ **95**, 1488; vgl Rn 12); vgl auch Hamm FamRZ **94**, 168 (Ehem bestohlen u tätl angegriffen) u **96**, 223; Kblz FamRZ 98, 745 (gefährl Körperverletzg, auch b Mitversch). Vgl KG FamRZ **97**, 1012 (verneint b Täuschg üb Häufigk vorehel Eheschl u Wegn v Hausr). – **(5)** Bei fortgesetzter massiver **Vereitelung des Umgangsrechts** ist f die Dauer dieser Vereitelg Nr 6 anwendb (Nürnbg FamRZ **94**, 1394; Mü FamRZ **97**, 1160; **98**, 750; Karlsr NJWE-FER **98**, 121; vgl BGH NJW **87**, 893). Wandert der sorgeberecht Eheg mit dem Ki gg den Willen des and EltT aus, so daß dessen UmgangsBefugn erhebl behindert w, so liegt darin ein schwerwiegdes Fehlverhalten, wenn die Auswanderg in der Abs erfolgt, das UmgangsR zu vereiteln (BGH NJW **87**, 893: nicht schon bei bl Täuschg üb die AuswandergsAbs). Zum Wiederaufleben des Anspr vgl Rn 47. – **(6)** Die **Weigerung** eines Eheg zur Begr eines **gemeinsamen Wohnsitzes** an dem vom and Eheg gewünschten Ort ist nur dann als HärteGrd iSd Nr 6 anzusehen, wenn er sich einem obj vernünft u zumutb Vorschlag ohne sachl Grde von einigem Gewicht willkürl verschlossen h (BGH NJW **87**, 1761). 27 28 29 30 31 32

g) Ebenso schwerer anderer Grund, Nr 7 (Lit: Ruland NJW **93**, 2855; Büttner FamRZ **87**, 23; **96**, 136 u 205). **aa)** AuffangTatbestd bei Überschreitg der ZumutbkGrenzen wg der aus der UnterhPfl erwachsden Belastgen aus sonstigen, nicht in Nr 1–6 aufgeführten Grden (BGH NJW **83**, 1548; FamRZ **88**, 930; NJW **94**, 1286). Nr 7 greift ein, wenn dem Ber sein Verhalten subj nicht vorgeworfen w kann, jegl UnterhLeistg aber obj unzumutb erscheint (Hamm FamRZ **98**, 371). Ders Sachverh kann, wenn Grde nach Nr 1–6 nicht gegeben sind, nicht nochmals als and Grd iSd Nr 7 berücks w (BGH NJW **87**, 1761; FamRZ **95**, 1405). Üb Nr 7 kann ein Ausschl der vermrechtl Folgen der Scheidg wie iF des § 1318 (früh EheG 37 II) nicht erreicht w (BGH NJW **96**, 2727). 33

bb) Als **„objektive Unzumutbarkeit"** kann sich insb eine nePartnsch auswirken, wobei die Tats der intimen Beziehg, auch in Form einer eheähnl Gemsch, f sich allein nicht den Tatbestd der HärteKl erf (BGH NJW **89**, 1083). Nach **BGH** greift Nr 7 bei folgden **Falltypen** ein: – **(1)** Wurde der TrenngsUnterh wg der Aufn einer neLebG währd der Ehe gekürzt od ausgeschl u dauert die „ehezerstörde" Beziehg nach der Scheidg an, wirkt das früh Fehlverhalten iSd Nr 6, das wg des Wegf der ehel TreuePfl nicht mehr als schuldh anzusehen ist (Rn 24), auf den nachehel UnterhAnspr üb Nr 7 iSe „Ausstrahlg" fort (NJW **83**, 1548 u 1552; **84**, 297; **91**, 1290). Die wirtsch Lage des neuen Partn ist hierbei nicht von entsch Bedeutg (NJW **89**, 1083). Zerbricht die „ehezerstörde" Partnsch alsbald nach der Scheidg, wird aber danach eine weitere begr, lebt der UnterhAnspr wieder auf, die neue Gemsch kann aber unter den (übr) TatbestdsVarianten des § 1579 dessen RFolgen auslösen (and Diederichsen 58. Aufl Rn 33 für den nicht ow vergleichb Fall des späteren PartnWechsels beim TrenngsUnterh). – **(2)** Die Beziehg des UnterhBedürft zu seinem neuen Partn kann wg bes (zB kränkder od sonst anstöß) **Begleitumstände** geeignet sein, den and in außergewöhnl Weise zu treffen, ihn in der Öffentlk 34 35 36

37 bloßzustellen od sonst in seinem Ansehen zu schädigen (BGH NJW **89**, 1083). – **(3)** Das ZusLeb des UnterhBer mit einem neuen Partn kann vor allem dann zur Ann des HärteGrdes iSv Nr 7 mit der Folge der Unzumutbk einer weiteren UnterhBelastg f den Verpfl führen, wenn sich die Beziehg in einem solchen Maß iSe **„ehegleiche ökonomische Solidarität" verfestigt** h, daß damit gleichsam „ein neZusLeb an die Stelle einer neuen Ehe getreten ist" (BGH NJW **89**, 1083). Das liegt nahe, wenn ein fester soz u wirtsch ZusSchluß des unterhbedürft Eheg mit einem neuen Partn üb eine längere Zeit besteht, in dessen Folge beide ähnl wie in einer Ehe zu einer UnterhGemsch gelangen (BGH NJW **83**, 1548). Hierfür ist allerd idR eine gew **Mindestdauer** erfdl, die kaum unter **2–3 Jahre** liegen w (BGH NJW **97**, 1851; Kln FamRZ **98**, 1236: 2 ½ J), denn erst dann läßt sich verläßl beurteilen, ob die Partn auf Dauer in einer verfestigten Gemsch leben. Die Ann einer solchen Gemsch setzt dabei nicht zwingd voraus, daß die Partn räuml zusleben u einen gemeins Haush führen (BGH NJW **84**, 2692; Hamm NJW-RR **99**, 1233), wenngleich eine solche Form des ZusLeb ein typ Anzeichen hierf ist (BGH NJW **97**, 1851; Hamm NJW-RR **96**, 1474; vgl auch Düss FamRZ **98**, 1237). Ein intimes Verh allein reicht nicht aus, sofern nicht sonstige Umst hinzutreten (BGH FamRZ **95**, 540). Die Beurteilg, ob diese Vorauss vorliegen, ist Sache des Tatrichters. Die Verfestigg der soz Beziehg ist festzustellen, ihr bl „ErscheingsBild" genügt nicht (Hamm FamRZ **98**, 1588 mA Born). Erfdl ist weiter, daß der Partn zu UnterhZahlgen an den and **leistungsfähig** ist (FamRZ **87**, 1011; NJW **89**, 1083: idR; Hamm FamRZ **97**, 1080). Das rechtf sich daraus, daß der Bedürft sein Auskommen in der neuen Partnsch nur finden kann, wenn dort die erfdl Mittel vorh sind. Anders als bei der Ehe kann hier also das „Risiko" der neuen Partnerwahl auf
38 den (früh) Ehepartner „abgewälzt" w (so JHBü Rn 37 aE). – **(4)** Diese Grds hält der BGH (NJW **95**, 523) auf **gleichgeschlechtliche Beziehungen nicht** ow f übertragb. Eine Ausn kann nach BGH nur bestehen, wenn bes ehrkränkde BegleitUmst hinzutreten, die geeignet sind, den Verpfl bloßzustellen u in seinem Ansehen zu schädigen. – *Krit:* Kommt es aber nur auf die tats Bildg einer „UnterhGemsch" (vgl 37) an, ist bei der im UnterhR naheliegden ökonom Betrachtgsweise die Binnenstruktur der gemeins wirtsch „Einheit" unerhebl, insb ob sexuelle – auch gleichgeschlechtl (offen BGH NJW **95**, 655) – Beziehgen bestehen. Erfdl ist aber eine „Solidarität" (hier im Unterschied zu freiw Leistgen Dr in Form von psych od mat Unterstützg zu verstehen), aGrd deren der eine Partner „wie in einer Ehe von dem and unterh" w (BGH FamRZ **95**, 540/2), indes ohne Erfordern der EheschlMöglk. Unabhäng v der Frage, ob ein gleichgeschlechtl ZusLeb zur Anwendg der Nr 6 od 7 führen kann, ist in Betr zu ziehen, daß auch insow tats od fiktive Zuwendgen des (gleichgeschl) Partn dem
39 UnterhBer als Eink zuzurechnen sein können (vgl § 1577 Rn 14 ff). – **(5)** Nach BGH FamRZ **95**, 540 zählt unter Nr 7 als obj UnzumutbkGrd eine „ehezersetzende", näml als **Ehealternative** auf Dauer bewußt gewählte u verfestigte neLebG (vgl BGH NJW **89**, 1083). Gemeint sind Fälle des „Formenumwegs", das Verdikt der Unzumutbk gründet sich hier auf die Form des PartnerschVerh selbst. Das „Erscheingsbild in der Öffentlk" kann dann aber nicht entsch sein (inzw von BGH NJW **97**, 1851 als Kriterium offengel). Erfdl ist vielm, daß die Gemsch von hinreichd verläßl Bestand u längerer Dauer ist (s Rn 37) u eine häusl Gemsch (aA Hamm NJW-RR **95**, 389; AG Westerburg FamRZ **97**, 1339) besteht, um einers zu vermeiden, daß dieser Falltyp zu einem „Instrument der allg LebFührgsKontrolle" (vgl Hamm OLGR **97**, 310; JHBü Rn 41) mißbraucht w, u ands, daß die nachehel Solidarität überstrapaziert w. Sachgerechte Erg lassen sich f diese Fallgruppe bei bl
40 vorgeschobener Bedürftigk jedoch eher dch Zurechng fiktiven Eink erzielen (vgl Rn 38 aE). – **(6)** Der BGH ordnet auch den Fall hierher, daß der UnterhBedürft von einer Heirat mit dem neuen Partn nur desh absieht, um den UnterhAnspr nicht zu verlieren (NJW **89**, 1083; so auch Kln NJW-RR **94**, 1030 – richtiger: Nr 6; s oben Rn 28).

41 **cc) Sonstige Unzumutbarkeitsgründe: (1)** Bei **Wiederheirat** des UnterhPfl partizipieren zwar grdsl alle UnterhBer von der günstigeren SteuerKl (vgl § 1581 Rn 9); in einem Mangelfall kann trotz Vorrangs des gesch Eheg (§ 1582) dessen UnterhAnspr aber gem Nr 7 zu kürzen sein, soweit der Pfl den Betr der SteuerErsparn f den Unterh des neuen Eheg benötigt (BGH NJW **85**, 2268; **88**, 2105; Stgt NJW-RR **91**, 69; Brschw FamRZ **95**, 356; vgl auch Hamm FamRZ **99**, 42). Dazu bedarf es einer umfassden Abwägg, bei der insb v Bedeutg ist, zu welcher Belastg des UnterhVerpfl der Einsatz des SplittingVorteils f den Unterh des gesch Eheg führt. **(2)** Nr 7 kommt in Betr, wenn zwar keine kurze Ehedauer gem Nr 1 gegeben ist, die Partner aber bis zur Trenng nur wenige Mo zusgelebt h (BGH FamRZ **88**, 930) od bewußt trotz Heirat nie eine EheGemsch aufnahmen (BGH FamRZ **94**, 558: nach KirchenR ungült Ehe; NJW **96**, 2793). **(3)** Geburt eines ne Ki, infdessen der Bedürft nicht erwtät sein kann (Mü FamRZ **94**, 1108 iF einer Scheinehe).

42 **dd) Kein Härtefälle** sind nach **BGH: (1)** Daß die neue Familie des UnterhPfl bei Erf des Anspr des gesch Eheg unter der Sozialhilfeschwelle leben muß (BGH NJW **96**, 2793; zweifelh; vgl auch § 1581 Rn 16); **(2)** Nicht ehebdgte Krankh (so BGH NJW **94**, 1286; FamRZ **95**, 1405; zweifelh, vgl § 1572 Rn 3, 13); **(3)** Langjähr GetrLeb (BGH NJW **85**, 1345: 30 J); **(4)** Langjähr NichtGeltdmachg des UnterhAnspr (BGH NJW **85**, 1345).

43 **3) Grobe Unbilligkeit** ist pos festzustellen (vgl BGH NJW **82**, 2064; **84**, 2692; **98**, 1309), wobei zunächst die Prüfg der Vorauss des jew HärteTatbestds (ohne BilligkErwägg) erfolgen muß, bevor unter Beachtg der Kriterien des S 1 Hs 1 entsch w kann, inwieweit eine Inanspruchn des Verpfl grob unbill wäre (BGH **99**, 1630). Das Vorliegen eines HärteGrds eröffnet den Einstieg in die BilligkAbwägg, ersetzt sie aber nicht, sond ist allenf ein Indiz f grobe Unbilligk. Zusätzl zur Prüfg des EinzTatbestds ist daher eine **Gesamtwürdigung** notw; das ist verfkonform (BVerfG FamRZ **92**, 1283/4). Dazu bedarf es eines Vergl der Schwere des Solidaritätsverstoßes des Ber mit seinen Auswirkgen auf den Verpfl (vgl Hamm FamRZ **99**, 1139 bei überdchschnittl Eink- u VemLage) u einer Abwägg der GesamtUmst (BGH FamRZ **86**, 889). Von wesentl Bedeutg ist das Maß der Verflechtg der beiders LebDispositionen u der Grad der wirtsch Abhängigk des unterhbedürft Eheg vom and, weil die LebSituation der Partn in der Ehe dch den gemeins LebPlan entsch geprägt w u mit der Zunahme der Ehedauer auch eine zunehmde Verflechtg der beiders LebDispo sowie im allg eine wachsde wirtsch Abhängigk des unterhbedürft Eheg einhergeht, ggü der sich dieser Eheg dch die unterhrechtl Solidarität des Eheg abgesichert zu fühlen pflegt (vgl BGH NJW **81**, 754; **86**, 2832 mwN, von BVerfG **80**, 286/293 in Bezug gen).

44 Für die Frage der **Unzumutbarkeit der Belastung** sind bes die EinkVerh des UnterhPfl zu berücks (BGH NJW **84**, 297), dh die Auswirkgen der Inanspruchn des Verpfl auf seinen finanz BeweggsSpielraum u sein

Interesse an wirtsch Entlastg (BGH FamRZ **83**, 670). Beengte fin Verh iVm einer BarUnterhPfl f das beim UnterhBer lebde Ki u zugl eine Pfl zu Bar- u BtUnterh f das beim UnterhPfl lebde Ki können zu einer UnverhältnMäßigk der Belastg beim UnterhVerpfl führen (BGH NJW **84**, 296). Bei guten wirtsch Verh des Schu wird eine Sanktion gem § 1579 idR nicht gerechtf sein (Mü OLGR **97**, 295). Als **weitere Kriterien** kommen in Betr: Die lange Dauer der Ehe (BGH NJW **86**, 722; FamRZ **86**, 443); die Chancen des Gläub, eine Stelle auf dem ArbMarkt zu finden; der Umst, daß es wg der Zuwendgen, die der UnterhBer von seinem jetzigen Partn erh, nur noch um AufstockgsUnterh geht (BGH FamRZ **84**, 356); die Tats, daß dem Verpfl dch die UnterhGewährg weniger verbleibt, als er zur Deckg seines eig, den eLV entspr Unterh benötigt; die Angewiesenh des Bedürft auf die UnterhLeistg; Verdienste des Ber um die Fam, bes bei der KiErz (BGH FamRZ **86**, 889); die Schwere des HärteGrds. Zu berücks ist auch, ob (u ggf aus welchen Grden) der Verpfl – in Kenntn der Verfehlg des Ber – den Unterh weiterbezahlt h (vgl Hamm FamRZ **94**, 705; Düss **97**, 1159).

4) Rechtsfolgen (vgl Rn 3). Möglk: Gänzl Ausschl, bl Minderg od zeitl Begrenzg des UnterhAnspr. 45
Abgestufte Begrenzung des Unterh von der zeitl begrenzten Herabsetzg bis zur dauerh vollständ Versagg od auch zunächst eine uneingeschränkte Gewährg, spätere Herabsetzg u schließl volle Versagg. Nachehel Solidarität ist nicht nur f eine der Ehedauer entspr Zeit zumutb (BGH NJW **96**, 2793). Bei festem wirtsch u soz ZusSchluß des unterhbedürft Eheg mit einem neuen Partn tritt aber der Gesichtspkt der langen Ehedauer zurück (BGH FamRZ **86**, 443). Der EhegUnterh ist erst dann zu kürzen, wenn der HaftgsAnteil des Ehem neben dem des ne Vaters nach §§ 1615 l, 1606 III 1 festgestellt ist (BGH NJW **98**, 1309). – **a) Begrenzung** 46
der Höhe. Nach Maßg des Grades der wirtsch Belastg des Verpfl ist eine Herabsetzg auf den notw Bed des Bedürft idR geboten, wenn dem Verpfl weniger als der angem EigBed verbleibt (BGH FamRZ **89**, 1279). Lebt der Bedürft mit einem neuen Partn zus, können die MindBedSätze f einen mit dem UnterhPfl zuslebden Eheg (Düss Tab B VI: 1100/950 DM) nicht angesetzt w, da den Partn keine RPflicht zu UnterhLeistgen trifft (Einl 19 vor § 1297; vgl BGH NJW **91**, 1290: MindBed im EinzFall auch unter den übl MindBedSätzen). Zur Begrenzg bei KiBt vgl Rn 48. Zur Auswirkg der Kürzg auf den VorsorgeUnterh vgl Brem FamRZ **99**, 1138. – **b) Zeitliche Begrenzung.** Die Versagg des UnterhAnspr gem § 1579 muß nicht endgült sein (BGH 47
FamRZ **87**, 1238). Ein **Wiederaufleben** des UnterhAnspr ist bei allen UnterhTatbestden des § 1579 grdsl mögl (Göppinger/Kindermann Rn 1284; JHBü Rn 58; Luthin FamRZ **86**, 1168; Schwab/Borth IV Rn 433, 529; str), u zwar nicht nur bei Nr 7 (so aber Soergel/Häberle Rn 36; wohl auch Diederichsen 58. Aufl Rn 33). Dies entspr auch dem RGedanken des § 1586 a, zB bei Auflösg einer langj neuen Partnsch iFv Nr 7 (BGH NJW **87**, 3129), bei Wiedereinräumg eines UmgangsR (Nürnbg FamRZ **97**, 814; Mü **98**, 614 u 750) od zur Wahrg der KiBelange (BGH FamRZ **88**, 1238: bei BtÜbern ist dann eine umfassde Neuprüfg erfdl).

5) Wahrung der Kindesbelange (Lit: Henrich FamRZ **86**, 401). Der BtUnterh gem § 1570 ist selbst bei 48
HärteGrden gem § 1579 idS privilegiert, daß er im Interesse des Wohls der betreuten Ki trotz Fehlverhaltens des betreuenden Eheg diesem gleichwohl die Wahrnehmg seiner EltVerantwortg sichern soll (BGH FamRZ **97**, 873). § 1579 idF des UÄndG 1986 schließt im Ggs zur früh, v BVerfG (NJW **81**, 1771) beanstandeten Regelg die Anwendg der Härtekl bei KiBt nicht völl aus. Da die KiBelange zu **wahren** (nicht nur: zu berücks) sind, kommt eine Versagg, Herabsetzg od zeitl Begrenzg des Unterh jedenf im Grds nur in Betr, soweit Pfl u Erz des Ki trotzdem gesichert bleiben. Das ist nach **BGH** (zB NJW **90**, 253) der Fall, (1) soweit der Unterh das Maß dessen übersteigt, was der betreuenden Eheg zur Deckg seines MindBed benötigt; (2) soweit dieser die erfdl Mittel von Dr erh kann u desh auf den Unterh nicht angewiesen ist; (3) wenn Pfl u Erz dch Dr sichergestellt w können (BGH NJW **97**, 1851). Die KiBelange sind danach erst dann betroffen, wenn der Bedürft üb die erfdl Mittel verfügt, die er zur Bestreitg seines eig notw LebBed braucht. Allerd darf er nicht auf SozHilfe verwiesen w (BGH FamRZ **89**, 1279/80; NJW **91**, 1290); die Obliegenh zur ArbAufn kann aber früher einsetzen (dazu Liebl-Blittersdorff/Schöfer-Liebl FamRZ **89**, 1241). Nach BGH FamRZ **87**, 1238 ist ausr, dem betreuenden Eheg nur den **notwendigen** Unterh (vgl Kln FamRZ **98**, 1236/8; Mü FuR **98**, 262) zu sichern u ihm eine HalbtagsTätigk anzusinnen, auch wenn ihm diese mit Rücks auf das KiAlter (hier: 10 J) idR nicht zugemutet w kann. Iü muß auch im VerwirkgsFall eine volle ErwTätigk neben der KiBt erst ab dem 15./16.LebJ des Ki erfolgen, eine TeilzeitTätigk je nach EinzFall erst ab der 3. GrdSchulkl od ab dem 11. LebJ, insb bei Bt von 2 Ki (BGH NJW **97**, 1851 u FamRZ **97**, 873). **In besonders schwerwiegenden Fällen** kann nach BGH NJW **98**, 1065 u 1309 (vgl auch BVerfG NJW **89**, 2807) eine Herabsetzg des Unterh auch unter den MindBed (vgl Hamm FamRZ **99**, 1134 zur Grenze des äußersten Existenzminimums, hier: 800 DM) od gar ein **völliger Ausschluß** zul sein. In solchen bes krassen Fällen wird auch erwogen, die Anfordergen an die ErwObliegenh des betreuenden EltT zu verstärken. Dies kann allerd dazu führen, daß der Eheg trotz der KiBt in gew Umfang einer TeilErwTätigk nachgehen muß, um seinen eig notw Bed sicherzustellen; das dient indes nicht der „Wahrg" der KiBelange (krit insow zuR Schwab FamRZ **97**, 521/5; Büttner FamRZ **98**, 1 ff). Nach BGH NJW **98**, 1309 ist ein ErzG nach ErzGG 9 S 2 iRv § 1579 anzurechnen.

6) Konkurrenzen. §§ 1573 V, 1578 I 2 sind neben § 1579 anwendb. Bei § 1576 sind alle Umst in die 49
BilligkPrüfg einzubeziehen; eine Anwendg des § 1579 scheidet daher aus.

7) Beweislast. Der UnterhPfl muß die tats Vorauss der **rechtsvernichtenden Einwendung** des § 1579 50
darl u bew (BGH FamRZ **84**, 364; NJW **91**, 1290); das gilt auch f sog NegativTats u grdsl auch f das Fortbestehen des VerwirkgsGrds. Er muß auch das schwerwiegde Fehlverhalten bew u substantiierte, erhebl GgVorwürfe ausräumen (Karlsr NJW-RR **99**, 153). Dazu gehört grdsl, daß er Vorbringen der GgPart, das iF der Richtigk gg die Ann einer groben Unbilligk spricht, zu widerlegen h. Kann er ein derartiges Vorbringen nur in Abrede stellen, sind an die Substantiierg seiner Darleggen nach § 242 keine hohen Anfordergen zu stellen (BGH NJW **82**, 1461). Der Ber muß iFv Nr 3 beweisen, daß er nach mutw Herbeiführg der Bedürftigk alle erfdl Anstrenggen zur Beseitigg der Bedürftigk unternommen h (BGH FamRZ **84**, 364). Nr 6, 7: Der Verpfl muß zwar darl, daß der Ber in einer eheähnl Beziehg lebt, die weitere UnterhAnspr ausschließt; bei der Darl der Tats, die zum WahrnehmgsBereich des and gehören, genügt es aber, wenn eine solche Tats behauptet u zugl darauf hingewiesen w, daß eine genauere Kenntn zu diesen Tats nur die GgPart habe, der hierzu entspr Angaben zuzumuten seien; ihr ist es dann im Hinbl auf die AuskPfl (§ 242) zuzumuten, sich zu diesen

Behauptgen substantiiert zu äußern, wobei es eines konkr eig klärden TatsVortrags des UnterhBer aus seinem eig WahrnehmgsBereich bedarf. Ein einf Bestreiten des UnterhBer zu den ins einz gehden Bekundgen des bewbelasteten UnterhSchu genügt dann nicht. Unterläßt der Ber eine solche, ihm nach dem Umst zumutb Substantiierg, gelten die TatsBehauptgen des ProzGegn gem ZPO 138 III als zugestanden (BGH NJW **87**, 1201; vgl § 1569 Rn 13). Beruft sich der Verpfl darauf, daß das Fehlverhalten einseit war, muß er dies bew (BGH FamRZ **83**, 670). Die Behauptg, der UnterhBer sehe von einer Heirat mit seinem Partn nur ab, um sich die UnterhAnspr zu erh, ist dem AnschBew nicht zugängl (BGH NJW **83**, 1584). Bei noch bestehder LebGemsch muß der Eheg, der sich unmittelb im Anschl an die Abwendg von dem and Eheg einem neuen Partn zuwendet, substantiiert darlegen, daß die Ehe schon gescheitert war od daß sein Verh aus sonst Grden nicht als einseit Fehlverhalten gewertet w kann; dieses gg die Ann einer groben Unbilligk sprechde Vorbringen muß dann der Verpfl widerlegen. Bewpfl f das Motiv der Nichtheirat ist der Verpfl (Kln NJW-RR **94**, 1030). Der Verpfl, der sich auf das Bestehen einer „UnterhGemsch" beruft, muß das gemeins Wirtsch beweisen (bl WohnGemsch etwa zur Senkg der Wohnkosten nicht ausr). Der Ber muß die Umst darl u bew, die zu einem Wiederaufleben des UnterhAnspr führen, ebso eine Verzeihg eines schweren Fehlverhaltens.

51 **8) Prozessaules.** Geltdmachg einer auf § 1579 gestützten späteren Herabsetzg (ebso Wegf) des Unterh: ZPO 323 (BGH NJW **97**, 1851); in dem AbändVerf erfolgt eine neue Prüfg unter Einbeziehg aller BilligkFaktoren, auch unter Berücks des ZtAblaufs.

1580 ***Auskunftspflicht.*** **Die geschiedenen Ehegatten sind einander verpflichtet, auf Verlangen über ihre Einkünfte und ihr Vermögen Auskunft zu erteilen. § 1605 ist entsprechend anzuwenden.**

1 **1) Zweck** der ggs AuskPfl zw gesch (ebso getrenntleb, §§ 1361 IV 4, 1605) Eheg ist die Vermeidg, jedenf Vereinfachg von UnterhRStreitigk. Die Vorschr gibt nur einen bereits aGrd v § 242 bestehden RZustand wieder (BGH FamRZ **79**, 210). Zur AuskPfl iR der bestehden Ehe: § 1353 Rn 13. Die AuskPfl gem § 1580 besteht ab RHängigk des ScheidgsAntr (BGH NJW **82**, 1645), so daß üb das AuskBegehren schon vor Rechtskr der Scheidg erkannt w kann.

2 **2) a) Auskunftspflicht** besteht nur, wenn die Ausk f den UnterhAnspr **erheblich** ist, also nicht, wenn feststeht, daß es auf sie f die Bemessg des Anspr od die Beurteilg der LeistgsFähigk nicht ankommt (BGH NJW **82**, 2771; FamRZ **94**, 558; Düss FamRZ **98**, 1191), dh zB nicht, wenn der Verpfl uneingeschr LeistgsFähigk einräumt (BGH FamRZ **94**, 1169; Ffm FamRZ **95**, 556; Hamm NJW-RR **96**, 19) od wenn das Bestehen des UnterhAnspr unabhäng von der Höhe des Eink ausgeschl ist. Ein AuskAnspr besteht aber grdsl auch dann, wenn sich der Verpfl auf UnterhVerwirkg gem § 1579 beruft (Mü OLGR **97**, 295; vgl BGH NJW **83**, 1427), da iR der BilligkPrüfg die EinkHöhe zur Feststellg der Belastg des Verpfl zu berücks ist, sofern nicht die völlige UnterhVersagg außer Zw ist. Der AuskAnspr umfaßt nicht etwa die Ausk üb Bemühgen um einen ArbPlatz (Düss FamRZ **97**, 361). – **b)** Vertragl AuskPfl können die ges Regelg überlagern (vgl Göppinger/Börger/Miesen § 4 Rn 187, § 5 Rn 178). **c)** Ggü dem AuskAnspr besteht kein ZbR (Kln FamRZ **87**, 714; vgl Einf 20 vor § 1569). – **d)** BSHG 91 nF best auch den Übergg des zivrechtl AuskAnspr (vgl Schellhorn FuR **97**, 9 u **99**, 4). – **e)** Den Sachaufwand f die Ausk hat grdsl der AuskVerpfl zu tragen (vgl BGH FamRZ **75**, 405), nicht dagg die Kosten des Sachverst bei GA-Einholg auf Verl des AuskBer. – **f)** Ausk u Vorlage von Belegen sind versch Anspr (Mü FamRZ **93**, 202 u **94**, 1126).

3 **3) Zeitraum. a) Abhängig Beschäftigte** (auch Rentner) h idR Ausk üb ihre Eink (im DchSchnitt) f das vergangene Jahr zu erteilen (BGH NJW **82**, 1642; vgl § 1361 Rn 29). – **b)** Bei **Selbständigen und Gewerbetreibenden** – ebso bei stark schwankden Eink, zB aus Vermietg/Verpachtg u Kapital (Mü FamRZ **99**, 453) – muß sich die Ausk grdsl auf die letzten 3 J erstrecken (vgl § 1361 Rn 32). Für das abgelauf J kann Ausk frühestens nach 6 Mo verl w (Bambg FamRZ **89**, 423); wg HGB 243, EStG 4 a I Nr 3, 25 I nur f volle KalendJ (Mü FamRZ **92**, 1207).

4 **4) Inhalt der Auskunft.** Die Ausk erfordert eine **geordnete Zusammenstellung** aller erfdl Angaben, um dem Ggner ohne übermäß Aufwand eine EinkBerechng zu ermögl (BGH NJW **83**, 2243). Es genügt nicht die Darstellg des EndErg, sond es müssen auch alle damit zushängden Ausgaben angeführt w. Die Ausk (zB JGehaltsBescheinigg) muß alle Eink einschl Weihnachts- u Urlaubsgeld, sonst Sonderzahlgen, Spesen, SteuerErstattgen umfassen. Die Ausk muß sich auch auf Eink aus and EinkArten erstrecken (zB NebenErwTätigk, Vermietg, KapitalVerm usw). Bei einer Gewinnermittlg od bei den WerbgsKosten der sog ÜberschußEinkfte ist ausr, Sachgesamtheiten zuszufassen, soweit der Verz auf eine detaillierte Aufschlüsselg im Verk übl ist (insow kann auch auf eine beigefügte Einnahmen-/ÜberschußRechng Bezug gen w, Mü FamRZ **96**, 307 u 738). Eine Ausk zum Verm muß einen genauen Stichtag enth, idR 31.12. des VorJ (Mü FamRZ **96**, 738). **Form:** Die Ausk bedarf grdsl der Schriftform u ist vom Verpfl in einem Schreiben zu erteilen, nicht schrittweise. Ob sie eigenhänd erteilt u unterschrieben w muß (so Mü FamRZ **95**, 737), ist aus Praktikabilitätsgründen zweifelh.

5 **5) a)** An **Belegen** kann verl w: EinkSteuerbescheid mit SteuerErkl (vgl BGH NJW **82**, 1642 u 1645), Lohnsteuerkarte, GehaltsBescheinigg, Vorlage von Bilanzen nebst Gewinn- u VerlustRechngen einer GmbH, D- od ArbVertr (BGH NJW **93**, 3262). Die bl Übersendg von Einnahmen-Überschuß-Rechngen ist unzur (Mü OLGR **98**, 82). Bei einer GewinnErmittlg sind die allein steuerrechtl beachtl von den unterhrechtl abzugsfäh Aufw abzugrenzen, zB bei der Anschaffg u Veräußg der WirtschGüter (wg AfA), der priv Nutzgs-Anteile des Pkw u des Tel (KG FamRZ **97**, 360). Ein geschführder Gter einer GmbH hat vorh Gewinn- u VerlustRechngen u Bilanzen oRücks auf ein GeheimhaltgsInteresse eines früh MitGters vorzulegen; die MißbrGef kann üb § 242 entschärft w (BGH NJW **82**, 1642; Brem OLGR **99**, 152). – **b)** Bei der Ausk zum **Vermögen** ist der Schu zur Rechenschaftslegg (zB üb den Verbleib früh vorhand Verm) nicht verpfl (Karlsr FamRZ **86**, 272). Das Ges (§§ 1580 S 2, 1605 I 2) schreibt eine Vorlage von Belegen zum Verm nicht vor (Bambg FamRZ **94**, 1048); das sollte der GesGeber ändern.

6) Ist zu befürchten, daß die Ausk nicht mit der erfdl Sorgf erteilt wurde (§ 259 II), muß der AuskVerpfl eine **eidesstattliche Versicherung** abgeben. Ist die Ausk noch nicht vollständ erteilt, muß zunächst eine ergänzde Ausk erzwungen w (ZPO 888; Kln FamRZ **90**, 1129). Erkl der AuskSchu die Vollständigk seiner Ausk, bestehen daran aber Zw, hat der AuskGl ein WahlR (vgl BGH DB **82**, 2393). 6

7) Eine **erneute** Ausk kann grdsl erst nach 2 J verl w (BGH NJW **97**, 1439), gerechnet ab der letzten mdl Vhlg im VorProz od dem abgeschl Vergl (vgl § 1605 II), sofern nicht wg wesentl Eink- od VermSteigerg vorzeit Ausk desh verl w kann, weil eine Auswirkg der Steigerg auf den nachehel Unterh (der sich nach den eLV richtet) mögl ist. Eine AuskErteilg zum TrenngsUnterh ist wg des unterschiedl StreitGgst unerhebl (Hamm FamRZ **96**, 868; aA Jena FamRZ **97**, 1280), es sei denn, daß das RSchutzinteresse fehlt, weil die Tats bereits aGrd der erteilten Ausk als bekannt anzusehen sind. 7

8) Eine **Pflicht zur unaufgeforderten Information** (Lit: Hoppenz FamRZ **89**, 337; Fischer-Winkelmann/Maier FuR **92**, 14; van Els FamRZ **95**, 650; Brudermüller, FS Rolland 1999, 45/57) besteht nach **BGH** grdsl **nur auf Verlangen**; sie kann sich aber in **Ausnahmefällen** aGrd (nach)ehel Solidarität aus § 242 ergeben, wenn der UnterhGl od -Schu einen VertrauensTatbestd geschaffen h, so daß das Schweigen üb eine grdlegde Veränderg der Verh **evident unredlich** erscheint (BGH NJW **86**, 1751/4; **88**, 1965/7; NJW **99**, 2804; Bambg FamRZ **94**, 1178; Hamm FamRZ **94**, 1119: Erbsch; Brem MDR **99**, 808). Bei **Vergleichen** erhöht sich die Pfl zur Rücksichtn auf die Belange des and Eheg. Der UnterhBer ist im Hinbl auf seine vertragl TreuePfl gehalten, jederzt u unaufgefordert Umst zu offenbaren, die ersichtl die Verpfl des and aus dem Vertr berühren (BGH NJW **97**, 1439 bei deutl Überschreitg eines im Vergl vereinb anrechngsfreien Betr). Ändern sich die maßg Verh währd des RStr, so sind die Umst, die sich auf den geltd gem Anspr auswirken können, auch ungefragt anzuzeigen (BGH NJW **99**, 2804). Die Verletzg der Pfl zu ungefragter Info u falsche AuskErteilg können zu SchadErsAnspr gem § 826 u zu Sanktionen gem § 1579 Nr 2 (dort Rn 14) führen, auch im AbändProz (BGH NJW **97**, 1439; vgl JHBr ZPO 323 Rn 30 mwN). Die Part muß sich dabei bewußt sein, daß sich die Ändergen auf den Unterh konkr auswirken (Hamm FamRZ **97**, 433; vgl JHBr ZPO 323 Rn 107 mN). 8

9) Rechtsfolgen. Konnten UnterhAnspr wg Verzugs der AuskErteilg nicht rechtzeit geltd gem w, kommt ein SchadErsAnspr in Betr (BGH NJW **84**, 868; vgl aber Bambg FamRZ **90**, 1235; Kln FamRZ **96**, 50: AbändStufenKl); ebso wenn Ausk nach Verzugseintritt nicht erteilt w (BGH FamRZ **94**, 163), zB wenn wg Verzugs der Ausk StufKl erhoben wurde u sich nach der erst dann erteilten Ausk ergibt, daß kein UnterhAnspr besteht (BGH FamRZ **95**, 348: iH der VerfKosten). 9

10) Prozessuales. Bei einer AuskKl ist ein genau best Antr mit genauer Bezeichng der geforderten – bereits existenten (BGH FamRZ **89**, 731) – Belege erfdl, andf ist die Kl unzul (BGH NJW **83**, 1056). Der zweckmäß proz Weg zur Geltdmachg des AuskAnspr ist die **Stufenklage** (ZPO 254; BGH NJW **82**, 1645). Im VerbundVerf kann Ausk nicht isoliert verl w (BGH NJW **97**, 2176: ggf Abtrenng); die ges Stufenkl ist Folgesache. Bei fehldem ZahlgsAnspr treffen den Kl die Kosten (BGH FamRZ **94**, 1595; **95**, 348). Beschwer: Aufwand f Zeit u Kosten der AuskErteilg (BGH NJW **95**, 664). Die ZwVollstr richtet sich nach ZPO 888, die Vorlage von Belegen idR nach ZPO 883 (Büttner FamRZ **92**, 629). 10

11) Verfahren. Im UnterhProz kann nach ZPO 643 nF das Ger den Part aufgeben, Ausk zu erteilen, u gem ZPO 643 II selbst Eink einholen. Dadch werden die mat AuskPflichten zw den Part nicht eingeschränkt, da nur die Möglk des Ger nach ZPO 273 erweitert, nicht aber die AmtsermittlgsMaxime eingef w (BT-Drucks 13/7338 S 35). 11

3. Leistungsfähigkeit und Rangfolge

1581 ***Unterhalt nach Leistungsfähigkeit.*** **Ist der Verpflichtete nach seinen Erwerbs- und Vermögensverhältnissen unter Berücksichtigung seiner sonstigen Verpflichtungen außerstande, ohne Gefährdung des eigenen angemessenen Unterhalts dem Berechtigten Unterhalt zu gewähren, so braucht er nur insoweit Unterhalt zu leisten, als es mit Rücksicht auf die Bedürfnisse und die Erwerbs- und Vermögensverhältnisse der geschiedenen Ehegatten der Billigkeit entspricht. Den Stamm des Vermögens braucht er nicht zu verwerten, soweit die Verwertung unwirtschaftlich oder unter Berücksichtigung der beiderseitigen wirtschaftlichen Verhältnisse unbillig wäre.**

1) Zweck und Systematik. Die **Leistungsfähigkeit**, die schon f die eLV maßg war (§ 1578 Rn 1), findet ihre **Grenze** bei dem Betr, den der Verpfl f seinen eig Unterh u den Unterh vorrang Ber benötigt. Die Vorschr, die gesetzestechn als **Einwendung des Verpflichteten** in einer weiteren PrüfgsStufe ausgestaltet ist, aktualisiert u beschr die LeistgsPfl nach den ggwärt Erw- u VermVerh. Ist der Verpfl danach bei Berücks seiner sonst Belastgen außerstande, ohne Gefährdg seines eig angem Unterh den vollen Unterh zu leisten, verwandelt sich dieser strikte Anspr auf Leistg des eheangem Unterh in einen **Billigkeitsanspruch** (BGH NJW **90**, 1772; Rn 16). Für solche Mangelfälle w der Anspr auf den vollen Unterh eingeschränkt, damit nicht beide, Verpfl wie Ber, SozHilfe fordern müssen (Graba u Kalthoener/Büttner FamRZ **89**, 233 u 574; krit Dieckmann FamRZ **79**, 139). Zur BilligkAbwägg darf es nicht schon bei der Ermittlg des dem Ber an sich zustehden Unterh od der aktuellen LeistgsFähigk kommen, sond erst, wenn die Einschränkg der LeistgsFähigk feststeht. Die Vorauss einer eingeschr LeistgsFähigk u die daraus resultierde UnterhBemessg, bei der dann BilligkErwägen eine Rolle spielen, sind daher streng auseinanderzuhalten. 1

2) Leistungsfähigkeit. a) Grundsatz. Wie beim TrenngsUnterh (§ 1361 Rn 28 ff) sind auch f den nachehel Unterh bei Ermittlg der LeistgsFähigk grdsl **alle Einkünfte** heranzuziehen (BGH FamRZ **80**, 342; **82**, 2771). Entsch ist, ob die Mittel zur Deckg des LebBed zur Vfg stehen u grdsl geeignet sind, den LebBed des Empf (teilw) zu decken (BGH NJW **83**, 684). Die Grds u Bestimmgen des SozHilfeR können zur unterhrechtl Best der LeistgsFähigk grdsl nicht herangezogen w (BGH NJW **95**, 1486 zu BSHG 69). Für die Obliegenh des Ber u des Verpfl zum Einsatz ihrer wirtsch Mittel gilt der Grds der **Gleichbehandlung von Berechtigtem und Verpflichtetem**, so daß grdsl dieselben Maßst anzulegen sind (BGH FamRZ **85**, 354). 2

Bei der Prüfg der LeistgsFähigk sind nicht nur prägde, sond auch nichtprägde Eink des Verpfl zu berücks, ebso zur VermBildg verwendete Mittel (BGH FamRZ **89**, 159). Das KiG ist auch bei der LeistgsFähigk nicht zu berücks (BGH NJW **97**, 1919; vgl § 1361 Rn 24).

3 **b)** Beim nachehel Unterh sind ggü dem TrenngsUnterh folgde **Besonderheiten** zu beachten: **aa) Er-**
4 **werbsobliegenheit.** Die ggs unterhrechtl Verantwortg der Eheg ist mit Rechtskr der Scheidg zwar insow abgeschwächt w, als der Ber zu EigVerantwortlk angehalten ist (§ 1569), der Verpfl muß bei fortbestehder UnterhPfl aber weiterhin bes Rücks auf die Belange der UnterhBer nehmen (BVerfG NJW **96**, 915; BGH NJW **96**, 1815). Er darf daher seine normale ErwTätigk nicht ow einschränken (Kblz FamRZ **86**, 363; vgl § 1361 Rn 40); ands besteht keine verschärfte UnterhPfl wie ggü mj Ki, so daß der Verpfl nach unverschuld ArbPlatzverlust (vgl § 1361 Rn 42) nicht auch unterqualifizierte Tätigk ausüben muß.

5 **bb)** Das Recht zum **Berufs- u Arbeitsplatzwechsel** als Ausfl der BerufsFreih u die Obliegenh zum Berufs- u ArbPlatzwechsel als Ausfl der UnterhPfl können sich wechselseit beeinflussen. Als Grds gilt, daß der Verpfl nur nach Maßg angem Rücksichtn auf die Interessen des UnterhBer einen Wechsel vornehmen darf. Bei anerkennenswerten Grden f den Wechsel ist das GrdR der BerufsAusübgsFreih gewichtiger, sofern der MindBed der Ber gesichert ist (Oldbg FamRZ **98**, 289). Es kommt auf den EinzFall an. Führt ein UnterhSchu bei freiw **Wechsel in die Selbständigkeit** eine voraussichtl rückläuf EinkEntwicklg herbei, ist ihm zuzumuten, seinen Plan (insb bei Aufgabe seines ArbPlatzes) erst umzusetzen, wenn er in geeigneter Weise (zB dch KreditAufn od Rücklagen) sichergestellt h, daß ihm die Erf seiner UnterhPfl jedenf vorerst auch bei geringerem Eink mögl ist (BGH NJW **82**, 1050; FamRZ **87**, 372). Wirft eine neu aufgen selbstdge Tätigk auch nach 2 J keinen Gewinn ab, obliegt dem Pfl, in ein abhäng ArbVerh zurückzukehren (Düss FamRZ **97**, 1078). Eine **Umgestaltung** des ArbVerh mit Rücks auf KiBt sowie in Ansehg der Bedeutg u Tragweite des EltR ist dem erwtät EltT nicht schon desh verwehrt, weil dies zu einer später nicht mehr rückgäng zu machden EinkMinderg führt (BVerfG NJW **96**, 915; vgl § 1361 Rn 43).

6 **cc)** Eine Minderg der LeistgsFähigk dch **Aufname eines Studiums** braucht sich der unterhberecht gesch Eheg, falls der Pfl keine UnterhSicherg vorgen h (vgl Rn 5), grdsl nicht entgghalten zu lassen, jedenf dann nicht, wenn der Verpfl schon eine BerufsAusbildg h (BGH FamRZ **87**, 372). Der UnterhPfl ist grdsl zu einer **Aufgabe** einer (obj u subj) zumutb **Erwerbstätigkeit zum Zweck einer Zweitausbildung** mit der Folge, daß der unterhbedürft Eheg auf SozHilfe od Dr angewiesen ist, nicht berecht (BGH NJW **81**, 1609). Einem UnterhBer ist aber zumutb, eine vorübgehde Reduzierg, uU einen zeitw Wegf der UnterhZahlgen hinzunehmen, wenn die ZweitAusbildg des UnterhPfl bereits weit vorangeschritten ist u nur noch eine kurze Zeit in Anspr nimmt, erhöhte Aufstiegschancen bietet u nicht gg den Willen des Ber aufgen wurde. Eine Nebentätigk ist idR nicht zumutb, wenn dadch der AusbildgsAbschl verzögert od gefährdet würde. Erfdl ist ijF eine Abwägg (vgl BGH NJW **83**, 814).

7 **dd)** Bei **Rollenwechsel** (vgl § 1356) in der neuen Fam muß der Verpfl auf das Wohl der Ki aus der früh Ehe u der ihnen gleichrang gesch Eheg Rücks nehmen. Die Grds zur Beurteilg der LeistgsFähigk wiederverheirateter UnterhSchu ggü ihren mj Ki aus der früh Ehe (sog Hausmannfälle; vgl § 1603 Rn 46) können auch im Verh zu ihren unterhberecht gesch Ehe herangezogen w (BGH FamRZ **87**, 252; NJW **96**, 1815). **(1)** Das gilt insb, wenn die UnterhBer gem § 1570 auf der Bt eines gem Ki beruht. Die **Übernahme der Betreuung** eines Ki aus der neuen Ehe ist nicht grdsl hinzunehmen; die Ki aus früh Ehe u der sie betreuende gesch Eheg sind ebso dch GG 6 geschützt. Die **Übernahme der Haushaltführung** in der neuen Ehe muß ohne Ansatz eines fiktiven Eink nur dann unterhrechtl akzeptiert w, wenn sich der FamUnterh in der neuen Ehe dadch wesentl günstiger gestaltet. **(2)** Bei einer **kinderlosen Ehe** od einer Ehe mit nicht mehr betreuungsbedürft Ki wird der Rollenwechsel nur hinzunehmen sein, wenn hierf anerkennenswerte Grde vorliegen; selbst dann obliegt dem Verpfl, seine häusl Tätigk in der neuen Ehe auf das Notwdigste zu beschränken u etwa eine Nebentätigk zur Deckg der UnterhPfl zu übernehmen. Die Maßst verschärfen sich bei späterem Rollenwechsel; dann ist jedenf Vorsorge zur Sicherstellg des Unterh der erstrangigen Ber zu treffen (vgl Rn 5). **(3)** Der BGH hält diese Grds zur Einschränkg der Rollenwahl u zur Obliegenh der Übern einer Nebentätigk mangels Anwendbark des § 1356 nicht f übertragb auf Fälle, in denen der Verpfl in einer **nichtehelichen Partnerschaft** lebt (BGH FamRZ **95**, 598; ebso Düss FamRZ **91**, 592; Ffm FamRZ **92**, 979). Eine differenzierte BetrWeise unter Berücks der tats Verh ist indes angebracht, schon um eine Schlechterstellg Verheirateter zu vermeiden. Auf die Mithilfe des Partn wird ohne eine häusl Gemsch nicht abgestellt w können, so daß die BtÜbern dann wie bei Eheg zur LeistgsUnfähigk führen kann (Düss NJW-RR **96**, 452).

8 **ee) Freiwillige Leistungen Dritter** an den UnterhSchu sind bei der Prüfg der LeistgsFähigk nur dann zu beachten, wenn sie nach dem Willen des Dr auch dem UnterhBer zugute kommen sollen. Liegt keine ausdr Best des Zuwendden vor, läßt sich dessen Wille meist aus den pers Beziehgen der Beteil schließen. Freiw Leistgen Dr an den UnterhSchu sind jedenf dann uneingeschr als Eink zu behandeln, wenn sie ihm zur freien Vfg ohne jede Aufl f ihre Verwendg zugeflossen sind. Zuwendgen können auch Naturalleistgen zur BedDeckg sein, zB pers DLeistgen in Form von Pfl u Bt, f die der Empf andernf bezahlen müßte. Die Pflege eines Schwerbehinderten geht üb das hinaus, was iR der ggs Beistands- u UnterstützgsPfl gem §§ 1353, 1360 übl an KrankenPfl geschuldet w; die hierdch ersparten Mittel zählen desh nicht zum unterhrechtl relevanten Eink (BGH NJW **95**, 1486). Zum Fall der Zuwendg an den UnterhGl: § 1577 Rn 20.

9 **ff)** Der **Splittingvorteil aus der Wiederverheiratung** bei ZusVeranlagg in der neuen Ehe kommt auch dem Eheg aus der früh Ehe zugute (BGH NJW **80**, 2251; FamRZ **90**, 981; vgl § 1578 Rn 21). Eine **Ausnahme** gilt f den **Mangelfall**; zum Schutz des nachrang jetzigen Eheg kann der Unterh des vorrang berecht gesch Eheg gem § 1579 Nr 7 (dort Rn 41 [1]) auf den Betr gekürzt w, der sich beim Eink des Verpfl ohne SplittingVorteil ergäbe (BGH FamRZ **88**, 145; Hamm FamRZ **94**, 1592). Der UnterhBer kann einen dch Wiederheirat des Pfl später eintretden steuerl SplittingVorteil unter den Vorauss des ZPO 323 wieder zur Geltg bringen (BGH NJW **88**, 2101).

10 **gg)** Die Reduzierg der LeistgsFähigk bei **Renteneintritt** ist grdsl zu berücks. Dem UnterhGl kann AntrStellg gem §§ 5, 9 VAHRG obliegen, um eine dch den VA bdgte RentenKürzg hinauszuschieben (Nürnbg FamRZ **97**, 961). Eine vom öffrechtl DHerrn angebotene **vorzeitige Pensionierung** kann der UnterhPfl wahrnehmen, wenn die VersBezüge eine Höhe erreicht h, die die Aufrechterhaltg eines LebStan-

dards ermöglichen, wie er vom Standpkt eines vernünft Betrachters angem erscheint (BGH NJW **84**, 2358). Die ErwObliegenh eines Selbständigen endet idR mit Erreichen der Altersgrenze f den Bezug der AltersVers, (Hamm FamRZ **97**, 883). Eine EinkMinderg aGrd AltersteilzeitErwTätigk ist unterhr nur nach Abwägg (insb Grde f diese Wahl; GesundZustd; wirtsch Verh; Umfang der Alterssicherg; vgl Hamm NJW **99**, 2976) zu berücks. Beim UnterhBerecht vgl § 1571 Rn 3 ff.

c) Einsatz des Vermögens. aa) Vermögenserträge sind zur Leistg nachehel Unterh uneingeschränkt einzusetzen. Bei Eink aus KapitalVerm wird der UnterhBemessg der Dchschnittswert aus einem längeren ZtRaum (idR 3 J) zugrdegelegt u dabei auch die mit einiger Sicherh voraussehb künft Entwicklg einbegezogen (BGH NJW **84**, 303). Die lfden Bezüge einer mittels Veräußg von Verm erlangten Leibrente des UnterhPfl sind voll (einschl des darin enth TilggsAnteils) zur UnterhBemessg heranzuziehen; § 1578 I 2 w dadch nicht berührt (BGH NJW **94**, 935). Zur Anrechng v Nutzgen, insb Wohnvorteilen, als VermErtrag vgl § 1361 Rn 22,33 ff. Eine **Fiktion** von VermErtr ist entspr der Fiktion von Eink aus nicht genutzter Arb (§ 1578 Rn 9) mögl (vgl BGH NJW **86**, 1342; FamRZ **86**, 439 u 560), es sei denn, daß dadch ein Druck zur Verwertg des – nach S 2 nicht einsatzpfl – StammVerm ausgeübt würde; dann bleibt aber idR noch die Obliegenh zur VermUmschichtg, f die S 2 nicht gilt. – **bb) Vermögensstamm.** Für den Verpfl gelten nach S 2 dieselb Maßst f den Einsatz des VermStamms wie gem § 1577 III (dort Rn 33) f den Ber. In Ermangelg sonst Mittel muß ein UnterhPfl grdsl auch den VermStamm f UnterhZwecke einsetzen. Dieser Grds w eingeschr, wenn die Verwertg einen wirtsch nicht vertretb Nachteil brächte (vgl BGH NJW **80**, 340: verneint, wenn die Verwertg nur die Ausnutzg künft PrSteigergen verhindert) od wenn dadch die Sicherg des eig angem Unterh des VermInhabers auf die voraussichtl Dauer seines Leb in Frage gestellt w (vgl auch BGH NJW **85**, 2029 bei krankhbdgter ArbUnfähigk). Liegen aS beider Part die Vorauss f die Unwirtschlk der Verwertg des VermStamms vor, muß zunächst der Ber vers, dch Verwertg seine Bedürftigk zu beheben (BT-Drucks 7/650 S 140; and Soergel/Häberle Rn 21: Gleichbehandlg). 11 12

d) Berücksichtigung von Verpflichtungen. Ob **Schulden** zu berücks sind, bedarf einer umfassden InteressenAbwägg (vgl Hamm FamRZ **97**, 821). Wären Schulden bei Fortbestand der Ehe zu berücks, sind sie es auch beim nachehel Unterh (BGH NJW **82**, 232 u 1641; vgl § 1361 Rn 49). **Unterhaltspflichten**, die ggü dem gesch Eheg nicht nachrang sind, mindern die LeistgsFähigk. Die Vereinbg des **Vorwegabzugs des Kindesunterhalts** auch f den nachehel Unterh ist auch dann zu berücks, wenn nach den Regeln der MangelVerteilg (vgl Rn 22 ff) an sich eine Kürzg auch des KiUnterh erfolgen müßte (vgl auch § 1578 Rn 54). Allerd ist ein solcher Vorwegabzug nur sol gerechtf, wie der angem Unterh des bedürft Eheg gewährleistet ist; anderf ist eine MangelVerteilg erfdl. Ein UnterhSchu ist nicht von vornherein der Pfl entbunden, dch **Kreditaufnahme**, insb VermBeleihg, Mittel f den Unterh zu beschaffen u einzusetzen. Ist er aber ohnehin mit Schulden belastet, deren Amortisation seine finanziellen Möglk übersteigt, ist ihm eine Erhöhg dieser Verschuldg grdsl nicht zumutb (BGH NJW **82**, 1641). Aufw für **Prozeßkosten**, und sei es als PKH-Raten, in Scheidgs- u Folgesachen haben die eLV nicht geprägt, sond sind dch die Trenng der Eheg veranlaßt; sie beeinflussen (auch bei der KreditFin) nicht die BedErmittlg nach den eLV. Solcher trenngsbdgte MehrBed kann ledigl bei der Prüfg der LeistgsFähigk der Verpfl unter dem GesichtsPkt Berücks finden, ob dem UnterhVerpfl der eheangemess SelbstBeh verbleibt (Mü FamRZ **94**, 898; Wendl/Gerhardt § 1 Rn 532 ff, 536; vgl auch Bernreuther FamRZ **95**, 769). Ob er hierbei als berückswürdige Schuld anzusehen ist, hängt auch davon ab, ob er etwa dch „querulator ProzeßVerh" (vgl Karlsr NJW-RR **98**, 578) ausgelöst wurde. Einen Vorrang der UnterhPfl gibt es insow nicht; der UnterhVerpfl kann auch nicht darauf verwiesen w, etw PKH-Raten aus dem ihm verbleibden SelbstBeh zu zahlen (Karlsr FamRZ **88**, 202). 13

3) Leistungsfähigkeitsgrenze (vgl § 1361 Rn 67). Der eig billige **eheangemessene** SelbstBeh des Verpfl ist nach dem Gbg nach demselb Maßst wie der eheangem Unterh beim Ber zu best u ist daher grdsl mit dem vollen Unterh nach den eLV gem § 1578 gleichzusetzen, entspr also nicht dem aus § 1603 II entlehnten angem (großen) SelbstBeh (BGH NJW **90**, 1172), so daß dieser jedenf nicht schemat die Untergrenze des angem SelbstBeh iSd § 1581 ist. Der SelbstBeh kann sich (ebso wie aS des Ber) dch trenngsbdgten MehrBed (§ 1578 Rn 40) erhöhen (BGH FamRZ **90**, 979); dieser wirkt sich beim Pfl jedoch idR nicht leistgsmindernd aus, wenn der Ber dch nichtprägd Eink einen Teil des Bed selbst deckt (Mü FamRZ **94**, 898). Maßg ist der **Zeitpunkt** der Inanspruchn unter bes Berücks einer absehb künft Entwicklg. 14

4) Andere Verpflichtete. Verwandte (Ki od Eltern des Bedürft) werden gem § 1584 S 2 (dort Rn 2) bei LeistgsFähigk (§ 1603 II) zu UnterhLeistgen herangezogen, soweit der Verpfl außerstande ist, dem bedürft gesch Eheg Unterh ohne Gefährdg seines angem SelbstBeh zu zahlen. Können Verwandte nicht in Anspr gen w, kommt es zur Abschwächg des QuotenUnterh in einen BilligkUnterh gem § 1581. 15

5) Haftungsgrenze beim Billigkeitsunterhalt. a) Grundsätze. Der **Billigkeitsselbstbehalt** kann im Regelfall nicht iHd notw SelbstBeh (ggü mj Ki) als Untergrenze angesetzt w, da dies eine iRd § 1581 nicht gerechtf unterhrechtl GleichBehandlg des gesch Eheg mit mj Ki (§ 1609 II 1) bedeuten würde. Daran ändert nach BGH (NJW **97**, 1919) nichts, daß der gesch Eheg dadch gezw sein k, öff Mittel f seinen Unterh in Anspr zu nehmen (Ausn: Rn 18). Das Erfordern, die BilligkAbwägg jew nach den Umst des EinzFalls vorzunehmen, führt ands dazu, daß auch der angem SelbstBeh (ggü vollj Ki) idR nicht als untere HaftgsGrenze in Betr kommt, aber einen Anhalt bieten kann (BGH NJW **90**, 1172). Der Verpfl kann sich nicht darauf berufen, daß ihm im Verh zum gesch Eheg, der einen Anspr gem § 1573 II hat, ebso viel verbleiben müsse, wie der and verdient (BGH NJW **83**, 1733). Dch die UnterhLeistg darf aber **keine Sozialhilfebedürftigkeit** eintreten; dieser Grds gilt indes nur f den UnterhPfl selbst, nicht auch f and UnterhBer, die mit ihm in HausGemsch leben (BGH NJW **93**, 1283; **96**, 2793), weil das Verh mehrerer UnterhBer dch die Rangvorschriften (§§ 1582, 1609) best w, die nicht nach der HaushZugehörigk der Ber differenzieren. BGH NJW **96**, 2793 hat es desh als gerechtf angesehen, daß ein nachrang Ber bei beschr LeistgsFähigk des Verpfl mit seinem UnterhAnspr ganz ausfallen kann oRücks auf das ZusLeb mit dem Verpfl u unabhäng davon, daß sich faktische Auswirkgen auf dessen eig LebStandard ergeben. Auch eine Anwendg des § 1579 Nr 7 (dort Rn 42) kommt nach BGH allein desh noch nicht in Betr. 16

b) Richtwerte in der Praxis. Verbreitet ist, den eheangem billigen SelbstBeh – jedenf wenn keine mj Ki zu betreuen sind – als Untergrenze im RegFall mit einem **Mittelwert** zw notw u angem SelbstBeh zu beziffern (so 17 zB [Stand: 1. 7. 99] LL Hamm 33: 1650 DM; KG E IV: 1700 DM; Saarbr 3: 1600 DM; Übers bei Kalthoener/Büttner Rn 52; vgl auch Karlsr u Hbg FamRZ **93**, 1452 u 1453; abw LL Ffm IV 10: 1800 DM), in den neuen BL eher niedriger (so LL Brdbg: 1500 DM; Dres: 1370/1190 DM; Rstk: 1500/1300 DM). Die Düss Tab B IV geht (ohne Bezifferg) davon aus, daß beim nachehel Unterh ein höh als der notw SelbstBeh zu belassen sein kann.

18 **c)** Eine **Abweichung** von diesen Richtwerten ist nach Tr u Gl unter Berücks des EinzFalls mögl (BGH NJW **84**, 297). Dabei sind vor allem die Auswirkgen der Inanspruchn des Verpfl auf seinen fin BeweggsSpielraum zu berücks (BGH FamRZ **83**, 670), zB daß dem Verpfl dch die UnterhLeistg weniger verbleibt, als er zur Deckg seines eig, den eLV entspr Unterh benötigt (BGH NJW **84**, 1537), od daß ihn neben der BarUnterhPfl ggü dem beim UnterhBer lebden Ki zugl eine Pfl zu Bar- u BtUnterh f das bei ihm lebde Ki trifft (BGH NJW **84**, 296). Eine **Unterschreitung** des SelbstBeh kommt vor allem **wegen Kostenersparnis** in Betr (vgl Hamm FamRZ **98**, 1508). Bei der Abwägg ist der Freih des UnterhVerpfl zur Gestaltg seiner LebVerh Rechng zu tragen. Beruht die Einsparg in einem Bereich ausschl auf der Disposition üb die iR des SelbstBeh zur Vfg stehden Mittel (zB Wohnkosten des alleinlebden UnterhPfl), wird eine Unterschreitg idR nicht angem sein. Beruht die Einsparg dagg auf einer Verringerg von Kosten dch ZusLeb mit Dr, wird eine Reduzierg des SelbstBeh eher angebracht sein.

19 **d)** Auf den **notwendigen** SelbstBeh (§ 1603 II) als Untergrenze der Inanspruchn kann der UnterhPfl nur ausnahmsw verwiesen w, wenn der Ber ähnlich hilfl und bedürft wie ein mj Ki ist (BGH NJW **90**, 1172; **97**, 1919; vgl Bay LL 20 e), also insb iF, in denen dem Ber wg der KiBt keine ErwObliegenh (vgl § 1570 Rn 7 ff) trifft (vgl Nürnbg FamRZ **96**, 352: Ki unter 8 J). Das gilt auch, wenn der Ber in äußerst beengten wirtsch Verh lebt u ihm u den bei ihm lebden mj Ki im Vergl zum Verpfl immer noch erhebl weniger zur BedDeckg verbleibt (vgl auch Ffm NJW **99**, 2374).

20 **6) Bemessung des Billigkeitsunterhalts. a) Zweistufige Berechung.** Zunächst ist der nach den eLV erfdl volle Unterh (§ 1578) zu ermitteln. Auf ders Stufe sind die Beträge des angem Unterh f and UnterhBer festzustellen. Erst auf der 2.Berechngsstufe findet eine Kürzg der Anspr nach BilligkErwäggen zur Anpassg an
21 die LeistgsFähigk des Verpfl statt (BGH NJW **79**, 1985; **83**, 1733). – **b) Billigkeitsabwägung.** Der Umfang des BilligkAnspr ist unter Abwägg der beiden Eheg zur Vfg stehden Mittel u der beiders zu befriedigden Bedürfn nach ind GesichtsPkten zu best (BGH NJW **90**, 1172), wobei absehb zukünft Entwicklgen zu berücks sind. Zuzügl zu den im Ges aufgeführten Kriterien der BilligkAbwägg können auch GesichtsPkte einbezogen w, die bereits iR der Beurteilg von LeistgsFähigk u Bedürftigk berücks w könnten, dort aber nicht voll Berücks gefunden h. So können zB überobligator Eink üb die Maßst des § 1577 hinaus angerechn w, da sich im Mangelfall die ZumutbkGrenze gem § 1574 II verschiebt (BGH NJW **83**, 933). Die Berücks von Schulden ist nach strengeren Maßst zu beurt, so daß eher eine TilggsStreckg zumutb sein w (Wendl/Gutdeutsch § 5 Rn 112 ff). Ebso sind die Anfordgen an die Berücks v (insb berufsbdgten) Aufw verschärft.

22 **7) Mangelfälle.** Eine UnterhPfl besteht nicht, soweit der in Anspr Genommene aGrd der UnterhLeistgen selbst erstmals od in erhöhtem Maß sozhilfebedürft würde (BGH NJW **91**, 356). Dem Verpfl muß der SelbstBeh verbleiben. Im Mangelfall können überobligator Eink des Verpfl wie des Ber (§ 1577 II) in erhöhtem Umfang herangezogen w (vgl BGH NJW **83**, 933); der Abzug eines ErwTätBonus kann entfallen, soweit pauschale berufsbdgte Aufw bei der Bereinigg des NettoEink berücks wurden (BGH NJW **92**, 1621; vgl § 1578 Rn 49). Nach verbreiteter Ans können freiw Zuwendgen Dr, auf die kein RAnspr besteht, im Mangelfall berücks w (bej Soergel/Häberle Rn 16; Wendl/Gutdeutsch § 5 Rn 77, 78, 100); das ist aber wg der Dispositionsfreih des Dr (§ 1577 Rn 20) zweifelh (ebso JHBü Rn 26). Bei LeistgsUnfähigk inf trenngsbed MehrBed des Pfl od neuer nichtprägder Schulden können diese Belastgen gleichmäß auf den Pfl u Bedürft aufgeteilt w (Wendl/Gutdeutsch § 5 Rn 151). Kann der Verpfl danach die Anspr der Ber nicht voll erf, müssen diese Anspr gekürzt w. Das führt in der Praxis zu erhebl RAnwendgsProblemen, da üb die AusgangsPkte SelbstBeh (Rn 16, 17 u § 1361 Rn 67) u MindBed (§ 1578 Rn 35) keine Einigk besteht. **(1)** Im **absoluten Mangelfall**, dh wenn der Verpfl nach Abzug seines SelbstBeh die Anspr mehrerer erstrang Ber nicht voll erf k, ist nach BGH NJW **97**, 1919 ein **Vorwegabzug des Kindesunterhalts** vor Ermittlg des EhegUnterh zul (*arg:* bes Schutzbedürftigk mj Ki) u zwar iH der BedBeträge, nicht nur des MindestUnterh nach der niedrigsten Gruppe (vgl § 1578 Rn 50, 54) u ohne KiGAusgl. Der Vorwegabzug des KiUnterh (mathemat dazu Fröschle FamRZ **99**, 1241) kann aber dazu führen, daß im Mangelfall der Bed des Eheg auf null reduziert w (Luthin FamRZ **97**, 662; Gutdeutsch FamRZ **98**, 1611). Zur Vermeidg dieser Konsequenz wird daher als pratikabler Ausweg vorgeschlagen, den EinsatzBetr im Mangelfall unabh v KiUnterh zu best u desh den KiUnterh bei der Berechng des EinsatzBetr des Eheg nicht vorweg abzuziehen (so Düss FamRZ **98**, 851; vgl auch Bambg FamRZ **93**, 1093; Kln FamRZ **95**, 613), sofern dies nicht wirks vereinb wurde. Diese Lösg steht in Einklang mit der Rspr des BGH zum Vorwegabzug des VolljUnterh; dieser unterbleibt, wenn der angem Bed des Eheg nicht gedeckt w k. – Nach Inkrafttr des KindUG hat der AusglAnspr zw den Eltern unmittelb Einfl auf den KiUnterh (§ 1612 b I,II), so daß es nicht gerechtf erscheint, den Ki uU den vollen UnterhAnspr gem §§ 1610, 1612 a, 1612 b I zu belassen, dem erziehden EltT – der bei Bt v KleinKi gleichermaßen schutzbedürft ist – aber nicht, denn das widerspr der
23 Gleichrangigk der Anspr gem § 1609 (vgl Becker FamRZ **99**, 66 u dazu Schumacher 699). – Bei der UnterhBemessg sind die BedSätze nach den eLV maßg, auch wenn sie **unter dem Mindestbedarf** nach Düss Tab liegen (§ 1578 Rn 35). In der Praxis wird ein nach den eLV ermittelter unter den MindBedSätzen liedger EhegUnterhAnteil oft dch den Ansatz trenngsbdgten MehrBed auf die MindBedSätze aufgestockt (§ 1578 Rn 40). Bei Geltg **unterschiedlicher Selbstbehalte** ggü mehreren **gleichrangig** Ber bedarf es einer zweistuf Berechng (BGH FamRZ **92**, 540; Kblz FamRZ **95**, 1415; Bsp: BayLL Nr 21; Kalthoener/Büttner Rn 103 ff; Wendl/Gutdeutsch § 5 Rn 58 ff). Die **nachrangige jetzige Ehefrau** tritt ggü allen Ki – auch den eig – zurück; sie kann ggf nur auf den SplittingVortl zurückgreifen (Rn 9; vgl § 1582 Rn 3 u § 1579 Rn 41). –
24 **(2)** In sonst **(relativen) Mangelfällen** ist als EinsatzBetr der angem Unterh einzustellen. Erst nach voller Befriedigg des angem Bed der vorrang Ber können nachrang Ber berücks w. Solange der angem Unterh gesichert ist, kann es idF beim Vorwegabzug des KiUnterh verbleiben. Waren die eLV dch die UnterhLast nachrang Ki geprägt, kann der Anspr des vorrang Eheg dch diese Belastgen gemindert sein.

8) Vierstufiges Schema zur UnterhBerechng **im Mangelfall** nach **BGH** NJW **97**, 1919: 25

(1) Errechnung des eheangemessenen (vollen) Unterhalts nach dem bereinigten u um den KiTabUnterh gekürzten Eink. Dazu sind die UnterhAnspr aller vorrang Ber (Hauptfall: mj Ki u gesch Eheg) zu ermitteln. Dabei ist nach BGH als UnterhBed des gesch Eheg nicht ein MindBed (Rn 23), sond der Betr einzusetzen, den er nach dem Maßst des § 1578 I 1 beanspr könnte. Auch beim Unterh f mj Ki sind die tats geschuldeten Beträge, dh nicht nur der MindBed, einzusetzen (FamRZ **98**, 705). Die EinsatzBetr f die Ki ergeben sich aus der UnterhTab (zB Düss Tab) ohne Vermindg um das anteil KiG (BGH NJW **92**, 1621; dazu unten 4) u f den einkomml gesch Eheg nach einer Quote (zB 3/7) aus dem – um den Unterh der gemeins Ki gemind – Eink des Verpfl (NJW **88**, 1722).

(2) Feststellung der Verteilungsmasse, dh Ermittlg des zur Vfg stehden Eink abzügl des SelbstBeh. Bei beengten wirtsch Verh kommt in Betr, neben den Fahrtkosten nicht zusätzl den ErwTätBonus abzuziehen (NJW **92**, 1621; § 1578 Rn 48). Nach Prüfg der **Rangverhältnisse** ist der UnterhBed der vorrang Ber unter Ausscheidg der nachrang neu zu berechnen. Kann der Verpfl ggü mehreren gleichrang Ber (mj Ki einers, gesch Eheg ands) unterschiedl hohe SelbstBeh in Anspr nehmen, sind die UnterhAnspr in folgden 2 **Unterstufen** zu berechnen: Zunächst ist der Anspr des gesch Eheg dch Abzug des ihm ggü angem SelbstBeh des Verpfl festzustellen, sodann sind die Anspr der Ki dch Abzug des ihnen ggü angem (geringeren) SelbstBeh des Verpfl u des in (1) errechneten UnterhAnspr des gesch Eheg zu best (NJW **92**, 1621; Bsp Bay LL 21; vgl Wendl/Gutdeutsch § 5 Rn 58 ff; Kalthoener/Büttner Rn 103 ff). KiG (f ein gemeins od nicht gem Ki) ist nicht in das zur Vfg stehde Eink einzubeziehen (NJW **97**, 1919).

(3) Anteilige Unterhaltskürzung bei den Gleichrangigen. Aus dem Verh der in (2) festgestellten VerteilgsMasse zu dem in (1) ermittelten UnterhBed aller gleichrang UnterhBer wird die **Quote** errechnet, nach der der jew UnterhBed zu kürzen ist.

(4) Das so erzielte Erg erfordert eine abschließde **Billigkeitsprüfung**, da Ki- u EhegUnterh in einem angem Verh stehen sollen (FamRZ **90**, 266; NJW **96**, 517; Hamm FamRZ **99**, 512). Nun erst kommt der **Kindergeldausgleich** f gemeins Ki in Betr: Das KiG ist nach der RLage seit 1. 7. 98 weder beim Bed noch bei der LeistgsFähigk zu berücks, sond dient insow der Aufstockg des gekürzten (3) KiUnterh bis zum RegelBed. Bezieht der gesch unterhbedürft Eheg das KiG u ist sein ungedeckter Bed auch dann noch höher als der auf den UnterhPfl entfallde KiGAnteil, muß der UnterhPfl seinen Anteil dem and EltT belassen (so schon BGH NJW **92**, 1621).

And LösgsVersuche in Rspr (zB Kln FamRZ **87**, 853) u Lit (zB Deisenhofer FamRZ **87**, 885; **90**, 580) hat 26
der BGH nicht aufgegriffen. Die Rspr der OLGe ist uneinheitl. Übers üb die unterschiedl Mangelfälle gem § 1581 m Bsp bei Wendl/Gutdeutsch § 5 Rn 28 ff.

9) Beweislast. Macht der Schu geltd, er könne den UnterhBed des Gl ohne Gefährdg des eig angem 27
LebBed nicht bestreiten, hat er die Vorauss einer so begr Beschrkg des UnterhAnspr dazulegen u zu bew (BGH NJW **80**, 2083). Beruft sich der Schu mit der Behauptg beschr LeistgsFähigk auf sein steuerpfl Eink aus seinem Gewerbe, muß er die Einnahmen u Aufw im einz so darstellen, daß die allein steuerl beachtl Aufw von solchen, die unterhrechtl von Bedeutg sind, abgegrenzt w können (BGH NJW **85**, 909). Der UnterhSchu trägt die Darl- u BewL f Umst, mit denen er die unterhrechtl Erheblichk von ihm eingegangener Verbindlk begr (BGH FamRZ **90**, 283). Bei der BilligkAbwägg trifft jede Part die Darl- u BewL f die ihr günst Tats.

1582 ***Zusammentreffen von Ansprüchen eines geschiedenen und eines neuen Ehegatten.*** **[I] Bei Ermittlung des Unterhalts des geschiedenen Ehegatten geht im Falle des § 1581 der geschiedene Ehegatte einem neuen Ehegatten vor, wenn dieser nicht bei entsprechender Anwendung der §§ 1569 bis 1574, § 1576 und des § 1577 Abs. 1 unterhaltsberechtigt wäre. Hätte der neue Ehegatte nach diesen Vorschriften einen Unterhaltsanspruch, geht ihm der geschiedene Ehegatte gleichwohl vor, wenn er nach § 1570 oder nach § 1576 unterhaltsberechtigt ist oder die Ehe mit dem geschiedenen Ehegatten von langer Dauer war. Der Ehedauer steht die Zeit gleich, in der ein Ehegatte wegen der Pflege oder Erziehung eines gemeinschaftlichen Kindes nach § 1570 unterhaltsberechtigt war.**

[II] § 1609 bleibt im übrigen unberührt.

1) Die Vorschr regelt die **Unterhaltskonkurrenz nach Wiederverheiratung des unterhaltspflichtigen Ehegatten** u best, in welchen Fällen der gesch Eheg einem neuen Eheg vorgeht, mit der Folge, daß in den nicht von § 1582 erfaßten Fällen zw unterhber Eheg Gleichrang besteht (dazu Gutdeutsch u Hampel FamRZ **95**, 327 u 1177). Für die UnterhBerechtigg sind Rangfragen nur dann relevant, wenn die Vorauss des § 1581 vorliegen, dh der Verpfl ohne Gefährdg seines eig angem Unterh nicht allen Ber (einschl Ki) den vollen Unterh leisten kann. Dann sind zunächst die Anspr der vorrangig Ber zu erf; fehlen auch hierf die Eink, findet zw ihnen eine MangelVerteilg statt (§ 1581 Rn 22 ff). 1

a) Zweck: Verhinderg der Bevorzugg des neuen Eheg vor dem gesch. Die Entsch des GesGeber f einen 2
begrenzten Vorrang des geschiedenen Ehegatten beruht darauf, daß der neue Eheg die wirtsch Belastgen inf einer UnterhVerpfl aus der früh Ehe iSe „Hypothek" mittragen muß (BT-Drucks 7/650 S 143), u berücks, daß die Scheidg versch-unabhäng erfolgt u vom berecht Eheg nicht mehr verhindert w kann. – **b)** Die 3
Verfassungsmäßigkeit des Vorrangs hat das BVerfG (NJW **84**, 1523) f den echten Mangelfall, daß sowohl der gesch als auch der neue Eheg wg KiBt nicht erwtät sein können, festgestellt. Der BGH hat dies f and Fälle bestätigt (NJW **85**, 1029; **86**, 2054: unechter Mangelfall, langj Ehe mit dem früh Eheg ggü KiBt dch den neuen Eheg; NJW **88**, 1722: voller eheangem Unterh des gesch Eheg, so daß dem neuen Eheg nicht einmal der MindBed verbleibt u daher SozHilfe in Anspr nehmen muß). Das ist zweifelh iF, in denen der MindBed des neuen Eheg nicht gesichert ist (bedenkl daher Hamm FamRZ **98**, 27: Verweisg des neuen Eheg auf SozHilfe auch bei bl AufstockgsUnterh f gesch Eheg), u nicht gerechtf, wenn der neue Eheg ein mj Ki betreut, währd der Vorrang des gesch Eheg nur auf der Ehedauer beruht (Frenz NJW **93**, 1103; Gernhuber/Coester-Waltjen § 30 IX; JHBü Rn 5; Soergel/Häberle Rn 6). Die Bedenken werden in Mangelfällen üb

§ 1579 Nr 7 dch Kürzgen des UnterhAnspr des bevorrecht gesch Eheg abgeschwächt (BGH NJW **88**, 1722; Schwab/Borth IV Rn 1108). Die VerfMäßigk wird nicht dadch in Frage gestellt, daß der Vorrang des gesch Eheg entgg § 1581 S 1 eine Schmälerg des eig angem Unterh des Verpfl bewirkt (BGH FamRZ **87**, 916). Die **Billigkeit** führt nur in seltenen AusnFällen zu einem Vorrang des neuen Eheg, da der GesGeber eine
4 Korrektur dch eine Härtekl abgelehnt h (BGH NJW **83**, 1733; **85**, 2268; vgl § 1579 Rn 42). – **c) Anwendungsbereich:** § 1582 gilt auch bei mehrf Scheidg. Bei Wiederheirat des 1. Eheg: AG Bochum FamRZ **90**, 1003. In Altfällen auch keine entspr Anwendg, so daß Gleichrangigk zw gesch u neuem Eheg besteht.

5 **2) Vorrang des gesch Eheg. Fallgruppen: a)** Keine (hypothet) UnterhBerechtigg des neuen Eheg gem §§ 1569–1573, 1576, also insb iF, in denen er sich aus angem ErwTätigk selbst unterhält od unterh könnte od aus VermEink (§ 1577). Bei dieser Betrachtg können weder EinsatzZtpkte noch eine Begrenzg gem § 1573 V
6 berücks w. – **b)** UnterhBerechtigg des gesch Eheg gem § 1570; f AnschlTatbestde gilt I 3. – **c)** UnterhBe-
7 rechtigg des gesch Eheg gem §§ 1571–1573, 1575 u zusätzl lange Ehedauer. Zweck: Schutz des Vertrauens desjen Eheg auf fortwährden Unterh, der sich in der Ehe langjähr unter Verz auf eine eig berufl Entwicklg vorwiegd dem Haush u der KiPfl u -Erz gewidmet h (BGH NJW **83**, 2321). Ehedauer: § 1579 Nr 1. Die Zeit einer früh Erstehe zw den Eheg w nicht hinzugerechnet (Düss FamRZ **96**, 1416). Nach 15 J ist eine lange Ehedauer zu bej (BGH NJW **86**, 2054; FamRZ **87**, 916), nach weniger als 10 J zu verneinen (Hamm FamRZ **97**, 296). Bei einer Ehedauer v 10–15 J ist maßg, ob sich schon eine bes enge wirtsch Abhängigk ehebdgt
8 ergeben h (BGH NJW **83**, 2321). – **d)** Die UnterhBerechtigg gem § 1576 oRücks auf die Ehedauer (BT-Drucks 7/4361 S 33) ist systemwidr, da der ggü §§ 1571 ff schwächere Anspr zu günstigeren RFolgen führt.

9 **3)** Bei Vorrang des gesch EheG ergeben sich **relative Rangverhältnisse** bei ZusTreffen mit Anspr mj Ki aus beiden Ehen, da die Ki mit den Eheg jew ranggleich sind, der RangRücktr des neuen Eheg sich aber nicht auf die Ki erstreckt. Nach BGH NJW **88**, 1722 ist der RangWiderspr so zu lösen, daß alle Ki als erstrang, der neue Eheg also auch ggü seinen eig Ki als nachrang behandelt w, so daß der Gleichrang mit den Ki nur f den vorrang Eheg gilt. Besteht dagg kein UnterhAnspr des 1.Eheg gg den UnterhPfl, sind der 2.Eheg u mj Ki gem § 1609 II gleichrang (Hamm FamRZ **93**, 237; Mü FuR **98**, 265). Vgl § 1609 Rn 3.

10 **4) S 2, 3** beinhalten, daß bei Verteilg des f UnterhZwecke einzusetzden Eink od Verm die Bedürfn des jetzigen Eheg des Pfl ggü dem früh Eheg nicht berücks w dürfen. Sinn: Es soll *nicht* zunächst der MindBed des vorrang Ehe gesichert, sodann derj des nachrang Eheg bedient u erst danach der verbleibde Rest gem §§ 1571 ff verteilt w (BGH NJW **86**, 2054).

11 **5) Beweislast:** Beruft sich der Verpfl auf Gleichrang seines neuen Eheg, muß er darl u bew, daß dieser im ScheidgsFall nach §§ 1569–1574, 1576, 1577 unterhberecht wäre. Dagg muß der früh Eheg bew, daß er nach § 1570 od § 1576 unterhberecht ist od daß die Ehe bei den and UnterhTatbestden (ohne § 1575) von langer Dauer war.

1583 ***Gütergemeinschaft mit neuem Ehegatten.*** **Lebt der Verpflichtete im Falle der Wiederheirat mit seinem neuen Ehegatten im Güterstand der Gütergemeinschaft, so ist § 1604 entsprechend anzuwenden.**

1 Die neue Eheschl des Verpfl wirkt sich auf seine UnterhPfl ggü dem gesch Eheg grdsl nicht aus. Für die Rangfolge von UnterhAnspr des früh u jetzigen Eheg gilt § 1582. Bei Wiederheirat des Pfl u Vereinbg der GütGemsch (§§ 1415 ff) ist die Best der LeistgsFähigk bei GütGemsch problemat, da keine VermTrenng (wie beim ges Güterstd) fingiert w kann, ands der Ber dch die GüterstdWahl nicht schlechter gestellt w soll. § 1583 (vgl EheG 68 aF) normiert desh entspr § 1604 die Fiktion, daß das GesGut dem Pfl allein gehört. Eine Besserstellg des Ber w dch § 1604 S 2 relativiert, wenn auch der and Eheg der GütGemsch Unterh zu leisten h. Die RangOrdng der Ber untereinander ergibt sich aus § 1609. Anwendg auch bei fortges GütGemsch (§§ 1483 ff). Bei Beendigg der GütGemsch dch Tod des Pfl (§ 1482) gilt § 1586 b.

1584 ***Rangfolge mehrerer Unterhaltspflichtiger.*** **Der unterhaltspflichtige geschiedene Ehegatte haftet vor den Verwandten des Berechtigten. Soweit jedoch der Verpflichtete nicht leistungsfähig ist, haften die Verwandten vor dem geschiedenen Ehegatten. § 1607 Abs. 2 und 4 gilt entsprechend.**

1 **1) Grundsatz, S 1:** Der **Vorrang der Haftung des gesch Eheg** vor Verwandten des Ber beruht darauf, daß die Bedürftigk typischerw ehebdgt ist u daher der gesch Eheg primär die Verantwortg aus nachehel Solidarität trägt (BT-Drucks 7/650 S 144). Sie ist auf alle ges (auch vertragl konkretisierten) UnterhAnspr anwendb. Ein UnterhVerz zuL nachrang haftder Verwandter ist unwirks (§ 1585 c Rn 8).

2 **2)** Eine eigene **Haftung der Verwandten**, soweit sie gem §§ 1601 ff selbst unterhpfl sind, sieht S 2 bei mangelnder LeistgsFähigk des Verpfl vor, dh soweit ihm nicht der eig angem SelbstBeh verbleibt. Ein
3 AnsprÜbergg (§ 1607 II) u ein Regreß sind idF, and als bei der ErsHaftg (Rn 6), ausgeschl. – **a)** Der UnterhMaßst der Angemessenh bei der HaftgsBegrenzg zw dem gesch Eheg u den Verwandten ist nach allg Maßst zu bemessen, nicht nach dem (uU höh) „eheangem" iSd § 1581 (JHBü Rn 2), sonst würde der zweitrang Haftende nur einen niedrigeren SelbstBeh beanspr können als des erstrang Haftde. Die Haftg der Verwandten greift erst f den RestBetr ein („soweit").

4 **b)** Die Haftg der Verwandten ist **begrenzt** auf den nach VerwandtenUnterhR geschuldeten Betr, erfaßt also zB nicht VorsorgeUnterh (§ 1579 III). Soweit Verwandte, die sich ihrers auf den angem SelbstBeh berufen können, nicht leistgsfäh sind, gilt im Verh zum gesch Eheg § 1581, so daß er wieder leistgspfl w kann
5 (s dort Rn 16). – **c)** Besteht wg grober Unbilligk gem § 1579 kein UnterhAnspr, kommt eine Haftg der Verwandten in Betr. Ist der Eheg-bezogene AusschlGrd aber zugl ein unter § 1611 fallender AusschlGrd, ist auch eine VerwandtenHaftg ausgeschl.

6 **3) Ersatzhaftung der Verwandten, S 3. a)** Ist der gesch Eheg leistgsfäh, kann der Anspr gg ihn aber nicht dchgesetzt w, weil die RVerfolg im Inl ausgeschl od erhebl erschwert ist (zB bei ständ wechselndem

Aufenth – vorheriger VollstrVersuch nicht erfdl – od wenn ein inl Urt im Ausl vollstr w müßte), haften die Verwandten anstelle des gesch Eheg f den Unterh des and (§ 1607 II entspr). Sie haben dann einen ErsAnspr gg den unterhpfl Eheg. – **b) Gesetzlicher Forderungsübergang.** §§ 1584, 1607 II sehen den ges Fdgs- 7
Übergg nur auf den gem § 1607 I unterhpfl Verwandten vor. Bei Leistgen Dr gelten §§ 677 ff, 812 ff (vgl § 1607 II 2). Der Übergg kann nicht zum Nachteil des Ber geltd gem w (§ 1607 IV), mit der Folge, daß ein RestUnterhAnspr des Ber ggü dem übergegangenen ErsAnspr vorrang ist.

4) Beweislast. Nimmt der unterhber gesch Eheg einen nachrang haftden Verwandten in Anspr, trifft ihn 8
die Darl- u BewL, daß der gesch Eheg nicht leistgsfäh ist od die RVerfolgg im Inl erhebl erschwert ist bzw im Ausl stattfinden müßte. Macht der unterhberecht Eheg den Vorrang unterhpfl Verwandter geltd, muß er die Gefährdg seines eig angem Unterh u das Vorhandensein unterhpfl Verwandter darl u bew. Dagg ist der Ber darl- u bewpfl f die mangelnde Leistgsfähigk der Verwandten gem § 1603 I (Zweibr FamRZ **87**, 590). Will ein Verwandter kraft RÜbergg gg den Verpfl vorgehen, ist er f die Vorauss des UnterhAnspr des Ber gem §§ 1569 ff u dessen Bedürftigk darl- u bewpfl. Der Verpfl muß die begrenzte od fehlde LeistgsFähigk darl u bew.

4. Gestaltung des Unterhaltsanspruchs

1585 *Art der Unterhaltsgewährung.* **[I] Der laufende Unterhalt ist durch Zahlung einer Geldrente zu gewähren. Die Rente ist monatlich im voraus zu entrichten. Der Verpflichtete schuldet den vollen Monatsbetrag auch dann, wenn der Unterhaltsanspruch im Laufe des Monats durch Wiederheirat oder Tod des Berechtigten erlischt.**

[II] Statt der Rente kann der Berechtigte eine Abfindung in Kapital verlangen, wenn ein wichtiger Grund vorliegt und der Verpflichtete dadurch nicht unbillig belastet wird.

1) Unterhaltsrente in Geld, I. a) Die Vorschr entspr der Regelg bei § 1361 (s dort Rn 69); § 1612 I 2 1
ist auch hier nicht anwendb. **Monatlich im voraus** bed, daß die Leistg bis zum MoErsten erbracht w muß (Kln FamRZ **90**, 1243: maßg Rechtzeitigk der Absendg). Der UnterhPfl hat den geschuldeten Betr ggf auf das vom Gl angegebene Konto zu überweisen (vgl Hamm NJW **88**, 2115). S 1 gilt nur, wenn die Part nicht eine and Art der Leistg vereinb h (BGH NJW **97**, 731; s § 1585 c). Der UnterhGl hat auch dann ein **Titulierungsinteresse**, wenn der UnterhSchu bisher regelmäß, pünktl u in vollem Umfang gezahlt h, da der Schu die freiw Zahlgen jederzt einstellen kann u der Gl idF einen Titel üb den vollen Unterh benötigt; die Kl gem ZPO 258 setzt keine Besorgn der NichtErf voraus (BGH NJW **98**, 3116). – **b) Vorauszahlungen** auf 2
den monatl fäll nachehel Unterh braucht der Ber (obw § 1614 II nicht entspr anwendb ist) nur f einen ZtRaum von 6 Mo entggzunehmen. Gg seinen UnterhAnspr kann infdessen f die Zukunft üb diesen ZtRaum hinaus auch nicht aufgerechnet w (BGH NJW **93**, 2105). – **c)** Eine Erf dch **Aufrechnung** ist grdsl ausgeschl, 3
da auf ges Vorschr beruhde UnterhRenten gem ZPO 850 I Nr 2 (Ausn II) nicht pfändb sind, was ein AufrVerbot gem § 394 zur Folge hat (gilt auch f einmalige Leistgen, BGH FamRZ **97**, 544; Bambg FamRZ **96**, 1486). Eine Aufr ist nur mögl, wenn das VollstrGer (ZPO 850 b III) dem Antr n ZPO 850 b II stattgibt bei der Vollstr aGrd einer titul Fdg des UnterhSchu nach erfolgloser Vollstr in das bewegl Verm u wenn die Pfändg der Billigk entspr (krit Wendl/Haußleiter § 6 Rn 306 ff). – **d)** And als iFv § 1602 (vgl dort Rn 20) ist 4
grdsl davon auszugehen, daß die **Rente lebenslänglich zu gewähren** ist, sofern nicht schon bei UrtErl eine zeitl Begrenzg der UnterhBerechtigg zuverläss absehb ist, insb iFd § 1573 V. Bei § 1570 ist eine zeitl Begrenzg nur ausnahmsw angezeigt, wenn absehb ist, daß die UnterhBerechtigg (einschl AnschlUnterhTatbestde) zu einem best Ztpkt mit Sicherh entfällt. Das ist zB der Fall, wenn bei Unterh wg der Erz eines normal entwikkelten 15 j Ki (§ 1570) schon jetzt feststeht, daß nach 3 J die Bt beendet sein w u der gesch Eheg anschließd auch keinen Unterh gem §§ 1571 ff verl w, weil er in seinen früh Beruf zurückkehren k. Zeitl beschr UnterhTit ebenf ausr iFv § 1575 bei festen AusbildgsZeiten, wenn § 1573 nicht in Betr kommt. Aufhebg bzw Abänderg des UnterhTit bei Verändergen der die UnterhPfl begründden Umst gem ZPO 323.

2) Kapitalabfindung, II. Statt der lfden monatl Rente kann der Ber – nicht der Verpfl (BGH NJW **93**, 5
2105) – eine auf GeldZahlg, nicht auf Leistg eines best VermGgst gerichtete KapitalAbfindg verl. Dadch soll ermöglicht w, auch die wirtsch Vbdg gesch Eheg rasch zu lösen, damit jeder von ihnen unbelastet einen neuen LebWeg beschreiten k (BT-Drucks 7/650 S 146). **Voraussetzungen: a) wichtiger Grund**, zB als Hilfe f einen vom Ber beabsicht GeschAufbau od bei drohder LeistgsUnfähigk wg VermVerschwendg dch Pfl. **b)** Der Verpfl darf **nicht unbillig belastet** werden, dh er muß die geforderte Abfindg unschwer leisten können (BT-Drucks 7/650 S 146), also nicht dch verlustreiche Veräußerg von VermWerten od Gefährdg seines eig angem Unterh od Vernachlässigg and Schuld-, insb UnterhVerpf. Diese Vorauss brauchen f eine AbfindgsVereinbg nicht vorliegen. Zur **Höhe** der Abfindg vgl Göppinger/Börger/Miesen § 5 Rn 250 mit Checkliste; Wendl/Pauling § 6 Rn 615 ff mit Sterbetafel. Die Abfindg kann **steuerliche Nachteile** haben, da der Betr idR nicht als außergewöhnl Belastg berücks w k (BFH NJW-FER **98**, 211) u die Geltdmachg des Realsplittings für die Zukunft entfällt. **Besoldungsrechtliche Nachteile** (vgl zB BBesG 40 II Nr 3) sind zu beachten; s auch § 1586 b Rn 1; VAHRG 5. Der UnterhAnspr **erlischt** mit Abschl des AbfindgsVertr, bei einer dch Urt zuerkannten KapitalAbfindg mit Rechtskr des Urt.

1585 a *Sicherheitsleistung.* **[I] Der Verpflichtete hat auf Verlangen Sicherheit zu leisten. Die Verpflichtung, Sicherheit zu leisten, entfällt, wenn kein Grund zu der Annahme besteht, daß die Unterhaltsleistung gefährdet ist oder wenn der Verpflichtete durch die Sicherheitsleistung unbillig belastet würde. Der Betrag, für den Sicherheit zu leisten ist, soll den einfachen Jahresbetrag der Unterhaltsrente nicht übersteigen, sofern nicht nach den besonderen Umständen des Falles eine höhere Sicherheitsleistung angemessen erscheint.**

[II] Die Art der Sicherheitsleistung bestimmt sich nach den Umständen; die Beschränkung des § 232 gilt nicht.

1 **1) Zweck** ist, dem UnterhBer einen Anspr auf SicherhLeistg ow Vorauss zu gewähren, da derj, der sich seiner UnterhPfl zu entziehen sucht, die entspr Anstalten idR so treffen wird, daß sein Vorgehen dem Betroffenen so lange wie mögl verborgen bleibt u es dann f SicherhMaßn idR zu spät sein w (BT-Drucks 7/650 S 146). Gefährdg der UnterhLeistg od unbill Belastg des UnterhPfl sind nicht AnsprVorauss, fehlde Gefährdg od Unbilligk der Belastg kann der Verpfl ledigl ansprmindernd einwenden. Den Pfl trifft hierf die BewL, da der Anspr auf SicherhLeistg als RegFall gilt. Keine analoge Anwendg v § 1585 a auf den Trenngs- od VerwandtenUnterhAnspr (Düss FamRZ **80**, 1116 u **81**, 67).

2 **2)** Der **Anspruch auf Sicherheitsleistung** entsteht mit der UnterhVerpfl u ist dieser akzessorisch, **I 1.** Nicht erfdl ist Nachw eines bes SichergsGrdes, daß sich der Schu seiner UnterhPfl zu entziehen sucht, zB sein Verm auf einen Dr verschiebt uä. Ist aber nicht schon bei Verurteilg zur Entrichtg der UnterhRente auf SicherhLeistg erkannt worden, so kann der Ber nunm nur noch SicherhLeistg verl, wenn sich die VermVerh des
3 Verpfl erhebl verschlechtert h; das gilt auch f eine spätere Erhöhg der urspr best Sicherh (ZPO 324 nF). – **Keine** Verpfl zur **Sicherheitsleistung, I 2,** wenn **a)** f die UnterhLeistg **keine Gefährdung** besteht. Dazu genügt die Darlegg, daß lfd pünktl gezahlt w u auch zukünft keine Gefährdg besteht. Verlust od Aufgabe des ArbPlatzes rechtf nicht ow die Ann einer Gefährdg. **b) Unbilligk der Belastg** ist insb anzunehmen, wenn sich die SicherhLeistg existenzgefährdd auswirken od die KreditWürdigk des Betriebs wesentl eingeschränkt würde.

4 **3) Regelhöhe der Sicherheitsleistung, I 3,** ist der einf JBetr der UnterhRente (zur Begr vgl BT-Drucks 7/650 S 147). Hiervon kann unter bes Umst abgewichen w, zB dch Erhöhg bei Gefährdg des UnterhAnspr wg verschwender LebFührg. Eine SichergsDauer von bis zu 5 J ist wie beim ArrestVerf (Düss FamRZ **94**, 111) zul.

5 **4) Die Art der Sicherheitsleistung, II,** richtet sich nach den Umst, wobei das Ger nicht an die Beschrkgen gem § 232 gebunden ist, daher mögl zB Verpfändg der Anspr aus einer LebVers, Bürgsch zahlgskräft Verwandter des UnterhSchu. Dagg kann die Abtr künft Lohn- od GehaltsAnspr nicht angeordnet w, da sie üb die bl Sicherg der UnterhFdg hinausgehen würde. Der VerhMäßigkGrds ist zu beachten.

1585 b *Unterhalt für die Vergangenheit.* **I Wegen eines Sonderbedarfs (§ 1613 Abs. 2) kann der Berechtigte Unterhalt für die Vergangenheit verlangen.**

II Im übrigen kann der Berechtigte für die Vergangenheit Erfüllung oder Schadensersatz wegen Nichterfüllung erst von der Zeit an fordern, in der der Unterhaltspflichtige in Verzug gekommen oder der Unterhaltsanspruch rechtshängig geworden ist.

III Für eine mehr als ein Jahr vor der Rechtshängigkeit liegende Zeit kann Erfüllung oder Schadensersatz wegen Nichterfüllung nur verlangt werden, wenn anzunehmen ist, daß der Verpflichtete sich der Leistung absichtlich entzogen hat.

1 **1)** Dch die **Verweisung** in **I** ist § 1613 II nF auf den nachehel Unterh anwendb; die Aufforderg, zum Zweck der Geltdmachg des UnterhAnspr Ausk zu erteilen, begr nach dem (unveränderten) § 1585 b II aber keinen Anspr f die Vergangenh, da II nun inhaltl v § 1613 I abweicht. Das hat zur Folge, daß insow f den nachehel Unterh anderes als f den TrenngsUnterh gilt (§ 1361 IV 4, 1360 a III nimmt insges Bezug auf § 1613). § 1613 I ist hier nicht entspr anzuwenden, da der Anspr auf nachehel Unterh im VerbundVerf geltd gemacht w kann, so daß der UnterhGl, der zunächst Ausk verl, nicht schutzbedürft ist. § 1613 I 2 (Rückwirkg auf den MoErsten) ist nicht in § 1585 b II übern w. ZPO 323 III 2 nF best, daß rückständ Unterh gem § 1585 b II im **AbändergsVerfahren** auch f die Zeit vor Erhebg der AbändKl verl w kann. Unter die **Restschuldbefreiung** gem §§ 286 ff, 304 ff InsO fallen auch UnterhSchulden.

2 **2)** Eine **Mahnung vor** Rechtskr der **Scheidung** ist nach dem formalist Standpkt des BGH (NJW **92**, 1956) nicht mögl, da der Anspr inf der **Nichtidentität** der Anspr (§ 1569 Rn 10) noch nicht entstanden ist. Die Mahng wg TrenngsUnterh setzt den Schu daher nicht auch wg des künft Anspr auf nachehel Unterh in Verzug (BGH NJW **88**, 1137). Der Ber ist auf die Geltendmachg des nachehel Unterh im Verbund verwiesen (krit Spangenberg u Bentert FamRZ **93**, 23 u 890; 58. Aufl Rn 4).

3 **3) Einschränkungen der Mahnungswirkungen. a) Zweck: III** ist eine Ausformg des RInst der **Verwirkung**, die an eine „illoyal verspätete Geltendmachg" des Rs (vgl Rn 20 vor § 1569) nachteil Folgen f den RInh knüpft. Der Ber, dessen Eheband zerschnitten ist, soll veranlaßt w, um eine zeitnahe Verwirklichg
4 des UnterhAnspr bemüht zu sein, damit auch die UnterhSchuld nicht zu stark anwächst. – **b) Inhalt:** Desh kann nachehel Unterh – and als Trenngs- u VerwandtenUnterh – f üb 1 J vor RHängigk liegde Zeit nur verl w, wenn sich der Verpfl der Leistg **absichtlich entzogen** hat. Dazu ist aktives Hintertreiben der UnterhVerpfl nicht erfdl; es genügt jedes zweckgerichtete Verhalten (Tun od Unterl) des Schu, das die zeitnahe Realisierg der UnterhSchuld verhindert od zumind wesentl erschwert h (BGH NJW **89**, 526). Die bl Einstellg der Zahlgen reicht dafür nicht aus; es muß eine bewußte Erschwerg der Dchsetzg hinzukommen (Kln FamRZ **97**, 426). **Rechtshängigkeit** tritt mit Klagzustellg ein (nicht ausr PKH-Gesuch; ausr aber RVerteidigg gg VollstrGgKl des Schu, Karlsr FamRZ **88**, 400). IFd Aufr mit der UnterhFdg ist f die ZtSchranke des III der
5 Ztpkt der AufrErkl maßg (BGH FamRZ **96**, 1067). – **c) Anwendungsbereich.** III gilt auch bei AnsprÜberg (BGH FamRZ **87**, 1014: Überg auf den SozHilfeTräger) u f SonderBed gem I (s § 1578 Rn 44, § 1613 Rn 16) u UnterhRückstände. Ebso bei **vertraglicher** Regelg des Unterh (obw II nicht anwendb ist). Der Schu kann auf die Einhaltg der 1 J-Grenze vertragl verzichten; dazu bedarf es eindeut Anhaltspkte f einen entspr VerzWillen (BGH NJW **89**, 526). III gilt nach dem Normzweck auch f Verzugsschäden (ebso JHBü Rn 8; aA Hamm FamRZ **95**, 613; Diederichsen 58. Aufl Rn 5). Dagg ist III nicht anwendb auf den Ausgl der steuerl Nachteile des Realsplittings (BGH NJW **86**, 254).

6 **4) Beweislast.** Der UnterhBer muß Fälligk u Mahng bew; dagg der Verpfl, daß er den Verzug nicht zu vertreten h. Der Ber hat iFv III im Proz nur solche Umst darzulegen u zu bew, die nach der LebErfahrg den Schluß auf eine „absichtl Entziehg" rechtf (*arg* „wenn anzunehmen ist"). Sache des Verpfl ist es dann, die gg

ihn sprechde tats Vermutg dadch zu entkräften, daß er Tats darl u bew, die jene Schlußfolgerg zu erschüttern vermögen (BGH NJW **89**, 526).

1585 c *Unterhaltsverträge.* **Die Ehegatten können über die Unterhaltspflicht für die Zeit nach der Scheidung Vereinbarungen treffen.**

Zur Praxis des EheVertr: Bergschneider, Verträge in FamS, 1998; Büttner FamRZ **98**, 1; Göppinger/Börger, Vereinbgen anläßl der Ehescheidg, 7. Aufl. 1998; Grziwotz FamRZ **97**, 585; Heß FamRZ **96**, 981; Langenfeld, Hdb der EheVertr u ScheidgsVereinbgen, 3. Aufl. 1996, sowie FamRZ **87**, 9 u **94**, 201; Schulze zur Wiesche, Vereinbgen unter FamAngeh u ihre steuerl Folgen, 8.Aufl 1998. – Übbl: Meder FuR **93**, 12; Schlüter/Kemper FuR **93**, 247.

1) a) Zweck: Die Vorschr trägt dem Bedürfn Rechng, eine rechtl gesicherte VersMöglk dch Vereinbg vor 1
der Scheidg zu geben. Zur Vermeidg unnöt Streits im ScheidgsVerf u im Interesse des Ausschl späterer Unterh-Streitigk wurde in Anlehng an Eheg 72 S 1 aF die **Vertragsfreiheit** f die Zeit nach der Scheidg – and als bei GetrLeb (§§ 1361 IV 3, 1360 a III) u beim KiUnterh (§ 1614) – aus Grden der RKlarh u RSicherh normiert (BT-Drucks 7/650 S 149), um dadch auch dem GrdGedanken der wirtsch EigVerantwortg nach der Scheidg (§ 1569) Rechng zu tragen. – **b) Zeitpunkt.** Eine UnterhVereinbg f die Zeit nach Scheidg kann grdsl schon im 2
Zshg mit der Eheschl, ggf auch schon vorher, geschl w. Ein anläßl der Heirat vereinb UnterhVerz f den Fall der Scheidg ist nach BGH (NJW **85**, 1833; **91**, 913) grdsl auch nicht insow unwirks, als er den Anspr wg KiBt (§ 1570) betrifft (s aber Rn 21). – **c) Form.** Nach geltdem R besteht f Vereinbg gem § 1585 c **Formfreiheit**, 3
sofern Formbedürftigk nicht bes vorgeschr ist (zB iFv ZPO 630 I Nr 3, III) od bei RegelgsZshg mit formbedürft RGesch (zB §§ 1410, 1578 III 2, 1587 o). Wg des Schutz- u BeratgsBedürfn sollte not Beurk in weiterem Umfang verl w (vgl Heiß/Langenfeld 15 Rn 21). Zur FormFreih der Vollm zum Abschl eines EheVertr vgl BGH FamRZ **98**, 902; dazu Kanzleiter NJW **99**, 1612 u G.Vollkommer/M.Vollkommer JZ **99**, 519.

2) Inhalt. a) Ein **Unterhaltsverzicht** kann zeitl befr, aufschiebd od auflösd bdgt sowie der Höhe nach od 4
insges auf Teile der UnterhBerechtigg beschr w (BGH FamRZ **97**, 873). Eine generelle Vereinbg des Schuldprinzips im EheVertr anstelle der ges Regelg verstößt (auch wg des KiSchutzes) gg § 134; üb § 1579 können angem Erg erzielt w (vgl Heiß/Born/Langenfeld 15 Rn 49). – **aa) Rechtsnatur:** ErlVertr, der das Unterh- 5
StammR zum Erlöschen bringt (hM, Nachw Heß FamRZ **96**, 981/3, der aber ein gesond StammR verneint); kausales RGesch ähnl einem schuldr Vergl. – **bb)** Der **Verzichtswille** muß eindeut zum Ausdr gebr w 6
(Göppinger/Börger/Miesen § 5 Rn 269), so daß ein stillschw UnterhVerz nur ausnahmsw angen w kann (Brschwg OLGR **95**, 62; Schlesw FamRZ **93**, 72: nicht schon bei Vereinbg beiders ErwVerpfl). Verz kann nicht allein wg längerer NichtGeltdmachg angen w (BGH FamRZ **81**, 763). – **cc)** Ein UnterhVerz umfaßt auch 7
ohne bes Erwähng den **Notbedarf**. Ist hierauf ausdr nicht verzichtet, ist das Existenzminimum geschuldet (BGH FamRZ **80**, 1104), iZw iH des notw MindBed nach Düss Tab. Verz auf den Anspr gem **§ 1586 a** muß ausdr erkl w (Göppinger/Börger/Miesen § 5 Rn 274). Auf einen UnterhVerz kann vertragl verz w (Düss FamRZ 96, 734). – **dd)** Ein UnterhVerz kann gem **§ 138 I** (nicht II, da kein AustauschGesch) **sittenwidrig** 8
sein (BGH NJW NJW **91**, 913; **92**, 3164: Ist der Tatbestd des § 138 II zT erf, kann Nichtigk gem § 138 I gegeben sein; vgl Langenfeld FamRZ **94**, 201). Bej wird die Sittenwidrigk u damit Nichtigk bei UnterhVerz, der f die VertrPart erkennb zur **Sozialhilfebedürftigkeit** des Verzichtden führt, auch wenn er nicht auf einer SchädiggsAbs der Eheg zuL des SozHilfeträgers beruht (BGH **86**, 82; NJW **87**, 1546; NJW **92**, 3164; Kln FamRZ **99**, 920; krit Kbl FamRZ **95**, 171). Das gilt ebso f Vereinbg zuL nachrangiger Verwandter. – **ee)** Für 9
die Beurteilg der Sittenwidrigk der VerzAbrede kommt es maßg auf den aus der ZusFassg von Inhalt, BewegGrd u Zweck zu entnehmden **Gesamtcharakter** der Vereinbg an (BGH NJW **83**, 1851; vgl Kln NJWE-FER **99**, 141 bei Alkoholabhängigk des Verzichtden). BeurteilgsZtpkt ist der VertrAbschl (BGH NJW **91**, 913; Hamm u Düss FamRZ **96**, 116 u 734). Der bl Wille, sich von nachteil Folgen der Ehe freizumachen, ist f die Ann einer Sittenwidrigk nicht ausr, vielm muß die schwächere Position des Übervorteilten (mind fahrl) ausgenutzt w sein. Die SchuldÜbern dch den an sich unterhpfl Eheg u die Überlassg des Hausr können die Sittenwidrigk nicht ausgleichen, da sie den Unterh nicht sicherstellen (BGH NJW **83**, 1851). Die Ehedauer kann f die Beurteilg des MißVerh relevant sein.

b) Bei Vereinbgen zur **Konkretisierung und Modifizierung** der UnterhPfl (vgl Hamm FamRZ **97**, 10
1282; Bambg FamRZ **98**, 25) bleiben die allg unterh- u verfrechtl Vorschr anwendb, da trotz der vertragl Ausgestaltg RGrd weiterhin der ges UnterhAnspr bleibt. Für die Anpassg solcher Vereinbgen an veränderte Verh gelten die Regeln üb den Wegf der GeschGrdl (BGH FamRZ **80**, 342). Ein Austausch des Anspr aus § 1361 gg den aus § 1569 ist auch dch Vereinbg nicht mögl.

c) Novierende Vereinbarungen. Die VertrFreih erlaubt auch, den Anspr völlig von der ges Regelg 11
loszulösen u auf eine eigständ vertragl Grdl zu stellen, also einen neuen SchuldGrd (Novation) zu schaffen. Dazu bedarf es bes AnhaltsPkte; iZw daher nicht anzunehmen (Bambg FamRZ **99**, 1278). Die bes Zustdgk-Vorschr f ges UnterhAnspr gelten dann nicht mehr (BGH NJW **79**, 43; vgl Büttner FamRZ **94**, 1433).

d) Wertsicherungsklauseln (§ 245 Rn 24–36) sind ohne Gen der LZentrBank gem PaPkG 2 (fr 12
WährG 3) zul, insb wenn es sich um LeistgsVorbeh od SpanngsKlauseln handelt.

e) Zur Abgrenzg zu **Leibrentenversprechen** (§§ 759 ff) vgl Nürnbg FamRZ **96**, 296. 13

f) UnterhVertr **zugunsten Dritter**, die diesen eig Rechte einräumen, können nur dann angen w, wenn 14
ein darauf gestützter PartWille in der Erkl deutl zum Ausdr kommt (BGH FamRZ **86**, 254).

g) Auslegung. Soll die Vereinbg eine abschließde Regelg enth, ist sie einer **ergänzenden Vertragsaus-** 15
legung nicht zugängl (BGH NJW **85**, 1835). Ein nach dt R zu beurt Vertr üb eine Morgengabe islam Rs kann ein (forml gült) AbfingsVertr sein (BGH NJW **87**, 2161).

h) VertrMuster: Heiß/Born/Langenfeld 15 Rn 91, 93, 94; Bergschneider Rn 305 ff. 16

17 **3) Fallgruppen: a) Ausnutzen aa) einer Zwangslage.** Nach BGH FamRZ **96**, 1536 ist ein UnterhVerz *vor* der Eheschl nicht sittenwidr, auch wenn hiervon die Eheschl mit der schwangeren Frau abhäng gem wurde, da die Frau nach Eingehg der Ehe trotz UnterhVerz besser stehe als ohne Ehe. Konsequent ist der BGH (NJW **97**, 192) insof, als er einen UnterhVerz *nach* Eheschl wg der ScheidgsFreih nicht als sittenwidr ansieht. Der Verz ist aber nicht etwa desh wirks (so Hamm FamRZ **98**, 1299), weil es ohne ihn nicht zur Eheschl gekommen sei, der Ber also keine RPosition aufgegeben habe, die er ohne die Vereinbg nicht gehabt hätte; denn aufgegeben wird eine mit der Eheschl sonst verbundene Position (Büttner FamRZ **98**, 1). Diese Rspr harmoniert auch nicht mit der Rspr des BVerfG (NJW **94**, 36 u **96**, 2021) zur Sittenwidrigk bei BürgschVertr (zur Rspr des BGH s VorlageBeschl NJW **99**, 2584), wonach eine Prüfg im EinzFall erfdl ist, ob die strukturell ungleiche VerhandlgsStärke (dazu Pape NJW **97**, 980) ausgenutzt w ist (vgl § 138 Rn 38 a). Das kann angen w, wenn der eine VertrPartn aGrd der gemeins EheGestaltg, insb wg der KiBt (also nicht wg der Ehe- od EheschlFreih als solcher) keine eigständ angem soz Sicherg hat, hier also, wenn dieser Partn ohne angem GgLeistg auf den eheangem Schutz verzichtet h (Dethloff JZ **97**, 414; abw Schwenzer AcP 196, 88: allg strukturelle Unterlegenh der Frau; dagg Grziwotz FamRZ **97**, 585/9; vgl Ffm NJWE-FER **99**, 230). Für den ZtRaum der KiBt gelten die übl Maßst (BGH NJW **97**, 1851; FamRZ **97**, 873; § 1570 Rn 7 ff). Eine Sittenwidrigk liegt wg der EheschlFreih (BGH NJW **92**, 3164) noch nicht darin, daß der dch den UnterhVerz begünst Eheg gedroht hat, andernf die Heirat „platzen" zu lassen. Keine Sittenwidrigk auch bei Vereinbg der GütTrenng, Ausschl des VA u ggs UnterhVerz f den Fall der Scheidg, wenn ein Eheg in einer Ehekrise den Versuch, die Ehe fortzusetzen, vom Abschl eines solchen Vertr abhäng gem hat (BGH NJW **97**, 192). – **bb) der Unerfahrenheit** (vgl Düss FamRZ **89**, 635 bei ÜberVorteilg einer anwaltl nicht beratenen Part).

18 **b) Weitere Fälle:** Die Sittenwidrigk kann sich bei **Abkauf des Sorge- und Umgangsrechts** dch UnterhFreistellg daraus ergeben, daß das Ki zum „Ggst des Handels" w (BGH FamRZ **84**, 778). Die Förderg der **Scheidungsbereitschaft** zB dch wahrheitswidr Vortrag des Ablaufs des TrenngsJ führt f sich nicht zur Sittenwidrigk.

19 **c) Korrektive. aa) Verstoß gg Treu u Glauben.** Der **BGH** hält einen **Verzicht auf den Betreuungsunterhalt** zwar nicht f sittenwidr (Rn 17), schwächt aber die RFolgen insow ab, als er die Berufg auf den Verz als **rechtsmißbräuchlich** ansieht, wenn sich der Verz zuL der Ki auswirkt. Ein gesch Eheg kann sich danach auf einen UnterhVerz des and nach § 242 nicht berufen, soweit u sol die BtBedürftigk eines gemeins, von dem and Eheg betreuten Ki den Bestand der UnterhPfl fordert (BGH NJW **95**, 717; Düss FamRZ **96**, 734: Maßg ist die Entsch des EltT f die pers Bt). Eine nachträgl u unvorhergesehene Entwicklg ist nicht Vorauss. Nach BGH (NJW **92**, 3164; FamRZ **97**, 873) verl das KiWohl eine Sicherg jedoch grdsl nur iH der Mindestsätze der Düss Tab, u nur so lange, wie er neben der KiBt nicht mind seinen notw Bed dch eig ErwTätigk decken kann. Ein höh als der notw Unterh kann nach BGH (NJW **95**, 717 u 1148) nur begehrt w, wenn dies bes Grde des KiWohls (zB erhöhte BtBedürftigk des Ki) gebieten (vgl auch Stgt FamRZ **99**, 24); nach BGH gehören dazu weder die Höhe eines mögl Eink aus ErwTätigk noch die eLV od der Ztpkt des UnterhVerz u auch nicht die Frage, ob zu diesem Ztpkt die Geburt des Ki vorhergesehen w konnte. *Krit:* Diese Rspr harmoniert nicht mit § 1615 l II, da f diesen Anspr – jedenf nach dessen Stellg im Ges – § 1614 gilt (str). Iü wird zu wenig berücks, daß sich diese wirtsch SchlechterStellg des Betreuenden unmittelb auf die Ki auswirkt (vgl Schwab FamRZ **97**, 521/5) u daß ungeachtet der ges Ausgestaltg als EhegUnterh RGrd f den Anspr gem § 1570 die BtBedürftigk des Ki ist, wie
20 auch die GesÄnderg zu § 1615 l II zeigt. – Die Belange des SozHilfeträgers sind (anders als gem § 138 I) nicht zu berücks (BGH NJW **92**, 3164). Ein Verstoß gg Treu u Gl wurde vom BGH (NJW **87**, 2739) ferner angen, wenn der UnterhVerz iR einer Ehekrise geschl wurde, das ZusLeb sich danach wieder normalisierte u die Ehe
21 erst 10 J später gescheitert ist. – **bb)** Dem auf Unterh Verzichtden bleibt danach die **Arglisteinrede**, mit der er bei grob ehewidr Verhalten des and Eheg die Scheidg unter Wahrg des UnterhAnspr erreichen k (BGH NJW **85**, 1833). Die Berufg auf den UnterhVerz kann aGrd der späteren Entwicklg der Verh gg Treu u Gl verstoßen, zB dann, wenn der Verz zu einem Ztpkt erkl w ist, als die ki-losen Eheg davon ausgingen, jeder werde seinen Unterh dch eig ErwTätigk sicherstellen, u wenn der Verzichtde dch Pflege u Erz eines später geb gemeins Ki hieran (zT) gehindert w (BGH NJW **85**, 1835; **87**, 776). Danach kann sich auch ergeben, daß die Berufg auf den Verz zeitl beschr ausgeschl ist, etwa f die Zeit, in der wg Bt des gem Ki eine ErwTätigk nicht mögl ist u der
22 Verzichtde mangels and Mittel auf SozHilfe angewiesen wäre (BGH NJW **91**, 913). – **cc)** Dem **Notar** obliegt der **Hinweis**, daß der Verz iF einer notw Versorgg gemeins Ki ggf nicht eingreifen kann (Düss DNotZ **97**, 656). Vgl Lenz MittBayNot **99**, 152. Zur BeratgsPfl des Notars: Heiß/Langenfeld 15 Rn 35; Peters-Lange DNotZ **97**, 595. Zur AnwHaftg bei falscher Beratg BGH NJW-RR **93**, 706.

23 **4) a)** Berufg auf den **Wegfall der Geschäftsgrundlage** ist grdsl nicht mögl (Düss FamRZ **84**, 171; Hamm FamRZ **93**, 973), sofern nicht ausdr vereinb wurde, daß der UnterhVerz bei grdlegden Verändergen nicht mehr gelten soll. Vorauss des Wegf der GeschGrdl bei UnterhVereinbgen ist ein Fehlschlagen konkr Vorstellgen u Erwartgen der Part (BGH FamRZ **96**, 1536/7: VA-Vereinbg). Abänderg gem ZPO 323 (ohne
24 III) ist dagg mögl (KG FamRZ **99**, 1277), sofern dessen Anwendg nicht ausdr ausgeschl wurde. – **b) Anfechtung.** Die UnterhVereinbg od der Verz können wg Irrt, argl Täuschg od Drohg, wenn sie kausal f den Abschl der Vereinbg gew sind, angefochten w (BGH FamRZ **96**, 605: vorgetäuschter Suizidversuch des and zur Erreichg der Unterzeichng eines EheVertr); bl Ausnutzg einer seel ZwLage nicht ausr (BGH NJW **88**, 2599). Verschweigen der Zuwendg eines Dr (hier: eines EltT) kann zur Anf berecht (BGH NJW **99**, 2804).

25 **5)** Zu den steuerl Auswirkgen des UnterhVerz vgl JHBü Rn 15; zu Nachteilen beim VA vgl VAHRG 5; bei der wiederaufgelebten WwenRente vgl BGH FamRZ **86**, 889; Hamm NJW-RR **95**, 578; Düss FamRZ **96**, 947. Vgl auch BSG FamRZ **93**, 1073; Heilemann Sgb **95**, 600.

26 **6) Beweislast.** Den VertrAbschl u die f die Unwirksamk der Vereinbg od einen Verstoß gg Treu u Gl sprechden Umst muß die Part bew, die sich darauf beruft. Bei einem **Globalverzicht** (Verz auf alle VermWerte einschl Unterh) w die Ausnutzg einer ZwLage vermutet; der Ber muß desh darl u bew, daß er entgg dem Ansch keine ZwLage ausgenutzt h (Zweibr FamRZ **96**, 869; JHBü Rn 23; and Kbl FamRZ **96**, 1212).

7) Verfahren. Vereinbgen zum nachehel Unterh sind als Vergl iSd § 779 anzusehen (BGH FamRZ **86**, 1082). Ist ein gerichtl UnterhVergl formal als ProzVergl unwirks (zB wenn er im ScheidgsVerf gem ZPO 630 I ohne anwaltl Vertretg des AntrGgners, ZPO 78 II Nr 1, geschl wurde), kann die Vereinbg aber wg ihres Doppelcharakters als mat RGesch wirks sein, sofern dies dem PartWillen entspr (BGH NJW **85**, 1962). 27

5. Ende des Unterhaltsanspruchs

1586 *Wiederheirat oder Tod des Berechtigten.* **I Der Unterhaltsanspruch erlischt mit der Wiederheirat oder dem Tod des Berechtigten.**

II Ansprüche auf Erfüllung oder Schadensersatz wegen Nichterfüllung für die Vergangenheit bleiben bestehen. Das gleiche gilt für den Anspruch auf den zur Zeit der Wiederheirat oder des Todes fälligen Monatsbetrag.

1) Dch Wiederheirat erlangt der Ber einen neuen UnterhAnspr gem §§ 1360 ff; der bish Anspr erlischt. 1
Die Begr einer neLebG führt nicht zur entspr Anwendg v I (BGH NJW **80**, 124/5; FamRZ **81**, 753), kann aber uU iR der Bedürftigk od gem § 1579 Nr 6,7 (s dort Rn 23 ff) berücks w. Bei Eheaufhebg lebt der UnterhAnspr auch bei Ausschl der ScheidgsFolgen gem § 1318 II nicht wieder gg den früh Eheg auf, da zunächst eine gült Ehe bestanden h.

2) Tod des Unterhaltsberechtigten bewirkt das Erlöschen aller UnterhRVerh (vgl §§ 1615 I, 1360 a III, 2
1361 IV 4). Das Ges trifft iGgs zu EheG 69 II aF ausdr keine Regelg mehr üb die BestattgsKosten, so daß eine analoge Anwendg des § 1615 II entfällt (MüKo/Richter Rn 8; aA Diederichsen 58. Aufl Rn 2); diese trägt der Erbe (§ 1968). Bei Tod des Verpfl: § 1586 b.

3) Fortbestehen des Unterhaltsanspruchs, II. Fällige, bis zur Wiederheirat od Tod nicht erf Anspr auf 3
Unterh u auf SchadErs wg NichtErf der UnterhPfl bleiben bestehen (u können ggf von den Erben weiterverfolgt w). Aus PraktikabilitätsErwäggen u zur Vermeidg kleinlicher taggenauer Abrechng (BGH NJW **88**, 1137: aber kein allg RGedanke) wird gem II 2 für den Mo des Todes od der Wiederheirat der volle MoBetr geschuldet. VorausZahlgen können gem §§ 812 ff zurückgefordert w.

4) Verfahren. Das Erlöschen des titulierten UnterhAnspr ist als „punktuelles Ereign" gem ZPO 767 geltd 4
zu machen (JHBr ZPO 323 Rn 6, 9 mwN).

1586 a *Wiederaufleben des Unterhaltsanspruchs.* **I Geht ein geschiedener Ehegatte eine neue Ehe ein und wird die Ehe wieder aufgelöst, so kann er von dem früheren Ehegatten Unterhalt nach § 1570 verlangen, wenn er ein Kind aus der früheren Ehe zu pflegen oder zu erziehen hat. Ist die Pflege oder Erziehung beendet, so kann er Unterhalt nach den §§ 1571 bis 1573, 1575 verlangen.**

II Der Ehegatte der später aufgelösten Ehe haftet vor dem Ehegatten der früher aufgelösten Ehe.

1) Zweck: Die Vorschr ist Ausdr der nachehel Solidarität f ehebdgte Bedürfnislagen u der gemeins 1
Verantwortg f die KiBt.

2) Voraussetzungen, I: a) Auflösung der (wirks) neuen Ehe. – **b) Betreuung** des Ki aus früh Ehe muß 2
den Ber an einer ErwTätigk hindern (Maßst § 1570, s dort); ein EinsatzZtpkt ist im Ges nicht vorgesehen. AnschlUnterhAnspr gem §§ 1571–1573, 1575 an den Anspr gem § 1570 erfordern, daß zuvor nach Auflösg der 2.Ehe ein UnterhAnspr gem §§ 1586 a, 1570 bestanden h (str).

3) Haftungskollision, II. Bei ZusTreffen von UnterhAnspr aus mehreren Ehen haftet der Eheg der später 3
aufgelösten Ehe vorrang. Das gilt uneingeschränkt auch bei Ki aus verschiedenen Ehen. Dadch wird im Interesse einer klaren Regelg die gesamtschuldner Haftg mehrerer gesch Eheg vermieden (vgl BT-Drucks 7/4361 S 35). Ein AusglAnspr des 2. Eheg ist ges nicht vorgesehen. Rechtf die Bt der Ki aus 2.Ehe nur eine TeilErwUnfähigk, die Bt aller Ki dagg die volle ErwUnfähigk, kann eine proportionale Haftg im Verh der nachwirkden Mitverantwortg angebracht sein (str). Die UnterhPfl des 1.Eheg lebt wieder auf, wenn die des 2.Eheg wg begrenzter od mangelnder LeistgsFähigk entfällt, u auch dann, wenn der bestehde UnterhAnspr nicht od nur erschwert dchgesetzt w kann (JHBü Rn 6; str).

4) Für die **Höhe** des (subsidiären) Unterh ist der in der letzten Ehe erreichte LebStandard Obergrenze, 4
sonst würde der Eheg bei Auflösg der 2.Ehe besser stehen.

5) Verfahren. Der dch Wiederheirat erloschene Anspr u der Anspr nach aufgelöster Zweitehe sind nicht 5
identisch. Ein Tit üb den nachehel Unterh umfaßt daher nicht den Anspr gem § 1586 I; iF eines f die Zeit ab Ehescheidg geschl ProzVergl gilt etwas and nur bei entspr PartWillen. Gg die Vollstr aus dem Tit: ZPO 767 (BGH NJW **88**, 557). Unzul eine neg FeststellgsKl des früh Eheg nur wg Wiederheirat seines gesch Eheg (Karlsr FamRZ **89**, 184).

1586 b *Tod des Verpflichteten.* **I Mit dem Tod des Verpflichteten geht die Unterhaltspflicht auf den Erben als Nachlaßverbindlichkeit über. Die Beschränkungen nach § 1581 fallen weg. Der Erbe haftet jedoch nicht über einen Betrag hinaus, der dem Pflichtteil entspricht, welcher dem Berechtigten zustände, wenn die Ehe nicht geschieden worden wäre.**

II Für die Berechnung des Pflichtteils bleiben Besonderheiten auf Grund des Güterstandes, in dem die geschiedenen Ehegatten gelebt haben, außer Betracht.

1 **1)** Wird eine Ehe dch Tod aufgelöst, so erlischt damit die ggs UnterhPfl der Eheg f die Zukunft (§§ 1615 I, 1360 a III); wird sie gesch, geht die UnterhPfl iF des Todes des Verpfl nicht unter, sond als NachlVerbindlichk auf die Erben über. **Grund** f diese unterschiedl Regelg: Der Eheg hat grdsl erbrechtl Anspr an den Nachl, die zumind wirtsch betrachtet ein Äquivalent f den verlorenen Unterh darstellen; die passive Vererblichk des UnterhAnspr des gesch Eheg stellt einen **Ausgleich für den Verlust erbrechtlicher Ansprüche** dar (BT-Drucks 7/650 S 151). Der UnterhAnspr w in eine NachlVerbindlk auf Unterh umgestellt.

2 **2)** Die übergegangene UnterhPfl, **I 1**, ist **Nachlaßverbindlichkeit** des Erben. HaftgsBeschrkg gem §§ 1975 ff mögl (dazu UrtVorbeh gem ZPO 780 erfdl); bei fortges GütGemsch gem § 1489 (vgl auch §§ 1488, 1499, 1500).

3 **3) Umfang von Erbenverpflichtung und -haftung.** Gilt auch bei vertragl Regelg des Unterh, soweit nicht von ges Unterh abgewichen w sollte. Vereinbg weiterer ungeschmälerter Erf der UnterhPfl nach dem
4 Tod mögl (dann Wegfall der HaftgsBeschrkg nach I 3). – **a)** AnsprVorauss bleibt weiterhin die **Bedürftigkeit des Berechtigten.** Insb sind Ändergen, die sich aGrd des Todes des Verpfl ergeben (zB VersAnspr), mitzu-
5 berücks. – **b) Wegfall der Beschränkung nach § 1581 I 2.** Mit dem Tod des UnterhSchu kommt seiner LeistgsFähigk keine Bedeutg mehr zu, I 2. Sein angem Unterh kann nicht gefährdet sein, so daß der Ber vollen Unterh nach den eLV verl kann. Auch die Beschrkgen des UnterhAnspr wg Vorrangs mj Ki od wg Gleichrangs eines neuen Eheg des Verpfl bleiben nun außer Betr, da deren UnterhAnspr mit dem Tod des UnterhSchu
6 erlöschen u erbrechtl kompensiert w. – **c) Beschränkte Erbenhaftung, I 3.** Währd sich der Ber gem EheG 70 aF eine Herabsetzg der Rente nach Billigk gefallen lassen mußte, beschr I 3 die Haftg des Erben auf den fiktiven Pflichtt des UnterhBer. Der gesch Eheg soll nicht mehr erh, als er gehabt hätte, wenn seine Ehe statt dch Scheidg dch Tod des Verpfl aufgelöst w wäre. Maßg ist der kleine Pflichtt gem § 1931 I, II. Güterrechtl
7 Besonderh sind unerhebl, **II**; eine Anwendg v § 1371 I ist damit ausgeschl. – **d) Berechnung** des fiktiven Pflichtt als HaftgsQuote (vgl § 2303 Rn 5 ff): Fingiert wird zunächst der Fortbestand der gesch Ehe bis zum Tod des Verpfl. Auszugehen ist somit vom GesamtNachl, nicht etwa von dem Verm, das der UnterhSchu zZ der Ehescheidg besessen h. FiktionsZtpkt führt ferner dazu, daß evtl Wiederheirat des Verpfl unberücks bleibt. Dagg sind and PflichttBer zu berücks, auch nach der Scheidg geb Ki aus weiteren Ehen. Eine PflichttErgänzg gem §§ 2325 ff ist einzubeziehen (and AG Bottrop FamRZ **89**, 1109: Beschrkg auf den „ordentl Pflichtt" gem § 2303; Diederichsen 58. Aufl Rn 6), da sie gerade der Auffüllg des wahren PflichttAnspr zum Schutz der PflichttBer – u dann auch dem gesch Eheg als UnterhBer – dient; nicht aber der Anspr gem § 2329 (wg
8 Beschrkg des Anspr gem § 1586 b gg Erben u Erbeserben). – **e)** Die UnterhLast des Erben entfällt, wenn der überlebde Eheg auf sein PflichttR **verzichtet** hatte (so zutr Dieckmann NJW **80**, 2777 u **92**, 633 sowie FamRZ **99**, 1029; MüKomm/Richter Rn 2; Schwab/Borth Rn 1235; ebso § 1933 Rn 9). Die SonderRegelg stellt einen Anspr für den Verlust erbrechtl Ansprüche dar, der dch die Scheidg eintritt. Der UnterhAnspr hat ErsFunktion für das weggefallene ErbR zur Sicherstellg des Eheg. Ohne Scheidg kann ein Eheg ijF das beanspruchen, was ihm das Ges, vom Erbl nicht entziehb, als Mindestteilhabe am Verm des Erbl garantiert: den Pflichtt. Nach dem Normzweck soll aSt dieses erbrechtl MindestAnspr der UnterhAnspr treten u ihn ablösen, vorbehaltlich einer die Dchsetzg des Anspr verkürzden HaftgsBeschränkg. Entspr diesem Normzweck hat der UnterhAnspr gg den Erben keine ErsFunkton, so daß er seine Berechtigg verliert. Hat der Eheg freiw auf ein ErbR (Pflichtt) verzichtet, so manifestiert sich darin sein Entschluß, daß er krGes beim Erbfall v Erben nichts erhält; auch der Erbe soll ihm dann nichts schulden. Tritt der UnterhAnspr gg den Erben nach der Scheidg aSt bis dahin bestehder erbrechtl Anspr, müssen solche Anspr dch die Scheidg auch tatsächl weggefallen sein, andernf die ErsFunktion nicht erfdl ist. Die GgM (Grziwotz FamRZ **91**, 1258; Reimann, FS Schippel 1996, 300; Pentz FamRZ **98**, 1344 mwN u **99**, 488 in AuseinandS mit Bestelmeyer FamRZ **98**, 1152 u **99**, 489) verweist – ohne Rücks auf den Normzweck – darauf, daß im Ges der Anspr uneingeschränkt statuiert sei. Die Beschränkg auf den Pflichtt begrenze den gegebenen Anspr nur der Höhe nach u stelle ihn auf Null. Diese Ans vermag indes nicht zu erklären, warum ohne Scheidg ein erbverzichtender Eheg nur desh besser gestellt sein soll, weil er noch einem berecht ScheidgsVerl seines Partn ausgesetzt war, währd der Eheg, von dem der Erbl keine Scheidg mehr wollte, beim Tod des Erbl weder einen UnterhAnspr noch eine Teilhabe am Nachl hat.

9 **4)** Bei der ErbenHaftg geht es um einen famrechtl UnterhAnspr, daher **Familiensache**. Unterhrechtl ist der Erbe nicht RNachfolger des Schu, desh Umschreibg des UnterhTit zw dem Ber u dem Erbl nicht mögl. Keine RechtskrErstreckg auf den Erben; Folge: ErstKl aus § 1586 b mit der Möglk der HaftgsBeschrkg (Rn 6) schon in diesem Verf; bei späterer Geltendmachg: ZPO 767, 785.

III. Versorgungsausgleich

(unter Mitarbeit von R. Klattenhoff)

Einführung

Schrifttum: Bergner, Der VA, 1996; Borth, VA in der anwaltl u famgerichtl Praxis, 3. Aufl 1998; Ruland, Probl des VA in der betriebl AltersVers u priv RentVers, 1982; Ruland/Tiemann, VA u steuerl Folgen der Ehescheidg, 1977; VDR/Ruland (Hrsg), Hdb der ges RentVers, 1990; Eichenhofer in: Schulin, Hdb des SozVersR, Bd 3, RentVersR, 1999; ders, Der VA in der BRep Dtschland, SZS **87**, 254; Eißler, VA, 2. Aufl, 1995; Graba, Einführg in den VA, JuS 1990, 464; Klattenhoff/Grün, VA – Arbeits- u EntschdgsHilfen f die famrechtl Praxis, 1999; Zimmermann, VA bei betr AltersVers, 1978; Glockner/Uebelhack, Die betriebl AltersVers im VA, 1993; Gruntkowski, MittRhNotk **93**, 1: VA in der not Praxis; Michaelis/Sander, 20 Jahre VA in der RentVers, DAngVers **97**, 281; Schmidtbauer, Der VA bei Ehescheidg, 3. Aufl 1994. RsprÜbers: Dörr/Hansen NJW **97**, 2918; Borth FamRZ **97**, 1041. – **VA-Tabellen für 1999:** Bergner NJW Beil zu H 5/1999 sowie Werte für das 2. HalbJ 1999 = NJW **99**, 2348 insb zu den **Rechengrößen** in der ges RentVers, DAngVers **99**, 96 ff; Brudermüller/Klattenhoff, Tab zum FamR, 18. Aufl 1999.

1 **1) a) Zweck des VA** ist einmal die Verwirklichg des ZugewAusglGedankens (Rn 3 v § 1363) im Bereich der AltersVers, daher ist ein subj VersBedürfn keine Vorauss für den VA (BGH FamRZ **99**, 721). Hieraus folgt ferner, daß kein VA bei Eheg stattfindet, die währd der gesamten Ehe bereits versberecht waren u keine Anrechte aufgebaut h (Düss FamRZ **79**, 595; verfrechtl unbedenkl, BVerfG NJW **86**, 2697); die bl LeistgsDynamik eines bereits realisierten Anspr ist kein VersErwerb. Dies gilt nach hM auch dann, wenn ein Eheg bereits beamtenrechtl VersBezüge erh u auf die EheZt nur eine ZurechngsZt (BeamtVG 13) entfällt, da diese – and als in der ges RentVers – nur ein BerechngsElement darstellen soll (BGH **82**, 66; hierzu berecht Kritik DFGT FamRZ **96**, 337, 338). Zum and dient der VA der eigenständ soz Sicherg des wirtsch schwächeren Eheg im Alter u bei Invalidität (BT-Drucks 7/4361 S 18; BVerfG FamRZ **82**, 769; BGH **74**, 43; **85**, 180/6; FamRZ **88**, 935). Auf den Güterstd der Eheg kommt es hierbei nicht an (§ 1587 III); das Erg der güterr AuseinandS k jedoch iR der BilligkKlauseln (§§ 1587 c, 1587 h) berücks w (BGH FamRZ **87**, 923). – **b) Verhältnis zum** 2 **Unterhaltsrecht.** Der VA hat UnterhBedürftigk nicht zur Vorauss (BGH FamRZ **82**, 909). Nach der Scheidg bleibt vielfach eine Verpfl zur UnterhLeistg (§§ 1569 ff). Die dafür vorausgesetzte Bedürftigk (§ 1577 I) soll aber jedenf nach Erreichen der Altersgrenze mittels des VA u der nach Scheidg ggf auch dch entspr UnterhAnspr (§§ 1361 I 2, 1578 III) weiter betriebenen Altersvorsorge beseit od abgebaut sein (vgl § 1577 Rn 3). Insow dann AbändKl (BGH FamRZ **88**, 817) bzw VollstrGgKl (BGH **83**, 278; FamRZ **88**, 1156). Erhält der unterhbedürft früh Eheg RentenLeistgen aus dem VA, so sind diese vom tats Beginn der RentZahlg an bedarfsmindernd auf seinen nach den eLV best LebBed anzurechnen (BGH FamRZ **82**, 470). Erstattg von bis zum tats Rentenbeginn als Darl gewährten UnterhLeistgen bei nachträgl RentBewilligg: Einf 16 v § 1569. Bezieht der ges zur UnterhGewährg verpfl früh Eheg eine an sich aGrd des VAs zu kürzde Vers, so bleibt diese nach VAHRG 5 ungemindert, sol der unterhbedürft Ber noch keine Rente erh. – **c) Geschiedenen-Hinter-** 3 **bliebenenversorgung** (insb SGB VI 243): Für Eheg, die vor dem 1. 7. 77 im früh BGebiet gesch worden sind, kommt die Zahlg einer Gesch-Hinterbliebenenrente aus der ges RentVers od eines beamtenr UnterhBeitr in Betr (BeamtVG 86 iVm BBG 125 II aF), was grdsl die UnterhPfl od die tats UnterhLeistg des verstorbenen früh Eheg vor seinem Tod zur Vorauss hat. Für nach dem 30. 6. 77 im früh BGebiet Geschiedene sowie für Gesch aus dem Beitrittsgebiet kommt eine **Erziehungsrente** nach SGB VI 47, 243 a in Betr (Bürgel/Klattenhoff DRV **92**, 641; Schmidt FuR **93**, 222). VersSysteme, deren Anrechte nicht dem VA unterliegen, kennen auch heute noch die Gewährg einer Gesch-HinterbliebenenVers (vgl etwa BVG 42; SGB VII 66).

4 **2) Grundgedanken und Durchführung des VA.** GrdPrinzip des VA ist, daß der Eheg, der in der Ehe die werthöheren VersAnrechte erworben hat, zL seiner Anrechte od aus seinem sonst Verm dem Ber ein AnR iHd Hälfte des WertUntersch zuzuwenden hat. – **a)** Zu diesem Zweck sind zunächst die für den VA in Frage 5 kommden VersAnrechte zu erfassen, zu bewerten u der jew EheZtAntl der Vers zu errechnen. Bes Schwierigk bereitet dabei die Unterscheidg zw volldynam (ges RentVers, BeamtVers usw) u nicht volldynam (stat u teildynam) Vers (zB priv LebVers). Diese sind and Anrechten hinsichtl ihrer Dynamik auf der Grdl v regeldynam Anrechten aus der ges RentVers vergleichb zu machen, um die VArechtl Gesamtbilanz erstellen u den Ausgl in der ges RentVers dchführen zu k. Zu diesem Zweck müssen nicht volldynam Anrechte auf der Grdl ihres Kapitalwertes, primär auf der Basis des ind DeckgsKap, hilfsw mit der BarwVO (Anh zu § 1587 a) dynamisert w. – **b)** Für die Dchführg des VA bedient sich das Ges mehrerer GestaltgsFormen. Der VA erfolgt entw als 6 **Wertausgleich oder Beitragszahlung** in öffr Form (§ 1587 b I u II; VAHRG 1 II u III sowie 3 b I Nr 1 u 2) od subsidiär u nur auf Antr als **schuldrechtlicher VA** (§§ 1587 f–n u VAHRG 2 u 3 a). IRd öffr VA werden beim Splitting vom VersKto des ausglpfl Eheg RentAnwartsch der ges RentVers auf das Kto des ausglber Eheg übertr; beim Quasisplitting werden zL der BeamtVers des AusglVerpfl u zG des AusglBer entspr RentAnwartsch in der ges RentVers begründet; ferner kann zB zum Ausgl einer unverfallb betriebl AltersVers – begrenzt auf einen dynam Höchstbetrag – auf ein and, öffr auszugleichdes AnR des AusglVerpfl zugegriffen od dieser dazu verurteilt w, zur Begr von Anwartsch für den Ber Beitr zur ges RentVers zu zahlen usw. Der WertAusgl führt grdsl sofort u dauerh zu einer Veränderg in den VersVerhältn der früh Eheg. Die Vers des AusglVerpfl w also im allg – abgesehen von den Härtefällen des VAHRG 4, 5 u des sog Rentner- od Pensionärsprivilegs (SGB VI 100 III; BeamtVG 57 I S 2) – auch dann aGrd des VAs gemindert, wenn der AusglBer noch keine od keine Vers mehr aus dem im VA erworbenen AnR erhalten k (vgl BVerfG NJW **89**, 1983; **96**, 2296); die sich aus dem VA ergebden Mindergs- u ErhöhgsBetr brauchen nicht ident zu sein (BSG SozR 2600 § 96 a Nr 2). Der AusglVerpfl kann seine ausglbdgt geminderten Anrechte wiederauffüllen (SGB VI 187 I Nr 1, 281 a I Nr 1; BeamtVG 58). Beim schuldr VA erfolgt der Ausgl im allg erst, wenn bei beiden Eheg ein VersFall eingetreten ist; der ausglpfl Eheg muß dem Ber iH der Hälfte des UnterschiedsBetr der in der Ehe erworbenen beiders VersAnrechte eine AusglRente zahlen. Abgesehen von der hier auch vorgesehenen Abfindg künftiger Anspr (§ 1587 l) k die Eheg dch EheVertr od iZshg mit der Scheidg den VA auch dch **Vereinbarung** regeln (§§ 1408, 1587 o).

7 **3) Verfahrensrecht.** Das FamG (BVerfG NJW **83**, 2812) regelt den VA bei Ehescheidg im VerbundVerf nach FGG 53 b–53 g, ZPO 621 a I vAw mit der Möglk der Abtrenng (ZPO 623, 629; 628; VAÜG 2 I 2), bei Eheaufhebg od bei Scheidg im Ausl im isolierten Verf (BGH NJW **93**, 2047), u zwar auch, wenn die Eheg einander erneut geheiratet h (BGH FamRZ **83**, 461). Für Abschaffg des ZwVerbunds: AG Tempelhof/Kreuzbg FamRZ **97**, 927. Ein **Antrag** ist aber in den folgden Fällen erfdl: §§ 1587 b IV, 1587 d I u II, 1587 f, 1587 l, VAHRG 2, 3 a V 1 u IX 3, 10 a; EG 17 III 2 (hierzu Mü OLGR **99**, 119; Schlesw SchlHAnz **98**, 135). Die **Amtsermittlungspflicht** (FGG 12) erfordert insb die Überprüfg von VersAnrechten der betriebl AltersVers auf ihre Dynamik (BGH FamRZ **98**, 424). Iü braucht das Ger aber nicht von sich aus nach Umst zu forschen, die ihm nicht ow bekannt sein k (BGH FamRZ **88**, 709). Das FamG holt bei den jew VersTrägern **Auskunft** ein (FGG 53 b II, VAHRG 11 II). Die in der Ausk des ges RentVersTr relevanten Zeiten sind f das FamG maßg u dürfen nicht unter dem GesichtsPkt der BewVereitelg korrigiert w (Bambg FamRZ **96**, 1421). Kann mangels Mitwirkg eines Eheg der AusglAnspr nicht beziffert w, unterbleibt der VA (zZ) insges (Schlesw FamRZ **90**, 527); in Betr kommt auch der Vorbeh des schuldr VA (Hamm FamRZ **94**, 903). Über die Form des VA (§ 1587 b, VAHRG 1 ff) entsch die letzte TatsVhdlg (BGH FamRZ **99**, 221; **88**, 1253; NJW **83**, 1908); u zwar auch im AbändergsVerf (BGH FamRZ **89**, 1058). Bei unvollst Regelg keine Ergänzg (BGH FamRZ **91**, 1425). Die Entsch üb den schuldr VA bleibt bis zur Dchführbark hinausgeschoben (BGH NJW **84**, 610). Feststellgen dazu im VerbundVerf nur, soweit sie jetzt schon mögl sind (BGH NJW **82**, 387; **84**, 610);

stattdessen evtl Abfindg gem § 1587l (Stgt FamRZ **89**, 760). Beschw gg VA-Regelg: ZPO 621 e; BeschwWert: Gutdeutsch/Pauling FamRZ **98**, 214. BeschwBerechtigg wg mögl Nachteile im schuldr VA: BGH FamRZ **95**, 293. Vollstr: FGG 53 g III. Rechtskr: BGH FamRZ **89**, 264. Bindg and Gerichte: BSG NJW **91**, 3237. Korrektur der VA-Regelg: VAHRG 10 a; ZPO 578 ff analog (BGH FamRZ **84**, 159 – u zwar neben VAHRG 10 a, BGH FamRZ **89**, 264). Wird dch die förml Beteiligg eines RentVersTr die Rechtskr der Ehescheidg üb den **Tod** eines Eheg verzögert, so ist die Ehe dch den Tod aufgelöst (Zweibr FamRZ **98**, 678). Vgl iü § 1587 e Rn 7 u 10. **Haftung** des VersTr wg falscher Ausk: BGH NJW **98**, 138; des FamRi: v Maydell FamRZ **77**, 183; Udsching NJW **78**, 289; des RA: Ruland AnwBl **82**, 85; Schöppe-Fredenburg/Schwolow FuR **97**, 65 u 104 insb im Hinbl auf VAHRG 5 I; Christl/Spinz FuR **97**, 175; Hamm FamRZ **91**, 149; **94**, 376 (Versäumg einer mögl Vereinbg nach § 1587 o); für die Richtigk v VA-Ausk: LG Aachen NJW **83**, 830; Düss NJW **86**, 1763; priv ArbG: Hamm FamRZ **85**, 718; Karlsr NJW **86**, 854. **Teilentscheidungen** üb den VA (ZPO 301 analog) sind mögl in bezug auf aussonderb Teilfragen, die vom Ausgl iü unberührt bleiben (BGH FamRZ **83**, 38); ebso ZwischenEntsch entspr ZPO 304 (Stuttgart NJW **78**, 1489). Es gilt im RMittelVerf der Grds des Verbots der reformatio in peius (BGH **92**, 207), auch zG der VersTr (BGH NJW **85**, 2266).

8 **4) Internationales Privatrecht** EGBGB 17 III. VA u **Ausland:** EGBGB 17 Rn 25–26 u Bericht der BReg zur RStellg des ausglberecht Eheg beim Ausgl fremder VersAnrechte, BT-Drucks 13/152. Zur Beschränkg **ausländischer Versorgungen** auf den schuldr VA: BVerfG FamRZ **92**, 1036; Düss FamRZ **94**, 903; Mü FamRZ **96**, 554; Schlesw SchlHAnz **98**, 262. Zum VA eines Beamt iS des **Statuts der Europäischen Beamten** vgl BGH FamRZ **88**, 273, ber **89**, 263 u VorlBeschl AG Kln FamRZ **98**, 482.

9 **5) Übergangsrecht.** Der VA gilt auch für Ehen im früh BGebiet, die vor dem Inkrafttr des 1. EheRG geschl w sind, aber nach dem 1. 7. 77 gesch w (BVerfG NJW **80**, 692). **1. EheRG Art 12 Nr 3 Abs 3** stellt in S 1 Ehen, die vor dem 1. 7. 1977 gesch w sind, vom VA überh frei, wobei auf den Ztpkt des ScheidgsAusspr abzustellen ist (BGH FamRZ **79**, 906; zu Fällen mit AuslBerührg vgl BGH FamRZ **82**, 1189; **83**, 357). Ebso in S 2, wenn vor Inkrafttr des 1. EheRG künftige UnterhAnspr dch Übertragg v VermGgsten endgült abgefunden w sind bzw die dem VA unterliegden VersAnrechte Ggst eines nicht genehmiggsbedürft u formfreien (BGH FamRZ **85**, 263) Vertr waren, wobei es für die Wirksamk eines solchen Vertr nicht darauf ankommt, daß der Verzichtde eine angem Abfindg od GgLeistg erh sollte (BGH NJW **95**, 3251). Schließl konnte der AusglAnspr auf Antr des AusglVerpfl in den Fällen herabgesetzt w, in denen die Ehe allein wg des Widerspr des and Eheg (EheG 48 II aF) nicht gesch w durfte, S 3. Dazu JH/Hahne Rn 30 ff v § 1587. Als TrenngsZt iSv **S 4** rechnet unabh davon, ob der Scheidg ein sonst Hindern entggstand, auch die Zeit nach Inkrafttr des Ges bis zur Zustellg des ScheidgsAntr (BGH FamRZ **91**, 177). Die Herabsetzg des VA muß begr w (BGH aaO). Eine an das ÜbergangsR des 1. EheRG angelehnte intertemporale Übergangsregelg für das Beitrittsgebiet enth EG Art 234 § 6.

1. Grundsatz

1587 *Voraussetzungen.* **I Zwischen den geschiedenen Ehegatten findet ein Versorgungsausgleich statt, soweit für sie oder einen von ihnen in der Ehezeit Anwartschaften oder Aussichten auf eine Versorgung wegen Alters oder verminderte Erwerbsfähigkeit der in § 1587 a Abs. 2 genannten Art begründet oder aufrechterhalten worden sind. Außer Betracht bleiben Anwartschaften oder Aussichten, die weder mit Hilfe des Vermögens noch durch Arbeit der Ehegatten begründet oder aufrechterhalten worden sind.**

II Als Ehezeit im Sinne der Vorschriften über den Versorgungsausgleich gilt die Zeit vom Beginn des Monats, in dem die Ehe geschlossen worden ist, bis zum Ende des Monats, der dem Eintritt der Rechtshängigkeit des Scheidungsantrags vorausgeht.

III Für Anwartschaften oder Aussichten, über die der Versorgungsausgleich stattfindet, gelten ausschließlich die nachstehenden Vorschriften; die güterrechtlichen Vorschriften finden keine Anwendung.

1 **1)** Die Vorschr bestätigt in I 1 das Prinzip des VA u schließt entspr dem ZugewGedanken (Einf 6 vor § 1587) eheneutral erworbene VersAnrechte aus, I 2. In II wird sodann der Begr der EheZt dch eine techn Definition für die Zwecke des VA definiert. Schließl enth III den Grds der **Ausschließlichkeit des VA,** dh, daß für die dem VA unterworfenen VersAnrechte das EhegüterR nicht anwendb ist, wie umgek, was den **Anwendungsbereich** des VA anlangt, dieser unabhäng vom jew Güterstd, in dem die Ehel gelebt h,
2 stattfindet (BT-Drucks 7/4361 S 19). Der VA wird auch iF der **Aufhebung der Ehe** (§§ 1313 ff) dchgeführt (§ 1318 III), insb bei einer – insoweit nur dch § 1587 c Nr 1 eingeschränkt – **Doppelehe** (§ 1306) (BGH
3 FamRZ **82**, 475; vgl § 1587 c Rn 5). Der VA ist iF einer Abtrenng auch nach **Wiederheirat** der gesch Eheg dchzuführen (BGH FamRZ **83**, 465), ohne daß automat §§ 1587 b IV od c vorliegen (Kblz FamRZ **81**, 973 LS). Vgl iü Rn 26.

4 **2) Gegenstand des Versorgungsausgleichs, I 1,** sind auf **Bruttobasis** (BGH FamRZ **99**, 218) u in ihrer Gesamth (also einschließl aller nicht familienstandsbezogenen LeistgsElemente wie Weihnachtsgelder, Treueprämien usw, BGH NJW **92**, 313; Hamm FamRZ **98**, 628).

5 **a)** alle Rechtspositionen (**Versorgungen und Anwartschaften) sowie Aussichten auf eine laufende** (keine Einbeziehg v einmaligen Leistgen, BGH FamRZ **86**, 892) **Versorgung wegen Alters oder verminderte Erwerbsfähigkeit**, u zwar auch dann, wenn die VorversichergsZt (WarteZt, MindestbeschäftiggsZt usw) noch nicht erfüllt ist. Noch verfallb betriebl VersAnrechte sind dem schuldr VA vorbehalten; dies gilt ebso für **degressive Ausgleichsbeträge** (vgl etwa VAÜG 3 I Nr 6 S 4; BGH NJW-RR **90**, 259). Der VA erfaßt sämtliche auf Arb od Kapital beruhden Vorsorgegüter, die in ihrer Typik im wesentl den Anrechten aus den öffr RegelsichergsSystemen (ges RentVers u BeamtVers) gleichen (str, aA BGH FamRZ **88**, 936), unabhäng davon, ob diese 1) im In- oder Ausl erworben worden sind (BGH NJW **82**, 1939; Schlesw SchlHAnz **98**, 262), 2) ob u welcher Dynamik sie unterliegen, 3) ob sie sich im Anwartsch- od LeistgsStadium befinden (BGH FamRZ **82**,

258), 4) ob sie eine Gesch-HinterblVers vorsehen, 5) ob dem VersVerh ein öffr od ein privr RVerh zugrunde liegt. **Versorgung** ist ein nach Erf der pers u versr LeistgsVorauss (vgl etwa SGB VI 34 I) bereits realisierter 6
Anspr. Anwartsch u Auss sind Vorstufen eines Anspr; sie unterscheiden sich nach dem Grad ihrer Verfestigg. **Anwartschaft auf Versorgung** ist iS eines aufschiebd bdgten Rs eine dem Grd u der Höhe nach gesicherte Erwartg, nach Erf aller Vorauss eine Vers zu erhalten (BVerfG NJW **80**, 692). Vorstufe der Anwartsch wiederum ist eine **Versorgungsaussicht**. Sie liegt vor, wenn eine Beschäftigg so angelegt ist, daß der Beschäftigte bei gewöhnl Verlauf der eingeschlagenen Laufbahn eine RStellg erlangen w, die ihm eine VersAnwartsch verschafft (BGH NJW **81**, 2187). Eine Auss liegt etwa bei Probe- u Widerrufsbeamten, Zeitsoldaten (BGH NJW **82**, 1754), iF einer nach SGB VI 184 II aufgeschobenen Nachversicherg (BGH NJW **89**, 35) od bei beamtenr VersAnrechten vor, soweit diese auf „Kann"-DienstZten (BeamtVG 11 u 12) beruhen (BGH NJW **84**, 1548). Welche VersAnrechte im einz ausglpflicht sind, ergibt sich im wesentl aus der Bezugn auf § 1587 a II. Die Bezugn ist jedoch wegen § 1587 a V nicht abschließd (BGH NJW **84**, 299). Ausglpflichtig sind nur Vers, die bei einem ErwUnvermögen aGrd Alters od verminderter ErwFähigk dch lfde Geldleistgen der UnterhSicherg dienen; es genügt nicht schon den Vorauss für die Einbeziehg in den VA, wenn die Leistg im Alter od währd verminderter ErwFähigk erbracht w. Eine Leistg, die keine Alters- od ErwMindergsVers ist, wandelt nicht ihre Funktion u wird nicht dadch ausglpflicht, daß währd ihres Bezugs ein Leistgsfall eintritt. Für eine **Alters-** 7
versorgung ist kennzeichnd, daß die Leistg von einer best Altersgrenze befristet od bis zum (zeitl unbest) Tod des Begünst zugesagt w; **Vorruhestandsleistungen** sind nicht ausglpflicht (Karlsr FamRZ **98**, 629; Hahne BetrAV **95**, 271). Bei dem Begr der verminderten ErwFähigk, der durch Art 19 Nr 3 RRG 1999 v 16. 12. 97 (BGBl I S 2998) mit Wirkg vom 1. 1. 2000 eingefügt worden u aSt der bish Begr der **Berufs- und Erwerbsunfähigkeit** getreten ist, handelt es sich um einen SammelBegr für die dauernden Entgeltersatz-Leistgen der ges RentVers bei einem ErwUnvermögen, das auf einem Körper- od GesundhSchaden beruht. Die vom VA erfaßten Invaliditätsleistgen brauchen jedoch in ihrer Ausgestaltg den Anrechten aus der ges RentVers nicht zu entspr, da I 1 den Begr der verminderten ErwFähigk nur in unspezifisch-pauschalierender Form gebraucht. Kein VersAnrecht wg verminderter ErwFähigk, sond eine pauschalierte SchadVers stellt eine Pflegerenten(zusatz)Vers dar. Auf die Ausgestaltg der Vers im einz (etwa hinsichtl der Altersgrenze) kommt es nicht an (BGH FamRZ **88**, 936); auch reicht es aus, wenn sie nur eines der genannten Risiken absichert. Isolierte HinterblVers unterliegen nicht dem VA (BGH NJW-RR **92**, 194); auch nicht Zinserträge aus Kapital od Vermietg, weil sie nicht auf Invalidität od Alter beruhen (Bergner DRV **77**, 91). Bei GrdstVerk auf Leibrente uä kommt es darauf an, ob zeitl grdsl unabsehb AltersVers od Sonderform der Ratenzahlg beabsichtigt ist. Unberücks bleiben ferner dementspr Kaufpreisraten aus einer Verm- od UnternVeräußerg, Deputate, Künstlerhilfen u ähnl Ehrensolde, Abfindgen (Ruland Rn 59). Im einz unterliegen dem VA:

aa) Versorgungsanrechte aus einem dt öffr DienstVerh od aus einem ArbVerh mit Anspr auf Vers nach 8
beamtenr Grds (§ 1587 a II Nr 1) mit Ausn unfallbdgter Leistgen od LeistgsElemente (vgl BeamtVG 34 ff). Ausglpflicht sind danach insb die nach dem BeamtVG erworbenen Anrechte der Beamten mit Ausn der Ehrenbeamten (vgl BRRG 115 II) u Widerrufsbeamten, jedoch einschließl der Beamten auf Zt (insb der kommunalen Wahlbeamten), sowie der BerufsRi auf LebZt, auf Probe od auf Zt. Ferner nach dem SVG erworbene Anrechte der Berufssoldaten der Bundeswehr, die nach KirchenR erworbenen Anrechte der Kirchenbeamten sowie die nach beamtenr Grds bemessene Versorgg rentenversichergsfreier ArbN (zB der Dienstordngs-Angest der UnfallversTr iS von SGB VII 144 ff od der landwirtsch Alterskassen iS von ALG 52 II), nicht jedoch die Anrechte der ZtSoldaten (BGH **81**, 100; zur Bewertg bei letzteren § 1587 a Rn 116). Iü zählen zu den auszugleichden Anrechten die Emeritenbezüge entpflichteter Prof (BGH FamRZ **83**, 467). Dem VA unterliegen nicht UnterhBeitr, die einem entlassenen Beamt gem BDO 77 od 120 I gnadenhalber gewährt w (BGH FamRZ **97**, 158). VersAnrechte der B- u Länderminister, der Parlamentar Staatssekr, des WehrBeauftr sowie der Abgeordneten des BT, der Landtage und des Europ Parlaments (BGH NJW-RR **88**, 708; Kblz FamRZ **86**, 172) usw unterfallen dem VA, sind aber nach Abs 5 bzw AbgG 25 a zu bewerten.

bb) Dynamische Rentenanrechte aus der **gesetzlichen Rentenversicherung** der Arb u der Angest od 9
der knappschaftl RentVers (ohne die Alterssicherg der Landwirte; vgl Greßmann/Klattenhoff FamRZ **95**, 577) iS von § 1587 a II Nr 2 iH einer (fiktiven) Regelaltersrente als Vollrente. Ein Zuschuß zu den Aufw f die Kranken- u PflVers (SGB VI 106 f) bleibt unberücks. Hierunter fallen alle auf PflichtVers, lfder freiw Vers, Nachzahlg freiw Beitr od auf der Anrechng beitragsfreier Zeiten beruhden Anrechte einschließl der Leistgs-Zuschläge für UntertageArb gem SGB VI 85 (Hamm FamRZ **80**, 898). Nicht auszugleichen sind KiErzLeist- 10
gen (SGB VI 294 ff) u diesen gleichstehde kindbezogene LeistgsElemente (Rn 19).

cc) Alle Leistgen, Anwartsch od Auss auf **Leistungen der betrieblichen Altersversorgung** (§ 1587 a II 11
Nr 3). Dies sind VersAnrechte, die einem ArbN od einer arbeitnehmerähnl Person seitens des ArbG aus Anlaß eines ArbVerh freiw od aGrd tarifvertragl Verpfl zugesagt worden sind. Sie finden ihre Grdl in EinzelVertr, Ruhegeldordngen (Gesamtzusagen), in der betriebl Übg iVm dem Gleichbehandlgsgebot, in Tarifvertr od Betriebsvereinbgen. Abgesehen v Sach- u Kapitalleistgen (BGH FamRZ **93**, 793; **84**, 156; Brem OLGR **99**, 88; Saarbr OLGR **99**, 377; aA Schmalz-Brüggemann FamRZ **96**, 1053) unterliegen diese Anrechte unabhäng v den Formen, in denen sie auftreten k (BT-Drucks 7/4361 S 38; vgl auch BetrAVG 1), dem VA, also in Form unmittelb VersZusagen (Direktzusagen), Gruppen- od EinzelLebVers auf das Leben des bezugsberecht ArbN (DirektVers) od in Gestalt v VersZusagen einer Pensions- od Unterstützgskasse. Betriebl AltersVers liegt auch vor, wenn künft EntgeltAnspr in eine wertgleiche VersAnwartsch umgewandelt w od wenn sich der ArbG verpfl, best Beitr in eine Alters-, Invaliditäts- u HinterblVers umzuwandeln. Nicht als Leistgen der betriebl AltersVers u ggf nach § 1587 a II Nr 4 auszugl sind Pensionszusagen ggü Organpersonen rechtsfäh Gesellsch (BGH NJW **93**, 1262/4). Unter Nr 3 fällt weiterhin insb die **Zusatzversorgung des öffentlichen Dienstes**. Mit dieser wird 12
für die Angest u Arbeiter im öff Dienst zusätzl zu ihrer GrdVers in der ges RentVers eine weitere VersLeistg geschaffen, so daß sich ihre GesamtVers zu ihrem vorherigen Eink etwa so verhält wie beim Beamt dessen Ruhegehalt zum Gehalt (Lit: Glockner BetrAV **90**, 66; Strehuber FamRZ **79**, 765; Kohl SchlHA **79**, 25; Einzelh § 1587 a Rn 86–92).

dd) Sonstige Renten oder ähnliche wiederkehrende Leistungen, die der Vers wg Alters od vermin- 13
derter ErwFähigk zu dienen best sind, od Anwartsch od Auss hierauf (§ 1587 a II Nr 4), auch wenn sie noch

verfallb sind (BGH FamRZ **86**, 892). Dieser AuffangRegelg unterliegen insb Anrechte aus der berufsständ AltersVers der verkammerten freien Berufe, aus ausl SichergsSystemen, aus der Alterssicherg der Landwirte m Ausn der LandAbg- u der ProduktionsAufgRente (ausf Greßmann/Klattenhoff FamRZ **95**, 577; Klattenhoff NZS **95**, 337) sowie Anrechte auf (einf VersRente) aus der ZusatzVers des öff D. Ferner sind hiernach ausglpfl Anrechte aus einer früh HöherVers (SGB VI 269), der hüttenknappschaftl ZusatzVers im Saarl (vgl BGH **84**, 573), der SeelotsenVers (BGH FamRZ **88**, 51) u bei der Bayer VersKammer, VersAnstalt der dt Bühnen u der dt Kulturorchester (BGH FamRZ **85**, 1235).

14 **ee)** Renten od Rentenanwartsch **auf Grund eines Versicherungsvertrages,** der zur Vers des Versicherten wg Alters od Invalidität eingegangen wurde, auch wenn Zeitrente od kombiniert mit herauszurechnder (BGH FamRZ **92**, 165) HinterblVers (§ 1587 a II Nr 5). Dem VA unterliegen nur Anrechte auf Rentenbasis, auch wenn es sich um eine befreiende LebVers iS von SGB VI 231 I 2 Nr 1, V od um eine betriebl AltersVers handelt (vgl BGH **67**, 262; BGH NJW **84**, 299; **92**, 1103; Brem OLGR **99**, 88), dagg nicht diej auf KapBasis (aA Schmalz-Brüggemann FamRZ **97**, 1053), auch wenn auf RentBasis umstellb, weil sich hier der VersZw nicht eindeut feststellen läßt (BT-Drucks 7/650 S 158, 7/4361 S 37, 9/2296 S 11, 13 und 11/8367; Bambg FamRZ **81**, 279; Stgt FamRZ **83**, 815). Eine RentenVers m Kapitaloption ist in den VA einzubeziehen, wenn bis zum Eintr der RHängigk des ScheidgsAntr von dem KapitalwahlR kein Gebr gemacht w (BGH NJW **93**, 1262); die bl Abs, eine künft Vers kapitalisieren zu lassen, ist unbeachtl. Ein später ausgeübtes WahlR zuG einer Kapitalleistg kann iRv VAHRG 10 a od § 1587 g II 2 berücks w, wird aber im allg aus BilligkGrden unbeachtl sein, da der Eheg an dem VermWert güterr nicht mehr teilhaben k. Eine KapitalVers mit Rentenoption unterliegt dem VA, wenn diese bis zum Eintr der RHängigk des ScheidgsAntr ausgeübt worden ist
15 (BGH NJW **93**, 2044). Ferner gehören hierher bereits lfde, auf einem währd der EheZt gezahlten Beitr beruhde Rentenleistgen aus der priv UnfallVers, aus einer selbständ BerufsunfähigkVers (BGH FamRZ **93**, 299) od aus einer Berufsunfähigk-ZusatzVers (Karlsr FamRZ **96**, 1554; vgl Klattenhoff NZS **94**, 537); noch nicht zum LeistgsAnspr erstarkte RisikoVers unterliegen nicht dem VA (BGH NJW **86**, 1344). Eine Berufsunfähigk-ZusatzVers kann seit 1990 auch beitragsfrei gestellt w u stellt damit auch in der AnwartschPhase einen im VA zu berücks VersWert dar (BGH NJW-RR **94**, 130).

16 **ff) Sonstige Leistungen, Anwartschaften und Aussichten,** die der Alters- u InvaliditätsSicherg dch lfde Geldleistgen dienen u auf Arb od Kapitaleinsatz der Eheg beruhen (vgl § 1587 a V), insb ausl u internat Vers (BGH NJW **82**, 1839), VersAnrechte der ZtSoldaten (BGH **81**, 100), Widerrufsbeamten (BGH NJW **82**, 1754) u Personen in einem öffr AmtsVerh; ferner Leibrenten, die der AltersSicherg dienen u nicht unentgeltl sind (vgl BGH NJW **82**, 2557; FamRZ **88**, 936).

17 **b) Nicht versorgungsausgleichspflichtig** sind Anrechte, die weder mit Hilfe des Verm noch dch Arb der Eheg begr od aufrechterhalten w sind, **I 2. Begründet** wird ein Anrecht dch alle Umst, die sein Entstehen od Anwachsen zur Folge h, währd es **aufrechterhalten** w, wenn die Vorauss f den (künft) Anspr wenigstens teilw
18 währd der EheZt erfüllt w (BT-Drucks 7/650 S. 155). Dch **Arbeit** sind diej Anrechte erworben, die dem Eheg allein als Folge seiner Beschäftigg (als Beamter, ArbN usw) zustehen. Entsch ist, ob Leistgen Vers- od
19 Entgeltcharakter h (BGH FamRZ **88**, 936). **Mit Hilfe des Vermögens** sind Anrechte geschaffen, die ausschließl od zusätzl zu and Mitteln entstehen, zB priv RentVers, (echte oder fiktive) PflichtBeitr, lfde freiw (SGB VI 7, 232) od NachzahlgsBeitr (SGB VI 204 f, 284 f) z ges RentVers, auch mit Hilfe eines Darl (Celle FamRZ **81**, 792; Hamm FamRZ **98**, 297); ferner auch freiw WeiterVers in einer betriebl AltersVers (Mü NJW-RR **97**, 134). Anrechte der ges RentVers, die auf beitragsfreien Zeiten (SGB VI 54 IV) beruhen, sowie der beamten- od soldatenr KindererziehgsZuschlag (KEZG 1) unterliegen ow dem VA. Auf die Herkunft des dem Mitteleinsatz zGrde liegden Verm kommt es grdsl nicht an (keine Analogie zu § 1374 II); dem VA unterliegen demgemäß auch Anrechte, die aGrd eines vor der Ehe erworbenen Verm erworben worden sind (BGH NJW **84**, 1542). Auch durch **Schenkung von seiten Dritter** finanzierte VersAnrechte unterliegen der AusglPfl (BGH FamRZ **87**, 48), es sei denn, der Dr zahlt unmittelb an den VersTräger Beitr (BGH FamRZ **83**, 262) od es liegt wirtsch ein Vorgang vor, der einer Direktleistg an den VersTr gleichkommt (BGH NJW **84**, 1542); krit zuR JH/Hahne Rn 16. Erfdl ist, daß zw der Schenkg an den begünst Eheg u der BeitrZahlg ein enger zeitl
20 Zshg besteht u sich der Begünstigte gleichs wie ein Beauftragter des Dr verhält (Hamm OLGR **99**, 105). **Nicht** auf Arb od Kapitaleinsatz beruhen u damit nicht **ausgleichspflichtig sind** insb Leistgen des soz EntschädiggsRs (Renten gem BEG, BVG, OEG, BSeuchG, 1. SED-UnrechtsBerG u dem EntschädiggsRentenG, BGH FamRZ **81**, 239); diese können allerd iR der HärteRegelgen (§§ 1587 c, 1587 h) berücks w (BGH FamRZ **87**,
21 45). Nicht auszugleichen sind ferner UnterhBeitr an einen disziplinar aus dem Dienst entfernten Beamten (BGH FamRZ **97**, 15), Leistgen nach dem LAG, Leistgen aus der ges UnfallVers nach SGB VII 56 ff (BGH NJW **89**, 2812) u der UnterhBeitr nach BeamtVG 38; die Landabgabe- u Produktionsaufgaberente (BGH
22 FamRZ **88,** 272; Greßmann/Klattenhoff FamRZ **95**, 577, 578); KiErzLeistgen iS von SGB VI 294 ff (BGH NJW **91**, 1825; Jena FamRZ **98**, 1438) u deren SubstitutLeistgen (SGB VI 307 a I 3); Anrechte, die mit Hilfe eines im vorzeit ZugewAusgl erworbenen Verm begr worden sind (BGH NJW **92**, 1888; Kblz OLGR **98**, 407); Leistgen im Beitrittsgebiet iS von AAÜG 9; DienstbeschädiggsAusgl gem Ges v 11. 11. 96 (BGBl I S 1676), priv SchadErsRenten, ausl Renten, die ohne Vorleistg als StaatsbürgerVers gewährt w (Bambg FamRZ **80**, 62).

23 **3) Ehezeit, II. A) Bedeutung. a)** Vom AusglPrinzip her (Einf 6 vor § 1587) ist es nur gerechtfert, den Eheg an dem Zugew an Alters- u InvaliditätsSicherg teilhaben zu lassen, der innerh der Ehe begr od aufrechterhalten wurde. Anrechte, die erst nach der Scheidg begr wurden, bleiben selbst dann außer Betr, wenn für die Vers BemessgsZten angerechnet w, die in die EheZt fallen (BGH NJW **84**, 1612). II dient dch eine **pauschalierende Regelung** der Vereinfachg der Wertermittlg u ermöglicht es dch die Vorverlegg des BewertgsStichtags, üb den VA im VerfVerbund zu entsch (Karlsr FamRZ **79**, 824). Zur Vermeidg unbill Erg sind Korrekturen der im Ges angelegten Pauschalierg erfdl. Hinsichtl nachgezahlter freiw Beitr gilt, daß diese wg der Abstimmg mit dem BewertgsStichtag des § 1384 auch dann im VA zu berücks sind, wenn sie nach Ehezeitende, aber vor Eintr der RHängigk des ScheidgsAntr gezahlt worden sind (BGH NJW **82**, 102). Ands sind NachzahlgsBeiträge nicht zu berücks, wenn sie zwar im KalMo der Eheschließg, jedoch tats vor dieser
25 geleistet worden sind (BGH FamRZ **93**, 292). **b)** Es kommt nicht auf die Zeit des ehel ZusLeb an, so daß das

Getrenntleben den VA nicht ausschließt, sond ledigl iR der §§ 1587 c, 1587 h, Art 12 Nr 3 III S 3 u 4 des 1. EheRG berücks w (BGH **75**, 241). **c)** Bei **mehrfacher Ehe** mit demselben Partn w Anrechte aus der früh Ehe nicht in den VA einbezogen (BGH NJW **83**, 37). **d)** Bei der Erfassg von VersAnrechten gilt das **Prinzip der Gleichwertigkeit**, so daß es keine Rolle spielt, ob ein Anrecht in der EheZt **begründet** od nur **aufrechterhalten** worden ist. Dementspr ist ein Beamt auch ausglpflicht, der überh erst nach den zur Erlangg der Höchstpension erfdl ruhegehaltsfäh DienstJ geheiratet hat. Wird der ehevertragl vereinb Ausschl des VA währd der Ehe wieder aufgeh, unterliegt, sofern die Eheg nichts and vereinb, die gesamte EheZt dem VA (Gruntkowski aaO, 18). Eine **kurze Ehezeit** rechtf für sich allein grdsl nicht den Ausschl des VA nach §§ 1587 c, 1587 h (BGH FamRZ **81**, 944; Kln FamRZ **98**, 302). 24 25

B) Berechnung der Ehezeit. a) Feststellung. Die EheZt kann nicht dch ZwischenEntsch festgestellt w, sonst Beschw (Stgt NJW **78**, 1489; Hamm FamRZ **80**, 897). Die isolierte Festlegg im Verf ist dagg nicht beschwerdefäh (Hbg FamRZ **80**, 1133; Ffm NJW-RR **89**, 1236); die fehlerh Best der EheZt kann mit einem RMittel gg die EndEntsch beanstandet w. Bei **Wiederheirat** ders Eheg u Scheidg auch dieser Ehe bedarf es getr Entsch für beide EheZten, wenn der VA anläßl der 1. Scheidg auflösd bdgt ausgeschl worden ist (BGH NJW **94**, 579; vgl auch Gruntkowski aaO S 27). 26

b) Beginn: Die Ehe beginnt VA-rechtl nicht am Tag des tats Eheschlusses, sond jew auf den MoErsten zurückdatiert. Bei Verheiratg polit Flüchtlinge begann jedenf nach dem bis zum 31. 8. 86 geltden R die EheZt iSv II mit dem Mo des Wechsels des Peronalstatuts (Bambg FamRZ **82**, 505). Im Hinbl auf EG 17 III 2 in der seit 1. 9. 86 geltden Fassg dürfte dies für nach dem 31. 8. 1986 rechtshäng gew ScheidgsAntr nicht mehr bedeuts sein. 27

c) Ende: Zwingdes Recht; II gilt auch iR von VA-Vereinbgen gem §§ 1408, 1587 o (Mü FamRZ **94**, 1082 unter Hinweis auf BGH NJW **90**, 1363; Kln FamRZ **98**, 1377); kann allerd iR der allg Dispositionsbefugnisse (grdsl kein [verdecktes] Supersplitting) umgangen w, indem eine auf der Grdl früh Wertverh berechnete Herabsetzg des VA vereinb w. Die EheZt endet an sich erst mit der Rechtskr des ScheidgsUrt (§ 1564 S 2). Für den VA gilt dagg ein bes Begr der EheZt; sie dauert nur bis zum Ende des Mo, der dem Eintr der RHängigk des ScheidgsAntr vorausgeht. Die RHängigk tritt grdsl mit der wirks Zustellg der ScheidgsAntrSchrift ein (ZPO 608, 261 I, 253 I); bei Scheidg dch ein ausl Ger best sich die RHängigk nach dem von diesem Ger anzuwenden R (BGH NJW **93**, 2047). Die Zustellg eines PKH-Gesuchs reicht nicht aus (BGH NJW **82**, 2379). Der ScheidgsAntr mußte im früh BGebiet bis zum 31. 12. 1999 von einem bei dem FamG zugel RA eingereicht werden; iGgs zu ZPO 187 keine Heilg (Stgt FamRZ **81**, 789; aA Celle FamRZ **96**, 297). Seit dem 1. 1. 2000 kann er auch hier von jedem bei einem AG od LG zugel RA eingereicht w. Zum Recht des Beitrittsgebiets vgl RpflGAnpG 22 und BVerfG **93**, 362. Der Ztpkt des Eheendes kann sich vorverlagern dch eine später auf Scheidg umgestellte EheaufhebgsKl (BGH FamRZ **89**, 153) bzw dch förml Zustellg von ScheidgsAntr u PKH-Gesuch, wenn nicht deutl w, daß sich die Zustellg nur auf das PKH-Gesuch beziehen sollte (BGH FamRZ **87**, 362), währd der formlose Zugang des ScheidgsAntr mit PKH-Gesuch nicht genügt (BGH FamRZ **82**, 1005). Eine nicht od nicht formgerecht erfolgte Zustellg kann gemäß ZPO 187 als in dem Ztpkt bewirkt angesehen w, in dem die AntrSchrift dem Empf tats zugegangen ist od in dem er sich in der mdl Vhdlg rügelos auf diese einläßt (BGH FamRZ **84**, 368; Brdbg FamRZ **98**, 1439). Auch nach einem gerichtl TrenngsVerf nach ital R ist auf den ScheidgsAntr abzustellen (BGH FamRZ **94**, 825). Nach einem RestitutionsVerf (ZPO 580 I) entsch die RHängigk des urspr ScheidgsAntr (Schlesw FamRZ **82**, 1081). Bei **mehreren Scheidungsanträgen** gilt als Maxime, daß das Ende der EheZt dch die RHängigk desj ScheidgsAntr best w, der den zur Scheidg führden RStreit eingeleitet h (BGH NJW **82**, 2379; **86**, 1040; **91**, 2490; FamRZ **90**, 384; zur Haftg des RA: Hamm FamRZ **91**, 844). Entspr entsch der urspr ScheidgsAntr iF der **Aussetzung** od des tats Stillstands **des Scheidungsverfahrens,** auch wenn die Akte weggelegt wurde (BGH NJW-RR **93**, 898), u zwar auch in ÜbergFällen (BGH NJW **80**, 1161; FamRZ **81**, 944; **83**, 38). Ausn aber nach § 242 (BGH NJW **86**, 1040; **91**, 2490; JH/Hahne Rn 30). Bei vorbehaltloser Versöhng der Eheg ist für das Ende der EheZt der Ztpkt maßg, an dem von einer Part die Fortsetzg des Verf beantragt w, wenn die Eheg das ScheidgsVerf übereinstimmd irrig als erled angesehen u mehrere J in ehel Gemsch zusgelebt h (BGH NJW **86**, 1040; Hamm FamRZ **91**, 844). Entspr der Ausgangsmaxime entsch der 2. ScheidgsAntr, wenn die fortbestehde RHängigk eines früh ScheidgsVerf übersehen u die Ehe aGrd eines neuen, selbstd Verf geschieden w (BGH NJW **91**, 2490). Auch im Verh von **Scheidungsantrag und Scheidungswiderklageantrag** best sich das Ehezeitende nach der in Rn 29 genannten Maxime nach demj Antr, der den zur Scheidg führden RStreit ausgelöst hat. Dagg braucht er nicht in der mdl Vhdlg gestellt w zu sein (BGH NJW **82**, 280). Der urspr ScheidgsAntr bleibt auch maßg, wenn er zurückgewiesen u die Ehe auf den Antr des Gegn gesch w (Kln NJW-RR **93**, 8). Die Maßgeblk des urspr ScheidgsAntr setzt allerd ein einheitl Verf voraus, so daß für II der WiderKlAntr maßg ist, wenn der Scheidgs-Antr vor Zustellg des WiderKlAntr zurückgen w ist (BGH FamRZ **79**, 905; **83**, 38/40). Wurde der früh ScheidgsAntr dagg erst nach Zustellg des WiderKlAntr zurückgen, so best ersterer das EheZtEnde auch dann, wenn das ScheidgsVerf wg des ZusLeb der Eheg zum Stillstand gekommen war (Kln FamRZ **92**, 685: aber wg der VersLücke evtl § 242; and Hamm FamRZ **91**, 844: maßg WiderKlAntr). **Beweislast** für ZustellgsDatum beim dch die längere Ehedauer begünst Eheg (BGH NJW **89**, 2811). **Vereinbarung:** Eheg k vereinb, daß in den VA nur die bis zu einem best Ztpkt vor dem EheZtEnde erworbenen Anrechte einbezogen w. Doch darf das auch indirekt nicht zur Folge haben, daß dem AusglBer mehr Anwartsch in der ges RentVers übertr od begr w, als ihm nach der ges Regelg zuständen (BGH NJW **90**, 1363). 28 29 30 31

C) Berücksichtigung von nach Ehezeitende eingetretenen Änderungen (Lit: Bergner NJW **89**, 1975). Dem VA unterliegen nur die ehezeitbezogenen VersAnrechte auf der Grdl der tats u rechtl Verh im Ztpkt des Ehezeitendes – Grds der **Momentaufnahme** – (BGH NJW **82**, 2379, **87**, 2817; NJW-RR **99**, 227); bei dem in II genannten BewertgsStichtag des Eintr der RHängigk des ScheidgsAntr handelt es sich um ein gesetzgeber Redaktionsversehen (BGH **82**, 66). Das Stichtagsprinzip des VA dient der Vergleichbark der Anrechte u schließt die Berücksichtigg nachehel VersErwerbs aus (BGH FamRZ **99**, 221). Für die Frage, ob ein auszugleichdes Anrecht vorhanden ist, ist allerd immer auf den Ztpkt der gerichtl Entsch üb den VA abzustellen (BGH FamRZ **95**, 31; **92**, 45). Der nachehezeitl Wegf eines Anrechts kann ausnahmsw unberücks bleiben, wenn dieser in bewußter SchädiggsAbs herbeigeführt worden ist (BGH NJW **89**, 29) od wenn die Vorauss des § 1587 c Nr 2 vorliegen. Für die Frage, welche der Tabellen der **BarwertVO** bei der Dynamisierg 32

nicht volldynamischer Anrechte Anwendg findet, ist immer von den Verh z Ztpkt des Ehezeitendes auszu-
33 gehen (BGH FamRZ **99,** 220). – **a) Bedeutung für die Wertermittlung (§ 1587 a). aa) Gesetzes-, Satzungs- und ähnliche generelle Änderungen** nach Ehezeitende. Bei Ändergen der VersVorschr ist auf die zum Ztpkt der Entsch – ggf erst währd der letzten Inst zur Kenntn gelangte (BGH FamRZ **98**, 421) od in Kr getretene (BGH FamRZ **93**, 415) – maßg RLage abzustellen (BGH **90**, 52), u zwar auch dann, wenn erst die nachehel RÄnderg dazu führt, daß die auf die Ehe entfallden Sachverhalte einen VersErwerb begr (Saarbr OLGR **99**, 153). Das gilt insb f die Kodifikationen der großen öffr RegelsichergsSysteme, also das BeamtVG (BGH FamRZ **93**, 414; **95**, 27), das SGB VI (BGH NJW **93**, 465) u das ALG (Celle FamRZ **95**, 1360). RÄndergen, die im Ztpkt der Entsch zwar bereits verkündet, aber noch nicht in Kr getreten sind, können nicht berücks w (BGH FamRZ **93**, 414). Der Ztpkt der Entsch üb den VA ist ferner entsch bei Ändergen der maßg nicht ges VersOrdng (BGH NJW **83**, 38; FamRZ **86**, 976), etwa der VBL-S (BGH NJW **83**, 38), einer berufsständ Vers (BGH FamRZ **90**, 382) od einer betriebl VersOrdng, bei der etwa die fremde Richtlinie für die eig VersOrdng übern w (Mü FamRZ **91**, 338), nur die VersHöhe dch BetrVereinbg geändert w (BGH FamRZ **86**, 976) od eine Umgruppierg stattfindet (Kblz FamRZ **81**, 901; aA Mü FamRZ **81**, 281). –
34 **bb) Änderungen individueller Umstände in den Verhältnissen der Ehegatten** nach Ehezeitende können zur **Durchbrechung des Stichtagsprinzips** u zu einer Vorwegn der BilligkKontrolle nach VAHRG 10 a III (vgl dort Rn 19–21) führen. Aus Grden der ProzÖkonomie sind alle nachehezeitl veränd ind Umst, die zu einer Abänderg der rechtskr Entsch nach VAHRG 10 a führen würden, bereits im ErstVerf zu berücks, es sei denn, sie stehen zum Ztpkt der ErstEntsch noch nicht endgült fest (BGH NJW **89**, 29; JH/Hahne Rn 36 f). Die Evidenz tats (ind) nachehel Verändergen ist damit in der Rspr des BGH der Beachtlichk überindividueller Verändergen angenähert worden, jedoch nicht mit dieser identisch (krit hinsichtl dieser Differenzierg: Bergner SozVers **87**, 101 u NJW **89**, 1975; Klattenhoff/Wahle DAngVers **89**, 453). Die Berücks
35 im ErstVerf ist oRücks auf das Wesentlichk-, Antr- und Alterserfordern von VAHRG 10 II, IV u V mögl (BGH NJW **89**, 29 u 529). Im ErstVerf sind **zu berücksichtigen:** der Wechsel des VersTrägers (Nürnbg FamRZ **96**, 1481); bei **Beamten** Versetzg in den Ruhestand wg DUnfähigk (BGH FamRZ **89**, 727; Hamm NJW-RR **90**, 1291), auch vorzeit Ruhestand (BGH NJW **95**, 136; FamRZ **96**, 215); Beurlaubg ohne DBezüge (BGH FamRZ **88**, 940); die Umwandlg einer betriebl AltersVers in eine beamtenähnl Vers (BGH NJWE-FER **99**, 25); NichtErf der Vorauss für die Vers aus einem BefördergsAmt nach BeamtVG 5 III (Dörr NJW **90**, 1771); Verlängerg der TeilZtBeschäftigg (BGH FamRZ **89**, 1060); Ausscheiden aus dem Beamten-Verh mit anschl NachVersichg oRücks auf die NachversichergsGde (BGH **89**, 34) bei Aberkenng des Ruhegehalts (BGH NJW **89**, 29, 529 u 2811) od nach strafr Verurteilg (BGH NJW **89**, 32). Berücks wird die Beitragsfreistellg in der ArztVers (BGH NJW-RR **89**, 1477) ebso wie die Beendigg der BetrZugehörigk bei
36 Anrechten der betriebl AltersVers (BGH FamRZ **90**, 605). Beitragserstattgen, Abfindgen uä Einwirkgen auf das VersVerh währd des Verf üb den VA steht VAHRG 10 d entgg (Anrechte, die dch Verletzg von VAHRG
37 10 d erloschen sind, w nicht ausgeglichen; vgl BGH NJW **92**, 312; **95**, 135). Eine **Vorwegberücksichtigung** von nachehezeitl Umst im ErstVerf **scheidet aus,** einmal bei Umst, deren Auswirkg auf die BilligkEntsch im Lauf der Zeit noch ungewiß sind (BGH NJW **89**, 29), also zB wenn die Part noch verhältnismäß jung sind (BGH aaO 32 u 529); zum and bei tats nachehel Verändergen der VersHöhe, wenn sie keinen Bezug zum ehezeitl ErwTatbestd h (vgl JH/Hahne Rn 37), wie Änderg der BesoldgsGruppe; der DAltersstufen; Eink-Höhe; BemessgsGrdl (BGH FamRZ **99**, 413; **91**, 1421); Stellenzulagen für fliegdes BWehrpersonal (BGH NJW **82**, 2377; FamRZ **86**, 975); berufl Aufstieg insb Befördergen nach dem Stichtag (BGH **110**, 224; BGH NJW-RR **99**, 227); Übern als Beamter (BGH NJW **84**, 1612) od Berufssoldat (BGH **81**, 100) bzw eines Widerrufsbeamten als Beamter auf Probe (BGH NJW **82**, 1754; and Kblz FamRZ **90**, 760 u Bergner SozVers **87**, 93; Ruland NJW **87**, 349). Unberücks bleibt – da noch keine Veränderg eingetreten ist – die Suspendierg eines Beamten, üb dessen endgült Entferng aus dem Dienst noch nicht entsch ist (vgl Hamm FamRZ **88**,
38 625). Zur Berücks veränderter Umst beim schuldr VA gem § 1587 g II 2 vgl dort Rn 11; im **Abänderungsverfahren nach § 10 a VAHRG** vgl dort Rn 5–11.

39 **cc) Nachzahlung von Beiträgen.** Werden Beitr nach Eintr der RHängigk des ScheidgsAntr für die EheZt nachentrichtet (vgl SGB VI 204–209, 282–285), fallen die darauf beruhden Anrechte (auch iFv ZPO 628 I Nr 2) nach dem **In-Prinzip** nicht in den VA (BGH **81**, 196; FamRZ **83**, 683; **87**, 364; NJW **85**, 2024), währd Anrechte aGrd v Beitr, die vor dem Eintr der RHängigk in der Ehe gezahlt worden sind, auch dann dem VA unterliegen, wenn mit den Beitr vor der Ehe liegde Zeiten belegt worden sind (Schmeiduch FamRZ **83**, 119). Es sind also unabhäng v Einverständn des and Eheg (BGH FamRZ **83**, 683) alle Anrechte auszugl, die dch freiw BeitrZahlg (unerhebl der Ztpkt der AntrStellg od Bewilligg; BGH **81**, 196) währd der EheZt bis zum Eintr der RHängigk des ScheidgsAntr erworben w, gleichgült, ob damit ehel od vorehel Zeiten in der RentVers aufgefüllt w. Im letzteren Fall keine Abänderg nach VAHRG 10 a (JH/Hahne Rn 19); auch keine Erstreckg des In-Prinzips auf dch die Nachzahlg nach früh R anrechenb gew vorehel AnrechngsZten (Karlsr FamRZ **87**, 284). Das In-Prinzip gilt unabhäng v Güterstd (KG FamRZ **96**, 1552) auch iF einer freiw BeitrNachzahlg nach vorausgegangener Heiratserstattg gem SGB VI 282 aF (BGH FamRZ **97**, 414; Nürnbg FamRZ **96**, 1550; Hamm FamRZ **98**, 297). Doch gilt auch insow I 2, so daß nicht ausglpfl Anrechte sind, die auf Beitr beruhen, die ein Dr aufgebracht hat (Nürnbg FamRZ **96**, 1550). Ferner gilt das In-Prinzip nach hM für die Nachentrichtg von PflBeitr (Hamm FamRZ **83**, 729; Kln FamRZ **84**, 63 m zuR abl Anm v Schmeiduch; krit auch Bergner, VA, § 1587 BGB Rn 3.4), auch eines selbstd ErwTät (BGH NJW **85**, 2024), nicht jedoch iF der NachVers eines Beamten, Berufs- od ZtSoldaten od eines VersEmpf (vgl SGB VI 185 II 1). Maßg ist der Ztpkt der tats Entrichtg des Beitr, bei unmittelb Zahlg nicht vor der Belastg des Kontos des Versicherten (BGH FamRZ **96**, 1538). Da die VersTr ihre Ausk auf der Grdl des Für-Prinzips erteilen, müssen die Eheg dem FamG mitteilen, wenn best Entgeltpunkte zusätzl berücks w sollen od, obwohl sie in die EheZt fallen, nicht (Bergner SGb **78**, 136). RentAnrechte, die dch freiw geleistete BeitrNachZahlgen im EheschließgsMo, aber vor der tats Eheschließg erworben w sind, unterfallen nicht dem VA (BGH FamRZ **93**, 292). Führt die Anwendg des In-Prinzips zu einem grob unbill Erg, kommt eine Herabsetzg des AusglAnspr gem § 1587 c Nr 1 in Betr (BGH FamRZ **87**, 364). Beim VA bleiben ferner Anwartsch außer Betr, die zwar in der EheZt, aber mit Mitteln des **vorzeitigen Zugewinnausgleichs** erworben w sind (BGH NJW **92**, 1888).

b) Bedeutung für die Form des Versorgungsausgleichs (§ 1587 b). In welcher Form der VA sich vollzieht, richtet sich nach den tats u rechtl Verh zZ der Entsch der letzten **Tatsacheninstanz** üb den VA, so daß nachträgl Ändergen in der Dchführg des VA Rechng getragen w k (BGH FamRZ **99**, 221). Härten ist allenf üb § 1587 c zu begegnen (Hamm FamRZ **86**, 1222). Das gilt für den ZtSoldaten, gleichgült, ob er nach Ende der EheZt nachversichert od Beamt auf Probe bzw Berufssoldat gew ist. Der VA wird nach der versrechtl Situation dchgeführt, in der er sich zZ der Entsch dch das FamG od OLG befindet (BGH NJW **82**, 379). Dies gilt auch für den VA nach VAHRG 1 III, wenn der Beamte nach EheZtEnde ausgeschieden u bei einem berufsständ VersWerk gemäß SGB VI 186 nachvers worden ist (BGH FamRZ **89**, 44). Der VA erfolgt also nach § 1587 b I, wenn der Beamte od Soldat aus dem DVerh ausgesch u in der ges RentVers nachvers worden ist; das bl Vorliegen der NachVersVorauss reicht nicht aus (BGH FamRZ **81**, 856; **82**, 154). Wer am EheZtEnde WiderrufsBeamt od ZtSoldat war, aber vor der tatrichterl Entsch Beamt auf Probe gew ist, gleicht dch QuasiSplitting aus (BGH NJW **82**, 1754), u zwar zL des neuen DHerrn (BGH NJW **82**, 379). Hat der AusglPflicht bei mehreren VersTrägern beamtenr VersAnrechte erworben, so ist der AusglAnspr anteilmäß zuL der einz VersTräger zu erf (BGH FamRZ **84**, 1214). Bei einer aufgeschobenen NachVers (SGB VI 184 II) ist der Ausgl gem VAHRG 1 III zuL des VersTr dchzuführen, der die NachVersBeitr schuldet (BGH FamRZ **88**, 1253; vgl auch Kln FamRZ **85**, 401 mablA Schmeiduch/Schmitz) **Umstände,** die erst **nach** 40
dem für die letzte tatrichterliche Entscheidung maßgeblichen Zeitpunkt eintreten, bleiben im ErstVerf unberücks u damit VAHRG 10 a überlassen (BGH NJW **89**, 130). 41

4) Ausschließlichkeitsgrundsatz, III. Für Anrechte, die dem Grd nach dem VA unterliegen, gelten ausschließl §§ 1587–1587 p; es finden weder daneben noch an ihrer Stelle die güterr Vorschr Anwendg, so daß zB VersWerte, die aGrd von § 1587 c außer Betr bleiben, nicht iR des ZugewAusgl ausgeglichen w müssen. Die Regelg ist nicht dispositiv. Wird der VA nach § 1408 ausgeschl, so hat dies Gütertrenng zur Folge (§ 1414). Aus III folgt, daß ein VermWert nur entweder dem VA od dem ZugewAusgl, niemals aber beiden AusglArten unterliegen k, daher sind solche Anrechte nicht auszugleichen, die mit Mitteln aus einem vorzeit dchgeführten ZugewAusgl begr worden sind (BGH NJW **92**, 1888). Entspr unterbleibt der ZugewAusgl auch, soweit die Eheg den VA dch Vereinbg ausgeschl h (Ruland/Tiemann Rn 29). Schließl scheidet auch der Ausgl des Verlusts einer Anwartsch (dch Auszahlg nach Eheschl) aus (Düss FamRZ **82**, 84); der halbe Beitragswert dieser Anwartsch bleibt allerd bei im ges Güterstd lebden Eheg erh (vgl BGH FamRZ NJW **95**, 523). 42

2. Wertausgleich von Anwartschaften oder Aussichten auf eine Versorgung

1587 a *Ausgleichspflichtiger Ehegatte; auszugleichende Versorgungsansprüche.* **I Ausgleichspflichtig ist der Ehegatte mit den werthöheren Anwartschaften oder Aussichten auf eine auszugleichende Versorgung. Dem berechtigten Ehegatten steht als Ausgleich die Hälfte des Wertunterschiedes zu.**

II Für die Ermittlung des Wertunterschiedes sind folgende Werte zugrunde zu legen:

1. Bei einer Versorgung oder Versorgungsanwartschaft aus einem öffentlich-rechtlichen Dienstverhältnis oder aus einem Arbeitsverhältnis mit Anspruch auf Versorgung nach beamtenrechtlichen Vorschriften oder Grundsätzen ist von dem Betrag auszugehen, der sich im Zeitpunkt des Eintritts der Rechtshängigkeit des Scheidungsantrags als Versorgung ergäbe. Dabei wird die bis zu diesem Zeitpunkt zurückgelegte ruhegehaltfähige Dienstzeit um die Zeit bis zur Altersgrenze erweitert (Gesamtzeit). Maßgebender Wert ist der Teil der Versorgung, der dem Verhältnis der in die Ehezeit fallenden ruhegehaltfähigen Dienstzeit zu der Gesamtzeit entspricht. Unfallbedingte Erhöhungen bleiben außer Betracht. Insofern stehen Dienstbezüge entpflichteter Professoren Versorgungsbezügen gleich und gelten die beamtenrechtlichen Vorschriften über die ruhegehaltfähige Dienstzeit entsprechend.

2. Bei Renten oder Rentenanwartschaften aus der gesetzlichen Rentenversicherung ist der Betrag zugrunde zu legen, der sich am Ende der Ehezeit aus den auf die Ehezeit entfallenden Entgeltpunkten ohne Berücksichtigung des Zugangsfaktors als Vollrente wegen Alters ergäbe.

3. Bei Leistungen, Anwartschaften oder Aussichten auf Leistungen der betrieblichen Altersversorgung ist,

a) wenn bei Eintritt der Rechtshängigkeit des Scheidungsantrags die Betriebszugehörigkeit andauert, der Teil der Versorgung zugrunde zu legen, der dem Verhältnis der in die Ehezeit fallenden Betriebszugehörigkeit zu der Zeit vom Beginn der Betriebszugehörigkeit bis zu der in der Versorgungsregelung vorgesehenen festen Altersgrenze entspricht, wobei der Betriebszugehörigkeit gleichgestellte Zeiten einzubeziehen sind; die Versorgung berechnet sich nach dem Betrag, der sich bei Erreichen der in der Versorgungsregelung vorgesehenen festen Altersgrenze ergäbe, wenn die Bemessungsgrundlagen im Zeitpunkt des Eintritts der Rechtshängigkeit des Scheidungsantrags zugrunde gelegt würden;

b) wenn vor dem Eintritt der Rechtshängigkeit des Scheidungsantrags die Betriebszugehörigkeit beendet worden ist, der Teil der erworbenen Versorgung zugrunde zu legen, der dem Verhältnis der in die Ehezeit fallenden Betriebszugehörigkeit zu der gesamten Betriebszugehörigkeit entspricht, wobei der Betriebszugehörigkeit gleichgestellte Zeiten einzubeziehen sind.

Dies gilt nicht für solche Leistungen oder Anwartschaften auf Leistungen aus einem Versicherungsverhältnis zu einer zusätzlichen Versorgungseinrichtung des öffentlichen Dienstes, auf die Nummer 4 Buchstabe c anzuwenden ist. Für Anwartschaften oder Aussichten auf Leistungen der betrieblichen Altersversorgung, die im Zeitpunkt des Erlasses der Entscheidung noch nicht unverfallbar sind, finden die Vorschriften über den schuldrechtlichen Versorgungsausgleich Anwendung.

4. Bei sonstigen Renten oder ähnlichen wiederkehrenden Leistungen, die der Versorgung wegen Alters oder verminderte Erwerbsfähigkeit zu dienen bestimmt sind, oder Anwartschaften oder Aussichten hierauf ist,

a) wenn sich die Rente oder Leistung nach der Dauer einer Anrechnungszeit bemißt, der Betrag der Versorgungsleistung zugrunde zu legen, der sich aus der in die Ehezeit fallenden Anrechnungszeit ergäbe, wenn bei Eintritt der Rechtshängigkeit des Scheidungsantrags der Versorgungsfall eingetreten wäre;

b) wenn sich die Rente oder Leistung nicht oder nicht nur nach der Dauer einer Anrechnungszeit und auch nicht nach Buchstabe d bemißt, der Teilbetrag der vollen bestimmungsmäßigen Rente oder Leistung zugrunde zu legen, der dem Verhältnis der in die Ehezeit fallenden, bei der Ermittlung dieser Rente oder Leistung zu berücksichtigenden Zeit zu deren voraussichtlicher Gesamtdauer bis zur Erreichung der für das Ruhegehalt maßgeblichen Altersgrenze entspricht;

c) wenn sich die Rente oder Leistung nach einem Bruchteil entrichteter Beiträge bemißt, der Betrag zugrunde zu legen, der sich aus den für die Ehezeit entrichteten Beiträgen ergäbe, wenn bei Eintritt der Rechtshängigkeit des Scheidungsantrags der Versorgungsfall eingetreten wäre;

d) wenn sich die Rente oder Leistung nach den für die gesetzlichen Rentenversicherungen geltenden Grundsätzen bemißt, der Teilbetrag der sich bei Eintritt der Rechtshängigkeit des Scheidungsantrags ergebenden Rente wegen Alters zugrunde zu legen, der dem Verhältnis der in die Ehezeit fallenden Versicherungsjahre zu den insgesamt zu berücksichtigenden Versicherungsjahren entspricht.

5. Bei Renten oder Rentenanwartschaften auf Grund eines Versicherungsvertrages, der zur Versorgung des Versicherten eingegangen wurde, ist,

a) wenn es sich um eine Versicherung mit einer über den Eintritt der Rechtshängigkeit des Scheidungsantrags hinaus fortbestehenden Prämienzahlungspflicht handelt, von dem Rentenbetrag auszugehen, der sich nach vorheriger Umwandlung in eine prämienfreie Versicherung als Leistung des Versicherers ergäbe, wenn in diesem Zeitpunkt der Versicherungsfall eingetreten wäre. Sind auf die Versicherung Prämien auch für die Zeit vor der Ehe gezahlt worden, so ist der Rentenbetrag entsprechend geringer anzusetzen;

b) wenn eine Prämienzahlungspflicht über den Eintritt der Rechtshängigkeit des Scheidungsantrags hinaus nicht besteht, von dem Rentenbetrag auszugehen, der sich als Leistung des Versicherers ergäbe, wenn in diesem Zeitpunkt der Versicherungsfall eingetreten wäre. Buchstabe a Satz 2 ist anzuwenden.

III Bei Versorgungen oder Anwartschaften oder Aussichten auf eine Versorgung nach Absatz 2 Nr. 4, deren Wert nicht in gleicher oder nahezu gleicher Weise steigt wie der Wert der in Absatz 2 Nr. 1 und 2 genannten Anwartschaften, sowie in den Fällen des Absatzes 2 Nr. 5 gilt folgendes:

1. Werden die Leistungen aus einem Deckungskapital oder einer vergleichbaren Deckungsrücklage gewährt, ist die Regelaltersrente zugrunde zu legen, die sich ergäbe, wenn der während der Ehe gebildete Teil des Deckungskapitals oder der auf diese Zeit entfallende Teil der Deckungsrücklage als Beitrag in der gesetzlichen Rentenversicherung entrichtet würde,

2. werden die Leistungen nicht oder nicht ausschließlich aus einem Deckungskapital oder einer vergleichbaren Deckungsrücklage gewährt, ist die Regelaltersrente zugrunde zu legen, die sich ergäbe, wenn ein Barwert der Teilversorgung für den Zeitpunkt des Eintritts der Rechtshängigkeit des Scheidungsantrags ermittelt und als Beitrag in der gesetzlichen Rentenversicherung entrichtet würde. Das Nähere über die Ermittlung des Barwertes bestimmt die Bundesregierung durch Rechtsverordnung mit Zustimmung des Bundesrates.

IV Bei Leistungen oder Anwartschaften oder Aussichten auf Leistungen der betrieblichen Altersversorgung nach Absatz 2 Nr. 3 findet Absatz 3 Nr. 2 Anwendung.

V Bemißt sich die Versorgung nicht nach den in den vorstehenden Absätzen genannten Bewertungsmaßstäben, so bestimmt das Familiengericht die auszugleichende Versorgung in sinngemäßer Anwendung der vorstehenden Vorschriften nach billigem Ermessen.

VI Stehen einem Ehegatten mehrere Versorgungsanwartschaften im Sinne von Absatz 2 Nr. 1 zu, so ist für die Wertberechnung von den sich nach Anwendung von Ruhensvorschriften ergebenden gesamten Versorgungsbezügen und der gesamten in die Ehezeit fallenden ruhegehaltfähigen Dienstzeit auszugehen; sinngemäß ist zu verfahren, wenn die Versorgung wegen einer Rente oder einer ähnlichen wiederkehrenden Leistung einer Ruhens- oder Anrechnungsvorschrift unterliegen würde.

VII Für die Zwecke der Bewertung nach Absatz 2 bleibt außer Betracht, daß eine für die Versorgung maßgebliche Wartezeit, Mindestbeschäftigungszeit, Mindestversicherungszeit oder ähnliche zeitliche Voraussetzungen im Zeitpunkt des Eintritts der Rechtshängigkeit des Scheidungsantrags noch nicht erfüllt sind; Absatz 2 Nr. 3 Satz 3 bleibt unberührt. Dies gilt nicht für solche Zeiten, von denen die Rente nach Mindesteinkommen in den gesetzlichen Rentenversicherungen abhängig ist.

VIII Bei der Wertberechnung sind die in einer Versorgung, Rente oder Leistung enthaltenen Zuschläge, die nur auf Grund einer bestehenden Ehe gewährt werden, sowie Kinderzuschläge und ähnliche familienbezogene Bestandteile auszuscheiden.

1 **1) Inhalt:** Die Vorschr enth in I die **Rechtsgrundlagen für den VA,** indem sie die Pers des AusglPflicht u den Umfang der AusglPfl festlegt. AusglVerpfl ist der Eheg mit den insgesamt werthöheren ehezeitbezogenen Anrechten. Der AusglAnspr beträgt die Hälfte der Wertdifferenz zu den vom Ber währd der Ehe

erworbenen Anrechten; Abweichgen können sich aGrd der Anwendg der HärteRegelgen (§§ 1587 c, 1587 h)
od aGrd einer Vereinbg der Eheg ergeben. Wie der Anspr zu erf ist, folgt – sofern die Eheg nichts and vereinb
– aus §§ 1587 b, 1587 g; VAHRG 1 II, III, 2, 3 b. Die Regelg des I stellt klar, daß aGrd einer GesamtSaldierg
aller Anrechte unabhäng von ihrer AusglForm grdsl nur einer der Eheg ausglpflicht ist (kein „Hin-und-Her-
Ausgleich"); Ausn sind mögl iR des schuldr VA (schuldr RückAusgl, vgl BGH NJW **82**, 1989) sowie beim
Ausgl von Anrechten, die im Beitrittsgebiet erworben worden sind (etwa VAÜG 3 I Nr 6 S 4). Auf welche 2
Weise die unterschiedl VersAnrechte zu **bewerten** sind, best **II**: Für die Bewertg ist – soweit ein LeistgsFall
noch nicht eingetreten ist – jew ein **fiktiver Wert** festzustellen, näml die Leistg, die sich ergäbe, wenn zum
Ehezeitende der VersFall des Alters eingetreten wäre. Ferner behandelt das Ges in den Nr 1–5 die prakt
häufigsten u damit auch am häufigsten im VA relevanten **Arten von Versorgungsanrechten** (ges RentVers,
BeamtVers, betriebl AltersVers, berufsständ u and Vers u priv RentVers), wesh es der Auffangklausel in V
bedarf; gleichzeit regelt II, wie der **Ehezeitanteil** jedes einz VersAnrechts zu ermitteln ist, da nur dieser in
den VA einbezogen werden darf (§ 1587 I 1), wobei es entgg dem Wortlaut gem § 1587 II auf das Ende der
Ehezeit (§ 1587 II) ankommt (BGH **82**, 76; FamRZ **82**, 1005). Weitere Vorschr üb die Ermittlg des Ehezeit-
anteils von VersAnrechten enth: AbgG 25 a; ALG 99 II und III, VAÜG 3 I Nr 1–3, 5 Nr 4. Bei der WertEr-
mittlg bleibt eine unterschiedl **Besteuerung** ebso wie eine unterschiedl Belastg mit VorsorgeAufw f das
Krankheits- u PflRisiko außer Betr (BGH FamRZ **88**, 709; **89**, 725 u 846; **94**, 560; **99**, 219), grdsl auch iR
von § 1587 c (dort Rn 6); zur Beseitigg von Verzerrgen aGrd unterschiedl Besteuerg ist nach hM der
GesGeber verpfl (BVerfG NJW **80**, 692; BGH NJW **89**, 2814); and Bergner NJW **90**, 678: MüKo/Dörr
§ 10 a VAHRG Rn 10: Lösbark des Probl mH des AbändVerf nach VAHRG 10 a I. Dem Ziel, die verschied 3
VersAnrechte auf einen Nenner zu bringen, dient ferner **III.** Hier werden die qualitativen Unterschiede
ausgegl, die sich dadch ergeben, daß best VersAnrechte ohne weiteren Mitteleinsatz des VersInh an der
EinkEntwicklg teilnehmen u damit **dynamisch** sind (BeamtVers, ges RentVers usw), and dagg (wie LebVers
od die meisten betriebl VersAnrechte) nur unvollkommen od gar nicht. Das VAÜG dient dagg der VA-rechtl 4
Erfassg der „Superdynamik" im Beitrittsgebiet erworbener Anrechte. **IV.** Entspr ist eine Auffangklausel f Vers 5
notw, die einen im Ges nicht ausdr behandelten BewertgsMaßst zugrde legen, damit auch diese VersAnrechte
im VA bewertet w können, **V.** Der Besonderh, daß Beamt, Ri u Soldaten aus mehreren öffr Dienst- od 6
privrechtl ArbVerh Vers erwerben k, trägt **VI** in Ergänzg von II Nr 1 dadch Rechng, daß er die Berücks der
beamtenrechtl Ruhens-, Kürzgs- u AnrechngsVorschr auch iR des VA vorschreibt. Ferner wird II insges dch
VII dahin ergänzt, daß es für die Bewertg v VersAnrechten nicht darauf ankommen soll, ob die zeitl Vorauss f 7
den Anspr auf die VersLeistg bereits im Ztpkt der Dchführg des VA erf sind. Eine Ausn davon macht II Nr 3
S 3 für die noch verfallb betriebl VersAnrechte; sie werden in den schuldr VA verwiesen. Schließl sind bei der 8
Wertberechng, weil nur vorübergehd gezahlt, fambezogene Zuschläge u Erhöhgen auszuscheiden, **VIII.**
Maßg für die Bewertg ist die **Gesetzeslage zum Zeitpunkt der Entscheidung** (Einzelh auch zur Berücks 9
von nach Ende der Ehezeit eingetretenen Verändgen ind Umst: § 1587 Rn 32 ff).

2) Feststellung des Ausgleichsverpflichteten und Umfang der Ausgleichspflicht, I. a) Ausgleichs- 10
pflichtig ist derj Eheg mit den werthöheren Anrechten, **S 1.** Das Ges geht also davon aus, daß beid Eheg
VersAnrechte zustehen. Der VA findet aber auch dann statt, wenn nur einer von ihnen in der Ehe Anrechte
erworben hat. Ferner spricht das Ges nur von „Anwartsch od Auss"; auszugl sind jedoch auch bereits 11
laufende Versorgungen, soweit sie in der EheZt erworben sind (BGH **82**, 66). Bei ihnen erübrigt sich eine
fiktive WertErmittlg; soweit es sich um die „endgültige", die WertVerh dauerh prägde Vers handelt (BGH
FamRZ **82**, 33; **89**, 727; **90**, 1341; Nürnbg FamRZ **81**, 367; JH/Hahne Rn 5). – **b) Feststellung der** 12
Ausgleichspflicht, I, II. – aa) Zur Feststellg des Wertunterschieds der VersAnrechte beider Eheg bedarf es
der Bewertg jedes einz VersAnrechts, II. Als Wert sind die für den BewertgsStichtag **fiktiv errechneten** od
tats bereits gezahlten **Versorgungsleistungen** anzusetzen. Für die erfaßten VersArten ist dabei jew eine den
Eigenarten der betr Vers angepaßte WertErmittlg vorgesehen (BT-Drucks 7/650 S 156). Das Ges stellt für die
bei der Ermittlg des AusglAnspr zGrde zu legden Werte genaue, dch die AuffangRegelg des V ergänzte
BewertgsVorschr z Vfg, die unabhäng davon anzuwenden sind, in welcher Form der VA dchzuführen ist (vgl
§ 1587 g II 1). Die **Bewertung** umfaßt ein BerechngsVerf zur Ermittlg des Ehezeitanteils (wie in II) od,
soweit solche Berechngen nach der Gestaltg des VersAnrechts nicht vorgen w können, eine WertErmittlg
nach billigem Erm (wie in V) u die Umwertg nicht volldynamischer Anrechte (in III u IV). – **bb)** Dem VA 13
unterliegen nur die währd der Ehezeit erworbenen Anrechte. Da Ehezeit u ErwZeitraum idR nicht identisch
sind, ist der **Ehezeitanteil** der Anrechte zu best. Dieser läßt sich in den seltensten Fällen direkt aus den der
Ehe zugeordneten versrechtl erhebl Tatbestden (Beitr, BeschäftiggsZten usw) berechnen. – **cc)** II bietet daher 14
im Grds drei BewertgsFormeln: 1) Aufteilg der bis zur Altersgrenze hochgerechneten Anwartsch nach einem
Zt/Zt-Verh (pro rata temporis), 2) Berechng des EheZtAnteils isoliert aus der EheZt bei rein beitrbezogenen
Anrechten, 3) Berechng des EheZtAnteils aus den in der EheZt begr, ind wertbestimmden Faktoren (zB
Entgeltpunkten) (vgl VDR-Hdb/Bergner 27/8).

3) Wertermittlung, II. 15

A) Bewertung beamtenrechtlicher und diesen gleichgestellter Versorgungen, Nr 1 (Lit: Hübner,
Pfarrer in der SozVers, 1992; Saar, VA u BeamtenVers, 1989; Schulz-Weidner FuR **93**, 313; Strötz, Beamten-
versorggsReform 92, ZBR **91**, 230; Fieberg, Das VersorggsReformG 98, ZBR **98**, 289). **a) Betroffener** 16
Personenkreis. aa) Nach I Nr 1 sind zunächst Vers, VersAnwartsch u -aussichten aus einem **öffentlich-**
rechtlichen Dienstverhältnis zum Bund, zu einem BLand, zu einer Gemeinde od einem Gemeindeverband
(Kreis, Bezirk, Landschaftsverband) sowie zu sonstigen (Gebiets-, Real- u Personal-)Körpersch, Anstalten (zB
Spark) od Stiftgen des öff Rs (zB „Stiftg Preußischer Kulturbesitz"), nicht jedoch zu einer der Kirchen der
EKD zu bewerten (aA Bergner, VA 1996, § 1587 a Rn 5.2; diese Anrechte sind aber ggf beamtenähnl zu
bewerten). Nicht II Nr 1 unterliegen Anrechte aus DienstVerh zu **ausländischen oder internationalen**
Rechtsträgern (BGH FamRZ **88**, 273; **96**, 98), aus einem öffr **Amtsverhältnis** als RegiergsMitgl, Parla-
mentar Staatssekretär, Bundesbeauftragter, Mitgl des Direktoriums der Dt Bundesbank usw od als Angeh eines
Bundes- od Landes- (vgl AbgG 25 a; BGH FamRZ **88**, 380) od des Europ Parlaments. Die Vers bemißt sich
für Beamte u BerufsRi – abgesehen v Besonderh f vor 1977 eingetretene VersFälle (vgl BeamtVG 69) – nach

dem BeamtVG, für Berufssoldaten nach dem SVG sowie für vor dem 8. 5. 45 ernannte früh Beamte u BerufsSold nach dem Ges 131. Das beamtenrechtl od –ähnl VersorggsAnrecht muß grdsl am BewertgsStichtag vorliegen. Ist es zuvor erloschen, so ist das sich aus der NachVers (SGB VI 8 II) ergebde Anrecht der ges RentVers od der berufsständ AltersVers (SGB VI 186) zu berücks (vgl BGH NJW **89**, 29; FamRZ **89**, 42), wird es dagg erst später begr, so liegen auch dann keine Anrechte iS von II Nr 1 vor, wenn ruhegehaltfäh
17 Dienstzeiten zT auf die EheZt entfallen (BGH FamRZ **87**, 921; **99**, 221). **bb)** Anrechte iS von II Nr 1 liegen vor bei Beamten u BerufsRi auf LebZt, Berufssoldaten u Ri auf Zeit (BverfGG 4). Sie können auch bei Beamten auf Zeit (insb kommunale Wahlbeamte; BGH FamRZ **95**, 414) vorliegen, es sei denn, diese dürfen nicht in den Ruhestand versetzt w (vgl HRG 48, 48 b, 48 d), werden mit Ablauf der Dienstzeit entlassen (BRRG 96 II) u sodann nachversichert (in diesen Fällen ist die NachversichergsAuss in der ges RentVers zu berücks). Einzubeziehen sind auch Anrechte eines Beamten od Ri auf Probe (BGH FamRZ **99**, 221; NJW **82**, 1754). Keine Anrechte iS von II Nr 1 (sond atypische, auf der Grdl einer NachVersAuss in der ges RentVers zu bewertde Anrechte) haben Beamte auf Widerruf (BGH NJW **81**, 2187; **82**, 1754) u Zeitsoldaten
18 (BGH NJW **82**, 379; FamRZ **87**, 921). Hinsichtl des **beamteten Hochschulpersonals** ist danach zu unterscheiden, ob sich dessen versrechtl Stellg nach dem aGrd des HRG v 26. 1. 1976 (BGBl I 185) geschaffenen od nach früh R (HRG 75, BeamtVG 91 I) beurteilt. Nach **neuem Recht** gilt, daß Prof als Beamte auf Probe, Zeit od auf LebZt u Hochschuldozenten, die zu Beamten auf LebZt ernannt worden sind, wie and Beamte auch Anrechte iS von II Nr 1 haben, währd die Anrechte der wissensch u künstler Assistenten, Oberassistenten u -ingenieure sowie der Hochschuldozenten auf Zeit auf der Grdl ihrer NachVersAuss in der ges RentVers zu bewerten sind, da diese idR nicht in den Ruhestand versetzt, sond entlassen w u ein (nicht auszugleichdes) Übergangsgeld erh. Hinsichtl des Hochschulpersonals, dessen versrechtl Stellg nach **altem Recht** zu beurteilen ist, gilt, daß ordentl u außerordentl Prof als Lebenszeitbeamte Anrechte iS von II Nr 1 erworben h; entspr gilt f außerplanmäß Prof, obgleich diese Beamte auf Widerruf sind. Beziehen Hochschullehrer **Emeritenbezüge** od stehen ihnen solche in Auss, so unterliegen diese nach II Nr 1 S 5 mit ihrem Ehezeitanteil in voller Höhe dem VA (BGH NJW **83**, 1784). Universitätsdozenten, beamtete Lektoren, wissensch Assistenten einschließl Oberassistenten u -ingenieure sind dienstrechtl Beamte auf Widerruf, versrechtl Probebeamte; sie haben nach hM keine Anrechte nach II Nr 1 (Karlsr FamRZ **83**, 408; aA Abt II.2
19 der Bekanntmachg des Bayer Staatsministeriums der Finanzen v 18.12.91, Beil z Bayer StAnz 4/1992). Nach II Nr 1 werden ferner Anrechte von Personen mit Anspruch auf **Versorgung nach beamtenrechtlichen Grundsätzen** (beamtenähnl VersAnrechte) bewertet. Hierunter fallen auch kombinierte Vers (Hübner S 126 f), nicht aber solche, in denen der ArbG nur einen Zuschuß zu den Leistgen der ges RentVers erbringt (Hbg FamRZ **80**, 165). Die Vers beruht auf (Kirchen)Ges, DOrdng, Satzg, Statut od Einzel- od KollektivVertr u muß dem Alimentationsprinzip folgen sowie nach Vorauss, Art u Umfang ungeachtet gewisser Abweichgen dem BeamtR entspr (BSG SozR 2200 § 1260 c Nr 5, 15, 18; BGH FamRZ **94**, 232; NJWE-FER **99**, 25). Sie muß auf einem RAnspr beruhen u wenigstens nach dem letzten ArbEntgelt sowie der Beschäftiggsdauer ausgerichtet sein (BVerfG 11, 203, 213; 61, 43, 57; 76, 256, 322); VersSchu ist der ArbG od eine von ihm ohne Beteiligg des Beschäftigten finanz VersEinrichtg (BSG 55, 19). Die RForm des VersTrägers spielt keine Rolle (BGH FamRZ **85**, 794; **94**, 232). IdR handelt es sich um Anrechte der in SGB VI 5 I Nr 2 und 6 I Nr 2 genannten Art; liegt VersFreih od VersBefreig vor, ist auch immer ein Anrecht iS von II Nr 1 gegeben; Vorauss ist dies jedoch nicht (Düss FamRZ **91**, 1205). Die Bewertg nach II Nr 1 ist der der nach II Nr 3 ggü vorrangig (BGH FamRZ **94**, 232). Beamtenähnl VersAnrechte haben idR die Bediensteten der öffr ReligionsGemsch (Celle FamRZ **83**, 191; Nürnbg FamRZ **95**, 98; Ffm FamRZ **87**, 719); Lehrer an Privatschulen u nichtstaatl Hochschulen (BGH FamRZ **85**, 794; **87**, 918); wiss Mitarb der Max-Planck-Gesellsch (BGH FamRZ **86**, 248), Angest öff Banken (BGH FamRZ **94**, 232; NJWE-FER **99**, 22) u die DOrdngs-Angest der SozVersTr u ihrer Verbände (vgl hierzu BAG 2, 81; BVerwG RiA **83**, 117). **Zusatzversorgungen** für ArbN des öffD zählen zur betriebl AltersVers u sind nach II Nr 3 zu bewerten (BGH NJW **81**, 2689; **82**, 1989).

20 **b) Gegenständlicher Anwendungsbereich.** Nr 1 bezieht sich auf beamtenrechtl und –ähnl VersAnrechte einschließl bereits laufder Vers wg DUnfähigk od Alters (BGH **81**, 100) unter Einbeziehg der jährl Sonderzuwendg (BeamtVG 2 II, 50 IV; BGH FamRZ **99**, 713; NJW **92**, 313). Zu berücks ist auch ein UnterhBeitr nach BeamtVG 15 – nicht aber bei Widerruflichk od Befristg (so JH/Hahne Rn 39; str) – od G 131 37 a, nicht jedoch ein nach BDO 77, 120 I gewährter UnterhBeitr (BGH FamRZ **97**, 158). Bei der Bewertg von Anwartsch kommt es auf die Erf der WarteZt (gem BeamtVG 4 mind 5 J) nach VII nicht an. Nicht einbezogen w VerlUnterhBeitr (BeamtVG 38) u unfallbdgte Erhöhgen der Bezüge (BeamtVG 34 bis 37, 43, 82, nunm wohl auch 5 II in der seit 1. 7. 97 geltden Fassg), wg eines DUnfalls gewährte UnterhBeitr an Ehrenbeamte (BeamtVG 68 S 2), auf BeamtVG 14 a beruhde vorübergehde VersErhöhgen bei dienstunfäh Ruhegehaltempfängern, der Ausgl bei vorgezogenen Altersgrenzen nach BeamtVG 48 (BGH NJW **82**, 2374) sowie ÜbergGelder nach BeamtVG 47, 47 a, 67 IV.

21 **c) Berechnungsgrundlagen.** Die Bewertg beamtenrechtl u – ähnl VersAnrechte nach II Nr 1 sieht die Ermittlg des Ehezeitanteils auf der Grdl einer (fiktiven) VollVers sowie eines Zeit/Zeit-Verh vor. Mit dieser Methode sollte insb den Besonderh des bis 1991 geltden VersAnrechts Rechng getragen w, das ua eine in die Ruhegehaltskala des BeamtVG aF integrierte SockelSicherg sowie ein degressives Ansteigen der Anrechte vorsah, deren HöchstBetr nach 35 J erreicht war. Das auf dem BeamtVGÄndG v 18.12.89 (BGBl I S 2218) beruhde R sieht dagg – flankiert von einer MindestSicherg (BeamtVG 14 IV) – ein zeitproportional-lineares Ansteigen der Anrechte (um 1,875% je ruhegehaltfäh DienstJ) vor. Obgleich damit grdsl jeder ZtEinh ein konstanter VersWert zugeordnet w k, ist eine Bewertg auf der Grdl der pro-rata-temporis-Methode erfdl, um auch folgde Fälle angem zu lösen: 1) Ruhegehaltfähige DZt betr mehr als 40 J, 2) MindestVers (BeamtVG 14 IV), 3) WertErhöhgen aGrd zeitl nicht zuordngsfäh BerechngsElemente (zB ZurechngsZt od Erhöhgen des Ruhegehaltsatzes gem SVG 26 II bis IV); 4) Diskontinuierliche Ruhegehaltskala für Beamte auf Zeit
22 (BeamtVG 66 II, 85 II), 5) Anwendg des ÜbergR (BeamtVG 85 I, II, IV, IX, 85 a): Entspr dem beamtenrechtl LebZtPrinzip trägt jede einz ZtEinh gleichwert zur Vers bei; das insges erworbene Anrecht ist daher gleichmäß auf die gesamte ErwZt zu verteilen. Dies geschieht bei Anwartsch in Anwendg der jew maßg VersRegelg (BeamtVG, SVG, Pensionsordng usw) unter Berücksichtigg v **Übergangsrecht** (BGH FamRZ

93, 414) dch die Ermittlg einer fiktiven VollVers auf der Grdl der **Gesamtzeit** (vom Eintr in das Beschäftiggs-Verh unter Einschluß etw VordienstZten bis zum voraussichtl Ende wg Erreichens der ind maßg Altersgrenze) und der bei EheZtEnde gegebenen entgeltbezogenen BemessgsGrdl; bei bereits realisierten VersAnspr wg Alters od DUnfähigk aGrd der tats gewährten Vers (BGH **82**, 66; FamRZ **96**, 215), so daß bei RuhegehaltEmpf die GesamtZt mit dem tats Eintr in den Ruhestand endet (BGH FamRZ **90**, 1341; **99**, 499; vgl aber für Fälle einer befristeten Zurruhesetzg KG FamRZ **86**, 1005). Einer sich hieraus ergebden Erhöhg des EheZtAnteils der Vers sowie des AusglAnspr kann iRv § 1587 c Nr 1 Rechng getragen w (BGH FamRZ **99**, 499 mwN). Hinsichtl der Anwendg des ÜbergR sollte entspr dem ALG 99 II 2 zGrde liegden RGedanken auf die voraussichtl Verh im Ztpkt des Erreichens der Altersgrenze abgestellt w (ebso Bergner, VA, § 1587 a BGB Rn 6.24). Bei Beamten im einstw Ruhestand ist nach hM die volle Vers ohne Berücksichtigg des nur vorübergehd erhöhten Ruhegehaltssatzes (BeamtVG 14 V) u auf der Grdl der bis zur Regelaltersgrenze erweiterten GesamtZt zu ermitteln (RGRK/Wick Rn 81, in bezug auf die GesamtZt problemat; vgl auch Ffm FamRZ **84**, 182, krit dazu Minz DRV **85**, 599). Die Anwartsch wird als **Altersversorgung** berechnet, so daß versorggsrechtl Vorschr, die bei DUnfähigk od einem anderweit vorzeit Ausscheiden eine Erhöhg des Ruhegehalts vorsehen (etwa BeamtVG 5 II, 13 I; PersStärkeG 6 II) unberücksichtigt bleiben; beim Ausgl einer tats gewährten Versorgg sind sie aber als BerechngsElement der vollen Versorgg (nicht jedoch bei der Bildg des Zeit/Zeit-Verh) zu berücks (BGH **82**, 66; FamRZ **95**, 28; **96**, 215). Die **ruhegehaltfähige Dienstzeit** (BeamtVG 6–13) **23**
best die Höhe des (auf die ruhegehaltfäh DBezüge anzuwendden) Ruhegehaltsatzes (BeamtVG 14 I, 85 f); sie beginnt frühestens mit dem 17. LebJ u endet spätestens mit der ind maßg Altersgrenze (vgl etwa BBG 41, 41 a). Zeiten einer Beurlaubg ohne DBezüge od einer TeilZtBeschäftigg, die nicht od nur anteil ruhegehaltfäh sind (BeamtVG 6 I Nr 5, S 3), sind für die Dauer der nach der EheZt liegden Beurlaubg od TeilZtBeschäftigg nicht od nur anteilig zu berücks, die weitere Zt bis zur Altersgrenze ist voll zu berücks (BGH NJW **86**, 1935; FamRZ **88**, 940). Vordienstzeiten aGrd von Kann-Vorschr (BeamtVG 11, 12) sind immer zu berücks, auch wenn der Beamte den versrechtl hierfür erfdl Antr noch nicht gestellt h (BGH NJW **81**, 1506; **84**, 1548), u zwar oRücks darauf, ob die Hinzurechng der Zeiten für den Eheg des Beamten günst ist. Die WertErmittlg erfolgt auf der **24**
Grdl der bei EheZtEnde zustehden **ruhegehaltfähigen Dienstbezüge.** Bei Beamten auf Probe iSv BBG 24 a ist im Hinbl auf BBG 15 a II von den zuletzt als LebensZtBeamter erhaltenen Bezügen auszugehen. Verbleibt der Beamte in dem zunächst probew ausgeübten Amt, kann dem iRv VAHRG 10 a Rechng getragen w. Ohne Einfl auf die Bewertg sind nach Ende der EheZt eintretde BesoldgsErhöhgen inf Beförderg od Ansteigens der DAltersstufen (BGH NJW-RR **99**, 227), wobei Befördergen auch dann unberücks bleiben, wenn der Beamte rückwirkd auf einen Ztpkt vor dem EheZtEnde in eine höhere Planstelle eingewiesen w. An ihnen soll der and Eheg nach dem GrdGedanken des § 1587 I VA-rechtl nicht teilhaben (BT-Drucks 7/650 S 156), auch wenn vorher bereits ein entspr Anspr begr war (BGH FamRZ **87**, 918; vgl aber auch Saarbr FamRZ **94**, 758 bei rückwirkder BesoldgsErhöhg). Die im VA zu berücksichtigden ruhegehaltfäh DBezüge sind nach BeamtVG 5 I das GrdGehalt ohne Berücks des FamZuschlags gem BeamtVG 5 I Nr 2 (vgl VIII) u sonstige, im BesoldgsR als ruhegehaltfäh anerkannte BesoldgsBestandt (insb Zulagen, soweit diese gem BBesG 81 II übergangsw noch ruhegehaltfäh sind u währd der EheZt gezahlt wurden; sowie die Fliegerstellenzulage u die allg Stellenzulage nach Nr 27 der Vorbemerkgen zu BBesO A; vgl hierzu BGH FamRZ **86**, 975; **95**, 27; zum Wegfall der RuhegehaltFähigk v Zulagen auch Kblz OLGR **99**, 11). Auszugehen ist bei dem Beamten, der am Ende der EheZt noch im aktiven Dienst steht, von den vollen Bezügen nach seiner **tatsächlichen Besoldungsgruppe und Dienstaltersstufe bei Ehezeitende**, es sei denn, daß gemäß BeamtVG 5 V die Vers aus einem früh innegehabten Amt mit höh DBezügen zu berechnen ist. Nachehel Befördergen bleiben außer Betr (BGH FamRZ **87**, 918). Auf die Erf der zeitl Vorauss für die Berechng der Vers aus einem BefördergsAmt nach BeamtVG 5 III kommt es nicht an (BGH NJW **82**, 222; **82**, 2377). Ist die auf der Grdl der ruhegehaltfäh DBezüge u der ruhegehaltfäh DZt errechnete Vers niedriger als die **Mindestversorgung** nach BeamtVG 14 IV, so ist diese zGrde zu legen. Die (dynam, vgl BGH FamRZ **99**, 713) **jährliche Sonderzuwendung** ist unter Berücks der für das EheZtEnde maßg BemessgsFaktors nach SZG 13 III mit einem Zwölftel ihres Werts zu berücks (BGH FamRZ **82**, 583). Eine Kürzg der Anrechte gem BeamtVG 57 aGrd eines bei Scheidg der **25**
1. Ehe bereits dchgeführten VA bleibt dabei außer Betr (BGH FamRZ **97**, 1534; **98**, 419).

d) Die Berechng des EheZtAnteils der Vers erfolgt grdsl in 2 Schritten. Zu dessen Ermittlg aus noch nicht **26**
realisierten Anspr w auf der Grdl der GesamtZt das **fiktive Ruhegehalt** errechnet, das sich bei EheZtEnde als Vers wegen Alters ergäbe. Die fiktive Berechng der Vers unterbleibt, wenn der Beamte im Ztpkt des EheZtEndes bereits Ruhegehalt bezieht; in diesem Fall ist unter Herausrechng der fambezogenen Bestandt (BeamtVG 5 I Nr 2, 50 I 2) der Berechng des EheZtAnteils die **laufende Versorgung** zGrde zu legen (vgl **27**
BGH **82**, 66; FamRZ **96**, 215). Eine befristete Kürzg der Versorgg nach DisziplinarR bleibt grdsl unberücksichtigt (Mü NJW-RR **99**, 1163). Dies gilt auch, wenn der Beamte od Berufssoldat auf eig Antr (BGH FamRZ **96**, 215) od wg DUnfähigk (BGH **82**, 66) vorzeit in den Ruhestd versetzt worden ist (zur Berechngs-Weise BGH NJW **95**, 136; FamRZ **99**, 499; JH/Hahne Rn 66), auch wenn sich dadch der EheZtAnteil vergrößert (BGH NJW **92**, 313). Für die GesamtZt ist auf die ind Altersgrenze des Beamten abzustellen. Dies **28**
ist grdsl das 65. LebJ (BRRG 25 I), f Ri am BVerfG (BVerfGG 4 III) sowie für emeritiergsberecht Prof das 68. LebJ. Laufbahnspezifische Altersgrenzen bestehen für Polizeivollzugsbeamte, Beamte des feuertechn Dienstes in den Feuerwehren, zT für Beamte im JustizvollzugsD (60. LebJ), für Beamte des FlugkontrollD beim LuftfahrtBAmt (55. LebJ) sowie für Berufssoldaten (SG 44, 45), die (als Strahlflugzeugführer od Kampfbeobachter) bereits ab Vollendg des 41. LebJ u auch iü zT deutl vor dem 65. LebJ eine AltersVers in Anspr nehmen k. Die insow maßg **vorgezogenen** Altersgrenzen sind auch bei der Bildg der GesamtZt zu berücks (BGH FamRZ **82**, 999, 1003 und 1005), u zwar bereits dann, wenn von ihnen iR einer Regelpraxis Gebr gemacht w (BGH NJW **82**, 2374 Berufsunteroffiziere). Eine vorgezogene Altersgrenze führt wg der kürzeren GesamtZt zu einem höh auszugleichden EheZtAnteil, was dadch gerechtfertigt ist, daß die Vers in kürzerer Zt erdient wird als bei der normalen Altersgrenze (JH/Hahne Rn 64) u daher jede ZtEinh – auch jeder auf die EheZt entfallender Mo – versrechtl eine höh Wertigk besitzt (vgl auch BGH NJW **93**, 588). Für **Zeitbeamte** endet die GesamtZt mit Ablauf der Zt, für die sie in das Amt gewählt sind (BGH NJW **92**, 177 mN; FamRZ **95**, 414). Sodann wird der dem VA unterliegde Teil der Vers dadch berechnet, daß das fikt od tats gewährte **29**

Ruhegehalt ohne Berücksi eines Abzugs nach BeamtVG 57 mit der ruhegehaltfäh DZt in der Ehe multipliziert u dch die GesamtZt dividiert w. Bei der Berechng des Zeit/Zeit-Verh bleiben Erhöhgen der ruhegehaltfäh DZt, die nur ein BerechngsElement der Vers, nicht aber auf selbstd anrechenb verserhebl DZten u vergleichb Zeiten beruhen, unberücks; dies gilt etwa für die **Zurechnungszeit** nach BeamtVG 13 I (BGH **82**, 66), f die HinzurechngsZt nach PersStärkeG 6 II (BGH FamRZ **96**, 215), f doppelt anzurechnde
30 VerwendgsZten im Beitrittsgebiet (BGH FamRZ **95**, 28) sowie die in BeamtVG 13 II genannten Zt. Der **Kindererziehungszuschlag** nach dem KEZG steht nicht iZshg mit den ruhegehaltfäh DZten u ist daher nicht nach II Nr 1, sond wg seiner Anlehng an das RentVersR nach II Nr 4 d zu bewerten.

31 **e)** Ein **Versorgungsabschlag** nach BeamtVG 14 III, 85 V bleibt aus Grden der Gleichbehdlg mit Rentenversicherten entspr dem GrdGedanken des II Nr 2 im VA unberücksichtigt (aA Staudinger/Rehme Rn 176)

32 **B. Bewertung von Versorgungsanrechten in der gesetzlichen Rentenversicherung, Nr 2** (Lit: Ruland DRV **84**, 415 u NJW **92**, 77; Schmeiduch FamRZ **91**, 377; Klattenhoff DAngVers **94**, 19, 68;
33 Michaelis/Sander DAngVers **97**, 281; VDR-Hdb/Bergner 27/133 S 797 ff). **a) Berechnung des Ehezeitanteils von Rentenanrechten.** Für die Bewertg von dynam Anrechten aus der dt ges RentVers (ArbeiterrentenVers, AngestVers, knappschaftl RentVers) wird nach II Nr 2 der Betr zGrde gelegt, der sich am Ende der EheZt ohne Berücks eines Ausgl für unterschiedl Rentenbezugsdauern (Zugangsfaktor) aus den in die EheZt falldén Entgeltpunkten als Altersvollrente ergibt od bei Eintr eines LeistgsFalls ergäbe (vgl Ruland NJW **92**, 78). Die Vorschr entspr systemat SGB VI 124 II u verdeutlicht, daß wg der WirkgsZushänge der Rentenberechng (zB im Hinbl auf die GesamtleistgsBewertg) eine isolierte Berechng des EheZtAnteils eines Rentenanrechts aus den auf die EheZt entfallden rentenrechtl Zten grdsl nicht mögl ist. Sie fingiert für die Bewertg von Anwartsch einen Eintr der RentenVorauss zum Ende der EheZt mit einem Rentenbeginn am folgden MoErsten (Schmeiduch FamRZ **91**, 377, 383; aA Bergner NJW **93**, 435: Rentenbeginn mit EheZtEnde). Die Bewertg nach II Nr 2 w hinsichtl im Beitrittsgebiet erworbener Anrechte dch VAÜG 3 I Nr 1–3, II Nr 1, II ergänzt. **Nicht zu berücksichtigen** sind ZusatzLeistgen wie Zuschüsse zu den Aufw für die Kranken- u PflVers, Beschränkgen des AuslRentenR nach SGB VI 110 ff, 272 f (BGH FamRZ **91**, 421) u die AntikumulationsRegelgen bei ZusTreffen mit and SozialEink (etwa Verletztenrente, vgl SGB VI 93). HöherversichergsLeistgen (SGB VI 269) sind nach II Nr 4 c zu bewerten.

34 **b) Anwendungsbereich. aa) Versicherter Personenkreis** (SGB VI 1–8; 228 ff): ArbN u Auszubildde, selbstd Tätige mit im wesentl ArbN-ähnl Status (Handwerker f die Dauer v 18 PflichtbeitrJ; Künstler; Publizisten; Pflegepersonen, Lehrer u Erzieher, die keine ArbN beschäftigen usw), Empf einer EntgeltErsLeistg, Dienstleistde, Eltern währd der KiErz; ehrenamtlich Pflegende usw, soweit nicht VersFreih wie etwa bei geringfüg Beschäftigten u selbstd Tätigen, den Beamt u Altersrentnern (SGB VI 5) od Befreig von der VersPfl wie zB bei PflichtMitgl einer berufsständ VersEinrichtg u Ersatzschullehrern od aGrd einer LebVers
35 (SGB VI 6, 231) vorliegt. Selbstd erwtät Landwirte unterliegen ebso wie die Angeh verkammerter freier Berufe eigenständ SichergsSystemen außerh der ges RentVers iS von II Nr 2 (Bambg FamRZ **91**, 1065; BSG SozR 3–2200 § 1246 Nr 3, 6). Die Vers kann auch auf lfd gezahlten freiw Beiträgen (SGB VI 7,232), auf der NachZahlg freiw Beitr (SGB VI 204 ff, 284 f), der Zahlg von Beitr bei Abfindg betriebl VersAnrechte (SGB VI 187 b) beruhen; ferner auf einer NachVers etwa von Beamten, die ohne Vers aus dem Dienst ausgeschieden sind od ihren bereits realisierten VersAnspr verloren h (SGB VI 8 II, 233) u deren DZt nach Maßg v SGB VI 8 I 2, 185 II 1 als Zt einer versichergspflicht Beschäftigg gilt. Dem VA unterliegen auch die auf der BeitragsNachzahlg für Zten einer **Heiratserstattung** beruhden Anrechte (BGH NJWE-FER **99**, 3). In der ges RentVers entsteht ein VersVerh grdsl erst dch die tats BeitrZahlg (BSG SozR 3–2400 § 25 Nr 6), u zwar auch iFd NachVers (BGH NJW-RR **88**, 1410), es sei denn, Beitr gelten als gezahlt (etwa SGB VI 203 II). Versichert ist auch derj, zu dessen Gunsten ein VA dch Übertr od Begr von Rentenanrechten aGrd
36 BeitrZahlg od einer famgerichtl GestaltgsEntsch dchgeführt worden ist. – **bb) Versicherungsträger** sind gem SGB VI 125 ff die regional gegliederten LVAen für Arbeiter, Hausgewerbetreibde u selbstd Handwerker sowie die BfA, Seekasse, BKnappsch, Bahnversichergsanstalt als jew für das gesamte BGebiet zust LeistgsTr insb für Angest, Seeleute, f Beschäftigte des Bergbaus sowie f ArbN des BEisenbahnVerm u der DB. Bei Beschäftigten u selbstd Tätigen ist vorbehaltl abweichder Regelgen des internat SozR der Träger maßg, der örtl u funktional für die Dchführg der Vers zust ist. Er bleibt zust, bis ein and Träger aGrd einer Beschäftigg od Tätigk zust w. Ist danach kein VersTräger zust, so ist die Zustdgk der BfA gegeben, soweit der Versicherte
37 nicht zuG der Zustdgk einer LVA optiert. – **cc) Ausland:** Rentenanrechte, die bei ausl SozVersTrägern erworben wurden, werden nach II Nr 4 od V bewertet u nach VAHRG 2 ausgeglichen. Nach dem FremdrentenG (15–17 a) sind ausl Beitr- u BeschäftiggsZten den dt BeitrZten gleichzustellen; entspr gilt nach einz VersLastregelgen des internat SozR (vgl Hillen DRV **87**, 172), nach dessen „Minirenten-Regelgen" (Bergner IPrax **82**, 231) u dem dt-poln SozVersAbk v 9.10.75 (BGBl II 1976 S. 396), soweit dieses nach Art 27 des Abk v 8.12.90 (BGBl II 1991 S 741) noch zur Anwendg gelangt (Soßala DAngVers **91**, 245). Zu den Besonderh hinsichtl der überggsw weiter anzuwendden SozialVersichergsAbk der DDR vgl Abendroth
38 DAngVers **92**, 339 u **93**, 209. – **dd) Betroffene Anrechte**: Dem VA nach II Nr 2 unterliegt das in der ges RentVers erworbene Anrecht als Ganzes, jedoch ohne Berücks statischer u degressiver Leistgen; es wird auf der Grdl einer Regelaltersrente als Vollrente (SGB VI 35) – mithin ohne leistgssteigernde od -mindernde Berücks eines Zugangsfaktors (SGB VI 63 V, 77 I 2 Nr 3) – bewertet. LeistgsElemente, die nicht der Alters- u InvaliditätsSicherg iSv § 1587 I dienen (Auss auf HinterblVers, RehaLeistgen), sind nicht herauszurechnen (BGH FamRZ **92**, 165). Degressive AusglBetr w gesondert bewertet u unterfallen dem schuldr VA (zB VAÜG 3 I Nr 6; 7), währd Anrechte aus HöherVersBeitr nach II Nr 4 c zu bewerten sind u dem Ausgl nach VAHRG 1 III unterliegen. Statische Leistgen aus Beitr im Beitrittsgebiet iSv SGB VI § 315 b unterliegen dem sachnächsten BewertgsSchema nach II Nr 4. Der VA erstreckt sich nicht auf die KnappschAusglLeistg (SGB VI 239), da diese als arbeitsmarktkorientierte Leistg den Charakter eines Vorruhestandsgeldes hat (bestr).

39 **c) Rentenformel:** Das auszugleichde Anrecht best sich nach der Rentenformel (SGB VI 63 ff, 254 b f). Zentrales BerechngsElement der Rentenformel sind die **Entgeltpunkte (EP)** als ind BestimmgsGröße, in der sich sowohl die Dauer der VersichergsZugehörigk als auch die relative Entgeltposition des Versicherten im Gefüge der VersichertenGemsch ausdrückt. Ein EP entspr dem Wert der von einem Dchschnittsverdiener

kalenderjährl gezahlten Beitr (SGB VI 63 II 2; 70 I), währd ein EP (Ost) iSv SGB VI 254 b, 254 d dem Wert der von einem Dchschnittsverdiener im Beitrittsgebiet gezahlten Beitr entspr (SGB VI 256 a). Der RentAnspr ist grdsl von der Höhe der währd der VersichergsZugehörigk dch BeitrZahlg versicherten Eink abhäng. Nach SGB VI 63 II, 70 I wird das versicherte Eink in EP umgerechnet, indem es dch das auf das früh BGebiet bezogene Dchschnittsentgelt für dasselbe KalJ dividiert w (für nachgezahlte freiw Beitr ist grdsl nach SGB VI 256 VI 2 das Jahr maßg, in dem die Zahlg erfolgt ist); seit 1991 ist für das lfde u vergangene KalJ von einem vorl best Dchschnittsentgelt auszugehen (für Zten bis 1990 ist vom „endgült" Dchschnittsentgelt auszugehen, vgl BGH NJW **93**, 465), im VA auch dann, wenn das endgült Dchschnittsentgelt bereits bekannt ist (BGH FamRZ **91**, 173; zweifelh; aA Mü FamRZ **92**, 1192; Staudinger/Rehme Rn 218; Rolland/Wagenitz Rn 62). Zur Ermittlg von EP (Ost) werden Eink im Beitrittsgebiet nach dem Verh des Dchschnittsverdienstes (West) zum Dchschnittsverdienst (Ost) aufgewertet (SGB VI 256 a). Zten mit vollwert PflichtBeitr vor 1992 sind auf den Wert anzuheben, der sich ergeben würde, wenn der Versicherte, der wenigstens 35 J mit rentenrechtl Zten belegt hat, 75% des Dchschnittsverdienstes erzielt hätte (SGB VI 262, RRG 92 Art 82). KiErzZten sind PflichtbeitrZten u werden auch zusätzl zu bereits gezahlten Beitr, jedoch limitiert dch einen HöchstBetr, mit einem festen Wert angerechnet, der bis zum 1. 7. 2000 stufenweise auf 0,0833 EP (wg des höheren Rentenartfaktors nur 0,0625 EP in der knappschaftl RentVers) kalendermonatl angehoben w (im VA ist von dem vollen, ab Juli 2000 maßg Wert auszugehen, es sei denn, daß zuvor tats eine Rente gezahlt w; vgl Schmeiduch FamRZ **98**, 530; noch weitergehd Jena FamRZ **99**, 1282). Den aus soz Grden od aus EntschädiggsGrden anzurechnden beitragsfreien Zten (SGB VI 54 IV) w EP zugeordnet, deren Höhe von der Höhe der versicherten Eink, der Beitragsdichte u dem Umfang etw BerücksichtiggsZten (SGB VI 57, 249 b) abhäng ist – **Gesamtleistungsbewertung** – (SGB VI 63 III, 71 ff, 263). Die GesamtleistgsBewertg erfordert die Ermittlg eines ind Dchschnittswerts aus den Beitr- u BerücksichtiggsZten (Wertfaktor) u setzt die tats eigene BeitrLeistg ins Verh zur mögl u zumutb BeitrLeistg währd des gesamten VersLebens (Zeitfaktor), wobei der GesamtZtraum bei der AnwartschBewertg für Zwecke des VA mit der EheZt endet (BT-Drucks 11/4124 S 234). Nach SGB VI 263 a werden diesen Zten EP (Ost) in dem Verh zugeordnet, wie die der Ermittlg des GesamtLeistgs-Werts zuGrde gelegten EP (Ost) zu der Summe aus EP und EP (Ost) stehen; dies gilt auch für den Zuschlag an EP für beitragsgeminderte Zten. EP werden ferner ermittelt für Zu- und Abschläge aGrd eines VA (SGB VI 76) sowie in Form von Zuschlägen für beitragsgeminderte Zten (SGB VI 54 III) u Beitr nach SGB VI §§ 187 a, 187 b, die zeitl nicht zugeordnet w (SGB VI 76 a). Das SichergsZiel der Rente w dch den Rentenartfaktor, der bei der Regelaltersrente 1,0 (in der knappschaftl RentVers 1,3333) betr, definiert (SGB VI 62 IV, 67, 82). Der Zugangsfaktor (SGB VI 77) gleicht dch Mindergen u Erhöhgen der Monatsrente Differenzen in den GesamtLeistgen inf unterschiedl langer Rentenbezugsdauern aus. Allg BemessgsGrdl der Rente ist der grdsl einkdynam, jew zum 1. 7. eines jeden Jahres anzupassende aktuelle Rentenwert (SGB VI 68), an dessen Stelle für im Beitrittsgebiet erworbene, mit EP (Ost) zu bewertde Anrechte vorbehaltl SGB VI 254 d II der (niedrigere, jedoch einer gesteigerten Dynamik unterliegde) aktuelle Rentenwert (Ost) tritt (SGB VI 255 a). Die Rente wird errechnet, indem zunächst die EP für rentenrechtl Zten, Zuschläge für beitragsgeminderte Zten sowie Beiträge nach SGB VI 187 a, 187 b unter Berücks von Zu- und Abschlägen aGrd eines VA addiert w. Sodann wird zur Ermittlg der MoRente die unter Berücks des Zugangsfaktors ermittelte Zahl pers EP (= Zugangsfaktor × EP) mit dem Rentenartfaktor u dem aktuellen Rentenwert multipliziert (SGB VI 64). Wurden BeitragsZten sowohl im früh BGebiet als auch im Beitrittsgebiet zurückgelegt u sind der Rente sowohl EP als auch EP (Ost) zGrde zu legen, sind 2 Teilrenten unter Berücks der versch aktuellen Rentenwerte zu berechnen; die Rente ist die Summe der Teilrenten (SGB VI 254 b II). Der **knappschaftlichen Renten-** 40
versicherung sind BeitragsZten zuzuordnen, wenn sie auf Beitr für eine Beschäftigg beruhen, für die die BKnappsch nach SGB VI 137, 273 I od vergleichb früh R die Vers dchgeführt h; entspr gilt für Zten, in denen aGrd einer DPflicht, der KiErz od des SozialleistgsBezugs Beitr gezahlt worden sind, wenn im letzten Jahr vor Beginn der Vers zuletzt PflichtBeitr für eine Beschäftigg an die BKnappsch gezahlt worden sind (SGB VI 126 I 2, 142 II). Beitragsfreie Zten sind der knappschaftl RentVers nach SGB VI 60, 254 zuzuordnen, wenn ohne den zum Beitragsausfall führenden Tatbestd Beitr zu diesem VersZweig gezahlt worden wären. Grdsl gelten für die knappschaftl RentVers die allg Regelgen üb die Ermittlg der EP (SGB VI 79). Hat der Eheg sowohl EP der RentVers der Arb u Angest als auch der knappschaftl RentVers erworben, so sind nach SGB VI 80 zwei getrennte MoBeitr zu ermitteln, deren Summe das in den VA einzubeziehende Anrecht ergibt. Wegen der Bifunktionalität der knappschaftl RentVers w die aus diesem VersZweig zu leistde Altersrente mit dem Rentenartfaktor 1,3333 (SGB VI 82 Nr 1) berechnet. Dem VA unterliegt auch der **Leistungszuschlag** nach SGB VI 85, 307 a IV Nr 2 (Hamm FamRZ **80**, 898), der den KalMonaten mit ständ Arbeiten unter Tage zu gleichen Teilen zuzurechnen ist. Er wird nur berücks, wenn der Versicherte die erfdl 6jähr Untertagebeschäftigg erf hat; VII gilt nicht (entspr BGH FamRZ **86**, 975).

d) Berechnung des Ehezeitanteils: aa) Ermittlung der auf die Ehezeit entfallenden EP. Renten- 41
rechtl Zten sind BeitragsZten (Zten mit echten od fiktiven PflichtBeitr u lfd gezahlten od nachgezahlten freiw Beitr, SGB VI 55) als Zten mit vollwert Beitr od beitragsgeminderte Zten (KalMonate, die zugleich mit BeitragsZten u beitragsfreien Zten belegt sind u wenigstens wie eine beitragsfreie Zt bewertet w), beitragsfreie Zten (AnrechngsZten [SGB VI 58, 252 ff, FRG 21, 29]), ErsatzZten (SGB VI 250 f), ZurechngsZt (SGB VI 59) u BerücksichtiggsZten (SGB VI 57, 249 b); vgl hierzu insgesamt SGB VI 54. Jedem Mo mit einer rentenrechtl Zt w ein Wert an EP zugeordnet, ggf in einem pauschalen Verf (vgl etwa SGB VI 71 II 2, 85 II, 262 II, 308 III, VAÜG 3 I Nr 2). Das währd der Ehe erworbene Anrecht ist also unter Berücks nach dem In-Prinzip dem ehel Erwerb hinzuzurechnder od abzuziehder Anrechte aus den auf die EheZt entfallden EP zu
ermitteln. EP, die nicht aGrd eines kalendar exakt bestimmb Ereignisses einer rentenrechtl Zt zugeordnet w 42
können, sind wie folgt zu verteilen: Der Zuschlag an EP für beitragsgeminderte Zten ist in einem pauschalen Verf den KalMonaten mit diesen Zten zu gleichen Teilen zuzuordnen (SGB VI 71 II 2); die Zuordng von EP (Ost) erfolgt nach SGB VI 263 a. EP für die pauschale AnrechngsZt sind in Anwendg eines Zt/Zt-Verh zuzuordnen (SGB VI 253 II); zusätzl EP nach SGB VI 263 IV sind den begrenzt zu bewertden AnrechngsZten vor 1957 zu gleichen Teilen zuzuordnen (Klattenhoff DAngVers **94**, 69). Eine weitere problemat Pauschalierg enth SGB VI 262 II, indem der Zuschlag für die MindestEP bei geringem ArbEntgelt den KalMonaten

mit vollwert Beitr vor 1992 zu gleichen Teilen zugeordnet w. Der Zuschlag für die MindestEP-Bewertg bei Bestandsrenten nach RRG 92 Art 82 ist auf die PflichtbeitragsZten von 1973 bis 1991 zu verteilen, die nicht mit 0,0625 EP bewertet worden sind, soweit es sich nicht um die PflichtBeitr der ersten 5 KalJ od um KiErzZten handelt (bestr). Ist in den VersUnterlagen das versicherte Entgelt für das volle KalJ eingetr, entfällt die EheZt aber nur auf einen Teil des KalJ, so kann für die Ermittlg der EP das auf die EheZt entfallde Entgelt ermittelt w, indem der insges bescheinigte Betr mit dem TeilZtRaum multipliziert u dch den GesamtZtRaum
43 dividiert w (SGB VI 123 III). EP für eine **Zurechnungszeit** (SGB VI 59) sind der AnwartschBerechng nicht zGrde zu legen, u zwar auch dann, wenn bei EheZtEnde eine ErwMindergs- od ErzRente bezogen w. Die Zt des Bezugs einer Versichertenrente, die mit einer ZurechngsZt zufällt, u die ZurechngsZt vor Rentenbeginn sind aber gem SGB VI 58 I Nr 5 – ergänzt dch SGB VI 252 I Nr 4, 5; 252 a I 1 Nr 4 für Altfälle u für Zten im Beitrittsgebiet – als AnrechngsZt zu berücks, u zwar auch dann, wenn der LeistgsFall vor der Ehe eingetreten ist (BGH FamRZ **86**, 337; Schmeiduch FamRZ **91**, 382; aA Bergner, VA, § 1587 a Rn 6.454 mit allerd berecht Kritik an der unterschiedl Berücks der ZurechngsZt in der RentVers sowie in der BeamtVers). Die ZurechngsZt endet mit dem Ztpkt, der sich ergibt, wenn die Zeit bis zum 55. LebJ voll, die darüber hinausgehde Zt bis zum 60. LebJ zu einem Drittel (ab 2001: zu zwei Dritteln) dem Beginn der ZurechngsZt (idR ist dies der Eintr des LeistgsFalls) hinzugerechnet w. Das ZurechngsZtDrittel schließt unmittelb an den KalMo der Vollendg des 55. LebJ od an den Beginn der ZurechngsZt an, wenn der LeistgsFall später
44 eingetreten ist. – **bb) Berücksichtigung der sonstigen Rentenberechnungsgrößen**: Der **Zugangsfaktor** (SGB VI 63 V, 77) findet im VA keine Berücks, u zwar auch dann, wenn der Eheg bereits eine Rente bezieht, die auf der Grdl eines vom Faktor 1,0 abweichden Zugangsfaktors erhöht od gemindert worden ist. Damit wird ein versichergsmathematisches, nicht nur auf den Nominalbetrag des Anrechts abstellendes Element in die WertErmittlg einbezogen u an den obj, vom pers AnsprVerhalten des Inh des Anrechts unabhäng Wert angeknüpft. Anspr u Verpflichtgen des and Eheg, der einem eig versichergsmathemat WagnisAusgl unterliegt, sollen von den Verändergen des Nominalwerts des Anrechts des Partn unbeeinflußt
45 bleiben (aA Staudinger/Rehme Rn 234 ff). Da eine **Vollrente wegen Alters** auszugleichen ist, ist von dem **Rentenartfaktor** 1,0 bzw (in der knappschaftl RentVers) 1,3333 auszugehen (SGB VI 67 Nr 1, 82 Nr 1), auch dann, wenn tats Rente mit einem niedrigeren Rentenartfaktor gezahlt w. Als aktueller Rentenwert ist entspr SGB VI 76 IV von dem Wert auszugehen, der bei EheZtEnde (nicht des fiktiven Rentenbeginns) gilt. Der Wert des Anrechts ergibt sich sodann aus der Multplikation der auf die EheZt entfallden EP mit dem Rentenartfaktor u dem aktuellen Rentenwert bei EheZtEnde; das Erg ist auf 2 Dezimalstellen zu errechnen u zu runden (SGB VI 123 I, 121 II). Statische u degressive Leistgen sind gesondert auszuweisen.

46 **e) Bezug einer Versichertenrente bei Ehezeitende**. – **aa)** Dem VA unterliegt auch ein bereits realisierter RentenAnspr (BGH NJW **80**, 396). Mit dem RRG 92 ist klargestellt worden, daß anstelle der Anwartsch auf eine Altersvollrente mit Vollendg des 65. LebJ die tats gezahlte Rente mit ihren WertVerh im VA zu berücks ist, wenn die Summe der der Vollrente zuGrde liegden EP höher ist als die Summe der EP aus der AnwartschBerechng u die Rente nicht mehr entfallen k (BT-Drucks 11/4124 S 234). Nach dem SGB VI bestehen Anspr auf Versichertenrenten jeder Art grdsl unabhäng nebeneinander, gezahlt w jedoch nur die höchste Rente. ErwMindergs- u ErzRenten werden längstens bis zum 65. LebJ gezahlt; sodann ist, wenn der Versicherte nicht anderes best, eine Regelaltersrente festzustellen (SGB VI 115 III 1). Der Altersrente sind nach SGB VI 88 I 2 wenigstens die EP der bish bezogenen Rente zuGrde zu legen sind; dieser BesSchutz w auch dem Empf einer vorzeit Altersrente gewährt, dessen Rente nach einem vorübergehden Wegfall erneut
47 zu gewähren ist (SGB VI 88 I 1). – **bb)** Erhält der Eheg eine Regelaltersrente, so ist von einer AnwartschBewertg abzusehen u immer die Altersrente als endgült Rente in den VA einzubeziehen (BGH FamRZ **84**, 673; NJW **96**, 1344), es sei denn, der Eheg erh eine Teilrente, währd deren Bezug er weitere EP erworben hat. Erh der Eheg eine vorzeit Altersrente, so kann er mit dem 65. LebJ eine Regelaltersrente in Anspr nehmen. Auch dann bleiben die in der vorangegangenen Rente enth höheren EP als Besitzstand erh, so daß die Rente mit den höh EP in den VA einzubeziehen ist (JH/Hahne Rn 171; Rolland/Wagenitz Rn 84); der Vergl ist im Hinbl auf die BesSchutzKl des SGB VI 88 I 1 auch dann vorzunehmen, wenn die Rente wg Überschreitens
48 der Hinzuverdienstgrenzen (SGB VI 34 II, III) nicht mehr gezahlt w. – **cc)** Bezieht der Ehegatte eine **Erwerbsminderungs- oder Erziehungsrente,** so ist eine fiktive Regelaltersrente zu errechnen u im VA von deren WertVerh auszugehen, wenn die dem fiktiven Anrecht zuGrde liegden EP höher sind als die der gezahlten Rente zuGrde liegden EP (BGH FamRZ **84**, 673), wobei die gezahlte Rente um die auf die nachehel ZurechngsZt entfallenden EP zu „bereinigen" ist (BGH NJW **89**, 1995). Ist die Summe der EP des fiktiven Anrechts niedriger als die Summe der bis zum EheZtEnde erworbenen EP der tats gezahlten Rente, ist von den WertVerh der bereits gezahlten Rente auszugehen, wenn es sich hierbei um die Rente handelt, deren Verh die künft Anspr auf Dauer prägen – endgült Rente – (BGH FamRZ **85**, 688; NJW **97**, 315), u
49 zwar auch dann, wenn sich daraus ein niedrigerer EheZtAnteil ergibt (Düss FamRZ **89**, 67). Bei einer ErwMindergsRente kommt es auf die Umst des Einzelfalls an, ob ein Wegfall der Leistg vor dem Mo, der der Vollendg des 63. LebJ folgt (nach SGB VI 88 I 2 maßg ZtRaum vor Beginn der Regelaltersrente), ausgeschl ist (Bambg FamRZ **90**, 73; Karlsr NJWE-FER **99**, 4;). Auf eine best LebAltersgrenze kommt es hierbei nicht
50 an (BGH NJW **89**, 1995); generalisierd soll auf das 60. LebJ abgestellt w k (Karlsr FamRZ **85**, 611). – **dd)** Ist die tats gezahlte Rente auf der Grdl des währd der Zt von 1957 bis **1992** geltden Rs des früh BGebiets berechnet worden, so sind grdsl die nach SGB VI 307 ermittelten, auf die EheZt entfallden EP für den VA maßg. EP für eine pauschale AnrechngsZt sind in entspr Anwendg von SGB VI 253 II zu verteilen (BGH
51 NJW **96**, 1344); zu weiteren Besonderh vgl Klattenhoff DAngVers **94**, 73 f). Lag der Rentenbeginn vor 1957 u ist diese Rente, die in einem pauschalen Verf auf das 1957 in Kr getretene R umgestellt wurde (Umstellgs-Rente), im VA maßg, so soll nach verbreiteter Ans die Zuordng der EP nach SGB VI 308 III erfolgen, indem die aus dem RentenBetr der UmstellgsRente ermittelten EP auf die Zeit vom 15. bis zum 55. LebJ gleichmäß verteilt w (zweifelh; vgl Rolland/Wagenitz Rn 90; Klattenhoff DAngVers **94**, 74).

52 **C) Bewertung betrieblicher Altersversorgungen, Nr 3** (Lit: Ruland, Probleme des VA in der betriebl AltersVers u priv RentVers, 1982; Neef NJW **84**, 343; Glockner FamRZ **88**, 777; Schneider/Schlund/Haas, Kapitalisiergs- u VerrentgsTab, 2. Aufl 1992; Glockner/Uebelhack, Die betriebl AltersVers im VA, 1993). Zu

Zusatz- u SonderVersSystemen des Beitrittsgebiets, dh der **früheren DDR** vgl RÜG Art 3 (Einf 18 v § 1587).

a) Gegenstand. Hierher gehören sämtl lfden Leistgen der Alters- u InvaliditätsVers, die einem ArbN aus Anlaß seines ArbVerh gewährt w od in Auss stehen, ggf einschl Weihn- u Treuegeld (Hamm FamRZ **98**, 628). Keine Rolle spielt die RForm, ob es sich also um die Zusage einer unmittelb Vers handelt, die auf eine eig LeistgsPfl des ArbG zielt (BetrAVG 7 I 1), od um eine mittelb Vers, bei der auf Kosten des ArbG zG des ArbN eine LebVers mit direkten VersLeistgen an den ArbN abgeschl w (BetrAVG 1 II), od bei der die Zusage auf Pensions- od UnterstützgsKassenLeistgen gerichtet ist (BetrAVG 1 III bzw IV). Ferner gehören hierher überbetriebl VersEinrichtgen wie die ZVK des BauGew (Mü FamRZ **91**, 1450; Celle FamRZ **94**, 1463, vgl Rn 79). Auch bei EheZtEnde bereits lfde betriebl Ruhegelder sind gem Nr 3 auszugl (BGH NJW **82**, 229). Dagg unterfallen vom ArbG finanz befreiende LebVers auf Kapitalbasis wie sonstige einmalige Leistgen auch nicht dem VA (BGH NJW **84**, 299; Brem OLGR **99**, 88), ebsowenig ein Anspr auf BeitrErstattg (Hamm FamRZ **81**, 572) od Abfindgen ohne lfde Vers (JH/Hahne Rn 181). Zum Zustandekommen betriebl Ruhegeldzusagen dch Ges, TarifVertr, BetrVereinbg od EinzelArbVertr vgl Ruland/Tiemann Rn 121. Zu ArbN-finanz Vers: Soergel/Zimmermann Rn 102. Betriebl AltersVers gem Nr 3 sind auch die Anspr gg die privrechtl Pensionskassen bei GroßBetr (BGH FamRZ **87**, 52); ferner die VersZusage einer ev-freikirchl Gemeinde für den von ihr angest Pfarrer (Celle FamRZ **95**, 812). Bei Abweichgen der vom ArbG geschloss direkten LebVers von der dem ArbN zugesagten Vers entsch für den VA grdsl letztere (BGH FamRZ **93**, 793). Als **Versorgungsaussichten** auszugl sind auch Anrechte, die ohne RAnspr unter dem Vorbeh der Freiwilligk u des jederzeit Widerrufs gewährt w (BGH FamRZ **86**, 336; JH/Hahne Rn 175). Unter Nr 3 fallen insb auch die (auf TarifVertr beruhden) Anspr gg die **Zusatzversorgungskassen des öffentlichen Dienstes** (Rn 86–92). Die AusglVorschr gilt schließl auch für **Anrechte des Ausgleichsberechtigten,** soweit die LeistgsVorauss (Rn 56–58) erf sind; verfallb Anrechte dagg unterliegen ebenf nur dem schuldr VA (BGH **84**, 158/180 ff; str; ausf dazu Ruland Rn 82 ff). Bei der ZusatzVers des öffD führt dies aS des AusglBer dazu, daß auch bei ihm (unter der Vorauss der Erf der WarteZt) nur die stat Rente zGrde zu legen ist (BGH **84**, 158/95). Unter Nr 3 S 1 a fallen VersLeistgen des ArbG **nicht,** die vor Vollendg des 60. LebJ prakt als **Überbrückungszahlungen** zu gelten h u damit dem LeistgsBegr einer betriebl AltersVers nicht entspr (Karlsr FamRZ **98**, 629). 53 54 55

b) Leistungsvoraussetzungen der betriebl AltersVers sind neben dem Eintr des **Versorgungsfalls** (Erreichen der Altersgrenze, Eintr von Invalidität usw) iZshg mit dem VA die **Unverfallbarkeit** (Einzelh Rn 77–85) u die Einhaltg einer sich nach der jew VersRegelg richtden **Wartezeit** (zw 5 u 20 J; vgl DAV **85**, 567). Solange die WarteZt nicht erf ist, ist die ZusatzVers weder aS des AusglPflicht noch aS des AusglBer in den öff VA einzubeziehen. Erwirbt der AusglBer später doch noch VersAnspr daraus, erfolgt ggf der schuldr RückAusgl (BGH FamRZ **86**, 250). Die WarteZt kann ab einem best LebAlter rechnen, aber auch mit der ArbAufn beginnen u prakt mit der BetrZugehörigk parallel laufen (BGH NJW **84**, 234). Die BetrZugehörigk wird krGes weder dch WehrD noch dch Muttersch unterbrochen. Wird schon eine WarteZt nicht erf, die niedr als die UnverfallbarkFr ist, so scheidet der öffr VA aus, da die WarteZt als erste Stufe der Unverfallbark bezeichnet w k (BGH FamRZ **82**, 899/903). Zum Fall der längeren Warte- als der UnverfallbarkFr s JH/Hahne Rn 193). Wird der vorgesehene WarteZt wg des fortgeschrittenen Alters des ausgeschiedenen ArbN voraussichtl nicht mehr erf, unterbl der VA trotz VII 1. Halbs. Die Dauer der BetrZugehörigk wird dch **Teilzeitbeschäftigung** nicht verkürzt (MüKo/Maier Rn 261). **Vordienstzeiten** (dh aus einem vorangegangenen ArbVerh; vgl Rn 61) k die WarteZt abkürzen, die Unverfallbark beschleunigen od die LeistgsHöhe beeinflussen (BGH FamRZ **85**, 263; **86**, 338). Das ist eine Frage der VertrAuslegg (BGH NJW **84**, 234). Will der ArbG die Anrechng beschr, muß er dies in einer nach 1972 getroffenen RuhegeldRegelg zum Ausdr bringen (BGH FamRZ **83**, 1001). Ist die Anrechng der VordienstZten nur der formale Weg, um wg des erhebl ArbEinsatzes aus BilligkGrden die BetrRente bei vorzeit eintretder EU zu erhöhen, so ist die volle BetrRente in den (schuldr) VA einzubeziehen (BGH FamRZ **86**, 338). 56 57 58

c) Zur **Bewertung der betrieblichen Versorgungsanwartschaft** wird gem Nr 3 S 1 a, b unterschieden, ob die BetrZugehörigk andauert od beendet ist. Abgesehen davon kommt es auch auf die übr Leistgs-Vorauss (Rn 56–58) u die Unverfallbark an (Rn 77–85). Schließl ist nach den versch VersTypen zu unterscheiden (Rn 62–64). Soweit innerh eines privrechtl ArbVerh eine beamtähnl Vers vorliegt, ist Nr 1 lex specialis ggü Nr 3 (BGH FamRZ **94**, 232; vgl Rn 19). IGgs zu Nr 4 ist der **Ehezeitanteil** bei der betriebl AltersVers grdsl auch dann **zeitratierlich** zu best, wenn sich die Berechng der Rente nach AnrechngsZten bemißt (BGH NJW **97**, 863). – **aa)** Die **Betriebszugehörigkeit** hat in Nr 3 eine doppelte Funktion. Sie ist einmal pos bzw negat TatbestdsMerkmal f die Anwendg v Nr 3 S 1 a und b, zum and aber auch Grdl f die Berechng selbst, insb was die gleichgestellten Zten anlangt. Für das Andauern bzw die Beendigg ist die tats BetrZugehörigk maßg, also DAntritt u Ausscheiden aus dem Betr, nicht etwa eine MindestwarteZt (Hamm FamRZ **91**, 955) od der KündZtpkt. Eine etw BetrÜbernahme ist unerhebl (BetrAVG 1 I 2); vgl aber § 613 a Rn 17. Unerhebl ist im Hinbl auf BetrAVG 2 I auch die Dauer der Mitgliedsch bei versch VersWerken eines Untern (BGH FamRZ **97**, 166/7). Die BetrZugehörigk wird nach Mo berechnet. Zur Berechng iF einer Unterbrechg des ArbVerh vgl Düss FamRZ **81**, 682. Der EheZtAntl ist auch dann auf der Grdl der Zugehörigk zum Betr zu ermitteln, wenn die Mitgliedsch in der Pensionskasse erst währd der BetrZugehörigk begonnen h (Celle FamRZ **95**, 366; Glockner FamRZ **94**, 900; aA Düss FamRZ **94**, 517). Eingerechnet werden in die BetrZugehörigk die sog **gleichgestellten Zeiten.** Das sind vertragl vereinb VordienstZten (Rn 58) od ges erlaubte FehlZten, also Unterbrechgen der BetrZugehörigk in Erf ges Pfl (SoldVersG 8 III; ArbPlSchG 6 II; ZDG 78; KatastrophSchG 9; ZivSchutzG 10; MuSchG 10). Für die Gleichstellg muß gefordert w, daß die fiktiven Zten nicht nur für den Ztpkt, sond auch für die Höhe der VersZusage Bedeutg h; sie bleiben außer Betr, soweit sie nur die Unverfallb od die WarteZt berühren (BGH FamRZ **85**, 263; **86**, 338; **91**, 1416). Die Einrechng erfolgt entspr § 1587 II nach Mo (JH/Hahne Rn 196) u iü nur in dem von der jew VersRegelg vorgesehenen Umfang (BGH **93**, 222/36 f), zB nach VBL-S 42 II 2 a nur zur Hälfte. Die Einbeziehg k auch dch Vereinbg erfolgen (vgl Rn 83). – **bb) Typen der Zusatzversorgung** (JH/Hahne Rn 198 ff). Zum Zustreffen unterschiedl Vers allg Bergner NZS **93**, 482. **(1)** Die 59 60 61 62

Gesamtversorgung (Lit: Trey NJW **78**, 307; Strehuber FamRZ **79**, 764; v Maydell FamRZ **81**, 516;
Ruland/Tiemann Rdn 293 ff) gewährt zusätzl zur GrdVers (ges Rente, befreiende LebVers usw) u unter
Anrechng eine weitere Vers, zB eine BetrRente (Mü FamRZ **91**, 338 mwN). Der für die Praxis wichtigste u
nach Nr 3 auszugleichde (BGH **81**, 152) Fall ist die ZusatzVers des öffD (Rn 84). Zur Ermittlg des
EheZtAnteils vgl Rn 79, 80. Zum Ausgl einer **mehrstufigen Gesamtversorgung:** BGH FamRZ **94**, 23.
63 **(2)** Bei der **limitierten Gesamtversorgung** (BGH FamRZ **95**, 88) darf die Summe aus der ges Rente u
der betriebl AltersVers eine vertragl festgesetzte Höchstgrenze nicht übersteigen; andernf w die betriebl Vers
64 entspr gekürzt (mRücks auf die VBL-Meth krit Gutdeutsch FamRZ **95**, 1272). **(3)** Schließl k die Zusage
65 sich nach ArbEntgelt, TarifGr u Dauer der BetrZugehörigk richtde feste DM-Betr vorsehen. – **cc) Zeitpunkt für die Berechnung** der vollen Vers u der dafür maßg Umst ist das **Ende der Ehezeit** (§ 1587
Rn 30), so daß es trotz des entggstehden Wortlauts in Nr 3 auf das Ende des dem „Eintr der RHängigk des
66 ScheidgsAntr" vorausgehden Mo ankommt (BGH **93**, 222; NJW **86**, 1040). Zu **Änderungen zwischen**
67 **Ehezeitende und letzter Tatsachenverhandlung:** § 1587 Rn 34 ff. Das StichtagsPrinzip ist außer Kraft
gesetzt kr ausdr Vorschr für die Unverfallbark; hierf ist nach Nr 3 S 3 auf den Ztpkt der VA-Entsch
68 abzustellen (Rn 79). – **dd)** Die **Bewertung bei andauernder Betriebszugehörigkeit, Nr 3 a,** erfolgt in
drei Schritten (Bsp Celle FamRZ **96**, 1554 VW AG): **(1)** Die fortdauernde BetrZugehörigk führt dazu, daß
die Höhe der Vers noch nicht feststeht. Zu der desh fikt **Ermittlung der vollen Versorgung** ist infdessen
zu errechnen, was der Eheg bei fortdauernder BetrZugehörigk mit Eintr des VersFalls an Zusatzrente erhielte.
Soweit sich die **endgültigen Bemessungsgrundlagen** (Gehalt, Halbtags- od VollZtBeschäftigg usw) nicht
feststellen lassen, sind die Umst zum **Ende der Ehezeit** maßg, **Nr 3 a letzter Halbs** (vgl Rn 63). Diese
BemessgsGrdlagen sind bis zur Erreichg der **festen Altersgrenze** fortzuschreiben, auch wenn eine Gehalts-Erhöhg mit Sicherh zu erwarten ist (Ruland Rn 62). Eine flexible vertragl Regelg schließt die Ann einer
69 festen AltGrenze nicht aus (Hamm FamRZ **89**, 290). **(2) Ehezeitanteil.** Zur Ermittlg des auf die EheZt
entfalldn Teils der vollen Vers ist nach der pro-rata-temporis-Methode die volle Vers nach dem Verh der in
die EheZt falldn BetrZugehörigk zu der insges mögl BetrZugehörigk zu kürzen. Das geschieht in Anlehng
an BetrAVG 2 (BT-Drucks 7/4361 S 38) nach der **Formel:** Vers multipliziert mit der BetrZugehörigk in der
Ehe geteilt dch die GesamtZt der BetrZugehörigk. Dabei bestimmt Nr 3 a 2. Teil des 1. Halbs ausdr, daß die
70 der BetrZugehörigk gleichgestellten Zten (Rn 61) einzubeziehen sind. Bei **Gesamtversorgungszusagen**
(Rn 62) ist nicht nach der HochrechngsMethode zu verf, wonach GrdVers u GesamtVers hochgerechnet w u
erst die Differenz pro rata temporis aufgeteilt w (Glockner FamRZ **80**, 308; **89**, 802; Soergel/Zimmermann
Rn 156; vgl zur Diskussion der versch Methoden Zweibr FamRZ **84**, 1238; Mü FamRZ **89**, 338; KG
FamRZ **93**, 570), sond nach der **VBL- Methode,** die die bis zur Festaltersgrenze hochgerechnete volle
GesamtVers im Zt/Zt-Verh aufteilt u damit den EheZtAnteil der GesamtVers gewinnt. Von diesem w sodann
der EheZtAnteil der die GrdVers bildden ges Rente abgezogen. Die Differenz ist der EheZtAnteil der
betriebl AltersVers. Diese Methode findet nicht nur auf die Vers der VBL Anwendg (BGH **93**, 222; Celle
FamRZ **82**, 389; Karlsr FamRZ **82**, 394), sond ebenf auf priv betriebl ZusatzVers, die auf dems GesamtVers-System beruhen (BGH FamRZ **91**, 1416; Karlsr FamRZ **90**, 888 TÜV Baden; Ffm FamRZ **90**, 1247
BeamtVersVerein des Dt Bank- u BankierGew; Mü FamRZ **91**, 576 BayernVers). Bei der Bewertg einer
betriebl GesamtVersAnwartsch (hier: Essener Verband) ist der EheZtAnteil ferner auch dann nach der VBL-Meth zu berechnen, wenn die anzurechnde ges RentAnwartsch fiktiv zu berechnen ist, weil der Eheg tats
Beitr zu befreienden LebVers auf Kapitalbasis entrichtet h (BGH FamRZ **98**, 420 unter Verwerfg der von
Brschw FamRZ **95**, 363 als VorInst angewendeten HochrechngsMeth). Die VBL-Meth ist auch auf Vers-Zusagen mit LimitiergsKl (Rn 63) anzuwenden, wenn das betriebl Ruhegeld u die ges Rente den vertragl
best HöchstBetr überschreiten (BGH FamRZ **91**, 1421; **95**, 88; Dörr NJW **92**, 953). Bei der Ermittlg des
ehezeitanteil AusglBetr ist jew auf die konkr BemessgsKriterien eines jeden Anrecht abzustellen. Bezieht ein
Eheg aus der ZusatzVers des öffD als umlagebezogenes Anrecht eine BetrRente u zusätzl einen aus der
GesamtVers abgeleiteten AusglBetr, so kann sich wg der Berücks gleichgestellter Zten (Rn 59) bei der
GesamtVers für beide Anrechte ein unterschiedl Zt/Zt-Verh ergeben (BGH FamRZ **92**, 791). Sind die ges
RentAnwartsch teilw vor der BetrZugehörigk erworben w, k sie zur Hälfte von der hochgerechneten
GesamtVers vorweg abgezogen, sodann der EheZtAnteil der verbleibdn GesVers zeitratierl ermittelt u
hiervon der hälft Antl der auf die eheztl BetrZugehörigk entfalldn ges RentVers abgezogen w (BGH
FamRZ **95**, 88 RWE 1989; Mü FamRZ **91**, 338; Bergner NZS **93**, 482). Bei großer Diskrepanz zw fikt
VersRente u tats gezahltem Betr ggf Herabsetzg des AusglBetr gem § 1587 c Nr 1 (BGH FamRZ **85**, 797).
71 **(3)** Währd die volldynam ZusatzVers unmittelb zu den EP der ges RentVers hinzugerechnet w kann, bedarf
es **bei nicht volldynamischen Versorgungsanrechten** erst einer entspr **Umrechnung, IV,** um die
Vergleichbark des betriebl VersAnrechts mit den dynamisierten Anrechten herzustellen (MüKo/Maier Rdn
72 274). Die Vorschr sichert die Anwendg der **BarwertVO** (Anh zu § 1587 a) auf alle Leistgen der betriebl
AltersVers, die nicht volldynam sind (BT-Drucks 7/4361 S 40) u ist eigtl als weiterer Satz von II Nr 3 bzw III
zu lesen (Soergel/Zimmermann Rn 326), so daß das FamG den Wert nicht ind best darf, sond an die Tab der
73 BarwertVO gebunden ist (BGH FamRZ **85**, 1119; **86**, 976). – **ee)** Die **Bewertung bei beendeter Betriebszugehörigkeit, Nr 3 b,** erfolgt theoret ebenf in drei Schritten. ZGrde zu legen ist der Teil der
erworbenen Vers, der dem Verh der in die EheZt falldn BetrZugehörigk zu der ges BetrZugehörigk entspr,
wobei wiederum der BetrZugehörigk gleichgestellte Zten einzubeziehen sind (Rn 59). Die Beendigg kann
dch Erreichen der Altersgrenze, Eintr der Invalidität od Ausscheiden aus dem Betr vor Eintr des VersFalls mit
unverfallb VersAnrechten verursacht w sein. Die Berechng erfolgt auch gem Nr 3 b, wenn die BetrZugehörigk nach EheZtEnde vorzeit dch Tod endet (BGH **110**, 224) od wenn trotz fortdauernder BetrZugehörigk kr BetrVereinbg die berücksfäh DZt endet (Brschw FamRZ **95**, 363). In diesen Fällen ist die Höhe
der erworbenen Anrechte bekannt, so daß sie ihrem effektiven Betr nach zGrde gelegt w k, ohne daß
hypothet Berechngen für einen zukünft Ztpkt erfdl sind (BGH **84**, 158; BT-Drucks 7/4361 S 38). Andernf
ergibt sich der Wert gem BetrAVG 2 I–IV; die Höhe der in der Ehe erworbenen Anspr ergibt sich pro rata
temporis aus dem Verh der in die EheZt falldn BetrZugehörigkDauer zu der GesamtZt der BetrZugehörigk, die mit dem Ausscheiden des ArbN unveränderl feststeht. Zu Einzelh vgl iü MüKo/Maier Rn 278 ff.
Nach Nr 3 b wird insb der EheZtAnteil der qualifiz VersRente (VBL-S 44 a) berechnet (Rn 89) sowie

Anwartsch nach dem *Hbg* RuheGeldG (Schlesw FamRZ **96**, 741). Bei **Direktversicherungen** kann der ArbG nach BetrAVG 2 II 2 seine VersLeistg auf die geleisteten Prämien beschr (versvertragl Lösg); hier erfolgt die Bewertg nicht nach Nr 3 b, sond nach Nr 4 b (JH/Hahne Rn 192). Zur Bewertg der gg den BeamtVers-Verein des Dt **Bank-** u Bankiersgewerbes bestehden Anrechte einschl Überschußrente u SondZuschl: Mü FamRZ **89**, 186; Schlesw FamRZ **89**, 189. – **ff)** Wird **bei Ehezeitende die Betriebsrente bereits gezahlt,** so ist der EheZtAnteil der ZusatzVers des öffD ebenf nach der VBL-Methode (Rn 68) zu ermitteln (Kblz FamRZ **89**, 983; Karlsr FamRZ **90**, 1250). Nach der Einf der „Spitzanrechng" dch die 18. SatzgsÄnd der ZusVers des öffD ist bei der Ermittlg des auf die EheZt entfallden Anteils einer bereits gezahlten Rente nicht mehr von dem tats RentZahlBetr auszugehen (so noch BGH NJW **82**, 229: BPost), sond auf die GesamtVers u den daraus zu errechnden WertUntersch zur GrdVers abzustellen (BGH NJW **96**, 119). 74 75 76

d) Unverfallbarkeit. aa) Bedeutung. Die Unverfallbark betr die Frage, ab wann der ArbN bei vorzeit Beendigg des ArbVerh seine VersAnwartsch behält. Die Antwort entsch unmittelb auch üb die Einbeziehg eines Anspr auf betriebl AltersVers in den VA. Die Regelg ist nur in bezug auf betriebl VersAnrechte von Bedeutg u keiner erweiternden Anwendg zugängl (BGH NJWE-FER **99**, 25). Nach **II Nr 3 S 3** sind näml noch nicht unverfallb VersAnrechte im schuldr VA auszugleichen (§ 1587 f Nr 4). In den öffr VA sollen keine VersAnrechte einbezogen w, die sich später möglicherw nicht verwirkl, wesh noch verfallb Anrechte in den öffr VA nur mit ihrem stat Wert einbezogen w dürfen (BGH FamRZ **82**, 899/904; Mü FamRZ **91**, 336; BT-Drucks 7/4361 S 38). Verfallb Anrechte iSv Nr 3 dürfen schon bei der Bewertg nicht mit in den öffr VA einbezogen w, gleichgült, ob es sich um solche des AusglPfl od um solche des Ber handelt (BGH **84**, 158/186 f; FamRZ **83**, 267 u 1001; Düss FamRZ **81**, 682). Bes Bedeutg hat es, daß iR der Unverfallbk auch die **Dynamik** (dazu im Anh zu § 1587 a: BarwVO 1 Rn 6–11) zu berücks ist (Begr: Celle FamRZ **89**, 402/4 f). Wenn II Nr 3 S 3 die betriebl AltersVers in den schuldr VA verweist, so bedeutet dies für die nicht voll dynam Anrechte aus einer betriebl VersZusage nicht, daß sie vom FamG überh nicht im öffr VA zu berücks sind, sond nur, daß sie, soweit sie als stat bereits ggwärt VersWert besitzen, nach der BarwVO in dynam, also den Anwartsch der ges RentVers u der BeamtVers vergleichb VersAnrechte umgerechnet w müssen (BarwVO 3 Rn 2). **Maßgebende Zeitpunkte:** Vgl § 1587 Rn 40. Für die Feststellg der Unverfallbk entsch gem Rn 132 der Ztpkt der letzten mdl Vhdlg in der TatsInst (BGH **93**, 222/5; FamRZ **91**, 1421/4). Unverfallbk mit der Folge der Anwendbk von Nr 3 a daher mit Eintr des VersFalls, etwa bei Tod des noch im öff D beschäft Eheg (BGH NJW-RR **86**, 1199). Für die Berechng des EheZtAnteils einer gehaltsabhäng betriebl AltersVers bleibt aber das bei EheZtEnde bezogene Geh auch dann maßg, wenn es bis zum Ztpkt der Entsch weiter gestiegen ist. DynamisiergZuwächse in der Zt zw EheZtEnde u letzter mdl Vhdlg k bei der Umrechng nach BarwVO 2 nicht berücks w (BGH FamRZ **91**, 1421/4; Dörr NJW **92**, 953; vgl § 1587 Rn 42). Tritt die Unverfallbark nach rechtskr Entsch üb den VA ein, ggf Abänderg gem VAHRG 10 a I Nr 2 (Hahne FamRZ **87**, 221). Eine VBL-VersRente, die ein Eheg zZtpkt der Entsch üb den VA bereits bezieht, ist, wenn sonst kein höh Anrecht aus der ZusatzVers besteht, in den öffrVA einzubeziehen, u zwar unabhäng davon, ob im konkr Fall endgült feststeht, daß die VersRente ohne Unterbrechg bis zur Altersgrenze weiter gezahlt w wird (BGH FamRZ **96**, 157; **97**, 1535). – **bb) Begrifflich** liegt Unverfallbark vor, wenn die Anwartsch auf die betr AltersVers dem ArbN auch dann verbleiben, wenn er vor Eintr des VersFalls aus dem ArbVerh ausscheidet, so daß sie nach den maßg VersBdggen dch die künft betriebl Entwicklg des Versicherten nicht mehr beeinträcht w k (vgl BetrAVG 2). Es kommt also nicht auf den Grad der Wahrscheinlichk des Eintr der Unverfallbark an (BGH **84**, 158/67; **93**, 222/24 f; FamRZ **96**, 157/8; **97**, 1535). Unverfallbark liegt auch dann vor, wenn sich der ArbG ein an ein Versch des ArbN geknüpftes KündR vorbeh h (Hamm FamRZ **89**, 290) od ohne Zusicherg eines RAnspruchs gewährt u als jederzeit widerrufl bezeichnet w, weil solche Klauseln nach der Rspr des BAG (NJW **80**, 79) ohnehin nur ein an sachl Grde gebundenes WiderrufsR gewähren (Hamm FamRZ **81**, 803). Auch Auss auf BetrRenten, die von UnterstützgsKassen zu zahlen sind, k gem BetrAVG 1 IV unverfallb w (Düss FamRZ **81**, 682). Zur Dynamik Rn 78. – **cc) Anwendungsbereich.** Bestimmgen zur Unverfallbark: BetrAVG 2; anderweit tarifvertr Festleggen sind jedoch zul (BetrAVG 17 III). So ist in der ZusatzVersKasse des Baugewerbes VVaG der unverfallbTeil der Anwartsch nach WarteZten gestaffelt zu ermitteln (Celle FamRZ **94**, 1463). – **dd)** Die unterschiedl Behandlg verfallb u unverfallb betriebl Anwartsch gilt auch für die **Zusatzversorgung des öffentlichen Dienstes** (BGH **81**, 152/55 f; FamRZ **84**, 668), u zwar auch nach Inkrafttr des VAHRG (BGH FamRZ **86**, 247) u des VAwMG (BGH FamRZ **88**, 822). Ausnahmsw k der VersAnspr vor Eintr des VersFalls unverfallb w (Schlesw FamRZ **85**, 945). Insb für die ZusatzVers des öffD kommt es gem BetrAVG 1 u 2 auf die **Unverfallbarkeit dem Grunde und der Höhe nach** an (Einzelh JH/Hahne Rn 185 ff; Ruland Rn 86 ff). Um in den öffr VA einbezogen zu w, muß die Anwartsch hins der Erf der zeitl Vorauss (Grd) u des gesicherten VersWerts (Höhe) von der künft Entwicklg unabhäng sein. Dem entspr innerh der VBL-S vor Eintr des VersFalls nur die Anwartsch auf die stat VersRente (VBL-S 44), allerd mit dem jew höchsten Wert als qualifizierter VersRente (VBL-S 44 a) bzw als Besitzstandsrente nach VBL-S 92 (BGH **84**, 158, 160 ff/; **93**, 222; MüKo/Maier Rn 286). Dagg bleibt die dynam VersRente (VBL-S 37) bis zum Eintr des VersFalls verfallb, so daß ihr Ausgl im schuldr VA erfolgen muß (BGH **84**, 175; NJW **84**, 234/6 u 2879/81). Darauf, daß ein Ausscheiden aus dem öffD statist gesehen unwahrscheinl ist, kommt es nicht an (BGH FamRZ **88**, 822/4). Daran hat sich, weil es sich um ein BewertgsProbl handelt, auch dch das VAHRG nichts geändert (BGH FamRZ **88**, 822), auch wenn der Ausgl der VBL-Rente selbst jetzt gem VAHRG 1 III dch Quasi-Splitting erfolgt (VAHRG 1 Rn 8). Bei der Einbeziehg nur der werthöchsten stat VersRente verbleibt es trotz der Fiktion in VBL-S 37 IV schließl auch, wenn ein PflVersicherter aus dem ArbVerh ausscheidet, wenn er seine bish Beschäftigg aGrd v Ges od TarifVertr von einem best Ztpkt an nicht mehr ausüben darf (BGH FamRZ **84**, 671 Flugkapitän). Auch der abzuschmelzende AusglBetr nach VBL-S 97 c unterliegt nicht dem öffr VA (BGH FamRZ **88**, 1251; **90**, 276: § 1587 f Nr 4). **Ausnahmen** dagg: Unverfallbark bei einer Frau nach Vollendg des 60. LebJ (Schlesw FamRZ **85**, 945); Vollendg des 62. LebJ in der ZusatzVers des Landes Bln (BGH FamRZ **86**, 341); wenn der Ber kurz vor der Altersgrenze steht (Karlsr FamRZ **82**, 394 LS); ferner bei Eintr des VersFalls wg BU des Vers (BGH **84**, 158/67), oRücks darauf, daß ein erneuter VersFall (EU) zu einer Neuberechng der Rente führt (BGH FamRZ **90**, 1339); od iF seines Todes, weil dann (zG der Hinterbl) die Anwartsch unverfallb w (BGH FamRZ **86**, 894). Vgl iü VAHRG 10 a 77 78 79 80 81 82 83 84

85 Rn 10. – **ee) Dispositivität.** Da das Ges nur MindErfordern enth (BetrAVG 1), können ArbG u ArbN die Unverfallbark früher eintreten lassen, was im VA zu beachten ist (Ruland/Tiemann Rdn 123). Anwartsch auf Leistgen der betriebl AltersVers k auch dann unverfallb sein, wenn sie ohne Zusicherg eines RAnspr gewährt u als jederzeit widerrufl bezeichnet w, weil BAG NJW **80**, 79 die Widerrufsmöglk beschr h (Hamm FamRZ **81**, 803; ferner BGH FamRZ **86**, 336 u Rn 53). Im Proz ist die Verfallbark RFrage u kann von den Beteil nicht unstreit gestellt w (BGH FamRZ **87**, 55). Zu den gleichgestellten Zten: Rn 61.

86 **e)** Die **Zusatzversorgung des öffentlichen Dienstes** (§ 1587 Rn 12), die die Gleichstellg mit der Vers der Beamten bezweckt (BGH **93**, 17), stellt eine **aa) Sonderform** der betriebl AltersVers dar (BGH **81**, 152/55 f; FamRZ **82**, 899/901), die zwar von öffr organisierten ZusatzVersKassen gewährt u von Umlagen der beteil öffr ArbG finanz w (BetrAVG 18), deren SatzgsBestimmgen aber die RNatur priv AGB h (BGH **81**, 152/62 f; FamRZ **82**, 899). Ausn: bay ev-luth Landeskirche (Celle FamRZ **83**, 191). Es besteht PflVers für den ArbN. Bei Wechsel innerh des öff D wird das VersVerh übergeführt; bei Ausscheiden Möglk zu freiw
87 WeiterVers mit eig Beitr od Weiterführg als beitragsfreie Vers. **Hierher gehören** (Übersicht BT-Drucks 10/6294 S 14) die Vers der **VBL** (vgl BGH **84**, 158); diej der Dt BPost VAP (BGH **93**, 222); der BBahnVers-Anstalt Abt B BVA/B (BGH NJW **83**, 38); der Rundfunk- (BGH NJW **85**, 2708 Bay; Brem FamRZ **85**, 943) u Fernsehanstalten (BGH FamRZ **87**, 52 ZDF); der VersAnstalten der dt Bühnen u Kulturorchester (BGH FamRZ **85**, 1235; dazu Rn 103 u BarwVO 1 Rn 8); der kommunalen (BGH **84**, 158; FamRZ **84**, 668; Hamm FamRZ **80**, 271) u kirchl ZusatzVersKassen (Schlesw FamRZ **80**, 1132), insb kommunaler
88 VerkehrBetr (BGH FamRZ **84**, 1212 Bln). **Nicht** unter Nr 3, sond unter Nr 4 b gehören die Altershilfe f Landw nach dem GAL (dazu Rn 102), ebsowenig die hüttenknappschaftl ZusatzVers im Saarl (Saarbr FamRZ
89 **81**, 974: Nr 4 d). – **bb) Maßgebliche Bewertungsregelung.** Die ZusatzVers des öff D kennt verschied Rentenformen. Soweit sie gesamtversbezogen sind, wird der EheZtAnteil automat nach Nr 3 pro rata temporis ermittelt. Dabei ist ggf zu berücks, daß die VBL-S in best Umfang in der ges RentVers außerh der VBL-UmlageMo verbrachte Zten gleichstellt (BGH FamRZ **96**, 93). Iü gilt die pro rata temporis-Berechng insb für die nur iZshg mit einer PflVersRente (VBL-S 37) u damit als GesamtVers gezahlte **Versorgungsrente** (VBL-S 40–43), die dynam ist – auch nach Ändg v VBLS 56 dch die 18. u 19. SatzgÄnd (BGH FamRZ **90**, 984) – u die desh bei jeder Änderg der GrdVers neu berechnet w muß (VBLS 56). Bestimmt sich die Rente
90 dagg nach einem **Bruchteil entrichteter Beiträge,** dann soll darauf – ohne daß die Vers dadch ihren Charakter, Vers iSv Nr 3 zu sein, einbüßt, so daß es etwa bei den VerfallbarkRegeln verbleibt (Mü FamRZ **83**, 1042; JH/Hahne Rn 205; Soergel/Zimmermann Rn 156) – für die Berechng des EheZtAnteils Nr 4 c
91 Anwendg finden, **II Nr 3 S 2,** dh sich auch der EheZtAnteil nach den in die EheZt falldenBeitr richten. Hierunter fallen neben der MindVersRente nach VBL-S 40 IV (BGH **84**, 158/71) u der f Altfälle (1. 1. 67) gezahlten (vgl Bergner DSozV **80**, 199) Besitzstandsrente nach VBL-S 92 (BGH **84**, 171 f), die die einf stat **Versicherungsrente** nach VBL-S 44 I (BGH FamRZ **82**, 899/901), bei der auch die GeldEntwertg im allg nicht zu einer Anpassg führt (BGH NJW-RR **94**, 1433), währd sich der EheZtAnteil bei der qualif VersRente nach VBL-S 44 a gem II Nr 3 b berechnet (Schwab/Hahne VI 131; Hbg FamRZ **91**, 201 u **94**, 1467 f die gleichstrukturierte BBahnVersAnst bzw die Hbg Hafen- u Lagerhaus AG; and noch Mü FamRZ **83**, 1042: II Nr 4 c). Da die VersRente nach VBLS 40 gem VBLS 56 angepaßt w, kann sie im Lauf des RentBezugs die Höhe der stat Besitzstandsrente übersteigen; v diesem Ztpkt an w dann deren Betr maßg (BGH **84**, 172; FamRZ **90**, 380). Zur Bedeutg des **RRG 1992** für die Umrechng nicht volldynam Anrechte in **Altfällen:**
92 Rn 93. – **cc)** Zur Bedeutg der **Verfallbarkeit** bei den ZusatzVers des öff Dienstes: Rn 83. Zur Berechng des EheZtAnteils bei der GesVers: Rn 71.

93 **f) Dynamisierung von Leistungen der betrieblichen Altersversorgung, IV.** Die Vorschr sichert die Anwendg der BarwertVO auf alle Leistgen der betriebl AltersVers, die nicht volldynam sind (BT-Drucks 7/4361 S 40) u ist eigtl als weiterer Satz von II Nr 3 bzw III zu lesen (Soergel/Zimmermann Rn 326). Die Bewertg erfolgt nach der BarwVO selbst dann, wenn die VersLeistgen der betriebl AltersVers aus einem ind DeckgsKapital od einer vergleichb DeckgsRückl gewährt w (Karlsr FamRZ **93**, 1212). Die Anwendg v III Nr 2 bedeutet, daß bei der Bewertg ungleichmäß Wertsteigergen das Altersruhegeld zGrde zu legen ist, das sich ergäbe, wenn ein Barwert der TeilVers für den Ztpkt des Eintr der RHängigk des ScheidgsAntr ermittelt u als Beitr in der ges RentVers entrichtet würde. Bei VersEinrichtgen für einz Wirtsch- od UnternGruppen, bei denen die Teilnahme an der VersEinrichtg dch einen BeschäftiggsWechsel innerh der angeschl Untern nicht berührt w, ist die gesamte bei den der VersEinrichtg angeschl Untern zurückgelegten BeschäftiggsZt maßg (BT-Drucks 7/650 S 158). Bei der Umrechng stat Anwartsch in dynam AnR ist auf das **vorläufige Durchschnittsentgelt** (vgl Anh zu § 1587 a) auch dann abzustellen, wenn im Ztpkt der gerichtl Entsch das endgült DchschnEntgelt schon festgesetzt ist (vgl BGH FamRZ **91**, 173; Kemnade FamRZ **95**, 363; aA Karlsr FamRZ **95**, 361). Ledigl iR v Altfällen, also **Ehezeitende vor dem 1. 1. 92,** erfolgt die **Umwertung nicht volldynamischer Anrechte** iS v III u IV nach den auf der Grdl des neuen RentR ermittelten Rechengrößen (BGH NJW **93**, 465; Ffm FamRZ **92**, 1443; KG u Kln FamRZ **93**, 570 u 572; Kblz NJW-RR **93**, 9; Bergner NJW **93**, 435; aA Klattenhoff FuR **92**, 233). RentAusk auf der Grdl des alten Rs können daher nicht mehr als EntschGrdl dienen (BGH NJW **92**, 1888; **93**, 465/66). Zur Anwendg des RRG 1992 allg Rn 39. Die Frage, ob eine Anwartsch als **volldynamisch** eingestuft w kann, ist vom TatRi aGrd der Entwicklg des Anrechts **bis in die jüngste Zeit hinein zu überprüfen** u aGrd dieser Ermittlgen ist eine Prognose hins der künft Entwicklg anzustellen (BGH FamRZ **96**, 97); die bl Bezugn auf eine bereits vor mehreren Jahren ergangene Entsch stellt einen Verstoß gg die AmtsermittlgsPfl dar (BGH FamRZ **98**, 424: erweiterte HonorarVerteilg der Kassenärztl Vereinigg Hessen).

94 **D) Bewertung sonstiger Renten und ähnlicher wiederkehrender Leistungen, Nr 4.** Die Vorschr erfaßt in Form einer **Generalklausel** sonst Anrechte auf VersLeistgen wg Alters, BU u EU, die also nicht den f die in den vorangehden Nr erfaßten VersAnrechten gegebenen BewertgsMaßst unterliegen. Die Art der Benenng ist unmaßg. Für die Anwendg der Vorschr werden vornehml Anrechte auf unmittelb od mittelb betriebl RuhegeldLeistgen, auf Renten aus berufsständ VersEinrichtgen sowie Renten aus der ZusatzVers der VBL in Betr kommen (BT-Drucks 7/650 S 157; Lit: Schaub/Schusinski/Ströer S 244; Ruland Rn 125 ff), soweit sie rein beitragsbezogen sind u nicht bereits unter Nr 3 fallen, aber auch die Altershilfe f Landwirte

nach dem ALG (vgl Kirchner, Soz Sicherh in der Landwirtsch **77**, 497), Renten u Rententeile aus Steigergs-Betr f Beiträge der HöherVers, u insb Renten aus ausl SozVers, Vers aus internat Organisationen, Leibrenten usw (Ruland NJW **76**, 1717; vgl auch § 1587 Rn 16). Für die Bewertg dieser VersTit w auf die verschiedenen BemessgsArten der Renten abgestellt. Steigt der Wert der Vers nicht in gleicher od nahezu gleicher Weise wie der Wert v Beamtenpensionen u Renten aus der ges RentenVers, so ist die BerechngsAngleichg gem III zu beachten (Rn 109). Zur Bewertg der **freiwilligen Weiterversicherung** in einer betriebl AltersVers (VersVerein des Bankgewerbes) vgl Mü FamRZ **97**, 616: § 1587 a II Nr 4 c. Bisw kann nur im Einzelfall entsch w, ob **95**
Anwartsch **dynamisch oder statisch** (vgl dazu Anh BarwVO 1 Rn 7–11 m RsprNachw) u damit nach § 1587 a II Nr 4 od III zu bewerten s. Zur mehrstuf Berechng beim Wechsel einer Vers von einer teildynam zu einer volldynam vgl Nürnbg, Mü u Bambg FamRZ **95**, 815, 816 u 1495 *Bay*ÄV. Als maßg Altersgrenze ist **96**
auf die ggf dch die Regelpraxis festzustellde **faktische Altersgrenze** abzustellen (BGH FamRZ **85**, 1236/38 *bayr* Not: 70 J).

Nr 4 a) Bemißt sich die Rente od Leistg ausschließl **nach der Dauer einer Anrechnungszeit,** so ist der **97**
Betr der VersLeistg zGrde zu legen, der sich aus der in die EheZt falldlen AnrechngsZt ergäbe, wenn bei Eintr der RHängigk des ScheidsAntr der VersFall eingetreten wäre. Die Bewertg entspr dem in Nr 2 angewandten Prinzip. Solch eine rein zeitabhäng Rente, bei der die Vers ausschl von der Dauer der Zugehörigk zu der VersEinrichtg abhängt, stellt jetzt die Alterssicherg der Landw dar, weil die BerechngsVorschr von ALG 23 die direkte Zuordng des AnR zu einz ZtAbschn ermögl (Greßmann/Klattenhoff FamRZ **95**, 579; vgl § 1587 Rn 15). Vgl aber zur Bestandsrente Rn 102. Für die ÜbergFälle (sog Zugangsrente) enth die ALG 23, 97, 99 unabhäng v § 1587 a II BewertgsVorschr auch für die Berechng des EheZtAnteil, auch bei einem EheZtEnde vor dem 1. 1. 95 (§ 1587 Rn 33).

Nr 4 b) Bemißt sich die Rente od Leistg **nicht oder nicht nur nach der Dauer einer Anrechnungs-** **98**
zeit und auch nicht nach den für die gesetzlichen Rentenversicherungen geltden Grds (Buchst d), dh: steigt die RentAnwartsch währd der VersZt in ungleichen Stufen an, so w der TeilBetr der vollen bestimmgsmäß Rente od Leistg zGrde gelegt, der dem Verh der in die Ehezeit fallden, bei der Ermittlg dieser Rente od Leistg zu berücksichtigden Zeit zu deren voraussichtl Gesamtdauer bis zur Erreichg der für das Ruhegehalt maßg Altersgrenze entspr. Die AuffangVorschr Nr 4 b gilt insb, wenn die Dynamisierg dch **99**
Zuschläge erfolgt, die aber von der LeistgsFähigk des VersWerks abhängen sollen (BGH FamRZ **96**, 95 ÄrzteVers *Westf-Lippe*). Ferner ist danach die Anwartsch auf Altersgeld nach dem GAL zu bewerten (BGH FamRZ **84**, 42; Bambg FamRZ **91**, 1065: BeitrNachentrichtg; BT-Drucks 7/4361 S 38), auch wenn sie noch nicht „unverfallb" ist (Celle FamRZ **81**, 166). Ein VA findet nicht, auch nicht iW des Quasi-Splittings gem VAHRG 1 III, statt, wenn nach Ende der EheZt wg Aufg der landwirtschaftl Tätigk die PflMitgliedsch endet u eine freiw BeitrEntrichtg nicht erfolgt (BGH FamRZ **86**, 892), u sei es auch inf eines entspr Verz (BGH FamRZ **87**, 1016); VA dagg innerh der 2 J-Fr gem GAL 27 I (AG Landau FamRZ **87**, 722). Zur **100**
volldynam VersAnwartsch von Abgeordn des Dt BT § 1587 a Rn 2. Ferner bieten Bspe die berufsständ VersEinrichtgen der freien Berufe, also der Ärzte, zB der Ärztekammer *Hbg* (Hbg FamRZ **80**, 1028 u **86**, 1006); *Nordrhein* ÄrzteVers (BGH NJW **83**, 1378); die erweiterte Honorarverteilg der KassÄrztl Vereinigg *Hess* (neuerdings BGH FamRZ **98**, 424; iü Ffm FamRZ **85**, 1269 Apoth); *Nds* (Brem FamRZ **95**, 44); das VersWerk der Ärztekammer des *Saarl* (Saarbr FamRZ **88**, 958; NJW-RR **92**, 649); *bayer* Notare (BGH FamRZ **85**, 1236); RAe in *NRW* (BGH NJW **92**, 174); StBerater u StBevollm im *Saarl* (Saarbr FamRZ **92**, 449); Seelotsen (BGH FamRZ **88**, 51 voll dynam) usw. Entspr Anwendg v Buchst b auch auf den SockelBetr der *Bay* ApothekVers (BGH FamRZ **89**, 35). Auf die Bewertg des EheZtAnteils hat es keinen Einfl, wenn sich der bei der ÄrzteVers *Nds* versich Eheg nach EheZtEnde beitragsfrei stellen läßt (Celle FamRZ **88**, 77).
In der grdsl nach Nr 3 zu behandelnden betriebl AltersVers w teilw feste, nicht nach der Dauer der **101**
BetrZugehörigk variable Renten gezahlt, wobei die Teiln an der VersEinrichtg nach Ablauf einer best WarteFr od sof mit Begr des BeschäftiggsVerh beginnen k. Für solche Fälle ist – soweit nicht bereits Nr 3 eingreift – eine Bewertg des AnwartschR ähnl der in Nr 1 angebracht. Da die VersLeistg im Hinbl auf die Beschäftigg insges gewährt w, kann das Anrecht od die Auss hierauf nur zu dem Teil als in der Ehe begr angesehen w, der dem Verh der in die Ehe fallden Zt der Beschäftigg zu deren voraussichtl Gesamtdauer, dh unter Hinzurechng auch einer noch ausstehden Zt bis zur Erreichg der für das Ruhegehalt maßg Altersgrenze, entspr. Daher ist das dem Ausgl unterliegde Anrecht mit einem verhältnismäß TeilBetr der vollen bestimmgsmäß Rente od Leistg zu bewerten (BT-Drucks 7/650 S 157 f). Die maßg Altersgrenze ist bei *bayer* Notaren das 70. LebJ (Nürnbg FamRZ **84**, 1113). Ob nach der Berechng noch eine Dynamisierg erfdl ist, III (Rn 109), richtet sich danach, ob die auszugleichde Leistg nach ihrer RGrdl an wirtschaftl Verändergen angepaßt w muß, dann ist eine Dynamisierg nicht mehr notw (Ruland Rn 333). Im Bereich der Alters- **102**
sicherg für **Landwirte** gilt die proportional-lineare Rentenformel (vgl Rn 97) nicht für die **Bestandsrenten,** die bereits vor dem 1. 1. 95, also vor dem Inkrafttr des ASRG, bestanden; sie werden gem ALG 94 IV, 98 nicht neu best, sond nur umgewertet. Dabei ist der EheZtAnteil gem § 1587 a II Nr 4 b zu best (Greßmann/Klattenhoff FamRZ **95**, 580, auch zum EhegZuschlag). Bei der Ermittlg des Grenzwertfaktors nach GAL 100 sind auch nach EheZtEnde geleistete Beitr zur AltersVers der Landwirte zu berücks (Bambg FamRZ **98**, 29). Zum Ausgl einer Anwartsch in der Alterssicherg f Landwirte, welche die Ehefr eines Landw erst aGrd des Ges zur Ref der agrarsozialen Sicherg (ASRG-ÄndG) v 15.12.95 (BGBl I 1814) erworben h: Celle FamRZ **97**, 1340.

Nr 4 c) Bemißt sich die Rente od Leistg nach einem **Bruchteil entrichteter Beiträge,** so wird der Betr **103**
zGrde gelegt, der sich aus den für die EheZt entrichteten Beitr ergäbe, wenn bei Eintr der RHängigk des ScheidgsAntr der VersFall eingetreten wäre. Der Wert des AnwartschR entspr also der Rente, die bei Eintr des VersFalls im Ztpkt der Scheidg aus den für Zten der Ehe entrichteten Beitr zu zahlen wäre (BT-Drucks 7/650 S 158). Ein solches BemessgsPrinzip gilt gem RVO 1261 aF für die iR des RRG weggefallene HöherVers (VDR-Hdb/Bergner 27/29) sowie gem VBL-S 44 I; für die ApothKammer *Westf-Lippe* (Hamm FamRZ **86**, 70); f die ArchKammer *BadWürtt* (BGH FamRZ **91**, 310/11 f); f die *Nds* ZahnärzteVers (Celle FamRZ **86**, 913); f die *Bayer* (BGH NJW **83**, 337; NJW-RR **95**, 1) u die *Hess* ÄrzteVers (BGH FamRZ **89**, 951; **92**, 165; Ffm NJW-RR **92**, 649; and Mü FamRZ **92**, 186: Bewertg wie eine priv LebVers gem II

Nr 5; vgl zur Volldynamikproblematik auch BGH FamRZ **98**, 424/5). Vgl iü Rn 114. Nach Ffm NJW-RR **90**, 1224 ist bei letzterer für die Ermittlg des EheZtAnteils von dem völl Wegf der BeitrZahlg bei EheZtEnde auszugehen. Zu den letzteren § 2 BarwVO Rn 8. Sol ein VersFall nicht vorliegt, kommt bei reinen InvalidenVers ein öffr VA nicht in Betr, später allenf ein schuldr (Schwab FamRZ **78**, 12; aA Trey FamRZ **78**, 11). Zur Vers der dt **Kulturorchester** Rn 87; zum Grad ihrer Dynamisierg § 1 BarwVO Rn 8. Deren Bewertg erfolgt gem Nr 4 c iVm Tab 1 der BarwVO (BGH FamRZ **85**, 1119 u 1235). Unverfallbark u damit Einbeziehg in den öffr VA erst nach Zurücklegg v 120 BeitrMo (Ffm FamRZ **86**, 476 LS). Wird die Vers bei EheZtEnde bereits geleistet, ist der mtl ZahlgsBetr in den VA einzusetzen (BGH FamRZ **97**, 161/4).

104 **Nr 4 d)** Bemißt sich die Rente od Leistg nach den **für die gesetzlichen Rentenversicherungen geltenden Grundsätzen,** was vor allem für die hüttenknappschaftl ZusatzVers im *Saarl* (BGH FamRZ **84**, 573), aber auch f die *BadWürtt* ÄrzteVers gilt (Karlsr FamRZ **90**, 1252), dann wird der TeilBetr der sich am BewertgsStichtag (§ 1587 Rn 32) ergebden Rente wg Alters zGrde gelegt, der dem Verh der in die EheZt fallden VersJahre zu den insges zu berücksichtigden VersJahren entspricht. Dabei bleibt auch hier für die Zwecke der Bewertg außer Betr, ob im Ztpkt der Scheidg die WarteZt f die Rente bereits erf ist (BGH FamRZ **84**, 574). Für die Ermittlg der gesamten bis zum BewertgsStichtag erworbenen Rente sind sämtl dem Rentensystem innewohnden Faktoren zGrde zu legen, also auch die vor der Ehe liegden VersJahre mit heranzuziehen. Für die Ermittlg des sich aus der Ehe ergebden RententeilBetr ist dagg auf das Verh der in der Ehe angesammelten Werteinheitensumme zur Gesamtsumme der von Versicherten angesammelten Werteinheiten abzustellen (BT-Drucks 7/4361 S 39).

105 **E) Anrechte aus Privaten Rentenversicherungen (insb Lebensversicherungsverträgen), Nr 5** (Lit: Eisenecker, VA und PrivatversR, 1983; Ellger, Die priv RentVers im VA, VSSR **78**, 17; Klattenhoff, Die priv LebVers im VA, NZS **94**, 537). Die Regelg in II Nr 5 erfaßt privatversrechtl VersAnrechte, insb zur Vers des Versicherten abgeschl LebVers auf Rentenbasis (Zeit- od Leibrenten) außerh der betriebl AltersVers. Ist die LebVers als **Direktversicherung** iR der betriebl AltersVers (BetrAVG 1 II) abgeschl worden, so unterliegt das Anrecht der Bewertg nach II Nr 3, es sei denn, der Versicherte ist aus dem Betrieb seines ArbG ausgeschieden u dieser hat nach BetrAVG 2 II 2, III 2 zuG der versvertragl Lösg optiert. Die Bewertg erfolgt grds auch dann nach II Nr 5 (u nicht hilfsw nach V), wenn das danach vorgesehene Verf (bei noch nicht realisierten RisikoVers) keinen Wert ergibt u das Anrecht nicht in den VA einbezogen w kann (Schwab FamRZ **78**, 12). Die LebVers erbringt ua als ErlebensVers bei Eintritt eines im voraus best Ereignisses aGrd der währd der AnwartschPhase einmalig od (begrenzt od zeitl unbegr) lfd erbrachten Beitr, die nach den Grds der SummenVers bemessene VersLeistg in Geld. Zu den LebVers zählen auch Berufs-Unfähigk-, BerufsUnfähigkZusatz- u UnfallzusatzVers. Der Vers liegen neben dem BGB, HGB u VVG insbes der Geschäftsplan (VAG 5, 13), die geschäftsplanmäß Erklärgen des Versicherers sowie dessen GeschBdggen zGrde. Anrechte aus **Kapitalversicherungen** unterliegen auch bei mehreren TeilAuszahlgen nicht dem VA (BGH NJW **84**, 299; **86**, 1344), sond der güterr ScheidgsFolgenRegelg (BGH **67**, 262; FamRZ **92**, 411; **95**, 1270); eine bis zum Eintr der RHängigk nicht ausgeübte Rentenoption begr kein im VA zu berücksichtigdes Anrecht. Dies gilt auch, wenn die KapitalVers zur Befreig von der VersPfl nach SGB VI (etwa 231 V) od dem ALG (85 III, IV) geführt hat od iR betriebl AltersVers abgeschl worden ist (BGH NJW **84**, 299). Die LebVers ist eine PersonenVers, die als RisikoVers od als Vers, in der währd der Anwartsch ein ind DeckgsKapital erworben w (HGB 341 f; VAG 65 ff), abgeschl w kann. Bei der RisikoVers erfolgt vor dem LeistgsFall kein ind Sparvorgang; mit dem Beitr w die VerwaltgsKosten u die Aufw f die bereits eingetretenen LeistgsFälle anderer finanz. Erst beim LeistgsFall w aus den Beitr der Versicherten-Gemsch ein DeckgsKap gebildet; tritt er nicht ein, so erlischt die Vers ohne BeitrRückgewähr. Die selbstd BerufsUnfähigkVers u die UnfallVers k nur als RisikoVers abgeschl w u unterfallen währd der Anwarts-chPhase nicht dem VA, da ihnen kein DeckgsKap zuGrde liegt (BGH NJW **86**, 1344), währd sie ands zu berücks sind, wenn dem Versicherten Rente aGrd eines währd der Ehe gezahlten Beitr zusteht. Dies gilt auch f ein Rentenanrecht aus einer BerufsUnfähigkZusatzvers, es sei denn, die Vers kann rückgekauft u beitragsfrei gestellt w u ist damit eine kapitalbildde Vers (vgl Mustergeschäftsplan für die BUZ VerBAV **90**,
106 341; BGH FamRZ **94**, 559). **Versicherter** iS von II Nr 5 ist der BezugsBer, der das HauptR aus der Vers in Anspr nehmen k u in dessen Verm die Vers daher fällt. Dies ist der VersN, wenn kein od nur ein widerrufl BezugsR zuG eines Dr (vgl BAG DB **91**, 2242) eingeräumt worden ist, od ein anstelle des VersN unwiderrufl bezugsberecht Dr (vgl BGH **45**, 162; BAG DB **90**, 2474). Da der VersVertr der Vers des Versicherten dienen soll, muß der BezugsBer mit der Gefahrsperson ident sein (näher Rahm/Künkel/Klattenhoff V 276.5; aA zB MüKo/Glockner § 1587 a BGB Rn 430). Zur RentVers auf verbundene Leben vgl Eisenecker
107 S 33, 274. Bei der Bewertg ist – bezogen auf das Ende der EheZt – zw Vers mit fortbestehder BeitrZahlgsPfl u ohne fortbestehde BeitrZahlgsPfl zu unterscheiden. Auszugehen ist von dem Wert, der sich aus dem DeckgsKap der währd der Ehe erworbenen Rente ohne Berücks etwaiger nachehel BeitrZahlgen ergeben würde. Eine Bewertg direkt auf der Grdl des DeckgsKap nach der DynamisiergsRegel des III Nr 1 ist unstatth (Annas VW **77**, 568). Bei einer **beitragspflichtigen Versicherung** ist vom Betr auszugehen, der sich als Differenz der fiktiven beitragsfreien Rente bei EheZtEnde abzügl der fikt beitrfreien Rente zu Beginn der EheZt (bei später abgeschl Vers ist dieser mit Null anzusetzen) ergibt (Differenzrente). **Beitragsfreie Rente** ist die Leistg, die sich ergäbe, wenn das bis zum Stichtag angefallene DeckgsKap nach den anerkannten Regeln der VersMathematik u in Übereinstimmg mit dem GeschPlan des Versicherers als EinmalBeitr f eine entspr Vers gezahlt w würde (VVG 174 II); die Berücks eines sog Storno-Abzugs (VVG 176 IV) ist unzul, sofern die Vers nicht tats beitragsfrei gestellt w (BGH NJW **86**, 1344; vgl auch BGH FamRZ **92**, 411). Sind üb das EheZtEnde **hinaus Beiträge nicht zu zahlen** (beitrfreie Vers, Vers aGrd eines EinmalBeitr, bereits lfde Leistgen), ist die versicherte Rente, soweit sie währd der EheZt dch Beitr od dem DeckgsKap zugeführte Überschußanteile erworben w ist, zu berücks; die Differenzrente ist wie bei der noch beitrpflicht Vers zu ermitteln. Wird bereits Rente gezahlt, so ist von dieser u dem ihr zGrde liegden
108 höchsten DeckgsKap auszugehen (aA Eisenecker S 277 f). Sind Leistgen aus einer **Risikoversicherung** im VA zu berücks, ist nicht nach II Nr 5 b zu bewerten, da das der Rente zGrde liegde DeckgsKap kein

DeckgsKap iS von VVG 174, 176 ist. Da die Rente ihren Grd im letzten Beitr vor Eintr des LeistgsFalls h, ist das Anrecht in voller Höhe anzusetzen (Gitter/Hoffmann, FS Beitzke, 957; Ruland Rn 127).

4) Anpassung ungleichmäßiger Wertsteigerungen an volldynamische Versorgungssysteme, III. 109
Währd manche VersAnrechte dynamisiert sind, dh den steigden Eink angepaßt w, wie Anwartsch auf Beamtenpension od auf eine Rente aus der ges RentVers, bleiben and Anspr gleichs statisch, indem sie nicht an der EinkEntwicklg teilnehmen. Das gilt vornehml für Anspr aus betriebl AltersVers, der berufsständ AltersVers od aus einer priv LebVers. Für sie bedarf es daher einer auf die Dynamik bezogenen qualitativen Angleichg; für and als die in III u IV genannten Anrechte erfolgt eine solche Anpassg, vorbehaltl einer Bewertg nach V, nicht (BGH FamRZ **99**, 713). Zu den **volldynamischen Leistungen** in diesem Sinne 110
sowie insb zum BeamtVV des dt BankGew vgl § 1 BarwVO Rn 7–8 (Anh zu § 1587 a), zuletzt BGH FamRZ **92**, 1051 u NJW-RR **92**, 1027 zum BeamtVV des Dt BankGew; FamRZ **97**, 161 zur VersAnst der dt Bühnen. Vgl zur **Prüfung** der Volldynamik Brudermüller/Klattenhoff S 253. **Nicht dynamische Leistun-** 111
gen (§ 1 BarwVO Rn 9) u damit nach der BarwVO umzurechnen sind zB das betriebl Ruhegeld nach der RWE-Neuregelg vom Febr 1989 (BGH FamRZ **95**, 88/91); die MindZusatzRente der BBahnVersAnst (Schlesw SchlHA **82**, 27) sowie Anrechte nach der LeistgsOrdng des „Essener Verbandes" trotz wiederholter Anhebg der LeistgsSätze (Hamm FamRZ **80**, 898 u **81**, 569). Für die Angleichg nichtdynam an dynam VersAnrechte unterscheidet das Ges danach, ob die Leistgen aus einem DeckgsKap od einer vergleichb DeckgsRücklage gewährt w soll od nicht. Zur versmathemat Bedeutg der beiden BerechngVerf: BGH FamRZ **92**, 165. Die **Umrechnung** zZw der Dynamisierg erfolgt dabei in beiden Ziff so, daß vom Altersruhegeld auszugehen ist, das sich ergäbe, wenn man das tats od fiktiv zu errechnde DeckgsKap für die auszugleichde Vers als Beitr zur ges RentVers entrichten würde; damit liegen für alle VersAnrechte Werte vor, die einander qualitativ entspr u desh miteinander vergleichb sind (BT-Drucks 7/4361 S. 39 f). Das Ziel, dem dynamisierten VersWert entspr Werte zu gewinnen, ist also in beiden Ziff dasselbe; nur um den (dann hypothet in die ges RentVers einzuzahlden) Ausgangswert festzustellen, bedarf es unterschiedl Methoden: Ist bereits ein DeckgsKap od eine DeckgsRücklage vorh, aus der die Vers gewährt w soll (Nr 1), so kann man diesen Betr zur Ermittlg der entspr SozVersRente verwenden; fehlt es daran (Nr 2), so ist zunächst der Barwert des betr VersTit festzustellen. Ist mit einer Alt- u InvalidVers eine **Hinterbliebenenversorgung** kombiniert, so ist der diese betreffde WertAnteil nicht nur bei der Ermittlg des Barwerts, sond auch bei einer Umrechng auf der Grdl des DeckgKap unberücks zu lassen (BGH FamRZ **92**, 165; FamRZ **91**, 1066/7; Dörr NJW **92**, 953; aA Mü FamRZ **92**, 186).

a) Bei Leistgen, die **aus einem Deckungskapital oder einer vergleichbaren Deckungsrücklage** 112
gewährt w, ist das Altersruhegeld zGrde zu legen, das sich ergäbe, wenn der währd der Ehe gebildete Teil des DeckgsKap od der auf diese Zt entfallde Teil der DeckgsRücklage als Beitr in der ges RentVers entrichtet w wäre, **Nr 1.** Man stellt also fest, wieviele EP (Rn 34) mit diesem DeckgsKap od dieser DeckgsRücklage zu „kaufen" wären. Die für die Umrechng erfdl Faktoren w jährl bekanntgemacht (SGB VI 188; vgl Anh zu § 1587 a). Nach Nr 1 erfolgt die Bewertg auch bei **Teildynamik,** also wenn Vers in der Anwartsch- u in der 113
LeistgsPhase weder stat noch volldynam sind (BGH FamRZ **89**, 155; **91**, 310); desh werden nach Nr 1 die HöherVers in der Ärzte- (Celle FamRZ **84**, 293) u ZahnärzteVers *Nds* bewertet (BGH FamRZ **89**, 155); ferner die ÄrzteVers *Hess* (and Ffm NJW-RR **90**, 1224: Z 2; Rn 111); ZahnärzteVers *Nds* u *SchlH;* ApothVers *Hess, Nordrhein, Westf-Lippe;* TierärzteVers *Nordrhein, Hess, SchlH, Nds;* ArchitektenVers *Bad-Württ* (BGH FamRZ **91**, 310), *Hbg* u *SchlH* (BGH FamRZ **91**, 310); RAVers *Bay* (and Karass/Karass FamRZ **90**, 115).

b) Werden die Leistgen **nicht oder nicht ausschließlich aus einem Deckungskapital** od einer 114
DeckgsRücklage gewährt, so ist der Barwert der Vers f den BewertgsStichtag (§ 1587 Rn 30) zu berechnen; dann wird festgestellt, welche Rente sich ergäbe, wenn dieser Barwert bzw die DeckgsRücklage als Beitr zur ges RentVers entrichtet würde **Nr 2.** Das gilt insb f die *Hess* ÄrzteVers (BGH NJW **93**, 465; FamRZ **92**, 165; vgl oben Rn 101) sowie für die betriebl AltersVers der Fa Gruner & Jahr (BGH FamRZ **95**, 293). Der Erleichterg der Berechng des Barwerts dient die **BarwertVO** (Anh zu § 1587 a). Diese wird allerd mit beachtl Gründen als verfwidr angegriffen (Glockner/Gutdeutsch FamRZ **99**, 896). Um die Berechng des Barwertes zu erleichtern, werden die BerechngsFaktoren dch RVO der BReg best, um eine Wertermittlg auch ohne versmathemat Kenntn zu ermögl (BT-Drucks 7/4361 S 40). Zu Altfällen mit EheZtEnde vor dem 31. 12. 91: Rn 93. Zu beacht ist ferner, daß ggü III Nr 2 die Einheitlichk der BarwertBildg bei betriebl Vers nach IV Vorrang h (Karlsr FamRZ **93**, 1212; Rn 93).

5) Wertbestimmung nach billigem Ermessen, V. Bemißt sich die Vers nicht nach den BewertgsMaßst 115
der II bis IV, so best das FamG die auszugleichde Vers in sinngemäß Anwendg der vorh Vorschr nach billigem Erm. Soweit die II bis IV eine Regelg enth, kann keine Bewertg nach V erfolgen, um die nach den maßg Regelgen gewonnenen Erg zu korrigieren (BGH NJW **83**, 336). Dieser **Auffangtatbestand** ergänzt die BewertgsVorschr des II u erweitert den Kreis der auszugleichden Anrechte (BGH FamRZ **81**, 856). Nach V sind Anrechte atypischer Art (BGH FamRZ **88**, 1251) zu erfassen, wobei es nicht gestattet ist, den durch § 1587 I 1 gesteckten Rahmen zu überschreiten u etwa KapLeistgen in den VA einzubeziehen (BGH NJW **84**, 299). Die Regelg ist notw, weil es angesichts der Vielzahl unterschiedl VersAnrechte, insb auch im internat Bereich, u der unüberschaubaren Zahl von BerechngsModalitäten unmögl erscheint, alle BerechngsModalitäten im Ges aufzuführen u für sie geeignete BewertgsMaßst zu entwickeln (BT-Drucks 7/4361 S 40). Das Ger hat auf der Grdl eines Vergl des atypischen Anrechts mit einem der in II geregelten Anrechte festzustellen, welche BewertgsRegelg des II am ehesten herangezogen w kann u muß diese entspr der Besonderh der zu bewertenden Anrechte modifizieren; hierbei hat es die BewertgsGrds der III, VI bis VIII zu beachten. Die Bewertg erfolgt gem V insb bei ausl od internat VersAnrechten (BGH NJW **82**, 1839), ZtSoldaten (BGH 116
NJW **81**, 2187), Widerrufsbeamten (BGH NJW **82**, 1754), RegiergsMitgl u and Personen in einem öffr AmtsVerh sowie iF einer nach SGB VI 184 II aufgeschobenen NachVers (BGH NJW **89**, 35), währd degressive Leistgen auch außerh des AnwendgsBereichs von VAÜG 3 I Nr 6 S 1 dem schuldr VA unterliegen (BGH FamRZ **90**, 276 u 380; Celle FamRZ **92**, 690). Die Bewertg der VersAnrechte v ZtSold u Widerrufs-

beamten ist auf der Grdl ihrer NachVersAuss in der ges RentVers vorzunehmen (BGH NJW **82**, 379), auch dann, wenn der Eheg bis zur letzten mdl Vhdlg BerufsSold od LebZtBeamt gew ist (BGH NJW **81**, 2187). Keine Anwendg findet V, wenn die Bewertg nach II bis IV auf tats, rechnerische od rechtl Schwierigk stößt, etwa weil ein ArbG od ein SozVersTräger seiner AuskPfl nach FGG 53 b II/VAHRG 11 II nur unvollkommen genügt od ein ausl Anrecht nur schwer ermittelt u bewertet w kann (zu den insow mögl Lösgen vgl Kn
117 FamRZ **86**, 689; Düss FamRZ **94**, 903).

118 **6) Berücksichtigung von Ruhens- und Anrechnungsvorschriften im Beamtenversorgungsrecht, VI.**

119 **a) Beamtenrechtliche Regelung. aa)** VI trägt der Besonderh des BeamtR Rechng, daß Beamte, Ri u Soldaten **mehrere Versorgungen** erwerben k u daß Zten früh Dienst- od BeschäftiggsVerh die ruhegehaltsfäh DienstZt der später erworbenen BeamtVers erhöhen (BeamtVG 10, 11). Die dadch entstehden ÜberVers w dch die RuhensVorschr der BeamtVG 53–56 verhindert, in denen zugl die versch MehrfachVersFälle bezeichnet w: VerwendgsEink entsteht, wenn ein bereits VersBer aus einer erneuten Verwendg im öffD Eink bezieht (BeamtVG 53). Ferner können VersBezüge mit außerh des öffD erzieltem Eink zustreffen (BeamtVG 53 a), mit Renten aus der ges RentVers (BeamtVG 55) od mit Vers aus zw- bzw
120 überstaatl Verwendg (BeamtVG 56). – **bb)** Dem beamtrechtl AlimentationsGrds entspr es, daß die öff Hand Kumuliergen von Vers verhindert (BGH FamRZ **83**, 358/9). Dies geschieht in unterschiedl Weise. Selten wird eine Vers voll auf die and angerechnet wie etwa eine ges Rente auf die *bay* ev Pfarrerbesoldg (Celle FamRZ **83**, 191; Nürnbg FamRZ **95**, 98). In and Fällen werden neben der neuen Vers die früh VersBezüge nur bis zu einem best **Höchstbetrag** gewährt, währd der übr Teil der Vers ruht. Das ist etwa der Fall bei dem erneut im öffD verwendeten RuhestandsBeamt (BeamtVG 54 II; SVG 55 II) u auch bei zw- od überstaatl Wiederverwendg des Beamt (BeamtVG 56; SVG 55 b). Beim ZusTreffen von VersBezügen mit Renten entsch die Endstufe der BesoldgsGruppe, aus der sich das Ruhegeld berechnet (BeamtVG 55). Auf freiw Beitr beruhde Rententeile w iW einer VerhRechng ausgeschieden (BGH
121 FamRZ **95**, 413). **cc) Aufbauhilfe im Beitrittsgebiet.** Bei Verwendg v Beamten u Ri aus dem fr BGebiet im Beitrittsgebiet gilt die **Beamtenversorgungs- Übergangs-Änderungsverordnung** v 24. 7. 91 (BGBl I 1709): Doppelte Berücksichtigg als ruhegehaltfäh DZt (§ 3); bei Verwendg v Beamten u Ri im Ruhestand Ausschl v BeamtVG 53 u Erhöhg der ruhegehfäh DZt (§ 4). Die Verdoppelg der ruhegehaltsfäh DZt hat aber auf die Berechng des Zt/Zt-Verh zur Ermittlg des auf die Ehe entfallden VersAntl keinen Einfl (BGH FamRZ **95**, 28).

122 **b) Im VA** sind diese beamtversrechtl Kürzgen grdsl zu beachten (Rn 122–129). Aus dem Hinw auf II Nr 1 folgt, daß nicht nur VersAnwartsch, sond auch Vers gemeint sind (Soergel/Minz Rn 331). Vorauss ist aber immer, daß ein **Konkurrenzverhältnis** überh vorliegt. Die Konkurrenz setzt voraus, daß die Erfordern der AusglPfl für jede der zustreffden VersArten vorliegen. Beide Vers müssen desh zumind teilw in der EheZt erworben sein (BT-Drucks 7/650 S 158). Dagg brauchen die PensionsVorauss im einz noch nicht währd der EheZt erf zu sein (BGH FamRZ **88**, 273). Auch kommt es auf die Erf der WarteZten (Rn 130) nicht an
123 (BGH FamRZ **83**, 358). Keine Konkurrenzsituation ergibt sich dagg hins des lfden Eink neben einem Ruhegehalt (JH/Hahne Rn 78 hins des VerwendgsEink nach BeamtVG 53). Die wg der Wiederverwendg erfolgde tats Kürzg des Ruhegehalts wird im VA also nicht berücks. Daran hat sich dch Einf v BeamtVG 53 a nichts geändert. Da es für den VA auf die AltersVers ankommt, muß für die Anrechng von ErwEink außerh
124 des öffD schon desh dasselbe gelten, weil die Anrechng mit Vollendg des 65. LebJ endet. Schließl wirkt sich das Ruhen des Altersruhegeldes auch nicht aus, wenn dieses mit einer Rente aus der ges UnfallVers zustrifft
125 (Ruland/Tiemann Rn 209 f; Kemnade Anm zu Hamm FamRZ **87**, 493). – **aa)** Beim **Zusammentreffen mehrerer beamtenrechtlicher Versorgungsanrechte** (zum Begr § 1587 Rn 8), **1. Halbsatz,** ergeben sich wg der Gleichartigk u einheitl BewertgsMöglk nach II Nr 1 keine Schwierigk. Die Anwendg der RuhensVorschr hat Vorrang vor der Ermittlg des EheZtAnteils. Es werden zunächst die vollen (also auch die außerh der Ehe erworbenen) miteinand konkurrierden Vers bzw VersAnrechte (diese auf die Altersgrenze hochgerechnet) ermittelt. Sodann wird die Höchstgrenze errechnet (vgl BeamtVG 54 II; SVG 55 II). Das Ruhegehalt aus dem früh DVerh wird um den Betr gekürzt, um den die Summe aus alter u neuer Vers den HöchstBetr übersteigt, währd die neue Vers unangetastet bleibt. Schließl wird die sich so aus der neuen u der gekürzten früh Vers ergebde GesamtVers im Verh der in die Ehe fallden DZten zur gesamten DZt aufgeteilt
126 (hM; and Soergel/Minz Rn 335: gesonderte Aufteilg der Vers im jew Zt/Zt-Verh). – **bb) Beim Zusammentreffen beamtenrechtlicher Versorgungsanrechte mit Anrechten aus der gesetzlichen Rentenversicherung, 2. Halbsatz,** bleibt BeamtVG 55 außer Betr, wenn die RentAnrecht insges vor der EheZt erworben wurden (BGH FamRZ **83**, 361). Dagg ergeben sich bei vollst od teilw Kongruenz für ein „sinngem" Verf daraus Schwierigk, daß eine GesamtVers wie in Rn 123 nicht gebildet w kann, weil die Anwartsch in der ges RentVers nicht Zt-, sond beitrbezogen nach EP erworben w (RGRK/Wick Rn 409). Nach umstr Ans des BGH (NJW **83**, 1313; bestät FamRZ **83**, 1005; NJW-RR **86**, 939; zust Hahne FamRZ
127 **83**, 467) ist wie folgt zu ermitteln: **(1)** Das ungekürzte (fikt) Ruhegehalt u sämtl, auch die vorehel erworbenen RentAnwartsch w zusammengezählt. Davon wird der HöchstBetr nach BeamtVG 55 II Nr 1 a, SVG 55 a II Nr 1 a abgezogen. Die Differenz ergibt den dchschnittl mtl RuhensBetr der gesamten BeamtVersAnwartsch. **(2)** Zur Ermittlg des ehebezogenen RuhensBetr wird der gesamte RuhensBetr nach dem Verh der ehezeitl erworbenen EP zu den insges in der ges RentVers erworbenen EP gesetzt. **(3)** Das (fikt) Ruhensgehalt nach Anwendg der KürzgsVorschr ergibt sich, indem der ehebezogene RuhensBetr (2) von der vollen mtl BeamtVers (1) abgezogen w. **(4)** Zur Feststellg des auszugleichden ehezeitl Antl wird schließl das gekürzte Ruhegehalt (3) im Verh der ehezeitl erbrachten ruhegehaltsfäh DZt zur gesamten DZt quotiert. Nach der GgMeing ist zunächst der ehezeitl Antl der ungekürzten BeamtVers nach dem Verh der ruhegehaltsfäh DZt in der Ehe zur GesamtZt zu ermitteln u davon der ehebezogene RuhensBetr abzuziehen (Karlsr u Celle FamRZ **83**, 816 u 817; Müller-Bütow, Hoppenz FamRZ **83**, 463 ff; Kemnade FamRZ **81**, 176; Schmitz FamRZ **89**, 123; vgl jetzt auch Mü FamRZ **96**, 740). Für die Monate Jan bis Nov u für Dez müssen getrennte RuhensBerechngen dchgeführt w, weil sich nach dem SZG, dem Ges üb die Gewährg einer jährl SondZuwendg in der Fassg v 23. 5. 75 (BGBl I 1173, 1240), im Dez die VersBezüge verdoppeln, ebso die

Höchstgrenze gem BeamtVG 55 II (SZG 7, 9 S 2). Da die Höchstgrenzen innerh des Jahres unterschiedl sind, muß als nächstes der dchschnittl monatl KürzgsBetr festgestellt w. Dabei ist auch dann, wenn das EheZtEnde vor dem 1. 1. 92 liegt, das **RRG 1992** zu berücks (BGH FamRZ **93**, 294 u 414/16). Bei der 128
Ermittlg der VersAnwartsch sind einheitl die RuhensVorschr der **BeamtVG 55** bzw SVG 55 a anzuwenden. Auch wenn das EheZtEnde vor dem 1. 1. 82 liegt, gilt ausschließl BeamtVG 55, u zwar auch dann, wenn sich der Beamte bei EheZtEnde bereits im Ruhestand befand (BGH FamRZ **85**, 689). – **cc) 2. Halbs gilt** 129
ferner für rentenähnliche wiederkehrende Leistungen. Hierzu gehören die der RuhensVorschr des **BeamtVG 56** ausgesetzten VersAnrechte aus DVerh zu ausl Staaten sowie **zwischen- oder überstaatlichen Organisationen,** wie insb Anwartsch ggü der **EG,** deren Bewertg sich nach II Nr 4 b od V richtet (BGH FamRZ **88**, 273/5 u 941 mAv Schmitz; BerBeschl FamRZ **89**, 263; vgl ferner BGH FamRZ **96**, 98 Flugsicherg/Eurocontrol-Beh). Auch beim ZusTreffen einer BeamtVers mit der **Zusatzversorgung des öffentlichen Dienstes** (BeamtVG 55 I, SVG 55 a I jew 2. Alt) gelten die gleichen Grds (vgl BGH FamRZ **88**, 48; näher JH/Hahne Rn 83). Bei der Ruhensberechng ist eine zur Kürzg führde statische VersRente nur mit ihrem nach der BarwVO dynamisierten Wert zu berücks (BGH FamRZ **87**, 798; **88**, 48 m RechenBsp). Bei freiw WeiterVers od SelbstVers in der ZusatzVers des öffD bedarf es einer entspr Modifizierg von BeamtVG 55 IV Nr 1 (BGH FamRZ **88**, 49).

7) Berücksichtigung zeitlicher Voraussetzungen, VII. a) Die Realisierg von VersAnrechten im 130
LeistgsFall hängt vielfach von der Erfü von **Wartezeiten,** MindestVers-, Beschäftiggs- u MitgliedschZten sowie ähnl zeitl Vorauss ab (zu der WarteZt für eine Regelaltersrente aus der ges RentVers vgl SGB VI 35 Nr 2, 50 I, 51 I, IV, 52; zur MindestDZt für Beamte BeamtVG 4 I, 6 ff; zur WarteZt in der AltersSicherg der Landwirte ALG 11 I Nr 2, 17 f; zur ZusatzVers für ArbN in der Land- u Forstwirtsch vgl ZVALG 12 I Buchst b; zur hüttenknappschaftl ZusatzVers im Saarland vgl HZvG 3 III). Wären diese ZtSchranken auch im VA zu berücks, so müßten zunächst viele Anrechte unberücks bleiben, was gerade bei jüngeren Eheg mit kürzerer EheZt zu ZufallsErg führen würde. Nach VII 1 sollen Anrechte daher auch dann im VA berücks w, wenn die zeitl od sonst versrechtl Vorauss für die Realisierg eines LeistgsAnspr zum BewertgsStichtag noch nicht erf sind. Das Risiko der NichtErf dieser Vorauss hat damit der Inh des im Ztpkt der Erst- od AbändergsEntsch noch unvollkommenen Anrechts zu tragen (Düss FamRZ **89**, 189). Der GesGeber ging bei der Regelg davon aus, daß VersAnwartsch regelmäß zum VollR erstarken werden (BT-Drucks 7/4361 S 35, 36; BGH NJW **82**, 222). Auch der WarteZt vergleichb tats Vorauss hinsichtl der AnsprHöhe u -Begr sind nach dem GrdGedanken des VII 1 für BewertgsZwecke im VA unbeachtl. Dies gilt etwa hinsichtl der MindestDZt in einem BefördergsAmt nach BeamtVG 5 III (BGH NJW **82**, 222), der Hofabgabe nach ALG 11 I Nr 3 (BGH NJW **84**, 489), der Erf der geschplanmäß Vorauss für die nach II Nr 5 a vorgesehene (fiktive) Umwandlg in eine prämienfreie Vers (BGH NJW **86**, 1344) od der Unverfallbark berufsständ VersAnrechte (BGH NJW **92**, 174) sowie sonst Vers außerh der betriebl AltersVers (BGH FamRZ **84**, 573), jedoch nicht in bezug auf MindestverwendgsZten für die Anerkenng der Ruhegehaltfähigk best Besoldgsbestandt (BGH FamRZ **86**, 975). Hinsichtlich von **Anrechten aus der gesetzlichen** 131
Rentenversicherung gilt VII 1 wg der **Beitragserstattung** nach SGB VI 210 IV auch dann, wenn im Einzelfall feststeht, daß der Inh der Anwartsch die WarteZt nicht mehr erf k. Von der ges Prognose abweichden tats VersEntwicklgen kann im übr iRv VAHRG 10 a Rechng getragen w (Hahne FamRZ **87**, 217/224; Dörr NJW **88**, 97/9); hierbei können aber insb VAHRG 10 a II Nr 3 u III einer Abänderg entggstehen. – **b)** Von der Nichtberücks zeitl Vorauss macht VII zwei **Ausnahmen: – aa)** Für die **Unver-** 132
fallbarkeit bei der betriebl AltersVers kommt es auf den Ztpkt der letzten TatsEntsch an, **VII 1 zweiter Halbsatz** (Rn 79). Obwohl die Vorauss der Unverfallbark den Warte- u MindestBeschäftiggsZten ähnl sind, soll es bei noch verfallb Anrechten bei dem in II Nr 3 S 3 vorgesehenen schuldr VA (mit der Möglichk der Nachholg des öffr VA iW einer Abänderg nach VAHRG § 10 a I Nr 2) bleiben (Rn 77–85).
– **bb)** Nach VII S 2 gilt die GrdRegel des S 1 üb die Unbeachtlichk versrechtl Zeitvorauss nicht hinsichtl 133
der Ermittlg von MindestEP bei geringem ArbEntgelt in der **gesetzlichen Rentenversicherung** (SGB VI 262, 307 a II 2; RRG 1992 Art 82), die hierfür jew maßg versrechtl Vorauss sind nach den im BewertgsStichtag maßg Verh (dh bis zur letzten tatrichterl Entsch, vgl Schmeiduch FamRZ **91**, 381) auch im VA zu berücks. **cc)** Dies gilt auch in bezug auf die Erf der Vorauss f eine günstigere Bewertg von Sachbe- 134
zugsZten vor 1957 (SGB VI 259) sowie hinsichtl der Berücks sonst Anrechngs- u AusschlußVorschr des RentenR (zB SGB VI 56 IV, 71 IV, 250 II etc), die auf der Grdl der im BewertgsZtpkt gegebenen tats Verh anzuwenden sind.

8) Familienbezogene Bestandteile, VIII, des auszugleichden Anrechts wie ErhöhgsBeträge aGrd be- 135
stehder Ehe, KiZuschläge uä müssen bei der Wertberechng ausscheiden, da sie nicht zuverläss auf Dauer, sond nur für die Zt einer pers familiären Situation gewährt w. Im einz ist iGgs zu der Bewertg von Anrechten aus der ZusatzVers für ArbN des öffD (BGH NJW **85**, 2945) beim Beamten, Ri od Berufssoldaten nur das GrdGehalt ohne Berücks eines FamZuschlags (BBesG 39 ff; BeamtVG 5 I 1 Nr 2 od eines ErhöhgsBetrags gem BeamtVG 50 I 2) zGrde zu legen, auch wenn der gesch Beamte aGrd seiner nachehel UnterhPflicht den FamZuschlag behält (Ffm FamRZ **88**, 404), bei der AltersSicherg der Landwirte unterliegt bei Bestandsrenten u in ÜbergFällen auch der EhegZuschlag uU dem VA (ALG 98 VII; 99 II Nr 1; vgl Greßmann/Klattenhoff FamRZ **95**, 580; Klattenhoff NZS **95**, 393). KiZuschüsse zu den Renten der ges RentVers (SGB VI 270) sowie FamZuschläge an RuhegehaltEmpf (BeamtVG 50 I 2) bleiben außer Betr. Anrechte aGrd von KiErzZten (SGB VI 56, 249 f) sind wie auch beamtenversrechtl KiErzZuschläge keine familienstandsbezogenen LeistgsBestandt iS von VIII (Celle OLGR **98**, 248; Strötz ZBR **94**, 45).

Anhang zu § 1587 a

Verordnung zur Ermittlung des Barwerts einer auszugleichenden Versorgung nach § 1587 a Abs. 3 Nr. 2 und Abs. 4 des Bürgerlichen Gesetzbuchs (Barwert-Verordnung)

Vom 24. Juni 1977 (BGBl I S. 1014) i. d. F. der VO vom 22. Mai 1984 (BGBl I S. 692), zuletzt geändert mit Wirkung ab 1. 1. 2000 durch Art. 22 Rentenreformgesetz 1999 vom 16. Dezember 1997 (BGBl I S. 2998)

Einführung

1 **1)** Die BarwVO wurde aGrd der Ermächtigg in § 1587 a III Nr 2 S 2 erlassen (24. 6. 77, BGBl I S 1014). **Zweck:** Sie dient der Umrechng von stat bzw nicht voll dynam VersTiteln in dynam VersAnrechte. Die auf die EheZt entfallden u in den Ausgl einzubeziehden VersTitel müssen, um miteinand vergleichb zu sein, einheitl in Monatsrenten ausgedrückt w. Die MoRente kann aber nicht in allen Fällen unmittelb aus der Anwartsch errechnet w, weil sonst der dahinterstehde VersWert u damit ein wesentl Gesichtspkt des AusglGedankens unberücks bliebe (BR-Drucks 191/77 S 11). Die BarwVO ermöglichte zunächst an Hand von 4 Tabellen, den Barw nichtdynam VersTitel festzustellen, um mit seiner Hilfe dann die daraus hypothet zu gewinnde SozVersRente (vgl § 1587 a III Nr 2 S 1 u IV) zu errechnen, was wiederum mit Hilfe der nach SGB VI 188, 281 b I dch RVO festzustelldn Rechengrößen des BMA geschieht. Nach der urspr Fassg der BarwVO wurden alle nicht volldynam Anrechte einheitl wie statische bewertet. Sie wurden ausnahmslos so behandelt, als bliebe der am Ende der EheZt maßg Wert währd der AnwartschPhase u währd der anschließden LeistgsPhase unveränd. Damit wurde der Tats nicht Rechng getragen, daß es **neben statischen** u volldynam Anrechten auch **Zwischenformen von teildynamischen Anrechten** gibt. Da nach § 1 III aF die BarwBerechng auf der Grdl der Tab eine ind versmathemat Berechng verbot, war die starre Regelg mit dem
2 GleichhSatz unvereinb (BGH NJW **83**, 336). Die am 1. 6. 84 in Kr getretene **Barwert-Änderungs-VO** schafft desh zusätzl UmrechngsRegelgen für Vers, die nur in der Anwartsch- od nur in der LeistgsPhase volldynam sind, deren Wert also nur in einer dieser beiden Phasen in gleicher Weise steigt wie der Wert einer insges volldynam Vers (BR-Drucks 145/84 S 15). Zur Frage, welche Anrechte ggständl in Betr kommen, vgl § 1 Rn 3–11. Die BarwÄndVO sieht keine bes Bewertg f Vers vor, die zwar in beiden Phasen dynam sind, deren WertSteigerg aber hinter der WertEntwicklg einer volldynam Vers zurückbleibt. Insow w auf die
3 beabsicht GesamtNeuregelg des VA verwiesen (BR-Drucks 145/84 S 15). Contra legem ist die Entwicklg ind DynamisiergsSätze bei Teildynamik im LeistgsZtRaum (and AG Friedbg FamRZ **84**, 1026: *Hess* Apotheker-Vers). Zweifelh ist, ob die BarwVO insges verfgem ist (dazu Glockner/Gutdeutsch FamRZ **99**, 896); vgl § 1587 a Rn 114.

4 **2) Aufbau der BarwÄndVO:** In ihrer Systematik lehnt sich die Novelle weitgehd an den Aufbau der urspr BarwVO an. Für die Bewertg der Vers wird danach **unterschieden,** ob es sich um lebenslange od zeitl begr Vers handelt, ferner um Anwartsch od bereits lfde Vers. Kombiniert mit dem Umfang der jew Dynamisierg behandelt daher § 2: Anwartsch auf eine lebenslange Vers, deren Wert zumind bis zum LeistgsBeginn nicht in gleicher Weise steigt wie der Wert einer volldynam Vers; § 3: Anwartsch auf eine leblange Vers, deren Wert nur bis zum LeistgsBeginn in gleicher Weise steigt wie der Wert einer volldynam Vers; § 4: Anwartsch auf eine zeitl begr Vers; § 5: bereits lfde, leblange od zeitl begr Vers, deren Wert zumind ab LeistgsBeginn nicht in gleicher Weise steigt wie der Wert einer volldynam Vers. Dem § 2 sind die Tab 1–3, dem § 3 die Tab 4–6, dem § 5 die Tab 7 zugeordnet.

5 **3) Bewertungsprinzipien.** Soweit für das nicht volldynam Anrecht ein ind DeckgsKapital gebildet w, wird dessen dynamischer Wert errechnet, indem aus dem DeckgsKap des ehezeitbezogenen Anrechts eine fiktive Altersvollrente aus der RentVers der Arb u Angest ermittelt w (§ 1587 a III Nr 1). Wird dagg für das Anrecht kein DeckgsKap gebildet, so muß dessen Barwert ermittelt w, u dieser wird dann – wiederum
6 hypothet – in die ges RentVers eingezahlt (§ 1587 a III Nr 2 S 1). Der Ermittlg dieses Barwerts dient die BarwVO mit ihren verschiedenen **Tabellen** (Einzelh § 1 BarwVO Rn 13, 14). Vor Anwendg der Tab sind diej Teile der Vers auszuscheiden, die nicht in der EheZt erworben sind. Die in den Tab festgelegten Faktoren (Vervielfacher, Werte) beruhen auf versmathemat Grds. Sie berücks, daß der Wert einer Vers der Gesamtwert der wahrscheinl noch ausstehden VersLeistg ist, vermindert um noch zu erbringde Beitr. Da beides vom LebAlter der Versicherten abhängt, sind die Kapitalisiergsfaktoren entspr zu staffeln, wobei zusätzl der Zinseffekt zu berücks ist (BR-Drucks 191/77 S 15). Wer am MoErsten Geburtstag h, hat am Ende der EheZt, wenn diese gem § 1587 II bis zum Ende des Mo vor dem GebTag läuft, noch nicht das neue LebAlter iS der Tab 1 erreicht (Düss FamRZ **84**, 1111). Keine Aufrundg also (Hamm FamRZ **85**, 945). Die Berechng des Barwerts erfolgt dch die Vervielfachg der zu erwartden od bereits lfden Jahresrente mit dem Vervielfacher, der in der für die best VersArt vorgesehenen Tab angegeben ist (sa § 1 Rn 13). Dabei kann es in AusnFällen dazu kommen, daß der fiktive RentVersBetr trotz der Dynamisierg größer ist als die AusgangsVers. Um dies zu verhindern, enth § 6 eine HöchstBetrRegelg. Zu den BewertgsGrds iü vgl BR-Drucks 145/84 S 16 f. Ob im Bereich der ges RentVers eine Begrenzg des NachzahlgsZtRaums auf die letzten 4 KalJ vor dem Eintritt der Vorauss des VAHRG 4 vorzunehmen ist, wird nicht einheitl beantwortet.

Auf Grund des durch Artikel 1 Nr. 20 des Ersten Gesetzes zur Reform des Ehe- und Familienrechts vom 14. Juni 1976 (BGBl. I S. 1421) eingefügten § 1587 a Abs. 3 Nr. 2 und Abs. 4 des Bürgerlichen Gesetzbuchs in der im Bundesgesetzblatt Teil III, Gliederungsnummer 400–2, veröffentlichten bereinigten Fassung verordnet die Bundesregierung mit Zustimmung des Bundesrates:

§ 1. Barwert zur Errechnung des Versorgungsausgleichs. (1) *Für die Ermittlung des Wertunterschiedes ist bei*

a) den in § 1587 a Abs. 2 Nr. 3 des Bürgerlichen Gesetzbuchs bezeichneten Leistungen oder Anwartschaften auf Leistungen der betrieblichen Altersversorgung,

b) den in § 1587a Abs. 2 Nr. 4 des Bürgerlichen Gesetzbuchs bezeichneten sonstigen Renten oder ähnlichen wiederkehrenden Leistungen, die der Versorgung wegen Alters oder verminderter Erwerbsfähigkeit zu dienen bestimmt sind, oder Anwartschaften hierauf

die Regelaltersrente zugrunde zu legen, die sich ergäbe, wenn ihr Barwert als Beitrag in der gesetzlichen Rentenversicherung entrichtet würde. Dies gilt nicht, wenn ihr Wert in gleicher oder nahezu gleicher Weise steigt wie der Wert der in § 1587a Abs. 2 Nr. 1 und 2 des Bürgerlichen Gesetzbuchs bezeichneten Versorgungen und Anwartschaften (volldynamische Versorgungen) und sie daher mit diesen unmittelbar vergleichbar sind; dies gilt ferner nicht in den Fällen des Buchstaben b, wenn die Leistungen ausschließlich aus einem Deckungskapital oder einer vergleichbaren Deckungsrücklage gewährt werden. Einer Anwartschaft steht die Aussicht auf eine Versorgung gleich.

(2) *Absatz 1 ist entsprechend anzuwenden, wenn die Leistungen aus den in § 1587a Abs. 2 Nr. 5 des Bürgerlichen Gesetzbuchs bezeichneten Renten oder Rentenanwartschaften auf Grund eines Versicherungsvertrages nicht oder nicht ausschließlich aus einem Deckungskapital oder einer vergleichbaren Deckungsrücklage gewährt werden.*

(3) *Der Barwert ist nach Maßgabe der folgenden Vorschriften aus den Tabellen zu ermitteln, die dieser Verordnung anliegen.*

1) Vgl zunächst § 1587 a Rn 109–114. Die Vorschr des § 1 best den sachl AnwendgsBereich der BarwVO, 1
dh sie legt fest, auf welche VersTitel die BarwVO anzuwenden ist (I 1 u II). Das sind einmal die Leistgen der betriebl AltersVers (§ 1587 a II Nr 3), ferner die versch sonst Renten od ähnl wiederkehrden Leistgen des AuffangTatbestd § 1587 a II Nr 4 u schließl die priv VersVerträge (§ 1587 a II Nr 5). Nach dieser Aufzählg w von der Bewertg dch die BarwVO wiederum ausgen sämtl VersAnrechte, die bereits voll dynamisiert sind (I 2 1. Halbs) od diej von § 1587 a II Nr 4 (also der Leistgen, deren Höhe sich nach der Dauer einer AnrechngsZt od nach einem Bruchteil entrichteter Beitr bemißt usw), die ausschließl aus einem DeckgsKap od einer vergleichb DeckgsRücklage gewährt w (I 2 2.Halbs). Die schwierige Gliederg des I erklärt sich ua daraus, daß der VO-Geber bei der Vers nur für den Fall der Invalidität unterscheiden wollte: die betriebl VersZusagen sollten ijF ausgeglichen w, weil sie nach § 1587 a III Nr 3 S 3 ohnehin nur in den VA einbezogen w, wenn sie unverfallb sind, so daß sie einen tats VersWert darstellen, auch wenn der ArbN aus dem Betr ausscheidet (§ 2 Rn 10), währd bei der priv BerufsunfähigkVers (vgl Rn 12 u § 1587 Rn 19) vor Eintr des VersFalles kein DeckgsKap vorh ist (BR-Drucks 191/77 S 14 f). Schließl verpf III dazu, bei der Ermittlg des Barw die übr
Vorschr der BarwVO anzuwenden u die ihr beigefügten Tab zu benutzen. Bei der Benutzg der Tab ist auf das 2
wirkl **Lebensalter** abzustellen; § 1587 II gilt insow nicht (Ffm FamRZ **82**, 1081).

2) Sachlicher Anwendungsbereich. Umrechngspflichtig nach der BarwVO sind gem I u II: **a)** dem 3
VerwirklichgsGrad nach alle Vers, Anwartsch u Auss darauf, **I 3** (vgl § 1587 Rn 5, 6), sowie **b)** dem Ggst 4
nach:

aa) Alle Anrechte auf Vers wg Alters u Invalidität; § 1 I 1 a erwähnt zwar iGs zu Buchst b nur die betriebl 5
„Alters" Vers, meint aber sämtl VorsorgeMaßn, also alle VersAnrechte, für die kein DeckgsKap gebildet ist u deren Wert nicht od nicht in nahezu gleicher Weise steigt wie die Anwartsch u Leistgen in der ges RentVers. Das sind die VersTitel iSv § 1587 a III Nr 2 u II Nr 4, also die priv RisikoVers (§ 1587 a III Z 2) u vor allem die berufsständ VersEinrichtgen wie zB die VersWerke der Ärzte, Notare usw, soweit sie nicht (ausnahmsw) Zusagen auf dynamisierte Renten bieten (§ 1587 a II Nr 4); ferner die nicht voll dynam Leistgen der betriebl AltersVers (§ 1587 a II Nr 3 u IV), gleichgült ob sie wg Alters u Berufs- od ErwUnfähigk od nur für den Alters- od Invaliditätsfall versprochen sind. Kein DeckgsKap entsteht bei der selbstd BerufsunfähigkVers (Rn 11). Sie ist vor dem VersFall nicht ausglpflicht (BR-Drucks 191/77 S 13 f); doch ist die bereits lfde Invaliditätsrente nach der BarwVO umzurechnen (§ 1587 a III Nr 2). Der BarwVO unterliegen mangels Vergleichbark mit der ges RentVers BetrRenten, die eine jährl Anpassg iH der Steigerg der Lebenshaltgs-Kosten nur unter Berücks der LeistgsFähigk des Untern vorsehen (Celle FamRZ **81**, 369).

bb) Dagg **unterliegen** der UmrechngsPfl nach **der BarwertVO** diej VersTitel **nicht,** die überh nicht 6
ausgleichspfl sind (§ 1587 Rn 17–22), u solche Anrechte, deren Wert in gleicher od nahezu gleicher Weise steigt wie SozVersRenten od BeamtPensionen, **I 2 erster Halbsatz.** In diesen Fällen ist nach Sinn u Zweck der Regelg des VA eine Umrechng der Anwartsch in Anwartsch der ges RentVers nicht sachgerecht, da die volldynam Anwartsch der betriebl AltersVers mit denen aus der ges RentVers bereits vergleichb Größen darstellen. Die Umrechng mit einem best KapitalisiergsFaktor würde dazu führen, daß die vorh Gleichwertigk beseitigt w (BR-Drucks 191/77 S 13). Zu diesen dynamisierten Rentenanrechten, die somit der BarwVO nicht unterliegen, gehören zB: Die Renten aus der ZusatzVers des öffD nur zT (vgl § 1587 a Rn 85), vor allem also die an die BeamtVersBezüge angebundene VersRente iGgs zur nichtdyn Besitzstandsrente (AG Pinnebg FamRZ **79**, 716), die Altershilfe f Landwirte (vgl § 1587 a Rn 88 u 99), ferner auch Vers iS des § 1587 a II Nr 4, die nach beamtenrechtl Grds od der ges RentVers entspr gewährt w, zB innerh der berufsständ VersWerke. Solche dynam Vers sind nicht nach der BarwVO zu kapitalisieren, sond mit ihrem
monatl RentBetrag unmittelb in die AusglRechng einzusetzen (BR-Drucks 191/77 S 12). **„Volldyna-** 7
misch" bedeutet, daß sowohl die Anwartsch als auch die Leistgen entspr der ges RentVers u der BeamtVers als den beiden als volldynam anerk VersSystemen (vgl § 1587 a III, dort Rn 109 ff) üb einen VerglZtRaum (BGH FamRZ **97**, 161: zB 7 bzw 8 J) regelm der allg EinkEntwicklg angepaßt w (BR-Drucks 191/77 S 12). Dabei kommt es für die Vergleichbark nicht auf einen RAnspr auf Anpassg, sond auf die vergleichb VersSteigerg an (BGH FamRZ **97**, 166/8). Eine Teildynamik im LeistgsTeil kann inf der vorgeschriebenen TabWerte der BarwVO nicht berücks w (Karlsr FamRZ **98**, 298). Ist die Volldynamik zu bej, entf eine Umwertg der VersAnrechte. Für die Bejahg einer Dynamik im **Anwartschaftsstadium** reicht es nicht aus, wenn das Ruhegeld langfrist nur jew im Umfang der Inflationsrate ansteigt (BGH FamRZ **95**, 88/91 RWE 89) od bei einer reinen BeitrDynamik, bei der die Beitr zB an die ges RentVers gekoppelt sind u das Mitgl infdessen mit jeder Anhebg dieser BemessgsGrdl entspr höh Anwartsch erwerben muß (BGH **85**, 194/9; FamRZ **96**, 481 ZahnärzteVers SchlH). Anrechte der priv AltersVers, die im AnwartschStadium aGrd ihrer Koppelg an die tarifl Lohnentwicklg an sich dynam sind, deren Dynamik aber bei einem vorzeit Ausscheiden aus dem BeschäftiggsVerh endet, sind nur mit dem stat Wert in den öff VA einzubeziehen (BGH NJW **89**, 2812; FamRZ **91**, 1421/23 f). Zur Umrechng von VersAnrechten, die **im Anwartschaftsstadium statisch und**

im Leistungsstadium volldynamisch sind: Kln u Mü FamRZ **93**, 1458 u 1459. Dagg bedarf es in diesen Fällen einer Umrechng mit Hilfe der BarwVO nicht, wenn zum EheZtEnde die Rente bereits bewill ist (BGH FamRZ **89**, 35/7 *Bay*ApothVers; BGH NJW **92**, 175 Bezirksärztekammer *Trier*). Soweit VersLeistgen nach ihrer ges od satzgsmäß Ausgestaltg dynam sind, kommt es nicht darauf an, daß der AnpassgsSatz der gleiche ist wie derj in der ges RentVers od in der BeamtVers. Auch ist eine jährl Anpassg nicht ges vorgeschrieben. Zu den versch Formen der Anpassg: Glockner FamRZ **88**, 779. Ausr zur Ann einer vergleichb Dynamik, wenn die Abweichg in der Anpassg längerfrist weniger als 1,5–2% beträgt (BGH FamRZ **87**, 1241/3); ausr auch ein der BeamtVers entspr Wertzuwachs (BGH NJW **84**, 1548). Die KostDämpfgMaßn haben bei der erweit Honorarverteilg der KassÄrzte in *Hess* nicht zum Verlust der Volldynamik geführt (Ffm NJW-RR **92**, 649). Nicht ausr aber, wenn eine berufsständ VersEinrichtg hinter den Anpassgen der Altersruhegelder od BeamtPensionen ständ zurückbleibt (Ruland/Tiemann Rdn 182) od wenn es dem Ermessen des VersTrägers überl ist, ob, wann u mit welchem AnpassgsSatz er angleichen will (Voskuhl/Pappai/Niemeyer
8 S 36). **VA-Tabelle zur Feststellung der Volldynamik:** Gutdeutsch NJW **95**, 311 = FamRZ **95**, 20; NJW **96**, 831; NJW **97**, 1766 = FamRZ **97**, 793. **Voll dynamisch sind** die *Bay* Ärzte- (§ 1587 a Rn 95) u ApothVers (Bambg NJW-RR **93**, 646 mit zeitl Differenzierg; and Karlsr FamRZ **94**, 902: für vor der SatzgsÄndg zum 1. 1. 85 entrichtete Beitr im LeistgsTeil nicht volldyn); die *Nordrhein* ÄrzteVers (BGH NJW **83**, 1378); diej v *Westf-Lippe* (BGH FamRZ **83**, 998; vgl § 1587 a Rn 99); das VersWerk der Ärztekammer *Hbg* (Hbg FamRZ **80**, 1028), die Vers der ZahnärzteKa *Bln* (KG FamRZ **82**, 714), der Ärzte, Zahn- u Tierärzte in *BaWü* (Karlsr FamRZ **82**, 716; **83**, 1239) u die *nds* ÄrzteVers (Celle FamRZ **83**, 933); BezÄrzteKa *Trier* (Karlsr FamRZ **93**, 573); ApothVers *SchlH* (Schlesw FamRZ **96**, 1082); VersWerk der RAe *NRW* (BGH NJW **92**, 174) u *SchlH* (BGH FamRZ **96**, 97); WirtschPrüfer *NRW* (Düss FamRZ **96**, 1483); ArchitektKa *NRW* (Düss FamRZ **90**, 1006); die Vers beim BeamtVersVerein des Dt Bank- u BankierGew (BGH FamRZ **92**, 1051); die von der *Hbger* Spark gezahlte ZusVers (Celle FamRZ **93**, 208/812 mA Schmeiduch); die Vers der Nestlé-Pensionskasse u der Allg Alpenmilch (BGH FamRZ **97**, 166). Volldynam ist ferner die *Bay* BezSchornstfegermeisterVers (Karlsr FamRZ **96**, 553). Eine VersZusage, die an die Höhe des zuletzt bezogenen DienstEink anknüpft u für die LeistgsZt Erhöhgen entspr den ges RentAnpassgen vorsieht, ist volldynam (Kblz FamRZ **80**, 1022). Die einand im wesentl entspr Vers der VersAnstalten der Dt Bühnen (VddBS) u Kulturorchester (VddKOS) sind **im Anwartschaftsstadium statisch, im Leistungsstadium dagegen volldynamisch** (BGH FamRZ **97**, 161 u 164). Zur Volldynamik einer BU-ZV (§ 1587 Rn 15) im LeistgsStadium Karlsr FamRZ **96**, 1554.

9 **Nicht voll dynamisch** ist die betriebl AltersVers der Neuregelg der RWE-AG von 1989 (BGH FamRZ **95**, 91), des „Essener Verbandes“ (BGH FamRZ **98**, 420); die Anrechte auf Beihilfen der ZusVersKasse des Baugewerbes (Celle FamRZ **94**, 1463); die Werksrente der Thyssen Stahl AG (Düss FamRZ **93**, 813); weder im Anwartsch- noch im LeistgsStadium die AltVers der VW AG (Celle FamRZ **96**, 1554) wie der Daimler-Benz-UnterstützgsKasse (Karlsr FamRZ **98**, 298); ferner die *Bayer* ÄrzteVers (BGH **85**, 194 mN; NJW **83**, 339), die *hess* ZahnärzteVers (BGH FamRZ **88**, 488), ebso wie die *Bayer* ArchitektVers; zu beiden § 2 BarwVO Rn 8. Zur Aufwertg einer BetrRente mit einer Anpassg jew nach 3 J (BetrAVG 16) vgl Düss FamRZ **83**, 193. Nicht volldynam sind wg des ÜberschußRentAnteils Anwartsch beim BeamtVersVerein des Dt Bk- u BankierGew (Mü FamRZ **88**, 407; Celle u Ffm FamRZ **90**, 1245 u 1247; Düss FamRZ **92**, 68; noch and Schlesw FamRZ **89**, 189: in beiden Teilen stat) sowie III (dort Rn 112–113) Anwartsch beim *rheinwestf* TÜV u and, die im AnwStadium an das jew Gehalt anknüpfen u nach dem Ausscheiden aus dem Betr vor Erreichg der AltGrenze die SteigMöglk beendet sein lassen; sie sind insg nur mit ihrem stat Wert in den VA einzubeziehen u gem BarwVO 2 II iVm Tab 1 umzurechn (BGH NJW-RR **93**, 642; Hamm FamRZ **89**,
10 1196). – Ferner werden von der BarwtVO ausgen, unterliegen also der UmrechngsPfl nicht, diej nicht (voll) dynam Vers iSv § 1587 a II Nr 4 („sonstige Renten“), die **ausschließlich aus einem Deckungskapital oder einer vergleichbaren Deckungsrücklage** gewährt w, was der ges Regelg in § 1587 a III entspr (BR-Drucks 191/77 S 16), **I 2 zweiter Halbsatz.** Bei priv RentVersichergen für den Fall des Alters wird stets ein DeckgsKap aus den von den Versicherten eingezahlten Beitr gebildet, so daß hier ohne Ausn nach § 1587 a III Nr 1 verfahren w k, also die Umrechng in ein Altersruhegeld der ges RentVers an Hand des geschplanmäß DeckgsKap erfolgt (BR-Drucks 191/77 S 13). Zur Bewertg v Vers, die in der Anwartsch- wie in der
11 LeistgsPhase **weder statisch noch dynamisch** sind: § 1587 a Rn 113. **Kein Deckungskapital** idS entsteht bei der selbstd BerufsunfähigkVers, also wenn ein priv VersVertr nur für den Fall der Invalidität abgeschl w (Celle FamRZ **80**, 464). Die Aufrechterhaltg der Vers beruht hier auf dem jew letzten Beitr, so daß die Vers keinen echten VersWert darstellt, der im VA berücks w könnte. Erst iF der Invalidität w vom Versicherer ein DeckgsKap gebildet, das aber nicht als Grdl für eine Umrechng nach § 1587 a III Nr 1 genommen w kann, da es im wesentl nicht aus den Beitr des Versicherten gebildet w (BR-Drucks 191/77 S 14). Die Beschränkg des 2. Halbs auf den Buchst b bedeutet nicht, daß die aus einem DeckgsKap od einer vergleichb Deckgs-Rücklage gewährte betriebl AltersVers nach der BarwVO umgerechnet w; der VO-Geber konnte sich vielm in Halbs 2 mit dem Buchst b begnügen, weil bereits üb die Verweisg in § 1587 a IV auf III Nr 2 sichergestellt war, daß die aus einem DeckgsKap od einer vergleichb DeckgsRückl gewährten Leistgen der betriebl Alters-Vers nicht nach der BarwVO zu bewerten sind, denn das ist in § 1587 a III Nr 2 negat TatbestMerkm („werden die Leistgen nicht od nicht ausschließl . . .“).

12 **3)** Für die **privaten Rentenversicherungsverträge** (§ 1587 a II Nr 5) gelten die Grds des I entspr, soweit die VersLeistgen aGrd des VersVertr nicht od nicht ausschließl aus einem DeckgsKap od einer vergleichb DeckgsRückl gewährt w, **II.** Da für Altersrenten stets DeckgsRückl aus den Beitr der Versicherten gebildet w, bleiben hierfür nur die reinen **Berufsunfähigkeitsversicherungen** übr. Aber auch sie sind nach der BarwVO nur zu kapitalisieren, wenn bereits Leistgen daraus gewährt w, das versicherte Risiko also eingetreten ist (BR-Drucks 191/77 S 16 f; Rn 11; aA AG Celle FamRZ **80**, 59). Zum maßg Ztpkt § 1587 Rn 28.

13 **4)** Der Barw ist jew nach den der VO beigegebenen **Tabellen** zu errechnen. Vgl dazu Einf 6 vor § 1. And BerechngsGrdl sind unzul (MüKo/Maier § 1587 a Rn 354). Soweit eine lebenslange Vers wg Alters u Invalidität zugesagt w ist, die zumind bis zum LeistgsBeginn nicht volldynam ist, gilt Tab 1, bei entspr Bdggen einer nur die lebenslange Vers wg Alters betr Anwartsch Tab 2 u für die entspr bl InvalidVers Tab 3. Die

Bewertg einer umgek nur bis zum LeistgsBeginn volldynam Anwartsch erfolgt für die lebenslange Alters- u InvalidVers nach Tab 4, für die isolierte AltersVers nach Tab 5 u für die bl InvalidVers n Tab 6. Tab 7 gibt den Multiplikator für eine bereits lfde lebenslange u zumindest ab LeistgsBeginn nicht volldynam Vers. Zum maßg Ztpkt § 1587 Rn 28. Nach der BarwVO iVm der Bek des BMA (Anh I zu § 1587 a) sind mind **4 Rechenvorgänge** dchzuführen: 1. Umrechng der MoRente in eine Jahresrente; 2. Errechng des KapWertes dieser J-Rente mit Hilfe der Tab der BarwVO; 3. Umrechng des KapWertes in Werteinheiten (WE) der ges RentVers mit Hilfe der Nr 5 der Bek des BMA; 4. Umrechng der WE in eine SozVersRente aGrd der Nr 2 der Bek des BMA (vgl das Bsp in § 2 Rn 6). Diese Berechngen lassen sich mit Hilfe von Tab auf eine einzige Rechng reduzieren (vgl Ruland/Tiemann Rdn 203 ff; Bergner NJW **84**, 2335, **85**, 1326 u 2012, **88**, 683, deren Ausführgen sich aber zT auf die Zt vor Erlaß der BarwÄndVO beziehen u desh nicht auf teildynam Vers bezogen w dürfen). 14

§ 2. Barwert einer zumindest bis zum Leistungsbeginn nicht volldynamischen Anwartschaft auf eine lebenslange Versorgung. *(1) Der Barwert einer Anwartschaft auf eine lebenslange Versorgung, deren Wert zumindest bis zum Leistungsbeginn nicht in gleicher Weise steigt wie der Wert einer volldynamischen Versorgung, wird ermittelt, indem der Jahresbetrag der nach § 1587 a Abs. 2 Nr. 3 oder 4 des Bürgerlichen Gesetzbuchs auszugleichenden Versorgung mit dem Kapitalisierungsfaktor vervielfacht wird, der sich aus den anliegenden Tabellen 1 bis 3 ergibt.*

(2) Ist eine Versorgung wegen Alters und verminderter Erwerbsfähigkeit zugesagt oder besteht aus sonstigen Gründen hierauf eine Anwartschaft, so ist die Tabelle 1 anzuwenden. Für jedes Jahr, um das der Beginn der Altersrente vor der Vollendung des 65. Lebensjahres liegt, sind die Werte der Tabelle 1 um 8 vom Hundert, mindestens jedoch auf die sich nach Absatz 3 Satz 1 und 2 ergebenden Werte, zu erhöhen. Für jedes Jahr, um das der Beginn der Altersrente nach der Vollendung des 65. Lebensjahres liegt, sind die Werte der Tabelle 1 um 5 vom Hundert, höchstens aber um 25 vom Hundert, zu kürzen. Steigt der Wert der Versorgung ab Leistungsbeginn in gleicher Weise wie der Wert einer volldynamischen Versorgung, so sind die Werte der Tabelle 1 um 60 vom Hundert zu erhöhen.

(3) Ist nur eine Altersversorgung zugesagt oder besteht aus sonstigen Gründen hierauf eine Anwartschaft, so ist die Tabelle 2 anzuwenden. Für jedes Jahr, um das der Beginn der Altersrente vor der Vollendung des 65. Lebensjahres liegt, sind die Werte der Tabelle 2 um 14 vom Hundert zu erhöhen. Für jedes Jahr, um das der Beginn der Altersrente nach der Vollendung des 65. Lebensjahres liegt, sind die Werte der Tabelle 2 um 9 vom Hundert, höchstens aber um 75 vom Hundert, zu kürzen. Steigt der Wert der Versorgung ab Leistungsbeginn in gleicher Weise wie der Wert einer volldynamischen Versorgung, so sind die Werte der Tabelle 2 um 55 vom Hundert zu erhöhen.

(4) Ist nur eine Versorgung wegen verminderter Erwerbsfähigkeit zugesagt oder besteht aus sonstigen Gründen hierauf eine Anwartschaft, so ist die Tabelle 3 anzuwenden. Für jedes Jahr, um das das Höchstalter für den Beginn der Rente wegen verminderter Erwerbsfähigkeit vor der Vollendung des 65. Lebensjahres liegt, sind die Werte der Tabelle 3 um 6 vom Hundert zu kürzen. Für jedes Jahr, um das das Höchstalter nach der Vollendung des 65. Lebensjahres liegt, sind die Werte der Tabelle 3 um 3 vom Hundert zu erhöhen. Steigt der Wert der Versorgung ab Leistungsbeginn in gleicher Weise wie der Wert einer volldynamischen Versorgung, so sind die Werte der Tabelle 3 um 65 vom Hundert zu erhöhen. Der erhöhte Wert darf bei Tabelle 3 jedoch nicht den Vervielfacher übersteigen, der sich bei der Anwendung der Tabelle 1 ergäbe. Bei einer steigenden Anwartschaft richtet sich der Jahresbetrag der auszugleichenden Rente nach der Versorgung, die sich bei Eintritt der verminderten Erwerbsfähigkeit im Höchstalter ergäbe.

(5) Ist der Wert einer Tabelle zu erhöhen oder zu kürzen, weil der Beginn der Altersrente oder das Höchstalter für den Beginn der Rente vor oder nach Vollendung des 65. Lebensjahres liegt, so ist diese Erhöhung oder Kürzung zunächst ohne Rücksicht darauf durchzuführen, ob der Wert der Versorgung ab Leistungsbeginn in gleicher Weise steigt wie der Wert einer volldynamischen Versorgung. Steigt der Wert einer Versorgung ab Leistungsbeginn in gleicher Weise wie der Wert einer volldynamischen Versorgung, so ist der nach Satz 1 erhöhte oder gekürzte Wert um den maßgebenden Vomhundertsatz zu erhöhen.

1) Die Vorschr regelt die Ermittlg des Barw einer Anwartsch auf eine **lebenslange Versorgung,** bei der die Leistgen also im Ggs zu § 4 nicht zeitl begrenzt sind, sond deren Lauf erst mit dem Tod des Begünst endet u deren Wert zumind bis zum LeistgsBeginn nicht in gleicher Weise steigt wie der Wert einer volldynam Vers. 1
Inhalt: I spricht den BerechngsGrds aus, daß der Barw einer auszugleichden Vers dch Vervielfachg des JahresRentBetr der zu erwartden Rente mit einem in den Tab angegebenen Faktor zu ermitteln ist, u regelt, welche 3 Tab für die betr Anwartsch maßg sind. Sodann wird nach dem Inh der Vers, dh dem abgedeckten VersRisiko unterschieden: II betrifft die umfassde Vers, näml die Kombination v Alters- u InvalidVers, III die reine Alters- u IV die reine InvalidVers. Die **Gliederung der jeweiligen Abs. 2–4** ist einheitl: S 1 regelt jew, welche Tab im einz anwendb ist; S 2 u 3, um welchen Prozentsatz die Werte der einz Tab zu erhöhen od zu kürzen sind, wenn der Beginn der Altersrente od das Höchstalter für den Beginn der Rente vor od nach Vollendg des 65. LebJ liegt. In S 4 wird nach der NeuFassg geregelt, um welchen Prozentsatz die Werte der einz Tab zu erhöhen sind, wenn der Wert der Vers ab LeistgsBeginn in gleicher Weise steigt wie der Wert einer volldynam Vers. IV 5 regelt schließl, daß die erhöhten Werte bei einem nur teilw LeistgsAngebot (nur Vers weg Berufs- od ErwUnfähigk) nicht höher sein dürfen als der Vervielfacher, der sich bei Anwendg der Tab üb das umfassde LeistgsAngebot (Vers zusätzl auch weg Alters) ergäbe. IV 6 entspr IV 5 der bish BarwVO. V enth eine ergänzde Regelg für den Fall, daß eine Erhöhg od Kürzg mit einer weiteren Erhöhg zustrifft. Eine **Erhöhung der Tabellenwerte** gem II u III kann angebracht sein, wenn eine stat Rente wenige Mo nach EheZtEnde aGrd vorgezogenen Altersruhegelds gezahlt w (Karlsr FamRZ **88**, 845). 2 3 4

2) Berechnungsgrundsatz für alle nicht volldynam, **lebenslangen Versorgungen, I,** ist, daß zur Ermittlg des Barw einer n § 1587 a II Nr 3 od 4 ausgleichspfl Vers deren JahresBetrag mit einem best KapitalisiergsFaktor vervielfältigt w, der sich für die jew Vers der in II–IV behandelten Art aus den in den Anlagen zur BarwVO mitgeteilten Tab 1–3 ergibt. Der RGrd für die jew Leistg spielt keine Rolle, so daß es gleichsteht, ob die Vers dch Vereinbg zugesagt wurde od ein Anspr darauf rechtl anders, zB kr Ges, begr ist. 5

3) Auf die **Versorgungen wegen Alters- und Berufs- oder Erwerbsunfähigkeit** ist zunächst **a)** die **Tabelle 1** anzuwenden, **II 1** (Bsp: BGH FamRZ **85**, 1119 u 1235 dt Kulturorchester mit stat AnwartschSta- 6

7 dium u im LeistgsStadium zu vernachlässigder Teildynamik). – **b)** Wird die **Versorgungsleistung früher oder später als** mit **65 Jahren** ausbezahlt, so muß im Anschl an die Multiplikation mit dem Vervielf aus Tab 1 der gewonnene Betr nochmals verändert w, näml **erhöht,** wenn der Beginn der Altersrente vor Vollendg des 65. LebJ liegt, u **gekürzt,** wenn die Rente erst nach Vollendg der gen Altersgrenze ausbezahlt w soll, **II 2 und 3.** Der **Zweck** dieser Regelg liegt wiederum darin, den sich nach der Frist bis zum Anfall der Vers richtden KapWert der in Auss stehenden Rente an die herangezogenen od hinausgeschobenen VerfallZten anzupassen (Einf 4, 5 v § 1). Dementspr sind für jedes Jahr, um das der Beginn der Altersrente **vor der Vollendung des 65. Lebensjahres** liegt, die Werte (= Vervielf) der Tab 1 um 8%, mind jedoch auf die sich nach III 1 u 2 ergebden Werte, zu erhöhen, **II 2.** Es ist also zunächst der Barw nach der Tab 1 iVm der Faktorenerhöhg zu berechnen. **Zweck** der MindestErhöhg: Die Barwerte für eine Vers wg Alters- u Berufs- od ErwUnfähigk dürfen nicht geringer sein als die Barwerte f eine Vers nur wg Alters. Nach Tab 1 käme ein Barw in Betr, der dem 7,14-fachen Jahresbetr der Rente entspricht, währd sich im selben Fall unter Anwendg von Tab 2 der 7,31-fache J-Betr ergibt, näml 4,3+5 × 14% (BR-Drucks 191/77 Beschl S 3). Nach dem Grds der MindestErhöhg ist der letztere Wert maßg. – Für jedes Jahr, um das der Beginn der Altersrente **nach der Vollendung des 65. Lebensjahres** liegt, sind die Werte der Tab 1 um 5% zu kürzen, höchstens jedoch um
8 25%, **II 3.** Es ist entspr wie oben dargestellt zu verfahren. – **c)** Bei Vers, die **ab Leistungsbeginn volldynamisch** sind, sind die Werte der Tab 1 um 60% zu erhöhen, **II 4.** Das ist nach BGH FamRZ **88**, 488 verfkonform. Das gilt für die *Bayer* ArchitektenVers (Mü FamRZ **85**, 294; Nürnb FamRZ **90**, 1251) wie für die *Hess* Ärzte- (Ffm FamRZ **84**, 1024) u Zahnärzte- (BGH FamRZ **88**, 488) wie f die *Bayer* ÄrzteVers (Kblz FamRZ **85**, 293); ferner f die ZusatzVers der RWE (Hamm FamRZ **85**, 1054; Kln FamRZ **93**, 572); wobei eine nur geplante SatzgsÄnd keine niedrigere Bewertg rechtf (Brem FamRZ **85**, 295). Bei Anpassg der lfden VersLeistgen an die Steigerg der LebHaltgsKosten liegt eine **Teildynamik** vor, zu deren Bewertg die Faktoren der Tab 1 um 30% erhöht w k (Celle FamRZ **85**, 297 u 1052).

9 **4)** Auf die **isolierte Altersversorgung** ist die **Tabelle 2** anzuwenden, **III 1.** Die Vervielfacher u damit die Erg der Kapitalisierg sind hier etwas niedriger als in Tab 1, weil eine Vers, die neben der Alterssicherg auch das InvalidRisiko abdeckt, naturgem wertvoller ist. Für jedes Jahr, um das der Beginn der Altersrente vor der Vollendg des 65. LebJ liegt, sind die Werte der Tab 2 um 14% zu erhöhen, **III 2.** Für jedes J, um das der Beginn der Altersrente nach der Vollendg des 65. LebJ liegt, sind die Werte der Tab 2 um 9% zu kürzen, höchstens jedoch um 75%, **III 3.** Um 55% sind die TabWerte zu erhöhen, wenn der Wert der Vers ab LeistgsBeginn in gleicher Weise **steigt wie** der Wert einer **volldynamischen Versorgung, III 4.**

10 **5)** Vgl § 1 Rn 1–4. Für die **isolierte Invaliditätsversorgung** (Berufs- od ErwUnfähigk) gilt die **Tabelle 3, IV 1. Zweck:** Bei den betriebl (zu den privatversichergsmäß vgl § 1587 Rn 14) VersZusagen nur für den Fall der Invalidität ist ggü der Altersruhegeldzusage zu berücks, daß die Wahrscheinlichk für den Eintr des Risikos erhebl niedriger anzusetzen ist, so daß die Zusage also einen geringeren VersWert besitzt als ein Anrecht auf eine gleich hohe Altersrente (BR-Drucks 191/77 S 14); ist der Risikofall aber bereits eingetreten, so gilt § 4. Die TabWerte sind um 6% zu kürzen für jedes Jahr, um das das Höchstalter für den Beginn der Rente vor der Vollendg des 65. LebJ liegt, **IV 2,** u entspr um 6% zu erhöhen für jedes J, um das das Höchstalter nach der Vollendg des 65. LebJ liegt, **IV 3.** Ist die Vers ab LeistgsBeginn volldynam, so sind die Werte der Tab 3 um 65% zu erhöhen, **IV 4.** Der erhöhte Wert darf jedoch nicht den Vervielf übersteigen, der sich bei Anwendg v Tab 1 ergäbe, **IV 5,** so daß ijF eine Kontrollrechng nach Tab 1 dchzuführen ist. Die Vorschr gewährleistet, daß bei nur teilw (sich nur auf die Invalidität beziehdem) LeistgsAngebot nicht höhere
11 Werte herauskommen als bei einem umfassden LeistgsAngeb. Bei einer **steigenden Anwartschaft** richtet sich der J-Betr der auszugleichden Rente nach der Vers, die sich bei Eintr der Berufs- od ErwUnfähigk im Höchstalter ergäbe, **IV 6.**

12 **6) Zusammentreffen mehrerer Erhöhungs- oder Kürzungsvorschriften, V.** Die TabWerte können erhöht od verkürzt w, weil der Beginn der Altersrente od das Höchstalter für den RentBeginn vor od nach Vollendg des 65. LebJ liegen; außerd k eine weitere Erhöhg stattfinden, weil der VersWert ab LeistgsBeginn volldynam ist. Hier sind techn zwei Möglichk der Verknüpfg denkb: Bei der additiven Verknüpfg wird aus den jew maßg Prozentsätzen ein einheitl Vomhundertsatz gebildet, um den dann der Wert der Tab zu erhöhen od zu kürzen ist. Das Ges sieht dagg die **multiplikative Verknüpfung** vor, bei der der 2.Zuschlag aus dem dch den 1.Zuschl erhöhten (bzw bei Abschlägen: gekürzten) Wert berechnet wird; denn der 2.Zuschl muß die erfolgte Änderg des Ausgangswerts mitberücks.

§ 3. Barwert einer nur bis zum Leistungsbeginn volldynamischen Anwartschaft auf eine lebenslange Versorgung. (1) *Der Barwert einer Anwartschaft auf eine lebenslange Versorgung, deren Wert nur bis zum Leistungsbeginn in gleicher Weise steigt wie der Wert einer volldynamischen Versorgung, wird ermittelt, indem der Jahresbetrag der nach § 1587 a Abs. 2 Nr. 3 oder 4 des Bürgerlichen Gesetzbuches auszugleichenden Versorgung mit dem Kapitalisierungsfaktor vervielfacht wird, der sich aus den anliegenden Tabellen 4 bis 6 ergibt.*

(2) *Ist eine Versorgung wegen Alters und verminderter Erwerbsfähigkeit zugesagt oder besteht aus sonstigen Gründen hierauf eine Anwartschaft, so ist die Tabelle 4 anzuwenden. Für jedes Jahr, um das der Beginn der Altersrente vor der Vollendung des 65. Lebensjahres liegt, sind die Werte der Tabelle 4 um 4,5 vom Hundert, mindestens jedoch auf die sich nach Absatz 3 Satz 1 und 2 ergebenden Werte, zu erhöhen. Für jedes Jahr, um das der Beginn der Altersrente nach der Vollendung des 65. Lebensjahres liegt, sind die Werte der Tabelle 4 um 4 vom Hundert, höchstens aber um 20 vom Hundert, zu kürzen.*

(3) *Ist nur eine Altersversorgung zugesagt oder besteht aus sonstigen Gründen hierauf eine Anwartschaft, so ist die Tabelle 5 anzuwenden. Für jedes Jahr, um das der Beginn der Altersrente vor der Vollendung des 65. Lebensjahres liegt, sind die Werte der Tabelle 5 um 6 vom Hundert zu erhöhen. Für jedes Jahr, um das der Beginn der Altersrente nach der Vollendung des 65. Lebensjahres liegt, sind die Werte der Tabelle 5 um 6 vom Hundert, höchstens aber um 60 vom Hundert, zu kürzen.*

(4) *Ist nur eine Versorgung wegen verminderter Erwerbsfähigkeit zugesagt oder besteht aus sonstigen Gründen hierauf eine Anwartschaft, so ist die Tabelle 6 anzuwenden. Für jedes Jahr, um das das Höchstalter für den Beginn der Rente wegen verminderter Erwerbsfähigkeit vor der Vollendung des 65. Lebensjahres liegt, sind die Werte der Tabelle 6 um 8 vom Hundert zu kürzen. Für jedes Jahr, um das das Höchstalter nach der Vollendung des 65. Lebensjahres liegt, sind die Werte der Tabelle 6 um 6 vom Hundert zu erhöhen. Der erhöhte Wert darf bei Tabelle 6 jedoch nicht den Vervielfacher übersteigen, der sich bei Anwendung der Tabelle 4 ergäbe. Bei einer steigenden Anwartschaft richtet sich der Jahresbetrag der auszugleichenden Rente nach der Versorgung, die sich ohne Berücksichtigung der Dynamik bei Eintritt der verminderten Erwerbsfähigkeit im Höchstalter ergäbe.*

1) Die Vorschr regelt die Ermittlg des Barwerts einer Anwartsch auf eine **lebenslange Versorgung,** deren Wert **nur bis zum Leistungsbeginn** in gleicher Weise steigt wie der Wert einer **volldynamischen** Vers. Steigt der Wert der Vers auch nach dem LeistgsBeginn in dieser Weise, so ist die Vers insges volldynam u damit nicht umzuwerten. Im Aufbau entspr § 3 iü weitgehd § 2. 1

2) Für eine **nur bis Leistungsbeginn volldynamische Versorgung** richten sich die Vervielfacher nach den Tab 1–6, **I,** die sich wiederum nach den versch VersInhalten unterscheiden, näml Tab 4 für die GesamtVers, **II 1.** Eine priv betriebl AltVers, die im AnwartschStadium dch Koppelg an die tarifl LohnEntwicklg an sich dyn ist, w mit ihrem stat Wert in den öff VA einbezogen, wenn die Dynamik bei einem vorzeit Ausscheiden aus dem BeschäftiggsVerh endet (BGH NJW **89,** 2812 u FamRZ **91,** 1421); Tab 5 f die isolierte AltVers, **III 1,** Tab 6 f die bl InvalidVers, **IV 1.** Vgl hins Erhöhg u Kürzg iü § 2 Rn 6–11 entspr. **IV 5** stellt klar, daß bei der Errechng der Vers, die sich bei Eintritt der Berufs- od ErwUnfähigk im Höchstalter ergibt, die Dynamik nicht berücks w darf, da diese bereits bei den KapitalisiergsFaktoren der Tab 6 berücks ist. 2

§ 4. Barwert einer Anwartschaft auf eine zeitlich begrenzte Versorgung. (1) *Zur Ermittlung des Barwertes einer Anwartschaft auf eine zeitlich begrenzte Versorgung ist zunächst nach § 2 oder § 3 zu verfahren. Der danach ermittelte Betrag ist gemäß Absatz 2 zu kürzen.*

(2) *Für jedes Jahr, um das die in der Versorgungsregelung vorgesehene Laufzeit 10 Jahre unterschreitet, ist ein Abschlag von 10 vom Hundert vorzunehmen. Wird eine Versorgung allein wegen verminderter Erwerbsfähigkeit nur bis zu dem in der Versorgungsregelung vorgesehenen Höchstalter gewährt, ist ein Abschlag von 50 vom Hundert vorzunehmen, wenn sich nicht nach Satz 1 ein höherer Kürzungsbetrag ergibt. Der Barwert ist jedoch nicht höher als die Summe der vom Ende der Ehezeit an noch zu erwartenden Leistungen, wenn unterstellt wird, daß der Versorgungsfall zum Ende der Ehezeit eingetreten ist.*

1) Ggst der Vorschr sind die **zeitlich begrenzt laufenden Versorgungen.** Die Feststellg des Barw erfolgt in zwei Schritten: zunächst ist gem §§ 2 od 3 festzustellen, welchen Wert die VersLeistg hätte, wenn sie lebenslang zu gewähren wäre, **I.** Sodann w dieser Wert je nach der Dauer der LaufZt gekürzt, **II.** 1

2) Die (hypothet) **Feststellung des Barwertes der Lebenslangleistungen** erfolgt gem **I 1** einers, je nachdem, ob es sich um eine bis zum LeistgsBeginn nicht volldynam Anwartsch auf eine LebenslangVers (dann § 2) od um eine nur bis zum LeistgsBeginn volldynam Anwartsch auf eine LebenslangVers (dann § 3) handelt; ands nach dem VersInh: Bei Vers weg Alters u Invalidität gilt entweder § 2 II mit Tab 1 od § 3 II mit Tab 4, bei isolierter AltersVers § 2 III mit Tab 2 bzw § 3 III mit Tab 5 u bei isolierter InvalidVers § 2 IV mit Tab 3 bzw § 3 IV mit Tab 6. Der nach § 2 ermittelte Betr für eine LebenslangVers ist zu kürzen. **I 2** (vgl Rn 3–7). 2

3) Kürzung. Die Feststellg des Barw nach § 2 hat nur hypothet Wert, da § 2 für die LebenslangVers gilt. 3
Bei zeitl begrenzt lfden Leistgen ist der LebenslangBetr nach **II** zu kürzen, **I 2.** Doch gilt dies nur für Renten mit einer kürzeren LaufZt als 10 J; bei längeren LaufZten scheidet eine Kürzg aus. Solche Renten sind wie LebenslangVers zu behandeln, sofern sie auch kein Höchstalter vorsehen. Die Kürzg erfolgt nach feststehden Prozentsätzen, näml 10% (pro Jahr) bzw 50% (des GesamtBetr). Anwartsch auf eine reine InvalidVers w je nach der Art ihrer zeitl Begrenzg nach II 1 od nach II 2 gekürzt. Die in Frage kommden Abschläge richten sich nach Rn 4–6; außerdem ist ein HöchstBetr festgesetzt (Rn 7). – **a)** Die **zeitliche Begrenzung** der 4
VersLeistg wird idR dadch berücks, daß **für jedes Jahr,** um das die in der VersRegelg vorgesehene LaufZt 10 J unterschreitet, ein **Abschlag von 10%** vorzunehmen ist, **II 1.** Der **Grund** für die 10-J-Begrenzg liegt darin, daß die DchschnittsLaufZt einer lebenslangen Rente sich nach der Statistik auf ca 10 J erstreckt, so daß eine Rente mit längerer LaufZt prakt einer lebenslangen Rente gleichkommt; in diesen Fällen wäre also eine Kürzg nicht mehr gerechtf (BR-Drucks 191/77 S 18). – **b)** Wird eine Vers allein wg Berufs- od ErwUnfä- 5
higk nur bis zu dem in der VersRegelg vorgesehenen **Höchstalter** gewährt (§ 2 Rn 10, 11), ist ein Abschlag von 50% vorzunehmen, wenn sich nicht nach S 1 ein höh KürzgsBetr ergibt, **II 2. Zweck:** Der Wert einer Anwartsch auf eine reine InvalidVers, die längstens bis zu dem in der VersRegelg festgelegten Höchstalter gewährt w, ist erhebl geringer als der Wert einer lebenslang zu gewährden Vers dieser Art; die Kürzg um 50% entspr dem geringeren Wert (BR-Drucks 191/77 S 18). Hat man die isolierte InvalidVers gem § 2 Rn 10, 11 errechnet u gem § 4 II 2 gekürzt, so ist eine Kontrollrechng nach § 4 II 1 (Rn 4) dchzuführen. Ist der dabei ermittelte KürzgsBetr größer als der nach Rn 5 errechnete, so gilt der Abschlag der Kontrollrechng, **II 2 a. E.** 6
Es gilt also jew der höh KürzgsBetr, mithin der niedrigere Barwt (BR-Drucks 191/77 Beschl S 4). Zusätzl enth II 3 nochmals eine Begrenzg des Barw. – **c) Höchstbetrag.** Der Barw ist in den Fällen von II 2 u 3 nie 7
höher als die Summe der vom Ende der EheZt an noch zu erwartden Leistgen, wenn unterstellt w, daß der VersFall zum Ende der EheZt eingetreten ist, **II 3.** Das entspr § 5 II 3. **Zweck:** Bei zeitl begr Leistgen ist auch unter Anwendg der KürzgsVorschr des II nicht ausgeschl, daß der Barw höher ist als die Summe der noch ausstehden Leistgen (BR-Drucks 191/77 Beschl S 5).

§ 5. Barwert einer bereits laufenden, zumindest ab Leistungsbeginn nicht volldynamischen Versorgung. (1) *Der Barwert einer bereits laufenden lebenslangen Versorgung, deren Wert zumindest ab Leistungsbeginn nicht in gleicher Weise steigt wie der Wert einer volldynamischen Versorgung, wird ermittelt, indem der Jahresbetrag der nach § 1587 a Abs. 2*

Nr. 3, 4 oder 5 des Bürgerlichen Gesetzbuchs auszugleichenden Leistung mit dem Kapitalisierungsfaktor vervielfacht wird, der sich aus der anliegenden Tabelle 7 ergibt.

(2) Zur Ermittlung des Barwertes einer bereits laufenden Versorgung, deren Wert zumindest ab Leistungsbeginn nicht in gleicher Weise steigt wie der Wert einer volldynamischen Versorgung und die zeitlich begrenzt ist, ist zunächst nach Absatz 1 zu verfahren. Von dem danach ermittelten Betrag ist für jedes Jahr, um das die Restlaufzeit 10 Jahre unterschreitet, ein Abschlag von 10 vom Hundert vorzunehmen. Der Barwert ist jedoch nicht höher als die Summe der vom Ende der Ehezeit an noch zu erwartenden Leistungen.

1 **1)** Währd die §§ 2–4 die Fälle behandeln, in denen das versicherte Risiko noch nicht eingetreten ist, regelt § 5 die Fälle, in denen **bereits Leistungen aus der Versorgungszusage gewährt** w. Nach dem Grd der VersLeistg (Alter od Invalidität) braucht hier nicht unterschieden zu w. Es kommt entsch auf die Höhe der lfden Leistgen an (BR-Drucks 191/77 S 19 zu § 5 des Entw). I behandelt die lfden lebenslangen Leistgen, deren Wert aber nicht in gleicher Weise steigt wie der Wert einer volldynam Vers; II regelt die schon lfden, zeitl begr VersLeistgen. **Zeitpunkt:** Ob es sich um eine lfde Vers handelt, richtet sich nach dem Ende der EheZt u nicht nach dem Ztpkt der Entsch üb bzw der Abänderg des VA, weil sonst entgg § 1587 II RentZahlgen zw EheZtEnde u Entsch in die BarwBerechng einfließen würden (Düss u Mü FamRZ **97**, 87 u 89; Gutdeutsch FamRZ **97**, 80; aA Hamm FamRZ **94**, 1526; vgl § 1587 Rn 35). Ausnahmsw kann der Ri auf and Ztpkte abstellen, zB iRv § 1585 c (BR-Drucks 191/77 S 7 f).

2 **2)** Der Barwert einer **bereits laufenden lebenslangen Versorgungsleistung** wird dadch ermittelt, daß der JahresBetr der nach § 1587 a II Nr 3, 4 od 5 auszugleichden Leistg mit dem KapitalisiergsFaktor der **Tabelle 7** vervielfacht w. Anschließd ist wie in § 2 Rn 6 zu verfahren. Hierbei ist immer auf die Verh bei EheZtende abzustellen (BGH FamRZ **99**, 218).

3 **3)** Eine **bereits laufende, zeitlich begrenzte Versorgungsleistung** wird in einem doppelten Berech-
4 ngsVerf kapitalisiert. Bsp AG Charl FamRZ **86,** 916: VBL-Satzg 97 c II (vgl aber § 1587 a Rn 81). – **a)** Zunächst ist nach I zu verfahren, dh es wird der Barw festgestellt, als sei die Vers lebenslang, **II 1.** Vgl Rn 2. –
5 **b)** Hat man den KapWert einer hypothet bereits lfden, zeitl begr LebensZtVers errechnet, so ist von dem so ermittelten Betr für jedes Jahr, um das die RestlaufZt 10 J unterschreitet, ein Abschlag von 10% vorzunehmen,
6 **II 2.** Zur Begr der 10-J-Fr vgl § 4 Rn 4. – **c) Höchstgrenze:** Der Barw ist nicht höh als die Summe der vom Ende der EheZt an noch zu erwartden Leistgen, **II 3.** Zum Zweck der Vorschr § 4 Rn 7.

§ 6. Höchstbetrag des Barwerts. *Der nach den vorstehenden Vorschriften ermittelte Barwert ist soweit zu kürzen, als im Einzelfall die Entrichtung des Barwerts als Beitrag in der gesetzlichen Rentenversicherung aus dieser zu einer höheren Rente führen würde, als sie der Berechnung des Barwerts zugrunde gelegen hat.*

1 Die Vorschr setzt einen zu ermittelnden **Höchstbetrag des Barwertes** fest. Sie kommt nicht zur Anwendg, wenn bereits die immanenten HöchstBetrRegelgen (§§ 2 II 2 u 3, III 3, IV 4, 3 II 2 u 3, III 2 u 3, IV 2–4, 4 II 3 u 5 II 3) ein Überschreiten des dynamisierten Betr ggü der AusgangsVers verhindern. **Zweck:** Die Umrechng nicht volldynam Vers in eine Rente der ges RentVers üb den Barw soll die Vergleichbark bewirken. Diese ist aber dann nicht mehr gegeben, wenn die Umrechng einen höh Betr in der ges RentVers ergibt, als der Nennwert der umzurechnden Rente ausmacht. Da dies nach den bish Best der BarwVO iVm der Bek des BMA (Anh I zu § 1587 a) eintreten kann u die ges Ermächtigg zum Erlaß der BarwVO jedenf nicht die Befugn zur Erhöhg des Wertes einer stat Rente bei der Umrechng erfaßt, bedurfte es einer entspr Restriktion (BR-Drucks 191/77).

§ 7 der urspr BarwVO, Art 2 der BarwÄndVO enthalten die Berlin-Klausel,

§ 8 BarwVO sowie Art 3 BarwÄndVO deren Inkrafttreten (1. 7. 77 bzw 1. 6. 84).

Tabellen

(Auf den Abdruck der 7 Tabellen, deren Zahlenwerk sich nicht ändert, muß aus Platzgründen verzichtet werden. Sie sind abgedruckt zB in der Gesetzessammlung von Aichberger, SGB-RVO, Nr. 540, sowie bis zur 50. Aufl in diesem Kommentar)

1587 b

Übertragung und Begründung von Rentenanwartschaften durch das Familiengericht. **[I] Hat ein Ehegatte in der Ehezeit Rentenanwartschaften in einer gesetzlichen Rentenversicherung im Sinne des § 1587 a Abs. 2 Nr. 2 erworben und übersteigen diese die Anwartschaften im Sinne des § 1587 a Abs. 2 Nr. 1, 2, die der andere Ehegatte in der Ehezeit erworben hat, so überträgt das Familiengericht auf diesen Rentenanwartschaften in Höhe der Hälfte des Wertunterschiedes. Das Nähere bestimmt sich nach den Vorschriften über die gesetzlichen Rentenversicherungen.**

[II] Hat ein Ehegatte in der Ehezeit eine Anwartschaft im Sinne des § 1587 a Abs. 2 Nr. 1 gegenüber einer Körperschaft, Anstalt oder Stiftung des öffentlichen Rechts, einem ihrer Verbände einschließlich der Spitzenverbände oder einer ihrer Arbeitsgemeinschaften erworben und übersteigt diese Anwartschaft allein oder zusammen mit einer Rentenanwartschaft im Sinne des § 1587 a Abs. 2 Nr. 2 die Anwartschaften im Sinne des § 1587 a Abs. 2 Nr. 1, 2, die der andere Ehegatte in der Ehezeit erworben hat, so begründet das Familiengericht für diesen Rentenanwartschaften in einer gesetzlichen Rentenversicherung in Höhe der Hälfte des nach Anwendung von Absatz 1 noch verbleibenden Wertunterschiedes. Das Nähere bestimmt sich nach den Vorschriften über die gesetzlichen Rentenversicherungen.

III *Soweit der Ausgleich nicht nach Absatz 1 oder 2 vorzunehmen ist, hat der ausgleichspflichtige Ehegatte für den Berechtigten als Beiträge zur Begründung von Anwartschaften auf eine bestimmte Rente in einer gesetzlichen Rentenversicherung den Betrag zu zahlen, der erforderlich ist, um den Wertunterschied auszugleichen*);* **dies gilt nur, solange der Berechtigte die Voraussetzungen für ein Altersruhegeld aus einer gesetzlichen Rentenversicherung noch nicht erfüllt. Das Nähere bestimmt sich nach den Vorschriften über die gesetzlichen Rentenversicherungen. Nach Absatz 1 zu übertragende oder nach Absatz 2 zu begründende Rentenanwartschaften sind in den Ausgleich einzubeziehen; im Wege der Verrechnung ist nur ein einmaliger Ausgleich vorzunehmen.**

IV **Würde sich die Übertragung oder Begründung von Rentenanwartschaften in den gesetzlichen Rentenversicherungen voraussichtlich nicht zugunsten des Berechtigten auswirken oder wäre der Versorgungsausgleich in dieser Form nach den Umständen des Falles unwirtschaftlich, soll das Familiengericht den Ausgleich auf Antrag einer Partei in anderer Weise regeln; § 1587 o Abs. 1 Satz 2 gilt entsprechend.**

V **Der Monatsbetrag der nach Absatz 1 zu übertragenden oder nach Absatz 2, 3 zu begründenden Rentenanwartschaften in den gesetzlichen Rentenversicherungen darf zusammen mit dem Monatsbetrag der in den gesetzlichen Rentenversicherungen bereits begründeten Rentenanwartschaften des ausgleichsberechtigten Ehegatten den in § 76 Abs. 2 Satz 3 des Sechsten Buches Sozialgesetzbuch bezeichneten Höchstbetrag nicht übersteigen.**

VI **Bei der Übertragung oder Begründung von Rentenanwartschaften in der gesetzlichen Rentenversicherung hat das Familiengericht anzuordnen, daß der Monatsbetrag der zu übertragenden oder zu begründenden Rentenanwartschaften in Entgeltpunkte umzurechnen ist.**

*) III 1 Halbs 1 dch Entsch des BVerfG NJW **83**, 1417 f verfwidr erkl; ersetzt dch VAHRG (Anh zu § 1587 b).

1) Vollziehung des Versorgungsausgleichs durch das Familiengericht (Lit: Löschau FuR **94**, 125).

a) Zweck: Das VersorggsSchicksal des AusglBer soll mit der Regelg des VA im Zshg mit der Scheidg von demj des Verpfl gelöst u der Ber ggf sofort nach Dchführg des VA gg Invalidität u im Alter dauerh u eigenständ gesichert sein, was zugleich den Verpfl unterhrechtl entlasten kann. Dieser soll sich üb seine eig VersorggsLage klar werden u seine Anrechte evtl wieder aufstocken (BVerfG FamRZ 93, 161; BT-Drucks 7/650 S 159). § 1587 b regelt für den öffr VA – ergänzt dch VAHRG 1 II, III u 3 b I –, in welcher Form der AusglAnspr des Ber zu erf u auf welche Anrechte des Verpfl in welchem Umfang zuzugreifen ist; er best ferner die Rangfolge der AusglFormen. Hierbei konzentriert sich der VA auch nach Einführg der Realteilg (VAHRG 1 II) immer noch in der ges RentVers als einem grdsl jedem offenstehden SichergsSystem mit einem auf typ Risiken zugeschnittenen LeistgsKatalog, das es gestattet, eine bereits erworbene Sicherg weiter auszubauen. Die Auswirkgen der Übertr u Begr von RentAnwartsch in der ges RentVers u die Wiederaufstockg best sich nach dem jew VersR, insb dem R der ges RentVers u der Beamt-, Ri- u SoldVers. 2

b) § 1587 b betr iGgs zum schuldr VA u unter Vorgabe best HöchstBetr, V, den **öffentlich-rechtlichen VA** dch Splitting, I, Quasi-Splitting, II hinsichtl der in § 1587 a II Nr 1, 2 genannten Anrechte. Für alle and Anrechte sowie für Anrechte iS von § 1587 a II Nr 1, deren Träger privatr organisiert ist, finden (anstelle des vom BVerfG [NJW **83**, 1417] für verfwidr erkl III 1) die AusglFormen des VAHRG Anwendg. Bei Unwirtschaftlichk od ZweckVerfehlg dieser AusglFormen erfolgt der VA in and Weise, IV. Hinsichtl der AusglForm ist auf die rechtl u tats (ggf nachehel veränderten) Verh im Ztpkt der letzten tatrichterl Entsch üb den VA abzustellen (BGH NJW **82**, 379 u 1754). Ausgeglichen w nur solche Anrechte, die im EntschZtpkt noch vorh sind (BGH NJW **95**, 135). Zur einksteuerr Behandlg des VA: BMF FamRZ **82**, 104; Kanzler DStR **90**, 408. 3

c) Auslegung und Anwendungshilfen: 4

aa) Der öffr VA dch GestaltgsEntsch des FamG findet (trotz des GesWortlauts „Anwartsch") auch dann statt, wenn einer von beiden Eheg (BGH NJW **80**, 396) od auch beide bereits **Rente oder Pension beziehen** (BGH FamRZ **85**, 1119), selbst dann (mit unmittelb rentensteigernder Wirkg; vgl BSG FamRZ **82**, 1008), wenn der Ber bereits vor der Ehe einen RentAnspr erworben h (BGH NJW **82**, 989). Für das Splitting u Quasi-Splitting gilt das VersichergsPrinzip, wonach nur vor Eintr des LeistgsFalls eingetretene Sachverhalte leistgssteigernd berücks w können (SGB VI 75), nicht (BGH NJW **80**, 396). And nur bei VAHRG 3 b I Nr 2 (BSG MDR **84**, 787; abgemildert dch die ZahlgsFiktion des SGB VI 187 V). 5

bb) Innerh einer AusglForm ist der Ausgl auf die Hälfte des EheZtAnteils des jew auszugleichenden Anrechts (Stgt FamRZ **79**, 837; Hbg FamRZ **80**, 271) u darüber hinaus auf den GesamtausglAnspr iS von § 1587 a I 2 begrenzt. Ausn: VAHRG 3 b I Nr 1. Eine Umkehrg der AusglPfl (Hin-u-Her-Ausgl) ist im öffr VA ausgeschl (Mü FamRZ **93**, 1460). 6

cc) Bei der Anwendg von § 1587 b besteht zw den versch Abs eine **zwingende Rangfolge** (BGH FamRZ **81**, 1051; **86**, 250), die dch das VAHRG unverändert geblieben ist (BGH NJW **83**, 2443; BGH FamRZ **86**, 247; Bambg FamRZ **98**, 29) u auch dch Vereinbg nicht abgeändert w darf: I hat Vorrang vor II (Nürnbg FamRZ **95**, 98), dieser wiederum vor den AusglFormen des VAHRG. Hieraus folgt auch, daß sonstige, nicht nach § 1587 a II Nr 1, 2 zu bewertde Anrechte des Ber vorrang mit Anrechten des Verpfl iSv § 1587 a II Nr 1 zu verrechnen sind, also unter Berücks des Grds des EinmalAusgl das Quasi-Splitting reduzieren. Anrechte, die der AusglForm des II unterfallen, dürfen nicht dadch ausgegl w, daß anstelle des Quasi-Splitting mehr RentAnwartsch in der ges RentVers nach I übertr w (BGH FamRZ **86**, 250). Was nicht iRv I u II ausgegl w kann, unterliegt den AusglFormen des VAHRG, die auch in einem RangVerh zueinander stehen. In VAHRG 1 III wird klargestellt, daß die Realteilg Vorrang vor dem analogen Quasi-Splitting hat, u zwar auch bei öffr VersTrägern. Der schuldr VA nach der AuffangRegelg des VAHRG 2 erfolgt hinsichtl nicht nach VAHRG 1 ausgleichsfäh Anrechte nur dann, wenn nicht nach VAHRG 3 b I Nr 1 ein erweiterter öffr VA od – im Verh zu dieser AusglForm: nachrang (BGH FamRZ **97**, 166; Ruland NJW **87**, 348) – ein Ausgl dch BeitrZahlg nach VAHRG 3 b I Nr 2 mögl ist. Die jew nächste AusglForm darf immer nur dann gewählt 7

w, wenn der VA in der vorhergehden AusglArt nicht dchführb ist. Bei der Rangfolge des § 1587 b bleibt es auch dann, wenn der ausglpfl Eheg neben Anrechten in der ges RentVers auch Anrechte der Alterssicherg der
8 Landw erw hat (Bambg FamRZ **98**, 29). Der Vorrang von I vor II ist auch dann unbedenkl, wenn der Verpfl neben den Anrechten iS von § 1587 a II Nr 1 auch Anrechte in der ges RV erw hat, die ihm mangels WarteZtErf im LeistgsFall nicht zugute kommen (Düss FamRZ **89**, 190; aA Karlsr FamRZ **88**, 1068); zutr w darauf hingewiesen, daß dies ein allg Problem des § 1587 a VII ist (Staudinger/Rehme Rn 102 f), dem im LeistgsFall iRv VAHRG 10 a abgeholfen w könnte, wenn man nicht der Ans folgt, der Verpfl sei auf die bei Nichterf der WarteZt mögl BeitrErstattg nach SGB VI 210 zu verweisen u erhalte in deren Rahmen ein – güterr nicht zu teildes –VersÄquivalent.

9 **dd)** Der öffr **VA** vollzieht sich **immer nur in einer Richtung,** näml vS des auf der Grdl einer Gesamt-Saldierg aller Anrechte (mit Ausn noch verfallb betriebl Vers) ermittelten AusglPfl zum AusglBer (§ 1587 a I 2); nach einer Abänderg gem VAHRG 10 a kann sich die AusglRichtg umkehren. IRd des schuldr VA kann auch ein ggläuf Ausgl stattfinden (BGH NJW **82**, 1989; VAÜG 3 I Nr 6 S 4, II Nr 1 a; 5 Nr 4).

10 **ee)** Fehlgegangene Entsch üb den öffr VA gem § 1587 b können nicht mit Hilfe des schuldr VA korrigiert w, sond sind iRv VAHRG 10 a abzuändern (BGH NJW **93**, 330).

11 **ff)** Ein „Übersteigen" iSv I u II liegt auch dann vor, wenn der AusglBer seiners überh keine Anrechte in der BeamtVers od RentVers erworben hat (BGH NJW **80**, 396).

12 **2) Übertragung von Rentenanrechten aus der gesetzlichen Rentenversicherung durch Splitting, I 1.** I regelt den Ausgl dynam (u angleichgsdynam, vgl VAÜG 3 I Nr 1) Anrechte aus der dt ges RentVers im Anwartsch- u LeistgsStadium. Stat Anrechte (SGB VI 269, 315 b) unterliegen dem Ausgl nach VAHRG 1 III, währd degressive AusglBetr – insb zu Bestands- u VerglRenten im Beitrittsgebiet od in Form von Rententeilen, die aus verwaltgsrechtl Grden nicht entzogen w können u von der RentenAnpassg ausgen sind (SGB X
13 48 III) – dem schuldr VA unterfallen (vgl VAÜG 3 I Nr 6 S 4; II Nr 1 Buchst a, 5 Nr 4). – **a) Grundsatz.** Hat ein Eheg in der EheZt RentAnrechte in der ges RentVers iSv § 1587 a II Nr 2 erworben u übersteigen diese die Anrechte iS von § 1587 a II Nr 1, 2, die der and Eheg in der EheZt erw hat, so erfolgt der VA – begr auf den GesamtAusglAnspr – dadch, daß das FamG auf den Eheg mit den wertniedrigeren Anrechten RentAnrechte iHd Hälfte des Wertunterschieds überträgt. Vorehel erworbene RentAnrechte können nur
14 zum Ausgl eines an sich schuldr auszugleichden Anrechts iRv VAHRG 3 b I Nr 1 geteilt w. – **b) Voraussetzungen:** Das Rentensplitting als eine Art der Realteilg setzt voraus, daß der insges AusglPfl in der EheZt (ua) der RentenAnpassg unterliegde Anrechte in der dt ges RentVers erworben hat, die höh sind als die aus den vergleichb Anrechten sowie beamtenrechtl od -ähnl Anrechten gebildete Summe der Anrechte des Ber (vgl Rn 11). And VersAnrechte können nur iFv VAHRG 1 II, ALG 43, 110 real geteilt w (krit Schulz-Weidner FuR **93**, 313 zu sog Beamtenehen; hierzu auch Staudinger/Rehme Rn 21). Die bezeichneten Anrechte sind einander ggüzustellen, deren Wertdifferenz ist zu ermitteln u iHd Hälfte ders dem Ber ein Anrecht in der ges RentVers gutzubringen; der SplittingBetr ist (bei Vorhandensein weitere Anrechte des Ber)
15 auf den GesamtAusglAnspr zu begrenzen (Karlsr FamRZ 94, 1180). Der VA ist auch bei **geringfügigem**
16 **Ausgleichsbetrag** dchzuführen. – **c)** Zum **Verfahrensrecht:** Die Übertr erfolgt auf das VersKto (SGB VI 149) des AusglBer bei dessen für die Dchführg der Vers zust, am VA-Verf beteil (FGG 53 b II) RentVersTräger (SGB VI 125 ff). Ist danach kein VersTräger zust, so sind die Anrechte bei der BfA zu begr, es sei denn, der Ber beantragt die Dchführg des VA bei der örtl zust LVA (SGB VI 126 III). Das FamG hat anzuordnen, daß der MoBetrag der zu übertragden Anrechte (nach SGB VI 76 IV) in EP (vgl VI) od (nach SGB VI 264 a II)
17 idF des VAÜG 3 I Nr 5, II Nr 2 in EP (Ost) umzurechnen ist. – **d) Rechtsfolgen** (Lit: VDR-Hdb/Bergner 27/62; Eichenhofer in: Schulin HS-RV § 68 Rn 30 ff). – **aa) Übergang des Versorgungsanrechts.** Das übertragene Anrecht geht mit der Rechtskr der Entsch des FamG dauerh auf den and Eheg üb (FGG 53 g I, ZPO 629 d) u vermittelt diesem einen eigenständ VersSchutz. **Die Umrechnung in Entgeltpunkte, VI** verdeutlicht, daß mit dem VA kein feststehder DM-Betr, sond ein dynam Wert gutgeschrieben od in Abzug gebracht w. Sie ermöglicht zudem dem RentVersTräger die leistgsrechtl Umsetzg des VA dch Ermittlg von EP od EP (Ost) aus dem vom Ber erworbenen AnR (vgl BT-Drucks 12/405 S 173; Klattenhoff DAngVers **91**,
18 366). – **bb)** Die Entsch des FamG ist bindd (BGH FamRZ **82**, 687). **Abänderungsmöglichkeit** aber gem
19 VAHRG 10 a und ZPO 578 f analog (BGH FamRZ **89**, 264; **80**, 989). – **cc)** Die **versicherungsrechtlichen Folgen** des Splittings ergeben sich aus SGB VI 76, 264 a. Entspr dem auszugleichden Betr werden von dem VersKto des AusglVerpfl EP abgebucht u auf dem (ggf neu einzurichtden) Kto des Ber gutgeschrieben. Dch den VA können nach SGB VI 76 II 3 in der EheZt pro Jahr nicht mehr als zwei EP begründet w. Zur Umrechng des SplittingBetr in EP dch den RentVersTräger: SGB VI 76 IV, 264 a II (RechenBsp: VDR-Hdb/Bergner 27/62). Die dch den VA übertragenen RentAnrechte stehen solchen aus PflBeitr nicht gleich (BVerfG FamRZ **80**, 326), so daß dch sie auch die Vorauss einer EU-Rente od vorzeit Altersrente nicht erf w können (BSG FamRZ **90**, 1346; krit Kohleiss/Kohleiss-Rothmann FamRZ **95**, 774), was den VA nach Ans des BGH (FamRZ **84**, 667) nicht iSv § 1587 b IV unwirtsch macht. Zu den Besonderh der knappschaftl RentVers: SGB VI 86. Zur Auswirkg des Splittings auf eine bereits lfde Rente des Ber: SGB VI 100 I (BSG FamRZ **82**, 1008). Erhöhg einer lfden Rente auch bei Auflösg des Verbundes erst ab Wirksamk der VAEntsch (BSG FamRZ **91**, 934). Schutz des RentVersTrägers bei gleichzeit Rentenbezug der Eheg gem § 1587 p. Zur Erf von WarteZten dch den VA: SGB VI 52 (ausf mit RechenBspen: VDR-Hdb/Bergner 27/63 ff). **Rentnerprivileg:** In Abweichg von SGB VI 100 III wird gem SGB VI 101 III eine bei Eintr der Rechtskr u Wirksamk des VA bereits lfde u unmittelb anschließde gleich hohe od niedrigere Rente erst gekürzt, wenn aus dem im VA erworbenen Anrecht Rente zu zahlen ist (Heilemann FamRZ 95, 1192). Das FamG ist nicht berechtigt, die Entsch üb den VA sol hinauszuschieben, bis für den Verpfl ein RentAnspr entstanden ist (Düss
20 FamRZ **85**, 1143). – **dd)** Der AusglVerpfl kann die **Minderung** seiner RentAnwartsch ganz od teilw dch Entrichtg von Beitr wieder **ausgleichen** (SGB VI 187 I Nr 1, 281 a I Nr 1). Nach bindder Bewillig einer Altersvollrente ist die Wiederauffüllg der RentAnwartsch nicht mehr mögl (SGB VI 76 IV, 281 a IV). –
21 **ee)** Die Rechtsfolgen des Splittings, dh die Kürzg der Vers des AusglVerpfl, treten nach VAHRG 4 ff auf Antr nicht ein, wenn der **Ausgleichsberechtigte stirbt und keine oder nur geringfügige Leistungen aus dem VA erbracht worden sind oder erbracht werden** od wenn er noch keine Rente erh u aGrd des VA u

die dadch bdgte geringere LeistgsFähigk des AusglVerpfl **weniger oder keinen gesetzlichen Unterhalt** bezieht.

3) Begründung von Rentenanrechten in der gesetzlichen Rentenversicherung (Quasi-Splitting), II. Die Vorschr betr den Fall, daß der Verpfl ggü einem öffr RTräger od einem seiner Vereiniggen beamtenr od – ähnl Anrechte erworben hat, die allein od zus mit Anrechten in der ges RentVers einen höh Wert h als die von dem and Eheg erw Anrechte aus einem öffr DVerh u in der ges RentVers zus. Das Quasi-Splitting kann zu ungleichen TeilgsErg führen, da Beamtenpensionen u Renten einer unterschiedl Besteuerg unterliegen u im KrankenVersSchutz voneinander abweichen. – **a) Zweck:** Eine RealTeilg beamtrechtl VersorggsAnspr ist vom GesGeber mRücks auf den berufsgruppenspezif Charakter der öffr DZtVers als einem geschl System soz Sicherh ausgeschl worden (BT-Drucks 7/650 S 160), u zwar – mit erhebl Nachteilen f den Invaliditätsschutz u mit verfrechtl Risiken (AbwertgsVerlust inf des Transfers von der BeamtVers in die RentVers) – auch dann, wenn beide Eheg (ausschließl) diesem SichergsSystem angehören (BGH FamRZ **84**, 667; krit Schulz-Weidner, FuR **93**, 313; Staudinger/Rehme Rn 21 f). Das FamG begr für den ausglberecht Eheg im Umfang des AusglBetr dch GestaltgsEntsch RentAnrechte in der ges RentVers, was eine entspr Kürzg der VersAnrechte iS von § 1587 a II Nr 1 (nicht der DBezüge; vgl BGH FamRZ **81**, 856) zur Folge hat. Die grdsl sof u dauerh Kürzg ist das Surrogat der ansonsten für die Begr eines VersVerh erfdl BeitrZahlg. 22 23

24 **b) Voraussetzungen:** Das Quasi-Splitting betr nicht alle von § 1587 a II Nr 1 erfaßten Anrechte nach beamtenr Vorschr u Grds des Verpfl, sond nur solche, deren unmittelb (vgl BGH NJW **87**, 376) Schu zu den in II genannten inl (vgl BGH FamRZ **88**, 273) öffr RTrägern od ihren (auch privatr organisierten) Vereiniggen od ArbGemsch zählt (Kln NJW-RR **98**, 1618). Auf seiten des Ber w sämtl Anrechte iS von § 1587 a II Nr 1 in den Ausgl nach I oder II einbezogen. Iü unterliegen beamtenähnl ausgestaltete Anrechte bei priv VersTrägern auch dann nicht dem Quasi-Splitting (sond dem schuldr VA), wenn diese aus öff Mitteln finanz od öffr Einrichtgen getragen w (BGH NJW **85**, 2711; **87**, 2817; BGH FamRZ **86**, 248). Der Grd für die Beschränkg liegt in der Sicherstellg der Erf der ErstattgsAnspr des RentVersTrägers des Ber nach pauschalen Kriterien (SGB VI 225 I) sowie in der Überlegg, das nicht kostenneutrale Quasi-Splitting (BGH NJW **85**, 2711) nur nicht grundrechtsfäh öffr RTrägern auferlegen zu k. Anrechte von Widerrufsbeamten, Zeitsoldaten u früh Beamten, deren Nachversicherg aufgeschoben ist, sind nach VAHRG 1 III auszugl (RGRK/Wick Rn 51). Sind sie nach EheZtEnde, aber vor der letzten tatrichterl Entsch üb den VA nachversichert worden, so erfolgt ein Splitting (BGH NJW **82**, 379), währd es zum Quasi-Splitting nach II kommt, wenn ein ProbeBeamt- od BerufsSoldVerh begr worden ist (BGH FamRZ **87**, 921). Im Hinbl auf die 25 verfrechtl zugesicherte **Kirchenautonomie,** die sich auch auf die Regelg der Vers bezieht, soll ein Quasi-Splitting hinsichtl der bei den Körpersch des öff Rs anerk Kirchen nur dann erfolgen, wenn das KirchR dies gestattet (Celle FamRZ **83**, 191; vgl auch Ffm FamRZ **87**, 719). Die vom Verpfl bei einem der in II 26 genannten RTräger erworbenen beamtenr u -ähnl Anrechte sind unter Hinzurechng etw Anrechte iS von § 1587 a II Nr 1 den dynam RentAnrechten des AusglBer u allen seinen beamtenr u -ähnl Anrechten ggüzustellen. Dabei ist der Vorrang des Ausgl nach I zu beachten. Soweit der AusglAnspr noch nicht nach I erf ist, findet ein Quasi-Splitting bis zur Höhe des GesamtAusglAnspr statt.

27 **c) Durchführung:** Das RentAnrecht in der ges RentVers wird dch die Entsch des FamG begr; das Urt bzw der Beschl des FamG wirkt also konstitutiv, u zwar mit dem Ztpkt des Eintr der Rechtskr u Wirksamk (SGB VI 8 I Nr 2). Die Gutschrift erfolgt gem SGB VI 76,264 a in EP/EP (Ost). Das Quasi-Splitting erfolgt zL der vom Verpfl bei dem zu beteiligden (FGG 53 b II) VersTräger erworbenen VersAnrechte; VersTräger ist grds der im Ztpkt der Entsch maßg DHerr.

28 **d) Folgen** (Lit: Borth Rn 554 ff). Sind gem II RentAnrechte begr worden, so wird mit Eintr der Rechtskr u Wirksamk der Entsch des FamG ohne weiteren VollziehgsAkt ein VersVerh zuG des Ber begr od ein bereits zuvor erworbenes Anrecht aufgestockt. Nach Eintr eines LeistgsFalls erh der AusglBer u seine Hinterbliebenen unabhäng vom VersSchicksal des Verpfl unter den allg Vorauss alle Leistgen der ges RentVers (SGB I 23 I Nr 1) aus dem erworbenen Anrecht. Die Aufw, die dem VersTräger aGrd des VA nach II entstehen, werden nach SGB VI 225 von dem zust Träger der VersLast, idR also dem DHerrn des Beamten, erstattet; in Bagatellfällen w zur Abgeltg künft ErstattgsFdgen Beitr gezahlt (vgl BSG SGb **98**, 578). Entspr werden verfkonform (BVerfG NJW **80**, 692; FamRZ **96**, 341; OVG Kblz FamRZ **91**, 994) dem ausglpflicht Beamt mit der Einschränkg v VAHRG 5 die VersorggsBezüge (Ruhegehalt, UnterhBeitr, Emeritenbezüge) gekürzt (BeamtVG 57 I 1). Der KürzgsBetr erhöht od vermindert sich um die Prozentsätze, um die sich die Vers nach dem Ende der EheZt erhöht od vermindert (BeamtVG 57 II); dies kann nicht dch Vereinbg der Eheg ausgeschl w (BVerwG NJW **87**, 1566). Zur Kürzg bei Leistgen an Hinterbl BeamtVG 57 I S 3, III. **Besitzstandswahrung:** Bezieht der Beamte im Ztpkt des Eintr der Rechtskr u Wirksamk der Entsch üb den VA schon Vers, so erfolgt die Kürzg erst, wenn aus der Vers des ausglberecht Eheg Rente gewährt w (BeamtVG 57 I 2). Dieses verfgem (BVerfG FamRZ **96**, 341; BVerwG NJW-RR **94**, 1219) Pensionärsprivileg kommt allein wg einer auf DUnfähigk beruhden vorzeit Versetzg in den Ruhestand u einer darauf zurückzuführden höh VersEinbuße nicht in Betr (BVerwG NJW-RR **95**, 962) u entfällt, sobald aus der Versicherg des AusglBer eine Rente gewährt w; auf deren Dauer kommt es nicht an (BVerwG NJW-RR **94**, 1218; VGH Mü DÖD **97**, 202); nach Wegfall der Rente evtl VAHRG 5. Auch die Anrechng der fikt, ohne Berücks der Auswirkgen des VA berechneten Rente beim ZusTreffen von VersBezügen mit Renten (BeamtVG 55 I 3) ist verfkonform (BVerwG NJW **92**, 852). Zum Besitzstandsschutz bei VA-Abändergen vgl VAHRG 10 a Rn 2. – IjF kann der Beamte die Kürzg seiner VersBezüge dch entspr KapBetr an seinen DHerrn auch währd des VersBezugs u in Teilbetr vermeiden (BeamtVG 58). Rückzahlg mögl iF des Todes des AusglBer gem VAHRG 8 (Anh zu § 1587 b). Beim Ausscheiden des Beamten aus dem BeamtVerh wird er auf der Grdl der vollen, dch die BeitrBemessgsGrenze limitierten Entgelte nachversichert (SGB VI 8, 181 ff); dafür entfällt die ErstattgsPfl des VersTrägers. Mit der NachVers in der ges RentVers gelten die begr Anrechte als übertr (SGB VI 185 II 2). Hieraus folgt ein – gemessen an den mit der NachVers veränderten WertVerh – obj zu hoher AusglBetr (Abschlag an EP), dem iRv VAHRG 10 a I Nr 1 Rechng getragen w kann. Im Fall des **Todes des** 29

Ausgleichsberechtigten kann die Kürzg der BeamtVers des AusglPflicht unterbleiben gem VAHRG 4 ff (Anh zu § 1587 b). Die Rspr des BVerwG zur RückFdg vn überzahlten VersorggsBezügen (BVerwG NJW **93**, 1282) ist durch BeamtVG 57 V in der seit 1. 1. 99 geltden Fassg ggstdlos gew.

30 **4) Versorgungsausgleich durch Zahlung von Beiträgen zur Begründung von Rentenanwart-**
31 **schaften, III 1.** – **a)** Nach der Konzeption des 1. EheRG hatte der Verpfl gem III 1 zuG des Ber ausnahmslos Beitr zur ges RentVers zu zahlen, um den iW des Ausgl nach I und II noch nicht befriedigten AusglAnspr zu erf, sofern die Eheg nichts and vereinb hatten od ein schuldr VA (§ 1587 f) vorzunehmen war. Der obligator BeitrAusgl war wg seiner Ausschließlichk, der tats WirkgsDefizite dieser AusglForm u im Hinbl auf seine wirtsch Folgen für den Verpfl verfwidr (BVerfG NJW **83**, 1417). An seine Stelle sind ab 1. 4. 83 die AusglFormen des VAHRG getreten, die nach einer weiteren Beanstandg dch das BVerfG (NJW 86, 1321) weiter verfeinert worden sind u dch das VAwMG v 8. 12. 86 (BGBl I S 2317) ihre heutige, seit 1. 1. 87 geltde
32 Ausgestaltg gefunden h. Die Entsch des BVerfG v 27. 1. 83 ließ die Verbindlichk zuvor rechtskr ergangener BeitrAOen, die nicht selbst dch die VerfBeschw angegriffen worden waren, u die Wirksamk bereits geleisteter Beitr unberührt (BVerfGG 79 II, 95 II; Hamm **85**, 402, 495; BSGE 66, 44), die der Verpfl damit weder vom
33 RentVersTräger noch vom AusglBer zurückfordern k. Fdgen aus solchen Tit können erf w, sind jedoch nicht mehr vollstrb (ggf ZPO 767; Hbg FamRZ **88**, 177). Dem Ber – der nicht bis zum 31. 12. 88 v VAwMG Art 4 § 1 Gebr gemacht hat (vgl Hahne FamRZ **87**, 429) – bleibt nur die Möglichk, die Beitr selbst zu zahlen (BGH NJW **81**, 2689) od nach § 1587 f Nr 3 den Verpfl auf schuldr VA in Anspr zu nehmen. –
34 **b)** Den Eheg steht es auch nach Inkrafttr des VAHRG frei, bis zum Eintr der BindgsWirkg des Bescheids üb eine Altersvollrente an den AusglBer (vgl SGB VI 187 IV) gem § 1587 o den VA dch BeitrZahlg zur ges RentVers zu vereinb (SGB VI 187 I Nr 2; BVerfG NJW **83**, 1417). Das FamG hat den zur Begr eines
35 Anrechts erfdl BeitrAufwand festzusetzen (FGG 53 e II). Gem III geleistete Zahlgen sind keine außergewöhnl Belastgen, Sonderausgaben od WerbgsKosten (BFH NJW **84**, 1783; FG Lünebg, EFG **96**, 173; FG Kln EFG **96**, 1153). Die FinanzKosten (Schuldzinsen, Tilgg, BearbeitgsEntgelte) einer solchen Zahlg können jedoch als
36 vorab entstandene WerbgsKosten absetzb sein (BFH BStBl II **93**, 867). – **c)** Mit III 3 wird in Übereinstimmg mit § 1587 a I, nach dem nur ein Eheg Verpfl ist, das Prinzip des **Einmalausgleichs** festgelegt, das für sämtl AusglFormen des öffr VA gilt. Die Regelg soll im Hinbl auf das gestufte AusglSystem des WertAusgl nach
37 § 1587 b u dem VAHRG verhindern, daß ein Hin-und-Her-Ausgl stattfindet (BT-Drucks 7/4361 S 41). Von einer Verrechng ausgeschl bleiben noch verfallb betriebl VersAnrechte (BGH FamRZ **88**, 823) u (degressive) Anrechte, die nach dem VAÜG dem gesonderten schuldr VA unterliegen (entspr dürfte für sonst degressive Anrechte anzunehmen sein). Bei einem späteren schuldr VA kann der Ausgl auch in die and Richtg erfolgen – schuldr RückAusgl – (BGH NJW 82, 1989). Ebso kann sich die AusglPfl inf einer Abänderg gem VAHRG 10 a umkehren.

38 **5) Ausgleich in anderer Weise, IV.** Das FamG kann den Ausgl auch in and Weise als gem § 1587 b vornehmen, wenn sich die Übertr od Begr von RentAnrechten voraussichtl nicht zG des Ber auswirken würde (ZweckVerfehlg) od der VA in dieser Form nach den Umst des Falles unwirtsch (Unwirtschaftlichk) wäre. Hierbei kann das FamG wg der Verweisg auf § 1587 o I 2 nicht üb den ges vorgesehenen Umfang hinaus Anrechte in der ges RentVers übertr od begr (BGH **81**, 152); zudem hat es die Rangfolge der AusglFormen zu beachten (BGH FamRZ **86**, 250). Es darf sich nicht nur darauf beschränken, den ges Ausgl abzulehnen, sond muß entsch, in welcher Form der Ausgl alternativ dchzuführen ist (BGH NJW **83**, 512). IV gilt auch iR v VAHRG 3 b, bei Anwendg von VAHRG 1 III (Mü FamRZ **91**, 956) u üb VAHRG 3 auch
39 iRd Realteilg gem VAHRG 1 II. Die Regelg dient dem Ziel, verfwidr Erg, die bei schemat Dchführg des VA inf eines Ungleichgewichts zw der Belastg des Verpfl u der Begünstigg des Ber eintreten k, zu vermeiden (BGH NJW **81**, 2689) u ist damit Konkretisierg des VerhMäßigkPrinzips. IV fragt in den Fällen der ZweckVerfehlg nach der Eigng des im VA liegden Eingriffs in die Rechte des Verpfl zur Erreichg des angestrebten Zwecks u idF der Unwirtschaftlk nach der Erforderlichk u Zumutbark des vom Ges vorgesehenen AusglVerf (Rolland/Wagenitz Rn 86).

40 **a) Voraussetzungen** für den anderweit VA: – **aa) Zweckverfehlung.** Es genügt eine begr Erwartg,
41 sichere Prognose nicht erfdl. Die Vorauss sind insb dann erf, wenn der Ber auch unter Hinzurechng von WarteZtMo aus dem VA (SGB VI 52) die für eine Regelaltersrente maßg WarteZt von 5 J nicht erf k (BGH NJW **80**, 396; Karlsr FamRZ **94**, 1180); eine mögl BeitrErstattg ist mit Rücks auf das Ziel des VA, dem Ber zu einer Rente zu verhelfen, unbeachtl. Ist diese allein dch den VA erf (Celle OLGR **98**, 263) od kann sie dch freiw Beitr od die Weiterführg einer rentvers Tätigk erf w, liegt eine ZweckVerfehlg jedoch nicht vor (BGH FamRZ **84**, 667). Die Regelg ist insb dann von Bedeutg, wenn der Ber (etwa als Beamt) nur dann freiw Beitr leisten darf, wenn er die WarteZt von 5 J erf hat (SGB VI 7 II). Sind diese Vorauss auch unter Berücks des VA nicht erf, so ist das Anrecht für den Ber unter dem Gesichtspkt der AltersSicherg wertl (Zweibr FamRZ **87**, 722); der mangelnde InvalidSchutz von ausglberecht Beamten dch die ges RentVers soll iRv IV unerhebl sein
42 (BGH FamRZ **84**, 667; vgl auch Schulz-Weidner FuR **93**, 313; krit Soergel/Vorwerk Rn 226). Ferner kommen Fälle in Betr, in denen nach SGB VI 93 auf die Rente des Ber eine Unfallrente anzurechnen ist u der AusglBetr nur zu einer weiteren Kürzg der Leistg aus der ges RentVers führen würde; Fälle einer betriebl GesamtVers, auf die das im VA erworbene Anrecht anzurechnen wäre, u solche, in denen der VA zu einer
43 Minderg einer subsidiären Vers nach einem früh Eheg führt. – **bb) Unwirtschaftlichkeit:** Beurteilg nach strengen obj Maßst (BGH **75**, 242; **81**, 152) nach dem Ziel des VA unter Berücks der Interessen beider Eheg (nicht der VersTräger). Unwirtsch ist der VA insbes, wenn der Ber außerh der ges RentVers vorgesorgt hat u für ihn der Ausbau der anderweit Sicherg vorteilhafter wäre. Keine Unwirtschlichk bei Gefährdg des Selbst-Beh des Verpfl, einer länger dauernden Kürzg seiner Vers od bei erneuter Heirat beider Partner (BGH
44 FamRZ **83**, 461). – **cc) Antrag einer Partei,** also nicht des Ber, sond auch des AusglVerpfl, aber nicht eines beteil VersTrägers (Kblz FamRZ 96, 1084), der jedoch ggf aGr einer Fürsorge- u FördergsPfl ggü dem Eheg diesen auf etw Möglichk der SchadAbwendg hinzuweisen hat. Dem FamG obliegt eine aus ZPO 139 folgde entspr HinwPfl (Bergner IPRax **84**, 191). Der Antr kann auch noch im BeschwVerf gestellt w (BGH FamRZ **83**, 263).

b) Rechtsfolge: Versorgungsausgleich in anderer Weise. Das FamG muß entsch, auf welche and Weise der VA – auch in Form einer TeilRegelg (BGH NJW **81**, 2689) – dchzuführen ist (BGH NJW **83**, 512), so daß es unzul ist, die Dchführg des VA ledigl abzulehnen (Celle FamRZ **80**, 1032). Unzul auch die ges nicht vorgesehene Begr od Übertr von Anrechten in der ges RentVers (2. Halbs iVm § 1587 o I 2). Die alternative AusglForm steht im AuswahlErm des FamG, soweit die Eheg nicht eine zul and AusglArt beantragen (BGH FamRZ **82**, 2496). Denkb ist neben dem schuldr VA nach § 1587 f Nr 5 (vgl aber VAHRG 3 a III 1) die Übertr ggwärtiger VermWerte wie WertPap, WoEigt, Gesellschafteranteile od auch die Einräumg von GrdPfandrechten, sofern damit ein echter VersWert, dh eine Sicherg auf längere Sicht verbunden ist, die Gewährg von WoRechten, die Zahlg von Beitr zur ges RentVers od einer LebVers (vgl Hamm NJW-RR **98**, 1619), die Realteilg sonst VersAnrechte mit Zust des VersTrägers (Mü FamRZ **91**, 956) od die Zahlg einer Geldrente mit entspr Sichergen für den Insolvenz- od Todesfall. 45 46 47

6) Ausgleichshöchstbetrag, V. Der MoBetr der gem I zu übertr od gem II bzw VAHRG 1 III zu begr RentAnrechte in der ges RentVers darf zus mit dem MoBetr der erworbenen RentAnrechte des ausglber Eheg den in SGB VI 76 II 3 bezeichn HöchstBetr nicht übersteigen (Einzelh Klattenhoff DAngVers **92**, 69). **Zweck:** Wie beim AnsprErwerb aGrd BeitrZahlg (inf der BeitrBemessgsGrenze, SGB VI 159) soll aus Grden der Gleichbehandlg auch für den VA eine Höchstgrenze gelten (BGH FamRZ **89**, 720). Auch ein Ausgl dch Super-Splitting od BeitrZahlg (VAHRG 3 b) scheidet aus (BGH FamRZ **89**, 720; Düss NJW-RR **91**, 1477); ebso die BeitrZahlg (SGB VI 187 I Nr 2) iW einer Vereinbg. In solchen Fällen findet vielm auch nach Inkrafttr des VAwMG (Hamm FamRZ **88**, 957) nur der schuldr VA gem § 1587 f Nr 2 statt; der künft AusglAnspr kann im Einzelfall bereits bei Dchführg des öffr VA festgestellt w (BGH FamRZ **82**, 42; **88**, 380). Nach SGB VI 76 II 3 darf die Summe der vom Ber währd der EheZt selbst erworbenen EP u dch den VA erlangten EP (zur Berechng vgl SGB VI 76 IV) den Wert nicht übersteigen, der sich bei einer Division der Anzahl der KalMo der EheZt dch 2 ergibt. Der Differenzwert, multipliziert mit dem bei EheZtEnde maßg aktuellen Rentenwert, ist der HöchstBetr. Für die Zuordng von Anrechten gilt insow das **Für-Prinzip** (BGH FamRZ **91**, 420), so daß Anrechte, die in der EheZt dch Nachzahlg für vorehel Zten begr worden sind, unberücks bleiben. Eine üb den HöchstBetr hinausgehde Übertr od Begr von Anrechten ist – abweichd v dem bis 1991 geltden R (BSG NJW **91**, 3237) – unwirks. 48 49 50

7) Umrechnung in Entgeltpunkte (VI): Nach VAÜG 3 I Nr 5, II Nr 2 muß das FamG beim VA unter Einbeziehg angleichgsdynam Anrechte anordnen, daß der RentVersTräger den dem Ber gutgebrachten DM-Betrag nach SGB VI 264 a II in EP (Ost) umzurechnen hat, um dem Ber ein Anrecht zu verschaffen, das dem ausgeglichenen Anrecht vergleichb dynam ist. In allen and Fällen der Übertr od Begr von RentAnrechten hat das FamG nach VI anzuordnen, daß eine Umrechng in EP zu erfolgen hat. Damit soll den betroffenen Eheg nach dem Willen des GesGebers zugleich verdeutlicht w, daß der VA keinen feststehenden DM-Betrag zum Ggst hat, sond daß ihnen ein dynam Wert gutgebracht od abgezogen w (BT-Drucks 12/405 S 173). 51

Anhang zu § 1587 b

Gesetz zur Regelung von Härten im Versorgungsausgleich (VAHRG)

Vom 21. Februar 1983 (BGBl I S. 105) in der Fassung des VAwMG vom 8. 12. 1986 (BGBl I S 2317), des Rentenreformgesetzes 1992 vom 18. Dezember 1989 (BGBl I 2261/2388) und des Rentenüberleitungsgesetzes vom 25. Juli 1991 (BGBl I 1606)

Einführung

1) Das BVerfG hat **§ 1587 b I und II** grdsl für verfkonform erkl, allerd mit der Einschränkg, daß die Regelg in einz Härtesituationen korrekturbedürft sei, näml vor allem dann, wenn beim AusglPflicht eine Kürzg seiner RentAnrechte erfolgt, ohne daß sich der Erwerb des VersSchutzes aS des verstorbenen Ber angem ausgewirkt h (BVerfG NJW **80**, 692). Nach **§ 1587 b III 1 Halbs 1** idF des 1. EheRG sollte der VA für den größten Teil der nicht unter den Ausgl nach § 1587 b I u II fallden VersAnrechte (insb die berufsständ Vers von Angeh verkammerter freier Berufe, die ZusatzVers des öff D, betriebl Ruhegeldzusagen, AltersSicherg der Landwirte usw) dadch ausgeglichen w, daß dem AusglVerpfl auferlegt wurde, iHd Ausgl-Betr zG des AusglBer dch **Beitragszahlung** Anwartsch in der ges RentVers zu begr. Diese Regelg ist für verfwidr erkl worden (BVerfG NJW **83**, 1417). Das daraufhin geschaffene **VAHRG** wurde in seiner urspr Fassg wg des modifiz schuldr VA, der den AusglBer iFd Vorversterbens des ausglpfl Eheg schutzlos ließ (VAHRG 2 aF), u wg Fehlens einer ÜbergRegelg wiederum für verfwidr erkl (BVerfG NJW **86**, 1321). Abschließd hat das **VAwMG**, das zusätzl dadch veranlaßt war, daß für das VAHRG urspr eine Befristg bis zum 31. 12. 86 bestand, einen insges den Anfordergen der verfgericht Rspr angepaßten RZustand geschaffen. 1

2) Inhalt des VAHRG. a) Zusätzliche Formen des VA. aa) Die AO der BeitrEntrichtg in der ges RentVers (§ 1587 b III 1 aF) wird ersetzt **(VAHRG 1 I)** vorrangig dch die – allerd nur bei entspr Regelg des in Frage stehden VersWerks mögl – **Realteilung (VAHRG 1 II)** sowie bei sämtl gg einen öffr VersTräger gerichteten VersAnrechten dch analoges **Quasi-Splitting (VAHRG 1 III). – bb)** An sich fällt der Rest der auszugleichden VersAnrechte dem schuldr VA anheim (VAHRG 2). Doch sieht **VAHRG 3 b I Nr 1** bis zu best HöchstBetr eine **Erweiterung von Splitting, Quasi-Splitting und** (mit Zust des VersTrägers) **Realteilung** vor, also den Zugriff auf VersAnrechte, die nach dem für § 1587 b I u II, VAHRG 1 II u III geltden HalbteilgsGrds VA-rechtl an sich erschöpft sind. Ferner ist nach **VAHRG 3 b I Nr 2** bei wirtsch Zumutbark auch wiederum die **Verpflichtung des VA-Schuldners zur Entrichtung von Beiträgen in die gesetzliche Rentenversicherung** mögl. – **cc)** Soweit der VA auch in diesen Formen nicht dchgeführt w kann, findet der **schuldrechtliche VA** statt **(VAHRG 2),** der abgefunden w k (§ 1587 l) u üb den Tod des Verpfl 2 hinaus in Form einer **verlängerten Ausgleichsrente** mit Anspr gg den VersTräger perpetuiert wird **(VAHRG 3 a).**

3 **b) Ergänzungen und Modifizierungen der allgemeinen Versorgungsausgleichsregelung.** Das VAHRG enth iü im wesentl mat VersorggsR, das die leistgsrechtl Auswirkgen des VA aS des Verpfl (etwa SGB VI 76, 264 a, BeamtVG 57, SVG 55 c) modifiziert u wirtsch Belastgen in Form des VermEinsatzes aus
4 Anlaß eines VA korrigiert – **aa)** In den **VAHRG 4–10** werden die wirtsch nachteil Folgen des öffr VA in den Formen des § 1587 b I–III, VAHRG 1 III, 3 b I in best **Härtefällen** zurückgen: beim vorzeit Tod des Ber wird von der Kürzg abgesehen; bereits gezahlte Beiträge w erstattet (VAHRG 4, 7, 8); bei ges UnterhVerpfl
5 die ungekürzte Vers gewährt (VAHRG 5, 6). – **bb)** Die Vorschr des VAHRG 10 a regelt ergänzd zu ZPO
6/7 578 f die **Abänderung rechtskräftiger Entscheidungen** üb den öffr VA. – **cc)** VAHRG 10 d verhindert Manipulationen der AusglBilanz dch die Inanspruchn von AustrittsLeistgen (Erstattgen usw) dch einen der Eheg. – **dd)** In **VAHRG 11 I** wird das **Verfahrensrecht** für den Gesamtbereich des VA verallgemeinert, in II dem FamG eine an die Seite von FGG 53 b tretende allg Ermächtigg zur AuskEinholung erteilt. –
8 **ee) VAHRG 13** enth eine Regelg der zeitl Geltg des VAHRG, die dch VAwMG Art 4 §§ 1, 2 ergänzt wurde.

9 **3) Rangfolge der einzelnen Ausgleichsarten:** Können zum VA versch VersAnrechte außerh der ges RentVers u der BeamtVers herangezogen w u konkurrieren damit mehrere AusglArten nach VAHRG 1 ff miteinander, so sind alle in Betr kommden Vers des AusglPfl anteilmäß zum Ausgl heranzuziehen, u zwar quotiert nach dem WertVerh der ehezeitl erworbenen Anrechte zum AusglBetr (BGH NJW **94**, 48; Hamm NJWE-FER **98**, 268). Einschränkg: Verbleibt nach Anwendg dieser QuotiergsMethode ein schuldr auszugleichder RestBetr, der nicht aGrd v VAHRG 3 b öffr ausgegl w kann, ist ein Interesse des ausglber Eheg an der Erlangg einer eigenständ Vers höher zu bewerten als das Interesse der VersTräger an einer gleichmäß Belastg. Folge: Heraufsetzg einz Quoten nach dem Erm des FamG unter Beachtg der Halbteilg (BGH aaO).

10 **4) Verfahren.** Soweit eine Realteilg mögl ist (VAHRG 1 II; vgl etwa ALG 43, 110) od ein Quasi-Splitting gem VAHRG 1 III stattfindet, sind die VersTräger analog FGG 53 b II 1 am VA-Verf zu beteil (Bergner DRV **83**, 221 u 226). Mittelb Auswirkgen des VA, wie etwa die künft mögl Inanspruchn des Trägers eines schuldr auszugleichden Anrechts auf verlängerte schuldr AusglRente (VAHRG 3 a, BeamtVG 22 II), bewirken keine BeteilStellg (BGH FamRZ **89**, 370). Zur BeschwBefugn des SozVersTr: BGH NJW-RR **91**, 258; FamRZ **90**, 1099; einer ZusVersKasse: BGH FamRZ **96**, 482.

11 **5)** Die **zeitliche Geltung** des VAHRG folgt aus dessen § 13. Das VAHRG gilt in der jew maßg Fassg (BGH FamRZ **88**, 936) in jeder Inst, auch wenn die VorInst es noch nicht angewandt h (BGH NJW **84**,
12 611), u auch, wenn der AusglPflicht vor dem 1. 4. 83 verstorben ist (BGH NJW **86**, 185). Zum **Übergangsrecht** vgl ebenf VAHRG 13.

I. Maßnahmen zur Beseitigung der Beitragszahlungspflicht im Versorgungsausgleich

VAHRG 1 *Ersetzung der Bareinzahlung durch Realteilung und Quasi-Splitting.* **I Sind im Versorgungsausgleich andere als die in § 1587 b Abs. 1 und 2 des Bürgerlichen Gesetzbuchs genannten Anrechte auszugleichen, so gelten an Stelle des § 1587 b Abs. 3 Satz 1 des Bürgerlichen Gesetzbuchs die nachfolgenden Bestimmungen.**

II Wenn die für ein Anrecht des Verpflichteten maßgebende Regelung dies vorsieht, begründet das Familiengericht für den anderen Ehegatten ein Anrecht außerhalb der gesetzlichen Rentenversicherung (Realteilung). Das Nähere bestimmt sich nach den Regelungen über das auszugleichende und das zu begründende Anrecht.

III Findet ein Ausgleich nach Absatz 2 nicht statt und richtet sich das auszugleichende Anrecht gegen einen öffentlich-rechtlichen Versorgungsträger, so gelten die Vorschriften über den Ausgleich von Anrechten aus einem öffentlich-rechtlichen Dienstverhältnis (Quasi-Splitting) sinngemäß.

1 **1)** Die obligator **Verpflichtung zur Entrichtung von Beiträgen** als dritte Form des dch das 1. EheRG geschaffenen VA wird dch I ersetzt. An ihre Stelle treten die Realteilg, das Quasi- Splitting, der erweiterte öffr
2 VA sowie die BeitrZahlg nach VAHRG 3 b I u der schuldr VA iSv VAHRG 2. Dch das VAHRG wird dagg nicht berührt die BerechngsWeise der VersAnrechte u die Dchführg des VA dch Splitting u Quasi-Splitting in der ges RentVers u bei der BeamtVers, ebso die Berücks einer evtl Unwirtschaftlichk des VA u der Höchst-BetrRegelg. Es gelten also unverändert weiter die §§ 1587, 1587 a sowie § 1587 b I, II, IV u V. Dch das VAHRG entfällt auch nicht etwa der gesamte § 1587 b III; es treten nur an Stelle der AusglArt „Beitr-ZahlgsPfl" and AusglArten. Insb bleibt § 1587 b III insof von Bedeutg, als die Vorschr den AnwendgsBereich der VAHRG 1 ff festlegt, also best, welche Anrechte für eine der AusglFormen des VAHRG überh in Betr kommen. Das bedeutet ferner, daß das Prinzip des EinmalAusgl des § 1587 b III 3 unverändert weiter gilt: Es ist zunächst festzustellen, welcher Eheg ausglpfl ist; unabhäng davon, ob der ausglber Eheg in einer VersArt mehr Anrechte hat als der and, vollzieht sich der VA auch weiterh grdsl immer nur in einer Richtg. § 1587 b III 1 Halbs 2 ist zwar nicht aufgeh, kann aber mangels der Möglichk, noch BeitrZahlgen nach III 1 anzuordnen, nicht mehr angewendet w (hinsichtl der BeitrZahlg nach VAHRG 3 b I Nr 2 gilt eine eig AusschlRegelg). Bezieht der AusglBer bereits eine Vollrente wg Alters, so erhöht sich diese unabhäng von § 1587 b I 1 Halbs 2, wenn Anrechte nach § 1587 b III 1 auszugl sind, soweit dies jetzt in der Form von VAHRG 1 III od 3 b I Nr 1 geschieht. § 1587 b III 1 Halbs 2 gilt jedoch für Vereinbgen üb den VA weiter, so daß es unzul ist, iRv § 1587 o die BeitrEntrichtg zu vereinb, wenn der AusglBer bereits eine Vollrente wg Alters bezieht (Bergner DRV **83**, 219). Dies kann jedoch dadch umgangen w, daß der Ber kurzfrist eine Teilrente beansprucht, soweit dies rentenr zul ist (SGB VI 42 I, 302 III). Wird die Realteilg erst nach der

letzten TatsEntsch üb den VA eingeführt, so kann dies nach VAHRG 10a I Nr 3 im AbändVerf berücks w (vgl BGH FamRZ **98**, 421), auch noch nach dem Tod des Verpfl (BGH FamRZ **93**, 173).

2) Realteilung, II. Das FamG begründet für den ausglber Eheg dch richterl GestaltgsAkt (BGH FamRZ **98**, 421) ein Anrecht außerh der ges RentVers, wenn die maßg VersRegelg dies vorsieht. Der AusglBer erh somit grdsl VersAnrechte ders Art, wie sie der AusglVerpfl hat; es sei denn, daß sich der Träger des auszugleichden Anrechts zur Dchführg der Realteilg eines and VersTrägers (zB den des Ber) bedient. Das dem Ber gutgebrachte Anrecht muß im allg dem AnR des Verpfl gleichwert sein, um dem HalbteilgsPrinzip zu entspr (BGH FamRZ **94**, 559). Es muß daher grdsl dieselben VersichergsRisiken umfassen od einen anderweit Vorteil vermitteln (zB eine erhöhte Altersrente bei fehldem InvalidSchutz; so zutr Rolland/Wagenitz Rn 34; vgl hierzu BGH NJW **98**, 3772). Zudem muß es gleichart sein, dh Zahlg einer lfden Leistg zum Ggst haben. In der **Ausgestaltung** der Realteilg hat der VersTräger einen relativ großen Spielraum (Bambg NJW-RR **93**, 646), der allerd der AngemKontrolle dch das FamG unterliegt (BGH FamRZ **98**, 421; NJW **98**, 3772), u kann etwa die Realteilg von einem MindestBetr abhäng machen (Karlsr FamRZ **93**, 1212), ebso von einem HöchstBetr (ebso RGRK/Wick Rn 30). Die Realteilg muß dem Ber eine eigenständ u dauerh Sicherg verschaffen; eine Abtretg lfder Leistgen (vgl BGH FamRZ **85**, 799) genügt diesem Erfordern nicht, ebsowenig wie eine Gesch-HinterbliebenenSicherg od die Einräumg eines unwiderrufl BezugsR. 3

a) Grdsl einzige **Voraussetzung** für die Realteilg ist, daß nach dem für den Träger des auszugleichden Anrechts maßg R die dingl Teilg der VersorggsAnrechte vorgesehen ist, hierbei genügt die Möglichk der Dchführg der Realteilg im Einzelfall (BGH NJW-RR **97**, 129; **98**, 3772). Ob dies der Fall ist, entsch das Ges (zB ALG 43, 110) bzw der jew VersorggsTräger (dch Satzg, VertrGestaltg usw) selbst. Auch eine Super-Realteilg (VAHRG 1 II iVm 3b I Nr 1) ist nur mit Zust des VersorggsTr zul. Zu den MindestAnfordgen innerh des weiten GestaltgsSpielraums des VersorggsTr BGH NJWE-FER **97**, 5; FamRZ **98**, 421. Allerd müssen ijF gewisse MindAnfordergen eingehalten sein, um eine unangem Benachteiligg der Eheg zu vermeiden. Die Realteilg ist nicht auf öffr Vers, wo sie außerh der AltersSicherg der Landwirte insb im Bereich der berufsständ Altervers v Bedeutg ist (Schwesinger, VA u berufsständ VersorggsWerke, S 206 ff), beschränkt; im Bereich privatr Versorggen findet sie vor allem in der priv LebVers statt (Frels VersR **83**, 112; Ellger FamRZ **86**, 513; vgl MusterGeschPlan des BAV f die Realteilg in der priv RentVers, VerBAV **87**, 271). Zul sind **Beschränkungen der Realteilung** dch das für den VersTräger maßg R hinsichtl des Personenkreises u des Umfangs des Ausgl (Ffm FamRZ **98**, 626). Von den Eheg zu erfüllde Vorauss, die der Aufrechterhaltg der Homogenität des versicherten PersKreises dienen, kennen insb die berufsständ VersorggsTr. Die *Bay* ÄrzteVers verl für die Realteilg, daß der ausglber Eheg zumind Arzt ist (BGH FamRZ **88**, 1254; Mü FamRZ **91**, 956 mit gleichzeit SuperSpl); das VersWerk der LÄrzteKa *Hess*, daß beide Eheg Mitgl sind (Ffm FamRZ **89**, 70; das VersorggsWerk der ÄrzteKa des *Saarl*, daß beide Eheg diesem VersorggsWerk angehören od daß der Berecht einem and VersorggsWerk angehört, mit dem ein ÜberleitgsAbk besteht (Saarbr OLGR **99**, 324). Die VersAnst für Ärzte, Zahnärzte u Tierärzte *BaWü* sieht die Realteilg vor, unabhäng davon, ob beide Eheg dem VersWerk angehören; ebso hins der erweiterten HonorarVerteilg die KassÄrztl Vereinigg *Hess* (BGH FamRZ **89**, 951 u 1281)). Beschr die betriebl Regelg die Realteilg unter Ausschl v InvalidRenten auf die Altersrente, dann ggf Ausgl nach VAHRG 3b (BGH NJW **98**, 3772). Bei unterlassener Realteilg Beschw des VersTrägers (Karlsr FamRZ **89**, 984). Nach ALG 43 I 1 hängt die Realteilg bei **Landwirten** zusätzl davon ab, daß beide Eheg iSd ALG berücksfäh Anrechte erworben h, gleichgült, ob innerh od außerh der Ehe. Hat der ausglber Eheg auch Anrechte der ges RentVers erworben, sieht das FamG auf seinen **Antrag** von der Realteilg ab (ALG 43 I 2). Der Ausgl erfolgt dann nach VAHRG 1 III (zur ratio legis Greßmann/Klattenhoff FamRZ **95**, 583). Die Realteilg erfolgt schließl auch in Altfällen, also bei einem EheZtEnde vor 1995, wenn beide Eheg nach 1994 in der LandwVers versichert sind od wenn sie ein früh Quasi-Splitting nach VAHRG 10a dch die Realteilg ersetzen wollen (ALG 110). In der VersRegelg eines öffr VersTrägers ist eine an VAHRG 4, 5 orientierte HärteRegelg zu treffen (vgl BGH FamRZ **93**, 298); dies folgt aus dessen Bindg an die GrdRe, deren Konkretisierg VAHRG 4, 5 in ihrer GrdStruktur sind, u aus dem Gedanken der Vermeidg einer Umgehg der sich direkt aus VAHRG 10 ergebden Bindg an die HärteRegelgen. Privatr organisierte VersEinrichtgen brauchen nach Ans des BGH (FamRZ **89**, 951) keine **den §§ 4 ff VAHRG entsprechende Härteregelung** vorzusehen. Führt in einem solchen Fall die Realteilg zu einer unangem Benachteiligg des AusglVerpfl, kann das FamG aber entsch, als ob diese AusglForm nicht bestünde, u den VA schuldr dchführen (BGH NJW **98**, 64). Der GesGeber ging allerd vor dem HinterGrd der Bedeutg der GrdRe u der obj WertOrdng des GG für die dem PrivR zuzuordnde betriebl AltersVers (vgl BVerfG AP Nr 2, 11–14 zu § 1 BetrAVG – Unterstützgs-Kassen –) von einer GrdR-Bindg priv VersTräger aus (BT-Drucks 9/2296 S 16), wie auch VAHRG 3a IV 3 dokumentiert. Diese Bindg verpfl die VersTr zur Einführg von HärteRegelgen, beläßt ihnen jedoch einen GestaltgsFreiraum, in dessen Rahmen sie auch die Kosten der HärteRegelgen auf die Eheg überwälzen k. 4

b) Das Nähere best sich nach den vom FamG zu beachtden (Ffm FamRZ **89**, 70) Regelgen üb das auszugl u das zu begr Anrecht, **II 2.** So kann etwa wie in der AltersSicherg der Landwirte eine Teilg von Nominalwerten erfolgen (Ffm FamRZ **89**, 70), die Halbierg des Barw od DeckgsKap vorzunehmen sein (BGH FamRZ **88**, 1254; Bambg FamRZ **85**, 942) od der Ausgl in der Weise erfolgen, daß aus dem KapWert des ehebezogenen Anrechts für beide Eheg gleich hohe Anrechte ermittelt w (Celle FamRZ **85**, 940; Mü FamRZ **91**, 576). Das FamG hat aber zu überprüfen, ob die nach dem jew maßg R vorgesehene Realteilg best **Mindestanforderungen** genügt. Diese ergeben sich aus der Art der Realteilg als einer Form des öffr VA (mit der Folge, daß dem AusglBer eine dem HalbteilgsPrinzip entspr eigenständ u dauerh Sicherg zu verschaffen ist), dem RGedanken des § 1587 b IV u einem allg BenachteiliggsVerbot, das angem TeilgsErg sicherstellen soll (BGH FamRZ **88**, 1254; **89**, 951). Sind diese Vorauss nicht erf, kann das FamG sie nicht ersetzen, sond muß den VA so regeln, wie er ohne die Realteilg zu regeln wäre. Zum Verf der Realteilg in der priv RentVers ausf Ellger FamRZ **86**, 513. Bsp für die Dchführg: Celle FamRZ **85**, 939, 942 (Provinzial LebVers); Mü FamRZ **91**, 576/8 (BayVers). Innerh der Alterssicherg der **Landwirte** erfolgt die Realteilg, indem zL der vom AusglPfl erworbenen Anrechte f den ebenf nach dem ALG versicherten AusglBer ein Anrecht bei der für ihn zust landw Alterskasse begr w (ALG 43 II; Greßmann/Klattenhoff FamRZ **95**, 584). 5

6 **3) Quasi-Splitting, III.** Findet eine Realteilg nicht statt (das ist auch dann der Fall, wenn das FamG von der Realteilg im Einzelfall als unangem od unwirtschaftl absehen muß) u richtet sich das auszugleichde Anrecht gg einen dt öffr VersTräger, so gelten hinsichtl der AusglForm u der leistgsrechtl Auswirkgen (nicht aber in bezug auf die Bewertg, die Frage der Verfallbark, der Dynamik od die Rangfolge) die Vorschr üb den Ausgl von Anrechten aus einem öffr DVerh sinngem. Der Ausgl erfolgt in der Form des § 1587 b II; ihm steht nicht entgg, daß der AusglVerpfl verstorben ist u der VersTräger damit keine Möglichk mehr h, dessen Vers zu kürzen (BGH NJW **86**, 185). Vgl auch VAHRG 10.

7 **a) Gegenstand des Quasi-Splittings.** Das Quasi-Splitting beschränkt sich auf Anrechte bei einem inl (BT-Drucks 9/2296 S 12; Stgt FamRZ **89**, 760) **öffentlich-rechtlichen Versorgungsträger** (zur Begr vgl Bergner DRV **83**, 221; Karlsr FamRZ **88**, 845). Dabei kommt es ausschließl auf die **Rechtsform des Versorgungsträgers,** der Körpersch, Anst od Stiftg des öff R sein muß (BGH **92**, 152), u nicht auf das RVerh zw ihm u dem Versicherten, die Art der Vers od die Aufgabenstellg des VersTr an, so daß ggf auch auf einem priv RVerh beruhde Anrechte iW des Quasi-Splittings auszugl sind (BGH FamRZ **84**, 1212; **86**, 344). VersTräger iSd VAHRG ist derj, der die VersZusage abgibt u im VersFall die zugesagten Leistgen gewährt (BGH FamRZ **93**, 299); bei unselbständ VerwaltgsEinh kommt es auf die Organisationsform des Verwaltgs-Trägers an. Bedient sich ein öffr RTräger zur Dchführg der Vers einer selbstd Pensions- od UnterstützgsKasse, so kommt es ebso wie idF der DirektVersicherg gem BetrAVG 1 II auf deren Organisationsform an (BGH **99**, 10; Brem FamRZ **85**, 943). VAHRG 1 III ist auch dann nicht anwendb, wenn das Anrecht bei einem priv VersTr erworben worden ist, der von öffr Körpersch getragen w (BGH FamRZ **85**, 794; **86**, 248). Sind iW des Quasi-Splittings **bei mehreren Versorgungsträgern in unterschiedlicher Höhe bestehende Anwartschaften** auszugl, erfolgt eine entspr Quotierg (BGH FamRZ **84**, 1214; Saarbr FamRZ **92**, 70; Hamm
8 NJWE-FER **98**, 268). **Durch Quasi-Splitting sind auszugleichen:** die ZusatzVers für ArbN des öff D (VBL, kommunale ZusatzVersKassen, BahnVersAnstalt Abt B usw; BGH FamRZ **84**, 990; **86**, 247, 341; **88**, 1251); die AbgeordnetenVers (BGH FamRZ **88**, 380), also Anrechte der Mitgl des Dt BT (Mü FamRZ **86**, 1114) sowie der Länderparlamente (BGH FamRZ **88**, 380); die Anrechng bei den öffr Rundfunkanstalten (BGH **92**, 152) u den öffr Banken (BGH NJWE-FER **99**, 25), der Alterssicherg der Landwirte (soweit nicht eine Realteilg erfolgt, Celle FamRZ **95**, 1360) u der sonstigen SozVersTräger (AG Langenfeld FamRZ **84**, 1240), der nicht realteilgsfäh berufsständ AltersVers (BGH FamRZ **91**, 314, 1420; **92**, 47, 165); der hüttenknappschaftl ZusatzVers *Saarl* (BGH FamRZ **84**, 573); Anrechte aus der gemeins AusglKasse im Seelotswesen (BGH FamRZ **88**, 51); der HöherVers in der ges RentVers (SGB VI 269; BGH FamRZ **87**,
9 918). Nach III auszugleichen sind ferner VersAnrechte v **Zeitsoldaten, Beamten auf Widerruf** u aus dem öff D ausgeschiedenen Beamt, Ri u Sold, bei denen die **Nachversicherung aufgeschoben** ist. Noch
10 **verfallbare Anrechte** der betriebl AltersVers bleiben weiterh dem schuldr VA überlassen (§ 1587 a II Nr 3 S 3) u unterliegen nicht etwa dem Quasi-Splitting nach III (BT-Drucks 9/2296 S 12). Das gilt insb auch für die ZusatzVers des öff D (BGH FamRZ **86**, 247), so daß währd der AnwartschPhase nur die Anrechte auf die stat VersRente dch Quasi- Splitting auszugl sind, die dynam VersRente dagg weiterh dem schuldr VA unterliegt od nach Eintr der Unverfallbark im AbändVerf gem VAHRG 10 a I Nr 3 in den öffr VA einbezogen
11 w. Die entspr Anwendg der Vorschr üb das Quasi-Splitting bedeutet, daß dem Ber bis zum Höchstbetr nach § 1587 b V ein dynam, nach SGB VI 52 wartezeitwirks RentAnrecht zusteht, das nach SGB VI 76 II die
12 selbst erworbenen Anrechte in Form eines Zuschlags an EP erhöht. – **b) Sinngemäße Anwendung der Vorschriften über das Quasi-Splitting.** Gemeint sind nicht nur die Vorschr des BGB (§ 1587 b II u VI), sond vor allem auch die beamtrechtl Regelgen (BeamtVG 57, 58) üb die Kürzg der Vers u deren Abwendg
13 (vgl Bergner DRV **83**, 222 f). Der VersTräger erstattet dem RentVersTr des Ber entspr SGB VI 225 I die Aufw od zahlt Beitr nach SGB VI 225 II u ist berecht, die Vers an den Verpfl u seine Hinterbliebenen unter Beachtg des Pensionärsprivilegs (BeamtVG 57 I 2) zu kürzen. Der KürzgsBetr w entspr der Dynamik des ausgeglichenen Anrechts fortgeschrieben. Der Verpfl kann entspr BeamtVG 58 seine geminderten Anrechte dch BeitrZahlg wieder auffüllen.

VAHRG 2 *Schuldrechtlicher Versorgungsausgleich.* **Soweit der Ausgleich nicht nach § 1 durchgeführt werden kann, findet der schuldrechtliche Versorgungsausgleich statt.**

1 VAHRG 2 hat Auffangfunktion u erweitert den Katalog des § 1587 f. An die Stelle des verfwidr Beitrags-Ausgl nach § 1587 b III 1 tritt für alle Anrechte, die nicht vorrangig nach VAHRG 1 II, III u 3 b I ausgegl w können, der verfrechtlich nur subsidiär zul schuldr VA (§§ 1587 g-1587 n), der auf **Antrag** dchgeführt w. Die Regelg betr insb Anrechte iSv § 1587 a II Nr 3–5, V wie auch nach § 1587 a II Nr 1, soweit der Träger der beamtenähnl Vers nicht öffr organisiert ist (BGH FamRZ **85**, 794; **86**, 248). Ihr HauptanwendgsBereich
2 sind betriebl u ausl Anrechte (Schlesw SchlHAnz **98**, 262). Das AbfindgsVerbot des am 1. 4. 83 in Kr getretenen Rechts wurde mit Wirkg vom 1. 1. 87 wieder beseitigt, nachdem das BVerfG (NJW **86**, 1321) das früh R für verfwidr erkl hatte. Künft AusglAnspr nach VAHRG 2 können daher gem § 1587 l wieder abgefunden w.

VAHRG 3 *Sinngemäße Anwendung der Versorgungsausgleichsvorschriften.* **Soweit die Vorschriften des Bürgerlichen Gesetzbuchs über den Versorgungsausgleich auf einen Ausgleich nach diesem Gesetz nicht unmittelbar anzuwenden sind, gelten sie sinngemäß.**

1 Die Vorschr hat nur klarstellde Funktion, um die dchgäng Anwendg der mat Vorschr des VA zu sichern (zum VerfR VAHRG 11 I). Die Regelg gilt für sämtl AusglFormen des VAHRG, soweit nicht im jew RegelgsZshg eine abschließde SonderRegelg getroffen worden ist (vgl etwa VAHRG 3 a VI, 3 b I Nr 2 S 2). Sie trägt dem Umst Rechng, daß einz AusglFormen nach der Ablösg des verfwidr BeitrAusgl nach § 1587 b

III 1 ihre RGrdl nicht im BGB, sond außerh dieses RegelgsKomplexes im VAHRG haben. VAHRG 3 bindet die AusglFormen des VAHRG in die RegelgsStrukturen des VA im BGB (einschließl der BarwtVO u des VAÜG) ein (BGH FamRZ **83**, 1003). **Unmittelbar anwendbar** auf den öffr VA nach dem VAHRG sind die §§ 1587, 1587 a, 1587 b III 3, 1587 c, 1587 e II, 1587 o. Sonstige leistgsrechtl Regelgen, die nicht iRv VAHRG 1 III für anwendb erkl worden sind, finden auch üb VAHRG 3 keine Anwendg. Für den schuldr VA verweist VAHRG 2 auf §§ 1587 f–1587 n u enth damit eine eigenständ Verweisg. **Sinngemäß anwendbar** sind §§ 1587 b IV, V (vgl BGH FamRZ **89**, 720; Kln FamRZ **88**, 77; Hamm FamRZ **88**, 957), 1587 e I, 1587 p (BT-Drucks 9/2296 S 14).

I a. Verlängerung des schuldrechtlichen Versorgungsausgleichs

VAHRG 3 a ***Verlängerung des schuldrechtlichen Versorgungsausgleichs beim Tode des Verpflichteten.*** **I Nach dem Tod des Verpflichteten kann der Berechtigte in den Fällen des schuldrechtlichen Versorgungsausgleichs von dem Träger der auszugleichenden Versorgung, von dem er, wenn die Ehe bis zum Tode des Verpflichteten fortbestanden hätte, eine Hinterbliebenenversorgung erhielte, bis zur Höhe dieser Hinterbliebenenversorgung die Ausgleichsrente nach § 1587 g des Bürgerlichen Gesetzbuchs verlangen. Für die Anwendung des § 1587 g Abs. 1 Satz 2 des Bürgerlichen Gesetzbuchs ist nicht erforderlich, daß der Verpflichtete bereits eine Versorgung erlangt hatte. Sind mehrere Anrechte schuldrechtlich auszugleichen, so hat jeder Versorgungsträger die Ausgleichsrente nur in dem Verhältnis zu entrichten, in dem das bei ihm bestehende schuldrechtlich auszugleichende Anrecht zu den insgesamt schuldrechtlich auszugleichenden Anrechten des Verpflichteten steht. Eine bereits zu entrichtende Ausgleichsrente unterliegt den Anpassungen, die für die Hinterbliebenenversorgung maßgebend sind.**

II Absatz 1 findet keine Anwendung, wenn die für das auszugleichende Anrecht maßgebende Regelung in dem Zeitpunkt, in dem der Anspruch nach Absatz 1 bei dem Versorgungsträger geltend gemacht wird,

1. für das Anrecht eine Realteilung vorsieht, oder
2. dem Berechtigten nach dem Tod des Verpflichteten einen Anspruch gewährt, der dem Anspruch nach Absatz 1 bei Würdigung aller Umstände allgemein gleichwertig ist.

III Absatz 1 findet keine Anwendung in den Fällen des § 1587 f Nr. 5 in Verbindung mit § 1587 b Abs. 4 des Bürgerlichen Gesetzbuchs. In den Fällen des § 1587 f Nr. 5 in Verbindung mit § 1587 o des Bürgerlichen Gesetzbuchs gilt Absatz 1 insoweit nicht, als die vereinbarte Ausgleichsrente die nach dem Gesetz geschuldete Ausgleichsrente übersteigt und der Versorgungsträger nicht zugestimmt hat.

IV Eine an die Witwe oder den Witwer des Verpflichteten zu zahlende Hinterbliebenenversorgung ist in Höhe der nach Absatz 1 ermittelten und gezahlten Ausgleichsrente zu kürzen. Die Kürzung erfolgt auch über den Tod des Berechtigten hinaus. Satz 2 gilt nicht, wenn der Versorgungsträger nach Absatz 1 nur Leistungen erbracht hat, die insgesamt zwei Jahresbeträge der auf das Ende des Leistungsbezugs berechneten Ausgleichsrente nicht übersteigen. Hat er solche Leistungen erbracht, so sind diese auf die an die Witwe oder den Witwer des Verpflichteten zu zahlende Hinterbliebenenversorgung anzurechnen.

V Ist eine ausländische, zwischenstaatliche oder überstaatliche Einrichtung Träger der schuldrechtlich auszugleichenden Versorgung, so hat die Witwe oder der Witwer des Verpflichteten auf Antrag die entsprechend den vorstehenden Absätzen ermittelte Ausgleichsrente zu entrichten, soweit die Einrichtung an die Witwe oder den Witwer eine Hinterbliebenenversorgung erbringt. Leistungen, die der Berechtigte von der Einrichtung als Hinterbliebener erhält, werden angerechnet.

VI In den Fällen der Absätze 1, 4 und 5 gelten § 1585 Abs. 1 Sätze 2 und 3, § 1585 b Abs. 2 und 3, § 1587 d Abs. 2, § 1587 h und § 1587 k Abs. 2 Satz 1 des Bürgerlichen Gesetzbuchs entsprechend.

VII Der Versorgungsträger wird bis zum Ablauf des Monats, der dem Monat folgt, in dem er von der Rechtskraft der Entscheidung über die Ausgleichsrente nach Absatz 1 Kenntnis erlangt,

1. gegenüber dem Berechtigten befreit, soweit er an die Witwe oder den Witwer des Verpflichteten Leistungen erbringt, welche die um die Ausgleichsrente nach Absatz 1 gekürzte Hinterbliebenenversorgung übersteigen;
2. gegenüber der Witwe oder dem Witwer des Verpflichteten befreit, soweit er an den Berechtigten nach Maßgabe eines gegen den Verpflichteten gerichteten Vollstreckungstitels, der diesen wegen des bei dem Versorgungsträger begründeten Anrechts zur Zahlung einer Ausgleichsrente verpflichtete, oder auf Grund einer Abtretung nach § 1587 i Abs. 1 des Bürgerlichen Gesetzbuchs Leistungen erbringt, welche die Ausgleichsrente nach Absatz 1 übersteigen. Nach Ablauf des Monats, der dem Monat folgt, in dem der Berechtigte den Versorgungsträger zur Zahlung der Ausgleichsrente aufgefordert und ihm eine beglaubigte Abschrift des Vollstreckungstitels übermittelt hat, findet Nummer 1 keine Anwendung; Nummer 1 findet ferner insoweit keine Anwendung, als der Versorgungsträger in dem dem Tod des Verpflichteten vorangehenden Monat an den Berechtigten auf Grund einer Abtretung nach § 1587 i des Bürgerlichen Gesetzbuchs Leistungen erbracht hat;
3. gegenüber dem Berechtigten befreit, soweit er an die Witwe oder den Witwer des Verpflichteten nach Maßgabe einer gemäß Absatz 9 Satz 3 ergangenen einstweiligen Anordnung Leistungen erbringt, welche die um die Ausgleichsrente nach Absatz 1 gekürzte Hinterbliebenenversorgung übersteigen; gegenüber der Witwe oder dem Witwer des Verpflichteten wird er befreit, soweit er an den Berechtigten nach Maßgabe einer solchen einstweiligen Anordnung Leistungen erbringt,

welche die Ausgleichsrente nach Absatz 1 übersteigen. Nach Ablauf des Monats, der dem Monat folgt, in welchem dem Versorgungsträger die einstweilige Anordnung zugestellt worden ist, finden die Nummern 1 und 2 keine Anwendung.

VIII Der Berechtigte und die Witwe oder der Witwer des Verpflichteten sind verpflichtet, einander und dem nach Absatz 1 verpflichteten Versorgungsträger die Auskünfte zu erteilen, die zur Feststellung eines Anspruchs nach den vorstehenden Absätzen erforderlich sind. Die Träger einer im schuldrechtlichen Versorgungsausgleich zu berücksichtigenden Versorgung sind einander, dem Berechtigten und der Witwe oder dem Witwer des Verpflichteten verpflichtet, diese Auskünfte zu erteilen. Ist der Wert eines Anrechts von dem Wert eines anderen Anrechts abhängig, so hat der Träger des anderen Anrechts dem Träger des einen Anrechts die erforderliche Auskunft über den Wert des anderen Anrechts zu erteilen. § 1605 des Bürgerlichen Gesetzbuchs gilt entsprechend.

IX Über Streitigkeiten entscheidet das Familiengericht. In den Fällen des Absatzes 1 hat das Gericht die Witwe oder den Witwer des Verpflichteten, in den Fällen des Absatzes 4 den Berechtigten zu beteiligen. Das Gericht kann auf Antrag des Berechtigten oder der Witwe oder des Witwers des Verpflichteten im Wege der einstweiligen Anordnung die Zahlung der Ausgleichsrente nach den Absätzen 1 und 5 und die an die Witwe oder den Witwer des Verpflichteten zu zahlende Hinterbliebenenversorgung regeln. Die Entscheidung nach Satz 3 ist unanfechtbar; im übrigen gelten die §§ 620 a bis 620 g der Zivilprozeßordnung entsprechend.

1 **1)** Was nach dem Tod des Verpfl mit dem AusglAnspr geschieht, war umstr. Nach hM erlosch der Anspr auf AusglRente mit dem Tod des Verpfl, so daß der Berecht in vielen Fällen unversorgt blieb. Mit dem neu eingefügten VAHRG 3 a soll diese VersLücke geschl w, indem der **schuldrechtliche Versorgungsausgleich über den Tod des Verpflichteten hinaus verlängert** wird (BT-Drucks 10/5447 S 10 f), u zwar nicht ggü den vermrechtl vielf „unzuverlässigen" Erben des AusglSchu od wg der unerwünschten RStreit auch nicht gg die Hinterbl des Verpfl, sond indem der Anspr auf WeiterZahlg der AusglRente sich grdsl gg den Träger der auszugleichden Vers richtet (BT-Drucks 10/5447 S 10). Dessen schutzwürd Interessen w dadch berücks, daß die Fortdauer des AusglAnspr an die Erfordern der HinterblVers innerh der jew schuldr
2 Vers, um die es geht, gebunden w (Rn 5). Ausschl des verläng schuldr VA in 4 Fällen (dazu Rn 14 u 18). Die Vorschr des VAHRG 3 a gilt ab 1. 1. 87 als DauerR (VAHRG 13 Rn 4, 7). Die Vorschr ist **nicht** mRücks darauf **verfassungswidrig,** daß sie sich auf bereits vor dem Inkrafttr der Regelg gesch Ehen bezieht (BVerfG NJW **93,** 2923).

3 **2) Inhalt der verlängerten Ausgleichsrente.** Der VersTräger kann nach dem Tod des AusglSchu nur insow auf FortZahlg der AusglRente in Anspr gen w, als der Ber von ihm auch ohne Scheidg der Ehe beim
4 Tod des Eheg eine HinterblVers erh hätte, **I 1** (zur VerfBeschw eines Untern: FamRZ **93,** 653). – **a)** Das bedeutet: (1) Sieht die für die auszugleichde Vers maßg Regelg eine Wwen- od WwerVers vor, so kommt dies **zwingend** auch dem ausglber Eheg zugute. Der verläng schuldr VA kann nicht isoliert dch die VersSatzg
5 ausgeschl w (BT-Drucks 10/5447 S 11). (2) Ands kann der Ber von dem VersTräger die AusglRente **nur unter den Voraussetzungen und bis zur Höhe der fiktiven Hinterbliebenenversorgung** verl. Erfdl ist desh ijF, daß die für die auszugleichde Vers maßg Regelg überh eine HinterblVers vorsieht (Wagenitz FamRZ **87,** 5). Entspr wirken sich auch etw RuhensVorschr für den Fall der WiederVerheiratg zL des veräng schuldr
6 VA aus (BT-Drucks 10/5447 S 11). (3) Eine iF der WiederVerheiratg nur der Wwe od dem Wwer zuge-
7 dachte Abfindg kann der nur aus dem veräng schuldr VA Ber mangels AnsprGrdl nicht verl. (4) Leistgen, die auf die HinterblVers nach deren Regelg anzurechnen sind, w auch iF der Fiktion des verläng schuldr VA angerechnet. Die dem Ber geschuldete AusglRente darf also die um die anzurechnden Leistgen verminderte
8 fiktive HinterblVers nicht übersteigen (BT-Drucks 10/5447 S 11). (5) Unangerechnet bleiben naturgem die
9 Leistgen aus dem öffr VA (BT-Drucks 10/5447 S 11). – **b)** Iü best sich **Voraussetzungen und Umfang des**
10 **verlängerten schuldrechtlichen Versorgungsausgleichs nach § 1587 g, I 1.** – **aa)** Vorauss: Der Ber muß selbst eine Vers erlangt od die sonst Vorauss des § 1587 g I 2 erf haben. Abw davon gilt aber zG des AusglBer: Hatte der Verpfl im Ztpkt seines Todes die schuldr auszugleichde Vers noch nicht erlangt, so soll der AusglBer iR des verlängerten schuldr VA die AusglRente erh, obwohl nach § 1587 g I 2 der verst Eheg seiners zur Zahlg noch nicht verpfl gew wäre, **I 2.** Diese Regelg trägt dem SchutzBedürfn des Ber Rechng, der mit dem Tod des Verpfl vielf die Möglichk verliert, einen Anspr auf nachehel Unterh zu realisieren (BT-Drucks 10/5447 S 11). **Scheidungsklausel:** Der Dchführg des verläng schuldr VA steht nicht entgg, daß die betr VersZusage ihrers die HinterblVers davon abhäng macht, daß die Ehe noch besteht bzw die Eheg nicht
11 getrennt leben (Karlsr FamRZ **88,** 1290; Stgt NJW-RR **96,** 259). – **bb) Höhe:** Maßg ist der AusglBetr, den der AusglSchu im Ztpkt seines Todes erbracht h od hätte erbringen müssen. IF von I 2 ist die Höhe der AusglRente fiktiv zu ermitteln; sie best sich nach § 1587 g II 1 iVm § 1587 a (BT-Drucks 10/5447 S 11).
12 Der Prozentsatz der HinterblVers ist nicht gleichbedeutd mit der AusglRente (vgl Rn 4 ff). Der jew ermittelte AusglBetr ist vom VersTräger automat in der Weise **anzupassen,** in der die HinterblVers an die fortlaufde Entwicklg anzugleichen ist, **I 4.** Dadch werden Korrekturen gem § 1587 g II 2 nicht ausgeschl;
13 nach Korrektur gilt dann wieder S 4. – **cc) Anteilige Haftung mehrerer Versorgungsträger.** Im Todesfall w die einheitl AusglRente des VA-Verpfl ggf auseinandgerissen (Wagenitz FamRZ **87,** 6). Sind mehrere Vers des Verpfl schuldr auszugleichen, schuldet jeder VersTr nur den Teil der nach § 1587 g einheitl zu ermittelnden AusglRente, der dem Verh des EheZtAnteils des bei ihm begründeten Anrechts zu den EheZtAnteilen der schuldr auszugleichden Anrechte entspr, **I 3.** Dabei sind auch solche schuldr auszugleichden Anrechte des Verpfl zu berücks, die keine HinterblVers vorsehen, weil dem VersTr, der eine HinterblVers vorsieht, nicht zum Nachtl gerechnet w kann, daß eine HinterblVers bei einem and VersTr fehlt (BT-Drucks 10/5447 S 11).

14 **3) Ausschluß des verlängerten schuldrechtlichen Versorgungsausgleichs bei bestimmten Versorgungsarten, II.** Die Vorschr schließt den verläng schuldr VA **in 2 Fällen** aus, in denen dem VA-GrdGedan-

ken auf and Weise genügt w. – **a) Vorrang der Realteilung, Nr 1:** Ein verläng schuldr VA findet nicht statt, 15
wenn der VA dch Realteilg iS von VAHRG 1 II verwirklicht w kann. Dch diese Regelg soll den privatr
organisierten VersTrägern die Möglichk gegeben w, dch Einf der Realteilg kalkulator Schwierigk bei der
Dchführg des verläng schuldr VA zu vermeiden (BT-Drucks 10/5447 S 11). **Maßgeblicher Zeitpunkt** für 16
den Ausschl ist die tats (nicht bl: mögl) Geltdmachg des verläng schuldr VA beim VersTräger. Im Augenbl der
Geltdmachg muß die and AusglForm mit postmortaler Wirkg zG des Ber gesichert sein. Privatr organisierten
VersTrägern bleibt dadch eine gewisse AnpassgsFr. Ist zwzeitl nach Dchführg des öffr VA die maßg VersRegelg
dahin geändert w, daß sie nunm eine Realteilg vorsieht, so kann der Ber iW der Abänderg der Entsch üb den
öffr VA eine **nachträgliche Realteilung** erwirken (VAHRG 10 a I Nr 3). – **b) Gleichwertiger Versor-** 17
gungsanspruch, Nr 2: Zu einem verläng schuldr VA soll es ferner dann nicht kommen, wenn die für das
auszugleichde Anrecht maßg Regelg selbst einen Anspr gewährt, der dem verläng schuldr VA „im wesentl
gleichwert" ist (BT-Drucks 10/5447 S 12). Damit sollen unnöt AnsprKonkurrenzen (insb zu BeamtVG 22 II)
vermieden w. Für die **Feststellung der Gleichwertigkeit** ist unter Anlegg eines großzüg VerglMaßst eine
qualitative GesamtWürdigg beider Regelgen erfdl; ein Vergl der Vor- u Nachteile, die sich aus der einen u der
and Regelg für den Ber im konkr Einzelfall ergeben würden, ist dagg weder erfdl noch ausr (BT-Drucks 10/
5447 S 12).

4) Ausschluß des verlängerten schuldrechtlichen Versorgungsausgleichs bei an sich gebotenem öffr 18
VA bzw entspr ParteiVereinbg, **III.** – **a) Zweck:** Nach § 1587 f Nr 5 erfolgt der schuldr VA in zwei Fällen, 19
näml dann, wenn er vom FamG wg voraussichtl nicht vorteilh Auswirkg für den Ber od wg Unwirtschaftlk
angeordnet w ist (§ 1587 b IV), sowie dann, wenn die Part selbst iR einer gem § 1587 o getroffenen Vereinbg
den schuldr VA gewählt h. Würde auch in diesen Fällen die Verlängerg des schuldr VA gelten, so wären damit
Manipulationen z Nachtl der SozVers mögl. Das Ausweichen vom öffr in den schuldr VA soll desh in diesen
Fällen nicht auch die Wirkgen des verläng schuldr VA haben (BT-Drucks 10/5447 S 12). – **b)** Bei **Verwei-** 20
sung eines an sich dem Splitting oder Quasi-Splitting unterliegenden Anrechts in den schuld-
rechtlichen Versorgungsausgleich (§ 1587 f Nr 5 iVm § 1587 b IV) wird nach dem Tod des Verpfl an den
Ber keine AusglRente gezahlt. Damit wird sichergestellt, daß sozversrechtl Best, nach denen die Übertr od
Begr von Anwartsch, etwa aGrd fehlder Erf der WarteZt, zu keinen VersLeistgen an den Ber führen, nicht üb
die Verlängerg des schuldr VA umgangen w können u dem VersTräger zudem die mit dem öffr VA
verbundene Möglichk gen w, zu LebZten des Verpfl dessen Vers zu kürzen (BT-Drucks 10/5447 S 12). –
c) Die **Vereinbarung des schuldrechtlichen Versorgungsausgleichs durch die Parteien** (§ 1587 f Nr 5 21
iVm § 1587 o) kann nicht zu einer Ausdehng der Anrechte aus der ges SozVers benutzt w (vgl § 1587 o
Rn 13). Das muß auch für den verläng schuldr VA gelten. Verhindert w soll, daß die Eheg den schuldr VA
vereinb u dadch dem VA-Schu seine Rente ungeschmälert belassen, währd der AusglBer anschließd in den
Genuß des vollen verläng schuldr VA gelangt (Wagenitz FamRZ **87**, 7). Desh hat in Zukunft der auf verläng
schuldr VA in Anspr gen VersTräger bei Vorlage entspr Vereinbgen zu prüfen, ob u in welcher Höhe das bei
ihm begr Anrecht ohne PartVereinbg schuldr auszugl gewesen wäre (BT-Drucks 10/5447 S 12).

5) Kürzung der Hinterbliebenenversorgung um die verlängerte Ausgleichsrente, IV. – 22
a) Zweck: Die **Kürzungsregelung** dient der Vermeidg von MehrBelastgen des VersTrägers. Sie ist für 23
die ges RentVers, nicht dagg f die priv VersTräger, **zwingendes Recht,** um in den Fällen der §§ 1587 b
V, 1587 f Nr 2 etw AnwendgsSchwierigk im Bereich der ges RentVers od BeamtVers zu vermeiden (BT-
Drucks 10/5447 S 13). Etw gleichwohl bestehde MehrBelastgen des VersTrägers können dch Einführg der
Realteilg vermieden w u sind desh hinzunehmen (BT-Drucks 10/5447 S 13). – **b)** Hinterläßt der Ausgl- 24
Schu außer dem gesch Eheg eine(n) Witwen(r), so muß verhindert w, daß die Verlängerg des schuldr VA
zu einer DoppelBelastg des VersTrägers führt. Der VersTr soll aus dem verläng schuldr VA nicht üb die
von ihm zugesagte HinterblVers hinaus in Anspr gen w. Die verläng **Ausgleichsrente** wird desh **auf eine**
daneben geschuldete Witwen- bzw Witwerversorgung angerechnet, S 1. Eine Benachteiligg des
überlebden Eheg liegt darin desh nicht, weil bei Dchführg des an sich gebotenen öffr VA seine Witwen
(Wwer)Vers ebenf entspr verkürzt w wäre (BT-Drucks 10/5447 S 12). Eine MehrBelastg des VersTr bleibt,
wenn der AusglSchu keine Wwe hinterläßt, deren Vers verkürzt w könnte. Diese MehrBetr sollen dadch 25
wieder ausgegl w, daß es umgekehrt bei der **Kürzung der Hinterbliebenenversorgung auch dann** sein
Bewenden hat, **wenn der Ausgleichsberechtigte stirbt, S 2.** Die Kürzg entfällt nach der GrdRegel von 26
VAHRG 4 ledigl dann, wenn die RentLeistgen iR des verläng schuldr VA **2 Jahresbeträge** der letzten,
dh für den TodesMo geschuldeten AusglRente, **nicht übersteigen, S 3.** Ledigl die iR des verläng VA 27
bereits erbrachten Leistungen sind in einem solchen Fall auf die Wwen(Wwer)Vers **anzurechnen,**
S 4.

6) Ausländische Versorgungsträger, V. Da VersTr, die nicht der Jurisdiktion der Ger der BRep unter- 28
liegen, vom inl GesGeber nicht zu Leistgen verpfl w können, wird der verläng schuldr VA in solchen Fällen,
wenn also das schuldr auszugleichde Anrecht bei einer ausl, zw- od überstaatl Einrichtg begründet ist,
ausnahmsw gg die Hinterbl gerichtet. Soweit die **Witwe oder der Witwer** von der ausl Einrichtg VersLeist-
gen erh, hat sie od er die **Ausgleichsrente unmittelbar an den ausgleichsberechtigten geschiedenen** 29
Ehegatten zu zahlen, **S 1.** Vorauss ist ein entspr Antr des AusglBer. Ob die AusglRente überh u in welcher
Höhe sie gezahlt w muß, ist nach VAHRG 3 a I–IV zu ermitteln, dh so, als ob es sich bei dem ausl VersTräger
um eine inl VersEinrichtg handelte. Die AusglRente darf allerd den von der Witwe (dem Wwer) tats erh Betr
nicht übersteigen, auch wenn dieser etwa aGrd devisenrechtl Besonderh niedriger als die in der ausl, zw- od
überstaatl VersOrdng vorgesehenen HinterblVers ist (BT-Drucks 10/5447 S 13). Leistgen, die der AusglBer 30
von der ausl Einrichtg als Hinterbl seines gesch Eheg unmittelb erh, zB eine GeschWwRente, w angerechnet,
S 2.

7) Verweisungen über Einzelheiten der Rentenzahlung, VI. Der verläng schuldr VA will eine mit 31
dem Tod des Verpfl eintretde VersLücke schließen, den Ber jedoch grdsl nicht besser stellen, als wenn der
Verpfl noch lebte (BT-Drucks 10/5447 S 13). Desh gelten für den gg den VersTräger gem VAHRG 3 a I u IV
od iF von VAHRG 3 a V gg die Wwe (den Wwer) des AusglSchu gerichteten Anspr auf **Ausgleichsrente** 32

folgde Verweisgen: Die AusglRente ist **monatlich** im voraus zu entrichten u wird zum vollen mtl Betr auch im TodesMo geschuldet (§ 1585 I 2 u 3). Wird die AusglRente nicht gezahlt, kann **Nachzahlung** für die Vergangenh nur bei RHängigk od SchuVerzug (Karlsr FamRZ **93**, 75) bzw absichtl LeistgsEntzug verl w (§ 1585 b II u III). Eine wesentl Änderg der Verh kann auf Antr zur **Abänderung** auch rechtskr Entsch des FamG führen (§ 1587 d II). **Nichtentstehung des Anspruchs:** Bei fehlder Bedürftigk, Verhinderg der Entstehg eig VersAnrechte aS des Ber u bei Verletzg von UnterhPfl dch den Ber gelangt der Anspr auf die AusglRente überh nicht zur Entstehg (§ 1587 h). Mit dem **Tod des Ausgleichsberechtigten** erlischt er (§ 1587 k II 1).

33 **8) Vermeidung von Doppelleistungen, VII. – a) Zweck:** Für die Vergangenh kann die Zahlg der
34 AusglRente gem § 1585 b II, VAHRG 3 a VI ab Verzug bzw RHängigk verl w (vgl Rn 32). Hinterläßt der Verpfl eine Wwe (od die Verpfl einen Wwer), so ergibt sich bei Streit üb die Höhe der AusglRente u üb die Höhe der HinterblVers für den VersTräger die Gef, Doppelleistgen erbringen zu müssen. Dieses Risiko soll dem VersTr nach VII abgen w, ohne zugl Leistgen an den Ber od an Wwe/Wwer des/der AusglSchu bis zu einer rechtskr Entsch des FamG zu blockieren (BT-Drucks 10/5447 S 13). Die Lösg ist in einer dreifach – näml nach der Kenntn des VersTrägers, relativ nach der Pers des Betroffenen (Hinterbl bzw AusglBer) u nach der Zt – gestuften Regelg gefunden w. Das Ges billigt dem VersTräger SchuSchutz zu, wenn unter Berücks des rechtskr gew Titels üb VersLeistgen sei es an die Hinterbl (Wwe/Wwer), sei es aGrd des verläng schuldr
35 VA an den berecht gesch Eheg im Erg Zahlgen zu UnR erfolgt sind. – **b) Schuldnerschutz gegenüber dem Ausgleichsberechtigten, Nr 1.** Solange keine einstw AO ergeht, kann der VersTräger, gg den der gesch Eheg des Verpfl den verläng schuldr VA geltd macht, die HinterblVers an die Wwe (den Wwer) des Verpfl mit befreiender Wirkg ggü dem gesch Eheg des Verpfl in vollem Umfang auszahlen. War jedoch der Verpfl aGrd eines vollstreckb Tit wg des bei dem VersTräger bestehden Anrechts nicht zur Zahlg einer AusglRente verpfl, so kann der VersTräger diese AusglRente an den Ber mit befreiender Wirkg ggü Wwe/Wwer des/der Verpfl auszahlen. Leistet er in diesem Fall trotz Kenntn von dem gg den Verpfl erwirkten Tit die HinterblVers ungekürzt weiter, so kommt ihm für diese Leistgen kein SchuSchutz zugute (BT-Drucks 10/
36 5447 S 13 f). – **c) Schuldnerschutz auf Grund Vollstreckungstitels gegen den Verpflichteten, Nr 2.** Der VersTräger wird **gegenüber der Witwe oder dem Witwer des Ausgleichspflichtigen,** also iR der HinterblVers, **befreit,** wenn er sich an einen VollstrTitel, insb eine einstw AO hält, welche die Zahlg der AusglRente u die Kürzg der HinterblVers anordnet (BT-Drucks 10/5447 S 14), od wenn er die AusglRente aGrd einer Abtretg nach § 1587 i zahlt (BT-Drucks 10/6369 S 19), **S 1.** Der SchuSchutz nach Nr 1 versagt jedoch unter Berücks der EDV-AnpassgsModalitäten mit Ablauf des der Übermittlg einer begl Abschr des VollstrTit folgden Mo bzw bedarf es des SchuSchutzes iF des § 1587 i bis zum Tod des AusglPfl überh nicht,
37 wenn die VersAnspr iHd AusglRente an den Ber abgetreten waren, **S 2.** – **d) Schuldnerschutz bei Vertrauen auf eine einstweilige Anordnung, Nr 3.** Soweit das FamG gem VAHRG 3 a IX üb die AusglRente u eine entspr Kürzg der HinterblBezüge eine einstw AO erlassen hat (Einzelh Rn 42), wird der VersTräger frei, u zwar ggü dem AusglBer, soweit er aGrd der einstw AO Leistgen erbracht hat, welche die um die AusglRente nach VAHRG 3 a I gekürzten HinterblVers übersteigt, **S 1 erster Halbs,** u ggü der Wwe/dem Wwer des/der Verpfl, soweit der VersTr in Ausführg der einstw AO mehr an AusglRente gezahlt hat, als nach VAHRG 3 a I in Wirklichk zu zahlen war, **S 1 zweiter Halbs.** Nach Ablauf des der Zustellg der einstw AO folgden Mo finden Nr 1 u 2 keine Anwendg mehr, S 2. Dh der VersTr kann sich auf die einstw AO verlassen; auf den sonstigen SchuSchutz kommt es damit nicht mehr an. Soweit der VersTr nach diesen Regelgen Leistgen an die Wwe/den Wwer des/der Verpfl mit befreiender Wirkg ggü dem Ber erbracht hat, bleiben Anspr des Ber gg Wwe/Wwer aus §§ 812 ff unberührt (Karlsr FamRZ **93**, 75) wie umgek auch BereichergsAnspr der Hinterbl gg den AusglBer bei überhöhten Leistgen an diesen (BT-Drucks 10/5447 S 14).

38 **9) Wechselseitige Auskunftsansprüche, VIII.** Die Effektivität des verläng schuldr VA für den Ber u die erfolgreiche RVerteidigg der Wwe/des Wwers des/der AusglPfl hängen nicht zuletzt von der Möglichk ab, sich üb die für den schuldr VA relevanten Tats Klarh zu verschaffen. Entspr gilt für den od die beteiligten VersTräger. Desh statuiert das Ges umfangreiche **zusätzliche Auskunftsrechte unter den Beteiligten** (BT-Drucks 10/5447 S 14). Zur wechselseit AuskVerpfl sind der AusglBer u die Witwe/der Wwer des/der AusglSchu sowie diese ggü dem nach VAHRG 3 a I verpfl VersTr, **S 1.** Mehrere VersTr sind untereinander wie iü auch nach S 1 auskberecht u -verpfl, **S 2.** Auch wenn der Wert eines Anrechts von dem Wert eines and Anrechts abhängt, besteht eine wechselseit AuskPfl unter den VersTr, **S 3.** Damit wird das R des GesamtVersTrägers klargestellt, von einem and VersTr Ausk üb die Höhe der HinterblVers zu erlangen, die der Ber von diesem Träger erhielte, wenn die Ehe des Ber mit dem Verpfl nicht gesch w wäre (BT-Drucks 10/5447 S 14). Iü gilt für die versch AuskAnspr § 1605 entspr, **S 4.** Ihrem Umfang nach erstreckt sich die AuskPfl auch auf die gem § 1587 h maßg pers Verh (BT-Drucks 10/5447 S 14).

39 **10) Verfahrensrecht, IX.** – **a)** Für Streitigk üb den verläng schuldr VA einschl der AuskAnspr ist das
40 FamG **zuständig, S 1.** Örtl Zustdgk: ZPO 621 II 2, FGG 45 III. Früh Anhängigk eines Verf auf schuldr VA reicht bei Wechsel des gewöhnl Aufenth nicht aus (BGH NJW **91**, 1744). Für den Erl eines LeistgsTit üb die HinterblVers bleibt das SozGer, VerwGer, ArbGer usw zust, das ggf bis zur Entsch des FamG aussetzen muß. –
41 **b)** Das FamG hat in den Fällen von VAHRG 3 a I die Wwe/den Wwer des/der Verpfl, in den Fällen von 3 a IV den Ber an dem Verf zu **beteiligen, S 2.** Zur Beteiligg des VersTrägers Wagenitz FamRZ **87**, 8 Fn 34 a. –
42 **c)** Der ausglberecht gesch Eheg kann ebso wie die Witwe/der Wwer des/der Verpfl beim FamG eine **einstweilige Anordnung** üb die vorl Zahlg der AusglRente nach VAHRG 3 a I u V sowie üb die Kürzg der HinterblVers erwirken, **S 3.** Für das einstw AO-Verf gelten nicht, wie im RegEntw vorgesehen, die Vorschr üb die einstw AO in der HausrVO, sond ZPO 620 a–620 g, **S 4** (BT-Drucks 10/6369 S 19). Vorauss ist ein **Antrag.** Die einstw AO ist vAw zuzustellen (ZPO 621 c I 2, 329 III). KostenEntsch nach FGG 13 a. Die Regelg dch einstw AO ist **unanfechtbar,** S 4. Für feststelIde Entsch üb den verläng schuldr VA vor dem Tod des ausglpfl Eheg fehlt idR das erfdl FeststellgsInteresse (BGH FamRZ **96**, 1465).

I b. Regelung des Versorgungsausgleichs in anderer Weise

VAHRG 3 b ***Anderweitige Formen des Versorgungsausgleichs.*** **I Verbleibt auch nach Anwendung des § 1587 b des Bürgerlichen Gesetzbuchs und des § 1 Abs. 2 und 3 noch ein unverfallbares, dem schuldrechtlichen Versorgungsausgleich unterliegendes Anrecht, kann das Familiengericht**

1. ein anderes vor oder in der Ehezeit erworbenes Anrecht des Verpflichteten, das seiner Art nach durch Übertragung oder Begründung von Anrechten ausgeglichen werden kann, zum Ausgleich heranziehen. Der Wert der zu übertragenden oder zu begründenden Anrechte darf, bezogen auf das Ende der Ehezeit, insgesamt zwei vom Hundert des auf einen Monat entfallenden Teils der am Ende der Ehezeit maßgebenden Bezugsgröße (§ 18 des Vierten Buches Sozialgesetzbuch) nicht übersteigen;

2. den Verpflichteten, soweit ihm dies nach seinen wirtschaftlichen Verhältnissen zumutbar ist, verpflichten, für den Berechtigten Beiträge zur Begründung von Anrechten auf eine bestimmte Rente in einer gesetzlichen Rentenversicherung zu zahlen; dies gilt nur, solange der Berechtigte die Voraussetzungen für eine Vollrente wegen Alters aus der gesetzlichen Rentenversicherung noch nicht erfüllt. Das Gericht kann dem Verpflichteten Ratenzahlungen gestatten; es hat dabei die Höhe der dem Verpflichteten obliegenden Ratenzahlungen festzusetzen; § 1587 d Abs. 2, § 1587 e Abs. 3 und § 1587 f Nr. 3 des Bürgerlichen Gesetzbuchs gelten entsprechend.

II **Absatz 1 findet auf die in § 3 a Abs. 5 bezeichneten Versorgungen keine Anwendung.**

1) Zweck: Die Regelg ist auf das Verh der Eheg zueinander zugeschnitten u eine SchutzVorschr zuG des AusglBer (BGH NJW **89**, 1859). Sie soll die Nachteile des schuldr VA für den Ber möglichst mildern (vgl BVerfG NJW **86**, 1321) u sein Interesse an einer eigenständ Sicherg schützen (Kln FamRZ **87**, 1156; Düss FamRZ **88**, 404). Mit Rücks auf diese Funktion darf das Ger den VA in den Formen des VAHRG 3 b I nicht gg den Willen des AusglBer dchführen (Kln FuR **98**, 409), etwa bei einseit Verz (BGH NJW **92**, 3234) od wenn die Eheg den schuldr VA vereinb haben (BGH NJW **89**, 1859). Iü handelt es sich um eine vAw 2 ergehende **Ermessensentscheidung** (BGH NJW **92**, 3234; Mü FamRZ **88**, 955). Von dem Erm ist vorrangig nach dem Normzweck (Vermeidg des schuldr VA u Aufbau einer eigenständ Sicherg) Gebr zu machen u hierbei auf das Interesse der Eheg abzustellen (BGH NJW **92**, 1957); dies führt idR zur Anwendg von I Nr 1 (Kln FamRZ **87**, 1156; Karlsr FamRZ **88**, 954; von Maydell FuR **90**, 63). Bei der ErmAusübg hat das FamG die Grds des § 1587 b IV zu beachten (BGH NJW 92, 3234), dh kein erweiterter öffr VA, wenn sich dieser nicht zG des Ber auswirken würde od unwirtsch wäre (Karlsr FamRZ **88**, 954 u 1290; AG Rastatt FamRZ **90**, 1365). Dies ist insb der Fall, wenn das nach § 1587 a III, IV für Zwecke des Ausgl nach I Nr 1 dynam Anrecht einen erhebl geringeren AusglWert hat als das an sich schuldr auszugleichde Anrecht, so daß ein schuldr VA auf der Grdl des Nominalwerts des Anrecht günstiger sein k (Glockner FamRZ **88**, 470; Empfehlgen des 7. DFGT FamRZ **88**, 470). Iü kann das FamG bei seiner ErmAusübg berücks, daß der Ber bereits dch VAHRG 3 a weitgehd gesichert ist (Hamm FamRZ **96**, 171). Auch iRv VAHRG 3 b gilt die **Höchstbetragsregelung** des § 1587 b V (Nr 1: BGH FamRZ **89**, 720; Nr 2: BGH FamRZ **88**, 380). **Keine Analogie** bei nach EheZtEnde erloschenem Anrecht (BGH NJW **92**, 312; **95**, 135). Kein **Beschwerderecht** 3 des Trägers der betriebl AltersVers gg die Versagg des öffr VA gem § 3 b (BGH NJW **89**, 1858; FamRZ **91**, 175), auch wenn der Ausschl v § 3 b auf einer Vereinbg der Part gem § 1587 o beruht (BGH NJW **89**, 1859). Es besteht auch kein BeschwR wg Einwänden gg die Bewertg der betriebl AltersVers im Hinbl auf deren späteren schuldr RestAusgl (BGH FamRZ **95**, 157). Eine auf die Anwendg v Nr 2 beschr Beschw erlaubt bei untrennb Zshg auch die Abänderg der Entsch zu Nr 1 (Hamm NJW-RR **89**, 1240).

2) Dem anderweitigen Versorgungsausgleich unterliegende Versorgungsanrechte. Der anderw VA 4 nach VAHRG 3 b kommt im Verh zu den and AusglFormen des öffr VA nur subsidiär in Betr (Kln FamRZ **91**, 458), also soweit nach Anwendg v § 1587 b u VAHRG 1 II u III noch ein **restlicher Ausgleichsanspruch** verbleibt, der **schuldrechtlich auszugleichen** wäre. Hierbei handelt es sich idR um Fälle des VAHRG 2; es kommen jedoch in bezug auf den Ausgl nach I Nr 1 in der ges RentVers auch Fälle des 1587 f Nr 1, 3 u in bezug auf eine Super-Realteilg Fälle des § 1587 f Nr 2 in Betr. Nicht einzubeziehen sind degressive Anrechte, die nach VAÜG dem gesonderten schuldr VA unterliegen (vgl VAÜG 4 I Nr 1), u diesen vergleichb Anrechte; ferner Anrechte, die dem schuldr RückAusgl unterliegen (hierin läge eine Verletzg v § 1587 b III 3). Für Anrechte, die nicht dem schuldr VA unterliegen, steht der Ausgl nach VAHRG 3 b nicht zur Vfg (BT-Drucks. 10/6369 S 19). Weitere Vorauss für den Ausgl nach § 3 b ist, daß das an sich schuldr 5 auszugleichde Anrecht **unverfallbar** ist; dies gilt allerd (wie auch sonst im VA) nur in bezug auf betriebl VersAnrecht (BGH FamRZ **89**, 720).

3) Für den **anderweitigen Ausgleich** sieht VAHRG 3 b **zwei Formen** vor: den erweiterten öffr VA nach 6 Nr 1 sowie – im Verh hierzu nachrangig (BGH FamRZ **88**, 936) – die Zahlg von Beitr zur ges RentVers gem Nr 2.

a) Erweiterter öffentlich-rechtlicher Ausgleich durch Super-Splitting und Super-Quasi-Splitting 7 **sowie Super-Realteilung, Nr 1. – aa) Überschreitung des Halbteilungsgrundsatzes.** Grdsl behält 8 jeder Eheg seine vor der Ehe erworbenen Anrechte ungeschmälert u von seinen in der Ehe erw Anrechten jew die Hälfte. Das FamG kann jedoch iRd erweit öffr VA zum Ausgl eines an sich dem schuldr VA unterliegdn Anrechts des Verpfl ein and in der Ehe erworbenes Anrecht üb seinen halben ehezeitbezogenen Wert hinaus zum Ausgl heranziehen. Zudem kann es auf Anrechte Zugriff nehmen, die ganz od teilw vor der Ehe erworben worden sind. Anrechte dagg, die nach der EheZt erworben w sind, scheiden f den erweit Ausgl aus (aA Bergner SozVers **87**, 60). Währd das an sich dem schuldr VA unterliegde Anrecht dem Verpfl belassen 9 w, muß das anstelle dessen heranzuziehde and Anrecht dem Splitting, Quasi-Splitting, analogen Quasi-

Splitting od der Realteilg zugängl sein. Hierbei handelt es sich vornehml um regeldynam Anrechte der ges RentVers, der Beamt-, Ri- u SoldVers, der AltersSicherg der Landwirte u der berufsständ AltersVers. Eine Super-Realteilg hat allerd grdsl die generelle od im Einzelfall erteilte Zust des VersTrägers zur Vorauss (Wagenitz FamRZ **87**, 3; Ruland NJW **87**, 347); abw hiervon ist jedoch in der AltersSicherg der Landwirte
10 eine Super-Realteilung auch ohne Zust des VersTr zul (Klattenhoff NZS **95**, 396). – **bb) Durchführung des erweiterten Splittings usw** In einem ersten Schritt ist das an sich schuldr auszugleichde, auf die EheZt entfallde Anrecht zu ermitteln. Hierbei sind – noch nicht iR des § 1587 b/VAHRG 1 verrechnete – Anrecht des Ber zu saldieren. Bei nicht volldynam AnR hat idR eine Dynamisierg zu erfolgen, vor allem, weil das Anrecht mit dynam Anrechten zu verrechnen ist od zuL solcher Anrechte des Verpfl ausgegl w. Dies gilt auch iR einer Super-Realteilg nicht volldynam Anrechte. IdF ist nach der Dynamisierg eine RückRechng in einen teildynam od stat Wert entspr der Art des iW der Super-Realteilg heranzuziehden AnR erfdl (Glockner FamRZ **87**, 333). Das auf die EheZt entfallde AnR w zunächst in einer der Formen des § 1587 b/VAHRG 1 ausgegl. Sodann werden zuL des ersatzw heranzuziehden Anrechts weitere Anrechte zuG des Ber übertr oder begr (Bsp: Celle FamRZ **87**, 391; Mü FamRZ **91**, 956). Eine getrennte Tenorierg ist nicht zwingd, empfiehlt sich jedoch. Die Entsch des FamG üb den erweit öffr VA hat unmittelb rgestaltde Wirkg (vgl BSG SozR 2200 § 1304 a Nr 16). Es treten in bezug auf den erweit WertAusgl die Wirkgen der GrdForm des jew Ausgl ein. Die Kürzg der ersatzw zum VA herangezogenen Vers ist auch dann vorzunehmen, wenn aus dem an sich
11/12 schuldr auszugleichden AnR noch keine Leistg beansprucht w können. Zur **Rangfolge:** Rn 23. – **cc) Einhaltung des Grenzbetrages, Nr 1 S 2.** Der erweit öffr VA w dch einen GrenzBetr iHv 2% der mtl Bezugsgröße (SGB IV 18 I) limitiert (zu Fällen eines EheZtEndes vor dem 1. 7. 77 vgl VAwMG Art 4 § 4). Die Limitierg bezweckt den Schutz des Verpfl im Hinbl auf die unterschiedl rechtl u wirtsch Qualität der Anrechte (ausf Wagenitz FamRZ **87**, 3 f). Der GrenzBetr ist ausr bemessen, um den erweit WertAusgl in bezug auf dynam Anrechte aus der betriebl AltersVers in den weitaus meisten Fällen zu ermögl (Bogs RdA **84**, 5; Ruland NJW **87**, 348). Der GrenzBetr bemißt sich nach dem GesamtErg. Für mehrere dem schuldr VA unterliegde Anrechte ist der GrenzBetr nur einmal auszuschöpfen (BGH FamRZ **92**, 921; Celle FamRZ **95**, 366). Die Höhe der an sich schuldr auszugleichden Anrechts ist dabei unbeachtl. Der üb den Grenzwert
13 hinausgehde RestBetr bleibt dem BeitrAusgl nach Nr 2, subsidiär dem schuldr VA vorbehalten. Zu den Maßg beim Ausgl v Anrechten, die im **Beitrittsgebiet** erworben worden sind: VAÜG 4 I Nr 1.

14 **b) Verpflichtung zur Beitragzahlung in der gesetzlichen Rentenversicherung, Nr 2.** – **aa)** Die
15 Vorschr knüpft an einers an den obligator BeitrAusgl aGrd des für verfwidr erkl § 1587 b III aF (BVerfG NJW **83**, 1417) an, ands an die Rspr des BVerfG zur Geeigneth u Angemessenh des VA dch BeitrZahlg, sofern die ind LebVerh beider Eheg berücks w u der Nachrang dieser AusglForm ggü schonenderen AusglFormen beachtet w (BVerfG NJW **86**, 1321). Der BeitrAusgl ist daher allen and Formen des öffr VA ggü subsidiär (BGH FamRZ **97**, 166; **88**, 936). Auch ein **Teilausgleich** iW der BeitrZahlg ist mögl. Der Ausgl erfolgt dch Zahlg von Beitr an den RentVersTräger des Ber (SGB VI 187 I Nr 2; 281 a I Nr 2); die Zahlg an einen and VersTr kann nur iR von §§ 1587 o, 1587 l od § 1587 b IV vorgen w. Zu den Maßg beim Ausgl von im **Beitrittsgebiet** erworbenen
16 Anrechten: VAÜG 4 I Nr 2. Der Ber kann bei ZahlgsUnwilligk des Verpfl die Beitr selbst zahlen, er hat sodann diesem ggü einen Anspr aus ungerechtf Bereicherg. Unterbleibt die angeordnete BeitrZahlg, so kommt es nach § 1587 f Nr 3 zum schuldr VA mit der Folge, daß die BeitrAO aufzuheben ist (VAHRG 11 I iVm FGG 53 f). –
17 **bb)** Der AusglPfl kann vom FamG unter den Vorauss von Rn 4, 5 verpfl w, f den Ber Beitr zur Begr von RentAnrechten zu zahlen, **S 1 erster Halbs.** Da die BeitrZahlg zum Erwerb von regeldynam Anrechten in der ges RentVers führt, sind nicht volldynam Anrechte gem § 1587 a III, IV umzuwerten. Die Höhe der Beitr ergibt sich aus SGB VI 187 II/281 a II, III (Einzelh VDR-Hdb/Bergner 27/46 f). Die Berechng des BeitrAufwands ist wg der ZahlgsFiktion des SGB VI 187 V/281 a IV zunächst auf der Grdl der für das EheZtEnde maßg Rechengrößen vorzunehmen. Nach SGB VI 187 V 1 gelten die Beitr (zugunsten) des BeitrZahlers (hinsichtl BeitrHöhe, RentBeginn u Anrechenbark) als bei EheZtEnde gezahlt, wenn sie innerh von 3 Mo (bei AuslAufenthalt: 6 Mo) nach Zugang der RechtskrMitteilg gezahlt w (BGH NJW **93**, 1262); hinsichtl der BeitrHöhe gilt dies nicht, wenn das Verf ausgesetzt war. Im AbändVerf ist bei Anwendg von SGB VI 187 V/281 a IV nicht auf das EheZtEnde, sond auf den Ztpkt des Eingangs des AbändAntr abzustellen (MüKo/Sander Rn 46). Ist jedoch die BeitrBerechng (inf einer Senkg des BeitrSatzes) nach den Verh im ZahlgsZtpkt günstiger, so ist die Schutz-
18 Vorschr des SGB VI 187 V 1 iW einer teleolog Reduktion nicht anzuwenden (Ffm FamRZ **93**, 1457). Nr 2 kennt iGgs zu Nr 1 keinen **Höchstbetrag,** bis zu dem die Begr von Anrechten dch BeitrZahlg angeordnet w kann, sond wird dch die wirtsch Zumutbark für den Verpfl begrenzt (BGH FamRZ **88**, 936), für deren Best nicht auf eine best Quote (zB 10%) des einsetzb Verm abzustellen ist (Hamm FamRZ **90**, 1255 **89**, 400; aA Mü
19 FamRZ 98, 679). Es wird vielm als tatbestdl Vorauss ind ausschließl auf die **wirtschaftliche Zumutbarkeit der Beitragszahlungen** f den Verpfl abgestellt (Hamm FamRZ **90**, 1255; JH/Hahne Rn 25). Damit bleibt der Verpfl nicht nur vor unbill Belastgen verschont, sond ihm werden nur solche VermOpfer abverl, die zu seiner wirtsch Gesamtsituation in einem angem Verh stehen, also „weder seinen angem Unterh gefährden noch den Stamm seines Verm angreifen" (so BT-Drucks 10/6369 S 20). Die weitgehde, üb die and Formen des öffr VA hinausgehde Rücksichtn auf die Belange des Verpfl rechtf sich aus dem Umfang u dem Ztpt der mögl Belastg dch BeitrZahlg (vgl Mü FamRZ **88**, 955). Insow ist im Hinbl auf die spürb Belastgen einer BeitrZahlg, der ohnehin beanspruchten wirtsch LeistgsFähigk des Verpfl u mRücks auf die verbesserte Alternative des schuldr VA mit AbfindgsOption u Absicherg des Todesfallrisikos kein zu strenger Maßst anzulegen (BGH FamRZ **97**, 166). Der Verpfl kann jedoch nicht verl, seinen VermStamm völlig unangetastet zu lassen (BGH aaO; Bergner SozVers **87**, 63). Unstr ist nur, daß er nicht überw Teile des ihm zustehden Zugew od eines sonst Verm aufgeben muß. Iü kommt es auf die wirtsch GesamtVerh, insb die Höhe u die Art des Verm, dessen VerwertgsMöglichk (Veräußerg, Beleihg usw) u VerwendgsZweck an; ferner auf anderweit Verbindlichk des Verpfl (einschl solcher gg unterhrechtl dem Ber gleichstehde Gläub). Unter dem Gesichtspkt des VerwendgsZwecks kann im allg nicht verl w, das FamHeim zu veräußern (Kln FamRZ **87**, 1156; Hamm FamRZ **90**, 1255). Die Möglk v Ratenzahlgen ist iR der wirtsch Zumutbark mitzuberücks, wobei zu bedenken ist, daß der Verpfl dch die Auferlegg niedriger Raten nicht zum DauerSchu einer immer teurer werdden Schuld gemacht w soll (Ruland NJW **87**,
20 348). Die AO kommt – korrespondierd mit SGB VI 187 IV – nur sol in Betr, wie der Ber die noch keine

bindend festgestellte Vollrente wg Alters bezieht (BGH FamRZ **88**, 936; Bergner SozVers **87**, 64), **S 1 zweiter Halbs**; sodann schuldr VA nach § 1587 f Nr 1. – **cc)** Das FamG kann dem Verpfl **Ratenzahlungen** gestatten, 21
wobei es auch deren Höhe – bezogen auf das EheZtEnde – festsetzen muß, **S 2 erster Halbs.** Auch eine erstmalige Bewilligg von RatenZahlgen zu einem späteren Ztpkt ist analog § 1587 d II mögl. Die Möglk von RatenZahlgen erfolgt innerh der Prüfg der wirtsch Zumutbark u ist desh **von Amts wegen** zu berücks (BT-Drucks 10/6369 S 20). Das Interesse des Ber am Erwerb eines eigenständ VersichergsSchutzes ist gg das Interesse des Verpfl, nicht unzumutb belastet zu w, abzuwägen (Mü FamRZ **88**, 955). Bei zu niedr bemessenen Raten liegt uU Unzumutbark vor. – **dd)** Iü gelten hins der **Änderung** einer rechtskr Entsch des FamG, des 22
Erlöschens des Anspr auf BeitrEntrichtg sowie hins des Übergangs nicht getilgter BeitrZahlgsVerpfl in den schuldr VA die Vorschr der §§ 1587 d II, 1587 e III iVm §§ 1587 g I 2 u 1587 f Nr 3 entspr, **S 2 zweiter Halbs.** § 1587 d I gilt nicht, so daß das FamG kein Ruhen der BeitrZahlgsPfl anordnen k. Mit dem Tod des Ber erlischt der noch nicht erfüllte AusglAnspr nach VAHRG 3 iVm § 1587 e II selbst dann, wenn rentenberecht Hinterbliebene vorh sind. Der noch nicht erf Anspr erlischt ferner bei einer entspr nachehel Vereinbg der Eheg (BayObLG FamRZ **81**, 560).

c) Rangfolge. aa) Der Ausgl nach VAHRG 3 b I ist ggü § 1587 b I, II/VAHRG 1 **subsidiär** (Karlsr 23
FamRZ **91**, 458); im Verh der AusglFormen des VAHRG 3 b I zueinander ist Nr 2 subsidiär ggü Nr 1. – **bb)** Es bestehen versch Rangprobleme (vgl Dörr NJW **90**, 2723), sei es, daß mehrere Anrechte nach § 3 b I Nr 1 auszugl sind, aber der GrenzBetr zum Ausgl aller nicht ausr, sei es, daß bei einem od mehreren schuldr auszugleichden Anrechten des Verpfl auch der Ber üb Anrechte verfügt. Das FamG entsch bei mehreren Anrechten des Verpfl unter Berücks der Interessen der Part u unter dem Gesichtspkt der Praktikabilität nach pflichtgem **Ermessen,** welches Anrecht es heranzieht (BT-Drucks 10/6369 S 19); kann ein Anrecht vollständ od beinahe vollständ iW von VAHRG 3 b I ausgegl w, so liegt dies idR im Interesse des Ber, weil er dann nach einem etw Vorversterben des Partners einen VersTräger weniger auf verläng schuldr VA in Anspr nehmen muß (BGH FamRZ **92**, 921; NJW-RR **92**, 1027). Ein Anrecht, dem eine HinterblVers fehlt, muß im Interesse des Ber dch den erweit öffr VA ausgegl w, um den schuldr VA zu vermeiden (Hamm FamRZ **90**, 173; Ffm FamRZ **89**, 401). Eine Quotierg wird idR wg des zu hohen VerwaltgsAufwands ausscheiden (vgl BGH FamRZ **92**, 921). Nach BGH FamRZ **94**, 90 muß dem Verpfl nach Dchführg des VA wenigstens die Hälfte eines jeden Anrechts verbleiben. Wie zu verfahren ist, wenn Anrechte der in § 1587 b I, II genannten Art od sonst Anrechte 24
mit den nach VAHRG 1, 2 auszugleichden Anrecht des Verpfl zu verrechnen sind, ist ges nicht geregelt (Nürnbg FamRZ **88**, 1060); die Frage ist vor Anwendg von VAHRG 3 b I zu beantworten. Der BGH (NJW **94**, 48) hat sich entgg der früher hM (RangfolgeMeth; vgl etwa Gutdeutsch/Lardschneider FamRZ **83**, 850) für die **Quotierungsmethode** entsch (ebso Celle OLGR **98**, 277). Danach sind die Anrechte des Ber quotiert (im Verh des ehezeitbezogenen Werts des jew Anrechts zum ehezeitbezogenen Wert aller Anrechte) mit allen nach VAHRG 1, 2 VAHRG auszugleichden Anrechten des Verpfl zu verrechnen. Verbleibt ein schuldr auszugleichder RestBetr, so verl das Interesse des Ber am Erwerb eigenständ Anrechte, bei Anwendg von VAHRG 3 b I Nr 1 stärker auf ein Anrecht zuzugreifen, das der Realteilg od dem analogen Quasi-Splitting unterliegt.

4) Ausschluß des anderweitigen Versorgungsausgleichs für Anrechte bei fremden Versorgungs- 25
einrichtungen, II. Anrechte, die der AusglVerpfl bei einem ausl, zw- od überstaatl VersTräger erworben hat, unterfallen unter den allg Vorauss dem VA (BGH FamRZ **80**, 29; Schlesw SchlHAnz **98**, 262), unterliegen jedoch nicht einer der AusglFormen des § 1587 b od des VAHRG 1. Sie können nach VAHRG 3 b II, der ggständl auf VAHRG 3 a V Bezug nimmt, auch nicht iW des VAHRG 3 b I ausgegl w. Dies beruht insb darauf, daß fremde Anrechte wg ihrer von der Typik inl Anrechte abw Ausgestaltg u LeistgsBreite vielfach nicht verläßl bewertet w können. Zugleich wird damit dem Umst Rechng getragen, daß diese Anrechte im Str- u Insolvenzfall möglicherw nicht in gleicher Weise gesichert sind wie inl Anrechte (BT-Drucks 10/6369 S 20). Diese Anrechte bleiben gem VAHRG 2 mit der Möglichk der Abfindg nach § 1587 l (Stgt FamRZ **89**, 760; KG FamRZ **90**, 1257) dem schuldr VA vorbeh, der den bes Probl dieser VersFormen flexibel Rechng trägt. Die Vorschr erfaßt üb ihren Wortlaut hinaus nicht nur Vers, sond auch noch nicht realisierte Anspr (Anwartsch u Auss). Nicht ausgeschl sind Vereinbgen der Eheg üb den Ausgl fremder Anrechte in den Formen des VAHRG 3 b I (RGRK/Wick Rn 55).

VAHRG 3 c *Absehen vom Versorgungsausgleich bei geringfügigem Ausgleichsbetrag.*

Die Vorschrift ist durch Art 30 RÜG (Einf 18 v § 1587) mit Wirkung vom 1. 1. 92 aufgehoben (vgl 51. Aufl).

II. Auswirkungen des Versorgungsausgleichs in besonderen Fällen

Einführung

VAHRG 4–10 nehmen die vom Verpfl zu tragden Nachteile des öffr VA in nachträgl eingetretenen 1
Härtefällen zurück. Sie konkretisieren die verfrechtl Anfordergen insbes an die Ausgestaltg der leistgsrechtl Auswirkgen des VA (BVerfG NJW **80**, 692). Danach ist es geboten, nachträgl eintretden GrdR-widr Auswirkgen des VA zu begegnen, die insb iZshg mit dem Vorversterben des Ber denkb sind, wenn aus dem Anrecht, das dem Ber gutgebracht worden ist, keine od nur geringfüg Leistgen erbracht worden sind. Ferner sind GrdR-Beeinträchtiggen denkb, wenn der AusglBer noch keine Leistgen aus dem VA erh kann u auf Unterh seitens des Verpfl angewiesen ist. Der Kernbereich der HärteRegelgen gem VAHRG 4 (BVerfG NJW **89**, 1983) u VAHRG 5 (BGH NJW-RR **89**, 965) ist verfkonform. Die HärteRegelgen haben keinen RückAusgl zum Ggst, sond lassen die Entsch des FamG üb den VA unverändert; sie korrigieren vielm – als nicht analogie- od erweitergsfäh AusnRegelgen (BVerwG NJW-RR **95**, 962) – dessen versrechtl Auswirkgen (BSG SozR 5795 § 4 Nr 6, 9; FamRZ **93**, 1430). Vor Eintritt des LeistgsFalls aS des Verpfl ist daher eine Anwendg der HärteRegelgen ausgeschl (BVerwG NJW **90**, 1866; BSG FamRZ **90**, 619); der VersTräger kann jedoch ggf eine Zusichg (SGB X 34) aussprechen. Zur Bedeutg der HärteRegelgen f die Realteilg vgl VAHRG 1 Rn 5.

VAHRG 4 ***Wegfall der Kürzung nach dem Tod des Berechtigten.*** **I Ist ein Versorgungsausgleich gemäß § 1587 b Abs. 1 oder 2 des Bürgerlichen Gesetzbuchs durchgeführt worden und hat der Berechtigte vor seinem Tod keine Leistungen aus dem im Versorgungsausgleich erworbenen Anrecht erhalten, so wird die Versorgung des Verpflichteten oder seiner Hinterbliebenen nicht auf Grund des Versorgungsausgleichs gekürzt.**

II Ist der Berechtigte gestorben und wurden oder werden aus dem im Versorgungsausgleich erworbenen Anrecht Leistungen gewährt, die insgesamt zwei Jahresbeträge einer auf das Ende des Leistungsbezuges ohne Berücksichtigung des Zugangsfaktors berechneten Vollrente wegen Alters aus der Rentenversicherung der Arbeiter und der Angestellten aus dem erworbenen Anrecht nicht übersteigen, so gilt Absatz 1 entsprechend, jedoch sind die gewährten Leistungen auf die sich aus Absatz 1 ergebende Erhöhung anzurechnen.

III Wurde der Verpflichtete nach Durchführung des Versorgungsausgleichs vor dem 1. Januar 1992 nachversichert, so sind insoweit dem Rentenversicherungsträger die sich aus Absatz 1 und 2 ergebenden Erhöhungen vom Dienstherrn zu erstatten; § 290 Satz 2 des Sechsten Buches Sozialgesetzbuch gilt entsprechend.

1 **1)** (Lit: Bergner DRV **83**, 215; Schmalhofer DÖD **83**, 189; Ruland SozVers **89**, 181). Die Vorschr korrigiert die mit dem VA verbundene Kürzg der Vers des AusglPfl und seiner Hinterbliebenen **in drei Fällen:** bei Vorversterben des AusglBer, wenn dieser u seine Hinterbliebenen überh keine, I, od nur geringfüg Leistgen aus dem VA erh haben, II, u schließl bei einem ehem Beamten oä, dessen vor 1992 dch NachVers begründetes RentAnrecht in der ges RentVers infolge einer Kürzg der NachVersEntgelte nach dem vorzeit Tod des AusglBer nach den Gesichtspkten von I u II GrdR-widr gekürzt w, III. Die Vorauss für die Anwendg der HärteRegelg sind für alle Formen der Übertr od Begr von RentAnrechten dch GestaltgsEntsch des FamG gleich (BVerfG NJW **89**, 1983; BSG FamRZ **93**, 1430); vgl aber VAHRG 7.

2 **2)** Im Fall des **Vorversterbens des Ausgleichsberechtigten** ohne LeistgsBezug, **I, a)** unterbleibt die Kürzg der dem AusglPfl u seinen Hinterbliebenen zustehden Vers (also lfde Leistg; einmal Leistgen wie etwa
3 die BeitragsErstattg nach SGB VI 210 werden gemindert) unter folgden **Voraussetzungen: aa)** Der Ausgl-
4 Ber muß verstorben od verschollen (SGB VI 49; BeamtVG 29) sein. – **bb)** Der AusglBer hat vor seinem Tod **keine Leistungen** aus den im VA erworbenen Anrechten erh. Auch an Hinterbl dürfen keine Zahlgen erfolgt sein (BSG SozR 5795 § 7 Nr 1; OVG Kblz NJW-RR **86**, 373 VGH Wiesb NJW **97**, 1323, VGH Mü DÖD **97**, 201; dann II); hierbei genügt es, wenn tats keine Leistgen erfolgt sind od erfolgen (VGH Mü ZBR **92**,
5 382) – **cc)** Zum LeistgsBegr: Alle tats an den Ber u an Dr (zB Hinterbl vgl VGH Kassel NJW **97**, 1323; ErstattgsBer) erbrachten Leistgen der ges RentVers iS von SGB I 23 I Nr 1 Buchst a bis e (BSG SozR 3–5795 § 4 Nr 6) ohne Renten nach RÜG Art 2, Zinsen nach SGB I 44, Leistgen nach AAÜG 9 u PauschalBeitr zur KrankenVers vor 1983 (BSGE **59**, 132), die den RentVersTräger belasten (Klattenhoff FuR **91**, 294). Dem Ber sind auch Leistgen zuzurechnen, die innerh der SchutzFr des § 1587 p an den Verpfl gezahlt worden sind (BSG FamRZ **90**, 874). Unbeachtl sind Leistgen, die dem Grd, der Höhe u dem Ztpkt ihres Entstehens nach nicht kausal auf dem VA beruhen, etwa RehaLeistgen, deren versrechtl Vorauss auch ohne Berücks der auf
6 dem VA beruhden WarteZtMo erf sind (BSG SozR 3–5795 § 4 Nr 6). – **b) Rechtsfolgen.** Die erst bei Eintritt eines LeistgsFalls mögliche Korrektur der versrechtl Auswirkgen des VA erfolgt dch den LeistgsTräger des Verpfl, der von der eigentl gebotenen Kürzg der Vers (vgl etwa SGB VI 76 III, BeamtVG 57 I 1) absieht. Die Kürzg entf frühestens mit dem Ablauf des Mo, in dem der AusglBer gestorben ist, sodann aber auch rückw auf den Beginn der Leistg aus dem VersVerh des Verpfl (BSG SozR 1300 § 48 Nr 36; SGb **89**, 209 mA Schmeiduch).

7 **3) Vorversterben nach geringfügigen Leistungen, II.** Der VersTräger hat auch dann von der auf dem VA beruhden Kürzg der Vers an den Verpfl u seine Hinterbl abzusehen, wenn der Ber gestorben ist u aus dem VA Leistgen gewährt wurden od werden, die nur geringfüg sind. Als geringfüg definiert II Leistgen, die insges 2 J-Betr einer auf das Ende des LeistgsBezugs ohne Berücks eines Zugangsfaktors berechneten Altersvollrente
8 aus dem im VA erworbenen Anrechte nicht übersteigen. – **a)** Als **Leistungen** iS von II sind die zu Rn 5 genannten Geld- u SachLeistgen anzusehen. Beruht die Leistg nicht ausschl auf dem VA, so ist bei Renten, die nach 1991 begonnen haben, nur anteilig der Wert zu berücks, der sich aus dem Zuschlag an EP ergibt; hierbei sind Mindergen u Erhöhgen inf eines von 1,0 abweichden Zugangsfaktors zu beachten. Eine Aufteilg der Leistgen auf das selbst erworbene u das im VA gutgebrachte Anrecht ist auch dann vorzunehmen, wenn die WarteZt (SGB VI 52) u damit die AnsprVorauss für eine Rente erst unter Berücks der Gutschr aus dem VA erf w (Bergner DRV **83**, 235). Beitr zur Krank- u PflVers (SGB V 249 a, SGB XI 59 I 1) sowie Zuschüsse zu den Aufw für eine Krank- u PflVers (SGB VI 106 f) sind mit dem TeilBetr zu berücks, der auf den Zuschlag an EP entfällt. KiZuschüsse (SGB VI 270) sind nicht zu berücks, soweit der RentVersTräger diese Aufw gem SGB VI 291 erstattet erh (BSG FuR **91**, 292 mA Klattenhoff). Bei Leistgen zur Rehabilitation, die kausal auf dem VA beruhen, sind die Aufw grdsl entspr dem Verh der im VA erworbenen EP zu allen im Ztpkt der Bewilligg der Leistg vorh EP zu berücks. Eine BeitrErstattg ist mit dem sich nach SGB VI 210 IV ergebden
9 Betr zu berücks. – **b)** Von der VersKürzg kann nur abgesehen w, wenn der **Grenzbetrag von zwei Jahresbeträgen** einer Regelaltersrente (auf Bruttobasis u ohne ZusatzLeistgen) nicht überschritten w, wobei ein Zugangsfaktors nicht zu berücks u die Rente auf der Grdl des bei Ende des (ggf letzten) LeistgsBezugs (Rente, BeitrErstattg usw) maßg aktuellen RentWerts/akt RentWerts (Ost) zu berechnen ist. Der GrenzBetr ist für
10 jede AusglForm gesond festzustellen. – **c) Anrechnung der gewährten Leistungen.** Wird der GrenzBetr nicht überschritten, so ist die Vers des AusglPfl ungekürzt zu zahlen; doch sind die aus dem VA erbrachten Leistgen anzurechnen. Dies geschieht in der Weise, daß vom Beginn der ungekürzten Vers an (ggf also auch für einen in der Vergangenh liegden ZtRaum) der DifferenzBetr zw der gekürzten u ungekürzten Leistg sol einbehalten w, bis die Summe der Leistgen aus dem Anrecht, das der Ber erworben h, erreicht ist. Werden lfde Leistgen an Hinterbl (WwRente, Halbwaisenrente gem SGB VI 46, 48) gezahlt, die insges den GrenzBetr nicht überschreiten w, ist unter Anrechng der Leistgen aus dem VA die Rente an den AusglPfl unverkürzt,

aber unter Anrechng der HinterblLeistgen zu zahlen; die unverkürzte Zahlg der Vers setzt nicht das Ende des LeistgsBezugs voraus (Bergner DRV **83**, 236 f; aA Michaelis-Sander DAngVers **83**, 108).

4) Nachversicherung, III. Vor 1992 ist der Verpfl, der nach Dchführg eines VA nach § 1587 b II aus seiner versfreien Beschäftigg als Beamter oä ohne Vers ausgeschieden ist od seinen VersAnspr verloren h, auf der Grdl gekürzter Entgelte nachversichert worden, um dem VersTräger einen Ausgl dafür zu gewähren, daß er bis zu einer Abänderg des VA nach VAHRG 10 a weiterhin die ErstattgsFdgen des RentVersTrägers des Ber zu erf hat. Auch die Minderg der NachVersEntgelte ist eine Kürzg iSv § 4, so daß unter den Vorauss v I od II bei der Berechng der Rente aus der Vers des Verpfl von den ungeminderten Entgelten auszugehen ist. Die Vorauss des III liegt nicht mehr vor, wenn in einem AbändVerf nach VAHRG 10 a das früh Quasi-Splitting beamtenr od -ähnlicher Anrechte dch ein Splitting von RentAnrechten, die inf NachVers erworben worden sind, ersetzt w. 11

VAHRG 5

Ungekürzte Versorgung bei Unterhaltsverpflichtung. **I Solange der Berechtigte aus dem im Versorgungsausgleich erworbenen Anrecht keine Rente erhalten kann und er gegen den Verpflichteten einen Anspruch auf Unterhalt hat oder nur deshalb nicht hat, weil der Verpflichtete zur Unterhaltsleistung wegen der auf dem Versorgungsausgleich beruhenden Kürzung seiner Versorgung außerstande ist, wird die Versorgung des Verpflichteten nicht auf Grund des Versorgungsausgleichs gekürzt.**

II § 4 Abs. 3 gilt entsprechend.

1) Mit VAHRG 5 soll eine DoppelBelastg des Verpfl vermieden u der Bed des Berecht, der noch keine Rente erh kann, dch die Gewährg von Unterh sichergestellt w (BSG NJW-RR **96**, 899). Diesem Härtefall trägt der (verfkonforme; BSG FamRZ **87**, 380; BGH NJW-RR **89**, 965) u keiner erweiternden Auslegg zugängl (BVerwG DÖV **94**, 699) VAHRG 5 I dadch Rechng, daß dem UnterhPfl (in den Fällen des § 1586 b jedoch nicht dessen hinterblvers-berecht Erben; vgl VGH Mannh FamRZ **90**, 102) die unverkürzte Vers belassen w, ebso wie dem nach Scheidg aus dem DVerh ausgeschiedenen Beamt, II. 1

2) Voraussetzungen der unterhaltsbedingten Rücknahme der Kürzung, I. – a) Dem AusglBer muß gg den AusglVerpfl ein **Anspruch auf Unterhalt** nach den §§ 1569 ff, nach § 1360 (BGH FamRZ **83**, 461; BVerwG ZBR **91**, 88; Heilemann FamRZ **99**, 1039), § 1361 oder nach dem gem EGBGB Art 18 IV maßg ausl R zustehen (BSG SozR 3–5795 § 5 Nr 2, 3); ein vereinb Unterh, der nicht nur den ges geschuldeten Unterh konkretisiert (vgl BGH NJW **98**, 64), genügt nicht (VGH Mü DÖD **97**, 202; aA Heilemann SGb **98**, 463). IdF des § 1360 kommt ein HärteAusgl nur dann in Betr, wenn der Beitr des Verpfl zum FamUnterh den Beitr des Ber übersteigt (LSG Mainz SozVers **98**, 329). Iü kommt es auf die Höhe des UnterhAnspr nicht an (BVerwG NJW-RR **94**, 1219; BGH FamRZ **94**, 1171). I gelangt jedoch nicht zur Anwendg, wenn ges geschuldeter Unterh tats nicht gezahlt wird (VGH Mannh NVwZ-RR **91**, 314; aA BVerwG Buchholz 239.1 § 4 BeamtVG Nr 1; Nürnbg FamRZ **97**, 961). Der Gewährg ges geschuldeten Unterh steht gleich, wenn der Verpfl nur wg des VA nicht zur UnterhLeistg in der Lage ist. Dagg keine Härtekorrektur bei ohnehin fehlder LeistgsFähigk. Dch einen wirks UnterhVerz entfällt die Möglichk, VAHRG 5 anzuwenden (BGH FamRZ **94**, 1171; BSG NJW-RR **95**, 840). Ist ein ges UnterhAnspruch dch eine **Abfindung** (in Kap od dch Gewährg eines sonst VermVorteils) abgegolten worden, findet I sol Anwendg, wie der Verpfl dem Ber ohne die Abfindg lfd ges Unterh zu leisten hätte (BSG SozR 3–5795 § 5 Nr 1–3; BGH FamRZ **94**, 1171). Liegt für den UnterhAnspr ein VollstrTitel vor, ist grdl von einer UnterhPflicht ggü dem Ber auszugehen, es sei denn, der Verpfl könnte nach ZPO 323, 767 den Titel beseitigen od die Vollstr abwehren (BSG SozR 3–5795 § 5 Nr 4; OVG Kblz FamRZ **90**, 104). – **b) Kein Rentenbezug des Ausgleichsberechtigten.** Der Verpfl erhält die ungekürzte Vers nur sol, wie der Ber aus dem VA keine Rente erhalten „kann“. Hierbei ist grdsl auf den antrabhäng RentBescheid des RentVersTrägers u den sich daraus ergebden RentBeginn abzustellen. Unterläßt es der Ber aber grdlos, einen RentAntr zu stellen (vgl Greßmann/Klattenhoff FuR **96**, 137) u damit einen dem Grd nach zustehden Anspr zu realisieren, so findet I keine Anwendg. Hat der Berecht Rente erh u ist diese weggefallen, so kann I wieder zur Anwendg gelangen (VGH Mü DÖD 97, 202). 2 3 4 5

3) Der Anspruch auf ungekürzte Versorgung besteht auch in Fällen einer UnterhAbfindg nur sol, wie der AusglBer krGes unterhberecht ist od ohne Abfindg wäre. Treten die Vorauss von I erst nach VersBeginn ein, so ist von der Kürzg mit Wirkg für die Zukunft (für die ges RentVers vgl SGB VI 100 I) abzusehen. Die Härtekorrektur **endet** mit dem Ende des Mo, in dem die Vorauss des VAHRG 5 weggefallen sind. 6

4) Die Aussetzg der Kürzg erfolgt auch iF der **Nachversicherung** eines aus dem BeamtVerh ausgeschiedenen Beamten, soweit er dem AusglBer ggü unterhpfl ist u dieser aus dem VA noch keine Rente erh, **II.** 7

VAHRG 6

Nachzahlungen in Unterhaltsfällen. **Sind Nachzahlungen zu leisten, so erfolgen sie in den Fällen des § 5 an den Verpflichteten und an den Berechtigten je zur Hälfte.**

Ergeben sich aus VAHRG 5 VersNachzahlgen, so sind diese in Höhe des NettoBetr u ohne Berücks von NebenLeistgen an den Verpfl u den Ber je zur Hälfte zu erbringen. Die Vorschr stand iZshg mit dem auf den 1. 7. 77 zurückwirkden Inkrafttr der erst 1983 geschaffenen HärteRegelgen des VAHRG u sollte f die Vergangenh einen pauschalen Ausgl zw den früh Eheg herbeiführen (vgl BT-Drucks 9/2296 S 15). Sie erfaßt darüber hinaus nach verbreiteter Ans jede Art von Nachzahlg, die sich aus der Anwendg von VAHRG 5 ergibt (BSGE 66, 144; BSG FuR **92**, 119 mA Klattenhoff), also etwa auch Nachzahlgen bei ErstFeststellg der Vers sowie bei erstmaliger Anwendg von VAHRG 5 nach Beginn der Vers (BSG NJW **94**, 2374). Die pauschale Aufteilg der Nachzahlg soll selbst dann stattfinden, wenn der Ber währd des NachzahlgsZeitraums 1 den vollen Unterh erh hat (so BGH FamRZ **94**, 1171; BSG SozR 3–5795 § 5 Nr 1). VAHRG 6 hat nach verschiedentl vertretener Ans nur den Charakter einer formalen AuszahlgsAO, die mat-unterhrechtl Anspr der früh Eheg untereinand unberührt läßt (so JH/Hahne Rn 2; aA Klattenhoff aaO; vgl auch Bergner DRV **83**, 240)

VAHRG 7 *Rückzahlung von Beiträgen.* **Sind auf Grund des Versorgungsausgleichs für den Berechtigten Beiträge zu einer gesetzlichen Rentenversicherung geleistet worden, sind dem Leistenden vom Rentenversicherungsträger die Beiträge unter Anrechnung der gewährten Leistungen zurückzuzahlen, wenn feststeht, daß aus dem durch die Beitragszahlungen begründeten Anrecht keine höheren als die in § 4 Abs. 2 genannten Leistungen zu gewähren sind.**

1 **1) Zweck:** Schon der RegEntw eines Ges zur Ergänzg von Regelgen üb den VA sah vor, die Grds der zum WertAusgl nach § 1587 b I, II geforderten Härtekorrektur für Fälle des „ineffektiven" VA nach einem allenf geringfüg LeistgsBezugs aus der Vers des Ber auf die Fälle zu übertr, in denen der Ausgl in Form der BeitrZahlg zur ges RentVers zu erfolgen hatte (vgl BT-Drucks 9/34 S 4, 10). Die Gleichbehandlg der AusglFormen ist verfrechtl geboten (BGH NJW **81**, 2689). Für UnterhFälle (VAHRG 5) wurde iZshg mit der BeitrZahlg keine Härtekorrektur vorgesehen, da es sich hier um vorübergehde u veränderl Tatbestde handelt, die es nicht ermöglichen, ein langfrist angelegtes VersVerh aufzulösen. Eine BeitrRückzahlg ist nur dann gerechtf, wenn endgült feststeht, daß aus dem im VA erworbenen Anrecht keine angem Leistgen zufließen können. Die Vorauss für eine Härtekorrektur nach VAHRG 7 sind daher auch strenger als nach der funktionsgleichen Regelg des VAHRG 4, da es hier um die endgült Auflösg eines dch BeitrZahlg begr
2 VersVerh geht. Die Regelg erfaßte zunächst ihrem Wortlaut nach nur BeitrZahlgen nach § 1587 b III 1 (Bergner DRV **83**, 241), wurde aber hinsichtl ihres AnwendgsBereichs dch das VAwMG auch sprachl erweitert u damit der früh Praxis angepaßt.

3 **2) Voraussetzungen für die Rückzahlung: – a)** Die Regelg betr **Beitragszahlungen zugunsten des**
4 **Berechtigten.** Dies sind BeitrZahlgen **aa)** aGrd LeistgsEntsch dch das FamG gem § 1587 b III 1 (dch die VerfWidrigk dieser Regelg wurden bereits zuvor gezahlte Beitr nicht unwirks, Hamm FamRZ **85**, 402, 495) od gem § 1587 b IV od VAHRG 3 b I Nr 2; – **bb)** aGrd ParteiVereinbg od EheVertr (SGB VI 187 I Nr 2; 281 a I Nr 2); – **cc)** aGrd einer Abfindg künft schuldr AusglAnspr gem § 1587 l (Bergner SozVers **87**, 209); – **dd)** iR einer ordentl freiw Versicherg od Nachzahlg freiw Beitr, soweit die Leistg auf einer Vereinbg zw den Eheg nach §§ 1408, 1587 o beruht (ebso Staudinger/Rehme Rn 4; aA Zimmermann/Becker SozVers **83**,
5 296). – **b)** Eine Rückzahlg kommt grdsl erst in Betr, wenn der AusglBer **tot** od verschollen ist und auch etw
6 Hinterbl mit Gewißh keine Leistgen beanspruchen k, die den GrenzBetr überschreiten. – **c)** Die Rückzahlg setzt ferner voraus, daß der **Grenzbetrag des VAHRG § 4 II nicht überschritten** ist u dch künft Leistgen aus dem dch BeitrZahlg erworbenen Anrecht mit Sicherh nicht überschritten w kann. Eine Rückzahlg kommt sol nicht in Betr, wie die Überschreitg noch mögl ist („feststeht"). Ist die WarteZt bei Eintritt des VersichergsFalls nicht erreicht, ist immer noch eine BeitrErstattg mögl (SGB VI 210). Ebso scheidet die Rückzahlg aus, wenn etwa ansprberecht Hinterbl des Ber (Waisen, überlebder Eheg) vorh sind (Michaelis/Sander DAngVers **83**, 111). Ist jedoch bei Waisen zu übersehen, daß ihnen bis zum Erreichen der Altersgrenze keine Leistgen mehr gewährt werden k, die den GrenzBetr überschreiten, so kommen vorl Leistgen in Betr (BSGE **66**, 44).

7 **3) Rückzahlung.** Stehen die Leistgen, die aus den entrichteten Beitr erbracht worden sind, der Rückzahlg nicht entgg, weil sie den GrenzBetr nicht überschreiten, sind diese auf die zurückzuzahlden Beitr anzurech-
8 nen. – **a)** Zurückzuzahlen ist der **tatsächlich gezahlte Beitrag** abzgl der gewährten Leistgen, nicht dagg der
9 Betr, der im Ztpkt der Rückzahlg als Beitr aufzuwenden wäre (BT-Drucks 9/2296 S 15). – **b)** Die Beitr werden **an den Leistenden** zurückgezahlt, also idR an den AusglVerpfl. Hat sie ausnahmsw ein and (zB der Erbe des AusglVerpfl, vgl § 1587 e IV) gezahlt, muß an ihn zurückgezahlt w; dem Leistden steht in lükkenfüllender Ergänzg von VAHRG 9 II ein AntrR zu (Michaelis/Sander DAngVers **83**, 112; Zimmermann/Becker SozVers **83**, 296).

VAHRG 8 *Rückzahlung von Kapitalbeträgen zur Abwendung der Versorgungskürzung.* **Ein zur Abwendung der Kürzung gezahlter Kapitalbetrag ist unter Anrechnung der gewährten Leistung zurückzuzahlen, wenn feststeht, daß aus dem im Versorgungsausgleich erworbenen Anrecht keine höheren als die in § 4 Abs. 2 genannten Leistungen zu gewähren sind.**

1 Der AusglVerpfl kann die dch den VA eingetretene Minderg seiner Anrechte gem SGB VI 187 I Nr 1/281 a I Nr 1, BeamtVG 58 dch KapEinsatz abwenden. VAHRG 8 knüpft an die Härtekorrektur nach VAHRG 4 an. Der Regelg liegt der Gedanke zugrunde, daß sich die Zahlg zur Abwendg der VA-bdgten Minderg der Vers inf der Härtekorrektur nach VAHRG 4 als entbehrl erweist. Dem Leistden sind daher die erbrachten Zahlgen zu erstatten, wenn feststeht, daß der in VAHRG 4 II genannte GrenzBetr mit Leistgen aus dem im VA erworbenen Anrecht nicht überschritten ist. Die zur Abwendg der VersMinderg geleisteten
2 Zahlgen können nicht zur Aufstockg der ungekürzten Vers verwendet w (Bergner DRV **83**, 243). VAHRG 8 setzt eine Härtekorrektur nach VAHRG 4 voraus; die Vorauss entspr denen des VAHRG 7 u sind damit enger als die des VAHRG 4. Für den Anspr auf BeitrRückzahlg ist es dem Grd nach unerhebl, in welchem Umfang der Verpfl aus den gezahlten Beitr bereits Leistgen erh hat. Diese Leistgen sind allerd auf den RückzahlgsBetr anzurechnen (Bergner DRV **83**, 243; Schmalhofer DÖD **83**, 201; aA BMI GMBl **83**, 364). Beruhte die ungekürzte Leistg auf VAHRG 5, so ist keine Anrechng vorzunehmen.

VAHRG 9 ***Rückausgleichsverfahren.*** **I Über Maßnahmen nach §§ 4 bis 8 entscheidet der Leistungsträger auf Antrag.**

II Antragsberechtigt sind der Verpflichtete und, soweit sie belastet sind, seine Hinterbliebenen. In den Fällen des § 5 kann auch der Berechtigte den Antrag stellen.

III Ansprüche nach §§ 4 bis 8 gehen auf den Erben über, wenn der Erblasser den erforderlichen Antrag gestellt hatte.

IV Der Antragsberechtigte und der Leistungsträger können von den betroffenen Stellen die für die Durchführung von Maßnahmen nach §§ 4 bis 8 erforderliche Auskunft verlangen.

V In den Fällen des § 5 hat der Verpflichtete dem Leistungsträger die Einstellung der Unterhaltsleistungen, die Wiederheirat des Berechtigten sowie dessen Tod mitzuteilen.

1) Die Vorschr regelt das Verf der Härtekorrektur. Danach entsch üb die Maßn gem VAHRG 4–8 der zust 1
LeistgsTräger iR des jew VersVerh, währd die Entsch des FamG üb den VA unberührt bleibt (BSG FamRZ **93**, 1430). Gg dessen Entsch steht der RWeg zu den jew zust Ger (insb Soz-, Verw- u ArbGer) offen.
Leistungsträger ist iF der VAHRG 4–6 der Schu der ausgeglichenen, an sich zu kürzden Vers, iF des 2
VAHRG 7 der RentVersTräger des AusglBer u iF des VAHRG 8 der VersTräger des AusglVerpfl. War der Verpfl Beamter oä und ist er nach der Leistg von WiederAuffüllgsBeitr gem BeamtVG 58/SVG 55 d in der ges RentVers nachversichert worden, so ist der RentVersTräger (der den geleisteten Beitr mit den NachVersBeitr entgg gen h, vgl SGB VI 183 I) für Anspr gem VAHRG 8 zust.

2) Antragserfordernis, I. a) Die Härtekorrektur erfolgt **nicht von Amts wegen,** sondern auf Antr. Der 3
RentVersTräger ist jedoch nach SGB I 14/SGB VI 115 VI gehalten, auf die Möglk der AntrStellg hinzuweisen. Hat der AusglPfl bish noch keine Rente bezogen, reicht der RentAntr aus, ohne daß es eines zusätzl Antr nach I bedarf (vgl BSG NJW-RR **95**, 840). Der Antr leitet bei öffr LeistgsTrägern ein VerwVerf ein, das der jew VerfOrdng unterliegt, deren Vorschr dch VAHRG 9 ergänzt u modifiz w. – **b) Antragsberechtigt** 4
sind der AusglPfl u, sow sie wg Minderg ihrer HinterblRente belastet sind, auch seine Hinterbl, **II 1.** Hat die Kürzg des VA in UnterhFällen zu unterbleiben (VAHRG 5), so kann auch der Ber den Antr stellen, **II 2.** Vgl iü VAHRG 7 Rn 7. Zum AntrR des SozHilfeTr vgl BSHG 91 a. – **c)** Für die Geltdmachg besteht keine Frist. 5
Verjährung in 4 J (SGB I 45).

3) Die Anspr aus VAHRG 4–8, die vor dem Tod des Ber entstanden sind, gehen auf den **Erben** über, 6
wenn der Ber den erfdl, mit dem Eingang beim LeistgsTräger wirks werdden Antr gestellt hatte, **III,** ansonsten erlöschen sie.

4) Zur Dchführg v Maßn nach VAHRG 4–8 können der AntrBer (Rn 4) u der LeistgsTräger (Rn 2) von 7
den betroffenen Stellen die erfdl **Auskunft** verl, **IV.** Im Fall des Vorversterbens des AusglBer muß der AusglPfl wissen, welche Leistgen der Ber aus dem VA erh hat; der AusglPfl h ein entspr AuskR ggü dem RentVersTr seines verstorbenen früh Eheg. Der LeistgsTr braucht ein AuskR, um seiner AmtsermittlgsPflicht nachzukommen u etwa unvollständ Nachw des AntrSt zur Beschleunigg des Verf selbst zu ergänzen. „Betroffene Stellen" sind jew der LeistgsTräger, der AntrSt, der Leistde, der gesch Eheg des AntrSt u Hinterbl des AusglBer.

5) Unterbleibt die Kürzg der Vers mRücks auf eine ggü dem AusglBer bestehde UnterhPfl (VAHRG 5), 8
besteht für den AusglPfl eine **Mitteilungspflicht:** Er muß dem LeistgsTräger mitteilen, wenn er die UnterhLeistg eingestellt od wenn der Ber wiedergeheiratet hat bzw gestorben ist, **V.** Die MitteilgsPfl bezieht sich nur auf die echten Fälle des Wegfalls der ges UnterhPfl (Tod, Wiederheirat, Verz, Verwirkg). Mit dem Wegfall der UnterhPfl entfällt der Anspr auf die ungekürzte Vers. Kommt der AusglPfl dieser MitteilgsPfl nicht od nur verspätet nach, wird der Bescheid mit Rückwirkg aufgeh u hat der AusglPfl die überzahlten Betr zu erstatten (etwa SGB X 48 I S 2 Nr 2, 50). Stellt der Verpfl trotz fortbestehder UnterhPfl nur tats seine UnterhLeistgen ein, führt das zum Wiedereinsetzen der Kürzg, da sodann die Vorauss des VAHRG 5 nicht mehr vorliegen (vgl VAHRG 5 Rn 3; aA JH/Hahne Rn 10 iVm § 5 Rn 10). RGRK/Wick Rn 8.

VAHRG 10 ***Härteausgleich beim Quasi-Splitting nach dem HRG.*** **In den Fällen des § 1 Abs. 3 gelten die §§ 4 bis 9 singemäß.**

Die HärteRegelgen u das VerfR des II. Abschn des VAHRG gelten dem Wortlaut nach nur für den Ausgl 1
gem § 1587 b I, II u dch BeitrZahlg. Jedoch können auch beim Ausgl in der Form des VAHRG 1 III wie beim Quasi-Splitting verfwidr Auswirkgen eintreten, denen dch ein Korrektiv begegnet w muß. Daher stellt VAHRG 10 klar, was sich bereits aus dch VAHRG 1 III angeordneten Analogie zum Ausgl der § 1587 b II unterliegden Anrechte ergibt: Die leistgsrechtl Auswirkgen des analogen Quasi-Splittings stehen unter dem Vorbeh der Korrektur nach den HärteRegelgen des VAHRG, u zwar auch hinsichtl der AusglForm des VAHRG 3 b I Nr 1. Zur Realteilg VAHRG 1 Rn 4.

II.1. Abänderung von Entscheidungen über den Versorgungsausgleich

VAHRG 10 a ***Abänderung rechtskräftiger Versorgungsausgleichsentscheidungen.*** **I Das Familiengericht ändert auf Antrag seine Entscheidung entsprechend ab, wenn**

1. ein im Zeitpunkt des Erlasses der Abänderungsentscheidung ermittelter Wertunterschied von dem in der abzuändernden Entscheidung zugrunde gelegten Wertunterschied abweicht, oder

2. ein in der abzuändernden Entscheidung als verfallbar behandeltes Anrecht durch Begründung von Anrechten ausgeglichen werden kann, weil es unverfallbar war oder nachträglich unverfallbar geworden ist, oder

3. ein von der abzuändernden Entscheidung dem schuldrechtlichen Versorgungsausgleich überlassenes Anrecht durch Begründung von Anrechten ausgeglichen werden kann, weil die für das Anrecht maßgebende Regelung eine solche Begründung bereits vorsah oder nunmehr vorsieht.

II Die Abänderung findet nur statt, wenn

1. sie zur Übertragung oder Begründung von Anrechten führt, deren Wert insgesamt vom Wert der durch die abzuändernde Entscheidung insgesamt übertragenen oder begründeten Anrechte wesentlich abweicht, oder
2. durch sie eine für die Versorgung des Berechtigten maßgebende Wartezeit erfüllt wird, und
3. sie sich voraussichtlich zugunsten eines Ehegatten oder seiner Hinterbliebenen auswirkt.

Eine Abweichung ist wesentlich, wenn sie 10 vom Hundert des Wertes der durch die abzuändernde Entscheidung insgesamt übertragenen oder begründeten Anrechte, mindestens jedoch 0,5 vom Hundert des auf einen Monat entfallenden Teils der am Ende der Ehezeit maßgebenden Bezugsgröße (§ 18 des Vierten Buches Sozialgesetzbuch) übersteigt.

III Eine Abänderung findet nicht statt, soweit sie unter Berücksichtigung der beiderseitigen wirtschaftlichen Verhältnisse, insbesondere des Versorgungserwerbs nach der Ehe, grob unbillig wäre.

IV Antragsberechtigt sind die Ehegatten, ihre Hinterbliebenen und die betroffenen Versorgungsträger.

V Der Antrag kann frühestens in dem Zeitpunkt gestellt werden, in dem einer der Ehegatten das 55. Lebensjahr vollendet hat oder der Verpflichtete oder seine Hinterbliebenen aus einer auf Grund des Versorgungsausgleichs gekürzten Versorgung oder der Berechtigte oder seine Hinterbliebenen auf Grund des Versorgungsausgleichs Versorgungsleistungen erhalten.

VI Durch die Abänderungsentscheidung entfällt eine für die Versorgung des Berechtigten bereits erfüllte Wartezeit nicht.

VII Die Abänderung wirkt auf den Zeitpunkt des der Antragstellung folgenden Monatsersten zurück. Die Ehegatten und ihre Hinterbliebenen müssen Leistungen des Versorgungsträgers gegen sich gelten lassen, die dieser auf Grund der früheren Entscheidung bis zum Ablauf des Monats erbringt, der dem Monat folgt, in dem er von dem Eintritt der Rechtskraft der Abänderungsentscheidung Kenntnis erlangt hat. Werden durch die Abänderung einem Ehegatten zum Ausgleich eines Anrechts Anrechte übertragen oder für ihn begründet, so müssen sich der Ehegatte oder seine Hinterbliebenen Leistungen, die der Ehegatte wegen dieses Anrechts gemäß § 3 a erhalten hat, anrechnen lassen.

VIII Hat der Verpflichtete auf Grund einer Entscheidung des Familiengerichts Zahlungen erbracht, gelten die Absätze 1 bis 7 entsprechend. Das Familiengericht bestimmt, daß der Berechtigte oder der Versorgungsträger den zuviel gezahlten Betrag zurückzuzahlen hat, der Versorgungsträger unter Anrechnung der dem Berechtigten oder seinen Hinterbliebenen zuviel gewährten Leistungen. § 1587 d des Bürgerlichen Gesetzbuchs gilt zugunsten des Berechtigten entsprechend.

IX Die vorstehenden Vorschriften sind auf Vereinbarungen über den Versorgungsausgleich entsprechend anzuwenden, wenn die Ehegatten die Abänderung nicht ausgeschlossen haben.

X Das Verfahren endet mit dem Tod des antragstellenden Ehegatten, wenn nicht ein Antragsberechtigter binnen drei Monaten gegenüber dem Familiengericht erklärt, das Verfahren fortsetzen zu wollen. Nach dem Tod des Antraggegners wird das Verfahren gegen dessen Erben fortgesetzt.

XI Die Ehegatten oder ihre Hinterbliebenen sind verpflichtet, einander die Auskünfte zu erteilen, die zur Wahrnehmung ihrer Rechte nach den vorstehenden Vorschriften erforderlich sind. Sofern ein Ehegatte oder seine Hinterbliebenen die erforderlichen Auskünfte von dem anderen Ehegatten oder dessen Hinterbliebenen nicht erhalten können, haben sie einen entsprechenden Auskunftsanspruch gegen die betroffenen Versorgungsträger. Die Ehegatten und ihre Hinterbliebenen haben den betroffenen Versorgungsträgern die erforderlichen Auskünfte zu erteilen.

XII Hat der Verpflichtete Zahlungen zur Abwendung der Kürzung seines Versorgungsanrechts geleistet, sind die unter Berücksichtigung der Abänderung der Entscheidung zuviel geleisteten Beträge zurückzuzahlen.

1 **1)** Im Hinbl auf die langdauernde Wirkg von VA-Entsch ist VAHRG 10 a eingef worden, um die Richtigk solcher Entsch auch nachträgl weitestgehd zu gewährleisten (BGH NJW **98**, 3571). Neben VAHRG 10 a bleibt ZPO 578 f analog anwendb (BGH FamRZ **89**, 264). Die Abändg der VA-Regelg ist unabhäng davon, ob die Entsch üb den VA im Verbund, als abgetr Folgesache od im isolierten Verf erfolgt ist (Hamm FamRZ **92**, 826/7). Im Interesse der mat Gerechtigk kann damit die Rechtskr der früh Entsch dchbrochen w (BT-Drucks 10/5447 S 16 ff u 10/6369 S 21; BGH NJW **93**, 1650). Trotzdem kommt eine „Abändg" nicht in Betr, wenn der VA in der 1. Entsch schon dem Grd nach ausgeschl wurde (BGH FamRZ **96**, 282). Unzul ist es, zur Vermeidg eines späteren AbändVerf nach VAHRG 10 a vor Unverfallbark die dynam VersRente des öff D in den VA miteinzubeziehen (BGH FamRZ **88**, 822). Kein AbändVerf, wenn die Part im ErstVerf dem FamG ggü übereinstimmd den wirks Ausschl des VA behaupt h (Hbg FamRZ **89**, 73). Das AbändVerf hat Vorrang ggü dem schuldr VA (Kln FamRZ **90**, 294), es sei denn, die Ändg des WertAusgl hat keine Auswirkgen auf die Höhe des schuldr VA (Mü FamRZ **93**, 574). Zum **intertemporalen Recht:** 55. Aufl. –

2 **Wirkungen der Abänderung:** Vgl Rn 26, 27 ff u 45. Iü gilt das Pensionärs- u Rentnerprivileg (§ 1587 b Rn 19 u 28) nicht nur für Erst-, sond auch für AbändEntsch des FamG (Kln FamRZ **94**, 907 zu BeamtVG 57 I; JH/Hahne Rn 50; Michaelis/Sander DAngVers **87**, 95 zu SGB VI 101 III).

2) Das **Abänderungsverfahren** ist ein selbständ Verf, so daß Zustellgen nicht an den VerfBevollm des urspr VA-Verf erfolgen k (Kln FamRZ **96**, 1556 mA Herbst). Die Wwe des ausglpflicht Eheg ist, wenn sie dch die AbändEntsch betroffen ist, an dem Verf zu beteil u beschwberecht (Kln FamRZ **98**, 169). Die Vorschr v Nr 1 eröffnet eine Abändg immer schon dann, wenn ein im Ztpkt des Erl der AbändEntsch ermittelter Wertunterschied von dem Wertunterschied abweicht, der in der früh Entsch zGrd gelegt w ist bzw wenn dch eine nachträgl SatzgsÄndg beim VersTräger der bish nur mögl schuldr VA dch Ändg der AusglForm vermieden w kann. Vorauss f die Abändg ist ein entspr **Antrag,** der kein Sach-, sond VerfAntr ist (BGH FamRZ **89**, 264; Kemnade FamRZ **97**, 1084; vgl iü Rn 22–25). Worauf die Abweichg des früh zGrde gelegten von dem neu ermittelten Wertunterschied beruht, ist unerhebl. Nicht Ggst eines AbändVerf gem VAHRG 10 a kann eine Verweisg auf den schuldr VA sein (Mü FamRZ **98**, 679). Abzuändern sind auch rein **negative Entscheidungen,** bei denen also die abzuändernde Entsch den VA verneint h (Kblz FamRZ **87**, 950; Hamm FamRZ **92**, 826). Erfdl ist eine einf VerglRechng. Das abändernde Ger muß den VA nach § 1587 a auf der Grdl der (ggf aber rechtskr festgelegten; Mü FamRZ **97**, 1082) EheZt völlig **neu berechnen.** Zur WertErmittlg eines dynam RentAnrechts nach dem RRG: VDR-Hdb/Bergner 27/28. Zustdgk: Nicht das Ger der Ehesache, sond FGG 45 (BGH FamRZ **88**, 1160). Bei einem inzw wg DUnfähigk in den vorzeit Ruhestd versetzten Beamten ist die tats gewährte Vers zGrde zu legen; Härten für den AusglPflicht ist nach III Rechng zu tragen (Bambg u Celle FamRZ **89**, 756 u 985). Bei der Neuberechng muß das Ger **von Amts wegen** sämtl seit der ErstEntsch eingetretenen rechtl od tats Umst, ggf auch kumulativ (Rn 5–11) berücks, wenn sie rückw den auf die EheZt bezogenen Wert der Vers verändert h (BT-Drucks 10/6369 S 22). Das Erg des in dieser Weise neu errechneten Wertunterschieds hat das Ger sodann mit dem in der ErstEntsch zGrde gelegten Wertunterschied zu **vergleichen.** Vor der eigtl Abändg ist die ErheblichkSchwelle des II zu berücks (Rn 14) u die BilligkPrüfg nach III vorzunehmen (Rn 19–21). Die **Abänderung** selbst erfolgt „entspr", dh nach Maßg des im Ztpkt der AbändEntsch neu ermittelten Wertunterschieds. Erfdl ist desh eine **Totalrevision der früheren Entscheidung** (BGH FamRZ **89**, 264; **90**, 276; NJW **91**, 1827), auch zu Ungunsten des einz AntrSt, der einer Entsch allerd dch AntrRückn begegnen k (KG OLGR **98**, 373). Tats Verändg ist also ebso wie Versäumn des Ger bei der Amtsermittlg auch dann iW der Abändg Rechng zu tragen, wenn diese Fehler bereits dch RMittel hätten ausgeräumt w k (Ruland NJW **87**, 349). Bei der Korrektur ist auch eine geänderte höchstrichterl Rspr zu berücks (Celle FamRZ **89**, 985 BeamtVG 55). Soweit Umst keiner erneuten Überprüfg unterliegen (Rn 8, 9), wie zB HärteGrde iSv § 1587 c, wird die früh Entsch unter Beibehaltg der früh HerabsetzgsQuote nur entspr dem veränderten Wertunterschied abgeändert. Denn es besteht keine Veranlassg, die Rechtskr der früh Entsch auch insow zu dchbrechen u den alten VerfStoff mit den dann bestehden erhebl BeweisSchwierigk wieder aufzurollen (BT-Drucks 10/6369 S 21). Damit besteht auch keine Möglichk, sZt versehentl überh nicht vorgebrachte BilligkGrde nachträgl im AbändVerf zu berücks, wohl aber solche, mit denen der AusglVerpfl im ersten Verf ausgeschl war, weil er sZt ausglber war (§ 1587 c Rn 3). Soweit BilligkErwäggen anzustellen sind, geschieht dies nur noch in den von III gezogenen Grenzen (Rn 19–21). Nach Bergner NJW **90**, 678 läßt sich mit Hilfe des AbändVerf auch das Probl der unterschiedl **Besteuerung** der versch VersAnrecht (§ 1587 c Rn 6) lösen. Bspe zur **Tenorierung:** JH/Hahne Rn 61. Die Rspr läßt die **Berücksichtigung von nach Ehezeitende eingetretenen Verände-** 4
rungen neuerdings schon im Erstverfahren, u zwar ohne die Einschränkgen v § 10 a, zu (BGH NJW **89**, 29). Ausf § 1587 Rn 32–41.

3) Grundvoraussetzungen der Abänderung, I Nr 1–3. Das Ges führt in I Nr 1–3 versch **Abände-** 5
rungsgründe auf, wobei Nr 1 u 2 Umst betr, welche die früh getroffene VA-Entsch von vornherein od nachträgl im Ztpkt der Abändg als mat unricht erscheinen läßt u Nr 2 nur ein bes hervorgehobener Unterfall v Nr 1 ist, währd sich Nr 3 nur darauf bezieht, daß in der ZwZt statt des sZt nur mögl schuldr jetzt der dingl VA mögl ist. Wenn mehrere Grde, die nach den Nr 1–3 eine Abändg rechtf, **zusammentreffen,** so werden sie vom FamG vAw umfassd berücks (Rn 3) u führen somit zu einer Abändg, in deren Rahmen der VA, wenn auch stets bezogen auf das EheZtEnde, völlig neu berechnet w (BT-Drucks 10/6369 S 22).

a) Abweichen von dem früher ermittelten Wertunterschied, Nr 1. Ob das der Fall ist, w ermittelt 6
dch einen Vergl der alten VA-Entsch mit einer aGrd neuer Ausk erfolgden Berechng, die unter Zugrundelegg der urspr EheZt, aber unter Berücks zwzeitl tats od rechtl BewertgsÄndgen bei den VersTräger erfolgt (BGH FamRZ **89**, 725). – **aa) Abänderungsgründe sind** danach einmal strukturelle Verändgen der Vers wie die 7
Einf der Netto-Ges-Vers dch die 19. Änd der VBL-Satzg (BGH FamRZ **94**, 92) sowie vor allem auch solche Abweichgen, die sich aus der nachträgl Korrektur früh Rechen- od RFehler ergeben. Üb Nr 1 ist ferner eine Korrektur v Entsch mögl, die auf der Grdl unrichtiger Ausk eines VersTräger ergangen sind, u zwar auch dann, wenn die früh Ausk des VersTrägers auf falschen tats Ann beruhte od sonst Fehler enthielt. Das Ger muß also Fehler od Unterl beseitigen, die sich in den früh erteilten Ausk der VersTräger niedergeschlagen h (Bergner SozVers **87**, 87). Dasselbe gilt auch für Rechen- od RAnwendgsFehler des Ger bei der Berechng u Saldierg der ehezeitbezogenen Vers. Auch solche Rechenfehler od RAnwendgsFehler des Ger bilden einen AbändGrd (BT-Drucks 10/6369 S 21). Abändg also bei Unkenntn der Beteil vom VorhSein best Vers-Anrechte (Mü FamRZ **91**, 576); bei versehentl Nichteinbeziehg von VersAnrechten (BGH FamRZ **88**, 276); bei irrtüml Ann, der AusglPfl sei in der ges RentVers statt in der ÄrzteVers nachvers worden (BGH FamRZ **89**, 264) od wenn Splitting fehlerh versagt w ist, weil der AusglBer bereits eine Rente bezog (Kblz FamRZ **87**, 950). Einen Unterfall von Nr 1 stellt Nr 2 dar (BT-Drucks 10/6369 S 22). Bei Vers, deren EheZtAnteil sich nach dem Zt/Zt-Verh errechnet, wie BeamtVers, betriebl AltersVers od ZusatzVers des öff D, bleibt das zum EheZtEnde tats gegebene Eink od bei VersRenten der öff ZusatzVers als fiktives NettoArbEntgelt das gesamtversfäh Entgelt mit den darauf bezogenen fikt Steuer- u SozVersAbzügen zum Ende der EheZt maßg, ohne daß eine Weiterrechng dieser Faktoren auf den Ztpkt der AbändEntscheidg stattfindet (BGH FamRZ **98**, 94, 95; JH/Hahne Rn 16). **Berücksichtigungsfähig** sind nach EheZtEnde erfolgte **Nachversicherung** 8
(aA Düss FamRZ **88**, 1062); ferner RentBewilligg nach vorgezogenem **Ruhestand** (Hamm FamRZ **90**, 173); Versetzg eines Beamt in den vorzeit Ruhestand wg Dienstunfähigk (Nürnbg FamRZ **90**, 759), hier jedoch ggf Korrektur des AusglErg nach Billigk iRv III (KG OLGR **98**, 373). – **bb) Bei der Abänderung** 9
nicht berücksichtigungsfähig ist alles, was keinen Bezug zum EheZtAnteil der Vers hat (JH/Hahne

Rn 16), wie zB eine Beförderg od LaufbahnÄndgen nach EheZtEnde; unterschiedl Besteuerg v Beamt-Pension u Rente (Kblz FamRZ **92**, 687). Keiner erneuten Überprüfg unterliegen ferner Umst iSv § 1587 c (BGH NJW **89**, 1999), soweit sie also bei Erl der ErstEntsch bereits obj gegeben waren (Kln FamRZ **90**, 294), od des Art 12 Nr 3 III 3 u 4 des 1. EheRG, also zB UnterhPflVerletzgen währd der Ehe od lange TrenngsZten, die zu einem Ausschl od einer Herabsetzg des VA geführt h od hätten führen k (BT-Drucks 10/6369 S 21). Im Verf üb den öffr VA besteht schließl kein rechtl Interesse an der Feststellg der Höhe einer restl RentAnwartsch, die nur einem späteren schuldr VA unterliegt (BGH FamRZ **95**, 1481 betr Wiedereinzahlg der Heiratserstattg).

10 **b) Änderung in der Verfallbarkeit eines Anrechts, Nr 2.** Als Unterfall von Nr 1 stellt es einen weiteren AbändGrd dar, wenn ein Anrecht im Ztpkt der früh Entsch entweder tats noch verfallb war od fälschl als verfallb angesehen u desh dem schuldr VA überlassen w. Tritt nunm nachträgl die Unverfallbark ein od ergibt sich, daß die Vers von vornherein als unverfallb hätte angesehen w müssen, soll nunm öffr ausgegl w. Vorauss ist allerd, daß ein solches Anrecht den Formen des öffr WertAusgl unterliegt, also zB iW der Realteilg od nach VAHRG 3 b dch erweit Ausgl od BeitrZahlg ausgegl w k (BT-Drucks 10/6369 S 21 f). Unverfallb ist etwa die VersRente gem VBL-S 40 schon bei BU (BGH FamRZ **90**, 1339). IRv Nr 2 kann sich das Bedürfn nach Abändg sowohl für den AusglBer wie auch für den AusglPfl ergeben, für letzteren, wenn aGrd der Behandlg einer ZusatzVers aS des AusglBer als verfallb in der abzuändernde Entsch zu viel von seinen eig Anrechten übertr wurden. Hier soll der AusglPfl nicht auf den ledigl schuldr RückAusgl angewiesen sein, sond er darf die früh VA-Entsch korrigieren lassen (BT-Drucks 10/5447 S 18).

11 **c) Abänderbarkeit wegen nachträglicher Änderung der Ausgleichsform, Nr 3.** Eine früh Entsch soll schließl auch dann abgeänderet w können, wenn sie ein Anrecht dem schuldr VA überlassen h, das iW der Realteilg od des Quasi-Splittings hätte ausgegl w können, auch wenn diese Möglk erst nachträgl inf Einf der Realteilg od aGrd eines Statuswechsels eines VersTrägers geschaffen w sind. In beiden Fällen soll der VA entspr, dh in den nun mögl öffr AusglFormen nachgeholt w (BT-Drucks 10/6369 S 22). Das entspr nicht nur dem SichergsBedürfn des Ber, sond gibt auch den VersTrägern die Möglk, für Altfälle, für die nunm der verläng schuldr VA geschaffen w ist, die Realteilg od das Quasi-Splitting zu beantragen. Ein Wechsel der VersArt liegt zB vor, wenn der Beamte nach dem VA ausgeschieden u nachvers w ist; aber nicht in einer Beförderg (Ruland NJW **87**, 349). Die SatzgsAutonomie läßt es zu, die Realteilg usw ab jedem belieb Ztpkt vorzusehen, so daß eine AbändEntsch selbst dann ergehen muß, wenn zuvor ein Rentensplitting sowie begrenztes Supersplitting iSv VAHRG 3 b I 1 Nr 1 u danach ein ergänzder schuldr Ausgl stattgefunden h, sofern der betriebl VersTräger in der ZwZt aber seine VersRichtlinien geändert hat u eine Realteilg zuläßt (BGH FamRZ **98**, 421 UnterstützgsKasse des Dt GewerkschBundes). IdR ist aber davon auszugehen, daß die nachträgl Dchführg der Realteilg nicht dadch ausgeschl w soll, daß die Ehe bereits vor Erl der Ändg gesch wurde (vgl BGH FamRZ **93**, 174). Der Antr kann sofort nach Eintritt der Vorauss gestellt w (BT-Drucks 10/5447 S 18). IjF ist die Altersgrenze des V zu beachten. Weitergehde AbändMöglk gem VAwMG Art 4 § 1. Die Einf des erweit Splittings nach VAHRG 3 b fällt nicht unter Nr 3 (BGH NJW **97**, 863 mwN).

12 **4) Zusätzliche Voraussetzungen der Abänderung, II. – a)** Die sich aus I ergebden AbändMöglk
13 sollen nicht unbeschr zul sein. II knüpft desh die Geltdmachg der in I aufgeführten AbändGrde an bes weitere Vorauss, mit denen die **Abänderungsvoraussetzungen** objektiviert w sollen: Danach ist die Abändg gem Nr 1 nur innerh best ErheblichkGrenzen zul (Rn 14, 15). Auch wenn deren Erfordern nicht eingehalten sind, kann die Abändg gem Nr 2 von dem Ber gleichwohl durchgesetzt w, wenn dadch eine für ihn günst WarteZt erf w (Rn 17). Schließl setzt nach Nr 3 jede Abändg voraus, daß sie sich zG eines der beid gesch Eheg od eines Hinterbl auswirkt (Rn 18).

14 **b) Erheblichkeitsprüfung, II S 1 Nr 1.** Die Abändg findet nur statt, wenn sie zur Übertr od Begr von Anrechten führt, deren Wert insges vom Wert der dch die abzuänd Entsch insges übertr od begr Anrechte **wesentlich abweicht.** Hierbei kommt es nicht auf BilligkGesichtspkte an. Den Ger wird vielm ein **fester Maßstab** an die Hand gegeben. **Zweck:** Damit wird der Dchsetzg mat Gerechtigk hinreichd Raum gegeben, unnöt Streitigk werden vermieden u die FamG von BagatellVerf entlastet (BT-Drucks 10/6369 S 22). Der Wert der Anrechte, die dch die früh Entsch insges übertr od begründet w sind, ist mit dem Wert der Anreche zu vergl, die nach der NeuBerechng dem Ber insges zu übertr od f ihn zu begr wären (vgl
15 Rn 3). Die Differenz beid Werte muß **objektiv wesentlich** sein. Das ist nach S 2 der Fall, wenn die Differenz **10%** des Wertes der dch die früh Entsch übertr od begr Anrechte übersteigt (BVerfG u BGH NJW **93**, 1057 u 1650: verfkonform; vgl dazu v Maydell FuR **93**, 146). Dabei ist das „od" iSv „und" zu verstehen, so daß es auf die Differenz zw dem GesBetr der Anrechte ankommt, die dch eine Ändg zu übertr u zu begr wären, von dem GesBetr, der dch die ErstEntsch übertr u begr Anrechte (BGH NJW **91**, 1827). IjF muß die Differenz jedoch mehr als 0,5% des auf 1 Mo bezogenen Teils der am Ende der EheZt maßg Bezugsgröße
16 betragen. **Tabelle** mit mtl Bezugsgrößen u Grenzwerten: vgl die Nachw in der Einf v § 1587. Die spätere Gutschrift v 1 KiErzJahr rechtf keine Abändg (Ruland NJW **87**, 350). Bei den 10% handelt es sich um einen MindestBetr für jegl Ändg (Düss FamRZ **88**, 959). Das Scheitern des öffr WertAusgl an der Wesentlichk-Grenze hindert nicht eine Verrechng im schuldr VA (Celle FamRZ **93**, 1328). Für die Zulässigk der Abändg reicht es aus, wenn die WesentlkGrenze erst dch den Ausgl nach VAHRG 3 b I Nr 1 überschritten w (Kln FamRZ **98**, 169 LS).

17 **c) Wartezeitvorteile, S 1 Nr 2.** Wird die ErheblichkGrenze der Nr 1 nicht überschritten, so daß eigtl eine Abändg gem Nr 1 ausgeschl ist, so kann der berecht Eheg die Abändg gleichwohl mit Erfolg beantragen, wenn dadch eine für seine Vers maßg WarteZt erf w. Zu den WarteZten allg vgl § 1587 b Rn 19; ZusStellg bei Dörr NJW **88**, 101. Hierfür reicht im Einzelfall schon ein kleinerer Betr aus (BT-Drucks 10/5447 S 18).

18 **d) Begünstigungserfordernis, S 1 Nr 3.** IjF ist eine Abändg nur zul, wenn sie sich voraussichtl **zugunsten eines Ehegatten oder seiner Hinterbliebenen** auswirkt. Nach den GesMaterialien zu den aus dem RegEntw stammden Vorschr (vgl BT-Drucks 10/5447 S 19) ist das BegünstiggsErfordern auf die jew in Frage stehde AusglForm zu beziehen. So ist eine Abändg der rechtskr ErstEntsch in den Formen des § 1587 b I u II sowie der VAHRG 1 u 3 b I u II Nr 1 in allen Fällen ausgeschl, in denen die ErstEntsch im nachhinein

gesehen nicht zu einer soz Absicherg geführt hat u auch eine Abändg in Form einer zusätzl Aufstockg dem Ber nicht zum Erwerb einer Vers verhelfen würde, etwa weil er trotz allem die vorgesehene WarteZt nicht erreicht. Dagg ist in solchen Fällen nicht auch die Anwendbark von § 1587 b IV ausgeschl. Der Ber kann beanspr, daß das FamG den ihm formal zustehden Restwert zB in Form einer Abfindg ausgleicht.

5) Billigkeitskontrolle, III. Nach den objektivierten AbändVorauss v I u II eröffnet III die Möglichk, 19
die Abändg an BilligkErwäggen scheitern zu lassen. Der Vorschr kommt die Funktion eines bl Korrektivs zu. Eine Abändg findet nur dann nicht statt, wenn sie unter Berücks der beidseit wirtsch Verh **grob unbillig** wäre. Damit soll an den aus § 1587 c vertrauten Maßst angeknüpft u die Anwendg der BilligkKlausel auf AusnFälle beschr w (BT-Drucks 10/6369 S 22). Mit der eigenständ BilligkKlausel wird ein Wiederaufleben einer früh AuseinandS der gesch Eheg um die Anwendg v § 1587 c Nr 1 ausgeschl (vgl Rn 3). Mögl aber ggf die Geltdmachg der UngleichBesteuerg (BGH NJW **95**, 136; vgl Rn 3). Die grobe Unbillig kann vor allem dch eine bewußt in SchädigsAbs vorgen VersVerkürzg hervorgerufen w, währd ein bl Versch nicht ausr (BGH NJW **89**, 29 u 529). Unbillig kann iü eine Erhöhg des EheZtAnteils eines Anrechts iS von § 1587 a II Nr 1 sein, wenn dieser darauf beruht, daß der Eheg vorzeit dienstunfäh gew ist u seine Anrechte dringd benötigt, währd der and auf die Erhöhg nicht angewiesen ist (KG OLGR **98**, 373). Eine unbill gew UnterhRegelg ist ihrers dch AbändKl zu korrigieren (KG FamRZ **96**, 1422). Eine Abändg zum derzeit Ztpkt ist grob unbill, wenn die VersRente des einen Eheg unverfallb gew ist, die des and Eheg dagg noch nicht (Hamm FamRZ **94**, 1468). Iü besteht **keine Obliegenheit** des AusglPflicht, berufl Verändgen zu 20
unterl, damit sich die eheztbezogene Vers nicht verringert (BGH NJW **89**, 34; Bergner SozVers **87**, 97). 21
Ggst der Prüfg ist insb der **Versorgungserwerb nach der Ehe,** womit die BilligkAbwägg auf die nachehel Entwicklg der VersSituation der Eheg konzentriert w (BT-Drucks 10/6369 S 22). Nicht grob unbill sind idR selbstversch VersVerluste zB dch Disziplinarvergehen (BT-Drucks 10/5447 S 17; Ruland NJW **87**, 350). Verbleibt dem AusglPflicht auch nach der Abändg ein Ruhegehalt v üb 3000 DM, ist f BilligkErwäggen kein Raum (Nürnbg FamRZ **90**, 759). Das Rentnerprivileg gem SGB VI 101 III ist auch auf die VersRente der VBL zu erstrecken (Schlesw SchlHA **97**, 17).

6) Antragsberechtigte, IV. Berechtigt, den nach I erfdl Antr auf Abändg der ErstEntsch zu stellen, sind 22
vor allem die **Ehegatten.** Antrberecht sind ferner die **Hinterbliebenen** beid Eheg, nicht nur iGgs zum RegEntw diej des AusglVerpfl (BT-Drucks 10/6369 S 22). Hinterbl sind die Angeh eines Eheg, auf deren Vers sich die Abänd der VA-Entsch vorteilh od nachteil auswirken k, zB die Wwe des Versicherten auch ggü dessen gesch 1. Ehefrau (BGH FamRZ **93**, 173). Da V eine Abändg erst bei VersBezug od fortgeschrittenem LebAlter der Eheg zuläßt, soll das AntrR nicht desh ausgeschl w, weil der dch die Abändg unmittelb begünst Eheg vor dem in V normierten AntrZtpkt verstirbt. Die uU auch für die Vers der Angeh bedeuts Abändg kann desh auch von diesen selbst noch beantr w (BT-Drucks 10/6369 S 22). Das AntrR nach IV steht Hinterbl auch dann zu, wenn sie im Anschl an den Tod des AntrSt die AuschlFr des X für die Fortsetzg des AbändVerf versäumt h (BGH NJW **98**, 3571). Den betroffenen **Versorgungsträgern** steht ein AntrR vornehml auch desh zu, um Manipulationen der Eheg zL des VersTrägers zu verhindern (BT-Drucks 10/5447 S 19).

7) Antragszeitpunkt, V, und Antragsinhalt. – a) Die Vorschr ermögl den Eheg, den VA rechtzeit vor 23
Rentenbeginn an die aktuellen Verh anzupassen. Im Hinbl auf die mögl Dauer eines AbändVerf wird die 24
AntrBefugn von **Ehegatten,** die noch keine VersLeistgen beziehen, an die Vollendg des **55. Lebensjahres** geknüpft (BGH NJW **89**, 34). Dieser Ztpkt liegt deutl unter dem derzeitigen dchschnittl RentenzugangsAlter in der ges RentVers. Der in V normierte späte AntrZtpkt gilt für alle FallGestaltgen von I. **Zweck:** Das zeitl Hinausschieben dient der VerfKonzentration u der Vermeidg von mehreren möglw sogar ggläuf AbändEntsch (BT-Drucks 10/5447 S 20). Ein im RegEntw vorgezogenes AntrR für die bes Fälle nachträgl Unverfallbark v VersAnrechten hat der RAusschuß für nicht notw u im Hinbl auf die Belastg der FamG als nicht wünschensw abgelehnt (BT-Drucks 10/6369 S 23). Alternativ zum LebZtErfordern bei einer vorangegangenen Negativ-Entsch (Rn 3) der Bezug von VersLeistgen, die auch nicht aus dem VA zu stammen brauchen (Hamm FamRZ **92**, 826/8). – **b) Inhalt des Abänderungsantrags.** Es bedarf keines beziff Antr, da das AbändVerf 25
wie das AusgangsVerf dem AmtsermittlgsGrds folgt. Da jed die Einleitg des AbändVerf vom Antr eines Betroffenen abhängt, ist dieser gehalten, die Vorauss, ähnl wie seine Beschwer bei Einlegg eines RMittels gg den VA, schlüss darzutun. Umgek tritt aber auch bei einem best Antr keine BindgsWirkg dergestalt ein, daß dem Ger Grenzen hins der Höhe u der AusglForm gesetzt sind. Das Ger hat vielm vAw auch bei der Abändg eine der RLage entspr Entsch zu treffen (BT-Drucks 10/5447 S 20; vgl auch BGH FamRZ **84**, 990).

8) Wirkungslosigkeit der Abänderungsentscheidung für erworbene Wartezeiten, VI. Die dch eine 26
VA-Entsch einmal begründete WarteZt entfällt dch eine AbändEntsch nicht wieder. Die SchutzVorschr zG des Ber gilt auch dann, wenn die vorausgehde Entsch ihrers bereits eine AbändEntsch war (BT-Drucks 10/5447 S 20). Beruht der WarteZtErwerb allerd auf Argl, zB bei Verschw eig Anrechte dch den AusglBer, so gilt die auf dem VertrauensGrds beruhde Vorschr nicht (§ 242).

9) Rückwirkung der Abänderungsentscheidung, VII. – a) Als Ausn von dem Grds, daß VA-Entsch 27
erst nach Eintritt der Rechtskr Wirkgen f die Zukunft entfalten, tritt die GestaltgsWirkg der Abändg bereits 28
im Ztpkt des **der Antragstellung folgenden Monatsersten ein, S 1.** Die Regelg verfolgt den **Zweck,** die Gef v VerfVerzögergen zu bannen u gibt dem jew Ber einen mat Anspr auf den ihm von Rechts wg zustehden VersTeil (BT-Drucks 10/5447 S 20). So kann der Verpfl, der bereits eine gekürzte Vers erh, währd der Ber noch keine Vers bezieht, die zu UnR erfolgten KürzgsBetr rückw vom VersTräger verl. Ähnl gilt im umgek Fall f den Schutz pensionierter Ber, die bish zu wenig Vers bezogen h. Hat schließl der pensionierte Ber zuviel Vers bezogen, so kann auch der VersTräger diese Betr mit der Einschrkg des § 818 III zurückfordern. Das **Pensionärs- und Rentnerprivileg** (§ 1587 b Rn 19 u 28) gilt auch dann, wenn dch eine AbändEntsch gem § 10 a der VA-bdgte KürzgsBetr zu einem Ztpkt erhöht w, in dem der Betroffene bereits Rente bezieht (BGH NJW **95**, 657 ZusVers des öff D).

29 **b) Schutz des Versorgungsträgers vor doppelten Leistungen. – aa) Befreiungswirkung von Lei-**
30 **stungen auf Grund der früheren Entscheidung.** Die Eheg u ihre Hinterbl müssen Leistgen des VersTrägers gg sich gelten lassen, die dieser aGrd der früh Entsch bis zum Ablauf des Mo erbringt, der dem Mo folgt, in dem er von dem Eintritt der AbändEntsch Kenntn erlangt h, S 2. Die Vorschr betr den Fall, daß für bei Part die Wirkgen des VA in Form des LeistgsBezugs u der Kürzg bereits eingetreten sind od rückw für sich überschneidde ZtRäume eintreten w, zB iF einer RentenNachzahlg. Auf Grd von S 2 darf der VersTräger aGrd der früh Entsch mit befreiender Wirkg an den bish RInh leisten u beim and entspr Kürzgen vornehmen. Der an die Kenntn geknüpften (vgl BSG FamRZ **85**, 595; § 1587 p Rn 1) vollen MoFrist bedarf es zur techn Umstellg der AuszahlgsAOen (BT-Drucks 10/5447 S 20). Demj Eheg, der zG des and zuviel an Vers
31 eingebüßt h, steht ein BereichergsAnspr zu (BT-Drucks 10/5447 S 20 f). – **bb) Schuldnerschutz bei Leistungen aus dem verlängerten schuldrechtlichen Versorgungsausgleich, S 3.** Die im RAusschuß neu eingef Best schützt einen bereits nach VAHRG 3 a in Anspr gen VersTräger vor DoppelLeistgen, wenn ein Anrecht nachträgl unverfallb od real teilb gew ist u desh nach S 1 rückw dch Splitting, Quasi-Splitting od Realteilg ausgegl w kann. Der im RegEntw enth zusätzl AbändAusschlußGrd (BT-Drucks 10/5447 S 19 zu 4) wurde damit zu einer AnrechngsVorschr umgeformt (BT-Drucks 10/6369 S 23).

32 **10) Abänderung der rechtskräftigen Versorgungsausgleichsentscheidung nach Beitragszahlun-**
33 **gen durch den Ausgleichsschuldner in die gesetzliche Rentenversicherung, VIII. – a) Abänderbarkeit der Anordnung der Entrichtung von Beiträgen, S 1.** Die Vorschr von VII gelten auch in den Fällen, in denen der Verpfl aGrd einer AO des FamG gem § 1587 b III 1 od in Form einer andweit Zahlg aGrd von § 1587 b IV BeitrZahlgen in die ges RentVers erbracht h, weil nach Aus des GesGebers f eine Differenzierg zu den übr AbändFällen von § 1587 b I, II u VAHRG 1 kein sachl RechtfGrd besteht (BT-Drucks 10/5447 S 21). Es kann sich iFv § 1587 b III nur um vor der Entsch des BVerfG ergangene BeitrZahlgsAOen handeln (vgl § 1587 b Rn 30, 31). Für ZahlgsVereinbg der Part nach § 1587 o gilt IX (vgl Rn 38).

34 **b) Die Änderungsentscheidung. – aa)** Stellt sich anläßl veränderter Umst heraus, daß der **Berechtigte**
35 **zu wenig erhalten** hat, wird ihm dch AbändEntsch der fehlde Wert in der für ihn zweckmäß AusglArt verschafft, wobei nunm eine Realteilg od ein Quasi-Splitting nach VAHRG 1, der Ausgl nach VAHRG 3 b od üb § 1587 b IV weitere Zahlgen angeordnet w können. Wurden umgek **dem Verpflichteten zuviel Zahlungen auferlegt,** sind je nach FallGestaltg rückzahlgspflicht der Ber od der VersTräger, **S 2,** wobei letzterer dem Ber zuviel gewährte Leistgen auf den RückzahlgsBetr anrechnen darf (VAHRG 7). Erklärt sich der VersTräger zur Rückzahlg nicht bereit, entsch das FamG. Dabei kann es auch dem Ber die Rückzahlg auferlegen, wenn etwa Anrechte in einer PrivatVers geschaffen wurden (BT-Drucks 10/5447 S 21). Der rückzahlgspflicht VersTräger kann auch solche Leistgen anrechnen, die er an Hinterbl des Ber erbracht h (BT-Drucks 10/6369 S 23). Eine Verzinsg des RückzahlgsBetr ist nicht vorgesehen. Wird der Ber dch die Rück-
36 zahlg in seiner LebFührg unangem beeinträchtigt, kann das FamG entspr § 1587 d das **Ruhen der Rück-**
37 **zahlungsverpflichtung oder Ratenzahlungen** anordnen, **S 3. – bb)** Soweit es sich um teilw **noch nicht erfüllte Beitragszahlungen** gem § 1587 b III 1 handelt, bestehen die AbändMöglk nach VAHRG 10 a u nach Art 2 § 1 VAwMG nebeneinander (BT-Drucks 10/5447 S 21).

38 **11) Abänderung von Versorgungsausgleichsvereinbarungen, IX.** Haben die Eheg eine Vereinbg üb den VA geschl, etwa eine AbfindgsZahlg aGrd einer im nachhinein gesehen zu hoch angesetzten Vers, soll auch insow eine Abändg mögl sein (BT-Drucks 10/5447 S 21), es sei denn, die Part haben die Abändg ausdr ausgeschl. Für die Abändg von vor dem 1. 1. 87 getroffenen Vereinbgen gilt IX nur nach Maßg von VAHRG 13 I Nr 3 (BT-Drucks 10/6369 S 23; vgl § 13 Rn 5).

39 **12) Tod des antragstellenden Ehegatten bzw des Antragsgegners, X.** Auch nach dem Tod eines Eheg soll die VA-Entsch abgeändert w können, soweit sich dies zG des antragden Eheg auswirken kann. Zustdgk: FGG 45 III, VAHRG 11 I, ZPO 621 II 2 (BGH NJWE-FER **97**, 89). Bei Beschw dch den VersTräger ist das Verbot der Schlechterstellg des RMittelführers zu beachten (BGH FamRZ **90**, 1339). **Zweck:** Es bedurfte neben dem gem VAHRG 3 entspr anwendb § 1587 e IV einer gesond Regelg, weil letztere Vorschr nur den AusglAnspr des Ber gg den Verpfl erfaßt, nicht aber die Fälle, in denen zG des Verpfl entw ein teilw RückAusgl od sogar eine Umkehr der AusglPfl eintritt (BT-Drucks 10/5447 S 21). Das Ges
40 unterscheidet danach, wer von den gesch Eheg stirbt. **a)** Beim **Tod des Antragstellers** endet das Verf in Übereinstimmg mit § 1587 e II, sofern nicht ein and AntrBer, also die Hinterbl od ein VersTräger (VAHRG 10 a IV), binnen einer die Wiedereinsetzg verbietden AusschlFr (BGH NJW **98**, 3571) von 3 Mo nach dem Tod des AntrSt ggü dem FamG erkl, das Verf mit dem Ziel einer Abändg der VA-Entsch fortsetzen zu wollen,
41 **S 1. b)** Beim **Tod des Antragsgegners** wird das Verf gg dessen Erben, nicht gg die Hinterbl (BT-Drucks 10/6369 S 23), fortgesetzt, **S 2.** Betreibt der VersTräger das Verf, sind prakt beide Eheg AntrGegn (BGH FamRZ **90**, 1339).

42 **13) Auskunftspflichten, XI.** Zur Ermöglichg der Ändg der VAEntsch, näml um die ErfolgsAuss eines AbändVerf abwägen zu k, räumt das Ges den AntrBer (Rn 22) üb §§ 1580, 1587 e I, die nicht für Hinterbl gelten, AuskAnspr ein (BT-Drucks 10/5447 S 21). Zul StufenKl zur Vorbereitg des AbändVerf (Hoppenz u
43 Dörr FamRZ **87**, 428 f u 1093). – **a)** Wechselseit auskpflicht u auskberecht sind von der Person her **Ehegatten und ihre Hinterbliebenen** (BT-Drucks 10/6369 S 23), **S 1,** sowie subsidiär, näml dann, wenn die zur Wahrnehmg ihrer Re erfdl Ausk von dem and Eheg od dessen Hinterbl nicht zu erlangen sind, der entspr **Versorgungsträger, S 2.** Umgek haben aber auch die Eheg u ihre Hinterbl den betroffenen VersTrägern die
44 erfdl Ausk zu geben, **S 3. – b) Umfang der Auskunftspflicht, S 1.** Zu erteilen sind die Ausk, die zur Wahrnehmg der Re in AbändVerf erfdl sind, also üb die in die Abändg einzubeziehenden VersAnrechte (BT-Drucks 10/5447 S 22).

45 **14) Rückzahlung von zu Unrecht an den Versorgungsträger zum Zwecke der Abwendung von Versorgungskürzungen erbrachter Leistungen, XII.** Der AusglPfl hat gem SGB VI 187 das R, die dch das Rentensplitting nach § 1587 b I u gem BeamtVG 58 die dch das Quasi-Splitting eingetretene Kürzg der

Rente bzw VersBezüge ganz od teilw dch Entrichtg zusätzl Beitr bzw KapitalBetr an den RentVersTräger bzw DHerrn zu vermeiden (vgl § 1587 b Rn 20 u 28). **Zweck:** Die Vorschr stellt sicher, daß sich eine zG des ausglpfl Eheg erfolgte Abändg auch auf Leistgen auswirkt, die dieser Eheg zur Abwendg dieser VA-bdgten Kürzg seiner Vers erbracht h (BT-Drucks 10/6369 S 23). Die unter Berücks der Abändg zuviel geleisteten Beträge sind von dem jew VersTräger zurückzubezahlen.

II. 2. Maßnahmen zur Verringerung des Verwaltungsaufwands

VAHRG 10 b ***Sofortige Beitragszahlungspflicht des Versorgungsträgers bei Quasi-Splitting.***

VAHRG 10 c ***Vereinfachtes Ausgleichsverfahren bei Widerrufsbeamten und Zeitsoldaten.*** *(§§ 10 b, 10 c VAHRG sind durch Art 62 Nr 3 des RRG 1992 mit Wirkung zum 1. 1. 92 gestrichen worden. Die in den Vorschriften enthaltenen Regelungen sind sachgerecht den §§ 183, 185 und 225 SGB VI eingegliedert worden [VDR-Hdb/Bergner 27/132]. Vgl 50. Aufl)*

VAHRG 10 d ***Verbot von Beitragserstattungen bis zum Abschluß des Versorgungsausgleichsverfahrens.*** **Bis zum wirksamen Abschluß eines Verfahrens über den Versorgungsausgleich ist der Versorgungsträger verpflichtet, Zahlungen an den Versorgungsberechtigten zu unterlassen, die auf die Höhe eines in den Versorgungsausgleich einzubeziehenden Anrechts Einfluß haben können.**

(Lit: Schmeiduch/Krumnack Amtl Mitt LVA Rheinpr **87**, 493). VAHRG 10 d erlegt dem VersTräger 1
eines am VA-Verf beteil Eheg auf, Leistgen zu unterl, die auf ein in den VA einzubeziehdes Anrecht Einfl h können. Die Vorschr erfaßt Fälle einer VersAbfindg, -kapitalisierg, BeitrErstattg od sonstigen Austritts-Leistg, die zum Erlöschen eines Anrechts führt (BVerwG NVwZ **88**, 367). Für die ges RentVers ergeben sich die RFolgen einer BeitrErstattg aus SGB VI 210 VI, wonach mit dem Eintritt der BindgsWirkg des ErstattgsBescheids das bish VersVerh aufgelöst w, u zwar auch insow, als die Beitr nicht erstattet worden sind. Da VersAbfindgen u vergleichb Leistgen nicht dem VA unterliegen (BGH FamRZ **92**, 45) u im Ztpkt der Entsch nicht mehr existente Anrechte nicht ausgegl w können (BGH FamRZ **87**, 1016), besteht außerh des AnwendgsBereichs von § 1587 c Nr 2 die Gef, daß ein Eheg (vor allem der AusglVerpfl) dch die Inanspruchn einer AustrittsLeistg die AusglBilanz manipuliert, zumal solche Leistgen auch nicht güterr auszugl sind, wenn sie nach Eintritt der RHängigk zufließen. **Betroffene Anrechte:** Die Vorschr gilt für 2
sämtl fakultat u obligator Anspr u Auss beider Eheg, deren Erf auf die Bewertg währd der Ehe erworbener Anrechte Einfl nimmt, unabhäng von der Qualität der Anrechte, der Organisationsform des VersTrägers u der Form des Ausgl. Sie betr insb Anspr aus der ges RenVers nach SGB VI 210 u aus der AltersSicherg der Landwirte nach ALG 75, 117. **Zeitpunkt:** Sobald der VersTräger von einem VA-Verf (einschließl 3
AbändVerf nach VAHRG 10 a) Kenntn erh, darf er keine AustrittsLeistgen gewähren, sol die Entsch üb den VA nicht gem ZPO 629 d wirks gew ist (BT-Drucks 10/6369 S 23). Das ZahlgsVerbot beginnt idR mit dem Eingang des AuskErsuchens des FamG; hierbei steht das Kennenmüssen der pos Kenntn gleich (analog BSG SozR 7610 § 1587 p Nr 2). **Rechtsfolgen:** Die Vorschr begründet eine echte UnterlVerpfl 4
(BGH NJW **95**, 31). Leistete der VersTräger in nicht vorwerfb Unkenntn des rhäng VA-Verf, so kommt ihm SchuSchutz nach § 407 zugute. Iü kommen SchadErsAnspr gem § 839 iVm GG 34 in Betr, soweit der VersTräger entgegen VAHRG 10 d erstattet od abgefunden h (BGH FamRZ **95**, 31).

III. Auskunftspflicht im Versorgungsausgleich

VAHRG 11 ***Geltung der verfahrensrechtlichen Vorschriften; Auskunftspflicht.*** **I Entscheidet nach diesem Gesetz das Familiengericht, so gelten die verfahrensrechtlichen Vorschriften über den Versorgungsausgleich entsprechend, soweit sie nicht unmittelbar anzuwenden sind.**

II Das Gericht kann über Grund und Höhe der Versorgungsanwartschaften und Versorgungen von den hierfür zuständigen Behörden, Rentenversicherungsträgern, Arbeitgebern, Versicherungsunternehmen und sonstigen Stellen sowie von den Ehegatten und ihren Hinterbliebenen Auskünfte einholen. Die in Satz 1 bezeichneten Stellen, die Ehegatten und ihre Hinterbliebenen sind verpflichtet, den gerichtlichen Ersuchen Folge zu leisten.

1) Nach VAHRG 3 sind die matrechtl Vorschr üb den VA auf die im VAHRG getroffenen AusglRegelgen, 1
soweit sie nicht bereits unmittelb gelten, sinngem anzuwenden. **I** enth die entspr **pauschale Verweisungsvorschrift für die Geltung der verfahrensrechtlichen Vorschriften** im VA-Verf vor dem FamG. Es gilt damit für alle famgerichtl Verf nach dem VAHRG einheitl das allg Verf- u KostR des VA; f RA-Gebühren gilt BRAGO 118. Für die Härtekorrekturen nach VAHRG 4–8 bleibt der jew, nach Art der Vers gegebene RWeg.

2) Auskunftseinholung durch das Gericht, II. Abs 2 begründet für das GerVerf üb den VA im Interesse 2
der VerfBeschleunigg eine AuskPfl ggü dem Ger (Stgt FamRZ **86**, 705), die vom VersTräger auch dann zu erf ist, wenn die Eheg der Erteilg der Ausk nicht zugest h (Zweibr FamRZ **98**, 918). Die Verpfl beginnt mit dem Eintritt der RHängigk (Kln FamRZ **84**, 1111) u endet mit Rechtskr der Entsch üb den VA (BGH NJW **84**, 2040). Die Vorschr gilt für sämtl Verf üb den VA, die dch das FamG dchzuführen sind. InformationsPfl im Verh der Eheg u ihrer Hinterbl zueinander ergeben sich aus §§ 1587 e I, 1587 k I; VAHRG 3 a VIII, 9 IV,

10 a XI. Adressaten der AuskPfl sind die Eheg, ihre Hinterbl u die VersTräger, unabhäng von ihrem verfr
3 Status. Die auskpfl Eheg kann seine Mitwirkg – wenn der ScheidgsAntr nicht offensichtl erfolglos bleiben muß (Düss FamRZ **87**, 618) – nicht mit der Behauptg verweigern, der ScheidgsAntr sei unbegründet (Karlsr
4 FamRZ **94**, 1330; Brschw FamRZ **95**, 300 mN). Nach dem Tod des Eheg trifft die AuskPfl den Erben (BGH
5 FamRZ **86**, 253).Die AuskPfl erstreckt sich auf alle für die Entsch üb den VA erfdl rechtl u tats Umst auch außerh der Ehe (Höhe von VersAnrechten, HärteGrde usw); sie bezieht die Beibringg der erfdl BewMittel ein. Die Ausk können formfrei erteilt w. Die Erteilg der Ausk w gem FGG 33 dch ein vorher anzudrohdes (Stgt FamRZ 86, 705) **Zwangsgeld** erzwungen, dessen Festsetzg nur aGrd eindeut AuskVerl zul ist (Brem FamRZ **84**, 713; Karlsr FamRZ **89**, 651; Kln FamRZ **98**, 682 LS) u nach FGG 19 (nicht ZPO 621 e) anfechtb ist (Brem FamRZ **84**, 713). Androhg auch ggü öffr VersTräger (KG NJW-RR **96**, 252; FamRZ **98**, 839). Zul ist es aufzugeben, die aus der Mitteilg des SozVersTr ersichtl VersLücken aufzuklären (Hbg FamRZ **93**, 350). Zur Erledigg von ZwGeldVerf vgl iü Nürnbg FamRZ **97**, 216.

IV. Übergangs- und Schlußbestimmungen

VAHRG 12 *(gegenstandslos, Berlin-Klausel)*

VAHRG 13 *Inkrafttreten; Außerkrafttreten.* **I Es treten in Kraft**

1. die §§ 4 bis 10 mit Wirkung vom 1. Juli 1977;

2. die §§ 3 a, 3 b, 10 a und 10 d am 1. Januar 1987; § 10 a Abs. 9 gilt für vor dem 1. Januar 1987 geschlossene Vereinbarungen, jedoch mit der Maßgabe, daß sie nur abgeändert werden können, soweit die Bindung an die Vereinbarung auch unter besonderer Berücksichtigung des Vertrauens des Antragsgegners in die getroffene Vereinbarung für den Antragsteller unzumutbar ist; wurde im Zusammenhang mit der Vereinbarung über den Versorgungsausgleich auch anderes geregelt, findet eine Abänderung nicht statt, es sei denn, daß die Regelung im übrigen auch ohne den Versorgungsausgleich getroffen worden wäre;

3. die §§ 10 b und 10 c am 1. Januar 1988;

4. die übrigen Vorschriften dieses Gesetzes mit Wirkung vom 1. April 1983.

II *(Aufgehoben durch Art 30 Nr 2 b RÜG zum 1. 1. 1992).*

1 **1) Zweck:** VAHRG 13 soll den zeitl GeltgsBereich der einz – bish u neuen – Vorschr des VAHRG vollständ u aus sich heraus verständl darstellen (BT-Drucks 10/5447 S 22).

2 **2) Inkrafttreten der verschiedenen Vorschriften des VAHRG: – a)** Das VAHRG ist im früh BGe-
3 biet allg am 1. 4. 83 in Kr getreten. Die auf der Rspr des BVerfG (NJW **80**, 692) beruhden HärteRegelgen des II. Abschn sind rückw zum 1. 7. 77 in Kr gesetzt u zunächst bis zum 31. 12. 86 befr worden. Die Befristg der HärteRegelgen, deren § 7 dch das VAwMG mit Rückwirkg auf den 1. 7. 77 geringfüg geändert worden ist, war durch Art 2 Nr 7 VAwMG beibehalten, jedoch bis zum 31.12.94 erweitert worden. Nachdem die gg diese Regelgen erhobenen verfrechtl Einwände vom BVerfG (NJW **89**, 1983) u BSG (SozR 5795 § 4 Nr 3, 4 u 6) zurückgewiesen worden waren u sich diese in der Praxis bewährt hatten, wurden sie ebso wie VAHRG 10 a dch RÜG Art 30 Nr 2 mit Wirkg ab 1. 1. 92 in unbefr R übergeführt, um den früh Eheg eine verläßl Grdl f die Plang ihrer AltersSicherg zu verschaffen (BT-Drucks 12/405
4 S 173). Im Beitrittsgebiet ist das VAHRG mit Wirkg v 1. 1. 1992 in Kr getreten. – **b)** Mit Wirkg ab 1. 4. 83 führte das VAHRG in Ergänzg zu § 1587 b I, II, IV die ges **Ausgleichsformen** des analogen Quasi-Splittings u der Realteilg (VAHRG 1 II, III) ein (zur Realteilg vor dem 1. 4. 83 aGrd einer Vereinbg od § 1587 b IV vgl BGH NJW **82**, 2496). Die neuen AusglRegeln gelten für alle Entsch üb den VA, die (auch als AbändEntsch) nach dem 31. 3. 83 ergehen (BGH NJW **86**, 185). Das VAHRG ersetzte mit den neuen AusglFormen – ergänzt dch den schuldr VA nach VAHRG 2 u flankiert von einer Einschrkg des AbfindgsR nach § 1587 l – den VA dch BeitrZahlg nach § 1587 b III 1, der vom BVerfG (NJW **83**, 1471) für verfwidr erkl worden war. Dieses AusglSystem ist wiederum vom BVerfG (NJW **86**, 1321) beanstandet worden, insbes deswg, weil die nach fr R vorgesehene weitgehde Verweisg vornehml betriebl VersAnrechte in den labilen schuldr VA mit dem Gedanken einer eigenständ u dauerh beständ soz Sicherg des Ber nicht vereinb sei. Durch das VAwMG als Reaktion auf die verfgerichtl Beanstandgen ist der öffr VA erweitert (Super-Splitting usw) u die BeitrAO unter dem Vorbeh der wirtsch Zumutbark wieder eingef worden (VAHRG 3 b); zugleich wurde allg wieder die Abfindg schuldr AusglAnsprü gestattet. Die AusglRegeln des VAHRG wurden in diesem Zshg unbefr in Geltg gesetzt, währd hierzu ergänzd dch die inzw ggstlos gew Regelg des VAwMG Art 4 § 1 (Hahne FamRZ **87**, 429) die Möglichk geschaffen wurde, in best Altfällen einen Ausgl
5 in den Formen des VAHRG nachzuholen. – **c)** Hinsichtl **sonstiger Regelungen** des VAHRG gilt: Die mit dem VAwMG geschaffenen Regelgen üb den verläng schuldr VA sowie üb das Verbot von Abfindgen u
6 Erstattgen währd eines VA-Verf sind am 1. 1. 87 in Kr getreten. Die verläng schuldr AusglRente nach VAHRG 3 a steht jedoch auch dann zu, wenn die Entsch üb den VA bereits vor dem 1. 1. 87 getroffen worden od der Tod des Verpfl vor diesem Ztpkt eingetreten ist (BGH FamRZ **89**, 1283); zum ÜbergangsR
7 vgl iü VAwMG Art 4 § 2. Der ebenf auf dem VAwMG beruhde VAHRG 10 a ist am 1. 1. 87 in Kr getreten (Ztpkt des WirksWerdens verfkonform: BSGE **66**, 53) u erfaßt auch Entsch, die vor diesem Ztpkt ergangen sind. Die Regelg war zunächst bis zum 31. 12. 94 befr, ist jedoch dch RÜG Art 30 Nr 2 b mit Wirkg ab 1. 1. 1992 in DauerR übergeführt worden. Hinsichtl der Abändg vor 1987 abgeschl Vereinbgen (VAHRG 10 a IX) sind die bes Vorauss von I Nr 2 Halbs 2, 3 zu beachten.

1587 c ***Ausschluß des Versorgungsausgleichs.*** **Ein Versorgungsausgleich findet nicht statt,**

1. soweit die Inanspruchnahme des Verpflichteten unter Berücksichtigung der beiderseitigen Verhältnisse, insbesondere des beiderseitigen Vermögenserwerbs während der Ehe oder im Zusammenhang mit der Scheidung, grob unbillig wäre; hierbei dürfen Umstände nicht allein deshalb berücksichtigt werden, weil sie zum Scheitern der Ehe geführt haben;
2. soweit der Berechtigte in Erwartung der Scheidung oder nach der Scheidung durch Handeln oder Unterlassen bewirkt hat, daß ihm zustehende Anwartschaften oder Aussichten auf eine Versorgung, die nach § 1587 Abs. 1 auszugleichen wären, nicht entstanden oder entfallen sind;
3. soweit der Berechtigte während der Ehe längere Zeit hindurch seine Pflicht, zum Familienunterhalt beizutragen, gröblich verletzt hat.

1) Negative Härteklausel. a) Inhalt und Zweck. Wie beim Anspr auf nachehel Unterh (§ 1579) 1 tritt ein vAw zu beachtder (Mü FamRZ **85**, 79) gänzl od teilw **Verlust des Versorgungsausgleichsrechts** unter Billigk- u VerwirkgsGesichtspkten ein. Der VA findet nicht statt, wenn er unter Berücks verschiedener Umst grob unbill wäre, Nr 1, soweit der Ber im Hinbl auf die Scheidg ausglpfl VersAnrechte aufgegeben hat, Nr 2, u soweit der AusglBer währd der Ehe FamUnterhPfl grob verletzt hat, Nr 3. **Keine Enumeration** der HärteGrde, weil Nr 1 eine Generalklausel enth (JH/Hahne Rn 2). § 1587 c betr die ind Zumutbark des VA u darf desh **nicht** zur **Korrektur des VA** – sei es in Einzelh (Ausgl von Anwartsch, für die die WarteZt noch nicht erf ist; BGH FamRZ **84**, 574; NJW-RR **89**, 965 SVG 55 c), sei es im GrdKonzept – benutzt w, zB um den VA überh auszuschl, wenn in einer Doppelverdienerehe nur der eine Eheg eine Altersers aufgebaut hat (Hamm FamRZ **81**, 574) od beide Eheg währd der gesamten EheZt Beamte waren (BGH FamRZ **89**, 492) bzw rentenverspfl gearbeitet haben u somit keine ehebdgten VersNachteile entstanden sind (Hbg NJW **82**, 242; Düss FamRZ **87**, 162), od um Härten zu mildern, die ganze Berufsgruppen treffen (Oldbg FamRZ **81**, 678 Strahlflugzeugführer). Ands dient § 1587 c auch dazu, evtl mit dem Splitting od Quasi-Splitting verbundene GrdRVerletzgen zu verhindern (BVerfG NJW **80**, 692), denen die Ger dch Anwendg der Härteklausel entggwirken müssen (BVerfG NJW **93**, 1059), zB bei ungleich hohen VersBezügen zweier Beamt nach Dchführg des VA (BVerfG NJW **84**, 2147; Wagenitz FamRZ **86**, 18) od bei Umkehrg der AusglPfl inf eheunangem Berechng der ruhegehaltsfäh GesZt (BVerfG NJW **93**, 1059). Erfdl ist iR des § 1587 c eine **Gesamtabwägung** aller in Betr kommden Umst, auch wenn sie keinen wirtsch Bezug aufweisen (BGH FamRZ **83**, 32; JH/Hahne Rn 2). Unerhebl ist, in welchem Güterstd die Eheg gelebt h (BT-Drucks 7/4361 S 43 f). Zu vor dem 1. 7. 77 liegden BilligkUmst vgl Einf 17 v § 1587, wobei die Grde der ÜbergangsRegelg Vorrang haben (Stgt FamRZ **86**, 1006). Die Härteklauseln der §§ 1587 c u h sind jew lex specialis ggü dem allg **Verwirkungs**einwand (§ 242 Rn 87; BGH NJW **92**, 3293). Keine Anwendg von § 1587 c mehr nach dem **Tod** des ausglpflicht Eheg (Ffm FamRZ **95**, 299). – **b)** Die Härteklausel wirkt nicht beiderseits, sond 2 erlaubt **nur Herabsetzung oder Ausschluß zugunsten des Verpflichteten** (BGH FamRZ **82**, 1193; **85**, 687; NJW **92**, 312; aA Eichenhofer FuR **94**, 67). Anders also als bei § 1375 II kann der AusglBetr nicht erhöht w, wenn der AusglPflicht wg der Scheidg VersAnrechte hat entfallen lassen (BGH FamRZ **87**, 48; aA Karlsr FamRZ **86**, 917), weil dem Verpfl die wirtsch EntschFreih u berufl Mobilität erh bleiben sollten (BT-Drucks 7/650 S 163). – **c) Verfahrensmäßiges.** Die Härteklausel kann idR erst 3 geprüft w, wenn ermittelt ist, welche VersAnrechte die Part in der Ehe erworben h (Karlsr Just **84**, 286). Sie greift ggf nur hins eines Teils der AusglVerpfl ein (BT-Drucks 7/650 S 162). AGrd der „Soweit"-Fassg kann ein **gänzlicher oder nur teilweiser Ausschluß** des VA erfolgen. § 1587 c erlaubt auch TeilEntsch zB üb das Splitting, wenn die HärteHerabsetzg nur wg betriebl Ruhegelds in Betr kommt (BGH NJW **84**, 120). Zul ferner die **Herabsetzung einzelner VA-Anteile** wie der auf die stat VersRente ermittelte AusglBetr bei voraussichtl ZuvielAusgl (BGH FamRZ **88**, 822/5). Zu den BerechngsModalitäten vgl JH/Hahne Rn 4 f. Aber die BilligkKlausel des § 1587 c Nr 1 ermögl es nicht, best Anwartsch des ausglber Eheg unberücks zu lassen u damit eine Erhöhg des AusglBetr zu bewirken (BGH FamRZ **87**, 48). Auch eine zeitl beschr BU-Rente ist auszugl, wenn der AusglSchu sich auch hins seiner Altersrente dann noch besser steht als der AusglBer (Karlsr FamRZ **82**, 615). Keine Abändg gem VAHRG 10 a I Nr 1 allein aGrd einer and Einschätzg der Härte des VA (BGH NJW **89**, 1999). Erstmalige Geltdmachg mit der **Beschwerde** ist zul (Hamm FamRZ **91**, 1451). Keine Beschwer des AusglBer, wenn sein auf § 1585 c gestütztes AusschlBegehren unberücks bleibt; ggf Erneuerg des Begehrens iR eines Verf nach VAHRG 10 a, falls sich die Richtg des VA änd (BGH NJW **92**, 3399). Zum Umfg des rechtl Gehörs: BVerfG FamRZ **92**, 1151. Kein BeschwR des VersTrägers (BGH NJW **98**, 2679).

2) Grobe Unbilligkeit, Nr 1, ist AuffangTatbest (BGH **74**, 83) u **Generalklausel.** Sie kommt nur in 4 Betr, wenn aGrd bes Verh die starre Dchführg des öffr WertAusgl dem GrdGedanken des VA in unerträgl Weise widersprechen würde (BGH **74**, 38/83; NJW **82**, 989; **86**, 1935; FamRZ **89**, 1062). Das kann nur an Hand best, vom AusglPflichtigen vorzutragder (BGH NJW **88**, 1839) Umst festgestellt w. Härtefälle sind nur in eng zu begrenzden AusnFällen zuzulassen (BT-Drucks 7/4361 S 43). Bei der Abwägg ist ein strengerer Maßst anzulegen als bei § 242 (BGH FamRZ **81**, 756). Allg BilligkErwäggen reichen nicht aus. Feststellg grober Unbilligk ist daher weitgehd Sache des TatRi (BGH **74**, 84; NJW **81**, 1733), der die Härte auch nach ZtAbschn differenzieren kann (Hbg FamRZ **84**, 398). Auf keinen Fall eröffnet § 1587 c Nr 1 den Weg zur Berücks von nach RHängigk des ScheidgsAntr vom AusglBer vorgen Nachzahlgen in die RentVers (Kln FamRZ **98**, 483). Zum AbändVerf bei **nachträglich aufgetretenen Härtegründen:** VAHRG 10 a Rn 5. HärteGrde, die noch einer **Entwicklung** unterliegen, sind nicht einem späteren AbändVerf vorzubeh, sond ggf iW einer Prognose im AusgangsVerf zu berücks (BGH NJW **97**, 56).

a) Zu berücks sind in erster Linie **die beiderseitigen Verhältnisse.** Hierbei sind sämtl Umst des 5 Einzelfalls, insb Veranlagg, VersichergsMöglk u vorh VersAnrechte zu berücks, ferner bei langer Ehe der evtl Verlust an WarteZten (Ffm FamRZ **90**, 1259). Ausschl des VA daher etwa, wenn die Eheg ledigl zu Beginn der Ehe einige Mo zusgelebt haben u sie danach fast 30 J getrennt waren (Brdbg FamRZ **98**, 682).

Auch der **Gesundheitszustand** kann eine Rolle spielen (BGH FamRZ **81**, 756). Auch ggü einem QuerschnGelähmten ist die Dchführg des VA nicht grob unbill, wenn der Ber selbst nur unzureichd versorgt ist (Kln FamRZ **98**, 483). Insb scheidet eine Kürzg des VA dann aus, wenn der ausglpfl querschnittsgelähmte Ehem rd 20 J von seiner ausglber Ehefr betreut wurde u beider Renten nach Dchführg des VA den sozialhilferechtl MindBed unterschreiten (Karlsr FamRZ **98**, 300). Aids des Ber rechtf nicht etwa, ihm wg evtl LebVerkürzg den VA überh zu versagen od zu kürzen (Mü FamRZ **97**, 752). Kein Fall von Nr 1 liegt vor, wenn beide Eheg währd der Ehe erwtät waren u eig, für sich gesehen ausreichde VersAnrechte erworben h (BGH FamRZ **95**, 413). Der Anwendg der Härtekl steht nicht entgg, daß der AusglPflicht eine höhere AltersVers behält als der Ber (Hbg FamRZ **88**, 628). Doch kann **vorzeitige Pensionierung** u darauf beruhde Erhöhg des EheZtAnteils Nr 1 rechtf (BGH **82**, 66; NJW **97**, 56; AG Weilburg NJWE-FER **99**, 28; GgBsp: Hamm FamRZ **97**, 27). Auch grobe Unbilligk, wenn der ausglber Eheg aGrd seiner eig fortdauernden ErwTätigk bei Erreichen der Altersgrenze eine unverhältnism hohe Rente ggü dem inzw erwerbsunfäh and Eheg erhielte (BGH NJW **82**, 224) od wenn er sich iGgs zu dem erwerbsunfäh Eheg eine **Altersversorgung noch aufbauen** (BGH NJW **81**, 1733; FamRZ **82**, 475; **88**, 489) od ausbauen kann (Karlsr FamRZ **94**, 904). In diesem Zshg ist auch eine wiederaufgelebte Wwen-Rente nach dem verstorbenen 1. Ehem zu berücks (BGH NJW **89**, 1998). Ausschl od Herabsetzg des VA nach Nr 1 ist auch dann mögl, wenn der ausglber Eheg erst kurz vorher die dt **Staatsangehörigkeit** erworben h (BGH NJW **82**, 1940; vgl aber auch Stgt FamRZ **84**, 291), insb wenn die Eheschl gg Entgelt ausschließl den Zweck hatte, dem ausl Ehem den Aufenth in der BRD zu ermögl (AG Charl FamRZ **78**, 38). Kein Ausschl des VA auch allein um der Tats willen, daß der ausglber Ausl im Ausl lebt (Karlsr FamRZ **98**, 1029). Grobe Unbilligk ferner bei **Strafhaft** währd der gesamten Ehe (Kln NJW-RR **92**, 67), es sei denn, dem and Eheg war die StrafZt bei Eingehen der Ehe bekannt (Celle FamRZ **80**, 1032). Nicht jedes **Ungleichgewicht in der Aufgabenverteilung** in der Ehe rechtf eine Reduzierg des VA; keine Unbilligk bei langjähr schuldloser Inhaftierg des AusglBer (Kblz NJWE-FER **98**, 170); wesentl ist, welche Plang der ehel LebG zugrde lag (KG FamRZ **82**, 78). Grdsl findet der ungekürzte VA auch in einer lebensplanmäß auf das **Studium** ausgerichteten Ehe statt (Kln FamRZ **81**, 574). Aber Reduktion des VA denkb, wenn ein Eheg erwtät ist u der and sein Studium fortsetzt (KG FamRZ **80**, 800; Hamm FamRZ **94**, 1472; Krause FamRZ **97**, 567; aA Karlsr FamRZ **97**, 30) od wenn sich ein Eheg einer im Erg seine VersChancen erhöhden FachschulAusbildg (Ffm FamRZ **82**, 1088) od einem entspr Studium unterzieht (Kln FamRZ **94**, 1473), währd der ausglpfl Eheg seine ErwTätigk krankhhalber einschränken muß (Ffm FamRZ **94**, 1472). Erst recht, wenn ein Eheg dem and dch versichergspflicht ErwTätigk u uU neben der HaushFührg u KiBt (BGH FamRZ **89**, 1060) das Studium **ermöglicht** (BGH FamRZ **88**, 600; Kblz NJW **86**, 1762; Hamm FamRZ **88**, 516), wenn die Ehe gesch wird nach Abschl des Studiums (BGH NJW **84**, 302), aber auch, wenn es unabgeschl bleibt (BGH NJW-RR **87**, 578; Hamm FamRZ **98**, 684: völliger Ausschl des VA) od der AusglBer in einer neuen Ehe zunächst nicht beabsichtigt, den akadem Beruf auszuüben (Hamm FamRZ **86**, 72), od ihn nicht ausgeübt hat (Kln NJW **94**, 1028) bzw wenn das Studium (hier: der freien Künste) keine bereecht qualifiz ErwChancen eröffnet (Kln FamRZ **89**, 1197). Vertrödeln des Studiums (bis zum 50. LebJ) od der Promotion ist idR Ausschl- od HerabsetzgGrd (Hamm FamRZ **91**, 1451 u NJW-RR **92**, 323). Abgesehen von der Illoyalität ist in diesen Fällen entsch, daß der AusglBer sich aGrd der Ausbildg selbst eine angem AltersVers aufbauen k (Celle FamRZ **79**, 595). Grob unbill kann ein VA bei langjähriger Trenng bei **phasenverschobener Ehe** sein, wenn die erwerbstät Fr desh ausglpflicht wird, weil der wesentl ältere Ehem bereits AltersVers bezieht u dadch innerh der EheZt keine AltersVers mehr aufgebaut h (Kln FamRZ **88**, 849). Grobe Unbilligk ferner zu bej, wenn bei einer **Doppelehe** der zweif VA zu einem nahezu vollständ Verlust der eig Vers des Verpfl führen würde (BGH NJW **83**, 176), es sei denn, wg ZusLeb mit der 2. Ehefr kommen dem AusglPflicht deren VersAnrechte zugute (Zweibr FamRZ **83**, 1145).

6 **b)** Im Rahmen der **beiderseit Verh ist insb der beiderseitige Vermögenserwerb während der Ehe oder im Zusammenhang mit der Scheidung** zu berücks. Für eine Kürzg reicht nicht aus, daß nach Dchführg des VA der ausglber Eheg (dch Wiederaufleben der Gesch-Wwenrente) besser dasteht als der AusglVerpfl (Mü FamRZ **93**, 1320). Eine Kürzg des VA kommt unter dem Gesichtspkt **wirtschaftlichen Ungleichgewichts** (BGH NJW **81**, 394; **92**, 175/6) vielm erst in Betr, wenn der Ber bereits eine ausr Vers od entspr hohes (Mio-)Verm (Kln FamRZ **92**, 322) hat, währd der Verpfl auf die von ihm erworbenen Anrechte dringd angewiesen ist (BGH FamRZ **89**, 491 mN). Auch daß die verbleibde Altersrente des AusglPflicht den unterhrechtl MindSelbstBeh unterschreitet, ist als solches kein Grd zur Anwendg von Nr 1 (Bambg FamRZ **97**, 29). Ebsowenig der Bezug einer EU-Rente dch den AusglVerpfl, wenn auch der AusglBer nur über geringe RentAnwartsch u eine schlechte BerufsAusbildg verfügt (Brdbg NJWE-FER **97**, 148). Überdchschnittl Erträgn aus Verm sind gg die GehaltsEink des VA-Schu abzuwägen (Düss FamRZ **94**, 1470). Keine grobe Unbilligk liegt in der **Belastung mit Schulden** aus der Ehe (Karlsr FamRZ **88**, 70) od wenn der Ber es **unterlassen** h, bei bestehder LebG als selbstd ErwTät eine eig **Altersvorsorge** zu treffen (Hamm FamRZ **81**, 574); ebsowenig darin, daß der ausglber Eheg Scheidg beantr u dadch gem § 1408 II 2 eine VA-AusschlVereinbg unwirks macht (BGH FamRZ **85**, 45). Kein Fall v Nr 1 ferner, wenn erst die Berücks v KiErzZten VApflicht macht (Hamm FamRZ **92**, 956). Eherechtl unbegr **Zuwendungen an den Ausgleichsberechtigten** begr die grobe Unbilligk, etwa bei Nachentrichtg freiw Beitr zur RentVers (BGH FamRZ **88**, 364) od bei angem Beteiligg an dem einzigen nennenswerten VermGgst, wenn dieser auch nicht dem ZugewAusgl unterliegt (Schlesw FamRZ **82**, 311), od auch dch Entlastg des AusglBer von der UnterhLast, so daß dieser seine zT hohen Einn als Reitlehrer überwiegd für sich verwenden konnte, währd die ausglpfl Ehefr als Grdschullehrerin für ihren eig Bed aufgekommen ist u außerd noch die beiden Ki betreut h (Kln FamRZ **86**, 580). Aber keine grobe Unbilligk bei den dingl VA nicht abdeckden Abschl von LebVers zG des AusglBer (Saarbr FamRZ **82**, 394). Erfdl ist ggf ein **Vermögensvergleich** u Berücks der für die beiderseit VersLage maßg Grde. Zuwendgen iR eines Vergl der Part üb den ZugewAusgl sind nur zu berücks, wenn das dem AusglPflicht verbleibde Verm bek ist (BGH FamRZ **89**, 491). So wird der VA reduziert, wenn der Grd für die fehlde

AltersVers nicht die Ehe ist u der AusglBer nur unwesentl zum FamHaush beigetr hat (Stgt NJW **82**, 241). Ein **vorzeitiger Ruhestand** führt nur in AusnFällen zu Nr 1 (BGH **82**, 66; FamRZ **90**, 1341; NJW **97**, 56; Hamm FamRZ **95**, 1363: beiders; GgBsp: Hamm FamRZ **97**, 27); ggf aber zu VAHRG 10a (BGH FamRZ **89**, 492u 728). Insb sind **eigene Renten** zu berücks. Auch Unfallrenten, obw sie dem VA nicht unterliegen (Celle FamRZ **89**, 1098; Belchaus FamRZ **73**, 342; Ruland NJW **76**, 1719). Entspr gilt für den **Erwerb eigenen Vermögens** in der Ehe od auch nach der Scheidg (BGH FamRZ **88**, 940). Nr 1 gilt desh insb, wenn der ausglber Eheg Verm hat (Hbg **78**, 278 iran Kfm) od Verm erworben h, das wg Vereinbg von Gütertrenng güterr nicht auszugl ist (KG FamRZ **97**, 28 mN); auch bei Zuwendg von dr Seite (Hamm FamRZ **87**, 627). Grobe Unbilligk liegt vor allem vor, wenn bei Gütertrenng der eine Eheg KapVerm gebildet u nur der and Eheg eine ausglpfl Vers begr hat (Kblz FamRZ **83**, 508), selbst wenn die VermBildg dch eine **Erbschaft** geschieht (BGH FamRZ **88**, 47) od der ausglber Eheg mietfrei in einem ererbten Hs wohnt (Mü FamRZ **95**, 299). Für Nr 1 nicht ausr dagg die bl Auss auf eine Erbsch (Stgt FamRZ **79**, 831) od die neue Eheschl mit gut verdiendem Eheg (BGH FamRZ **83**, 35; KG FamRZ **82**, 1025). Waren beide Eheg währd der Ehe voll berufstät u haben sie das erworbene **Vermögen untereinander aufgeteilt,** kann der VA unterbleiben, wenn beide Eheg ihn ablehnen (Celle NJW **79**, 1659); ebso wenn iR der VermAuseinanderS dem AusglBer ein ggü der Rente des AusglPflicht höherwert ErbbauR zugewendet w (Stgt Just **78**, 408). Im Rahmen der Prüfg der beiderseit VermVerh ist auch das bei Durchf des VA herauskommde **Versorgungsergebnis** zu berücks. Die Bedürftigk des AusglBer ist nicht Vorauss des VA (BGH FamRZ **99**, 714). KürzgsMöglk aber, wenn inf der Bt gemschaftl Ki die beamtrechtl Vers nicht in voller Höhe erreicht w kann (Zweibr FamRZ **96**, 491). Grdsl keine Anwendg von Nr 1 bei vorgezogener Pensionierg inf ErwUnfhgk (Kblz FamRZ **96**, 555). Bei Wiederaufleben der GeschWwenRente (Einf 3v § 1587) keine automat Anwendg v § 1587c Nr 1 (Mü NJW-RR **93**, 778). Eine grobe Unbilligk kann aber darin liegen, daß die Dchführg des VA nicht zu einer ausgewogenen soz Sicherh beider Eheg beiträgt, sond im Ggteil zu einem erhebl wirtsch Ungleichgewicht zL des AusglPfl, wozu es allerd nicht ausr, daß der AusglBer wirtsch besser gestellt ist als der AusglPfl (BGH FamRZ **82**, 910). Für die Frage der hinr Sicherg bleiben Leistgen nach dem OEG außer Betr (Ffm NJW-RR **90**, 262). Nr 1 aber ggf bei vorzeit Ruhestd des Beamt, wenn der and Eheg noch die Möglk hat, eine unverhältnmäß hohe Rente zu erlangen (BGH **82**, 66; FamRZ **89**, 727). So kann üb Nr 1 die verkürzte Bewertg von AusfallZten dch das 20. RentAnpassG, die nach EheZtEnde eingetreten sind, berücks w (Stgt FamRZ **80**, 594). Ferner liegt eine grobe Unbilligk vor, wenn die Durchf des VA inf der Umstellg der Rente dazu führen würde, daß der AusglBer eine höhere Rente bekäme als dem AusglVerpfl verbliebe (Brem FamRZ **80**, 1129). Zur Anwendbark v Nr 1 bei noch verfallb dyn Anrechten: Saarbr FamRZ **92**, 1313. Mit Hilfe von Nr 1 kann ferner geholfen w, wenn der Beamte nach Ende der EheZt aus dem BeamtVerhältn ausgeschieden ist (Hamm FamRZ **86**, 1222); währd keine grobe Unbilligk im In-Prinzip, u zwar auch beim Ausgl der **Heiratsrückerstattung** (KG FamRZ **96**, 1552; § 1587 Rn 39), sowie darin liegt, daß ein Eheg vor, der and nach EheZtEnde vorzeit pensioniert w (Düss FamRZ **87**, 491). Das landwirtsch Altersgeld ist auch dann auszugl, wenn der währd der Ehe bewirtschaftete Hof dem AusglBer gehört (BGH FamRZ **87**, 923). Kein Fall von Nr 1 liegt darin, daß der **Ausgleichsberechtigte** im Alter üb mehr Verm (Karlsr FamRZ **92**, 689) od über eine geringfüg **höhere Versorgung** verfügt als der AusglPflicht (BGH NJW **86**, 1935; FamRZ **95**, 413: 34 DM). Die unterschiedl **Besteuerung** (§ 1587a Rn 2) v BeamtPension u Rente aus der ges RentVers ist, sol der VersFall für beide Seiten noch nicht eingetreten ist, grdsl kein Fall v § 1587c; Abhilfe nur dch den GesGeb (BGH NJW **95**, 136: and nur, wenn sich die Auswirkgen der UnglBehdlg annähernd sicher voraussehen lassen; vgl iü auch VAHRG 10a Rn 3). Zur Bedeutg v VAHRG 10a in diesem Zshg: Bergner u Dörr NJW **90**, 680u 2727. Über Nr 1 kann der Ausgl v **Bagatellbeträgen** vermieden w (BGH NJW **82**, 989; Zweibr FamRZ **87**, 722). Für die Anwendg v Nr 1 reicht es nicht aus, wenn als Folge der mit dem VA verbundenen Verringerg der Altersbezüge der **notwendige Eigenbedarf** des AusglPflicht in Frage gestellt w, weil dieser auf seine Anrechte dringd angewiesen ist u vielleicht sogar zur Inanspruchn von SozHilfe gezwungen würde (BGH NJW **81**, 1733; **82**, 989; FamRZ **86**, 252). Etwas and gilt nur dann, wenn der VA ein erhebl wirtsch Ungleichgewicht zL des AusglSchu zur Folge hätte, was nicht schon dann der Fall ist, wenn auch der AusglBer ohne ausr eig Alterssicherg dasteht (BGH NJW **87**, 1018/9) od sich die Vers der Ehefr dch ein nicht in den VA falldes (Karlsr FamRZ **80**, 168) Leibgedinge beträchtl verbessert (BGH FamRZ **82**, 909/10); wohl aber, wenn der AusglBer sich auch in der Ehe selbst unterh konnte (Hamm FamRZ **82**, 310) bzw wenn er selbst eine ausr Vers hat (Stgt FamRZ **80**, 593), u erst recht, wenn der ungekürzte VA zu einem **Unterhaltsanspruch** des AusglPflicht gg den AusglBer führen würde (BGH FamRZ **87**, 255; Celle FamRZ **89**, 1098; JH/Hahne Rn 10), wobei für die Berücks von MehrAufw die Grds des § 1610a gelten (Düss FamRZ **95**, 1277).

c) Schwere personale Verfehlungen können die gr Unbilligk begr, auch einmalige Vorgänge (BGH NJW **90**, 2745) wie Beteiligg an Mordversuch am VA-Verpfl (Zweibr NJW-RR **87**, 389; Ffm FamRZ **90**, 1259) od vorsätzl Tötg gemeins Ki (Hbg NJW **82**, 1823; Nürnbg FamRZ **82**, 308), dann aber Versch erfdl (BGH NJW **90**, 2745); ferner sex Doppelleben (Bambg NJW **98**, 1084); vor allem auch **Kindesunterschiebung** (BGH NJW **83**, 117; Karlsr FamRZ **94**, 1474), allerd nur nach rechtskr EhelichkAnfechtg (BGH NJW **83**, 824), bei geflissentl Hintertreibg der EhelichkAnfechtg dch den and Eheg (BGH NJW **83**, 119) od bei Verschw erhebl Zweif an der tats nicht bestehden Vatersch des Ehem (Hamm NJW **92**, 1515). Dagg nicht automat Ausschl od Herabsetzg des VA, wenn die ausglber Fr ein im Ehebr empfangenes Ki vom AusglSchu mehrere J lang als eig Ki ansehen läßt (BGH FamRZ **87**, 363). Nr 1 liegt vor, wenn der AusglBer das Gesch, für dessen Verbdlkten der ausglpflicht Eheg haftet, dem neuen LebPartner in die Hände gespielt h (Karlsr FamRZ **90**, 527). Außerh der Nr 1 bleiben **Auseinandersetzungen** zw den Ehel, zB üb das Öffnen einer Schlafzimmerfenstertür (BGH FamRZ **85**, 1239), Herumhantieren mit Pistolen (Hamm FamRZ **81**, 473) od nach 20jähr Ehe KreditAufn unter UnterschrFälschg (Nürnbg FamRZ **86**, 580). Nr 1 nur ausnahmsw bei **Denunziation** (vgl § 1579 Rn 21; Hamm FamRZ **97**, 566). 7

8 **d)** Umst, die **zum Scheitern der Ehe geführt** haben, dürfen nicht allein schon desh berücks w, **2. Halbs.** Mit dieser Vorschr soll das VerschPrinzip des alten ScheidgsR auch für diesen Bereich der ScheidgsFolgen ausgeschaltet w (BGH NJW **83**, 118). Desh grdsl keine Herabsetzg des VA bei bl **Ausbruch aus der Ehe,** um nach fast 26 J Erf der HausfrauenPfl mit einem and Partn zuszuleben (BGH NJW **83**, 165). Auch die beabsichtigte Eheschl mit dem neuen Partn u die Teilhabe an dessen AltersSicherg rechtf allein keine Herabsetzg des VA (BGH NJW **83**, 166 = FamRZ **83**, 804 mAv Scheld; NJW **84**, 2358/61). Trotzdem kann eheliches **Fehlverhalten** auch ohne wirtsch Relevanz (BGH FamRZ **82**, 798) die Herabsetzg des VA begr. Das Fehlverhalten muß den Ehepartn aber so belastet haben, daß die Dchführg des VA unerträgl erscheint (BGH NJW **83**, 117). Dabei ist ein Rückgr auf § 1381 zul, nicht dagg auf § 1579 (BGH NJW **83**, 118 f). Kein Fall von Nr 1 allein wg **Alkoholmißbrauchs** (Hbg FamRZ **84**, 396 2½ J).

9 **e)** Bei Altehen konnte bereits das **länger dauernde Getrenntleben** üb die SonderRegelg in Art 12 Nr 3 III 3 u 4 1. EheRG hinaus die grobe Unbilligk begr (BGH FamRZ **82**, 475; **83**, 36; **84**, 467; **85**, 280). Eine länger dauernde Trenng kann aber auch dann, wenn die TrenngsZt nach dem Inkrafttr des 1. EheRG liegt, Anlaß zur Prüfg sein, ob die Herabsetzg des VA nach Nr 1 geboten ist (BGH NJW **93**, 588; KG FamRZ **97**, 31); ebso bei Eheg, deren in Anwendg von DDR-Recht ausgesprochene Ehescheidg nach bundesdtschem R nicht anerkannt wurde (BGH FamRZ **99**, 434) u die langjähr getrennt lebten. Dies ist gerechtf, weil die Eheg sonst gezwungen wären, die Scheidg zZw der Erhaltg von VersAnteilen alsbald dchzuführen, was dem Ziel der EheErhaltg widerspr würde (JH/Hahne Rn 23), so daß demggü der Gesichtspkt zurücktreten muß, daß die Eheg ihre AusglPfl nicht manipulieren sollen (Ruland NJW **76**, 1719 Fn 81). Aber 5-j (BGH NJW **93**, 588) od die Beschrkg der Ehe auf die WoEnden (Mü FamRZ **86**, 1116) od eine 27-j Trenng rechtf für sich allein weder den Ausschl noch die Herabsetzg des VA (Mü MDR **79**, 936), insb dann, wenn der ausglber Eheg währd der Trenng ehebdgte Lasten (KiBt) zu tragen hatte (Karlsr FamRZ **81**, 572) od der ausglpflicht Eheg die Trenng versch h. Entsch ist also für die Reduzierg des VA, daß zusätzl zur Kürze der LebG sonstige Umst hinzutreten, etwa wenn die Ehel in üb 34j Ehe nur am Anfang wenige Mo zusgelebt haben u dann inf des Krieges vollständ voneinand abgeschnitten waren (BGH FamRZ **85**, 280) od beide Eheg sich nach der Trenng wirtsch verselbständ h (Düss FamRZ **80**, 64); daß bei längerer Trenng allein der Ber dch ehel Fehlverhalten die Trenng versch hat, genügt allein nicht (so aber Mü FamRZ **85**, 79; Diederichsen 58. Aufl), sonst würde in Umkehrg der BGH-Rspr etwa allein die bl Hinwendg zu einem and Partn die Anwendg v Nr 1 rechtf (ebso JH/Hahne Rn 25). Für Altehen der früh **DDR** reicht es für Nr 1 aus, wenn die kinderl Ehel jahrelang in wirtsch Selbstdgk getr voneinand gelebt h (Jena FamRZ **97**, 751).

10 **f)** Der VA findet grdsl auch bei **kurzer Ehedauer** statt (umstr; vgl JH/Hahne Rdn 27 mN). Keine Analogie zu § 1579 Nr 1 (BGH FamRZ **81**, 944; Hamm FamRZ **85**, 78). Wohl aber grobe Unbilligk bei extrem kurzer Ehe, zB 6 Wo (BGH FamRZ **81**, 944) od 1 Mo u nur 6 täg ZusLeb (KG NJW **79**, 168), wenn es also zu einer Leb- u VersGemsch prakt gar nicht gekommen ist (KG FamRZ **82**, 1090) od wenn wg der kurzen Ehe der VA im Bagatellbereich bliebe (Schlesw FamRZ **80**, 1132). Dagg keine kurze Ehedauer bei einer EheZt von 46 Mo, auch wenn der AusglSchu davon üb 35 Mo in der DDR inhaftiert war (KG FamRZ **81**, 680). Keine Reduktion des VA ferner bei kurzer Ehedauer, nur weil beide Eheg währd der Ehe voll erwerbstät waren.

11 **3) Verwirkung des Versorgungsausgleichs durch Aufgabe eigener Versorgungsanwartschaften, Nr 2.** Der VA scheidet aus, soweit der Ber in Erwartg der Scheidg od nach der Scheidg dch Handeln od Unterl bewirkt h, daß ihm zustehde VersAnrechte, die nach § 1587 I auszugl wären, nicht entstanden od entfallen sind, so daß sich dadch die eig AusglBer vergrößert. Die Vorschr bezieht sich nur auf den Ber, nicht
12 auf den Verpfl (Rn 2). **Voraussetzungen: – a)** Die **Einwirkung auf die eigene Versorgungslage** kann dch Tun od Unterl erfolgen. Aufgabe von VersAnrechten dch Erl (§ 397) od Künd steht also dem Unterl dch Versäumg von Fr, Hinnahme einer ungerechtf Künd, Beurlaubg als Beamt, Einstellg freiw Rentenbeitr-Zahlg ohne Not uä gleich. Der Verz auf wirtsch wertl Anwartsch ist dagg belangl, also auch ohne Nachteile
13 für den AusglBer. – **b)** Die Schmälerg der eig Vers muß **in bewußtem Zusammenhang mit der Scheidung** erfolgen (BT-Drucks 7/650 S 162; 7/4361 S 44; BGH FamRZ **82**, 909; **84**, 467; **86**, 658), also treuwidr u mind mit bdgtem Vorsatz, daß dch das eig Verhalten die erhöhte AusglPfl des and Eheg entsteht (Ffm FamRZ **81**, 908; Karlsr FamRZ **83**, 818). Bei gerechtfert and Motiven wird die Erhöhg des AusglAnspr bl in Kauf gen, etwa bei BeamtBeurlaubg (BGH NJW **86**, 1934) od ArbplatzAufg zZw des WoWechsels zum neuen Partn (Ruland NJW **76**, 1719). NichtAufn einer ErwTätigk nach Trenng begründet den VA-Ausschl
14 nur, wenn der Ber zu arbeiten verpfl war (JH/Hahne Rn 32). – **c)** Die Einwirkg auf die VersLage kann **vor oder nach** einer vorab dchgeführten **Scheidung** erfolgen, hätte im letzteren Fall aber noch den EheZt-Anteil der Vers beeinflussen müssen, etwa wenn im VA-Verf auf die letzte mdl Vhdlg abzustellen ist (JH/Hahne Rn 33).

15 **4) Verletzung der Unterhaltspflicht, Nr 3.** Diese Beschrkg folgt aus dem GrdGedanken des VA, der sich gerade daraus rechtfert, daß die auszugleichden VersTitel dch beiderseit AufgErf in der Ehe von beid Eheg gemeins erzielt worden sind (BT-Drucks 7/650 S 163). Es reicht nicht, daß kein FamUnterh geleistet
16 (Hamm FamRZ **97**, 566) od auf eine verspflicht Tätigk verz wurde (Karlsr FamRZ **97**, 567). – **a)** In Betr kommt die **Verletzung der Bar- oder Naturalunterhaltspflicht** dem and Eheg ggü (§§ 1360, 1360 a) einschließl § 1361 (offen gel BGH NJW **86**, 1934; FamRZ **89**, 1060), wie auch diej gem §§ 1601 ff ggü gemschaftl Ki (Celle FamRZ **87**, 837). Strafbark u Bestrafg gem StGB 170 b nicht erfdl. Die UnterhPfl muß üb längere Zt, also nicht nur vorübergehd od gelegentl, u bis zum Ende der EheZt iSv § 1587 II (Brdbg FamRZ **98**, 299) verletzt w sein. Das ist überh nicht der Fall, wenn der UnterhSchu unabhäng von den Grden
17 nur beschr leistgsfäh war. – **b) Verschulden** erfdl (arg „gröbl"); nicht unbdgt grobe Fahrl (so aber Celle FamRZ **81**, 576). Ggf wird die UnterhPflVerletzg dch das Verhalten des AusglSchu kompensiert. Keine VA-Kürzg, wenn UnterhVerletzg auf hirnorganischer WesensVeränd beruht (Stgt FamRZ **81**, 1193). Gröblichk verlangt eine bes Rücksichtslosigk u daß UnterhBer in Not geraten ist (Karlsr FamRZ **88**, 70), so daß Wegzug zu neuem Partn nicht ow ausreicht (BGH NJW **86**, 1934 Paris). Fehlt es am Versch, so Ausschl ggf n Nr 1,

wenn AusglVerpfl die Ehefr ist, die eine ErwTätigk nur aus Not aufgen hat (Stgt FamRZ **81**, 1193). Gröbl Verletzg verl Nichtleistg in größerem Umfang, so daß die Fam dadch in ernste Schwierigk geraten ist (Celle FamRZ **81**, 576) od nur desh nicht, weil der ausglpfl Eheg dch seine Berufstätigk die Fam davor bewahrt hat (Hbg FamRZ **84**, 712), etwa weil der unterhpfl Ehem einen unrentablen HandwerksBetr nicht aufgegeben hat (BGH FamRZ **87**, 49). Nr 3 greift nicht stets schon dann ein, wenn sich ein Eheg der vereinb AufgTeilg innerh der Ehe (vgl § 1356 Rn 3) entzieht (vgl Bambg FamRZ **79**, 52; Celle FamRZ **81**, 576). Haben die Eheg aber üb längere Zt mit einer best AufgTeilg gelebt, dann ggf AnscheinsBew hins der zw ihnen getroffenen AufgVerteilg u entspr auch der UnterhPflVerletzg (BT-Drucks 7/4361 S 44). – **c)** Die UnterhPflVerletzg muß **während der Ehe,** dh in der EheZt gem § 1587 II erfolgt sein; Ztpkt der Trenng der Eheg unerhebl (JH/Hahne Rn 37). – **d)** Die Kürzg gem Nr 3 beschr sich nicht auf die auf die Zt der UnterhPflVerletzg entfallden Anwartsch; vielm kann der VA ganz od teilw ausgeschl w (BGH FamRZ **87**, 49). – **e)** Darl- u **Beweislast** für die die Anwendg der Härteklausel rechtf Umst liegen beim AusglPfl (BGH FamRZ **88**, 709/10; **89**, 1060/61; BGH FamRZ **94**, 825/7; Zweibr FamRZ **96**, 491). 18 19 20

1587 d *Ruhen der Verpflichtung zur Begründung von Rentenanwartschaften.* **[I] Auf Antrag des Verpflichteten kann das Familiengericht anordnen, daß die Verpflichtung nach § 1587 b Abs. 3 ruht, solange und soweit der Verpflichtete durch die Zahlung unbillig belastet, insbesondere außerstande gesetzt würde, sich selbst angemessen zu unterhalten und seinen gesetzlichen Unterhaltspflichten gegenüber dem geschiedenen Ehegatten und den mit diesem gleichrangig Berechtigten nachzukommen. Ist der Verpflichtete in der Lage, Raten zu zahlen, so hat das Gericht ferner die Höhe der dem Verpflichteten obliegenden Ratenzahlungen festzusetzen.**

[II] Das Familiengericht kann eine rechtskräftige Entscheidung auf Antrag aufheben oder ändern, wenn sich die Verhältnisse nach der Scheidung wesentlich geändert haben.

Ein **Ruhen der Ausgleichspflicht** kommt nur bei der Verpflichtg zur Entrichtg von Beitr (§ 1587 b III) in Betr; nachdem diese AusglForm dch BVerfG NJW **83**, 1417 für verfwidr erkl w u dch VAHRG 1 I (Anh zu § 1587 b) ersetzt w ist, **gilt § 1587 d nur noch für Altfälle,** in denen vor dem 1. 4. 83 eine Entsch gem § 1587 b III getroffen w u diese auch rechtskr gew ist (§ 1587 b Rn 30–33) u auch keine VollstrAbwehrKl erhoben w. Erfolgt der VA dch Rentensplitting od fiktive NachVers (§ 1587 b I u II), so wirkt die AusglPfl unbdgt mit Rechtskr des Urt bzw Beschl (ZPO 629 d). Für den schuldr VA gilt § 1587 h. Für VAHRG 3 b I Nr 2 bedarf es des § 1587 d nicht, weil die Zumutbark dort bereits TatbestVorauss für die Verpfl zur Entrichtg v Beitr ist (vgl dort Rn 19). Vgl iü 50. Aufl. 1

1587 e *Auskunftspflicht; Erlöschen des Ausgleichsanspruchs.* **[I] Für den Versorgungsausgleich nach § 1587 b gilt § 1580 entsprechend.**

[II] Mit dem Tode des Berechtigten erlischt der Ausgleichsanspruch.

[III] Der Anspruch auf Entrichtung von Beiträgen (§ 1587 b Abs. 3) erlischt außerdem, sobald der schuldrechtliche Versorgungsausgleich nach § 1587 g Abs. 1 Satz 2 verlangt werden kann.

[IV] Der Ausgleichsanspruch erlischt nicht mit dem Tode des Verpflichteten. Er ist gegen die Erben geltend zu machen.

1) Die Vorschr betr Randbereiche des VA. So haben beide Eheg hins des VA u den damit iZshg stehden VermFragen einen wechselseit AuskAnspr, I. Zur Bedeutg der Auskf f das **Verfahren vor dem Familiengericht** Einf 7 v § 1587 u Rn 5. Mit dem Tod des Ber erlischt ein noch nicht vollzogener Anspr auf VA, II. Der Anspr auf Entrichtg von Beitr zum Aufbau einer AltersVers (§ 1587 b III) erlischt außerdem, sobald der schuldr VA gem § 1587 g I 2 verl w kann, III. Dagg erlischt der AusglAnspr nicht mit dem Tod des Verpfl, sond ist nunm gg dessen Erben geltd zu machen, IV. 1

2) Der verfkonforme (BVerfG FamRZ **78**, 769) **Auskunftsanspruch, I,** den jeder Eheg unabhäng von dem Verhalten gg den and Eheg hat, wird gewährt, damit sich die Beteil üb die beiderseits begründeten Anrechte u Auss auf eine auszugleichde Vers Klarh verschaffen k (BT-Drucks 7/650 S 163). Das RSchutzinteresse besteht unabhäng von den AuskMöglkten des FamG (Nürnbg FamRZ **95**, 300; aA Mü FamRZ **98**, 244; Oldbg NJWE-FER **98**, 283: wg VAHRG 11 II kein RSchutzInteresse mehr) u ist auch unabhäng davon, ob der Ber weiß, daß der Verpfl währd der EheZt im öff D bei einer best Behörde tät war (Ffm FamRZ **82**, 185). Der Anspr setzt nicht RHängigk des ScheidgsAntr voraus (Brem FamRZ **79**, 834; aA Schlesw SchlHA **79**, 125; Kln FamRZ **86**, 918); ggf auch bei funktionierder Ehe (Kln FamRZ **86**, 918), weil davon Entsch üb eig Altersvorsorge u der Entschl, sich scheiden zu lassen bzw dem ScheidgsBegehren des and Eheg zuzustimmen, abhängen k. Anspr auf Ausk besteht ow über eig, vom and Eheg begründete Anrechte (Düss FamRZ **90**, 46). Der AuskAnspr besteht auch währd eines anhäng Verf (Schäfer MDR 77, 990). Ein AuskAnspr besteht nicht, wenn der VA nicht dchzuführen ist (BGH FamRZ **81**, 533). Bes wicht ist der AuskAnspr hins betriebl Ruhegeldzusagen, die prakt bei einem großen Teil der ArbN insb von GroßUntern gegeben sind u im VA nur berücks w können, wenn der Ber (der idR der AusglPflicht ist) sie offenbart. Für die Dchsetzg der AuskAnspr sind die FGG-Vorschr, insb ZPO 621 e, maßg (BGH FamRZ **81**, 533), so daß eine AuskKl unzul wäre (Zweibr FamRZ **85**, 1270), aber dch Auslegg als FGG- Antr behandelt w k (Düss FamRZ **80**, 811). Der Anspr kann selbstd od auch (vergleichb mit der StufenKl) im VerbundVerf dchgesetzt w, so daß er als Teil der Folgesache dem AnwZwang unterliegt; die TeilEntsch ergeht ohne KostEntsch (Hbg FamRZ **81**, 179). Vollstr des Beschl gem ZPO 888 auf Antr (Hbg FamRZ **78**, 787), iVm FGG 53 g III (KG FamRZ **79**, 297; Düss FamRZ **80**, 813; Hamm FamRZ **80**, 899; Vogel 2

3 MDR **79**, 273). Ausschließl Zustdk des FamG (ZPO 621 I Z 6). **Inhalt:** Pfl nicht nur zu Angabe der
VersNr u Stellg des Antr auf KontenKlärg (Schlesw SchlHA **80**, 71), sond auch zur richt u vollständ
Ausfüllg der Formulare (Hamm NJW **78**, 2560; KG FamRZ **79**, 297). Üb die Pfl zur Vorlage von Belegen
u zur Vers der Richtigk der Ausk an Eides statt §§ 1587 e I, 1580, 1605 I 2 u 3, 260 f. AuskPfl ggü dem
Ger u dessen R zur Einsichtn in schriftl Unterlagen gem FGG 12 u 15. Die Entsch üb den AuskAnspr wird
4 gem ZPO 888, nicht gem FGG 13 vollstr (str; JHBr FGG 53 g Rn 5 mN). Die **Vollstreckung** eines
5 ZwGeldes obliegt gem ZPO 888 I dem Gläub (BGH FamRZ **83**, 578). Der gg den and Eheg gerichtete
AuskAnspr ist nicht zu verwechseln mit dem **Auskunftsrecht des Familiengerichts gegenüber dem
Versorgungsträger** (FGG 53 b II; VAHRG 11 II; vgl dazu Einf 7 v § 1587). Ggü dem VersTräger
bestehen unterschiedl AuskRechte der Eheg: AuskBer ist ijF nur der unmittelb Begünstigte ggü dem
DHerrn des Beamten bzw ArbG des ArbN aus deren FürsPfl (Voskuhl/Pappai/Niemeyer S 25 u 31); ggü
dem SozVersTräger nur gem SGB VI 109 III (VDR-Hdb/Bergner 27/35). Zum AuskAnspr des Versicherten dch seinen RA § 1587 o Rn 2. Kein AuskAnspr mehr nach rechtskr Entsch üb den VA (BGH NJW
6 **82**, 1646). Nach rechtskr ungerechtf Ablehng des VA AuskAnspr analog § 1587 e zur Dchsetzg v SchadErsAnspr (Karlsr FamRZ **82**, 1028).

7 **3)** Der **Tod des Berechtigten** läßt den AusglAnspr erlöschen, **II,** weil sich damit die Notwendigk, für
diesen eine eigenständ Alters- u InvaliditätsSicherg zu begründen, erledigt (BT-Drucks 7/650 S 163 f). Gilt iF
des Ausgl dch Entrichtg von Beitr zu einer ges RenVers (§ 1587 b III), ebso wenn AnwartschÜbertr od -begr
in Betr kommen (§ 1587 b I u II) u noch nicht vollzogen sind (BT-Drucks 7/4361 S 45), was prakt jedoch
nur iFv ZPO 628 in Betr kommt. Die RFolge kann dann dch ErgänzgBeschl ausgespr w (Ffm FamRZ **90**,
296). Ausn § 1587 k II 2. Tod des Ber vor Rechtskr des ScheidgsUrt erledigt den RStr (ZPO 619) u hindert
das WirksWerden der Entsch üb den VA; der AusglVerpfl behält sämtl VersTitel ungeschmälert. Dagg macht
der Tod des Ber rechtskr vollzogene Maßn des VA nicht rückgäng, so daß zB nach einem wirks Rentensplitting der übertr Rentenanteil nicht etwa wieder an den weiterlebden ausglpfl Eheg zurückfällt, auch wenn
dieser die ihm verbliebene VersAnwartsch nicht wieder aufgestockt hat. Die übertr od neu begr RentAn-
8 wartsch geht vielm abgesehen von evtl HinterblVers kr Zweckerreichg unter. Auch **Wiederheirat** des Ber
beseitigt VA (iGgs zu § 1586 I) nicht, auch nicht die erneute Eheschl mit dem AusglPfl.

9 **4) Erlöschen durch Wechsel zum schuldrechtlichen Versorgungsausgleich, III.** III gilt nur noch für Altfälle (vgl § 1587 d Rn 1). S dazu 58. Aufl.

10 **5)** Der **Tod des Verpflichteten** (vgl auch Einf 7 v § 1587) wirkt grdsl nicht befreiend; der AusglAnspr ist
nunm, u zwar auch iF, daß gg einen Dr ein evtl Anspr n § 844 II bestünde (Kblz FamRZ **82**, 175), gg die
Erben geltd zu machen, **IV** (BGH FamRZ **85**, 1240; **89**, 36). Das Verf wird nicht unterbrochen (Nürnbg
NJW-RR 96, 395: ZPO 246); ZPO 239 ff gelten entspr (BGH FamRZ **84**, 469). Für die Erben gelten die
Regeln üb die Prozeßstandschafter, obwohl sie es im eigtl Sinne iFv § 1587 b I u II nicht sind; die
VersAnrechte werden zG des AusglBer als fortbestehd angesehen (BGH NJW **82**, 1939). Denn IV betr nicht
nur den Anspr auf Entrichtg v Beitr zu einer ges RentVers (§ 1587 b III; üb dessen dch VAHRG eingeschrkten AnwendgsBereich vgl § 1587 b Rn 30, 31), sond auch § 1587 b I u II, ferner jetzt auch den VA gem
VAHRG 1 III (BGH NJW **86**, 185; FamRZ **86**, 894). Zur Auswirkg des Todes auf die Verfallbark einer
ZusatzVers § 1587 a Rn 77. Bei Tod des Verpfl kann der VA auch noch nach § 1587 c ausgeschl sein (Brdbg
FamRZ **98**, 682). Stirbt der AusglVerpfl vor rechtskr Scheidg, gelten ZPO 619, 629 d (vgl Rn 7); ebso
erledigt sich das Verf zur Dchführg des VA in der Haupts, wenn der Verpfl zwar nach der formellen Rechtskr
des ScheidgsAusspr, aber noch vor dessen Wirksamk stirbt (Mü FamRZ **79**, 48). Eines VA bedarf es hier
nicht, weil die/der AusglBer in vollem Umfang die Wwen-/WwerVers des jew VersTitels des verstorbenen
AusglPfl erh. Evtl bereits getroffene RuhensAOen (§ 1587 d) bleiben einstw bestehen, sof nicht unbeschrkte
ErbenHaftg eingetreten ist. Dagg keine analoge Anwendg, soweit Erben selbst unbill belastet od außerstande
gesetzt würden, Unterh aufzubringen, da ratio legis des § 1587 d die früh, auch nach Scheidg fortwirkde
personenrechtl Bindg zw Ber u Verpflicht ist, an der es ggü den Erben fehlt (BT-Drucks 7/4361 S 45). Diesen
bleiben als SchutzMaßn DürftigkEinr, Antr auf NachlKonk od NachlVerw (§§ 1953 I, 1975, 1990). Stirbt der
AusglVerpfl, nachdem die Entsch üb den VA rechtskr gew ist, kann sich IV nur auf die Entrichtg v Beitr in
Altfällen (vgl § 1587 b Rn 31) beziehen, da die beiden and Formen des WertAusgl bereits dch das GestaltgsUrt des FamG vollzogen sind. Nur wenn das FamG die Ehe vor der an sich zum Minimalverbund gehörden
Entsch üb den VA rechtskr gesch hat (ZPO 628, 623 III), besteht das aufzuteilde VersAnrecht des Verstorbenen fiktiv üb seinen Tod hinaus (Ruland/Tiemann Rdn 484). Stirbt der AusglPflicht nach Abtrenng des VA-Verf nach rechtskr Scheidg, so tritt keine Erledigg des VA ein u wird das Verf bei anwaltl Vertretg auch nicht
unterbrochen; im Hinbl auf HinterblAnspr sind ggf die Wwe od Ki des Verstorbenen zu ermitteln u
zuzuziehen (Ffm FamRZ **81**, 474). Ist der AusglVerpfl nach Abtrenng der inzw rechtskr Scheidg in der DDR
gestorben, findet kein fiktiver VA wg eines unberührt gebliebenen RentStammR statt (Hbg FamRZ **83**, 512
11 mAv Oellrich). Bei Tod des AusglPflicht erledigt sich ein AuskBegehren; das entspr gg die Erben gerichtete
Verl betr einen and VerfGgst (BGH FamRZ **86**, 253).

3. Schuldrechtlicher Versorgungsausgleich

1587 f ***Antrag auf schuldrechtlichen Versorgungsausgleich; Voraussetzungen.*** **In den Fällen, in denen**

1. die Begründung von Rentenanwartschaften in einer gesetzlichen Rentenversicherung mit Rücksicht auf die Vorschrift des § 1587 b Abs. 3 Satz 1 zweiter Halbsatz nicht möglich ist,

2. die Übertragung oder Begründung von Rentenanwartschaften in einer gesetzlichen Rentenversicherung mit Rücksicht auf die Vorschrift des § 1587 b Abs. 5 ausgeschlossen ist,

3. der ausgleichspflichtige Ehegatte die ihm nach § 1587 b Abs. 3 Satz 1 erster Halbsatz auferlegten Zahlungen zur Begründung von Rentenanwartschaften in einer gesetzlichen Rentenversicherung nicht erbracht hat,
4. in den Ausgleich Leistungen der betrieblichen Altersversorgung auf Grund solcher Anwartschaften oder Aussichten einzubeziehen sind, die im Zeitpunkt des Erlasses der Entscheidung noch nicht unverfallbar waren,
5. das Familiengericht nach § 1587 b Abs. 4 eine Regelung in der Form des schuldrechtlichen Versorgungsausgleichs getroffen hat oder die Ehegatten nach § 1587 o den schuldrechtlichen Versorgungsausgleich vereinbart haben,

erfolgt insoweit der Ausgleich auf Antrag eines Ehegatten nach den Vorschriften der §§ 1587 g bis 1587 n (schuldrechtlicher Versorgungsausgleich).

1) Der **schuldrechtliche Versorgungsausgleich** ist **subsidiär,** setzt also voraus, daß ein vAw dchzuführ- 1
der öffr VA ausscheidet (JH/Hahne Rn 7 ff). Subsidiarität auch ggü VAHRG 10 a (Kln FamRZ **90**, 294). § 1587 f enth enumerativ die fünf Tatbestde, in denen ein schuldr VA stattfindet. Eingef wurde VAHRG 2 (Anh zu § 1587 b). Abschließde Aufzählg (BGH **81**, 190 ff). Analoge Anwendg unzul, so daß eine AusglRente auch nicht für die Zt bis zur Rechtskr des öffr VA zugesprochen w darf (BGH NJW **87**, 1018). Allen Fällen des § 1587 f ist gemeins, daß bei ihnen der an sich vorrangige versrechtl VA dch Rentensplitting, fiktive NachVers od AO von BeitrLeistg zu einer ges RentVers (§ 1587 b I–III), wenn auch aus unterschiedl Grden (zur Begr des Subsidiaritätsprinzip vgl Ruland Rn 492), nicht stattfinden k od soll. Die Vorschr hat damit, insof sie an andere Tatbestde anknüpft, im wesentl eine KlarstellgsFunktion. Dch das Wort „insow" w festgelegt, daß der schuldr VA nur für den Teil der auszugleichden Vers stattfindet, für den die Vorauss dieser Vorschr vorliegen; iü bleibt es beim öffr VA zw den Eheg (BT-Drucks 7/4361 S 46; KG FamRZ **81**, 60). Die Art u Weise, in welcher der schuldr VA erfolgt, best die §§ 1587 g–1587 n. Insb setzt er ijF, u zwar auch dann, 2
wenn er bereits iZshg mit dem ScheidgsVerf vorgen w soll (§ 1587 g Rn 22), den **Antrag eines Ehegatten** voraus (BT-Drucks 7/4361 S 46), schon in 1. Inst. Hat FamG nur üb den öffr VA entsch, kann der Antr auf schuldr VA nicht erstmals in der BeschwInst gestellt w (KG u Hamm FamRZ **81**, 60 u 375). Antr ist bl VerfVorauss (Einf 7 v § 1587), wesh kein beziff Antr vorausgesetzt w (Hamm FamRZ **90**, 889), wie umgek ein beziff Antr die Entsch nicht in der Höhe begrenzt (Düss FamRZ **85**, 720). Zu den Fällen, in denen auch 3
der schuldr VA **unzulänglich** bleibt, vgl § 1587 l Rn 2. Die **Nachteile des schuldrechtlichen Versorgungsausgleichs** sind vor allem: (1) Der Ausgl findet nur auf Antr statt. (2) Währd der AusglBer beim WertAusgl im Prinzip u idR (näml abgesehen von § 1587 b III) sogl mit der Scheidg VersWerte zugewendet erh, erfolgt der schuldr VA erst, wenn beide Eheg eine Vers erlangt h od doch wenigstens der AusglPflicht (§ 1587 g I 2). Die Eheg bleiben also trotz der Scheidg aneinander gebunden. Daraus folgt ferner, daß der AusglBer die Vers nicht nach seinen eig VersBedürfn erh. (3) Die Zahlg der AusglRente erlischt iF des Todes des AusglPflicht, u zwar auch iFv VAHRG 2 (Kblz FamRZ **85**, 497 mA), bzw hängt von der LeistgsFähigk seines Nachl ab (§ 1587 k Rn 6) bzw davon, ob das VersWerk, dem der verstorbene ausglpfl Eheg angehörte, entspr HinterblLeistgen zG des gesch Eheg vorsieht. Das ist nach BeamtVG 22 II der Fall, im allg aber wohl (zB bei VersWerken von WirtschUntern od freiberufl Vereiniggen) ausgeschl (Böhmer AnwBl **78**, 124). (4) Der schuldr VA schneidet den AusglBer von wicht Leistgen der ges RentVers (HinterblRenten, Reha-Maßn, KrankVersSchutz bzw Beitr zur KrankVers) ab. Unzul ist es, die Nachteile des schuldr VA dch zusätzl Splitting gem § 1587 b IV zu kompensieren (§ 1587 b Rn 43). **Steuer:** Der AusglPfl kann die gem § 1587 g 4
gezahlte Rente als dauernde Last iSv EStG 10 I Nr 1 a abziehen, währd sie der AusglBer gem EStG 22 Z 1 S 1 zu versteuern hat (NJW **81**, 2560). **Voraussetzungen** des schuldr VA: (1) Überhang an VersTiteln aS 5
eines Eheg (§§ 1587 I, 1587 a I 1). (2) Es muß ein Fall von § 1587 f vorliegen. (3) Beim AusglPfl muß der Versichergs- od VersorggsFall eingetreten sein (§ 1587 g I 2). (4) Auch der AusglBer muß entw eine Vers erlangt h od wg Krankh eine angem Beschäftigg nicht ausüben k od das 65. LebJ vollendet h (§ 1587 g I 2). (5) Der AusglVerpfl muß noch leben (UmkSchl aus §§ 1587 e IV, 1587 k, 1587 m). (6) Antrag (§ 1587 f). (7) Es darf keiner der AusschlTatbestd des § 1587 h vorliegen. Eine Ergänzg haben die §§ 1587 f ff nunm dch 6
den **modifizierten schuldrechtlichen Versorgungsausgleich des Härteregelungsgesetzes** erfahren, der subsidär an die Stelle des bisher Ausgl gem § 1587 b III 1 tritt (Einzelh Anh zu § 1587 b, insbes VAHRG 2). Zur **Berechnung** des schuldr VA, wenn Anrechte des Ber u des Verpfl einand ggüstehen u miteinand zu verrechnen sind, insbes, wenn ein TeilAusgl bereits öffr erfolgt ist: Mü FamRZ **99,** 869; dazu Kemnade FamRZ **99,** 821. Zum **Verfahrensrecht** Einf 7 v § 1587. 7

2) Fälle. Der schuldr VA findet insbes in den in § 1587 f Nr 1–5 vorgesehenen Fällen statt, darüber 8
hinaus aber auch immer dann, wenn sich dem öffr VA Hindern entggstellen, wie uU bei **ausländischen Versorgungsanwartschaften** (vgl dazu Einf 8 v § 1587). – **Nr 1:** Die **Begründung von Rentenanwart-** 9
schaften in einer ges RentVers ist m Rücks darauf, daß der Ber bereits einen VersFall darstellt, **nicht mehr möglich** (§ 1587 b III 1 2. Halbs). Wenn der Ber schon die Vorauss f ein Altersruhegeld erf, ist eine „Versicherg" insow schon begriffl ausgeschl. Insof bleibt nur noch der schuldr VA. Maßg der Schluß der mdl Vhdlg. Vollendet der Ber das 65. LebJ nach Eintritt der Rechtskr, so § 1587 e III, FGG 53 f analog. Der Übergang in den schuldr VA gem Nr 1 erfolgt **nur noch bei Altfällen** (§ 1587 b Rn 30, 31 u Einf 1 v § 1 VAHRG), also in Fällen, in denen zum 1. 4. 83 eine (ggf allerd auch erst danach rechtskr gew) Entsch gem § 1587 b III 1 vorlag. Ist erst danach üb VersAnwartsch zu entsch, die nicht dem § 1587 b I od II unterfallen, so ist nach HRG 1 II u III zu entsch und erst bei deren Nichtanwendbark der modifizierte schuldr VA gem HRG 2 anzuordnen (Anh zu § 1587 b). – **Nr 2:** Die Übertr od Begr von RentAnwartsch in einer ges 10
RentVers ist mRücks darauf ausgeschl, daß sonst der in § 1587 b V bezeichnete **zulässige Rentenhöchstbetrag überschritten** wäre (§ 1587 b Rn 48 ff). Gesond Feststellg im VerbundUrt zul (BGH NJW **82**, 387). – **Nr 3:** Der ausglpfl Eheg hat die ihm zur Begr von RentAnwartsch in einer ges RentVers 11
auferlegten Zahlungen iSv § 1587 b III 1 erster Halbsatz **nicht erbracht,** dh wenn Umst eintreten, die die rentenbegründde od -steigernde Wirkg v weiteren Beitr zur ges RentVers ausschl (BGH **81**, 152). Auch hier bleibt, da es zur Begr der RentAnwartsch nicht mehr kommen k, nur übr, den ausglber Eheg dch den

schuldr VA quasi zu entschädigen. Vgl iü § 1587 b Rn 30, 31. Findet der Ausgl nunm gem Nr 3 schuldr statt, hebt das FamG die auf § 1587 b III gestützte Entsch auf (FGG 53 f). Unerhebl ist, aus welchen Grden
12 die Zahlg unterblieben ist. **Nr 4:** VersTitel aGrd der **betrieblichen Altersversorgung,** die im Ztpkt der Entsch des FamG üb die Scheidg u den VA (ZPO 629 I, 621 I Nr 6) **noch verfallbar** u damit in ihrer Realisierg bei Erreichen der Altersgrenze zum BewertgsStichdatum (§ 1587 Rn 28) unsicher sind, lassen sich, will man das Risiko vermeiden, daß der ausglber Eheg etwas vergütet bekommt, was im Erg gar keinen echten VersWert bot, nur iW des schuldr Ausgl im Ztpkt der tats erbrachten Vers verrechnen (§ 1587 a II Nr 3 S 3). Unter Nr 4 fallen die AusglBetr gem VBL-S 97 c und d II (BGH FamRZ **90**, 276 u 380). Vgl iü § 1587 a Rn 77. Hierher gehören auch die sich **abbauenden Renten:** § 1587 g Rn 7. Der schuldr VA gem Nr 4 setzt nicht voraus, daß der hier AusglBer es auch im öffr VA gew ist (BGH **84**, 191), so daß auch derj, der wg NichtEinbeziehg einer Anwartsch in der ZusatzVers des öff D, die dem AusglBer zustand (vgl § 1587 a Rn 82–84), zuviel ausgeglichen hat, obligator RückAusgl verl kann (BGH **84**, 158, 190 f). In den schuldr VA sind auch unter WiderrufsVorbeh gewährte UnterstützgsKassenleistgen einzubeziehen; bei Widerruf reichen §§ 1587 d II u g III aus (Kblz FamRZ **83**, 608). Zum schuldr VA bei **Verzicht** auf
13 betriebl AltersVersAnwartsch § 1587 c Rn 4. **Nr 5:** Das FamG hat iF, in denen sich die Übertr od Begr von RentAnwartsch voraussichtl **nicht zugunsten des Berechtigten auswirken** würde od der VA in dieser Form nach den Umst des Falles **unwirtschaftlich** wäre (§ 1587 b IV), eine Regelg in der Form des schuldr VA getroffen (vgl § 1587 b Rn 45) od die Eheg haben selbst den **schuldrechtlichen Versorgungsausgleich vereinbart** (§ 1587 o).

1587 g *Anspruch auf Rentenzahlung.* **I Der Ehegatte, dessen auszugleichende Versorgung die des anderen übersteigt, hat dem anderen Ehegatten als Ausgleich eine Geldrente (Ausgleichsrente) in Höhe der Hälfte des jeweils übersteigenden Betrags zu entrichten. Die Rente kann erst dann verlangt werden, wenn beide Ehegatten eine Versorgung erlangt haben oder wenn der ausgleichspflichtige Ehegatte eine Versorgung erlangt hat und der andere Ehegatte wegen Krankheit oder anderer Gebrechen oder Schwäche seiner körperlichen oder geistigen Kräfte auf nicht absehbare Zeit eine ihm nach Ausbildung und Fähigkeiten zumutbare Erwerbstätigkeit nicht ausüben kann oder das fünfundsechzigste Lebensjahr vollendet hat.**

II Für die Ermittlung der auszugleichenden Versorgung gilt § 1587 a entsprechend. Hat sich seit Eintritt der Rechtshängigkeit des Scheidungsantrags der Wert einer Versorgung oder einer Anwartschaft oder Aussicht auf Versorgung geändert oder ist eine bei Eintritt der Rechtshängigkeit des Scheidungsantrags vorhandene Versorgung oder eine Anwartschaft oder Aussicht auf Versorgung weggefallen oder sind Voraussetzungen einer Versorgung eingetreten, die bei Eintritt der Rechtshängigkeit gefehlt haben, so ist dies zusätzlich zu berücksichtigen.

III § 1587 d Abs. 2 gilt entsprechend.

1 **1) Allgemeines. – a) Gegenstand** des schuldr VA sind der Sache nach dieselben VersAnrechte wie beim öffr VA (§ 1587 Rn 4). Im Ggs zu diesem gelangen im schuldr VA aber nicht Anwartsch u Auss, sond nur **Vollrechte** zum Ausgl, wobei die Gewährg von Leistgen unter WiderrufsVorbeh (wg III) dem schuldr VA nicht iW steht (Kblz FamRZ **83**, 608 Unterstützgskasse). Auch ausl Vers können auf diese Weise ausgegl w
2 (Kln FamRZ **86**, 689). – **b) Inhalt.** Die Vorschr I 1 erf drei Funktionen: sie gibt die Form an, in der sich in den Fällen der §§ 1587 f u VAHRG 2 der anstelle des öffr VA dchzuführde schuldr VA vollzieht, enth zugl die **Anspruchsgrundlage** für die AusglRente u best schließl deren Höhe mit der Hälfte des jew die VersWerte des and Eheg übersteigden Betr. Die Form der RentenZahlg wird dch die Möglk der Abtretg der VersAnspr u der Abfindg des Ber ergänzt (§§ 1587 i, 1587 l). I 2 legt die Erfordern für die Fälligk des AusglRentAnspr fest. Nach II 1 gilt für die Ermittlg der auszugleichden Vers die BewertgsGrdNorm des öffr VA, wobei II 2 es ermöglicht, nach Ende der EheZt eingetretenen Ändgen der VersWerte Rechng zu tragen, währd III die AusglRentRegelg ihrers der Möglk zur Abändg dch das FamG unterwirft. Zum Anspr auf **Auskunft:**
3 §§ 1580, 1587 k I. – **c) Rechtsnatur:** Der schuldr VA begründet einen unterhähnl Anspr auf eine Geldrente (BT-Drucks 7/4361 S 47), was zB in den Verweisgen des § 1587 k I zum Ausdr kommt. Doch setzt er keine Bedürftigk des Ber voraus (vgl aber § 1587 h Nr 1); ebsowenig aS des Verpfl LeistgsFähigk, so daß der Anspr selbst dann besteht, wenn der Verpfl dch die Zahlg unter den unterhrechtl SelbstBed gerät (Hamm NJW **91**, 184). Zu weiteren Unterschieden MüKo/Maier Rn 2. Zur **Überleitung** des Anspr auf das SozAmt Hamm
4 FamRZ **90**, 889; Einf 21 v § 1601. – **d) Verhältnis zum Unterhalt** (Einf 1 v § 1587). Der AusglAnspr hat Vorrang vor etw UnterhAnspr des ausglber Eheg u auch Dr (Celle FamRZ **82**, 501). Da sich die Höhe der AusglRente nach dem Umfang der in der Ehe erworbenen VersTitel bemißt, reicht sie vor allem bei kurzer Ehe nicht aus, um allein od iZshg mit den im öffr VA übergegangenen VersAnrechten den eheangem Unterh sicherzustellen, so daß der ausglpfl Eheg neben der AusglRente unter den Vorauss der §§ 1570 ff auch noch regulären Unterh leisten muß. Die AusglRente mindert dann die Bedürftigk des UnterhBer u die Leistgs-
5 Fähigk des AusglPfl (§§ 1577, 1581). – **e) Dispositives Recht:** FälligkZtpkt wie die Vorauss für die Dchführg des schuldr VA können dch die gesch Eheg vertragl modifiziert w, ohne daß die Vereinbg der Gen bedarf (Karlsr FamRZ **89**, 762).

6 **2) Ausgleichsrente, I 1. a) Saldierung.** Der schuldr VA geschieht dadch, daß an die Stelle der an sich geschuldeten dingl Teilhabe an den vorh VersAnrechten des AusglPflicht wertmäß eine entspr Fdg auf Zahlg einer Geldrente aus dem eig VersAufkommen des AusglPfl tritt. Ausglpflicht ist immer nur der Eheg, dessen schuldr auszugleichde Vers die des and übersteigen. Die bereits im öffr WertAusgl ausgeglichenen Vers werden von der Rente nicht mehr erfaßt (and hins der Berechng; Rn 12). Da die Hälfte auszugl ist, findet eine
7 Saldierg der Anrechte beid Eheg statt (Einzelh mit Bspen JH/Hahne Rn 2 f). – **b) Voraussetzungen: aa) Berechtigter** ist derj Eheg, dessen schuldr auszugleichde Vers geringer ist als die des and Eheg. Der Anspr kann auch demj zustehen, der im öffr VA ausglpflicht war (BGH **84**, 158/91; MüKo/Maier Rn 6). – **bb)** Die **Höhe der Ausgleichsrente** richtet sich nach dem an sich geschuldeten, aus den Grden von § 1587 f Nr 1–5,

VAHRG 2 aber nicht mögl öffr VA, näml auf die Hälfte des Wertunterschieds der von beid Eheg in der EheZt jeweils erworbenen VersAnrechte, I 1. Die AusglRente berechn sich nach dem BruttoBetr, so daß der einbehaltene KrankVersBeitr (vgl LSG NW NJW-RR **89**, 966) nicht vorher abzuziehen ist (BGH NJW **94**, 1214). Die AusglRente ist als dauernde Last gem EStG 10 I Nr a in voller Höhe abzusetzen, so daß der ausglpfl BruttoBetr auch nicht um Steuern vermind zu w braucht (Düss FamRZ **97**, 677). Bei **sich abbauender Rente** wie zB beim AusglBetr nach VBL-S 97 c ermäßigt sich auch der RentAnteil nach I 1 mit jeder Verringerg des RentBetr (BGH FamRZ **90**, 276 u 380). Hierher gehört auch der vom Sender Freies Bln gez sich jährl vermindernde VersBetr (KG FamRZ **96**, 1422). Vgl auch § 1587 d. Zur Tenorierg der Abschmelzg nach Art 2 § 2 I des 2. HStruktG vgl Celle FamRZ **92**, 690. Für die Ermittlg des auszugleichden VersWerts gilt gem II 1 § 1587 a entspr (Rn 9). Dabei ist gem II 2 nach dem BewertgsStichtag (§ 1587 Rn 28) eingetretenen Verändgen Rechng zu tragen (Rn 11 ff). – **cc) Fälligkeit** (Rn 15).

3) Ermittlung der auszugleichenden Versorgung, II. – **a)** Die **Bewertung** der in den schuldr VA 8
einzubeziehden VersAnrechte erfolgt wie im öffr VA, **S 1** (§ 1587 a Rn 15–108). Dabei kann in den Fällen 9
des § 1587 f Nr 1–3 ow auf die im öffr VAVerf ermittelten Werte zurückgegriffen w, währd es bei § 1587 f Nr 4 u 5 einer (erneuten) WertBerechng bedarf. Hängt die Pers des AusglPflicht od die Höhe der AusglPfl von nicht volldynam Anrechten ab, bedarf es bei ihnen der Umrechng mit Hilfe der BarwVO (JH/Hahne Rn 14 mBspen). Ist der Vergl mit einer dynam Rente nicht erfdl, braucht die stat BetrRente nicht in eine dynam umgerechnet zu w (BGH FamRZ **85**, 263; Düss FamRZ **85**, 720; Hamm FamRZ **94**, 1528), da Ändgen dch II 2 u III Rechng getr w kann (JH/Hahne Rn 13 mN).

b) Maßgeblicher Zeitpunkt für die Ermittlg des Werts eines VersAnrechts auf Bruttobasis (BGH 10
FamRZ **94**, 560) ist, wie die Verweisg auf § 1587 a klarstellt, grdsl auch hier **aa)** das **Ende der Ehezeit** (BGH NJW **82**, 387; FamRZ **99**, 218). Der ausglber Eheg soll ausgeschl bleiben von allem, was nicht auf einer gemeins LebLeistg in der Ehe beruht (BT-Drucks 7/4361 S 47). Soweit also Bewertgen bereits im öffr VA stattgefunden h, können sie auch der Berechng im schuldr VA zGrde gelegt w; Verändgen wird iRv II 2 Rechng getr. Das EheZtEnde bleibt desh für sämtl ind BewertgsGrdlagen entsch, so daß zB die bei RHängigk des ScheidgsAntr erreichte Gehalts- u DAltersstufe des Beamten maßg bleibt u eine in der ZwZt nach der Scheidg aussgesprochene Beförderg nicht zu berücks ist, auch wenn dadch nachträgl seine in der EheZt erlangte Vers aufgebessert w (Bergner DRV **77**, 77; Voskuhl/Pappai/Niemeyer S 79; MüKo/Maier Rn 21). Aber von diesem Grds der Maßgeblichk der EheZt gibt es versch Ausn, in denen den seit EheZtEnde eingetretenen Verändgen in der VersLage Rechng getr w. – **bb) Berücksichtigung eingetrete-** 11
ner Veränderungen bei der auszugleichenden Versorgung, S 2. Die Anwendg von II 2 hängt nicht davon ab, ob der obligator VA iZshg mit dem dingl VA, im VerbundVerf od zeitl u verfrechtl unabhäng davon stattfindet. **Zweck** der Regelg ist es, nachträgl Wert- od BestandsVerändgen einer Vers Rechng zu tragen u bei dem uU lange Zt nach der Scheidg liegden schuldr VA nicht an das starre Stichtagsprinzip gebunden zu sein (vgl BT-Drucks 7/4361 S 46). Doch soll der Grds des rein ehezeitbezogenen Erwerbs gewahrt bleiben; nur solche Verändgen dürfen desh beachtet w, die sich rückw auf den Bestand od den Wert des Anrechts auswirken u die Höhe des EheZtAntls verändern (JH/Hahne Rn 16). Diese Grds folgen daraus, daß für die Höhe der AusglRente die Hälfte des „jew“ übersteigden Betr maßg ist. Desh muß es auf den Bestand u den Wert der Vers im Ztpkt der Entsch des FamG üb den schuldr VA ankommen. Dynamisierte VersAnrechte gehen also iH ihres jew ZtWerts in die Berechng des AusglRentAnspr ein (MüKo/Maier Rn 8). Eine BetrRentAnwartsch ist nicht nach den Werten bei EheZtEnde, sond nach den aktuellen RentWerten, also ggf auch in der tats gezahlten Höhe, in die neue Berechng einzubeziehen (Hamm FamRZ **94**, 1526). Entspr stellt es keine Dchbrechg des Stichtagsprinzips (vgl § 1587 Rn 34 ff) dar, wenn im ErstVerf üb den schuldr VA das vorzeit Ende der BetrZugehörigk (dch Tod des Ehemanns) auch dann berücks w, wenn es bis zu dem für die letzte tatrichterl Entsch maßg Ztpkt eingetreten ist (BGH **110**, 224). Eine zum EheZtEnde der Vers bereits latent innewohnde u damit beim schuldr VA zu berücks WertErhöhg des VersAnrechts stellt bei einem VersVertreter das kontinuierl Anwachsen seines VertrBestandes dar (BGH NJW **97**, 863). – **cc) Gegenständlich** beziehen sich die zu berücks Umst vor allem auf **Veränderungen des** 12
Werts einer auszugleichenden Versorgung, also im Bereich der BeamtVers auf Erhöhgen des GrdGehalts der iü weiterh maßg urspr BesoldgsGruppe; im Bereich der ges RentVers auf die jährl RentAnpassgen (Hamm FamRZ **90**, 889); im Bereich der betriebl AltersVers auf LeistgsAnpassgen der VersSatzg gem BetrAVG 16 od darauf, daß eine am BewertgsStichtag noch verfallb Anwartsch auf eine BetrRente inzw unverfallb gew ist bzw dem VersSystem latent innewohnde Ändgen (Weitergabe von Überschußanteilen uä) eingetreten sind (Hamm FamRZ **94**, 1528); bei PrivRentVersichergen auf Erhöhgen dch ÜberschußAnteile (vgl insges JH/Hahne Rn 17). II 2 dient der Herstellg eines richtigen VA-Erg u damit insow zugl auch in gewissem Umfang der Korrektur des öffr VA (JH/Hahne Rn 19 mN). Dagg sind die AbändMöglichkten dch VAHRG 10 a abschließd geregelt; es findet iR des schuldr VA keine Neuberechng auch der bereits öffr ausgegl Anrechte statt, so daß insow fehlgegangene Entsch üb den öffr VA nicht mit Hilfe des schuldr VA korrigiert w k (BGH NJW **93**, 330). Zu unterschiedl Werten kann es kommen, weil die tats Vers ggü der auf das EheZtEnde fiktiv berechneten höh ist od dahinter zurückbleibt (vgl BGH FamRZ **87**, 145; Karlsr u Kblz FamRZ **83**, 605 u 607), etwa weil der EheZtAntl sich wg des geänd Zt/Zt-Verh geändert h (Hahne FamRZ **87**, 225) od weil entgg der urspr Ann WarteZten nicht erf sind (Ruland/Tiemann Rn 521; aA Voskuhl/Pappai/Niemeyer S 73) od wg Verändg der gesversfäh Zt u des Vomhundertsatzes (Karlsr FamRZ **83**, 605 Verkürzg der gesamtversfäh Zt inf vorzeit Berentg), was bei Inanspruchn des vorgezogenen Altersruhegelds dch beide Eheg zu einer erhebl niedrigeren AusglRente führen k (Kblz FamRZ **83**, 607). – Zu 13
berücks ist ferner der **Wegfall einer vorhandenen Versorgung.** Er liegt zB im Ausscheiden aus dem BeamtVerh od im Wegfall der HalbBelegg, die zum EheZtEnde noch gegeben war (JH/Hahne Rn 20). Der Wegf kann bei Verstoß gg Tr u Gl (§ 162) unbeachtl sein, so wenn der AusglPfl auf währd der EheZt erworbene Anrechte auf eine betriebl AltersVers verzichtet (Karlsr FamRZ **86**, 917). Schließl ist der **Eintritt** 14
der Voraussetzungen einer zum Stichtag fehlenden Versorgung zu berücks. So entspr dem Wegfall der BeamtVers beim Ausscheiden aus dem BeamtVerh der dch NachVers entstehde Zuwachs an VersAnrechten in der ges RentVers. Hinzu getreten ist eine betriebl AltersVers, die nach Scheidg der Ehe eingef w, aber

in der EheZt liegde Zten leistgssteigernd berücks (MüKo/Maier Rn 27). Dagg kommen dem and Eheg auch im schuldr VA VersVerändgen dch Laufbahnwechsel od dch Übertritt eines Widerrufsbeamten od ZtSoldaten in ein LebZtBeamt- od BerufsSoldVerh nicht zugute (JH/Hahne Rn 21; and Kblz FamRZ **90**, 760 im dingl VA für den Übergang vom Probebeamten zum LebZtBeamten).

15 **4) Fälligkeit, I 2, und Zahlungsdauer bei der Ausgleichsrente.** I 2 regelt den Ztpkt, von dem ab die
16 AusglRente verl w kann (BGH **81**, 190). **a) Zweck:** Die Zahlg der AusglRente soll aus der eig Vers des
AusglSchu erfolgen, dh die dafür von ihm aufgewendeten Geldmittel sollen ihm aGrd seiner eig AltersVers
zufließen. Desh entsteht die ZahlgsVerpfl erst, wenn der ausglpfl Eheg seiners gg den SozVersTräger, gg
seinen DHerrn od ArbG einen entspr Anspr auf Vers erlangt hat. Vorher besteht allenf ein Anspr auf
Abfindg (Rn 22). Außerdem dient die AusglRente unmittelb der Vers des AusglBer u kann desh von diesem
17 erst dann verl w, wenn auch er die VersVorauss erf. – **b) Voraussetzungen.** Der VersF allein in der Pers des
AusglBer löst den Anspr auf die AusglRente nicht aus. Vielm müssen auf beiden Seiten best Erfordern erf
18 sein: – **aa) Beim Verpflichteten** ist erfdl, daß er die schuldr auszugleichde **Versorgung** (Rn 1) erlangt
hat, gleichgült ob als Alters- od InvaliditätsVers (BGH FamRZ **87**, 145). Die Vers darf ferner nicht außerh
der EheZt begr od eine solche sein, die bereits im öffr WertAusgl berücks w ist, weil der schuldr VA auf
19 Teilhabe an der bish nicht vom VA erfaßten Vers gerichtet ist (MüKo/Maier Rn 11). **Erlangt haben**
bedeutet bindde Festsetzg u tats Gewährg, nicht schon Erf der jew AnsprVorauss (Celle FamRZ 95, 812
mN), so daß der AusglBer das Risiko einer Hinausschiebg der Altersgrenze (SGB VI 34 II) trägt (JH/Hahne
Rn 7; aA MüKo/Maier Rn 10). Eine ruhde Vers wird nicht ausgeglichen, es sei denn, sie w von einer and
20 (ggf ihrers nicht ausglpf) Leistg überlagert (BGH FamRZ **88**, 936). – **bb) Der Berechtigte** (ausf MüKo/
Maier Rn 12 ff) muß entweder ebenf eine Versorgung erlangt haben, wobei allerd die BU-Rente nicht ausr
(JH/Hahne Rn 8), od auf nicht absehb Zt (dh innerh der nächsten 2 J) wg **Krankheit oder** and körperl od
geist **Gebrechen** eine zumutb ErwTätigk nicht mehr ausüben können (EU iS BSG **14**, 83 u 207; **26**, 240 u
288; Hamm FamRZ **94**, 1528), wobei geringfüg Eink (1/7 der monatl Bezugsgröße; Schmeiduch FamRZ
21 **90**, 27) unberücks bleiben; od er muß das **65. Lebensjahr** vollendet haben. – **c) Zahlungsart und**
-dauer. Die Geldrente ist mtl im voraus (§§ 1585 I 2, 1587 k I) in regelmäß stillschweigd vereinb Abw von
§ 270 dch Überweisg auf das BankKto des Ber zu zahlen, u zwar nicht erst ab Rechtskr (Düss FamRZ **85**,
720), sond ab Verzug (Kln FamRZ **85**, 403: Mahng) bzw RHängigk des Anspr auf die AusglRente (BGH
NJW **85**, 2706/7) u ggf auch für den Mo, innerh dessen der RentAnspr dch Wiederheirat od Tod des Ber
erlischt (§§ 1585 I 3, 1587 k I).

22 **5) Verfahren** (Einf 7 v § 1587). **a)** Geltdmachg des Anspr auf AusglRente nach FGG (ZPO 621 I 1 Z 6,
621 a I 1). Erfdl ein **Antrag** (§ 1587 f Rn 2), auch bei Geltdmachg im Verbund, was idR an der Nichterfüllg
der Vorauss scheitert; doch bei frz Militärrente evtl bereits Anspr auf Abfindg gem § 1587 l (Stgt FamRZ **89**,
760). Vor Fälligk (Rn 15) auch kein FeststellgsUrt (Düss FamRZ **81**, 565). **Tenorierung:** JH/Hahne Rn 25;
23 MüKo/Maier Rn 31). **Beschwerde** befr: ZPO 621 e I. – **b) Änderung der Entscheidung** zur AusglRente
(nicht der Regelg des öffr VA) **bei wesentlicher Änderung der Verhältnisse, III.** Die entspr Anwendbark
von § 1587 d II ermögl es aber, in gewissem Umfang zus mit der früh Entsch zum schuldrechtl auch diej zum
öffr VA zu korrigieren (Einzelh JH/Hahne Rn 26); TotalRev der VA-Regelg dagg nur nach VAHRG 10 a
Rn 3 (BGH NJW **93**, 330; vgl iü Rn 12). Erfdl Ändg der Höhe der AusglRente nach oben od unten um
mind 10% (Ruland/Tiemann Rn 526) dadch, daß ein weiteres VersAnrecht schuldr auszugleichen ist, daß
eine BU- in eine Altersrente umgewandelt wurde od nachträgl Vorgänge nach Rn 11. Der Unterschied zu II
2 liegt ledigl darin, daß die Ändg hier erst nach rechtskr Festsetzg des AusglAnspr eintritt (JH/Hahne Rn 23).
Gg (pos od negat) Entsch nach III keine weitere Beschw (FGG 53 g II; BGH NJW **84**, 2364). Doch sind auch
die AbändEntsch ihrers wiederum abänderb (arg I 1: „jew" übersteigden Betr).

1587 h *Ausschluß des Ausgleichsanspruchs.* **Ein Ausgleichsanspruch gemäß § 1587 g besteht nicht,**

1. soweit der Berechtigte den nach seinen Lebensverhältnissen angemessenen Unterhalt aus seinen Einkünften und seinem Vermögen bestreiten kann und die Gewährung des Versorgungsausgleichs für den Verpflichteten bei Berücksichtigung der beiderseitigen wirtschaftlichen Verhältnisse eine unbillige Härte bedeuten würde. § 1577 Abs. 3 gilt entsprechend;

2. soweit der Berechtigte in Erwartung der Scheidung oder nach der Scheidung durch Handeln oder Unterlassen bewirkt hat, daß ihm eine Versorgung, die nach § 1587 auszugleichen wäre, nicht gewährt wird;

3. soweit der Berechtigte während der Ehe längere Zeit hindurch seine Pflicht, zum Familienunterhalt beizutragen, gröblich verletzt hat.

1 **1)** Die dem § 1587 c entspr Vorschr ordnet den **Verlust des Ausgleichsanspruchs in 3 Fällen** an, näml soweit der Ber seinen angem Unterh ow aus eig Mitteln bestreiten kann u der VA für den and Teil eine unbill Härte bedeuten würde, Nr 1; soweit der Ber eig ausglpflicht Vers aufgegeben od ihre Entstehg verhindert hat, Nr 2; schließl idF, daß der Ber währd der Ehe längere Zeit hindch seine Pfl, zum FamUnterh beizutragen, gröbl verletzt hat, Nr 3. Vgl bei § 1587 c. Die KürzgsVorschr des § 1587 h gilt auch beim modifizierten schuldr VA nach VAHRG 2 (Anh zu § 1587 b).

2 **2) Fehlende Bedürftigkeit, Nr 1.** Der weniger weitgehende AusschlTatbestd überschneidet sich mit
§ 1587 c Nr 1, so daß das Probl entsteht, ob in Fällen, in denen der WertAusgl ausgeschl wäre, der schuldr VA
3 stattfinden kann. Da letzterer subsidiär ist, muß § 1587 c Nr 1 analog gelten (Celle FamRZ **82**, 501). **a)** Grds
hängt der VA nicht davon ab, daß der AusglBer iS des UnterhR bedürft ist (§ 1602 I). Eine Durchbrechg
dieses Grds erschien aber aus BilligkGrden angebracht, wenn der Ber seinen angem Unterh auch im Alter od
trotz Krankh ow bestreiten kann u die Gewährg des Ausgl für den Verpfl in Anbetr der beiderseit wirtsch Verh
eine unbill Härte bedeuten würde. Dann Wegfall der ZahlgsPfl, uU auch nur hins eines TeilBetr (BT-

Drucks 7/650 S 166). Der angem Unterh des ausglber Eheg best sich nach § 1578 u dem Ztpkt der Entsch üb den schuldr VA. Bestreiten des eig Unterh aus eig Mitteln ggf auch, wenn nach Wiederheirat UnterhAnspr gg den neuen Eheg besteht (Ruland NJW **76**, 1720). **b)** Zusätzl zur Bedürfnislosigk muß die AusglVerpflichtg aS des Verpflichteten eine **unbillige Härte** bedeuten. Dieses zusätzl Merkm unterscheidet den ZahlgsAnspr aus dem schuldr VA von einem regulären UnterhAnspr (vgl § 1587 g Rn 2). Die Härte muß wirtsch bdgt sein u soll nicht daraus hergeleitet w, daß der Ber schuldh das Scheitern der Ehe verursacht hat. Zu berücks sind schließl die **beiderseitigen wirtschaftlichen Verhältnisse,** die jeden von den Eheg treffden Verbindlichk, insb auch UnterhPfl. Eine unbill Härte liegt entspr § 1587 d I 1 vor, soweit der AusglSchu dch die Zahlg der AusglRente außerstande gesetzt würde, sich selbst u die mit dem AusglBer gleichrang Ber angem zu unterh. Maßg f die unbill Härte ist der Ztpkt der Geltdmachg der AusglRente (BGH NJW **84**, 610); treten später entspr Umst ein, Abändg gem §§ 1587 d II, 1587 g III (arg „soweit"). Hins der Verwertg des VermStammes gilt § 1577 III entspr (Eichenhofer FuR **94**, 72). 4

3) Verhinderung des Entstehens eigener Versorgungsansprüche durch den Berechtigten, Nr 2. Es bedarf einer weitergehden AusschlKl als in § 1587 c Nr 2, da sich die AusglPfl beim schuldr VA nach den schließl gewährten Vers best, also auch dch einen nach der Scheidg erfolgden Wegfall von VersAnrechten berührt wird (BT-Drucks 7/650 S 167). Verhindert also ein Eheg nach Scheidg der Ehe die Verwirklichg eines Anrechts od einer Auss auf Vers, wird er sich, soweit es um die eig AusglBerechtigg geht, ijF so behandeln lassen müssen, als ob ihm eine Vers, wie sie aGrd der erworbenen Anrechte zu erwarten war, gewährt würde. Dieser generelle Ausschl des AusglAnspr rechtf sich daraus, daß ein für die VersBerechtigg ursächl Verhalten des Eheg nach Ehescheidg allein seinem Risikobereich zuzuordnen ist. Für Einwirkgen auf VersBerechtiggen währd bestehder Ehe soll es dagg auch hier darauf ankommen, ob sie in einem bewußten Zshg mit der bevorstehden Scheidg gestanden h (BT-Drucks 7/650 S 167). Keine Analogie bei Ausübg des KapitalwahlR bei der LebVers (Hbg FamRZ **87**, 721). 5

4) Wg **Vernachlässigung der Unterhaltspflichten, Nr 3,** vgl § 1587 c Rn 15–19. Analoge Anwendg bei Verletzg der nachehel UnterhPfl (Ruland Rn 539). 6

1587 i *Abtretung von Versorgungsansprüchen.* **[I] Der Berechtigte kann vom Verpflichteten in Höhe der laufenden Ausgleichsrente Abtretung der in den Ausgleich einbezogenen Versorgungsansprüche verlangen, die für den gleichen Zeitabschnitt fällig geworden sind oder fällig werden.**

[II] Der Wirksamkeit der Abtretung an den Ehegatten gemäß Absatz 1 steht der Ausschluß der Übertragbarkeit und Pfändbarkeit der Ansprüche nicht entgegen.

[III] § 1587 d Abs. 2 gilt entsprechend.

1) IdR erfolgt der schuldr VA dch Zahlg einer Geldrente (§ 1587 g I 1). Der Ber kann aber auch vom Verpfl in Höhe der lfden AusglRente **Abtretung der in den Ausgleich einbezogenen Versorgungsansprüche** verl, die für den gleichen ZtRaum fäll gew sind od fäll werden, I. Also keine Abtretg künft RentAnspr für VA-Rückstände (Hamm FamRZ **87**, 290). Im Ggs zu § 1585 a I 2 bedarf es hier keiner Einschränkg der Abtretg, weil damit für den Verpfl keinerlei Nachteile verbunden sind; idR sind seine Verh dem ZahlgsSchu ohnehin bekannt, insb wenn sich die Anspr gg öff RTräger richten. Nachteile für Beruf od Fortkommen sind kaum noch zu befürchten, weil seine berufl Laufbahn bei VersGewährg idR abgeschl ist (BT-Drucks 7/650 S 167). Dch die Abtretg wird der prakt Unterschied zum eigentl VA beseitigt; denn damit wird der AusglBer Inh des RentAnspr gg die RentVers usw. Da zw Abtretbark u Pfändbark Parallelität besteht, kann der AusglBer den RentAnspr des Verpfl auch iW der ZwVollstr pfänden; RSchutzBedürfn dafür vorh, wenn er bereits im Bes eines VollstrTit ist, währd er nach I erst auf Abtretg klagen müßte. Der Wirksamk der Abtretg an den Eheg steht der Ausschl der Übertragbark u Pfändbark als Ausn zu §§ 399, 400 nicht entgg, II. An Dr darf der VersAnspr nicht abgetreten w. Das FamG kann auch hier, da der Anspr auf eine AusglRente in seiner Bedeutg einem UnterhAnspr nahekommt (BT-Drucks 7/4361 S 47) entspr ZPO 323 eine rechtskr Entsch auf Antr aufheben od ändern, wenn sich die Verh nach der Scheidg wesentl geändert h, III (vgl § 1587 d Rn 8). Stirbt der Ber, so erlischt der AusglAnspr; die nach § 1587 i I abgetretenen Anspr gehen nicht unter, sond fallen an den Verpfl zurück (§ 1587 k II 2). Die Höhe der Beitr zur KrankVers best sich nach dem GesamtBetr, also einschl des abgetretenen Teils der Rente (LSG NW NJW-RR **89**, 966; zur Fragwürdigk dieses Erg hat sich BVerfG FamRZ **95**, 664 nicht geäußert). 1

2) Der **Abtretungsanspruch, I,** kann im Streitfall zugleich mit dem entspr ZahlgsAnspr gerichtl geltd gemacht w (vgl ZPO 260). Dadch ist es mögl, das zw den gesch Eheg insow bestehde RVerh in einem einz Verf abschließd zu bereinigen (BT-Drucks 7/650 S 167). Die AbtretgsPfl bezieht sich nur auf die in den Ausgl einbezogenen VersAnspr. Also keine Abtretg von VersAnspr, die vor od nach der EheZt (§ 1587 II) erworben w sind. Darüber hinaus ist die AbtretgsPfl dahin beschr, daß die einz Raten der VersBezüge nur jew wg u in Höhe der für den gleichen ZtAbschn wie die Bezüge der zu entrichtden AusglRente abgetreten w müssen. Sind Rückstände aufgelaufen, weil der AusglAnspr erst nachträgl geltd gemacht wird od der AusglSchu nicht gezahlt hat, so kann desh nicht Abtretg des Anspr auf künft VersBezüge verl w; es gelten vielm die allg DchsetzgsRegeln. 2

3) Ausschluß der allgemeinen Übertragungsbeschränkungen, II. VersAnspr dürfen idR kr Ges nicht übertr w (vgl § 400; ZPO 850 II u III b); daneben kann die Abtretg privatr VersAnspr (also zB betriebl Ruhegeldzusagen) dch Vereinbg zw Gläub u Schu ausgeschl w (§ 399). Allen diesen Beschrkgen kann die Abtretg wg des Anspr auf AusglRente von der Natur dieses Anspr her nicht unterworfen sein. Soll der Anspr die soz Unbilligk, die in dem einseit od verschieden großen Anwachsen von VersAnrechten für eine gemschaftl LebLeistg liegt, tats ausgleichen, so muß der Anspr unbeschr dchsetzb sein u insb zu einer unbeschr Abtretg entspr VersAnspr an den Ber führen k (BT-Drucks 7/650 S 168). Da es sich hier um nichts and als ein 3

„nachgeholtes Splitting" handelt, liegt auch kein Widerspr darin, daß § 1587 h Nr 1 den angem Unterh des AusglVerpfl schützt, währd der AusglBer gem § 1587 i II in den dch die PfgsFreigrenzen zG des Schu gezogenen Schutzraum eindringt (BT-Drucks 7/4361 S 47).

1587 k *Anwendbare Vorschriften; Erlöschen des Ausgleichsanspruchs.* **I Für den Ausgleichsanspruch nach § 1587 g Abs. 1 Satz 1 gelten die §§ 1580, 1585 Abs. 1 Satz 2, 3 und § 1585 b Abs. 2, 3 entsprechend.**

II Der Anspruch erlischt mit dem Tod des Berechtigten; § 1586 Abs. 2 gilt entsprechend. Soweit hiernach der Anspruch erlischt, gehen die nach § 1587 i Abs. 1 abgetretenen Ansprüche auf den Verpflichteten über.

1 **1)** Die Vorschr enth für den AusglAnspr nach § 1587 g I 1 **Verweisungen auf andere Vorschriften,** I, u regelt den Fall des Todes des Ber, II.

2 **2)** Der schuldr VA unterliegt den Vorschr des allg SchuldR; er entspr weitgehd dem nachehel UnterhAnspr, in den er nach Erreichen der Altersgrenze uä ganz od zT übergeht (§ 1587 g Rn 2 u Einf 1 vor § 1587). Desh finden die Vorschr üb den UnterhAnspr des gesch Eheg auf den schuldr AusglAnspr weitgehd entspr Anwendg, **I.** So haben beide Eheg einen **Auskunftsanspruch** hinsichtl ihrer Eink u ihres Verm gg den and Eheg, soweit davon der AusglAnspr abhängt (§ 1580 m Anm). **Zahlung** der AusglRente **für die Vergangenheit** kann nur ab RHängigk od Verzug (§§ 284, 285) verl w (KG u Hamm FamRZ **87**, 287 u 290). Die Rente ist **monatlich im voraus zu zahlen;** u der Verpfl schuldet den vollen MoBetr auch dann, wenn der Ber im Lauf des Mo **wieder heiratet oder stirbt** (§ 1585 I 2 u 3). Ist der Verpfl seinen Verbindlichk aus dem schuldr VA nicht nachgekommen, kann der Ber Erf bzw SchadErs wg NichtErf auch noch **für die Vergangenheit** verl, soweit sich der AusglPfl in Verzug (§§ 284, 285) befand od der AusglAnspr rhäng (ZPO 263) gew war (§ 1585 b III), allerd auch hier mit der Einschrkg, daß für mehr als 1 J vor der RHängigk fäll gew AusglAnspr Erf u SchadErs wg NichtErf nur verl w kann, wenn anzunehmen ist, daß der Verpfl sich der Leistg absichtl entzogen hat (§ 1585 b III). Vgl § 1585 b Rn 4, 5. An die **Mahnung** sind keine strengen Anfordergen zu stellen; insb ist, weil auch der bl VerfAntr genügt (§ 1587 f Rn 2), keine Bezifferg erfdl (Hamm FamRZ **90**, 889).

3 **3)** Mit dem **Tod des Berechtigten** erlischt der AusglAnspr, **II 1,** da nunm eine Vers nicht mehr erfdl.
4 Bezieht sich nur auf den RentAnspr gem § 1587 g I 1; wg des allg VersAusglAnspr vgl § 1587 e II. Der beim Tod angebrochene MoBetr wird voll geschuldet (§§ 1585 I 3, 1587 k I). Anspr auf Erf od SchadErs wg NichtErf für die Vergangenh bleiben bestehen. Soweit danach der Anspr erlischt, fallen die iRv § 1587 i I abgetretenen Anspr an den Verpfl zurück, **II 2.** Automat Rückfall ohne Entsch des FamG od Kondiktion gg
5 die Erben; gleichw ausgezahlte Betr können aus dem Nachl gem § 812 zurückverl w. And als der UnterhAnspr (§ 1585 I 3) bleibt der RentenAnspr iF der **Wiederheirat** des Ber unberührt; der schuldr VA soll dem Ber fehlde eig VersAnspr ersetzen, eig VersBerechtiggen würden dch eine Heirat aber ebenf nicht berührt
6 (BT-Drucks 7/650 S 168). Der Anspr auf AusglRente endet dagg – and als gem § 1587 e IV 1 die Anspr aus dem öffr VA – mit dem **Tod des Verpflichteten** (BGH FamRZ **89**, 950). RestAnspr sind gg die Erben geltd zu machen (BGH aaO; Dörr NJW **90**, 2730 f).

1587 l *Abfindung künftiger Ausgleichsansprüche.* **I Ein Ehegatte kann wegen seiner künftigen Ausgleichsansprüche von dem anderen eine Abfindung verlangen, wenn diesem die Zahlung nach seinen wirtschaftlichen Verhältnissen zumutbar ist.**

II Für die Höhe der Abfindung ist der nach § 1587 g Abs. 2 ermittelte Zeitwert der beiderseitigen Anwartschaften oder Aussichten auf eine auszugleichende Versorgung zugrunde zu legen.

III Die Abfindung kann nur in Form der Zahlung von Beiträgen zu einer gesetzlichen Rentenversicherung oder zu einer privaten Lebens- oder Rentenversicherung verlangt werden. Wird die Abfindung in Form der Zahlung von Beiträgen zu einer privaten Lebens- oder Rentenversicherung gewählt, so muß der Versicherungsvertrag vom Berechtigten auf seine Person für den Fall des Todes und des Erlebens des fünfundsechzigsten oder eines niedrigeren Lebensjahres abgeschlossen sein und vorsehen, daß Gewinnanteile zur Erhöhung der Versicherungsleistungen verwendet werden. Auf Antrag ist dem Verpflichteten Ratenzahlung zu gestatten, soweit dies nach seinen wirtschaftlichen Verhältnissen der Billigkeit entspricht.

1 **1)** Entspr der Regelg beim nachehel UnterhAnspr (§ 1585 II) kann der AusglBer nach § 1587 l von dem ausglverpfl Eheg die **Abfindung künftiger Ausgleichsansprüche** verl, wenn diesem die Zahlg nach seinen
2 wirtsch Verh zumutb ist. – **a)** Der **Zweck** des AbfindgsAnspr entspr dem GrdAnliegen des 1. EheRG, die Ehel nach der Scheidg endgült auseinanderzubringen, was beim schuldr VA wg des Fortbestehens von Anspr nicht gelingt. Ferner steht sich der AusglBer iF der Zahlg einer Abfindg insof besser als bei der bl Geltdmachg der AusglRente nach § 1587 g, als er dch die Abfindg auch für den Fall versorgt ist, daß bei ihm selbst die Vorauss des VersFalls eintreten, bevor der AusglSchu eine Vers erlangt (BT- Drucks 7/660 S 168 f). Dagg spielt das AbfindgsR wg VAHRG 3 a keine Rolle mehr für den Fall des Vorversterbens des AusglSchu. Iü hat das VAwMG dch die an die Stelle des früh Ausschl des AbfindgsR bei „unbill Belastg" des AusglSchu getretene „wirtsch Zumutbark" als pos TatbestdsVorauss das AbfindgsR weiter eingeschränkt (BT-Drucks 10/6369
3 S 18). – **b) Inhalt:** Das Ges räumt dem AusglBer unter der Vorauss wirtsch Zumutbark für den AusglSchu einen Anspruch ein, I. Außerdem trifft es, um Übervorteilgen des Ber auszuschließen, Best üb die Höhe (II)
4 sowie die Form (III) der Abfindg. **Kein Abfindungsrecht des Verpflichteten,** weil die Abfindg idR nicht zum Aufbau einer Vers ausr, wie sie der Ber aGrd des VA erhalten würde. Der Verpfl ist dadch nicht unbill belastet, weil es ihm unbenommen bleibt, dch Abschl einer priv RentVers Vorsorge dafür zu treffen, daß ihm

bei Eintr des VersFalles ausreichde Mittel z Vfg stehen (BT-Drucks 7/650 S 169). Die Abfindg wird **an Erfüllungs Statt** gewährt (§ 364 I), so daß der Ber das Risiko der mit der Abfindg begründb soz Sicherg trägt (§ 1587 n). – **c) Konkurrenz zur AO von Beiträgen** gem VAHRG 3 b I Z 2: Letztere zul vAw u wenn RentVersTräger sich weigern, abfindgsweise erh Betr als Beitr entgegzunehmen (SGB VI 187). Umgek ist Abfindg günstiger zZw der Begr priv LebVers u bei Ausl ausländ VersAnrechte usw iFv VAHRG 3 b II (Wagenitz FamRZ **87**, 5). 5 6

2) Voraussetzungen der Abfindung, I. a) Ein **künftiger Ausgleichsanspruch,** dessen Abgeltg dch die AbfindgsZahlg verl w kann, liegt bereits dann vor, wenn ein schuldr auszugleichdes Anrecht unverfallb ist (Stgt FamRZ **89**, 760), jedoch erst nach Eintritt der FälligkVorauss des § 1587 g I 2 geltd gemacht w kann. Keine Abfindg noch nicht unverfallb gewordener Anrechte auf betriebl AltersVers (BGH FamRZ **84**, 668). And aber, wenn ein dem schuldr VA unterliegdes VersAnrecht kapitalisiert u ausgezahlt w ist (Karlsr FamRZ **96**, 673). Für Vergl üb Rückstände gelten II u III nicht. – **b)** Vom FamG pos festzustelldе Vorauss des AbfindgsAnspr ist, daß dem ausglpfl Eheg die Zahlg der Abfindg **nach seinen wirtschaftlichen Verhältnissen zumutbar** ist. Der AusglSchu ist idR bereits dch die übr ScheidgsFolgekosten belastet, so daß eine uU hohe AbfindgsZahlg seine wirtsch LeistgsFähigk erhebl beeinträchtigt. Entsch sind die gesamten wirtsch Verh des AusglVerpfl, wobei auch die RatenZahlg gem III 3 als EntlastgsMöglk zu berücks ist (BT-Drucks 10/6369 S 18). ZumutbarkGrenzen wie in VAHRG 3 b I Nr 2 (vgl dort Rn 18; ferner § 1587 d Rn 4). 7 8

3) Höhe der Abfindung, II. Grdl der Bemessg ist der gem § 1587 g II ermittelte **Zeitwert** der beiderseit VersTitel; dch die Bezugn wird insb sichergestellt, daß die nach Eintritt der RHängigk des ScheidgsAntr eingetretenen WertÄndgen berücks w. ZtWert bedeutet also Wert im Ztpkt der AbfindgsEntsch (BT-Drucks 7/4361 S 47). Die Bewertg der versch VersTitel richtet sich nach deren jew Eigenh. Es gelten üb § 1587 g II 1 die Best v § 1587 a. Bei einer Vers aus einem öffr DVerh muß daher für die Abfindg die Summe der Beitr maßg sein, die für eine NachVers in der ges RentVers für die gesamte in die Ehe fallde ruhegehaltsfäh DZt aufzuwenden wäre. Die Höhe der Beitr richtet sich nach der Höhe der jew gezahlten Bezüge. Bei als ruhegehaltsfäh anerk DZten, in denen nur ein UnterhZuschuß uä gezahlt wurde (BBG 112–116 a), ist von den zu diesem Ztpkt gezahlten DBezügen auszugehen. Für die Berechng sind jew die vollen NachVersBeitr einschl des ArbGAnteils anzusetzen. Entspr ist bei Anwartsch aus der ges RentVers zu verfahren. Für Ersatz- u AusfallZten in der Ehe sind Betr iH der vor diesen Zten zuletzt entrichteten Beitr od, wenn zuvor Beitr nicht entrichtet worden sind, in der Höhe anzusetzen, in der im Anschl an die Ers- u AusfallZt währd der Ehe der erste Beitr entrichtet w ist. Bei den sonst Vers ist entspr zu verf. Fehlt eine AnknüpfgsMöglk wie bei den beitraglosen VersEinrichtgen, so ist darauf abzustellen, welche Beitr bei Begr od Aufrechterhaltg eines gleichwert Anrechts in der priv RentVers für die in die Ehe fallde Anrechngs- od BeschäftiggsZt aufzuwenden gew wäre (vgl BT-Drucks 7/650 S 169 f, deren sachl Inh die Fassg von II nur sprachl vereinfachen sollte, BT-Drucks 7/4361 S 47). 9

4) Form der Abfindung, III. Dem Zweck der Abfindg, dem Ber eine eigenständ ZukunftsSicherg aufzubauen, entspr die ZweckBindg für die Anlage der Abfindg. Desh Anspr auf BarAbfindg ausgeschl. Abfindg nur in Form der Zahlg von Beitr zu einer ges RentVers od priv LebVers; kein volles WahlR: BeitrEntrichtg zur SozVers nur, wenn die ges RentVers eine solche Möglk vorsehen (Maier S 155 f). Die für die priv LebVers notw Vorauss, näml der Abschl eines entspr VersVertr, sind vom Ber zu schaffen. Um sicherzustellen, daß die Anlage der Abfindg zu einer ähnl ZukunftsSicherg führt, wie sie die ges RentVers bieten, muß der VersVertr vom Ber auf seine Pers für den Fall des Todes u des Erlebens des 65. od eines niedrigeren LebJ abgeschl sein u vorsehen, daß Gewinnanteile zur Erhöhg der VersLeistgen verwendet w (BT-Drucks 7/650 S 169). Die Vorschr enth kein Verbot der BarAbfindg; die Part können BarAbfindg vereinb, das FamG sie nach § 1587 b IV anordnen. Die AO von **Ratenzahlgen, S 3,** soll ausschließen, daß das AbfindgsVerl schon daran scheitert, daß dem Verpfl die Leistg der Abfindg iw einer Summe nicht mögl ist (BT-Drucks 7/650 S 169). Nur auf **Antrag,** weil FGG-Verf (BT-Drucks 7/4361 S 48). 10 11 12

1587 m *Tod des Berechtigten.* **Mit dem Tod des Berechtigten erlischt der Anspruch auf Leistung der Abfindung, soweit er von dem Verpflichteten noch nicht erfüllt ist.**

Keine allg zeitl Befristg des Anspr auf Abfindg, sond allg VerjVorschr, da eine AusschlFr mit dem Ziel nicht vereinb, jedem Eheg eine eigenständ, von der Vers des and Eheg unabhäng Vers zu verschaffen (BT-Drucks 7/4361 S 48). Aber mit dem **Tod des Berechtigten** erlischt der Anspr auf Leistg der Abfindg, soweit er von dem Verpfl noch nicht erf ist. Denn wenn der Ber stirbt, entfällt jeder Grd für eine weitere AbfindgsLeistg; daher kein AnsprÜberg auf die Erben (BT-Drucks 7/650 S 170). Wie iFv § 1587 k I wird man allerd auch hier wg SchadErsAnspr § 1585 b II analog anwenden müssen. Bei Tod des Verpfl: § 1587 k Rn 6. 1

1587 n *Anrechnung auf Unterhaltsanspruch.* **Ist der Berechtigte nach § 1587 l abgefunden worden, so hat er sich auf einen Unterhaltsanspruch gegen den geschiedenen Ehegatten den Betrag anrechnen zu lassen, den er als Versorgungsausgleich nach § 1587 g erhalten würde, wenn die Abfindung nicht geleistet worden wäre.**

Abgefundene AusglAnspr sind **auf den Unterhalt anzurechnen.** Da die Abfindg nicht notw eine Vers iH des VA gewährleistet, bedarf es einer Regelg, die sicherstellt, daß eine DoppelInanspruchn des abfindden Verpfl ausgeschl ist. Hat sich der Ber wg der künft AusglAnspr abfinden lassen, so muß ihn allein das wirtsch Risiko treffen, ob bei Eintritt des VersFalls eine Vers iH der AusglRente besteht (BT-Drucks 7/650 S 170). Soweit neben dem urspr geschuldeten VA noch UnterhAnspr bestanden hätten (Einf 1 vor § 1587), bleiben diese trotz der Abfindg bestehen. 1

4. Parteivereinbarungen

1587 o *Vereinbarungen über den Ausgleich; Form.* **[I] Die Ehegatten können im Zusammenhang mit der Scheidung eine Vereinbarung über den Ausgleich von Anwartschaften oder Anrechten auf eine Versorgung wegen Alters oder verminderte Erwerbsfähigkeit (§ 1587) schließen. Durch die Vereinbarung können Anwartschaftsrechte in einer gesetzlichen Rentenversicherung nach § 1587 b Abs. 1 oder 2 nicht begründet oder übertragen werden.**

[II] Die Vereinbarung nach Absatz 1 muß notariell beurkundet werden. § 127 a ist entsprechend anzuwenden. Die Vereinbarung bedarf der Genehmigung des Familiengerichts. Die Genehmigung soll nur verweigert werden, wenn unter Einbeziehung der Unterhaltsregelung und der Vermögensauseinandersetzung offensichtlich die vereinbarte Leistung nicht zu einer dem Ziel des Versorgungsausgleichs entsprechenden Sicherung des Berechtigten geeignet ist oder zu keinem nach Art und Höhe angemessenen Ausgleich unter den Ehegatten führt.

1 **1) Zweck:** (Lit: Eichenhofer FuR **94**, 353). Im Zshg mit der Scheidg können die Eheg nach sachverständ Belehrg u mit Gen des FamG eine Verknüpfg des VA mit den sonstigen wirtsch ScheidgsFolgen dch Vereinbg herbeiführen. Eine Vereinbg kann üb den Wortlaut von I 1 hinaus nicht nur im zeitl Zshg mit der Ehescheidg, sond auch im AbändVerf nach VAHRG 10 a getroffen w, um dem Zweck der den Eheg eingeräumten DispositionsBefugn auf der Grdl der veränderten Verh Rechng tragen zu können (Göppinger/Wenz § 3 Rn 125). Die Regelg eröffnet einen Freiraum zur privatautonomen Gestaltg der altersversrechtl ScheidgsFolgen, dessen Grenzen sich aus den Strukturprinzipien des VersR u dem SichergsZiel des VA ergeben. So sind die Eheg etwa nicht in der Lage, in öffr VersVerh einzugreifen od die Rangfolge der AusglFormen zu verändern (BGH FamRZ **90**, 384); eine entggstehde Vereinbg ist auch dann gem § 134 nichtig, wenn sie vom FamG genehmigt worden ist (Brem FamRZ **81**, 973). Haben die Eheg den VA gem § 1408 II ausgeschl od nach § 1587 o eine wirks Vereinbg getroffen, findet insow eine Entsch üb den VA nicht statt (FGG 53 d
2 S 1). Eine Vereinbg kann **zweckmäßig** sein: **a)** Der Verpfl wird den Ber voraussichtl lange überleben od lange vor diesem eine auszugleichde Vers beziehen; in diesen Fällen kann der Verpfl die grdsl nach dem Tod des Ber andauernde VersKürzg od die langjähr VersKürzg vor dem Erwerb eines VersAnspr aS des Ber dch einen VA in and Form vermeiden. **b)** Der Ber ist Beamter u ist dch einen VA in der ges RentVers (insb hinsichtl des Invaliditätsrisikos) nicht optimal abgesichert (vgl Schulz-Weidner FuR **93**, 313). **c)** Der ges VA wäre unwirtsch od zweckverfehlt iS von § 1587 b IV. **d)** Es ist nur eine geringe Wertdifferenz auszugl u das VA-Verf würde die Ehescheidg unzumutb hinauszögern. **e)** Es bestehen rechtl od tats Zw üb den Wert der auszugleichden Anrechte, die iW ggs Nachgebens bereinigt w können (vgl BGH NJW **87**, 1770). Damit die Eheg sinnvoll beraten w u sie eine Vereinbg schließen k, müssen die Beteil Kenntn üb die Höhe der erworbenen VersAnrechte h. Desh gewährt **§ 109 III SGB VI** ein **Recht auf Auskunft** üb die Höhe der auf die EheZt entfallden RentAnrechte (S 1). Hat der Versicherte seine AuskPfl ggü dem Eheg nicht od nicht vollständ erf, so kann letzterer auch unmittelb Ausk von dem VersTräger einholen, die dann auch dem Versicherten mitgeteilt w (SGB VI 109 III 2 u 3). Die Befugn zur Offenbarg der VersDaten besteht gem SGB X S 1 74 Nr 1 b, wenn der Versicherte seiner AuskPfl nach §§ 1580, 1587 e I, 1587 k u VAHRG 3 a VIII, 10 a XI nicht entspr hat.

3 **2) Zeitpunkt der Vereinbarung.** Eine Vereinbg nach § 1587 o setzt einen ScheidgsZshg voraus, dh einer der Eheg muß sich für den and erkennb mit ScheidgsAbs tragen, sei es vor od nach Stellg des ScheidgsAntr (BGH NJW **87**, 1768). Mit Rücks auf § 1408 II 2 ist ein ScheidgsZshg immer zu bej, wenn die Vereinbg in dem Jahr, das der Stellg des ScheidgsAntr vorausgeht, getroffen worden ist (BGH NJW **86**, 2318). Währd des anhäng Verf kann die Vereinbg bis zum Schluß der letzten mdl Vhdl (auch in der RMittelInst, BGH NJW **82**, 1464) getroffen w; auch noch nach Scheidg, wenn dem ScheidgsAntr vorab stattgegeben w ist (BGH FamRZ **89**, 1060). Nach Eintritt der Verbindlichk der Entsch üb den VA kommen Dispositionen der Eheg grdsl nicht mehr in Betr (Mü FamRZ **97**, 1082); zum AbändVerf vgl Rn 1. Sie sind jedoch in bezug auf noch nicht erf BeitrVerpfl nach VAHRG 3 b I Nr 2 (BayObLG NJW **81**, 1519) u hinsichtl des schuldr VA mögl, ohne den sich aus II ergebden Beschrkgen hinsichtl Form u Inh zu unterliegen (Karlsr FamRZ **89**, 762). Geben die Eheg die ScheidgsAbs auf, so wird die Vereinbg hinfäll (Gruntkowski MittRhNotK **93**, 23 mN). Unzul die Erteilg der Gen vor Einreichg des ScheidgsAntr (Ffm FamRZ **79**, 594). Zul die hilfsw Verbindg v Vereinbgen gem § 1408 II u § 1587 o; dagg keine Umdeutg (Hbg FamRZ **91**, 1067; Gruntkowski aaO).

4 **3) Zulässiger Inhalt einer Versorgungsausgleichsvereinbarung, II 4** (vgl Gruntkowski MittRhNotK **93**, 24). Erste Vorauss ist, daß dem Grd nach (dh insb nach den Regeln des intertemporalen Rs od des interlokalen bzw internationalen KollisionsRs) überh ein VA stattfinden kann (BGH NJW **82**, 1814). Für die Bewertg von VersAnrechten bleibt es bei dem EheZtE § 1587 II (Celle FamRZ **94**, 1039). Die VfgsMacht der Eheg ist nach I 2 begrenzt, indem es ihnen verboten ist, öffr VersAnrechte üb den im Ges vorgesehenen Umfang hinaus zu übertr od zu begr. Damit ist jede Vereinbg ausgeschl, die – auch dch die NichtBerücks von Anrechten des Ber (BGH FamRZ **88**, 153; NJW **90**, 1363) od Einbeziehg von ges nicht auszugleichden Anrechten des Verpfl (Kblz FamRZ **86**, 273) – einen höh als den ges vorgesehenen AusglAnspr zur Folge h (BGH NJW **81**, 2689) od zu einer Umkehrg der AusglRichtg führt (BGH FamRZ **90**, 384). § 1587 o soll den Eheg nicht die ihnen auch sonst fehlde Befugn zur Vfg üb ihre öffr VersAnwartsch geben (BT-Drucks 7/650 S 171; vgl SGB I 32/BeamtVG 3 III). Eine entggstehde Vereinbg ist nach § 134 nichtig (BGH FamRZ **88**, 153), u zwar auch dann, wenn sie vom FamG genehmigt worden ist (BGH NJW-RR **91**, 1026; Celle FamRZ **81**, 563). Die Eheg haben ferner den HöchstBetr des § 1587 b V zu beachten. Nach II 4 ist die Gen zu versagen, wenn bei einer GesamtBetrachtg von UnterhRegelg u VermAuseinandS (ZugewAusgl, HausrVerteilg usw) die vereinb Leistg offensichtl nicht zu einer dem Ziel des VA entspr Sicherg des AusglBer geeignet ist od zu keinem nach Art u Höhe angem Ausgl zw den Eheg führt. Mit dem Merkm der

Offensichtlk wird der VereinbgsFreiraum der Eheg erweitert u das FamG davon entbunden, die vereinb Leistg im Detail mit dem Erg eines fiktiven VA vergleichen zu müssen (BGH NJW **94**, 580). Doch darf das FamG auch in einem DchschnFall nicht einf nur eine Rentenschätzg vornehmen (Ffm NJW **79**, 1609). Die Regel ist die Gen, währd deren Versagg die Ausn sein soll (Karlsr FamRZ **82**, 395). In Ergänzg zu II 4 ist eine Vereinbg nach BGH (NJW **94**, 580; **87**, 1768, 1770; FamRZ **87**, 255) auch dann genehmiggsfäh, wenn es des VA nicht bedarf, um den Ber im Alter u bei verminderter ErwFähigkt zu schützen, für diesen also eine dem VA gleichwert Absicherg gewährleistet ist. Diese Vorauss können insb dann bej w, wenn die Eheg als nicht verspflicht Selbstdige tät sind u nicht (in erster Linie) Beitr zu einem soz SichergsSystem gezahlt, sond statt dessen f VermBildg dch Stärkg des Untern gesorgt h (BGH NJW **94**, 580). – Die GenVorauss sind weniger streng auszulegen, wenn der Ber bereits eine volle eig Vers erworben hat, angem abgesichert ist od nur eine geringe Wertdifferenz vorliegt (Düss FamRZ **81**, 285). Genehmiggsfäh ist ein vereinb (Teil)Ausschl des VA immer dann, wenn sie im Hinbl auf HärteGrde iS von § 1587 c erfolgt u insow eine Beschrkg des AusglAnspr zum Inhalt hat. – In diesem Rahmen sind vor allem folgde **Veränderungen des Anspruchs** mögl: Neben einer Begrenzg des AusglAnspr sind eine Herabsetzg der AusglQuote im öffr VA (unter 50%, vgl AG Düss NJW **78**, 647), die NichtBerücks von Anrechten aS des Verpfl (Nürnbg FamRZ **95**, 177), eine Verkürzg der EheZt (BGH NJW **90**, 1363) od eine Modifikation der HärteRegelgen (§ 1587 c) zul; dies gilt allerd nur, soweit dadch nicht die Rangfolge der Formen des öffr VA geändert od der AusglAnspr (auch indirekt) üb das ges Maß hinaus erhöht w. Auch die **Ausgleichsform** kann geändert w: Anstelle des öffr VA kann der schuldr VA (ggf unter Modifizierg der AbfindgsMöglk des § 1587 l) u anstelle einer „bargeldlosen" AusglForm kann die Erf des AusglAnspr iW einer BeitrZahlg zur ges RentVers od an einen and LeistgsTräger vereinb w. Zul u im Interesse des Ber oft auch sinnvoll sind Bdggen, Befristgen u RücktrVorbeh außerh des RegelgsGgst des öffr VA.

(5 and 6 margin numbers)

a) Ersatzformen für den gesetzlichen VA: Das **RRG 1999** vom 16. 12. 97 (BGBl I S 2998) hat die GenVorauss neu gefaßt, indem seit dem 1. 1. 2000 darauf abzustellen ist, ob die als AusglSurrogat vereinb Leistg zu einer dem Ziel des VA entspr Sicherg des Ber geeignet ist. Währd nach früh R die Eigng des AusglSurrogats zur Alters- und InvaliditätsSicherg des Ber zu berücks war, ist nunm eine GlobalBetrachtg der SichergsQualität des AusglSurrogats aus der ind Perspektive des Ber vorzunehmen. Mit der Neufassg ist insb dem Umst Rechng getragen worden, daß die ges RentVers seit 1984 grdsl nur noch PflVersicherten Schutz für den Fall verminderter ErwFähigk gewährt. Da der ges vorgesehene Ausgl nicht immer zu einem ErwMindergsSchutz führt, soll auch die Gen einer Vereinbg nicht zwangsläuf daran scheitern, daß diese das Risiko verminderter ErwFähigk nicht abdeckt (zum fr R Karlsr FamRZ **82**, 395). Das FamG hat im Zshg mit der Gen einer Vereinbg nunm zu prüfen, ob dem Ber aGrd der ErsatzLeistg eine eigenständ, dauerh u bedürftigkunabhäng Sicherg seiner ExistenzGrdl wenigstens im Alter (spätestens mit Vollendg des 65. LebJ) in Auss steht (BR-Drucks 603/97 S 79); auf die Höhe der ErsLeistg kommt es hierbei nicht an (Ungleichgewichte sind bei der ÄquivalenzPrüfg zu berücks). Von einer Berücks des InvalidRisikos kann insb dann abgesehen w, wenn das auszugleichde Anrecht selbst keinen InvalidSchutz gewährt od auch der ges Ausgl nicht zu einem Schutz bei vermind ErwFähigk führen würde. – Zur Sicherg des AusglBer geeignet ist die anstelle des VA vereinb Leistg, wenn sie diesem wenigstens im Alter (65. LebJ) einen lfden wirtsch Vorteil (grdsl als Geldrente) verschafft, welcher der Befriedigg des LebBed dient u (für den Fall der LeistgsUnfähigk od -unwilligk des Verpfl od seines Todes) rechtl abgesichert ist; die Leistg darf mit der erneuten Eheschl des Ber nicht entfallen. Es kommen in Betr: die Zahlg von GeldBetr einschl von EinmalZahlgen, die Überlassg v Sachwerten u UnternBeteiliggen, die Bestellg von NutzgsRechten, der Abschl v priv LebVers mit dem Ber als unwiderrufl BezugsBer, rechtl abgesicherte Leibrenten. Nicht ausr – insb im Hinbl auf den Fall der LeistgsUnfähigk u das Todesfallrisiko – sind ledigl erhöhte UnterhZahlgen.

b) Äquivalenz (vgl Stellungn des Verbandes DtRentVersTräger FamRZ **79**, 761). Die aStv des VA vereinb Leistg darf ihrer Art sowie der Höhe nach nicht in einem offensicht unangem Verh zum Anspr des Ber stehen. Mit der Art meint das Ges die am SichergsZiel des VA gemessene Eigng des AusglSurrogats, währd mit dem weiteren PrüfgsMerkm auf den wirtsch Wert desselben abgestellt w. Nach der ges Wertg (arg II 2 „vereinb Leistg") ist ein **entschädigungsloser Verzicht** auf den VA, dh der gänzl Ausschl jegl VA ohne GgLeistg grdsl unzul (Düss FamRZ **86**, 68; Zweibr FamRZ **98**, 1377; ebso Staudinger/Eichenhofer Rn 18). Doch kann auch ein ggleistgsfreier Verz des Ber genehmigt w, wenn die AngemessenhPrüfg zu dem Erg führt, daß der AusglBer auf den ihm an sich zustehden Zuwachs an VersAnrechten nicht angewiesen (vgl Oldbg FamRZ **95**, 744 beiderseit Berufstätigk) od der Wertunterschied gering ist (AG Münst NJW **78**, 1592; AG Stgt NJW **78**, 893). Bei einem TeilVerz kann ein großzügigerer PrüfgsMaßst angelegt w. Ferner kann eine Gen erteilt w, wenn der Ber anderweit vorgesorgt h (zB KapLebVers) u der Verpfl hieran güterr nicht beteiligt w (Langenfeld FamRZ **94**, 205) od wenn ein Verz mRücks auf HärteGrde iS von § 1587 c Nr 1 ausgesprochen w (BGH NJW **82**, 1463), auch wenn diese für sich gesehen nicht zum ges Ausschl führen würden (BGH NJW **87**, 1768; Hbg FamRZ **91**, 202). Die erneute Eheschl beider Eheg ist dagg kein ausr Ausgl für eine eig Alters- u InvalidSicherg (BGH FamRZ **94**, 96), ebso nicht die Heirat mit einem wohlhabden neuen Partn (BGH FamRZ **82**, 471). Nicht ow gem § 138 I **nichtig** ist ein entschädiggsloser Verz auf den VA, der den and Eheg im Alter der SozHilfe ausliefert (entspr BGH FamRZ **96**, 1536; **83**, 44; Gruntkowski S 19 f; krit Borth FamRZ **97**, 1048); Nichtigk kann jedoch gegeben sein, wenn weitere bes Umst hinzutreten (vgl Eichenhofer DNotZ **94**, 223). **Maßstab** für die Beurteilg des AusglSurrogats ist, ob der dem Ber gewährte Vorteil unter Einbeziehg der UnterhRegelg u der übr VermAuseinandS zu einem **angemessenen Ausgleich** unter den Eheg führt. Da nach verhältnism kurzer Ehedauer keine für die AltersVers ausr Absicherg erwartet w kann (BT-Drucks 7/4361 S 49), genügt bei kurzen Ehen uU die Zahlg eines GeldBetr (Plagemann SGb **78**, 98). Iü steht auch das ÄquivalenzErfordern unter dem GesichtsPkt der Sicherstellg der Alters- und InvalidSicherg des Ber. Desh ist eine **Genehmigung nicht möglich,** wenn der AusglBer zur Abgeltg seines Anspr lediglich mit einer Barzahlg iH eines Bruchteils des BeitrWerts des ges Anspr abgefunden w soll (Düss FamRZ **95**, 1496 mA Schmeiduch). Iü können angem iSv II 4 auch **Vorteile nicht unmittelbar wirtschaftlicher Art** sein, so daß ein Verz auf den VA genehmiggsfäh ist (so zutr Oldbg FamRZ **90**, 295), wenn der ausglpfl Eheg die Bt des schwerbehind gemeins Ki übernimmt (wodch der Ber mittelb wirtsch entlastet w) od wenn der eine Eheg die Pfl u Erz des gemeins Ki übern u dem and Eheg dadch die weitere ErwTätigk ermögl (Düss FamRZ **81**, 285).

12 **4) Durchführung der VA-Vereinbarung. a) Form:** Die Vereinbg (nicht die Wiederherstellg des ges VA dch Aufhebg einer solchen Vereinbg; Karlsr FamRZ **95**, 361) bedarf der not Beurk, **II 1**, welcher der gerichtl Vergl gleichgestellt ist (§ 127 a), **II 2**. Dadch wird eine angem **Beratung** der Part vor Abschl der Vereinbg sichergestellt (BeurkG 17); zum Umfang der Beratgs- u AufklPfl des Not vgl BVerfG NJW **82**, 2365. Der Not kann die Beurk aGrd der Angaben der Eheg vornehmen u darf diese nur unter den Vorauss des BeurkG 4 verweigern. Er hat iü auf die rechtl Risiken der Vereinbg (insb bei nicht geklärten VersVerh) hinzuweisen u üb das ÄquivalenzErfordern zu unterrichten. Eine eigene, eingehde PrüfgsPfl hat er nicht, es sei denn, er übernimmt einen eigenständ Auftr gem BNotO 24. Soweit erfdl, hat er die Beteil an einen Sachverst weiterzuverweisen (BT-Drucks 7/4361 S 49). Soweit der FamRi die Protokollierg übernimmt, trifft ihn die BelehrgsPfl v BeurkG 17, 1 II (Udsching NJW **78**, 294). Die Einigg der Part muß wie der ProzVergl protokolliert, vorgelesen u gen w (Düss FamRZ **87**, 1160). FormVerletzg hat Nichtigk zur Folge (§ 125). Der Formmangel wird dch die gerichtl Gen der Vereinbg nicht geheilt (BGH NJW **91**, 1743), ebso nicht dch die Vornahme eines in der Vereinbg vorgesehenen ErfGesch (Gruntkowski S 24).

13 **b) Genehmigung, II 3.** Die Vereinbg bedarf der Gen des FamG, was nicht verfwidr ist (BVerfG NJW **82**, 2365). Das GenErfordern soll den AusglBer vor Übervorteilgen zu schützen (BGH FamRZ **94**, 234) u das Ziel des VA, den Ber soz abzusichern, realisieren. Zugleich wird dem öff Interesse an der Vermeidg der SozHilfe Rechng getragen, indem sichergestellt w, daß der Ber nicht zuG ungenügder od ungeeigneter Sichergen auf den VA verzichtet (BVerfG aaO). Eine gem § 1408 II 2 unwirks gew Vereinbg kann nicht gen w (Hbg FamRZ **91**, 1067). Die Gen erfolgt **von Amts wegen** u unbdgt; bis zu ihrer Erteilg ist die Vereinbg schwebd unwirks. Die Gen kann dch isolierten Beschl od (auch stillschw) mit der Entsch üb den VA erfolgen (vgl Ffm FamRZ **96**, 550). Das GenVerf unterliegt dem AnwZwang (BGH NJW **91**, 1743). Wird die Gen **versagt**, so findet – sofern die Eheg nicht eine and genehmiggsfäh Regelg vereinb – der ges VA statt. Wird die gen Vereinbg im Anschl an die Scheidg von den Part hinsichtl eines noch regelgsfäh Teilbereichs (zB
14 schuldr VA) geändert, so bedarf dies nicht der Gen des FamG. Die auch dch die gerichtl Gen nicht zu heilde **Unwirksamkeit der Vereinbarung** hat zur Folge, daß das Verf üb den VA noch nicht abgeschl ist, so daß trotz Gen u Rechtskr der Scheidg entweder eine neue Vereinbg abgeschl od eine gerichtl Entsch getroffen w
15 muß (BGH FamRZ **94**, 96; Kln FamRZ **98**, 373). Die Verweigerg der Gen ist zur Vermeidg eines ZwStreits nicht selbstd anfechtb (FGG 53 d S 2), es sei denn, üb den VA ist in einem isolierten Verf zu entsch (BGH MDR **99**, 548). Die Eheg haben die Möglichk, die Entsch üb den VA mit der befr Beschw anzugreifen u geltd zu machen, die Gen sei zu UnR verweigert worden, so daß der VA nicht in der ges vorgehenen Form hätte dchgeführt w dürfen (BGH FamRZ **82**, 1463; Kln FamRZ **97**, 569) Die Beschw gg die Verweigerg der Gen muß das AusglSurrogat enth (Bambg FamRZ **98**, 374). Die Gen ist von den Eheg (von den VersTrägern nur, soweit sie beteil sind; vgl Kln FamRZ **88**, 182) selbstd anfechtb. **Zeitpunkt:** Üb die Gen ist im Hinbl auf FGG 53 d S 1 vorrangig zu entsch; ein in Unkenntn der Vereinbg eröffnetes Verf ist einzustellen. Eine VorabGen v Vereinbgen zum VA außerh eines anhäng ScheidgsVerf ist unzul (Ffm NJW **79**, 1368); vielm bleibt hier nur der Weg des § 1408. **Zuständigkeit:** Ist das VA-Verf in der 2. Inst anhäng, ist für die Gen das OLG zust (BGH NJW **82**, 1464; Hbg FamRZ **91**, 202). In einem Verf vor dem BGH entsch wiederum das FamG (BGH aaO).

16 **5) Rechtsfolgen.** An ParteiVereinbgen üb den VA, die wirks u vom FamG genehmigt sind, ist aGrd v FGG 53 d das FamG u, sobald die Ehe rechtskr gesch ist, auch der VersTräger gebunden (Ffm FamRZ **87**, 494). Vereinb Modifikationen des Ausgl gem § 1587 b I, II u VAHRG 1 II, III; 3 b I Nr 1 bedürfen der Umsetzg dch die GestaltgsEntsch des FamG. Die Vereinbg wird ggstlos, wenn die Ehe nicht gesch w. Keine Bindg, wenn die Vereinbg aGrd von §§ 125, 134, 138, 142 I od § 139 (BGH FamRZ **91**, 681) (teil)nichtig ist; auch ein Wegfall der GeschGrdl (BGH FamRZ **94**, 96; Schlesw FamRZ **86**, 70) od ein Rücktr von der Vereinbg kommt in Betr (BGH FamRZ **88**, 1254). Werden jedoch bei Abschl der Vereinbg strittige RFragen später dch höchstrichterl Entsch geklärt, ist weder Anf noch Berufg auf Wegf der GeschGrdl mögl (BGH NJW **87**, 1770). Eine nichtige Vereinbg wird dch die famgerichtl Gen nicht wirks (BGH NJW **91**, 1743). Das VAVerf ist in diesem Fall fortzusetzen (Kln FamRZ **98**, 373), ggf ist ein selbstd Verf dchzuführen (BGH FamRZ **94**, 96). Eine Korrektur der Vereinbg kommt ferner iRv VAHRG 10 a IX in Betr. Begründet die Vereinbg die Verpfl zur Zahlg v Beitr zur ges RentVers, so ist der hierfür erfdl Betr dch das FamG festzusetzen (FGG 53 e II). Ändern sich die BerechngsGrößen, so wird der zu leistde Betr auf Antr neu festgesetzt (FGG 53 e III analog). Gg ZahlgAnspr aus VAVereinbgen findet grdsl keine Aufr statt (vgl Mü FamRZ **93**, 814). Kreditkosten zur Fin der Vereinbg können steuerlich WerbgsKo sein (BFH NJW **94**, 2567).

5. Schutz des Versorgungsschuldners

1587 p ***Leistung an den bisherigen Renteninhaber.*** **Sind durch die rechtskräftige Entscheidung des Familiengerichts Rentenanwartschaften in einer gesetzlichen Rentenversicherung auf den berechtigten Ehegatten übertragen worden, so muß dieser eine Leistung an den verpflichteten Ehegatten gegen sich gelten lassen, die der Schuldner der Versorgung bis zum Ablauf des Monats an den verpflichteten Ehegatten bewirkt, der dem Monat folgt, in dem ihm die Entscheidung zugestellt worden ist.**

1 **Zweck:** In Anlehng an den unmittelb nur ggü priv LeistgsTrägern anwendb § 407 **Schutz des Rentenversicherungsträgers vor der Gefahr doppelter Leistung** bei gleichzeit Rentenberechtigg beider Eheg (BGH FamRZ **90**, 874; **83**, 389; ausf Baltzer/Joedt SGb **82**, 417). Die Vorschr ist SchutzVorschr zuG des RentVersTrägers, ändert aber nichts daran, daß mit dem Eintritt der Rechtskr u Wirksamk der Entsch des

FamG der VA vollzogen ist (BSG FamRZ **90**, 874). Sie gilt nur hinsichtl des Ausgl von dynam u stat Anrechten in der ges RenVers, dann aber auch iF, in denen verschiedene VersTräger für die früh Eheg zust sind. § 1587p findet iF der Realteilg nach VAHRG 1 II entspr Anwendg (BT-Drucks 9/2296 S 14). Um sachl nicht gerechtf Benachteiliggen der Träger der ges RentVers entggzuwirken, soll der RentVersTräger mit befreiender Wirkg an den bisher Gläub der RentLeistg zahlen dürfen, bis er von dem Übergang des Rs Kenntn erlangt hat, wobei der LeistgsTräger mRücks auf die Bedürfn der automatisierten MassenVerwaltg einen UmstellgsZtraum von wenigstens 1 KalMo eingeräumt erh hat (vgl BT-Drucks 7/4361 S 50), in dem aus dem übertragenen Anrecht EP zu ermitteln u die Anspr neu zu berechnen sowie dch Bescheid festzustellen sind (BSG FamRZ **83**, 669). Entspr SchutzFr sehen VAHRG 10a VII 2 und 3a VII vor. Der Wortlaut des Ges berücks nicht, daß dem RentVersTräger währd des GesGebVerf des 1. EheRG der Status eines Beteil (FGG 53b II) eingeräumt worden ist, so daß diesem Entsch üb den VA bereits vor Eintritt der Verbindlichk auszugsw zugestellt w. Da die leistgsrechtl Umsetzg des VA zur Vorauss hat, daß dieser rechtskr u wirks geregelt worden ist, ist hinsichtl des **Beginns der Schutzfrist** nicht auf den Ztpkt der Zustellg der Entsch abzustellen (vgl Bergner SGb **78**, 134), sond auf den Ztpkt, in dem der RentVersTräger des Verpfl von dem Eintritt der Verbindlichk – in welcher Form auch immer – Kenntn erlangt (BSG FamRZ **83**, 669; **85**, 595; DRV **83**, 328; BSGE **54**, 87; **66**, 192). IdR ist dies der Ztpkt des Eingangs der RechtskrMitteilg. Von diesem ist regelm auch dann auszugehen, wenn das OLG im RMittelVerf entsch hat, u zwar selbst dann, wenn die ZulässigkVorauss für ein weiteres RMittel nicht erf sind (BSG FamRZ **85**, 595). Der Kenntn vom Eintritt der Rechtskr steht das Kennenmüssen gleich (BSG FamRZ **83**, 669) Hieraus folgt mit der dem LeistgsTräger obliegden Fördergs- u BeschleuniggsPfl (SGB I 2 II, 17 I Nr 1), daß der RentVersTräger (in AusnFällen) verpfl ist, sich bei Eintritt von Verzögergen darüber zu informieren, wann die Entsch üb den VA rechtskr gew ist. Haben die Eheg auf RMittel verzichtet, ist für den Beginn der SchutzFr aber der Ztpkt maßg, in dem die Rechtskr eintritt. Ferner beginnt sie mit dem Eingang der Entsch beim RentVersTräger des Verpfl, wenn der BGH üb den VA entsch hat, da eine mögl VerfBeschw kein den Eintritt der Rechtskrt hinderndes RMittel ist. Unberührt bleiben Anspr des AusglBer gg den AusglPfl aus § 812 (Hamm FamRZ **90**, 528).

Achter Titel. Kirchliche Verpflichtungen

1588 **Die kirchlichen Verpflichtungen in Ansehung der Ehe werden durch die Vorschriften dieses Abschnitts nicht berührt.**

Das BGB behandelt nur die bürgerl Ehe, vgl Überschrift des 1. Abschn v § 1297. Die kirchl Verpflichtgen der Kirchenangeh best sich nach den innerkirchl Ges u Ordngen. Die Versagg von RegreßAnspr eines Ki gg einen Mönchsorden bei mangelnder LeistgsFähigk des Va (BVerfG NJW **92**, 2471) ist zweifelh. 1

Zweiter Abschnitt. Verwandtschaft

Einführung

1) a) Begriffe. Verwandtsch iS des BGB geht über die dch Blutsbande vermittelten Beziehgen hinaus u umfaßt die auf der Abstammg beruhde leibl (§ 1764 III), genet od Blutsverwandtsch (Einf 1 v § 1591), wobei Abkömml sämtl Verwandte absteigder Linie sind (§ 1589). Ferner entsteht ein ledigl gesetzl VerwandtschVerhältn dch die Annahme als Ki (§ 1755). Von der genet Abstammg besteht auch eine Ausn beim Embryotransfer (§ 1591 Rn 1). Die Begriffe Elt, GroßElt usw werden im übl Sinne gebraucht. Geschw sind die vollbürt wie die (bei nur 1 gemeins EltT) halbbürt. Den Begr Schwägersch bezieht §1590 and als der SprachGebr auf sämtl Verwandte des Eheg. StiefKi sind die von einem Eheg allein abstammden Ki im Verhältn zum and Eheg (vgl zB § 1371 IV). – **b) Rechtliche Bedeutung** hat die Verwandtsch ua als Eheverbot (§ 1307), für die UnterhPfl (§§ 1601ff), für das Erb- u PflichttR (§§ 1924ff, 2303ff), bei der Auswahl des Vormds (§ 1779 II 2) u des Betreuers (§ 1897 V) u für die Anhörg (§ 1847). Als AusschlußGrd wirkt sie bei der Vertretg (§§ 1629 II 1, 1795 I Nr 1) u für die Mitwirkg als Ri, Notar od UrkBeamt (ZPO 41 Nr 3, StPO 22 Nr 3, BeurkG 3 I Nr 3, 6 Nr 3 u 4 sowie 7 Nr 3). – **c) Klage auf Feststellung des Verwandtschaftsverhältnisses** erfolgt gem ZPO 640ff im StatusVerf bzw bei Vorliegen eines entspr RSchutzInteresses auch nach ZPO 256 (vgl BGH NJW **73**, 51; Habscheid/Habscheid FamRZ **99**, 482). 1 2 3

2) Übergangsrecht: 58. Aufl Rn 4 u 5 (Lit: Kirchmeier KindPrax **98**, 144 sowie FF **99**, 16). Zur matrechtl Überggsregelg: EG Art 224 § 1; zur Fortführg v ab 1. 7. 98 nicht abgeschl VaterschVerf: Einf 36 v § 1626. **DDR:** EG 234 § 7. **IPR:** EG 19 u 20. 4

Erster Titel. Allgemeine Vorschriften

1589 ***Verwandtschaft.*** **Personen, deren eine von der anderen abstammt, sind in gerader Linie verwandt. Personen, die nicht in gerader Linie verwandt sind, aber von derselben dritten Person abstammen, sind in der Seitenlinie verwandt. Der Grad der Verwandtschaft bestimmt sich nach der Zahl der sie vermittelnden Geburten.**

Verwandtschaft in gerader und in der Seitenlinie. Die Vorschr behandelt nur die auf Abstammg beruhde Verwandtsch (Ein 1 v § 1589) u unterscheidet bei Abstammg einer Pers von einer and die Verwandtsch in gerader Linie (Elt, Ki; GroßElt, Enkel usw) von der Verwandtsch in der Seitenlinie, also zw 1

Pers, die wie Geschw von ders Pers abstammen. Ob die Elt miteinand verh sind od waren, spielt für die
2 Verwandtsch keine Rolle. Der **Grad,** dh die Nähe der Verwandtsch richtet sich nach der Zahl der sie vermittelnden Geburten, wobei aus rechtshistor Grden die Geburt der die Verwandtsch herstellden Pers (bei Geschw also des gemeins EltT) nicht mitgezählt w. Demgem sind Elt mit ihren Ki im 1., die Enkel mit den
3 GroßElt im 2. Grad in gerader Linie, Geschw miteinand im 2. Grad in der Seitenlinie verwandt. Die Verwandtsch **endet** vGw dch Ann als Ki (§ 1755).

1590 *Schwägerschaft.* I **Die Verwandten eines Ehegatten sind mit dem anderen Ehegatten verschwägert. Die Linie und der Grad der Schwägerschaft bestimmen sich nach der Linie und dem Grade der sie vermittelnden Verwandtschaft.**

II **Die Schwägerschaft dauert fort, auch wenn die Ehe, durch die sie begründet wurde, aufgelöst ist.**

1 **1)** Ein Eheg ist im RSinne mit sämtl Verwandten des and Eheg **verschwägert,** dh also mit seinen SchwiegerElt in aufsteigder Linie u mit den Ki des and Eheg als StiefKi in absteigder Linie u in der Seitenlinie nicht nur mit den Geschw des Eheg, sond auch mit dessen Ki usw. Dagg besteht keine Schwägersch zw den Eheg selbst sowie zw den Verwandten des einen Eheg mit den Verwandten des and. Der Eheg ist mit den Verwandten des and Eheg in dem Grade verschwägert, wie dieser mit ihnen verwandt ist.

2 **2) Dauer, II.** Das Zustdekommen der Schwägersch setzt eine gült Ehe voraus. Die Auflösg der Ehe beendet dagg die Schwägersch nicht. Doch kann eine Schwägersch nach Auflösg der Ehe nicht mehr entstehen. Mithin ist der 1. Ehem mit den Ki seiner früh Frau aus deren 2. Ehe nicht verschwägert.

Zweiter Titel. Abstammung

Einführung

Schrifttum: Mutschler u Bentert FamRZ **96**, 1381 u 1386; Edenfeld u Schlegl FuR **96**, 190 u 284; Schwab/Wagenitz u Gaul FamRZ **97**, 1377 u 1441; Diederichsen u Eb. Wieser NJW **98**, 1979 u 2023.

1 **1) Abstammung** bedeutet als Abkömmling die biolog Herkunft aus der Reihe der Vorfahren. Da diese dch die genet Verbindg bestimmt wird, beschrkt sich die gesetzl Regelg auf die Abstammg von den Elt. Im Ggs zu PStG 1 u 2 geht es hier nur um den dch die Geburt vermittelten **Personenstand** (Status) der abstammgsmäß Zugehörigk eines Ki zu einer best Frau als Mu u zu einem best Mann als Va. Währd das früh Recht für die weiteren famrechtl u erbrechtl Konsequenzen darauf abstellte, ob die Elt miteinand verh waren od nicht, u dementspr zw ehel u ne Geburt unterschied, hat das KindRG den StatusBegr auf die Abstammgs-Frage beschrkt. Trotzdem spielt es nach wie vor eine Rolle, ob die Elt des Ki miteinand verh sind, zB im AbstammgsR selbst: §§ 1592 Nr 1, 1593, 1599 II; im UnterhR: §§ 1615 a ff; für den GeburtsNa des Ki: §§ 1616 ff; für die elt Sorge: §§ 1626 ff u für die Ann als Ki: §§ 1741 II, 1742, 1757.

2 **2) Recht auf Kenntnis der Abstammung.** Ein solches Recht ist gesetzl nicht ausdr geregelt, wird aber für das Recht auf Kenntn der eig Abstammg verfassgsrechtl aus GG 1 u 2 anerkannt (BVerfG NJW **89**, 891; **94**, 2475; v Sethe, Dchsetzbark des Rechts auf Kenntn der eig Abstammg, 1995; Gaul FamRZ **97**, 1443) u spielt in versch Bereichen eine Rolle (vgl Hess LSG NJW **89**, 2710 sowie unten Rn 5). Zur Vereitelg des
3 Rechts bei künstl Insemination: Naumann ZRP **99**, 142. – **a)** Für die Gewährg eines gesetzl **Auskunftsanspruchs** des ne Ki gg seine Mu auf Benenng des leibl Va würde dem GesGeber ein weiter Spielraum zVfg stehen u ist verfassgsrechtl ein best Ergebn nicht vorgegeben; der Anspr darf desh auch, wenn nur dieser AbwäggsSpielraum ausgeschöpft w, aus § 1618 a bejaht w (BVerfG NJW **97**, 1769 mA Starck JZ **97**, 779; vgl auch BVerfG-Ka NJW **88**, 3010; Eidenmüller JuS **98**, 789; Frank/Helms FamRZ **97**, 1258), ebso wohl auch aus § 242 (AG Rastatt FamRZ **96**, 1299) od aus dem grdgesetzl geschützten allg PersönlkR (Weber FamRZ **96**, 1254) bzw sonst unmittelb aus der Verfassg (fragwürd allerd LG Saarbr NJW-RR **91**, 1479: GG 6 V iVm §§ 1924, 1934 a ff). Soweit ein solcher Anspr des Ki besteht, muß die Intimsphäre der Mu zurücktreten (BVerwG NJW **83**, 2954). Zu den Kriterien für die Güterabwägg zw dem Recht des Ki auf Kenntn der eig Abstammg u dem Schutz der Intimsphäre der Mu vgl LG Brem NJW **99**, 729; Lenze ZfJ **98**, 101. Der Anspr richtet sich seinem Inh nach ggf auf die Benenng aller Männer, mit denen die Mu in der EmpfängnZt GeschlVerk hatte (LG Münst NJW **99**, 726). Ihm soll offenb auch nicht entggstehen, wenn er (ausschließl) zur Vorbereitg von ErbAnspr geltd gemacht w (BVerfG NJW **97**, 1769; vgl LG Saarbr NJW-RR **91**, 1479). Dem JA als AmtsPfl od Beistand steht der Anspr nicht zu (Hamm FamRZ **91**, 1229); auch keine Vertretg (Zweibr NJW **90**, 719; and LG Essen FamRZ **94**, 1347). Zum Verlust des Anspr auf UnterhVorschuß: Einf 28 v § 1601. Die AuskKl ist keine KindschSache iSv Rn 12 (Saarbr NJW-RR **91**, 643). Die BewLast dafür, daß die Mu den Namen kennt, liegt beim AuskKl (Kln FamRZ **94**, 1197). Vollstr des AuskAnspr: ZPO 888 I,
4 ohne daß III entggsteht (Brem DAV **99**, 722). – **b)** Der **Scheinvater** hat einen Anspr gg die KiMu auf Benenng des Erzeugers zur Dchsetzg seines Anspr aus § 1607 III 2 (vgl zu § 1615 b aF: AG Philippsbg DAV **88**, 426; sa LG Kiel FamRZ **93**, 115; aA LG Paderborn NJW-RR **92**, 966; LG Ansbach NJW-RR **93**, 135; Karst JuS **93**, 633; Weber FamRZ **96**, 1254; einschränkd Oldbg FamRZ **94**, 651: nur unter den Vorauss des
5 § 826). – **c)** Wie sich die Rspr zu **weiteren Rechtsfolgen** der Nichterfüllg des AuskAnspr dch die Mu verhält, bleibt abzuwarten. Famgerichtl Maßn nach § 1666 zum **Sorgerecht** sind nicht ausgeschl, wenn die Mu das körperl, geist od seel Wohl des Ki od sein Verm dch mißbräuchl Verschleierg der Vatersch gefährdet. Die Beeinträchtigg fiskal Interessen etwa dch die Inanspruchn von SozHilfe (vgl Einf 24 v § 1601) reicht hierfür nicht aus. Nicht ausgeschl ist, daß das Verschweigen der Vatersch die Mu dem Ki, aber auch Dritten ggü, die zB für den Unterh des Ki aufkommen, **schadensersatzpflichtig** werden läßt.

3) Nachweis der Abstammung. Zur Regelg der elt Sorge, zur Geltdmachg bzw zur Abwehr von Unterh- od erbrechtl Anspr (§§ 1626 ff, 1601 ff, 1924 ff) usw ist vielfach zunächst die Abstammg od NichtAbstammg, also die genet Zugehörigk des Ki zu best Pers als Elt, GroßElt usw erfdl. – **a) Beweisthemen.** **aa)** Dabei spielt iR der Feststellg der Pers der Erzeuger eines Ki der Nachw der **Mutterschaft** bish kaum eine Rolle, weil idR die gebärde Frau auch diej ist, die mit dem Va das Ki gezeugt hat (vgl aber zu einem Fall von KiUnterschiebg BayObLG DAV **79**, 50). Dem vermehrten Auftreten von Fällen zweifelh Muttersch als Folge der Fortschritte in der Reproduktionsmedizin (vgl dazu unten Rn 13 ff) hat das KindRG dch die gesetzl Festlegg vorgebeugt, daß rechtl die Frau, die das Ki geboren hat, die Mu ist, sowie dch die Möglk der MutterschAnerk (PStG 29 b I). Zur gerichtl MutterschFeststellg: § 1591 Rn 2. Zentrale Bedeutg kommt nach wie vor dem VaterschBew zu: **bb)** Bei ihm zeigt sich besonders deutl die doppelte Richtg jeder AbstammgsKlärg iS der Verneing od Bejahg der Elternsch. Dch den **negativen Vaterschaftsbeweis** soll ein best Mann als Va ausgeschl w. Das betr in erster Linie die Anfechtg der Vatersch (§§ 1599 ff), also die Fälle, in denen ein Mann fälschlicherw seine Vatersch anerk hat od in denen er aGrd der Tats, daß er mit der Mu verh ist, als Va des von ihr geborenen Ki gilt (§ 1592 Nr 2 u 1). Zur Feststellg des Nichtbestehens der nehel Vatersch: Wieser FuR **98**, 337. Beim **positiven Vaterschaftsbeweis** wird dagg ein best Mann als Erzeuger des Ki nachgewiesen. Das betr insb die Fälle, in denen für das Ki ein Mann als Va gerichtl festgestellt w muß, weil die Mu nicht verh ist u die Vatersch auch von keinem Mann anerk wurde (§ 1600 d I). – **b) Abstammungsnachweis. aa) Standesamt.** Im RVerkehr werden die AbstammgsVerhältn dch die von den Standesämtern geführten Reg u dch die darauf beruhden Urk nachgewiesen (vgl PStG 1, 2 sowie 16 ff zum Geburtenbuch). Wird die Vatersch nach der Beurk der Geburt des Ki anerk od gerichtl festgestellt, so ist dies am Rande des GeburtsEintr zu vermerken (PStG 29 I). Anerk u gerichtl Feststellg sind konstitutiv, die Beurk ledigl deklarator, aber entscheidde Vorauss für die vom StBeamt erteilten Urk. Zur Eintragg von **Totgeburten:** PStG 16 S 2, 15 I 4, 21 II 1 u 2 (Lit: Rixen FamRZ **99**, 265). Bei TotGeb gelten die §§ 1591 ff nur eingeschrkt (Bornhofen StAZ **98**, 273), so daß dem Ehem der RegreßAnspr gg den Erzeuger ohne vorherige VaterschAnf zusteht, ebso wie der Mu die Anspr aus §§ 1615 l, 1615 m u 1615 n S 1. Zur Fehlgeburt: §§ 1615 n S 2; 1594 Rn 9. **bb) Sachverständigengutachten** (vgl Th-P § 372 a Rn 5 ff; Ritter/Martin DAV **99**, 663; Amtl Richtlinien für die Erstattg von AbstammgsGA: FamRZ **97**, 344). Blutentnahme auch bei den mutmaßl GroßElt (Dresd FamRZ **99**, 448). BlutgrGA u die DNA-Analyse ermögl den pos wie den neg VaterschNachw. Zur Gleichgewichtigk beider Methoden vgl BGH NJW **93**, 866 (zu StPO 244 IV); anderers BGH NJW **91**, 749 u 2961; **94**, 1348. Die AbstammgsBegutachtg erfolgt auf der Grdlage vererbl, dh unveränderb, serolog klassifizierb BlutMerkm bzw noch zuverläss dch die DNA-Analyse auf naturwissenschaftl-statist Grdlage mit einer Genauigk, die iü BewR unvorstellb ist (vgl dazu Th-P § 286 Rn 2 ff). Die dabei erzielten WahrscheinlkWerte lassen es in aller Regel zu, jemanden unmittelb als Va auszuschließen od festzustellen. So wird iW des pos VaterschNachw (Rn 8) der Bekl als Va festgestellt bei einer VaterschWahrscheinlk von 99,85 % (BGH FamRZ **74**, 88) od gar von 99,9% (Hamm FamRZ **88**, 1317 mN; Brdbg FamRZ **96**, 369). Priv AbstammgsGA sind mögl (Reichelt ua FamRZ **95**, 777). Ihre HauptBedeutg hat die wissenschaftl Begutachtg jedoch iR der gerichtl VaterschFeststellg. **Gutachterverzeichnis:** DAV **99**, 669. **cc)** Bei der **gerichtlichen Feststellung der Abstammung** hat das FamG aGrd des UntersuchgsGrdsatzes (ZPO 616 I, 640 I) die Mittel der modernen PaternitätsBegutachtg (Rn 11) vAw heranzuziehen u auszuschöpfen. Die gerichtl Feststellg der Abstammg od NichtAbstammg im Verf in KindschSachen (ZPO 640-641 i) wirkt iR eines VaterschAnf- (§ 1599 I) wie eines VaterschFeststellgsProz (§ 1600 d) für u gg alle (ZPO 640 h).

6 7 8 9 10 11 12

4) Fortpflanzungsmedizin. (Lit: Laufs, FortpflanzungsMed u ArztR 1992 sowie NJW **99**, 1762; Coester-Waltjen FamRZ **92**, 369; zur Befruchtgs- u Gentechnologie: Coester-Waltjen FamRZ **84**, 230; PersStReg: Hohloch StAZ **86**, 153; Mansees, ErbR des Ki nach künstl Befr, 1991; Ebeling/Zimmermann DEuFamR **99**, 25). 13

a) Die **künstliche Insemination** (Kirchmeier FamRZ **98**, 1281), dh die außergeschlechtl Befruchtg der Eizelle mit dem Mannessamen, ist **aa)** eine **homologe**, wenn der Samen von dem Ehem der Frau stammt. Sie steht für das AbstammgsR u seine übr RFolgen grdsl der Beiwohng gleich, so daß unerhebl ist, ob sie ohne od gg den Willen des Ehem od sogar postmortal stattfand. Dagg muß iRv § 1600 d II 1 nachgewiesen w, daß eine künstl Insemination mit dem Samen des Ehem stattgefunden hat (§ 1600 d Rn 12). Die Aufwendgen für eine hom Insem können außergewöhnl Belastg sein (BFH NJW **98**, 854); zur priv KrVers: Kln NJW-RR **97**, 1385. – **bb)** Die **heterologe Insemination** (Lit: J. Hager, Stellg des Ki nach heter Insem, 1997; Kienle ZRP **95**, 201; Schlegel u Marian JuS **96**, 1067 u **97**, 671; Spickhoff AcP **197**, 398; Rundschreiben der BuNotKammer zu Vereinbgen über die heterologe Insemination DNotZ **98**, 241–252), die mit dem Samen eines and als dem des Ehem erfolgt, begründet zunächst die Vatersch des Ehem der Mu gem § 1592 Nr 1, berecht aber nach der zum früh Recht ergangenen Rspr zur **Vaterschaftsanfechtung,** ohne daß ein Mißbr vorliegen soll, selbst dann, wenn der Ehem nach gehöriger Beratg der Insemination zugestimmt hat (BGH **87**, 169; NJW **95**, 2921 = FamRZ **95**, 1272; vgl auch Coester-Waltjen FamRZ **92**, 371 f; zu Recht aA Düss FamRZ **88**, 762; AG Diebg NJW **87**, 713; Roth FamRZ **96**, 769; Spickhoff aaO; A. Wolf FuR **98**, 394 mwN; vgl zum RMißbr: § 242 Rn 76; Soerg/Gaul[12] § 1591 Rn 34). Die BewLast für die RMißbräuchlk liegt beim AnfGegner (BGH FamRZ **93**, 695). Entsprechd soll die Zust des Ehem seiner Ehefr ggü bis zur Dchführg der zur Schwangersch führden Insemination frei widerrufl sein (BGH **129**, 297). **Unterhalt:** Hat die VaterschKl Erfolg, so kann in der Zust zur Fremdinsemination immer noch die vertragl Übern der UnterhPfl ggü dem gezeugten Ki iR eines Vertr zG Dr liegen (LG Duisbg NJW **87**, 1485; § 328 Rn 10), für die allerd bei Anf der Vatersch dch das Ki die GeschGrdl entfallen kann (BGH **129**, 297; NJW **95**, 2031; Hamm NJW **94**, 2424). Ferner kein Vertr zG Dr, wenn das Ki in Wirklk aus einem Ehebruch stammt (Coester-Waltjen FamRZ **87**, 198). Der **Samenspender**, u zwar auch der anonyme od bei einem Samencocktail nur dch Ausschl der übr beteil Männer als Erzeuger zu Identifizierde, kann als Va festgestellt w (§ 1592 Rn 2) u schuldet dann aGrd des AbstammgsVerhältn dem Ki grdsl auch Unterh (§§ 1601 ff), dem er nicht im AußenVerhältn zu dem von ihm abstammden Ki, sond nur dch entspr FreistellgsVereinbgen mit den WunschElt, der leibl Mu u ihrem Ki sowie dem Arzt entggwirken kann (vgl Einf 14 v § 1601, § 1606 Rn 18), wobei entgeltl Absprachen aber obendrein noch vom Verdikt der Sittenwidrigk bedroht sind (vgl § 138 Rn 48; vgl auch unten Einf 33 v § 1591). Die

14 15 16 17

PrivatKrKasse muß der versicherten Frau, die selbst gesund ist, nicht die Kosten für eine In-vitro-Fertilisation erstatten (BGH NJW **98**, 824). Die het Insem ist auch beamtrechtl nicht beihilfefäh (OVG Münst NJW **98**, 3438).

18 **b) Ersatzmutterschaft** (vgl zum Ausdr § 13 a AdoptVermG; Einf 5 v § 1741) soll die fehlde GebärFähigk einer (Ehe)Fr dadch ersetzen, daß eine and Fr das Ki austrägt u es nach der Geburt an die WunschElt (zZw der Adoption) herausgibt (Lit: Schlegel FuR **96**, 116). Vgl zur Leihmuttersch auch § 138 Rn 48. Die
19 ErsMuttersch ist dch § 1 I **EmbryonenschutzG** v 13. 12. 90 (BGBl I 2746) **verboten.** – **aa)** Die Fälle lassen sich nach den beteil Pers, Eizellen u Samen belieb variieren (vgl MüKo/Mutschler 49 a); zB spricht man von Ei- und Samenspende, wenn sie ausschließl im Interesse der austragden Frau erfolgen, die das Ki auch behalten soll. Die ErsMuttersch kommt vornehml in **zwei Formen** vor: (1) Die **Tragemutter** erh das mit dem Samen des Ehem befruchtete Ei der Ehefr. (2) Bei der **übernommenen Mutterschaft** wird der ErsMu ihre eig, mit dem Samen des Ehem befruchtete Eizelle wieder eingepflanzt. Die Situation ist nicht and als bei natürl GeschlVerk des Ehem zZw der Erzeugg eines Ki für seine Ehe (LG Fbg NJW **87**, 1486). Als dritte Form ist auch denkb (3), daß die HilfsMu einen Embryo austrägt, bei dem Samen u Ei von (uU ganz
20 unbekannten) dr Pers stammen. – **bb) Rechtsfolgen.** Ist die ErsatzMu nicht verh, gilt sie in sämtl Fällen nach § 1591 als Mu des Ki. Stammt der Samen von dem Ehem der WunschElt, so wird dieser dch Anerkenng Va od ist dch GerichtsUrt als Va festzustellen. Ist die ErsatzMu verh, gilt das Ki nach § 1592 Nr 1 bis zu einer entspr VaterschAnf als Ki ihres Ehem. Das AnfechtgsR steht in keinem Fall den WunschElt zu (vgl § 1600). Diese können die gesetzl Elternsch über das Ki nur dch Adoption erlangen (§ 1741), letztere aber gg den Willen der übr Beteil nicht erzwingen (vgl §§ 1745 ff). Insb sind die schuldrechtl Vereinbg der WunschElt mit der ErsMu u ggf mit deren Ehem auf Einwilligg in die Adoption usw gem § 134 nichtig (vgl Rn 18; and Coester-Waltjen FamRZ **92**, 371: § 138) u geben desh wed Anspr auf Abg noch umgek auf Abn des Ki. Sie beschr insb nicht die AbstammgsVorschr. Die Entgeltabsprache ist ijF sittenwidr (Hamm NJW **86**, 781; § 138 Rn 48). Angesichts der eindeut RLage fehlt auch jede Grdl für einen Vertrauensschutz (aA noch Coester-Waltjen NJW **82**, 2534: Anspr auf Zahlg des KiUnterh gg die WunschElt).

21 **5) Schadensersatzansprüche** ggf des RA iR einer VaterschAnf od eines VaterschFeststellgsVerf: vgl Hamm FamRZ **95**, 245; bei fehlgeschlagener FamPlang insb wg mißgl Sterilisation bzw wg unterlassenen od fehlgeschlagenen SchwangerschAbbruchs (BGH NJW **92**, 1556) ggü dem Arzt: Vorbem 47 ff v § 249; § 328 Rn 22; § 823 Rn 68; vgl auch Zweibr FamRZ **98**, 231; Laufs NJW **98**, 796; Weber VersR **99**, 389; Einf 13 v § 1601. Zu den verfassgsrechtl Anfdgen an den **Schutz des ungeborenen Lebens:** BVerfG FamRZ **93**, 899; vgl iü zur Verfassgsmäßigk der Arzthaftg bei fehlgeschlagener Sterilisation od fehlerh genet Beratg: BVerfG (1. u 2. Sen) NJW **98**, 519 u 523; ferner Starck JZ **97**, 779 f; Losch/Radau NJW **99**, 821.

22 **6) Geschlechtsumwandlung:** Pfäffling/Junge, Geschlechtsumwandlg, 1992, sowie § 1 Rn 11. Zur elt Sorge eines jetzt dem weibl Geschlecht zugeordn früh Va: Schlesw FamRZ **90**, 433. Zum VorNa: § 1616 Rn 9.

23 **7) IPR:** EG 19, 20. – **Übergangsrecht:** Einf 4 v § 1589; EG Art 224 § 1.

1591 *Mutterschaft.* **Mutter eines Kindes ist die Frau, die es geboren hat.**

1 **1) Begriff.** Die Vorschr gibt zunächst den Normalfall wieder, stellt zugleich aber auch in Ausn zu § 1589, wonach es ausschl auf die genet Abstammg ankommt, vGw klar, daß Mu des Ki im RSinne ijF allein die Frau ist, die das Ki geboren hat. Mu ist also auch die Fr, die eine befruchtete Eizelle austrägt, die nicht von ihr, sond von einer and Fr stammt (vgl zur modernen FortpflanzgsMedizin Einf 13 ff vor § 1591). **Zweck:** Im Interesse des Ki soll es eine gespaltene Muttersch zw der gebärenden Fr u der genet Mu nicht geben. Nur die gebärende Fr hat zu dem Ki währd der Schwangersch u Geburt eine körperl u psychosoziale Beziehg. Die Eispende ist zwar verboten (vgl EmbryonenschutzG 1; AdoptVermG 13 c u d; Einf 7 v § 1741), eine Klarstellg der Muttersch ist im ZivilR aber für die Fälle geboten, in denen eine Eispende im Ausl od dem Verbot zuwider im Inl vorgen w. § 1591 dient daher auch der Verhinderg von Leihmuttersch u darf nicht als gesetzl Billigg der Fälle verbotener künstl Befruchtg verstanden w (BT-Drucks 13/4899 S 82 f).

2 **2) Rechtsfolgen. a)** Dch § 1591 steht die Muttersch der gebärenden Frau von vornh u **auf Dauer,** dh unverrückb, fest. Es handelt sich nicht um eine bl Scheinmuttersch, die dch Anf wieder beseit w könnte, um die Feststellg der Eispenderin als genet Mu zuzulassen. Zu dieser kann kein Elt-Ki-Verhältn iSv ZPO 640 II Nr 1 hergestellt w, so daß „dank der klar definierten Muttersch" ein StatusVerf begriffsmäß ausscheidet (so Schwab/Wagenitz FamRZ **97**, 1377). Dem Recht des Ki auf Kenntn seiner Abstammg (Einf 2 v § 1591) soll ledigl außerh der StatusKl dch FeststellgsKl nach ZPO 256 Rechng getragen w (BT-Drucks 13/4899 S 83). Zur Widersprüchlk dieser Konzeption ausführl Gaul FamRZ **97**, 1463 f; vgl dagg Quantius FamRZ **98**,
3 1145; A. Wolf FuR **98**, 395 ff. – **b) Umfang.** Daß allein die gebärende Frau Mu des Ki ist, gilt im Grds uneingeschr für sämtl famrechtl Beziehgen zw Mu u Ki. Wo es jedoch dem Normzweck nach auf die genet Abstammg ankommt, wie beim Eheverbot der Blutsverwandtsch (§ 1307) od bei der Bestrafg wg Beischlafs
4 unter Verwandten (StGB 173), bleibt die genet Abstammg maßgebl. – **c) Verhältnis des Kindes zu anderen Personen.** Die MutterschZuordng in § 1591 gilt für sämtl **Verwandte** der als Mu geltden Frau, also für deren Elt, zu weiteren Ki der Frau, u zwar ebenf unterhrechtl, erbrechtl usw.

1592 *Vaterschaft.* **Vater eines Kindes ist der Mann,**

1. der zum Zeitpunkt der Geburt mit der Mutter des Kindes verheiratet ist,
2. der die Vaterschaft anerkannt hat, oder
3. dessen Vaterschaft nach § 1600 d gerichtlich festgestellt ist.

1) Die genet Vatersch führt zur **Vaterschaft im Rechtssinne** nur, wenn der Erzeuger im maßgebden ZtRaum mit der Mu verh war, die Vatersch anerk hat od gerichtl als Va festgestellt ist. Es handelt sich um eine abschließde Aufzählg; and Tatbestde werden für eine Vater-Ki-Zuordng nicht anerk (Gaul FamRZ **97**, 1446). Grdsl darf ein Mann als Va nur angesehen w, wenn eine der genannten drei Vorauss vorliegt (vgl §§ 1594 I, 1600 d IV). Iü darf eine Vatersch – ggf im Wege der InzidentfeststellgsKl – nur angen w, wenn schutzwürd Interessen es erfordern. Am weitesten ist das Ges in § 1615 o I 1 u II gegangen, wonach die bl VaterschVermutg für die Bejahg von dch einstw Vfgen dchsetzb UnterhAnspr ausreicht, also für den einstw Unterh vor rechtskr Feststellg der Vatersch (BT-Drucks 13/4899 S 83). Das KindRG enth keine bes Regelgen über die abstammgsrechtl Folgen einer **Samenspende,** so daß ein Samenspender ggf als Va mit der Folge festgestellt w kann, daß unterhrechtl u erbrechtl Beziehgen zw ihm u dem Ki bestehen (BT-Drucks 13/4899 S 52; vgl Einf 17 v § 1591). 1 2

2) Gesetzliche, anerkannte und gerichtlich festgestellte Vaterschaft. a) Nr. 1: Ehe. Dem währd einer Ehe geb Ki wird vom Ges abstammgsrechtl automat der Mann als Va zugeordnet, der zum Ztpkt der Geburt des Ki mit dessen Mu verh ist. Darauf, ob die Ehe aufhebb ist bzw später aufgeh wird, kommt es nicht an (vgl § 1307 Rn 5). Die heiratsinduzierte Zuordng bleibt in Form einer gesetzl VaterschVermutg auch in einem evtl VaterschAnfProz bestehen; die Widerlegg dieser Vermutg erfolgt unmittelb dch den genet Nachw der Nichtabstammg (vgl § 1600 c Rn 3). Ges Va wird ein Mann dch die Ehe mit der Mu also auch dann, wenn es offenb unmögl ist, daß die Frau das Ki von ihm empfangen hat. Der Ehem der Mu ist auch Va eines währd der Ehe geborenen, aber vor der Ehe gezeugten Ki. Auch wenn die Ehe dch Tod, Scheidg od EheAufhebg aufgelöst wird, verliert sie nicht ihre abstammgsrechtl Bedeutg, wenn in gehörigem zeitl Abstand von diesem Ereign ein Ki geboren wird, es sei denn, die Mu heiratet unmittelb wieder; dann spricht mehr für die Vatersch dieses neuen Mannes u dch die unmittelb abstammgsrechtl Zuordng zu ihm lassen sich unnöt u zeitaufwend AnfProz vermeiden (BT-Drucks 13/4899 S 83). Einzelh: § 1593 Rn 5. **Rechtsnatur:** Es handelt sich bei Nr 1 um eine gesetzl Vermutg; die darauf beruhde Vatersch kann dch EhelkAnf bzw dch Anerk von dritter Seite beseit w (§ 1599). Ausn zu Nr 1: § 1599 I u II. – **b) Nr 2: Anerkennung der Vaterschaft.** Mit der Mögl k, das Ki dch Anerk einem best Mann zuzuordnen, werden vor allem die Fälle erfaßt, in denen die Elt des Ki zwar miteinand leben, aber nicht miteinand verh sind. Das Bestehen einer nehel LebensGemsch (vgl Einf 8 v § 1297) begründet die Vatersch ebsowenig wie die bl häusl Gemsch (BT-Drucks 13/4899 S 52 u 83). Nr 2 gilt auch für die Ki, die nach Scheidg od Aufhebg einer Ehe zur Welt kommen u desh nicht nach Nr 1 dem früh Ehem der Mu zugerechn w. Ist dieser ausnahmsw doch der Va des Ki, so kann er die Vatersch dch die Anerk herbeiführen. Einzelh der VaterschAnerk: §§ 1594–1597; Widerruf u Anf der Anerk: §§ 1597 II, 1598 ff. Ausn von Nr 2: § 1599 I. – **c) Nr 3: Gerichtliche Feststellung.** Wenn die Vatersch wed aus der Ehe des Mannes mit der Mu des Ki noch aus einer Anerk hergeleitet w kann, muß sie gerichtl festgestellt w. Einzelh: §§ 1600 d, 1600 e. Dch die Abweis der gg die gesetzl Vatersch aus Nr 1 u 2 gerichteten AnfKl ergibt sich nach der Systematik des Ges keine gerichtl VaterschFeststellg iSv Nr 3, u zwar selbst dann nicht, wenn die gerichtl VaterschFeststellg nur von der Mu betrieben w ist. 3 4 5

3) Feststellung der Vaterschaft durch Anerkennung oder gerichtliche Entscheidung 6

a) Sperrwirkung. Währd bei bestehder Ehe der Ehem der Mu automat selbst dann zum Va wird, wenn die Abstammg des Ki von ihm offenb unmögl ist (Nr 1), bewirkt die Notwendigk der Anerk bzw der gerichtl VaterschFeststellg (Nr 2 u 3) bei einem Ki, dessen Mu nicht verh ist, eine VaterschSperre: Die RWirkgen der Vatersch können in diesen Fällen erst vom Wirksamwerden der Anerk bzw von der Rechtskr des StatusUrt an geltd gemacht w (§§ 1594 I, 1600 d IV). Bis zu diesem Ztpkt kann grdsl niemand geltd machen, daß jmd Va eines best Ki ist. Die Anerk bzw gerichtl VaterschFeststellg ist Vorauss für alle Anspr gg den Va: auf Unterh (BGH NJW **73**, 1367), gesetzl Erb- u PflichttAnspr (§§ 1924 I, 1925 I, 2303), wie umgek auch aller Rechte als Va: SorgeErkl abzugeben (§ 1626 a Rn 7); UnterhAnspr gg das Ki (§ 1601 Rn 6); Erb- u PflichttR (§§ 1925 I, 2303 II). **Ausnahmen:** Ohne vorherige VaterschFeststellg ist die Eingehg einer vertragl Unterh-Verpfl wirks (BGH **64**, 136). Zul ist auch der Regreß des ScheinVa bei kollusivem ZusWirken des Erzeugers mit der Mu (AG Euskirchen FamRZ **90**, 198 mA Schröder). 7 8

b) Umfang der Vaterschaftswirkung. Anerk wie gerichtl Feststellg wirken **aa)** personell in gleicher Weise **für und gegen alle,** daß der Anerkennde bzw der gerichtl festgestellte Mann der Va des Ki ist. Der StBeamte vermerkt die Vatersch am Rande des Geburtseintrags des Ki (PStG 29 I), bei ausl Erzeuger mit Angabe seiner Staatsangehörigk (Hamm NJW **75**, 499). Gebunden sind die VerwBeh wie der StrafRi etwa iRv StGB 170 b (Stgt u Hamm NJW **73**, 2305 u 2306). Die Bindg gilt auch ggü einem Dr, der die Vatersch für sich in Anspr nimmt, selbst wenn er an dem RStreit nicht teilgen hat (ZPO 640 h S 3). Er kann seine eig Vatersch weder anerk (§ 1594 II) noch selbst bei entspr RSchutzinteresse mit einer FeststellgsKl klarstellen (ZPO 640 h S 1). Dagg kann gg ihn eine gerichtl VaterschFeststellg auch nach Ann des Ki erfolgen (§ 1754 Rn 2). Die Feststellg der Vatersch eines mit der Mu nicht verh Mannes dch Anerk od GerUrt erfolgt darüber hinaus **bb)** sachl **einheitlich,** kann also nicht VaterschTeilAnerk sein od auf eine best ROrdng (BGH **64**, 129/133) bzw auf best RFolgen (wie zB die UnterhPfl) beschr w (BGH **60**, 247; BGH NJW **73**, 2249/51). 9 10

1593 ***Vaterschaft in besonderen Fällen.*** **§ 1592 Nr. 1 gilt entsprechend, wenn die Ehe durch Tod aufgelöst wurde und innerhalb von dreihundert Tagen nach der Auflösung ein Kind geboren wird. Steht fest, daß das Kind mehr als dreihundert Tage vor seiner Geburt empfangen wurde, so ist dieser Zeitraum maßgebend. Wird von einer Frau, die eine weitere Ehe geschlossen hat, ein Kind geboren, das sowohl nach den Sätzen 1 und 2 Kind des früheren Ehemannes als auch nach § 1592 Nr. 1 Kind des neuen Ehemannes wäre, so ist es nur als Kind des neuen Ehemannes anzusehen. Wird die Vaterschaft angefochten und wird rechtskräftig festgestellt, daß der neue Ehemann nicht Vater des Kindes ist, so ist es Kind des früheren Ehemannes.**

1 **1)** Die Vorschr ergänzt § 1592 Nr 1. Vgl desh zunächst dort Rn 3. Der dch das KindRG eingeführte II, wonach § 1592 Nr 1 auch gelten sollte, wenn die Ehe später für nichtig erkl wird, ist dch das gleichzeit in Kr getretene EheschlRG iVm dessen Beseitigg der Ehenichtigk wieder abgeschafft w (vgl BT-Drucks 13/4899 S 5 u 84 sowie 13/9416 S 12). Einer bes Best für die EheAufhebg bedurfte es nicht, weil das AufhebgsUrt gem § 1313 S 2 nur mit Wirkg ex nunc ergeht. Entsprechd bleibt die nach § 1592 Nr 1 begründete Vatersch erhalten. And iF einer Nichtehe iS Einf 2 v § 1313 (BayObLG FamRZ **66**, 639 mA Grunsky), u zwar auch dann, wenn die Ehe versehentl geschieden wurde (LG Bonn StAZ **85**, 135; krit Rauscher StAZ **86**, 89).

2 **2) Eheauflösung durch Tod, S. 1.** And als bei der Scheidg od Aufhebg der Ehe liegen beim Tod des Ehem keine AnhaltsPkte für ein Zerwürfn der Elt vor, welche die Vatersch unwahrscheinl erscheinen lassen. Ein währd der Ehe empfangenes, aber erst nach dem Tod des Ehem geborenes Ki wird desh noch diesem
3 zugerechn. Allerd muß die **Empfängniszeit** zumind teilw in der Ehe liegen, so daß auf deren gesetzl Festlegg nicht verzichtet w konnte. Vgl zu Einzelh § 1600 d Rn 15. Die Vatersch des Ehem der Mu gilt auch jenseits der 300 Tage, wenn eine **längere** TrageZt nachgewiesen ist, **S. 2.** Das Ki kann gem ZPO 640 II Nr 1 auf Feststellg des Elt-Ki-Verhältn gg beide Elt klagen (vgl Tüb NJW **52**, 942). Der Nachw kann aber auch im BerichtiggsVerf nach PStG 47 geführt w (Hamm FamRZ **65**, 222). Bei **kürzerer** TrageZt § 1600 d III 2 analog (vgl Kblz DAV **76**, 194). Der früh Ehem der Mu ist im Einklang mit den Vermutgen von VerschG 9, 10, 44 auch dann als Va anzusehen, wenn er **verschollen** ist u der festgestellte TodesZpkt innerh von 300 Tagen vor der Geburt des Ki liegt (BT-Drucks 13/4899 S 84).

4 **3) Wiederverheiratung der Mutter, I 3 u 4.** Die Regelg entspricht § 1600 aF. Wird von einer Frau, die nach Auflösg ihrer ersten Ehe eine zweite Ehe eingegangen ist, ein Ki geboren, das nach §§ 1592 Nr 1, 1593 I 1 sowohl vom 1. wie vom 2. Ehem stammen würde, so wird die Vatersch der LebErfahrg entspr dem 2. Ehem zugeordn. Wird rechtskr festgestellt, daß das Ki nicht von diesem stammt, gilt es als Ki des 1. Ehem, dem allerd unbenommen bleibt, seine Vatersch ebenf anzufechten. Frist: § 1600 b II 2 (vgl dort Rn 7).

1594 *Anerkennung der Vaterschaft.* **I Die Rechtswirkungen der Anerkennung können, soweit sich nicht aus dem Gesetz anderes ergibt, erst von dem Zeitpunkt an geltend gemacht werden, zu dem die Anerkennung wirksam wird.**

II Eine Anerkennung der Vaterschaft ist nicht wirksam, solange die Vaterschaft eines anderen Mannes besteht.

III Eine Anerkennung unter einer Bedingung oder Zeitbestimmung ist unwirksam.

IV Die Anerkennung ist schon vor der Geburt des Kindes zulässig.

1 **1) Bedeutung und Rechtsnatur der Anerkennung. a)** Unter VaterschAnerk wird die AnerkErkl verstanden (BT-Drucks 13/4899 S 84). Das VaterschAnerkenntn kann nur als einheitl Erkl abgegeben w (Einzelh: § 1592 Rn 10). Ist die Anerk unwirks (§ 1598 I), so kann sie immerhin das Geständn der Beiwohng
2 enth. – **b)** Zu den **Wirksamkeitserfordernissen** der VaterschAnerk iSv § 1598 I, die sich auf den Inh der Erkl (vgl dazu unten Rn 4), die Höchstpersönlk, die Form sowie auf die Zust zur Anerk beziehen: §§ 1594,
3 1596, 1597, 1595. – **c) Rechtsfolgen** der Anerk sind die gesetzl Vatersch (§§ 1592 Nr 2, 1594 I); die AnfMöglk (§§ 1599 ff); die wechselseit UnterhVerpfl (§§ 1601 ff); die beiderseit Erb- u PflTRechte (§§ 1924 I, 1925 I, 2303) usw. Wie ein entspr StatusUrt (§ 1600 d Rn 1) begründet die Anerk die Vatersch des anerkennden Mannes für das Ki für u gg alle (§ 1592 Rn 9), die aber dch rechtskr GestaltgsUrt wieder aufgeh
4 w kann (§ 1599 I, ZPO 640 II Nr 2). – **d) Rechtsnatur:** Die VaterschAnerk hat eine Doppelnatur. Indem der Anerkennde eine Erkl dahin abgibt, aGrd seiner Beiwohng in der EmpfängnZt sehe er das Ki als von ihm gezeugt an, gibt er eine WissensErkl ab; daran knüpft die verstärkte Vermutg von § 1600 c I an (vgl auch § 1597 Rn 2). Zugl bekundet er den rgeschäftl Willen, Vater zu sein (*arg:* § 1600 c II), was insb bei einer bewußt wahrhwidr Anerk deutl wird, die ebenf wirks (§ 1598 Rn 1) u auch nicht als PersStFälschg nach StGB 169 strafb ist. Die Anerk ist einseit, formgebunden (§ 1597 I), nur benachrichtiggsunterworfen (§ 1597 II), aber eben desh nicht empfangsbedürft, zustimmgsbedürft, widerrufl (§ 1597 III) u ggf auch anfechtb (§ 1600 c II); die Erkl hat statusfestigde, aber nicht -begründde Wirkg (vgl Gaul FamRZ **97**, 1449). Sie ist privatautonomer Akt nur hins ihrer Abg, währd ihr Inh der Parteiherrsch entzogen ist (§ 1592 Rn 10). Die RFolgen der Anerk treten vGw u nicht etwa desh ein, weil sie vom Anerkennden gewollt sind. Die Anf iS der §§ 1599 ff ist trotz § 1600 c II kein Unterfall der §§ 119 ff.

5 **2) Zeitpunkt der Wirksamkeit der Anerkennungserklärung, I.** Die VaterschAnerk wird wirks erst in dem Ztpkt, in welchem sämtl WirksamkVorauss (Rn 1) erfüllt sind, wozu (im Ggs zur jurist-techn Formulierg in § 130 III!) auch die Übersendgen gem § 1597 II gehören, insb die Zusendg der formgerechten Anerk u der erfdl Zust beim StA. Die Kontroverse Rechtsentstehgs- od RechtsausübgsSperre (vgl einers Holzhauer FamRZ **82**, 109 f; anderers Gaul FamRZ **97**, 1449) ist ohne prakt Bedeutg. Die RWirkgen der Vatersch können erst von diesem Ztpkt geltd gemacht w; vorher kann sich grdsl niemand auf die Vatersch des Mannes berufen. Insb kann das Ki gg ihn (and als die einstw AnOen iR eines gerichtl VaterschFeststellgsVerf: vgl ZPO 641 d ff; § 1615 o iVm § 1600 d II) nicht vorher Kl auf Unterh erheben od der ScheinVa Rückgriff nehmen (Kln FamRZ **78**, 834). Auch kein PflichttAnspr(BGH **85**, 274). Dagg läuft die Fr für den Widerr der AnerkErkl vom Ztpkt der Beurk an (§ 1597 III 1). Zur EmpfBedürftigk § 1597 Rn 4.

6 **3) Aufschub der Wirksamkeit anderweitiger Vaterschaftsanerkennungen, II** (Becker-Eberhard FS Gitter 1995, S 53). Sol die Vatersch eines Mannes gem § 1592 Nr 1, 2 od 3 feststeht, kann ein and Mann seine eig Vatersch nicht dch Anerk begründen. Eine dennoch erkl Anerk ist aber nicht nichtig, sond nur schwebd unwirks (BT-Drucks 13/4899 S 84; Gaul FamRZ **97**, 1449). Sie erlangt Wirksamk, wenn die bish Vatersch beseit w. Allerd gilt das naturgem nicht beim Tod des 1. Mannes, weil dadch die abstammgsrechtl Zuordng des Ki gerade nicht beseit w, sond zB die gesetzl Erbfolge nach dem möglw nur als ScheinVa

fungierden Mann einleitet (§ 1924 I). Wird die 1. Vatersch aber dch Anfechtg beseit (§ 1599 I), so wird die anderweitige VaterschAnerk wirks („Sol"). Doch kann der anderweit Anerkennde nicht seiners die Anf der ihm vorgehden Vatersch betreiben (§ 1592 Rn 9). Beruhte die 1. Vatersch ihrers auf einer Anerk, so muß deren Anf binnen der 5-J-Fr von § 1598 II erfolgen; ist die Unwirksamk der 1. Anerk geheilt (§ 1598 Rn 4), geht sie trotz ihrer Mängel der 2. Anerk vor, auch wenn letztere ihrers mangelfrei ist. Die Aufhebg der 1. Vatersch ist RBedingg (Einf 5 v § 158), so daß die anderw Anerk nicht gg III verstößt (vgl dazu im einz Rn 7). Sie ist gem IV auch vor der Geburt des Ki zul. Widerruf gem § 1597 III. Eine Ausn von II enth § 1599 II 1 Hs 2 (vgl dort Rn 5).

4) Bedingungsfeindlichkeit, III. Vgl Einf 12 v § 158. Im KiInteresse (vgl KG FamRZ **95**, 631) zul ist 7
die Anerk der Vatersch unter der RBedingg (Rn 6) wirks Anf der Abstammg vom Ehem. Derart Anerk werden vom StBeamt vorl zu den Akten gen. Die Vatersch kann in diesem Fall am Rande des Geburtseintrags erst nach rechtskr Feststellg der Vatersch vermerkt w (vgl BGH **99**, 236). Inanspruchn auf Unterh erst mit Eintritt der RBedingg (LG Dortm NJW-RR **90**, 12). Hins der ZustErkl bleibt es bei der mittelb dch § 1598 II gesetzten Frist (vgl LG Stgt DAV **93**, 87). Sonstige **Zusätze** sind hins der Wirksamk der Anerk nach § 139 zu beurt (BGH **64**, 129). Beschränkgen der Wirkgen der Anerk auf das dt Recht sind zul (BGH StAZ **75**, 309). III gilt für die Zust zur VaterschAnerk entspr (§ 1595 III). Das Gesagte gilt für die **Zeitbestimmung** 8
entspr (vgl § 163).

5) Anerkennung vor der Geburt des Kindes, IV. Sie ist ebso wie die erfdl Zust (§§ 1595, 1596) im 9
Interesse der baldigen Klärg des PersSt u auch vor wirks Feststellg der Nichtvatersch des Ehem der Mu (Rn 7) zul. Bei Fehl- u Totgeburt (vgl dazu Einf 10 v § 1591) erledigt sich diese Erkl, nicht aber die Anspr der Mu für EntbindgsKo u auf Unterh aus §§ 1615 k u l sowie für die Beerdigg (§§ 1615 m, n). Auch die Zust zur Anerk nach II kann vor der Geburt erteilt w (§ 1595 III).

1595 *Zustimmungen zur Anerkennung.* **I Die Anerkennung bedarf der Zustimmung der Mutter.**

II Die Anerkennung bedarf auch der Zustimmung des Kindes, wenn der Mutter insoweit die elterliche Sorge nicht zusteht.

III Für die Zustimmung gilt § 1594 Abs. 3 und 4 entsprechend.

1) a) Gesetzeszweck. Mu u Ki brauchen sich den Anerkennden nicht als Va aufzwingen zu lassen. Sie 1
können sich desh unabhäng von der Anerk davon überzeugen, ob der Anerkennde auch wirkl der Va des Ki ist (KG DAV **91**, 864). Das gilt auch für nach ausl Recht wirks VaterschAnerk (BGH FamRZ **75**, 273). Umgek trägt die Zust dem Interesse des Ki Rechng, längere FeststellgsVerf zu vermeiden u die Vatersch alsbald feststehen zu lassen. Um eine überflüss Verdoppelg der ZustimmgsErfordern (einmal für sich u zum and im Na des Ki) zu vermeiden, entsch die sorgeberecht Mu nach dem KindRG über die Zust zur VaterschAnerk allein (BT-Drucks 13/4899 S 54). Dies ist **verfassungsrechtlich bedenklich,** weil mit der Regelg des § 1595 I nicht hinreichd gewährleistet ist, daß die Mu dem Ki den richtigen Va sichert u daß sie das Recht des Ki auf Kenntn der eig Abstammg (Einf 2 v § 1591) respektiert sowie daß die neuen SchutzVorschr des AdoptR zG des Va (vgl BT-Drucks 13/4899 S 71) bzw die FormVorschr der Adopt nicht umgangen w (vgl wg Einzelh 58. Aufl; ferner Gaul FamRZ **97**, 1449 ff). – **b) Rechtsnatur:** Die Zust ist einseit empfangs- 2
bedürft WillErkl (BGH NJW **95**, 2346), die vor od nach Anerk erteilt w kann (§§ 183, 184). Sie ist entspr § 1594 III u IV bedinggsfeindl, kann ands aber auch schon vor der Geburt des Ki erteilt w, **III** (vgl § 1594 Rn 7 u 9). Dabei steht der Mu insow bereits die Fürs für das Ki zu (§ 1912 II); andernf PflBestellg: § 1912 I 2. Zu Form u ZustAdressat: § 1597 Rn 1 u 4.

2) Zustimmung der Mutter, I. Sie entsch aus eig Recht, nicht als ges Vertreterin des Ki (Schwab/ 3
Wagenitz FamRZ **97**, 1378). IdR entsch die Mu allein; auf die Zust des Ki kommt es gem II nur an, wenn ihr die elt Sorge nicht zusteht. Sie entsch auch bei Zust zu einer schon vor der Geburt des Ki erfolgten Anerk (§ 1594 Rn 9) dann allein, wenn das Ki aGrd von § 1592 Nr 1 zunächst als Ki des Ehem der Mu gilt u dieser mit ihr zus die elt Sorge innehat (BT-Drucks 13/4899 S 84). Verweigert die Mu ihre Zust, findet keine Ersetzg statt, sond ggf Entziehg des SorgeR zZw der VaterschFeststellg (BT-Drucks 13/4899 S 54). Maßn nach § 1666 sind aber auch iF der Erteilg der Zust nicht ausgeschl. Das muß insb in dem Fall gelten, daß die Mu ihre Zust ledigl zu dem Zweck erteilt, den wirkl Va auszuschließen.

3) Zustimmung des Kindes, II. Sie wird idR nach der verfassgsrechtl problemat Neuregelg in I (vgl 4
Rn 1) dch die Zust der Mu verdrängt u soll desh nur ausnahmsw dann erfdl sein, wenn der Mu das SorgeR nicht zusteht. Das ist der Fall, wenn das Ki vollj ist, ferner bei Minderjährigk des Ki, wenn die Mu gestorben, für tot erkl oder ihr das SorgeR entzogen w ist u das Ki einen Vormd od Pfleger erh hat (§§ 1773, 1909). Ob das Ki selbst zustimmt od dch seinen ges Vertr bzw nur mit dessen Zust, richtet sich nach § 1596 II. Die Zust des Ki nach II macht diej der Mu nach I nicht überflüss; erfdl sind also iFv II zwei Zustimmgen (*arg:* „auch"; Redaktionsversehen?). Bei widersprechden Erkl von Mu u Ki bleibt nur die gerichtl VaterschKlärg übr.

1596 *Geschäftsfähigkeit; Vollmacht.* **I Wer in der Geschäftsfähigkeit beschränkt ist, kann nur selbst anerkennen. Die Zustimmung des gesetzlichen Vertreters ist erforderlich. Für einen Geschäftsunfähigen kann der gesetzliche Vertreter mit Genehmigung des Vormundschaftsgerichts anerkennen. Für die Zustimmung der Mutter gelten die Sätze 1 und 2 entsprechend.**

II Für ein Kind, das geschäftsunfähig oder noch nicht vierzehn Jahre alt ist, kann nur der gesetzliche Vertreter der Anerkennung zustimmen. Im übrigen kann ein Kind, das in der Geschäftsfähig-

keit beschränkt ist, nur selbst zustimmen; es bedarf hierzu der Zustimmung des gesetzlichen Vertreters.

III **Ein geschäftsfähiger Betreuter kann nur selbst anerkennen oder zustimmen; § 1903 bleibt unberührt.**

IV **Anerkennung und Zustimmung können nicht durch einen Bevollmächtigten erklärt werden.**

1 **1) a) Inhalt.** Die Vorschr enth Regelgen für die Fälle, daß der seine Vatersch Anerkennde (§ 1592 Nr 2)
2 od die hierzu ZustBerecht, näml Mu u Ki (§ 1595), beschr geschfäh od geschunfäh sind. – **b)** Im Grds sind Anerk u Zust zur Anerk **höchstpersönliche** RGesch u gehören damit zu den vertretgsfeindl Gesch, **IV,** dh eine Bevollm zur Anerk od Zust dazu ist unzul (vgl Einf 4 v § 104). Entsprechdes gilt für die Bevollmächtigg
3 zur VaterschAnfechtg (§ 1600 a Rn 2). – **c)** Soweit die **Zustimmung des gesetzlichen Vertreters** erfdl ist (vgl Rn 6–9), muß sie ebenf pers erfolgen, so daß bei getrennter Pers- u VermSorge die Zust beid Elt erfdl ist. Zweck: Nachprüfg, ob schwerwiegde Zweifel an der Vatersch bestehen. Form: § 1597 I. Frist: Eine Frist ist nicht vorgesehen; doch ist die Möglk zu berücks, daß die Anerk selbst nach 1 J widerrufen w kann (§ 1597 III 1). Die Zust ist nicht anfechtb (KG NJW-RR **87**, 388).

4 **2) Geschäftsfähigkeit bei Vaterschaftsanerkennung, I,** iSv §§ 1592 Nr 1, 1594. – **a)** Die Vertretgs-Feindlk (Rn 2) gilt uneingeschr für die VaterschAnerk des **voll Geschäftsfähigen,** selbst wenn er aus and
5 Grden unter Bt steht (Rn 10). – **b)** Aber auch der **beschränkt geschäftsfähige Minderjährige** (§§ 2, 106) kann die Vatersch für ein Ki nur selbst anerk, **I 1,** bedarf hierzu allerd der Zust seines gesetzl Vertr, **I 2.** Ges Vertr sind idR beide Elt (§ 1629 I 2). Die Zust gehört nicht zu den wg Gefahr im Verzug von einem EltT
6 allein wahrzunehmden RHandlgen (§ 1629 Rn 20). Ohne Zust ist die Anerk unwirks (§ 1598 I). – **c)** Für einen **Geschäftsunfähigen** erfolgt die Anerk dch den gesetzl Vertr, der hierfür iGgs zur Zust bei dem in seiner GeschFgk Beschränkten zusätzl auch noch der Zust des VormschG bedarf, **I 3.** Zur Bt vgl Rn 11. Das VormschG hat vor Erteilg der Gen zu prüfen, ob die leibl Vatersch besteht, was bei Zweifeln prakt doch auf die gerichtl Feststellg der Vatersch nach § 1600 d I hinausläuft (Soerg/Gaul § 1600 d Rn 3). Iü ist die Gen vor
7 der Anerk erfdl (§ 1831); sonst ist die Anerk unwirks (Lange NJW **70**, 299). – **d)** Soweit die Anerk der **Zustimmung der Mutter** bedarf (§ 1595 I), gilt für sie I 1 u 2 entspr, **I 4,** dh bei beschr GeschFgk bedarf es ihrer pers Zust sowie der Zust ihres ges Vertr dazu.

8 **3) Zustimmung des Kindes zur Anerkennung, II,** iSv § 1595 II erfolgt höchstpers (Rn 1) u ohne vormschgerichtl Gen **a)** für das geschunfäh od noch nicht 14jähr Ki dch den ges Vertr, **II 1,** auch dch das JA
9 als Beistand (vgl § 1716 Rn 8), sowie **b)** bei 14–17jähr Jugendl dch diesen selbst, bedarf aber wiederum der Zust des ges Vertr, **II 2.** Hat die zustberecht Mu den Anerkennden in der ZwZt geheiratet, ist Bestellg eines Pfl erfdl (vgl zum fr Recht LG Bln StAZ **85**, 14; Gymnich StAZ **74**, 165). Frist: Rn 3.

10 **4) Anerkennung und Zustimmung des Betreuten, III.** Wer unter Bt steht, ohne geschunfäh zu sein (§ 1896 Rn 8 u 15), kann die Vatersch u die Zust zur VaterschAnerk nur höchstpers erkl; eine Vertretg dch den Betr kommt insow nicht in Betr. Für den geschunfäh Betreuten handelt dagg sein Betr (§ 1902). Doch muß sich die Bt auf die Pers- wie auf die VermSorge erstrecken (§ 1896 Rn 27; Böhmer StAZ **92**, 69). Auch ist bei Bt eines GeschUnfäh ein EinwilliggsVorbeh mögl, III 2.Halbs (§ 1903 Rn 13), so daß dann eine Anerk dch den Betreuten nur mit Zust des Betr wirks ist, I 3. Die Prüfg, ob ein Fall von I 3 od III vorliegt, dh ob der Betreute geschunfäh ist, obliegt im einen Fall dem Ger, im and dem StBeamten (vgl Deinert BtPrax **99**, 3).

1597 *Form; Widerruf.* I **Anerkennung und Zustimmung müssen öffentlich beurkundet werden.**

II **Beglaubigte Abschriften der Anerkennung und aller Erklärungen, die für die Wirksamkeit der Anerkennung bedeutsam sind, sind dem Vater, der Mutter und dem Kind sowie dem Standesbeamten zu übersenden.**

III **Der Mann kann die Anerkennung widerrufen, wenn sie ein Jahr nach der Beurkundung noch nicht wirksam geworden ist. Für den Widerruf gelten die Absätze 1 und 2 sowie § 1594 Abs. 3 und § 1596 Abs. 1, 3 und 4 entsprechend.**

1 **1) Form, I.** Anerk u Zust (§§ 1594, 1595) bedürfen zu ihrer Wirksamk der öff Beurk. Dies gilt jetzt auch für die Zust des geseztl Vertr (BT-Drucks 13/4899 S 85). **Zweck:** Dch die mit der öff Beurk verbundene Belehrg wird den Beteil die Bedeutg ihrer Erkl vor Augen geführt u sollen sie vor Übereilgen geschützt w. Außerd ist die Gültigk der Anerk u ZustErkl als Grdl der Vatersch dadch jederzt nachprüfb. Zur Information der Beteil reichen dagg begl Abschr aus, II (Rn 4). Die öff Beurk kann dch den Notar (BNotO 20; vgl § 128 Rn 1), das AG (BeurkG 62 Nr 1, RPflG 3 Nr 1 f), den StBeamten (PStG 29 a I, BeurkG 58), das JA (Einf 53 v § 1626), od dch das Ger, bei dem die VaterschKl anhäng ist (ZPO 641 c), erfolgen, im
2 Ausl dch die dt Konsularbeamten (KonsG 2, 10). Die Richtigk der VaterschAnerk wird bei der öff Beurk nicht nachgeprüft. Das StA nimmt aGrd der Benachrichtigg die Beischreibg im Geburtenbuch vor (PStG 29 I u II). Sie wirkt nicht konstitutiv sond ledigl deklarator u hat die BewKraft einer öff Urk (PStG 60; ZPO
3 415). Der Ztpkt der öff Beurk ist auch für die Berechng der WiderrFr maßg (Rn 5). – Mit der Anerk kann (entspr ZPO 643) zugl auch die **Unterhaltsverpflichtung** anerk w (ZPO 794 I Nr 5, 642 c Nr 2). Zur Zustdgk ausländ Behörden: EG 11 sowie zu den Anfdgen an **ausländische** öff Urk: BayObLG StAZ **79**, 263.

4 **2) Adressaten der Benachrichtigung, II.** Anerk u Zust sind empfbedürft Erkl (vgl § 1595 Rn 2), sind aber unabhäng von ihrem Zugang bei den übr Beteil wirks. Anerk sowie sämtl Erkl, die für die Wirksamk

der Anerk erfdl sind, also die Zust der Mu u soweit erfdl auch des Ki (§ 1595 I u II) sowie die Zust des gesetzl Vertr (vgl § 1596 Rn 3) sind in öff begl Abschr (vgl § 129) dem Va, der Mu u dem Ki (auch wenn sie die jew Erkl selbst abgegeben haben) sowie dem StBeamten (PStG 29 II) zu übersenden. **Zweck:** Das StA kann nur aGrd einer solchen Benachrichtigg die Beischreibg vornehmen (Rn 1). Die Beteil sollen Kenntn davon erh, ob u wann eine VaterschAnerk vorliegt, da erst ab Benachrichtigg die AnfFr zu laufen beginnen kann (vgl § 1600 b). Eine Absprache über die **Geheimhaltung** der Anerk ist unzul u auch für den Notar hins seiner BenachrichtiggsPfl ggü den Beteil nicht verbindl (Hamm FamRZ **85**, 1078).

3) Widerruf, III. a) Da and als im bish § 1600 e III 1 aF keine Fr mehr für die Abg der Zust vorgesehen 5
ist, hat die Anerk unbefristeten Bestand. Anderers soll der Anerkennde an seine Anerk nicht länger als 1 J gebunden sein, so daß er sie, sol sie mangels der erfdl Zust (§§ 1595, 1596) noch nicht wirks geworden ist, widerrufen kann, **III 1.** Doch können auch nicht widerrufene Anerk noch nach Ablauf eines J wirks w, wenn dann die erfdl Zust erteilt w. Nach wirks Widerr erfolgde Zust sind verspätet u gehen ins Leere, so daß, wenn der Mann die Anerk nicht erneuert, die Vatersch nur noch auf gerichtl Wege festgestellt w kann. Ohne die erfdl Zust entfaltet eine Anerk keine Sperrwirkg iSv § 1594 II, so daß sie nicht zu verhindern vermag, daß ein and Mann aGrd seiner Anerk od gerichtl als Va festgestellt w. Ein unzumutb langer SchwebeZust kann dch das WiderrR nicht entstehen (BT-Drucks 13/4899 S 85). **Fristbeginn:** Entsch für die FrBerechng ist der Ztpkt der öff Beurk iSv I, III 1. Dagg wird die AnerkErkl entgült wirks erst gem § 1594 Rn 5. – **b)** Für 6
die **Form** des Widerr sowie für die **Benachrichtigung** von Va, Mu u Ki sowie des StBeamten dch begl Abschr der WiderrErkl, ferner für die BedinggsFeindlk des Widerr sowie für die Zust des gesetzl Vertr bei Mängeln in der **Geschäftsfähigkeit** und für die Höchstpersönlk des Widerr gelten die Vorschr über die Anerk entspr, **III 2.**

1598 *Unwirksamkeit von Anerkennung, Zustimmung und Widerruf.* **I Anerkennung, Zustimmung und Widerruf sind nur unwirksam, wenn sie den Erfordernissen der vorstehenden Vorschriften nicht genügen.**

II Sind seit der Eintragung in ein deutsches Personenstandsbuch fünf Jahre verstrichen, so ist die Anerkennung wirksam, auch wenn sie den Erfordernissen der vorstehenden Vorschriften nicht genügt.

1) a) Zweck: Die rechtspolit erwünschte endgült Klarstellg des Status des Ki dch Anerk der Vatersch kann 1
nur erreicht w, wenn die VaterschAnerk den allg Vorschr über Willensmängel entzogen w. Eine solche Sonderregelg enth § 1598, in dem die Vorschr die Unwirksamk von Anerk, Zustimmgen u Widerruf von engeren Vorauss als denen der §§ 116 ff abhäng macht. – **b)** Die Aufzählg der UnwirksamkGrde in I ist 2
abschließend („nur"). Desh führt die **bewußt wahrheitswidrige Anerkennung** der Vatersch nicht zu deren Unwirksamk (LG Krfld DAV **74**, 261; aA Kln NJW **74**, 953). Dch Zulassg der AnfKl (§ 1599 I), mit der die obj Unrichtigk der Anerk geltd gemacht w, trifft das Ges aber die eindeut Wertg, daß auch die VaterschAnerk nur vom richtigen Va stammen soll (vgl Mü FamRZ **85**, 530). Auch der bei Anerk Bösgläub kann jedoch anfechten, hat aber die Vermutg des § 1600 c I gg sich. – **c) Rechtsfolgen.** Ist die Anerk 3
unwirks, gilt sie als nicht erfolgt, ohne daß es einer bes verfrechtl Feststellg der NichtVatersch des Anerkennden bedarf. Ggf zul ist aber eine entsprechde negat FeststellgsKl (ZPO 640 II Nr 1). Eine unabhäng von II wirkde Konvaleszenz der unwirks Anerk ist nicht vorgesehen. Die Anerk kann aber wiederholt w. Sind umgek die Mängel der VaterschAnerk gem II geheilt, so bleibt den Beteil bei Vorliegen von deren Vorauss die VaterschAnf (vgl Rn 5 aE).

2) Unwirksamkeit aufgrund Nichterfüllung der Voraussetzungen, I. Anerk, Zustimmgen u Wider- 4
ruf sind nur unwirks, wenn sie den Erfordern der §§ 1594 ff nicht entspr, also Mängel in den sachl Vorauss u im Inh (§ 1594 II-IV), bei den Zustimmgen von Mu u Ki (§ 1595) wie iZshg mit der GeschFgk in der ges Vertretg bzw bei evtl erfdl vormschgerichtl Gen (§ 1596) u schließl bei der Form (§ 1597) aufweisen. Liegen keine solchen Mängel vor, ist die Anerk rechtswirks, mag sie auch inhaltl unrichtig od bewußt falsch sein (Rn 2). Genügt eine der genannten Erkl den §§ 1594 ff dagg nicht, so ist die jew Erkl, bei Fehlern der erfdl Zust aber nicht nur diese selbst, sond auch die Anerk als solche unwirks. Ein Verstoß gg die BenachrichtiggsPfl des § 1597 II macht die Erkl dagg nicht unwirks (bestr).

3) Heilung unwirksamer Anerkennungserklärungen, II. Die in Rn 3 genannten UnwirksamkGrde 5
können zum Schutze der RSicherh nur binnen einer **Ausschlußfrist von 5 Jahren** nach Eintragg der Anerk in ein dt PersStReg (vgl § 1597 Rn 2; bei ausl Reg: unbefristet) geltd gemacht w. Nach Ablauf der Fr ist der WirksamkMangel geheilt; die gesetzl Formulierg stellt klar, daß II zu einer vollwert Vatersch im RSinne führt (BT-Drucks 13/4899 S 85 f). Das gilt auch bei einer entgg § 1596 I 3 von einem GeschUnfäh selbst erkl Anerk (BGH NJW **85**, 804). Ebso würde die AusschlFr ggü einer bewußt unricht, unwirks Anerk wirken (vgl Düss FamRZ **94**, 381 u oben Rn 2). **Fristbeginn** nach dem Sinn der BewWirkg von PStG 60 mit der Eintragg. FrWahrg dch Einreichg der FeststellgsKl gem ZPO 640 II Nr 1 vor FrAblauf bzw Antr auf Berichtigg gem PStG 47 II (Firsching Rpfleger **70**, 16). Von II bedingte Härten können mRücks darauf hingenommen w, daß die Versäumg der Fr die Anf der Vatersch (§ 1599) nicht ausschl (Soerg/Gaul[12] § 1600 f Rn 3).

1599 *Nichtbestehen der Vaterschaft.* **I § 1592 Nr. 1 und 2 und § 1593 gelten nicht, wenn auf Grund einer Anfechtung rechtskräftig festgestellt ist, daß der Mann nicht der Vater des Kindes ist.**

II § 1592 Nr. 1 und § 1593 gelten auch nicht, wenn das Kind nach Anhängigkeit eines Scheidungsantrags geboren wird und ein Dritter spätestens bis zum Ablauf eines Jahres nach Rechtskraft des dem Scheidungsantrag stattgebenden Urteils die Vaterschaft anerkennt; § 1594 Abs. 2 ist

nicht anzuwenden. Neben den nach den §§ 1595 und 1596 notwendigen Erklärungen bedarf die Anerkennung der Zustimmung des Mannes, der im Zeitpunkt der Geburt mit der Mutter des Kindes verheiratet ist; für diese Zustimmung gelten § 1594 Abs. 3 und 4, § 1596 Abs. 1 Satz 1 bis 3, Abs. 3 und 4, § 1597 Abs. 1 und 2 und § 1598 Abs. 1 entsprechend. Die Anerkennung wird frühestens mit Rechtskraft des dem Scheidungsantrag stattgebenden Urteils wirksam.

1 **1)** Die Vorschr verfolgt den **Zweck**, die bish Institute der EhelkAnf u der Anf der VaterschAnerk dch ein einheitl RInstitut der VaterschAnf abzulösen. Die Anf ist nicht gleichgewichtige Vorauss neben der gerichtl Feststellg, sond hat nur die Bedeutg, daß die Feststellg der NichtVatersch nicht vAw erfolgt (BT-Drucks 13/4899 S 86).

2 **2) Vaterschaftsanfechtung, I.** Wieser FamRZ **98**, 1004; vgl Einf 12 v § 1591). – **a)** Zust ist das FamG:
§ 1600 e; stirbt der eigtl passiv Legitimierte vor Einleitg des Verf, entsch das FamG im FGG-Verf (§ 1600 e
3 Rn 12). – **b)** Die AnfKl (ZPO 640 II Nr 2) setzt voraus, daß die Vatersch eines best Mannes aGrd seiner Ehe
mit der Mu des Ki (§§ 1592 Nr 1, 1593) bzw aGrd der von ihm wirks erkl Anerk seiner Vatersch (§§ 1592
Nr 2; 1698 Rn 3) feststeht. Die Aufg der Verteidigg im VaterschProz mit anschließder Verurteilg reicht nicht
4 aus (Stgt DAV **75**, 548). – **c) Anfechtungsberechtigte:** § 1600; vgl auch § 1600 e I. Zur freiw Beistandsch:
§ 1712 Rn 3 aE. Zur Bestellg eines ErgPfl für das Ki: § 1600 a Rn 12; Beiordng eines Anw: Düss NJW-RR
5 **96**, 66. – **d) Schlüssigkeit** der AnfKl des als Va geltden Mannes: Er muß konkrete AnhaltsPkte für die Ann
vortragen, das Ki stamme nicht von ihm (BGH NJW **98**, 2976; Dresd FamRZ **97**, 1297; aA Schlosser JZ **99**,
43 u Eckebrecht MDR **99**, 71: Die bl Behauptg einer anderweit Abstammg des Ki u damit die Berufg auf ein
zukünft SachverstGA sollen ausr). Erfdl ist die Leugng des GeschlVerk währd der EmpfängnZt od der
substantiierte Vortrag von Mehrverkehr (vgl Kln NJW **98**, 2985). Bei Anf innerh v 2 J nach der Geburt reicht
die allg Möglk, daß das Ki nicht von dem ges als Va geltdem Mann abstammt. Danach muß der Kl dartun, daß
die AnfFr für ihn erst später zu laufen begonnen hat (vgl Karlsr NJWE-FER **99**, 7). Ist iR einer Situation von
§ 1599 II ledigl die Fr (Rn 15) nicht eingehalten w, kann das Ger auf die Einholg eines serolog GA verzichten
6 (Kln FamRZ **99**, 1607; AG Hbg DAV **99**, 156). – **e)** Verfrechtl Stellg eines **als Erzeuger in Betracht
kommenden Dritten:** Der als Va des Ki benannte Dr kann dem bekl Ki als Nebenintervenient beitreten u
7 RMittel mit dem Ziel einlegen, die AnfKl abzuweisen (BGH **92**, 275). Vgl iü § 1600 Rn 1. – **f) Gestaltungsurteil** (BGH NJW **99**, 1631): Das bish Va-Ki-Verhältn wird dch die der AnfKl stattgebde Entsch mit Rückwirkg auf den Tag der Geburt des Ki aufgeh. Im Geburtenbuch erfolgt dch Randvermerk eine entspr Berichtigg (PStG 30 I 1). Das Ki gilt jetzt abstammgsrechtl als vaterlos u bekommt einen neuen Va nur aGrd Anerk der Vatersch dch einen and Mann od dch gerichtl Feststellg (§ 1592 Nr 2 u 3: §§ 1594 ff bzw 1600 d I). Vor der rechtskr VaterschAnf dch Dr erkl, schwebd unwirks (§ 1594 Rn 6) VaterschAnerk können konvaleszieren. Bereits abgegebene SorgeErkl müssen dagg ggf wiederholt w (§§ 1626 a I Nr 1, 1626 b I). Denn das Ki steht unter der alleinigen elt Sorge der Mu (§ 1626 a II), wobei sie für die Feststellg der Vatersch des Erzeugers u für die Regelg der UnterhAnspr gg ihn die Beistandsch des JA beantr kann (§§ 1712 ff). Dch die Anf verliert das Ki seinen UnterhAnspr gg den ScheinVa (BayObLG NJW **61**, 1414) u ggf eine von ihm abgeleitete Staatsangehörigk (VG Düss NJW **86**, 676). Für RGeschäfte des ScheinVa gelten die §§ 177 ff. Zum UnterhRegreß des ScheinVa: § 1607 Rn 16; dort Rn 18 auch zu den Kosten des VaterschAnfProz.
8 Wiederherstellg der ursprüngl Vatersch: ZPO 641 i (BGH **61**, 186). **Wirkung des Urteils:** Grdsätzl für u gg alle mit Ausn eines ElternschPrätendenten, der an dem RStreit nicht teilgen hat (ZPO 640 h). Keine Rechtskr-Erstreckg auch bei Abweisg wg Versäumg der AnfFr (§ 1600 b Rn 2); nach Düss NJW **80**, 2760 ferner auch bei BegründgderAbweisgderAnfKlmitderNichtfeststellbarkderNichtVatersch.

9 **3) Vaterschaft zu während des Scheidungsverfahrens geborenen Kindern, II.**

10 **a) Zweck:** Die Vorschr trägt einers der Erfahrg Rechng, daß Ki, die währd eines laufden ScheidgsVerf geboren w, häufig nicht vom Ehem gezeugt sind. Die Neuregelg führt die Übereinstimmg von genet u rechtl Vatersch dadch herbei, daß das Ki abstammgsrechtl dem Mann zugeordn w, der im zeitl Zushg mit der Scheidg seine Vatersch anerk hat, u vermeidet dadch die nach bish Recht erfdl aufwendige VaterschAnf (BT-Drucks 13/4899 S 86). Anderers soll mit dem Erfordern der VaterschAnerk dch den Dr sichergestellt w, daß das Ki rechtl nicht ohne Va ist, wie umgek dch Hinausschieben der Wirksamk der Anerk bis zur Rechtskr des ScheidgsUrt verhindert w soll, daß das Ki einem Dr zugeordn wird, obwohl die Ehe der Mu noch besteht (BT-Drucks 13/4899 S 53). Zur berecht Kritik an dieser Regelg: Mutschler FamRZ **94**, 68; Gaul FamRZ **97**, 1454 ff; vgl ferner § 1595 Rn 1; vgl demggü FamRefK/Wax Rn 5 ff.

11 **b) Voraussetzungen, II 1: aa) Scheidung** der nach § 1592 Nr 1 die ges Vatersch des Ehem vermittelden Ehe. Dch Einbeziehg von § 1593 ist klargestellt, daß II auch gilt, wenn ScheidgsAntr gestellt ist, die Ehe
12 dann dch den Tod eines Eheg aufgelöst w (vgl ZPO 619). – **bb) Geburtszeitpunkt.** Die Vorschr gilt nur
für Ki, die währd des ScheidgsVerf geboren w, also in der Zt zw der Anhängigk des ScheidgsAntr u der
Rechtskr des ScheidgsUrt (ZPO 622 II; Th-P § 629 d Rn 2). Auf ein erst nach der Rechtskr der Scheidg
geb Ki finden die §§ 1592 Nr 1, 1599 II selbst dann keine Anwendg, wenn die gesetzl EmpfängnZt vor die
13 Rechtskr der Scheidg zurückreicht (FamRefK/Wax 3). – **cc) Wirksame Vaterschaftsanerkennung durch
einen anderen Mann** (vgl §§ 1594 ff). – **Zustimmungen, II 2:** Zu den nach § 1595 erfdl Zustimmgen zur
Anerk u den ggf nach § 1596 erfdl Zust von gesetzl Vertr muß zusätzl der **Ehemann der Mutter** der
VaterschAnerk dch den Dr zustimmen, **II 2 Halbs. 1.** Für diese Zust gelten gem **II 2 Halbs. 2** entspr: die
BedinggsFeindlichk (§ 1594 III); die abstammgsrechtl SondRegelg der GeschFgk, Betreuung u Vollm
(§ 1596 I 1-3, III u IV); die Form u Benachrichtigg (§ 1597 I u II); die Beschrkg der UnwirksamkGrde
(§ 1598 I), aber iHinbl auf die Befristg der Anerk in II 1 (Rn 16) nicht die HeilgsMöglk nach § 1598 II. Das
Ges knüpft iü entspr der statusrechtl Bedeutg der Zust eher an die Anerk als an die übr Zust an (vgl die
14 Verweisg auf § 1596 I). – **Ort** der Erkl: Die Anerk u die erfdl Zust können im KindschVerf zur Niederschr
15 des Ger erkl w (ZPO 640 II, 641 c S 1 u 2), nicht dagg im EhescheidgsVerf. – **Erklärungszeitpunkt:** Anerk
u Zustimmgen dazu können bereits vor der Geburt des Ki abgegeben w, II 2 Halbs 2, 1594 IV, aber nicht vor
Rhängigk des ScheidgsAntr (and Kemper DAV **99**, 191: erst nach rechtskr Scheidg). Da die Anerk nach

§ 1598 I aber erst wirks wird, wenn alle erfdl Erkl in der vorgeschriebenen Form abgegeben sind, müssen Anerk u alle weiteren Erkl einschl auch evtl vormschgerichtl Gen innerh 1 J nach Rechtskr des ScheidgsUrt vorliegen (vgl FamRefK/Wax 4).

c) Rechtsfolgen: Da die Anerk frühestens mit Rechtskr des ScheidgsUrt wirks wird, **II 3**, wird das 16 währd der Anhängigk des ScheidgsVerf geborene Ki abstammgsrechtl nach § 1592 Nr 1 zunächst doch dem Ehem der Mu als Va zugeordn. Die damit nach § 1594 II an sich ausgelöste AnerkBlockade wird dch **II 1 Halbs. 2** beseit. Die Wirksamk der Anerk wird also nicht dadch gehindert, daß zum Ztpkt ihrer Abg der später geschiedene Ehem der Mu noch als Va anzusehen ist. Bis zum Wirksamwerden der Anerk bzw bei Anf bleiben zwzeitl Rechtsakte des Ehem bzw des Anerkennden analog FGG 32 wirks (Veit FamRZ **99**, 902).

1600 ***Vaterschaftsanfechtungsberechtigte.*** **Berechtigt, die Vaterschaft anzufechten, sind der Mann, dessen Vaterschaft nach § 1592 Nr. 1 und 2, § 1593 besteht, die Mutter und das Kind.**

1) Mit der Vereinheitlichg des RInstituts der VaterschAnf dch das KindRG (vgl § 1599 Rn 1) braucht 1 auch nicht mehr der Kreis der AnfBerecht unterschiedl ausgestaltet zu w. Berecht, die Vatersch anzufechten, sind wie bisher der Mann, dem die Vatersch zugerechn w, u das Ki, daneben erstmals die Mu, dagg nicht mehr die Elt des ScheinVa u weiterhin nicht der **Erzeuger des Kindes** (BGH NJW **99**, 1632: verfassgskonform). Dieser Ausschl dürfte dann, wenn die soz Fam doch scheitert, kaum mit der von BVerfG FamRZ **94**, 881 verfolgten Tendenz vereinb sein, ganz abgesehen von der eklatanten UngleichBehandlg von Mu u Erzeuger. Zu dessen verfrechtl Stellg im VaterschAnfVerf: § 1599 Rn 6. Der Erzeuger kann gem § 1594 II seine Vatersch erst anerk, wenn die anderweit Vatersch angefochten od die NichtVatersch rechtskr festgestellt w ist. Ausn: § 1599 II. – § 1600 unterscheidet auch nicht mehr danach, ob die **Vaterschaft** auf 2 die Ehe mit der Mu od auf Anerk beruht. Doch ist eine bereits nach §§ 1592 Nr 3, 1600 d gerichtl festgestellte Vatersch nur iW der WiederAufn zu beseit (ZPO 580; 641 i). Zur künstl Insemination: Einf 14 v § 1591.

2) Berechtigt zur Anfechtung der Vaterschaft sind: a) der Mann, dessen Vatersch aGrd einer Ehe 3 mit der Mu des Ki vermutet wird (§ 1592 Nr 1), der die Vatersch wirks anerk hat (§ 1592 Nr 2) od dessen Vatersch aus dem zeitl Zush mit der Geburt des Ki unterstellt w kann, weil seine Ehe mit der Mu nicht dch Scheidg, sond dch deren Tod aufgelöst w ist (§ 1593 I 1), bzw dessen Vatersch wiederum aus der zeitl Nähe zu der Geburt des Ki desh unterstellt w kann, weil ihn die Mu nach Auflösg ihrer Ehe geheiratet hat (§ 1593 I 3). Ficht im letzteren Fall der neue Ehem der Frau seine Vatersch erfolgreich an, so gilt die VaterschVermutg zG des früh Ehem der Mu (§ 1593 I 4), der dann allerd wiederum seiners seine Vatersch anfechten kann (§ 1593 Rn 4). Die AnfBerechtigg des Mannes besteht oRücks darauf, ob ihm die elt Sorge für das Ki zusteht; – **b)** die **Mutter** des Ki. Ihr steht damit ein eig AnfR u nicht mehr nur ein AnfR als gesetzl Vertr 4 des Ki zu, weil die erfolgreiche Anf ganz erhebl mittelb Wirkgen auf ihre RStellg (zB bei der elt Sorge) entfaltet (BT-Drucks 13/4899 S 54). Ferner ist ihr AnfR nicht dadch eingeschrkt, daß das Ki aus einem von ihr zu verantwortden Ehebruch stammt (vgl Schwab/Wagenitz FamRZ **97**, 1379), u iGgs zum RegEntw auch nicht von einer gerichtl Prüfg des KiWohls abhäng (vgl BT-Drucks 13/4899 S 148; Gaul FamRZ **97**, 1457), wohl aber wenn die Mu die Vatersch in gesetzl Vertretg für das Ki anficht (§ 1600 a IV); – **c)** das 5 **Kind.** Das KindRG hat sein AnfR in Umsetzg der Rspr des BVerfG zum Recht des Ki auf Kenntn seiner Abstammg (Einf 2 v § 1591) erweitert u auch auf den Kompromiß einer bl „Feststellg der genet Vatersch ohne RFolgen“ verzichtet (BT-Drucks 13/4899 S 55 ff). Das AnfR des Ki ist altersunabh**;** sol es mj ist, muß sein AnfR allerd von seinem gesetzl Vertr geltd gemacht w. Das AnfR des Ki ist ferner einheitl**,** dh es wird nicht danach unterschieden, ob seine Elt miteinand verh sind bzw waren od nicht (BT-Drucks 13/4899 S 56). Und es ist schließl unabh von einer ZumutbkPrüfg hins des Einflusses, den die Ausübg des AnfR dch das Ki auf die Ehe der Elt u den **Familienfrieden** hat (BT-Drucks 13/4899 aaO; vgl § 1600 b Rn 24). Die auf BVerfG NJW **89**, 891 zurückgehde diesbezügl Rspr (vgl Düss NJW **90**, 1736; **98**, 999) ist dadch obsolet geworden (äußerst krit dazu Gaul FamRZ **97**, 1459, währd FamRefK/Wax § 1600 Rn 5 ledigl in verfkonformer Auslegg das AnfR des Ki restriktiv handhaben will). Zu den **Anfechtungsfristen:** Vgl § 1600 b. Zum PKV-Anspr des Ki: § 1610 Rn 15.

1600 a ***Stellvertretung bei der Vaterschaftsanfechtung.*** **I Die Anfechtung kann nicht durch einen Bevollmächtigten erfolgen.**

II Der Mann, dessen Vaterschaft nach § 1592 Nr. 1 und 2, § 1593 besteht, und die Mutter können die Vaterschaft nur selbst anfechten. Dies gilt auch, wenn sie in der Geschäftsfähigkeit beschränkt sind; sie bedürfen hierzu nicht der Zustimmung ihres gesetzlichen Vertreters. Sind sie geschäftsunfähig, so kann nur ihr gesetzlicher Vertreter anfechten.

III Für ein geschäftsunfähiges oder in der Geschäftsfähigkeit beschränktes Kind kann nur der gesetzliche Vertreter anfechten.

IV Die Anfechtung durch den gesetzlichen Vertreter ist nur zulässig, wenn sie dem Wohl des Vertretenen dient.

V Ein geschäftsfähiger Betreuter kann die Vaterschaft nur selbst anfechten.

1) Höchstpersönlichkeit der Anfechtung, I. Wie die VaterschAnerk (§ 1596 IV), so kann auch keiner 1 der AnfBerecht (§ 1600) abgesehen von der Erteilg einer ProzVollm (ZPO 609, 640 I) einen and zur Dchführg der Anf bevollm. Das Prinzip der Höchstpersönlk bleibt auch erh, wenn für einen geschfäh AnfBerecht, also Va, Mu od das vollj Ki, ein **Betreuer** bestellt w, **V** (vgl § 1896 Rn 6).

2 **2) Vater und Mutter** können die Vatersch grdsl nur selbst anfechten, **II 1**, so daß außer der Bevollmächtigg auch keine Vertretg dch einen Pfleger mögl ist. Das gilt auch dann, wenn sie **minderjährig** u damit in der GeschFgk beschrkt sind, **II 2 Halbs. 1.** Der mj gesetzl EltT braucht weder für die Entsch, ob die VaterschAnf erfolgen od unterbleiben soll, noch für die Dchführg der Anf selbst die Zust seines ges Vertr, **II 2 Halbs. 1**. Ist der Va od die Mu dagg **geschäftsunfähig** (§ 104 Nr 2), so kann die Anf nur dch den ges Vertr erfolgen. Das sind, sol der Va bzw die Mu selbst noch mj sind, ihre jeweiligen Elt (§ 1633 Rn 3) bzw ein Pfl (§ 1630), bei Volljk u entspr AufgKreis der Betr (§§ 1896 Rn 22, 1902). Ein EinwilliggsVorbeh ist ausgeschl (§ 1903 II).

3 **3) Anfechtung für ein geschäftsunfähiges oder in der Geschäftsfähigkeit beschränktes Kind, III.**
4 – **a)** Gemeint ist das gem § 1600 anfechtgsberecht Ki. Ist dieses vollj u geschfäh, ficht es die Vatersch selbst an. Ist es aGrd seines Alters od trotz seines Alters geschunfäh (§ 104 Nr 1 u 2) od beschr geschfäh (§ 106), kann nur sein ges Vertr anfechten. Entscheidd ist das PersSorgeR (Ffm FamRZ **69**, 106). **Zweck:** Es soll vermieden w, daß das nicht voll geschfäh Ki (etwa in pubertären Konfliktlagen) Unfrieden in die Fam trägt. Andererseits kann sich auch der ges Vertr in einem Interessenwiderstreit befinden, der die Bestellg eines ErgPfl (§ 1909 I 1) erfdl macht, was insb für den Beginn der AnfFr von Bedeutg ist (§ 1606 b Rn 6). Danach gilt folgdes
5 **b) Vertretungsschema: aa)** Die **Mutter** vertritt das Ki, wenn ihr das SorgeR allein zusteht (§§ 1626 a; 1671), u grdsl auch, wenn das SorgeR von ihr gem §§ 1673 ff, 1678, 1680, 1681 allein ausgeübt w. Dagg reichen wg § 1795 I Nr 3 für ihr AlleinvertretgsR nicht aus: ein vorl SorgeR gem ZPO 620 Nr 1 (aA LG Gießen FamRZ **96**, 1296) od die rechtskr Ehescheidg als solche (vgl BGH NJW **72**, 1708; Zweibr FamRZ **80**, 911). Ist die Mu mit dem Va verh, stehen ihrem VertretgsR die §§ 1795 I Nr 3, 1629 II 1 entgg. Iü kommt
6 eine Entziehg nach § 1629 II 3, 1796 in Betr. – **bb)** Der **Ehemann**, gg den sich die AnfKl des Ki richtet, kann das Ki im AnfProz nicht vertr (§§ 1629 I 1 u II 1, 1795 II, 181). Das Ki erhält einen Pfleger, gleichgült, ob dem Ehem das PersSorgeR allein od zus mit der Mu zusteht, deren Vertretg ebenf ausgeschl ist (Rn 5). Steht dem rechtl **Vater** das SorgeR allein zu (§§ 1671, 1672 I 1), so entscheidet er jedenf über die Frage, ob seine Vatersch in Vertretg des Ki angefochten w soll, grdsl allein, da es im Interesse des Ki liegen kann, bei dem bish Va zu bleiben, so daß ein Pfl nur iRv §§ 1629 II 3, 1796 II zu bestellen ist, wenn die Anf im Interesse des Ki liegt (BGH NJW **75**, 345/47; BayObLGZ **78**, 254), wobei allerd davon auszugehen ist, daß im Normalfall ein natürl Interesse des Ki an der Feststellg seiner wirkl Abstammg besteht (vgl BGH NJW **72**, 1708). Pflegerbestellg auch, wenn sich der Va wg Tötg der Mu in Strafhaft befindet (LG Ravbg DAV **90**, 467)
7/8 od wenn er nach Verlust seines eig das AnfechtgsR des Ki ausüben will. – **cc) Vormund:** §§ 1773 ff, 1703 ff. – **dd)** Das Ki erhält zur Vertretg bei der Anf der Vatersch, soweit seine gesetzl Vertr daran gehindert sind (vgl Rn 5 u 6), einen **Pfleger** (§§ 1909 I 1, 1915). Die Entsch über die Anf gehört zur PersSorge u darf desh gem §§ 1629 II 3, 1796 II dem SorgeBerecht nur bei konkret nachgewiesenem erhebl InteressenGgs zw ihm u dem Ki entzogen w (BGH NJW **75**, 345: Ehem; BayObLG FamRZ **89**, 314; Bambg FamRZ **92**, 220: Mu). Die Pflegsch setzt voraus, daß das Unterbleiben der Anf zu einem unverhältnmäß Nachteil für das Ki führen würde (BayObLG FamRZ **94**, 1196). Ist der SorgeBerecht an der Führg des AnfProz in Vertretg des Ki unter den Vorauss von § 1795 I Nr 1 u 3 vGw gehindert (vgl Stgt FamRZ **83**, 831), ist die Pflegsch für den Proz anzuordn. Die Pflegerbestellg für die Entsch über die Anf enthält idR auch die Übertragg der VertretgsMacht
9 für den AnfProz (KG NJW **66**, 1320). – **ee) Adoptiveltern.** Zum RSchutzBedürfn: MüKo/Mutschler[3] § 1599 Rn 1.

10 **4) Wohl des Vertretenen, IV. a)** Die Vorschr gilt für die Anf dch geschunfäh Elt (§ 1600 a II 3) ebso wie für die Anf dch die Elt, Vormd usw, wenn sie als Vertreter des Ki handeln (§ 1600 a III). Auf das Erfordern der vormschgerichtl Gen (§ 1597 a I aF) konnte verzichtet w, weil das für die VaterschAnf jetzt zust FamG die Prüfg, ob die Anf dem Wohl des Vertretenen dient, aus eig Sachkunde vornehmen kann (BT-Drucks 13/4899 S 87). Die Dienlichk für das Wohl des Vertretenen ist KlVorauss; entspricht die Anf nicht dem Wohl des Vertretenen, trifft das FamG keine sachl Entsch über die Vatersch. Gewöhnl bezieht sich die DienlichkPrüfg
11 auf das **b) Kindeswohl.** Das FamG prüft unter Abwägg der konkr Vor- u Nachteile (Hamm FamRZ **84**, 81), ob die Anf dem Interesse des Ki dient. Dabei hat das Ger die mögl Auswirkgen des AnfVerf auf den FamFrieden u die persönl Beziehgen zw Mu u Ki zu berücks (BT-Drucks 13/4899 S 87). Der Feststellg der Abstammg kommt im Anschluß an BVerfG FamRZ **89**, 255 bes Gewicht, aber kein Vorrang zu (BayObLG FamRZ **96**, 1297). Für die Beibehaltg der Zugehörigk zur bish Fam kann sprechen, daß keine Möglk besteht, die wirkl Vatersch festzustellen (BayObFamRZ **95**, 185). Umgek hat die Klärg der Abstammg Vorrang, wenn die VaterschAnf nach Auflösg der Ehe keine Nachteile befürchten läßt (LG Frankth FamRZ **83**, 733), wenn das Ki außerh der ehel Gemsch geboren wurde (LG Bln DAV **84**, 498) od wenn die Anf sogar Vorteile ggü der gelebten Gemsch mit sich bringt (LG Bln DAV **76**, 640: Unterh). Zur Bedeutg der Bereitwilligk des jetzigen Ehem der Mu bzw des angebl Erzeugers für das KiWohl vgl BayObLG FamRZ **96**, 1297; LG Oldbg
12 FamRZ **82**, 833 (vgl jetzt auch § 1618). – **c) Verfahren:** Einf 5 v § 1626. Anhörg auch eines 7jähr Ki (Hamm FamRZ **84**, 81).

1600 b *Anfechtungsfristen.* **I Die Vaterschaft kann binnen zwei Jahren gerichtlich angefochten werden. Die Frist beginnt mit dem Zeitpunkt, in dem der Berechtigte von den Umständen erfährt, die gegen die Vaterschaft sprechen.**

II Die Frist beginnt nicht vor der Geburt des Kindes und nicht, bevor die Anerkennung wirksam geworden ist. In den Fällen des § 1593 Satz 4 beginnt die Frist nicht vor der Rechtskraft der Entscheidung, durch die festgestellt wird, daß der neue Ehemann der Mutter nicht der Vater des Kindes ist.

III Hat der gesetzliche Vertreter eines minderjährigen Kindes die Vaterschaft nicht rechtzeitig angefochten, so kann das Kind nach dem Eintritt der Volljährigkeit selbst anfechten. In diesem Fall beginnt die Frist nicht vor Eintritt der Volljährigkeit und nicht vor dem Zeitpunkt, in dem das Kind von den Umständen erfährt, die gegen die Vaterschaft sprechen.

IV Hat der gesetzliche Vertreter eines Geschäftsunfähigen die Vaterschaft nicht rechtzeitig angefochten, so kann der Anfechtungsberechtigte nach dem Wegfall der Geschäftsunfähigkeit selbst anfechten. Absatz 3 Satz 2 gilt entsprechend.

V Erlangt das Kind Kenntnis von Umständen, auf Grund derer die Folgen der Vaterschaft für es unzumutbar werden, so beginnt für das Kind mit diesem Zeitpunkt die Frist des Absatzes 1 Satz 1 erneut.

VI Der Fristablauf ist gehemmt, solange der Anfechtungsberechtigte widerrechtlich durch Drohung an der Anfechtung gehindert wird. Im übrigen sind die für die Verjährung geltenden Vorschriften der §§ 203, 206 entsprechend anzuwenden.

1) Anfechtungsfrist von zwei Jahren, I 1. – a) Mit der Vereinheitlichg von EhelkAnf u Anf der 1
VaterschAnerk sind auch die unterschiedl Fristen zG einer einheitl AnfFr aufgegeben w, allerd modifiziert dch bestimmte Besonderh beim Beginn bzw der Hemmg der jew Fr (II u VI) u dch Gewährg von ZusatzFr (III–V). Abgesehen von III u V (vgl Rn 21) bezieht sich § 1600 b auf die Anfechtg sowohl der Aszendenz als auch der Deszendenz. **Zweck:** Die Fr dient der RSicherh, dem RFrieden u speziell der Bestandskraft des KindschStatus (BGH NJW **99**, 1862) u soll darüber hinaus dem AnfBerecht eine angem Zt zur Überlegg u zur Entscheidg einräumen. Desh keine Verwirkg, wenn dem AnfBerecht schon bei Beginn des FrLaufs sämtl für seine Entsch maßgebden GesPkte bewußt waren. Dch die AnfFr von 2 J werden auch die Interessen des ScheinVa an der Befreiung von seiner UnterhPfl verfassgsrechtl hinreichd gewahrt (BGH FamRZ **98**, 1577). Zur Berücks der AnfFr bei der **Schlüssigkeit** der AnfKl: § 1599 Rn 5. – **b)** Die zeitl Beschrkg der VaterschAnf ist mit der 2
EMRK sowie mit dem GG vereinb (vgl EuGH NJW **86**, 2176; BVerfG NJW **75**, 208; BGH FamRZ **91**, 325). Es handelt sich trotz der Anwendg der HemmgsVorschr (vgl VI 2) um eine **Ausschlußfrist** (Mot IV 667). Zum Begr: Überbl 7 v § 194. Bei Versäumg erlischt das AnfR des betreffden AnfBerecht, u zwar auch dann, wenn iS der Einf 6 ff v § 1591 außergerichtl bewiesen ist, daß das Ki nicht von dem nach den §§ 1592 Nr 1 u 2, 1593 als Va geltden Mann abstammt (vgl Hamm NJW-RR **95**, 643). Das Erlöschen ist vAw zu beachten. Es steht ggf der Anf dch einen and AnfBerecht nicht entgg. Die **Frist wird gewahrt** dch rechtzeit Erhebg der AnfKl (Einf 12 v § 1591; vgl BGH NJW **72**, 1373). Anschließdes Ruhen des Verf schadet der Einhaltg der Fr nicht (Kln FamRZ **92**, 1220). – **c) Beweislast:** Nach Ausschöpfen der verfügb BewMittel vAw gehen 3
verbleibde Zweifel jew zL des AnfGegn (Düss DAV **82**, 596/98), also wenn das Ki od seine Mu AnfKl erhoben hat, des Ehem bzw des Anerkennden (vgl KG FamRZ **74**, 380); bei Anf dch den Ehem od Anerkennden des Ki (vgl BGH NJW **78**, 1629; FamRZ **90**, 507/9). Nennt der Va einen best Ztpkt der KenntnErlangg iSv Rn 4 ff, so ist es Sache des bekl Ki nachzuweisen, daß der Va schon früher von Umstden Kenntn erlangt hat, die gg seine Vatersch sprechen (Kblz DAV **76**, 632). Für die Vorauss von Hemmg (Rn 18 ff) u Unterbrechg (Rn 14) trägt jew derj die BewL, der sich auf die FrEinhaltg beruft (vgl Zweibr FamRZ **84**, 81).

2) Die **Berechnung der Anfechtungsfrist** erfolgt für sämtl Fälle der VaterschAnf (§ 1599 Rn 1) u für die 4
versch AnfBerecht (§ 1600 Rn 1) nach den §§ 187 I, 188 II u insb auch, was den FrBeginn anlangt, nach einheitl GesPkten.

a) Fristbeginn. aa) Die Fr beginnt grdsl in dem Ztpkt, in dem der jew AnfBerecht **von den Umstän-** 5
den erfährt, die gegen die Vaterschaft sprechen, I 2. Das gilt auch bei Sprachschwierigk u falscher anwaltl Belehrg über den FrAblauf (Kln NJWE-FER **98**, 245 zur aF). Entscheidd ist regelm, wann der Kl von den Tats erfahren hat, die zur Erhebg der AnfKl veranlaßt haben (BGH NJW **98**, 2976). Liegt die Kenntn von der Unmöglk der Vatersch vor der Geburt des Ki, so entsch letztere (Rn 14). Die für die Mu geltde AnfFr beginnt iZw auch dann mit der Geburt des Ki, wenn dieses vor dem 1. 7. 98 geboren wurde (Stgt FamRZ **99**, 1003). Bei ges Vertr kommt es gem § 166 I auf die Kenntn des **gesetzlichen Vertreters** an. Entscheidd ist die Kenntn desj ges Vertr, der befugt ist, das Ki im VaterschAnfProz rechtswirks zu vertreten (Kblz DAV **83**, 735; Nürnbg NJW-RR **87**, 389). Die Herstellg der VertretgsBefugn gehört in diesen Fällen zum Beginn, nicht zur Hemmg der AnfFr. Im ScheidgsFall beginnt die Fr nach deren Zweck (Rn 1) für die Mu als ges Vertr daher ggf erst mit der Rechtskr der im VerbundUrt getroff SorgeRRegelg (vgl BGH NJW **72**, 1708; Ffm DAV **96**, 901; Dresd ZfJ **97**, 387). Läßt allerd der allein anfechtgsbefugte ges Vertr die Fr verstreichen, so bleibt es für das Ki bis zur Volljk u seiner eig Anf bei der Vatersch des ScheinVa (vgl Neust FamRZ **65**, 80). Die AnfFr lebt auch nicht wieder auf, wenn die zur Anf vertretgsberecht Mu sie hat verstreichen lassen u dann ein ErgPfleger bestellt (Hamm DAV **88**, 65) bzw ein and ges Vertr bestimmt w (Bambg FamRZ **92**, 220). Vgl aber zu den ZusatzAnfFr: Rn 21 ff.

bb) Die für den FrBeginn maßgebl **Kenntnis** von den Umstden, die gg die Vatersch sprechen, hat, wem 7
Tats bekannt w, die bei sachl Beurteilg geeignet sind, Zweifel an der Vatersch zu erwecken u die nicht ganz fernliegde Möglk der NichtVatersch zu begründen (BGH **69**, 195/7; BGH NJW **78**, 1629; **80**, 1335 f). Dabei ist **zu unterscheiden** zw den für die NichtVatersch sprechden Umst u der daraus als Schlußfolgerg zu gewinnden mögl Überzeugg von der NichtVatersch (vgl BGH **61**, 197; BGH FamRZ **78**, 494/5):

(1) Von den Umst, die obj für die NichtVatersch sprechen, muß volle od **sichere Kenntnis** bestehen, dh 8
die Tats müssen nicht nur obj vorliegen, sond der AnfBerecht muß auch die Gewißh haben, daß sie zutreffen. Er muß sie für wahr halten (vgl BGH **9**, 336). Er muß also bspw Kenntn vom Ehebruch haben, währd es nicht erfdl ist, daß er den Ehebrecher (RG **163**, 68) od gar den Erzeuger kennt (BGH NJWE-FER **98**, 197). Ebsowenig reichen Gerüchte über den LebWandel der Mu bzw der bl Verdacht des Ehebruchs, der Unrichtigk der VaterschAnerk usw aus (vgl BGH **61**, 195/7). Umgek steht dem FrBeginn nicht entgg, wenn der AnfBerecht bei KenntnErlangg unter AlkoholEinfl stand (Hamm FamRZ **94**, 186). Bei bl IndizTats (zB spärl Bekleidg in verfängl Situation) kommt es allein darauf an, ob der AnfBerecht selbst den Schluß auf den die Fr auslösden Umstd (Ehebr) vollzogen hat (BGH FamRZ **78**, 494/5).

(2) Daß der AnfBerecht aGrd der ihm bekannten Tats pers die Überzeugg gewinnt, daß das Ki nicht von 9
dem als Va geltden Mann abstammt, ist dagg nicht erfdl (vgl Hamm NJW-RR **95**, 643). Hier reicht vielm der **objektive Verdacht** aus, dh, daß aus der Sicht eines verständ, med-naturwissenschaftl nicht vorgebildeten Laien, also unabhäng vom individuellen BildgsStand des AnfBerecht (vgl BGH NJW **80**, 1335; **90**, 2813; aA

Gernhuber/Coester-Waltjen[4] S 766 f) aGrd der dem AnfBerecht bekannt gewordenen Umst die Vatersch ernstl in Frage gestellt ist bzw die NichtVatersch nicht ganz fern liegt (BGH **61**, 195/97; BGH FamRZ **56**,
10 344). – Für die Ingangsetzg der Fr ist danach **ausreichend** die Kenntn vom: Ehebruch der KiMu währd der EmpfängnZt (RG **163**, 68/72), auch bei zeitgleichem ehel Verk (Stgt DAV **74**, 103); 2-Wo-Urlaub mit einem and Mann (Hamm FamRZ **92**, 472); Geburt des Ki 11 Mo nach dem letzten ehel Verk (Brdbg OLG-NL **96**, 138) od umgek Vollreife des Ki bei Verfügbark von nur 7 Mo TrageZt (BGH **9**, 337; Neust MDR **61**, 769; and bei fehlder Kenntn der VollreifeMerkm: Mü FamRZ **84**, 1128); dagg **nicht** ausr: wenn trotz Ehebr die Möglk einer Empfängn ganz fern liegt (BGH NJW **78**, 1629); bei Annahme, die Pille sei währd des ehebrecherischen Verk noch nicht abgesetzt gewesen (Düss NJW **89**, 777), od VaterschAnerk nach Ausschl eines MehrVerkZeugen (vgl Karlsr NJWE-FER **98**, 103); ferner bei mangelder Ähnlk (Mü NJWE-FER **97**, 102)
11 od dunkler Hautfarbe wie die Mu, statt Mischfarbe (Karlsr NJWE-FER **99**, 208). – **Irrtum:** Der Fristlauf wird nicht gehindert dch die falsche jur Vorstellg, die Vatersch komme rechtl nicht in Betr, wenn es den Umst nach offenb unmögl ist, daß das Ki von dem Mann abstammt (vgl BGH **24**, 134; Kblz FamRZ **97**, 1171 L) od daß eine VaterschAnfVerzichtsVereinbg (entgg Rn 15 v § 1591) wirks sei u eine Fristhemmg bewirke (vgl Kln NJW **97**, 2458). Entsprechd werden Irrtümer behandelt, die auf falschen tatsächl Ann beruhen. Desh FrBeginn auch dann, wenn die Mu erkl, es sei bereits AnfKl erhoben w (Ffm DAV **85**, 1024). Auch läuft die Frist (auch iSv § 203) unabhäng vom Stand der med Forschg (BGH NJW **75**, 1465/2196 mA Braun). –
12 Anderers kann ein urspr bestehder Verdacht der NichtVatersch dch ggteilt Tats nachträgl widerlegt erscheinen, so daß eine bereits angelaufene AnfFr entfällt (vgl Düss FamRZ **95**, 315), u können **Fehler von Gerichten und Behörden** entspr der ratio legis des § 203 iRv I 2 beim AnfBerecht zu einem entspr Vertrauensschutz führen (vgl Hamm FamRZ **77**, 551): so, wenn das EhescheidgsUrt die Feststellg enth, aus der Ehe seien keine Ki hervorgegangen, obwohl die Frau im ZtRaum der §§ 1592 Nr 1, 1593 ein Ki geboren hat (vgl Ffm FamRZ **84**, 414); ferner bei Verzögerg der Bestellg eines Pflegers (BGH NJW **95**, 1419; Kln DAV **76**, 348); bei unrichtiger PersStBeurk (RG **160**, 92); bei Vertrauen auf einen fehlerh Hinw des Ger (Jena OLG-NL **95**, 182) od auf die Erkl des JA, dieses werde selbst im Namen des Ki die Anf betreiben (vgl BGH NJW **94**, 2752).

13 **cc) Fristunterbrechung bei Veränderungen des Kenntnisstands:** Eine nach I 2 in Gang gesetzte Fr entfällt wieder, wenn die Überzeugg von den für die Kenntn maßgebl Umst (Rn 8) verständigerw aufgegeben w durfte (BGH **61**, 195, 198 f): zB bei Verharmlosg des Ehebruchs u ständ Betong der Ähnlk des Ki mit dem gesetzl Va (Ffm DAV **85**, 1022). Die bl Versicherg der Frau, der Mann sei der leibl Va, reicht jedoch nicht aus (Zweibr FamRZ **84**, 81; vgl auch BGH ZfJ **76**, 414).

14 **b) Gesetzliche Modifikationen des Fristbeginns: aa)** Die AnfFr beginnt **nicht vor der Geburt des Kindes, II 1 Alt. 1,** was dahin interpretiert w muß, daß die Fr nicht vor Kenntn des AnfBerecht von der Geburt des Ki beginnt (vgl BGH **10**, 111/13). Bei der Anf der Vatersch aus § 1593 ist erfdl, daß der AnfBerecht weiß, daß die Geburt in die 300 Tage nach Auflösg der Ehe fällt (vgl RG JW **38**, 2017), was zB bei einem Seemann uU
15 zu verneinen ist (vgl Stgt DAV **85**, 1015). – **bb)** Beruht die Vatersch auf § 1592 Nr 2, so beginnt die AnfFr **nicht vor Wirksamwerden der Anerkennung, II 1 Alt. 2:** § 1594 Rn 5. Das gilt auch bei bewußt wahrheitswidr
16 Anerk (KG NJW-RR **95**, 70). – **cc) Vaterschaftswechsel infolge Wiederverheiratung, II 2.** Ist ein Ki im zeitl Umfeld der Scheidg geboren u wird es bei Wiederverheiratg der Mu statt dem neuen Ehemann inf Anf von dessen Vatersch dem früh Ehemann zugerechnet (§ 1593 I 3 u 4), so kann auch dieser seine Vatersch anfechten (§ 1593 Rn 5). Die Frist dafür beginnt nicht vor der Rechtskr der Feststellg, daß der neue Ehemann der Mu nicht der Va des Ki ist. Nach der ratio von Rn 15 kann auch hier die Fr erst beginnen, wenn der jew AnfBerecht von der rechtskr Entsch Kenntn erlangt hat (Soergel/Gaul[12] § 1600 Rn 7; bestr).

17 **c) Hemmung der Anfechtungsfristen, VI.** Währd bei der Unterbrechg der bish FrBeginn unberücks bleibt (Rn 13), führt die Hemmg dazu, daß Zeiten, in denen die Anf aus Grden unterblieb, die nicht in den
18 VerantwortgsBereich des AnfBerecht fallen, nicht mitgerechnet w (vgl § 205). – **aa) Drohung:** Vgl §§ 123 Rn 15 ff, 124 Rn 2 ff. Für eine widerrechtl Drohg reicht die Ankündigg einer VaterschAnfKl nicht aus (Soergel/Gaul[12] § 1600 h Rn 5). Mit Rücks auf die Regelg in I 2 u II sind iGgs zu § 1600 h II 2 aF
19 Willensmängel dch Irrtum u Täuschg nicht mehr als bes HemmgsGrde ausgestaltet. – **bb) Stillstand der Rechtspflege und höhere Gewalt, VI 2:** Vgl §§ 203, 206. Zu Fehlern von Gericht od Behörden: Rn 12. Bei Übergang der VertretgsMacht auf einen Pfl kommt es für die Hemmg einer bereits in Gang gesetzten Fr darauf an, ob der Pfl schon bei Übernahme des Amts die erfdl Kenntn hatte (vgl KG FamRZ **74**, 380; Kblz DAV **83**, 735 zu §§ 1629 II 1, 1795 I Nr 3). Entsprechdes gilt für die AnfFr vor Übertr der Alleinsorge auf die Mu. Einreichg des PKH-Gesuchs am letzten Tag der Fr dch den Pfl bewirkt Hemmg der AnfFr (KG FamRZ **78**, 927). Nicht ausr: Strafhaft; Verschulden des ProzBevollm (BGH **31**, 342) bzw des mit der Beratg des AnfBerecht betrauten RA (BGH **81**, 353).

20 **3) Neue Anfechtungsfristen** gewährt das Ges in III–V. Sie greifen ein, wenn die zG des Betroffenen bereits gewährte AnfFr nach I u II abgelaufen ist. Für die Hemmg dieser ZusatzFr gilt VI (Rn 17 ff).

21 **a) Anfechtung nach Eintritt der Volljährigkeit, III.** Die Vorschr bezieht sich nur auf die Anf der Aszendenz; sie gilt nicht, wenn ein mj Ki selbst ein Ki hat u seine eig Vatersch anfechten will (*arg* § 1600 a II
22 2). – **aa) Versäumung der Frist durch den gesetzlichen Vertreter, III 1.** Der Grd für die Versäumg der Fr ist unerhebl; ein bewußtes od fahrläss Verstreichenlassen der Fr ist nicht erfdl. Neue Befristg also auch dann, wenn das FamG die AnfKl als dem Wohl des Mj undienl nicht zugelassen hat (§ 1600 a Rn 11). Ist mangels Kenntn des ges Vertr (vgl Rn 6) gg das Ki bisher überh noch gar keine AnfFr gelaufen, so steht ihm nach VolljkEintritt ggf unmittelb die Fr nach I zu. III 1 gewährt kein neues AnfR, sond ledigl eine neue Befristg, so daß der Vollj gg sich ein gg seinen ges Vertr ergangenes abweisdes Urt gelten lassen muß u er neue
23 AnfMöglkten nur unter den Vorauss von V bzw nach ZPO 641 i hat. – **bb)** Für das AnfR besteht eine eigenständige, **an die Kenntnis des Volljährigen gebundene Anfechtungsfrist, III 2.** Damit ist dem Auftr von BVerfG FamRZ **94**, 881, die kenntnisunabhäng Fr zu beseit, Genüge getan. Erfährt also zB das Ki mit 27 J, daß der Ehemann der Mu nicht sein wirkl Va ist, kann es sich 2 J lang überlegen, ob es die Vatersch anfechten will. Weiß das Ki umgek von der NichtVatersch bereits seit seinem 15. LebJ, beginnt die AnfFr erst, wenn es das 18. LebJ vollendet hat (§ 2). Zur Kenntn von den gg die Vatersch sprechden Umst: Rn 5 ff. An

weitere Vorauss als an die Einhaltg der Fr ist das AnfR des Ki nicht gebunden. Zum Erfordern seiner Vereinbark mit dem FamFrieden vgl § 1600 Rn 5.

b) Vormalige Geschäftsunfähigkeit, IV. Hat der ges Vertr eines GeschUnfäh (vgl §§ 1600a Rn 3 ff; § 1902) die Vatersch nicht rechtzeitig angefochten, so kann der AnfBerecht nach Wegfall seiner GeschUnfgk (vgl § 1896 Rn 43) selbst anfechten, **IV 1.** Der Lauf der Fr bestimmt sich nach III 2, **IV 2.** Die Fr beträgt and als in § 206 auch hier 2 J, um dem von einer psych Krankh geheilten GeschUnfäh auch in diesem Fall die entsprechde ÜberleggsZt (Rn 1) einzuräumen. Iü stellt die Anwendg von III 2 klar, daß die Anf auch noch dann mögl ist, wenn dem AnfBerecht die Umst der NichtVatersch erst später als 2 J nach seiner Heilg zur Kenntn gelangen. 24

c) Unzumutbare Vaterschaft, V. – aa) Anwendungsbereich. Die Vorschr bezieht sich nicht auf die Anf einer eig Vatersch des Ki (Rn 1), gilt aber bei der Beseitigg fremder Vatersch für mj wie für vollj Ki u damit im Verhältn zu dem gesetzl Vater prakt lebenszeitl, dh ein Ki kann unabhäng von seinem Alter bei Unzumutbark die nicht vorh genet Zugehörigk ggü seinem jur Va zur Geltg bringen. Wg der Geltg von V auch für das mj Ki kann auch der ges Vertr, wenn er die 2-J-Fr von I 1 hat verstreichen lassen, die Nicht-Vatersch noch wg Unzumutbark dchsetzen. Dasselbe gilt für das vollj Ki, das die AnfFr von III nicht ausgenutzt hat. – **bb) Unzumutbarkeit.** Der GesGeber hat mRücks auf die unübersehb Fallgestaltgen auf eine Enumeration verzichtet, aber in den in § 1596 I aF genannten Grden einen gewissen AnhaltsPkt für die Ausfüllg der Generalklausel gesehen (BT-Drucks 13/4899 S 88): Tod des ScheinVa; Auflösg der Ehe der Elt; Eheschl zw der Mu u dem wahren Erzeuger des Ki; ehrloser od unsittl Lebenswandel od eine schwere Verfehlg des ScheinVa gg das Ki; schwere ErbKrankh des ScheinVa usw. Als nicht ausr sind angesehen worden: Nichtzahlg von Unterh (Oldbg FamRZ **89**, 426; and jedoch bei bes Hartnäckigk der UnterhEntziehg; BGH NJW **82**, 177); Entführg des Ki in die Türkei (Brem FamRZ **97**, 1172); Tuberkulose (BayObLG FamRZ **68**, 257). 25 26

1600 c *Vaterschaftsvermutung.*

I In dem Verfahren auf Anfechtung der Vaterschaft wird vermutet, daß das Kind von dem Mann abstammt, dessen Vaterschaft nach § 1592 Nr. 1 und 2, § 1593 besteht.

II Die Vermutung nach Absatz 1 gilt nicht, wenn der Mann, der die Vaterschaft anerkannt hat, die Vaterschaft anficht und seine Anerkennung unter einem Willensmangel nach § 119 Abs. 1, § 123 leidet; in diesem Fall ist § 1600 d Abs. 2 und 3 entsprechend anzuwenden.

1) Vermutungswirkungen. Es handelt sich bei I um widerlegl Vermutgen (ZPO 292). Soweit sie eingreifen u auch die Wirkg der auf der VaterschAnerk beruhden Präsumption nicht nach II aufgeh w (Rn 6), ist im AnfProz davon auszugehen, daß der nach §§ 1592 Nr 1 u 2; 1593 als Va des Ki geltde Mann auch dessen Va ist. Die BewL für die NichtVatersch liegt also unabhäng davon, wer von den versch AnfBerecht (§ 1600) die Anf betreibt, bei dem als Va geltden Mann. Sol die Vermutg nicht widerlegt ist, bleibt es daher bei der bish VaterschRegelg; die AnfKl ist abzuweisen. 1

2) Vermutungstatbestände, I. 2

a) Bei Geburt bestehende Ehe (§ 1592 Nr 1). Die Vermutg knüpft ausschließl an die Tats an, daß im Ztpkt der Geburt des Ki der als Va bezeichnete Mann mit der Mu des Ki verh war (§ 1592 Rn 3). Auf die Beiwohng od eine entsprechde BeiwohngsVermutg kommt es nicht an. Diese spielen iR des AnfVerf keine Rolle, wohl aber im gerichtl VaterschFeststellgsVerf gg einen Dr iRv § 1600 d II 1. 3

b) Zeitlicher Zusammenhang von Ehe und Geburt (§ 1593). Die VaterschVermutg gilt **für den Ehemann** der Mu des Ki, wenn die Ehe dch Tod aufgelöst u das Ki innerh von 300 Tagen od sonst im zeitl Umfeld der Eheauflösg geboren w ist (§ 1593 S 1 u 2). Sie gilt für den **neuen Ehemann,** wenn die Mu nach Auflösg ihrer 1. Ehe dch Tod, Aufhebg od Scheidg zeitnah erneut geheiratet hat u das Ki nach dem Zurechngsmodus von § 1593 S 1 u 2 wie dem von § 1592 Nr 1 sowohl Ki des 1. wie des 2. Ehemanns der Mu sein kann. Die Vermutg fällt schließl auf den 1. Ehemann zurück, wenn die Vatersch des neuen Ehemanns erfolgreich angefochten wurde (§ 1593 Rn 5). 4

c) Vaterschaftsanerkennung (§ 1592 Nr 2). – **aa)** Im VaterschAnfVerf wird vermutet, daß die von einem Mann erkl VaterschAnerk tats zutrifft u derj der leibl Va des Ki ist, der diese Abstammg aus freien Stücken bestät hat. Die VermutgsWirkg tritt nur ein, wenn die AnerkErkl wirks ist (vgl § 1594 Rn 2), insb unter Einhaltg der FormVorschr die erfdl Zustimmgen (§§ 1595, 1596) vorliegen u kein Widerruf erfolgt ist (§ 1597). Eine dch Heilg wirks gewordene Anerk (§ 1598 II) reicht für die Vermutg von I aus. – **bb) Ausschluß der Anerkennungsvermutung, II.** Die Vorschr bezieht sich nur auf die auf § 1592 Nr 2 beruhde VaterschVermutg, gilt also nicht für die eheinduzierten übr VaterschVermutgen von I. Die auf einer VaterschAnerk beruhde AbstammgsVermutg gilt nicht, wenn die Anerk auf einem Inhaltsirrtum bzw auf einem Irrt in der ErklHandlg beruhte (§ 119 Rn 11 u 10) bzw dch Täuschg od Drohg zustande gekommen war (§ 123 Rn 2 u 15). Ein EigenschIrrt (§ 119 Rn 23) reicht für die Zurückn der Vermutg dagg nicht aus. Ein InhIrrt kann sich bspw auf die Pers des Ki beziehen od auf den Inhalt der Erkl (zB VaterschAnerk statt NaErteilg gem § 1618). Für die Täuschg kommt es iGgs zu § 123 II nicht darauf an, von wem sie ausgeht (Celle DAV **53**, 11 f; Hamm DAV **58**, 47), da die Anerk nicht empfangsbedürft ist (§ 1594 Rn 4). Desh fällt unter II die Täuschg dch den Beistand (vgl Stgt DAV **75**, 548 zum früh AmtsPfl), vor allem jedoch dch die **Mutter des Kindes**. Das bl Verschweigen von Mehrverkehr stellt keine Täuschg dar, wohl aber dessen Ableugnen bzw die pos Versicherg, ausschließl mit dem Anerkennden verkehrt zu haben (RG **107**, 178; Soergel/Gaul[12] § 1600 h Rn 5). – Die Verweisg auf § 1600 d II u III in **II 2. Halbs.** führt den StatusProz in die normale Situation gerichtl VaterschFeststellg. Es gilt also die VaterschVermutg aGrd Beiwohng u ihr Ausschluß bei schwerwiegden Zweifeln (§ 1600 d Rn 11 ff). 5 6 7

1600 d *Gerichtliche Feststellung der Vaterschaft.*

I Besteht keine Vaterschaft nach § 1592 Nr. 1 und 2, § 1593, so ist die Vaterschaft gerichtlich festzustellen.

II Im Verfahren auf gerichtliche Feststellung der Vaterschaft wird als Vater vermutet, wer der Mutter während der Empfängniszeit beigewohnt hat. Die Vermutung gilt nicht, wenn schwerwiegende Zweifel an der Vaterschaft bestehen.

III Als Empfängniszeit gilt die Zeit von dem dreihundertsten bis zu dem einhunderteinundachtzigsten Tage vor der Geburt des Kindes, mit Einschluß sowohl des dreihundertsten als auch des einhunderteinundachtzigsten Tages. Steht fest, daß das Kind außerhalb des Zeitraums des Satzes 1 empfangen worden ist, so gilt dieser abweichende Zeitraum als Empfängniszeit.

IV Die Rechtswirkungen der Vaterschaft können, soweit sich nicht aus dem Gesetz anderes ergibt, erst vom Zeitpunkt ihrer Feststellung an geltend gemacht werden.

1 **1) Gerichtliche Vaterschaftsfeststellung** (Lit.: Wieser NJW **98**, 2023)

2 **a) Zweck:** Das gerichtl FeststellgsVerf verfolgt das Ziel, die Vatersch zu ermitteln, wenn eine solche nicht bereits aGrd der Ehe eines Mannes mit der Mu des Ki (§§ 1592 Nr 1, 1593 S 1 u 3) bzw dch Anerk der Vatersch (§ 1592 Nr 2) feststeht. Die gerichtl Feststellg tritt somit als dritte Form der rechtl Sicherg der Abstammg des Ki von einem best Mann neben die beiden and (§ 1592 Nr 3). Mit „Vatersch" ist dabei die wirkl od biolog Abstammg gemeint (Einf 1 v § 1591). Sol eine VaterschAnerk vorliegt, ist nicht nur eine weitere Anerk der Vatersch dch einen and Mann unwirks (§ 1594 II), sond auch keine gerichtl Feststellg der Vatersch zul (BGH NJW **99**, 1632). Die Entsch über die genet Zugehörigk des Ki zu einem best Mann enthält ein **Statusurteil** insof, als sich auf diesen Status eine ganze Reihe weiterer Regelgen bezieht, ohne daß es jedesmal der erneuten Feststellg od Widerlegg der Abstammg bedarf (vgl §§ 1601 ff, 1616 ff, 1626 ff, 1924 ff, 2303 ff). Die Feststellg der Vatersch ist einheitl, kann also nicht auf best RWirkgen (zB auf die UnterhVerpfl des Mannes) beschrkt w (vgl BGH **60**, 247; BGH NJW **73**, 2251). Schon gar nicht ist eine isolierte, folgenl AbstFeststKl zul (Hamm DAV **99**, 640). Zur **Mutterschaftsfeststellung:** § 1591 Rn 2.

3 **b) Verfahrensrecht** (vgl Einf 12 v § 1591). Es gelten ZPO 640 ff. Die gerichtl VaterschFeststellg ist
4 KindschSache (ZPO 640 II Nr 1). Zum Anspr des Ki auf **PKV:** § 1610 Rn 15. – **aa)** Für die VaterschFeststellgsKl gibt es grdsl **keine Frist.** Hat das Ki weder aGrd der Ehe der Mu noch aGrd einer wirks Anerk einen Va, kann jederZt u damit ggf auch erst dann, wenn das Ki schon lange erwachsen ist, sein Erzeuger gerichtl festgestellt w. Besteht dagg eine Vatersch aGrd der §§ 1592 Nr 1 od 2, 1593, so muß diese zunächst dch VaterschAnf beseit w (§§ 1599 ff), ehe der Weg für die gerichtl Feststellg eines and Mannes als Va frei ist. Da hierfür AnfFristen bestehen (§ 1600 b), bei deren Versäumg auch die gerichtl Feststellg des wirkl Va blockiert
5 ist, besteht insof auch für die gerichtl VaterschFeststellg mittelb eine Befristg. – **bb)** Im VaterschFeststellgsVerf können auch die Vatersch **anerkannt** sowie die entsprechden Zustimmgen erkl w (ZPO 641 c), womit der RStreit in der Haupts erledigt ist. Das gilt auch, wenn im Proz ein Dr wirks die Vatersch anerkennt. Verweigert die Mu od ein sonstiger ZustimmgsBerecht seine Zust, muß die VaterschFeststellg auch dann gerichtl erfolgen, wenn an der Erzeugersch des Anerkennden kein Zweifel besteht (Wieser NJW **98**, 2025). **Tod** eines Beteil: § 1600 e Rn 8. Im Ggs zur VaterschAnf (vgl § 1599 Rn 7) wird die gerichtl Vatersch dch **Feststellungsurteil**
6 begründet. – **cc) Drittwirkung.** Der an dem RStreit nicht beteil EltT od das Ki, das nicht Partei ist, sind beizuladen (ZPO 640 e I). Ki u Mu können für den Fall des Unterliegens einem Dr, den sie dann in Anspr nehmen zu können meinen, den Streit verkünden (ZPO 640 e II). Zur UrtWirkg inter omnes: ZPO 640 h; sa Einf 12 v § 1591. RestitutionsKl insb bei neuem GA: ZPO 641 i. Bei öff Zustellg auch NichtigkKl analog ZPO 579 I Nr 4, wenn der Bekl von dem VaterschProz gg ihn nichts erfahren hat (Hamm FamRZ **81**, 205).

7 **2) Vaterschaftsfeststellungsklage, I.**

8 **A) Ungeklärte Vaterschaft.** Als **anderweitige Vaterschaft** kommt nur die aGrd von Ehe od rechtswirks Anerk gem §§ 1592 Nr 1 u 2, 1593, 1594 ff begründete Vatersch in Betr (vgl BGH **80**, 218; Düss NJW **90**, 1244; Ffm FamRZ **97**, 1356). **Keine Vaterschaft besteht** iSv I einmal dann, wenn die anderw Vatersch von vornherein nicht begründet ist, weil die Mu zZt der Geburt des Ki od im zeitl Umfeld ders nicht verh war u auch keine wirks VaterschAnerk eines Mannes vorliegt; zum and, wenn eine anderweitige Vatersch zwar begründet war, aber dch wirks VaterschAnf wieder beseit w ist (§ 1599 I). Die gerichtl Feststellg der Vatersch eines Mannes steht also mind unter einer, ggf unter einer doppelten negat RBdgg. GrdVorauss ist, daß kein and Mann als Va des Ki anzusehen ist. Ist das doch der Fall, muß zunächst diese ScheinVatersch ihrers auf Anfechtg hin beseit w.

9 **B) Vaterschaftsfeststellung durch das Familiengericht.** Ziel der gerichtl VaterschFeststellg ist die Ermittlg der biolog Vatersch eines best Mannes (Rn 1). Dies kann **auf zwei verschiedenen Wegen** geschehen (vgl BGH NJW **76**, 369). Dabei hat der direkte Nachw (Rn 10) Vorrang vor der bl mittelb Feststellg der Vatersch aGrd der AbstammgsVermutg von II 1 (Rn 11).

10 **a) Direkter Nachweis der Abstammung** des Ki von einem best Mann nach I. Vgl zur AbstammgsBegutachtg Einf 11 v § 1591. Festzustellen ist nicht nur die Vatersch desj Mannes, der das Ki dch GeschlechtsVerk gezeugt hat (so § 1600 o I aF), sond auch des Mannes, dessen Samen iR einer künstl Insemination verwendet wurde (Einf 14 f vor § 1591). Auf den Nachw der **Beiwohnung** kommt es beim direkten VaterschNachw nicht mehr an (Soergel/Gaul[12] § 1600 o Rn 8). Angesichts der inzw erreichb hohen WahrscheinlkWerte bei der genet Zuordng eines Ki dch die moderne Paternitätsbegutachtg gilt sie ggf iW des Rückschlusses als mitbewiesen (BGH NJW **76**, 369; Hamm FamRZ **94**, 648). – Entsprechdes gilt auch für die **Empfängniszeit** (unten Rn 15). Wird die Beiwohng von dem bekl Mann zugegeben, behauptet er aber, sie habe außerh der EmpfängnZt stattgefunden, so ist dieser Einwand unerhebl, wenn aGrd der AbstammgsGA nachgewiesen ist, daß das Ki von ihm abstammt. – Daß zunächst **Zweifel** an der Vatersch des Bekl bestanden haben, hindert nach deren **Ausräumung** dch die GAen die direkte VaterschFeststellg nicht. Auch dann ist also kein Raum für die Anwendg von II (vgl Brschw DAV **80**, 553). Das gilt selbst bei Behauptg der Prostitution (Karlsr NJWE-FER **99**, 252 : 99, 91 %).

11 **b) Vaterschaftsvermutung, II. – aa) Praktische Bedeutung.** Das KindRG hat in II die bish Regelg aus § 1600 o II aF unverändert übernommen, obwohl in der amtl Begrdg ausdrückl festgestellt wird, daß die

Vermutg in der Mehrzahl der Fälle entbehrl u nur noch dann von Bedeutg ist, wenn etwa wg Fehlens von Blut- od Gewebeproben keine hinreichden gutachtl Erkenntn gewonnen w können, weil das Ki auch dann nicht vaterlos bleiben soll, wenn die Beiwohng bewiesen ist (BT-Drucks 13/4899 S 88). Kann die Beiwohng mit Hilfe statist BlutgruppenGAen od dch DNA-Analyse nachgewiesen w, erfolgt die VaterschFeststellg nicht über die VermutgsRegelg von II, sond unmittelb nach I (vgl Rn 10). Die Vermutg kommt also wie bish (vgl Hamm FamRZ **94**, 648) erst dann zum Zuge, wenn sich die biolog Vatersch nach Erschöpfg der zur Vfg stehden BewMittel nicht feststellen läßt (BayObLG DAV **99**, 636). Prakt Bedeutg hat die Vermutg allerd nach wie vor für die einstw Vfg bzw einstw AnO zG von Ki od Mu auf Leistg von **Unterhalt** (§ 1615 o; ZPO 641 d).

bb) Voraussetzungen der Vaterschaftsvermutung, II 1: (1) **Beiwohnung.** Nachw des Samenergusses nicht erfdl (Stgt u Hbg DAV **74**, 233 u 601). Bei künstl SamenÜbertragg gilt die Vermutg nicht; hier muß die Insemination bewiesen w. (2) Die Beiwohng muß innerh der **Empfängniszeit** erfolgt sein (vgl dazu Rn 15). 12

cc) Entkräftung der Vermutung – abgesehen vom GgBew der Nichtbeiwohng od Beiwohng außerh der EmpfängnZt (Brüggemann FamRZ **64**, 342) – dch negat VaterschBew (Einf 8 v § 1591) bzw wenn **schwerwiegende Zweifel** an der Vatersch verbleiben, **II 2.** Vor Abweisg der VaterschKl hat das Gericht sämtl nach Lage des Falles vernünftigerw für die Ermittlg der Abstammg dienl u zur Vfg stehden Bew zu erheben (BGH **61**, 168; BGH NJW **73**, 2250; FamRZ **77**, 538), insb natürl serolog-statist GA einschl des HLA-Systems (BGH NJW **78**, 1684) u DNA-GA einzuholen. Letztere sind idR geeignet, schwerwiegde Zweifel auszuschließen (BGH NJW **91**, 749 u 2961; FamRZ **91**, 426/8; einschränkd allerd BGH NJW **94**, 1348). **Mehrverkehr:** Angebotene MehrVerkZeugen sind ijF einzubeziehen (BGH FamRZ **88**, 1037; NJW **90**, 2312). Ein allg MehrVerkVerdacht reicht nicht aus (BGH FamRZ **75**, 686; **76**, 85), währd ein nur mögl MehrVerk dchaus schwerwiegde Zweifel begründet kann (BGH NJW **73**, 2249). Aber selbst bei erwiesenem MehrVerk sind schwerwiegde Zweifel nicht begr, wenn der and Mann dch GA eindeut als Va ausgeschl w (Brschw DAV **80**, 553). Der Dirneneinwand wirkt sich im serolog-statist GA auf die AusschlWahrscheinlk aus (BGH NJW **82**, 2124). Bei MehrVerk mit leibl Brüdern lassen sich schwerwiegde Zweifel dch DNA-Analyse ausräumen, allerd nicht bei eineiigen **Zwillingen** bei Verk innerh der gesetzl EmpfängnZt (BGH FamRZ **89**, 1067; Celle FamRZ **94**, 650; Hamm FamRZ **95**, 245). Zu zusätzl Schwierigkten bei Beteiligg von **ausländischen** BevölkergsGruppen: BGH NJW **80**, 636; Mü NJW **84**, 1826). Auch für **Inzestfälle** gibt es Tabellen (AG Aachen DAV **86**, 450; Hummel DAV **87**, 59 u 348). Zum VaterschNachw bei **Mongolismus:** Pfeiffer u AG Lüb DAV **77**, 163 u 210. Zur **Bipaternität** od **Superfecundatio** (DoppelSchwangersch inf Befruchtg von 2 Eiern dch 2 Väter) u zum crossing-over bei **zweieiigen Zwillingen:** Karlsr DAV **90**, 155; Hummel/Zapata DAV **98**, 415. Serolog-statist VaterschAusschlüsse, die dch **Mutationen** vorgetäuscht w, können dch WahrscheinlkWerte von über 99,99 % in den übr BlutGrSystemen BGH DAV **81**, 274/77) od heute auch dch die DNA-Analyse aufgedeckt u neutralisiert w (BGH NJW **91**, 749). – **Keine Umstände im** 14
Sinne von II 2 sind: die Behauptg der Einnahme der Antibabypille (Mü DAV **94**, 732) od des Gebr empfängn-verhütder Mittel (BGH FamRZ **74**, 644); Beschrkg auf Berühr der Geschlechtsteile (vgl Celle NJW **90**, 2942); ZeuggsUnfgk nach Sterilisation in der Zt nach der Empfängn bei höchster VaterschWahrscheinlk (Jena OLG-NL **96**, 136). 13

3) Gesetzliche Empfängniszeit, III 1. Sie ist im Interesse europ RVereinheitlichg auf 300 (bisher: 302) Tage verkürzt w (BT-Drucks 13/4899 S 83). Eine Rückrechng vom Tag der Geburt ergibt, wann das Ki empfangen w (Tab bei Herlan FamRZ **98**, 1349 = DAV **99**, 203). Das Ges legt bei einer mittleren TrageZt eines vollreifen Ki von 268 Tagen die längste u kürzeste TrageZt noch lebensfäh Ki als gesetzl EmpfängnZt fest. Für die Berechng der EmpfängnZt bei Tod u Verschollenh des Ehem: § 1593 Rn 3 u 4. Bei homologer Insemination steht die SamenÜbertragg der Beiwohng gleich, ohne daß es auf das Einverständn des Ehem ankommt. III 1 muß auch dann gelten, wenn das Ki von einer künstl am Leben gehaltenen Frau geboren w. Entsprechd § 1593 Rn 3 sieht auch **III 2** die Möglk vor, bei nachgewiesener abweichder SchwangerschDauer auf den abweichden ZtRaum als EmpfängnZt abzustellen. Im Ggs zu § 1593 S 2 ist hier auch eine kürzere als die gesetzl TrageZt erfaßt (BT-Drucks 13/4899 S 89). 15

4) Wirkungen der gerichtlichen Vaterschaftsfeststellung. – a) Das Urt stellt ab Rechtskr mit Wirkg für u gg alle fest, daß der als Va festgestellte Mann der biolog Va des Ki ist. Der StBeamte vermerkt die Vatersch am Rand des Geburtseintrags (PStG 29 I), bei einem ausl Erzeuger mit Angabe seiner Staatsangehörigk (Hamm NJW **75**, 499). – **b) Sperrwirkung, IV.** Währd bei einem in die Ehe seiner Mu hinein- 16
geborenen Ki selbst bei offenb Unmöglk der Abstammg der Ehem der Mu als Va gilt, hat die Notwendigk der 17
VaterschFeststellg beim nehel Ki im **aa) Grundsatz** eine Sperrwirkg: bis zum Ztpkt der rechtskr Feststellg 18
der Vatersch kann niemand geltd machen, daß jemand Va eines best ne Ki ist (vgl BGH **80**, 218). Insb ist bei fehlder Anerk die gerichtl VaterschFeststellg Vorauss für alle Anspr gg den ne Va. Das Ki kann gg ihn nicht Kl auf Unterh erheben (BGH NJW **73**, 1367) od der ScheinVa Rückgr gg ihn nehmen (vgl Kln FamRZ **78**, 834). Es bestehen weder ErbR noch PflichtTAnspr (BGH **85**, 274). Die Sperrwirkg gilt auch in and Bereichen. Desh vor Anerk od Feststellg der Vatersch keine AuskPfl des ne Va gem BKGG 19 I (BayObLG NJW **91**, 2919). Die Sperrwirkg ist als solche nicht dispositiv. Die Berufg auf eine anderweitige Abstammg ist selbst dann unzul, wenn unter den ProzBeteil feststeht, daß das Ki nicht von dem dch die Ehe od dch VaterschAnerk ausgewiesenen Mann abstammt (vgl RG **157**, 346). Dasselbe gilt bei der Übertragg eines ErbT dch Vergl (BayObLG FamRZ **81**, 196). Da das Ki bis zur Feststellg des GgTeils als von dem Ehem seiner Mu abstammd gilt, kann es den die VaterschAnf betreibden Ehem auf Unterh in Anspr nehmen (Stgt DAV **78**, 217), von ihm auch PKV für die eig AnfKl verlangen (vgl § 1610 Rn 14). Umgek bleibt der ges Vater trotz Erhebg der VaterschAnfKl umgangsberecht (BGH NJW **88**, 1666). – **bb)** Der Sperrwirkg steht die **Rück-** 19
wirkung der gerichtl VaterschFeststellg nicht entgg. IV hindert nicht das Entstehen des UnterhAnspr des Ki u dessen Übergang auf Dr, die für den Unterh in der ZwZt bis zur Feststellg der Vatersch eingesprungen sind (§ 1607 II 2 u III). Der übergegangene Anspr kann ledigl erst nach Feststellg der Vatersch geltd gemacht w. Auch der Anspr auf KiGeld besteht rückw (BSG FamRZ **83**, 270). – **cc) Ausnahmen** von der Sperrwirkg 20
sieht das Ges selbst vor. So können einstw Vfgen u AnOen auf Leistg von Unterh für das Ki u die Mu schon aGrd der VaterschVermutg bzw ab Anhängigk des VaterschFeststellgsVerf ergehen (§ 1615 o; ZPO 641 d).

Entsprechd kann auch mit der Feststellg der Vatersch bereits die Verurteilg zum RegelUnterh verbunden w (ZPO 653). Ohne vorherige VaterschFeststellg ist ferner die Eingehg einer vertragl UnterhVerpfl wirks (BGH **64**, 136). Zul ist außerd der Regreß des ScheinVa bei kollusivem ZusWirken des Erzeugers mit der Mu (AG Euskirchen FamRZ **90**, 198 mA Schröder). Für ein Ki kann auch vor VaterschFeststellg als unbekannter Erbe eines Verstorbenen nach § 1960 ein Pfleger bestellt w (Stgt NJW **75**, 880). Die Sperrwirkg hindert schließl nicht Klagen auf **Schadensersatz** gg einen Arzt wg fehlgeschlagener Sterilisation (Feuerborn FamRZ **91**, 515; vgl Einf 21 v § 1591) bzw gg einen RA wg Versäumg der AnfFr, ebsowenig wie die Streitverkündg (vgl BGH NJW-RR **87**, 898). Der RA würde sich mit seinem eig Verhalten in Widerspr setzen, dürfte er sich auf
21 das Scheitern des AnfProz berufen. – **dd) Vaterschaftsfeststellungsunabhängig** sind schließl das Eheverbot von § 1307 u die Strafbark wg Beischlafs unter Verwandten (StGB 173).

1600 e *Zuständigkeit des Familiengerichts für das Vaterschaftsfeststellungs- und Anfechtungsverfahren; Tod des Passivlegitimierten.*

I Auf Klage des Mannes gegen das Kind oder auf Klage der Mutter oder des Kindes gegen den Mann entscheidet das Familiengericht über die Feststellung oder Anfechtung der Vaterschaft.

II Ist die Person, gegen die die Klage zu richten wäre, verstorben, so entscheidet das Familiengericht auf Antrag der Person, die nach Absatz 1 klagebefugt wäre.

1 **1) Einheitliche Zuständigkeit des Familiengerichts, I.** Für die Kl auf Feststellg der Vatersch (§ 1600 d I) wie für die VaterschAnfKl (§§ 1599 ff) ist einheitl u ausschließl das FamG zust (ZPO 40 II 1, 621 I Nr 10, 640 II Nr 1 u 2). Da die FamG über UnterhSachen entscheiden (vgl Einf 60 v § 1601), erschien es sinnvoll, sie auch mit den AbstammgsSachen zu befassen (BT-Drucks 13/4899 S 89). Zur WiderKl, subj KlKonkurrenz u Beteiligg von Mu u potentiellem Erzeuger an dem Proz des Ki: Wieser NJW **98**, 2024.

2 **2) Aktiv- und Passivlegitimation, I.** Zur Anf der Vatersch sind nach § 1600 der aGrd seiner Ehe mit der Mu bzw dch Anerkenntn als Va geltde Mann, die Mu u das Ki berecht. Die Berechtigg, im StatusVerf (ZPO 640 ff) Kl auf Feststellg der Vatersch bzw des Nichtbestehens der Vatersch zu erheben, ergibt sich aus § 1600 e. Außerh des StatusVerf steht den Beteil, aber auch insb Dritten bei Vorliegen eines entsprechden RSchutzInteresses die FeststellgsKl zur Vfg (ZPO 276). Bei Vorgreiflichk (zB in UnterhSachen) ggf Aussetzg des Verf (ZPO
3 148). – **a) Vaterschaftsfeststellung.** Sie betrifft die pos wie negat Feststellg der Vatersch (Einf 8 v § 1591). Die pos VaterschFeststellg hat bei allen KlBerecht zur Vorauss, daß keine anderw Vatersch besteht (§ 1600 d Rn 8). Das FeststellgsInteresse ist grdsl gegeben, wenn eine tats Unsicherh über die Vatersch besteht (BGH NJW **73**, 51). Ein UnterhTitel steht dem FeststellgsInteresse nicht entgg (Th-P § 640 Rn 4), ebsowenig die
4 Bereitsch des Mannes, seine Vatersch anzuerk (KG FamRZ **94**, 909). – **aa)** Wird ein **Mann** etwa auf KiUnterh in Anspr gen, so kann er im StatusProz gerichtl feststellen lassen, daß das Ki nicht von ihm abstammt. Umgek kann er auf pos Feststellg klagen, daß er Va eines best Ki ist (so auch Wieser NJW **98**, 2032). Eine Zust der Mu wie zur VaterschAnerk (§ 1595 I) ist nicht vorgesehen. Die Kl des Mannes ist jeweils gg das Ki zu richten, gg
5 die Mu allenf außerh des StatusVerf als gewöhnl FeststellgsKl nach ZPO 256. – **bb)** Der **Mutter** steht eine eig
6 KlBefugn zu. Das entspricht dem ZustimmgsErfordern bei der VaterschAnerk (vgl § 1595 I). – **cc)** Dem **Kind** steht eine eig ProzFührgsBefugn zu. Ist es noch mj od aGrd GeschUnfgk nicht prozfäh (ZPO 52), wird es dch seinen ges Vertr vertreten. Ist die Mu nach § 1626 a II alleinvertretgsberecht, so kann ihr das FamG die Vertretg auch nicht wg erhebl InteressenGgsatzes nach § 1796 entziehen (§ 1629 II 3). Gem § 1712 I Nr 1 kann das JA
7 zum Beistand des Ki bestellt w, u zwar sowohl bei der akt wie bei der pass VaterschFeststellg (§ 1712 Rn 3). – **b) Vaterschaftsanfechtung.** Die Berechtigg zur Anf der Vatersch selbst ergibt sich aus § 1600 (vgl dort); § 1600 e I legt insof für die VaterschAnf ledigl die Parteirollen fest, dh gg wen der jeweils AnfBerecht seine AnfKl zu richten hat. Steht die Vatersch eines Mannes aGrd der Ehe mit der Mu od aGrd seiner Anerk der Vatersch fest, so ficht er sie dch Kl gg das Ki an. Zur Schlüssigk der Kl: § 1599 Rn 5. Die Mu erhält eine entspr Mitteilg u ist zur mündl Verh zu laden (ZPO 640 e I). Sie kann dem Ki od dem Va zur Unterstützg beitreten (ZPO 69, 62, 640 b I 2). Das Ki bzw dessen Mu fechten die Vatersch dch Kl gg den ScheinVa an.

8 **3) Tod einer Partei.** Für Kl auf Feststellg bzw Anf der Vatersch ergeben sich keine Unterschiede. Bei Tod
9 **a) während des Prozesses:** ZPO 619, 640 I. Bei Tod der klagden Partei Möglk der Aufn des Verf dch einen
10 and Berecht (ZPO 640 g); – **b) vor Prozeßbeginn, II.** Ist der Mann, gg den das Ki od seine Mu die VaterschFeststellg betreiben wollen, gestorben od will ein Mann seine ScheinVatersch anfechten, nachd das Ki gestorben ist, so kommt mangels eines Gegners, gg den die Kl zu richten wäre, die Dchführg eines KindschVerf nach ZPO 640 ff nicht mehr in Betr. Stattdessen wird ein Verf nach FGG 56 c, ZPO 621 a I dchgeführt (vgl BT-Drucks 13/4899 S 74 u 89). Auch dieses Verf findet beim FamG statt. Die AntrBefugn best sich nach I. Ist die VaterschFeststellgsKl des Ki rechtskr abgewiesen w, so ist nach dem Tod des in Anspr genommenen Mannes auch das RestitutionsVerf vor dem FGG-FamG zu betreiben (vgl KG FamRZ **98**, 382).

1600 f–1600 o *(Entfallen auf Grund der Neufassung des 2. Titels durch Art. 1 Nr. 1 KindRG.)*

Dritter Titel. Unterhaltspflicht

Einführung

Schrifttum: Göppinger/Wax, UnterhR, 7. Aufl 1999; Heiß/Born (Hrsg), UnterhR, Hdb für die Prax, Stand 1. 11. 98; Kalthoener/Büttner, Die Rspr zur Höhe des Unterh, 6. Aufl 1997; Köhler/Luthin, Hdb des UnterhR, 8. Aufl 1993; Wendl/Staudigl, Das UnterhR in der famgerichtl Prax, 4. Aufl 1997. Zum **KindUG:** Weber NJW **98**, 1992; Oelkers ZfJ **99**, 239 mit RechenBspen. **Tabellen:** Einl v § 1297.

1) a) Seiner **Rechtsnatur** nach ist der auf dem VerwandtschVerh (Einf 1 v § 1589) u damit im FamR u im wesentl auch sittl begründete UnterhAnspr der §§ 1601 ff ein gesetzl SchuldVerh (vgl Einl 24 v § 241; Einf 5 v § 305), wobei die Anwendbark der §§ 241 ff im einz problemat sein kann (Staud/Kappe[12], Vorbem 78 ff v § 1601), die ihrerseits zT auch umgek dch das UnterhR modifiziert w (zB §§ 1613, 1614). Zur Einschränkg von Aufrechng u Abtretbark: §§ 394, 400. Die unterschiedl Ausgestaltg der UnterhVerpfl nach der Ehelk u Nichtehelk des unterhberecht Ki ist dch das KindUG aufgegeben w. UnterhAnspr entstehen in jedem Ztpkt, in dem ihre Vorauss vorl, neu (BGH **85**, 16/25). – **b) Arten:** Zu unterscheiden ist zw **Betreuungs- und Barbedarf:** Ersterer betr die tats Versorgg des UnterhBerecht mit Nahrg, Kleidg, Wohng, Unterricht, Pflege im KrankhFall usw, währd mit BarBed die hierf erfdl Geldmittel gemeint sind (vgl §§ 1606 III 2, 1610, 1612). Eine begriffl Unterscheidg zw Bt- u NaturalUnterh ist jur nicht erfdl (aA Staud/Kappe[12] § 1606 Rn 16). Der Empfang von Unterh kann seiners die eig LeistgsFgk begründen (§ 1603 Rn 16). – **c)** Die UnterhPfl ist **zwingendes Recht;** insb keine Entbindg davon mRücks auf GG 12 (OVG Münst FamRZ **75**, 60). Zum FreistellgsAnspr: § 1606 Rn 21. – **d) Anspruchsschema.** Die tatbestandl GrdVorauss für das Bestehen eines UnterhAnspr sind auf versch Vorschr verteilt: **aa) Verwandtschaft in gerader Linie** als GrdVorauss: § 1601; **bb) Bedürftigkeit** aS des UnterhBerecht: § 1602; **cc) Leistungsfähigkeit** aS des UnterhVerpfl: § 1603; **dd)** als **Bedarf** bezeichnet man den Inh od LeistgsGgst der UnterhPfl. Er wird unterteilt in Betreuungs- u Barbedarf (oben Rn 2), ggf auf die Elt verteilt u letzterer in der Höhe festgelegt: §§ 1610, 1612, 1606 III. **ee)** Das Fehlen von **Einwendungen** als quasi negat TatbestdsVorauss: zB Fehlen vorrang haftder Verwandter (§ 1606 I u II) bzw des Eheg (§ 1608 S 1) od Verwirkg (§ 1611). – **e) Anwendungsbereich.** Die §§ 1601 ff betr vom Wortlt her nur die UnterhPfl zw Verwandten in gerader Linie (§ 1589 S 1), gelten aber auch bei Adopt (§ 1754 Rn 3) od bl ScheinVatersch (§ 1592 Rn 3). Iü enth sie allg Vorauss jeder UnterhPfl, so daß die Erfordern von Bedürftigk u LeistgsFgk (§§ 1602, 1603) etwa auch für die §§ 1360 ff gelten. Rechtspolit bedenkl ist es, daß Entsch im UnterhR zunehmd mit Hilfe von **Fiktionen** getroffen w müssen (Spangenberg FamRZ **94**, 1565; vgl §§ 1602 Rn 12; 1603 Rn 14). 1 2 3 4 5

2) Besonderheiten des UnterhAnspr: – **a) Nebenverpflichtungen** bestehen auf Ausk (§ 1605) sowie **Obliegenheiten** bspw auf Verwertg der eig ArbKraft (§§ 1602 Rn 12; 1603 Rn 34) od zur Geltdmachg von Außenständen (§ 1603 Rn 35). – **b) Verzinsung** von UnterhAnspr ab Verzug bzw Rhängigk (BGH FamRZ **87**, 352; Hamm FamRZ **88**, 952). – **c) Rechtsfolgen in anderen Bereichen.** Ehel GüterR: §§ 1381 II, 1386 I, 1447 Nr 2, 1469 Nr 3, 1495 Nr 2; nachehel Unterh: § 1579 Nr 5; VA: §§ 1587 c Nr 3, 1587 h Nr 3; KindschR: § 1666 II; AdoptR: § 1748 I 1; ErbR: §§ 2333 Nr 4, 2334. Beratg dch das JA: Einf 17 v § 1626. Insolvenz: InsO 40; Steder DAV **98**, 867. SteuerR: Berücks von UnterhAufwendgen gem EStG 33, 33 a (BMF NJW **98**, 584; BFH FamRZ **96**, 1005); vgl iü § 1603 Rn 29 ff. Berücks v UnterhVerpfl bei der BeamtBesoldg: BVerG FamRZ **99**, 561. StrafR: StGB 170 I; VerwR: SGB I 6, 48 I 1; PaßG: §§ 7 I Nr 5, 8, 9, 10, 13 I Nr 2; AuslG: § 62 II. – **d) Verjährung:** §§ 194 Rn 11; 197 Rn 8; Hemmg: § 204 Rn 3; Unterbrechg: § 208 Rn 5; insb führt auch die Einreichg des Antr im VereinfVerf (unten Rn 64) zur Unterbrechg der Verjährg (§ 209 II Nr 1 b; ZPO 270 III, 647 II). – **e) Verwirkung:** rückständ Unterh: § 242 Rn 109. Auch titulierten Unterh (BGH NJWE-FER **99**, 269: trotz § 204 S 2), bei Nichtgeltdmachg titulierten Unterh über mehr als 2½ J (Hamm FamRZ **98**, 1189) od von vereinb MehrLeistg (Naumbg OLG-NL **96**, 200). Vgl iü § 1611. – **f) Zurückbehaltungsrecht** ggü UnterhAnspr: § 273 Rn 2; Müller DAV **96**, 865. – **g) Schadensersatz** bei **aa)** Verletzg der AuskPfl: § 1605 Rn 3 u 5 bzw **bb)** von UnterhPfl: Müller DAV **98**, 409; SchuldnVerzug: § 1613 Rn 7; Unmöglk zB dch fehlerh Begrdg einer KrankenVers (Schlesw FamRZ **83**, 394; vgl v. Krog FamRZ **84**, 539; DAV **85**, 625); **cc)** bei Tötg des UnterhVerpfl: § 844 II. **dd)** bei **Belastung mit Unterhaltsverpflichtungen:** Vorbem 47 v § 249; Einf 6 v § 1353, insb dch Fehler von RA iR der gerichtl VaterschKlärg (Einf 21 v § 1591) bzw im UnterhProz (Ffm FamRZ **91**, 1047) od von Ärzten dch Unterlassen od Fehlschlagen von SchwangerschAbbr (Einf 21 v § 1591). Die KiMu kann sich dch Täuschg über anderweit SexKontakte währd der gesetzl EmpfängnZt nach § 826 schadensersatzpflicht machen (LG Paderb FamRZ **98**, 1425). Zur Vollstr aus unricht UnterhTiteln unten Rn 33. 6 7 8 9 10 11 12 13

3) Unterhaltstabellen und Leitlinien, wie sie sich in der Prax der OLGe im wesentl auf der Grdl der DüssTab (unten Rn 16) dchgesetzt haben (BGH FamRZ **86**, 151), dienen der Konkretisierg der unbest RBegriffe des UnterhR sowie der Pauschalierg der unterhrechtl relevanten Beträge. Sie beziehen sich außer auf den EhegUnterh vor allem auf den von den Elt geschuldeten **Kindesunterhalt**. Im Verhältn des Ki zu and Verwandten gelten ggf and Maßst (Oldbg FamRZ **91**, 1347). Zum UnterhAnspr von **Eltern:** § 1601 Rn 5. 14

a) Zusammenstellung der unterhaltsrechtlichen Leitlinien und Tabellen der Oberlandesgerichte. FundstellenNachw zum Stand 1. 7. 98 bei Zieroth FamRZ **98**, 1573 sowie 58. Aufl § 1610 Rn 18; zum **Stand 1. 7. 99** vollst ZuStellg NJW **99** Beilage zu Heft 34 sowie im einz: BayObLG FamSenat Bambg, Mü u Nürnbg NJW **99**, 2019 = FamRZ **99**, 773 (Modifikationen Nürnbg NJW **99**, 2021 = FamRZ **99**, 915); Berliner Tab für das ges Gebiet der früh DDR u OstBln (vgl Rn 16) NJW **99**, 1849 = FamRZ **99**, 772 = DAV **99**, 333; Brdbg NJW **99**, 2336 = FamRZ **99**, 1043; Brschw jew DüssTab, Beil S 15; Brem NJW **99**, 2349 = FamRZ **99**, 1044; Celle Beil S 19; Dresd NJW **99**, 2099 = FamRZ **99**, 913; DüssTab NJW **99**, 1845 = FamRZ **99**, 766 = DAV **99**, 329 u 449; Ffm NJW **99**, 2337 = FamRZ **99**, 1045 (Abweichgen Darmst Senat NJW **99**, 2340); Hbg FamRZ **99**, 1257; Hamm NJW **99**, 2016 = FamRZ **99**, 914; Jena FamRZ **99**, 1258 = DAV **99**, 475; Karlsr jew DüssTab, Beil S 32; Freiburger Senat NJW **99**, 2348; KG NJW **99**, 2097 = FamRZ **99**, 914/1126; Kblz jew DüssTab, Beil S 32; Kln NJW **99**, 2342 = FamRZ **99**, 1049; Naumbg NJW **99**, 2017 = FamRZ **99**, 836; Oldbg Beil 38; Rstk NJW **99**, 2342 = FamRZ **99**, 982; Saarbr NJW **99**, 2348 = FamRZ **99**, 980; Schlesw NJW **99**, 2345 = FamRZ **99**, 980; Stgt Beil S 45 (Stand 1. 7. 98); ThürTab s Jena; Zweibr jew DüssTab, Beil S 46. 15

b) Düsseldorfer Tabelle (Nachw Rn 15; Lit: Scholz FamRZ **98**, 797). Sie wird ergänzt dch die **Berliner Tabelle** (nachw Rn 15), die in den Fällen gilt, in denen beide UnterhPart im BeitrGebiet wohnen. Zu den sog Ost-West-Fällen iü vgl unten Rn 27. – **aa) Aufbau.** Die DüssTab gliedert sich in vier Abschn betreffd den KiUnterh, EhegUnterh, Mangelfälle sowie VerwandtenUnterh u Unterh gem § 1615 l (A–D) u wird ergänzt dch entspr Düss **Leitlinien** (Stand: 1. 7. 99) NJW **99**, 1846 = FamRZ **99**, 768. Die Tab baut (ebso wie die Berliner Tab) auf den **Regelbeträgen** von § 1612 a iVm der RegBetrVO §§ 1 bzw 2 (Anh zu § 1612 a) auf. 16 17

Nach 12 **Einkommensgruppen** des NettoEink des barunterhpflicht EltT, die von einem Eink von 2400 DM
18 u weniger bis zu 8000 reichen, u der jew maßgebden von 4 **Altersstufen** des unterhberecht Ki (§ 1612 a III) lassen sich versch UnterhBetr ablesen. Dabei entspr die Richtsätze der 1. EinkGr den gesetzl RegBetr. Zur Problematik der Errechng der übr Richtsätze u der Auslegg von § 1612 a II 1 vgl Scholz aaO S 5 f. Die mtl UnterhRichtsätze der Tab sind bezogen auf eine UnterhVerpfl ggü einem Eheg u 2 Ki. Bei einer and Anzahl von UnterhBerecht werden Ab- u Zuschläge iH eines ZwBetr gemacht od es erfolgt die Einstufg in eine niedrigere od höhere Gr. Zur Deckg des MindBed aller Beteil kann eine Herabstufg bis zur untersten TabGr erfolgen; reicht das Eink auch dann nicht, muß eine Mangelberechng vorgen w (Rn 22). Bei einem NettoEink über 8000 DM richtet sich der Unterh nach den Umstden des Falles. Der Bed ist dann konkr nachzuweisen (Ffm FamRZ **93**, 98; vgl § 1610 Rn 10 ff). Schulden beid Elt BarUnterh, so ist für die Eingruppierg auf die Summe
19 der Einkfte beid abzustellen (Hamm FamRZ **91**, 104; Bamberg FamRZ **95**, 566). – **bb) Begriffe.** Unter ZuGrdeLegg der für die niedrigste EinkGr vorgesehenen RegBetr mit 100% wird mit den **Prozentsätzen** der weiteren EinkGruppen der Anschl an ZPO 645 I hergestellt, wonach im VereinfVerf das 1½fache des RegBetr festgesetzt w kann (vgl unten Rn 69). Außerd steigen die Richtsätze der DüssTab in allen Altersstufen der jeweil EinkGr um denselben Prozentsatz ggü dem RegBetr. Das ermögl, nach § 1612 a I im VereinfVerf auch Unterh nach dem jeweil RegBetr zu verlangen (vgl unten Rn 65). Um die Kompatibilität mit der im Beitrittsgebiet geltden Berliner Tab aufrechtzuerhalten, die unterhalb der ersten EinkGr der DüssTab zwei VorGr vorsah, sind
20 nunm die Zahl der EinkGr auch der DüssTab auf 12 erhöht. – Der **Selbstbehalt** (vgl zunächst § 1603 Rn 32) ist als kleiner Selbstbeh der Betr, der dem UnterhPflicht matrechtl (also unabhäng von den PfändgsFreigrenzen) unangetastet bleibt, um seinen notw EigenBed zu decken, u als großer Selbstbeh der zur Deckg seines angem EigenBed erfdl Betr. Der Selbstbeh des UnterhSchu ist bei ZusLeben mit einem neuen EhePartn zu reduzieren (Hamm FamRZ **99**, 42). Der kl Selbstbeh gilt für den nicht erwerbstät UnterhPflicht sowie für Umschüler (Dresd im Ggs zu Hamm FamRZ **99**, 1015) iRv § 1603 II ggü mj unverh Ki u ihnen gleichstehden 18–21 jähr Schülern u beträgt mtl 1300 DM, beim erwtät UnterhPflicht mtl 1500 DM. Desgl ggü dem getrennt lebden od gesch Eheg. Der Selbstbeh von 1500 DM kann aber bei längerer Krankh auf 1300 DM reduziert w (Kblz FamRZ **98**, 1616). Der große Selbstbeh gilt ggü vollj Ki außerh von § 1603 II 2 sowie ggü Anspr aus § 1615 l (DüssTab NJW **98**, 1471) u beträgt idR mind 1800 DM. Ggü UnterhAnspr älterer Ki ist der angem Selbstbeh des UnterhVerpfl um einen maßv Zuschl zu erhöhen (BGH NJW **92**, 1393; Karlsr NJW **99**, 2680: 25%). Ggü UnterhAnspr von **Eltern** (vgl § 1601 Rn 8) steht den Ki ein angem Selbstbeh von mtl mind 2250 DM zu (DüssTab unter D 1). Der angem Unterh des mit dem UnterhPflicht zuslebden Eheg beträgt mind 1750 DM, so daß einem Ehepaar 4000 DM verbleiben, ehe einer von ihnen für den Unterh eines EltT in Anspr gen w kann (Scholz FamRZ **98**, 803). Im Selbstbeh sind jew **Wohnkosten** enth, näml je nachdem, ob es sich um den notw od angem EigenBed handelt, 650 bzw 800 DM. Gehen die Wohnkosten über ⅓ des notw EigBed hinaus, so ist dieser, ggf in Anlehng an die Drittelobergrenze (vgl § 1361 Rn 36), entspr höher anzusetzen (Hbg FamRZ **95**, 1417/18); bleiben sie darunter, ist der notw Selbstbeh nicht herabzusetzen (Düss FamRz **99**, 1020; aA Dresd
21 NJW-RR **99**, 1164). – Vom Selbstbehalt zu unterscheiden ist der **Bedarfskontrollbetrag**. Er soll eine gleichmäß EinkVerteilg zw dem UnterhPflicht u den versch UnterhBerecht gewährl, so daß dem UnterhSchu bei höheren Eink dem einz UnterhBerecht ggü jeweils mehr verbleibt als sein jew Selbstbeh. Wird er unter Berücks des EhegUnterh unterschritten, ist für die Bestimmg des KiUnterh der BedBetr der nächst niedrigeren EinkGr anzusetzen, deren KontrollBetr dann seiners nicht unterschritten w darf (Düss FamRZ **99**, 1165; krit dazu
22 Hamm NJW **98**, 3128). – In **Mangelfällen** schließl reicht das Eink zur Deckg des Bedarfs des UnterhPflicht u der gleichrang UnterhBerecht nicht aus. Hier ist die nach Abzug des notw EigBed (kleiner Selbstbehalt) des UnterhPflicht verbleibde VerteilgsMasse auf die UnterhBerecht im Verhältn ihrer jew BedSätze gleichmäß zu
23 verteilen (Bsp: DüssTab unter C; Kemnade/Scholz/Zieroth S 26 f). – Der **Notbedarf** ist von Bedeutg iRv § 1585 c Rn 7 sowie im einstw VfgVerf (unten Rn 78); er wird in Anlehng an die SozHSätze (unten Rn 40)
24 bemessen (Hamm FamRZ **92**, 582). – **cc) Gedeckter Bedarf.** Obwohl die AusgangsBetr der RegBetrVO ausdrückl nicht als BedSätze verstanden w sollen, haben die UnterhSätze der DüssTab doch auch die Funktion von BedSätzen. Die UnterhSätze decken ledigl den BarBed (zum Begr oben Rn 1); hinzu kommen soll ijF die tats Bt des Ki (vgl § 1605 III 2 u dort Rn 19). Insb die höheren Richtsätze der Tab decken grdsl zusätzl Bedürfn im Bereich von Ausbildg, FreiZt, Erholg, Kultur u Sport ab (also zB KiFahrrad; Hess VGH FamRZ **93**, 489). In dem BedSatz von 1100 für Studenten ist der im Laufe des Studiums schwankde AusbildgsAufwand grdsl erfaßt (Düss FamRZ **86**, 1242; **87**, 1181). In den TabBetr sind dagg nicht enth Beitr zur KrankenVers, da das Ki idR bei einem der Elt mit vers ist (DüssTab NJW **98**, 1470). Ferner nicht: SondBed (vgl § 1613 Rn 16).

25 **dd) Bedarfssätze** der DüssTab (sowie in Klammern dahinter der Berliner Tab) für: **Minderjährige** je nach EinkGr des barunterhpflicht EltT u nach der Altersstufe des Ki (§ 1612 a III) gem RegBetrVO (Anh zu § 1612 a): zw 0 u 5 J: 355–675 DM (324–675 DM); zw 6 u 11 J: 431–819 DM (392–819 DM); zw 12 u 17 J: 510–969 DM (465–969 DM); **Volljährige** ab 18 J, wenn das Ki im Haush mind eines EltT lebt: 589–1120 DM (and BerlTab: bis 21. GebTag iFv § 1603 II 2 wie 3. AltStufe); **Studierende** bzw Ki mit eig Haush 1120 DM (1020 DM). Vgl zum **Existenzminimum** § 1612 a Rn 16. Stgt DAV **99**, 716 will die BedSätze der Tab bis zur Deckg des ExMinmums des Ki auffüllen, wenn nur der notw Selbstbeh des UnterhSchuldn
26 (oben Rn 20) gesichert ist. – **Abzüge** von den BedSätzen sind angebracht, wenn der Bedarf anderweit gedeckt w, zB wenn ein in einem JugDorf untergebrachtes Ki währd der WoEnden im Haush der Mu versorgt w (Naumbg OLG-NL **97**, 235). **Ausbildungsvergütungen** sind, verkürzt um einen ausbildgsbdgten Mehr-
27 Bed von pauschalisiert 150 DM, auf den BedSatz anzurechnen. – **ee)** Leben beide UnterhPart im Beitrittsgebiet, gilt die Berliner Tab (oben Rn 16). In **Ost-West-Fällen** ist dagg zu untersch: Lebt der UnterhPflicht im Osten, das Ki im Westen, richtet sich der Bedarf des Ki nach der DüssTab (KG FamRZ **94**, 394; Dresd DAV **94**, 108; offengelassen in BGH FamRZ **94**, 372), währd der UnterhPflicht nur seinen sich nach den örtl Verhältn richtden Bed zuGrde legen kann. Im umgek Fall, daß der UnterhSchu in den alten, das unterhberecht Ki in den neuen BuLä lebt, gehen die Ger der alten BuLä zunehmd von einem gleich hohen Bed aus u lehnen einen Abschlag von den Sätzen der DüssTab ab (Kln FamRZ **92**, 1215).

28 **ff) Unterhaltsbedarf im Ausland:** DAV **90**, 202; Schwolow FuR **97**, 322. Zu den **Verbrauchergeldparitäten:** Gutdeutsch/Zieroth u Internat PreisVgl FamRZ **93**, 1152 u 1158. Entscheidd sind die dch das

ausl DevisenR vorgezeichneten ErfüllgsMöglkten (BGH FamRZ **90**, 992). **Holland** (Hamm FamRZ **94**, 1132); 1/3 der Betr der DüssTab: **Jamaika** (AG Hbg DAV **91**, 679); **Polen** (Dt Botsch Warschau DAV **95**, 1044; Celle NJW **91**, 1428 = FamRZ **90**, 1390 mN sowie FamRZ **93**, 103; Karlsr FamRZ **91**, 600; Hamm FamRZ **93**, 839; Nürnbg FamRZ **94**, 1133; and Düss DAV **91**, 198: 1/2 der DüssTabSätze; vgl auch KG FamRZ **94**, 759; Kblz FamRZ **95**, 1439: Abschlag v 25% bzw Nürnbg FamRZ **97**, 1355: 30% der Sätze der DüssTab); **Slowenien:** LG Hann NJWE-FER **98**, 272: 80% des RegBetr; **Thailand:** Hamm FamRZ **96**, 49; **Tschechien:** Karlsr FamRZ **98**, 1531; **Türkei:** Zweibr FamRZ **99**, 33. Ggf ist in den TabSätzen nicht berücksichtigter Bed gesond auszuwerfen wie Schulgeld (Hamm FamRZ **91**, 104 Philippinen).

4) Vertragliche Unterhaltsregelungen (Lit: Zimmermann DNotZ **96**, 790) konkretisieren u modifizieren idR die gesetzl UnterhPfl hins der unbest RBegr, der Art der UnterhGewährg usw, ändern aber ihre RNatur nicht (RG **164**, 65; BGH NJW **86**, 374), so daß die Vorschr über ges UnterhPflichten ggf auch ggü dispositivem Recht fortgelten. Soweit es sich um zwingdes Recht handelt, geht dieses sowieso vertragl Regelgen vor (oben Rn 3), insb also hins jeder Form von UnterhVerz (Einzelh bei § 1614). Zul ist die Schaffg eines UnterhTitels gem ZPO 794 I Nr 1 u 5, u zwar auch gerichtet auf den im VereinfVerf anzupassden **dynamisierten Unterhalt** iSv § 1612a u ohne die Beschrkg von ZPO 645 I auf das 1 1/2fache des jeweil RegelBetr (Riemann DNotZ **98**, 461 m FormuliergsVorschl). UnterhVereinbgen sind grdsl **formlos** wirks; aber bei Abbedingg wesentl UnterhErfordern Übergang zum LeibrentenVerspr (RG **150**, 385; Holzhauer FS Lukes 1989 S 675). Stillschweigd Abschl mögl, insb dch regelm UnterhZahlgen, wofür allerd 10 Mo nicht ausr (Karlsr FamRZ **81**, 384). Mögl ist auch die Begründg außerges UnterhPflichten zw Geschw, ggü StiefKi (BVerwG NJW **60**, 1267; Hamm NJW **88**, 830) sowie zw PflegeElt u -Ki (BGH FamRZ **86**, 669); vor allem aber als Vertr zG Dr bei heterologer Insemination (Einf 16 v § 1591). Zur **Freistellung** von UnterhLasten: § 1606 Rn 21. UnterhVereinbgen unterliegen dem Wegfall der **Geschäftsgrundlage:** § 242 Rn 111. Ein vertragl AusbildgsUnterhAnspr entfällt desh, wenn ein ges Anspr dem Grd nach nicht mehr bestünde (Hamm FamRZ **99**, 879). Die Geltdmachg erfolgt iW der AbändKl: Einf 63 v § 1601, wobei die Neuregelg der Anrechng des KiG eine wesentl Änderg darstellt (Kblz FamRZ **99**, 675). 29

5) Erstattungsansprüche für Unterhaltsleistungen. (Deutsch VersR **95**, 609; zur fehlgeschlagenen FamPlang: Einf 21 v § 1591). 30

a) Unterhaltszahlungen unter Vorbehalt haben folgde Wirkgen (BGH FamRZ **88**, 259/63f): Ausschl der AnerkWirkg iS v § 208 (oben Rn 7); Offenhaltg der RückFdgsMöglk aus unger Bereicherg (§ 814); nur ausnahmsw Verlust der TilggsWirkg (§ 362 I). Übl zur Abwendg der ZwVollstr aus vorläuf vollstreckb Urt (BGH FamRZ **84**, 470/7). 31

b) Bei **Zahlung nicht geschuldeten Unterhalts** ist zu unterscheiden: **aa)** Bei **Überzahlungen:** §§ 1360b, 1361 IV 4, 1614 II. Darüberhinaus ggf Anspr aus § 812 gg den UnterhEmpf (Mertens FamRZ **94**, 601). Entreicherg: Kln NJW-RR **98**, 1701. Aber keine Anwendg von § 820 auf UnterhVereinbgen (vgl BGH NJW **98**, 2433). – **bb)** Bei **Weiterempfang von Unterhalt** trotz Wegfalls der Bedürftigk ggf Bereichergs-Haftg (BGH **118**, 383) od SchadErs (BGH NJW **86**, 1751); ebso bei Verletzg der Verpfl zur unaufgeforderten Information bzw der AuskftsPfl (§ 1605 Rn 4 u 5). **Titulierter Unterhalt** kann zurückgefordert w nach erfolgr AbÄnd- bzw negat FeststellgsKl insb ggü einstw AO gem § 812 (BGH NJW **84**, 2095; Mü FamRZ **83**, 1043; Brschw FamRZ **99**, 1058). EntreichergsEinwand: BGH NJW **92**, 2415; Hamm FamRZ **96**, 1406. Verschärfte Haftg nach § 818 IV nicht schon ab RHängigk der Feststellgs- (BGH **93**, 183) od AbÄndKl (BGH NJW **86**, 2057; Zweibr FamRZ **95**, 175), sond erst ab RHängigk der BereichergsKl selbst (dagg zu Recht Kohler FamRZ **88**, 1005), die allerd mit der FeststellgsKl verbunden w kann (BGH FamRZ **89**, 850). Trotz AuskR besteht darü hinaus auch bei Zahlg auf rkräft UnterhTitel ggf **Schadensersatzanspruch** aus § 826 (Düss FamRZ **85**, 599; §§ 1580 Rn 8, 1605 Rn 5). – **cc)** Ein **familienrechtlicher Ausgleichsanspruch** kann zG desj EltT entstehen, der für den Unterh eines gemeins Ki in der Absicht aufkommt, dafür von dem and EltT Ersatz zu verl (§ 1606 Rn 20), insb auch nach einem rein tats Wechsel des Ki vom PersSorgeBerecht zum and EltT (vgl Strohal DAV **97**, 251). 32 33 34

c) Ersatzansprüche Dritter (Lit: Holzhauer FS E. Wolf 1985 S 223; vgl ferner § 1602 Rn 18 f). – **aa) Gesetzlicher Forderungsübergang** (cessio legis) iS von § 412 bei Leistgen nachrang haftder Verwandter od des Scheinvaters: §§ 1607 II 2 u III 1 u 2; iR des SozR: Rn 41, 44. **Unterhaltsregreß des Scheinvaters** nach erfolgreicher VaterschAnf (Lit: Küppers, Der Regreß des Ehem nach der außerehel Zeugg eines zeitw ehel Ki, 1993): Übergang des UnterhAnspr des Ki gg den Erzeuger auf den ScheinVa: § 1607 III 2 (vgl dort Rn 16). BereichergsAnspr gg das Ki scheitern regelm an § 818 III (Ffm FamRZ **90**, 558). – **bb) GoA:** §§ 670, 683, 679 Rn 4 **und ungerechtfertigte Bereicherung:** § 812 Rn 25 ggü dem eigtl UnterhSch. Vorauss dieser Anspr ist die Tilgg der UnterhVerpfl (§§ 362 I, 267 Rn 7). § 1607 II ist nicht lex specialis, so daß ein Umkehrschluß nicht gerechtf ist (aA AG Hbg FamRZ **74**, 657). Aber ein Ersatz scheidet aus, soweit die Leistgen des Dr über die mat UnterhVerpfl hinausgehen (Hamm FamRZ **80**, 480). Iü ist der Regreß entspr § 1606 III 1 (Hamm FamRZ **73**, 40) sowie §§ 1612 II, u insb 1613 beschrkt (BGH NJW **84**, 2158; Celle NJW-RR **95**, 136). Das gilt auch für den famr AusglAnspr zw Elt (§ 1606 Rn 20). Zuständ: FamG (BGH FamRZ **78**, 770). Zur UnterhZahlg ggü dem **verarmten Schenker:** § 528 I 2. Vgl auch BGH NJW **98**, 978. – **cc) Freistellung** von UnterhAnspr: § 1606 Rn 21. 35 36 37

6) Sozialleistungen und Unterhalt (Lit: Fuchs, ZivR u SozR, 1992; Gröpl NJW **98**, 2390). **a)** Beide stehen in engem Zushg, weil die Fürsorge für Hilfsbedürft zu den Pflichten des SozStaats gehört (BVerfG NJW **75**, 1691) u der Staat aus sozpolit Grden immer mehr ursprüngl familiäre Aufg übern hat (UnterhSicherg im Alter u bei Invalidität, AusbildgsFörderg usw). Ist die SozHLeistg **subsidiär**, dh ggü der gesetzl UnterhPfl nachrangig (vgl Brudermüller FamRZ **96**, 129; Bsp: BSHG 2 II 1), so kann der UnterhAnspr auf den SozleistgsTräger vGw übergehen od auf ihn übergeleitet w (vgl Rn 41 ff). Nimmt das Ges vom Fdgsübergg Abstand, so wird der Bedarf des UnterhBerecht ggf entgg der Intention des GesGeb doppelt befriedigt (vgl unten Rn 41). Nicht subsidiäre SozLeistgen befriedigen dagg den UnterhBed u nehmen dem UnterhAnspr eine seiner tatbestandl Vorauss (§ 1602 Rn 1), um auch den UnterhSchuldn zu begünstigen. Zur 38

Anrechenbark von SozLeistgen zum Ausgl von Körper- u GesundhSchäden: § 1610 a. Zum direkten Zugriff des UnterhBerecht auf SozLeistgen, die an den UnterhVerpfl erbracht w: Frohn FamRZ **96**, 920.

39 **b) Arten der Sozialleistung.** Zu ihrer Anrechng auf den UnterhAnspr vgl § 1602 Rn 19 sowie §§ 1612 b,
40 c. – **aa) Sozialhilfe** (Lit: v B Borzeszkowski, SozH u Unterh, 1996; Schellhorn, Das Verhältn von SozHilfeR u UnterhR, 1994) wird als Hilfe zum LebUnterh od als Hilfe in bes LebLagen gewährt. SozH ist subsidiär (Rn 38) u damit unterhrechtl nicht als Eink anzusetzen (BGH FamRZ **84**, 364). **Regelsätze** (BSHG 22): FamRZ **99**,
41 1196 (Stand: 1. 7. 99). Zum **Schonvermögen**: vgl §§ 1601 Rn 9, 1603 Rn 3. – **Gesetzlicher Forderungsübergang** (§ 412; Lit: Waltermann NJW **96**, 1644; Hampel FamRZ **96**, 513): Bei Leistg von SozH gehen etwaige UnterhAnspr des SozHEmpfängers kr Ges auf den Träger der SozH über (BSHG 91 I 1), wofür es aber gem BSHG 91 II 1 zur Schlüssigk der Kl (Saarbr FamRZ **99**, 1024) einer vom SozHTräger vorzulegden VerglBerechng bedarf; der UnterhAnspr geht nur insow über, als der Verpfl Eink u Verm einzusetzen hätte, wenn er selbst Hilfeempfänger wäre (Düss NJW **98**, 1502; Kblz FamRZ **98**, 1513; Schellhorn FuR **99**, 4). Der AnsprÜbergang wirkt auf den Beginn der SozH zurück bei Verzug des UnterhSchu (§ 1613 I), ferner bei SonderBed (§ 1613 II) sowie bei unverzügl RWahrgsAnzeige, dh von der Unterrichtg des UnterhSchu über den SozHBed an. Zur Unverzüglk: BGH FamRZ **89**, 1054; NJW **90**, 1853. Der Übergang findet nicht statt ggü GroßElt u Enkeln (BSHG 91 I 3); ihnen ggü muß sich die SozHLeistg dann bedarfsmindernd auswirken (Brühl FamRZ **82**, 13; aA BGH **115**, 228/30; FamRZ **92**, 417: Begrenzg nur dch Tr u Gl). Der Übergang des UnterhAnspr ist auch ausgeschl, soweit der UnterhAnspr ledigl mit Hilfe fikt Einkfte aGrd zumutb ErwTätigk zu begründen ist, weil der nach BSHG 91 II 1 maßgebl Begr des Eink gem BSHG 76 ff fiktive Einkfte nicht kennt. Die Blockade der cessio legis gilt sowohl, wenn der SozHTräger den UnterhAnspr geltd macht (BGH NJW **98**, 2219), als nach BGH NJW **99**, 2365 auch dann, wenn ihn der UnterhBerecht einklagt. Die damit verbundene Doppelbefriedigg (Rn 36) bedarf der Korrektur de lege ferenda (Mü FamRZ **98**, 553); überhöhten UnterhRückständen aus der Vergangenh begegnet der BGH aaO zum Schutz des UnterhSchuldn mit § 242 (krit insow Fröhlich FamRZ **99**, 758). Der Übergg des UnterhAnspr ist ferner ausgeschl bei unbill Härte (BSHG 91 II 2), die aber auch bei UnterhPfl ggü vollj psych kranken Ki nicht gegeben zu sein braucht (Kln FamRZ **97**, 53). Der übergegangene Anspr behält seine RNatur (oben Rn 1). Der AuskAnspr geht nach BSHG 91 I 1 mit über (Künkel FamRZ **96**, 1509). Hins eines dem UnterhBerecht verbliebenen TeilUnterhAnspr verbleibt ihm ein abgespaltener AuskAnspr (KG DAV **98**, 325). **Rückübertragung** des übergegangenen UnterhAnspr auf den SozHEmpfänger: BSHG 91 IV. Dann allerd keine PKH (umstr; vgl die Nachw FamRZ **99**, 1283 ff). Der Antr muß auf Zahlg an das SozAmt gerichtet w (Ffm FamRZ **97**, 501). Einer **Überleitung** nach BSHG 90 bedarf es bei Anspr auf Herausg von Schenkgen gem § 528 (BVerwG NJW **92**, 3312; Zeranski NJW **98**, 2574 postmortale Überleitg), der sich der Beschenkte auch nicht dch Rückg des Geschenks entziehen kann (BGH **125**, 283); ferner bei Anspr aus vertragl UnterhAnspr, insb AltenteilsVertr (BVerwG NJW **94**, 64;
42 Münder NJW **94**, 494; Scholz FamRZ **94**, 1). – **bb) Wohngeld** ist ein Zuschuß zu den Aufwendgen für Wohnraum, dessen Höhe sich nach den dem WoGG beigefügten Tab richtet (Abdruck: Kemnade/Scholz/Zieroth, 2. Aufl Stand: 1. 10. 98 S 319). Zur Berücks von UnterhVerpfl bei der WohngeldBerechng: WoGG
43 9 I; zur Anrechng auf den UnterhBed: § 1602 Rn 19. Keine cessio legis od Überleitg. – **cc) Arbeitslosenhilfe** (AFG 134 ff) setzt ihrers Bedürftigk voraus (BSG FamRZ **89**, 381/734/1077 mA Gitter), so daß sie aS des UnterhBerecht idR nicht als Eink zurechenb ist (BGH NJW **87**, 1551). Doch muß etwas and gelten, wenn der UnterhBerecht mit ArblH u Unterh zus über einen höheren Betr verfügt als der UnterhVerpfl (Heiß/Heiß I Rn 30; Kalthoener/Büttner Rn 251). Auf seiten des UnterhVerpfl ist ArblH wg ihrer LohnErsFunktion Eink u
44 begründet dementspr die LeistgsFgk (vgl BGH NJW **84**, 1811; BSG FamRZ **85**, 379). – **dd) Unterhaltsvorschuß** (Lit: Scholz UVG-Komm 3. Aufl 1997). Währd die SozH erst eingreift, wenn der alleinstehde EltT nicht in der Lage ist, anstelle des and EltT für den KiUnterh aufzukommen, soll dch das UVG der EltT, bei dem das Ki lebt, von der ErwTätigk freigestellt w (BT-Drucks 8/2774 S 11; Köhler NJW **79**, 1812). Der Anspr auf UV entfällt, wenn sich die Mu weigert, den Na des KiVa zu nennen (BVerwG NJW **92**, 1522) od bei der Feststellg seines Aufenth mitzuwirken (OVG Münst NJW **84**, 2542). Soweit für das Ki Leistgen erbracht w, geht der UnterhAnspr einschl des unterhrechtl AuskAnspr gem UVG 7 auf das Land über (Kblz FamRZ **98**, 1123), für die Vergangenh allerd nur unter den Vorauss von UVG 7 II. Der Übergang findet nicht statt, wenn dem Schuldn bei Zahlg des Unterh weniger als der Bed nach SozHilfeR verbliebe (Düss NJW-RR **99**, 587; Nürnb FamRZ **99**, 1021). Die Rückübertragg zZw gerichtl Geltdmachg ist gem UVG 7 IV 2 zul (Hamm NJW-RR **98**, 1083).

45 **ee) Kindergeld und Kinderfreibetrag** (Lit: Kanzler, FamLeistgsAusgl, 1997, Sonderdruck aus Herrmann/Heuer/Raupach, Komm zum EStG u KStG; Schmidt, EStG, 18. Aufl 1999). Das KiG soll die UnterhLast der UnterhVerpfl vermind; desh wird es an die UnterhVerpfl ausgezahlt, wirkt aS des unterhberecht Ki aus diesem Grd nicht unmittelb bedarfsverringernd, muß aber auf seinen UnterhAnspr verrechn w (unten Rn 49). Nach BVerfG NJW **92**, 3153 darf das Existenzminimum des Steuerpflichtigen u seiner Fam nicht der ESt unterworfen w. Der daraufh geschaffene **Familienleistungsausgleich** (EStG 31 ff, 62 ff) verwirklicht die geforderte Minderg der UnterhLast der Elt – unter Aufg des früh dualen Systems – **in zwei Formen** (vgl BT-Drucks 13/1558 S 165): dch mtl Auszahlg des KiG od dch steuerl Freistellg eines EinkBetr iH des Existenzminimums des Ki (EStG 31 S 1). Grdsl wird das KiG gezahlt (EStG 31 S 3). Nur wenn dadch die steuerl Freistellg des Existenzminimums nicht erreicht w (dh wenn der Abzug des FreiBetr steuerl „günstiger" ist), wird vAw bei der Veranlagg zur ESt der KiFreiBetr abgezogen (EStG 31 S 4). Dabei gehören auch die dch die ErwTätigk beid Elt entstehden KiBtKosten zum kindbdgten Existenzminimum u müssen desh bei der Gestaltg des KiG od KiFreiBetr in best Höhe steuerl berücks w (BVerfG NJW **99**, 557 u 561). Vgl zur Umsetzg den Entw des FamFördergsG (BR-Drucks 376/99 v 27. 8. 99). **Kinder.** Der Begr erfaßt leibl, Adopt-, Pflege- u StiefKi (vgl EStG 32 I Nr 1 u 2, 63), zeitl begrenzt bis zur Vollendg des 18. LebJ, bei Arblosigk od BerufsAusbildg auch darüber hinaus bis zur Vollendg des 21. bzw 27.
46 LebJ, bei GrdWehr- od ZivDienst ggf auch länger (EStG 32 III–V). – **(1) Auszahlung des Kindergelds:** Da das KiG grdsl nicht mehr als SozLeistg sond als SteuerVergünstigg ausgezahlt w (EStG 31 S 3), ist es im X. Abschn des EStG geregelt (EStG 62 ff). Es wird an die KiGBerecht jedoch unabhäng von einer etwaigen Steuerschuld gezahlt u ist desh bei einem mangels Eink gar nicht ESt-Pflichtigen echte SozLeistg (vgl EStG 31 S 2). Das KiG wird aus VereinfachgsGrden grdsl nur an einen der Berecht allein ausgezaht (EStG 64 I, Ausn EStG 74 I). Bei mehreren

Berecht erh nach dem Obhutsprinzip derj das KiG, der das Ki in seinen Haush aufgen hat (EStG 64 II 1). Lebt das Ki im gemeins Haush von Elt, von einem EltT u seinem Eheg (also StiefVa od StiefMu), von PflegeElt od GrElt, so best diese untereinand den Berecht, auf Antr auch das VormschG (EStG 64 II 2 u 3). Lebt das Ki im Haush eines nicht KiGBerecht, bekommt das KiG der BarUnterh Zahlde, von mehreren derj, der die höchste UnterhRente zahlt (EStG 64 III 1 u 2). Festsetzg u Auszahlg des KiG erfolgen dch die FamKasse, bei Angeh des öff Dienstes dch den Dienstherrn (EStG 70, 72). EStG 73, der für ArbN die Auszahlg auch dch den priv ArbGeb vorsah, wurde wieder aufgeh. – **Höhe** (EStG 66): Das KiG beträgt ab 1. 1. 99 für das 1. u 2. Ki je 250 DM, für das 3. Ki 300 DM 47
u für das 4. u jedes weitere Ki je 350 DM mtl. Nach dem Entw des FamFördergsG (BT-Drucks 14/1513 v 27. 8. 99) soll das KiG für die beiden ersten Ki ab dem Jahr 2000 auf mtl je 270 DM angehoben w. Währd der KiFrBetr für alle Ki konstant ist, steigert sich das KiG nach der Anzahl der Ki, wobei sich ein **Zählkindvorteil** daraus ergibt, daß bei jedem KiGBerecht auch Ki aus and Verbindgen mitgezählt w, so daß es zu unterschiedl KiGSätzen führen kann je nachd, an welchen EltT das KiG ausbezahlt w. Mit fortgeschrittenem Alter werden die älteren Geschw bei der Zählg ausgeschieden (vgl Rn 45 aE). – **Auskehrung:** Das Ki hat keinen privrechtl Anspr gg seine 48
Elt darauf, daß ihm das KiG überlassen w, auch nicht im Mangelfall (BGH FamRZ **85**, 1243; **88**, 604; krit Joh/Henr/Graba § 1612b Rn 13). Doch kann es an das Ki unmittelb ausgezahlt w, wenn der KiGBerecht ihm ggü seiner gesetzl UnterhPfl nicht nachkommt (vgl EStG 74 I). Vgl § 1612b Rn 11 aE. – **Anrechnung.** Die vorrang 49
Auszahlg des KiG nur an einen EltT, obwohl auch der and EltT berecht ist, läßt sich nur rechtf, wenn zumind unterhrechtl ein Ausgl der staatl Leistg zw den Elt erfolgt (Wagner FamRZ **97**, 1515). Vgl dazu §§ 1612b u c; ferner auch § 1602 Rn 19. KiG ist auch bei der Berechng eines KostenBeitr nach SGB 94 II (vgl Einf 32 v § 1626) als Eink zu berücks (BVerwG NJW **99**, 2383). **(2)** Der **Kinderfreibetrag** führt beim barunterhpflicht 50
EltT nicht mehr zur Herabsetzg der LohnSt u damit zur Erhöhg des ausgezahlten Nettolohns. Nur wenn dch Zahlg bzw Anrechng des KiG auf seine UnterhVerpfl die verfassgsrechtl gebotene steuerl Freistellg nicht erreicht wird, so wird bei der Veranlagg zur ESt der KiFrBetr vAw abgezogen u die endgült Steuerlast dadch entspr gemind. Bei Inanspruchn des KiFrBetr wird für jedes zu berücks Ki des SteuerPflicht mtl ein Betr von 288 DM (bei ZusVeranlagg der Elt, Tod od nicht unbeschr EStPfl des and EltT das Doppelte) bei der Veranlagg zur ESt vom Eink abgezogen (EStG 31 S 1, 32 VI). Damit es nicht zu einer DoppelBerücks kommt, ist iR der VerglRechng das gezahlte KiG der festzusetzden ESt wieder hinzuzurechnen, u zwar auch, soweit das gezahlte KiG od die vergleichb Leistg dem SteuerPflicht nur iW des zivrechtl Ausgl der §§ 1612b, c zugute gekommen ist (EStG 31 S 4 u 5; Schmidt/Glanegger EStG 31 Rn 20 ff). Der KiFrBetr muß dem von der Besteuerg ausgenommenen Existenzminimum des Ki entspr. Er betr seit 1997 gem EStG 32 VI 1 u 2 jährl 3456 bzw bei ZusVeranlagg von Eheg 6912 DM. Zur Übertragg des KiFrBetr auf den and EltT, auf StiefElt od GrElt: EStG 32 VI 5 u 6. Zur privrechtl Verpfl auf Übertr des hälft Ki- u AusbildgsFrBetr nach Ehescheidg: BGH NJW **96**, 1894.
– **ff) Erziehungsgeld** soll einem EltT die pers Bt des Ki in dessen erster LebPhase ermögl u dem ErziehgsBerecht, um den Verzicht auf die eig ErwTätigk währd dieser Zt zu erleichtern, ungeschmälert zugute kommen 51
(BT-Drucks 10/3792 S 18; BVerfG FamRZ **94**, 363: verfassgskonform). Desh wird das ErzG zusätzl zu SozH, Wohngeld, BAföG u ArblH gezahlt u werden UnterhVerpflichtgen dch die Gewährg des ErzG grdsl nicht berührt (BErzGG 9 S 1). Das heißt es wird ihm nicht als Eink angerechn u mindert damit seine Bedürftigk – insb auch iR des eig UnterhAnspr des erziehgsgeldberecht EltT ggü dem and EltT – nicht (Hamm FamRZ **95**, 805). Das soll nach Düss FamRZ **89**, 1226 auch im Verhältn der ihr Ki betreuenden Tochter zu ihren auf Unterh in Anspr gen Elt gelten. **Ausnahmen:** aS des UnterhBedürft über § 1579 Nr 6 (Nürnb FamRZ **95**, 674). Beim UnterhPflicht ist das ErzG gem BErzGG 9 S 2 ggü den UnterhAnspr mj unverh Ki u vollj Schüler in der allg Schulausbildg (§ 1603 Rn 56) als Eink zu berücks (Düss u Ffm FamRZ **91**, 592 u 594). Das ErzG muß trotz der Enumeration der AusnGrde auch auf die Anspr aus § 1615l angerechnet w; das folgt aus § 1615l III 1 iVm mit dem Grdsatz, daß alle nicht subsidiären SozLeistgen die Bedürftigk mindern (vgl Oldbg FamRZ **91**, 1091; Staud/Eichenhofer[12] § 1615l Rn 12f; aA Düss FamRZ **89**, 1226). **Höhe:** 600 DM mtl (BErzGG 6). – **gg) Pflegegeld** 52
(Heiß/Heiß I 396 ff) **aaa)** für die Aufn fremder gesunder Ki (SGB VIII 39): Trotz Widmung des PflegeG für das Ki (vgl BGH FamRZ **84**, 769/72) ist der für die angem Versorgg des Ki nicht verbrauchte Betr eig Eink der PflegePers (Hamm FamRZ **94**, 516); – **bbb)** für die häusl Pflege nahestehder PflegeBedürft od Nachbarn (BSHG 53
69): iH des nicht verbrauchten Betr eig Eink der unterhbedürft PflegePers (BGH FamRZ **87**, 259; Wendt FamRZ **87**, 1106). Bei Auszahlg an die pflegebedürft Mu muß sich die Tochter auf ihre eig UnterhAnspr als bedarfsminderndes Eink eine zumutb Vergütg anrechnen lassen (Hamm FamRZ **96**, 36). – **ccc)** nach Landes- 54
pflegegesetzen: Der VergütgsAnteil ist abzgl des Erwtätigenbonus als Eink der PflegePers anzusehen (Brschw FamRZ **96**, 1216). Iü ist das PflegeG auf den behindergsbdgten Mehrbedarf anzurechnen ohne Rücks auf § 1610a (BGH FamRZ **94**, 417). – **ddd) Pflegeversicherung** (Büttner FamRZ **95**, 193). Beitr dazu mindern 55
das Eink. Bezug von PflegeG (SGB XI 37): nach § 1610a privilegiertes unterhrechtl relevantes Eink; mögl aber auch, daß dadch and EinkTeile für UnterhZwecke frei w (Heiß/Heiß I Rn 400). Die PflegePers muß sich aus dem an den PflegeBedürft gezahlten PflegeG, ohne daß ihr § 1610a zugute kommt, eine angem Vergütg als Eink anrechnen lassen (BGH FamRZ **93**, 417; Hamm FamRZ **96**, 42). Wie ErwEink bleibt aber 1/7 anrechngsfrei (Brschw FamRZ **96**, 1216). – **eee)** Entsprechdes gilt für die das PflegeG verdrängde PflegeVersLeistgen für 56
behinderte Ki (vgl Büttner FamRZ **95**, 198). – **hh) Jugendhilfe:** Einf 11 ff u 31 f v § 1626. Zur Fortdauer der 57
UnterhPfl der Elt bei Unterbringg des Ki iR der freiwill ErziehgsHilfe: Einf 19 v § 1626. – **ii) BAföG-** 58
Leistungen sind hins Bedürftigk wie LeistgsFgk unterhrechtl relevantes Eink. Bedarfsmindernd wirkt auch (verfassgskonform; BVerwG FamRZ **98**, 1207) der das zinsbegünstigtes Darl gewährte Teil (BGH FamRZ **85**, 916); bei NichtInanspruchn ist er als fikt Eink zuzurechnen (BGH FamRZ **80**, 126). Doch besteht keine Obliegenh des AusbildgsUnterhBerecht, gg einen ablehnden BAföG-Bescheid ein RMittel einzulegen (BGH FamRZ **89**, 499). BAföG-Schuldentilgg wirkt ab Fälligk einkmindernd (BGH FamRZ **86**, 148). Ein evtl Anspr des Ki auf AusbildgsUnterh gg seine Elt geht nach dem Muster der SozH (oben Rn 40) iW der cessio legis auf das Land über (BAföG 37); zur Darleggs- u BewLast des klagden Landes hins der Erw- u VermVerhältn der freiberufl tät Elt: Kblz FamRZ **98**, 63.

7) Verfahrensrecht (Rahm/Künkel/Stollenwerk, Hdb des FamGerVerf, 34. Lfg 1998, IV 670 ff). 59

A) Schaffung und Änderung von Unterhaltstiteln. a) Zur Beurkundung von Unterhaltszahlungs- 60
verpflichtungen sind zust: das AG für Verpflichtgen zur Erfüllg von UnterhAnspr eines Ki bzw von Anspr

nach § 1615l (BeurkG 62 I Nr 2 u 3); jedes Ger iR eines zul ProzVergl (ZPO 794 I Nr 1); Notare für
vollstreckb Urk (ZPO 794 I Nr 5, BeurkG 1 I, 2; vgl Göppinger/Wax, UnterhR[6] Rn 2599); ferner das JA
(SGB VIII 59 Nr 3 u 4) sowie für Erkl des im VereinfVerf auf Unterh in Anspr gen EltT der RPfleger (ZPO
648; SGB VIII 59 Nr 9; vgl Einf 29 v § 1626).
61 **b) Unterhaltsprozeß.** Bei mehreren UnterhGl ist eine Aufteilg erfdl (BGH FamRZ **93**, 945). Grdsl besteht
das **Rechtsschutzbedürfnis für die Titulierung** des vollen UnterhAnspr auch bei laufder SozH (Saarbr
FamRZ **97**, 617) u auch bei regelm u rechtzeit Zahlg des vollen Unterh od von TeilBetr dch den UnterhSchu
(BGH NJW **98**, 3116; aA AG Stgt NJWE-FER **99**, 16), insb bei Verweigerg sonstiger Titulierg (Kln FamRZ **97**,
822); ggf aber nur für den über den titulierten Unterh hinausgehden Betr (Karlsr NJW-RR **94**, 68). Bei Unklarh
62 über LeistgsFgk od Bedürftigk: **Auskunftsklage** (§ 1605), zZw sofort Rhängigk auch des ZahlgsAnspr iW der
63 StufenKl (KG NJW-RR **92**, 450). Zur AuskPfl dem Ger ggü: ZPO 643. – **Abänderungsklage** nach ZPO 323
bei wesentl Änderg der Verhältn (BGH FamRZ **96**, 345; Th-P 323 Rn 19), zB bei Vorrücken in eine höhere
Altersstufe der DüssTab sowie bei Erhöhg der TabSätze (vgl BGH NJW **95**, 534). Abänderg von UnterhVergl
oRücks auf ZPO 323 III nach den Grdsätzen der GeschGrdl (BGH NJW **92**, 1621; FamRZ **94**, 696; Einf 29 v
§ 1601). Keine Präklusion nach ZPO 323 II bei betrügerischer VermVerschleierg (BGH FamRZ **90**, 1095; Kblz
64 FamRZ **98**, 565). Keine Bindg an die ErstEntsch auch bei zul **Nachforderung** (BGH FamRZ **86**, 661). Allerd
bezieht sich ein bezifferter KlAntr grdsl auf den gesamten Unterh (BGH FamRZ **90**, 863), so daß sich der Kläger
ausdrückl od zumind erkennb eine NachFdg vorbehalten muß (BGH **94**, 145; NJW **94**, 3165; Th-P 322 Rn 23),
sofern sich der TeilAnspr nicht schon aus Berechngsfehlern im ErstVerf ergibt (Hamm FamRZ **99**, 1084).

65 **c) Vereinfachtes Verfahren** zur Festsetzg des Unterh mj, unverh (Günther KindPrax **99**, 36) Ki: ZPO
645–650 (Lit: Schulz FuR **98**, 385; Weber NJW **98**, 1999; Sonnenfeld DAV **99**, 169). Es besteht ein WahlR
66 zw VereinfVerf u Kl (Schulz FuR **98**, 386). – **aa) Zweck.** Kindern soll schnell u kostengünst ein VollstrTitel
verschafft w, der dann den dch die RegelBetrVO jeweils geänd Beträgen so angepaßt w kann, daß dem Ki
unterbrechgslos das Existenzminimum gesichert w (BT-Drucks 13/9596 S 31). Ferner hat das VereinfVerf
für das Ki den wichtigen Vorteil, einen UnterhTitel zu bekommen, ohne daß zuvor sämtl Einwendgen des
unterhverpfl EltT gg Bestehen od Höhe des UnterhAnspr ausprozessiert w müssen (unten Rn 70). VerjUn-
terbr: Rn 9. Bewilligg von PKH zul (Schulz FuR **98**, 385). Zur Umstellg von **Alttiteln:** Lit Rn 65 sowie
67 DAV **99**, 392. – **bb)** Das VereinfVerf ist nur für die Erstfestsetzg von RegelBetrUnterh **statthaft** (ZPO
645 II). Zu den gerichtl AuskBefugn bezügl der für den Unterh maßgebden Umstde (Einkfte, Verm usw):
68 ZPO 643. – **cc) Antragsteller** ist das Ki, vertr dch seinen ges Vertr (§ 1629 I 3) bzw bei gemeins Sorge
der Elt (§ 1629 II 2) u wenn die Elt verheiratet sind nur in ProzStandsch (§ 1629 III 1) dch denj EltT, in
dessen Obhut sich das Ki befindet. Wird das Ki dch das JA als Beistand vertreten, ist die ges VertretgsMacht
der Elt insow ausgeschl (§§ 1712, 1716, 1915, 1793, ZPO 53a; vgl aber § 1715). Das VereinfVerf findet auf
die nach § 1603 II 2 gleichgestellten vollj Schüler keine Anwendg, wohl aber u insow dann auch auf
Rückstde iF des gesetzl FdgsÜbergangs (vgl oben Rn 41, 44; § 1607 II 2, III; *arg* ZPO 646 I Nr 5 u 10;
KiUVV 1 II u 4). **Antragsgegner** ist der unterhpflicht EltT (ZPO 645 I); kein VereinfVerf also gg and
69 Verwandte, die iW der ErsHaftg nach § 1607 I auf Zahlg von Unterh in Anspr gen w. – **dd) Antrag** nur
unter Verwendg der amtl Vordr (ZPO 659, 646). Vgl dazu die KiUnterhVordrVO (KiUVV v 19. 6. 98
[BGBl I 1365] sowie DAV **98**, 667). Zur Vatersch sind genaue Angaben iSv § 1592 Nr 1–3 erfdl, also über
Ort u Datum der Eheschl, VaterschAnerk usw. Bei übergegangenem UnterhAnspr (oben Rn 35, 41, 44)
muß der Antr des Dritten die Erkl enth, daß der übergegangene Anspr hinter dem UnterhAnspr zurück-
bleibt. Desh wird empfohlen, den übergegangenen Anspr treuhänderisch auf das Ki zurückzuübertr, damit
70 dieses den GesamtBetr im VereinfVerf geltd machen kann (Schumacher/Grün FamRZ **98**, 790). – **ee) Fest-
setzbar** ist der laufde Unterh, ggf auch UnterhRückstde (vgl ZPO 646 I Nr 5). Was die **Höhe** des Unterh
anlangt, so ist ein MindestUnterh vom Ges nicht vorgeschrieben. Der UnterhTitel kann desh mit dem
RegelBetr übereinstimmen, aber auch nach oben od unten abweichen. Letzteres ist in Mangelfällen notw,
wenn die LeistgsFgk des UnterhSchu nicht einmal ausreicht, den RegelBetrUnterh zu zahlen (BT-Drucks
13/7338 S 38 u 13/9596 S 36). Nach oben darf der festgesetzte UnterhBetr jedoch das **Eineinhalbfache
des Regelbetrags** der RegBetrVO (also unter Außerbetrachtlassg der AnrechngsBetr nach §§ 1612b, c)
nicht übersteigen (ZPO 645 I). Dadch soll gewährleistet w, daß die RVerteidiggsMöglk des UnterhSchu
(unten Rn 71) nur bei UnterhBetr zum Tragen kommen, die nicht wesentl über dem Existenzminimum des
71 Ki liegen (Schumacher/Grün FamRZ **98**, 789: vgl § 1612a Rn 16). – **ff) Einwendungen:** ZPO 648.
Frist: 1 Mo (ZPO 647 I 2 Nr 2). Materiellrechtl Einwendgen (mangelde Bedürftigk od LeistgsFgk;
vorrangige Haftg des and EltT, Erfüllg usw) sind nur zul, wenn der AntrGegn zugl erkl, inwieweit er zur
UnterhLeistg bereit ist u daß er sich insow zur Erfüllg des UnterhAnspr bzw zur Zahlg der Rückstde verpfl
(ZPO 648 II 1 u 2); iFv § 1603 muß er gleichzeit in Form des vollständ ausgefüllten Vordr samt Belegen
Ausk über sein Verm u seine pers u wirtschaftl Verhältn im Umfang von § 1605 (vgl Schumacher/Grün
72 FamRZ **98**, 791f) erteilen (ZPO 648 II 3). – **gg)** Der vom RPfleger erlassene **Festsetzungsbeschluß**
(ZPO 649) stellt einen ZahlgsTitel dar. Hins seiner Einwendgen wird der AntrGegn zT auf die sofort
73 Beschw, auf die bes AbändKl (ZPO 649 III) od auf das streitige Verf verwiesen (ZPO 651 I): – **hh) Rechts-
behelfe: aaa) Sofortige Beschwerde:** ZPO 652 I mit auf best Einwendgen beschrktem ÜberprüfgsPro-
74 gramm (§ 652 II). **bbb)** Auf Antr Überleitg in das **streitige Verfahren.** Es findet als zusätzl Verf statt, sei es
zur Entsch über mat-rechtl Einwendgen des AntrGegn (ZPO 650, 651), sei es, soweit der ursprüngl Antr
75 im FestsetzgsBeschl übergangen w ist. **ccc)** Die **besondere Abänderungsklage** (ZPO 654) richtet sich gg
rechtskr UnterhFestsetzgen iSv ZPO 649 I bzw 651 I. Ihre Zulässigk hängt nicht von einer wesentl od
nachträgl Veränderg der Verhältn ab. Daß das Ki mit dem FestsetzgsBeschl einen UnterhTitel bekommt,
obwohl möglicherw sachl berechtigte Einwendgen nicht berücks w sind, u der UnterhSchu dadch mit
einem Teil seiner Einwendgen in die Angreiferrolle verwiesen w, trägt wesentl zur Erreichg des mit dem
KindUG verfolgten Zwecks bei, die gerichtl Dchsetzg von UnterhAnspr Mj zu erleichtern (Schumacher/
76 Grün FamRZ **98**, 791). **ddd)** Im **Vereinfachten Abänderungsverfahren** (ZPO 655) werden UnterhTitel,
bei denen sich die für die Anrechng nach §§ 1612b, c maßgebden Umstde geänd haben (zB Hinzukommen
eines weiteren Ki, Ausscheiden eines Ki nach Erreichg der Altersgrenze usw), angepaßt (vgl Knittel DAV

98, 183). Zum Ausgl für die auch hierbei geltde Beschrkg der Einwendgn (zB bei Veränderg in der Bedürftigk od LeistgsFgk) dient schließl die **eee) besondere Abänderungsklage im Vereinfachten Abänderungsverfahren** (ZPO 656). 77

B) Einstweilige Anordnungen: ZPO 644; 620 ff. Jederzeitige Außerkraftsetzg dch negat FeststellgsKl (BGH FamRZ **91**, 180). Einstw Vfgen: ZPO 940, beschrkt auf NotUnterh (Kln FamRZ **95**, 824; Karlsr NJWE-FER **97**, 29) u ggü ZPO 644 subsidiär (Nürnb NJW **98**, 3787; Zweibr FamRZ **99**, 662), sowie gem § 1615 o. 78

C) Vollstreckung: PfändgsVorrang: ZPO 850 d. Pfändbark: ZPO 850 b I Nr 2 u II. Die Unpfändbark setzt sich nach Übergang der gesetzl UnterhAnspr auf den SozHTräger fort, so daß auch keine Aufrechng mögl ist (AG Gummersbach FamRZ **98**, 177 mA Plascher). **Insolvenz:** Zur Benachteiligg der UnterhGl dch die Restschuldbefreig vgl Uhlenbruck FamRZ **98**, 1473. 79

8) Beweislast (Lit: Pruskowski bei Baumgärtel/Laumen, Hdb der BewL, Bd 2, 2. Aufl 1999, S 783 ff). GrdRegel: Jede Partei hat die ihr günst NormVorauss zu behaupten u zu beweisen (Klauser MDR **82**, 529). – 80
a) Beweispflichtig sind **aa) Unterhaltsberechtigter:** für Verwandtsch; Bedürftigk, insb ErwUnfgk u Nichtverfügbark anrechenb Einkfte od von Verm (Düss FamRZ **81**, 56); Höhe des Bedarfs (Mü FamRZ **99**, 884), es sei denn, es handelt sich um den RegelBed. Behauptet der UnterhKl (trotz der AuskKl nach § 1605!) das Eink des Bekl mit Nichtwissen, muß dieser sein Eink im einz darlegen (BGH NJW **87**, 1201; Hbg FamRZ **91**, 1092). **bb) Unterhaltsverpflichteter:** LeistgsUnfgk BGH NJW **80**, 2083), einschl sämtl seine LeistgsFgk mindernder Umst (BGH **109**, 211), also dafür, daß er best Einkfte nicht mehr hat (Karlsr FamRZ **90**, 535) u auch in zumutb Weise nicht erzielen kann (BGH FamRZ **80**, 126; BVerfG NJW **85**, 1211); ferner dafür, daß eingegangene SchuldVerpfl unterhrelevant sind (BGH NJW **92**, 1624); ebso für eink-mindernde steuerl Aufwendgen (BGH FamRZ **80**, 770); bei Selbständ (§ 1603 Rn 14) für die Entwicklg des Betriebes über mehrere Jahre (Stgt FamRZ **83**, 1267); schließl für die LeistgsFgk des betreuenden EltT bei Mitheranziehg zum BarUnterh (BGH NJW **81**, 923). **cc)** Zur BewL bei doppeltrelevanten Tats: Karlsr FamRZ **97**, 1011. Für das Vorhandensein vorrang haftder Verwandter iSv §§ 1603 II 2, 1608 trägt der UnterhSchu die BewL (Kln FamRZ **83**, 714); Sache des UnterhBerecht ist dann der Nachw, daß diese leistgsunfäh sind (BGH NJW **81**, 923; FamRZ **82**, 590).Vgl zur BewL iü die einz Anm zu den §§ 1601 ff. – **b) Verfahrensarten.** Die GrdRegel der BewLVerteilg gilt auch in den Verf der einstw Vfg u AO (Stgt NJW **81**, 2581; Düss u Hbg FamRZ **81**, 480 u 982), wie auch bei der negat FeststellgsKl die Umkehrg der Parteirollen keinen Einfl auf die BewLVerteilg hat (BGH NJW **77**, 1637). Bei der AbändKl trägt der jew Kl die BewL für alle Umst, aus denen sich eine wesentl Veränderg der Verhältn ergibt, insow ggf auch für im früh Verf vom Gegner zu beweisde Tats (Zweibr FamRZ **81**, 1102; Hbg FamRZ **89**, 885). Iü bleibt es, wenn die wesentl Änderg feststeht, bei der allg BewLVerteilg (Stgt FamRZ **83**, 1233), so daß der UnterhSchu die BewL für sein derzeitiges Eink trägt (Düss FamRZ **81**, 587). Einzelh bei Pruskowski Rn 10 v § 1601. – **c) Beweisvereitelung** führt nicht zur Umkehrg der BewL, sond dazu, daß das Ger, wenn dem nicht das sonstige Ergebn der BewAufn entggsteht, iRv ZPO 286 auf die Wahrh der Behauptg der Ggseite schließen darf (Karlsr FamRZ **90**, 533/35).
81 (at "a) Beweispflichtig"), 82 (at "minderunder"), 83 (at "BarUnterh"), 84 (at "923; FamRZ 82"), 85 (at "Einzelh bei Pruskowski")

9) Übergangsregelung von Art 5 §§ 1–4 KindUG: Vgl 58. Aufl Rn 40–42. Zu § 1: § 1612 a Rn 16; die übr Vorschr betrafen im wesentl die Umwandlg von Alttiteln in solche nach §§ 1612 a–c (vgl Greßmann/Rühl DAV **97**, 180). Antr dafür waren bis zum 30. 6. 99 befr. Vor dem 1. 7. 98 errichtete Titel sind hins Dynamisierg u LaufZt den neuen Titeln anzupassen (Stgt FamRZ **99**, 659; vgl Beinkinstadt DAV **99**, 27), auch wenn der Alttitel nicht nach Alt Stufen differenzierte (Stgt DAV **99**, 720). 86

10) IPR: EG 18. **Unterhaltsbedarf im Ausland:** oben Rn 28. 87

1601 *Verwandte in gerader Linie.* **Verwandte in gerader Linie sind verpflichtet, einander Unterhalt zu gewähren.**

1) a) Rechtsgrund der Unterhaltspflicht (vgl Einf 4 v § 1601). Die UnterhPfl zw Elt u Ki beruht nicht auf der elterl Sorge, sond auf dem VerwandtschVerhältn (§§ 1589 ff), so daß es für die BarUnterhPfl gleichgült ist, ob den Elt das SorgeR zusteht od nicht. Auch eine Namensänderg ist ohne Belang (Kblz DAV **82**, 591). Ferner differenziert das UnterhR nicht mehr nach dem eherechtl Status der Elt (Einf 1 v § 1601); vgl aber § 1615 o I. – 1
b) Unterhaltsverpflichtet sind alle in gerader ab- u aufsteigder Linie miteinand Verwandte oRücks auf den Grad der Verwandtsch. Dieser spielt allerd für die Rangfolge der UnterhVerpfl u – Berecht eine Rolle (§§ 1606 ff), wie bei den Regreßschranken im SozialhilfeR (Einf 41 v § 1601). Nicht unterhpflicht sind Verwandte in der Seitenlinie: Geschwister, Verschwägerte (§ 1590), insb besteht also keine UnterhPfl ggü StiefKi (BGH NJW **69**, 2007; vgl iü unten Rn 10). Bei freiw Leistg von gesetzl nicht geschuldetem Unterh: § 814. Zum Unterh nach heterologer Insemination: Einf 16 v § 1591. – **c) Dauer der Unterhaltspflicht.** Sol die tatbestandl Vorauss vorliegen, ist die UnterhPfl unbegrenzt. Im Verhältn der Elt zu ihren Ki ist sie allerd grdsl altersmäß auf die Mjk u danach ggständl auf den AusbildgsUnterh beschrkt (§§ 1602 Rn 13 u 1610 Rn 18). Doch kann die elt UnterhPfl (etwa bei behind Ki) auch über die Mjk hinaus andauern bzw auch später (etwa bei schweren Unfallschäden des Ki) wieder aufleben (§ 1602 Rn 15). Vgl iü §§ 1611, 1615. – **d)** Zw dem Mj- u dem VolljUnterh besteht **Identität**, so daß vorh VollstrTitel grdsl fortwirken (BGH FamRZ **83**, 582; NJW **84**, 1613).
2 (at "b) Unterhaltsverpflichtet"), 3 (at "Unterh nach heterologer"), 4 (at "Unfallschäden des Ki")

2) Unterhaltspflicht gegenüber den Eltern (Lit: Hänlein, Heranziehg UnterhPflicht bei langwährder PflBedürftigk Vollj, 1992; Duderstadt, ErwachsenenUnterh, 1996; Luthin FamRZ **93**, 731; Günther FuR **95**, 1; Menter FamRZ **97**, 919). Es gelten „umgek UnterhVerhältn" (LG Kiel NJWE-FER **97**, 7), aber zugl auch and Maßst als iR der UnterhVerpfl von Elt ggü ihren Ki (Oldbg FamRZ **91**, 1347). – **a) Bedürftigkeit** (§ 1602 I). Sie beruht gewöhnl darauf, daß die Elt im Alter nicht imstande sind, die Kosten für ihre Heimunterbringg aufzubringen (AG Rheinbach FamRZ **92**, 1336). Diese sind kein SondBed (§ 1613 Rn 16). – **b)** Die UnterhPfl ihrer Ki setzt bei jedem einz von ihnen **Leistungsfähigkeit** (§ 1603 I) voraus (Heinle FamRZ **92**, 1337; FuR **93**, 331). Zum Einsatz des Verm: Schibel NJW **98**, 3449. – **aa)** Probleme entstehen daraus, daß angesichts der Höhe von Heim- u PflKosten es oft nicht mögl ist, den unterhpflicht Ki
5 (at "2) Unterhaltspflicht"), 6 (at "and Maßst"), 7 (at "Rn 16"), 8 (at "(Heinle")

noch eine „vernünft eig LebFührg" (LG Münster FamRZ **94**, 843) zu sichern. Die AuseinandS drehen sich desh um die Höhe ihres **Selbstbehalts**. Die Ermächtigg in BGH NJW **92**, 1392, den bei vollj Ki geltden Selbstbehalt ggü Elt „maßvoll zu erhöhen", hat die DüssTab jetzt mit 25% = 2250 DM ausgefüllt (vgl Einf 20 v § 1601) u ist damit zT sogar über die Vorstellgen der Rspr (Nachw 58. Aufl § 1610 Rn 16) hinausgegangen (noch weitergehd allerd mRücks auf die GroßstadtVerhältn zB AG Ffm NJWE-FER **98**, 150: 2500 DM; vgl iü zur rechtspolit Diskussion Menter u Knoblauch FamRZ **97**, 919 u 1522; Weychardt FamRZ **98**, 279). Neben dem Selbstbehalt werden Aufwendgen für kulturelle Zwecke, Kleidg, für eine KapitalLebVers neben der gesetzl RentenVers usw nicht anerk (LG Osnabr FamRZ **96**, 1494 mA Stoffregen; aA LG Bielef FamRZ
9 **99**, 399). – **bb)** Ggü UnterhAnspr von Elt wird verstärkt unterhrechtl nicht zu berücks **Schonvermögen** anerk (vgl § 1603 Rn 3): zB ein HausGrdst, wenn es einziger VermGgst der wg Krankh nicht erwfäh Tochter ist (LG Paderb FamRZ **97**, 228); der MitEigtAnteil einer EigtWohng als einz VermGgstd, wenn der Eheg der Veräußerg nicht zust (LG Hdlbg FamRZ **98**, 164). Dagg ist nach AG Ansbach FamRZ **97**, 766 GrdBesitz zu verwerten, aus dem kein Eink erzielt w. Der Rückkaufswert einer angem LebVers braucht nicht eingesetzt zu
10 w (Zieroth FamRZ **96**, 753; krit Meyer FamRZ **97**, 225). – **cc) Eigene Unterhaltsansprüche.** Ein Eheg hat gg den and nicht UnterhAnspr in einer Höhe, um daraus den Unterh für seine Elt zu bezahlen (§ 1360 a Rn 2 aE). Verdienen beide Eheg, steht auch nicht der Verdienst des unterhpflicht Eheg für den Unterh seiner Elt zVfg. Vielm kommt zur Erfüllg von UnterhPflichten nur der Antl am GesamtEink in Betr, der den angem LebBed der Fam übersteigt u nach dem Verhältn der von beid Eheg für den FamUnterh aufzubringden Betr
11 auf den UnterhSchu fällt (Menter FamRZ **97**, 923 f mwN). – **c) Umfang:** Das UnterhMaß best sich an sich nach der LebStellg der Elt (§ 1610 I), wird aber heute weitgehd dch die Heim- u Pflegekosten obj vorgeprägt.
12 Kein Anspr auf PKV od Berufsausbildg (vgl § 1610 Rn 12 u 18). – **d) Verwirkung:** § 1611 Rn 5. – **e) Forderungsübergang:** § 1607; Einf 41 v § 1601. GoA u unger Bereicherg: Einf 36 v § 1601.

1602 *Unterhaltsberechtigte.* **I Unterhaltsberechtigt ist nur, wer außerstande ist, sich selbst zu unterhalten.**

II Ein minderjähriges unverheiratetes Kind kann von seinen Eltern, auch wenn es Vermögen hat, die Gewährung des Unterhalts insoweit verlangen, als die Einkünfte seines Vermögens und der Ertrag seiner Arbeit zum Unterhalte nicht ausreichen.

1 **1)** Vgl zunächst zum Aufbau des UnterhRSystems Einf 4 v § 1601. § 1602 betr die **Bedürftigkeit**. Zur Bedürftigk von Elt: § 1601 Rn 6. Unterhberecht ist nur, wer außerstande ist, sich selbst zu unterhalten. Währd die damit bezeichnete Bedürftigk das vom Recht anerk Unvermögen bedeutet, das, was man zum
2 Leben braucht, aus eig Kräften u Mitteln zu decken, richtet sich der Umfang des **Unterhaltsbedarfs** nach § 1610 Rn 8 ff.

3 **2) Voraussetzungen der Bedürftigkeit, I.** Die Bedürftigk des UnterhBerecht besteht in der Vermögenslosigk u dem Fehlen von Eink (unten Rn 4 u 7), hängt aber nicht von best BedarfsGrden wie Krankh, ErwUnfgk usw od von einem Verschulden ab (vgl aber § 1611). Auch sind Standesvorurteile heute unbeachtl.

4 **A) Vermögenslosigkeit.** Vorhandenes Verm ist zu verwerten (Ausn nach II: mj, unverh Ki, Rn 20), also zB Investmentfondsanteile (Mü FamRZ **96**, 1433) od ererbte SparGuth (Düss FamRZ **90**, 1137). Dem UnterhBe-
5 recht ist aber als **„Notgroschen"** eine gewisse Kapitalreserve für plötzl auftretden SonderBed bei Krankh uä zu belassen; auch sind gewisse Affektionsinteressen zu berücks, nicht aber Urlaubsreisen (BGH NJW **98**, 978/80). Von einem Verm über 77 000 DM kann bei geringem Eink der Elt ein Studium uU selbst finanz w (Kln NJWE-FER **99**, 176). Das gilt erst recht bei beleihgsfäh GrdBesitz (Bambg FamRZ **99**, 876). Bedürftigkeits-
6 neutral sind bei einem Studenten: 10 000 DM (Karlsr FamRZ **96**, 1235). **Außenstände:** Die Bedürftigk fehlt auch, soweit es der UnterhBerecht unterläßt, eine Fdg einzuziehen, die er in zumutb Weise einziehen könnte. Dazu gehört auch die Geltdmachg von bedinggsgünst BAföG-Darl (BGH FamRZ **85**, 916/7; **89**, 499/500).

7 **B) Fehlendes Einkommen** macht grdsl bedürft.

8 **a) Erwerbseinkommen. aa) Tatsächlich erzieltes Einkommen** des Berecht verringert grdsl seine Bedürftigk (Stgt FamRZ **81**, 993). Die Rspr stellt in einer allerd zweifelh Analogie zu § 1577 II ErwEink von Schülern u Studenten weitgehd anrechngsfrei, indem sie die ErwTätigk neben der Ausbildg iS dieser Analogie für unzumutb (überobligationsmäß) erkl (BGH NJW **95**, 1215; Kblz u Kln FamRZ **96**, 382 u 1101; Hamm NJW-RR **97**, 705). Im Ggs zum unterhberecht Eheg besteht grdsl keine ErwObliegenh des in der Ausbildg befindl Ki. Aber neben einem musikpädagog Studium ist die Erteilg von MusikStden zumutb (Hamm FamRZ **88**, 425). Bei HeimUnterbringg keine Anrechng des Entgelts aus der Behindertenwerkstatt (Oldbg
9 FamRZ **96**, 625). **Ausbildungsvergütungen** sind nach Kürzg um den ausbildgsbdgten Mehrbedarf auf den von den Elt zu leistden Unterh anzurechnen: bei Mj idR zur Hälfte auf den Bar- u NaturalUnterh (BGH
10 NJW **81**, 2462), bei Vollj im Verhältn 2/5 zu 3/5 zG des barunterhpflicht EltT (Düss FamRZ **97**, 1106). Sind eig Einnahmen anzurechn, so nur unter Abzug evtl **Mehraufwendungen** (Kln FamRZ **95**, 55), die konkr
11 nachzuweisen sind. Vor Anrechng ist von den Einnahmen auch ein großzüg zu bemessdes **Taschengeld** abzuziehen (Ffm FamRZ **78**, 822; Mü DAV **79**, 588). Vgl zu diesem iü § 1610 Rn 11.

12 **bb) Erwerbsobliegenheit. aaa) Grundsatz.** Iü hat derj, der einen Verwandten auf Unterh in Anspr nimmt, als Obliegenh (Einf 16 v § 241) ebso wie der UnterhVerpfl zunächst seine ArbKraft zu verwerten (vgl § 1603 Rn 34). Geschieht das nicht, wird wie bei der LeistgsFgk auf fikt Einkfte abgestellt (vgl §§ 1603
13 Rn 34; 1361 Rn 43, 1577 Rn 7). **Alter** (vgl § 1601 Rn 3): Ein vollj Ki muß für seinen LebBed grdsl selbst aufkommen (BGH **93**, 123/27; Karlsr NJWE-FER **99**, 54). Ebso ein mj Ki nach Beendigg seiner Ausbildg (Karlsr FamRZ **88**, 758); währd ein mj Ki iü seinen UnterhBed auch dann nicht dch eig ErwTätigk zu decken braucht, wenn es keiner Ausbildg nachgeht (Staud/Kappe 156; aA Düss NJW **90**, 1798). Ist in dem erlernten Beruf keine Anstellg zu finden, muß jede Arb, auch berufsfremde u einfachste sowie Tätigkten unter Niveau angen w (Zweibr FamRZ **84**, 291 u 1250; Ffm FamRZ **87**, 188 u 408), die den geist u körperl Fähigk des UnterhBerecht entspr (AG Mannh NJW-RR **90**, 263). Es gelten dieselben Maßst wie im Verhältn der

unterhpflicht Elt zu mj Ki (BGH FamRZ **85**, 1245; Hamm FamRZ **90**, 1385; Oldbg FamRZ **91**, 1091; § 1603 Rn 58). Insb bei anhaltder **Arbeitslosigkeit**, die nach BSG FamRZ **85**, 1251 als solche die 14
Bedürftigk begründen kann, ist dem vollj Ki jeder Ortswechsel u jedwede Arb zumutb (Kln FamRZ **83**, 942 u **86**, 499; AG Mannh FamRZ **89**, 1217). Bei gleichförmigem Wechsel zw ErwTätigk u Arblosigk ist für die EinkBerechng das JahresEink zGrde zu legen (Hamm FamRZ **86**, 1102). Die ArblH ist dagg als subsidiäre SozLeistg nicht als Eink zuzurechnen (BGH NJW **87**, 1557). – **bbb) Ausnahmen.** Die ErwObliegenh 15
entfällt naturgem iR der **Ausbildung** (vgl § 1610 Rn 18). Zur Arblosigk: oben Rn 14. **Behinderten** Ki ggü bleiben Elt auch nach Eintritt der Volljk ggf voll unterhpfl. Sie haben für UnterbringgsKosten anteil aufzukommen. Lebt das Ki im Haush eines EltT u erbringt dieser in erhebl Umfang BtLeistgen, so erhöht sich der BarUnterh zL des and EltT entspr (Hamm FamRZ **96**, 303). **Alkoholismus:** § 1611 Rn 3. Die **Unterhaltsneurose** begründet keine Bedürftigk (Düss FamRZ **82**, 518). Wurde das Ki aber iR einer psychotherapeut Behandlg in seiner AnsprHaltg bestärkt, ist ihm eine gewisse AnpassgsFr einzuräumen (Ffm FamRZ **87**, 408). Iü gibt es FallGr, in denen die Obliegenh nur eingeschränkt gilt, so daß außerh der Einschränkg UnterhAnspr bestehen können. So kann die **Betreuung eines Kindes** unterhbedürft machen (BGH **93**, 123; krit Derleder JZ **85**, 438; Ditzen FamRZ **89**, 240). Der UnterhAnspr kann dann aber bei Muttersch aus ArbScheu u schrankenloser Selbstverwirklichg nach § 1611 entfallen (BGH aaO). Die danach unterhpfl eig Elt sind von dem UnterhBerecht aber ijF soweit wie mögl dch die Aufn einer TeilZtErwTätigk zu entlasten (BGH FamRZ **85**, 1245; Karlsr FamRZ **88**, 200; Hamm FamRZ **90**, 1385). Das gilt insb, wenn der and EltT die Bt des Ki übernehmen kann (Hamm FamRZ **96**, 1104; AG Lahnstein FamRZ **86**, 199).

b) Für **andere Einkommens- und Vermögensvorteile** od bl erzielb Eink gilt Entsprechdes wie zum 16
ErwEink, zB bei Wohnen in eig Haus od dessen zumutb Vermietbark an Dritte. Die Möglk einer KreditAufn kann die Bedürftigk ausschl od vermind (Hbg FamRZ **80**, 912). Zur KostenErsparn dch Aufenth des Ki beim nicht sorgeberecht EltT: § 1684 Rn 61. **Mietfreies Wohnen** (Graba FamRZ **85**, 385; Winckelmann FuR 17
97, 14) in eig Haus des UnterhBerecht od auch als Leistg Dr (vgl u Rn 18) erhöht das Eink des UnterhBerecht nicht nach dem obj Mietwert, sond in unterh-angem Umfang, wobei Kosten bis zur Höhe des fikt Eink anzurechnen sind (Gerhardt FamRZ **93**, 1139; § 1603 Rn 10).

c) Leistungen Dritter. Freiw Leistgen befreien nicht von der UnterhVerpfl, es sei denn, der Dr will 18
gerade auch den UnterhSchuldn entlasten (BGH FamRZ **93**, 417/9) od auch einer eig, evtl auch nur subj empfundenen Verpfl nachkommen, wie vor allem innerh nehel LebGemsch dch WohngsGewährg od bei Annahme fikt HaushVergütgen (Kblz FamRZ **91**, 1469; aA Celle FamRZ **93**, 352). Bedürftigkmindernd wirken Leistgen aus einem von den Elt eingerichteten AusbildgsFonds (Ffm FamRZ **93**, 98); ferner auch **Stipendien** (Bambg FamRZ **86**, 1028). Faktische BedBefriediggen dch Dr beschr UnterhAnspr auf bes BedPosten. So besteht währd der Ableistg von **Wehrdienst** UnterhAnspr nicht schon bei überdchschnittl günst wirtschaftl Lage der Elt, sond ggf nur für konkr UnterhBed wie wissenschaftl Zeitschr, VereinsBeitr, Musikunterricht usw (BGH NJW **90**, 713). Ebso beim Zivildienst, ggf also Unterh für die eig Wohng (BGH NJW **94**, 938). **Strafhaft** beseit idR die Bedürftigk (AG Stgt FamRZ **96**, 955). – **Soziale Leistungen:** Zu 19
KiGeld u and kindbezogenen Leistgen sowie deren Anrechng: Einf 38 ff v § 1601; §§ 1612 b u c. Iü gilt das Prinzip, daß nicht subsidiäre SozLeistgen die Bedürftigk des Ki mindern od ausschließen, iGgs zu SozLeistgen, die dem UnterhBed fakt Genüge tun, aber den darauf gerichteten zivilrechtl UnterhAnspr auf den SozLeistgs-Träger übergehen lassen. SozHilfe ist subsidiär (BSHG 2; zum FordergsÜbergang Einf 41 v § 1601). Waisenrenten dagg vermindern den Bed des Ki; zur eingeschrkten Anrechenbark einer nach dem Tode des StiefVa gem RVO 1267 gezahlten Rente: BGH u Hamm FamRZ **80**, 1109 u 479. Wohngeld (Einf 42 v § 1601) ist bedürftigkminderndes Eink, dem aber ggf ein erhöhter WohnBed ggü steht (BGH FamRZ **82**, 587/90; NJW **83**, 684). Anrechenb sind auch das iRv Reha-Maßn vom ArbAmt gem AFG 56 gewährte AusbildgsGeld (Mü FamRZ **92**, 213) u die behindertenunabhäng BerufsAusbildg bei Hilfe gem AFG 40 I 1 (Oldbg FamRZ **89**, 531). BAföG: Einf 58 v § 1601. Vgl iü § 1610 a.

3) Bedürftigkeitsprivileg minderjähriger, unverheirateter Kinder, II. Das mj, unverh Ki braucht zwar 20
(im Ggs zu Rn 4 u iF der LeistgsUnfgk der Elt gem § 1603 II 2) nicht den Stamm seines Verm anzugreifen, wohl aber die Einkünfte seines Verm, einschl Abfindgen nach § 844 II (RG 151, 101) u sonstiger Einkfte (Schrade FamRZ **57**, 346), allerd unter Erhaltg des KiVerm, also abzügl insb der VerwaltgsKosten (§ 1649 I 1). Ebso wird der UnterhPflicht dch eig ArbVerdienst des Ki entlastet. Dagg besteht keine ErwObliegenh (Rn 12 ff). Infolgedessen auch keine Anrechng fikt Einkfte (Stgt FamRZ **97**, 447). Einer Gleichstellg vollj Schüler wie in § 1603 II 2 bedurfte es nicht, weil der Besuch der Schule automat die Bedürftigk begründet.

1603 *Voraussetzungen der Unterhaltsverpflichtung.* **I Unterhaltspflichtig ist nicht, wer bei Berücksichtigung seiner sonstigen Verpflichtungen außerstande ist, ohne Gefährdung seines angemessenen Unterhalts den Unterhalt zu gewähren.**

II Befinden sich Eltern in dieser Lage, so sind sie ihren minderjährigen unverheirateten Kindern gegenüber verpflichtet, alle verfügbaren Mittel zu ihrem und der Kinder Unterhalte gleichmäßig zu verwenden. Den minderjährigen unverheirateten Kindern stehen volljährige unverheiratete Kinder bis zur Vollendung des 21. Lebensjahres gleich, solange sie im Haushalt der Eltern oder eines Elternteils leben und sich in der allgemeinen Schulausbildung befinden. Diese Verpflichtung tritt nicht ein, wenn ein anderer unterhaltspflichtiger Verwandter vorhanden ist; sie tritt auch nicht ein gegenüber einem Kinde, dessen Unterhalt aus dem Stamme seines Vermögens bestritten werden kann.

1) Die LeistgsFähigk ist allg gült Vorauss jeder UnterhVerpfl. Im Verhältn von Eheg untereinand gelten 1
§§ 1360, 1361 sowie nach Scheidg § 1581. AuskAnspr: § 1605. **Beweislast:** Einf 80 v § 1601.

2) Voraussetzungen der Leistungsfähigkeit, I. Entsprechd § 1602 Rn 3 kommt es bei der Beurteilg der 2
LeistgsFähigk des UnterhVerpfl vor allem auf dessen Verm (Rn 3) u seine Einkfte an (Rn 4). Darüber hinaus kann aber die LeistgsFgk des UnterhVerpfl auch dch die Fiktion von Eink, das dieser bei unterhrechtl gebotenem

Verhalten erzielen würde, unterstellt w (Rn 34). Die beiden ersten EinkFormen können nebeneinand treten, die Fiktion dagg kommt naturgem erst zum Zuge, wenn es an Verm u Eink beim UnterhPflicht fehlt.

3 **3) Vermögen.** Der UnterhVerpfl hat zum Unterh vornehml die VermErträge heranzuziehen (Nürnb FamRZ **96**, 305), uU aber auch den VermStamm anzugreifen (BGH **75**, 272/78; Duderstadt FamRZ **98**, 273; vgl auch § 1601 Rn 7), ohne die Einschrkg von § 1581 I 2, aber nicht, soweit dadch der eig angem Unterh des UnterhSchu gefährdet w (BGH NJW **89**, 524; LG Duisbg FamRZ **91**, 1086). Die Verwertg erfolgt dch Verkauf od Verpfändg zur Sicherg des für UnterhZwecke aufgen Darl (Dresd OLG-NL **98**, 82). Der Widerspr des Eheg des UnterhPflicht ist ggf gem § 1365 II auszuräumen (and LG Heidelb NJW **98**, 3502). Ein MitEigtAntl an einem Ferienhaus muß auch dann veräußert w, wenn dadch die LeistgsFgk des UnterhSchu nur vorübergehd erhöht w (BGH FamRZ **86**, 48). Gestaltet sich der Verkauf einer EigtWohng als schwierig, ist sie alsbald zu vermieten (Karlsr NJWE-FER **99**, 33). Zur Herstellg seiner LeistgsFgk muß der UnterhSchu Fdgen geltd machen, auch RückFdgAnspr aus einer Schenkg (RG LZ **15**, 1096). Dagg besteht bei entspr Verfallklausel im Testament keine Obliegenh zur Geltdmachg von PflichttAnspr (BGH NJW **82**, 2771). Ggf muß der Schuldn zur Erfüllg seiner UnterhPfl auch Kredit aufnehmen (BGH NJW **82**, 1641; LG Duisbg NJW **97**, 530: vom SozHilfeTräger angebotenes Darl). Entsprechd der Anerk von **Schonvermögen** im SozHilfeR (BSHG 88; vgl BVerwG NJW **98**, 397 u 1879) wird auch im UnterhR bis zu einem gewissen Grad vorh Verm nicht herangezogen, das zur Bildg von Rücklagen für unvorhergesehene Ausg best ist bzw das aus Grden der Unzumutbark nicht berücks w (AG Wetter FamRZ **91**, 852: Rücklage von 20 000 DM ggü UnterhAnspr der pflegebedürft Mu; vgl ferner BVerwG NJW **93**, 1024 u 1026: behindertengerechte EigtWohng). Das gilt insb beim EltUnterh: § 1601 Rn 9.

4 **4) Einkünfte des Verpflichteten.** Grdsl sind sämtl Einnahmen unterh-relevantes Eink (Rn 5). Doch steht davon nicht auch alles für UnterhZwecke zVfg (Rn 18 ff).

5 **a) Einnahmen** sind alle dem UnterhPfl zufließden Güter, die in Geld od Geldwert bestehen, **aa) unabhängig von ihrer Herkunft** u ZweckBest (BGH NJW **81**, 1313), also auch arbeitsunabhäng erworbene wie Unterh (AG Weilbg NJWE-FER **99**, 236) u Taschengeld, Schmerzensgeld (BGH NJW **89**, 524) od Spielgewinne (Düss NJW **93**, 3078 Skat), wobei ein wieder verspielter SpielbkGewinn die LeistgsFgk fikt begründen kann (Oldbg FamRZ **88**, 89). Insb gehören aber hierher Einkfte aus Beteiliggen in Pers- od KapitalGesellsch (Fischer-Winkelmann/Maier FamRZ **96**, 1391) sowie Zinsen aus sonstigen VermAnlagen (BGH FamRZ **88**,
6 1145); MietErtr; VermEntnahmen (Stein FamRZ **89**, 343). Unterhrechtl Einnahmen sind weiterh **Renten**, AltenteilsLeistgen u priv Renten aus Anlaß der Übertr von Verm (BGH NJW **94**, 935), von Unternehmen od
7 Grdst (Stgt u Kln FamRZ **83**, 185). Am bedeutsamsten sind **Arbeitsentgelte** (Lohn, Gehalt usw), einschl aller Ersatzformen wie Krankengeld, allerd unter Abzug von MehrBed, KrHausTageG (Brem FamRZ **91**, 86) sowie Arbeitslosengeld u ArblH (vgl Einf 43 v § 1601). Zum Eink gehören ferner Url- u WeihnGeld bzw das 13. MoGehalt (BGH NJW **91**, 1049); der JWagen in der Automobilbranche (AG Stgt FamRZ **90**, 194; Strohal FamRZ **95**, 459); ebso der PrivAntl eines von der Fa überlassenen Pkw (Hamm FamRZ **92**, 1427) od Telefons (Kln FamRZ **91**, 489), oRücks auf priv Angewiesensein darauf (aA Karlsr FamRZ **90**, 533). Die LeistgsFgk wird auch dch **Schwarzarbeit** begründet od erhöht (Kalthoener/Büttner NJW **91**, 404; aA AG Viechtach FamRZ **90**, 1139), allerd bereinigt um ErwAufwand, fikt Steuern u SozAbg (Klein FuR **97**, 292). Bei Auslösgen u Spesen werden die dem Eink hinzuzurechnden Ersparn mit $^1/_3$ der NettoBetr bewertet
8 (Hamm NJW **92**, 1369). Vergütgen für **Überstunden** werden, wenn sie in dem von dem UnterhSchu ausgeübten Beruf übl sind u regelm anfallen, unterhrechtl in vollem Umfang herangezogen (BGH NJW **80**, 2251; **82**, 2664; **83**, 2321). Bei deutl über dem berufstyp übl Rahmen hinaus geleisteten ÜberStden kann aus BilligkGrden von einer vollen Anrechng abgesehen w (BGH NJW **80**, 2251) u muß es bei 60 WoStden, auch wenn diese berufstyp sind (AG Diebg FamRZ **98**, 1587). Die Aufg von ÜberStden rechtf jedoch nicht ow die EinkFiktion iSv Rn 34 (Müller DAV **87**, 86; Kalthoener/Büttner NJW **89**, 806). Entsprechdes gilt für berufstyp Schichtdienst (Hbg DAV **92**, 1121) u and **Zusatzverdienste** aus literar Tätigk, wiss Gutachten usw
9 (Hamm FamRZ **95**, 606: § 1577 II sinngem). Einkünfte aus überobligationsmäß Nebentätigk sind nicht zu berücks, wenn bereits die vollschichtige Tätigk mehr als den MindBed des UnterhGl sichert (Hamm FamRZ
10 **99**, 43). Zu den die LeistgsFgk erhöhden geldwerten Gütern zählt auch der **Wohnwert** eines eig Hauses od des sonst mietfreien Wohnens (§ 1602 Rn 17), auch bei dem neuen Eheg (aA Bambg FamRZ **96**, 628), oRücks auf die steuerl Behandlg (BGH FamRZ **86**, 48; Bambg FamRZ **87**, 1181). Im Ggs zur ArbNSparzu-
11 lage sind auch **vermögenswirksame Leistungen** unterhpflicht Eink (BGH NJW **92**, 1624/25).

12 **bb) Berechnungsweise.** Bei **schwankenden Bezügen** ist deren Höhe zu schätzen (LG Osnabr FamRZ **99**, 946 Trinkgeld eines Taxifahrers: 180 DM mtl) od ist ein DchschnittsEink zu errechnen (BGH NJW **84**, 1614; vgl Rn 14). Ertragsabhängige Tantiemen können nicht ow in die Zukunft fortgeschrieben w (KG FamRZ **98**, 1386). Auch einmalige Leistgen wie Gratifikationen anläßl eines Dienstjubiläums (Hamm FamRZ **85**, 1260) od **Abfindungen** anläßl der Aufhebg des AnstellgsVerhältn sind zum Unterh zu verwenden (BGH NJW **82**, 822; Hamm FamRZ **96**, 219) u, sofern sie nicht zur Eingliederg in das BerufsLeb (Mü FamRZ **98**, 559: Anschaffg eines Computers) od zur Tilgg von Schulden (Celle FamRZ **92**, 590) verbraucht wurden, auf einen längeren ZtRaum umzulegen (BGH NJW **87**, 1554: einige Jahre; Oldbg FamRZ **96**, 672: 5–6 J). Wie Abfindgen sind auch AustrittsVergütgen zu behandeln, deren Berücks nach § 1587 a II Nr 5 im VA die Eheg ausgeschl haben (Kln FamRZ **98**, 619). Zur unterhrechtl Bedeutg von VorruhestandsVereinbgen: Strohal FamRZ **96**, 197. **Nachzahlungen** von Renten usw erhöhen die LeistgsFgk ledigl für die Zukunft (BGH NJW
13 **85**, 486; Nürnb FamRZ **97**, 961). Ebso Leistgen aus einer UnfallVers (Naumbg OLG-NL 97, 140). – **cc)** Bei **Beamten** gehören zum Eink OrtsZuschl (BGH FamRZ **83**, 49), auch für StiefKi (BGH NJW **89**, 1033); Ausl- u BlnZulage (BGH FamRZ **80**, 342 u Hamm FamRZ **92**, 1427); FliegerAufwEntschädig u Fliegerzulagen (BGH NJW **94**, 134 u Hamm FamRZ **91**, 576). Ferner beim GVz Dienstbezüge, Vergütg u Entschädigg (Kln FamRZ **87**, 1257); beim Soldaten auch Übergangsgebühren u -beihilfen (BGH FamRZ **87**, 930); bei **Abgeordneten** u GemeinderatsMitgl (aA Hamm FamRZ **80**, 997) steuerfr AufwEntschädiggen (BGH FamRZ **86**, 780) u sonst Pauschalen (Stgt FamRZ **94**, 1251), ferner SitzgsGelder abzgl Abführgen an die Partei u
14 Aufwendgen (BGH FamRZ **83**, 670; Bambg FamRZ **86**, 1144). – **dd) Freiberufler und Unternehmer**

(R. P. Maier, Das unterhrechtl Eink bei Selbständ, 1996; Herlan DAV **97**, 19 u 77). IdR ist unter Ausklammerg der Anlaufphase (Kln NJW-RR **95**, 1157; Hamm NJWE-FER **97**, 77) das DchschnittsEink der letzten (BGH NJW **85**, 911) 3 J zGrde zu legen (BVerfG FamRZ **93**, 169 mA Compes; BayVerfGH NJWE-FER **99**, 49; BGH NJW **82**, 1642 u 1645; **83**, 1554), auch bei unsicherer Auswirkg gesetzl Reformen (Brem FamRZ **95**, 935 Arztpraxis). Ebso bei nebenberufl Eink als Musiker (Hamm FamRZ **99**, 1014). Bei schubartiger Realisierg von Gewinnen ist auf einen längeren ZtRaum abzustellen (BGH NJW **85**, 910). Zur Ermittlg der unterhrechtl Eink bei einer ArztpraxisGemsch: Karlsr FamRZ **90**, 1234. Bei unzureichder Darlegg kann auf die Entnahmen abgestellt od das vom UnterhGl vorgetragene Eink zGrde gelegt w (AG Würzb FamRZ **98**, 822 Arzt). – **ee)** Bei 15
Leistungen Dritter an den UnterhPflicht ist zu differenzieren: Freiw Zuwendgen erhöhen die LeistgsFgk nicht. Das gilt etwa auch für überobligationsmäß PflegeLeistgen (BGH NJW **95**, 1486). Unterhaltszahlgen vS 16
Dr sind ihrers unterhpflicht Eink (BGH FamRZ **80**, 555; Hamm FamRZ **96**, 1234), auch TaschengeldAnspr iS § 1360 a Rn 4 (BGH NJW **86**, 1869; Düss FamRZ **92**, 1099; AG Weilbg FamRZ **97**, 1419). Der den EigenBed des UnterhSchu übersteigde Teil kann zur Deckg seiner eig UnterhVerpfl herangezogen w (Bambg FamRZ **83**, 75). Das gilt vor allem iR der erweiterten UnterhPfl nach II (BGH NJW **80**, 934). Erlangt der unterhpflicht EltT inf Wiederverheiratg einen UnterhAnspr gg seinen Eheg, so ist im Verhältn zu seinen unterhbedürft Ki von seinem ArbEink weniger als der übl SelbstBeh (Rn 32) zu belassen (BGH NJW **82**, 1590). Zum EltUnterh: § 1601 Rn 10. Die Nichtgeltdmachg berecht UnterhAnspr erhöht das Eink des UnterhSchu fikt (Bambg FamRZ **83**, 210). **Sozialleistungen:** Einf 38 v § 1601; zu KiGeld u sonst kibezogenen Leistgen: § 1612 b u c. 17
Schadensrenten für Körper- u GesundhSchäden erhöhen grdsl die LeistgsFgk (vgl BGH FamRZ **82**, 898; NJW **83**, 1783); doch stehen sie nach Einf von § 1610 a für gg den Geschädigten gerichtete UnterhAnspr nur noch zVfg, wenn der GgBew gelingt, daß die SozLeistg nicht dch Aufwendgen aufgezehrt w. ErziehgsGeld begründet die LeistgsFgk nur in den AusnFällen von BErzGG 9 S 2, also insb iFv § 1603 II (Nürnbg FamRZ **94**, 1402).

b) Nettoeinkommen. Von den dem UnterhVerpfl zufließden Mitteln stehen best Einnahmen nicht für 18
UnterhZwecke zVfg. Das BruttoEink ist also vor Verteilg auf die UnterhBerecht dch **Abzug gewisser Beträge** zu bereinigen, zB der Kosten für eine krankhbdgte HaushHilfe (Hamm NJW-RR **97**, 962). Zur Bereinigg des BruttoEink eines Beamt vgl Hbg FamRZ **85**, 1142. – **aa)** Bei Freiberuflern u Höherverdienen- 19
den sind vor allem Beitr zu einer angem **Kranken- und Altersvorsorge** abzuziehen (Ffm FamRZ **87**, 433), mind iH der SozVersBeitr eines unselbständ ArbN (Bambg FamRZ **87**, 1181), iü aber in einem angem Verhältn zu den erzielten Einkften: bei Anlehng an die BeitrSätze der gesetzl Vers zB 20% des BruttoEink. Nicht abzugsfäh sind Aufwendgen zum Ausgl der dch den VA eingetretenen Verluste (Bambg FamRZ **90**, 1138). –
bb) Berufsbedingte Aufwendungen müssen sich von den priv LebhaltgsKosten nach obj Merkm eindeut 20
abgrenzen lassen, so daß als zur allg Lebhaltg gehörend nicht abzugsfäh sind: Aufw für Kleidg u Url (BGH NJW **82**, 822); priv Unfall- u HaftPflVers (Schlesw SchlHA **78**, 81). Im Ggs zum Trenngs- u ScheidgsUnterh (§ 1578 Rn 48) gibt es beim KiUnterh keinen ErwTätigenbonus (Düss FamRZ **94**, 1049). Konkr nachgewiesene berufsbdgte Aufw sind abzusetzen. Ohne weiteres können die Part sie in einem ProzVergl aber auch pauschalieren (BGH NJW **86**, 2054). Mögl ist auch eine Schätzg nach ZPO 287 zB hins des MehrAufw zur Erhaltg der fliegerischen LeistgsFgk (BGH FamRZ **94**, 21). Die DüssTab (Einf 16 v § 1601) sieht weitgehde Pauschaliergen vor: näml 5% des NettoEink, mind 90 DM, bei geringfüg TeilZtArb auch weniger, u höchstens 260 DM mtl. Übersteigen die berufsbdgten Aufw die Pauschale, sind sie insges nachzuweisen (DüssTab NJW **98**, 1470). Auch kann die Pauschale von 5% von jeder UnterhPart damit bestritten w, es entstünden höhere bzw niedrigere Aufw (Kalthoener/Büttner NJW **93**, 1826). Für die Feststellg des unterhrechtl relevanten Eink entsch nicht die steuerl Anerk, so daß bei einem Beamt ArbZimmer, Telefon usw nicht abgezogen w können (Bambg FamRZ **87**, 1295). Abzug des GewerkschBeitr nur, wenn kein Mangelfall vorliegt (Kln FamRZ **85**, 1166). Weiter sind abzugsfäh die **Fahrtkosten** zur ArbStelle; daneben findet dann aber kein zusätzl Abzug von AnschaffgsKosten 21
für den Pkw statt (Hamm FamRZ **98**, 1512). Jedenf im Mangelfall müssen öff VerkMittel benutzt w (Brdbg FamRZ **99**, 1010). Bei größerer Entferng besteht eine Obliegenh zum Umzug in die Nähe des ArbPlatzes (Kblz FamRZ **94**, 1609), es sei denn, die Mehrkosten werden dch Vermietg der bish Wohng kompensiert (BGH NJW-RR **95**, 129). Auch höhere Fahrtkosten sind berücksfäh, wenn inf Alters od Krankh die Benutzg öff Verkehrsmittel nicht zumutb ist (Hamm FamRZ **98**, 623 L). – **cc)** Abzugsfäh sind die Kosten die krankh- 22
od berufsbdgte Anschaffg u Unterhaltg eines **Pkw** (BGH FamRZ **82**, 579: Beinamputierter; Naumbg OLG-NL **97**, 140 sowie FamRZ **98**, 558: Polizist im Schichtdienst) abzgl des Anteils priv Nutzg (BGH NJW **82**, 1869). Zum betriebl Auto des Selbständ: Schöppe-Fredenburg FuR **98**, 153. Doch muß sich der UnterhSchu günst öff VerkMittel bedienen, wenn der eig Pkw der Grd ist, keinen ausr Unterh zu zahlen (BGH FamRZ **89**, 483; Hamm FamRZ **96**, 958). AnrechngsBetr: bei berecht Benutzg eines eig Pkw entspr ZuSEG 9 III Abzug von 0,40 DM pro km für den ges Aufwand (BGH NJW **94**, 190; Hamm NJW **92**, 1369: 0,42 DM); bei Anschaffg des Fahrzeugs auf unterh-relevanten Kredit: 0,15 DM pro km Entferng (Hamm FamRZ **97**, 835) mit entspr Verminderg bei größeren Entferngen (Hamm FamRZ **97**, 836 L). – **dd) Schulden** (Bernreuther 23
FamRZ **95**, 770) können die LeistgsFgk des UnterhVerpfl herabsetzen. Bei Selbständ ist darauf zu achten, daß nicht priv Schuldzinsen in steuerl BetriebsAusg verwandelt w (Fischer-Winkelmann FamRZ **98**, 929). And
Unterhaltsverpflichtungen muß sich der UnterhBerecht nach den hierf maßgebl RangVorschr (§§ 1609, 24
1582) leistgsfähigk-mindernd entgghalten lassen (BGH FamRZ **96**, 160), so daß sein Anspr ggf nur aus den übr bleibden Mitteln od unter Berücks der and UnterhAnspr befried w kann. Insb besteht unter Ki, die unter II fallen, Gleichrangigk. Leistet der UnterhSchu insow aber keine Zahlgen u sind die konkurrierden UnterhAnspr auch nicht tituliert, so wird seine LeistgsFgk auch nicht beeinträcht (Hamm FamRZ **95**, 1488). Ferner gehen 25
auch best **familienbedingte** Schulden zL des UnterhBerecht. Dafür reicht das Einverständn der Mu der unterhberecht Ki nicht aus, der Va hat in einem solchen Fall vielm die Verwendg der Mittel u insb darzulegen, daß damit nicht rein pers Bedürfn (auch der Mu) befried wurden (BGH FamRZ **92**, 797/98). Prägten dagg die FinanziergsKosten für das EinFamHaus die LebVerhältn der Fam, so muß auch das unterhberecht Ki sich daran bis zu einem gewissen Grade festhalten lassen (AG Aachen FamRZ **98**, 985), auch wenn das Haus zur Schaffg zusätzl EinkQuellen erworben w (Kln FamRZ **81**, 489). Absetzb sind auch ScheidgsKosten (Karlsr NJW-RR **98**, 578). Anderers sind BereitstellgsZinsen für die beabsichtige Bebauung eines Grdst nach AuseinandBrechen der Fam nicht mehr zu berücks (BGH FamRZ **83**, 670). Dem UnterhSchu obliegt die klare Abgrenzg zw

berufsbdgten u ehebdgten Verbindlk (AG Würzbg FamRZ **98**, 822). VergütgsVersprechen an den Eheg für die Alterspflege werden nicht anerk, soweit sie die Verpfl aus der Ehe nicht übersteigen (Hamm FamRZ **99**, 166).
26 Iü haben UnterhAnspr ggü **anderen Verbindlichkeiten** des UnterhSchu keinen Vorrang. Es bedarf daher eines Ausgl der Belange von UnterhBerecht, UnterhVerpfl u DrittGläub (BGH FamRZ **82**, 157; **84**, 657). Entscheidd ist eine umfassde **Interessenabwägung** nach dem Zweck der Verbindlk, deren EntstehgsZtpkt u Dringlk wie schließl, ob der UnterhSchu von Grd u Höhe der UnterhSchuld Kenntn hatte (BGH FamRZ **86**, 254/57; Hamm FamRZ **99**, 43), wobei der vollstreckgsrechtl Vorrang nur ein AbwäggsElement darstellt (BGH NJW **84**, 2351). Zweck: Auf Schulden, die leichtfert, für luxuriöse Zwecke od ohne verständ Grd eingegangen w sind, kann sich der UnterhSchu grdsl nicht berufen (BGH FamRZ **84**, 358/60; Hamm FamRZ **96**, 959). Glücksspielschulden bleiben von vornherein unberücks (Hamm FamRZ **92**, 1178); ebso solche aus dem Betr einer offenb zum Scheitern verurt Geschenkboutique (Kln FamRZ **94**, 1406). Anschaffgen im Privatbereich muß der UnterhSchu im maßvollen Rahmen halten (Hamm DAV **78**, 358). PKH-Raten aus famrechtl AuseinandS mit dem UnterhGl sind mRücks auf ZPO 120 IV ggf aus dem Selbstbehalt aufzubringen (Kblz FamRZ **91**, 438; aA Karlsr FamRZ **88**, 400). Der Ztpkt der Schuldentstehg u die Kenntn von der UnterhLast spielen eine bes Rolle beim AusbildgsUnterh (Bambg FamRZ **88**, 1087; § 1610 Rn 31) sowie bei Bauschulden (Nürnbg FamRZ **86**, 501). Bei Kenntn der UnterhSchuld werden neue Verpfl als Minderg der LeistgsFgk nur
27 anerk, wenn deren Eingehg notw u unausweichl war (BGH FamRZ **90**, 283/87). **Bei hochverschuldeten Unterhaltspflichtigen** werden Schu nur iR eines vernünft **Tilgungsplans** berücks. Für die Höhe der als eink-mindernd anerk TilggsRaten ist bei auseinandgebrochener Fam zu fragen, wieviel iF der Fortdauer der FamGemsch bei verantwvoller Abwägg der UnterhBelange u der FremdGläubInteressen verständigerw für die Schuldtilgg aufgewendet w wäre (BGH NJW **82**, 232). Nach Möglk sollen wenigstens die laufd anfallden SchuZinsen beglichen w (BGH NJW **82**, 1641), auch ggü UnterhAnspr mj Ki (Hamm NJW **95**, 1843) u auch, wenn in der Vergangenh eine SchuTilgg nur in geringem Umfang stattgefunden hat (Hamm FamRZ **96**, 629). Den Schuldn trifft die Obliegenh, mit seinen übr Gläub iR eines SchuldenreguliergsAbk zur Aussetzg der Pfändgen zu gelangen (Hamm FamRZ **93**, 1088). Ihn trifft ferner die BewL dafür, daß es ihm nicht gelungen ist, die Schuldraten so zu senken, daß er den MindBed aller UnterhBerecht bedienen kann (Bambg FamRZ **97**,
28 23). Dem UnterhVerpfl steht schließl kein Recht zur **Vermögensbildung** auf Kosten des UnterhBerecht zu, so daß diesem leistgsfähigkmindernd weder TilggsLeistgen (Bambg FamRZ **85**, 1141; Ffm NJW-RR **88**, 522; Blaese FamRZ **94**, 216) noch Abschreibg für Abnutzg (AfA, EStG 7) entgg-gehalten w können (KG FamRZ **81**, 38; vgl Kleinle FamRZ **98**, 1346 mwN).

29 **c) Steuern** (Lit: Linderer bei Heiß, UnterhR Hdb 4. Aufl 1998, Kap 41 ff). – **aa) Grundsätze.** Die staatl Besteuerg hat das Existenzminimum der Fam als UnterhVerband zu verschonen (BVerfG NJW **90**, 2869; **92**, 3153; vgl Arndt/Schumacher NJW **94**, 961). Iü wird die LeistgsFgk des UnterhVerpfl grdsl dch die tats gezahlten Steuern best (BGH FamRZ **83**, 152; **88**, 486 u 818; NJW **90**, 1477). Dementspr wird der steuerl Splittingvorteil aus einer Wiederverheiratg nicht der neuen Fam vorbehalten, sond kommt – ggf iW der AbändKl (BGH NJW **88**, 2101) – auch unterhberecht Ki aus einer früh Ehe des UnterhSchu zugute (BGH NJW **86**, 2758; Hamm FamRZ **99**, 42: Anrechng des Splittingvorteils zur Hälfte). Anderers wirkt die Rspr steuerrechtl Manipulationen zL des UnterhBerecht etwa dch Unterlassg der Eintragg von FreiBetr od dch Wahl einer den UnterhBerecht benachteiligden Steuerklasse nicht nur dadch entgg, daß sie dem UnterhBerecht die spätere Abänd des UnterhTitels wg erhöhter LeistgsFgk als Folge der Steuerrückerstattg offen hält, sond indem sie auf die sich aus der dem UnterhBerecht günstigeren Steuerklasse ergebden höheren Einkfte des UnterhSchu effektiv bereits im ggwärt UnterhVerf abstellt (Bambg FamRZ **87**, 1031; Hamm FamRZ **96**, 505; aA Kblz FamRZ **88**, 402; Kln FamRZ **89**, 65). Bei der tats Steuerschuld soll es dagg bleiben, wenn der ZtRaum der Einstufg in Steuerklasse I relativ kurz war (BGH NJW **88**, 2105). Zur steuerl Berücks v Aufwdgen für typ Unterh u außergewöhnl Bed n EStG 33, 33 a I: BMF NJW **99**, 2725. Zur steuerl AbzugsFähigk von **Kindesbetreuungskosten:** Geiß/App
30 FamRZ **92**, 1138. – **bb) Unterscheidung zwischen steuerlichem und unterhaltsrechtlich relevantem Einkommen** (Heiß/Linderer Kap 45). Die Höhe des die LeistgsFgk bestimmden Eink kann nicht dch den Nachw des steuerl Eink dargetan w (BGH FamRZ **80**, 770; LG Hbg FamRZ **97**, 1102). Die Anknüpfg an das zu versteuernde Eink kann desh iS des UnterhR immer nur als MindEink verstanden w (BGH FamRZ **82**, 148 u 682). Beruft sich der UnterhSchu für die Einschrkg seiner LeistgsFgk auf sein steuerpfl Eink aus Gewerbe, muß er seine Einnahmen u Aufwendgen im einz nach nur steuerrechtl beachtl u unterhrechtl bedeuts Aufwendgen abgrenzb darstellen (BGH NJW **80**, 2083; **85**, 909/10 f). Bei Selbständ wird der UnterhBemessg zwar ein DchschnittsZtRaum von regelm 3 J zGrde gelegt (Rn 13); doch darf zur Errechng der steuerl Belastg der MehrjahresDchschnitt nur aus den JEinkften gebildet w, die nach Abzug der jeweils auf das einz J entfallden Steuern verbleiben (BGH NJW **85**, 909/10 sog In-Prinzip; krit Fischer-Winkelmann/Maier FamRZ **93**, 880).
31 – **cc)** Zum **Kindergeld** u kibezogenen Leistgen: §§ 1612 b u c.

32 **d) Immanente Begrenzungen der Unterhaltspflicht.** – **aa) Selbstbehalt.** Der UnterhVerpfl darf in Auslegg des TatbestdsMerkm „außerstande" von seinen mtl NettoEinkften zur Deckg seines eig Bed als unterhrechtl damit nicht mehr verfügb Eink einen best Betr behalten, der bei der Berechng von UnterhAnspr folgl seine LeistgsFgk mindert (BGH FamRZ **86**, 153/54; **88**, 1039/41). Der SelbstBeh wird in seiner Höhe danach gestaffelt, ob der UnterhSchu erwtät ist od nicht, wobei die Teiln an einer UmschulgsMaßn des ArbA der ErwTätigk gleichsteht (Hamm FamRZ **84**, 727). Zum and erfolgt die Staffelg je nach dem Alter u der famrechtl Stellg der unterhberecht Ki gesetzl zwingd mit unterschiedl Beträgen nach I u II (BGH NJW **89**, 523). Iü darf der SelbstBeh vom TatRi ohne starre Bindg nach Tab u Richtlinien bemessen w (BGH NJW **84**,
33 1614; **92**, 1393/94)). Zur **Höhe** der versch Selbstbehalte: Einf 20 v § 1601. – **bb)** Jede UnterhPfl findet matrechtl ihre Grenze bei der **absoluten Leistungsunfähigkeit** des UnterhVerpfl, also dort, wo diesem nicht mehr die Mittel für den eig notw LebBed verbleiben u er dch die Leistg von Unterh seiners **sozialhilfebedürftig** würde (BGH **111**, 194). Das gilt auch für den Ansatz fikt Einkfte u iR von II (Karlsr ZfJ **99**, 353).

34 **5) Einkommensfiktion bei Unterlassung zumutbarer Erwerbstätigkeit.** – **a)** Den UnterhSchu trifft grdsl die Obliegenh, im Interesse des UnterhBerecht seine ArbKraft so gut wie mögl einzusetzen. Tut er dies nicht, so muß er sich – verfassgsrechtl zul (BVerfG NJW **85**, 1211) – **fiktive Einkünfte** anrechnen lassen, die er dch eine zumutb ErwTätigk erzielen könnte (BGH **75**, 272; BGH NJW **81**, 1609). Die Zurechng fikt Eink

erfordert neben fehlden ErwBemühgen die Feststellg einer obj ErwMöglk dch den TatRi (Dresd u Schlesw FamRZ **98**, 1389 u 1615). Sie fehlt uU auch, wenn schon die Kündigg wg der AlkoholAbhängigk erfolgte (Celle FamRZ **98**, 1614). **Anwendungsbereich:** Die EinkFiktion gilt auch in Ost-West-Fällen (BGH NJW **94**, 1002) u hins and leistgsfähigkeitsteigernder Handlgen wie der rechtzeit Beantragg einer Rente (Nürnb FamRZ **97**, 961), der Geltdmachg einer Abfindg iF der Kündigg (Hbg FamRZ **98**, 619) od der Vermietg überschüss Wohnraums. Die Fiktion schließt die ErsHaftg and Verwandter nach § 1607 I aus, nicht dagg die Anwendg von § 1607 II (vgl dort Rn 5 u 11). Sie gilt ferner grdsl nicht für das UnterhMaß (vgl § 1610 Rn 4). 35

b) Voraussetzungen der Einkommensfiktion. aa) Letztere knüpft in erster Linie an die **Arbeitslosigkeit** bzw an eine die unterhrechtl geforderte LeistgsFgk nicht voll gewährleistde ErwTätigk des UnterhVerpfl an. Zur Differenzierg bei kurzfrist u langfrist Arblosigk: Brdbg FamRZ **95**, 1220. Zu den Anfdgen in Zten hoher Arblosigk: Kln FamRZ **97**, 1104. – **bb)** Das fehlde ErwEink muß Folge eines erwerbsplanerischen **unterhaltsrechtlichen Fehlverhaltens** des UnterhVerpfl sein. Von vornherein nicht zurechenb sind diesem obj Umstde wie bei einem ArbVerhältn im Ausl ein nicht erkannter WährgsVerfall (BGH **104**, 158) od die Stagnation des Markts für BauSparkVertreter in den neuen BuLä (Hamm FamRZ **99**, 165). Auch bei unverschuldeter Arblosigk muß der UnterhVerpfl aber **alles Zumutbare unternehmen**, um dch Aufn einer ErwTätigk seine LeistgsFgk wieder herzustellen. Die Meldg beim ArbAmt reicht dafür nicht aus (Düss FamRZ **80**, 1008). Im UnterhProz müssen die unternommenen Anstrenggen konkretisiert w (BGH FamRZ **96**, 345). IdR werden 20–30 konkr Stellengesuche im Mo gefordert (Naumbg FamRZ **97**, 574 L; AG Leverkusen FamRZ **97**, 1105). Blindbewerbgen zählen nicht (Hamm DAV **97**, 798). Auch hat der UnterhVerpfl **überregionale** Anstrenggen zu machen, um einen ArbPlatz zu bekommen, u zwar auch im Geringverdienerbereich (Kln NJWE-FER **99**, 84; Born zu Hamm FamRZ **98**, 42), u entspr auch einen zumutb **Ortswechsel**, zB von Italien nach Dtschland, vorzunehmen (KG FamRZ **84**, 592). Unzumutb ist aber die Aufg einer ausbildgsgerechten ArbStelle im Beitrittsgebiet u der Wechsel in die alten BuLä (Naumbg FamRZ **97**, 311). **Kündigung:** Wird dem UnterhVerpfl gekünd, so hat er seine Rechte aus KSchG u BetrVG auszuschöpfen (Ffm FamRZ **83**, 392). Auch darf er nicht ow eine mit erhebl Einbußen verbundene ÄndKündigg hinn (Hamm FamRZ **97**, 356); and bei schwieriger AuftrLage eine 10%ige LohnKürzg, um einer Entlassg zu entgehen (Celle FamRZ **83**, 704). Aber keine EinkFiktion, wenn der UnterhVerpfl dch **eigene Kündigung** ledigl derj des ArbG zuvorkommt (Schlesw FamRZ **84**, 1093); wenn die Aufg des ArbPlatzes wirtschaftl vernünft erscheint (Zweibr FamRZ **94**, 1488) od sonst ein anerkennenswertes Motiv vorlag (Celle FamRZ **83**, 717), wie gesundheitl Grde (Hbg DAV **88**, 718) od um die eig Chancen im SorgeRVerf zu verbessern (Ffm FamRZ **87**, 1144). Aber wiederum EinkFiktion, wenn der UnterhSchu leichtfert eine verspflicht Arb verloren od ausgeschlagen hat, die ihm währd seiner Krankh LohnfortZahlg oder KrGeld verschafft hätte (BGH NJW **88**, 2239). Die Fiktion fortdauerder LeistgsFgk gilt auch bei einem unterhrechtl nicht vertretb **Arbeitsplatz- oder Berufswechsel** (BGH FamRZ **87**, 372). Ggstand der Obliegenh kann sowohl die Herbeiführg wie das Unterlassen des Berufswechsels sein. Bei Unrentabilität des Betriebs muß ein selbständ Untern ggf eine besser bezahlte abhäng Arb annehmen (Kblz FamRZ **84**, 1225; **85**, 812; Dresd FamRZ **99**, 396). Keine Fiktion der LeistgsFgk dagg, wenn der Betrieb inf GewerbeUntersagg aufgegeben w mußte (Ffm FamRZ **95**, 98). Entsprechdes gilt auch im umgek Fall eines obligationswidr Berufswechsels: Bei einem nicht zwingd gebotenen Wechsel in eine weniger gut bezahlte Stellg wird der höhere Verdienst beim früh ArbG zGrde gelegt (Zweibr FamRZ **83**, 1039; AG Hbg u LG Essen DAV **84**, 908 u 1043). Das gilt auch bei Mithilfe im Gesch des Eheg statt entlohnter anderw Tätigk (LGe Kblz u Paderb DAV **76**, 87 u 223) sowie ferner auch bei Herabsetzg der StdZahl eines Lehrers (BGH FamRZ **84**, 374). IjF ist aber eine Güterabwägg erfdl. Der Wechsel zur geringer entlohnten Tätigk kann gerechtf sein, wenn der neue ArbPlatz sicherer ist als der früh (Karlsr FamRZ **93**, 836); wenn der MindUnterh der Ki gesichert bleibt (Zweibr NJW-RR **95**, 69); bei Rückkehr in den Heimatort (Brdbg NJWE-FER **97**, 195). Der wichtigste Fall des Berufswechsel ist die **weitere Ausbildung**. Grdsl gibt auch GG 12 I kein Recht, unter Überantwortg der unterhberecht Angeh an die SozHilfe Aufwendgen für die eig berufl Weiterqualifizierg zu machen (Saarbr FamRZ **90**, 306) od den bish Beruf aufzugeben (Düss FamRZ **95**, 755). Entsprechd wird nach berufsqualifizierdem Abschl auch die Aufn eines **Studiums** unterhrechtl nicht anerk (Ffm FamRZ **79**, 621; Karlsr FamRZ **81**, 559; Bambg FamRZ **89**, 93). Bei eigenmächt Einschrkg der LeistgsFgk muß für die ÜberggsZt dch Bildg von **Rücklagen oder Kreditaufnahme** den UnterhPfl Rechng getragen w (BGH NJW **82**, 1050; FamRZ **87**, 372). Das gilt insb bei **Selbständigmachen** in der vagen Hoffng, nach einer ÜberggsZt einen höheren Verdienst zu erzielen als vorher (Hamm FamRZ **96**, 959). Bleibt der Gewinn später aus, wird das früher erzielte AngestEink fingiert (Düss FamRZ **97**, 1078). **Hausmann-Rechtsprechung:** Die Übern der HaushFührg u der Bt eines aus der neuen PartnerschBeziehg stammden Ki stellen einen EltT von der BarUnterhPfl für bereits vorh Ki nicht frei; die zw den Eheg geltde GestaltgsFreiheit (§ 1356 Rn 2) darf grdsl nicht zL von Ki aus früh Beziehgen gehen (BVerfG NJW **85**, 1211; BGH NJW **96**, 1815). Ist die Rollenwahl vom unterhberecht Ki nicht hinzunehmen, gilt der barunterhpflicht EltT als leistgsfäh u ist ggf auf fikt Eink abzustellen (BGH **75**, 272/76; NJW **82**, 175; FamRZ **87**, 472 f). Auf die LeistgsFgk and Verwandter, insb auch des sorgeberecht EltT, kommt es grdsl nicht an (BGH NJW **82**, 1590). Die Übern der HaushFührg muß **ausnahmsweise** allerd dann hingen w, wenn sich der FamUnterh in der neuen Ehe dadch, daß der and Eheg voll erwtät ist, wesentl günstiger gestaltet als es der Fall wäre, wenn dieser die KiBt übernähme u der unterhverpfl EltT voll erwtät würde (Mü FamRZ **99**, 1076 mN). Auch and, nicht wirtschaftl Grde, die mit einem erkennb Vorteil für die neue Fam verbunden sind, können im Einzelfall den Rollentausch rechtf (BGH FamRZ **87**, 252). Der Wunsch nach intensiven Beziehgen zu dem neuen Ki reicht hierf allerd nicht (BGH NJW **96**, 1816). Hat das unterhberecht Ki im Grdsatz die **Betreuung von Halbgeschwistern** dch den ihm unterhpflicht EltT hinzunehmen, muß dieser aber jedenf eine **Teilzeitarbeit** (als Kellner, Buchhalter, Nachtportier, Taxifahrer, Aushilfe usw) aufnehmen, um seiner BarUnterhPfl mind teilw zu genügen (BGH **75**, 272; BGH NJW **72**, 175; Stgt FamRZ **83**, 185; Hamm FamRZ **96**, 1493). Für die Zumutbark kommt es ggf weder auf die Bt von 2 KleinKi (Mü FamRZ **87**, 93) noch darauf an, daß der neue Ehemann als Muslim die Arb der Ehefr nicht duldet (Ffm NJW **82**, 1233). Ist das jüngste Ki 15 J alt geworden, so ist dem sorgeberecht EltT mind eine HalbtagsTätigk zumutb (Düss FamRZ **80**, 19), es sei denn, der and EltT ist leistgsfäh u hat ein ebso

hohes od höheres Eink (BGH NJW **80**, 2306; AG Kerpen FamRZ **95**, 825). Bei besonders schlechten EinkVerhältn des barunterhpflicht EltT ist die Mu eines 17jähr Lehrl zur Übern einer GanztagsBeschäftigg
48 verpfl (Ffm FamRZ **73**, 139; sa KG FamRZ **77**, 818). Vgl auch § 1606 Rn 18ff. **Vorrang der Kleinkindbetreuung** mit der Folge ggf von LeistgsUnfgk dieses EltT ist angen w, wenn der sorgeberecht EltT ohne Schwierigkten auch den BarUnterh aufbringen kann (Stgt FamRZ **80**, 393); ferner wenn es nur um AusbildgsUnterh geht (BGH NJW **87**, 1449; Hbg FamRZ **98**, 41). Iü aber muß auch der barunterhpflicht EltT seine HaushFührg auf das notw Maß beschrken u wenigstens eine NebenTätigk aufn (Kln FamRZ **99**, 1011).
49 Soweit bish die Mu ihren Ki aus 1. Ehe angesichts der Unverbindlk einer **nichtehelichen Lebensgemeinschaft** entgghalten durfte, daß sie wg der Bt von HalbGeschw nicht od nur eingeschrkt erwtät sein könne (BGH FamRZ **95**, 598; Karlsr FamRZ **96**, 1238; Kln NJW **99**, 725), währd umgek der in einer nichtehel LebGemsch lebde Va für gg ihn gerichtete UnterhAnspr, selbst für AusbildgsUnterh, voll zur Vfg stand (Hbg DAV **97**, 128; Zweibr NJW-RR **91**, 709), so bedarf diese Rspr angesichts von § 1626a I Nr 1 der Überprüfg.

50 **cc) Zumutbarkeit.** Das als Obliegenh von dem UnterhVerpfl geforderte Verhalten darf nicht unzumutb sein (vgl dazu bereits oben Rn 38). Von vornherein nicht gefordert werden unwirtschaftl Maßn wie der verlustreiche Verkauf eines Betr. Auch werden vom UnterhSchu nicht überdchschnittl Anstrenggen erwartet, so daß ein mit 70 WoStd angest Klinikoberarzt sich selbstd machen darf (Ffm FamRZ **90**, 786). Unzumutb ist ferner der Verzicht auf den JahresUrl (Kln FamRZ **84**, 1108). Zu ÜberStden vgl Rn 8. Schließl kann die EinkFiktion aus in der Pers des UnterhSchu begründeten BilligkGrden ausgesetzt w, zB wenn eine Lehrerin wg berufl Probl einen Berufswechsel anstrebt (Stgt FamRZ **93**, 992) od ein DDR-Mathematiker seinen ursprüngl Berufswunsch Med verwirkl (Ffm NJW **93**, 905). Grdsl Vorrang vor dem KiUnterh hat auch eine **Erstausbildung** (KG FamRZ **81**, 301); aber nicht, wenn sich der UnterhPflicht bish stets auf ungelernte Tätigkten beschrkt hat (Hamm FamRZ **98**, 979 mA Born). Ein unterhpflicht Student darf unterhrechtl nicht die RegelstudienZt überschreiten (LG Bln DAV **85**, 157; AG Brühl FamRZ **95**, 438), es sei denn wg eines Unfalls (BGH NJW-RR **87**, 706). Unterhrechtl Entlastgen gelten ferner für die **Examenszeit.** Ein Student braucht nicht unmittelb vor dem Ex einen Kredit aufzun (LG Hbg DAV **75**, 305) od bish ausgeübte NebenTätigkten fortzusetzen (Hamm FamRZ **92**, 469). **Umschulung.** Das Ki muß UnterhMindergen hinnehmen, wenn das ArbAmt dem UnterhVerpfl eine sinnvolle UmschulgsMaßn finanziert; sol sie andauert, können Bemühgen um eine neue ArbStelle nicht verlangt w (Düss FamRZ **84**, 392; Dresd FamRZ **97**, 836). Bsp: Ausbildg eines arbeitsl Lehrers zum ComputerFachm (Karlsr FamRZ **89**, 627).

51 **dd) Kausalität:** Die EinkFiktion ist nur berecht, wenn das FamG zu dem Ergebn kommt, daß das unterhrechtl geforderte Verhalten, insb also Bemühgen um eine ErwQuelle, auch entsprechden Erfolg gehabt hätte (Dresd FamRZ **96**, 1236), was ggf nach ZPO 287 II zu beurt ist (Karlsr FamRZ **85**, 1045). Auch eine 43j hat die ErwMöglk konkret auszuschöpfen (Hamm FamRZ **99**, 1011). Das Ger hat dazu konkr Feststellgen über den ArbMarkt u die pers Eigensch des UnterhVerpfl (Alter, Ausbildg, BerufsErfahrg usw) zu treffen (BGH NJW **96**, 517). Zur Beurt der realen BeschäftiggsChancen in den Beitrittsländern vgl BGH NJW **94**, 1002. Eine Obliegenh zum Wechsel in die alten BuLänder besteht nur bei konkr Auss auf einen ArbPlatz (Dresd FamRZ **97**, 836).

52 **ee) Verschulden.** Die Fiktion setzt voraus, daß der UnterhVerpfl die mit dem ArbPlatzverlust verbundene Minderg seiner LeistgsFgk bewußt in Kauf gen hat (Ffm FamRZ **93**, 203). Es genügt aber nicht jeder Grad von Vorwerfbark (BGH NJW **85**, 732/33 f). Auch braucht das Verschulden nicht gerade dem UnterhGl ggü zu bestehen (BGH FamRZ **81**, 540). Die EinkFiktion setzt aber mind voraus, daß dem UnterhSchu ein unterhbezogen **verantwortungsloses, zumindest leichtfertiges Verhalten** zur Last zu legen ist (BGH NJW **85**, 732; **94**, 1002; FamRZ **87**, 372/74 u 930/33; Hamm FamRZ **97**, 310: *arg* GG 12 I; Zweibr FamRZ **99**, 881; krit Raiser FamRZ **94**, 817; Born FamRZ **95**, 523). Hierzu bedarf es einer auf den Einzelfall bezogenen Wertg (BGH NJW **94**, 258). Eine solche mutwill Beeinträchtigg der LeistgsFgk liegt vor bei Verlust des ArbPl inf Fahnenflucht eines ZtSoldaten (Bambg FamRZ **97**, 1486); ferner wenn sich der UnterhVerpfl eine tats nicht vorh ArbUnfgk ärztl bescheinigen läßt u ihm daraufhin gekünd w (Hamm FamRZ **98**, 979/1610 mA Born u Struck); bei Aufg des ArbVerhältn wg Konflikten am ArbPl (Hamm FamRZ **97**, 357) od wenn sich der UnterhVerpfl einfach ins soz Netz fallen läßt (Mü FamRZ **94**, 1406). Bes Bedeutg haben: **Straftaten** (BGH NJW **93**, 1974; Düss FamRZ **80**, 718: StGB 170; Kblz NJW **97**, 1588: sex Mißbr; Karlsr FamRZ **98**, 45: Tötg der Ehefr). Die Herabsetzg der UnterhPfl ist auf die voraussichtl Dauer der Strafhaft zu beschrken (BGH NJW **82**, 1812), also nur bis zur voraussichtl Entlassg nach Verbüßg von 2/3 der Strafe (Kblz NJW **97**, 588). **Alkohol** (BGH NJW **94**, 258: Jugendl; Bambg FamRZ **87**, 699: Berufskraftfahrer). Die Vorwerfbark ist zu verneinen, wenn die AlkAbhgk krebsbegründet ist (Hamm FamRZ **96**, 1017). Der UnterhVerpfl muß Maßn zur Beseitigg seiner Abhängigk treffen (Düss FamRZ **85**, 310). Vgl § 1579 Rn 18. **Ruhestand:** Der UnterhBerecht muß EinkEinbußen dch vorzeit Rentisierg hinn (BGH FamRZ **84**, 663), auch bei Pensionierg inf AlkAbhgk (Ffm FamRZ **85**, 1043).

53 **c) Rechtsfolgen. aa) Höhe der fingierten Einnahmen.** Das fikt angen Eink orientiert sich nicht an den untersten berufl Möglkten, sond an den bei entspr Einsatz **erzielbaren** Einkften (Düss FamRZ **91**, 220; Bambg u Ffm FamRZ **95**, 436 u 1217), bspw Hilfsarbeiter: 2000 DM (Hamm NJWE-FER **97**, 26). Bei Krankh ggf aus Tätigwerden in and Berufen (Hamm FamRZ **95**, 438). Hierf sind die berufl Fähigkten u die sich daraus ergebden berufl Möglkten konkr festzustellen (Düss NJW **94**, 672), bspw bei einem UnterhSchu ohne HauptschulAbschl die Berufserfahrg als Lkw-Fahrer, eine SchweißerAusbildg usw (Hamm FamRZ **98**, 979). Genügt eine teilschichtige ErwTätigk der ErwObliegenh nicht, so ist das fikt Eink nach einer vollschichtigen ErwTätigk zu berechn (Hamm FamRZ **98**, 42). Bei Beschäftigg in der Gastwirtsch des ne
54 LebPartn kann das BetriebsErgebn zGrde gelegt w (Hamm DAV **84**, 606). – **bb)** Von den fikt zu ermittelden Einkften ist der nach Rn 32 ohnehin für UnterhLeistgen nicht zur Vfg stehde notw **Selbstbehalt abzuziehen** (Hamm FamRZ **80**, 73; **95**, 438). And, wenn der Unterh des barunterhpflicht EltT dch dessen neuen Eheg sichergestellt ist (BGH NJW **82**, 1590/92; Mü FamRZ **87**, 93; aA Ffm/Kassel NJW **87**, 1560). Ist dies nicht der Fall, muß ggf berücks w, daß von dem fikt Eink die neue Fam des UnterhSchu mit leben muß (BGH
55 NJW **85**, 318). – **cc) Dauer** der Fiktion: Die Zurechng des in Wahrh nicht erzielten Eink erfolgt nur sol, wie der UnterhSchu sich nicht hinreichd um einen neuen ArbPl bemüht (Schlesw FamRZ **85**, 69). Iü Abänd des

UnterhTitels nach angem Zt (Karlsr FamRZ **83**, 931; Hamm NJW **95**, 1843: nach knapp 2 J; Kblz FamRZ **86**, 93: nach 6 J); bei Eintritt nachhaltiger Arbeitslosigk (KG NJW **85**, 869) bzw bei Nachw, daß der früh gekünd ArbPl auf Dauer aus gesundheitl Grden nicht hätte gehalten w können (Hamm FamRZ **90**, 772).

6) Erweiterte Unterhaltspflicht der Eltern a) gegenüber minderjährigen, unverheirateten Kindern und volljährigen Kindern in der allgemeinen Schulausbildung, II 1 und 2. Die Gleichstellg vollj Schüler berücks, daß deren Bedürftigk nicht and zu beurt ist als in der Zt bis zum Eintr der Volljk (Schumacher/Grün FamRZ **98**, 786), währd die Gleichstellg behind Ki abgelehnt w (BT-Drucks 13/7338 S 21; BGH NJW **84**, 1813), ebso wie die Gleichstellg des ein gemeins Ki betreuenden EltT iRv II (iGgs zu § 1609 II) ausscheidet (aA Hamm FamRZ **96**, 1218). Die Gleichstellg erfolgt nur, sol das vollj gewordene Ki noch unverh ist, im Haush mind eines EltT lebt u sich in der allg Schulausbildg befindet. Damit ist nicht nur die gesetzl SchulPfl gemeint, sond deren allg Weiterführg mit den RegelAbschl der mittleren Reife u des Abiturs, nicht dagg die Berufsschule, die nicht zur „allg" Schulausbildg gehört. Keine Pfl zu gesteigerten UnterhAnstrenggen trifft Elt ggü Schülern, die bei keinem EltT wohnen, u auch nicht vollj Ki ggü, die zwar zu Hause wohnen, sich aber nicht in der allg Schulausbildg befinden. Dch die Altersgrenze sollen für Elt Härten dch einen ungewöhnl langen Schulbesuch verhindert w ebso für die Ki, die bis auf wenige AusnFälle mit 21 J ihre allg Schulausbildg abgeschl haben. Die Altersgrenze entspricht SGB VIII 18 III, 59 I 1 Nr 3. Zur gleichzeit Bedarfssteigerg dieser Altersgruppe: Einf 25 v § 1601. Die Gleichstellg von Mj u vollj Schülern gilt nicht iRv § 1606 III 2, so daß der bish BtUnterh leistde EltT ab Volljk BarUnterh schuldet (§ 1606 Rn 8). Zur Gleichstellg in prozessualer Hins: van Els FamRZ **99**, 1212. 56

b) Umfang der gesteigerten Unterhaltsobliegenheit. Ggü dem genannten PersKreis endet die UnterhPfl der Elt nicht mehr bei der Gefährdg des angem Unterh, sond verlangt die Heranziehg **aller verfügbaren Mittel** mit der Konsequenz, daß bei Sicherstellg des eig Unterh dch den neuen Eheg od LebPartn sogar der angem SelbstBeh entfällt (Bambg u AG Aach FamRZ **99**, 398) od verringert w (Ffm FamRZ **99**, 399: 20%). – **aa)** Das betr zunächst die Ausnutzg der **Arbeitskraft**. Die LeistgsFgk des UnterhSchu bestimmt sich nicht allein nach seinem tats Eink, sond nach den zumutbarerw erzielb Einkften (Hamm FamRZ **98**, 982). Auch in den **Arbeitsmodalitäten** muß der gesteigert UnterhPflicht Zugeständn machen u zB bereit sein, auch zu ungünst Zten wie nachts od in den frühen MorgenStden zu arbeiten (AG Duisb FamRZ **98**, 981) od um eine Kündigg zu vermeiden im Betr auch eine unterwert Arb als Packer übern (AG Düss FamRZ **91**, 1222). Die gesteigerte ArbPfl verlangt eine Tätigk, deren ZtAufwand dem einer vollschicht ErwTätigk entspr (Hamm NJW-RR **94**, 901). In der Anfangsphase der Selbstdgk (Hamm NJWE-FER **97**, 126) bzw bei regelm DienstZten (Hamm FamRZ **97**, 1223) bzw zusätzl zur Vollschicht ist zur Sicherstellg des MindestBed des Ki eine **Nebentätigkeit** zB als Kellner, Taxifahrer usw aufzunehmen (Hbg FamRZ **90**, 784; Kblz FamRZ **91**, 1474; Hamm FamRZ **96**, 303), auch an WoEnden (Kln NJW **98**, 3127). Auch darf sich der UnterhSchu nicht auf UmschulgsMaßn des ArbAmts beschrken, sond muß sich um AushilfsArb jeder Art bemühen (Hamm FamRZ **95**, 756; Brem FamRZ **96**, 957). Zur Sicherg des MindUnterh sind ggf auch neben einer vollschicht ErwTätigk zusätzl Verdienstmöglkten wahrzun (Schlesw MDR **99**, 1140 mA Kleffmann). **Arbeitslosigkeit** zwingt zu bes intensiven Bemühgen um einen ArbPl (Hbg FamRZ **84**, 924). Der Schu muß notf auch Beschäftiggen ann, die seinem bish Werdegang nicht entspr, so daß ein nicht mehr vermittelb Arzt ggf sogar als Hilfsarbeiter tätig w muß (LG Stgt FamRZ **95**, 1029). Ferner kann eher ein **Orts- und Berufswechsel** (BGH NJW **80**, 2414) od deren Unterlassg gefordert w. Der UnterhSchu muß seinen Wohnsitz am ArbOrt nehmen. Nicht anerk werden Verdiensteinbußen wg eines Orts- u StellgsWechsels, die ledigl zur Verfestigg einer neuen Partnersch vorgen w (KG FamRZ **97**, 627) od zur Rückkehr aus den alten in die neuen BuLä (Dresd FamRZ **98**, 979). **Zumutbarkeit:** Anderers ist der UnterhSchu auch iRv II zur ErwTätigk nur in zumutb Grenzen u unter Berücks seiner konkr Fähigkten verpfl (Hamm FamRZ **96**, 957), zB bei Umschulg wg Bleibelastg (Hamm FamRZ **97**, 1168). Eine dchhalteschwache UnterhSchuldnerin braucht ggf nicht ihre HalbtagsBeschäftigg zur vollschicht Tätigk auszuweiten (Hamm FamRZ **98**, 984). Auch die Bt weiterer Ki soll nach der Rspr nicht dch die ErwObliegenh des UnterhSchu ggü dem ersten Ki gefährdet w (Celle DAV **84**, 482; LG Hagen FamRZ **91**, 365). Unzumutb ist dann auch eine zumutb HalbtagsBeschäftigg, wenn sie nicht über den SelbstBeh hinausführen würde (Karlsr FamRZ **84**, 1251). Dagg macht weder Alkoholism (Hamm NJW-RR **94**, 965) noch der Beitritt zu einer Armutssekte die Erfüllg der gesteigerten UnterhPfl unzumutb (Hamm NJW **91**, 1961) u wird ggf die Unterbrechg eines Studiums sowie die Rückkehr in den früh Handwerkerberuf gefordert (Hbg FamRZ **91**, 106). – **bb) Vermögen** ist zum laufden Unterh einzusetzen, etwa eine ArbNAbfindg (Hamm FamRZ **97**, 1169) od ein Grdst (AG Ravbg DAV **76**, 229). Der VermStamm braucht nicht verwertet zu w, wenn das Verm zur Sicherg des notw EigenBed erfdl ist (Bambg FamRZ **99**, 1019) od wenn die Verwertg für den UnterhVerpfl einen wirtschaftl nicht mehr vertretb Nachteil brächte, wozu allerd nicht ausr, daß die jetzige Verwertg den UnterhSchu an der Ausnutzg künft Preissteigergen hindern würde (BGH **75**, 272/78). Ein querschn-gelähmter UnterhSchu braucht den VermStamm nur insow heranzuziehen, wie sein notw EigBed bis an sein LebEnde gesichert bleibt (BGH NJW **89**, 524). 57 58 59 60

c) Ausschluß der erweiterten Unterhaltsverpflichtung, II 3: wenn **aa)** der Unterh des Ki aus dem Stamm von dessen eig Verm bestritten w kann (Ausn von § 1602 II) od **bb) andere leistungsfähige Verwandte** vorh sind. Desh sind zu deren LeistgsFgk entsprechde Feststellgen zu treffen (Düss NJW **94**, 672). And leistgsfäh Verwandte können die GrElt sein (Oldbg FamRZ **80**, 1148), aber auch der and EltT, etwa wenn er neben der Bt des Ki (§ 1606 III 2) auch dessen BarBed ohne Gefährdg seines eig angem Unterh tragen kann (BGH NJW **80**, 935; FamRZ **98**, 286; § 1606 Rn 18 ff); dagg nicht, wenn er ledigl SozHilfe bezieht (Hamm FamRZ **96**, 629). Das neben der KiBt zumutb erzielte Eink ist nach Billigk anzurechn (BGH NJW **91**, 697; Hamm FamRZ **80**, 819). 61

1604 *Einfluß des Güterstandes.* **Besteht zwischen Ehegatten Gütergemeinschaft, so bestimmt sich die Unterhaltspflicht des Mannes oder der Frau Verwandten gegenüber so, wie wenn das Gesamtgut dem unterhaltspflichtigen Ehegatten gehörte. Sind bedürftige Verwandte beider Ehegatten vorhanden, so ist der Unterhalt aus dem Gesamtgut so zu gewähren, wie wenn**

die Bedürftigen zu beiden Ehegatten in dem Verwandtschaftsverhältnis ständen, auf dem die Unterhaltspflicht des verpflichteten Ehegatten beruht.

1 **Zweck:** Die Vorschr regelt die Besonderh, die sich für die Bemessg der LeistgsFgk des Verpfl mRücks auf die GütGemsch (§§ 1415 ff) ergeben. Der UnterhSchu wird als AlleinEigt des Gesamtguts angesehen, **S 1.** Sond- u VorbehGut werden bei der LeistgsFgk des betreffden Inh berücks. Die darauf gegründete UnterhPfl ist aber GesamtgutsVerbindlk (§§ 1437 I, 1459 I); InnenVerhältn: §§ 1441 I Nr 2, 1463 Nr 2. Zur Mithaftg des verwaltden Eheg: §§ 1437 II, 1459 II. Haben beide Eheg unterhberecht Verwandte, so gelten diese als mit beid Eheg verwandt; die Rangfolge richtet sich nach § 1609, **S 2.**

1605 ***Auskunftspflicht.*** I **Verwandte in gerader Linie sind einander verpflichtet, auf Verlangen über ihre Einkünfte und ihr Vermögen Auskunft zu erteilen, soweit dies zur Feststellung eines Unterhaltsanspruchs oder einer Unterhaltsverpflichtung erforderlich ist. Über die Höhe der Einkünfte sind auf Verlangen Belege, insbesondere Bescheinigungen des Arbeitgebers, vorzulegen. Die §§ 260, 261 sind entsprechend anzuwenden.**

II **Vor Ablauf von zwei Jahren kann Auskunft erneut nur verlangt werden, wenn glaubhaft gemacht wird, daß der zur Auskunft Verpflichtete später wesentlich höhere Einkünfte oder weiteres Vermögen erworben hat.**

1 **1) Auskunftsansprüche. a)** Die Vorschr gewährt einen **gesetzlichen Auskunftsanspruch** zu dem Zweck, dem UnterhBerecht wie dem UnterhVerpfl zur Vermeidg eines RStreits rechtzeit Gewißh über die ggseit Eink- u VermVerhältn zu verschaffen, soweit dies zur Feststellg u richtigen Bemessg eines UnterhAnspr od einer UnterhVerpfl erfdl ist (BT-Drucks 7/650 S 172). Die AuskPfl ist altersunabhäng (Ffm FamRZ **85,** 481) u besteht ggf wechselseit, also unabhäng davon, wer von wem Unterh begehrt (LG Düss FamRZ **76,** 218
2 mA Mutschler). Insow aber **kein Zurückbehaltungsrecht** (§ 273 Rn 2). Bei Verletzg des AuskAnspr kann
3 in AusnFällen das behauptete Eink unterstellt (LG Wuppt DAV **78,** 457: Zahnarzt) od **Schadensersatz** wg Unmöglk, pVV od SchuldnVerzug verlangt w (BGH NJW **84,** 868; FamRZ **85,** 155/8; Bambg FamRZ **90,**
4 1235). – **b)** Daneben hat die Rspr eine **Verpflichtung zur unaufgeforderten Information** entwickelt (BGH NJW **88,** 1965 = FamRZ **88,** 270; Hoppenz FamRZ **89,** 337), näml über: den Abbruch einer Ausbildg (Kblz NJW-RR **87,** 391); Aufn bzw WiederAufn einer die LeistgsFgk begründden bzw die Bedürftigk vermindernden ErwTätigk (BGH aaO; Hbg FamRZ **87,** 1044); Rückführg einkmind DarlVerbindlkten
5 (Bambg NJW-RR **94,** 454). Bei Nichterfüllg der InformationsPfl BereichergsAnspr (AG Rüsselsheim FamRZ **85,** 605; Tintelnot FamRZ **88,** 242) bzw **Schadensersatz** aus § 826 (BGH aaO); Kblz NJW-RR **87,** 1033: ZusLeb mit neuem Partn), wenn das Verschweigen der wirtschaftl Änderg evident unredl erscheint (Oldbg FamRZ **96,** 804; Brem MDR **99,** 808), etwa bei Ausnutzg fehlder pers Kontakte (Hamm FamRZ **96,** 809), aber nicht ow bei jeder Verbesserg der EinkVerhältn des UnterhSchu (Düss FamRZ **95,** 741); wie auch in der weiteren Entggnahme einer dch ProzVergl festgesetzten (Celle FamRZ **92,** 582) od dch Urt zuerk Unterh-Rente nicht ohne Hinzutreten bes Umstde eine sittenwidr Schädigg liegt (BGH NJW **86,** 2047). Die vertragl Übern einer Verpfl zur unaufgeforderten AuskErteilg begründet keinen vertragl Ausk- sond allenf einen SchadErsAnspr (Bambg FamRZ **90,** 755). Zur SchadHöhe ggf ZPO 287 (Düss DAV **85,** 505).

6 **2) Voraussetzungen, I 1. a)** Die Vorschr dient ledigl der Sicherg des laufden Unterh u bezieht sich auf die **Unterhaltsansprüche** aus §§ 1601 ff, beschrkt auch auf den BarUnterh. Wg überzahlten Unterh kann Ausk nur verlangt w, wenn die Vorauss des SchadErsAnspr vorliegen (BGH NJW **83,** 2318; oben Rn 3 u 5). Für die Ausk
7 über Bemühgen um eine ArbStelle gilt § 1603 Rn 38, nicht § 1605 (Düss FamRZ **97,** 361). Vgl iü zur AuskPfl unter Eheg: § 1353 Rn 13, bei Trenng: § 1361 IV 4, nach Scheidg: § 1580; bezügl Zugewinn: § 1379; VAG: § 1587 e I. Zum Übergang des AuskAnspr auf den SozHilfeTr: BVerwG FamRZ **93,** 1067 hins BSHG 116; iü:
8 Einf 41 v § 1601. – **b)** Personell besteht die AuskVerpfl unter **Verwandten** in gerader Linie (vgl § 1589 Rn 1). Nachrangig haftde Verwandte sind nur auskpfl, wenn alle vorrangig haftden Verwandten (§ 1606) leistgsunfäh sind (LG Osnabr FamRZ **84,** 1032). Keine AuskPfl ggü Verwandten in der Seitenlinie, also ggü Geschw, auch wenn von deren LeistgsFgk die Höhe der eig UnterhVerpfl, zB ggü den Elt (§ 1601 Rn 5), abhängt (and LG Brschw FamRZ **99,** 457: § 242). Aber analoge Anwendg von § 1605 im Verhältn der Elt zueinand (BGH NJW **88,** 1906: § 242; Kln FamRZ **92,** 469); aber nicht, wenn der EltT zur Ausk ggü dem vollj Ki bereit ist (AG
9 Bayreuth FamRZ **92,** 715). – **c) Erforderlichkeit.** Die AuskPfl besteht nur, soweit ohne sie der UnterhAnspr od die UnterhVerpfl nicht festgestellt w kann. Desh keine AuskVerpfl, wenn die begehrte Ausk den UnterhAnspr unter keinem GesPkt beeinflussen kann (BGH NJW **82,** 2771; Düss FamRZ **98,** 1191), etwa weil eine Bar-UnterhPfl entfällt (Hbg FamRZ **82,** 628) od weil es von vornherein an der erfdl Bedürftigk (Düss NJW-RR **86,** 1453) od LeistgsFgk fehlt (Schlesw FamRZ **86,** 1031) bzw diese mit dem gezahlten Unterh erschöpft ist (BGH NJW **83,** 1429) od weil umgek der UnterhSchu für den in Frage stehden UnterhAnspr ow leistgsfäh ist (vgl BGH NJW **82,** 1645) bzw er sich für unbegrenzt leistgsfäh erkl hat (Zweibr FamRZ **98,** 490). Über PflichttAnspr braucht keine Ausk erteilt zu w, wenn aGrd einer test Verfallklausel die Geltdmachg des Pflichtt unzumutb ist (BGH NJW **82,** 2771). Steht von vornherein nur ein beschr UnterhAnspr in Frage, etwa weil der UnterhBerecht über eig Eink verfügt, so erstreckt sich die AuskPfl nur auf die diese UnterhSpitze betreffde LeistgsFgk. Umgek kann die Erforderlk aber auch den AuskUmfang erweitern (vgl Rn 11). Soweit es für die Berechng des Unterh-Anspr von Bedeutg ist, muß auch über pers Verhältn wie Wiederverheiratg, Ki aus der neuen Ehe usw Ausk erteilt w (Bambg FamRZ **86,** 492). § 1611 steht dem AuskVerlangen dagg nicht entgg (Ffm FamRZ **93,** 1241); ebsowenig Insolvenz od GesamtVollstr (Brdbg FamRZ **98,** 178). Zur zeitl Beschrkg der AuskPfl: Rn 15.

10 **3) Inhalt und Umfang der Auskunft. a) Grundsätze.** Der AuskSchu hat die Ausk so zu erteilen, daß sie dem Berecht ohne übermäß Aufwand die Berechng seines UnterhAnspr ermögl (BGH NJW **83,** 2243). Entspr
11 der UnterhSchu seine UnterhVerpfl. Der AuskAnspr darf nicht zum KontrollR entarten (Schlesw FamRZ **81,** 53; vgl aber Fischer-Winckelmann/Maier FuR **92,** 14). Es besteht desh keine allg OffenbargsPfl hins des Verm

(Stgt FamRZ **78**, 717), so daß grdsl keine Rechensch über den Verbleib früh VermGgstde gegeben zu w braucht (Düss FamRZ **81**, 893; Hbg FamRZ **85**, 394), weil sich die AuskPfl auf einen Ztpkt u nicht auf einen ZtRaum bezieht (Karlsr FamRZ **86**, 271). Nach dem Zweck der AuskPfl ist diese aber ggf zu erweitern, so daß zB über den Verbleib des iR des ZugewAusgl dem UnterhBerecht zugeflossenen Kapitals Ausk zu erteilen ist, wenn es darauf für die Begründg einer AbÄndKl ankommt (Karlsr FamRZ **90**, 756). Der AuskAnspr umfaßt nicht die Ausk über Bemühgen um eine ArbStelle (Düss FamRZ **97**, 361; aA Brschw FamRZ **87**, 284). – **b)** Geschuldet 12
wird eine **systematische Aufstellung von Einkünften und Vermögen**, u zwar nur des eig des AuskPflichtigen, nicht des Verm od der Einkfte seines Eheg (Karlsr FamRZ **93**, 1481). Die AuskPfl erstreckt sich auf sämtl Einkünfte iSv § 1603 Rn 4 ff, also auf BEG-Renten (BGH NJW **83**, 1783); AufwandsEntschädigg u SitzgsGelder von Abgeordn (Bambg FamRZ **86**, 1144); bei Geltdmachg von krankhbdgtem Mehrbedarf unabh von § 1610 a Pflegegeld (vgl Oldbg FamRZ **91**, 827); Steuerrückerstattgen (Düss FamRZ **91**, 1315). Der Anspr wird nicht schon erfüllt dch Übergabe der EinkSteuerErkl (Düss FamRZ **81**, 42). Auch nicht dch Vorlage des Antr auf Zahlg von ArbeitslGeld od -hilfe (Stgt JZ **78**, 74) bzw der Lohnsteuerkarte; vielm muß bei Zweif eine detallierte u vom ArbG unterschriebene (Stgt FamRZ **78**, 717) Verdienstbescheinigg vorgelegt w (Ffm FamRZ **87**, 1056). Ausk ist idR über die EinkVerhältn für die Zt der letzten 12 Mo vor KlErhebg zu erteilen. Angaben über 1 Mo reichen nicht, um den Berecht auf das Verf der eidesstattl Vers zu verweisen (BGH NJW **83**, 2243).
Schwankende Einnahmen: Bei selbstd tät Unternehmern, Freiberuflern od GmbH-GeschFührern mit 13
Gewinnbeteiligg (BGH NJW **82**, 1642) sowie in sonst Fällen schwankder Provisions- u Kapitaleinkünfte (Mü FamRZ **96**, 738) wird der AuskPfl nicht dch ziffernmäß AneinandReihg von Einnahmen u Einzelkosten genügt (Stgt FamRZ **91**, 84), sond müssen dch Aufschlüsselg von Einnahmen u Ausgaben (Karlsr FamRZ **78**, 779) die Eink- u VermVerhältn über einen längeren ZtRaum belegt w. Dieser braucht sich nicht mit dem ZtRaum zu decken, für den Unterh begehrt w (BGH NJW **83**, 1554). Er beträgt idR 3 J (BGH NJW **82**, 1645), regelm aus vollen KalenderJ (Mü FamRZ **99**, 453). Die Ausk erfolgt unabh vom Stand der BilanzArb (Schlesw SchlHA **79**, 124), aber rechtzeit, wenn sie innerh von 6 Mo nach Ablauf der GeschJ dem AuskBerecht übermittelt w (Bambg FamRZ **89**, 423). Vorzulegen ist also eine Bilanz bzw Gewinn- u VerlustRechng mit Erläuterg der einz Titel. Die Vorlage einer Einnahmen-Überschuß-Rechng für ein einz Jahr ist nicht ausr (Stgt FamRZ **83**, 1267). Entscheidd ist ferner nicht das SteuerR, sond die unterhrechtl Relevanz (Hamm FamRZ **83**, 1232 u **92**, 1190; vgl § 1603 Rn 30; lehrreich: KG FamRZ **97**, 360 Fahrschule). – **c) Form.** Die Ausk 14
muß schriftl erfolgen u vom AuskPflicht pers unterschrieben sein (Mü FamRZ **96**, 307). Die Gewährg von Einsicht in die maßgebden Unterlagen reicht nicht aus (Stgt FamRZ **91**, 84).

15 **4) Sperrfrist, II.** Dch die Erforderlk wird der Anspr sachl beschrkt (Rn 9). Dch II wird eine Wiederholg des AuskVerlangens unter dem GesPkt eingeschrkt, daß sich innerh der Fr von 2 J idR die LebhaltgsKosten u Löhne u Gehälter nicht in dem nach ZPO 323 vorausgesetzten Umfang änd (BT-Drucks 7/650 S 172). Vermieden werden muß eine unzumutb Mehrbelastg des AuskPflicht wie eine unzuläss Verkürzg des RSchutzes des die Ausk Begehrden (Mü FamRZ **93**, 594). Die Fr beginnt mit dem Ablauf des ZtRaums, für den die Ausk erteilt w ist, u bei VermAusk mit dem der Ausk zu Grde liegden Stichtag (Staud/Kappe 54; and Hbg FamRZ **84**, 1142: letzte mündl Verhandlg im VorProz; AG Essen FamRZ **93**, 593: im schriftl Verf die für den ParteiVortr gesetzte abschließde Fr; Düss NJW **93**, 1079: bei ProzVergl der AbschlZtpkt). Die SperrFr gilt nicht für vorläuf UnterhRegelgen (Karlsr FamRZ **92**, 684) u für befristete Vergl (Hamm FamRZ **90**, 657). Vor Ablauf von 2 J kann Ausk auch bei atypischer EinkEntwicklg verlangt w (Hamm FamRZ **91**, 594); ferner wg des schnellen Anstiegs der EinkVerhältn auch in den neuen BuLä (BezG Erf FamRZ **94**, 719). Liegt aGrd einer Ausk über das Eink ein rechtskr UnterhUrt vor, kann über das Verm Ausk nur verlangt w, wenn glaubh gemacht w, daß solches inzw erworben wurde (Hbg FamRZ **84**, 1142).

16 **5) Zusatzverpflichtungen.** Zur Vorlage von **a) Belegen, I 2.** Grdsl Vorlage des Originals, von dem Gl Kopie anfert kann (KG FamRZ **82**, 614; and Ffm FamRZ **97**, 1296: idR Kopie). Der Anspr darauf ist gesondert zu titulieren (Düss FamRZ **78**, 717; Mü FamRZ **96**, 307); die Belege sind bereits im KlAntr genau zu bezeichnen (BGH NJW **83**, 1056). Urk in fremder Sprache sind auf Kosten des UnterhSchu zu übersetzen (Kblz FamRZ **90**, 79). Bei Fehlen einer Verdienstbescheinigg od bei Beschäftigg im Ausl ist der ArbVertr vorzulegen (BGH NJW **93**, 3262; Mü FamRZ **93**, 202). Bei Selbstd od hins Gewinnbeteiliggen kann neben einer Kopie der EinkSteuerErkl (BGH NJW **82**, 1642) die Vorlage des EinkSteuerBescheids verlangt w (BGH FamRZ **82**, 151). Bei gemeins Veranlagg mit der neuen Ehefr dürfen die ausschließl diese betreffden Angaben unkenntl gemacht w (BGH NJW **83**, 1554). Kein Anspr auf Vorlage von GeschBüchern, Kontoauszügen uä.
– **b) Vorlage der Gewinn- und Verlustrechnung sowie Abgabe der eidesstattlichen Versicherung, I** 17
3: Vgl oben Rn 13 sowie §§ 260, 261. Vorzulegen ist auch eine Bilanz nebst Gewinn- u VerlRechng (Schlesw NJWE-FER **99**, 209).

18 **6) Verfahrensrecht.** Streitwert: Bruchteil des UnterhAnspr (BGH NJW **97**, 1016; Th-P § 3 Rn 21). Der BeschwWert bemißt sich grdsl nach dem für die Ausk notw Zt- u ArbAufwand (BGH FamRZ **95**, 349). Unzul sind einstw AO (Düss u Hamm FamRZ **83**, 514 u 515; aA van Els FamRZ **95**, 650). Für das RSchutzBedürfn ist unerhebl, daß iR der UnterhKl die Bedürftigk des Kl zu prüfen ist (Kblz FamRZ **93**, 1098). Die AuskPfl besteht wg ZPO 323 auch, wenn ein UnterhTitel bereits vorliegt (Stgt Just **78**, 74); nach rechtskr Ablehng von Unterh, wenn die UnterhVorauss neu erfüllt sind (and Kln NJW-RR **87**, 834: erst nach Beseitigg des Urt). Zur Bestimmth des KlAntr: Ffm FamRZ **91**, 1334; Büttner FamRZ **92**, 629. Zur StufenKl: Einf 62 v § 1601. Vollstr: ZPO 888 (vgl Schlesw SchlHA **79**, 228); vorl Vollstreckbark: Mü FamRZ **90**, 84 mA Gottwald. Pflichten u Obliegenh zur **Auskunft gegenüber dem Gericht:** ZPO 643, 648 II 3. **Verfahrenskosten** bei Verletzg von AuskPfl: ZPO 93 d.

1606 *Reihenfolge der Unterhaltsverpflichteten.*

I Die Abkömmlinge sind vor den Verwandten der aufsteigenden Linie unterhaltspflichtig.

II Unter den Abkömmlingen und unter den Verwandten der aufsteigenden Linie haften die näheren vor den entfernteren.

III Mehrere gleich nahe Verwandte haften anteilig nach ihren Erwerbs- und Vermögensverhältnissen. Der Elternteil, der ein minderjähriges unverheiratetes Kind betreut, erfüllt seine Verpflichtung, zum Unterhalt des Kindes beizutragen, in der Regel durch die Pflege und die Erziehung des Kindes.

1 **1) a) Bedeutung.** Mit Hilfe der Rangfolge wird in § 1606 I u II bei mehreren leistgsfäh Verwandten einer auf Kosten eines and von seiner UnterhPfl freigestellt. Die Rangfolge wirkt sich aber gleichwohl vor allem bei mangelnder LeistgsFgk od RVerfolggsSchwierigk aus, weil bei entsprechden DchsetzgsProblemen aSt des eigtl vorrang haftden Verwandten der nachrangig Haftde auf Unterh in Anspr genommen w kann (§ 1607 I u II 1). Im Nebeneinand mehrerer leistgsfäh Verwandter u nach den Vorauss des UnterhR grdsl ebenf zum Unterh verpfl Verwandter kann das Nichtvorhandensein eines vorrangig UnterhPflicht iRv § 1606 als weitere (negat) TatbestdsVorauss des UnterhAnspr (so Staud/Kappe[12] 5) od als Einwendg gg die an sich begründete UnterhPfl verstanden w. And Hindern wie Wegfall der UnterhPfl wg sittl Verschuldens begründen die UnterhPfl des nachrang haftden Verwandten nicht (§ 1611 III). Auch gilt die Rangregelg grdsl nur innerh jeweils von Bar- od BtUnterh, so daß die Unfgk zur Bt nicht schon als solche die BarUnterhPfl eines nachrang Verwandten auslöst. Bei teilw LeistgsFgk beschrkt sich die Haftg des nachrang Haftden auf den RestUnterh. Dispositives Recht,
2 aber zL eines nachrang haftden Verwandten nur mit dessen Zust. – **b) Grundsätze.** Die Vorschr stellt für die Reihenfolge, in der Verwandte untereinand unterhpflicht sind, zwei Grdsätze auf, näml in I den Vorrang der Haftg von Abkömml vor Verwandten der aufsteigden Linie (Mot IV 690) u in II den Vorrang jeweils der näheren vor den entfernteren Verwandten sowie in III 1 das Prinzip der anteil Haftg gleich naher Verwandter u in III 2 unter Elt die Gleichwertigk von Bt- u BarUnterh. Ergänzde Regelgen enth die §§ 1608, 1615 l III 2,
3 1751 IV 1, 1754, 1755, 1770 III. – **c)** Zu den Begriffen der **Verwandtschaft** u Abkömml vgl Einf 1 v § 1589.
4 Für die Nähe der Verwandtsch ist deren Grad maßgebd (§ 1589 Rn 2). – **d) Beweislast** (vgl zunächst Einf 80 ff v § 1601) für das Vorhandensein gleichrang haftder Verwandter der UnterhBekl; dagg muß der Kl beweisen, daß diese als UnterhVerpfl ausscheiden (LG Kiel FamRZ **96**, 753). Für § 1606 III 1 hat das Ki (auch in einem gg dieses gerichteten AbÄndVerf; KG FamRZ **94**, 765) die Erw- u VermVerhältn beider Elt zu beweisen, insb die LeistgsUnfgk des am Proz nicht beteil EltT (Hbg FamRZ **82**, 627 AusbildgsUnterh; Ffm FamRZ **87**, 839). Das Ki genügt aber seiner DarleggsLast, wenn es das ihm Zumutb getan hat, um den HaftgsAnteil des and EltT zu ermitteln; auf eine ledigl fikt LeistgsFgk des and EltT braucht es sich nicht verweisen zu lassen (Ffm FamRZ **93**, 231). Für § 1606 III 2 braucht nur die Bt nachgewiesen zu w; der UnterhBekl trägt die BewL für die iSv Rn 18 günstigen EinkVerhältn aS des betreuenden EltT (BGH NJW **81**, 923).

5 **2) Rangfolge innerhalb unterhaltspflichtiger Verwandter.** Mehrere Verwandte der gleichen Stufe wie (jew untereinand) Elt, GroßElt, Ki bzw Enkeln ggü od umgek vollbürt Geschw ggü ihren Elt, Enkel usw haften nicht als GesSchuldn, sond anteilig, **III 1**. Für die anteil Haftg kommen nur die leistgsfäh Verwandten in Betr. Fällt einer von ihnen ganz od teilw aus, treten bei entsprechder LeistgsFgk die nachrang haftden Verwandten hinzu; ggf tritt zum BtUnterh die Beteiligg am BarUnterh bzw auch dessen Übernahme insges (Rn 18). Ki, Enkel usw haften dem UnterhBedürft vor dessen Elt, GrElt usw, **I**, u zwar nach der Gradesnähe, so daß unter den Abkömml wiederum die näheren vor den entfernteren haften, **II**, also Ki vor den Enkeln usw. Sind die vorh Abkömml leistgsunfäh, haften die Verwandten aufsteigder Linie, u zwar wiederum die näheren vor den entfernteren, also die Elt vor den GrElt usw. Bei LeistgsUnfgk des barunterhpflicht EltT tritt vor der Haftg von dessen Elt zusätzl zur Bt des and EltT u unter Wegfall des Privilegs aus III 2 die Haftg des and EltT (Rn 18).

6 **3) Verteilung der Unterhaltslast auf die Eltern.**

7 **A) Grundsätze. a) Gleichrangigkeit, III 1.** Die Elt schulden als gleich nahe Verwandte der aufsteigden Linie dem Ki grdsl Unterh auf gleicher Stufe, aber inhaltl modifiziert, näml bei Aufteilg der UnterhFunktionen nach III 2 der eine EltT Bt des Ki u der and EltT Beschaffg der finanziellen Mittel. Schulden beide Elt BarUnterh, sind sie nicht GesSchuldn, sond haften für den Unterh des Ki wg der unterschiedl indiv Vorauss der
8 UnterhPfl zB hins der LeistgsFgk, des unterschiedl Selbstbehalts usw gem III 1 nur anteilig. – **b) Gleichwertigkeit von Barunterhalt und Betreuungsunterhalt, III 2** (vgl auch § 1360 S 2). Zur Unterscheidg von Bar- u BtUnterh: Einf 2 v § 1601. Gleichwertigk bedeutet, daß die tats Versorgg des mj unverh Ki der Beschaffg der Mittel für die Befriedigg des BarBed unterhrechtl proportional ist mit den Konsequenzen, daß der EltT, der das Ki betreut, dadch grdsl seiner UnterhPfl genügt (III 2) u daß die Elt sich das staatl KiG im allg je zur Hälfte zuzurechnen haben (BGH NJW **78**, 753; jetzt §§ 1612 b, c). Der Grdsatz ist geschlechtsneutral (vgl BGH NJW **85**, 1460) u gilt auch ggü den verschärften Anfdgen des § 1603 II (Hamm FamRZ **98**, 983). Er schließt umgek aber nicht aus, daß der das Ki betreuende EltT ggf zusätzl auch für den BarBed aufkommen muß (unten Rn 18). Das gilt insb für die nach § 1603 II 2 privilegierten vollj Schüler; ab Volljk haften beide Elt entspr ihrer LeistgsFgk anteil für den BarBed des Ki (Hamm NJW **99**, 798; AG Weilb FamRZ **99**, 1016); § 1603 II 2 regelt nicht, ob u in welchem Verhältn beide EltT zum BarUnterh beizutragen haben (Düss FamRZ **99**, 1215).

9/10 **B) Fallgruppen. a) Kindesbetreuung durch einen Elternteil, III 2.** Die Vorschr befreit den das Ki versorgden EltT grdsl von der Beteiligg am BarUnterh; für letzteren muß iR der §§ 1602 II, 1649; 1603 Rn 3 ff der and EltT aufkommen. Die Vorschr gilt nicht nur für die Mu, sond gleichermaßen auch für den Va, wenn er die Bt des Ki übernommen hat, u zwar innerh der Ehe (zu den versch Ehetypen: § 1360 Rn 8 ff)
11 ebso wie außerh einer solchen. – **aa) Minderjährige unverheiratete Kinder.** Da vollj Ki nicht mehr der „Pflege u Erziehg" bedürfen, findet III 2 auf sie keine, auch keine analoge Anwendg (BGH NJW **94**, 1530), so daß die Bt eines Vollj nicht von der BarUnterhPfl befreit (Oldbg FamRZ **96**, 366). Die von der Rspr vorgesehene Ausn, III 2 auch auf noch im Haush eines EltT lebde **Schüler** in den ersten Jahren ihrer Volljk anzuwenden (vgl BGH FamRZ **81**, 541; **94**, 696; Hamm FamRZ **98**, 1192), ist jetzt in § 1603 II 2 gesetzl verankert w (vgl § 1603 Rn 55), ohne daß eine entsprechde Einbeziehg der jungen Vollj auch in § 1606 III 2 vorgenommen wurde. Was die Aufteilg der UnterhLast zw den Elt anlangt, ist sie zu Recht unterblieben (Schumacher/Grün FamRZ **98**, 786). Auch wenn also das noch in der Schulausbildg befindl vollj Ki bei einem EltT lebt u von diesem tats auch noch versorgt w, muß sich dieser EltT nach seiner LeistgsFgk am BarUnterh beteil (Karlsr FamRZ **99**, 45; BT-Drucks 13/7338 S 22 zu § 1609 II; Weber NJW **98**, 1997). Der

BarUnterhAnspr des vollj Ki ist iR der DüssTab nach den zusgerechneten Eink beider Elt zu bemessen (Knittel DAV **98**, 187; Einf 18 v § 1601). Zur Anrechng der AusbildgsVergütg: § 1602 Rn 10. – **bb) Betreuung.** **12**
Zum Begriff: Einf 2 v § 1601. Für III 2 spielt die Regelg der elt Sorge tatbestdsmäß keine Rolle; die Vorschr gilt sowohl bei gemeins elt Sorge beid Elt wie Alleinsorge des betreuenden EltT sowie ferner, wenn der allein SorgeBerecht dem and EltT die Bt des Ki überläßt. – **aaa) Betreuungshelfer:** Der NaturalUnterh wird auch **13**
dann als dem BarUnterh des and EltT gleichwertg angesehen, wenn der SorgeBerecht erwtät ist u sich desh bei der Versorgg des Ki der Hilfe Dr (Verwandter, Nachbarn, Personal) bedient. Eine Beteiligg am BarUnterh scheidet dann idR aus (BGH NJW **81**, 1559; LG Karlsr DAV **90**, 243). Entscheidd ist, daß dem Ki ausr elt Zuwendg u Pflege zuteil w (LG Wiesb FamRZ **74**, 199), so daß es nicht darauf ankommt, wann, sond daß der für die tats Sorge verantwortl EltT seiner BtPfl nachkommt (Kln FamRZ **79**, 1053). Ist das nicht der Fall, kann dies allerd sorgerechtl Konsequenzen haben (Derleder/Derleder NJW **78**, 1133). Für die **Kosten** der von der eig Bt entlastdn Inanspruchn von HilfsPers muß der sorgeberecht EltT grdsl allein aufkommen, zB für eine KiTagesstätte od TagesMu (Bamberg FamRZ **81**, 992). – **bbb) Fremdbetreuung.** Die Befreiung von der **14**
BarUnterhPfl gem III 2 entfällt jedoch bei völliger Übertr der Pflege u Erz des Ki auf einen Dr (KG FamRZ **89**, 778), was der Fall ist, wenn auch nicht einmal ein nennenswerter Rest an eig BtLeistgen verbleibt (Hamm FamRZ **91**, 104). Die FremdBt kann auf dem Willen des od der SorgeBerecht beruhen (Internat, FamPflege) od, wie bei der HeimErz, auf Veranlassg des JA od des Ger (vgl Einf 19 ff u 32 v § 1626). Bei Unterbringg des Ki außerh des Hauses, in einem Internat, bei GroßElt (KG FamRZ **84**, 1131) od bei PflegeElt scheidet die Regelversorgg nach III 2 bereits oft ihrer Natur nach aus, insb wenn die GrMutter für das Ki SozH in Anspr nimmt (Hamm FamRZ **90**, 307). Ist die Bt des Ki dem EltT nicht mehr als eig Leistg zuzurechnen, hat er, auch wenn ihm das SorgeR allein zusteht, seiner UnterhPfl gem III 1 nachzukommen (vgl BVerfG NJW **69**, 1617). Das gilt selbst dann, wenn der and EltT überdchschnittl Einkfte erzielt (Kblz FamRZ **81**, 300). Für Internatskosten haben beide Elt dann ihrem Eink entspr anteilig aufzukommen (Düss DAV **85**, 706). Das Ki braucht sich aber nicht auf eine bl fikt LeistgsFgk des EltT verweisen zu lassen (vgl unten Rn 19).

b) Anteilige Haftung für den Barunterhalt, III 1. – aa) Müssen beide Elt für den BarUnterh des Ki **15**
aufkommen, richtet sich der Umfang ihrer Haftg anteilig nach den indiv Erw- u VermVerhältn jedes EltT (§ 1603 Rn 2). Dieser Fall liegt vor, wenn das Ki keiner Bt dch die Elt bedarf, weil es vollj ist od sich in fremder Bt befindet (vgl oben Rn 14) bzw weil die gemeins sorgeberecht Elt Doppelverdiener sind u die Versorgg des Ki mit Hilfe von Personal organisiert haben. Der sich nach der DüssTab ergebde Unterh des Ki (Einf 18 v § 1601 aE) wird nach dem jew Eink jedes EltT aufgeschlüsselt (KG FamRZ **84**, 1131). Im Bereich kleinerer u mittlerer Eink sind die HaftgsQuoten erst nach dem Abzug der für den eig Unterh erfdl Beträge, dh unter Berücks des angem EigenBed (Einf 20 v § 1601), zu best, weil sonst der weniger verdienende im Verhältn zum and EltT verstärkt herangezogen würde (BGH FamRZ **86**, 151 u 153; Düss FamRZ **84**, 1134 mit RechenBsp). Für diese Rspr ist nach Weychardt FamRZ **99**, 828 mit der Einf der strikt hälft Anrechng des KiG dch § 1612 b die Grdl entfallen u desh die Quotierg nach den EinkVerhältn der Elt ohne Vorwegberücks des jew Selbstbeh vorzunehmen. Die Grenze bildet die sich nach der DüssTab ergebde UnterhBelastg bei alleiniger BarUnterhVerpfl (Ffm FamRZ **87**, 190). Dagg rechtf die Bt mj Geschw keine fikt Kürzg der Einkfte (BGH FamRZ **88**, 1041; vgl iGgs dazu aber § 1603 Rn 47 zur Obliegenh, eine ErwTätigk aufzunehmen). – **bb)** Befriedigt ein EltT einen konkr UnterhBed des Ki, so ist diese Leistg zu monetarisieren **16**
u auf den BarUnterhAnteil dieses EltT anzurechnen, zB hins des WohnBed (Kblz FamRZ **89**, 307). AusbildgsVergütgen des Ki (§ 1602 Rn 9) wirken anteilig entlastd (Düss FamRZ **84**, 1136). Zum KiG: §§ 1612 b, c. – **cc)** Der Grdsatz der anteil UnterhHaftg wird dchbrochen dch die gesamtschuldnerische Haftg **17**
zB für den EltBeitr zur KiTagesEinrichtg (OVG Münster NJW **97**, 1024) sowie prakt dch die AusfallHaftg eines EltT bei fakt LeistgsUnfgk des and EltT (Rn 19). Bei einem behinderten Ki liefert III 2 keinen geeigneten VerteilgsMaßst; bei Aufteilg des erhöhten BarBed sind ggf die aufwendigeren BtLeistgen, anderers aber auch eine mtl Beihilfe des Dienstherrn zu berücks (BGH NJW **83**, 2082).

c) Kindesbetreuung und zusätzliche Beteiligung am Barunterhalt. Der Grdsatz der Gleichwertigk **18**
von Bt- u BarUnterh (Rn 8) hat zur Folge, daß der barunterhpflicht EltT für den BarUnterh des Ki auch dann allein aufkommen muß, wenn der neben der KiBt erwtät sorgeberecht EltT ein höheres Eink hat als er (KG FamRZ **79**, 171). Eine zur tats Versorgg hinzutretde BarUnterhPfl des betreuenden EltT kommt erst in Betr, wenn sein Eink das des and EltT nachhaltig übersteigt (BGH NJW **80**, 2306). Sind die Erw- u VermVerhältn aS des betreuenden EltT wesentl günstiger als beim BarUnterhPflicht, muß sich der betreuende EltT am BarUnterh beteil (BGH NJW **84**, 303; Hbg FamRZ **92**, 591; Ffm FamRZ **96**, 888). Dabei dürfen allerd nicht nur schemat die NettoEinkfte beider Elt einand ggügestellt w (Karlsr FamRZ **93**, 1116). Zur Feststellg der Ungleichgewichtigk können fikt Einkfte einbezogen w (Düss FamRZ **92**, 92; Bamberg FamRZ **95**, 566). Doch scheidet eine solche Fiktion aus, wenn die Mu in einer neuen Ehe Geschw des unterhberecht Ki betreut u dieses die gewählte Rollenverteilg hinnehmen muß (BGH FamRZ **80**, 43; Hamm FamRZ **92**, 467). Entspr dürfen dann auch sonst TeilErwTätigkten nicht zur vollen ErwTätigk fingiert w (Düss FamRZ **93**, 1117). Aber härtere Anfdgen, wenn es um den MindestUnterh des unterhberecht Ki geht (Karlsr FamRZ **93**, 1118). Vgl zur Obliegenh, neben der KiBt eine ErwTätigk aufzunehmen, § 1603 Rn 46 ff. Soweit eine solche Verpfl besteht, hat sich der betreuende EltT am BarUnterh des Ki zu beteil. Ggf findet nur eine Teilanrechng der Einkfte statt, etwa bei einer VollErwTätigk neben der Versorgg von 2 Ki (Kln FamRZ **93**, 1115).

d) Ausfallhaftung. Scheitert die Inanspruchn des einen EltT daran, daß er tot ist (LG Stgt FamRZ **68**, **19**
215) od an seiner fehlden LeistgsFgk, so hat der and EltT bei entsprechder eig LeistgsFgk automat für den gesamten Unterh od die UnterhSpitze aufzukommen (echte AusfallHaftg; vgl Rn 5). Der and EltT hat idR den nach seinen EinkVerhältn doppelten Satz der DüssTab zu zahlen (Brem NJW **78**, 2249; vgl Einf 24 v § 1601). Die Haftg des and EltT wird aber als unechte AusfallHaftg von der Rspr auch angenommen, wenn der eine EltT nur aGrd fikt Eink zur Zahlg von Unterh verurt wurde (§ 1603 Rn 34), der Anspr des Ki aber mangels tats Eink nicht dchsetzb ist (vgl unten Rn 20). Auch in diesem Fall haftet der and EltT iR seiner eig LeistgsFgk bis zum vollen BarUnterh (Kblz FamRZ **89**, 307; **96**, 756). Der das mj Ki betreuende EltT hat zusätzl für den BarBed des Ki aufzukommen bzw mit aufzukommen, wenn seine EinkVerhältn deutl günstiger sind als die des and EltT (BGH FamRZ **98**, 286; vgl Rn 18). Die AusfallHaftg des betreuenden EltT beginnt

bereits bei Gefährdg des angem UnterhBed des barunterhpflicht EltT (Hamm FamRZ **90**, 903; vgl zum Selbstbehalt Einf 20 v § 1601). Sie gilt ferner auch beim AusbildgsUnterh (Kblz FamRZ **89**, 307; Karlsr/Freiburg NJW-RR **91**, 903). Zur Anrechng des KiG: § 1612 b Rn 9.

20 **e) Familienrechtlicher Ausgleichsanspruch** (Einf 34 v § 1601). In den Fällen echter AusfallHaftg (Rn 19) soll die volle UnterhLast bei dem allein leistgsfäh EltT bleiben (vgl § 1607 I). Das wäre jedoch ungerecht in den Fällen, in denen ein EltT nur deswg keinen Unterh zahlt, weil er seiner ErwObliegenh nicht nachkommt (§ 1603 Rn 34). Hier hat die AusfallHaftg des and EltT entgg Rn 15 die Wirkg einer gesamtschuldner Haftg, allerd ohne § 426. Da der einspringde EltT dies idR nicht tut, um den and EltT zu entlasten, sond in der Absicht, dafür von dem and EltT Ers zu verlangen, erkennt die Rspr außerh des BereichergsR einen famrechtl AusglAnspr des leistden EltT gg den insow primär verpfl and EltT an (BGH **50**, 266; FamRZ **84**, 775; krit A. Roth FamRZ **94**, 793). Die BewL für die Absicht, später Ersatz zu fordern, liegt beim Kl. Der famrechtl AusglAnspr besteht nur für den BarUnterh, nicht als Ersatz für geleistete Bt (BGH NJW **94**, 2234; Kblz DAV **99**, 137; aA Scholz FamRZ **94**, 1314), gilt in diesem Zushg aber auch bei falscher Berücks des KiG (BGH NJW **97**, 1919), bei vollj Ki (Kln NJWE-FER **99**, 176) od für die Zahlg von Beitr zu einer von dem and Eheg abgeschlossenen AusbildgsVersicherg zG des gemschaftl Ki (Stgt NJW-RR **92**, 706); dagg nicht, soweit der EltT mit seinen Leistgen nur eine ihm dch eine (wenn auch falsche, aber) rechtskr Entsch auferlegte Verpfl ggü dem Ki erfüllt hat (BGH NJW **81**, 2348; FamRZ **94**, 1102). Die BarAufwendgen brauchen nicht im einz belegt zu w (Kblz FamRZ **97**, 368). Der Anspr unterliegt ferner den Schranken des § 1613 (BGH NJW **84**, 2158; **88**, 2375). Allerd genügt zur Inverzugsetzg auch für den AusglAnspr die gerichtl Geltdmachg des KiUnterh als gesetzl Vertr (BGH NJW **89**, 2816). Verj: gem § 197 in 4 J (BGH **31**, 329). Bei nachträgl Erfüllg des titulierten UnterhAnspr ggf § 812 zG des ausglberecht EltT (Düss NJW-RR **91**, 1027). Vor doppelter Inanspruchn ist der UnterhSchu ggf dch § 267 geschützt (FamRZ **98**, 1190).

21 **f) Freistellung von der Unterhaltsverpflichtung.** Die Elt können, mit Wirkg allerd nur im InnenVerhältn untereinand (vgl Einf 3 v § 1601), eine Freistellg vereinb, mit der sich der eine EltT dem and ggü verpfl, ihn von UnterhAnspr des Ki freizuhalten (vgl §§ 329, 415 III), ohne daß dies als Schenkg gilt (Hamm FamRZ **80**, 724). Solche Abreden sind nicht sittenwidr (vgl § 138 Rn 48), auch wenn sie äußerl mit einem SorgeRegelgsVorschlag verbunden w (BGH NJW **86**, 1167), wohl aber, wenn dadch die Zust des and EltT zur SorgeRÜbertr (Hbg FamRZ **84**, 1223) od ein Verzicht (Karlsr FamRZ **83**, 417) bzw die Nichtausübg des UmgangsR (BGH NJW **84**, 1951) erreicht w soll. Auch keine Nichtigk von FreistellgsVereinbgen gem §§ 134, 1614 (Stgt FamRZ **92**, 716; Hamm FamRZ **99**, 163). Denn sie sind im AußenVerhältn zw Ki u dem freigestellten EltT ohne Wirkg, so daß letzterer ow aus den §§ 1601 ff zu verurt ist (BGH NJW **86**, 1168). Der in Anspr genommene EltT hat aus der Vereinbg ledigl einen Anspr auf Erstattg u iü auf Freistellg (vgl § 257 Rn 1). Leistet der Versprechde Unterh für den and EltT an das Ki, so gilt § 267 (Düss FamRZ **82**, 1108). FreistellgsVereinbgen sind nach den Grdsätzen zur GeschGrdl anzupassen (Brschw FamRZ **82**, 91; Kln NJW-RR **95**, 1474; vgl § 242 Rn 110). Vollstr des FreistellgsAnspr: ZPO 887 (Hbg FamRZ **83**, 212).

1607 *Ersatzhaftung und gesetzlicher Forderungsübergang.*

I Soweit ein Verwandter auf Grund des § 1603 nicht unterhaltspflichtig ist, hat der nach ihm haftende Verwandte den Unterhalt zu gewähren.

II Das gleiche gilt, wenn die Rechtsverfolgung gegen einen Verwandten im Inland ausgeschlossen oder erheblich erschwert ist. Der Anspruch gegen einen solchen Verwandten geht, soweit ein anderer nach Absatz 1 verpflichteter Verwandter den Unterhalt gewährt, auf diesen über.

III Der Unterhaltsanspruch eines Kindes gegen einen Elternteil geht, soweit unter den Voraussetzungen des Absatzes 2 Satz 1 an Stelle des Elternteils ein anderer, nicht unterhaltspflichtiger Verwandter oder der Ehegatte des anderen Elternteils Unterhalt leistet, auf diesen über. Satz 1 gilt entsprechend, wenn dem Kind ein Dritter als Vater Unterhalt gewährt.

IV Der Übergang des Unterhaltsanspruchs kann nicht zum Nachteil des Unterhaltsberechtigten geltend gemacht werden.

1 **1)** Zum Verhältn der §§ 1606, 1607 zueinand vgl zunächst § 1606 Rn 1. § 1606 betrifft das RangVerhältn zw mehreren dem Grdsatz nach unterhpflicht Verwandten, § 1607 die ErsHaftg, wenn ein vorrangig od allein haftder Verwandter aus tats Grden wie mangelder LeistgsFgk ausscheidet u ein and Verwandter od dr Pers mit
2 UnterhLeistgen einspringen. – **a) Zweck:** § 1607 soll den KiUnterh dadch sichern, daß bei Ausfall eines vorrang UnterhVerpfl and Verwandte zum Unterh herangezogen w können; ferner sollen diese wie auch best freiw einspringde Dr in ihren Regreßinteressen dch Übergang des UnterhAnspr auf sie gesichert w. –
3 **b) Anwendungsbereich:** Die Vorschr gilt für sämtl UnterhAnspr, so daß die Elt bei mangelnder LeistgsFgk des Erzeugers auch für die UnterhAnspr aus § 1615 l aufkommen müssen (Mü FamRZ **99**, 1166/1299 mA Finger). Ferner können die nach III übergegangenen UnterhAnspr auch im VereinfVerf geltd gemacht w (Einf
4 65 v § 1601). Zum UnterhBed im **Ausland:** Einf 28 v § 1601. **c) Beweislast:** Wer einen nachrang verpfl Verwandten auf Unterh in Anspr nimmt, muß beweisen, daß der vorrang Verpfl nicht leistgsfäh ist (BGH NJW **81**, 923); ebso, daß die RVerfolg im Inland ausgeschl od wesentl erschwert ist.

5 **2) Ersatzhaftung anderer Verwandter, I.** Bedürftigk aS des AnsprStellers u LeistgsFgk aS des ersatzw haftden Verwandten müssen als allg Vorauss jeder UnterhPfl auch hier vorliegen. Selbstdges Erfordern der Vorschr ist die **mangelnde Leistungsfähigkeit** eines eigtl vorrang haftden Verwandten. Der Ausfall des vorrang UnterhPflicht muß in I gerade darauf beruhen. GroßElt haften desh erst, wenn die BarUnterhPfl der Elt deren MindSelbstBeh beeinträcht würde (LG Kleve FamRZ **88**, 1085), wobei auch die ErwObliegenh voll auszuschöpfen sind (BGH NJW **85**, 806; Celle FamRZ **84**, 1254). Vgl dazu § 1603 Rn 32, 33 u 60. § 1607 I greift iGgs zu II (Rn 11) nicht ein, wenn die LeistgsFgk des vorrang haftden Verwandten fingiert ist (§ 1603
6 Rn 34). Zur Reihenfolge der unterhpflicht Verwandten vgl § 1606 Rn 5. Ist von **mehreren gleichrangig haftenden** Verwandten nur einer leistgsunfäh, haften vor der ErsHaftg nach § 1607 I die übr anteilig (§ 1606

III 1). Können sie den vollen Unterh nicht decken, muß für den Rest der ErsSchuldn aufkommen (RG **52**, 193; BGH NJW **71**, 2069). Zu der dem § 1607 I vorgehden AusfallHaftg von Elt: § 1606 Rn 18, 19. Der ErsSchu haftet ggf voll auf den gesetzl Unterh wie der erstrangig Verpfl (BGH aaO). Das **Unterhaltsmaß** 7
richtet sich nach der ggf von den Elt abgeleiteten LebStellg des Ki (LG Ravbg FamRZ **86**, 93 L; § 1610 Rn 2), was wertgsmäß zweifelh ist u jedenf nicht gelten sollte, wenn das Ki bei den GroßElt lebt. **Dauer:** Die 8
ErsHaftg dauert nur sol, wie die LeistgsUnfgk des vorrang haftden Verwandten besteht. Sobald er dem Ki wieder Unterh leisten kann, ist der nachrang haftde Verwandte frei. Für die ZwZt ist die ErsHaftg aber **endgültig**; dem UnterhErsVerpfl stehen keine RegreßAnspr zu, weder gilt II 2, noch GoA od ungerechtf Bereicherg, weil der dem Ki näherstehde Verwandte mangels LeistgsFgk gar nicht unterhverpfl war. Das gilt auch, wenn er später zu Verm kommt u jetzt ow auch den früh Unterh bezahlen könnte. Die AuskVerpfl nach 9
§ 1605 entsteht erst, wenn die LeistgsUnfgk aller vorrang Haftden feststeht (LG Osnabr FamRZ **84**, 1032).

3) Ersatzhaftung bei Rechtsverfolgungsschwierigkeiten, II. Um den Unterh auch dann zu sichern, 10
wenn Probleme bestehen, den UnterhAnspr gg den primär UnterhVerpfl dchzusetzen, erstreckt das Ges die ErsHaftg des nachrang Verpfl auch auf diesen Fall, II 1; da aber der eigtl UnterhSchu, and als iFv I, matrechtl unterhpflicht bleibt, wird der nur einspringde nachrang haftde Verwandte dadch entschädigt, daß der Unterh-Anspr des Ki vGw auf ihn übergeht, II 2. Bei Haftg mehrerer gleich naher Verwandter findet II analoge Anwendg, so daß bspw die Mu zur Leistg des vollen Unterh verpfl ist, wenn der Va unbekannten Aufenth ist (BGH FamRZ **71**, 571; FamRZ **89**, 850). – **a) Voraussetzungen, II 1.** Anlaß für das Einspringen des 11
nachrang Haftden muß sein, daß die **Rechtsverfolgung**, zu der auch die ZwVollstr gehört, gg den vorrang UnterhVerpfl **im Inland ausgeschlossen oder erheblich erschwert** ist. Ausgeschl ist die RVerfolgg bei Stillstand der RPflege (§ 203 Rn 3), aber vor allem auch, wenn die Natersch eines nehel geborenen Ki nicht dch Anerk od gerichtl festgestellt ist (BGH FamRZ **93**, 696). Erhebl erschwert ist die RVerfolgg, wenn der AufenthOrt des primär unterhpflicht EltT unbekannt ist (BGH FamRZ **89**, 850); mangels inländ Zustdgk bei Wohnsitz im Ausl od auch bei häufigem Wechsel des Wohnsitzes (AG Alsfeld DAV **74**, 519). Im Ggs zu I (vgl Rn 5) ist II einschl von II 2 auch auf die Nichteintreibbark von Unterh bei Verurt des UnterhSchu aus bl fikt LeistgsFgk anzuwenden (Kblz FamRZ **89**, 307; Karlsr FamRZ **91**, 971; Knittel DAV **98**, 188). – **b) Über-** 12
gang des Unterhaltsanspruchs, II 2, nur auf **aa)** solche Verwandte, die aGrd nachrang Haftg **zur Unterhaltsleistung verpflichtet** sind (BT-Drucks 13/7338 S 21). Dch die Verweisg auf die nach I verpfl Verwandten wird klargestellt, daß die cessio legis nicht bei jedem Einspringen für einen Verwandten, bei dessen Inanspruchn es RVerfolggsSchwierigkten gibt, stattfinden soll. Die bl Leistg von Unterh aSt eines Verwandten des Ki löst also die Legalzession nicht aus. Als nachrang Unterh leistde Verwandte kommen in Betr: GrElt aStv Elt; ein eltT iR einer entsprechden Ausfallhaftg (§ 1605 Rn 19) aSt des and (BGH **50**, 266/70; Celle NJW **74**, 504; vgl Rn 11); Ki bei Erfüllg von UnterhVerpfl ihrer Geschw ggü den gemeins Elt (vgl § 1601 Rn 5). Dagg reicht es nicht aus, daß ein EltT dem Ki Unterh gewährt in der Absicht, von dem and EltT dafür Ersatz zu fordern; denn dann würde sich der famrechtl AusglAnspr erübrigen (BGH NJW **89**, 2316; vgl § 1606 Rn 20). Zu den ErsAnspr von Dr u auch derj Verwandten, welche die Vorauss der ErsVerpfl nicht erfüllen, allgemein: Einf 36 v § 1601; bei Übernahme von KiUnterh: unten Rn 14. – **bb)** Der **übergegangene** 13
Anspruch ist mit dem ursprüngl UnterhAnspr im Prinzip identisch, erfährt aber Modifikationen (Kropholler FamRZ **65**, 413; Erman/Holzhauer 5; vgl auch Einf 35 v § 1601). Einwendgn gg die UnterhPfl, zB aus § 1611, bleiben grdsl erhalten (§§ 404, 412). Der Anspr unterliegt weiterh der kurzen Verjährg nach § 197 (RG **72**, 341; BGH **31**, 329). Dagg ist der übergegangene Anspr abtretb (vgl BGH FamRZ **82**, 50) sowie ohne die Privilegien von ZPO 850 d pfändb u verpfändb, wie gg ihn auch aufgerechnet w kann. Zur Anwendg von § 1613: dort Rn 3. Zum BenachteiliggsVerbot: unten Rn 19. Vgl iü unten Rn 18.

4) Gesetzlicher Forderungsübergang bei Aufkommen für den Kindesunterhalt durch nicht 14
unterhaltspflichtige Dritte, III. Die aus dem früh NehelR übernommene Vorschr soll dch die Legalzession die Bereitsch nicht unterhpflicht Verwandter zur Unterstützg des Ki fördern u gilt nunm für ehel u nehel, mj u vollj Ki. And als die den allg UnterhAnspr zw Verwandten betreffden I u II bezieht sich III ledigl auf den KiUnterh, erstreckt die Legalzession aber auf Pers, die zur Leistg von Unterh nicht verpfl sind. Anderers müssen bei Verwandten u StiefElt immer RVerfolggsSchwierigkten iSv II 1 Anlaß für die Übernahme der UnterhLeistg gewesen sein.

a) Legalzessionare können nach **III 1 u 2** sein: **aa) Nicht unterhaltspflichtige Verwandte** des Ki, wie 15
Tante u Onkel, Geschw des Ki; auch nach Adoption des Ki hinzugewonnene Verwandte (vgl § 1754 Rn 1) u an sich unter I fallde Verwandte, soweit sie in überobligationsmäßiger Weise für das Ki aufgekommen sind; **bb)** ferner **Stiefeltern**, also die jeweil Eheg des leibl EltT des Ki; sowie gem III 2 auch ein Dr, der dem Ki **als Vater** 16
Unterhalt leistet. Darunter fällt nicht nur die als ScheinVatersch erkannte, sond auch die zunächst nicht als fehlerh erkannte gesetzl Vatersch. Gilt jemand aGrd der mit der Mu des Ki geschlossenen Ehe, einer Anerk der Vatersch od kr gerichtl Feststellg als Va eines Ki (§§ 1592 Nr 1–3, 1593, 1599 II), so bleibt er zur Zahlg des Unterh verpfl, u wird weder dch die Offenkundigk noch dch die persönl Überzeugg, nicht der Va des Ki zu sein, davon befreit, sol die NichtVatersch nicht dch rechtskr VaterschAnf gerichtl festgestellt w ist (§§ 1601, 1599 I, 1600 e). „Als Vater" leistet schließl auch, wer ohne wirks Anerk od gerichtl Feststellg der Vatersch aGrd seiner Geschlechtsbeziehgen zur Mu irrtüml annimmt, Va des Ki zu sein, u desh Unterh leistet. Denn ratio legis von III 2 muß im Interesse des Ki weniger der Schutz des Vertrauens in eine rechtl festgestellte Vatersch als der von den tats Umst veranlaßte Glaube an das Bestehen einer VerwandtschBeziehg sein (vgl 58. Aufl Rn 28). – **b) Rechts-** 17
verfolgungsschwierigkeiten, III 1. Der Übergang des UnterhAnspr soll nur unter den Vorauss von II 1 gelten (BT-Drucks 13/7338 S 21). Auf Verwandte u StiefElt soll der UnterhAnspr des Ki nur übergehen, wenn die Dchsetzg des Anspr gg den leibl Va in Dtschl unmögl od erhebl erschwert ist (vgl Rn 11). Von RVerfolggsSchwierigkten dem wirkl Va ggü sollte der FdgsÜbergang dagg beim ScheinVa nicht abhäng gemacht w. Die Verweisg von III 2 auf III 1 muß den Satzteil „unter den Vorauss des II 1" ausklammern (and offenb Knittel DAV **98**, 188); denn iF der irrtüml Vatersch gibt die Verweisg keinen Sinn; die Einschrkg der Legalzession widerspräche iü auch dem mit den AnfechtgsFr dem ScheinVa gewährten EntschSpielraum (vgl § 1600 b Rn 1). – **c) Umfang des** 18
Forderungsübergangs. Vgl zunächst Rn 13. Zu dem vom wirkl Va zu ersetzden Unterh gehören auch die Kosten des ScheinVa für den von ihm geführten VaterschAnfProz (BGH FamRZ **72**, 37), einschl derj für die

Beiziehg eines RA (AG Landau/Isar FamRZ **99**, 1296); VerjährgsFr für den entsprechden famrechtl AusglAnspr: 30 J (BGH **103**, 160/70). Ferner kann er Erstattg des zu diesem Zweck an das Ki gezahlten PKV verlangen (BGH FamRZ **64**, 558; **68**, 78). Vgl aber § 1610 Rn 15. Soweit der ScheinVa dem Ki Wohng gewährt od BtLeistgen erbracht hat, sind diese in Geld zu schätzen (AG Kln FamRZ **91**, 735; Joh/Henr/Graba 5 a).

19 **5) Benachteiligungsverbot, IV.** Die zukünftigen UnterhAnspr des Ki sollen nicht dch die Geltdmachg der UnterhRückstände nach der Legalzession gefährdet w; desh geht die RegreßFdg des Legalzessionars dem Anspr des Ki auf Unterh im Range nach mit der Wirkg, daß bei Bemessg der LeistgsFgk des UnterhSchu für den zukünft Unterh die Verpfl aus dem FdgsÜbergang nicht berücks w (vgl RG **126**, 181). Zur Dchsetzg dieses Subrogationsverbots bedarf es keiner Aufn eines entsprechden Vorbeh in das Urt (vgl aber Herpers AcP **166**, 461). Zur Berücksichtigg des Verbots in der ZwVollstr vgl Kblz FamRZ **77**, 68.

1608 ***Vorrang der Haftung des Ehegatten.*** **Der Ehegatte des Bedürftigen haftet vor dessen Verwandten. Soweit jedoch der Ehegatte bei Berücksichtigung seiner sonstigen Verpflichtungen außerstande ist, ohne Gefährdung seines angemessenen Unterhalts den Unterhalt zu gewähren, haften die Verwandten vor dem Ehegatten. § 1607 Abs. 2 und 4 gilt entsprechend.**

1 **1)** Die Vorschr betr die Stellg eines UnterhBedürft im Verhältn zu seinem Eheg sowie zu and UnterhPflicht wie Elt, Ki usw bei bestehder Ehe. Nach Aufhebg od Scheidg der Ehe gelten die §§ 1318 II 1, 1584. Das ZusTreffen von UnterhAnspr des Eheg mit den Anspr and Berecht regelt § 1609 II.

2 **2) Rangfolge der Unterhaltsverpflichteten.** – **a)** An erster Stelle haftet der **Ehegatte** des Bedürft, **S 1,** wenn dafür die Vorauss nach den §§ 1360, 1361 ff bzw 1569 ff vorliegen. Zu den BerufsausbildgsKosten vgl jedoch § 1360 a Rn 3; nach Scheidg; §§ 1574 III, 1575. Zum Vorrang der Haftg der Elt vgl Hbg FamRZ **89**,
3 95. – **b)** Ist der and Eheg nicht leistgsfäh (§ 1603), haften die **Verwandten** des verh UnterhBedürft, **S 2,** u zwar ohne ErsAnspr gg den and Eheg (§ 1607 I), aber nur im Umfang der Verpfl des and Eheg (BGH **41**, 104/113). Der LeistgsUnfgk des and Eheg stehen RVerfolggsSchwierigkten iSv § 1607 II gleich mit der Folge, daß der UnterhAnspr gg den Eheg dann aber auf die Verwandten übergeht, **S 3** (vgl § 1607 Rn 10 ff u 19). –
4 **c) Beweislast** (vgl zunächst Einf 80 v § 1601): Iü liegt sie beim AnsprSteller, u zwar bei Inanspruchn von Verwandten für die LeistgsUnfgk des and Eheg u gleichrang haftder and Verwandter (Hamm FamRZ **96**, 117). Bei Inanspruchn des Eheg bis zum notw Selbstbehalt hat der AnsprSteller zu beweisen, daß seine Verwandten nicht in der Lage sind, ihm ohne Gefährdg ihres eig angem Selbtbeh Unterh zu gewähren (Kln FamRZ **90**, 54).

1609 ***Reihenfolge bei mehreren Bedürftigen.*** **I Sind mehrere Bedürftige vorhanden und ist der Unterhaltspflichtige außerstande, allen Unterhalt zu gewähren, so gehen die Kinder im Sinne des § 1603 Abs. 2 den anderen Kindern, die Kinder den übrigen Abkömmlingen, die Abkömmlinge den Verwandten der aufsteigenden Linie und unter den Verwandten der aufsteigenden Linie die näheren den entfernteren vor.**

II Der Ehegatte steht den Kindern im Sinne des § 1603 Abs. 2 gleich; er geht anderen Kindern und den übrigen Verwandten vor. Ist die Ehe geschieden oder aufgehoben, so geht der unterhaltsberechtigte Ehegatte den anderen Kindern im Sinne des Satzes 1 sowie den übrigen Verwandten des Unterhaltspflichtigen vor.

1 **1) a)** Die Vorschr regelt die Rangfolge, wenn **mehrere bedürfte Unterhaltsberechtigte** da sind, aber das für den Unterh verfügb Eink des UnterhVerpfl zur Deckg des UnterhBed aller Berecht nicht ausreicht. Bei hinreichder LeistgsFgk spielt die Rangfolge keine Rolle (Nürnb FamRZ **97**, 445) u kann desh auch der an vollj Ki geleistete Unterh vorweg abgezogen w, ohne daß II 2 entggsteht (BGH NJW **85**, 2713; **86**, 985). Auf das Vorhandensein mehrerer Bedürft kann der Verpflichtete sich nur berufen, wenn der Vor- od Mitberechtigte seine UnterhAnspr auch tats geltd macht. Wird einer von ihnen freiw von einem Dr unterstützt, bleibt er außer Betr (RG JW **04**, 340). Dagg ist § 1609 ggf iW der AbÄndKl zu berücks, wenn der Vor- od MitBerecht seinen Anspr erst später geltd macht (BGH NJW **80**, 935). Im Verhältn zu den übr UnterhBerecht ist der Unterh unabhäng von der rechtskr Entsch zG eines von ihnen festgesetzten Unterh zu best; im Verhältn zu dem ursprüngl Begünstigten gilt wiederum ZPO 323 (BGH NJW **92**, 1624). Die folgde Rangordng gilt nicht im
2 Verhältn von Leibgedinge u Unterh (AG Backnang DAV **96**, 403). – **b) Verteilungsfähig** ist nur das gem § 1603 für den Unterh zVfg stehde Eink u Verm des UnterhVerpfl, also bereinigt um berufsbdgte Aufwendgen usw (vgl § 1603 Rn 18 ff) sowie unter Respektierg des Selbstbehalts (§ 1603 Rn 32), aber umgek uU fiktiv heraufgesetzt wg Unterlassg zumutb ErwTätigk des UnterhPflicht (§ 1603 Rn 34). Die ggü mj Ki (§ 1603 II) gesteigerte UnterhPfl ist iRv § 1609 als Vorrang ausgestaltet, reduziert aber zugleich mittelb natürl auch die
3 VerfüggsMasse für die übr UnterhBerecht. – **c)** An der UnterhKonkurrenz teilzunehmen sind nur solche UnterhBerecht berecht, die ihrers gem § 1602 **bedürftig** sind. Der Bedarf jedes Berecht ist individuell zu best (Stgt FamRZ **91**, 1092). Bei gleichem Rang ist die verfügb Summe anteilig im Verhältn der Höhe der einz
4 UnterhAnspr auf die UnterhBerecht zu verteilen. – **d)** UnterhAnspr mehrerer Berecht derselben Rangstufe (zB mj Ki untereinand) haben **gleichen Rang**. Doch schließt das nicht aus, daß für UnterhAnspr versch Berecht gleicher Rangstufe (zB von Ki u gesch u neuem Eheg des UnterhPflicht bei Gleichrangigk gem § 1582), bspw weil für die versch UnterhAnspr unterschiedl Selbstbehalte bestehen (etwa der BilligkSelbstbeh gem § 1581 Rn 14 u 16 ff u der kl SelbstBeh ggü mj Ki; Einf 20 v § 1601), mehrstufige Berechngen dchzuführen sind (vgl
5 etwa BGH FamRZ **88**, 705 u **92**, 539; Heiß/Born I.4 Rn 12). – **e) Beweislast.** Der UnterhPlicht muß beweisen, daß UnterhZahlgen an vorrangig Berecht geleistet bzw geschuldet w (RG **72**, 199).

6 **2) Rangordnung.** Sie ist für den Ri verbindl (aA AG Altena FamRZ **85**, 191 mit krit Anm Bosch), kann aber jederZt dch entsprechde Vereinbgen der Beteil dchbrochen w, so etwa für den AusbildgsUnterh des vollj Ki, wenn die Finanzierg von dessen Studium dem Willen beid Elt entsprach (BGH FamRZ **86**, 553; Ffm

FamRZ **84**, 176). Zw leibl u adopt, ehel u nehel Ki wurden bereits vor dem KindUG keine Unterschiede gemacht (BGH FamRZ **84**, 378; NJW **92**, 1624). Es gelten iü die folgden Rangstufen (vgl auch Heiß/Born I.3 Rn 435): **a) Minderjährige unverheiratete Kinder** sowie die ihnen gem § 1603 II 2 gleichstehden vollj 7
unverh **Schüler** bis zur Vollendg des 21. LebJ haben Vorrang, **I.** Diese Ki haben unabhäng von ihrer Herkunft untereinand den gleichen Rang (Rn 6). Den Ki iSv § 1603 II steht der **Ehegatte** des UnterhPflicht gleich, **II** 8
1, gleichgült, ob die Ehe noch besteht. Nach BGH **104**, 158 ist aber bei ZusTreffen von UnterhAnspr des gesch u des neuen Eheg II 1 iSv § 1582 einzuschränken (zur verfassgsrechtl Problematik Frenz NJW **93**, 1103): Besteht zw dem alten u dem neuen Eheg Gleichrang nach § 1582 (zB weil die 1. Ehe nicht von langer Dauer war od nur dem 2. Eheg KiBetrUnterh zusteht), fallen Ki u beide Eheg in Rangstufe 1. Ist dagg der gesch Eheg nach § 1582 ggü dem neuen Eheg bevorrecht, dann besteht Gleichrangigk nach II 1 nur zw den Ki u dem gesch Eheg. II 1 gilt natürl erst recht, wenn überh nur UnterhAnspr der Ki u des 2. Eheg miteinand konkurrieren; zw ihnen besteht unterhrechtl Gleichrang (Bambg u Mü FamRZ **99**, 250 u 251). – **b)** Den 2. 9
Rang hat der in den Fällen von § 1582 zurückgesetzte neue Eheg des UnterhPflicht (vgl Rn 8), weil der in II 1 begründete Vorrang ggü den übr UnterhBerecht bestehen bleibt, **II 2.** – **c)** Der 3. Rang ist für die Anspr 10
der mit dem Va nicht verh Mu vorbehalten (§ 1615l III 3). – **d)** Mj verh Ki u vollj Ki außerh von § 1603 II 2 11
haben den 4. Rang. Das gilt auch, wenn sie behindert u desh nicht erwerbsfäh sind (BGH FamRZ **87**, 472/74). – **e)** EnkelKi haben den 5. Rang u schließl **f)** Verwandte in aufsteigder Linie, also Elt, GrElt usw, den 6. 12
Rang u die folgden Ränge; BerechngsBsp: Ffm FamRZ **78**, 721.

1610 *Angemessener Unterhalt.* [I] **Das Maß des zu gewährenden Unterhalts bestimmt sich nach der Lebensstellung des Bedürftigen (angemessener Unterhalt).**

[II] **Der Unterhalt umfaßt den gesamten Lebensbedarf einschließlich der Kosten einer angemessenen Vorbildung zu einem Beruf, bei einer der Erziehung bedürftigen Person auch die Kosten der Erziehung.**

1) Unterhaltsumfang. Wenn die Vorauss der §§ 1601–1603 für einen UnterhAnspr (Verwandtsch, Bedürftigk, LeistgsFgk) erfüllt sind, ist über das Maß des zu gewährden Unterh zu entsch. Der UnterhAnspr wird inhaltl u ggständl dch den **Unterhaltsbedarf** bestimmt. Dabei wird zw Bt- u Barbedarf unterschieden (Einf 2 v § 1601). Währd sich ersterer in der funktionierden Fam weitgehd nach der Handhabg der elt Sorge u damit nach den indiv LebVerhältn der Fam richtet, spielt das UnterhMaß eine große Rolle, wenn der UnterhBerecht ggü dem UnterhPflicht seinen Barbedarf geltd machen, insb gerichtl dchsetzen muß. Was dabei als angem gilt, ist trotz der subj Fassg von I weitgehd objektiviert u pauschaliert. Dem dienen insb die von der Rspr entwikkelten **Bedarfstabellen** (Einf 14 ff v § 1601). Zum **Existenzminimum** vgl Einf 25 v §§ 1601, 1612 a Rn 16. 1

2) Unterhaltsmaß. Währd sich dieses unter verh wie gesch Eheg nach den ehel LebVerhältn richtet (§§ 1360 a, 1361, 1578), kennt der VerwandtenUnterh keine LebStandardGarantie (Zweibr NJW **97**, 2390) u keinen Anspr auf Teilh am Luxus (BGH FamRZ **87**, 58; AG Freiburg FamRZ **97**, 1354). Der angem LebBed im Verhältn von Elt u Ki best sich vielm nach der uU wechselden LebStellg des Bedürft, wobei die Praxis allerd – abgesehen von Sonderbedarf (vgl § 1613 Rn 16) – von Pauschaliergen beherrscht wird. 2

a) Personell bilden beim KiUnterh mj u vollj Schüler die eine u die vollj Ki die andere Gruppe. Zum UnterhMaß bei UnterhAnspr der Elt gg ihre Ki vgl § 1601 Rn 4. – **aa)** Beim **minderjährigen Kind** u den 3
ihnen gleichgestellten vollj Schülern (vgl § 1603 Rn 56) wird der UnterhBed idR nach dem NettoEink des barunterhpflicht EltT nach den auf der RegBetrVO (Anh zu § 1612 a) aufbauenden Staffelg pauschaliert. Der UnterhBed kann aber auch konkr berechnet w, wobei für den LebBed dann die LebStellg der Elt des Ki maßg ist, also deren berufl Stellg u Eink, einschl von Verändergen, wie sie sich bspw dch eine neue Heirat ergeben (Düss FamRZ **91**, 973). Sol der MindestUnterh geleistet w, besteht kein Anspr auf Ausweitg der Vollerwerbstätigk iS der EinkFiktion v § 1603 Rn 34 (Bambg FamRZ **99**, 883). Bei großem Wohlstand werden aus erzieh Grden UnterhBedBeschrkgen nach oben zugelassen (BGH NJW **69**, 919; **83**, 1429). Bei eig Verm od Eink sind ggf die Verhältn des Ki selbst maßgebl. Im Falle des Todes der Elt od bei sonstiger FremdBt gilt der doppelte 4
TabSatz (Hamm FamRZ **91**, 107). And ggf bei Bt dch die GrElt (Karlsr FamRZ **93**, 1353). Die Stellg der Elt ist auch bei Inanspruchn der GrElt maßgebl (LG Mü FamRZ **82**, 1116). Hat nach der Trenng der Elt auch der allein sorgeberecht EltT eig Eink, ist aber aGrd von § 1606 III 2 nicht barunterhpflicht, so ist kein Mittelwert aus dem beiderseit Eink zu bilden, sond grdsl nur auf das Eink des barunterhpflicht EltT abzustellen (BGH NJW **81**, 1559). Bedarfsbestimmd wirkt nur das tats Eink. Aus ledigl fikt Einkften kann iGgs zur LeistgsFgk (vgl § 1603 Rn 34) der UnterhBed nicht hergeleitet w (BGH NJW **97**, 735). Vermwirks Leistgen stellen bedarfsbestimmdes Eink dar (BGH FamRZ **92**, 797; Mayer/Mayer FamRZ **94**, 616; aA Becker FamRZ **93**, 1031). – 5
bb) Volljährige Kinder haben gg ihre Elt abgesehen von den vollj Schülern u vom AusbildgsUnterh (§ 1603 Rn 56 sowie unten Rn 18) nur ausnahmsw einen Anspr, wenn bes Umst vorliegen (Einzelh § 1602 Rn 13–15). Diese sind, wie bspw ein zur ErwUnfgk führder Unfall, dann vielf auch für die Höhe des UnterhBed maßg. Für einen solchen UnterhAnspr hat das vollj Ki eine eig LebStellg (Karlsr FamRZ **86**, 496). Eine Partizipation an der LebStellg der Elt scheidet, wieder abgesehen von den vollj Schülern u vom AusbildgsUnterh, aus. Es entsch der Einzelfall (Bamberg FamRZ **94**, 255). **Während der Ausbildung** leitet dagg das Ki seine LebStellg 6
noch von derj seiner Elt ab, was zur Befriedigg auch gehobenerer LebBedürfn, nicht jedoch zur Teilhabe am Luxus u zur Ermöglichg einer der LebFührg der Elt entsprechden LebGestaltg berecht (BGH NJW **69**, 920; FamRZ **86**, 151; **87**, 58: mtl 1700 DM; zurückhaltder Düss FamRZ **94**, 767 u Hamm FamRZ **95**, 1005: 1400 bzw 1300 DM). Lebt der Azubi im Haush des and EltT, ggf entsprechde Anwendg von § 1606 III 2 (BGH NJW **81**, 2462; Karlsr FamRZ **91**, 1471). And, wenn beide Elt erwtät sind. Dann ist für die Best des UnterhBed die Summe der Eink beid EltT zGrde zu legen (BGH FamRZ **88**, 1039; Hamm FamRZ **97**, 835). Tats erbrachte BtLeistgen können auf den UnterhAnteil des betreuenden EltT angerechn w (BGH FamRZ **94**, 696). 7

b) Gesamter Lebensbedarf, II. Der UnterhAnspr erstreckt sich auf alle LebBedürfn, einschl der Kosten für die Erziehg u BerufsAusbildg. Zu erwartde AusgSteigergen sind einzubeziehen; iü wird Schwankgen im LebBed dch Anpassg der UnterhTitel Rechng getragen (vgl § 1612 a Rn 1). – **aa)** Maßgebd ist stets nur der 8
9

eigene Lebensbedarf des UnterhBerecht, so daß nicht auf dem Umweg über den UnterhAnspr eine Erweiterg der in den §§ 1601 ff festgesetzten personellen Grenzen erfolgen darf. Zum LebBed gehören desh nicht Schulden, auch nicht eig UnterhVerpfl des Ki (RG LZ **18**, 217) od SchadErsPfl. Doch ist der Bed des Ki selbst auch dann zu befriedigen, wenn dieser höher ist als der des UnterhPflicht (BGH FamRZ **86**, 48). –
10 **bb) Bedarfsgegenstände.** Zur Best des UnterhBed bedienen sich die Ger idR der BedTab (Einf 14 v § 1601). Der Bed ist aber **konkret festzustellen** bei Inanspruchn von BtUnterh u beim BarUnterh insb bei
11 überdchschnittl Eink (Kln FamRZ **94**, 1323 mit Check-Liste!). **Zum Unterhaltsbedarf gehören** die zum Leben unentbehrl Aufwendgen für Ernährg, Bekleidg, Reinigg, Hausrat, Unterkunft usw (BGH FamRZ **84**, 769/72). Zur Berechng des **Wohnkostenanteils:** BGH FamRZ **88**, 921/5; Hbg FamRZ **91**, 472. Die Unterbringg in einem Heim od in einer PflegeFam (Einf 31 f v § 1626) richtet sich nicht nach den UnterhTab (Ffm DAV **83**, 515; Hamm DAV **88**, 913: SondBed). Auch bei Unterbringg in einer Heil- u PflegeAnst entspr der UnterhBed den dort anfallden Kosten (BGH FamRZ **86**, 48; Hamm FamRZ **87**, 742). Zum LebBed gehören in angem Umfang Aufwendgen für Spielzeug (vgl BVerwG NJW **93**, 1218) sowie zur Pflege geist Interessen (Bücher, Musikunterricht, Theater uä) u sonst Belange (Sport, VereinsBeitr usw), zu deren Befriedigg **Taschengeld** geschuldet w, dessen Höhe der SorgeBerecht best (Vorschlag Kunz DAV **89**, 813: nach den Altersstufen der DüssTab gestaffelt 1, 1–5 u 5–10% der BedSätze). **Krankenversicherung:** Ist das Ki bei keinem EltT mitversichert, besteht ein Anspr auf BeitrFinanzierg zusätzl zum TabUnterh (KG FamRZ **88**, 760; Hamm FamRZ **95**, 1219). Die Absicht, die KrankenVers zu künd, muß dem UnterhBerecht mitgeteilt w;
12 sonst SchadErs (Kblz FamRZ **89**, 1111). Dem angem Unterh hinzuzurechnen ist **Mehrbedarf**. Dazu gehören: KindergartenBeitr (Stgt NJW **98**, 3129); krankh-bedingte Mehrkosten (Karlsr FamRZ **98**, 1435), auch bei einer LebMittelallergie (Schlesw DAV **97**, 130); Besuch einer PrivSchule (Hamm FamRZ **97**, 960) od eines
13 Internats (Schwolow FuR **97**, 294). Zum **Sonderbedarf**: §§ 1612 Rn 3, 1613 Rn 16. – **cc) Prozeßkostenvorschuß** (Schwolow FuR **98**, 297). Anspr auf PKV haben Vorrang vor der PKH (Ffm FamRZ **85**, 959; aA Düss FamRZ **90**, 420). Eine Analogie in Grds u Umfang zu § 1360 a IV wird abgelehnt. Desh sind Unterschiede keine WertgsWiderspr. Zwar hat das Ki Anspr gg seine Elt (Kln FamRZ **86**, 1031), auch ggü dem betreuenden EltT (Karlsr FamRZ **96**, 1100; Hamm NJW **99**, 798; Jena NJWE-FER **99**, 8) u ggü GroßElt (Kblz FamRZ **97**, 681), aber nicht auch umgek die Elt ggü ihren Ki (Mü FamRZ **93**, 821). Auch in der Sache werden von der Rspr ggü dem PKV unter Eheg erhebl Differenziergen gemacht. Ein Anspr vollj Ki wird grdsl ganz abgelehnt (Hamm FamRZ **96**, 1021 u 1433; bestr) od in der Sache eingeschrkt, zB kein PKV für deren ScheidgsProz (Hamm FamRZ **96**, 1433; bestr). Neben den allg Vorauss wie LeistgsFgk (Schlesw FamRZ **91**,
14 855) bestehen bes **Voraussetzungen: (1)** Es muß sich um eine persönl lebwicht Angelegenh des Ki handeln. Dazu gehört (auch ggü der betreuenden Mu; Kln FamRZ **99**, 792) die VaterschFeststellg u -Anf (KG NJW **71**, 197; Kblz FamRZ **97**, 681; vgl aber unten Rn 15; zur Erstattg: BGH NJW **68**, 446); ferner UnterhProz, u zwar gg den UnterhSchu selbst (Karlsr FamRZ **91**, 1471), wie PassivProz des UnterhBerecht (Nürnb FamRZ **65**, 517); HaftPflProz des Ki aus von ihm begangenen unerl Hdlgen (Kln FamRZ **79**, 850); ErbschProz (Celle FamRZ **78**, 822); Schmerzensgeld (LG Koblz FamRZ **96**, 44); nach VerwRStr üb Bestehen einer BerufsPrüfg
15 (OVG Münst NJW-RR **99**, 1235); nach BVerwG FamRZ **74**, 370 auch Kriegsdienstverweigerg. **(2)** Ferner darf die RVerfolgg nicht mutwill od offensichtl aussichtsl sein (Kassel MDR **50**, 623), zB dürfen nicht günstigere Möglkten der RVerfolgg zVfg stehen (Mü FamRZ **90**, 312; Zweibr FamRZ **98**, 490). **(3)** Der RStreit darf für den Verpflichteten nicht unzumutb sein (vgl BGH NJW **64**, 2152; BVerwG FamRZ **74**, 370: Billigk). Desh kein PKV-Anspr ggü dem ges Va für die VaterschAnf (Brem DAV **98**, 935; KG NJWE-FER **98**, 126); ebsowenig für die VaterschFeststellg ggü dem bekl Mann (Kblz FamRZ **99**, 241).

16 **3) Erziehungskosten und Ausbildungsunterhalt, II.** Vgl zu den entsprechden SozLeistgen: Einf 38 ff v
17 § 1601; zum UnterhMaß: oben Rn 2 ff. – **a) Erziehungskosten.** Die Erz dauert jur bis zur Vollјk (§ 2); vgl aber unterhrechtl Rn 3. Anschließd AusbildgsUnterh (Rn 18). Die bei der Erz entstehden Kosten sind iR ihrer UnterhPfl von den Elt zu tragen. Zu beachten ist dabei jedoch, daß ihnen iR der elt Sorge ein BestR zusteht (§ 1631 Rn 3 ff), etwa über die Teilnahme an einer Klassenfahrt. Bedienen sich die Elt zur Erz fremder Hilfe, fallen ihnen gleichgült, ob dies freiw (Internat) od aGrd staatl Eingr geschieht, die Kosten dafür zur Last (Einf 32 v § 1626). Der barunterhpflicht EltT muß die von dem alleinsorgeberecht EltT getroffene Entsch hinnehmen u ggf ganz od jedenf mit finanzieren (BGH NJW **83**, 393: Besuch einer PrivSchule; Nürnbg FamRZ **93**, 837: Internat; LG Wiesbaden FamRZ **64**, 637: Israel-Reise einer Oberprima). Zu den ErzKosten gehören auch Mehraufwendgen zum Ausgl angeborener od erworbener gesundheitl oder geist Mängel u Fehlentwicklgen (TaubstummenAnst; Rehabilitation nach Unfall; krankhbdgter Nachhilfeunterricht usw), es sei denn, sie sind vom alleinsorgeberecht EltT verursacht. Nicht zum erstattgsfäh ErzBed gehören desh auch die BtKosten für die Beaufsichtigg des Ki währd der ErwTätigk des SorgeBerecht (Hamm FamRZ **89**, 534). Zur steuerl Abzugsfähigk: § 1603 Rn 29.

18 **b) Ausbildungsunterhalt** (Lit: Paulus, Der Anspr auf Finanzierg einer Ausbildg, 1984; Schwab, FS Jauch, 1990, S 201; Oelkers FuR **97**, 170). Der Anspr besteht seiner Natur nach nur im Verhältn der Ki zu ihren Elt, dagg nicht umgek. Die Elt schulden ihren Ki die Vorbildg zu einem angem Beruf. Für die privrechtl UnterhPfl der Elt kommt es nicht auf die staatl Förderrichtlinien an u auch nicht auf eine automat Gleichstellg nicht studierter Ki mit Geschw mit Abitur, sond auf die Begabg des Ki u die wirtschaftl LeistgsFgk der Elt (BGH **69**, 190). Bei eingeschrkter LeistgsFgk entfällt nicht der AusbildgsAnspr dem Grde nach, sond wird nur die Höhe des UnterhAnspr beschrkt (Karlsr DAV **99**, 151). Zur staatl AusbildgsFörderg nach dem **BAföG:** Einf 58 v
19 § 1601. – **aa) Beruf.** Die Elt schulden nicht schlechthin irgendeine Ausbildg (Hamm FamRZ **89**, 1219) od AusbildgsUnterh schon desh, weil sie die 1. Ausbildg ihres Ki nichts gekostet hat (BGH FamRZ **81**, 437); sond gefördert werden können nur Unterh u Kosten für die Ausbildg zu einem anerk Beruf. Damit scheiden Berufsziele ohne gefestigten AusbildgsGang wie Schriftsteller od Funktionär bzw solche, die als soz minderwert gelten, aus. Der Berecht muß ein konkr Berufsziel anstreben. Der Azubi hat sich nach Abgang von der Schule binnen einer angem OrientiergsPhase um die Aufn einer seinen Fähigk u Neiggen entsprechden BerufsAusbildg zu bemühen (BGH NJW **98**, 1555). Nur in diesem Rahmen sind die Elt auch verpfl, eine der berufl Orientierg (Naumbg OLG-NL **97**, 255) u der Suche nach einem AusbildgsPlatz diende ÜberbrückgsZt zu finanzieren (KG FamRZ **85**, 419; Saarbr NJW-RR **86**, 295). Keinen AusbildgsUnterh schulden sie dagg für

WarteZten bis zur Erlangg eines Studienplatzes in dem gewünschten Fach, insb also für ein Parkstudium (Kblz NJW **91**, 300) od bei Ableistg des freiw soz Jahrs (Zweibr NJW-RR **94**, 1225). Bei berufswegbezogenem, aber die reguläre WoArbZt nicht ausschöpfdem Praktikum besteht nur ein Anspr auf TeilUnterh (Ffm NJW **90**, 1798). – **bb) Berufswahl.** Sol das Ki mj ist, best die SorgeBerecht iR des KiWohls den Beruf u insb die dahin führde Schulbildg (§ 1631 a). Iü setzt auch deren Fortführg über die gesetzl SchulPfl hinaus LeistgsFgk der Elt u entsprechde Begabg u LeistgsWillen aS des Ki voraus (Hbg FamRZ **86**, 382 u 1033: Erreichen des Hauptschul-Abschl auf einer PrivSchule). Entscheidd ist das KiWohl. Die Vernachlässigg desselben stellt einen SorgeRMißbr dar: § 1666 Rn 20. Vollj entsch dagg iRv § 1618 a über die Berufswahl allein (Stgt FamRZ **88**, 758: Komponist). Vorauss der UnterhPfl der Elt ist die **Eignung** für den angestrebten Beruf (vgl Bambg FamRZ **88**, 1087; Dieckmann FamRZ **79**, 334; OVG Brem NJW-RR **86**, 430: Nicht jeder Abiturient muß studieren). Kein AusbildgsUnterh wird mehr geschuldet, wenn zwei Ausbildgen ohne zureichden Grd abgebrochen wurden (Hamm FamRZ **89**, 1219). Die Eigng kann fehlen, wenn das Dchfallen im Physikum mit Konzentrationsschwächen inf des UnterhRStreits begründet w (Hamm NJW-RR **98**, 726). Ein **Wechsel** des Ausbildgs-Ziels ist mit den Elt zu beraten (Ffm FamRZ **84**, 193). Die AusbildgsZt darf dadch nur in für sie zumutb Weise verlängert w. Zul kann der Abbruch einer kaufm Lehre zZw der Fortsetzg der Schulausbildg sein (Düss FamRZ **79**, 543). Ein Studienwechsel an der Universität wird idR nur nach dem 1. od 2. Sem in Betr kommen u in der 2. Hälfte des Studium überh ausgeschl sein (Schlesw SchlHA **96**, 72; BVerwG FamRZ **80**, 292). Ein Unterh-Anspr besteht nicht mehr, wenn nach 2½ J das 3. Studium begonnen w (Hamm NJW **81**, 767). And aber, wenn ein Studium aus gesundheitl Grden abgebrochen w mußte (Zweibr FamRZ **80**, 1058). Zum Wechsel des AusbildgsOrts vgl VG Schlesw FamRZ **80**, 294. Insb kann ein AuslStudium der Ausbildg förderl sein, so daß damit verbundene Verzögergen beim Abschl der Ausbildg hinzunehmen sind (BGH FamRZ **92**, 1064). – **cc) Dauer des Ausbildungsunterhalts.** Die UnterhPfl läuft grdsl bis zum **Regelabschluß** (Stgt FamRZ **96**, 1434), also bis zur Gesellenprüfg, zum Diplom od bis zum Ende der RegelstudienZt (Hamm FamRZ **94**, 387), die länger bemessen w kann als nach BAföG (Hamm FamRZ **99**, 886). Nach deren Ablauf wird Unterh gar nicht mehr (Kln FamRZ **99**, 1162) od allenf noch in eingeschrktem Umfang geschuldet (Hamm FamRZ **81**, 493) u nach erhebl Überschreitg gar nicht mehr (Hamm NJW **82**, 2325: 4 Sem). Zten totaler VerweigergsHaltg führen zur zeitl Begrenzg des Anspr (Hamm FamRZ **97**, 694). Selbst ein erhöhter LeistgsWille führt nur ausnahmsw u wenn ein erfolgreicher Abschl der Ausbildg zu erwarten ist zum Fortbestehen des UnterhAnspr (Ffm FamRZ **86**, 498). Zur Ausbildg zählt unterhrechtl dagg noch die **Prüfungszeit**, wobei das Kampagnesystem etwa bei der 1. jur Staatsprüfg zu berücks ist (vgl OVG Bln FamRZ **80**, 945). Das Nichtbestehen der Prüfg ist dagg Risiko des UnterhBerecht (vgl OVG Münst FamRZ **76**, 296), so daß auch ein AusbildgsWechsel danach nicht mehr in Betr kommt (LG Zweibr FamRZ **75**, 296; vgl aber Düss FamRZ **81**, 298). Zu Lasten des UnterhPflicht gehen aber **Unterbrechungen der Ausbildung** dch Krankh (Hamm FamRZ **90**, 904) bzw iRv § 1619 od Erschwergen des Studiums dch Scheidg der Elt (Hamm FamRZ **86**, 198) bzw dch ihre sonst Mitverantwortlk (Kln FamRZ **90**, 310). Die **Promotion** gehört idR nicht zum RegAbschl u braucht selbst bei Anstreben einer akad Laufbahn nicht finanziert zu w (AG Königstein FamRZ **92**, 594). IjF ist dem UnterhBerecht eine TeilZtArb zumutb (Hamm FamRZ **90**, 904). Zum Anspr auf KiGeld: BFH NJW **99**, 3216. Zum Anspr auf KiGeld: BFH NJW **99**, 3216. Die Rspr dehnt den AusbildgsUnterh auch noch auf eine gewisse Zt nach der AbschlPrüfg zZw der **Arbeitsplatzsuche** aus (Hamm FamRZ **87**, 411: 3 Mo). Das AnstellgsRisiko hins des erlernten Berufs trägt das Ki jedoch allein (Hamm FamRZ **90**, 904; Dresd OLG-NL **94**, 247; sa BSG FamRZ **85**, 1251), u zwar auch in dem Sinn, daß zur Behebg von EinstellgsSchwierigktn die Finanzierg von Zusatzausbildgen nicht verlangt w können (vgl OVG Münst FamRZ **80**, 515 Schulpsychologie). – **dd) Verwirkung** des AusbildgsAnspr vor allem bei Verschweigen eig Einkfte (§ 1611 Rn 5). Iü korrespondiert der Übernahme des AusbildgsUnterh dch die Elt die Obliegenh des UnterhBerecht, mit entsprechder Disziplin das AusbildgsZiel zu erreichen (BGH NJW **84**, 1961; **87**, 1757/8). Der AusbildgsBerecht hat sich nach den AusbildgsPlänen zu richten u die lehrplanmäß Studienveranstaltgen zu absolvieren (BGH FamRZ **84**, 777; NJW **87**, 1557; Kln FamRZ **98**, 1384). Entspricht das LeistgsBild dem nicht, entfällt der AusbildgsAnspr (Hamm FamRZ **95**, 1007). Ebso, wenn zw den AusbildgsAbschn größere Lücken entstehen (Ffm FamRZ **94**, 1611; Zweibr FamRZ **95**, 1006), od bei zweimaligem Nichtbestehen der ZwPrüfg (Karlsr FamRZ **94**, 1342). Die Verwirkg tritt ein, ohne daß die Vorauss von § 1611 vorzuliegen brauchen. Die unterhpflicht Elt können die Vorlage von Zeugn verlangen (Celle FamRZ **80**, 914). – **ee) Fortbildungsunterhalt** (Biletzki FamRZ **96**, 777) setzt eine abgeschlossene Berufsausbildg u insb das Bestehen des vorangehden AbschlExamens voraus (vgl BVerwG FamRZ **78**, 72). An ersterer fehlt es, wenn der Sohn in der Bundeswehr zum Reserveoffizier ausgebildet wurde. Die Elt bleiben in solchen Fällen voll unterhpflicht (BGH NJW **92**, 501). Für eine solche gestufte Ausbildg (Brem FamRZ **89**, 892) knüpft idR ein Hochschulstudium an eine and Ausbildg an. Unterh kann ggf aber auch für die Weiterbildg eines Handwerkers zum Meister verlangt w (Stgt FamRZ **96**, 1435). – **Voraussetzungen** (nach BGH NJW **95**, 718): **(1)** Das Vorhandensein der zur Erreichg des erstrebten Zusatzzieles notw **Fähigkeiten und Neigungen** wird als GrdErfordern jedes AusbildgsUnterh auch hier vorausgesetzt (Schlesw FamRZ **92**, 593). Sie fehlen, wenn AusbildgsTeilziele nicht, nach langer Zt (Kln NJWE-FER **99**, 178) od nur unter Wiederholgen erreicht wurden, wie mittlere Reife (Karlsr FamRZ **90**, 1386), Abitur (Oldbg FamRZ **85**, 1282) od Teilprüfgen (Stgt NJW **79**, 1166). Anderers hindert das Nichtbestehen eines sprachl Tests iR der betriebl Fortbildg nicht die Aufn eines ak Sprachenstudiums (BGH NJW **94**, 2362). **(2)** Für die ZusBindg zu einer einheitl GesAusbildg bed es zwar nicht eines von vornherein bestehden einheitl Berufsplans, aber zw den versch AusbildgsStufen muß ein **fachlicher Zusammenhang** bestehen (BGH FamRZ **90**, 149). Prakt Ausbildg bzw FachschulAusbildg u Studium müssen derselben Berufssparte angehören od jedenfalls so zushängen, daß das eine für das and eine fachl Ergänzg, Weiterführg od Vertiefg bedeutet od daß die prakt od Fachschulausbildg eine sinnvolle Vorbereitg auf das Studium darstellen (BGH NJW **89**, 2253 = FamRZ **89**, 853). Fach- u berufsbezogene AusbildgsGänge zur Erlangg der Hochschulreife stehen dabei einer nur schulischen Ausbildg gleich (Hamm FamRZ **92**, 592). Der fachl Zushg wurde **bejaht** für: Bauzeichner: Architekturstudium (BGH FamRZ **89**, 853); BankKfm: RWissensch (BGH NJW **92**, 501) od BWL (Brem FamRZ **89**, 892); FachArb mit Abitur: Studium (Brdbg FamRZ **97**, 1107); dagg **verneint:** Finanzinspektor: Psychologiestudium (BGH FamRZ **81**, 344); IndustrieKfm: Medizin- (BGH FamRZ **91**, 1044) bzw Maschinenbaustudium (BGH NJW **93**, 2238); SpeditionsKfm: RWissensch (BGH FamRZ **92**, 1407). Auf den fachl Zushg

kommt es nicht an, wenn schon die Lehre keine angem Berufsausbildg darstellte (BGH NJW **93**, 2238) od wenn die begabgsunterschreitde handwerkl Lehre aus Rücksichtn ggü dem UnterhAnspr der Mu gemacht
29 wurde (Düss FamRZ **94**, 1546). **(3)** Der Anspr auf WeiterbildgsUnterh besteht nur, sol auch ein **zeitlicher Zusammenhang** zur GrdAusbildg vorh ist. Die Einheitlk des AusbildgsGangs ist aufgeh, wenn im Anschl an die Lehre der erlernte Beruf ausgeübt w, obwohl mit dem Studium begonnen w könnte (BGH NJW **89**, 2253); wenn zw Beendigg der Lehre u Aufn des Studiums mehrere Jahre liegen (Hamm u Karlsr FamRZ **94**, 259 u 260: 6 bzw 2 J). Das Fehlen des zeitl Zushgs kann nicht dadch ausgeglichen w, daß Unterh nur für einen Teil des
30 Studiums zugesprochen wird (BGH FamRZ **90**, 149). **(4)** Die AusbildgsGänge Abitur- Studium u **Abitur-Lehre-Studium** sowie Lehre-Abitur-Studium sind unterhrechtl gleich zu behandeln, ebso der in der DDR gängige AusbildgsWeg FachArb mit Abitur u anschließdes Studium (KG FamRZ **94**, 1055). In den Ab-L-St-Fällen kommt es nicht darauf an, daß die Entsch zur Weiterbildg schon von vornherein bestand od eine bes, die Weiterbildg erfordernde Begabg des Ki schon währd der Erstausbildg deutl wurde. Wenn nur ein enger sachl u zeitl Zushg zw den AusbildgsAbschn besteht, braucht der Entschl zur Aufn des Studiums nicht schon vor Beendigg der Lehre gefaßt w zu sein (BGH **107**, 376). Dagg besteht grdsl kein UnterhAnspr in den Fällen Realschule-Lehre-Fachoberschule-Fachhochschulstudium (BGH NJW **95**, 718), es sei denn es wurde schon bei Beginn der prakt Ausbildg erkennb das Studium angestrebt (Bamberg NJW-RR **98**, 290 techn Zeichner:
31 Innenarchitekt). **(5)** Die Elt brauchen für die Weiterbildg nur in den Grenzen ihrer wirtschaftl LeistgsFgk aufzukommen, wobei die Prüfg der **wirtschaftlichen Zumutbarkeit** in den Ab-L-St-Fällen bes Gewicht erhält, weil die Elt dch diesen AusbildgsWeg in ihren wirtschaftl Belangen stärker betroffen sein können als beim
32 herkömml AusbildgsWeg (BGH NJW **89**, 2253). – **ff) Zweitausbildung.** Haben die Elt ihrem Ki eine nach seinen Neiggen u seiner Begabg entsprechde Berufsausbildg einschl einer evtl Weiterbildg zukommen lassen, so sind sie oRücks auf die Kosten, die sie dafür haben aufwenden müssen, ihrer UnterhPfl nachgekommen u desh nicht verpfl, noch Kosten für eine zusätzl Ausbildg zu tragen (BGH **69**, 190; FamRZ **89**, 853). Das Ki ist dann nicht mehr außerstande, sich selbst zu unterh (§ 1602 I). Das gilt bei mangelnder Neigg u Eigng ebso wie bei fehlder angem Verdienstmöglk in dem erlernten Beruf u auch dann, wenn sich beim Ki eine zunächst nicht erwartete BildgsFgk herausstellt (Spätentwickler), weil BAföG geleistet od die LeistgsAnfordergen für best Berufe erhebl gesenkt wurden. Danach besteht kein Anspr auf Ausbildg einer Apothekenhelferin zur Kosmetikerin (Ffm FamRZ **82**, 1097); Bürogehilfin: Informatikstudium (Kblz NJW-RR **95**, 582); Banklehre: Sport- u Kunststudium (Ffm FamRZ **84**, 926). Eine Zweitausbildg kann selbst dann nicht verlangt w, wenn die erste
33 Ausbildg nur dem StiefVa zuliebe abgeschl wurde (Ffm FamRZ **97**, 694). Dagg entsteht ein **Recht** auf eine Zweitausbildg, wenn sich der Berufswechsel als notw erweist (BGH **69**, 190/94), etwa weil der erlernte Beruf aus gesundheitl Grden nicht ausgeübt w kann (Karlsr FamRZ **90**, 555 Bäcker), es sei denn, es ist eine staatl finanzierte Umschulg mögl (Ffm FamRZ **94**, 257); weil der UnterhBerecht zB aGrd eines Unfalls den Anfdgen des erlernten Berufs nicht mehr gewachsen ist; aber auch, wenn das Ki die Erstausbildg nur auf Wunsch der Elt beendet hat (BGH FamRZ **91**, 931) od wenn die Elt das Ki in einen unbefriedigdgen, seiner Begabg nicht hinreichd Rechng tragden Beruf gedrängt haben (BGH FamRZ **91**, 322; Bamb FamRZ **90**, 790).

1610 a *Vermutung unterhaltsrechtlicher Bedarfserfüllung von Sozialleistungen.*

Werden für Aufwendungen infolge eines Körper- oder Gesundheitsschadens Sozialleistungen in Anspruch genommen, wird bei der Feststellung eines Unterhaltsanspruchs vermutet, daß die Kosten der Aufwendungen nicht geringer sind als die Höhe dieser Sozialleistungen.

1 **1)** Die **Vermutung** soll dem Körper- u GesundhBeschädigten die BewL abnehmen, daß dafür empfangene SozLeistgen tats zur Deckg des schadensbdgten konkr Mehraufwands erfdl sind u benutzt w. Außerd soll im Streit um den behindergsbdgten MehrBed die Erleichterg der BewFührg einvernehml Lösgen zw den Beteil erleichtern (BT-Drucks 11/6153 S 5 f), ohne daß sich der GesGeber dazu entschließen konnte, die soz GeldLeistgen zum Ausgl von Körper- u GesundhSchäden wie zB beim ErzGeld (Einf 51 v § 1601; Kalthoener NJW **91**, 1031) unterhrechtl überh ganz auszuklammern. Zur teilw Vermutg bei Doppelfunktion wie bspw
2 bei der Verletztenrente vgl Brudermüller/Klattenhoff FuR **93**, 333. Zur Unpfändbark: SGB I § 54 III Nr 3. Zur ÜberleitgsRegelg: 58. Aufl Rn 7.

3 **2) Anwendungsbereich.** Die Vorschr gilt für den UnterhBerecht wie für den UnterhVerpfl, wirkt sich also ggf bedürftigkerhöhd wie leistgsfähigkmindernd aus. Nach der ratio legis von § 1603 II 1 kann sie nicht ggü UnterhAnspr mj unverh Ki gelten (Diederichsen FS Gernhuber 1993 S 614). Die Vermutg gilt ferner ausdrückl nur für **Sozialleistungen** an Körper- u GesundhBeschäd (vgl dazu § 823 Rn 4). Steht der Zweck der Leistg, schädiggsbdgte MehrAufwendgen zu kompensieren, fest, so wird die Anwendg von § 1610 a nicht dadch ausgeschl, daß die SozLeistg daneben auch immaterielle Beeinträchtiggen ausgl soll; vielm kommt insof
4 nur die Widerlegg der Vermutg in Betr (Künkel FamRZ **91**, 1132 f; unten Rn 6). **Unter § 1610 a fallen** Conterganrenten (insow überholt Hamm FamRZ **86**, 1101); Blindengeld; Leistgen des VersorggsR: GrdRente nach BVG 31 (Hamm FamRZ **91**, 1198); Pflegegeld gem BSHG 69 (Hamm FamRZ **95**, 1193); Zuschüsse (BVG 15) u Zulagen (BVG 14, 31 V, 35) für orthopäd Mittel, Heil- u KrankenBehdlg, Badekuren gem BVG 11 III 18. Der AnwendgsBereich von § 1610 a erweitert sich wesentl dadch, daß das BVG auf and Regelgen für entsprechd anwendb erkl w (ZusStellg bei Künkel FamRZ **91**, 1132 Fn 9): SVG 80; ZivDienstVG 50; HäftlHilfeG 4 u 5; BSeuchG 51; SchwBehindG 31 III 1 Nr 1 iVm AusglAbgVO 1 ff usw. § 1610 a muß auf privrechtl EntschädiggsLeistgen analog angewendet w (Diederichsen aaO S 601; aA BGH NJW **95**, 1487; Künkel FamRZ **91**, 1132). Diese Leistgen sind unterhrechtl nur anzurechnen, wenn der
5 GgBew (Rn 6) gelingt. **Nicht unter § 1610 a fallen:** Schmerzensgeld; SozLeistgen mit EinkErsFunktion (BT-Drucks 11/6153 S 7); indirekte staatl Hilfen wie Steuervergünstiggen, zB FreiBetr für Schwerbehinderte; BedFestsetzgen (aA Stgt FamRZ **94**, 1407); ferner die ArbUnfallrente u RVO 547, 580 (Schlesw SchlHA **92**, 216); das VersorggKrankG (BVG 16 ff); die BerufsSchadAusglRente gem BVG 30 (Hamm NJW **92**, 515); die AusglRente nach BVG 32 (BT-Drucks 11/6153 S 7); SteuerpauschBetr für Behind gem EStG 33 b (Hülsmann FuR **91**, 219); Pflegegeld n LaPflegeG (BGH FamRZ **93**, 417; Kalthoener/Büttner NJW **93**, 1827),

soweit es als Entgelt für die Pflege empfangen w (Hamm FamRZ **94**, 895). Diese Leistgen zählen von vornherein, also ohne daß es eines GgBew bedarf, zum unterhrechtl relevanten Eink. Vgl iü § 1602 Rn 19.

3) Widerlegung der Vermutung (Drerup ZfSh/SGB **91**, 345). Soweit der GgBew gelingt, sind die SozLeistgen anzurechnen. Dem Gegner des Geschäd obliegt es, substantiiert darzulegen u zu beweisen, daß die SozLeistg den tats schad-bdgten Mehraufwand übersteigt. Trägt er nichts od unsubstantiiert vor, bleibt die SozLeistg unberücks. Der Gegner des Behind kann sich allerd dafür, daß die SozLeistg über dem behindergsbdgten MehrBed liegt, iR des NegativBew auf allg ErfahrgsWerte berufen; Sache des Behind ist es dann, seine MehrAufwendgen konkr darzulegen, weil nur er dazu in der Lage ist (Hamm FamRZ **91**, 1198; Kalthoener NJW **91**, 1037; Künkel FamRZ **91**, 1133; Baumgärtel/Laumen/Pruskowski 2; and Drerup NJW **91**, 683, der nur den Bew der tats anderweitigen Verwendg oder der Thesaurierg der SozLeistg zulassen will). Beim Pflegegeld (BSHG 69) reicht der Nachw, daß die PflegeLeistg unentgeltl erbracht wurde (Hamm FamRZ **95**, 1193). Beim Tunnelblick (Einschrkg des Gesichtsfelds) reicht zur Widerlegg der Vermutg nicht der Nachw, daß der Blinde nicht betreuungsbedürft ist (Schlesw FamRZ **92**, 471). Iü kann die SozLeistg auch dch krankhbdgte Mehraufwendgen aufgezehrt w (Hamm FamRZ **90**, 405). Gelingt die Widerlegg der Vermutg, gelten zG des Geschäd immer noch die bish Erleichtergen, vor allem also die Berücks des ideellen AusglZwecks u das Gebot großzüg Schätzg (BT-Drucks 11/6153 S 6; Hülsmann FuR **91**, 219). 6

1611 *Beschränkung oder Wegfall der Unterhaltsverpflichtung.*

I Ist der Unterhaltsberechtigte durch sein sittliches Verschulden bedürftig geworden, hat er seine eigene Unterhaltspflicht gegenüber dem Unterhaltspflichtigen gröblich vernachlässigt oder sich vorsätzlich einer schweren Verfehlung gegen den Unterhaltspflichtigen oder einen nahen Angehörigen des Unterhaltspflichtigen schuldig gemacht, so braucht der Verpflichtete nur einen Beitrag zum Unterhalt in der Höhe zu leisten, die der Billigkeit entspricht. Die Verpflichtung fällt ganz weg, wenn die Inanspruchnahme des Verpflichteten grob unbillig wäre.

II Die Vorschriften des Absatzes 1 sind auf die Unterhaltspflicht von Eltern gegenüber ihren minderjährigen unverheirateten Kindern nicht anzuwenden.

III Der Bedürftige kann wegen einer nach diesen Vorschriften eintretenden Beschränkung seines Anspruchs nicht andere Unterhaltspflichtige in Anspruch nehmen.

1) Einwendung. Währd den Elt über § 1612 II die Möglk eingeräumt w, mit Hilfe des UnterhR auf das Verhalten des Ki Einfl zu nehmen, gibt § 1611 eine Einwendg gg das Bestehen der UnterhVerpfl. Die **Beweislast** für die den Wegfall od die Beschrkg der UnterhVerpflichtg begründden Umst liegt beim Unterh-Verpfl; iR der BilligkPrüfg trägt aber jede Partei die BewL für die zu ihren Gunsten sprechden Tats. 1

2) Beschränkung oder Entziehung des Unterhalts, I 1. a) Tatbestdsmäß kommen drei Fälle in Betr, die in der UrtBegründg eindeut voneinand unterschieden w müssen (Bamberg FamRZ **94**, 459). – **aa)** Bedürftigk dch ein nicht nur einf sond **sittliches Verschulden** wie Spiel-, Trunk- od Drogensucht (Celle FamRZ **90**, 1142; AG Altena DAV **95**, 265 mA van Els). Das Verschulden muß für die Bedürftigk ursächl sein. Der Tatbestd von § 2335 Nr 5 reicht für sich gen nicht aus. Die Folgen des sittl Verschulden müssen auch noch andauern. Bei Unterbrechg des KausalZushg entfällt § 1611 (Kln FamRZ **90**, 310). – **bb)** Grobe Vernachlässiggen der eig UnterhPfl können zur Versagg von Unterh bei späterer eig Bedürftigk führen (vgl zB AG Germersheim FamRZ **90**, 1387). – **cc)** Der UnterhAnspr hängt grdsl nicht positiv vom Wohlverhalten des UnterhBerecht ab (Ffm FamRZ **93**, 1241). Aber eine **schwere Verfehlung** gg den UnterhVerpfl od einen seiner nahen Angehörigen kann umgek die Aufhebg des an sich gegebenen UnterhAnspr bewirken (vgl §§ 530 Rn 5; 1579 Rn 12; Lit: Kotzur FS Gernhuber 1993 S 690; Finger FamRZ **95**, 969). Zu deren Feststellg ist eine umfassde Abwägg aller maßgebden Umst erfdl, die auch das eig Verhalten des UnterhPflicht angem berücks (BGH FamRZ **95**, 476). Mit dieser Einschrkg kommen als schwere Verfehlgen in Betr: tiefe Kränkgen, die einen groben Mangel an verwandtschaftl Gesinng u menschl Rücksichtn erkennen lassen, wie etwa tätl Angriffe; Bedrohgen; Denunziationen zZw berufl od wirtschaftl Schädigg (Celle FamRZ **93**, 1235); Vorwurf sex Mißbr u ProzBetrugs (Hamm FamRZ **95**, 958); Verschweigen regelm eig Einkfte (Kblz FamRZ **99**, 402); ggf Rückfälligk bei Drogensucht (AG Neuwied FamRZ **99**, 403; vgl aber § 1602 Rn 3); schwere Beleidiggen (Hamm FamRZ **93**, 468) od der Ausdr vollständ Verachtg (Schütz zu Bamberg FamRZ **92**, 717/1338). Ggü UnterhAnspr von Elt (§ 1601 Rn 5): Nichtkümmern währd der Kindh (AG Lpzg FamRZ **97**, 965) od nach der Ehescheidg der Elt (LG Hann FamRZ **91**, 1094). Dagg sind für I 1 **nicht ausreichend:** Taktlosigk (AG Eschweiler FamRZ **84**, 1252); die förml Anrede mit „Sie" (Hamm FamRZ **95**, 1439); Ablehngjegl Kontakts mit dem UnterhVerpfl (BGH FamRZ **91**, 322; Ffm FamRZ **95**, 1513; Kln FamRZ **96**, 1101), insb wenn auch der UnterhVerpfl seiner elt Verantwortg nur unzureichd nachgekommen ist (AG Regbg FamRZ **93**, 1240) od wenn die Elt für den Abbruch der Beziehgen allein od mit verantwortl sind (Mü FamRZ **92**, 595; Bamberg FamRZ **94**, 1054). Verfehlgen aus der Zeit der Mjk können dem UnterhAnspr des Vollj dagg nicht entggehalten w (BGH NJW **88**, 2371; **95**, 1215). 2 3 4 5 6

b) Rechtsfolgen. aa) Billigkeitsunterhalt. Das Vorliegen einer der Varianten von I 1 beschrkt den UnterhAnspr ledigl auf einen Beitrag zum Unterh. Zu berücks ist also die Schwere der Verfehlg, insb des sittl Verschuldens, aber auch ErziehgsFehler des UnterhVerpfl, seine wirtschaftl Belastg, die Dauer der UnterhPfl usw. Nur wenn im Einzelfall dieser Beitrag, der auch zeitl begrenzt w kann, aus bes Grden grob unbill wäre, kann er ganz wegfallen, **I 2.** Bei 2000 DM Rente kann eine Mutter 180 DM an ihren alkoholsücht Sohn zahlen (Hbg FamRZ **84**, 610). – **bb)** Die Nichtbefriedigg des UnterhBed aGrd von I 1 eröffnet nicht die Möglk, nachrang haftde and Verwandte (vgl § 1606) in Anspr zu nehmen, **III.** Scheitern UnterhAnspr eines Eheg an §§ 1361 III, 1579 I Nr 4, ist ggü der Inanspruchn von Ki od Verwandten III analog anzuwenden (Beckmann FamRZ **83**, 863). 7 8

c) Ausschluß der Einwendung. aa) Minderjährigkeit, II. Mj unverh Ki ggü gilt der VerwirkgsTatbestd nicht. Auch wenn ein Mj gg die Obliegenh verstößt, sich ausbilden zu lassen, ändert dies nichts an der BarUnterhPfl von Elt (Hbg FamRZ **95**, 959; aA Düss FamRZ **90**, 194). Dagg gilt die Gleichstellg vollj 9

Schüler dch § 1603 II 2 für § 1611 nicht, so daß der barunterhpflicht EltT seine Zahlgen einstellen kann, 10 wenn das Ki nicht wirkl die SchulAusbildg wahrnimmt. Insof gilt § 1613 Rn 23. **bb) Verzeihung.** Hat der UnterhVerpfl das Fehlverhalten des UnterhBerecht verziehen (vgl §§ 532, 2337), scheidet eine Berufg auf die ursprüngl Verwirkg des UnterhAnspr aus. Doch muß der UnterhBerecht den vollen Bew dafür erbringen, daß der UnterhPflicht aus dem Fehlverhalten keinerlei RFolgen mehr zu ziehen beabsicht (vgl BGH **91**, 272/80).

1612 ***Art der Unterhaltsgewährung*** **I Der Unterhalt ist durch Entrichtung einer Geldrente zu gewähren. Der Verpflichtete kann verlangen, daß ihm die Gewährung des Unterhalts in anderer Art gestattet wird, wenn besondere Gründe es rechtfertigen.**

II Haben Eltern einem unverheirateten Kinde Unterhalt zu gewähren, so können sie bestimmen, in welcher Art und für welche Zeit im voraus der Unterhalt gewährt werden soll, wobei auf die Belange des Kindes die gebotene Rücksicht zu nehmen ist. Aus besonderen Gründen kann das Familiengericht auf Antrag des Kindes die Bestimmung der Eltern ändern. Ist das Kind minderjährig, so kann ein Elternteil, dem die Sorge für die Person des Kindes nicht zusteht, eine Bestimmung nur für die Zeit treffen, in der das Kind in seinen Haushalt aufgenommen ist.

III Eine Geldrente ist monatlich im voraus zu zahlen. Der Verpflichtete schuldet den vollen Monatsbetrag auch dann, wenn der Berechtigte im Laufe des Monats stirbt.

1 **1)** Die Vorschr geht in mißverständl Weise nicht von der auch dem § 1606 III 2 zGrde liegden GrdUnterscheidg zw Bt- u BarBed aus (Einf 2 v § 1601), sond behandelt in I 1 den BarUnterh als unterhrechtl Primärform u den NaturalUnterh lediglals dessen Surrogat (vgl I 2, II). Ferner ist die Änderg der elt UnterhBestimmg dch das FamG in II 2 verfahrensrechtl unklar (unten Rn 21). Sie spielt prakt nur dem vollj Ki ggü eine Rolle, währd sich Ändergen dem mj Ki ggü nicht nach II, näml nach der gebotenen Rücks u den bes Grden richten, sond nach den §§ 1626 ff (Rn 8), ebso wie sich die RFolgen eines Verzichts des Ki auf die Entggnahme des Unterh in der von den Elt best Form bei Mj u Vollj unterschiedl gestalten (vgl Rn 8 u 14).

2 **2) Barunterhalt, I 1.** Die UnterhPart können dch entsprechde UnterhVereinbg von den folgden Grdsätzen abweichen (Einf 29 v § 1601). Bei Vorliegen bes Grde besteht gem I 2 ein Anspr des UnterhBerecht auf
3 Gewährg von Unterh in and Art (Rn 6). – **a) Form.** BarUnterh ist auf einen best mtl GeldBetr gerichtet, der nach dem Prinzip von § 1612 a II 2 auch außerh des RegBetrUnterh auf volle DM-Betr gerundet w sollte (vgl BGH NJW **90**, 503). Er wird dch Zahlg einer **Geldrente**, nicht als Darl (Graba FamRZ **85**, 118), auf ein vom UnterhGläub benanntes Kto geleistet (Hamm NJW **88**, 2115). Bei mehreren Kten wirkt nur die Zahlg auf dieses Kto schuldbefreiend (Ffm FamRZ **83**, 1268). UnterhZahlg ins Ausl müssen od können in der jew LaWährg erfolgen (vgl § 245 Rn 17 ff; Bytomski FamRZ **91**, 783 Polen). **Sonderbedarf** ist neben der
4 Geldrente zu befriedigen, ggf dch einmalige Leistgen (vgl § 1613 Rn 16). – **b) Zahlungsweise.** Die Zahlg hat **monatlich im voraus** zu erfolgen, **III 1.** Der Ausdr gibt nur die UnterhPeriode an (Bamberg FamRZ **80**, 916); zweckmäß ist die Festsetzg der Fälligk jew zum MoAnfang, nicht notw nach dem Geburtsdatum des Ki (LG Bln DAV **76**, 299; vgl auch § 1615 o I 2 Halbs 2). Zahlg „zum 1. des Mo" bedeutet, daß der Berecht jew am 1. jeden Mo über das Geld verfügen kann (AG Überlingen FamRZ **85**, 1143; aA Kln FamRZ **90**, 1243: bl Absendedatum. AusleggsFrage!). Zahlgen werden zunächst auf den lfden Unterh, dann auf Rückstde verrech-
5 net (AG Ulm FamRZ **84**, 415; vgl § 366 Rn 7). Zur Zahlg unter Vorbeh: Einf 31 v § 1601). – **c) Zahlungsdauer, III 2.** Wie nach § 760 III ist entscheidd, daß der Gl den MoAnfang erlebt. Entsprechdes muß für den Eintritt der Volljk gelten. Vgl iü zur Erreichg einer höheren Altersstufe beim RegBetrUnterh § 1612 a III 2. –
6 **d) Unterhaltsgewährung in anderer Art, I 2.** Modifikationen können sich auf die Zahlgsweise beziehen, zB auf künft od längere ZahlgsPerioden als MoBetr (unzuläss sind aber Abfindgen; § 1614 Rn 1). Vor allem kommt aber die Substitution der GeldZahlg dch entsprechde Naturalleistgen in Betr, wenn bes Grde dies rechtf. Einen gesondert geregelten Unterfall stellt die UnterhBest dch die Elt dar (vgl Rn 7 ff).

7 **3) Unterhaltsbestimmung gegenüber unverheirateten Kindern, II.** Notw wird eine UnterhBest regelmäß iZushg mit der Auflösg der Fam sei es dch Trenng der Elt sei es dch Erreichen eines neuen LebAbschn dch das Ki. Zieht der vollj Sohn von seinem Va zur Mu, verwandelt sich der bish Anspr auf NaturalUnterh in einen solchen auf BarUnterh, so daß es erst jetzt einer Best des Va nach II 1 bedarf, gerade wenn alles beim alten bleiben soll (Schlesw FamRZ **98**, 1195). Das BestR besteht nur ggü **unverheirateten** Ki, weil mit der Eheschl bei mj Ki das SorgeR eingeschrkt w (§ 1633) u bei vollj Ki die §§ 1353 ff Vorrang haben. Kein BestR auch ggü einer gesch Tochter (Kln FamRZ **83**, 643). Ferner ist bei der UnterhBest, soweit sie den Aufenth des Ki betrifft, der Vorrang eines etwaigen **Aufenthaltsbestimmungsrechts** zu beachten. Die UnterhBest des SorgeBerecht ist unwirks, wenn sie gg die AufenthBest des AufenthBerecht verstößt (Kln NJW **98**, 320), so daß auch bei einem vollj Behinderten die AufenthBest des Betreuers Vorrang hat (vgl BGH NJW **85**, 2590). Iü wird zur Wirksamk einer UnterhBest vorausgesetzt, daß sie dchführb ist (BayObLG **58**, 13). Die dem Ki ggü getroffene Best gilt auch für das BAföG (BGH NJW **81**, 574; vgl Einf 58 v § 1601).

8 **A) Minderjährigen** Kindern ggü best die gemeins sorgeberecht Elt iR ihres SorgeR auch die Form der UnterhGewährg. Sie müssen sich ggf gem § 1627 S 2 einigen (BGH NJW **84**, 305). Mißlingt dies, erfolgt eine Regelg mit Hilfe des FamG (vgl BGH NJW **83**, 2200). Kann der Unterh in der von den Elt best Form nicht erbracht w, weil sich das mj Ki zB bei den GroßElt aufhält, entf die BarUnterhBedürftigk nicht (BGH FamRZ **88**, 386; vgl § 1611 Rn 9). Eine wirks Best der Elt, dem Ki NaturalUnterh zu leisten, schließt Anspr
9 Dr aus GoA od ungerechtf Bereicherg aus (Ffm FamRZ **76**, 705; Hamm NJW **83**, 2203). **Bestimmungsrecht:** Sol sich die Ki im Haush der miteinand zuslebden Elt befinden, wird regelmäß BtUnterh geschuldet; der BarUnterh beschrkt sich auf ein Taschengeld (§ 1610 Rn 11). Haben die Elt das Ki in FamPflege od in ein Internat gegeben od lebt es bspw im Ausl, verwandelt sich der Anspr auf NaturalUnterh ggf in einen Anspr auf BarUnterh. Zur Finanzierg von Maßn der Ki- u JugHilfe: Einf 31, 32 v § 1626. Steht das SorgeR nur einem EltT zu, so trifft dieser die den Unterh betreffden Entscheidgen grdsl allein. Dem nicht sorgeberecht EltT, der das Ki in seinen Haush aufgen hat, steht für die Zt der häusl Versorgg des Ki gem **II 3** ein

selbstdges BestR über die Art der UnterhGewährg zu. Dieses BestR gilt insb für Elt, denen bish das gemeins SorgeR zustand u die jetzt ohne Übertragg des SorgeR auf einen EltT allein getrennt leben (Stgt FamRZ **91**, 595). Die Vorschr ermächt dagg den EltT, der das Ki entführt hat u in seinem Haus verborgen hält, ebsowenig zu einer wirks UnterhBest dahin, daß das Ki den Unterh in seinem Haus entggnehmen soll (KG FamRZ **85**, 730), wie den nicht sorgeberecht EltT gg den allein sorgeberecht and EltT (Hamm FamRZ **82**, 837).

B) Unterhaltsbestimmung volljährigen Kindern gegenüber, II 1. Da die Elt für mj Ki die UnterhBest iR der detalliert geregelten elt Sorge treffen, gilt die Best vor allem (nur?) für vollj Ki (BT-Drucks 13/9596 S 32). Dch die Best insb von NaturalVersorgg im Haush der Elt sollen diese bei voller Sicherg des UnterhBed des Ki wirtschaftl entlastet w (BGH **104**, 224). Der Vorschr kommt insb nach der Herabsetzg der VolljkGrenze erhöhte Bedeutg zu (AG Mettmann FamRZ **75**, 709). Es wird damit eine gewisse Überwachg der LebFührg u eine steuernde Einflußn auch auf das vollj Ki vS der Elt anerk (BGH NJW **81**, 574; krit Schroers Rpfleger **96**, 271). Bei Zuweisg eines entfernteren StudienPl dch die ZVS entfällt das BestR der Elt (vgl BGH NJW **96**, 1817). – **a) Kinder** unterliegen der UnterhBest der Elt nur, sol sie unverh sind, insof also auch die vollj unverh Tochter mit eig Ki (LG Lüb FamRZ **87**, 1296). Doch sind hier best Altersabstufgen angezeigt (vgl Buchholz FamRZ **95**, 705) u dementspr an die Abänderbark geringere Anfdgen zu stellen (BayObLG FamRZ **91**, 597; Hamm NJW **85**, 1348). II 1 gilt insb auch für vollj Schüler iSv § 1603 II 2. – **b) Bestimmungsrecht der Eltern.** Die Möglk der gemeins UnterhBest dch die Elt bleibt auch nach Eintr der Volljk des Ki erhalten (vgl BGH FamRZ **81**, 250). Leben die Elt getrennt od sind sie gesch, steht das BestR dagg den beiden EltT unabhäng voneinand zu. Jeder von ihnen kann es allein ausüben, muß dabei aber schutzwürd Belange des and EltT beachten (BGH **104**, 224). Die einseit Best ist hinzunehmen, wenn Interessen des and EltT überh nicht berührt sind (Hamm FamRZ **90**, 1028), wenn der and EltT mangels LeistgsFgk nicht unterhpflicht ist (Hbg FamRZ **82**, 628; Ffm NJW **87**, 2381) od wenn iR der sonst erfdl Interessenabwägg dem and EltT die UnterhBest zugemutet w kann (BGH aaO). Dabei haben wirtschaftl Grde, wie die mit der Gewährg von NaturalUnterh verbundene finanz Entlastg, bes Gewicht. Auch die Absicht, gg den and EltT iW des Ausgl-Anspr Rückgr zu nehmen (§ 1606 Rn 20), braucht der Wirksamk der Best nicht entggzustehen. Auf der Ggseite kann etwa von Bedeutg sein, daß dch die mit einem Wohngswechsel des Ki verbundene UnterhBest in die LebGestaltg auch des and EltT gravierd eingreifen würde, etwa wenn der and EltT mit dem Ki bis zur Volljk allein gelebt hat, währd die UnterhBest wiederum hinzunehmen ist, wenn die ganze Fam noch bis vor kurzem in einem Haush zus war (Hamm FamRZ **90**, 1028). Iü kann sich kein EltT von einer über die UnterhGewährg an das vollj Ki mit dem and EltT getroffenen Vereinbg dch einseit UnterhBest einf lösen (BGH FamRZ **83**, 892; NJW **84**, 305). Bei einand widersprechden, iü aber gleichgewicht UnterhBest der Elt entsch das Ki (LG Bln FamRZ **88**, 977). – **c) Inhalt, Form und Zeitpunkt der Unterhaltsbestimmung.** Eine wirks UnterhBest setzt die grdsl Anerk der eig UnterhPfl voraus (Hamm FamRZ **84**, 503; aA Berkenbroch FamRZ **86**, 1055). Ansonsten muß sie hinreichd bestimmt sein; ein allg Angebot von Kost u Logis reicht nicht aus (Hamm FamRZ **89**, 1331). Die UnterhBest muß iü als Gesamtkonzept unterschiedl Leistgen enth wie Wohng, Verpflegg, Taschengeld u GeldLeistgen für zweckgebundene Ausg (Hamm FamRZ **99**, 404), kann sich aber auch auf Teile des Unterh beschrken wie zB die beitragsfreie MitVersicherg (Düss FamRZ **94**, 396/926 mA van Els). Keine UnterhBest liegt in der teilw Erbringg von NaturalLeistgen, wenn die Art der Erfüllg der UnterhPfl iü offengelassen wird (BGH FamRZ **93**, 417). Die einseit UnterhBest dch einen EltT läßt etwaige Anspr gg den and EltT unberührt (Stgt FamRZ **84**, 308). Die Best kann auch dch schlüss Verhalten, zB dch das Angebot, zu Hause zu wohnen u unterhalten zu werden, erfolgen (BGH NJW **83**, 2198). Leisten die Elt ihrem mj Ki NaturalUnterh, so bedarf es nach Eintritt der Volljk keiner erneuten ausdrückl Best (KG FamRZ **82**, 423). Der Ztpkt der UnterhBest steht den Elt frei. Sie kann im einstw VfgVerf (Düss FamRZ **81**, 703) ebso wie in der ZwangsVollstr od noch in der BerufgsInst eines AbändVerf erfolgen (Hbg FamRZ **82**, 1112). – **d) Wirkung der Bestimmung.** Die Best wird dem vollj Ki ggü mit Zugang der Erkl wirks; der bish Anspr auf BarUnterh erlischt (Hbg FamRZ **84**, 87). Nimmt das Ki den Unterh in der in zuläss Weise bestimmten Form nicht entgg, so wird der EltT von seiner UnterhPfl befreit.

10

11

12

13

14

e) Änderungen der Unterhaltsbestimmung. – aa) Undurchführbarkeit. UnterhBest werden hinfäll, wenn die UnterhGewährg in der gewählten Art unmögl geworden ist (BayObLG FamRZ **90**, 905). Das ist auch der Fall, wenn die von beiden Elt vereinb Regelg dch einseit Loslösg des mit dem NaturalUnterh belasteten EltT prakt nicht mehr verwirkl w kann (BGH NJW **85**, 1339; **92**, 974). Auch bei offenbarem **Rechtsmißbrauch** verliert die Best ihre Wirkg, so daß die Anrufg des FamG gem II 2 entbehrl ist (Kln FamRZ **85**, 829). – **bb) Änderungen durch den Bestimmungsberechtigten** sind iRv Tr u Gl jederZt mögl (Zweibr FamRZ **88**, 204). Der UnterhSchu kann sich aber selbst wirks gebunden haben, so daß zB eine zw den Elt getroffene, auf Geldzahlg gerichtete Vereinbg bindend sein kann (BGH NJW **83**, 2200; Hbg FamRZ **84**, 505). – **cc) Änderung durch das Familiengericht, II 2. – aaa)** Erfdl ist, daß dafür **besondere Gründe** vorliegen. Ein Verschulden ist nicht erfdl (BayObLG FamRZ **86**, 930). Deren Feststellg setzt aber eine Gesamtwürdigg voraus, unter Berücks von § 1618a u insb auch der wirtschaftl Interessen der Elt (BayObLG FamRZ **87**, 1298; **89**, 660). Die **Beweislast** für das Vorliegen eines bes Grds trifft das Ki. Erfdl ist ein entsprechder TatsVortr, so daß die bl Berufg auf die dominierde Art des Va nicht ausreicht (BayObLG NJW-RR **92**, 1219). Die Änderg der UnterhBest dch das FamG hat über den Ztpkt der Stellg des Antr hinaus keine Rückwirkg (Düss FamRZ **96**, 235). – **bbb)** Als **nicht ausreichend** sind angesehen worden: die einseit Entsch des vollj Ki (KG FamRZ **90**, 791); persönl Spanngen (Karlsr NJW **77**, 681) u gelegentl Wortentgleisgen (Ffm FamRZ **82**, 1231) bzw ErziehgsFehler (Kln NJW **77**, 202); der Generationenkonflikt, also der Wunsch des Ki nach Lösg von den Elt u Begrdg eines eig Hausstands (Ffm FamRZ **82**, 1231; BayObLG FamRZ **85**, 513), bzw schlicht die Ablehng des angebotenen NaturalUnterh (Zweibr FamRZ **88**, 205); auf die Zerrüttg des familiären Verhältn kann sich das Ki nicht berufen, wenn es sie selbst herbeigeführt hat (LG Brem FamRZ **77**, 654); nicht ausreichd ferner ein Selbstmordversuch (BayObLG FamRZ **89**, 660); auch nicht eine tiefgreifde Entfremdg, wenn sie dch ZtAblauf (BayObLG NJW-RR **95**, 1093), dch eigenmächt Absetzen aus dem EltHaus (Ffm FamRZ **80**, 820) od dch ein provozierdes Verhalten des Ki verursacht w ist (Ffm FamRZ **79**, 955; KG FamRZ **90**, 791). Zu Gunsten der Elt zu berücks sind Bemühgen um die Ausbildg (AG Schwetzingen Rpfleger **82**, 224) od Drosselg des Alkoholkonsums des Ki (Hamm FamRZ **86**, 386). Trotz gewisser

15

16

17

18

19

Entfremdg muß auch ein geist leistgsbehind 27 jähr ggf NaturalUnterh entggnehmen (BayObLG FamRZ **91**,
20 1224). – **ccc) Ausreichend** für eine Änderg der elt Best sind dagg Herabwürdiggen u Gewalt ggü der vollj od fast vollj Tochter dch den Va (BayObLG NJW **77**, 680; Zweibr FamRZ **86**, 1034; Kln FamRZ **96**, 963); fehlde Akzeptanz ggü dem Freund der erwachsenen Tochter dch die Elt (Ffm NJW **77**, 1297; Hbg FamRZ **89**, 309 Hausverbot; LG Kiel FamRZ **84**, 193); unangem ÜberwachgsMaßn der Elt; tiefgreifde, vom Ki nicht verschuldete Entfremdg zw Elt u Ki (Celle FamRZ **97**, 966); Aufzwingen des elt Willens (KG NJW **69**, 2241); erfdl Wechsel des Studienorts (BayObLG FamRZ **89**, 1222) bzw auswärt Studium bei Fehlen der gewählten
21 Fachrichtg am Heimatort (Hbg FamRZ **87**, 1183; vgl oben Rn 10). – **dd) Verfahren.** Die ursprüngl Zustdgk für die Abänd bewirkte ein zweistufiges Verf, in welchem zunächst das VormschG die UnterhBest der Elt abänderte, damit das Ki dann anschließd im streit Verf vor dem FamG auf BarUnterh klagen konnte (vgl BGH NJW **84**, 305). Die einheitl Zustdgk des FamG macht diesen Umweg jetzt überflüss, so daß das FamG die UnterhBest der Elt im UnterhProz inzidenter ändern kann. Der Wortlt der Vorschr läßt aber immer auch noch ein isoliertes FGG-Verf zu. Im UnterhRStreit ist das FamG nicht mehr an die Best der Elt gebunden (vgl zur früh RLage BGH NJW **81**, 574). Eines ausdrückl Antr, die dem ZahlgsAnspr entggstehde UnterhBest der Elt für unwirks zu erkl, bedarf es angesichts der Einheitlk des Verf nicht. In dem Antr auf Verurteilg zu BarUnterh liegt schlüss auch der ÄndAntr. Ist die Best der Elt nicht unwirks u wird sie im UnterhProz auch nicht geändert, weist das FamG die auf Zahlg gerichtete Kl als unbegründet ab. Hält das FamG dagg die Best der Elt für unwirks od ändert es sie gem II 2, so entsch es über die ZahlgsAnspr des Ki nach allg Grdsätzen.

1612 a ***Anpassung von Unterhaltsrenten.*** **I Ein minderjähriges Kind kann von einem Elternteil, mit dem es nicht in einem Haushalt lebt, den Unterhalt als Vomhundertsatz eines oder des jeweiligen Regelbetrages nach der Regelbetrag-Verordnung verlangen.**

II Der Vomhundertsatz ist auf eine Dezimalstelle zu begrenzen; jede weitere sich ergebende Dezimalstelle wird nicht berücksichtigt. Der sich bei der Berechnung des Unterhalts ergebende Betrag ist auf volle Deutsche Mark aufzurunden.

III Die Regelbeträge werden in der Regelbetrag-Verordnung nach dem Alter des Kindes für die Zeit bis zur Vollendung des sechsten Lebensjahres (erste Altersstufe), die Zeit vom siebten bis zur Vollendung des zwölften Lebensjahres (zweite Altersstufe) und für die Zeit vom dreizehnten Lebensjahr an (dritte Altersstufe) festgesetzt. Der Regelbetrag einer höheren Altersstufe ist ab dem Beginn des Monats maßgebend, in dem das Kind das betreffende Lebensjahr vollendet.

IV Die Regelbeträge verändern sich erstmals zum 1. Juli 1999 und danach zum 1. Juli jeden zweiten Jahres. Die neuen Regelbeträge ergeben sich durch Vervielfältigung der zuletzt geltenden Regelbeträge nach der Regelbetrag-Verordnung mit den Vomhundertsätzen, um welche die Renten der gesetzlichen Rentenversicherung nach § 68 des Sechsten Buches Sozialgesetzbuch im laufenden und im vergangenen Kalenderjahr ohne Berücksichtigung der Veränderung der Belastung bei Renten und der Veränderung der durchschnittlichen Lebenserwartung der 65 jährigen anzupassen gewesen wären; das Ergebnis ist auf volle Deutsche Mark aufzurunden. Das Bundesministerium der Justiz hat die Regelbetrag-Verordnung durch Rechtsverordnung, die nicht der Zustimmung des Bundesrates bedarf, rechtzeitig anzupassen.

1 **1) Dynamisierter Unterhalt, I.** (Lit: Zieroth/Gutdeutsch FamRZ DynamTab 1999). Nach der NeuRegelg dch das KindUG kann jedes mj Ki u der diesem nach § 1603 II 2 gleichgestellte vollj Schüler von dem barunterhpflicht EltT, mit dem das Ki nicht in einem Haush lebt, im VereinfVerf (Einf 65 v § 1601) **Regelbetragsunterhalt** geltd machen, dessen Funktion darin besteht, sich an die verändernden wirtschaftl Umst anpassen zu lassen (vgl unten Rn 19). Lebt das Ki im Haush eines EltT, so erfüllt dieser seine UnterhPfl idR dch Leistg von BtUnterh (vgl § 1606 III 2); soweit dieser EltT zusätzl zur Leistg von BarUnterh verpfl ist (§ 1606 18), entzieht sich dieser einer verfahrensrechtl Dynamisierg. Dagg finden die Vorschr über den RegBetrUnterh auch iR gesetzl FdgsÜbergänge Anwendg (Einf 68 v § 1601). Der RegelBetr ist **Mindestunterhaltsbetrag**, dessen Unterschreitg nur in AusnFällen in Betr kommt (KG FamRZ **99**, 405).

2 **2) Gestaltung der Unterhaltsrente.** Für die gerichtl Dchsetzg seines UnterhAnspr hat das Ki drei Möglkten (vgl BT-Drucks 13/9596 S 32 f): (1) Das Ki kann den ihm nach den §§ 1601 ff zustehden
3 BarUnterh als **statische Unterhaltsrente** verlangen. Eine automat Anpassg des auf einen festen MoBetr lautden UnterhTitels ist dann nicht mögl. Das Begehren auf Anpassg des Titels an veränd Umst muß vielm mit der AbändKl dchgesetzt w (Einf 62 v § 1601). Statische UnterhTitel bleiben sinnvoll bei iW des Vergl getroffenen großzüg u zB den EhegUnterh einbeziehden Regelgen (BT-Drucks 13/7338 S 57) sowie umgek, wenn in Mangelfällen der Unterh für mehrere gleichrang Berecht festzulegen ist (Schumacher/Grün FamRZ
4 **98**, 781). Konseqenz dieser Weichenstellg ist, daß die **Dynamisierung der Unterhaltsrente** nur auf Antr erfolgt (§ 1612 a I, ZPO 645 I). Sie wird dadch erreicht, daß der bspw auf der Grdl der DüssTab (Einf 16 v § 1601) nach den individuell für den UnterhBerecht maßgebl Daten (Alter, EinkGruppe des UnterhSchu usw) errechnete Unterh in einen Prozentsatz des RegelBetr umgerechnet w. Mit Hilfe dieses Prozentsatzes läßt sich die Höhe des zu jedem Ztpkt geschuldeten Unterh entsprechd der Veränd der RegelBetr dch die RegBetrVO best (BT-Drucks 13/7338 S 26). Für diese Dynamisierg stehen wiederum zwei Formen zur Verfügg (vgl BerechngsBspe mit TituliergsVorschl bei Weber NJW **98**, 1995). (2) Das Ki kann verlangen, daß der Unterh als Vomhundertsatz *eines* RegelBetr (dh einer *bestimmten* Altersstufe!) tituliert w; od (3) der Unterh kann auf einen Vomhundertsatz des RegelBetr der *jeweiligen* Altersstufe lauten, was den Vorteil hat, daß damit sowohl der DynamisiergsFaktor erfaßt w, der seine Ursache in Änd des Eink des UnterhSchu hat, als auch der Umst, daß das Ki eine höhere Altersstufe erreicht (BT-Drucks 13/9596 S 33).

5 **3) Der Anspruch auf dynamisierten Unterhalt.**

6 **a) Persönliche Voraussetzungen. – aa) Alterserfordernisse.** Die Regelg bezieht sich ihrem Wortlt nach nur auf **Minderjährige**, also auf Ki vor Vollendg des 18. LebJ (§ 2), muß aber nach Einf von § 1603

II 2 auch auf vollj unverh **Kinder bis zur Vollendung des 21. Lebensjahrs** Anwendg finden, sol sie sich in der allg SchulAusbildg befinden (§ 1603 Rn 56). Eine Begrenzg des Titels bis zur Vollendg des 18. GebJ sieht das Ges nicht mehr vor (Karlsr ZfJ **99**, 231). Aus UnterhTiteln aus der Zeit der Mjk kann auch nach Vollendg des 18. LebJ weiter die ZwVollstr betrieben w (ZPO 798a I). Nach der Fassg von § 1612a III („für die Zt vom 13. LebJ an") kann auch eine Ersttitulierg von VolljUnterh erfolgen (Schumacher/Grün FamRZ **98**, 781 Fn 26); iü soll die unbefristete Tenorierg den UnterhTitel gg den Einwand der Volljk sichern (Greßmann/Rühl DAV **97**, 165). – **bb)** Dynamisierten Unterh kann das Ki nur verlangen, wenn es **nicht im Haushalt** 7 **des barunterhaltspflichtigen Elternteils lebt**. Wo es tats betreut u versorgt w (beim and EltT, bei den GroßElt od in einem Internat), spielt dann keine Rolle. Der Anspr wird auch nicht beeinträcht, wenn sich das Ki, unter Umst auch jeweils längere Zt, iR der UmgangsBerechtigg beim BarUnterhPflicht aufhält.

b) Regelbetragsunterhalt (vgl BT-Drucks 13/7338 S 26 sowie 13/9596 S 33 f; zur Dogmatik u Problema- 8
tik der RegelBetr: Schumacher/Grün FamRZ **98**, 779 ff; 58. Aufl Rn 12). – **aa)** Will sich das Ki nicht auf Zahlg 9
einer statischen UnterhRente beschränken (o Rn 3), kann es dynamisierten Unterh verlangen. Das ist sinnvoll allerd nur iR einer entsprechden **Titulierung** des UnterhAnspr. Auf diese Weise ist der dynamisierte Unterh funktionell eng mit dem VereinfVerf verbunden (Einzelh Einf 65 v § 1601). Der RegelBetr wird **nach Wahl** des Ki (o Rn 4) als **Vomhundertsatz eines oder des jeweiligen Regelbetrags** nach der RegBetrVO ausgedrückt. Da sich die Automatik der Dynamisierg bei der 2. Form des dynamisierten Unterh auch auf das Erreichen der nächsten Altersstufe erstreckt, wird der dynamisierte Unterh in der 1. Form nur in Betr kommen, wenn sich das Ki im Ztpkt der AntrStellg bereits in der 3. Altersstufe befindet (Schumacher/Grün FamRZ **98**, 781). – **bb) Vomhundertsatz**. Zur Dynamisierg der UnterhTitel bedient sich das Ges des Mittels, die Titel 10
nicht mehr auf einen best GeldBetr lauten zu lassen, sond von vornherein nur auf einen best Prozentsatz, näml als Vomhundertsatz eines od des jew RegelBetr aus der RegBetrVO. Über diesen Prozentsatz läßt sich dann die Dynamisierg des konkr zu leistden Unterh steuern. Der Prozentsatz des Ausgangstitels gibt an, in welchem Verhältn die indiv Umst beim UnterhBerecht (Alter, EinkGruppe des UnterhSchu usw) zum RegelBetr der für die Festlegg des UnterhTitels maßgebden RegBetrVO stehen. Ändern sich die RegelBetr der VO, läßt sich iW einer einf Proportionsrechng der bish Unterh – unter Aufrechterhaltg des festgestellten Verhältn des für den UnterhBerecht festgestellten IndividualUnterh zu dem für ihn maßgebl RegelBetr – auf den aktuellen Stand bringen. – **cc) Ermittlung** des Vomhundertsatzes: Im Ges ist nicht geregelt, wie dieser Prozentsatz zu ermitteln 11
ist. Will man sich nicht mit der DüssTab begnügen, die für die aGrd der jew Altersstufe u EinkGr des BarUnterhPflicht best TabWerte auch gleich die jew Vomhundertsätze angibt (Einf 19 v § 1601), so läßt sich der für das Ki maßgebl Prozentsatz dadch errechnen, daß man den dch die TabWerte bestimmten od dch Summierg der versch Bedarfsposten des Ki konkr errechneten UnterhBed dch den für die Altersstufe des Ki maßgebl RegelBed dividiert u mit 100 multipliziert. Das Ges unterstellt, daß die in der RegBetrVO vorgesehenen RegBetr nach wie vor als Basiswerte der UnterhTab dienen (BT-Drucks 13/7338 S 22). Erst dch die das Alter des Ki u die versch EinkGr berücksichtigden unterschiedl TabSätze ist die mit Prozentzahlen rechnde Formel sinnvoll. Man geht von dem anhand etwa der DüssTab ermittelten, auf einen festen DM-Betr lautden UnterhBetr aus u setzt ihn in das Verhältn zum RegBetr der maßgebl Altersstufe. Der sich daraus ergebde Prozentsatz ist **auf eine** 12
Dezimalstelle zu begrenzen, II 1. Jede weitere Dezimalstelle wird iGgs zur Aufrundg nach II 2 (Rn 13) nicht berücks (Schumacher/Grün FamRZ **98**, 782 Fn 31). – **dd) Berechnung des angepaßten Unterhaltsbe-** 13
trags. Der an den RegBetr der jew aktuellen RegBetrVO angepaßte neue UnterhBetr ergibt sich aus einer Multiplikation der neuen RegBetr mit dem titulierten Prozentsatz des für das unterhberecht Ki geltde RegBetr. Der sich bei der Berechng des Unterh ergebde Betr wird auf volle DM-Betr **aufgerundet, II 2.** Diese Rechng kann anhand des Titels u der jeweils aktuellen RegBetrVO von jedem VollstrOrgan u insb auch von jedem ArbGeber als DrittSchuldn dchgeführt w. – **ee) Kindergeld.** Dabei ist die Berücks des KiG bzw kibezogener 14
Leistgen gem §§ 1612b u c bereits im Titel auszuweisen, damit gesichert ist, daß die zu vollstreckde Summe nicht über die tats UnterhSchuld hinausgeht. Dagg wird das KiG nicht bereits in dem zu zahlden UnterhBetr selbst berücks, von dem aus der Prozentsatz gebildet w, weil sich KiG ua kibezogene Leistgen nicht annähernd in der Weise entwickeln wie das dchschnittl NettoEink u desh auch nicht der Dynamisierg des UnterhBetr unterliegen sollen. – **ff)** Das schlägt sich in der **Tenorierung** dadch nieder, daß aus dem im UnterhTitel nur 15
angeführten Prozentsatz der aktuelle Unterh zunächst zu errechnen ist u dann erst der KiGAnteil od and das KiG ersetzde Leistgen iS der §§ 1612b, c abgezogen w sollen (vgl die Vorschläge von Weber NJW **98**, 1995; Bischoff FuR **98**, 390). Das KiG braucht dabei ebenf nicht der Höhe nach angegeben zu w; es genügt die Bezugen auf dessen jew ges Höhe u die Angabe, um das wievielte Ki es sich handelt (Stgt DAV **99**, 771).

4) RegelbetragVO *vom 6. 4. 1998 (BGBl I S 666) geänd dch VO vom 28. 5. 99 (BGBl I S 1100;* Be- 16
gründg: Schumacher FamRZ **99**, 749):

Artikel 1

§ 1. Festsetzung der Regelbeträge. *Die Regelbeträge für den Unterhalt eines minderjährigen Kindes gegenüber dem Elternteil, mit dem es nicht in einem Haushalt lebt, betragen monatlich*

1. in der ersten Altersstufe
   a) für die Zeit vom 1. Juli 1998 bis zum 30. Juni 1999 349 Deutsche Mark,
   b) ab 1. Juli 1999 355 Deutsche Mark;
2. in der zweiten Altersstufe
   a) für die Zeit vom 1. Juli 1998 bis zum 30. Juni 1999 424 Deutsche Mark,
   b) ab 1. Juli 1999 431 Deutsche Mark;
3. in der dritten Altersstufe
   a) für die Zeit vom 1. Juli 1998 bis zum 30. Juni 1999 502 Deutsche Mark,
   b) ab 1. Juli 1999 510 Deutsche Mark.

§ 2. Festsetzung der Regelbeträge für das in Artikel. 3 des Einigungsvertrages genannte Gebiet. *Die Regelbeträge für den Unterhalt eines minderjährigen Kindes gegenüber dem Elternteil, mit dem es nicht in einem Haushalt lebt, betragen in dem in Artikel. 3 des Einigungsvertrags genannten Gebiet monatlich*

1. in der ersten Altersstufe
a) für die Zeit vom 1. Juli 1998 bis zum 30. Juni 1999 314 Deutsche Mark,
b) ab 1. Juli 1999 324 Deutsche Mark;
2. in der zweiten Altersstufe
a) für die Zeit vom 1. Juli 1998 bis zum 30. Juni 1999 380 Deutsche Mark,
b) ab 1. Juli 1999 392 Deutsche Mark;
3. in der dritten Altersstufe
a) für die Zeit vom 1. Juli 1998 bis zum 30. Juni 1999 451 Deutsche Mark,
b) ab 1. Juli 1999 465 Deutsche Mark.

Die VO weist neben den neuen auch noch die alten RegelBetr aus, weil Unterh unter best Vorauss auch für zurückliegde ZtRäume verlangt w kann. Die bes Regelsätze in § 2 sollen ledigl für eine ÜbergangsZt gelten (Art 5 § 1 KindUG; vgl unten Rn 19 aE). Zur Kritik an der Höhe der RegelBetr: 58. Aufl Anh zu § 1612 a Rn 2 mN. Die Höhe der RegelBetr bleibt hinter dem **Existenzminimum** zurück (Oelkers ZfJ **99**, 239 f; vgl Einf 25 v § 1601). Dies soll sich nach Auffassg des GesGebers aber nicht zum Nachteil des Ki auswirken, weil nach ZPO 645 I im VereinfVerf das Anderthalbfache des RegelBetr festgesetzt w kann (Einf 65 v § 1601). Auf Grd des damit für das Ki verbundenen ProzRisikos werden dem VereinfVerf für die Praxis geringe Erfolgschancen eingeräumt (vgl Scholz FamRZ **98**, 798). **Ermächtigung:** IV. Die VO bedarf nicht der Zust des BR.

17 **a) III 1** nimmt die drei **Altersstufen** der früh RegUV (57. Aufl Anh §§ 1615 f, g) auf. Die mit Rücks auf die Verlängerg der dchschnittl SchulZt erfolgt Einbeziehg der sich noch in der allg SchulAusbildg befindl vollj Schüler bis zur Vollendg des 21. LebJ ergibt sich aus § 1603 II 2 (vgl o Rn 6). Die UnterhRente ist mtl zu zahlen (§ 1612 III 1). Der bei Erreichen einer höheren Altersstufe sich anpassde RegBetr ist ab Beginn des Mo zu zahlen, in dem das Ki die Altersstufe erreicht, **III 2.** Wird ein Ki am 19. 9. eines Jahres 13 J alt, erreicht es die 3. Altersstufe unterhrechnerisch am 1. 9. Mit dieser Vereinfachg soll die sonst erfdl Bruchrechng
18 entbehrl gemacht w (BT-Drucks 13/7338 S 53 f). – **b)** Nachdem in **IV 1** der **Übergang vom statischen zum dynamisierten Unterhalt** auf den 1. 7. 99 festgelegt w war, was bedeutete, daß bis zum 30. 6. 99 der Unterh im UrtTenor noch beziffert w mußte u erst für die Zt danach die Möglk bestand, Unterh gem § 1612 a I in Form des Vomhundertsatzes der RegBetr der RegBetrVO zu titulieren (Knittel DAV **98**, 181), hat das Ges die Dynamisierg dch **Anpassung der Regelbeträge im Abstand von 2 Jahren** gesichert, **IV 3.** Dies geschieht mH der sog Entsteinerungsklausel von Art 7 KindUG dch VO, weil die erleichterte Änderg auf dem VO-Weg verhindert, daß das Ges bei Nichteinhaltg der 2-J-Fr immer „falscher“ wird (BT-Drucks 13/9596 S 34). Vgl zum AnpassgsRhythmus von 2 J: Greßmann/Rühl DAV **97**, 167; krit Schumacher/Grün FamRZ **98**, 783. Das BMJ ist nicht zur ermächt, sond verpfl, die Anpassg rechtzeitg vorzunehmen. –
19 **c) Anpassungsmaßstab, IV 2,** ist nicht die Steigerg der LebhaltgsKosten (so der Vorschl des Dt AnwVereins DAV **97**, 276), sond mRücks darauf, daß in der Vergangenh die Löhne fast immer stärker gestiegen sind, die Nettolohnentwicklg (Schumacher/Grün FamRZ **98**, 782; Greßmann/Rühl DAV **97**, 166 f). Die aus sich heraus nicht verständl modifizierte Verweisg auf SGB VI 68 beruht auf Ändergen der ursprüngl vorgesehenen Fassg des RentRefG 1999 (vgl BT-Drucks 13/7338 S 24; 13/9596 S 33) u ist für die UnterhBerechng ohne Belang. Für die RegelBetr-Ost sind gem der ÜbergangsVorschr KindUG Art 5 § 1 die Vomhundertsätze von SGB VI 255 a II bis zu dem Ztpkt maßg, in dem die neuen RegBetr-Ost die neuen RegBetr-West übersteigen würden. Zur Berechng der ErhöhgsQuoten im einz vgl Schumacher FamRZ **99**, 750.

1612 b ***Anrechnung von Kindergeld.*** **I Das auf das Kind entfallende Kindergeld ist zur Hälfte anzurechnen, wenn an den barunterhaltspflichtigen Elternteil Kindergeld nicht ausgezahlt wird, weil ein anderer vorrangig berechtigt ist.**

II Sind beide Elternteile zum Barunterhalt verpflichtet, so erhöht sich der Unterhaltsanspruch gegen den das Kindergeld beziehenden Elternteil um die Hälfte des auf das Kind entfallenden Kindergeldes.

III Hat nur der barunterhaltspflichtige Elternteil Anspruch auf Kindergeld, wird es aber nicht an ihn ausgezahlt, ist es in voller Höhe anzurechnen.

IV Ist das Kindergeld wegen Berücksichtigung eines nicht gemeinschaftlichen Kindes erhöht, ist es im Umfang der Erhöhung nicht anzurechnen.

V Eine Anrechnung des Kindergeldes unterbleibt, soweit der Unterhaltspflichtige außerstande ist, Unterhalt in Höhe des Regelbetrages nach der Regelbetrag-Verordnung zu leisten.

1 **1) Bedarfsbefriedigung und Anrechnung.** Vgl zum KiG zunächst Einf 45 v § 1601. Wird der BarBed des Ki unmittelb von dr Seite befriedigt, so fehlt es an der für UnterhVerpfl erfdl Bedürftigk. Das trifft auch zu, wo der Bedarf des Ki dch nicht subsidiäre SozLeistgen sichergestellt w (§ 1602 Rn 18 f) od wo das Ki einen Anspr auf Auskehrg der an and ausgezahlten SozLeistg hat (vgl Einf 48 v § 1601). Steht die SozLeistg wie etwa das KiG dagg nicht dem Ki selbst zu, sond zur Minderg von deren UnterhLast seinen Elt, u wird es aus VereinfGrden obendrein auch nur an einen von ihnen ausgezahlt (Einf 46 v § 1601), so muß sich das Ki dies auf seinen BarUnterhAnspr gg den an EltT anrechnen lassen (Einf 49 v § 1601). Der barunterhpflicht EltT bekommt seinen Anteil am KiG auf diese Weise dann dadch, daß sich seine UnterhPfl dem Ki ggü
2 entsprechd verringert. Zur Bedeutg des KiFrBetr in diesem Zushg vgl Einf 50 v § 1601. **Anrechnungsfähig** sind das KiG u die KiG-ersetzden sog kibezogenen Leistgen. Die sich darauf beziehden Vorschr der §§ 1612 b u c regeln die Anrechng abschließd (Greßmann/Rühl DAV **97**, 172).

3 **2) Hälftige Anrechnung des Kindergelds bei Auszahlung an vorrangig Berechtigte, I. – a) Halbteilungsgrundsatz.** Da das KiG bei Berechtigg mehrerer Pers nicht anteilig ausgezahlt w, sond immer nur an eine von ihnen, bedarf es zG des barunterhpflicht EltT eines entsprechden Ausgl. Für diesen hat das Ges auf den GrdGedanken von § 1606 III 2 zurückgegriffen. Wenn danach die Befriedigg des BtBed u des BarBed des Ki gleichwert sind (vgl dort Rn 8), muß auch das beid EltT zustehde KiG im gleichen Verhältn, näml je zur Hälfte,

auf die beiden Elt aufgeteilt w. Dies geschieht dadch, daß sich das Ki auf seinen UnterhAnspr ggü dem barunterhpflicht EltT die Hälfte des KiG anrechnen lassen muß. Damit wird die unterschiedl AnrechngsPraxis der früh Rspr, wonach die hälft Anrechng entsprechd der gesetzl Regelung nur beim RegUnterh für nehel Ki galt, bei ehel Ki jedoch eine anteil Anrechng stattfinden sollte (vgl BGH FamRZ **97**, 806; NJW **88**, 2375), beseit (Weber NJW **98**, 1996). Darüber hinaus hat die NeuRegelg den HalbteilgsGrds aber im Interesse einer vereinf RPraxis in dem Sinne zum Dogma verhärtet, daß er auch dann gilt, wenn beide EltT in unterschiedl Höhe barunterhpflicht sind (Rn 7), u wenn die für die Halbteilg maßgebl Regelg des § 1606 III 2 (zB für vollj Ki außerh von § 1603 III 2) gar nicht greift (Schumacher/Grün FamRZ **98**, 784). – **b) Vorrangige Kindergeldberechtigung.** Die vorrang Berechtigg setzt voraus, daß der barunterhpflicht EltT neben einem and kindergeldberecht ist (EStG 62). Das trifft vor allem in der GrdKonstellation zu, daß der and EltT seiner UnterhPfl dch die Versorgg des Ki nachkommt (§ 1606 III 2). Nach dem Obhutsprinzip von EStG 64 II können vorrang KiG-bezugsberecht aber auch dr Pers sein: nach Wiederverheiratg des sorgeberecht EltT der StiefVa od die StiefMu des Ki, ferner PflegeElt od GrElt (Einf 46 v § 1601). Wird das KiG an sie ausgezahlt, muß es auch hier gem I auf den UnterhAnspr des Ki zur Hälfte angerechnet w. – **c)** Angerechnet wird nur immer nur das **auf das Kind entfallende Kindergeld.** Das für mehrere gemeinschaftl Ki gezahlte KiG ist danach nicht mehr, wie früher, in einen Topf zu tun u dann gleichmäß auf alle beteil Ki zu verteilen (vgl BGH FamRZ **81**, 541); vielm ist der gem EStG 66 I auf das einz Ki entfallde Anteil abzusetzen, mithin für das 1. u 2. Ki jeweils 125 DM, für das 3. Ki 150 DM u für alle weiteren Ki jeweils 175 DM (vgl Einf 47 v § 1601), währd der sich aus der Berücks nicht gemschaftl Ki ergebde **Zählkindvorteil** gem **IV** von vornherein unbeachtl bleibt. Dies entspr der früh Rspr (vgl BGH FamRZ **81**, 26; **84**, 1000; zur Begrdg BT-Drucks 13/7338 S 30). Der ZählKiVorteil wirkt sich unterhrechtl daher nur noch bei der Feststellg der LeistgsFgk insof aus, als er das Eink des betreffden EltT erhöht (FamRefK/Häußermann 12). – **d) Verfahren.** Vgl zur Tenorierg: § 1612 a Rn 15; zur Berücks von Ändergen in den anrechenb Leistgen im VereinfVerf nach ZPO 655: Einf 76 v § 1601.

4 (margin, at "Vorrangige Kinder-"), 5 (margin, at "Angerechnet wird nur"), 6 (margin, at "Vgl zur Tenorierg")

7 **3) Barunterhaltspflicht beider Elternteile, II.** Wächst das Ki ganz bei Dr auf, scheidet der BtUnterh dch seine Elt aus. Diese sind dann, soweit die Vorauss dafür vorliegen, beide barunterhpflicht (§ 1606 Rn 15). Ist der Dr seiners vorrangig KiG-berecht, gilt I; sind GrElt auf diese Weise vorrangig KiG-berecht, aber gar nicht unterhpflicht, so bleibt ihnen die eine Hälfte des KiG, die Elt müssen sich mit der Aufteilg der and Hälfte zw ihnen begnügen. Soweit die Elt BarUnterh in unterschiedl Höhe leisten, muß die auf den BarUnterh fallde Hälfte des KiG zw ihnen dch Anrechng auf den UnterhAnspr aufgeteilt w, allerd nicht anteil nach den erbrachten UnterhBetr, sond nach dem HalbteilgsPrinzip hälft. Ist der Dr nicht KiG-berecht, so bekommt das KiG derj EltT, der die höhere UnterhRente zahlt (EStG 64 III 2). Bei gleich hohen Zahlgen best die Elt bzw auf Antr das VormschG, an wen das KiG auszuzahlen ist (EStG 64 III 3 u 4). Gg den das KiG beziehden EltT erhöht sich der UnterhAnspr des Ki um die Hälfte des KiG als dem Anteil, der dem and EltT zusteht. Entsprechd der GrdRegel von I ermäß sich dann für den and EltT, der vom Bezug des KiG ausgeschl ist, seine UnterhSchuld um die Hälfte des KiG. Im Ggsatz zu BT-Drucks 13/7338 S 29 f führt die Halbteilg bei unterschiedl UnterhVerpfl nicht zu einer gleichmäß Entlastg der Elt (Oelkers ZfJ **99**, 242). II erfaßt auch den Fall, daß das Ki vollj ist u das KiG an einen EltT ausbezahlt w, obw auch der and EltT barunterhpflicht ist (vgl § 1606 Rn 15).

8 **4) Nichtauszahlung des Kindergelds an den allein kindergeldberechtigten barunterhaltspflichtigen Elternteil, III.** Hat der barunterhpflicht EltT iW der AusfallHaftg den gesamten UnterhBed des Ki zu befriedigen (vgl § 1606 Rn 19), so muß ihm auch das KiG, wenn es nicht an ihn ausgezahlt w, in voller Höhe angerechnet w (BT-Drucks 13/7338 S 30). Auf welchen Grden die alleinige KiGBerechtigg des EltT beruht, spielt für die Anwendg von III keine Rolle (Schumacher/Grün FamRZ **98**, 784). Der Fall, daß ein EltT allein KiG-berecht ist, ergibt sich bspw, wenn der and EltT gestorben ist u das Ki von Dr in einem Heim betreut wird. Die Kosten der Bt gehören in diesen Fällen zum BarUnterhBed des Ki. III gilt ferner, wenn das KiG wg UnterhPflVerletzgen dch den kindergeldberecht EltT an das Ki selbst od an einen Dr ausgezahlt w (EStG 74 I 1). Unter III fallen schließl auch nach AO 46, EStG 76 iVm § 400 zulässige Abtretgen des KiGAnspr, nicht dagg seine Pfändg u die nach EStG 64 II vorrangige AnsprBerechtigg von Gr-, Stief- od PflegeElt. Für sie bleibt es beim Grdsatz von I (BT-Drucks 13/7338 S 29, 30).

9 **5) Mangelfälle. a) Relative Mangelfälle, V.** Ist der barunterhpflicht EltT nicht einmal in der Lage, Unterh iH des RegelBetr zu leisten wird die Anrechng so weit hinausgeschoben, bis der RegelBetr erreicht w. Dch die Nichtanrechng wird vermieden, daß ein UnterhVerpfl, der aGrd seiner eingeschrkten LeistgsFgk bspw nur 100 DM Unterh zahlen kann, aGrd der Anrechng des KiG überh keinen Unterh zu leisten brauchte (Wagner FamRZ **97**, 1516; Knittel DAV **98**, 182). Der KiGAnteil von I wird danach nur angerechnet, soweit er zus mit dem tats geschuldeten Unterh den RegelBetr übersteigt (Weber NJW **98**, 1997). Kann also der BarUnterhPflicht dem Ki, dem nach der 1. Altersstufe 349 DM zustehen, nur 300 DM Unterh leisten, beträgt der anrechngsfreie KiGAnteil 349–300 = 49 DM u der anrechenb KiGAnteil somit 125–49 = 76 DM, so daß er Unterh iHv 300–76 = 224 DM schuldet (vgl BT-Drucks 13/7338 S 30). Treffen die Fälle von III (oben Rn 8), in denen nur der barunterhpflicht EltT Anspr auf KiG hat, das aber nicht an ihn ausgezahlt w, mit den Fällen von V zus, so daß der UnterhPflicht außerstande ist, Unterh iH des RegelBetr zu leisten, ist die Anrechng schon dann zu versagen, wenn der UnterhPflicht nicht den doppelten RegelBetr leisten kann (Schumacher/Grün FamRZ **98**, 784), währd für die steuerrechtl gebotene Freistellg wiederum nur der hälftige KiGAnteil zu berücks ist (Knittel DAV **98**, 182). V muß analog § 1603 II 2 auch auf die dort einbezogenen **volljährigen Schüler** angewendet w (§ 1603 Rn 56). Da die Gleichstellg mit den Mj gerade wg der Übertragg der verschärften Haftg der Elt auf sie erfolgt, besteht kein Grd, die KiGAnrechngsRegelg davon auszunehmen. Die Anwendg von V führt dann dazu, auch ihnen einen SockelBetr ihres Bed zu sichern (vgl dazu Einf 25 v § 1601 sowie iü FamRefK/Häußermann 15 mit einem RechenBsp). Den übr Vollj bleibt nur, Auszahlg des KiG an sich selbst zu verlangen (EStG 74 I). – **b) Absolute Mangelfälle.** Ist der barunterhpflicht EltT überh nicht leistgsfäh, besteht kein UnterhAnspr gg ihn (§ 1603 Rn 33), so daß sich die Frage der Anrechng hier gar nicht stellt. Das gilt auch dann, wenn KiG an ihn ausgezahlt w, Eink u KiG zus aber noch nicht einmal den notw Selbstbehalt (Einf 20 v § 1601) übersteigen. Es besteht also keine MindestleistgsFgk iH des KiG (BT-Drucks

10 (margin, at "volljährigen"), 11 (margin, at "Absolute Mangelfälle")

13/7338 S 31). Hier kann das Ki mit Hilfe von EStG 74 I, SGB I 48 aber jedenf Auszahlg des KiG an sich selbst od an einen Dr erreichen (vgl BGH NJW **84**, 1614).

1612 c *Andere kindbezogene Leistungen.* **§ 1612 b gilt entsprechend für regelmäßig wiederkehrende kindbezogene Leistungen, soweit sie den Anspruch auf Kindergeld ausschließen.**

1 **1) Kindergeldersetzende Leistungen** mit der Funktion, Surrogat für das KiG zu sein, sind entsprechd § 1612 b anzurechnen. Einer bes Vorschr bedurfte es hierzu ledigl desh, weil es bei den Leistgen von § 1612 c sich idR um solche handelt, für die nur eine einseitige AnsprBerechtigg eines EltT besteht (Schumacher/ Grün FamRZ **98**, 785). Der in diesen Fällen vorgesehene gesetzl Ausschl des KiG dient der Vermeidg öffrechtl DoppelLeistgen, darf unterhrechtl aber keinem EltT zum Nachteil gereichen (BT-Drucks 13/7338 S 31). Hierunter fallen die in EStG 65 I 1 Nr 1–3 u im wesentl wortgleich in BKGG 4 I 1 Nr 1–3 aufgeführten Leistgen, näml: KiZulagen aus der gesetzl UnfallVers od KiZuschüsse aus der gesetzl RentenVers (Heiß/Born/Deisenhofer **12** Rn 26); Leistgen für Ki, die im Ausl od von zw- od überstaatl Einrichtgen gewährt w u dem KiG vergleichb sind. Zu dem ggf daneben gewährten TeilKiG: Schumacher/Grün FamRZ
2 **98**, 785. **Nichtanrechenbarkeit:** Vgl zunächst zum Verhältn von SozLeistg u Bedürftigk § 1602 Rn 19. Nichtanrechenb ist der im öff Dienst gewährte OrtsZuschl, weil er sich zwar nach der Zahl der Ki richtet, aber mRücks auf das BeamtVerhältn gewährt w; der erhöhte OrtsZuschl kann aber zu einer höheren EinkGruppe in der DüssTab führen (BGH FamRZ **83**, 49). Desgl nicht anrechenb ist der dem im öff Dienst tätigen betreuenden EltT gewährte kibezogene SteigergsBetr im Ortszuschl (Düss FamRZ **82**, 1108).

3 **2) Anrechnungsumfang.** Die das KiG ausschließden Leistgen sind auf den KiUnterh nur in der Höhe anzurechnen, „soweit" sie den Anspr auf KiG ausschließen, also beschr auf ein **fiktives Kindergeld** (Joh/ Henr/Graba 1). Der darüber hinausgehde Betr ist Bestandteil des unterhpflicht Eink (so bereits zum früh Recht BGH NJW **81**, 167 u 173).

4 **3) Mangelfall.** Übersteigt das Eink des UnterhPflicht zus mit einer der anzurechnden Leistgen noch nicht einmal den Selbstbehalt, kann das Ki wie beim KiG (vgl § 1612 b Rn 25) die Auszahlg der Leistgen an sich selbst erreichen (BT-Drucks 13/7338 S 31 zu § 1612 c des Entw). Dies gilt bspw für den KiZuschuß zur EU-Rente (vgl BGH NJW **84**, 1614: SGB I 48).

1613 *Unterhalt für die Vergangenheit.* **I Für die Vergangenheit kann der Berechtigte Erfüllung oder Schadensersatz wegen Nichterfüllung nur von dem Zeitpunkt an fordern, zu welchem der Verpflichtete zum Zwecke der Geltendmachung des Unterhaltsanspruchs aufgefordert worden ist, über seine Einkünfte und sein Vermögen Auskunft zu erteilen, zu welchem der Verpflichtete in Verzug gekommen oder der Unterhaltsanspruch rechtshängig geworden ist. Der Unterhalt wird ab dem Ersten des Monats, in den die bezeichneten Ereignisse fallen, geschuldet, wenn der Unterhaltsanspruch dem Grunde nach zu diesem Zeitpunkt bestanden hat.**

II Der Berechtigte kann für die Vergangenheit ohne die Einschränkung des Absatzes 1 Erfüllung verlangen

1. wegen eines unregelmäßigen außergewöhnlich hohen Bedarfs (Sonderbedarf); nach Ablauf eines Jahres seit seiner Entstehung kann dieser Anspruch nur geltend gemacht werden, wenn vorher der Verpflichtete in Verzug gekommen oder der Anspruch rechtshängig geworden ist;
2. für den Zeitraum, in dem er
a) aus rechtlichen Gründen oder
b) aus tatsächlichen Gründen, die in denVerantwortungsbereich des Unterhaltspflichtigen fallen, an der Geltendmachung des Unterhaltsanspruch gehindert war.

III In den Fällen des Absatzes 2 Nr. 2 kann Erfüllung nicht, nur in Teilbeträgen oder erst zu einem späteren Zeitpunkt verlangt werden, soweit die volle oder die sofortige Erfüllung für den Verpflichteten eine unbillige Härte bedeuten würde. Dies gilt auch, soweit ein Dritter vom Verpflichteten Ersatz verlangt, weil er an Stelle des Verpflichteten Unterhalt gewährt hat.

1 **1) a) Zweck und Rechtsnatur.** Der als Ausn formulierten Vorschr liegt das Prinzip zGrde, daß Unterh für die Vergangenh nicht gefordert w kann, weil der UnterhSchu vor dem Anwachsen von Verpflichtgen, mit deren Belastg er nicht rechnen konnte, geschützt w soll. Das gilt außerh von § 1613 I auch dann, wenn der UnterhBerecht zur Deckg seiner LebhaltgsKosten Kredit aufgenommen hat. Auch besteht keine rückw Teilhabe an Rentennachzahlgen des UnterhSchu dch nachträgl Gewährg von UnterhAnspr (BGH NJW **85**, 487; vgl aber § 1603 Rn 12). § 1613 macht von dem genannten Grdsatz aber zwei Ausn, näml in I 1 für den Fall, daß dch Aufforderg zur AuskErteilg, dch Inverzugsetzg od dch Erhebg der UnterhKl der Warnfunktion Genüge getan ist, sowie in II ohne entsprechde vorherige Warng für SondBed sowie in Fällen, in denen der UnterhBerecht an der Geltdmachg des UnterhAnspr in von ihm nicht zu verantwortder Weise gehindert war.
2 Dem Schutz des UnterhSchu dient aber wieder die Härteregelg von III. Der Anspr auf Nachholg der UnterhLeistg ist bei BarUnterh der originäre ErfüllgsAnspr, iü aber ggf auf SchadErs gerichtet (Einf 12 v § 1601). Auf den Anspr für die Vergangenh kann im Unterschied zu § 1614 I verzichtet w (BGH NJW **87**, 1546). Zum Ausschluß der Vererbg: § 1615 Rn 1;Verjährg: § 197 Rn 8; Verwirkg: Schlesw NJW-RR **94**,
3 582; AG Weilburg FamRZ **92**, 216. – **b) Anwendungsbereich:** I bezieht sich auf die UnterhAnspr aus den §§ 1601 ff, auch nach deren Übergang gem § 1607 II 2 bzw auf den SozHilfeTräger (Einf 41 v § 1601), was jedoch nach Einfügg von § 1613 II nF (dort Rn 14 ff) wesentl an Bedeutg verloren hat. Anwendg auch auf den famrechtl AusglAnspr (BGH FamRZ **94**, 775; § 1606 Rn 20) u entsprechde Anspr aus GoA od ungerechtf Bereicherg (BGH aaO) sowie kr entsprechder Verweisgen in den §§ 1360 a III, 1361 IV 4, währd

von einer Anpassg von § 1585 b nur abgesehen wurde, um nicht den Abschl der KiUnterhReform zu gefährden (Schumacher/Grün FamRZ **98**, 786: StufenMahng wie BGH FamRZ **90**, 283). I gilt auch für 4
AbÄndKl (ZPO 323 III 2). Dagg gelten die Einschrkgen von I **nicht** bei urkundl Anerk der UnterhVerpfl vor dem JugA (Einf 29 v § 1626); bei Verletzg sonstiger UnterhVersprechen (RG **148**, 71; **164**, 69; Einf 12 v § 1601) od wg Schlechterfüllg einer KrankenkostenvorsorgeVerpfl (Schlesw FamRZ **83**, 394) sowie vor allem nicht für vertragl geregelte UnterhAnspr (Karlsr u Brem FamRZ **81**, 384 u 972), insb für UnterhVergl (Mü FamRZ **95**, 1293). Automat Verzug auch bei vertragl Verpfl zur Zahlg des jew RegelBetr (Oldbg u Düss FamRZ **79**, 627 u 1057; Hbg DAV **98**, 322) od Versprechen von Unterh nach dem jew LebhaltgsIndex (Kln FamRZ **83**, 178), währd vertragl nicht von vornherein vorgesehene UnterhErhöhgen wiederum erst einer vertragl Festlegg bedürfen (AG Neust FamRZ **95**, 1516). Zur SchenkgsRückFdg: § 528 Rn 7.

2) Anspruch auf rückständigen Unterhalt kraft eigener Handlungen des Unterhaltsberechtigten, I 1. 5

6 **a) Aufforderung zur Auskunftserteilung** iSv § 1605. Mit ihr geht das Ges über die von der Rspr anerk sog Stufenmahng, näml der Verbindg von Ausk- u UnterhKl noch hinaus (vgl BGH FamRZ **90**, 283), da vom Ztpkt der Aufforderg an der UnterhVerpfl damit rechnen muß, auch tats auf Unterh in Anspr genommen zu w, so daß er sich in seiner LebFührg darauf einstellen kann (BT-Drucks 13/7338 S 31). Ein allg AuskVerlangen reicht nicht aus; es muß vielm deutl machen, daß der UnterhBerecht die Ausk benöt, um seine UnterhKl zu beziffern (ZPO 253 II Nr 2). Die Art des gewünschten Unterh u der jew UnterhBerecht müssen klar sein. Das AuskVerlangen muß sich auch auf denselben UnterhAnspr beziehen, der später eingeklagt wird. Das DeutlichkErfordern gilt auch für AnsprErhöhgen. Der UnterhBerecht kann Unterh für die Vergangenh nicht verlangen, wenn der UnterhSchu seiners zZw einer negat FeststellgsKl von ihm Ausk verlangt hat. Die Aufforderg muß dem UnterhSchu zugegangen sein (§ 130 Rn 5).

b) Verzug des Unterhaltsschuldners. Verzug ist auch erfdl, wenn der UnterhSchu Betreuer des UnterhBerecht ist (Hamm FamRZ **96**, 1218). – **aa) Voraussetzungen: §§ 284, 285** (vgl dort, insb Rn 18, 23, 27). 7 8
Bei mj UnterhBerecht erfolgt die **Mahnung durch den gesetzlichen Vertreter**. Im Falle von § 1629 II 2 reicht aber auch die Obhut für das Ki. Die Rspr hat auch sonst geholfen: zB dch Annahme einer Bevollmächtigg vS des Ki (KG FamRZ **89**, 537); dch Annahme einer wirks Mahng bei UnterhKl dch den Mj (Kln NJW **98**, 320) od dch Anerk der an sich unwirks Vertretg ohne VertretgsMacht über §§ 180 S 2, 177 ff (vgl einers Kblz NJW-RR **92**, 1093; anderers Ffm FamRZ **86**, 592; Zweibr FamRZ **92**, 1464). Das vollj Ki muß selbst mahnen (Mü FamRZ **95**, 1293; aA Krause FamRZ **96**, 307). Zur **Bestimmtheit** der Mahng: § 284 9
Rn 18. Bei mehreren Ki ist eine konkr Bezifferg erfdl (Hamm FamRZ **95**, 106). Die Mahng muß ferner den Ztpkt bezeichnen, von dem ab Unterh gefordert w (Karlsr FamRZ **98**, 742). Mahngsersetzde Wirkg (§ 284 Rn 21) hat der Antr nach § 1612 II 2 (Hbg FamRZ **93**, 102); jedoch nicht die Einleitg eines StrafVerf gem StGB 170 (BGH NJW **87**, 1149). Zum **Wegfall des Mahnungserfordernisses:** § 284 Rn 22 ff, insb bei 10
LeistgsVerweigerg dch den UnterhSchu (BGH FamRZ **83**, 370), allerd nur mit Wirkg für die Zukunft (BGH NJW **85**, 486). Der Auszug des die Ki betreuenden EltT aus der Wohng reicht nicht aus (Mü FamRZ **97**, 313), ebsowenig wie sonst die bl Nichtleistg von Unterh (BGH FamRZ **83**, 352). Verzug aber bei Verlassen der Fam dch den barunterhpflicht EltT ohne mahngsfäh Anschr (Schlesw FamRZ **85**, 734; vgl auch LG Trier FamRZ **96**, 693) od unter Einstellg der UnterhZahlgen (Kln NJW-RR **99**, 4). In dem Versprechen einer best UnterhSumme liegt regelm eine Selbstmahng (Zweibr FamRZ **87**, 1301). Das erforderl **Verschulden** kann 11
nicht damit verneint w, daß dem Schu die für die Höhe des Unterh maßgebden Umstde zZt der Mahng noch nicht bekannt waren (Stgt FamRZ **84**, 1234). – **bb) Verzugswirkungen.** Der UnterhSchu kommt erst dch 12
den Zugang der Mahng od dch die endgült LeistgsVerweigerg in Verzug, schuldet aber, wenn dafür die Vorauss iü vorliegen, Unterh ab Beginn des betreffden Mo, **I 2.** Wg des BestimmthGebots begründet die Mahng den Verzug nur iH des geforderten UnterhBetr, auch wenn dem Berecht in Wirklk ein höherer Unterh zustand (BGH FamRZ **82**, 887; **90**, 283). Zusätzl zum rückständ Unterh schuldet der UnterhVerpfl gem §§ 291, 286 auch Zinsen (Ffm FamRZ **85**, 704; aA Celle FamRZ **83**, 525) u Ers des Verzugsschadens. Für den UnterhVerzugsschaden reicht jedoch der Verzug mit der Ausk nicht aus (Kln FamRZ **96**, 50). Wegfall des Verzugs: § 284 Rn 28 ff; BGH FamRZ **95**, 725; Stgt DAV **97**, 796. In der Zurücknahme der Mahng kann ein Erlaß liegen (BGH FamRZ **88**, 478; Hamm famRZ **90**, 520).

c) Rechtshängigkeit des UnterhAnspr: vgl § 291 Rn 4. Auch dch StufenKl (o Rn 6). Bei Zurückweisg 13
des Antr auf eine UnterhAnO ggf § 212 II analog (BGH NJW **83**, 2318).

3) Unterhalt für die Vergangenheit wegen objektiver Umstände, II. Das Ges verzichtet darauf, daß der 14
UnterhSchu in Verzug gesetzt w ist; es müssen aber Bedürftigk u LeistgsFgk als GrdVorauss des UnterhAnspr gegeben sein (KG FamRZ **93**, 561). Auf ein **Verschulden** kommt es hier dagg grdsl nicht an; es kann aber für 15
die Höhe des Anspr maßgebl sein wie bei NachhilfeStden (Ffm FamRZ **83**, 941) od bei einem SprachenUrl (Brschwg FamRZ **95**, 1010) sowie für den Regreß ggü dem SorgeBerecht (Hamm FamRZ **93**, 995).

a) Sonderbedarf, II Nr 1 (Lit: Puls DAV **75**, 574), kann nur sein, was nicht bereits zum LebBed des 16
gewöhnl Unterh einschl MehrBed gehört; vgl desh zunächst § 1610 Rn 8 ff sowie Einf 24 v § 1601. Im Zweifel soll es bei der lfden UnterhRente sein Bewenden haben (BGH NJW **82**, 328). Eine funktionsbezogene Betrachtgsw grenzt desh danach ab, ob die betreffde Ausgabe von einer vorausschauenden BedPlang dch Bildg von Rücklagen im lfden Unterh einkalkuliert w konnte (Düss FamRZ **90**, 1144; Celle NJW-RR **91**, 201; Vogel FamRZ **91**, 1134). Nicht entscheidd sein kann dagg, ob die Kosten bei Bemessg des Unterh tats berücks w sind (aA Karlsr FamRZ **97**, 967). – **aa) Unregelmäßig** ist ein nicht mit Wahrscheinlk voraus- 17
zusehder u insof überraschder Bedarf (BGH FamRZ **84**, 470), der desh auch bei der Bemessg der lfden UnterhRente nicht berücks w konnte. Bei voraussehb größeren Ausg ist also der lfde Unterh so zu gestalten, daß genügd Spielraum für eine vernünft Plang bleibt (BGH NJW **82**, 328). Nicht vorhersehb KrankhKosten dürfen nicht dch nachträgl Verteilg auf einen längeren ZtRaum zum lfden UnterhBed fingiert w (BGH aaO).
– **bb)** Der Bed muß ferner im Verhältn zum lfden Unterh **außergewöhnlich hoch** sein, so daß unter 18
beengten wirtschaftl Verhältn eine unvorhergesehene Ausg eher SondBed ist als bei gehobenem LebZuschnitt.
– **cc)** SondBed ist **bejaht** worden für die Erstausstattg eines Säuglings (BVerfG-Ka NJW **99**, 3112; Nürnbg 19

FamRZ **93**, 995; Oldbg NJW-RR **99**, 1163; aA LG Hanau DAV **95**, 1080); für die Kosten des VaterschAnfProz (BGH **103**, 160/62); Ski- (Hbg FamRZ **91**, 109) u Klassenfahrt (Hamm FamRZ **92**, 346; Kln NJW **99**, 295; aA Jena FamRZ **97**, 448: vorhersehb); notw UmzugsKo (BGH NJW **83**, 224; Karlsr NJW-RR **98**, 1226); psychiatr Einzeltherapie eines Kassenpatienten (Saarbr FamRZ **89**, 1224); medizin od heilpädagog Behdlg (Hamm DAV **78**, 746); voraussichtl mehrjähr kieferorthopäd Behdlg (Karlsr FamRZ **92**, 1317); med verordneter KurAufenth (Kln FamRZ **86**, 593); behindergsbedingte Anschaffg einer Schreibmaschine (Kln
20 FamRZ **90**, 310); neues Bettzeug wg Staubmilbenallergie (Karlsr FamRZ **92**, 850). **Kein Sonderbedarf** ist die Anschaffg einer Schultüte (and BVerwG NJW **93**, 2192); Zimmereinrichtg für das dem KiBett entwachsene Ki (Kblz FamRZ **82**, 424); eines Klaviers (AG Karlsr FamRZ **88**, 207) od eines für die Berufsausbildg benöt teuren Musikinstruments (Ffm FamRZ **95**, 631); ferner die Erlangg des Führerscheins (AG Arnstadt NJWE-FER **98**, 248); der Brillenaufpreis (AG Ulm FamRZ **84**, 415); Kosten für den KiGarten (vgl § 1610 Rn 12) od -Hort (Karlsr NJW-RR **99**, 4: es sei denn, die Unterbringg ist aus in der Pers des Ki liegden Grden erfdl); für Kommunion (Hamm FamRZ **91**, 857) u Konfirmation (Karlsr FamRZ **95**, 1009; beides umstr, vgl 58. Aufl Rn 23); Schullandheim (Stgt DAV **84**, 485); AustauschschülerAufenth (Karlsr FamRZ **88**, 1091) od AuslStudium (Hamm NJW **94**, 2627); UrlKosten (Ffm FamRZ **90**, 436); Kosten für eine ZahnBehdlg (Zweibr FamRZ **84**, 169; aA KG FamRZ **93**, 561; vgl auch Rn 19); Nachhilfeunterricht (Hamm FamRZ **91**, 857; aA Zweibr FamRZ **94**, 770; Kln NJW **99**, 295: bei vorübergehden Schulschwierigkten); vom Ki zu erstattde
21 ProzKosten (AG Sinzig FamRZ **90**, 1268); Altenpflegekosten (Hamm FamRZ **96**, 1218; bestr). – **dd) Geltendmachung** in einer Summe (Kln FamRZ **86**, 593), aber nur bis 1 J seit Entstehen, darüber hinaus nur, wenn der Schu vor Ablauf des J in Verzug gesetzt od der Anspr rechtshäng gemacht w ist, **II Nr. 1 Halbs. 2.**

22 **b) Verhinderung an der rechtzeitigen Geltendmachung des Unterhaltsanspruchs, II Nr. 2. aa) Rechtliche Verhinderung, II Nr. 2 a.** Die Vorschr hat hauptsächl für ne Ki Bedeutg, deren Va erst später festgestellt w. Ein Ki, das nicht bereits aGrd von § 1592 Nr 1 zum Va den Mann hat, der zum Ztpkt der Geburt des Ki mit dessen Mu verh ist, erh ohne Eingreifen von §§ 1593 bzw 1599 II einen Va nur dch Anerk od gerichtl Feststellg (§ 1592 Nr 2 u 3). Deren RWirkgen können aber erst von der Wirksamk der Anerk bzw von der Rechtskr der gerichtl Feststellg an geltd gemacht w (§§ 1594 I, 1600 d IV). Die rechtl Verhinderg wird bes deutl, wenn zwar eine auf der Ehe mit der Mu od auf Anerk gegründete, aber nach Kenntn der Beteil unrichtige gesetzl Vatersch besteht u diese erst auf Anf hin aufgehoben w muß (§ 1599 I), um unterhrechtl den Weg zum richtigen Erzeuger des Ki zu eröffnen. Die Vorschr gilt insb auch für die Kosten von VaterschAnfVerf (BGH **57**, 229; **103**, 160; vgl dazu auch Mü FamRZ **97**, 1285: Pfändg des Anspr des Ki dch
23 die Staatskasse statt Widerruf der PKH). Der Anspr entsteht mit der Geburt des Ki u wird auch sogleich **fällig** (BT-Drucks 13/7338 S 31), auch wenn die Abstammg uU erst Jahre nach der Geburt festgestellt wird (SozG Hbg DAV **77**, 142). Es bedarf desh weder des Verzugs noch der RHängigk, damit das Ki seinen UnterhAnspr gg den nachträgl festgestellten Va geltd machen kann (Hbg DAV **76**, 404). Ist der Va inzw gestorben, erfolgt die Geltdmachg gg den Nachlaß (AG Weinheim DAV **78**, 797). Der Nachzahlg der früher fällig gewordenen UnterhBetr steht gem § 204 S 2 auch nicht die Verjährg entgg (BGH **76**, 293), noch kommt eine Verwirkg in Betr (Mü FamRZ **86**, 504). Für nach Anerk od rechtskr Feststellg der Vatersch entstehde Anspr gilt § 1613 I
24 (vgl LG Mü FamRZ **74**, 473). **Forderungsübergang:** Soweit aSt des eigtl UnterhPflicht ein and unterhverpfl Verwandter od der Eheg der Mu dem Ki Unterh gewährt, geht der UnterhAnspr des Ki auf diesen über (§ 1607 III 1 u 2). Leistet ein Dr außerh von § 1607 III dem Ki Unterh, behält das Ki den Anspr auf rückständ Unterh. Ein Anspr des Dr aus GoA od ungerechtf Bereicherg entsteht nur, wenn der Dr in der Absicht geleistet hat, dch die GeschFg die Verpfl des Va zu erfüllen (§ 267). Vgl iü auch § 814.

25 **bb) Tatsächliche Verhinderung, II Nr. 2 b.** Befindet sich der UnterhPflicht im Ausl od ist er sonst unbekannten Aufenth u kann das Ki desh seinen UnterhAnspr gg ihn nicht od nur mit Verzögerg geltd machen, so fallen die dadch bdgten Erschwergen, ohne daß es insow auf ein Verschulden ankommt od einen Bezug zur UnterhVerpfl zu haben braucht, in den VerantwortgsBereich des UnterhSchu u erlauben dem Ki, seinen UnterhAnspr ohne die Vorauss von I auch für die Vergangenh geltd zu machen. § 1607 II 1 u 2 gelten dabei auch hier. Steht der Aufenth des UnterhVerpfl fest, verbleibt es bei den Vorauss von I (BT-Drucks 13/7338 S 31). Soweit nicht bereits Nr 2 a eingreift, fallen unter Nr 2 b auch sämtl Fälle, in denen der UnterhSchu Kenntn von der Existenz des UnterhBerecht besitzt u er sich der Erfüllg seiner UnterhPfl bewußt entzogen hat, sei es, daß er das Eintreten eines Dr geflissentl duldete od dch Mitwirkg an einer KiUnterschiebg sogar veranlaßte.

26 **cc) Unbillige Härte, III. aaa) Voraussetzungen, III 1.** Da dch II Nr 2 UnterhAnspr für die Vergangenh ganz allg unter erleichterten Vorauss geltd gemacht w können, erscheint insow auch ein erweitertes Korrektiv zG des UnterhVerpfl geboten, dem das Ges dch die Möglk von Erlaß, Ratenzahlg u Stundg Rechng trägt (BT-Drucks 13/7338 S 32). Die Vorschr muß trotz Fehlens einer entsprechden Verweisg in § 1615 l III 4 auch für den UnterhAnspr der nicht verh Mu gelten (aA FamRefK/Häußermann 10). Die allg Verwirkg (§ 242 Rn 87 ff, 108) kommt nur außerh des RegelgsBereichs von III in Betr (vgl BGH FamRZ **81**, 763). Der HärteRegelg unterliegen nur Anspr auf rückständ Unterh iSv II Nr 2, an deren rechtzeitiger Geltdmachg der UnterhBerecht also aus rechtl oder tats Grden **verhindert** war (vgl Rn 22 u 25). Die Inanspruchn auf rückständ Unterh muß für den UnterhVerpfl eine unbill Härte bedeuten. Wesentl ist dafür ua, von wann ab der Unterh-
27 Schu mit seiner Inanspruchn rechnen mußte (vgl LG Heilbronn DAV **81**, 301). – **bbb) Zulässige Maßnahmen** sind Stundg, Bewilligg von Ratenzahlgen u Erlaß. Die Entsch trifft das mit der UnterhKl befaßte Ger vAw. Bei **Stundung** u AnO von Ratenzahlgen ist zu berücks, daß eine sofort Zahlg den UnterhPflicht bereits schwerer trifft als eine lfde, daß zudem Steuerermäßiggen u KiG für solche Rückstde im allg nicht verlangt w können. Die Umst des Einzelfalls sind maßgebd, also die sonstigen Verpfl u die wirtschaftl Lage des UnterhSchu, ggf ob er sich der Feststellg seiner Vatersch entzogen hat od ob er, da ein Dr zunächst als Va festgestellt u in Anspr gen wurde, mit seiner Vatersch nicht zu rechnen brauchte (AG Hbg DAV **83**, 66). Ein **Erlaß** kommt nur unter erhebl erschwerten Vorauss in Betr. Stets ist zu prüfen, ob nicht Stundg oder Herabsetzg des RegelUnterh für die Vergangenh genügen. Daß die Vatersch erst nach 18 J festgestellt wird, reicht für die Härte nicht aus, wenn der Va von Anfang an mit seiner Inanspruchn rechnen mußte (LG Ulm FamRZ **95**, 633). Ein Erl kann jedoch angem
28 sein bei dauernder Arbeitslosigk u UnterhVerpfl ggü 5 Pers (LG Gött FamRZ **85**, 199). – **ccc) Ersatzan-**

sprüchen Dritter, III 2, die aSt des eigtl UnterhPflicht Unterh geleistet haben, kann ebenf die Einwendg unbill Härte entggstehen. Der ErsAnspr des Dr kann auf der cessio legis von § 1607 III 1 od 2 beruhen bzw auch aus GoA od ungerechtf Bereicherg begründet sein (aA Brüggemann FamRZ **71**, 143: § 843 IV). Der BilligkEntsch entspr es dabei, die wirtschaftl u sonst Verhältn des Va wie des Dr zu berücks (BT-Drucks 13/7338 S 32).

1614 *Verzicht auf den Unterhaltsanspruch; Vorausleistung.* **Für die Zukunft kann auf den Unterhalt nicht verzichtet werden.**

II Durch eine Vorausleistung wird der Verpflichtete bei erneuter Bedürftigkeit des Berechtigten nur für den im § 760 Abs. 2 bestimmten Zeitabschnitt oder, wenn er selbst den Zeitabschnitt zu bestimmen hatte, für einen den Umständen nach angemessenen Zeitabschnitt befreit.

1) Nichtigkeit des Verzichts auf zukünftigen Unterhalt, I iVm §§ 134, 397. Mit Rücks auf die sittl 1
Grdl der UnterhVerpfl (Einf 1 v § 1601) u auf das öff Interesse (RG **86**, 286) zwingdes Recht. Die Vorschr gilt nach Aufhebg von § 1615 e aF auch für den nach dem 30. 6. 98 erkl UnterhVerz eines nehel geborenen Ki. (Die Anpassg v SGB VIII 59 I 1 Nr 3 ist offenb übersehen w). Die Nichtigk gilt unabh von der VerzForm, also auch für Vergl, SchiedsVertr usw, u selbst dann, wenn der Vertr vormschgerichtl genehmigt wurde (RG **50**, 96). Die Unwirksamk ist ferner unabh davon, ob der Verz (als sog Abfindg) entgeltl od ob er unentgeltl erfolgt, die UnterhAnspr vollständ od nur teilw beseit soll, so daß UnterhVereinbgen mit Bindg an best TabSätze (Celle FamRZ **94**, 1131) od unter deren Unterschreitg um 1/3 ebso nichtig sind (Kln FamRZ **83**, 750) wie Vereinbgen, die dch Abreden über die Anrechng des OrtsZuschl zu einer entsprechden Reduzierg der gesetzl UnterhPfl führen (Oldbg FamRZ **79**, 333). Vereinbgen über die Zweckbindg von TeilBetr der UnterhZahlg brauchen nicht gg § 1614 zu verstoßen (Kln FamRZ **83**, 750 u Celle NdsRPfl **91**, 244: AusbildgsVers). Ebso spielt es keine Rolle, ob der Verzichtde bei Abg der Erkl bedürft war. Der in einem VermVergl zw Elt enthaltene Verz auf KiUnterh setzt eindeut Vertretg voraus (BGH FamRZ **87**, 934). Zu FreistellgsVereinbgen zw den Elt: § 1606 Rn 21. In der Nichtgeltdmachg von UnterhAnspr liegt grdsl kein Verz (vgl BGH FamRZ **81**, 763; Mü FamRZ **82**, 90). **Anwendungsbereich:** § 1614 gilt auch für die UnterhAnspr von Eheg (§ 1360 a III); hins 2
gesch Eheg vgl § 1585 c. **DDR:** Ein UnterhVerz für die Zukunft war auch nach FGB 21 unwirks (Hamm DAV **92**, 362). Zur **Zulässigkeit anderer Vereinbarungen:** Einf 29 v § 1601. Zul ist ein UnterhVerz für die 3
Vergangenh, also auf UnterhRückstde, uU selbst iVm einem Verstoß gg § 1614 (Kblz MDR **87**, 497).

2) Vorausleistungen, II, über 3 Mo hinaus (§ 760 II) wirken nicht befreiend, so daß der darüber hinaus 4
Vorausleistde auf eig Gefahr handelt, wenn nach Ablauf des ZtAbschn Bedürftigk vorliegt. Eine hinterlegte Sicherh befreit nur, wenn das Ki die hinterlegten Betr erlangt (Kblz NJW-RR **90**, 264). Vor dem Beitritt in der DDR geleistete Vorauszahlgen sind ohne Wirkg (LG Oldbg FamRZ **93**, 233).

1615 *Erlöschen des Unterhaltsanspruchs.* **I Der Unterhaltsanspruch erlischt mit dem Tode des Berechtigten oder des Verpflichteten, soweit er nicht auf Erfüllung oder Schadensersatz wegen Nichterfüllung für die Vergangenheit oder auf solche im voraus zu bewirkende Leistungen gerichtet ist, die zur Zeit des Todes des Berechtigten oder des Verpflichteten fällig sind.**

II Im Falle des Todes des Berechtigten hat der Verpflichtete die Kosten der Beerdigung zu tragen, soweit ihre Bezahlung nicht von dem Erben zu erlangen ist.

1) Höchstpersönlicher Anspruch, I. UnterhAnspr aus §§ 1601 ff haben ihren RGrd im Verwandt- 1
schVerhältn (Einf 1 v § 1601) u fallen desh, soweit sie auf den zukünft LebBed gerichtet sind, mit dem Tode des Berecht od des Verpflichteten weg. Anspr auf bereits fällige Leistgen (§ 1612 Rn 4) od Unterh für die Vergangenh (§ 1613) fallen je nachd, wer stirbt, in den Nachl des UnterhGl od -Schu (§§ 1922 bzw 1967). I gilt auch für Eheg (§ 1360 a III), aber nur eingeschrkt bei gesch (§ 1586 b), u iFv § 528 I 3.

2) Beerdigungskosten, II, hat vorrang der Erbe zu tragen (§ 1968). Sind sie von ihm nicht zu erlangen 2
od ist kein Verm vorh (LG Dortm NJW-RR **96**, 775), haftet der UnterhVerpfl iRv § 1610, zB hins der Ausstattg des Grabes (RG **139**, 393). Ggf besteht ein ErsAnspr gg den Erben bzw der Elt untereinand aus § 683 (AG Neust FamRZ **95**, 731). Vgl auch § 1586 Rn 2.

II. Besondere Vorschriften für das Kind und seine nicht miteinander verheirateten Eltern

1615 a *Anwendung der Vorschriften des allgemeinen Unterhaltsrechts.* **Besteht für ein Kind keine Vaterschaft nach § 1592 Nr. 1, § 1593 und haben die Eltern das Kind auch nicht während ihrer Ehe gezeugt oder nach seiner Geburt die Ehe miteinander geschlossen, gelten die allgemeinen Vorschriften, soweit sich nicht anderes aus den folgenden Vorschriften ergibt.**

Da die §§ 1615 b–k aufgehoben sind, verweist § 1615 a für den Unterh des Ki prakt nur noch auf § 1615 o I. 1

1615 b–1615 k *(Aufgehoben mit Wirkg vom 1. 7. 98 dch Art 1 Nr 16 KiUG einschl der RegelUnterhVOen vom 27. 6. 70 mit den dazu ergangenen AnpassgsVOen u der VO zur Festsetzg des Regelbedarfs in dem in Art 3 des EiniggsVertr genannten Gebiet vom 25. 9. 95 [BGBl I S 1190] dch Art 6 KiUG.)*

1615 l ***Unterhalt von Mutter und Vater aus Anlaß der Geburt.*** **I Der Vater hat der Mutter für die Dauer von sechs Wochen vor und acht Wochen nach der Geburt des Kindes Unterhalt zu gewähren. Dies gilt auch hinsichtlich der Kosten, die infolge der Schwangerschaft oder der Entbindung außerhalb dieses Zeitraums entstehen.**

II Soweit die Mutter einer Erwerbstätigkeit nicht nachgeht, weil sie infolge der Schwangerschaft oder einer durch die Schwangerschaft oder die Entbindung verursachten Krankheit dazu außerstande ist, ist der Vater verpflichtet, ihr über die in Absatz 1 Satz 1 bezeichnete Zeit hinaus Unterhalt zu gewähren. Das gleiche gilt, soweit von der Mutter wegen der Pflege oder Erziehung des Kindes eine Erwerbstätigkeit nicht erwartet werden kann. Die Unterhaltspflicht beginnt frühestens vier Monate vor der Geburt; sie endet drei Jahre nach der Geburt, sofern es nicht insbesondere unter Berücksichtigung der Belange des Kindes grob unbillig wäre, einen Unterhaltsanspruch nach Ablauf dieser Frist zu versagen.

III Die Vorschriften über die Unterhaltspflicht zwischen Verwandten sind entsprechend anzuwenden. Die Verpflichtung des Vaters geht der Verpflichtung der Verwandten der Mutter vor. Die Ehefrau und minderjährige unverheiratete Kinder des Vaters gehen bei Anwendung des § 1609 der Mutter vor; die Mutter geht den übrigen Verwandten des Vaters vor. § 1613 Abs. 2 gilt entsprechend. Der Anspruch erlischt nicht mit dem Tode des Vaters.

IV Der Anspruch verjährt in vier Jahren. Die Verjährung beginnt, soweit sie nicht gehemmt oder unterbrochen ist, mit dem Schluß des auf die Entbindung folgenden Jahres.

V Wenn der Vater das Kind betreut, steht ihm der Anspruch nach Absatz 2 Satz 2 gegen die Mutter zu. In diesem Fall gelten die Absätze 3 und 4 entsprechend.

1 **1) Ansprüche der Mutter aus Anlaß der Geburt, I.** Sie stehen iGgs zu denen aus II 2 naturgem nur der Mu zu (V 1).

2 **a) Unterhalt, I 1.** Der Anspr setzt entsprechd der Überschrift vor § 1615 a voraus, daß die Elt des Ki nicht miteinand verh sind. Für das nachehel Ki gesch Eheg gilt desh außerh von § 1593 S 1 nicht § 1570, so daß die Mu UnterhAnspr gg ihren früh Ehem nur nach § 1615 l hat. Nur diese Vorschr gilt auch für Geburten innerh von nichtehel LebGemsch. Die Geltdmachg des Anspr setzt nicht voraus, daß die Nichtehelk des Ki rechtskr festgestellt ist od aGrd Anerk feststeht (vgl Zweibr NJW **98**, 318); es reicht aus, wenn der als Erzeuger des Ki in Betr kommde Dr die Vatersch nicht bestreitet (vgl Düss FamRZ **95**, 690; aA Hamm FamRZ **89**, 619). Neben der LeistgsFgk des Va (§ 1603), der zur Erfüllg des Anspr nicht sein Studium aufzugeben braucht (Ffm FamRZ **82**, 732), ist Bedürftigk der Frau iSv § 1602 weitere Vorauss (BGH NJW **98**, 1309). Da die Mu dem BeschäftiggsVerbot von MuSchG 3 II, 6 I unterliegt, besteht insow für sie keine ErwObliegenh. Soweit ihr gem MuSchG 11 vom ArbG das ArbEntgelt weiter gewährt wird od sie gem RVO 200 I MutterschGeld erh, ist sie nicht bedürft, so daß I vor allem zum Schutz von nicht abhäng Beschäft od nicht VersPflichtigen (also selbstd od nichterwtät Müttern) u insow mittelb auch des Ki dient (Staud/Eichenhofer[12] 5). Zur
3 Kausalität u ggf anteil Haftg and UnterhPflicht: Rn 11. **Dauer:** 6 Wo vor u 8 Wo nach der Geburt. Ggf schließt sich ein Anspr auf außerordentl Unterh gem II 1 an (Rn 8).

4 **b) Schwangerschafts- und Entbindungskosten, I 2.** And als für den Anspr nach I 1 ist hier einers Kausalität erfdl, währd anderers Kosten, soweit sie schwangersch- bzw geburtsbedingt sind, auch außerh des
5 14 Wo-ZtRaums vom Va übernommer w müssen. – **aa) Rechtsnatur.** Der früher in § 1615 k aF eigenständ normierte Anspr ist nach Einfügg in I als UnterhAnspr zu qualifizieren (BT-Drucks 13/7338 S 32), also von LeistgsFgk u Bedürftigk abhäng (vgl Einf 4 v § 1601). Der Anspr ist übertragb, vererbl u bdgt pfändb (vgl Th-P § 850 b Rn 8). Bei Vorleistg dch das SozAmt wird der Anspr übergeleitet (BVerwG NJW **90**, 401). Bei Leistg dch Verwandte gilt ggf § 1607 II analog (aA Gernhuber/Coester-Waltjen[4] § 59 III 2). Außerh vertragl Zusagen besteht kein Anspr des Krankenhausträgers gg den Erzeuger auf Übernahme der EntbindgsKosten (LG Kln NJW **91**, 2354). Es besteht auch kein RegreßAnspr von ArbG od Versicherer (Erman/Holzhauer[9]
6 § 1615 k Rn 1). – **bb) Erstattungsfähig** sind vor allem die unmittelb **Schwangerschafts- und Entbindungskosten**, also Aufwendgen für Arzt, Hebamme, Klinik (einschl der Mehrkosten inf von Komplikationen), PflegePers, Medikamente usw; daneben auch alle **weiteren notwendigen Aufwendungen** für ärztl Vor- u Nachuntersuchgen, SchwangerschGymnastik u -garderobe (AG Krfld FamRZ **85**, 1181). Die Angemessenh der Aufwendgen richtet sich nach der LebStellg der Mu. Nicht nach I 2 erstattgsfäh sind die Kosten für eine Krankenhausunterbringg des Ki nach der Geburt; sie sind vielm dessen eig Unterh zuzurechnen (LG Aachen FamRZ **86**, 1040). Zur Baby-Erstausstattg; § 1613 Rn 19. Ersetzt werden nur die wirkl entstandenen Kosten. Der Anspr ermäßigt sich desh um die Leistgen, welche die Mu von and Stelle erh hat (LG Brem FamRZ **93**, 107), also um Zahlgen aGrd der Soz- od einer PrivatVers, ebso bei Hilfen im öff Dienst od aGrd von TarifVertr (Brüggemann FamRZ **71**, 144), soweit nicht eine Überleitg stattfindet (Einf 41 v § 1601).

7 **c)** Weder unter I 1 noch unter I 2 fallen bei einer freiberufl od selbstd tät Mu die Kosten für eine **Praxisvertretung** od Vertretg im Betrieb. Auszugehen ist vom Vorrang von I 1 ggü I 2, so daß nicht mehr als Kosten qualifiziert w kann, was bereits als Unterh geschuldet wurde. Die Mu hat aber einen Anspr auf BarUnterh, kann also die für den angem LebBed erfdl Geldmittel beanspruchen, nicht jedoch die Mittel für die Weiterführg ihres Betriebs od ihrer Praxis. Die GgMeinung ist insof widersprüchl, als sie ebenf nicht sämtl dch die Vertretg entstandenen Kosten, sond diese nur iH des eig LebBed der Mu ersetzen will (vgl LG Hbg FamRZ **83**, 301 mA Büdenbender; sa Staud/Eichenhofer[12] 9 mN).

8 **2) Außerordentlicher Unterhalt bei mangelnder Erwerbstätigkeit als Folge der Schwangerschaft, II.** GrdVorauss sind auch hier LeistgsFgk u Bedürftigk (vgl AG Mannh FamRZ **98**, 117). Vgl zum **Erziehungsgeld**: Einf 51 v § 1601. Iü unterscheidet das Ges zwei Fälle: im einen Fall liegen die bes Grde in der Pers der Mu,
9 im and in der Pers des Ki. – **a) Schwangerschaft oder Krankheit, II 1.** Es reicht aus, wenn die Schwangersch, die Entbindg od eine dadch verursachte Krankh für die NichtAufn einer ErwTätigk zumind mitursächl ist. Doch scheidet der Anspr aus, wenn die ErwTätigk bereits aus and Grden, etwa wg einer davon unabhäng Erkrankg od

einer bereits zuvor bestehden Erwerbslosigk unterlassen w, nicht dagg wg anderweit KiBt (vgl o Rn 2). II 1 gilt auch, wenn die Mu wg der Schwangersch eine Schul- od Berufsausbildg abgebrochen hat u mangels Berufs-Abschl nach der Geburt des Ki nicht erwtät werden kann (LG Essen FamRZ **71**, 539; aA Erman/Holzhauer 3).

b) Ein Anspr aus II 1 besteht ferner dann, wenn die Mu zwar erwfäh ist, aber nicht erwtät sein kann, weil von ihr **wegen der Pflege oder Erziehung des Kindes eine Erwerbstätigkeit nicht erwartet werden kann, II 2.** – **aa)** Die Kausalität zw KiBt u NichtErwTätigk der Mu kann bei vorheriger VollZtBeschäftigg ow angen w (LG Verden FamRZ **91**, 481). Währd nach der früh Regelg der Anspr von dem Nachw abhing, daß eine anderweit Möglk der KiBt (zB in einer KiTagesstätte) nicht bestand (vgl BGH **93**, 123), war Zweck der weitgehden Angleichg der AnsprVorauss an § 1570 dch das Schwangeren- u FamHilfeÄndG vom 21. 8. 95 (BGBl 1050), den Va in eine größere Verantwortg dafür zu ziehen, daß ein Ki, dessen Elt nicht verh sind, währd der ersten 3 LebJ in den Genuß der persönl Bt dch die Mu kommt, die dafür dch den UnterhAnspr abgesichert w sollte (BT-Drucks 13/1850 S 24). Die Entsch der Mu, das Ki selbst zu versorgen od es anderweit betreuen zu lassen u ganz od teilw erwtät zu sein, steht **nicht völlig im Belieben der Mutter** (vgl zum früh Recht LG Karlsr FamRZ **89**, 315), sond ist wie in § 1570, dem die neue Vorschr nachgebildet ist, nach wie vor in gewissem Grad objektiviert („soweit ... nicht erwartet w kann"). Die ggwärt GesFassg zwingt also nach wie vor zu einer Abwägg. Zu den dabei in Betr kommden GesichtsPkten vgl § 1570 Rn 7 ff. Nach wie vor haben damit die anderweit BtMöglkten Bedeutg. Dabei ist die FremdBt, wie die Erfahrgen insb im Ausl zeigen, dchaus mit den MuPflichten vereinb, so daß sie weder in aller Regel unzumutb, noch nur in zwingden Situationen mit einer ErwObliegenh zu vereinb ist. Das zentrale Bedürfn nach menschl verläßl BezugsPers läßt sich von den Elt auch ohne persönl rund-um-die-Uhr-Bt befriedigen. Leben die Elt in einer nichtehel LebGemsch zus, muß berücks w, wenn der Partn die KiBt übernehmen kann (Brem FamRZ **84**, 84). Auch wenn die nichtehel LebGemsch nicht mehr besteht, kann der Va als anderweit BtPers uU noch zVfg stehen, wenn dies für die Mu nicht unzumutb ist (vgl AG u LG Würzburg FF **97**, 54 mA Schnitzler). Zu and GesichtsPkten vgl AG Karlsr FamRZ **89**, 315. – **bb)** Die KiBt braucht nicht die alleinige Ursache für die NichtErwTätigk zu sein; es reicht auch hier 11
die bl Mitursächlk. Ist die Mu bereits wg der Bt ehel Ki an einer ErwTätigk gehindert, haften der Ehem u der Va des ne Ki für den BtUnterh analog § 1606 III 1 anteilig (BGH NJW **98**, 1309); vgl unten Rn 16.

c) Dauer des außerordentlichen Unterhalts, II 3. Die Befristg des Unterh gilt sowohl für schwangersch- 12
u krankhbdgten Unterh wie für den BtUnterh (II 1 u 2). Doch kommt die Vorverlegg der UnterhPfl auf 4 Mo vor der Geburt naturgem nur für II 1 in Betr. Der außerordentl Unterh ist zu zahlen, bis das Ki 3 J alt geworden ist. Auf **Altfälle**, in denen die früh 1-J-Fr bei Inkrafttr der Vorschr am 1. 10. 95 schon abgelaufen war, findet II 3 nF keine Anwendg (Brschw u LG Düss FamRZ **99**, 186; AG Detm FamRZ **98**, 118). Bei **grober Unbilligkeit** kann sich auch die 3-J-Fr nochmals verlängern u der Va im Prinzip sogar zur dauerden UnterhLeistg an die Mu verpfl bleiben. Trotz der mißverständl Formulierg des Ges können auch allein in der Pers des Ki liegde Umst (wie eine bes Pflegebedürftigk inf einer Behinderg) zur Verlängerg des UnterhAnspr führen.

3) Anwendung des allgemeinen Unterhaltsrechts, III 1. – **a)** Da es sich bei den Anspr aus I u II um 13
echte UnterhAnspr handelt, finden darauf die Vorschr zum Unterh zw Verwandten Anwendg. Zum begrenzten Realsplitting: Benkelberg FuR **99**, 301. Das allg UnterhR gilt jew auch, wenn der Va bei Bt des Ki Anspr nach V gg die Mu richtet. Entsprechd anzuwenden sind danach insb die allg Vorschr zur Bedürftigk u LeistgsFgk (§§ 1602, 1603). Der Anspr entfällt also bei Lohnfortzahlg an die Mu. Augem Selbstbeh ggü Anspr aus § 1615 l: mind 1800 DM (DüssTab unter D; vgl Einf 20 v § 1601). Entsprechd gilt – selbst bei früh ne LebGemsch zw den Elt – für das UnterhMaß nicht § 1578, sond § 1610, so daß insow die LebStellg des jeweils anspruchstellden EltT entscheidd ist. Betreut die Mu Ki aus einer früh Ehe u verlangt sie wg eines außerehel weiteren Ki Unterh von dem Erzeuger, so sind für den Anspr aus § 1615 l die ehel LebVerhältn maßgebl (BGH NJW **98**, 1309; vgl iü Rn 11). Ansonsten gibt der Verdienstausfall für die Höhe des Anspr einen AnhaltsPkt. Mangels vorangegangener ErwTätigk kann der notw Eigenbedarf als Maßst herangezogen w (vgl DIV-GA DAV **99**, 747; Einf 20 v § 1601). Unterh für die Vergangenh u SondBed kann nach Feststellg der Vatersch ggf ohne Inverzugsetzg erfolgen, § 1613 I, **III 4**; aber gem § 1613 II 1 Nr 1 Halbs 2 Geltdmachg innerh von 1 J erfdl (AG Krfld FamRZ **85**, 1181). Nach § 1613 II Nr 2 a kann die Mu ihre Anspr aus I u II auch nachträgl geltd machen, wenn sie vor Anerk od gerichtl Feststellg der Vatersch entstanden sind. Abtretbark: § 400. Ausk: § 1605. Die Verweisg deckt ferner die ErsHaftg von § 1607, nach Aufgehen des § 1615 b in § 1607 auch für die UnterhAnspr der Mu. Zahlgsweise: § 1612 I. Tod des Va, **III 5:** Haftg seiner Erben (§ 1967), auch wenn der Va vor der Geburt des Ki gestorben ist (§ 1615 n). Verjährg, **IV:** Fr 4 J; Beginn nicht ab Fälligk jeden MoBetr zum Jahresende (§§ 1612 III 1, 197, 201), sond einheitl mit dem Schluß des auf die Entbindg folgden J. Beginn der Verjährg nicht vor Anerk od Feststellg der Vatersch: §§ 1594 I, 1600 d IV (vgl § 202 Rn 10). Hemmg u Unterbrechg: §§ 202 ff, 208 ff. – **b) Verfahren:** Beratg und Unterstützg der 14
Mu dch das JA (Einf 17 v § 1626); aber keine Beistandsch (vgl § 1712 I: Beistand „des Ki"). Doch kann das JA entsprechde ZahlgsVerpfl beurk u vollstreckb Ausfertiggen erteilen (SGB VIII 59 I Nr 4, 60). Zustdgk bei einstw AOen: ZPO 644. Einstw Vfg: § 1615 o II. Pfändbark: ZPO 850 b–d.

4) Konkurrenzen. Soweit dem Va gem II 2, V 1 UnterhAnspr gg die Mu zustehen, gilt das im folgden 15
Gesagte auch zu seinen Gunsten. – **a) Mehrere Unterhaltsverpflichtete. aa) Anteilige Haftung.** Ist die 16
Mu wg der Bt von Ki, die von versch Erzeugern stammen, diesen ggü unterhberecht, haften die Väter anteil (BGH NJW **98**, 1309; o Rn 11). Für die HaftgsAnteile sind die Anzahl, das Alter u die BtBedürftigk der einz Ki maßgebl. **bb) Vorrang der Haftung des Vaters vor den Verwandten der Mutter, III 2.** Haften zB Elt 17
für den Unterh ihrer Tochter, wenn diese eig Ki versorgt (vgl § 1602 Rn 15), schuldet der Va der Ki der Mu vorrangig vor deren Elt auch BtUnterh. Diese sind somit nur bei LeistgsUnfgk des Va zum Unterh verpfl. Für die LeistgsUnfgk des Va ist die Mu bewpflicht (KG FamRZ **98**, 556). Die vorrangige Haftg des mit der Mu nicht verh Va besteht analog III 2 auch ggü dem gesch Ehem der Mu, wenn dieser aus and Grden als aus § 1570 Unterh schuldet (Kblz FamRZ **81**, 92), aber nicht über den ZtRaum von I u die Einschrkgen von II hinaus (Düss FamRZ **95**, 690). – **b) Mehrere Unterhaltsberechtigte, III 3.** Die ne Mu rangiert hinter der 18
Ehefr, auch nach Scheidg der Ehe (§ 1609 II), sowie hinter mj Ki des Va. Dagg hat sie Vorrang vor den Anspr der übr Verwandten des Va, insb ggü dessen vollj od verh Ki (Celle FamRZ **90**, 1146).

19 **5) Unterhaltsanspruch des Vaters gegen die Mutter, V.** Die Verweisg erstreckt sich nicht auf die Anspr aus I (o Rn 1), doch erfaßt II 2 ggf auch für den Va den ZtRaum unmittelb nach der Geburt, II 3. Vorauss ist, daß der Va das Ki betreut, wofür die tats Handhabg maßgebl ist, nicht die SorgeRegelg (Büdenbender FamRZ **98**, 134). Es gelten nach V 2 ferner III u IV (Rn 13 ff), die iRv III 2 nach dem Aufgehen von § 1615 b in § 1607 nunm auch die UnterhAnspr der Mu erfassen. Einstw RSchutz: nicht nach § 1615 o II, sond ledigl gem ZPO 940 (Büdenbender FamRZ **98**, 138).

1615 m *Beerdigungskosten für die Mutter.*

Stirbt die Mutter infolge der Schwangerschaft oder der Entbindung, so hat der Vater die Kosten der Beerdigung zu tragen, soweit ihre Bezahlung nicht von dem Erben der Mutter zu erlangen ist.

1 Die Beerdiggskosten (§ 1968 Rn 3) treffen an sich den Erben. Nur wenn ihre Bezahlg von dem Erben nicht zu erlangen ist, hat der Va subsidiär diese Kosten zu tragen. Dagg geht seine Haftg derj unterhpflicht Verwandter der Mu (§ 1615 II) u auch des Eheg der Mu als lex specialis vor (§§ 1360 a III, 1361 IV 4). Höhe der Kosten unter Berücks der LebStellg der Mu. Der Tod muß als Folge der Schwangersch od Entbindg eingetreten sein. Beim Tod inf SchwangerschAbbruch trägt der Va die Kost, es sei denn, er hat den Abbruch in verantwortgsvoller Weise zu verhindern versucht. Verjährg: § 195.

1615 n *Tod des Vaters; Tot- und Fehlgeburt.*

Die Ansprüche nach den §§ 1615 l, 1615 m bestehen auch dann, wenn der Vater vor der Geburt des Kindes gestorben oder wenn das Kind tot geboren ist. Bei einer Fehlgeburt gelten die Vorschriften der §§ 1615 l, 1615 m sinngemäß.

1 **1)** Der **Tod des Vaters,** auch der vor der Geburt des Ki, ändert nichts an der Verpfl, die EntbindgsKosten u damit zushängde weitere Aufwendgen sowie Unterh für die Mu (§ 1615 l) sowie BeerdiggsKosten für sie, wenn sie inf der Schwangersch od Entbindg gestorben ist (§ 1615 m), zu tragen. Sie treffen seine Erben. Entsprechdes bestimmt für den Unterh der Mu § 1615 l III 5.

2 **2) Tot- und Fehlgeburt.** Auch in diesen Fällen trägt der Va, ggf seine Erben, die EntbindgsKosten nebst etwaigen weiteren Aufwendgen sowie den Unterh für die Mu (§ 1615 l) u deren BeerdiggsKosten (§ 1615 m). Allerd wird eine Feststellg, wer Va ist, mangels einer Anerkenng vor der Geburt (§ 1594 IV), schwierig sein. Es müssen dann die Vermutgen der §§ 1600 c I, 1600 d II analog helfen. Für die Kosten eines SchwangerschAbbr od einer Fehlgeburt als Folge eines Versuchs dazu wird der Va nach dem Prinzip von § 1615 m Rn 1 aufkommen müssen (die Entscheidgen der AGe Bühl u Brake FamRZ **85**, 107 u **76**, 288 dürften überholt sein).

1615 o *Einstweilige Verfügung gegen den Mann.*

I Auf Antrag des Kindes kann durch einstweilige Verfügung angeordnet werden, daß der Mann, der die Vaterschaft anerkannt hat oder der nach § 1600 d Abs. 2 als Vater vermutet wird, den für die ersten drei Monate dem Kinde zu gewährenden Unterhalt zu zahlen hat. Der Antrag kann bereits vor der Geburt des Kindes durch die Mutter oder einen für die Leibesfrucht bestellten Pfleger gestellt werden; in diesem Falle kann angeordnet werden, daß der erforderliche Betrag angemessene Zeit vor der Geburt zu hinterlegen ist.

II Auf Antrag der Mutter kann durch einstweilige Verfügung angeordnet werden, daß der Mann, der die Vaterschaft anerkannt hat oder der nach § 1600 d Abs. 2 als Vater vermutet wird, die nach § 1615 l Abs. 1 voraussichtlich zu leistenden Beträge an die Mutter zu zahlen hat; auch kann die Hinterlegung eines angemessenen Betrages angeordnet werden.

III Eine Gefährdung des Anspruchs braucht nicht glaubhaft gemacht zu werden.

1 **1) Einstweilige Verfügung zu Gunsten des Kindes, I. – a)** Währd die einstw AO nach ZPO 641 d den laufden Unterh nach Anhängigk eines VaterschFeststellgsVerf (§ 1600 d) sicherstellt, ermögl die einstw Vfg nach I die **Sicherstellung des Kindesunterhalts für die ersten 3 Monate**. Um die baldige UnterhZahlg sicherzustellen, braucht die Vatersch des in Anspr Genommenen nicht rechtskr festzustehen; es genügt Glaubhaftmachg der Schwangersch u des Ztpkts der Geburt sowie die Anerk des in Anspr gen Mannes (§§ 1592 Nr 2, 1594 ff) bzw die VaterschVermutg des § 1600 d II 1. Schwerwiegde Zweifel zur Ausräumg der Vermutg (§ 1600 d II 2) sind ebenf nur glaubh zu machen. Zur DNA-Pränataldiagnostik Reichelt FamRZ **94**, 1303. Die Gefährdg des UnterhAnspr braucht nicht glaubh gemacht zu w, **III**. Keine Vfg mehr nach Ablauf der 3 Mo od für UnterhRückstde (AG Bln-Charl FamRZ **83**, 305; Büdenbender FamRZ **83**, 308),
2 wohl aber, soweit die 3 Mo noch nicht verstrichen sind. – **b) Umfang.** Die einstw Vfg ist regelm auf den RegBetr der 1. Altersstufe der RegBetrVO (§ 1612 a Rn 16) zu richten, einschl der SäuglErstAusstattg (LG Düss FamRZ **75**, 279 m abl Anm Büdenbender; vgl § 1613 Rn 19), kann aber auch auf voraussichtl (zB bei
3 bereits festgestellten Embryonalschäden) entstehenden Sond- od MehrBed gerichtet w. – **c) Geltendmachung** dch die Mu, den Pfleger (I 2, 1912) od dch das JA als Beistand (§§ 1712 I Nr 2, 1713 II 1, 1714 S 2).

4 **2) Einstweilige Verfügung zu Gunsten der Mutter, II,** für die Anspr aus § 1615 l, ohne daß deren Gefährdg glaubh gemacht zu w braucht, III. AntrSt u ZahlgsEmpf ist die Mu, bei Mjk ihr ges Vertr (Elt, Vormd). Der Anspr ist dch Verweisg auf § 1615 l I auf 14 Wo beschr, wodch I u II einand angeglichen w. Der Grd für die zeitl Beschrkg ist, daß mit Einreichg der VaterschFeststellgsKl bzw eines PKH-Gesuchs nach ZPO 641 d I 1 zeitl unbeschr einstw AOen zul sind (BT-Drucks 13/4899 S 90). Entgg der Gleichstellg in § 1615 l V 1 stehen dem das Ki (voraussichtl) betreuenden Va gg die Mu keine VerfüggsAnspr zu; einer Analogie steht entgg, daß die Regelg ledigl der bes Lage der Mu nach der Geburt Rechng tragen soll (Greßmann, Das neue KindschR, Rn 522; and Büdenbender FamRZ **98**, 138).

Vierter Titel. Rechtsverhältnis zwischen den Eltern und dem Kinde im allgemeinen

Einführung

1) Bedeutung. Die Vorschr des 4. Titels haben ihren Grd im Verwandtsch- und AbstammgsVerh von Elt und Ki (§§ 1589,1591 ff). Sie sind aber weder vollständ insof, als auch in and Vorschr das Elt-Ki-Verhältn im allg geregelt w (zB §§ 11, 204 S 2), noch allg insof, als nicht alle Bestimmgen vom KiAlter unabhäng sind und beim KiNamen der durch das KindRG aufgegebene Statusunterschied zw ehel und ne Geburt notwendigerw weitergeführt w ist. 1

2) IPR: EG 19, 20. **Übergangsrecht DDR:** EG Art 234 § 10; zum KindRG: Einf 35 vor § 1626; zum NamensR: EG Art 224 § 3. Zur Aussetzg wg ÜbPrüfg der Verfmäßigk v § 1616 II–III aF vgl Düss StAZ **99**, 277. 2

3) Kindesnamensrecht (Lit: Diederichsen NJW **98**, 1981; Gaaz StAZ **98**, 244; Hepting StAZ **96**, 1; Michalski FamRZ **97**, 977; Wagenitz/Bornhofen, FamNamRG, 1994; Wagenitz FamRZ **98**, 1545). Das Ki hat das Recht und die Pfl, den ihm nach den §§ 1616 ff zustehden Na zu führen, entsprechd die Elt im amtl Verkehr. NaSchutz: § 12. **IPR:** EG Art 10 Rn 26 ff. Name des FindelKi: PStG 25. Vgl zum EheNa: § 1355. 3
– **a)** Die Vorschr zur NaGestaltg enth, abgesehen von den vom Ges eingeräumten WahlMöglkten, **zwingendes Recht.** Die Elt haben für ihre Ki zwar einen weiten GestaltgsSpielraum bei der Vornamensgebg (§ 1616 Rn 4), sind aber an die gesetzl NaArten (§ 1616 Rn 1) gebunden u haben auch kein völlig ungebundenes NaGestaltgs- od NaBestimmgsR. – **b)** Insb können die Elt ihrem erstgeborenen Ki nicht einen aus ihrer beider FamNa gebildeten **Doppelnamen** geben (§§ 1617 I 1, 1617 a I u II, 1618). Verfassgskonform (Celle StAZ **96**, 329). Eine Ausn bestand nur in der ÜbergangsZt nach der Entsch BVerfG NJW **91**, 1602 (Bsp: BayObLG FamRZ **96**, 428) u besteht nunm nur noch für Geschw iR der ÜbergangsRegelg. Danach kann ein DoppelNa, den Elt ihrem vor dem 1. 4. 94 geborenen Ki in der vom BVerfG eröffneten ÜbergangsZt gegeben u nach dem FamNamRG auch beibehalten hatten, unbefristet auch sämtl nach dem 31. 4. 94 geborenen Geschw erteilt w (EG Art 224 § 3 III iVm II). Hat das vor dem 1. 4. 94 geborene Ki keinen DoppelNa erhalten, bleibt es dabei (EG Art 224 § 3 I 1), ebsowenig wie er nach der neuen Regelg für die nachfolgden Geschw noch in Betr kommt. DoppelNa gibt es in Zukunft also nur noch übergangsrechtl u zB bei span DoppelNa (Düss StAZ **95**, 41). Zu einer Kombinationslösg kann es schließl auch bei der Einbenenng kommen (vgl § 1618 Rn 7). – **c)** Das Ki hat das Recht u die Pfl, den ihm nach den §§ 1616 ff zukommden Na zu führen. Zu nachträgl **Namensänderungen** vgl §§ 1617 b-1618, 1757, 1765; VorNa: § 1616 Rn 7. Eine **öffentlichrechtliche Namensänderung** (Brandhuber StAZ **97**, 293; Gaaz StAZ **98**, 248 f; Loos, NÄG, 2. Aufl 1996) betrifft die PersSorge (LG Lübeck FamRZ **96**, 286) u ist nach § 3 NÄG bei Vorliegen eines wichtigen Grdes zul. Antragsberecht ist der Mj; keine Klage der Elt im eig Na (BVerwG NJW **88**, 2400). Von einer Erteilg des Na der PflegeElt sollte abgesehen w (aA VG Arnsbg DAV **99**, 649).

The margin numbers 4, 5 and 6 stand beside the lines beginning "– a)", "NaGestaltgs-" and "kommen (vgl § 1618 Rn 7)":

4 (– a) … zwingendes Recht)
5 (– b) … Doppelnamen)
6 (– c) … Namensänderungen)

1616 ***Geburtsname bei Eltern mit Ehenamen.*** **Das Kind erhält den Ehenamen seiner Eltern als Geburtsnamen.**

1) Grundlagen. a) Namensarten. Das Ki erhält einen VorNa u einen FamNa (PStG 21 I Nr 4). Zum **Vornamen:** Rn 4. Der **Familienname** (vgl PStG 21 I Nr 1, 4 u 5) ist der Funktion nach **Nachname** (iGgs zum VorNa) u richtet sich als **Geburtsname** nach der Abstammg bzw nach der Best des SorgeBerecht; bei den Elt ist deren FamNa dagg ggf dch die Eheschl als EheNa, dch Adoption od NaÄnd bzw dch Rückkehr zum GeburtsNa anläßl der Scheidg od Verwitwg zustande gekommen. Adelsbezeichngen sind Bestandteile des NachNa. – **b) Eintragung des Geburtsnamens.** Die Geburt des Ki ist dem StBeamten anzuzeigen (PStG 16, 17) u von diesem gem PStG 21 in das Geburtenbuch einzutragen; auf Wunsch der Elt auch eines tot geborenen Ki (Einf 10 v § 1589). Ändert sich der Na des Ki inf nachträgl Best eines EheNa dch die Elt (§ 1617 c I) od dch Einbenenng (§ 1618), dch Adopt (§ 1757 I) od dch das NÄG, so erhält das Ki jew einen neuen GebNa. Lautet der bei der Geburt nach § 1616 erh Na A u erstreckt sich eine später von den Elt vollzogene Änd ihres EheNa zu B auf das Ki (§ 1617 c II Nr 1), so heißt dieses B u nicht etwa „B, geb A“. Jede Änd des GebNa wird vom StBeamt als Randvermerk zu der ursprüngl Eintragg im Geburtenbuch eingetr (PStG 30 I 1 u 2). 1 2

2) Geburtsname des Ki ist, wenn seine Elt miteinand verh sind u einen EheNa führen (§ 1355 I 1 u 2), automat dieser EheNa. Für eine NaBest dch die Elt ist insow kein Raum. Für die Anwendg der Vorschr spielt es keine Rolle, ob es sich um das 1. Ki od dessen Geschw handelt. Entscheidd ist, ob die Elt bei Geburt od in dem dch § 1593 best zeitl Umfeld der Geburt des Ki einen EheNa führen. Das ist der Fall, wenn sie bei Geburt des Ki einen EheNa haben; ferner auch, wenn sie vor der Geburt des Ki miteinand verh waren, im Ztpkt der Geburt aber gesch sind, jedoch noch den gemeins Na aus ihrer Ehe fortführen (BT-Drucks 13/4899 S 90). Dasselbe gilt, wenn der Va des Ki innerh von 300 Tagen vor der Geburt des Ki verstorben ist (vgl § 1593 S 1). Das gilt auch, wenn der EheNa von dem überlebden Eheg nicht mehr geführt w (FamRefK/Wax 3). Außerh dieser namensrechtl Fortsetzg der abstammgsrechtl Zurechng gilt folgdes: Sind die Elt gesch od ist ihre Ehe dch Tod aufgelöst, so ist auch bei Beibehaltg des bish gemeins Na dieser nicht mehr EheNa iSv § 1616, sond sind die §§ 1617 I 1, 1617 a I, 1618 anzuwenden. Adelsbezeichngen, die Bestandteil des EheNa der Elt sind, erwirbt das Ki als Teil seines GeburtsNa (Düss FamRZ **97**, 1554). 3

3) Vorname (Lit: Diederichsen NJW **81**, 705 u StAZ **89**, 337 u 365; Nappenbach StAZ **98**, 337). Wirks im **Ausland** erteilte VorNa werden in Dtschl anerk. Das gilt insb für sog ZitatNa wie „Frieden mit Gott allein dch Jesus Christus“ (vgl Seibicke StAZ **97**, 99). – **a)** Das **Bestimmungsrecht** ist Ausfl der elt Sorge (§§ 1626 II, 1627). Bei Nichteinigg der Elt: § 1628 I. AnzeigePfl: PStG 16, 17. RGrdl: GewohnhR. – 4 5

6 **b)** Inhaltl gilt der Grdsatz der **Geschlechtsoffenkundigkeit:** Knaben ist ein männl, Mädchen ein weibl VorNa zu geben, auch gebräuchl ausl VorNa (Hamm NJW-RR **95**, 845); bei ausl od geschlechtsneutralen VorNa zusätzl ein geschlechtseindeut VorNa (Kln u Ffm StAZ **97**, 37 u 69). Als kathol ZusatzVorNa ist auch bei Jungen „Maria" erlaubt (BayObLG FamRZ **86**, 197). **Unzulässig** sind willkürl, anstößige, unverständl, ganz ungebräuchl od zur Kennzeichng ihres Trägers ungeeignete Bezeichngen, zB „Verleihnix" (AG Krfld StAZ **90**, 200); VereinsNa „Borussia" (AG Kassel StAZ **97**, 240); gängige NachNa (Ffm StAZ **90**, 18); GattgsBezeichngen wie „Möwe" (BayObLG StAZ **86**, 248) od Adelsprädikate wie „Lord" (Zweibr FamRZ **93**, 1242). Ausn werden zur Pflege landsmannschaftl od fam Brauchtums zugelassen, wie „ten Doornkaat" in Ostfriesld (BGH **29**, 256). **Ausländische** VorNa werden bei Beibehaltg der dortigen GeschlechtsZuordng dchweg anerk (BGH **73**, 239). Zum Teil wird ein freies VorNaErfindgsR befürwortet u werden ledigl anstöß, lächerl u das KiWohl beeinträchtigde Bezeichngen davon ausgenommen (vgl Staud/Coester 113 ff; Maßfeller/Hepting PStG 25. Liefg 1988, § 21 Rn 98). **Anzahl** der VorNa: Düss StAZ **98**, 343 (4 sind zul). Unzul sind **Namenszusätze** wie NeckNa, ÜberNa, Titel, „jun"; FamNa der amerikan Mu (KG StAZ **99**, 171) usw. –
7 **c) Änderungen** des VorNa sind vorgesehen gem NÄG 3 I (Einf 6 v § 1616), aGrd von Adopt (§ 1757 II 1) u nach dem **TranssexuellenG** vom 10. 9. 80 (BGBl 1654) bei Geschlechtsumwandlg (Augstein StAZ **81**, 10) iVm dauernder FortpflanzgsUnfgk (Hamm FamRZ **83**, 481), wobei BVerfG NJW **93**, 1517 die Altersschranke von 25 J bei der kl Lösg für verfwidr erkl hat (vgl auch BVerfG-Ka StAZ **97**, 270).

1616 a *(Im Rahmen der Neuregelung des Namensrechts entfallen durch Art. 1 Nr. 7 KindRG)*

1617 *Geburtsname bei Eltern ohne Ehenamen, bei gemeinsamer Sorge.*

I Führen die Eltern keinen Ehenamen und steht ihnen die Sorge gemeinsam zu, so bestimmen sie durch Erklärung gegenüber dem Standesbeamten den Namen, den der Vater oder die Mutter zur Zeit der Erklärung führt, zum Geburtsnamen des Kindes. Eine nach der Beurkundung der Geburt abgegebene Erklärung muß öffentlich beglaubigt werden. Die Bestimmung der Eltern gilt auch für ihre weiteren Kinder.

II Treffen die Eltern binnen eines Monats nach der Geburt des Kindes keine Bestimmung, überträgt das Familiengericht das Bestimmungsrecht einem Elternteil. Absatz 1 gilt entsprechend. Das Gericht kann dem Elternteil für die Ausübung des Bestimmungsrechts eine Frist setzen. Ist nach Ablauf der Frist das Bestimmungsrecht nicht ausgeübt worden, so erhält das Kind den Namen des Elternteils, dem das Bestimmungsrecht übertragen ist.

III Ist ein Kind nicht im Inland geboren, so überträgt das Gericht einem Elternteil das Bestimmungsrecht nach Absatz 2 nur dann, wenn ein Elternteil oder das Kind dies beantragt oder die Eintragung des Namens des Kindes in ein deutsches Personenstandsbuch oder in ein amtliches deutsches Identitätspapier erforderlich wird.

1 **1)** Währd sich nach § 1616 der GeburtsNa des Ki nach dem EheNa seiner Elt richtet, erwirbt das Ki bei unterschiedl Na der Elt den GeburtsNa nur dch Bestimmg der Elt, u zwar unterschiedl bei gemeins Sorge (§ 1617) u Alleinsorge eines EltT (§ 1617 a). Bei nachträgl Eheschl bzw Begrdg der gemeins Sorge gelten die §§ 1617 b u c. § 1617 betr nur den GeburtsNa; für die Best des VorNa gilt § 1616 Rn 5.

2 **2) Namensbestimmung bei gemeinsamer Sorge, I.** Die Vorschr erfaßt zwei Gruppen: (1) miteinand verh Elt, die keinen EheNa führen, aber gemeins sorgeberecht sind, u (2) nicht miteinand verh Elt, denen aber nach § 1626 a I Nr 1 das SorgeR gemeins zusteht. Führen die Elt einen EheNa, so gilt zwingd § 1616. Steht den Elt das SorgeR gemeins zu, spielt es für die NaBestimmg keine Rolle, ob sie miteinand verh sind od
3 nicht. – **a) Wahlmöglichkeiten, I 1.** Im Ggs zu § 1355 II u V 2 können die Elt nur wählen zw den von ihnen zZt der NaBest geführten Na. Ein Adelsprädikat wird in der jeweil Geschlechtsform übernommen (Düss StAZ **97**, 178). Zum Na des Ki kann immer nur der FamNa eines EltT best w, auch wenn es sich dabei um einen unechten DoppelNa („Droste-Hülshoff") handelt, nicht dagg ZwischenNa (Karlsr NJW-RR **90**, 773) od der BegleitNa eines EltT (Coester FuR **94**, 5; aA Wagenitz/Bornhofen S 95; Steding FamRZ **95**,
4 1047). Auch die Bildg eines DoppelNa aus den Na der beid Elt ist unzul (Einf 5 v § 1616). – **b) Form und Frist, I 1 u 2.** Die NaWahl wird dch Erkl ggü dem StBeamten getroffen u muß, wenn sie nicht schon bei Anmeldg der Geburt des Ki erfolgt, öff begl w. Die Erkl ist unwiderrufl u unanfechtb (Naumbg FamRZ **97**, 1234; vgl BT-Drucks 12/3163 S 18 zu § 1757; bestr). Die Elt haben den Na **binnen 1 Monats** nach der
5 Geburt des Ki zu best (*arg* II 1). – **c) Verbindlichkeit, I 3.** Die von den Elt für das erste Ki getroff Wahl gilt **für alle weiteren Geschwister** gleichgült, ob es sich um leibl Abkömml od AdoptKi der Elt handelt u ob der Na nach I od gem Übertragg des BestR auf einen EltT nach II 1 bestimmt w, u auch dann, wenn die Mu iR der ÜbergRegelg wieder ihren GeburtsNa angenommen bzw den NaWechsel mitgemacht hat (BayObLG FamRZ **97**, 232 u 234). Für ein nach dem Tode des 1. Ki geborenes Ki besteht allerd das NaBestR neu (Gernhuber/Coester-Waltjen[4] § 54 I 1).

6 **3) Übertragung des Bestimmungsrechts auf einen Elternteil, II, III.** Unterlassen die Elt die NaBest, so teilt der StBeamte dies dem FamG mit (PStG 21 a), worauf der Ri (aSt der ursprüngl vorgesehenen Entsch dch Los; BT-Drucks 12/3163 S 13) entsprechd § 1628 das BestR einem EltT überträgt. Die Regelg ist verfassgskonform (Hamm StAZ **97**, 235; aA Hbg StAZ **96**, 369; vgl auch Niemeyer FuR **97**, 13). Verschulden wird nicht vorausgesetzt; II 1 gilt auch, wenn die Elt für das Ki den nach Rn 3 ausgeschl Doppel- od einen sonstigen unzul Na best (BayObLG FamRZ **96**, 236; LG Mü StAZ **97**, 344). Vor der Übertragg hat der Ri (Ffm NJW-RR **96**, 1288) die Elt anzuhören u auf eine einvernehml Best hinzuwirken (FGG 46 a S 1). Ist das Ki nicht im Inland geboren, setzt die Übertr des BestR den Antr eines EltT od des Ki voraus bzw, daß die Eintragg des Na des Ki in ein dtsch PersStBuch od in seinen Ausweis od Paß erfdl wird. Die vom FamG getroffene Wahl zw den beid Elt bedarf keiner Begrdg u ist unanfechtb (FGG 46 a S 2). And hins der

Gesetzmäßigk des Verf u der ÜbertraggsVorauss (Celle StAZ **97**, 375). Das Ger kann dem EltT für die Ausübg des BestR eine **Frist setzen, II 3,** deren Länge sich nach den Umstden der Unstimmigk zw den Elt bestimmt. Versäumt der bestberecht EltT seiners die Fr, erh das Ki automat den Na dieses EltT, **II 4.**

1617 a *Geburtsname bei Eltern ohne Ehenamen und gemeinsame Sorge.* [I] **Führen die Eltern keinen Ehenamen und steht die elterliche Sorge nur einem Elternteil zu, so erhält das Kind den Namen, den dieser Elternteil im Zeitpunkt der Geburt des Kindes führt.**

[II] **Der Elternteil, dem die elterliche Sorge für ein unverheiratetes Kind allein zusteht, kann dem Kind durch Erklärung gegenüber dem Standesbeamten den Namen des anderen Elternteils erteilen. Die Erteilung des Namens bedarf der Einwilligung des anderen Elternteils und, wenn das Kind das fünfte Lebensjahr vollendet hat, auch der Einwilligung des Kindes. Die Erklärungen müssen öffentlich beglaubigt werden. Für die Einwilligung des Kindes gilt § 1617 c Abs. 1 entsprechend.**

1) Hinter der umständl Formulierg von I steht als HauptAnwendgsFall der Vorschr, was in der Fassg v § 1617 I 1 aF dahin lautete, daß das ne Ki den FamNa erhält, den die Mu zZt der Geburt des Ki führt. Die auf Art 1 Nr 7 KindRG zurückgehde Vorschr unterscheidet nicht mehr nach dem FamStand der Elt des Ki, stellt also nicht mehr darauf ab, ob die Elt miteinand verh sind, sond gilt immer, wenn die elt Sorge für ein neugeborenes Ki, das einen Namen braucht, nur einem EltT zusteht u dieser mit dem and EltT nicht verh ist od war u jedenf von daher keinen EheNa führt. Die Vorschr knüpft für den FamNa des Ki aber auch noch insof an die für das ne Ki vorgesehene bish Regelg an, als sich der FamNa auch des ne Ki traditionsgem vom Namen der Mu als des allein sorgeberecht EltT ableitete (vgl Hauser StAZ **92**, 297). 1

2) Grundsatz, I. Das Ki, dessen Elt keinen EheNa führen u für das die elt Sorge nur einem EltT zusteht, erh automat den FamNa, den der sorgeberecht EltT zZt der Geburt des Ki führt. 2

a) Alleinsorge. Worauf sie beruht, ist unerhebl. Ist die Mu mit dem Va nicht verh u geben sie keine SorgeErkl ab, steht ihr die elt Sorge allein zu (§ 1626 a II). Das Ki erh vorbehaltl von II automat den Na der Mu. Dasselbe gilt aber auch, wenn die Elt verh waren; hat jeder Eheg seinen bish Namen beibehalten u stirbt der Mann, bekommt das Ki, wenn es iR der gesetzl EmpfängnZt geboren wird, vGw den Namen der Mu (vgl iü Rn 5). Nach Beendigg der Ehe u außerh der Zurechng zum ehemal Ehemann nach der gesetzl EmpfängnZt geborene Ki erhalten ebenf vGw den Na der Mu (vgl § 1616 Rn 6). 3

b) Der sorgeberecht EltT darf **keinen Ehenamen** haben. Ist ein solcher vorhanden, erh ihn das Ki unmittelb nach § 1616. Führt der allein sorgeberecht EltT nach dem Tod des and EltT od nach der Scheidg der Ehe den EheNa weiter, so handelt es sich nicht mehr um einen „EheNa" u es gilt § 1617 a. Führt der sorgeberecht EltT einen EheNa aus einer Ehe mit einem and Partn, der nicht EltT des Ki ist, so gilt ebenf I (vgl aber Rn 5). Auch wenn die Elt des Ki früher einmal verh waren u einen EheNa getragen haben, gilt nicht § 1616, sond § 1617 a, u zwar selbst dann, wenn der sorgeberecht EltT noch den früh EheNa als Geschiedener trägt, erst recht natürl, wenn er den EheNa mit der Scheidg aufgegeben hat. 4

c) Name des Elternteils im Zeitpunkt der Geburt des Kindes. Das Ki erh den Namen, den der sorgeberecht EltT iZpkt der Geburt des Ki führt. Das kann der eig GeburtsNa des SorgeBerecht sein, aber auch ein dch Adoption od Heirat erworbener Name. Führt der SorgeBerecht einen EheNa aus einer Ehe mit einem and Partn als dem and EltT des Ki, so erwirbt das Ki diesen Namen. **Erheiratete Namen** werden also auf Abkömmlinge, die nicht von dem ursprüngl Namensträger abstammen, übertr. Haben die nicht miteinand verh Elt M u V ihrem ersten Ki den Namen von V gegeben u stirbt V vor der Geburt des zweiten Ki, so müßte dieses nach der Regelg von I wohl M heißen; in Analogie zu § 1617 I 3 muß sich allerd auch hier der Name des V dchsetzen (aA FamRefK/Wax 2). Für diese Lösg spricht nicht nur die starke ratio legis von § 1617 I 3, sond auch die Wertg von § 1617 a II. Iü gilt dies selbstverständl auch im umgek Fall, wenn M bspw bei der Geburt des Ki stirbt u V übrig bleibt u die elt Sorge nach § 1680 II übertragen erhält. 5

3) Erteilung des Namens des anderen Elternteils, II 6

a) Die Vorschr enth eine Ausn von I zur Automatik der Überleitg des Namens des allein sorgeberecht EltT auf das Ki. Dieser kann statt dessen dem Ki, wenn es unverh ist, nach II auch den Na des and EltT erteilen. Zum Wechsel der Konstruktion ggü dem früh Recht der NaErteilg dch den Va mit Zust der Mu vgl Gaaz StAZ **98**, 247. Die Regelg dient vornehml als Ersatz für die früh Legitimation ne Ki dch EhelErkl (vgl §§ 1723–1740 g aF) bzw für die früh Einbenenng des ne Ki dch seinen Va (Gaaz StAZ **98**, 247). 7

b) Voraussetzungen: 8

aa) Alleinige Sorgeberechtigung, II 1: Vgl Rn 3. Wenn die Elt das gemeins SorgeR über die Trenng u ggf Scheidg ihrer Ehe hinaus behalten u der das Ki versorgde EltT einen Dritten heiratet, ist eine Einbenenng nicht vorgesehen, obwohl die psycholog Situation für das Ki keine wesentl and ist als in den EinbenenngsFällen. NÄG 3 (vgl Einf 6 v § 1616) sollte nun nicht schon gleich wieder bemüht w (zweifelnd Gaaz StAZ **98**, 247). 9

bb) Der Name des SorgeBerecht darf **nicht Ehename** der Elt sein, **II 1:** Vgl Rn 4. Dieses Erfordern folgt daraus, daß in II 1 vorausgesetzt wird, daß die Na von Va u Mu des Ki nicht identisch sind. 10

cc) Befristung, II 1. Nach dem eindeutigen Wortlaut der Vorschr kann die Erteilg des Na des and EltT nur erfolgen, sol das Ki noch unter elt Sorge steht, also bis es das **18. Lebensjahr vollendet** hat (§ 2). Danach ist eine NaErteilg ausgeschl (aA FamRefK/Wax 3). Mögl bleiben dann immer noch die NaÄnderg nach NÄG 3 (Einf 6 vor § 1616) sowie eine Adoption (vgl § 1757). Daß das Ki nach Erlangg der Volljk den Na des and EltT nicht mehr soll erwerben können, ist an sich nicht plausibel. Solange der GesGeber die NaErteilg aber als einen Akt des SorgeBerecht konstruiert (§ 1617 Rn 4), mußte er diese Befugn an das Bestehen der SorgeBerechtigg binden. 11

12 **dd)** Ferner ist die Erteilg des Na des and EltT nur zul, sol das Ki noch **unverheiratet** ist, **II 1.** Sinn dieser Vorschr ist es, den in § 1617 c III aufgenommenen Dominoeffekt bei der bl Legitimierg dch NaÜbertragg zu vermeiden. Die Vorschr ist neben dem AltersErfordern (vgl Rn 11) nicht überflüss, weil eine Eheschließg vor Beendigg der elt Sorge zul ist (vgl § 1303 II). Die NaErteilgsOption entsteht auch nicht wieder erneut, wenn die Ehe des Ki geschieden od sonst aufgelöst wurde. Entscheidd für die Beschrkg der NaErteilg ist der mit der Eheschließg vollzogene Statuswechsel; andernf hätte das Gesetz die NaErteilg auch über die Eheschließg offenhalten müssen, wenn das Ki in der Ehe den Na des sorgeberecht EltT beibehalten hat. Ob der sorgeberecht EltT seinerseits in der ZwZt nach der Geburt des Ki einen Dritten geheiratet u in diesem Zushg den Na des Eheg als EheNa erworben hat, spielt für die Befugn zur Erteilg des Na des and EltT an das Ki keine Rolle.

13 **ee) Zustimmungen, II 2.** Die NaErteilg bedarf der Zust des **anderen Elternteils.** Da es um seinen Na
14 geht, muß er als NaTräger mit der NaErteilg einverstanden sein. Ferner muß auch das **Kind** selbst zustimmen, wenn es das 5. LebJ vollendet hat. Gem **II 4** iVm § 1617 c I wird das über 5 J alte Ki dch den gesetzl Vertr vertreten; ab Vollendg des 14. LebJ kann es die Erkl nur selbst abgeben, bedarf hierzu aber der Zust seines
15 gesetzl Vertr. Bei **Tod** des Ki scheidet eine NaErteilg der Natur der Sache nach aus. Eine NaErteilg kommt aber ebenf nicht mehr in Betr, wenn der den zu erteilden Na tragde and EltT verstorben ist, auch wenn die Abstammg des Ki von ihm statusrechtl feststeht (aA FamRefK/Wax 4). Die Verfügbark über seinen Na liegt iR des postmortalen PersönlkSchutzes eher bei dessen Eheg, Verwandten od Erben als bei dem sorgeberecht EltT seines Ki. Mit der ersatzl Streichg von § 1740 a aF hat der GesGeber offenb auch das Bedürfn für eine auf die NaÜbertagg beschrkte Legitimation des Ki verneint. Auch der Tod des sorgeberecht EltT steht einer NaErteilg nach dem Wortlaut von II 1 entgg.

16 **ff) Form, II 3.** Sämtl Erkl sind ggü dem StBeamten abzugeben (vgl § 1617 c I 3 iVm § 1617 a II 4). Die Erteilg des Na des and EltT dch den SorgeBerecht, die Zustimmgen des and EltT u ggf auch die des Ki müssen öff begl w. Dies kann außer beim Notar (BeurkG 39 ff) auch dch den StBeamten erfolgen (PStG 31 a I zu Nr 7).

17 **gg) Zeitpunkt.** Entsprechd § 1617 Rn 5, § 1594 IV ist es auch mögl, die für die NaErteilg erfdl Erkl bereits vor der Geburt des Ki in der dafür vorgesehenen Form abzugeben mit der Wirkg, daß das Ki den Na des and EltT dann bereits ab seiner Geburt führt (FamRefK/Wax 5).

18 **c) Erteilung des Namens des anderen Elternteils**

19 **aa) Der zu erteilende Name** kann nicht der jeweilige Na des and EltT, sond nur der Na sein, den der and EltT zum Ztpkt der Geburt des Ki führte u auch dieser nur unter der Vorauss, daß der and EltT diesen Na im Ztpkt der Zust zur NaErteilg noch führt. Die Auslegg des Begriffs muß sich daran orientieren, daß für die NaErteilg eine verhältnismäß lange Fr besteht (Rn 11). In keinem Fall können dem Ki iW von II dch NaWechsel erheiratete od dch Adoption erworbene Namen verschafft w, wohl aber ist die NaErteilg wieder mögl, wenn der erheiratete Name nach Scheidg wieder zG des ursprüngl Na aufgegeben worden ist.

20 **bb) Rechtsnatur der Namenserteilung.** Das Ki erwirbt den Na des and Teils dch Erteilg, also nicht dch eig Entscheidg mit Zust der beiden Elt od dch Gestattg des and EltT. Vielm erteilt der sorgeberecht EltT dem Ki den fremden Na, worin gleichzeit der Verzicht darauf liegt, daß das Ki den Na des SorgeBerecht führt oder weiter führt, den es automat mit seiner Geburt erh hatte (vgl Rn 2). Die Erteilg eines aus dem Na des SorgeBerecht u des and EltT gebildeten DoppelNa ist ausgeschl; der sorgeberecht EltT kann dem Ki nicht den Na des and EltT, u zwar weder als weiteren NaBestandteil, noch als Zusatz- od auch nur als BegleitNa, erteilen. Eine Analogie zu § 1618 ist wg der eindeutigen Wertg des GesGebers nicht mögl. Es handelt sich bei der NaErteilg um eine WillensErkl, die zugl den Charakter einer personensorgerechtl Maßn hat u desh im Interesse des Ki auch trotz ihres Charakters als amtsempfangsbedürft Erkl (§ 130 Rn 15) u auch bei Vorliegen der übr Vorauss der NaErteilg bis zum Wirksamwerden zurückgen w kann.

21 **cc) Zeitpunkt der Namensführung.** Sind sämtl Erfordern für eine wirks NaErteilg bereits vor der Geburt des Ki erfüllt, so kann das Ki bereits mit dem Na des and EltT in das GeburtsReg eingetragen w. Liegen die Vorauss dafür noch nicht vor, so kann die beabsichtigte NaErteilg die Eintragg der Geburt des Ki nicht verzögern. Desh wird das Ki auch dann, wenn bereits ein Teil der NaErteilgsVorauss bei seiner Geburt erfüllt ist, aber nicht alle, mit dem Na des sorgeberecht EltT eingetragen. Werden die Erfordern von II dann danach herbeigeführt, liegt eine **Namensänderung** ohne Rückwirkg vor (FamRefK/Wax 6). Das Ki führt erst ab Wirksamwerden sämtl erfdl Erkl den Na des and Teils. Den Nam des SorgeBerecht verliert es (vgl Rn 20).

1617 b *Namensänderungen infolge von Änderungen im Sorgerecht bzw. aufgrund des Wegfalls der Vaterschaft.*

I Wird eine gemeinsame Sorge der Eltern erst begründet, wenn das Kind bereits einen Namen führt, so kann der Name des Kindes binnen drei Monaten nach der Begründung der gemeinsamen Sorge neu bestimmt werden. Die Frist endet, wenn ein Elternteil bei Begründung der gemeinsamen Sorge seinen gewöhnlichen Aufenthalt nicht im Inland hat, nicht vor Ablauf eines Monats nach Rückkehr in das Inland. Hat das Kind das fünfte Lebensjahr vollendet, so ist die Bestimmung nur wirksam, wenn es sich der Bestimmung anschließt. § 1617 Abs. 1 und § 1617 c Abs. 1 Satz 2 und 3 und Abs. 3 gelten entsprechend.

II Wird rechtskräftig festgestellt, daß ein Mann, dessen Familienname Geburtsname des Kindes geworden ist, nicht der Vater des Kindes ist, so erhält das Kind auf seinen Antrag oder, wenn das Kind das fünfte Lebensjahr noch nicht vollendet hat, auch auf Antrag des Mannes den Namen, den die Mutter im Zeitpunkt der Geburt des Kindes führt, als Geburtsnamen. Der Antrag erfolgt durch Erklärung gegenüber dem Standesbeamten, die öffentlich beglaubigt werden muß. Für den Antrag des Kindes gilt § 1617 c Abs. 1 Satz 2 und 3 entsprechend.

1 **1) Sorge- und abstammungsrechtliche Änderungen nach dem Namenserwerb durch das Kind.** Die dch Art 1 Nr 7 KindRG eingefügte Vorschr betr zwei sich aus dem AbstammgsR bzw aus der neuen

Konzeption der elt Sorge ergebde namensrechtl Konsequenzen bei Ändergen der GrdSituation des Ki, u zwar I die nachträgl Begrdg der gemeins Sorge der Elt, nachdem zuvor die alleinige Sorge eines EltT bestand u sich danach auch der GeburtsNa des Ki richtete, u II die Beseitigg der Vatersch eines Mannes, dessen Name zuvor schon zum GeburtsNa des Ki geworden war. Zur gesetzgebgstechnisch wenig einleuchtden Zusfassg dieser zwei miteinand nichts zu tun habden Fallgestaltgen vgl FamRefK/Wax 2. **Nachträglicher Erwerb des alleinigen Sorgerechts:** Den in diesem Zushang dritten Tatbestd der namensrechtl Regelg einer nachträgl Änderg des SorgeR, näml daß für einen EltT erst nach Best des KiNa dch beide Elt od dch den and EltT allein das alleinige SorgeR begründet wird, hat der GesGeber auf Empfehlg des RAusschusses mit der Begrdg fallengelassen, daß es nicht geboten sei, auch insow eine Ausn vom Grds der NaKontinuität zuzulassen (BT-Drucks 13/8511 S 73). Danach erh der EltT, dem die alleinige elt Sorge erst zuwächst, nachdem das Ki bereits aGrd der §§ 1616 ff einen GeburtsNa erhalten hat, dch den SorgeRWechsel kein NaAbändR. Wird also im Zushang mit der Trenng der Elt die elt Sorge auf einen EltT allein übertragen (§ 1671), dem and EltT die elt Sorge nach § 1666 entzogen od steht sie nach dem Tod eines EltT dem überlebden EltT allein zu (§ 1680), so geben diese Umstände keine Berechtigg, den Namen des Ki zu ändern (vgl FamRefK/Wax 16). Von der gesetzl Grdwertg in den §§ 1617 b, 1618 (NaÄnd bei Wechsel in der SorgeBerechtigg; NaAngleichg statt NaKontinuität) her ist es insb nicht recht verständl, warum in den Fällen der **Scheidungshalbwaisen** keine NaAngleichg erfolgen soll. Hat die Mu nach der Scheidg ihrer Ehe ihren GeburtsNa wieder angenommen, fragt man sich, warum sie das Ki nicht „einbenennen" kann, insb wenn der Va in seiner neuen Ehe den Na seiner Ehefr angenommen hat od wenn er verstorben ist (vgl Gaaz StAZ **98**, 247 f). 2

2) Neue Bestimmung des Namens bei nachträglicher Begründung der gemeinsamen Sorge, I 3

a) Geburtsname des Kindes. Die Vorschr betrifft die namensrechtl Folgen, die sich daraus ergeben, daß die gemeins Sorge der Elt erst begründet w, nachdem das Ki bereits einen GeburtsNa bekommen hat. Von der NaÄnderg dch nachträgl Erwerb der gemeins Sorge sind sämtl Fälle des GeburtsNaErwerbs des Ki betroffen mit Ausn des Falls des NaErwerbs kr Gesetzes nach § 1616. Steht ein Ki bei seiner Geburt unter der alleinigen Sorge eines EltT, trägt es gem § 1617 a I gesetzl den Namen dieses EltT od nach § 1617 II dch Bestimmg des sorgeberecht EltT mit dessen Zust den Na des nicht sorgeberecht EltT (zur Zweifelhaftigk der Anwendg von § 1617 b vgl Rn 6). In dieser Situation sollen die nunm gemeins sorgeberecht Elt die NaFrage erstmals bzw iFv § 1617 a II nochmals entscheiden dürfen. 4

b) Gemeinsame Sorge der Eltern. Für das neue EntscheidgsR der Elt ist es unerhebl, ob die gemeins Sorge dadch entstanden ist, daß die Elt einand heiraten (§ 1626 a I Nr 2), od dadch, daß sie sich ohne Eheschließg mit der Abgabe entspr SorgeErkl begnügen (§ 1626 a Nr 1). Zur nachträgl gemeins Sorge kann es insb auch iFv § 1617 b II kommen. Hatten die Elt A u B den Namen der letzteren zum EheNa bestimmt, so heißt auch das aus dieser Ehe stammde Ki B. Wird anschließd von A erfolgreich die Vatersch angefochten u der als Erzeuger festgestellte C übernimmt mit B die gemeins elt Sorge, kann der Na des Kindes nunmehr von B in C umgewandelt w. Hätte das Ki nach dem ScheinVa A geheißen, so stünden den beiden gemeins sorgeberecht Elt nunmehr beide Namen zur Auswahl zur Verfügg. Bestimmen die Elt iF der Eheschließg einen ihrer beiden Namen zum EheNa (§ 1355 II), so geht § 1617 c I der Regelg des § 1617 b I mit der Wirkg vor, daß sich der EheNa unabh von dem Ztpkt der Begrdg der gemeins elt Sorge nach Maßg des § 1617 c auf den GeburtsNa des Ki erstreckt (FamRefK/Wax 3). 5

c) Neue Bestimmung des Namens. Zur Erkl der Elt vgl § 1617 Rn 5–7. Ihre WahlMöglkten u die Modalitäten der Erkl sind dieselben wie bei der ErstBestimmg gem § 1617 I, auf den in **I 4** verwiesen wird. Die Elt können also nur den jeweiligen ggwärtig geführten Namen eines von ihnen zum GeburtsNa des Ki machen. Ferner gilt die Best der Elt auch für ihre weiteren Ki (§§ 1617 I 3, 1617 b I 4). Der Grdsatz der Einheitlichk der GeschwisterNa gilt unmittelb, wenn Geschw bereits rechtsverbindl Namen haben, zB wenn die Elt bereits früher einmal verh waren u bei Geburt dieser älteren Geschwister einen EheNa führten. Ferner kraft Verweisg: Wenn ihnen für mehrere gemeins Ki das NaNeubestimmgsR zusteht u sie es bereits für ein Ki ausgeübt haben. Die Verweisg auf § 1617 I 3 wirkt aber auch in die Zukunft: Nach der NaNeubestimmg für ein Ki ist der gewählte Name auch für alle späteren Geschwister maßgebl. Gibt man dem SelbstbestimmgsR des über 5 J alten Ki Vorrang vor dem Grds der NaEinheitlichk unter Geschwistern (so offenb FamRefK/Wax 7), kann es zur Mehrnamigk unter den Geschw innerh einer Fam kommen. Iü überzeugt die Anwendg des NaNeubestimmgsR der Elt nicht in allen Fällen, in denen die Elt nachträgl das gemeins SorgeR erh. Die Anwendg von § 1617 b I auch iFv § 1617 a II 1 u 2 widerspricht dem Prinzip der Bindg an die einmal getroffene NaBestimmg, weil die Elt den Namen des nicht sorgeberecht EltT unabhäng vom Fehlen der gemeins elt Sorge dch übereinstimmde WillensEntscheidg zum KiNa bestimmt hatten. Die Verweisg des I 4 nimmt § 1617 II u III aus; des Eingreifens des Gerichts bedarf es nicht, weil das Ki iFv § 1617 b bereits einen Namen hat u das Ki diesen Na behält, wenn die Elt keine ÄndergsErkl abgeben (BT-Drucks 13/4899 S 91). 6
Form: Öff Beglaubigg (§§ 1617 I, 1617 c I 3, 1617 b I 4), auch dch den StBeamten (PStG 31 a I Nr 1). 7
Adressat: StBeamter (§§ 1617 I 1, 1617 c I 3, 1617 b I 4).

d) Frist: 3 Mo. **aa) Beginn:** Vgl § 187. Die Frist beginnt mit der Begrdg der gemeins Sorge, dh mit der Eheschließg iFv § 1626 a Nr 2 u mit Abgabe der – iü zwar formbedürft (§ 1626 d I), aber adressatlosen (vgl Schwab/Wagenitz FamRZ **97**, 1379) – SorgeErkl (§ 1626 a I Nr 1). Bei nicht gleichzeit Abgabe der Sorge-Erkl beginnt die Fr, wenn die SorgeErkl beider Elt öff beurk vorliegen. Bedarf eine der SorgeErkl wg Minderjährigk des EltT der Zust von dessen gesetzl Vertr od bei deren Verweigerg der Ersetzg dch das FamG (§ 1626 c II), beginnt die 3-Mo-Fr nicht vor der Beurkundg der ZustimmgsErkl bzw dem Erlaß des Ersetzgs-Beschl dch das Gericht (FamRefK/Wax 9). – **bb) Ende** der Frist: Vgl § 188. Hat auch nur ein EltT bei Begrdg der gemeins Sorge seinen gewöhnl Aufenth nicht im Inland, so endet die Fr nicht vor Ablauf eines Mo nach seiner Rückkehr aus dem Ausl, **I 2.** 8 9

e) Zustimmung des Kindes, I 3. Es handelt sich bei der „Anschließg" des Ki in der Sache um eine Zustimmg iS der §§ 182 ff; die Erkl des Ki ist, wie I 3 zeigt, echte WirksamkVorauss für die NaBestimmg der Elt. Die Zust des Ki erfolgt ggü dem StBeamten; sie bedarf der öff Beglaubigg, die allerd auch vom StBeamten selbst vorgenommen w kann (§§ 1617 b I 4, 1617 c I 3; PStG 31 a Nr 2). **Altersstufen, I 4:** Bei Ki, die im 10

Ztpkt nicht der Begrdg der gemeins Sorge der Elt, sond im Ztpkt der NeuBestimmg des Namens dch die Elt, noch nicht das 5. LebJ vollendet haben, ist eine Zust des Ki nicht vorgesehen. Die Elt entscheiden bei dieser Altersgruppe über die NaÄnderg allein. Hat das Ki das 5. LebJ vollendet, bedarf es zur Wirksamk der NaÄnderg seiner Zust, die allerd dch den gesetzl Vertr zu erkl ist. Nach Vollendg des 14. LebJ kann das Ki nur selbst zustimmen, bedarf aber seiners dafür der Zust seines gesetzl Vertreters. Geschäftsunfäh Ki stehen unabh von ihrem Lebensalter zustimmgsrechtl den über 5jähr Ki gleich. Ist das Ki bereits verh u der zur Änderg anstehde Name des Ki zum EheNa in der Ehe des Ki geworden (§ 1355 I), muß bei Erstreckg der Änderg des GeburtsNa auch auf den EheNa des Ki (vgl § 1617 c Rn 19) auch dessen Eheg in einer dem StBeamten ggü zu erklärden u (ggf auch von ihm öff zu beglaubigden) Erkl zustimmen (§§ 1617 b II 3, 1617 c III).

11 **3) Namensänderung aufgrund Wegfalls der Vaterschaft, II**

12 **a) Zweck.** Die Vorschr regelt die namensrechtl Funktionen für ein Ki, das als GeburtsNa den FamNa eines Mannes erh hat, dessen NichtVatersch im Anschluß daran rechtskr festgestellt wird. Nach § 1617 I aF erhielt das ne Ki mit der Feststellg seiner Nichtehelk den FamNa, den die Mu zZt der Geburt des Ki führte, mit allen Schwierigkten, die sich dch evtl zwzeitl NaÄndergen bei der Mu u den AnschließgsMöglkten des Ki ergaben u die sich dch die Vielfalt der NaGestaltgsMöglkten in den §§ 1355, 1617 ff noch vervielfältigten. Das KindRG hat desh der Häufg der Fälle, in denen das Ki nach erfolgreicher VaterschAnfechtg zu einem Wechsel vom VaNa zum MuNa gezwungen wird, dch eine **zweispurige Lösung** vorgebeugt: Nach der NeuRegelg von II behält das Ki im Grds auch nach erfolgr VaterschAnf den Na, den ihm das Gesetz od die Bestimmg der Elt zuvor zugewiesen hat. Der Wechsel zum Na der Mu erfolgt nur auf Antr des Ki od auf Antr des außerd noch dch eine Befristg auf 5 J zeitl gebundenen ScheinVa (BT-Drucks 13/4899 S 91).

13 **b) Geburtsname des Kindes** muß der FamNa des ScheinVa sein. Die wichtigste Konstellation dafür ist bei Altfällen die Situation, daß der ScheinVa mit der Mu verh war u sein Name zum EheNa bestimmt w war (§§ 1355 I 1 u 2 sowie II, 1616). Nach neuem Recht kann das Ki den Namen des ScheinVa ferner dadch erhalten haben, daß die Elt miteinand verh gewesen sind, aber keinen EheNa geführt haben, sond jeder Eheg den zZt der Eheschließg geführten Namen fortgeführt hat u dem Ki der Name des ScheinVa zum GeburtsNa bestimmt w war (§§ 1355 I 3, 1617 I 1) bzw nach Verstreichenlassen der BestimmgsFr das FamG dem Va das BestimmgsR gegeben u er seinen Namen zum GeburtsNa des Ki bestimmt hatte bzw nach erneutem vergebl Fristablauf sein Na vGw zum GeburtsNa des Ki geworden ist (§ 1617 II). Schließl kann der Name des ScheinVa zum GeburtsNa des Ki geworden sein, wenn er allein sorgeberecht war (§§ 1617 a I, 1672 I) bzw die Mu als allein sorgeberecht EltT mit seiner Zust dem Ki seinen Namen gegeben hat (§ 1617 a II 1 u 2). Der Name des ScheinVa kann aber auch in den Fällen nachträgl Bestimmg zum Namen des Ki geworden sein (§§ 1617 b, 1617 c) u natürl auch in den Fällen der Einbenenng (§ 1618), etwa wenn der ScheinVa die allein sorgeberecht Mu des Ki heiratet u dem Ki von ihnen ohne Wissen der Zushänge der Name des StiefVa erteilt wird. II muß dann auch in Fällen von § 1618 S 2 u 3 gelten.

14 **c) Feststellung der Nichtvaterschaft.** Es bedarf der rechtskr Feststellg dch VaterschAnfechtg, mit der die ScheinVatersch zerstört wird, gleichgült, ob sie auf der Ehe des ScheinVa mit der Mu des Ki od auf seinem Anerkenntn beruhte (§ 1599 I).

15 **d) Neuer Name des Kindes**

16 **aa)** Mit der Feststellg, daß der Mann, von dem das Ki als seinem angebl Vater den GeburtsNa herleitet, als genet Va ausscheidet, verliert das Ki grdsl die Berechtigg, den Na des ScheinVa weiterhin zu tragen. Es bedarf also an sich eines neuen Namens. Hierfür kommt nur der **Name der Mutter** in Betr, u zwar nur derj, den die Mu im Ztpkt der Geburt des Ki geführt hat. Zwzeitl erfolgte NaWechsel bei der Mu werden nicht berücks (zu Recht krit zu dieser legislatorischen Entsch Gaaz StAZ **98**, 248: schwer begreifl, daß das Ki den von dem Nichterzeuger abgeleiteten Namen auch dann weiter führen muß, wenn die Mu diesen Na bereits abgelegt hat). § 1617 b II dient nicht der Verwirklichg der NaEinheit zw Mu u Ki. Doch bleibt die Möglk einer Einbenenng erhalten (§ 1618). Auch fehlt in II 3 iGgs zu I zu Recht eine Verweisg auf § 1617 I 3; auf die Einheitlichk der GeschwisterNa kann es bei Korrektur des Na aGrd Aufhebg der Abstammg für eines von mehreren Geschw nicht ankommen. Ist das Ki bei Beseitigg der ScheinVatersch bereits verh, sind die Belange seines Eheg zu berücks; dies geschieht dch entsprechde Anwendg von § 1600 c III; die Verweisg in § 1617 b II 3 ist als Abs 3 u nicht als Satz 3 zu lesen, weil sie wg § 1617 b II 2 sonst ohnehin leerlaufen würde. Das verh Ki kann die Änderg seines GeburtsNa beantr. Auf seinen u seines Eheg EheNa wirkt sich diese Änderg jedoch nur aus, wenn der and Eheg zustimmt.

17 **bb) Antrag.** Anderers kann es schon aGrd des Umstandes, daß die VaterschAnfechtg auch erst sehr spät erfolgen u dem Ki der „fremde" Name inzw dch ZtAblauf in einem Maße als eigener zugewachsen sein kann, daß seine Herkunft demggü zurücktritt. In Anerkenng dieses Interessenwiderstreits hat der GesGeber einen mechanischen NaWechsel, wie er in der Vorschr des § 1617 a I, nach der das Ki seinen Namen nach dem Gesetz vom alleinsorgeberecht EltT bezieht, vorgesehen ist, hier vermieden u sich für die AntrLösg entschieden. Sie bedeutet, daß es vom Willen der AntrBerecht abhängt, ob das Ki seinen vom ScheinVa hergeleiteten Na weiterführt od zum Namen der Mu wechselt.

18 **aaa) Antragsberechtigung.** Hat das Ki das 5. LebJ noch nicht vollendet, überwiegen die Interessen des **Scheinvaters** u werden gravierde Auswirkgen des NaWechsels auf das Ki idR nicht zu befürchten sein (BT-Drucks 13/4899 S 91). Auf seinen Antr erh das Ki den Na der Mu. Die AntrBerechtigg des Va ist nicht ausdrückl, sond ledigl dch die Altersbegrenzg beim Ki **befristet.** Ist das Ki 5 J alt geworden, bevor die Vatersch erfolgreich angefochten w konnte, ist die Fr abgelaufen, so daß der ScheinVa in solchen Fällen überh keine Möglk erhält, die NaGleichh zu beseit. Antrberecht ist **nicht die Mutter.** Ihren Belangen ist dch die
19 Vertretg des mj Ki hinreichd Rechng getragen (vgl FamRefK/Wax 13). Unabhängig von seinem Alter kann aber auch das **Kind** seinerseits beantr, den Namen der Mu als GeburtsNa zu erh. Für seinen Antr ist keine zeitl Einschrkg vorgesehen. Für das Ki wird der Antr dch seinen gesetzl Vertr, also idR die Mu, gestellt; doch kann das Ki ab Vollendg des 14. LebJ den Antr nur selbst stellen, bedarf dabei aber der Zust des gesetzl Vertr, **II 3** iVm § 1617 c I 2. Als Vollj stellt das Ki den Antr selbstd.

bbb) Adressat und Form, II 2. Der Antr erfolgt dch Erkl ggü dem StBeamten u muß öff begl w, was ebenf dch den StBeamten geschehen kann (PStG 31 a I Nr 3 u 4); vgl Rn 7. Die Verweisg in II 3 auf § 1617 c I 3 würde wg der inhaltsgleichen Vorschr des I 2 leerlaufen u ist als Verweisg auf § 1617 c III zu lesen (vgl oben Rn 14). 20

1617 c *Nachträgliche Bestimmung oder Änderung des Ehenamens.* **I Bestimmen die Eltern einen Ehenamen, nachdem das Kind das fünfte Lebensjahr vollendet hat, so erstreckt sich der Ehename auf den Geburtsnamen des Kindes nur dann, wenn es sich der Namensgebung anschließt. Ein in der Geschäftsfähigkeit beschränktes Kind, welches das vierzehnte Lebensjahr vollendet hat, kann die Erklärung nur selbst abgeben; es bedarf hierzu der Zustimmung seines gesetzlichen Vertreters. Die Erklärung ist gegenüber dem Standesbeamten abzugeben; sie muß öffentlich beglaubigt werden.**

II Absatz 1 gilt entsprechend,

1. wenn sich der Ehename, der Geburtsname eines Kindes geworden ist, ändert oder

2. wenn sich in den Fällen der §§ 1617, 1617 a und 1617 b der Familienname eines Elternteils, der Geburtsname eines Kindes geworden ist, auf andere Weise als durch Eheschließung ändert.

III Eine Änderung des Geburtsnamens erstreckt sich auf den Ehenamen des Kindes nur dann, wenn sich auch der Ehegatte der Namensänderung anschließt; Absatz 1 Satz 3 gilt entsprechend.

1) a) Textgeschichte. Die dch Art 1 Nr 7 KindRG geschaffene Vorschr ist aus versch früh Bestimmgen zusgesetzt. Die Regelg entspricht dem § 1616 a aF, gilt jedoch nunmehr für alle Ki unabhäng davon, ob ihre Elt miteinand verh sind bzw waren od nicht, weswegen der früh § 1617 II–IV in II Nr 2 der Neuregelg aufgegangen ist, ebso wie § 1720 I in § 1617 c I nF (vgl BT-Drucks 13/4899 S 92). I hat den § 1616 a I aF im wesentl unverändert übernommen. II ist nach redaktioneller Überarbeitg die Neufassg von § 1616 a II aF. Bei der Übernahme von § 1616 a III nach § 1617 c III sind ledigl zur Klarstellg aus den beiden Sätzen zwei dch ein Semikolon getrennte Halbsätze gemacht worden. – **b) Zweck:** Mit der Vorschr soll die NaGleichheit zw Elt u Ki hergestellt w (FamRefK/Wax 7). Sie verwirkl damit den Grdsatz des § 1616, wonach das Ki den EheNa seiner Elt als GeburtsNa erhält, für die Fälle der nachträgl Best od Änderg des EheNa dch die Elt. Dies geschieht in der Weise, daß dem dem Alter entsprechden Anwachsen der Identifikation des betroff Ki mit seinem Namen bei der Anschließg Rechng getragen wird. 1/2 3

2) Erstreckung des nachträglichen Ehenamens auf das Kind, I. Währd das Gesetz in den §§ 1617–1617 b für die Best des Namens dch das Handeln der Elt auf die alleinige od gemeins elt Sorge abstellt, wird der Erwerb des von den Elt nachträgl bestimmten EheNa dch das Ki gänzl losgelöst von der SorgeRRegelg. Das liegt daran, daß die Elt den EheNa in ehel Autonomie ohne Einbeziehg des Ki treffen u diesem abgesehen von der Altersstufe unter 5 J ledigl als Reflex die Befugn zur Anschließg an den neu geschaffenen FamNa gegeben wird. So, wie die Elt einen EheNa unabhäng von der jeweil SorgeRRegelg bestimmen können, wirkt sich der EheNa auch auf den Na des Ki unabh davon aus, ob einem EltT, beiden EltT od gar keinem von ihnen das SorgeR zusteht (vgl FamRefK/Wax 3). 4

a) Nachträgliche Bestimmung des Ehenamens. Hierfür gibt es versch Konstellationen. Waren die Elt bei Geburt des Ki nicht verh od zwar verh, aber ohne EheNa, erh das Ki zunächst je nachdem, ob die Elt gemeins sorgeberecht waren od nicht, einen GeburtsNa nach § 1617 I 1 bzw § 1617 a I od nach den jeweiligen Folgeregelgen. Der erste Fall einer solchen nachträgl Best des EheNa liegt vor, wenn die Eheg zwar im Ztpkt der Geburt des Ki miteinand verh waren, aber erst nach der Geburt einen EheNa bestimmen (§ 1355 I 1 u 2). Da für die Best des EheNa keine Befristg mehr vorgesehen ist, kann sie in jeder Altersstufe des Ki erfolgen (Rn 6). Zum anderen findet die Vorschr auch Anwendg, wenn die Eheg überh erst aGrd einer erst nach der Geburt des Ki erfolgden Heirat einen EheNa bestimmen. Geschieht dies als Fall 2 zus mit der Eheschließg, teilt sich der EheNa gem I unmittelb dem Ki mit. Diese Regelg tritt an die Stelle von § 1720 aF, der ebenf schon die Legitimation dch nachfolgde Eheschließg der Elt namensrechtl als Fall der NaÄnderg u nicht als unmittelb Fall des § 1616 behandelte. 3. Fall: Heiraten die Elt dagg nach der Geburt des Ki, ohne zunächst einen EheNa zu bestimmen, so haben sie zunächst das NeubestimmgsR nach § 1617 b I. Bestimmen sie dann später einen EheNa, so wirkt dieser erst jetzt gem § 1617 c I auf das Ki hinüber (BT-Drucks 13/4899 S 92). 5

b) Altersabhängige Wirkung des nachträglichen Ehenamens auf das Kind. Darauf, ob das Ki mj od vollj ist, kommt es nicht an; der GesGeber hat für die Übertr des von den Elt nachträgl best EheNa vielm eig **Altersstufen** geschaffen (vgl FamRefK/Wax 6 ff). Sie beziehen sich auf den Ztpkt der Abg der Erkl des Ki ggü dem StBeamten u nicht auf den Ztpkt der Best des EheNa. – **aa)** Das Ki **unter 5 Jahren** erh vGw automat den EheNa der Elt. Das Ges spricht dies nicht ausdrückl aus; es ergibt sich vielm formal nur aus dem Ggschluß zur Fassg von I 1 u materiell aus dem Zweck des Gesetzes (vgl Rn 2). – **bb) Ab Vollendung des 5. Lebensjahres** ist das Hinüberwirken des nachträgl bestimmten EheNa von den Elt auf das Ki davon abhäng, daß sich das Ki dem EheNa seiner Elt anschließt, **I 1.** Die Anschließg erfolgt dch Erkl des od der Sorgeberecht als gesetzl Vertreter. Dieser Altersstufe steht das geschunfäh Ki auch höheren Alters gleich. – **cc) Ab Vollendung des 14. Lebensjahrs** kann das Ki die AnschließgsErkl nur selbst abgeben u bedarf hierzu ledigl der Zust seines gesetzl Vertr. – **dd) Ab Volljährigkeit** ändert sich dann ledigl insof etwas, als das Ki der Zust des gesetzl Vertr jetzt nicht mehr bedarf. 6 7 8 9 10

c) Adressat und Form, I 3. Die AnschließgsErkl u die entsprechden Zustimmgen des gesetzl Vertr sind amtsempfangsbedürft WillensErkl (Zweibr FamRZ **96**, 430). Sie sind ggü dem StBeamten abzugeben u müssen öff begl w, was ebenf dch den StBeamten geschehen kann (PStG 31 a I Nr 2). 11

3) Änderung des zum Geburtsnamen des Kindes gewordenen Ehe- oder Familiennamens, II. Die Vorschr entspricht § 1616 a II aF, ist aber redaktionell klarer gefaßt (BT-Drucks 13/4899 S 92). Neben 12 der nachträgl Wahl eines gemeins EheNa kann sich der EheNa der Elt des Ki od auch nur der eines EltT ändern, wobei jedesmal das Problem auftritt, ob sich diese NaÄnd auch auf das Ki erstreckt. Das Gesetz übernimmt für sämtl NaWechsel auf der EltSeite unter Ausschluß des VerwaltgsRWegs (VG Brschw FamRZ **95**, 1226) die in I für die nachträgl Wahl eines EheNa getroffene Regelg. Iü unterscheidet es danach, ob sich der EheNa der Elt ändert, der gem § 1616 zugl GeburtsNa des Ki ist od nur der FamNa desj EltT, von dem das Ki bei NaVerschiedenh der Elt seinen GeburtsNa ableitet. Die Vorschr von I über die elternabhängige Anschließg des Ki, über Adressat u Form der AnschließgsErkl usw (Rn 4–11) gelten entsprechd.

13 **a) Änderung des Ehenamens der Eltern, II Nr. 1,** wenn er nach § 1616 od § 1617 c I zum GeburtsNa des Ki geworden ist. Die Änderg des EheNa der Elt kann dch Adoption des namensgebden Eheg geschehen
14 (§§ 1757 I 1 bzw II u III, 1767 II) od nach dem NÄG 3 (vgl Einf 6 v § 1616). – Ferner gilt I auch bei
15 **b) Änderung des Familiennamens eines Elternteils, II Nr 2,** sofern er GeburtsNa des Ki ist. – **aa)** Letzteres kann nach § 1617 od § 1617 b der Fall sein. Das Gesetz trifft aber im einz keine weiteren Differenziergen, so daß auch die NaÄnderg bei Verwitwung od Scheidg (§ 1355 V 2) Fälle von II Nr 2 sind.
16 – **bb) Änderung des Familiennamens durch Eheschließung.** Diesen Fall nimmt das Gesetz von § 1617 c II Nr 2 aus, weil die hierher gehörden Situationen bereits Ggstd and Regelgen sind: Heiratet der namensgebde EltT u ändert sich dadch sein FamNa, was dadch geschieht, daß der Name des and Eheg zum EheNa best wird, so ist zu unterscheiden: Heiraten die Elt des Ki, so ist dieser Fall bereits von Nr 1 erfaßt (vgl Rn 13). Heiratet der namensgebde EltT einen and als den and EltT des Ki, so soll sich ein dadch bdgter NaWechsel beim EltT nicht unmittelb auf das Ki auswirken. Für diese Situation ist die Einbenenng mit ihren spezifischen Erfordern gedacht (vgl § 1618).

17 **4) Erstreckung der Namensänderung bei den Eltern auf den Ehenamen des Kindes, III**

18 a) Die NaÄnderg bei den Elt ist unabhäng vom Alter des Ki. Nach § 1616 I 3 aF konnte sich das Ki der NaÄnderg seiner Elt nur bis zu seiner Volljk anschließen, so daß die Anwendg der Vorschr auf die seltenen Fälle beschrkt war, in denen das Ki schon bei Volljk verh war. Nachdem das KindRG auf die Altersbegrenzg bei der Anschließg verzichtet hat, kann die in III aufgenommene Regelg jetzt auch eingreifen, wenn beide Generationen bereits in höherem Alter stehen u unabhäng davon, ob eine Anschließg an die NaÄnderg der Elt rechtspolit dann noch sinnvoll od vernünftig ist.

19 **b) Anschließungserfordernis, III Halbs. 1.** Von der Übertragg eines dch nachträgl Änderg bei den Elt od einem EltT des Ki maßgebl Ehe- bzw FamNa auf der EltSeite (I u II Nr 1 u 2), die sich dem Ki, das bereits verh ist u damit nach § 1303 II zumind 16 J alt sein muß, nur mitteilt, wenn es sich der NaÄnderg angeschlossen hat, ist die Ausweitg der **Erstreckg der schwiegerelterlichen Namensänderung auf den Ehegatten des Kindes** zu unterscheiden. Die Übernahme der NaÄnderg beim GeburtsNa aS des Abkömmlings hängt, auch wenn dieser schon verh ist, ausschließl von seiner Anschließg ab u ist mit deren Erkl voll wirks. Iü sind wiederum **verschiedene Fallkonstellationen** zu unterscheiden: Ist nicht der GeburtsNa des Ki in seiner eig Ehe zum EheNa bestimmt, hat die Änderg des GeburtsNa keinerlei Auswirkg zw den jungen Ehel. Die Tats, daß dch die Anschließg des Ki an die NaÄnderg der Elt jetzt ein and GeburtsNa bei einem der Eheg in der Kindergeneration zur Auswahl zur Verfügg stünde, eröffnet den Eheg der KiGeneration keine neue EntscheidgsMöglk bei der Wahl ihres EheNa. Sind in der Ehe des Ki die Partn bisher bei ihren jeweil GeburtsNa geblieben (§ 1355 I 3), haben sie jetzt allerd die Möglk, als EheNa auch den bei dem Ki dch die NaÄnderg aS der Elt geänd GeburtsNa zum EheNa zu bestimmen. Ist dagg der GeburtsNa des Ki, der sich jetzt dch die NaÄnderg bei seinen Elt u dch seine Anschließg geänd hat, in der Ehe des Ki zum EheNa geworden, so ändert sich dieser nur dann, wenn sich auch der Eheg des Ki dieser NaÄnderg seinerseits anschließt. Verweigert der Eheg die Anschließg, bleibt es bei dem bish EheNa unabhäng davon, daß es den Namen, aus dem der EheNa sich herleitet, in dieser Generation nicht mehr gibt. Schließt der Eheg des Ki sich dessen NaÄnderg an, ändert sich auch der EheNa; die Möglk, den bish Namen als BegleitNa fortzuführen (§ 1355 IV 1), ist nicht vorgesehen, obwohl der Eheg jederzeit noch die ursprüngl Möglk hätte, aus Anlaß der Änderg des EheNa nunm seinen GeburtsNa als BegleitNa beizufügen. Da auch der zZt der Erkl über die Bestimmg des EheNa geführte Name als BegleitNa beibehalten w kann, muß § 1355 IV 1 auf den Fall von § 1617 c III 1. Halbs analog angewendet w. Auch ein Austausch des ungeänd bish EheNa gg den zuvor als BegleitNa geführten GeburtsNa muß analog § 1355 IV 3 zul sein. Iü wiederholen sich in der Generation des Ki u seines Eheg, was ihre eig Ki (also die Enkelgeneration) anlangt, dann die Vorgänge von § 1617 c II Nr 1.

20 **c) Form, III Halbs. 2.** Auch die AnschließgsErkl des Eheg ist dem StBeamten ggü abzugeben u muß öff begl w (vgl Rn 11).

1618 *Einbenennung.* **Der Elternteil, dem die elterliche Sorge für ein unverheiratetes Kind allein zusteht, und sein Ehegatte, der nicht Elternteil des Kindes ist, können dem Kind durch Erklärung gegenüber dem Standesbeamten ihren Ehenamen erteilen. Sie können diesen Namen auch dem von dem Kind zur Zeit der Erklärung geführten Namen voranstellen oder anfügen; ein bereits zuvor nach Halbsatz 1 vorangestellter oder angefügter Ehename entfällt. Die Erteilung, Voranstellung oder Anfügung des Namens bedarf, wenn das Kind den Namen des anderen Elternteils führt, der Einwilligung des anderen Elternteils und, wenn das Kind das fünfte Lebensjahr vollendet hat, auch der Einwilligung des Kindes. Das Familiengericht kann die Einwilligung des anderen Elternteils ersetzen, wenn die Erteilung, Voranstellung oder Anfügung des Namens zum Wohl des Kindes erforderlich ist. Die Erklärungen müssen öffentlich beglaubigt werden. § 1617 c gilt entsprechend.**

1 **1) Allgemeines**

2 **a) Inhalt.** Die dch Art 1 Nr 7 KindRG geänd Vorschr entspricht § 1618 aF, enthält aber zwei wesentl Erweitergen: Sie bezieht sich nicht mehr nur auf ne Ki, sond eröffnet die Möglk, auch ehel Ki dch Einbenenng namensmäß in die StiefEltFam einzubeziehen. Außerd kann die Einbenenng in der Weise

erfolgen, daß dem Ki dch Voranstellg od Anfügg an den von dem EltT u dem StiefEltT als neuen GeburtsNa empfangenen EinbenenngsNa der bish GeburtsNa erhalten bleibt. Eine einseit Einbenenng dch den leibl Va des Ki, wie sie nach früh Recht mögl war (vgl § 1618 I 1 aF), sieht das KindRG nicht mehr vor (vgl 57. Aufl Rn 3).

b) Begriff. Die „Einbenenng" bezog sich nach § 1618 aF auf die namensrechtl Einbeziehg eines ne Ki in die Fam seiner Mu u deren Ehem bzw auf die namrechtl Identifizierg mit dem in einer and Fam lebden leibl Va. Der Ausdr bezeichnet aber ow auch die jetzt geregelten Fälle genereller NaErteilg an ein StiefKi. Auch der Zweck ist der gleiche wie in der aF. Desh wird der Ausdr hier weiter verwendet. Einbenenng ist dann die Auswechselg des FamNa eines Ki, dessen alleinsorgeberecht EltT verh ist u der ihm zus mit dem StiefEltT deren gemeins EheNa in der Weise erteilt, daß der EheNa an die Stelle des vom Ki bisher geführten GeburtsNa tritt. Für die Einbenenng kommt es nicht darauf an, ob das Ki aus einer früh Ehe des sorgeberecht EltT stammt od nichtehel geboren ist. Eine Einbenenng ist insb mögl, wenn die nicht verh Mu nach § 1617 a I dem Ki ihren seinerzeitigen FamNa als GeburtsNa vermittelte, dann geheiratet hat u, nachdem der Name ihres Ehem zum EheNa geworden ist, das Ki jetzt auf diesen Na einbenannt w soll. 3

c) Zweck: Die Einbenenng dient der Namensangleichg der zu einer faktischen Fam gehörden Pers, um die Herkunft des Ki aus einer and od unvollständ Fam nicht in Erscheing treten zu lassen. Namensgleichh läßt sich auch dadch erreichen, daß der Name des leibl EltT, wenn dieser mit dem Na des Ki ident ist, zum EheNa auch des StiefEltT gewählt wird (§ 1355 II) sowie iW der NaÄnderg (Vorbem 6 v § 1616). Für die Einbenenng gibt es eine starke u eine schwache Version (vgl Rn 5). Wird nicht der GeburtsNa des Ki gg den EheNa ausgetauscht, sond der EheNa ledigl dem fortbestehden GeburtsNa hinzugefügt, so kann auch dadch die Zugehörigk des Ki zu der StiefFam unterstrichen w (vgl BT-Drucks 13/8511 S 73). 4

2) Formen der Einbenennung. Für die Erteilg des EheNa an das Ki stehen dem sorgeberecht EltT u 5
seinem Eheg zwei versch GestaltgsMöglkten zur Verfügg: **a) Surrogationslösung, Satz 1.** Nach dem 6
AuswechselgsModell tritt dch die Erteilg des EheNa von Elt- u StiefEltT dieser Name an die Stelle des GeburtsNa des Ki. Es verliert den bisher geführten Namen endgült u führt fortan den EheNa seines sorgeberecht EltT u dessen Eheg als GeburtsNa (vgl § 1616 Rn 2). – **b) Kombinationslösung, Satz 2.** Statt des 7
NaAustausches können der SorgeBerecht u sein Eheg dem Ki aber auch ihren **Ehenamen zusätzlich** erteilen. Allerd ist dies nicht in der Form mögl, daß der bisher von dem Ki geführte Name u der EheNa der stiefelterl Fam auf gleicher Stufe zum neuen GeburtsNa des Ki werden, weil dadch dem Prinzip von § 1617 I 1 zuwider ein insow also unzul DoppelNa entstünde (vgl Einf 4 v § 1616; § 1617 Rn 3). Desh hat der GesGeber hier die schon in § 1355 IV für die Ehel u in § 1757 IV 1 Nr 2 für das AdoptivKi entwickelte Lösg herangezogen (vgl BT-Drucks 13/8511 S 73). Doch wird dabei – and als in der SurrogationsLösg u im AdoptionsR – nicht der dem Ki erteilte EheNa zu einem Teil von dessen GeburtsNa. Vielmehr behält es seinen bish Namen als GeburtsNa u der stiefelterl EheNa tritt dch Voranstellg od Anfügen ledigl als BegleitNa hinzu. Zu den Einzelh des BegleitNaModells vgl § 1355 Rn 6 u 7. Der Ggsatz zu § 1757 erklärt sich daraus, daß in der Adoption gerade die Herkunft aus zwei Fam betont w, währd mit der Einbenenng ledigl dem Ki eine psycholog Hilfe gewährt w soll. Als DoppelNa verstanden wäre der WertgsWiderspr zum Verbot des DoppelNa bei leibl Elt, denen das Ki beiderseits völlig gleich nahe steht, unerträgl. Das Ki kann sich mit beiden Namen bezeichnen; als GeburtsNa bei Eheschl u NaWeitergaben wie nach § 1617 a I od bei dem iR der Eheschließg als EheNa einzubringden Namen bleibt es jedoch bei dem ursprüngl eingliedrigen GeburtsNa.

3) Erfordernisse der Einbenennung: 8

a) Bisheriger Name des Kindes. Das Ki darf nicht bereits einen dem EheNa seines sorgeberecht EltT u dessen Eheg identischen GeburtsNa haben, was etwa der Fall wäre, wenn es nach § 1617 a I den Namen des einen EltT erhalten hätte u dieser bei der Eheschließg des sorgeberecht EltT auch zum EheNa geworden wäre. Es spielt keine Rolle, ob sich der bish Name des Ki von dem einen od and leibl EltT herleitet. Einbenannt werden kann auch ein Ki, bei dem zu keinem Ztpkt Namensidentität mit dem jetzigen sorgeberecht EltT bestand. Allerd wird die früh Konstellation der Einbenenng, daß das Ki einer nicht verh Frau den Namen der Mu führt u es dch Einbenenng deren u seines StiefVa EheNa erhalten soll, auch in Zukunft die wichtigste Fallgruppe sein. 9

b) Ehename des sorgeberechtigten Elternteils und des mit ihm verheirateten Stiefelternteils. Der sorgeberecht EltT muß nach der Geburt des Ki geheiratet haben; ferner müssen beide einen EheNa bestimmt haben (§ 1355 I 1 u 2). Ist dies der Name des sorgeberecht EltT, schließt das eine Einbenenng nur aus, wenn beim Ki bereits vor der Eheschließg Namensgleichh mit dem sorgeberecht EltT bestand; denn dann liegt auch Namensgleichh in der neuen Fam bereits vor. Leitete es dagg seinen GeburtsNa von dem and leibl EltT ab, gleichgült, ob dies nach § 1617 I od § 1617 a II geschah, kann die Einbenenng nicht nur erfolgen, wenn der Name des StiefEltT zum EheNa best wurde, sond auch dann, wenn nunmehr der StiefEltT den Na des sorgeberecht EltT als EheNa übernommen hat. Führen SorgeBerecht u StiefEltT keinen EheNa (§ 1355 I 3), scheidet die Einbenenng aus. Weder kann dem Ki der von dem seinigen abweichde Name des sorgeberecht EltT, noch der des StiefEltT erteilt w. In keinem Fall kann auch derj EltT, dessen Name nicht zum EheNa geworden ist, iW der Einbenenng seinen BegleitNa (§ 1355 IV) auf das Ki übertragen, u zwar weder der sorgeberecht EltT, noch der StiefEltT. Die dies bestimmde Vorschr des § 1618 I 2 aF wurde vom GesGeber als Selbstverständlk aufgehoben, ohne daß damit eine ggteilige RHandhabg erlaubt sein sollte. Eine Einbenenng nach dem **Tod** des StiefEltT ist unter Analogie zu S 4 (EinwilliggsErsetzg) mögl (Zweibr NJWE-FER **99**, 148). 10

c) Das Ki, dem nach § 1618 der EheNa des allein sorgeberecht EltT erteilt w soll, muß noch **minderjährig,** also noch unter 18 J alt sein, weil es sonst nicht mehr, wie S 1 voraussetzt, unter elt Sorge stünde. Ferner muß es auch **unverheiratet** sein. Dies ist ein zusätzl Erfordern zur Minderjk, weil eine Eheschließg ab 16 J mögl ist (vgl § 1303 II). Aus der Umstellg des Wortlauts von § 1618 aF, wonach eine Einbenenng nur bei einem Ki mögl war, „daß eine Ehe noch nicht eingegangen ist", auf den Ausschluß der Einbenenng bei 11

„unverheirateten" Ki, wird geschlossen, daß nur eine zZt der Einbenenng bestehde Ehe des Ki seiner Einbenenng im Wege steht. Eine früh, bei Erkl der NaErteilg bereits wieder aufgelöste Ehe soll die Einbenenng nicht hindern (FamRefK/Wax 3).

12 **d) Einbenennungserklärungen und Zustimmungen**

13 **aa) Rechtsnatur.** Die EinbenenngsErkl von sorgeberecht EltT u StiefEltT sind einseitige RGeschäfte. Sie sind, ebso wie die zusätzl erfdl Zustimmgen, bedinggsfeindl u widerrufl nur iRv § 130 (Hepting/Gaaz PStG § 15 c Rn 11 ff, 31 a Rn 35). Die Erkl sind höchstpersönl u damit vertretgsfeindl. § 1618 ist lex specialis ggü dem früher angewendeten NÄG 3 (vgl VG Düss NJW **99**, 1730).

14 **bb) Beiderseitige Einbenennungserklärungen des sorgeberechtigten Elternteils und dessen Ehegatten,** deren NaErteilg allerd dch ein späteres VaterschAnerk des Ehem ggstandslos wird (vgl AG Duisbg StAZ **90**, 107). Die Erkl müssen denselben Inh haben, brauchen aber weder gleichzeit, noch gemeins abgegeben zu w. Adressat ist der StBeamte (Rn 19). In der Wahl des NaAngleichgsModells (vgl Rn 5) sind die Eheg frei. Trotz des Zwecks von § 1618, in der neuen Fam des Ki NaEinheitlichk zu schaffen (Rn 4), sind die Elt nicht gezwungen, entsprechd § 1617 I 3 sämtl mit in die Ehe gebrachten Ki des sorgeberecht EltT einzubenennen. Das Wohl mehrerer Ki kann bei unterschiedl Alter auch sehr unterschiedl sein. **Namenskombination:** Die EinbenenngsErkl können mit der Erkl verbunden w, den dem Ki erteilten EheNa mit dem von diesem zZt der Einbenenng bereits geführten Namen zu verbinden (vgl unten Rn 23).

15 **cc) Zustimmungserfordernisse, S. 3**

16 **aaa)** Beide Formen der NaErteilg (Rn 5 ff) bedürfen der Zust des nicht sorgeberecht **anderen Elternteils,** sofern das Ki im Ztpkt der Einbenenng den Na dieses EltT führt, so daß die äußere Zugehörigk des Ki zu ihm dch den NaWechsel zerstört würde. **Zweck** des ZustimmgsErfordern soll nach der amtl Begrdg nicht die Kontrolle des NaBestimmgsR nach § 1618, sond ausschließl der Schutz des Interesses des and EltT am Fortbestand des namensrechtl Bandes zw ihm u seinem Ki (BT-Drucks 13/4899 S 92). Doch dürfte diese Sicht zu eng sein, so daß der Ausschluß der ZustBefugn bei Fehlen der NaIdentität zw and EltT u dem Ki nicht in allen Fällen befriedigt. Unerhebl ist, ob der and EltT mit dem jetzigen sorgeberecht EltT verh war.
17 Verweigert der and EltT seine Zust zu der NaErteilg an das Ki, kann das FamG seine **Einwilligung ersetzen, S. 4.** Vorauss dafür ist nicht, daß die NaAngleichg dem Wohl des Ki „dient" (so noch der RegEntw), sond daß sie zum Wohl des Ki „erfdl" ist (Brschw u Brem MDR **99**, 873 u 1139). Die Anfdgen an die Erfdlk sollen deutl höher sein als bei der Einbenenng von nehel Ki nach früh Recht (Hamm FamRZ **99**, 736). Mit dem Bezug auf das KiWohl soll die Notwendigk unterstrichen w, die Bindgen des Ki an den and EltT zu berücks (BT-Drucks 13/8511 S 74; krit Willutzki KindPrax **99**, 87). Keine Ersetzg der Zust daher, wenn sich aus der NaDifferenz nicht konkr eine außerordtl Belastg ergibt (Kln KindPrax **99**, 170) od wenn nicht trift Grde für die Zurückstellg der Interessen dieses EltT bestehen (Kln FamRZ **99**, 734). Dabei hat die NaGleichh anges der vielfält Möglkten des neuen NamensR wesentl an Bedeutg verloren (Hamm DAV **99**, 787). Zu dem genannten Ziel setzt sich der GesGeber in Widerspr, wenn es in den Fällen, in denen das Ki einen and Namen führt als der nicht sorgeberecht EltT, auf dessen Zustimmg überh nicht ankommen soll (vgl zum alten Recht Zweibr StAZ **97**, 304: kein Verstoß gg GG od EMRK). Denn mit der dch den NaWechsel gewollten Stärkg der Zugehörigk zur neuen Fam wird ijF auch das Verhältn zw dem nicht sorgeberecht EltT u dem Ki berührt. Der and EltT ist aber, nachdem die NaBestimmg zur elt Sorge gehört (§ 1626 Rn 16; § 1617 Rn 4), in jedem Fall anzuhören (FGG 50 II). Bei der Prüfg des **Kindeswohls** sollte mehr als bisher berücks w, daß auch die EinbenenngsEhe scheitern kann u bei Rückänderg des Namens des leibl EltT das Ki dann ggf mit dem Namen, zu dem es nur eine vorübergehde Beziehg gehabt hat, uU allein dasteht (vgl zB LG Potsdam StAZ **98**, 12). Anderers kann S 4 auch zur Stärkg der Bindgen in der neuen Fam herangezogen w, wenn der leibl EltT zur psych Destabilisierg des Ki beigetragen hat (Nürnb DAV **99**, 646). Ist der and EltT **verstorben** od geschunfäh geworden, so entfällt das Erfordern der Zust nicht (BayObLG u Zweibr StAZ **99**, 236 u 240; aA FamRefK/Wax 5); vielm sind die Belange des and EltT, zu denen auch die von ihm bei LebZten selbst wahrgenommenen Belange seiner übr Ki bzw auch seines Eheg gehören, iR eines nach dem Wortlaut von S 4 ow mögl ErsetzgsVerf zu berücks.

18 **bbb) Einwilligung des Kindes.** Sie ist nur erfdl, wenn das Ki das 5. LebJ vollendet hat. § 1617 c gilt entspr, **S. 6:** Vgl dort Rn 6 ff. Förml Erkl; die bl Mitteilg des JA reicht nicht (Kln FamRZ **99**, 735).

19 **dd) Form, S. 5.** Die Erkl des sorgeberecht EltT u des StiefEltT müssen öff begl w (§ 129). Das gleiche gilt für die Einwillig des and EltT u des Ki nach S 3. Die Beglaubigg erfolgt nach Aufhebg von SGB VIII 59 I Nr 5 nicht mehr dch den ermächtigten Beamten des JA, sond außer dch den Notar vor allem dch den StBeamten (PStG 31 a I Nr 6). Zuständig zur Entggnahme sämtl Erkl ist der StBeamte, der die Geburt des Ki beurk hat; bei Geburt des Ki im Ausl der StBeamte des Standesamts I in Bln (PStG 31 a II).

20 **ee) Zeitpunkt:** Die EinbenenngsErkl können vor der Geburt des Ki abgegeben w (vgl zum früh Recht Karlsr FamRZ **74**, 603; Celle StAZ **87**, 280; krit Otto StAZ **74**, 269). Sie werden auch wirks, wenn der Erklärde vor Eingang der Erkl beim StBeamten stirbt (Ffm ZfJ **62**, 270).

21 **ff) Wirksamwerden.** Mit dem Vorliegen sämtl materiellrechtl Vorauss führen die EinbenenngsErkl die NaÄnderg beim Ki unmittelb herbei. Die spätere Eintragg in die PersStBücher ist nicht konstitutiv, sond hat nur deklaratorische Bedeutg.

22 **4) Rechtsfolgen der Einbenennung**

23 **a) Geltung des Ehenamens als neuer Familienname des Kindes.** Mit der Einbenenng erh das Ki den EheNa seines sorgeberecht leibl EltT u des mit diesem verh StiefEltT als eig Namen bzw iS eines BegleitNa (Rn 5 ff). War das Ki bereits zuvor einmal einbenannt worden (vgl Rn 29), so wird ein als ErsatzGeburtsNa fungierder früh EheNa des sorgeberecht EltT ow dch den neuen Na verdrängt. Fungierte er ledigl als BegleitNa, entfällt er ow, **S. 2 Halbs. 2,** u zwar auch dann, wenn der früh zur Einbenenng verwendete EheNa dem GeburtsNa des Ki vorangestellt war u der Na aus der neuen StiefEltEhe im GeburtsNa angefügt w soll od umgek. Auch die Eintragg der Einbenenng als Randvermerk im Geburtenbuch ist ledigl RFolge der auch ohne Eintragg wirks Einbenenng. Die Eintragg hat ledigl deklaratorische Bedeutg (BayObLG FamRZ **64**, 458).

b) Beifügung des bisherigen Namens des Kindes, S. 2. Sorgeberecht u StiefEltT können die Einbenenng mit der Erkl verbinden, daß das Ki neben dem neu gewonnenen EheNa seinen bish Na beibehalten kann. Beibehaltsgsfäh ist jeder von dem Ki im Ztpkt der Einbenenng geführte Name. Das kann der GeburtsNa des Ki sein, aber auch ein nach den §§ 1617 a II, 1617 b, 1617 c od selbst bei einer vorhergegangenen anderweit Einbenenng nach § 1618 geänd Name des Ki. Ob der NaBegründgsAkt seinerzeit rechtl in Ordng war, ist unerhebl, wenn der NaWechsel im Geburtenbuch beigeschrieben wurde. Der bish Name kann dem EheNa entsprechd §§ 1355 IV 1, 1757 IV Nr 2 vorangestellt od angefügt w (vgl § 1355 Rn 7). 24

c) Iü begründet die NaErteilg **weder Rechte noch Pflichten.** Insb erlangt der StiefEltT dch die Einbenenng kein SorgeR, auch nicht das gemeins SorgeR mit dem zuvor allein sorgeberecht EltT. Der leibl EltT bleibt vielm trotz der NaAngleichg wie bisher alleiniger SorgeBerecht. Doch hat der StiefEltT nach Trenng der Ehel ggf ein UmgangsR, das aber auf der früh häusl Gemsch mit dem Ki u nicht auf der Einbenenng beruht (vgl 1685 II). Zw dem Ki u dem StiefEltT bestehen auch keinerlei UnterhAnspr. Allerd geht bei freiwill Leistg von Unterh der UnterhAnspr des Ki gg den and leibl EltT auf den StiefEltT über (§ 1607 III 1), soweit er – nicht „als Va" iSv § 1607 III 2, sond – als Eheg des and EltT für den Unterh seines StiefKi aufkommt. 25

d) Bestandskraft und Änderungen des Einbenennungsnamens 26

aa) Die Einbenenng ist grdsl endgült. Es besteht weder die Möglk zur Anfechtg, noch gibt es auch bei Scheidg der Ehe mit dem sorgeberecht EltT od einer schweren Zerrüttg der Beziehgen zu diesem od zw dem StiefEltT u dem Ki ein Recht auf Widerruf der Einbenenng. Wird die Ehe, die Grdlage der Einbenenng war, geschieden, behält das Ki den EheNa aus der Ehe zw dem StiefEltT u dem sorgeberecht leibl EltT, selbst wenn letzterer gem § 1355 V 2 zu seinem vor der Ehe geführten FamNa zurückkehrt (and zum fr R: BayObLG FamRZ **98**, 316). Das Ki kann an dieser NaÄnderg nicht gem § 1617 c II teilnehmen; vielm bleibt nur die Möglk einer NaÄnderg nach NÄG 3, wobei dieser Vorschr dch das Erfordern des wichtigen Grdes allerd kaum die Funktion zukommt, als abschließd gedachte, generelle famrechtl Regelgen nachzubessern. 27

bb) Änderung des Ehenamens, S. 6. Iü finden die Vorschr des § 1617 c zur Erstreckg der Änd des EheNa von leibl od AdoptivElt auf das Ki in Bezug auf den dch Einbenng gewonnenen Namen des Ki entspr Anwendg. Ändert sich der EheNa des sorgeberecht EltT u des StiefEltT, so nimmt das einbenannte Ki daran nach Maßg des § 1617 c teil (vgl dort Rn 6 ff). 28

cc) Wiederholte Einbenennungen sind iGgs zum früh Recht (vgl BayObLG FamRZ **88**, 319; **90**, 93) mögl (*arg* S 2; dazu oben Rn 7), etwa wenn der sorgeberecht EltT mehrere Ehen hintereinand eingeht u jedesmal der Name des jeweil StiefEltT zum EheNa bestimmt u das Ki einbenannt wird. 29

1618 a *Gegenseitige Pflicht zu Beistand und Rücksichtnahme.* **Eltern und Kinder sind einander Beistand und Rücksicht schuldig.**

1) Leitbild für die Eltern-Kind-Beziehung. Zur pfl Struktur familiärer Solidarität Schwab FamRZ **97**, 521. Die Vorschr weist auf die Bedeutg der Verantwortg füreinander als Grdlage des ges FamR hin. Eine stärkere Beachtg dieser Norm, insb der BeistandsPfl, kann nach der amtl Begrdg zu einer größeren FamAutonomie beitragen u den Gefährdgen der Fam als Institution entggwirken, womit dieser Norm für die Fam eine ähnl Bedeutg zuwachsen könnte wie § 1353 für die ehel LebGemsch (BT-Drucks 8/2788 S 43). – **Geltungsbereich:** Die Stellg der Vorschr innerh des BGB zeigt, daß ihre Bedeutg sich personell nicht auf das Verhältn von Elt u ehel Kindern u auch nicht auf dasj von Elt u minderj Kindern beschränkt; sonst hätte die Best in die §§ 1626 ff eingefügt w müssen. Vorausgesetzt wird auch nicht, daß Elt u Kinder noch in ders HausGemsch wohnen (*arg* § 1619). Sachl bezieht sich § 1618 a beispw auch auf eine fam WoEigtGemsch (BayObLG NJW-RR **93**, 1361) u gilt auch im UnterhR (Kln FamRZ **82**, 834), zB bei Verändgen im Studium (Ffm FamRZ **84**, 193), ferner im Verhältn miteinand verwandter WohngsEigtümer (vgl BayObLG FamRZ **93**, 803). – **Rechtsnatur** (ausführl 47. Aufl); echte RPfl, auch wenn keine unmittelb ges Rfolgen (vgl BT-Drucks 8/ 2788 S 43). Auch unmittelb unter Geschw (and Knöpfel FamRZ **85**, 559: nur üb die Elt). Bt für Ki od umgek die Elt hindert nicht eine **Vergütung** (§ 1836 a Rn 1). 1 2

2) Inhalt: Die Pfl zur **Beistandsleistung** bezieht sich auf alle gewöhnl u außergewöhnl Umstde der einz Fam u verpflichtet, wenn die vom GesGeber angestrebte Parallele zu § 1353 ernstgenommen w soll, zur wechselseit Unterstützg u Hilfeleistg der FamMitglieder in allen LebLagen. Bspe: Nachhilfeunterricht dch ältere Geschw; Aufn als Flüchtlinge; Garantenstellg aus StGB 13 (Knöpfel FamRZ **85**, 562); Pfl der nehel Mutter zur Benenng des Vaters (§ 1707 Rn 3 mN); Pflege des persönl, ggf auch telephon (KG FamRZ **88**, 1044) Kontakts (Knöpfel FamRZ **85**, 564); Zugg zur 90 j Mu für die Geschw (AG Arnsbg FamRZ **96**, 1435). Aus der BeistandsPfl erwächst aber keine, auch nicht eine mittelb UnterhPfl v Geschw. Keine Pfl der Elt, im Hausstand od Gewerbe der Kinder dauerh Dienste zu erbringen, wenn nicht bes Umst (Notlagen) vorliegen (Bambg NJW **85**, 2724; krit Coester FamRZ **85**, 956). Aus § 1618 a keine AuskPfl ü nehel Vater (vgl Einf 2 v § 1591; aA AG Gemünden FamRZ **90**, 200; Staud/Coester 31). Währd sich die Beistandsleistg auf positives Tun bezieht, bedeutet **Rücksichtnahme** das Zurückstellen eigener Wünsche hinter die Belange der Fam od einzelner FamMitgl. Auch Pfl zur Unterl der BürgschÜbern mittell Ki (BGH **125**, 206; NJW **97**, 52; § 138 Rn 38). Obwohl vom Ges nicht ausdrückl aufgen, enthält das Gebot auch die Verpfl zur ggseit Achtg; denn nur aus dieser erwächst die Pfl zur Rücks; Bspe: Verzicht auf selbständ Urlaubsreise, damit die Fam zus verreisen kann; Einschränkg des Radiokonsums bei Krankh usw. – **Umfang:** Die Verpflichtgen aus § 1618 a sind nicht einheitl zu bestimmen, sond richten sich nach dem Alter, GesundhZustand u den übr Verhältn der Beteiligten. Der Anspr ist von den verschiedensten Umstden, auch wirtschafl, abhäng u muß im Einzelfall konkretisiert w. Vollj Ki müssen ggf die elt Wohng räumen (AG Gladbeck FamRZ **91**, 980). Sie dürfen ggf in riskante Geschäfte einbezogen w (Mü NJW-RR **95**, 1439). Ki wachsen mit zunehmendem Alter mehr u mehr in die Verpfl hinein, ihrerseits Beistand zu gewähren (BT-Drucks 8/2788 S 43). UnterhPflichten haben regelm Vorrang (vgl aber § 1611 Rn 5); ebso § 1353 ggü dem Eheg des Kindes, so daß dieses nicht verpfl ist, 3 4 5 gg den Willen des Partners die pflegebedürft Elt auf Dauer bei sich aufzunehmen (Gernhuber aaO S 183 f). Aus § 1618 a kann sich auch die Verpfl ergeben, SchadErsFdgen gg ein FamMitgl (zeitw) nicht geltd zu machen. Zur Auskft der Mu über den Na des KiVa: Einf 2 v § 1591.

1619 ***Dienstleistungspflicht in Haus und Geschäft.*** **Das Kind ist, solange es dem elterlichen Hausstand angehört und von den Eltern erzogen oder unterhalten wird, verpflichtet, in einer seinen Kräften und seiner Lebensstellung entsprechenden Weise den Eltern in ihrem Hauswesen und Geschäfte Dienste zu leisten.**

1 **1) Familienrechtliche Dienstleistungspflicht** (Lit: Fenn, MitArb in den Diensten FamAngehöriger,
2 1970; Klunzinger FamRZ **72**, 70). Bedeuts heute vor allem für § 845. **a) Voraussetzungen. aa) Kind:**
§ 1619 setzt Blutsverwandtsch voraus (Nürnb FamRZ **60**, 119). Gleichgült ist, ob das Ki mj od vollj u ob es
verh ist (BGH **69**, 380). Für eine Verpflichtg des noch im elt Haus lebden Ki zu unentgeltl Dienstleistgen ist
aber dann kein Raum mehr, wenn das Ki seine volle Arbeitskraft für eine anderweitige entgeltl ErwTätigk
3 einsetzt (BGH **137**, 1). **bb)** Das Ki muß **dem Hausstand angehören,** dh es muß im Hause der miteinand
verh od auch unverh zuslebden Elt seinen LebMittelPkt haben, braucht dort aber nicht zu wohnen.
4 **cc) Erziehung oder Unterhalt** dch die Elt. Erziehg nur bei Mj, für die den Elt od einem EltT das
PersSorgeR zusteht (§§ 1626 I, 1631 I, 1706). Bei Vollj kommt es nur auf die UnterhGewährg an (BGH
VersR **60**, 132; Saarbr FamRZ **89**, 180). Für den Anspr aus § 845 müssen die Elt den wesentl Unterh des Ki
bestr haben (LG Kiel FamRZ **89**, 1172). Das kann auch dann der Fall sein, wenn der 17 j Sohn den landw
Betrieb der Elt prakt allein führt (BGH NJW **91**, 1226).

5 **b) Rechtsfolgen. aa)** Der **Umfang** der DienstleistgsPfl des Ki bestimmt sich einers nach den körperl u
geist Fähigk des Ki, also Alter, Gesundh, Erziehg u LebStellg, zB ob es sich in der Ausbildg befindet; anderers
nach dem Bed der Elt. In einf Verhältn ab 14 J ca 7 WoStd (BGH FamRZ **73**, 536). Bei Berufstätigk beider
Elt besteht eine erhöhte MithilfeVerpfl (BGH NJW **72**, 1718). Dem Ggstd nach kann es sich um einf od auch
höhere Dienste handeln, sofern sie nur im Hauswesen od Geschäft anfallen (RG **162**, 119). Soweit es sich um
Erziehg handelt, kommt es nicht darauf an, ob die Hilfe erfdl ist. Bei Mißbr: § 1666; der Vollj kann das
6 EltHaus jederzeit verlassen. **bb) Durchsetzung** ggü Mj: §§ 1631, 1666; ggü Vollj: kein Zwang (Rn 5). Die
Elt haben keinen Anspr auf die Dienstleistgen des erwachsenen Ki. Dieses behält die volle Freih, ohne Fr u
7 Begründg die fam WirtschGemsch zu **beendigen** (BGH **69**, 383 f). Anders iFv Rn 12. **cc)** Der Anspr auf
Dienstleistg ist weder übertragb noch vererbl u unterliegt auch nicht der Verj (§ 194 II). Freistellg, aber nicht
8 endgült Verzicht auf die Dienstleistgen mögl. **dd)** Was dch die KiLeistgen erworben w, gehört den Elt.
9 **ee) Haftung** des Ki: § 1664 bzw schadensgeneigte Tätigk (§ 276 Rn 63; § 611 Rn 158) analog.

10 **2) Vergütung. a)** Die Dienstleistg nach § 1619 hat **aa)** eine rein **familienrechtliche** Grdl. Sie wird auch
nicht dch die UnterhLeistg der Elt zu einer entgeltl (RG **99**, 115). Zuwendgen der Elt aGrd von § 1619 sind
keine Schenkg. Sie sind ggf als Unterh zu verwenden (§§ 1602 II, 1649 I 2). **Erbrechtliche** Anspr: § 2057 a;
HöfeO 12 VII u § 1922 Rn 8; bei Enttäuschg erbrechtl Erwartgen Ausgl über § 612 (BGH NJW **65**, 1224)
11 bzw fakt ArbVerhältn (Staud/Coester 54). **bb) Verhältnis der beiderseitigen Leistungen.** IdR gleichen
sich Hilfe u Unterh aus (Karlsr FamRZ **88**, 1050). Sie brauchen nicht gleichwert zu sein; bei Mehrleistg grdsl
kein Anspr aus § 812 (LG Fbg FamRZ **84**, 76). Die Leistgen stehen zueinand nicht im Verhältn der §§ 320 ff
12 (BGH FamRZ **73**, 299). **b) Vertraglich** begründete Schuldverhältn zw Elt u Ki können (als Dienst-, Arb-
od GesellschVertr) das famrechtl Verhältn überlagern bzw ersetzen (BGH FamRZ **73**, 298/9). Konsequenz:
13 Keine Anspr aus § 845 (BGH **69**, 380). **aa)** Steuerl Anerk, wenn ein ArbVerhältn auch zw Dr vereinb w wäre
(BFH NJW **89**, 319; NJW **94**, 3374). Seltener wird die Ann eines GesellschVerhältn zw Elt u Ki gerechtfert
14 sein (BGH FamRZ **66**, 25; **72**, 558). **bb) Konkludente** Begründg mögl. Die früh Vermutg, daß ein Sohn
nach Abschl seiner Ausbildg in dem Betrieb seiner Elt auf rein famrechtl Grdl (mit Beschränkg auf Kost, Logis
u Taschengeld) arbeitet (BGH NJW **58**, 706), gilt heute auch für den Hoferben nicht mehr (Celle NJW-RR
90, 1478; offengelassen in BGH NJW **72**, 429). Entsch ist der vom TatRi festzustellde Wille der Beteil, so daß
auch noch der Ernährer der Fam unter § 1619 fallen kann (BGH NJW **91**, 1226). Indizien für einen
stillschweigden VertrSchl: Abführg von Lohnsteuer (BSG FamRZ **56**, 357); Anmeldg zur SozVers (Fenn
S 445 ff; aA Karlsr VersR **57**, 271); nicht dagg: wenn die Elt eine bezahlte Kraft nicht halten könnten (BGH
15 FamRZ **73**, 299); wenn mj Ki im übl Rahmen für die Elt tät sind (FinG Bln FamRZ **76**, 286). **c) Verjäh-**
16 **rung:** § 196 I Z 8 (BGH NJW **65**, 1224). **d)** Zust auch iRv ZPO 850 h II: ArbGer (BGH **68**, 127).

1620 ***Schenkungsvermutung bei Aufwendungen des Kindes.*** **Macht ein dem elterlichen Hausstand angehörendes volljähriges Kind zur Bestreitung der Kosten des Haushalts aus seinem Vermögen eine Aufwendung oder überläßt es den Eltern zu diesem Zwecke etwas aus seinem Vermögen, so ist im Zweifel anzunehmen, daß die Absicht fehlt, Ersatz zu verlangen.**

1 Ausleggsregel bei freiwilliger Beitragsleistg, RG HRR **33**, 1423. Voraussetzgen: **a)** Volljährigk; **b)** Hausangehörigk wie § 1619 Rn 2; **c)** Aufwendgen des Kindes, gleichgültig, ob aus seinen Einkünften od Verm, zur Bestreitg des Haushalts. Also nicht zB zur Deckg von Schulden der Eltern, die mit diesem nichts zu tun haben. Keine Ausdehng auf andere Leistgen. Wirkg: iZw wird angenommen, daß ErsLeistg nicht verlangt w soll; ähnl §§ 685 II, 1360 b. Da die Ausleggsregel aber auf dem gesetzgeberischen Gedanken des Ausgleichs für die Vorteile des Kindes aus der Teilnahme am Haushalt beruht, kann sich zB aus der Unverhältnismäßigkeit der Leistgen auch der Vorbeh einer ErsFdg ergeben.

1619 aF, 1620 aF–1623 *(Entfallen durch GleichberG Art 1 Z 21, vgl 41. Aufl).*

1624 *Ausstattung aus dem Elternvermögen.* **I Was einem Kinde mit Rücksicht auf seine Verheiratung oder auf die Erlangung einer selbständigen Lebensstellung zur Begründung oder zur Erhaltung der Wirtschaft oder der Lebensstellung von dem Vater oder der Mutter zugewendet wird (Ausstattung), gilt, auch wenn eine Verpflichtung nicht besteht, nur insoweit als Schenkung, als die Ausstattung das den Umständen, insbesondere den Vermögensverhältnissen des Vaters oder der Mutter, entsprechende Maß übersteigt.**

II Die Verpflichtung des Ausstattenden zur Gewährleistung wegen eines Mangels im Rechte oder wegen eines Fehlers der Sache bestimmt sich, auch soweit die Ausstattung nicht als Schenkung gilt, nach den für die Gewährleistungspflicht des Schenkers geltenden Vorschriften.

1) Ausstattung (wg Gewährg von AusbildgsUnterh iS v § 1610 II ungebräuchl geworden) sind alle 1
VermWerte, die einem Ki von seinen Elt anläßl der Heirat als sog Mitgift od Aussteuer (BGH **11**, 206; **14**, 205) od sonst zur Begründg od Erhaltg der Selbständigk zugewendet w: Einrichtg eines Betr; Zahlg der Schulden des Schwiegersohns (RG JW **12**, 913). Erforderl ist der AusstZweck, unabh davon, ob die Zuwendg zur Erreichg des Zwecks notw war (BGH **44**, 91). Bei Unaufklärbark des VerwendgsZwecks kann § 1624 subsidiärer RGrd sein (AG Stgt FamRZ **99**, 655). Zuwendgen Dritter (RG **62**, 275) sind ebsowenig Ausstattg wie Zuwendgen an den Verlobten; hier idR aber Auslegg, daß das eig Ki berecht sein soll (KG FamRZ **63**, 449). **Zeitpunkt:** AusstattgsVerspr vor od nach der Eheschl mögl (RG JW **06**, 426). Es besteht **kein** 2
Anspruch auf Gewährg einer Ausst (Ausn in den Ländern der früh BrZ: HöfeO 12 VI). Vgl iü, insb zu den mögl Ggst der Ausst, 48. Aufl.

2) Rechtliche Behandlung: RGrund der Ausst ist **keine Schenkung,** sond causa sui generis. Desh bedarf 3
das AusstVerspr als solches keiner Form. Umdeutg eines wg § 313 ungült Verspr in NießbrBestellg (RG **110**, 391). Keine Anwendg der §§ 519, 528 f, 530 ff, 814; keine GläubAnf: AnfG 3 I Nr 3, KO 32 Nr 1, 63 Nr 4 (aA Staud/Coester 4). Aber **Mängelgewährleistung** nach SchenkgsR (§§ 523, 524), **II,** u Rückabwicklg ü GeschGrdlWegf (Langenfeld/Günther, GrdstZuwdgen im Ziv- u StR, 2. Aufl S 12). Anwendg v SchenkgR dagg auf **übermäßige Ausstattung,** die den VermVerhältn der Beteiligten nicht entspr (Schmid BWNotZ **71**, 29/30). Wirkgen im **Ehegüterrecht:** § 1374 II; bei Ausstattgsgewährg Bejahg einer sittl Pfl iS v § 1375 II Nr 1. Vgl iü Soergel/Strätz 9. **Erbrecht:** Anrechng auf den Pflichtt (§§ 2315, 2316). **Steuerliche** Anerkenng nicht einmal dann, wenn die Elt ihrer Tochter keine Berufsausbildg gewährt haben (BFH BB **87**, 2081).

1625 *Ausstattung aus dem Kindesvermögen.* **Gewährt der Vater einem Kinde, dessen Vermögen kraft elterlicher Sorge, Vormundschaft oder Betreuung seiner Verwaltung unterliegt, eine Ausstattung, so ist im Zweifel anzunehmen, daß er sie aus diesem Vermögen gewährt. Diese Vorschrift findet auf die Mutter entsprechende Anwendung.**

Auslegungsregel: Eine dem Ki von seinen Elt gewährte Ausstattg kann bei Herausg des KiVerm (§ 1698) 1
abgezogen w. Voraussetzg: VermVerw dch einen EltT (§§ 1626 II, 1638, 1793, 1896, 1915).

Fünfter Titel. Elterliche Sorge

Einführung

Schrifttum: Büttner FamRZ **98**, 585; Diederichsen NJW **98**, 1977; Dörndorfer ZfJ **98**, 202 u 299; Haibach/Haibach, Das neue KindschR 1998; Lipp FamRZ **98**, 65; v Luxburg, Das neue KindschR 1997; Mühlens KindPrax **98**, 3 u 35; Mühlens/Kirchmeier/Greßmann, Das neue KindschR 1998; Niepmann MDR **98**, 565; Schwab FamRZ **98**, 457; Schwab/Wagenitz FamRZ **97**, 1377; Wiesner ZfJ **98**, 173 u 269; Will ZfJ **98**, 1 u 308; Willutzki KindPrax **98**, 8 u 37; Zimmermann DNotZ **98**, 404.

1) Bedeutung. Der von Mot IV 724 iS von „Walten" als KiSchutz verstandene Ausdr „elt Gewalt" ist im 1
Laufe der Zt immer mehr iS eines Rechts auf elt Zwang ggü Ki mißverstanden u desh vom SorgeRG dch den Ausdr „elt Sorge" ersetzt worden (BT-Drucks 8/2788 S 36). Die **elterliche Sorge** ist eingebettet in ein umfassenderes, auch das öff Recht einschließdes JugR (Ramm, JugR 1990). Sie ist ein dem Interesse des mj Ki dienendes gesetzl SchutzVerhältn, ausgestaltet als pflichtgebundenes absolutes Recht (zur RNatur § 1626 Rn 4), das grdsl unverzichtb (Ausn zB: §§ 1672, 1747), unvererbl, nur in der Ausübg übertragb (zB § 832 II; § 1630 Rn 15) u nur iR des staatl Wächteramts entziehb ist (Rn 3). Die elt Sorge wird bspw eingeschrkt dch die allg SchulPfl (BVerwG JuS **93**, 156). Soweit es sich iR der elt Sorge auswirkt, ob die Elt miteinand verh sind od nicht, ist wg der Beseitigg der sachl Statusunterschiede zw ehel u nehel Geburt (Einf 1 v § 1591) mit der ausschließl zur sprachl Vereinfachg erfolgden Weiterbenutzg des Ausdr „nehel" keine Diskriminierg verbunden (vgl die im BGB erhalten gebliebene TitelÜberschr vor den §§ 1705 ff; ferner Will ZfJ **98**, 308; Niepmann MDR **98**, 565). EntscheidgsMaßst für sämtl gerichtl SorgeRMaßn ist das **Kindeswohl** (§ 1697 a; vgl BVerfG-Ka FamRZ **97**, 1269), das zum *ordre public* gehört (BGH NJW **93**, 848). Das **Familiengericht** beaufsicht die Elt nicht fortlfd, sond greift erst ein, wenn es Anlaß dazu erhält. Zur **Haftung** der Elt: § 1664; 2
des Ger: § 839 Rn 66 ff. Soweit der Anspr des Ki auf Bt u Erziehg (§ 1631) von den Elt nicht erfüllt w, tritt die **öffentliche Jugendhilfe** ein (Einf 11 v § 1626).

2) Grundgesetz (Reuter AcP **192**, 108; Seibert FamRZ **95**, 1457) u **EMRK:** Einl 8 u 9 v § 1297. 3
a) Pflege u Erziehg stehen als natürl Recht der Elt unter bes staatl Schutz (GG 6 II sowie die LaVerf). Das EltR gibt den Elt also ein AbwehrR ggü Eingr der öff Gewalt, soweit diese nicht dch das staatl Wächteramt von GG 6 II 1 gedeckt sind. Elt, die sich der Verantwortg für die Erziehg u Pflege des Ki entziehen, können

sich ggü solchen (vor allem auf § 1666 gestützten), ausschließl zum Wohl des Ki erfolgden staatl Eingr nicht
auf ihr EltR berufen (vgl BVerfG FamRZ **68**, 578). Bei internen Kollisionen zw Elt u Ki ist das KiWohl der
4 bestimmde Maßst (BVerfG NJW **96**, 2717; Ka NJW **99**, 2173 mwN). Vgl § 1697 a. – **b) Grundrechtsmün-
digkeit.** Das GrdR des Ki auf freie Entfaltg der Persönlk (GG 2 I) begrenzt das elt ErzR mit wachsder
EinsichtFgk u Reife des Ki, so daß das Ki in dem Maße, wie die FremdErz dch SelbstErz abgelöst w soll,
Anspr auf sachl begründete Entsch der Elt hat (§ 1626 II); ab Vollendg des 14. LebJ ist die gewalts Wegnahme
gg seinen Willen unzul (§ 1632 Rn 16) usw. Doch stehen sich Elt- u KiGrdR nicht iS von Recht u GgR,
Anspr u Einwendg ggü, zumal die Einschrkg der elt Sorge das Ki vermehrt der Beeinfl dch Dr ausliefert
(Strätz FamRZ **75**, 549). EinzelProbl: NacktAufn einer 16jähr: BGH NJW **74**, 1947; Vollzug ausl vor-
mschgerichtl Entsch: BayObLG NJW **74**, 2183.

5 **3) Verfahrensrecht** (Lit: Koechel, SorgeRVerf 1995; Büttner FamRZ **98**, 585; Mähler/Mähler KindPrax
6 **98**, 18 Mediation). – **a)** Streitigkten im Bereich der elt Sorge sind **FGG-Angelegenheiten**. Zusammenstellg
der Zustdgkten des FamG: Künkel FamRZ **98**, 877. Bei dem für die Zustdgk maßgebden Aufenth des Ki
entsch bei ständ Wechsel zw den Wohngen der Elt der fakt DaseinsmittelPkt (Brem FamRZ **92**, 963).
Verfahrenspfleger für das Ki: FGG 70 b iVm 50 (Naumbg DAV **99**, 713; vgl iü Peters/Schimke KindPrax
99, 143; Will ZfJ **98**, 1; Zitelmann KindPrax **98**, 131; Motzer FamRZ **99**, 1105; Fricke ZfJ **99**, 51: SozArb),
etwa wenn davon ausgegangen w kann, daß das Ki iR seiner Anhörg seine Interessen nicht ausr wahrn (Ffm
NJWE-FFR **99**, 239). IdR bedarf es vor Best des VerPfl iR der Anfangsermittlg der vorher Anhörig des Ki
(Ffm DAV **99**, 784). BeschwR der Elt gg die Bestellg: Hamm u Mü FamRZ **99**, 41 u 667. Vergütg: FGG
67 III, 50 V (vgl § 1835 Rn 8). Das Ger hat auf einvernehml Regelgen der Beteil hinzuwirken: FGG 52.
Zum VermittlgsVerf im Umgangsstreit: § 1684 Rn 63. **Einstweilige Anordnungen** bei Anhängigk einer
Ehesache: ZPO 606 I, 620 S 1 Nr 1–3 u 8; vorl AOen in isolierten FGG-Sachen (KKW[14] 19 Rn 30 ff) unter
der Vorauss, daß die vorl Maßn zur Abwendg der dem Ki drohden Gefahren erfdl ist (BayObLG NJW **92**,
7 121). Enscheidgen in SorgeRAngelegenh sind zu begründen (Mü FamRZ **99**, 520). – **b) Anhörung** von
JugA, Elt, Ki und PflegePers (Fricke ZfJ **98**, 53) zwingd: FGG 49, 49 a, 50 a–50 c. Sie ist in einem Prot,
Aktenvermerk od in den EntschGrden festzuhalten (BayObLG NJW-RR **94**, 1225; krit Evers FamRZ **97**,
689). Bei Versäumn der Anhörg Aufhebg der Entsch u Zurückverweisg (BGH FamRZ **84**, 1084/6; Zweibr
FamRZ **98**, 960). Die Anhörg ist mehr als nur Verwirklichg des Rechts auf rechtl Gehör (GG 103 I). Das Ger
soll sich einen persönl Eindruck verschaffen. Im BeschwVerf von § 1666 ist die Wiederholg der Anhörg
geboten (Stgt NJW-RR **89**, 1355; ein Absehen davon bed bes Begrdg; Oldbg FamRZ **99**, 35), u sonst jedenf,
wenn sich die maßgebden Verhältn wesentl geänd haben (BGH NJW **87**, 1024) od bei zeitl Abstand der 1.
8 Anhörg (BayObLG NJW-RR **97**, 1737). **Kind:** Grdsl ist auch das KleinK anzuhören (BayObLG ZfJ **85**, 36).
Ab 14 J ist das Ki stets pers anzuhören. Von der Anhörg darf nur abgesehen w aus schwerwiegden Grden wie
Gefährdg der Gesundh (KG FamRZ **81**, 204) bzw bei Suizidgefahr (BayObLG FamRZ **95**, 500) od wenn es
zB iR der Ausübg des UmgangsR um allg, etwa die VerkSicherh betreffde Fragen geht (Mü FamRZ **98**, 974:
Mitfahren auf einem Motorrad). Elt u Anwälte haben kein Recht, bei der Anhörg anwesd zu sein, wohl aber
9 auf Mitteilg des Ergebn der Anhörg (KG FamRZ **80**, 1156). – **c) Psychologische Begutachtung** (Lit:
Arntzen, Elt Sorge u Umgang mit Ki, 2. Aufl 1994; Balloff ZfJ **94**, 218; Salzgeber FamRZ **92**, 1249; bei
Ausländern: Salzgeber/Menzel FuR **97**, 296 u 337; psychiatr Begutachtg: Rüth ZfJ **99**, 277). Die Begutachtg
stellt keine KiWohlBeeinträchtigg dar (BayObLG FamRZ **87**, 87); doch stehen die psycholog Methoden
unter der Einschrkg des VerhältnismäßigkPrinzips (Stgt ZfJ **75**, 131). Elt u Dr brauchen sich iR von FGG 12
nicht wie nach ZPO 372 a zwangsw Explorationstests od einer psychiatr Untersuchg zu unterziehen (Hamm
FamRZ **82**, 94; Stgt FamRZ **75**, 167) u auch das Ki grdsl nur mit Zust der Elt (Stgt NJW **80**, 1229), wobei
der GesVertretgsAnspr beid Elt berücks w muß (AG Düss FamRZ **95**, 498). Die Zust der Elt kann aber nach
§ 1666 III ersetzt w (Zweibr DAV **99**, 139). TherapieAuftr an Sachverst sind unzul (Hamm FamRZ **96**,
1098). Zum Probl der therapeut Intervention: Spangenberg ua FamRZ **90**, 1321; Kinze FamRZ **91**, 1028.
Zur Würdigg projektiver PersönlkTests: Mü NJW **79**, 603/1253 mA Wegener. Zu soziometr Tests: Karlsr
FamRZ **95**, 1001. Zum BewWert physiopsycholog Untersuchgen mit einem Polygraphen Mü FamRZ **99**,
674; anderes Weber NJW **99**, 3170: bedeutgslos. Bei Abweichg vom GA muß das Ger genügde eig Sachkunde
10 erkennen lassen (BayObLG FamRZ **80**, 482 L). Zur Entfremdg des Ki (PAS): § 1626 Rn 29. – **d) Vollstrek-
kung:** FGG 33. **Änderung der Entscheidung:** § 1696; FGG 18.

11 **4) Kinder- und Jugendhilfe.** Sie ist als **SGB VIII** in Art 1 des **KJHG** geregelt (Lit: Fieseler/Herborth,
Recht der Fam u JugHilfe, 4. Aufl 1996; Komm zum Ki- u JugHilfeG (SGB VIII): Hauck, LoseblKomm 20.
Lfg 1998; Mroszynski, 3. Aufl 1998; Schellhorn/Wienand, 1991; Wiesner/Kaufmann ua, 1995; zum
KindRG: Wiesner ZfJ **97**, 29 u **98**, 269).

12 **a) Grundsätze und Begriffe. – aa)** Staatl ErziehgsZiel ist, daß jeder jg Mensch ein Recht auf Förderg
seiner Entwicklg zu einer eigenverantwortl u gemeinschfäh Persönlk hat (SGB VIII 1 I). Wg des **Vorrangs
elterlicher Erziehung** (SGB VIII 1 II) besteht aber kein subj öff Recht auf unmittelb Tätigwerden der
JugHilfeBeh (BT-Drucks 11/5948 S 47). Den LeistgsBerecht steht insb hins der Hilfsformen ein **Wahlrecht**
zu (SGB VIII 5; Oehlmann-Austermann ZfJ **97**, 455); iü ist bei den versch JugHilfeLeistgen die GrdRichtg
der Erz dch die PersSorgeBerecht, insb auf religiösem Gebiet, zu beachten (SGB VIII 9 Nr 1), ebso wie ua
13 entsprechd § 1626 II 1 die wachsde Fähigk des Jugendl zu selbstdg Handeln (SGB VIII 9 Nr 1 ff). – **bb)** An
die Stelle der früh FürsErz ist die **Heimerziehung** als Hilfe zur Erz in einer Einrichtg über Tag u Nacht od in
einer sonstigen betreuten Wohnform getreten (SGB VIII 34). **Altersgruppen** (SGB VIII 7): Ki (unter 14 J);
Jugendl (zw 14 u 18 J); junge Vollj (18–26 J) mit Anspr auf Hilfe u NachBt (SGB VIII 41); junge Menschen
(noch nicht 27 J) zugl als obere Altersgrenze für Leistgen der JugH (BT-Drucks 11/5948 S 50). JugH für
Ausländer (SGB VIII 6 II): Oberloskamp FuR **92**, 61 u 131. **Erziehungsberechtigte** sind die jew Inhaber
der PersSorge (§§ 1626 ff) sowie wer aGrd einer Vereinbg mit diesen Aufg der PersSorge wahrnimmt (vgl
§§ 1630 I u III, 1632 IV, 1687, 1687 a, 1688). Örtl Träger der JugH sind die Kreise u kreisfreien Städte; die
Aufg der JugH werden dch das **Jugendamt (JA)** wahrgenommen (SGB VIII 69 ff).

14 **b) Konkurrenzen** zu and SozLeistgen: BSHG 10. UnterhPflichten (§§ 1601 ff, ggf auch §§ 1360 ff,
1569 ff) bleiben von der JugH unberührt (vgl aber unten Rn 31, 32).

c) Haftung des JA. Drittbezogenh der AmtsPfl: BGH DAV **89**, 863; Busch ZfJ **96**, 456; für falsche Beratg über Unterh: Celle NJW-RR **97**, 135 bzw Anspr nach dem UVG: Celle FamRZ **99**, 785; bei Fehlern in der HeimErz (unten Rn 21): Dresd VersR **97**, 968. 15

d) Leistungen der Jugendhilfe (SGB VIII 2 II Nr 1–13), für die das Ger nur ganz ausnahmsw eine Anordngskompetenz hat (Röchling ZfJ **99**, 197), sind ua: **aa)** Angebote der **Jugendarbeit**, der JugSozArb u des erzieherischen Ki- u JugSchutzes (SGB VIII 11–14), also die außerschul JugBildg u JugArb in eigenverantwortl JugGruppen u im Sport. – **bb)** Förderg der Erz in der Fam dch **Beratung und Unterstützung** (SGB VIII 16–21) speziell bei Trenng der Elt (Dickmeis ZfJ **98**, 193) u für **alleinerziehende** EltT (SGB VIII 17 u 18) bis hin zur Unterstützg bei der Geltdmachg von Anspr aus § 1615 l u zur Ausübg von UmgangsR nach den §§ 1684, 1685 (SGB VIII 18 II u III). Zu den Probl dieses Konzeptwechsels von der KiWohlPrüfg vAw zum BeratgsAngebot vgl Wiesner KindPrax **99**, 44. Zur Bt u Versorgg von Ki in **Notsituationen** dch berufsbdgte Abwesenh od zur Erfüllg der SchulPfl: SGB VIII 20, 21. Für Schausteller, Binnenschiffer, Artisten usw, deren BerufsAusübg mit stänɗ Ortswechseln verbunden ist, können Ki zur Erfüllg der SchulPfl untergebracht w. Ki u Jugendl können ferner in Not- u Konfliktslagen **ohne Kenntnis des Sorgeberechtigten beraten** w (SGB VIII 8 III). Die Elt dürfen nur übergangen w, wenn bei entsprechder Information unmittelb u ggwärt die Gefahr einer körperl od seel Schädigg des Ki wahrscheinl ist (BVerfGE **59**, 360/87 = NJW **82**, 1375). Zur Haftg oben Rn 15. – **cc)** Förderg von Ki dch **Tageseinrichtungen und Tagespflege:** SGB VIII 22–25; insb besteht gem SGB VIII 24 ein RAnspr auf einen **Kindergartenplatz** (Georgii NJW **96**, 686; Wilke u Struck ZfJ **96**, 120 u 157). Zum UnfallVersSchutz einer TagesPflPers (TagesMu): BSG MDR **98**, 1170. – **dd) Hilfe zur Erziehung** (SGB VIII 27 ff, 36–40; LeistgsKatalog: ZfJ **94**, 169) ist als neue Hilfsform an die Stelle der früh FürsErz, freiw ErzHilfe usw des JWG von 1922 getreten. Die EingrVorauss ergeben sich bei fehlder Zust der SorgeBerecht nicht aus dem Prinzip v SGB VIII 1 (Rn 12), sond aus den §§ 1666, 1666 a, JGG usw (Röchling, Vormschgerichtl EingrR u KJHG usw, 1997). Danach gilt insb der Grds der Subsidiarität, so daß die Entziehg des AufenthBestR (BayObLG NJW **92**, 121) od die zwangsw HeimErz nur in Betr kommen, wenn and ErzMaßn nicht ausr. Das Ger muß prüfen, welche and Maßn eine Trenng von den Elt erübr könnten (BayObLG FamRZ **91**, 1218). Die Hilfe zur Erz umfaßt die ErzBeratg (Maas ZfJ **95**, 387); soz GrdArbeit; Unterstützg dch ErzBeistände u BtHelfer; sozpädagog FamHilfe, Erz in einer TagesGr. Das KJHG setzt dabei auf das ZusWirken mit den Elt in der Erstellg eines Hilfeplans u der Wiederherstellg ihrer ErzFähigk, stellt ggf aber auch den notw Unterh der Ki u Jugendl sicher (Rn 27) u gewährt Krankenhilfe (SGB VIII 36–40). Zu den Vorauss der **Tagespflege** gem SGB VIII 23: BVerwG NJW **97**, 2766 ff. Bei VollZtPflege (SGB VIII 33) wird das Ki befristet od auf Dauer in einer **Pflegefamilie** untergebracht u erzogen (vgl Bardenz FamRZ **97**, 1523). Hierzu bedarf die PflegePers einer PflegeErlaubn (unten Rn 26). Zu den zivilrechtl Konsequenzen: § 1630 Rn 15 ff; § 1688 iVm SGB VIII 38; vgl iü Lakies ZfJ **98**, 129. Unter der Vorauss erzieherischer Hilfe fällt auch die Unterbringg bei Vormündern od Verwandten unter SGB VIII 33, 39 (BVerwG NJW **96**, 2385; OVG Münst DAV **95**, 1156). Die **Heimerziehung** (SGB VIII 34) soll mit der Bezeichng „Erz in einer Einrichtg über Tag u Nacht" gg früh Formen der FürsErz abgegrenzt w (BT-Drucks 11/5948 S 72), so daß zB die Unterbringg in einer Einrichtg nicht automat die Befugn zu freih-entziehenden Maßn einschließt u hierf die bes richterl Gen erfdl bleibt (§ 1631 b Rn 2). Die Übertr des AufenthBestR berecht das JA zu Maßn nach SGB VIII 33, 34 (LG Darmst FamRZ **95**, 1435). Die weiteren Hilfsformen der **sonstigen betreuten Wohnform** (SGB VIII 34) u der **intensiven sozialpädagogischen Einzelbetreuung** (SGB VIII 35) gehen von der Erfahrg aus, daß der Jugendl auch aus der geschlossenen Unterbringg entweichen kann u daß oft die Nachteile der Konzentration von gefährdeten Jugendl überwiegen (BT-Drucks 11/4948 S 72). Auch sie werden ohne Beteiligg desj EltT, dem das AufenthBestR entzogen ist, dchgeführt (Düss FamRZ **97**, 105). Für **seelisch behinderte** Ki u Jugendl sehen SGB VIII 35 a u 36 ff entsprechde **Eingliederungshilfen** vor (Wiesner ZfJ **96**, 199).

16 (d) · 17 (bb) · 18 (cc) · 19 (dd) · 20 (Tagespflege) · 21 (Heimerziehung) · 22 (sonstige betreute Wohnform) · 23 (seelisch behinderte)

e) Andere Aufgaben der Jugendhilfe (SGB VIII 2 I, 42–60). Im Rahmen der §§ 1666, 1666 a kann das FamG vAw auch selbst vorl AO treffen, muß aber prüfen, ob dch öff Hilfen die Gefährdg des Ki abgewendet w kann (BayObLG FamRZ **92**, 90); iü kann es unabhäng von dem InitiativR des JA aus SGB VIII 42, 43 auch JugHMaßn mit bindder Wirkg für das JA anordnen (Ffm DAV **93**, 943 mA Dickmeis). Das Ger hat nicht die Rmäßigk der behördl AnO zu prüfen, sond nur die danach erfdl sorgerechtl Entsch zu treffen (Bamb FamRZ **99**, 663). – **aa) Inobhutnahme** gem SGB VIII 42 ist die vorl Unterbringg eines Ki od Jugendl (Späth ZfJ **98**, 303), bspw bei sex Mißbr des Ki (Fegert ua ZfJ **96**, 448 u 483), mit Vorrang vor § 1632 (Zweibr FamRZ **96**, 1026) u vor der einstw AO gem §§ 1666, 1666 a (AG Kamen FamRZ **95**, 950). Sie erfolgt (1) auf Betreiben des Ki, (2) bei dringder Gefahr für das KiWohl u (3) unter den Vorauss von § 1666, wenn sich das Ki mit Zust des PersSorgeBerecht bei Dr befindet. Der PersSorgeBerecht ist unverzügl von der Inobhutn zu unterrichten. Sie bedarf außerd der gerichtl Bestätigg, u zwar im Unterschied zu § 1631 b fristgebunden spätestens bis zum Ablauf des Tages nach ihrem Beginn. Eine vorl Unterbringg auf Antr der Elt ist nicht vorgesehen; diese müssen ggf das Ki zu einer entspr Bitte veranlassen od die dringde Gefahr dartun. – **bb) Pflegekindschaft** (Lit: Salgo FamRZ **99**, 337). PflegePers, die ein Ki od einen Jugendl außerh des EltHauses in der eig Fam regelmäß betreuen od ihm Unterkunft gewähren wollen, bedürfen hierzu einer **Pflegeerlaubnis** des JA (SGB VIII 44; Lakies ZfJ **95**, 9). Vgl zur FamPflege oben Rn 20. Erlaubnisfrei sind Bt u WohngsGewährg bei dch das JA vermittelten Hilfen zur Erz (BT-Drucks 11/5948 S 82), ferner für Vormd u Pfl iR ihres WirkgsKreises, von Verwandten und Verschwägerten bis zum 3. Grad (vgl § 1590 Rn 1), ferner bis zur Dauer von 8 Wo sowie iR des Schüler- u JugAustauschs u bei nicht gewerbsmäß Bt nur währd des Tages. Zur **Familienpflege:** §§ 1630 Rn 15, 1632 Rn 18, 1685 Rn 7, 1688; zur AdoptPflege: § 1744 Rn 1. Die Erlaubn ist zu versagen, wenn das Wohl des Ki od Jugdl in der Pflegestelle nicht gewährleistet ist. Überprüfg der Erlaubn: SGB VIII 44 II. Die PflPers hat das JA über wichtige, das Wohl des Ki od Jugdl betreffde Ereign zu unterrichten (SGB VIII 44 IV). Zu ErlaubnVorbeh bei entsprechden Bt- u Unterkunftseinrichtgen: SGB VIII 44–48. – **cc) Mitwirkung des Jugendamts in gerichtlichen Verfahren:** SGB VIII 50–52. Das JA unterstützt das Vormsch- u FamG dch Beratg u Vorschl bei allen die PersSorge betreffden Maßn, ferner dch Beratg u Belehrg in KiAnnahmeSachen sowie in JGG-Verf. Zur Anhörg: oben Rn 7. – **dd) Beistandschaft, Vormundschaft und Pflegschaft:** SGB VIII 52 a–58. Zur Beistandsch: 28

§§ 1712 ff. SGB VIII 53: Das JA schlägt dem Ger für die Übern einer Vormsch od Pflegsch geeignete Pers od Vereine vor (§ 1779), die dann auch Anspr auf regelm u dem jeweil ErzBedarf des Mdl entsprechde Beratg u Unterstützg haben. Mängel in der Erz sind dem Ger mitzuteilen. In den Fällen der §§ 1791 b u c, 1909, 1915 wird **Amtsvormund** bzw AmtsPfl das JA (Deinert DAV **90**, 489), das die damit verbundenen Aufg einz seiner Beamt od Angest überträgt (SGB VIII 55). Für die Führg der AmtsVormsch u AmtsPflegsch gelten gem SGB VIII 56 die §§ 1793 ff, 1915 mit Ausn best Vorschr zur VermVerwaltg. Zur Anlegg von MdlGeld: SGB VIII 56 III. Zu den **Anzeigepflichten** des StBeamten: FGG 48; des JA: SGB VIII 57. Für die Bestellg
29 des JA zum GgVormd gelten die genannten Vorschr entspr (SGB VIII 58). – **ee) Urkundstätigkeit:** SGB VIII 59, 60 (Brüggemann, Beurk im KindschR, 4. Aufl 1994). Das JA kann seine Beamt u Angest ermächt zur Beurk von VaterschAnerk u den Zust dazu: § 1597 I; MutterschAnerk: PStG 29 III; SorgeErkl: § 1626 d I; Verpfl zur Erfüllg von UnterhAnspr eines Abkömml sowie der EntbindgsKosten u des Unterh nach § 1615 l; Widerruf der Einwilligg des Ki in seine Annahme als Ki (§ 1746 II); schließl Erkl des Verzichts eines Va auf Übertragg der elt Sorge vor der Adopt des Ki (§ 1747 III Nr 3). Die vom JA iR seiner Zustdgk über UnterhAnspr errichteten Urk stellen **Zwangsvollstreckungstitel** dar (zum ZustellgsErfordern: Münz-
30 berg/Brüggemann DAV **87**, 173/77). – **ff)** Um der nach § 1626 a II alleinsorgeberecht Mu im RVerkehr den Nachw ihrer Alleinsorge u somit auch ihrer alleinigen VertretgsBefugn zu erleichtern, kann sie vom JA gem SGB VIII 58 a die Erteilg eines entsprechden **Negativattests** verlangen, dh einer Bescheinigg, daß für das Ki **keine Sorgeerklärungen** gem § 1626 a I Nr 1 abgegeben w sind (BT-Drucks 13/4899 S 141). Das JA wird dazu seiners dadch in die Lage versetzt, daß nach § 1626 d, SGB VIII 87 c VI 2 jede die Abgabe einer SorgeErkl beurk Stelle (§ 1626 d Rn 3) dazu verpfl ist, dem zust JA von der Beurk Mitteilg zu machen. Zuständ ist das JA, in dessen Bezirk die Mu ihren gewöhnl Aufenth hat (SGB VIII 87 c VI 1 iVm I).

31 **f) Kosten** (Lit: Sauer u Richter, ZfJ **97**, 460 u **98**, 151). Zur Neuregelg der EntgeltFinanzierg in SGB VIII 78 a–g vgl Wiesner ZfJ **99**, 79; Stähr/Hilke ZfJ **99**, 155. **aa)** Wird Hilfe zur Erziehg in einer TagesGr, als VollZtPflege od HeimErz, in einer sonst betreuten Wohnform als intensive sozpädagog EinzelBt od als EingliedergsHilfe für seel behinderte Ki od Jugendl gewährt, so ist auch deren **notwendiger Unterhalt** außerh des EltHauses dch Leistgen des JA sicherzustellen (SGB VIII 39). Ebso Krankenhilfe (SGB VIII 40). Der Unterh umfaßt iGgs zur SozH den gesamten LebBed einschl der ErzKosten u Taschengeld u wird dch LaGes gestaffelt festgesetzt. Damit ist der gesamte lfde LebBed, insb Unterkunft- u BekleidgsKosten abgedeckt. KiG, KiZuschläge u vergleichb Rentenbestandteile werden entsprechd den Grdsätzen der Vermeidg staatl DoppelLeistgen u der Nachrangigk von JugHilfeLeistgen auf die lfden Leistgen angerechnet (BT-Drucks 11/5948 S 77). –
32 **bb) Kosten.** Für die Inanspruchn von Leistgen der Ki- u JugHilfe können **Teilnahmebeiträge** festgesetzt w (BVerwG ZfJ **98**, 434; unmittel ErmächtiggsGrdl: SGB VIII 90; Borsutzky ZfJ **98**, 412); die **Heranziehung** des Ki, Jugendl u deren Elt zu den Kosten ist zul (SGB VIII 91–94), wobei zur Konkretisierg der ersparten Aufwendgen die UnterhTab herangezogen w (VG Ffm NJW **98**, 3136; vgl Einf 14 v § 1601). Zum ges FdgsÜbergg u zur Überleitg von UnterhAnspr des Ki vgl SGB VIII 94 III 2 (Karlsr NJWE-FER **99**, 268), 94, 95.

33 **g) Verfahren** (Lit: Dickmeis ZfJ **93**, 166 u 217). Die örtl **Zuständigkeit** des JA richtet sich nach SGB VIII 86–88. Für die Gewährg von Leistgen entsch grdsl der gewöhnl Aufenth der Elt bzw des jungen Vollj (Donatin DAV **95**, 301). Für die Inobhutn ist es der tats Aufenth des Ki od Jugdl vor Beginn der Maßn. Beurk kann jedes JA vornehmen (SGB VIII 87 e). JugHilfe wird regelm **von Amts wegen** gewährt (SGB X 18); das Verf kann aber auch auf Antr der Beteil in Gang gebracht w. Das gilt insb für Ki u Jugdl bei
34 Inanspruchn von Beratg (oben Rn 17). **Wahlrecht:** Die LeistgsBerecht haben das Recht, zw den Einrichtgen u Diensten versch Träger zu wählen (SGB VIII 5).

35 **5) Übergangsregelung zum KindRG** (Weber NJW **99**, 3165). **a) Materiellrechtlich** finden ab Inkrafttr des KindRG am 1. 7. 98 die Vorschr des BGB in der Fassg des KindRG Anwendg. Eine Sonderregelg
36 gilt ledigl nach Art 224 § 2 EGBGB für die EhelichErkl (vgl dort). **b)** Die **verfahrensrechtliche** Übergangs-Regelg des **Art 15 KindRG** betr in § 1 die Perpetuierung der Zustdgk des vor dem 1. 7. 98 mit KindschSachen, mit der Regelg der elt Sorge, des Umgangs bzw mit der Herausg des Ki befaßten Ger, ferner die Fortdauer der bish RMittelZustdgk. Ist eine Entsch vor dem 1. 7. 98 wirks geworden, richten sich die Zulässigk der RMittel u die Zustdgk nach den bish Vorschr (BayObLG NJW **99**, 293; FamRZ **99**, 178). Eine **Entscheidung nach § 1672 aF** bleibt, wenn sie nicht ausdrückl auf die Zeit bis zur Scheidg der Ehe beschr w ist, wirks (Ffm, Stgt u Zweibr FamRZ **99**, 612, 804 u 807; aA Hamm FamRZ **98**, 1315; Nürnbg u Bambg FamRZ **99**, 614 u 805); eine abweichde Regelg ist damit nicht unmittelb nach § 1671 nF (so Hamm FamRZ **99**, 803), sond nur im AbändVerf gem § 1696 mögl (Stgt u Brschw FamRZ **99**, 804 u 1006; Motzer FamRZ **99**, 1102 u 1105). Ein am 1. 7. 98 nach § 1671 aF im Verbund anhäng SorgeRVerf konnte nach KindRG Art 15 § 2 IV binnen 3 Mo auf die Anwendg v § 1671 nF umgestellt w. Wurde die Fr versäumt, war das Verf erled u kann die nach neuem Recht auf diese Weise fortdauernde gemeins Sorge nunmehr nur nach § 1671 nF aufgehoben w (and Kln FamRZ **99**, 613: § 1696). Bei gleichzeit Anhängigk von Verf gem §§ 1671, 1672 aF bzw isolierter Anhängigk v § 1672 aF ist dieses fortzuführen (Ffm NJW **98**, 3206; Dresd u Bambg FamRZ **99**, 324 u 666; sa Jena FamRZ **99**, 1155; aA Hamm FamRZ **98**, 1136). Genehmigte Sorgeregelgen der Elt werden nach § 1696 abgeänd (Hamm FamRZ **99**, 1159). § 1 tritt gem Art 17 § 2 KindRG am 1. 7. 2003 außer Kr (vgl 58. Aufl Rn 86). § 2 betr iü VaterschVerf, wobei insb die am 1. 7. 98 anhäng Ehelichk-Anfechtgs- u VaterschAnerkAnfVerf in Verf auf Anf der Vatersch umgewandelt w sind, sowie SorgeRVerf nach § 1671 aF sowie EhelichErkl. War das SorgeRVerf bereits vor dem 1. 7. 98 anhäng, so ist danach § 1671 nF anzuwenden (Hamm FamRZ **99**, 320). Vgl zu Einzelh: 58. Aufl Rn 72 ff.

1626 *Elterliche Sorge, Grundsätze.* **[I] Die Eltern haben die Pflicht und das Recht, für das minderjährige Kind zu sorgen (elterliche Sorge). Die elterliche Sorge umfaßt die Sorge für die Person des Kindes (Personensorge) und das Vermögen des Kindes (Vermögenssorge).**

[II] Bei der Pflege und Erziehung berücksichtigen die Eltern die wachsende Fähigkeit und das wachsende Bedürfnis des Kindes zu selbständigem verantwortungsbewußtem Handeln. Sie bespre-

chen mit dem Kind, soweit es nach dessen Entwicklungsstand angezeigt ist, Fragen der elterlichen Sorge und streben Einvernehmen an.

III **Zum Wohl des Kindes gehört in der Regel der Umgang mit beiden Elternteilen. Gleiches gilt für den Umgang mit anderen Personen, zu denen das Kind Bindungen besitzt, wenn ihre Aufrechterhaltung für seine Entwicklung förderlich ist.**

1) a) I enth die Ausgestaltg des **Rechtsinstituts der elterlichen Sorge** als PflichtR, dh als ambivalente 1
RPos, innerh derer der PflCharakter im VorderGrd steht, was noch treffder im Begr der **elterlichen Verantwortung** zum Ausdr kommt (BVerfGE **72**, 122/37; BVerfG-Ka NJW **94**, 1646) od wenn v EltR als Treuhänderrecht gesprochen w (BVerfGE **59**, 360/77; **64**, 180/89). Mit dem ErziehgsVorrecht der Elt sollte gesagt w, daß dch Weitergabe der eig LebensVorstellg in der Fortentwicklg der Gesellsch die Vielfältigk der Meingen erh bleibt (vgl Diederichsen FamRZ **78**, 477 f); dem würde Vorrang eines obj verstandenen Ki Wohls widerspr. Doch bleibt es Aufg des Staates, iR seines **Wächteramtes** für die Einhaltg gewisser 2
Mindeststandards an elterl Verantw zu sorgen bzw sie dch die subs Erziehg u Fürs der Staates iRd Ki- u JugHilfe zu ersetzen (vgl Einf 11 v § 1626). – **b) Umfang.** Die elt Sorge findet ihre Rechtfertigg nicht in 3
einem MachtAnspr der Elt, sondern im Bedürfn des Ki nach Schutz u Hilfe, um sich zu einer eigverantwortl Persönlk innerh der soz Gemeinsch zu entw (BVerfG FamRZ **68**, 578/84; BT-Drucks 7/2060 S 14). Im Prinz ist das SorgeR umfassd; inhaltl läßt es sich aber in seine einz Bestandteile zerlegen (vgl. Rn 14 ff), was bei Einschr der elt Sorge von prakt Bedeutg ist (vgl § 1666 Rn 18 ff). Der GesGeber hat im Hinbl auf GG 6 I 4
u II von der Formulierg eines ErziehgsZiels Abstand genommen (BT-Drucks 7/2060 S 15). Doch gibt II in gewisser Weise einen best **Erziehungsstil** vor, indem die Elt dazu verpfl w, das eigverantwortl Handeln des Ki zu berücks, Fragen der elt Sorge mit dem Ki zu besprechen u Einvernehmen anzustreben (Rn 22). Die ErzFreih der Elt wird schließl in III dch ggf auch gg ihren Willen dchsetzb Umgangsregelgen eingeschrkt (Rn 24). Dch die Bezugn auf die Mjk wird die Dauer der elt Sorge begrenzt.

c) Rechtsnatur. Die elt Sorge ist ein höchstpersönl u damit nicht übertragb subjektives Recht. Im System 5
der subj Rechte stellt die elt Sorge ein den Schutz des § 823 I genießdes **absolutes Recht** dar (RG **141,** 320; BGH **111,** 168), so daß Eingriffe in das SorgeR ggf zur Abwehr, Herausg (§ 1632 Rn 2) u zu SchadErs berecht (LG Aachen FamRZ **86**, 713; § 823 Rn 17). Als VermSchäden kommen etwa bei einem Verstoß gg ein Umgangsverbot angerichtete Unfallschäden od wesentl Nachteile aus einer von dem Dr schuldh verursachten Drogensucht in Betr. Als ersatzfäh Schaden sind auch die Kosten für eine psych-therapeut Behandlg nach einer Vereinnahmg des Ki dch eine Sekte denkb. Zur Zustdgk vgl § 1632 Rn 36. **Haftung:** Dagg ist 6
§ 1626, weil die SorgeRRegelg den Interessen des Ki dienen soll, kein die Haftg der Elt begründendes SchutzG iSv § 823 II (RG **75**, 251; Gernhuber/Coester-Waltjen4 § 57 IV 7 mN); Haftg statt dessen aus § 832 (RG **53**, 312/15). Haftg der Elt ggü dem Ki: § 1664. Zur Haftg Dritter ggü dem Ki aus Vertrag bzw nach allg DeliktsR: § 328 Rn 13 ff; § 844. Haftg des Ki: §§ 827, 828. Keiner der EltT u auch nicht beide Elt 7
zus können auf die elt Sorge od auf deren Ausübg **verzichten.** Denn die elt Sorge ist nicht nur ein Recht, sond die Elt sind zu ihrer Wahrnehmg auch verpfl (RG JW **25**, 2115; KG FamRZ **55**, 295; Einf 3 v § 1626). Zul ist es aber, dem and Elt od einem Dr (Verwandten, Schule, Internat, PflegeElt usw) die Ausübg auf jederzeitigen Widerruf tatsächl od rechtl zu überlassen. Abreden, die den Widerruf ausschl, sind nichtig (MüKo/Hinz 8; Soergel/Strätz 7; Staud/Peschel-Gutzeit 29).

2) Träger der elterlichen Sorge. 8

a) Sorgeberecht sind als **Eltern** iSv Art 6 GG Va u Mu des Ki iSd AbstammgsR (§§ 1591 ff), aber auch die 9
AdoptivElt (§§ 1741 ff, 1754). Eine auch sorgerechtl relevante eingeschränkte soz Elternsch erkennt das Ges jetzt bei FamPflege u bei der Bt nach dem KJHG an (vgl §§ 1630, 1688). Träger des SorgeR können die beiden Elt zus (Rn 12) od auch einer von ihnen allein sein (Rn 13). – **b)** Stehen die Elt als Sorgeberecht nicht 10
zur Vfg, erh das Ki einen **Vormund** (vgl §§ 1773 ff).

3) Beteiligungsformen. 11

a) Gemeinsames Sorgerecht beider Eltern. Nach früh Recht war das gemeins SorgeR ein Privileg von 12
miteinand verh Elt, das gemeins SorgeR war somit Ausfluß der Ehe. Ziel der KindschRReform war es, die gemeins Sorge aus diesem Kontext herauszulösen u für Elt nach Scheidg ihrer Ehe ebso zuzulassen wie für Elt, die überh nicht die Ehe miteinand eingegangen sind. Entsprechd dieser BindgsFreiheit auf der Partnersch-Ebene besteht außerh der Ehe auch keine Verpfl der Elt, die Sorge für ein gemschaftl Ki auch gemeins auszuüben. Auch dem § 1627 ist eine solche Verpfl nicht zu entnehmen. Das Gesetz legt aber stillschweigd als Regelfall zGrde, daß die Elt des Ki miteinand verh sind u ihnen desh auch gemeins die Sorge für das Ki zusteht. Denn sind die Elt bei der Geburt des Ki nicht miteinand verh, erh sie die gemeins elt Sorge nur nach entspr SorgeErkl bzw wenn sie einand heiraten; andernf hat die Mu das SorgeR allein (vgl § 1626 a). Nur wenn die Elt des Ki also miteinand verh sind, haben sie mit der Geburt des Ki automat die Pflicht u das Recht, für das Ki gemeins zu sorgen. Das gilt auch für die aufhebbare u gem § 1318 auch für die aufgehobene Ehe. Haben aber die Elt, die bei Geburt des Ki nicht miteinand verh waren, das gemeins SorgeR nach § 1626 a I erworben, gelten die Vorschr zur gemeins Sorge ohne Unterschied auch für sie. Va u Mu sind zur Ausübg der elt Sorge gleichermaßen berecht u verpfl. Jedem EltT steht Pers- wie VermSorge in allen ihren Bestandteilen zu. Das gilt grdsl auch für die Entsch über die EhelkAnf (vgl AG Westerstede FamRZ **95**, 689) sowie für die Best eines Gutachters bei Gefahr sex Mißbr (vgl § 1666 Rn 28). Beide Elt sind verpfl, Einvernehmen in Fragen der Bt u Erz des Ki zu erzielen (§ 1627), u berecht, bei MeingsVerschiedenh das VormschG anzurufen (§ 1628). Auch wird das Ki grdsl von beid EltT gemeins vertreten (§ 1629 I 2). Zu den Ausn bei Ausschluß von der Vertretg inf Interessenkollisionen sowie bei Geltdmachg von UnterhAnspr des Ki vgl § 1629 II 1–3.

b) Alleiniges Sorgerecht eines Elternteils. Es entsteht originär, wenn die Elt nicht miteinand verh sind 13
u auch keine SorgeErkl abgegeben haben (vgl Rn 12), u entsteht immer dann, wenn bei gemeins elt Sorge ein EltT ausfällt: dch Tod (§ 1680 I) od mit TodesErkl (§ 1681 I; Ztpkt: § 1677); wg Ruhens der elt Sorge eines EltT bei rechtl od tats Unvermögen (§§ 1673–1675); ferner bei entspr Entziehg von Teilen od der ganzen elt

Sorge zum Schutz der Pers bzw des Verm des Ki (§§ 1666, 1666 a) bzw anläßl der Trenng der Elt (§§ 1671, 1672). Zu den Rechten des and EltT, der nicht Inhaber der elt Sorge ist: § 1687 a; Umgang: § 1684.

14 4) **Inhalt der elterliche Sorge, I 2.** Sie umfaßt sowohl die PersSorge (§§ 1631 ff) als auch die VermSorge (§§ 1638 ff). Die elt Sorge besteht in beiden Fällen aus der tats Pers- bzw VermSorge u dem dazugehörigen VertretsR (§ 1629 I 1). Einen gesetzl Fall der Beschrkg der elt Sorge enth § 1633 bei Heirat des Mj.

15 a) **Die tatsächliche Sorge für die Person** umfaßt die ges Fürsorgehdlgen für das Ki. Hierzu gehören:

16 **aa)** dem **Inhalt** nach die Bestimmg des FamNamens, wenn die Elt keinen Ehenamen führen (§ 1616 Rn 2), sowie die Erteilg eines Vorn (§ 1616 Rn 5); ferner Zust zur Änd des Geburtsnamens bei nachträgl Best des Ehenamens dch die Elt (§ 1616 a Rn 4); Pflege, Erziehg u Beaufs des Ki (§ 1631 Rn 5–7); Wohnsitz (§ 11); die AufenthBestimmg (§ 1631); die Anwendg von Zuchtmitteln (§ 1631 II); der HerausgAnspr (§ 1632 I); die Sorge für das Impfen; Einwilligg in ärztl Eingr (Kern NJW **94**, 755); Schulbesuch (vgl die SchulGesetze der Länder sowie VGH BaWü FamRZ **93**, 828); die GeburtsAnz (PStG 17); die Erteilg des Vornamens (§ 1616 Rn 10); der Antr auf Namensänderg; die Bestimmg über die religiöse Erziehg (RKEG 1, 3, vgl Anh zu § 1631); die Berufswahl (§ 1631 a; § 1610 Rn 20); der Umgang mit den Kindern (§§ 1634, 1711); die Regelg des sonst Umggs der Kinder (§ 1632 II), demgemäß auch deren Schutz vor sex Mißbr (BGH FamRZ **84**, 883) od auch nur Belästgg, so der Tochter dch Liebhaber (Kblz NJW **58**, 951; Kln FamRZ **63**, 447; Schlesw FamRZ **65**, 224), ohne daß KlWeg beschritten zu werden braucht, da jetzt VormschG entsch (§ 1632 III); Verbot des Umggs mit einem best Mann (Tüb FamRZ **67**, 108); Veranlassg **ärztliche Betreuung** (Belling FuR **90**, 68: EntschKompetenz; zum elt Versagen § 1666 Rn 13), woraus dem Kind ggf aus einem Vertr der Elt zG od mit Schutzwirkg für das Kind (§ 328 Rn 13–20) vertragl Anspr bei verschuldeten Behandlgsfehlern erwachsen, aber auch der sorgeberecht EltT bei notwend Aufnahme von unfallverletztem Kind in Krankenhaus, die er schuldh unterlassen hat, aus GeschFührg ohne Auftr verpflichtet sein kann (Kln NJW **65**, 350); ferner Zahlg des ProzKostVorschusses in lebenswicht Sachen (§ 1610 Rn 33–36). **Schwangerschaftsabbruch** (Lit: Moritz ZfJ **99**, 92, insb auch zum Vertrags- u SozR): Die Entsch darüber fällt auch bei entspr Reife nicht ausschl in das SelbstBestR der schwangeren Mj (so aber LG Mü I NJW **80**, 646; AG Schlüchtern NJW **98**, 832; Belling/Eberl FuR **95**, 292; Schwerdtner NJW **99**, 1525), sond bedarf der Zust des SorgBerecht, die aber gem § 1666 III ersetzt w kann (Hamm NJW **98**, 3424). Doch liegt in der Verweigerg der Zust nicht schon grds ein SorgeRMißbr (Hamm aaO; AG Celle FamRZ **87**, 738/1068/1177 mA Vennemann u Geiger); eher schon, wenn die Elt ihr Ki zur Abtreibg drängen (Reiserer FamRZ **91**, 1140; Scherer FamRZ **97**, 589; Siedhoff FamRZ **98**, 8; vgl auch AG Dorsten DAV **78**, 131: Hinauswerfen der Schwangeren aus dem Haus). Die moral GrdHaltg der Elt u ihre tats Bemühgen um das künft Wohl von Mu u Ki bedürfen einer sorgf Abwägg gg die für einen SchwangerschAbbr sprechden Grde (Bln FamRZ **80**, 285). Zum Ges über die **religiöse Kindererziehung** v 15. 7. 1921 (RGBl 939, 1263): Jestaedt, Hdb des StaatskirchenR der BuRep Dtschl, 2. Bd 2. Aufl 1996, S 371; vgl iü 50. Aufl Anh zu § 1631. Für die gerichtl Maßn gem RKEG 2, 3 u 7, § 1801 ist das VormschG zust (Schwab FamRZ **98**, 345). Beim **Tod** des Ki steht dem Inhaber des SorgeR auch die Entsch über BestattgsArt u -Ort sowie die Gestaltg der Grabstätte zu (AG Biedenkopf FamRZ **99**, 736).

17 **bb) Die Vertretung in Personensorgesachen** (vgl auch § 1629) umfaßt jedes Handeln mir RWirkg für das Kind, zB TodesErkl (VerschG 16 II); Stellg des StrafAntr gem StGB 77 III, 77 d II (hierzu Kohlhaas NJW **60**, 1; Boeckmann NJW **60**, 1938; BGH FamRZ **60**, 197; BayObLG FamRZ **61**, 176); die Ermächtigg, ein ErwerbsGesch zu betreiben od ein Dienstverhältn einzugehen (§§ 112, 113); Übernahme von Schiffsdiensten; Abschl eines LehrVertr; die Einwilligg zur Operation, von der nur ganz ausnahmsw abgesehen w kann (BGH **29**, 33; krit Boehmer MDR **59**, 705; abl Bosch FamRZ **59**, 203); zur Organspende: Walter FamRZ **98**, 201; § 1666 Rn 4; aber Einwilligg zur Blutentnahme nicht erforderl (ZPO 372 a); Einwilligg zur Eheschl (EheG 3 I, 30); Mitwirkg bei Einbenenng, EhelichErkl, Annahme als Kind (§§ 1706 Nr 1, 1729, 1746 I 2, 1747 ff, 1757 II, 1760 V, 1762 I 2, 1765 II 2, 1768 II 1 u 2); die Option für die dt Staatsangehörigk gem RuStAG 3 I 1 (BayObLG FamRZ **76**, 161) sowie der Antr auf Entlassg aus dem Staatsverbande gem RuStAG 19 (KG FamRZ **80**, 625); ferner die Vertretg in RStreitigkeiten, soweit sie PersSorgeSachen betreffen, so im AbstammgsRStreit (KG JR **62**, 264), bei der UnterhKlage (BGH NJW **53**, 1546; s jetzt auch § 1629 III); ebso in Verwaltgs-, StrafVerf u ZivProz, insb hins StrafAntr u ZeugnVerwR, wenn dem Kind die Verstandesreife f dessen Bedeutg noch abgeht (vgl § 1629 Rn 10 aE, 14, 21). Auf Grd des EltR eingelegte RMittel können v den Elt nur einvernehml zurückgen w, so daß bei einseit BerufgsZurückn Berufg anhäng bleibt u sachl zu bescheiden ist (so die zutr RedAnm zur ggt Auff OVG Münst FamRZ **75**, 44). – Die Unterscheidg der Vertretg von der tatsächl PersSorge hat Bedeutg für §§ 1633, 1673 II 2, 1680, 1685, 1686, EheG 3 II, ZPO 620 ff.

18 **b)** Bei der **Vermögenssorge** (§ 1638 aF: VermVerw) ist der HdlgsSpielraum der Elt v dem ggstdl Bereich
19 ihrer Einflußn zu unterscheiden. **aa) Tätigkeitsformen:** Hdlgsmäß umfaßt die VermSorge alle tatsächl u rechtl Maßn, die darauf gerichtet s, das KindesVerm zu erhalten, zu verwerten u zu vermehren (KGJ **47**, 39), gleichgült ob die Elt im eig od im Namen des Kindes, in eig od dessen Interesse handeln. Zur Erhaltg gehört auch die Vermeidg von Schulden. Nach Peters FamRZ **97**, 595 sind die Elt verpfl, zum Schutz vor delikt Verpfl zG ihrer mj Ki eine **Haftpflichtversicherung** abzuschließen; bei Versäumn dann keine Berufg auf § 1664 (aaO 599 f). Die Elt sind zur VermSorge bis zur Grenze der Zumutbark verpfl (BGH **58**, 19), die allerd nicht so weit geht, daß sie ein vom Kind ererbtes ErwerbsGesch unentgeltl fortführen müssen. Zur Verwendg von SchadErs wg GesundhSchäden: Motzer FamRZ **96**, 844. Die Elt haben das Recht, die zum KindesVerm gehörden Sachen in Besitz zu nehmen (*arg* § 1698 I). Ferner berechtigt die VermSorge zur **Vertretung** des Kindes in VermAngelegenh (vgl RG **144**, 251), insb auch in RStreitigk. Zur Problematik des vom Mj ererbten HandelsGesch: § 1645 Rn 1. **Einschränkungen** der Verpfl- u VfgsFreih: Erwerb bewegl Sachen mit Mitteln des Kindes führt z dingl Surrogation (§ 1646); Schenkgen (§ 1641) u best wicht Gesch (§ 1643), VermÜberlassg an das Kind (§ 1644) u Beginn neuer ErwerbsGesch (§ 1645) unterliegen Beschrkgen bzw bedürfen der vormschgerichtl Gen. Anlegg v Geld hat gem § 1642 zu erfolgen. Einkünfte aus KindesVerm sind in best Weise zu verwenden (§ 1649). Schlechthin ausgeschl ist ein Tätigwerden der Elt in Angelegenh, in denen ein Pfleger bestellt ist (§ 1630). Bei VermZuwendgen dch Dritte kann die elterl Verw gänzl ausgeschl

(§ 1638) od dch entspr AnO beschrkt w (§ 1639). Zuwiderhdlgen führen ggf zu Erstattgs- u SchadErsAnspr des Kindes (§§ 812 ff, 1664). Zum Verhältn v KindesVerm u Berufswahl RG JW **31**, 1348; Feuchtwanger JW **32**, 1351. Zur Überlassg v KiVerm zur freien Vfg § 110.

bb) Zum Kindesvermögen gehören das Verm als solches (GrdBesitz, Wertpapiere usw) sowie Einkünfte daraus u (trotz § 113 I) was das Kind aus Arb (KG JFG **14**, 426) od selbständ GeschBetr erwirbt, nicht dagg, was dem Kind zur fr Vfg iSv § 110 überlassen w ist. Zum KiVerm gehören ferner grdsl Renten (vgl Hamm FamRZ **74**, 31; § 1642 Rn 2). **Verwaltungsfrei** sind dagg Mittel iSv § 110 u uU Zuwendgen v dritter Seite (§ 1638); ferner die v dem Kind iRv § 112 erworbenen u wieder im Betr verwendeten Mittel; ebso Guthaben aus LohnKto, sofern Elt der Eröffng u Vfg darüber (dch Überweisg, Scheck) zugest haben (vgl § 113 Anm 4; Capeller BB **61**, 453; BGH **LM** § 990 Nr. 12). 20 21

5) Erziehungsstil, II. a) Das geltde Recht trägt dem Heranwachsen des Kindes zur Selbständigk nur in Einzelfällen Rechng (vgl §§ 112, 113, 1303, 1411, 1617 c I 2, 1618 S 6, 1746, 2229; RKEG 5, oben Rn 16 u Anh zu § 1631; FGG 59). Auch II enthält keine Generalklausel für ein allg MitentscheidgsR des Kindes (zu den Bedenken dagg BT-Drucks 7/2060 S 15 f), sond schreibt iS einer **partnerschaftlichen Erziehung** (vgl Karlsr-Freibg NJW **89**, 2398) den Elt vor, bei der Pflege u Erziehg des Kindes dessen wachsde Fähigk u sein wachsdes Bedürfn zu selbständ verantwortgsbewußtem Handeln zu berücks, Fragen der elterl Sorge, soweit es nach dem Entwicklgsstand des Ki angezeigt ist, mit ihm zu besprechen u Einvernehmen anzustreben. Mit dem „gesetzl Leitbild" (so BT-Drucks 7/2060 S 16) dieser Pflichtentrias ist ein rein auf Gehorsam ausgerichteter u auf Unterwerfg unter den Willen der Elt abzielder autoritärer Erziehgsstil verboten u kann zu Maßn nach § 1666 führen. Es findet keine Beschrkg auf Angelegenh der persönl Lebensführg statt; entscheidd ist nur, ob das Kind zu einer Beurt der eig Angelegenh in der Lage ist (BT-Drucks 7/2060 S 16). **Berücksichtigung** bedeutet nicht, daß die Elt dem KiWillen zu folgen haben, sond daß sie das Kind an der Suche nach geeigneten Pflege- u ErziehgsMaßn beteiligen; es soll nicht über den Kopf des Ki hinweg entschieden w. Die von den Elt beabsichtigten Maßn dürfen dem Kind nicht aufgezwungen, sond müssen mit ihm erörtert w mit dem Ziel, Verständ u Einsicht zu wecken; darüber hinaus sollen GgArgumente berücks u eine Einigg zw Elt u Kind angestrebt w (BT-Drucks 7/2060 S 17). Das anzustrebde **Einvernehmen** bedeutet tatsächl Übereinstimmg od Zurückstellen der jew eig Meing; mit einem Vertrag hat es nichts zu tun. Kommt eine Einigg nicht zustande – etwa weil das Kind jede Mitwirkg verweigert, so entscheiden die Elt allein (BT-Drucks 7/2060 S 17); ihr Wille behält letztl den Vorrang (BT-Drucks 8/2788 S 45). Das bedeutet vor allem auch, daß die Elt ihre Erziehgsverantwortg iS einer falsch verstandenen antiautoritären Erziehg nicht einf auf das Kind abwälzen u seinem Willen überall nachgeben dürfen. Zur Berücks des KiWillens bei der Berufswahl § 1631 a Rn 1, 4; iR der Entsch zur elterl Sorge bei Scheidg od Getrenntl der Elt § 1671 Rn 17–19; iZushg mit dem UmggsR § 1634 Rn 32; iR der AuskPfl nach § 1686 Rn 10. – **b) Rechtsfolgen.** Das gesetzl Leitbild, iR der Erziehg das Kind als Partner u nicht als bl ErziehgsObj zu behandeln, wirkt sich bei der Anwendg von Vorschr des KindschR aus. So spielt es bei allen Verf eine Rolle, bei denen das FamG od VormschG die Entsch nach dem Wohle des Kindes zu treffen hat (BT-Drucks 7/2060 S 16), zB bei der SorgeRVerteilg bei Getrenntl der Elt (§§ 1671, 1672); bei der UmggsRegelg (§ 1684 III); bei der Unterbringg (§ 1631 b); beim Umggsverbot für einen EltT (§ 1684 IV 1) sowie bei allen Maßn nach § 1666. Dems Gedanken sind die Vorschr über die Anhörg des Kindes in Sorgesachen verpfl (Einf 10 vor § 1626). 22 23

6) Prinzip des persönlichen Kontakts des Kindes mit Eltern und anderen Bezugspersonen, III. 24
Mit der Hervorhebg der Bedeutg des Umgangs für das Ki sollte ledigl eine BewußtseinsÄnd bei den Elt herbeigeführt w, den verbreiteten Umgangsboykott aufzugeben (BT-Drucks 13/8511 S 68; Schwab/Wagenitz FamRZ **97**, 1381). Die Vorschr regelt nur, *daß* zur ordngsgem Ausübg der elt Sorge die Gewährg des Umgangs mit den Elt u and Pers, zu denen eine psych Bindg besteht, gehört. Rechte Dr werden dch die Vorschr nicht begründet; ob sie bestehen, richtet sich ausschließl nach den §§ 1684, 1685 (Bamb FamRZ **99**, 810).

a) Rechtsnatur. Das KindRG hat nunm als BestandT des KiWohls u als Grds auch der elt Erz den Umgang mit den Elt, also insb mit demj EltT, der von der elt Sorge ausgeschl ist (vgl § 1684) u and BezugsPers festgeschrieben. Diesen Pers steht ggf ein subj Recht auf Umgang zu (§ 1685 I u II). Dagg sollte zG des Ki kein gerichtl dchsetzb UmgangsR geschaffen w (BT-Drucks 13/4899 S 68 f). In jüngerem Alter wäre es nur mit Hilfe eines wg §§ 1629 II 1, 1795, 181 zu bestellden Pflegers zu verwirkl. Aber auch zG älterer Ki ist deren Wunsch nach Kontakt nicht zu einem Anspr verfestigt worden, weil erzwungene Kontakte wertl sind. Insof hat sich der GesGeber mit einer Ergänzg von SGB VIII 18 III begnügt (vgl Einf 27 v § 1626). 25

b) Bewilligung und Ausschluß des Umgangs. Verfrechtl ist zu beachten, daß dem Willen des Ki entscheidde Bedeutg zukommt (zu seiner Anhörg Einf 10 v § 1626). Iü hat das Gericht auf eine einvernehml Regelg der Beteil hinzuwirken (FGG 52). Ein Unterschied zw den versch PersGruppen zeigt sich, sobald es um die Bewilligg od Verweigerg des Kontakts geht. Desh kommt hier der Möglk, für das Ki einen VerfPfleger zu bestellen (FGG 50), bes Bedeutg zu. – **aa) Eltern, III 1,** denen der Kontakt zu ihrem Ki nicht bereits kr elt Sorge zusteht, haben automat ein Recht auf Umgang mit dem Ki. § 1684 I macht aus der sich als Erfahrgssatz gebden Vorschr dann erst das subj Recht auf Umgang. Bei dieser PersGruppe kann der Umgang nur eingeschr od ausgeschl w, wenn dies zum Wohl des Ki erfdl ist (vgl § 1684 Rn 52 ff). – **bb) Anderen Bezugspersonen** ist der Umgang dagg überh nur zu eröffnen, wenn die Aufrechterhaltg des Kontakts für die Entwicklg des Ki förderl ist, **III 2.** Eine Beschrkg auf einen famrechtl best PersKreis (GrElt, Geschw, StiefElt usw), wie sie § 1685 bei der Verstärkg des KiWohlGesichtsPkts zu einem subj UmgangsR der BezugsPers vorgenommen w ist (vgl dort Rn 4), hat das Ges nicht vorgesehen. Seine Entwicklg förderl Bindgen kann das Ki auch zu weiteren Verwandten, zu Nachbarn, Erziehern, Lehrern, Freunden usw. haben. Das Ges unterscheidet bei dem Kreis and BezugsPers daher an dieser Stelle für die Verpfl der Elt, den Umgang zu ermögl, ausschließl nach der Förderlichk für die Entwicklg des Ki, währd es für die UmgangsBerechtigg nach § 1685 neben dem KiWohl auf die Verwandtsch od das gemeins verbrauchte häusl Leben ankommt (§ 1685 Rn 9 u 10). 26 27 28

cc) Erzwingung des Umgangs gegen den Willen sorgeberechtigter Eltern. Die in III 2 weiterhin geforderte **Förderlichkeit des Umgangs** für die Entwicklg des Ki entspricht der Dienlichk für das KiWohl in § 1685 (vgl dort Rn 9). Tragen die Elt od trägt ein sorgeberecht EltT dem berecht Interesse des Ki am 29

Umgang mit einer BezugsPers des Ki nicht Rechng od verhindern die Elt den Umgang sogar in einer das KiWohl gefährdden Weise, so liegt darin ggf ein SorgeRMißbr u hat das FamG vAw gem § 1666 den Umgang dch entsprechde AnOen zu ermögl (Düss FamRZ **67**, 340). Insof behält die **frühere Rechtsprechung** zu diesem RegelgsProbl dchaus ihre Bedeutg. Die Beziehgen zu den Verwandten u and nahestehdden Pers liegen im allg im Interesse des Ki, insb, wenn der die Verwandtsch vermittelde EltT verstorben ist (vgl BayObLG ZfJ **81**, 272), u müssen desh aufrechterhalten u gepflegt w (vgl BayObLG NJW **65**, 1716). § 1666 gebietet desh das Einschreiten des FamG, wenn ein EltT ohne verständigen Grd den Verk seines Ki mit den GrElt unterbindet (vgl Brschw FamRZ **73**, 268); wenn der nehel Va nach dem Tod der Mu das SorgeR für das Ki erhält u den Verk des Ki mit den GrElt mütterlichers verhindert (vgl BayObLG FamRZ **80**, 284) od bei 12jähr Enkel nach dem Tod des Va (vgl BayObLG FamRZ **75**, 279). Unterbindet der SorgeBerecht mißbräuchl, dh ohne verständige Grde (vgl BayObLG DAV **79**, 768), jegl persönl Umgang zw Enkeln u GrElt, so kann ihm insow die elt Sorge entzogen u eine gerichtl Besuchsregelg getroffen w (Mannh DAV **77**, 323). Die erfdl Maßregeln können auch in höherer Inst getroffen u dabei die vorinstanzl dch mildere od schärfere Maßn ersetzt w (BayObLG DAV **79**, 768). Aber **kein Sorgemißbrauch,** wenn erhebl Spanngen bestehen, zB dadch, daß die GrElt den ErziehgsVorrang der Elt nicht beachten u das Ki in die Streitigkten einbeziehen (vgl BayObLG FamRZ **95**, 497) od dem sorgeberecht Va den Selbstmord der Mu anlasten (BayObLG ZfJ **84**, 361) od den Vorrang des elt ErziehgsR nicht respektieren (vgl BayObLG DAV **82**, 359; FamRZ **84**, 614), wenn die GroßMu eigenmächtig in die Erziehg eingreift (vgl KG FamRZ **70**, 209) od die Spanngen zw Mu u GroßMu sich nachteilig auf das Ki auswirken (vgl BayObLG DAV **83**, 377). **Umgangsverweigerung im Verhältnis der Eltern untereinander.** Die Entziehg der elt Sorge wg ErziehgsUnfgk kann ultima ratio sein, wenn der sorgeberecht EltT dem and EltT den Kontakt zu dem Ki unmögl macht (so schon zum bish Recht Kln NJWE-FER **98**, 221) od erhebl u immer von neuem unzumutb erschwert u dabei dch Übertragg der eig Mot das Ki schweren Belastgen bei der Verarbeitg des zw den Elt bestehden Konflikts aussetzt. Zum § 1711 aF hat das BayObLG allerd noch entschieden, daß die Entziehg des PersSorgeR für ein KleinKi nicht allein darauf gestützt w kann, daß die Mu, beeinflußt dch eine neurotische Fehlhaltg, dem Va den Umgg mit dem Ki verwehrt, wenn sie iü das Ki ordngsgem betreut (BayObLG FamRZ **98**, 1044). Dies wird so nach neuem Recht kaum mehr zutreffen. Umgek hat AG Gütersloh FamRZ **98**, 576 wg Verletzg des UmggsR (noch aus § 1711 aF) dem ne Va einen SchadErsAnspr gg die Mu gegeben. Vgl iü zur modernen Diskussion zur reaktiven EltAblehng inf **Entfremdung des Kindes von einem Elternteil** (Parental Alienation Syndrome – **PAS:** Bakalar ZfJ **98**, 268; Rummel ZfJ **97**, 202; Leitner/Schoeler DAV **98**, 849; Kodjoe/Koeppel KiPrax **98**, 138; Salzgeber ua sowie Rexilius KiPrax **99**, 107 u 149; Ffm ZfJ **98**, 343; Celle FamRZ **98**, 1045 zu § 1696 m LitNachw in der RedaktionsAnm; Zu beachten ist ferner, daß auch umgek in der **Gewährung von Umgang** ein SorgeRMißbr liegen kann: Vgl § 1666 Rn 33 f; Hamm FamRZ **97**, 1550. Dem allen trägt nunmehr die LoyalitätsVerpfl auch der and BezugsPers Rechng: §§ 1684 II, 1685 III.

30 **7) Dauer der elterlichen Sorge, I 1.** Die elt Sorge **beginnt** mit der Geburt des Ki. Verfehlt desh einstw Vfg auf Unterlassg des SchwangerschAbbruchs aus § 1628 (Coester-Waltjen NJW **85**, 2175; Jagert FamRZ **85**, 1173; aA AG Kln FamRZ **85**, 519; Roth-Stielow NJW **85**, 2746; Bienwald FamRZ **85**, 1096; Mittenzwei AcP **187**, 274). Aber Vorwirkg § 1912. Sie **endet** für beide Elt mit der Volljährigk des Ki, § 2 (OVG Münst FamRZ **95**, 1004); ebso mit seinem Tod (§ 1698 b). Die Entsch über die Organspende eines Mj steht nicht dem SorgeBerecht sond den nächsten Verwandten als Inhabern der Totensorge zu (AG Bln-Schöneberg FamRZ **79**, 633). Eheschl des Ki (EheG 3) beendet die elt Sorge dagg nicht, sond schränkt nur die PersSorge ein (§ 1633), so auch, freilich in geringerem Maße, bei Verlobten (Saarbr FamRZ **70**, 319). Auf seiten eines ElternT endet die elt Sorge mit seinem Tode, § 1680 I; seiner TodesErkl od der Feststellg seiner Todeszeit, §§ 1677, 1681 I; bei Entziehg wg Erziehgsunvermögen, §§ 1666, 1666 a (in dem die Verwirkg der elt Gew gem § 1676 aF aufgegangen ist); bei KindesAnn seitens eines Dr, § 1755; dch Bestimmg des FamG bei GetrLeben der Elt, §§ 1671, 1672; ledigl hins der VermVerwaltg dch Ins, § 1666 Rn 49. Die zweite Eheschl ist auf das SorgeR des geschiedenen EltT ohne Einfluß (vgl aber § 1683). Bei Verhinderg eines EltT od bei Entziehg des SorgeR übt grdsätzl der and EltT das SorgeR allein aus, §§ 1678, 1680. Die elt Sorge ruht bei GeschUnfähigk, beschränkter GeschFähigk u Feststellg längerer Verhinderg, §§ 1673–1675. Mögl auch eine Beschrkg od Entziehg der Ausübg einzelner Bestandteile der elterl Sorge (Pers-, VermSorge, Vertretg od Teile davon, zB AufenthBestimmgsR), §§ 1684 III 1, 1666 Rn 51 ff. Dch Entziehg sämtl Bestandteile endet tatsächl auch die Ausübg der elterl Sorge (KGJ **47**, 39). Entziehg kann auch auf die elt Sorge des and EltT Rückwirkg haben, etwa iRv § 1680 die VermSorge einem Vormund od Pfleger übertragen w (so § 1679 I 2 aF). Sind Eltern nicht vorhanden (Vollwaisen, Findelkinder), ist ein Vormd zu bestellen, § 1773.

1626 a ***Gemeinsame elterliche Sorge durch Sorgeerklärungen.*** **I Sind die Eltern bei der Geburt des Kindes nicht miteinander verheiratet, so steht ihnen die elterliche Sorge dann gemeinsam zu, wenn sie**

1. erklären, daß sie die Sorge gemeinsam übernehmen wollen (Sorgeerklärungen), oder
2. einander heiraten.

II Im übrigen hat die Mutter die elterliche Sorge.

1 **1) a) Inhalt.** Die Vorschr regelt die Vorauss für die Entstehg der gemeins Sorge bei nicht miteinand verh Elt. Sind die Elt miteinand verh, steht ihnen bei Geburt des Ki automat gemeins die elt Sorge zu, auch wenn dies im Ges nicht ausdrückl gesagt w (§ 1626 Rn 12). § 1626 a I ergänzt § 1626 I 1 für die Fälle, in denen die Elt des Ki im Ztpkt seiner Geburt nicht miteinand verh sind. In diesen Fällen tritt nicht automat mit der Geburt des Ki die gemeins Sorge ein, sie hängt vielm davon ab, daß die Elt entspr SorgeErkl abgeben (Rn 2) od einand heiraten (Rn 11). Dagg hat das KindRG bewußt darauf verzichtet, von den Elt die Vorlage eines Sorgeplans zu verlangen, in dem sie ihre Vorstellgen über die künft Ausübg der gemeins Sorge niederlegen (BT-Drucks 13/4899 S 64). Wenn keine dieser in I genannten gesetzl Vorauss vorliegen, steht die elt Sorge gem II allein der Mu zu (Rn 12). Der Va kann das gemeins SorgeR für ein ne geborenes Ki nicht gg den Willen der Mu erzwingen; auch das Fehlen einer gerichtl ÜberprüfgsMöglk widerspr nicht dem GG (Düss FamRZ **99**, 673).

2) Sorgeerklärungen, I Nr 1, sind die Erkl der nicht miteinand verh Elt, die Sorge für das Ki gemschaftl zu übernehmen. Motiv kann sein, das gemeins FamLeb zu erproben, ehe man sich zur Heirat entschließt, od daß das Ki in einer ne LebGemsch aufwächst (vgl Einl 8 v § 1297); schließl können sich die Elt aber auch damit begnügen, bei iü völlig getrennten LebKreisen jedenf für das Ki die gemschaftl Verantwortg zu übernehmen. Es besteht bei der Abgabe der SorgeErkl keinerlei rechtl Zwang. Insb können die nicht miteinand verh Elt die Frage der gemeins Sorge bei **mehreren Geschwistern** unterschiedl u damit für jedes Ki neu entscheiden. Eine Analogie zur Namensbestimmg (§ 1617 I 3) ist nicht mögl. 2

a) Inhalt. Dch die SorgeErkl bringen die Elt ihren Willen zum Ausdr, die elt Sorge künftig gemeins auszuüben. Wie die Formlierg lautet, ist nicht vorgeschrieben. Die Erkl der Elt müssen ledigl ihrem obj Inh, nicht der Formulierg nach gleich sein. Die Erkl müssen sich auf ein best Ki beziehen. Nicht ausr sind generelle Erkl wie Übernahme der gemeins Sorge für „alle Ki aus der Verbindg von A u B" uä. Die Legaldefinition läßt darüber hinausgehde Erkl über Einzelh der künft Wahrnehmg der elt Sorge nicht zu; sie können nicht Bestandteil einer SorgeErkl iS der §§ 1626 a ff sein (BT-Drucks 13/4899 S 93). Gleichwohl aufgenommene zusätzl Erkl, gleichgült ob es sich um Verpfl od AbsichtsErkl handelt, haben jedoch unabhäng von der Frage ihrer eig Wirksamk auf die Wirksamk der SorgeErkl grdsl keinen Einfluß. **Formulierungsvorschlag** bei Brambring FF **98**, 74. 3

b) Form: Öff Beurkundg (Einzelh: § 1626 d). Die Erkl der Elt müssen ledigl auf die gemschaftl Sorge gerichtet sein; sie können, müssen aber nicht gemschaftl abgegeben w. Auch nicht gleichzeitig. Es handelt sich außerd um Erkl, die nur abgegeben zu w brauchen (vgl § 130 Rn 4), die aber mangels einer gesetzl Bestimmg keinen Adressaten haben (vgl Schwab/Wagenitz FamRZ **97**, 1379). Vgl zum Zushg: § 1626 d Rn 1. 4

c) Zeitpunkt. Die SorgeErkl können gem § 1626 b II bereits vor der Geburt des Ki abgegeben w. Das wird dann geschehen, wenn die Elt sich zwar über die Übern der gemschaftl Verantwortg für das Ki einig sind, zugl aber auch den Willen haben, einand nicht od erst zu einem späteren Ztpkt zu heiraten. Zu nach der Geburt erfolgden SorgeErkl wird es vor allem dann kommen, wenn der Mann von seiner Vatersch erst nach der Geburt des Ki erfährt od auch die Vatersch erst gerichtl festgestellt w muß (§ 1600 d). 5

d) Rechtsnatur. Die SorgeErkl ist **einseitiges Rechtsgeschäft.** Denn sie dient nicht als Grdl für eine Entscheidg des FamG, die elt Sorge auf beide Elt zu übertr; sond die Erkl bewirken ihrerseits, daß den nicht miteinand verh Elt die elt Sorge gemeins zusteht. Desh ist es mißverständl, wenn Lipp FamRZ **98**, 69 in diesem Zshg von AntrPrinzip spricht (vgl zur ähnl Problematik bei der Initiation der Beistandsch: § 1712 Rn 11). Letztl überzeugt auch sein interessanterVersuch (FamRZ **98**, 71), die SorgeErkl der Elt aus dem RGeschBegriff zu lösen u als statuskonkretisierde BereitschErkl zu deuten, desh nicht, weil schon die ne LebGemsch nach geltdem Recht kein Status ist u abgesehen davon auch Elt, die nicht in einer ne LebGemsch leben, die gemeins Sorge für ihre Ki übernehmen können. RFolge der Erkl ist für die Mu der Verlust des alleinigen SorgeR (vgl II) u für beide EltT der Erwerb der gemeins SorgeBerechtigg u -Verpfl. Die SorgeErkl sind höchstpersönl abzugeben; desh ist Stellvertretg ausgeschl. Sie sind ferner wg ihrer rechtl Bedeutg u um die erfdl RSicherh in der Vertretg des Ki zu erreichen, bedinggsfeindl. Sorgeplanähnl Zusätze zur SorgeErkl sind nicht deren Bestandteil, aber auch nicht unzul (vgl oben Rn 3 sowie § 1626 b Rn 2). 6

e) Sonstige Wirksamkeitsvoraussetzungen. Als WillensErkl bedürfen die Elt, um wirksame SorgeErkl abgeben zu können, der **Geschäftsfähigkeit.** Ein beschrkt GeschFähiger kann die SorgeErkl mit Zust seines gesetzl Vertr abgeben (§ 1626 c II 1); ein GeschUnfähiger kann dies gar nicht (aA Lipp FamRZ **98**, 70 f; Dikkerhof-Borello FuR **98**, 157; Sturm/Sturm StAZ **98**, 307: mit Zust des gesetzl Vertreters. Näher liegt die Analogie zu § 1596 I 3 ua: SorgeErkl dch den gesetzl Vertr, für die aber die Gen des VormschG erfdl ist. Das gesetzl VertretgsR nach § 1629 erlangen geschunfäh Elt auch dann nicht). Die SorgeErkl bedürfen zu ihrer Wirksamk weder einer Registrierg, noch hängt das Recht, von der dadch entstandenen gemeins Sorge Gebr zu machen, von der Ausstellg bzw Vorlage irgendwelcher Bescheiniggen ab. Die SorgeErkl brauchen schließl auch nicht mit einem Sorgeplan verbunden zu w (Rn. 1). Zu weiteren WirksamkEinschrkgen vgl § 1626 b. 7
Dch die SorgeErkl können nur **die Eltern** das gemeins SorgeR erlangen. Die Elternschaft muß nach den §§ 1591 ff feststehen, insb also die Vatersch des die SorgeErkl abgebden Mannes gem § 1592 Nr 2 od 3 (vgl dort Rn 7) dch wirks Anerkenng der Vatersch (§§ 1594–1598) od rechtskr gerichtl VaterschFeststellg (§ 1600 d). Dieses Erfordern gilt auch für die Erlangg des SorgeR dch nachträgl Eheschließg (Rn 11). Vor der wirks Anfechtg einer nach den §§ 1592, 1593, 1599 II bestehden ScheinVatersch abgegebene SorgeErkl sind unwirks (§ 1626 b Rn 2). Dagg brauchen die Elt mit dem Ki nicht in einer Fam zuszuleben noch dies auch nur zu beabsichtigen. Entsprechd dem Umstand, daß verh Elt die gemeins elt Sorge auch ow aGrd der bestehden Ehe zuwächst (§ 1626 Rn 12), also ggf auch, wenn zw ihnen **keine sonstige Lebensgemeinschaft** (mehr) besteht, sollen offenb auch bei nicht miteinand verh Elt die an die Stelle der Ehe tretden SorgeErkl die gemeins Sorge zustande bringen, auch wenn die Elt sonst keinerlei Gemsch unterhalten od je unterhalten haben (FamRefK/Rogner 10). Die Unabhängigk der Wirksamk der SorgeErkl davon, ob die Elt zusleben od nicht, soll nach dem erkl Willen des GesGebers den „guten Grden" der Elt Rechng tragen, die Suche nach einer famgerechten Wohng „nicht übereilt zu betreiben" (vgl BT-Drucks 13/4899 S 58). Ebsowenig findet eine irgendwie geartete Überprüfg der SorgeErkl dch das FamG dahin statt, ob die gemeins Sorge nicht miteinand verh Elt im konkr Fall dem **Wohl des Kindes** entspricht (BT-Drucks 13/4899 S 59). Die ggteilige Strategie in § 1672 II wirkt dazu daher eher als Widerspr (vgl dort Rn 16). 8

f) Rechtsfolgen. Dch die Abgabe wirks SorgeErkl, dh bei Abg der Erkl nacheinand bei Vorliegen der zweiten SorgeErkl, werden die Elt ow gemeins sorgeberecht. Sie erlangen nicht nur das gemeins Recht zur PersSorge (Erziehg, AufenthBest usw; vgl §§ 1631 ff) u VermSorge (§§ 1638 ff), sond auch die jeweils dazugehörige VertretgsMacht (§ 1629 ff). Vgl iü § 1626 Rn 12. Die dch wirks SorgeErkl erworbene elt Sorge ist **umfassend;** sie läßt sich auch nicht dch Beschrkg der SorgeErkl auf best Bereiche reduzieren (Lipp FamRZ **98**, 71 u 72; Sturm/Sturm StAZ **98**, 307). Die SorgeErkl sind **bindend.** Die Elt können die gemeins Sorge nicht dch Widerruf od VerzichtsErkl wieder aufgeben. Aber AlleinErw eines EltT mit Zust des and nach den §§ 1671 I, 1672 I 1 (vgl Lipp FamRZ **98**, 70 u 71) sowie dch Entziehg des SorgeR einem EltT ggü iFv 9

§ 1666. Soweit der Mu im Falle nachträgl Eheschließg od nach der Geburt erfolgder SorgeErkl der Elt das
10 **Sorgerecht zunächst allein zustand** (§ 1626 a II), verwandelt es sich in die gemeins SorgeBerechtigg beider Elt. In anderen Fällen ist darauf zu achten, ob die alleinige SorgeBerechtigg eines EltT auf einer Entscheidg des FamG beruht, die gerade aus Grden des KiWohls das SorgeR des and EltT ausschließen wollte. In diesen Fällen reichen die SorgeErkl der beiden Elt nicht aus, um die gemeins Sorge zu begründen; vielm muß das FamG zunächst die den einen EltT von der Sorge ausschließde Entscheidg zurücknehmen. Das gilt vor allem iFv § 1666, aber auch iFv § 1672 II, wenn der Va das alleinige SorgeR, wenn auch mit Zust der Mu, erh hat. In diesen Fällen ist zunächst eine AbändEntscheidg nach § 1696 erfdl; diese Entsch des FamG kann nicht dch gemeins SorgeErkl der Elt unterlaufen w. Entsprechdes gilt, wenn die elt Sorge der Mu ruht u sie dch GerichtsBeschl auf den Va übertr worden ist (§ 1678 II).

11 **3) Heirat, I Nr 2.** Nicht miteinand verh Elt erlangen unter der Vorauss, daß ihre Elternschaft feststeht (vgl Rn 8), dch die Eheschließg (§§ 1310–1312) automat auch die elt Sorge für das gemschaftl Ki, sofern dieses noch mj ist u der Übernahme der gemeins elt Sorge kein Ausschl des and EltT hins der elt Sorge aGrd einer Entscheidg des FamG entggsteht (Rn 10). Wie dch gemeins SorgeErkl verwandelt sich die Alleinsorge der Mu (§ 1626 a II) od des Va in die gemeins Sorge beider Elt (Rn 10). § 1626 a I Nr 2 gilt auch, wenn die Ehel gesch w, einem von ihnen nach § 1671 das SorgeR allein übertragen wird u sie sich anschließd erneut heriaten (vgl § 1626 b Rn 8).

12 **4) Alleinsorge der Mutter, II.** Zur Legitimation der alleinigen SorgeBerechtigg u zum Nachw ihrer AlleinvertretgsBefugn vgl § 1626 d Rn 1.

13 **a)** Das ausschließl von ihrem Willen abhängige AlleinSorgeR der Mu ist verfassgsrechtl nicht unproblemat (vgl Lipp FamRZ **98**, 70 u 72; Diederichsen NJW **98**, 1983; aA Hamm KiPrax **99**, 97). Zumindest wenn der Va das Ki längere Zt betreut hat u es aus was für Grden auch immer weder zur Heirat noch zu gemeins SorgeErkl der Elt gekommen ist, ist der verfassgsrechtl geschützten Vatersch mit einem ebenf ausschließl von der KiMu abhängigen Übernahme des SorgeR dch den Va nach § 1672 I 1 kaum Genüge getan (vgl dort Rn 3 u 9).

14 **b)** Besteht keine gemeins Sorge der Elt des Ki, steht der Mu das alleinige SorgeR für das Ki zu. Vorauss ist, daß die Elt bei der Geburt des Ki nicht miteinand verh sind u auch keine SorgeErkl abgeben. Heiraten die Elt später od geben sie später SorgeErkl ab, verliert die Mu das alleinige SorgeR (Rn 10). Vgl iü zum Erw der Alleinsorge dch den Va § 1672 I (dort Rn 2 ff) sowie für die Fälle des Ruhens der elt Sorge der Mu, ihres Todes, der Entziehg des SorgeR usw die §§ 1673 ff.

15 **5)** Zusammenstellg der Fälle der Entstehg u Beendigg der Alleinsorge der Mu u des Va sowie der Änderg der gewählten Sorgeform: Vgl FamRefK/Rogner 16–23.

1626 b *Modalitäten der Sorgeerklärung.* **I Eine Sorgeerklärung unter einer Bedingung oder einer Zeitbestimmung ist unwirksam.**

II Die Sorgeerklärung kann schon vor der Geburt des Kindes abgegeben werden.

III Eine Sorgeerklärung ist unwirksam, soweit eine gerichtliche Entscheidung über die elterliche Sorge nach den §§ 1671, 1672 getroffen oder eine solche Entscheidung nach § 1696 Abs. 1 geändert wurde.

1 **1)** Die dch Art 1 Nr 10 KindRG eingefügte Vorschr betr Modifikationen der SorgeErkl. Bedinggen u ZtBest sind unzul, dagg ist die Abg der SorgeErkl vor Geburt des Ki mögl. Schließl regelt die Best das Verh von SorgeErkl u SorgeRRegelgen dch das Gericht. Die in I u III vom Gesetz angeordnete RFolge der Unwirksamk wird in § 1626 e wiederholt.

2 **2)** SorgeErkl sind **a) bedingungsfeindlich und befristungsfeindlich, I** (Einf 12 v § 158). Die §§ 158–163 gelten also nicht. EltVerantwortg darf im Interesse des Ki nicht von ggf völlig außerh des KiInteresses liegden Ereign abhäng gemacht w, weil sich der dadch eintretde SchwebeZustd mit dem KiWohl, das keine Ungewißh hins der Bt- u VertretgsKompetenz erlaubt, nicht verträgt. Unzul Bedggen machen die SorgeRErkl im ganzen nichtig. Doch werden idR Zusätze zur SorgeErkl nur Ausdr best Erwartgen, bl AbsichtsErkl uä sein, welche die Wirksamk der SorgeErkl nicht beeinflussen. Bei noch bestehder ScheinVatersch für den Fall, daß diese Vatersch wirks angefochten wird, abgegebene SorgeErkl sind nicht schon nach II desh wirks, weil sie vor der Geburt des Ki abgegeben w, sond auch iVm einer VaterschAnerk als doppelt bedgte Erklärgen
3 nach I unwirks (vgl §§ 1599 Rn 2; 1626 a Rn 8). – **b)** Nichtig ist auch die der SorgeErkl beigefügte **Zeitbestimmung** (§ 163). Elt Sorge auf Zt verträgt sich nicht mit der elt Verantwortg als solcher. Die Regelg erlaubt es auch nicht, einen AnfangsZtpkt für den Eintritt bzw einen Endtermin für die Beendigg der elt Sorge festzulegen. Wenn sich zB der Va die Übern der Mitsorge noch nicht zutraut od die Mu vorher eine gewisse Zt beobachten will, ob der Va genügend VerantwortgsBewußtsein für das Ki zeigt, ist es sinnvoller, daß die Elt die SorgeErkl erst nach Ablauf einer solchen ProbeZt abgeben (BT-Drucks 13/4899 S 94). –
4 **c) Sonstige Zusätze** sind hins der Wirksamk der SorgeErkl nach § 139 zu beurt.

5 **3) Vorgeburtliche Sorgeerklärungen, II.** Die Vorschr kommt nur für Ki in Betr, die keinen Va nach § 1592 Nr 1 haben werden. Tritt die gesetzl Vatersch ein, ist die vorgeburtl Anerkenng der Vatersch dch einen and Mann, selbst wenn es sich dabei um den leibl Va des Ki handelt, nicht zul (vgl Rn 2). Die Elt können die Abstammg des Ki schon vor seiner Geburt klären, der Va dch vorgeburtl Anerk (§ 1594 IV), die Mu dch entspr Zust (§ 1595 III). Diese Regelg wird dch die Möglk vorgeburtl SorgeErkl in der Weise ergänzt, daß die Elt zur Vorbereitg ihrer gemeins Sorge auch die erfdl SorgeErkl schon vor der Geburt des Ki wirks abgeben können. Liegen SorgeErkl u Zustimmgen schon vor der Geburt des Ki vor, entsteht die gemeins Sorge der Elt bereits mit der Geburt des Ki.

6 **4) Gerichtliche Entscheidungen zum Sorgerecht.** Hat das FamG im Bereich des elt SorgeR bereits eine Entscheidg getroffen, so kann diese nicht dch einf SorgeErkl der Elt, mit denen sie die gemeins Sorge

herbeiführen wollen, unterlaufen w, wenn das FamG mit seiner Entscheidg gerade dem einen Eheg die SorgeBefugn genommen hat. Zu unterscheiden sind aber nach der Dogmatik des KindRG einerseits die Fälle, in denen den Elt dch Aufhebg der famgerichtl Maßn der Weg für ihre SorgeErkl wieder freigemacht wird, u den Fällen, in denen es hins des SorgeR einer neuen ZuweisgsRegelg dch das FamG bedarf, weil die Elt nach der Vorstellg des GesGebers dazu nicht in der Lage sind (vgl Rn 7).

a) Neue Sorgerechtszuweisung an beide Ehegatten durch Änderungsentscheidung, III. Eine neue 7 SorgeRRegelg dch das FamG ist erfdl, wenn dem einen EltT vom FamG das alleinige elt SorgeR zugewiesen worden ist. Solche Zuweisgen können die Elt auch nicht dch übereinstimmde, auf die Begrdg ihrer gemeins Sorge gerichteten SorgeErkl korrigieren. Vielm bedarf es in diesen Fällen einer bes gerichtl Zuweisg der elt Sorge an beide Elt. Gleichwohl abgegebene SorgeErkl sind nach III unwirks. **Zweck:** Hat das FamG im Zshg mit der Trenng der Elt eine SorgeRRegelg getroffen (§§ 1671, 1672) od eine solche Entsch abgeändert (§ 1696 I), so soll es bei dieser zw den Elt bereits verbindl dch das Ger getroffenen Regelg bleiben u sollen sie nicht mehr die Möglk haben, diese Regelg dch bl SorgeErkl zu unterlaufen, da sonst die Gefahr eines Hin u Her der elt Sorge bestünde, die mit dem KiWohl unvereinb sei u soll desh vermieden w müsse (BT-Drucks 13/4899 S 94). Vgl zur Kritik an dieser dogmatisch ganz unnötigen u im Widerspr zur EntscheidgsFreih der Elt nach § 1626 a I Nr 1 stehden Bevormundg der Elt die Stellgnahme des DtFamGerTg FamRZ **97**, 339; FamRefK/Rogner 8. Auch daß sich der GesGeber in § 1672 II von dieser Vorschr distanziert, beweist einmal mehr, wie überflüss sie ist (vgl § 1672 Rn 16). Es handelt sich um folgde Fälle:

aa) Übertragung der bisherigen gemeinsamen Sorge im Rahmen der Trennung der Eltern auf einen Elternteil allein (§ 1671). Stand den Elt aGrd ihrer Ehe (§§ 1626 Rn 12; 1626 a I Nr 2 u dort Rn 11) od als nicht verh Elt aGrd entsprechder SorgeErkl (§ 1626 a I Nr 1 u dort Rn 2 ff) zunächst das gemeins SorgeR zu u wurde das SorgeR iZshg mit ihrer Trenng von dem FamG gem § 1671 I einem von ihnen allein übertr, so können die Elt die gemeins Sorge nur wiedererlangen, wenn sie einand erneut heiraten (§ 1626 a I Nr 2) od die gemeins elt Sorge vom FamG iW der ÄndergsEntscheidg nach § 1696 I wiederhergestellt wird, sofern das Gericht dies aus triftigen, das Wohl des Ki nachhaltig berührden Grden für angezeigt hält. Eine solche Wiederherstellg der gemeins elt Sorge nach Scheidg der Ehe ist auch für AltEntscheidgen mögl, gilt also auch für vor dem 1. 7. 98 geschiedene Ehen (FamRefK/Rogner § 1671 Rn 30). Dagg können die Elt die gerichtl Regelg zZw der Herstellg der gemeins Sorge nicht dch entsprechde SorgeErkl außer Kr setzen. 8

bb) Übertragung der einer nicht verheirateten Mutter zustehenden alleinigen Sorge auf den Vater (§ 1672 I). Stand der Mu nach § 1626 a II das alleinige SorgeR zu (vgl § 1626 a Rn 12) u wurde es mit ihrer Zust vom FamG auf den Va übertr (§ 1672 I), so kann das FamG die gemeins Sorge der Elt auf deren beiderseit Wunsch herstellen, sof dies dem Wohl des Ki nicht widerspricht (§ 1672 II 1); die Elt können dagg die gemeins Sorge nicht ohne das FamG u die erfdl KiWohlPrüfg dch entsprechde SorgeErkl herbeifüahren. In dieser Situation abgegebene SorgeErkl sind vielm gem § 1626 b III unwirks. Das Gesagte gilt auch dann, wenn die nach § 1672 I erfolgte Übertragg der elt Sorge auf den Va rückgängig gemacht worden ist (§ 1672 II 2) u die Elt jetzt versuchen, dch gemeins SorgeErkl die an die Mu zurückgefallene alleinige elt Sorge in ein gemeins SorgeR umzuwandeln. Auch diese SorgeErkl sind unwirks (§ 1626 b III). 9

cc) Änderungsentscheidungen nach § 1696, mit denen iR der §§ 1671, 1672 getroffene Regelgen korrigiert w, sind ebenf sorgeerklärgsfest, dh die Elt können sie nicht dch einf SorgeErkl hintertreiben, sond sind, um die gemeins Sorge herzustellen, auf eine entsprechde Entscheidg des FamG nach § 1696 angewiesen. Gleichwohl abgegebene SorgeErkl sind unwirks. Gemeint sind Fälle wie der, daß die iR der Trenng der Elt erfolgte Zuweisg der elt Sorge bspw an den Va dch Entscheidg nach § 1696 bereits zG der Mu korrigiert worden war u von beiden jetzt die gemeins elt Sorge angestrebt wird, od daß die alleinige elt Sorge nach den §§ 1626 a II, 1672 mehrf zw den Elt hin- u hergependelt ist u die Elt es in diesen Fällen nunmehr mit der gemeins Sorge versuchen wollen. 10

b) Sorgeerklärung nach Aufhebung von sorgerechtseinschränkenden Maßnahmen des Gerichts. 11 Andere gerichtl Entsch zur elt Sorge stehen der Abg wirks SorgeErkl dagg nicht schlechthin entgg, sond hängen in ihrer Wirksamk ledigl davon ab, daß die sorgerechtl Maßn wieder aufgehoben wird. Die SorgeErkl der Elt zur gemeins Sorge vermögen diese Maßn zwar nicht ihrerseits außer Kr zu setzen. Aber nach Aufhebg dch das Gericht sind die Elt frei, die gemeins Sorge von sich aus dch entsprechde SorgeErkl herbeiführen. Das gilt insb für Beschrkgen od für die Entziehg des SorgeR für den einen od beide EltT nach den §§ 1666, 1666 a. Werden diese Maßn aufgeh, weil eine Gefahr für das Wohl das Ki nicht mehr besteht (§ 1696 II), so können die Elt dch SorgeErkl nunmehr auch die gemeins elt Sorge begründen (so BT-Drucks 13/4899 S 94). Die gesetzl Unterscheidg zw konstitutiven Zuweisgen der elt Sorge u bl Beschrkgen der elt Sorge ist unter dem Blickwinkel der sorgerechtl Autonomie der Elt wenig überzeugd.

1626 c

Persönliche Abgabe; beschränkt geschäftsfähiger Elternteil. **I Die Eltern können die Sorgeerklärungen nur selbst abgeben.**

II Die Sorgeerklärung eines beschränkt geschäftsfähigen Elternteils bedarf der Zustimmung seines gesetzlichen Vertreters. Die Zustimmung kann nur von diesem selbst abgegeben werden; § 1626 b Abs. 1 und 2 gilt entsprechend. Das Familiengericht hat die Zustimmung auf Antrag des beschränkt geschäftsfähigen Elternteils zu ersetzen, wenn die Sorgeerklärung dem Wohl dieses Elternteils nicht widerspricht.

1) Die dch Art 1 Nr 10 KindRG eingefügte Vorschr regelt die Höchstpersönlk der SorgeErkl u die Frage, 1 wie bei einem beschr geschfäh EltT zu verfahren ist. Ist der mj EltT geschunfäh od ist er zwar vollj, steht aber wg GeschUnfgk unter Bt, so ruht seine elt Sorge (§ 1673 I). Vgl aber dort Rn 5 sowie § 1896 Rn 2.

2) Ausschluß der Vertretung, I. Wg des höchstpersönl Charakters u der erhebl Bedeutg der SorgeErkl 2 können die Elt diese nur selbst abgeben (vgl Einf 4 v § 164).

3 **3) Minderjähriger Elternteil, II.**

4 **a) Regelungszusammenhang und Zweck.** Ein in der GeschFgk beschränkter EltT bedarf zu seiner SorgeErkl der Zust seines gesetzl Vertreters. Das entspr der Regelg des § 1673 II, wonach dem beschr geschfäh EltT auch in der Ausübg des SorgeR nur ein beschr, näml im wesentl auf die tats PersSorge reduziertes SorgeR ohne VertretgsBefugn zusteht. § 1626 c II ermögl es einem solchen EltT, den and EltT an der elt Sorge zu beteil od iR der tats PersSorge selbst daran beteil zu w. Die Vorschr bezieht sich ledigl auf die SorgeErkl nach § 1626 a I Nr 1.

5 **b) Erfordernis der Zustimmung des gesetzlichen Vertreters, II 1.** Die SorgeErkl des mj EltT bedarf der Zust seines gesetzl Vertreters. Die amtl Begrdg verweist dazu auf die Parallelwertg von § 1303 (früher EheG 3 aF), wonach der mj eltT auch zur Eheschließg mit dem Va des Ki u damit mittelb auch zur Herbeiführg der daraus gem § 1626 a I Nr 2 resultierden gemeins elt Sorge der Einwilligg seines gesetzl Vertr bedarf (BT-Drucks 13/4899 S 95).

6 **aa) Beschränkte Geschäftsfähigkeit eines Elternteils.** Die Vorschr gilt für mj EltT: Vgl §§ 2, 106. Die Minderjährigk kann jeden der beiden EltT od auch beide gleichzeitig betreffen. Sorgerechtl kommen versch Konstellationen in Betr: (1) Die nach § 1626 a II bisher allein sorgeberecht Mu ist vollj; der Va ist mj. Stimmt dessen gesetzl Vertr seiner SorgeErkl zu, kommt es zur gemeins Sorge, u zwar bei derj der Mu unbeschrkt, währd dem mj Va nur die tats PersSorge ohne VertretgsBefugn zusteht u seine elt Sorge iü ruht (§ 1673 II 2 u I iVm II 1). (2) War die Mu mj, übte sie neben dem nach den §§ 1773 ff, 1793 voll sorgeberecht Vormd des Ki nach den §§ 1626 a II, 1673 II 2 nur die tats PersSorge aus. Dch wirks SorgeErkl kommt eine gemeins elt Sorge zustande, in welcher der mj Mu nach wie vor nur die tats PersSorge zusteht, währd der vollj Va vom bish Vormd, dessen Amt endigt (§ 1882), die Pers- u VermSorge einschl der gesetzl Vertretg des Ki übernimmt. Bei MeingsVerschiedenh zw den Elt im Bereich der tats Sorge gelten gem II 3 Halbs 2 die §§ 1627 S 2, 1628 ohne Vorrang des vollj EltT (vgl § 1673 Rn 4). (3) Bei Minderjährigk beid EltT üben beide auch nur die tats PersSorge aus, die übr elt Sorge ruht (§ 1673 II 2) u wird von einem Vormd als gesetzl Vertr des Ki wahrgen (§§ 1773 ff, 1793), mit Vorrang der Elt bei MeingsVerschiedenh in der tats PersSorge (§ 1673 II 3 Halbs 1).

7 **bb) Zustimmung des gesetzlichen Vertreters:** §§ 182, 183. Sie ist **höchstpersönlich, II 2 Halbs. 1,** also einer Stellvertretg nicht zugäng, u zeitbestimmgs- wie **bedingungsfeindlich, II 2 Halbs. 2** iVm § 1626 b I, kann aber wie auch die SorgeErkl selbst schon **vor der Geburt** des Ki erteilt w, II 2 Halbs 2 iVm § 1626 b II (vgl dort Rn 2 u 3). **Form:** Öff Beurk (§ 1626 d I).

8 **cc) Ersetzung bei Verweigerung der Zustimmung, II 3. aaa)** Verweigert der gesetzl Vertr seine Zust zur SorgeErkl des mj EltT, so kann das FamG seine Zust ersetzen. Den **Antrag** dazu kann nur der beschr geschfäh EltT, nicht auch der and EltT stellen (FamRefK/Rogner 10). Die Ersetzg setzt voraus, daß die gemeins Sorge dem **Wohl des minderjährigen Elternteils** nicht widerspricht. BeurteilgsMaßst: § 1303 III (BT-Drucks 13/4899 S 95); vgl § 1303 Rn 18 u 19. Triftige Grde können sich aus der Pers beider EltT ergeben; im VorderGrd stehen pers Eigensch, insb Fähigk u Reife, elt Verantworg zu übernehmen (Fam-
9 RefK/Rogner 11). – **bbb) Verfahrensrechtliches.** Zustdg für die Ersetzg ist das FamG (GVG 23 b I 2 Nr 2, ZPO 621 I Nr 1); es entscheidet der Richter (RPflG 14 I Nr 9). Anhörg beider Elt u des gesetzl Vertr als des mj EltT: Einf 9 ff v § 1626. Verfahrenspfleger für den mj EltT: FGG 50. Kosten: Mangels Aufn in KostO 94 I Anwendg von KostO 95 I 1 Nr 3 als AuffangVorschr. Beschw: Befristete Beschw gem ZPO 621 e I; beschwerdeberecht: der mj EltT u sein gesetzl Vertr (FGG 59 I, 20).

10 **dd) Rechtsfolgen. aaa)** Verstoßen die SorgeErkl gg I od fehlt iFv II die Zust des gesetzl Vertr u wird sie
11 vom FamG auch nicht ersetzt, so sind die SorgeErkl unwirks (§ 1626 e). – **bbb)** Ist den Erfordern von I u II dagg Genüge getan, ist die SorgeErkl wirks: Vgl § 1626 a Rn 9. Stimmt der gesetzl Vertr des mj EltT dessen SorgeErkl zu, ändert sich für diesen an der grdsl Einschrkg seiner SorgeBerechtigg gem § 1673 II nichts. § 1626 c II ermögl es dem mj EltT ledigl, den and EltT an der elt Sorge zu beteiligen u iR der tats PersSorge selbst daran beteil zu w. Die aGrd der SorgeErkl zustande gekommene gemeins elt Sorge erweitert die RBefugn des geschbeschrkten EltT nicht.

1626 d *Form der Sorgeerklärung.* **I Sorgeerklärungen und Zustimmungen müssen öffentlich beurkundet werden.**

II Die beurkundende Stelle teilt die Abgabe von Sorgeerklärungen und Zustimmungen unter Angabe des Geburtsorts des Kindes sowie des Namens, den das Kind zur Zeit der Beurkundung seiner Geburt geführt hat, dem nach § 87 c Abs. 6 Satz 2 des Achten Buches Sozialgesetzbuch zuständigen Jugendamt zum Zwecke der Auskunftserteilung nach § 58 a des Achten Buches Sozialgesetzbuch unverzüglich mit.

1 **1) Zweck:** Die Notwendigk der öff Beurk (ZPO 415) entspr den FormVorschr bei and wichtigen famrechtl Erkl (zB der VaterschAnerk gem § 1597 I). Sie ist auch wg der einer Beurk vorausgehden Belehrg, an die hier sogar bes Anfordergen zu stellen sind, unverzichtb (BT-Drucks 13/4899 S 95). Die Pflicht zur Mitteilg an das JA steht in dem größeren Zushg des **Nachweises der Legitimation des Sorgeberechtigten** (§ 1626 a Rn 12). Die mit dem Va nicht verh Mu bedarf zum Nachw ihrer alleinigen Sorgeberechtigg nach § 1626 a II ebso eines Ausweises wie ihn Elt, denen aGrd ihrer bl SorgeErkl das gemeins SorgeR zugewachsen ist, brauchen (§ 1626 I Nr 1). Urkunden, die diesen Zweck erfüllen sollen, stellt das JA nach SGB VIII 58 a aus, aber keineswegs mit dem Inhalt dessen, was sie bedeuten sollen. Bei der gemeins Sorge werden die Elt auch Vorlage ihrer SorgeErkl beschrkt, die nicht zuletzt zu diesem Zweck öff Beurk bedürfen (§ 1626 d I), obwohl nichts einfacher gewesen wäre, als auch darüber eine entsprechde Urk zu schaffen. Der allein sorgeberecht Mu steht ihr SorgeR kr Gesetzes zu (§ 1626 a II), so daß sie darüber zunächst keinen Ausweis bekommt. Sie erh ihn aber vom JA, allerd in der indirekten Form, daß ihr das JA bescheinigt, daß keine gemeins SorgeErkl abgegeben w sind. Dem JA wird diese Bescheinigg dadch ermögl, daß alle Stellen,

die SorgeErkl beurk, nach § 1626 d verpfl sind, dem für die AuskErteilg zuständ JA davon Mitteilg zu machen.

2 **2) Öffentliche Beurkundung, I** (vgl Zimmermann DNotZ **98**, 416). Die öff Beurk der SorgeErkl u der erfdl Zustimmgen ist iGgs zur Mitteilg an das JA (Rn 5) konstitutiv für die Wirksamk der Erkl. Ist die Form nicht eingehalten w, sind die Erkl unwirks (§ 1626 e). Es bleibt dann bei der alleinigen elt Sorge der Mu nach § 1626 a II. – **a) Zweck.** SorgeErkl (§ 1626 a I Nr 1; vgl dort Rn 2) u die dazu erfdl Zust (§ 1626 c II; vgl 3 § 1626 a Rn 7) müssen öff beurk w. Wg Einzelh zu dieser FormBest vgl § 1597 Rn 1. Zur Beurk ist auch die UrkPers beim JA befugt (Einf 2 v § 1626). Jede UrkPers muß über die Bedeutg der SorgeErkl belehren. Da dies für StBeamte eher untypisch wäre, ist eine Beurk vor dem StA iGgs zur VaterschAnerk, deren Folgen selbst einem Laien eher geläufig seien, nicht vorgesehen (BT-Drucks 13/4899 S 95). – **b) Beurkundende** 4 **Stellen:** Notar (BNotO 20 I 1); jedes JA (vgl Einf 52 v § 1626) unabhäng vom tats Aufenth von Elt u Ki (SGB VIII 59 I 1 Nr 8, 87 e); ebso analog SGB VIII 59 I Nr 1 *a maiore ad minus* für die Beurk der Zust des gesetzl Vertreters dazu nach § 1626 c II (aA FamRefK/Rogner 3: Redaktionsversehen des GesGebers). Vorherige Belehrg der Elt u des gesetzl Vertr: BeurkG 1 I u II, 17 I, ggf auch dch die Mitarbeiter des JA (BT-Drucks 13/4899 S 95).

5 **3) Mitteilung an das Jugendamt, II.** Die Stellen, welche die SorgeErkl u Zust beurk (Rn 4), haben dies dem zust JA unverzügl mitzuteilen. Im Ggs zur öff Beurk der SorgeErkl (Rn 2) ist die Mitteilg an das JA, daß die Elt SorgeErkl abgegeben haben, für die Begrdg der gemeins Sorge der Elt nicht konstitutiv. Es handelt sich um eine bl OrdngsVorschr. Ein Verstoß führt also auch nicht zur Unwirksamk der SorgeErkl od der Zust dazu (FamRefK/Rogner 7). Zweck dieser Mitteilg ist es, dem JA die Kenntn zu verschaffen, die Vorauss ist für die Erteilg der schriftl Ausk an die Mu über die NichtAbg von SorgeErkl (vgl SGB VIII 58 a), welche die Mu benöt, um im rechtgeschäftl Verkehr ihre AlleinVertretgsBefugn für das Ki nachzuweisen (wg Einzelh Einf 54 v § 1626). Zust für die Inempfangnahme der Mitteilg ist das JA des Geburtsorts des Ki (SGB VIII 87 c VI 2; vgl iü Einf 66 v § 1626). Liegt der Geburtsort im Ausl od ist er nicht zu ermitteln, ist die Mitteilg an das JA des La Bln zu richten (SGB VIII 87 c VI 2, 88 I 2). In der Mitteilg sind Name u Geburtsort des Ki anzugeben. Als Na nur derj, den das Ki zZt der Beurk seiner Geburt geführt hat. Dadch soll iF eines späteren NaWechsels die Zuordng der SorgeErkl zu dem Ki ermögl w (BT-Drucks 13/4899 S 95). Die Mitteilg hat unverzügl, dh ohne schuldh Zögern, zu erfolgen (§ 121 Rn 3).

1626 e

Unwirksamkeit der Sorgeerklärung. **Sorgeerklärungen und Zustimmungen sind nur unwirksam, wenn sie den Erfordernissen der vorstehenden Vorschriften nicht genügen.**

1 **1) Zweck:** Die dch Art 1 Nr 10 KindRG eingefügte Vorschr enth in abschließder Aufzählg die Grde, aus denen eine SorgeErkl unwirks sein kann. Die Regelg soll der RSicherh dienen u insb sicherstellen, daß and Grde, insb Willensmängel, für die Wirksamk der SorgeErkl u Zust ohne Bedeutg sind (BT-Drucks 13/4899 S95).

2 **2) Gründe für die Unwirksamkeit. a)** Unwirks sind SorgeErkl u die dazu erfdl Zust (§ 1626 c II) nur, wenn sie den Vorschr der §§ 1626 a – 1626 d nicht entspr. Die SorgeErkl müssen von den Elt des Ki abgegeben w sein (§ 1626 a I Nr 1). Das ist die Mu, die das Ki geboren hat (§ 1591). Als Va kommt nur jmd in Betr, der seine Vatersch anerk hat od dessen Vatersch gerichtl festgestellt w ist (§ 1592 Nr 2 u 3; vgl § 1626 a Rn 8). SorgeErklärgen, die für ein Ki abgegeben w, das noch nach § 1592 Nr 1 od 2 als Ki eines and gilt, sind unwirks (vgl § 1626 b Rn 2), abgesehen von der Möglk einer schon vor Geburt des Ki abgebb SorgeErkl (vgl § 1626 b Rn 5). Unwirks sind ferner SorgeRErkl von Elt, wenn zuvor eine gerichtl Sorge-Regelg iSv § 1626 b III (vgl dort Rn 7 ff) erfolgt ist. Auch sind SorgeErkl unwirks, die formungült sind (§ 1626 d) bzw die unter einer Bdgg od ZtBest abgegeben wurden (§ 1626 b I), bei denen sich die Elt haben vertr lassen (§ 1626 c I) od bei denen die wg beschr GeschFgk erfdl Zust des ges Vertr fehlt od ihrers Mängel iSv § 1626 c II aufweist. Dagg hat die Versäumg der Mitteilg der SorgeErkl an das JA (§ 1626 d II) keinen Einfl auf die Wirksamk der SorgeErkl (vgl dort Rn 5). – **b)** Das Gesetz läßt **keine weiteren Unwirksam-** 3 **keitsgründe** zu (*arg:* „nur"). Dadch sollen insb Willensmängel iS der §§ 116 ff ohne Einfluß auf die Wirksamk der SorgeErkl sein (BT-Drucks 13/4899 S 95). Doch ist schon zweifelh, ob dies auch für den InhaltsIrrt, also bspw für FehlVorstellgen eines der dtschen Sprache nicht ganz mächtigen Ausl über die RFolgen der SorgeErkl, gelten kann (vgl § 119 Rn 11 ff). Noch größeren Bedenken begegnet es, wenn die SorgeErkl eines geschunfäh Va trotz § 104 Nr 2 als wirks behandelt w (vgl Lipp FamRZ **98**, 71).

4 **3) Folgen der Unwirksamkeit der Sorgeerklärung.** Bei Unwirksamk der SorgeErkl eines od beid EltT bzw bei Unwirksamk einer zu den SorgeErkl erfdl Zust (Rn 2) steht den Elt kein gemeins SorgeR zu. Es bleibt bei der bish SorgeBerecht sei es der Mu nach § 1626 a II, sei es des Va, etwa iFv § 1672 I.

1627

Ausübung der elterlichen Sorge. **Die Eltern haben die elterliche Sorge in eigener Verantwortung und in gegenseitigem Einvernehmen zum Wohle des Kindes auszuüben. Bei Meinungsverschiedenheiten müssen sie versuchen, sich zu einigen.**

1 **1) Gemeinschaftliche elterliche Sorge, S 1.** Die Vorschr betr ihrem Wortlaut nach die Fälle des gemeins SorgeR beid Elt (§ 1626 Rn 12), doch gilt die Ausübg des SorgeR in eig Verantwortg genauso auch für den alleinsorgeberecht EltT (§ 1626 Rn 13). Die Verpfl, sich zu einigen, S 2, begründet nach der EntstehgsGeschichte der Vorschr, die dch das KindRG unveränd geblieben ist, keine Pfl zur Begrdg des gemeins SorgeR. Die Elt handeln bei der Ausübg der Sorge Dr ggü in eig Verantwortg u sind untereinand gleichrang, was zur Konsequenz hat, daß sie grdsl in ggseit Einvernehmen handeln. Im allg wird aber zw den Elt eine natürl od vereinb AufgTeilg praktiziert w (vgl §§ 1356 Rn 2 ff, 1360 Rn 8 ff). Im Rahmen einer

solchen Teilg kann der jew EltT allein handeln (vgl § 1356 I 2). Bei wichtigen Angelegenh wie relig Erziehg (§ 1626 Rn 14 aE 16), Schule, Ausbildg, Unterbringg an dr Ort usw haben die Elt ihre Auffassgen aufeinand abzustimmen. Das gilt insb auch, wenn eine Entsch mit Kosten verbunden ist, wie KrankenhAufenth (LG Bln NJW **61**, 973). Haben sich die Elt geeinigt, so kann der eine EltT die Erkl auch für den and abgeben (BayObLG FamRZ **61**, 176). Einer Einigg bedarf es nicht, wenn ein EltT für sich selbst handelt (BayObLG FamRZ **61**, 178: StrafAntr wg KiEntführg).

2 **2)** Bei **Meinungsverschiedenheiten** müssen die Elt versuchen, sich zu einigen, **S 2.** Richtschnur ist das KiWohl (vgl §§ 1626 Rn 2, 1666 Rn 5, 1671 Rn 11 ff). Falls eine Einigg nicht mögl ist, ggf § 1628. Die EiniggsPfl hat Vorrang vor Maßn nach § 1666 (LG Bln FamRZ **82**, 839 Schulummeldg).

1628 *Meinungsverschiedenheiten.* **Können sich die Eltern in einer einzelnen Angelegenheit oder in einer bestimmten Art von Angelegenheiten der elterlichen Sorge, deren Regelung für das Kind von erheblicher Bedeutung ist, nicht einigen, so kann das Familiengericht auf Antrag eines Elternteils die Entscheidung einem Elternteil übertragen. Die Übertragung kann mit Beschränkungen oder mit Auflagen verbunden werden.**

1 **1) Elternkonflikt.** Nachdem der Stichentscheid des Va für verfassgswidr erkl w war (BVerfG NJW **59**, 1483), regelt die Vorschr den Konflikt zw Elt iSd FamAutonomie. Das KindRG hat dch Art 1 Nr 11 an die Stelle des VormschG das FamG gesetzt u Teile der Vorschr, insb II aF, aufgehoben, wonach das Ger auf eine dem Wohl des Ki entspr Einigg der Elt hinzuwirken hatte, weil nach § 1697 a das KiWohl GrdPrinzip aller gerichtl Entsch sein soll u FGG 52 das Ger allg dazu verpfl, in SorgeAngelegenh auf einvernehml Regelgen hinzuwirken. Die Elt können die ihnen obliegde Verantwortg für das Ki nicht auf das FamG abschieben; dieses hat keine Befugn zu einer eig SachEntsch (BT-Drucks 7/2060 S 20), sond es kann nur die EntschKompetenz einem der EltT übertr. SondRegelgen enth RKEG 2 II, § 1303 III. Zum SchwangerschAbbruch: § 1626 Rn 16. Erfüllen die Spanngen zw den Elt die Vorauss von § 1666, so hat das FamG die MeingsVerschiedenh von § 1628 zum Anlaß zu nehmen, vAw die nach § 1666 erfdl Maßn gg die Elt zu treffen (vgl § 1666 Rn 5).

2 **2) Voraussetzungen der Übertragung der Entscheidung auf einen Elternteil, I 1: a)** Nichteinigg
3 der Elt in einem ernsth Konflikt, bei dem die Möglkten zu ggseit Nachgeben zunächst erschöpft sind. **b)** Der Konflikt muß sich auf die elt Sorge (§ 1626 Rn 14 ff), u zwar auf eine **einzelne Angelegenheit** (Anmeldg in einer best Schule, Durchf einer Impfg usw) od auf eine **bestimmte Art von Angelegenheiten** (Klavierunterricht, Fernsehen usw) beziehen. Die Abgrenzg ist nicht immer eindeutig. So kann die Erzwingung des Umgangs des Ki mit den GroßElt, wenn es um einen einmaligen Besuch der Hause der Fam od des Ki bei den GrElt geht, eine einz Angelegenh sein; geht es um eine als dauerh geplante Regelg, insb auch mit weiteren BezugsPers, wird es sich regelm um eine best Art von Angelegenh handeln (zum Problem selbst vgl § 1685 Rn 2). Was im einz unter den Angelegenh zu verstehen ist, kann sich nur aus dem GesamtZushg der Vorschr (iS der systemat Auslegg) ergeben. Da das Ges für die Entziehg von Teilen der elt Sorge in § 1666 erhebl tatbestdl Hürden errichtet hat, können diese iR der Entscheidg nach § 1628 nicht ow beiseite geräumt w, so daß § 1628 restriktiv ausgelegt w muß u nur auf situative Entscheidgen bezogen w kann, zB eigtl nicht auf die dauernde AufenthBest als einem zentralen Element elt Sorge (vgl Schwab FamRZ **98**, 467; and FamRefK/Rogner 3; MüKo/Hinz 9, 11). Es würde dem WertgsSystem des gesetzl SorgeR völlig zuwiderlaufen, wenn über § 1628 ganze Teilbereiche der elt Sorge einem EltT ohne die Kautelen von § 1666 zugewiesen w könnten. Da die Übertr auf einen EltT immer einer Entziehg des SorgeR aS des and EltT bedeutet, kann bspw das AufenthBestR nicht ohne die Schutzgarantien von § 1666 a entzogen w. Nach § 1628 können nach alledem nur **Entscheidungen in konkreten Meinungsdifferenzen** übertr w, also: die Entsch über die Anmeldg in einer Schule, nicht sämtl schulische Angelegenh; die Dchführg einer best med Maßn od eines MaßnBlocks (wie die Chemotherapie), nicht aber die Entsch in sämtl das Ki betreffden med Angelegenh. Wird eine solche Maßn erfdl, etwa weil der eine Elt einer Sekte angehört, die in sämtl ärztl Maßn religiös verbotene Eingriffe in Gottes Willen sieht, bleibt nur die Entziehg dieses Teils der elt Sorge gem § 1666 (vgl dort Rn 25). Nur eine solche restriktive Auslegg vermeidet auch unentwirrbare Konkur-
4 renzen zu § 1671 (vgl Schwab FamRZ **98**, 467). In jedem Fall muß die Angelegenh **c)** für das Ki von erhebl Bedeutg sein. Diese Einschrkg soll verhind, daß die Elt auch wg Nebensächlken die Verantworg auf das FamG abzuwälzen versuchen. Bei der Beurteilg der Wichtigk ist stets die Wirkg der Uneinigk auf das Ki zu berücks. Wichtig sind: RelBekennt (RKEG 2 I); Ausbildg (§ 1631 a); Aufenth (LG Stgt NJW **61**, 278). Bes Wichtig wird die alleinige Zuteilg der AufenthBest in Fällen, in denen sich ein EltT unter Mitn der Ki vom and EltT trennen will. Eine (auch nur teilw) Zuteilg der elt Sorge gem § 1671 ist nicht mögl, weil diese bereits ein GetrLeben voraussetzt. § 1628 erlaubt auch ohne ausdrückl Hervorhebg die Übertr des AufenthBestR bei TrenngsAbsicht eines EltT (BT-Drucks 13/4899 S 95). Der Umgang ist zwar von Wichtigk; doch entsch hier das FamG in der Sache (§ 1684). Bei unerhebl Bedeutg: Rn 9. Eine unwicht Angelegenh
5 erlangt nicht mehr dadch erhebl Bedeutg, daß sich die Elt nicht einigen können. **d)** Verf- nicht SachAntr eines od beid EltT. Ist das Wohl des Ki gefährdet: Vgl § 1666 Rn 20 ff. Vgl auch unten Rn 10. Kein AntrR des Ki.

6 **3) Verfahren: a)** Das FamG soll, bevor es entsch, auf eine Einigg der Elt hinwirken (früher: II aF; jetzt: FGG 52). Dem FamFrieden ist es idR dienlicher, wenn MeingsVerschiedenh zw den Elt ohne förml Entsch geregelt w. In der Sache hat es diej Entsch zu treffen, die dem **Wohl des Kindes** am besten entspr (§ 1697 a). Den dieses Erfordern aussprechden Satzteil von I 1 aF hat das KindRG gestrichen, weil nach Einfügg der Generalklausel von § 1697 a das KiWohl zum Maßst aller gerichtl Entscheidgen in SorgeRAngelegenh erhoben w ist. Das KiWohl entscheidet desh automat auch hier über den Erlaß einer Positiv- od NegativEntscheidg: Die Vorschr gibt näml nicht nur einen Maßst dafür, welchem EltT die AlleinEntschBefugn übertr w soll; der dort festgelegte allg EntschMaßst für gerichtl Entsch auf dem Gebiet der elt Sorge gilt vielm auch für

die Frage, ob das Ger überh eine solche Übertr vorn od den Antr abweisen soll, etwa weil keine der beid von den Elt gewünschten Maßregeln mit dem KiWohl vereinb wäre u desh beid Maßregeln am besten unterbleiben (BT-Drucks 13/4899 S 95). Vgl auch Rn 9. **Verhältnis zu § 1671:** Dch die Neufassg von § 1671 I ist es mögl, nach Trenng der gemeins sorgeberecht Elt einem EltT auch nur einen Teil der elt Sorge allein zu übertragen, insb also das bes streitträchtige AufenthBestR. Für die Zeit vor der Trenng bzw der bl beabsicht Trenng bleiben die Elt, wenn sie sich nicht einigen können, daher auf den RegelgsMechanismus von § 1628 angewiesen (BT-Drucks 13/4899 S 95; vgl auch Schwab FamRZ **98**, 467). **b)** Kommt eine gütl Einigg nicht 7
zust, übertr das FamG einem der beid Elt (oRücks auf die AntrStellg; vgl Rn 5) die EntschBefugn. Dieser EltT übt insow das SorgeR u die Vertretg allein aus (§ 1629 I 3). **c)** Um sicherzustellen, daß der EltT auch 8
iSd von ihm vorgeschlagenen Lösg entsch, kann das FamG die EntschÜbertragg mit **Beschränkungen und Auflagen** verbinden, **I 2.** Diese müssen unabhäng GestaltgsMittel bleiben, die ihre Grdl in dem EltVorschlag finden (BT-Drucks 7/2060 S 20); eig Vorstellgen über eine sinnv Regelg kann das Ger nur über eine entspr RegelgsEinigg der Elt (Rn 6) bzw unter den Vorauss des § 1666 in einem gesond Verf verwirkl. Beschrkgen können in der zeitl Begrenzg der alleinigen EntschBefugn bestehen (zB bei der Zuteilg der AufenthBest), aber auch in Auflagen. Diese sind angebracht, wenn der EltVorschlag der Kontrolle bed. Sie können in der Verpfl des EltT, von best Vorgängen od der Einleitg best Maßn (Schulanmeldg, Durchf einer best med Untersuchg od Therapie usw) Anzeige zu machen uä, bestehen. **d) Negativentscheidung.** Ist keiner der beid Vorschläge 9
der Elt mit dem KiWohl vereinb (Rn 6) od die Angelegenh unwicht, lehnt das Ger eine Entsch ab (Kln FamRZ **67**, 293), auch wenn die Elt tats zu keiner Einigg gelangen (vgl zu einer solchen Situation LG Fulda FamRZ **60**, 281). **e) Gefährden** die Vorschläge od die NichtEinigg der Elt das KiWohl, ist nach den 10
§§ 1666, 1666a zu verf.

4) Verfahrensrecht: Einf 7 ff v § 1626. Es entsch der Ri (RpflG 14 Nr 5). Kosten: KostO 94 I Nr 5, III. 11
Einf Beschw (KKW 53 Rn 7; aA Ffm FamRZ **91**, 1336: entspr FGG 53, 60 I Nr 6 sof Beschw).

1629 *Gesetzliche Vertretung.* **I Die elterliche Sorge umfaßt die Vertretung des Kindes. Die Eltern vertreten das Kind gemeinschaftlich; ist eine Willenserklärung gegenüber dem Kind abzugeben, so genügt die Abgabe gegenüber einem Elternteil. Ein Elternteil vertritt das Kind allein, soweit er die elterliche Sorge allein ausübt oder ihm die Entscheidung nach § 1628 übertragen ist. Bei Gefahr im Verzug ist jeder Elternteil dazu berechtigt, alle Rechtshandlungen vorzunehmen, die zum Wohl des Kindes notwendig sind; der andere Elternteil ist unverzüglich zu unterrichten.**

II Der Vater und die Mutter können das Kind insoweit nicht vertreten, als nach § 1795 ein Vormund von der Vertretung des Kindes ausgeschlossen ist. Steht die elterliche Sorge für ein Kind den Eltern gemeinsam zu, so kann der Elternteil, in dessen Obhut sich das Kind befindet, Unterhaltsansprüche des Kindes gegen den anderen Elternteil geltend machen. Das Familiengericht kann dem Vater und der Mutter nach § 1796 die Vertretung entziehen; dies gilt nicht für die Feststellung der Vaterschaft.

III Sind die Eltern des Kindes miteinander verheiratet, so kann ein Elternteil, solange die Eltern getrennt leben oder eine Ehesache zwischen ihnen anhängig ist, Unterhaltsansprüche des Kindes gegen den anderen Elternteil nur im eigenen Namen geltend machen. Eine von einem Elternteil erwirkte gerichtliche Entscheidung und ein zwischen den Eltern geschlossener gerichtlicher Vergleich wirken auch für und gegen das Kind.

1) Gesetzliche Vertretung Minderjähriger (Lit: Sturm/Sturm StAZ **98**, 305). **a)** Zur **Geschichte** der 1
Vorschr vgl 45. Aufl. Das UÄndG erweiterte die Befugn zur Einziehg von KiUnterh dch einen EltT mit entspr ProzStandsch. Die jetzige Fassg beruht auf Art 1 Nr 12 KindRG. Das KindRG erweitert das NotVertretgsR (Rn 20) u das AlleinVertretgsR eines EltT bei grdsl gemeins Vertretg (Rn 16 ff) mit entspr Justierg auch der ProzStandsch (Rn 50). Dch das MHbeG ist schließl § 1629a eingefügt w (vgl dort Rn 1). Iü wurde die Zustdgk des FamG verallgemeinert. Art 1 Nr 2 BeistandschG hat in II 3 den 2. Halbs hinzugefügt (Rn 39). Soweit § 1629 unter den GesichtsPkt des MjSchutzes verfassgswidr ist (vgl Rn 7), trägt dem § 1629a Rechng (vgl dort Rn 1 ff). Diese Vorschr schränkt die allg Regelg ein u ist insof lex specialis ggü § 1629 (§ 1629a Rn 3).

b) Begriffliches. Die elt Sorge bezieht sich zunächst auf das InnenVerh der Elt zu ihrem Ki (§ 1626). 2
Dessen RBeziehgen zu Dr (AußenVerh) werden im rechtsgeschäftl Bereich dch Hdlgen der Elt best, wenn diese iRd §§ 164 ff „im Namen" des Ki handeln; die hierf erfdl „VertretgsMacht" erh die Elt dch § 1629 I 1. Sie ist damit ein Fall der gesetzl VertretgsMacht. In mißverständl Weise beziehen sich die §§ 107 ff sprachl auch auf den „gesetzl Vertreter", obwohl die Zust der Elt zu einem von dem mj Ki im eig Namen abgeschlossenen Vertr Zustimmg iSd §§ 182 ff u damit ein *Eigen*geschäft der Elt ist; RGrundl dafür ist somit nicht § 1629 sond § 1626. Entspr geht es iRv SchuldVerh, die zw dem Ki u Dr bestehen, gleichgült auf welche Weise das SchuldVerh zustande gekommen ist, iRd Haftg des Ki für ein Verschulden seiner Elt, trotz der entgggesetzten Formulierg in § 278 wiederum nicht um „ges Vertr", sond um die Erfüllg von LeistgsPflichten u die Beachtg weiterer Verhaltenspflichten aus dem SchuldVerhältn, bei deren Verletzg das Ki für seine Elt einstehen soll. Grdl der delikt Verantwortg der Elt für ihr Ki (§ 832) ist wieder unmittelb die elt Sorge aus § 1626 (vgl § 1631 Rn 7). Schließl erfolgt auch die Geltdmachg des KiHerausgAnspr dch die Elt in deren eig Namen u ist kein Fall der gesetzl Vertretg (§ 1632 Rn 3).

c) Systematik. Die einz Best der Vorschr sind in ihrer Anwendg wenig aufeinand abgestimmt. Statt die 3
versch RInstitute auf die einz Absätze zu verteilen, behandeln I 1 u 2, II u III die gemschaftl Vertretg, I 2 zweiter Halbs, 3 u 4 sowie II das AlleinVertretgsR eines EltT, III 1 einen dazugehörigen Fall mittelb Stellvertretg bei der Geltdmachg von UnterhAnspr, währd II 1 einen VertretgsAusschlGrd enth. Der Text ist nicht selten mißverständl. Die Feststellg, daß die Elt das Ki gemschaftl vertr, hatte einen Sinn, sol der 5. Titel

mit „elt Sorge für ehel Ki" überschrieben war. Der Bereitsch, den Satz als Prinzip zu verstehen, steht entgg, daß sich – nur dch ein Semikolon getrennt – der seltene Sonderfall der passiven AlleinVertretg anschließt. Wenig überzeugt auch, daß nicht sämtl Fälle der AlleinVertretg hintereinand stehen. I 4 enth eine SonderErmächtigg für Notfälle, die außerh des Ggs von gemschaftl u alleinigem VertretgsR steht u etwa auch für beide EltT gilt, wenn ihnen zB das SorgeR nach § 1666 entzogen ist, aber iR ihres UmgangsR (§ 1694 Rn) ein Notfall eintritt; bei alleinigem SorgeR läuft die Vorschr für denj EltT, dem die VertretgsBefugn zusteht, ohnehin leer. Schließl ist die doppelte Regelg der Geltdmachg von UnterhAnspr des einen EltT gg den and teils in Vertretg des Ki, teils in ProzStandsch (vgl II 2 u III 1) in der Plazierg dieser Vorschr eher verwirrend. II 2 gehört als Dchbrechg der GesamtVertretg entw als S 5 in I od in den der Geltdmachg von UnterhAnspr gewidmeten III. Der GesGeber hat die Plazierg als S 2 von II unter dem GesichtsPkt beibehalten, daß sich die Geltdmachg von KiUnterh zw den Elt unmittelb als Ausn von § 1795 I Nr 1 u 3 darstellt.

4 **2) Inhalt der Vertretungsmacht, I 1.** Die VertretgsBefugn der Elt richtet sich nach der elt Sorge. Innen- u AußenVerhältn sind im Prinzip deckgsgleich, was natürl nicht ausschließt, daß die elt Sorge wie bspw bei einem mj EltT, sich auf die rein tats Sorge beschrkt, wie es auch Bereiche der elt Sorge gibt, denen mangels Außenwirkg keinerlei VertretgsBefugn korrespondiert (zB rein erzieherische Maßn).

5 **a) Anwendungsbereich und Umfang.** Die VertretgsMacht bezieht sich auf RGeschäfte u geschäftsähnl Hdlgen, Einwilligg in med Maßn usw (vgl Einf 1 u 3 v § 164). Die Elt sind berecht, iR ihrer gesetzl VertretgsMacht mit Wirkg für u gg das Ki zu handeln. Sie sind berecht, im Na des Ki Erkl abzugeben u RStreitigk zu führen. Zu den Erkl nach §§ 107 ff vgl Rn 6. Der Umfang der gesetzl VertretgsMacht der Elt richtet sich nach dem jew Umfang ihrer elt Sorge; ihr VertretgsR erstreckt sich immer nur so weit, als das SorgeR reicht. Zu Ggstd u Ausdehng der elt Sorge vgl § 1626 Rn 14 ff. Soweit die Elt gesetzl Vertr des Ki sind, steht ihnen auch die passive od **Empfangsvertretung** zu (§ 131 I u II 1), die allerd auch dch einen EltT allein ausgeübt w kann (Rn 15). So kommt es für die Kenntn rechtserhebl Umstde gem § 166 I auf die Kenntn der Elt an (BAG BB **77**, 546). Die Kündigg ist vom ArbGeb des Mj an die Elt zu richten (LAG Düss DB **70**, 1135), es sei denn, es liegt eine Ermächtigg des Ki gem § 113 I 1 vor (vgl Jauernig ua8 § 113 Rn 5).

6 **b) Gebrauchmachen.** Keine Frage des Inh sond der WillensRichtg der Elt beim rechtsgeschäftl Handeln u damit ggf eine Frage der Auslegg ist es, ob die vertretgsberecht Elt im eig Na od im Na des Ki handeln. Ob sie sich also selbst od das Ki berecht u verpfl wollen, steht bei ihnen. Mögl ist auch die eig Verpfl bei gleichzeit od ausschließl Berechtigg des Ki als Dr (§ 328 Rn 3). In Betr kommt auch eine bl Einbeziehg des Ki in den Schutzbereich eines von den Elt im eig Na eingegangenen SchuldVerh (§ 328 Rn 13 ff). Bei Inanspruchn eines **Arztes bzw Krankenhauses** (vgl dazu bereits zum Verhältn unter Eheg § 1357 Rn 19/20 sowie § 1626 Rn 16). Die Verpfl spielt keine Rolle, soweit die Kosten iR des LeistgsPrinzips von der gesetzl KrankenVers übern w (Einf 23 v § 1601); der privatrechtl ArztVertr ist für das Ki ledigl für evtl HaftpflAnspr von Bedeutg (vgl Ein 18/19 v § 611, § 823 Rn 66). Iü wird man von der Eigenverpfl der Elt auszugehen haben (§ 157), die dann die eig BehdlgsAnspr des Ki allerd ebsowenig ausschließt (RG **152,** 175) wie SchadErsAnspr. RGeschäfte können die Elt als echte gesetzl Vertr im Na des Ki u dementspr auch mit Wirkg für u gg das Ki schließen (§§ 164 I 1, 1629 I 1), so daß diesem u nicht den Elt auch die Anspr darauf zustehen u die Verpflichtgen daraus treffen. Davon zu unterscheiden sind die Fälle, in denen die Elt in der mißglückten Ausdrucksw des Ges einem von dem Ki selbst im eig Na geschlossenen Vertrag ihre Zust als „gesetzl Vertreter" erteilen (§§ 107, 182 ff); hier geben die Elt keine Erkl „im Na des Ki" ab, so daß eine VertretgsSituation fehlt, sond eine eig Erkl im eig Na u aus eig Recht, wozu sie nach § 1626 I ermächtigt sind.

7 **c) Beschränkungen der Vertretungsmacht.** Die VertretgsMacht der Elt ist grdsl unbeschr. Bisweilen ist sie aber auch beschränkt, u zwar bei höchstpersönl Gesch dch entspr HdlgsBefugn des Ki selbst (Einf 4 v § 164; vgl §§ 1746 I 3, 1757 II 2, 2064, 2229, 2274, 2275 II 2, 2282 II, 2284 S 2, 2290 I, 2296 I 2, 2347 II 1, 2351). Bisweilen ist die Vertretg des Ki dch die Elt ganz ausgeschl, zB bei der Einwilligg in eine Sterilisation (§ 1631 c). Od das VertretgsR der Elt wird dch Bestellg eines Pflegers sowie iF der FamPflege (§ 1630 I u III) beschrkt bzw bei bes Risiken an die Gen des VormschG bzw FamG gebunden (§§ 112, 1411, 1484 II 2, 1491 III, 1492 III, 1517 II, 1639 II, 1643–1645, 2290 III 2, 2291 I 2, 2347 I 1 u II 2; RuStAG 19 I). Die **Bestellung eines Pflegers** hat unterschiedl Folgen: Die ErgPflegsch setzt schon begriffl voraus, daß die Elt an der Wahrnehmg der Angelegenh, für die eine Pflegsch angeordn wird, verhindert sind (§ 1909 I 1), so daß es zu einer Konkurrenz gar nicht kommen kann. Im Proz führt die Pflegsch im Umfang ihres WirkgsKreises ijF zur Verdrängg einer evtl auch fortbestehden VertetretgsMacht der Elt (ZPO 53). Entsprechd soll auch der **Verfahrenspfleger für das Kind** im gerichtl Verf an die Stelle des gesetzl Vertreters des Ki treten, so daß auch insow die gesetzl Vertretg der Elt verdrängt wird (vgl BT-Drucks 13/4899 S 130; FamRefK/Rogner 15). Ferner kann mit der Einschrkg der VermSorge die VertretgsMacht der Elt für Verm eingeschrkt w, das Dritte dem Ki zuwenden (vgl §§ 1638, 1639). Schließl kann das Ger auch unmittelb dch gerichtl AnO die VertretgsMacht der Elt einschränken (§§ 1666, 1667, 1683, 1693).

8 **d) Vollmachtserteilungen aufgrund elterlicher Vertretung** sind

9 **aa) Dritten gegenüber** zul, auch als GeneralVollm (Dresd SeuffA **66**, 306; vgl § 167 Rn 7). Doch sind gerichtl GenErfordern ebso zu beachten (Rn 7) wie die jederzeitige Widerrufbark erh bleibt (§ 168 Rn 6).

10 **bb)** Auch können sich die **Eltern** unabhäng von den Fällen der Übertr von VertretgsBefugn auf einen EltT dch das Ges **untereinander** in SorgeRAngelegenh bevollm, u zwar sowohl bei Gesamtvertretg (Rn 13) als insb auch, wenn ein EltT allein sorgeberecht ist (Gernhuber/Coester-Waltjen4 § 58 III 2 mN); Bsp: § 1673 Rn 3. Behauptet der allein auftretde EltT zu Unrecht das Einverständn des and EltT mit der abgegebenen Erkl, gelten die §§ 177 ff entweder direkt od analog. Eine Generalbevollm des and Teils ist unzul (RGRK/Wenz 15), währd Duldgs- u AnscheinsVollm (§ 173 Rn 11 u 14) denkb sind. Tats wird es darauf ankommen, ob ein EltT best Hdlgen in der Fam stets allein vornimmt u dies iR einer auch die SorgeREntsch umfassden Funktionsteilg bzw ob der and EltT die fakt Alleinwahrnehmg der elt Aufg auch nach außen kennt. Dagg will LAG Düss FamRZ **67**, 47 bl Schweigen der Mu als solches nicht gelten lassen.

e) Ein genereller **Verzicht** auf die gesetzl Vertretg ist so wenig zul wie der Verz auf die elt Sorge insges (§ 1626 Rn 7). Doch können sich die Elt im ges Rahmen ihrer VertreterEigensch begeben. Das erfolgt de iure etwa iR der §§ 112, 113 (RG **135,** 372) u de facto iR der §§ 107, 110. 11

f) Haftung. aa) Das **Kind** haftet innerh schuldrechtl SondVerbindgen (§ 278 Rn 2) nach den §§ 278, 254 für ein Verschulden seiner Elt (RG **149,** 8), nicht aber für deren unerl Hdlgen; § 831 ist nicht anwendb. **bb)** Zur **Haftung der Eltern:** § 1626 Rn 6; dem Ki ggü: § 1664. 12

3) Gesamtvertretung, I 2 Halbs. 1. Va u Mu sind im Umfang ihrer elt Sorge (Rn 4) zus gesetzl Vertr des Ki. Gemschaftl Vertretg bedeutet, daß sie nur gemeins vertretgsberecht sind (vgl § 167 Rn 13). Das schließt nicht aus, daß sie ihre Erkl getrennt abgeben. Das Erfordern gemschaftl Vertretg gilt auch für ProzHdlgen (BGH NJW **87,** 1947 Geständn). Gesamtvertretg liegt auch vor, wenn ein EltT allein handelt, aber offensichtl zugl nach außen auch für den and EltT mit auftritt. Insof handelt der das RGesch tätigde EltT in Vertretg des and EltT (Rn 10) od als Bote. 13

4) Einzelvertretung. Das Ges sieht in versch Fällen Ausn vom Grds der Gesamtvertretg (Rn 13) vor. In best Angelegenh wird dann das Ki dch einen EltT allein vertr. **Kenntnis und Kennenmüssen:** Soweit sich die Befugn zur EinzelVertretg erstreckt, reicht auch das Wissen eines EltT aus. Dem Ki ist die Kenntn dieses EltT zuzurechnen, auch wenn sie beim and EltT nicht vorh ist. Das betr bspw die §§ 122, 142, 146, 254, 439 u gilt insb auch für die Verjährg nach § 852 I (Ffm FamRZ **92,** 181). Entsch ist aber stets, daß derj EltT die maßg Kenntn hat od inf von Fahrlässigk nicht hat (§ 122 II), dem die AlleinVertretg des Ki aus einem der folgden Tatbestde zusteht. 14

a) Empfangsvertretung, I 2 Halbsatz 2. Vgl zunächst Rn 5. Bei der passiven Stellvertretg (§ 164 Rn 17) genügt es, wenn die Erkl einem EltT ggü abgegeben w. Dies entspr einem Bedürfn des RVerk u ZPO 171 III (BT-Drucks 7/2060 S 21). 15

b) Alleinvertretung eines Elternteils, I 3 Alt. 1. Übt der eine EltT die elt Sorge allein aus, so berecht ihn dies nach dem Grds der Übereinstimmg von SorgeRInh u Umfang der VertretgsMacht (Rn 4) ebenf zur alleinigen Vertretg des Ki. Zur Alleinsorge eines EltT kann es aus ganz unterschiedl Grden kommen. – 16
aa) Eingreifen des Vormundschafts- bzw. des Familiengerichts. Die wichtigsten Fälle sind die, in denen dem and EltT die elt Sorge ganz od teilw dch das FamG entzogen w ist (§§ 1666, 1666 a) bzw dch das FamG bei Übertr der elt Sorge ganz od zT auf einen EltT allein nach Trenng der Elt (§ 1671) od bei Auswechselg der bish allein sorgeberecht Mu gg den Va (§ 1672 I) bzw nach einer entsprechden Rückübertragg des SorgeR auf die Mu (§ 1672 II). – **bb) Alleinvertretung von Gesetzes wegen.** In and Fällen ordn bereits das Ges an, daß das SorgeR dem einen EltT allein zusteht. Das gilt insb für das AlleinEntscheidgsR bei gemeins elt Sorge nicht zus oder getrennt lebder Elt (§ 1687); ferner beim Ruhen der elt Sorge (§ 1675) in den Fällen rechtl wie tats Unvermögens eines EltT, die elt Sorge auszuüben (§§ 1673, 1674). Kein Fall der Alleinsorge eines EltT liegt vor, wenn der and EltT gem II 1 od III verhindert ist, das Ki zu vertreten (vgl Rn 22). Dagg steht dem EltT, in dessen Obhut sich das Ki befindet, auch bei gemeins Sorge das AlleinVertretgsR zur Geltdmachg von UnterhAnspr gg den and EltT zu, II 2 (vgl unten Rn 41 ff). – **cc) Übertragung der Entscheidungsbefugnis bei Meinungsverschiedenheit, I 3 Alt. 2.** Einen Unterfall von Rn 17 stellt die Übertr der Entsch über eine einz bzw eine best Art von Angelegenh dar (§ 1628). Auch hier entsch derj EltT, dem die Entsch übertr ist, nicht nur allein, sond ihm steht zur Ausführg dieser Entsch Dr ggü auch die entspr alleinige VertretgsMacht zu. I 3 schafft in diesem Fällen die notw Ergänzg im Außenbereich (BT-Drucks 7/2060 S 21). – **dd) Notvertretung, I 4 Halbs. 1.** Die Vorschr schafft – bei iü funktionierder GesVertretg der Elt wie iF der EinzelVertretg – ein rein situationsbdgtes AlleinVertretgsR eines EltT u macht damit die bish aus den §§ 744 II, 1454, 2038 I 2 hergeleitete RAnalogie überflüss; das bisher nur für PflegeElt iRv SGB VIII 33–35 a, 38 I Nr 5 aF vorgesehene NotVertretgsR muß auch auf das Verhältn von Elt zueinand gelten (BT-Drucks 13/4899 S 96). Die Regelg hat insb Bedeutg kindesbedingt bei Unfällen und Körperverletzgen, Krankh od umstandsbedingt auf Reisen, im Urlaub usw. Dadch, daß „jeder" EltT befugt w, gilt die NotVertretg sowohl bei GesVertretg des Ki dch seine Elt als auch zG desj EltT, dem bei AlleinVertretgsBerecht des and EltT ein eig VertretgsR gerade nicht zusteht (Rn 16). Auch spielt es keine Rolle, ob die Elt miteinand verh sind od waren. **Notwendigkeit der Vornahme von Rechtshandlungen:** Es müssen best RHandlgen unaufschiebb sein; nicht unbdgt RGeschäfte wie auf Reisen, Ersatzbeschaffg von verlorengegangenen Ggstden, sond auch Einwilliggen in med Maßn, Hinzuziehg von Ärzten u umgangsrelevanter Personen (vgl § 1626 III). Das Erfordern der Unaufschiebbark der AlleinVertretgsHdlg wird dch einen dem Polizei- u StrafprozR entnommenen Ausdr best (vgl auch SGB VIII 38 I Nr 5 aF). **Gefahr im Verzug** liegt danach vor, wenn die Mitwirkg des and EltT nicht eingeholt w kann, ohne daß der Zweck der Maßn gefährdet wird (vgl zu diesem Begriff BGH JZ **62,** 609; ferner SGB VIII 38 Nr 5; Th-P ZPO 758 Rn 6). Gefahr im Verzug besteht nicht schon bei Befürchtg einer Beeinträchtigg des KiWohls, sond nur, wenn dem Ki gesundheitl, aber auch wirtsch Nachteile von erhebl Ausmaß drohen, deren Abwendg eines sof Eingreifen erfdl macht. Es reicht nicht aus, wenn zwar erhebl NachT drohen, diese aber eine sof KontaktAufn zu dem and EltT nicht ausschl. War die Notwendigk der Vornahme einer Operation, Impfg usw schon vorher absehb, entsteht kein NotvertretgsR, wenn die rechtzeitige Einholg der Zust des and EltT dch Nachlässigk versäumt wurde u der and EltT nunmehr nicht mehr erreichb ist (FamRefK/Rogner 3). Erst recht darf der nicht alleinvertretgsberecht EltT das NotGeschFgR nicht dazu benutzen, um einer bereits geäußerten Meing od sogar Entsch des vertretgsbefugten and EltT zuwiderzuhandeln. IjF ist nach der RHdlg der vertretgsberecht EltT unverzügl (vgl § 121 Rn 3) zu **unterrichten, I 4 Halbs. 2.** Die Übern der Kosten für evtl gemachte NotAufwendgen richtet sich nach dem UnterhR, GoA bzw ungerechtf Bereicherg. In AusnFällen rechtf der Wortlt der Vorschr auch eine direkte Verpfl des Ki bzw sogar des vertretgsberecht EltT. Im Verhältn verh Elt zueinand ist § 1357 für seinen AnwendgsBereich lex specialis. – **ee) Geltendmachung von Kindesunterhalt, II 2 und III.** Vgl dazu unten Rn 41 ff. 17 18 19 20 21

5) Die Aufhebung der elterlichen Vertretungsmacht, II. Werden die Interessen des Ki dadch gefährdet, daß zw seinen Interessen u denen des vertretgsberecht EltT eine erhebl Kollision besteht, wird diesem 22

EltT insoweit seine VertretgsBefugn vGw bzw dch gerichtl AnO genommen. **Rechtsfolge dieses Ausschlusses** von der Vertretg ist bei gemeins elt Sorge nicht das AlleinvertretgsR des and EltT (vgl Rn 18); die AusschlWirkgen treffen vielm auch diesen, u zwar selbst dann, wenn für ihn der dem einen EltT die VertretgsMacht nehmde AusschlGrd nicht besteht (BGH NJW **72**, 1708); KG FamRZ **74**, 380; BayObLG FamRZ **60**, 33 u **76**, 168 L; Zweibr FamRZ **80**, 911; MüKo/Hinz 18). Das Ki erhält zum Abschl des Gesch einen ErgPfleger, worauf die Elt dch unverzügl Anzeige an das VormschG hinzuwirken haben (§§ 1609 I u II, 1693). Die Vorschr gilt unabhäng davon, ob die Elt verh sind (*arg:* „der Va u die Mu"). Für den VaterschAnfProz hat diese Regelg ihre Bedeutg verloren, nachd der Mu ein eig AnfechtgsR zusteht (vgl § 1600; zur früh Rechtslage mit RsprNachw Erman/Michalski 17).

23 **a) Ausschluß des Vertretungsrechts kraft Gesetzes, II 1. aa) Grundsätze.** Die gesetzl Vertretg mj Ki dch ihre Elt bringt Interessenkollisionen mit sich, denen das Ges in II 1 dadch vorbeugt, daß es die VertretgsMacht der Elt automat ausschließt, ohne daß es wie nach II 3 auf eine gerichtl Prüfg der konkr Interessenlage ankommt. Die Verweisg in II 1 auf die Tatbestde der §§ 1795, 181 bewirkt, daß die Verwirklichg des jew Tatbestd genügt, um die elt VertretgsMacht automat auszuschl. Grdl des Ausschl ist jeweils nur die Möglk eines Interessenwiderstreits. Darauf, ob tats die Interessen des vertretenen Ki gefährdet sind, kommt es nicht an (BGH **21**, 229; **50**, 8/11; BayObLG Rpfl **74**, 346). Bei tats Gefährdg: II 3 (Rn 33). Iü sind SonderVorschr zu beachten. So nimmt StPO 52 II 2 in einem StrafVerf gg den Va wg sex Mißbr des Ki (vgl § 1666 Rn 28) beiden Elt die gesetzl Vertretg für die Entsch über die Ausübg des dem Ki zustehden ZeugnVerweigergsR (vgl BayObLG NJW **98**, 614: ErgPfleger; vgl iü zum Opferschutz bei der Dchführg von StrafVerf wg sex Mißbr von Ki: Bekanntmachg des JustMinisterium Nds NJW **98**, 359) u hat bei ErbschAusschlagg § 1643 II Vorrang (Coing NJW **85**, 6). Zum Verhältn der gesetzl Vertretg zur **Unterhaltsbeistandschaft:** § 1716 Rn 4. –
24 **bb) Anwendungsbereich:** In sämtl Fällen von § 1795 geht es wie bei der Vertretg selbst um RGesch bzw RStreitigk daraus. Desh kommen die AusschlGrde von vornherein dort nicht in Betr, wo gar kein RGesch vorliegt, wie bei der Zust der Mu zur Einbenneng gem § 1618 aF (AG Hbg DAV **75**, 63) od bei der *Entscheidung* darüber, ob die Ki vom überlebden Eheg Auszahlg ihres Pflichtt verlangen, ob das Ki die Vatersch anf soll (Rn 38). In diesen Fällen sind aber uU vormschaftsgerichtl Maßn nach § 1666 erfdl (BayObLGZ **63**, 132), währd für die Dchführg der jew Entsch mittels RGesch od RStreits dagg § 1795 wieder ow gilt. Die Vorschr des II 1 enth **Verweisungen** auf die 4 Tatbestde des § 1795:

25 **aa) § 1795 I Nr 1:** Die Vorschr betr nur von den Elt als gesetzl Vertr vermittelte RGesch zw dem Ki u dem Eheg bzw Verwandten des vertretgsberecht EltT i gerade Linie (§ 1589), nicht den gesch Eheg des EltT (Düss NJW **65**, 400) od in nicht gerader Linie Verwandte bzw Verschwägerte des EltT iSv § 1590 (Hamm FamRZ **65**, 86: AuseinandsVergl der dch ihre Mu vertretenen Ki aus 2. Ehe mit dem Ki aus 1. Ehe). Der Ausschl gilt für RGesch jeder Art, also neben Verträgen auch für einseit Gesch u Erkl, die im Interesse des Ki ggü dem Ger od ggü einer Beh abzugeben sind,wie dem Grdbuchamt od dem NachlGer ggü (RG **143,** 352 TestAnf), sowie anderw Betätiggen des rechtsgeschäfl Willens (KG JW **35**, 1439). Zu RStreitigk darüber vgl
26 Rn 28. **Keine Anwendung des Vertretungsverbots** dagg bei RGesch, die dem Ki ledigl einen rechtl Vorteil bringen (BGH **94**, 232), also bei Schenkg unbelasteter Grdstücke (BGH NJW **75**, 1885) od (schenkgsweiser) Auflassg eines mit einem Nießbr u einem VorkaufsR belasteten u mit im Zuge der Übertragg zusätzl bestellten Rechten dieser Art belasteten MitEigtAnteils (BayObLG NJW **98**, 3574) od wenn zugl die Aufhebg der GrdstGemsch für eine best Dauer ausgeschl w (LG Münst FamRZ **99**, 739). Keine Anwendg von II 1 ferner, sond ggf Einschreiten nach § 1666, wenn der EltT die SparGuth der Ki zur Tilgg eig Schulden verwendet (RG **75**, 359). Ist ein EltT gestorben u hat der zum Alleinerben eingesetzte EltT als nunm AlleinInh der elt Sorge (§ 1680 I) darüber zu entsch, ob die PflTAnspr des Ki gg ihn selbst geltd gemacht w sollen, gilt nicht § 1795 Nr 1 sond über § 1629 II 3 der § 1796 (BayObLG FamRZ **63**, 578). Kein RGesch iSv II 1 ist auch die Erkl des gesetzl Vertr, iHinbl auf einen best KaufVertr das VorkaufsR nicht ausgeübt zu haben (BayObLG FamRZ **65**, 441 L). Keine Anwendg von II 1 ferner bei HypBewilligg auf einem Grdst des Ki mit Vorrang vor der Hyp eines EltT, weil die NachT des Rücktritts unmittelb den Vertr selbst treffen (KG JFG **12**, 289); bei ZustErkl vS des als Vorerben eingesetzten gesetzl Vertr ggü dem dch die Vfg Begünstigten, also einem Dr (Hamm NJW **65**, 1490; str). Kein Fall von II 1, sond allenf von II 3 ist die Einwilligg des Ki in die StiefVaAdopt od die Zust dazu gem § 1746 dch den gesetzl Vertr (BGH NJW **80**, 1746). Zu Schenkgen iü vgl unten Rn 31. Als Ausn von § 1795 I Nr 1 u 3 können Elt untereinand auch Anspr auf Unterh eines gemschaftl Ki geltd machen (Rn 41 ff).

27 **bb) § 1795 I Nr 2:** Zweck der Vorschr ist der Schutz von dingl od dch Bürgsch gesicherten Fdgen, die dem mj Ki gg seine Elt zustehen, vor die Fdg rechtl od wirtsch gefährdden RGesch, also Vfgen wie Verpfl des gesetzl Vertr. Hierher gehören: die Bewilligg eines RangRücktr (KG Recht **30** Nr 55); die vom gesetzl Vertr im Na des Ki ausgesprochene Gen der Übern einer hypoth gesicherten Fdg des Ki dch einen Dr (RG **68**, 37); die Vfg über GrdSchulden (zB deren Löschg), die Fdgen des Ki gg seine Elt sichern (MüKo/Hinz 24).

28 **cc) § 1795 I Nr. 3:** RStreit iS dieser Vorschr ist vor allem der ZivProz, dagg nicht das ErbSchVerf. Bei konkr Interessenkonflikten ist hier ggf nach II 3 gem § 1796 zu verf (BayObLG FamRZ **62**, 36). Automat VertretgsAusschl auch hins StrafAntr u Berufg auf ein ZeugnVerweigergsR bei Verdacht auf Straftat des EltT gg das Ki (Stgt NJW **71**, 2238). Hins des and EltT vgl Rn 22. Vgl iü Rn 26 aE.

29 **dd) §§ 181, 1795 II:** § 1795 II bestät ledigl, daß das allg Verbot des Selbstkontrahierens auch neben den bes AusschlGrden von § 1795 I Geltg behalten soll. Die Elt können als gesetzl Vertr grdsl ebsowenig wie ein and Vertr im Na des Ki mit sich selbst im eig Na ein RGesch abschließen. Der Ausschl beider Elt von der VertretgsMacht greift auch dch, wenn nur ein EltT VertrPartn des Ki w soll (BayObLG FamRZ **76**, 168 L). Ein EltT kann auch nicht als gesetzl Vertr RGesch mit dem and EltT od Verwandten tätigen (Rn 25), so daß bei einer **Familiengesellschaft** jedes Ki einen Pfl erh muß (BayObLG FamRZ **59**, 126); zur fehlerh Gesellsch: § 705 Rn 11. Auch zur Gründg einer stillen Gesellsch (BFH DB **74**, 365); Errichtg einer KG od GmbH unter Schenkg eines KG-Ant bzw voller Einzahlg des Stammkapitals; Umwandlg einer KG in GmbH (Stgt JZ **79**, 19). Zu den Grenzen des MjSchutzes im Handels- u GesellschR: K. Schmidt JuS **90**, 517. Unter
30 das Verbot des Selbstkontrahierens fallen Vertr wie auch einseit Gesch (Rn 24). **Erbauseinandersetzungen**

u ErbTÜbertr kann der gesetzl Vertr nicht allein vornehmen (BGH **21**, 229); gleichgült ist dabei, ob die AuseinandS aus mehreren RGesch besteht, die nicht alle unter II fallen, wenn nur alle zus eine Einh bilden sollen (BGH **50**, 8, 13 = FamRZ **68**, 245/502 m abl Anm Häsemeyer). Ausschl der VertretgsMacht auch, wenn gesetzl Vertr u Mj Miterben sind u der GrdstVerk die ErbAuseinandS vorbereiten soll (aA Jena NJW **95**, 3126). Wer Adressat der Erkl ist, spielt keine Rolle, so daß auch die dem NachlGer ggü vorzunehmde TestAnf im Na des Ki hierher gehört (RG **143,** 350, 352). Liegt eine Interessenkollision iSv § 181 vor, erh das Ki einen Pfl (§ 1909 I 1). Das gilt insb für die Geltdmachg von UnterhAnspr gg einen alleinvertretgsberecht EltT, wobei allerd die Wahrg der KiInteressen iHinbl auf die Erhaltg eines guten Elt-Ki-Verhältn der PflBestellg entggstehen kann (MüKo/Hinz 25). Sind mehrere mj Ki beteil, muß für jedes Ki ein Pfl bestellt w. Das gilt für den Abschl eines GesellschVertr zw den Mj u ihrem gesetzl Vertr (BayObLG FamRZ **59**, 125); ebso für die Umwandlg von GesamthandsEigt in BruchTEigt (RG **67**, 61/64 f; BGH **21**, 229/233). Dagg fallen nicht darunter die ausschl verfrechtl zu qualifizierden Hdlgen wie etwa die Anmeldg zum HandelsReg (BayObLGZ **70**, 133 f). Der gesetzl Vertr kann auch selbstd handeln, wenn es sich um bl ErfüllgsGesch handelt (§ 181 Rn 22). Das ist der Fall bei **Schenkungen** an Ki, die sich iR der Erz halten, od bei Leistgen, die noch 31
zur elt UnterhPfl gehören (§§ 1601 ff). Auch iü sind Schenkgen an das geschunfäh od in seiner GeschFgk beschr Ki, weil weder § 1795 I Nr 1 noch II eingreift (BGH FamRZ **75**, 480 mA Schmidt) nach dem SchutzZw der Norm ohne Hinzuziehg eines Pfl wirks, wenn sie für das Ki ledigl rechtl vorteilh sind (BGH **59**, 236; FamRZ **75**, 480 mA Schmidt; JZ **85**, 795). Das ist der Fall bei Schenkg eines unbelasteten Grdst an das Ki (BGH **15**, 168); ferner bei schenkw Zuwendg des RückFdgAnspr aus einem nicht gegebenen Darl (Hamm FamRZ **78**, 439 f; vgl aber BFH NJW **77**, 456). Bei der Schenkg bewegl Sachen steht der ausschl Vorteilhaftigk die Belastg mit einem Nießbr nicht entgg (RG **148**, 321/324). Bei der GrdstSchenkg ist das schuldrechtl Gesch ledigl rechtl vorteilh; insow aber die mit dem GrdEigt verbundenen ör Pflichten mit der EigtÜbertr verbunden sind, handelt der gesetzl Vertr insow nur in Erfüllg einer Verbindlk (BGH **15**, 168/170). Die Belastg des Grdst mit GrdPfandR steht der Annahme eines ledigl vorteilh Gesch nicht entgg (BayObLGZ **79**, 49/53). Doch greift der für die NormAnwendg entscheidde SchutzZw wieder ein, wenn die GrdPfandR den Wert des geschenkten Ggstd übersteigen (aA BayObLG Rpfl **79**, 197). Für die Schenkg unter einer Aufl ist ein Pfl zu bestellen (Mü JFG **23**, 234). Bei der Schenkg von WohngsEigt entsch über die Notwendigk, einen Pfl zu bestellen, die GesamtBetrachtg des schuldrechl u des dingl Vertr (BGH **78**, 28 wg WEG 10 ff u 20 ff). Vom Verbot des § 181 frei u damit wirks ist auch ein **Berufsausbildungsvertrag** zw Elt 32
u Ki (BBiG 3 III).

b) Entziehung der Vertretungsmacht durch das Familiengericht, II 3. Sind die Elt nicht nach II 1 33
iVm § 1795 allg an der Vertretg des Ki verhindert, dann kann die Gefahr eines sich aus der konkr Situation ergebden Interessenwiderstreits gem **§ 1796** dazu führen, daß das FamG ihnen die VertretgsMacht entzieht. Zur Übertragg der Zustdgk auf das FamG vgl Einf 3 v § 1626. Grdl der Entziehg ist hier, daß der betreffde EltT od beide Elt wg des Interessenwiderstreits, obj betrachtet, gehindert sind, eine auch den Belangen des Ki gerecht werdde Entsch zu treffen (vgl Mü JFG **23**, 222), also eine wirkl Interessenkollision, die sich einer abstrakten gesetzl Regelg entzieht u desh einer vormschgerichtl Würdigg bedarf (MüKo/Hinz 16). Die Vorauss für die Entziehg richten sich nach § 1796 (Rn 33). II 3 Halbs 2 der Vorschr enth eine Ausn; danach kommt die Entziehg der VertretgsMacht nicht für die Feststellg der Vatersch in Betr (Rn 38). **Zweck:** Grd für die Entziehg ist der Schutz des Ki vor den sich aus einem Interessenkonflikt der Elt bzw des allein vertretgsberecht EltT ergebden Gefahren. Im Ggsatz zum automat Ausschl der VertretgsBefugn kr Ges iFv II 1 (oben Rn 22–32) erfolgt hier die Aufhebg dch das Ger, das bei der Feststellg eines InteressenGgs einen best WertgsSpielraum hat, währd es die VertretgsBefugn entziehen muß, wenn es einen erhebl InteressenGgs festgestellt hat (wg Einzelh vgl die Anm zu §§ 1796).

aa) Voraussetzung für die Entziehung der Vertretungsbefugnis ist wie in § 1796 ein **erheblicher** 34
Interessengegensatz zw den Elt bzw einem EltT u dem Ki, **II 3 Halbs. 1.** Er liegt vor, wenn das eine Interesse nur auf Kosten des and Interesses dchgesetzt w kann (vgl BT-Drucks 13/892 S 16; Hamm NJW **86**, 389) u die Gefahr besteht, daß der sorgeberecht EltT das KiInteresse nicht genügd berücks könnte. Der InteressenGgs muß in dem Ztpkt bestehen, in dem der gesetzl Vertr die Angelegenh des Ki besorgt od zu besorgen hat (Erman/Michalski 22). So braucht der InteressenGgs nicht erhebl zu sein, wenn nach dem Tode der Mutter der PflichtAnspr des Ki gg den überlebden Vater wg der Minderjährigk des Ki gem § 204 S 2 gehemmt ist (KG JW **36**, 2749). Zur Bedeutg des FamFriedens für die Entscheidg des Ger vgl Rn 37. Die bl Möglk eines Interessenwiderstreits reicht nicht aus; der erhebl Ggs muß sich aGrd der im konkr Einzelfall festgestellten Umstde ergeben. Sind die Elt als Inh der elt Sorge in der Lage, trotz des mögl Interessenwiderstreits eine dem Wohl des Ki gerecht werdende Entscheidg zu treffen, verbietet sich ein Einschreiten gg sie (Stgt FamRZ **83**, 831). **Beispiele** für erhebl InteressenGgsätze: Sicherstellg einer gefährdeten Hyp des Ki, wenn es Gläub des vertretgsbefugten Va ist (BayObLG RJA **15**, 178, 179). Pflegerbestellg auch bei Entscheidg über das ZeugnVerweigergsR des Ki bei mangelder Reife zur eig Entscheidg dch das Ki im EhescheidgsProz der Elt (BayObLG NJW **67**, 209; Stgt FamRZ **65**, 515). **Familienrecht:** ErstattgsAnspr des Ki gg seine Elt 35
wg nicht ordngsmäß Verwendg seiner Impfschadenrente (Hamm FamRZ **74**, 31). Pflegerbestellg für die VaterschAnf dch die Mu als gesetzl Vertreterin nur bei konkr nachgewiesener Gefahr einer den KiInteressen widersprechden Entsch (vgl Stgt FamRZ **83**, 831; LG Oldbg FamRZ **89**, 539), was der Fall ist, wenn die Mu die VaterschAnf gg ihren ersten Ehem nur desh nicht betreibt, um dem Ki UnterhAnspr gg ihn zu erh (Hamm DAV **85**, 1026); BayObLG FamRZ **94**, 1196 verlangt in einem solchen Fall zur Pflegerbestellg, daß das Unterbleiben der Anfechtg zu einem unverhältnismäß NachT für das Ki führen würde. Vertretg des Ki im UnterhStreit gg den Va, wenn dem Ki auch gg die Mu ein UnterhAnspr in Geld zusteht (Kln OLGZ **66**, 580). Verfahren nach § 1666 (Ffm FamRZ **80**, 927). Betreiben der Namensangleichg in Stiefkindfällen nach früh Recht (Einf 6 vor § 1616) dch die Mu (aA OVG Bln FamRZ **81**, 87). Im SorgeREntziehgsVerf wg geschlechtl Mißbr der Tochter kann beid Elt das VertretgsR entzogen w (Ffm FamRZ **80**, 927). **Erbrecht:** 36
Ausschlagg einer dem Ki angefallenen Erbsch, wenn dadch ein EltT Erbe wird (BayObLG FamRZ **84**, 200 L). Beim Tod eines EltT ist der zum Alleinerben eingesetzte and EltT, dem auch die Vertretg der Ki allein zusteht (§ 1680 I), grdsl nicht gehindert zu entsch, ob die gg ihn selbst gerichteten PflichtAnspr der Ki geltd

gemach w sollen. Für die Ki ist aber ein Pfleger zu bestellen, wenn das Ger dem überlebden EltT die VermSorge entzogen hat. Selbst wenn der überlebde EltT die PflichttAnspr der Ki weder erfüllt noch sicherstellt, entzieht ihm das FamG nicht ow die VermSorge, sond berücks mit dem Interesse des Ki auch dessen Interesse an der Wahrg des FamFriedens (BayObLG FamRZ **63**, 578; **89**, 540f; unten Rn 37). Letzteres gilt auch, wenn Mu u Ki Vor- u Nacherbe sind u die Entsch getroffen w muß, ob das Ki die NachErbsch ausschlägt (Ffm FamRZ **64**, 154) Pflegerbestellg auch bei Nichterfüllg der Verpfl zur Einreichg eines VermVerzeichn, wenn der überlebde EltT Vorerbe u die Ki Nacherben sind (Hamm FamRZ **69**, 660).

37 **Dagegen keine Entziehung der Vertretungsmacht** allein dann, wenn Elt u Ki sich als Gläub u Schuldn ggüberstehen; wenn der Va der zum Erben eingesetzten Ki seiners TestVollstr u VermächtnNehmer ist (LG Mannh MDR **77**, 579); weil die Elt als gesetzl Vertr nicht Zeugen in einem für das Ki geführten Proz sein können (Hamm Rpfleger **84**, 270) od wenn die Mu von einer Anf der Vatersch namens des Ki absieht (BayObLG FamRZ **99**, 737; vgl § 1600 a Rn 5).

38 **bb) Entscheidung des Gerichts:** Der RPfleger (vgl RPflG 3 Nr 2a, 14) muß das Bestehen des ggf auch noch nicht zutage getretenen InteressenGgs gem FGG 12 feststellen (BayObLG FamRZ **63**, 578; Ffm FamRZ **64**, 154; Hamm DAV **85**, 1026). Zum Umfang der tats Feststellg zur Ann eines erhebl InteressenGgs vgl Hamm FamRZ **69**, 660 (Erfüllg von VermächtnAnspr bei Entfremdg zw der Vorerbin u ihrer Tochter). Bei der Abwägg hat das Ger auch die Auswirkgen der Pflegerbestellg u der Geltdmachg der Anspr auf den **Familienfrieden** zu berücks, dh bei der Frage, ob ein erhebl InteressenGgs vorliegt, hat FamG zu prüfen, ob es im Interesse der Ki liegt, daß sie Anspr gg den EltT erheben (BayObLG FamRZ **63**, 578 PflichttAnspr). Das FamG hat ggü den Elt kein WeisgsR, kann sie aber belehren u auf einen gütl Ausgl hinwirken (Erman/ Michalski 22); ggf Einsetzg eines **Überlegungspflegers** (Gernhuber/Coester-Waltjen4 § 61 IV 5 mwN). Das Ger entscheidet nach pflichtmäß Ermessen (BGH NJW **75**, 345/47; Hamm FamRZ **63**, 580). Die VertretgsBefugn ist in einz Angelegenh od für einen best GeschKreis, dagg nicht im ganzen zu entziehen, weil dies nur nach § 1666 mögl ist (Ffm FamRZ **80**, 927). Trotz der Gesetzesfassg braucht das FamG nicht stets beid EltT das VertretgsR zu entziehen. Vielm sind für jeden von ihnen die Vorauss von II 3 gesondert zu prüfen. Wird bei GesamtVertretg nur einem EltT die Vertretg entzogen, ist der and EltT Alleinvertreter (§ 1680 I u III). Eine abweichde Regelg iS eines Ausschl der AlleinVertretg auch des nicht nach § 1796 ausgeschl EltT dch Bestellg eines Pfl für den ausgeschl EltT (so noch KG FamRZ **66**, 239) ist nach dem KindRG nicht mehr zul. Die Ausschließg des and, dann allein vertretgsberecht EltT soll vielm nur unter den Vorauss von § 1666 zul sein (vgl § 1680; BT-Drucks 13/4899 S 100). Zustdgk: FGG 36, 43, 64. Funktionell ist der Rpfleger zust (RPflG 14, 3 Nr 2a). Das FamG erh Kenntn dch Anzeige der Elt (§ 1909 II). Das ProzGer kann den nicht dch ein gesetzl VertretgsVerbot ausgeschl Vertreter nicht von sich aus wg eines Interessenkonflikts von der Vertretg ausschl u muß das Ki bis zur Bestellg eines Pfl dch das FamG als ordnungsgem vertreten ansehen (Celle FamRZ **76**, 97 VaterschAnf). Die Entziehg wird mit Bekanntmachg an den betroff EltT wirks (FGG 15). Beschwerde der Elt FGG 19ff; des Ki FGG 59. Gg Ablehng des Antr auf Entlassg des Pfl Beschw dch den betroff EltT. Keine Beschw gg die Aufhebg der Pflegsch dch den Pfl selbst (Zweibr FamRZ **89**, 772).

39 **cc) Keine Entziehung der Vertretungsbefugnis für Vaterschaftsfeststellungen, II 3 Halbs. 2.** Die Vorschr beruht auf Art 1 Nr 2 BeistandschG, nicht auf dem KindRG. Sie wurde bei der gesetzl Vertretg der Elt eingestellt, weil in bes AusnFällen eine VaterschFeststellg auch für ehel Ki in Betr kommt, näml bei Identitätszweifeln; ferner, wenn ein nehel Ki adoptiert w, ohne daß vorher die Vatersch festgestellt wurde (BT-Drucks 13/892 S 29 u 34 f). Ihre eigentl Bedeutg erh die Vorschr jedoch im Verhältn zw dem nehel Ki u seiner Mu. **Zweck:** Die Vorschr soll eine unerwünschte Konsequenz der Aufhebg der gesetzl AmtsPflegsch für Ki, deren Elt nicht miteinand verh sind, vermeiden, die darin läge, daß bei der VaterschFeststellg der nicht zu leugnende InteressenGgs zw Mu u Ki ohne die AusnBestimmg prakt ijF zum SorgeREntzug führen würde, wenn die Mu weder eine Beistandsch beantr noch die VaterschFeststellg selbst betreibt. Die mit der Aufhebg der gesetzl Pflegsch dch das BeistandschG verbundenen Vorteile (vgl Einf 1 ff v § 1712) wären dadch weitgehd wieder aufgehoben. Desh soll § 1796 nicht für die Feststellg der Vatersch gelten. Zum Schutz des Ki reicht es nach Auffassg des GesGebers aus, wenn der Mu im Einzelfall nach § 1666 BGB das SorgeR entzogen u ein Pfleger zur Dchführg der VaterschFeststellg bestellt wird (vgl BT-Drucks 13/892 S 16 f, 30 u 34; § 1666

40 Rn 24). Der Ausschl von § 1796 für die Frage der VaterschFeststellg hat ledigl die Bedeutg, daß der InteressenGgs zw Mu u Ki (bzw dem sonst sorgeberecht EltT) nicht bereits abstrakt desh erhebl ist, weil die AbstammgsKlärg normalerw od vorrangig im Interesse des KiWohls geboten ist. Vielm bedarf es iRv § 1666 einer konkr Abwägg aller Umstde, welches Interesse des Ki in der jew Situation gewichtiger u ausschlaggebd erscheint: die Beibehaltg des bestehden Status od dessen Änderg iW der Dchführg einer entspr gerichtl VaterschFeststellg. Dabei ist allerd auch im Verf nach § 1666 wie bish davon auszugehen, daß im Normalfall das Ki ein natürl Interesse an der Feststellg seiner wirkl Abstammg hat (vgl BGH NJW **72**, 1708; Stgt FamRZ **83**, 831). Doch kann es auch dchaus beachtenswerte Grde für das Absehen von einer VaterschFeststellg geben (FamRefK/Rogner 5). BT-Drucks 13/892 S 34 f verweist auf Zeuggen im Inzest od dch Vergewaltigg. In Betr mögen auch für das Ki überaus vorteilh UnterhRegelgen kommen usw. Das Verf nach § 1666 gibt der Mu od dem sonst sorgeberecht EltT die Möglk, konkr Grde dafür ins Spiel zu bringen, warum vS des VertretgsBerecht die Feststellg der Vatersch nicht betrieben wird. Abgesehen davon wird ein Verf nach § 1666 auch kaum routinemäß angestrengt, so daß die RLage auch eine andere geworden ist, als wenn das Ges ledigl in § 1796 (wie dies schon Karlsr FamRZ **91**, 1337 für das bish Recht getan hatte) für den Bereich der VaterschFeststellg an die Stelle des abstrakten „erhebl InteressenGgs" die konkr Abwägg wie in § 1666 gesetzt hätte.

41 **6) Geltendmachung von Unterhaltsansprüchen des Kindes bei gemeinsamer elterlicher Sorge durch einen Elternteil gegen den anderen Elternteil, II 2, III.** Dem Ki, zu dessen Gunsten der EltT den Unterh geltd machen will, kann, solange die gemeins elt Sorge besteht, **nicht das Jugendamt als Beistand** bestellt w (§ 1713 Rn 4). Vgl iü zur UnterhBeistandsch: § 1716 Rn 4.

42 **a) Ehe.** Jeder Eheg kann iR des FamUnterh, auf den er gg den and Anspr hat (§§ 1360, 1360 a), auch den Unterh für die Ki mit geltd machen. Außerd stehen dem Ki eigenständ unmittelb UnterhAnspr nach Maßg

der §§ 1601 ff gg jeden EltT zu. Das Ki macht sie, wenn es vollj ist, eigenständ geltd. Für mj Ki hat keiner der EltT gg den and ein AlleinVertretgsR, weil das VertretgsVerbot von II 1 eingreift (vgl Rn 25 u 28). Abgesehen von der Ausn der Alleinobhut eines EltT (Rn 43 ff) können auch Dritte, wie eine PflegePers, zur Geltdmachg des KiUnterh berecht sein (§ 1688 I 2).

b) Alleinobhut, II 2. Hat jedoch ein EltT bei Fortdauer der gemeins elt Sorge das Ki in seiner alleinigen Obhut, so kann er die dem Ki gg den and EltT zustehden UnterhAnspr geltd machen (Hamm FamRZ **98**, 313). Er erhebt Klage im Namen des Ki, so daß es der Bestellg eines ErgPflegers nicht bedarf (LG Mü I FamRZ **99**, 875; so schon zum früh Recht die hM; vgl Karlsr FamRZ **98**, 563 mN; aA Ffm FamRZ **93**, 228). II 2 ermächtigt auch zum Antr auf Bestellg einer UnterhBeistandsch (§ 1713 Rn 4). Im Falle von III 1, also unter getrennt lebden Eheg od bei Anhängigk einer Ehesache, Klage des EltT allerd nur im eig Na (vgl Rn 49 ff). Die AlleinVertretgsBefugn beschr sich auf die Geltdmachg von Unterh. Für and Rechtsakte bleibt es bei der gemeins Vertretg dch beide Elt. Zur Bestellg eines Beistands vgl Rn 41; vgl auch schon LG Bln FamRZ **91**, 103. 43

aa) Gemeinsame Sorge. Nach der auf das KindRG zurückgehden Neufassg von II 2 kommt es nicht mehr darauf an, worauf die alleinige Obhut beruht. Die Befugn zur AlleinVertretg besteht auch unabhäng davon, worauf die gemeins Sorge gestützt ist, ob es sich also um die gemeins Sorge währd bestehder Ehe, nach Auflösg der Ehe od bei nicht miteinand verh Elt handelt (vgl § 1626 Rn 12, 1626 a Rn 2 ff). Die alleinige VertretgsMacht zG des EltT, der UnterhAnspr des in seiner Obhut befindl gemschaftl Ki geltd machen will, gilt somit auch dann, wenn die gemeins Sorge den beid Elt anläßl der Scheidg belassen wurde; der betr EltT braucht in diesem Fall nicht erst dafür zu sorgen, daß dem and EltT das SorgeR entzogen u ihm insow die alleinige Sorge zugeteilt wird (BT-Drucks 13/4899 S 96; zur früh ggteiligen RsprNachw 57. Aufl Rn 19 u 29 sowie zuletzt die widersprechden Entsch Hamm u AG Landstuhl FamRZ **98**, 313). Mit der Neuregelg von II 2 sollte gerade die Streitfrage, ob das AlleinvertretgsR des EltT, in dessen Obhut sich das Ki befindet, bei Fortführg der gemeins Sorge über die Scheidg hinaus fortbesteht, in bejahdem Sinne entschieden w (vgl FamRefK/Rogner 4). Es bedarf somit in Fällen, in denen sich die Elt scheiden lassen, wenn das fortgeführte gemeins SorgeR nicht funktioniert, nicht der SorgeREntziehg nach § 1671 od der Bestellg eines ErgPflegers, sond der EltT, bei dem sich das Ki befindet, kann dessen UnterhAnspr in seinem Namen unmittelb nach II 2 gg den and EltT dchsetzen. Dasselbe gilt, wenn die Elt, ohne miteinand verh zu sein, aGrd von SorgeErkl das gemeins SorgeR für das Ki hatten. Modifiziert wird die Regelg nur, wenn die Elt miteinand verh waren u sich trennen. Auch hier kann der die Obhut innehabde EltT nach II 2 gg den and EltT die UnterhAnspr des Ki geltd machen, aber gem III 1 nur im eig Na (vgl unten Rn 22 ff). 44

bb) Obhut. Klagebefugt ist nur derj EltT, in dessen Obhut sich das Ki befindet. Zu diesem Begriff JWG 51 II aF. Es kommt auf die tats Verhältn, nicht auf den Grd der Alleinobhut an. Nach bish Recht galt die Vorschr nur, wenn die Elt getrennt lebten od eine Ehesache zw ihnen anhäng war. Das spielt nach dem KindRG keine Rolle mehr (vgl Rn 44). Das Ki kann sich in der Obhut eines EltT auch dann befinden, wenn beide EltT noch in einer Wohng leben od ihnen nach der Scheidg od Trenng das SorgeR gemeins zusteht (vgl Stgt NJW-RR **96**, 67). Es kommt dann darauf an, wer von beiden sich vor dem and des Wohls der Ki annimmt, zB in der Weise, daß er sich tats um den Unterh kümmert (Düss FamRZ **88**, 1092; BT-Drucks 7/650 S 175). Es reicht aus, wenn ein EltT das Ki auf eig Kosten woanders, insb bei Verwandten, untergebracht hat. Das Schließen von Bt- u VersorggsLücken dch den and EltT (Ffm FamRZ **92**, 575) od die Inanspruchn öff Hilfe, also der SozHilfe, FamPflege, Heimunterbringg (vgl Einf 32 vor § 1626) od auch der freiw Beistandsch (§§ 1712 ff), schließt die Obhut nicht aus (vgl Bambg FamRZ **85**, 632). Bemühen sich beide Elt iFv § 1567 I 2 um die Obhut, findet II 2 keine Anwendg (AG Gr-Gerau FamRZ **91**, 1426), sond muß der EltT eine SorgeRRegelg zu seinen Gunsten erwirken od die Bestellg eines Pflegers herbeiführen (§ 1909). 45

cc) Höhe: § 1610; RegBetrUnterh: § 1612 a; VereinfVerf: § 1612 a Rn 34 ff. 46

dd) Konkurrenzen. – a) Subsidiarität. Soweit eine Regelg über die PersSorge in dem Sinn getroffen w ist, daß die gemeins Sorge zG der Einzelsorge eines EltT od der Bestellg eines Vormds für das Ki aufgelöst ist (§§ 1671, 1672, 1666), so geht diese Regelg dem II 2 vor. Die trotzd ausgeübte Obhut ist idR rechtswidr. Auch anderweit über den KiUnterh einvernehml dch die Elt od von einem Pfleger getroff Regelgen schließen die Anwendg von II 2 aus. Doch gilt die Vorschr uU wieder für bl UnterhAbändergen. 47

c) Umgek ist zu beachten, daß für den Fall, daß der den KiUnterh geltd machde EltT mit dem and EltT noch verh ist, **III 1 lex specialis** ist mit der Wirkg, daß der EltT den KiUnterh nur im eig Namen geltd machen kann. Vgl dazu Rn 49. Wird dagg der KiUnterh nach Beendigg einer nehel LebensGemsch mit aGrd von SorgeErkl gemeins SorgeR der Elt (§ 1626 a Rn 2) od außerh des Verbundes nach Abschl des Scheidgs-Verf, das mit dem Fortbestand der gemeins Sorge der Elt beendet w ist (vgl Einf 3 v § 1564), geltd gemacht, so bleibt es bei der Vertretg des Ki dch den EltT, in dessen Obhut es sich befindet. Der EltT klagt in diesen Fällen im Namen des Ki, weil die Konfliktsituation von Rn 50 nicht besteht. 48

d) Prozeßstandschaft bei Geltendmachung von Kindesunterhalt während des Getrenntlebens der miteinander verheirateten Eltern oder der Anhängigkeit einer Ehesache, III 1. 49

aa) Zweck: Die Vorschr modifiziert das AlleinvertretgsR von II 2 von der dortigen Geltdmachg der UnterhAnspr des Ki in fremdem Namen zu einer ProzStandsch, dh der Geltdmachg des KiUnterh in eig Na u bezieht sich auf denj EltT, der KiUnterh zu einem Ztpkt geltd macht, in welchem er mit dem and EltT noch verh ist, die Ehel aber getrennt leben od eine Ehesache, insb das ScheidgsVerf, zw ihnen anhäng ist. Hier soll der EltT nur in ProzStandsch, also im eig Na, klagen können, einers um ihn nicht zu einer SorgeRegelg nach den §§ 1671, 1672 zu zwingen (Jo/Henr/Jaeger § 1672 Rn 4), ands um dem Ki wg seiner Einbeziehg in das VerbundVerf seiner Elt (vgl Einf 4 v § 1564) mögl Konflikte zu ersparen (BT-Drucks 7/650 S 176; 10/4514 S 23). Da die *ratio legis,* dem Ki Konflikte aus der Einbeziehg in das VerbundVerf seiner Elt zu ersparen, nur bei Ehel eintreten kann, mußte die früh Fassg der Vorschr auf Ehel beschrkt w; bei Beibehaltg der alten Fassg hätten auch nicht miteinand verh Elt um den KiUnterh in ProzStandsch prozessieren müssen, obw die *ratio legis* auf sie nicht zutrifft (vgl FamRefK/Rogner 6). Die ProzStandsch ist **zwingend;** dem EltT, der das Ki in seiner Obhut hat, steht kein WahlR zu, statt im eig im Na des Ki zu klagen (*arg:* „nur"). WiderKl auf 50

TrenngsUnterh zul (Kln FamRZ **95**, 1497). Zu den Divergenzen bei der Geltdmachg bzw Regelg von UnterhAnspr mj Ki dch deren gesetzl Vertr iW der Kl, gerichtl protokollierter Vergl u außergerichtl bzw not beurk Vereinbgen vgl Riemann DNotZ **98**, 462.

51 **bb) Voraussetzungen:**

52 **aaa) Kindesobhut** gem II 2 (oben Rn 43) bzw eine außerh von II gem ZPO 620 Nr 1 bzw gem § 1671 vorl od endgült **Sorgerechtsregelung zugunsten des klagenden Elternteils.** Geht das Obhutsverhältn auf den and EltT über, endet die ProzStdsch, auch für aufgelaufene UnterhRückstde (Hamm FamRZ **90**, 890).

53 **bbb) Getrenntleben der Eltern** (§ 1567) **oder Anhängigkeit einer Ehesache** (ZPO 606, 622 I). III 1 gilt auch, soweit der UnterhAnspr des Ki währd des ScheidgsVerf, aber außerh des EntschVerbundes geltd gemacht wird (BGH NJW83, 2084). Wird der Unterh von dem betreuenden EltT gem III geltd gemacht, so bleibt dieser nach Eintr der Rechtskr der Scheidg u nach Fortsetzg des gemeins SorgeR (vgl § 1671 Rn 3) befugt, den Proz in ProzStandsch weiterzuführen (vgl Hamm FamRZ **98**, 379). Die ProzStandsch dauert über
54 den Eintr der **Rechtskraft der Ehescheidung** hinaus bis zum Abschl des UnterhProz fort, wenn dem klagden EltT die elterl Sorge übertr ist (BGH FamRZ **90**, 283), insb also nach Abtrenng des UnterhVerf aus dem EntschVerbund (Düss FamRZ **87**, 1183) od bei Berufg nur gg die UnterhEntsch (Hbg FamRZ **84**, 706; Bergerfurth FamRZ **82**, 563 f), so daß insow ein PartWechsel mit ges Vertretg des Ki dch den bish im eig Namen klagden EltT nicht notw w. Zul also nicht nur die Fortführg des in ProzStandsch begonnenen UnterhVerf, sond auch die Einlegg von RMitteln u AnschlRMitteln (Hamm FamRZ **88**, 187; Philippi FamRZ **87**, 607; aA Mü FamRZ **87**, 169). Für die sonst GeltdMachg von KiUnterh nach rechtskr Abschl des ScheidgsVerf gilt dagg die ges Vertretg (§§ 1629 I 1, 1671); eine gleichwohl im eig Namen angestrengte Kl des EltT ist unzul (Düss FamRZ **81**, 697). Fehlt ausnahmsw eine SorgeRRegelg, dann III 1 analog (and Hbg DAV **89**, 95: ZPO 265 II entspr).

55 **ccc) Unterhaltsansprüche** des Ki: §§ 1601 ff. Bei Leistgen nach dem UVG (Einf 28 v § 1601) erlischt die ProzStdsch (Hamm NJW-RR **91**, 776).

56 **ddd)** III 1 gilt nur für **gemeinschaftliche Kinder** (aA AG Gr-Gerau FamRZ **88**, 1070). Die ProzStandsch entfällt, wenn rechtskr festgestellt ist, daß das Ki nicht von dem „andern EltT" abstammt (Düss FamRZ **87**, 1162).

57 **eee)** Das Ki muß **minderjährig** sein. Mit Eintr der **Volljährigkeit** fallen Akt- u PassLegitimation zur Regelg seines Unterh automat an das Ki (Ffm FamRZ **91**, 1210). Das gilt auch für UnterhRückstde (Mü FamRZ **96**, 422). Tritt die Volljk währd des UnterhProz ein, findet automat ein gesetzl Parteiwechsel statt (BGH FamRZ **83**, 474; Gießler FamRZ **94**, 800). Konsequenz: ErledigtErkl dch den EltT (Mü FamRZ **83**, 925); Eintr des Ki in das aus dem Verbund zu lösde UnterhVerf (BGH FamRZ **85**, 471/73) mit der Möglk auch eig RMittel gg die vom EltT erstrittene Entsch (BGH FamRZ **90**, 283). Vgl iü Rn 60 u zum Übergang in den famrechtl AusglAnspr: § 1606 Rn 17.

58 **fff) Geltendmachung.** III 1 gilt seinem Wortlaut nach nur für den AktivProz, muß sinngem aber auch für eine gg das Ki gerichtete negat FeststellgsKl gelten (Zweibr FamRZ **86**, 1237; KG FamRZ **88**, 313). Die ProzStandsch gilt auch für das VereinfVerf (§ 1612 a Rn 34). Für die **Prozeßkostenhilfe** kommt es nur auf die Bedürftigk des Ki an (Bambg u Ffm FamRZ **94**, 635 u 1041; Stgt MDR **99**, 41; aA Kln FamRZ **93**, 1472). Auch die Geltdmachg des Unterh dch **einstweilige Anordnung** erfolgt iW der ProzStandsch. Sie setzt jedoch zusätzl die Anhängigk einer EheS od einen diesbezügl PKH-Antr voraus (ZPO 620 a II 1). Auch Vollstr daraus nur in VerfStandsch (AG Maulbr FamRZ **91**, 355 mA Brehm).

59 **e) Wirkung gegenüber dem Kind.** Treuhandartige Zweckbindg des Titels (BGH **113**, 90). **aa)** Die in ProzStandsch erwirkten einstw AnOen u UnterhUrt wirken für u gg das Ki. Dasselbe gilt für einen zw den Elt geschl **Prozeßvergleich, III 2.** Im Ggs zur fr Regelg (vgl KG NJW **73**, 2032; Gerhardt JZ **69**, 691) braucht das Ki dem RStreit seiner Elt nicht mehr beizutreten, um aus dem zugl für das Ki geschl Vergl vollstr
60 zu können. III 2 gilt nur für Scheidgs- u EheSVerf neuen Rechts (Hbg FamRZ **82**, 524). – **bb) Vollstreckung** (Hochgräber FamRZ **96**, 272): Urt gem III 1 können entspr ZPO 727 zZw der ZwVollstr auf das Ki umgeschrieben w; doch ist die ZwVollstr dch den EltT auch im eig Namen zul (Hbg FamRZ **84**, 927; Nürnb DAV **87**, 803 u FamRZ **87**, 1172; aA Ffm FamRZ **83**, 1268: Erinnerg gem ZPO 766). Dagg dann aber ZPO 767 (Brdbg FamRZ **97**, 509 mN); ebso bei Wegfall der Vorauss der gesetzl ProzStandsch (Mü FamRZ **97**, 1493). Eine automat Prüfg der Fortdauer der VertrBefugn findet nicht statt (Ffm FamRZ **94**, 453). Auch von einem ScheidsFolgenVgl über den Unterh des Ki ist ggf nur diesem eine vollstreckb Ausfertigg zu erteilen (Hbg FamRZ **81**, 490; **85**, 624; aA LG Düss Rpfleger **85**, 497). Aufrechng dch RA nur mit GgFdgen, die
61 iZshg mit der Dchsetzg des KiUnterh stehen (BGH **113**, 90). – **cc) Abänderungsklagen** u ZwVollstrGgKl etwa nach Änderg der SorgeRRegelg (Kln FamRZ **85**, 626), aber auch nach rein fakt **Wechsel des Kindes** vom sorgeberecht zum and EltT (Strohal DAV **97**, 251) sind unabhäng von der Umschreibg des Titels ijF im Namen des Ki zu erheben (Karlsr FamRZ **80**, 1059 u 1149) bzw gg das Ki zu richten (Ffm FamRZ **80**, 1059; Hamm FamRZ **90**, 1375), es sei denn, die Abänderg des Titels wird bereits vor Rkraft der Scheidg erfdl. Der Eintritt der Volljährigk ist nicht mit der Klausel- od VollstrErinnerg, sond nur mit der VollstrAbwehrKl geltd zu machen (Mü FamRZ **90**, 653).

1629 a ***Minderjährigenhaftungsbeschränkung.*** **I Die Haftung für Verbindlichkeiten, die die Eltern im Rahmen ihrer gesetzlichen Vertretungsmacht oder sonstige vertretungsberechtigte Personen im Rahmen ihrer Vertretungsmacht durch Rechtsgeschäft oder eine sonstige Handlung mit Wirkung für das Kind begründet haben, oder die auf Grund eines während der Minderjährigkeit erfolgten Erwerbs von Todes wegen entstanden sind, beschränkt sich auf den Bestand des bei Eintritt der Volljährigkeit vorhandenen Vermögens des Kindes; dasselbe gilt für Verbindlichkeiten aus Rechtsgeschäften, die der Minderjährige gemäß §§ 107, 108 oder § 111 mit Zustimmung seiner Eltern vorgenommen hat oder für Verbindlichkeiten aus Rechtsgeschäften, zu denen die Eltern die Genehmigung des Vormundschaftsgerichts erhalten haben. Beruft sich der**

volljährig Gewordene auf die Beschränkung der Haftung, so finden die für die Haftung des Erben geltenden Vorschriften der §§ 1990, 1991 entsprechende Anwendung.

II **Absatz 1 gilt nicht für Verbindlichkeiten aus dem selbständigen Betrieb eines Erwerbsgeschäfts, soweit der Minderjährige hierzu nach § 112 ermächtigt war, und für Verbindlichkeiten aus Rechtsgeschäften, die allein der Befriedigung seiner persönlichen Bedürfnisse dienten.**

III **Die Rechte der Gläubiger gegen Mitschuldner und Mithaftende, sowie deren Rechte aus einer für die Forderung bestellten Sicherheit oder aus einer deren Bestellung sichernden Vormerkung werden von Absatz 1 nicht berührt.**

IV **Hat das volljährig gewordene Mitglied einer Erbengemeinschaft oder Gesellschaft nicht binnen drei Monaten nach Eintritt der Volljährigkeit die Auseinandersetzung des Nachlasses verlangt oder die Kündigung der Gesellschaft erklärt, ist im Zweifel anzunehmen, daß die aus einem solchen Verhältnis herrührende Verbindlichkeit nach dem Eintritt der Volljährigkeit entstanden ist; entsprechendes gilt für den volljährig gewordenen Inhaber eines Handelsgeschäfts, der dieses nicht binnen drei Monaten nach Eintritt der Volljährigkeit einstellt. Unter den in Satz 1 bezeichneten Voraussetzungen wird ferner vermutet, daß das gegenwärtige Vermögen des volljährig Gewordenen bereits bei Eintritt der Volljährigkeit vorhanden war.**

1) Lit: Behnke NJW **98**, 3078; Muscheler WM **98**, 2261; Habersack FamRZ **99**, 1. Vgl zunächst § 1629 Rn 7. Nachd BVerfG NJW **86**, 1859 es als mit dem allg PersönlkR Mj für unvereinb erkl hatte, daß Elt ihr Ki kraft ihrer gesetzl Vertretg bei Fortführg eines ererbten HandelsGesch in ungeteilter ErbGemsch finanziell unbegrenzt verpfl konnten, hat das MHbeG v 25. 8. 98 (BGBl I 2887) § 1629 a eingef. Dabei wurde das Modell der Fortschreibg des Katalogs vormschger genehmiggsbed RGesch (§§ 1821, 1822, 1643) v GesGeb zG der Einf einer HaftgsBeschr zurückgest u den Gläub u Verkehrsinteressen dch Einf zweier VermutgsTatbest in IV Rechng getragen (vgl BT-Drucks 13/5624 S 2 u 6 ff). Soweit es um die Auswirkg der Haftg des Mj aus Hdlg seiner gesetzl Vertr nach Erreichg der Vollj geht, ist § 1629 a lex specialis ggü § 1629. Soweit die Möglk der HaftgsBeschrkg rechtsmißbr ausgenutzt w (vgl 58. Aufl Rn 3), kann sich der Gläub ggf auf § 242 berufen (vgl dort Rn 38 ff). **Lücken im Überschuldungsschutz.** Das MHbeG berücks nur die Überschuldg des vollj Gewordenen als Folge der gesetzl Vertretg u schöpft damit das Maß an verfrechtl gebotener HaftgsBeschr nicht aus (vgl M Wolf AcP **187**, 319; Goecke NJW **99**, 2305). Das Probl der Existenzvernichtg stellt sich etwa genauso bei der DeliktsHaftg Jugendl (vgl Ahrens VersR **97**, 1064; § 828 Rn 5). Desh hat ein SozVersTr bei der Entsch nach SGB IV 76 II Nr 3, ob er eine auf ihn übergegangene deliktsrechtl Forderg gg den Mj zur Vermeidg unbill Härten erlassen kann, die GrundR des Betroff zu berücks (BVerfG-Ka NJW **98**, 3557). 1 2 3

2) **Beschränkung der Haftung auf das bei Volljährigkeit vorhandene Vermögen, I 1.** 4

a) Es spielt keine Rolle, ob die Verbindlk des Mj **durch Rechtsgeschäft oder eine sonstige Handlung** begründet w ist. Im VorderGrd wird natürl die Haftg aus Verträgen bestehen, sowohl der PrimärHaftg auf Erfüllg wie der SekundärHaftg auf SchadErs, wie ferner der versch FolgeAnspr (vgl Einl 6 ff v § 241, Vorbem v § 275). Zur Bedeutg der HaftgsBeschrkg auf ggseit Vertr Löwisch NJW **99**, 1002. – **aa)** Dch die Einbeziehg der aGrd sonstiger Hdlgen begründeten Verbindlkten sollen aber auch Verpflichtgen aGrd von **Realakten** der Elt erfaßt w, welche dem Ki als EinstandsPfl für seine gesetzl Vertretg bzw dch diese vermittelt auch iR der Haftg für ErfüllgsGehilfen zugerechnet w (§ 278 Rn 7 ff; zum ggständl ZurechngsBereich ebendort Rn 12 ff; ferner auch § 831). Denn auch die dch Realakte der Elt begründeten Verbindlkten treffen das Ki ohne eig Zutun allein als Folge des elt VertretgsR u können ebso wie rechtsgeschäftl Verbindlkten erhebl Belastgen des Ki begründen (BT-Drucks 13/5624 S 13). – **bb)** Die HaftgsBeschrkg erfaßt schließl auch Verbindlkten, die unmittelb dch einen währd der Mjk erfolgten **Erwerb von Todes wegen** begründet wurden (§ 1967). Diese Verbindlkten bedurften einer bes Erwähng, weil es zum Erw eines Nachlasses weder eines RGesch noch einer sonstigen Hdlg der Elt u der übrigen vermsorgeberecht gesetzl Vertreter bedarf. Schon das Unterlassen der Ausschlagg einer Erbsch in der für die Ausschlagg best Fr (vgl § 1944) kann dazu führen, daß der Minderjährige Erbe u auf diesem Wege evtl Verpflichteter erhebl Verbindlkten wird. Dieses Unterlassen der Ausschlagg steht damit wertgsmäß dem aktiven Handeln der Elt iR ihrer gesetzl Vertretg gleich (BT-Drucks 13/5624 S 13). – **cc) Eigene Geschäfte des Minderjährigen, I 1 Halbs. 2 Alt. 1.** Die HaftgsBeschrkg soll auch für Verbindlkten aus RGesch gelten, die der Mj selbst gem §§ 107, 108 od 111 mit Zust seiner Elt abgeschlossen hat. Ohne diese Regelg könnte die HaftgsBeschrkg leicht dadch umgangen w, daß der GeschPartn ein mit Zust der Elt abgeschlossenes EigenGesch des Mj verlangt (BT-Drucks 13/5624 S 8 u 13). Zur Anwendg von ZPO 767 ggü währd der Minderjährigk begründeter Titel vgl Rn 13. – **dd) Vormundschaftsgerichtlich genehmigte Verbindlichkeiten** (vgl §§ 1821, 1822 Nr 1, 3, 5, 8–11 iVm § 1643 I)sind in die HaftgsBeschrkg einbezogen (krit Habersack FamRZ **99**, 4). Zwar hat das VormschG vor Erteilg der Gen zu prüfen, ob die Interessen des Mj hinreichd gewahrt sind. Dennoch entstehen insb bei SchuldVerhältn über eine längere Laufzeit Schutzlücken (BT-Drucks 13/5624 S 13). Da das MHbeG davon ausgeht, daß das HaftgsBeschrkgsModell die bessere Alternative ggü dem GenehmiggsModell darstellt, nicht zuletzt auch desh, weil eine vormschaftsgerichtl Gen bei einer längeren Laufzeit eines SchuldVerhältn den Schutz des Mj nicht vollständ bewirken kann (vgl Rn 2), gebietet dies die Einbeziehg auch von Verbindlkten aus vormschaftsgerichtl genehmigten RGeschäften, um Schutzlücken zu vermeiden (BT-Drucks 13/5664 S 8). Ist also von den Elt im Na ihres mj Ki ein vom VormschG gem § 1822 Rn 8 genehmigter Kredit aufgen w, kann das Ki den DarlGläub nach VolljkEintritt auf das noch vorhandene Verm verweisen u iü die Erfüllg der DarlSchuld verweigern. 5 6 7 8 9

b) Eltern und andere vertretungsberechtigte Personen. Unter die HaftgsBeschrkg sollen Verbindlkten fallen, die außer von den Elt, die das Ki iR ihrer gesetzl VertretgsMacht haftgsbegründd verpfl können (§ 1629 Rn 4 ff), auch von and vertretgsberecht Pers, darunter auch von weiteren Pers als gesetzl Vertreter (vgl § 278 Rn 5), mit Wirkg für das Ki eingegangen sind. Denn es ist letztl unerhebl, wer im Einzelfall mit Wirkg für das Ki gehandelt hat, die Elt des Mj od andere vertretgsberecht Pers, wie etwa Mitgesellschafter od 10

Prokuristen bzw HandlgsBevollm einer HandelsGesellsch, in welcher der Mj Gesellschafter ist, TestVollstr od noch and vertretgsberecht Pers. Die Ausdehng auf and VertretgsBerecht als die Elt ist im Hinbl auf den zu gewährden MjSchutz u zur Vermeidg von WertgsWidersprüchen notw. Für den Mj ist es unerhebl, über welche Rechtskonstruktion er mit erhebl Verbindlkten belastet wird. Eine haftgsrechtl Differenzierg zw Elt u and für das Ki vertretgsberecht Pers würde die HaftgsBeschrkg leicht umgehbar machen u überdies zu erhebl AbgrenzgsSchwierigkten führen, wenn die Elt (zB als geschäftsführgsberecht Mitgesellschafter) nicht nur ein vom Ki abgeleitetes, sond auch ein eig VertretgsR ggü den übr Gesellschaftern hätten. Die HaftgsBeschrkg hinge hier von der schwer zu treffden Unterscheidg ab, ob die Elt die jeweil Verbindlk kraft der eig Vertretgs-Macht od gem § 1629 im Namen ihres Ki kraft ihrer gesetzl VertretgsMacht eingegangen sind (BT-Drucks 13/5624 S 8).

11 **c) Unbeschränkte Haftung des Kindes während seiner Minderjährigkeit.**

12 **d) Beschränkung der Haftung durch das volljährig gewordene Kind, I 2.** Es handelt sich um eine ggständl HaftgsBeschrkg nach Art der §§ 419 II aF, 1480, 1489 II, 1504, 2145 II (vgl wg Einzelh 57. Aufl § 419 Rn 16). Wie das Ki währd seiner Minderjährigk (Rn 11), so haftet es auch, nachdem es vollj geworden ist (§ 2), im Grds unbeschrkt. Dabei bleibt es für alle Verbindlkten, die von der HaftgsBeschrkg von I 1 ausgenommen sind (vgl Rn 15 u 16), wie auch bei den Verbindlkten, bei denen die Beschrkg der Haftg wg Volljk aus der Natur der Sache ausscheidet (Rn 17 u 18), bei der unbeschrkten Haftg des vollj Gewordenen. Iü aber ist die Haftg des vollj Gewordenen dch die Verweisg auf die §§ 1990, 1991 der Beschrkg der Erbenhaftg nachgebildet; doch gibt es kein der NachlaßVerwaltg bzw dem Nachlaßkonkurs entsprechdes LiquidationsVerf. Auch von einer Erweiterg der Verweisg auf die §§ 1993 ff hat der GesGeber abgesehen. Eine Verpfl des vollj Gewordenen zur **Inventarerrichtung** hätte zwar die Feststellg von VermBestand u HaftgsUmfang im Ztpkt des VolljkEintritts erleichtert, würde aber zu einer erhebl Belastg der Gerichte führen, obwohl viele Gläub (insb die anderweit gesicherten) kein Interesse an einer obligatorischen Inventarerrichtg haben dürften. Allerd ist es sinnvoll, daß der vollj Gewordene ein VermVerzeichn auf freiwill Basis errichtet, da ihm später im Proz der Bew obliegt, daß die Vorauss der HaftgsBeschrkg eingetreten sind (BT-Drucks 13/5624 S 9 f). Mit der Verweisg gem §§ 1991 I, 1978 I, 662 ff wird der vollj Gewordene vor allem nach § 666 hins der Verwaltg u Erhaltg des bei VolljkEintritt vorh Verm rechenschpflichtig (Behnke NJW **98**,
13 3080). **Prozessual** kann der Gl wahlw Kl auf Zahlg oder Duldg der ZwVollstr in die ggf näher zu bezeichnden Ggstde des bei Eintritt der Volljk vorhandenen Verm des Ki erheben (vgl BGH NJW **84**, 794). Vgl Einf 7 v § 1967 sowie § 1990 Rn 11. Umschreibg eines schon vorher rechtskr Titels gem ZPO 729. Der vollj Gewordene kann die Kl dadch abwenden, daß er sich gem ZPO 794 I Nr 5 der ZwVollstr in das der Haftg unterliegde Verm unterwirft (vgl RG **137,** 53). Er kann auch die Schuldsumme begleichen, hat aber kein AblösgsR dch Zahlg des Wertes wie in § 1992 (BGH **30**, 267; **66**, 224). Bei der ZahlgsKl muß der Vollj den Vorbehalt der HaftgsBeschrkg in das Urt aufnehmen lassen (ZPO 786, 780). Das Gericht hat den Vorbeh ow in das Urt aufzunehmen (BGH **122,** 297, 305). Die Kl ist abzuweisen, wenn das bei Eintritt der volljk vorh Verm unstreitig keine VollstrMöglk bot (vgl BGH NJW **74**, 943). Bei Streit darüber BewErhebg od Verweisg des Einwands in das VollstrVerf (BGH **66**, 222; NJW **95**, 597). Die Verweisg auf die §§ 1990, 1991 zwingt nicht zur Einleitg eines InsolvenzVerf; reicht das erworbene Verm bei VolljkEintr zur Befriedigg der Gläub nicht aus, steht dem vollj Gewordenen ow die ErschöpfgsEinrede zu (Behnke NJW **98**, 3080). Bei rechtswidr Entnahme von Beträgen iH der GlFdg u Verteilg des übr Verm ist der vollj Gewordene vorbehaltlos zu verurt (vgl BGH **122,** 306). Auch gg einen bereits gg den den Erblasser od währd der Minderjährigk begründeten Titel kann die HaftgsBeschrkg nach I 1 über ZPO 785, 767 dchgesetzt w.

14 **3) Unbeschränkte Haftung des volljährig Gewordenen, II.** Die Möglk des vollj Gewordenen, seine Haftg für Verbindlkten, die ihn als Mj trafen, auf das zZt des VolljkEintritts vorhandene Verm zu beschr, stellt ein Privileg dar, das nicht in der Weise wirkt, daß der vollj Gewordene mit Vollendg des 18. LebJ matrechtl gänzl schuldenfrei gestellt würde. Vielm hat er für best Verpflichtgen aus der Zeit seiner Minderjährigk die Möglk, seine Haftg auf das bei Volljk übernommene Verm zu beschr. Diese BeschrkgsMöglk fehlt in den folgden Fällen:

15 **a) Selbständiger Betrieb eines Erwerbsgeschäfts, II 1. Alt.** War der Mj mit Gen des VormschG von seinem gesetzl Vertreter zum selbstdgen Betrieb eines ErwGesch ermächt w u für RGeschäfte aus diesem GeschBetrieb unbeschrkt geschfäh (§ 112), so haftet der vollj Gewordene für die so begründeten Verbindlkten unbeschränkbar. War bereits der Mj zZt seiner Minderjährigk aGrd der bes Umstde dch Gewährg unbeschrkter GeschFgk einem Vollj gleichgestellt, so muß er auch in der Haftg wie ein Vollj behandelt w (BT-Drucks 13/5664 S 13).

16 **b) Persönliche Bedürfnisse, II 2. Alt.** Ausgenommen von der Privilegierg der HaftgsBeschrkg auf das bei Eintritt der volljk vorh Verm sind ferner Verbindlkten aus RGeschäften, die allein der Befriedigg persönl Bedürfn des Mj dienten. Damit sollen nicht nur Kleingeschäfte des tägl Lebens wie der Kauf von NahrgsMitteln od Schulutensilien, sond auch größere Gesch erfaßt w, die für Mj der jeweil Altersstufe typisch od jedenf nicht ungewöhnl sind, wie der Fall eines Fahrrads, Kleinkraftrads od Computers. In beiden Fällen bedarf der Mj keines Schutzes, weil ihm der Ggwert des Gesch unmittelb zugute kommt u keine unzumutb finanz Belastgen iS der Rspr des BVerfG (Rn 1) in Rede stehen (BT-Drucks 13/5624 S 13). Die Vorschr gilt auch, wenn die persönl Bedürfn dch KreditAufn befriedigt wurden, sei es dch über den VolljkEintritt hinausreichde RatenZahlgsVerpfl, sei es dch Aufn eines entsprechden Darl, das erst nach Volljk ganz od teilw zurückzuzahlen ist. Wurde der Kredit zu versch Zwecken verwendet, gilt die HaftgsBeschrkg von I 1 nur für die nicht gem II verwendeten Anteile der Kreditsumme.

17 **c) Selbst verantwortete Altverbindlichkeiten.** Der vollj Gewordene haftet ferner ohne die Möglk der HaftgsBechrkg nach I 1 für alle Verbindlkten, die zZt seiner Minderjährigk aGrd von allein dem Mj zuzurechnden Umstden bzw allein von ihm zu verantwortden Hdlgen begründet wurden. Dazu gehören UnterhPflichten, einschl UnterhRückständen (§§ 1601 ff), HerausgPflichten (§§ 985, 812) sowie ggf GefährdgsHaftgen, etwa iZshg von Unfällen mit einem nach II 2 erworbenen Kleinkraftrad (vgl Rn 16), aber vor

allem auch Verpflichtgen aus dem DeliktsR (§§ 823, 828), einschl der BilligkHaftg aus § 829, für die ein and HaftgsBeschrkgsMaßst als I 1 gilt (vgl § 829 Rn 3).

d) Neue Verbindlichkeiten. Schließl haftet der vollj Gewordene uneingeschrkt für sämtl Verbindlkten, die er nach Erreichen der Volljk selber eingegangen ist bzw die ihm kraft einer von ihm erteilten Vollm wie eig zuzurechnen sind, also selbst dann, wenn er sich dabei seiner Elt als nunm gewillkürter Stellvertreter bedient hatte (§§ 164 I, 167). Für **latente Verbindlichkeiten** aus der Zeit der Mjk, die sich erst nach Erreichen der Volljk zur RPflicht entwickeln, gilt Entsprechdes wie für die Haftg des Erben für NachlVerbindlkten bei schwebden RBeziehgen (§ 1967 Rn 5). 18

4) Unbeschränkte Haftung von Interzessionsschuldnern und Sicherheiten, III. 19

a) Zweck. Die Vorschr dient der Klarstellg, daß die Berufg des vollj gewordenen Ki auf die HaftgsBeschrkg nicht Dritten zugute kommen soll, die entweder aus einer von der HaftgsBeschrkg erfaßten Verbindlkten mit verpfl sind od hierfür Sicherh geleistet haben. Die Klarstellg erschien erfdl, weil für den RVerkehr allein die Mitverpflichtg od die SicherhLeistg dch einen Dr Gewähr dafür bietet, der HaftgsBeschrk zu entgehen u dieser Weg als rechtl zuläss Alternative nicht von vornherein mit Unsicherh behaftet sein sollte (BT-Drucks 13/5624 S 13). Haftet für die Schuld des mj A sein vollj Bruder B als Bürge, so ist die Beschrkg der Haftg von A nach I 1 ohne Einfluß auf die Haftg des B, der aus der Bürgsch iH der vollen DarlSumme in Anspr gen w kann (§ 767). Entsprechdes gilt für die übr Formen der Mithaftg. III schließt jedoch nicht aus, daß zG des Mithaftden I 1 desh gilt, weil er seiners bei Abschluß des InterzessionsGesch ebenf mj war. Es entsteht dann allerd nicht zuletzt wg des in aller Regel unterschiedl Ztpkts des VolljkEintritts eine nach dem jeweiligen VermUmfang unterschiedl HaftgsBeschrkg. Die Regelg von III ist **dispositiv** jedenf insofern, als der Dr sein MithaftgsVersprechen dch eine entsprechde VertrGestaltg von vornherein auf den Umfang der Haftg des vollj Gewordenen beschrken kann, jedoch nicht dahin, daß die Beschrkg der Haftg des vollj Gewordenen nach I 1 abbedungen wird. 20

b) Die **Art der Mithaftung** mit dem Mj spielt keine Rolle. Auf die volle EinstandsVerpfl eines mithaftden GesSchuldn (§ 421), Bürgen (§ 765), ferner des Schu aus einer gemschaftl Schuld (Überbl 7 v § 420) od einer SchuldÜbern, Garantie usw ist es ohne Einfluß, wenn der gleichstufig od sogar als HauptSchu haftde Mj vollj wird u sich daraufh seine Haftg auf das zu diesem Ztpkt vorh Verm beschrkt. Eine inhaltl Veränderg der Verpfl ist damit nicht verbunden; nur die HaftgsMasse für den vollstreckgsrechtl Zugriff dees Gläub ändert sich bei dem vollj gewordenen Schu (vgl auch § 425). Ebso hindert die Beschrkg der Haftg auf das bei VolljkEintritt vorh Verm des Ki, daß der Gläub die für diese Fdg bestellten **Sicherheiten** wg der vollen Schuldsumme verwerten kann, u zwar unabhäng davon, ob der Ggstand der Sicherh dem vollj Gewordenen gehört od von einem Dr zur Vfg gestellt wurde. In Betr kommen Hypotheken, Grdschulden, SichergsÜbereigngen, SichergsZessionen usw (vgl § 223 Rn 1 ff). Auch einen dch **Vormerkung** (§ 883) gesicherten Anspr kann der Gl in vollem Umfang dchsetzen, auch wenn sich der vollj Gewordene ggü einem schuldrechtl parallelen LeistgsVerlangen auf seine HaftgsBeschrkg berufen kann. 21

5) Vermutungen zum Zwecke des Gläubigerschutzes, IV. Die erste Vermutg hat den Verlust der HaftgsBeschrkg zur Folge, die zweite, daß das jetzt vorh Verm bereits vor Volljk entstanden war u damit für die Haftg zVfg steht. Die zweite Vermutg greift daher erst ein, wenn die erste widerlegt w konnte (Behnke NJW **98**, 3081). Im Proz hat diese Rangfolge, da sie nicht logischer Art ist, keine Konsequenzen. 22

A) Zweck. Bei Einzelkaufleuten, ErbenGemsch u PersonalGesellsch ist das Risiko bes groß, daß sich für den Mj als Mitglied daraus ergebde HaftgsRisiken erst nach Eintritt der Volljk realisieren. Die an sich wünschenswerte HaftgsZäsur hätte sich leicht herstellen lassen, wenn für die HaftgsBegrenzg die Aufg der bish Position im GeschLeben zur Vorauss gemacht w wäre. Dies hätte den Vorteil einer klaren Trenng der aus der Zeit der Mjk herrührden Verbindlkten von denj, die nach Eintritt der Volljk entstanden sind, gehabt. Der GesGeber hat sich statt dessen mit zwei zG der Gl des Ki wirkden Vermutgen begnügt, die nach seiner Meing das Interesse der Gl an der klaren Zäsur der HaftgsAbschnitte weitgehd ggstandslos machen, abgesehen davon, daß dies LösgsR des vollj Gewordenen bereits de lege lata teilw im Ges verankert ist (näml beim EinzelhandelsGesch dch Einstellg des GeschBetriebs, in der ErbenGemsch dch § 2042, in der BGB-Gesellsch dch § 723 S 1 u in der oHG nach HGB 133) u iü dch Novellierg von § 723 I 2–6, wonach die Vollendg des 18. LebJ eines Gesellschafters als wichtiger Grd für das Recht, den GesellschVertr zu kündigen, zu werten ist. Die Vermutgen von IV sind als Ausgl für den Verzicht auf die klare HaftgsZäsur gedacht (BT-Drucks 13/5624 S 10 f). 23

B) Beabsichtigt war die Einf zweier **Vermutungen** (vgl IV 2; zur Funktion Th-P § 292 ZPO Rn 1 ff); in IV 1 wird die gewünschte RFolge dagg mit der „Im-Zweifel-anzunehmen"-Formel wiedergegeben, die nur für die Vorschr zur Auslegg von RGesch sinnvoll ist (vgl Diederichsen NJW **65**, 672 f). 24

C) Vermutung der Entstehung der Verbindlichkeit nach Volljährigkeitseintritt, IV 1. Zur RNatur der Regelg: Rn 24. Vgl ferner zunächst zum Zweck derselben: Rn 23. 25

a) Beteiligung an Gesamthandsgemeinschaften, IV 1 Halbs. 1. 26

aa) Inhalt. Ist ein Mj, der vollj geworden ist, an einer ErbenGemsch, an einer BGB-Gesellsch od an einer oHG beteil, so wird vermutet, daß die Verbindlk nach Vollendg des 18. LebJ begründet wurde, sofern der vollj Gewordene nicht binnen 3 Monaten nach Vollendg des 18. LebJ seine Beteiligg an der jeweil GesamthandsGemsch aufgegeben hat. Hat der vollj Gewordene den Austritt aus den genannten Gemsch versäumt, kann er die HaftgsBeschrkg von I 1 für die Mithaftg innerh der Gemsch nicht mehr geltd machen. Er haftet dann also unbeschrkt, auch wenn die Verbindlk in Wirklk in der Zeit seiner Mjk entstanden ist. **bb) Betroffene Verbindlichkeiten** sind sowohl Verflichtgen des vollj Gewordenen ggü den übr Gesamthändern, also im InnenVerhältn der jeweiligen Gemsch (vgl §§ 2034, 2038 Rn 7, 2050 Rn 3; 705 Rn 20, 21 u 25, 706; HGB 109 ff), als auch Anspr Dritter gg den vollj Gewordenen als Beteiligten an der GesamthandsGemsch, also Verpflichtgen im AußenVerhältn (vgl §§ 2058 ff; 421, 427, 714 Rn 3; HGB 128). – Widerlegg der Vermutg: **cc) Auseinandersetzungsverlangen bzw. Kündigung der Gesamthandsgemeinschaft** bei der ErbenGemsch: AuseinandSVerlangen gem § 2042, wobei der VolljkEintritt als wichtiger Grd iS der 27 28 29

§§ 749 II 1, 2042 II angesehen w soll (BT-Drucks 13/5624 S 10); bei der BGB- Gesellsch: Kündigg gem
30 § 723; bei der oHG: § 133. – **dd) Frist:** innerh von 3 Mo nach Eintritt der Volljk. Daß die AuseinandS der ErbenGemsch bzw die Kündigg der Gesellsch dch je eig Fristen erschwert sein kann (vgl §§ 2043 ff, 723, 724 u HGB 132, 134), läßt den Fristlauf von IV 1 unberührt. Die Vorschr verlangt die entsprechde InitiativErkl des vollj Gewordenen binnen 3 Mo u nicht den Vollzug der AuseinandS innerh dieser Fr.

31 **b) Inhaberschaft an einem Handelsgeschäft, IV 1 Halbs. 2.** Die Vermutg, daß eine das mj Ki treffde Verbindlk nach dem Eintritt der Volljk entstanden ist, womit dem Vollj die Möglk genommen wird, sich dem Gl ggü auf die MjHaftgsBeschrkg von I 1 zu berufen, gilt schließl auch für Verpflichtgen, die den Vollj als Inh eines HandelsGesch treffen, wenn er dieses nicht binnen 3 Mo nach Eintritt der volljk einstellt. Die Verbindlkten richten sich stets gg ihn als Schuldn (vgl oben Rn 5). Es muß sich ferner um solche Verbindlkten handeln, die nicht schon ihrer Natur nach der unbeschrkten Haftg des vollj Gewordenen unterliegen (Rn 14 ff). ob der vollj Gewordene AlleinSchuldn od MitSchuldn ist u welchen Inhalt die Verbindlkten haben, ist für den Verlust der HaftgsBeschrkgsBefugn ohne Belang. An die Stelle des AuflösgsVerlangens bei den GesamthandsGemschaften (oben Rn 29) tritt die **Einstellung des Handelsgeschäfts** (vgl MüKo/Schmidt HGB § 1 Rn 6): Erfdl ist die endgült Aufg des GewerbeBetr. Auf die Löschg der Fa im HandesReg kann es nicht ankommen. Auch hier kommt es für die Einhaltg der 3-Mo-Fr (Rn 30) nicht darauf an, daß die Liquidation des kaufm EinzelnhandelsUntern nach 3 Mo bereits vollständig abgeschlossen ist.

32 **D) Vermutung des Vermögenserwerbs nach Volljährigkeitseintritt, IV 2.** Hat der vollj Gewordene die VErmutg, eine Verbindlk sei erst nach Eintr der Volljk entstanden u damit unbeschrkt zu erfüllen, bspw dch Vorlage von Rechngen widerlegt, wird nunm vermutet, daß das jetzt vorh Verm schon vor Volljk erworben wurde u damit der Zugriff darauf unbeschrkt ist. Mit dieser Vermutg soll verhindert w, daß der vollj Gewordene zL der Gläub das AltVerm schmälert. Dieser Vermutg kann der vollj Gewordene prakt nur dch die Inventarerrichtg (vgl Rn 12) begegnen.

33 **6) Mißbrauch der Haftungsbeschränkung a)** dch die **Eltern.** Daß sie im AußenVerhältn nur bei evidentem Mißbr ihrer VertretgsMacht od bei Kollusion haften (§ 164 Rn 13/14), könnte ein Anreiz zu risikoreichen Geschäften sein. Der dem Ki ggf gg seine Elt zustehde SchadErsAnspr aus § 1664 (dort Rn 1) ist währd der Mjk des Ki dch einen ErgänzgsPfl geltd zu machen (§§ 1629 II 1, 1795 I Nr 1 u 3, 1909 I 1). Iü steht den Gläubigern, auch denen aus den von den Elt zL des Ki geschlossenen Verträgen, u auch nach Erreichen der Volljk, dieser Anspr als HaftgsVerm des Ki zVfg. – **b)** Zum MißbrEinwand ggü dem früh **Minderjährigen** selbst vgl Behnke NJW **98**, 3082 mN.

1630 *Bestellung eines Pflegers; Familienpflege.*

I Die elterliche Sorge erstreckt sich nicht auf Angelegenheiten des Kindes, für die ein Pfleger bestellt ist.

II Steht die Personensorge oder die Vermögenssorge einem Pfleger zu, so entscheidet das Familiengericht, falls sich die Eltern und der Pfleger in einer Angelegenheit nicht einigen können, die sowohl die Person als auch das Vermögen des Kindes betrifft.

III Geben die Eltern das Kind für längere Zeit in Familienpflege, so kann das Familiengericht auf Antrag der Eltern oder der Pflegeperson Angelegenheiten der elterlichen Sorge auf die Pflegeperson übertragen. Für die Übertragung auf Antrag der Pflegeperson ist die Zustimmung der Eltern erforderlich. Im Umfang der Übertragung hat die Pflegeperson die Rechte und Pflichten eines Pflegers.

1 **1) Inhalt.** Die dch Art 1 Nr 13 u 46 KindRG geänd Vorschr regelt allg das Verhältn der Rechtsmacht von Elt u Pfleger, wenn die gem § 1626 I begründeten EltZuständigken für Pers- u VermSorge dch Einsetzg eines Pflegers dchbrochen w, dahin, daß EltRechte u -pflichten insow verdrängt w, I. Bei nebeneinand bestehden Zustdgken v Elt u Pfl entscheidet in ÜberschneidgsFällen das FamG, II. Im Falle der FamPflege kann der PflegePers auf ihren od auf den Antr der Elt dch das FamG dch Übertragg einzelner Angelegenh der elt Sorge die Stellg eines Pflegers eingeräumt w, III.

2 **2) Einschränkung der elterlichen Sorge durch Pflegerbestellung, I.**

3 **a) Bestellung von Ergänzungs- und Sorgepflegern.** Die Fälle, in denen die elt Sorge dadch beschränkt ist, daß ein Pfleger bestellt w, ergeben sich aus dem Gesetz: Liegen die Vorauss für die AnO einer Vormsch vor, ist aber ein Vormd noch nicht bestellt, erhält das Ki einen ErgänzungsPfl (§ 1909 III). Ferner auch für Angelegenh, an deren Besorgg die Elt verhindert sind (§ 1909 I 1), wobei wiederum die Fälle der Verhinderg der Elt im Ges einzeln geregelt sind. Es sind dies: die rechtl Verhinderg der Elt inf Interessenkonflikt gem § 1629 II 1 u 3 (vgl § 1629 Rn 22 ff), wobei die Elt eine entspr Anzeigepflicht trifft (§ 1909 II); ferner die Einschrkg der VermSorge (§ 1638 I u II) dch den Zuwendenden bei Schenkgen oder Zuwendgen vTw. Die Bestellg des Pflegers ist dann bereits für den ErbschAntr erfdl (Brschw JZ **51**, 24). Die Vorschr des § 1640 IV aF, wonach den Elt die Verwaltg des Verm ihres Ki bei Nichterfüllg einer AnO zur Einreichg des VermVerzeichn entzogen w konnte, ist vom KindRG im Hinbl auf die in § 1666 I u II geschaffene Generalklausel als entbehrl aufgeh worden (vgl BT-Drucks 13/4899 S 97). Die Generalklausel über gerichtl Maßn zum Schutz des Ki, näml seines körperl, geist od seel Wohls wie seines Verm ist iRd nach § 1666 I zu treffden Maßn zum HauptAnwendgsFall von § 1630 I geworden (vgl § 1666 Rn 54). AnwendgsFälle von I stellen daher die früheren Fälle von § 1671 V u VI aF dar, die nunmehr nach § 1666 zur Übertragg der Pers- u VermSorge auf einen Pfleger führen, wenn dies zur Abwendg einer Gefahr für das KiWohl iZshg für die Trenng der Elt des Ki erfdl wird; ferner die Entziehg der VermSorge zur Erzwingg der SicherhLeistg bei Gefährdg des KiVerm (§ 1667 III 4); währd der Verlust der elt VermSorge bei Insolvenz eines EltT nach Aufhebg von § 1670 aF nicht mehr automat eintritt, sond nach der auf Mißbrauch auch der VermSorge erweiterten Generalklausel des § 1666 dch AnO des FamG eintritt. Dasselbe gilt für Fälle, in denen einem EltT die Alleinsorge, die ihm anläßl von Trenng od Scheidg übertr wurde, entzogen werden muß. Die diesbezügl Regelg des § 1680 II aF

ist jedoch dch KindRG aufgeh w, weil das FamG in diesen Fällen die elt Sorge gem §§ 1696, 1671 nF in dem erfdl Umfang dem and EltT od einem Vormd od Pfleger übertr kann (vgl BT-Drucks 13/4899 S 103). Zur Abschaffg von § 1681 I 3, II 3 aF, wonach iF des Todes oder der TodesErkl bei Scheidg getroffene PflegschAnO zunächst aufrecht erh blieben, vgl BT-Drucks 13/4899 S 104. § 1683 IV aF, wonach einem EltT die VermSorge entzogen w konnte, wenn er iF der Heirat od Wiederheirat seiner Verpfl zur Aufstellg eines VermVerzeichn nicht nachkam, ist dch KindRG Art 1 Nr 37 aufgeh w. Eine eigenständ EntzugsVorschr erübrigte sich mRücks darauf, daß auch Maßn zum Schutz des KiVerm in § 1666 konzentriert w (vgl BT-Drucks 13/4899 S 116). Die Vorschr des § 1690 zur Übertragg der VermSorge auf den Beistand sind mit der Abschaffg der allg Beistandsch dch das BeistandschG (vgl § 1712 Rn 8) aufgeh worden. Im Rahmen der erfdl Maßn, die das FamG bei Verhinderg der Elt an der Ausübg der elt Sorge treffen kann (§ 1693), ist auch eine Pflegerbestellg mögl (vgl § 1693 Rn 2). Schließl ist ein ErgPfleger zu bestellen, sol der an sich zu bestellde Vormd noch nicht bestellt ist (§ 1909 III). Keine **Pflegerbestellung** erfolgt, wenn mangels elt Sorge des 4
einen EltT der and kr Ges zur alleinigen Sorge berufen ist (§§ 1678–1681) bzw dem einen EltT das alleinige SorgeR übertr wird (§§ 1671, 1672).

3) Die Stellung von Eltern und Pfleger. Bei der ErgänzgsPflegsch müssen die Elt dem VormG unverzügl Anzeige machen, wenn eine Pflegsch erfdl wird (§ 1909 II). 5

a) Verhältnis von elterlicher Sorge und Pflegerbefugnissen. – aa) Inhalt. Für die Angelegenh des Ki, 6
für die ein Pfleger bestellt ist, fehlt den Elt iSd §§ 1626 I, 1629 I 1 die elt Sorge u dementspr auch das VertretgsR. Ergänzgs- wie SorgePfleger beschrken im Umfang ihrer jeweiligen WirkgsKreise das Fürsorge- u VertretgsR der Elt u damit auch deren BeschwBefugn (KG JW **36**, 2935). Doch reichen die Befugn des Pfl nicht weiter, als er dch den AufgKreis seiner Pflegsch ermächt ist. War der Pfleger nur wg § 181 bestellt w, so ist insow auch nur die VertretgsMacht, nicht aber die VermSorge der Elt als solche ausgeschlossen; die Elt behalten vielm die volle tats Sorge für das Ki (vgl RG **144,** 250 f). Besteht die Pflegsch für den mütterl Nachlaß nur in der VertretgsMacht, kann der Pfl nicht vom Va die Herausg des Nachl verlangen, wenn dessen tats VerwaltgsR unberührt bleibt (KG OLGE **26**, 248). Insb behalten die Elt die Sorge für die Erziehg. Wenn für die Verwaltg des dem Ki zugewendeten Verm ein Pfl bestellt w ist (§ 1638), behalten die Elt die Bestimmg darüber, wieviel dem Ki von dem erwirtschafteten Geld zur freien Vfg überlassen w soll; dem Pfl steht es nicht zu, den dem Ki iRv § 110 best wirtschaftl Spielraum zu verändern. Von diesen Fällen, in denen sich die den Elt verbliebenen Befugn mit dem AufgKr des Pfl berühren, sind die Fälle zu unterscheiden, in denen sich beide WirkgsKreise überschneiden (vgl dazu unten Rn 8). Für den Pfleger gilt VormschR (§§ 1915, 1916), also GenehmiggsPflicht nach §§ 1821 ff, nicht nach § 1643. Handeln die Elt trotzdem in Vertretg des Ki, gelten insow die §§ 177 ff (RG **93**, 337). Zur Beendigg der Pflegsch: Rn 7.

bb) Dauer. Die Beschrkg der elt Sorge beginnt mit der PflegerBestellg u endet mit der Aufhebg der 7
Pflegsch (§§ 1918, 1919) unabhäng davon, ob die Aufhebg zu Recht erfolgte (BayObLG **6,** 553). Die Pflegsch ist aufzuheben, wenn der Grd für ihre AnO weggefallen ist (§ 1919) bzw wenn sich herausstellt, daß ein Grd für die AnO der Pflegsch überh nicht bestanden hat (KG OLGE **5,** 366).

cc) Meinungsverschiedenheiten zwischen Eltern und Pfleger in Überschneidungsfällen, II. Im 8
Ggs zu bl Berührgen der Befugn von Elt u Pfl kann es zu echten Konflikten kommen in den Fällen, in denen die PersSorge den Elt und die VermVerwaltg einem Pfleger zusteht od umgek. Betrifft der Streit beide Fürsorgegebiete (vgl zu den in Betr kommden Bereichen § 1626 Rn 14 ff) u kommt es hier zu MeingsVerschiedenh zw Elt u Pfleger, die sich untereinand nicht klären lassen, entsch das FamG. II gilt auch, wenn das JA Pfleger ist (BayObLG **29**, 311). **Beispiele:** Die Berufswahl gehört zur PersSorge (§ 1631 a); soweit zur Ausbildg aber das KiVerm herangezogen w soll, ist auch die VermSorge betroffen (vgl RG **129,** 18; Feuchtwanger JW **32**, 1351; KG Recht **19** Nr 936). Hat das Ki Verm, sind bei dessen Verwendg für einen Kuraufenth, für eine bes Anschaffg u vor allem für den Unterh sowohl PersSorge wie VermSorge betroffen. Das gilt auch für die Verwendg einer Unfallrente nach dem verstorbenen Va (BayObLG SeuffA **64** Nr 180). Ledigl zur PersSorge gehört die Entscheidg, ob ein Ki in die Kur geschickt wird sowie überh die Verwendg der dem Ki zustehden UnterhBeträge (§ 1612 I 1). Auch die Frage, ob der BarUnterh ganz verbraucht od ein Teil davon auf ein Sparkonto eingezahlt w soll, ist ausschließl vom PersSorgeBerecht zu entsch (vgl § 1649; BayObLG FamRZ **75**, 219; MüKo/Hinz 6). Vgl iü Rn 14. Entspr besteht bei der VermPflegsch keine RechenschPflicht über die Verwendg von UnterhBetr ggü dem Pfleger (vgl Gernhuber FamRZ **76**, 192).
Kein Fall von II liegt vor, sond ausschließl zur VermSorge gehört die Herbeiführg der vormschgerichtl 9
Genehmigg von VermGeschäften (Ffm Rpfleger **79**, 423); ebsowenig, soweit es nicht um den Konflikt zw Pers- u VermSorgeBerecht geht, sond um die UnterhPflicht als solche od um die Haftg des KiVerm für den Unterh; insow ist das ProzGer zust, also zB wenn der Pfleger mit der Entnahme der erfdl Mittel aus dem KiVerm für den Unterh (vgl § 1603 II 2) nicht einverstanden ist (KG Recht **16** Nr 1150). Bei **Entscheidung** des Konflikts hat sich das **Familiengericht** an im Gesetz vorgegebene Wertgen zu halten, bspw bei einem Streit über das Maß des aus den VermEinkften zu entrichtden Unterh an § 1649 I 1 (BayObLG FamRZ **75**, 219). Iü hat das FamG nur die Möglk, dem einen Teil beizutreten u dadch die Zustimmg des and zu ersetzen. Besteht der Streit in einem Mehr od Weniger, darf das Ger allerd auch Zwischenbeträge festlegen. Bei Dauerstreit zw Elt u Pfl: §§ 1666 ff bzw 1837, 1886, 1915.

b) Stellung der Eltern. Den Elt, u zwar jedem von ihnen (Karlsr NJW **56**, 672), steht gg die Auswahl des 10
Pfleger ein BeschwR zu (Hamm FamRZ **72**, 519; Soergel/Strätz 3). Ebso gg die Ablehng ihres Antr auf Entlassg des Pfl. Die Elt können vom Pfl keine Rechensch verlangen, wenn ihnen die VermSorge nicht zusteht (KG OLGE **17**, 266). Handeln die Elt im AufgKreis des Pfl, gelten die §§ 177 ff (RG **93**, 334/37). Dasselbe gilt für Bereiche, in denen ein Pfl bestellt w müßte (vgl § 1909 II).

c) Stellung des Pflegers. Auf den Pfleger finden die Vorschr des VormschR Anwendg (§ 1915 I), auch 11
hins der vormschgerichtl Genehmigg (§§ 1821, 1822), nicht dagg die Einschrkg der GenehmiggsPflicht nach § 1643. Soweit dessen AufgKr reicht, gehen auch mit dem übergegangenen VertretgsR verbundene BeschwR mit auf den Pfl über (KG JW **36**, 2935). Zur GläubBenachteiligg bei Veräußergen vS des Va an das durch den ErgänzgsPfl vertretene Ki vgl BGH **38**, 65.

12 **d) Entsprechende Anwendung von II.** Die Vorschr enth einen allg RechtsGrdsatz u wird desh in allen Fällen analog angewendet, in denen Pers- u VermSorge auf versch Pers aufgeteilt u beide SorgeRBereiche betroffen sind (vgl RG **129,** 18, 21). Das gilt bei Elt eines verh Mj (§ 1633); bei einem Pfleger, der im Fall von § 1638 nur eine best VermMasse verwaltet; wenn diese für persönl Angelegenh herangezogen w soll (§ 1638), sowie bei Streit zw nach § 1673 II sorgeberecht, in der GeschFgk beschrkten EltT u vermögensverwaltdem Pfleger od Vormd (vgl KGJ **33,** A 9), and bei einer MeingsVerschiedenh bei teilw Ruhen der elt Sorge inf beschrkter GeschFgk, die nur die PersSorge betrifft (§ 1673 II 3). Zu mehreren Mitvor-
13 mündern u MeingsVerschiedenh unter ihnen: §§ 1797, 1798. **Dagegen** findet II keine entspr Anwendg, wenn der PersSorgeBerecht u der VermSorgeBerecht in einer nur die Pers des Ki betr Angelegenh versch Meing sind; also immer dann nicht, wenn die MeingsVerschiedenh nur die Pers- od nur die VermSorge betrifft (RG **129,** 18). In diesen Fällen bedarf es der Zust beider Teile, wenn nicht ein gesetzl Entscheidgs-Vorrang besteht (wie in § 1673 II 2; RelKiErzG 3 I. Dazu § 1626 Rn 16 aE) od das FamG bzw VormschG eingreift (§§ 1666, 1837, 1886, 1915). Keine (auch nicht entsprechde) Anwendg bei Streit zw dem gar nicht sorgeberecht StiefVa u dem Vormd, Va u Ehem (§ 1633), zw nach § 1626 a II allein sorgeberecht Mu u Vormd, wenn der Streit nicht das Verm, sond nur die PersSorge betrifft, zB die Abführg von UnterhGeldern (vgl Mü JFG **15,** 136); vgl aber auch § 1673 IIm 3 Halbs 2; anders bei der Frage der Verwendg der bereits angelegten Beträge (BayObLG SeuffA **64,** 180) od bei Streit über die Höhe der Aufwendgen für das Ki (KGJ **33,** A 9).

14 **e) Verfahren.** Bei MeingsVerschiedenh zw Elt u Pfleger darüber, welche Beträge im einzelnen für Verpflegg, Kleidg usw erfdl sind (vgl Rn 8), muß unterschieden w. Ist der Pfeger mit der Entnahme der erfdl Mittel aus dem KiVerm für den Unterh des Ki nicht einverstanden, betrifft der Streit die UnterhPflicht als solche u die Haftg des KiVerm für den Unterh. Dafür ist das ProzGer zust (KG Recht **16,** Nr 1150). Bei andauerndem Streit Entlassg des Pfleg od Mitübertragg des Sorgegebiets auf ihn (vgl KG JFG **14,** 426). Ist ein EltT der Meing des Pfleg, so gilt das § 1628 Rn 2 ff Gesagte. Will das Gericht dem Pfleg Recht geben, macht die Übertragg der Entscheidg auf den ihm zustimmden EltT eine Entscheidg nach § 1630 überflüss (vgl Donau MDR **58,** 8).

15 **4) Familienpflege, III. a) Zweck.** Die Vorschr soll sicherstellen, daß das Ki, das sich auf Wunsch seiner Elt in FamPflege befindet, von der PflegePers ordngsgem betreut w kann (BT-Drucks 8/2788 S 47). Auf diese Weise kann bes Erfordern der Bt des Ki Rechng getragen w, währd die tägl Betreuung des Ki dadch ermögl wird, daß **für Angelegenheiten des täglichen Lebens** nach § 1688 I bereits eine **gesetzliche Vertretungsmacht** besteht, nach welcher die PflegePers bspw kurzfristig über den Besuch des Ki bei einem Arzt entsch kann, die aber vom Inh der elt Sorge auch ausgeschl w darf.

16 **b) Familienpflege** od in der öffrechtl Ki- u JugHilfe: **Vollzeitpflege** (SGB VIII 33): Vgl Einf 32 v § 1626. Vgl ferner zum EntscheidgsR der PflegePers: § 1688; III gilt auch bei der AdoptPflege (§ 1744).

17 **c) Antragsberechtigt, III 1,** sind die Elt u seit dem KindRG auch die PflegePers. Nach bish Recht erfolgte bei der FamPflege die Übertragg von SorgeRAngelegenh auf die PflegePers nur auf Antr der Elt. Da die Elt davon in der Praxis aber wenig Gebrauch machen, hat das KindRG dch Art 1 Nr 13 auf Anregg des BR die AntrBerechtigg auf die PflegeElt ausgedehnt (BT-Drucks 13/4899 S 152). Die Erweiterg der AntrBerechtigg war erfdl, da die leibl Elt von ihrem AntrR in der Praxis kaum Gebr gemacht haben, u den PflegeElt, die die wesentl Verantwortg für das Ki tragen, die Möglk eingeräumt w soll, wenn sie im Interesse des Ki eine Übertr von SorgeRAngelegenh auf sich wünschen, diese auch von sich aus herbeizuführen (BT-Drucks 13/4899 S 152). Die Übertr auf Antr der PflegePers soll jedoch nur dann mögl sein, wenn die leibl Elt der Übertr der SorgeRAngelegenh ihre **Zustimmung** erteilt haben, **III 2.**

18 **d) Rechtsfolgen, III 3.** Im Umfang der Übertr erh die PflegePers die Rechte u Pflichten eines Pflegers. Dch den Antr können die Angelegenh der elt Sorge, die auf die PflegePers übertr w sollen, konkret best w (vgl bereits Rn 15). Zul ist auch die Übertr der elt Sorge insges (Baer FamRZ **82,** 229). Zur Stellg des Pflegers: § 1915. Einem Antr auf RückÜbertr der SorgeRAngelegenh muß das FamG entsprechen (Gleißl/Suttner FamRZ **82,** 123). Zur gesetzl **Vertretungsmacht** der PflegePers: § 1688 Rn 4 ff sowie SGB VIII 38). Zustdgk: Es entscheidet der FamRi: RPflG 14 I Nr 5 u 6 a. Anhörgen: Elt, Ki, JA (vgl Einf 9 ff v § 1626). Kosten: KostO 94 I Nr 5.

19 **5) Verfahrensrecht:** Einf 7–16 vor § 1626. Das FamG ersetzt iFv II mit seiner Entscheidg die Zust desj, dem es Unrecht gibt; iFv III erfolgt die Delegation der elt Sorge auf die PflegePers. Zustdgk des FamG für II: FGG 43 II; für III: FGG 36, 43 I. Im Falle von II u III entsch der Ri (RPflG 14 Nr 5 u 6 a idF des KJHG; Einf 17 v § 1626). Anhörgen: Einf 9 ff v § 1626. Gg die Entsch nach II einf Beschw; keine Analogie zu FGG 53 I, 60 I Nr 6, weil sich die MeingsVerschiedenh idR nicht auf rgeschäftl Vorgänge bezieht (MüKo/Hinz 10; aM KKW FGG 53 Rn 6; Soerg/Strätz 10).

1631 *Inhalt der Personensorge; Verbot entwürdigender Maßnahmen; Unterstützung der Eltern.* **I Die Personensorge umfaßt insbesondere die Pflicht und das Recht, das Kind zu pflegen, zu erziehen, zu beaufsichtigen und seinen Aufenthalt zu bestimmen.**

II Entwürdigende Erziehungsmaßnahmen, insbesondere körperliche und seelische Mißhandlungen, sind unzulässig.

III Das Familiengericht hat die Eltern auf Antrag bei der Ausübung der Personensorge in geeigneten Fällen zu unterstützen.

1 **1)** Dch die auf Art 1 Nr 14 u Nr 46 zurückgehde Neufassg der Vorschr wurde die bish Reihenfolge von „Recht u Pflicht" entsprechd der Änderg auch in § 1626 I korrigiert, in II das ErziehgsLeitbild präzisiert u in III die gerichtl Zustdgk vom VormschG auf das FamG umgestellt. Die alle persönl Angelegenheiten des Kindes umfassde **Personensorge** (sa § 1626 Rn 15 ff) als rechtl Verpfl u Berechtigg der Elt, nicht nur als tats

ausgeübte Macht, ist in § 1631 inhaltl umschrieben (vgl unten Rn 3–8), wenn auch hier keineswegs vollständ: vgl nur etwa die Befugn zur Best von VorNa u GeburtsNa des Ki (§ 1616 Rn 10, 1617 I 1, 1617a II, 1617b I 1, 1618); ferner die Bestimmgen beim UmgangsR in §§ 1684ff; schließl gehört auch dazu die Geltdmachg des UnterhAnspr (BGH NJW **53**, 1546; **55** 217; vgl hins der ges Vertretg § 1629 Rn 41ff u 49ff). Die PersSorge ist dch StGB 235 (Kindesentziehg) geschützt (RG JW **35**, 3108). Umgek kann sich auch der AufsPflichtge strafb (StGB 171) od haftb (§ 832) machen. Die PersSorge richtet sich auf das Kind; dessen RBeziehgen nach außen werden von den Elt mittels der gesetzl Vertretg (§ 1629) geregelt. Ausgeschl ist die willkürl Aufg des SorgeR, da unverzichtb (§ 1626 Rn 7). Gg Mißbräuche u sonstiges Erziehgsversagen der Elt ist das Kind dch § 1666 geschützt. Wg Ausübg der PersSorge bei Hilfen zur Erziehg: SGB VIII 27ff, 38 (Einf 31ff v § 1626; vgl auch § 1629 Rn 7 sowie § 1630 Rn 18 mit Weiterverweisg). Über Maßregeln der Elt u solcher des FamG zur Unterstützg der elterl Erziehg Rn 13ff; wg MeingsVerschiedenh der Elt §§ 1627, 1628. Daß die Aufzählg in I nur beispielh gemeint ist, da eine vollständ u abschließde Konkretisierg des Inhalts der PersSorge nicht mögl ist, folgt aus dem Zusatz „insbes" (BT-Drucks 7/2060 S 21). Zum Inh des SorgeR 2
gehört auch noch die Entsch über die **Organspende** eines klinisch noch nicht toten Kindes (§ 1922 Rn 44; aA Bln-Schönebg FamRZ **79**, 633), nicht mehr dagg die Sterilisation (§ 1631c, vgl 50. Aufl mN). Ebso ist für ein GlaubwürdigkGA eines Ki ggf die **Einwilligung** des gesetzl Vertr einzuholen (BGH NJW **95**, 1501: StPO 52, 81c III).

2) Erziehung ist die Sorge für die sittl, geist u seel Entwicklg des Kindes iGgsatz zur Pflege, die mehr die 3
körperl Seite der Betreuung betrifft. Erziehg ist der Inbegr aller pädagog Maßn, dch die das Kind zur Mündigk (Erwachsensein) gelangen soll, so daß es in der Lage ist, seine Motive unter Kontrolle zu halten u seine Persönlk im gedeihl Zusleben mit and Menschen fortzuentwickeln sowie sein Leben dch selbstdg getroffene Entscheidgen innerh der Rechts- u Lebensordng der Gesellsch zu halten. Den Elt steht nach GG 6 II 1 der Erziehgsprimat zu; ebso haben sie Vorrang in der Bestimmg der Erziehgsziele (so ausdrückl BT-Drucks 8/2788 S 48). Zur Erziehg gehört die Bestimmg von Konfession (dazu Anh zu § 1631), Sport, Unterhaltg, Schul- (auch Privatschulausbildg; BGH NJW **83**, 392 sowie § 1631a) u Berufswahl des Kindes (§ 1626 Rn 14m Verweisgen), einschließl des LehrVertrAbschl (vgl BerBG 4). Das ErziehgsR der Elt genießt Vorrang ggü dem Staat (Einf 4ff vor § 1626). Bisw findet die elt Sorge auch ihre Schranke am öff Recht (zB Schul- u Impfzwang, Wehrpfl, Strafhaft), aber auch iR der JugHilfe (Einf 35u 57 vor § 1626). I nF erwähnt 4
im Unterschied zur aF auch die **Pflege** des Kindes, da sie neben der Erziehg für die Entwicklg des Kindes bes wicht ist u auch in GG 6 II neben der Erziehg aufgeführt ist (BT-Drucks 7/2060 S 21). Sie betrifft die körperl Betreuung (vgl § 1606 III 2).

3) Die **Beaufsichtigung** dient dem Schutz des Kindes u iRv § 832 dem Schutz Dritter. Notwendigk ist 5
nach Alter u Verständigk des Kindes unterschiedl. – **a)** Das aus dem ErziehgsAuftr fließde **Aufsichtsrecht** 6
gibt den Elt die Befugn, den Umgang des Kindes mit Dritten zu bestimmen u ggf dch **Umgangsverbote** zu unterbinden (vgl dazu im einz § 1632 II). – **b)** Die **Aufsichtspflicht** gebietet den Schutz Dritter, etwa vor 7
herumkrabbelnden Kindern (Düss FamRZ **80**, 181), sowie die Bewahrg des Kindes vor Schaden u Schutz gg Schädigg dch gefährl Spielsachen, Schußwaffen, Gift, Feuer, zB dch sichere Aufbewahrg v Zündhölzern (BayObLG NJW **75**, 2020). Elt müssen sich darum kümmern, wie das Kind seine Freizeit gestaltet (BGH FamRZ **58**, 274). Von bes Bedeutg heute die allg Vorbereitg des Kindes auf den StraßenVerk, die jedoch konkr Beaufs nicht erübrigt (Kln VersR **69**, 44). Zur Aufklärg über Feuer BGH NJW **84**, 2574. Aufs über 17jährigen (BGH NJW **80**, 1044). Erhöhte Anfordgen bei geistig retardiertem Ki mit ausgeprägter Aggressionsbereitsch (BGH FamRZ **96**, 29) od auch über vollj, geisteskrankes Kind (RG **92**, 127). Vgl iü §§ 832 Rn 8f sowie 840 II, 1664; zur Haftg des Kindes § 1629 Rn 6.

4) Recht u Pflicht zur **Aufenthaltsbestimmung** betrifft die Bestimmg v Wohnort u Wohng (zu unter- 8
scheiden vom Wohnsitz, § 11, dessen Best ebenf dem SorgeBerecht obliegt; BGH NJW-RR **92**, 1154), Auswahl von Anstalten, Internaten, Kurorten, Verhinderg der Auswanderg. Bei Wohnsitzwechsel der Elt ist die auf Wunsch des JA erfolgde Belassg der Ki in der Obhut der GrElt bl AufenthBest (Ffm FamRZ **96**, 1351). Zur Unterbringg in geschl Anstalt wg Geisteskrankh § 1631b. Jeder EltT kann auch hier nach III behördl, auch polizeil (KG Recht **13**, 209) Hilfe beanspr, zB zur Ermittlg des Aufenth des Kindes (SGB VIII 18 I), zur Zurückbringg des entlaufenen Kindes u zu dessen AufenthWechsel. Bei mangelnder AufenthBestimmg hat Kind Anspr auf Aufn ins EltHaus; bei Vernachlässigg Einschreiten des VormschG gem § 1666 Rn 8. Vorläuf Entziehg bei Gefahr der Ausreise mit den Kindern nach Pakistan (Zweibr FamRZ **84**, 931). Zum strafrechtl Schutz des AufenthBestR: Friehe ZfJ **85**, 330. Zum Konflikt zw SorgeR u öff **Melderecht:** VGH *BaWü* FamRZ **86**, 88m zutr abl Anm Bosch.

5) Unzulässigkeit entwürdigender Erziehungsmaßnahmen, II, von denen das KindRG als Re- 9
gelBspe **körperliche und seelische Mißhandlungen** hervorhebt. Wenn auch Einzelh sich im GesGebgsVerf nicht dchgesetzt haben, so wird doch deutl, daß das ErziehgsLeitbild des GesGebers das einer **gewaltfreien Erziehung** u die Reform in diesem Bereich als Beitrag zur **Verhinderung und Bekämpfung von Gewalt gegen Kinder** zu verstehen ist. Entwürdigde ErziehgsMaßn sind desh unzul, weil sich die psych Entwicklg des Ki nur fördern läßt, wenn das Ehrgefühl auch eines Ki in der Fam respektiert wird u die Psyche des Ki vor schweren körperl u seel Verletzgen, wie sie sich vor allem in unverhältnismäß, dauernden od immer wiederkehrden Übergriffen zeigen, bewahrt wird (vgl BT-Drucks 13/4899 S 153; ferner ausführl dazu FamRefK/Rogner Rn 3ff). Zus mit § 1626 II gibt die im Hinbl auf GG 1u 2 verfassgsrechtl unbedenkl Vorschr den Elt einen gesetzl Erziehgsstil vor. Das Leitbild soll dazu beitragen, den Sinn für die Unterscheidg zw Erziehg u solchen Handlgen, die für die Erziehg ungeeignet sind, zu schärfen, da in der Öfftlk mitunter Körperstrafen selbst schwerster Art noch zu sehr als selbstverständl angesehen w (BT-Drucks 8/2788 S 48). Als **entwürdigende Erziehungsmaßnahmen** kommen nicht nur unangemessene Körperstrafen, sond auch andere Maßn der Elt od mit deren Duldg Dritter in Betr, die das Kind dem Gespött u der Verachtg anderer Pers preisgeben u so seine Selbstachtg u sein Ehrgefühl in unverhältnismäß Weise verletzen, zB wenn ein Kind von seinen Elt gezwungen würde, sich in der Öfftlk od vor seinen Kameraden mit einem Schild um den Hals zu zeigen, das auf seine Verfehlg hinweist (BT-Drucks 8/2788

S 48). Die Entwürdigg kann in der Art der Strafe begründet liegen (Nacktausziehenlassen, Fesseln) od in dem Ausmaß u der Dauer (Einsperren im Dunkeln, langdauerndes Nichtsprechen mit dem Kind). **Körperliche Erziehungsmaßnahmen** (Lit: Reichert-Hammer JZ **88**, 617; Kunz ZfJ **90**, 52; zur EMRK: Einl 7 v § 1297) sind nicht schon als solche entwürdigend u bleiben nach der Ges gewordenen Fassg der Best nach wie vor, wenn auch nach der geschilderten Intention des GesGebers eingeschränkt, pädagogisch mögliche ErziehgsReaktion. Solche Züchtiggen müssen sich jedoch ijF im Rahmen des dch den ErziehgsZweck gebotenen Maßes halten, also Rücks nehmen auf Alter, Gesundh u seel Verfassg des Ki wie umgek auch die körperl Überlegenh des Erwachsenen in Rechng stellen. Es geht also auch hier gar nicht darum, der Gewalt in der Fam das Wort zu reden, sond darum, nicht jede mit Körperkontakt verbundene Erziehgsreaktion gleich als strafb Körperverletzg zu qualifizieren. Was manche Elt dagg lernen müssen, ist, daß ihnen ihr Ki nicht als Blitzableiter für die Bewältigg eig Frustrationen gegeben, sond als eigständ u über viele Jahre hilflos unterlegenes Wesen zur Betreuung u Erziehg anvertraut ist. Auch in den Fam herrscht eher unkontrollierte Gewalt, als daß die früh Praxis elt Strafen wirkl das eigtl Probl heutiger staatlicher Kontrolle der elt Erziehg

10 wäre. Kein allg **Züchtigungsrecht Dritter,** u zwar auch nicht zur Abwehr v Angriffen u zur sof Sühne grober Ungehörigk aus GoA od StPO 127 (Saarbr NJW **63**, 2379; and für seltene AusnFälle Soergel-Herm-Lange 13). Übertragg auf Pflege- u StiefElt (RG JW **17**, 656) od HilfsPers wie Kindergärtnerin mögl, aber nicht automat auf Lehrherrn (ausdr Verbot körperl Züchtigg in GewO 127 a, HdwO 24 II) od Lehrer, dem aber als äußerstes Mittel, wenn es zur Aufrechterhaltg der Disziplin notw u auch angem ist, ein eig ZüchtiggsR gewohnh-rechtl (offengel BGH NJW **76**, 1949) zusteht (BGHSt **11**, 241; Schlesw NJW **56**,

11 1002; Hann NJW **56**, 1690), allerd nicht in bay Berufsschule (BGHSt **12**, 62). Im Ggsatz zur amtl Begrdg (BT-Drucks 8/2788 S 48) stellt II eine Verbotsnorm mit der Möglichk von **Sanktionen** nach StGB 223 ff (RGSt **41**, 98) u §§ 1666 (Rn 8), 1666 a dar.

12 **6)** Die Elt können zur Erziehg selbständ die **geeigneten Maßnahmen** ergreifen u sich hierbei vom VormschG unterstützen lassen. Das G behandelt nur die negat, nicht die posit ErzMaßn wie Lob, Belohng

13 usw. Vgl zu deren Ambivalenz § 1666 Rn 24 aE. – **a) Elterliche Erziehungsmittel** (§ 1631 II 1 aF sprach von Zuchtmitteln) sind Ermahngen, Verweise, Ausgehverbote, Knapphalten, Taschengeldentzug. Am wesentlichsten sollte iSv § 1626 II der Versuch sein, dem Kinde die elterl Beanstandg plausibel zu machen u dem Kind Hilfestellgen bei den von ihm erwarteten Verhaltensweisen zu geben. Die Erziehgsmittel können v jedem EltT gg das Kind in eig Vollstreckg angewendet w (Weimar MDR **64**, 21), auch Einschließg, unmittelb Gewalt (zB Wegnahme von Streichhölzern). Zur körperl Züchtigg Rn 10. Anordngen iR der Erziehg werden v den Elt also nicht dch Klage (zB auf Rückkehr od Verlassen des EltHauses) u Vollstr dchgesetzt. Elt können aber, um dem tatsächl, nicht rechtl Widerstand des Kindes zu begegnen, staatl Hilfe (JugA, Polizei, FamG) in

14 Anspr nehmen (sa KGJ **49**, 26). – **b)** Das **Familiengericht,** das jeder EltT anrufen kann u das hier ausschließl zust ist (Kln MDR **60**, 51), hat die Elt zu **unterstützen, III.** Lit: Schnitzerling FamRZ **57**, 291. Auch Ausl (KG JFG **19**, 50). UnterstützgsMaßn erledigen sich mit der Heirat der Tochter (BayObLG FamRZ **62**, 77).

15 **Erfordernisse: aa)** Jederzeit widerrufl Antr der Elt od auch nur eines EltT (BT-Drucks 8/2788 S 49), an den VormschG jedoch nur insow gebunden ist, als es wohl weniger, aber nicht mehr tun darf, als verlangt w. –

16 **bb)** Maßn muß zuläss s, zB Vorladg des Kindes. Das FamG bedient sich dabei der Hilfe des JA (SGB VIII 50), von dem idR auch die Initiative ausgehen w (Einf 26 ff v § 1626). Zum Verhältn von freiw InAnspruchn u

17 zwangsw JugH vgl Einf 55 ff v § 1626. Das JA ist ijF anzuhören (FGG 49 I Ziff 1 c). – **cc)** Eingreifen des FamG nicht schon gerechtf, wenn Mißbr des elterl SorgeR iSv § 1666 nicht vorliegt (so Neust FamRZ **64**, 575), sond positiv erforderl, daß Maßn erwiesenermaßen veranlaßt (Karlsr OLGZ **66**, 583) u dem Wohle des Kindes dienl ist (KG NJW **65**, 870). Dch die Einschrkg der Unterstützg „in geeigneten Fällen" soll hervorgehoben w, daß das VormschG ein Tätigwerden ablehnen kann, wenn es dieses für unzweckmäß od im Interesse des Kindes nicht für geboten hält (BT-Drucks 7/2060 S 21). KostSchu ist AntrSteller, nicht das Kind (Lüb JR **74**, 330).

1631 a ***Ausbildung und Beruf.*** **In Angelegenheiten der Ausbildung und des Berufes nehmen die Eltern insbesondere auf Eignung und Neigung des Kindes Rücksicht. Bestehen Zweifel, so soll der Rat eines Lehrers oder einer anderen geeigneten Person eingeholt werden.**

1 **1) Zweck:** Die Elt sollen ihr Ki nicht aus falschem Prestigedenken od als Ers für eig unerfüllte Berufswünsche in eine Ausbildg od in einen Beruf zwingen, für den es sich nicht eignet (BT-Drucks 8/2788 S 37). Zur unterhrechtl Absicherg dieses Ziels vgl § 1610 Rn 37 ff. Ausbildg u Berufswahl sind ein HptAnwendgsfall

2 der partnerschaftl Erz (§ 1626 Rn 20). – **2) Interessenberücksichtigungsgebot, I 1.** Die Verpfl zur Rücksichtn bezieht sich iGgs zu den allg VerhaltensPfl der §§ 1618 a, 1626 II auf die Teilbereiche von Ausbildg u

3 Beruf. Die Vorschr ist lex specialis ggü § 1666 (BayObLG FamRZ **91**, 102; § 1666 Rn 9). – **a) Beruf:** § 1610 Rn 40. Der Begr der **Ausbildung** ist insof weiter, als er auch die Fähigkten vor u außerh des Berufs

4 erfaßt (Schule, zusätzl Sprachen, Musik, Sport, Führerschein usw). – **b) Eignung:** § 1610 Rn 43. Neiggen

5 sind nur beachtl, soweit sie mit der Eigng nicht in Widerspr stehen (BayObLG FamRZ **82**, 634). – **c) Rücksichtnahme** drückt sich in erster Linie in der Bereitsch der Elt zum Gespräch u zur AuseinandS mit dem Ki aus (§ 1626 Rn 20). Darüber hinaus reicht einf Gewährenlassen od die Erteilg von Erlaubn nicht aus, sond sie verlangt ggf aktive Unterstützg u fin Hilfe, dies aber nur iRv § 1610 Rn 21. Vgl iü 54. Aufl Rn 4 ff. –

6 **d) Beratung der Eltern, I 2.** In Zweifelsfällen soll der Rat eines Lehrers od einer und geeign Pers (Berufsberater, Arzt, Sport- od Klavierlehrer usw) eingeholt w. Zweifel bestehen bei unterschiedl Einschätzg v Begabg, Gesundh od schlicht auch bei Uneinigk der Beteil.

7 **3)** II aF ist dch Art 1 Nr 48 KiRG im Hinbl auf die Neufassg von § 1666 als entbehrl gestrichen w. Das dort in Fällen klarer Ermessensüberschreitg dch die Elt vorgesehene Eingreifen des VormschG (jetzt: FamG) bedarf keiner SondBestimmg, weil die Befugn hierzu sich bereits aus der Generalklausel des § 1666 ergibt (vgl BT-Drucks 13/4899 S 64 f u 115). Vgl jetzt § 1666 Rn 20, 21.

1631 b *Unterbringung des Kindes.* **Eine Unterbringung des Kindes, die mit Freiheitsentziehung verbunden ist, ist nur mit Genehmigung des Familiengerichts zulässig. Ohne die Genehmigung ist die Unterbringung nur zulässig, wenn mit dem Aufschub Gefahr verbunden ist; die Genehmigung ist unverzüglich nachzuholen. Das Gericht hat die Genehmigung zurückzunehmen, wenn das Wohl des Kindes die Unterbringung nicht mehr erfordert.**

1) Zweck: Die mit FreihEntziehg verbundene Unterbringg ist für das Ki eine bes einschneiddе Maßn, die auch von den Elt nicht ohne gerichtl Kontrolle getroffen w darf (BT-Drucks 7/2060 S 21 u 8/2788 S 50). Vermieden w soll, daß Elt ein Ki in eine geschl Einrichtung verbringen, wenn bei sinnv Wahrnehmg des ErziehgsR eine ProblLösg auf weniger schwerwiegde Weise erreicht w kann (BT- Drucks 8/2788 S 38). Dem trägt SGB VIII 27 ff dadch, daß die freiw Hilfe zur Erziehg im VorderGrd steht, Rechng (Einf 26 ff v § 1626). Bei vorl Unterbringg (Inobhutn) ist die Kontrolle dch das FamG dch SGB VIII 42 II 3 Nr 2 u III 3 u 4, bei Herausn des Ki aus einer Betreuung dch SGB VIII 43 I 3 u schließl bei Maßn der Sorgeberecht selbst dch § 1631 b gewährleistet. Aber JugH kommt ohne einen gew Zwang nicht aus. Ggf erzwingt das JA über § 1666 (vgl Einf 57 v § 1626) die richt elterl Entsch, sei es zur Einholg der famgerichtl Gen zu einer Unterbringg des Ki dch die Elt, sei es zur erforderl, aber von den Elt unterlassenen Unterbringg dch Entziehg des AufenthBestR. Neben der ErzUnterbringg steht als zweite Form die Unterbr aus ki- u jugdpsychiatr Grden (dazu Gollwitzer/Rüth FamRZ **96**, 1388). Für Vollj gilt § 1906. **Reform:** BayGesEntw zur Bekämpfg von KiKriminalität u -Drogensucht (BR-Drucks 645/98). 1

2) Der famgerichtl Genehmigg bedarf eine **mit Freiheitsentziehung verbundene Unterbringung des Kindes.** Eine FreihEntziehg liegt vor, wenn die Heiminsassen auf einem best beschränkten Raum festgehalten w, ihr Aufenth ständ überwacht u die Aufnahme von Kontakten mit Personen außerh des Raumes dch Sichergsmaßn verhindert w. Dies ist idR nur bei einer Unterbringg in einem geschl Heim od einer geschl Anst od in einer geschl Abteilg eines Heims od einer Anst der Fall (Düss NJW **63**, 397), uU aber auch bei halboffener Unterbringg (AG Kamen FamRZ **83**, 299 m krit Anm Damrau FamRZ **83**, 1060). Ebso wird idR mit der Einweisg zu einer stationären Kur od zu längerer Beobachtg in einer TrinkerheilAnst, Anst für Drogensüchtige od Heil- u PflegeAnst eine FreihEntziehg verbunden sein. Mit der AnO von Heimerziehg od in einer sonst betreuten Wohnform (SGB VIII 34) dch das FamG od JugGer ist GG 104 II genügt (vgl AG Walsrode DAV **80**, 428); Elt benötigen zur Einweisg der Gen des FamG (Einf 56 v § 1626). Zu verneinen ist eine FreihEntziehg, wenn die Unterbringg nur mit **Freiheitsbeschränkungen** verbunden ist, die bei dem Alter des Kindes übl sind. So wird idR die Unterbringg in einem Erziehgsinternat nicht von § 1631 b erfaßt (BT-Drucks 8/2788 S 51), ebsowenig Unterbringgen mit bl FreihBeschrkgen, wie sie sich dch begrenzte Ausgangszeiten, HausarbeitsStden bis hin zum Stubenarrest ergeben (BT-Drucks 8/2788 S. 38). Der Unterschied zw gen-bedürft FreihEntziehg u nicht gen-bedürft Beschrkg läßt sich nicht aus dem Alter des Ki ableiten (Moritz ZfJ **86**, 440); die Grenzziehg dürfte dch das wesentl auf die freiw MitArb der Betroff abstellde KJHG (Einf 17 ff v § 1626) noch schwieriger w. **Unterbringungsähnliche Maßnahmen** wie Fixierg mit einem Gurt usw sollten analog § 1906 IV (vgl dort Rn 12 ff) famgerichtl gen w (aA LG Esn FamRZ **93**, 1347 m krit Anm Dodegge). 2 3

3) Die **Genehmigung des Familiengerichts** ist idR von der **Anhörung** des JA u des Kindes abhäng (FGG 49 I Z 1 d, 64 i, 64 g). Die richterl AnO verlangt nicht, daß bereits im einz bestimmt ist, ob, zu welchem Ztpkt u in welcher Anst eine FreihEntziehg erfolgt; es genügt eine entspr Ermächtigg zB dch AnO der FürsErziehg (AG Walsrode DAVorm **80**, 428). Eine **Unterbringung ohne Genehmigung** ist nur zul, wenn mit dem Aufschub Gefahr verbunden ist, **S 2;** vgl § 1800 Rn 11, insb also bei Selbstmordgefahr od der Gefahr v suchtmotivierten Straftaten. Die Gen ist in solchen Fällen unverzügl (§ 121 Rn 3) **nachzuholen.** Ggf hat der behandelnde Arzt um die Gen nachzusuchen; keinesf darf er mRücks auf das Fehlen der famgerichtl Gen bei medizin GgIndikation das Kind aus der Anst entlassen. Erfordert das Wohl des Kindes die Unterbringg nicht mehr, so hat das FamG die Gen **zurückzunehmen, S 3.** Daraus folgt, daß das FamG auch nach Erteilg der Gen seine Entsch in regelm Abständen zu überprüfen hat (FGG 64 d, 64 i; § 1800 Rn 20). 4 5 6

4) Verfahren: FGG 70 ff. 7

1631 c *Sterilisation.* **Die Eltern können nicht in eine Sterilisation des Kindes einwilligen. Auch das Kind selbst kann nicht in die Sterilisation einwilligen. § 1909 findet keine Anwendung.**

Verbot der Sterilisation Minderjähriger (BT-Drucks 11/4528 S 76) mRücks darauf, daß sich die Erforderlichk u Auswirkgen der Sterilisation bei Mj schwer beurteilen lassen (BT-Drucks 11/4528 S 107). § 1631 c verwirkl das Verbot dch **a) Begrenzung der elterlichen Sorge, S 1,** als Ausn von §§ 1626 Rn 3 vgl §§ 1629 Rn 7, 1631 Rn 2. Für den Vormd folgt die entspr Beschränkg seiner Kompetenz aus § 1800. **b) Einwilligungsunfähigkeit des Minderjährigen, S 2,** iGgs zur sonst maßgebl natürl Einsichtsfähigk (§ 823 Rn 44). **c)** Zum Zwecke der Sterilisation darf schließl **keine Ergänzungspflegschaft** angeordn w, **S 3.** 1

1632 *Anspruch auf Herausgabe des Kindes; Bestimmung des Umgangs; Wegnahme von der Pflegeperson.* **I Die Personensorge umfaßt das Recht, die Herausgabe des Kindes von jedem zu verlangen, der es den Eltern oder einem Elternteil widerrechtlich vorenthält.**

II Die Personensorge umfaßt ferner das Recht, den Umgang des Kindes auch mit Wirkung für und gegen Dritte zu bestimmen.

III Über Streitigkeiten, die eine Angelegenheit nach Absatz 1 oder 2 betreffen, entscheidet das Familiengericht auf Antrag eines Elternteils.

IV Lebt das Kind seit längerer Zeit in Familienpflege und wollen die Eltern das Kind von der Pflegeperson wegnehmen, so kann das Familiengericht von Amts wegen oder auf Antrag der Pflegeperson anordnen, daß das Kind bei der Pflegeperson verbleibt, wenn und solange das Kindeswohl durch die Wegnahme gefährdet würde.

1 **1)** Geänd dch Art 1 Nr 15 KindRG. Bei widerrechtl Vorenthaltg haben die Elt ggü Dritten u auch ggeinand einen Anspr auf Herausg des Ki, I. Als Teil des AufsichtsR (§ 1631 Rn 6) ist iR der Zuordng des Ki an dieser Stelle auch das Recht geregelt, den Umgg des Ki auch mit Wirkg ggü Dr zu bestimmen, II, schon um für Streitigken über HerausgAnspr u Umggsverbote einheitl das VormschG zuständ sein zu lassen, soweit nicht im Verhältn der Eheg die Zustdgk des FamG begründet ist, III. Schließl genießen ggü dem Herausg-Verlangen der leibl Elt Pflegepersonen, bei denen sich das Kind in FamPflege befindet, unter gewissen Voraussetzgen einen Bestandsschutz, IV. Analoge Anwendg v § 1632 auf die Herausg der Leiche eines noch nicht 16j Ki (LG Paderb FamRZ **81**, 700). Zum Verhältn zum KJHG: Einf 25 v § 1626. Zur **internationalen Kindesentführung:** Anh zu EG 24 Rn 12 u 59; Bach FamRZ **97**, 1051; Bach/Gildenast, Int KiEntf, 1999; HKiEntÜ nicht verfwidr (BVerfG-Ka NJW **96**, 3145; **99**, 2175). Zustdgk: Einheitl für alle Ki das FamG (vgl insoweit bereits BayObLG FamRZ **96**, 1353).

2 **2) Anspruch auf Kindesherausgabe, I.** Die PersSorge (§ 1626 Rn 15 ff) umfaßt das Recht, die Herausg des Kindes von jedem zu verlangen, der es den Elt od einem EltT widerrechtl vorenthält. Das auf der elterl Sorge beruhde AufenthBestR (§ 1631 Rn 8) begründet einen entspr HerausgAnspr ggü widerrechtl Vorenthaltgen, der bish nach Analogie der EigtKl (§ 985) ausgestaltet war (v Blume JW **24**, 539), wenn es dagg auch nicht ein R zum Besitz an dem Kind (Kipp § 79 IV; and beiläuf RG **122**, 27) u keinen Besitzschutz analog § 861 bei eigenmächt Wegn dch einen EltT währd des ScheidgsRStr gab (dafür jetzt einstw AnO gem ZPO 620 Nr 3). Die Konstruktion des HerausgAnspr als sachenrechtsähnl ist mRücks auf die Menschenwürde des Ki dogmat unhaltb; entsprechd ist der Anspr in das FGG-Verf verwiesen (Rn 9). Der Einbruch in das elterl SorgeR dch Dritte wird als Muntbruch bestraft (StGB 235) u macht gem § 823 I schadensersatzpfl (RG **141**, 320; BGH **111**, 168: SchadErs f Detektivkosten). Der Anspr der Elt aus § 1632 I erlischt bei Verheiratg des Kindes (§ 1633; StGB 238).

3 **a) Voraussetzungen. aa)** Den Anspr haben nur die **Eltern oder ein Elternteil,** soweit ihnen jew das SorgeR zusteht (BayObLG FamRZ **90**, 1379). Bei gemeins Sorge steht ihnen der HerausgAnspr auch gemeins zu, es sei denn es besteht Gefahr im Verzug (vgl § 1629 Rn 20). Die alleinige Geltmachg muß auch mögl sein, wenn der and EltTeil zur Mitwirkg nicht bereit od in der Lage ist (Celle FamRZ **70**, 201). Sonst muß bei Widerspr des and EltTeils der HerausgAntr abgew w (BayObLG FamRZ **84**, 1144). Nimmt bei Trenng der Elt ein EltTeil die Ki gg den Willen des and EltT mit, so hat dieser in Analogie zum HKiEntÜ (Rn 1) unter dem Vorbeh der KiWohlGefährdg einen RückführungsAnspr (Gutdeutsch/Rieck FamRZ **98**, 1488). Iü hängt der HerausgAnspr gg den and EltTeil davon ab, wem das AufenthBestR zusteht (§ 1631 Rn 8).

4 **bb) Herausgabepflichtig ist der andere Elternteil oder ein Dritter,** ohne daß sich daraus noch ein Unterschied im Verfahrensweg (Kl gg Dritte; FGG-Verf zw den Elt) ergäbe.

5 **cc)** Verpflichtet zur Herausg ist jeder, der das Kind dem berecht EltT **widerrechtlich vorenthält,** dh der es ohne rechtfertigden Grd in seiner unmittelb od (bei Verheimlichg am dritten Ort) mittelb Gewalt hat u die Wiedererlangg dch den Berecht verhindert (RG Warn **33** Nr 43). Eine widerrechtl Vorenthaltg kann auch in der Unterbindg der Rückk des Ki dch dessen nachhalt Beeinfl liegen (Zweibr FamRZ **83**, 297). Hält sich das Kind gg den Willen der Elt bei einem sich völl passiv verhaltenden Dr auf, so ist das keine
6 widerrechtl Vorenthaltg (LG Kln FamRZ **72**, 376). **Widerrechtlichkeit** scheidet aus, wenn Vorenthaltg auf der Einwilligg der Elt beruht, also etwa bei freiw ErzHilfe gem SGB VIII 27 ff (vgl Einf 31 ff u 56 vor § 1626), od auf öff R, also aGrd v SchulPfl, erzwungener HeimErziehg (Einf 57 vor § 1626), Strafhaft od sonstiger jugendgerichtl Maßn, einstw Vfg (RG Warn **16** Nr 53). Im Verhältn gemeins sorgeberecht Elt zueinand entscheidet über die RückgPfl allein das **Kindeswohl** (Düss FamRZ **74**, 99); es besteht kein Grds, daß ein vom and EltT weggenommenes Kind ohne Rücks auf sein Wohl wieder zurückgebracht w müßte (KG NJW **70**, 149). Bei eigenmächt Wegn dch einen EltT währd des ScheidgsStreits od des TrenngsfolgeStr (vgl § 1671) empfiehlt es sich, die AnO der Kindesherausg vAw mit einer einstw AnO über die vorläuf Verteilg der elterl Sorge (ZPO 620 Nr 1 u 3) zu verbinden. Sind im SorgeRVerf alle GesPkte für die Herausg geprüft, wird sich die Prüfg darauf beschränken können, ob der Ztpkt richtig gewählt od das Verlangen mißbräuchl ist (Hamm FamRZ **91**, 102). Da in einer Entsch auf Herausg gleichzeit die Ablehng eines Mißbrauchs des AntrSt liegt, haben bspw auch GroßElt nach FGG 57 I Nr 8 ein BeschwR (BayObLG NJW **65**, 1716). Da in Entsch auf Herausg in diesen Fällen gleichzeit Ablehng eines Mißbrauchs (§ 1666) liegt, auch BeschwR nach FGG 57 I Nr 8 zB der GroßElt gegeben (BayObLG NJW **65**, 1716). Ist SorgeR einem EltT zugeteilt (§ 1671), kann FamG Herausg dch vorl AnO ablehnen, wenn Grd für vorübergehde Vorenthaltg des Kindes besteht od die Verhältn im Interesse des KiWohls eine Nachprfg verlangen u die endgült Entsch abgewartet w kann (Stgt OLGZ **66**, 471; aM KG FamRZ **71**, 585: im allg AnO erst nach Abschl der Ermittlgen). Zul die Einwendg, das HerausgVerlangen enthalte einen **Sorgerechtsmißbrauch** (BayObLG FamRZ **90**, 1379; § 1666 Rn 19), weil zB inf starker Entfremdg Störg der psych Entwicklg beim Kind zu befürchten (vgl aber § 1666 a). Insof setzt jede AnO ggü dem nicht sorgeberecht EltT, das Ki an den sorgeberecht EltT herauszugeben, eine erneute, wenn auch eingeschrkte am KiWohl orientierte sachl Prüfg voraus (Düss FamRZ **81**, 601). Auch kann die Veränderg der Umst (Beziehg z Vater erhebl vertieft; Mutter lebt mit verh Dritten zus) dem HerausgVerlangen der Mutter entggstehen, weil die Erziehg auch die Vermittlg eines am SittenG orientierten Wert- u Ordngsbildes fordert (Bambg FamRZ **80**, 620). Die Grdsätze des IV müssen auch im Verhältn der Elt zueinand gelten
7 (unten Rn 24). Ein **Zurückbehaltungsrecht** (§ 273) findet niemals statt. Ein das HerausgVerlangen als rechtsmißbräuchl erscheinen lassendes GgRecht entsteht jedoch aGrd vormschaftsgerichtl AnO gem IV iF der **Familienpflege** (dazu Rn 18).

dd) Die HerausgPfl nach I bezieht sich allein auf das **Kind,** nicht dagg auf die Herausg der zum persönl Gebrauch notw Sachen (dazu unten Rn 15). 8

b) Verfahren. Es unterliegt einheitl dem FGG, gleichgült, ob sich das Verlangen gg den and EltT od gg einen Dr richtet (BT-Drucks 7/2060 S 23 u 8/2788 S 51 f). **Dem Kind** kann zur Wahrnehmg seiner eig Interessen ein **Verfahrenspfleger** bestellt w (FGG 50 I), was bei einem erhebl InteressenGgs zw ihm u seinen Elt, zB wenn es sich dahin geäußert hat, lieber bei dem Dritten zu bleiben, u allemal der Fall ist, wenn der HerausgStreit von einem EltT gg den Eheg od UmgangsBerecht geführt w (FGG 50 II Nr 1 bzw 2). 9

aa) Zuständig ist iGgs zum früh Recht (vgl 57. Aufl) einheitl das **Familiengericht, III Alt. 1** (GVG 23 b I 2 Nr 4, ZPO 621 I Nr 3). Es entscheidet ijF der Ri (RPflG 14 Nr 7). Das FamG ist auch zust, wenn das JA als Pfleger die Herausg des Ki von den Elt verlangt, denen die PersSorge gem §§ 1666, 1666 a entzogen worden ist (and nach früh Recht noch Oldbg, KG u Hbg FamRZ **78**, 706 u 792). Die auf das KiRG zurückgehde einheitl Zustdgk des FamG erstreckt sich auf sämtl Anspr auf Herausg des Ki unabhäng davon, ob sich der Anspr gg den and EltT od gg einen Dr richtet, u ferner auch auf Streitigkeiten über den Umgang des Ki mit Dritten. 10

bb) Das FamG ordnet die Herausg des Kindes nur auf **Antrag** mind eines EltT an. Zur Formulierg: Nies MDR **94**, 877. Wenn die Elt aber das SorgeR gemeins ausüben, müssen sie auch die Herausg einer dritten Pers ggü gemschaftl betreiben (oben Rn 3). 11

cc) Entsch nach **Anhörung** des JugA (FGG 49 I Nr 1 e), zusätzl desj am Wohns des SorgeBerecht (BayObLG FamRZ **87**, 619), der Elt, des Kindes, des neuen Eheg des SorgeBerecht (BayObLG FamRZ **87**, 619) u bei FamPflege idR auch der PflegePers (FGG 50 a, 50 b, 50 c); vgl Einf 9 ff v § 1626. 12

dd) Rechtsbehelfe: iR des HerausgStr mit einem Dr einf Beschw gem FGG 19; iR des EntschVerbundes Berufg u Rev; bei isolierter Anf nur der HerausgAnO u bei Anf einer HerausgEntsch als selbstd FamSache Beschw (ZPO 621 e I, 629 a II) binnen 1 Mo ab Zustellg (ZPO 621 e III 2) zum OLG (GVG 119 I 2). Beschw unzul, wenn Kind gem HerausgAnO herausgegeben w ist (Oldbg FamRZ **78**, 437); dagg nicht, wenn der HerausgBeschl vollstreckt wurde (Düss FamRZ **80**, 728). Wg Anfechtg einstw AnO Rn 14. 13

ee) Die Herausg kann auch unter Ausschl einer entspr einstw Vfg (Schlesw SchlHA **79**, 48; Düss FamRZ **81**, 85) iW **einstweiliger Anordnung** angeordnet w, u zwar bei Anhängigk einer Ehesache im Verhältn der Eheg zueinand gem ZPO 620 Nr 3, 620 a, 606 I; außerh insb des ScheidgsStr im Verhältn zu Dritten als vorläuf AnO nach FGG (vgl Einf 8 v § 1626). Die einstw AnO der Herausg setzt voraus, daß eine Regelg nicht ohne Beeinträchtigg des KiWohls bis zur endgült Entsch zurückgestellt w kann (Schlesw SchlHA **79**, 48) u im Verhältn zum and EltT, daß dem AntrSt mind das AufenthBestR zusteht (Bambg FamRZ **79**, 853). Eine einstw HerausgAnO setzt HauptVerf voraus (Hamm FamRZ **92**, 337 mA Brem/Overdieck). Gg die einstw AnO ggü dem and Eheg sof Beschw (ZPO 620 c); gg die einstw AnO des FGG od gg deren Ablehng unbeschrkte einf Beschw gem FGG 19 (Hamm FamRZ **78**, 441; bestr). Weitere Beschw als VerwerfgsBeschw bzw nach Zulassg zum BGH (ZPO 621 e II, 629 a II, GVG 133 Nr 2). Die erweiterte BeschwBerechtigg für jeden Interessierten entfällt (FGG 57 I Nr 9, 64 a III, ZPO 621 e), läßt jedoch die BeschwBerechtigg des JugA unberührt. 14

ff) Die AnO der **Herausgabe der zum persönlichen Gebrauch des Kindes notwendigen Sachen** wie zB Kleidg, Spielzeug usw zus mit der Herausg des Ki selbst ist als einstw AO gem FGG 50 d zulässig. Es entsch der Ri (RPflG 14 Nr 7). Eine endgült Klärg der EigtProbl bleibt dem ordentl Proz vorbehalten (vgl BT-Drucks 7/2060 S 22). 15

gg) Vollstreckung dch das FamG (GVG 23 b I 2 Nr 2 u 3, ZPO 621 I Nr 1 u 2; Art 1 Nr 46 KindRG), nicht etwa dch Vollziehg der Entsch dch den EltT (Hbg FamRZ **94**, 1128) u iü auch bei HerausgKl ggü Dr nicht mehr nach ZPO 883, 888, sond Vollziehg einheitl n FGG 33; also Erzwingg der Herausg dch ZwGeld od Gewalt, die gem FGG 33 II eine bes Vfg des Ger voraussetzt (Kropp DRiZ **79**, 118 u NJW **79**, 2253; Kln FamRZ **82**, 508 mNachw; aA wg ZPO 794 I Z 3 a Brem FamRZ **82**, 92). Verhängg einer OrdngsStrafe setzt Verschulden voraus; ausreichd, wenn dem SorgeBerecht die tatsächl Möglk verschafft w, die 7–10 jähr abholbereiten Kinder mitzunehmen (Mannh Just **76**, 431). Zustdgk FGG 43, 36; es entsch der Richter (RPflG 14 Nr 7). Der **vom Kind gegen die Herausgabe gerichtete Widerstand** kann nicht iW der ZwVollstr (ZPO 883, 888) gebrochen w (BGH FamRZ **75**, 276); sond nur dch direkte Einwirkg der Elt auf das Kind u ihre Unterstützg dch das FamG, das gem SGB VIII 50 I das JA bzw den GVz heranziehen kann (Hamm DAV **75**, 168), wobei die VollstrBeamten wiederum befugt sind, erfdlfalls um die Unterstützg der polizeil Vollzugsorgane nachzusuchen (FGG 33 II 3). **Gewaltanwendung** aber, gleichgült, ob ggü dem das Ki vorenthaltden Dr od dem and EltT od auch ggü dem Ki, nur aGrd einer bes Vfg des Gerichts (FGG 33 II 1). Zur Dchsetzg der Herausg des Ki vom nicht sorgeberecht an den sorgeberecht EltT kann der GVz ermächt w, auch ggü dem Ki Gewalt anzuwenden (Celle FamRZ **94**, 1129). Eine Gewaltanwendg gg das Ki darf nicht zugelassen w, wenn das Ki ledigl herausgegeben w soll, um das UmgangsR auszuüben (FGG 33 II 2; vgl § 1684 Rn 67). Iü hat das **KindRG** die Gewaltanwendg iR des VerhältnismäßigkPrinzips als *ultima ratio* sanktioniert (abgesehen vom Wortlt von FGG 33 II 1 aE GgSchluß aus FGG 33 II 2). Der GesGeber hat sich angesichts der wenig einheitl Diskusösion in Rspr u Lit erfdl klaren Grenzziehg, wann die GewaltAnwendgg gg das Ki zul sein soll, verweigert. Wie bei der EinwilliggsFgk im med Bereich, bei den Möglkten des Namensbeitritts (§§ 1617 b, c) usw geht es darum, wie weit das alt SorgeR ggf ggü dem Willen des Ki zurücktreten soll. Erkennt man die VerantwortgsFgk des Ki an, muß es sich ggf auch die unterhrechtl Implikationen zurechnen lassen, wie das Gericht im Grds eigtl auch zu einer Änderg seiner matrechtl Entsch gezwungen wäre. Nach der bisher Rspr kommt Gewaltanwendg bei der Vollstr von HerausgEntscheidgen nur in Betr als äußerstes Mittel u wenn alle and denkb Maßn gescheitert od aussichtsl s (BGH NJW **77**, 150; Düss FamRZ **94**, 1541; aA Diercks FamRZ **94**, 1226). Ab 14 J Wegn gg den erkl Willen des Kindes auch im Hinbl auf GG 2 I bedenkl (BGH FamRZ **75**, 276). Ebso bei 15 j, in Dtschl aufgewachsener Türkin (BayObLG FamRZ **85**, 737; zustimmd Wieser FamRZ **90**, 693; vgl aber die bedenkensw Kritik v Knöpfel FamRZ **85**, 1211 u Schütz FamRZ **86**, 528; **87**, 438, die den Zwang gg Jugdl bejahen; dagg wiederum Lempp FamRZ 16

86, 1061). Leistet 11 jähr Kind auch nach angem Einwirkg noch weiter Widerstand gg die Herausg an seine Mutter, darf der GVz den Widerstand nicht mit Gewalt brechen (AG Springe NJW **78**, 834). Soweit der Dr Rechtsmißbr einwendet od daß SorgeBerecht dem Interesse des Kindes zuwiderhandele od sein SorgeR mißbrauche, kann er allenf das VormschG zu einer Entsch nach § 1666 bzw § 1696 iFv §§ 1671, 1672 veranlassen. Einen erleichterten Schutz genießen gem IV PflegePers, bei denen sich das Kind in FamPflege befindet (Rn 18).

17 **hh) Gebühren:** KostO 94 I Nr 6. Die Kosten der Vollstreckg einschl der Gewaltanwendg fallen dem HerausgPflicht zur Last (FGG 33 II 4). Wird das Ki nicht vorgefunden, so kann das Gericht den Herausg-Pflicht anhalten, eine eidesstattl Vers über den Verbleib des Ki abzugeben (FGG 33 II 5).

18 **3) Schutz vor Wegnahme aus der Familienpflege, IV** (Lit: Schlüter/Liedmeier FuR **90**, 122; Niemeyer FuR **90**, 153; Siedhoff NJW **94**, 616). Zur Neufassg von IV vgl Rn 1 u 20. Die jetzige Fassg der Vorschr geht auf Art 1 Nr 15 b KiRG zurück, womit die VerbleibensAnO von den Vorauss des § 1666 I 1 sowie von Anlaß u Dauer der FamPflege gelöst u ausschließl vom KiWohl abhäng gemacht worden ist (BT-Drucks 13/4899 S 96). Zur **Pflegekindschaft:** § 1630 Rn 15 ff; Einf 8 v § 1741; zum Vorrang der Fam- vor der AdoptPflege: § 1744 Rn 3. Mit **GG** 6 II u III vereinb (BVerfG NJW **85**, 423; dazu Salgo, PflegKindsch u Staatsintervention, 1987, sowie NJW **85**, 413), aber ebso Überführg in AdoptPflege, selbst wenn psych Beeinträchtiggen des Ki nicht ausgeschl werden können (BVerfG NJW **89**, 519; Fortführg v BVerfG NJW **88**, 125; Lakies FamRZ **90**, 698). Kein Anspr der PflegeElt aus GG 6 I auf Entziehg des SorgeR der leibl Elt (BVerfG-Ka NJW **94**, 183). Zur Bedeutg der **EMRK:** Einl 7 v § 1297. Vgl iü zur ParallelVorschr zu VerbleibensAnOen für in **Stieffamilien** lebende Ki: § 1682.

19 **a) Zweck:** IV betrifft den **Schutz der Pflegekinder.** Das Kind, das sich in einer Dauerpflege befindet, kann dadch gefährdet w, daß seine leibl Elt es zur Unzeit aus dieser Stelle herausnehmen. Das PersSorgeR muß zurücktreten, wenn das Kind seinen leibl Elt entfremdet ist, in der PflegeFam seine Bezugswelt gefunden hat u dch die Herausn zur Unzeit sein persönl, insb sein seel Wohl gefährdet würde. Im Konflikt zw vorrang ErziehgsR der leibl Elt u GG-Schutz langfristiger PflegeElt entsch das KiWohl (BayObLG NJW **88**, 2381). Es entsch der Richter (RpflG 14 Nr 7). Zum umgek Konflikt zw JA u sorgeberecht Mutter, die ihrers das Ki bei der Pflegemutter belassen will, vgl LG Bln DAV **85**, 822.

20 **b) Voraussetzungen der Verbleibensanordnung** (vgl Siedhoff NJW **94**, 617). Das KiRG hat mit seiner Neufassg ledigl die Rspr in das Gesetz überführen, dagg keine neuen Wertgen einführen wollen: der Begriff der Gefährdg entspr weiterh dem von § 1666 (BT-Drucks 13/4899 S 96).

21 **aa) Familienpflege.** Für die PflegeVerhältn gem SGB VIII 33, 44 ff (Einf 26 v § 1626) sind Wirksamk des PflegeVertr u eine PflegeErlaubn nicht erfdl (Ffm FamRZ **83**, 1163 u 1164), so daß IV auch bei Widerruf der PflegeErlaubn in Betr kommt (BayObLG NJW **84**, 2168). Sind die übr Vorauss erfüllt, ist IV auch bei Verwandten, insb GroßElt (BayObLG FamRZ **91**, 1080) od AdoptPflege (§ 1744) anwendb; vor allem aber auch zG von **Stiefelternteilen** (Ravbg StAZ **75**, 317), u zwar auch im Verhältn zum leibl EltT, wenn der StiefEltT, bei dem sich das Ki aufhält, für das Ki zur BezugsPers geworden ist (vgl BGH **40**, 11; BayObLG NJW **65**, 1716 sowie oben Rn 6). Geht es um mehr als nur die Herausg des Ki, so evtl §§ 1666, 1681 Rn 1. Dagg ist die Unterbringg in einem KiHeim keine FamPflege (LG Ffm FamRZ **84**, 729). IV ist auch anwendb, wenn das Ki bereits aus seiner bish Pflegestelle herausgen w ist (Ffm FamRZ **83**, 1164); ebso wenn das Ki nach der Rückkehr zu seinen Elt wieder bei den früh PflegeElt Zuflucht sucht (BayObLG FamRZ **82**, 1239).

22 **bb)** Die FamPflege muß **seit längerer Zeit** bestehen. Hierbei ist der ZtBegr nach dem Zweck der Vorschr (oben Rn 19) nicht absolut zu verstehen; vielm kommt es kinderpsycholog (Baer FamRZ **82**, 223) darauf an, ob die PflegeZt dazu geführt hat, daß das Ki in der PflegeFam seine Bezugswelt gefunden hat (Brschw ZfJ **83**, 311) u die Herausn aus ihr zu diesem Ztpkt die Gefahr schwerwiegder psych Schäden mit sich brächte (Celle FamRZ **90**, 192 nach 11 u 71/2 Mo bejaht). Bei einem 6 Mo alten Ki desh idR keine Herausn zur Unzeit (BayObLG DAV **85**, 911); anderers können für ein 1 jähr Ki 6 Mo lang sein (Siedhoff NJW **94**, 617), aber auch für eine 16jähr 1 J (BayObLG NJW-RR **99**, 369). Nach längerer FamPflege wird es idR eines trift Grdes bedürfen, um das Ki aus der PflegeFam herauszun (AG Ffm FamRZ **82**, 1120). Umgek kann das Merkm der längeren Zt auch nach mehreren J verneint w, wenn sich das Ki in der PflegeFam überh nicht eingelebt hat od die Kontinuität dch eine ggf auch rechtswidr Entführg unterbrochen wurde (Ffm NJW-RR **87**, 258).

23 **cc)** Geschützt wird das Ki vor der Wegnahme dch die leibl **Eltern,** die als MindestVorauss der Verbleibens-AuseinandS **sorgeberechtigt** sein müssen (Hbg FamRZ **83**, 1271 mAv Puls; oben Rn 3). Die bish analoge Anwendg von IV auf den ne Vater (vgl AG Tüb FamRZ **88**, 428), Vormd (BayObLG FamRZ **91**, 1080; Hamm NJW **85**, 329), AufenthPfleger (BayObLG DAV **85**, 911), auf StiefElt, GroßElt u Geschw des Ki (vgl 57. Aufl) ist dch Einf von § 1685 überflüss geworden (vgl FamRefK/Rogner 5).

24 **dd) Gefährdung des Kindeswohls durch die Wegnahme.** Das KindRG hat auf die Prüfg der Vorauss von § 1666 verzichtet, weil iR der KiWohlPrüfg die dort maßgebl GesPkte auch hier gewürd w müssen (FamRefK/Rogner 3). Iü soll mit der Neufassg der Vorschr erreicht w, daß die Grdlagen für eine Verbleibens-AnO in den Fällen von IV u § 1682 bei Verbleiben des Ki in der StiefFam parallel lauten (BT-Drucks 13/4899 S 96). Das HerausgVerlangen scheitert nicht schon dann, wenn das Ki bei den PflegeElt gut versorgt w od diese sonst besser geeign erscheinen (BayObLG FamRZ **84**, 817). Das natürl Vorrecht der leibl Elt braucht nur dann zurückzutreten, wenn die AufenthÄnd bei dem Ki zu nicht unerhebl körperl od seel Schäden führt (Oldbg FamRZ **81**, 811) od führen kann (Ffm FamRZ **80**, 826 u NJW **81**, 2524). Der Wunsch der Elt auf Herausg des Ki darf desh nur dann versagt w, wenn dch die Wegnahme, dh dch den Wechsel des Ki zu seinen EltT bzw zu einem EltT, das körperl, geist od seel Wohl des Ki gefährdet würde (vgl als Grdlage für die Änderg des GesWortlauts: BVerfG NJW **85**, 423; vgl ferner Salgo aaO, 423). Nur unter diesen Vorauss hat die VerbleibensAnO nach IV Vorrang (BayObLG FamRZ **84**, 932). Der **Gefahrbegriff** entspr dem von § 1666 Rn 16. Keineswegs soll bereits bei einem im Vergl zu § 1666 nF geringeren Grad der Gefahr für das KiWohl

das grdrechtl geschützte EltR hinter die Belange des Ki zurücktreten müssen (BT-Drucks 13/4899 S 96). Für einen Erfolg des HerausgVerlangens ist nicht allg zusätzl notw, daß es nur zum Wohl des Ki geschieht od ein trift Grd dafür vorliegt (Soerg/Strätz 25; siehe aber Rn 22). Die Entsch darf grdsl nur aGrd eines aktuellen, ggf auch von einer Partei beigebrachten (Ffm FamRZ **83**, 1164) **kinderpsychologischen Gutachtens** erfolgen (Ffm FamRZ **83**, 297/647 mA Kemper; Siedhoff NJW **94**, 618). Bei entschiedener Ablehng der Rückkehr einer 16jähr kann darauf verzichtet w (BayObLG NJW-RR **99**, 369). Erfdl ist ijF eine **Abwägung** der KiInteressen, auf die allein sich die PflegePers berufen kann, u dem EltR der leibl Elt, die sich auch bei einer funktionierden PflegeBeziehg nicht mit einem bl BesuchsR abspeisen zu lassen brauchen (aA LG Hof DAV **81**, 213) u ggf dritter Pers, zB einer Halbschwester, die die Vormsch beantr hat (AG Eschwege DAV **97**, 139). Das HerausgR wird grdsl nicht dadch beeinträcht, daß sich das Ki bei PflegeElt befindet, die es gut versorgen (BayObLG FamRZ **76**, 232; **78**, 135). Entscheidd ist das Ausmaß der Integration des Ki in die PflegeFam (AG Ffm DAV **82**, 365/68) u ob eine unvorbereitete Übersiedlg zu den leibl Elt bei dem Ki die Gefahr seel Entwurzelg entstehen ließe (Gernhuber FamRZ **73**, 238 f; Thieme FamRZ **84**, 111; illustratives GgBsp: Hamm DAV **75**, 156). BezugsPers brauchen nicht die PflegeElt selbst, sond können auch Pflege-Geschw, Nachbarn od Schulfreunde sein (vgl § 1671 Rn 17). Zum **Verhältnismäßigkeitsprinzip:** Siedhoff NJW **94**, 619. Ggü der SorgeREntziehg kann VerbleibensAO zG der PflegeFam das mildere Mittel sein, wie umgek die Auswanderg mit dem mucoviszidosekranken Ki in diesem Fall ggü den Belangen des Vaters uU zurückstehen muß (Karlsr FamRZ **94**, 1544). Nach wie vor zu berücks, wenn auch nicht mehr ausdrückl im gesetzl Tatbestd gefordert, sind **Anlaß und Dauer der Familienpflege.** Als Anlässe können etwa KiMißhandlgen od Verwahrlosenlassen des Ki bedeuts sein. Zur Dauer: Rn 22. So ist IV gegeben, wenn das Ki nach völl Scheitern des ZusLebens mit den Elt bei den PflegeElt Zuflucht gesucht hat (BayObLG DAV **83**, 78). Haben die Elt ihr Ki selbst in Pflege gegeben u ist daraus eine entspr Beziehg gewachsen, so ist die Herauslösg aus der PflegeFam nur noch ausnw vertretb (Karlsr NJW **79**, 930). Umgek steht einem späteren Herausg-Verlangen nicht entgg, wenn die nicht mit dem Va des Ki verh Mu aus Liebe zu ihrem Ki dieses zunächst zur Adopt freigegeben hat, dann aber die leibl Elt geheiratet haben (AG Kamen DAV **80**, 45 mA Dickmeis) od wenn das Ki zwar 8 J bei den PflegeElt war, aber die ne Mu gute pers Beziehgen zu ihm hat (BayObLG FamRZ **95**, 626). Andere Grde für den Erlaß der VerbleibensAnO können sein: **Entfremdung** zw Ki u Elt(-Teil), etwa weil sich die Mutter jahrelang nicht um ihr Ki gekümmert hat (BayObLG FamRZ **74**, 137/9; Karlsr NJW **79**, 930). Hat dagg die Mutter den Kontakt zu dem Ki nicht abreißen lassen, wird ihr Herausg-Verlangen idR gerechtfert sein (Ffm FamRZ **83**, 297). **Persönliche Defizite** bei den leibl Elt: IV setzt nicht fehlde ErziehgsEigng bei den Elt voraus (Ffm FamRZ **83**, 1163). Ausreichd auch Überforderg der Mutter dch 3 weitere (BayObLG DAV **85**, 335), insb lernbehinderte Ki (Schlesw DAV **80**, 574). Auch eig psych Probl aS des leibl EltT können eine AnO nach IV rechtfert (BayObLG NJW **88**, 2381); ebso Beziehgslosigk dem Ki ggü (BayObLG FamRZ **74**, 139). Ausr auch Mängel **dritter Personen,** zB drohde Mißhandlgen dch den Stiefvater (Ffm FamRZ **81**, 308). **Unzureichende Lebensverhältnisse** bei den Elt wie Mangel an Betreu-ungsMöglkten (LG Hof DAV **81**, 213). Aber ein soz u kulturelles Gefälle zw PflegeElt u leibl Elt reicht für sich allein nicht aus (Soerg/Strätz 26), ebsowenig wie die bessere erzieherische Eigng der PflegeElt (Kln FamRZ **71**, 182). Ein HerausgVerlangen, das ledigl einen **Wechsel der Pflegeeltern** bezweckt, setzt voraus, daß eine KiWohlBeeinträchtigg ausgeschl w kann (BVerfG NJW **88**, 125). Das gilt insb für die Wegn von der Großmutter (BayObLG FamRZ **91**, 1080).

c) Verbleibensanordnung. – aa) Verhältnis zu § 1666. Die AnO des FamG nach IV, daß das Ki bei der PflegePers verbleibt, stellt ggü § 1666 eine verfahrensrechtl SondRegelg dar. Daran hat sich dch die Aufg der unmittelb Verweisg auf die Generalklausel im Tatbestd von IV wg des unveränd PrüfgsProgramms nichts geänd (vgl Rn 24). Neben der VerbleibensAnO bedarf es daher nicht noch der Entziehg des SorgeR (BayObLG DAV **83**, 78; Ffm FamRZ **81**, 813). Anderers kann iVm sonstigen Störgen des PflegeVerhältn zusätzl die Entziehg des SorgeR (Bambg DAV **87**, 664) bzw des UmggsR der Elt in Betr kommen (AG Karlsr DAV **78**, 386), um die PflegeElt auch rechtl in die Lage zu versetzen, das Ki umfassd zu erziehen (Hamm FamRZ **75**, 1507). Das Gericht kann in solchen Fällen über die VerbleibensAnO hinaus den Elt nach § 1666 störde Eingriffe in das PflegeVerhältn untersagen (Siedhoff FamRZ **95**, 1254). In der Regel sind jedoch weitere AnOen überflüss; die ErsetzgsBefugn des JA gem § 1666 III reicht aus (vgl Hamm NJW-RR **97**, 1299). Behalten die Elt das Ki einfach, so wird das VerbleibensVerf nicht ggstandslos, sond können die PflegeElt den Antr auf Rückführg des Ki stellen BayObLG FamRZ **97**, 223; Düss FamRZ **94**, 1541). 25
– **bb) Ermessen.** Das Fam „kann" das Verbleiben des Ki in der PflegeFam anordnen. Es handelt sich also um eine ErmessensEntscheidg. Allerd muß die AnO erfolgen, wenn das Gericht zu der Überzeugg gelangt ist, daß die Wegnahme das Wohl des Ki gefährden würde. Die ursprüngl Maxime, mRücks auf das grundgesetzl geschützte EltR werde die AnO des endgült Verbleibens des Ki bei der PflegePers eher die Ausn bilden u nur bei schwerwiegder ErziehgsUnfgk der Elt od eines EltT überh in Betr kommen, so daß die AnO idR dazu diene, ein HerausgVerlangen zur Unzeit abzuwehren (BT-Drucks 8/2788 S 52), hat sich eher als zweifelh erwiesen. Die Position der PflegeElt hat in Anerkenng soz Elternsch an Bedeutg wesentl gewonnen, wie insb auch die Einf von § 1682 zeigt. Gerade aber ggü dieser Tendenz sind immer wieder die GrdWertgen in diesem Bereich zu betonen: Nach dem **Verhältnismäßigkeitsprinzip** haben AnOen nach IV ggü Maßn nach § 1666 Vorrang (BayObLG FamRZ **84**, 932). Das VerhältnismäßigkPrinzip gilt aber auch innerh der Maßn von IV. Als Kompensation zur VerbleibensAnO u als dieser ggü mindere, weil abmildernd wirkde Maßn wird die **Anordnung von Besuchsrechten** angesehen (BayObLG NJW **84**, 2168), u zwar sowohl für die mit ihrem HerausgVerlangen scheiterden Elt (vgl § 1632 IV), als auch umgek zG der PflegePers, wenn dadch der für das Ki wesentl persönl Kontakt zu der ggwärtigen BezugsPers aufrechterhalten w kann u soll (vgl jetzt § 1685). Zur Erhaltg bzw Schaffg weiterer die Rückführg ermöglichden Beziehgen zw den Elt u dem Ki ist eine Besuchsregelg zwingd in Erwägg zu ziehen (Hbg FamRZ **89**, 420). Das folgt aus dem Konzept der beschrkten VerbleibensAnO (Rn 27). – **cc) Dauer der Verbleibensanordnung.** Die Ver- 26
bleibensAnO darf nur **solange** in Geltg bleiben, wie von der Wegnahme aus der PflegeFam eine Gefährdg für das KiWohl ausgeht. Hat das FamG eine VerbleibensAnO getroffen u entfällt die von der Wegnahmeabsicht der Elt ausgegangene Gefährdg des KiWohls, bspw weil sich das Ki dch die vom Gericht zugleich mit

der VerbleibensAnO getroffene Besuchsregelg wieder an die Elt gewöhnt hat, so hat das FamG seine AnO gem § 1896 aufzuheben u damit den Weg für ein nunmehr erfolgreiches HerausgBegehren der Elt freizumachen.

28 **d) Verfahrensrecht.** (Finger FuR **98**, 80). **aa)** Das FamG entscheidet **von Amts wegen oder auf Antrag der Pflegeperson,** wenn die Elt die Absicht kundtun, das Ki aus der PflegeFam wegzunehmen. Neben den vAw zur Abwendg von Gefahr für das Ki berufenen Stellen wie insb dem JA kann die PflegePers damit selbstd tätig w, wenn für das Ki dch den von den Elt od einem EltT angekündigten Wechsel aus der Pflegestelle eine Gefährd ausgeht. Hiermit u mit der Verpfl des Gerichts, gem FGG 50 c im Verf auch die PflegePers anzuhören (vgl iü einf 9 v § 1626), sollen der Schutz des Ki u die Achtung vor der PflegePers, die
29 sich des Ki angenommen hat, erhebl verstärkt w (BT-Drucks 8/2788 S 40). – **bb) Zeitpunkt.** Das FamG darf iSv IV tätig w u entsprechd ist auch ein Antr der PflegePers zul, wenn die Elt das Ki von der PflegePers wegnehmen „wollen". Die Kundgabe einer entsprechden Absicht reicht aus. Es braucht das HerausgVerlangen noch nicht rechtshäng gemacht worden zu sein. Denn die PflegePers muß ebso wie das Ki wissen, worauf sie
30 sich einzustellen haben. – **cc)** Die VerbleibensAnO ergeht dch den Ri (RPflG 14 I Nr 7). Auch dch vorl AnO (LG Frankth FamRZ **84**, 509). Anhörgen: Einf 9 ff v § 1626. Verfahrenspfleger für das Ki: FGG 50 II Nr 3. Gebühren: KostO 94 I Nr 3. Befristete Beschw zum OLG (ZPO 621 e I u III, 621 I Nr 3; GVG 119 I Nr 2). Bei bl Zwischenentscheidg: Einf Beschw zum OLG (FGG 19). Die PflegeElt können Beschw gg die WegnAnO einlegen, auch wenn das Ki bereits aus der Pflegestelle herausgenommen w ist (Ffm FamRZ **83**, 1164), auch gg einstw Regelgen zum UmggsR der Elt (Ffm FamRZ **94**, 391), aber nicht gg den Entzug der elt Sorge (Ffm OLG **83**, 301).

31 **4) Bestimmung des Umgangs des Kindes mit Dritten, II** (Lit: Scherer ZfJ **99**, 86).

32 **a) Inhalt.** Im Unterschied zum früh Recht wird die Befugn der Elt, den Umgang des Ki mit Wirkg für u gg Dritte zu bestimmen, im Gesetz ausdrückl erwähnt. Dch die Aufn dieses Rechts in II soll erreicht w, daß die gerichtl AuseinandS zw den Elt u einem Dr u dessen Umgg mit dem Ki vor dem FamG (früher: VormschG) ausgetragen w (BT-Drucks 8/2788 S 51). Danach hat der SorgeBerecht das Recht u die Pflicht, den Umgg des Ki mit and Pers zu überwachen sowie dch UmggsBestimmgen (Rn 33) zu gestalten u insb schädl Einflüsse Dr auf das Ki nach Möglk zu verhindern u das Ki vor Belästiggen zu schützen (BT-Drucks 7/2060 S 22).

33 **b) Umgangsbestimmungen der Eltern.** die Befugn zur Bestimmg des Umggs des Ki mit Dr geschieht regelm dch bestimmte AnOen der Elt. Steht das SorgeR beid EltT zu, können sie den Umgg des Ki auch nur in beiderseit Einvernehmen best. Bei Nichteinigkeit: § 1628. Steht das SorgeR einem EltT allein zu (§§ 1626 a II; 1672 I usw), kommt es auf die tats PersSorge an (vgl Nürnb FamRZ **59**, 71). Im Rahmen ihres ErziehgsAuftr, den aus dem Verkehr mit Dr für das Ki drohden Gefahren zu begegnen, können Elt mit Weisgen u Verboten gg das Ki od auch gg Dr vorgehen (BayObLG FamRZ **95**, 497). Im VorderGrd der rechtl
34 AuseinandS stehen naturgem die **aa) Umgangsverbote** (Münder RdJ **75**, 146). Sie müssen bei gemeins Sorge von beid Elt getragen w (Schlesw FamRZ **65**, 224). Inhaltl bezieht sich die UmggsBestimmg der Elt auf den persönl Kontakt des Ki mit dem Dr, aber auch auf den briefl, telefonischen u cumputergesteuerten
35 Verkehr (Soergel/Strätz 14 mN). – **bb) Umgangsgebote und -erlaubnisse.** Den UmggsVerboten als negat UmggsBest entspr positive UmggsAnOen, wie sie konkludent das Alltagsleben in der Fam bestimmen (zB dch Finanzierg von Musikunterricht, Ausübg von Sport, Kinderfreundsch usw), od in der Erlaubn zum Beitritt in JugGruppen, Vereine usw zum Ausdr kommen.

36 **c) Schranken** für das UmggsBestR der Elt ergeben sich immanent aus den Beschrkgen des ErziehgsR der Elt sowie positivrechtl aus dem Gesetz, insb aus UmggsR bestimmter Dr.

37 **aa) Erziehungsauftrag.** Zur Erlangg der soz Mündigk (vgl § 1631 Rn 3) ist der Umgang des Ki mit Dr unerläßl. Wirkl Freiheit im Umgg mit and Menschen erwirbt das Ki nur, wenn es gelernt hat, Auswahl, Intensität u Umfang des Verk mit Dr selbst u verantwortl auch ggü seinen übr Lebensinhalten zu best. Das kann niemand im Umgg nur mit den engsten FamMitgliedern lernen, weshalb eine soz Öffng zu einer vernünft Erziehg dazugehört. Diesem Ziel dienen etwa die UmggsBerechtiggen in den §§ 1626 III, 1684, 1685. Anderers bringt Umgg mit Dr stets auch gewisse Gefahren mit sich (Ansteckg mit Krankh, Verführg zu den ErziehgsZielen der Elt entggstehden Verhaltensweisen, psych Abhängigk in rel, polit u ideolog Grdhaltgen usw). Umgg mit Dr ist damit wichtige Erfahrg u Gefährdg zugleich. Die Grenze für die Entscheidg der Elt einzugreifen, ist nicht die Fähigk des Jugendl, eine eig sachgerechte Entscheidg zu treffen (vgl Reuter FamRZ **69**, 625), auch nicht zweifelh Übertraggen soziolog Erhebgen in die jur Dogmatik (so Klocke JuS **74**, 75) od die Drohg einer ernstl Schädigg des Kindes (Soerg-Herm Lange 23), sond nach der eindeut WertEntsch des GesGebers die **Mißbrauchsschranke des § 1666,** die sich allerd mit dem Älterwerden zG der Kindesautonomie verschiebt u schon vorher nach dem **Einvernehmenspostulat von § 1626 II** (vgl dort Rn 22 ff) erfordert, daß der dem KiWillen entggstehde Wille der Elt sich insb in den Jahren vor Erreichg der Volljährigk auf **triftige und sachliche Gründe** stützt, wobei wirtschaftl Opfer der Elt erhöhte PflAnfordergen auch des Kindes begründen können (Hamm FamRZ **74**, 136). Umggsverbot bedarf dem Dr ggü keiner trift Grde (Ffm NJW **79**, 2052). Als Grde für ein Umggsverbot kommen nach der Rspr in Betr: Lesbische Beziehg (LG Bln FamRZ **85**, 519); Verschiebg der Lebensphasen, zB 7 J ält Frau mit 2 Kindern will 18jähr heiraten (Nürnb FamRZ **59**, 71 vor Herabsetzg des VolljährigkAlters) od Verk einer 15jähr mit einem 19jähr (LG Stgt MDR **64**, 56) bzw überh mit wesentl ält verheirateten Mann (LG Hbg FamRZ **58**, 141); Versuch, eine Jugendl der elt Einflußn vollk zu entziehen (Hann NJW **49**, 625); GeschlVerk mit 15jähr Tochter u Fortsetzg auch nach deren Verlobg mit and Mann (Tüb FamRZ **67**, 108); Verurt zu 2 J FreihStrafe wg Raubes (KG MDR **60**, 497); Rauschgiftmilieu (Hamm FamRZ **74**, 136). Dagg nicht: negat grapholog Gutachten ü 28jähr Dr rer pol (Kblz NJW **58**, 951); Schutz einer mj Tochter vor jegl Verk mit einem best Manne (aA Kln FamRZ **63**, 447; LG Mü NJW **62**, 809); Abschneiden jegl soz Kontaktes aus schul Grden (Wiesb FamRZ **74**, 663). IjF ist es im Interesse eines wirks Konfliktabbaus notw, vor der Entscheidg die Sachargumente v Elt u Kind sowie ggf auch des Dr zu hören u ggf ggeinand abzuwägen (zur Anhörg FGG 50 a ff sowie Einf 9–11 vor § 1626). Eine wirks Verlobg des Kindes schließt absolutes UmggsVerbot aus (Saarbr NJW **70**, 327). Mit Rücks auf die

Herabsetzg des VolljkAlters besteht nach Brem FamRZ **77**, 555 kein Anlaß mehr für eine Einschränkg des EltR, sex Beziehgen ihrer noch nicht 18 j Tochter zu einem gesch 23 jähr ohne geregelte Beschäftigg zu unterbinden. Unter II fällt nicht die Bestimmg von Ausgehzeiten, des Besuchs v Lokalen uä; diese richtet sich vielm unmittelb nach §§ 1626, 1631.

bb) Umgangsrechte. Das SorgRG u jetzt verstärkt auch das KindRG haben in der Erkenntn, wie wichtig für eine erfolgr Erziehg der Umgg des Ki, das häufig in einer KleinFam od in gestörten FamVerhältn aufwächst, mit Verwandten u nicht zur Verwandtsch gehörden Dr ist, die UmggsR and Pers, denen keine eig SorgeBerechtigg zusteht, gestärkt. als **Generalklausel** wirken hierbei die Vorschr des **§ 1626 III 1 u 2.** Die Vorschr postuliert in den beiden ersten Sätzen als in der Regel zum Wohl des Ki gehörd seinen Umgg mit beid EltT u mit and Pers, zu denen es für seine Entwicklg förderel Bindgen besitzt (vgl dazu § 1626 Rn 24 ff). In den **§§ 1684 u 1685** wird diese pädagog Erkenntn in UmggsR des Ki den Elt ggü u der Elt selbst umgesetzt bzw in UmggsR mit GroßElt, Geschw, StiefElt u PflegeElt nach Maßg des KiWohls. 38

d) Streitigkeiten über Umgangsbestimmungen der Eltern, III Alt. 2. Währd nach früh Recht die Dchsetzg von UmggsVerboten Dr ggü im Wege einstw Vfgen u UnterlassgsKl erfolgte (vgl 38. Aufl § 1631 Anm 3 a) u über das SorgeR das VormschG entschied, hat das KindRG für Streitigkten über das UmggsBestR der Elt untereinand wie auch mit Wirkg ggü Dr die einheitl Zustdgk des FamG begründet. Dem Ki ggü können die Elt in den Grenzen von §§ 1631 II, 1666 unmittelb ErziehgsMaßn ergreifen. Sie können aber auch das FamG bitten, ihre eig Entscheidg ggü dem Ki einen rechtsoffiziellen Charakter zu verleihen (vgl BayObLG FamRZ **95**, 497). Zustdgk des FamG: GVG 23 b I 2 Nr 3, ZPO 621 I Nr 2. Unter die ZustdgkRegelg von III fallen trotz der weiten Gesetzesfassg nicht SchadErsKl der Elt gg Dr aus § 823 I wg Verletzg des absoluten Rechts der elt Sorge (§ 1626 Rn 5). Das FamG entscheidet nur auf **Antrag** eines EltT. Waren sich beide Elt über ein UmggsVerbot einig (Rn 33), genügt der Antr eines EltT. Erst recht natürl, wenn dem AntrSt ohnehin das SorgeR allein zusteht. Es entscheidet der Ri (RPflG 14 Nr 16). Anhörgen: Einf 9 ff v § 1626. Verfahrenspfleger für das Ki: FGG 50. Gebühren: KostO 94 I Nr 6. Vollstreckg: FGG 33. Beschwerde: ZPO 621 e I, 621 I Nr 2, GVG 119 I Nr 2. 39

1633 ***Einschränkung der Personensorge durch Heirat.*** **Die Personensorge für einen Minderjährigen, der verheiratet ist oder war, beschränkt sich auf die Vertretung in den persönlichen Angelegenheiten.**

1) Schutzvorschrift zG 16 u 17 jähr Söhne u Töchter, die vor Eintr der Volljk eine Ehe eingehen. Denn im Ggs zum früh R, wo der Sohn vor Eheschließg für vollj erkl w mußte u zum Gemeinen Recht, wonach Heirat die Frau mündig machte (ebso evtl nach dessen HeimatR bei Eheschl mit Ausl, RG **91**, 407), kann das FamG heute beiden Geschlechtern, aber jeweils nur der Frau od dem Mann Befreiung vom VolljkErfordern erteilen (§ 1303 II). Die elt Sorge wird dadch nicht beseit, sond nur eingeschrkt. Hins der tats PersSorge steht der Mj nach der Heirat allerd einem Vollj gleich. **Wiederauflösung der Ehe** (dch Scheidg od Aufhebg) noch vor Eintr der Volljk ändert an dem dch die Eheschl eingetretenen Zustd nichts; die elt Sorge lebt nicht wieder zu vollem Umfang auf u erstreckt sich auch nicht auf die Enkel. Für sie gelten die §§ 1671 ff. 1

2) Die SorgeRInhaber, idR also die Elt, behalten die **Vermögenssorge,** vgl § 1626 Rn 18 ff (Ausn: EheVertr mit VerwaltgsR des and Eheg gem §§ 1411, 1421), haben aber den Überschuß der Einkünfte aus dem KiVerm (§ 1649 II 2) u bei Volljk das Verm (§ 1698) herauszugeben. Geltdmachg von UnterhAnspr gg den Eheg des Kindes dch die Elt, aber (wg ZPO 607 I) nicht bei Antr auf einstw AO z Regelg des Unterh (ZPO 620 Nr 6). Bei Meingsverschiedenh zw SorgeRInhaber u Kind sowie bei Mischtatbestden (teils Pers-, teils VermSorge) Entsch des FamG analog § 1630. 2

3) Dagg wird die **tatsächliche Fürsorge** (§ 1626 Rn 15) dch die Eheschl **eingeschränkt.** Es entfällt (mit Ausn der Vertretg) die PersSorge u damit auch das ErziehgsR (LG Darmst NJW **65**, 1235). Kein Übergang dieser Rechte zur Erziehg, Beaufsichtigg, AufenthBest usw auf den Eheg des Kindes, sond im Verhältn der Ehel zueinand gelten §§ 1353 ff. Entspr hat Eheg kein Recht, dem Ki den Verk mit seinen Elt zu untersagen. Maßn insb der Hilfe zur Erz (Einf 19 ff vor § 1626) bleiben mögl. In einem Verf zZw der Übertr der PersSorge auf einen Pfleger gem § 1666 führt Eheschl der Tochter zur Erledigg der Hauptsache (Hamm FamRZ **73**, 148 zu § 1671 V aF). Die Elt behalten eine Art UmggsR (jetzt § 1684; nach früh Recht umstr) u die Vertretg in PersSorgesachen (§ 1626 Rn 17), zB Vertretg bei VaterschAnf (§ 1600 a Rn 2) od StrafAntr (StGB 77). Benötigt der Eheg Zust des Kindes, muß er sich an SorgeRInhaber wenden. 3

1634–1637 *(Aufgehoben, § 1634 durch Art. 1 Nr. 48 KindRG, §§ 1635–1637 durch § 84 EheG 1938, bestätigt durch § 78 EheG 1946. Die Regelung des Umgangsrechts befindet sich jetzt in den §§ 1684–1686.)*

1638 ***Beschränkung der Vermögenssorge.*** **I Die Vermögenssorge erstreckt sich nicht auf das Vermögen, welches das Kind von Todes wegen erwirbt oder welches ihm unter Lebenden unentgeltlich zugewendet wird, wenn der Erblasser durch letztwillige Verfügung, der Zuwendende bei der Zuwendung bestimmt hat, daß die Eltern das Vermögen nicht verwalten sollen.**

II Was das Kind auf Grund eines zu einem solchen Vermögen gehörenden Rechtes oder als Ersatz für die Zerstörung, Beschädigung oder Entziehung eines zu dem Vermögen gehörenden Gegenstandes oder durch ein Rechtsgeschäft erwirbt, das sich auf das Vermögen bezieht, können die Eltern gleichfalls nicht verwalten.

III Ist durch letztwillige Verfügung oder bei der Zuwendung bestimmt, daß ein Elternteil das Vermögen nicht verwalten soll, so verwaltet es der andere Elternteil. Insoweit vertritt dieser das Kind.

1 **1) Vermögenssorge** (§ 1626 Rn 18) umfaßt Verwaltg (§ 1638 I) u Vertretg (§ 1629 I 1), die grdsätzl beiden Elt gemeins obliegt; Entziehg od Ausschluß der Vertretg allein ist mögl u berührt VermSorge, dh die Verwaltg, als solche nicht (RG **144**, 251); vgl iü § 1629 Rn 7. Die VermSorge ermächtigt zu Inbesitznahme, Erhaltg, Vfg, Eingehg von Verpflichtgen, Erwerb (§ 1642 I), Prozeßführg. VermSorge kein SachenR, daher
2 nicht eintragb (KGJ **49**, 211). VermSorgeHdlgen dienen der Erhaltg u Mehrg des Verm. **Eltern** können **frei verfügen,** soweit sie nicht gesetzl, zB § 1643, beschr sind (RG **108**, 365; Siber JhJ **67**, 122). Grdsätzl unterliegt das gesamte KindesVerm, jedoch nicht das **verwaltungsfreie, I,** der elterl Verw. Unverzichtb, da auch Pflicht, u nur der Ausübg nach übertragb. Elt od einer von ihnen Besitzmittler des Kindes, aber nicht hins des verwaltgsfreien Vermögens (Dresden LZ **22**, 420). Zur Erlangg von **Steuervorteilen** muß Kapital-Verm so übertr w, daß die Elt zB die auf den Namen der Kinder eingerichteten Sparkonten wie deren Verm verwalten (BFH NJW **77**, 695 u 864).

3 **2) Ausschließung der Verwaltung, I** (Lit: Merkel MDR **64**, 113). **a) Voraussetzungen:** Die Ausschließg muß in letztw Vfg od bei Zuwendg forml erfolgen (vgl § 1418 Rn 4); desh auch nicht Ausdrücklichk erfdl, sond zB dch Bitte um Pflegerbestellg dch den Zuwendenden, aber nicht in der bl Ausschließg von der Nutznießg des von dem Ki von Todes wg erworbenen Verm (LG Dortm NJW **59**, 2264). Bedingte Ausschließg mögl (KG FamRZ **62**, 432). Ausschließg auch hins PflichtteilsAnspr (Hamm MDR **69**, 1011). Prakt Ausschließg der elterl Verwaltg (aber nur in den Grenzen der §§ 2205, 2211) auch dch Einsetzg eines **Testamentsvollstreckers.** Ist gleichzeitig elterl VerwaltgsR entzogen, Antr auf Entlassg des TV (§ 2227) nur
4 dch Pfleger (Ffm DNotZ **65**, 482 mAv Baur), der das bish Verf aber gen kann (BGH **106**, 96). – **b) Folgen:** Ausschließg der Ausübg der Verw ist nicht als Eingr in die Substanz des EltR, sond als Beschrkg des übertragenen Verm dch den Dr zu werten (Beitzke FamRZ **58**, 9). Der ausgeschl EltT kann auch nicht die Erteilg eines Erbscheins beantr (Ffm FamRZ **97**, 1115). Soweit nicht III eingreift, **Pflegerbestellung** für das von Anfang an verw-freie Verm (RG Recht **09** Nr 1237) erfdl (§ 1909 I 2); aber nicht zul zur dauerden Überwachg der elterl Verw. Bei Ausschl des überlebden EltT von der Verw des ererbten KiVerm stets ErgänzgsPflegsch (BayObLG FamRZ **89**, 1342). Zuwendender hat PflegerbestimmgsR (§ 1917), nicht die Elt, die auch kein BeschwR gg die Auswahl haben (umstr). Dagg können die Elt die Erbsch annehmen od
5 ausschlagen, da dies keine VerwAkte sind (Karlsr FamRZ **65**, 573; bestr). Die Ausschließg der Verw betr auch **Surrogate** uä, **II** (vgl § 1418 Rn 5), insb auch die Einkfte, die nur bestimmgsgem verwendet werden dürfen, so daß regelm auch Verwendg nach § 1649 II entf. Den Elt stehen auch **Auskunftsansprüche** gg den ErgänzgsPfl zu (LG Bonn FamRZ **95**, 1433).

6 **3)** Ist **ein Elternteil ausgeschlossen,** verwaltet der and EltT allein, **III 1.** Er vertritt insof auch das Ki, **III 2.** Ausschließg auch dch einen EltT dem and EltT ggü (RG **80**, 217 Ausstattg), insb nach Scheidg (BayObLG FamRZ **89**, 1342).

7 **4) Ersatzstücke, II.** Vgl dazu § 1418 Rn 5.

1639 *Anordnungen des Zuwendenden.* **I Was das Kind von Todes wegen erwirbt oder was ihm unter Lebenden unentgeltlich zugewendet wird, haben die Eltern nach den Anordnungen zu verwalten, die durch letztwillige Verfügung oder bei der Zuwendung getroffen worden sind.**

II Die Eltern dürfen von den Anordnungen insoweit abweichen, als es nach § 1803 Abs. 2, 3 einem Vormunde gestattet ist.

1 **1) Anordnungen, I,** des Zuwendenden. Zur inhaltl Gestaltg solcher AnOen: Frenz DNotZ **95**, 908. Sie sind iGgs zu bl Wünschen für die Elt verbindl. Doch wirken auch sie iGgs zu § 1638 nicht dingl. Da somit das VerwaltgsR der Elt bestehen bleibt, ist auch kein Pfleger zu bestellen (BayObLG Rpfleger **82**, 180). ZuwiderHdlgen verpfl die Elt aber zum SchadErs (§ 1664). Die Möglk gerichtl Maßn bei ZuwiderHdlgen gg AnOen des Zuwendden ergibt sich jetzt auch § 1666 als der zentralen Vorschr für Eingriffe auch in die VermSorge (vgl dort § 1666 Rn 10); auf I 2 aF als eigenständ EingrGrdl konnte desh verzichtet w (BT-Drucks 13/4899 S 115).

2 **2) Abweichungen, II,** von einer AnO sind mit Zustimmg des Zuwendden (§§ 182ff, 1803 III) bzw bei letztwill Vfgen mit gerichtl Genehmigg bei Gefährdg der Interessen des Ki erlaubt.

1640 *Vermögensverzeichnis.* **I Die Eltern haben das ihrer Verwaltung unterliegende Vermögen, welches das Kind von Todes wegen erwirbt, zu verzeichnen, das Verzeichnis mit der Versicherung der Richtigkeit und Vollständigkeit zu versehen und dem Familiengericht einzureichen. Gleiches gilt für Vermögen, welches das Kind sonst anläßlich eines Sterbefalles erwirbt, sowie für Abfindungen, die anstelle von Unterhalt gewährt werden, und unentgeltliche Zuwendungen. Bei Haushaltsgegenständen genügt die Angabe des Gesamtwertes.**

II Absatz 1 gilt nicht,

1. wenn der Wert eines Vermögenserwerbes 30 000 Deutsche Mark nicht übersteigt oder
2. soweit der Erblasser durch letztwillige Verfügung oder der Zuwendende bei der Zuwendung eine abweichende Anordnung getroffen hat.

III Reichen die Eltern entgegen Absatz 1, 2 ein Verzeichnis nicht ein oder ist das eingereichte Verzeichnis ungenügend, so kann das Familiengericht anordnen, daß das Verzeichnis durch eine zuständige Behörde oder einen zuständigen Beamten oder Notar aufgenommen wird.

1) Inventarisierungspflicht. Geändert dch Art 1 Nr 16 KindRG: Erhöhg der Wertgrenze in II; Begründg der Zustdgk des FamG; Streichg von IV. Erwirbt das unter elt Sorge stehde Ki vTw, als UnterhAbfindg (vgl im NehelUnterh § 1615 e aF; zul noch für UnterhRückstände) od als Schenkg Verm, das der Verwaltg der vermsorgeberecht Elt unterliegt, so haben die Elt ab einer best Größe des Verm u wenn sie davon nicht dch den Erblasser od Zuwendden dch abweichde AnO befreit w sind, ein VermVerzeichn zu erstellen u dem FamG einzureichen. 1

a) Zweck. Die Verpfl der Elt, bei Verwaltg von Verm, welches das Ki vTw erwirbt, ein VermVerzeichn einzureichen, war bereits dch das SorgRG wg ihrer Beschrkg auf best Tatbestde als zu eng u ands als von dem VermUmfang unabh Verpfl als zu weit angesehen worden (BT-Drucks 7/2060 S 26). Auch das KindRG hat auf das VermVerzeichn nicht verzichtet, weil dieses Verf den Elt zwar zusätzl zum NachlaßVerf auferlegt wird u desh in manchen Fällen als formalistisch empfunden w mag, jedoch in and Fällen für das Ki einen unverzichtb Schutz bewirkt. Ein EltT soll sich insb nach dem Tod des and EltT klarmachen, welche Rechte ihm an dem vorhandenen Verm zustehen, u zG der Ki das aufzeichnen, was ihnen zukommt (RG **80**, 65). Für eine Entlastg von Elt u Ger soll die Anhebg der Wertgrenze sorgen. Iü wurde mRücks auf die allg Eingriffs-Regelg in § 1666 (vgl dort Rn 44) dch Art 1 Nr 16 KindRG auf die in IV aF enthaltene EingrGrdl verzichtet (BT-Drucks 13/4899 S 65). 2

b) Bedeutung des Inventars: Es dient dem Schutz des Ki u erleichtert eine spätere VermAuseinands, indem es auch ohne entspr gesetzl Vermutg (Soergel/Strätz 2) als Beweismittel für die Zugehörigk best Ggstde zum KiVerm u zum elt Verm sowie bei Wiederverheiratg eines EltT als Grdl für das gem § 1683 dem FamG einzureichden VermVerzeichn dient, währd das Eheverbot des fehlden AuseinandsZeugn (EheG 9 aF) aufgeh w ist (vgl Einf 1 vor § 1306). 3

c) Die Pflicht zur Aufstellg des VermVerzeichn ist abgesehen von II **zwingend.** 4

2) Voraussetzungen der Verpflichtung, I. Die Verpfl der Elt bzw des einz EltT zur Anfertigg eines VermVerzeichn besteht nur unter best Vorauss. Zum Ztpkt vgl Rn 10. 5

a) Die InventarisiergsPflicht gilt für Verm, welches das Ki **von Todes wegen** erwirbt, also als gesetzl, testamentarischer bzw Vertragserbe od aGrd eines Vermächtn od Pflichtt (vgl §§ 1922, 1924 ff, 1937, 1939, 2274 ff, 2303 ff). Gleiches gilt nach **I 2** für Verm, welches das Ki **anläßlich eines Sterbefalls** erwirbt, also zB in Erfüllg einer einem Dr gemachten Auflage (§ 1940), ferner für Renten- od SchadErsAnspr sowie Leistgen aus einer LebVers (BT-Drucks 7/2060 S 26); desgl auch für Erwerb aus **unentgeltlichen Zuwendungen,** bes Schenkgen nach §§ 516 ff sowie für Schenkgen vTw (§ 2301); schließl für **Abfindungen,** die anstelle von Unterh (vgl §§ 1615 e aF, 1585 c usw) gewährt w (BT-Drucks 7/2060 S 26). 6

b) Den Elt muß ferner die VermSorge zustehen (KG JFG **11**, 50), so daß die allg InventarisiergsPfl nicht besteht, wenn für die Verwaltg des Verm ein Pfleger bestellt ist bzw soweit das FamG bes AnOen zur VermVerwaltg erlassen hat (§§ 1630; 1667). 7

c) Die Verpfl zur Anfertigg des VermVerzeichn hängt ferner davon ab, daß der Wert des VermErwerbs (nicht wie bish: 10 000 DM, sond) **30 000 DM übersteigt, II Nr 1,** u besteht gleichfalls nicht, wenn der Erblasser od Zuwendde den Elt des begünst Ki die **Inventarisierungspflicht erlassen hat, II Nr 2.** Entscheidd ist der jew VermErwerb, nicht das GesamtVerm des Ki, so daß auch bei **zwei Einzelzuwendungen** versch Pers von je 15 000 DM keine InventarisiergsPfl besteht oder wenn der Erbl dem Kind mit Befreiungsklausel zG der Elt weniger od mehr als 30 000 DM vTw zuwendet u das Ki von and Seite einen Betr erh, der seiners unter 30 000 DM bleibt. 8

3) Inhalt der Inventarisierungspflicht, I. Vgl zum Vormd: § 1802 Rn 5. Die Elt haben das ihrer Verwaltg unterliegde AktivVerm (RG **149,** 172), das von dem Ki gem Rn 5 erworben w ist, aber auch nur dieses, den einz Ggstden nach (Grdst, Aktien, Kfz, FdgsR usw) zu verzeichnen, wobei HaushGgstde mit dem Gesamtwert angegeben w dürfen, **I 3.** Sie haben dieses Verz mit der **Versicherung** der Richtigk u Vollständigk zu versehen u dem FamG **einzureichen.** Bei ErbenGemsch zw EltT u Ki od wenn der EltT Vorerbe, das Ki Nacherbe ist, muß der ganze Nachlaß angegeben w; ferner bei einem PflichttAnspr des Ki, wer Erbe ist; bei Fdgen der Schuldn, SchuldGrd u Schuldhöhe (RG **80**, 65). Zur Berechng des Pflichtt ist kein Pfleger notw (Hamm FamRZ **69**, 661), wohl aber uU für dessen Geltdmachg (§ 1629 Rn 33). Bei Fortsetzg der GütGemsch (BayObLG JFG **1,** 57) od Vermögenslosigk zB inf Überschuldg des Nachl genügt deren Anzeige. Die TestVollstr des gem § 1640 verpfl EltT befreien diesen von der InventarisiergsPfl nicht (KG JFG **11**, 52). 9

4) Die Inventarisierungspflicht im einzelnen. 10

a) Entstehungszeitpunkt: Die Pflicht entsteht ohne gerichtl Aufforderg kr Ges aGrd des VermAnfalls. Das FamG erfährt iF eines Erw vTw dch die Mitteilg des NachlGer davon (FGG 74 a); vom Tode eines EltT erhält es Mitteilg dch das StA (FGG 48). In diesen Fällen wird es die Elt od den überlebden EltT zur Aufstellg des VermVerz auffordern. 11

b) Form: Die private Form genügt. Auch kann das Inventar zu Prot des FamG errichtet w. 12

c) Gebühren: Die Kosten trägt der EltT; vgl aber Rn 15. 13

d) Verstoß gegen die Verzeichnisverpflichtung. Ein solcher kann auch in einem nach Rn 8 ungenügden Inventar liegen, insb wenn schwerwiegde Bedenken gg seine Vollständigk bestehen. 14

e) Maßnahmen des Familiengerichts: Daß das Verz ungenügd ist, darf nur bei ernstl Bedenken gg die Richtigk des Verz angen w. Bei Gefährdg des KiVerm ist nach FGG 12 zu ermitteln. Für die Maßn nach III u § 1666 (vgl Rn 15 u 16) ist ein Verschulden der Elt nicht erfdl. Zur Beschw gg die AnOen: FGG 57 I Nr 8. 15

aa) Öffentliches Inventar, III. Das FamG kann nach vorheriger Androhg u nachdem es den Elt Gelegenh zur Ergänzg u zur Verbesserg gegeben hat (Soergel/Strätz 9), die Errichtg eines öff Inventars anordnen. Die zust Beh wird dch das LandesR best (FGG 200; BeurkG 61 I Nr 2). Zur Sache vgl § 1035 Rn 1. Zur Aufn dch einen Notar: BNotO 20 I 2. Gebühren: KostO 94 I Nr 3. Zahlgspflichtig sind die Elt bzw der überlebde EltT (str). 16

17 **bb) Weitere Maßnahmen.** Das FamG kann die Einreichg eines ordngsgem VermVerz auch dch Zwangsgeld gem FGG 33 erzwingen u dem EltT bzw den Elt als letzte Maßn die VermSorge entziehen u einen Pfleger bestellen (RG **80**, 65). Dies ergab sich früher aus IV, der aber iHinbl auf die auch über die VermSorge erweiterte Generalklausel des § 1666 I als entbehrl aufgeh w ist (BT-Drucks 13/4899 S 97). Vgl § 1666 Rn 8 u 57. Aufl § 1640 Rn 10. Währd der Dauer des Verf kann das FamG den Elt die VermSorge dch einstw AnO entziehen (KG JW **37**, 1073). Kosten wie Rn 13. Folgen der Entziehg: Herausg u RechenschPflicht nach § 1698.

18 **cc) Beschwerde** gg die AnOen des FamG: FGG 57 I Nr 8. Gg die Ablehng od Aufhebg der Entziehg der VermSorge steht den Angehörigen des Ki ein eig BeschwR zu.

1641 *Schenkungsverbot.* **Die Eltern können nicht in Vertretung des Kindes Schenkungen machen. Ausgenommen sind Schenkungen, durch die einer sittlichen Pflicht oder einer auf den Anstand zu nehmenden Rücksicht entsprochen wird.**

1 **Schenkungen** (§§ 516, 1804) aus KiVerm, uU auch Rangrücktritt (KG DNotZ **27**, 530), können Elt nicht vornehmen, auch nicht solche des Ki genehm (Stgt FamRZ **69**, 39); ausgen sittl Pfl entsprechde u Anstandsschenkgen (§§ 534 Rn 2/3, 1804 Rn 2). Verstoß bewirkt Unwirksamk (§ 134; and Canaris JZ **87**, 999: vormschgerichtl Gen dch verfassgskonforme Lückenfüllg); also auch keine Gen dch vollj Gewordenen, sond nur Neuvornahme (vgl aber KG JFG **13**, 187: vormschgerichtl Gen bei aus BilligkGrden gebotener Schenkg im Interesse des FamFriedens). RGesch bleibt gültig, wenn keine eigentl Schenkg. Nachweis, daß keine Schenkg, bedarf nicht der Form des GBO 29 (KG JW **37**, 2597). Schenkg im Namen der Elt od eines von ihnen widerrechtl (§§ 523, 816 I 2, 1664, aber § 932). Schenkg an Ki §§ 1638, 1639.

1642 *Anlegung von Geld.* **Die Eltern haben das ihrer Verwaltung unterliegende Geld des Kindes nach den Grundsätzen einer wirtschaftlichen Vermögensverwaltung anzulegen, soweit es nicht zur Bestreitung von Ausgaben bereitzuhalten ist.**

1 **1)** Die aF verpflichtete die Elt, Bargeld des Kindes mündelsicher (§§ 1807, 1808 aF) u zinstragd anzulegen, I aF, das VormschG konnte aber eine and Anleggsform gestatten, II aF. Diese Regelg erschien wg des begrenzten Katalogs mündelsicherer Anlagen als zu starr, die Einschaltg des seinerzeit zuständ VormschG als zu umständl u nicht folgerichtig dchgehalten. Aus diesem Grd räumte die Neufassg der Vorschr dch das SorgeRG den Elt eine freiere Stellg bei der **Anlegung von Geld des Kindes** ein, wobei einer Schädigg von dessen VermInteressen dch §§ 1664 u 1667 hinreichd vorgebeugt sein soll (BT-Drucks 7/2060 S 27). Die Vorschr ist im KindRG unveränd geblieben.

2 **2)** Die Grdsätze einer **wirtschaftlichen Vermögensverwaltung** sind betriebswirtschaftl nicht leicht festzustellen (vgl Zimmerer Hrsg, Handb der VermAnlage, 5. Aufl 1970; Budde ua, WirtschPrüferHandb, Bd II, 10. Aufl 1992; Christian ZfJ **81**, 287; Ellgering, Geldanlage u VermBildg, 9. aufl 1989). Bei Zimmerer aaO werden allein 13 verschiedene Formen unterschieden (SparKto, Bauspar-Vertr, festverzinsl Wertpapiere, insb Pfandbriefe u Kommunalobligationen, Investment, Immobilien-Investm-Anteile, Aktien, SchuldscheinDarl, Gold, LebensVers, Renten, Unternehmensbeteilgg, Kunstwerke, Briefmarken), wozu noch die versch örtl Besonderh treten: VermAnlagen in West-Bln, in der Schweiz, in Steueroasen od in überseeischen Wachstumswerten. Die fragl Grdse werden aber ijF eingehalten, wenn die Elt den Erfordern von § 1642 aF genügen (vgl dazu 38. Aufl). Danach galt folgdes: Die Vorschr verpflichteten die Elt, Bargeld, dh Metall- u Papiergeld, oRücks auf Herkft, so auch UnterhÜberschüsse aus Impfschadenrente (Hamm FamRZ **74**, 31), mündelsicher (§§ 1807, 1808) u **gewinnbringend** (zinstragend) **anzulegen** (BayObLG FamRZ **83**, 528). Die Elt halten sich iR der aus § 1642 folgden Pflicht, wenn sie sich jeweils an das halten, was von einem wirtschaftl denkden Privatmann als günst u sichere Anlage angesehen wird. Bei größeren Verm ist allerd ein Anlageberater hinzuzuziehen (Soerg/Strätz 2). Dagg keine Pfl, unsichere Werte in mündelsichere umzuwandeln, zB Wertpapiere, GeldFdgen (KG JFG **8**, 54; aA Erm- Ronke 1); ggf jedoch Prüfg iRv § 1643 u Einschreiten des VormschG gem § 1667. Dann ausnahmsw auch Sperrvermerk hins Sparbuch (KG DFG **37**, 12; Ffm FamRZ **63**, 453), währd sonst Unzulässigk aus der Unanwendbark der §§ 1809, 1810, 1814 folgte. Sammeldepot zul (VO v 29. 9. 39, RGBl 1985); aber keine Lombardierg v Wertpapieren (RG Warn **41**, 2). Bei Verstoß Haftg gem § 1664, ferner Kontrolle dch VormschG gem § 1667. AnlagePfl entfällt, soweit Geld zur **Bestreitung von laufenden und außergewöhnlichen Ausgaben,** insb Krankenhaus, Kur uä, bereitzuhalten ist. Wg Unterh vgl § 1649. Mit Erlaubn des damals zust VormschG war entspr § 1811 auch eine and Anlegg, in Form v GeldFdgen, zB Darl, Aktienankauf, RentVers (KG JFG **17**, 209), unter Aufrechterhaltg der Grdse in §§ 1807, 1808 statth; so wenn ohne wesentl Beeinträchtigg der Sicherh der Anlegg ein höherer Ertrag, Zinsen, Dividenden) zu erzielen (KG JFG **11**, 70), die Verhältn des Einzelfalles od die allg wirtschaftl Verhältn eine anderweit Anlage geboten erscheinen ließen (Saarbr OLGZ **70**, 212). Vgl auch § 1811 Rn 1. Versagg der Gen für die Anlegg des Geldes bei einer am ausländ GrdstMarkt tät KG (Darmst NJW **79**, 274). Der ErlaubnVorbeh bezog sich nicht auf Anlegg in Sachwerten, zB Grdsten, Erwerbsgeschäften (KG JFG **14**, 501); insow war keine Erlaubn erfdl, uU aber nach § 1643 I; evtl ErsPfl. Einschreiten des VormschG (§ 1667) dann, wenn dch die Art der Anlegg Kindesinteressen gefährdet s (Ffm NJW **53**, 67). Bei Schenkg v Geld, das erst später ausgezahlt w soll, uU nicht Geldschenkg iVm DarlGewährg, sond nicht genehmiggspflicht Fordergsschenkg (Mannh Just **76**, 259). Für die auch heute noch außerh von § 1643 I zul u bei riskanten Geschäften zur Vermeidg der Haftg empfehlenswerte ErlaubnErteilg ist das FamG zust (GVG 23 b I 1 Nr 2, ZPO 621 I Nr 1; vgl §§ 1643, 1667); örtl Zustdgk: FGG 43, 36. Es entsch der RPfl (RPflG 14 iVm RPflG 3 Nr 2 a). Gebühren KostO 94 I 3.

1643 ***Genehmigungspflichtige Rechtsgeschäfte.*** **I Zu Rechtsgeschäften für das Kind bedürfen die Eltern der Genehmigung des Familiengerichts in den Fällen, in denen nach § 1821 und nach § 1822 Nr. 1, 3, 5, 8 bis 11 ein Vormund der Genehmigung bedarf.**

II Das gleiche gilt für die Ausschlagung einer Erbschaft oder eines Vermächtnisses sowie für den Verzicht auf einen Pflichtteil. Tritt der Anfall an das Kind erst infolge der Ausschlagung eines Elternteils ein, der das Kind allein oder gemeinsam mit dem anderen Elternteil vertritt, so ist die Genehmigung nur erforderlich, wenn dieser neben dem Kinde berufen war.

III Die Vorschriften der §§ 1825, 1828 bis 1831 sind entsprechend anzuwenden.

1) Nach Art 1 Nr 46 KindRG wurde die Zustdgk des VormschG gg die des FamG ausgetauscht. Die VermVerwaltg der Elt (§ 1626 Rn 18–21) ist hins gewisser außergewöhnl Geschäfte im KiInteresse dch eine **Genehmigungspflicht** beschr, ohne Rücks darauf, ob die Elt sie vornehmen od mit ihrer Einwilligg das Kind. Sie sind aber freier gestellt als der Vormd. So scheiden von den im § 1822 angeführten Fällen aus: die Nr 2, 4, 6–7, 12, 13, dh erbschaftl Erklärgen (dafür § 1643 II), Pacht-, Lehr- u Dienstverträge, Vergleiche (soweit nicht ihrem Ggstd nach genehmiggspfl, RG **133**, 259), Minderg von Sicherheiten; vgl aber § 1642. Über Fdgen des Ki können die Elt frei verfügen, insb sie einziehen (§ 1643 mit § 1812). Jedoch findet, der § 1821 II in § 1822 Nr 10 seine selbstverständl Beschrkg (RG **76**, 93); sa §§ 1644, 1645. Ein neben den Elt bestellter Pfleger untersteht ausschließl VormschR, § 1915. Er bedarf daher für die Vergabe eines Darl der Ki an die Elt gem § 1811 der vorm-gerichtl Gen (Kln NJW-RR **99**, 877). Die früh freiw Beistandsch der §§ 1685 ff aF ist dch das BeistandschG abgeschafft u dch die sich allerd nur auf die Feststellg der Vatersch u die Geltdmachg von UnterhAnspr beschränkde Beistandsch der §§ 1712 ff nF ersetzt w. Zur Prozeßführg Gen nicht erforderl (§ 1821 Rn 5); auch nicht, wenn gg Mj vollstreckt w (BayObLG MDR **53**, 561). – Wg der Erforderlichk der vormgerichtl Gen bei Geschäften der PersSorge vgl § 1629 Rn 7; sa § 1628. Zur **Genehmigungsfähigkeit** vgl Schrade, Die rechtl Grenzen der Entsch des VormschG iRv § 1643 BGB, 1993. Iü gehört in diesen Zushg die dch das MHbeG eingefügte Vorschr des § 1629 a, mit welcher der GesGeber der vom BVerfG beanstandeten vermögensmäß Belastg des Ki dch vermrechtl Handlgen der Elt, über die GenehmiggsPflichtigk nach § 1643 hinaus, mit der Beschrkg der Haftg des Ki bei VolljksEintritt auf das zu diesem Ztpkt vorh Verm Rechng getragen hat (vgl § 1629 a Rn 1 u 2). 1

2) Genehmigungspflichtig. a) Verfügungen über Grundstücke und Grundstücksrechte od Verpflichtg dazu, jedoch mit Ausn von Hyp, Grd-, Eigtümergrundschulden, also auch nicht deren Löschg (SchlHOLG SchlHA **63**, 273), § 1821 I Nr 1–4, II; also Veräußerg und Belastg vorhandenen Grdbesitzes u der ihm gleichgestellten Anspr, also auch Rückgängigmachg des GrdstKaufvertrages (RG Warn **26**, Nr 70). Bei GrdstErwerb gilt nunmehr auch gem SorgRG Art 1 Nr 14 § 1821 Nr 5 zL der Elt (and noch RG **108**, 364; amtl Begrdg BT-Drucks 7/2060 S 27). Da Eltern GrdstKaufVertr nicht mehr schuldrechtl frei ausgestalten können, bedürfen sie auch der Gen zur – gleichzeitig mit GrdstErwerb erfolgenden – Belastg des gekauften Grdstücks mit RestkaufgeldHyp (and noch Stade MDR **76**, 224), Nießbr od HypÜbern auf Kaufpr (and noch RG **110**, 176, BGH **24**, 372); ebso bei gleichzeit Verpflichtg zu wiederkehrden Leistgen, wenn sie länger als 1 Jahr nach Eintritt der Volljährigk des Kindes fortdauern sollen (Kln MDR **65**, 296; sa § 1822 Rn 19). – **b)** Verpfl zur Vfg über Verm od angefallene Erbsch od künft gesetzl Erb-, Pflichtteil im ganzen sowie zur Vfg ü den Anteil an einer Erbsch, § 1822 Nr 1. – **c)** Nach **II 1** Ausschlagg v Erbsch od Vermächtn (§§ 1945, 1953, 2180, sa § 1371 III); PflichttVerzicht, AnnAnfechtg, § 1957 I, NacherbschAusschlagg (§ 2142). Bei spekulat Entscheidgen ist RisikoVergl notw, vgl zur Ausschlagg ererbter DDR-Grdstücke Waldshut Just **74**, 127. Fällt die Erbsch dch die Ausschlagg des Ki einem EltT an, ist Bestellg eines ErgPflegers erfdl (Buchholz NJW **93**, 1161). SonderVorschr **II 2** (Engler FamRZ **72**, 7): Genfrei bei Erbanfall an Kind, wenn Anfall inf Ausschlagg dch einen EltT (Wuppertal MDR **55**, 37; Ffm NJW **62**, 52); ebso bei Ausschlagg einer dem Kinde durch Ausschaltg des Gewalthabers angefallenen Nacherbsch vor deren Eintritt (KGJ **53**, 33); hingg genehmiggsbedürftig, wenn der ausschlagende Elternteil auch vertretgsberechtigt ist u er neben dem Kind berufen war (Hamm NJW **59**, 2215). Also GenPfl, falls vertretgsberechtigter Vater u Kind nebeneinander Erben der Mutter sind u Vater ausschlägt. Genehmigg erforderl, wenn Kind durch Ausschlagg zG des ausschlagden EltT schlechter gestellt w (Ffm NJW **55**, 466). Od die Ausschl für das Kind die Voraussetzg für den Eintritt der gesetzl Erbf des Elternteils unter Ausschl des Kindes schafft (Ffm OLGZ **70**, 81). – **d) Erwerbsgeschäft** (§ 1822 Nr 3), zB Beitritt zur GmbH, zu einer Genossensch (Hamm FamRZ **66**, 456; § 1822 Rn 12, 13), zur unentgeltl Aufn v Kindern in eine FamPersGesellsch vgl Brox, Festschr f Bosch 1976 S 75; vgl ferner § 1822 Rn 14 u 25, 26. Umwandlg (UmwandlgG 9, 12, 14); Grdst kein ErwerbsGesch (dahingestellt RG **133**, 11, vgl auch § 1645). Keine Gen bei stiller Beteilgg unter Risikoausschluß (BGH **LM** Nr 2). Unzulässige Rechtsausübg denkbar, wenn sich inzwischen vollj gewordene Miterben, die sZt von ihrer Mutter vertreten waren, nach vielen Jahren, in denen sie das RGesch als wirks behandelt haben, auf frühere GenBedürftigk berufen (BGH **LM** § 1829 Nr 3). – **e) Miet- oder Pachtvertrag über Volljährigkeit hinaus,** § 1822 Nr 5; Arbeitsleistgen – s Nr 7 – keine wiederkehrenden Leistgen (Kaskel JW **29**, 1263). § 139 auch in zeitl Hins anzuwenden (RG **114**, 39). – **f) Gewagte Geschäfte:** Kreditaufnahme, Nr 8, Schuldverschreibg, Nr 9, Prokura, Nr 11, insb **Übernahme einer fremden Verbindlichkeit,** Nr 10, als Bürgsch, Schuldübernahme, Wechselverbindlichk, Sichergsübereigng (RG HRR **36** Nr 336, Warn **41**, 2), Gründg einer GmbH (Stgt Just **79**, 19), Eintritt in verpflichtende Verträge, also nicht, wenn, wie bei HypÜbernahme, das Kind nach dem Vertr die Leistg als eigene bewirken soll (RG **133**, 13). – Wegen der Einzelheiten vgl Erläut zu §§ 1821 ff.

(Margin numbers: 2 beside "2) Genehmigungspflichtig", 3 beside "§ 1822 Rn 19). – b)", 4 beside "ganzen sowie … c)", 5 beside "70, 81). – d)", 6 beside "wirks behandelt … e)", 7 beside "Leistgen (Kaskel … f)".)

3) Genehmigungsfrei. Rangrücktritt (s aber § 1641 Rn 1), HypVfg (auch **Unterwerfung,** hM), Eintrag einer ZwangsHyp, ZPO 866, für Dritten auf KinderGrdst, Vergl u Erbteilg (sofern nicht genehmiggspfl RGesch, zB über Grdstücke, enthaltend), Verpflichtg zum AufwendgsErs oder Mäklerlohn für DarlBeschaffg (BGH **LM** Nr 1), Dienst- u ArbVerträge; § 113 findet in § 1822 Nr 7 seine Ergänzg (RArbGJW **29**, 1263). 8

9 **4) Genehmigung, III** (Lit: Schrade, Die rechtl Grenzen der Entsch des VormschG iRd § 1643 BGB, 1993), wie §§ 1825, 1828–1831. Maßgebd ist das Kindesinteresse. Keine SchadErsPfl wg Hintertreibg der famgerichtl Gen, wenn ges Vertreter dem FamG Umst offenbart, die zur Versagg der Gen führen (BGH **54**, 71). Gen des schriftl Vertrages deckt mdl Nebenabreden nicht (RG **132**, 78). Gen kann nach § 1825 auch im voraus erteilt u Einzelheiten der Vereinbg können den Beteiligten überlassen w (RG Warn **19** Nr 59). Aufgabe, die mündelsichere Anlage des Verkaufserlöses nachzuweisen, nur iF von § 1667 (Ffm NJW **53**, 67; FamRZ **63**, 453). Zustdgk FGG 43, 36. RPfl entsch iFv §§ 1822, 1823 (§ 1822 Rn 1). 59). Keine konkludente Gen eines LebVersVertr, wenn die Prämien ohne Kenntn vom famgerichtl GenErfordern fortgezahlt w (Hamm VersR **92**, 1502). Änderg der famgerichtl Vfg: FGG 55 I, 62. Sachprüfg nur bei offenbarer Nichtigk des ganzen Geschäfts zu versagen (KG JFG **14**, 250). Gebühren: KostO 95 I Nr 1. Gen des Vollj ersetzt diej des FamG (§ 1829 III).

1644 *Überlassung von Vermögen an das Kind.* **Die Eltern können Gegenstände, die sie nur mit Genehmigung des Familiengerichts veräußern dürfen, dem Kinde nicht ohne diese Genehmigung zur Erfüllung eines von dem Kinde geschlossenen Vertrages oder zu freier Verfügung überlassen.**

1 **Verhindert Umgehung** des § 1643 u stellt Tragweite des § 110 (s dort) klar (BayObLG **17**, 128). Verstoß bewirkt Nichtigk. Entspricht § 1824.

1645 *Neues Erwerbsgeschäft.* **Die Eltern sollen nicht ohne Genehmigung des Familiengerichts ein neues Erwerbsgeschäft im Namen des Kindes beginnen.**

1 **Erwerbsgeschäft** (Lit: Thiele, KiVermSchutz im PersonalUnternR, 1992) erfordert auf selbständigen Erwerb gerichtete Berufstätigk (RG **133**, 11); sa §§ 1431, 1823. Genehmigungspflichtig nur Neugründg (auch bei schon erfolgtem Betriebsbeginn), nicht aber Fortsetzg, Erweiterg, Auflösg (anders § 1823) vorhandenen oder später zugefallenen Geschäfts. Empfehlenswert ist die analoge Anwendg v § 1645 bei Fortführg eines vom Mj ererbten HandelsGesch dch die Elt (K Schmidt NJW **85**, 139; aA Damrau NJW **85**, 2236; vgl zur Problematik jetzt: § 1629 a u dort Rn 1). Da SollVorschr Gründg ohne Gen wirks, Kind Kaufmann (RGSt **45**, 5 betraf anderen Tatbestand). Registerrichter darf aber Nachweis der Gen verlangen (aM KG OLG **1**, 288), da auch er Regelwidrigk verhindern muß; auch Prüfg, wer Inhaber ist (KG RJA **13**, 231). – Einschreiten des FamG nach §§ 1667 ff (Entziehg, Pflegerbestellg, zumal bei Schiebgen, Senf JW **31**, 2223). Genehmigg kein Ersatz für die etwa nach §§ 1643, 1822 Nr 3 nötige. Zuständigk für Gen FGG 43, 36; es entsch im Ggsatz zu RPflG 14 Nr 9 aF der RPfleger. Gebühren: KostO 95 I Nr 2.

1646 *Erwerb mit Mitteln des Kindes; Surrogation.* **I Erwerben die Eltern mit Mitteln des Kindes bewegliche Sachen, so geht mit dem Erwerb das Eigentum auf das Kind über, es sei denn, daß die Eltern nicht für Rechnung des Kindes erwerben wollen. Dies gilt insbesondere auch von Inhaberpapieren und von Orderpapieren, die mit Blankoindossament versehen sind.**

II Die Vorschriften des Absatzes 1 sind entsprechend anzuwenden, wenn die Eltern mit Mitteln des Kindes ein Recht an Sachen der bezeichneten Art oder ein anderes Recht erwerben, zu dessen Übertragung der Abtretungsvertrag genügt.

1 Inhalt enger als Wortlaut (Siber, JhJ **67**, 166, 168), indem bei Erwerb namens (und damit so gut wie immer für Rechng) des Ki dieses Eigt schon nach § 164 erlangt (RG **126**, 115). Bei Handeln im eig Namen u für eig od für Rechng eines Dr werden SorgeRInhaber selbst berechtigt. Eigenerwerb ist ihnen aber, entgg § 164 II, verwehrt, wenn sie zwar im eig Namen, aber mit Mitteln u für Rechng des Ki erwerben; GgBew zul (KG OLG **22**, 158). Im InsolvenzVerf der Elt führt die Surrogation zum AussondergsR des Ki (InsO 47); wollten die Elt allerd nicht für die Rechng des Ki erwerben, so gehört das Ki zu den gewöhnl InsGläub (InsO 38). Bei Fdgserwerb sind §§ 412, 406–410 anwendbar (RG HansGZ **34**, B 156). Bei Grdstücken Verpflichtg zur Übertragg auf das Ki, wenn Erwerb für Rechng des Ki gewollt (RG **126**, 117).

1647 *(Entfallen, GleichberG Art 1 Z 22)*

1648 *Ersatz von Aufwendungen.* **Machen die Eltern bei der Ausübung der Personensorge oder der Vermögenssorge Aufwendungen, die sie den Umständen nach für erforderlich halten dürfen, so können sie von dem Kinde Ersatz verlangen, sofern nicht die Aufwendungen ihnen selbst zur Last fallen.**

1 Ers von Aufwendgen (§§ 256, 257) oRücks auf die sachl Notwendigk. ZtVersäumn u DienstLeistgen (auch berufl oder gewerbl Art) u vor allem was zum Unterh gehört, werden nicht ersetzt; ebsowenig, wofür die Elt gar keinen Ers verlagen wollten. Für Aufwendgen iR der VermSorge vgl zusätzl § 1649. Neben § 1648 keine Anspr aus GoA; desh auch kein Einwand aus § 685 II. GoA ggf aber, wenn den Elt das SorgeR nicht zusteht. Die Elt können die ihnen zustehden Beträge selbst entnehmen, weil es sich um die Erfüllg einer Verbindlk handelt (§§ 1629 II 1, 1795 II, 181); bei Streit bzw nach Beendigg der elt Sorge Kl beim ProzGer.

1649 *Verwendung der Einkünfte des Kindesvermögens.* **I Die Einkünfte des Kindesvermögens, die zur ordnungsmäßigen Verwaltung des Vermögens nicht benötigt werden, sind für den Unterhalt des Kindes zu verwenden. Soweit die Vermögenseinkünfte nicht ausreichen, können die Einkünfte verwendet werden, die das Kind durch seine Arbeit oder durch den ihm nach § 112 gestatteten selbständigen Betrieb eines Erwerbsgeschäfts erwirbt.**

II Die Eltern können die Einkünfte des Vermögens, die zur ordnungsmäßigen Verwaltung des Vermögens und für den Unterhalt des Kindes nicht benötigt werden, für ihren eigenen Unterhalt und für den Unterhalt der minderjährigen unverheirateten Geschwister des Kindes verwenden, soweit dies unter Berücksichtigung der Vermögens- und Erwerbsverhältnisse der Beteiligten der Billigkeit entspricht. Diese Befugnis erlischt mit der Eheschließung des Kindes.

1) Prinzip: Das KiVerm soll grdsl erh bleiben u nicht iRv § 1626 I 2 für den Unterh od die Erhöhg des LebStandards aufgebraucht w. Die Verwendg dch die beschr sich hier desh auf die Einkfte des Ki. Diese dürfen aber zum Unterh der Fam verwendet w, um unterschiedl LebStandards innerh ders Fam zu vermeiden. 1

2) Reihenfolge der Verwendung: a) Mit den Einkften aus dem KiVerm sind zunächst die Ausg für die ordngsmäß **Verwaltung** des Verm zu decken, **I 1,** also Reparaturen, Vers, Steuern u dgl. Negat Kapitalkonten (vgl § 1375 Rn 4) brauchen nicht vorrangig aufgefüllt zu werden (aA Zöllner FamRZ **59,** 396). **b)** Ein verbleibder Überschuß ist für den **Unterhalt des Kindes** zu verwenden, **I 1.** Insow entf dessen UnterhAnspr (§ 1602 II u dort Rn 19). **c)** Sind Einkfte aus dem KiVerm nicht vorh od reichen sie nicht aus, dann können die Elt auch **Arbeitseinkünfte** des Ki od solche aus einem ErwGesch (§§ 112, 113) für dessen Unterh verwenden, **I 2.** Die Elt dürfen also nicht aus der Arb des Ki od aus einer insow gleich zu behandelnden Rente (Hamm FamRZ **74,** 31) seinen Unterh bestreiten u die Einkfte aus seinem Verm nach II verwenden. **d)** Ausnahmsw dürfen **Vermögensüberschüsse,** statt daß sie gem § 1642 angelegt w, für den Unterh v Elt u Geschw verwendet w, **II 1. – aa)** Das gilt nicht für ArbEinkfte od Renten (Hamm FamRZ **74,** 31). Auch können die Elt nicht Herausg der VermEinkfte im Umfg v II 1 fordern, wenn die VermVerwaltg in der Hand eines Pfl liegt (BayObLG FamRZ **75,** 219). Keine UnterhVerwendg für vollj, verh od StiefGeschw u auch iü nur, wenn dies der Billigk entspr, was nach den Verm- u ErwVerhältn aller Beteil zu beurt ist. – **bb)** II gibt den Elt ledigl die **Befugnis** („können") zur Verwendg. Ob sie davon Gebr machen, steht in ihrem freien Ermessen. Desh keine BedMinderg aS der Elt (Celle FamRZ **87,** 1038). Insb haben auch die and Geschw keinen Anspr darauf. Die Befugn **endet** mit der Volljährigk od mit der Eheschl des Ki, **II 2.**
2
3
4
5
6

3) Rechenschaft: § 1698 Rn 2. **Rückforderung** der an die Geschw gezahlten Beträge bei Überschreitg der Grenzen v § 1649 II aus ungerechtf Bereicherg (Donau MDR **57,** 711; Paulick FamRZ **58,** 6). Zusätzl **Haftung** der Elt gem §§ 819, 1664. 7

1650–1663 *(Entfallen; GleichberG Art 1 Z 22; betrafen die Nutzungen des Vaters am KindesVerm, vgl § 1649 Rn 1.)*

1664 *Haftung der Eltern.* **I Die Eltern haben bei der Ausübung der elterlichen Sorge dem Kinde gegenüber nur für die Sorgfalt einzustehen, die sie in eigenen Angelegenheiten anzuwenden pflegen.**

II Sind für einen Schaden beide Eltern verantwortlich, so haften sie als Gesamtschuldner.

Die Vorschr hat zwei Funktionen: Im Verhältn des Ki zu seinen Elt ist sie AnsprGrdl für einen selbstdg SchadErsAnspr. Daneben bildet sie für die Haftg der Elt aus § 1664 wie für and (z B delikt) HaftPflNormen einen **Haftungsmaßstab,** im vorliegden Fall also eine HaftgsErleichterg zG der Elt, die gem § 277 evtl nur für Vorsatz u grobe Fahrl haften. **Grund:** FamGemsch ist HaftgsGemsch. SorgeRInhaber beweispfl für Grad der Sorgf in eig Angelegenh. Sie ist nicht verletzt bei Überlassg einer Spielzeugpistole an 3jähr (Düss NJW-RR **99,** 1042). HaftgsBeschrkg gilt f das ges Gebiet der elterl Sorge, dh Pers- u VermSorge (Geltdmachg v SchmerzensGAnspr) einschließl Vertretg. Vorauss: elt Sorge; jedoch analoge Anwendg bei tatsächl Ausübg dch den nicht sorgeberecht EltT, etwa iR des UmggsR (BGH **103,** 345). Im Falle der Verl der VermSorge, die die Elt vor allem dazu verpfl, das KiVerm zu bewahren u nicht für persönl Zwecke auszugeben, sind die Elt verpfl, das Verm wieder herzustellen, also zB zum Hausbau der Elt verwendete Sparguthaben des Ki zu ersetzen (Kln FamRZ **97,** 1351; AG Schwartau FamRZ **99,** 315). Dagg gilt § 1664 nicht für Dr (BGH NJW **96,** 53 HaushPraktikantin). Jeder EltT haftet nur für eig Verschulden, nicht auch für das des and Teils. Sind beide Elt verantwortl, so GesSchu; Ausgleichg gem § 426. Währd Bestehens der Sorge Geltdmachg des Anspr dch Pfleger nicht dch den and EltT (§ 1629 II). Verj: § 195 (vgl Düss FamRZ **92,** 1097: nicht § 852). Vgl iü §§ 204, 1833. ErsatzAnspr des Kindes schließt Vorgehen gem § 1666 nicht aus. **§ 1664 gilt nicht** (also Haftg auch bei nur einfacher Fahrlk): **a)** für Schäden aus Verletzg der **Aufsichtspflicht** ggü dem Kinde (Stgt VersR **80,** 952; aA Hamm NJW **93,** 542; Soergel/Lange 4); *arg:* Schutzzweck der obj zu bestimmden AufsPfl, bei der eigenübl Sorgf überdies ausscheidet (sa RG **53,** 312; **75,** 253; Karlsr VersR **77,** 232). Soweit SorgeRInhaber Ausübg Dritten überläßt, haftet er für diese n § 278; nur soweit er Hdlgen dch and (RA, Arzt) zu veranlassen h, Haftg gem § 1664 für eigensorgfält Auswahl u Überwachg (vgl § 1793 Rn 7–13). Bei ZusTreffen v BeaufsichtiggsMangel u Drittverschulden Haftg des Dr zus mit dem EltT gem §§ 823, 840, 426 (BGH **73,** 190). Bei NichtHaftg der Elt wg § 1664 bleibt Hftg des Dr unberührt (BGH FamRZ **88,** 810). Ein Aufsichts-Verschu beider Elt ist nicht zu summieren (Karlsr Just **79,** 59). **b)** Im Rahmen der nicht iZshg mit der elt Sorge stehden delikt Haftg der Elt ggü ihrem Kinde, insb also bei von ihnen als Führer eines Kfz verschuldeten **Verkehrsunfällen,** § 1359 Rn 1 entspr (Böhmer MDR **66,** 648; Karlsr Just **76,** 511; aA Freibg VersR **66,** 476). Dagg besteht grdsl keine SchadErsPfl der Elt ggü dem Ki aus einem VerkUnf, der bei optimaler Aufsicht hätte verhind w können (Hamm NJW-RR **94,** 415). **c)** Für die Haftg aus einem zw Elt u Kind geschl
1
2
3
4

5 **Vertrag;** es gelten die jew VertrGrdsätze. **d) Haftung der Eltern gegenüber Dritten:** § 832. Grdsl keine
6 SchadErsPfl wg Unterl v Gen (vgl LG Bochum NJW-RR **94,** 1375). **e)** Zur Unterlassg des Abschl einer
Haftpflichtversicherung zG des Ki: § 1626 Rn 19.

1665 *(Entfallen, GleichberG Art 1 Nr 22.)*

1666 *Gefährdung des Kindeswohls.* [I] **Wird das körperliche, geistige oder seelische Wohl des Kindes oder sein Vermögen durch mißbräuchliche Ausübung der elterlichen Sorge, durch Vernachlässigung des Kindes, durch unverschuldetes Versagen der Eltern oder durch das Verhalten eines Dritten gefährdet, so hat das Familiengericht, wenn die Eltern nicht gewillt oder nicht in der Lage sind, die Gefahr abzuwenden, die zur Abwendung der Gefahr erforderlichen Maßnahmen zu treffen.**

[II] **In der Regel ist anzunehmen, daß das Vermögen des Kindes gefährdet ist, wenn der Inhaber der Vermögenssorge seine Unterhaltspflicht gegenüber dem Kind oder seine mit der Vermögenssorge verbundenen Pflichten verletzt oder Anordnungen des Gerichts, die sich auf die Vermögenssorge beziehen, nicht befolgt.**

[III] **Das Gericht kann Erklärungen des Inhabers der elterlichen Sorge ersetzen.**

[IV] **In Angelegenheiten der Personensorge kann das Gericht auch Maßnahmen mit Wirkung gegen einen Dritten treffen.**

1 **1) Funktionen der Regelung. a)** Die §§ 1666 ff regeln, unter welchen Vorauss das **staatliche Wächteramt** (GG 6 II 2; vgl dazu Einf 4 v § 1626) eingreift, die §§ 1666, 1666 a, wann das Ki den ErziehgsBerecht
entzogen w kann (GG 6 III). Im Ggsatz zu JWG 64 enthält das SGB VIII keine eigständ Eingriffsnormen,
sond setzt im wesentl auf die freiw Inanspruchn der JugHilfe (vgl Einf 56 ff v § 1626). § 1666 aF war
verfassgskonform (BayObLG FamRZ **78,** 135) u erübrigte RFolgen aus eig GrdRMündigk des Mj (vgl dazu
2 Diederichsen FamRZ **78,** 462). Zur Vereinbark mit der EMRK: Einl 7 v § 1297. – **b)** Die Vorschr des
§ 1666 betrifft die **subjektive Ungeeignetheit des Sorgerechtsinhabers,** die Sorge für das gefährdete Ki
weiterhin auszuüben (KG OLG **12,** 329). Bei objektiver Behinderg: §§ 1673–1675, 1678, 1693. Anwendbar
auf Vater u Mutter, auch wenn sie nicht miteinand verh sind u das Ki unter der elt Sorge nur eines EltT steht
3 (vgl § 1626 a II, 1672 I u II). – **c) Voraussetzungen für Maßnahmen des Familiengerichts:** Die Vorschr
enthält vier Tatbestde, denen sämtl das Merkm der KiWohlGefährdg gemeins ist, ebso wie die mangelde
Gefahrabwendgsbereitsch bzw -fähigk vS der Elt; iü kann die Gefährdg des KiWohls dch mißbräuchl
SorgeRAusübg, KiVernachlässig, unverschuldetes EltVersagen od dch das Verhalten eines Dr ausgelöst sein.
Bloße ZweckmäßigkGrde genügen für einen Eingr des FamG nicht (BayObLG FamRZ **82,** 638). Zum Konfl
zw leibl Elt u PflegeElt § 1632 Rn 18. Krit zur Formel vom Kindeswohl aus psycholog u sozialwiss Sicht:
Grossmann/Grossmann, in: 12. DtFamGerTg, Brühler Schriften zum FamR 10, 1998, S 76; Mnookin
FamRZ **75,** 1. Die EingrTatbestde des § 1666 werden dch verschiedene andere Vorschr ergänzt, so dch
§ 1632 IV (FamPflege) od dch §§ 1626 II, 1631 II hins des vorgeschriebenen Erziehgsstils. – Zur öff
Jugendhilfe Einf 17 ff vor § 1626; § 1631 Rn 1 u 16. Entspr Anwendg gem §§ 1837 IV, 1915 I, 1909 I.

4 **d) Konkurrenzen.** Zum Verhältn zu § 1632 vgl dort Rn 25. Zu Rangproblemen kommt es insb auch im
Verhältn zu and rechtl RegelgsBereichen, zB zum **Strafvollzug:** Solange das KiWohl nicht gefährdet ist,
bleibt eine TrenngsAO für ein bei der inhaftierten Mu lebdes Ki Angelegenh der VollzugsBeh (LG Freibg
FamRZ **85,** 95). Die Entsch über eine **Organspende** richtet sich nach dem Recht der Totenruhe (vgl § 1626
Rn 17). Umgek kann das FamG die Herausg eines für das Ki ausgestellten **Reisepasses** anordnen, ohne gg
die ausl Paßhoheit zu verstoßen (Ffm FamRZ **97,** 571).

5 **aa) Subsidiaritätsprinzip.** Staatl Eingriffe sind grdsl subsidiär. Entsprechd ist es desh vor Veranlassg von
Maßn nach § 1666 Aufg der Elt, sich bei MeingsVerschiedenh zu einigen; vgl **§ 1627** Rn 2. Im Bereich solcher
MeingsDifferenzen geht auch das Verf nach **§ 1628** einem Verf nach § 1666 vor. Doch geht es in der Sache um
wirkl Gefährdgen des KiWohls dch die Elt, die das Eingreifen des FamG erfdl machen, dann hat § 1666 Vorrang
ggü den §§ 1627, 1628. Die Elt können den HilfsMaßn für das Ki nicht dadch ausweichen, daß sie die Frage zu
einer bl MeingsDifferenz zw ihnen deklarieren. Kommt iR des Verf nach § 1628 heraus, daß die Elt mit ihrem
vor das FamG gebrachten MeingsStreit, in weiteren od in ganz anderen Angelegenh die Vorauss von § 1666
6 erfüllen, hat das Gericht gg beide od gg einen von ihnen vAw die erfdl Maßn zu treffen. – **bb)** Auch wo das
Gesetz sonst außerh von § 1666 III die **Ersetzung von Zustimmungen der Eltern** dch lex specialis regelt,
haben solche Vorschr Vorrang vor dem Verf nach § 1666. Das gilt insb für den Widerspruch des gesetzl Vertr gg
7 die Befreiung vom Erfordern der Volljk bei der Eheschließg: **§ 1303 III. – cc) § 1671.** Die Vorschr gilt bei
gemeins SorgeR je nachd, ob die Vorauss jeweils vorliegen für jeden EltT wie ggf auch für beide zus. Die
Zielrichtg von § 1666 ist der Schutz des Ki vor seinen Elt. Haben die Elt die gemeins Sorge u trennen sie sich,
geht es ggf darum, das bish gemeins SorgeR für sich allein zu bekommen, den and EltT also aus der gemeins
Verantwortg für das Ki zu entlassen od zu verdrängen. Diesen InteressenGgsatz auf der Ebene der Elt löst
§ 1671. In diesem Zushg kann aber ebenf das Wohl des Ki entscheidd sein (§ 1671 II Nr 2). Auch können die
Grde, die für das KiWohl dort maßgebl sind, solche sein, die auch iRv § 1666 I relevant sind. Aber erst wenn
diese eine Intensität haben, welche die Entziehg des elt SorgeR od sonstige Maßn nach § 1666 I erfdl machen,
geht diese Best dem § 1671 vor. Nach § 1671 V 1 aF war iR der Scheidgsfolgenregelg die PersSorge einem
Vormd od Pfleger zu übertr, wenn dies erfdl war, um eine Gefahr für das Wohl des Ki abzuwenden. Daran hat
sich nichts geändert, nur daß mit dem KindRG diese Regelg nicht mehr in § 1671 verankert ist, sond sich
unmittelb aus der Vorschr des § 1666 I ergibt, die nunmehr insow Vorrang vor § 1671 hat. Der Satz der früh
Rspr, daß bei der Regelg des SorgeR nach der Scheidg auch iRv ÄndergsEntscheidgen nach § 1696 der
§ 1666 außer Betr bleibt (vgl KG FamRZ **59,** 256; BayObLGZ **61,** 264), läßt sich als dchgängiges Dogma nicht

mehr aufrechterhalten. Auch die früh Rspr zum Vorrang von § 1671 aF ggü einer **vor der Scheidung erfolgten Entziehung der elterlichen Sorge gegenüber einem Elternteil,** die bei ihr nachfolgder Scheidg dazu zwang, unter der Geltg von § 1671 aF als lex specialis ggü § 1666 zu prüfen, ob im Hinbl auf die dch die Ehescheidg eingetretene Situation die früh SorgeREntziehg aufrechtzuerhalten war (vgl Stgt FamRZ **75**, 591), ist dadch überholt, daß § 1671 aF an die Scheidg der Ehe der Elt anknüpfte, währd für § 1671 nF TatbestdsVorauss nicht mehr die Ehe der Elt u deren Scheidg sond das Erfordern ist, daß den Elt die elt Sorge gemeins zusteht, was nicht mehr der Fall ist, wenn sie vor der Trenng einem der EltT nach § 1666 entzogen wurde. Ist dem einen EltT vor der Trenng die elt Mitsorge entzogen, kann auch nach der Trenng nur an eine Korrektur dieser Entscheidg nach § 1696 gedacht w; eine Regelg nach § 1671 scheidet bereits tatbestdsmäß aus. – **dd) § 1672.** Die Vorschr bezieht sich in beiden Absätzen in ihrer Ausgangssituation auf Fälle, in denen 9 der Mu (§ 1672 I) bzw dem Va (§ 1672 II) die elt Sorge allein zusteht. Eine Konkurrenzsituation besteht insof nach der neuen RLage nicht mehr. Die Vorschr schließen sich bereits vom Tatbestd her aus. Haben die Elt nach § 1672 II die gemeins elt Sorge erlangt u steht nunmehr nach der Fallgestaltg sowohl die Regelg von § 1671 wie die von § 1666 zur Anwendg, gilt das in Rn 7/8 Gesagte. 8

e) Bedeutung des KindRG. Dch die Reform ist die Zuständigk vom VormschGer auf das FamGer 10 übergegangen. Hins der EingrVorauss hat es der GesGeb bei den bish Formulierg belassen (BT-Drucks 13/4899 S 65), den § 1666 aber weiter als Generalklausel auszubauen versucht. Das ist aber für die Gleichschaltg der Eingr in die VermSorge mit denen in die PersSorge desh probl, weil die auf die PersSorge gemünzten Formulierungen (zB Vernachlässigg „des Ki") in dieser Weise nicht ow auf VermSorge übertr w können. Vgl zur Krit im einz 58. Aufl. **Reform:** Vgl § 1631 b Rn 1. 11

2) Grundsätze für die Rechtfertigung staatlicher Eingriffe in die elterliche Sorge. – a) Aufbau der Eingriffserfordernisse. Wird das körperl, geist od seel Wohl des Ki dch mißbräuchl Ausübg der elt Sorge, dch Vernachlässigg des Ki, dch unverschuldetes Versagen der Elt od dch das Verhalten eines Dr gefährdet, so hat das FamG, wenn die Elt nicht gewillt od nicht in der Lage sind, die Gefahr abzuwenden, die zur Abwendg der Gefahr erfdl Maßn zu treffen. Vorauss für das Eingreifen des FamG ist zunächst (1) eine Gefährdg des KiWohls, wobei das Ges bei letzterem zw dem körperl, geist u seel Wohl unterscheidet, währd es bei der VermSorge allg auf das Verm abstellt. Diese KiWohlGefährdg muß (2) alternativ dch mißbräuchl Ausübg der elt Sorge, dch Vernachlässigg des Ki, dch unverschuldetes Versagen der Elt od dch das Verhalten eines Dr verursacht sein. Auch diese Vorauss sind für die VermSorge nur zum Teil relevant (vgl Rn 11). Schließl hängt das Eingreifen des FamG wiederum alternativ davon ab, daß (3) die Elt nicht gewillt od nicht in der Lage sind, die Gefahr abzuwenden. 12

b) Bedeutung des Verschuldens. Dem Fall mißbräuchl Ausübg der elt Sorge ist ein Verschulden begriffl 13 immanent. Die Vernachlässigg des Ki wird in aller Regel verschuldet sein. Die Gefährdg des Ki dch das Verhalten eines Dritten kann auf einem Verschulden der Elt beruhen, muß es aber nicht. Labilität den eig Motiven ggü u mangeldes DchsetzgsVerm ggü anderen kann ein unüberwindb Charaktermangel sein od auf einer mit einiger Anstrengg zu überwindden Bequemlichk beruhen. Bei dem unverschuldeten Versagen fehlt das Verschulden wiederum begriffsmäß. Für die Praxis stehen die Fälle des SorgeRMißbr eindeutig im VorderGrd (vgl Rn 18 ff). Auch geben SorgeRMißbr u KiVernachlässig dogmat die Grdwertgen des Ges vor, daß in das SorgeR der Elt grdsl nur eingegriffen w soll, wenn die KiWohlGefährdg den Elt persönl vorwerfb ist. Die beiden übr Tatbestde der KiWohlGefährdg dch **unverschuldetes Versagen** der Elt u dch das Verhalten eines Dr sind erst dch das SorgRG in den Text aufgen worden, um ausnahmsw eben auch dann, wenn das KiWohl ein Eingreifen des Staates fordert, wenn die Elt an der Gefährdg kein Verschulden trifft, so muß sich dies sachl auf die Fälle beschrken, in denen im obj Bereich zw PflichtVerletzg u persönl Verantwortlk Kongruenz vorliegt, dh, daß der Tatbestd des unverschuldeten Versagens erfordert, daß bei persönl Zurechenbark ein SorgeRMißbr od eine Vernachlässigg vorlägen, u außerdem, daß die Versagensfälle Ausn von dem als Regel beizubehaltden VerschuldensErfordern bleiben (vgl zum Auffangcharakter der EingrErmächtigg aGrd unverschuldeten Versagens Rn 31).

3) Voraussetzungen für den Eingriff in die Personensorge, I. 14

A) Gefährdung des Kindeswohls (vgl Einf 1 v § 1626). – **a)** Was unter dem **Wohl des Kindes** zu 15 verstehen ist, kann begriffl nicht eindeut iS einer Sachdefinition festgelegt w. Der unbest RBegriff läßt sich allenf konkretisieren, wobei die ErscheingsFormen der KiWohlGefährdg, näml Mißbr der elt Sorge, KiVernachlässigg u Versagen der Elt, dazu beitragen sollen, ebso wie der Mangel der Gefahrabwehrbereitsch od -fähigk aS der Elt. Äußerst krit zum Begr des KiWohls Mnookin FamRZ **75**, 1; vgl auch § 1671 Rn 12 ff sowie 36 ff. Positive Kriterien des KiWohls nennt Becker ZfJ **78**, 302. Iü ist der Begriff zu unbest, um allein auf seine Verletzg die Eingriffe in das elt ErziehgsR zu stützen (vgl Rn 1). In jedem Fall ist, wer mit dem Begr des KiWohls arbeiten muß, gezwungen, sich anhand der Pers des Ki und seiner Gesamtsituation einen Lebensplan für das Ki zu machen, an welchem das Verhalten der Elt gemessen wird. Dabei ist zweifellos das HauptProbl, den ideologischen Rahmen nicht zu weit von dem Milieu, in dem das Ki aufwächst, zu entfernen, anderers aber auch nicht auf die Vorgabe gewisser objektiver EntwicklgsStandards für das Ki zu verzichten. Das Ges unterscheidet das **körperliche, geistige und seelische** KiWohl (vgl dazu Lempp NJW **63**, 1659 u ZfJ **79**, 49; Schwörer NJW **64**, 5), mehr um deutl zu machen, daß es um den umfassden Schutz des in der Entwicklg befindl Ki als um Ausgrenzg best Bereiche elt Fürsorge geht. Gewöhnl lassen sich die versch GefährdgsZonen gar nicht hinreichd voneinand abgrenzen. Elt, die ihrem Ki schwere körperl Mißhandlgen zufügen, gefährden dadch auch seine seel Entwicklg; Vernachlässiggen im geist Bereich bis hin zur Unterbindg des Verk mit BezugsPers (vgl § 1626 Rn 29) können ebso wie intellektuelle ÜberFdgen ebenf zu Defiziten in der seel Entwicklg des Ki führen, wie schließl auch seel Mißhandlgen körperl Schäden zur Folge haben können, sei es in Form von Krankh, sei es in Form äußerster seel Reaktionen bis hin zum Selbstmord des Ki. – **b) Gefährdung** des 16 KiWohls. Begriffl ist darunter eine begründete, ggwärtige Besorgn zu verstehen, daß bei Nichteingreifen des Gerichts das KiWohl beeinträcht wird. Ob eine Gefährdg des KiWohls vorliegt, ist nur unter Berücks der Anlagen u des Verhaltens des Ki sowie sämtl Umstände, in denen es lebt, festzustellen. So ist räumlich das Milieu zu berücks, in welches das Ki hineingeboren u in dem es aufgewachsen ist (Hamm ZfJ **83**, 274). Die Zeit spielt gleich eine mehrf Rolle. Bezügl der Gefährdg ist oft das Alter des Ki bedeuts (KG FamRZ **65**, 160) sowie der Grad seiner geistigen Entwicklg. Zum andern ist die Zeit von Bedeutg für den Begr der Gefährdg selbst, also für die EntwicklgsPrognose für den ZtRaum zw der Bedrohg u dem evtl Eintritt einer Schädigg. Auch zurückliegde oder nahe bevorstehde Gefährdgen können genügen, so daß zB die Gefährdg inf unsittl Treibens der Elt schon bei einem 3 1/2jähr Ki relevant sein kann (BayObLG ZfJ **54**, 28). Schließl muß das Gericht bei ungeklärtem Sachverhalt prüfen, ob zunächst eine vorl AnO zu erlassen ist (vgl Rn 57). Eine sowohl die Pers- wie die VermSorge betreffde Gefährdg kann in der NichtGeltdmachg von UnterhAnspr liegen.

17 **B) Gefahrabwendungshindernisse in der Person der Eltern.** Neben der KiWohlGefährdg (Rn 14 ff) verlangt ein Eingreifen des FamG in das elt ErziehgsR kumulativ noch zweierlei: ein ErziehgsUnvermögen u das Fehlen der GefahrabwendgsBereitsch bzw -Fähigk der Elt.

18 **a) Erziehungsunvermögen der Eltern.** Es schlägt sich in EntwicklgsDefiziten u Verhaltensauffälligkten beim Ki nieder (BayObLG FamRZ **99**, 179 u 316) u kann sich nach I in vierfacher Form zeigen als:

19 **aa) Sorgerechtsmißbrauch,** dh Ausnutzen der elt Sorge zum Schaden des Ki. Nicht notw zum eig Vorteil u in Befriedigg egoistischer Ziele. Wie die beiden letzten Varianten zeigen (vgl Rn 31 u 33) reichen Indolenz u Willfährigk angesichts von Übergriffen Dritter (zB eines neuen LebPartn od eines StiefEltT) aus. Der Entzug des SorgeR erfolgt beim SorgeRMißbr idR nach dem Rechtsprinzip der **Verwirkung** (vgl § 242 Rn 87), die nach Aufhebg von § 1676 dch das SorgRG jetzt iR von § 1666 zu berücks ist. Keine Verwirkg allein dch Aufn einer ErwTätigk der Mu (BayObLG NJW-RR **90**, 70) od allein dch Freigabe zur Adoption (BayObLG FamRZ **90**, 903 L; NJW-RR **90**, 70). Ferner liegt ein SorgeRMißbr nicht unbedgt darin, daß die Elt das Ki bei der PflegeMu belassen, obwohl dieser das JA die PflegeErlaubn verweigert (LG Bln FamRZ **85**, 1075), u schon ganz u gar nicht ist das Verlangen des EltT, der bei der Verteilg der elt Sorge iRv § 1671 übergangen worden war u auf den die elt Sorge gem § 1631 übergegangen ist, das Ki solle zu ihm übersiedeln, mißbräuchl (Kln FamRZ **72**, 647). **Soziale Deviation der Eltern** dch Drogen- od Trunksucht, bei Zuhälterei, größeren Freiheitsstrafen uä, die nach § 1666 aF als ehrloses od unsittl Verhalten der Elt zu Eingriffen dch das Ger ermächtigten, werden nach jetzigem RVerständn allein od iVm den Folgen der Deviation idR als SorgeRMißbr od als sonstiges Versagen iSv Rn 31 zu werten sein.

20 Im einzelnen kommt als SorgeRMißbr in Betr: **Ausbildung und Schule.** Die Elt dürfen mit ihrem Ki wed zu ehrgeizig noch umgek einer deutl Begabg ggü unangem nachläss sein. Hier ist eine Vorverlagerg der EingrSchwelle erfdl. Nach der aF von § 1631 a II, die einen bes EingrTatbestd enthielt (BayObLG FamRZ **91**, 102), konnte das Ger eingreifen, wenn die Elt offensichtl keine Rücks auf Eignung u Neigg des Ki nahmen u dadch die Besorgn begründet wurde, daß die Entwicklg des Ki nachhaltig u schwer beeinträcht würde. Art 1 Nr 48 KindRG hat diese Vorschr im Hinbl auf die Neufassg von § 1666 als entbehrl gestrichen (vgl BT-Drucks 13/4899 S 65 u 115; vgl § 1631 a Rn 7). Daß hier gerichtl Maßn weit im Vorfeld wirkl KiWohlGefährdg zu treffen sind (etwa daß ein Ki, statt es, wie die Elt wollen, in der Hauptschule zu belassen, im Gymnasium angemeldet wird), läßt sich dem § 1666 I nicht entnehmen, weshalb das SorgRG einen bes EingrTatbestd für erfdl gehalten hatte; denn die schulische Unterforderg des Ki kann von diesem auch dch außerschulische Aktivitäten kompensiert w. Daß hier gleichwohl das KiWohl gefährdet sein kann, ergibt sich erst iZushg mit § 1631 a S 1, wonach die Elt in Fragen der Ausbildg auf Eigng u Neiggen des Ki Rücks nehmen müssen. Da mit der Aufhebg von § 1631 a II in der Sache keine Änderg verbunden sein sollte, ist bei Übergehen von Eigng u Neiggen des Ki in der Schule u in sonstigen Ausbildgs- u Berufsfragen keine ggwärtige od zumind nahe bevorstehde Gefahr Vorauss für das Eingreifen des FamG u darf das Ger seine
21 Entsch auch auf Prognosen der ferneren Zukunft des Ki stützen (vgl BayObLG FamRZ **82**, 634). *Einzelfälle:* Das Hineinzwingen in einen ungeeign Beruf stellt einen SorgeRMißbr dar, ebso aber auch umgek Vorgänge wie das Abhalten des Ki vom Besuch der Schule. Insb bei beharrl Weigerg der Elt, die Ki in die Schule zu schicken, kommen neben Geldbußen (Düss ZfJ **96**, 533) Maßn nach § 1666 in Betr (BayObLG NJW **84**, 928); Ferner bei Abmeldg des Ki von der Schule (Karlsr FamRZ **74**, 661); aber auch bei sehr häufiger SchulVersäumn des Ki (Stgt DAV **80**, 141). Die Pflicht der Elt, für einen iSv § 1631 a begabgsmäß angem
22 Schulbesuch zu sorgen, endet erst mit Volljk des Ki (vgl Zweibr MDR **85**, 256). *Kein SorgeRMißbr* liegt vor bei Umschulung eines Ki wg seiner Übersiedlg zur GroßMu, nachd der sorgeberecht Va in seiner neuen Ehe Schwierigkten dchzustehen hat (Kln NJW-RR **86**, 1328); wenn der Va seine Tochter entgg ihrem Wunsch von der Schule abgehen u sie in einen dann von ihr frei gewählten Beruf eintreten läßt (Schlesw SchlHA **57**, 280) od wenn die Elt nur das Studium best Fächer wg VerwahrlosgsGefahr verbieten (Köln FamRZ **73**, 265; von unzutreffd verkürztem Sachverhalt geht die Krit von Kramer JZ **74**, 90 aus); wenn die Elt ihre Mitwirkg an einem verwaltgsgerichtl Verf gg das einem mittelmäß bis schlechten Schüler erteilte Zeugn versagen (vgl
23 Hamm FamRZ **74**, 29). – Zur **Auswanderung:** Vgl § 1684 Rn 7. – Ein SorgeRMißbr liegt im Hinein-
24 zwingen in eine unglückl **Ehe** (KG StAZ **42**, 12). – Als **Erziehungsfehler** kommen in Betr: Ausbeutg der ArbKraft des Ki; Anhalten zum Betteln od sonstigen strafb Handlgen bzw auch zur Unzucht, wobei die Straffreih nach dem 4. StrRG (Erzieherprivileg) für das Zugänglichmachen pornographischer Darstellgen od das Verkuppeln noch nicht 16jähr (dazu Becker/Ruthe FamRZ **74**, 506) Maßn nach § 1666 nicht ausschließen. Ferner gilt dessen I uU für die staatsfeindl Beeinflussg von Ki od auch für die Veranlassg zur Führg falscher Namen (aA wohl Hamm FamRZ **89**, 1317); auch im Nichtbetreiben einer VaterschFeststellg dch die Mu kann ein SorgeRMißbr liegen (vgl § 1629 Rn 39/40); ferner erfüllt die Vorauss von I ein unnötig schroffer Wechsel in der rel Erziehg, wodch beim Ki Verwirrg, Gewissensnot u schwere seel Erschütterg hervorgerufen wird (BayObLG NJW **63**, 590), zB Bruch einer Vereinbg nach RKEG 2 (Anh zu § 1631; Saarbr DRZ **50**, 518); hysterische Tobsuchtsanfälle (LG Lübeck FamRZ **55**, 270); Ausweisg aus dem EltHaus in blinder Wut (KG OLGZ **67**, 219) od bei fehlder anderweitiger Unterbringg (Kln NJW **48**, 342); Trenng vom Va dch die Mu, welche die NamÄnderg für das Ki beantr, obw jenem nichts vorzuwerfen ist (vgl Ffm NJW **55**, 1725; Celle FamRZ **61**, 33; vgl auch § 1617 b Rn 2); Trenng von der Mu od Verhinderg des Briefwechsels (KG JFG **12**, 93) od des Umgangs (RG **153**, 243), mit Geschwistern (Hamm FamRZ **85**, 1078 K), od auch mit GroßElt (KG OLGZ **70**, 297; BayObLG FamRZ **81**, 999); vgl dazu unten §§ 1684, 1685. Maßn nach I kann aber auch umgek eine erstickde ErziehgsHaltg (sog over-protection) der alleinerziehden
25 Mu auslösen (AG Moers ZFG **86**, 113). – Im Rahmen der ärztl Betreuung (vgl § 1626 Rn 16) kommen

medizinisch-ärztlich als SorgeMißbr in Betr: Abhalten vom Impfen; die positive Weigerg, das Ki operieren od eine Bluttransfusion vornehmen zu lassen (BayObLG FamRZ **76**, 43): in solchen Fällen Ersetzg der Einwilligg in den ärztl Eingr gem III (Diederichsen in: Dierks ua, Hrsg, Therapieverweigerg bei Ki u Jugendl, 1995, S 97; sa unten Rn 53); bei bes Eilbedürftigk (Gefahr im Verzug) auch ohne Anhörg der Elt (Celle NJW **95**, 792); vgl auch § 1629 Rn 20. Weitere Fälle sind: Uneinsichtigk bei der Befolgg ärztl angeordneter Medikamentierg u bei ErnährgsFehlern (vgl KG NJW-RR **90**, 716) od bei Ablehng psychiatr Untersuchg bei offensichtl Fehlentwicklg eines 10jähr (BayObLG FamRZ **91**, 214) od eines Jugendl zum Sonderling (KG FamRZ **72**, 646), aber nicht, wenn nur die Eigng eines best Arztes in Frage steht (Stgt FamRZ **66**, 256); nicht vertretb Einwilligg in med od and wissenschaftl Experimente an dem Mj (Ebersbach FamRZ **82**, 454). Auf I kann kein allg Rauchverbot gg die Elt gestützt w, es sei denn bei dem Ki liegt eine Asthmagefährdg oä vor (BayObLG FamRZ **93**, 1350). – Körperl **Mißhandlung** des Ki (vgl Barth ZfJ **86**, 236), wobei evtl **26**
Rechtfertigg nach türk Recht nicht anerkannt wird (BayObLG FamRZ **93**, 229; Düss NJW **85**, 1291); übermäß Züchtigg (§ 1631 Rn 9), zB Mißhandlg eines 1/2jähr, um ihn zum Essen zu bringen (Ffm FamRZ **80**, 284); wiederholte (BayObLG FamRZ **97**, 572 od gar jahrelange körperl Mißhandlgen (BayObLG FamRZ **84**, 928); Schläge gg 1jähr Tochter (Stgt FamRZ **74**, 538; Münder RdJ **75**, 21), auch deren Duldg dch den and EltT (BayObLG DAV **85**, 914) od Dritten (§ 1631 Rn 10). – **Organspende:** § 1626 Rn 17 sowie oben Rn 4. – Zur Bedeutg der Reaktion der Elt auf eine **Schwangerschaft** ihrer mj Tochter für **27**
§ 1666 vgl § 1626 Rn 16. – **Sexueller Mißbrauch** (Lit: Hummel ZfJ **96**, 417). Er spielt unabh von § 1666 **28**
eine große Rolle für die SorgeRRegelg nach Trenng der Elt u für den Ausschl des UmgangsR (vgl §§ 1671 Rn 29; 1684 Rn 54). Zu den Maßn des JA vgl Einf 25 v § 1626. Zur Begutachtg: Einf 9 v § 1626. Ggf bestehen Anspr nach dem OpferEntschädiggsG: Kblz NJW **99**, 224. Der KiMißbr muß für § 1666 grdsl bewiesen sein (LG Kln FamRZ **92**, 712). Zur Aufklärg eines solchen Verdachts: Carl FamRZ **95**, 1183 mN. Zum Nachw der Unschuld mH des Lügendetektors: Undeutsch FamRZ **96**, 329. Zur psycholog Begutachtg: Salzgeber ua FamRZ **92**, 1249; Rösner/Schade FamRZ **93**, 1133; Niewerth ZfJ **94**, 372; Kühne/Kluck FamRZ **95**, 981. Erfdl sind nichtsuggestive GA, so daß Sexpuppen bei nur vagem Verdacht untaugl sind (Bambg NJW **95**, 1684). Die Offenlegg reiner Angstbindgen des Ki ist idR nur dch Sachverst mögl (Storsberg FamRZ **94**, 1543). Vorl AnO: Rn 57. Zum SchadErs wg MißbrVerdächtigg: Ollmann ZfJ **96**, 486. Zur Schaffg einer sex Atmosphäre dch die Mu: BayObLG FamRZ **96**, 1031. Zum begleiteten Umgg bei Verdacht sex Mißbr dch den umggsberecht EltT: § 1684 Rn 50. Zur ErgPflegsch für die Entsch über die Ausübg des ZeugnVerweigergsR vgl BayObLG NJW **98**, 614 sowie § 1909 Rn 8. – **Tötungsversuche** können SorgeR- **29**
Mißbräuche sein, bspw bei Überforderg dch 3 ne Ki u wiederholte Selbstmordversuche als Folge dieser Überforderg (BayObLG DAV **85**, 335). Der Versuch von Selbstmord u Tötg des Ki braucht aber nicht zum SorgeREntzug zu führen, wenn sich die Verhältn wieder vollständ konsolidiert haben (BT-Drucks 8/2788 S 64). – Zur Auffangfunktion von § 1666 bei Mißachtg von Rechten bzw Pflichten der Elt zur Gewährg von **Umgang** des Ki mit BezugsPers: § 1626 Rn 29. – **Züchtigung:** Rn 26.

bb) Vernachlässigung bzgl Wohnverhältn (BayObLG ZBlJugR **83**, 503), Ernährg (BayObLG FamRZ **30**
88, 748) od Pflege, insb wenn weitgehde Verwahrlosg droht (Hamm DAV **86**, 804) od Kind dann der öff Fürs od der von Verwandten anheimfällt (Düss FamRZ **64**, 456); Gefahr der Bindgsschwäche bei dem Kind inf verschiedener AufenthWechsel der drogensücht u straffäll nehel Mutter (Bln ZBlJugR **80**, 188); Nichtvorsprechen in der Klinik dch drogensücht Mutter, wenn früh Kind bereits nach 4 Mo verstorben ist (Hanau DAV **77**, 513); pass Unterlassen jegl ärztl Behdlg od gebotener Unterbringg in einer Anst; Kleidg, Wohng, zB Duldg des Herumtreibens, mangelh Beaufsichtigg auch des regelm Schulbesuchs, Duldg ungünst Einflüsse Dritter, auch des and EltT, insb dessen Verstöße gg § 1666, überh Verkümmerg ordtl Lebensführg (KG JFG **14**, 425); schleppde UnterhZahlg (Düss FamRZ **64**, 456); unvollständ Geburtsanzeige (§ 1616 Rn 7). Ggü dem Vorwurf der Vernachlässigg sind allerd auch die Belange des EltT zu berücks, beispielsw lange AbwesenhZten bei einem Binnenschiffer (BayObLG FamRZ **85**, 522).

cc) Unverschuldetes Versagen der Eltern (im engeren Sinne, da sich auch die übr Fälle des elterl **31**
ErzUnvermögens zutreffd mit dem Ausdr „Versagen" kennzeichnen lassen). Verfassgskonform (BVerfG NJW **82**, 1379; dazu Hinz NJW **83**, 377). **Zweck:** Das zusätzl EingrKriterium soll dem Umst Rechng tragen, daß es auch Fälle gibt, in denen Kindesgefährdgen nicht auf ein Verschulden der Elt zurückzuführen sind (BT-Drucks 8/2788 S 39). Auf das Verschulden soll es in diesen Fällen nicht ankommen. Das Fehlen des Verschuldens muß umgek aber auch nicht besonders festgestellt w, um den Eingr des VormschG zu rechtf; der Tatbestd hat Auffangfunktion (Soerg/Strätz 30) u greift bspw auch ein, wenn in einem StrafVerf wg KiMißhandlg aus subj Grden ein Freispruch erfolgte (Ffm NJW **81**, 2524), u gilt auch, wenn das Verschulden zweifelh ist (LG Bln DAV **80**, 143). Andererseits erübrigt diese TatbestdsVariante wg der Vorrangfunktion der verschuldensinduzierten EingrTatbestde (vgl Rn 13) aber auch nicht jegl Verschuldensprüfg (and wohl Ffm NJW **81**, 277). Was als elt **Versagen** zu werten ist, läßt sich wg des anderweitigen Zushgs nicht der Vorschr von GG 6 III entnehmen. Gedacht war bei der Vorschr an Fälle einer gewissen geist od psych Abartigk iZushg etwa mit Analphabetismus (BayObLG FamRZ **81**, 86), Suchtsyndromen (Ffm FamRZ **83**, 530) uä. Nach Einf des Tatbestds brauchen insb Halsstarrigk (BGH NJW **56**, 1434) od sektiererische Unbelehrbark (Hamm FamRZ **68**, 221) nicht mehr als Verschuldensfälle behandelt zu w (Soerg/Strätz 30). Der Maßst, an dem gemessen das Verhalten der Elt als ein Versagen v ihnen gewertet w muß, kann schon wg der Unbestimmth des „KiWohls" (Rn 15) nicht dieser Begr sein u auch nicht irgendwelche gesellschaftspolit, religiösen od sonst weltanschaul Ideale od Mindeststandards, sond muß iW **verfassungskonformer Auslegung** aus dem grdsätzl Erziehgsprimat der Elt u der Beschrkg staatlicher Ingerenz auf das Wächteramt (GG 6 II 1 u 2) gewonnen w. Desh kommen in diesem Zushg nur solche Fälle in Betr, in denen das elterl Fehlverhalten ggü dem KiWohl eine gewisse Evidenz aufweist. IdR wird es sich um Fälle handeln, in denen bei Vorliegen der persönl Vorwerfbark ein Mißbrauch des elterl SorgeR gegeben sein würde; das folgt aus der Funktion der Vorschr als AuffangTatbestd. *Beispiele:* Psych Erkrankgen, auch wenn sie nur in Schüben auftreten (BayObLG FamRZ **97**, 956); Freispr v Vorwurf der KiMißhdlg ledigl aus subj Grden (Ffm NJW **81**, 2524). Duldg der mißbräuchl **32**
Ausübg des SorgeR dch den and EltT (LG Bambg DAV **84**, 196). Hebephrenie u Alkoholabhängigk der Mutter, die die Einkfte des Kindes nicht bestimmgsgemäß zu dessen Unterh verwendet (BayObLG ZBlJugR

83, 302). Langjähr Heroinsucht der Mutter (Ffm FamRZ **83**, 530). Beeinträchtigg der sprachl Entwicklg (BayObLG FamRZ **94**, 1411). Mangelnde Einsicht in die Notwendigk der Unterbringg des Ki in einer heilpädagog Einrichtg (BayObLG FamRZ **99**, 1154). Unfgk zum Aufbau emotionaler Beziehgen (BayObLG FamRZ **95**, 502). Gleichgültigk, Labilität u Antriebsarmut aS der ne Mu (BayObLG FamRZ **86**, 102). Taubstumme Mu will ihr Ki allein aufziehen; Angeh einer Sekte verweigern ihrem Kind eine medizin lebensnotw Bluttransfusion (Hamm NJW **68**, 212; vgl § 1846 Rn 2); schuldl Verwahrlosg des Kindes (BT-Drucks 8/2788 S 39 u 58 f; zum Begr der Verwahrlosg LG Kblz DAV **78**, 663). **Nicht ausreichend,** wenn ne Mutter krankhbdgt ihr 2 j Ki mit Zust des JA auf nicht absehb Zt in einer PflegeFam unterbringt (BayObLG FamRZ **93**, 846). Problemat ist das ZusTreffen westeuropäischer mit and **religiösen** Vorstellgen: etwa die Entziehg des AufenthBestR türkischer Elt, die ihre seit dem 11. LebJ in Dtschl aufwachsende Tochter in der Türkei verheiraten wollen (KG NJW **85**, 68).

33 **dd) Kindeswohlgefährdung durch das Verhalten eines Dritten. Zweck:** Der stärkere Bezug auf ein Verh der Elt bestimmter nachteiliger Art (Rn 19 ff u 31) machte es erforderl, einen das KiWohl gefährdden Einfl von dr Seite ausdrückl als eine weitere, das Wächteramt des Staates herausfordernde GefährdgsUrsache festzustellen u zum EingrTatbestd zu machen, schon um dem FamG Gelegenh zu unmittelb Vorgehen gg den
34 Dr gem I 2 zu geben (BT-Drucks 8/2788 S 39 u 59). IdR wird das FamG dch entspr **Umgangsverbote** den Einfl des Dr auf das Kind unterbinden, wofür es allerd gem § 1632 III des Antr eines EltT bedarf (§ 1632 Rn 39). *Beispiele:* Verdacht sex Mißbr dch den LebGefährten der Mu (Düss NJW **95**, 1970); entwürdigde u übermäß ErzMaßn des Stiefvaters (BayObLG FamRZ **94**, 1413 L); Zuhälter, Rauschgiftsüchtige, Terroristen, ansteckende Krankh. Entscheidd für diese TatbestdAltern ist aber besonders die:

35 **b) Mangelnde Bereitschaft oder Fähigkeit der Eltern zur Gefahrabwendung** von dem Ki, zB zu geeign SchutzMaßn gg eine Aids-Infektion (Tiedemann NJW **88**, 735). Die Elt dürfen nicht gewillt od in der Lage sein, die Gefahr abzuwenden. Diese Voraussetzg muß als zusätzl Merkm zur mißbräuchl Ausübg des SorgeR, zur Vernachlässig, zum Versagen od dem Verh des Dr hinzutreten, um den Eingr des FamG zu rechtfertigen u von diesem auch festgestellt w. Dabei stehen der vom besten Willen getragenen Hilflosigk der Elt deren Unwillen, ihrer fehlden Einsicht od bloß Gleichgültigk völlig gleich. Es spielt keine Rolle, ob sie in der Lage, aber unwillig, od willig, aber nicht in der Lage sind. Das Merkm dient ausschließl dazu, die Elt ihres Erziehgsvorrangs zur Selbsthilfe zu bewegen. Auf die Motive für die Fortdauer der Gefährdg kommt es desh nicht an. Die Elt sollen ledigl nicht übergangen w (BT-Drucks 8/2788 S 59). Ein Schutz gg extreme Maßn bietet für gutwillige Elt § 1666 a. Die KiGefährdg bleibt bestehen, wenn der SorgeRInh das JA od einen Dr zur Ausübg des elt SorgeR ermächtigt, es sei denn, das JA od der Dr sind damit einverstanden (KG DAV **79**, 762). Unterlassg der **Vaterschaftsanfechtung:** BayObLG FamRZ **94**, 1196; § 1595 Rn 1.

36 **4) Gefährdung des Kindesvermögens, I i. V. m. II.** Dch die Aufn des KiVerm in I ist diese Vorschr Grdlage auch für die Eingr des Staates in die VermSorge der Elt geworden. Die EingrVorauss sollten dch das KindRG nicht verändert w (FamRefK/Rogner 3). Zu den bei Gefährdg des KiVerm dem FamG zu Gebote stehden Maßn vgl die Erläutergen zu § 1667.

37 **A) Rechtsnatur der Umstände von II:** Bei der Aufzählg der drei Varianten in II handelt es sich entgg BT-Drucks 13/4899 S 97 u trotz der GesFormulierg „in der Regel" (vgl dazu unten Rn 50) nicht um RegelBspe im eigtl technischen Sinne. Vielm bilden sie echte TatbestdsVorauss u damit rechtsstaatl erfdl Beschrkgen für Eingr des Staates in die elt VermSorge. Die bl Gefährdg des KiVerm als einzige Vorauss würde die Elt nicht hinreichd vor willkürl Übergriffen in die ihnen in GG 6 I mit garantierte VermSorgKompetenz schützen. Als RegelBspe verstanden könnte das FamG auch beliebige andere Verhaltensweisen der Elt als die in II genannten zum Anlaß nehmen, in die VermSorge der Elt einzugreifen. Alle drei Varianten von II haben einen BezugsPkt zum Verm des Ki: die erste dch Verkürzg der Anspr des Ki dadch, daß die Elt seine UnterhAnspr nicht erfüllen, u zusätzl ggf dadch, daß das Verm des Ki zur Befriedigg seines UnterhBedarfs vorzeitig in Anspr genommen w (vgl §§ 1602 II, 1649). In den beiden and Varianten der unmittelb Verletzg von Pflichten, welche die Elt unmittelb iR ihrer VermSorge treffen, ist der Bezug zum Verm des Ki u zur VermSorge der Elt ijF vorhanden. Da keine and Umstände erkennb sind, die sonst zu Eingr des Ger in die VermSorge der Elt berecht könnten, handelt es sich um echte zusätzl TatbestdsVorauss für das Eingreifen des FamG u nicht um bl RegelBspe für die Gefährdg des KiVerm, sond dienen der Begrenzg staatl EingrBefugn (vgl unten Rn 38 ff). Die Tatbestde von II haben iü trotz der gesetzl Formulierg „in der Regel" auch **nicht** die prozessuale Funktion von **Vermutungen;** die Elt trifft nicht die BewLast dafür, daß trotz ihres sorgerechtswidr Verhaltens das Verm des Ki auch in Zukunft nicht gefährdet ist; vielm ist dieser Nachw Eingr-Vorauss, der sich jedoch regelm im Konzept der VermGefährdg erübrigt u prakt auf die Verpfl des Gerichts zur Abwägg der Risiken reduziert (vgl Rn 50).

38 **B) Voraussetzungen für das Eingreifen des Familiengerichts.** Das FamG darf iR seines staatl Wächteramts (vgl Einf 4 v § 1626) auch in die VermSorge der Elt nur eingreifen, wenn den Elt ein in ihren VerantwortgsBereich falldes Versagen in der Ausübg der VermSorge zur Last fällt. Darum stellen die in II als RegelBspe gedachten Tatbestde doch echte, die staatl Gewalt begrenzde Erfordern für das Eingreifen des FamG dar (Rn 37). Eine bl auf das Vorliegen einer objektiven u von dem Verhalten der vermsorgeberecht Elt völlig losgelöste VermGefährdg als einzige Vorauss für gerichtl Maßn wäre nicht verfassgskonform. Desh muß zw dem den Elt zugerechneten SchutzPflVerstoß u der Gefährdg des KiVerm zusätzl auch ein kausaler Zushg bestehen (Rn 44).

39 **a) Gefährdung** des KiVerm: eine solche liegt vor, wenn ohne das Eingreifen des FamG zum ggwärt Ztpkt zu befürchten ist, daß sich das Verm des Ki in einer Weise vermindert bzw dch den Ausfall von Erträgen nicht vergrößert, wie sie nach den Grdsätzen einer ordngsmäß VermVerwaltg dch entsprechde Maßn verhindert w könnten. Als Maßst dienen neben den sich aus der allg Verpfl zur VermSorge ergebden Pflichten, den betriebswirtschaftl Grdsätzen über eine vernünft VermAnlage u den im Ges niedergelegten Einzelpflichten die drei in II vom GesGeber gegebenen RegelBspe. Eine Gefährdg des KiVerm ist anzunehmen, wenn die Befürchtg nicht ganz von der Hand zu weisen ist, daß die Elt Gelder des Ki ordngswidr verbrauchen, bspw

eine Waisenrente u ein dem Ki zustehdes SparGuth (BayObLG FamRZ **91**, 1339). Dem GefährdgsBegriff entspricht es, daß die VermVerminderg noch nicht eingetreten zu sein braucht; der Eintritt des Schadens muß aber naheliegen (Ffm NJW **53**, 67; FamRZ **63**, 453).

b) Verstöße der Eltern gegen vermögensrelevante Schutzpflichten. 40

aa) Verletzung der Unterhaltspflicht durch die Eltern, II Var. 1. Ratio legis der Best ist einmal, daß in der Nichterfüllg berecht UnterhAnspr des Ki dch die Elt zugleich eine Verminderg des Verm des Ki liegen kann (Rn 37). Zudem besteht die Gefahr, daß Elt, die aus egoistischen Motiven ihr Ki um einen berecht UnterhAnspr bringen, auch in der Verwaltg des KiVerm mehr auf ihre eig als auf die Belange ihres Ki achten werden. Die Vorschr entspricht § 1666 III aF. Sie betrifft die UnterhPfl der Elt aus den §§ 1601 ff, 1610, ggf auch in der Konkretisierg dch eine vertragl UnterhRegelg (Einf 14 v § 1601) u gilt für Verletzgen der Verpfl zur Leistg von BtUnterh ebso wie von Barunterh. Es reicht für die Vorenthaltg des Unterh die potentielle Gefährdg des Ki, so daß die Anwendg von II nicht ausgeschl ist, wenn das Ki von dritter Seite (von dem and EltT bzw den GroßElt) versorgt worden ist. Ebso kommt es nicht darauf an, daß das Ki ggwärtig über seine Anspr gg den vermsorgeberecht EltT hinausgehdes Verm hat (vgl BayObLG FamRZ **64**, 638; **89**, 652). **Zweck:** Beseitigg der UnterhGefährdg u Sicherstellg der bestimmgsgem Verwendg des KiVerm (§ 1649), auch des zu erwartden künft, für den Unterh des Ki. Das zusätzl Erfordern von § 1666 III aF, daß für die Zukunft eine Gefährdg des Unterh zu besorgen ist, stellte zwar den Zushg zw der Verletzg der UnterhPfl dch die Elt u der Gefährdg des KiVerm deutl her, ist aber dch das KindRG fallengelassen worden, weil der GesGeber der Auffassg war, nach I sei die mangelde Bereitsch od Fähigk der Elt zur Gefahrabwendg ohnehin EingrVorauss (BT-Drucks 13/4899 S 97). Die Anwendg von II hängt davon ab, daß die Elt gg ihre eig, dem Ki ggü bestehde UnterhPfl verstoßen, wobei eine UnterhPflVerletzg auch vorliegt, wenn sie nur einen Teil von dem Unterh leisten, zu dem sie nach den §§ 1601 ff verpfl sind. II kommt nicht in Betr, wenn es an den TatbestdsVorauss für die UnterhPfl der Elt fehlt, zB das Ki nicht bedürft od die Elt nicht leistgsfäh sind; ferner wenn für den Unterh dch AusbildgsVergütg od dch Unterbringg bei den GroßElt gesorgt ist (BayObLG FamRZ **89**, 652); wohl aber gilt II, wenn der nach § 1602 nicht unterhpflicht Va dem Ki nicht von dessen Arbeitsverdienst hinreichde Beträge zur Bestreitg des Unterh beläßt, da hier ein Einschreiten des FamG nach I od (mangels VermGefährdg) auch nicht nach § 1667 mögl ist (vgl KG JfG **14**, 427). Der Tatbestd von II ist ferner nicht erfüllt, wenn die Elt zwar rechtsirrtüml, aber doch entschuldbar der Meing sind, in ihrem Fall liege § 1602 II nicht vor, weil die Einkünfte des Ki aus seinem Verm für seinen Unterh ausreichten (vgl § 1602 Rn 22). 41

bb) Verletzung der mit der Vermögenssorge verbundenen Pflichten, II Var. 2. Die Vorschr entspricht § 1667 I aF. Die Unterscheidg des bish Rechts zw aktuellen PflVerletzgen u noch nicht erfolgten, aber nach den Umständen des Falles nicht ganz fernliegden PflVerletzgen (BT-Drucks 8/2788 S 60) hat das KindRG zu Recht aufgegeben, weil im wirtschaftl Bereich in der drohden PflVerletzg in aller Regel auch schon eine aktuelle PflVerletzg liegen wird, zB in der Ankündigg des pflichtwidr erfolgden Verkaufs eines größeren Aktienpakets, wenn dch die Kundgabe der Absicht der Kurs der Wertpapiere sinkt. Auch den VermVerfall bei den Elt hat das KindRG aus § 1667 I aF nicht übernommen. Das entspricht der Aufhebg von § 1670 aF (vgl BT-Drucks 8/2788 S 60 sowie unten Rn 47). Iü lassen sich die versch Pflichtenkreise weiter differenzieren: **aaa) Verletzung der allgemeinen Vermögenssorgepflichten.** Verstoßen die Elt gg ihre in § 1626 Rn 18 ff näher umschriebene allg VermSorgePfl, so kann sich bereits daraus eine Gefährdg des Verm des Ki ergeben, die Anlaß zu entsprechden Maßn des FamG gibt. Das gilt etwa, wenn die Elt günstige ZinsBedggen für einen aufgen Kredit nicht wahrgenommen haben; wenn sie versäumen, für ein von ihnen für das Ki verwaltetes Unternehmen eine entsprechde BetrHaftPflVers abzuschließen; wenn sie Außenstände des Ki nicht geltd machen, bspw einen VermächtnAnspr des Ki (BayObLG FamRZ **82**, 640) od entsprechde Prozesse nachläss betreiben, wenn sie sich um das zum KiVerm gehörde Mietshaus nicht kümmern usw. – **bbb) Verstöße gegen konkrete gesetzliche Vermögensverwaltungspflichten** begründen allemal die Befürchtg, daß die Elt das Verm des Ki schädigen werden, u zwar bald für sich allein, bald iVm and Umständen. Legen sie bereits entgg § 1640 I kein VermVerzeichn für das von dem Ki geerbte Verm an u beginnen, ihr eig Verm mit dem des Ki zu vermischen (zB dch Auflösg des Kto des Erbl u Überweisg von an das Ki geleisteten Zahlgen auf ihr eig Kto), so kann dies, wenn es um größere Geldsummen geht, Maßn nach II rechtf. Erst recht gilt das natürl, wenn die Elt aus den auf diese Weise eingegangenen Geldern entgg § 1641 Schenkgen an Dritte machen; wenn sie das Geld des Ki entgg § 1642 nicht nach den Grdsätzen einer wirtschaftl VermVerwaltg anlegen bzw wenn sie damit entgg § 1645 ohne famgerichtl Gen im Namen des Ki ein neues ErwGesch beginnen; wenn sie iZshg mit der Anlage des Geldes unnütze Aufwendgen machen (vgl § 1648) od das Geld für ihren eig u den Unterh der Geschwister des Ki verwenden. – **ccc) Verstöße gegen die betriebswirtschaftlichen Grundsätze einer effektiven Vermögensverwaltung:** Vgl dazu die versch VermVerwaltgsTatbestde im BGB: § 675 Rn 6 u 19 zur allg VermVerwaltg; § 1413 Rn 2 u 7 ff zur rechtsgeschäftl VermVerwaltg unter Eheg; §§ 1422 ff zur Verwaltg des Gesamtguts in der GütGemsch; § 1908 i Rn 12 zur VermBetreuung; § 1960 Rn 10 u 18 ff zur Pflegsch für unbekannte Erben u NachlaßPflegsch; § 2038 Rn 1 ff zur NachlaßVerwaltg dch die Erben u § 2205 dch den TestVollstr. 42 43 44 45

cc) Nichtbefolgung von Anordnungen des Gerichts zur Vermögenssorge, II Var. 3. Hat das FamG die sich aus der VermSorge abstrakt ergebden Pflichten für die Elt dch entsprechde AnOen bereits konkretisiert, so ergibt sich daraus nicht nur eine unmittelb HandlgsPfl für die Elt, sond die Notwendigk zu gerichtl Maßn im Interesse des KiWohls folgt hier auch daraus, daß in der Nichtausführg der AnOen schon die Gefährdg des KiVerm in aller Regel manifest ist, weil das Ger die AnOen sonst nicht hätte für erfdl halten dürfen. Dch die Verallgemeinerg dieses Mechanismus in II konnten die bes EingrTatbestde wie bspw der von § 1640 IV aF entfallen. Im Ggs zu den and VermSorgeVerletzgen wird iR des VerhältnismäßigkPrinzips ein Verstoß nach II Var 3 am ehesten rechtf, daß das FamG den Elt, die nicht einmal bereit od in der Lage sind, die konkreten AnOen des Ger zu befolgen, die VermSorge für das Ki insges entzieht. 46

c) Es muß ein **ursächlicher Zusammenhang** zw dem Verstoß gg eine vermögensrelevante SchutzPfl u der Gefährdg des KiVerm vorliegen (*arg:* „durch" in I). Bestehen für Übergriffe od auch unverschuldete Fehlhandlgen der Elt keinerlei AnhaltsPkte, ist auch der Eingriff des FamG in die elt VermSorge nicht gerechtf. 47

48 **d)** EinVerschulden (vgl dazu zunächst Rn 13) ist jedoch auch hier nicht ijF erfdl (vgl BayObLG FamRZ **89**, 1215). Denn wie bei der PersSorge der persönl vorwerfb SorgeMißbr u die Vernachlässigg des Ki im VorderGrd stehen u ledigl in AusnFällen, in denen den Elt bei objekt Gefährdgen des KiWohls aGrd ihrer vor allem religiös bdgten Einstellg aus der Gefährdg des KiWohls kein subjektiver Vorwurf gemacht w soll, wirkt
49 das **unverschuldete Versagen** der Elt zZw des KiWohlSchutzes hier als AuffangTatbestd (vgl Rn 18 ff u 31). Bei Verletzgen der VermSorge braucht das Ki um so mehr einen Schutz gg obj Gefährdgen, als im ökonomischen Verhalten von den meisten Elt viel weniger zu erwarten ist, daß sie wissen, was richtigerw zum Wohle des Ki von ihnen erwartet wird als bei der PersSorge. Insof können famgerichtl Maßn im Bereich der VermSorge insb auch getroffen w bei einem unverschuldeten Verfall des elt Verm (KG JW **32**, 1387) od iZshg mit dem **Insolvenzverfahren** eines EltT. Doch wärd nach § 1670 aF die VermSorge eines EltT mit der Eröffng des Konkurses über sein Verm automat endete, begründet sie, wenn man aus der Enumerierung von II einen Umkehrschluß zieht, nach neuem Recht noch nicht einmal die Vermutg, daß dch den Verlust des eig Verm das von den Elt verwaltete Verm des Ki gefährdet wird. Das bedeutet, daß das FamG iF einer Insolvenz eines EltT nicht automat annehmen darf, daß nunmehr auch das Verm des Ki gefährdet ist, weil eine ordngsgem Bewirtschaftg von dem unter wirtschaftl Druck stehden EltT nicht mehr zu erwarten sei. Vielm ist es ow mögl, daß von jemandem, der aGrd einer ökonomischen Krise, die noch nicht einmal von ihm beeinflußb gewesen od gar auf einem Versagen seiners zu beruhen braucht, in die Insolvenz getrieben worden ist, das von seinem Ki geerbte Mietshaus sehr gut u loyal wie bisher weiter verwaltet werden kann u wird.

50 **e) Erforderlichkeit der Risikoabwägung.** Nach II gefährden Verletzgen von UnterhPfl ggü dem Ki od von mit der VermSorge verbundener sonstiger Pflichten bzw Verstöße gg AnOen des Ger **in der Regel** das Verm des Ki (vgl zur Interpretation dieses Ausdr bereits oben Rn 37). Sieht man darin nicht RegelBspe od Vermutgen u beschrkt das Verständn des Ausdr auf den gewöhnl SprachGebr, so bedeutet er, daß die genannten PflVerstöße gewöhnl, aber eben nicht immer zur Gefährdg des Verm des Ki führen u vielm Ausn nicht nur vorstellb, sond auch im konkr Fall mögl sind. Als Konsequenz hat das FamG daher, bevor es Maßn zur Einschrkg der VermSorge beschließt, das von der PflVerletzg ausgehde Risiko weiterer Fehlgriffe der Elt in der VermSorge abzuschätzen. Das Ger darf sich nicht mit der Feststellg des PflVerstoßes zufriedengeben u gestützt darauf die VermGefährdg bejahen, um dem VerhältnismäßigkPrinzip dann allein bei der Auswahl der zu treffden Maßn zu genügen. Vielm ist es bereits eine Frage der Verhältnismäßigk festzustellen, ob aus einer konkr Verletzg der in II aufgeführten Pflichten auf eine allg Gefährdg des Verm des Ki zu schließen ist.

51 **5) Maßnahmen des Familiengerichts.** Eine Entziehg der elt Sorge insges sieht das Ges nicht vor. Sie kann prakt nur dch Entziehg sämtl TeilR als ihrer Bestandteile erreicht w (BayObLG NJW **99**, 293). Wird nur die PersSorge entzogen, ist das JA nicht gem §§ 1773, 1774 zum Vormd zu bestellen, sond gem § 1909 I 1 zum ErgPfl (BayObLG FamRZ **99**, 316).

52 **a) Verhältnismäßigkeitsprinzip.** Maßregeln, denen GG 6 II nicht entggsteht (BVerfG NJW **54**, 1761) u in deren Auswahl abgesehen von § 1666 a grdsl auch keine Beschrkg besteht (vgl KG JfG **14**, 425), unterliegen aber dem VerhältnismäßigkPrinzip. Sie sind nur anzuordnen, soweit unbdgt erfdl. Eine bes Ausprägg hat der VerhältnismäßigkGrds in § 1666 a erfahren (vgl dort Rn 1). Die anzuordnende Maßn muß geeignet sein, die Situation des Ki zu verbessern (BayObLG FamRZ **95**, 948). Sie muß außerd erfdl sein wie bspw zur klinischen Begutachtg des Ki mind eine befristete SorgeEntziehg (BayObLG FamRZ **95**, 501) u dem Ausmaß des KiWohls, um das es geht, proportional, so daß eine Entziehg des SorgeR insges (§ 1666 a Rn 3) nicht in Betr kommt, wenn die Entziehg der AufenthBestBefugn od eine Maßn nach § 1632 IV genügt (BVerfG FamRZ **89**, 145). Stets gilt der Grds des geringsten Eingriffs. Bei tiefer Beziehgslosigk des SorgeBerecht reicht es aus, wenn das Ki mit seiner Zust in einer PflegeFam untergebracht wird, u auch bei Zulassg schädl Besuchskontakte zu den GroßElt ist ggü der Entziehg der PersSorge die Entziehg des UmggsR das mildere Mittel (Hamm FamRZ **97**, 1550). Keine Entziehg des AufenthBestR als solche, wenn die Beschrkg der Best hins eines best Orts ausreicht (BayObLG **65**, 1); ferner keine Entziehg der Vertretg, wenn mit der Entziehg des SorgeR od einz SorgeRBefugn auszukommen ist (vgl BGH **8**, 137); keine Entziehg der PersSorge, wenn bei Unterbringg in einer Sonderschule die Ersetzg der Zust ausr (BayObLG MDR **62**, 132).

53 **b) Ersetzung von Erklärungen des Sorgeinhabers durch das Gericht, III.** Die Vorschr entspricht II aF. Dadch, daß das KindRG diese Ermächtigg einen Abs weitergeschoben hat, gilt sie nunmehr für die Pers- u die VermSorge gleichermaßen. Wenn im Ggs zu der auf Elt bzw einen EltT abhebden aF im GesText nunmehr auf den Inh der elt Sorge abgestellt wird, so sollte damit ledigl präzisiert w, daß das FamG Maßn gg EltT nur ergreifen kann, wenn sie auch Inh od zumind MitInh der Elt Sorge sind (BT-Drucks 13/4899 S 97). Ist die Erkl eines od beid EltT notw, um eine Gefahr von dem Ki abzuwenden, u wollen od können die Elt diese Erkl nicht abgeben, so kann das FamG sie, wenn darin ein SorgeRMißbr, die Vernachlässig des Ki od ein unverschuldetes Versagen der Elt liegt (vgl § 1626 Rn 16), ersetzen. Das gilt im Bereich der PersSorge insb für die Einwilligg in eine Operation od sonstige dringl ärztl Maßn (BT-Drucks 8/2788 S 58); ferner Ersetzg der Zust zur psycholog Begutachtg des Ki (Zweibr DAV **99**, 139; Einf 9 v § 1626). Im Bereich der VermSorge kommt etwa die Kündigg von Mietverhältn in einem dem Ki gehörden Haus in Betr. Liegt keine strikte Weigerg der Elt vor, wird sich das Gericht damit begnügen anzuordnen, daß die Elt die Erkl abgeben. Zur Ersetzg der Zust der Elt zum SchwangerschAbbr: § 1626 Rn 16. Zur Ersetzg von Einwilliggen iR des UmggsR: § 1684 Rn 27.

54 **c) Die Maßnahmen zur Personensorge im einzelnen** (vgl auch zu weiteren Bspen Rn 57): Das FamG kann Ermahngen, Gebote u Verbote aussprechen wie zB das, die Geliebte nicht in der auch von der Mu u der mj Tochter benutzten Wohng wohnen zu lassen (Hamm JMBl NRW **62**, 243). Die **Entziehung** der elt Sorge kann insges od hins einzelner Befugn erfolgen wie: AufenthBest (wg der sich aus dieser EinzelMaßn ergebden Schwierigkten vgl Certain ZfJ **68**, 104); Umgangsrechte (vgl § 1684 Rn 45), Berufswahl usw; ferner allein od auch unter Entziehg der entsprechden VertretgsBefugn (§ 1629 I 1), bspw für den Abschl von Lehr- u Arbeits-Vertr, Schulan- u -abmeldg (RG **129**, 23), Einwilligg in eine Operation usw. Für die Trenng des Ki von der Fam u für die Entziehg der PersSorge insges stellt § 1666 a zusätzl Erfordern auf. AnO der **Vormundschaft** nur bei Entziehg der gesamten elt Sorge; andernf Bestellg eines ErgPflegers, auch bei Entziehg der PersSorge (BayObLG FamRZ **97**, 1553). Die Bestellg eines Vormds (§ 1773) ist auch nötig, wenn dch die Fortnahme

sämtl einzelnen Bestandteile (Pers- u VermSorge, Vertretg in beiden Angelegenh) prakt die elt Sorge im ganzen entzogen w ist. Bei vollständ Entziehg der PersSorge haben die Elt auch kein BeschwR in PersSorgeSachen des Ki aus FGG 57 I Nr 9 (BGH **LM** Nr 5); and aber, wenn es sich um Angelegenh von bes Tragweite (wie Wechsel der Religion od der Staatsangehörigk) handelt (BayObLG NJW **88**, 2388: Name). Zur Unterbringg in VollZt- od Heimpflege: § 1666 a Rn 4. Die Inanspruchn öff Mittel steht AnOen nach § 1666 nicht entgg (BGH **8,** 137). FolgeMaßn: Bei Beschrkg oder Entziehg der PersSorge muß das FamG ggf daran denken, ob damit die AnO verbunden w soll, daß sie entgg der subsidiären Einsetzg nach § 1680 III doch nicht dem and EltT zustehen soll. Denn eine solche AnO muß gleichzeitig mit der entziehden Maßn ergehen, da sonst Unklarh entsteht (BayObLG **62**, 277). Einzelbefugn wie das AufenthBestR od die Vertretg in schulischen Angelegenh können dabei auch auf den iR einer wechselseitig beantr SorgeRegelg nach § 1671 I übergangenen EltT übertr w (BayObLG FamRZ **85**, 635). Die Übertr einz Befugn erfolgt nach § 1909 auf einen **Pfleger** (BayObLG ZfJ **80**, 288), falls sie auch dem and EltT nicht zu belassen sind (§ 1680 III), weil der ungünst Einfluß des das Ki gefährdden EltT anders nicht ferngehalten w kann (KG FamRZ **65**, 159). Ordnet das FamG Vormsch od Pflegsch an, so steht ihm auch die **Auswahl der Person** des Vormds od Pflegers zu: § 1697. Zu **Maßnahmen des Familiengerichts bei Gefährdung des Kindesvermögens:** Vgl § 1667.

d) Maßnahmen zur Personensorge mit Wirkung gegen einen Dritten, IV. Die Vorschr entspricht I 55
2 aF. Das FamG kann AnOen auch ggü Dritten treffen, deren Verhalten das KiWohl gefährdet u möglicherw überh auch Anlaß für das Eingreifen des Gerichts war. In den Fällen, in denen die Elt die von einem Dr ausgehden Gefahren für das Ki nicht abwehren wollen od können (Rn 35), kann das FamG unmittelb gg den Dr einschreiten u ist nicht mehr wie früher darauf angewiesen, bei Taten- od Entschlußlosigk der Elt diese zu zwingen, zur Abwehr der Störg gg den Dr den ZivilRWeg zu beschreiten. Das FamG bedarf dabei auch keines Antr der Elt u kann desh auch unabhäng von § 1632 II iVm III unmittelb dch eine solche AnO mit Drittwirkg nach § 1666 IV zB einem Zuhälter den weiteren Kontakt zu einer Mj verbieten od ggü einem Sextäter einen Wohnortwechsel anordnen (Zweibr NJW **94**, 1741; Kln KiPrax **99**, 95 „go-order"). Das Ki braucht sich nicht in der Obhut des Dr zu befinden. Der Dr wird, wenn gg ihn unmittelb eine Maßn angeordn w soll, **Verfahrensbeteiligter** u muß vom Ger gehört w (BT-Drucks 8/2788 S 59). In Angelegenh der **Vermögenssorge** liegen uU AnOen mit Drittwirkg genauso nahe wie bei der PersSorge; das Ger soll aber die VermSorge nicht selbst ausüben. Insof verbleibt es bei den allg zivilrechtl AbwehrMöglkten des Ki (FamRefK/Rogner 10), zu deren Wahrnehmg das FamG die Elt od sonstigen Inh der VermSorge ggf dch entsprechde Gebote anhalten muß. An vorsichtige Analogien könnte man allenf in solchen Fällen denken, in denen zB eine gg das Ki laufde Fr nur dch das unmittelb Eingreifen des Ger gewahrt w kann od bei Fallgestaltgen, in denen sich Pers- u VermSorge überlagern.

8) Verfahrensrecht. Vgl Einf 5 v § 1626. – **a)** Eingreifen des FamG **von Amts wegen.** Maßn des FamG 56
haben grdsl Vorrang vor den ErzHilfen des JA (Einf 24 ff v § 1626), auch wenn im Ergebn der SorgeRPfl die HeimUnterbringg veranlaßt (vgl BGH **73**, 131). Dem JA kann als Pfl das Recht zur Beantragg öff Hilfen (SGB VIII 27, 28 u 31) übertr w (BayObLG FamRZ **95**, 502 u 1437). Das FamG ist zust auch zur Verhinderg der Entführg des Ki dch den nicht sorgeberecht EltTeil (Kln FamRZ **85**, 1059) u auch für den Anspr auf Herausg des Ki u UmggsRegelgen iRv § 1632 I u II (vgl Ffm FamRZ **93**, 228). Eine im Zushg mit § 1666 getroff UmggsRegelg ist ggf ein selbstdg VerfGgst (BayObLG FamRZ **95**, 1437). – **b) Vorläufige Anordnungen** (Einf 6 v § 1626) bei dringdem Bedürfn für ein unverzügl Einschreiten, das ein Abwarten bis zur Beendigg der notw erscheinden Ermittlgen nicht erlaubt u eine sofort Maßn zur Abwendg der dem Ki drohden Gefahr erfordert (BayObLG FamRZ **91**, 1218; **95**, 948). Je einschneidder die Maßn ist, desto dringder muß das RegelgsBedürfn sein (BayObLG FamRZ **97**, 383). Auch für die vorl AO müssen die Vorauss des § 1666 vorl (BayObLG FamRZ **91**, 1218). Vorl AO (ggf auch dch das BeschwGer; Hamm FamRZ **95**, 1209): bei mißhandlgstyp Verletzg (BayObLG FamRZ **99**, 178); Verdacht sex Mißbr (BayObLG NJW **92**, 1971), aber Vorsicht bei ausschließl eig Angaben des Ki (Düss NJW **95**, 1970); bei in Strafhaft der Elt geb Ki (KG FamRZ **81**, 590); Drogensucht od VerwirrgsZustand der Elt (AG Hanau DAV **77**, 513; **80**, 143); Gefahr der Entf des Ki ins Ausl (BayObLG FamRZ **82**, 1118). Als **Maßnahmen** iR vorl AO kommen in Betr: Entziehg des AufenthBestR bei Selbstmorddrohg der Mu (BayObLG FamRZ **99**, 318); bei VerwahrlosgsGefahr (BayObLG FamRZ **80**, 1064) u KiMißhandlg (BayObLG FamRZ **99**, 178) sowie zusätzl das Verbot, den Elt den AufenthOrt des Ki mitzuteilen (BayObLG FamRZ **77**, 752); Entziehg der ges PersSorge (BayObLG FamRZ **89**, 421). – **c) Beschwerdeberechtigt** sind neben den Elt auch das Ki (BayObLG 58
FamRZ **97**, 954) sowie ggf die GroßElt (BayObLG FamRZ **81**, 814). – **d) Abänderung** der gerichtl Maßn: 59
§ 1696. – **e) Übergangsrecht:** Einf 35 f v § 1626. 60

1666 a *Trennung des Kindes von der elterlichen Familie; Entziehung der Personensorge insgesamt.*

I Maßnahmen, mit denen eine Trennung des Kindes von der elterlichen Familie verbunden ist, sind nur zulässig, wenn der Gefahr nicht auf andere Weise, auch nicht durch öffentliche Hilfen, begegnet werden kann.

II Die gesamte Personensorge darf nur entzogen werden, wenn andere Maßnahmen erfolglos geblieben sind oder wenn anzunehmen ist, daß sie zur Abwendung der Gefahr nicht ausreichen.

1) Die Best gehört gedankl zu § 1666 Rn 51 u 62. Mit ihr soll der **Grundsatz der Verhältnismäßigkeit** 1
in zwei Richtgen verdeutlicht w, näml für die Trenng des Kindes von der elterl Familie u für die Entziehg der ges PerSorge (BT-Drucks 8/2788 S 59). Maßn gem §§ 1666, 1666 a haben Vorrang vor der zwangsw Heimerziehg (KG FamRZ **81**, 592; Brschw DAVorm **80**, 952), selbst wenn Heimunterbringg dch den SorgeRPfleger erfolgt (BGH NJW **79**, 813; krit dazu Happe FamRZ **81**, 635). Die vorläuf Unterbringg darf nicht angeordnet w, wenn als endgült Maßn ledigl ein Eingreifen n §§ 1666, 1666 a gerechtf ist; Gefahr im Verzuge ist ggf dch einstw AnO zu begegnen (Hamm FamRZ **81**, 593). **Vorrang öffentlicher Hilfen:** Vor der Trenng eines Ki von den Elt muß das FamG prüfen, ob dch öff Hilfen die Gefährdg des Ki abgewendet w

kann (BayObLG FamRZ **91**, 1218). Öff Hilfen sind im wesentl in der **Jugendhilfe** von SGB VIII 11–40 enth (Einf 16 ff v § 1626; Coester FamRZ **91**, 259).

2 **2)** Die **Trennung des Kindes von der elterlichen Familie, I,** ist, weil sie bes einschneidd wirkt, nur dann zul, wenn mildere Mittel nicht ausreichen, die Gefahr für das Kind abzuwenden. Vor der endgült Trenng ist also die zeitw Entziehg der PersS zu prüfen (Kln FamRZ **96**, 1027). Zul ist die befr SorgeREinschrkg zur stationären Begutachtg u Behdlg eines Ki mit Angstsymptomatik, einschl GewAnwdg (BayObLG ZfJ **96**, 106). Damit kommen die im VerwR entwickelten Grdse der Verhältnismäßigk, der Geeigneth u der Wahl des geringsten Mittels zur Geltg. Verfassgskonform (BVerfG FamRZ **82**, 567). Eine TrenngMaßn liegt auch in der Entziehg des AufenthBestR (BayObLG NJW **92**, 1971), selbst wenn den Elt das UmgangsR verbleibt (vgl BayObLG FamRZ **95**, 1438). Was das gebotene Mittel ist, kann nicht vom Aufwand, sond nur vom Kindeswohl u vom EltR her bestimmt w (BT-Drucks 8/2788 S 59 f); beispielsw Heimeinweisg bei Artikulationsschwierigkten der Ki (BayObLG FamRZ **94**, 1411). Die Vorschr verpfl den Staat ggf dazu, in kinderreichen Fam mit HaushHilfen einzuspringen, ehe die Kinder, mit denen die Eltern aGrd ihrer Überlastg nicht mehr fertig w, in Heime gebracht w. Jedenf enthält die Best die gesetzl Grdlage für eine aktive FamPolitik in dem Sinne, daß der familiäre Zushalt nicht finanz Schwierigken zum Opfer gebracht w darf (Kemper FamRZ **83**, 647). Ggf muß der Staat für verfügb HaushKräfte sorgen. Bei Debilität der Elt sind diese ggf mit dem
3 neugeborenen Ki gemeins unterzubringen (LG Bln FamRZ **88**, 1308). Zur **Unterbringung des Kindes in Vollzeitpflege, Heimpflege und sonst betreuten Wohnformen:** SGB VIII 33, 34 (Einf 20 u 21 v § 1626). Die UnterbringgsStelle muß dch das FamG bestimmt bezeichnet w (KG JFG **12**, 94), nicht aber, wenn das JA das AufenthBestR hat (Einf 28 v § 1626). Ist ein Pfleger bestellt (§ 1666 Rn 54) u hält dieser die Unterbringg für zweckmäß, so ist die Auswahl der UnterbringgsStelle seine Sache. Unzul ist die PflegerBestellg, nur um die freiw ErzHilfe ungestört dchführen zu können (Hamm ZfJ **58**, 177; LG Gött NJW **55**, 1596), da damit die ZustimmgsBefugn des SorgeBerecht umgangen w. Die Kosten der Unterbringg gehören grdsl zum LebBed des Ki, so daß der UnterhPfl sie zu tragen hat (Einf 31/32 v § 1626). Nach Unterbringg des Ki bei einer PflegeFam ist trotz §§ 1626 II, 1684 der Ausschluß des BesuchsR u die Verweigerg der KiAdresse zul (vgl AG Hbg DAV **77**, 457); Vorauss ist aber eine entsprechde Ermächtigg dch das FamG (vgl BayObLG StAZ **77**, 162). Die vorl Unterbringg (Einf 25 v § 1626) darf nur angeordnet w, wenn hinreichd wahrscheinl ist, daß eine SorgeREntziehg nicht in Betr kommt (Zweibr FamRZ **81**, 817).

4 **3)** Der **Entzug der gesamten Personensorge, II,** kommt nur dann in Betr, wenn mildere Mittel nicht ausreichen (vgl § 1666 Rn 53). Bsp: Schläge ggü 15 j Mädchen als einz ErzMittel der Elt (BayObLG FamRZ **93**, 229). Das Ger hat zwar ein Auswahlermessen hins der anzuwendden Mittel, es muß aber zunächst versuchen, etwa dch Ermahngen, Verwarngen, Gebote u Verbote od unter den Vorauss v I dch Entziehg v TeilBefugn (AufenthBestR usw) od VerbleibensAnO n § 1632 IV die Gefahr abzuwenden (BayObLG FamRZ **90**, 1132/4). Nur wenn anzunehmen ist, daß diese Mittel nicht ausreichen, kann das schärfste Mittel des Entzugs der PersSorge angewendet w (BT-Drucks 8/2788 S 60). Der Entzug der Pers- u VermSorge ist jew gesond zu begr (BayObLG FamRZ **96**, 1352). **Erfolglosigkeit anderer Maßnahmen** als solche reichen für die Entziehg der ges PersSorge nicht aus, wenn nach dem VerhältnGrds die Entziehg des AufenthBestR genügen k (BayObLG FamRZ **90**, 780). Die früh FürsErz ist in diesem Zshg keine and Maßn (KG FamRZ **81**, 592). Auch zZw der **Adoption** ist die Entziehg der ges PersSorge erst zul, wenn eine Rückkehr in die elterl Fam ohne nachhaltige KiWohlGefährdg nicht mehr zu erwarten ist (KG FamRZ **85**, 526/966 mAv Frank).

5 **4)** Die Maßn sind vom Ger in angemessenen Zeitabständen zu **überprüfen** (§ 1696 III) u **aufzuheben,** wenn eine Gefahr für das KiWohl nicht mehr besteht (§ 1696 II).

1667 *Gefährdung des Kindesvermögens.*

I Das Familiengericht kann anordnen, daß die Eltern ein Verzeichnis des Vermögens des Kindes einreichen und über die Verwaltung Rechnung legen. Die Eltern haben das Verzeichnis mit der Versicherung der Richtigkeit und Vollständigkeit zu versehen. Ist das eingereichte Verzeichnis ungenügend, so kann das Familiengericht anordnen, daß das Verzeichnis durch eine zuständige Behörde oder durch einen zuständigen Beamten oder Notar aufgenommen wird.

II Das Familiengericht kann anordnen, daß das Geld des Kindes in bestimmter Weise anzulegen und daß zur Abhebung seine Genehmigung erforderlich ist. Gehören Wertpapiere, Kostbarkeiten oder Buchforderungen gegen den Bund oder ein Land zum Vermögen des Kindes, so kann das Familiengericht dem Elternteil, der das Kind vertritt, die gleichen Verpflichtungen auferlegen, die nach §§ 1814 bis 1816, 1818 einem Vormund obliegen; die §§ 1819, 1820 sind entsprechend anzuwenden.

III Das Familiengericht kann dem Elternteil, der das Vermögens des Kindes gefährdet, Sicherheitsleistung für das seiner Verwaltung unterliegende Vermögen auferlegen. Die Art und den Umfang der Sicherheitsleistung bestimmt das Familiengericht nach seinem Ermessen. Bei der Bestellung und Aufhebung der Sicherheit wird die Mitwirkung des Kindes durch die Anordnung des Familiengerichts ersetzt. Die Sicherheitsleistung darf nur dadurch erzwungen werden, daß die Vermögenssorge gemäß § 1666 Abs. 1 ganz oder teilweise entzogen wird.

IV Die Kosten der angeordneten Maßnahmen trägt der Elternteil, der sie veranlaßt hat.

1 **1) a) Zweck der Neuregelung.** Die Fassg der Vorschr beruht auf Art 1 Nr 18 KindRG. Entsprechd der neuen Konzeption, § 1666 in I als GrdNorm auch der Vorauss u als Generalklausel auch für die zul Eingriffe in die VermSorge auszugestalten, sind I u V gestrichen worden. I aF enthielt in zutreffder Formulierg die Hauptfälle der Pflichtverletzg innerh der VermSorge (vgl jetzt § 1666 II); V ermächtigte das VormschG, dessen Zuständigk im Bereich der elt Sorge jetzt insges auf das FamG übergegangen ist, zur vollständ od teilw Entziehg der VermSorge, die nach neuem RVerständn nicht mehr ausdrückl erlaubt wird, sond in der Kompetenz des

FamG liegt, gem § 1666 I die zur Abwendg der Gefahr „erfdl" Maßn zu treffen. I–IV der Neufassg von § 1667 sind – unter Auswechselg des VormschG gg das FamG – nahezu wortgleich mit den I, II, III u VI aF. Da diese Vorschr einzelne Maßn des FamG im Bereich der VermSorge betreffen, empfiehlt es sich, um des GesamtZshgs willen, auch die übrigen Maßn, insb die Entziehg der VermSorge, an dieser Stelle zu behandeln. – **b) Rechtsgrundlage für die Maßnahmen des Familiengerichts im Bereich der Vermögenssorge** ist § 1666 I, 2 währd sich die Vorauss dafür aus § 1666 I u II ergeben (vgl § 1666 Rn 36 ff). § 1667 I–IV regeln somit nicht mehr die Entziehg der VermSorge als den HauptEingr des Gerichts, sond nur noch drei einzelne Maßn (näml Einreichg eines VermVerzeichn, AO einer best Geldanlage, SicherhLeistg), u enthalten eine Regelg der Kosten.

2) Zur Abwendung der Vermögensgefährdung erforderliche Maßnahmen, § 1666 I. Nachd bereits 3 das SorgRG die ursprüngl Staffelg der SichergsMaßn gg eine Gefährdg des KiVerm nach der Schwere des Eingr (Vorlage eines VermVerzeichn, SicherhLeistg, Entziehg der VermSorge) aufgegeben hatte, hat es das KindRG dabei belassen, das FamG zu ermächtigen, die zur Abwehr der Gefahr für das KiVerm erfdl Maßn zu treffen, u sich damit begnügt, deren RGrdlage aus § 1667 I u V in § 1666 I zu verlagern (vgl Rn 1 u 2). Das gilt insb auch für die gravierendste Maßn: Die bis dahin in § 1667 V aF enthaltene Ermächtigg zur Entziehg der VermSorge insges bzw in Teilen hat ihre gesetzl Grdl, ohne als solche gesondert bezeichnet zu sein, nunmehr in § 1666 I (vgl unten Rn 8). **Die in Betracht kommenden Maßnahmen** ergeben sich aus den §§ 1666 I, 4
1667 I–III. Sie treten selbstd nebeneinand (BT-Drucks 7/2060 S 30). Entziehg der VermSorge etwa u zusätzl ErgänzgsPflegsch zur Geltdmachg von VermächtnAnspr (BayObLG FamRZ **82**, 640). Es kommen sämtl Maßregeln in Betr, soweit geboten u vom Ges zugelassen (Neust MDR **55**, 479), zB Verbot der Einziehg des KiLohns (KG JFG **14**, 427); mündelsichere Anlegg von Geld u Wertpapieren (BayObLG FamRZ **79**, 71); Aufl, einen geeign ProzBevollm für den KiRStr zu bestellen (KG JFG **22**, 179). Der Inh der VermSorge kann in der Art der VerwaltgsBetätigg beschrkt w, zB dch einen **Sperrvermerk** auf dem BankKto des Ki dahin, daß Abhebgen ggf auch von Zinsen (BayObLG FamRZ **89**, 1215) nur mit Gen des FamG erfolgen dürfen (MüKo/Hinz 9); der VermSorgeInh kann ferner gerichtl Aufs unterstellt w, wobei ihm aber die VermVerwaltg als solche zu belassen bleibt. MdlSperrvermerk nicht ausr, wenn nachteilige Vfgen über sonstige Einkfte od Grdste zu befürchten sind. SperrAnweisg an die ktoführde Sparkasse bewirkt keine Sperre des Sparbuchs des Mj (BayObLG FamRZ **77**, 144). **Verzeichnis des Kindesvermögens, I** (vgl § 1640), aber nicht für das GesGut bei fortges GütGemsch (BayObLG JFG **1**, 58). Rechngslegg dch beide Elt gemeins aus Grden des KiSchutzes; also nicht PflegerBestellg, da es sich hier nur um mangelh VermVerw handelt, nicht um eine Verhinderg an dieser (KGJ **35**, A 11). Wg der Aufn des Verzeichn dch zust Behörde, Beamten od Notar: §§ 1377 Rn 3, 1640 Rn 16. Das FamG kann ferner die Art u Weise der **Anlegung von Geld** des Ki best (vgl 5
§ 1642 Rn 2) u ferner anordnen, daß zur Abhebg des Geldes die Gen des FamG erfdl ist, **II 1.** Hierbei ist vor allem an Spargelder des Ki gedacht. Bezgl SichergsMaßn für **Wertpapiere,** Kostbarkten od BuchFdgen gg den Bu u die Länder verweist das Ges auf die entsprechden Bestimmgen des VormschR, **II 2.** Das FamG kann 6
ferner **Sicherheitsleistungen, III,** anordnen, was nicht mehr davon abhäng ist, daß die and Maßn des FamG vergebl waren. Dem EltT soll damit die Möglk gegeben w, die Entziehg der VermSorge abzuwenden (KG JFG **15**, 19). Die Art der SicherhLeistg ist nicht an die §§ 232 ff gebunden, **III 2.** Erzwingg der SicherhLeistg and als bei § 1844 nicht nach FGG 54; das Ki hat keinen gesetzl HypTitel am Grdst seiner Elt. HypBestellg kann den Elt zwar nach § 1666 I aufgegeben w; die Bewilligg darf aber gem **III 4** nur mittelb dch Androhg der Entziehg der VermSorge erzwungen w. Vertretg des Ki bei der SicherhBestellg, **III 3:** Pflegerbestellg (§§ 1629 II, 1909) soll im Interesse der Eilbedürftigk vermieden w. Das FamG stellt daher den Antr beim GBA in Vertretg des Ki auf Eintragg der von dem EltT bewill Hyp (GBO 13), da FGG 54 nicht anwendb ist. Dies gilt auch bei Änderg (s § 1844 II), nicht aber, wenn die SicherhLeistg vertragl od freiw (also nicht auf Veranlassg des FamG nach § 1667) erfolgt war od wenn die elt Sorge beendet ist (§§ 1733, 1822 Nr 13). Als 7
äußerste Maßregel kommt schließl die **Entziehung der Vermögenssorge** in Betr. Die früher in V aF enthaltene gesetzl Grdlage für diese Maßn ergibt sich nach Aufhebg der Vorschr jetzt aus der GrdNorm des § 1666 I (vgl oben Rn 3). Nach dem Grds der Verhältnismäßigk setzt sie Entziehg allerd voraus, daß sie geboten ist, dh daß zur Beseitigg der konkr Gefährdg kein and Mittel mehr vorh ist, wie zB ein not VermVerzeichn gem I 3 (vgl LG Münst DAV **81**, 604), nicht mehr dagg, daß der EltT den vom Ger wirks getroff and Maßregeln trotz Androhg eines ZwGelds gem FGG 33 (BayObLG FamRZ **94**, 1191) nicht nachkommt (and noch für die aF BayObLG FamRZ **79**, 71). Ggf reicht eine teilw Entziehg der VermSorge aus, zB hins einzelner VermGgstde (BT-Drucks 8/2788 S 60). Keine Entziehg bei Verwendg des KiVerm zu dessen Unterh (BayObLG FamRZ **89**, 65). **Folgen** der Entziehg der VermSorge: Herausg des Verm (§ 1698); Pflegerbestellg 8
(§ 1909). Bei nachträgl Änderg der Verhältn kann das FamG die Entziehg nach freiem Erm aufheben (§ 1696). Neben § 1667 auch **Arrest** nach ZPO 916 ff. Die **Kosten, IV,** trägt auch hier der EltT, dessen Verhalten die 9
Maßn notw gemacht hat. Gebühren: KostO 94 I Nr 3. **Verfahrensrecht:** Vgl § 1666 Rn 56 ff; Zustdgk FGG 10
43, 36; es entsch der RPfleger (RPflG 3 Nr 2 a; vgl auch BayObLG FamRZ **83**, 528). **Anhörung** der Elt obligatorisch (FGG 50 a); des Ki, sofern dies angezeigt ist (FGG 50 b II 2). Vgl dazu insges Einf 7 v § 1626. BeschwR der Angehörigen des Ki bei Ablehng oder Aufhebg einer Maßn (FGG 57 I Nr 8).

3) Überprüfung: Die Maßn nach § 1667 sind in angem ZtAbständen zu überpüfen (§ 1696 III) u 11
aufzuheben, wenn eine Gefahr für das KiWohl nicht mehr besteht (§ 1696 II).

1668-1670 *(Aufgehoben, die erste Vorschrift durch Art. 1 Nr. 9 UÄndG, die zweite durch Art. 1 Nr. 18 des SorgRG, die dritte inzidenter im Rahmen der Neufassung des 2. Titels durch Art. 1 Nr. 1 KindRG.)*

1671 ***Übertragung der Alleinsorge nach bisheriger gemeinsamer elterlicher Sorge bei Getrenntleben der Eltern.*** **I Leben Eltern, denen die elterliche Sorge gemeinsam zusteht, nicht nur vorübergehend getrennt, so kann jeder Elternteil beantragen, daß ihm das Familiengericht die elterliche Sorge oder einen Teil der elterlichen Sorge allein überträgt.**

[II] Dem Antrag ist stattzugeben, soweit

1. der andere Elternteil zustimmt, es sei denn, daß das Kind das vierzehnte Lebensjahr vollendet hat und der Übertragung widerspricht, oder

2. zu erwarten ist, daß die Aufhebung der gemeinsamen Sorge und die Übertragung auf den Antragsteller dem Wohl des Kindes am besten entspricht.

[III] Dem Antrag ist nicht stattzugeben, soweit die elterliche Sorge auf Grund anderer Vorschriften abweichend geregelt werden muß.

1 **1) Regelungszusammenhang.** § 1671 betr ledigl die Auflösg der gemeins Sorge der Elt; die Übertragg einer bestehden Alleinsorge auf den and EltT bzw die Begrdg gemeins Sorge nach der Alleinsorge eines EltT regelt § 1672. Von den versch SorgeRGestaltgsMöglk (Rn 2) behandelt die auf das KindRG zurückgehende Vorschr in I u II ausdrückl nur diej, daß zur Auflösg der bish gemeins Sorge einer der beid EltT die Übertragg der Alleinsorge auf sich selbst beantr, u unter welchen Vorauss dem Antr stattzugeben ist. Doch wird damit mittelb auch der Fall geregelt, daß der Antr abgewiesen w; es bleibt dann bei der bish gemeins Sorge beider Elt. Außerd wird das FamG dch die konkl Verweisg auf § 1666 in III ermächtigt, an Stelle der bish gemeins Sorge die für das Wohl des Ki beste Regelg zu treffen, soweit sie eine and ist als die von dem einen EltT beantr. Krit zur Verengg dieses legislatorischen Ansatzes Schwab FamRZ **98**, 461; 58. Aufl Rn 13 u 16. Zu Recht haben die Ger damit begonnen, die in der Neuregelg fehlden Maßstäbe für die Überführg der gemeins Verantwortg beider Elt in die alleinige Verantwortg eines EltT selbst zu entwickeln (Rn 17) u außerd iW der RFortbildg dem Umstand Rechng zu tragen, daß die zw den Partn bestehenden Schwierigk nicht unbdgt SorgeRMißbr, KiVernachlässigg usw zu sein brauchen u damit häufig diesseits der Eingriffsschwelle von § 1666 liegen (vgl u Rn 18). **Übergangsrecht:** Einf 36 v § 1626.

2 **2) Sorgerechtsgestaltungsmöglichkeiten** (vgl Schwab FamRZ **98**, 459). Das Gesetz regelt an dieser Stelle nur die Auflösg der gemeins Sorge u hat dabei in I/II u III ledigl zwei Ziele im Auge, näml dem Antr eines der EltT stattzugeben, ihm die elt Sorge allein zuzuweisen, u in III, in Fällen des SorgeRMißbr, der KiVernachlässigg usw von dem MaßnKatalog der §§ 1666, 1666 a Gebr machen zu können (vgl § 1666 Rn 51 ff). Differenziertere GestaltgsMögl ergeben sich nur mittelb u ggf auch nur zufäll aus § 1671, so daß die RegelgsTechnik des GesGebers die RAnwendg außordentl erschwert.

3 **a) Übertragung der vollen Alleinsorge auf den Antragsteller.** Gibt das FamG dem Antr statt, wird damit zugl dem and EltT sein Anteil an der bish gemeins Sorge entzogen. Ihm bleiben das UmggsR u ein Recht auf Ausk (§§ 1684, 1686). Zur Übertr der Alleinsorge auf den AntrGegn: Rn 14.

4 **b) Partielle Alleinsorge.** Sie kann ebenf mit dem Antr begehrt w (vgl unten Rn 11). Damit hat das KindRG nicht nur den bisher geltden Grds der Unteilbark der PersSorge (vgl 57. Aufl Rn 5) aufgegeben, sond ermögl eine Aufteilg der elt Sorge über die schon bisher mögl in PersSorge u VermSorge (vgl § 1671 IV 2 aF) auch innerh beider Sorgebereiche, etwa dch Übertragg der PersSorge nur hins schulischer Angelegenh, der ärztl Betreug usw, sowie der VermSorge ledigl für einen Teil des KiVerm (Mietshaus, Unternehmensbeteiligg) usw. Die AufteilgsMöglkten ergeben sich ua aus § 1631 I. Die darin liegde Abkehr vom bish Alles-od Nichts-Prinzip entspricht eher als die bish Regelg dem KiWohl u zwingt die Elt nicht mehr zu einer totalen Revision der SorgeRegelg, wo der Konflikt zw ihnen sich möglicherw nur auf einen Teilbereich beschrkt (BT-Drucks 13/4899 S 99; Willutzki Rpfleger **97**, 338; FamRefK/Rogner 13 f; differenzierd allerd Schwab FamRZ **98**, 459 u 465). Nach der Neufassg der Vorschr besteht aber nur die Möglk, Teile der elt Sorge für sich zur Alleinsorge zu reklamieren, währd hins der Restteile, wenn nicht der and EltT reziproke Antr stellt, die
5 gemeins Sorge der Elt bestehen bleibt. Zur teilw Übertragg des SorgeR auf einen EltT unter Belassg der gemeins Sorge iü kommt es am häufigsten beim **Aufenthaltsbestimmungsrecht** (Nürnb MDR **99**, 300). Das AufenthBestR wird nach denselben Maßst auf einen EltT übertr wie vor dem 1.7.98. Die Entsch für die grdsl Fortdauer des gemeins SorgeR hat darauf keinen Einfl. Auch für diese Entsch ist das KiWohl ausschlaggebd (vgl u Rn 12). Zieht die Mu mit den beiden kl Ki zu ihren Elt, gibt die Kontinuität der pers Bt ggü der Ortskontinuität den Ausschlag (Kln NJW **99**, 224). Iü ist iR des VerhältnismäßigkPrinzips stets zu prüfen, ob nicht eine Übertragg ledigl des AufenthBestR, ggf iW einer vorl AO (Einf 6 v § 1626) und unter Aussetzg des Verf nach FGG 52 II, als eine dem KiWohl entspr Regelg ausreicht (Hamm FamRZ **99**, 393). Es kann aber auch gerade umgek das AufenthBestR als Teilbereich der elt Sorge beider Elt gemeins übertr w bzw verbleiben, wenn die alleinige SorgeBerechtigg des einen EltT befürchten läßt, daß er das schulpfl Ki mit ins Ausl nimmt (Hamm FamRZ **99**, 393). Mit der Erlangg des AufenthBestR ist ggf automat die Befugn verbunden, UnterhAnspr gg den and EltT geltd zu machen (§ 1629 II 2). Das Ger kann eine partielle AlleinsorgeRegelg analog ZPO 308 (vgl Th-P § 308 Rn 3) auch treffen, wenn sie vom AntrSt nicht begehrt w ist, wenn nach Auffassg des Gerichts die Einräumg der gesamten Alleinsorge nur für einen Teilbereich (AufenthBest, GesundhFürs usw) dem Wohl des Ki am besten entspricht (so auch Schwab FamRZ **98**, 465).

6 **c) Aufteilung der gemeinsamen elterlichen Sorge unter den Eltern in mehrere Einzelsorgebereiche.** Der Unterschied zur partiellen Alleinsorge, die Einzelsorge eines EltT mit gemeins Sorge beid Elt kombiniert (Rn 4), besteht darin, daß hier eine vollst Kombination von Einzelsorgeregelgen ohne RestBestd an gemeins Sorge vorliegt. Die Regelg ist verfahrenstechn erreichb nur dch Kumulierg entsprechder Antr beider Elt bzw im Verf nach § 1666.

7 **d) Feststellung des gemeinsamen Sorgerechts.** Sie ist vom Ges nicht vorgesehen, muß aber entsprechd ZPO 256 mögl sein. Inzident liegt sie in jeder Abweisg des nach I gestellten Antr. Das FamG muß die gemeins Sorge aber auch iW einer AbändEntsch nach § 1696 ermögl, wenn in Altfällen einem der EltT nach §§ 1671, 1672 od 1666 aF die Alleinsorge zugewiesen worden war, um nunm zur gemeins elt Sorge wie vor der Scheidg zurückzukehren, auch wenn ein formales AntrR vom Ges nicht vorgesehen ist (so auch Schwab FamRZ **98**, 460). Aus dem gemeins SorgeR ergibt sich insb die Möglk, von der innerh der Ehe bzw der ne LebGemsch im ZusLeben der Elt mit dem Ki praktizierten gemeins Sorge den Übergg zur gemeins Sorge trotz GetrLebens zu schaffen, die als **gespaltene gemeinsame Sorge** im Modell vom GesGeber zwar selbst vorbereitet u in § 1687 angelegt, aber in § 1671 verfrechtl nicht umgesetzt w ist (vgl unten Rn 38).

3) Grundvoraussetzungen für den Wechsel von der gemeinsamen Sorge zur Alleinsorge des Antragstellers, I. – **a) Gemeinschaftliche Kinder** der Elt, leibl od adopt, jedoch nicht PflegeKi, auch wenn den PflElt iRv § 1688 best SorgeBefugn zustehen. – **b) Gemeinsame Sorge.** Worin sie ihre Grdl hat, spielt keine Rolle. § 1671 gilt also sowohl für miteinand verh bzw verh gewesene Elt (§ 1626 Rn 12), die nach der Scheidg bzw Aufhebg ihrer Ehe gemeins sorgeberecht geblieben sind, als auch für Elt, welche die gemeins Sorge dch entspr SorgeErkl erlangt haben (§ 1626 a Rn 2–9). – **c) Nicht nur vorübergehendes Getrenntleben.** Haben die Elt zusgelebt, gilt grdsl § 1567, aber ohne dessen II (Schwab FamRZ **98**, 461). Mit der Formulierg des Ges sollen aber insb auch die Fälle erfaßt w, in denen die Elt zwar dch SorgeErkl die gemeins Sorge erlangt (vgl § 1626 a Rn 8), aber überh nie zusgelebt haben. Dagg reicht bei Vorhandensein einer LebGemsch zw den Elt die bloße Absicht der Trenng nicht aus (aA Schwab FamRZ **98**, 461; vgl 58. Aufl Rn 20). – **d) Antrag.** Die Auflösg der gemeins Sorge u die Begrdg der Alleinsorge erfolgen nach I nur auf einen entspr Antr hin, während die Regelg des III vorrangig ist u auch vAw erfolgen kann, so daß jeder AntrSt damit rechnen muß, daß dch seinen Antr ein Verf nach § 1666 ausgelöst w u das genaue GgTeil des von ihm eigtl verfolgten Ziels eintritt. Der Antr ist sowohl SachAntr als auch VerfAkt. AntrBerecht sind nur die Elt des Ki. Kein AntrR haben das JA u das betroff Ki (krit zu dessen Ausschluß Willutzki Rpfleger **97**, 338). Ein evtl best VerfPfl (FGG 50) u das JA müssen prakt immer dann, wenn sie die im Antr begehrte SorgeÜbertragg mit dem KiWohl für unvereinb halten, das JA aber auch dann, wenn keiner von den Elt einen an sich angebrachten Antr stellt, das Verf nach § 1666 betreiben. Die Elt können nur einand widersprechde Antr stellen. Bei inhaltl gleichförm Antr ist der eine Antr als Zust nach II Nr 1 zu werten. Seinem Inh nach ist der Antr auf Übertragg der gesamten elt Sorge auf den AntrSt zu richten, kann aber auch auf einen Teil der elt Sorge (wie die PersSorge, das AufenthBestR usw) beschr w (Motzer FamRZ **99**, 1101; oben Rn 4). Der Antr, die Alleinsorge auf den and EltT zu übertr, ist unzul. Seiner Form nach ist der Antr im selbstdg FGG-Verf ohne Anwalt schriftl od mündl zu Prot der GeschStelle zu stellen, unterliegt dagg als Folgesache im VerbundVerf dem Anwaltszwang (vgl Schüller FamRZ **98**, 1287). 8 9 10 11

4) Voraussetzungen dafür, daß dem Antrag stattgegeben wird, II. Es reicht, daß die eine od die and Vorauss, also Nr 1 od Nr 2 (Rn 13 bzw 16) vorl. Der ASt erh dch Beschl des Ger das alleinige SorgeR, wodch dem and EltT autom sein Anteil an der bish gemeins Sorge entzogen w (BT-Drucks 13/4899 S 99). 12

a) Zustimmung des anderen Elternteils, II Nr 1. Stimmt der and EltT dem Antr auf Übertragg der Alleinsorge auf den ASt zu, ist das Ger an den so zum Ausdr gebr übereinst Willen der Elt ohne RichtigkKontrolle od Auswahlermessen u ohne Überprüfg der Motive der Elt gebunden (Rstk ZfJ **99**, 351; Coester FamRZ **95**, 1247). Doch kann die Wirksamk der Zust dch Widerspr des Ki blockiert w (Rn 15). Liegen Anzeichen für eine Gefährdg des KiWohls vor, kann das Ger das Verf auch vAw in ein solches gem § 1666 überleiten (Rn 18). – **aa) Zustimmung.** Sie muß zu dem konkr Antr des and EltT erteilt w. Die Berufg auf anderweit geäußerte EinverstErkl reichen nicht aus. Die Zust ist frei widerrufl (Schwab FamRZ **98**, 461). Hält das Ger die Alleinsorge des ASt für plausibel, wird es in Anwendg von FGG 52 u unter Hinw auf § 1687 dem and EltT die Zust nahelegen. Ergibt sich dagg, daß dem KiWohl am besten damit gedient wäre, wenn die alleinige Sorge dem zustberecht EltT übertr w, wäre nach der unflexiblen Mechanik des Ges der Antr zurückzuweisen; das Ger kann aber insb auch in Fällen, in denen die EingrSchwelle des § 1666 noch nicht erreicht w, den and EltT dazu veranlassen, gem I den GgAntr zu stellen, ihm selbst die Alleinsorge für das Ki zu übertr. – **bb) Widerspricht das Kind** dem Antr, so ist, wenn das Ki 14 J alt od älter ist, die Zust des and EltT hinfäll; das Ger tritt ohne Prüfg der Berechtigg des Widerspr in die KiWohlPrüfg nach II Nr 2 ein. Das Ki hat also kein VetoR, sond kann ledigl verhindern, daß der Vorschl der Elt vom Ger ohne Sachprüfg übern w (BT-Drucks 13/4899 S 99). Das WidersprR kann auch dch einen VerfPfl ausgeübt w. Für den Widerspr reicht es aus, wenn das Ki bei der Anhörg zum Ausdr bringt, daß die gemeins Sorge bestehen bleiben soll od daß es lieber zum and EltT möchte. Widerspr ein noch nicht 14j Ki dem Antr, besteht Anlaß für die Bestellg eines VerfPfl u zum Übergg zu einer SorgeRRegelg nach § 1666 (Rn 19 u 20 ff). 13 14 15

b) Entspricht der Antrag dem Kindeswohl am besten, II Nr 2, so ist die Alleinsorge auf den ASt zu übertr. – **aa)** Die KiWohlPrüfg gleicht die fehlde Zust des and EltT aus bzw neutralisiert einen evtl Widerspr des Ki. Sie ist nicht an die übr TatbestVorauss von § 1666 wie Mißbr der elt Sorge, Vernachlässig des Ki usw gebunden, darf sich allerd auch nicht damit begnügen festzustellen, der ASt sei der „bessere" EltT. Die Begründg der Alleinsorge muß vielm gerade ggü der gemeins Sorge das Beste für das Ki sein, wobei die Möglk von § 1687 mit in die Waagschale zu werfen sind (Nürnbg FuR **99**, 334). Trotzd handelt es sich um eine coupierte KiWohlPrüfg, weil sich die Fragestellg auf die Alternative der Beibehaltg der gemeins Sorge beider Elt od der Begrdg der Alleinsorge des antrstellden EltT beschr. Iü stehen iRv II Nr 2 die sonst Maßn v § 1666 Rn 51 nicht zur Verfügg. – **bb) Konkretisierung des Kindeswohls.** Die Vorschr bezieht sich auf das KiWohl nur iZushg mit einer dem Antr auf Zuweisg der Alleinsorge „stattgebden" od ihn abweisden Regelg. Das Verf ist trotzdem AmtsVerf, das am Wohl des Ki orientiert ist (Nürnb DAV **99**, 525). Das KiWohl zeichnet sich an dieser Stelle also gerade dadch aus, daß es ggf quer zu den Antr der Elt liegt u somit Regelgen vAw erfdl machen kann, die rein trenngsbdgt sind u desh außerh der EingrSchwelle von § 1666 liegen. Die Rspr hat inzw begonnen, für die Handhabg von § 1671 II Nr 2 **maßgebliche Grundsätze** zu entwickeln (vgl Weber NJW **99**, 3165): (1) Nach der Neufassg von § 1671 ist **die gemeinsame Sorge der normative Regelfall** (Stgt FamRZ **99**, 39; Schwab FamRZ **98**, 462; Motzer FamRZ **99**, 1103). Die fehlende Kommunikation zw den Elt rechtfertigt noch nicht die Ann der EiniggsUnfähigk (AG Offbg KiPrax **99**, 98). (2) **Vorrang der Konsensverpflichtung.** Elternsch u Partnersch sind im Blick auf die elt Sorge für ein gemeins Ki auseinandzuhalten u die getrennt lebden Elt iR der elt Sorge zur Konsensfindg verpfl (aA Oelkers FuR **99**, 352 ff). Sol ihnen dies zum Wohle des Ki zumutb ist, können sie aus dieser KonsensVerpfl nicht entlassen w u muß der Antr auf Übertragg der Alleinsorge abgewiesen w (Zweibr NJW **98**, 3786; Mü FamRZ **99**, 1006). (3) Die Verweigerg der Kooperation dch den betreuenden EltT reicht für die Verdrängg des and EltT aus der gemeins Sorge nicht aus (AG Chemn FamRZ **99**, 321; aA Dresd FamRZ **99**, 324 u 1156; Düss FamRZ **99**, 1157: entscheidd nur die subj KooperationsBereitsch der Elt). (4) **Streitfragen lediglich in Nebenpunkten.** Sind sich die Elt in GrdFragen der Erz einig u kommt es zw ihnen ledigl in Nebenfragen zu Streitigkten, besteht kein Anlaß, von der gemeins elt Sorge abzugehen (Bamb NJW **99**, 1873). (5) Das gemeins SorgeR ist 16 17 18

aber aufzulösen, wenn die Elt in grdsätzl ErzFragen unterschiedl Meinung sind u ihr tiefgreifendes Zerwürfn sie hindert, die Belange der Ki wahrzunehmen (Düss NJW **99,** 2682), etwa bei wechselseit Strafanzeigen (Nürnbg NJWE-FER **99,** 234). (6) Auch bei erhebl Streitigkten zw den Elt bedarf es einer Prognose zur Entwicklg der Beziehgen der Elt in ErzFragen unter bes Berücks der Möglkten der AufgTeilg gem § 1687
19 (Hamm FamRZ **99,** 38). – **cc) Entscheidung des Gerichts im Rahmen von II Nr 2.** Dem Antr auf Zuweisg des alleinigen SorgeR an den ASt kann nur stattgegeben w, wenn aGrd des destruktiven Verhältn der Elt zueinand die Beibehaltg der gemeins Sorge ausscheidet u die für die Zuweisg des alleinigen SorgeR an einen EltT grdsl maßgebden Kriterien, insb also KooperationsBereitsch u BindgsToleranz (vgl Ffm u KG FamRZ **99,** 612 u 616), mit einem für das KiWohl entscheidden Übergewicht beim ASt vorh sind. Andernf geht das Verf gem III in ein solches nach § 1666 über (vgl Rn 20). Im übr kann dem KiWohl dch einvernehml Übertragg des AufenthBestR auf einen EltT hinreichd genügt sein, so daß es ansonst beim gemeins SorgeR bleiben kann (Nürnb FamR **99,** 1160). Der Vorwurf, der ausl EltT werde das Ki in sein Heimatland verbringen, muß nachvollziehb konkretisiert w (Kln NJW-RR **99,** 1019).

20 **5) Aufhebung des gemeinsamen Sorgerechts wegen Kindeswohlgefährdung, III** (vgl Schwab FamRZ **98,** 465). **a)** Das KindRG ist davon ausgegangen, daß § 1666 eine ausr RGrdl für die Abweichg des Ger von einem Vorschl der Elt ist (vgl dazu bereits Rn 1). Der in III zitierte Zwang, dem Antr trotz Vorliegens der Vorauss von II nicht stattzugeben, weil die Sorge „aGrd and Vorschr abweichd geregelt w muß", enth eine stille Verweisg auf die **§§ 1666, 1666 a** (vgl BT-Drucks 13/4899 S 99 f). Zu den Maßn im einz §§ 1666 Rn 51 ff, 1666 a Rn 2 ff. Das Verf nach § 1671 I u II wird nicht dch Abweisg des Antr des EltT abgeschl u ein neues Verf nach § 1666 eingeleitet. Vielm handelt es sich um ein einheitl Verf; das urspr AntrVerf wird vAw unter ZuGrdeLegg neuer matrechtl Vorschr auch im Verbund (ZPO 623 III) weitergeführt (Motzer FamRZ **99,** 1102). Die Einheitlk des Verf erweist sich auch darin, daß das Ger dem Antr nach I doch noch stattgeben kann,
21 wenn sich die gegen den ASt aufgetauchten Bedenken zerstreuen. – **b) Kindeswohlprüfung** (Lit: Maccoby/Mnookin FamRZ **95,** 1 ff; Mottl FuR **96,** 294). Es geht also iRv § 1671 III vor allem darum, eine **antragsunabhängige Sorgerechtsregelung** zu finden. Scheidet die Beibehaltg der gemeins Sorge aGrd des destruktiven Verhaltens der Elt zueinand aus, kann die Alleinsorge, wenn dies dem Wohl des Ki am besten entspricht, einem EltT auch gg seinen Willen und unabh vom Fehlen eines entspr Antr zugewiesen w (Karlsr FamRZ **99,** 801). Das FamG hat dabei vAw die ges Verhältn zu berücks u das Für u Wider abzuwägen. Das Wohl des Kindes bedeutet dasselbe wie in SGB VIII 1 I das Recht des Kindes „auf Förderg seiner Entwicklg u auf Erziehg zu einer eigenverantwortl u gemeinschfäh Persönlichk". Entscheidd allein die Belange des Kindes, nicht „moralische Anrechte" eines EltT auf das Kind; ebsowen wie Alter u Geschlecht des Kindes ein Vorrecht des einen od and EltT begründen (BayObLG FamRZ **75,** 226). Schlagwortartig sind iR der KiWohlPrüfg die Persönlichk u die erzieherische Eigng der Elt, ihre Bereitsch, Verantwortg für die Ki zu tragen, u die Möglichkten der Unterbringg u Betreuung zu berücks, wozu als wesentl Faktoren die emotionalen Bindgen der Ki zu den Elt u and Pers treten
22 (Brschw DAV **80,** 417). **aa) Grundsätze.** Bei der SorgeRVerteilg haben **Mutter und Vater gleiche Rechte** (Ffm FamRZ **90,** 550). Bei gleicher ErzEigng kann Verh der GroßElt ausschlaggebd sein (Hamm FamRZ **96,** 1096). Das Ki braucht eine stabile BezugsPers als GeborgenhRahmen (Ffm DAV **80,** 944). Iü hat derj EltT Vorrang, der das Ki selbst betreuen will, wenn es beim and im wesentl den GroßElt überlassen bleibt (Düss FamRZ **83,** 293). Als wertvollen neuen GesichtsPkt bei der Suche nach dem, was für das betreuungsbedürft Ki das beste ist, hat das KindRG der Alleinsorge des einen od des and EltT die neue jur Konzeption der **gespaltenen gemeinsamen elterlichen Sorge** als ijF mit den Elt zu erörterndes Modell für die Gestaltg des zukünft Lebens der FamMitgl entwickelt (vgl dazu § 1687 Rn 16 ff): (1) Beibehaltg der gemeins elt Sorge bzw deren Herstellg, was verfrechtl nur dch gemeins SorgeErkl der nicht miteinand verh u nunmehr erstmals famgerichtl beratenen Elt, die dazu dann just nach ihrer Trenng finden müßten (§ 1626 a I Nr 1), bzw auf dem Umweg über das AlleinsorgeR des Va (§§ 1626 a II, 1672 I 1 u II 1) zu erreichen wäre, (2) flankiert od besser: modifiziert dch das allein EntscheidgR des einen EltT, bei dem sich das Ki gewöhnl aufhält, in Angel des tägl Lebens (§ 1687 II 2). In jedem Fall werden die Elt dabei dch das JA beraten (SGB VIII 17 I 2 Nr 3 u II) u hat das FamG nicht nur diesen Kontakt zu vermitteln (vgl SGB VIII 17 III; FGG 52 I 2), sond auch die Pflicht, in den die Pers des Ki betreffden Verf in jeder Lage des Verf auf ein Einvernehmen der Beteil hinzuwirken (FGG 52 I 1).

23 **bb)** Die von der Rspr entwickelten u fortgeltenden (Motzer FamRZ **99,** 1102) das KiWohl bestimmden sachl GesichtsPkte geben wertvolle **Orientierungshilfen,** ohne daß zw ihnen RangVerhältn bestehen. Bei SorgeR-Regelg für mehrere Geschw sind die EntwicklgsInteressen aus der Lage eines jeden Ki heraus gesond zu betrachten (Karlsr FamRZ **84,** 311). Zur Berücks der tats Abstammg trotz §§ 1592, 1593 vgl BayObLG JZ **62,** 442.

24 **(1)** Nach dem **Förderungsprinzip** erhält derj EltT die elterl Sorge, von dem das Kind für den Aufbau seiner Persönlichk die meiste Unterstützg erwart kann, welcher EltT also für die Ki die stabilere und verläßl BezugsPers zu sein verspr (Ffm FamRZ **94,** 920 arab Va). Bei KleinKi ist zu bevorzugen, wer das Kind pers betreuen kann, nicht dagg, wer nach der Scheidg rasch wieder geheiratet hat (Stgt FamRZ **76,** 282). Dabei können äußere Umstde (soziale Stellg, BerufsausbildgsChancen, Güte der Unterbringg, Verpfleggsmöglichk), aber noch mehr seel u geist Gegebenh entscheiden. Auch kommt es weniger auf Vor- u Ausbildg als auf die innere Bereitsch an, das Kind zu sich zu nehmen u die Verantwortg für Erziehg u Versorgg zu tragen (Hamm FamRZ **80,** 484). Dem FördergsPrinzip kann uU auch das UmggsR geopfert w, etwa wenn das Ki dem irak Va zugesprochen w (Düss FamRZ **86,** 296). Im Falle der Trenng können unterschiedl, sich eigtl ergänzde Erziehgsziele v Mu (emotional) u Vater (leistgsbezogen) uU als gleichwert behandelt w (Ffm FamRZ **78,** 261). Zum Teil wird aber auch der emotionalen Förderg der Vorzug vor der schulischen Förderg eingeräumt (Bambg FamRZ **98,** 1462). IdR wird bei einem KleinKi die das Ki tats betreuende Mu aGrd dauerh gefühlsm Bindgen einen Vorsprung vor dem Va haben (KG FamRZ **78,** 826; Müller-Freienfels JZ **59,** 399). Desh auch Übertr auf mj Mu (BayObLG NJW **68,** 452). Aber es gibt keinen allg Erfahrgssatz, daß ein 31/2 jähr Kind eher zur Mu gehört (Celle FamRZ **84,** 1035). Auch hier sind die ggwärt Verhältn u die zukftge Entwicklg bei beiden Elt zu berücks (KG FamRZ **78,** 826). Ist BezugsPers die GroßMu, von der der berufstät Va das Kind betreuen läßt, erh er elterl Sorge, auch wenn Mu das Kind versorgen kann (LG Waldshut Just **73,** 139). Das wichtigste Kriterium für den FördergsWillen u die FördergesFgk eines EltT stellt seine **Bindungstoleranz** dar, näml Bereitsch u Fgk, den Kontakt des Ki zum and EltT zu unterstützen (Celle FamRZ **94,** 924).

(2) Da Erziehg Aufbauen von Verhaltenskonstanten bedeutet, ist für die Entw des Ki idR die Lösg am vorteilhaftesten, welche die Einheitlk u Gleichmäßigk der Erz am wenigsten stört (Kln OLG **73**, 181; FamRZ **76**, 32). Auch die amtl Begrdg betont die Bedeutg dieses **Kontinuitätsgrundsatzes** (BT-Drucks 8/2788 S 61). Psycholog instruktiv Lempp NJW **63**, 1659. Das FamG hat desh die zukünft Entw z berücks u darf seine Entsch nicht nur auf vorübergehdes Verh stützen (BayObLG FamRZ **62**, 165). Das KontinuitätsPrinz entsch bei beiderseit ErziehgsEigng der Elt (Hamm FamRZ **86**, 715); ihm entspricht es ferner, Geschw in ländl Verhältn beim Va zu belassen, selbst wenn dieser demnächst die Bewirtschaftg eines and Hofes übern will (Düss FamRZ **79**, 631). Das Ges sieht keine Aufspaltg der elterl Sorge vor; der mangelh Flexibilität des GesGebers kann aber die Rspr nachhelfen, indem sie iRv § 1671 modifizierte Anträge zuläßt (vgl „soweit" sowie oben Rn 9 u 24), so daß bei fehldem wirtschaftl Verständn bei größerem KiVerm der and EltT die VermSorge behält bzw gem III ein Pfleger bestellt w. Die Notwendigk, jeden unnöt Wechsel zu vermeiden, verbietet es, die elterl Sorge auf einen EltT nur bis zu einem best Ztpkt z übertr, von dem an sie dann dem and EltT zufallen soll (BayObLG FamRZ **65**, 51; Ffm NJW **62**, 920; aA KG FamRZ **67**, 294); wohl aber kann derj EltT, dem die elterl Sorge zuteil w, bei AuslandsAufenth, Wohngsschwierigk, Krankh od SäuglAlter des Ki dem and EltT die tatsächl Sorge für das Ki begrenzte Zeit überlassen. Bei gespaltener gemeins Sorge (Rn 38) würde dies automat zu einer AlleinEntschBefugn in Angelegenh der tats Betreuung führen (§ 1687 I 4; dort Rn 16). Das Kontinuitätsinteresse verlangt ferner, daß bei gleich guten Verhältn das Ki bei dem EltT bleibt, bei dem es bisher war (BayObLG NJW **53**, 626; Ffm FamRZ **78**, 261; s unten Rn 16, 17). Versch religiöse Bekenntn der Elt sind ebenf nur unter dem GesPkt der Stetigk der Erziehg zu berücks. Wenn ein 7-jähr Ki seit der Trenng der Elt mehrere Jahre bei der Mu gelebt, aber eine starke Bindg zu beid Elt hat, gebietet es das KiWohl, es in seinem gewohnten Umfeld zu belassen (Hamm NJW-RR **98**, 80). Anderers darf das KontInteresse **nicht überbewertet** w. Bei regelmäß Besuchskontakten ist eine Unterbrechg der Kontinuität dch einen AufenthWechsel weniger od sogar völlig unschädl (Arntzen, Elt Sorge u persönl Umgg, Mü 1980 S 18 f). Entspr erhält Mu das SorgeR, wenn der Va die Erziehg des Ki ohne eig mitbestimmden Einfl der GroßMu überließ (Hamm FamRZ **80**, 487; GgBsp Hamm FamRZ **94**, 918). Zur SorgREntsch, wenn das Ki bei jedem EltT die Hälfte der Wo verbringt: KG NJW-RR **92**, 138. Vgl iü zu den verschied BtModellen bei gemeins Sorge getrennt lebder Elt: § 1687 Rn 6 u 18. Die Kontinuität wird häuf dch die innere Stabilität des EltT bestimmt (Ffm FamRZ **82**, 531; Dörr NJW **89**, 691). Bes geringen Schutz verdient die **ertrotzte Kontinuität,** wenn also der eine EltT über längere Zt jegl Kontakt mit dem and EltT unterbunden hat (Bambg FamRZ **87**, 185; Mü FamRZ **91**, 1343). 25

(3) Besonderere Berücksichtigg verlangen die gefühlsmäß **Bindungen des Kindes** (Lit: Lempp FamRZ **84**, 741; Fthenakis FamRZ **85**, 662; Koechel FamRZ **86**, 637), vor allem an seine Elt u Geschw, auch wenn der GesGeber sie im Ggsatz zu § 1671 II 2 aF nicht mehr extra erwähnt. Entscheidd für die Zuordng ist vor allem die Intensität der Beziehgen des Ki zu dem einen od and EltT (Stgt NJW **80**, 1229). Die Bindgen an einen EltT entscheiden uU auch dann, wenn dieser seinen Haß auf den and EltT weitergegeben hat (BGH NJW **85**, 1702). Die Gefühlsbindg iVm der inneren Stabilität eines EltT kann wichtiger sein als der Nachteil, halbtags auf eine PflegePers angewiesen zu sein (Ffm FamRZ **82**, 531). Die Vater-Ki-Bindg entscheidet, wenn die 9 j Tochter die slowen Vatersprache beherrscht u sie sich der seel Zuverlässigk der Mu (3 Ehen) nicht sicher ist (Kln FamRZ **82**, 1232). Bei Berücks des KiWohls hat das FamG zu prüfen, zu welchem EltT die stärkeren Bindgen bestehen u in welchem Maß eine Trenng der Geschw von diesen als belastd empfunden würde, wobei im allg das gemeins Aufwachsen u die gemeins Erziehg v Geschw dem Wohle des einzelnen dient, so daß sich eine gesetzl Regelg erübrigte, nach der die elt Sorge für mehrere Ki regelm einem EltT zu übertr ist (BT-Drucks 8/2788 S 61). Die Zuneigg einer 9 jähr zu ihrem 13 j Bruder kann ausschlaggebd sein (Düss FamRZ **79**, 631). Evtl Vorrang der GeschwBindg ggü Bindg an einen EltT (Hamm FamRZ **79**, 853). Bei etwa gleich starken Bindgen an Va u Mu können auch außerfamiliäre Bindgen etwa an die Schule, an den Freundeskreis od an die GroßElt den Ausschlag geben (BT-Drucks 8/2788 S 62). Bei weitgehder Betreuung dch die GroßMu väterlichers kann die elt Sorge dem Va auch dann übertragen w, wenn die emotionalen Beziehgen des Ki zu ihm selbst nicht so stark wie zur Mu sind (Hamm FamRZ **80**, 485). Teilg der Geschw angebracht bei Abneigg eines EltT gg ein Kind od iF der besonderen Unverträglichk der Geschw (BT-Drucks 7/2060 S 31), nicht dagg, um bei mehreren gleich günst Lösgen eine möglichst ausgewogene Entsch zu treffen (so aber Karlsr FamRZ **80**, 726 zur aF). Ist zwar ein EltT eindeutig besser zur KiErziehg geeignet, scheitert aber die Zuteilg der elt Sorge an diesen am entschiedenen Widerstand der zwei älteren von vier Geschw, so ist gleichwohl dem weniger geeign EltT die elt Sorge zu übertr, wenn aGrd der festen GeschwBindg eine Aufteilg der elt Sorge eine größere Beeinträchtigg des KiWohls mit sich brächte als der Verbleib der zwei jüngeren Ki beim zur Erziehg weniger befähigten EltT (Bambg FamRZ **98**, 498). 26

(4) Kindeswille: Welches Gewicht ein vom Ki geäuß Wunsch hat, hängt von dessen Alter u Motiven ab (vgl Schwoerer NJW **64**, 6; Lempp/Fehmel FamRZ **86**, 530/31; zur Doppelfunktion des KiWillens: Celle FamRZ **92**, 465; Mackscheidt FamRZ **93**, 254: Loyalitätsproblematik beim Ki; Coester, KiWohl als RBegr, 1983, 258 ff). Auch der Wille eines 51/2 jähr scheidet nicht schon mRücks auf sein Alter als EntschElement aus (aA KG FamRZ **78**, 829). Der KiWille bleibt aber uU unberücks, wenn er von der unrealist Vorstellg einer Übertragbark v „Sonntagsbedinggen" auf den Alltag getragen ist (Bambg FamRZ **88**, 750) od wenn eine massive Beeinflussg dch den einen EltT u dessen Elt vorliegt (Ffm FamRZ **78**, 261). Sein Wille kann aber den Ausschl geben, wenn die Verhältn bei beiden Elt gleich gut sind (Düss FamRZ **88**, 1193; KG FamRZ **90**, 1383); umgek auch bei IdentifiziergsNotwehr aS des Ki bei stark verfeindeten Elt (AG Stgt FamRZ **81**, 597). Bei schweren Loyalitätskonflikten ggü den Elt kommt dem Wunsch zuzubleiben erhöhte Bedeutg zu (Hamm FamRZ **97**, 957). Bei einem normal entwickelten 15-jähr ist die erforderl Einsichtsfähigk idR vorh (BayObLG FamRZ **77**, 650). Wechsel v 3 Ki in die Stadt nach Scheidg einer Landwirtsehe (Ravbg DAV **76**, 419). Wg Sektenzugehörigk eines EltT BayObLG NJW **76**, 2017. Dem Willen des Ki ab seinem vollendeten **14. Lebensjahrs** kommt nach II Nr 1 die spezifische Bedeutg zu, das FamG von dem (sich in Antr u Zustimmg dazu niederschlagden) Vorschlag der Elt auf das objektive KiWohl zu verpfl, falls das Ki dem Vorschl der Elt widerspricht, also dazu, wozu das FamG bei widersprechden Anträgen der Elt u Widerspr des Ki ohneh verpfl ist. Dies war auch die Position von § 1671 III 2 aF (vgl dort Rn 19). Daß bei widersprechden Anträgen der Elt der Wille des 14-jähr u älteren Ki prakt den Ausschlag geben sollte, läßt sich auch mit einer 27

28

Analogie zu II Nr 1 nicht rechtf. Die Wertg des Ges geht nicht weiter, als daß das FamG die Entsch nach dem KiWohl treffen soll, wenn ein 14-jähr od älteres Ki dem Wunsch eines EltT widerspricht. Stellen schon die Elt selbst einand widersprechde Antr, muß dies erst recht gelten.

29 **cc) Einzelfälle zur Erziehungseignung der Eltern** (Lit: Salzgeber ua FamRZ **95**, 1311). Begutachtg nur bei konkr Bedenken aGrd tats Vorgänge (Nürnb FamRZ **96**, 563). Wer schlechthin erziehgsungeeignet ist, kann das SorgeR nicht erh. **Alkoholismus:** Salzgeber ua FuR **91**, 324; **Vorstrafen**, insb wenn der EltT noch unter BewährgsAufs steht (Bamb FamRZ **91**, 1341), währd VermStraftaten eines EltT der gemeins Sorge nicht entggzustehen brauchen (Hamm NJW-RR **99**, 1305); **sexueller Mißbrauch:** § 1666 Rn 28. Zum UmggsR bei Verdächtiggen: § 1684 Rn 54. Keine Bedenken brauchen gg die ErzEigng der Mu zu bestehen, wenn sie dafür Sorge trägt, daß das früh vom GroßVa mißbr Ki nicht mit diesem allein ist (Hamm FamRZ **96**, 562). Iü kann aber ein starkes Defizit in der ErzEigng dch entsprechde stärkere Bindgen des Ki aufgeh w (KG FamRZ **83**, 1159). Schon das zeigt, daß es nach heutiger RAuffassg kaum absolute Eignungs-Defizite gibt; die Rspr nimmt denn auch seit längerem fast überall entsprechde Abwägen vor. Die Zuweisg der elt Sorge erfolgt unabh davon, ob u wen von den Elt die **Schuld an der Trennung** trifft (BT-Drucks 7/2060 S 32). Ein krasses Fehlverhalten ggü dem and EltT kann aber zugl auch ein elt Versagen zum Ausdr bringen (BVerfG NJW **81**, 1771; Bamb FamRZ **85**, 528). Nichteigng kann sich auch aus einer **haßerfüllten Einstellung** ggü dem and EltT ergeben (BGH NJW **85**, 1702); ebso bei **Verhinderung des Umgangs** (Mü FamRZ **97**, 45; Kln FamRZ **98**, 1463; vgl § 1684 Rn 11); währd die abstrakte Gefahr eines Wechsels mit dem Ki ins Ausl die Vorenthaltg des SorgeR nicht rechtfertigt (Ffm FamRZ **99**, 1004); desgl bei sonstiger systemat Störg der Bindg des Ki an den and EltT (aA Bamb FamRZ **97**, 102). Bei **Kindesentführung** kann die Eignung davon abhängen, ob das Ki zurückgebracht w (AG GrGerau FamRZ **95**, 1169; vgl iü § 1632 Rn 1). Keineswegs schlechth erziehgsungeeignet macht **Aids** (vgl Stgt NJW **88**, 2620) od **Homosexualität** (vgl AG Mettmann FamRZ**85**, 529 lesb Mu). Bei Zugehörigk zu einer **Sekte** (Hbg FamRZ **85**, 1284 Bhagwan; Stgt u Düss FamRZ **95**, 1290 u 1511; Saarbr FamRZ **96**, 561; Hamm NJWE-FER **97**, 54; Zeugen Jehovas; Ffm FamRZ **97**, 573; Scientology; Garbe FamRZ **96**, 684 mwN; GgBsp Ffm FamRZ **94**, 920). Zu Recht fordern Oelkers/Kraeft FuR **97**, 161 in jedem Einzelfall die AuseinandS des Ger mit den Gefahren fundamentalistischer Einstellgen für die Entwicklg des Ki. **Unterschiedliche Kulturen:** Dem Wohl von 2 Mädchen entspr die Erz dch die dtsche Mu, wenn auch der die Erz in der islam Tradition beabsichtigde Va inzw die dtsche Staatsangehörigk erworben hat u die Ki ijF in Dtschl bleiben sollen (Ffm FamRZ **99**, 182).

1672 *Übertragung der Alleinsorge auf den Vater; Begründung gemeinsamer Sorge.*

I Leben die Eltern nicht nur vorübergehend getrennt und steht die elterliche Sorge nach § 1626 a Abs. 2 der Mutter zu, so kann der Vater mit Zustimmung der Mutter beantragen, daß ihm das Familiengericht die elterliche Sorge oder einen Teil der elterlichen Sorge allein überträgt. Dem Antrag ist stattzugeben, wenn die Übertragung dem Wohl des Kindes dient.

II Soweit eine Übertragung nach Absatz 1 stattgefunden hat, kann das Familiengericht auf Antrag eines Elternteils mit Zustimmung des anderen Elternteils entscheiden, daß die elterliche Sorge den Eltern gemeinsam zusteht, wenn dies dem Wohl des Kindes nicht widerspricht. Das gilt auch, soweit die Übertragung nach Absatz 1 wieder aufgehoben wurde.

1 **1) Zweck.** Die Vorschr knüpft an die subsidiäre Alleinsorge der nicht mit dem Va verh Mu an (§ 1626 a II) u setzt an die Stelle der vom BVerfG mißbill früh Regelg, daß der Va mit Hilfe der EhelErkl das SorgeR erlangt (BVerfG NJW **91**, 1944), die Möglk, daß der Va mit Zust der Mu das SorgeR ganz od teilw erhält (BT-Drucks 13/4899 S 100 f). **Übergangsrecht:** Einf 36 v § 1626.

2 **2) Wechsel der Alleinsorge von der Mutter auf den Vater, I.**

3 **a) Voraussetzungen. aa)** Es muß sich um ein gemschaftl **Kind** handeln. Die Vatersch muß wirks anerk
4 od gerichtl festgestellt sein (§ 1592 Nr 2 u 3). – **bb)** Die **Mutter** muß aGrd von § 1626 a II die **elterliche Sorge allein** innehaben. Die Elt dürfen also weder miteinand verh sein od gewesen sein, noch wirks SorgeErkl abgegeben haben (§§ 1626, 1626 a I). An der Bezugn auf § 1626 a II u damit auf das „im übr" zeigt sich, daß § 1672 I nicht gilt, wenn dem Va nach ursprüngl gemeins Sorge das SorgeR nach den
5 §§ 1671, 1666 entzogen w ist. – **cc) Nicht nur vorübergehendes Getrenntleben.** Mit diesem TatbestdsMerkm soll verhindert w, daß in einer nehel LebGemsch lebde Elt, statt das für das Ki vorteilhaftere gemeins SorgeR zu erwerben, das alleinige SorgeR der Mu aus § 1626 a II auf den Va übertr (BT-Drucks 13/4899 S 100). Abgesehen davon, daß diesem GesPkt bereits iR der ohnehin erfdl KiWohlPrüfg Rechng getragen w könnte, ist das TatbestdsErfdn auch unvollständ. Ein SorgeRÜberg von der Mu auf den Va muß näml auch dann stattfinden, wenn die Elt überh nicht zusgelebt u sich somit gar nicht „getrennt" haben (vgl
6 58. Aufl Rn 10). – **dd) Antrag und Zustimmung.** Mit dem Verz auf den gemeins Vorschl der Elt gem § 1671 III aF u dem statt dessen aufgestellten DoppelErfdn, daß die Mu schon dem Antr des Va zugestimmt haben muß, ohne daß eine Ersetzg der Zust mögl ist, sollen Mu u Ki vor Beunruhiggen ihrer Beziehg geschützt w (BT-Drucks 13/4899 S 100). Ist schon diese Konstruktion rechtsdogmat zweifelh (58. Aufl Rn 11), so ist die Zust der Mu als zwingde Vorauss für den Überg ihres SorgeR auf den Va auch verfassgsrechtl problemat. Haben näml die Elt längere Zt mit dem Ki in einer nehel LebGemsch zusgelebt, so hat das Ki in aller Regel auch zum Va eine gemütsmäß Bindg entwickelt, welche die Antwort auf die Frage, bei wem das Ki nach der Trenng am besten aufgehoben ist, nicht allein der Mu anheimstellen kann (vgl ausführl dazu 58. Aufl Rn 3 u 9). Stimmt das FamG mit der Mu nicht überein, bleibt ihm nichts anderes übr, als auch dann, wenn in der Verweigerg der Zust dch die Mu noch kein SorgeRMißbr liegt, die nach seiner Auffassg
7 richt Lösg über § 1666 dchzusetzen. – **ee) Positive Kindeswohlprüfung.** Liegen die Vorauss von I 1 vor (vgl Rn 3–6), so gibt das FamG dem Antr statt, wenn die Übertragg der Alleinsorge auf den Va dem Wohl des Ki dient, **I 2**. Zum KiWohl vgl § 1671 Rn 16 ff. Mit dem Erfordern, daß die Übertr des SorgeR auf den Va dem KiWohl „dienen" muß, ist die Schwelle für den Wechsel in der elt Sorge höher als in den §§ 1626 a

I Nr 1, 1671 II Nr 1. Zu dem darin liegden WertgsWiderspr vgl Coester FamRZ **95**, 1247; DFGT FamRZ **97**, 341; FamRefK/Rogner 13. Zum Fehlen des WidersprR des Ki iGgs zu § 1671 II Nr 1 vgl BT-Drucks 13/4899 S 101.

b) Entscheidung, I 2. Das Ges regelt wie in § 1671 II nur die Alternative, dem Antr des Va stattzugeben od ihn zurückzuweisen. Aber abgesehen davon, daß das Ger genau wie nach § 1671 III den Antr nach I 1 zum Anlaß für eine Entziehg der Alleinsorge bei der Mu gg ihren Willen nehmen kann, sind auch entsprechd den versch SorgeRGestaltgsMöglkten (vgl §§ 1671 Rn 2 ff) auch hier positive u negat Entscheidgen zu Teilbefugn der elt Sorge mögl, ohne daß das Ger ijF an den Antr des Va gebunden ist, für den bereits in I 1 auch Differenziergen vorgesehen sind. Dagg kann das Ger ohne den Umweg über II u auch nicht einmal in Teilbereichen die gemeins Sorge der Elt unmittelb begr (zu Recht krit dazu Lipp FamRZ **98**, 72). 8

3) Gemeinsame Sorge, II. Statt die gemeins Sorge, die ohnehin das legislatorische Ideal bildet (vgl § 1671 Rn 18), nach § 1626 a I Nr 1 dch entsprechde SorgeErkl der Elt zuzulassen, erachtet das Ges in einem Musterfall gesetzgeberischer Pedanterie dafür eine gerichtl Regelg für unverzichtb, nachd es mit § 1626 b III selbst erst eine entsprechd überflüss Schranke errichtet hat, die nach II 2 selbst dann gelten soll, wenn das Ger die Übertr der Alleinsorge auf den Va in einer VorEntsch rückgäng gemacht u damit eigtl den OriginalZustd für gemeins SorgeErkl der Elt wieder hergestellt hat (vgl BT-Drucks 13/4899 S 101). Ohnehin bleibt schwer verständl, wie die Elt das Ger (zumal nach einer zunächst positiven, dann negat KiWohlPrüfg) erst davon überzeugen können, daß die Alleinsorge des Va die richtige Lösg für das Ki ist, dann die Wiederherstellg der Alleinsorge der Mu, um dann schließl doch noch zur gemeins Sorge zu finden. Jedenf dürfte ein solcher Fall kaum sehr häuf vorkommen. 9

1673 ***Ruhen der elterlichen Sorge bei Einschränkungen der Geschäftsfähigkeit.*** **I Die elterliche Sorge eines Elternteils ruht, wenn er geschäftsunfähig ist.**

II Das gleiche gilt, wenn er in der Geschäftsfähigkeit beschränkt ist. Die Personensorge für das Kind steht ihm neben dem gesetzlichen Vertreter des Kindes zu; zur Vertretung des Kindes ist er nicht berechtigt. Bei einer Meinungsverschiedenheit geht die Meinung des minderjährigen Elternteils vor, wenn der gesetzliche Vertreter des Kindes ein Vormund oder Pfleger ist; andernfalls gelten § 1627 Satz 2 und § 1628.

1) Ruhen der elterlichen Sorge verhindert deren Ausübg (§ 1675); sie verbleibt bei gemeins elt Sorge dann allein dem and EltT (§ 1678 I). Keine VermHerausg (§ 1698); ist dem and EltT die VermVerwaltg gem § 1666 entzogen, dann Pfleger. Das subj Recht bleibt als solches trotz Ruhens bestehen. Der EltT behält das UmgangsR gem § 1684. RScheinschutz hins der Ruhenswirkgen: § 1698 a. Das Ruhen kann bei voller VerfFähigk des betroffenen EltT dch deklarator Beschl festgestellt w (BayObLG FamRZ **76**, 711). Dagg selbstd BeschwR (Düss FamRZ **69**, 663; Hamm OLGZ **71**, 76). Wird die Ehe dch Tod od TodesErkl aufgelöst u tritt Ruhen der elt Sorge bei dem überlebden EltT ein, so Vormd. Wg Ruhens der elt Sorge bei demj, „dem sie nach § 1626 a II allein zustand", was trotz der geschlechtsneutralen Formulierg tatbestdsmäß nur die Mutter ist: vgl § 1678 II. Ruht sie bei demj, dem sie nach Trenng bzw Scheidg der Elt allein übertragen w ist (§§ 1671, 1672), übt sie der and EltT nicht automat allein aus (§ 1678 I 2. Hs); es bedarf vielm einer AbÄndEntsch n § 1696 (vgl § 1678 Rn 12). 1

2) Ruhenstatbestände. a) Geschäftsunfähigkeit, I (§ 104 Nr 2; Lit: Münder FuR **95**, 89). Partielle GeschUnfgk (§ 104 Rn 5) reicht aus, wenn sie sich ganz od teilw auf die elt Sorge bezieht (Staud/Coester 11). Bei Wiederherstellg der psych Gesundh entfallen iGgs zu § 1674 die Ruhenswirkgen automat (BayObLG Rpfleger **68**, 22). Vorübergehde Störg der Geistestätigk (§ 105 II) ist tats AusübgsHindern; desh allenf Maßn nach §§ 1693, 1678 (Staud/Coester 7). **b) Beschränkte Geschäftsfähigkeit** führt ebenf zum Ruhen der elt Sorge, **II 1. aa)** Sie kommt nach Abschaffg von § 114 dch das BtG nur noch iFv § 106 vor. Der **minderjährige Elternteil** hat neben dem gesetzl Vertr des Ki, als idR dem and EltT (§§ 1678 I, 1626 I) od dem Vormd (vgl Rn 1) ein **sachlich beschränktes Sorgerecht**, näml die tats PersSorge, aber ohne gesetzl Vertretg, **II 2.** Dafür eig BeschwR aus FGG 57 I Nr 9 (KG JFG **16**, 254). Die VermSorge liegt beim and EltT (§ 1678 I) od beim Vormd (§§ 1773, 1793). Ggf ErgPfleger (§ 1909). Bevollmächtigg des mj EltT ggf auch konkludent mögl (§ 165; § 1629 Rn 10). Hins der tats PersSorge besteht entspr VerfFähigk, zB hins § 1632 I (Staud/Coester 24). **bb)** Bei **Meinungsverschiedenheiten** zw mj EltT u gesetzl Vertr, **II 3,** müssen die Elt unabhäng von der Minderjährigk eines von ihnen versuchen, sich zu einigen, od sie können das VormschG einschalten (§§ 1627 S 2, 1628). Das gilt auch für Überschneidgsfälle (vgl § 1630 Rn 3). Der vollj and EltT (vgl § 1303 II) hat keinen Vorrang. Dagg steht dem mj EltT ggü einem Vormd od Pfleger in PersSorgeSachen der Vorrang zu. **c)** Die AnO der **Betreuung** (§ 1896) als solche hat keine Auswirkg auf die elt Sorge (Walter FamRZ **91**, 765). Der BetreuungsGrd kann aber Anlaß für Maßn auch nach den insow vorrangigen §§ 1666 ff, 1674 geben (BT-Drucks 11/4528 S 108). Unzul ist eine Bt mit dem AufgKr „Vertretg des EltT in Angelegenh, die das Ki des Betreuten betr". § 1673 läuft insow leer, als ein deklarator FeststellgsBeschl über die GeschUnfgk nach Abschaffg der Entmündigg dch das BtG ebenf unzul ist (vgl iü Bienwald FamRZ **94**, 484).
2
3
4
5

1674 ***Ruhen bei tatsächlichem Hindernis.*** **I Die elterliche Sorge eines Elternteils ruht, wenn das Familiengericht feststellt, daß er auf längere Zeit die elterliche Sorge tatsächlich nicht ausüben kann.**

II Die elterliche Sorge lebt wieder auf, wenn das Familiengericht feststellt, daß der Grund des Ruhens nicht mehr besteht.

1) Voraussetzg **längere tatsächliche Verhinderung** an Ausübg der elt Sorge od ihrer Bestandteile, zB der PersSorge, jedoch mit der Aussicht, daß die elt Sorge wieder ausgeübt w kann (Ffm FamRZ **66**, 109). **Fälle:** Strafhaft (BayObLG NJW **75**, 1082); Untersuchgshaft nur ausnahmsw (Kln FamRZ **78**, 623), zB bei Giftmordverdacht (BayObLG FamRZ **65**, 283); Auswanderg (BayObLG JW **34**, 1369), währd es bei sonst 1

AuslAufenth auf die VerbindgsMöglk ankommt (Ffm FamRZ **54**, 21); polit Verhältn im Ausl (LG Frankenth/Pf DAV **93**, 1237); Kriegsgefangensch; Vermißtwerden od sonst unbek Aufenth; bei körperl od geist Erkrankg od Trunks auch dann, wenn noch nicht so hochgrad, daß gesetzl Ruhen gem § 1673 die Folge, od wenn mit Wiederauftreten (Schüben) zu rechnen; bei psych Hörigk der Mutter ggü dem geistesgestörten Vater (BayObLG FamRZ **81**, 595). § 1674 dagg nicht bei StrafVerf wg Mordes an der Mu (Hamm FamRZ **96**, 1029) u nicht ow bei Taubstummh der Mutter (Ffm FamRZ **66**, 109). Vor endgült Feststellg vorl AO zul (KG
2 FamRZ **62**, 200; § 1693 Rn 2). Bei **kürzerer** tatsächl Verhinderg, zB längerem KrankenhAufenth, der Ausübg der elt Sorge nicht zuläßt, Ausl-Reise uä, ist zwar die Wirkg f den and EltT dieselbe (§ 1678 I); aber
3 keine Feststellg dch FamG, auch nicht § 1675. Bei **Adoptionspflege:** § 1751; hins des ne Vaters nach zwzeitl Legitimation währd des InkognitoAdoptVerf: BayObLG FamRZ **88**, 867 u 868; Ollmann FamRZ **89**, 350. Bei Vorl der Vorauss: § 1666.

4 **2) Verfahren** erfolgt zweistuf: **a) Ermittlung** vAw (FGG 12); gewährt jedoch keine Befugn, einen EltT
5 zu psychiatr Untersuchg zu verpfl (Stgt FamRZ **75**, 167). **b) Feststellung** auch schon bei berecht Zweifeln an der GeschFähigk vorzunehmen (BayObLG Rpfleger **68**, 22). Wird mit gestaltgsähnl Wirkg (BayObLG FamRZ **88**, 867) wirks mit Bekanntmachg an and EltT (FGG 51), ggf VormdBestellg (BayObLG FamRZ **62**, 74); ebso wenn die elterl Sorge der nehel Mutter ruht u JA Vormd w (KG FamRZ **72**, 44). **Folge:** § 1675; VermHerausg nur, wenn anderer EltT die elt Sorge nicht hat (§ 1698). AnO der Vormsch, nicht dagg einer AbwesenhPflegsch (KG JFG **17**, 71). Zustdgk FGG 43, 36; es entsch der RPfleger, RPflG 3 I Nr 2a (im Richterkatalog RPflG 14 nicht genannt). Gebühren KostO 95 I Z 2, 96. Bei Aufhebg der Vormsch BeschwR des JugA gem FGG 57 I Z 9, 63 nicht aber im eig Namen od im Namen des Mdl (BayObLG FamRZ **81**, 595). Nach LG Memmingen kein BeschwR des JA bei Zurückweisg seines Antr auf Feststellg des Ruhens (FamRZ **81**, 1003).

6 **3) Wiederaufleben der elterlichen Sorge, II,** erst durch feststellenden Bescheid des FamG, der zu seiner Wirksamk Bek an betroffenen Teil bedarf (FGG 51 II, 16 I), aber auch dem anderen, bisher allein Berechtigten bekannt zu machen ist. Für ihn gilt bis dahin § 1698a II. II entspr anwendbar, wenn sich herausstellt, daß I nicht vorlag.

1675 *Wirkung des Ruhens.* **Solange die elterliche Sorge ruht, ist ein Elternteil nicht berechtigt, sie auszuüben.**

1 Bei gemeins Sorge übt der andere Elternteil allein das SorgeR aus (§ 1678 I); die elterl Sorge geht nicht verloren; sie endet nicht, ist aber in ihrer Ausübg gehemmt. Mit dem **Tod** des Elternteils, dessen elterl Sorge ruht, erhält der andere Elternteil nunmehr die volle u alleinige elterl Sorge (§ 1680 I). Ist der EltT, dessen SorgeR ruht, der Überlebende, so VormdBestellg (§ 1673 Rn 1). Wg Wirkg des Ruhens des SorgeR bei dem gem §§ 1671, 1672 alleinsorgeberecht EltT: § 1678 Rn 12. Wg Weiterführg der Geschäfte § 1698a II.

1676 *Verwirkung der elterlichen Gewalt.* *(Aufgehoben durch Art 1 Nr 23 SorgRG; vgl § 1666 Rn 19.)*

1677 *Todeserklärung eines Elternteils.* **Die elterliche Sorge eines Elternteils endet, wenn er für tot erklärt oder seine Todeszeit nach den Vorschriften des Verschollenheitsgesetzes festgestellt wird, mit dem Zeitpunkt, der als Zeitpunkt des Todes gilt.**

1 **Todeserklärung und Feststellung des Todeszeitpunktes** (VerschG 1ff, 23, 39, 44) beendigt elterl Sorge als solche (weitere Fälle § 1626 Rn 30) nicht nur, wie bei Ruhen ihre Ausübg. Folge: der and EltT hat sie von Ges wg vom Todeszeitpkt an allein (§§ 1681 I, 1680 I); in den Fällen von §§ 1626a II, 1671 u 1672 allerd gem §§ 1681 I, 1680 II 1–2 erst nach entspr KiWohlPrfg dch das FamG. Hat die elterl Sorge des and EltT dch Tod od auf andere Weise ihr Ende gefunden od kann sie nicht ausgeübt werden: VormdBestellg (§ 1773).

1678 *Alleinige Ausübung bei tatsächlicher Verhinderung oder Ruhen.* **I Ist ein Elternteil tatsächlich verhindert, die elterliche Sorge auszuüben, oder ruht seine elterliche Sorge, so übt der andere Teil die elterliche Sorge allein aus; dies gilt nicht, wenn die elterliche Sorge dem Elternteil nach § 1626a Abs. 2, § 1671 oder § 1672 Abs. 1 allein zustand.**

II Ruht die elterliche Sorge des Elternteils, dem sie nach § 1626a Abs. 2 allein zustand, und besteht keine Aussicht, daß der Grund des Ruhens wegfallen werde, so hat das Familiengericht die elterliche Sorge dem anderen Elternteil zu übertragen, wenn dies dem Wohl des Kindes dient.

1 **1) a) Grundsatz.** Die dch Art 1 Nr 21 KindRG geänd Vorschr bringt zunächst, wie auch die §§ 1680 I, 1681 I, den Grdsatz zum Ausdr, daß inf der Ausübg der elt Sorge dch beide Elt (§§ 1626 Rn 12; 1626a Nr 1 u 2) dann, wenn ein EltT sie nicht ausüben kann, sie nunm der and EltT allein ausübt. Die AlleinAusübg tritt in den Fällen, daß die gemeins Sorge zur Alleinsorge schrumpft, wie daß die Alleinsorge auf den and EltT übergeht, teils vGw (§§ 1678 I Halbs 1, 1680 I, 1681 I), teils nach Prüfg dch das FamG ein (§§ 1678 II,
2 1689 II u III, 1681 II). – **b) Voraussetzungen:** Verhindert, die elt Sorge auszuüben, ist der EltT entweder aus RGrden (§ 1673) od gem § 1674 aus tats Grden (Sonnenfeld Rpfleger **95**, 441), hier ohne Unterschied, ob die Feststellg des Ruhens dch das FamG getroffen w ist u der EltT die elt Sorge damit auch rechtl nicht ausüben kann (vgl §§ 1674, 1675), od ob es sich um eine kürzere Verhinderg handelt, welche dieselbe Folge in tats Hins hat (§ 1674 Rn 2).

2) Verhinderung oder Ruhen bei gemeinsamer elterlicher Sorge, I Halbs. 1. 3

a) Der and EltT erwirbt vGw die Alleinsorge. Einer KiWohlPrüfg bedarf es nicht, desh auch keiner gerichtl Übertragg des SorgeR. Es geht sowohl die Alleinausübg der Pers- als auch der VermSorge auf den and EltT über. Der Wechsel von der gemeins Sorge zur Alleinausübg entspricht dem natürl Vorgang, daß bei Verhinderg eines EltT der and EltT insow die Funktionen des and übernimmt. Für den Übergang ist es unerhebl, ob die Elt miteinand verh sind od nicht. **Ausnahmen:** I Halbs 1 gilt nicht, wenn dem an sich zur alleinigen Ausübg berecht EltT die elt Sorge schon vorher entzogen w war (§§ 1666, 1666 a), wofür auch die Entziehg der PersSorge dch einstw AO gem ZPO 620 Nr 1 ausreicht (KG FamRZ **73**, 152), od wenn sie ihrers gem §§ 1673, 1674 ruhte. 4 5

b) Ausschluß der Alleinausübung, I Halbs. 2. Handelt es sich bei dem EltT, der jetzt verhindert ist od dessen elt Sorge ruht, um die mit dem Va nicht verh Mu, die gem § 1626 a II allein sorgeberecht ist bzw um den EltT, der aGrd einer Entsch nach den §§ 1671, 1672 das alleinige SorgeR erh hat, dann gilt der automat Übergang der alleinigen SorgeRAusübg nicht. Vgl zu weiteren Ausn Rn 5. Die Folgeregelgen ergeben sich aus ganz unterschiedl Vorschr (vgl Rn 7 ff). 6

3) Übertragung der elterlichen Sorge bei bisheriger Alleinsorge, I Halbs. 2, II. Stand die elt Sorge nur dem EltT zu, der jetzt verhindert ist od dessen elt Sorge ruht, scheidet ein automat Wechsel zur Alleinsorge des and EltT aus. Das Ges unterscheidet vielm danach, aus welchen Grden dem and EltT die Sorge für das Ki nicht zustand. Dabei gelten auch die allg Erfordern wie daß keine Aussicht besteht, daß der Grd des Ruhens wegfallen werde, nur noch für einz Tatbestde. 7

a) Alleinsorge der Mutter nach § 1626 a II: aa) Stand die elt Sorge nur der mit dem Va nicht verh Mu zu, ist Grdlage ihrer Alleinsorge, daß die Elt nicht zu gemeins SorgeErkl gefunden haben (vgl § 1626 a I Nr 1). Hier soll der Va auch bei Verhinderg der Mu od Ruhen ihrer Alleinsorge nicht automat zur alleinigen Ausübg der elt Sorge berecht w, die ihm vorher auch nicht einmal als Mitberechtigtem zugestanden hat (§ 1678 I Halbs 2). Ruht die elt Sorge der Mu u besteht keine Aussicht, daß der Grd des Ruhens bzw das Hindern (unheilb GeistesKrankh, Auswanderg usw) wegfallen werden – bei vorübergehder tats Verhinderg: § 1909 (BayObLG FamRZ **62**, 33) – kann das FamG vAw dem Va die elt Sorge übertr, wenn dies **dem Wohl des Kindes dient** (§ 1678 II). And als bei einem auf der Ehe od einer ne LebGemsch fußden gemeins Sorge der Elt ist bei der Alleinsorge der Mu nicht gewährleistet, daß das Ki vor der Verhinderg der Mu überh Kontakt zu dem Va hatte u die gesetzl vorgesehenen BesuchsR u -pflichten wahrgenommen wurden (vgl §§ 1626 III, 1684). Desh soll der Erw der elt Sorge dch den Va von einer positiven KiWohlPrüfg abhäng sein (BT-Drucks 13/4899 S 102). Für diese Prüfg entscheiden die hergebrachten Kriterien (vgl FamRefK/Rogner 4): Die obj BtMöglkten beim Va; seine FördergsEigng (§ 1671 Rn 40); Bindgen u Wünsche des Ki (§ 1671 Rn 43 u 44) usw. Dabei wird man allerd Abstriche machen müssen, weil sich die Situation and darstellt, wenn man aGrd der Verhinderg des sorgeberecht EltT dem bisher nicht sorgeberecht and EltT die möglicherw gar nicht von ihm selbst dem Ki vorenthaltene EltRolle unvorhergesehen aufdrängt, als wenn bei der Zuweisg der AlleinElternsch aGrd der zw den Elt aufgetretenen Divergenzen zw beiden EltT nur die Auswahl zu treffen ist. Es kann auch derj ein vorzügl Va werden, für den im Ztpkt der Verhinderg der Mu od des Eintritts des Ruhens im Grde noch nichts spricht, als daß er bereit ist, sich fortan um das Ki zu kümmern. Eine verfassgskonforme Auslegg von § 1678 II muß ggf mit einem Minimum an Dienlichk auskommen. Die Wirksamk der Sorgeübertragg mit Bekanntmachg (FGG 16); andernf mit der Bestellg des Vormds (§ 1789; FGG 51 I). – **bb)** Kann od darf der and EltT die elt Sorge nicht ausüben, hat, ggf auf Veranlassg des JA (SGB VIII 50 I u III 1), das FamG einzugreifen (§ 1693) u ebso, wie wenn die DienlichkPrüfg negativ ausgefallen ist, für das Ki einen Vormd zu bestellen (§ 1773). – **cc)** War dem and EltT nur die Pers- od die VermSorge entzogen, dann Pflegerbestellg (§ 1909). – **dd)** Bei jeder Entsch zG des Va muß dieser mit **Verbleibensanordnungen** rechnen: Hat das Ki schon längere Zeit mit dem Ehem der Mu in der StiefFam gelebt od befand es sich aGrd der Verhinderg od des Ruhens der elt Sorge schon längere Zeit bei nach § 1685 umggsberecht Verwandten der Mu od sonst in einer PflegeFam u wird nunm dem Va das SorgeR zur Alleinausübg übertr, kann eine VerbleibensAO ergehen (vgl §§ 1632 IV; 1682). 8 9 10 11

b) Alleinsorge nach den §§ 1671, 1672. Ist die zunächst aGrd der Ehe der Elt bzw bei nicht miteinand verh Elt aGrd entsprechder SorgeErkl bestehde gemeins Sorge der Elt nach deren Trenng in eine Alleinsorge der Mu od des Va umgewandelt w u tritt jetzt bei diesem Alleinsorgeberecht die Verhinderg bzw das Ruhen der elt Sorge ein, so findet auch hier kein automat Übergang des SorgeR kraft Ges statt (vgl § 1678 I Halbs 2). Eine sich ausdrückl auf diesen Fall beziehde Folgenorm, wie weiter zu verfahren ist, fehlt iGgs zur früh Fassg von § 1678 II u iGgs zur alleinsorgeberecht Mu, mit der zus § 1678 I Halbs 2 die Fälle der §§ 1671, 1672 zwar noch mit aufführt, währd die Regelg von § 1678 II nunm nur noch die alleinerziehde Mu behandelt. Das KindRG hat die Streichg der Fälle von § 1671, 1672 in § 1678 II als Möglkten zur Kürzg des Gesetzes benutzt u hält den Fall als bereits von § 1696 erfaßt (vgl BT-Drucks 13/4899 S 102). Wenn die Vorschr nicht auch iFv § 1626 a den § 1678 II nF erübrigte, dann desh, weil es sich bei § 1626 a iGgs zu den §§ 1671, 1672 um eine vGw erfolgde SorgeRZuweisg handelt. Der Erw der elt Sorge dch den and EltT soll dabei auch in den Fällen von §§ 1671, 1672 von der positiven KiWohlPrüfg abhängen (FamRefK/Rogner 6). Allerd ist nicht recht verständl, wieso es iFv § 1626 a auf die KiWohlDienlichk ankommen soll (Rn 8), währd dch die Subsumtion der §§ 1671, 1672 unter § 1696 für die Abänderg die Angezeigtheit aus triftigen, das wohl des Ki nachhaltig berührden Grde erfdl ist (vgl § 1696 Rn 21, 22 u 23 ff). Der Wechsel in der Bewertg ist um so unverständlicher, als noch das SorgeRG davon ausgegangen war, daß das Ger das SorgeR dem and EltT im Regelfall übertr u davon nur im Interesse des KiWohls absehen sollte (BT-Drucks 8/2788 S 65). 12

c) Alleinsorge wegen Entziehung des Sorgerechts beim anderen Elternteil nach §§ 1666, 1666 a. Hat der von der Verhinderg bzw dem Ruhen der elt Sorge betroffene EltT die Alleinsorge nur desh erh, weil dem zunächst mitsorgeberecht and EltT gem §§ 1666, 1666 a das SorgeR entzogen worden war, bedarf es, wenn die Grde dafür entfallen sind, zunächst der Aufhebg der Entziehg (§ 1996 II). Sollte in der ZwZt für das Ki ein Vormd bestellt w sein, müßte auch die Vormsch beendigt w (§ 1882), ehe der Weg für den and EltT 13 frei ist, nach § 1678 I Halbs 1 in der Ausübg des SorgeR an die Stelle des verhinderten EltT zu treten. Besteht kein Grd für die Korrektur der SorgeEntziehg, erh das Ki einen Vormd (§ 1773).

1679 ***Alleinige Ausübung bei Verwirkung.*** *(Aufgehoben durch Art. 1 Nr. 25 SorgRG; vgl § 1666 Rn. 19.)*

1680 ***Tod eines Elternteils; Entziehung der elterlichen Sorge.*** **I Stand die elterliche Sorge den Eltern gemeinsam zu und ist ein Elternteil gestorben, so steht die elterliche Sorge dem überlebenden Elternteil zu.**

II Ist ein Elternteil, dem die elterliche Sorge gemäß § 1671 oder § 1672 Abs. 1 allein zustand, gestorben, so hat das Familiengericht die elterliche Sorge dem überlebenden Elternteil zu übertragen, wenn dies dem Wohl des Kindes nicht widerspricht. Stand die elterliche Sorge der Mutter gemäß § 1626 a Abs. 2 allein zu, so hat das Familiengericht die elterliche Sorge dem Vater zu übertragen, wenn dies dem Wohl des Kindes dient.

III Absatz 1 und Absatz 2 Satz 2 gelten entsprechend, soweit einem Elternteil, dem die elterliche Sorge gemeinsam mit dem anderen Elternteil oder gemäß § 1626 a Abs. 2 allein zustand, die elterliche Sorge entzogen wird.

1 **1)** Die Vorschr ist dch Art 1 Nr 22 KindRG geänd worden u zieht die Tatbestde des Todes eines EltT u der Entziehg der elt Sorge bei einem EltT (§ 1680, 1681 I aF) in einer einzigen Vorschr zus.

2/3 **2) Tod eines Elternteils. a) Gemeinsame Sorge, I.** Wird die elt Sorge von beiden Elt gemeins ausgeübt (§§ 1626 Rn 12; 1626 a I Nr 1) u stirbt einer von den beid EltT, so steht dem überlebden EltT die elt Sorge kr Ges allein zu, ohne daß dies einer gestaltden od auch nur feststellden gerichtl Entsch bedürfte.
4 Stirbt auch dieser EltT, so ist Vormsch anzuordnen (§ 1773 Rn 2). – **b) Tod eines allein sorgeberechtigen Elternteils, II.**

5 **aa) Alleinsorge aufgrund einer Sorgerechtsregelung nach der Trennung der Eltern, II 1.** Bei fehldem SorgeR des überlebden EltT aGrd einer Entsch iZshg mit der Trenng der Elt (§§ 1671, 1672) erwirbt der überlebde EltT das SorgeR nur aGrd einer entsprechden Übertragg dch das FamG, die davon abhängt, daß sie dem Wohl des Ki nicht widerspricht. Die Regelg gilt nicht nur für die Fälle, in denen eine SorgeRegelg nach Trenng der Elt erfolgt, sond auch für die, in denen die mit dem Va nicht verh Mu zunächst nach § 1626 a II die Alleinsorge hat u beide Elt anschließd veranlassen, daß sie der Va gem § 1672 I erlangt u dieser dann anschließd stirbt. Daß der Tod des allein sorgeberecht EltT von der Verhinderg u den RuhensGrden so unterschiedl wäre, daß hier die negative KiWohlPrüfg ausreicht, in den anderen Fällen der §§ 1671, 1672 aber die qualifizierte KiWohlPrüfg von § 1696 erfdl sein soll (vgl § 1678 Rn 12) u beim Tod der nicht mit dem Va verh Mu die positive KiWohlPrüfg stattfinden muß, wie II 2 vorsieht, ist wertgsmäß nicht recht nachvollziehb. Diese **Kritik an den verschiedenen Kindeswohlmaßstäben** zielt nicht auf etwaige Benachteiliggen ne Väter (vgl insof Coester FamRZ **95**, 1248; Wichmann FuR **98**, 163; FamRefK/Rogner 6), als vielm darauf, daß angesichts der Unstäte des KiWohlBegr (vgl § 1666 Rn 15 mN) die vom KindRG vorgenommene normlogische Abschichtg der Wertgen wissensch-theoretisch nicht haltb sind. In Wirklk entscheiden denn auch immer wieder nur die verschied das KiWohl konstituierden Momente u deren
6 psycholog Valenz für das Ki. Mit der verfassgskonformen (vgl BayObLG FamRZ **88**, 973) Zulassg jeder **dem Wohl des Kindes nicht widersprechenden** Regelg soll das FamG idR die Sorge auf den überlebden EltT übertr (FamRefK/Rogner 4). Ein für das Ki notw werdder UmgebgsWechsel schließt den Vorrang des überlebden EltT nicht aus (Ffm FamRZ **81**, 1105). Stellt man aber trotz der vorgegebenen Formel darauf ab, welche Entsch dem Wohl des Ki am besten entspr, so ist der EltVorrang dahin u kann auch der LebGefährte der bis zu ihrem Tode sorgebrecht Mutter od der StiefVa zum Vormd bestellt w (vgl BayObLG NJWE-FER **98**, 269; Schlesw FamRZ **93**, 832). Trotzd ist die Weigerg des Ki, zum and EltT überzusiedeln, beachtl (vgl Karlsr Just **75**, 29). Kein Entzug der dch Tod des einen EltT dem and zugewachsenen elt Sorge, wenn der Va 7 J straffrei ist u ein TaxiUntern betreibt, wenn er das Ki zu sich nehmen will (vgl AG Bruchsal DAV **77**, 382). Widerspricht das KiWohl der Alleinsorge des überlebden EltT, bleibt nur die Bestellg eines Vormds (§ 1773).
7 – **Verfahren:** Es entsch insb auch nach Anhörg des JA (FGG 49 I Nr 1) vAw der FamRi (GVG 23 b I 2 Nr 2; ZPO 621 I Nr 1; RPflG 14 Nr 15).

8 **bb) Tod der mit dem Vater nicht verheirateten Mutter, II 2.** Stirbt die mangels Eheschl u mangels Abg von SorgeErkl nach § 1626 a II alleinsorgeberecht Mu, stellt das FamG eine positive KiWohlPrüfg an: Die Übertragg des SorgeR auf den überlebden Va muß dem Wohl des Ki dienen (vgl dazu § 1678 Rn 8).

9 **3) Entziehung der elterlichen Sorge auf seiten eines Elternteils, III.**

10 **a) Regelungsgrundsätze.** Die Vorschr betrifft verschiedene Fälle, in denen einem EltT die elt Sorge entzogen wird. III übernimmt dafür die für die Fälle des Todes eines EltT in I u II 2 entwickelten Grdsätze.

11 **b) Fallgruppen. aa) Bei gemeinsamer elterlicher Sorge** führt der Umstand, daß einem EltT allein die elt Sorge (nach §§ 1666, 1666 a) entzogen wird, dazu, daß diese dem and EltT zusteht (I iVm III 1. Alt). Die Vorschr erfaßt die elt Sorge insges wie auch den teilw Entzug, bspw der Pers- od der VermSorge, wie auch
12 Teile derselben, etwa des AufenthBestR (*arg:* „soweit"). – **bb) Bei alleiniger Sorge der Mutter** aGrd von § 1626 a erhält der Va die Sorge nur, wenn das FamG dies für das Wohl des Ki dienlich ansieht (II 2 iVm III 2. Alt). Das bish Recht hielt für diese Situation ledigl die Mglk bereit, den ne Va für das eig Ki zum Vormd zu
13 bestellen (§ 1779 II 3 aF). – **cc) Sorgerechtsentzug nach Sorgerechtsregelung infolge Trennung der Eltern** ist im Ggsatz zu § 1680 II aF nicht mehr ausdrückl gesetzl geregelt. Die Fallgruppe, daß demj EltT, zu dessen Gunsten bei Scheidg u Trenng die SorgeRRegelg nach den §§ 1671, 1672 aF ausgegangen war u dem die Sorge anschließd wg SorgeRMißbr, KiVernachlässigg usw entzogen wurde, hält der GesGeber ebenf für in § 1696 mit geregelt (BT-Drucks 13/4899 S 103): Vgl dazu bereits § 1678 Rn 12. Die für § 1696 gewählte

KiWohlFormel verfolgt aber ggü dem Bedürfn nach Neuregelg der elt Sorge den ganz anderen Zweck, Abändergen der SorgeRRegelg dch and als so elementare Vorgänge wie Tod u Sorgeentzug hintanzuhalten (vgl § 1696 Rn 21 aE). Dieser GesichtsPkt spielt bei Ereign wie Tod u SorgeEntziehg keine Rolle, da die Abänderg hier sogar begriffl erfdl ist.

1681 *Todeserklärung eines Elternteils.* **I § 1680 Abs. 1 und 2 gilt entsprechend, wenn die elterliche Sorge eines Elternteils endet, weil er für tot erklärt oder seine Todeszeit nach den Vorschriften des Verschollenheitsgesetzes festgestellt worden ist.**

II Lebt dieser Elternteil noch, so hat ihm das Familiengericht auf Antrag die elterliche Sorge in dem Umfang zu übertragen, in dem sie ihm vor dem nach § 1677 maßgebenden Zeitpunkt zustand, wenn dies dem Wohl des Kindes nicht widerspricht.

1) Die dch Art 1 Nr 22 KindRG geänderte Vorschr entspricht § 1681 II aF. 1

2) Mit **Todeserklärung und Todeszeitfeststellung** (gem VerschG 1 ff, 23, 39, 44) endet die elt Sorge 2
des betreffden EltT (§ 1677). – **a) Gemeinsame Sorge, I.** Wie nach § 1681 II 1 aF werden in den Fällen 3
der TodesErkl od der Feststellg der TodesZt die Regelgen über den Sorgewechsel beim Tod eines EltT für entsprechd anwendb erkl. Auch iF der gemeins Sorge geht diese als Alleinsorge auf den and EltT über, ohne daß es einer gerichtl Entsch bedarf. Im Falle einer aus einer Regelg nach den §§ 1671 od 1672 herrührden SorgeRRegelg zu seinen Gunsten geht das daraus stammde SorgeR dch Entsch des FamG auf den verbliebenen EltT über, u zwar in dem Umfang, wie es dem für tot erkl EltT vor dem nach § 1677 maßgebden Ztpkt zustand, u unter der weiteren Vorauss, daß dies dem KiWohl nicht widerspricht. – **b) Lebt der für tot** 4
Erklärte noch, II, so konnte er nach bish Recht dch einf Erkl ggü dem VormschG die elt Sorge mit Wirkg ex nunc wiedererlangen (§ 1698 II 2 aF). Nach der neuen Regelg des KindRG hängt die Wiedererlangg der sorgerechtl Stellg in dem alten Umfang davon ab, daß das FamG diesen Rückfall des SorgeR als dem Wohl des Ki nicht widersprechd ansieht. Dch die Einschaltg des Ger soll dem Umstand Geltg verschafft w, daß nach einer TodesErkl bzw Feststellg des TodesZtpkts zw dem Ki u seinem als tot geltden EltT eine Entfremdg eingetreten sein u sich das Ki inzw innerl and BezugsPers angeschlossen haben kann (BT-Drucks 13/4899 S 104). Von einer Regelg wie in § 1681 II 3 aF, wonach bei Wiederverheiratg des zurückgebliebenen Eheg (vgl § 1319 II) dch entsprechde Anwendg von § 1671 aF sorgerechtl ScheidgsFolgenR gelten sollte, hat das KindRG zu Recht abgesehen, weil § 1671 nF nicht mehr auf die Ehescheidg sond auf das GetrLeben abstellt, so daß es dem wiederverh EltT nach neuem Recht unbenommen bleibt, einen Antr auf Zuteilg der Alleinsorge zu stellen, wenn er die Sorge nicht mehr mit dem tot geglaubten EltT teilen will (BT-Drucks 13/4899 S 104).

1682 *Verbleibensanordnungen zugunsten von Bezugspersonen.* **Hat das Kind seit längerer Zeit in einem Haushalt mit einem Elternteil und dessen Ehegatten gelebt und will der andere Elternteil, der nach den §§ 1678, 1680, 1681 den Aufenthalt des Kindes nunmehr allein bestimmen kann, das Kind von dem Ehegatten wegnehmen, so kann das Familiengericht von Amts wegen oder auf Antrag des Ehegatten anordnen, daß das Kind bei dem Ehegatten verbleibt, wenn und solange das Kindeswohl durch die Wegnahme gefährdet würde. Satz 1 gilt entsprechend, wenn das Kind seit längerer Zeit in einem Haushalt mit einem Elternteil und einer nach § 1685 Abs. 1 umgangsberechtigten volljährigen Person gelebt hat.**

1) Zweck: Die dch Art 1 Nr 23 neu geschaffene Vorschr dient einers dem Schutz der StiefFam u anderers 1
dem Schutz des Ki. Es geht um die Fälle, in denen inf der tats Verhinderg, des Ruhens der elt Sorge od des Todes eines EltT der and EltT die elt Sorge erlangt u aGrd dieser Tats das Ki aus dem bish Umfeld herausnehmen möchte. Hat das Ki bis dato mit dem EltT, der bisher Inhaber der Sorge war, sowie einer dritten, ihm nahestehden Pers in einem FamVerband gelebt u in diesem Verhältn seine Bezugswelt gefunden, so muß die PersSorge zurücktreten, wenn das Ki seinem leibl EltT, der nunm alleiniger Inh der Sorge ist, entfremdet ist u dch die Herausnahme zur Unzeit sein persönl, insb sein seel Wohl gefährdet würde (BT-Drucks 13/4899 S 104).

2) Voraussetzungen der Verbleibensanordnung, S. 1 und 2. 2

a) Das **Kind** muß mj sein; nur dann steht es unter elt Sorge. 3

b) Geschützt wird nach **Satz 1** zunächst die Beziehg des Ki zum **Ehegatten** des EltT, bei dem das Ki 4
längere Zeit im Haush gelebt hat, dem nach **Satz 2** unter denselben Vorauss nach § 1685 I **umgangsberechtigte volljährige Personen** gleichstehen, also Verwandte wie GroßElt, nicht dagg Nichtverwandte, also der LebPartn des EltT, mit dem dieser in einer ne LebGemsch zusgelebt hat. Vgl zu Einzelh des in Betracht kommden PersKreises § 1685 Rn 6. Im Ggs zu § 1685 I reicht für eine VerbleibensAO auch das längere Zusleben mit nicht vollj Geschw nicht aus. Umgek spielt es für die iRv § 1682 umggsberecht BezugsPers wiederum keine Rolle, ob sie – wenn das Ki nicht bei ihnen lebte – tats ein UmggsR geltd machen könnten (so BT-Drucks 13/4899 S 104).

c) Das Leben **in einem Haushalt** entspricht der häusl Gemsch in § 1685 II. Wesentlicher als daß sämtl 5
Merkmale eines funktionierenden Haush erfüllt sein müssen, sind die Festigk der LebBeziehgen u eine gewisse Regelmäßigk des Kontakts.

d) Das Leben in dem Haush der BezugsPers muß **eine längere Zeit** bestanden haben. Damit ist einmal 6
die Dauer gemeint, wobei wie in § 1632 IV ein relativer, an der ErlebnVerarbeitg von Ki orientierter ZtBegriff gilt (FamRefK/Rogner 3; zum Phänomen selbst vgl Heilmann, Kindl ZtEmpfinden u VerfahrensR, 1998). „Eine" längere Zeit bedeutet aber zugl, daß ein längeres ZusLeben allein nicht ausreicht. Es muß auch die ggwärt Bezugswelt des Ki prägen. Liegt es schon seiners wieder längere Zeit zurück, kann auch eine noch längere Dauer des ZusLebens keine Grdlage für eine VerbleibensAO sein, mag sich das Ki auch in der

damaligen Umwelt bes gut u besser gefühlt haben als in seiner ggwärtigen. Dagg schadet es nichts, wenn der Zushg mit der nach § 1682 geschützten Bezugswelt zZt unterbrochen ist. Insb kann sich der aufenthbestimmgsberecht EltT nicht selbst darauf berufen, wenn er das Ki bereits aus der StiefFam herausgeholt hat.

7 **e)** Die VerbleibensAO des FamG richtet sich nur gg den EltT, der nach den §§ 1678, 1680, 1681, also inf tats Verhinderg, tot od für TotErkl des EltT, der die Beziehg des Ki zu dem StiefEltT u zu den übr geschützten dritten Pers iSv Rn 4 vermittelt hat, zum SorgeBerecht geworden ist. Der die Wegnahme des Ki verlangde EltT muß zum SorgeBerecht gerade dadch geworden sein, daß der bisher allein sorgeberecht EltT tats verhindert, gestorben od für tot erkl w ist.

8 **f)** Die Wegnahme muß ferner mit einer **Gefährdung des Kindeswohls** verbunden sein. Vgl dazu § 1666 Rn 15 u 16. In dem Hinwegsetzen über die Belange des Ki wird in aller Regel dann ein SorgeRMißbr liegen (so ausdrückl BT-Drucks 13/4899 S 104; FamRefK/Rogner 4).

9 **3) Verfahren.**

10 **a)** Schließl setzt die VerbleibensAO des FamG einen **Antrag** voraus. Dieser kann von dem bisher SorgeBerecht nicht gestellt w, weil er inf der zur Beendigg der elt Sorge führden Umstde der Verhinderg, des Ruhens u Todes auch in der AntrStellg verhindert ist. Desh gibt das Ges seinem Eheg bzw dem gem § 1685 I umggsberecht Dritten ein eig AntrR. Iü kann das FamG aber auch **von Amts wegen** eingreifen, währd dem Ki kein eig AntrR zusteht. Ihm ist aber zur Wahrnehmg seiner Interessen ein **Verfahrenspfleger** zu bestellen (FGG 50 II Nr 3). Die Bestellg ist idR obligatorisch. Es entsch das FamG dch den Ri (GVG 23 I 2 Nr 2; ZPO 621 I Nr 1; RPflG 14 I Nr 7). Anhörgen: Einf 9–12 v § 1626; auch der StiefEltT u die Verwandten sind anzuhören (FGG 50c S 2). Kosten: Wg der Kostenregelg für die VerbleibensAO gem § 1632 IV in KostO 94 I Nr 3 u der fehlden Erstreckg auf die VerbleibensAO von § 1682: KostO 95 I 1 Nr 3 (so FamRefK/Rogner 13).

11 **b) Verbleibensanordnung.** Vgl zunächst § 1632 Rn 25 ff.

12 **aa)** Das FamG hat das **Verhältnismäßigkeitsprinzip** zu beachten: Die VerbleibensAO darf nur ergehen, wenn u **solange** das KiWohl dch die Wegnahme gefährdet wäre. Ein dauerh Verbleib in der bish Umgebg u als Folge davon der endgült Ausschluß des neuen SorgeBerecht von dem Gebrauchmachen seines AufenthBestR ist somit nicht mögl. Die VerbleibensAO soll dem Ki ledigl Zeit u Gelegenh geben, sich innerl auf den Wechsel in den Haush des leibl EltT einzustellen u darauf vorzubereiten (so FamRefK/Rogner 5). Das Ger sollte desh von vornherein die Dauer der prognostizierten KiWohlGefährdg in seinem Beschl bestimmen u eher die VerbleibensAO verlängern, als sie womögl gänzl unbefristet zu lassen. In der ZwZt soll die Beziehg zum leibl EltT dch Gebrauchmachen von UmggsR u UmggsPflichten (vgl §§ 1626 III, 1684) aufgebaut bzw erneuert w (FamRefK/Rogner 5).

13 **bb)** Hat das HerausgVerlangen des sorgeberecht EltT nach Auffassg des FamG nach der bes Fallgestaltg auf absehb Zeit keine Berechtigg, muß das Ger die Entziehg der elt Sorge, ganz od zT, endgült od zeitw, aus den §§ 1666, 1666 a begründen (vgl FamRefK/Rogner 7).

14 **cc)** Die VerbleibensAO schränkt das SorgeR des sorgeberecht EltT ein, entzieht sie ihm jedoch nicht. Währd ihrer Geltg stehen der betreuenden BezugsPers die EntschBefugn nach § 1688 zu.

15 **dd)** Lehnt das FamG zG des sorgeberecht EltT den Erlaß einer VerbleibensAO ab, so bleibt den BezugsPers unabhäng davon, ob sie einen Antr auf AO des Verbleibens des Ki gestellt haben od nicht, wenn dafür die Vorauss nach § 1685 gegeben sind, ein BesuchsR.

1683 ***Vermögensverzeichnis bei Wiederheirat.*** **I Sind die Eltern des Kindes nicht oder nicht mehr miteinander verheiratet und will der Elternteil, dem die Vermögenssorge zusteht, die Ehe mit einem Dritten schließen, so hat er dies dem Familiengericht anzuzeigen, auf seine Kosten ein Verzeichnis des Kindesvermögens einzureichen und, soweit eine Vermögensgemeinschaft zwischen ihm und dem Kinde besteht, die Auseinandersetzung herbeizuführen.**

II Das Familiengericht kann gestatten, daß die Auseinandersetzung erst nach der Eheschließung vorgenommen wird.

III Das Familiengericht kann ferner gestatten, daß die Auseinandersetzung ganz oder teilweise unterbleibt, wenn dies den Vermögensinteressen des Kindes nicht widerspricht.

1 **1) Zweck** der Vorschr ist, zu verhindern, daß die VermVerhältn des Kindes dch Eheschl des SorgeRInhabers unübersichtl w u eine VermVerminderg stattfindet (BT-Drucks 8/2788 S 66). Gilt – abgesehen v der (Wieder)Verheiratg der Elt des Kindes, da kein „Dritter" vorh (Schnitzerling StAZ **70**, 131) – für **jede neue Ehe** eines EltT, also auch nach Auflösg einer zweiten od weiteren (selbst kinderl) Ehe, da dem Kind zwzeitl Verm zugefallen s kann (KG StAZ **25**, 207). Voraussetzg, daß der EltT mit dem Kind in VermGemsch lebt; sonst od wenn Verm nicht vorh, genügt Anz. Zur MitteilgsPfl des StBeamt: PStG 5 V. Zur entspr Anwendg von § 1683 auf Vormd u Betr: §§ 1845, 1908 i I 1.

2 **2)** Für die **Auseinandersetzung** ist erforderl: **a)** ErgänzgsPfleger, §§ 1629 II, 1795, 1909, wogg Beschw des betr EltT gem FGG 20 I, BayObLGZ **67**, 230; ebso Beschw gg Ablehng des Antr auf Entlassg wg falscher Maßn des Pflegers, aA KG JW **36**, 2935. AuseinandSPflegsch endet mit Ausführg, § 1918 III, ohne AufhebgsBeschl, KG JW **34**, 3001. Nicht Aufg des Pflegers, AuseinandSFdg beizutreiben, KG RJA **17**, 35. – **b)** Famgerichtl Gen, §§ 1821, 1822 Nr 2. Bei Versagg der Gen oder Erteilg unter Bedingg hat nur Pfleger, nicht EltT BeschwR, BayObLG FamRZ **74**, 34. – **c)** VermGemsch u damit AuseinandS zB bei gemschaftl Beerbg des and EltT; dagg nicht zw Vor- u Nacherben, KGJ **43**, 40; bei MitEigt nach Bruchteilen an einem Ggst, BayObLG NJW **65**, 2299; bei bl PflichttAnspr gg EltT, KGJ **44**, 32; bei KG, wenn Vater Komplementär, mj Sohn Kommanditist, LG Nürnbg-F FamRZ **61**, 376. AuseinandSetzg ist **nicht zwingend,** da sie nicht immer im Interesse des Kindes liegt, sond, vor allem bei GrdBesitz u GesellschBeteiligen, zu finanz Nachteilen für das Kind u bei nur geringem Verm zu erhebl Schwierigken u unverhältnismäß Kosten führen

sowie die neue Ehe belasten kann, ohne das KindesVerm wirkl zu sichern (BT-Drucks 8/2788 S 66); unter Berücks dieser Umst daher Befreiung dch das VormschG, **III.** Ausschl dch Erbl nicht mögl (BayObLG NJW **67**, 2407; str). Wohl aber kann von der Dchführg der AuseinanderS hins einz NachlGgste abgesehen w, wenn Nachteile für mj Kinder nicht zu befürchten (BayObLG NJW **74**, 1908).

3) Verfahren: Zustdgk FGG 43, 36; Rpfleger entsch (RPflG 3 I 2 a); Gebühren: KostO 94 I Nr 2. Bei **Aufschub** der AuseinandS, **II,** vermögensrechtl u persönl Kindesinteressen zu berücks (KG OLG **40**, 78). Widerruf mögl. **Zwangsmittel:** FGG 33. Vgl iü § 1667. 3

1684 *Umgangsrecht von Eltern und Kind.* **I Das Kind hat das Recht auf Umgang mit jedem Elternteil; jeder Elternteil ist zum Umgang mit dem Kind verpflichtet und berechtigt.**

II Die Eltern haben alles zu unterlassen, was das Verhältnis des Kindes zum jeweils anderen Elternteil beeinträchtigt oder die Erziehung erschwert. Entsprechendes gilt, wenn sich das Kind in der Obhut einer anderen Person befindet.

III Das Familiengericht kann über den Umfang des Umgangsrechts entscheiden und seine Ausübung, auch gegenüber Dritten, näher regeln. Es kann die Beteiligten durch Anordnungen zur Erfüllung der in Absatz 2 geregelten Pflicht anhalten.

IV Das Familiengericht kann das Umgangsrecht oder den Vollzug früherer Entscheidungen über das Umgangsrecht einschränken oder ausschließen, soweit dies zum Wohl des Kindes erforderlich ist. Eine Entscheidung, die das Umgangsrecht oder seinen Vollzug für längere Zeit oder auf Dauer einschränkt oder ausschließt, kann nur ergehen, wenn andernfalls das Wohl des Kindes gefährdet wäre. Das Familiengericht kann insbesondere anordnen, daß der Umgang nur stattfinden darf, wenn ein mitwirkungsbereiter Dritter anwesend ist. Dritter kann auch ein Träger der Jugendhilfe oder ein Verein sein; dieser bestimmt dann jeweils, welche Einzelperson die Aufgabe wahrnimmt.

1) Grundsätzliches 1

a) Bedeutung des KindRG (Lit: Rauscher FamRZ **98**, 329). Das bisher in § 1634 aF geregelte UmggsR 2
ist dch Art 1 Nr 24 KindRG in drei Vorschr zerlegt w, von denen § 1684 das UmggsR von Ki u Elt, § 1685 das UmggsR von GroßElt, Geschw, StiefElt u PflegeElt u § 1686 den AuskAnspr der Elt untereinand hins der persönl Verhältn des Ki regelt. Außerd liegt dem UmggsR in seiner neuen Fassg nicht mehr der Unterschied zw ehel u ne Ki zGrde, so daß auch die früh Sonderregelg für den ne Va in § 1711 aF jetzt ersatzlos in § 1684 I aufgegangen ist. Zur Bedeutg von §1626III vgl dort Rn24. **Ausland:** Zu den UmggsRegelgsFor- 3
men bei Entführg eines Ki nach Dtschl vgl Bambg FamRZ **99**, 951. Zum **strafrechtlichen** Schutz des UmggsR: BGH NJW **99**, 1344. AnwendgsBer: Das UmggsR ist nicht auf **Haustiere** auszudehnen (and AG Mergentheim NJW **97**, 3033; vgl Schlesw NJW **98**, 3127: HausrVO). – **b)** Die Umggsberechtigg gehört zum 4
verfassgsrechtl geschützten **Elternrecht** (BVerfG FamRZ **83**, 872), das wie die elt Sorge höchstpers u grdsl unverzichtb ist (RG JW **25**, 2115; vgl aber u Rn19). Zum **Umgangsrecht des Kindes:** § 1626 III, auch ggü 5
einem umggsunwilligen EltT (vgl Rauscher FamRZ **98**, 332). Das Ki hat einen Anspr auf Beratg dch das JA (Einf 17 v § 1626). Das FamG, das eine UmggsRegelg nicht nur auf Antr eines UmggsBerecht sond auch auf 6
Anregg Dr, insb des JA, u auch vAw treffen kann, kann dem Ki zur Wahrnehmg seiner Interessen einen **Verfahrenspfleger** bestellen (FGG 50 II Nr 1). – **c) Verhältnis zum Sorgerecht.** Müßig ist der Streit um 7
die Deutg des UmggsR als restl Teil der PersSorge (RG **153**, 238; KG FamRZ **89**, 656; das früher aus § 1634 I 1 u dessen „behält" abgeleitete Wortargument ist dch die Neufassg der Vorschr weggebrochen), als natürl EltR (Beitzke FamRZ **58**, 10; Dölle § 98 I 1) od als bl Ausdr der persönl Verbundenh zw Elt u Ki (Simon FamRZ **72**, 485). Desh steht wed die Tats, daß sich die Elt bereits vor der Geburt des Ki getrennt haben (Hamm FamRZ **94**, 58), noch Zweif an der Vatersch (AG Kerpen FamRZ **94**, 1486) od die Erhebg der Vatersch(früher: Ehelk)AnfKl (BGH NJW **88**, 1666) noch, daß das Ki dch Fremdbefruchtg gezeugt wurde (Ffm FamRZ **88**, 754), der Geltdmachg der UmggsRechte entgg. IjF stehen sich auf der EltEbene Umggs- u PersSorgeR iRv § 1684 als selbstd, sich ggseit beschrkde Rechte ggü (BGH NJW **69**, 422; vgl Rn 6). Soweit das der UmggsZweck erfordert, wird das PersSorgeR eingeschrkt (KG JFG **12**, 79). Umgek hat das **Sorgerecht,** wo es um die Erziehg des Ki od um seine Sicherh geht, eindeutig **Vorrang,** so daß der sorgeberecht EltT dem Ki verbieten kann, auf dem Beifahrersitz eines Motorrads mitzufahren, was der umggsberecht EltT zu beachten hat (Mü FamRZ **98**, 974). Ferner muß das UmggsR, auch wenn ihm jetzt eine Verkehrspflicht entspricht, bisw als das schwächere Recht dem stärkeren SorgeR weichen, wenn näml dch Ausübg des UmggsR diej des SorgeR unmögl gemacht würde, so daß die **Auswanderung** des SorgeBerecht mit den Ki nicht unter Berufg auf das UmggsR verhindert w kann (vgl BGH NJW **87**, 893; FamRZ **90**, 392 Italien; vgl ferner RG **141**, 321; Neust FamRZ **63**, 300), was im Hinbl auf Art 8 EMRK äußerst bedenkl u nach der heutigen Fassg der gesetzl Bestimmgen dch das KindRG insges überprüfgsbedürft ist (Einl 7 v § 1297). Widerstrebt der UmggsBerecht der Auswanderg, so ist vor Paßerteilg die Entsch des FamG notw (BayObLG JR **57**, 141); ggf auch Abändg der SorgeRRegelg (§ 1696 Rn 27), etwa bei Auswanderg nach Übersee (BGH NJW **87**, 893; Dörr NJW **89**, 692); währd die mit einer Übersiedlg ins Ausl verbundene Erschwerg od Unmöglk des Umggs als solche keine Abändg der SorgeEntsch rechtfertigt (Kln FamRZ **72**, 572 Spanien; Karlsr FamRZ **78**, 201; LG Mannh Just **75**, 232 USA). Zu vorläuf AOen in diesem Zushg: § 1696 Rn 32. Auch bei Ausweisg des UmggsBerecht ist dessen UmggsR zu berücks (OVG Münst FamRZ **69**, 35). Zu der auch iR des UmggsR bedeuts **Erziehungsfähigkeit:** § 1671 Rn 29.

2) Umgangsrecht. a) Zweck. Das UmggsR soll dem Berecht die Möglk geben, sich laufd von der 8/9
Entwicklg u dem Wohlergehen des Ki zu überzeugen u die zw ihnen bestehden natürl Bande zu pflegen, dh einer Entfremdg vorzubeugen u dem Liebesbedürfn beider Teile Rechng zu tragen (BGH NJW **69**, 422; Kblz DAV **80**, 580). Es ist dgg nicht darauf gerichtet, das Ki zu erziehen od den and EltT zu überwachen. – **b) Inhalt. aa)** Zum Umgg gehört in erster Linie die pers Begegng, wie sie sich in der früh Bezeichng 10

„BesuchsR" widerspiegelt. Zum UmggsR gehört grdsl aber auch der Brief- u Telefonkontakt u die Ausk gern § 1686 (BT-Drucks 13/4899 S 105). Solche Befugn können Restteile des UmggsR sein, sind aber auch
11 neben regelm stattfindenden Besuchen mögl (BayObLG FamRZ **93**, 1487). Vgl u Rn 26. – **bb) Verpflichtung der Eltern zu wechselseitigem loyalen Verhalten, II 1.** Der pers-sorgeberecht EltT hat ebso wie der umggsberecht EltT alles zu unterl, was das Verhältn des Kindes zum jew anderen EltT beeinträchtigt od die Erziehg erschwert. Dabei beschrkt sich die LoyalitätsVerpfl nicht auf Unterlassgen, sond verpfl die Elt dchaus zu positivem Tun (FamRefK/Rogner 8), etwa die Tür zu öffnen, das Ki zum vereinb TreffPkt od auch ohne irgendwelche Vereinbgen in AusnSituationen zum Auto des besuchsberecht EltT zu bringen usw. Zur Auswirkg von Verstößen gg die UmggsBefugn auf den eig UnterhAnspr des umggsilloyalen EltT: § 1579 Rn 31. **Zweck** dieser „WohlverhaltensVorschr" (BT- Drucks 8/2788 S 41): Nach der Ehescheidg besteht die Gefahr, daß die Streitgken zw den zerstrittenen Elt mittels u auf Kosten der gemeins Ki fortgeführt w. Desh begründet das Ges jetzt die Verpfl beider Elt zur UmggsLoyalität (BT-Drucks 8/2788 S 54). Die Grde, die zum Scheitern der Verbindg der Elt geführt haben, berechtigen in aller Regel nicht, das Kind gg den and EltT einzunehmen, von dem es gleichermaß abstammt. Zum Wohl des Ki ist der **Umgangsvereitelung** ganz entschieden entggzutreten. Nach längerer Unterbrechg bedarf es alld uU einer behutsamen Wiederbelebg der UmggsKontakte (Brschw FamRZ **99**, 185). Zur Grdlage: § 1626 Rn 29; zur Psychologie: Klenner FamRZ **95**, 1529; zur Auswirkg auf die SorgeRRegelg: Rn 66. Ein **Verstoß** gg die Umggsloyalität muß allerd ein beachtl Maß erreicht haben, ehe das FamG eingreift. Wenn der pers-sorgeberecht EltT diese Verhaltensnorm ständ mißachtet u damit gg das Wohl des Kindes verstößt, wird das Ger seine nach §§ 1671, 1672 getroffene Entsch überprüfen. Es steht dann vor der Frage, ob es von § 1696 Gebr machen u das SorgeR auf den and EltT übertr muß. Zur Dchsetzg des BesuchsR kommt auch eine UmggsPflegsch in Betr (AG Aalen FamRZ **91**, 360 mA Luthin; abl BGH NJW-RR **86**, 1264 für eine entspr AufenthBestPflegsch). Doch hat die AO v ZwGeld zur Aufg der Verhindg des Umgg auch ggü § 1896 idR den Vorrang (Hamm FamRZ **92**, 466). Die Weigerg des 9j Ki, mit dem and EltT mitzugehen, schützt den SorgeBerecht auch nicht vor einem ZwGeld (Zweibr FamRZ **87**, 90; BezG Ffo FamRZ **94**, 58). Zur Auswirkg von massiven Verstößen gg das UmggsR auf den UnterhAnspr des betr EltT: § 1579 Rn 28. Wenn umgek der umggsberecht EltT bei der Ausübg seines UmggsR dauernd gg diese Verhaltensregel verstößt, indem er alles tut, um das Kind dem and EltT zu entfremden, entsteht für das Ger die Frage, ob es gem IV 1 einschreiten muß (BT-Drucks 8/2788 S 41 u 54). Einzelh dazu Rn 30–32. Das Ger kann die Beteil gem III 2 dch zusätzl AnOen zur Erfüllg ihrer Loyalitätspflicht anhalten (Rn 39–41).

12 **cc) Erweiterung der elterlichen Loyalitätsverpflichtung für und gegenüber Obhutspersonen, II 2.** Die Verpfl, alles zu unterlassen, was das Verhältn des Ki zur ObhutsPers od zum UmggsBerecht beeinträcht od die Erziehg erschwert, gilt auch dann, wenn sich das Ki nicht in der Obhut eines EltT befindet, sond etwa in der Obhut von GroßElt, eines Vormds, Pflegers od von PflegeElt, u zwar wechselseit, so daß auch die ObhutsPers sich loyal zu verhalten hat. Die Vorschr gilt entsprechd auch, wenn Elt od ein EltT das Ki in Obhut haben u es um das UmggsR einer dr Pers geht (§ 1685 III). Unter Obhut ist wie in den §§ 1629 II 2, 1748 I 2, 1751 IV die tats Bt zu verstehen (vgl § 1629 Rn 45).

13 **c) Umgangsberechtigt** sind nach § 1684 die Elt, nach § 1685 die GroßElt, Geschw, Stief- u PflElt. Das
14 UmggsR der **Eltern** ist iGgs zum SorgeR, das als gemeins Sorge ausgest ist, IndividualR idS, daß es jedem EltT allein zusteht u unabh von der RSituation aS des and EltT, der sorgeberecht od auch seinerseits nur umggsberecht od auch von beidem ausgeschl sein kann. Im Extremfall kann sogar dem sorgeberecht EltT gg den nicht sorgeberecht EltT ein UmggsR zustehen, wenn sich das Ki mit Zust des ersteren bei dem letzteren aufhält (FamRefK/Rogner 6). Das UmggsR resultiert aus der gesetzl Elternsch; iGgs zum früh Recht (vgl § 1711 aF) wird zw ehel u nichtehel nicht mehr untersch. Das UmggsR ist, soweit sich daraus keine Hindern für die Dchführg des Umggs ergeben, unabh vom Grd des Verlusts der elt Sorge, bspw wenn die PersSorge einem Pfl übertr ist (BayObLG NJW **64**, 1324), sowie unabh von den pers Umst des UmggsBerecht, weshalb
15 es grdsl auch einer Prostituierten zusteht (Brschw MDR **62**, 132). Zur **Umgangsverpflichtung** der Elt:
16 § 1626 Rn 24. **Weitere Umgangsberechtigte** sind GroßElt, Geschw, StiefElt, PflegeElt: § 1685.

17 **3) Befugnis zur Regelung des Umgangs.** Die UmggsRegelg richtet sich nach dem Willen der Elt (zB bei einverständl Scheidg gem ZPO 630 I Nr 2) od wird dch das FamG getroffen, u zwar auf Antr eines EltT od des Eheg eines EltT hins eines Stiefkinds (ZPO 623 II 1 Nr 2 iGgs zur bl Anregg od amtswegigen Regelg nach ZPO 623 III 2 aF). Ist der UmggsBerecht mit dem Vorschlag des PersSorgeBerecht nicht einverstanden od können sich die Elt über die Ausübg des Umggs sonst nicht einigen (dazu Giesen NJW **72**, 225), so regelt das FamG den Umgg ausschließl unter dem GesPkt des KiWohls (*arg:* IV 1 u 2). Von den UmggsRegelgen im eigtl Sinne ist das ursprüngl u natürl UmggsBestR des SorgeBerecht bzw abgeschwächt auch des UmggsBerecht zu unterscheiden (unten Rn 20).

18 **a) Einigung zwischen den Eltern.** Die UmggsRegelg kann unter den Elt vereinb w, insb kann dies anläßl der Einigg der scheidgswilligen Elt über die Zuteilg des SorgeR an einen EltT geschehen (§ 1671 II Nr 1), wobei das Ki entsprechd seiner Reife u § 1626 II entsprechd an der Ausgestaltg des Umggs zu beteil ist. Eine gerichtl Gen der UmggsVereinbg ist nicht vorgesehen u enth jedenf keine nach FGG 33 dchsetzb gerichtl Regelg (Karlsr FamRZ **99**, 325). Der Vereinbg der Elt kommt insb auch dann eine große Bedeutg zu, wenn der Umgg unter nicht miteinand verh Elt bei bisher fehlder Va-Ki-Beziehg organisiert w muß (vgl Rauscher FamRZ **98**, 335). Eine Vereinbg ist schon mit Rücks auf die Koppelg von SorgeRVerzicht u UmggsBerechtigg grdsl für beide Teile bindd (aA BayObLG FamRZ **65**, 618), so daß eine Abänderg nur in Betr kommt, wenn das KiWohl dch die Vereinbg in erhebl Weise beeinträcht ist (Kln FamRZ **82**, 1237). Erzwingbark: Rn 67. Haben sich die Elt geeinigt, so können sie gemeins allerd auch wiederum eine and Regelg treffen. Ein einseit Widerruf aus Grden des angebl KiWohls sollte dagg unterbleiben. Eine von der getroffenen Regelg abweichde Handhabg kann konkludent eine neue Vereinbg enthalten, sonst aber grdsl dch Entsch des FamG Verbindlk erlangen (vgl Karlsr FamRZ **59**, 70). Das muß insb gelten, wenn sich ein Teil in Erfüllg der sich aus II ergebden Loyalitätspflicht öfter auf Verstöße des and EltT gg die getroffene Vereinbg
19 eingelassen hat. Ist die reibgslose Handhabg der Vereinbg nicht gewährleistet, muß das FamG entscheiden

(Ffm FamRZ **88**, 1315). Ein **Verzicht von Eltern auf das Umgangsrecht** ist nach den §§ 134, 1684 I, 1626 III nichtig u gg Freistellg von UnterhPflichten auch sittenwidr (BGH NJW **84**, 1951), es sei denn, die Nichtausübg des UmggsR dient dem KiWohl (Ffm FamRZ **86**, 596).

b) Eingreifen des Familiengerichts, III 1, soweit eine Einigg der Elt nicht vorliegt; auch wenn der 20
Konflikt darin besteht, daß der sorgeberecht EltT nur ein weitergehdes BesuchsR einräumen will als gewünscht (Düss FamRZ **86**, 202); aber auch bei Mißbr, ohne Antr (BayObLG NJW **66**, 1322), u stets nur im Interesse des Ki. Letzteres kann auch dafür sprechen, von einer UmggsRegelg überh abzusehen (Karlsr FamRZ **90**, 655). Ein Antr hat ijF nur anregde Funktion (Zweibr FamRZ **93**, 728). Zur Betrauung des JA mit der Ausführg von UmggsAOen: Einf 27 v § 1626. III 1 ist auch anwendb, wenn das SorgeR zwar beiden Elt zusteht, tats aber nur von einem von ihnen ausgeübt wird (so ausdrückl § 1634 IV aF). Keine Bindg an bes Wünsche des SorgeBerecht (BVerfG NJW **71**, 1447; BGH **51**, 219). Zur Berücks eines entggstehden KiWillens: Rn 58. Zum **Inhalt** der Entsch des FamG: Rn 24 ff. Zu **Umgangssurrogaten:** Rn 26. Das FamG ist zur Regelg des UmggsR u zu dessen zwangsweiser Dchsetzg iW von FGG 33 **auch gegenüber Dritten,** also Groß- u PflegeElt, aber auch iü unbeteiligten Dr, zuständig, vor allem ggü solchen Pers, in deren ständiger Obhut sich das Ki befindet (amtl Begrdg BT-Drucks 7/2060 S 25). Der Klageweg ist ausgeschl. Vgl wg Einzelh: Rn 35.

c) Umgangsbestimmung aufgrund Sorge- bzw. Umgangsberechtigung. 21

aa) Umgangsberechtigung aufgrund der Personensorge, § 1632 II. Die Notwendigk von Maßn ggü 22
dem Ki, um dessen Umgg mit Dr zu beeinflussen, ist natürl Bestandteil jeder Erziehg u hat einen ganz anderen Kontext als die UmggsRegelgen, die inf der Trenng der Elt notw w u die Kern der Regelgen in den §§ 1684–1686 sind. Zu Einzelh vgl § 1632 Rn 31 ff.

bb) Umgangsberechtigung des Kindes mit Dritten durch den Umgangsberechtigten. Trifft das 23
FamG über den Umgg des Ki mit Dr keine Best, so bestimmt währd der Dauer des Umggs iSv § 1632 II der UmggsBerecht, mit wem sonst das Ki umgehen darf. Die dies bestätigde Vorschr § 1634 II 1 Halbs 2 aF ist vom KindRG nicht wieder in die Rechtsnorm aufgenommen w, sicherl nicht, um daraus einen Schluß auf eine zukünft Einschrkg des UmggsBerecht zu begründen. Denn diese Ergänzg erschien dem GesGeb seinerzeit zweckmäß, weil idR nur der EltT, bei dem sich das Ki gerade aufhält, die dritten Pers, mit denen ein Umgg des Ki in Frage kommt, kennt u beurt kann, ob der Umgg mit dem KiWohl zu vereinb ist (BT-Drucks 8/2788 S 55). Die Vorschr ist eng auszulegen; der sorgeberecht EltT soll zwar einen ausschließl in seinem eig Interesse unerwünschten Kontakt des Ki mit den Verwandten, einem LebPartner des geschied Eheg od NachbarsKi nicht verhindern dürfen (Rn 27 aE); aber er muß auch aus der Entferng dem Ki schädliche Einflüsse abwehren können, ohne gezwungen zu sein, sogleich das FamG anzurufen. Desh kann der SorgeBerecht dem Ki, das zu einem FerienAufenth zum and EltT aufbricht, verbindl den Umgg mit einem drogensücht NachbarsKi des UmggsBerecht untersagen uä.

4) Inhalt der Umgangsregelung durch das Familiengericht, III, 4. Entscheidd ist das aus der konkr 24
Situation zu begründde KiWohl (BVerfG-Ka NJW **93**, 2671; vgl dazu auch Dörr NJW **93**, 2413). Vom FamG sind ggf **auch Detailfragen zu regeln** (AG Holzminden FamRZ **97**, 47; aA AG Gr-Gerau FamRZ **95**, 313 mit abl Anm Luthin). Vgl iü Rn 59. **Reisepaß:** § 1666 Rn 4.

A) Regelung von Umfang und Ausübung, III 1 (vgl Rauscher FamRZ **98**, 334). 25

a) Die UmggsRegelg betrifft den **Kontakt des Kindes mit dem Umgangsberechtigten,** also auch den 26
BriefVerk (KG DR **42**, 526), der ggf untersagt w kann (KG FamRZ **68**, 262), idR aber umgek auch nicht nur ersatzw an Stelle der persönl Begegng zugelassen w sollte (Staud-Schwoerer 15 f; aA Dölle § 98 I 3). UmggsR des Inhaftierten kann sich auf Zusendg v Fotos reduzieren (LG Bln FamRZ **73**, 147), um sich ü die Entwicklg des Ki zu informieren (vgl jetzt: § 1686). Wurde das UmggsR des Va wg der Spanngen zw den Elt abgelehnt, kann er verlangen, daß ihm die Mu halbjährl eine Fotografie seines Sohnes zukommen läßt (Ffm FamRZ **98**, 577). § 1684 deckt nicht AnO einer Therapie (BezG Erfurt FamRZ **92**, 1333) od AnOen bezgl dem Kinde zu machder Geschenke (KGJ **34** A 23), die in mäß Umfg zul sind, od Benachrichtigg ü das Befinden des Kindes. Störgen des Umggs dch den sorgeberecht EltT können Maßn gg diesen gem II 1 iVm §§ 1666, 1696 auslösen (§ 1626 Rn 29). Das FamG kann auch die Einwilligg des SorgeBerecht in sportl Unternehmgen, Ausflüge, Annahme von Geschenken währd u außerh des eigtl Umggs ersetzen (vgl § 1666 III).

b) Modalitäten der familiengerichtlichen Umgangsregelung. Das FamG regelt, falls erforderl, den 27
Umgg erschöpfd nach Zeit, Ort und Art (vgl BayObLG FamRZ **65**, 156). Es hat darauf zu achten, daß in das Recht des SorgeBerecht nicht mehr als unbedingt erfdl eingegriffen w (KG HRR **35**, 351). Gem § 1684 kann der sorgeberecht Mutter auch verboten w, mit dem Kind nach Australien auszuwand, wenn sie keine trift Grde dafür hat (vgl zum früh Recht Oldbg FamRZ **80**, 78; and Düss FamRZ **79**, 965). Den Ferienort bestimmt iR des erziehgsmäß Zumutb der UmggsBerecht (vgl Ffm FamRZ **99**, 1008). Oberster Grdsatz für die Entsch ist das **Kindeswohl;** Richtschnur für die Regelg im einz sind somit (vgl § 1671 Rn 36 ff) das FördergsPrinz u das der Einheitlk u Gleichmäßigk der Erziehg (Kontinuität). Das FamG hat darauf zu achten, daß nicht angebl SchutzMaßn zum Wohl des Ki in Wirklichk nur der Schong des sorgeberecht EltT dienen, so daß zB Ausschl der Ggwart der GroßElt, die früher das Kind 2 J betreut haben, idR nicht gerechtf ist (Stgt NJW **78**, 380).

aa) Zur **Häufigkeit** hat der GesGeb keine Richtlinie geben wollen (BT-Drucks 8/2788 S 55). Bei 28
Getrenntleben im allg etwas mehr Umgg als nach Scheidg (BayObLG FamRZ **66**, 455). Grdsl **periodischer Umgang** von jew kurzer Dauer (selbstverstdl unterbrochen dch die UrlRegelg des Sorgeberecht; Ffm FamRZ **96**, 362) ggü längeren zushängden Aufenthalten die bessere Lösg, trotz der damit verbundenen Unbequemlichkten, damit Besuch möglichst bald zur festen Gewohnh w kann (BayObLG **57**, 134) u eine Entfremdg von UmggsBerecht u Ki vermieden w. Zur erfdl Berücks des ZtEmpfindens des Ki: Plattner FamRZ **93**, 384; AGe Kerpen FamRZ **94**, 1486 u MüDAV **99**, 310: 1 1/2 j u 1 3/4 Ki. Typ ein- od zweimal im Mo einige Stden (BayObLG NJW **64**, 1324); mtl 1 WoEnde (Karlsr OLGZ **67**, 468); bei großer Entferng jeden 2. Mo 1 WoEndBesuch bei nichtsorgeberecht EltT (Mannh Just **76**, 475). Ergänzg des period Verk dch

Ferienbesuch nur bei NichtBeeintr der ErzKontinuität (Bln FamRZ **73**, 99; KG FamRZ **78**, 728); bei weiter Entferng, insb wenn UmggsBerecht im Ausl lebt, als Ersatz jährl einmaliger Ferienbesuch von ca 2 Wo (BayObLG **51**, 530); iü ZusZiehg v mtl Umgg zu 1/4jährl WoEndBesuchen mit Übernachtg erst ab Schulreife (Heilbr Just **74**, 425). Ein zusätzl, längerdauernder persönl Besuch, FerienAufenth od Urlaubsreise, neben regelmäß Kurzbesuchen ist idR u jedenf bei Ki im Grdschulalter abzulehnen (KG FamRZ **79**, 70). An Festtagen gehört das Ki zum SorgeBerecht (Mü JW **39**, 290); nach Mannh MDR **61**, 1016 soll Ki an 2. Festtagen zum UmggsBerecht (aA Heilbr Just **73**, 433, damit Elt sich nicht ggseit ausstechen). Bei zwingden HindergsGrden in der Pers des Ki Verschiebg des Besuchs auf den nächstmögl entspr WoTag, weil sonst Gefahr der Umgehg des period BesuchsR (Heilbr Just **74**, 126). Dagg keine allg Ersatzregelg für KrankhFälle
29 (LG Karlsr DAV **75**, 243). Ggü dem v der Rspr bevorzugten period Umgg sollte man überlegen, ob man nicht unter entspr Voraussetzgen eine **Umgangsregelung in Zeitblöcken** mehr als bisher treffen sollte, so bei tiefgreifder Verfeindg der Elt; bei zu starker Belastg des FamLebens beim sorgeberecht EltT, wenn dadch der Umgg für das Ki von vornh zur Qual wird; bei großer Entferng. In solchen Fällen könnte ein 2–4 wöchig Ferienbesuch des Ki bei dem and EltT zu einer wesentl Entkrampfg der seel Beziehgen führen u das Ki zu dem umggsberecht EltT im Ggsatz zu den sonst immer als AusnSituation empfundenen period Besuchen eine normale Gefühlsbeziehg entwickeln. Bei der Besuchsregelung ist ferner die bes Bedeutg der gr **Kirchenfeste**
30 angem zu berücks (Bambg FamRZ **90**, 193). Zur **Auswirkung auf den Unterhalt:** Rn 61.

31 **bb) Ort:** Grdsl Wohng des UmggsBerecht (BayObLG FamRZ **65**, 156; Düss FamRZ **88**, 1196). Falls Besuch des Ki dort untunl, kann Umgg an dritten Ort (JugAmt, Pfarrer) angeordnet w, jedenf möglichst nicht im Hause des SorgeBerecht (OLGZ **43**, 370), es sei denn, die Elt vermögen sich ohne Feindseligk zu begegnen.

32 **cc)** Zum **Holen und Bringen** des Ki vgl Lempp ZBlJugR **79**, 517 mit dem erwägenswerten Vorschlag, der sorgeberecht EltT möge öfter als bisl übl das Ki zum umggsberecht EltT bringen, um dem Ki dch eig Hdlgen zu beweisen, daß er den Umgg im Interesse des Ki bejaht. Aber eine rechtl Verpfl zur aktiven Mitwirkg u Zuführg des Ki besteht jedenf sol nicht, wie der damit verbundene Aufwand dem umggsberecht EltT noch zumutb ist (Nürnb FamRZ **99**, 1008); anders bei bindender Vereinbg (Ffm FamRZ **88**, 866; Zweibr FamRZ **98**, 1465), sowie ggf bei bl einstw UmggsRegelg (Saarbr FamRZ **83**, 1054). Zur schutzwürd Geheimhaltg der **Wohnanschrift** des Sorgeberecht bei Gefährdg des Ki vgl KG FamRZ **99**, 876. Iü ist bei
33 der **Art und Weise** der Ausgestaltg der UmggsRegelg (sa Rn 12) in erster Linie darauf zu achten, daß das Ki dch den Umgg keine Schädiggen erleidet, zB sich nicht bei dem kranken UmggsBerecht ansteckt (KGJ **53**, 30), od sonst gefährdet w, zB dch ungünst Einflüsse auf labiles Kind bei Besuchen des in Strafhaft befindl
34 Vaters (KG FamRZ **68**, 260). Mögl desh Vermeidg v **Übernachtungen** eines 4 j (Hamm FamRZ **90**, 654) od auch Verbot religiöser od konfessioneller Einflußn (BayObLG NJW **61**, 1581), od best Themen (Scheidg!) zu berühren, außerh der BesuchsZt mit dem Ki zu sprechen (Hamm FamRZ **66**, 254). UmggsBerecht hat außer in Notfällen auch kein R, das Ki **ärztlich untersuchen** zu lassen, ebsowenig bei einer vom SorgeBe-
35 recht veranlaßten ärztl Untersuchg anwesd zu sein (Stgt FamRZ **66**, 256). Der sorgeberecht EltT kann die **Anwesenheit Dritter,** zB der GroßElt des Ki, währd der Dauer des persönl Umggs nicht verbieten; insb verlangt KiWohl in aller Regel nicht, daß vor Ankunft des Ki der neue LebGefährte des UmggsBerecht entfernt w (BGH **51**, 224; Hamm FamRZ **82**, 93), mag dieser auch für das Scheitern der EltEhe verantwortl gewesen sein (Weber FamRZ **73**, 285), weil eine ungezwungene Begegng mit dem UmggsBerecht sich am besten in dessen natürl Umgebg verwirkl läßt. Maßgebd ist die Verständigk des Ki u ob es den Dr als störd empfindet (KG FamRZ **78**, 729). So kann es erfdl sein, eine neue Partnerin des Va von einem längeren Umgg mit dem Ki in den Ferien auszuschließen, wenn die Elt noch verh sind u noch nicht 1 J getrennt leben (Nürnbg FamRZ **98**, 976). Verbot der Anwesenh des neuen Partn kommt bei 6 u 8 j Ki vor Ablauf des TrenngsJ in Betr, wenn der sorgeberecht EltT an der Ehe festhält (Kln FamRZ **82**, 1236). Verbot auch der Anwesenh der sich mit Okkultismus beschäftigden neuen LebGefährtin (Schlesw NJW **85**, 1786). Sind Geschwister nicht bei demselben EltT untergebracht, so ist darauf Rücks zu nehmen, daß sich die Geschw sehen können (JFG **2**, 80; Dölle § 98 I 3). Keine AO der Anwesenh Dr (SchwElt bei Säugling), ohne deren
36 dch Anhörg eingeholte Zust (Zweibr DAV **86**, 356). Um den völligen Ausschluß des UmggsR zu vermeiden, sind schließl zur **Kontrolle des Umgangs** bei EntführgsGefahr begleitde Maßn bis hin zur Überwachg dch einen Detektiv, Herausg des Passes des UmggsBerecht u Kfz-BenutzgsVerbote zul (Mü FamRZ **98**, 976). Vgl iü zum beschützten Umgg: unten Rn 50.

37 **B) Zusatzregelungen** (vgl auch bereits Rn 35 u 36).

38 **a) Regelung gegenüber Dritten, III 1.** Soweit von AOen des FamG Dritte betroffen sind, wirken sie automat auch ihnen ggü (Rn 20), so daß bei Verstößen dagg, etwa wenn ausgeschlossene Pers an dem Umgg teilnehmen, nicht nur gg den UmggsBerecht, sond auch ggü den Dr selbst unmittelb mit ZwangsMaßn gem FGG 33 vorgegangen w kann (BT-Drucks 8/2788 S 55). Die Vorschr ermögl u fordert ggf auch, daß das Ger Regelg direkt ggü dem Dr trifft, so daß das Ger UmggsVerbote, AufenthVerbote (zB an Orten, wo sich das Ki zu bestimmten Stunden aufhalten od bewegen muß), Verbote von Sprech- u briefl Kontaktversuchen usw aussprechen kann.

39 **b) Anordnungen zur Erfüllung der Loyalitätspflichten, III 2.** Mit dieser Vorschr soll dem FamG ein Instrument an die Hand gegeben w, um unterhalb der EingrSchwelle des § 1666 Handlgen eines EltT zu
40 begegnen, die den Umgang erschweren od verhindern (BT-Drucks 13/4899 S 105). **aa) Anwendungszusammenhang.** Die Reichweite der Norm ist ganz unklar. Nach der gesetzl Systematik, dh der Stellg der Vorschr innerh des Normgefüges, würden sich die vom FamG zu erlassden AOen von S 2 an sich auf das beziehen, was in III 1 steht, also auf Umfang u Ausübg des UmggsR u dann offenb sämtl Beteil ggü, insb auch ggü Dritten, worin allerd eine überflüss Doppelg ggü dem genau dies schon zum Ausdr bringden III 1 läge (vgl Rn 38). Aber seinem Inhalt nach bezieht sich III 2 dch ausdrückl Bezugn auf II ausschließl auf die UmggsLoyalität zw Elt u sonstigen Obhutsinhabern (vgl Rn 12 u 13); die Vorschr steht damit gesetzestechn
41 an der falschen Stelle u ist prakt als II 3 zu lesen. – **bb) Inhalt.** Auch in ihrem rechtl Gehalt ist die Norm mit ihrer Ermächtigg des Ger, die Beteil zur Erfüllg ihrer Loyalitätspflichten „anzuhalten" unklar. Man sollte meinen, daß es zw der iR des UmggsR die bestehden Pflichten konkretisierden „näheren Regelg" u der

Vollstr der famgerichtl AOen nichts weiter anzuordnen gäbe. Der GesGeber hat es aber offensichtl für notw erachtet, daß die Beteil zur Erfüllg ihrer Pflichten auch noch „angehalten" w (vgl Rn 38). Nach der engen Bezugn geht es nur um Einhaltg der wechselseit Loyalität der Beteil bei der Verwirklichg des Umggs. Hierzu soll das Ger offenb berecht sein, zusätzl u vielleicht der Vollstr vorgeschaltet bei den Part für die Dchführg der UmggsRegelg zu werben, sie entsprechd zu ermahnen u ggf weitere Anleitgen zu geben, die allerd auch schon unmittelb in der Konkretisierg der UmggsRegelg enthalten sein können. Die Vorschr steht damit im engen Zushg mit den Bestimmgen von FGG 52 u 52 a (vgl Rn 62).

C) Einschränkungen und Ausschließung des Umgangsrechts, IV. 42

a) Regelungsinhalte. 43

aa) Gegenstand von Einschränkung und Ausschluß, IV 1. Das FamG kann das UmggsR od den 44
Vollzug früh Entscheidgen über das UmggsR einschrken od modifizieren. – Wird das **Umgangsrecht** selbst 45
ausgeschl od eingeschrkt, beschneidet das FamG den Elt das ihnen nach § 1684 zustehde Recht, währd mit einer AO ggü UmggsBerecht iSv § 1685 das UmggsR als solches entfällt, weil eine von dessen Vorauss positiv die Feststellg der KiWohlDienlichk ist (vgl § 1685 Rn 9). Befindet sich das Ki in FamPfl u betrachtet es seine Elt als Einheit, kann der Umgg ggü beiden Elt ausgeschl w (Düss FamRZ **98**, 1460). Die Einschrkg kann wie beim beschützten Umgg (Rn 50) in inhaltl Beschrkgen bestehen od die Zeit betreffen, u bei dieser wiederum kann es sich um die Verkürzg der BesuchsZten selbst od um eine Aussetzg des Umggs für einige Zeit handeln. Die **Ausschließung** des persönl Umggs muß eine feste zeitl Begrenzg enth (Celle FamRZ **98**, 1458) u soll möglichst auf kurze Zt beschrkt w (Bambg ZfJ **96**, 194). Sie erfolgt auf Dauer od für eine kalendermäß genau best Zeit; zB Befristg des Ausschl auf 1 J bei großen Spanngen zw den Elt u abl Haltg des 9-jähr Ki (Bambg FamRZ **98**, 969); auf 2 J, wenn die Ablehng des Va dch das Ki auf der Beeinflussg dch die Mu beruht (Hamm FamRZ **96**, 361; vgl jetzt zum bl Ausschl des RegelgsVollzugs: Rn 46). Die Entsch muß klarstellen, ob ein zeitl begrenzter od ein dauernder Ausschl beabsicht ist (KG FamRZ **85**, 639). Ist die Ausschließg erfdl, genügt die bl Zurückweisg des RegelgsAntr nicht (KG FamRZ **80**, 399; aA Ffm FamRZ **95**, 1431). Die Ausschließg der UmggsBefugn enth kein korrespondierdes Verbot dem Ki ggü (Schlesw SchlHA **84**, 173). Liegt bereits ein wirks AusschlBeschl vor, ergeht die 2. Entsch gem § 1696 (BayObLG FamRZ **92**, 97).

bb) Das FamG kann sich ferner auch darauf beschrken, den **Vollzug früherer Entscheidungen** zum 46
UmggsR einzuschrken oder auszuschließen. Nach § 1634 II 2 aF war es ledigl mögl, das UmggsR selbst auszuschließen od einzuschrken. Der Ausschl od die Einschrkg der Vollstr einer umggsrechtl Entsch war gesetzl nicht vorgesehen, was als mißl in den Fällen angesehen wurde, in denen es in erster Linie am obstruktiven u illoyalen Verhalten des EltT, der Inhaber der elt Sorge war, lag, daß der Umgg dem Ki schadete. Für die Entziehg des UmggsR besteht in solchen Fällen kein Anlaß. Fand sich das Ger im Interesse des Ki gleichwohl dazu bereit, wurde dies von dem UmggsBerecht, der sich seiners nichts hatte zuschulden kommen lassen, regelm als tiefe Ungerechtigk empfunden. Das KindRG hat daraus die Konsequenz gezogen u sieht nunm die Beschrkg bl des Vollzugs der UmggsRegelg vor (BT-Drucks 13/4899 S 106).

cc) Gestufte Kindeswohlprüfung (Schwab/Wagenitz FamRZ **97**, 1381). 47

aaa) Ausschluß od Einschrkg des UmggsR selbst od seines Vollzugs nach gerichtl Regelg setzen voraus, daß 48
dies zum Wohl des Ki **erforderlich** ist, IV 1 (wg Einzelh unten Rn 52 ff), wobei im Ansatz nach § 1626 III 1 gerade umgek davon auszugehen ist, daß die Ausübg des UmggsR idR zum Wohl des Ki gehört (FamRefK/Rogner 20). – **bbb)** Sollen Ausschl oder Einschrkg des UmggsR aber **für längere Zeit oder auf Dauer** 49
erfolgen, sind sie nur zul, wenn andernf das **Wohl des Kindes gefährdet** wäre, **IV 2.** Das entspricht bereits der bish Rspr (vgl BVerfG FamRZ **71**, 421/25; BGH FamRZ **84**, 1084). Das UmggsR darf auf Dauer nur dann beschnitten w, wenn der Gefährdg des Ki dch eine bl Einschrkg des UmggsR u dessen sachgerechte Ausgestaltg nicht ausr vorgebeugt w kann (BGH FamRZ **80**, 131/32). Diese Rspr sollte mit der Regelg von IV 2 zum Gesetz w (BT-Drucks 13/8511 S 74). Was **längerfristig** ist, best sich relativ anhand der bish UmggsRegelg. Bei wöchentl Umgg ist ein Ausschl von mehreren Mo bereits längerfristig (FamRefK/Rogner 22).

dd) Beschützter oder begleiteter Umgang, IV 3 u 4 (Salzgeber FamRZ **99**, 975; Kreuznacht ZfJ **99**, 50
45). Im Interesse eines natürl unbefangenen Zusammenseins des UmggsBerecht mit dem Ki ist kein Raum für die AO, daß der SorgeBerecht bei dem Besuch des UmggsBerecht dabei ist; wohl aber hat man schon nach früh Recht immer wieder mit AOen sichergestellt, daß der Besuch eines Ki im Säuglingsalter nur in Anwesenh einer Pflegerin stattfand (vgl BayObLG JFG **5**, 76) od bei älteren Ki einer AufsichtsPers, insb des JA (Einf 27 v § 1626), wenn sonst das Wohl des Ki gefährdet wäre (Hamm NJW **67**, 446), stattfinden lassen; zB bei ansteckder Krankh; wenn das Ki unter Ängsten leidet, die der UmggsBerecht möglw mitverursacht hat (Hamm MDR **99**, 326); wenn nach der Persönlk des UmggsBerecht u seiner inneren Einstellg dem Ki ggü ihm nicht das Vertrauen entgggebracht w konnte, daß er ohne Beaufsichtigg den UmggsZweck wahren würde (KG HRR **27**, 1897). Nach IV 3 kann nun das FamG auch ex lege anordnen, daß der Umgg nur stattfinden darf, wenn ein mitwirkgsbereiter Dr anwesend ist. **Zweck:** Bei best Fallkonstellationen, zB bei nachgewiesenem (AG Kerpen FamRZ **98**, 254), doch auch bei unbewiesenem, aber nicht völlig fernliegdem Verdacht des sex Mißbr des Ki dch den UmggsBerecht od bei Gefahr einer KiEntziehg dch den UmggsBerecht läßt sich manchmal eine für die Beteil akzeptable Lösg finden, wenn das UmggsR nur in Ggwart eines Dritten stattfinden darf. Nach dem ErfdlkGrdsatz kommt damit ein völl Ausschl des Umggs nur noch in Betr, wenn ein in dieser Weise beschützter Umgg nicht ausreicht, das Wohl des Ki zu gewährleisten (BT-Drucks 13/4899 S 106). Äußert das Ki selbst den eindeut Wunsch nach Kontakt zum Va u schließt der Sachverst einen sex Mißbr in der Vergangenh mit an Sicherh grenzder Wahrscheinlk aus, kann der Umgg auch ohne Kontrolle Dritter zugelassen w (vgl Hamm FamRZ **98**, 256 zum früh Recht). Dch das Erfordern der **Mitwirkungsbe-** 51
reitschaft, IV 4, soll iü zum Ausdr gebracht w, daß der Dr nicht gg seinen Willen zur Anwesenh bei der Ausübg des UmggsR gezwungen w kann (FamRefK/Rogner 25). Das Ger muß sich vor seiner Entsch davon überzeugen, daß ein zur Mitwirkg bereiter Dr vorh ist (Ffm FamRZ **99**, 617). Als zur Mitwirkg bereite Dritte können im Einverständn der Beteiligten vorrangig (*arg:* „auch") priv Pers des Vertrauens der Elt wie Verwandte, aber auch Freunde, Nachbarn, Lehrer, Pfarrer sein, aber auch ein Träger der JugHilfe (vgl Einf 27 v § 1626), deren Mitarbeiter aGrd ihrer Sachkunde oft bes geeignet sein w, od ein Verein (vgl Celle

FamRZ **98**, 973: KiSchutzBund). Doch soll die Übernahme dieser Aufg auch bei JA wie Verein von deren MitwirkgsBereitsch abhängen u sie sollen selbst best, welche EinzelPers dann die Kontrollfunktion übernimmt (BT-Drucks 13/4899 S 106). Auf die Mitwirkg des JA besteht ein verwaltgsgerichtl dchsetzb RAnspr (FamRefK/Sonnenfeld SGB VIII 18 Rn 8 u 15).

52 **b) Gründe für den Ausschluß oder die Beschränkung des Umgangs, IV 1.** Das FamG kann verfassgsrechtl zul (BVerfG NJW **83**, 2491) den **Umgang zeitweise oder dauernd ausschließen** (Walter ZfJ **96**, 270). Entscheidd ist allein das **Kindeswohl.** Damit ist der Maßst weder aus § 1666 noch aus den trift, das KiWohl nachhaltig berührden Grden von § 1696 zu holen (and hins des letzteren AG Kerpen FamRZ **98**, 254; vgl zur stufenartigen Verschärfg der Maßst: § 1696 Rn 19 ff). Der Ausschl kommt nur als äußerste Maßn zur Abwendg einer konkr Gefährdg der körp od geist-seel Entwicklg des Ki u wenn keine and Mittel zum Schutze des Ki verfügb sind, was in der gerichtl Entsch nachvollziehb darzulegen ist (Kln FamRZ **97**, 1097), in Betr. Befinden sich die Ki in schw seel Konflikten (Verdacht der Vergewaltigg u schw Körperverl der Mu dch den Va, der für die Ki die eigtl BezugsPers ist), muß ein Sachverst hinzugez w (Zweibr FamRZ **99**, 1009). Daß die Besuchskontakte selbst zufriedenstelld verlaufen, ist kein Grd gg den Ausschl des BesuchsR (Hamm FamRZ **95**, 314). LitNachw u Darstellg der ggsätzl Auff (Konfliktbewältiggs- u UmggsVerzichtstheorie) bei Kühn DAV **84**, 582 f. Zu berücks ist, daß von Psychologen das UmggsR überh in Frage gestellt (Lempp NJW **63**, 1661) u iü ein uU häufigerer Ausschl des UmggsR, als es ggwärt Praxis entspricht, empfohlen w (Giesen NJW **72**, 225). Schwierigkten sind nicht per se AusschlGrde, sond Grd zu Anstrenggen, sie zu überwinden (Celle NJW-RR **90**, 1290). Der sorgeberecht EltT hat idR die Möglk, das Kind in seel Konflikte zu stürzen; das darf nicht dazu führen, daß er allein entsch, ob der and EltT das Ki sehen darf od nicht (Ffm FamRZ **84**, 614). Desh muß beiden Elt nachdrückl (evtl dch Empfehlg therapeutischer Maßn) klar gemacht w, daß der Konflikt, der zum Scheitern ihrer Ehe geführt h, auf keinen Fall in das Kind projiziert w darf. Dem Kinde ggü verdient der ehem Eheg nach wie vor Respekt; das Kind merkt bei der gebotenen Zurückhaltg selbst am schnellsten, wer von seinen beiden Elt es seel am meisten fördert. Der GesGeb hat diese psycholog
53 Gegebenhten in eine RechtsPfl zu wechselseit Loyalität umgemünzt, I 2 (vgl oben Rn 14). Desh keine Ausschließg des UmggsR nach Geiselnahme der Mu (Hamm FamRZ **97**, 1095) od allein der **Verfeindung der Eltern** wg (BayObLG **84**, 134; Hamm FamRZ **94**, 58; Bambg FamRZ **98**, 969) od weil der Umgg dem sorgeberecht EltT nervöse Beschwerden verursacht (Bambg FamRZ **84**, 507); wohl aber, wenn das BesuchsR nur dazu benutzt w, eigensinnige Mot zu verfolgen (Hamm FamRZ **97**, 693), das Ki dem SorgeBerecht zu entfremden od aus der PflegeFam herauszulösen (Stgt NJW **78**, 1593; Bambg FamRZ **93**, 726) od um Verhetzgen des Kindes gg den SorgeBerecht zu verhindern (Schlesw SchlHA **57**, 101). Vgl aber auch Rn 28. Ausschl des UmggsR, wenn der Berecht das R zu AuseinandSetzgen mit dem and EltT vor den darunter leidden Kindern benutzt (Stgt NJW **79**, 1168 L). Bei umgek Verhalten des SorgeBerecht ggü dem UmggsBerecht Maßn nach § 1666, im äußersten Fall Korrektur der SorgeREntsch (§§ 1671, 1696). IdR führen Spanngen zw den Elt allenf zu einer Beschrkg des UmggsR, zB auf 1 Besuch im Mo, trotz enger persönl Bindgen des Kindes zum UmggsBerecht (Heilbr Just **74**, 126); nicht selten wird sich aber auch die Umstellg der UmggsRegelg iS einer Konzentration nach Zeitblöcken (Rn 29) empfehlen. Bedenkl, bei Klein- u GrdSchulkindern das UmggsR generell auszuschließen, wenn die Elt ihre Scheidg innerl noch nicht bewältigt
54 haben (so Ravbg DAV **76**, 417). Solange Kind dadch nicht gefährdet w, auch keine Ausschließg, wenn die umggsberecht Mutter der **Prostitution** nachgeht (Brschw MDR **62**, 132) od der Vater in Strafhaft (Kln KindPrax **99**, 173) od **pädophil** ist (Hamm FamRZ **93**, 1233). Ausschl des Umgangs bei Gefahr **sexuellen Mißbrauchs** (Bambg NJW **94**, 1163; AG Kerpen FamRZ **98**, 254; vgl oben Rn 50), auch dch Ehem der umggsberecht Mu (Düss FamRZ **92**, 205). Aber nicht zwingd. Sätze wie der, der bl Verdacht sex Mißbr der Ki rechtfertige keinen Ausschl des UmggsR, sind mit Vorsicht zu zitieren, wenn der Umgg dann aus and Grden vom Gericht unterbunden wird (vgl zB Celle FamRZ **98**, 971/72); vielm ist der Tatverdacht gg die dch den Abbruch der Begnungen mögl Gefahren für das KiWohl abzuwägen (Stgt FamRZ **94**, 718; Bambg FamRZ **95**, 181; Ffm FamRZ **95**, 1432/**97**, 42 u 444 mA Schulze u Weychardt). Wg Einzelh vgl §§ 1666 Rn 28; 1671 Rn 16. In solchen Fällen ist immer an die Möglk eines von Dr beaufs sog behüteten Umgangs zu denken (Hbg FamRZ **96**, 422). Der sex Mißbr dch den Vater kann auch zum Ausschl des UmggsR der
55 GroßMu führen (AG Kln DAV **99**, 311). Bei **Alkoholismus** umggsberecht EltT (Salzgeber ua FuR **91**, 328) bzw **AIDS**-Infektion (Hamm NJW **89**, 2336; Ffm NJW **91**, 1554) od längerer **Freiheitsstrafe** des Umggs-
56 Berecht (Hamm FamRZ **80**, 481 L) nicht unbedingt Ausschl des UmggsR, wohl aber bei drohder **Kindesentführung** (Mü FamRZ **93**, 94; Celle FamRZ **96**, 364), wobei aber weniger einschneidde Maßn Vorrang haben (Karlsr FamRZ **96**, 424: keine Hinterlegg des Passes, aber Beschrkg des Umggs in räuml Hins). Der völl Ausschl des UmggsR ist nur in bes schweren Fällen gerechtf, also nicht schon bei trift, das KiWohl nachhalt berührden Grden (so aber Joh/Henr/Jaeger 34), sond erst bei einer konkr, ggwärt Gefährdg des KiWohls (Celle FamRZ **90**, 1026), wenn also keine and Mittel zum Schutz des Kindes vorh sind (Hamm FamRZ **66**, 317; sa Karlsr FamRZ **58**, 332), was das FamG verpflichtet, alle gegebenen Möglichken zu prüfen (Brschw MDR **62**, 132), zB ZusSein in Anwesenh Dritter (Celle ZBlJugR **62**, 56 u Rn 29). Das UmggsR besteht auch ggü dem **Säugling** (Celle FamRZ **90**, 1026; Hamm FamRZ **94**, 58) wie ggü dem **Kleinkind** (Stgt NJW **81**, 404), auch wenn es fremdelt (Bambg FamRZ **84**, 507). Ggü der Absicht des sorgeberecht EltT, das Ki störgsfrei **in eine neue Familie einzugliedern,** ist dem UmggsR der Vorrang eingeräumt (Stgt NJW **81**, 404). Eine dch Nichtausübg eingetretene **Entfremdung** rechtfertigt für sich noch nicht den zeitw od dauernden Ausschl des pers Umgangs (KG FamRZ **80**, 399; Hamm FamRZ **96**, 424: Behuts KontaktAufn), wohl aber das Bedürfn nach psych Stabilisierg ggü nehel Mutter (BayObLG FamRZ **82**, 958). Zur Problema-
57 tik eines an **Neurodermitis** leidden Ki KG FamRZ **89**, 656. Entzug des UmggsR auch bei Streit mit dem Heimpersonal (BayObLG FamRZ **94**, 1411). Kein AusschlGrd ist ein sich **anbahnendes Vater-Kind-Verhältnis** zum neuen Lebensgef der Mu (Karlsr FamRZ **99**, 184).

58 Dem nicht sorgeberecht EltT ist auch gg den Willen des SorgeBerecht u des Ki der Umgg in aller Regel zu gewähren (Ffm FamRZ **93**, 729). Ein dem Umgg **entgegenstehender Kindeswille** ist grdsl nur beachtl, wenn die Ablehng des UmggsBerecht dch das Ki auf tats Erlebn beruht (Celle FamRZ **98**, 1458); das Ger hat (nach Prfg der Bedeutg eines willenswidr Umggs für das Ki; Düss FamRZ **94**, 1277) **den Gründen** dafür dch

eig Anhörg des Kindes **nachzugehen** (BVerf-Ka NJW **93**, 2671; zur ält Rspr 52. Aufl; zur Anhörg Einf 10 vor § 1626). Der Umgg ist auszuschließen, wenn das Ki aGrd nicht verarbeiteter Vorgänge die dch Besuchskontakte entstehde Konfliktsituation nicht zu bewält vermag (Hamm NJWE-FER **99**, 235). Auf diese Weise muß ggf auch ein nicht billigensw Widerstd gg den Umgg mit dem schwer kranken Va im Ergebn hingen w (Hamm NJWE-FER **97**, 6). Ebso, wenn Ki trotz weitgehd ausgeräumtem Verdacht sex Mißbr auf einer von Mu u StiefVa beeinflußten stark abl Haltg ggü ihrem Va beharren (Celle FamRZ **98**, 971) od das Ki wg der elt Streitigk sich weiteren Begegngen nicht mehr gewachsen sieht (Bambg FamRZ **98**, 969), aber auch wenn das 15-jähr Ki in der festen Vorstellg lebt, der jetzige Ehem seiner sorgeberecht Mu u nicht der UmggsBerecht sei sein leibl Va (Bambg FamRZ **98**, 970). Gebetsmühlenh Wiederholen, den Va nie wiedersehen zu wollen, reicht für den auch nur zeitw Ausschl des Umggs dagg nicht aus (Hamm FamRZ **94**, 57). Es besteht für einen klar geäußerten KiWillen kein absoluter Vorrang (KG FamRZ **85**, 640 f; aA Knöpfel FamRZ **83**, 322; Luthin FamRZ **84**, 117; aA auch KG FamRZ **86**, 503 bei einem 10 jähr, wenn AnhaltsPkte für eine entspr Beeinflussg dch den sorgeberecht Vater nicht vorliegen). Zu der in diesem Zushg erforderl **Abwägung** zw dem PersR des Kindes u dem Interesse des um die Regelg nachsuchden EltT ausführl BGH FamRZ **80**, 131. So kann die tiefe Enttäuschg v den Elt ausschlaggebd sein (Bambg NJW-RR **94**, 390) od der Widerwille gg eine starre Besuchsregelg respektiert w (Düss FamRZ **79**, 857) od die Angst des Ki vor dem Aussehen seiner Mutter zum Ausschl des Umgg führen (BayObLG FamRZ **92**, 97) bzw vor den Annähergen des Va ggü 16 j Tochter (Jena FamRZ **96**, 359). Bei grdlosem Widerstand einer 15 jähr können die Besuche des Va auf 3 im J beschrkt w (Hamm FRES **3**, 27). Dem RegEntw, der mind dem 14 j Kind eine absolute EntschBefugn über den Umgg mit dem and EltT einräumen wollte (BT-Drucks 7/2060 S 24), ist die endgült Fassg des Ges zu Recht nicht gefolgt (BT-Drucks 8/2788 S 41 u 53). Ob das Kind selbst den and EltT besuchen will od nicht, darauf kommt es desh nicht ow an (BayObLG FamRZ **65**, 158); denn auch die Pflege der FamBande gehört (für das Kind oft noch nicht nachvollziehb) zum Wohl des Kindes (Strätz FamRZ **75**, 546; Diederichsen FamRZ **78**, 464). Der SorgeBerecht hat die Pfl, den Widerstand des Kindes zu überwinden u kraft seiner Autorität auf die Besuche hinzuwirken (Mü JFG **14**, 468), also dch erzieher Einwirkg das Kind zum Besuch zu veranl (Ffm FamRZ **66**, 258; Tüb DAV **74**, 193). Unterbindg des Umgangs, wenn die Weigerg des Ki auf Angst vor dem Vater beruht, der neurot geprägt ist u Mutter u Ki bereits geschlagen h (Karlsr ZBlJugR **80**, 292). Vgl iü zur Anhörg Einf 9–11 vor § 1626. Bei ernsth Gefahr von GesundhSchäden muß Umgg unterbunden w (Mannh NJW **72**, 950). Bei einem annähernd erwachsenen Kind w die UmggsRegelg dagg umgek auf die Wünsche des Kindes Rücks nehmen (Hamm FamRZ **65**, 83), insb erscheint Bejahg des UmggsR dann untunl, wenn das Kind nach seinem Entwicklgsstand zu einer selbständ Beurt fäh ist (KG FamRZ **79**, 448: 13 u 14 J) u sich aus guten Grden sträubt, den and EltT zu besuchen (LG Mü FamRZ **71**, 311), zB 13 j Mädchen, wenn umggsberecht Vater wg sex KindesMißbr vorbestraft ist (Ravbg DAV **75**, 243) od wenn im Ausl stationierter Vater (Koreaner) mit Hilfe des UmggsR seine inzw 12 u 9 jähr Ki überh erst kennen lernen will (Bambg FamRZ **89**, 890). Zur Abwägg bei Gef einer erneuten Entführg ins Ausl Hamm FamRZ **97**, 307. IjF muß der Versuch untern w, dem Kind (gleich welchen Alters) die getroffene Entsch plausibel zu machen. Die Ausübg des zugebilligten UmggsR geschieht unabh von einem evtl entggstehden KiWillen; bei entspr Kontaktverweigerg hat der SorgeBerecht dch seine Autorität den Widerstd des Ki zu überwinden (FamRZ **96**, 363). Erzwingg des Umggs gem FGG 33 (Rn 38). Zum Ausschl des BesuchsR **trotz Umgangsbereitschaft** des Ki AG Ibg FamRZ **88**, 537.

c) Die **Anordnungen,** die jederzeit abänderl sind, auch dch ein anderes, inzw zust gewordenes FamG (vgl KG JW **29**, 1752), sollen **möglichst konkret** sein (BGH FamRZ **94**, 158; Karlsr FamRZ **96**, 1092; and Spangenberg FamRZ **96**, 1058: nur in AusnFall); sie müssen vollst, vollziehb u vollstreckb sein (Rn 38), insb müssen sie genaue u erschöpfde Anweisgen über Zeit, Ort, Häufigk, Abholg, ggf Überwachg des Kindes (Rn 29) enth (Rn 20). Eine Regelg ist nicht schon desh zu unterl, weil für ihre Dchführg mit Schwierigk zu rechn ist (Karlsr FamRZ **90**, 901). Die **Ausschließung** des pers Umgangs soll möglichst auf kurze Zeit beschrkt w (Bambg ZfJ **96**, 194). Sie erfolgt für dauernd od für eine kalendermäß genau best Zeit; zB Befristg des Ausschl auf 2 J, wenn Ablehng des Va dch das Ki auf Beeinfl dch die Mu beruht (Hamm FamRZ **96**, 361). Die Entsch muß klarstellen, ob ein zeitl begrenzter od ein dauernder Ausschl beabsichtigt ist (KG FamRZ **85**, 639). Ist die Ausschl erfdl, genügt die bl Zurückweisg des RegelgsAntr nicht (KG FamRZ **80**, 399; aA Ffm FamRZ **95**, 1431). Die Ausschließg der UmggsBefugn enthält kein korrespondierendes Verbot den Ki ggü (Schlesw SchlHA **84**, 173). Liegt bereits ein wirks AusschlBeschl vor, ergeht die 2. Entsch gem § 1696 (BayObLG FamRZ **92**, 97). Mit der Ausführg der AOen kann auch das JA betraut w (SGB VIII 50 I 1). Die Regelg dch das FamG wirkt auch ggü **Dritten, II 1,** so daß bei Verstößen dagg, etwa wenn ausgeschloss Personen an dem Umgg teiln, nicht nur gg den UmggsBerecht, sond auch ggü den Dr selbst unmittelb mit ZwMaßn gem FGG 33 vorgegangen w kann (BT-Drucks 8/2788 S 55). 59

5) Wirtschaftliche Folgen des Umgangs. Hierbei ist zweierlei zu unterscheiden: Bei den **wirtschaftlichen Folgen** des Umggs ist zweierlei zu unterscheiden: **a)** Die **Kosten des Umgangs** (Fahrtkosten, Verpflegg) fallen regelm – auch bei gemeins SorgeR (Hamm FamRZ **95**, 1432) – dem UmggsBerecht zur Last (BGH NJW **95**, 717; ggf SozH: BVerwG NJW **96**, 1838); sie sind steuerl nicht nach EStG 33 I absetzb (BFH FamRZ **97**, 21) u führen im Verhältn zum unterhberecht Eheg grdsl nicht zu einer Minderg der LeistgsFhgk; doch kann iR der erfdl „ausgewogenen Lastenverteilg" der Unterh gekürzt w (BGH FamRZ **95**, 215/539 mit zu Recht krit Anm v Weychardt), jedenf bei weiten Entferngen (AG Brühl FamRZ **95**, 936), was insb dann gilt, wenn der UnterhBerecht den Grd für den außordtl hohen Aufwand selbst gesetzt h (Karlsr FamRZ **92**, 58: Umzug ins Ausl). An vertragl Vereinbgen über den Ersatz von Fahrtkosten sind die Elt nicht gebunden (Zweibr FuR **99**, 21). Zur Auslegg einer ScheidgsVereinbg über die Kosten von „Holen u Bringen" des Ki, die dch Neuverheiratg u Wegzug der Mu überholt ist, vgl Zweibr FamRZ **98**, 975. – **b)** Im übr aber berechtigt die Ausübg des UmggsR **nicht** zu einer **Kürzung des Kindesunterhalts,** weil die dch Besuche beim UmggsBerecht gemachten Ersparn bereits in der Düss Tab berücks s (Karlsr FamRZ **82**, 1111). Also keine Kürzg bei FerienAufenth iR des BesuchsR (BGH NJW **84**, 2826). Keine Ändg des UnterhTitels (KG FamRZ **79**, 327). Erst wenn das Ki längere Zt außerh des BesuchsR beim nichtsorgeberecht EltT verbleibt (zB rd 1/4 od sogar 40% des J), dann allerd entspr Kürzg des KiUnterh (vgl Hbg DAV **83**, 666;

(Rn 60 beside "wirtschaft-" line; Rn 61 beside "– b) Im übr aber" line)

Hamm FamRZ **94**, 529). Dem sorgeberecht EltT bleibt auch dann zur Tragg der fixen Kost mind 1/3 des KiUnterh (vgl Karlsr FamRZ **79**, 327).

62 **6) Verfahrensrecht.** Vgl Einf 5 ff v § 1626. **a)** Unzul ist die Delegation der UmggsRegelg an das JA (Saarbr DAV **96**, 277). Das FamG hat auf eine einvernehml Regelg hinzuwirken (FGG 52). Iü darf es sich nicht auf die Ablehng einer gerichtl Regelg beschrken, es sei denn der Antr wurde zurückgenommen (Jena FamRZ **96**, 359), sond muß eine konkr Regelg treffen, die allerd nicht in der AO einer FamTherapie
63 bestehen darf (BGH NJW **94**, 312). – **b)** Mit der **Ausführung der Umgangsregelung** kann das JA betraut w (Einf 17 v § 1626); auch ist die Bestellg eines Pfl ggf unter entspr Einschr des AufentBestR des Sorgeberecht zul (Bambg FamRZ **85**, 1175; AG Rosenheim DAV **87**, 144). Macht ein EltT geltd, daß der and EltT die Dchführg der gerichtl UmggsRegelg vereitelt od erschwert, so sieht FGG 52 a ein gerichtl VermittlgsVerf vor (Büttner FamRZ **98**, 589). In Fällen des UmggsBoykotts u der UmggsSabotage dch den sorgeberecht EltT sollten die Ger „vermehrt auch einen Sorgewechsel als Sanktion ins Auge fassen" (FamRefK/Rogner 31; vgl auch Prinz zu Wied FuR **98**, 193; Rauscher FamRZ **98**, 340).

64 **c) Vollstreckung** der UmggsRegelg, auch einer vom Ger gebilligten Vereinbg der Beteil (Kln FamRZ **98**, 961; Hamm FamRZ **99**, 1095), erfolgt gem FGG 33 I 1 dch Festsetzg von Zwangsgeld ggü dem sorgeberecht wie ggü dem umggsberecht od -pflicht EltT od einem Dr. Vorauss ist eine betragsmäß wenigstens unrrissene Androhg (BGH FamRZ **73**, 622). Die Androhg ist unzul, wenn ein VermittlgsVerf nach FGG 52 a beantr ist (Zweibr DAV **99**, 783). Vollstreckb sind nur konkr Verpflichtgen zum Tun u Unterlassen, so daß das Ger eindeut Ge- u Verbote ausgesprochen haben muß (Düss FamRZ **98**, 838) hins Art, Ort u Zt (Brdbg FamRZ **95**, 484), es sei denn, das Ger hat ledigl einen Vorschl der Elt gebill (Kblz FamRZ **96**, 560). Vorauss ist ferner ein vom Ger festzustelldes schuldh Verhalten (Celle FamRZ **98**, 1130 mwN), das nicht schon dann entf, wenn sich das Ki weigert, mit dem UmggsBerecht zu gehen (Celle FamRZ **99**, 173). Das Zwangsgeld darf nur festgesetzt w, wenn die UmggsRegelg auch künft gesichert w muß (Karlsr NJW-RR **98**, 939). Auf Grd bes Vfg des Ger kann gg den VollstrSchuldn auch **Gewalt** gebraucht w (FGG 33 II 1). Doch ist eine GewaltAnwendg **gegen das Kind** zu dessen Herausg zZw der Vollstr des UmggsR nach der vom KindRG eingefügten Best FGG 33 II 2 **unzulässig.** Beugemittel scheiden aus, wenn der EltT der AO von sich aus nachkommt od sol das UmggsR ausgeschl ist (Ffm FamRZ **83**, 217) bzw wenn rechtzeitig ein entsprechder AbändAntr vorliegt (Düss FamRZ **93**, 1349)

1685 *Umgangsrecht anderer Bezugspersonen.* **I Großeltern und Geschwister haben ein Recht auf Umgang mit dem Kind, wenn dieser dem Wohl des Kindes dient.**

II Gleiches gilt für den Ehegatten oder früheren Ehegatten eines Elternteils, der mit dem Kind längere Zeit in häuslicher Gemeinschaft gelebt hat, und für Personen, bei denen das Kind längere Zeit in Familienpflege war.

III § 1684 Abs. 2 bis 4 gilt entsprechend.

1 **1) Allgemeines** (Lit: Rauscher FamRZ **98**, 336). **a)** Die Vorschr enth eine abschl Aufzählg der auß den Elt umggsberecht Dritten. Für solche Pers ohne eig UmggsR kann der Umgg aber dch Maßn nach § 1666 ermögl w (Zweibr FamRZ **99**, 1161). Die Vorschr ergänzt § 1626 III, insof dem Umgang des Ki mit seinen BezugsPers dort konstitutiver Charakter für das KiWohl bestät wird u damit ungerechtfert Einschrkgen das FamG zum Einschreiten veranlassen können. Demggü wird in der vorliegden Best der Umgang aus der Sicht
2 der BezugsPers zu deren subj Recht ausgestaltet. – **b) Feststellung des Umgangsrechts.** Über die Zubilligg eines UmggsR wird ggf iR eines FGG-Verf entschieden, wenn einer der Beteil den Umgang begehrt. Iü genügt eine Anregg bei dem zust Gericht, ein entsprechdes UmggsR zu prüfen u zuzubilligen. Die Anregg braucht nicht vom UmggsBerecht selbst zu kommen; sie kann etwa auch von einem EltT ausgehen, wenn der and EltT zB gg den Umgang des Ki mit den GroßElt Einwendgen erhebt. In einem solchen Fall kann der EltT, der den Umgang des Ki mit der dr Pers wünscht, auch den Weg über § 1628 wählen, was jedoch voraussetzt, daß dieser EltT Mitinhaber der elt Sorge ist u einen förml Antr stellt (BT-Drucks 13/4899 S 107). Zum Schutz des Ki gg konkurrierde UmggsR verschiedener Dritter: Rauscher FamRZ **98**, 337.

3 **2) Umgangsberechtigung von Bezugspersonen, II, III.**

4 **a) Berechtigung.** Die Vorschr erweitern den Kreis der UmggsBerecht von den in § 1684 behandelten Elt auf BezugsPers, die dem Ki üblicherw bes nahestehen. Dazu gehören nach I GroßElt u Geschw sowie nach II StiefElt u mit dem Ki länger in häusl Gemsch verbundene PflegeElt. Diese Pers haben ein eig UmggsR, dem allerd **keine Umgangspflicht** korrespondiert, ebsowenig wie das Ki seiners ein Recht auf diesen Umgang hat, obwohl es im SorgeR doch entscheidd immer wieder auf sein Wohl ankommt (zur KiBerechtigg vgl Lipp FamRZ **98**, 75). Dem Recht des Ki wird vom Ges vielm dadch Rechng getragen, daß die NichtBerücks berecht UmggsWünsche mit dr Pers ggf zu entsprechden Maßn des FamG führt (§ 1626 Rn 29).

5 **b) Umgangsberechtigte.** In Anbetracht der Stärkg des UmggsR des Va eines Ki, mit dessen Mu er weder bei der Geburt noch später verh war, hat es der GesGeber als naheliegd angesehen, auch nichtelterl BezugsPers des Ki künft nicht mehr völlig vom UmggsR auszuschließen, weil rechtstatsächl Untersuchgen gezeigt haben, daß ne Ki häufiger als mit dem Va mit and BezugsPers wie Geschw od and Verwandten der Mu zusleben. Um eine starke Ausweitg von UmggsStreitigkten zu verhindern, soll das UmggsR anderers auf BezugsPers, die dem Ki üblicherw bes nahestehen, begrenzt w (BT-Drucks 13/4899 S 106 f). Da es beim UmggsR aber nach dem KiWohl geht u dieses üblicherw individuell bestimmt wird, mag man bezweifeln, daß die vom GesGeber gewählte tatbestdl Begrenzg plausibel ist. Denn daß sich selbst nächste Verwandte als BezugsPers noch dch das KiWohl legitimieren müssen, zeigt, daß es gar nicht auf die Verwandtsch, sond entscheidd auf das KiWohl ankommt. Umgek sind selbst engste BezugsPers des Ki trotz uU dringlichster Empfehlg dch das KiWohl vom UmggsR nach § 1685 ausgeschl u muß die Entsch des Ges dann doch sofort dch Rückgr des FamGauf § 1666 korrigiert w (vgl § 1626 Rn 29).

aa) Verwandte, I. Zum Begriff vgl Einf 1 v § 1589. Für das UmggsR der Verwandten kommt es im Ggsatz nicht darauf an, daß das Ki mit ihnen in häusl Gemsch gelebt hat. Bei den **Großeltern** (denen noch unmittelb vor Inkrafttr des KindRG ein eigenständ UmggsR verweigert wurde; Kln FamRZ **98**, 695; vgl auch Ffm NJW-RR **98**, 937) spielt es keine Rolle, ob deren Ehe noch besteht, währd jeweils neuen Eheg eines GroßEltT kein eig UmggsR zusteht, auch wenn sie das Ki lange kennen u ihm bes nahestehen. Hat das Ki allerd längere Zeit bei dem GroßEltT gelebt, dürfte einer Analogie zu II nichts im Wege stehen. **Geschwister** sind die vollbürtigen wie die halbbürt (Einf 1 v § 1589), leibl wie dch Adoption hinzugewonnene. Das Ges hat die Berechtigg auf GroßElt u Geschw begrenzt. Es erstreckt sich nicht auf UrgroßElt, Vettern, Cousinen u noch entferntere Verwandte. Doch kann sich eine Verpfl der Elt, den Umgang von ihnen mit dem Ki zu dulden od sogar zu fördern, wie bisher aus § 1666 ergeben (vgl § 1626 Rn 29). 6

bb) Nichtverwandte, II. UmggsBerecht sind in erster Linie **Ehegatten oder frühere Ehegatten eines Elternteils,** womit StiefElt gemeint sind (vgl BT-Drucks 13/4899 S 107). Dabei ist es unerhebl, ob der EltT sorgeberecht ist od seiners auch nur umgangsberecht. Bei Eheg ist daran zu denken, daß das Ki mit dem sorgeberecht EltT in dessen neuer Ehe gelebt hat u es dch Übertragg des SorgR auf den and EltT aus der bish Umgebg gerissen w. Das Ki behält zu dem bisher SorgeBerecht ein UmggsR über § 1684 u soll es zum StiefEltT nach § 1685 behalten. Dasselbe gilt, wenn die StiefElt sich trennen. Ab Scheidg ist dann der StiefEltT als früh Eheg umgangsberecht. Angesichts der aus der Sicht des KiWohls sonst als zwingd behandelten sorgerechtl Gleichstellg von Elt, die miteinand verh sind od waren, u solchen, die dies nicht sind (vgl § 1626 Rn 12), versteht man nicht recht, warum der früh **Lebenspartner** des EltT, mit dem zus das Ki längere Zeit in häusl Gemsch gelegt hat (vgl Einf 14 v § 1296) u an dem das Ki ebenf sehr hängen mag, vom Umgang ausgeschl sein soll. Auch wenn ihm nach II keine UmggsBerechtigg zusteht, wird man den Umgg, wenn er denn dem KiWohl dient, auch wiederum nur über § 1666 ermögl müssen (vgl § 1626 Rn 29). UmggsBerecht sind schließl Pers, bei denen das Ki längere Zeit in **Familienpflege** war: Vgl Einf 42 v § 1626; § 1632 IV. Unter Pers, „bei denen" das Ki längere Zeit in FamPflege war, wird man, um den Ggsatz zu den umggsberechtiggsfäh Verwandten nicht allzu groß werden zu lassen, nur die PflegeElt verstehen dürfen. Die neLebGemsch des sorgeberecht EltT ist keine FamPflege, so daß dem LebPartner nach Trenng von dem EltT kein BesuchsR zusteht (Bambg FamRZ **99**, 810). – Das UmggsR der in II genannten Pers hängt – abgesehen 8 vom KiWohl – davon ab, daß das Ki mit dem StiefEltT **längere Zeit in häuslicher Gemeinschaft** gelebt bzw daß sich das Ki bei den PflegeElt längere Zeit in FamPflege befunden hat. 7

c) Kindeswohldienlichkeit. aa) Dieses Erfordern gilt für das UmggsR sowohl von Verwandten (I) als 9 auch von Nichtverwandten (*arg:* „Gleiches gilt" in II). Für das UmggsR anderer BezugsPers wird iGgs zu den Elt (vgl § 1626 III 1) nicht vermutet, daß der Umgang mit ihnen idR zum Wohl des Ki gehört. Bei GroßElt, Geschw, Stief- u PflegeElt hängt das UmggsR vielm von dem positiven Nachw ab, daß der Umgg mit ihnen jeweils dem Wohl des Ki dient. Nach § 1626 III 2 gehört zum KiWohl auch sein Umgg mit BezugsPers, dessen Aufrechterhaltg für seine Entwicklg förderl ist. Abgesehen davon, daß der Kreis der BezugsPers in dieser Vorschr weiter ist als in § 1685 u es in § 1626 III darum geht, was die Elt iR ihrer ErziehgsVerantwortg zu berücks haben, währd § 1685 die Entstehg einer subj UmggsBerechtigg der BezugsPers begründet, sind **bb) Förderlichkeit und Dienlichkeit** für das KiWohl begriffl kaum ernstl zu unterscheiden. Die NichtBe- 10 rücks der UmggsInteressen des Ki dch die Elt od den sonst SorgeBerecht führt ggf zu Maßn des FamG nach § 1666 (vgl ie u mit RsprNachw: § 1626 Rn 29).

3) Verweisungen, III. Es gelten die Vorschr von § 1684 II–IV entsprechd, näml zur UmggsLoyalität: 11 § 1684 II (vgl dort Rn 12); zur Umfangs- u AusübgsRegelg dch das FamG: § 1684 III 1 (dort Rn 20); zur Einschrkg des UmggsR bzw des Vollzugs früh Entscheidgen dch das FamG: § 1684 IV 1 (dort Rn 44); zum beschützten Umgang: § 1684 IV 3 u 4 (dort Rn 50); zu ZusatzAnOen zur UmggsLoyalität der Elt, denen dch die Verweisg nunmehr auch die and BezugsPers unterworfen w: § 1684 II iVm III 2 (vgl dort Rn 39 ff) u ggü Dritten: § 1684 III 1 (dort Rn 38), wie schließl auch hins der zeitl Schranken von § 1684 IV 2 (dort Rn 49).

1686

Auskunftsanspruch. **JederElternteil kann vom anderen Elternteil bei berechtigtem Interesse Auskunft über die persönlichen Verhältnisse des Kindes verlangen, soweit dies dem Wohl des Kindes nicht widerspricht. Über Streitigkeiten entscheidet das Familiengericht.**

1) Recht auf Auskunft (Lit: Oelkers NJW **95**, 1335; Rauscher FamRZ **98**, 338). Es steht entgg 1 § 1634 III aF jedem EltT zu. Es soll nicht bl einen Ausgl für die Einschrkg od den Ausschl des UmggsR schaffen, sond kann nach der Neufassg sogar neben dem UmggR u ganz unabh von ihm geltd gemacht w. Eine kumulative Geltdmachg kommt etwa in Betr, wenn es um die Kenntn von Umstden geht, deren Kenntn erfdl ist, um das UmggsR wahrnehmen zu können, ohne das Ki zu gefährden; also bspw hins Allergien od der Einhaltg best medizin Maßn, Impfgen usw währd eines FerienAufenth des Ki beim UmggsBerecht. Verstärkt besteht ein solches AuskInteresse bei KleinKi (Zweibr FamRZ **90**, 779). Seiner **Rechtsnatur** nach handelt es 2 sich beim AuskR um einen Anspr, dem eine echte LeistgsPfl des auskpflicht EltT entspricht (Hamm FamRZ **95**, 1288). Ein ZurückbehaltgsR scheidet aus der Natur der Sache u wg des Interesses an einer aktuellen Ausk regelm aus (vgl § 273 Rn 2).

2) Voraussetzungen, S 1. a) Auskunftsberechtigt ist jeder EltT. Ob die Elt miteinand verh sind od 3 waren, spielt ebsowenig eine Rolle wie die Frage, wer von den AuskParteien SorgeBerecht ist. Ein Ausk-Anspr kann sogar bei gemeins Sorge der Elt gegeben sein, insb zG desj, der das Ki nicht in Obhut hat (BT-Drucks 13/4899 S 107). Die Beschrkg der Berechtigg zur Ausk ist zum Schutz des AuskPflicht angebracht; doch wird man auch UmggsBerecht nach § 1685 in gewissen Situationen einen AuskAnspr gewähren müssen. – **b) Auskunftsverpflichtet** ist der and EltT, idR derj, der das Ki in Obhut hat. Es kann aber auch 4 der UmggsBerecht auskpflicht sein, zB wenn das Ki beim letzten Besuch krank geworden ist, einen Unfall

erlitten hat usw u der sorgeberecht EltT wissen muß, welche med Maßn bereits getroffen w od fortzusetzen sind, um SchadErsAnspr gg den Schädiger geltd zu machen usw. Da die Ausk auch dch MittelsPers erteilt w kann (JA, RA, GroßElt usw), ist es für die Verpfl unerhebl, wenn der AuskVerpfl jegl Kontakt mit dem and
5 EltT ablehnt (Kln FamRZ **97**, 111). – **c) Berechtigtes Interesse.** Es ist gegeben, wenn der EltT keine Möglk hat, sich über den AuskGgst auf and Art zu unterrichten (BayObLG FamRZ **96**, 813). Das Interesse muß ggwärt sein (Hamm FamRZ **95**, 1288). Ein Interesse an der Ausk ist zu bejahen, wenn der persönl Umgg mit dem Ki etwa wg Beschrkg auf die Ferien od bei berufsbdgten längeren AuslAufenth des UmggsBerecht so selten ist, daß der Zweck des UmggsR (§ 1684 Rn 9) ohne die Ausk nicht mehr hinreichd erfüllt wäre; ferner wenn das Ki inf seines Alters od weil ihm die erfdl Kenntn fehlen, die Ausk nicht geben kann, was insb bei Krankh der Fall sein kann (Zweibr FamRZ **90**, 779); schließl wenn das Ki
6 den pers wie briefl Kontakt ablehnt. – **d) Kindeswohl.** In der Änd der Formulierg ggü § 1634 III 1 aF (die Ausk darf dem KiWohl nicht widerspr statt daß sie „mit dem Wohl des Ki vereinb" ist) liegt keine Änd des Maßst (vgl BayObLG FamRZ **93**, 1486). Das Wohl des Ki soll das AuskR nur begrenzen, nicht Maßst für die Gewährg der Ausk sein (BT-Drucks 13/4899 S 107). Mit der negativen KiWohlPrüfg soll also im Grde ledigl einem Mißbr des AuskR vorgebeugt w (vgl BayObLG FamRZ **96**, 813), etwa wenn versucht wird, mit seiner Hilfe den Aufenth des Ki herauszubekommen. Widerspricht das Ki der Erteilg der Ausk, so kann dem iR der KiWohlPrüfg Rechng getragen w (vgl auch § 1626 II). Gg den Willen des fast vollj Ki kann der PersSorgeBerecht nicht verpfl w, über Arztbesuche, gesellschaftl od polit Engagement bzw freundschaftl od verwandtschaftl Kontakte des Jugendl Ausk zu erteilen (AG Hbg FamRZ **90**, 1382). Dagg steht das Interesse an der Eingliederg des Ki in die StiefFam einer AuskErteilg in aller Regel nicht entgg (BT-Drucks 8/2788 S 55).

7 **3) Inhalt der Auskunft.** – **a)** Ihrem Ggstd nach kann nur Ausk über die **persönlichen Verhältnisse des Kindes** verlangt w. Das sind alle für das Befinden u die Entwicklg des Ki wesentl Umstde, die der auskberecht EltT insb, wenn die Ausk an sein UmggsR anknüpft, erfahren darf u soll (BayObLG FamRZ **93**, 1487). Keine Begrenzg also auf schulische od berufl Belange od Probl bei der Erz (LG Karlsr FamRZ **83**, 1160). Höchstpersönl Angelegenh des heranwachsden Ki, in denen der Jugendl allein entsch darf, sind dagg nicht AuskGgstd
8 (Hamm FamRZ **95**, 1288; sa Rn 6). – **b) Umfang.** Wie ausführl die Ausk sein muß, richtet sich nach den Umstden. Bisweilen bestehen NebenleistgsPfl wie die Verpfl zur Vorlage von Kopien von SchulZeugn od Überlassg von Fotografien von dem Ki (BayObLG FamRZ **83**, 1169; **93**, 1487; **96**, 813); dagg nicht von Belegen über ärztl Untersuchgen (Zweibr FamRZ **90**, 779). Ist der Umgg vom FamG gem § 1684 ausgeschl w, besteht auch kein Anspr auf Mitteilg einer telefon GeheimNr (Düss FamRZ **97**, 46 mA Sarres). Zur Erteilg
9 von **Einwilligungen**: § 1684 Rn 26. – **c) Häufigkeit.** Der konkr Anlaß entscheidet. Die Mitteilg des Ergebn einer Prüfg beschrkt die Ausk auf eine einmalige Leistg. Wiederholte Ausk in angem ZtAbständen ist jedoch bei Informationen über einen HeilgsVerlauf od Fortschritte in einer bspw von dem AuskBerecht finanzierten MusikAusbildg angebracht (vgl BayObLG FamRZ **96**, 813).

10 **4) Verfahrensrecht.** Über Streitigkten hins Bestehens, Umfangs od Häufigk des AuskAnspr entsch das FamG, **S 2,** dch den Rpfl (RPflG 3 Nr 2 a, 14 I Nr 16). Anhörg des JA nicht erfdl (vgl FGG 49 a).

1687 ***Entscheidungsrecht bei gemeinsamer elterlicher Sorge getrennt lebender Eltern.*** **I Leben Eltern, denen die elterliche Sorge gemeinsam zusteht, nicht nur vorübergehend getrennt, so ist bei Entscheidungen in Angelegenheiten, deren Regelung für das Kind von erheblicher Bedeutung ist, ihr gegenseitiges Einvernehmen erforderlich. Der Elternteil, bei dem sich das Kind mit Einwilligung des anderen Elternteils oder auf Grund einer gerichtlichen Entscheidung gewöhnlich aufhält, hat die Befugnis zur alleinigen Entscheidung in Angelegenheiten des täglichen Lebens. Entscheidungen in Angelegenheiten des täglichen Lebens sind in der Regel solche, die häufig vorkommen und die keine schwer abzuändernden Auswirkungen auf die Entwicklung des Kindes haben. Solange sich das Kind mit Einwilligung dieses Elternteils oder auf Grund einer gerichtlichen Entscheidung bei dem anderen Elternteil aufhält, hat dieser die Befugnis zur alleinigen Entscheidung in Angelegenheiten der tatsächlichen Betreuung. § 1629 Abs. 1 Satz 4 und § 1684 Abs. 2 Satz 1 gelten entsprechend.**

II Das Familiengericht kann die Befugnisse nach Absatz 1 Satz 2 und 4 einschränken oder ausschließen, wenn dies zum Wohl des Kindes erforderlich ist.

1 **1) Grundsätzliches.** § 1687 wird auch auf bereits vor dem 1. 7. 98 geregelte SorgeRVerhältn mit gemeins elt Sorge angewendet (Brdbg NJWE-FER **98**, 223).

2 **a) Das Regelungsproblem.** Die dch Art 1 Nr 24 KindRG eingefügte Vorschr regelt das EntscheidgsR von Elt, denen zwar die elt Sorge gemeins zusteht, die aber dauernd getrennt leben u deren Gemeinsamkten insb in der Vorbereitg u in dem Treffen gemeins Entscheidgen naturgem begrenzt sind. Die Vorschr gibt in I eine gesetzl Regelg u flankiert sie dch die Ermächtigg des FamG zu individuellen Regelgen in II, die sich aber wiederum auch nur auf einen Teil der EntscheidgsR der Elt beziehen. Das HauptProbl für eine gesetzl Regelg ergab sich daraus, daß Elt, die dauernd getrennt leben, kaum Neigg, Zeit u Gelegenh zu dem für die Ausübg der gemeins Sorge erfdl persönl Kontakt finden u desh in der Mehrzahl der Fälle auch das notw Einverständn untereinand nicht zustande bringen, so daß bald der eine EltT in der Suche nach mehr Gemeinsamk, bald der andere dch die davon ausgehden Störgen frustriert wird. Der GesGeber hat die Lösg dieses Dilemmas in einer Aufteilg der EntscheidgsFälle gefunden: In Angelegenh von erhebl Bedeutg bleibt es beim Erfordern des ggseit Einvernehmens, I 1; in Angelegenh des tägl Lebens, die das Ges in I 3 definiert, entsch der EltT, bei dem sich das Ki gewöhnl aufhält, allein, I 2. Hält sich das Ki mit Einwillig dieses EltT od aGrd einer gerichtl Entscheidg bei dem and EltT auf, entsch dieser in Angelegenh tats Betreuung allein, I 4, wobei das FamG diese Befugn bei Erforderlk für das Wohl des Ki einschrken oder ausschließen kann, II.

b) Zweck: Die Vorschr dient der Ausgestaltg der gemeins elt Sorge nach Trenng u Scheidg der Elt u soll vor allem einen praktikablen Kompromiß finden, um dem Ki mit dem rechtl Band der gemeins Sorge beide Elt zu erhalten u die gemeins Sorge zugleich möglichst konfliktfrei funktionieren zu lassen. Dazu hat der GesGeber innerh der fortgesetzten u für Angelegenh von erhebl Bedeutg auch (abgesehen von einem NotvertretungsR) uneingeschrkt fortbestehden gemeins Sorge ein abgestuftes System von AlleinEntscheidgs- u VertretgsErmächtiggen geschaffen, das drei Anfordergen genügen soll: (1) Es soll gewährl, daß der EltT, bei dem das Ki lebt, sich nicht ständigen AuseinandS mit dem and EltT über Detailfragen ausgesetzt sieht. (2) Die konfliktvermindernde AlleinEntscheidgsBefugn soll anderers nicht so weit gehen, daß die gemeins elt Sorge zu einer leern Hülse wird. (3) Der Umfang der AlleinEntscheidgsBefugn soll möglichst klar geregelt w (vgl BT-Drucks 13/8511 S 67; Joh/Henr/Jaeger 1). 3

c) Unterscheidung zwischen Angelegenheiten des täglichen Lebens und von erheblicher Bedeutung (vgl I 1 u 2). Diese Unterscheidg ist von zentraler Bedeutg. Sie bezieht sich sowohl auf Angelegenh der PersSorge wie auf solche der VermSorge. Unterschieden wird quer dazu zw Angelegenh des tägl Lebens u solchen von erhebl Bedeutg, indem in der Alltagssorge AlleinEntscheidgen eines EltT mögl sind, währd in Angelegenh von erhebl Bedeutg die Elt bei ihren Entscheidgen einvernehml handeln müssen. Eine klare begriffl Abgrenzg der beiden Bereiche ist nicht mögl (vgl Schwab/Wagenitz FamRZ **97**, 1380; aA Greßmann Rn 252: keine „Grauzonen"). Überdies ist auch zu berücks, daß in der Erziehg eines Ki u insb von Heranwachsden fast unversehens prakt jedes EntscheidgsProbl schnell aus dem Bereich der Alltagssorge in den Bereich des Grundsätzl umschlagen u eben von erhebl Bedeutg für das Ki werden kann. Dementspr sind für die **Konflikte zwischen den Eltern** zwei Situationen zu unterscheiden: (1) Einmal geht es um die abstrakte u obj Einstufg einer Angelegenh als alltägl od von erhebl Bedeutg, wobei zum andern (2) schon die erhebl Bedeutg „für das Ki" ggf eine vollständ Individualisierg u damit Subjektivierg herbeiführen kann. Ließe man letzteres zu, würde das Ki es schnell heraushaben u hätte sogar eine gesetzl Handhabe, die Elt in jedem Konflikt mit dem betreuenden EltT ggeinand auszuspielen, u der Versuch des GesGebers, dch eine einleuchtde Unterscheidg zu einer klaren Abgrenzg der Kompetenzen innerh der gemeins Sorge zu gelangen, wäre prakt gescheitert. Desh müssen für die Abgrenzg der Angelegenh der Alltagssorge von denen erhebl Bedeutg im Prinzip ausschließlich objektive Kriterien herangezogen w. Auch was „für das Ki" von erhebl Bedeutg ist, darf sich dann nicht nach dessen subj Einschätzg richten, sond muß nach den Maßst der gesetzl Regelgen des SorgeR u den von den Elt gemeins entwickelten u getragenen ErziehgsVorstellgen entschieden w. Ein Konflikt zw den Elt, der nach § 1628 vom FamG zu entscheiden ist, kann daher nur über die Qualifizierg einer best Angelegenh als solche von I 1 od von I 2 entstehen (FamRefK/Rogner 20). 4

d) Regelungsübersicht: RegelgsGgstd sind Elt, denen die elt Sorge gemeins zusteht u die nicht nur vorübergehd getrennt leben, also typischerweise nach der Auflösg einer ne LebGemsch bzw Trenng oder Scheidg von Ehel jeweils unter Beibehaltg der gemeins elt Sorge (vgl § 1626 Rn 12). I 1 bestätigt die Notwendigk gemeins Entsch der Elt in Angelegenh von erhebl Bedeutg. I 2 u I 4 begründen die alleinige Verantwortg eines EltT für die in I 3 dann definierten Angelegenh des tägl Lebens, u zwar für den EltT, bei dem sich das Ki gewöhnl aufhält (I 2), bzw für den and EltT, sol das Ki sich mit Einwilligg des EltT od aGrd einer gerichtl Entsch bei diesem aufhält (I 4). Bei gemeins EntscheidgsR wie bei der AlleinEntsch in Angelegenh des tägl Lebens bleibt jedem EltT das NotvertretgsR von § 1629 I 4, ebso wie zw den Elt die zum UmggsR entwickelten LoyalitätsVerpflichtgen von § 1684 II 1 gelten, I 5. Das FamG kann die aus I 2 u 4 sich ergebden Befugn zur AlleinEntsch jederZt zum Wohl des Ki einschrken oder ausschließen, II. 5

e) Dispositivität. Zur GestaltgsFreih der elt Vertretg vgl bereits § 1629 Rn 8 ff. Elt mit gemeins SorgeR, die aber getrennt voneinand leben, stehen versch Modelle für die Bt des Ki zVfg (vgl Oelkers ua FamRZ **94**, 1082; Joh/Henr/Jaeger 7). Die Vorschr des § 1687 I 2 beschreibt das Residenz- od EingliedergsModell, wonach das Ki gewöhnl bei einem EltT lebt, von dem es auch betreut wird, nähert sich aber in I 4 (soweit damit nicht nur dem Umgg des Ki mit dem and EltT iR des periodischen Umggs Rechng getragen w soll) dem Wechsel- od Nestmodell an, bei welchem das Ki abwechselnd in ungefähr gleichlangen Phasen in den jeweiligen Haushalten beid Elt wohnt, wo es auch ein voll eingerichtetes eig KiZimmer hat usw. Zweifellos können die Elt iR der ihnen von der elt Sorge eingeräumten GestaltgsFreiheit auch nach dem Funktionsmodell leben, wonach die Elt die versch Bt- u ErziehgsAufg sachl untereinand aufteilen. Einschrkgen vS des Staats gibt es erst, wenn die Grenzen von § 1666 überschritten sind (vgl Joh/Henr/Jaeger 11 m weiteren Differenziergen). 6

2) Einvernehmen der Eltern in Angelegenheiten von erheblicher Bedeutung, I 1. Währd der RegEntw das ggseitige Einvernehmen „bei grdsl Entscheidgen" verlangen wollte (BT-Drucks 13/4899 S 107), hat sich der RAusschuß mit seiner an den Wortlaut von § 1628 I anknüpfden Formulierg der „Angelegenh von erhebl Bedeutg" dchgesetzt (BT-Drucks 13/8511 S 74). Demggü scheint sich die Alleinverantwortg des EltT in Angelegenh des tägl Lebens innerh der Kategorie sozialer Häufigk zu halten. Die Unterscheidg zw alltägl u Angelegenh von erhebl Bedeutg betrifft nicht nur die PersSorge, sond auch die VermSorge (vgl unten Rn 24 u 25). 7

a) Von erheblicher Bedeutung für das Ki sind **aa) begrifflich** Angelegenh, die nicht häufig vorkommen u die, womit doch wieder der Rückgr auf die „grdsl Entscheidg" des RegEntw gemacht wird, nur schwer abzuändernde Auswirkgen auf die Entwicklg des Ki haben. Dazu gehören alle Entscheidgen, die nur mit erhebl Aufwand abzuändern sind u die sich damit faktisch als endgült erweisen. Sie sollen von den Elt nur gemeins getroffen w (vgl FamRefK/Rogner 12). – **bb) Katalog** der Angelegenh von erhebl Bedeutg (vgl 9 BT-Drucks 13/4899 S 107; FamRefK/Rogner 12; Joh/Henr/Jaeger 4; Knittel DAV **97**, 655; Schwab FamRZ **98**, 469; Willutzki Rpfl **97**, 338; vgl auch § 1628 Rn 4): AufenthBest, wobei die Wahl des Sorgemodells (vgl Rn 6) von den Elt gemeins getroffen w muß (Joh/Henr/Jaeger 4); Auswanderg; Ausbildg, u zwar die schulische wie die berufl, insb die Entsch über einen Schulwechsel (Mü FamRZ **99**, 111) od die Auswahl der Schule u die eigtl Berufswahl (vgl auch § 1626 II); Wechsel des Ki in ein Heim od Internat; med Eingriffe, soweit sie mit der Gefahr erhebl Komplikationen u Nebenwirkgen verbunden sind, also bei Operationen u schwerwiegden Erkrankgen mit Ausn von Notfällen (dazu I 5 u Rn 32); religiöse Erziehg (vgl Anh zu

§ 1631); Umgg mit dem jeweils and EltT u and BezugsPers (§§ 1684, 1685); Unterh des Ki (vgl § 1629 II 2,
10 dort Rn 41 ff; 2-wöch FerienAufenth eines 3jähr Ki in Afrika (Kln NJW **99**, 295). – **cc)** Angelegenh von
erhebl Bedeutg im Bereich der **Vermögenssorge** sind: die Entsch über die Anlage u Verwendg des KiVerm;
Annahme einer Erbsch; die nach § 1643 genehmiggspflicht RGeschäfte.

11 **b) Einvernehmen. aa)** Vgl zum Begr: §§ 1356 Rn 3; 1627 Rn 1; 1626 Rn 22. Es bedarf keiner vertragl
Fixierg, vor allem keiner ausdrückl Vereinbg über sämtl Einzelh. Die Elt müssen sich in den betreffden
Angelegenh ledigl über die GrdRichtg verständigen. Bestes Beispiel ist die Einwilligg in eine Operation. Das
Einvernehmen der Elt kann auf der Grdlage einer ärztl Diagnose u Beratg hergestellt w, währd dann im
Anschluß an die Aufklärg über evtl mit dem Eingr verbundene Risiken der im Einvernehmen beid Elt
handelnde EltT grdsl allein entscheidet. Erst bei im Ztpkt der Herstellg des Einvernehmens nicht erkennb
erhebl zusätzl Risiken fällt die Entsch wieder an beide Elt zurück u muß das Einvernehmen erneut hergestellt
12 w. Iü liegt es bei den Elt, auf welcher Abstraktionshöhe sie ihr Einvernehmen ansiedeln wollen. – **bb) Kon-
flikt.** Vgl zunächst Rn 4. Gelingt es den Elt nicht, in einer Frage von erhebl Bedeutg zu einem Einvernehmen
zu gelangen, gibt es, wenn die Verbindg der Elt nicht ohnehin zerrüttet ist u eine Entsch nach den §§ 1671,
13 1672 erfdl wird, folgde Alternative: **aaa) Übertragung der Entscheidung auf einen Elternteil.** Das FamG
kann auf Antr eines EltT die Entsch über die streitige Angelegenh der Rn 9 u 10 gem § 1628 auf einen EltT
übertragen. Dieser erhält in der Angelegenh dann auch EntscheidgsFreiheit, wo im dynamischen Proz der
gemeins EntschBildg unter Elt sonst Zwischen- u Rückfragen übl sind. Außerd ist mit der EntschErmächtigg
14 dch das Ger auch die entsprechde Vertretgsmacht verbunden (§ 1629 I 3). **Negativentscheidung:** Hält das
Ger die Angelegenh nicht für eine solche von erhebl Bedeutg, sond betrachtet es sich als Angelegenh des tägl
Lebens, so kann der EltT, bei dem sich das Ki gewöhnl aufhält, darüber nach I 2 allein entscheiden
15 (FamRefK/Rogner 15). – **bbb) Entziehung der elterlichen Sorge.** Stellt die Verweigerg der Mitwirkg
bzw der Herstellg des Einvernehmens der Elt in Angelegenh, die für das Ki von bes Bedeutg sind, aS des
Obstruktion betreibden EltT einen SorgeMißbr dar, so kann diesem EltT dch das ggf auch vAw eingreifde
FamG insoweit od umfassd gem §§ 1666, 1666 a die elt Sorge entzogen w (vgl § 1626 Rn 29).

16 **3) Alleinentscheidungsbefugnis des Elternteils, bei dem sich das Kind gewöhnlich aufhält, in
Angelegenheiten des täglichen Lebens, I 2.** Die AlleinEntschBefugn bezieht sich in dem vorbezeichneten
Lebensbereich auf alle tats SorgeAngelegenh u die dazugehörigen RHandlgen einschl der entsprechden
Vertretg (BT-Drucks 13/4899 S 107). Vgl zu diesem **gespaltenen gemeinsamen Sorgerecht** als Urheber
des Ausdr Schwab DNotZ **98**, 441 f sowie § 1671 Rn 11 u 38.

17 **a) Zweck:** Die Alltagssorge (Willutzki Rpfleger **97**, 337) des EltT allein, bei dem sich das Ki gewöhnl
aufhält, bei iü gemeins Sorge beid EltT soll dieser gemeins Sorge nach der Trenng od Scheidg der Elt
Praktikabilität u Akzeptanz vermitteln (FamRefK/Rogner 17; vgl iü Rn 3).

18 **b)** Allein entscheidgsbefugt ist der **Elternteil, bei dem sich das Kind** mit Einwilligg des and EltT od
aGrd einer gerichtl Entsch **gewöhnlich aufhält.** Mit dieser TatbestdsBildg legt das Ges somit das Residenz-
19 modell zGrde (vgl Rn 6 u 9 zur AufenthBest; ferner Joh/Henr/Jaeger 7). – **aa)** Bei gemeins Sorge steht das
AufenthBestR beid Elt gemeins zu. Leben die Elt getrennt, muß das Ki, wenn es nicht bei Dritten aufwächst,
intern einem EltT zugeordnet w u bei ihm leben. Geschieht dies mit **Einwilligung des anderen Eltern-
teils,** so ist von dieser Zust im Grde auch das AlleinEntschR des betreuenden EltT in den sich aus dem
20 Zusleben ergebden Entscheidgen gedeckt. – **bb)** Der gewöhnl Aufenth des Ki bei dem einen EltT **auf Grund
einer gerichtlichen Entscheidung** kann nicht eine solche nach den §§ 1671, 1672 I sein, weil deren Ggstd
gerade die Aufhebg der gemeins Sorge der Elt war. Ein Entzug des AufenthBestR für einen EltT nach § 1666
wäre denkb, dürfte aber nicht den Regelfall darstellen, weil die Vorauss dieser Vorschr als Konsequenz dann
eher auch die Aufhebg der gemeins Sorge insges nahelegten. So bleibt als Grdlage für den gewöhnl Aufenth
des Ki bei einem EltT aGrd einer gerichtl Entsch die Zuweisg der mit der AufenthBest verbundenen Entsch
gem § 1628.

21 **c) Angelegenheiten des täglichen Lebens, I 3.** Die Einf einer Legaldefinition des unbest RBegriffs
geht auf einen Vorschl des RAusschusses zurück, wonach auf zwei Kriterien abzustellen ist: auf die Häufigk
der Entscheidgen u auf die Abänderbark ihrer Auswirkgen auf das Ki (vgl BT-Drucks 13/8511 S 74 f). –
22 **aa) Begriff.** Angelegenh des tägl Lebens sind danach häufig vorkommde Situationen, die eine sorgerechtl
Entsch der Elt erfordern, deren Auswirkgen auf die Entwicklg des Ki wiederum ohne Aufwand wieder
abänderbar sind (vgl FamRefK/Rogner 17). Treffd bezeichnet Willutzki KindPrax **98**, 10 diesen Kompeten-
23 zbereich des EltT als **Alltagssorge.** – **bb) Katalog** (vgl BT-Drucks 13/4899 S 107 f; FamRefK/Rogner 18;
24 Schwab FamRZ **98**, 469): – **aaa)** Im Bereich der **Personensorge** ist danach alles Alltagssorge, was in den
Angelegenh des tägl Lebens zur Bt u Versorgg des Ki gehört, also Essensfragen, Best der SchlafensZt,
Routineerlaubnisse usw. Die Best, daß etwas zu den Angelegenh des tägl Lebens gehört, ist obj zu treffen
(Rn 4). Zur Alltagssorge gehört der normale Ablauf des Schullebens; die Teilnahme am Tagesausflug, aber
nicht die mehrwöchige Schulfahrt ins Ausl. Entsprechdes gilt für die gewöhnl med u ärztl Versorgg: Entferng
25 von Warzen, Behandlg gewöhnl Infektionskrankh usw (vgl zu NotMaßn auch § 1629 I 4). – **bbb)** Bei der
Vermögenssorge sind Angelegenh des tägl Lebens vergleichsw unbedeutde Angelegenh wie die Verwaltg
kleinerer Geldgeschenke usw (BT-Drucks 13/4899 S 108).

26 **d) Alleinvertretungsrecht** des betreuenden EltT. Die alleinige EntschBefugn nach I 2 wäre nicht viel
wert, wenn ihr nicht zugl auch ein AlleinVertretgsR entspräche. Sofern man nicht I 2 bereits als Fall der
alleinigen „Ausübg" des SorgeR ansieht, muß § 1629 I 3 analog angewendet w (Walter FamRZ **95**, 1542;
FamRefK/Rogner 21). Im Bereich seiner AlleinEntschBefugn ist der betreuende EltT daher berecht, für das
Ki RGeschäfte des tägl Lebens abzuschließen u Anspr daraus geltd zu machen.

27 **4) Alleinentscheidungsbefugnis des anderen Elternteils in Angelegenheiten der tatsächlichen
Betreuung, I 4.**

28 **a) Voraussetzungen.** Sobald sich das Ki von dem EltT, bei dem es sich iSv I 2 gewöhnl aufhält, zu dem
and EltT begibt, muß diesem eine entsprechde Befugn zur AlleinEntsch zustehen wie dem betreuenden EltT

in dessen Bereich. Dabei wird es sich im wesentl um zur Ausfüllg des in § 1626 III 1 geforderten Umggs erfolgde Besuche des Ki bei dem and EltT bzw umgek um Übernahme der Bt im Haush des betreuenden EltT, wenn dieser auf Urlaub od sonst verreist ist, handeln u damit um vorübergehde Unterbrechgen der gewöhnl BtSituation. Denn sobald das Ki auf Dauer zu dem and EltT zieht, würde für diesen nicht I 4 sond nunm seiners I 2 gelten. Das Ges stellt desh für die andersartige Situation zT auch andere TatbestdsVorauss auf als für den das Ki betreuenden EltT. Für die Einwilligg u die gerichtl Entsch gelten die für die Übernahme der 29
Bt aufgestellten Regeln entsprechd (vgl Rn 18–20).

b) Die Befugn zur alleinigen Entsch hat der and EltT **in Angelegenheiten der tatsächlichen Betreuung,** also ledigl hins der Ernährg, der Bettruhe od des Fernsehkonsums des Ki (FamRefK/Rogner 23). Der Umfang der Geschäfte nach dem tägl Leben u der tats Bt werden sich weitgehd decken, aber nicht in allem. Zweck der Regelg ist jedenf, dem and EltT währd der Zeit, in der sich das Ki bei ihm aufhält, einen ähnl HandlgsSpielraum für eig Entsch zu geben wie den EltT, der das Ki sonst gewöhnl betreut. Auch hier entspricht der AlleinEntschBefugn eine entsprechde VertretgsMacht (vgl Rn 26). 30

5) Verweisungen, I 5. 31

a) Notvertretung. Nach § 1629 I 4 ist jeder EltT bei Gefahr im Verzug dazu berecht, alle RHandlgen vorzunehmen, die zum Wohl des Ki notw sind. Einer gesetzl Verweisg hätte es hier nicht bedurft, weil § 1629 so allg formuliert ist, daß die Vorschr ow auch iRv § 1687 gelten würde. Vgl iü zu den Vorauss u der Entstehg sowie des Umfangs des NotvertretgsR u der Verpfl zur unverzügl Unterrichtg des and EltT: § 1629 Rn 20. 32

b) Loyalitätsverpflichtung. Die getrennt lebden Elt, die gleichwohl für das Ki die gemeins elt Sorge beibehalten, sollen genau wie Elt, von denen dem einen EltT die elt Sorge für das Ki allein zusteht, währd der and EltT nur ein entsprechdes UmggsR hat (§§ 1626 III, 1684 I), alles unterlassen, was das Verhältn des Ki zum jeweiligen and EltT beeinträcht od die Erziehg erschweren könnte (vgl § 1684 Rn 12). 33

6) Einschränkung und Ausschluß der Alleinentscheidungsbefugnis durch das Familiengericht, II. Das FamG kann die Befugn des das Ki betreuenden EltT, in Angelegenh des tägl Lebens allein zu entscheiden (I 2) bzw des and EltT, bei vorübergehdem Aufenth in Angelegenh der tägl Betreuung allein zu entscheiden (I 4), einschrken oder ausschließen, wenn dies zum Wohl des Ki erfdl ist, womit die Eingr-Schwelle niedriger liegt als bei § 1666. Da der GesText dem von § 1671 III 1 aF entspricht u damit auch die dortige Auslegg in die Neufassg der Vorschr übertragb ist, setzt das Eingreifen des FamG triftige, das KiWohl nachhaltig berührde Grde voraus, die besorgen lassen, daß ohne die Maßn das Ki od seine Interessen eine ungünst Entwicklg nehmen können (vgl BGH NJW **79**, 113). Es entsch der Ri (RPflG 14 I Nr 16) vAw od auf Antr eines EltT. Bei MeingsVerschiedenh iR der Ausübg der gemeins Sorge kann nach § 1628 jeder EltT das FamG anrufen u beantr, die Entsch in der konkr Angelegenh einem EltT zu übertr (vgl BT-Drucks 13/8511 S 74 f). Ist das Ger der Auffassg, die Angelegenh sei eine solche des tägl Lebens, weist es die Regelg dch NegativEntsch (Rn 14) prakt doch einem EltT zu (aaO 75). Das Ger kann sich auch mit der Feststellg begnügen, daß ein EltT seine Befugn aus § 1687 I 2 bzw 4 überschritten hat, um Wiederholgen vorzubeugen (Joh/Henr/Jaeger 6). 34

1687 a *Alleinentscheidungsrecht des nicht sorgeberechtigten Elternteils.* **Für jeden Elternteil, der nicht Inhaber der elterlichen Sorge ist und bei dem sich das Kind mit Einwilligung des anderen Elternteils oder eines sonstigen Inhabers der Sorge oder auf Grund einer gerichtlichen Entscheidung aufhält, gilt § 1687 Abs. 1 Satz 4 und 5 und Abs. 2 entsprechend.**

1) Zweck. Anschlußregelg zu § 1687, eingefügt dch Art 1 Nr 24 KindRG. Die Vorschr des § 1687 bezieht sich nur auf Elt, die zwar getrennt leben, denen aber das SorgeR gemeins zusteht. Die Möglk, allein entscheiden zu können, muß aber auch für EltT gelten, die nicht sorgeberecht sind, weil sich die Befugn zur AlleinEntsch im wesentl nicht aus dem SorgeR ableitet sond aus der Natur der Sache: Wenn sich das Ki aGrd der Zust des and EltT bzw aGrd einer gerichtl Entsch bei diesem EltT aufhält, muß diesem, wenn er seiner ObhutsAufg gerecht w soll, in den Angelegenh der tats Betreuung wie in Notfällen ein alleiniges EntschR zustehen. 1

2) Voraussetzungen für die Alleinentscheidungsbefugnis des Obhutsinhabers. 2

a) Das AlleinEntschR haben **Eltern,** die nicht Inhaber der elt Sorge sind. Worauf der Mangel der elt Sorge zurückzuführen ist, spielt für § 1687 a keine Rolle. Es kann sich also ebso um Fälle fehlder SorgeErkl der nicht miteinand verh Elt handeln, wie um Fälle, in denen nach zunächst vorhandener gemeins Sorge dem einen EltT od beiden das SorgeR entzogen od dem and EltT übertragen w ist. 3

b) Das **Kind** muß sich bei diesem EltT mit **Einwilligung** des and EltT od des sonstigen Inhabers der elt Sorge bzw aGrd einer **gerichtlichen Entscheidung** aufhalten. Vgl dazu § 1687 Rn 19 u 20 sowie zum Aufenth: dort Rn 18. 4

3) Verweisungen: a) Die Hauptrechtsfolge ist die **Befugnis zur Alleinentscheidung** desj EltT, bei dem sich das Ki aufhält. Es gilt § 1687 I 4: Der nicht sorgeberecht EltT, bei dem sich das Ki aufhält, erh das AlleinEntschR nicht wie der gleichermaßen sorgeberecht EltT in Angelegenh des tägl Lebens (§ 1687 I 2), sond ledigl in Angelegenh der tats Betreuung (vgl § 1687 Rn 30). – **b)** Mit der Verweisg auf § 1687 I 5 gelten die beiden Verweisgen dieser Vorschr auf **aa)** das NotvertretgsR von § 1629 I 4 (vgl §§ 1629 Rn 20, 1687 Rn 32) sowie **bb)** die LoyalitätsVerpfl von § 1684 II 1 (vgl §§ 1684 Rn 12; 1687 Rn 33). – **c)** Schließl gilt auch die Einschrkgs- u AusschließgsBefugn des FamG nach § 1687 II: Vgl § 1687 Rn 34. 5 6 7

1688 *Entscheidungsrecht der Pflegeperson.* **[I] Lebt ein Kind für längere Zeit in Familienpflege, so ist die Pflegeperson berechtigt, in Angelegenheiten des täglichen Lebens zu entscheiden sowie den Inhaber der elterlichen Sorge in solchen Angelegenheiten zu vertreten. Sie**

ist befugt, den Arbeitsverdienst des Kindes zu verwalten sowie Unterhalts-, Versicherungs-, Versorgungs- und sonstige Sozialleistungen für das Kind geltend zu machen und zu verwalten. § 1629 Abs. 1 Satz 4 gilt entsprechend.

II Der Pflegeperson steht eine Person gleich, die im Rahmen der Hilfe nach den §§ 34, 35 und 35 a Abs. 1 Satz 2 Nr. 3 und 4 des Achten Buches Sozialgesetzbuch die Erziehung und Betreuung eines Kindes übernommen hat.

III Die Absätze 1 und 2 gelten nicht, wenn der Inhaber der elterlichen Sorge etwas anderes erklärt. Das Familiengericht kann die Befugnisse nach den Absätzen 1 und 2 einschränken oder ausschließen, wenn dies zum Wohl des Kindes erforderlich ist.

IV Für eine Person, bei der sich das Kind auf Grund einer gerichtlichen Entscheidung nach § 1632 Abs. 4 oder § 1682 aufhält, gelten die Absätze 1 und 3 mit der Maßgabe, daß die genannten Befugnisse nur das Familiengericht einschränken oder ausschließen kann.

1 1) Auf Veranlassg des BR (BT-Drucks 13/4899 S 155) vollständig neu gefaßte u dch Art 1 Nr 21 KindRG eingefügte Vorschr. Deren **Zweck** ist es, (1) die Entsch- u VertretgsBefugn für PflegePers aus SGB VIII 38 I, wo sie im Kontext des Ki- u JugHilfeR einen Fremdkörper bildeten, systematisch richtiger in das BGB einzuordnen (BT-Drucks 13/4899 S 108); (2) sie auf die Fälle der VerbleibensAO nach den §§ 1632 IV u 1682 auszudehnen; (3) auch diej Fälle der FamPflege einzubeziehen, die nicht auf dem SGB VIII beruhen, u (4) die GesamtVorschr in das System der AlleinEntsch- u AlleinVertretgsBefugn der §§ 1687 ff einzugliedern (vgl Mühlens/Kirchmeier/Greßmann S 175).

2 **2) Alleinentscheidung von Pflegepersonen, I.** Mit dieser Vorsch wird die Alltagssorge sachgerecht denj Pers zugewiesen, bei denen sich das Ki für längere Zeit aufhält.

3 **a) Familienpflege.** Von I werden Ki u Jugendl erfaßt, die längere Zeit in FamPflege leben. Das ist die VollZtPflege gem SGB VIII 33 sowie die aGrd einer PflegeErlaubn außerh des EltHauses in der Fam der PflegePers gewährte Unterkunft u Bt gem SGB VIII 44 I (vgl Einf 20 u 26 v § 1626).

4 **b) Entscheidungs- und Vertretungsbefugnis der Pflegeperson:**

5 **aa) Aufteilung und Kombination der Vertretungskompetenzen. aaa)** Die PflegePers ist berecht, in Angelegenh des tägl Lebens allein zu entscheiden u den Inhaber der elt Sorge in solchen Angelegenh zu vertreten. Den PflegeElt steht also kein direktes VertretgsR für das Ki zu, sond sie verpfl das Ki mittelb dch Vertretg der ihrers gesetzl vertretgsberecht Elt, was sich insb bei der Geltdmachg von UnterhAnspr des Ki auswirkt (Rn 9). Die Befugn zur Entsch in grdsl od – in der Terminologie von § 1687 I 1 – in Angelegenh, die für das Ki von erhebl Bedeutg sind (vgl § 1687 Rn 8–10), verbleibt bei dem Inhaber der elt Sorge. –
6 **bbb)** Der BR hatte vorgeschlagen, die Regelg von I auf sämtl Fälle einer KiBt über Tag u Nacht auszudehnen, womit auch bei Unterbringg des Ki od Jugendl in einem Internat od bei Pflege dch Verwandte entsprechde AlleinEntsch- u VertretgsBefugn zustande gekommen wären (BT-Drucks 13/4899 S 155). Der GesGeber hat diese Erweiterg der AlleinEntschBefugn jedoch abgelehnt, weil in den Fällen, in denen die Fremdpflege ohne Einschaltg des JA zustande kommt, die RBeziehgen gewöhnl dch einen Vertr zw den Beteil geregelt w (BT-Drucks 13/8511 S 75). Außerd stehen die Befugn zur AlleinEntsch u -Vertretg dch die PflegePers unter dem Vorbeh von III 1 u 2, wonach der Inhaber der elt Sorge u das FamG die Befugn der PflegePers einschrken od ausschließen können (vgl Rn 11 aE).

7 **bb) Umfang der Entscheidungs- und Vertretungsbefugnis der Pflegeperson.** I 1 u 2 entspricht
8 SGB VIII 38 I Nr 1–3 aF. Zum Wechsel des systemat Standorts der Best: Rn 1. – **aaa)** Die PflegePers vertritt die SorgeBerecht **in Angelegenheiten des täglichen Lebens, I 1:** Vgl dazu § 1687 Rn 21–25; ferner MüKo/Hinz3 SGB VIII 38 Rn 4: Kauf-, Miet-, Reise- u UnterrichtsVertr, Mitgliedsch in Sportvereinen uä.
9 – **bbb) Geltendmachung und Verwaltung von Arbeitsverdienst, Unterhalts- und Sozialleistungen, I 2.** Die PflegePers ist ferner befugt, den ArbVerdienst des Ki (vgl § 113) zu verwalten, einschl der AusbildgsVergütg (MüKo/Hinz aaO), sowie Unterh-, Vers-, Versorggs- u sonstige SozLeistgen für das Ki geltd zu machen u zu verwalten. Geltdmachg von UnterhAnspr allerd nur ggü Dr; der Geltdmachg ggü den Elt würde deren SorgeBerechtigg ggf entggstehen, weil die PflegePers immer nur den SorgeBerecht u nicht unmittelb
10 das Ki vertreten kann (vgl Rn 5). – **ccc) Notvertretungsbefugnis, I 3.** Entsprechd anwendb ist die Befugn jedes EltT nach § 1629 I 4, bei Gefahr im Verzug alle RHandlgen vorzunehmen, die zum Wohl des Ki notw sind, sowie die Verpfl, den SorgeBerecht anschließd unverzügl darüber zu unterrichten (vgl zu Einzelh § 1629 Rn 20).

11 **3) Gleichstellung von Erziehern und Betreuern der besonderen Formen der Familienpflege, II.** Das betrifft bes entwicklgsbeeinträcht Ki u Jugendl u die für sie geschaffenen bes Formen der Bt in Heimerziehg u sonstigen betreuten Wohnformen (SGB VIII 34), die intensive sozialpädagogische EinzelBt (SGB VIII 35) sowie die EingliedergsHilfe für seel behinderte Ki u Jugendl (SGB VIII 35 a). Auch hier sollen die Erzieher u Betreuer im Umfang wie die PflegePers der FamPflege (vgl Rn 4–10) anstelle der SorgeBerecht handeln können. Die Gleichstellg gilt insb auch für die Möglk des Inhabers der elt Sorge u des FamG, die Ermächtigg in II gem III einzuschrken oder auszuschließen (vgl Rn 6 u 11).

12 **4) Regelungsvorrang zugunsten des Sorgeinhabers und des Familiengerichts, III.**

13 **a) Inhaber der elterlichen Sorge, III 1,** können die AlleinEntsch- u VertretgsBefugn von PflegePers innerh der FamPflege (Rn 3) wie der ihnen gleichgestellten Pers der bes Formen der FamPflege (Rn 11) dch bl Erkl ausschließen od einschrken. Nach der Ausdrucksweise des Ges stehen die Befugn der in I u II genannten PflegePers unter der auflösden Bedingg von etwas anderes erklärden Äußergen der SorgeRInhaber. Diese können also jeweils getrennt sowie ganz od in Teilen die den PflegePers in I u II eingeräumten EntschBefugn u VertretgsBerechtiggen modifizieren. Solange eine solche Einschrkg nicht erfolgt, wirken I u II nach der dch die GesFormulierg zum Ausdr gebrachten BewLastVerteilg zG der PflegePers, dh der Inhaber der elt Sorge ist dafür, daß eine Einschrkg der Befugn aus I u II erfolgt ist, beweispflicht. Es handelt sich um

echte gesetzl Ermächtiggen hins des Bestehens u des Umfangs der Befugn der PflegePers. Einer bes Ermächtigg sowie der rechtsgeschäftl Bevollmächtigg nach § 167 dch den SorgeRInhaber bedarf es ledigl dann, wenn die PflegePers über die in I u II formulierten Befugn hinaus weitere Teile der elt Sorge u der gesetzl Vertretg von den SorgeElt zur Ausübg übernehmen soll, was oberhalb des unzul SorgeR- u VertretgsVerz gestattet ist (vgl §§ 1626 Rn 7 u 1629 Rn 11).

b) Familiengericht, III 2. Das FamG kann die sich aus I u II ergebden Befugn der PflegePers einschrken u ausschließen, wenn dies zum Wohl des Ki erfdl ist. Im Ggsatz zu den Elt (vgl Rn 13) kann das FamG aber nicht die vom Ges festgelegten Befugn der PflegePers erweitern. Ist eine solche Erweiterg im Interesse des Ki erfdl, muß zuvor den Elt gem § 1666 das SorgeR entzogen od eingeschrkt w. 14

5) Befugnisse bei einer im Herausgabestreit vom Familiengericht getroffenen Verbleibensanordnung, IV. Wollen die pers-sorgeberecht Elt bzw ein allein sorgeberecht EltT das Ki aus einer FamPflege bzw das bei einem EltT u dessen Eheg bzw bei GroßElt, Geschw od sonst nach § 1685 umggsberecht Pers lebde Ki wegnehmen, so kann das FamG im einen Fall nach § 1632 IV, im and Fall nach § 1682 eine VerbleibensAO treffen. Ist das geschehen, so erh diese Pers die Befugn zur AlleinEntsch u -Vertretg von I mit der Maßg, daß auch nur noch das FamG diese einschrken oder ausschließen kann. Da es in diesen Fällen zw den Elt bzw dem EltT als Sorgeinhaber u den PflegeElt bzw dem StiefEltT od umggsberecht nahen Angeh bereits zu Konflikten um den Aufenth des Ki gekommen ist, besteht ein Bedürfn, die Alltagsbefugn den Pers zuzuordnen, bei denen sich das Ki tats aufhält (BT-Drucks 13/4899 S 108). 15

1689-1692 *(Aufgehoben durch Art. 1 Nr. 3 BeistandschG)*

1693 *Eingreifen des Familiengerichts bei Verhinderung der Eltern.* **Sind die Eltern verhindert, die elterliche Sorge auszuüben, so hat das Familiengericht die im Interesse des Kindes erforderlichen Maßregeln zu treffen.**

1) Vorübergehende objektive Verhinderung, tatsächlicher (Krankh, Gefangensch; vgl auch § 1674 Rn 2) od rechtlicher (§ 1629 II) Natur (KG OLG **12**, 329), vollst od in einzelnen Beziehgen (KG DFG **43**, 39). Vorauss, daß auch der and EltT das SorgeR nicht hat, da dieser es sonst allein ausüben würde (§ 1678 Rn 1). Längere od dauernde Verhinderg erfdl (§ 1674) od subjekt Ungeeigneth (§ 1673). Die Verhinderg muß festgestellt sein, da sonst das Eingreifen des Ger unzul ist (Stgt RJA **11**, 8). In bes Fällen zB offensichtl geistiger Erkrankg, deren gutachtl Feststellg aber erhebl Zeit erfordert, ist mRücks auf das Wohl des Ki alsbaldiges Eingreifen des Ger zul (KG FamRZ **62**, 200). Muß ein Vormd bestellt w, weil die elt Sorge den Elt nicht zusteht od sie sie nicht ausüben dürfen, so gilt § 1846. 1

2) Erforderliche Maßregeln werden von dem Gericht getroffen, bei dem das FürsorgeBedürfn hervortritt (FGG 44), ggf nur vorl (KG JFG **14**, 204): PflegerBestellg, KiUnterbringg usw; die endgült Maßregel soll dch eine vorl AO möglichst nicht vorweggenommen w (KG FamRZ **62**, 200); es ist nur das unbdgt Erforderl zu tun. Beschwerde FGG 20 I, 57 I Nr 9, 59. Bei Ablehng od Aufhebg der Maßn BeschwR der Angeh des Ki (FGG 57 I Nr 8). Anhörg des JA zweckmäß. Es entsch der RPfleger (RPflG 3 Nr 2 a). Gebühren: KostO 95 I Nr 3, 96. 2

1694, 1695 *(Aufgehoben durch Art. 1 Nr. 35 und 36 SorgRG; vgl. jetzt SGB VIII 50 III 1 sowie FGG 50 a und b.)*

1696 *Änderung und Prüfung von Anordnungen des Vormundschafts- und des Familiengerichts.* **I Das Vormundschaftsgericht und das Familiengericht haben ihre Anordnungen zu ändern, wenn dies aus triftigen, das Wohl des Kindes nachhaltig berührenden Gründen angezeigt ist.**

II Maßnahmen nach den §§ 1666 bis 1667 sind aufzuheben, wenn eine Gefahr für das Wohl des Kindes nicht mehr besteht.

III Länger dauernde Maßnahmen nach den §§ 1666 bis 1667 hat das Gericht in angemessenen Zeitabständen zu überprüfen.

1) Allgemeines 1

a) Die Dynamik der Entwicklg des Ki über das Stadium des Jugendl zum Erwachsenen zeigt sich darin, daß eine vom VormschG od FamG getroffene Entsch nicht endgült zu sein braucht, sond den veränderten Verhältn angepaßt w muß. Die drei Absätze von § 1696 spiegeln die AnpassgsForm wider: dch Änderg, Aufhebg u Überprüfg. Ggü der früh Formulierg von I sichert die neue Fassg in Angleichg an II u III, daß bei Vorliegen der Vorauss die Gerichte ihre früh Entsch nicht nur abänd können, sond daß sie insow eine **Abänderungspflicht** trifft (FamRefK/Rogner 3). 2

b) Das **KindRG** hat die Vorschr des § 1696 dch Art 1 Nr 25 KindRG darüber hinaus nur insof geänd, als es in I die ÄndergsVorauss dahin präzisiert hat, daß nach der alten Fassg die Gerichte ihre AOen ändern konnten, wenn „sie dies im Interesse des Ki für angezeigt" hielten, währd dies nach der nF zu geschehen hat, wenn es „aus triftigen, das Wohl des Ki nachhaltig berührden Grden angezeigt ist". Iü ist die Verweisg auf die Vorschr des § 1671 V aF mit ihrer Ermächtigg, iR der SorgeRRegelg nach Scheidg der Ehe od Trenng der Elt die elt Sorge auf einen Vormd od Pfleger zu übertr, gestrichen worden, nachd die Ermächtigg dazu gem dem KindRG aus § 1666 geholt w muß u die Verweisg somit ins Leere gegangen wäre. Eine eher mittelb Wirkg der KindschRReform besteht darin, daß sich innerh von § 1696 das Gewicht für abändergsbedürft 3

Entscheidgen erhebl weiter zL der FamG verschiebt, nachd die Zustdgk des FamG erhebl erweitert w ist u vormschaftsgerichtl Entscheidgen nur noch im Bereich der Annahme des Ki, der eigtl Vormsch u des BetreuungsR (vgl §§ 1741 ff, 1773 ff, 1896 ff) eine Rolle spielen (BT-Drucks 13/4899 S 71 f).

4 **2) Verhältnis zu anderen Änderungsregelungen.**

5 **a)** Soweit gg eine sorgerechtl Entsch des FamG od VormschG ein **Rechtsmittel** gegeben ist (im Verbund-Verf gem ZPO 629, 629 a Berufg u Revision, außerh des Verbundes u in isolierten SorgeRVerf die Beschw gem ZPO 621 e, 629 a II 1), haben diese RMittel **Vorrang** ggü der Abänd nach § 1696 (Zweibr FamRZ **97**, 45).

6 **b)** Die **verfahrensrechte Abänderung gem. § 18 FGG** ist eine Ausn zu ZPO 308 u stellt VormschG u FamG von der Bindg an die eig Entsch frei, um deren Anpassg an die nachträgl erkannte wahre Sach- u RLage zu ermögl (vgl BayObLG FamRZ **71**, 467/71 f; MüKo/Hinz 1).

7 **c)** Demggü enth – verfassgsrechtl unbedenkl (BayObLG FamRZ **62**, 166) – **§ 1696 eine materiellrechtliche Änderungsbefugnis,** wobei auch solche Tats berücks w können, die bei der ErstAnO schon vorlagen, dem Ger aber nicht bekannt waren (vgl BGH NJW-RR **86**, 1130; BayObLG NJW **64**, 2306 sowie FamRZ **74**, 318; **76**, 38). Entscheidgen zum SorgeR erwachsen somit nicht mat Rechtskr (BGH NJW-RR **86**, 1130; Bötticher JZ **56**, 582). Sinn des § 1696 ist aber nicht die nochmalige Überprüfg einer sorgerechtl Regelg nach Ausschöpfen des RWegs (Bambg NJW-RR **90**, 774), so daß eine Wiederaufrollg des SorgeR-Streits ohne Änderg der tats Verhältn nicht stattfinden soll. Die maßgebden Umstde müssen sich geänd haben od nachträgl bekannt geworden sein (so; ferner KG FamRZ **67**, 411; Bambg FamRZ **90**, 1135).

8 **d)** Hat der GesGeber iZshg mit der GrdRegelg zugl die ÄndergsVerpfl mit ins Gesetz aufgenommen, haben diese Vorschr Vorrang mit der Konsequenz, daß auch ein in der einz Bestimmg enthaltener **eigener**
9 **Abänderungsmaßstab** den gesteigerten Vorauss von § 1696 I vorgeht. – **aa)** So läßt es § 1631 b S 3 für die Zurücknahme der gerichtl Gen der **Unterbringung** eines Ki dabei bewenden, daß das Wohl des Ki seine Unterbringg nicht mehr erfordert. Es müssen nicht triftige Grde für die Aufhebg der Gen vorliegen. –
10 **bb)** Einen eig KiWohlMaßst enth auch die §§ 1671, 1672, wobei obendrein zu beachten ist, daß das Ges davon ausgeht, daß die Fortdauer der gemeins elt Sorge iFv § 1671 u der Alleinsorge iFv § 1672 I als AusgangsRLage nicht auf einer gerichtl Entsch, sond auf dem Ges beruht, so daß eine der Regelg in § 1696 vergleichb Situation iFv § 1671 erst eintritt, wenn die bei Zurückweisg des Antr wg fehlder Vorauss von § 1671 II bestätigte gemeins Sorge bzw bei dem Antr stattgebder Entsch die dadch begründete Alleinsorge wieder geänd wird, währd iFv § 1672 dch Hintereinanderreihen der RFolgen der versch Tatbestde von I, II 1 u II sogar noch nicht einmal die dritte Entsch ein Fall von § 1696 wäre. Es gelten jeweils die Maßst der ErstEntscheidg, nicht die gesteigerten Anfdgen an eine Abänderg nach § 1696 (vgl zum Verhältn der AbändergsEntsch zur früh Regelg nach der aF BGH NJW **93**, 126/27; vgl dazu auch BGH FamRZ **93**,
11 1055). – **cc)** Liegt eine (iSv Rn 10 quasi endgültige) Regelg nach den §§ 1671, 1671, 1672 vor, muß unterschieden w, ob einem EltT od beide wg Vorliegens der Vorauss dieser Vorschr nach § 1666 das SorgeR entzogen od ob zB wg veränd Umstde die nach den §§ 1671, 1672 getroffene SorgeRegelg gem § 1696 abgeänd w soll. Auch wenn dabei Erwäggen hineinspielen, die auch iR einer Entsch wg KiWohlGefährdg relevant wären, hat doch § 1696 als lex-specialis-Regelg grdsl Vorrang vor § 1666 (vgl Karlsr DAV **79**, 136; LG Arnsberg FamRZ **98**, 960).

12 **3) Änderung der gerichtlichen Anordnung, I.**

13 **a)** VormschG u FamG haben ihre sorgerechtl AOen, gleichgült ob sie sich auf die PersSorge od auf die VermSorge beziehen, zu ändern, wenn dies aus triftigen, das Wohl des Ki nachhaltig berührden Grden angezeigt ist. Daß dies nur für die Dauer der elt Sorge gilt, ergibt sich aus der Beschrkg der elt Sorge auf die Zeit der Mjk des Ki (§ 1626 Rn 30), so daß das KindRG diese das Erfordern ausdrückl hervorhebde Bestimmg gestrichen hat. Dasselbe gilt dafür, daß die Änderg, wie § 1696 aF ausdrückl bestimmte, „jederzeit" geschehen kann (vgl BT-Drucks 13/4899 S 109).

14 **b) Erforderlichkeit einer erneuten gerichtlichen Entscheidung.** Bei Wegfall der Vorauss für die seinerzeitige AO tritt die gerichtl Regelg nicht automat außer Kraft (Karlsr Just **82**, 90), sond sie bedarf der Aufheb dch einen entsprechden Beschluß des VormschG od FamG. Ledigl wenn das Ki vollj geworden u damit nicht mehr der elt Sorge unterworfen ist (vgl § 1626 Rn 30), endet auch die sie beschrkde Regelg des Gerichts automat.

15 **c)** Dieser Beschl führt gem § 1696 I–III zur Änderg, Aufhebg od nach Überprüfg der Maßn zu ihrer Bestätigg. Vorauss u Modifikationsmodus stehen in einem best Verhältn zueinand. Bei Maßn der §§ 1666–1667 handelt es sich um so gewichtige Eingriffe in das EltR, daß sie aufzuheben sind, wenn eine Gefahr für das KiWohl nicht mehr besteht, II, u daß sie in angem ZtAbständen zu überprüfen sind, III (BT-Drucks 8/2788 S 68). Iü können die bish Maßn aufgeh, dch milderer ersetzt, aber auch verschärft w (BayObLG DAV **82**, 611).

16 **aa) Aufhebung, II.** Liegen die Grde, die für die ursprüngl sorgerechtl Maßn maßgebd waren, nicht mehr vor u sind an ihre Stelle auch keine and Grde getreten, welche die Aufrechterhaltg der gerichtl Maßn rechtf, hebt das Gericht seine AO mit Wirkg für die Zukunft auf. Das Ges regelt dies ledigl für die einschneidendste Maßn, näml die gänzl od teilw Entziehg der elt Sorge nach den §§ 1666–1667. Die Verweisg in II ist zudem ungenau, weil das Ges in § 1666 I zw der Gefährdg des KiWohls bei der PersSorge u der Gefährdg des KiVerm bei der VermSorge unterscheidet, in § 1696 II aber nur auf das KiWohl abstellt. Doch muß bei einem Wegfall der VermGefährdg die Entziehg der VermSorge natürl ebenf aufgeh w.

17 **bb) Änderung.** Mit der Änderg seiner AO trägt das Ger der Veränderg der Umstde, die seinerzeit zu der sorgerechtl AO geführt hatten, Rechng. Mit der Änderg seiner AOen paßt das Ger die früh Entsch an die Entwicklg an, indem es die früher getroffenen AOen zT unveränd läßt, zT ersatzl aufhebt, zT unter Aufhebg der alten an ihrer Stelle and Maßn anordnet od indem es die früh AOen verschärft od lockert.

cc) Überprüfung, III (Lit: Thalmann DRiZ **80**, 180). Länger dauernde Maßn nach den §§ 1666–1667 hat das Ger in angem ZtAbständen zu überprüfen. **Zweck:** Die Angemessenh der ursprüngl getroffenen Maßn soll vom Ger erneut beurteilt w. Diese ÜberprüfgsPflicht ist vom Ges auf Maßn nach den §§ 1666 ff beschrkt. Da diese Vorschr aber vom KindRG unter Aufhebg der früh Eingriffsermittlgen zur allg RGrdlage für Eingr in die Pers- u VermSorge der Elt gemacht worden sind, enth III in Wirklichk keine Beschrkg der Überprüfg auf best Eingr. Insb kommt es ledigl auf die Dauer ihrer Geltg u auf die Schwere des Eingr in das SorgeR der Elt an. Die Überprüfg erfolgt auch in Fällen, in denen nach bish Recht das VormschG entschieden hat, nach neuem ZustdgkR ggf jetzt dch das FamG (vgl Einf 7 v § 1626). 18

4) Entscheidungsmaßstäbe. Das Ges sieht für die neue Befassg des VormschG bzw FamG mit einer von ihm bereits entschiedenen sorgerechtl Regelg versch EntscheidgsMaßst vor. Bei der bl Prüfg am Maßst des KiWohls bewendet es, wenn es um die Aufhebg von Maßn nach den §§ 1666 ff geht, währd sich die Beteiligten für die Änderg der früh Entsch iRv I einer Trias von Erfordern ggü sieht. 19

a) Kindeswohl. Es ist für sämtl gerichtl AOen (ZusStellg: § 1697 a Rn 2) der entscheidde Maßst. Vgl dazu §§ 1666 Rn 15; 1671 Rn 18 ff u 21 ff. Erfdl ist jedoch immer eine **Abwägung** in die insb auch die Wahrg der ErzKontinuität einzubeziehen ist (BT-Drucks 13/4899 S 109), so daß die Änderg der gerichtl Regelg weder mit dem Interesse eines EltT noch ausschließl mit einem entsprechden Wunsch des Ki begründet w kann (Stgt FamRZ **78**, 827). Das KG FamRZ **99**, 737 hat § 1696 dazu benutzt, unter Berufg auf das gesetzl **Leitbild der gemeinsamen Sorge** das alleinige SorgeR der Mu in die gemeins Sorge beid Elt zu verwandeln, weil deren Vorrang nur beseit w dürfe, wenn nicht zu erwarten sei, daß einvernehml Entsch der Elt in Angelegenh des Ki von erhebl Bedeutg mögl seien. 20

b) Triftige, das Wohl des Kindes nachhaltig berührende Gründe, I, wie sie das Ges für die Änderg einer vom VormschG od FamG getroffenen AO fordert, stellen eine Steigerg des KiWohlErfordern ggü Rn 20 dar. Daß die Abänderg vom Ger früher getroffenen Regelg dem KiWohl genügen würde, soll gerade nicht für eine Änderg ausreichen. Die Änderg soll nur mögl sein, wenn triftige, das KiWohl nachhaltig berührde Grde für die Abänderg sprechen. Damit müssen die Vorteile der Korrekturregelg die mit der Änderg verbundenen Nachteile deutl überwiegen (BayObLG FamRZ **76**, 38; Hamm FamRZ **68**, 530; Stgt FamRZ **78**, 827; Bambg FamRZ **90**, 1134). Zu AbwäggsEinzelh: Soergel/Strätz 5. Die von der Rspr auf der Grdlage der früh gesetzl Formulierg (Änderg „im Interesse des Ki für angezeigt halten"; vgl Rn 3) entwickelte Formel (vgl BGH NJW-RR **86**, 1130 mN; KG FamRZ **59**, 253) ist trotz ihrer prakt Verwendbark rechtsdogmat wie sprachl keineswegs befriedigd, weil es hier gerade nicht nur um Grde geht, die das KiWohl „berühren", zumal dem GesGeber daran lag, den bei den Betroffenen vielf falschen Erwartgen, Sorge- u umgangsrechtl Entscheidgen könnten sehr leicht abgeänd u beliebig wieder aufgerollt w, entggzuwirken (vgl BT-Drucks 13/4899 S 109). 21

c) Angezeigtheit. Es steht nicht im Belieben der Ger, ihre früh AOen jederZt zu korrigieren. Anlaß dafür können nur trift Grde des KiWohls sein. Im Prinzip kann es daher trift, das KiWohl nachhalt berührde Grde für eine Abänderg der früh Entsch geben u das Ger dennoch davon absehen, weil die Änd nicht angezeigt ist, zB wenn dem Ki nur so die HauptbezugsPers in der PflegeFam erh w kann, obw die Mu ihre ErzFgk wiedererlangt hat (Celle FamRZ **98**, 1188). 22

5) Triftige, das Wohl des Kindes nachhaltig berührende Gründe, die eine Abänderg der Ausgangs- 23
regelg angezeigt sein lassen, können nach der Rspr in einer **a) Veränderung der für die ursprüngliche 24
Regelung maßgebenden Umstände** liegen, so zB wenn die elt Sorge für das KleinKi wg Berufstätigk der Mu auf den Va übertr wurde u die Mu wieder verh ist u die ErwTätigk aufgegeben hat (Stgt FamRZ **76**, 34) od unter Fortführg der ErwTätigk die Bt des Ki bei ihr anderweitig gesichert ist; wenn die Abänderg dem Wunsch beider Elt u des Ki entspricht u die gewünschte Änderg von den Beteil bereits praktiziert worden ist (Hamm FamRZ **81**, 600), wie auch schon vor der Reform das AG Erf FamRZ **95**, 54 bei Einzelsorge die gemeins Sorge der Elt wiederhergestellt hat, nachd diese nach ihrer Scheidg seit 6 J wieder harmonisch zuslebten. Ferner triftige Grde, wenn die fehlde BtMöglk inf Aufn der Berufsausbildg dch das Ki keine Rolle
mehr spielt (vgl Stgt ZfJ **63**, 258: Beginn des Studiums des Ki bei früh Volljk erst mit 21 J). – **b)** Die 25
materiellrechtl ÄndergsBefugn des § 1696 I ermögl die Anpassg der SorgeRRegelg an **Änderungen von Gesetzen** (wie bspw jetzt das KindRG) u **der Rechtsprechung,** wie zuvor die Entsch des BVerfG zur Zulassg der gemeins Sorge nach Scheidg der Ehe der Elt (vgl dazu KG FamRZ **83**, 1055). Triftiger AbändergsGrd auch: Bessere KiWohlBerücks dch die Anwendg dtschen Rechts ggü ausl Recht in der ErstEntsch (Zweibr
FamRZ **75**, 172/76 islam Recht). – **c)** Die Abänderg kann aber auch dch **neue Umstände** geboten sein, wie 26
eine ansteckde Krankh (Hamm ZfJ **55**, 138: offene Tbc); ferner die uneinsichtige Nichtbefolgg ärztl Behandlgs-AOen (KG NJW-RR **90**, 716) od sonstiger med indizierter Maßn wie die Unterlassg der Schulg eines sprachgestörten Ki (Hamm FamRZ **79**, 855); zur Auswanderg vgl § 1684 Rn 7. Aber auch umgek mit positiver Wirkg: Bei Wiederheirat der Elt wird ein Verf nach § 1696 ggstdslos (vgl KG FamRZ **82**, 736), währd eine iZshg mit der Scheidg od auch unmittelb nach § 1666 angeordnete Vormsch dch bes Beschl aufzuheben ist (Hamm FamRZ **78**, 262). Verheiratg des SorgeBerecht mit einem Dritten kann ebenf AbändergsGrd sein (BayObLG FamRZ **64**, 640). Zu den iRv § 1696 I zu beachtden veränderten Umstden gehört bei den der Disposition der Elt zugängl SorgeRegelgen, also nicht bei § 1666, wohl aber in den §§ 1671, 1672, ein **geänderter gemeinsamer Wille der Eltern:** Das gilt insb für den Wechsel von der Alleinsorge eines EltT zur Wiederbegründg einer dadch verlorengegangenen gemeins elt Sorge (Büdenbender AcP **197**, 197/218; Schwab FamRZ **98**, 471). Die Elt können daher über § 1696 insb Entsch nach den § 1671, 1672, in denen das Ger iZshg mit der Trenng od Scheidg der Elt die Alleinsorge eines EltT begründet hat, korrigieren lassen (vgl
FamRefK/Rogner 4). – **d)** Eine weitere Fallgruppe triftiger Grde ergibt sich aus der **Zuwiderhandlung 27
gegen gerichtliche Anordnungen.** Hierher gehört in erster Linie die **Hintertreibung des Umgangs** des
Ki mit dem nicht sorgeberecht EltT: Vgl § 1626 Rn 29. – **e)** Iü gibt es Umstde, die für die Abänderg der 28
Vorentscheidg sprechden Grden ihre **Triftigkeit nicht nehmen.** So braucht der Abänderg der SorgeEntsch zG des Va nicht entggzustehen, daß sich dieser inzw einer Geschlechtsumwandlg (Einf 35 v § 1591) unterzogen
hat (Schlesw FamRZ **90**, 433 mA Luthin). – **f) Keine triftigen Gründe** für eine Abänderg liegen vor: für die 29

Änd der gemeins Sorge die bl Aufg des Willens aS des einen EltT, das SorgeR nicht mehr gemeins auszuüben (Karlsr NJW-RR **98**, 940); bei sonst SorgeRRegelgen, wenn bei einer psych Erkrankg (§ 1666 Rn 32) mehr als 1 J kein KrankhSchub aufgetreten ist (BayObLG FamRZ **97**, 956); die wiedererlangte ErzFgk eines EltT (Celle FamRZ **98**, 1188); auch nicht in einer zw den Elt vereinb Abrufklausel (Stgt Just **74**, 128; Karlsr NJW **77**, 1731); ferner, wenn sich die Ki in einen Wechsel von der Mu zum Va regelrecht „verrannt" haben (Hamm FamRZ **88**, 1313); in der Entführg des Ki dch den abändergsinteressierten EltT (Bambg NJW-RR **90**, 774; vgl auch § 1632); wenn die AbändergsEntsch verhindern soll, daß die inzw stabilisierte Mu das Ki aus der Pflegestätte zu sich nimmt (AG Bruchs ZfJ **79**, 121) od daß das Ki in einer alternativen (15-köpfigen, promiskuitiven) WohnGemsch aufwächst (Stgt NJW **85**, 67; zu Recht krit Wegener JZ **85**, 850; Soergel/Strätz 12: „schwer nachvollziehb"). Schließl ist die Umwandlg in ein AlleinsorgeR nicht schon geboten, wenn sich der and EltT nicht ausr aktiv um die Ki bemüht (Ffm FamRZ **96**, 889).

30/31 6) **Verfahrensrecht.** Das AbändVerf ist ein **selbständiges Verfahren,** nicht bl Fortsetzg des früh Verf, so daß VormschG u FamG auch dann entscheiden, wenn die ErstEntsch in höherer Instanz ergangen ist (BayObLG DAV **79**, 768). Kein Antr erfdl. Die Zustdgk ist neu zu best (BGH **21**, 315; BayObLG FamRZ **64**, 640). Soweit dch das KindRG Zustdgkten des VormschG auf das FamG übergegangen sind, entscheidet im AbändVerf das FamG, auch in Verf nach den §§ 1666–1667 (BayObLG DAV **99**, 645). Dem Ki kann ein VerfPfleger bestellt w (FGG 50). Anhörgen: Einf 7 f v § 1626; auch des JA (Düss FamRZ **79**, 859). Das Ger hat jederzeit auf eine einvernehml Regelg hinzuwirken (FGG 52) u insb bei sabotiertem Umgg gerichtl zu
32 vermitteln (FGG 52 a). Auch iRv § 1696 sind **vorläufige Anordnungen** (Einf 6 v § 1626) zul, wenn die endgült Entsch zu spät kommen würde (BayObLG FamRZ **62**, 34), zB eine UmggsAnO iR des SorgeR-AbändVerf (Karlsr/Freibg FamRZ **92**, 978). Übertragg des AufenthBestR auf den Va, wenn die sorgeberecht Mu die 8- u 12-jähr Ki ins Ausl umschulen will (Mü FamRZ **81**, 389); and dagg, wenn die Umschulg bereits vollzogen ist (Karlsr FamRZ **84**, 91 Griechenland).

33 7) **Folgen der Änderungsentscheidung:** Evtl gesonderter HerausgBeschl gem § 1632 III; Abänderg von UnterhTiteln: ZPO 323, 767; Wegfall der GeschGrdlage für UnterhVergl (Kln FamRZ **79**, 328).

1697 ***Anordnung von Vormundschaft oder Pflegschaft durch das Familiengericht.*** **Ist auf Grund einer Maßnahme des Familiengerichts eine Vormundschaft oder Pflegschaft anzuordnen, so kann das Familiengericht auch diese Anordnung treffen und den Vormund oder Pfleger auswählen.**

1 1) **Erweiterung der Zuständigkeit des Familiengerichts auf die Auswahl von Vormund und Pfleger.** Die dch Art 1 Nr 26 KindRG eingefügte Vorschr erweitert die Zustdgk des FamG, dem zuvor nur die AnO von Vormsch od Pflegsch oblag, auf die Auswahl der Pers von Vormd od Pfleger, die nach der früh Regelg stets in der Hand des VormschG lag, keinen Einfluß hatte (vgl BGH NJW **81**, 2460; FamRefK/Rogner 3). **Zweck** der Vorschr ist die Beseitigg solcher DoppelZustdgkten, um zu vermeiden, daß Kenntn über die bes Eigng best Pers für das Amt des Vormds od Pflegers, die das eine Gericht im AnOVerf gewonnen hat, dadch verlorengehen, daß ein and Gericht über die Auswahl der Pers entscheiden muß (vgl BT-Drucks 13/4899 S 71 u 109 f). Bestellg des Vormds u Pflegers ebso wie seine Beratg u Beaufsichtigg bleiben dagg ijF beim VormschG (§§ 1789, 1837, 1915 I). § 1687 gibt die Befugn zur Auswahl des Vormds u Pflegers ledigl dem FamG; für das VormschG bedurfte es keiner zusätzl Norm, weil ihm diese Befugn bereits nach § 1779 zusteht.

2 2) **Verfahren.** Ordnet das FamG eine Vormsch od Pflegsch in einem selbstd FGG-Verf an, kann es in diesem Verf zugleich auch die Pers des Vormds od Pflegers best. Erfolgt dagg die AnO im VerbundVerf (ZPO 623 III), bedarf es für die Auswahl des Vormds od Pflegers eines gesonderten Verf. Dieses kann nicht in den Verbund einbezogen w (FamRefK/Rogner 6).

1697 a ***Kindeswohl als allgemeines Prinzip.*** **Soweit nicht anderes bestimmt ist, trifft das Gericht in Verfahren über die in diesem Titel geregelten Angelegenheiten diejenige Entscheidung, die unter Berücksichtigung der tatsächlichen Gegebenheiten und Möglichkeiten sowie der berechtigten Interessen der Beteiligten dem Wohl des Kindes am besten entspricht.**

1 **Kindeswohl als allgemeines Rechtsprinzip** (vgl Einf 3 v § 1626). – **a)** Die dch Art 1 Nr 26 KindRG eingefügte Vorschr verpfl sämtl Gerichte, die in SorgeRAngelegenh entscheiden müssen, auf Einhaltg u Verwirklichg des KiWohls u begründet damit ein allg RPrinzip, ähnl wie Eheg einand zur ehel LebGemsch verpfl sind (§ 1353) u Elt u Ki einand Beistand u Rück schulden (§ 1618 a). Die Vorschr schafft damit mehr als nur eine allg GrdRegel; dch sie wird das allg Anerkannte zum verpflichtden rechtsethischen Prinzip. –
2 **b)** In der Handhabg des Rechts kommt der Vorschr allerd nur die Bedeutg einer **Auffangregel** zu, weil das Ges in den meisten Bestimmgen u unter ihnen wiederum in allen zentralen, das **Kindeswohl als Leitidee gesondert positiviert** hat, näml bei: VerbleibensAOen ggü an PflegeElt gerichteten Wegnahmeverlangen (§ 1632 IV); Entziehg od Einschrkg der PersSorge bei Gefährdgen des KiWohls (§ 1666 I); Regelg der elt Sorge bei GetrLeben der Elt (§ 1671 II Nr 2) u beim Wechsel von der Alleinsorge des Va bei nicht miteinand verh Elt zur gemeins Sorge beider Elt bzw der Wiederaufhebg derselben (§ 1672 II 1 u 2); Übertragg der elt Sorge bei deren Ruhen auf den and EltT (§ 1678 II); ebso beim Tod des allein sorgeberecht EltT, bei Entziehg der Sorge (§ 1680 II 1 u 2 sowie III) od bei TotErkl (§ 1681 II); Wegnahme des Ki dch den aufenthbestimmgs-berecht EltT (§ 1682 S 1 u 2); Einschrkgen des UmggsR (§§ 1684 IV 1 u 2; 1685 I u II); AuskAnspr (§ 1686 S 1); AlleinEntschBefugn bei gemeins Sorge getrennt lebder Elt (§ 1687 II) bzw des mit dem Ki lebdn, nicht sorgeberecht EltT (§ 1687 a S 2); Einschrkg od Ausschluß des EntscheidgsR von PflegePers (§ 1688 III 2); Ändergen der gerichtl AnO (§ 1696 I u II). Bisweilen wird das KiWohl in das „Interesse des Ki" umbenannt

(vgl § 1693); in and Fällen wird das KiWohlErfordern erst bei der Abänderg der Entsch aufgestellt, so zB bei der Unterbringg des Ki (§ 1631 b S 3). Vor dem HinterGrd dieses Katalogs hat § 1697 a nur die **Funktion einer Auffangvorschrift,** beispw für die §§ 1628, 1684 I, 1632 I–III.

1698 ***Vermögensherausgabe; Rechnungslegung.*** **I Endet oder ruht die elterliche Sorge der Eltern oder hört aus einem anderen Grunde ihre Vermögenssorge auf, so haben sie dem Kinde das Vermögen herauszugeben und auf Verlangen über die Verwaltung Rechenschaft abzulegen.**

II Über die Nutzungen des Kindesvermögens brauchen die Eltern nur insoweit Rechenschaft abzulegen, als Grund zu der Annahme besteht, daß sie die Nutzungen entgegen den Vorschriften des § 1649 verwendet haben.

1) Vermögensherausgabe, I. Durch beide Elt als GesSchuldner, wenn nicht ein Teil beweist, daß der andere allein besessen hat (vgl Oldbg MDR **62**, 481), bei Volljährigk. Iü bei jeder Beendigg od Ruhen der elt Sorge (§ 1626 Rn 30 sowie §§ 1673 ff) od Aufhören der VermSorge. Haben beide Elt die elterl Sorge u verliert sie einer od auch nur die VermSorge, so wird Herausg an den andern EltT im allg nicht erforderl sein, da dieser die Sachen ohnehin besitzt u den VermBestand kennt. War aber zB ein EltT gestorben od hatte aus einem sonstigen Grunde nur der andere EltT die elterl Sorge od VermSorge, die nunmehr endet, so hat Herausg an den neuen Sorgeberecht stattzufinden, gleichgültig, ob es der nicht betroffene EltT, ein Pfleger od Vormd ist. VermVerzeichnis §§ 260, 259. RechenschLegg § 1890 Rn 3. Notfalls im Prozeßwege gg EltT geltd zu machen. Keine Verwirkg des VermHerausgAnspr bei PflVerletzgen der Elt, zB Verstoß gg § 1640 (Mü NJW **74**, 703 zu § 1682 aF). AufsR des VormschG nur ggü Vormd u Pfleger (§§ 1837, 1915). 1

2) Rechenschaft über Nutzungen des Kindesvermögens, II, ist, um Streitigkten zw Elt u Ki bzw seinem ges Vertreter zu vermeiden, nicht allg, sond nur dann abzulegen, wenn Grd zu der Ann besteht, daß die Elt gg § 1649 I od II verstoßen h. Der Grd für diese Ann ist KlGrd u muß desh näher dargelegt u im RStreit notf bewiesen w. Volle RechenschPfl auch hins der Verwendg des ArbEink des Ki (LG Krfld FamRZ **65**, 281). 2

1698 a ***Fortführung der Geschäfte nach Beendigung der elterlichen Sorge.*** **I Die Eltern dürfen die mit der Personensorge und mit der Vermögenssorge für das Kind verbundenen Geschäfte fortführen, bis sie von der Beendigung der elterlichen Sorge Kenntnis erlangen oder sie kennen müssen. Ein Dritter kann sich auf diese Befugnis nicht berufen, wenn er bei der Vornahme eines Rechtsgeschäfts die Beendigung kennt oder kennen muß.**

II Diese Vorschriften sind entsprechend anzuwenden, wenn die elterliche Sorge ruht.

Zweck: Schutz der Eltern od des sonstigen gesetzl Vertreters bis zum Zeitpkt der Kenntn od des Kennenmüssens, § 276 I, nicht des Dritten. Diesen schützt guter Glaube nur, wenn gesetzl Vertreter gutgl (RG **74**, 266). Vornahme von Geschäften in Kenntnis von Beendigg, §§ 177 ff, 677 ff. Verpflichtg zur Fortführg ergibt § 1698 b. 1

1698 b ***Geschäftsbesorgung bei Tod des Kindes.*** **Endet die elterliche Sorge durch den Tod des Kindes, so haben die Eltern die Geschäfte, die nicht ohne Gefahr aufgeschoben werden können, zu besorgen, bis der Erbe anderweit Fürsorge treffen kann.**

Einstweilige Fürsorge für KindesVerm, vgl §§ 1942 ff, 1960. Haftg § 1664, Ersatz v Aufwdgen: § 1648. Kein Recht auf weitere Verwendg der Einkünfte des KindesVerm zum eigenen Unterh od dem der Geschwister des Verstorbenen. – Gilt auch bei TodesErkl des Kindes. 1

1699–1704 *(Der frühere, der rechtlichen Stellung der Kinder aus nichtigen Ehen gewidmete ursprüngliche 5. Titel aufgehoben durch § 84 EheG 1938, bestätigt durch § 78 EheG 1946. Vgl jetzt Einf 3 vor § 1313.)*

Sechster Titel. Elterliche Sorge für nichteheliche Kinder

1705–1711 *(Aufgehoben dch Art. 1 Nr. 48 KindRG als Titel insgesamt sowie §§ 1706–1710 nochmals durch Art. 1 Nr. 3 BeistandschG.)*

Siebenter Titel. Beistandschaft

Einführung

1) Ziele der Reform durch das Beistandschaftsgesetz (Lit: Beinkinstadt DAV **96**, 442; Bienwald FamRZ **94**, 10; Diederichsen NJW **98**, 1987; Greßmann, Das Recht der Beistandsch, (SGB VIII 18, 52 a ff) 1998; Knittel DAV **95**, 917 u **97**, 649; Lipp FamRZ **98**, 75; Mutschler DAV **95**, 691; Richter FamRZ **94**, 5; Rother KindPrax **98**, 12; Wesche Rpfleger **95**, 240; Wiesener ZfJ **97**, 29; Wolf KindPrax **98**, 40 sowie DAV **98**, 53; Zarbock ZfJ **95**, 395). 1

2 **a)** Das neue BeistandsR ist zunächst eine Frucht der **Wiedervereinigung.** Für die gesetzl Vertretg ne Ki galt in den alten BuLä (stets einschl WestBln) ein and Recht als in den neuen BuLä (stets einschl des OstT von Bln). In den alten BuLä wurde der Mu eines ne Ki dch die gesetzl AmtsPflegsch bei der Feststellg der Vatersch, für die Geltdmachg von UnterhAnspr u bei der Regelg von Erb- u PflichtteilsR eine weitgehde Fürsorge zuteil, die im Zuge der Emanzipation der Frau vielf als ZwangsPflegsch empfunden wurde, weil damit in oft unnöt Weise die Vorenthaltg der vollen elt Sorge verbunden war. Ands waren in den neuen BuLä die HilfsAngeb für die alleinstehde Mu unzureichd, weil die AmtsPflegsch der §§ 1706–1710 aF iRd Wiedervereinigg von der Überleitg ausdrückl ausgenommen w waren (Art 230 I EG BGB; vgl Art 234 § 1 Rn 3) u ein Beistd mit VertretgsMacht zur VaterschFeststellg nicht bestellt w konnte. Mit dem BeistandschG sollen diese Mängel beseit w (BT-Druck 13/892 S 1 u 23 f).

3 **b) Zweck.** Dch das zus mit dem KindRG (vgl Einf 73 vor § 1626) am 1. 7. 98 in Kr getretenen BeistandschG vom 4. 12. 97 (BGBl I 2846) wurde die bish gesetzl AmtsPflegsch für ne Mütter abgeschafft. Gleichzeit wurde die Beistandsch als allg RInstitut für allein erziehde EltT eingeführt. Das bedeutet zweierlei: das Ges geht einers davon aus, daß Ki, für die nur ein EltT sorgeberecht ist, eines bes Schutzes bedürfen (BT-Drucks 13/892 S 37); anderers wird dieses SchutzBedürfn nicht wie bish nur für ne Mü, sond unabhäng vom Ehestatus u vom Geschlecht für sämtl allein sorgeberecht EltT postuliert. Unmittelb Ziel des BeistandschG ist es, unnötige Eingr in die EltR zu vermeiden u das Recht der Beistandsch im ges BuGebiet zu vereinheitl (vgl BT-Drucks 13/892 S 26).

4 **c)** An die Stelle der gesetzl AmtsPflegsch ist die **freiwillige Beistandschaft** getreten, die infolgedessen auch die Beistandsch bish Rechts (§§ 1685–1692, 1705 S 2 aF) ersetzt. Die Abstandnahme von jedem Zwang zeigt sich nicht nur beim Zustandekommen der Beistandsch (§ 1712 Rn 10), sond vor allem auch darin, daß sie von dem ASt jederzeit auf sein einseit Verlangen hin wieder beendet w kann (§ 1715 Rn 6). Der GesGeber fürchtete, daß jede anderw Regelg, nach der die Beistandsch auch gg den erkl Willen des ASt bestehen blieb, die Akzeptanz des neuen Rechtsinstituts hätte in Frage stellen können (BT-Drucks 13/892 S 39). Zumindest mißverständl ist der Ausdr „freiwill HilfsAngeb" (BT-Drucks 13/892 S 29), weil die Hilfe dch das JA gem § 1714 S 1 zwingd ist; freiwill ist ledigl die Inanspruchn der Hilfe dch den allein sorgeberecht EltT. Die AufgKreise der freiwill Beistandsch sind in der Hauptsache dieselben wie bei der früh AmtsPflegsch, näml die VaterschFeststellg u die Geltdmachg von UnterhAnspr. Treten weitere Bedürfn nach Unterstützg auf, so bleibt den Elt allerd nur die Unterstützg dch das JA (Einf 17 ff v § 1626) u in bes geregelten Fällen die Einsetzg eines Pflegers (vgl § 1609). In ihrer neuen Form kann die Beistandsch von allen allein sorgeberecht EltT beantr w. Eine Beistandsch ist auch schon vor der Geburt des Ki mögl (Rn 6). Beistd ist das JA (§ 1712 Rn 18). Die tatbestandl Beschrkg der Beistandsch auf das JA als Beistand wie des AntrR auf einen alleinsorgeberecht EltT sowie ggständl auf die Regelg der Abstammg u des KiUnterh erscheint de lege ferenda wenig überzeugd. Es ist nicht einzusehen, warum anderweit auftretde Bedürfn nicht auch u nicht auch in and Form befriedigt w sollen.

5 **d) Verzicht auf Statusunterschiede.** Die §§ 1712–1717 nF unterscheiden and als die §§ 1705–1711 aF nicht mehr zw ehel u ne Ki. Unterschieden wird fortan vielm danach, ob für das Ki die gemeins elt Sorge beid EltT besteht od ob einem EltT die alleinige elt Sorge zusteht. Für den ersteren Fall sah der GesGeber kein hinreichdes Bedürfn für eine Beistandsch. Diese beschr sich also auf Fälle, in denen das Ki nur einen sorgeberecht EltT hat. Aus welchen Grden es zu der **Alleinsorge** gekommen ist, ist für das Eintreten der Beistandsch unerhebl. Für ehel Ki wird die Beistandsch insb nach der Scheidg ihrer Elt bei der UnterhSicherg bedeuts sein. Eine VaterschFeststellg für ehel Ki kommt nur in bes Fällen vor (vgl BT-Drucks 13/892 S 29), näml bei Identitätszweifeln od wenn ein ne Ki adopt wird, ohne daß vorher die Vatersch festgestellt w, weil in diesem Fall die VaterschFeststellg betrieben w kann, obw das Ki dch die Adopt den Status eines ehel Ki erlangt hat (§ 1754 Rn 2).

6 **2) Beistandschaft vor der Geburt des Kindes.** Ein wicht Ziel des BeistandschG war es, die VaterschFeststellg u UnterhSicherg schon vor der Geburt des Ki zu erleichtern, ohne daß es der Bestellg eines Pfl für die Leibesfrucht bedarf (BT-Drucks 13/892 S 30 f). Dieses Ziel wurde dadch erreicht, daß iGgs zu SGB VIII 18 II aF, der nur die Vorbereitg der VaterschFeststellg vorsah, die Dchführg der VaterschFeststellg vor der Geburt des Ki erlaubt. In allen Fällen kann die zur Wirksamk der VaterschAnerk erfdl Zust des Ki (§§ 1595 II, 1596 II) entw dch Erkl der Mu selbst od dch einen Beistd abgegeben w. Ist die Mu vollj u nicht geschunfäh, kann sie die schon vor der Geburt des Ki zul Zust selbst im eig Na erkl, da ihr iF der Geburt die volle elt Sorge zustünde (§§ 1595 I u III, 1594 IV, 1626 a II). Sie könnte in diesem Fall aber auch dch einen entspr Antr die Beistandsch herbeiführen (§ 1713 I 1 Alt 2) u die Zust des Ki dch das JA als gesetzl Vertr erkl lassen (§ 1716 Rn 8). Ist die werdende Mu mj u beschr geschfäh, kann sie die vorgeburtl Beistandsch ohne Zust ihres ges Vertr beantr (§ 1713 II 2). Für eine geschunfäh werdende Mu kann nur ihr ges Vertr den Antr auf Beistandsch stellen (§ 1713 II 3). In allen diesen Fällen vorgeburtl AntrStellg tritt Beistandsch ein (§ 1714 S 2); sie ermögl es dem JA, als ges Vertr für den Nasciturus dessen Zust zur VaterschAnerk abzugeben.

7 **3)** In der Reformdiskussion standen **verschiedene Beistandschaftsmodelle** nebeneinand (vgl BT-Drucks 13/892 S 24 f). Sie reichten von der Lösg, die ges AmtsPflegsch des BGB einf auf die neuen BuLä zu erstrecken, bis zur ersatzl Abschaffg der ges AmtsPflegsch auch in den alten BuLä, über alle denkb Modifikationen, näml die AmtsPflegsch nur auf Antr od nicht gg den Widerspr der Mu eintreten zu lassen, zeitl od inhaltl zu beschr usw. Der GesGeber hat sich für das **Antragsmodell** entschieden, weil es die Nachteile der übr Modelle vermeidet, ferner nicht mit einem Eingriff in die Rechte der Mu verbunden ist, weil die Beistandsch nur auf ihren Antr eintritt u auf ihr Verlangen auch wieder endet, u schließl weil die Interessen des Ki hinreichd gewahrt sind (vgl BT-Drucks 13/892 S 26 ff, insb 28 ff).

8 **4) Rechtsnatur.** Die Beistandsch gibt sich der Bezeichng nach als eigständ RInstitut; in der Sache handelt es sich dabei jedoch, wie die Verweisg in § 1716 S 2 deutl macht, um einen (dch die §§ 1712–1717 nF ausgestalteten) Sonderfall der **Pflegschaft.** Die wenigen Vorschr, die von der Verweisg ausgen w (Aufs dch das VormschG, RechngsLegg) sind für die rechtsdogmat Einordng marginal od verbieten sich (wie Bestallg u

Bescheinigg) aus der Natur der Beistandsch als Sonderform der antragsindizierten gesetzl Pflegsch (vgl im einzelnen § 1716 Rn 5). Daß der Ausschl der VertretgsMacht des sorgeberecht EltT im RStreit nicht unmittelb dch ZPO 53 sond dch eine eig Bestimmg (ZPO 53 a) erfolgt (vgl Rn 10), ändert an der RNatur der Beistandsch nichts, sond bestätigt sie nur einmal mehr. Daß § 1630 keine Anwendg findet, verschlägt demggü kaum etwas, weil sich die AufgKreise des Pflegers prakt im Betreiben der versch GerichtsVerf des § 1712 I Nr 1 u 2 erschöpfen.

5) Kritik. Die §§ 1712–1717 nF enth eine einheitl Regelg für ehel u ne Ki. Das soll als Begrdg dafür dienen, daß die Neuregelg weder in den 5.Titel noch in den 6.Titel, sond in einen neuen 7.Titel eingestellt wurde, der auch sprachl die Unterscheidg zw ehel u ne Ki nicht mehr enth (BT-Drucks 13/892 S 35). Dabei betreibt der GesGeber indessen ledigl in unzul Weise RGeschichte. Die Beistandsch gehört, wie die §§ 1685 ff, 1705 S 2 aF beweisen, der Sache nach zur elt Sorge. Wollte man ihr einen eig Titel einräumen, hätte sich hierf zwangl der bish, dch Abschaffg der bes SorgeRVorschr für ne Ki frei gewordene 6.Titel angeboten, der überdies dch Erhaltg seiner Überschr inhaltl leerläuft u nur die der KindschRReform zuwiderlaufde Wirkg hat, den gerade abgeschafften Statusunterschied im RBewußtsein wachzuhalten. Bloße Ideologie ist auch, daß allein schon dch die Bezeichng als Beistandsch das neue RInstitut von der früh automat eintretden AmtsPflegsch abgegrenzt würde (so BT-Drucks 13/892 S 82 u 35). Denn versteht man sie als bl Funktionsbezeichngen, brauchte weder die bish AmtsPflegsch ZwangsPflegsch zu sein, noch wird diese ohne das Adjektivattribut „freiwill" dch den Begriff Beistandsch ausgeschl. 9

6) Verfahrensrecht. Zum Verf vor dem JA vgl die BenachrichtiggsPflichten des StBeamten (PStG 21 b) u des eine Vatersch aufhebden Gerichts (SGB VIII 52 a III). Zur Beratg u Unterstützg dch das JA gem SGB VIII 52 a Wolf DAV **98**, 883. Örtl zuständ für die Beistandsch ist das JA, in dessen Bereich der sorgeberecht EltT seinen gewöhnl Aufenth hat, hilfsw dessen tats Aufenth, sonst best sich die Zustdgk danach, wo das Ki lebt (vgl SGB VIII 87 c, ggf V iVm 86 d). Wg Einzelh vgl Baer DAV **98**, 491, 493 f. Im AufgGebiet des Beistands ist die **Vertretung des sorgeberechtigten Elternteils ausgeschlossen** (§ 53 a ZPO). Schon gg die AO der früh Amtspflegsch zur Geltdmachg von UnterhAnspr gg ihn stand dem Va kein BeschwR zu (vgl BayObLG FamRZ **97**, 1299). Gg die vGw eintretde Beistandsch scheidet eine Beschw schon der Natur der Sache nach aus. 10

7) Übergangsregelung. Vgl Art 223 EGBGB. Mit dem 1. 7. 98 ist der bish Amtspfleger zum Beistand iS der §§ 1712 ff mit dem bish AufgKreis geworden, ohne Verpfl zur Vorlage einer SchlußRechng (LG Gießen FamRZ **99**, 675). Ab 1. 1. 99 sind alle nicht in § 1712 genannten Aufg weggefallen (Ausn: Regelg von Erb- u PflichtTAnspr des Ki; vgl 58. Aufl). 11

1712 *Gegenstand der Beistandschaft; Antragserfordernis.* **I Auf schriftlichen Antrag eines Elternteils wird das Jugendamt Beistand des Kindes für folgende Aufgaben:**

1. die Feststellung der Vaterschaft,

2. die Geltendmachung von Unterhaltsansprüchen einschließlich der Ansprüche auf eine an Stelle des Unterhalts zu gewährende Abfindung sowie die Verfügung über diese Ansprüche; ist das Kind bei einem Dritten entgeltlich in Pflege, so ist der Beistand berechtigt, aus dem vom Unterhaltspflichtigen Geleisteten den Dritten zu befriedigen.

II Der Antrag kann auf einzelne der in Absatz 1 bezeichneten Aufgaben beschränkt werden.

1) Inhalt. Die dch Art 1 Nr 4 BeistandschG eingefügte Vorschr regelt, unter welchen Vorauss eine Beistandsch eintritt, wer Beistd wird u welche Aufg er hat. Die Regelg ersetzt die Beistandsch der aufgehobenen §§ 1685 ff aF u zugleich die gesetzl AmtsPflegsch der §§ 1705 ff aF. Der **Anwendungsbereich** der JA-Hilfe ist ggü den §§ 1706 ff aF, welche die AmtsPflegsch auf die unter elt Sorge der Mu stehden ne Ki beschrkte, schon um der in dieser Beschrkg möglicherw liegden Diskriminierg entggzuwirken, deutl erweitert worden: Einen Beistand kann **jedes Kind** erh, das unter der alleinigen Sorge eines EltT bzw eines Vormds steht u soweit das SorgeR die VaterschFeststellg u den KiUnterh erfaßt (vgl § 1713 I 1 u 2). Soweit sie allein sorgeberecht sind, **kann ferner sowohl der Vater als auch die Mutter die Beistandschaft beantragen,** allerd ggü der allg Beistandsch der §§ 1635 ff aF nicht für sämtl Angelegenh der elt Sorge (so § 1685 II aF), sond nur für die oben genannten Angelegenh VaterschFeststellg u KiUnterh. Wie schon bei der AmtsPflegsch (vgl BGH FamRZ **90**, 1103) gilt die Beistandsch auch für ausl Ki, solange diese ihren gewöhnl Aufenth in Dtschl haben (vgl § 1717 I 1). Internat Abkommen stehen dabei der Bestellg einer Beistandsch nicht entgg (Baer DAV **98**, 491 ff). Die **Führung der Beistandschaft** liegt beim **Jugendamt:** SGB VIII 55; vgl Art 144 EG. 1

2) Gegenstand der Beistandschaft ist je nach dem Antr des allein sorgeberecht EltT alternativ od kumulativ die Feststellg der Vatersch (Rn 3) u die Geltdmachg von UnterhAnspr (Rn 4). Trotz des SachZushg u der mittelb Betroffenh des Ki kann weder isoliert noch auch dann, wenn Ggstd der Beistandsch bereits die Geltdmachg von KiUnterh ist, der AufgKreis des JA auf die Geltdmachg der Anspr von Mu od Va aus § 1615 l ausgedehnt w (vgl dort Rn 22). Auch für and BeistdsBedürfn des Ki selbst sieht das Ges keine Beistandsch vor (Rn 8). In diesem Zushg trifft das JA **besondere Pflichten,** die sich daraus ergeben, daß mit der freiw Beistandsch einers die bish Erfolge des JA bei der VaterschFeststellg u Dchsetzg der UnterhAnspr des Ki gesichert w sollen, ohne ands damit einen Eingriff in das SorgeR der Mu zu verbinden. Dies kann nur gelingen, wenn den betroff Müttern die dch die Beistandsch gebotene Hilfe u ihre Bedeutg überh bekannt ist (vgl zum folgden BT-Drucks 13/892 S 29). Zu diesem Zweck hat der StBeamte die Geburt eines ne Ki unverzügl dem JA anzuzeigen (PStG 21 b S 1) u dabei das rel Bekenntn der Mu nur mitzuteilen, wenn die Mu mj ist u ihr rel Bekenntn, was nur mit ihrem Einverständn geschieht, im Geburteneintrag enth ist (PStG 21 b S 1). Denn nur dann tritt eine ges AmtsVormsch ein (§ 1791 c) u kann das rel Bekenntn od die Weltanschauung des Mdl u seiner Fam eine Rolle spielen (vgl § 1801). In and Fällen ist die Mitteilg über die 2

Rel der Mu nicht nöt, weil es zur Feststellg der Vatersch u der Dchsetzg von UnterhAnspr nicht auf die Rel ankommt. Auf die Anzeige des StBeamt od auch auf die Mitteilg eines Ger, daß ein Ki od Jugendl ne ist, zu der das Ger verpfl ist, wenn sich die Nichtehelk aus einer seiner Entsch ergibt (SGB VIII 52 a III), hat das JA von sich aus auf die Mu zuzugehen (BT-Drucks 13/892 S 44) u ihr unverzügl (vgl 121 I 1) Beratg u Unterstützg bei der VaterschFeststellg u der Geltdmachg von UnterhAnspr des Ki anzubieten (SGB VIII 52 a I) u dabei hinzuweisen 1. auf die Bedeutg der VaterschFeststellg, 2. auf die Möglk der VaterschAnerk u der gerichtl Feststellg der Vatersch, insb bei welchen Stellen die Vatersch anerk w kann, 3. auf die Möglk der Beurk der UnterhZahlgs- bzw AbfindgsVerpfl sowie 4. auf die Möglk, eine Beistandsch zu beantr (SGB VIII 52 a I 2). Das JA hat der Mu ein pers Gespräch anzubieten (SGB VIII 52 a I 3). Bei entspr Kenntn kann das JA auch schon die werdende Mu informieren (SGB VIII 52 a II). Dagg hat das BeistandschG davon abgesehen, den StBeamten zu verpfl, das JA dann zu benachricht, wenn zB 1 J nach der Geburt des ne Ki verstrichen ist, ohne das Va im Geburtenbuch beigeschrieben ist, um dann das JA in einer sog „zweiten Welle" zu Nachforschgen zu veranlassen, aus welchen Grden die VaterschFeststellg bish unterblieben ist, damit es ggf das VormschG informiert (BT-Drucks 13/892 S 30).

3 **a) Feststellung der Vaterschaft, I Nr 1.** Der AufgKr umfaßt alles, was zur VaterschFeststellg iSv § 1592 Nr 2 od 3 führt. Das JA kann also von sich aus auf die Erfüllg der WirksamkVorauss einer VaterschAnerk Einfl nehmen u die erfdl Zust (§§ 1595, 1596) herbeiführen. Die Zust des JA selbst kommt prakt nie in Frage (vgl FamRefK/Sonnenfeld 11). Kommt eine VaterschAnerk nicht zust, ist das JA dch die Beistandsch zur gerichtl Feststellg der Vatersch autorisiert (§ 1600 d). Es führt den Proz im Na des Ki (§ 1716 Rn 8; vgl § 1600 e Rn 6). Ist der Va unbekannt od kommen versch Männer als Va in Betr, hat das JA die erfdl Untersuchgen anzustellen. Zur Beschrkg der Beistandsch: Rn 14. Das Ges unterscheidet in den §§ 1592 ff dezidiert zw der Anfechtg u der Feststellg der Vatersch; anderers werden die RInstitute in § 1600 e I aber auch in einer einzigen Best zus behandelt. Da das SchutzBedürfn (vgl Einf 3 v § 1712) bei der Dchführg eines VaterschAnf-Verf nicht geringer zu sein braucht als bei der eigtl VaterschFeststellg, muß die Beistandsch der §§ 1712 ff auf die Unterstützg des allein sorgeberecht EltT dch das JA **auf das Vaterschaftsanfechtungsverfahren analog angewendet** w (abl BT-Drucks 13/892 S 37; FamRefK/Sonnenfeld 14; vgl dagg iS des hier vertretenen StandPkts auch die Stellgnahme der Praxis: DAV **94**, 10).

4 **b) Geltendmachung von Unterhaltsansprüchen, I Nr 2. – aa) Kompetenzen.** Die Geltdmachg betr die Dchsetzg von zukünft u aufgelaufenen (§ 1615 d) UnterhAnspr des Ki aus den §§ 1601 ff, u zwar die gerichtl u außergerichtl Verfolgg, mithin im VerhdlgsWege, dch Proz (ZPO 642 ff) od dch Vollstr. Die DchsetzgsLegitimation richtet sich auch auf die Verfolgg von UnterhAnspr gg die Mu (vgl BayObLG FamRZ **80**, 828; BVerfG FamRZ **88**, 475 offengelassen) sowie gg deren Verwandte (früh bestr; vgl Göppinger u Knur FamRZ **70**, 60 u 273). Hins des Ztpkts des Umfangs u der Form der Dchsetzg des UnterhAnspr ist der Beistd nicht an Weisgen des EltT gebunden, sond entsch in eig Verantwortg (vgl LG Kln DAV **77**, 199). Bei entsprechden Differenzen bleibt nur Beendigg der Beistandsch (§ 1715 Rn 2). Hat der Beistd ein Urt auf RegelUnterh erwirkt, so obliegt ihm auch die Betreibg seiner Festsetzg u Neufestsetzg (ZPO 642 a u b); ebso wenn auf RegelUnterh gleichzeit mit der Feststellg der Vatersch erkannt w ist (ZPO 643 II). In diesem Fall kann er dch Kl die Abänderg des RegelUnterh betreiben (ZPO 643 a), ebso eine Herabsetzg der UnterhHöhe dch den UnterhVerpfl entggtreten od sich mit diesem einigen, wobei im letzteren Fall eine UnterwerfgsErkl gem ZPO 794 Nr 5, SGB VIII 59 I 1 Nr 3, 60 zweckmäß ist. Auch die Beitreibg ist Sache des Beistds. Er vertritt das Ki bei AbändKl gem ZPO 323 (Einf 33 v § 1601), desgl in Verf, die Stundg od Erlaß rückständ
5 UnterhBetr zum Ggstd haben (§ 1615 i). Ebso auch bei Vereinbgen über eine **Abfindung** (§ 1615 e III) u ihrer Gen dch das VormschG. Die dabei erlangten Betr darf der Beistd nicht anlegen, sond hat sie an den sorgeberecht EltT, der die Beistandsch beantr hat, abzuliefern, soweit diesem die VermSorge zusteht. Dasselbe gilt auch für UnterhBetr, die gezahlt od beigetrieben w, es sei denn, das Ki befindet sich bei einem Dr entgeltl
6 in Pfl (Rn 7). – **Nicht unter Nr 2 fällt** die Verteidigg gg UnterhAnspr Dr, die Beantragg von Leistgen nach dem UVG iS v Einf 44 v § 1601 (vgl BGH KindPrax **99**, 165 zu § 1706 aF), ferner die Mitwirkg bei der RückAbtretg von nach § 1615 b übergegangenen Anspr (BGH NJW **82**, 515) od die Geltdmachg von RentAnspr (BSG FamRZ **71**, 530).

7 **bb) Verwendung der eingezogenen Beträge.** Die vom unterhpflicht EltT bzw unterhpfl Verwandten eingezogenen Betr leitet das JA an den sorgeberecht EltT, der die Beistandsch veranlaßt hat. Das gilt auch für eine von dem UnterhSchu geleistete Abfindg. Der Beistd darf sie ebsowenig wie Zahlgen von Unterh-Rückstden selbst anlegen, sond muß sie an den SorgeBerecht abliefern, soweit diesem auch die VermSorge zusteht. Befindet sich das Ki in entgeltl **Familienpflege** (§ 1630 Rn 5), so ist der Beistd berecht, unabhäng vom Unterh aus den von dem UnterhPflicht geleisteten Betr die PflegePers auch für deren eig Anspr zu befried, **I Nr 2 Halbs 2.** Hierdch wird sichergestellt, daß die PflegePers schnellstmögl die ohneh ihr zustehden Betr bekommt (BT-Drucks 13/892 S 37). Dr iSv Nr 2 ist nicht der Träger der JugH (OVG Bln FamRZ **75**, 350).

8 **c)** Für die **Beschränkung der Beistandschaft** auf diese beid Kernbereiche war nach BT-Drucks 13/892 S 36 maßgebl, daß nur in diesen Bereichen eine bes Situation allein sorgeberecht EltT besteht, elementare Rechte des Ki betroffen sind u ein bes eig Interesse des Staates an der Dchsetzg dieser Rechte vorh ist, währd ein generelles Mißtrauen gg allein sorgeberecht EltT, insb gg Mütter ne Ki, das Grdl der früh ges AmtsPflegsch gewesen sein mochte, nicht gerechtfert ist, u iü der allein sorgeberecht EltT, soweit er Fragen hat, sich gem SGB VIII 18 I vom JA beraten lassen kann (Einf 27 v § 1626). Nach diesen Kriterien besteht kein Bedürfn nach einer Beistandsch für die öff-rechtl NamensÄnderg, für die EhelkAnf u die Anf der VaterschAnerk dch das Ki. Ein bes staatl Eigeninteresse daran, daß das Ki seinen rechtl Va verliert, besteht nicht. Auch hier ist das Ki dch die BeratgsHilfe u PKH hinreichd geschützt (BT-Drucks 13/892 S 37). Entsprechdes gilt für die Verteidigg des Ki gg eine Kl des Va auf Unwirksamk der VaterschAnerk od bei einer Anf der VaterschAnerk; hier genießt das Ki den Schutz des uneingeschrkt geltden UntersuchgsGrds (ZPO 640 I, 616 I, 640 d). Schließl sah der GesGeber für die Aufrechterhaltg des AufgKr der früh AmtsPflegsch auch für Erb- u PflichttR des Ki keinen Anlaß, da die AmtsPflegsch insow keine prakt Bedeutg erlangt hatte (BT-Drucks 13/892 S 29; vgl aber LG Bln FamRZ **76**, 461). Als Konsequenz der Umwandlg der gesetzl AmtsPflegsch in eine

freiwillige Beistandschaft (Einf 4 v § 1712) u deren Beschrkg auf die VaterschFeststellg u die Regelg des KiUnterh sind dch Art 1 Nr 4 die bish Vorschr über die Beistandsch (§§ 1685–1692 aF) **aufgehoben** worden.

3) Antragserfordernis, I. Vgl zu den versch in der Reformdebatte diskutierten Alternativmodelle Einf 7 v § 1712. 9

a) Autonomieprinzip. Die Beistandsch tritt nur auf Antr eines EltT ein. Dadch soll gewährleistet w, daß die Initiative für den Eintritt der Beistandsch ausschließl von dem betr EltT ausgeht, wodch freil nicht ausgeschl wird, daß das JA, wenn es dies für sinnvoll hält, dem EltT eine entspr Anregg gibt (vgl auch Einf 2 v § 1712). Doch soll jede Erinnerg an die früher unabhäng vom Willen der Mu eintretde AmtsPflegsch vermieden w, weshalb bl „Einwilliggen" od „Zustimmgen" des EltT zur Beistandsch als nicht ausr angesehen wurden. In der Tat wäre mit diesen Ausdr zu wenig deutl geworden, daß die Beistandsch als freiw HilfsAngeb des JA gedacht ist u der maßgebl Entschl, daß eine Beistandsch bestehen soll, vom EltT stammen muß (vgl BT-Drucks 13/892 S 35). Dagg steht dem EltT ggü dem JA **kein Weisungsrecht** zu (FamRefK/Sonnenfeld § 1716 Rn 3; aA Gawlitta ZfJ **98**. 157). Ein solches folgt auch nicht *a maiore ad minus* aus § 1716. 10

b) Rechtsnatur. Für den Antr ist begriffl kennzeichnd, daß er dem Adressaten eine EntschAlternative eröffnet. Gem § 1714 tritt jedoch mit dem Zugang der Begehrensäußerg die Beistandsch automat ein. Desh ist der „Antr" nach § 1712 entgg BT-Drucks 13/892 S 35 nicht einmal ein Antr „im untechn Sinne", sond echte GestaltgsErkl. 11

c) Inhalt. Für den Antr ist kein best Inh vorgeschr. Er braucht nicht einmal das Wort Beistandsch zu enth. Der ASt braucht auch keine klaren Vorstellgen darüber zu haben, die Hilfe des JA bei der VaterschFeststellg od zur Geltdmachg von UnterhAnspr in Anspr nehmen zu wollen, sofern aus seiner Situation deutl wird, daß es sich nur darum handeln kann. Zweifeln am obj ErklWert werden ohneh Formblätter der JÄmter entggwirken. Ihrem Inh nach kann die Beistandsch zur Geltdmachg von UnterhAnspr gg den Va od die Mu erbeten w, aber auch der bl Abwehr einer den Unterh herabsetzden Änd- od auf die endgült Ausschließg einer UnterhVerpfl abzielden ZwVollstrGgKl vS des bish UnterhPflicht dienen. Der Antr auf Beistandsch bedarf keiner Begr. 12

d) Umfang. Zur deckgsgleichen VertretgsMacht vgl § 1716 Rn 2. **aa) Volle Beistandschaft.** Der Antr des allein sorgeberecht EltT, der auf Beistandsch ohne Einschränkg gerichtet ist, bezieht sich gleichermaßen auf die VaterschFeststellg u auf die Geltg von UnterhAnspr, es sei denn, die Vatersch ist bereits dch Anerkenng bzw gerichtl festgestellt w od es liegt sogar bereits ein UnterhTitel vor, so daß nur eine Beistandsch für eine AbändKl in Betr kommt. Insb ein Antr auf vorgeburtl Beistandsch (Einf 6 v § 1712) ist ow als auf VaterschFeststellg wie UnterhRegelg gerichtet anzusehen. **bb) Beschränkung des Antrags, II.** Dem Charakter der Beistandsch als freiw HilfsAngeb entspricht es, daß sie nur in dem Umfg eintritt, in welchem der ASt dies wünscht. So kann die Mu ihren Antr auf eine Beistandsch zur VaterschFeststellg beschr, wenn sie aGrd ihrer eig guten wirtsch Verhältn auf UnterhZahlgen nicht angewiesen wäre od die UnterhAnspr ohneh nur schwer realisierb wären (BT-Drucks 13/892 S 37). Aber auch dann, wenn sie ohneh eig UnterhAnspr geltd zu machen beabsicht, kann eine Beistandsch für die UnterhAnspr des Ki daneben für sie unzweckmäß sein. Hält das JA seiners neben der VaterschFeststellg die Erlangg eines UnterhTitels für die Anspr des Ki für sinnvoll, kann es die Erweiterg der Beistandsch nur anregen, dchsetzen dagg nur unter den erschwerten Vorauss von § 1666 Rn 16. Der Antr kann ferner darauf beschr w, eine AbfindgsVereinbg zustande zu bringen od den Unterh für das in einer FamPflege untergebrachte Ki zu sichern. 13 14

e) Schriftform. Der Antr bedarf zur RSicherh der Schriftlichk (§ 126 Rn 2), die man der Protokollierg beim JA vorgezogen hat. Mit der Unterschr des antragstellden EltT unter ein vom JA vorrät gehaltenes AntrBlatt ist der Schriftform Genüge getan (BT-Drucks 13/892 S 35). 15

f) Adressat. Der Antr muß beim JA eingehen (vgl § 130 Rn 15). Örtl zust ist gem SGB VIII 87 c V das JA, in dessen Bezirk die Mu ihren gewöhnl bzw mangels eines solchen ihren tats Aufenth hat (FamRefK/Sonnenfeld 6). 16

g) Antragsberechtigt ist ein allein sorgeberecht EltT. Er stellt den Antr in eig Na, auch wenn er sich aus bzw als Vorwirkg der elt Sorge ergibt. Wg Einzelh vgl § 1713. Steht das Ki unter Vormsch (§ 1773), so ist der Vormd umfassd in der Lage, die Interessen des Ki wahrzunehmen, so daß es hier einer Beistandsch nicht bedarf; ggf ist ein MitVormd od jmd and zum Vormd zu bestellen (BT-Drucks 13/892 S 36). 17

4) Beistandschaft des Jugendamts. a) Beistd kann weg seiner bes Sachkunde nur das JA werden, also keine EinzelPers od ein Verband, mit deren Bestellg dch ein Ger zwangsläuf auch Verzögergen verbunden wären. – **b)** Das JA wird entspr der bish gesetzl AmtsPflegsch **Beistand des Kindes** u nicht etwa Beistd des antragstellden EltT. Entsprechd ist der Beistd auch Vertr des Ki u nicht des EltT. Vgl zur Stellg des JA iü § 1716 Rn 8. 18

1713 *Befugnis zur Antragstellung.* **I Den Antrag kann ein Elternteil stellen, dem für den Aufgabenkreis der beantragten Beistandschaft die alleinige elterliche Sorge zusteht oder zustünde, wenn das Kind bereits geboren wäre. Der Antrag kann auch von einem nach § 1776 berufenen Vormund gestellt werden. Er kann nicht durch einen Vertreter gestellt werden.**

II Vor der Geburt des Kindes kann die werdende Mutter den Antrag auch dann stellen, wenn das Kind, sofern es bereits geboren wäre, unter Vormundschaft stünde. Ist die werdende Mutter in der Geschäftsfähigkeit beschränkt, so kann sie den Antrag nur selbst stellen; sie bedarf hierzu nicht der Zustimmung ihres gesetzlichen Vertreters. Für eine geschäftsunfähige werdende Mutter kann nur ihr gesetzlicher Vertreter den Antrag stellen.

1) Inhalt. Die Vorschr regelt in Ergänzg von § 1712 die AntrBerechtigg u läßt iü eine Beistandsch schon vor der Geburt des Ki zu, wodch eine frühzeit VaterschFeststellg (§ 1600 b II) u UnterhSicherg (§ 1615 o) erleichtert w (BT-Drucks 13/892 S 37). 1

2 **2) Antragsberechtigter Elternteil, I 1.**

3 **a)** Den Antr auf Beistandsch kann nur ein **Elternteil** stellen, nicht aber ein Vormd od Pfleger. Das ist insof sachgerecht, als der Vormd u Pfl von vornherein so ausgewählt w müssen, daß sie die Belange des Ki voll wahrnehmen können u damit auch in der Lage sind, es bei der VaterschFeststellg u der Geltdmachg von UnterhAnspr zu vertreten. Bei der gesetzl AmtsVormdsch (§ 1791 c) ist ohnehin das mit diesen Aufg vertraute JA Vormd.

4 **b)** Dem antragstelldеn EltT muß die **elterliche Sorge allein** zustehen. Ausnahmsw kann iRv § 1629 II 2, III bei gemeins elt Sorge der EltT, in dessen Obhut sich das Ki befindet, für die Geltdmachg von Anspr gg den and EltT ein Beistand bestellt w (so AG Hamm DAV **99**, 158; FamRefK/Sonnenfeld 4).

5 **aa) I 1 erste Alternative** betr also den Fall, daß das **Kind bereits geboren** ist. Der EltT, dem die elt Sorge nicht zusteht, kann den Antr nicht stellen. Damit wird klargestellt, daß VaterschFeststellg u Unterh-Regelg entw Aufg des and – näml allein sorgeberecht – EltT ist, der seiners den Antr stellen kann, od Aufg des Vormd od Pfl (Einzelh bei FamRefK/Sonnenfeld 8 f). Für Ki, die unter der gemeins Sorge beid Elt stehen (§ 1626 Rn 12), ist eine Beistandsch nicht mögl (§ 1712 Rn 8). Darauf, ob das Ki nach den Umstden des Falles *tatsächl* nur von einem EltT betreut w, kommt es nicht an. Daß für das Ki insb im Bereich der UnterhSicherg auch dann Probleme entstehen können, wenn es zwar rechtl unter gemeins Sorge steht, tats aber – etwa wg einer Trenng der Elt – nur von einem EltT betreut wird, hat der GesGeber nicht verkannt, aber aus Grden der RSicherh von der Anknüpfg des AntrR an die tats Bt Abstand genommen, weil sie sich wesentl schwerer feststellen u nachw läßt als die elt Alleinsorge im RSinne u weil der automat Eintritt der Beistandsch mit dem Zugang des Antr (§ 1714 S 1) eine Anknüpfg an klare Kriterien verlangt (BT-Drucks 13/892 S 37 f). Für die alleinige elt Sorge ist die jew SorgeRRegelg entscheidd (vgl §§ 1626 a II, 1671 I, 1672 I, 1675, 1678 I 1, 1680 I u II usw).

6 **bb) I 1 zweite Alternative** räumt auch schon der **werdenden Mutter** das Recht ein, die Beistandsch zu beantr, sofern ihr die alleinige elt Sorge zustünde, wenn das Ki bereits geboren wäre. Das ist der Fall, wenn sie vollj, geschfäh u nicht verh ist, wie sich aus den §§ 1626 II u 1713 II ergibt. Entsprechd der allg Zielsetzg der vorgeburtl VaterschFeststellg u UnterhSicherg (vgl Einf 6 v § 1712) soll sichergestellt w, daß das JA auch schon vor der Geburt des Ki eingeschaltet w kann u dann auch berecht ist, dabei als ges Vertr des Ki insb einer VaterschAnerk zuzustimmen (§§ 1594 IV, 1595 II, 1596 II) od eine einstw Vfg auf Zahlg des Unterh für die ersten 3 Mo zu beantr (§ 1615 o I). SondRegelgen gelten für die werdde Mu, die mj od geschunfäh ist (vgl
7 FamRefK/Sonnenfeld 14 ff). Für werdde Mütter, die unter der Vormsch eines **nach § 1776 berufenen Vormunds** stehen, begründet **I 2** ein eig Recht zur AntrStellg (vgl BT-Drucks 13/892 S 49). And Vormünder werden dagg vom VormschG ausgewählt (vgl § 1779 ff), wobei von vornherein darauf geachtet w, daß sie der Inanspruchn staatl Hilfe bei der VaterschFeststellg wie bei der Geltdmachg von UnterhAnspr nicht bedürfen (vgl FamRefK/Sonnenfeld 8 f).

8 **c) Ausschluß der Vertretung, I 3.** Mit dem höchstpers Charakter des Antr auf Beistandsch wäre es unvereinb, wenn der Antr dch einen Vertr gestellt w könnte (vgl Einf 4 v § 164). Der automat Eintritt der Beistandsch mit Zugang des Antr beim JA (§ 1714 S 1) verlangt überdies eine Anknüpfg an mögl klare Kriterien. Die Frage, ob das JA Beistd geworden ist, soll desh nicht vom Ausgang eines Streits darüber abhäng sein können, ob eine Vollm erteilt u ggf wirks ist (BT-Drucks 13/892 S 38). Ausn vom Verbot der AntrStellg dch einen Vertr in I 2 u II 3 betr die ges Vertretg (Rn 7 u 13).

9 **3) Antragsberechtigung bei unverheirateter, minderjähriger oder nicht geschäftsunfähiger werdender Mutter, II.**

10 **a) Verteilung der Antragsbefugnisse.** Das Ki einer mj od geschunfäh werddеn Mu, die unverh ist, ist zumind in gleichem Maße schutzbedürft wie das Ki einer werddеn Mu, die vollj u geschfäh ist u der die alleinige elt Sorge zustünde, wenn das Ki bereits geboren wäre (vgl Rn 6). Für die Zeit nach der Geburt wird der Schutz dadch bewirkt, daß die gesetzl AmtsVormsch eintritt (§ 1791 c). Für die Zeit vor der Geburt würde § 1713 I 1 2.Alt (vgl Rn 6) keine Abhilfe schaffen, weil der Mu gem § 1673 iF der Geburt nicht die allein elt Sorge zustünde. Desh hat das BeistandschG folgde Regelg getroffen:

11 **aa) Erweitertes Antragsrecht der unverheirateten werdenden Mutter, II 1.** Das AntrR liegt in Erweiterg von I 1 Alt 2 bei der werddеn Mu auch dann, wenn ihr, wenn das Ki bereits geboren wäre, nicht die allein elt Sorge zustünde. Das sind abgesehen von dem Hauptfall, der hier in II 2 gesondert geregelt ist, daß sie näml noch in der GeschFgk beschr ist (dazu unten Rn 12), die Fälle, in denen ihre elt Sorge, wäre das Ki schon geb, ruhen würde, vor allem also wg tats Unvermögens (§§ 1674 I, 1675), etwa bei Krankh, Verbüßg einer FreihStr usw). Das Ki bekäme in diesen Fällen einen Vormd (§ 1773 I), so daß die Mu nicht das allein SorgeR hätte (also nicht: I 1 Alt 2 sond II 1). Im Rahmen der allg Zielsetzg, Vatersch u Unterh nach Möglk schon vor der Geburt des Ki zu klären (Einf 6 v § 1712), gewährt II 1 der werddеn Mu in diesen beid zentralen Fragen ein selbstd AntrR, obw ihr die elt Sorge bei Geburt des Ki gar nicht zustünde. Aber sie soll, da sie voll geschfäh ist, insow die Verantwortg für das Ki behalten. Damit wird die Zeit bis zum Eintritt der gesetzl AmtsVormsch (§ 1791 c) überbrückt. Mit der Geburt des Ki erlischt die Beistandsch gem § 1715 II, da die Mu dann nicht mehr „werdde Mu“ iSv II ist u ihr ein AntrR nach I 1 ebenf nicht zusteht, da sie nicht die allein elt Sorge hat (BT-Drucks 13/892 S 38).

12 **bb) Höchstpersönliches Antragsrecht der beschränkt geschäftsfähigen werdenden Mutter, II 2.** Wg des höchstpers Charakters der AntrStellg (vgl Rn 8) wird eine nach den §§ 2, 106 beschr geschfäh werdde Mu bei der AntrStellg nicht vertr; sie kann vielm den Antr nur selbst stellen u bedarf hierzu auch nicht der Zust ihres ges Vertr.

13 **cc) Vertretung der geschäftsunfähigen werdenden Mutter, II 3.** Mit dieser Vorschr wird der Grds der höchstpers AntrStellg (Rn 8) für die geschunfäh werdde Mu dchbrochen. Wg ihrer GeschUnfgk kann ihr die Entsch über die AntrStellg nicht selbst überlassen werden, wenn sie nicht bereits aGrd ihres Zust zur AntrStellg sowieso nicht in der Lage ist. Um den Schutz der Beistandsch dem nasciturus nicht vorzuenth, wird die Befugn zur AntrStellg vom ges Vertr der werddеn Mu ausgeübt (BT-Drucks 13/892 S 38). Zur GeschUnfgk

vgl §§ 104 Nr 2, 105 I. Bei vorübergehder Störg der Geistestätigk (§ 105 II) behält die Mu das AntrR; sie kann es währd der Störg ledigl nicht wirks ausüben.

b) Umfang der Antragsberechtigung. Wem das AntrR iSd Rn 2ff bzw 9ff zusteht, der hat nicht nur die Befugn, das JA zur VaterschFeststellg u zu einer UnterhRegelg für das Ki zu veranlassen; ihm steht vielm auch die Befugn zu, gem § 1712 II den Antr auf einz Aufg (VaterschFeststellg od UnterhRegelg) zu beschr (vgl § 1712 Rn 13/14). Ferner kann er dch ein entspr schriftl Verlangen die Beistandsch jederZt auch wieder beenden (§ 1715 I 1). 14

1714 ***Eintritt der Beistandschaft.*** **Die Beistandschaft tritt ein, sobald der Antrag dem Jugendamt zugeht. Dies gilt auch, wenn der Antrag vor der Geburt des Kindes gestellt wird.**

1) Zweck: Die Vorschr behandelt das Wirksamwerden der Beistandsch; zu ihren RWirkgen vgl § 1716. Entsprechd der Regelg des österr Rechts soll die Beistandsch mit den AufgKreisen der VaterschFeststellg und Geltdmachg von UnterhAnspr ohne vorher Prüfg eines FürsBedürfn eintreten u auch nicht von der Zustimmg des JA abhäng sein. Es handelt sich vielm um ein unbdgtes HilfsAngeb, das ledigl vom Antr des allein sorgeberecht oder des diesem gleichstehden EltT (vgl § 1713) abhäng sein soll. Desh hat der GesGeber auf eine gerichtl Bestellg des Beistds verzichtet u läßt die Beistandsch schon eintreten, sobald der Antr dem JA zugeht (BT-Drucks 13/892 S 28). 1

2) Wirksamwerden der Beistandschaft, Satz 1. 2

a) Voraussetzungen für das Eintreten der Beistandsch sind ein wirks Antr (vgl § 1712 Rn 9), der in schriftl Form (§ 1712 Rn 15) auf Unterstützg eines allein sorgeberecht od diesem gleichstehden EltT als AntrBerecht (§ 1712 Rn 17, 1713 Rn 2ff) zZw seiner Unterstützg bei der Feststellg der Vatersch u der Geltdmachg von UnterhAnspr an das JA gerichtet ist u diesem iSv § 130 III zugeht (vgl dazu § 130 Rn 15). 3

b) Rechtsfolge. Die Beistandsch tritt dch Erfüllg dieser Vorauss ein, ohne daß es einer zusätzl behördl od gerichtl Entsch bed. Das JA muß im Umfang des von dem AntrBerecht gestellten Antr (§ 1712 Rn 13/14) die Beistandsch erfüllen (vgl § 1712 Rn 2ff). 4

3) Antrag vor der Geburt des Kindes, Satz 2. Das JA ist auch dann an den Antr gebunden (Rn 4), wenn er, wie gem § 1713 Rn 6u 9ff zul, bereits vor der Geburt des Ki gestellt wird. Eines vom Ger zu bestellden Pflegers für die Leibesfrucht bedarf es nicht mehr. 5

1715 ***Beendigung der Beistandschaft.*** **I Die Beistandschaft endet, wenn der Antragsteller dies schriftlich verlangt. § 1712 Abs. 2 und § 1714 gelten entsprechend.**

II Die Beistandschaft endet auch, sobald der Antragsteller keine der in § 1713 genannten Voraussetzungen mehr erfüllt.

1) Inhalt. Die Vorschr enth Regelgen zur Beendigg der Beistandsch. Sie sind jedoch nicht abschließd, sond werden etwa dch die in § 1716 S 2 enthaltene Verweisg auf § 1918 III ergänzt (vgl § 1716 Rn 11). Umgek gilt § 1918 II, wonach die Pflegsch für eine Leibesfrucht mit der Geburt des Ki endet, auch ohne ausdr Regelg für die vorgeburtl Beistandsch wg des grdlegden Unterschieds nicht; währd die Leibesfrucht (§ 1912) den Zustand bis zum Eintritt einer mit der Geburt wirks werdden Vormsch od Pflegsch überbrückt, wird bei der vorgeburtl Beistandsch ledigl der Ztpkt des Eintr eines im Regelfall für die Zeit nach der Geburt best RInstituts vorverlagert (BT-Drucks 13/892 S 41). 1

2) Beendigung durch schriftliches Verlangen des Antragstellers, I 1. 2

a) Zweck. Dem Charakter der Beistandsch als freiw HilfsAngeb (vgl Einf 2v § 1712) entspr es, daß der ASt die Beistandsch jederZt dch schriftl Verlangen beenden kann. Das gilt auch dann, wenn das **Verlangen zur Unzeit** kommt, also bspw wenn ein gerichtl VaterschFeststellgsVerf kurz vor dem Abschl steht; ferner auch, wenn der Erzeuger eines ne Ki die VaterschFeststellg dch massive Beeinflussg der Mu verhindern will (BT-Drucks 13/892 S 39). Doch ist in solchen Fällen dem sorgeberecht EltT ggf gem § 1666 die elt Sorge für die VaterschFeststellg zu entziehen u ein Pfleger zu bestellen (BT-Drucks 13/892 S 39; FamRefK/Sonnenfeld 8). Das JA hat ohnehin dem VormschG Mitteilg zu machen, wenn die Beistandsch auf Verlangen des ASt endet, u außerd gem SGB VIII 50 III das Ger anzurufen, wenn es zur Abwendg einer Gefährdg des KiWohls das Tätigwerden des Ger für erfdl hält. 3

b) Erfordernisse. 4

aa) Antragsteller. Berecht, die Beendigg der Beistandsch zu verlangen, ist der ASt, der den Antr auf Beistandsch gestellt hat. War dies der allein sorgeberecht EltT (§ 1713 Rn 2) u hat sich dies dadch geänd, daß der ASt in der ZwZt (etwa dch SorgeREntzug od Eintritt der GeschUnfgk) die elt Sorge verloren hat, so bed es keines BeendiggsVerl, weil die Beistandsch in diesem Fall bereits gem II vGw beendigt w ist (Rn 10). Dem neuen SorgeBerecht bleibt es unbenommen, die Beistandsch seiners gem §§ 1712–1714 neu zu begr. War ASt ein Vormd (§ 1713 Rn 7u 13), so kann, sol die Vormsch besteht, auch nur er bzw sein Nachfolger im Amt die Beendigg der Beistandsch verlangen. Ist die Vormsch beendigt (§§ 1882ff), geht die Befugn, die Beendigg der Beistandsch zu verlangen, auf den sorgeberecht EltT über. 5

bb) Inhalt, I 2. Der ASt kann die Beendigg der Beistandsch insges verlangen; er kann sein Verl entspr § 1712 II aber auch auf die Beendigg der Beistandsch für die VaterschFeststellg od die UnterhRegelg beschr (vgl § 1712 Rn 14). Dagg hat der ASt keine Möglk, auf Inh u Intensität der Tätigk des JA als Beistd rechtl Einfl zu nehmen; ist der ASt mit der Führg der Beistandsch nicht einverst, bleibt ihm abgesehen von verwrechtl RBehelfen (vgl § 1716 Rn 14) nur übr, die Beendigg der Beistandsch zu verl. 6

7 **cc) Form:** Schriftlk (vgl § 1712 Rn 15).

8 **dd) Adressat:** Entspr § 1714 S 1 das JA (vgl § 1714 Rn 3).

9 **c) Wirkung, I 2.** Die Beistandsch endet entspr § 1714 mit dem Zugang des schriftl BeendiggsVerl beim JA. Das gilt bei einer vorgeburtl Beistandsch auch, wenn die Beendigg vor der Geburt des Ki verlangt wird (BT-Drucks 13/892 S 39). Bereits wirks getroff Maßn des JA bleiben bestehen. Das gilt für rechtskr abgeschlossene Verf ebso wie für wirks vertragl UnterhRegelgen u AbfindgsVergl. Dadch ist das Ki hinreichd geschützt (BT-Drucks 13/892 S 40). Ist ein Proz dagg noch nicht rechtskr abgeschl, fehlt dem JA für die Fortsetzg des Verf die Legitimation. Der SorgeBerecht muß die erfdl ProzHdlgen selbst vornehmen bzw veranlassen.

10 **3) Beendigung der Beistandschaft durch Wegfall ihrer Voraussetzungen, II.** Die Vorschr führt in vielen Fällen zum gleichen Ergebn wie die in § 1716 S 2 enth Verweisg auf das PflegschR u mittelb über § 1915 I auf das VormschR (§ 1882). Der GesGeber hat es aber aus Grden der Klarh insb bei der vorgeburtl Beistandsch für erfdl gehalten, die Beendigg der Beistandsch dch Wegfall der in § 1713 genannten Vorauss ausdr zu regeln (BT-Drucks 13/892 S 40). Die Beistandsch ohne BeendiggsVerl endet auch, sobald der ASt keine der in § 1713 genannten Vorauss mehr erfüllt. Das ist der Fall bei

11 **a) Verlust der Alleinsorge des Elternteils** dch Eintritt der Volljährigk des Ki; dch den Tod des Ki bzw des ASt od dch den Eintritt von dessen GeschUnfgk etwa wg einer psych Erkrankg; dch den Eintritt der gemeins Sorge, näml bei Heirat der Elt eines ne Ki od dch Aufhebg einer Entsch, dch welche einem EltT eines ehel Ki die Sorge entzogen w war; dch SorgeREntzug od Adopt des Ki dch einen Dr. Dies ist insof Auswirkg des FreiwilligkPrinzips (Einf 4 v § 1712), als das Bestehen der Beistandsch nur vom Willen desj EltT abhäng sein soll, der wirkl allein sorgeberecht ist. Geht die Alleinsorge über, so soll der neue SorgeBerecht darüber entsch, ob er die Hilfe des JA in Anspr nehmen will, u ggf einen eig Antr stellen. Geht die elt Sorge hins der AufgKr des Beistds (vgl § 1712 I Nr 1 u 2) auf einen Vormd od Pfl über, so soll überh keine Beistandsch mehr mögl sein, da Vormd u Pfl nicht „EltT" sind. Dies ist sachlich gerechtf, weil als Vormd u Pfl ohnehin nur Pers od Stellen in Betr kommen, die geeignet sein sollen, das Ki in dem ihnen übertr AufgKr selbst zu vertr (BT-Drucks 13/892 S 39 f).

12 **b) Beendigung der vorgeburtlichen Beistandschaft.** Ist das Ki noch nicht geboren, so endet die Beistandsch, wenn die Schwangersch auf and Art als dch Geburt des Ki beendet wird; wenn die werdde Mu stirbt od heiratet, sofern sie vollj u geschfäh ist. Die vorgeburtl Beistandsch endet nicht, wenn eine mj werdde Mu nach AntrStellg vollj wird, da sie dann zwar nicht mehr nach § 1713 II, jedoch nunm nach § 1713 I antragsberecht ist. Die vorgeburtl Beistandsch endet auch dann nicht, wenn die werdde Mu nach AntrStellg geschunfäh wird, da sich ihre AntrBerechtigg dann aus § 1713 II 3 ergibt. Dort ist zwar vorgesehen, daß für eine geschunfäh werdde Mu nur ihr ges Vertr den Antr stellen kann; aus dem Wort „für" ergibt sich jedoch, daß das AntrR nach wie vor der werddden Mu zusteht u es ledigl vom ges Vertr ausgeübt wird (BT-Drucks 13/892 S 40).

1716 ***Wirkungen der Beistandschaft.*** **Durch die Beistandschaft wird die elterliche Sorge nicht eingeschränkt. Im übrigen gelten die Vorschriften über die Pflegschaft mit Ausnahme derjenigen über die Aufsicht des Vormundschaftsgerichts und die Rechnungslegung sinngemäß; die §§ 1791, 1791 c Abs. 3 sind nicht anzuwenden.**

1 **1) Überblick über die Rechtswirkungen der Beistandschaft.** Die Beistandsch versteht sich ihrem Wesen nach als staatl Hilfe für den allein sorgeberecht EltT bei der Feststellg der Vatersch u der Geltdmachg von UnterhAnspr des Ki. Entspr eingeschrkt sind die RFolgen, die mit dem Eintritt der Beistandsch verbunden sind.

2 **a) Stellung des Jugendamtes, Satz 2.** Dch die Beistandsch wird das JA vGw Beistd u erh dch Verweisg auf das PflegschR (Rn 5) u damit mittelb auf das VormschR die Verpfl, im Umfang seines AufgKr (vgl § 1712 Rn 13) tätig zu werden, sowie die dazu erfdl gesetzl VertretgsMacht (Rn 8).

3 **b) Stellung des Sorgeberechtigten, Satz 1.** Dch die Beistandsch wird die elt Sorge des ASt nicht eingeschrkt (Rn 4).

4 **2) Uneingeschränkte elterliche Sorge, Satz 1.** Währd die früh gesetzl AmtsPflegsch zu einer Einschrkg der elt Sorge der Mu eines ne Ki führte (vgl §§ 1705 S 2, 1630 I aF), wird die elt Sorge dch die Beistandsch nicht beschr. Aus dem Nebeneinand der bei HdlgsBefugn von Mu u Beistd befürchtet der GesGeber keine Schwierigk, zumal es auch bei der Betreuung (vgl § 1902 Rn 5) zu sich widersprechden RGesch kommen kann (BT-Drucks 13/892 S 28). Allerd ist das Probl in dem für die Beistandsch überh entscheidden Bereich, näml der **Prozeßführung** um die VaterschFeststellg u UnterhRegelg, dadch entschärft, daß die Vertretg dch das JA Vorrang hat, indem im ZivProz u in and gerichtl Verf, in denen die Vorschr der ZPO entspr anwendb sind, gem ZPO 53 die Vertretg dch den sorgeberecht EltT ausgeschl ist, soweit das Ki in einem RStreit dch einen Beistd vertr wird (ZPO 53 a). Damit wird verhindert, daß in einem Proz vom sorgeberecht EltT u vom JA einand widersprechde Erkl abgegeben w. Der EltT verliert die Fähigk, den Proz als ges Vertr des Ki zu führen, u zwar sowohl, wenn das JA klagt, als auch dann, wenn es aStv des sorgeberecht EltT in den Proz eintritt. Diese teilw Einschrkg der gesetzl VertretgsMacht des sorgeberecht EltT soll desh hinnehmb sein, weil der EltT nach § 1715 I 1 jederzt die Beendigg der Beistandsch herbeiführen kann (BT-Drucks 13/892 S 47).

5 **3) Verweisungen, Satz 2.**

6 **a) Grundsätze.** Auf die Beistandsch finden die Vorschr über die Pflegsch Anw (zur Bedeutg vgl Einf Rn 8 v § 1712). Dch diese Verweisg wurde die in der Reform diskutierte ausdr Regelg des ges BeistandschR, die zu einer starken Vermehrg der gesetzl Vorschr geführt hätte, u die Gefahr, daß der neue Normenbestand trotzd lückenh geblieben wäre, vermieden (BT-Drucks 13/892 S 40). Mit der statt einer Verweisg auf einz Vorschr des PflegschR (wie bei der Bt in § 1908 i I 1) gewählten Lösg einer **Pauschalverweisung** ist zwar

der Nachteil verbunden, daß die Verweisg vielf ins Leere geht; ands hat die Anwendbark des PflegschR auch bei der ges AmtsPflegsch (§§ 1706 ff aF) u bei der Beistandsch mit VertretgsMacht (§ 1690 aF) in der Prax keine Schwierigk bereitet. Mit der Auflösg in einz Verweisgen soll daher bis zur Reform des Vormsch- u PflegschR für Mj (vgl Einf 5 v § 1297) gewartet w (BT-Drucks 13/892 S 31 u 40).

b) Die Verweisungen im einzelnen. Unter Berücks der WeiterVerweisg des PflegschR auf das VormschR in § 1915 I gilt nach § 1716 S 2 folgdes: 7

aa) Das **Jugendamt** ist unbeschadet der VertretgsBefugn des antragstelldenEltT (§ 1716 S 1 u dort Rn 3) **gesetzlicher Vertreter** des Ki (§§ 1793 S 1, 1915 I, 1716 S 2). Es handelt dch denj Beamt od Angest, dem nach SGB VIII 55 II die Ausübg der Aufg des Beistds übertr w ist. 8

bb) Dem JA kann **keine Vergütung** bewill w (§§ 1836 IV, 1915 I, 1716 S 2). Ihm steht auch keine AufwandsEntschädigg zu (§§ 1836 a S 4, 1836 IV). Das vom JA vertretene Ki soll auch bei der Beistandsch nicht schlechter gestellt w als ein Mdl, Pflegebefohlener od Betreuter; u auch nach dem bish Recht galt die jetzige Regelg schon für die gesetzl AmtsPflegsch u die mit VertretgsMacht geführte Beistandsch (BT-Drucks 13/892 S 41). 9

cc) Haftung. Für sie gilt über die §§ 1716 S 2, 1915 I die Vorschr des § 1833. Demgem best sich die Haftg nach den Grds, die die Rspr zur Haftg bei einer PflVerletzg des JA als Vormd od Pfl entwickelt hat. Es haftet die Körpersch, bei der das JA errichtet ist, für das Handeln des Beamt od Angest, dem die Ausübg der Beistandsch gem SGB VIII 55 II 1 übertr ist. Neben der Haftg aus den §§ 1833, 1915 I kommt die Haftg des Dienstherrn für schuldh AmtsPflVerletzg (§ 839; GG 34) in Betr; doch ist § 1833 im allg für das Ki günst (30 J Verj nach §§ 1833, 195 ggü 3 J Verj bei AmtsHaftg; § 852). Die Verweisg auf das PflegschR u die damit verbundene Weiterverweisg auf das VormschR bringt dem Ki also einen erhebl Vorteil. 10

dd) Die Verweisg schafft schließl einen zusätzl gesetzl **Beistandschaftsbeendigungsgrund.** Ist die Beistandsch wg eines eingeschrkten Antr nur für einz Angelegenh (etwa für die VaterschFeststellg) eingetreten, so endet sie mit der Erledigg dieser Angelegenh (§§ 1918 III, 1716 S 2). 11

c) Ausnahmen von der Verweisung. In best Bereichen ist die Beistandsch dagg von Mechanismen des PflegschR freigestellt w. Diese Freistellg bezieht sich vornehml auf die Aufsicht des JA dch das VormschG u in ihrem Gefolge auf Mitteilgs- u BescheiniggsPflichten. Die Beistandsch wird vom Ger desh weder akten- noch registermäß erfaßt (FamRefK/Sonnenfeld Einf v § 1712 Rn 10 u § 1712 Rn 28). Im einz erstreckt sich die Verweisg des § 1716 S 2 kr ausdr Best od kr entspr inhaltl Änderg der RVorschr nicht auf: **aa)** die **Rechnungslegung** (§§ 1840 ff). Für eine RechnLegg dch das JA besteht angesichts der Beschrkg auf die AufgKr der VaterschFeststellg u der UnterhRegelg kein prakt Bedürfn. Bei der UnterhRegelung sind Unregelmäßigk kaum vorstellb, weil der antragstellde EltT, idR die Mu, von sich aus eine hinreichde Kontrolle gewährl (BT-Drucks 13/892 S 31). – **bb)** Die **Aufsicht des Vormundschaftsgerichts** u die Festsetzg eines ZwGelds (§ 1837 II u III 2). Währd der RegEntw die Verweisg auch hierauf erstrecken wollte (BT-Drucks 13/892 S 31), weil er es als sachgerechter ansah als die Einschaltg des VerwG, daß eine Mu, die das Verhalten des JA beanstanden will (etwa mit der Begr, dieses mache die UnterhAnspr des Ki nicht energisch genug geltd), sich an das VormschG wendet (BT-Drucks 13/892 S 41), hat sich auf Intervention des BR im GesGebgsVerf die Auffassg dchgesetzt, daß die vom JA wahrgenommene Beistandsch keine Aufs des VormschG erfordere, die sich nach Aufg der Verpfl zur RechnLegg im wesentl darauf beschr hätte, Beschw über das Verhalten von MitArb des JA nachzugehen. Derartige Beschw sollten aber vorrang iW der allg behördl Aufsicht behandelt w (BT-Drucks 13/892 S 50). – **cc)** Auch wurde die Erteilg einer **Bescheinigung** über den Eintritt der Beistandsch (§ 1791 c) dch das VormschG als nicht erfdl angesehen. Nachdem die Beistandsch auf Antr eines EltT eintritt (§ 1714 S 1), erscheint es ausr, wenn das JA selbst eine Bestätigg über den gestellten Antr u die damit verbundenen RFolgen ausstellt (BT-Drucks 13/892 S 50). – **dd)** Schließl bedarf es mit dem Entfallen der Aufs (Rn 14) auch keiner **Mitteilung des Eintritts oder der Beendigung der Beistandschaft;** ein ursprüngl vorgesehener SGB VIII 57 a ist nicht Ges u SGB VIII 57 entspr modifiziert worden (BT-Drucks 13/892 S 46 u 50). – **ee)** Zur Nichtgeltg von § 1918 II vgl § 1715 Rn 1.
12
13
14
15
16
17

1717 ***Erfordernis des gewöhnlichen Aufenthalts im Inland. Internationales Privatrecht.*** **Die Beistandschaft tritt nur ein, wenn das Kind seinen gewöhnlichen Aufenthalt im Inland hat; sie endet, wenn das Kind seinen gewöhnlichen Aufenthalt im Ausland begründet. Dies gilt für die Beistandschaft vor der Geburt des Kindes entsprechend.**

1) Inhalt und Funktion. a) Die Vorschr begrenzt den Eintritt u die Fortdauer von Beistandsch dt JÄ auf Fälle mit ausr InlBerührg u regelt sogl als SonderVorschr zu Art 24 EGBGB die Vorauss für die Anwendg des dt SachR (BT-Drucks 13/892 S 41). Sie enth damit internat privrechtl eine ortsbezogene Vorauss für den Eintritt u eine materiell-rechtl Vorschr für den Fortbestand der Beistandsch. Ohne gewöhnl Aufenth des Ki im Inl tritt die Beistandsch weder als gewöhnl noch als vorgeburtl ein, noch bleibt sie bei einer Verlegg des gewöhnl Aufenth ins Ausl bestehen. – **b) International privatrechtlich** richtet sich das für die Vorauss der Entstehg u des Endes einer Pflegsch maßgebl nationale Recht nach Art 24 EGBGB. Das MSA (Anh zu Art 24 EGBGB) wäre nur einschläg, wenn die Beistandsch dch eine SchutzMaßn angeordn würde. Die Beistandsch wird einer solchen Maßn nach Art 1 MSA aber nicht gleichgestellt w können, da sie zwar nur auf Antr, iü aber ohne jede weitere EinzelEntsch einer staatl Stelle eintritt. Sie unterfiele also wie die bish AmtsPflegsch ohne SondRegelgen dem Art 24 bzw ggf Art 3 MSA.
1
2

2) Gewöhnlicher Aufenthalt. Zum Begriff: § 7 Rn 3. **a)** Die Beistandsch soll nur eintreten, wenn das **Kind** seinen gewöhnl Aufenth in Dtschl hat. Die Staatsangehörigk des Ki ist unerhebl. Es spielt auch keine Rolle, ob im Ausl gleichzeitig eine Beistandsch für das Ki besteht; bei gewöhnl Aufenth im Inl kann ein Bedürfn für die Vertretg gerade dch ein dt JA vorh sein (BT-Drucks 13/892 S 41). Daß die Beistandsch in Fällen eintritt, in denen für sie kein Bed besteht, wird dadch verhindert, daß sie nur auf Antr eines EltT 3/4

5 zustande kommt. – **b)** Wird die Beistandsch vor Geburt des Ki beantr, so ist auf den Aufenth der **Mutter** abzustellen, **Satz 2** (BT-Drucks 13/892 S 42).

1718 *(Weggefallen durch NehelG Art. 1 Nr. 25.)*

Achter Titel. Legitimation nichtehelicher Kinder

1719–1740 g *(Durch das BeistandschG wurde der bisherige 7. Titel zum 8. Titel, den das KindRG dann durch Art. 1 Nr. 48 unter der neuen Bezeichnung aufgehoben hat.)*

Neunter Titel. Annahme als Kind

Einführung

1 **1) Zweck, Rechtsentwicklung. – a)** Die **soziale Bedeutung der Adoption** (dazu Lüderitz NJW **76**, 1865, Binschus ZfJ **96**, 97) liegt heute in erster Linie in der Fürsorge für Kinder, deren Eltern sich nicht um sie kümmern wollen od können. Sie sollen aGrd der Adoption (Ann an Kindes Statt, numm Annahme als Kind) in einer harmonischen u lebenstücht Familie als Ki aufwachsen können (BT-Drucks 7/3061 S 1, 7/5087 S 1). And Zwecke (Sichg des Fortbestands eines Namens od Unternehmens oä) genügen für sich genommen auch bei der Adopt Volljähr nicht. – **Ziel der Adoption** ist dementspr ein **Eltern-Kind-Verhältnis** zw Annehmden u Ki; die Ann als Enkel ist ausgeschl (KG HRR **28** Nr 129). § 1741 I setzt desh für die Ann Minderjähr ausdr voraus, daß die Entstehg eines solchen Verhältn mind zu erwarten ist (näher § 1741 Rn 5); dies gilt auch für die Ann Vollj (§ 1767 Rn 3). Ferner muß die Ann dem Wohl des Ki dienen.
2 Eheleute können ein fremdes Ki grdsl nur gemschaftl annehmen (§ 1741 II 2–4). – **b)** Zur **historischen Entwicklung** des AdoptR bis 1976 s 35. Aufl. Das **Adoptionsgesetz** v 2. 7. 76 (BGBl 1749) hat mit Wirkg ab 1. 1. 77 auf der in Rn 1 geschilderten Grdl die §§ 1741–1772 völl neu gefaßt. Die Ann eines Mj führt numm abw vom früh R stets zur **Volladoption,** dh der Mj wird in jeder Beziehg wie ein leibl Ki in die Fam des Annehmden aufgen; die bish VerwandtschVerhältn erlöschen (Einzelh § 1754 Rn 1). Um den neuen Eltern u dem Ki die für ein gedeihl FamLeben erfdl Sicherh zu geben (BT-Drucks 7/3061 S 2), kann das AnnVerhältn nur unter engen Vorauss aufgelöst werden (§§ 1759–1763). Für die Adopt Vollj gelten diese Grds nur mit Einschränkgen (§§ 1767, 1770, 1771). Außerd wurde das AnnVerf vereinfacht. Nach § 1741 aF erfolgte die Ann dch Vertrag zw Adoptivkind u Adoptiveltern, welcher der gerichtl Bestätigg bedurfte. Nunm gilt das **Dekretsystem,** dh das AdoptVerhältn wird dch gerichtl Ausspruch begründet (§ 1752). Die Erreichg des AdoptZiels wurde dch Einf der AdoptPflege (§ 1744) u die Neuregelg der AdoptVermittlg (Rn 6)
3 abgesichert. – Das **AdoptRÄndG** v 4. 12. 92 (BGBl 1974; Lit: Lüderitz NJW **93**, 1050) brachte eine Erleichterg bei der Änderg des Vornamens des angen Ki (§ 1757 Rn 8), die Beschrkg des Verbots der Mehrfachadoption auf die MjAdopt (§ 1768 Rn 2) u die Berücksichtigg der Interessen der Eltern des
4 Anzunehmden bei der Volladoption Vollj (§ 1772 Rn 5). – Das zum 1. 7. 98 in Kraft getretene **KindRG** v 16. 12. 97 (BGBl 2942; Lit: Frank FamRZ **98**, 393; Liermann FuR **97**, 217 u 266; FamRefK/Maurer Anm zu §§ 1741 ff) hat, neben EinzKorrekturen u der Anpassg an die and zum 1. 7. 98 in Kraft getretenen Ändergen des FamR, die Möglichk beseitigt, das eig Ki anzunehmen (§ 1741 Rn 14), u die Stellg des mit der Mutter des Ki nicht verh Vaters dch das Erfordern seiner Einwilligg gestärkt (s § 1747 Rn 1, 9 f, § 1748 Rn 14). ÜbergangsR s Rn 11.– Kleinere Ändergen haben das FamNamRG v 16. 12. 93 (BGBl 2054) bzgl der §§ 1757, 1765 und das EheschlRG v 4. 5. 98 (BGBl 833) hins des § 1766 gebracht.

5 **2) Adoptionsvermittlungsgesetz** idF v 27. 11. 89 (BGBl 2014), zuletzt geänd dch Art 14 § 15 KindRG.
6 Lit: Bach FamRZ **90**, 574; Lüderitz NJW **90**, 1633 sowie MüKo Anh n § 1752. – **a) Adoptionsvermittlung** ist das Zusführen von Ki unter 18 J u Pers, die ein Ki annehmen wollen (AdoptBewerber), mit dem Ziel der Ann (§ 1 S 1). AdoptVermittlg ist auch der Nachw der Gelegenh, ein Ki anzunehmen od ann zu lassen, u zwar auch dann, wenn das Ki noch nicht geboren od gezeugt ist (§ 1 S 2). Die AdoptVermittlg ist Aufgabe des JA (Einf 44 v § 1626) u der LJA, sofern dort AdoptVermittlgsStellen bzw zentrale AdoptStellen (Lit: Kühl ZfJ **87**, 441) eingerichtet sind, ferner der staatl anerkannten sonst AdoptVermittlgsStellen, insb der Wohlfahrtsverbände (§§ 2, 4). Zw ihnen u dem AdoptBewerber besteht ein AuftrVerhältn (LG Ffm NJW-RR **88**, 646). Mit der AdoptVermittlg dürfen nur Fachkr betraut w (§ 3). Iü gilt ein **Adoptionsvermittlungsverbot** (§ 5 I), unter das auch Informationsstellen über AuslAdopt fallen (VGH Kassel NJW **88**, 1281). Keine Rückzahlg von VermittlgsAnzahlgen (Oldbg NJW **91**, 2216). Verboten ist es auch, Schwangere dch Verschaffg von Gelegenh zur Entbindg zu bestimmen, dort ihr Ki zur Ann wegzugeben (§ 5 III). Ferner ist die Ausübg von VermittlgsTätigk untersagt, die zum Ziel hat, daß ein Dr ein Ki auf Dauer bei sich aufnimmt, insb dadch, daß ein Mann die Vatersch für ein von ihm nicht gezeugtes Ki anerkennt (§ 5 IV; zur fingierten VaterschAnerk mit anschließder AdoptFreigabe vgl VG Ffm NJW **88**, 3032, BayObLG FamRZ **92**, 1346); darin liegt ein sich nicht nur an den Vermittler richtdes (aA Reichel FamRZ **91**, 1031) absolutes **Verbot des Kinderhandels** (BT-Drucks 11/5283 S 4, 8), dh jegl Form, auch aller Umgehgen (Bach FamRZ **90**, 576). Ebso sind entspr öff Erkl, insb dch **Zeitungsanzeigen,** untersagt (§ 6). Die AdoptVermittlgsStellen prüfen vAw, für welche Ki in Heimen die Ann in Betr kommt (§ 12). Ist ein solches Ki gefunden, beginnt die Vorbereitg der Vermittlg (§ 7); die Annehmden, das Ki u seine Elt werden iR der AdoptHilfe eingehd beraten u unterstützt (§ 9). Bei InkognitoAdopt (§ 1747 Rn 8) besteht kein Anspr der Mu, ihr bei der Wiederherstellg der Verbindg zu dem Ki behilfl zu sein (OVG Lünebg NJW **94**, 2634). Das Ki darf erst dann zur Eingewöhng bei den AdoptBewerbern in Pflege (§ 1744) gegeben w **(Adoptionspflege),** wenn feststeht, daß sie für die Ann

geeignet sind (§ 8). **Haftung** einer kommunalen AdoptVermittlgsStelle bei unzureichder Aufklärg des Adopt-Bewerbers § 839 Rn 100.

b) Verbot der Ersatzmuttervermittlung (vgl Einf 18 v § 1591). Das G verbietet nunm (zum früh RZust Hamm NJW **85**, 2205) ausdr das ZusFühren von ErsMu u BestellElt sowie den Nachw von Gelegenh zu ErsMuVereinbgen dch öff Erkl, insb dch ZeitgsAnz (§ 13 c u d). Erfaßt werden sowohl die Eispende u Austragg des Ki wie auch die Übernahme der Schwangersch eines nicht von der ErsMu stammden Embryos (§ 13 a). 7

3) Pflegekindschaft. Lit: Wiesner ZfJ **89**, 101; Zenz KiWohl **89**, 23; Niemeyer u Wagner FuR **91**, 208, 330, **92**, 148. Regelg: SGB VIII 23, 44 ff, zur Erlaubn der PflegeElt u den versch Formen der Pflege s a Einf 20 u 26 v § 1626. Begriff: BVerwG FamRZ **85**, 183 (betr BBesG 40 III). Anerk im SteuerR: BFH NJW **92**, 1255. Zur Psychologie: Nienstedt/Westermann, PflegeKi, 1989. Schutz des PflegeKi: Lakies/Münder RdJB **91**, 428. FamPflege: §§ 1630 III, 1688, Schutz vor Herausgabe: § 1632 IV; Erläut jew dort. Adopt-Pflege: § 1744. Pflegegeld § 1751 Rn 7. Vertretg des Ki: § 1630 Rn 18, § 1688. Muster einer PflegeVereinbg: ZfJ **79**, 409. 8 9

4) IPR: EG 22, 23. – **Wiederholung** der Ann dch erneuten AnnBeschl in Deutschland EG 22 Rn 15. – **Übergangsregelung DDR** EG 234 § 13; früh innerdt KollisionsR EG 22 Rn 2. 10

5) Übergangsrecht: s 35. Aufl., insb zum Inkrafttr des AdoptG (Rn 2). Die Ändergen dch das KindRG (Rn 4) sind mangels bes ÜbergVorschr ab dessen Inkrafttr (1. 7. 98) auch in laufden AdoptVerf zu beachten. 11

6) Verfahren. Das Gesetz weist den Ausspr der Ann (§ 1752) u die übr gerichtl Entsch im AdoptVerf weiterhin dem VormschG, dh dem AmtsG (FGG 35) zu, u zwar dem Ri (RPflG 14 I Nr 3 f). Internat u örtl Zustdgk: FGG 43 b. S iü § 1752 Rn 1 ff, § 1772 Rn 6 (AdoptVerf), § 1748 Rn 15 (Ersetzg von Einwilliggen), § 1759 Rn 2 (Aufhebg der Ann). 12

7) Reform. Zur Vereinheitlichg des AdoptR in Europa s das EuropAdoptÜbereink (EG 22 Rn 2); dazu Oberloskamp ZfJ **82**, 121, MüKo/Lüderitz Vorbem 20 v § 1741. Die Aufforderg des BR an die BReg zu einer umfassden Überarbeitg des AdoptR (BT-Drucks 12/2506 S 10) ist inf der Ändergen dch das KindRG (Rn 4) zT ggstdslos. 13

I. Annahme Minderjähriger

1741 ***Zulässigkeit der Annahme.*** **I Die Annahme als Kind ist zulässig, wenn sie dem Wohl des Kindes dient und zu erwarten ist, daß zwischen dem Annehmenden und dem Kind ein Eltern-Kind-Verhältnis entsteht. Wer an einer gesetzes- oder sittenwidrigen Vermittlung oder Verbringung eines Kindes zum Zwecke der Annahme mitgewirkt oder einen Dritten hiermit beauftragt oder hierfür belohnt hat, soll ein Kind nur dann annehmen, wenn dies zum Wohl des Kindes erforderlich ist.**

II Wer nicht verheiratet ist, kann ein Kind nur allein annehmen. Ein Ehepaar kann ein Kind nur gemeinschaftlich annehmen. Ein Ehegatte kann ein Kind seines Ehegatten allein annehmen. Er kann ein Kind auch dann allein annehmen, wenn der andere Ehegatte das Kind nicht annehmen kann, weil er geschäftsunfähig ist oder das einundzwanzigste Lebensjahr noch nicht vollendet hat.

1) Inhalt, Systematik. Als Grundvorschrift des AdoptR nennt § 1741 die wichtigsten mat Vorauss, unter denen ein **Minderjähriger** (= Kind iS der Vorschr) als Ki angen werden kann. Die Vorschr wurde dch das KindRG (Einf 4) neu gefaßt. Abs I S 2 wurde neu eingefügt. Die bish Abs II u III wurden zusgefaßt, wobei die bish Möglichk der Ann eines nehel Ki dch die eig Eltern (Abs III aF; dazu 57. Aufl Rn 15) entfallen ist. ÜbergangsR Einf 11. – **Absatz I Satz 1** behandelt die GrdVoraussetzgen, die für jede Ann gelten (dazu Rn 3–9), **Satz 2** begründet für best Fälle erhöhte Anfordergen (dazu Rn 6). **Absatz II** zählt, ausgehd vom FamStand des Annehmden (Unverheiratete S 1, Verheiratete S 2–4) u ergänzt dch § 1742, die versch statusrechtl Möglichk der Ann abschließd auf (dazu Rn 10–14). Weitere Vorauss der Ann s Rn 15. Die Ann selbst erfolgt auf Antr des Annehmden dch Beschl des VormschG (§ 1752; zum früh R Einf 2). – Für die Ann **Volljähriger** gelten zT abw Vorauss u Regeln (§§ 1767–1769, 1772). Sie sind, wie sich aus § 1772 I 1 d) nF ergibt, anzuwenden, wenn das Ki im Ztpkt des AnnBeschl vollj ist (ebso die hM zum früh R, Lüderitz FamRZ **97**, 112 mwN; aA Kirchmayer StAZ **95**, 262); ist Volljährigk erst nach AntrStellg eingetreten (zum Verf in diesem Fall Lüderitz aaO), kann das Ger die Wirkgen der VollAdopt anordnen. 1 2

2) Grundvoraussetzungen der Annahme, I. Die beiden Erfordern des S 1 (Kindeswohl, Elt-Ki-Verhältn) müssen nebeneinand vorliegen. Allerd wird häuf die Entstehg eines Elt-Ki-Verhältn zum Annehmden dem Wohl des Ki dienen, insb wenn dem Ki eine solche Beziehg bish fehlt; insow berühren sich die beiden Vorauss (Soerg/Liermann Rn 7). Die Entsch über das Vorliegen der Vorauss ist unter Berücksichtigg aller wesentl Umst (insb Eigng der Bewerber zB nach Alter u körperl LeistgsFähigk, Charakter, Wohn- u Vermögensverhältn, berufl u gesellschaftl Stellg, ErziehgsFähigk u -willigk, VorhSein weiterer Ki, intakter Ehe; bes Eigensch, Anl u Bedürfn des Ki, zB Alter, körperl Gebrechen od psychische Störgen, bei ält Ki auch deren Wille; Verlauf der AdoptPflege) zu treffen. Die Vorbereitg der Ann iR der AdoptVermittlg (Einf 6), insb die Prüfg der Eigng der Bewerber (dazu Lüderitz NJW **76**, 1866), sowie die AdoptPflege (§ 1744) sollen das Vorliegen der Vorauss sicherstellen u dem Ger die Beurteilg erleichtern. Ein trotz Fehlens der Vorauss ergangener AnnBeschl ist nicht unwirks (§ 1752 Rn 1, 2). 3

a) Dem Wohl des Kindes dienen muß die Ann. Zum unbest RBegriff des Kindeswohls u einz Kriterien (zB FördergsGrds, Kontinuitätsprinzip) vgl §§ 1666 Rn 4 u die Erläut zu § 1671 ff. Dem Kindeswohl dient die Ann, wenn sie zu einer nachhalt Verbesserg der persönl Verhältn u/od der RStellg des Ki führt. Die mit ihr verbundenen Vorteile sind gg die Nachteile für das Ki (zB Herausn aus der vertrauten Umgebg bei 4

PflegeElt, BayObLG ZfJ **91**, 431) abzuwägen. Im Vergl zu dessen ggwärt LebBdggen muß eine merkl bessere Entwicklg der Persönlichk des Ki zu erwarten sein (BayObLG FamRZ **97**, 839). Die bloß relative Besserg der Verhältn des Ki, zB daß es dann (wenigstens vorübergehd) nicht mehr in einem Heim zu sein braucht, reicht nicht aus. Der Maßst ist ders wie bei der Genehmigg des VormschG iRv § 1751 aF (vgl Hbg OLG **5**, 417; Celle ZBlJugR **52**, 122; Hamm FamRZ **68**, 110). Einzelh s Rn 7 ff.

5 **b) Ein Eltern-Kind-Verhältnis** zw dem Annehmden u dem Ki muß bestehen, od es muß die ernsth Aussicht seiner Entstehg vorh sein. Gemeint ist nicht die leibl, sond die „soziale Elternsch", dh Fürs u Erziehg, wie sie natürl Elt typischerw leisten (Lüderitz NJW **76**, 1866). Die Herstellgs"erwartg" bedeutet, daß das Ger die Ann erst aussprechen darf, wenn zu seiner Überzeugg feststeht, daß die Herstellg eines Elt-Ki-Verhältn beabsichtigt ist u die Voraussetzgen dafür vorliegen (BT-Drucks 7/5087 S 9). Allein der Wunsch der zukünft Elt reicht nicht aus; vielm muß unter obj u subj Gesichtspunkten die Prognose gerechtfertigt sein, daß eine Elt-Ki-Beziehg zw den Beteil zustande kommen wird (s a Rn 3). Die AdoptPflege dient der Vorbereitg dieser Prognose (§ 1744 Rn 1). Einzelh s Rn 7 ff.

6 **c) Erhöhte Anforderungen** stellt **Abs I S 2,** wenn sich der Annehmde an einer sittenwidr Verbringg od Vermittlg des Ki beteiligt hat. Das Ger darf die Ann nur aussprechen (FamRefK/Maurer Rn 4), wenn die Ann des betroffenen Ki gerade dch denj, der gg S 2 verstoßen hat, für das Kindeswohl (Rn 4) erfdl ist, nicht nur wie in S 1 diesem dient. Die Vorschr soll dem KiHandel u vergleichb Praktiken entggwirken (BT-Drucks 13/8511 S 75). – **Vermittlung** s AdVermiG 1 u Einf 6. **Verbringung** ist die örtl Veränderg des AufenthOrts des Ki; sie muß entweder im Inland (and AdVermiG 14 II Nr 1) od in das Inland erfolgen (FamRefK/Maurer Rn 7). Die Staatsangehörigk des Ki ist gleichgült. Zweck der Vermittlg u/od Verbringg muß die Ann sein, dh Ziel der Maßn muß (zumind auch) die Ann sein. Ob die Maßn **gesetz- oder sittenwidrig** ist, richtet sich nach dt Recht, da die Vorschr dem Schutz des dt ordre public dient (zT aA KindRefK/Maurer Rn 10). Gesetzwidr bedeutet hauptsächl Verstoß gg das AdVermiG, insb §§ 5, 14 ff (Einf 6). – Vorauss ist die **Beteiligung des Adoptionsbewerbers** an Vermittlg od Verbringg gerade des anzunehmden Ki. Sie kann in einer unmittelb Mitwirkg (iS der Ausführg eines Teilakts od der Hilfeleistg) liegen, ferner in einem entgeltl od unentgeltl Auftr (dh nicht iS des § 662, sond einer Zweckveranlassg, Einf 2 v § 662) hierzu an den handelnden Dr. Schließl genügt auch dessen Belohng, dh die Verschaffg von Vorteilen für die bereits ausgeführte Hdlg (vgl auch § 657 Rn 4 ff). Dagg wird das bloße Ausnutzen der dch die Verbringg geschaffenen Situation ohne Belohng des Handelnden nicht erfaßt. – **Erforderlich** ist die Ann insb, wenn damit einer bereits entstandenen bes Verbundenh zw dem Ki u dem beteil AdoptBewerber Rechng getragen wird (BT-Drucks 13/8511 S 75).

7 **d) Einzelheiten:** – Hohes **Alter** des Annehmden od ein sehr großer Altersunterschied verlangen eine bes sorgfält Prüfg des Kindeswohls. Sie können auch gg ein Elt-Ki-Verhältn sprechen. Daher kommt die an sich zul Ann des EnkelKi dch Großelt nur ausnahmsw in Betr (Hamm FamRZ **68**, 110; Oldbg FamRZ **96**, 895). – **Sexuell gefärbte Beziehungen** zw Ki u Annehmden od früh Geschlechtsverkehr stehen einem Elt-Ki-Verhältn entgg (Soerg/Liermann Rn 9). S a § 1767 Rn 8. – Die **Gefährdung bestehender Beziehungen** kann gg die Ann sprechen, so die Herauslösg aus funktionierdem FamVerband zZw der Ann u Nachfolge im Gesch des Onkels (Brem DAVorm **74**, 472). Bei VerwandtenAdopt ist die Gef familiärer Konflikte zu berücksichtigen. Die **Stabilität der Ehe** der Annehmden hat erhebl Gewicht. Das gilt insb bei der Adopt dch Stiefeltern. Verschweigt der Stiefvater den ihm bekannten Namen des KiVaters, um dessen Beratg (§ 1748 II)
8 zu verhindern, steht dies der Ann dch den Stiefvater entgg (LG Bln FamRZ **78**, 148). – **Verzögerungen** der Ann können dem Kindeswohl entggstehen. So kann der Wunsch eines AdoptBewerbers, vor der Ann die Vatersch zu klären, nicht zu berücksichtigen sein (BT-Drucks 7/5087 S 15); ebso darf der Ausgang eines VaterschFeststellgsVerf nur abgewartet werden, wenn die dadch eintretde Verzögerg dem Kindeswohl nicht entggsteht (LG Stgt FamRZ **78**, 147). – **Krankheit des Annehmenden** kann der Ann entggstehen. War er früh krankheitsbdgt geschunfäh, ist eine Adopt zwar zul, jedoch ist das Kindeswohl bes sorgfält zu prüfen. Vor Ann kann ein Aids-Test verlangt werden, jedoch führt die Verweigerg nicht unbdgt zur Ablehng des AdoptAntr
9 (KG FamRZ **91**, 1101). – **Überschreitung der elterlichen Befugnisse,** insb Verstöße des Annehmden iSv § 1666 sprechen gg eine günst Prognose gem I 1. – **Kinder des Annehmenden** s § 1745. – **Sonstiges:** Keine Versagg der Ann, weil Mutter den Erzeuger nicht nennen will (LG Köln FamRZ **63**, 55). Selbstmord der Mu aus Kummer über den Annehmden kann der Ann entggstehen (BayObLG FamRZ **89**, 1336).

10 **3) Beteiligte Personen, II.** Das G geht zwar in Abs I vom GrdFall der Ann dch eine Pers aus, schränkt diese Möglichk aber für verh Pers in Abs II im Hinbl auf das AdoptZiel (Einf 1) stark ein.

11 **a) Eine nicht verheiratete Person** (gleichgült ob led, gesch od verwitwet) kann ein Ki nur allein annehmen, **S 1.** Das bedeutet zum einen, daß auch wer nicht verheiratet ist od war, ein Ki annehmen kann, obwohl hier das Erfordern der Herstellg einer Elt-Ki-Beziehg nur für einen EltT verwirklicht werden kann. Sinnvoll zB, wenn die gemeins Ann eines Ki scheitert, weil die Ehe währd der AdoptPflege dch Tod od Scheidg endet, ebso bei Ann eines verwandten Ki dch eine EinzelPers (BT-Drucks 7/3061 S 30); ferner wenn der Annehmde ein bes pflegebedürft Ki bereits 4 J in Pflege hat (LG Köln FamRZ **85**, 108 m zutr Anm Schön). Iü gilt, wie das Wort „nur" besagt, der Grds der **Einzeladoption,** dh nicht miteinand verh Pers dürfen ein Ki nicht gemschaftl annehmen, weil nur die LebGemsch der Ehe rechtl so abgesichert ist, daß eine gemschaftl Ann gerechtf ist (BT-Drucks 7/3061 S 30). Desh keine gleichzeit Ann eines Ki dch ein Geschwisterpaar (LG Kreuzn StAZ **85**, 167) od dch die Mitgl einer ne LebGemsch.

12 **b) Ehegatten** dürfen ein Ki grdsl nur gemschaftl annehmen, **S 2.** Denn die **gemeinschaftliche Annahme** dch ein Ehepaar soll nach dem Willen des Ges die Regel sein. Gilt auch bei der VolljAdopt u wenn die Eheg seit vielen J getrennt leben (Hamm NJW-RR **99**, 104). Die bl Zust des Eheg reicht nicht aus. Unzul ist auch die Ann in Stufen, also Ann zunächst dch einen Eheg, später auch dch den and. Ebsowenig reicht die bl Zust des and Eheg (Hamm aaO). Das Ki soll von vornh zu beid EltT eine echte Kindbeziehg entwickeln können (Rn 5). Hat ein Eheg das Ki vor der Eheschl angen, so kann die Adopt von dem and Eheg nachvollzogen w (§ 1742).

13 **c) Annahme durch einen Ehegatten allein** ist nur ausnahmsw zul, setzt dann aber die Einwilligg des and Eheg voraus (§ 1749 I). So, wenn das **Kind des anderen Ehegatten** angen werden soll, **S 3,** gleichgült

ob dieses aus einer and Ehe stammt, außerehel od adoptiert ist. Desh kann der Ehem der Mutter u damit Stiefvater des Ki dieses annehmen, wenn er über die Namenserteilg (§ 1618) hinausgehen will. Der Ann dieser Form sind keine zeitl Grenzen gesteckt. Das Ki erlangt dann die Stellg eines gemschaftl ehel Ki der Eheg (§ 1754 I; zur Begr s BT-Drucks 7/3061 S 28). Die Ann eines **fremden Kindes** ist nur zul, wenn in der Pers des and Eheg best AdoptHindern vorliegen. **S 4** nennt ausdr fehldes MindAlter (21 J, § 1743 S 2; insow krit Frank FamRZ 98, 393 [397]) u fehlde GeschFgk (dazu § 1752 Rn 4). Die Vorschr kann aber auf and vergleichb Hindern entspr angewandt werden (Soerg/Liermann Rn 19; Bsp: AdoptVerbot nach dem HeimatR eines ausl Eheg). Wirkg der Ann in diesem Fall § 1754 II.

d) Das anzunehmende Kind durfte schon bish nicht ehel Ki des Annehmden sein (Hamm FamRZ **78**, 735). Seit Inkrafttr des KindRG (Einf 4) ist auch die früh zul Ann des eig außerehel Ki ausgeschl, da hierfür nach dem Wegfall der AmtsPflegsch u der rechtl Gleichstellg von in einer Ehe u außerh einer Ehe geborener Ki, insb im Bereich der elterl Sorge, kein Bedürfn mehr besteht (BT-Drucks 13/4899 S 70f; näher FamRefK/Maurer Rn 22); § 1741 III 2 aF (dazu 57. Aufl Rn 15) ist ersatzl entfallen. Dagg ist die Ann des eig Enkels als Ki an sich zul (s aber Rn 5), auch die des Ki des eig Adoptivkindes (s a § 1742 Rn 1); ebso die Ann des Ki der Leihmutter (AG Gütersloh FamRZ **86**, 718). Das anzunehmde Ki muß bereits geboren sein. Bes Eigensch werden nicht verlangt. Auch eine Altersgrenze gibt es nur insow, als sich die Art der zul Adopt (MjAdopt od VolljAdopt) nach dem KiAlter richtet (Rn 2). – Die **erneute Adoption** eines bereits adoptierten Ki ist bis zu deren Aufhebg bzw zum Tod des 1. Annehmden grdsl ausgeschl (§ 1742). Zum AnwendgsBer dieser Vorschr u zu den Ausn s dort. **Readoption** des Ki dch leibl Eltern s § 1742 Rn 1, § 1768 Rn 2. 14

4) Weitere Voraussetzungen der Ann ergeben sich aus den Alterserfordern (§ 1743), der Notwendigk der Einwilligg des Ki (§ 1746), seiner Elt (§§ 1747, 1748) sowie bei der einseit Adopt des and Eheg (§ 1749). **Adoptionshindernisse** bestehen bei entggstehden Interessen der Ki des Annehmden od Anzunehmden (§ 1745) sowie gem § 1747 III Nr 2 (Verf über einen SorgeAntr des nehel Vaters). Zu VerfVorauss (insb Antr u GeschFgk des Annehmden) s § 1752 Rn 1ff. – **Nicht verlangt** wird Kinderlosigk des od der Annehmden; das AdoptG geht davon aus, daß es für das angen Ki förderl ist, wenn es mit Geschwistern heranwächst; zu den gleichwohl bestehden Beschrkgen bei Vorhandensein von Ki § 1745 (BT-Drucks 7/3061 S 29). Auch eine Mindestehedauer (dazu BT-Drucks 7/3061 S 28) od ein Mindestaltersunterschied zw dem Ki u dem Annehmden sind nicht Vorauss. Die Fragen, ob die Ehe Bestand verspricht u ob der Altersunterschied zw dem Ki u dem Adoptierden die Entstehg einer Elt-Ki-Beziehg erwarten läßt, sind bei Prüfg der GrdVorauss (Rn 3ff) zu berücks (BT-Drucks 7/5087 S 5). 15

1742 *Annahme als gemeinschaftliches Kind.* **Ein angenommenes Kind kann, solange das Annahmeverhältnis besteht, bei Lebzeiten eines Annehmenden nur von dessen Ehegatten angenommen werden.**

1) Grundsatz der Ausschließlichkeit der Adoption. Das Adoptivkind steht in der Gefahr, daß die Elt-Ki-Beziehg, wie sie in § 1741 I erstrebt wird, nicht zustande kommt u das Ki dann von AdoptivElt zu AdoptivElt weitergereicht wird („KettenAdopt“). Desh verwehrt § 1742 den AdoptivElt die den leibl Elt jederzeit zustehde Befugn, das Ki zur Ann dch neue Elt freizugeben (BT-Drucks 7/3061 S 31; zum VerfassgsR: Niemeyer FuR **91**, 79). Krit zu § 1742 Engler FamRZ **76**, 586, insb unter dem Gesichtspkt der GroßEltKumulation. – **Anzuwenden** ist § 1742 nur auf das angen Ki selbst, nicht auf dessen Abkömmlinge; diese können adoptiert werden (Schlesw NJW **61**, 2163). Die Vorschr gilt auch für die **Readoption** eines mj Ki dch die leibl Eltern (zur Readopt vollj Ki § 1768 Rn 2); diese ist nur in den AusnFällen gem Rn 2 unter den allg Vorauss zul, sofern für die Wiederherstellg der vollen Wirkgen der Elt-Ki-Beziehg ein Bedürfn besteht (Liermann FamRZ **95**, 1229); so wg § 1755 I bei Tod der AdoptivElt, s LG Oldbg FamRZ **65**, 395 u BT-Drucks 7/3061 S 31, dagg nicht bei Aufhebg der Adopt (§ 1764 III). Für die VolljAdopt gilt § 1742 nicht, § 1768 I 2 (dort Rn 2; and vor dem AdoptRÄndG, Einf 3, Stgt NJW **88**, 2386). Wird die Ehe der AdoptivElt gesch u heiratet ein AdoptivEltT erneut, kann dessen neuer Eheg das mj Ki nur bei Vorliegen einer der Ausn gem Rn 2 (zB Aufhebg gem § 1763) annehmen (Schlesw SchlHA **61**, 22). – **Verstoß** gg § 1742 macht den AnnBeschl nicht nichtig (§ 1759 Rn 2). 1

2) Die Ausnahmen sind nach dem G auf wenige Fallgestaltgen beschränkt: – Der **Ehegatte des Annehmenden** kann das von diesem angen Ki adoptieren. Wg § 1741 II 2, wenn entweder ein Unverheirateter adoptiert hat (§ 1741 II 1) od der Adoptierde zuvor anderweit verheiratet war. Folge: Das Ki wird gemschaftl Ki der Eheg (§ 1754 I 2. Alt); es wird das Elt-Ki-Verhältn hergestellt, das nach § 1741 II 2 die Regel sein soll. Einwilligg der leibl Elt ist nicht mehr erfdl, weil das VerwandtschVerhältn zu ihnen bereits mit der 1. Adopt erloschen ist (BT-Drucks 7/3061 S 31). – Nach **Aufhebung der Adoption** (§§ 1759ff) od bei deren Nichtigk (§ 1759 Rn 2) steht einer erneuten Adopt nichts mehr im Weg. – **Tod der Adoptiveltern** (nicht dagg deren Scheidg, s a Rn 1) beendet das AnnVerhältn (Soerg/Liermann Rn 3) mit der Folge, daß eine neue Ann mögl wird. Auch hier ist Einwilligg in diese Ann dch die leibl Elt nicht erfdl. 2

1743 *Alterserfordernisse.* **Der Annehmende muß das fünfundzwanzigste, in den Fällen des § 1741 Abs. 2 Satz 3 das einundzwanzigste Lebensjahr vollendet haben. In den Fällen des § 1741 Abs. 2 Satz 2 muß ein Ehegatte das fünfundzwanzigste Lebensjahr, der andere Ehegatte das einundzwanzigste Lebensjahr vollendet haben.**

1) Allgemeines. Die Bestimmg enthält die altersmäß Voraussetzgen für eine KindesAnn. Sie Neufassg dch das KindRG (Einf 4) berücksichtigt die mat Ändergen in § 1741. Auf die ausdr Erwähng des Erfordern der GeschFgk des Annehmden wurde verzichtet (dazu § 1752 Rn 4). – Das heute gesetzl vorgeschriebene **Mindestalter des Annehmenden** (früh 50 J) trägt dem Funktionswandel der Adopt (Einf 1) Rechng; es soll echte Elt-Ki-Beziehgen ermöglichen u erlaubt daher dem Annehmden die Adopt schon im gewöhnl Alter 1 natürl Elt (s zur gesetzl Entwicklg 35. Aufl, zu den Motiven des Gesetzgebers BT-Drucks 7/3061 S 31). – Die in § 1743 genannten Daten betreffen das MindAlter des Annehmden. Sie müssen im Ztpkt der Entsch des VormschG (§ 1752 Rn 1) erreicht sein. Sie sind absolut, **keine Befreiung** mögl. Ein Höchstalter gibt es nicht, so daß auch im hohen Alter noch Adopt zul sind. Jedoch sind dann die Vorauss des § 1741 I 1 bes sorgfält zu prüfen (dort Rn 7). – Alter des anzunehmden Ki s § 1741 Rn 14. Altersunterschied s § 1741 Rn 7.

2 **2) Grundsatz 25 Jahre (S 1 Hs 1).** Er gilt für alle Adopt (dch Eheg wie dch nicht verheiratete Pers). – **Ausnahme 21 Jahre** in zwei Fällen: für den Eheg, der das Ki des and Eheg annimmt **(S 1 Hs 2 iVm § 1741 II 3),** bish § 1743 III aF; bei gemschaftl Ann eines Ki dch ein Ehepaar für den jüngeren Eheg, wenn der ält bereits 25 J alt ist **(S 2 iVm § 1741 II 2),** bish § 1743 I aF.

1744 ***Probezeit vor der Annahme.*** **Die Annahme soll in der Regel erst ausgesprochen werden, wenn der Annehmende das Kind eine angemessene Zeit in Pflege gehabt hat.**

1 **1) Die Adoptionspflege** wurde dch das AdoptG (Einf 2) eingeführt. Sie soll die gem § 1741 I erfdl Prognose zum Kindeswohl u zum Entstehen einer wirkl Elt-Ki-Beziehg erleichtern (BT-Drucks 7/5087 S 5). Die Erfahrgen währd der Pflegezeit dienen als Grdl für die gutachtl Äußerg des JugA od der AdoptVermittlgs-Stelle zur Eigng von Ki u Fam des Annehmden für die Adopt (FGG 56 d; BT-Drucks 7/3061 S 32). – Die Dchführg einer AdoptPflege ist **nicht zwingende Voraussetzung** der Ann („idR"), ihr Fehlen nicht Aufhebgs- od NichtigkGrd; insb bei der InkognitoAdopt (§ 1747 Rn 8) ist es idR angebracht, daß sich das Ki möglichst nur kurze Zeit in öff Pflege befindet u rasch den PflegeElt überantwortet wird. Dann steht oft aber auch einer sofort Adopt nichts im Wege, insb wenn Erfahrgen mit den Elt aus früh PflegeVerhältn vorliegen. PflegeErlaubn dch JA (SGB VIII 44) erfdl.

2 **2) Die angemessene Zeit** richtet sich nach dem EinzFall. Eine starre Regelg würde den konkr Verhältn nicht immer gerecht (BT-Drucks 7/3061 S 32); Entfallen der AdoptPflege s Rn 1. Die Angemessenh richtet sich nach dem Zweck der AdoptPflege (Rn 1), dh danach, in welchem Zeitraum schwerwiegde Krisen, die einer Entwicklg des nach § 1741 I geforderten Elt-Ki-Verhältn endgült entggstehen, eintreten u überwunden werden können bzw nicht bewältigt werden. Maßg Faktoren: Altersstufe des Ki, bei Babys u Kleinkindern dürfte die Gewöhng am raschesten eintreten; Verlauf der Pflegezeit, Unterbrechgen währd dieser Zeit. Ausl Rechte schreiben Probezeiten zw 3 Mo u 3 J vor (BT-Drucks 7/3061 S 32). Das Streben nach letzter Gewißh darf nicht zu einer unangem langen Dauer der Pflege führen. Bei nach seiner Auffassg unangem langen Pflege kann der AdoptBewerber einen AnnAntr stellen; das Ger entscheidet dann darüber, ob die Vorauss der Ann bereits erfüllt sind (BT-Drucks 7/5087 S 10).

3 **3)** Das **Pflegeverhältnis während der Probezeit** ist gesetzl nunm weitgehd geregelt. Dchführg nach SGB VIII 44–49. Elterl Sorge u Befugn des Annehmden währd der Pflegezeit § 1751 I–III u dort Rn 3. UnterhVerpflichtg währd dieser Zeit § 1751 IV u dort Rn 6. Weitere Folgen: AufsichtsPfl u ev Haftg gem § 832 I (nicht II); Haftg dem Ki ggü nur iRv § 1664. Verstöße des Annehmden gg die Pfl leibl Eltern s § 1741 Rn 9. Das Interesse an einem möglichst raschen Beginn der AdoptPflege rechtf keine einstw Anordng zur Herausg des Ki, wenn auch die PflegeElt die Adopt in nicht aussichtsl Weise beantr haben (BayObLG NJW **94**, 668).

1745 ***Berücksichtigung von Kindesinteressen.*** **Die Annahme darf nicht ausgesprochen werden, wenn ihr überwiegende Interessen der Kinder des Annehmenden oder des Anzunehmenden entgegenstehen oder wenn zu befürchten ist, daß Interessen des Anzunehmenden durch Kinder des Annehmenden gefährdet werden. Vermögensrechtliche Interessen sollen nicht ausschlaggebend sein.**

1 **1) Ausschluß der Annahme auf Grund entgegenstehender Interessen.** Währd § 1741 I positiv fordert, daß die Ann im Interesse des anzunehmden Ki liegen muß, läßt § 1745 negativ die Adopt an entggstehden Interessen scheitern. Die Vorschr ist notw, weil sonst die Belange der Ki des Annehmden od Anzunehmden nicht selbstd berücksichtigt würden, sond nur mittelb unter dem Gesichtspunkt des Wohls des Anzunehmden iRv § 1741 I (BT-Drucks 7/5087 S 10). Erfaßt werden natürl Ki (§§ 1591, 1592) wie auch, was nur bei Ki des Annehmden prakt wird, adoptierte; Einbenenng (§ 1618) genügt nicht. Bei entspr Interessenkonflikt darf die Ann nicht ausgespr werden; eine trotzdem erfolgte Adopt ist jedoch weder aufhebb (§ 1759) noch nichtig (§ 1759 Rn 2). Verfrechtl führt § 1745 dazu, daß die Ki anzuhören sind (§ 1752
2 Rn 1). Für die VolljAdopt gilt § 1769, nicht § 1745. – **Kinder des Annehmenden (S 1 Fall 1)** sind zwar grdsl erwünscht (§ 1741 Rn 15). Jedoch werden ihre Interessen berührt, wenn sie nach Wahl der Elt weitere Geschwister bekommen; ihr Erbteil wird verkürzt, ihr UnterhAnspr kann beeinträchtigt werden. Diese Interessenlage führt allerd nach dem G nicht dazu, daß vorh Ki in die Ann einwilligen müßten. Vielm sind ihre Interessen wie im früh Recht (Befreiung vom Erfordern der Kinderlosigk, § 1745 a I a F) zu prüfen (BT-Drucks 7/3061 S 33) u gem Rn 5 abzuwägen. § 1745 gilt auch, wenn aus einer Ehe gemschaftl Ki hervorgegangen sind u der Ehem das Ki seiner Frau aus 1. Ehe (BayObLG NJW **51**, 924) od deren vorehel Ki von
3 einem and Vater (Hbg FamRZ **58**, 340) annimmt. – **Kinder des Anzunehmenden (S 1 Fall 2)** werden bei der hier allein in Frage stehden MjAdopt selten vorkommen; es kann sich allenf um Kleinkinder handeln. Ihre Interessen sind berührt und zu berücksichtigen, da nach den Grds der VollAdopt (Einf 2) der Angen die
4 Verwandtsch zur neuen Fam auch für seine Ki vermittelt (§ 1754). – Interessen des **Anzunehmenden selbst (S 1 Fall 3)** können dch die Ki des Annehmden zB gefährdet sein, wenn die Gefahr besteht, daß das schwächl Adoptivkind von seinen sehr viel stärkeren zukünft Geschwistern gequält wird. Die Vorschr ist überflüss, da ihr sachl Gehalt bereits dch die gem § 1741 I 1 vorgeschriebene Prüfg des Kindeswohls abgedeckt wird (Engler FamRZ **76**, 586).

2) Bei der **Interessenabwägung (S 1)** sind die Belange der Ki des Annehmden od Anzunehmden u die 5
Belange des Anzunehmden ggeinand abzuwägen. Die Ann hat zu unterbleiben, wenn die Interessen der Ki des Annehmden od Anzunehmden überwiegen (zur Gefährdg der Interessen des Anzunehmden selbst s Rn 4). – Der Kreis der **zu berücksichtigenden Interessen** ist nicht eingeschränkt. Auch **vermögens-** 6
rechtliche Interessen sind einzubeziehen (Hamm ZBlJugR **54**, 82), sollen aber nicht den Ausschlag geben, **S 2.** Daher kann nicht ausschlaggebd sein, daß dch neue Geschw rechnerisch eine Schmälerg des Erbteils eintritt; ebso wird eine Teilg der finanz Leistgskraft der Elt eine Gefährdg vorhandener Ki nur darstellen, wenn bes Umst vorliegen (BT-Drucks 7/3061 S 34). Diese können zB darin liegen, daß dch die zusätzl UnterhLast des Annehmden der Unterh der vorh Abkömml gefährdet würde, so daß eine Gefährdg ihres leibl Wohls vorläge. Ein AdoptHindern dch **Überwiegen** wurde zB darin gesehen, daß das Ki der Frau angen werden soll, die die Ehe der Mutter des vorh Ki zerstört hat (Hbg ZBlJugR **54**, 31).

1746 *Einwilligung des Kindes.* **I Zur Annahme ist die Einwilligung des Kindes erforderlich. Für ein Kind, das geschäftsunfähig oder noch nicht vierzehn Jahre alt ist, kann nur sein gesetzlicher Vertreter die Einwilligung erteilen. Im übrigen kann das Kind die Einwilligung nur selbst erteilen; es bedarf hierzu der Zustimmung seines gesetzlichen Vertreters. Die Einwilligung bedarf bei unterschiedlicher Staatsangehörigkeit des Annehmenden und des Kindes der Genehmigung des Vormundschaftsgerichts; dies gilt nicht, wenn die Annahme deutschem Recht unterliegt.**

II Hat das Kind das vierzehnte Lebensjahr vollendet und ist es nicht geschäftsunfähig, so kann es die Einwilligung bis zum Wirksamwerden des Ausspruchs der Annahme gegenüber dem Vormundschaftsgericht widerrufen. Der Widerruf bedarf der öffentlichen Beurkundung. Eine Zustimmung des gesetzlichen Vertreters ist nicht erforderlich.

III Verweigert der Vormund oder Pfleger die Einwilligung oder Zustimmung ohne triftigen Grund, so kann das Vormundschaftsgericht sie ersetzen; einer Erklärung nach Absatz 1 durch die Eltern bedarf es nicht, soweit diese nach den §§ 1747, 1750 unwiderruflich in die Annahme eingewilligt haben oder ihre Einwilligung nach § 1748 durch das Vormundschaftsgericht ersetzt worden ist.

1) Allgemeines, Systematik. §§ 1746–1749 bestimmen, wessen Einwilligg für die Adopt vorliegen 1
muß; § 1750 legt nähere Einzelh der Einwilligg fest. § 1746 (in I 4 u III geänd dch das KindRG, Rn 4, 4a) regelt die **Mitwirkung des Adoptivkindes** an der Ann. Sie ist erfdl, weil eine so tiefgreifde Änderg der famrechtl Verhältn das Einverständn desj voraussetzt, der vor allem davon betroffen ist (BT-Drucks 7/3061 S 34). Dies erreichte das bis zum AdoptG (Einf 2) geltde VertrSystem dch die Beteiligg des Ki am AnnahmeVertr (§ 1751 aF), das Dekretsystem (Einf 2) sichert sie dch das Erfordern der Einwilligg des Ki, dh seiner vorher Zustimmg, nicht nur Gen (§§ 183, 184). Dagg räumt es dem Ki kein AntrR ein (§ 1752 I), da dies dem LebSachverh nicht gerecht würde (BT-Drucks 7/3061 S 34). Das G stuft hins der Erteilg der Einwilligg nach dem Alter des Ki ab, I. Nach Vollendg des 14. LebJ steht dem Ki außerd die Möglichk zu, die bereits erteilte Einwilligg zu widerrufen, II. Die Zust des Vormd od Pflegers zur Ann selbst od zur Einwilligg des 14jähr od älteren Ki kann vom VormschG ersetzt werden, III. – Zur Mitwirkg des Anzunehmden bei der VolljAdopt s § 1768 Rn 1. – Fehlen od Unwirksamk der Einwilligg/Zust ist unter best Vorauss Aufhebgs- (§§ 1760f), nicht aber NichtigkGrd (§ 1759 Rn 2).

2) Einwilligung des Kindes, I. – a) Für das geschäftsunfäh od **noch nicht 14 Jahre alte Kind** erklären 2
die gesetzl Vertr die Einwilligg zur Ann. Das sind beide Elt (§§ 1626ff), wenn sie die elt Sorge haben (§ 1629), sonst der EltT, Pfleger od Vormd, dem die PersSorge zusteht od dem die Entsch gem § 1628 übertr ist. Für die Adopt dch den **Stiefvater** kann die Mutter als gesetzl Vertr für das Ki die Einwilligg erklären, die Bestellg eines ErgänzgsPflegers ist nicht erfdl (BGH NJW **80**, 1746; BayObLG FamRZ **81**, 93; aA 39. Aufl mwN). Bei einem erhebl Interessenwiderstr in der Pers der Mutter kann ihr die VertrMacht entzogen werden (§§ 1629 II 3, 1796); dann greift auch Abs III Hs 2 nicht ein (Rn 4). Das alles gilt auch für den Vertr des schon vorh Abkömml, auf den sich die Wirkgen erstrecken (§ 1754). Der Vertr kann sich nicht vertreten lassen (§ 1750 III 1). Das Ki kann seine Wünsche und Vorstellgen bei der Anhörg dch das VormschG vorbringen, wodch sie in die Entsch über das Kindeswohl (§ 1741 Rn 3) einfließen. Einer Genehmigg der Erkl des gesetzl Vertr dch das VormschG bedarf es nicht (and früh nach dem Vertragssystem, § 1751 I aF; s Einf 2). – **b) Nach Vollendung des 14. Lebensjahres** kann das Ki nur selbst einwilligen, bedarf aber der 3
Zust seines gesetzl Vertr, **S 3.** Zur Entsch des GesGebers für das Alter von 14 J s BT-Drucks 7/3061 S 35. Formfrei analog § 182 II (Soerg/Liermann Rn 15). Bei Verweigerg der Zust vor dem ersuchten Ri ist die pers Anhörg eines 16j Ki nicht mehr erfdl (BayObLG FamRZ **97**, 576). – **c) Entbehrlich (Abs III Hs 2)** ist 4
die Einwilligg der Elt als Vertreter des Ki (Rn 2) bzw bei Ki über 14 J die Zust der Elt zur Einwilligg des Ki (Rn 3), wenn die Elt/der EltT selbst wirks u für sie unwiderrufl (§ 1750 II 2 Hs 1) in die Ann eingewilligt haben (§ 1747 I 1) od die eig Einwilligg der Elt dch das VormschG ersetzt worden ist (§ 1748). Erfdl ist stets, daß den Elt/dem EltT insow die PersSorge u damit VertrMacht zusteht. Die dch das KindRG (Einf 4) neu eingefügte Vorschr soll das wenig sinnvolle Nebeneinand versch Erkl ders Pers zum einheitl Vorgang der Ann beseitigen (BT-Drucks 13/4899 S 112). ÜbergangsR Einf 11. – **d) Genehmigung bei verschiedener** 4a
Staatsangehörigkeit, S 4 (Lit: Krzywon BWNotZ **87**, 58; krit Frank FamRZ **98**, 393 [397]): Eingef dch IPR-G Art 2 Z 4 in Ergänzg zu EGBGB 22, 23 nF. Zweck: GenErfordern zwingt zu berücks, daß sich in diesen Fällen regelm wesentl Ändergen in der Zuordng des Ki zu einer ROrdng ergeben (BT-Drucks 10/504 S 86). Zu versagen zB für Adopt des Ki, das der Ehem mit seiner (nach muslim R) 2. Frau gezeugt hat, dch die 1. (dt) Ehefrau (Osnabr FamRZ **98**, 54). **Entbehrlich (S 4 Hs 2)** ist die Gen, wenn sich die Ann nach dt R richtet (EGBGB 22 od kraft Rückverweisg, EGBGB 4 I 2). Ob für Einwilliggen dt od ausl R gilt (EGBGB 23), ist gleichgült. Die dch das KindRG (Einf 4) neu eingefügte Best soll unnöt Doppelprüfgen vermeiden (BT-Drucks 13/4899 S 155). ÜbergangsR Einf 11.

5 **3) Ersetzung, III,** der Einwilligg (Rn 2) od Zust (Rn 3) von Vormd od Pfleger, also keine Entlassg (§ 1886) erfdl. Die Einwilligg des über 14 J alten Ki selbst (Rn 3) kann nicht ersetzt werden, auch wenn es die Adopt ohne trift Grd ablehnt. Für Einwilligg der vertrberecht Elt od eines EltT ist eine Ersetzg nicht erfdl, da diese entweder gem § 1747 eingewilligt haben od diese Einwilligg gem § 1748 ersetzt werden kann; in beiden
6 Fällen ist die Mitwirkg der Elt gem § 1746 entbehrl (Rn 4). – Ein **triftiger Grund** (unbest RBegriff) für die Verweigerg liegt vor, wenn die Vorauss gem § 1741 I fehlen (BayObLG FamRZ **89**, 1336); zB iF einer GroßElt-Enkel-Adopt, wenn die Elt u Geschw des Ki in naher Umgegend leben (BayObLG FamRZ **97**,
7 839). Er fehlt zB bei eigennütz Motiven, pers Ressentiments gg die AdoptivElt uä. – **Verfahren.** Es entsch der Ri (RPflG 14 I Z 3 f). Antr nicht erfdl (Hamm FamRZ **91**, 1230; krit Bassenge JR **76**, 187). Gg Ersetzg sof Beschw (FGG 53 I 2, 60 I Z 6).

8 **4) Widerruf der Einwilligung, II,** nur dch das Ki selbst; für die and Beteil sind ihre Erkl bindd (§ 1750 II 2 für Einwilligg, § 130 I 2, III für Zust). Grd: die Ann wird dem Wohl des Ki regelmäß nicht entsprechen, wenn es selbst die Begründg des neuen Elt-Ki-Verhältn nicht mehr will, ehe das Ger entsch hat (BT-Drucks 7/3061 S 35). Das Ki kann die Einwilligg auch dann widerrufen, wenn sie von seinen Elt, einem Vormd od Pfleger erkl wurde, ehe es 14 J alt war. Der Zust des gesetzl Vertr zum Widerruf bedarf es nicht, **S 3,** da sich das Ki in diesem Fall für seine bish FamBindg entsch (BT-Drucks 7/3061 S 35). Kein Verzicht auf Widerrufs-
9 möglichk. – Der Widerruf bedarf **öffentlicher Beurkundung, S 2,** nicht unbedingt notarieller, also auch dch das JA. Grd: Das Ki soll vor Abg der Erkl von einem ihm ev schon vertrauten Sachkund über Bedeutg u Folgen des Widerrufs beraten werden; WiderrufsErkl aus einer augenblickl Verärgerg od sonst Mißstimmgen heraus sollen verhindert werden (BT-Drucks 7/5087 S 10).

1747 *Einwilligung der Eltern des Kindes.* **I Zur Annahme eines Kindes ist die Einwilligung der Eltern erforderlich. Sofern kein anderer Mann nach § 1592 als Vater anzusehen ist, gilt im Sinne des Satzes 1 und des § 1748 Abs. 4 als Vater, wer die Voraussetzung des § 1600 d Abs. 2 Satz 1 glaubhaft macht.**

II Die Einwilligung kann erst erteilt werden, wenn das Kind acht Wochen alt ist. Sie ist auch dann wirksam, wenn der Einwilligende die schon feststehenden Annehmenden nicht kennt.

III Sind die Eltern nicht miteinander verheiratet und haben sie keine Sorgeerklärungen abgegeben,

1. kann die Einwilligung des Vaters bereits vor der Geburt erteilt werden;
2. darf, wenn der Vater die Übertragung der Sorge nach § 1672 Abs. 1 beantragt hat, eine Annahme erst ausgesprochen werden, nachdem über den Antrag des Vaters entschieden worden ist;
3. kann der Vater darauf verzichten, die Übertragung der Sorge nach § 1672 Abs. 1 zu beantragen. Die Verzichtserklärung muß öffentlich beurkundet werden. § 1750 gilt sinngemäß mit Ausnahme von Absatz 4 Satz 1.

IV Die Einwilligung eines Elternteils ist nicht erforderlich, wenn er zur Abgabe einer Erklärung dauernd außerstande oder sein Aufenthalt dauernd unbekannt ist.

1 **1) Allgemeines. –** Zur **Systematik** § 1746 Rn 1. Dch das KindRG (Einf 4) wurden **Abs I–III geändert,** insb ist nunm in I (mit Folgeändergen in III, bish II) unter Beachtg der Entsch des BVerfG (NJW **95**, 2155) u der EMRK (EuGHMR FamRZ **95**, 110 u Einl 7 v § 1297; Einzelh 57. Aufl) die Einwilligg aller Elt, auch die des nehel Vaters vorgesehen. Bei letzterem ist nur die Ersetzg der Einwilligg erleichtert (§ 1748 IV). ÜbergangsR Einf 11. Eine Ausn vom EinwilliggsErfordern sieht der unveränd gebliebene Abs IV vor
2 (Rn 12). – **Grund des Einwilligungserfordernisses:** Dch die Ann wird das natürl VerwandtschVerhältn aufgeh (§ 1755 I 1) u so in das natürl, in GG 6 geschützte EltR eingegriffen (BT-Drucks 7/3061 S 36). Die Einwilligg ist desh Vorauss der Ann jedes Mj, nicht aber der VolljAdopt (§ 1768 I 2). Sie ist unabhäng von der Innehabg der elt Sorge erfdl, also auch dann, wenn diese nach § 1666 entzogen (BayObLG DAVorm **81**, 131)
3 od dem and EltT übertr ist; aber uU leichtere Ersetzg bei Fehlen (§ 1748 IV). – **Ersetzung** der Einwilligg § 1748. Zur Feststellg, ob diese erfdl ist, kann über die Wirksamk einer Einwilligg schon vor Einleitg des AdoptVerf entsch werden (§ 1750 Rn 7). Währd des Verf über die Unwirksamk der Einwilligg keine Umgangserlaubn iW einstw Anordng (Düss FamRZ **88**, 1095). – **Fehlen** od Unwirksamk einer erfdl Einwilligg führt uU zur Aufhebg (§§ 1760 f), nicht aber zur Nichtigk (§ 1759 Rn 2).
4 **2) Einwilligungsberechtigung der Eltern, I 1,** dh der Pers, zu denen das Ki nach §§ 1591, 1592 in einem KindschVerhältn steht, od der AdoptivElt, soweit eine ZweitAdopt gem § 1742 zul ist. Desh bedarf es der Einwilligg der leibl Elt auch zur erneuten Ann nach Aufhebg einer Adopt (s §§ 1763 III b, 1764 III; Folge der Ablehng der BlankoAdopt, Rn 8); ebso bei Wdh einer ausl Adopt (Ffm FamRZ **92**, 985). Erfaßt werden seit 1. 7. 98 (Rn 1; zum früh RZust 57. Aufl) alle Elt, unabhäng davon, ob sie unverheiratet, verheiratet od geschieden sind. Die Einwilligg sonst Verwandter, insb der Geschw des Adoptivkindes od der GroßElt, ist nicht vorgesehen (zur Begr BT-Drucks 7/3061 S 38; im Hinbl auf die Wirkgen der VollAdopt, § 1755, verfassgsrechtl bedenkl, vgl aber BT-Drucks 7/5087 S 15). Darü, wessen Einwilligg erfdl ist, entsch Ztpkt des
5 AnnBeschl (§ 1752 I), nicht des Antr (vgl Celle JR **65**, 138). – War der **biologische Vater** mit der Mu nicht verheiratet, ist seine Einwilligg erfdl, wenn er Vater iSv § 1592 ist, dh die Vatersch anerkannt hat (§ 1594 ff) od als Vater gerichtl festgestellt ist (§ 1600 d). Liegen diese Vorauss nicht vor, stellt **I 2** gleichwohl denj einem Vater gleich, der glaubh macht, der Mu in der EmpfängnZeit (§ 1600 d III) beigewohnt zu haben (§ 1600 d II 1). Diese **vorläufige Vaterschaftsvermutung** (sehr krit der BR, BT-Drucks 13/4899 S 156; Frank FamRZ **98**, 393 [395]) soll den Vater davor schützen, als Folge einer verweigerten Zust der Mu zur Anerkenng (§ 1595 I) u der häuf langen Dauer des FeststellgsVerf vor die vollendete Tats der Adopt gestellt zu werden, u gleichzeit die Möglichk der erleichterten Ersetzg der Einwilligg gem § 1748 IV eröffnen (vgl BT-Drucks 13/4899 S 112 ff). Sie greift nicht ein, wenn ein and Mann gem § 1592 als Vater anzusehen ist (BT-

Drucks aaO). Nach dem Wortlaut genügt GlaubhMachg der Beiwohng, auch wenn die Vatersch (zB wg Mehrverk u Ztpkt der Beiwohng) unwahrscheinl ist. Einleitg eines VaterschFeststellgsVerf dch den Mann ist nicht erfdl, kann jedoch für die BewWürdigg bedeuts sein (FamRefK/Maurer Rn 5). GlaubhMachg: eidesst Vers (FGG 15 II) des Mannes u der Mu, aber iR der Amtsermittlg (FGG 12) auch jedes and (auch nicht präsente) BewMittel; jedoch keine Einholg von GA (FamRefK/Maurer Rn 5). Ist der Vater nicht bekannt (zB weil ihn die Mu nicht nennt), kann er nicht beteil werden. Zwar sind dann wg der Pfl zur Ermittlg der Beteil Nachforschgen vAw erfdl (FGG 12). Jedoch sind keine zu hohen Anfordergen zu stellen; das G geht davon aus, daß der Vater selbst tät wird (s a Abs IV; enger FamRefK/Maurer Rn 14).

3) Einwilligungserklärung, II. Die Vorschr entspr sachl unveränd dem früh Abs III. Für die Erkl gilt 6
§ 1750; dort zu den Förmlichk, zu Widerruf u Anfechtg, Unwirksamk wg Zeitablaufs. Sie kann auch darin liegen, daß ein EltT als gesetzl Vertr der Ann (§ 1746 Rn 2) od der Kindeseinwilligg (§ 1746 Rn 3) zustimmt (vgl BayObLG **21**, 197; zum umgekehrten Fall § 1746 IV Hs 2). Die Einwilligg der nehel Mu ist auch wirks, wenn sich diese weigert, den Namen des Erzeugers zu nennen (LG Stgt NJW **92**, 2897). Einwilligg u VaterschProz § 1754 Rn 2. – **Zeitpunkt, II 1.** Die Einwilligg kann erst erteilt werden, wenn das Ki 8 Wo alt 7
ist. Dadch soll insb die nehel Mutter vor einer unüberlegten Weggabe des Ki geschützt werden. Der nehel Vater kann hingg bereits vor der Geburt einwilligen, wenn keine SorgeErkl (§ 1626 I) abgegeben wurde, **III Nr 1.** Vorzeit Einwilligg gibt AufhebgsGrd (§ 1760 II Buchst e). Abgabe des Ki zur AdoptPflege (§ 1744) schon gleich nach der Geburt mögl. Im VorderGrd sollte allerd die Hilfe für die jg Mutter stehen (SGB VIII 51 I u II). Erkl der Einwilligg braucht nicht dem AdoptAntr (§ 1752) nachzufolgen (§ 1750 Rn 6). – Die **Blankoadoption,** bei der nur eine allg Einwilligg der Elt vorliegt, ist unzuläss (zur Ablehng dch den 8
GesGeber BT-Drucks 7/3061 S 21 u ausführl 7/5087 S 12; krit Baer ZfJ **96**, 123). Das folgt aus **II 2,** der davon ausgeht, daß sich die Einwilligg auf schon feststehde Pers bezieht. Diese Vorschr läßt ands die **Inkognitoadoption** zu. Bei ihr stehen die Annehmenden fest, sind aber den Elt des Ki unbekannt. Zu dem daran anknüpfden Ausforschgsverbot § 1758 Rn 1 u Einf 6. Dem Fall, daß der zunächst vorgesehene Adopt-Bewerber dch Tod od aus and Grd fortfällt, sollte dch gleichzeit Einwilligg zur Ann dch ein od mehrere weitere Ehepaare vorgebeugt w (Bedenken dagg bei Lüderitz NJW **76**, 1868). Das ist zul, denn der Wortlaut des II 2 (Soerg/Liermann Rn 7) u die Bindg an die EinwilliggsErkl (§ 1750 Rn 4) stehen der Einwilligg in eine and Adopt nicht entgg; daher kann die Einwilligg alternativ od auch hilfsw für mehrere AdoptBewerber erteilt werden (Hamm FamRZ **91**, 1230; MüKo/Lüderitz Rn 17). Die Einwilligg kann auch auf best AdoptVerhältn beschr werden, zB Religion der AdoptivElt (Listl FamRZ **74**, 74); denn dabei handelt es sich um eine ggständl Beschrkg der Erkl auf einen best PersKreis (Dölle § 112 III 2 e), nicht um eine gem § 1750 II 1 unzul Bdgg (Einf 2 v § 158).

4) Für nichteheliche Väter gelten Besonderh **(III),** aber nur, wenn keine SorgeErkl (§ 1626 I Nr. 1, 9
§§ 1626 b ff) abgegeben worden sind. Eingefügt dch das KindRG (Rn 1). BeratgsPfl des JA in diesem Fall SGB VIII § 51 III; Unterlassg kann bei echter ElternschBereitsch des Vaters AnnAufhebg gem § 1763 I rechtfertigen (aA MüKo/Lüderitz Fn 43 zum früh R). – Vorzeit Einwilligg, **Nr 1,** s Rn 7. – **Nr 2** berück- 10
sichtigt, daß der Vater, sobald die Mu in die Adopt eingewilligt hat, ohne ihre Zust die Übertr der elt Sorge beantragen kann (§ 1672 I, § 1751 I 6). Die formelle Rechtskr (ZPO 621 e, FamRefK/Maurer Rn16) der Entsch hierüber muß abgewartet werden, ehe über die Ann entsch wird. Grd: Die Einwilligg des Vaters ist leichter zu ersetzen, wenn dieser die elt Sorge nicht innehat (§ 1748 IV). Daher muß geklärt w, ob, wenn der Vater die Einwilligg verweigert u die elt Sorge selbst anstrebt, eine Ersetzg an § 1748 I od IV zu messen ist. Die Vorschr betrifft an sich auch den vermuteten Vater (I 2). Da diese Vermutg aber nicht iR des § 1672 gilt, wird in einem solchen Fall die Adopt dch einen Dr nicht gehemmt (Greßmann, Das neue KindschR Rn 396). Erhält der Vater die elt Sorge, kann gleichwohl seine Einwilligg, nunm aber gem § 1748 I, ersetzt u die Ann ausgespr werden. – **Nr 3** regelt (entspr bish II 3 u 4) den Verzicht des Vaters auf den Antr gem 11
§ 1672, um eine alsbald Adopt zu ermöglichen. Für die VerzErkl gilt § 1750, Beurk dch JA zul (SGB VIII § 59 I Nr 9). Sie wird mit Zugang beim VormschG wirks (§ 1750 I 3), es sei denn es geht gleichzeit ein forml Widerruf ein (Hamm NJW **83**, 1741).

5) Wegfall des Einwilligungserfordernisses, IV. Einwilligg eines EltT nicht erfdl, wenn dieser zur 12
ErklAbg dauernd außerstande od sein Aufenth unbekannt ist. Zu den Anfdgen an die behördl Nachforschgen: Kln DAV **98**, 936. Vertretg des EltT als höchstpersönl Entsch unzul. Die Feststellg des Ger, ob die Voraussetzgen für IV vorliegen, wird inzidenter getroffen; nimmt das Ger sie zu Unrecht an, dann Aufhebg der Ann nur unter den Voraussetzgen des § 1760 V. Anwendg bei Findelkindern. Einwillig in Analogie zu IV nach dem VerhältnismäßigkGrds entbehrl ferner, wenn dadch türk Ehem der Mutter von deren Ehebr erfahren u für diese dadch die Gefahr der Tötg entstehen würde (Hbg-Berged DAVorm **79**, 195). Zum Verhältn von IV u § 1748 III vgl BayObLG DAV **99**, 773.

1748 ***Ersetzung der Einwilligung eines Elternteils.*** **I Das Vormundschaftsgericht hat auf Antrag des Kindes die Einwilligung eines Elternteils zu ersetzen, wenn dieser seine Pflichten gegenüber dem Kind anhaltend gröblich verletzt hat oder durch sein Verhalten gezeigt hat, daß ihm das Kind gleichgültig ist, und wenn das Unterbleiben der Annahme dem Kind zu unverhältnismäßigem Nachteil gereichen würde. Die Einwilligung kann auch ersetzt werden, wenn die Pflichtverletzung zwar nicht anhaltend, aber besonders schwer ist und das Kind voraussichtlich dauernd nicht mehr der Obhut des Elternteils anvertraut werden kann.**

II Wegen Gleichgültigkeit, die nicht zugleich eine anhaltende gröbliche Pflichtverletzung ist, darf die Einwilligung nicht ersetzt werden, bevor der Elternteil vom Jugendamt über die Möglichkeit ihrer Ersetzung belehrt und nach Maßgabe des § 51 Abs. 2 des Achten Buches Sozialgesetzbuch beraten worden ist und seit der Belehrung wenigstens drei Monate verstrichen sind; in der Belehrung ist auf die Frist hinzuweisen. Der Belehrung bedarf es nicht, wenn der Elternteil seinen Aufenthaltsort ohne Hinterlassung seiner neuen Anschrift gewechselt hat und der Aufenthaltsort

vom Jugendamt während eines Zeitraums von drei Monaten trotz angemessener Nachforschungen nicht ermittelt werden konnte; in diesem Fall beginnt die Frist mit der ersten auf die Belehrung und Beratung oder auf die Ermittlung des Aufenthaltsorts gerichteten Handlung des Jugendamts. Die Fristen laufen frühestens fünf Monate nach der Geburt des Kindes ab.

III Die Einwilligung eines Elternteils kann ferner ersetzt werden, wenn er wegen einer besonders schweren psychischen Krankheit oder einer besonders schweren geistigen oder seelischen Behinderung zur Pflege und Erziehung des Kindes dauernd unfähig ist und wenn das Kind bei Unterbleiben der Annahme nicht in einer Familie aufwachsen könnte und dadurch in seiner Entwicklung schwer gefährdet wäre.

IV In den Fällen des § 1626 a Abs. 2 hat das Vormundschaftsgericht die Einwilligung des Vaters zu ersetzen, wenn das Unterbleiben der Annahme dem Kind zu unverhältnismäßigem Nachteil gereichen würde.

1 **1) Allgemeines, Systematik.** Lit: Finger FuR **90**, 183. § 1748 (Abs IV angefügt dch das KindRG, Einf 4) stellt unter best Vorauss das Kindeswohl über das R der natürl Elt (§ 1747 Rn 2) u ermöglicht desh die Ann als Ki auch gg deren Willen. Die Vorschr verletzt nicht GG 6 (BVerfG NJW **68**, 2233) od die EMRK (Einl 7 v § 1297), wenn, von den Fällen des I 2 u III (Rn 10–13) abgesehen, die Einwilligg (auch bei InkognitoAdopt) nur unter strikter Orientierung der Entsch am Erfordern eines bes schweren, vollst Versagens der Elt in ihrer Veantwortg ggü dem Ki ersetzt wird (BVerfG FamRZ **88**, 807 mA Gawlitta; BayObLG NJW-RR **90**, 776). Die Ersetzg kann auf 4 versch mat ErsetzgsTatbest (Störg der Elt-Ki-Beziehg, I 1, teilw konkretisiert dch II, Rn 3–9; bes schwerer PflVerstoß, I 2, Rn 10; schwere psych Störg, III, Rn 11–13; nehel
2 Vater, IV, Rn 14) gestützt werden u erfordert zusätzl einen Antr (Rn 15). – Der **Anwendungsbereich** entspricht dem des § 1747 u umfaßt daher die Einwilligg aller Elt, auch die des nehel Vaters u des vermuteten Vaters (§ 1747 I 2).

3 **2) Ersetzung wegen Störung der Eltern-Kind-Beziehung, I 1,** setzt voraus:

4 **a) Tiefgreifende Störung,** wobei eine der folgden beiden Fallgestaltgen vorliegen muß: – **aa) Anhaltende gröbliche Pflichtverletzung** ggü dem Ki dch den verweigernden EltT. – Die **gröbliche Pflichtverletzung** entspricht, wenn der EltT die elt Sorge innehat, im wesentl dem SorgeRMißbr bzw der Vernachlässigg iSv § 1666 (s die Erläut dort). Steht ihm die elt Sorge nicht zu od ist sie ihm entzogen worden, können nur noch die verbleibden Pfl (Unterh, Besuche) verletzt w (BayObLG FamRZ **94**, 1348; Ffm FamRZ **85**, 831). Subj Böswilligk od ind Schuld ist nicht erfdl (Karlsr FamRZ **83**, 1058). Es genügt obj Gefährdg (KG FamRZ **66**, 266), wie sie bei einer Kombination von Schwachsinn, Alkoholmißbr u Neigg zu Brandstiftgen gegeben sein kann (Hombg DAVorm **76**, 160; and BayObLG DAV **99**, 773: Vorauss ist subj ein MindMaß an Einsichtsfhgk). S aber Rn 5, 6. – **Anhaltend** setzt zwar nicht voraus, daß die PflVerl noch andauert (LG Münst FamRZ **99**, 890) od daß auch künft PflVerl zu erwarten sind; es genügen anhaltde PflVerl in der Vergangenh (Brschw FamRZ **97**, 513 mwN; and Zweibr FamRZ **76**, 469). Sie müssen jedoch Ausdr einer Gesinng ggü dem Ki sein, dh es muß wahrscheinl sein, daß sich das Verhalten in dem für die Entw des Ki entsch Zeitraum nicht ändert (aA MüKo/Lüderitz Rn 8). Dieses GesinngsMoment ist unabhäng von der Gef zukünft PflVerl
5 festzustellen. – **Zu bejahen** zB bei lockerem Lebenswandel iVm übermäß Alkoholgenuß, Nichtabholen des Ki nach der Geburt (Hamm FamRZ **77**, 418); total verwahrlostes Zuhause, wofür grobe Verschmutzg, Vorhandensein verdorbener LebMittel, Fehlen von menschenwürd Schlafgelegenh Merkmale sind (LG Hbg DAVorm **78**, 49), ebso, wenn Polizei die Mutter schlafd vorfindet, währd Elektroherdplatte glüht (Kiel DAVorm **78**, 384); schwere leibl od seel Vernachlässigg, zB grobe lieblose Behandlg (Ffm FamRZ **71**, 322; Mannh DAVorm **73**, 370); Elt Trinker u Ki meist in Schmutz sich selbst überlassen (Schwabach DAVorm **74**, 273); GewUnzucht u Strafhaft (Ravbg DAVorm **75**, 306) wg Zuhälterei der Mutter u UnterhEntziehg (was die Nachteilsfrage Rn 9 präjudiziert; aA Duisbg DAVorm **75**, 432) od Kindesmißhandlg (Blieskastel DAVorm **75**, 434); Unauffindbark nach Strafhaft bei insges 5 Ki u UnterhEntziehg (Ellw DAVorm **76**, 159); Inkaufnehmen, daß das Ki inf ständ Strafhaft nicht versorgt wird (Cuxhav FamRZ **76**, 241); Verlassen der Fam, gänzl Nichtkümmern um das Ki u mehrf Strafhaft der Mutter (AG Bad Ibg FamRZ **87**, 632); wie überh Straftaten u Verurteilgen, wenn sie zu konkr nachteil Folgen für das Ki führen, etwa daß die Elt dch die Straftat das Ki nicht zu sich nehmen können (LG Mü II DAVorm **80**, 119); unterlassene UnterhZahlgen iVm häuf WohngsWechsel ohne Angabe der jew Anschrift (Köln DAVorm **79**, 361). Bei fr Aberkenng der elt Sorge kommt es auf evtl
6 spätere pos Entw an (Kln FamRZ **99**, 889). – **Nicht ausreichend** sind für sich genommen die Nichtzahlg von Unterh (BayObLG FamRZ **98**, 55); Drogenabhängigk (Ffm FamRZ **83**, 531) u Straftaten der Elt, wenn sie keine konkr nachteil Folgen für das Ki haben; Nichterfüllg der UnterhPfl (BayObLG FamRZ **98**, 1196, and, wenn das Ki dadch Not leidet (BayObLG FGPrax **97**, 148; Düss DAV **77**, 751); Verweigerg der Einwilligg nach 4jähr geist Erkrankg (Köln FamRZ **90**, 1152) od wenn der Mu zwar die KrankhEinsicht fehlt, sie sich aber in psychiatr Behandlg begibt (LG Mannh DAV **85**, 723).

7 **bb) Gleichgültigkeit gegenüber dem Kind** ist der EltT, wenn er währd der Dauer von wenigstens 5 Mo, vgl II 3, nach außen erkennb werden läßt, daß ihn das Ki u dessen Schicksal nicht interessiert, was zB in dem Verlangen auf VollAdopt des Ki ins Ausl zum Ausdruck kommt (BayObLG FamRZ **76**, 234), od wenn er es an pers Zuwendg völl fehlen läßt (BayObLG FamRZ **98**, 55). Dabei entsch der obj Eindruck (BayObLG FamRZ **98**, 55), zB reicht beharrl Schweigen aus (Ffm FamRZ **71**, 322). Bloße Beteuergen des Ggt ändern nichts. Feindselige od verwerfl Gesinng ist nicht erfdl. Gleichgültigk kann auch zu bejahen sein, wenn das Interesse an dem Ki keiner echten gefühlsm Bindg, sond and Motiven entspringt, zB Neid, Rachsucht, Böswilligk, schlechtes Gewissen od auch der Besorgn nur um das eig Wohl (BayObLG FamRZ **83**, 648 L; Ravbg DAVorm **75**, 56). Der EltT muß Interesse nur iR der ihm zur Vfg stehden Möglichk bekunden (BayObLG FamRZ **98**, 1196: and EltT erschwert Kontaktaufn). Allerd muß, wer, auch dch die Umst gezwungen, sein Ki in ein Heim gibt, dch erhöhte Anstrenggen wie regelm Besuche, Heimholg während der WoEnden u Ferien, Inanspruchn anwaltl Hilfe u Anreise zur Anhörg (BayObLG FamRZ **84**, 417) uä seine pers Bindg an das Ki unter Bew stellen, vgl Lüderitz Adoption S 41. Wer sich als Mutter 4 Mo um die 2½jähr Tochter, die in ein Pflegeheim

gebracht w ist, nicht kümmert, dokumentiert Gleichgültigk (LG Hbg DAVorm **78**, 49). Wenn 6 j Ki die Mutter nicht kennt, muß diese trift Grde nennen (BayObLG ZBlJR **83**, 230). Umgekehrt sind vorübergehde seel Störgen des EltT zu dessen Gunsten zu berücks. Auch reichen früh erhobene EhelichkAnfKl od Verzicht auf Kontakt nicht aus, wenn dadch dem Ki Konflikte erspart w sollten (Stgt Just **72**, 316). Schleppde Behandlg des AdoptAntr kann Gleichgültigk dokumentieren (AG Tüb FamRZ **73**, 321). – Das gleichgült Verhalten muß **trotz Belehrung durch das JA** mind 3 Mo fortgesetzt worden sein, **II 1** (dazu Einf 44 v § 1626 u Finger 8
DAV **90**, 393; s a SGB VIII § 51 II, III). Ausn unbekannter Aufenth des EltT, **II 2,** uU auch beleidigde Abl der Belehrg dch den EltT (BayObLG FamRZ **97**, 514). Liegt auch eine gröbl PflVerl (Rn 10) vor, bedarf es der Belehrg nicht. Bei späterem Bekanntw des AufenthOrt sind Belehrg u Beratg nachzuholen, auch noch im BeschwVerf (Köln FamRZ **87**, 203). Die in II 1 ebenf vorgesehene Beratg ist nicht zwingde Vorauss (BayObLG FamRZ **97**, 514; Hamm FamRZ **91**, 1103).

b) Ein unverhältnismäßiger Nachteil muß dem Ki aus dem Unterbleiben der Ann entstehen. Das w bei 9
Vernachl des Ki dch die Elt od die nehel Mutter regelm z bejahen s. Es muß sich um einen im Verhältn zum Kindeswohl bes großen Nachteil handeln, zB Fehlen einer kontinuierl Unterbringgsmöglk, überdchschnittl EntwicklgsStörgen dch außerfam Pflege, Lüderitz Adoption S 44. Ein unverhältnism Nachteil für das Ki kann auch darin liegen, daß es ohne Adoption in einer rechtl ungesicherten Beziehg zu seinen PflegeElt aufwachsen müßte (Brschw ZfJ **97**, 514; Karlsr ZfJ **99**, 311). Keine Ersetzg der Einw also, wenn die PflegeElt ihrers zur Adopt bereit sind (BayObLG DAV **99**, 733). Zur Bedeutg der NamensÄnd u des Ausforschgsverbots (§§ 1757 f) in diesem Zushg AG Kamen FamRZ **95**, 1013. Nicht ausreichd: Unentschlossenh, keine UnterhZahlg, weil Ki anderw versorgt w, Verlust wirtsch Vorteile (KG FamRZ **66**, 266; OLGZ **69**, 235). Ands sind die neuen Verhältn in geist u leibl Hins, die Möglichk der Ausbildg, der Unterh usw ggü dem bisher Gegebenen in die Waagschale zu werfen. Die Abwägg setzt desh Kenntn dieser Verhältn voraus (BayObLG FamRZ **75**, 232).

3) Einmalige besonders schwere Pflichtverstöße wie Entführg des Ki ins Ausl (BayObLG FamRZ **89**, 10
429 Bolivien) reichen ebenf zur Ersetzg der Einwilligg aus, sofern das Ki **voraussichtlich nicht mehr der Obhut des Elternteils anvertraut werden kann, I 2.** Das letztere Moment tritt an die Stelle des unverhältnismäß Nachteils (Rn 9) u erweist den Tatbestd damit als selbständ ErsetzgsGrd (BayObLG FamRZ **89**, 429). Ersetzg der Einwilligg eines in Strafh einsitzden Vaters, der die Mutter des Ki umgebracht hat (BayObLG FamRZ **84**, 937; LG Essen DAVorm **79**, 521); dagg nicht ow wenn Franzose aus Eifersucht den Freund seiner geschied Frau umbringt u um des Wohls der Ki diese entführt (BayObLG StAZ **79**, 13).

4) Schwere psychische Störungen, III, reichen unter folgden Vorauss, die nebeneinand vorliegen 11
müssen, aus: – **a)** Dauernde Unfähigk zur Pflege u Erziehg des Ki wg bes **schwerer psychischer Krankheit** (AG Melsungen FamRZ **96**, 53) bzw geist od seel Behindergen (§ 1896 Rn 10–14), wofür schw Depressionen u sicherhgefährdde geist Erkrankgen, uU auch wenn sie nur schubw auftreten, genügen. Eine sichere med-diagnost Einordng der psych Krankh ist nicht erfdl (BayObLG FamRZ **84**, 201). – **b) Notwendigkeit** 12
der Heimunterbringung des Ki infolge der Störg. Nicht ausr also, wenn das Ki in einer PflegeFam (BGH **133**, 384) bzw bei Verwandten aufwachsen kann, weil es nicht darauf ankommt, ob das Unterbleiben der Adopt dem Ki zu unverhältnismäß Nachteil gereicht (BGH aaO); wohl aber, wenn diese selbst das Ki adoptieren wollen. Die Einwilligg kann auch ersetzt w, wenn das Ki ohne Adopt in DauerPfl bleiben kann (Karlsr FamRZ **90**, 94, aA AG Melsungen FamRZ **96**, 53; s a Rn 9). – **c)** Die Ersetzg soll unterbleiben, 13
wenn die Unterbringg in einem Heim das Ki in seiner Entw nicht **schwer gefährdet,** was jedoch idR z bejahen ist, sofern nicht bes günst Heimplatz zur Vfg steht.

5) Bei nichtehelichen Vätern, IV, die die elt Sorge nicht innehaben u auch nicht innegehabt haben 14
(§ 1626 b II; FamRefK/Maurer Rn 8), ist die Einwilligg zu ersetzen (kein Ermessen des Ger), wenn das Unterbleiben der Ann dem Ki zu unverhältnism Nachteil gereichen würde. Gilt auch für den vermuteten Vater, § 1747 I 2 (s a dort Rn 5), nicht aber für die nehel Mu. Dch die ggü I erleichterte Ersetzg soll verhindert werden, daß ein Vater, der nie Verantwortg für das Ki getragen hat, die Adopt verhindert (krit Frank FamRZ **98**, 393 [394]). Trotz des Wortlauts der Vorschr sind aus verfassgsrechtl Grd (GG 6 II) bei der gebotenen Abwägg („unverhältnism") nicht nur die Belange des Ki, sond auch die Interessen des Vaters zu berücksichtigen (FamRefK/Maurer Rn 5).

6) Verfahren. Die Ersetzg erfolgt nicht nur iF des I, sond auch in allen and Fällen nur auf **Antrag des** 15
Kindes. Den Antr stellen kann das Ki über 14 J selbst, aber nur mit Zust seines gesetzl Vertr (Brschw FamRZ **64**, 323; aA MüKo/Lüderitz 25); ebso dieser, bei einem über 14 jähr Ki aber nur, wenn es in die Adopt eingewilligt hat (§ 1746 I); s a BayObLG FamRZ **90**, 1150. Zustdgk s Einf 12. **Anhörung** des Ki erfdl (Karlsr FamRZ **95**, 1012 mwN), grdsl auch eines 4 jähr (BayObLG FamRZ **88**, 871); s a Einf 9 ff v § 1626. Beratg u Belehrg des EltT dch das JA Rn 8. Der ErsetzgsBeschl muß begr w (LG Hbg DAV **78**, 49). Gg abl Beschl einf Beschw ausschl des Ki (FGG 20 II; BayObLG FamRZ **84**, 935), ggf auch dch seinen Vormd (Düss FamRZ **95**, 1294); gg ErsetzgsBeschl sof Beschw der Elt (FGG 20 I, 53 I 1, 60 I Nr 6). Der ErsetzgsBeschl muß rechtskr sein, ehe die Ann als Ki nach § 1752 ausgespr werden kann (dort Rn 2).

1749 *Einwilligung des Ehegatten.* **I Zur Annahme eines Kindes durch einen Ehegatten allein ist die Einwilligung des anderen Ehegatten erforderlich. Das Vormundschaftsgericht kann auf Antrag des Annehmenden die Einwilligung ersetzen. Die Einwilligung darf nicht ersetzt werden, wenn berechtigte Interessen des anderen Ehegatten und der Familie der Annahme entgegenstehen.**

II Zur Annahme eines Verheirateten ist die Einwilligung seines Ehegatten erforderlich.

III Die Einwilligung des Ehegatten ist nicht erforderlich, wenn er zur Abgabe der Erklärung dauernd außerstande oder sein Aufenthalt dauernd unbekannt ist.

1) Einwilligung des Ehegatten des Annehmenden, I. Vgl zunächst § 1746 Rn 1. Nimmt ein Ehepaar 1
ein Ki gemschaftl an (§ 1741 II 2), liegt im AnnAntr jedes Eheg zugl die Einwilligg zur Ann des Ki auch dch

den and Eheg. Nimmt ein Eheg das Ki des and Eheg an (§§ 1741 II 3, 1742), wird regelm in der elterl Einwilligg des and Eheg (§ 1747) die Einwilligg auch als Eheg liegen. Ist der and Eheg geschäftsunfäh od sein Aufenth dauernd unbekannt (s § 1747 Rn 12), ist seine Einwilligg nicht erfdl, **III.** Bei der MjAdopt hat die Einwilligg gem I 1 desh prakt Bedeutg nur, wenn ein Eheg ein fremdes Ki allein annehmen kann, weil der and Eheg noch nicht 21 J alt ist (§ 1741 II 4). And bei der VolljAdopt, für die § 1749 entspr gilt (§ 1767 II). I 1 erfaßt auch den getrenntlebden Eheg, nicht aber den geschiedenen. Die Einwilligg kann immer nur für eine bestimmte KiAnn erteilt w (KG JFG **3**, 126). Für Form, Vertretg, Widerruf etc gilt § 1750. Fehlen der
2 Einwilligg ist weder Aufhebgs- noch NichtigkGrd (arg § 1760 I). – **Ersetzung** der Einwilligg ist zul, **I 2.** Sie scheidet aus, wenn berecht Interessen des and Eheg u der Fam der Ann entggstehen, **I 3.** Abwägg erfdl, die auch die Vorauss des § 1741 I einbeziehen kann. Die Interessen vorh ehel Ki werden bereits dch § 1745 gewahrt. Desh kommt es idR nur auf die Interessen des and Eheg selbst an, insb darauf, ob die ehel Gemsch dch die Ann beeinträchtigt w kann. Das ist regelm nicht der Fall, wenn die Eheg getrennt leben. Dann Ersetzg, wenn die Einwilligg aus unsachl Grd verweigert wird, insb wenn das Ki bereits beim annehmden Eheg lebt u die Ann seinem Wohl dient. § 1745 S 2 ist entspr heranzuziehen. Die Rspr zu § 1727 in der vor dem KindRG geltden Fassg kann herangezogen w (dazu 57. Aufl dort Rn 3 f). Verfahren wie § 1748 Rn 15; antrberecht ist nur der Annehmde.

3 **2) Einwilligung des Ehegatten des Anzunehmenden, II.** Bei der Ann Mj wird das Ki nur selten verh sein, auszuschließen ist es nicht (§ 1303 II). Diese Ehe soll die Ann nicht verhindern; der Eheg des Ki muß aber einwilligen, da er mit der neuen Fam verschwägert wird (§ 1590). Nicht erfdl iFv **III** (wie Rn 1). Ersetzg der Einwilligg ist ausgeschl, weil dadch der Keim für das Scheitern dieser Ehe gelegt w könnte (BT-Drucks 7/5087 S 13). Fehlt die Einwilligg, Aufhebg der Adopt entspr § 1771 Rn 3. Namensrechtl Folgen, die ggf einer bes Zustimmg des Eheg des Ki bedürfen, s § 1757.

1750 *Einwilligungserklärung.* **[I] Die Einwilligung nach §§ 1746, 1747 und 1749 ist dem Vormundschaftsgericht gegenüber zu erklären. Die Erklärung bedarf der notariellen Beurkundung. Die Einwilligung wird in dem Zeitpunkt wirksam, in dem sie dem Vormundschaftsgericht zugeht.**

[II] Die Einwilligung kann nicht unter einer Bedingung oder einer Zeitbestimmung erteilt werden. Sie ist unwiderruflich; die Vorschrift des § 1746 Abs. 2 bleibt unberührt.

[III] Die Einwilligung kann nicht durch einen Vertreter erteilt werden. Ist der Einwilligende in der Geschäftsfähigkeit beschränkt, so bedarf seine Einwilligung nicht der Zustimmung seines gesetzlichen Vertreters. Die Vorschriften des § 1746 Abs. 1 Satz 2, 3 bleiben unberührt.

[IV] Die Einwilligung verliert ihre Kraft, wenn der Antrag zurückgenommen oder die Annahme versagt wird. Die Einwilligung eines Elternteils verliert ferner ihre Kraft, wenn das Kind nicht innerhalb von drei Jahren seit dem Wirksamwerden der Einwilligung angenommen wird.

1 **Anwendungsbereich:** EinwilliggsErkl des Ki (§ 1746), seiner Elt (§ 1747), der Eheg des Annehmden u
2 Anzunehmden (§ 1749); entspr Anwendg auf Verzicht des nehel Vaters gem § 1747 III Nr 3. – **Förmlichkeiten der Erklärung, I.** Diese muß gem BeurkG 56 I **notariell beurkundet** w, **I 2;** VerzErkl des nehel Vaters auch vor dem JA (§ 1747 III Nr 3 S 2). Abzugeben **gegenüber dem Vormundschaftsgericht, I 1,** nicht ggü den Beteil (Folge des Dekretsystems, Einf 2). Zustdgk s Einf 12; das WohnsitzG der Annehmden ist auch dann zuständ, wenn diese ihre AdoptAbsicht aufgegeben haben (BayObLG FamRZ **78**, 65). Zugehen muß eine Ausfertigg der not Urk, begl Abschr genügt nicht (BayObLG StAZ **79**, 122, Hamm NJW **82**, 1002). Bei Behördenfeindlichk der Mutter muß deren Erkl nicht dem VormschG ggü wiederholt w (Bln DAVorm
3 **77**, 600). **Wirksamwerden, I 3,** der EinwilliggsErkl erst mit dem Ztpkt des Zugangs beim VormschG; das JA kommt auch nicht als EmpfBote in Betr (Hamm NJW-RR **87**, 260). Diese Klarstellg ist erfdl, weil die elt Sorge mit der Einwilligg der Elt ruht (§ 1751 I 1). Zu mißbilligen ist die Prax der AdoptVermittlgsBeh, die EinwilliggsErkl der Elt entgg I dem VormschG über lange Zeit hinweg nicht einzureichen (Dickmeis DAVorm
4 **80**, 48). – Die **Bindung des Erklärenden, II,** ist für ein geordnetes AnnVerf unerläßl, da der Fortgang des Verf, in dessen Verlauf das Ki regelmäß schon von den neuen Elt aufgen ist (s § 1744), nicht dch Unsicherh über den Bestand erkl Einwilliggen gestört w darf (BT-Drucks 7/3061 S 39). Deswg sind die Erkl bedinggs- u befristgsfeindl (II 1; s a § 1747 Rn 8) u können mit Ausn derj des Ki (§ 1746 II) nicht widerrufen w (II 2). Die GeltdMachg von AnfGrd (§§ 119 ff) ist vor dem AnnBeschl (§ 1752 I) nur in dem Umfang mögl, in dem die Ann gem § 1760 II aufzuheben wäre (Soerg/Liermann Rn 9; zur Anf wg Drohg Ffm s FamRZ **81**, 206). Dies gilt auch für and vergleichb UnwirksamkGrd wie § 138. Die Bindg schließt die Einwilligg in eine anderweit Adopt nicht aus (s § 1747 Rn 8). Verstöße gg II 1 stellen keinen AufhebgsGrd dar (vgl § 1760), insb ist für ihre Wirksamk gleichgült, wenn vor Abg gemachte Zusagen nicht eingehalten w. Abmachg, daß für eine
5 Einwilligg eine Vergütg gezahlt w soll, nicht ow unsittl (Kiel OLG **46**, 187). – **Höchstpersönlich, III,** muß die Einwilligg erklärt w, also keine Stellvertretg. Bei beschr GeschFgk bedarf sie nicht der Zust des gesetzl
6 Vertr, **III 2,** SondRegelg für die Einwilligg des Ki in § 1746 I. – **Ihre Kraft verlieren** EinwilliggsErkl mit der Rückn des AnnAntr od bei Versagg der Ann, **IV 1.** Die Best geht davon aus, daß der AnnAntr vor der Einwilligg vorliegt. Das ist jedoch oft unprakt u angesichts der Zulässigk der InkognitoAdopt (§ 1747 Rn 8) nicht erfdl. Die Einwilligg kann nach der bei der AdoptVermittlgsStelle (Einf 6) geführten Liste der AdoptBewerber erteilt w. Wird die Versagg nicht mit Beschw angefochten, können hins der Gültigk der Einwilligg Unklarh auftauchen (Bassenge JR **76**, 187). Die EinwilliggsErkl eines EltT, **IV 2,** büßt ihre Gültigk ein, wenn die PflegeElt eindeut u endgült erkl, keinen AnnAntr stellen zu wollen (BayObLG FamRZ **83**, 761); ferner,
7 wenn das Ki nicht binnen 3 J nach Abg der Erkl beim VormschG angen w ist. – Eine **Prüfung der Wirksamkeit** der EinwilliggsErkl iR einer VorabEntsch des VormschG ist nach hM zul (Hamm NJW-RR **87**, 260, LG Frankth DAVorm **81**, 489, MüKo/Lüderitz Rn 16 mwN; aA LG Duisbg DAVorm **80**, 227 mA Schultz). S a § 1747 Rn 3. Zustdgk Einf 12.

1751 ***Ruhen der elterlichen Sorge und der Unterhaltspflicht.*** **I Mit der Einwilligung eines Elternteils in die Annahme ruht die elterliche Sorge dieses Elternteils; die Befugnis zum persönlichen Umgang mit dem Kinde darf nicht ausgeübt werden. Das Jugendamt wird Vormund; dies gilt nicht, wenn der andere Elternteil die elterliche Sorge allein ausübt oder wenn bereits ein Vormund bestellt ist. Eine bestehende Pflegschaft bleibt unberührt. Das Vormundschaftsgericht hat dem Jugendamt unverzüglich eine Bescheinigung über den Eintritt der Vormundschaft zu erteilen; § 1791 ist nicht anzuwenden. Für den Annehmenden gilt während der Zeit der Adoptionspflege § 1688 Abs. 1 und 3 entsprechend. Hat die Mutter in die Annahme eingewilligt, so bedarf ein Antrag des Vaters nach § 1672 Abs. 1 nicht ihrer Zustimmung.**

II Absatz 1 ist nicht anzuwenden auf einen Ehegatten, dessen Kind vom anderen Ehegatten angenommen wird.

III Hat die Einwilligung eines Elternteils ihre Kraft verloren, so hat das Vormundschaftsgericht die elterliche Sorge dem Elternteil zu übertragen, wenn und soweit dies dem Wohl des Kindes nicht widerspricht.

IV Der Annehmende ist dem Kind vor den Verwandten des Kindes zur Gewährung des Unterhalts verpflichtet, sobald die Eltern des Kindes die erforderliche Einwilligung erteilt haben und das Kind in die Obhut des Annehmenden mit dem Ziel der Annahme aufgenommen ist. Will ein Ehegatte ein Kind seines Ehegatten annehmen, so sind die Ehegatten dem Kind vor den anderen Verwandten des Kindes zur Gewährung des Unterhalts verpflichtet, sobald die erforderliche Einwilligung der Eltern des Kindes erteilt und das Kind in die Obhut der Ehegatten aufgenommen ist.

1) Elterliche Sorge nach Einwilligung in die Adoption, I. Mit seiner Einwilligg in die Adopt des eig 1
Ki hat ein EltT das von seiner Seite aus Erforderliche getan, um die rechtl Verbindg zu dem Ki zu lösen. Das G sieht desh vor, daß bis zur Wirksamk der Ann die elt Sorge dieses EltT mit der Wirkg des § 1675 **ruht, S 1,** u regelt, seit Inkrafttr des KindRG (Einf 4) ergänzt um I 5, 6, Einzelh für diese ZwZeit. Diese Grds gelten auch bei Ersetzg der Einwilligg gem § 1748 (KG FamRZ **78**, 210, MüKo/Lüderitz Rn 2; aA AG Münst DAVorm **77**, 271); gem **II** hingg nicht, wenn das Ki von dem Eheg seines Vaters od seiner Mutter adoptiert w soll, da es dann nicht um die Lösg der FamBande, sond umgek gerade um deren Festigg u Erweiterg geht. – **Folgen:** Im VerbundVerf (ZPO 623) ergeht keine SorgeRRegelg mehr (Hamm FamRZ 2
86, 922). Solange nur ein EltT die Einwilligg erklärt hat, übt der and EltT die elterl Sorge allein aus (§ 1678 I). Da die Ann auf das Erlöschen des VerwandtschVerhältn abzielt (§ 1755 I), soll der EltT in Ausn zu § 1638 auch keinen pers Umgang mehr mit dem Ki haben, so daß auch die ProbeZt (§ 1744) nicht davon beeinflußt w kann. Ands bedarf es eines gesetzl Vertreters, der die iR der elt Sorge erfdl werdden Entsch für das Ki treffen kann. Gesetzl Vertr wird automat, dh ohne daß es einer Bestellg bedarf, das nach SGB VIII 85 ff zuständ JA (LG Kass FamRZ **93**, 234 mA Henrich), sofern nicht der and EltT die elterl Sorge allein ausübt od schon ein Vormd bestellt ist, **S 2,** was idR bei Ersetzg der elt Einwilligg (§ 1748) der Fall sein w. Ges Vormsch auch dann, wenn dem and EltT das AufenthBestR entzogen ist (AG Kamen FamRZ **94**, 1489). Besteht bereits gem § 1791 c eine AmtsVormsch, ist kein Raum für die Bestellg eines AdoptVormds (Köln FamRZ **92**, 352; aA LG Bln DAV **79**, 190). Ebso bleibt eine bestehde Pflegsch unberührt, **S 3** (vgl §§ 1630 I, 1794). Das JA erhält über den Eintritt der Vormsch unverzügl eine Bescheinigg, **S 4,** damit es frühzeit Kenntn von der elt Einwilligg erhält u noch rechtzeit auf die Notwendigk der Pflegeerlaubn gem SGB VIII 44 hinweisen u sie versagen kann, wenn das Wohl des Ki dies erfordert (BT-Drucks 7/5087 S 14). Gem **S 5** kann währd der 3
Zeit einer AdoptPflege (§ 1744) der Annehmde die Befugn ausüben, die auch sonst der PflegePers iR einer Familienpflege zustehen (§ 1688 I), wenn nicht gem § 1688 III and bestimmt ist (s näher die Erläut dort). **S 6** 4
regelt den Ausschl des ZustErfordern der nehel Mutter zur Übertragg des SorgeR auf den Vater (§ 1672 I 1), um im ZusSpiel mit § 1747 III Nr 2 den Vorrang dieser SorgeREntsch ggü der Adopt zu sichern (näher § 1747 Rn 10). Vorauss ist, daß der Mu die elt Sorge gem § 1626 b II allein zustand, nicht aus and Grd (insb §§ 1671, 1678, 1680; KindRefK/Maurer Rn 6); ferner, daß der Mann als Vater feststeht (§ 1592), da ihm nur dann die Sorge übertr w kann (Liermann FuR **97**, 217 [221]).

2) Wenn die **Einwilligung** eines EltT wg Scheiterns der Ann od aGrd Zeitablaufs (§ 1750 IV) ihre 5
Wirksamkeit verloren hat, so überträgt das VormschG diesem EltT die elterl Sorge, aber nur, sof dies nicht dem Kindeswohl widerspricht, **III.** Denn besteht keine Aussicht, daß ein neues EltR begründet wird, ist dafür zu sorgen, daß die bereits eingeleiteten Maßn rückgäng gemacht w. Das Ki soll sich nicht unangem lange in einem Schwebezustand befinden (BT-Drucks 7/3061 S 40 f). Die elt Sorge fällt nicht automat an den EltT zurück, der seine Einwilligg zur Ann gegeben hat, sond wird ihm übertr, wenn dies dem Kindeswohl nicht widerspricht (vgl §§ 1680 II). Grd: Hat ein EltT die elt Sorge 3 J nicht mehr ausgeübt hat, ist er möglicherw nicht (mehr) geeignet, sie auszuüben. Ob er geeignet ist, soll das VormschG in jedem Fall prüfen. Ist der EltT nicht geeignet u übt auch der and EltT die elt Sorge nicht aus, hat das VormschG die gesetzl Vertretg des Ki dadch zu regeln, daß es einen Vormd od Pfleger bestellt (BT-Drucks 7/3061 S 41). Es entsch der Richter (RPflG 14 Z 3 f). Anhörg des Ki (BayObLG FamRZ **83**, 761) u des JA (FGG 49 I Nr 4).

3) Unterhaltspflicht. Der Annehmde ist unterhaltspflicht ab dem Ztpkt des Wirksamwerdens der elterl 6
Einwilligg (§ 1750 I 3), wenn er das Ki mit dem Ziel der Ann in Pflege gen hat, **IV 1.** Voraussetzg ist die „erfdl" Einwilligg der Elt, dh bei einer Halbwaise nur die des überlebden EltT; wenn ein EltT zur Abg einer Erkl dauernd außerstande od sein Aufenth dauernd unbekannt ist, nur die des and EltT (§ 1747 IV). Ist das Ki Vollwaise od die Einwilligg der Elt od des allein einwilliggsberecht EltT nach § 1747 IV nicht erfdl, so beginnt die UnterhPfl, wenn der Annehmde das Ki in Obhut nimmt. Maßgebl Ztpkt ist nicht die Erteilg der Pflegeerlaubn dch das JugA (SGB VIII 44), sond der Ztpkt, in dem das Ki in die Obhut der künft AdoptivElt gen wird u diese dadch die Verantwortg für das Ki übernehmen (BT-Drucks 7/5087 S 14). Obhut nicht gleichbedeutd mit Haushalt; Krankenhaus- od Heimverbleib wg Krankh od sonst Behinderg des Ki bei Übernahme der Verantwortg dch die künft Elt reicht aus. Umfang der UnterhPfl wie die der leibl Elt, dh gem

den gesteigerten Anfordergen nach §§ 1602 II, 1603 III. – **Vorrangig** bedeutet, daß die UnterhPfl der leibl Elt u and Verwandten des Ki, wie die elt Sorge, währd der Pflegezeit nur ruht. Sie erlischt nicht, sond tritt ledigl hinter derj der Annehmden zurück (Subsidiarität). Endet das PflegeVerhältn, ohne daß es zur Ann kommt, so tritt die UnterhPfl der leibl Elt u der übr Verwandten wieder ein (Ffm FamRZ **84**, 312 mA
7 Bosch). – Zur Verpfl zur Zahlg v **Pflegegeld** dch den Träger der JugHilfe Brüggemann DAV **78**, 44; Der Anspr auf **Erziehungsgeld** (dazu Einf 42 v § 1626) setzt die Aufn des Ki in die Obhut mit dem Ziel der Ann, dh die in der AdoptBewerbg zum Ausdr kommde Äußerg der AdoptBereitsch voraus (BSG NJW **93**, 1156). –
8 Bei der Ann des Ki eines Eheg dch den and Eheg sind beide Eheg dem Ki vor dessen and Verwandten unter dens Voraussetzgen der Einwilligg u der Inobhutnahme unterhaltspflichtig, **IV 2.**

1752 ***Beschluß des Vormundschaftsgerichts; Antrag.*** **I Die Annahme als Kind wird auf Antrag des Annehmenden vom Vormundschaftsgericht ausgesprochen.**

II Der Antrag kann nicht unter einer Bedingung oder einer Zeitbestimmung oder durch einen Vertreter gestellt werden. Er bedarf der notariellen Beurkundung.

1 **1) Annahmeverfahren und -beschluß.** Zur Ann Vollj s a § 1772 Rn 6. – **a) Verfahren des Vormundschaftsgerichts.** Zustdgk Einf 12. Einleitg nur auf Antr (Rn 4). Vor der Ann eines Mj hat das Ger eine gutachtl Äußerg der AdoptVermittlgsStelle (Einf 6) bzw des JA über die Eigng des Ki u der Fam des Annehmden einzuholen (FGG 56d). Anhörgen s Einf 10ff v § 1626; auch der Ki des Annehmden (s § 1745 u BVerfG NJW **94**, 1053; BayObLG NJW-RR **99**, 1379), das VormschG muß der Frage nach dem Vorhandensein solcher Ki nachgehen (BVerfG 2. Sen 2. Ka NJW **95**, 316); zur Anhörg des Ki selbst
2 BayObLG FamRZ **93**, 1480. Ersetzg von Einwilligen §§ 1746 III, 1748, 1749 I. – **b) Adoptionsdekret.** Mat Vorauss s § 1741 Rn 3ff. In dem AnnBeschl ist anzugeben (FGG 56e S 1), auf welche Vorschr sich die Ann stützt, dh jew die eigtl RGrdl der Adopt (Karlsr DAV **78**, 787; Mergenthaler StAZ **77**, 292); ferner wenn die Einwilligg eines EltT nicht für erfdl gehalten wurde (§ 1747 IV). Der Beschl wird grdsl mit Zustellg an den Annehmden wirks (s a § 1753 Rn 4), er ist nicht anfechtb od abänderb (FGG 56e S 2, 3). Willensmängel u VerfFehler werden geheilt (Lüderitz NJW **76**, 1865 [1869]), sie können nur zur Aufhebg der Adopt führen (§ 1760; s a § 1759 Rn 1 zur Verl des rechtl Gehörs). Desh darf die Ann ggf erst nach Rechtskr des eine Einwilligg ersetzden Beschl (FGG 53 I 2, 60 I Nr 6) ausgesprochen werden (Hamm FamRZ **91**, 1230). – **Wirkungen** s §§ 1754–1758. Wg der Ändergen des FamStands u Namens ist die Mitt des Beschl an das **Standesamt** vorgeschr (PStG 30 II; PStV 27) zur Berichtigg der PersStandsbücher (s a PStG 30 I, 15 I 1 Nr 3 u 4, II Nr 3). Der Beschl ist für das Standesamt auch hins der NamensBest (s § 1767 Rn 10) außer bei
3 Nichtigk (§ 1759 Rn 2) bindd (BayObLG FamRZ **96**, 1034) – **c) Beschwerde** nur gg die Abl u nur dch den ASt (FGG 20 II, BayObLG FamRZ **97**, 841), bei gemschaftl Ann auch dch einen Eheg allein (Engler FamRZ **76**, 588), grdsl nicht dch das Ki; näher KKW § 56e FGG Rn 22ff.

4 **2)** Der **Annahmeantrag, II,** muß vom Annehmden ausgehen, nicht vom Ki od einem sonst Beteil. Da er nur pers, nicht dch einen Vertreter gestellt w kann u die VerfFähigk des ASt voraussetzt, kann eine geschunfäh Pers schon aus verfrechtl Grd nicht adoptieren. IR des KindRG (Einf 4) wurde daher § 1743 IV, der die GeschFgk des Annehmden ausdr verlangte, aufgeh. Das AntrR ist nicht vererbl (BayObLG FamRZ **95**, 1604). Der Antr ist bedinggs- u befristgsfeindl u bedarf bei persönl Anwesenh vor dem Notar der not Beurk (Lit: Kemper DAVorm **77**, 153). Der Antr enthält zugl die Einwilligg der Annehmden, daß das Ki dch die Ann ihr Ki werden soll. Trotz der Formulierg des G, daß der Antr nicht dch einen Vertr gestellt w kann, ist es zul, daß er von dem Notar beim VormschG eingereicht w (*arg* § 1753 II). Der Antr bestimmt den VerfGgst, desh keine VolljAdopt anstelle der beantragten MjAdopt (Liermann FamRZ **97**, 112). Er kann bis zum Ausspr der Ann zurückgen w. Rückn vor Zustellg des AdoptBeschl führt nicht zur Nichtigk des gleichwohl ergangenen AnnBeschl (§ 1759 Rn 2). Stirbt der Annehmde vor der Entsch, bleibt Ann zul (§ 1753 II); die Ablehng ist mangels eines BeschwBerecht (Rn 3) aber nicht anfechtb (FGG 68 S 2 hätte nicht aufgeh w dürfen; Bassenge JR **76**, 187).

1753 ***Annahme nach dem Tod.*** **I Der Ausspruch der Annahme kann nicht nach dem Tod des Kindes erfolgen.**

II Nach dem Tod des Annehmenden ist der Ausspruch nur zulässig, wenn der Annehmende den Antrag beim Vormundschaftsgericht eingereicht oder bei oder nach der notariellen Beurkundung des Antrags den Notar damit betraut hat, den Antrag einzureichen.

III Wird die Annahme nach dem Tod des Annehmenden ausgesprochen, so hat sie die gleiche Wirkung, wie wenn sie vor dem Tod erfolgt wäre.

1 **1)** Der **Tod des Kindes** vor der Ann schließt den Abschl der bereits eingeleiteten Adopt aus. **I.** Wichtig für die Erbfolge (§§ 1754, 1755, 1924ff). Ist das Ki gestorben, verliert die Ann ihren eigentl Sinn; erbrechtl Überleggen sollen nicht ausschlaggebd sein (BT-Drucks 7/3061 S 42). Entscheidd Ztpkt der Zustellg an den Annehmden (FGG 56e S 2).

2 **2)** Der **Tod des Annehmenden** vor dem Erlaß des AdoptBeschl macht die Ann dagg nicht unmögl. Sie bleibt zB sinnvoll, wenn das Ki im Haush des Annehmden gelebt hatte (Engler FamRZ **76**, 586). Der Ausspr der Ann setzt aber voraus, daß der Annehmde bereits den AnnAntr beim VormschG eingereicht od nach Beurk den Notar damit beauftragt hat, **II.** Entspr Anwendg v II, wenn der Annehmde währd der RBeschwInst stirbt (Brschw DAVorm **78**, 784). Entscheidd das Kindeswohl (§ 1741 I), ferner, ob das Ki nicht seine Einwilligg widerruft (§ 1746 II 1). Stirbt bei einer gemschaftl Ann der eine Eheg u nimmt daraufh der and Eheg seinen Antr zurück (§ 1752 Rn 4), so bleibt AnnBeschl mögl, weil die in dem Antr des überlebden Eheg liegde Einwilligg (§ 1749 Rn 1) zur Ann dch den verstorbenen Eheg nicht widerrufen w kann (§ 1750

II 2); idR verbietet dann aber das Kindeswohl den nachträgl AnnBeschl. – Der nach dem Tode des Annehmden ergehde AnnBeschl hat die Wirkg, als ob die Ann vor dem Tode erfolgt wäre, **III,** was insb bedeutet, daß dem Ki ggü dem verstorbenen Annehmden ein gesetzl ErbR u, soweit dieser anderweit verfügt hatte, ein PflichttAnspr zusteht, sofern er diese Vfg nicht überh anfechten will (§§ 1924 I, 2079, 2303). Diese Rückwirkg der Ann entspricht idR den inzw eingetretenen tatsächl Verhältn (BT-Drucks 7/3061 S 42). – II trifft auch den Fall, daß eine gemschaftl KiAnn erfolgen sollte u beide Annehmden verstorben sind (Hamm StAZ **67,** 99), unabhäng ob gleichzeit od nacheinander; das Ki beerbt dann beide AdoptivElt. War gemschaftl Ann beantr, Wirksamk des AnnBeschl mit Zustellg an den überlebden Eheg, iü mit Zust an den ges Vertr od Pfleger des Ki (FGG 56 e S 2). 3 4

1754 *Rechtliche Stellung des Kindes.* **I Nimmt ein Ehepaar ein Kind an oder nimmt ein Ehegatte ein Kind des anderen Ehegatten an, so erlangt das Kind die rechtliche Stellung eines gemeinschaftlichen Kindes der Ehegatten.**

II In den anderen Fällen erlangt das Kind die rechtliche Stellung eines Kindes des Annehmenden.

III Die elterliche Sorge steht in den Fällen des Absatzes 1 den Ehegatten gemeinsam, in den Fällen des Absatzes 2 dem Annehmenden zu.

1) Allgemeines. §§ 1754–1758 regeln die rechtl Wirkgen der Annahme in 3facher Hins: § 1754 das Verhältn des Ki zu seiner neuen Fam, §§ 1755, 1756 dasj zu seiner alten Fam, § 1757 die namensrechtl Folgen. § 1758 statuiert ein AusforschgsVerbot. – Die **Grundnorm des § 1754,** zuletzt geänd dch das KindRG (Einf 4; Anpassg von I u II infolge Wegfalls der Unterscheidg zw ehel u nehel Ki, Anfügg von III) enthält die **1. Wirkung.** Sie sieht von der Gleichstellg des angen Ki mit dem leibl Ki prakt keine Ausn vor. Damit wird der Grds der VollAdopt (Einf 2) verwirklicht, wonach das Ki soweit wie mögl aus seinem bisher FamVerband gelöst u in den neuen eingefügt w soll. Dieser MjAdopt mit starken Wirkgen steht die Vollj-Adopt mit schwachen Wirkgen ggü (vgl §§ 1767ff). Das Ki erhält mit dem Ausspr der Adopt (§ 1752 I) kr Gesetzes die **volle Stellung als Kind des Annehmenden,** II, u iF der EhegAnn diej eines gemschaftl Ki der Eheg, I, wobei es gleichgült ist, ob beide Eheg das Ki gemschaftl angen haben (§ 1741 II 2) od ein Eheg das Ki des and Eheg (§ 1741 II 3). Dadch wird ein **umfassendes gesetzliches Verwandtschaftsverhältnis** zu dem Annehmden selbst u zu dessen Verwandten, insb zu seinen Elt, seinen leibl u Adoptivkindern, hergestellt. – Ein **Vaterschaftsfeststellungsverfahren** hindert die Ann nicht. Nach deren Ausspr ist die Feststellg der Potential Vatersch weiterhin zul (Engler ZfJ **72,** 194). Es steht in der freien Entsch der Annehmden, ob sie eine VaterschFeststellg betreiben od fortführen wollen (BT-Drucks 7/5087 S 16). Bei der InkognitoAdopt (§ 1747 Rn 8) ist dem Ki zur VaterschFeststellg od EhelichkAnf ein Pfleger zu bestellen (§ 1909 I 1), da die Annehmden an der Vertretg des Ki gehindert s (Karlsr FamRZ **66,** 268). Aber keine Fortführg der VaterschFeststellg u damit keine PflegerBest gg den Willen der AdoptivElt (Brschw DAVorm **78,** 639). Zu proz Auswirkgen der Einwilligg auf schwebden VaterschProz Karlsr FamRZ **75,** 507. **Kein Mutterschutz** (BAG NJW **84,** 630), kein SondUrl für Beamtinnen (OVG Münst FamRZ **80,** 941). 1 2

2) Rechtliche Stellung des Angenommenen allgemein, II. Es gelten dieselben Vorschr wie für leibl Ki (zB §§ 204, 1619; G über rel Kindererziehg). Das Ki hat in der neuen Fam Anspr auf **Unterhalt** u ist zur UnterhLeistg verpflichtet (§§ 1601ff). Die **elterliche Sorge** (§§ 1626ff) steht dem Annehmden zu, **III** spricht dies nur deklarat aus (KindRefK/Maurer Rn 3). Stand das Ki unter Vormsch, so entfällt diese (§ 1882) mit Zustellg des AnnBeschl an den Annehmden (FGG 56e S 2; vgl § 1752 Rn 2), so daß der bisher Vormd auch keine BeschwBefugn zB wg der NamensEintr hat (Düss FamRZ **65,** 290). Das Ki **erbt** von seine neuen Elt u deren Verwandten (§§ 1924ff, § 2303) nach den allg Regeln u wird selbst nach den allg Grds von ihnen beerbt. Die vor Inkrafttr des AdoptG (Einf 2) bestehden Beschrkgen (kein ErbR des Annehmden; Möglk, das ErbR des Ki auszuschließen) sind entfallen. Gleichstellg der Adoptiv- mit den leibl Ki auch hins der HofErbf (HöfeO). Einzelh § 1924 Rn 14ff. Für die **Eheschließung** gilt § 1303; es bestehen aGrd der dch die Ann begründeten Verwandtsch Eheverbote, von denen aber weitgehd befreit w kann (§ 1308). Das mj Ki erwirbt die **Staatsangehörigkeit** des Annehmden (RuStAG 6, 27; zum Einfluß der Adopt in diesem Bereich s a Hecker StAZ **85,** 153.). Auch im StrafR (mit Ausn des StGB 173), SozialVersR, Beamten- u SteuerR ist das Ki ohne Einschrkg als Ki des Annehmden zu behandeln, soweit nicht Ausn bestehen od getroffen w (BT-Drucks 7/3061 S 42). Desh zB Waisengeld des adoptierten Beamtenkindes (BeamtVG 23). 3

3) Das gemeinschaftlich angenommene Kind, I, u das dch einen Eheg angen Ki des and Eheg erlangen die Stellg eines gemschaftl Ki. Die früh Differenzierg zw ehel u nehel Ki ist dch das KindRG (Einf 4) entfallen; zur früh RLage s 57. Aufl. Voraussetzg ist, daß die Ehe noch besteht (KG NJW **68,** 1631). Desh erlangt das leibl Ki eines Eheg nicht die Stellg eines gemschaftl Ki, wenn es nach dessen Tod dch den and Eheg angen wird (aA Celle NJW **71,** 708). Die elt Sorge von Mann u Frau im Verhältn zum Ki richtet sich nach den Vorschr für gemschaftl leibl Ki (§§ 1626ff), **III** spricht dies deklarat aus. Das gilt auch bei späterer Scheidg der Ehe. Heiratet der Annehmde die Kindesmutter erst nach der Adopt, ergibt sich die gemschaftl Sorge aus dem RGedanken des § 1626a I Nr 2 (so schon zum bisher R AG Augsbg StAZ **76,** 165 mA Beitzke). 4

1755 *Verhältnis zu den bisherigen Verwandten.* **Mit der Annahme erlöschen das Verwandtschaftsverhältnis des Kindes und seiner Abkömmlinge zu den bisherigen Verwandten und die sich aus ihm ergebenden Rechte und Pflichten. Ansprüche des Kindes, die bis zur Annahme entstanden sind, insbesondere auf Renten, Waisengeld und andere entsprechende wiederkehrende Leistungen, werden durch die Annahme nicht berührt; dies gilt nicht für Unterhaltsansprüche.**

II Nimmt ein Ehegatte das Kind seines Ehegatten an, so tritt das Erlöschen nur im Verhältnis zu dem anderen Elternteil und dessen Verwandten ein.

1 **1) Erlöschen früherer Verwandtschaftsverhältnisse.** Die in Abs II dch das KindRG geänd Vorschr regelt die **2. Wirkung** der Ann. Sie läßt das VerwandtschVerhältn des Ki u seiner Abkömmlinge zu seinen bish leibl od dch Adopt vermittelten Verwandten einschl aller sich daraus ergebden Rechte u Pfl erlöschen, **I 1. Ausnahmen:** I 2, II u § 1756. Außerd gelten weiter Eheverbote, ZeugnVerweigergsGrde, Feststellg der blutmäß Abstammg usw (Soerg/Liermann Rn 5 ff; s a Rn 4 u § 1754 Rn 2).

2 **a) Erstreckung auf Abkömmlinge.** Dch die volle Eingliederg des Ki in die AdoptivFam vermittelt der Angenommene die Verwandtsch zur neuen Fam auch für seine eig Ki; das VerwandtschVerhältn des Ki zu seinen eig Abkömml wird also dch die Ann nicht berührt. Hat das AdoptivKi bereits mehrere Abkömml, so bleibt auch deren GeschwisterVerhältn untereinand bestehen. Das VerwandtschVerhältn der Abkömml zu den bish Verwandten erlischt jedoch ebenf (BT-Drucks 7/3061 S 43).

3 **b) Erlöschende Rechtspositionen.** Dch die Adopt büßt das Ki alle in die Zukunft gerichteten Unterh-Anspr, das NamensR, Erb- u PflichttRechte usw ein; umgek erlöschen eig Verpflichtgen zur UnterhZahlg usw. **Grund:** Evtl damit verbundene finanzielle Nachteile für das Ki müssen hingen w, um jede Störg des Ki dch Anspr, die aus der leibl Fam kommen, abzuwehren (BT-Drucks 7/3061 S 43). Die leibl Elt verlieren die elt Sorge u das UmgangsR, ohne daß dies gesetzl bes gesagt zu werden brauchte. Widerspricht nicht GG 6 II (BayObLG FamRZ **71**, 323), da diese Folgen idR im Interesse einer ungestörten Entwicklg des Ki liegen, auch InkognitoAdopt (§ 1747 Rn 8) sonst nicht dchführb wären. Wird allerd Verkehr unter Mißbr des ErziehgsR dch AdoptivElt zum Nachteil des Ki unterbunden, zB wenn das Ki seine leibl Elt kennt, so uU Einschreiten des VormschG nach § 1666 (RG **64**, 47; Mü JFG **15**, 176; s a §§ 1684, 1685). Rückgängig-
4 machg dieser Wirkgen nur dch Aufhebg, insb iFv § 1763 III a. – **Bestehen bleiben** dagg Anspr des Ki, soweit sie bis zur Ann bereits entstanden sind, insb Leistgen sozialer Art wie Renten (BSG DRV **87**, 418), Waisengeld u and entspr wiederkehrde Leistgen. Sie bleiben dem Ki erhalten, **I 2. Zweck:** Fielen solche Anspr des Ki mit der Adopt weg, so könnte die Neigg entstehen, einer Ann das DauerpflegeVerh vorzuziehen. Außerd könnten mit Renten ausgestattete Ki auch an ärmere AdoptivElt vermittelt w, währd im umgek Fall besonders pflege- u kostenintensive Ki uU gar nicht vermittelt w könnten (BT-Drucks 7/5087 S 16). Ob Renten des Ki nach § 844 II bestehen bleiben, richtet sich nach dem SchadErsR (vgl BGH FamRZ **70**, 587; Jayme FamRZ **73**, 14 Anm 10). Für das StrafR bleiben gewisse Privilegiergen des leibl VerwandtschVerh bestehen (vgl Art 6 AdoptG); Entsprechdes gilt für das ZeugnVerweigergsR, den Ausschl von der Vornahme
5 gewisser Geschäfte wie Beurk uä aGrd von Verwandtsch od Schwägersch usw (vgl Art 7 AdoptG). – **Unterhaltsansprüche** des Ki gg seine leibl Verwandten, die aus der Vergangenh stammen, gehen, wie das G ausdr klarstellt, mit der Adopt unter. Weiterhin geltd gemacht werden können bereits fäll UnterhRückstde (BGH NJW **81**, 2298; KG FamRZ **84**, 1131). Wichtig wg KlVerbindg (ZPO 640 c I 3, 653 I 1), so daß das unerfreul Ergebn vermieden w kann, daß der Vater dch Hinauszögern seiner Zahlgen noch belohnt w. Zu den verloren gehden Anspr gehören auch solche aus UnterhVereinbgen gem § 1615 e aF; ist nach dieser Vorschr an Stelle des Unterh eine Abfindg gezahlt w, verbleibt sie dem Ki. Erbenstellgen, PflichttRechte, Vermächtn-Anspr bleiben, soweit bei Ann bereits entstanden, bestehen; auch and vermögens- od nicht vermögensrechtl Ansprüche des Ki w dch die Adopt nicht berührt. **Übergangsrecht:** Zur Anwendg v I 2 auf vor dem 1. 1. 77 dchgeführte Adopt Behn ZBlJugR **78**, 233.

6 **2) Stiefkindadoption, II.** Nimmt ein Eheg das Ki seines Eheg an, so erlischt das VerwandtschVerhältn nur zu dem and EltT u dessen Verwandten; im Verhältn zu dem EltT, der mit dem Annehmden verheiratet ist, wird das Ki gemschaftl Ki (§ 1754 I). Die Vorschr gilt nach der Streichg des Wortes „nichtehel" eindeut für alle Ki des Eheg (KindRefK/Maurer Rn 2; früh str). Erfolgt also die Adopt dch den Ehem der Mutter, so erlischt die Verwandtsch zw dem Ki u seinem leibl Vater u dessen Verwandten; umgek ist es, wenn eine Ehefr das Ki ihres Mannes annimmt.

1756 *Vorherige Verwandtschaft der Annehmenden mit dem Kind.*

I Sind die Annehmenden mit dem Kind im zweiten oder dritten Grad verwandt oder verschwägert, so erlöschen nur das Verwandtschaftsverhältnis des Kindes und seiner Abkömmlinge zu den Eltern des Kindes und die sich aus ihm ergebenden Rechte und Pflichten.

II Nimmt ein Ehegatte das Kind seines Ehegatten an, so erlischt das Verwandtschaftsverhältnis nicht im Verhältnis zu den Verwandten des anderen Elternteils, wenn dieser die elterliche Sorge hatte und verstorben ist.

1 **1) Adoption unter Verwandten, I.** Die Vorschr trägt dem Umst Rechng, daß diese Form der Adopt wg der Möglichk des Erziehgsversagens der leibl Elt u angesichts der Häufigk von StraßenVerkUnfällen uä der Förderg bedarf. In solchen Fällen genügt es, die rechtl Bindgen zu den leibl Elt abzubrechen, zu den übr FamMitgl können sie bestehen bleiben, weil das Ki nicht im eigtl Sinne eine neue Fam bekommt. Ands darf die VollAdopt (Einf 2) nicht auch dch entfernteste verwandtschaftl Beziehgen in Frage gestellt w. Aus diesen Grd erlöschen gem I die VerwandtschBeziehgen u die entspr Rechte u Pfl bei einer Adopt unter Verwandten im 2. oder 3. Grad (§ 1589 Rn 2) bzw unter Verschwägerten (§ 1590 Rn 2) nur ggü den Elt des Ki. Bei Adopt dch GroßElt od Geschw, dch Onkel od Tante, nachdem die leibl Elt gestorben od gesch sind u kein EltT die Betreuung des Ki übernimmt, od bei Adopt eines Ki aus einer kinderreichen Fam dch ein nahe verwandtes Ehepaar ist es unerläßl, das VerwandtschVerhältn zu den leibl Elt erlöschen zu lassen, um auszuschließen, daß ein Ki zwei Elternpaare hat; dagg wäre es nicht gerechtf, auch das VerwandtschVerh zu den übr Verwandten aufzuheben. Zu manchen Verwandten würde dch die Ann die alte Verwandtsch neu begründet; erlöschen würde sie aber zum Stamm desj EltT, mit dem die neuen Elt nicht verwandt sind; das soll dch I ausgeschl w (BT-Drucks 7/3061 S 44). Die Vorschr gilt auch, wenn ein Ki nach dem Tod seiner AdoptivElt von Adoptiv- od leibl Verwandten 2. od 3. Grades angen w (BT-Drucks 7/5087 S 17). Zu den erbrechtl Auswirkgen § 1925 IV (BT-Drucks 7/5087 S 17 f u Schaubilder auf S 31/32).

2) Annahme eines Kindes des Ehegatten, dessen früh Ehe dch Tod aufgelöst ist, **II.** Die Vorschr wurde dch das KindRG (Einf 4) neu gefaßt u erweitert. Nimmt ein Eheg das Ki des and Eheg an, nachdem die Ehe dch den Tod dieses Eheg aufgelöst ist, besteht kein Bedürfn dafür, das VerwandtschVerhältn zum Stamm des and EltT ganz zum Erlöschen zu bringen. Desh soll nur das VerwandtschVerhältn zum and EltT, nicht aber zu dessen Verwandten erlöschen. Denn es erscheint unzumutb, zB den GroßElt, die schon ihr Ki dch Tod verloren haben, auch noch das Enkelkind dch Adopt zu nehmen. Im Ggs zur früh Fassg ist es unerhebl, ob das angen Ki aus einer früh Ehe des Verstorbenen stammt oder nicht. Allerd muß der Verstorbene die elt Sorge für das Ki innegehabt haben, gleichgült ob allein od gemeins mit dem and leibl EltT (insow zu Recht krit Frank FamRZ **98**, 398). 2

1757 *Name des Kindes.* [I] **Das Kind erhält als Geburtsnamen den Familiennamen des Annehmenden. Als Familienname gilt nicht der nach § 1355 Abs. 4 dem Ehenamen hinzugefügte Name.**

[II] **Nimmt ein Ehepaar ein Kind an oder nimmt ein Ehegatte ein Kind des anderen Ehegatten an und führen die Ehegatten keinen Ehenamen, so bestimmen sie den Geburtsnamen des Kindes vor dem Ausspruch der Annahme durch Erklärung gegenüber dem Vormundschaftsgericht; § 1617 Abs. 1 gilt entsprechend. Hat das Kind das fünfte Lebensjahr vollendet, so ist die Bestimmung nur wirksam, wenn es sich der Bestimmung vor dem Ausspruch der Annahme durch Erklärung gegenüber dem Vormundschaftsgericht anschließt; § 1617 c Abs. 1 Satz 2 gilt entsprechend.**

[III] **Die Änderung des Geburtsnamens erstreckt sich auf den Ehenamen des Kindes nur dann, wenn sich auch der Ehegatte der Namensänderung vor dem Ausspruch der Annahme durch Erklärung gegenüber dem Vormundschaftsgericht anschließt; die Erklärung muß öffentlich beglaubigt werden.**

[IV] **Das Vormundschaftsgericht kann auf Antrag des Annehmenden mit Einwilligung des Kindes mit dem Ausspruch der Annahme**

1. **Vornamen des Kindes ändern oder ihm einen oder mehrere neue Vornamen beigeben, wenn dies dem Wohl des Kindes entspricht;**
2. **dem neuen Familiennamen des Kindes den bisherigen Familiennamen voranstellen oder anfügen, wenn dies aus schwerwiegenden Gründen zum Wohl des Kindes erforderlich ist.**

§ 1746 Abs. 1 Satz 2, 3, Abs. 3 erster Halbsatz ist entsprechend anzuwenden.

1) Die **namensrechtlichen Folgen** sind die **3. Wirkung** der KiAnn. Die Neufassg der Vorschr, deren II zu IV gew ist, dch das FamNamRG enthielt im wesentl redakt FolgeÄnd zu den Einfüggen in §§ 1616 a (jetzt § 1617 c), 1617 II aF (BT-Drucks 12/5982 S 19). Die Ändergen dch das KindRG paßt die Vorschr den dch dieses G erneut veränd namensrechtl Regelgen an. Die GrdEntsch über die NamGestaltg beim AdoptivKi entsprechen denen beim Ki verheirateter Elt. 1

2) Geburtsname (Begr: § 1616 Rn 1). Das angen Ki erh den **Familiennamen des Annehmenden, I 1.** Eine ggteil Best im AdoptDekret ist nichtig (Karlsr MDR **99**, 485). Ein bish vom Ki geführter Begleitname fällt im Prinzip weg (KG FamRZ **88**, 170). Angabe eines falschen Namens dch den Annehmden s § 1759 Rn 2. Nicht übertragb ist ein pers Adelsprädikat (BayObLG StAZ **81**, 186). Für spät NamÄndergen aS des Annehmden gilt § 1617 c. Ein von dem Annehmden geführter **Begleitname** (§ 1355 Rn 6) w von dem adopt Ki nicht erworben, sond bleibt unberücks, **I 2.** 2

3) Bestimmung des Kindesnamens durch die Adoptiveltern, II. – a) Sie ist erfdl, wenn die das Ki gemeins annehmden Eheg bzw bei Adopt eines Ki des and Eheg die Eheg **keinen Ehenamen** führen. In diesem Fall bestimmen die AdoptivElt genauso wie im entspr Fall die leibl Elt mit gemeins Sorge (s § 1754 III) den Geburtsnamen des Ki, **II 1.** Was die WahlMöglichk, die Form u Verbindlk anlangt, gilt desh § 1617 I entspr, **II 1 Halbs 2** (s die Erläut dort). Der **Zeitpunkt** ist (and als § 1617 II) dahin geregelt, daß die Best des Geburtsnamens des Ki **vor dem Ausspruch der Annahme** erfolgen muß, so daß das VormschG seinen AnnBeschl (§ 1752) von der Erkl über den von dem Ki zu führden Namen abhäng machen kann. Hinzutreten muß ggf die Zust auch noch des Ki (Rn 4). Die NamensBest ist nach Erkl ggü dem VormschG **unwiderruflich** u auch für die weiteren Ki der AdoptivElt **verbindlich** (§ 1616 I 3), u zwar gleichgült, ob dies leibl od weitere AdoptivKi sind (BT-Drucks 12/3163 S 18). 3

b) Selbstbestimmungsrecht des Kindes, II 2. Hins der NamensBestBefugn der AdoptivElt ähnelt deren Situation weniger derj von Elt, die den Namen unmittelb nach der Geburt des Ki best müssen (§ 1617 II), als derj von Elt, die sich nachträgl, also nachd das Ki längst geboren ist, den Ehenamen zulegen (vgl § 1617 c I). Desh trägt das Ges hier der wachsden SelbstBestFähigk des Ki Rechng u macht die NamensBest **von der Zustimmung des Kindes abhängig, II 2,** wobei der Ausdr „Anschließg" allerd verfehlt ist. Können sich die Annehmden bzw der Annehmde u sein Eheg nicht auf einen KiNamen verständ od verweigert das dazu berecht Ki der von diesen getroffenen Best seine Zust, so hat der Ausspruch der Ann zu unterbleiben; in der mangelden KonsensFähigk in der Namensfrage sieht der GesGeber das Ziel der Adopt (Einf 1) von vornh in Frage gestellt (BT-Drucks 12/3163 S 19). Hins der entspr Anwendg von § 1617 c I 2 vgl die Erläut dort. – 4
Form: Die Zust des Ki erfolgt (iGgs zu § 1617 c I 3) ggü dem VormschG, bedarf aber weiterhin der öff Beurk 5
(RedaktVersehen, KindRefK/Maurer Rn 6). – **Zeitpunkt:** Ist die Zust des Ki zu der NamensBest dch die 6
AdoptivElt erfdl, so ist letztere nur wirks, wenn auch die Zust des Ki vor dem AnnDekret vorliegt.

4) Erstreckung auf den Ehenamen des Kindes, III. Die Vorschr entspr § 1617 c III (dort Rn 17 ff). Die AnschließgsErkl selbst erfolgt jedoch iGgs zu § 1617 c Rn 20 auch hier ggü dem VormschG (BT-Drucks 12/3163 S 19). 7

5) Änderung des Vornamens, IV 1 Nr 1. a) Zweck. In der Prax kommt es in der Mehrzahl fremdvermittelter KleinKiAdopt zu einem fakt VornWechsel, weil die AdoptivElt das Ki einf and nennen. Die Ger 8 haben dies schon nach früh R vielf nachträgl legalisiert (Nachw 52. Aufl Rn 2). Die Neufassg dch das AdoptRÄndG (Einf 3) trägt dem Rechng. Nunm soll einem v den AdoptivElt geäußerten Wunsch nach einer Ändg des Vorn des Ki schon dann entsprochen werden, wenn die Änderg dem Wohl des Ki entspr. Die AdoptivElt können so dch die Auswahl des Vorn eine engere Verbindg zu dem Ki schaffen u mit dem alt Vorn zugl die „Vorzeit" des Ki auslöschen. Dch die KiWohlPrüfg kann ands einer bereits begonnenen Identifikation des Ki mit seinem amtl Vorn Rechng getragen w, wobei der Gesetzgeber ausdr von starren Altersgrenzen Abstand gen hat (BT-Drucks 12/2506 S 6).

9 **b) Voraussetzungen für den Vornamenswechsel.** Zu Antr u Einwilligg Rn 12, 13. **aa) Vorname.** Zul ist die Wahl eines od mehrerer neuer Vorn. Die Verändg des iü beibehaltenen Vorn liegt beispielsw in der Ändg der Schreibweise od im Wechsel zur Kurzform des Vorn. Der bish Vorn kann dch neue Vorn ergänzt od
10 ganz ersetzt w (Liermann FamRZ **93**, 1264). Zu Einzelh der VornGestaltg: § 1616 Rn 10 ff. – **bb) Kindeswohlentsprechung.** Die Änd des Vorn muß dem KiWohl entspr. Dieses ist vorrangiges EntschKriterium (BT-Drucks 12/2506 S 8). Maßgebl ist, ob sich das Ki noch nicht mit seinem bish Vorn identifiziert hat bzw ob der Wechsel von dem bish zu dem neuen Vorn ohne Gefahr für seine Entwicklg mögl ist. Von Bedeutg ist, ob von der VornÄnd eine bessere Integration des Ki in seine neue Fam zu erwarten ist. Wurde das Ki schon währd der AdoptPflege mit einem neuen Vorn gerufen, so kann die erzwungene Rückkehr zum amtl Vorn die Entwicklg des Ki nachteilig beeinflußt (BT-Drucks 12/2506 S 8). Für das Ausmaß der Identifikation mit dem eig Vorn bestehen keine festen Altersgrenzen.

11 **6) Erhaltung des bisherigen Familiennamens, IV 1 Nr 2.** Mit der Adopt erhält das Ki nach dem Prinzip des einheitl FamNamens als GeburtsNa den FamNa des Annehmden (I 1), wofür nur aus schwerwiegden Grd des KiWohls Korrekturmöglichk bestehen. Die Änd muß für das Ki erhebl besser sein als die Beibehaltg (Liermann FamRZ **93**, 1264). Für die Beifügg des urspr FamNa reicht es idR aus, wenn der Angenommene dadch die Beziehgen zu seinem bish LebBereich aufrechterh möchte (LG Kln FamRZ **98**, 506). Der hinzugefügte FamNa ist Bestandt des nunmehr zweigliedr FamNa, nicht BegleitNa iSv § 1355 IV. VolljAdopt: § 1767 Rn 10.

12 **7) Einwilligung des Kindes** in die NamensÄnd ist iF von Nr 1 u Nr 2 erfdl (Rn 8 u 11). Nach hM gelten die Vorschr zur Einwilligg des Ki in die Ann als solche, also § 1746 I 2 u I 3, sowie hins der Ersetzg einer vom gesetzl Vertr ohne trift Grd verweigerten Einwilligg od Zust, **IV** (vgl § 1746 Rn 2–7). In Wirklk muß das EinwilligsErfordern nach dem GesZweck (Rn 8) teleolog restringiert w: die Entsch des Ki ist höchstpersönl, so daß es auf seine Willensfähigk u, sofern diese vorh ist, ausschl auf seine Entsch ankommt. Die Entsch der leibl Elt bzw Pfleger brächte nichts, was nicht in der KiWohlPrüfg (Rn 10) berücks u ggf dch Ersetzg der Einwilligg übergangen w müßte.

13 **8) Verfahren.** Vgl Einf 12 u § 1752 Rn 1. **a)** Bestimmg des GebNam, II 1, wie die Erkl zur Erstreckg der NamÄnd auf den EheNam, III, u die Anschl des Ki, II 2, erfordert not Beglaubigg (§§ 1757 II 1 u 2, 1617 I, 1617 c I 3; s a Rn 5), sofern sie nicht mit der Einwilligg in die Adopt abgegeb wird (§§ 129 II, 1746, 1750). Zu Einzelh zur Anschl des Ki: § 1617 c Rn 6 ff. **b)** VornamÄnd u FamNamErgänzg, IV, erfolgen unanfechtb (aA LG Brschw DAV **99**, 253 mN).

14 **9) Übergangsrecht** hins des AdoptG 1976: 52. Aufl Rn 3; zum AdoptRÄndG (Einf 3) bedurfte es keiner bes ÜbergRegelg (BT-Drucks 12/2506 S 9); FamNamRG: § 1355 Rn 1. KindRG: Einf 11.

1758 *Offenbarungs- und Ausforschungsverbot.* **[I] Tatsachen, die geeignet sind, die Annahme und ihre Umstände aufzudecken, dürfen ohne Zustimmung des Annehmenden und des Kindes nicht offenbart oder ausgeforscht werden, es sei denn, daß besondere Gründe des öffentlichen Interesses dies erfordern.**

[II] Absatz 1 gilt sinngemäß, wenn die nach § 1747 erforderliche Einwilligung erteilt ist. Das Vormundschaftsgericht kann anordnen, daß die Wirkungen des Absatzes 1 eintreten, wenn ein Antrag auf Ersetzung der Einwilligung eines Elternteils gestellt worden ist.

1 **1) Schutz des Adoptionsgeheimnisses** (Lit: Kleineke, Das R auf Kenntn der eig Abstammg, Gött 1976). Die moderne Adopt, insb die InkognitoAdopt (§ 1747 Rn 8), soll idR dazu dienen, das Ki vollst aus seinen bish FamBindgen herauszulösen u ihm ein völl neues familiäres Bezugssystem zur Vfg zu stellen. Dieses Ziel könnte leicht vereitelt w, wenn es jedermann u jederzeit gestattet wäre, die Ann u deren Umst aufzudekken. Die leibl Elt u auch sonst Verwandte könnten noch Jahre nach der Ann des Ki versuchen, Kontakt zu diesem aufzunehmen, was zu erhebl Störgen führen kann u verhindert w soll (BT-Drucks 7/3061 S 46). Damit die Tats der Adopt nicht aufgedeckt w, unterscheidet das PStG zw der GeburtsUrk, die nur die AdoptivElt ausweist u der AbstammgsUrk (PStG 62), aus der die leibl Abstammg ersichtl ist u die bei der Eheschl vorgelegt w muß (PStG 5 I). PStG 61 II beschränkt den Kreis der zur Einsichtn berecht Personen, damit das AnnVerhältn nicht ohne Grd aufgedeckt w. Entspr verbietet FGG 34 II die Gewährg der Einsicht in
2 GerAkten u die Erteilg v Abschr. – Das **Verfügungsrecht über die Adoptionsumstände** liegt allein bei dem od den Annehmden u dem Ki. Bei deren Zust entfällt das OffenbargsVerbot (BayObLG FamRZ **96**, 1436). Die Ausforschg u Offenbarg der Tats u der näheren Einzelh der Ann hängt ausschl von deren Zust ab, wobei idR die Zust beider Teile (*arg* „und") vorausgesetzt w. Ausnahmsw genügt auch ein bes öff Interesse, das bei der Aufklärg u Verfolgg von Straftaten, nicht aber zB iR kriminologischer od anthropologischer Forschgen zu bejahen ist; hier also Einholg der Zust erfdl. Wann u in welcher Form das Ki selbst über seine Herkunft unterrichtet w soll, ist ein Erziehgsproblem, in das nicht von Staats wg od vS Dritter eingegriffen w soll (BT-Drucks 7/3061 S 46); das Ki hat aber ein GrdR auf Kenntn der eig Abstammg (Einf 5 ff v § 1591). Zur Eheschl ist die Vorlage einer AbstammgsUrk erfdl (PStG 5 I), so daß das Ki ohnehin idR später die Tats der Ann erfahren wird (s a Lüderitz NJW **76**, 1870). Iü darf das Ki ab Vollendg des 16. LebJ selbst Einsicht in
3 den die Abstammg ausweisden Geburtseintrag nehmen (PStG 61 I). – **Folgen:** PersStandsbücher, Akteneinsicht

sicht s Rn 1. Die Geheimhaltg der KiAnn erfolgt nur insow, als sie dem öff Interesse nicht widerspricht, PStG 15 I 3 dient dem öff Int an der Vollständigk u Richtigk des PersStBuches (Hamm StAZ **80**, 241). Behörden od ArbGeber dürfen nicht getrennt danach fragen, ob ein Ki ein leibl od ein angen Ki ist (BT-Drucks 7/3061 S 46 u 7/5087 S 19). Fragen nach dem Inhalt des KindschVerhältn sind mit „ehel" zu beantworten. Verstöße gg § 1758 können UnterlassgsKl rechtfertigen. Kl auf Erteilg v Ausk gg das JA als AdoptVermittlgsStelle vor dem VerwG (OVG Münst NJW **85**, 1107). Zum Verhältn des AdoptGeheimn zur Gewährg rechtl Gehörs: BayObLG FamRZ **91**, 224.

2) Der **Beginn des Ausforschungsverbots** wird dch das Abstellen auf die Erteilg der gem § 1747 erfdl elterl Einwillig, **II 1,** prakt auf den Ztpkt der Begründg des AdoptPflegeverhältn (§ 1744) vorverlegt. Darüber hinaus kann das VormschG anordnen, daß das Verbot bereits wirks wird, wenn ein Antr auf Ersetzg der Einwilligg eines EltT gestellt w ist (§ 1748), **II 2.** Ggf ist der GeheimhaltgsSchutz über § 1684 IV zeitl noch weiter vorzuverlegen (LG Bln DAVorm **80**, 936). 4

1759 *Aufhebung des Annahmeverhältnisses.* **Das Annahmeverhältnis kann nur in den Fällen der §§ 1760, 1763 aufgehoben werden.**

1) Grundsätze. Das AdoptVerhältn wird kr Gesetzes **aufgehoben,** wenn ein Annehmder mit dem Adoptivkind od einem von dessen Abkömml eherechtswidr die Ehe eingegangen ist (§ 1766). VAw ist die Aufhebg zul, wenn sie aus schwerwiegden Grd des Kindeswohls erfdl ist (§ 1763). Außerd führt die Verl des rechtl Gehörs im AnnVerf bei erfolgreicher VerfassgsBeschw zur Beseitigg der Unabänderbark des Beschl u zur Prüfg dch das VormschG, ob dieser aufzuheben ist (BVerfG NJW **94**, 1053; noch weitergehd BVerfG FamRZ **88**, 1247 mA Frank/Wassermann). Auf Antr ist die Aufhebg nur zul, wenn grdlegde Voraussetzgen für die Ann gefehlt haben (§ 1760). Im übr ist die Aufhebg des AdoptVerhältn ausgeschl. Die weitergehden Aufhebgsmöglichk des früh R sind entfallen. Auch vor Inkrafttr des AdoptG (Einf 2) begr AnnVerhältn können nur nach den §§ 1760, 1763 aufgeh w (Art 12 § 2 II AdoptG; sa BayObLG **62**, 235), ebso eine ausl Adopt (Köln IPRax **97**, 128). Der generelle Ausschl der Aufhebg ist verfassgswidr, soweit er vollst verhindert, daß die Elt-Ki-Beziehg zu den leibl Elt bei deren Wiederverheiratg nach Scheitern der die Adopt motivierenden Ehe wieder hergest werden kann (AG Kerpen FamRZ **89**, 431 VorlBeschl). Zu den Wirkgen der Aufhebg vgl §§ 1764–65. – Währd die bloße Aufhebbark der Adopt deren Wirksamk unberührt läßt, so daß 2
bei der AntrAufhebg (§ 1760) nur der AntrBerecht die Unwirksamk herbeiführen kann, kann sich auf die **Nichtigkeit der Annahme** jedermann berufen. Die nichtige Adopt hat keinerlei Rechtswirkgen. Sie ist im G nicht gesondert geregelt (BT-Drucks 7/3061 S 46; and früh EheG 16) u kommt nur bei bes schweren, offensichtl Mängeln in Betr (Soerg/Liermann § 1759 Rn 3), zB Erlaß des AnnBeschl dch Rpfleger, RPflG 8 IV; Verstoß gg § 1753 I; Fehlen einer statusmäß AdoptVorauss, zB Ann des eig Ki (BayObLG FamRZ **96**, 1034/**97**, 112 mA Liermann). Mängel, für die das G nur die Aufhebbark vorsieht (§ 1760), genügen nicht, zB fehlder Antr (Düss FamRZ **97**, 117: Antr zurückgen). Ebso nicht die Angabe eines falschen Namens dch den Annehmden (BayObLG FamRZ **94**, 775); ein Verstoß gg § 1742 (BayObLG FamRZ **85**, 201, LG Münst StAZ **83**, 316; str); die MjAdopt eines Vollj (BayObLG FamRZ **96**, 1034). Feststellg der Nichtigk ggf dch FeststellgsKl. Nur in AusnFällen Vertrauensschutz.

2) Aufhebungsverfahren: Einl iFv § 1760 auf Antr (§ 1762); iFv § 1763 vAw. Zustdgk: Einf 12, s a LG Augsbg FamRZ **95**, 1017 mA Bosch. RiEntsch (RPflG 14 I Nr 3 f) nach mdl Erörterg (FGG 56 f I); Anhörg s a Einf 10 ff v § 1626. Dem Ki ist, wenn der Annehmde sein ges Vertr ist, ein Pfleger zu bestellen (FGG 56 f II). Gg Aufhebg sof Beschw: FGG 56 f III, 60 I Nr 6. BeschwBerecht: KKW FGG 56 f Rn 15/22; ggf auch GrElt u leibl Elt (Düss FGPrax **97**, 222). Gg abl Beschl unbefr Beschw (BayObLG FamRZ **80**, 498; Hamm NJW **81**, 2762). **Standesamt:** PStG 30, Randvermerk nach Erteilg des RKraftZeugn; s a § 1752 Rn 2. 3

1760 *Aufhebung wegen fehlender Erklärungen.* **I Das Annahmeverhältnis kann auf Antrag vom Vormundschaftsgericht aufgehoben werden, wenn es ohne Antrag des Annehmenden, ohne die Einwilligung des Kindes oder ohne die erforderliche Einwilligung eines Elternteils begründet worden ist.**

II Der Antrag oder eine Einwilligung ist nur dann unwirksam, wenn der Erklärende

a) zur Zeit der Erklärung sich im Zustand der Bewußtlosigkeit oder vorübergehenden Störung der Geistestätigkeit befand, wenn der Antragsteller geschäftsunfähig war oder das geschäftsunfähige oder noch nicht vierzehn Jahre alte Kind die Einwilligung selbst erteilt hat,

b) nicht gewußt hat, daß es sich um eine Annahme als Kind handelt, oder wenn er dies zwar gewußt hat, aber einen Annahmeantrag nicht hat stellen oder eine Einwilligung zur Annahme nicht hat abgeben wollen oder wenn sich der Annehmende in der Person des anzunehmenden Kindes oder wenn sich das anzunehmende Kind in der Person des Annehmenden geirrt hat,

c) durch arglistige Täuschung über wesentliche Umstände zur Erklärung bestimmt worden ist,

d) widerrechtlich durch Drohung zur Erklärung bestimmt worden ist,

e) die Einwilligung vor Ablauf der in § 1747 Abs. 2 Satz 1 bestimmten Frist erteilt hat.

III Die Aufhebung ist ausgeschlossen, wenn der Erklärende nach Wegfall der Geschäftsunfähigkeit, der Bewußtlosigkeit, der Störung der Geistestätigkeit, der durch die Drohung bestimmten Zwangslage, nach der Entdeckung des Irrtums oder nach Ablauf der in § 1747 Abs. 2 Satz 1 bestimmten Frist den Antrag oder die Einwilligung nachgeholt oder sonst zu erkennen gegeben hat, daß das Annahmeverhältnis aufrechterhalten werden soll. Die Vorschriften des § 1746 Abs. 1 Satz 2, 3 und des § 1750 Abs. 3 Satz 1, 2 sind entsprechend anzuwenden.

IV Die Aufhebung wegen arglistiger Täuschung über wesentliche Umstände ist ferner ausgeschlossen, wenn über Vermögensverhältnisse des Annehmenden oder des Kindes getäuscht worden

ist oder wenn die Täuschung ohne Wissen eines Antrags- oder Einwilligungsberechtigten von jemand verübt worden ist, der weder antrags- noch einwilligungsberechtigt noch zur Vermittlung der Annahme befugt war.

V Ist beim Ausspruch der Annahme zu Unrecht angenommen worden, daß ein Elternteil zur Abgabe der Erklärung dauernd außerstande oder sein Aufenthalt dauernd unbekannt sei, so ist die Aufhebung ausgeschlossen, wenn der Elternteil die Einwilligung nachgeholt oder sonst zu erkennen gegeben hat, daß das Annahmeverhältnis aufrechterhalten werden soll. Die Vorschriften des § 1750 Abs. 3 Satz 1, 2 sind entsprechend anzuwenden.

1 **1) Aufhebung der Annahme wegen Mängeln bei der Begründung, I.** Die MitwirkgsR der von der Adopt betroffenen Pers sind stark ausgebaut (vgl §§ 1752, 1746, 1747, 1749). Fehlt der Antr des Annehmden od eine erfdl Einwilligg od sind die Erkl fehlerh zustande gekommen, so ist das MitwirkgsR dieses Beteil übergangen; er kann ein überragdes **Interesse** daran haben, daß das AnnVerhältn wieder aufgeh wird. Dem steht entgg, daß idR alle Beteil auf den Fortbestand des neuen Elt-Ki-Verhältn vertrauen u das Ki in der neuen Fam die Geborgenh gefunden haben wird, die es für seine Entwicklg braucht. Diese fakt entstandene Elt-Ki-Beziehg soll nach Möglk bestehen bleiben (BT-Drucks 7/3061 S 25 f). Desh kann das AnnVerhältn nur aufgeh werden, wenn der Antr des Annehmden, die Einwilligg des Ki od, soweit sie erfdl war, diej eines EltT nicht vorgelegen haben. Dabei soll grdsl auch die unricht Ann des Ger, die Erkl eines EltT sei gem § 1747 IV nicht erfdl, zur Aufhebg des AnnVerhältn berecht (V), um Umgehgen des Einwilliggserfordern zu verhindern (BT-Drucks 7/5087 S 19). Das Fehlen eines and gesetzl Erfordern für die Ann ist hingg kein AufhebgsGrd; insb gefährdet die fehlde Einwilligg eines Eheg (§ 1749), die fehlde Zust des gesetzl Vertr zur Einwilligg dch das Ki (§ 1746 I 3) od die Nichtberücks von Interessen der Ki des Annehmden od Anzunehmden (§ 1745; BayObLG FamRZ **86**, 719) den Bestand des AnnVerhältn nicht mehr ijF (BT-Drucks 7/3061 S 47). § 1771 S 1 ist auch nach Volljährigk des angen Ki nicht entspr anwendb (dort Rn 1). Zur Nichtigk des AnnBeschl in AusnFällen § 1759 Rn 2. Zum Verfahren § 1759 Rn 3. Bei der InkognitoAdopt (§ 1747 Rn 8) hat der übergangene EltT keinen Anspr auf Bekanntgabe des Namens der AdoptivElt (Karlsr DAV **96**, 390). –
2 **Schema der Aufhebung nach § 1760 (Antragsaufhebung): – a) Antrag** desj Beteil, dessen Einwilligg unwirks od nicht eingeholt worden ist (näher § 1762 Rn 1 m Ausn). – **b) Bestimmte Mängel** im AnnVerf, näml Fehlen des Antr des Annehmden (§ 1752), der Einwilligg des Ki (§ 1746) od einer erfdl Einwilligg eines od beider EltT (§§ 1747, 1748; s a V); dem Fehlen steht die Unwirksamk der Erkl gem II gleich, wobei der Ausschl best UnwirksamkGrde (IV) zu berücksichtigen ist. Zum Fehlen der Einwilligg des Eheg des Ki § 1749 Rn 3.– **c) Kein Ausschluß der Aufhebung** dch Nachholg der Erkl od Bestätigg der Ann dch den von dem Mangel Betroffenen (III 1, V 1), dch Aufhebgssperre wg Ersetzbark der fehlden Einwilligg (§ 1761 I) od (der prakt wichtigste Fall) dch Gefährd des Kindeswohls (§ 1761 II).

3 **2) Unwirksamkeit des Antrags oder der Einwilligung, II.** Das AdoptG hat den Bestandsschutz des AnnVerhältn wesentl erhöht, indem ein Teil der Willensmängel, die innerh des Vertragssystems (Einf 2) die Wirksamk der Ann gefährdeten (vgl §§ 116 ff), im Dekretsystem als AnnAufhebgsgründe ausgeschaltet w
4 sind. Zur Verfmäßigk BVerfG DAV **88**, 689 (Unzulässigk der Vorlage wg NichtPrfg v § 1748). – **Buchst a** behandelt den Fall der Bewußtlosigk od der vorübergehden Störg der Geistestätigk (vgl §§ 105 II, 1314 II Nr 1). Die generelle GeschUnfähigk (§ 104) ist nur für den Fall bedeuts, daß sie beim AntrSt vorgelegen hat (§ 1752 Rn 4); bei einer solchen von EltT od Eheg war schon die Zust selbst nicht erfdl (§§ 1747 IV, 1749 III). Hat für das Ki sein gesetzl Vertr gehandelt, dessen GeschUnfähigk nicht erkannt wurde, kommt die Aufhebg nicht in Betr, weil das VormschG unabhäng von der Erkl des gesetzl Vertr festgestellt hat, daß die
5 Ann dem Wohl des Ki entsprach (BT-Drucks 7/3061 S 47). – **Buchst b** behandelt die Fälle, in denen ein Irrt des Erklärden beachtl ist (ähnl § 1314 II). Das gilt nur für fundamentale Irrt über Inhalt, Identität der AdoptBeteil u die Tats der Erkl selbst (vgl § 119 I); unbeachtl dagg jeder Irrt über pers Eigensch (§ 119 II);
6 vgl Heilmann DAV **97**, 581 u 671. – **Buchst c** beschränkt die Unwirksamk einer Erkl wg argl Täuschg (vgl §§ 123, 1314 II Nr 3). Unbeachtl ist die Täuschg über Umst, die für die Ann nicht wesentl sind; dazu zählen insb Täuschgen über die Vermögensverhältn u dch Dritte, die ohne Kenntn eines Beteil erfolgt sind, **IV.** Wer sich auf Mitteilgen unbeteil Dr verläßt, erscheint nicht schutzwürd (BT-Drucks 7/5037 S 19). Falsche Angaben einer AdoptVermittlgsStelle (Einf 6) fallen nicht unter die Einschrkg des IV, erlauben also ggf die
7 Aufhebg der Ann. – Nach **Buchst d** führt eine widerrechtl Drohg unabhäng davon, wer sie verübt hat, zur
8 Unwirksamk der Erkl (vgl §§ 123 I, 1314 II Nr 4). – **Buchst e** regelt den Fall, daß ein EltT seine Einwilligg in die Adopt entgg § 1747 II 1, III Nr 3 erteilt hat, also bevor das Ki 8 Wo alt war; auch hier ist die Ann nicht von sich aus unwirks, sond entsteht nur ein AufhebgsGrd. Allerd wird bei Unterschreitg der Fr nur um wenige Tage der Aufhebg des AnnVerhältn idR das Kindeswohl entggstehen (§ 1761 II).

9 **3) Verlust von Aufhebungsgründen.** Die Aufhebg ist ausgeschl, wenn nach Beseitigg des Hindern für einen wirks Antr od eine wirks Zustimmg diese Erkl nachgeholt w od der AufhebgsBerecht sonst zu erkennen
10 gegeben hat, daß das AnnVerhältn aufrechterhalten werden soll, **III 1.** – Die Verweisgen in **S 2** dienen der Klarstellg, auf wessen Rechtshandlg es ankommt, wenn zu erkennen gegeben wird, daß das AnnVerhältn aufrechterhalten w soll (BT-Drucks 7/3061 S 47). Entsprechdes gilt, wenn bei der Ann auf die Einholg der Zust der Elt verzichtet wurde, weil zu Unrecht angen wurde, daß ein EltT zur Abgabe der Erklärg dauernd außerstande od sein Aufenth unbekannt sei (§ 1747 IV). Das Fehlen der Einwilligg ist in diesem Fall ohne
11 Einfluß auf die Wirksamk der Ann. – Auch hier kann aber Aufhebg des AnnVerhältn verlangt w (I), es sei denn der übergangene EltT hat seine Einwilligg nachgeholt od sonstwie die Ann erkennb hingen, **V 1.** Wiederum bedarf es höchstpers Hdlgen dazu, **S 2.** – Weitere AusschlGrd s § 1761.

1761 *Aufhebungssperren; Kindeswohlgefährdung.*

I Das Annahmeverhältnis kann nicht aufgehoben werden, weil eine erforderliche Einwilligung nicht eingeholt worden oder nach § 1760 Abs. 2 unwirksam ist, wenn die Voraussetzungen für die Ersetzung der Einwilligung beim Ausspruch der Annahme vorgelegen haben oder wenn sie zum Zeitpunkt der Entscheidung

über den Aufhebungsantrag vorliegen; dabei ist es unschädlich, wenn eine Belehrung oder Beratung nach § 1748 Abs. 2 nicht erfolgt ist.

II Das Annahmeverhältnis darf nicht aufgehoben werden, wenn dadurch das Wohl des Kindes erheblich gefährdet würde, es sei denn, daß überwiegende Interessen des Annehmenden die Aufhebung erfordern.

1) Aufrechterhaltung des Annahmeverhältnisses. Zur Systematik s zunächst § 1760 Rn 2. – **Bei ersetzbarer Einwilligung, I.** Es wäre nicht gerechtf, das AnnVerhältn wg eines Mangels bei der EinwilliggsErkl eines EltT usw aufzuheben, obwohl die Vorauss für die Ersetzg der Einwilligg vorgelegen haben u das ErsetzgsVerf ledigl nicht durchgeführt wurde, weil der EltT, der gesetzl Vertr usw eine Einwilligg erteilt hat, deren Unwirksamk sich erst später herausstellte. Das gleiche gilt, wenn die Vorauss für die Ersetzg der Einwilligg jetzt vorliegen, da dann nach der Aufhebg ein neues AnnVerhältn zu begründen wäre (BT-Drucks 7/3061 S 48). **Voraussetzungen** der Aufrechterhaltg: – **a)** Die ersetzb Einwilligg muß notw gewesen sein, 2 1
die Anwendbark der Best ist desh von vornh auf die Fälle der §§ 1746 III, 1748 I, III u IV beschr. Fehlen der Einwilligg des Eheg ist kein AufhebgsGrd (§§ 1749 I 1, 1760 Rn 1). – **b)** Die Einwilligg darf nicht eingeholt 3
worden od muß nach § 1760 II unwirks sein. War sie versagt worden u die Ersetzg sZt gescheitert, das AnnVerhältn aber trotzd begründet w (§ 1752), so Aufhebg nach § 1760 I, ohne daß es darauf ankommt, ob iSv § 1761 I nunmehr die ErsetzgsVorauss vorliegen würden; ggf aber Aufrechterhaltg gem § 1761 II. – **c)** Die Einwilligg muß im Ztpkt der Ann (§ 1752) od im Ztpkt der Entsch über den AufhebgsAntr (§ 1760) 4
iS der §§ 1746 III, 1748 I, III u IV ersetzb (gewesen) sein. Mit der Ablehng des AufhebgsAntr wird die Einwilligg incidenter ersetzt.

2) Aufrechterhaltung aus Gründen des Kindeswohls, II. Das Kindeswohl ist in allen Fällen zu berücksichtigen, in denen eine Aufhebg in Betr kommt. Erfdl für diesen AusschlGrd (s § 1760 Rn 2) ist eine 5
Interessenabwägg: – **a)** Die Aufhebg des AnnVerhältn hat zu unterbleiben, wenn sie **das Wohl des Kindes** 6
erheblich gefährden würde, wenn sich also zB das Ki bei den AdoptivElt eingelebt hat u seinen leibl Elt so völl entfremdet ist, daß es dch einen Wechsel seelisch geschädigt würde. Die mit jedem Wechsel verbundene Umstellg reicht nicht aus. – **b)** Dem auf Aufrechterhaltg der Ann gerichteten Kindeswohl dürfen nicht 7
überwiegende Interessen des Annehmenden entggstehen, was prakt nur in Frage kommt, wenn der Antr des Annehmden fehlerh war. Denkb aber auch, daß die Aufhebg von den leibl Elt od dem Ki betrieben wird u zwischenzeitl die Interessen des Annehmden in dieselbe Richtg gehen. Die Belange der sonst Beteil werden in die Abwägg nicht mit einbezogen.

1762 *Antragsrecht; Antragsfrist.* **I Antragsberechtigt ist nur derjenige, ohne dessen Antrag oder Einwilligung das Kind angenommen worden ist. Für ein Kind, das geschäftsunfähig oder noch nicht vierzehn Jahre alt ist, und für den Annehmenden, der geschäftsunfähig ist, können die gesetzlichen Vertreter den Antrag stellen. Im übrigen kann der Antrag nicht durch einen Vertreter gestellt werden. Ist der Antragsberechtigte in der Geschäftsfähigkeit beschränkt, so ist die Zustimmung des gesetzlichen Vertreters nicht erforderlich.**

II Der Antrag kann nur innerhalb eines Jahres gestellt werden, wenn seit der Annahme noch keine drei Jahre verstrichen sind. Die Frist beginnt

a) in den Fällen des § 1760 Abs. 2 Buchstabe a mit dem Zeitpunkt, in dem der Erklärende zumindest die beschränkte Geschäftsfähigkeit erlangt hat oder in dem dem gesetzlichen Vertreter des geschäftsunfähigen Annehmenden oder des noch nicht vierzehn Jahre alten oder geschäftsunfähigen Kindes die Erklärung bekannt wird;

b) in den Fällen des § 1760 Abs. 2 Buchstaben b, c mit dem Zeitpunkt, in dem der Erklärende den Irrtum oder die Täuschung entdeckt;

c) in dem Fall des § 1760 Abs. 2 Buchstabe d mit dem Zeitpunkt, in dem die Zwangslage aufhört;

d) in dem Fall des § 1760 Abs. 2 Buchstabe e nach Ablauf der in § 1747 Abs. 2 Satz 1 bestimmten Frist;

e) in den Fällen des § 1760 Abs. 5 mit dem Zeitpunkt, in dem dem Elternteil bekannt wird, daß die Annahme ohne seine Einwilligung erfolgt ist. Die für die Verjährung geltenden Vorschriften der §§ 203, 206 sind entsprechend anzuwenden.

III Der Antrag bedarf der notariellen Beurkundung.

1) Antragsberechtigung, I. Währd sich auf die Nichtigk des AnnBeschl jedermann berufen kann 1
(§ 1759 Rn 2), kann den AufhebgsAntr gem § 1760 I nur derj stellen, der in seinen Rechten verletzt ist, dh derj, ohne dessen Antr od Einwilligg, obwohl an sich erfdl, das Ki angen w ist, **S 1.** Das ist je nach den Umst u jew allein od zus mit and Beteil der Annehmde (§ 1752 I), das Ki (§ 1746 I 1), dessen Elt (§ 1747 I), der gesetzl Vertr des Ki (§ 1746), nicht dagg der Eheg des Annehmden (vgl §§ 1749 I 1 iVm 1760 I), wohl aber der Eheg des Anzunehmden (§§ 1749 Rn 3, 1771 Rn 3). Ist ein leibl EltT geschäftsunfäh, hat er kein AntrR, weil schon seine Einwilligg zur Ann nicht erfdl war (§ 1747 IV). Ki des Annehmden können die Aufhebg nicht beantr, auch wenn sie im AnnVerf nicht gehört u ihre Interessen bei der Ann nicht berücks w sind (BayObLG FamRZ **86**, 719 m krit Anm Bosch); aber VerfassgsBeschw, s § 1759 Rn 1. Der ges Vertreter stellt 2
den AufhebgsAntr für das geschäftsunfäh oder noch nicht 14jähr Ki sowie für den geschäftsunfäh Annehmden, **S 2.** Iü findet keine Vertretg statt. Der Antr muß höchstpersönl gestellt w, **S 3.** Beschr geschäftsfäh Mj 3
(§ 106) ab 14 J (S 2) können den Antr selbst stellen, der Zust des gesetzl Vertr bedarf es nicht **S 4.** Auf das 4
AntrR kann verzichtet w (arg § 1760 III). Es ist nicht vererbl (BayObLG FamRZ **86**, 719).

2) Antragsfrist, II. Zur VolljAdopt: § 1771 Rn 2. Die Aufhebg unterliegt verschiedenen Fristen: – Als 5
absolute zeitl Begrenzg kann der AufhebgsAntr nur innerh der ersten 3 J nach demAusspr der Ann (§ 1752)

gestellt w, **S 1.** Denn ein Ki ist idR voll in die AdoptivFam integriert, wenn es (unter Einschluß der PflegeZt, § 1744, sogar mehr als) 3 J in ihr gelebt hat (BT-Drucks 7/5087 S 20). Das AufhebgsVerf kann nach Ablauf der 3-J-Fr fortgeführt w, wenn der AufhebgsAntr innerh der Fr gestellt w ist. Nach FrAblauf Aufhebg nur
6 noch nach § 1763 mögl. – Innerh dieses Zeitraums läuft relativ eine 1-Jahres-Fr, deren Beginn sich nach den versch AufhebgsGrd richtet, **S 2.** Im Falle des Buchst a wird eine Vertretg des Ki u des Annehmden zugelassen, da sonst die Gründe, die zur Unwirksamk des AnnAntr od der Einwilligg geführt haben, die AntrStellg ausschließen würden (BT-Drucks 7/3061 S 49). Zu Buchst b vgl BayObLG ZfJ **92**, 442.

7 **3) Form, III.** Die not Beurk (§ 128) des AufhebgsAntr entspricht dem BeurkBedürfn des AnnAntr (§ 1752 II 2).

1763 *Aufhebung von Amts wegen.* **I Während der Minderjährigkeit des Kindes kann das Vormundschaftsgericht das Annahmeverhältnis von Amts wegen aufheben, wenn dies aus schwerwiegenden Gründen zum Wohl des Kindes erforderlich ist.**

II Ist das Kind von einem Ehepaar angenommen, so kann auch das zwischen dem Kind und einem Ehegatten bestehende Annahmeverhältnis aufgehoben werden.

III Das Annahmeverhältnis darf nur aufgehoben werden,

a) wenn in dem Fall des Absatzes 2 der andere Ehegatte oder wenn ein leiblicher Elternteil bereit ist, die Pflege und Erziehung des Kindes zu übernehmen, und wenn die Ausübung der elterlichen Sorge durch ihn dem Wohl des Kindes nicht widersprechen würde oder

b) wenn die Aufhebung eine erneute Annahme des Kindes ermöglichen soll.

1 **1) Aufhebung des Annahmeverhältnisses zum Wohl des Kindes.** Der Staat ist nur in sehr beschr Maß berecht, in ein AnnVerhältn einzugreifen, an dem die Beteiligten festhalten wollen. § 1763 ist also eine **Ausnahmevorschrift,** die ledigl im Interesse des Ki angewendet w darf. Es scheiden alle Grd aus, die im Interesse des Annehmden liegen (BT-Drucks aaO), wie ungünst Entwicklg des Ki od der Abkömml, auf die sich die Ann erstreckt (§ 1755 Rn 2): keine Lossagg vom Ki. Die Aufhebg gem § 1763 steht unter der Einschränkg von III: Das AnnVerhältn darf nur aufgelöst w, wenn feststeht, daß das Ki auch nach der Aufhebg
2 eine FamBindg haben w (BT-Drucks 7/3061 S 26). Verfahren s § 1759 Rn 3. – **Schema der Aufhebung nach § 1763 (Amtsaufhebung): – a)** Die Aufhebg muß zum Wohl des Ki erfdl sein, I (Rn 3, 4). – **b)** Der Aufhebg dürfen keine Beschrkgen entgegenstehen od positiv formuliert: dem Ki muß ein FamVerband erhalten bleiben od neu eröffnet w (Garantie der FamZugehörigk): **aa)** Bei der Aufhebg einer EhegAdopt, II, muß der and Eheg od ein leibl EltT zur Übern der Pflege u Erziehg des Ki bereit sein, III a (Rn 7), od **bb)** es soll hier bzw bei den übr Fällen der Aufhebg die Auflösg der AnnVerhältn nur zur Ermöglichg einer erneuten Ann des Ki erfolgen, III b (Rn 7). – **c)** Minderjährigk des Ki (Hamm NJW **81**, 2762). Keine Aufhebg aus wicht Grd entspr § 1771 S 1 nach Eintritt der Volljährigk des Ki (dort Rn 1).

3 **2)** Die Aufhebg muß **zum Wohl des Kindes erforderlich** sein **I,** zB zZw der neuen Adopt (AG Arnsbg FamRZ **87**, 1194). Handelt es sich um das Wohl eines Abkömml, ohne daß dabei das des angen Ki bes
4 schwerwiegd berührt w, ist § 1763 unanwendb. **Schwerwiegende Gründe** sind (wie „Wohl des Kindes") gem den zu § 1770 a aF entwickelten Grds zu bestimmen (BayObLG FamRZ **80**, 498) u können sein: Tötg eines AdoptivEltT (AG Arnsbg aaO); sex Mißbr des AdoptivKi (AG Hechingen DAV **92**, 1360); sonst verbrecherischer od unsittl Lebenswandel des Annehmden; Scheidg der AdoptivElt u Eheschl des Adoptivvaters mit der leibl Mutter (vgl Ffm FamRZ **56**, 195). Die Zerrüttg u Scheidg der Ehe des Annehmden mit dem leibl EltT sind kein AufhebgsGrd (Düss FamRZ **98**, 1196; vgl aber BayObLG NJW **68**, 1528; Düss FGPrax **98**, 222). Zu berücksichtigen aber, daß das Ki UnterhAnspr gg den Annehmden u ErbR verliert. Kein schwerw Grd, wenn das Ger eine and rechtl Gestaltg als günstiger ansieht; unzul daher die Aufhebg der MutterAdopt, um dem Ki UnterhAnspr gg seinen leibl Vater zu verschaffen (vgl Mannh MDR **73**, 227; sa
5 Engler FamRZ **75**, 326). Das VormschG kann auch and Maßnahmen, wie die Entziehg der elt Sorge (§ 1666) treffen, von deren vorheriger Anwendg aber die Aufhebg nicht abhängt; sie sind jedoch zu erschöpfen, wenn der Grd dadch sein Gewicht verliert.

6 **3) Aufhebung der Ehegattenadoption, II.** Ist das Ki von einem Ehepaar angen w und ist es nur erfdl, das AnnVerhältn zu einem Eheg aufzuheben, kann es ausreichen, wenn der and Eheg in Zukunft die Pflege u Erziehg des Ki iR des zu ihm allein fortbestehden AnnVerhältn übernimmt. Gilt sowohl bei der gemschaftl
7 Ann (§ 1741 II 2), als auch bei der Ann dch einen Eheg allein (§§ 1741 II 3 u 4, 1754 I). Die Aufhebg kommt jedoch nur in Betr, wenn auch für die daran anschließde Zeit gewährleistet ist, daß das Ki eine FamBindg haben wird, **III,** wenn also der and Eheg, auch wenn er selbst nicht der leibl od adoptierde Teil war, die Kindespflege u -erziehg zu übernehmen bereit ist; in AusnFällen wird auch ein leibl EltT die ErziehgsAufgabe übern können (vgl § 1764 III). Ferner reicht es für die Garantie der FamZugehörigk aus, wenn das Ki in eine and AdoptivFam überwechseln soll. Dazu genügt es nicht, daß nach der Aufhebg eine erneute Adopt rechtl zul ist (vgl § 1742), es muß vielm schon begründete Aussicht für eine Vermittlg des Ki in eine geeignete Fam bestehen; es wird aber schon wg der ProbeZt (§ 1744) nicht verlangt, daß mit der Aufhebg des AnnVerhältn gleichzeit ein neues begründet w muß (BT-Drucks 7/3061 S 50). Vorauss ist ijF, daß die zur Übern der Erziehg u Pflege vorgesehene Pers die elt Sorge ausüben kann u dies dem Wohl des Ki nicht widerspr. Örtl Zustdgk: KG FamRZ **95**, 440 mA Bosch; s a Einf 12.

1764 *Wirkungen der Aufhebung.* **I Die Aufhebung wirkt nur für die Zukunft. Hebt das Vormundschaftsgericht das Annahmeverhältnis nach dem Tod des Annehmenden auf dessen Antrag oder nach dem Tod des Kindes auf dessen Antrag auf, so hat dies die gleiche Wirkung, wie wenn das Annahmeverhältnis vor dem Tod aufgehoben worden wäre.**

II **Mit der Aufhebung der Annahme als Kind erlöschen das durch die Annahme begründete Verwandtschaftsverhältnis des Kindes und seiner Abkömmlinge zu den bisherigen Verwandten und die sich aus ihm ergebenden Rechte und Pflichten.**

III **Gleichzeitig leben das Verwandtschaftsverhältnis des Kindes und seiner Abkömmlinge zu den leiblichen Verwandten des Kindes und die sich aus ihm ergebenden Rechte und Pflichten, mit Ausnahme der elterlichen Sorge, wieder auf.**

IV **Das Vormundschaftsgericht hat den leiblichen Eltern die elterliche Sorge zurückzuübertragen, wenn und soweit dies dem Wohl des Kindes nicht widerspricht; andernfalls bestellt es einen Vormund oder Pfleger.**

V **Besteht das Annahmeverhältnis zu einem Ehepaar und erfolgt die Aufhebung nur im Verhältnis zu einem Ehegatten, so treten die Wirkungen des Absatzes 2 nur zwischen dem Kind und seinen Abkömmlingen und diesem Ehegatten und dessen Verwandten ein; die Wirkungen des Absatzes 3 treten nicht ein.**

1) Zeitpunkt der Aufhebungswirkungen, I. Die Wirkgen der Aufhebg treten, and als nach früh R 1
(Einf 2), nur **für die Zukunft** ein, **S 1,** dh die aGrd der KiAnn bereits eingetretenen rechtl Wirkgen bleiben auch nach der Aufhebg bestehen. Eine Ausn von der Rückwirkgssperre macht **S 2:** Haben der Annehmde oder das Ki die Aufhebg beantragt u sterben sie vor dem AufhebgsBeschl, so wirkt dieser auf den Ztpkt der AntrStellg zurück, um für diesen Fall das aus dem AnnVerhältn resultierde ErbR des Ki od des AdoptivEltT auszuschließen. Die Rückwirkg tritt nur beim Tode des Annehmden od des Ki ein, wenn gerade sie die Aufhebg beantr haben. Also keine Rückwirkg, wenn ein leibl EltT die Aufhebg beantr hat, weil er der Ann nicht zugestimmt hat (§ 1760 I), wenn nach AntrStellg er selbst od das Ki stirbt (BT-Drucks 7/3061 S 50); ebsowenig wenn der Annehmde den AufhebgsAntr stellt u das Ki stirbt od umgek. In allen diesen Fällen wird der Erbfall nach dem AdoptVerhältn abgewickelt. Das gleiche gilt, wenn das AnnVerhältn vAw aufgeh wird (§ 1763).

2) Verhältnis zu den Adoptivverwandten, II. Mit der Aufhebg der Ann als Ki werden alle Beziehgen 2
des Ki zur neuen Fam für die Zukunft beseitigt. Die Wirkgen entsprechen dem § 1755 I, der das Erlöschen des auf Geburt beruhden VerwandtschVerhältn anordnet, wenn das Ki in die neue Fam aufgen w (vgl § 1755 Rn 1).

3) Wiederaufleben der leiblichen Verwandtschaft, III. – a) Mit der Beseitigg der gesetzl Verwandtsch 3
wird das Ki rechtl wieder seiner leibl Fam zugeordnet. Andernf wäre es ohne FamBindg, also ein „Niemandskind“ (BT-Drucks 7/3061 S 50). Da es oft nicht mögl sein wird, das Ki wieder od überh zum ersten Mal in die alten FamBeziehgen einzuordnen, schränkt das G die Gründe für die Aufhebg stark ein (vgl insb § 1763 Rn 1). Es leben nur die dch die Abstammg begründeten Beziehgen wieder auf, nicht dagg solche, die dch eine früh Adopt geschaffen u gem II mit deren Aufhebg erloschen sind. Die Aufhebg der Adopt schafft also die gesetzl Verwandtsch ijF endgült aus der Welt. – **b)** Die Wiederherstellg der rechtl Situation, wie sie vor 4
der Ann bestand, wird hins der **elterlichen Sorge** der leibl Elt eingeschränkt. Diese lebt nicht ohne weiteres wieder auf, sond es bedarf wie in § 1751 III zu ihrer Wiedererlangg eines RückÜbertrBeschl des VormschG, **IV.** Voraussetzg dafür ist, daß die RückÜbertr dem Wohl des Ki entspricht, was nicht der Fall ist, wenn aS der leibl Elt Grde für die Entziehg der elt Sorge vorliegen (§ 1666 Rn 5ff). Dagg scheidet die Übertr nicht etwa schon desh aus, weil die leibl Elt das Ki sZt zur Adopt gegeben haben. Ist die Übertr der elt Sorge auf die leibl Elt nicht zweckmäß, so bestellt das VormschG dem Ki einen Vormd od Pfleger. S a § 1751 Rn 2, auch zum Verfahren.

4) Teilaufhebung bei der Ehegattenadoption, V. Wurde das Ki von einem Ehepaar angen, so kann das 5
AnnVerhältn insges, also zu beiden Eheg, od auch nur zu einem von ihnen allein aufgeh w (§ 1763 II). Dieser Fall kann eintreten, wenn nur ein Eheg den AufhebgsAntr nach § 1760 I stellt, ferner wenn das Wohl des Ki es nur erfordert, das AnnVerhältn zu einem der Eheg aufzuheben (§ 1763 I). Das AnnVerhältn besteht dann zu dem and Eheg weiter. Der and Eheg u dessen Verwandte scheiden aus dem dch die Ann begründeten VerwandtschVerhältn zum Ki wieder aus. Ein Bedürfn dafür, daß das VerwandtschVerhältn zur leibl Fam wieder auflebt, besteht nicht (BT-Drucks 7/3061 S 51). V ist nicht entspr anzuwenden, wenn ledigl der eine Eheg das Ki des and Eheg annimmt; wird in einem solchen Fall das AnnVerhältn später aufgelöst, lebt das urspr VerwandtschVerh zum leibl EltT wieder auf (Celle FamRZ **82**, 197).

1765 ***Familienname des Kindes nach Aufhebung der Adoption.*** I **Mit der Aufhebung der Annahme als Kind verliert das Kind das Recht, den Familiennamen des Annehmenden als Geburtsnamen zu führen. Satz 1 ist in den Fällen des § 1754 Abs. 1 nicht anzuwenden, wenn das Kind einen Geburtsnamen nach § 1757 Abs. 1 führt und das Annahmeverhältnis zu einem Ehegatten allein aufgehoben wird. Ist der Geburtsname zum Ehenamen des Kindes geworden, so bleibt dieser unberührt.**

II **Auf Antrag des Kindes kann das Vormundschaftsgericht mit der Aufhebung anordnen, daß das Kind den Familiennamen behält, den es durch die Annahme erworben hat, wenn das Kind ein berechtigtes Interesse an der Führung dieses Namens hat. § 1746 Abs. 1 Satz 2, 3 ist entsprechend anzuwenden.**

III **Ist der durch die Annahme erworbene Name zum Ehenamen geworden, so hat das Vormundschaftsgericht auf gemeinsamen Antrag der Ehegatten mit der Aufhebung anzuordnen, daß die Ehegatten als Ehenamen den Geburtsnamen führen, den das Kind vor der Annahme geführt hat.**

1) Verlust des Adoptivnamens, I 1. Nach § 1757 erh das Ki dch die Ann als GebNam (Begriff: § 1355 1
Rn 2) den FamNamen des Annehmden. Mit der Aufhebg der Ann verliert das Ki das R, diesen Namen als GebNamen zu führen, **I 1.** Es erh wieder den vor der Ann geführten Namen, idR also denj seiner leibl Elt

(§§ 1616 ff). Für eig Abkömml des AdoptivKi gilt § 1617 c II. Den Vornamen behält das Ki auch dann, wenn er gem § 1757 II auf Veranlassg der AdoptivElt geänd wurde; I 1 bezieht sich nicht auf ihn.

2 **2) Erhaltung des Adoptivnamens** bei **a) Aufhebung der Annahme nur im Verhältnis zu einem Elternteil, I 2 nF.** Das FamNamRG (Einf 4) hat die Vorauss insofern erweitert, als „das Ki einen GebNamen nach § 1757 I" führen muß. Das betr die Fälle, in denen das Ki von einem Ehepaar od als Ki des einen Eheg von dem and Eheg angen w ist und damit die rechtl Stellg eines gemschaftl ehel Ki beider Eheg erlangt hat (§ 1754 I). Wird das AnnVerhältn in solchen Fällen nur zu einem Eheg allein aufgeh, so vermag es sein NamFührgsR immer noch von dem and AdoptivEltT herzuleiten, so daß die Aufhebg der Ann den Verlust
3 des NamFührgsR nicht rechtf. – **b)** Ferner kann das AdoptivKi den dch die Ann erworbenen Namen entgg I 1 behalten, wenn es ein **berechtigtes Interesse** daran hat u das VormschG (RPflG 14 Nr 3 f) die Beibehaltg anordnet, **I 1.** Behalten bedeutet, daß das Ki an Stelle seines Geburtsnamens den Adoptivnamen weiter führen kann; es kann ihn dagg nicht dem urspr Namen beifügen, dh voranstellen od anhängen; der GesGeber hat für die Bildg von Doppelnamen kein Bedürfn gesehen (BT-Drucks 7/5087 S 21). Voraussetzg ist ein entspr Antr. Ein berecht Interesse liegt nicht nur vor, wenn das Ki unter dem Namen als Schriftsteller, Künstler usw bekannt geworden ist, sond auch wenn es ihn längere Zeit getragen hat u sich mit dem Namen weitgehd identifiziert. Weiterführg insb dann, wenn sich ein Wechsel der FamZugehörigk in der Schulzeit u währd der Ausbildg nachteilig auswirken würde od ein Namenswechsel dem Ki aus sonst Grd nicht zugemutet w kann, insb wenn den leibl Elt die elt Sorge nicht übertr w (§ 1764 IV) od wenn eine neue Ann vorgesehen ist, mit der das Ki erneut den Namen wechseln müßte (BT-Drucks 7/3061 S 51). Bedeuts für die Entsch auch, wer den AufhebgsAntr gestellt hat. Kein berecht Interesse bei vorheriger mißbräuchl Verwendg des Namens. Hins
4 des Alters gelten dieselben Bestimmgen wie bei der Einwilligg in die Ann, **II 2. – c) Ehename, III.** Wird die Ann erst aufgeh, nachdem das Ki geheir hat u der Adoptivname zum Ehenamen geworden ist, so können die Eheg gemeins die Abänd des Ehenamens in den vor der Ann geführten FamNamen des Adoptivkindes beantr. Sie können den Adoptivnamen aber auch weiterhin als Ehenamen behalten. Ist der Adoptivname nicht Ehename geworden, sond der Name des and Eheg (vgl § 1355 II 1), so verbleibt es bei diesem; die Aufhebg der Ann führt dann ledigl dazu, daß das Ki wieder seinen früh GebNam bekommt. Hat es diesen als BeglNam (§ 1355 Rn 6) angen, so ändert sich dieser.

1766 ***Ehe zwischen Annehmendem und Kind.*** **Schließt ein Annehmender mit dem Angenommenen oder einem seiner Abkömmlinge den eherechtlichen Vorschriften zuwider die Ehe, so wird mit der Eheschließung das durch die Annahme zwischen ihnen begründete Rechtsverhältnis aufgehoben. §§ 1764, 1765 sind nicht anzuwenden.**

1 Da ein KindesAnnVerhältn mit der Stellg der Eheg zueinander unvereinb ist, tritt mit der Eheschl kr Gesetzes die Auflösg des AnnVerhältn ein, **S 1;** das Ehehindern gem §§ 1307, 1308 bleibt außer Betr. Die Aufhebg wirkt aber nur zw den Eheg („zw ihnen"), die AnnWirkgen im Verhältn zu denj, auf die die Ann außerdem Wirkgen äußert (§§ 1754, 1755), bleiben, wie sich aus **S 2** iVm §§ 1764, 1765 ergibt, bestehen. Heiratet also der Adoptivvater seine Tochter, so wird die Elt-Ki-Beziehg aufgelöst; die Tochter bleibt aber Enkelin der Elt ihres Mannes u Tochter im Verhältn zu ihrer gesch Adoptivmutter. Eine Nichtehe (Einf 2 v § 1313) berührt das AnnVerhältn nicht. Der früh S 2 betraf die nichtige Ehe u wurde mit deren Entfallen dch das EheSchlRG (Einl 3 v § 1297) aufgehoben.

II. Annahme Volljähriger

1767 ***Zulässigkeit der Annahme; anzuwendende Vorschriften.*** **I Ein Volljähriger kann als Kind angenommen werden, wenn die Annahme sittlich gerechtfertigt ist; dies ist insbesondere anzunehmen, wenn zwischen dem Annehmenden und dem Anzunehmenden ein Eltern-Kind-Verhältnis bereits entstanden ist.**

II Für die Annahme Volljähriger gelten die Vorschriften über die Annahme Minderjähriger sinngemäß, soweit sich aus den folgenden Vorschriften nichts anderes ergibt.

1 **1) Allgemeines. – a)** Das AdoptG (Einf 2) hat sich für die **Zulässigkeit der Annahme Volljähriger** entschieden trotz der damit verbundenen MißbrMöglichk (BT-Drucks 7/3061 S 22 f; krit Lüderitz FS Gernhuber 1993 S 713; Heinz ZRP **95**, 171). Ands bedarf das so entstehde RVerhältn nicht derselben Ausprägg wie das dch die MjAdopt geschaffene. Die Vorschr der §§ 1767 ff begnügen sich daher im wesentl damit, die Bestimmgen über die MjAdopt einzuschränken. Damit steht neben der VollAdopt Minderjähr (Einf 2) ein bes Typ der Ann Volljähriger mit minderen Wirkgen. Zur Abgrenzg der AnwendgsBer von Mj- u VolljAdopt § 1741 Rn 2. Zur versehentl VollAdopt eines Vollj: BayObLG FamRZ **96**, 1034/**97**, 112 mA Liermann. –
2 **b)** Die **Grundvoraussetzungen** für die Ann eines Mj (§ 1741 I; dort Rn 3–9) gelten sinngem auch für die
3 Ann eines Vollj, ergänzt dch das zusätzl Erfordern des § 1767 I: – **Eltern-Kind-Verhältnis;** seine Entstehg muß mind zu erwarten sein (§ 1741 I 1; Düss FamRZ **81**, 94; BayObLG FamRZ **82**, 644). Die Abs zu seiner Begründg muß bei beiden Beteil gegeben sein (BayObLG FamRZ **97**, 638). Erfdl sind Gemeinsamk u familiäre Bindgen, wie sie zw Elt u ihren erwachsenen Ki zu erwarten sind (soweit erfdl UnterhLeistg, Bereitsch zum ggs Beistand nicht nur in Notfällen, innere Verbundenh, soweit nach den Umst zumutb regelm Kontakt), dazu BayObLG **52**, 17, FamRZ **97**, 638; nicht notw tats ZusLeben (BayObLG MDR **97**, 747). Besteht eine geist-seel Dauerverbundenh wie zw Elt u Ki, schadet es nicht, wenn der Altersunterschied nur
4 11 J beträgt (Mannh Just **77**, 134). – **Kindeswohl;** die Ann muß dem Wohl des Anzunehmden dienen (§ 1741 I 1). Das muß idR von dem Vollj selbst entschieden w (Köln FamRZ **90**, 800). Desh ergibt sich diese Vorauss regelm bereits aus dem Antr des Anzunehmden (§ 1768 I); die Vorauss für die strengere Anforderg des § 1741 I 2 dürften kaum praktisch w. Die Aufgabe des VormschG beschrkt sich auf die MißbrKontrolle. Einer

sorgfält Prüfg bedarf die Frage dagg bei der Ann GeschUnfähiger od Betreuungsbedürft (BT-Drucks 7/3061 S 53; MüKo/Lüderitz Rn 5). – **Sittlich gerechtfertigt** muß die Ann sein (§ 1767 I Hs 1). Denn die Herstellg famrechtl Beziehgen zw Vollj dch Adopt soll nicht der freien Disposition der Beteiligten überlassen bleiben (BT-Drucks 7/3061 S 52). Diese Vorauss überschneidet sich mit der 1. Vorauss. Sie ist gegeben, wenn ein Elt-Ki-Verhältn bereits entstanden ist (§ 1767 I Hs 2). Aber auch in den and Fällen kommt es für die sittl Rechtf vorwiegd auf die Herstellg einer solchen Beziehg an. Wg deren Nachbildg dch die Adopt (Einf 1) kann von einer sittl Rechtf nur gesprochen w, wenn die Entstehg einer Elt-Ki-Beziehg wenigstens zu erwarten ist. Dies gilt auch bei Adopt vollj Ausl (Ffm FamRZ **97**, 638). Die erfdl Prognose hängt wesentl von den für die Beteil maßg Motiven ab, die auch für die sittl Rechtf iü entscheidd sind. Nebenzwecke, die die Beteil verfolgen (BGH **35**, 75: Ersparn von ErbschSteuern), schaden nicht, sol der fambezogene Zweck überwiegt. Insb sind auch die herkömml Grde für die Adopt Vollj, wie zB die familiäre Bindg eines UnternNachf, anzuerkennen. EinzFälle Rn 7, 8. – Fehlen dieser Vorauss führt wie bei MjAdopt nicht zu Aufhebbark (§ 1771) od Nichtigk (§ 1759 Rn 2). – **c)** Für die **Person der Beteiligten** gelten ebenf die Grds für die MjAdopt (§ 1767 II iVm § 1741 II, 1743; s § 1741 Rn 10 ff) mit Ausn von § 1742 (§ 1768 II). Die Ann dch einen Eheg allein ist daher nur in AusnFällen zul. Zur **Readoption** des eig Ki § 1768 Rn 2. **Einwilligen** müssen nach dt R grdsl nur die Eheg der Beteil u ein Vormd od Pfleger (§§ 1746 III, 1749, 1767 II); s § 1768 II u dort Rn 3. **Kindesinteressen** s § 1769.

5 (margin: beside "Sittlich gerechtfertigt"); 6 (margin: beside "c) Für die Person der Beteiligten")

2) Sittliche Rechtfertigung der Annahme, I, und Einzelfälle. Die Adopt eines Vollj ist sittl gerechtf, wenn zw dem Annehmden u dem Anzunehmden ein **Eltern-Kind-Verhältnis besteht** (Rn 5), insb dann, wenn ein Pflegekind adoptiert w soll, dessen Ann zZ seiner Minderjährigk aus beachtl Gründen, zB um familiäre Spannungen zu and Verwandten zu vermeiden, unterblieben ist (BT-Drucks III/530 S 21). In den **anderen Fällen** hat das VormschG die Motive eingehd zu prüfen u die Umst des EinzFalls ggeinand abzuwägen; die für die sittl Rechtf, insb der Entstehg einer Elt-Ki-Beziehg sprechden Grd müssen deutl überwiegen; verbleiben begr Zweifel, ist die Ann abzulehnen (BayObLG FamRZ **96**, 183 u NJWE-FER **98**, 78; s a RG **147**, 220; BGH NJW **57**, 673). – **Einzelfälle** (s a § 1741 Rn 7–9): Sittl gerechtf (allg dazu Rn 5) ist die Ann zB, wenn mehrere Geschw adoptiert w sollen, von denen ein Teil mj, ein Teil vollj ist (§ 1772) od sonst ein fambezogenes Motiv vorliegt (StiefkindAdopt, LG Frankth FamRZ **98**, 505). – **Nicht** gerechtf ist dagg die Adopt aGrd freundschaftl Beziehgen (BayObLG StAZ **96**, 171), Unterstützg im ScheidgsVerf (BayObLG MDR **97**, 747) od bei nur gemeins Interessen u wöchentl Besuchen beim betagten Annehmden (BayObLG NJW **85**, 2094); wenn in Wahrh wirtsch Interessen ausschlaggebd sind, zB eine testamentar Bdgg des Vorhandenseins v „Abkömml" erfüllt w soll (vgl Stgt FamRZ **81**, 818 mA Bausch); wenn nur die NamensNachf gesichert w soll, auch bei Adelsnamen (Hamm StAZ **58**, 179 BayObLG FamRZ **93**, 236); wenn sich die Adopt dch den Stiefvater als Fortsetzg der nachehel AuseinandS der Elt erweist (AG Kamen ZfJ **96**, 536, dort verneint). Geringer Altersunterschied ist Indiz gg Ann (BayObLG NJWE-FER **98**, 78: 60 j Mann, 49 j Frau), schließt diese aber nicht aus (LG Frankth FamRZ **98**, 505). Zur sittl Rechtfertigg der Ann eines behinderten HausEigtümers bei negat Altersunterschied AG Bielef FamRZ **82**, 961. Keine Adopt auch zur Tarng unsittl Beziehgen (Schlesw SchlHA **60**, 23). Nicht gerechtf ist die Ann, wenn dch sie der drohden Ausweisg des Anzunehmden als **Ausländer** vorgebeugt w soll (BayObLG FamRZ **96**, 183; KG FamRZ **82**, 641 mwN; aA Celle StAZ **95**, 171), od wenn dem Antr eine flücht Reisebekanntsch zGrd liegt (BayObLG FamRZ **97**, 638: junger Pole). Das Ziel einer Umgehg der auslrechtl Bestimmgen liegt nahe, wenn ein Ausl adoptiert w soll, der sich erfolgl um polit Asyl bemüht hat (Zweibr FamRZ **83**, 533 u FamRZ **89**, 537; Karlsr FamRZ **91**, 226; s a BVerfG FamRZ **84**, 554: 82 jähr Adoptivmutter). Auch fehlt dann oft die Abs der Herstellg einer Elt-Ki-Beziehg, zB bei geringem Altersunterschied (Köln FamRZ **82**, 642). Enge Freundsch u ein zw 2 Fam bestehdes herzl Vertrauensverhältn reicht für die Adopt eines verheirateten Koreaners nicht aus (Düss FamRZ **81**, 94). Sind die für u gg die Adopt sprechden Grd gleichwert, kein Ausspr der Adopt (Düss FamRZ **85**, 832: ausweisgsbedrohter 27 jähr Inder). Die AuslAdopt begründet regelm **kein Aufenthaltsrecht** des Ausländ (BVerfG NJW **89**, 2195; dazu Jayme NJW **89**, 3069). Zur ErwachsenenAnn sa Bosch FamRZ **64**, 407.

7 (margin: beside first line of 2)); 8 (margin: beside "Einzelfälle")

3) Anzuwendende Vorschriften, II. Das AdoptG hat die Ann eines Vollj nicht eigenständ geregelt. Die §§ 1767–1772 enthalten nur Sondervorschriften für die VolljAdopt. Soweit sie nicht eingreifen, sind die Vorschr über die Ann Mj entspr anzuwenden (§§ 1741–1766). AdoptVorauss (§§ 1741–1750) s Rn 3–6 u § 1768 Rn 3. Zum Antr (§ 1752 II) Sonderregelg in § 1768. Zum AnnBeschl (§§ 1752 I, 1753) Sonderregelg in § 1772. Für die Wirkgen der Ann (§§ 1754–1758) SonderVorschr in §§ 1770, 1772. Aufhebg der Ann nur gem §§ 1771, 1772 II. – **Name:** Der Anzunehmde kann bei der VolljAdopt nicht ausschl seinen bish FamNa weiterführen (Celle FamRZ **97**, 115), aber Anfügg an den neuen Namen gem § 1757 IV Nr 2 aus schwerwiegden Grd (dazu LG Köln FamRZ **98**, 506) zul. Das AdoptDekret hat auch hins des FamNa des (ausl) Angen Bindgswirkg (Karlsr FGPrax **97**, 144). Zur Erleichterg der NaHinzufügg bei der VolljAdopt: LG Bln FamRZ **85**, 109. Vgl iü § 1757 Rn 11.

9 (margin: beside first line of 3)); 10 (margin: beside "Name:")

1768 *Annahmeantrag.* I **Die Annahme eines Volljährigen wird auf Antrag des Annehmenden und des Anzunehmenden vom Vormundschaftsgericht ausgesprochen. §§ 1742, 1744, 1745, 1746 Abs. 1, 2, § 1747 sind nicht anzuwenden.**

II **Für einen Anzunehmenden, der geschäftsunfähig ist, kann der Antrag nur von seinem gesetzlichen Vertreter gestellt werden.**

1) Zustandekommen des Annahmeverhältnisses, I 1. SonderVorschr zu § 1752 I. Dort wird der AnnAntr nur von den neuen Elt gestellt, das Ki muß in seine Ann einwilligen (§ 1746 I 1). Bei der VolljAdopt stellt das G die Mitwirkg des Anzunehmden dadch sicher, daß dieser die Begründg der neuen famrechtl Beziehg selbst beantragen muß. Daher sind (als Folge des Dekretsystems) **zwei Anträge** erfdl (BT-Drucks 7/3061 S 53). Ausgeschaltet werden bestimmte Vorschr, die nur bei der MjAdopt sinnvoll sind, **I 2,** dazu zunächst § 1767 Rn 2–6, 9 f. Dch die Aufn v § 1742 in die Verweisg des § 1768 I 2 dch das

AdoptRÄndG (Einf 3) beschränkt sich das Verbot der MehrfachAdopt entspr seinem Zweck (§ 1742 Rn 1, s a BT-Drucks 7/3061 S 30 und 12/2506 S 7) auf Mj, so daß künft die Annahme eines Vollj auch dann mögl ist, wenn der Vollj schon vorher einmal adoptiert w war. Bedarf hierfür insb, wenn die Mutter nach Scheidg der zweiten Ehe ihren ersten Ehem wieder heiratet u das gemeins, zwischenzeitl vom Stiefvater adoptierte u vollj Ki nur dch Adopt wieder Ki seiner leibl Elt w kann **(Readoption;** vgl Liermann FamRZ **93**, 1265 mwN; weitere Fallgestaltg AG Starnbg FamRZ **95**, 827/1229 mA Liermann). Unerhebl ist, ob der erneut Anzunehmde bei der ersten Ann mj od bereits vollj war. Die MehrfachAdopt Vollj kann zu mehr als zwei nebeneinand bestehden Elt-Ki-Verhältn führen, wenn weder bei der ersten noch bei der zweiten Ann bestimmt worden ist, daß sich die Wirkgen der Ann nach den Vorschr ü die Ann Mj richten. Über das allg Erfordern der „sittlichen Rechtfertigung" (§ 1767 I) kann ein solches Nebeneinander auf extreme Ausnah-
3 mefälle beschr w (BT-Drucks 12/2506 S 9). Ferner sind iR der VolljAdopt ausgeschl die AdoptPflege (§ 1744); die Interessenwahrg gem § 1745, weil hierfür in § 1769 SonderVorschr vorh; die Einwilligg des zu Adoptierden (§ 1746), weil sie im AntrErfordern enthalten ist; die Einwilligg der Elt (§ 1747), weil der Anzunehmde vollj ist, s aber § 1772 I 2. § 1768 ist insow auch nicht verfassgswidr (Zweibr FamRZ **84**, 204). Anzuwenden dagg § 1746 III, so daß bei Verweigerg der Mitwirkg ohne trift Grd das VormschG vAw Erkl des Vormds oder Pflegers ersetzen kann. – **Verfahren** vgl § 1752 Rn 1–3 u § 1772 Rn 6.

4 **2) Die Annahme eines Geschäftsunfähigen, II,** ist zul u wg der damit verbundenen Betreuung bes wünschenswert. Die Mitwirkg des gesetzl Vertr bei der Stellg des Antr ist so geregelt wie für die Erkl der Einwilligg Mj (vgl § 1746 mAnm). Der den in der GeschFgk Beschränkten (§ 114 aF) betreffde II 2 ist dch BtG Art 1 Z 26 aufgeh w. Wer unter Betreuung steht (§ 1896), aber geschfäh ist, stellt den Antr selbst.

1769 ***Berücksichtigung von Kindesinteressen.*** **Die Annahme eines Volljährigen darf nicht ausgesprochen werden, wenn ihr überwiegende Interessen der Kinder des Annehmenden oder des Anzunehmenden entgegenstehen.**

1 Entspr § 1745 S 1 darf die Ann nicht ausgesprochen w, wenn ihr überwiegde Interessen der Ki des Annehmden od des Anzunehmden entggstehen (Lit: Grziwotz FamRZ **91**, 1399). Unterschied: § 1745 S 2 ist nicht anwendb; bei der Ann eines Vollj sind damit auch die vermögensrechtl Interessen der Beteiligten zu beachten. Insow ist insb von Bedeutg, daß das ErbR od sonstige Vermögensinteressen vorh Ki unangem beeinträchtigt w können. Das ist der Fall, wenn leibl Ki das Untern der Elt fortführen soll u das AdoptivKi sich auszahlen lassen würde (BayObLG FamRZ **84**, 419). Erbrechtl Interessen treten aber zurück, wenn das AdoptivKi bereits als Mj in die Fam des Annehmden aufgen war u es sich um das Ki seines Eheg handelt (AG Degdf FamRZ **84**, 1265). Unberücksichtigt kann bleiben, ob es dem Anzunehmden gelingen wird, mit den Ki der Annehmden ein GeschwisterVerh zu begründen (BT-Drucks 7/3061 S 53). Nicht erfdl die förml Einwilligg der Ki von Annehmdem u Anzunehmdem. Zu deren Anspr auf rechtl Gehör s § 1752 Rn 1, § 1759 Rn 1.

1770 ***Wirkungen der Annahme.*** **I Die Wirkungen der Annahme eines Volljährigen erstrecken sich nicht auf die Verwandten des Annehmenden. Der Ehegatte des Annehmenden wird nicht mit dem Angenommenen, dessen Ehegatte wird nicht mit dem Annehmenden verschwägert.**

II Die Rechte und Pflichten aus dem Verwandtschaftsverhältnis des Angenommenen und seiner Abkömmlinge zu ihren Verwandten werden durch die Annahme nicht berührt, soweit das Gesetz nichts anderes vorschreibt.

III Der Annehmende ist dem Angenommenen und dessen Abkömmlingen vor den leiblichen Verwandten des Angenommenen zur Gewährung des Unterhalts verpflichtet.

1 **1) Beschränkung der Adoptionswirkungen.** Der Angenommene wird Ki der Annehmden (§ 1754). Keine Beschrkg des ErbR mehr (and § 1767 I aF); wohl aber noch iW der TestAuslegg (BayObLG FamRZ **85**, 426). Alle Ki des Angen werden Enkelkinder der Annehmden, auch solche, die im Ztpkt der Ann schon geboren waren. Die Abkömml erlangen auf diese Weise die rechtl Stellg von Enkeln (RG **147**, 226). Die Wirkgen der Ann sind iü aber auf die unmittelb Betroffenen beschränkt, **I 1;** insb erstreckt sich die Ann nicht auf die Verwandten des Annehmden, so daß dessen Elt mit dem Angen nicht verwandt sind. Werden mehrere Vollj von ders Pers angen, so sind auch diese nicht miteinander verwandt. Der Angen wird nicht verwandt u verschwägert mit den Verwandten u Verschwägerten der AdoptivElt. In den seltenen Fällen der Ann dch einen Eheg allein (§ 1767 Rn 6) entsteht auch kein StiefkindVerh zum Eheg des Annehmden; ebsowenig tritt eine Schwägersch zw dem Eheg des Adoptierten u den AdoptivElt ein, **I 2.** Iü **kein** automat **Aufenthaltsrecht** eines angen Ausländ (§ 1767 Rn 8).

2 **2) Verhältnis zu leiblichen Verwandten, II.** Die aus der Abstammg herrührenden VerwandtschVerhältn des Angenommenen werden dch die Ann grdsätzl nicht berührt, so daß iF des Todes des Angen seine leibl u seine AdoptivElt als Erben der 2. Ordng (§ 1925) nebeneinand erben. Die ggs UnterhPfl bleibt bestehen; doch sind die AdoptivElt dem Angen u seinen Abkömml ggü vorrang unterhaltspflichtig, **III.**

1771 ***Aufhebung des Annahmeverhältnisses.*** **Das Vormundschaftsgericht kann das Annahmeverhältnis, das zu einem Volljährigen begründet worden ist, auf Antrag des Annehmenden und des Angenommenen aufheben, wenn ein wichtiger Grund vorliegt. Im übrigen kann das Annahmeverhältnis nur in singemäßer Anwendung der Vorschriften des § 1760 Abs. 1 bis 5 aufgehoben werden. An die Stelle der Einwilligung des Kindes tritt der Antrag des Anzunehmenden.**

1) Auflösung der Volljährigenadoption. Die Vorschr über die Aufhebg eines AnnVerhältn, das zu einem Mj begründet w ist, passen nicht ohne Einschränkgen auf die mit schwachen Wirkgen ausgestattete VolljAdopt. Desh enthält § 1771 Sonderregelgen. Anwendb aber § 1766 (BT-Drucks 7/3061 S 55). § 1771 S 1 ist nicht (auch nicht analog) anwendb, wenn der Angen bei Vornahme der Adoption mj war, inzw aber vollj geworden ist (BayObLG FamRZ **90**, 204; Hamm NJW **81**, 2762; Düss NJW-RR **86**, 300; Karlsr FamRZ **96**, 434; Zweibr FamRZ **97**, 576; aA Bosch FamRZ **86**, 1149 sowie 45. Aufl). Das ist verfassgskonform (BayObLG FamRZ **91**, 227). Im AdoptAufhebgsVerf wird das Vorliegen der AnnVorauss nicht mehr geprüft, auch bei Verstoß gg GG 103 I im AnnVerf (Zweibr FamRZ **84**, 204); s aber § 1759 Rn 2. Zu ÜbergFällen im ZusHang mit dem AdoptG (Einf 2) vgl BayObLG FamRZ **90**, 97. Erfdl für Aufhebg der Ann sind **Anträge** nach hM sowohl des Annehmden wie des Angen (Karlsr FamRZ **88**, 979; aA AG Leutkirch FamRZ **89**, 538; Bosch FamRZ **78**, 664 sowie Nachw 47. Aufl), auch dann, wenn die Ann dch gemeins Vortäuschg eines Elt-Ki-Verhältn erreicht w (BGH **103**, 12). Entscheidd ist jedoch das Vorliegen eines wicht Grd. Das Erfordern kongruenter Antr würde dem Dekretsystem widersprechen u einen Rückfall ins VertrSystem bedeuten. Die Aufhebg der Adopt würde in unzumutb Weise eingeschränkt, da die wicht Grde in aller Regel in der Pers eines Beteiligten liegen, der seiners die Mitwirkg an der AdoptAufhebg verweigern wird. Der Wortlaut („u") ist nicht zwingd iS der AntrKumulation zu verstehen, sond kann auch iSv „und auch" verstanden w. Von der GgMeing wird mit § 138 geholfen, wenn mit der Ann nicht die Absicht der Herstellg eines Elt-Ki-Verhältn, sond ein sittenwidr Zweck verbunden war (Köln NJW **80**, 63); das aber widerspricht dem Dekretsystem, § 138 setzt ein RGesch voraus (krit dazu auch Lüderitz NJW **80**, 1087). S 1 entspricht § 1763, S 2 dem § 1760. S 3 stellt klar, daß für die Anwendg des § 1760 statt auf die Einwilligg des Ki auf dessen Antr abzustellen ist. – **Verfahren** § 1759 Rn 3. Für die Wirkgen der Aufhebg gelten §§ 1764, 1765 sinngem. 1

2) Voraussetzungen der Aufhebung. Die Aufhebg kann auf verschiedene Grde gestützt w. – **a) Aufhebung aus wichtigem Grund, S 1.** Die Auflösg des AnnVerhältn setzt einen wicht Grd voraus. Dieser liegt noch nicht vor, wenn mit der Ann ein sittenwidr Zweck (Erlangg einer AufenthErlaubn) verfolgt w (KG FamRZ **87**, 635; Schlesw FamRZ **95**, 1016) od wenn die Umst, welche die Ann sittl rechtfertigten (§ 1767 I), nicht mehr bestehen. Auch kein wicht Grd, wenn sich die familiären Beziehgen der Beteil nicht nach ihrer Vorstellg entwickelt haben; wohl aber bei Verbrechen gg Adoptivverwandte od sonst schweren Verstößen gg die FamBindg. Die Frist v § 1762 II gilt nicht (Schlesw FamRZ **95**, 1016). – **b) Aufhebung wegen unwirksamer Erklärungen, S 2.** § 1760 gilt entspr. Also Aufhebg, wenn auch nur einer von den beiden für die Ann erfdl Antr fehlte od unwirks war (§ 1768 I), ferner bei Fehlen od Unwirksamk erfdl Einwilligen (§ 1767 Rn 6), dh des Eheg des Annehmden (§§ 1767 II, 1749 I) u wohl doch auch wg GG 6 I der Einwilligg des Eheg des Anzunehmden (vgl §§ 1767 II, 1749 II; aA die hM, Soerg/Liermann§ 1749 Rn 11). 2 3

1772 ***Ausspruch über Wirkungen wie bei Annahme Minderjähriger.*** **Das Vormundschaftsgericht kann beim Ausspruch der Annahme eines Volljährigen auf Antrag des Annehmenden und des Anzunehmenden bestimmen, daß sich die Wirkungen der Annahme nach den Vorschriften über die Annahme eines Minderjährigen oder eines verwandten Minderjährigen richten (§§ 1754 bis 1756), wenn**

a) ein minderjähriger Bruder oder eine minderjährige Schwester des Anzunehmenden von dem Annehmenden als Kind angenommen worden ist oder gleichzeitig angenommen wird oder
b) der Anzunehmende bereits als Minderjähriger in die Familie des Annehmenden aufgenommen worden ist oder
c) der Annehmende das Kind seines Ehegatten annimmt oder
d) der Anzunehmende in dem Zeitpunkt, in dem der Antrag auf Annahme bei dem Vormundschaftsgericht eingereicht wird, noch nicht volljährig ist.

Eine solche Bestimmung darf nicht getroffen werden, wenn ihr überwiegende Interessen der Eltern des Anzunehmenden entgegenstehen.

II Das Annahmeverhältnis kann in den Fällen des Absatzes 1 nur in sinngemäßer Anwendung der Vorschriften des § 1760 Abs. 1 bis 5 aufgehoben werden. An die Stelle der Einwilligung des Kindes tritt der Antrag des Anzunehmenden.

1) Annahme mit starken Wirkungen. – a) Das AdoptG hat sich für die Unterscheidg zw der Adopt Mj mit starken Wirkgen u der Ann Vollj mit schwachen Wirkgen entsch (BT-Drucks 7/3061 S 21; sa § 1754 Rn 1). In einigen AusnFällen genügen die schwachen Wirkgen der Ann Vollj aber nicht, insb dann, wenn der Anzunehmde schon bes Beziehgen zu dem Annehmden hat, die nur dadch ausr verstärkt werden können, daß die Ann des schon Vollj mit starken Wirkgen ausgestattet w (BT-Drucks 7/3061 S 55f). **I 1** (in Buchst c u d neu gefaßt dch das KindRG, Einf 4) läßt die **Volladoption** (Einf 2) daher **in vier Fällen** zu, wobei es für die Ann dch ein Ehepaar ausr, wenn die Vorauss für die VollAdopt bei einem Eheg vorl (KG FamRZ **96**, 240): **aa)** wenn die Annehmden schon mj Geschw des Anzunehmden u damit mit starken Wirkgen angen haben od annehmen. Zweck: Unter Geschw soll in der neuen Fam die gleiche RStellg gelten; – **bb)** ferner wenn der Anzunehmde bereits als Mj tatsächl in der Fam des Annehmden gelebt hat. Dafür reicht es nicht aus, wenn der Annehmde Vormd des mj Vollwaisen gewesen ist, ohne daß das Ki in dessen FamVerband integriert war (Hamm DAV **79**, 776); – **cc)** wenn der Annehmde das Ki seines Eheg annimmt; – **dd)** wenn der Anzunehmde zwar noch im Ztpkt des AnnAntr, aber nicht mehr im für die Anwendbark der MjAdopt entsch Ztpkt des AnnBeschl mj war (näher § 1741 Rn 2; KindRefK/Maurer Rn 3ff). Grd: Die VerfDauer soll den Beteil nicht zum Nachteil gereichen. Die **Staatsangehörigkeit** wird dch § 1772 nicht erworben (OVG Hbg FamRZ **97**, 1146). 1 2 3 4

b) Ausschluß der Volladoption wegen überwiegender Interessen der Eltern, I 2 (Liermann FamRZ **93**, 1265). Das mögl Interesse der leibl Elt an der Aufrechterhaltg des VerwandtschVerhältn konnte bish allein 5 bei der Prüfg der sittl Rechtfertigg der angestrebten VollAdopt (§ 1767 Rn 5 iVm § 1772) berücks w. **Zweck** der Einfügg v I 2 dch AdoptRÄndG (Einf 3) ist die Verdeutlichg dieser Prüfgs- u AbwäggsPfl (BT-Drucks 12/2506 S 7f). In Anlehng an § 1769 ist die VollAdopt eines Vollj unzul, wenn ihr überwiegde Interessen leibl Elt wie bish AdoptivElt (vgl § 1768 Rn 2) entggstehen. Dem Ausspr der VollAdopt können unterh- wie erbrechtl R u Pfl der Beteil entggstehen (BT-Drucks 12/2506 S 9). Die Neuregelg soll iR einer authent Interpretation ledigl das geltde R verdeutl, so daß nicht etwa iW eines UmkSchl eine gebotene Beteiligg weiterer Verwandter aufsteigder Linie ausgeschl w, falls deren Interessen an der sittl Rechtfertigg der angestrebten VollAdopt Zweifel begründen.

6 **c) Verfahren.** An einem auf die Wirkg des § 1772 I gerichteten AnnVerf sind die Elt des Anzunehmden (wie die Ki in den vergleichb Fällen der §§ 1745, 1769) zu beteiligen (s a § 1752 Rn 1, § 1759 Rn 1). Damit soll zugl sichergest w, daß den leibl Elt der Ausspr einer VollAdopt vom VormschG bek gem wird (BT-Drucks 12/2506 S 9). Die Ann mit starken Wirkgen wird vom VormschG nur ausgespr, wenn der Antr der Beteiligten darauf gerichtet ist. Er wird zweckmäßigerw mit dem AnnAntr (§ 1768 I) verbunden. Nachträgl Hochstufg der AdoptWirkgen nicht mögl (AG Kaisersl StAZ **83**, 17). Das VormschG hat im Beschl anzugeben, ob die Ann des Vollj starke Wirkgen hat od nicht, u ob es sich um eine VerwandtenAdopt handelt (FGG 56e).

7 **2) Aufhebung der Volljährigenvolladoption, II,** kommt nur nach § 1760 in Betr, also nur aus VerfMängeln u im Ggs zu § 1771 S 1 nicht aus wicht Grd, **II 1.** Vgl § 1771 Rn 3. Mit **II 2** wird berücks, daß es für die VollAdopt des Vollj im Ggs zu § 1760 nicht auf die Einwilligg des Ki, sond entspr § 1772 I 1 auf den Antr des Anzunehmden ankommt.

Dritter Abschnitt.
Vormundschaft. Rechtliche Betreuung. Pflegschaft

Einleitung

1 **1) Überblick** (Lit: Jochum/Pohl, Pflegsch, Vormsch u Nachl, 1989; Oberloskamp, Vormsch, Pflegsch u VermSorge bei Mj, 1990; Firsching/Bodegge FamR 2. Hdb, 6. Aufl 1999). Der 3. Abschnitt umfaßt nach seiner Reform dch das BtG u das BtÄndG (Einf 1 v § 1896) drei unterschiedl Bereiche, die **Vormundschaft** (§§ 1793–1895), die seit der Neuregelg notw eine Vormsch über Mj ist, die **Betreuung** psych kranker od körperl, geist od seel behinderter Erwachsener (§§ 1896–1908 i) u die **Pflegschaft** (§§ 1909–1921). Die dch das BeistandschG neu geregelte **Beistandschaft** des JA ist eine rechtl bes ausgestaltete Art der Pflegsch, auf die jedoch die Vorschr über die Aufs des VormschG u die Rechngslegg nicht anzuwenden sind (§ 1716). Die Vormsch hat grdsl die allg Fürs in pers u VermAngelegenh des Mdl zum Ggst, währd eine Pflegsch dann eingeleitet w, wenn ein Schutzbedürfn für eine einz od einen Kreis von Angelegenh vorliegt, währd die Betrg nach dem ErforderlkPrinzip grdsl TeilBetrg sein soll, umgek aber auch TotalBetrg sein kann (§ 1896 Rn 27).

2 **2) Rechtsnatur der Vormundschaft, der Betreuung und der Pflegschaft.** Es handelt sich um eine Fürs- u BeistandsTätigk, deren leitder GesichtsPkt das Interesse des Mdl, Betreuten od Pflegl ist. Es geht vornehml um Privatrechtsgestaltg. Desh ist das Amt des Vormd, Betr u Pflegers, obwohl die gesetzl Regelg auch öffrechtl Bestandt enthält, kein öffrechtl Amt. Die Stellg des Vormd ist derj des Inh der elt Sorge angepaßt (BGH **17**, 115; sa BVerfG NJW **60**, 811).

3 **3) Grundzüge der Regelung.** Vormsch, Betrg u Pflegsch treten grdsl nicht kr Ges ein, sond bedürfen einer AO dch das VormschG, wenn auch nicht immer eines Antr. Erst mit der Bestallg entsteht die VertretgsBefugn des Vormd (§§ 1774–1789, 1793), des Betr (§§ 1896 ff, 1902) sowie des Pflegers (§ 1915). Ausn davon: die gesetzl AmtsVormsch des JA iF des § 1791 c. Grdsl wird nur ein Vormd, Betr od Pfleger bestellt (§§ 1775, 1897, 1909 ff), was bei einem entspr Bedürfn die Bestellg mehrerer nicht ausschließt (§§ 1775, 1899, 1915). Zur Kontrolle und Unterstützg des VormschG können GgVormd u GgPfleger bestellt w (§§ 1792, 1915; vgl auch § 1908 i). Vormd, Betr u Pfleger üben ihr Amt selbstd aus u unterliegen nur der Kontrolle dch das VormschG, u zwar mittelb dch das Erfordern der **vormundschaftsgerichtlichen Genehmigung,** zB in §§ 1812, 1821, 1822 od unmittelb als Aufs (§§ 1837, 1908 i I 1, 1915 I).

4 4) Das BGB geht von der **Einzelvormundschaft** als der besten Form der Vormsch aus (§ 1887 I) u favorisiert dieses Prinzip trotz der enttäuschden Erfahrgen mit der Vormsch auch für die Betrg, so daß die **Vereins- und Amtsvormundschaft** sowie -pflegsch bzw die **Vereins- und Behördenbetreuung** nur in Frage kommen, wenn ein geeigneter EinzelVormd, EinzelBetr u -pfleger nicht zu bekommen ist (vgl §§ 1791 a–c; 1887 I; 1900 I 1, III u IV 1; 1915 I). Die bestellte wie die gesetzl AmtsVormsch werden dch das **Jugendamt** ausgeübt. Zur **örtlichen Zuständigkeit** für die Amtspflegsch u AmtsVormsch: SGB VIII 87 c.
5 Zur **Betreuungsbehörde:** § 1900 Rn 10. Für Vereins- wie AmtsVormsch wie auch für die BehBetrg gelten grdsl die Best des BGB.

6 **5) Ergänzt** w das VormschR dch das KJHG (SGB VIII), das die Organisation des JA u seine Stellg u Aufgaben im VormschWesen, den Schutz der Pflegekinder, außerdem die Erziehgsbeistandsch m freiw Erziehgshilfe u FürsErziehg regelt u insof auch § 1666 ergänzt. Die Voraussetzgen für das Eintreten einer Amts- od VereinsVormsch regeln ausschließl §§ 1791 a–c, nicht etwa das SGB VIII.

7 **6) Landesrechtliche Vorbehalte** enthalten nur noch §§ 1807 II, 1808. EG 136 ist aufgehoben.

8 **7) Übergangsrecht:** EG 210–212; **IPR** u interlok PrivR: EG 24; **frühere DDR:** EG 234 § 14.

Erster Titel. Vormundschaft

I. Begründung der Vormundschaft

Einführung

1) Anwendungsbereich. Seit dem Inkrafttr des BtG betrifft die Vormsch nur noch Mj; die Vormsch über Erwachsene ist dch die Bt ersetzt w (§§ 1896 ff nF). 1

2) Fehlerhafte Anordnung der Vormundschaft. a) Zuständigkeitsmängel: Die sachl Unzustdgk macht AnO wie auch die einzelnen vormschgerichtl Hdlgen unwirks (KG JFG **1**, 48). Unwirks ist auch ein vormschgerichtl Gesch, das unzulässigerw vom Rechtspfleger statt vom Richter vorgen w ist, nicht aber umgek (RPflG 8). Die örtl Unzustdgk führt dagg gem FGG 7 nicht zur Unwirksamk der AO. Hat das FamG entschieden, obwohl die Voraussetzgen des § 1697 nicht vorlagen, bleibt die AO gleichf bis zu ihrer Aufhebg wirks. 2

b) Die AO der Vormsch hat rechtsbegründende Wirkg (RG **84**, 95; BGH **41**, 309). Liegen **materiell** die Voraussetzgen einer Vormsch nicht vor, so bleibt sie daher grdsätzl (Ausn: § 1780 u bei Vormsch über Verstorbene) solange wirks, bis sie dch das VormschG od auf Beschw aufgeh wird. Wirksamk also auch bei irriger Bestellg eines weiteren Vormds (RG HRR **33**, 1588); beide sind dann MitVormd (§ 1797 I). Vergütgs-Festsetzg für den Vormd (KGJ **53**, 77) u die Wirksamk der dch Vormd u der ihm ggü vorgenomm RGeschäfte werden dch die Aufhebg gem FGG 32 nicht berührt (BayObLG **23**, 61). Ggf SchadErsPfl des VormschG (RG **84**, 92). Anderers wird bei irriger Annahme der Minderjährigk die Gesch- u ProzFähigk des Vollj nicht berührt. And nur bei ProzPflegsch (ZPO 53). 3

c) Ob die AnO zu Recht ergangen ist, kann nur im FGG-Verf, nicht dch das ProzGer nachgeprüft w (Stgt FamRZ **65**, 457), das an die AnO **gebunden** ist (RG **81**, 211). Desh darf die VertretgsBefugn idR nicht schon desh verneint w, weil nicht alle sachlrechtl Vorauss für die AnO gegeben waren (BGH **33**, 195). Aber Aussetzg mögl (BGH **41**, 309). 4

1773 *Voraussetzungen.* **I Ein Minderjähriger erhält einen Vormund, wenn er nicht unter elterlicher Sorge steht oder wenn die Eltern weder in den die Person noch in den das Vermögen betreffenden Angelegenheiten zur Vertretung des Minderjährigen berechtigt sind.**

II Ein Minderjähriger erhält einen Vormund auch dann, wenn sein Familienstand nicht zu ermitteln ist.

1) Die Vormsch kann nur noch für **Minderjährige** angeordn w. Die Vormsch endet notw mit der Volljk (§ 1882). Bei Bedarf kann aber eine Bt eingerichtet w (§ 1896). Das Bestehen einer Ehe des Mj hindert die AO der Vormsch nicht. 1

2) § 1773 erfaßt drei Fallgruppen: **a)** Der Mj steht nicht unter **elterlicher Sorge. aa)** Sind die Elt miteinand verh (§ 1626) od haben nicht miteinand verh Elt SorgeErkl abgegeben (§ 1626 a I Nr 1), setzt § 1773 voraus, daß **beide Eltern** nicht mehr sorgeberecht sind, etwa wg Todes od Entzugs der Sorge (§ 1666). Bei Tod nur eines EltT gilt § 1680 I. Ist nur die Pers- od VermSorge entzogen, gilt nicht § 1773, sond ist ein ErgPfleger (§ 1909) zu best (BayObLG NJWE-FER **97**, 125). – **bb)** Stirbt der (nach §§ 1626 a II od 1671, 1672) **allein sorgeberechtigte** EltT od verliert er das SorgeR, so hat das FamG die elt Sorge ggf dem and EltT zu übertr (§ 1680 II u III). Andernf ist vom VormschG § 1773 anzuwenden. – **b)** Entsprechdes wie Rn 2 f gilt, wenn die Elt den Mj weder in Pers- noch in VermSorgeAngelegenh **vertreten** dürfen, zB weil die elt Sorge ruht (§§ 1673–1675). – **c) Nicht zu ermitteln ist der Familienstand, II,** bei FindelKi ua Pers, deren PersSt nicht feststellb ist (PStG 25, 26). Ist der FamStand ledigl bestr, wird ein Pfleger best. 2 3 4 5

1774 *Anordnung von Amts wegen.* **Das Vormundschaftsgericht hat die Vormundschaft von Amts wegen anzuordnen. Ist anzunehmen, daß ein Kind mit seiner Geburt eines Vormunds bedarf, so kann schon vor der Geburt des Kindes ein Vormund bestellt werden; die Bestellung wird mit der Geburt des Kindes wirksam.**

1) a) Bestellungsgrundsatz, S 1. Mit Ausn von §§ 1751 I 2, 1791 c tritt die Vormsch nicht kraft Ges, sond nur auf AO der VormschG bzw iFv § 1697 des FamG ein. AO der Vormsch sowie Auswahl u Best des Vormd (§ 1789) werden idR verbunden. Fehlten die Vorauss v § 1773 I, ist der Beschl der Gerichte unwirks (MüKo/Schwab 8 f). – **b)** Die Best kann bereits vor der Geburt des Mdl erfolgen, **S 2**, etwa wenn die nicht verh Mu mj ist (§§ 1626 a II, 1673 II). 1 2

2) Verfahren: FGG 35 ff; RPflG 3 Nr 2 a, 14 I Nr 4. Einstw Maßn: § 1846. AO der Vormsch vAw. Zur Unterstützg des VormschG besteht für and Behörden eine **Anzeigepflicht:** StBeamt: FGG 48; JA: SGB VIII 42 III 3 Nr 2 u S 4 sowie III 4, 50 III 1, 53 III 3–5; Ger: FGG 35 a; JugGer: JGG 70. AnzeigePfl bei Tod des Vormd: § 1894. 3

1775 *Bestellung von Mitvormündern.* **Das Vormundschaftsgericht kann ein Ehepaar gemeinschaftlich zu Vormündern bestellen. Im übrigen soll das Vormundschaftsgericht, sofern nicht besondere Gründe für die Bestellung mehrerer Vormünder vorliegen, für den Mündel und, wenn Geschwister zu bevormunden sind, für alle Mündel nur einen Vormund bestellen.**

1 **1) a) Ehegatten** können nach pflichtgem, nicht an bes Vorauss gebundenem Ermessen des Ger gemeins
2 zum Vormd bestellt w, **S 1**, etwa wenn das Mdl in ihren Haush aufgen w soll. – **b)** Iü bleibt es beim Grdsatz von **S 2**, daß nur **ein Vormund** best w, auch für (halbbürtige) Geschw. Die Bestellg eines MitVormds erfordert hier einen **besonderen Grund** wie: ReligionsVerschiedenh von Mdl u Vormd (BayObLG FamRZ **66**, 323/26); Schwierigkten bei der VermVerwaltg; Mitgliedsch mehrerer Geschw in ders PersGesellsch. Keinen bes Grd stellen ggständl beschrkte u vorübergehde Behindergen des Vormds (BayObLG Rpfl **76**, 399: ErgPfl) od die Vorbereitg der Entlassg des Vormds (BayObLG NJW **70**, 1687) bzw seine Überwachg dar (LG Bln Rpfl **70**, 91).

3 **2) Verhältnis zu §§ 1776 ff:** Auch bei Benenng mehrerer Vormd dch die gem § 1777 berecht Elt entsch das Ger darüber nach fr Erm (BayObLG **21**, 60). Haben sie nur 1 Vormd benannt (§ 1776), darf nur mit dessen Zust ein MitVormd bestellt w (§ 1778 IV). Die Best eines MitVormd ist ein AblehngsGrd (§ 1786 I Nr 7). Gemeins Führg der Vormdsch: § 1797; GgVormd: § 1792.

1776 ***Benennungsrecht der Eltern.*** **I Als Vormund ist berufen, wer von den Eltern des Mündels als Vormund benannt ist.**

II Haben der Vater und die Mutter verschiedene Personen benannt, so gilt die Benennung durch den zuletzt verstorbenen Elternteil.

1 **1) Die Berufung erfolgt** dch Benenng des Vormds, **I**, nach § 1777 I u III als Ausfluß des elt SorgeR u in der Form einer letztwill Vfg (§ 1777 Rn 1 u 2). Bezeichng als „Vormd" unnöt. Bdgg u ZtBestimmg zul (BayObLG **28**, 270). Ebso der Widerruf der Benenng. Regelg der Befugn des Vormds iü nur iR der §§ 1782, 1797 III, 1803 I, 1852 ff. Haben die Elt nicht dieselbe Pers benannt, entsch die Berufg dch den Letztverstorbenen, **II**. Vorrang vor dem Berufenen hat ggf der Eheg des Mdl (§ 1778 III).

2 **2)** Die **Berufenen** sind zwar nicht aGrd der Benenng, wohl aber nach Maßg des § 1785 zur Übern der Vormdsch **verpflichtet** u haben ein **Recht** auf Bestellg u dürfen vom Ger nur unter den Vorauss des § 1778 übergangen w. Bei Übergehg sof Beschw (FGG 60 I Nr 1). § 1776 gilt auch für den MitVormd (§ 1775) u GgVormd (§ 1792 IV), nicht dagg für Bt (§§ 1896 ff) u Pflegsch (§§ 1915–1917). Das JA kann nicht benannt w, wohl aber ein vom LJA für geeign erkl Verein (§ 1791 a I 2).

1777 ***Voraussetzungen des Benennungsrechts.*** **I Die Eltern können einen Vormund nur benennen, wenn ihnen zur Zeit ihres Todes die Sorge für die Person und das Vermögen des Kindes zusteht.**

II Der Vater kann für ein Kind, das erst nach seinem Tode geboren wird, einen Vormund benennen, wenn er dazu berechtigt sein würde, falls das Kind vor seinem Tode geboren wäre.

III Der Vormund wird durch letztwillige Verfügung benannt.

1 **1) Benennungsberechtigt** sind die im Ztpkt ihres Todes pers- u verm**sorgeberecht Elt, I.** Ob die Sorge bereits bei Benenng vorh war, ist unerhebl. Elt od EltT ohne SorgeR haben kein BenenngsR, also iFv § 1666 od wenn einem EltT nach Trenng das SorgeR übertr w ist (§§ 1671, 1672). Ebsowenig wenn die Sorge ruht (BayObLG FamRZ **92**, 1346). Der nicht mit der Mu verh Va hat nur iFv § 1626 a I Nr 1 ein BenenngsR. Teileinschränkgen der elt Sorge wie zB die Entziehg des AufenthBestR beeinträcht die BenenngsBefugn nicht. Die GesSorge setzt aber die Befugn zur gesetzl Vertretg voraus (MüKo/Schwab 7). Die Wirksamk der
2 Benenng dch den **vor der Geburt des Kindes verstorbenen Vater, II,** hängt davon ab, ob er sorgeberecht gewesen wäre, wenn das Ki vor dem Tod des Va geboren w wäre. Trotz Nichtanpassg der Vorschr dch das KindRG müssen bei nicht verh Elt Absichtsäußergen hins gemeins SorgeErkl genügen (vgl § 1626 a I Nr 1). II ist auf die vor der Geburt des Ki gestorbene Mu analog anzuwenden (Staud/Engler 12).

3 **2) Form, III.** Benenng dch Test od ErbVertr (§§ 1937, 2299 I). Bei widersprechden Benenngen: § 1776 II. Zum Inhalt der Benenng iü: § 1776 Rn 1.

1778 ***Übergehen des benannten Vormunds.*** **I Wer nach § 1776 als Vormund berufen ist, darf ohne seine Zustimmung nur übergangen werden,**

1. wenn er nach den §§ 1780 bis 1784 nicht zum Vormund bestellt werden kann oder soll;
2. wenn er an der Übernahme der Vormundschaft verhindert ist;
3. wenn er die Übernahme verzögert;
4. wenn seine Bestellung das Wohl des Mündels gefährden würde;
5. wenn der Mündel, der das vierzehnte Lebensjahr vollendet hat, der Bestellung widerspricht, es sei denn, der Mündel ist geschäftsunfähig.

II Ist der Berufene nur vorübergehend verhindert, so hat ihn das Vormundschaftsgericht nach dem Wegfall des Hindernisses auf seinen Antrag an Stelle des bisherigen Vormundes zum Vormund zu bestellen.

III Für einen minderjährigen Ehegatten darf der andere Ehegatte vor den nach § 1776 Berufenen zum Vormund bestellt werden.

IV Neben dem Berufenen darf nur mit dessen Zustimmung ein Mitvormund bestellt werden.

1 **1) Übergangen ist der Berufene,** wenn ein and als Vormd bestellt w, unabhäng davon, ob dem VormschG die Benenng bekannt war. Kein R auf Entlassg des best Vormds, sond ledigl sof Beschw (FGG

18 II, 60 I Nr 1). Bei Begründeth ist der Berufene anstelle des bish Vormds zu best, auch wenn diesem ggü kein Vorbehalt gemacht war (§ 1790).

2) Der Berufene kann übergangen werden, I–III, bei **a)** erkl od stillschweigdem Einverständn; **b) Nr 1:** Unfähigk od Untauglichk (§§ 1780–1784); **c) Nr 2:** bei tats Verhinderg inf Krankh, Abwesenh usw; bei vorübergehder Verh nach Wegf des Hindern Bestellg statt des bish Vormds, II; **d) Nr 3:** Verzögerg (bei Verschulden: § 1787); **e) Nr 4:** konkr erhebl (bestr) Gefährdg des MdlWohls (vgl BayObLG **57**, 315/17). Sie kann zu bejahen sein bei tiefgreifder Entfremdg zw Vormd u Mdl (KG OLG **42**, 111); bei zu hohem Alter od wenn die benannte Pers selbst das Mdl adopt will (BayObLG FamRZ **92**, 46); **f) Nr 5:** wenn das Mdl (ab 14 J) widerspricht. **g)** Handelt es sich um die Vormsch eines verh Mj, so kann der **Ehegatte** den von den Elt Benannten (§ 1776) vorgezogen w, **III.** Da daraus kein Recht auf Vorrang erwächst (BayObLG OLG **32**, 18), ggf Beschw nur nach FGG 57 I Nr 9). 2 3

3) Bei **Nichteignung** der gem § 1776 Berufenen u wenn sich kein geeign EinzelVormd findet, AO der **Vereins- bzw. Amtsvormundschaft** des JA gem §§ 1791 a, b. Zur Best eines MitVormds gem **IV:** § 1775 Rn 3. ZustVerweigerg kann zur Entlassg führen (§ 1886). IV gilt nicht für den GgVormd (BayObLG **18**, 54) u wenn die Elt mehrere Vormd benannt haben. 4

1779 *Auswahl durch Vormundschaftsgericht.*

I Ist die Vormundschaft nicht einem nach § 1776 Berufenen zu übertragen, so hat das Vormundschaftsgericht nach Anhörung des Jugendamts den Vormund auszuwählen.

II Das Vormundschaftsgericht soll eine Person auswählen, die nach ihren persönlichen Verhältnissen und ihrer Vermögenslage sowie nach den sonstigen Umständen zur Führung der Vormundschaft geeignet ist. Bei der Auswahl unter mehreren geeigneten Personen sind der mutmaßliche Wille der Eltern, die persönlichen Bindungen des Mündels, die Verwandtschaft oder Schwägerschaft mit dem Mündel sowie das religiöse Bekenntnis des Mündels zu berücksichtigen.

III Das Vormundschaftsgericht soll bei der Auswahl des Vormunds Verwandte oder Verschwägerte des Mündels hören, wenn dies ohne erhebliche Verzögerung und ohne unverhältnismäßige Kosten geschehen kann. Die Verwandten und Verschwägerten können von dem Mündel Ersatz ihrer Auslagen verlangen; der Betrag der Auslagen wird von dem Vormundschaftsgericht festgesetzt.

1) Auswahl durch das Vormundschaftsgericht, I, wenn von den Elt niemand als Vormd best wurde od wenn er trotz Benenng zu übergehen ist (§§ 1776, 1778). Auswahlkriterien: Rn 2. **Wirkung:** Der Ausgewählte ist zur Übern der Vormsch verpfl (§ 1785), sofern er nicht zur Übern unfäh od untaugl ist (§§ 1780–1784) od einen AblehngsGrd hat (§ 1786). Er kann sich nicht darauf berufen, er sei iSv § 1779 ungeeign (KG FamRZ **63**, 376). Bei unbegründeter Ablehng: Verpfl zum SchadErs (§ 1787). 1

2) Die **Auswahl des Vormunds** erfolgt nach pflichtmäß Erm, wobei sich das Ger am Wohl des Mdl zu orientieren hat. In jedem Fall darf nur eine geeign Pers ausgewählt w; iü stellt II 2 in der Fassg von Art 1 Nr 4 BtÄndG darüber hinaus die Auswahlkriterien in ihrer Bedeutg zueinand klar (BT-Drucks 13/7158 S 21). – **a) Eignung, II 1,** bezieht sich auf die persönl Verhältn (wie berufl od fam Belastgen), die VermLage u die sonst Umst, so daß zB unter mehreren gleich geeign aber zur freiw Übern des Amtes nicht bereiten Pers die hierdch am wenigsten belastete zu best ist (LG Würzbg FamRZ **72**, 391). Insolvenz läßt eine Pers iGgs zu § 1781 Nr 3 aF nicht mehr automat ungeeign sein. Wer wg KiMißhandlg bestraft ist, ist als Vormd ungeeign (BayObLG **20**, 358), währd das eig ErziehgsVersagen einer GroßMu ihrer Bestellg zum Vormd nicht entggzustehen braucht (LG Hanau DAV **77**, 768). – **b)** Bei der Auswahl unter **mehreren geeigneten Personen, II 2,** kommen, da der erkl EltWille das VormschG grdsl bindet (§ 1776 Rn 2), auch dem **mutmaßlichen Willen der Eltern** u die **persönlichen Bindungen** des Mdl zentrale Bedeutg zu, so daß familiennahe Freunde auch dann zum Vormd best w können, wenn fernerstehde Verwandte zur Übern der Vormsch bereit sind (BT-Drucks 13/7158 S 22). – **c)** Das Ger ermittelt, welche **Verwandte oder Verschwägerte** (§§ 1589, 1590) vorh sind (BayObLG FamRZ **74**, 219). Bei der Auswahl entscheidet unter Berücksichtigg des Vorrangs des mutmaßl Willens u der persönl Bindgen des Ki (Rn 4) die Eigng, nicht die Gradesnähe (BayObLG FamRZ **81**, 96; **84**, 1151). Es besteht außerh von § 1776 kein Recht auf Bestellg zum Vormd (RG **64**, 288). Im Falle von § 1909 kann die verwandtschaftl Nähe der Eigng als Pfleger sogar entggstehen (BayObLG NJW **64**, 2036). Einbezogen ist auch der Eheg (Celle NJW **65**, 1718). Da dem mit der Mu nicht verh Va gem § 1680 die elt Sorge zusteht bzw übertr w kann, entfällt dadch die AO einer Vormsch; iü stehen bei der Auswahl eines Vormds jetzt auch seine Verwandten denen der Mu völlig gleich (BT-Drucks 13/7158 S 21). – **d)** Zu berücks ist auch das **religiöse Bekenntnis,** dem ggü aber die and Kriterien häufig größeres Gewicht haben. Entscheidd sind die Umst des Einzelfalls. So kann einem geeign konfessionsgleichen Verwandten vor einem bekenntnisfremden der Vorzug gegeben w (Ffm MDR **62**, 737). Ist letzterer geeigneter, wird er bestellt. Die Sorge für die religiöse Erziehg kann dann einem Pfleger übertr w (§ 1801). Wg des Vorrangs der EinzelVormsch ist iZw auch der bekenntnisfremde EinzelVormd dem Vereins-Vormd vorzuziehen (BayObLG FamRZ **66**, 323). 2 3 4 5 6

3) Anhörung (vgl Einf 7 v § 1626) der Elt u des Mdl (BayObLG DAV **80**, 746) sowie des JA, außerdem von Verwandten und Verschwägerten des Mdl von Va- u MuSeite gem **III 1:** Vgl § 1847. AuslagenErs: **III 2.** 7

1780 *Unfähigkeit zur Vormundschaft.*

Zum Vormunde kann nicht bestellt werden, wer geschäftsunfähig ist.

UnfähigkGrd: § 104 Nr 2. Die trotzd erfolgte Bestellg ist nichtig, eine Entlassg nicht erfdl. Bei nachträgl GeschUnfgk je nachdem, ob für den Vormd ein Betr bestellt w ist: §§ 1886, 1781 Nr 2 od §§ 1780, 1886 analog. 1

1781 *Untauglichkeit zum Vormund.* **Zum Vormunde soll nicht bestellt werden:**
1. wer minderjährig ist;
2. derjenige, für den ein Betreuer bestellt ist.

1 **1) Vorbemerkung vor §§ 1781–1784.** Bei Untauglk keine ÜbernVerpfl (§ 1785). Dann also selbst bei Benenng: Übergehg. Iü handelt es sich um Soll-Vorschr, so daß ein Verstoß der Wirksamk der Bestellg nicht entggsteht. Vormd wird gesetzl Vertr; aber ggf Entlassg nach § 1886.

2 **2) Untauglich** ist gem **Nr 1:** der Mj (§ 106) u gem **Nr 2:** wer einen Betr erh hat. Dieser pauschale Ausschl widerspr jedoch dem VerhältnismäßigkPrinzip (vgl § 1896 Rn 9): nicht alle BtGrde machen zur Übern einer Vormsch untaugl.

1782 *Ausschließung durch die Eltern.* **I Zum Vormund soll nicht bestellt werden, wer durch Anordnung der Eltern des Mündels von der Vormundschaft ausgeschlossen ist. Haben die Eltern einander widersprechende Anordnungen getroffen, so gilt die Anordnung des zuletzt verstorbenen Elternteils.**

II Auf die Ausschließung sind die Vorschriften des § 1777 anzuwenden.

1 AusschließgsBerechtigte: § 1777 Rn 1. Die **Ausschließung erfolgt, II,** mittels letztw Vfg (§ 1777 Rn 3) dch (nicht unbdgt namentl; BayObLG NJW **61**, 1865) Bezeichng best Pers. Zul ist auch die Ausschließg ganzer PersKl, zB aller Verwandten, nicht aber des JA (§ 1791 b I 2). Bei widersprechden AO der Elt, **I 2:** § 1776 Rn 1. Keine Übergehg des Ausgeschlossenen (§ 1781 Rn 1), wenn der Ausschl mit dem MdlInteresse unvereinb ist (BayObLG NJW **61**, 1865; aA MüKo/Schwab 5).

1783 *Frau als Vormund* *(Zustimmung des Ehemannes; aufgeh.)*

1784 *Beamter oder Religionsdiener als Vormund.* **I Ein Beamter oder Religionsdiener, der nach den Landesgesetzen einer besonderen Erlaubnis zur Übernahme einer Vormundschaft bedarf, soll nicht ohne die vorgeschriebene Erlaubnis zum Vormunde bestellt werden.**

II Diese Erlaubnis darf nur versagt werden, wenn ein wichtiger dienstlicher Grund vorliegt.

1 Der **Beamte** darf die Übern der Vormsch nicht vor Versagg der Erlaubn ablehnen. Auch gg deren Erteilg hat er kein RMittel (BVerwG NJW **96**, 139). Die Gen regeln BBG 65 u BRRG 42 iVm den BeamtenG der Länder. Die Übern von unentgeltl Vormsch für Angeh bedarf keiner Gen. Iü Versagg nur bei wicht dienstl Grd, **II,** was sich nach beamtrechtl NebentätigkR richtet (BVerwG aaO). Bei Versagg od Rückn der Gen Entlassg des Vormds (§ 1888). Für Religionsdiener gilt das jeweil KirchenR.

1785 *Übernahmepflicht.* **Jeder Deutsche hat die Vormundschaft, für die er von dem Vormundschaftsgericht ausgewählt wird, zu übernehmen, sofern nicht seiner Bestellung zum Vormund einer der in den §§ 1780 bis 1784 bestimmten Gründe entgegensteht.**

1 **1)** Jeder **Deutsche** (GG 116 I) ist zur Übern der Vormsch **verpflichtet**, wenn er vom Ger ausgewählt w, vorbehaltl einer Ablehng nach § 1786. Diese kann allerd nicht darauf gestützt w, daß die Elt einen and Vormd benannt haben (§ 1776), od daß die Vorauss für ein Übergehen des Benannten (§ 1778) nicht vorl. Bei ungerechtfert Verweigerg der Übern: Zwangsgeld (§ 1788) u SchadErs (§ 1787 I). Ein Verein kann nur mit seiner Einwilligg best w (§ 1791 a I 2). Das JA kann sich als subsidiärer Vormd der Übern überh nicht entziehen.

2 **2) Keine Verpflichtung** zur Übern besteht für **a)** Ausl. Hat ein Ausl die Vormsch übern, ist die Ausl-Eigensch kein EntlassgsGrd; **b)** die gem §§ 1780–1784 Unfäh u Untaugl; **c)** die zur Ablehng Berecht (§ 1786).

1786 *Ablehnungsrecht.* **I Die Übernahme der Vormundschaft kann ablehnen:**
1. ein Elternteil, welcher zwei oder mehr noch nicht schulpflichtige Kinder überwiegend betreut oder glaubhaft macht, daß die ihm obliegende Fürsorge für die Familie die Ausübung des Amtes dauernd besonders erschwert;
2. wer das sechzigste Lebensjahr vollendet hat;
3. wem die Sorge für die Person oder das Vermögen von mehr als drei minderjährigen Kindern zusteht;
4. wer durch Krankheit oder durch Gebrechen verhindert ist, die Vormundschaft ordnungsmäßig zu führen;
5. wer wegen Entfernung seines Wohnsitzes von dem Sitze des Vormundschaftsgerichts die Vormundschaft nicht ohne besondere Belästigung führen kann;
6. *(Aufgehoben durch BtG Art 1 Nr 29 b)*

7. wer mit einem anderen zur gemeinschaftlichen Führung der Vormundschaft bestellt werden soll;
8. wer mehr als eine Vormundschaft, Betreuung oder Pflegschaft führt; die Vormundschaft oder Pflegschaft über mehrere Geschwister gilt nur als eine; die Führung von zwei Gegenvormundschaften steht der Führung einer Vormundschaft gleich.

II Das Ablehnungsrecht erlischt, wenn es nicht vor der Bestellung bei dem Vormundschaftsgerichte geltend gemacht wird.

1) Ablehnungsgründe für die Übern einer Vormsch; neben Unfähigk, Untauglk u Mangel dtscher Staatsangehörigk (§§ 1780–1785) abschließde Aufzählg (LG Paderb DAV **74**, 404; aA LG Bielef NJW-RR **88**, 713). Der AblehngsGrd muß vor der Bestellg (§ 1789) geltd gemacht w, **II.** Gg die Zurückweisg der Weigerg sof Beschw ohne aufschiebde Wirkg (FGG 60 I Nr 2, 24). IjF bleibt die Verpfl zur vorl Übern der Vormsch (§ 1787 II). Tritt nach Bestellg ein AblehngsGrd ein: Entlassg (§ 1889). Keine Anwendg von § 1786 auf Vereins- u AmtsVormd. 1

2) Nr 1: jeder EltT, gleichgült ob verh, led, verwitw od gesch. **Nr 2:** Vollendg des 60. LebJ. **Nr 3:** mind 4 Ki. Grdlage des SorgeR unerhebl. Kein AblehngsR bei SorgeRVerlust etwa nach §§ 1671, 1672. **Nr 4** nur, wenn die Krankh nicht nur vorübergehder Natur ist. **Nr 5:** Bes Belästigg auch bei Wohnsitz im GerBezirk mögl, wie umgek bei Wohnsitz in einem and GerBezirk nicht, wenn im wesentl schriftl zu berichten ist (KG Recht **16**, 1153) od bei geringer Entferng (BayObLG **6**, 169). **Nr 7:** § 1797 I, aber nicht II. **Nr 8** enth keine Begrenzg der Zahl der Vormsch, so daß SammelVormsch zul sind (KGJ **38**, A 34); bei ZusTreffen mehrerer Vormsch, Bt od Pflegsch aber AblehngsR. 2

1787 *Folgen der unbegründeten Ablehnung.* **I Wer die Übernahme der Vormundschaft ohne Grund ablehnt, ist, wenn ihm ein Verschulden zur Last fällt, für den Schaden verantwortlich, der dem Mündel dadurch entsteht, daß sich die Bestellung des Vormundes verzögert.**

II Erklärt das Vormundschaftsgericht die Ablehnung für unbegründet, so hat der Ablehnende, unbeschadet der ihm zustehenden Rechtsmittel, die Vormundschaft auf Erfordern des Vormundschaftsgerichts vorläufig zu übernehmen.

1) Währd § 1785 die öffrechtl Pfl zur Übern der Vormsch enth, macht sich der Vormd nach **I** dem Mdl ggü privrechtl **schadensersatzpflichtig**, wenn er ohne Grd (§ 1786 Rn 1) die Übern der Vormsch schuldh (§ 276) ablehnt od verzögert. Zur sof Beschw: § 1786 Rn 1. Der SchadErsAnspr wird nicht dadch ausgeschl, daß das VormschG selbst AOen treffen, insb einen Pfleger bestellen konnte (§§ 1846, 1909 III). Er umfaßt nur den dch die Verzögerg der Bestellg entstandenen Schaden einschl der dch die Weigerg entstandenen Kosten. Das ProzGer entsch über das Bestehen der ÜbernPflicht ohne Bindg an die Entsch des VormschG. Verjährg: 30 J. 1

2) Auf Verlangen des VormschG ist trotz Weigerg die **vorläufige Vormundschaft** zu übern, **II.** Hiergg kein AblehngsR; also bei Weigerg SchadErs nach I, auch bei begründeter Beschw. Zwangsgeld: § 1788. Wenn Beschw begründet, Entlassg. 2

1788 *Zwangsgeld.* **I Das Vormundschaftsgericht kann den zum Vormund Ausgewählten durch Festsetzung von Zwangsgeld zur Übernahme der Vormundschaft anhalten.**

II Die Zwangsgelder dürfen nur in Zwischenräumen von mindestens einer Woche festgesetzt werden. Mehr als drei Zwangsgelder dürfen nicht festgesetzt werden.

Einziges **Zwangsmittel,** also keine zwangsw Vorführg od Umwandlg in Haft. Vgl iü § 1837 Rn 20. 1

1789 *Bestellung.* **Der Vormund wird von dem Vormundschaftsgerichte durch Verpflichtung zu treuer und gewissenhafter Führung der Vormundschaft bestellt. Die Verpflichtung soll mittels Handschlags an Eides Statt erfolgen.**

1) Die **Bestellung** (Lit: Goerke Rpfleger **82**, 169) ist ein mitwirkgsbedürft VerwaltgsAkt, bestehd aus der Beauftragg dch den Rpfleger (RpflG 3 I Nr 2) u der Übern der Vormsch dch den Bestellten. Die Verpfl des Vormds erfolgt als bl SollVorschr dch Handschlag, **S 2,** so daß die persönl Anwesenh erfdl ist. Desh auch Vertretg unzul, ebso schriftl Bestellg. Ausn: Vereins- u AmtsVormsch (§§ 1791 a II, 1791 b II). Keine Bestellg dch schlüssiges Verh, zB dch Dulden vS des Ger (OGH NJW **49**, 64). Der Wortlaut der Verpfl ist dagg gleichgült (BayObLG FamRZ **58**, 385). Bedingg u Befristg sind abgesehen von § 1790 unzul. Keine Anfechtg od Rückn der ÜbernErkl, sond nur Entlassg des Vormd mit Wirkg ex nunc unter den Vorauss der §§ 1886 ff. 1

2) Wirkungen. Mit der Bestellg, nicht erst mit der Aushändigg ders (§ 1791), entstehen die öff- u privatrechtl Pflichten des Vormd (BVerfG NJW **60**, 811) sowie im Verhältn zum Mdl ein gesetzl SchuldVerhältn (BGH **17**, 116). Der Vormd ist gesetzl Vertr (§ 1793 S 1). Bei bestellter Amts- u bei VereinsVormsch Wirksamwerden mit Zugang der Verpfl (vgl Rn 1). Wg **Wirksamkeitsmängeln** vgl Einf 2 ff v § 1773. 2

1790 ***Bestellung unter Vorbehalt.*** **Bei der Bestellung des Vormundes kann die Entlassung für den Fall vorbehalten werden, daß ein bestimmtes Ereignis eintritt oder nicht eintritt.**

1 **1) Entlassungsvorbehalte** führen nicht automat zur Beendigg des Amts, diese tritt vielm erst dch die EntlassgsVfg ein, die allerd unabhäng von den EntlassgsGrden der §§ 1886 ff ausgespr w kann. Vorbehalte sind zul auch bei bestellter Amts- u bei VereinsVormsch u inhaltl zB angebracht bei Bestellg eines MitVormds zZw der Abwicklg eines größeren Geschäfts (vgl § 1797 II).

2 **2)** Zur Entlassg **ohne Vorbehalt** reichen aus: Grdlose Übergehg eines Berufenen, wenn wirks Beschw eingelegt w ist (§ 1778 Rn 1); Wegf der vorübergehden Behinderg der zum Vormd berufenen Pers (§ 1778 II); Auswahl eines ungeeign (§ 1779 Rn 3) bzw eines nach § 1782 ausgeschl Vormds (BayObLG NJW **61**, 1865). Weitere Grde: MüKo/Schwab 6.

1791 ***Bestallungsurkunde.*** **I Der Vormund erhält eine Bestallung.**

II Die Bestallung soll enthalten den Namen und die Zeit der Geburt des Mündels, die Namen des Vormundes, des Gegenvormundes und der Mitvormünder sowie im Falle der Teilung der Vormundschaft die Art der Teilung.

1 **1)** Die BestallgsUrk ist Ausweis u bescheinigt lediglich, daß die darin bezeichnete Pers als Vormd bestellt ist. Desh kein RScheinSchutz wie beim Erbschein; auch § 174 ist unanwendb (RG **74**, 263). Für den Wirkgs-Kreis des Vormds ist nur die VerpflVerhandlg maßgebd (KGJ **41**, 38; § 1789 Rn 1). Das VormschG haftet für unrichtige Angaben nach § 839, GG 34. Iü muß ein Dr von sich aus prüfen, ob die Angaben in der Urk noch zutreffen; AuskAnspr ggü dem Ger: FGG 34. Bei Ändergen: Bericht (§ 1881 II). Bei Entlassg des Vormds: Rückg der Urk (§ 1893 II 1). Vereins- sowie bestellter u gesetzl AmtsVormd erh keine BestallgsUrk.

2 **2)** Außer dem sich aus **II** ergebden **Inhalt** der BestallgsUrk sind weitere Angaben zweckmäß, zB Befreiungen, Entziehg der VertretgsMacht (§ 1796) usw.

1791 a ***Vereinsvormundschaft.*** **I Ein rechtsfähiger Verein kann zum Vormund bestellt werden, wenn er vom Landesjugendamt hierzu für geeignet erklärt worden ist. Der Verein darf nur zum Vormund bestellt werden, wenn eine als Einzelvormund geeignete Person nicht vorhanden ist oder wenn er nach § 1776 als Vormund berufen ist; die Bestellung bedarf der Einwilligung des Vereins.**

II Die Bestellung erfolgt durch schriftliche Verfügung des Vormundschaftsgerichts; die §§ 1789, 1791 sind nicht anzuwenden.

III Der Verein bedient sich bei der Führung der Vormundschaft einzelner seiner Mitglieder oder Mitarbeiter; eine Person, die den Mündel in einem Heim des Vereins als Erzieher betreut, darf die Aufgaben des Vormunds nicht ausüben. Für ein Verschulden des Mitglieds oder des Mitarbeiters ist der Verein dem Mündel in gleicher Weise verantwortlich wie für ein Verschulden eines verfassungsmäßig berufenen Vertreters.

IV Will das Vormundschaftsgericht neben dem Verein einen Mitvormund oder will es einen Gegenvormund bestellen, so soll es vor der Entscheidung den Verein hören.

1 **1) Träger der Vormundschaft.** Das BGB geht von der **Einzelvormundschaft** aus, kennt daneben aber die in der Prax inzw viel bedeutsamere **Vereins- und Amtsvormundschaft** (SGB VIII 54, 55). Diese dürfen nur angeordn w, wenn die jew vorher genannte Art der Vormsch nicht zur Vfg steht (Zweibr ZfJ **87**, 300). Der Grdsatz der Subsidiarität gilt auch im Verhältn von EinzelPflegsch u AmtsPflegsch u insow auch im Verhältn zu EinzelPers, die Pflegsch iR ihrer Berufsausübg führen (KG FGPrax **99**, 103: RA als Ergpfleger im EhelkAnfVerf). AmtsVormsch ist entwed bestellte (§ 1791 b) od gesetzl (§ 1791 c). Für alle Arten gilt mangels abweichender Bestimmgen das BGB (SGB VIII 56 I). Für die AmtsVormsch gelten ebso wie für die Betrg u Beistandsch u GgVormsch des JA bundes- u landesgesetzl **Befreiungen** (SGB VIII 56 II, 58).

2 **2) Voraussetzungen der Bestellung eines Vereins zum Vormund. a)** Es muß sich um einen **rechtsfähigen Verein** (§§ 21 ff), nicht öff Körpersch, handeln, der sich der JugWohlfahrt widmet (zB Wohlfahrtsvereine, kirchl Vereine, Innere Mission) und der im Ztpkt der Bestellg vom LJA (SGB VIII 54) für eine solche
3 Tätigk als geeignet erkl w ist, **I 1.** Vgl iü SGB VIII 73 ff. Gg Ablehng Verf vor VerwG. – **b) Fehlen** einer als **Einzelvormund** geeign Pers, **I 2 Halbs 1** (1. Altern). Ausnahme: Berufg des Vereins (§ 1776 Rn 1 aE);
4 Übergehen dann nur nach § 1778. – **c)** Antr des Vereins nicht erfdl, da er seine Bereitsch zur Übern von
5 Vormschaften allg erkl hat; die Best bedarf aber seiner **Einwilligung, I 2 Halbs 2.** – **d)** Will VormschG neben dem Verein einen Mit- od GgVormd best, so muß der Verein **gehört** w, **IV,** um seine Bedenken geltd
6 machen zu können. – **e)** Die Bestellg erfolgt (abweichd v §§ 1789, 1791) dch **schriftliche Verfügung** des
7 VormschG, **II.** – **f)** Zum Vormd, MitVormd, GgVormd oder Pfleger. Eine **Beschränkung** der Vormsch auf einzelne Gebiete nur noch in der Form mögl, daß der Verein als MitVormd mit best Wirkgskreis (§ 1797 II) best w, wofür Einwillig des Vereins erfdl ist.

8 **3) Führung der Vormundschaft durch den Verein, III. a)** Der Verein bedient sich hierzu einzelner od mehrerer Mitglieder: VorstandsMitgl, besonderer Vertreter (§ 30), gewöhnl Mitgl, denen er dch seine satzgsmäß Vertreter sämtl VormschObliegenh überträgt. Es besteht eine Pfl zur Übertragg. Unzul ist die Heranziehg
9 solcher VereinsMitgl, die den Mdl in einem Heim des Vereins betreuen. – **b) Haftung** des Vereins für ein Verschulden jedes Mitgl ggü dem Mdl n §§ 1833, 1915, 1691 jew wie nach § 31, **III 2.** Befreiung n §§ 1852 II, 1853, 1854 (§ 1857 a). Zur Haftg des BetrVereins: Einf 15 v § 1896.

4) Entlassung des Vereins nach dem Prinzip der EinzelVormdsch (Rn 1), sobald ein geeign EinzVormd 10
vorh ist (§ 1887 I). Voraussetzgen: §§ 1887 II, 1889 II 1. Ferner Entlassg auf eig Antr bei wicht Grd (§ 1889 II 2). Entlassg dch Rpfleger (RPflG 3 Nr 2 a). Der Verein hat die bei Bestellg erhaltene schriftl Vfg zurückzugeben (§ 1893 II).

1791 b

Bestellte Amtsvormundschaft des Jugendamts. **I Ist eine als Einzelvormund geeignete Person nicht vorhanden, so kann auch das Jugendamt zum Vormund bestellt werden. Das Jugendamt kann von den Eltern des Mündels weder benannt noch ausgeschlossen werden.**

II Die Bestellung erfolgt durch schriftliche Verfügung des Vormundschaftsgerichts; die §§ 1789, 1791 sind nicht anzuwenden.

1) Allgemeines. Vgl zunächst § 1791 a Rn 1. Neben §§ 1773 ff gelten SGB VIII 55 ff, die auch auf die 1
Bestellg des JA zum Beistand od GgVormd anzuwenden sind (SGB VIII 58). Das JA überträgt die Aufg des Vormds einzelnen seiner Beamten od Angest (SGB VIII 55 II). Der AmtsVormd ist gem §§ 1887, 1889 II zu **entlassen**, wenn ein geeigneter EinzelVormd vorhanden ist. Aus § 1791 b I Halbs 1 ergibt sich die gesetzl Wertg, daß die Ersetzg des AmtsVormds dch einen EinzelVormd idR dem MdlInteresse entspr (s BayObLG NJW **61**, 1171).

2) Voraussetzungen der Bestellung. a) Das Kind steht nicht unter elt Sorge od die Elt können das Kind 2
in persönl u VermAngelegenh nicht vertreten (§ 1773). – **b)** Es darf eine als EinzelVormd geeign Pers, dh 3
eine solche, die bei gegebener Sachlage das Wohl des Mdls nachhalt wahrnehmen könnte (KG JFG **8**, 88; JW **38**, 32, 42), nicht vorh sein (Ffm ZfJ **71**, 182). Das ist nach dem EinzFall, zB der Schwierigk der R- u VermLage, zu beurt u darf erst nach intensiven, aber ergebnisl Ermittlgen vom Ger verneint w (Ffm FamRZ **80**, 284; Stgt Just **82**, 158; LG Heilbr FamRZ **84**, 822). Es darf auch kein übernahmebereiter Verein vorh sein (§ 1791 a Rn 1; aA Erman/Holzhauer 2). Die Subsidiarität gilt auch im Verhältn zu EinzelPers, die Pflegsch berufsmäß übern (KG ZfJ **99**, 228). Benenng wie Ausschließg des JA unzul, **I 2.**

3) Bestellung durch das Vormundschaftsgericht, II. Das JA wird best als Vormd, GgVormd (§ 1792 4
I 2), Pfleger (§ 1915), auch NachlPfleger (LG Karlsr DAV **85**, 608); dagg kann dem JA selbst kein GgVormd best w (§ 1792 I 2). Als MitVormd kann das JA bestimmten Wirkgskreis zugewiesen bekommen (§ 1797 II), also für einzelne Re u Pfl best w. Das Ger kann statt des nach SGB VIII 87 c III zust JA aus sachl Grden (Ortsnähe, Kontinuität) auch ein and JA zum Vormd bestellen (BayObLG FamRZ **97**, 897, Hamm NJWE-FER **98**, 107). Best dch schriftl Vfg des Rpflegers (RPflG 3 Nr 2 a); §§ 1789, 1791 nicht anwendb. Fehlde Schriftlk unschädl (BayObLG **62**, 205). Etwa Übergangene haben sofort Beschw (FGG 60 Z 1); FrBeginn der Ztpkt der KenntnErlangg von der Best (KG JW **37**, 963). Beschw Angeh u Dr: FGG 57 I Z 9; des Mdl ab 14 J (FGG 59). Hebt BeschwGer die BestellgsVfg auf, bleibt JA noch solange Vormd, bis es entlassen ist (Hamm ZfJ **67**, 200).

1791 c

Gesetzliche Amtsvormundschaft des Jugendamts. **I Mit der Geburt eines Kindes, dessen Eltern nicht miteinander verheiratet sind und das eines Vormunds bedarf, wird das Jugendamt Vormund, wenn das Kind seinen gewöhnlichen Aufenthalt im Geltungsbereich dieses Gesetzes hat; dies gilt nicht, wenn bereits vor der Geburt des Kindes ein Vormund bestellt ist. Wurde die Vaterschaft nach § 1592 Nr. 1 oder 2 durch Anfechtung beseitigt, und bedarf das Kind eines Vormunds, so wird das Jugendamt in dem Zeitpunkt Vormund, in dem die Entscheidung rechtskräftig wird.**

II War das Jugendamt Pfleger eines Kindes, dessen Eltern nicht miteinander verheiratet sind, endet die Pflegschaft kraft Gesetzes und bedarf das Kind eines Vormunds, so wird das Jugendamt Vormund, das bisher Pfleger war.

III Das Vormundschaftsgericht hat dem Jugendamt unverzüglich eine Bescheinigung über den Eintritt der Vormundschaft zu erteilen; § 1791 ist nicht anzuwenden.

1) Allgemeines. Die nF dch das KindRG hat § 1791 c nur redaktionell nicht in der Sache verändert. Vgl 1
zunächst § 1791 a Rn 1. Die gesetzl AmtsVormsch ist nur für Kinder vorgesehen, deren Elt nicht miteinand verheiratet sind; sie setzt gem § 1773 voraus, daß beide Eltern nicht sorgeberecht sind (Rn 4). Die Staatsangehörigk des Kindes ist gleichgült, es muß aber seinen gewöhnl Aufenthalt (EG 5 Rn 10) in der BRep haben (I
S 1). Das gilt auch iF des I S 2. Das VormschG hat dem JA unverzügl statt einer BestallgsUrk (§ 1791) eine 2
Bescheinigung über den Eintr der Vormsch zu erteilen, III. Entlassung des JA als AmtsVormd gem §§ 1882, 3
1887, 1889 II, insb wenn ein EltTeil sorgeberecht w od ein geeign EinzelVormd vorh ist (§ 1791 b Rn 1). Wechsel in der Führg der AmtsVormsch nur gem SGB VIII 85 IV, V, 86 III usw (vgl KG FamRZ 88, 321).

2) Eintritt der gesetzlichen Amtsvormundschaft: a) Mit der **Geburt eines der Vormundschaft** 4
bedürftigen Kindes, I 1, dessen Eltern nicht miteinander verheiratet sind, (SGB VIII 55 I). AnzeigePfl des StAmts: SGB VIII 57; FGG 48. Da die TodesErkl die Vermutg begründet, daß der Verschollene in dem im Beschl genannten Ztpkt gestorben ist (VerschG 9), gilt I S 1 auch dann, wenn der Ehemann der Mu für tot erklärt w u ein TodesZtpkt festgestellt w, der mehr als 300 Tage vor der Geburt des Kindes liegt (§ 1593). Das Ki bedarf eines Vormds ab Geburt, wenn die Mutter vor od in der Geburt gestorben ist bzw wenn ihre elterl Sorge inf GeschFähigkBeschrkg od PflegerBestellg wg körperl Gebrechen ruht (§§ 1773, 1673), vorausgesetzt, daß auch der Vater nicht sorgeberecht ist, etwa weil keine (wirks) SorgeErkl
(§§ 1626 a ff) abgegeben worden sind od er mdj ist; – **b)** wenn die dch Ehe od Anerkenng (§ 1592 Nr 1, 2) 5
begründete ScheinVatersch dch **Anfechtung** (§§ 1599 ff) beseitigt worden ist, **mit der Rechtskraft** der Entsch, **I 2.** Voraussetzg auch hier, daß eine Vormsch erforderl ist, beide Eltern also nicht sorgeberecht sind.

6 – **c)** Die gesetzl AmtsVormsch tritt nicht ein, wenn gem § 1774 S 2 bereits **vor der Geburt ein Vormund bestellt** worden ist, **I 1 Halbs 2.**

7 **4) Umwandlung der Pflegschaft in gesetzliche Amtsvormundschaft. II** hat nur noch geringe prakt Bedeutg. Die gesetzl Amtspflegsch des JA (fr §§ 1706 ff) ist dch das BeistandschG abgeschafft worden; die am 1. 7. 1998 bestehden gesetzl Amtspflegsch hat EGBGB 223 zu Beistandsch übergeleitet (s dort). II gilt nur noch für die nicht sehr zahlreichen Amtspflegsch, die auf Bestellg beruhen. Endigt die Pflegsch des JA gem § 1918 wg Beendigg der elt Sorge u bedarf das Kind eines Vormds, wird das JA kr Ges Amtsvormd. Fälle: Tod od GeschUnfähigk des Sorgeberecht, Ruhen (§ 1673) od Entzug der elt Sorge (§ 1666).

1792 *Gegenvormund.* **I Neben dem Vormunde kann ein Gegenvormund bestellt werden. Ist das Jugendamt Vormund, so kann kein Gegenvormund bestellt werden; das Jugendamt kann Gegenvormund sein.**

II Ein Gegenvormund soll bestellt werden, wenn mit der Vormundschaft eine Vermögensverwaltung verbunden ist, es sei denn, daß die Verwaltung nicht erheblich oder daß die Vormundschaft von mehreren Vormündern gemeinschaftlich zu führen ist.

III Ist die Vormundschaft von mehreren Vormündern nicht gemeinschaftlich zu führen, so kann der eine Vormund zum Gegenvormunde des anderen bestellt werden.

IV Auf die Berufung und Bestellung des Gegenvormunds sind die für die Begründung der Vormundschaft geltenden Vorschriften anzuwenden.

1 **1) Gegenvormundschaft.** Im Ggs zur Mitvormundschaft, bei der mehrere Vormünder die Geschäfte gemschaftl od mit getrennten Wirkgskreisen führen (§§ 1775, 1797), ist es Aufgabe des GgVormds, ohne eig Verwaltgstätigk den Vormd zu überwachen u ihn bei best Gesch dch Erteilg seiner Gen zu unterstützen (§§ 1799, 1809, 1823, 1813, 1826, 1842, 1891). Demgem soll ein MitVormd nur aus bes Grden (§ 1775), hingg kann ein GgVormd immer best w, I 1. Ausn: wenn JA Vormd ist, I 2.

2 **2)** Ein GgVormd **soll bestellt werden,** wenn mit der Vormsch eine **Vermögensverwaltung** verbunden ist, **II, außer wenn: a)** diese **nicht erheblich** ist, was das VormschG nach fr Ermessen festzustellen h. Ein gr Vermögen bringt nicht immer eine erhebl VermVerw (BayObLG **14**, 212); auch die GenBedürftigk einzelner Gesch macht GgVormd nicht unbedingt erfdl (§§ 1810, 1812), wohl aber die Verrechng fortlaufder Ein-
3 nahmen u Ausg in größ Umfg; – **b)** bei **Mitvormundschaft** (§ 1797 I), da dann eine genügde Überwachg vorh, es sei denn, die WirkgsKr sind aufgeteilt (§ 1797 II). Dann kann jeder zum GgVormd des and gemacht w, **III; – c)** wenn die Best eines GgVormds dch die Elt **letztwillig ausgeschlossen** w ist (§§ 1852 I, 1855, 1856); – **d)** wenn **Amtsvormundschaft** eintritt, **I 2.** Dagg GgVormd bei VereinsVormsch mögl (§ 1791 a IV), wie auch der Verein GgVormd sein k. Wird JA zum GgVormd eingesetzt: SGB VIII 58.

4 **3) Berufung und Bestellung** erfolgen gem §§ 1776–1791, **IV.** Ausschließg bestimmter Pers dch die Elt (§ 1782) mögl (str). Freundsch (KG OLG **43**, 380) od Verwandtsch (KG DJZ **13**, 236) mit dem Vormd steht Best als GgVormd nicht entgg. JA macht Vorschläge (SGB VIII 53 I u IV), kann auch selbst GgVormd w, **I 2.** RPfl-Entsch (RPflG 3 Nr 2 a). R zur sof Beschw: wer als GgVormd grdlos übergangen u wessen Weigerg zurückgewiesen worden ist (FGG 60 I Nr 1 u 2); Vormd u Dr nur nach FGG 57 I Nr 9, aber nicht Nr 1.

II. Führung der Vormundschaft

1 **1) Selbständigkeitsprinzip.** Die Tätigk des Vormds umfaßt grdsl die Personen- u VermSorge, einschließl der Vertretg des Mdls auf beiden Gebieten (§ 1793 Rn 1). Er hat die Vormsch selbständ zu führen (Stgt FamRZ **81**, 99; BayObLG DAV **85**, 582/6). Das VormschG hat nicht die Befugn, ihn in Fragen, die der Entsch des Vormds unterliegen, mit bindenden Anweisgen zu versehen (BayObLG JW **27**, 1217). Das zum AmtsVormd best JA ist nicht verpfl, das Ki statt zu PflegeElt in die Pfl seiner GrMu zu geben (BayObLG
2 FamRZ **97**, 1560). Seine Selbständigk ist aber **in doppelter Hinsicht eingeschränkt:**

3 **a)** Er ist **allgemein** dch das Ges verpfl, seine Verw so zu führen, daß der Mdl vor Schaden bewahrt w. Dem dienen die Vorschr über die Anlegg des MdlVermögens (§§ 1806 ff), die Einschrkg seiner freien Vfgsbefugn dch notw Mitwirkg des GgVormds (§§ 1810, 1812 ff) u der Zwang, die Gen des VormschG einzuholen (§§ 1821 ff; 1828 ff). Tatsächl ist der Vormd also bei allen wicht Geschäften in seinem Handeln stark eingeengt.

4 **b)** Im Interesse des Mdl kann das VormschG im **konkreten** Fall die dch G bestehenden Grenzen für das selbständ Handeln des Vormd noch enger ziehen (§§ 1818 f; 1837; 1844). Es kann aus bes Grden den Vormd auch freier stellen (§ 1817). Auch der VermZuwender kann nach beiden Richtgen AnOen treffen, die zur Dchführg kommen, soweit sie dem MdlInteresse nicht schädl sind (§ 1803).

5 **2) Beschränkung des Wirkungskreises.** Abgesehen vom Verbot der Schenkg aus dem MdlVermögen u dessen Verwendg zu eig Zwecken (§§ 1804 f) können dem Vormd bestimmte TätigkGebiete entzogen w (§§ 1796, 1801, 1803). Auch eine Pflegerbestellg (§ 1794) u das Bestehen eines Interessenwiderstreits (§ 1795) beschränken den Tätigkeitskreis des Vormds.

6 **3) Haftung.** Für seine Tätigk ist der Vormd bei Verschulden verantwortl, haftet dem Mdl also auf SchadErs (§ 1833). Umgek bestehen aber auch **Pflichten des Mündels** auf Auslagenerstattg (§ 1835) u evtl Vergütg (§ 1836).

1793 *Aufgaben des Vormunds.* **I Der Vormund hat das Recht und die Pflicht, für die Person und das Vermögen des Mündels zu sorgen, insbesondere den Mündel zu vertreten. § 1626 Abs. 2 gilt entsprechend. Ist der Mündel auf längere Dauer in den Haushalt des Vormundes aufgenommen, so gelten auch die §§ 1618 a, 1619, 1664 entsprechend.**

II Für Verbindlichkeiten, die im Rahmen der Vertretungsmacht nach Absatz 1 gegenüber dem Mündel begründet werden, haftet das Mündel entsprechend § 1629 a.

1) Allgemeines. Das KindRG hat an § 1793 den I S 3 (Rn 4) angefügt, das MHbeG den II (Rn 10). Wie 1
die elterl Sorge (§ 1626) umfaßt die Vormsch die Sorge für die persönl u die VermAngelegenhten des Mdl sowie seine gesetzl Vertretg darin. Der Vormd übt seine Tätigk in eig Verantwortg u grdsätzl selbständ aus. Wg der Beschränkgen Einl 3 ff v § 1793, sowie unten Rn 7. Oberster Grdsatz ist die Wahrg des wohlverstandenen Mündelinteresses. Der Vormd wird **unterstützt** dch das JA (SGB VIII 53 II). Ein R auf 2
Akteneinsicht bei JAVormsch nur bei berecht Interesse u falls nicht bes Geheimhaltg entggsteht (OVG Hbg NJW **79**, 1219).

2) Die Sorge für den Mündel. a) Die **Personensorge** regeln §§ 1800, 1801. Ruht die elt Sorge wg 3
beschränkter GeschFgk (§ 1673 II), hat der mj EltTeil neben dem Vormd ein sachl beschränktes SorgeR (§ 1673 Rn 3). Bei Verheiratg des mj Mdl gilt § 1633. Das JA berät u unterstützt den Vormd (§ 1851). Der **Erziehungsstil** entspricht demj der Elt, **S 2,** insb hat auch der Vormd der Reifg des Kindes Rechng zu tragen u entwürdigende ErzMaßn zu unterlassen (§ 1631 II). Ist der Mdl für längere Zeit in den **Haushalt** 4
des Vormunds aufgenommen, gelten auch §§ 1618 a (Ggseit Pfl zum Beistand), 1619 (DienstleistgsPfl in Haus u Gesch) u § 1664 (Haftgsmilderg auf eigenübl Sorgf), **I 3**. Vgl bei den genannten Vorschr u zur Haftg auch § 1833.

b) Zur **Vermögenssorge** (Lit: Möhring/Beisswingert/Klingelhöffer, VermVerw in Vormsch- u NachlSa, 5
7. Aufl 1992) enthalten die §§ 1802–1842 nähere Vorschr. Steht ein Eheg unter Vormsch, hat der Vormd die VermSorge nur unter Berücks der Rechte des and Eheg (§§ 1364 ff, Grdz v § 1414, §§ 1422, 1417, 1418). Fällt bei GütGemsch der verwaltde Eheg unter Vormsch, gilt § 1436; haben beide Eheg die Verw, gilt § 1458. Erfaßt TestVollstrg die ererbten Rechte des Mdl, ist Vormd von der Verw ausgeschl (RG **106**, 187). Mit diesen Einschrkgen hat Vormd das Verm in Besitz zu nehmen. Verweigert Mdl die Herausg, so keine Kl gg ihn, sond das VormschGer hat den GVz mit der Wegnahme zu beauftragen (Dresd SeuffA **67**, 136). Der Vormd wird unmittelb, der Mdl mittelb Besitzer. Der Vormd muß MdlVerm möglichst erhalten u vermehren (§ 1833 Rn 2, 3), kann den Stamm aber unter Beachtg der §§ 1812 ff, 1821 ff auch angreifen, wenn es zur Bestreitg v Kosten der Erziehg od Unterh erforderl ist (BayObLG JW **23**, 517). Zur VermVerw gehören soweit erfdl auch Buchführg, Abgabe v SteuerErkl u dgl. Der Vormd ist ggwärt grdsl nicht zum Abschl einer HaftPflVers für den Mdl verpfl, sofern nicht bes Umstde vorliegen (BGH **77**, 224).

3) In der **gesetzlichen Vertretung** ist der Vormd grdsl unbeschränkt. Er kann also im Namen des Mdl 6
RGesch vornehmen, auch solche, zu denen der Mdl selbst fäh ist (§ 107); Prozesse führen; auch RMittel der freiw Gerichtsbark einlegen bei iü selbständ BeschwR des Mdl (FGG 59); StrafAntr stellen (StGB 77 III) usw. Sterilisation: § 1631 c. Aufgabe des Vormd ist ferner die Erteilg der Gen als ges Vertr, was der Sache nach keine Vertr ist sond unmittelb unter Rn 3–5 fällt. Soweit der Vormd innerh seiner Vertretgsmacht (vgl aber § 1791 Rn 1) Erklärgen im Namen des Mdl abgibt, treten die Wirkgen für u gg den Mdl unmittelb ein (§§ 164 I 1, 1793 S 1). Soweit sich das mit dem MdlInteresse verträgt, kann der Vormd allerd auch für den Mdl im eig Na handeln. Bei erkanntem od erkennb Mißbr der VertrMacht kann der Dr sich auf diese nicht berufen (RG **75**, 301, § 164 Rn 13). Bei AmtsVormsch hat das JA die Ausübg der vormschaftl Obliegenheiten einem Beamt od Angest zu übertragen; dieser ist im übertrag Umfg vertretgsbefugt (SGB VIII 55 II). Ebso bei VereinsVormsch (§ 1791 a III).

4) Beschränkungen der Vertretungsmacht: a) Bei höchstpersönl Rechtsakten (Einf 4 v § 164). Die für 7
die Eheschließg eines mj Mdl erforderl Befreig kann das FamG auch gg den Widerspr des Vormds erteilen (§ 1303). – **b)** Soweit Mdl unbeschränkt geschäftsfäh ist (§§ 112, 113). – **c)** Auf Grd gesetzl Ausschlusses der Vertretgsmacht bei Interessenwiderstreit (§ 1795); bei MitVormd mit verschiedenen Wirkgskreisen (§ 1797 II); ferner bei dem Vormd verbotenen Geschäften wie dem der Schenkg (§ 1804), od solchen, die für den Mj in der beabsichtigten Art ausscheiden wie Wettbewerbsklauseln (HGB 74 a II 2, 75 d). – **d)** Soweit einzelne Rechte u Pfl des Vormd dem JA übertragen sind (SGB VIII 55 II 3), ein Pfleger bestellt od die Vertretg dem Vormd entzogen ist (§§ 1794, 1796, 1801). – **e)** Falls die Gen des GgVormd od VormschG erfdl ist (§§ 1809 ff, 1821 f). – **f)** Soweit die Gen od Zust dch das VormschG ersetzt w kann (§ 113). – **g)** Bei der Ausübg der PersSorge, insb für den Abschl v Dienst- u Lehrverträgen iR einer Hilfe zur Erziehg (SGB VIII 38).

5) Unübertragbarkeit. Die Vormsch als solche ist nicht übertragb u damit auch die vormschaftl Tätigk in 8
allen Angelegenh, die den persönl Einfluß des Vormd fordern, nicht. Soweit das nicht der Fall ist, kann sich der Vormd Hilfspersonen bedienen, etwa zur Verwaltg eines Landguts (RG **76**, 185); Abwicklg einer NachlSache (BayObLG **14**, 213); Internat, Kinder- od KrankPflege. Ein insow Bevollmächtigter steht aber hins der Notwendigk der Gen des VormschG nicht freier als der Vormd.

6) Haftung. a) des Mündels. aa) Der Mdl wird aus RGesch des Vormd verpfl (Rn 6–13), u zwar auch 9
über die Zeit der Vormundschaft hinaus, jedoch eingeschränkt dch II (Rn 10). Eine vom Vormd erteilte Vollm erlischt nicht mit der VertrMacht des Vormd (Soergel/Damrau 8). Mdl haftet außerd aus den vom Vormd abgeschlossenen Verträgen u vertragsähnl Verhältnissen gem §§ 278, 677 ff, u zwar auch, wenn der Vormd bei VertrAbschl argl gehandelt h (RG **83**, 243); and wenn Gen des VormschG erfdl war u dieses von der argl Zusicherg nichts weiß (RG **99**, 72) od die erforderl Gen überhpt nicht od nicht für die Nebenabrede
erteilt ist (RG **132**, 78). Dch unerl Hdlgen des Vormd wird der Mdl nicht verpfl (RG **121**, 118). **bb)** Der dch 10
das MHbeG neu eingefügte **II beschränkt die Haftung** des Mdl aus rgeschäftl Handeln des Vormds auf den bei Beendigg der Vormsch vorhandenen Bestand des MdlVermögens; die Haftgsbeschränkg erstreckt sich zugl auf Verbindlichk, die auf einem währd der Vormsch erfolgten Erwerb vTw beruhen. Vgl zu dieser Haftgsbeschränkg § 1629 a.

11 **b) des Vormunds.** Vgl § 1833. Die Übertragg vormschaftlicher Aufgaben auf Dr (Rn 14) erfolgt auf eig Verantwortg des Vormds. Dieser haftet, falls die Bevollmächtigg od Verwendg der HilfsPers unzul ist, für jeden Schaden, gleichgült, ob den Bevollm od die HilfsPers ein Verschulden trifft; bei Zulässigk der Bevollmächtigg hingg nur für Auswahl, Unterweisg u Beaufsichtigg des Dr (RG **76**, 185).

1794 ***Beschränkung durch Pflegschaft.*** **Das Recht und die Pflicht des Vormundes, für die Person und das Vermögen des Mündels zu sorgen, erstreckt sich nicht auf Angelegenheiten des Mündels, für die ein Pfleger bestellt ist.**

1 **Pflegerbestellung** in den Fällen der §§ 1795, 1796, 1801, 1909 I 2. Bei Hervortreten eines PflegschBedürfn **Anzeigepflicht** des Vormd: § 1909 II; des JA: SGB VIII 50 II u III, 53 III 3 u 5. Der Vormd ist (wie in § 1630 die Elt) im Wirkgskreis des Pflegers **nicht zur Vertretung befugt**; bei Zuwiderhandeln: §§ 177 ff. Im WirkgsKr des Pfleg steht dem Vormd auch kein BeschwR zu (vgl BGH NJW **56**, 1755); wohl aber wg der
2 PflegBestellg. Bei **Meinungsverschiedenheiten** zw Pfleg u Vormd entscheidet entspr §§ 1798, 1915 I der VormschRichter (RPflG 14 Z 5).

1795 ***Gesetzlicher Ausschluß der Vertretungsmacht.*** **I Der Vormund kann den Mündel nicht vertreten:**

1. bei einem Rechtsgeschäfte zwischen seinem Ehegatten oder einem seiner Verwandten in gerader Linie einerseits und dem Mündel andererseits, es sei denn, daß das Rechtsgeschäft ausschließlich in der Erfüllung einer Verbindlichkeit besteht;

2. bei einem Rechtsgeschäfte, das die Übertragung oder Belastung einer durch Pfandrecht, Hypothek, Schiffshypothek oder Bürgschaft gesicherten Forderung des Mündels gegen den Vormund oder die Aufhebung oder Minderung dieser Sicherheit zum Gegenstande hat oder die Verpflichtung des Mündels zu einer solchen Übertragung, Belastung, Aufhebung oder Minderung begründet;

3. bei einem Rechtsstreite zwischen den in Nummer 1 bezeichneten Personen sowie bei einem Rechtsstreit über eine Angelegenheit der in Nummer 2 bezeichneten Art.

II Die Vorschrift des § 181 bleibt unberührt.

1 **1) Zweck:** § 1796 Rn 1. Die Vorschr enthält eine wicht **Ergänzung zu § 181,** dessen Geltg dch II sichergestellt wird. Eine nach § 181 unwirks Erkl des Betr (§ 1908 i Rn 9) kann nicht vormschgerichtl gen w (Oldbg BtPrax **93**, 142). Die zusätzl Vertretgsbeschränkgen für den Vormd ergeben sich aus I. § 1795 gilt nach § 1629 II 1 auch für die **Eltern** (§ 1629 Rn 23), dagg sind bei der AmtsVormsch u -Pflegsch Ausn zul (SGB VIII 56 II 2).

2 **2)** Zunächst gilt auch für den Vormd § 181. Auch ihm ist damit grdsl das **Selbstkontrahieren verboten, II. – a)** Zum **Tatbestand** vgl zunächst § 181. Wesentl, daß Vormd auf beiden Seiten steht, zB Bevollmächtigter od gesetzl Vertr der and Seite ist. Desh kann der GeschwisterVormd (§ 1775) nicht RGesch unter den Vertretenen selbst vornehmen (RG **67**, 61); auch nicht eine ErbAuseinandS, selbst wenn sie nur eine vorläuf od rechner ist (RG **93**, 334). Werden mj Ki zu Erben u ihr Vater als TestVollstr eingesetzt, bedarf es der Best eines Pflegers (Hamm FamRZ **93**, 1122). Ebso bei Schenkg eines GesellschAnteils an den Mj, wenn der Vormd od sein Eheg Mitgesellsch ist (Hbg NJW-RR **94**, 1319). Unzul auch die Eintragg einer SichergsHyp zG eig Fdgen des Vormd auf einem Grdst des Mdl (KG Rpfleger **78**, 105). Das VertrVerbot gilt auch für einseit RGesch wie Anfechtg, Kündigg, Zustimmg (Erman-Holzhauer 2) sowie für die Aufn in eine Gesellsch bzw Änderg des GesVertr iGgs zu bloßen GeschFührgsMaßn (§ 181 Rn 11). Vertretg aber zul bei parallelen WillErkl (§ 181 Rn 7), zB wenn der Vormd zugl im eig u im Namen des Mdl einen Vertr mit einem Dr schließt, wenn er für Geschwister Anteile an einen Dr (Miterben) überträgt (KGJ **40**, 1) od wenn er
3 in Statussachen, etwa bei einer Einbenenng (§ 1618), parallele Erkl abgibt (BayObLG FamRZ **77**, 409). Das **Jugendamt** als AmtsVormd kann dch eig Maßn Hilfe zur Erziehg gewähren (SGB VIII 27 ff) u braucht auch für Zwangsmaßn etwa iR von ErzHilfe keinen Pfleger (vgl BayObLG NJW **62**, 964), wohl aber eine richterl Gen bei der Unterbringg (§ 1800 Rn 3); dagg nicht zur Anlegg v MdlGeld bei der Körpersch, bei der das JA errichtet ist (§ 1805 S 2; SGB VIII 56 III).

4 **b) Ausnahmen vom Verbot des Selbstkontrahierens** mit der Wirkg sofortiger Wirksamk des RGesch:
5 – **aa)** wenn das RGesch ausschließl in der **Erfüllung einer Verbindlichkeit** besteht (§ 181), sei es nun des Vormd gg den Mdl od umgek. Soweit aber zum ErfüllgsGesch die Gen des GgVormd od des VormschG erfdl
6 ist, ist diese einzuholen. – **bb)** Die nach ehel **Güterrecht** erforderl Zust des and Eheg kann der zum Vormd best Eheg (§ 1436) sich selbst erteilen; sie liegt in seiner Erkl dem Dr ggü (KG RJA **4**, 76). Bei gemeins Verw
7 ohnehin AlleinVerw des gesunden Eheg (§ 1458). – **cc)** Im Ggs zu § 1796 ist es grdsl gleichgült, ob ein **Interessengegensatz** tatsächl besteht. Das Vertretgsverbot der §§ 1795 u 1629 II ist aber – ebso wie das des § 181 (dort Rn 9) – nicht anwendb, wenn das RGesch dem Mj ledigl einen **rechtlichen Vorteil** bringt (BGH NJW **75**, 1885, BayObLGZ **98**, 139). Zur Abgrenzg der rechtl ledigl vorteilhaften Gesch s § 107
8 Rn 2–7. – **dd)** bei **Gestattung,** die auch dch das VormschG erfolgen kann (Hübner, Interessenkonfl u VertrMacht, 1977, S 125 ff; Larenz/Wolf AT § 46 Rn 132; Erm-Holzhauer 6; aA BGH **21**, 234). Dagg keine allg Befreiung von den Beschrkgen des § 181 dch das VormschG (Hamm FamRZ **75**, 510).

9 **3) Weitergehender Ausschluß der Vertretungsmacht, I. a) Nr 1–3:** Es gilt Rn 3, wobei die Funktion der Nr 1–3 ledigl darin besteht, das Verbot auf die darin bezeichneten Pers zu erweitern. **Ehegatte** ist nicht der
10 frühere Eheg (Düss NJW **65**, 400). **Verwandte** in gerader Linie: § 1589 Rn 2. Also nicht Verwandte in der Seitenlinie (BayObLG NJW-RR **98**, 869) u Verschwägerte (Hamm FamRZ **65**, 86); hier evtl Entziehg (§ 1796 II). Vertretgsmacht für reine ErfüllgsGesch, auch Aufrechng, gegeben; nicht aber für ErfüllgsSurrogate.

b) Nr 2: Verbot v InsichGesch für best Arten v Gesch. Bei der Hyp nicht erfdl, daß sie auf dem Grdst des Vormd ruht (KG RJA **3**, 50). Unzul auch Kündigg u Einziehg der HypFdg dch den Vormd, da dch die Erfüllg die Fdg erlischt (KGJ **24** A 17); ferner Gen einer die persönl Schuld des Vormd aufhebden SchuldÜbern (RG **68**, 37). Hingg ist der Erwerb einer Hyp an Grdst des Vormd für den Mdl zul. Nr 2 gilt auch für die SichergsHyp, die für künft ErsAnspr des Mdl gg den Vormd best ist; auch entspr anwendb für die Grdschuld, die dem Mdl an dem Grdst des Vormd zusteht (KG HRR **33**, 1589; aM Brschw JW **36**, 2937). Keine Ausn für reine ErfüllgsGesch (KG OLG **5**, 362; aA Gernhuber § 51 IV 3). Verbot gilt ferner für RegPfdR an Luftfahrz (LuftfzRG 98 II). 11

c) Nr 3: Gilt für **Rechtsstreitigkeiten** der bezeichn Art (überfl wg entspr ausdehnender Auslegg v § 181; dort Anm 1 u BayObLG NJW **62**, 964); auch für die echten StreitVerf der Freiw Gerichtsbk, nicht aber für deren VerwVerf, also zB im ErbscheinsVerf (BayObLG NJW **61**, 2309) od für das JA bei Antr auf FE (Rn 3). **Anfechtung der Vaterschaft** dch den Mann: Ausschl beider Elt wg GesamtVertretg (§§ 181, 1795 II); alleiniges SorgeR der Mutter: Ausschl nach § 1795 I Nr 3 u 1. Anf dch das Ki (§ 1600): bei bestehder GesVertretg Ausschl beider Elt (§§ 181, 1795 II); bei AlleinVertr des Mannes Ausschl nach §§ 181, 1795 II; nach Scheidg ist die alleinvertretgsberecht Mutter nicht ausgeschl. Ebso ledigl Prüfg von § 1796, ob dem Scheinvater Vertretg zu entziehen ist, um Anf der Vatersch zu betreiben (BGH NJW **75**, 345 Überlegg-Pflegsch). Nr 3 gilt nicht für die Vorfrage, ob Proz überh anhäng gemacht w soll (Hamm Rpfleger **73**, 395: Unterhalt; BayObLG **63**, 578 u Ffm MDR **64**, 419: Pflichtt gg überlebden EltT; BGH NJW **75**, 345: VaterschAnf). Dann aber evtl § 1796 (Erm-Holzhauer 11). 12

4) Rechtsfolgen. Zuwiderhandlgen machen das RGesch im allg nicht nichtig, sond nur schwebd unwirks (§§ 177 ff). Es kann also dch einen zu bestellden Pfleger od den vollj gewordenen Mdl **genehmigt** w, u zwar sowohl bei I wie bei II (RG **71**, 163), dagg nicht vom Vormd selbst (BayObLG NJW **60**, 577). Bei fehlder ProzFührgsBefugn gilt Mdl als nicht vertreten (ZPO 56, 89, 579 Nr 4). **Keine Umdeutung** des im Namen des Mdl abgeschl RGesch in ein im Namen des Vormd zG des Mdl abgeschl (BGH FamRZ **62**, 464). 13

1796 ***Entziehung der Vertretungsmacht.*** **I Das Vormundschaftsgericht kann dem Vormunde die Vertretung für einzelne Angelegenheiten oder für einen bestimmten Kreis von Angelegenheiten entziehen.**

II Die Entziehung soll nur erfolgen, wenn das Interesse des Mündels zu dem Interesse des Vormundes oder eines von diesem vertretenen Dritten oder einer der in § 1795 Nr. 1 bezeichneten Personen in erheblichem Gegensatze steht.

1) Zweck: Schutz des Mdl vor den sich aus einem Interessenkonflikt des Vormd ergebden Gefahren (statt dch tatbestandl Einschrkg wie in § 1795) dch Einschaltg des VormschG. MußVorschr: Stellt das VormschG einen erhebl InteressenGgs fest, so hat es die Vertretg zu entziehen. Entspr anwendb auf AmtsVormd u sorgeberecht Elt (§ 1629 II 3). Tritt ein PflegschBedürfn ein, AnzeigePfl des Vormd (§ 1909 II). 1

2) Als **Maßnahme** kommt nur die **Entziehung der Vertretungsmacht** in Betr, u zwar zeitweilig od dauernd u nur für einzelne oder einen best Kreis v Angelegenhten, **I;** dagg nicht (wie in §§ 1666 ff für die Elt vorgesehen) allgemein (KG JFG **15**, 234; KGJ **45**, 42). Reicht die auf diese Weise mögl Einschrkg der Tätigk des Vormds nicht aus, so Entlassg (§ 1886). Das VormschG hat daneben für die Angelegenh, von deren Besorgg der Vormd ausgeschl w, einen Pfleger zu bestellen (§ 1909 I 1), es sei denn, das MdlInteresse bleibt ohne die vom Vormd geplante Maßn ungefährdet (Erman-Holzhauer 6 mN). 2

3) Voraussetzung für die Entziehg der Vertretgsmacht ist ein erhebl Ggsatz zw Mdl- und VormdsInteressen od denen eines vom Vormd ebenf vertretenen Dr, **II.** Vgl § 1629 Rn 21. Bei Religionsverschiedenh: § 1801. Keine Entziehg aus and Grden als §§ 1796, 1801. **Erheblicher Interessengegensatz:** Bl Meingsverschiedenh zw Vormd u VormschG über das MdlInteresse fallen nicht unter II (BayObLG JW **27**, 1217). Es muß das Interesse nur auf Kosten des and zu fördern sein (KGJ **29** A 24). Nicht genügd, wenn trotz mögl InteressenGgsatzes zu erwarten ist, daß Vormd iS des Mdl handeln w (KG DJ **38**, 427; Mü DFG **42**, 58); wohl aber, wenn mRücks auf den zu erwartenden InteressenGgs die Vornahme gewisser Hdlgen dch den Vormd verhindert w soll, auch wenn der Ggsatz noch nicht zutage getreten ist u ein Bedürfn zur Best eines Pflegers nach § 1909 noch nicht vorliegt (BayObLG OLG **33**, 367). Die Mu hat jetzt ein eig Recht zur **Anfechtung der Vaterschaft** (§ 1600). Die Frage, ob gg sie § 1796 angewandt w kann, wenn sie im Namen des Kindes anfechten will (BGH NJW **72**, 1708, Karlsr FamRZ **91**, 1337), hat daher nur noch geringe prakt Bedeutg. Zur Geltdmachg des **Pflichtteils** s bei § 1629. Da es nur auf eine Interessengefährdg ankommt, reichen für § 1796 nahe Beziehgen des Vormds zu and als den in § 1795 Nr 1 genannten Pers aus. 3

4) Verfahren. RPflEntsch (RPflG 3 Nr 2 a). Die Entziehg wird wirks dch Bekanntmachg des zu begründden (KG NJW **66**, 1320) Beschl an den Vormd (FGG 16). Dessen BeschwR: FGG 20 (KG OLG **65**, 237). 4

1797 ***Mehrere Vormünder.*** **I Mehrere Vormünder führen die Vormundschaft gemeinschaftlich. Bei einer Meinungsverschiedenheit entscheidet das Vormundschaftsgericht, sofern nicht bei der Bestellung ein anderes bestimmt wird.**

II Das Vormundschaftsgericht kann die Führung der Vormundschaft unter mehrere Vormünder nach bestimmten Wirkungskreisen verteilen. Innerhalb des ihm überwiesenen Wirkungskreises führt jeder Vormund die Vormundschaft selbständig.

III Bestimmungen, die der Vater oder die Mutter für die Entscheidung von Meinungsverschiedenheiten zwischen den von ihnen benannten Vormündern und für die Verteilung der Geschäfte unter diese nach Maßgabe des § 1777 getroffen hat, sind von dem Vormundschaftsgerichte zu befolgen, sofern nicht ihre Befolgung das Interesse des Mündels gefährden würde.

1 **1) Grdsätzl führen Mitvormünder** (zu ihrer Bestellg § 1775) die Vormsch **gemeinschaftlich, I 1.** Stillschw Verteilg der GeschFührg unzul (Posen OLG **33**, 368); also **Gesamtvertretung;** fehlt die erforderl Mitwirkg, so §§ 177 ff (RG **81**, 325). **Ausnahmen:** Zustellg an einen genügt (ZPO 171 III); selbständiges BeschwR (FGG 58); jeder kann seine Zust zur Abgabe der Vormsch an ein and Ger verweigern (FGG 46 II, 47 II). Die MitVormd haften als **Gesamtschuldner** für mitverschuldeten Schaden, auch bei Verletzg der AufsPfl (§ 1833 II), denn jeder ist zur Beaufsichtigg des and verpflichtet. Desh kann selbst bei erhebl VermVerwaltgen von Bestellg eines GgVormd abgesehen w (§ 1792 II); ferner ist die Gen des VormschG für Anlegg von Geld u zur Vfg über KapitalVerm auch bei Fehlen eines GgVormd nicht erforderl (§§ 1810 S 2, 1812 III). Fällt ein Vormd weg, so führen die and die Vormsch weiter, falls bei GesVertretg noch zwei vorhanden sind; bei getrennten Wirkgskreisen, II, muß unverzügl ein neuer MitVormd für diesen Wirkgskreis bestellt w. Auch das JA kann zum MitVormd bestellt w (§ 1791 b Rn 4).

2 **2) Teilung nach Wirkungskreisen, II.** Kann vom MdlVater od MdlMutter angeordnet w (vgl Rn 5),
3 ebso durch das VormschG. Die Teilg kann in der Weise geschehen, daß – **a)** jeder einen bes Wirkgskreis hat, zB Sorge für die Pers einerseits, für das Verm andererseits. Dann ist jeder nur für diesen vertretgs- u geschäftsführgsberechtigt, aber auch nur für ihn haftbar (Dresd OLG **36**, 212). Sein BeschwR bemißt sich nach seinem Wirkgskreis. Keine ggseitige AufsPfl. Es kann jedoch ein Vormd dem anderen zum GgVormd bestellt werden
4 (§ 1792 III). – **b)** Ein Wirkgskreis wird einem Vormd zugeteilt, währd im übrigen die GeschFührg allen gemeins zusteht (BayObLG **5**, 121). – Art der Teilg der Führg der Vormsch soll ebso wie Namen der MitVormd in der Bestallg vermerkt sein (§ 1791 II).

5 **3) Bestimmungen des Vaters oder der Mutter, III,** sind nur unter den sachl Voraussetzgen u in der Form des § 1777 mögl. Bestimmt werden kann die Verteilg der Geschäfte u wie über Meingsverschiedenheiten entschieden w soll; vgl Rn 6. An diese Bestimmg ist das VormschG grdsätzl gebunden. Die Wirkgen treten aber nicht von selbst, sond erst mit der entspr Bestellg durch VormschG ein. Wird MdlInteresse durch Bestimmg gefährdet, so ist VormschG an die Bestimmgen nicht gebunden.

6 **4) Entscheidung von Meinungsverschiedenheiten, I 2.** Hierüber können sowohl das VormschG bei der Bestellg wie die III Genannten (vgl Rn 5) Bestimmg getroffen haben, zB MehrhBeschl. Ist das nicht geschehen, so entsch das VormschG, jedoch nur dadurch, daß es einer Meing beitritt (Dresd OLG **40**, 95), wogg Beschwerde namens des Mdl mögl. Durch den Beitritt wird Zust derer ersetzt, gg die es entscheidet (KG OLG **7**, 208). Es kann auch sämtl Ansichten verwerfen, so daß die Hdlg unterbleiben muß. Eine eigene Regelg durchzuführen, würde dem Grds der Selbständigk des Vormd zuwiderlaufen. Hingg selbst Eingreifen des VormschG wg PflWidrigk des MitVormd iRv § 1837. RiEntsch (RPflG 14 I Nr 5). Wirksamw mit RKr (Bassenge/Herbst FGG 53 Anm 1 a aa).

1798 ***Meinungsverschiedenheiten.*** **Steht die Sorge für die Person und die Sorge für das Vermögen des Mündels verschiedenen Vormündern zu, so entscheidet bei einer Meinungsverschiedenheit über die Vornahme einer sowohl die Person als das Vermögen des Mündels betreffenden Handlung das Vormundschaftsgericht.**

1 Vgl § 1628. Gilt nur, wenn keine abw Regelg gem § 1797 III. Aber auch bei mehreren Pflegern (§ 1915 I); ferner für einen neben dem Vormd bestellten Pfleger, wenn die Wirkgskreise nach Pers- u VermSorge geschieden sind. Entspr anwendb auf Meingsverschiedenhten zw Vormd u Pfleger auf vermögensrechtl Gebiet (§ 1794 Rn 2). Wg der Entsch des VormschG: § 1797 Rn 6. Selbständ BeschwR (FGG 58 II).

1799 ***Pflichten des Gegenvormundes.*** **I Der Gegenvormund hat darauf zu achten, daß der Vormund die Vormundschaft pflichtmäßig führt. Er hat dem Vormundschaftsgerichte Pflichtwidrigkeiten des Vormundes sowie jeden Fall unverzüglich anzuzeigen, in welchem das Vormundschaftsgericht zum Einschreiten berufen ist, insbesondere den Tod des Vormundes oder den Eintritt eines anderen Umstandes, infolge dessen das Amt des Vormundes endigt oder die Entlassung des Vormundes erforderlich wird.**

II Der Vormund hat dem Gegenvormund auf Verlangen über die Führung der Vormundschaft Auskunft zu erteilen und die Einsicht der sich auf die Vormundschaft beziehenden Papiere zu gestatten.

1 Der GgVormd (Bestellg § 1792) ist **Aufsichtsorgan** bei sämtl dem Vormd obliegenden Angelegenhten, nicht aber auch des neben dem Vormd eingesetzten Pflegers (§ 1794). Neben JA als Vormd kein GgVormd (§ 1792 I 2), wohl aber bei VereinsVormd (§ 1791 a IV). JA kann GgVormd sein (§ 1792 I 2). Leitender GesPkt bei Ausübg der **Rechte und Pflichten** ist die Wahrg des MdlInteresses (BGH NJW **56**, 789). Die Beaufsichtigg im einzelnen ist Sache des pflichtmäß Ermessens. Der Vormd hat dem GgVormd jederzeit Auskft zu erteilen u Einblick in die Unterlagen zu gestatten. Bei Amtsantritt hat er sich über den Stand der Verw u die sichere Anlage der Wertpapiere Kenntn zu verschaffen (RG **79**, 11). Mitwirkg bei der Vermögens-Verw, soweit es sich um Gesch handelt, die seiner Gen unterliegen (§§ 1809, 1810, 1812, 1813, 1824, 1832). Ferner Mitwirkg u Prüfg bei der Aufn des VermVerzeichn (§ 1802), bei der regelm JahresRechng (§ 1842) u Schlußrechng (§ 1892 I). Aber **kein Vertretungsrecht** des GgVormds, auch nicht bei Verhinderg des Vormds (KG RJA **4**, 74). Der GgVormd hat kein unmittelb EingriffsR; er kann nicht selbständ AnO treffen, sond muß, wenn Grd zum Einschreiten vorliegt (§ 1837 I), insb also bei Pflwidrigkten od wenn ein and Vormd od ein Pfleger best w muß (§§ 1885 ff, 1795 f, 1909), dem VormschG unverzügl (§ 121) **Anzeige machen,** damit dieses gem § 1837 gg den Vormd eingreifen k. Auch ist der GgVormd zur **Auskunftserteilung** ggü dem VormschG verpfl (§§ 1839, 1891 II); wie er umgek vom VormschG angehört w muß (§§ 1826, 1836 II). Auch der GgVormd untersteht iR v § 1837 der Aufsicht des VormschG u der mögl Festsetzg von

Zwangsgeld. Für Pflwidrigk bei der Überwachg u Anzeige **haftet** er dem Mdl n § 1833 I 2. **Beschwerderecht:** FGG 57 I Z 6 u 9.

1800 *Personensorge.* **Das Recht und die Pflicht des Vormunds, für die Person des Mündels zu sorgen, bestimmen sich nach §§ 1631 bis 1633.**

1) Schwergewicht der Vormsch liegt idR in der PersSorge. Das R des Vormd hat denselben Umfang wie das elterl SorgeR (§§ 1631–1633). Der Vormd übt dieses R **selbständig** aus. Allerd ist öfters Gen des VormschG erforderl (§§ 112, 1822 im Vergl zu § 1643). Außerd unterliegt er der Aufs des VormschG (§ 1837), der Überwachg dch GgVormd (§ 1799) u des JA (§ 1850). Bisweilen steht dem Vormd das PersSorgeR nur beschr zu (§ 1793 Rn 4). **Beschwerderecht:** Jeder bei berecht Interesse (FGG 57 I Z 9); Mdl selbst nach FGG 59. 1

2) Personensorge: allg §§ 1626 Rn 15, 1631. Der Vormd hat AufsichtsPfl; R auf Herausg ggü jedem, der ihm Mdl widerrechtl vorenthält (KG OLG **2**, 450), das er im KlWege durchsetzen kann, auch der AmtsVormd (Karlsr FamRZ **65**, 452), sofern das VormschG nicht von sich aus vorgeht (Kln NJW **52**, 547); Bekl kann sich auf § 1632 IV (s dort) berufen u hat die Einwendg des RMißbr. Er kann aber iü nicht geltd machen, daß er dch die Zurückbehaltg im Interesse des Kindes handele, worüber nur VormschG entscheidet (Donau NJW **68**, 1331). Vormd hat ferner das Recht, Mdl zu erziehen, Schule auszuwählen (KG OLG **7**, 422) u dessen Beruf zu bestimmen (vgl auch KG DFG **40**, 108). Den dafür notw Betrag hat er festzusetzen; dabei kann er erforderlichenf den Vermögensstamm angreifen (§ 1793 Rn 5). Geschieht das in übermäß Weise, so Einschreiten des VormschG (§ 1837), aber keine Festsetzg des Betrags dch dieses von vornherein (KG RJA **1**, 178). Vormd kann Mdl auch selbst erziehen. Falls er ihn als Lehrling annehmen will, Pflegerbestellg erforderl. Vormd hat selbstd den Aufenth zu bestimmen (KG OLG **12**, 346), wobei seine Zustimmg auf den Ztpkt des tatsächl Wohnsitzwechsels zurückwirkt (BayObLG FamRZ **81**, 400). Wenn für Mdl daraus Nachteile entstehen können, braucht er ihn auch den Verwandten nicht zu nennen (KG OLG **40**, 99). Er kann geeignete Erziehgsmaßregeln anwenden. Bei diesen hat VormschG in geeigneter Weise zu unterstützen (§ 1631 III), zB Ersuchen an die Polizei um zwangsw Zurückführg des Mdl o Rücks auf dem Staat etwa entstehde Kosten. Vormd kann auch das DienstVerhältn kündigen (BayObLG SeuffA **56**, 95). Bei ungeklärter Vatersch hat er die notw Ermittlgen zu veranlassen u erfdlf das Verf gem § 1600 d zu betreiben; er hat auch dafür zu sorgen, daß Unterh gezahlt w. 2

3) Unterbringung des Mündels. § 1800 verweist auf § 1631 b; zust ist auch nach dem Inkrafttr des KindRG ab 1. 7. 98 weiterh das VormschG (Hbg MDR **99**, 164). Für die Unterbringg von Volljährigen, die unter Bt stehen, gilt § 1906. 3

1801 *Religiöse Erziehung.* **I Die Sorge für die religiöse Erziehung des Mündels kann dem Einzelvormund von dem Vormundschaftsgericht entzogen werden, wenn der Vormund nicht dem Bekenntnis angehört, in dem der Mündel zu erziehen ist.**

II Hat das Jugendamt oder ein Verein als Vormund über die Unterbringung des Mündels zu entscheiden, so ist hierbei auf das religiöse Bekenntnis oder die Weltanschauung des Mündels und seiner Familie Rücksicht zu nehmen.

1) Zur PersSorge gehört auch rel Erziehg (vgl bei § 1626). Bei VormdBestellg ist auf das rel Bekenntn des Mdl Rücks zu nehmen (§ 1779 Rn 5). Bei Ungleichh des Bekenntn kann dem Vormd die Sorge für die rel Erziehg, wenn es MdlInteresse erfordert, entzogen u insof ein Pfleger (§ 1909 I) od MitVormd best w (§ 1775). Es entsch der Ri (RPflG 14 Z 19). Es müssen aber gewicht Grde vorliegen (KGJ **46**, 79). Religionswechsel od Kirchenaustritt macht Vormd noch nicht ungeeign (BayObLG OLG **30**, 148). 1

2) Unterbringung durch Jugendamt oder Verein, II. Beide haben als Vormünder die Bestimmg des Aufenth. Dabei ist auf das religiöse Bekenntn Rücks zu nehmen (SGB VIII 9 Z 1). Bei Mangel einer geeigneten Stelle aber auch konfessionsfremde Unterbringg (BayObLG JW **27**, 217). 2

3) Beschwerderecht. Ist Vormd schon bei Bestellg religiöses ErziehgsR entzogen, nur aus FGG 57 I Z 9 (KG RJA **12**, 173), sonst einfache Beschw aus FGG 20 (KGJ **37** A 86). Vgl auch § 1779 Rn 8. 3

1802 *Vermögensverzeichnis.* **I Der Vormund hat das Vermögen, das bei der Anordnung der Vormundschaft vorhanden ist oder später dem Mündel zufällt, zu verzeichnen und das Verzeichnis, nachdem er es mit der Versicherung der Richtigkeit und Vollständigkeit versehen hat, dem Vormundschaftsgericht einzureichen. Ist ein Gegenvormund vorhanden, so hat ihn der Vormund bei der Aufnahme des Verzeichnisses zuzuziehen; das Verzeichnis ist auch von dem Gegenvormunde mit der Versicherung der Richtigkeit und Vollständigkeit zu versehen.**

II Der Vormund kann sich bei der Aufnahme des Verzeichnisses der Hilfe eines Beamten, eines Notars oder eines anderen Sachverständigen bedienen.

III Ist das eingereichte Verzeichnis ungenügend, so kann das Vormundschaftsgericht anordnen, daß das Verzeichnis durch eine zuständige Behörde oder durch einen zuständigen Beamten oder Notar aufgenommen wird.

1) a) Zweck. Das VermVerz soll Klarh über das MdlVerm geben. Es bildet die Grdlage der VermVerwaltg des Vormd u der Aufs des VormschG u dient demgem auch zur Rechngslegg u zum Schlußbericht, wie als BewStück für die Anspr des Mdl aus § 1890. And als bei den Elt (§ 1640) entsteht die **Verpflichtung zur** 1

Einreichung des Vermögensverzeichnisses, I 1, mit der Bestellg zum Vormd. Wechselt dieser, genügt ggf die Prüfg eines bereits vorh Verzeichn. Ist ein GgVormd vorh, ist dieser hinzuzuziehen, **I 2**; er hat Abweichgen
2 zu vermerken. – **b) Zwingendes Recht:** Daher keine Befreiung, auch nicht dch den Zuwendden (§ 1803)
3 od dch das VormschG; landesrechtl Ausn lediglich für das JA mögl. – **c) Hinzuziehung Dritter, II**, ist zul, aber
4 auf Beamte, Notare od Sachverst beschrkt. – **d) Erzwingung** u Überprüfg des Verz gem § 1837 (vgl zu letzterem LG Bln JR **55**, 261). Ist das eingereichte Verz ungenügd, ggf ErsVornahme, **III**, aber nicht beim AmtsVormd (SGB VIII 56 II 1). Bei Säumigk des VormschG: Staatshaftg (RG Gruch **60**, 1018).

5 **2) Inhalt des Vermögensverzeichnisses** (vgl § 1640 Rn 9; Muster: Bienwald, Vormsch- u PflegschR, 2.4.4.). Zu bezeichnen ist das gesamte MdlVerm, also Aktiva u Passiva, gleichgült, ob es der Verwaltg des Vormd unterliegt. Ist kein Verm da, genügt die entspr Erkl. Zu- u Abgänge des Verm gehören in die Jahresrechng (§§ 1840 ff), währd für später anfalldes Verm ein neues VermVerz einzureichen ist. Die VermGgstde sind einzeln aufzuführen, auch HaushGgstde (bestr); Fdgen mit Angabe von Betrag, Gl u Schu; Wertpapiere mit der Nr. Ist der Mdl an einer Gesellsch od ungeteilten Gemsch beteil, sind auch die Bestandteile der GemschMasse zu verzeichn (KGJ **36** A 38). Iü muß das Verz ggf eine **Bewertung** der einz VermGgstde enth. Stichtag für das Verz ist der Tag der Bekanntmachg der AO ggü dem Vormd od Pfl (LG Bln DAV **81**, 311; Spanl Rpfleger **90**, 278). Belege brauchen nicht beigefügt zu w. Die Kosten für die Aufstellg des Verz trägt im InnenVerhältn der Mdl.

1803 ***Vermögensverwaltung bei Erbschaft oder Schenkung.*** **I Was der Mündel von Todes wegen erwirbt oder was ihm unter Lebenden von einem Dritten unentgeltlich zugewendet wird, hat der Vormund nach den Anordnungen des Erblassers oder des Dritten zu verwalten, wenn die Anordnungen von dem Erblasser durch letztwillige Verfügung, von dem Dritten bei der Zuwendung getroffen worden sind.**

II Der Vormund darf mit Genehmigung des Vormundschaftsgerichts von den Anordnungen abweichen, wenn ihre Befolgung das Interesse des Mündels gefährden würde.

III Zu einer Abweichung von den Anordnungen, die ein Dritter bei einer Zuwendung unter Lebenden getroffen hat, ist, solange er lebt, seine Zustimmung erforderlich und genügend. Die Zustimmung des Dritten kann durch das Vormundschaftsgericht ersetzt werden, wenn der Dritte zur Abgabe einer Erklärung dauernd außerstande oder sein Aufenthalt dauernd unbekannt ist.

1 **1)** Letztwill od unentgelt Zuwendgen unter Lebden kann der Zuwendde, nicht Elt als solche, von der VermVerwaltg der Elt (§ 1638) u des Vormd gänzl ausschließen mit der Folge, daß ein Pfl best w muß (§ 1909 I 2). Der Zuwendde kann sich aber auch gem **I** auf inhaltl **Verwaltungsanordnungen mit Bindung** für den Vormd beschr. Ztpkt: bei letztwill Zuwendg auch dch spätere Vfgen, bei Zuwendgen unter Lebden nur zus mit diesen selbst, hier aber auch konkludent (BayObLG FamRZ **65**, 522). Inhalt: Freierstellg des Vormd dch Entbindg von den Beschrkgen der §§ 1807 ff, 1814 ff; dagg keine Außerkraftsetzg der im öff Interesse dem Schutz des Mdl dienden § 1821 ff (Hbg OLG **16**, 247). Od weitere VerwaltgsEinschrkgen zB dch Erweiterg der HinterleggsPfl. Dagg keine Erweiterg der vormschgerichtl Gen auf and Fälle. Ist die AO in Wirklk eine den Mdl belastde Aufl od Bdgg, ist § 1803 unanwendb. Verstöße gg die AO machen die Vfg des Vormd nicht unwirks, aber ggf schadensersatzpfl (§ 1833).

2 **2) Abweichungen von der Anordnung** sind zul bei: **a) Gefährdung des Mündelinteresses, II,** wofür bl Gewinnentgang ebsowenig ausr (KGJ **35** A 29) wie ZweckmäßigkGrde (RG SeuffA **60**, 194), mit Gen des VormschG; Ausn: AmtsVormsch (SGB VIII 56 II 2). Zul sind Abweichgen ferner bei **b) Zuwendungen unter Lebenden, III,** sol der Zuwendde lebt, nur mit dessen Zust, ohne daß es auf eine Gefährdg des MdlInteresses ankommt. Ersetzg der Zust, wenn der Zuwendde zur Abg einer Erkl dauernd außerstande ist, also auch nach seinem Tode, od wenn sein Aufenth dauernd unbekannt ist.

1804 ***Schenkungen des Vormundes.*** **Der Vormund kann nicht in Vertretung des Mündels Schenkungen machen. Ausgenommen sind Schenkungen, durch die einer sittlichen Pflicht oder einer auf den Anstand zu nehmenden Rücksicht entsprochen wird.**

1 Vgl § 1641. Die Schenkg ist nichtig, selbst wenn sie vom VormschG genehmigt wäre (hM). Zu einer Schenkg des Verw aus dem GesGut kann Vormd Einwilligg nicht erkl (RG **91**, 40). Dagg kann eine OHG dch ihre vertretgsberecht Gter Schenkgen machen, auch wenn Mdl MitGter ist (RG **125**, 380). Nicht unter § 1804 fallen sonst Freigebigk, zB iSv § 1822 Nr 2 u 13. Zur gemischten Schenkg: Hamm NJW-RR **92**, 1170; § 516 Rn 13. Zur Vorn von Gesch, die gg § 1804 verstoßen, darf kein ErgänzgsPfl best w (Hamm FamRZ **85**, 206). Der Betr (§ 1908 i II 1) darf auch nicht zZw der Ersparn von ErbschSteuer Grdbesitz auf
2 den künft Erben des Betreuten übertr (BayObLG FamRZ **96**, 1359). **Erlaubt** sind aber AnstandsSchenkgen (vgl § 1641 Rn 1) sowie der sittl Pflicht entsprechde, zB im Interesse des FamFriedens vorgen Schenkgen (Kln OLG **69**, 264). Od Zuwendgen, die unter Berücks der gesamten VermLage letztl im Interesse des Mdl selbst liegen, zB wenn dieser ein Pflegefall ist (Hamm FamRZ **87**, 751). Zu beachten sind evtl GenPfl nach and Vorschr (BayObLG FamRZ **88**, 210 L).

1805 ***Verwendung für den Vormund.*** **Der Vormund darf Vermögen des Mündels weder für sich noch für den Gegenvormund verwenden. Ist das Jugendamt Vormund oder Gegenvormund, so ist die Anlegung von Mündelgeld gemäß § 1807 auch bei der Körperschaft zulässig, bei der das Jugendamt errichtet ist.**

Trennungsprinzip, S 1. Aus dem Verbot, MdlVerm für sich od den GgVormd zu verwenden, das unabhäng davon gilt, ob dies für den Mdl vorteilh ist, folgt, daß die Verm von Vormd u Mdl streng getrennt zu halten sind. Bei Verstoß bleibt das RGesch gült (RG JW **17**, 289); aber Einschreiten des VormschG, SchadErs u Verzinsg (§§ 1833, 1834); StGB 246, 266. Gleichgült ist die Form der Verwendg, so daß auch ein unentgeltl Gebr von Ggstden des Mdl od die Gewährg eines Darl an eine Gesellsch, an der der Vormd od GgVormd beteil ist, ausscheidet. Zul ist aber, daß der Vormd Prokura für das ErwGesch des Mdl hat. Gem **S 2** können vom JA als AmtsVormd MdlGelder zB auch bei der kommunalen Sparkasse angelegt w (SGB VIII 56 III). 1 2

1806 ***Anlegung von Mündelgeld.*** **Der Vormund hat das zum Vermögen des Mündels gehörende Geld verzinslich anzulegen, soweit es nicht zur Bestreitung von Ausgaben bereit zu halten ist.**

Anlagepflicht. Der Vormd hat das zum Verm des Mdl gehörde Geld verzinsl anzulegen. Zwingdes Recht. Wg Einzelh vgl § 1642. Zu vorgefundenen BankGuth: Gleißner Rpfleger **85**, 482. Die Vorschr gilt auch für ausl Valuta (vgl aber Celle MDR **59**, 212); ferner für Amts- u VereinsVormd (§ 1791 a–c). BefreiungsMöglk nur gem § 1817, nicht dch letztwill Vfg der Elt (BayObLG **22**, 154). Anlegg binnen angem Fr, sonst SchadErsPfl. Das VormschG darf nicht bis zur Rechngslegg warten, sond muß sich aGrd seiner allg AufsPfl vorher über die Anlegg vergewissern (RG **88**, 266). **Verzinsliche Anlegung:** §§ 1807, 1809. Für Abweichgen wie den Kauf von Grdst, Aktien, Gold usw ist gem § 1811 Rn 1 die Erlaubn des VormschG erfdl (and BayObLG JW **22**, 396). Ob für absehb Ausg wie Unterh, Kosten der VermVerwaltg, Ausbildg (BVerwG NJW **91**, 1226) usw bereit zu haltdes **Verfügungsgeld** vorl verzinsl angelegt w, steht im pflichtgem Erm des Vormd. Keine Bindg an die §§ 1807–1810. Zul ist die Anlegg auf ein AnderKto des Vormd (Schütz NJW **67**, 1569; Beitzke ZfJ **67**, 237; aA KG NJW **67**, 883); einem etwaigen Zugriff seiner Gläub kann gem ZPO 771 widerspr w. Zur Abhebg bedarf es keiner Gen des GgVormd (§ 1813 I Nr 3 u II). 1 2 3

1807 ***Regelmäßige Anlegung.*** **I Die im § 1806 vorgeschriebene Anlegung von Mündelgeld soll nur erfolgen:**

1. in Forderungen, für die eine sichere Hypothek an einem inländischen Grundstücke besteht, oder in sicheren Grundschulden oder Rentenschulden an inländischen Grundstücken;

2. in verbrieften Forderungen gegen das *Reich* oder einen *Bundesstaat* sowie in Forderungen, die in das *Reichsschuldbuch* oder in das Staatsschuldbuch eines *Bundesstaats* eingetragen sind;

3. in verbrieften Forderungen, deren Verzinsung von dem *Reiche* oder einem *Bundesstaate* gewährleistet ist;

4. in Wertpapieren, insbesondere Pfandbriefen, sowie in verbrieften Forderungen jeder Art gegen eine inländische kommunale Körperschaft oder die Kreditanstalt einer solchen Körperschaft, sofern die Wertpapiere oder die Forderungen von der Bundesregierung mit Zustimmung des Bundesrats zur Anlegung von Mündelgeld für geeignet erklärt sind;

5. bei einer inländischen öffentlichen Sparkasse, wenn sie von der zuständigen Behörde des *Bundesstaats,* in welchem sie ihren Sitz hat, zur Anlegung von Mündelgeld für geeignet erklärt ist, oder bei einem anderen Kreditinstitut, das einer für die Anlage ausreichenden Sicherungseinrichtung angehört.

II Die Landesgesetze können für die innerhalb ihres Geltungsbereichs belegenen Grundstücke die Grundsätze bestimmen, nach denen die Sicherheit einer Hypothek, einer Grundschuld oder einer Rentenschuld festzustellen ist.

1) Kapitalanlage (Lit: Sichtermann, Recht der MdlSicherh, 3. Aufl 1980). Die Vorschr konkretisiert die in § 1806 begründete AnlageVerpfl. Der Vorm hat nach pflichtgem Erm die beste Anlageart auszuwählen. Dem Mdl steht kein ZurückweisgsR zu. Konnte der Vormd erkennen, daß die gewählte Anlage im gegebenen Fall nicht sicher war, macht er sich schadensersatzpfl (§ 1833), es sei denn, die Anlage war vom VormschG gen worden (RG JW **11**, 984). Der Vormd bedarf zusätzl zu den Vorauss von § 1807 der Gen eines bestellten GgVormd bzw insow des VormschG (§ 1810 Rn 1). Befreiung von § 1807 dch das VormschG (§§ 1811, 1817), dch den Erblasser od zuwendden Dr (§ 1803 Rn 1). Keine AusnRegelg für das JA. Findet der Vormd eine § 1807 nicht entsprechde Anlage vor, so hat er die dem Mdl drohde Gefahr gg die evtl Verluste, die mit einer Neuanlegg verbunden sind, abzuwägen. Bedeutg der Vorschr außerh des VormschR: §§ 234, 238, 1079, 1083 II, 1288, 2119; ZPO 108. In den neuen BuLä gilt § 1807 ab 1. 1. 92 (EG Art 231 § 14 IV). 1

2) Anlegungsarten. – Nr 1: Hyp, Grd- u Rentenschulden auf inländ Grdst, für ausl gilt § 1811. Fiduziarischer Erwerb genügt nicht (RG JW **38**, 3167). Außerd können mit MdlHyp usw belastet w: Wohngs- u TeilEigt (vgl WEG 13); BergwerksEigt (vgl BBergG 9 I); ErbbR (vgl §§ 1012 ff: ErbbRVO 18) sowie die nach LaGes dem Grdst gleich zu behandelden Berg- u sonstigen Abbaurechte (EG Art 67, 68). Nr 1 gilt nicht, wenn das GrdPfandR ledigl der Absicherg einer bereits bestehden Fdg des Mdl, zB aus einem ErbauseinandSVertr dient (KG JFG **8**, 54). – In welcher Höhe Belastgen noch mündelsicher sind, kann dch das **Landesrecht, II**, festgelegt w, idR 3/5 bis 1/2 des GrdstWerts (Nachw Soerg/Damrau 17; Sichtermann S 17 ff; sowie 58. Aufl). Der Vormd darf sich bei besserer Kenntn auf eine amtl GrdstTaxierg nicht verlassen (RG JW **10**, 708; **14**, 931). – **Nr 2:** Die Formulierg ist staatsrechtl überholt (Erman/Holzhauer 1). In Betr kommen jetzt Schuldverschreibgen, Anleihen, Schatzanweisgen, Wechsel u Darl des Bu u der Lä. Für die Verbriefg ist keine wertpapiermäß Verkörperg erfdl; es genügt ein Schuldschein, desh auch das Postsparbuch. Nach Umwandlg von BuBahn u BuPost in AGen sind deren SchuldVerpfl nicht mehr nach Nr 2 mündelsicher; hins ihrer Altschulden aber nach Nr 3: BuEisenbNeuglG 17 IV 1; PostNeuordngsG 2 IV (= Sartorius Nr 900); Kirchhof NJW **94**, 1041. Zu den SchuldBü: § 236 Rn 1. – **Nr 3:** Erfdl ist die staatl Gewährleistg 2 3 4 5

(dch Schuldmitübernahme, Bürgsch usw) der Zinsen, nicht des Kapitals (ZusStellg bei Sichtermann S 24). –
6 **Nr 4:** Die BReg hat mit Zust des BR mit Entsch v 21. 6. 50 (BGBl 262) erkl, welche Wertpapiere u Fdgen mündelsicher sind, u ist auch weiterh ermächt, Wertpapiere (Einf 1 v § 793) jeder Art, also Aktien, Investmentanteile, auch ausländ, für geeign zu erkl, die iGgs zu den and Anlageformen nicht fest verzinsl sind. Zur MdlSicherh von Kommunalobligationen u Pfandbriefen öff KreditAnst u priv HypBanken vgl VO vom 7. 5. 40 (RGBl 756; Weitnauer DJ **40**, 663); zu Einzelh: Sichtermann S 29 ff; Erman/Holzhauer 14 ff. Anlegg auch bei der Körpersch, bei der das JA errichtet ist, also zB bei der kommunalen Sparkasse (SGB VIII 56 III).
7 **Nr 5:** Welche Sparkassen öffentl sind, regelt das LaR (EG Art 99; RG **117**, 361). Alle BuLä haben die Kreditinstitute mit der Bezeichng „Sparkasse" für mdlsicher erkl, auch die privrechtl organisierten (Nachw: 57. Aufl; MüKo/Schwab 13). Spezialgesetzl sind als mdlsicher anerk Schuldverschreibgen der dt Genossensch-Bank, der Kreditanstalt für Wiederaufbau, der LastenausglBank, der landwirtschaftl Rentenbank u der Dt Siedlgs- u LaRentenBank (Nachw 58. Aufl). Genehmiggsfrei ist nach BtG Art 1 Nr 30 schließl die Anlage bei allen Kreditinstituten, die einer für die Anlage **ausreichenden Sicherungseinrichtung** angehören (BT-Drucks 11/6949 Nr 69; krit Staud/Engler 45 ff; zu EinlagensichergsFonds im einz Erman/Holzhauer 20). Das ist die Mehrzahl der Kreditinstitute; Ausk erteilen in Zweifelsfällen die LaZentralbanken. Zu TeilZahlgs-Banken vgl MüKo/Schwab 14. Vgl ferner zu den Fragen, welche Risiken der EinlagensichergsFonds abdeckt, dem auch die meisten Zweigniederlassgen ausl Geldinstitute beigetreten sind: Jünger FamRZ **93**, 147. Die Volks- u Raiffeisenbanken haben eine entspr SichergsEinrichtg gebildet, entspr der BuVerband Öff Bken Dtschl, dessen Mitgl ua die Dt Postbk AG u die Dt KredBk AG sind. Das Ges zur Umsetzg der EG-EinlagensichergsRichtl vom 16. 7. 98 (BGBl 1842), das für Einlagen bis 20 000 ECU einen gesetzl Anspr auf eine 90%ige Sicherg begründet (§§ 3, 4), ändert nichts an dem sich aus allg RGrds ergebden RAnspr auf Sicherg in voller Höhe, da die gesetzl Festlegg einer BasisSicherg für alle Kreditinstitute die RStellg des Gläub verbessern u nicht seine Anspr beschrken soll.

1808 *Hilfsweise Anlegung.* *(Aufgehoben durch BtG Art 1 Nr 31.)*

1809 *Versperrte Anlegung.* **Der Vormund soll Mündelgeld nach § 1807 Abs. 1 Nr. 5 nur mit der Bestimmung anlegen, daß zur Erhebung des Geldes die Genehmigung des Gegenvormundes oder des Vormundschaftsgerichts erforderlich ist.**

1 1) § 1809 soll verhindern, daß der Vormd von einem unter § 1808 I Nr 5 fallden Kto aGrd des § 1813 I Nr 3 ohne Zustimmg des GgVormd u des VormschG Mündelgeld abheben kann. Zu der von § 1809 geforderten Beschränkg der VfgsMacht des Vormd bedarf es einer entspr Gestaltg des KtoEröffngsVertr. Sie führt zu einem **Sperrvermerk,** dch den die qualifizierte Legitimationswirkg des § 808 außer Kr gesetzt w: Der Schu wird nur frei, wenn GgVormd od VormschG die Auszahlg gen (vgl LG Bln Rpfleger **88**, 186). Bei Weigerg des GeldInst darf der Vormd das Geld dort nicht anlegen. Inhaltl bezieht sich der Sperrvermerk nur auf Vfgen; ZwVollstr gg den Mdl also ohne Gen mögl (Soerg/Damrau 1). Für Zinsen gilt § 1813 I Nr 4, es sei denn, sie sind, was bald zu geschehen hat (KG DJ **38**, 1428), dem Kapital zugeschlagen. Keine Anwendg von § 1809 bei zur Bestreitg von Ausg nur vorübergehd angelegtem Geld (§ 1806 Rn 3). Bei Versäumg einer SperrvermerksVereinbg: Haftg des Vormd gem § 1833; des VormschG, insb wenn es die Kontrolle bis zur RechnLegg verschiebt (RG **88**, 266; sa RG JW **10**, 288; Oldbg Rpfleger **79**, 101). Trägt die Anlagestelle den vereinb Sperrvermerk nicht ein od handelt sie ihm zuwider, wird sie dch die Auszahlg nicht befreit (RG **85**, 422). Für schon vor Beginn der Vormsch angelegtes Geld ist der Sperrvermerk nachträgl einzutragen (Soerg/Damrau 5). Auch die Aufhebg des Sperrvermerks bedarf als inhaltsändernde Vfg über die Fdg der vormschgerichtl Gen (§ 1812).

2 2) **Befreiung:** Das VormschG kann von § 1809 befreien (§ 1817), ebso die Elt den von ihnen benannten Vormd (§§ 1852 II, 1855). Amts- u VereinsVormd sind gem § 1857 a befreit. Die Eintragg eines Sperrvermerks ist entbehrl, wenn eine § 1809 entspr Beschränkg dch Ges od VO festgelegt ist. Aber auch in diesem Fall muß aus dem Sparbuch ersichtl sein, daß es sich um „MdlGeld" handelt. Für die Haftg des GeldInst kommt es allerd auf die Hinzusetzg des Vermerks nicht an (RG JW **12**, 353).

3 3) **Genehmigung** des GgVormd (§ 1802 Rn 1) od VormschG muß ggf die Abhebg von einer Bedingg abhäng machen, zB von der Einwilligg des mitverfüggsberecht Eheg des Mdl od Betreuten (vgl RG **85**, 421). Gen des GgVormd forml gem § 182 I. Nach Beendigg der Vormsch od Bt ist keine Gen mehr erfdl, sond nur die vormschgerichtl Bescheinigg, daß die Beendigg eingetreten ist (Colmar Recht **10**, 3356).

1810 *Mitwirkung von Gegenvormund oder Vormundschaftsgericht.* **Der Vormund soll die in den §§ 1806, 1807 vorgeschriebene Anlegung nur mit Genehmigung des Gegenvormundes bewirken; die Genehmigung des Gegenvormundes wird durch die Genehmigung des Vormundschaftsgerichts ersetzt. Ist ein Gegenvormund nicht vorhanden, so soll die Anlegung nur mit Genehmigung des Vormundschaftsgerichts erfolgen, sofern nicht die Vormundschaft von mehreren Vormündern gemeinschaftlich geführt wird.**

1 Zur Erhöhg der Sicherh für den Mdl wie zur Entlastg des Vormd soll dieser bei Anlegg von MdlGeld die Gen des GgVormd (§ 1809 Rn 3) od – bei dessen Fehlen, Verhinderg od Widerspr alternativ – des VormschG einholen. Bl SollVorschr: Die Wirksamk der Anlegg wird dch das Fehlen der Gen nicht berührt; ggf aber Haftg des Vormd (§ 1807 Rn 1). Einer Gen des VormschG bedarf es nicht bei gemschaftl Führg der Vormsch dch mehrere Vormd (§ 1797 I), weil ein GgVormd dann nicht erfdl war (§ 1792 II); ferner bei Befreiung (§§ 1852 ff), Amts- u VereinsVormsch (§ 1857 a) sowie bei Anlage von VerfüggsGeld (§ 1806 Rn 3). Meings-Streitigkten unter MitVormd entsch der VormschRi (§ 1797 I 2; RPflG 14 Nr 5). Wirksamk der Gen des

VormschG gem FGG 16 (KG RJA **10**, 168). Beschw des GgVormd nur bei Nichtanhörg entgg § 1826 (KG RJA **4**, 75).

1811 *Andersartige Anlegung.* **Das Vormundschaftsgericht kann dem Vormund eine andere Anlegung als die in § 1807 vorgeschriebene gestatten. Die Erlaubnis soll nur verweigert werden, wenn die beabsichtigte Art der Anlegung nach Lage des Falles den Grundsätzen einer wirtschaftlichen Vermögensverwaltung zuwiderlaufen würde.**

1) Gestattungserfordernis, S 1. Für and als die nach § 1807 erlaubnisfreien Anlageformen bedarf der Vormd der Gestattg des VormschG, also für den Erwerb aller nicht in § 1807 genannter verzinsl Anlagen, aber auch von GrdBesitz, Gold, Kunstwerken usw (MüKo/Schwab 3). Anlagen bei PrivBanken, früher der HauptanwendgsFall des § 1811, bedürfen bei Vorliegen der Vorauss von § 1807 I Nr 5 keiner Gen mehr (§ 1807 Rn 7). Einer bes Gestattg bedarf es auch dann nicht, wenn gem § 1817 Befreiung erteilt w ist. Ohne die erfdl Gestattg geschl Vertr sind gleichwohl wirks (RG JW **17**, 290). Über § 1811 benötigen die Elt auch bei Einsetzg eines ErgPflegers der Gen des VormschG (vgl § 1643 Rn 1). 1

2) Grundsätze wirtschaftlicher Vermögensverwaltung, S 2. Das Erfordern, daß das Ger eine abweichde Geldanlage nur aus „bes Grden" gestatten darf, ist dch die Neufassg der Vorschr im Jahre 1923 fallengelassen w (aA RG **128**, 309 u hier bis zur 57. Aufl). Es entsch die Grdsätze wirtschaftl VermVerwaltg. – 2
a) Die Gestattg darf nur erteilt w, wenn die Anlage **hinreichend sicher** ist. Nicht genfäh sind Anlagen bei Kreditinstituten, die keinem EinlagenSichgSystem angehören (§ 1807 Rn 7), Anlagen bei KG, die im ausl GrdstMarkt tät ist (Darmst NJW **79**, 274) u spekulative Anlagen jeder Art, vor allem die in § 764 Rn 11 genannten Aktien u Investmentpapiere kommen wg des Risikos von Kursschwankgen idR für kurzfrist Anlagen nicht in Betr. Marktgäng Standardpapiere sind aber für den Teil des Verm, der langfrist angelegt w kann, genfäh, da sie auf Dauer hinsichtl der Wertbeständigk u des Ertrags Bankguth überlegen sind (vgl zu Investmentanteilen Münchmeyer DRiZ **63**, 229). – **b)** Bestehen keine SicherhBedenken, entsch das Ger unter Berücks des Grds wirtschaftl VermVerw nach **pflichtmäßigem Ermessen**. Ergibt die GesWürdigg, daß die Vorteile (Rendite, Wertsichg, Steuern usw) die Nachteile überwiegen, ist die Gestattg zu erteilen; sie ist dagg bei einem Überwiegen der Nachteile zu versagen. Bei einem Patt zw Vor- u Nachteilen ist eine Ablehng sachgerecht (MüKo/Schwab Rn 7), aber auch eine Gestattg hält sich noch in den Grenzen pflmäß Ermessens. 3 4

1812 *Verfügungen über Forderungen und Wertpapiere.* **I Der Vormund kann über eine Forderung oder über ein anderes Recht, kraft dessen der Mündel eine Leistung verlangen kann, sowie über ein Wertpapier des Mündels nur mit Genehmigung des Gegenvormundes verfügen, sofern nicht nach den §§ 1819 bis 1822 die Genehmigung des Vormundschaftsgerichts erforderlich ist. Das gleiche gilt von der Eingehung der Verpflichtung zu einer solchen Verfügung.**

II Die Genehmigung des Gegenvormundes wird durch die Genehmigung des Vormundschaftsgerichts ersetzt.

III Ist ein Gegenvormund nicht vorhanden, so tritt an die Stelle der Genehmigung des Gegenvormundes die Genehmigung des Vormundschaftsgerichts, sofern nicht die Vormundschaft von mehreren Vormündern gemeinschaftlich geführt wird.

1) Grundsätze. a) Entsprechd der Verpfl, bei Anlegg von MdlGeld die Gen des GgVormd einzuholen (§ 1810), darf der Vormd auch über Anspr des Mdl nur mit dessen Gen verfügen. Zwingdes Recht. Dch Leistg ohne die erfdl Gen wird der Schu nicht befreit (RG **79**, 9/13). Zur Gen von GgVormd u VormschG: § 1810 Rn 1. – **b) Ausnahmen** von § 1812: § 1813 für die Annahme der geschuldeten Leistg; ferner bei gemschaftl MitVormsch (§ 1797 I 1; vgl § 1810 Rn 1); wenn die Gen des VormschG erfdl ist (§§ 1819–1822); bei befreiter Vormsch (§§ 1852 II, 1855); bei Amts- u VereinsVormsch (§§ 1857a, 1862 II); bei Ermächtigg dch das VormschG (§§ 1817, 1825). – **c)** Schließl ist § 1812 unanwendb auf RGeschäfte, die der Vormd als Bevollm des Erblasser aGrd einer postmortalen Vollm vornimmt (RG **106**, 185/6 f); wenn er mit Zust des TestVollstr über der TestVollstreckg unterliegdes MdlVerm verfügt (Celle OLG **67**, 483) od wenn von einem Dr als vertretgsberecht Gter einer OHG od KG über GesellschVerm verfügt w, an dem der Mdl beteil ist. – **d)** § 1812 bedarf nach allg Meing der Restriktion, um den Vormd in seiner rechtsgeschäftl BeweggsFreih nicht zu sehr zu behindern. Die von Damrau (FamRZ **84**, 842) vorgeschlagene Beschrkg auf auf GeldLeistg gerichtete Rechte widerspr dem Ges u führt zu WertungsWiderspr. Den gesetzl Wertgen dürfte es am ehesten entspr, § 1812 mit MüKo/Schwab 14 auf Akte der VermVerwaltg zu beschrken u solche der PersSorge, also der pers LebFührg des Mdl dienende RGeschäfte, auszunehmen. Genehmiggsfrei bleiben dann Kündiggen von VereinsMitgliedsch od UnterrichtsVertr, Ann von UnterhLeistgen usw. 1 2 3 4

2) Genehmigungspflichtig sind ohne Rücks darauf, ob der Mdl an dem Ggst allein berecht ist (KG OLG **5**, 410), **Verfügungen** über **a) Forderungen** jeder Art, so auch auf Verrechng des GewinnAnspr gg Erhöhg des KG-Anteils (Celle OLG **67**, 483); auch dingl Anspr (vgl aber Rn 7); AuskAnspr, es sei denn nach § 1605; nicht dagg die Abhebg der UnterhRente vom Kto (Damrau WM **86**, 1022) od von Beträgen, die dem Mj mit der Aufl geschenkt w sind, das Guth als Darl zur Vfg zu stellen (BayObLG NJW **74**, 1142); **b) andere Rechte**, kraft derer der Mdl eine Leistg verlangen kann, also über Grdschulden; Kündigg eines WohnmietVertr (LG Bln MDR **73**, 503). Die Vfg über Anspr auf Übereigng von Grdst usw gehören nicht hierher, weil sie unmittelb der Gen dch das VormschG unterliegen (§ 1821 I), wohl aber Hyp-, Grd- u Rentenschulden sowie Reallasten (§ 1821 II). Schließl unterliegt auch die Abtretg eines HerausgAnspr zZw der EigtÜbertragg nach § 931 nicht dem § 1812, weil der Vormd bewegl Sachen genehmiggsfrei übereign 5 6 7

kann. Die Ausübg von GestaltgsR (Anf, Rücktritt, Kündigg usw) fällt dann unter § 1812, wenn ihre Ausübg
8 zum Erlöschen von LeistgsAnspr führt (vgl aber Rn 4); ferner über – **c) Wertpapiere** (Einf 1 v § 793), auch
9 Sparbücher (§ 808). Zur Hinterlegg: §§ 1814, 1819; – **d) Eingehung von Verpflichtungen zu Verfügungen, I 2,** über die in Rn 6–8 gen Ggste.

10 **3) Verfügung,** dh jede rechtsgeschäftl Änderg eines Rechtes, insb also auch seine Aufhebg u Verminderg (Überbl 16 v § 104, § 1821 Rn 9). Hierher gehört in erster Linie die Entggnahme von Zahlgen; ohne Gen tritt keine Erfüllg ein, selbst wenn die Leistg gg Vorlage eines VersScheins erfolgt (Karlsr NJW-RR **99**, 230); ferner gehören hierher: Veräußerg, Erlaß, Verzicht, Abtretg, Belastg, die Einwilligg zur Auszahlg an einen Dr, Gen der SchuldÜbern, §§ 415 f (Bambg LZ **16**, 1503), Aufrechng (Stgt MDR **54**, 229), Kündigg (BayObLG **6**, 332), Ausschl der Künd (KG RJA **5**, 197), Änderg der KündBedinggen (KG OLG **14**, 262), Herabsetzg des Zinsfußes, Änderg der Zinstermine, Wandlg, Gen der unbefugten Vfg eines Dritten (RG **115**, 156); Vollm-Erteilg, soweit das RGesch genbedürft ist (KG OLG **5**, 410); Zust zur Löschg einer letztrangigen EigtümerGrdsch des Mdl (BayObLG Rpfleger **85**, 24 m abl Anm Damrau). Die Löschgsbewilligg nur zZw der GBBerichtigg ist dagg keine Vfg, aber GenNachweis (GBO 29) zur Annahme der Leistg erfdl, der auch dch Gen der LöschgsBewilligg erteilt w kann; and aber, wenn sie zugl als Vfg über Hyp od Fdg anzusehen ist (KG OLG **26**, 171; KG OLG **44**, 81). **Keine Verfügung** ist die Erteilg einer Quittg (Damrau FamRZ **84**, 849); ferner auch nicht die Mahng sowie die ProzFührg als solche einschl der Dchführg der ZwVollstr, es sei denn, es sind damit rechtsgeschäftl Hdlgen verbunden, die ihrers Vfgen sind, so Anerkenntn, Verzicht (BGH **LM** ZPO 306 Nr 1), Vergl (RG **56**, 333; **133**, 259), ebso die etwa in der Klage liegde Kündigg, die Verteilg des ZwVollstrErlöses unter mehreren Berecht (Düss DAVorm **81**, 483).

1813 *Genehmigungsfreie Geschäfte.* **I Der Vormund bedarf nicht der Genehmigung des Gegenvormundes zur Annahme einer geschuldeten Leistung:**

1. wenn der Gegenstand der Leistung nicht in Geld oder Wertpapieren besteht;
2. wenn der Anspruch nicht mehr als fünftausend Deutsche Mark beträgt;
3. wenn Geld zurückgezahlt wird, das der Vormund angelegt hat;
4. wenn der Anspruch zu den Nutzungen des Mündelvermögens gehört;
5. wenn der Anspruch auf Erstattung von Kosten der Kündigung oder der Rechtsverfolgung oder auf sonstige Nebenleistungen gerichtet ist.

II Die Befreiung nach Absatz 1 Nr. 2, 3 erstreckt sich nicht auf die Erhebung von Geld, bei dessen Anlegung ein anderes bestimmt worden ist. Die Befreiung nach Absatz 1 Nr. 3 gilt auch nicht für die Erhebung von Geld, das nach § 1807 Abs. 1 Nr. 1 bis 4 angelegt ist.

1 § 1813 macht Ausn von der Regel des § 1812, wonach die Annahme der geschuldeten Leistg genbedürft
2 ist. **Nr 1:** Genfrei sind Leistgen, bei denen der LeistgsGgstd weder als Schuldinhalt noch in der tats Erbringg in Geld od Wertpapieren besteht, so daß es bei § 1812 bleibt, wenn anstelle der untergegangenen Ggst SchadErs in Geld geleistet w bzw wenn zwar Geld od Wertpapiere geschuldet waren, aber an Erfüllgs Statt
3 and Ggstde geleistet w. Wertpapiere: § 1812 Rn 8. – **Nr 2** betr nur ZahlgsAnspr. Die GenPfl für versperrte Anlegg (§ 1809) bleibt unberührt. Bei Bestimmg der AnsprHöhe bleiben Zinsen, Kosten u NebenLeistgen unberücks. Entscheidd ist nicht die Höhe der einz TeilLeistg (§ 266), sond des ges Anspr; desh ist die Ann von Teilleistgen unter 5000 DM genpflichtig, wenn die GesFdg die 5000 DM-Grenze überschreitet. Abhebgen von einem GiroKto sind dagg and als bei SparKten ohne Gen zul, auch wenn der KtoStand mehr als 5000 DM beträgt (LG Saarbr FamRZ **92**, 1348; AG Emden FamRZ **95**, 108; aA Kln FamRZ **95**, 187; Spanl Rpfleger **89**, 394). Das folgt aus dem Zweck des GiroKto; der Schutz des Mdl wird dch die AnlagePfl des Vormd gesichert (§ 1806 Rn 1). Bei Renten entsch der MoBetr (BSG MDR **82**, 698). Keine ZusRechng auch bei gleichzeit Leistg für mehrere Mdl, wenn sie EinzelGläub sind (KG Recht **13**, 1309). Bei GesHands-Anspr ist nur der auf den Mdl entfallde Anteil maßg (KG Recht **29** Nr 1016). Die genfreie Auszahlg auch
4 höherer Beträge ist zul, wenn bei der Anlegg etwas and best w ist, II 1. – Da **Nr 3** nicht für Geld gilt, das nach § 1807 I Nr 1–4 angelegt ist, II 2, u für das MdlGeld von § 1807 I Nr 5 nur die versperrte Anlegg in Betr kommt (§ 1809), bleiben für die genfreie Rückzahlg des vom Vormd selbst angelegten Geldes nur das zur
5 Bestreitg von Auslagen bereitgestellte VfgGeld (§ 1806 Rn 3) u die Fälle von § 1811. – **Nr 4:** Die Entggn von Nutzgen (§ 100) ist unabhäng von der 5000 DM-Grenze von Nr 2 genfrei, weil sie gewöhnl dem laufden Unterh des Mdl dient. Dazu gehören HypZinsen; nicht dem Kapital zugeschlagene Zinsen aus einem
6 SparGuth (KG DJ **38**, 1428); der VerkErlös aus typ Sachnutzgen (MüKo/Schwab 14; bestr). – **Nr 5:** Genfrei ist schließl oRücks auf die Höhe die Ann von Kostenerstattgen, Nebenleistgen (vgl § 224), Verzugszinsen, VertrStrafen u SchadErsLeistgen wg Verzugs.

1814 *Hinterlegung von Inhaberpapieren.* **Der Vormund hat die zu dem Vermögen des Mündels gehörenden Inhaberpapiere nebst den Erneuerungsscheinen bei einer Hinterlegungsstelle oder bei einem der in § 1807 Abs. 1 Nr. 5 genannten Kreditinstitute mit der Bestimmung zu hinterlegen, daß die Herausgabe der Papiere nur mit Genehmigung des Vormundschaftsgerichts verlangt werden kann. Die Hinterlegung von Inhaberpapieren, die nach § 92 zu den verbrauchbaren Sachen gehören, sowie von Zins-, Renten- oder Gewinnanteilscheinen ist nicht erforderlich. Den Inhaberpapieren stehen Orderpapiere gleich, die mit Blankoindossament versehen sind.**

1 **1)** §§ 1814 ff behandeln die Pfl des Vormd, die dem Mdl gehörigen InhPapiere zu hinterlegen. Ähnlich wie in § 1809 die Abhebg des angelegten Geldes, ist hier die Herausg der Papiere bei der Hinterlegg an die Gen des VormschG zu binden. Zwingende Vorschr. VormschG hat Vormd unverzügl zur Hinterlegg anzuhalten (RG **80**, 256). Zwangsmittel: Zwangsgeld, Entlassg. Vormd haftet gem § 1833, VormschG nach § 839,

Art 34 GG. Auch wenn § 1814 nicht eingreift, bleibt aber Vfgsbeschränkg gem § 1812 unberührt. Ausnahmen: Befreite Vormsch, §§ 1852, 1855, Amts- u VereinsVormsch, § 1857 a, Entbindg von der HinterleggsPfl durch VormschG, § 1817, durch Anordng eines Dritten, § 1803, wenn bei Bevormundeten Dritter zum Besitz berechtigt ist. Vormd kann die Umschreibg nach § 1815 statt der Hinterlegg wählen. Stehen die hinterleggspflichtigen Papiere nur im MitEigt des Mdls, ist § 1814 unanwendbar (§ 744 I); ebso bei GesHandEigt u bei Nießbrauch, § 1082. Kosten der Hinterlegg trägt Mdl.

2) Hinterlegungspflichtig sind die zum Verm des Mdl gehörigen **a)** Inhaberpapiere (vgl § 793), desgl InhAktien (AktG 10, 24), auf den Inh ausgestellte Grd- u Rentenschuldbriefe. Findet der Vormd bei Übern der Vormsch Papiere, die auf Stückekonto geschrieben sind, vor, so braucht er sie, wenn nicht Anlaß zu Zweifeln über die Zuverlässigk der Bank besteht, nicht der Hinterlegg zuzuführen (RG **137**, 322, LG Hbg MDR **57**, 420). Zu den InhPapieren gehören nicht die sog hinkenden InhPapiere, § 808, also vor allem nicht die SparkBücher u die zu den Betriebsmitteln eines Erwerbsgeschäfts gehörige Papiere, wie zum Umsatz bestimmte blanko indossierte Wechsel; 2

b) die zugehörigen Erneuergsscheine, nicht aber die Zins-, Renten- u Gewinnanteilscheine; 3

c) die mit Blankoindossament versehenen Orderpapiere, HGB 363 ff, WG 13, 14, 16, 77, ScheckG 15, 16, 17, 19. Die Zahl der hinterleggspflichtigen Papiere kann durch Anordng des VormschG erweitert werden, wenn ein bes Grd vorliegt; die Hinterlegg von Zins-, Renten- u Gewinnanteilscheinen kann auf Antr des Vormd u auch ohne einen solchen angeordnet werden, § 1818. Eine solche Anordng zu treffen sind die VormschRichter zT landesgesetzl verpflichtet. Vormd kann aber auch freiw nicht hinterleggspflichtige Ggstände hinterlegen; dann nicht § 1819, wohl aber §§ 1812, 1813 anwendbar. 4

3) Hinterlegungsstellen: Zust Hinterleggsstellen sind die AmtsGer (HintO 1 II) u seit der nF des § 1814 dch das BtG die in § 1807 I Nr 5 genannten Kreditinstitute. 5

4) Art der Hinterlegung, Hinterlegungswirkung. Hinterlegg hat mit der Bestimmg zu erfolgen, daß die Herausgabe nur mit Genehmigg des VormschG (die des GgVormd genügt nicht) verlangt w kann, vgl auch § 1809. Bestimmg kann auch noch nachgeholt werden. Gemäß VO v 29. 9. 39, RGBl 1985, kann Vormd ohne Gen des VormschG die Stelle, bei der er hinterlegt, ermächtigen, die Wertpapiere einer Wertpapiersammelbank zur Sammelverwahrg zu übergeben. – Wirkg: Entsprechende VfgsBeschrkg hins der Herausg der hinterlegten Sachen; ferner VfgBeschrkg nach § 1819. Sperrvermerk auf dem Papier nicht erforderl. Sperrvermerk auf Hinterleggsschein erfolgt nur zum Zweck der Kenntlichmachg (RG **79**, 16), auch ohne diese ist Erfordernis der Gen VertrInhalt, so daß Hinterleggsstelle u Bank trotz § 793 I 2 Mdl bei ungenehmigter Herausg haften (RG **79**, 9). Bank wird auch nicht durch Bestimmg ihrer Satzg befreit, daß zur Gültigk der Vfgsbeschränkg Sperrvermerk auf Hinterleggsschein erforderl (RG **79**, 9). 6

1815 *Umschreibung von Inhaberpapieren.* **I Der Vormund kann die Inhaberpapiere, statt sie nach § 1814 zu hinterlegen, auf den Namen des Mündels mit der Bestimmung umschreiben lassen, daß er über sie nur mit Genehmigung des Vormundschaftsgerichts verfügen kann. Sind die Papiere von dem *Reiche* oder einem *Bundesstaat* ausgestellt, so kann er sie mit der gleichen Bestimmung in Buchforderungen gegen das *Reich* oder den *Bundesstaat* umwandeln lassen.**

II Sind Inhaberpapiere zu hinterlegen, die in Buchforderungen gegen das *Reich* oder einen *Bundesstaat* umgewandelt werden können, so kann das Vormundschaftsgericht anordnen, daß sie nach Absatz 1 in Buchforderungen umgewandelt werden.

1) Zur Vermeidg des umständl HinterlVerf kann der Vormd InhPapiere in **Namenspapiere** u BriefR gg den Bund u die Länder in **Buchrechte** mit der Bestimmg umschreiben lassen, daß er über sie nur mit Gen des VormschG verfügen kann (vgl zu dieser Abrede bei § 1809). Die dadch begründete VfgsBeschränkg betrifft nur das StammR (arg § 1820). Der Aussteller des InhPapiers ist zur Gestattg der Umschreibg nicht nach BGB (§ 806 S 2), uU aber nach LandesR verpflichtet (Nachw bei MüKo/Schwab Rn 3). Zu den SchuldbuchGes des Bu u der Lä: § 236 Rn 1. 1

2) Das **Vormundschaftsgericht, II,** kann auch gg den Willen des Vormd u erforderlichenf mit Zwangsmitteln (§§ 1837, 1886) die Umwandlg vAw anordnen. Ausn: §§ 1803 I, 1853, 1855, 1857 a; auch § 1817. 2

1816 *Sperrung von Buchforderungen.* **Gehören Buchforderungen gegen das *Reich* oder gegen einen *Bundesstaat* bei der Anordnung der Vormundschaft zu dem Vermögen des Mündels oder erwirbt der Mündel später solche Forderungen, so hat der Vormund in das Schuldbuch den Vermerk eintragen zu lassen, daß er über die Forderungen nur mit Genehmigung des Vormundschaftsgerichts verfügen kann.**

Ebso wie bei der Umwandlg vom Vormd erworbener Anlagepapiere nach § 1815 hat dieser SchuldbuchFdgen iF des sonst Erwerbs od wenn er solche bei AnO der Vormsch vorfindet unverzügl mit dem Sperrvermerk versehen zu lassen, sofern VormschG dies nicht von sich aus veranlaßt. Wirkg: wie § 1815 Rn 1. Befreiung: wie § 1815 Rn 2. 1

1817 *Befreiung.* **I Das Vormundschaftsgericht kann den Vormund auf dessen Antrag von den ihm nach den §§ 1806 bis 1816 obliegenden Verpflichtungen entbinden, soweit**
1. der Umfang der Vermögensverwaltung dies rechtfertigt und
2. eine Gefährdung des Vermögens nicht zu besorgen ist.

Die Voraussetzungen der Nummer 1 liegen im Regelfall vor, wenn der Wert des Vermögens ohne Berücksichtigung von Grundbesitz zehntausend Deutsche Mark nicht übersteigt.

II Das Vormundschaftsgericht kann aus besonderen Gründen den Vormund von den ihm nach den §§ 1814, 1816 obliegenden Verpflichtungen auch dann entbinden, wenn die Voraussetzungen des Absatzes 1 Nr. 1 nicht vorliegen.

1 **1) I.** Der dch das BtÄndG neu eingefügte I soll die Arbeit des Vormds vereinfachen u die Bereitsch zur Übernahme von Vormsch (Betreuungen) fördern (BT-Drs 960/96 S 22). Er ermöglicht den Abbau überzogener bürokratischer Hemmnisse. Die Befreig setzt neben dem Antr des Vormds voraus: **(1)** Geringer Umfang der VermVerw. Das ist idR anzunehmen, wenn der Wert des Verm – ohne GrdBesitz – 10 000 DM nicht übersteigt, kann aber bei einfach liegder Verw auch bei höheren Werten angenommen w. Renten u and wiederkehrde Leistgen sind bei der Wertermittlg nicht zu kapitalisieren. **(2)** Keine Gefährdg des MdlVerm. Sie kann bei einem zuverläss u vertrauenswürd Vormd idR verneint w.

2 **2) II** behält die an **besondere Gründe** geknüpfte, auf die §§ 1814, 1816 beschränkte Befreigsmöglichk des bish Rechts bei. Erforderl sind individuelle Grde, allg Erwäggen genügen nicht (RG **80**, 257). Ausr sind sichere Aufbewahrgsmöglichk, etwa im Banksafe des Vormds, unverhältnmäß Kosten der Hinterlegg, vorausgesetzt, daß die Gefahr eines Verlusts od einer Veruntreug ausgeschlossen erscheint.

1818 ***Anordnung der Hinterlegung.*** **Das Vormundschaftsgericht kann aus besonderen Gründen anordnen, daß der Vormund auch solche zu dem Vermögen des Mündels gehörende Wertpapiere, zu deren Hinterlegung er nach § 1814 nicht verpflichtet ist, sowie Kostbarkeiten des Mündels in der im § 1814 bezeichneten Weise zu hinterlegen hat; auf Antrag des Vormundes kann die Hinterlegung von Zins-, Renten- und Gewinnanteilscheinen angeordnet werden, auch wenn ein besonderer Grund nicht vorliegt.**

1 Eine **Erweiterung** der HinterlegsPfl kann aus bes Grden für nicht unter § 1814 fallde Wertpapiere wie Sparbücher, HypBriefe usw (§ 1819) u Kostbarkeiten angeordnet w. Ein **besonderer Grund** liegt vor, wenn die Aufbewahrg beim Vormd nicht hinreichd sicher ist, etwa bei Bedenken gg die Zuverlässigk des Vormds od seines Umgangs; bei feststehder Unzuverlässigk gilt § 1886. Ob eine Kostbark vorliegt, richtet sich nach der VerkAnschauung (RG **105**, 202), also auch KunstGgstde, seltene Bücher, wertvolle Filme (RG **94**, 119). Kostbark sind beim AmtsG zu hinterl (HinterlO 5). Auf bloßen Antr des Vormd AO der Hinterl bei Zins-, Renten- u Gewinnanteilscheinen. Wirkg: wie § 1814 Rn 6; 1819. Beschwerde des Vormd gg AO nach Halbs 1, gg Ablehng iF von Halbs 2 (FGG 20).

1819 ***Genehmigung zur Verfügung bei Hinterlegung.*** **Solange die nach § 1814 oder nach § 1818 hinterlegten Wertpapiere oder Kostbarkeiten nicht zurückgenommen sind, bedarf der Vormund zu einer Verfügung über sie und, wenn Hypotheken-, Grundschuld- oder Rentenschuldbriefe hinterlegt sind, zu einer Verfügung über die Hypothekenforderung, die Grundschuld oder die Rentenschuld der Genehmigung des Vormundschaftsgerichts. Das gleiche gilt von der Eingehung der Verpflichtung zu einer solchen Verfügung.**

1 Die Zurückn der nach §§ 1814, 1818 hinterl WertPap u Kostbark bedarf bereits nach diesen Best der Gen des VormschG. Diese ist ferner erfdl a) bei einer Vfg (§ 1812 Rn 8) über die hinterl Ggste bzw b) über die in den hinterl Hyp-, Grd- od RentSchuBr verbrieften KapFdgen u c) zur Eingehg einer entspr Verpfl, S 2. Der Vormd ist in seiner VertretgsMacht beschränkt, so daß seine Vfg über die hinterl Ggste ohne Gen des VormschG dem Dr ggü unwirks ist. Sind die Ggste nicht hinterl od herausgegeben, so fällt die VfgsBeschränkg selbst dem bösgl Dr ggü fort. Doch bleiben die GenErfordern des § 1812.

1820 ***Genehmigung nach Umschreibung und Umwandlung.*** **I Sind Inhaberpapiere nach § 1815 auf den Namen des Mündels umgeschrieben oder in Buchforderungen umgewandelt, so bedarf der Vormund auch zur Eingehung der Verpflichtung zu einer Verfügung über die sich aus der Umschreibung oder der Umwandlung ergebenden Stammforderungen der Genehmigung des Vormundschaftsgerichts.**

II Das gleiche gilt, wenn bei einer Buchforderung des Mündels der im § 1816 bezeichnete Vermerk eingetragen ist.

1 Zur Vfg über die gem § 1815 umgeschriebenen InhPapiere u die gem §§ 1815 f umgewandelten bzw mit einem Vermerk versehenen BuchFdgen bedarf der Vormd der Gen des VormschG schon wg der nach diesen Vorschr getroffenen Bestimmg u des genannten Vermerks. Als Vfg anzusehen u demgemäß genpflichtig ist auch Rückverwandlg der Namens- in InhPapiere, die Beseitigg des Vermerks u die Erhebg der BuchFdgen. Nach § 1820 genpflichtig ist bereits der schuldrechtl Vertr, durch den sich Vormd zu einer Vfg über die sich aus der Umschreibg od Umwandlg ergebenden StammFdgen od die mit Vermerk versehene BuchFdg verpflichtet. § 1820 hat die gleiche Wirkg wie die VfgsBeschränkg des § 1819.

1821 ***Genehmigung für Grundstücksgeschäfte.*** **I Der Vormund bedarf der Genehmigung des Vormundschaftsgerichts:**

1. zur Verfügung über ein Grundstück oder über ein Recht an einem Grundstück;

2. zur Verfügung über eine Forderung, die auf Übertragung des Eigentums an einem Grundstück oder auf Begründung oder Übertragung eines Rechts an einem Grundstück oder auf Befreiung eines Grundstücks von einem solchen Recht gerichtet ist;
3. zur Verfügung über ein eingetragenes Schiff oder Schiffsbauwerk oder über eine Forderung, die auf Übertragung des Eigentums an einem eingetragenen Schiff oder Schiffsbauwerk gerichtet ist;
4. zur Eingehung einer Verpflichtung zu einer der in den Nummern 1 bis 3 bezeichneten Verfügungen;
5. zu einem Vertrage, der auf den entgeltlichen Erwerb eines Grundstücks, eines eingetragenen Schiffs oder Schiffsbauwerks oder eines Rechts an einem Grundstück gerichtet ist.

II Zu den Rechten an einem Grundstück im Sinne dieser Vorschriften gehören nicht Hypotheken, Grundschulden und Rentenschulden.

1) Vorbemerkung vor §§ 1821, 1822 (Lit: Klüsener, Rpfleger **81**, 461; Brüggemann FamRZ **90**, 5 u 1
124; Labuhn, Vormschgerichtl Gen, 2. Aufl 1995). Die Vorschr gelten für den **Vormund**, die **Eltern** (§ 1643 I) sowie für den **Betreuer** (§ 1908 i I), für letzteren auch dann, wenn er den AufgKreis der VermSorge hat (Ffm BtPrax **97**, 76), nicht aber für den aGrd des VermG bestellten gesetzl Vertreter des GrdstEigtümers, für den die BestellgsBeh zuständ ist (LG Bln FamRZ **96**, 56).

a) Um zu gewährleisten, daß das MdlInteresse gewahrt wird, bedürfen sowohl auf dem Gebiet der 2
PersSorge wie der Verw des MdlVermögens besonders wichtige RHdlgen u RGeschäfte des Vormd der Gen des VormschG. Keine Umgehg des GenErfordern dch proz Anerk od KlVerzicht (vgl Brüggemann FamRZ **89**, 1137). Die Entsch über Erteilg od Verweigerg der Gen ist eine **Ermessensentscheidung** (BGH NJW **86**, 2829; BayObLG FamRZ **98**, 455; aA Soergel/Damrau § 1828 Rdn 8, J Mayer FamRZ **94**, 107: in allen Inst voll nachprüfb unbest RBegr). Die Gen des GgVormd reicht nicht aus. Das VormschG hat vor Erteilg der Gen den **Sachverhalt** hinreichd **aufzuklären** (BGH NJW **86**, 2829). **Die Aufzählung** der Fälle in §§ 1821, 3
1822 **ist keineswegs vollständig.** So ist in **persönlichen Angelegenheiten** zB die Gen des VormschG ferner erforderl: Falls der Mdl geschäftsunfähig ist, zur Erhebg der Aufhebgs- u Scheidgsklage, ZPO 607 II 2; zur Anfechtg der Vatersch, § 1600 a III; zur Bestimmg über die rel Erziehg des Mdl, RKEG 3 II; zur Unterbringg, die mit FreihEntziehg verbunden ist, §§ 1631 b, 1800; zum Antr, das AufgebotsVerf zum Zwecke der TodesErkl einzuleiten, VerschG 16 III; zum Antr auf Entlassg des Mdl aus der Staatszugehörigk, RuStAG 19 I; zur Auswanderg von Mädchen unter 18 Jahren, § 9 VO gg Mißbräuche im Auswandergswesen v 14. 2. 24, RGBl 108; zum Antr auf Anordng der ZwVerst zum Zwecke der Aufhebg einer Gemsch, ZVG 181 II. Weitere Fälle der Gen des VormschG **in vermögensrechtlichen Angelegenheiten** s §§ 1822, 4
1812 II, III, 1819, 1820. Umgekehrt gibt es in den AGes der Länder zum ehem JWG Ausnahmen vom GenErfordern für AmtsVormsch des JA (vgl § 1802 Rn 1).

b) Gleichgültig ist, ob eine Verpflichtg zur Vornahme des RGesch besteht (KG OLG **33**, 363). Regel- 5
mäßig steht der Vfg die Eingehg der Verpflichtg zur Vfg gleich, um die sonst mögl Durchsetzg der Vornahme der Vfg im Prozeßwege zu verhindern. Gen ist auch erforderl, wenn der Mdl nur mitberechtigt ist, also auch bei Beteiligg an einer Gemsch zur gesamten Hand (BayObLG JW **21**, 581), u demgemäß zur AuseinandS bei derartigen Mitberechtiggen. Auch bei Beteiligg des TestVollstr besteht das GenErfordern, sofern wg einer vom Erbl angeordneten VfgsBeschränkg eine Mitwirkg des mj Erben erforderl ist (BGH **56**, 284). Dagg bedarf es keiner Gen bei Beteiligg des Mdl an einer jur Pers od wenn das MdlVerm sich nicht in der Verw des Vormd, sond eines TestVollstr befindet (RG JW **13**, 1000). Das gilt auch dann, wenn dieser dem Vormd Mittel zum GrdstKauf aushändigt, sofern das Grdst nicht für das vom Vormd verwaltete Verm, sond – wenn auch zunächst in auftragloser GeschFü – für den Nachl gekauft worden ist (RG **91**, 69). Wird die OHG, an der der Mdl beteiligt ist, durch die Liquidatoren verkauft, so ist eine Gen durch das VormschG begriffl ausgeschl (KG DR **42**, 276). Im Interesse der RSicherh befürwortet die Rspr eine Auslegg der §§ 1821, 1822 als **formale Ordnungsvorschriften** (BGH **38**, 28, **52**, 319). Dem ist – ähnl wie bei § 181 (dort Rn 2) – grdsl zuzustimmen, das schließt jedoch eine Berücksichtigg des Schutzzwecks der Vorschr nicht aus (BGH **38**, 28; **52**, 319). Wg Abschlusses eines Gesch aGrd einer Vollm des Erbl vgl RG **88**, 345 u § 1812 Rn 2 aE. Keine Gen zur ProzFührg als solcher u dem Betreiben der ZwVollstr (§ 1812 Rn 9), ebsowenig zur Bewirkg der Leistg od Abgabe der WillErkl, wenn dazu rechtskr verurteilt worden ist (KGJ **45**, 264; BayObLG MDR **53**, 561).

c) Die Gen ist wesentl Bestandteil des vom Vormd vorzunehmenden RGesch u ist daher **Beschränkung** 6
der Vertretungsmacht. Im übrigen vgl §§ 1828–1831. Sie ist notw für das RGesch als solches, gleichgültig, ob es der Vormd od der Mdl mit seiner Zust vornimmt. Auch sow Mdl unbeschränkt geschäftsfähig ist, bleiben RGesch, zu denen der Vormd der Gen des VormschG bedarf, genehmiggspfl, §§ 112 I, 113 I. Keine Befreiung möglich, Vorschr gelten mit landesrechtl Ausn auch bei Amts- u VereinsVormd. Vor Entscheidg des VormschG ist der Mdl unter den Voraussetzgen des FGG 50 b anzuhören. Es entsch der RPfleger, RPflG 3 Z 2 a. Über Umfang der Gen § 1828 Rn 5. Erhebl Abändergen eines Vertr, dessen Gen das VormschG abgelehnt h, ändern den VerfGgst u können desh im BeschwVerf trotz FGG 23 nicht berücks w (Stgt Just **79**, 265).

2) Die einzelnen Fälle. Nr 1, 3, 4: Genehmigungsbedürftig sind: **a)** Vfgen über ein Grdst, ein 7/8
eingetragenes Schiff od Schiffsbauwerk (SchiffsRG), über die einem Grdst bundes- u landesrechtl gleichgeachteten Rechte wie WohngsEigt, ErbbauR, ErbbRVO 11, ErbpachtR, BergwerksEigt u dgl, Art 63, 67, 68, 74 EG. Gemäß Rn 5 gilt das auch für GrdstAnteil, auch wenn er GesHandsanteil ist, insb also bei AuseinandS der ErbenGemsch, zu der der Mdl gehört (KGJ **38** A 219); nicht aber der unentgeltl Erwerb eines NachlGrdst zu AlleinEigt (BayObLG NJW **68**, 941) u der Teilg von MitEigt an einem Grdst (BayObLG **1**, 420). Genfrei sind Vfgen über Grdst einer OHG, an der Mdl beteiligt ist (RG **54**, 278), u die Veräußerg von GmbH-Anteilen, deren Verm aus einem Grdst besteht (RG **133**, 7). **Verfügungen** (vgl § 1812 Rn 8) **sind** 9
vor allem Veräußerg, Auflassg, auch Rückauflassg aGrd vorbehaltenen Rücktr (BayObLG FamRZ **77**, 141);

privatrechtl Versteigerg dch den NachlPfleger auch dann, wenn der AuktionsVertr bereits vormschgerichtl gen w war (KG NJW-RR **93**, 331); Übern einer Baulast (OVG Münst NJW **96**, 275); Belastg (zB mit einer Grdschuld; aber nicht erneute Gen bei deren Valutierg; BayObLG FamRZ **86**, 597), die Zust zur Vfg eines NichtBerecht (BayObLG **13**, 287), Zust zur Veräußerg, falls Mdl nur Nacherbe (Karlsr RJA **17**, 22), Belastg eines Grdst mit EigentümerGrdschulden (KG JW **32**, 1388). Ausschl des KündR des HypSchu (KG OLG **14**, 262, str) od Änderg der Fälligk des GrdpfandR (BGH BB **51**, 404, nicht aber eine Künd seitens des GrdstEigtümers (BGH ebda), Bewilligg einer GBBerichtigg (KG OLG **25**, 390), einer Vormerkg wg dadch beeinträcht Veräußerbark des Grdst (Ffm FamRZ **97**, 1342), mRücks auf die Änderg der Belastgsverhältnisse des Grdst die Erhöhg des HypZinses, Verlängerg der KündFrist (KGJ **29** A 20), Zust des Eigtümers zur Umwandlg einer Hyp in eine GrdSchu und umgekehrt (vgl BayObLG **2**, 799), einer Sichergs- in eine VerkehrsHyp, da andere Belastg. Keine Vfg über ein Grdst ist der Antr auf ZwVerst eines im MitEigt stehenden Grdst zum Zwecke der Aufhebg der Gemsch (RG **136**, 358; and § 1365 Rn 8). Er ist aber wg ZVG 181 II 2 genehmiggspfl. Nr 1 schützt nur bereits vorhandenes GrdVerm u findet auf Belastgen im

10 ZusHang mit dem GrdstErwerb keine Anwendg (BGH NJW **98**, 453, RG **108**, 356). **Genehmigungsfrei** sind daher beim GrdstErwerb: die Hyp- od GrdSchBestellg, dch die Mittel für den GrdstKauf od auch für and Zwecke beschafft w sollen (BGH aaO), eine NießbrBestellg (BGH **24**, 372), es sei denn unter Vereinbg eines uneingeschränkten VerwertgsR des Nießbrauchers (Celle OLG **74**, 164), die Übernahme von bestehden od die Begründg neuer Lasten (BGH aaO, KG HRR **32**, 1305). Genfrei sind auch die gem ErbbRVO 5 II erforderl Zust für eine Belastg des ErbbauR (LG Ffm Rpfleger **74**, 109); Vfgen ü GrdstBesitz, da Besitz kein R am Grdst (RG **106**, 112); Abtretg des HerausgAnspr, die Zust zum RangRücktr od zur Löschg einer Hyp (vgl KGJ **22** A 140, str), Unterwerfg unter die sof ZwVollstr (KG RJA **7**, 224, str, sa Knopp MDR **60**, 464). Auch keine Gen bei Verurt zur Erkl der Auflassg, selbst nicht bei VersäumnUrt (BayObLG MDR **53**, 561).

11 **Genehmigungserteilung,** wenn § 1804 S 2 vorliegt (Hamm NJW-RR **87**, 453). Die Gen der Auflassg enthält regelm die des obligator Geschäfts (RG **130**, 148) u umgek (BayObLG Rpfleger **85**, 235).

12 **b)** Vfgen über ein Recht am Grdst. Hierhin gehören jedoch nicht Hyp-, Grd- u Rentenschulden, II, für die außer bei angeordneter Hinterlegg, § 1819, die Gen des GgVormd genügt, § 1812 Rn 5, so daß nur bleiben Nießbrauch, Dienstbarkeiten, Reallasten u VorkaufsR. Bei Möglk des Ausfalls in der ZwVerst ist ein vom Pfleger erklärter RangRücktr nicht zu gen (LG Brschw Rpfleger **76**, 310). Vgl dazu §§ 1059, 1092, 1098 I, 1105, 514. Die einzelnen Leistgen aGrd einer Reallast stehen den HypZinsen gleich, § 1107, gehören also ebenf nicht hierher. Für Vfgen über Rechte an einem Recht am Grdst ist keine Gen erforderl (KGJ **40**, 163), ebsowenig für die Überlassg od Ausübg eines GrdstRechts, da über dieses dadurch nicht verfügt wird; aber Gen nach § 1812 erforderl.

13 **c) Nr 4:** Die Eingehg der **Verpflichtung** zu einer der Rn 7–12 gen Vfgen, auch entspr VorVertr über künft MdlVerm (Kln FamRZ **95**, 1232 L). Genehmiggspflichtig desh die Schenkg eines Grdst od von WohngsEigt unter Vorbeh der Rechte aus §§ 528, 530 u unter Begrdg weiterer RückübertraggsAnspr Dr mit entspr Verpfl des Mj (Kln FamRZ **98**, 1326); ferner die unentgeltl Überlassg von WoEigt, wenn die gesetzl Verpfl zur Wiederherstellg des zerstörten Gebäudes nicht unerhebl verschärft w (BayObLG FGPrax **98**, 21 mA Bestelmeyer).

14 **Nr 2, 3, 4:** Nr 2 trifft Anspr, die wirtschaftl Nr 1 gleichzusetzen sind. Hierher gehört zB der Anspr auf Auflassg, hingg nicht die EntggNahme (RG **108**, 356), da darin zwar eine Vfg über den Anspr auf EigtÜbertr, nicht aber der von Nr 2 zu verhindernde RVerlust liegt. Genehmiggsbedürftig auch der Anspr aus dem Meistgebot, ZVG 81 II, die Wiederaufhebg von GrdstKauf od -schenkg (Karlsr FamRZ **73**, 378), die Vfg über eine Vormkg zur Sicherg des Anspr auf EigtÜbertr (KG Recht **29**, 2371); nicht hierunter (sond unter § 1812) fallen aber Vfgen über Rechte an Hyp-, Grd- u Rentenschulden, II, zB Löschgsbewilligg für den HypNießbr (KGJ **40** A 163). Entspr gilt für Nr 3, durch VO v 21. 12. 40, RGBl 1609, eingefügt.

15 **Nr 5:** Gen erforderl für jeden entgeltl Erwerb eines Grdst, eingetragenen Schiffs od Schiffbauwerks (vgl oben Rn 8), deshalb auch für Tausch. Entgeltlichkeit liegt auch vor, wenn das Kaufgeld durch HypBestellg gedeckt wird (BayObLG JFG **5**, 305), nicht aber bei Schenkg, auch wenn Nießbrauch od sonstige Lasten vorbehalten sind (BayObLG **67**, 245), od jene unter Auflage erfolgt ist, außer wenn die Erfüllg der Auflage die GgLeistg ist. Gleichgült ist, wie der Erwerb erfolgt; genehmiggsbedürftig also auch Ausübg des Miterben-vorkaufsR, wenn zum Nachl ein Grdst gehört (SchlHOLG SchlHA **56**, 262). Ein nicht genehmigtes Gebot, das bei der ZwVerst für den Mdl abgegeben wird, ist demgemäß zurückzuweisen. Der entgeltl Erwerb von Hyp-, Grd- und Rentenschulden bedarf auch hier nicht der Gen des VormschG, II; vgl dazu §§ 1807 I Nr 1, 1810. Es ist kein Fehlgebrauch des Ermessens (Rn 2), wenn die von dem Kind übernommenen gesamtschuldner Verbindlken den Wert des ihm übertragenen MitEigtAnteils übersteigen (BayObLGZ **77**, 121). Bei Erwerb dch Makler wird Mdl idR auch dessen VertrPartner (Ffm DAV **87**, 149). Ausstehen der Gen steht der Eintragg einer Vormerkg nicht entgg (BayObLG DNotZ **94**, 182).

1822 *Genehmigung für sonstige Geschäfte.* **Der Vormund bedarf der Genehmigung des Vormundschaftsgerichts:**

1. zu einem Rechtsgeschäfte, durch das der Mündel zu einer Verfügung über sein Vermögen im ganzen oder über eine ihm angefallene Erbschaft oder über seinen künftigen gesetzlichen Erbteil oder seinen künftigen Pflichtteil verpflichtet wird, sowie zu einer Verfügung über den Anteil des Mündels an einer Erbschaft;

2. zur Ausschlagung einer Erbschaft oder eines Vermächtnisses, zum Verzicht auf einen Pflichtteil sowie zu einem Erbteilungsvertrage;

3. zu einem Vertrage, der auf den entgeltlichen Erwerb oder die Veräußerung eines Erwerbsgeschäfts gerichtet ist, sowie zu einem Gesellschaftsvertrage, der zum Betrieb eines Erwerbsgeschäfts eingegangen wird;

4. zu einem Pachtvertrag über ein Landgut oder einen gewerblichen Betrieb;

5. zu einem Miet- oder Pachtvertrag oder einem anderen Vertrage, durch den der Mündel zu wiederkehrenden Leistungen verpflichtet wird, wenn das Vertragsverhältnis länger als ein Jahr nach dem Eintritt der Volljährigkeit des Mündels fortdauern soll;
6. zu einem Lehrvertrage, der für längere Zeit als ein Jahr geschlossen wird;
7. zu einem auf die Eingehung eines Dienst- oder Arbeitsverhältnisses gerichteten Vertrage, wenn der Mündel zu persönlichen Leistungen für längere Zeit als ein Jahr verpflichtet werden soll;
8. zur Aufnahme von Geld auf den Kredit des Mündels;
9. zur Ausstellung einer Schuldverschreibung auf den Inhaber oder zur Eingehung einer Verbindlichkeit aus einem Wechsel oder einem anderen Papiere, das durch Indossament übertragen werden kann;
10. zur Übernahme einer fremden Verbindlichkeit, insbesondere zur Eingehung einer Bürgschaft;
11. zur Erteilung einer Prokura;
12. zu einem Vergleich oder einem Schiedsvertrag, es sei denn, daß der Gegenstand des Streites oder der Ungewißheit in Geld schätzbar ist und den Wert von fünftausend Deutsche Mark nicht übersteigt oder der Vergleich einem schriftlichen oder protokollierten gerichtlichen Vergleichsvorschlag entspricht;
13. zu einem Rechtsgeschäfte, durch das die für eine Forderung des Mündels bestehende Sicherheit aufgehoben oder gemindert oder die Verpflichtung dazu begründet wird.

1) Vgl § 1821 Rn 1. Nach Ändg des RPflG dch Art 3 Nr 2 c BtG entsch immer der RPfleger. **Negativatteste** des VormschG, daß ein RGesch der vormschgerichtl Gen nicht Bedarf, binden das GBA nicht (Zweibr NJW-RR **99**, 1175). 1

2) Nr 1: Verpflichtung zur Verfügung über das Vermögen im ganzen, vgl § 311 u Anm: nicht genügd, wenn Verpflichtgswille auf EinzelVermStücke geht (BGH DNotZ **57**, 504), mögen diese auch im Ggsatz zu § 1365 Rn 4, 5, § 1423 tatsächl das ganze Verm ausmachen (aM Kurz NJW **92**, 1799). Eine Vfg über das Verm im ganzen ist im BGB ledigl bei Vereinbg u Aufhebg der GütGemsch mögl, für die ebenf Gen des VormschG erforderl ist, §§ 1411 I 2, 1484 II, 1492 III. Ob die Vfg über einen Ggst aus einer VermMasse der Gen bedarf, richtet sich nach den dafür in Betr kommenden Vorschr. 2

3) Nr 1 und 2; Erbschaft: a) Verpflichtg zur Vfg über eine angefallene Erbsch, der der Erbteil gleichsteht, § 1922 II: Veräußerg der Erbsch, §§ 2371 ff, 2385, Bestellg eines Nießbrauchs an der Erbsch, § 1089; – **b)** Verpflichtg zur Vfg über den künftigen gesetzl Erb- od Pflichtteil, § 312 II; – **c)** Vfg über den Anteil an der Erbsch, § 2033, durch Veräußerg, Belastg, Verzicht zG eines and Erben. – **d)** Ausschlagg einer Erbsch, §§ 1942 ff, nicht erforderl zur Annahme, wohl aber zu deren Anfechtg, die als Ausschlagg gilt, § 1957 I. *Länder der früh BrZ:* Genehmigg erforderl auch bei Ausschlagg eines Hofes, HöfeO 11; – **e)** Ausschlagg eines Vermächtnisses, § 2180, nicht zur Annahme u auch nicht zu deren Anfechtg; – **f)** PflichtT- u ErbVerzVertr (§§ 2346, 2347). Der VormschRi haftet, wenn er die Gen ohne Ermittlgen über die VermVerhältn des Va erteilt (BGH FamRZ **95**, 151). Genbedürft auch der Verz auf den angefallenen PflichtT (§§ 2303 ff). – **g)** ErbteilgsVertr, gleichgültig, ob gerichtl oder außergerichtl, ferner ob ErbenGemsch dadurch im ganzen od nur bzgl eines NachlGgstandes aufgeh wird (KGJ **42**, 49). Auch wenn Mdl bei Teilg nicht alles erlangte, wird Vertr vom VormschRichter doch zu genehmigen sein, wenn im ganzen vorteilhaft (vgl KG JFG **8**, 55). Kein ErbteilgsVertr, wenn durch sämtl Erben Erbsch an Dritte verkauft wird; vgl dann aber ggf § 1821 Z 1 und 3. Keine Gen zur Erhebg der Teilgsklage, § 2042. Eine im voraus erteilte vormschgerichtl Gen kann, sofern der wesentl Inh des Vertr bereits feststeht (KG MDR **66**, 238), nicht mehr nachträgl versagt w (Memmg FamRZ **77**, 662); – **h)** sonstige Fälle, in denen Gen erforderl: ErbVertr, § 2275, zu seiner Anfechtg für den geschäftsunfähigen Erbl, § 2282 II, zur Einwilligg in die Aufhebg des Erbvertrages, §§ 2290 f, Verzicht des Abkömmlings auf seinen GesGutsanteil, §§ 1491 III, 1517 II. Keine Gen zur Errichtg eines Test. 3 4/5 6 7 8 9 10

4) Nr 3: Erwerbsgeschäft (Lit: Klüsener Rpfleger **90**, 321; Thiele, KiVermSchutz im PersonalUnternR, 1992; Fortun NJW **99**, 754 insb zur Unternehmsakquisition in Form des Asset od Share Deal) ist jede berufsmäßig ausgeübte, auf selbständigen Erwerb gerichtete Tätigk, gleichgültig, ob es sich um Handel, Fabrikationsbetrieb, Handwerk, Landwirtsch, wissenschaftl, künstlerische od sonstige Erwerbstätigk handelt (RG **133**, 11). Wg Ermächtigg des Mdl zum selbständigen Betrieb eines Erwerbsgeschäfts vgl § 112, wg des Beginns u der Auflösg eines solchen, § 1823. Anhörg des Mdl: FGG 50 b IV. Der Gen bedarf 11

a) der entgeltl **Erwerb oder** die **Veräußerung** eines Erwerbsgeschäfts; ebso die Bestellg eines Nießbrauchs daran u die Verpfändg. Gleichgültig, ob Firma (Warn **08**, 70) sowie ob die Aktiven u Passiven übergehen (Kassel OLG **10**, 12), ob Geschäft allein od zus mit andern erworben, ob Gesch im ganzen od nur GeschAnteil veräußert wird (RG **122**, 370). Auch der Erw v Beteiliggen an einer AG od GmbH, die ein ErwGesch betreiben, ist also genpflicht, wenn die Höhe u die Umst der Beteiligg wirtsch dem Erw eines ErwGesch gleichkommen (KG JW **26**, 600; NJW **76**, 1946). Hingg ist die Auflösg eines solchen Gesch seiner Veräußerg nicht gleichzustellen (BGH **52**, 319). Verkauf des ges Inventars eines Hofes, da auch dann der landwirtschaftl Betrieb als Einh bestehen bleibt (BGH **LM** Nr 2). Da eine Arztpraxis an die Pers des Arztes gebunden ist, ist der Verkauf nach seinem Tode nicht genehmiggspfl (RGZ **144**, 5). Die schenkw Übertragg eines GmbH-Anteils an den Mdl ist nicht nach Nr 3 genbedürft (BGH **107**, 23); wohl aber die Veräuß sämtl GeschAnteile (Hamm FamRZ **84**, 1036; aA Damrau RPfleger **85**, 62; vgl auch Gerken Rpfleger **89**, 270). Genfrei ist der unentgeltl Erwerb u die **Fortführung eines ererbten Geschäfts**, u zwar auch die in ungeteilter ErbGemeinsch (BGH NJW **85**, 136). Gg die in diesen Fällen drohenden Haftgsrisiken wird der Mdl jetzt dch § 1629 a geschützt. 12 13

b) ein **Gesellschaftsvertrag,** der den Betr eines ErwGeschäfts vorsieht (Lit: Klüsener Rpfleger **90**, 321; Oelers MittRhNotK **92**, 69). **aa) Genehmigungspflichtig** ist also die Grdg einer OHG od KG, selbst wenn der Mj nur Kommanditist w soll; ebso der Eintr des Mdl in eine bestehende OHG (BGH **38**, 26) od KG als Komm (BGH **17**, 160), in einen gesetzl Immobilienfonds (Ffm/Darmst NJW-RR **99**, 1236) od in eine MietsHsGes (Zweibr NJW-RR **99**, 1175); die Begrdg einer stillen Ges (LGe Bielef NJW **69**, 753; Mü II NJW-RR **99**, 1018), auß bei einmaliger KapBeteiligg ohne Beteiligg am Verlust (BGH JZ **57**, 382; BFH Betr 14

74, 365); Errichtg einer GbR zZw der Verw u Verwertg von Immob (BayObLG FamRZ **96**, 119, **97**, 842); Grdg einer LeasingGes (BayObLG FamRZ **90**, 208); im Hinbl auf die Haftg des VorGesellschafters die Grdg einer KapGes wie AG, GmbH (Kurz NJW **92**, 1800 mN). Entgeltlkeit liegt auch vor, wenn dem Mj der Kaufpreis für den Erwerb der GesAnteile schenkw zur Vfg gestellt w (vgl Brem NJW-RR **99**, 876). Genbedürft ferner fundamentale Ändgen eines GesVertr, also nicht, wenn damit ledigl eine bereits vorher von den Ges übernommene Verpfl erfüllt od die Änd dch MehrhBeschl vorgen w (Knopp BB **62**, 943; s u). Die Gen ist zu erteilen, wenn das Gesch einer wirtsch VermVerw entspr (Ffm/Darmst NJW-RR **99**, 1236). Erforderl ist eine sorgfält Abwägg aller Umst; die Tats der Haftg des Mj aus dem GesVerh reicht für die Versagg der Gen nicht aus (Hamm BB **83**, 791). Nicht gen-fäh ist ein langfrist GesVertr, der auch nach Erreichen der Volljk unkündb ist u dem Ki bei entsch Fragen die Mitwirkg versagt (BayObLG FamRZ **97**, 842). –
15 **bb) Nicht genehmigungspflichtig** ist eine Ges zZw reiner VermVerw (LG Münst FamRZ **97**, 842); ferner der Erw einer GesBeteiligg dch Gesetz, insb kr ErbR aGrd einer entspr Nachfolgeklausel im GesVertr, es sei denn, diese begründet ledigl eine Verpfl der übr Gter zur Aufn des Erben (KG HRR **33**, Nr 815; Kurz NJW **92**, 1800); die Aufn Dr als neuer Gter in eine oHG od sonst unwesentl VertrÄndergen (BGH **38**, 26; aA MüKo/Schwab 28) od eines Dr als stillen Gter (KG OLG **21**, 290); Eingehg einer still Ges im Namen der KG, an der Mj beteil ist (BGH NJW **71**, 375); Kündigg od Auflösg des GesVerh dch Beschl (BGH **52**, 316; Wiedemann JZ **70**, 290; Soerg/Damrau 18); das Ausscheiden eines MitGters od die dahingehde Kündigg (BGH NJW **61**, 724). – **cc)** Der **Verstoß** gg die GenPfl führt zu einer unwirks Beteiligg des Mj. Die im ErwGesch abgeschl RGeschäfte sind wirks. Aber keine Haftg des Mj aus der fakt Ges (§ 705 Rn 10 ff), unbeschadet der Haftg der übr Gter (BGH **17**, 165; NJW **83**, 748).

16 **5) Nr 4: Pachtvertrag,** gleichgült ob Mj Pächter od Verp (Erm/Holzhauer 6) u o Rücks auf die Dauer, dann aber ggf zusätzl GenPfl nach Rn 5. PachtGgst muß sein: **a) Landgut** (§ 98 Rn 4, §§ 585 ff); bei Verpachtg einz Ggste: Rn 5, od **b) gewerblicher Betrieb** (vgl HGB 22 II), auch selbständ verp land- u forstw NebenBetr.

17 **6) Nr 5: a) Miet- oder Pachtvertrag,** gleichgült, ob Mdl Mieter, Vermieter, Pächter od Verpächter, ob bewegl od unbewegl Sache (KG JFG **1**, 83). Nr 4 und 5 auch nebeneinand anwendb (RG **114**, 37). Keine analoge Anwendg auf Verpfl zu dauernder Bereitstellg von Kfz-Einstellplätzen (BGH NJW **74**, 1134). Wg
18 MietVertr bei Bt vgl § 1907 III. – **b) wiederkehrende Leistungen,** zB Versichergsverträge (Hamm VersR **92**, 1502; LG Hbg NJW **88**, 215; Winter ZVersWiss **77**, 145; Hilbert VersR **86**, 948), insb KapLebVers (Hamm NJW-RR **92**, 1186; AG Hbg NJW-RR **94**, 721: keine Gen dch Fortzahlg nach Eintr der Volljk), Altenteil, Abzahlgsverträge (LG Bln NJW **63**, 110; aM Schmidt BB **63**, 1121), An- u Bausparverträge (LG Dortm MDR **54**, 546); auch bei einheitl, aber in Raten zu tilgder Verbindlk (Stgt FamRZ **97**, 101); ferner Rentenversprechen, Zusage eines Ruhegehalts (RAG **11**, 331); über ges UnterhPfl hinausgehde ZahlgVerspr (MüKo/Schwab 37); aber nicht ArbLeistgen (RAG JW **29**, 1263, vgl aber Rn 20); auch nicht Verpflichtg des mj Vaters zur UnterhZahlg, da idR nicht Vertr, sond einseit schuldbestätigdes Anerkenntn, auch wenn in Form von ZPO 794 I Z 5 (KG FamRZ **71**, 41; Bronsch NJW **70**, 49; Odersky FamRZ **71**, 137). Auch keine entspr Anwendg, da Aufzählg von § 1822 geschl (aM LG Köln NJW **69**, 1907; Wiegel FamRZ **71**, 17).
19 **Gemeinsame Voraussetzungen für a) und b),** daß VertragsVerh länger als ein Jahr nach Eintr der Volljk des Mdl (§ 2) fortdauern soll (geänd dch VolljkG Art 1 Z 10), also nicht eher vom Mdl gekündigt w kann. Dem steht gleich, wenn zwar bald gekündigt w kann, VVG 165, damit aber erhebl VermEinbußen verbunden sind (BGH **28**, 78). Ist Vertr nicht genehmigt, so richtet sich Wirksamk nach § 139 (RG **114**, 35), gilt also bei Vereinbg, daß die Nichtigk einzelner Best die Gültigk des übrigen Vertrags nicht berühren soll, bis ein Jahr nach Vollendg der Volljährigk (BGH FamRZ **62**, 154); ebso wenn er hins eines Mdl diese Zeitdauer übersteigt. Ein VersVertr auf den Todes- od Erlebensfall kann aber wg der bei kürzerer VertrDauer höheren Prämie nicht bis ein Jahr nach Vollendg der Volljährigk aufrechterhalten w (BGH **28**, 83). Nicht unter Z 5 fällt der GrdstErwerb mit der ges Folge des § 571 (BGH NJW **83**, 1780) sowie der Beitritt zu Vereiniggen, Gewerkschaften u dergl wg der Beitragszahlg; hier muß die Möglichk des jederzeitigen Austritts genügen (Woltereck Arb u Recht **65**, 240).

20 **7) Nr 6 u 7: Lehr-, Dienst- u Arbeitsverträge,** die für länger als ein Jahr geschl werden, dh nicht eher seitens des Mdl kündbar sind; vgl auch Rn 18, 19. Nicht unter Nr 7 fallen persönl Leistgen, zu denen Mdl als Gesellschafter verpflichtet ist. Das Ger hat nicht nur die vermögensrechtl Seite des Vertr zu prüfen, sond auch, ob das leibl, geistige u sittl Wohl des Mdl gewahrt ist. Für das JA als AmtsVormd od Pfleger ist Gen nicht erfdl (SGB VIII 56 II 2). Die AusführgGe der Länder können weitere Befreigen vorsehen (SGB VIII 56 II 3).

21 **8) Nr 8: Geld auf Kredit** in jeder Form (RG JW **12**, 590), also auch in Gestalt des Kontokorrentverkehrs (KG OLG **21**, 289), Schuldanerkenntnis od Versprechen zum Zwecke der Geldbeschaffg (KG OLG **21**, 289), uU auch DarlVorvertrag (RAG **21**, 129); nicht aber für den Abzahlgskauf (BGH WM **72**, 698); bei einem drittfinanzierten KreditKauf handelt es sich neben dem Kauf um Aufnahme eines Darlehns (BGH NJW **61**, 166), also Gen erforderl (LG Mannh NJW **62**, 1112). Nicht genpflicht sind Aufwendgen für DarlBeschaffg wie Mäklerlohn, mögen sie auch Darlehen kürzen (BGH MDR **57**, 410), Geldaufnahme durch Dritten, dem laut GesellschVertr mit dem Mdl GeschFührg zusteht (BayObLG **2**, 847), auch nicht die Sichergsabtretg; ist das Kreditgeschäft nicht genehmigt, aber § 812 (RG HRR **32**, 1755). Zur steuerl Behdlg der DarlGewährg od stillen Beteiligg dch Mdl aus zuvor **geschenkten Beträgen:** BFH NJW **93**, 2556 u 2559.

22 **9) Nr 9: Schuldverschreibungen auf den Inhaber, Orderpapiere.** Die Gen ist mit Rücks auf Klagemöglichk im Wechselprozeß zweckmäßigerw in den Wechsel aufzunehmen. Bei Wechsel an eig Order Gen nicht zur Ausstellg, sond erst zur Begebg erforderl (RG JW **27**, 1354). Allg Ermächtigg mögl, § 1825.

23 **10) Nr 10: Übernahme einer fremden Verbindlichkeit.** GrdGedanke: Erfahrgsgem ist Bereitsch zur Eingehg der Verpfl größer, wenn nicht sofort zu leisten ist od Erstattg des Geleisteten verlangt w kann. Daraus folgt als Einschrkg ggü dem Wortlaut: Genpflichtig ist nur die Übern solcher Verbindlichk, für deren Begleichg Mdl Ers vom ErstSchu verlangen kann (RG **133**, 13; **158**, 215). Z 10 verlangt nicht schlechthin die Gen für riskante Gesch (BGH **41**, 79). Desh unanwendb bei Haftg aus § 571 nach GrdstErwerb (BGH NJW **83**, 1780) od wenn Mdl Schuld tilgt (RG **75**, 357, dann aber § 1812 beachten) od als eig übernimmt ohne

entspr ErstattgsAnspr; ebso bei HypÜbern bei GrdstSchenkg (KG JW **35**, 55) od in Anrechng auf den Kaufpr (RG **110**, 175; vgl auch § 1821 Rn 10). Iü allg Ermächtigg mögl, § 1825. **Genehmigungsbedürftig** sind 24
Bürgsch, Verpfändg (RG **63**, 76), auch Austausch des PfandGgst (Engler Rpfleger **74**, 144), Sichergsübereigng für fremde Schuld (RG HRR **36**, 336), SchuldÜbern jeder Art, §§ 414 ff, wenn Erstattg vorgesehen ist, ferner wenn Mdl bl MitEigtAnteil erwerben, aber gesamtschuldnerisch für den gesamten Kaufpr haften soll (BGH **60**, 385). Unerhebl, ob die Haftg für die fremde Verbindlk auf der Erkl od als deren Folge auf Ges beruht (RG **133**, 7). Auf die Beteiligg an einer **GmbH** bei Gründg bzw dch späteren Erwerb von Anteilen ist 25
Z 10 nur anzuwenden, wenn der Mdl damit eine fremde Verbindlichk übernimmt, insbes dann, wenn er für den Fehlbetrag einer noch nicht voll eingezahlten Einlage einstehen muß (BGH **107**, 23). Nicht unter Z 10 26
fällt der Beitritt eines Mj zu einer **Genossenschaft** mit beschr Haftg (BGH **41**, 71). Ferner keine Gen erfdl für die Verpfl, einer GrdSchu unterliegde Sachen zu versichern (BayObLG FamRZ **86**, 597).

11) Nr 11: Erteilung der Prokura, HGB 48 ff, ist genehmiggsbedürftig, nicht ihre Zurücknahme HGB 27
52, nicht die Erteilg sonstiger Handlgsvollmachten, HGB 54. Die nicht genehmigte Erteilg der Prokura ist unwirks, auch wenn sie ins HandelsReg eingetragen ist (RG **127**, 157). Der Prokurist bedarf zu Geschäften im Umfange des HGB 49 nicht der Gen, selbst wenn diese bei Vornahme des Geschäfts durch den Vormd erforderl wäre (vgl RG **106**, 185), auch nicht, wenn im vom Mdl ererbten ErwerbsGesch Prokurist schon vorher bestellt war (Hamm BB **56**, 900). Vormd kann durch Pfleger mit Gen des VormschG zum Prokuristen bestellt werden, jedoch nicht sich selbst bestellen, § 1795 II. Z 11 unanwendbar bei Erteilg der Prokura für GmbH, an der Mdl beteiligt ist (KG RJA **12**, 237).

12) Nr 12: Vergleich, Schiedsvertrag. Genehmiggsbedürftig ist – **a)** der Vergl, auch der UnterhVergl 28
nicht aber die Stimmabgabe für einen InsPlan (InsO 237 ff). Genbedürft ist auch der ProzVergl (RG **56**, 333; **133**, 259), es sei denn, der Vgl stimmt mit einem schriftl od prot gerichtl VerglVorschl überein, weil der Schutz des Mdl hier eine erneute gerichtl Überprüfg nicht gebietet. Vorschl des Vorsitzden od BerErstatter reicht aus. Der endgült Vergl braucht auch nicht vor dem zust Ger geschl worden zu sein. – **b)** Schiedsvertrag, 29
ZPO 1025 ff. **Gemeinsame Voraussetzungen für a und b,** daß Ggst des Streits od der Ungewißh, nicht etwa der des gesamten Anspr, 5000 DM übersteigt od unschätzb ist. Berechng: ZPO 3 ff. Gen bleibt auch bei Unterschreiten der Grenze v 5000 DM erfdl, wenn RGesch aus and Grden der Gen bedarf.

13) Nr 13: Aufhebung einer Sicherheit (Hyp, Grd- u RentSchuld, SichergsNießbr, PfdR usw) betrifft 30
den obligatorischen u dingl Vertrag. Hierunter fallen zB Aufgabe der dingl Sicherh für die bestehenbleibende persönl Fdg (KGJ **33** A 46), Verzicht auf Hyp (KG OLG **8**, 359). Wg der damit verbundenen Erschwerg der Rechtsverfolgg die Umwandlg einer gewöhnl Hyp in eine SichergsHyp, § 1186, nicht umgekehrt (Dresd OLG **29**, 372). Zust des Nacherben zur Aufhebg einer zur Nacherbsch gehörenden Hyp (Dresd Recht **06**, 477), Vorrangeinräumg (BayObLG **17**, 173), Verteilg der GesamtHyp auf die einzelnen Grdst, § 1132 II, Verzicht auf Sicherh, § 232, ZPO 108 ff, 710. Keine Gen zur Löschg einer Hyp, wenn Mdl Nießbraucher der Fdg (KGJ **40**, 163 str), ferner nicht bei Wegfall der Sicherg inf Erfüllg der Fdg. Wird zugl über Sicherg u Fdg verfügt, sind §§ 1812 f, 1821 anwendb (Haegele/Schöner/Stöber GrdbR Rn 3719). VormschRichter hat zu beachten, daß MdlSicherh gewahrt bleibt, §§ 1807 f.

1823 ***Erwerbsgeschäft des Mündels.*** **Der Vormund soll nicht ohne Genehmigung des Vormundschaftsgerichts ein neues Erwerbsgeschäft im Namen des Mündels beginnen oder ein bestehendes Erwerbsgeschäft des Mündels auflösen.**

Anders als §§ 1821 f nur OrdngsVorschr. Also Wirksamk auch ohne Gen, Eintragg ins HandelsReg darf 1
nicht abgelehnt w (KGJ **20** A 160). Mdl wird Kaufmann. Bei Zuwiderhdlgen aber §§ 1833, 1837, 1886, 839. Wg des Betriebs des Geschäfts durch Mdl § 112, wg Erwerb u Veräußerg § 1822 Z 3. Keine Gen zur Fortführg eines Erwerbsgeschäfts, zB also wenn der Eintritt des zum Erben berufenen Mdl als Mitgesellschafter im GesellschVertr schon bestimmt ist, nicht aber, wenn erst GesellschVertr zur Fortführg des väterl Geschäfts geschl od der alte GesellschVertr durch den Tod aufgelöst ist, § 727 I, u nunmehr die Fortführg wiederum in Form einer Gesellsch vereinbart wird, vgl § 1822 Rn 11–14.

1824 ***Überlassung von Gegenständen an den Mündel.*** **Der Vormund kann Gegenstände, zu deren Veräußerung die Genehmigung des Gegenvormundes oder des Vormundschaftsgerichts erforderlich ist, dem Mündel nicht ohne diese Genehmigung zur Erfüllung eines von diesem geschlossenen Vertrags oder zu freier Verfügung überlassen.**

Allg gilt, daß die Gen des GgVormd u VormschG nicht nur bei Hdlgen des Vormd selbst, sond auch bei 1
solchen des Mdl, denen der Vormd zustimmt, erforderl ist. Könnte der Vormd dem Mdl ohne weiteres jeden Ggst wirks zur freien Vfg überlassen, so ergäbe sich aus § 110 eine Umgehgsmöglichk der §§ 1812 f, 1819 ff, die § 1824 verschließt.

1825 ***Allgemeine Ermächtigung.*** **I Das Vormundschaftsgericht kann dem Vormunde zu Rechtsgeschäften, zu denen nach § 1812 die Genehmigung des Gegenvormundes erforderlich ist, sowie zu den im § 1822 Nr. 8 bis 10 bezeichneten Rechtsgeschäften eine allgemeine Ermächtigung erteilen.**

II Die Ermächtigung soll nur erteilt werden, wenn sie zum Zwecke der Vermögensverwaltung, insbesondere zum Betrieb eines Erwerbsgeschäfts, erforderlich ist.

Grds muß **jedes einzelne Geschäft** dch das VormschG oder den GgVormd genehmigt w. Hiervon schafft 1
§ 1825 eine Ausnahme für die im GeschLeben häufiger vorkommenden Geschäfte des § 1822 Z 8–10 u die

Vfgen über das KapitalVerm, § 1812, durch die Ermöglichg einer allg Ermächtigg, wenn sie zum Zwecke der VermVerw, insb zum Betriebe eines Erwerbsgeschäfts, das oft durch jene überh erst durchführbar ist, erforderl wird. Die allg Ermächtigg kann für alle im § 1825 genannten Geschäfte, aber auch nur für einzelne Gruppen od Teile von ihnen gewährt werden. Sie hat zur Folge, daß Vormd der Gen nicht bedarf, wirkt also wie eine Befreiung. Eines Vermerks auf der Bestallg bedarf es nicht, er ist aber zweckm. Auch wenn Voraussetzgen von II nicht vorliegen, ist das auf die Wirksamk des Geschäfts ohne Einfluß. Ermächtigg ist dann aber zu entziehen, FGG 18, was auch sonst jederzeit mögl ist. Wird allg Ermächtigg gegeben, so hat der GgVormd ein BeschwR. Eine allg Ermächtigg über § 1825 hinaus ist unstatth, vgl RG **85**, 421.

1826 ***Anhörung des Gegenvormundes.*** **Das Vormundschaftsgericht soll vor der Entscheidung über die zu einer Handlung des Vormundes erforderliche Genehmigung den Gegenvormund hören, sofern ein solcher vorhanden und die Anhörung tunlich ist.**

1 Ist GgVormd vorhanden, so soll VormschG ihm vor der Entscheidg über die Gen Gelegenh geben, sich mdl od schriftl zu äußern. Das gilt auch, wenn Gen des GgVormd durch die des VormschG ersetzt w soll, § 1812 II, KGJ **27** A 14. Unterbleiben kann Anhörg nur bei Untunlichk, also unverhältnism Kosten, erheblichem Zeitverlust. Ist Anhörg zu Unrecht unterblieben, so berührt das die Wirksamk der Entsch des VormschG nicht, da nur Ordngsvorschrift. GgVormd hat aber BeschwR, FGG 20.

1827 ***Anhörung des Mündels.*** *(Aufgehoben durch Art 1 Ziff 50 SorgRG mit Rücksicht auf § 50b FGG; vgl jetzt Einf 10 vor § 1626.)*

1828 ***Erklärung der Genehmigung.*** **Das Vormundschaftsgericht kann die Genehmigung zu einem Rechtsgeschäfte nur dem Vormunde gegenüber erklären.**

1 **1) Zweck** der Vorschr ist es, dem Vormd die Wahl zu lassen, ob er von den Gen Gebr machen will (RG **130**, 151). **Zwingendes Recht.** Der Vormd kann also nicht auf Erkl der Gen ihm ggü verzichten (Düss NJW **59**, 391). Vorschr bezieht sich auf jede Art von RGeschäften, auch solche, die der Mdl mit Zust des Vormd od solche, die Vormd zwar im eig Namen, aber für Mdl (vgl § 1793 Rn 6), od auch für den Mdl zugl vornimmt (BayObLG **13**, 22). Sie gilt nicht, wenn Gen des VormschG nur erfolgen „soll", es sich also um Ordngsvorschr handelt, und daher Ausbleiben der Gen Wirksamk des RGeschäfts nicht beeinflußt, §§ 1810, 1823, ferner nicht im Falle des § 1811 (RG JW **17**, 290) od wenn Zust des Vormd durch das VormschG ersetzt wird, § 113 III, EheG 3 III, 30 III, wohl aber dann, wenn Gen des GgVormd zum Zustandekommen des RGeschäfts erforderl, da dann nicht nur OrdngsVorschr (vgl § 1832 Rn 1), und diese Gen durch das VormschG ersetzt wird (dazu § 1810 Rn 1).

2 **2) Die Genehmigung des Vormundschaftsgerichts. – a)** Die Gen des VormschG ist ein hoheitl Akt, den dieses in Ausübg der staatl Fürs vornimmt. Durch das Erfordern der Gen ist die **Vertretungsmacht des Vormunds beschränkt** (BayObLG FamRZ **90**, 1132). Die Gen des VormschG wird damit zum wesentl Bestandt des vom Vormd vorzunehmden RGesch, hat also auch privrechtl Wirkgen u insofern rechtsgeschäftl Eigensch (RG **137**, 345 str; and die hL, die in der Gen einen nur nach den Vorschr des FGG korrigierb gerichtl Akt sieht, vgl MüKo/Schwab Rn 5 mwN). Die Gen kann nach der hier vertretenen Ansicht durch den Vormd (falls dieser selbst beteiligt ist, durch einen Pfleger) wg Irrtums, Täuschg, Drohg angefochten werden (Darmst OLG **22**, 130). Entsprechd anwendbar ist ferner § 184 (nicht aber § 182). Wird Gen also nachträgl erklärt, so wirkt sie auf den Zeitpkt der Vornahme des RGesch zurück (RG **142**, 62), soweit nicht etwas and bestimmt ist, ohne daß dadurch aber Vfgen aus der Zeit vor der Gen, soweit der Vormd verfügen konnte, unwirks werden (KG OLG **6**, 294). Die Gen kann auch unter einer Bedingg (aber nicht unter einer auflösenden) erkl werden; das gilt dann als Verweigerg der Gen unter gleichzeitiger vorheriger Gen des bedinggsgemäß vorgenommenen RGeschäfts (RG **85**, 421; KG JW **37**, 1551). Hingg ist die Wirksamk der Gen von der Erfüllg der seitens des VormschG anläßl der Gen gemachten Auflage nicht abhängig (BayObLG **22**, 331). Hat Vormd das genehmiggsbedürftige RGesch innerh einer bestimmten Frist vorzunehmen, so muß Gen des VormschG, um Wirkgen äußern zu können, innerh dieser Frist erfolgt u dem Vormd bekanntgemacht sein.

3 **b)** Die Gen (der Sprachgebrauch in §§ 1828 ff entspricht nicht §§ 183 f) wird üblicherw **nachträglich** (§ 1829), sie kann aber auch **vorher** erteilt werden (KG RJA **15**, 264); sie muß vorher erteilt sein bei einseitigen RGesch, § 1831. Zu welchem Zeitpkt um die Gen nachgesucht wird, unterliegt dem Ermessen des Vormd (BayObLG **1**, 419). Vorherige Einholg der Gen wird aber nur mögl sein, wenn der Inhalt des Vertr im wesentl feststeht (KG OLGZ **66**, 78). Einzelh können allerdings der Vereinbg der Beteiligten überlassen bleiben (Warn **19**, 59). Eine allg Ermächtigg ist nur im Rahmen des § 1825 mögl (vgl RG **85**, 421).

4 **c)** Maßgebend für die Entscheidg des VormschG ist **das Mündelinteresse** (BayObLG FamRZ **89**, 540), wie es sich zZ der Entscheidg, nicht des VertrSchlusses (KG OLG **43**, 382), darstellt. Es handelt sich um eine **Ermessensentscheidung** (§ 1821 Rn 2). Das VormschG hat aber nicht nur die Zulässigk des RGesch zu prüfen, sond hat auch Zweckmäßigk u Vorteile ideeller Art (KG JFG **13**, 187; LG Kiel MDR **55**, 37) zu erwägen. Die Gen des Verkaufs eines Grdst dch den Betr hat sich vorrangig an den Wünschen des Betreuten auszurichten (BayObLG FamRZ **98**, 455). Das Interesse des Vormd od eines Dritten hat das VormschG nicht wahrzunehmen. Jedoch kann die Erhaltg des FamFriedens im wohlverstandenen MdlInteresse liegen u sogar aus BilligkGrden die unentgeltl Aufgabe von Vermögenswerten rechtfertigen (KG JW **36**, 393; LG Lübeck FamRZ **62**, 312; vgl zur Abwägg eines solchen GesInteresses etwa BayObLG FamRZ **90**, 208). Das VormschG hat auch allg Vorschriften zu beachten. Die Gen ist also zu verweigern, wenn dem Geschäft §§ 134, 138 entggstehen od es offenbar ungültig ist (KG RJA **15**, 180). In vermögensrechtl Angelegenh braucht sich das rein geldl nicht schon immer mit MdlInteresse zu decken (KG OLG **43**, 380), wenn das auch idR der Fall sein wird. Gen ist aber nicht schon dann zu versagen, wenn VormschG bei der Prüfg der

Rechtswirksamk des Geschäfts zu dem Ergebn kommt, daß diese zweifelh ist (KG FamRZ **63**, 467, BayObLG FamRZ **69**, 434) od daß unter bes Umst Unwirksamk eintreten kann (Mü JFG **15**, 177). Gen aber ohne weiteres abzulehnen, wenn die zu genehmigden Erkl von einer Pers abgegeben werden, die kraft G von der Vertretg ausgeschl ist (KG JW **35**, 1439). Ist zweifelh, ob das RGesch genbedürftig ist, kann das VormschG vorsorgl eine Gen erteilen (BayObLG **63**, 1, Soergel/Damrau Rn 18, str).

3) Umfang der Genehmigung. Die Gen erstreckt sich auf den Vertr, wie er dem VormschG vorliegt u 5
sich aus den durch das Ges für derartige Vertr aufgestellten Vorschr ergibt (RG **61**, 209). Darüber hinaus getroffene Abreden gelten nicht als genehmigt (RG **132**, 78). Jedes genehmiggspflichtige Gesch bedarf einer bes Gen, so daß nicht etwa durch Gen der Aufnahme einer GrdSch auch die Kreditaufnahme genehmigt ist (Celle NdsRpfl **54**, 64), wohl aber enthält die Gen des dingl auch die des schuldrechtl Gesch, § 1821 Rn 11. Bei GrdstGesch wird durch Auflassg u Eintragg, § 313 S 2, nicht die fehlende Gen ersetzt.

4) Form der Genehmigung. a) An eine Form ist die Gen nicht geknüpft, sie kann mündl, auch stillschw 6
erfolgen (RG **130**, 150), muß aber dem GBA urkundl nachgewiesen w (GBO 29). Eine stillschw Gen ergibt sich nicht bereits daraus, daß das VormschG dem Vormd die Vornahme eines RGesch empfiehlt (RG **137**, 345), die Gen nur in Aussicht stellt (BayObLG **5**, 453), das GBA ledigl um Eintragg ersucht (RG **59**, 278). Auch der Bescheid, das RGesch bedürfe keiner Gen (NegativEntsch) ersetzt die Gen nicht (BGH **44**, 325).

b) Die Erklärung der Genehmigung kann, anders als in § 182, in jedem Falle **nur dem Vormund** 7
gegenüber erfolgen, u zwar dem derzeit bestellten, nicht dem entlassenen (BayObLG **21**, 375), ebso nicht dem Mdl, auch wenn dieser selbst das RGeschäft abschließt u der Vormd nur zustimmt. Es genügt also nicht ein Aktenvermerk, die Mitteilg an das GBA, auch nicht bei gleichzeitiger Übersendg des Eintraggsersuchens (RG **59**, 277), ferner nicht die Erkl dem Notar od dem GeschGegner ggü. Vormd kann nach FGG 13 aber eine **Doppelvollmacht** zur Entggnahme u Mitteilg einer vormschgerichtl Gen erteilen (BayObLG FamRZ **97**, 1426; **98**, 1325), bei AmtsVormsch also den Beauftragten des JA (SGB VIII 55 II). Auch das VormschG kann die Erkl dem Vormd durch Vermittlg Dritter zugehen lassen (RG **121**, 30). Sendet das VormschG die ProzAkten mit der VerglGen zurück, liegt darin idR das Ersuchen, dem Vormd die Gen mitzuteilen (BayObLG NJW **60**, 2188). Bevollmächtigg kann sich aus den Umst ergeben, auch stillschw erfolgen. In der Klausel, die Gen solle mit dem Zugang an den Notar als wirks erteilt gelten, liegt keine zuläss Doppelbevollmächtigg, sond ein unzul Verzicht auf die Mitteilg (BayObLG FamRZ **89**, 1113). Genehmigg wirkgslos, wenn der Bevollm sich zur EntggNahme u Weitergabe an den Vormd nicht für befugt erklärt (Warn **22**, 98).

5) Verfahren. Obwohl die Initiative vom Vormd ausgeht, handelt es sich um ein Amts-, nicht um ein 8
AntrVerf. Es gilt FGG 12. Der GeschGegn ist am Verf nicht mat beteiligt. Vor der Entschließg sind GgVormd, Mdl und dessen nahe Verwandte anzuhören (§ 1826, FGG 50 a, 50 b). Wirksamw der Gen dem Vormd ggü: FGG 16; dem Dr ggü: § 1829. Solange Gen od Verweigerg noch nicht wirks gew sind, können sie abgeänd od zurückgen w (FGG 18, 55). Die Rückn der Gen des ZwVerstAntr zZw der Aufhebg der Gemsch ist bis zum Zuschlag zul (KG RJA **6**, 9). Aber keine Abänd mehr von formell wirks gew Gen, auch nicht im BeschwWege (FGG 55 I, 62), es sei denn, daß RVerstöße des VormschG von solchem Gewicht vorliegen, daß von einem rechtsstaatl Anfdgen genügden GenehmiggsVerf nicht mehr ausgegangen w kann (BayObLG FamRZ **89**, 1113; vgl auch Stgt FamRZ **98**, 1323; **99**, 667 mA Vollkommer). Werden die RWirkgen in mat Hins in Zweif gezogen, zB weil die Gen nicht fristgerecht erteilt sei, so ist darüber nur im ProzWeg zu entsch (KGJ **53**, 41). Beschwberechtigt: bei Verweigerg der Gen der Vormd im Namen des Mdls (FGG 20; KG OLGZ **65**, 375); nicht aber der Dr (RG **56**, 125). Ihm steht nur der ProzWeg offen (KGJ **38** A 56). Ausnahmsw BeschwR mit der Begründg, das RGesch habe keiner Gen bedurft (Hamm FamRZ **84**, 1036) od daß der GenBeschluß ihm ggü wirks u infdessen unabänderl gew sei (KG DJ **35**, 1528), nicht aber zur Geltendmachg von § 1829 II (KG JW **37**, 2975). Beschwberecht bei Erteilg der Gen: GgVormd (§ 1826), Mdl (FGG 20, 59) u die unter FGG 57 I Nr 9 fallden Pers; der Vormd selbst ausnahmsw dann, wenn einem Pfleger die Gen zu einem Gesch erteilt wird, das der Vormd vorzunehmen hat (KG JW **38**, 2141); ferner dann, wenn die Gen gg seinen Willen od für ein nicht genbedürft Gesch erteilt wurde (BayObLG **63**, 1, 6).

1829 ***Nachträgliche Genehmigung des Vormundschaftsgerichts.*** **I Schließt der Vormund einen Vertrag ohne die erforderliche Genehmigung des Vormundschaftsgerichts, so hängt die Wirksamkeit des Vertrags von der nachträglichen Genehmigung des Vormundschaftsgerichts ab. Die Genehmigung sowie deren Verweigerung wird dem anderen Teile gegenüber erst wirksam, wenn sie ihm durch den Vormund mitgeteilt wird.**

II Fordert der andere Teil den Vormund zur Mitteilung darüber auf, ob die Genehmigung erteilt sei, so kann die Mitteilung der Genehmigung nur bis zum Ablaufe von zwei Wochen nach dem Empfange der Aufforderung erfolgen; erfolgt sie nicht, so gilt die Genehmigung als verweigert.

III Ist der Mündel volljährig geworden, so tritt seine Genehmigung an die Stelle der Genehmigung des Vormundschaftsgerichts.

1) Vorbemerkungen zu §§ 1829–1831. Sie entspr mit ähnl Regelg den §§ 108, 109 u 111. – **a)** § 1829 1/2
behandelt nur den Fall, daß der Vormd den **Vertrag abgeschlossen** hat, ohne daß bish die erfdl Gen erteilt w
ist. Zum AnwendgsBereich u zur Gen allg s § 1828 Rn 1, 2; Vertr ist auch die dingl Einigg (BayObLG **19**,
183). – **b)** § 1829 behandelt nicht den Fall der **vorherigen Genehmigung** dch das VormschG: Hält sich das 3
Gesch iR der Gen, ist es von Anfang an gült (§ 1828 Rn 3). Der Dr erh darüber ggf vom VormschG Ausk.
Die Erteilg der Gen ist nur Ermächtigg; der Vormd ist zum Abschl des Vertr nicht verpfl (RG **76**, 366). –
c) Für das **einseitige Rechtsgeschäft** gilt § 1831. 4

2) Fehlt nach Vertragsschluß die erforderliche Genehmigung, I 1, so ist der Vertr **a) schwebend** 5
unwirksam. Der Mdl ist nicht gebunden. Wird die Gen erteilt, so wird sie dem Dr ggü erst mit der Mitteilg dch den Vormd wirks. Ob er dies tut, entsch der Vormd unter Berücks auch zwischenzeitl eingetretener Umst

nach pflichtmäß Erm (RG **132**, 257/61). Keine entspr Anwendg von § 162 (BGH NJW **70**, 1414). Der Notar muß darüber belehren (BGH **19**, 9). Rechte des Dr: II, ggf Widerruf nach § 1830. Iü bleibt er iGgs zu
6 § 109 währd des SchwebeZust gebunden. Wird dem Dr die Gen **b) mitgeteilt, I 2,** so wird das RGesch gem § 184 vom Ztpkt seiner Vorn an wirks (RG **142**, 63). War das VertrAngeb des GeschGegn befristet, so muß ihm die vormschgerichtl Gen innerh der Fr zugehen. Den Vormd trifft trotz Erteilg der Gen keine Verpfl zur Mitteilg. Er entsch ausschl im MdlInteresse. Desh auch kein Verz auf die Mitteilg oder § 151 (RG **121**, 30). Die Mitteilg bedarf keiner Form u kann desh auch dch schlüss Hdlg erfolgen (KG OLG **44**, 82). Ist die Gen dem GeschGegn mitgeteilt w, so ist sie unabänderl u auch mit der Beschw nicht mehr angreifb (Celle FamRZ **97**, 899). Die Mitteilg ist ein vom Vormd als ges Vertr vorgen RGesch (bestr), auf das die RGesch-Lehre einschl der Anf Anwendg findet. Desh Wille erfdl, mit der Mitteilg den Vertr wirks w zu lassen (Zunft NJW **59**, 517; unklar BGH **15**, 100). Die Erwähng der Gen mit dem Zusatz, von ihr keinen Gebr machen zu wollen, ist keine Mitteilg (RG **130**, 148). Mit der wahrhwidr Behauptg, die Gen sei erfolgt, macht sich der Vormd nicht nach § 179, sond nach § 1833 schadersfl. Zur DoppelBevollm: § 1828 Rn 7. Zur mißbräuchl
7 Herbeiführg der Wirksamk der Gen: BayObLG FamRZ **91**, 1076. – **c)** Zul ist die Mitteilg dch einen **Bevollmächtigten**, auch iS einer Doppelermächtigg zB des Notars bei einem GrdstVertr (BGH DNotZ **55**, 83; KG DNotZ **77**, 661; BayObLG DNotZ **83**, 369), die ggf dch Auslegg der VertrUrk festgest w muß (RG **121**, 30; Zweibr DNotZ **71**, 731). Die DoppelBevollm darf aber nicht das dem Mdl nach FGG 59 zustehde BeschwR abschneiden. Desh Hinw auf die Folgen bei der Beurk der Vollm erfdl (BayObLG HRR **30**, 296). Bei arglist ZusWirken zw Vormd u Dr bleibt dem Mdl das BeschwR (BayObLG **28**, 514, MDR **64**, 596).

8 **3) Beendigung des Schwebezustands, II, a)** dch die rgeschäftl **Aufforderung** des Vormds vS des Dr mitzuteilen, ob die Gen erteilt w ist. Auch schon vor Erteilg der Gen mögl (RG **130**, 151). Nach Empfang der Auffdg kann die Mitteilg nur bis zum Ablauf von 2 Wo erfolgen. Die Fr kann dch Vereinbg verkürzt od verlängert w. Wird die Gen nicht innerh der Fr mitgeteilt, so gilt sie als verweigert gleichgült, ob sich der Vormd darum bemüht hat od nicht. Eine Mitteilg nach FrAblauf bleibt ohne Wirkgen (KGJ **53**, 41). Desh auch kein BeschwR des Dr. II ist nicht anwendb, wenn die Gen dch eine ausl VormschBeh zu erteilen ist
9 (RG **110**, 173). – **b) Volljährigkeit des Mündels, III** (vgl § 1643 Rn 9), macht die Gen überflüss. Die trotzdem mitgeteilte Gen ist wirkgslos. Der Vollj entsch über den Bestand des Vertr allein. Die Berechtigg einer etwaigen Gen kann nicht mehr nachgeprüft w (KG JW **38**, 2142). Umgek kann aber die rechtswirks mitgeteilte Verweigerg der Gen nicht dch Gen vS des Vollj beseit w (RG **130**, 128). Die Gen des Vollj erfolgt nach den allg Vorschr ggü dem GeschGegn. Eine noch dem Vormd ggü in Gang gesetzte ErklFr muß der
10 Vollj gg sich gelten lassen. – **c)** Für eine vormschgerichtl Gen ist nach dem **Tod des Mündels** kein Raum mehr (BayObLG NJW **65**, 397), auch nicht im BeschwVerf (Ffm Rpfleger **78**, 99); das Recht zur Gen wie zur Mitteilg einer bereits erteilten Gen geht auf die Erben über (KG OLG **4**, 416).

11 **4) Verweigerung der Genehmigung** führt zur Unwirksamk des vom Vormd vorgen RGesch, weil dann eine wirks Vertr des Mdl fehlt. Für die RückFdg des Empfangenen gilt BereichergsR (RG **81**, 261). Der SchwebeZustd vor der Gen kann auch nicht dch Vereinbg wiederhergestellt w. Mögl ledigl die Gen eines neu abgeschloss Vertr.

1830 ***Widerrufsrecht des Geschäftsgegners.*** **Hat der Vormund dem anderen Teile gegenüber der Wahrheit zuwider die Genehmigung des Vormundschaftsgerichts behauptet, so ist der andere Teil bis zur Mitteilung der nachträglichen Genehmigung des Vormundschaftsgerichts zum Widerrufe berechtigt, es sei denn, daß ihm das Fehlen der Genehmigung bei dem Abschlusse des Vertrags bekannt war.**

1 **1)** Vgl die Rn 1–4 zu § 1829. And als im § 109 I ist der Gegner an den Vertr gebunden, bis die Gen endgültig verweigert ist od endgültig für verweigert gilt, § 1829 II. Hat der Vormd dem Gegner jedoch beim Abschl des Vertr (wg der nachträgl unrichtigen Behauptg, die Gen sei erfolgt, u der Nichtanwendbark von § 179 vgl § 1829 Rn 6 aE) die bewußt od unbewußt unrichtige Behauptg aufgestellt, der Vertr sei schon genehmigt, so ist dem Gegner das bes **Widerrufsrecht** des § 1830 gegeben, das eine Anfechtg des Vertrages wg Irrt od Täuschg über das Vorliegen der Gen ausschließt. Es besteht auch dann, wenn der Gegner den Vertr nicht für genbedürft hielt; der Widerruf unterliegt als einseitiges empfangsbedürftiges RGesch den für dieses geltenden allg Bestimmgen u ist nur dem Vormd ggü zu erklären. An eine Frist ist er nicht gebunden. Auf den Widerruf kann verzichtet werden; er ist nicht mögl, wenn Gen erteilt u gemäß § 1829 I Gegner mitgeteilt wurde. Kannte dieser das Fehlen der Genehmigg beim Abschluß des Vertrages, so hat er kein WiderrufsR. Kennenmüssen genügt nicht. Verzichtet der Gegner auf Widerruf, hat er dieses Recht wg seiner Kenntn nicht od macht er vom Widerruf keinen Gebr, so gilt § 1829 II.

2 **2) Durch den Widerruf** wird der GeschGegner von seiner Bindg frei. Der Vormd ist ihm aus dem Gesichtspkt der unerl Hdlg, dem Mdl aus § 1833 haftbar.

3 **3) Beweislast.** Dem Vormd obliegt der Beweis für die Kenntnis des Gegners von der Unrichtigk der Behauptg, diesem, daß die unrichtige Behauptg von dem Vormd aufgestellt wurde.

1831 ***Einseitiges Rechtsgeschäft ohne Genehmigung.*** **Ein einseitiges Rechtsgeschäft, das der Vormund ohne die erforderliche Genehmigung des Vormundschaftsgerichts vornimmt, ist unwirksam. Nimmt der Vormund mit dieser Genehmigung ein solches Rechtsgeschäft einem anderen gegenüber vor, so ist das Rechtsgeschäft unwirksam, wenn der Vormund die Genehmigung nicht in schriftlicher Form vorlegt und der andere das Rechtsgeschäft aus diesem Grunde unverzüglich zurückweist.**

1 **1)** Vgl die Rn 1–4 zu § 1829. Entspr der Regelg in § 111 ist auch das vom Vormd ohne die Gen des VormschG vorgenommene einseitige RGesch **unwirksam, S 1,** um den Dritten, der im Ggsatz zu § 1829

nur passiv an diesem beteiligt ist, nicht auf unbestimmte Zeit über die RWirksamk des Geschäfts im unklaren zu lassen. Das RGesch kann nur wiederholt, die Gen also nicht nachgeholt werden (RG LZ **30**, 1390). S 1 im allg entspr anwendbar bei Anträgen an Behörden, die der Gen des VormschG bedürfen (vgl § 1821 Rn 3). Bei genbedürft Klagen (zB ZPO 607 II 2 Halbs 2) ist die Nachbringg bis zum Schluß der letzten mdl Verhandlg zul, auch noch in der Revisionsinstanz (RG **86**, 16).

2) Zeitpunkt der Genehmigung. Es genügt, daß die Gen vorliegt, wenn das einseitige RGesch wirks wird. Das braucht nicht der Zeitpkt der Beurk zu sein. Eine Rückwirkg der späteren Gen findet aber nicht statt (KG JW **28**, 1405). Ist ein einseitiges RGesch innerh einer gesetzl Frist vorzunehmen, so genügt, daß die Gen einschl Bekanntmachg an den Vormd (§ 1828, FGG 16) bis zum Ablauf dieser Frist nachgewiesen ist, so zB bei der dem NachlG ggü vorzunehmenden Ausschlagg der Erbsch gem §§ 1945 I, 1944 I (RG **118**, 145, BGH FamRZ **66**, 504, vgl auch Rn 4 aE). Ebenso genügt bei Eintraggsanträgen die Nachreichg der Gen beim GBA (JFG **13**, 393), da Ungewißh über die RWirksamk dch eine ZwischenVfg (GBO) begrenzt w kann. Wird die Gen nicht rechtzeit erteilt, kann höhere Gewalt vorliegen (§ 1944 Rn 9). 2

3) Einseitige Rechtsgeschäfte, vgl auch Übbl 3 vor § 104, zB Ausübg eines VorkaufsR, Antreten od Ausschlagg einer Erbsch, AufgabeErkl nach § 875 (KG OLG **44**, 81), nicht aber die Annahme der Leistg als Erfüllg, da zur EigtVerschaffg an der Leistg die Einigg gehört (KG HRR **31**, 512; aM anscheinend RG HRR **29**, 1441), das VertrAngebot (RG Gruch **71**, 77). Schließt der Mdl ohne Gen des Vormd einen Vertr, so unterliegt nicht die Zust des Vormd zu diesem Vertr der Gen des VormschG, sond der Vertr selbst. Es ist also, wenn die Zust des Vormd zunächst ohne Gen des VormschG erteilt wird, nicht § 1831, sond § 1829 anwendbar. Für die Möglichk eines Widerrufs kommt demnach nicht § 109 I, sond §§ 1829, 1830 in Betr (str). 3

4) Zurückweisung, S 2. Das einseit RGesch ist trotz erteilter Gen unwirks, wenn dem Dr die Gen nicht in schriftl Form nachgewiesen w u dieser deshalb das RGesch unverzügl (§ 121) zurückweist. Erforderl ist die Vorlage einer Ausfertigg od beglaubigten Abschrift. Die Zurückweisg begründet endgült Unwirksamk, eine Anf etwa wg Irrt bleibt ohne Wirkg. S 2 ist auf Behörden nicht anwendbar. Es genügt also, wenn dem NachlG der Beschl des VormschG, durch den die ErbschAusschlagg genehmigt ist, genau bezeichnet u die Zustellg angegeben ist (RG **118**, 145). 4

1832 *Genehmigung des Gegenvormundes.* **Soweit der Vormund zu einem Rechtsgeschäfte der Genehmigung des Gegenvormundes bedarf, finden die Vorschriften der §§ 1828 bis 1831 entsprechende Anwendung.**

Die Gen des GgVormd ist ein RGesch, für das die allg Vorschr über RGesch gelten (MüKo/Schwab Rn 1). Die §§ 1828–1831 sind nur dann entspr anwendb, wenn die Gen des GgVormds WirksamkVoraussetzg für das RGesch ist, also in den Fällen der §§ 1809, 1812, 1813 II, nicht aber des § 1810. Wg des Anwendgsgebietes vgl auch § 1828 Rn 1. 1

1833 *Haftung des Vormundes.* **I Der Vormund ist dem Mündel für den aus einer Pflichtverletzung entstehenden Schaden verantwortlich, wenn ihm ein Verschulden zur Last fällt. Das gleiche gilt von dem Gegenvormunde.**

II Sind für den Schaden mehrere nebeneinander verantwortlich, so haften sie als Gesamtschuldner. Ist neben dem Vormunde für den von diesem verursachten Schaden der Gegenvormund oder ein Mitvormund nur wegen Verletzung seiner Aufsichtspflicht verantwortlich, so ist in ihrem Verhältnisse zueinander der Vormund allein verpflichtet.

1) Besondere familienrechtliche Haftung (Lit: Schreiber AcP **178**, 533), die ihren Grd in der Übernahme des Amtes u der besonderen Schutzbedürftigk des Mdl hat, str. § 1833 ist also keine Erweiterg der Bestimmgen über unerl Hdlgen, aber auch kein besonderer Fall einer vertragl Haftg, da Bestellg kein VertrVerh zwischen Vormd u Mdl begründet. Deshalb 30jährige Verjährg mit den sich aus §§ 204, 206 ergebenden Besonderh (RG Recht **07**, 2575); SchadErsAnspr kann schon bei bestehender Vormsch geltd gemacht werden (§ 1843 II). Dann Pflegerbestellg erforderl (§ 1909), Gerichtsstand (auch für den GgVormd) nur ZPO 31, nicht 32. Eine weitergehende Haftg wird durch § 1833 nicht ausgeschl. Die Haftg beginnt mit der Bestellg (§ 1789 Rn 3); sie ist auch dann noch gegeben, wenn trotz Beendigg alle Beteiligten die Sache so behandeln, als wenn sie fortbestände (RG JW **38**, 3116); anders natürl, wenn der Vormd dann nicht mehr tätig ist (RG DR **40**, 726). Anwendbar ist § 1833 auf den Vormd, die MitVormd, den GgVormd (BGH **LM** Nr 2), soweit sie nicht etwa zur Übernahme der Vormsch unfähig waren (§ 1780); Untauglichk (§ 1781) steht nicht entgg; ferner bei VereinsVormsch; Haftg des Vereins für das Versch jedes Mitgl (§ 1791 a III 2), nicht nur für Vorstd, dessen Mitglieder u and verfassgsmäß berufene Vertr (§ 31). Hat der Vormd den Mdl auf längere Dauer in seinen **Haushalt aufgenommen**, haftet er gem §§ 1793 II 2, 1664 nur für eigenübl Sorgf. HilfsPers des Vormd u and Dr haften nicht nach § 1833, sond nach den allg Grds, nach denen auch das Vorliegen eines GesSchuldverhältn zu beurt ist. Für **Amtsvormund** Haftg gem GG 34, § 839 (BGH **100**, 313; Deinert/Schreibauer DAV **93**, 1143; Pardey FamRZ **89**, 1030: Staatshaftg auch für die sonst Vormd u Pfleg); auch Dr wie ArbGeb ggü, wenn Hinweis auf die Krankh Neigg des Mdls zum Feuerlegen unterbleibt (BGH **100**, 313). Bei unzureichder Personalausstattg evtl Haftg wg Organisationsmangel (KG DAV **75**, 439). Haftg des **Betreuers:** Einf 13 v § 1896. 1

2) Schadensersatzpflicht. Vgl auch § 1837 Rn 5. Der Vormd hat die Vormsch treu u gewissenh zu führen, § 1789. Eine **Pflichtverletzung liegt also vor,** wenn er die gesetzl Vorschr, seien sie zwingende od nur OrdngsVorschr, od die Anordngen des VormschG außer acht läßt; auch sonst hat er stets die gehörige Sorgf zu beachten. Maßgebd muß für ihn dabei das MdlInteresse sein (§ 1793 Rn 1); dringende eigene Geschäfte sind kein EntschuldiggsGrd (KG OLG **4**, 414), ebsowenig die Aussichtslosigk, für Aufwendgen 2

Ersatz erlangen zu können (vgl auch § 1835 Rn 1). Der GegenVormd haftet vor allem für ordngsgemäße Überwachg des Vormd (§ 1799 I) u für eine etwa pflichtwidrige Erteilg der ihm obliegenden Gen. Das
3 Verhalten des Vormd (GgVormd) muß **schuldhaft** sein (§ 276); er hat nicht nur Vorsatz, sond auch Fahrlk zu vertreten, also die Sorgf anzuwenden, die man von einem verständigen Menschen erwarten kann, wobei allerdings die Sorgf der Lebenskreise, denen der Vormd angehört, in Rücks zu ziehen ist (RG JW **11**, 1061). So darf Vormd Ablösg des WohnR des Mdl nach dessen endgült Unterbringg in einer Anstalt nicht unterlassen (BGH **LM** Nr 1). SorgfPflicht auch für den AmtsVormd (Nürnb FamRZ **65**, 454; vgl auch Rn 1). Selbst die Gen des VormschG befreit den Vormd nicht ohne weiteres (BGH FamRZ **64**, 199; **83**, 1220). Es kommt auf die Lage des einzelnen Falles an (RG LZ **22**, 329). Er hat in tatsächl Beziehg, insb bei wirtschaftl Fragen (RG Recht **14**, 1581), stets selbst zu prüfen, ob das Gesch für den Mdl noch vorteilh ist, ob die tatsächl Unterlagen richtig sind, die dem VormschG bei der Gen vorlagen. Er kann sich also zu seiner Entlastg auch nicht ohne weiteres darauf berufen, daß eine amtl Taxe vorgelegen hat, falls er unterlassen hat, auf etwaige ihm bekannte Fehlerquellen hinzuweisen (RG JW **10**, 708). Bei vertragl Festlegg des PflichttAnspr seines Mdls darf er sich auf die Schätzg des Verkehrswertes des landwirtsch Betriebes allein nach dem ErtragswertVerf nicht verlassen (BGH FamRZ **83**, 1220). Er kann sich aber auf einen vom VormschG erteilten Rechtsrat verlassen (vgl RG **132**, 260). Darüber, ob er in einem Prozeß RMittel einzulegen hat, muß er sich durch einen Anwalt beraten lassen, nicht aber sich selbst die Entsch anmaßen (RG JW **22**, 1006). Entspr wird er sich bei einer für den Mdl ungünstigen Entsch des VormschG verhalten müssen. Ist der Vormd Anwalt, so muß er die Aussicht des Prozesses gewissenh beurteilen; für einen haltlosen Prozeß hat er ErsPfl für die Kosten (s § 276 Rn 43). Vormd hat nicht nur UnterhPfl festzustellen, sond auch durchzusetzen, muß also gegebenenf auch Auswanderg des Pflichtigen bei der Prozeßbehörde zu verhindern versuchen (Nürnb FamRZ **65**, 454). Für die
4 **Haftung des Vormunds für Dritte** kommt es darauf an, ob er die Obliegenh ihrer Art nach diesem übertragen durfte od nicht (vgl dazu § 1793 Rn 17). Die Trägerkörpersch des JugA haftet auf SchadErs, wenn dieses als Vormd das Sparbuch des Mdls an dessen Mutter gibt u sie das Geld unzul abhebt u für sich verwendet (AG Langenfeld DAVorm **80**, 240). Umfang der SchadErsPflicht §§ 249 ff. Schädigt Mdl Dr, entsprechder FreistellgsAnspr des Mdls (Hamm DAVorm **78**, 221). SchmerzGeld, etwa wg Vernachlässigg der PersFürs, kann der Mdl nicht aGrd des § 1833, sond nur unter den Voraussetzgen der §§ 823, 826, 847 verlangen. Darauf, daß Mdl von Unterh- od Nichtersatzpflichtigen entschädigt wird, kann sich Vormd nicht berufen (BGH **22**, 72). Mitverschulden des Mdl (§ 254) ist nicht ausgeschl, zB nach Lage des Falles in der selbständigen Unterlassg der Einlegg eines RMittels gem FGG 59. Haftg der Erben des Vormd nach allg Grdsätzen.

5 **3) Mehrere Verantwortliche, II.** ZB MitVormd, Vormd u GgVormd haften dem Mdl ggü als GesSchu (§§ 421 ff). Im InnenVerhältn gilt § 426 Rn 10 entspr. Besteht die Verantwortlichk des Gg- od MitVormd (vgl § 1797 Rn 3) nur in der Verletzg der AufsPfl, so wird im Verhältn zum Mdl zwar an II 1 nichts geändert, im InnenVerh haftet aber der Vormd allein, II 2. Für die Haftg des **Vormundschaftsrichters** u RPflegers gelten § 839, Art 34 GG (§ 839 Rn 148).

6 **4) Beweislast.** Mdl hat Pflichtverletzg u Versch zu beweisen (RG **76**, 186), bei Unterlassg einer gesetzl Pfl oft Beweis des ersten Anscheins für den Mdl, so daß Vormd sich zu entlasten hat.

1834 *Verzinsungspflicht.* **Verwendet der Vormund Geld des Mündels für sich, so hat er es von der Zeit der Verwendung an zu verzinsen.**

1 Vgl § 1805. Auf Versch od die Entstehg eines Schadens kommt es nicht an. Verzinsg in Höhe von 4% (§ 246), für den darüber hinausgehenden Schaden gilt § 1833. Eine Verwendg ist in der Vermischg der Mdl-Gelder mit denen des Vormd noch nicht zu sehen, wohl aber in dem Verbrauch der vermischten Gelder; dann Anteil des Mdl zu verzinsen.

1835 *Ersatz von Aufwendungen.* **I Macht der Vormund zum Zwecke der Führung der Vormundschaft Aufwendungen, so kann er nach den für den Auftrag geltenden Vorschriften der §§ 669, 670 von dem Mündel Vorschuß oder Ersatz verlangen; für den Ersatz von Fahrtkosten gilt die in § 9 des Gesetzes über die Entschädigung von Zeugen und Sachverständigen für Sachverständige getroffene Regelung entsprechend. Das gleiche Recht steht dem Gegenvormunde zu. Ersatzansprüche erlöschen, wenn sie nicht binnen 15 Monaten nach ihrer Entstehung gerichtlich geltend gemacht werden; die Geltendmachung des Anspruchs beim Vormundschaftsgericht gilt dabei auch als Geltendmachung gegenüber dem Mündel. Das Vormundschaftsgericht kann in sinngemäßer Anwendung von § 15 Abs. 3 Satz 1 bis 5 des Gesetzes über die Entschädigung von Zeugen und Sachverständigen eine abweichende Frist bestimmen.**

II Aufwendungen sind auch die Kosten einer angemessenen Versicherung gegen Schäden, die dem Mündel durch den Vormund oder Gegenvormund zugefügt werden können oder die dem Vormund oder Gegenvormund dadurch entstehen können, daß er einem Dritten zum Ersatz eines durch die Führung der Vormundschaft verursachten Schadens verpflichtet ist; dies gilt nicht für die Kosten der Haftpflichtversicherung des Halters eines Kraftfahrzeugs. Satz 1 ist nicht anzuwenden, wenn der Vormund oder Gegenvormund eine Vergütung nach § 1836 Abs. 2 erhält.

III Als Aufwendungen gelten auch solche Dienste des Vormundes oder des Gegenvormundes, die zu seinem Gewerbe oder seinem Berufe gehören.

IV Ist der Mündel mittellos, so kann der Vormund Vorschuß und Ersatz aus der Staatskasse verlangen. Absatz 1 Satz 3 und 4 gilt entsprechend.

V Das Jugendamt oder ein Verein kann als Vormund oder Gegenvormund für Aufwendungen keinen Vorschuß und Ersatz nur insoweit verlangen, als das einzusetzende Einkommen und Vermögen des Mündels ausreicht. Allgemeine Verwaltungskosten einschließlich der Kosten nach Absatz 2 werden nicht ersetzt.

1) Lit zu §§ 1835–1836 e: Karmasin FamRZ **99**, 348; Deinert/Gregersen, Die Vergütg des Betr, 1999; Zimmermann FamRZ **99**, 630; ders BtPrax **99**, 133 zur steuerl Behdlg der BetrVergütg; Bühler BWNotZ **99**, 30. Zur Heranziehg des Betreuten, seiner FamAngehör u Erben zu den BtKosten Deinert FamRZ **99**, 1187. Vormd (Betr) muß Aufwendgen zur Führg der Vormsch (Bt) nicht aus eig Verm tragen. Dah gewährt ihm § 1835 Anspr auf deren Ersatz unabhäng davon, ob sie zur Dchführg von Personen- od VermSorge gemacht wurden (vgl für Elt § 1648; für Verwandte u Verschwägerte §§ 1779 III 2; 1847 S 2). Bei ehrenamtl Tätigk kann er alternativ gem § 1835 a pauschale AufwandsEntschädigg verlangen. – Mit der Neufassg der Vorschr dch das BtÄndG wurde erstmals geregelt, in welchem Umfang Fahrtkosten ersetzt verlangt w können (I 1 Hs 2), dazu wurden die bish Regelgen üb das Erlöschen des Anspr präzisiert u erweitert (I 3; 4), der ErsatzAnspr von JA u Verein klargestellt (V) u verfahrensrechtl eine Klärg bei Inanspruchn der Staatskasse vorgenommen (IV). – **a) Anwendungsbereich:** § 1835 gilt für berufsmäß wie ehrenamtl Tätige, auch für MitVormd; GgVormd (I 2); Pfleger (§ 1915 I) u GgPfleger (Hamm OLGZ **71**, 307); Betreuer (§ 1908 i I 1), allerd nicht für dessen StellVertr (LG Frankth BtPrax **96**, 231; vgl Einf 4 v § 1896), Vereins- u BehördenBetr (§§ 1908 e; h). Zur analogen Anwendg auf den Sequester Ffm ZIP **92**, 1564. – **b) Unterscheidung** zw Aufwendgsersatz (§§ 1835; 1835 a) u Vergütg des Vormds (§§ 1836 ff) ist strikt geboten, da es sich um verschiedene Anspr handelt, zumal VergütgsAnspr nur bei berufsmäß Amtsausübg besteht (§§ 1836 II; 1836 a), weil Vormsch im Grds ein unentgeltl zu führdes Ehrenamt ist (§ 1836 I 1). Aufwendgsersatz kann dah neben einer zu beanspruchenden (§ 1836 II) oder zu bewilligenden (§ 1836 III) Vergütg verlangt werden, es sei denn, daß die Aufwendgen in die Vergütg einberechnet wurden, etwa wenn im Stundensatz Zeitaufwand sowie Büro- u Personalkosten zu berücks sind (BayObLG Rpfleger **83**, 313; KG Rpfleger **81**, 194; § 1836 Rn 17). Dann ist gesond Geltdmachg dieser Aufwendgen ausgeschl (LG Bln FamRZ **91**, 604).

Randnummern: 1 (Zeile 1), 2 (bei „a) Anwendungsbereich“), 3 (bei „b) Unterscheidung“)

2) Aufwendungen muß Vormd zum Zweck der Führg der Vormsch, also innerh seines AufgKreises machen od beabsichtigen. Es sind dies VermOpfer (§ 256 Rn 1), die Vormd dafür entw freiw erbringt od die sich als notwend Folge der Übern der Vormsch ergeben (s auch § 670 Rn 2; Einzelh bei Bach BtPrax **95**, 8). – Zu den Aufwendgen zählen: bare Auslagen; Kosten für Porto, Reisen, Abschriften (LG Mü I FamRZ **97**, 450), Fotokopien (LG Bln FamRZ **95**, 496: 0,30 DM) usw. – Für angefallene **Fahrtkosten,** auch zur Aufrechterhaltg des Kontakts mit dem untergebrachten Mdl (LG Dortm Rpfleger **83**, 439; LG Mainz BtPrax **97**, 245: mtl 2 Besuche im Pflegeheim), gilt nun einheitl die Regelg in ZSEG 9 für Sachverständ entspr, **I 1 Hs 2,** gleich ob Ersatz von Mdl od Staatskasse zu leisten ist. Damit wurde die bish unscharfe Regelg ersetzt (einschl neuem VerfahrensR). Vormd (Betr) hat also bei Benutzg seines eig Kfz Anspr auf km-Pauschale von derzeit 0,52 DM (ZSEG 9 III Nr 1), womit auch Anschaffgs- u UnterhKosten abgegolten w; bei Benutzg öff Verkehrsmittel Anspr auf die wirkl Auslagen (ZSEG 9 II). 4

a) Versicherung gegen Schaden, II 1. Erstattgsfäh Auslagen sind auch die Kosten bestimmter Versichergen gg Schäden, die ein ehrenamtl Vormd (GgVormd; Betr, Pfleger) aus Anlaß der Amtsführg entw seinem Mdl (Betreuten; Pflegl) zugefügt hat u ihm dafür aus §§ 1833; 1908 i; 1915 od allg (zB aus Delikt) haftet od einem Dritten, dem er dafür haftet (Einf 19 v § 1896). Er soll sich nicht auf eig Kosten entspr versichern müssen, sond sein HaftgsRisiko dch Kostenerstattg mindern können. Dagg wurde für BerufsVormd (BerufsBetr) Erstattg ausgeschl, **II 2,** da er eine Vergütg erhält (§ 1836 II), dch die Versichergskosten mit abgegolten w. Bewilligg einer ErmVergütg (§ 1836 III) hindert dagg Geltdmachg nicht. – Angemessene Versicherg bezieht sich auf Art u Kosten. Erstattgsfäh sind danach Kosten einer **Haftpflichtversicherung** gg die genannten Fremdschäden. Kostenvorteile einer SammelVers sind auszunutzen, die von den meisten Ländern für ihren GeschBereich zur Kostenersparn abgeschl wurden u in die jeder ehrenamtl Vormd (Betr), zT auch Pfleger von Mj, einbezogen sind (Knittel, BtR, Rn 14 mN). – **Ausgenommen** hiervon blieb **Kfz-Versicherung,** die Vormd als Halter, **II S 1 Hs 2,** für Kfz abschließt, das er (mit)benutzt. Dieser vom BRat herbeigeführte Ausschl erfaßt alle Kfz-Versichergen, auch KaskoVers, weil das damit versicherte Risiko nicht unter **II 1** fällt (MüKo/Schwab Rn 14; Staud/Engler Rn 19; aA noch 57. Aufl). – **Nicht** erstattgsfäh sind Kosten einer Versicherg gg Schäden, die Vormd dch Führg der Vormsch **selbst** erleiden kann. Dies war zwar im GesGebgsVerf erwogen, aber letztl auf Antr des BRats abgelehnt w, so daß Kostenerstattg auf reine HaftPfl beschrkt blieb (Knittel, BtR, Rn 11) u Rückversicherg gg Eigenschäden ausgenommen ist (Staud/Engler Rn 20; Knittel aaO; aA noch 57. Aufl; zT MüKo/Schwab Rn 12), zumal auch der Schaden selbst keine Aufwendg ist (Rn 11). Ohnehin sind PersSchäden des ehrenamtl Vormds dch ges UnfallVers abgedeckt (SGB VII § 2 Nr 9; SozG Bayreuth DAVorm **73**, 510 zur RVO). – **b) Berufsspezifische Dienste, III.** Leistet ein Vormd od Betr für sein Mdl bzw den Betreuten Dienste, die zu seinem Beruf od Gewerbe gehören u die er innerh seines AufgKr für erfdl halten durfte (Rn 13), sind sie ihm nach seiner berufseigenen GebührenOrdng als Aufwendg zu erstatten, wenn ein and Vormd od Betr, der nicht die hierfür erfdl berufl Qualifikation besitzt, dafür einen entspr qualifiz Dr hinzugezogen hätte (vgl OVG Hbg NJW-RR **99**, 518: Anwaltshonorar; BayObLG FamRZ **98**, 1050: psychosoziale Therapie). Dienste dagg, die jeder Vormd od Betr verrichten kann, fallen nicht unter III. Sie werden nach den allg Regeln (§§ 1836, 1836 a; BVormVG 1) vergütet bzw als Aufwendgen ersetzt, auch wenn sie jmd mit bes fachl Qualifizierg übern hat, so daß insb ein RA seine Tätigk als VerfPfleger grdsl nicht nach der BRAGO abrechnen kann (BRAGO 1 I 1, II 2; KKW[14] § 67 Rn 15 ff). Soweit der **Berufsvormund** oder BerufsBetr bereits eine Vergütg nach §§ 1836 II, 1836 a erhält, kann er für berufl Dienste nicht doppelt entlohnt w (vgl BayObLG FamRZ **86**, 601); er hat die Wahl, entwed Vergütg nach § 1836 zu verlangen od aber seine Dienste als Aufwendgen nach § 1835 III abzurechnen (BayObLG BtPrax **99**, 29). – **c) Keine Aufwendungen** sind vom Vormd erlittene Schäden (vgl aber § 670 Rn 8). – Der Einsatz von Arbeit u Zeit, auch nicht beim BerufsVormd (er rechtfert dessen VergütgsAnspr nach § 1836 II). – MWSt auf Vergütg nach § 1836 II (Bach BtPrax **95**, 9; § 1836 Rn 17). – Ferner nicht die Kosten für Einführg, Fortbildg, Beratg u Unterstützg des Vormds in seine Aufgaben (wurde im GesGebgsVerf abgelehnt). – **d) Nach Beendigung** der Vormsch getätigte Maßnahmen führen nicht zu Aufwendgen iS des § 1835, es sei denn, daß Vormd gem §§ 1698 a, b Geschäfte des Mdls geführt hat od Vormd von Aufhebg unverschuldet keine Kenntn erhielt (BayObLG **23**, 61). – Beruht sie auf **Tod** des Mdls, ist Bestattg Sache der Angeh, Kosten treffen Erben (§ 1968; Bochum Rpfleger **85**, 147). Die Anspr aus

§§ 1835 ff sind NachlVerbindlkten (BayObLG FamRZ **96**, 1173; LG Kblz FamRZ **97**, 968). Die Erben haften, auch wenn Nachl dch die BeerdiggsKosten aufgebraucht ist (LG Kblz BtPrax **97**, 122), können aber Haftg allg beschränken (Einf 4 v § 1967).

12 **3) Ersatzanspruch, I 1. a)** Er entst kr G u ist rein privatrechtl. Er besteht auch, wenn die Vormsch aufgeh w, weil ihre Vorauss fehlten (BayObLG **23**, 61; **59**, 368). Im Streitfall kann das VormschG den Anspr gg den Mdl weder überpr noch festsetzen, da er beim ProzeßG geltd zu machen ist, das auch über die Erforderlichk entsch (BayObLG FamRZ **95**, 1375), also dch Klage gg einen zu best Pfl auch noch bei bestehender Vormsch (§ 1843 II). Mdl u ProzeßG sind an die Auffassg des VormschG nicht gebunden. Der Anspr gegen die
13 Staatskasse wird dagg vom VormschG festgesetzt (Rn 21). – **b)** Der Anspr umfaßt die iS des AuftrR gerechtf tats **Aufwendungen**, also nicht diej, die bei nachträgl Betrachtg obj erfdl waren, sondern die der Vormd bei der ihm obliegden Sorgfalt (§ 1833) den Umst nach für erfdl halten durfte (§ 670). Entsch sind die LebVerhältn, in denen der Mdl lebt (MüKo/Schwab 17). Gerechtf sind alle Aufwendgen, deren Dchführg im Interesse des Mdl liegt (MüKo/Schwab 11). Dies ist nicht der Fall, wenn Aufwendgen überflüss gewesen wären, wenn der Vormd entspr Informationen eingeholt hätte od wenn für ProzKosten PKH mögl war (Brem FamRZ **86**, 189). Sind die Aufwendgen aus der Staatskasse zu erstatten, hat der Betr dies bei der Prüfg der Erforderlk der Dienste in bes Maße zu berücks (BayObLG FamRZ **98**, 1050). Der ErsAnspr ist gem §§ 256, 246 zu **verzinsen**. Geschuldet wird ferner Befreig von Verbindlichk bzw SicherheitsLeistg (§ 257 S 1 u 2) u
14 **Vorschuß** (§ 669). – **c) Schuldner** ist grdsl **aa) der Betroffene**, also Mdl od Betreuter. Der Vormd kann die Beträge, auf deren Erstattg er Anspr hat, vorhandenem u verfügb MdlVerm unmittelb entnehmen (LG Kblz FamRZ **99**, 458), zB PKV aus den Einkünften (KG JW **35**, 546). Vgl §§ 1795 II, 181; auch § 1805 steht nicht entgg (KG OLG **18**, 299). Bei RechngsLegg muß er aber seine Aufwendgen als Ausgaben angeben.
15 **bb) Staatskasse, IV 1.** Ist der Betroff **mittellos** (vgl dazu: § 1836 d), so besteht ein Anspr gg die Staatskasse.
16 Dies gilt auch für den Vorschuß eines VereinsBetr (LG Mü BtPrax **94**, 35). – **d)** Für die **Abrechnung** gelten bei berufspezifischer Inanspruchn die für den jeweil Dienst übl Vergütungssätze, also beim Arzt die GOÄ; beim Psychotherapeuten der übl StdSatz (BayObLG FamRZ **98**, 1050); RA nur bei anwaltl Vertretg in RStreitigk, soweit dies sachl geboten war und unabh vom AnwZwang, die BRAGO (Oldbg FamRZ **96**, 1346; Bach BtPrax **96**, 10), also nicht für gewöhnl VerwaltgsTätigk (SchriftVerk, Mahng, Entggnahme von Zahlgen, Abschl eines MietVertr usw). Festsetzg gg Mdl nach BRAGO 19 ist nicht mögl (Ffm NJW **66**, 554;
17 Hamm NJW **66**, 2129). Zu dem zum VerfPfl bestellten RA vgl § 1836 Rn. 27. – **e) Geltendmachung.** Vormd (Betr) als Gläub muß Anspr auf angefallene Aufwendgen grdsl innerh einer vAw zu beachtden **Ausschlußfrist** von 15 Mo, gerechnet ab Entstehg der Aufwendg (nicht etwa ab Beendigg des BetrAmtes; so noch zur aF BayObLG FamRZ **99**, 741), ggü Mdl od Staatskasse geltd machen, andernf Anspr **erlischt, I 3; IV 2.** Zur Restriktion der FrRegelg bei längeren VerjFr aus berufl Diensten wie AnwHonorare vgl Zimmermann FamRZ **99**, 630. Der gerichtl Geltdmachg ist diej gg den Mdl gleichgesetzt u kann auch ggü dem VormschG erfolgen (obwohl dieser Anspr gg ihn nicht festgesetzt zu w braucht, Rn 14), damit Vormd Verlust seines Anspr auch dann verhindern kann, wenn er wg der finanz Lage seines Mdls unsicher ist, gg wen sich Anspr richtet. Bei FrVersäumg ist keine Wiedereinsetzg mögl (auf ZSEG 15 III 6 ist bewußt nicht verwiesen). Erloschene Anspr gg Mdl können nicht gg Staatskasse geltd gemacht werden, ebso nicht umgekehrt. –
18 **Zweck:** Das G will mit dieser Neuregelg auf zeitnahe Abrechng hinwirken, aber auch VormschG zu häufige Abrechngen ersparen u insges rationelle Abrechngspraxis ermögl. Zugl will es Staatskasse begünstigen, die nicht belastet werden können soll, wenn Vormd zu hohe Beträge auflaufen läßt, die dann Mdl überfordern
19 (BT-Dr 13/7158 S 22, 23). Dch die AusschlußFr werden die VerjährgsVorschr verdrängt. – **Fristverlängerung:** Ist Regelfrist im Einzelfall nicht angem, kann VormschG sie analog ZuSEG 15 III 1–5 verlängern, **I 4; IV 2.** Entscheidg muß ergehen, bevor Anspr erloschen ist u hat Sinn u Zweck der Regelg zu berücks. Im Streitfall bindet sie auch das ProzGer. – Ist ErsAnspr ges auf Staatskasse übergegangen (§ 1836 e), gilt für sie die Vorschr nach Sinn u Zweck nicht. Vielm verbleibt es bei der in § 1836 e geregelten ErlöschensFr.

20 **4) Jugendamt und Verein, V,** können AufwendgsErs von der Staatskasse nie u vom Mdl nur insow verlangen, als dessen gem § 1836 c einzusetzdes Eink u Verm ausreicht (bish wurde nur Vermögen berücksicht). Entstehg des Anspr ist hier also nach Grd u Höhe von der Leistgsfähigk des Mdls abhängig. Allg VerwKosten einschl VersKosten werden nicht ersetzt, **V 2.** – Bei **Betreuung** gelten Besonderh für Vereinsbetreuer (§ 1908 e) u Behördenbetreuer (§ 1908 h).

21 **5) Verfahren:** FGG 56 g. Die Vorschr gilt für die Festsetzg von AufwendgsErs- u VergütgsAnspr des Vormd (Betr) gg die Staatskasse; ebso für die RegreßAnspr der Staatskasse (§§ 1836 c–e); schließl für die Festsetzg der VergütgsAnspr des Vormd (Betr) gg den Mdl od Betreuten, währd sich der Vormd (Betr) die Beträge für den ihm zustehden AufwendgsErs unmittelb aus dem Verm des Mdl (Betreuten) nehmen kann; bei Streit Kl vor dem ordtl Ger (Kln FamRZ **98**, 1451). Die Festsetzg nach FGG 56 g I–III u VII dch den Rpfl (RPflG 3 I Nr 2 a) iRv I 4 auch dch den UrkBeamten der GeschStelle. Antr erfdl, iF der Festsetzg einer PauschalVergütg aber auch vAw (§ 1836 b Rn 1). Sofort Beschw (FGG 56 g V), wenn BeschwWert üb 300 DM od sie zugelassen wurde; sonst befristete Erinnerg (RPflG 11 II). Weit Beschw nur bei Zulassg wg grdsl Bedeutg u nicht, wenn nur über die Höhe der aus der Staatskasse zu zahlden Vergütg gestr w (Kln NJW-RR **99**, 156). Kein BeschwR hat SozHTr (Karlsr NJWE-FER **97**, 12).

1835 a *Aufwandsentschädigung.* **I Zur Abgeltung seines Anspruchs auf Aufwendungsersatz kann der Vormund als Aufwandsentschädigung für jede Vormundschaft, für die ihm keine Vergütung zusteht, einen Geldbetrag verlangen, der für ein Jahr dem Vierundzwanzigfachen dessen entspricht, was einem Zeugen als Höchstbetrag der Entschädigung für eine Stunde versäumter Arbeitszeit gewährt werden kann (Aufwandsentschädigung). Hat der Vormund für solche Aufwendungen bereits Vorschuß oder Ersatz erhalten, so verringert sich die Aufwandsentschädigung entsprechend.**

II Die Aufwandsentschädigung ist jährlich zu zahlen, erstmals ein Jahr nach Bestellung des Vormunds.

III Ist der Mündel mittellos, so kann der Vormund die Aufwandsentschädigung aus der Staatskasse verlangen; Unterhaltsansprüche des Mündels gegen den Vormund sind insoweit bei der Bestimmung des Einkommens nach § 1836 c Nr. 1 nicht zu berücksichtigen.

IV Der Anspruch auf Aufwandsentschädigung erlischt, wenn er nicht binnen drei Monaten nach Ablauf des Jahres, in dem der Anspruch entsteht, geltend gemacht wird; die Geltendmachung des Anspruchs beim Vormundschaftsgericht gilt auch als Geltendmachung gegenüber dem Mündel.

V Dem Jugendamt oder einem Verein kann keine Aufwandsentschädigung gewährt werden.

1) Pauschale Aufwandsentschädigung, I 1. Zur Förderg ehrenamtl Tätigk kann ein Vormd, dem kein 1
VergütgsAnspr zusteht (§ 1836 I 1), seinen Anspr auf Ersatz seiner Aufwendgen (§ 1835) auch als Pauschale verlangen, dch die dann der gesamte AufwendgsErs abgegolten w (Änderg dch das BtÄndG mit Wirkg vom 1. 1. 99; vorher nur Pauschale für Kleinstbeträge unter 5 DM). Der ehrenamtl Vormd hat also die Wahl, ob er entw seine Aufwendgen konkret unter Vorlage von Belegen abrechnen (§ 1835) od die pauschale Aufwandsentschädigg geltd machen will. Eine Kumulierg von Entschädigg u Ers ist ausgeschl (LG Mü I BtPrax **99**, 205). Die Pauschalierg eignet sich vor allem für Fälle, in denen Vormd nur verhältnismäß geringe od viele kleine Aufwendgen geltd machen könnte u erspart auch VormschG ErmittlgsAufwand. – § 1835 a gilt auch für GgVormd, Pfleger (§ 1915) u ehrenamtl Betr (§ 1908 i) u unabhäng davon, ob Vormd (Betr) ein EltT (Münst FamRZ **97**, 389; LG Mü I FamRZ **96**, 1566) od naher Verwandter ist (BGH FamRZ **96**, 1545). – **Keine** Aufwandsentschädigg können JA u Verein verlangen, **V**, ebso nicht der VerfPfl (FGG 67 III 2, 50 V, 70 b I 3). Im **Beitrittsgebiet** ist die bei der Vergütg geltende Abschlagsregelg (§ 1836 a Rn 4) auf den Aufwendgsersatz nicht anzuwenden, da auch dieser (wie § 1835) grdsl nur tatsächlich entstandene Aufwendgen des Vormds abgelten soll (vgl Bienwald BtPrax **93**, 126).

2) Der **Pauschalbetrag** beläuft sich derzeit auf 600 DM pro Jahr. Er ist allerd im Ges nicht zahlenmäß 2
festgelegt, sond zur Anpassg an die wirtschaftl Entwicklg an den HöchstBetr der Zeugenentschädigg gekoppelt (ZSEG 2 II: 25 DM) u beträgt das 24-fache davon (bish 15-fache; BtÄndG hat Faktor erhöht). Da er FestBetr ist, wird nicht nach Umfang od Schwierigk des Einzelfalls differenziert. – Hat Vormd für seine Aufwendgen Vorschuß od einzelne Aufwendgen bereits erstattet erh, ist dies anzurechnen, so daß sich die Pauschale entspr verringert, **I 2.** – Führt Vormd mehrere Vormsch, aber nicht berufsmäß (§ 1836 I 2), kann er die Aufwandsentschädigg für jede einzelne verlangen, **I 1. Zahlungsweise** ist jährl, **II**, erstmals 1 J nach Bestellg. Es ist 3
weder monatl Abrechng mögl noch wird an das KalenderJ angeknüpft. Ablauf des einjähr TätigkZtRaums läßt also Anspr entstehen. Anschließd entsteht für FolgeJ neuer Anspr.

3) Schuldner der Aufwandsentschädigg ist grdsl Mdl. – Ist Mdl **mittellos** (§ 1836 d), richtet sich Anspr gg 4
die Staatskasse, **III.** Bei Ermittlg der Mittellosigk sind unbestrittene UnterhAnspr des Mdls grdsl zu berücks (§ 1836 c Rn 3). Schuldet Unterh allerd Vormd selbst, gilt dies gem III ausnahmsw nicht für Geltdmachg der Aufwandsentschädigg, um FamAngehörige nicht dadch von der ehrenamtl Tätigk abzuhalten, daß ihnen Leistgen versagt w, die G jed and ehrenamtl Vormd gewährt. Vormd kann also Staatskasse oRücks darauf in Anspr nehmen, ob er Mdl Unterh schuldet od nicht. Nimmt diese dann Regreß (§ 1836 e), kommt die Regelg Mdl zugute, da bei Bestimmg seines auch für den Regreß maßgebl einzusetzden Eink (§ 1836 c) vom Nichtbestehen des UnterhAnspr auszugehen ist (BT-Dr 13/7158 S 24).

4) Geltendmachung der Aufwandsentschädigung, IV. Hierzu hat der Vormd od Betr, gleich ob gg 5
Mdl od Staatskasse, eine Frist bis 3 Mo nach Jahreswechsel für einen Anspr, der im Laufe des Vorjahres dadch entstanden ist, daß einjähriger TätigkZtRraum (Rn 3) ablief. Vormd hat also ab dem Tag seiner Bestellg einen ZtRaum von mind 15 Mo (Bestellg am 31.12.) u höchstens 27 Mo (Bestellg am 1.1.) zur Verfügg u damit ausreichd Zeit, um sich zw Pauschale und Einzelabrechng entsch zu können. Rechtzeit Geltdmachg beim VormschG wahrt Rechte des Vormds auch ggü Mdl, damit er bei Zweifel üb dessen Mittellosigk sich nicht gezwungen sieht, vorsorgl Mdl u Staatskasse parallel in Anspr zu nehmen (s auch § 1835 I 3 mit Rn 15). –
Mit Ablauf dieser AusschlFr **erlischt** der Anspr, **IV.** Dies gilt für die Aufwandsentschädigg schlechthin, gleich 6
ob sie von Staatskasse od aus Vermögen des Mdls zu zahlen ist. Mit dieser neuen Regelg (anstelle der bish Verweisg auf ZSEG 15 II) wurde die bish überw Rspr grdsl in das G übernommen u die Frist dabei präzisiert u verlängert. Auch soll verhindert w, daß am Ende der Vormsch (Betreug) mehrere Jahrespauschalen aufgelaufen sind. – Von der Möglichk einer FrVerlängerg dch VormschG wurde hier bewußt abgesehen (and § 1835 I 4; 1836 II 4 Hs 2).

5) Verfahren. VormschG setzt Aufwandsentschädigg auf Antr des Vormds fest, wenn sie aus Staatskasse 7
verlangt w kann (FGG 56 g I Nr 1). S dazu § 1835 Rn 18. – Unterbleibt Festsetzg gg Staatskasse, gilt ZSEG 11; 15 II entspr (FGG 56 g I 4). Quotelg der AufwEntsch in Fällen der Bt in Zeiträumen zw 1998 u 1999 vgl die LG-Entsch BtPrax **99**, 205/206.

1836 ***Vergütung des Vormunds und Betreuers.*** **I Die Vormundschaft wird unentgeltlich geführt. Sie wird ausnahmsweise entgeltlich geführt, wenn das Gericht bei der Bestellung des Vormundes feststellt, daß der Vormund die Vormundschaft berufsmäßig führt. Das Gericht hat diese Feststellung zu treffen, wenn dem Vormund in einem solchen Umfang Vormundschaften übertragen sind, daß er sie nur im Rahmen seiner Berufsausübung führen kann, oder wenn zu erwarten ist, daß dem Vormund in absehbarer Zeit Vormundschaften in diesem Umfang übertragen sein werden. Die Voraussetzungen des Satzes 3 erste Alternative liegen im Regelfall vor, wenn der Vormund**

a) mehr als zehn Vormundschaften führt oder

b) die für die Führung der Vormundschaften erforderliche Zeit voraussichtlich 20 Wochenstunden nicht unterschreitet.

II Liegen die Voraussetzungen des Absatzes 1 Satz 2 vor, so hat das Vormundschaftsgericht dem Vormund oder Gegenvormund eine Vergütung zu bewilligen. Die Höhe der Vergütung bestimmt

sich nach den für die Führung der Vormundschaft nutzbaren Fachkenntnissen des Vormundes sowie nach dem Umfang und der Schwierigkeit der vormundschaftlichen Geschäfte. Der Vormund kann Abschlagszahlungen verlangen. Der Vergütungsanspruch erlischt, wenn er nicht binnen 15 Monaten nach seiner Entstehung beim Vormundschaftsgericht geltend gemacht wird; das Vormundschaftsgericht kann in sinngemäßer Anwendung von § 15 Abs. 3 Satz 1 bis 5 des Gesetzes über die Entschädigung von Zeugen und Sachverständigen eine abweichende Frist bestimmen.

III Trifft das Gericht keine Feststellung nach Absatz 1 Satz 2, so kann es dem Vormund und aus besonderen Gründen auch dem Gegenvormund gleichwohl eine angemessene Vergütung bewilligen, soweit der Umfang oder die Schwierigkeit der vormundschaftlichen Geschäfte dies rechtfertigen; dies gilt nicht, wenn der Mündel mittellos ist.

IV Dem Jugendamt oder einem Verein kann keine Vergütung bewilligt werden.

1 **1)** Lit: § 1835 Rn 1. Seit 1. 1. 99 gelten die §§ 1836–1836 e idF des BtÄndG v 25. 6. 98 (BGBl I 1580), das § 1836 geändert u §§ 1836 a–e neu eingefügt hat, sowohl für Vormd als auch Betr (§ 1908 i) u haben sogar im BtR ihre erhebl größere prakt Bedeutg. Der bish Systematik folgd hat der GesGeber sie gleichw im VormschR belassen u die Verweisgstechnik im BtR beibehalten. – Die damit erfolgte Neuregelg der Vergütg für BerufsVormd u -Betr ist das Ergebn mehrjähr Reformbemühgen im BetreugsR (s Dodegge NJW **98**, 3073), die nach einem vom BRat verlangten VermittlgsVerf einen vorläuf Abschluß gefunden haben.

2 **2) Vergütung** ist der Lohn des Vormds für die Führg der Vormsch, allerd nicht im Sinne einer vertragsmäß Ggleistg, sond als Entschädigg für seine in fremdem Interesse aufgewendete Mühe u Zeitversäumn (KG NJW-RR **98**, 436). Demggü soll ihm der Anspr auf AufwendgsErs (§§ 1835; 1835 a) die für den Mdl verauslagten Beträge od erbrachte geldwerte Leistgen gesondert ersetzen. Beide stehen unabhäng nebeneinander u sind
3 strikt zu trennen. Verzinsg nur iF des Verzugs (LG Stgt BtPrax **99**, 158). – **Übersicht:** Die VormdsVergütg regelt § 1836, falls dafür Mdl selbst aufzukommen hat; er gilt auch für GgVormd, Pfleger (§ 1915 I) u Betr (§ 1908 i; § 1835 Rn 2). – Ist Mdl mittellos (§ 1836 d), kann nach § 1836 a BerufsVormd Vergütg aus der Staatskasse verlangen (bish § 1836 II aF), die auch als Pauschale zugebill w kann (§ 1836 b). Die Vorauss hierf sind nun in §§ 1836 c; d best. Dafür hat Staatskasse RückgriffsR (§ 1836 e). – Zur Vergütg des VerfahrensPfl (FGG 67) s Rn 27; des NachlPfl § 1960 Rn 25 ff; des NachlVerw § 1987. – Eine gesetzl **Übergangsregelung** fehlt. Soweit daher neues Recht hinsichtl Vergütg Abweichg bringt, empfiehlt sich Anwendg nach ZtAbschn, dh für Tätigk nach dem 1. 1. 99. Entsprechd bestimmt sich die Vergütg für den ZtAufwand eines Betr vor dem 1. 1. 99 nach § 1836 aF, so daß insow Verm des Betreuten zu berücks bleibt (BayObLG FamRZ **99**, 681).

4 **3) Unentgeltlichkeit als Regelfall, I 1.** Das Amt des Vormds ist nach der GrdEntscheidg des G ein staatsbürgerl Ehrenamt, für das der ehrenamtl Vormd grdsl keine Vergütg erhält, **I 1**, aber zB pauschale Aufwandsentschädigg (§ 1835 a), die auch Bereitsch zur Übernahme stärken soll. Bei mittellosem Mdl gilt dies ausnahmslos **(III Hs 2)**, da hier auch Staatskasse nicht einspringt (§ 1836 a gilt nur für BerufsVormd). Wird die ehrenamtl Vormsch jedoch für einen wirtschaftl leistgsfäh Mdl geführt, kann Vormd eine angem Vergütg bewill erhalten, soweit der Umfang od die Schwierigk der ihm übertragenen Gesch dies rechtf, **III.** – Als **Ausnahme, I 2,** wird die berufsmäß Ausübg des Amts angesehen (vgl auch § 1897 IV). BerufsVormd soll nur bestellt w, wenn Umfang od Schwierigk der vormsch Gesch die Bestellg gerade eines solchen rechtfert. Das G geht also davon aus, daß VormschG die jeweil Anforderg an den künft ges Vertreter des Mdls (Betreuten) konkret von Fall zu Fall prüft. Entscheidet es sich für BerufsVormd, hat dieser auch Anspr auf Vergütg, **II**, zurückgehd auf BVerfG NJW **80**, 2179.

5 **4) Berufsvormund, I 2.** Die berufsm Ausübg von Vormsch od Bt führt automat zur Entgeltlk des Amts. Das Ger hat nach Anhörg der BetrBeh (§ 1897 VII; dort Rn 25) mit der Bestellg des Vormd od Betr die
6 **Feststellung berufsmäßiger Ausübung** zu treffen. Fehlt sie, wird ex post keine Vergütg gewährt; aber dann entspr BeschwR. Zur Zustdgk Zimmermann FamRZ **99**, 631. Da es kein BerufsZulassgsVerf gibt, liegt der Bezeichng BerufsVormd kein gefestigtes Berufsbild mit vorgegebener Ausbildg od Qualifikation zGrde. Auch I enthält nur formale AbgrenzgsKriterien wie die Zahl der geführten Vormsch bzw Bt u den Zeitaufwd, überläßt also dem VormschG die EigngsPrüfg. I 3 u 4 enth ggü I 2 ledigl eine authentische Interpretation und RegelBspe. Dementspr liegt eine berufsmäß AmtsAusübg immer dann vor, wenn es sich nicht mehr um die Erfüllg allg staatsbürgerl Pflichten handelt (BayObLG FamRZ **98**, 187) u eine Pers vom Ger gerade wg ihres Berufs zum Vormd od Betr bestellt w, zB ein Steuerberater für die VermSorge od ein RA, weil rechtl schwierige Probl u überdchschnittl Schwierigkten iZushg mit dem Betreuten zu bewält sind (BayObLG NJW-RR **99**, 517). Auch jemd, der nur eine einzige Bt übernommen hat, kann desh BerufsBetr sein (BayObLG BtPrax **99**, 29). Eine solche Auswahl ist aber nur gerechtf, wenn das Amt sie erfordert od der vermögde Betreute zB einen RA verlangt od wenn sich ein RA ausdr mit einem niedrigeren Stundensatz einverst erkl (vgl Karlsr FamRZ **98**, 698). BerufsVormd kann eine Pers aber auch neben einem and Beruf sein
7 (BVerfG-Ka NJW **99**, 1621; BayObLG FamRZ **96**, 371; **97**, 1305). Zum Hauptberuf wird die VormdsTätigk, wenn aGrd des Umfangs der insges übertragenen Vormdschaften das Amt nur iR einer Berufsausübg geführt w kann, **I 3 Alt 1**. Davon ist im Regelfall auszugehen, wenn entweder die Zahl der geführten Vormsch mehr als 10 beträgt, I 4 a (wobei aber nicht in erster Linie auf die Erbringg best StdenZahlen in best ZtAbschn abgestellt w darf; Karlsr FamRZ **98**, 1535), od der erfdl ZAufwand für alle Vormsch vorauss mind 20 Stden wöchentl erfordert, I 4 b. Ist dies nicht der Fall, liegt gleichwohl eine berufsm Ausübg vor, wenn zu erwarten ist, daß dem Vormd in absehb Zt Vormschaften in diesem Umfang übertragen w, **I 3 Alt 2** (vgl dazu Kln FamRZ **98**, 1536). Damit können auch angehde BerufsVormd u -Betr als solche vergütet w. Geht bei einem BerufsBetr vorübergehd die Anzahl der ihm übertragenen Bt auf unter 10 zurück, verliert er dadch nicht sogl die Eigensch als BerufsBetr (BayObLG FamRZ **98**, 187). Ist die Berufsmäßigk festgestellt, kann nicht für einen Teil der Bten darauf verzichtet w, um bei ihnen nach § 1835 a die Pauschale abzurechnen (Zimmermann FamRZ **99**, 632). Gg die Feststellg od Ablehng der berufsmäß Ausübg einf Beschw.

5) Anspruch auf Vergütung, II 1, gg den bemittelten Mdl steht dem festgestellten BerufsVormd zu, ohne daß dem VormschG insow noch ein Ermessen zustünde. Tätigkten aus der Zt vor der Bestellg zum Vormd od Betr sind nicht zu vergüten (Schlesw FamRZ **98**, 1536); auch nicht die Wahrnehmg eines AnhörgsTermins zur Vorbereitg der BetrBestellg (LG Saarbr FamRZ **98**, 1533). Iü kommt es für die Vergütg ledigl auf die Wirksamk der Bestellg, nicht auf ihre Rmäßigk an (BayObLG FamRZ **98**, 1053). Wenn ihm für seine zukünft Tätigk nicht eine VergütgsPauschale zugewiesen ist (§ 1836 b S 1 Nr 1), best sich die **Höhe** seines Anspr nach den beid Kriterien von II 2, näml Fachkenntn sowie Umfang u Schwierigk der zu verrichtden Geschäfte. Dadch soll eine Vormsch über bemittelte wie mittellose Mdl nach den gleichen GrdKriterien vergütet w (BT-Druck 13/7158 S 26), so daß das Verm kein unmittelb BemessgKrit mehr darstellt, sond nur noch Umfang u Schwierigk der Vormsch beeinfl kann. Iü aber darf die Vergütg für den Vormd od Betr eines nicht mittellosen Betroff nicht einfach aGrd der ggü der Staatskasse pauschalierten Sätze (vgl jetzt § 1836 a iVm BVormVG 1) bemessen w (BayObLG FamRZ **99**, 466 zu § 1836 II aF; aA LG Frankenth BtPrax **99**, 202). Die **Kriterien von II 2** sind: 8

a) Qualifikation. Vorrangig wird auf die beim BerufsVormd bzw Betr vorhand nutzb Fachkenntn abgestellt. Da sie bereits bei der Auswahl des Vormd od Betr zu prüfen sind, erübr sich die oft zeitaufwend Darlegg u Prüfg, ob u mit welchem Nutzen die eingebrachten Fachkenntn im konkr Fall zum Einsatz gekommen sind. Die bish Rspr dazu (vgl Dodegge NJW **98**, 2710) ist damit überholt. Fachkenntn sind Fähigk, die über das jederm zu Gebote stehde Wissen hinausgehen und regelm nicht dch LebensErfahrg erworben w, also insb jur, steuerl, wirtsch, med, psychotherapeut, sozialpädagog Kenntn usw. Nutzb bedeutet, daß sie sich für die Führg einer Vormsch od Bt generell od bezügl bestimmter AufgKr als hilfreich erweisen. Für diese indiv Eigensch enthält das Ges in BVormVG 1 II (abgedr bei § 1836 a) die Vermutg, daß die vom Vormd vorgehaltenen, generell die Führg einer Vormsch erleichternden Fachkenntn auch für den Einzelfall nutzb u somit vergütgsfäh sind. Ob sie dann im konkr Fall tats erfdl waren u zum Einsatz kamen, ist nach der NeuRegelg unerhebl u braucht nicht mehr nachgew zu w. Anderes braucht die Best eines FamMitgl zum Betr nichts mit dessen Beruf zu tun zu haben (LG Mü I FamRZ **99**, 1235). Bei **mehrfacher** Qualifikation (zB als RA u DiplSozPäd) mit versch StdSätzen entscheidet, wg welcher Qualifikation der Vormd od Bt bestellt wurde (BayObLG FamRZ **97**, 1302), also welche Fachkenntn nach Lage des Falles vorgehalten w mußten (Schlesw FamRZ **95** 46). **Überqualifikation** des Vormd muß VormschG bereits bei seiner Auswahl u Bestellg prüfen u dann abweichde Bestimmg treffen (vgl BVormVG 1 II 2). Unterläßt es dies, kann sich der Vormd darauf verlassen, daß er Vergütg entspr der von ihm eingebrachten Qualifikation erhält. Staatskasse trägt das Risiko für insow falsche Auswahl des VormschG (BT-Drucks 13/7158 S 15). 9 10 11

b) Umfang und Schwierigkeit der VormdschGeschäfte sind neben der Qualifikation maßg. Zu ihrer Bewertg ist eine Gesamtbetrachtg vorzunehmen, die Tätigk des Vormds/Betr also nicht in einz Gesch zu zerlegen (RG **149,** 172). Unzul ist auch eine Mischkalkulation (LG Bln FamRZ **99**, 1225). – **aa) Schwierigkeit.** Dieses Kriterium hat dadch an Bedeutg verloren, daß ihm VormschG im Einzelfall bereits mit der Auswahl eines BerufsVormds Rechng getragen hat. Daher fließen nur noch besond Schwierigk des Einzelfalls erhöhd od besond Erleichtergen mindernd in die Festsetzg ein. Mindernd kann sich die Unterbringg in einem Heim auswirken (Oldbg FamRZ **98**, 186), erhöhd bspw des finanz Erfolg der Gesch (Zweibr FamRZ **99**, 1229). – **bb) Umfang.** Für die Bemessg der Vergütg kommt es desh wesentl auf den mit der Führg der Vormsch verbundenen **Zeitaufwand** an (vgl BayObLG FamRZ **92**, 854; **96**, 1166), sofern VormschG diesen nicht vorab begrenzt hat (§ 1836 b 1 Nr 2). Dabei wird nur auf den persönl des Vormds abgestellt, nicht auf einen dch unzuläss Delegation von Aufg erbrachten (LG Ffo BtPrax **97**, 78; LG Memmingen FamRZ **99**, 459/1305 m abl Anm Bienwald); hiervon zu untersch ist der Einsatz von Hilfskräften für untergeordnete Tätigk, der aber auch nicht gesondert vergütet wird. Vergütgsmindernd wirkt, wenn ein erhebl Teil der in Rechng gestellten ZtAufw üblicherw Bürokräften absl überlassen w (Hamm FamRZ **99**, 1230). Zu vergüten ist auch der erforderl Zeitaufwand für Behördengänge od Begleitg des Mdls bei diesen od zu Gericht; selbst TerminsTeiln in Strafsachen, wenn diese engen Bezug zu seinem AufgKreis haben u er vom Ger dazu aufgefordert worden w (LG Memmingen FamRZ **98**, 508); nicht dagg der ZtAufw für die Verfolgg des VergütgsAnspr selbst (BayObLG FamRZ **99**, 1233). 12 13 14

c) Zur **Feststellung des Zeitaufwands** hat das VormschG ein SchätzungsErm (ZPO 287), so daß eine PlausibilitätsKontr genügt u nicht jede abgerechnete Tätigk im Detail überpr zu w braucht (Schlesw FamRZ **98**, 185; ausführl Zimmermann FamRZ **98**, 521; **99**, 631). Ermittlgen über den zeitl Aufwand des Betr sind aber dchzuführen, wenn der angesetzte ZtAufwand im Verhältn zu den erbrachten Leistgen ungewöhnl hoch erscheint od der TätigkUmfang des Betr substantiiert bestr w (LG Essen NJWE-FER **98**, 83). Stellt das Ger hinsichtl einzelner Positionen überhöhten ZtAufwand fest, rechtfert dies aber nicht Pauschalabschlag von der beantragten Vergütg (LG Stgt FamRZ **98**, 496). Es hat auch Beurteilsspielraum bei der Frage, ob die Tätigk zur pflichtgemäß Wahrnehmg der Vormdsaufgaben erforderl war, wobei allerd entscheidend ist, ob Vormd aus seiner Sicht den ZtAufwand für erforderl halten durfte (BayObLG FamRZ **96**, 1169). Vergütgsfäh können danach sein: Tätigkten, die über 10 Stden tägl hinaus gehen (Celle FamRZ **98**, 1534); die Teiln des Betr an VerhandlgsTerminen in einer gg den Betreuten geführten Strafsache (LGe Memmingen NJW-RR **98**, 1227 u Kblz FamRZ **99**, 464); die Begleitg des Betreuten zum Arzt ist dann vergütgsfäh, wenn der Betr davon ausgehen durfte, sonst die med Bt nicht ordngsgem erfüllen zu können (BayObLG FamRZ **99**, 463). **Nicht** berücks werden kann iRd rechtl Bt, die ihrem Wesen nach gesetzl Vertretg u nicht pers PflLeistg u Hilfe ist (BayObLG FamRZ **98**, 1050), der ZtAufwand für Tätigk des Vormd od Betr, die nicht zu ihrem jew AufgKr gehören, zB Einkäufe für den Betreuten, die der Betr nur zu organisieren aber nicht selbst auszuführen hat (BayObLG FamRZ **99**, 463; LG Limburg BtPrax **97**, 119; LG Kblz FamRZ **98**, 496), od die der Privatsphäre zuzurechnen sind, wie Ausflüge (BayObLG FamRZ **99**, 463) od die Teiln an Fam- u Weihnachtsfeiern im Heim (aA LG Kblz FamRZ **98**, 183 für den Fall, daß eine derart pers Zuwendg zum Wohle des Betreuten sinnvoll ist). Nicht vergütet wird auch die für die Erstellg des VergütgsAntr benötigte Zeit (Schlesw FamRZ **99**, 462). – Nach dem **Tod** des Betreuten (§ 1896 Rn 34) darf Betr nur unaufschiebb Gesch fortführen (§§ 1908 i I 1; 1893 I; 1698 b) bzw solche, die zur Erfüllg der Verpfl aus den §§ 1840 ff erfdl sind (BayObLG FamRZ **99**, 465). Nur für diese wird dann noch Vergütg geschuldet (§ 1908 e I 1); vgl BayObLG FamRZ **96**, 15 16 17

372; LG Lpzg FamRZ **96**, 1361. Anspr ist NachlVerbindlk (§ 1967). Der soz Schutzzweck entfällt, so daß Nachl z Zw der Vergütg voll zur Vfg steht (LG Kleve BtPrax **95**, 185).

18 **d) Stundensatz.** Die Anwendg der ges Kriterien auf den Einzelfall erfolgt dch Festsetzg eines angemessenen Stundensatzes. VormschG kann sich bei dieser Schätzg an die in der jew Berufsgruppe allg anerkannten Honorare anlehnen, ggf auf ähnl Berufsgruppen mit vergleichb Ausbildg zurückgreifen (BayObLG BtPrax **97**, 123). Einzurechnen sind auch Büro- einschl Personalkosten, die üblicherw für Büro mittl Zuschnitts aufzuwenden sind (BayObLG FamRZ **95**, 692); ggf ist Maßst RA-Büro (BayObLG FamRZ **96**, 1168); aber nicht für einen DiplRPfl (Kln FamRZ **99**, 1224). Ebso ist MWSt einzukalkulieren u nicht gesondert festzusetzen (Ffm FamRZ **94**, 1333; BayObLG FamRZ **92**, 854) iGgs zum VergütgsAnspr gg Staatskasse (§ 1836 a;
19 BVormVG 1 I 3), da dort Stundensatz nicht flexibel ist. – **Minderung** des Stundensatzes ist bei Erleichterg der Betreug infolge Versorgg des Betreuten dch umfassende Heimpflege angebracht (Schlesw FamRZ **98**, 186; vgl auch LG Kblz FamRZ **98**, 1452). – **Einzelfälle:** RA zw 200 DM (BayObLG BtPrax **97**, 123; FGPrax **97**, 148; Karlsr FamRZ **98**, 698; Zweibr NJWE-FER **99**, 120; BayObLG NJWE-FER **99**, 34: 220 DM) u 300 DM (Schlesw FamRZ **95**, 46, das aber auf 200 DM absenkt, wenn RA seine berufl Fähigk nicht benötigt, FamRZ **98**, 186); DiplSozPäd 94,36 DM inkl MWSt (BayObLG FamRZ **99**, 465); bei unterdchschnittl SchwierigkGrad 50 DM (LG Kblz FamRZ **99**, 458 u 1452). – DiplSozPäd bei geringem Verm des Betroff 70 DM (BayObLG NJWE-FER **99**, 151); DiplPsychologe bei erhebl AktienVerm 110 DM (BayObLG BtPrax **99**, 31); Politikwissenschafler 100 DM (Karlsr FamRZ **99**, 460).

20 **e) Vereinsbetreuer.** Für ihn kann der BtVerein iGgs zu IV Vergütg nach II beanspr (§ 1908 e I). Dabei ist in der Rspr str, ob dieser wie selbständ BerufsBetr zu vergüten ist, dh nach vergleichb BerufsGr gem seiner Qualifikation einschließl übl Bürokosten (BayObLG FamRZ **95**, 692; Ffm BtPrax **95**, 183), od nach den konkreten Personalkosten des Vereins für den angestellten Betreuer (Düss FGPrax **97**, 107 unter Vorlage an BGH), wobei allg Verwaltgskosten außer Betr bleiben (§ 1908 e I 2). Aus der Bestellg eines VereinsBetr folgt aber noch nicht, daß Einsatz besond qualifizierter Fachkraft notwend war, so daß die erbrachte Tätigk näher darzulegen u daraufh zu prüfen ist (Oldbg FamRZ **98**, 186). Bei Heimunterbringg eines geistig Behind kann eine Vergütg von 50 DM zugebill w (LG Kblz FamRZ **99**, 732).

21 **f) Abschlagszahlung, II 3**, kann BerufsVormd nun generell, also auch vom vermögden Mdl verlangen. Dies erscheint sachgerecht, da ihm eine finanzielle Vorleistg seiner berufl Dienstleistg nicht immer zumutb ist.

22 **g) Festsetzung.** Der Anspr des BerufsVormds wird vom VormschG festgesetzt (FGG 56 g I Nr 2; Rn 26). Dies setzt seine wirks Bestellg voraus. Unerhebl ist dagg, ob die rechtl Voraussetzgen für seine Bestellg überh vorlagen, weil AnsprGrdlage beim bestellten Vormd allein seine Mühewaltg ist (BayObLG FamRZ **97**, 701). Auch eine zu lange Aufrechterhaltg der Bt entgg § 1908 ist insow ohne Belang (BayObLG aaO; FamRZ **98**,
23 507). – Der Anspr **entsteht** aber schon vor Festsetzg dem Grde nach. Zwar hat nach bish überw Auffassg der Bewilliggsbeschluß rechtsbegründende Wirkg, so daß der Anspr erst mit dessen Wirksamwerden (FGG 16) entstünde. Dies ist jedoch nur für die Bewilligg einer solchen Vergütg aufrechtzuerhalten, die vom Ermessen des VormschG abhängt, **III.** Dagg erwirbt der BerufsVormd seinen VergütgsAnspr bereits dch sein Tätigwerden, weil das VormschG bei ihm nur noch den im Einzelfall zutreffden StdSatz zu ermitteln u nur insow eingeschrktes Erm hat. Das BayObLG hat so bereits in FamRZ **89**, 1129 im Hinbl auf BVerfG NJW **80**, 2479 erkannt (ebso LG Mü I NJW-RR **98**, 1303). Diese Auffassg wird dch die neue Regelg üb das Erlöschen des
24 Anspr vom G bestätigt, die EntstehgsZtpkt vor Festsetzg voraussetzt. – **Ausschlußfrist, II 4.** Der Vergütgs-Anspr erlischt, wenn er nicht binnen 15 Mo nach Entstehg vom VormschG geltd gemacht w. Damit ist bezweckt, den Vormd zur zügigen Geltdmachg anzuhalten (wie beim AufwendgsErsatzAnspr, § 1835). Bei Fristversäumg ist dah keine Wiedereinsetzg mögl (auf ZSEG 15 III 6 ist bewußt nicht verwiesen); der erloschene Anspr kann auch nicht gg Staatskasse geltd gemacht w. Der Anspr entsteht nicht erst mit der Festsetzg, sond mit der jew Tätigk (BayObLG FamRZ **96**, 372). Das VormschG kann nur Frist **verlängern** analog ZuSEG 15 III 1–5, **II 4 Hs 2**, wenn RegelFr im Einzelfall nicht angem ist. Diese Entscheidg muß aber ergehen, bevor Anspr erloschen ist. Für die ehrenamtl Vormder u Betr vermögder Pers gilt III; deren Anspr erlöschen nicht, sond verjähren nach § 196 I Nr 15 (Zimmermann FamRZ **99**, 632).

25 **h) Der Einwand mangelhafter Amtsführung** des BerufsVormds hindert nicht die Festsetzg seiner Vergütg, da diese Entschädigg u nicht vertragl GgLeistg ist (Rn 2). Er mindert diese grdsl auch nicht (Zweibr MDR **92**, 262; Köln FamRZ **91**, 483 mN; krit Knittel, BtG, Rn 11; Erman/Holzhauer Rn 9), soweit nicht eine nachläss od sonst pflichtwidr Amtsführg zu einem erhebl geringeren Umfang der Tätigk ggü pflichtgem Wahrnehmg geführt hat (KG Rpfleger **88**, 261). Pflichtwidr Verhalten wird vielm gesondert im Proz auf SchadErs (§ 1833) od Herausg von VermGgstden geprüft, ggf auch auf EntlassgsAntr (KG NJW-RR **98**, 436). S eingehd Staud/Engler Rn 29 ff.

26 **6) Ermessensvergütung, III.** Der ehrenamtl Vormd hat hierauf keinen Anspr, da VormschG sie nach seinem pflichtgemäß Ermessen bewill kann. Ein VergütgsAnspr gg Mdl wird dah erst dch BewilliggsBeschl des VormschG begründet, entsteht somit (anders als beim BerufsVormd, Rn 22) erst mit dessen Wirksamwerden (FGG 16). Vereinbg mit Mdl läßt keinen Anspr entstehen, selbst wenn dieser dch Pfleger vertreten war (MüKo/Schwab Rn 17). – Eine zu bewilligde Vergütg ist nicht nach starren Regeln od best Prozentsätzen zu bemessen (BayObLG FamRZ **94**, 226). Es gibt dafür keinen Regelrahmen u keinen Mindest- u Höchstbetrag (Hamm OLGZ **71**, 307). Das VormschG bemißt die Vergütg des NichtberufsVormds od -Betr vorrangig nach seinen Leistgen u dem geschätzten ZtAufwand; eine Bemessg der Vergütg unter ZuGrdeLegg eines StdSatzes scheidet grdsl aus, ebso die Bestimmg dch den Wert des Verm des Mdl od Betreuten (BayObLG FamRZ **98**, 1052), der sich allenf noch indirekt auswirken kann (s Rn 8). Bei Mittellosigk des Mdls (§ 1836 d) kann Ermessensvergütg nie bewill w, III Hs 2. – **Umfang** stellt auf den Zeitaufwand des Vormds ab, der damit auch bei III von erhebl Bedeutg ist (BayObLG FamRZ **98**, 1052). Er braucht nicht im einzelnen belegt zu w, ist aber von erhebl Bedeutg u desh in seiner ungefähren Größenordg festzustellen, ggf zu schätzen (BayObLG FamRZ aaO; **94**, 226). **Schwierigkeit** bringt zum Ausdr, daß die Vergütg dch die vom Vormd geforderten u erbrachten Leistgen wesentl bestimmt w. Die Größe des verwalteten Verm kann hier insow Auswirkg haben,

als es zu größerer Verantwortg u erhöhtem Haftgsrisiko führt (Staud/Engler Rn 23). – **Höhe:** In welchem Ausmaß die zu beachtden BewertgsFaktoren die Höhe bestimmen od mitbest, ist je nach Einzelfall versch. Vorrangig sind die vom Vormd erbrachten Leistgen. Da es sich um Erm handelt, wird auch auf den Grad der sich hieraus ergebden Verantwortg abgestellt (BayObLG FamRZ **98**, 1052). Auch der Erfolg des Vormds bei der Erfüllg seiner Pfl, etwa bei Mehrg des MdlVerm ist von Bedeutg (Hamm OLGZ **71**, 307; BayObLG FamRZ **98**, 1052). MWSt ist nur dann zu berücks, wenn Vormd eine solche dafür zu entrichten hat (BayObLG FamRZ **95**, 692). Letztl können aber immer nur individuelle BilligkErwäggen maßgebl sein (BayObLG **86**, 448; FamRZ **98**, 1053). – **Nicht** anwendb sind die Grdsätze für BerufsVormd, nachdem ehrenamtl Vormd aus Vergütg weder Bürokosten noch seinen LebUnterh zu erwirtschaften hat. Ebso wirkt sich eine besond berufl Qualifikation bei ihm nicht aus. ZuGrdeLegg eines best StdSatzes scheidet damit grdsl aus (BayObLG FamRZ **98**, 1052). Die Sätze des **II** können auch nicht als Obergrenze gelten (BayObLG FamRZ **94**, 124). – Für **Betreuungsbehörde** s § 1908 h II. – JA u **Verein** als Vormd od Betr erh keine Vergütg, **IV**, andjedoch VereinsBetr (vgl o Rn 19). 27

7) Verfahrenspfleger. Dessen Vergütg richtet sich nach BVormVG 1 (FGG 67 III; 50 V), also nach vorgegebenen StdSätzen für die erforderl Zeit. Bei RA ist BRAGO nicht anwendb (BRAGO 1 II). Festsetzg erfolgt dch VormschG (FGG 67 III; 56 g I), hier RPfleger (RPflG 3 Nr 2 a). Die bish auf ZSEG 16 beruhde Zustdgk des UrkBeamten der GeschStelle (Hamm FamRZ **95**, 487; Oldbg Rpfleger **98**, 427) ist entfallen. Für die Vergütg kommt es ledigl auf die Wirksamk der Bestellg, nicht auf ihre Rmäßigk an (BayObLG FamRZ **98**, 1053). 28

8) Verfahren regelt FGG 56 g. VormschG (RPfleger, RPflG 3 Nr 2 a) setzt Vergütg, Vergütgspauschale od Abschlagszahlg entw auf Antr von Vormd od Mdl od, wenn es sie für angem hält, vAw fest (FGG 56 g I Nr 2). Zum Inhalt des Antr s § 56 g II (wie bei ProzKostenhilfe). Mdl ist als Schuldn vor Festsetzg einer von ihm zu leistden Zahlg zu hören (GG 103; FGG 56 g IV); hierzu ist bei mj Mdl ggf VerfahrensPfl zu bestellen, falls Vormd als ges Vertreter insow ausgeschl (§ 181) ist (FGG 50; 67; Ffm FGPrax **97**, 109; vgl BT-Dr 13/7158 S 51 u 57). – Für Entscheidg kann VormschG auf detaillierte Prüfg verzichten, falls Ermittlgsaufwand außer Verhältn zur Höhe der vom Mdl voraussichtl zu leistden Zahlgen steht (56 g II 2). – **Rechtsmittel:** Sofort Beschw, wenn Wert 300 DM übersteigt od sie zugelassen wurde (FGG 56 g V); sonst befristete Erinnerg (RPflG 11 II). Beschwberecht (FGG 20) sind Vormd u Mdl. Dem Sohn des Betreuten steht gg die Bewillig einer Vergütg aus dem Verm des Betreuten kein BeschwR zu (BayObLG BtPrax **98**, 147). Weitere Beschw (FGG 27) ist nur bei Zulassg wg grdsl Bedeutg statth (FGG 56 g V 2). Zur Beschrkg der Beschw im VergütgsFestsetzgsVerf BayObLG NJWE-FER **99**, 90. Die Erweiterg des VergütgsAnspr im BeschwVerf ist zul (BayObLG FamRZ **97**, 1563). – FestsetzgsBeschl ist nunm **Vollstreckungstitel** (FGG 56 VI). 29

1836 a *Vergütung aus der Staatskasse.* **Ist der Mündel mittellos, so kann der Vormund die nach § 1836 Abs. 1 Satz 2, Abs. 2 zu bewilligende Vergütung nach Maßgabe des § 1 des Gesetzes über die Vergütung von Berufsvormündern aus der Staatskasse verlangen.**

§ 1 BVormVG. Vergütung des Berufsvormunds. (1) Die nach § 1836 a des Bürgerlichen Gesetzbuchs aus der Staatskasse zu gewährende Vergütung beträgt für jede Stunde der für die Führung der Vormundschaft aufgewandten und erforderlichen Zeit fünfunddreißig Deutsche Mark. Verfügt der Vormund über besondere Kenntnisse, die für die Führung der Vormundschaft nutzbar sind, so erhöht sich diese Vergütung

1. *auf fünfundvierzig Deutsche Mark, wenn diese Kenntnisse durch eine abgeschlossene Lehre oder eine vergleichbare abgeschlossene Ausbildung erworben sind;*
2. *auf sechzig Deutsche Mark, wenn diese Kenntnisse durch eine abgeschlossene Ausbildung an einer Hochschule oder durch eine vergleichbare abgeschlossene Ausbildung erworben sind.*

Eine auf die Vergütung entfallende Umsatzsteuer wird, soweit sie nicht nach § 19 Abs. 1 des Umsatzsteuergesetzes unerhoben bleibt, zusätzlich ersetzt.

(2) Bestellt das Gericht einen Vormund, der über besondere Kenntnisse verfügt, die für die Führung der Vormundschaften allgemein nutzbar und durch eine Ausbildung im Sinne des Absatzes 1 Satz 2 erworben sind, so wird vermutet, daß diese Kenntnisse auch für die Führung der dem Vormund übertragenen Vormundschaft nutzbar sind. Dies gilt nicht, wenn das Vormundschaftsgericht aus besonderen Gründen bei der Bestellung des Vormundes etwas anderes bestimmt.

(3) Das Gericht kann für den Zeitraum bis zum 30. Juni 2000 bei der Festsetzung der Vergütung für einen Vormund, der bereits vor dem Inkrafttreten dieses Gesetzes über einen Zeitraum von mindestens zwei Jahren Vormundschaften berufsmäßig geführt hat, abweichend von Absatz 1 einen höheren, sechzig Deutsche Mark jedoch nicht übersteigenden Stundensatz zugrundelegen. Die sich aus der Abweichung ergebende Vergütung soll sich an der bisherigen Vergütung des Vormunds orientieren.

1) Vergütungsanspruch gegen Staatskasse (Lit: Bienwald BtPrax **99**, 210) hat BerufsVormd (§ 1836 I 2; II) od Berufsbetreuer (§ 1908 i), wenn Mdl (Betreuter) **mittellos** (§ 1836 d) ist; andere Mdl schulden selbst (§ 1836). Der Vormd (Betr) erhält für jede Stunde der von ihm auf die Führg der Vormsch (Betreug) aufgewandten u erforderl Zeit einen festen StdSatz (Rn 2). Bei dessen Bemessg wird die Schwierigk der jeweil Vormsch (Betreug) nicht mehr berücks. Der StdSatz richtet sich nach der Ausbildg des Vormd (Betr) u der damit unterstellten Wissensvorhaltg. Für ehrenamtl Vormd (Betr) gilt § 1836 a nicht; dieser kann bei mittellosem Mdl keine Vergütg erh, sond nur Auslagenersatz (§ 1835) od pauschalierte AufwandsEntschädigg (§ 1835 a). Mangels Überggsregelg gilt § 1836 a nF auch für Altfälle (KG Kblz NJW-RR **99**, 951). 1

2) Die Stundensätze, die der Vergütg des BerufsVormds (Betr) zugrde zu legen sind, wurden nicht in § 1836 a festgelegt, sond eigenständ in dem neuen BVormVG geregelt (BtÄndG Art 2 a). Dessen § 1 sieht aus fiskalischen Grden feste Beträge in 3 Stufen vor, von denen VormschG nicht abweichen kann, selbst wenn zB RA als solcher für die Führg der Vormsch überqualifiziert wäre. Ändgen der Eingruppierg sind nach Fortbildg 2

u Umschulg mögl (BVormVG 2). Der BasisBetr beträgt pro Stunde 35 DM, die erhöhten Betr 45 DM bzw 60 DM, stets zuzügl darauf entfallder MWSt (I S 3, im Ggsatz zu § 1836), sofern diese nicht nach UStG 19 I
3 unerhoben bleibt. – Welcher dieser 3 Betr im konkreten Fall anzusetzen ist, bestimmt sich allein nach den **nutzbaren Fachkenntnissen** des jew Vormds (Betr): 35 DM erhält BerufsVormd ohne besond Fachkenntn; 45 DM (Stufe 2) bei vorhand besond Kenntn aGrd abgeschl Berufsausbildg (I Nr 1) u 60 DM (Stufe 3) aGrd abgeschl Studiums (I Nr 2). Ob jede Lehre, alle vergleichb Ausbildgen u jedes Hochschulstudium für die „rechtl" Bt, in der es schon begriffsmäß auf RKenntn ankommt, nutzb Kenntn vermittelt, wird zu Recht bezweifelt (Zimmermann FamRZ **99**, 634; Wagenitz/Engers FamRZ **98**, 1275 mit vernünft Abgrenzgs-Vorschl). – Bestellt VormschG BerufsVormd mit besond Kenntn u bestimmt es dabei nicht ausnahmsw etwas anderes, wird gesetzl **vermutet,** daß sie auch für die Führg der konkreten Vormsch nutzb sind (BVormVG 1 II 1). Der dem Vormd (Betr) zugesagte StdSatz kann desh bei der Abrechng nachträgl herabgesetzt w. And bei entsprechder Bestimmg dch das VormschG, die allerd bes Grde voraussetzt (BVormVG 1 II 2). Sie können in der Einfachh der konkr Bt liegen, aber nicht im Überangebot von Anwälten. Der GgBew mit dem Ziel, doch nach dem höheren StdSatz abzurechnen, ist zul. Zur ÜbergangsZt bei Altfällen vgl Zimmermann FamRZ **99**,
4 635. – Wohnt Vormd (Betr) im **Beitrittsgebiet** od hat er dort Sitz, ist der festzusetzde StdSatz nach den Vorschr des EinigsVertr generell zu kürzen, aber seit 1. 7. 96 nur noch um 10%. VormschG hat insow keine EntscheidgsBefugn (LG Berlin BtPrax **97**, 243). BtÄndG hat diese Regelg beibehalten (Art 4).

5 **3) Zeitaufwand.** Zu seiner Ermittlg s § 1836 Rn 14. Hat Betr mit erhöhtem StdSatz einen erhebl Teil der in Rechng gestellten Zeit mit Tätigk verbracht, die nicht seiner besond Fachkenntn bedurften, sond Bürokräften hätten überlassen w können, ist nach bish R streit, ob insow Herabsetzg geboten ist (so BayObLG FamRZ **97**, 578) od ob es keine Rolle spielt, wie lange und bei welchen ArbeitsAbschn die Fachkenntn tatsächl Verwendg gefunden haben (so Schlesw FamRZ **98**, 509 unter Vorlage an BGH). Beschäftigt Betr allerd keine Bürokraft, sond erledigt er auch einfachste Tätigk selbst, löst das G dieses Problem nicht, wenn er zB für Schreibtätigk ungeübt ist.

6 **4) Härteregelung** bis 30. 6. 2000 (BVormVG 1 III). Kann ein vor dem 1. 1. 99 mind 2 J berufsmäß tätiger Vormd (Betr) die ihm bish bewilligten StdSätze wg fehlder Qualifikation nach neuem R nicht mehr erhalten, kann VormschG übergangsw zur Vermeidg von Härten von dem ges StdSatz abweichen. Es soll sich dabei an der bish Vergütg orientieren u darf 60 DM nicht überschreiten. – Diese Übergangsregelg hängt mit BVormVG 2 zus, wonach die Länder regeln können, wie BerufsBetr ohne nutzb Fachkenntn üb Umschulg od Fortbildg u anschließde Prüfg Aufstieg in höhere Vergütgsgruppe erreichen können.

7 **5) Verfahrensrecht.** Festsetzg der Vergütg auf Antr od vAw (FGG 56 g I Nr 2). RMittel ist sofort Beschw, wenn BeschwWert üb 300 DM liegt od sie zugelassen wurde (FGG 56 g V), sonst befristete Erinnerg (RPflG 11 II). Vgl § 1836 Rn 29; Zimmermann FamRZ **99**, 636 f.

1836 b *Fester Geldbetrag für Berufsvormund; Zeitbegrenzung.* **In den Fällen des § 1836 Abs. 1 Satz 2 kann das Vormundschaftsgericht**

1. dem Vormund einen festen Geldbetrag als Vergütung zubilligen, wenn die für die Führung der vormundschaftlichen Geschäfte erforderliche Zeit vorhersehbar und ihre Ausschöpfung durch den Vormund gewährleistet ist. Bei der Bemessung des Geldbetrags ist die voraussichtlich erforderliche Zeit mit den in § 1 Abs. 1 des Gesetzes über die Vergütung von Berufsvormündern bestimmten Beträgen zu vergüten. Einer Nachweisung der vom Vormund aufgewandten Zeit bedarf es in diesem Falle nicht; weitergehende Vergütungsansprüche des Vormundes sind ausgeschlossen;

2. die für die Führung der vormundschaftlichen Geschäfte erforderliche Zeit begrenzen. Eine Überschreitung der Begrenzung bedarf der Genehmigung des Vormundschaftsgerichts.

Eine Entscheidung nach Satz 1 kann zugleich mit der Bestellung des Vormundes getroffen werden.

1 **1) Pauschalierung der Vergütung** (Lit: Wagenitz/Engers FamRZ **98**, 1275; Zimmermann FamRZ **99**, 632; Göpel ua BtPrax **99**, 187). Dem BerufsVormd od -Betreuer (§ 1836 I 2; 1908 i) kann das VormschG, ggf auch gg den Willen von Vormd od Betr, für seine künft Tätigk einen festen Geldbetrag als Vergütg zuweisen, gleich ob sich Anspr gg Mdl od Staatskasse richtet. Dadch wird aber der Grdsatz, daß Vergütg zeitbezogen ist, nicht aufgegeben. Auch zur Bemessg der Pauschale ist die im Einzelfall als voraussichtl erforderl veranschlagte Zeit maßgebl u wird dann mit dem nach BVormVG 1 (§ 1836 a Rn 3) zutreffden StdSatz multipliziert. Dch die Pauschalierg soll Streit üb die aufgewandte Zeit sowie Dokumentations- u Prüfgsaufwand vermieden w.

2 **a) Voraussetzungen, S 1 Nr 1:** Einers muß die erforderl Zeit für die Führg der Geschäfte vorhersehb, anderers ihre Ausschöpfg dch Vormd (Betr) auch gewährleistet sein, um Über- od Unterdeckg tunlichst zu vermeiden. Pauschalierg ist also nur angebracht, wenn im Einzelfall der zu erbringde Zeitaufwand auch verläßl abschätzb ist. Dies wird idR nicht schon zu Beginn des Amts, sond erst währd der Amtsführg der Fall sein, wenn Vormd einen Überbl gewonnen hat. Außerd muß für VormschG absehb sein, daß Vormd die veranschlagte Zeit auch tatsächl für Mdl einsetzen wird. Festsetzg zugl mit Bestellg des Vormds ist dah zwar mögl (S 2; FGG 68 b S 2), aber meist nicht zweckmäß. Die Anwendbark der Vorschr auf die berufsmäß Bt vermögder Pers wird von Zimmermann FamRZ **99**, 632 f in Frage gestellt.

3 **b) Wirkung.** Der Vormd od Betr erhält für seine Tätigk nur den festgelegten PauschalBetr, ohne die tats aufgewendete Zt nachweisen zu müssen. Die Mo-, J- od sonstige Pauschale errechnet sich dch Multiplikation des vermutl StdAufwands mit dem StdSatz von § 1836 a Rn 3 zuzügl MWSt u die konkr abgerechneten Aufwendgen (§ 1835). Weitergehde VergütgsAnspr sind auch bei Überschreiten des geschätzten ZtAufwands ausgeschl. Allerd ist eine vorher Abänd mögl. Zur Abrechng bei vorzeit Beendigg der Vormsch od Bt vgl Zimmermann FamRZ **99**, 633.

2) Zeitliche Begrenzung, S 1 Nr 2. Die für die Führg der Geschäfte des Vormds (Betr) erforderl (dh vergütgsfäh) Zeit kann das VormschG als neue ÜberwachgsMaßn vorab anordnen. Eine Überschreitg des Zeitlimits bedarf dann seiner Genehmigg. Diese ist zu erteilen, wenn sich nach Überprüfg ergibt, daß die vom VormschG veranschlagte Zeit zur sachgerecht Wahrnehmg der vormsch Belange nicht ausreicht. Auch nachträgl Gen ist mögl; der Mehraufwand nach Überschreiten des Limits bleibt dann nicht vergütgsfrei. 4

3) Verfahren: FGG 56 g I Nr 2; IV; V. S § 1836 Rn 28. Anordng kann bereits bei Bestellg getroffen w, **S 2.** – FestsetzgsBeschl gg Mdl ist VollstrTitel (FGG 56 g VI). 5

1836 c *Einzusetzendes Einkommen und Vermögen.* **Der Mündel hat einzusetzen**

1. nach Maßgabe des § 84 des Bundessozialhilfegesetzes sein Einkommen, soweit es zusammen mit dem Einkommen seines nicht getrennt lebenden Ehegatten die nach den §§ 76, 79 Abs. 1, 3, § 81 Abs. 1 und § 82 des Bundessozialhilfegesetzes maßgebende Einkommensgrenze für Hilfe in besonderen Lebenslagen übersteigt; wird im Einzelfall der Einsatz eines Teils des Einkommens zur Deckung eines bestimmten Bedarfs im Rahmen der Hilfe in besonderen Lebenslagen nach dem Bundessozialhilfegesetz zugemutet oder verlangt, darf dieser Teil des Einkommens bei der Prüfung, inwieweit der Einsatz des Einkommens zur Deckung der Kosten der Vormundschaft einzusetzen ist, nicht mehr berücksichtigt werden. Als Einkommen gelten auch Unterhaltsansprüche sowie die wegen Entziehung einer solchen Forderung zu entrichtenden Renten;

2. sein Vermögen nach Maßgabe des § 88 des Bundessozialhilfegesetzes.

1) Regelungsinhalt. Der mit Wirkung vom 1. 1. 99 dch das BtÄndG eingefügte § 1836 c bestimmt, mit welchem Teil seines Eink od Verm der Mdl (Betreute) für Aufwendgen u Vergütg seines Vormds (Betr) in Anspr genommen wird. Dazu wird ausdrückl das SozialhilfeR als Maßst herangezogen, wobei das Eink nach den Vorschr des BSHG für die Hilfe in besond Lebenslagen zu berechnen ist. Diese Berechng ist Vorauss für Feststellg der Mittellosigkeit (§ 1836 d), die Anspr des Vormds gg die Staatskasse begründet. Die für mittellose Mdl erbrachten Leistgen der Staatskasse werden als Sozialleistgen, aber mit Vorschußcharakter (§ 1836 e) angesehen. – Die ges Regelg folgt der Rspr, die schon bish vielfach BSGH angewandt hat (vgl BayObLG **95**, 212). Zum **Verfahren** bei der Prüfg der wirtschaftl LeistgsFgk: FGG 56 g II. 1

2) Einzusetzendes Einkommen (Nr 1) bestimmt sich nach Maßg der im Ges gen Vorschr des BSHG (vgl Wagenitz/Engers FamRZ **98**, 1277; Deinert FamRZ **99**, 1190 m Einzelh). Mdl hat also sein Eink einzusetzen, soweit es – ggf zus mit dem seines Eheg – die EinkGrenzen übersteigt, die für Hilfe in besond Lebenslagen festgelegt sind. Dabei dürfen Beträge nicht nochmals berücksicht w, deren Einsatz bereits im Rahmen der Sozialhilfegewährg für zumutb erklärt wurde. – **a) Ermittlung.** Heranzuziehen sind gem BSHG 76 I alle Einkünfte des Mdls in Geld oder Geldeswert, ausgenommen Leistgen nach dem BSHG, GrdRenten nach BVersorgG u gewisse Leistgen nach BEntschG. UnterhAnspr zählen grdsl auch zum Eink, ebso Renten als UnterhErsatzAnspr (Nr 1 S 2). Auch anerkannte, jedoch nicht alsbald realisierbare UnterhAnspr des Mdls sind dah zur Deckg der Kosten der Vormsch einzusetzen. Müssen sie als streitige aber erst noch gerichtl geltd gemacht w, bleiben sie unberücks, so daß ihr etw Bestehen die Feststellg der Mittellosigk nicht hindert (§ 1836 d Nr 2); es besteht dann aber Möglichk des Rückgriffs (§ 1836 e). Diese Regelg war erforderl, weil nach BSHG die nicht alsbald realisierb Anspr kein Eink sind (BVerwG **31**, 100), sozialhilferechtl die Verweigerg von Unterh für Mdl also dazu zwingen kann, Anspr nicht zum Eink zu rechnen. – Davon abzusetzen sind die in BSHG 76 II u II a näher bestimmten Steuern, Sozialabgaben u Werbgskosten. Eink des nicht getrennt lebenden Eheg wird hinzugerechnet, währd das von Elt eines minderj u unverh Mdls unberücks bleibt (keine Verweisg auf BSHG 79 II). – **b) Begrenzung.** Das bereinigte Eink wird verglichen mit der sich aus BSHG 79 I, III; 81 I; 82 ergebden EinkGrenze. Der über der Grenze liegde Teil des Eink ist dann zur Deckg der Kosten der Vormsch einzusetzen. Zugriffsfrei bleibt so bei der Betreug ein GrdBetr der monatl Einkünfte von derzeit 1520 DM zuzügl Kosten für Unterkunft u FamZuschläge. – **c) Nachrangigkeit:** Nr 1 S 1 Hs 2 stellt klar, daß vorhandenes Einkommen vorrangig im Rahmen der Hilfe in bes Lebenslagen nach BSHG einzusetzen, also für Inanspruchn dch Vormd nachrangig ist u der Einsatz gleicher EinkTeile nicht zweimal verlangt w kann. 2 3 4

3) Vorhandenes Vermögen (Nr 2) hat Mdl nach BSHG 88 einzusetzen. Dies ist grdsl das gesamte verwertb Verm, bspw eine von dem Betreuten nicht selbst bewohnte EigtWohng (BayObLG FamRZ **97**, 1498). Ausgenommen dagg das SchonVerm gem dem Katalog in BSHG 88 II (schon bisher bei Bt 8000 DM; BayObLG FamRZ **95**, 1599). Unter letzteres fallen insbes ein angem, selbst bzw von Angeh bewohntes HausGrdst (vgl BayObLG FamRZ **98**, 1054), ferner Bestattgssperrkonten (Deinert FamRZ **99**, 1189) sowie kleinere Barbeträge. Nicht realisierb Fordergen bleiben außer Betr (LG Mü I NJW-RR **98**, 438). 5

1836 d *Mittellosigkeit.* **Der Mündel gilt als mittellos, wenn er den Aufwendungsersatz oder die Vergütung aus seinem einzusetzenden Einkommen oder Vermögen**

1. nicht oder nur zum Teil oder nur in Raten oder

2. nur im Wege gerichtlicher Geltendmachung von Unterhaltsansprüchen aufbringen kann.

1) Legaldefinition. Die dch das BtÄndG mit Wirkg vom 1. 1. 99 eingefügte Vorschr legt den Begriff der Mittellosigk des Mdls (Betreuten) nun gesetzl fest. Es schafft damit erstmals eine Grdlage für die sichere Feststellg, wann die Staatskasse für Aufwendgen oder Vergütg des Vormds (Betr) einzutreten hat. Nach bish R war dies mangels Konkretisierg unscharf geblieben (vgl 57. Auflage § 1835 Rn 16). Für die Beurteilg der Mittellosigk des Betreuten ist auf den **Zeitpunkt** der Entsch der letzten TatsInst abzustellen (Zweibr 1 2

FamRZ **99**, 799). Ist der Betroffene verstorben, so ist der Ztpkt des Todes entscheidd. Demgem steht den Erben kein SchonVerm zu (Kln FamRZ **98**, 1617). Ferner kann die Erhebg der DürftigkEinrede des Nachl trotz AktivVerm im TodesZtpkt zur Festsetzg der Vergütg gg die Staatskasse führen (BayObLG FamRZ **98**, 697). Bei vorsätzl Vermlosigk ist die Mittellosigk zu verneinen (LG Kleve BtPrax **99**, 202).

3 **2) Als mittellos** gilt Mdl (Betreuter), wenn er den geltd gemachten Aufwendgsersatz od die festgesetzte Vergütg (od hierauf zu leistde Abschläge, Vorschüsse und Pauschalzahlgen) nicht od nicht auf einmal aus seinem einzusetzden Eink u Verm (§ 1836 c) aufbringen kann, sond allenfalls zum Teil od in Raten **(Nr 1)**. Für den Ztpkt der Mittellosigk ist die Entsch der letzten TatsInst maßgebl (vgl KG NJW-RR **98**, 436) bzw der Tod des Betreuten (LG Mü I NJW-RR **98**, 438), wenn nicht bereits zuvor die Entnahme der bewill
4 Vergütg aus dem Verm des Betroffenen erfolgt ist (BayObLG FamRZ **98**, 1618). Zu berücks sind idR verwertb, wenn auch belastete u von FamAngeh bewohnte Grdstücke (vgl BayObLG FamRZ **99**, 1234). Gehört zum einzusetzden Verm streitiger UnterhAnspr, gilt Mdl als mittellos, wenn er AufwendgsErsatz od Vergütg nur dch dessen gerichtl Dchsetzg aufbringen könnte **(Nr 2)**. Vormd wäre es näml nicht zumutb, zunächst Prozeß abzuwarten, um erst dann aus etw Zuflüssen seine Anspr befriedigen zu können. Zahlt der SozHTr bereits seit Jahren die Heimkosten des Betreuten, muß das Ger nicht aufklären, ob der Betreute einen realisierb UnterhAnspr gg sein Sohn hat (LG Essen NJWE-FER **97**, 272). Zum Umfg der DarlPfl des Betr: FGG 56 g II; LG Kleve BtPrax **99**, 201.

5 **3) Auswirkung.** Feststellg der Mittellosigk dch VormschG hat zur Folge, daß Vormd (Betr) seinen Anspr auf Ersatz von Aufwendgen od Vergütg insges gg die Staatskasse geltd machen kann (§§ 1835 IV; 1835 a III; 1836 a I) u nicht nur insow, als Mdl nicht leistgsfähig ist, so daß die früh Notwendigk, den VergütgsBetr zT gg die Staatskasse u zT gg den Betreuten selbst festzusetzen (vgl LG Kblz FamRZ **98**, 1449), entfällt. Dies führt aber nicht zur endgült KostenÜbern. Vielm kann Staatskasse nun ihrerseits beim Mdl (soweit dieser leistgsfäh ist od wird), nach dessen Tod bei dessen Erben Rückgr nehmen (§ 1836 e).

1836 e *Gesetzlicher Forderungsübergang.*

I Soweit die Staatskasse den Vormund oder Gegenvormund befriedigt, gehen Ansprüche des Vormundes oder Gegenvormundes gegen den Mündel auf die Staatskasse über. Der übergegangene Anspruch erlischt in zehn Jahren vom Ablauf des Jahres an, in dem die Staatskasse die Aufwendungen oder die Vergütung bezahlt hat. Nach dem Tode des Mündels haftet sein Erbe nur mit dem Wert des im Zeitpunkt des Erbfalles vorhandenen Nachlasses; § 92 c Abs. 3 und 4 des Bundessozialhilfegesetzes gilt entsprechend, § 1836 c findet auf den Erben keine Anwendung.

II Soweit Ansprüche gemäß § 1836 c Nr. 1 Satz 2 einzusetzen sind, findet zugunsten der Staatskasse § 850 b der Zivilprozeßordnung keine Anwendung.

1 **1) Regreß.** Da die Staatskasse bei Mittellosigk des Mdls (Betroffenen), die VormschG sogar ohne nähere Prüfg annehmen kann (FGG 56 g II 2), für die Anspr des Vormds (Betr) voll eintritt (§ 1836 d Rn 3), räumt ihr § 1836 e ein RückgriffsR gg Mdl (Betroffenen) bzw dessen Erben ein. Der Regreß ist aber dch die in § 1836 c bestimmte Leistgsfähigk des Mdls bzw den Wert des vorhandenen Nachlasses begrenzt. Damit ist erstmals geregelt, in welchem Umfang Mdl (Betreuter) für Leistgen in Anspr genommen w kann, die der Staat zur Befriedigg des Vormds od Betr erbracht hat u die als Sozialleistgen mit Vorschußcharakter angesehen w. Zugl ist der Zeitpunkt der Mittellosigk bestimmt (Rn 4). Der Regreß gilt nur für Tätigkten ab 1. 1. 99 (BT-Drucks 13/7158 S 77).

2 **2) Gesetzlicher Forderungsübergang, I 1.** Die Anspr des Vormds (Betr) gehen mit dessen Befriedigg dch die Staatskasse krG auf diese über u erlöschen dann erst 10 J nach Ende des Jahres, in dem Zahlg erfolgte, **I 2**. Damit ist die Grdlage dafür geschaffen, daß Staatskasse nun gg Mdl (Betroffenen) mit Beschl gem §§ 1836 c u e, FGG 56 g II **Rückgriff** nehmen kann, u zwar in 3 Fällen: wenn er zur Deckg der angefallenen Kosten der Vormsch zumind teilw in der Lage ist; wenn er zu Unrecht für leistgsunfäh gehalten w war od nachträgl zu Geld kommt. Rückgr ist allerd nur iR der Leistgsfähigk des Mdls mögl (Rn 1). Gehören zu seinem einzusetzden Eink nicht dch Zahlg befriedigte UnterhAnspr (§ 1836 c Nr 1 S 2 mit Rn 3), könnte VormschG zwar Vormd anweisen, diese einzuziehen. Da dies aber umständl wäre u auch nur Erfolg verspräche, wenn dies zu seinen Aufg gehört u mit Wohl des Mdls vereinbar wäre, wird der Staatskasse der unmittelb Zugriff ermögl. Dazu gilt für sie die UnpfändbarkRegelg des ZPO 850 b bezügl des übergegangenen Anspr nicht, **II**, so daß sie diesen iW der Pfändg u Überweisg (ZPO 829, 835) direkt einziehen kann. – **Beitreibung:** § 1 I Nr 4 JBeitrO. Zur Abänd des Beschl bei Verschlechterg der finanziellen Verhältn des Mdl (Betroffenen): FGG II 2, ZPO 120 IV. Zum ErsAnspr der Staatskasse gg einen dem Mdl (Betreuten) UnterhPflicht vgl Zimmermann FamRZ **99**, 636.

3 **3) Erbenhaftung, I 3.** Nach dem Tod des Mdls (Betroffenen) haftet dessen Erbe für den übergegangenen Anspr, soweit dieser noch nicht nach **I 2** erloschen ist. Es handelt sich um NachlVerbindlk (§ 1967). Auf Erben findet die Regelg üb die LeistgsFgk des Mdls (§ 1836 c) keine Anwendg, **I 3 Hs 3.** Seine Haftg wird jedoch dch I 3 Hs 1 in Anlehng an das SozialhilfeR (BSHG 92 c III; IV) auf den Wert des im Ztpkt des Erbfalls vorhandenen Nachl begrenzt, so daß ihm die erbrechtl Geltdmachg der Haftgsbeschränkg (§§ 1975 ff) erspart bleibt (LG Erf FamRZ **99**, 1302). Der ausdrückl in Bezug genommene BSHG 92 c III nimmt zusätzl noch 3 Fallgruppen von der Geltdmachg des RegreßAnspr aus: Wenn Wert des Nachl unter 3012 DM liegt; bei NachlWert unter 30 000 DM, wenn Erbe als Eheg od Verwandter des Mdls mit diesem in häusl Gemeinsch gelebt u ihn bis zum Tod gepflegt hat; wenn Inanspruchn des Erben im Einzelfall besond Härte bedeuten würde. – Erbe des Mdls kann damit in gleicher Weise wie der eines SozHilfeEmpfängers herangezogen w.

4 **4) Verfahren:** FGG 56 g I. VormschG bestimmt Höhe u Ztpkt der Zahlgen, die Mdl bzw Betroffener (FGG 56 g I 2) od Erbe (FGG 56 g III) iW des Rückgr zu leisten hat, bereits im Verf zur Festsetzg von AufwendgsErs od Vergütg aus Staatskasse mit (s § 1835 Rn 18), prüft also gleichzeit die wirtschaftl LeistgsFgk

des Mdls. Dch diese Festlegg des Ztpkts auf den der Entscheidg üb die KostenÜbern dch Staatskasse hat sich die früh Streitfrage dazu (vgl BayObLG BtPrax **96**, 28; KG FGPrax **97**, 224) erledigt. – Die persönl u wirtschaftl Verhältn des Mdls sind darzustellen u glaubh zu machen. VormschG kann von deren Überprüfg nach seinem Erm absehen (FGG 56 g II 3), wenn ErmittlgsAufwand außer Verhältn zur Höhe der voraussichtl zu leistden Zahlgen steht. – Vor Rückgr ist Mdl (Erbe) zu hören (FGG 56 g 4). – Für Festsetzg gg Erben enthält FGG 56 g III näh Bestimmgen, insb zu Ausk üb NachlBestand. – **Rechtsmittel:** Sofort Beschw (FGG 56 g V), wenn BeschwWert üb 300 DM od sie zugelassen wurde; sonst befristete Erinnerg (RPflG 11 II). Weitere Beschw ist nur bei Zulassg statth (FGG 56 g V).

III. Fürsorge und Aufsicht des Vormundschaftsgerichts

1837 ***Beratung und Aufsicht durch das Vormundschaftsgericht.*** **I Das Vormundschaftsgericht berät die Vormünder. Es wirkt dabei mit, sie in ihre Aufgaben einzuführen.**

II Das Vormundschaftsgericht hat über die gesamte Tätigkeit des Vormundes und des Gegenvormundes die Aufsicht zu führen und gegen Pflichtwidrigkeiten durch geeignete Gebote und Verbote einzuschreiten. Es kann dem Vormund und dem Gegenvormund aufgeben, eine Versicherung gegen Schäden, die sie dem Mündel zufügen können, einzugehen.

III Das Vormundschaftsgericht kann den Vormund und den Gegenvormund zur Befolgung seiner Anordnungen durch Festsetzung von Zwangsgeld anhalten. Gegen das Jugendamt oder einen Verein wird kein Zwangsgeld festgesetzt.

IV §§ 1666, 1666 a und 1696 gelten entsprechend.

1) Stellung des Vormundschaftsgerichts. Mit der Einfügg von **I** dch das BtG sollte die bis dahin 1
betonte RMacht des VormundschG dch seine fürsorgl Tätigkeit ergänzt werden. Das VormschG hat sich wg der grdsl selbständ Führg der Vormsch dch den Vormd (Einf 1 v § 1793; § 1793 Rn 7–13) auf dessen Unterstützg dch Beratg (Rn 5) sowie auf dessen Beaufsichtigg zu beschränken. Es darf desh außerh bestimmter AusnErmächtiggen (§§ 1631 a II 2, 1800; 1666 II, 1837 IV; 1844 II; 1846) nicht an Stelle des Vormds handeln od ihn über das G hinaus mit bindden Anweisgen versehen (LG Kempten DAV **95**, 1064), u zwar auch nicht, wenn es der Vormd selbst wünscht (BayObLG **50/51**, 440). Seine ges Zustdgk kann auch nicht dch Anordng Dritter, zB dch letztw Vfg der Eltern od dch vorsorgl BetreugsVfg des Betreuten selbst (Einf 5 u
9 v § 1896) ausgedehnt werden (vgl RG Gruch **64**, 726). – **Unterstützt** wird das VormschG in seinen Hilfen 2
u in der Aufs des Vormds dch den GgVormd (§ 1799 I) u dch das JA (Einf 46 v § 1626), das seiners natürl
aber auch direkt zur Unterstützg des Vormds verpfl ist. – **a) Haftung** des Vormds gem § 1833; des Staats für 3
den VormschRi nach GG 34, § 839, insb bei Verletzg der AufsPfl, indem das Ger überh keine od ungeeignete
Maßn trifft (Oldbg Rpfleger **79**, 101). – **b) Anwendungsbereich.** Die Vorschr gilt nicht nur für den Vormd 4
u GgVormd, sond auch für Pfleger u GgPfleger (§ 1915) und vor allem für den Betreuer (§ 1908 i I 1), für den ihre prakt Bedeutg am größten ist.

2) Unterstützung des Vormunds durch Einführung und Beratung (I 1 u 2). Abgesehen vom JA 5
(Einf 46 v § 1626) ist auch das VormschG verpfl, den Vormd bei seiner Tätigk dch Rat u Tat zu unterstützen (RG **67**, 418), so zB den Vormd, der keine RKenntn besitzt, auf die rechtl Folgen seines Tuns u eine zweckmäß Erledigg hinzuweisen; ihn über die Unzweckmäßigk od Pflichtwidrigk von Maßn zu belehren (BayObLG NJW **99**, 3205; vgl Rn 17); auf seinen Antr um die Hilfe and Behörden nachzusuchen (RG **75**,
230). Das VormschG darf aber nicht mittelb seine hoheitl Gewalt zur Dchführg der GeschTätigk des Vormds 6
einsetzen, also zB den ihm zur Vfg stehden ZeugnZwang zur Ermittlg der Vatersch gebrauchen (RG JW **11**, 781) od in einem vom Vormd zu führden Prozeß die Beweise schon vorher erheben (RG LZ **17**, 333). – Die
Beratungspflicht besteht ggü Vormd u Betr. Die Beratg von Mdl u Betreutem ist dagg in erster Linie Sache 7
des Amtswalters, was das VormschG allerd nicht hindert, den Betreuten u ihren Angeh mit Hinw u Ratschlägen zur Seite zu stehen. Von einem formalisierten VermittlgsVerf für Konflikte zw Betr u Betreutem (vgl § 1628) wurde im Hinbl auf die zahlr Möglkten des Ger iZushg mit der Beaufsichtigg, Gen, Entlassg des Betr gem § 1908 b usw abgesehen, ebso von der ursprüngl vorgesehenen Erweiterg der Kompetenz der Ger auf die Fortbildg der Betr. Iü ist die Beratg Aufgabe des JA (Einf 43 u 46 v § 1626).

3) Beaufsichtigung des Vormunds, II–IV (Kaufmann DAV **99**, 335). Der Vormd untersteht der Auf- 8
sicht des VormschG in zweierlei Form, wobei dem VormschG jederzeit ein AuskR zur Vfg steht (§ 1839): –
aa) Dch Überwachg der Tätigk des Vormds dahin, daß er die ges Vorschr befolgt. Der wirks Dchführg des 9
AufsR dient die Möglk, Anordngen zu erlassen (Rn 19) u deren Befolgg dch Zwangsgeld zu erzwingen
(Rn 20). Als äußerste Maßn kann das VormschG den Vormd entlassen (§ 1886). – **bb)** Dch die Genehmiggs- 10
erfordern der §§ 1809 ff sowie die rechenmäß Nachprüfg der VerwTätigk des Vormd aGrd von dessen Verpfl zur Inventarisierg u Rechngslegg (§§ 1802, 1840 ff).

a) Zeitraum. Die Beaufsichtigg beginnt mit der Bestellg (§§ 1789, 1792 IV; auch § 1809 Rn 1) u endet 11
mit Ende der Vormsch (§§ 1885 ff, 1895). Danach besteht kein nach § 1837 dchsetzb Recht mehr auf AuskErteilg gg den früh Vormd (Hamm OLGZ **66**, 484; KG OLG **40**, 99); dieser bleibt aber noch gem §§ 1890, 1892 zur ordngsmäß SchlußRechn (KG OLG **32**, 49) u Rückgabe der BestallgsUrk verpflichtet.

b) Überwachung. Das VormschG hat die gesamte Tätigk des Vormds auf allen ihm obliegden Gebieten 12
der Pers- u VermSorge (Soerg/Damrau 3) daraufhin zu überwachen, ob sich seine Tätigk innerh der gesetzl Schranken u der vom VormschG getroffenen Anordngen (§§ 1803, 1818, 1844) hält. Es kann bei Verhinderg des Vormds einstw Maßregeln treffen (§ 1846). Grdsl gibt das AufsR dem VormschG dagg auch bei Pflichtwidrigkten des Vormds keine Befugn, den Mdl zu vertreten (RG **71**, 167). Handelt es sich um umfangreiche kaufm, landw od Fabrikationsbetriebe, deren ordngsmäß Verw nur mit Fachkenntn beurteilt werden kann, kann VormschG fachkund HilfsPers hinzuziehen, darf aber nicht den Vormd ständ dch sie überwachen lassen (KG JW **36**, 2461) od einen BeobachtgsPfleger mit dem Aufgabenkreis der Überprüfg der PflErfüllg dch den

Vormd bestellen (BGH **65**, 101; BayObLG **81**, 67). Das VormschG kann dem Vormd, GgVormd u vor allem
13 dem Betr auferlegen, eine **Haftpflichtversicherung** zur Deckg von Schäden, die sie dem Mdl od Betreuten zufügen können, abzuschließen (**II 2).** Deren Kosten sind vorschuß- u erstattgsfäh (§ 1835 II 1).

14 **c) Einschreiten des Vormundschaftsgerichts.** Maßnahmen des Vormds od Betr können vom VormschG nur auf Pflichtwidrigk od Mißbrauch überprüft werden, allerdings vAw (Schlesw FamRZ **96**, 1368). Vorliegen einer Pflichtwidrgk hat VormschG nicht nach freiem Ermessen, sond als RFrage zu prüfen (MüKo/Schwab 16). Sie liegt vor bei Verstoß gg gesetzl Vorschr od Anordngen des VormschG sowie bei Vernachlässigg od Verletzg wicht persönl od wirtsch Interessen des Mdl, ggf also auch bei bloßen „ZweckmäßigkEntscheidgen" (MüKo/Schwab 9, 13 u 19 f; differenzierd auch Soerg/Damrau 8 ff); dagg nicht schon bei Belassg des Aufenth der betreuten Ehefr gg den Willen des Ehemanns (Schlesw FamRZ **96**, 1368). Maßstab ist dabei das Interesse des Betreuten od des Mdl bzw unmittelb das KiWohl (**IV;** §§ 1666 Rn 3–18; 1696 Rn 6–7; 1793; 1828 Rn 4). Im Ggs zur Haftg (§ 1833 Rn 3) ist, weil es um das MdlWohl geht, für das Eingreifen des VormschG ein Verschulden des Vormds nicht erforderl (Gernhuber § 65 V 1; MüKo/Schwab
15 15; Soerg/Damrau 6). – Eine wesentl weniger freie Stellg als der Vormd hat der **Betreuer** (§ 1896). Ihm steht kein ErziehgsR zu, wesh IV für ihn nicht gilt (§ 1908 i I 1). Er ist ferner dch enge Definition seiner Aufgaben u dch Kompetenzzersplitterg (§§ 1896 Rn 19–29; 1904–1908) sowie dch die Verpfl zur Rücksichtn auf die Wünsche des Betreuten (§§ 1901, 1901 a; vgl Einf 5 v § 1896) in seinem GestaltgsSpielraum erhebl eingeschränkt. Nicht jeder Konflikt mit der vom GesGeber breit angelegten u an sich wünschensw Autonomie des Betreuten, der erfahrgsgem auch leicht unter den Einfl Dritter gerät, kann ein vormschgerichtl Eingreifen rechtfertigen. Das VormschG überprüft darü hinaus nur die Rmäßigk, nicht die Zweckmäßigk der Entsch des Betr innerh seines WirkgsKr; keinesf darf es an Stelle des Betr tät werden (Kln NJW **93**, 206; Ausn zB
16 § 1846). – **Beispiele** für Pflichtwidrigk: Betreiben der Entlassg des gemeingefährl Betreuten (Mü JFG **15**, 271); unangem Umgangsregelg mit den leibl Eltern (RG **153**, 238/43); Verhinderg des Kontakts zu Verwandten ohne vernünft Grd (BayObLG **63**, 293/8; Hamm Rpfleger **85**, 294); Verweigerg der Bereitstellg von finanz Mitteln zur Behebg einer erhebl Krankh (Colmar Recht **05**, 1767); umgek auch verschwenderischer Unterh (Düss Rpfleger **80**, 471); dauernde Verstöße gg die Pfl zur mdlsicheren VermAnlage (Ffm Rpfleger **83**, 151); aussichtslose ProzeßFührg (KG JW **36**, 2753); unsachl Rechthaberei u Starrköpfigk (BayObLG JW **27**, 1218); Verweigerg eines Strafverteidigers für den angeklagten Mdl (Karlsr DAV **67**, 126); Verletzg der
17 gerichtl Anordng der Trenng von Vormd- u MdlVerm (Oldbg Rpfleger **79**, 101). – **Keine** Pflichtwidrigk brauchen zu sein: die Entscheidg über die KiAnnahme (Oldbg NdsRpfl **51**, 200); Verw des MdlVerm im allg (RG LZ **18**, 692); die Entscheidg, ob eine Verbindlk des Mdl erfüllt (KG JW **37**, 1552) od ein RStreit darüber geführt werden soll (KG OLG **18**, 302), was einen Hinw des VormschG auf die Aussichtslosigk eines vom
18 Vormd beabsicht RStreits nicht ausschließt (RG **75**, 231); EntscheidgsKompetenz des Vormd ferner hins Berufswahl; Unterbringg des Mdl bei Pflegeeltern (BayObLG FamRZ **85**, 101; zur Unterbringg iü: §§ 1800, 1906); Heimpflege statt Fortsetzg der häusl Pflege (BayObLG FamRZ **92**, 108).

19 **d) Maßnahmen** des VormschG sind stets nur auf die Beeinflussg des Vormds zu richten, weil das VormschG sich nicht an dessen Stelle setzen darf (Rn 1). Auch Bestellg eines Pflegers zur Dchsetzg der Ansicht des VormschG ist nicht möglich (BayObLG **25**, 200). VormschG erläßt dah Ge- u Verbote, die nach seinem Ermessen geeignet sind, im Interesse des Mdl den Pflichtwidrigk entggzuwirken, zB Vorl eines GA zur schulischen Förderg des Mdl (Hamm FamRZ **98**, 570). Dabei ermöglicht **IV** auch ggü dem Vormd statt der früh nur mögl Entlassg flexible Maßn: §§ 1666 Rn 51 ff, 1666 a, 1667 Rn 3 ff, 1696. Die Entlassg des Vormds
20 ist nicht nach IV sond nur nach den §§ 1886–1899 mögl (BayObLG NJWE-FER **99**, 87). – **aa) Zwangsmittel:** Das VormschG kann seinen Anordngen bei schuldh Nichtbefolgg nach entspr Androhg dch Festsetzg von Zwangsgeld (FGG 33) Geltg verschaffen (**III 1**); zB gem §§ 1788, 1837, 1839 ggf unter gleichzeit Auferlegg der VerfKosten (FGG 33 II 3). Festsetzg im Bereich von RPflG 3 Nr 2 a auch dch den Rpfleger. Höhe nach FGG 33 III 2: bis 50 000 DM. Wiederholg zuläss. Beschw: FGG 24. Kein Zwangsgeld ggü dem
21 JA od einem Verein (**III 2**). – **bb)** Im Extremfall ist der Vormd, Betr usw zu **entlassen** (§§ 1886, 1895, 1908 b I, 1915), etwa wenn das Ger die Maßregeln des Vormds für das MdlInteresse als gefährl ansieht (KG JW **36**, 2753). Vorläuf Verbot der Maßn bis zur Bestellg eines neuen Vormd ist mögl (KG RJA **6**, 18).

22 **4) Verfahren.** Zuständigk: RPflG 3 Nr 2 a, 14. Tätigwerden: vAw. Anhörgen: Einf 9–12 v § 1626. Beschw: Vormd, Mdl FGG 20, 59; GgVormd, wenn ein von ihm angeregtes Einschreiten abgelehnt wird (FGG 57 I Nr 6 iVm § 1799); Verwandte und Verschwägerte nur, wenn eine Maßn nach IV abgelehnt od aufgehoben wird (FGG 57 I Nr 8); sonst Dr allenf nach FGG 57 I Nr 9 (BayObLG **50/51,** 440). Maßn der Aufs (Rn 19) sind mit der Beschw anfechtb.

1838 *Anderweitige Unterbringung des Mündels.* *(Aufgehoben dch KJHG Art 5 Z 4).*

1839 *Auskunftspflicht des Vormundes.* **Der Vormund sowie der Gegenvormund hat dem Vormundschaftsgericht auf Verlangen jederzeit über die Führung der Vormundschaft und über die persönlichen Verhältnisse des Mündels Auskunft zu erteilen.**

1 **Zweck** der AuskPfl des Vormds u GgVormds, die auch bei AmtsVormsch (Saarbr DAV **95**, 248), Vereins- u befreiter Vormsch besteht, ist es, dem VormschG die Aufsichtsführg zu erleichtern. Dazu erstreckt sie sich auf die gesamte Führg der Vormsch, also auch die vermögensrechtl Verw. Entspr § 1799 II kann VormschG auch Einsicht in die sich auf die Vormsch beziehenden Papiere nehmen, erforderlichenf durch einen Sachverst, auch verlangen, daß die zum VermVerzeichnis gehörigen Belege (KGJ **36** A 38) sowie Bescheiniggen vorgelegt werden, die letzteren aber nur, falls der Vormd selbst Anspr auf solche hat (KG OLG **38**, 261). Berichte in persönl Angelegenheiten (wg der Rechngslegg § 1840) können jederzeit, aber auch periodisch gefordert werden. Der Vormd ist berechtigt, sie durch einen Bevollm abfassen u unterzeichnen zu lassen (§ 1793 Rn 14), ist aber auf Verlangen des VormschG verpflichtet, das persönl zu tun, auch persönl zum Bericht zu

erscheinen (KG RJA **13**, 70). – **Erzwingung** ist dch Zwangsgeld (§ 1837 II) mögl (RPfleger zuständ, § 1837 2
Rn 7), allerd nicht mehr nach Beendigg der Vormsch (KG RJA **15**, 255). Notf erfolgt Entlassg (§ 1886). – Klage auf AuskErteilg u Ableistg der eidesstattl Vers (§ 260 II) ist dagg erst nach Beendigg des Amts mögl.

1840 *Jährliche Berichterstattung und Rechnungslegung.* **[I] Der Vormund hat über die persönlichen Verhältnisse des Mündels dem Vormundschaftsgericht mindestens einmal jährlich zu berichten.**

[II] Der Vormund hat über seine Vermögensverwaltung dem Vormundschaftsgerichte Rechnung zu legen.

[III] Die Rechnung ist jährlich zu legen. Das Rechnungsjahr wird von dem Vormundschaftsgerichte bestimmt.

[IV] Ist die Verwaltung von geringem Umfange, so kann das Vormundschaftsgericht, nachdem die Rechnung für das erste Jahr gelegt worden ist, anordnen, daß die Rechnung für längere, höchstens dreijährige Zeitabschnitte zu legen ist.

1) Über die persönlichen Verhältnisse (I) ist **jährliche** Berichterstattg vorgeschrieben, um auch die 1
Personensorge ggü der schon immer ausführl geregelten VermSorge zu verbessern. Seiner AufsPfl (§ 1837 II) kann das VormschG näml nur dann genügen, wenn es unabhängig von § 1839 ausreichde Informationen über die persönl Verhältn des Betroffenen erhält. Eine Form ist für den Bericht nicht vorgeschrieben. Er ist jährl nach Beginn der Vormsch zu erstatten. Ein Anfangsbericht u (im Ggsatz zu § 1890) ein Abschlußbericht wird nicht verlangt. Auch nicht bei Beendigg der AmtsPflegsch dch das KindRG (LG Osnabr FamRZ **99**, 48).

2) Über seine Vermögensverwaltung (II) hat der Vormund unaufgefordert Rechng zu legen, mehrere 2
Vormder bei ungeteilter VermVerw (§ 1797 I) zusammen, bei geteilter VermVerw (§ 1797 II) jeder für den ihm bestimmten Wirkgskreis. Wird Vormsch über mehrere Mdl geführt (§ 1775), braucht bei ungeteiltem Vermögen Rechngslegg nicht gesondert zu erfolgen. Zur Art der Rechngslegg s § 1841. – **a) Umfang.** Die 3
Rechngslegg erstreckt sich nur auf das nach dem G der Verw des Vormds unterliegende MdlVermögen (anders § 1802 Rn 2), nicht also auf die Teile des MdlVermögens, die der Verw eines Dritten unterliegen, also zB des TestVollstr od Eheg (§ 1422), selbst wenn dieser zugl Vormd ist; wohl aber auch auf die Teile, die der Vormd durch einen Dritten verwalten läßt (§ 1793 Rn 14) od die sich im Besitz eines Pfandgläubigers od Nießbrauchers befinden. – **b) Befreiung** von der Rechngslegg besteht für Amts- u VereinsVormd (§§ 1854, 1857a). 4
Befreit ist auch der vom Vater od Mutter benannte u entspr befreite Vormd (§§ 1854, 1855, aber auch 1857). Unzuläss ist dagg eine Befreiung dch das VormschG od des Betreuers dch geschunfäh Betreuten (vgl Hamm FamRZ **89**, 665). – **c) Die Pflicht** zur Rechngslegg besteht sowohl ggü dem VormschG (u kann von diesem 5
dch Zwangsgeld erzwungen werden, § 1837 II) als auch ggü dem Mdl (bestr), so daß Vormd sich diesem ggü dch Verletzg dieser Pfl schadensersatzpfl macht (§ 1833). – Die RechngsleggsPfl entfällt, wenn kein zu verwaltendes Vermögen da ist; sind weder Einnahmen noch Ausgaben zu verzeichnen, so genügt die Einreichg einer VermÜbersicht. Rechngslegg kann auch im Prozeßwege erzwungen werden. Jedoch kann die eidesstattl Versicherg über Vollständigk der angegebenen Einnahmen (§ 259 II) nur nach beendeter Vormsch vom Mdl, nicht vom VormschG gefordert werden. Auf die dem VormschG gelegte Rechng kann Vormd nach Beendigg seines Amts Bezug nehmen (§ 1890 S 2). – Kosten der Rechngslegg fallen MdlVermögen zur Last, begründete Zuziehg eines Sachverständigen ist Aufwendg gem § 1835. – **d) Zeitraum.** Grdsl ist jährl 6
Rechng zu legen, wobei das Rechngsjahr vom VormschG bestimmt wird **(III).** Nach § 1839 kann sie aber auch in der Zwischenzeit verlangt werden. Handelt es sich um eine Verw von **geringem Umfange,** erlaubt **IV** nach der Rechnungslegg für das erste Jahr dem VormschG die Verlängerg der weiteren Abrechngsperioden auf bis zu 3 Jahre. Diese Anordng kann es jederzeit wieder ändern. Eine angeordnete Verlängerg des Zeitabschnittes gilt auch bei Eintritt eines neuen Vormds. Bei „befreiter" Vormsch, Betr od Pflegsch hat Vorlage einer VermÜbersicht erst nach 2, ggf bis zu 5 Jahren gem § 1854 II zu erfolgen (Bonn DAVorm **79**, 526).

1841 *Art der Rechnungslegung.* **[I] Die Rechnung soll eine geordnete Zusammenstellung der Einnahmen und Ausgaben enthalten, über den Ab- und Zugang des Vermögens Auskunft geben und, soweit Belege erteilt zu werden pflegen, mit Belegen versehen sein.**

[II] Wird ein Erwerbsgeschäft mit kaufmännischer Buchführung betrieben, so genügt als Rechnung ein aus den Büchern gezogener Jahresabschluß. Das Vormundschaftsgericht kann jedoch die Vorlegung der Bücher und sonstigen Belege verlangen.

1) Die Rechnungslegung gem. § 1841, der ggü § 259 eine Sondervorschr ist (KGJ **37** A 110), hat als 1
erstmalige an das VermVerzeichnis nach § 1802 anzuschließen, die späteren dann an die früheren Rechngsleggen. Die Jahresabrechnung muß die Einnahmen u Ausgaben im Rechngsjahr schriftl so klar u übersichtl darstellen, daß das VormschG einen Überbl über alle Vorgänge erhält u seinen Verpfl aus §§ 1843 I, 1837 III nachkommen kann; die bloße Vorlage von Unterlagen u Belegen genügt hierzu nicht, auch nicht die Vorlage eines Kassenbuchs, wenn dieses nicht alle Einnahmen u Ausgaben verzeichnet (BayObLG FamRZ **93**, 237). Die Jahresabrechng verlangt daher stets eine **geordnete Zusammenstellung** der Einnahmen u Ausgaben, was bei größeren Verwaltgen nur nach Ordng von Ggständen mögl sein wird. – Daran anzuschließen ist ein **Bericht,** der über Zu- u Abgänge Auskunft gibt; unbedeutende brauchen dabei nicht erwähnt zu werden. – Inwieweit **Belege** iSv Beweisstücken ohne eigenen Wert (dies gilt nicht für Sparkassenbücher od Depotscheine, KGJ **50**, 31) beizufügen sind, richtet sich nach Verkehrssitte. Sie sind dem Vormd im allg zurückzugeben. – Zur Rechnungslegg unbedingt notwend Sachverständigenausgaben sind dem Vormd zu ersetzen (§ 1835 Rn 2).

2) Bei einem Erwerbsgeschäft (II; Begriff § 1822 Rn 11) mit kaufmänn Buchführg (HGB 38) ist der 2
aus den Büchern gezogene Jahresabschluß (BiRiLiG Art 10 Z (6)) erforderl. Begriffl erfaßt dieser die Bilanz

u die Gewinn- u Verlustrechng. Vgl zu den Erfordern HGB 242 ff. VormschG kann nach seinem Ermessen auch Vorlegg der Bücher u Belege fordern.

1842 ***Mitwirkung des Gegenvormundes.*** **Ist ein Gegenvormund vorhanden oder zu bestellen, so hat ihm der Vormund die Rechnung unter Nachweisung des Vermögensbestandes vorzulegen. Der Gegenvormund hat die Rechnung mit den Bemerkungen zu versehen, zu denen die Prüfung ihm Anlaß gibt.**

1 **Gegenvormund.** Ist er zu bestellen (§ 1792), aber noch nicht bestellt, so hat zunächst seine Bestellg zu erfolgen. Ihm ist dann (anders als im § 1841) auch der VermBestand jedesmal vorzulegen u außerdem nachzuweisen, daß und wo sich die VermStücke von Bedeutg befinden. Seine PrüfgsPfl u seine Verpflichtg, in dem beizusetzenden Vermerk Vorhandensein od Fehlen zu bescheinigen, erstreckt sich auch darauf. Die Prüfg erschöpft sich also nicht im Rechngsmäßigen. Erleichtert wird sie durch die dem Vormd obliegende Auskunfts- u VorweisgsPfl (§ 1799 II). – GgVormd darf sich nicht darauf verlassen, daß ihm Vormd vertrauenswürdig erscheint. Seine Haftg richtet sich nach § 1833. Bei befreiter Vormsch gilt § 1854 III.

1843 ***Prüfung durch das Vormundschaftsgericht.*** **I Das Vormundschaftsgericht hat die Rechnung rechnungsmäßig und sachlich zu prüfen und, soweit erforderlich, ihre Berichtigung und Ergänzung herbeizuführen.**

II Ansprüche, die zwischen dem Vormund und dem Mündel streitig bleiben, können schon vor der Beendigung des Vormundschaftsverhältnisses im Rechtswege geltend gemacht werden.

1 **1) Rechnungsmäßig (I)** hat das VormschG die ihm vorgelegte Abrechng zu prüfen, also die zahlenmäßige Übereinstimmg der Belege u der Rechngsposten u die rechnerische Richtigk des Abschlusses festzustellen. Dazu kann sich das VormschG auch Hilfspersonen bedienen. Sind ihm Kalkulatoren zugewiesen, so haftet es ledigl für Verschulden bei deren Auswahl u Überwachg (RG **80**, 406).

2 **2) Eine sachliche** Prüfg **(I)** dch das VormschG, soweit erforderl, richtet sich darauf, ob alle Einnahmen gezogen u diese vollständig aufgeführt u die Ausgaben angemessen sind, ob die gesetzl Vorschr beachtet wurden, insb also die erforderl Genehmiggen eingeholt, die Anleggs- u Hinterleggsvorschr eingehalten sind u dgl. Zu diesem Zwecke kann sich das VormschG nach seinem pflichtgemäßen Ermessen erforderlichenf auch vom Vorhandensein des Kapitalvermögens überzeugen, zB durch Vorlegg der Hinterleggsscheine. Eine Verpflichtg dazu bei jeder Rechngslegg besteht aber nicht. – Zum Zwecke der Prüfg kann das VormschG Auskunft auch vom Vormd persönl (§ 1839 Rn 1) verlangen, die Berichtigg und Ergänzg der Rechng herbeiführen, aber nicht etwa selbst auf Kosten des Vormds, sond nur durch den Vormd, notfalls dch Zwangsgeld (§ 1837 III 1). Dagg kann VormschG den Vormd nicht zwingen, Rechngsposten zu streichen, wenn er dies nicht für erforderl hält (BayObLG JFG **6**, 104); od Einnahmeposten einzustellen; od SchadErsAnspr anzuerkennen (§ 1837 Rn 7). Dementspr kann auch NachlGer NachlVerw nicht zur Rückzahlg unangebrachter Auslagen (Brasilienreise) anhalten; dies ist Sache des Erben im Prozeßwege (LG Bln Rpfleger **76**, 98).

3 **3) Streitige Ansprüche (II).** Entlastg wird durch das VormschG nicht erteilt. Mdl kann also Rechng auch noch nach Erlangg der Volljährigk bestreiten, vgl auch § 204. Streitige Anspr, und zwar solche des Mdls gg Vormd u umgekehrt, können aber auch schon währd der Vormsch ausgetragen werden **(II)**, jedoch nur vor dem ProzeßG (BayObLG NJWE-FER **97**, 227). VormschG hat dem Mdl dafür Pfleger zu bestellen (§ 1909 I). Wg Leistg der eidesstattl Versicherg s § 1840 Rn 5.

1844 ***Sicherheitsleistung durch den Vormund.*** *(Aufgehoben durch BtG Art 1 Nr 43 mit Rücksicht auf § 1837 Abs. 2 S. 2.)*

1845 ***Eheschließung des zum Vormund bestellten Elternteils.*** **Will der zum Vormunde bestellte Vater oder die zum Vormunde bestellte Mutter des Mündels eine Ehe eingehen, so gilt § 1683 entsprechend.**

1 **Zweck.** Sind die Eltern des Kindes nicht miteinander verheiratet, der Vater oder die Mutter aber dessen Vormd oder Betreuer (§ 1908 i I 1), wird durch die Anordng der entspr Anwendg von § 1683 im Falle einer beabsichtigten Eheschließg des Vormds der Schutz des Kindesvermögens in gleicher Weise wie bei verheirateten Eltern als SorgeRInhaber sichergestellt. – **Pflichten:** Der Vormd (Betr) hat dem VormschG seine Heiratsabsicht anzuzeigen, auf seine Kosten ein Verzeichn des Kindesvermögens einzureichen (davon kann er nicht befreit werden, aber an ein gem § 1802 bereits eingereichtes anknüpfen) u die erforderl Auseinandersetzg einer VermögensGemsch mit dem Kind herbeizuführen (dazu § 1683 Rn 2); er kann allerd Aufschub der Auseinandersetzg oder deren Unterbleiben beantragen (§ 1683 II; III). Einzelh s bei § 1683. – **Verfahren:** An die Stelle des FamG tritt hier das VormschG. Zuständ ist RPfleger (s § 1683 Rn 3). – Erzwingg der Pflichten erfolgt durch Zwangsgeld (§ 1837 III). Bei Pflichtverletzung ist Entziehg der Vermögensverwaltg nicht möglich (Staud/Engler Rn 9). Auch Entlassg des Vormds (§ 1886) kommt hier als äußerstes Mittel prakt kaum in Betr. – Seit der ersatzlosen Aufhebung von EheG 9 (war Ehehindernis, s Einf 1 v § 1306) besteht für Standesbeamten MitteilgsPfl an VormschG (PStG 5 V; s Einf 8 v § 1310).

1846 ***Einstweilige Maßregeln des Vormundschaftsgerichts.*** **Ist ein Vormund noch nicht bestellt oder ist der Vormund an der Erfüllung seiner Pflichten verhindert, so hat das Vormundschaftsgericht die im Interesse des Betroffenen erforderlichen Maßregeln zu treffen.**

1) Das Eingreifen des Vormundschaftsgerichts ermöglicht § 1846, um zu verhindern, daß der Betroffene rechtl Nachteile nur dadch erleidet, daß er vorübergehd keinen ges Vertreter hat. In Durchbrechg des Grdsatzes, daß allein der Vormd für sein Mdl handelt u das VormschG seine Tätigk nur überwacht, hat dieses unter den ges Voraussetzgen (Rn 2; 3) sowohl die Befugn, notwend Maßnahmen zu treffen als auch die Pflicht zum Eingreifen. Pflichtwidr Unterlassen kann dah Staatshaftg (GG 34; § 839) ebso wie ungerechtfert Eingreifen begründen. – Die Vorschr gilt auch für Pflegsch (§ 1915) u Betreug (§ 1908 i I). Zur vorläuf Unterbringg eines geschäftsunfäh Vollj in geschlossener Anstalt s § 1906 Rn 9. – Bei **Ausländer** gilt § 1846 gem staatsvertragl Regelgen (EG 24 Rn 2), sonst gem EG 24 III (s dort Rn 7; 8). 1

2) Voraussetzungen. – a) Nichtvorhandensein eines Vormds, etwa weil dieser noch nicht od nach seinem Wegfall noch kein neuer bestellt ist, od **Verhinderung** des bestellten Vormds an der Erfüllg seiner Pflichten, gleichgült ob die Verhinderg eine tatsächl (wg Abwesenh, Krankh, FreihEntzug) od rechtl (zB Interessenkollision im Fall des § 1795, KG OLG **8,** 364) u ob sie nur vorübergehd od von längerer Dauer ist. Keine Verhinderg ist bloße Weigerg (Düss FamRZ **95**, 637) od Versehen od pflichtwidr Versäumn des an sich einsatzfäh Vormds (MüKo/Schwab Rn 3). – **b) Dringlicher Fall.** Nur dann ist Eingreifen des VormschG statth (BayObLG FamRZ **90**, 1154; Hamm FamRZ **64**, 380), da § 1846 eine eng auszulegde AusnVorschr für Eilfälle ist, in denen MdlInteressen gefährdet sind. Er kann dah nicht zur Umgehg einer notwend Pflegerbestellg od der ggteil Auffassg des Vormds angewandt werden (Düss FamRZ **95**, 637). 2

3) Fürsorgemaßnahmen. Liegen die Voraussetzgen für sein Tätigwerden vor, entscheidet VormschG nach pflichtgemäß Ermessen, ob u welche Maßn erforderl ist. Es orientiert sich dabei allein am MdlInteresse. Die getroffene ist dann insow nicht nur vorläuf, als sie nach Wegfall der Verhinderg nicht wirkgslos wird od vom VormschG aufzuheben ist. Vielm hat nun Vormd sie zu überprüfen u ggf aufzuheben od abzuändern. – IdR wird sich VormschG mit Pflegerbestellg (§ 1909 I, III) begnügen. Ist diese nicht geeignet, Gefährdg abzuwenden, kann VormschG selbst tätig werden, zB MdlVermögen in Besitz nehmen, für Mdl WillErkl entggnehmen od abgeben, ihn anderweit unterbringen, Arrest beantragen, Kündigg aussprechen (vgl RG **71**, 168), auch Strafantrag stellen (SchlHOLG SchlHA **55**, 226; RGSt **75**, 146). Zuläss ist auch die nicht nur vorläuf wirkde Erteilg der Einwilligg in eine dringl Operation od bei Zeugen Jehovas die Anordng einer Bluttransfusion (AG Nettetal FamRZ **96**, 1104; § 1666 Rn 15). – Treffen Maßn des VormschG mit widersprechenden des Vormds zusammen, entscheidet sich ihre Wirksamk nicht entspr FGG 4, sond danach, ob die Voraussetzgen des § 1846 vorlagen. War dies der Fall, ist die des Vormds wirkgslos; war er nicht verhindert, ist sein Handeln maßgebl (MüKo/Schwab Rn 12; Staud/Engler Rn 13; str). 3

4) Verfahren. Zuständ VormschG: FGG 36; 43; 65 V. Zusätzl auch dasjen Gericht, in dessen Bezirk FürsorgeBedürfn hervortritt (FGG 44; 36 b); ggf gilt FGG 4. Richter ist für Maßn zuständ, zu der auch Vormd seiner Genehmigg bedürfte (zB freiheitsentziehde Unterbringg, §§ 1800; 1631 b; 1906; FGG 70), sonst RPfleger (RPflG 3 Nr. 2 a). Beschwerde steht sowohl Vormd (FGG 20 I) als auch Mdl zu (FGG 59). 4

1847

Anhörung von Verwandten. **Das Vormundschaftsgericht soll in wichtigen Angelegenheiten Verwandte oder Verschwägerte des Mündels hören, wenn dies ohne erhebliche Verzögerung und ohne unverhältnismäßige Kosten geschehen kann. § 1779 Abs. 3 Satz 2 gilt entsprechend.**

1) Die Anhörung der Eltern u des Mdls ist in FGG 50 a, 50 b geregelt (vgl Einf 7–8 vor § 1626). Eine Anhörg von Verwandten und Verschwägerten iSv §§ 1589, 1590 soll bei wichtigen Angelegenheiten erfolgen, gleichgült ob sie beantragt ist oder nicht. Ob eine solche vorliegt, beurteilt das VormschG nach pflichtgemäß Ermessen. Dch die Anhörg soll Gelegenh gegeben werden, die eigene Ansicht dem VormschG zur Kenntn zu bringen. Die Auswahl der Anzuhörden liegt im Ermessen des Gerichts. Kein eig BeschwR (KG OLG **34**, 246). – **Wichtige** Angelegenheiten sind zB die Befreiung von der Ehemündigk (§ 1303 II), Annahme an Kindes Statt (BayObLG **21**, 201), Stellg eines Eheaufhebgsantrags (§§ 1313; 1316; ZPO 631), Ermächtigg zum Betrieb eines ErwerbsGesch u deren Rückn (§ 112), Beginn u Auflösg eines ErwerbsGesch (§ 1823), Verkauf des von den Eltern ererbten Grdst (BayObLG **13**, 429). 1

2) Auslagenersatz (S 2) ist nicht für Zeitversäumnis mögl, sond nur für die erforderl gewesen Auslagen wie zB Reisekosten. Festsetzg erfolgt durch VormschG, gg dessen Entscheidung der Angehörte BeschwR (FGG 20) hat. – Zahlt Vormd nicht, muß der Angehörige gg Mdl, vertreten dch Vormd, klagen, soweit nicht LandesR Festsetzg des VormschG zum Vollstreckgstitel erklärt (so Hess FGG Art 17 Z 3; Nds FGG Art 6 I Z 2; Berlin, NRW, ehem pr Teile des Saarl u SchlH PrFGG Art 14; ehem bay Teile v RhPf u Saarl BayAGBGB Art 133, in Bay dch AG GVG 56 Nr 5 aufgehoben). Wird Klage erhoben, ist ProzeßG an Festsetzg des VormschG gebunden. – Erzwingg der Zahlg durch Ordngsstrafe ist unzuläss, da privatrechtl Anspr. 2

1848

Haftung des Vormundschaftsrichters. *(Aufgehoben dch 1. EheRG Art 1 Z 42. Die Haftg richtet sich nach GG 34; § 839.)*

IV. Mitwirkung des Jugendamts

1849, 1850

(Aufgehoben)

1851

Mitteilungspflichten. **I Das Vormundschaftsgericht hat dem Jugendamt die Anordnung der Vormundschaft unter Bezeichnung des Vormunds und des Gegenvormunds sowie einen Wechsel in der Person und die Beendigung der Vormundschaft mitzuteilen.**

II Wird der gewöhnliche Aufenthalt eines Mündels in den Bezirk eines anderen Jugendamts verlegt, so hat der Vormund dem Jugendamt des bisherigen gewöhnlichen Aufenthalts und dieses dem Jugendamt des neuen gewöhnlichen Aufenthalts die Verlegung mitzuteilen.

III Ist ein Verein Vormund, so sind die Absätze 1 und 2 nicht anzuwenden.

1 **Zweck:** Um dem JA die ihm gem SGB VIII 53 III obliegde Überwachung zu erleichtern, hält VormschG das JA über Vormd u GgVormd auf dem laufenden. Zur Mitwirkg des JA als Hilfsorgan des VormschG vgl Einf 17, insb 43 ff v § 1626. – Ändergen des gewöhnl **Aufenthalts** (**II**; EG 5 Rn 10) sind nur dann nicht mitzuteilen, wenn es sich um kurzfristige handelt. – Keine MitteilgsPfl besteht gem **III** ggü VereinsVormd.

1851 a *Vereinsvormundschaft.* (*Aufgehoben*)

V. Befreite Vormundschaft

Einführung

1 **Bei befreiter Vormundschaft** ist die VermögensVerw dadch erleichtert, daß Eltern den von ihnen benannten Vormd von gewissen Verpflichtgen befreien können. Dies beruht auf der Erwägg des GesGebers, daß Eltern bei ihren Hdlgen das Wohl ihrer Kinder grdsl nach bestem Wissen und Gewissen im Auge haben. Die ihnen gestatteten Befreigen sind in §§ 1852–1854 abschließd aufgeführt; weitere gibt es nicht. – Eine
2 angeordnete **Befreiung** gilt stets nur für den benannten Vormd, nicht für die Vormsch allg, also nicht für einen späteren Vormd, den MitVormd od einen Pfleger, der für den Vormd eintritt (§§ 1795 f; KGJ **21** A 24). Die mögl Befreigen können einzeln oder insgesamt angeordnet werden; letzteres wird anzunehmen sein, wenn Eltern den Vormd schlechthin befreit haben, falls nicht aus ihrer Erkl etwas Ggteiliges hervorgeht. –
3 **Nicht befreit** werden kann von der Verpflichtg zur Aufstellg u Einreichg des VermögensVerzeichn (§ 1802); von der Anlage des MdlGelds entspr §§ 1806 ff (BayObLG **22**, 154, vgl aber § 1852 II); von der GenehmiggsPfl des VormschG in den Fällen der §§ 1821, 1822 (Kassel OLG **14**, 265) od der RechenschAblegg (§ 1890). Ferner nicht von der Aufsicht des VormschG schlechthin nach § 1837 (KGJ **24** A 8), sondern nur
4 von einigen der gerichtl GenehmiggPfl (§§ 1852 II, 1853). – **Befreiung von Gesetzes wegen** tritt ein bei der Amts- u VereinsVormsch (§ 1857 a), bei letzterer mit der Einschränkg, daß ein GgVormd bestellt werden kann (§ 1791 a IV).

1852 *Befreiung durch den Vater.* **I Der Vater kann, wenn er einen Vormund benennt, die Bestellung eines Gegenvormundes ausschließen.**

II Der Vater kann anordnen, daß der von ihm benannte Vormund bei der Anlegung von Geld den in den §§ 1809, 1810 bestimmten Beschränkungen nicht unterliegen und zu den im § 1812 bezeichneten Rechtsgeschäften der Genehmigung des Gegenvormundes oder des Vormundschaftsgerichts nicht bedürfen soll. Diese Anordnungen sind als getroffen anzusehen, wenn der Vater die Bestellung eines Gegenvormundes ausgeschlossen hat.

1 **1) Befreiung durch Vater.** Ist er zur Benenng des Vormds berecht (§ 1856 S 1 iVm § 1777), ist die ihm gestattete Befreiung nicht auf das Vermögen beschränkt, das der Mdl von den Eltern erhält. Befreiung kann der Benenng zeitl nachfolgen. Hat Vater einen Vormd benannt, die Mutter aber Befreiung angeordnet, kommt hins dieser widersprechenden Anordngen § 1856 S 2 zur Anwendg. Zweckmäßig ist die Aufnahme der Befreiung in die Bestallg (§ 1791 Rn 2).

2 **2) Ausschließung des Gegenvormunds (I)** ist Verzicht auf Kontrolle u bewirkt, daß Bestellg auch im Fall des § 1792 II zu unterbleiben hat. Die trotz Befreiung erfolgte Bestellg des GgVormds ist nicht ungültig, aber vom Vormd im Beschwerdewege anfechtbar. Sie bedeutet gleichzeitig die Befreiung bei der Anlegg von Geld im Umfange des **II** 1 (**II** 2). Der Vater kann aber auch Ggteiliges bestimmen. Er kann es auch bei der Bestellg eines GgVormds belassen, Vormd aber bei einzelnen Geschäften von dessen Genehmigg befreien, womit dann gleichzeitig die Genehmigg des VormschG entfällt, soweit sie die des GgVormds ersetzt (§§ 1810 S 2, 1812 III).

3 **3) Befreiung bei der Anlegung von Geld (II 1).** Vater kann Vormd bei der VermögensVerw von allen in **II** 1 genannten Beschränkgen befreien, aber auch nur von einzelnen. Wg unzulässiger Befreiungen vgl Einf 3 v § 1852.

1853 *Befreiung von Hinterlegung und Sperrvermerk.* **Der Vater kann den von ihm benannten Vormund von der Verpflichtung entbinden, Inhaber- und Orderpapiere zu hinterlegen und den im § 1816 bezeichneten Vermerk in das Reichsschuldbuch oder das Staatsschuldbuch eintragen zu lassen.**

1 **Die Befreiung** von der Hinterlegg (§ 1814), ebso die von dem Sperrvermerk (§ 1816) schließt die Umwandlgsanordng des VormschG nach § 1815 II aus. Wird demnach mit Sperrvermerk hinterlegt od die BuchFdg mit diesem versehen, treten dennoch nicht die in §§ 1819 f vorgesehenen Vfgsbeschränkgen ein. Eine Anordng nach § 1818 kann VormschG nur treffen, wenn es zunächst die Befreiung gem § 1857 aufhebt. – Die Befreiung kann in vollem Umfange, aber auch nur für bestimmte Ggstände angeordnet werden. Wegen der Unzulässigk von Befreiungen vgl Einf 3 vor § 1852.

1854 ***Befreiung von Rechnungslegung.*** **[I] Der Vater kann den von ihm benannten Vormund von der Verpflichtung entbinden, während der Dauer seines Amtes Rechnung zu legen.**

[II] Der Vormund hat in einem solchen Falle nach dem Ablaufe von je zwei Jahren eine Übersicht über den Bestand des seiner Verwaltung unterliegenden Vermögens dem Vormundschaftsgericht einzureichen. Das Vormundschaftsgericht kann anordnen, daß die Übersicht in längeren, höchstens fünfjährigen Zwischenräumen einzureichen ist.

[III] Ist ein Gegenvormund vorhanden oder zu bestellen, so hat ihm der Vormund die Übersicht unter Nachweisung des Vermögensbestandes vorzulegen. Der Gegenvormund hat die Übersicht mit den Bemerkungen zu versehen, zu denen die Prüfung ihm Anlaß gibt.

1) Befreiung von der Rechnungslegung (I, II) dient einer gewissen Entbürokratisierg (LG Mü I FamRZ **98**, 701). Sie kann nur hinsichtlich Pfl zur **jährlichen** Rechngslegg (§ 1840) erfolgen, nicht auch hinsichtl der Schlußrechng (Einf 1 vor § 1852). Trotz Befreiung hat Vormd unaufgefordert eine Übersicht über den Bestand des seiner Verw unterliegenden Vermögens (vgl § 1840 Rn 1), ggf unter Bezugnahme auf das Inventarverzeichnis (§ 1802), spätestens nach zwei Jahren beim VormschG einzureichen. In diesem brauchen zwar nicht die Zu- u Abgänge enthalten zu sein, wohl aber die Schulden (str). Trotz Befreiung kann VormschG Auskunft vom Vormd aus bes Anlaß kraft seines PrüfgsR verlangen. – Ist unter mehreren MitVormdern nur einer befreit, hat Rechngslegg durch die übrigen zu erfolgen, denen der befreite erforderl Auskünfte zu erteilen hat. 1

2) Ein Gegenvormund ist trotz Befreiung zur Prüfg verpflichtet, kann also Auskunft über Einnahmen u Ausgaben verlangen u muß sich Vermögensstand nachweisen lassen (vgl auch § 1842 Rn 1), ohne daß er selbst hiervon befreit werden könnte. 2

1855 ***Befreiung durch die Mutter.*** **Benennt die Mutter einen Vormund, so kann sie die gleichen Anordnungen treffen wie nach den §§ 1852 bis 1854 der Vater.**

Wg der zur Benenng Berechtigten s §§ 1856 S 1; 1777, über die Wirkg der Anordng § 1852 Rn 1. Bei widersprechenden Anordngen zw Vater u Mutter gilt § 1856. 1

1856 ***Voraussetzungen der Befreiung.*** **Auf die nach den §§ 1852 bis 1855 zulässigen Anordnungen sind die Vorschriften des § 1777 anzuwenden. Haben die Eltern denselben Vormund benannt, aber einander widersprechende Anordnungen getroffen, so gelten die Anordnungen des zuletzt verstorbenen Elternteils.**

Zu den Voraussetzungen vgl § 1777 Rn 1, 2. Anordng der Befreiung ist auch nachträgl in besonderer letztw Vfg mögl. – S 2 entspricht § 1776 II (vgl dort Rn 3; ferner § 1852 Rn 1), gilt aber nur, wenn beide Eltern denselben Vormd benannt haben (sonst § 1776 II). 1

1857 ***Aufhebung der Befreiung.*** **Die Anordnungen des Vaters oder der Mutter können von dem Vormundschaftsgericht außer Kraft gesetzt werden, wenn ihre Befolgung das Interesse des Mündels gefährden würde.**

Das Vormundschaftsgericht (RPfleger, RPflG 3 Nr 2 a) kann die Anordngen des Vaters u der Mutter ganz od teilw aufheben, wenn im Einzelfall eine engere Kontrolle angezeigt erscheint. Es kann sie aber auch wieder in Kraft setzen. Keine Rückwirkg. Befreiung von § 1857 ist unzuläss. – **Aufhebung** muß ohne weiteres erfolgen, wenn Interessengefährdg droht. Maßstab ist ausschließl das Wohl des Mdls, das zB bei erhebl Vermögen gefährdet ist, wenn Sachkunde des Vormds nicht ausreicht und er sich Ratschlägen verschließt (LG Mü I FamRZ **98**, 701). Vorher sind Vormd u die Verwandten u Verschwägerten zu hören (§ 1847). Vormd hat BeschwR (FGG 20 I). – Entlassg gemäß § 1889 ist nicht ausgeschlossen, es besteht aber kein Recht darauf. 1

1857 a ***Befreiung für Jugendamt und Verein.*** **Dem Jugendamt und einem Verein als Vormund stehen die nach § 1852 Abs. 2, §§ 1853, 1854 zulässigen Befreiungen zu.**

Für Jugendamt und Verein gelten die in §§ 1852 II, 1853, 1854 genannten Befreiungen kr G. Zu beachten ist, daß dem JA ein GgVormd nicht bestellt werden kann (§ 1792 I 2). Währd der Dauer einer Beistandsch (§ 1712) ist JA von der Rechngslegg befreit (§ 1716; Stgt ZfJ **83**, 452). Die Schlußabrechng (§ 1890) ist zu legen. – Aufhebg der Befreiung dch das VormschG kommt nicht in Betr; dann ist nur Bestellg eines EinzelVormds mögl. 1

VI. Familienrat

1858–1881 *(Aufgehoben durch Art 1 Ziff 55 SorgRG mit Wirkg v 1. 1. 1980.)*

VII. Beendigung der Vormundschaft

1882 *Wegfall der Voraussetzungen.* **Die Vormundschaft endigt mit dem Wegfalle der im § 1773 für die Begründung der Vormundschaft bestimmten Voraussetzungen.**

1 **1) Die Beendigung der Vormundschaft als solche** tritt grdsl kraft G ein (§§ 1882, 1884 II). Ausnahmsw ist Aufhebg durch das VormschG erforderl (§ 1884 I). Sie hat dann auch die Beendigg des Amtes des Vormds kr G zur Folge. Eine Entlassung des Vormds ist daher nicht erforderl (KG RJA **2**, 5). Auch nach Beendigg der Vormsch können aber, abgesehen von der Pfl des Vormds zur VermHerausg u Rechngslegg (§ 1890) u der des VormschG zur Prüfg der Rechng (§ 1892), noch gewisse Fortwirkgen bestehen wie die Festsetzg der Vergütg des Vormds durch das VormschG (§ 1836), ferner bei RGeschäften des Vormds (vgl § 1822 Rn 15–20, aber auch § 1793 Rn 14).

2 **2) Beendigungsgründe** sind der Wegfall der Voraussetzgen für die Begründg der Vormsch (§ 1773). Es sind dies drei Fälle: – **a) Tod des Mündels.** Er ist vAw festzustellen; Vormd ist nicht zur Einreichg der SterbeUrk verpflichtet (KGJ **51**, 47). Ferner die TodesErkl u Verschollenh des Mdls, jedoch nur mit der Maßg
3 des § 1884. – **b) Volljährigkeit** des Mdls, also Vollendg des 18. Lebensjahrs (§ 2); bei Ausländern richtet sich dies nach ihrem HeimatR (EG 7). Ist das Alter zB eines Findelkindes nicht mit Sicherh feststellb, hat das VormschG von dem von der VerwaltgsBehörde festgesetzten Geburtstag (PStG 25 II; 26) auszugehen (Staud/Engler Rn 9). Liegen bei Volljährigk die Voraussetzgen für eine Betreuung (§ 1896) vor, so muß diese neu eingeleitet werden. Nach § 1908 a kann Betreuung bereits vorsorglich ab dem 17. Lebensjahr mit Wirkung
4 ab Volljährigk angeordnet werden. Bish Vormd kann zum Betreuer bestellt werden. – **c) Eintritt oder Wiedereintritt der elterlichen Sorge,** soweit den Sorgeberechtigten nicht die Vertretg in persönl u VermAngelegenheiten entzogen ist (vgl § 1773); ist ihnen nur die Pers- od nur die VermFürsorge entzogen, so endet die Vormsch gleichf, aber Pflegerbestellg erforderl; bei Aufhören des Ruhens der elterl Sorge (§§ 1674 II). Er kann auch dch Änderg des Personenstands des Mdls infolge Annahme als Kind (§ 1754)
5 eintreten. – **Keine Beendigung** der Vormdsch tritt dagg ein durch Verheiratg, Gründg eines eigenen Hausstandes, Auswanderg (RG Gruch **43**, 496) od Verlust der dtschen Staatsangehörigk, da Vormsch auch über Ausländer geführt werden kann (EG 23; dort auch über Beendigg der Vormsch, weil die Fürsorge vom Auslandsstaat übernommen wird).

1883 *Legitimation des Mündels.* *(Aufgehoben seit 1. 7. 1998 durch das KindRG)*

1884 *Verschollenheit und Todeserklärung des Mündels.* **I Ist der Mündel verschollen, so endigt die Vormundschaft erst mit der Aufhebung durch das Vormundschaftsgericht. Das Vormundschaftsgericht hat die Vormundschaft aufzuheben, wenn ihm der Tod des Mündels bekannt wird.**

II Wird der Mündel für tot erklärt oder wird seine Todeszeit nach den Vorschriften des Verschollenheitsgesetzes festgestellt, so endigt die Vormundschaft mit der Rechtskraft des Beschlusses über die Todeserklärung oder die Feststellung der Todeszeit.

1 **1) Bei Verschollenheit des Mündels (I;** VerschG 1) endigt die Vormsch in Abweichg vom Grdsatz des § 1882 nicht schon im Zeitpkt des Todes des Mdls, sond erst mit der **Aufhebung** durch das VormschG. Dieses hat vorher die Wahrscheinlichk eines Ablebens des Mdls vAw zuverlässig zu ermitteln (FGG 12). Die Verschollenh selbst ist noch kein Grd zur Aufhebg der Vormsch. – Tritt dagg ein anderer BeendiggsGrd ein (zB Volljährigk des verschollenen Mdls), bedarf es keiner Anordng des VormschG, da Vormsch dann gem § 1882 kr G endete (str; aM Oldbg NdsRpfl **52**, 30). Ggf ist dann Pfleger gem. § 1911 zu bestellen.

2 **2) Bei Todeserklärung oder Feststellung des Todeszeitpunktes (II;** VerschG 2 ff, 39 ff) tritt die Beendigg der Vormsch nicht mit dem wahren Todestage ein (§ 1882), sond erst mit RKraft des die TodesErkl aussprechenden od den Todeszeitpkt feststellenden Beschlusses (**II** iVm VerschG 29, 40). Maßgebd ist also in Abweichg von VerschG 9, 44 II nicht der im Beschluß festgestellte Zeitpkt des Todes. Diese gesetzl Folge tritt auch dann ein, wenn TodesErkl nachträglich aufgehoben wird (VerschG 30 ff) od Mdl noch lebt. Er ist dann unvertreten (vgl § 206).

1885 *Entmündigung des Vormundes.* *(Aufgehoben durch BtG Art 1 Nr 45 wegen Wegfalls von § 6.)*

1886 *Entlassung des Einzelvormundes.* **Das Vormundschaftsgericht hat den Einzelvormund zu entlassen, wenn die Fortführung des Amtes, insbesondere wegen pflichtwidrigen Verhaltens des Vormundes, das Interesse des Mündels gefährden würde oder wenn in der Person des Vormundes einer der im § 1781 bestimmten Gründe vorliegt.**

1 **1) Zur Beendigung des Amtes des Vormunds** (§§ 1886–1889) bedarf es, wenn sie nicht Folge einer Beendigg der Vormsch überhaupt ist (§ 1882 Rn 1), analog dem Bestellgsprinzip grdsl seiner Entlassg (§§ 1886–1889), auch bei Verein u JA (§§ 1887, 1889 II). Eine Ausn bildet der im G nicht ausdrückl erwähnte Tod des Vormds. – § 1886 betrifft nur den EinzelVormd. Amts- od VereinsVormd ist in § 1887 geregelt, § 1886 dah unanwendb (BayObLG DAV **94**, 892). Entlassg des NachlPflegers (§ 1915) nur, wenn weniger einschneidende Maßn erfolglos (BayObLG **83**, 59).

2) Entlassung des Einzelvormunds. Liegt einer der im G genannten Grde vor, erfolgt sie vAw (§§ 1886, 1888) od auf Antr (§ 1889). Die Entlassg nur für einen Teil des Wirkgskreises, zB die VermVerw, ist unzuläss (KG JW **38**, 237). Keine Bindg an Voraussetzgen des § 1886 besteht, wenn iW des BeschwVerf Entsch über Auswahl des Vormds (§ 1779) geändert wird (BayObLG Rpfleger **75**, 91). – **a) Nur als äußerste Maßregel** kommt Entlassg in Betr, also erst dann, wenn andere Mittel nicht mehr zur Vfg stehen, zB die Entziehg der Vertretg in einer einzelnen Angelegenh od die Bestellg eines Pflegers nicht genügt (BayObLG **18** A 105). Das VormschG ist aber verpflichtet, sofort zur Entlassg zu schreiten, wenn die Voraussetzgen des § 1886 vorliegen, u nicht erst zu schwächeren Maßnahmen zu greifen (BayObLG JFG **8**, 91). Der voraussichtl Erfolg der in Aussicht genommenen Maßn wird also stets sorgf zu prüfen sein, aber auch ob die Entlassg des Vormds dem Mdl nicht mehr schadet als die Beibehaltg (KG OLG **24**, 48). Jedoch dürfen Schwierigk bei Gewinng eines neuen Vormds nicht ausschlaggebd sein (BayObLG Recht **19**, 1800), wenn sie auch mittelbar einwirken können. – **b) Wirkung.** Entlassg bewirkt Ende des vormschaftl Amtes (§ 1893 Rn 1–4). Das VormschG hat sofort neuen Vormd (ebso Nachfolgepfleger; BayObLG DAV **87**, 701) zu bestellen, auch wenn der bisherige Beschw einlegt (KG JW **35**, 2157).

2 (first line) 3 (line "Entsch über Auswahl…") 4 (line "einwirken können")

3) Zwei Entlassungsgründe sieht § 1886 vor: - **a) Gefährdung des Mündelinteresses** dch Fortführg des Amts, das allein entscheidet (vgl dazu auch § 1828 Rn 4). Es genügt bereits objektive Gefährdg des MdlInteresses (BayObLG FamRZ **88**, 874). Schädigg braucht noch nicht eingetreten zu sein; es genügt, wenn nach der ganzen Sachlage bei Fortführg des Amtes Möglichk einer Schädigg naheliegt (BayObLG **18** A 206). – Regelmäß kommt Entlassg nur bei pflichtwidr Verhalten des Vormds od Pflegers (§ 1837 Rn 5) in Betr (BayObLG FamRZ **84**, 1151), wobei Verschulden nicht vorausgesetzt wird (BayObLG FamRZ **90**, 205). Doch sind and EntlassgsGrde denkb („insbesondere"; BayObLG JFG **8**, 91). **Beispiele:** Lange sich hinziehende Erkrankg des Vormds; weite Entferng seines Wohnsitzes von dem des Mdl (BayObLG **6**, 45); mangelndes Verständnis für seine Aufgaben (BayObLG **19**, 82); Untauglichk zur GeschFührg (Karlsr JW **20**, 502); Unmöglichmachen der Aufsichtsführg, wenn er trotz wiederholter Zwangsgelder Auskünfte zur Rechngslegg nicht erteilt, Rechng nicht berichtigt u ergänzt (Hamm Rpfleger **66**, 17); dauernder Interessenwiderstreit (BayObLG **6**, 735); Entbindg von der ärztl SchweigePfl, obw Pflegling selbst die dafür erfdl ausreichde natürl Einsichts- u Urteilsfähigk besaß (vgl BayObLG FamRZ **90**, 205); Notwendigk von Maßregeln aus § 1666 I gg die Mutter als Vormd (KG DFG **37**, 101); aber auch bei tiefer Entfremdg zw Vormd u Mdl (BayObLG JFG **3**, 76), uU Religionswechsel seitens des Vormds od Mdls, wenn dadurch ein so tiefer Zwiespalt in der Lebensauffassg zutage tritt, daß ein gedeihliches Wirken des Vormds nicht mehr zu erwarten ist (BayObLG aaO). – Entlassg ist auch wg vor der Bestellg liegender Tatsachen mögl, von denen VormschG erst nachträgl erfährt (Hbg OLG **30**, 158). Ferner, wenn es sich zwar um Entscheidg einer ZweckmäßigkFrage handelt, Vormd aber entweder allen besseren Vorstellgen des VormschG unzugängl ist (§ 1837 Rn 5) od auf seiten des Vormds eine Pflichtwidrigk zwar nicht festzustellen ist, die Durchführg seines Vorhabens aber MdlInteresse gefährdet (KG JW **35**, 546), so uU die Ablehng der Adoption durch den Erzeuger (Celle ZBlJugR **53**, 39). Andererseits genügen im allg nicht Ggsätzlichk zw Vormd u VormschG, zw Vormd u MdlAngehörigen (vgl aber auch Dresden ZBlFG **18**, 298: Entlassg des Stiefvaters als Vormd, der in Scheidg mit MdlMutter). – **b) Vorhandensein der Untauglichkeitsgründe** (§ 1781), gleichgültig, ob sie vor od nach der Bestellg eingetreten sind. Hingg ist Entlassg bei Vorliegen der UnfähigkGründe zZ der Bestellg nicht erforderl, da die Bestellg dann nichtig ist (§ 1780 Rn 1).

4) Weitere Entlassungsgründe: War der gem § 1776 als Vormd Berufene vorübergehd verhindert u fällt das Hindernis weg, ist der inzw bestellte Vormd auf Antr zu entlassen (§ 1778 II Z 2, dort Rn 2). Wenn Bestellg unter Vorbeh erfolgt war u das best Ereign eintritt (§ 1790). Auch Verletzg der AuswahlVorschr (§ 1782) kann zur Entlassg führen (BayObLG NJW **61**, 1865; FamRZ **90**, 205). Ebso dient die Entlassg der Korrektur einer nach § 1779 II verfehlten AuswahlEntsch (BayObLG FamRZ **91**, 1353). Zum Ausschluß dch Test § 1790 Rn 1.

5) Verfahren. – a) RPfl-Entsch (RPflG 3 Nr 2 a). Vor der Entlassg Anhörg des Vormds (GG 103); Eltern, Mdl (FGG 50 b IV); Angehörige (§ 1847). Pflegebefohlenen (Düss FamRZ **81**, 98). – **b) Eine vorläufige** Amtsenthebg kennt das BGB nicht. Unzuläss ist auch ein Vorbescheid (BayObLG FamRZ **94**, 51). Bloße Androhg der Entlassg ist keine beschwerdefäh Entsch, es sei denn, daß sie mit einer Weisg nach § 1837 od mit Androhg eines Zwangmittels verbunden ist (dann einf Beschw). Aber für die Dauer des Verf kann das VormschG sichernde Maßn treffen, zB das MdlInteresse gefährdde Handlgen untersagen (§ 1837 Rn 5). – **c) Wirksamwerden:** Die Entlassg kann schriftl od mündl zu Prot erfolgen. Wirkswerd der EntlassgVfg FGG 16 I, 26. Um Beschwfrist gg Mdl in Lauf zu setzen (FGG 16 II 1, ZPO 208, 171 I), muß sogl ein NachfVormd bestellt werden. – **d) Rechtsmittel.** Bei Entlassg gg seinen Willen sof Beschw des Vormds (FGG 60 I Nr 3); Mdl selbst od dch den neuen Vormd (FGG 59; 20); Dr nur iRv FGG 57 I Nr 9, nicht bei sof Beschw (FGG 57 II; Hamm MDR **66**, 149). – Kein BeschwR haben Verwandte (Brem OLG **68**, 68); JA, dem aber Mitteilg zu machen ist (§ 1851). Bei Ablehng der Entlassg einf Beschw: GgVormd (FGG 57 I Nr 6); Mdl (FGG 20, 59); Dr (FGG 57 I Nr 9). Keine sof (weit) Beschw des NachfVormd wg des drohden Verlusts seines Amts (KG FamRZ **81**, 607). – **e) Aufhebung der Entlassung: aa)** dch ÄndergsVfg (FGG 18 I) od auf einf Beschw ohne Rückwirkg; **bb)** auf sof (weit) Beschw: Rückwirkg (BayObLG **64**, 267; **83**, 62; aA Henckel FS Mitsupoulos 1993, 364). Es bedarf keiner erneuten Bestellg; NachfVormd ist zu entlassen (BayObLG FamRZ **88**, 874).

1887 ***Entlassung des Jugendamts oder Vereins.*** **I Das Vormundschaftsgericht hat das Jugendamt oder den Verein als Vormund zu entlassen und einen anderen Vormund zu bestellen, wenn dies dem Wohle des Mündels dient und eine andere als Vormund geeignete Person vorhanden ist.**

II Die Entscheidung ergeht von Amts wegen oder auf Antrag. Zum Antrag ist berechtigt der Mündel, der das vierzehnte Lebensjahr vollendet hat, sowie jeder, der ein berechtigtes Interesse des

Mündels geltend macht. Das Jugendamt oder der Verein sollen den Antrag stellen, sobald sie erfahren, daß die Voraussetzungen des Absatzes 1 vorliegen.

III Das Vormundschaftsgericht soll vor seiner Entscheidung auch das Jugendamt oder den Verein hören.

1 **1) Die Entlassung** des JA oder Vereins als Vormd im Interesse des Mdls regelt § 1887, die im Interesse des JA oder Vereins § 1889 II. Die EinzelVormsch hat Vorrang vor der VereinsVormsch (vgl §§ 1791 a I 2 mit Rn 1; 1791 b I 1). Auch aus **I** läßt sich die Subsidiarität der Vereins- u AmtsVormsch ersehen (Staud/Engler Rn 2). – Bei AufenthWechsel des Mdls kann die AmtsVormsch gleichf nur unter der Voraussetzung der §§ 1887 I, 1889 II einem and JA übertragen werden, da diese Vorschr nicht dch die Regelg der örtl Zuständgk des JA bei AmtsVormsch in SGB VIII 87 c 3 verdrängt werden (Hamm FamRZ **95**, 830; BayObLG FamRZ **97**, 897). Allerd kann Wohl des Mdls es rechtfert, die AmtsVormsch nun dch das ortsnäh JA führen zu lassen; dem kann aber die größere Sachnähe des bish Vormds entggstehen (Hamm FGPrax **98**, 103). – Auf die **gesetzliche** AmtsVormsch (§ 1791 c) ist § 1887 allerdings nicht anwendbar. Bei dieser kann der Wechsel nicht vAw, sondern nur iR des AbgabeVerf gem SGB VIII 85 ff erfolgen (BayObLG FamRZ **77**, 664). And als im BtR (§ 1897 Rn 1) besteht hier kein Grds, daß die EinzelVormsch Vorrang hat (Kln DAV **95**, 1060).

2 **2) Voraussetzungen (I)** für den Wechsel zur EinzelVormsch dch Entlassg des JA oder Vereins sind: – **a) Dem Wohl des Mündels** muß der Wechsel dienen (BayObLG FamRZ **89**, 1340). AusgangsPkt ist dafür, daß EinzelVormsch grdsl der Vereins- oder AmtsVormsch vorzuziehen ist (1791 Rn 1). Jedoch bringt dieses Erfordern auch zum Ausdr, daß Wechsel nur erfolgen soll, wenn er für Mdl wirkl Verbesserg erbringt (Staud/Engler Rn 6). Die GroßElt haben Vorrang vor PflegeElt, selbst wenn diese das KiWohl besser fördern könnten; ob dch einen solchen Wechsel die Gefahr schwerwiegder EntwicklgsStörgen zu besorgen ist, muß dch SachverstGA geklärt w (Hamm FamRZ **99**, 678). – **b) Vorhandensein einer geeigneten Person** ist unerlässl, u zwar konkret für die gegebene Sachlage. Zur Eigng als Vormd vgl § 1779 Rn 3 ff; SGB VIII 56 IV; zur ÜbernahmePfl § 1785, zum AblehngsR § 1786. Da idR Amts- od VereinsVormsch auf das Fehlen geeigneter Personen zurückzuführen ist, kommt Wechsel vor allem in Betr, wenn nachträgl od nach AufenthWechsel des Mdls eine geeignete Person gefunden wird. Ferner, wenn Mdl einer mehr individuellen Erziehg u Betreuung bedarf an Stelle der oft bürokrat u formell aktenmäß (vgl BayObLG NJW **60**, 245; **61**, 117). Ist dagg eine anstehde RAngelegenh (VaterschFeststellg; Unterh; Prozeßführg) besser beim Amts- oder Vereinsvormd aufgehoben, weil die in Aussicht genommene Person dafür nicht genügd rechtskund od erfahren ist, fehlen beide Voraussetzgen bis zum Abschluß der Angelegenh.

3 **3) Das Entlassungsverfahren** ist vAw einzuleiten, wenn VormschG davon Kenntn erlangt, daß die Vorausetzgen des **I** vorliegen **(II)**, sonst auf Antrag. JA oder Verein sollen Antrag von sich aus stellen, wenn sie die Voraussetzgen für gegeben erachten **(II 3)**; ohneh hat es idR jährl zu prüfen, ob Wechsel angezeigt ist (KJHG 56 IV). Bei AufenthWechsel des Mdls siehe Rn 1. – Der Mdl ist ab 14. Lebensjahr antrberecht, Dritte bei berecht Interesse **(II 2)**. Letzteres ist gegeben, wenn jmd wg seiner persönl Beziehg zum Mdl verständl Anlaß hat, sich für dessen persönl Wohl einzusetzen (vgl KG FamRZ **74**, 466; BayObLG FamRZ **81**, 814; Köln FamRZ **87**, 505; Hamm FamRZ **87**, 1196). Verwandtsch ist nicht erforderl. – **Zuständigkeit:** Örtl FGG 36, funktionell RPfleger (RPflG 3 Nr 2 a). Amtsermittlung (FGG 16). Anhörg: Einf 9 ff v § 1626; JA u Verein **(III)** insb über die Person des neuen Vormds. – **Rechtsmittel:** Einf Beschw bei Entlassg auf Antr od mit Willen des JA od Vereins; bei Ablehng des EntlassgsAntr. Sofort Beschw bei Entlassg gg den Willen (FGG 60 I Nr 3). Beschwerdeberecht: Mdl (FGG 20, 59); JA und Verein bei Ablehng ihres Antr oder bei Entlassg gg ihren Willen (FGG 20 I); Dritter nur bei einf Beschw (FGG 57 I Nr 9, II). Vgl iü § 1886 Rn 7 ff.

1888 *Entlassung von Beamten und Geistlichen.* **Ist ein Beamter oder ein Religionsdiener zum Vormunde bestellt, so hat ihn das Vormundschaftsgericht zu entlassen, wenn die Erlaubnis, die nach den Landesgesetzen zur Übernahme der Vormundschaft oder zur Fortführung der vor dem Eintritt in das Amts- oder Dienstverhältnis übernommenen Vormundschaft erforderlich ist, versagt oder zurückgenommen wird oder wenn die nach den Landesgesetzen zulässige Untersagung der Fortführung der Vormundschaft erfolgt.**

1 § 1888 ergänzt § 1784; s dort Rn 1. Entlassg erfolgt vAw, eines Antrags der Behörde bedarf es nicht.

1889 *Entlassung auf eigenen Antrag.* **I Das Vormundschaftsgericht hat den Einzelvormund auf seinen Antrag zu entlassen, wenn ein wichtiger Grund vorliegt; ein wichtiger Grund ist insbesondere der Eintritt eines Umstandes, der den Vormund nach § 1786 Abs. 1 Nr. 2 bis 7 berechtigen würde, die Übernahme der Vormundschaft abzulehnen.**

II Das Vormundschaftsgericht hat das Jugendamt oder den Verein als Vormund auf seinen Antrag zu entlassen, wenn eine andere als Vormund geeignete Person vorhanden ist und das Wohl des Mündels dieser Maßnahme nicht entgegensteht. Ein Verein ist auf seinen Antrag ferner zu entlassen, wenn ein wichtiger Grund vorliegt.

1 **1) Entlassung des Einzelvormunds auf Antrag (I).** Stellt Vormd EntlassgsAntr, entscheidet VormschG, ob hierfür wicht Grd vorliegt (unbest RBegriff). Bejaht es dies, muß es nicht zwingd entlassen, sond alle Umstände abwägen. Dabei hat es zwar in erster Linie das Interesse des Vormds an seiner Entlassg zu berücksichtigen (BayObLG FamRZ **59**, 373), aber auch zu beachten, daß das Mdl dch den Wechsel nicht zu sehr beeinträcht wird. – **Wichtiger Grund** liegt stets vor, wenn einer der Ablehngsfälle nach § 1786 I Nr 2–7 erst nachträglich eintritt (vgl § 1786 II). Die Unterbringg des Mdls in FürsErziehg ist im allg kein wicht Grd (KGJ

46, 83). Führt Vormd dch Zustimmg zu einem WohngsWechsel des Mdl EntlassgsGrd des § 1786 I Nr 5 selbst herbei, weil dieser dem MdlWohl entspricht, ist EntlassgsAnspr nicht verwirkt (Stgt Just **72**, 284). Ein Ausländer, der Vormsch übernommen hat, kann nicht nachträgl wg seiner Ausländereigensch Entlassg fordern (KG RJA **10**, 99; vgl § 1785 Rn 2). – Der nachträgl Eintritt der Voraussetzngen von § 1786 I Nr 8 ist als wicht Grd hier ausgelassen, um dem Vormd nicht dch Übern weiterer Vormsch od Pflegsch die Möglichk zu geben, sich der bisher Vormsch zu entledigen. Unter besond Umständ kann aber auch die Übernahme eines weiteren Amtes wicht Grd sein. – Gg Ablehng seines Antr ist Vormd beschwerdeberecht (FGG 20).

2) Entlassung von Jugendamt und Verein auf Antrag (II), also im Interesse von JA u Verein regelt § 1889. VormschG wird hier nur auf Antrag tätig (BayObLG DAVorm **75**, 540). Ist ein als Vormd geeignete Person vorhanden, darf Wohl des Mdls dem Entlassgsbegehren nicht entggstehen (nach § 1887 muß Entlassg dagg dem MdlWohl dienen). Dies kann der Fall sein, wenn noch Vatersch zu klären od UnterhRechtsstreit zu führen ist (vgl § 1887 Rn 4; auch KG JFG **18**, 274; BayObLG NJW **60**, 245). – Liegt **wichtiger Grund (II 2)** vor, ist Verein in jedem Falle zu entlassen, da er Pflichten nur im Rahmen seines Mitgliederbestandes u seiner Mittel übernehmen kann; eine Verringerg schon eines von beiden kann also seine Tätigk als Vormd einschränken od ganz unmögl machen. Dem muß VormschG Rechng tragen. – Auswahl des EinzelVormds ist RPfleger übertragen (RPflG 3 Nr 2a), der auch JA od Verein entläßt. Erweist sich die Maßn später als unzweckmäß u wird EinzelVormd entlassen, lebt fr Amts- od VereinsVormsch nicht wieder auf. Vielm ist Neubestellg erforderlich, bei der dem fr unter gesetzl AmtsVormsch stehden Mdl wieder nur AmtsVormd bestellt wird. Keine Neubestellg ist allerd erforderl, wenn EntlassgsBeschl im BeschwWege aufgehoben wurde (BayObLG ZBlJR **65**, 19). – BeschwR hat bei Ablehnung des Antrags nur JA od Verein (FGG 20 II; KG JFG **7**, 101). Wird Entlassg angeordnet, findet einf Beschw statt (FGG 19), die aber berecht Interesse erfordert (FGG 57 I 9).

2

3

1890 ***Vermögensherausgabe und Rechnungslegung.*** **Der Vormund hat nach der Beendigung seines Amtes dem Mündel das verwaltete Vermögen herauszugeben und über die Verwaltung Rechenschaft abzulegen. Soweit er dem Vormundschaftsgerichte Rechnung gelegt hat, genügt die Bezugnahme auf diese Rechnung.**

1) Ansprüche des Mündels. War dem Vormd Vermögenssorge übertragen, schuldet er nach Amtsbeendigg sowohl Herausgabe des seiner Verwaltg unterliegden MdlVermögens als auch Rechngslegg für die Zeit seiner Verwaltg. Dies gilt auch für befreiten Vormd (Düss FamRZ **96**, 374; Wesche DAV **87**, 1679), Amts- u VereinsVormd, also auch für JA als Amtspfleger (Ffm FRES **2**, 407). Gläubiger dieser Anspr ist der ehem Mdl od sein RNachfolger. Bei Gesamtberechtigg des Mdls mit anderen Personen hat Herausgabe an alle gemeinsch zu erfolgen, währd auf Rechngslegg nur Mdl Anspr hat. – Es handelt sich um privatrechtl Anspr. Verweigert Vormd die Herausgabe, kann Anspr dah nur durch Klage beim ProzeßG dchgesetzt werden. Dieses entscheidet auch, ob Rechng richtig gelegt ist (KG JW **39**, 351). Das VormschG hat nicht mitzuwirken (s aber § 1892 II) u kann kein Zwangsgeld anordnen (KGJ **33** A 54; aA Ffm MDR **61**, 57). RHilfe ist bei der VermAushändigg mögl (Darmst SeuffA **65**, 204; str). – Wird dieselbe Person, das JA od Verein nach beendeter Vormsch Betreuer des vollj Mdls, erübrigt sich Herausgabe an einen etwa hierzu bestellten Pfleger (str). Jedoch ist Nachweisg des Bestands durch Rechngslegg für die bisher geführte Vormsch erforderl. – Entspr anwendb ist § 1890, wenn die VermVerw völlig od zum Teil auf einen anderen MitVormd od Pfleger übergeht. 1

2) Herausgabe des Vermögens hat sofort zu erfolgen. Vormd hat also den Besitz aller zum MdlVerm gehörigen Sachen zu übertragen, soweit er sie selbst in Besitz hatte (sie also nicht in dem eines Pflegers waren) u vorhandene Urk über die zum MdlVerm gehörigen Fdgen u hinterlegten Werte herauszugeben, damit Mdl seine Anspr nun selbst geltd machen kann. Quittgserteilg über das Herausgegebene erfolgt nach § 368. Löschg des Sperrvermerks (§§ 1809, 1815, 1816) braucht Vormd nicht zu veranlassen, ist aber auch nicht erforderl. VormschG hat Mdl auf Anforderg eine Bescheinigg über die Beendigg der Vormsch auszustellen. – Gemäß § 260 I hat Vormd bei der Herausgabe **Bestandsverzeichnis** aufzustellen, das an frühere (§ 1802) anschließen kann. Unter den Voraussetzgen des § 260 II ist er zur Abgabe der eidesstattl Vers verpflichtet. Ein ZurückbehaltgsR hat Vormd für seine ErsatzAnspr (§§ 273, 274), das er aber nicht ungebührl ausdehnen darf (RG **61**, 128). 2

3) Rechenschaftslegung üb die VermVerw umfaßt Rechngslegg, die in der in §§ 1840f genannten Art zu erfolgen hat, also auch AuskErteilg in sich schließt. Sie kann aber an die dem VormschG gelegten Jahresrechngen anschließen u genießt auch die aus § 1841 II ersichtl Erleichterg (KGJ **37** A 110). – Beanstandgen kann Mdl auch dann erheben, wenn VormschG bei früheren Prüfgen diese Rechngen in Ordng befunden hat (§ 1843 Rn 3). §§ 259ff sind anwendbar; Abgabe der eidesstattl Vers erfolgt zu Protokoll des RPflegers (§ 261; ZPO 889; RPflG 20 Nr 17). – Mdl kann auf Rechngslegg verzichten (§ 397), der VermZuwender kann von der RechngsleggsPfl befreien; nicht aber die Eltern, da § 1854 nur für die Dauer der Vormsch gilt. – Zum Umfang der Verpfl des JA als AmtsVormd zur Rechngslegg s Bln DAVorm **80**, 55; bei GebrechlichkPflegsch s Düss DAVorm **82**, 209. 3

1891 ***Mitwirkung des Gegenvormundes.*** **I Ist ein Gegenvormund vorhanden, so hat ihm der Vormund die Rechnung vorzulegen. Der Gegenvormund hat die Rechnung mit den Bemerkungen zu versehen, zu denen die Prüfung ihm Anlaß gibt.**

II Der Gegenvormund hat über die Führung der Gegenvormundschaft und, soweit er dazu imstande ist, über das von dem Vormunde verwaltete Vermögen auf Verlangen Auskunft zu erteilen.

1 Bzgl der Rechngslegg gilt dasselbe wie bei § 1842. Es entfällt jedoch die Nachweisg des VermBestandes, der dem Mdl nachzuweisen ist. Der GgVormd ist seiners zur Ausk über die Führg der GgVormsch u des vom Vormd verwalteten Vermögens verpflichtet. Vgl auch § 1892 Rn 2.

1892 *Rechnungsprüfung und -abnahme.* **I Der Vormund hat die Rechnung, nachdem er sie dem Gegenvormunde vorgelegt hat, dem Vormundschaftsgericht einzureichen.**

II Das Vormundschaftsgericht hat die Rechnung rechnungsmäßig und sachlich zu prüfen und deren Abnahme durch Verhandlung mit den Beteiligten unter Zuziehung des Gegenvormundes zu vermitteln. Soweit die Rechnung als richtig anerkannt wird, hat das Vormundschaftsgericht das Anerkenntnis zu beurkunden.

1 **1) Das Vormundschaftsgericht** hat nach Beendigg der Vormsch noch Rechnungsprüfg vorzunehmen u die Abnahme zu vermitteln. Es bleibt ihm also eine restl FürsTätigk im Interesse der Abwicklg der Vormsch. Für diese behält es auch weiter seine amtl Befugnisse, soweit dies zur Erreichg dieses Zweckes erforderl ist. Abgesehen von den in § 1892 genannten Verrichtgen u der Rückg der Bestallg, die dch Zwangsgeld erzwungen werden können (KG OLGZ **69**, 293), kann es also noch dem Vormd eine Vergütg bewilligen (§ 1836 Rn 4) od Bewilligg zurücknehmen, wenn sie nachträgl ungerechtfert erscheint (KG RJA **16**, 159); Bewilligg kann auch dch das BeschwG noch abgeändert werden (RG **127**, 109). RGeschäfte können von ihm dagg nicht mehr genehmigt werden (vgl aber auch § 1893 Rn 1). – Die **Herausgabe** des MdlVermögens hat hingg Vormd selbst zu bewirken (§ 1890 Rn 2; Brsl OLG **18**, 381); VormschG kann ihn darin insofern unterstützen, als es die bei den Akten befindl Urk im Einverständn mit dem Vormd im Wege der RHilfe dem Mdl aushändigen läßt. – **Akteneinsicht** hat VormschG dem Mdl sowie jedem zu gewähren, der ein berecht Interesse daran glaubh macht (FGG 34). – Endete nicht die Vormsch als solche, sond nur das Amt des Vormds, gilt § 1892 entspr. Er gilt auch bei Amts- u VereinsVormsch; davon sind sie auch dch § 1857 a nicht befreit.

2 **2) Zur Einreichung der Rechnung (I)** kann VormschG den Vormd trotz Beendigg seines Amtes dch Zwangsgeld zwingen (§ 1837 III), soweit er sich weigert. Allerdings kann nur Vorlegg einer formell ordngsmäßigen Rechng erzwungen werden, nicht auch eine sachlich richtige (§ 1841; KG OLG **14**, 268; Neust NJW **55**, 1724). Dies gilt auch für vorhandenen GgVormd, dem Vormd die Rechng zur Beifügg seiner Bemerkgen vorzulegen hat (§ 1891 I 2; str). Nicht erzwungen werden kann die Vorlage von Wertpapieren (KGJ **50**, 28). Wg der Beifügg von Belegen § 1841 Rn 1. – Einreichg der Schlußrechng **entfällt,** wenn MdlVermögen währd der ganzen Dauer des Amts vom Vormd nicht zu verwalten war od Mdl u Vormd sich außergerichtl auseinandergesetzt haben od Mdl auf sie verzichtet hat. Besteht Vormsch weiter, ist etwaiger
3 Verzicht des neuen Vormds wirkgslos. SchadErsPfl § 1833. VormschG § 1837. – Die **Rechnungsprüfung (II 1)** hat das VormschG entspr § 1843 I vorzunehmen. Es kann auch Ergänzgen u Berichtiggen herbeiführen, ohne daß ihm aber Zwangsmittel zur Vfg stehen (BayObLG NJWE-FER **97**, 227).

4 **3) Vermittlung der Abnahme** der Schlußrechnung **(II 1)** erfolgt vom VormschG unter Zuziehg eines vorhandenen GgVormds dch Verhandlg mit den Beteiligten. Es hat also diese zu laden, kann aber deren Erscheinen nicht mehr erzwingen, wenn die Vormsch beendet ist (Kbg OLG **4**, 116); auch nicht das des entlassenen Vormds. Im Termin ist der ehem Mdl an Hand der Akten über Führg der Vormsch u dem Stand der Dinge, ggf auch über die ihm gg den Vormd zustehenden Anspr vom RPfleger zu unterrichten.

5 **4) Ein Anerkenntnis der Richtigkeit der Rechnung (II 2)** ist vom VormschG zu Prot zu nehmen (vgl BeurkG 1 II, 59), ohne daß seine Gültigk von der Einhaltg dieser Form abhinge. Auch teilweise Anerkenng unter Kenntlichmachg der Vorbehalte mögl. – Soweit nicht anerkannt wird, kann Vormd Klage auf Feststellg der gelegten Rechng erheben (ZPO 256). Beruht Anerkenntn auf Irrtum od wurde es in der irrigen Annahme einer Verpflichtg hierzu abgegeben, kann es nach den Grdsätzen der §§ 812, 814 angefochten
6 werden (RG JW **02** Beil 255). – **Anspruch auf Entlastung** (dazu Gleißner Rpfleger 86, 462) haben weder Vormd (Kass SeuffA **61**, 13) noch VormschG (LG Stgt DAVorm **74**, 672). Eine Entlastgserteilg dch neu bestellten Vormd bedarf der Genehmigg des VormschG (§ 1812). Das VormschG kann dessen EntlastgsErkl auch vermitteln, muß sich dabei aber Zurückhaltg auferlegen, um beim Mdl nicht den Anschein einer Verpflichtg zu einer solchen zu erwecken. Es kann die Vermittlg auch dch RHilfeG vornehmen lassen (RG **115**, 368; aM KGJ **51**, 42). – Im Rahmen des § 368 kann Vormd Quittg über Rechngslegg verlangen. Sie enthält keinen Verzicht auf materielle Anspr, deren Vorhandensein nicht erkennb war. Eine vorbehaltl Entlastg enthält die Erkl, daß das JA keine weiteren Auskfte üb die VermVerw zu erteilen hat (LG Kiel DAV **82**, 189).

1893 *Fortführung der Geschäfte nach Beendigung der Vormundschaft.* **I Im Falle der Beendigung der Vormundschaft oder des vormundschaftlichen Amtes finden die Vorschriften der §§ 1698 a, 1698 b entsprechende Anwendung.**

II Der Vormund hat nach Beendigung seines Amtes die Bestallung dem Vormundschaftsgericht zurückzugeben. In den Fällen der §§ 1791 a, 1791 b ist die schriftliche Verfügung des Vormundschaftsgerichts, im Falle des § 1791 c die Bescheinigung über den Eintritt der Vormundschaft zurückzugeben.

1 **1) Amtsfortführung (I)** des redlichen Vormds. Ein Vormd muß von der Beendigg der Vormsch od seines Amtes nicht sogleich erfahren, zumal wenn diese Wirkung kr G eingetreten ist. Hat er keine Kenntn u ist seine Unkenntn auch nicht fahrläss (§ 122), gelten entspr § 1698 a seine vormdl Befugn zur Fortführg seiner Geschäfte fort, bis er von der Beendigg Kenntnis erlangt od sie kennen muß. Das gilt entspr, wenn die Vertretgsmacht des Vormds nur in einzelnen Bereichen endete (§§ 1794, 1796). Ein Dritter kann sich auf Berechtigg zur Fortführg des Amts aber nicht berufen, wenn er bei Vornahme eines RGeschäfts die Amtsbeendigg kennt od kennen muß (§ 122 II). – Vertretgsmacht des Vormds endigt stets mit seiner Kenntnis vom

Amtsende. Bis dahin kann er auch noch Genehmigg dem Dritten wirks mitteilen (§ 1829 I 2); nimmt er später noch RGeschäfte vor, so wird auch der gutgläubige Dritte nicht geschützt (RG JW **12**, 978). Ebso können bis zu diesem Zeitpkt Geschäfte auch noch vormschgerichtl genehmigt werden, sofern auch VormschG Beendigg nicht bekannt war (Stgt RdL **56**, 255; Dölle § 137 III). Soweit die vormschgerichtl Gen nicht unabänderl wurde, kann sie allerd nach Beendigg der Vormsch noch aufgehoben werden (BayObLG **64**, 350). – Um Schwierigk vorzubeugen, ist sofortige Unterrichtg des Vormds vom Amtsende durch VormschG angezeigt.

2) Auch bei Kenntnis des Vormds von der Beeindigg seines Amts muß er entspr § 1698 b beim Tode des Mdls (od TodesErkl) die **unaufschiebbaren** Geschäfte weiter besorgen, bis der Erbe anderweit Fürs treffen kann. Geschieht das nicht, haftet er gem § 1833. 2

3) Auswirkungen. Überschreitet Vormd nach Amtsbeendigg diese Befugn, indem er Geschäfte trotz Kenntnis von der Beendigg seines Amtes besorgt od er über den Rahmen der im § 1698 b genannten Geschäfte hinausgeht, so gelten §§ 177 ff, 677 ff (RG JW **10**, 233). In allen Fällen eines ihm noch gestatteten Handelns sind dagg die Rechte u Pflichten aus derartigen Geschäften für alle Teile nach den Vorschr über die Vormsch zu beurteilen. Der Vormd kann also auch Ersatz der Aufwendgen verlangen. – Wg seiner Haftg vgl § 1833 Rn 1. 3

4) Die Rückgabe der Bestallungsurkunde (II) gehört zur formellen Abwicklg der Vormsch. Erzwungen werden kann sie dch Zwangsgeld (§ 1837 III), u zwar auch nach Beendigg der Vormsch (Neust NJW **55**, 1724; aM Darmst ZblFG **15**, 260). Zur Herausgabe verpflichtet sind auch die Erben des Vormds, gg die aber nur HerausgKlage mögl ist. – Vereins- od AmtsVormd haben die zu ihrer Legitimation dienenden Urk zurückzugeben, also die schriftl Vfg des VormschG, die sie gem §§ 1791 a II, 1791 b II erhalten haben; das JA als gesetzl AmtsVormd die Bescheinigg über den Eintritt der Vormsch (§ 1791 c III). 4

1894 *Anzeige bei Tod des Vormundes.* **I Den Tod des Vormundes hat dessen Erbe dem Vormundschaftsgericht unverzüglich anzuzeigen.**

II Den Tod des Gegenvormundes oder eines Mitvormundes hat der Vormund unverzüglich anzuzeigen.

Anzeigepflichten. Dem VormschG ist unverzügl (§ 121 I) Tod (od TodesErkl) eines Vormds, GgVormds, MitVormds anzuzeigen, damit es dch diese Information die erforderl Vorkehrgen rasch, ggf auch selbst (§ 1846) treffen kann. Anzeigepflicht sind Erben bei Tod des Vormds (**I**) od GgVormds (§§ 1895; 1799 I 2), hins des Gg- u MitVormds auch Vormd selbst (**II**). – Bei Pflichtverletzg kommt für Vormd, GgVormd Haftg nach § 1833, der Erben nach § 276 in Betr. Eine Verpflichtg zur Fortführg der Geschäfte besteht für die anzeigepflicht Personen nicht. – Die AnzeigePfl von Behörden (vgl § 1774 Rn 3) besteht davon unabhäng. 1

1895 *Amtsbeendigung des Gegenvormundes.* **Die Vorschriften der §§ 1886 bis 1889, 1893, 1894 finden auf den Gegenvormund entsprechende Anwendung.**

Amtsbeendigung tritt beim GgVormd mit seiner Entlassg (§§ 1886–1889) ein, aber auch mit Beendigg der Vormsch als solcher (§ 1882 Rn 1). Ferner kann VormschG die GgVormsch bei nachträgl Wegfall ihrer Voraussetzgen (§ 1792 II) aufheben. Zur Rückgabe der Bestallg s § 1893 II. Für Fortführg von Gesch gilt § 1893. – **Anzeigepflicht:** GgVormd hat VormschG Tod des Vormds (§ 1799 I 2), Mitvormds u MitggVormds (§ 1894 II) anzuzeigen. Tod des GgVormds haben seine Erben sowie Vormd anzuzeigen (§ 1894). 1

Zweiter Titel. Rechtliche Betreuung

Einführung

Schrifttum: Bauer/Birk ua, Hdlbger Komm zum Bt- und UnterbrggsR, 1994 ff; Bienwald, BtR, Komm, 3. Aufl 1999; Damrau/Zimmermann, Bt und Vormdsch, 2. Aufl 1995; Holzhauer/Reinicke, BtR, 1993; Jürgens/Kröger ua, Das neue BtR, 4. Auflage 1999; Knittel, BtG, 1992 ff; Müller DNotZ **99**, 107; Sonnenfeld, Bt- und PflegschR, 1996; Wagenitz/Engers FamRZ **98**, 1274. **BetreuungsrechtsänderungsG:** Dodegge NJW **98**, 3073; **99**, 2710.

1) Das **Betreuungsgesetz (BtG)** v 12. 9. 90 (BGBl I, 2002) hat mit Wirkg v 1. 1. 92 aSt der Entmündigg (§§ 6 I Nr 1, 104 Nr 3 aF), der Vormsch über Vollj (§§ 1896–1908 aF) und der GebrechlkPflegsch (§§ 1910, 1920 aF) das einheitl RInstitut der Bt eingeführt, die dch das **BetreuungsrechtsänderungsG (BtÄndG)** v 25. 6. 98 (BGBl I, 1580) in rechtl Bt umbenannt w ist (Lit: Dodegge NJW **98**, 3073; Wagenitz/Engers FamRZ **98**, 1273). **Betreuung** ist staatl Beistand in Form von RFürsorge. Der rein tats Hilfebedarf beim Waschen, Kochen, Einkaufen, für die KörperPfl od das Herbeiholen eines Arztes erfordert keine Bt im RSinne. Diese kann aber auch hier notw w, weil der Betroff zu der erfdl Mitwirkg nicht bereit od in der Lage ist. Der Bt hat dann diese Hilfe zu organisieren (vgl § 1896 Rn 25 soz Dienste). In die RPosition des Betroff darf nur eingegriffen w, soweit dies notw ist (§ 1896 Rn 7 ff). Zu den Bt-rechtl Auswirkgen der **Pflegeversicherung**: Coeppicus, BtPrax **95**, 16. Zum **Datenschutz:** Pardey BtPrax **98**, 92. Zur **häuslichen Gewalt** ggü ält Menschen: Dodegge BtPrax **96**, 173. 1

2) Prinzipien des Betreuungsrechts. – a) Matrechtl unterscheidet das BtR nicht mehr zw der Entmündigg bei totaler GeschUnfgk und der GebrechlkPflegsch bei teilw Behinderg od nach einer neuen Abstufg der Behindergen (BT-Drucks 11/4528, S 57), sond die Bt wird inhaltl auf best AufgKr beschr, in denen eine Bt erfdl ist (§ 1896 II 1); außerd kann bei entspr Gefahr zusätzl zur Bt ein EinwilliggsVorbeh angeordnet w (§ 1903 I 1). – 2

b) Die noch v BtG in den VorderGrd gerückte persönl Bt (vgl BT-Drucks 11/4528, S 114 f) ist v BtÄndG dch Änd der Überschr vor § 1896 wieder auf die **rechtliche Betreuung** reduziert w, um die vergütgspfl eigtl
4 BtTätigk von rein karitativen Tätigkten abzugrenzen (BT-Drucks 13/10 331, S 26). – **c) Erhaltung der Autonomie des Betreuten.** Das BtR verfolgt den Zweck, bei der Bt den Wünschen des Betreuten soweit wie mögl den Vorrang zu lassen (vgl §§ 1896 I, II, 1897 IV, 1901 II 2, 1908 b III, 1908 d II). Diesem Ziel dient vor
5 allem auch die Anerk von VorsVollm (unten Rn 8). – **d) Einheitsentscheidung:** Vgl unten Rn 29.

6 **3) Rechtsgeschäftliche Betreuungsvorsorge** (Lit: Langenfeld, VorsVollm, BtVerfügg und PatTest, 1994). Die Bt soll so wenig wie mögl in die Autonomie des Betroff eingreifen. Desh kann dieser schon vor Eintritt der BtBedürftgk, also in Zten geist Frische, für den Fall späterer BtBedürftgk Vors treffen.

7 **a) Inhalt.** Die von dem später BtBedürft getroffenen Regelgen sind danach zu untersch, ob die Erkl des Betroff die Bt überflüss machen od ob sie ledigl iR der AO od Dchführg einer Bt Bedeutg erlangen soll. –
8 **aa)** Betreuungserstzde Funktion haben vor allem entspr Ermächtiggen (§ 185) u **Vorsorgevollmachten** (§§ 164 ff), mit denen die AO einer Bt vermieden w (§ 1896 II 2; vgl dort Rn 11; Lit: Veit FamRZ **96**, 1309; Uhlenbruck, Wolfsteiner ua NJW **96**, 1583 u 2417 f; Stolz BtPrax **97**, 221; U. Walter FamRZ **99**, 685; G. Müller DNotZ **99**, 107; Bienwald BtPrax **98,** 164; Binschus DAV **98**, 275). Die Bevollm einer gem § 1897 III von der Bt ausgeschl Pers (vgl dort Rn 12) ist nach dem Schutzzweck von § 1897 III u dem bei der Vollm nicht geringeren Schutzbedürfn des Betroff als GesUmgehg (vgl § 134 Rn 28) nichtig (aA Walter FamRZ **99**, 688). Aus der Bezugn auf § 1897 III in § 1896 II 2 darf nach dem gesamten WertgsZushg nicht geschl w, der GesGeb habe die Bevollm von Heimpersonal jetzt zulassen wollen (vgl dazu insb auch BT-Drucks 11/4528 S 207). Der Sache nach handelt es sich um eine bedingte, näml für den Fall des Verlustes der GeschFgk geltde, Vollm (§ 158 Rn 2; Bühler BWNotZ **99**, 26; krit Müller DNotZ **97**, 104). Die VorsVollm braucht nicht ausdrückl die Klausel zu enth, daß sie auch bei Eintr der GeschUnfgk gelten soll (Cypionka NJW **92**, 208). Umgek kann aber das Wirksamwerden der VorsVollm vom Nachw eines med Attests abhäng gem w (Bühler BWNotZ **90**, 3 f). Eine GeneralVollm ist ggf als VorsVollm auszulegen (BayObLG FamRZ **96**, 370; Düss FamRZ **97**, 904), muß allerd, wie darauf gerichtete spez VorsVollm, zum Ausdr bringen, wenn sie sich auf med u FreihEntziehgsMaßn erstrecken soll (§§ 1904 II; 1906 V). Als Ggst einer VorsVollm kommen sämtl RGesch in Betr, soweit sie nicht vertretgsfeindl sind (Einf 4 v § 164); darüber hinaus die Einwillig in od das Verbot best ärztl Eingriffe (§ 1904 II 1) bzw in FreihEntziehgen od -beschrkgen (§ 1906 V). Eine formlose Vollm genügt nicht, wenn Vertretg in einem gerichtl Verf erfdl ist (BayObLG FamRZ **98**, 920). Der Bevollm ist nicht Betr, kann aber für einen weiteren AufgKr außerh der Vollm dazu bestellt w. AufwendgsErs und Vergütg richten sich iR der VorsorgeVollm nicht nach den §§ 1835 ff, sond nach SchuldR (Schwab FamRZ **90**, 683). **Muster** einer VorsVollm: Bühler BWNotZ **90**, 4; BtPRax **96**, 97; **97**, 186; Zimmermann BWNotZ **98**, 101. Zur **postmortalen Vollmacht:** § 1922 Rn 34/35. Soweit nicht zweckmäßigerw bereits eine Doppel- u ErsVollm erteilt w, kommen zur Verhinderg von VollmMißbr schuldrechtl Absprachen (Weser MittBayNot **92**, 171) bzw später die AO einer ÜberwachgsBt in Betr (§ 1896 III;
9 dort Rn 41). – **bb) Betreuungsverfügungen** (Lit: Schwab, FS Gernhuber 1993, S 815) enth Regelgen für den Fall der AO einer Bt: hins der Pers des Betr (§ 1897 IV; dort Rn 16 ff) od der Bt dch mehrere Betr (§ 1899 Rn 2); hins der Übertragg best AufgKr (§ 1896 Rn 20 ff); hins der LebGestaltg währd der Bt (§ 1901 III 2; dort Rn 6 ff); hins der Wohng (§ 1907); bei Unterbringg (§ 1906 Rn 4) usw. BtVerfügg können VorwegEinwilliggen in best med Eingr enth od versagen (§§ 1904, 1905), bis hin zu Regelgen der Sterbe-
10 weise dch sog **Patiententestamente** (Lit: Füllmich NJW **90**, 2301; Schöllhammer, RVerbindlk des PatTest, 1993; Uhlenbruck, Selbstbest Sterben dch PatTest, 1997; Eisenbart, PatTest und Stellvertretg in Gesundheitsangelegenheiten, 1998; Muster: BtPrax **97**, 186). Zur Verpfl zur Ablieferg von BtVerfüggen: § 1901 a. Über
11 den **Abbruch lebenserhaltender Maßnahmen** vor Beginn des eigtl Sterbevorgangs entsch vorrangig der Betroff selbst dch PatTest, mangels eines solchen entsch die Angeh iVm den behandelnden Ärzten in eig Verantwortg; bei rechtl Verhinderg Best eines Betr od Pflegers. Eine vormschgerichtl Gen ist nicht vorgesehen; § 1904 ist wed direkt noch entspr anwendb (LG Mü I NJW **99**, 1788; AG Hanau BtPrax **97**, 82; Bienwald FamRZ **98**, 1138 f; Stalinski BtPrax **99**, 43 u 86; aA Ffm NJW **98**, 2747; LG Duisbg NJW **99**, 2744; vgl zum StrafR BGH NJW **95**, 204 sowie iü aus der umfangr Lit: Alberts NJW **99**, 835; Coeppicus NJW **98**, 3381; Jürgens BtPrax **98**, 159; Knieper NJW **98**, 2720; Laufs NJW **98**, 3399; Müller-Freienfels JZ **98**, 1123; Rehborn MDR **98**, 1464; Saliger JuS **99**, 16; Seitz ZRP **98**, 420; Stalinski BtPrax **99**, 43; Wagenitz/Engers FamRZ **98**, 1256; Grundsätze der Bundesärztekammer zur ärztl Sterbebegleitg NJW **98**,
12 3406). Vgl iü § 1904 Rn 9. Für die **Organspende** gilt Entspr. Vorranggig entsch der Betroff. Vgl iü § 1922 Rn 45.

13 **b) Form.** Der GesGeb hat davon abgesehen, einen generellen Formzwang für die BtVerfügg einzuführen, um auch eindeutige mündl Erkl des Betroff berücks zu können (BT-Drucks 11/4528, S 208); Schriftform ist desh nur iF der §§ 1904 II, 1906 V erfdl. Desh läßt sich der Bew, daß der Betreute vor Eintritt der BtBedürftigk best Wünsche geäußert hat, auch mit Hilfe anderer BewMittel (Briefe, Zeugen usw) führen. Iü gilt die Amtsermittlg von FGG 12.

14 **c) Verbindlichkeit.** Der Betreute ist an früher geäußerte Wünsche nicht gebunden. Er kann sie jederZt widerrufen. Das gilt, sol er geschfäh ist, auch für eine betreuungsersetzde Vollm (Rn 8). Ist der Betreute geschunfäh, so kann die BtVollm von einem hierzu best Betr widerrufen w (§§ 1896 II 1, 1902). And Wünsche kann der BtBedürft bzw Betreute jederZt änd (vgl § 1897 IV 3 Halbs 2), etwa hins der betreuungsvermeidden Vorsorge (§ 1896 II 2), hins der Pers des Betr, der LebGestaltg, med Eingr usw (Rn 10). Hierzu bedarf es grdsl keiner GeschFgk (*arg* § 1896 I 2); doch wird wg der leichten Beeinflußbark vieler BtBedürft bes darauf zu achten sein, ob eine wirkl WillensÄnd vorliegt od der Betreute nicht vielm bl dem Willen and nachgibt. Das VormschG u der Betr sind an Wünsche, die der Betreute vor Eintritt der BtBedürftigk geäuß u bish nicht geänd hat, in unterschiedl Weise gebunden. Grdsl ist auch vor der AnO der Bt geäuß Wünschen des Betreuten nur zu entspr, wenn dies nicht dessen Wohl zuwiderläuft (§ 1901 III 1 u 2). Eine stärkere Bindg besteht beim PatientenTest (§ 1904 Rn 1); eindeut Ablehngen med Eingr dürfen Betr u VormschG nicht in ihr Ggteil verkehren.

4) Betreuung und Willensfreiheit. Währd das früh Entmündiggs- u GebrechlichkPflegschR vom Schutzgedanken u von der Erfdlk der RSicherh des rechtsgeschäftl Verk geprägt waren, geht es dem BtR bei aller Fürsorge vornehml um die Erhaltg der Autonomie des Betreuten (o Rn 4). Dies wirkt sich vor allem in drei Bereichen aus. – **a) Zwangsbetreuung** ist staatl Fürsorge gg den Willen des Betreuten. Sie ist, wie die früh ZwPflegsch, nicht schon per se verfwidrig (vgl BVerfG NJW **65**, 2051; Klüsener/Rausch NJW **93**, 618; Dröge, Die ZwBt, 1997) muß aber gerade desh ganz bes sorgfält an den verfrechtl FreihGarantien gemessen w, zumal das BtG dafür keine gesetzl Kriterien gegeben hat (Bürgle, NJW **88**, 1881; Holzhauer ZRP **89**, 455; FamRZ **95**, 1467). Aber daran, daß die psycholog Krankh od Behinderg vielf dazu führt, daß der Betroff nicht in der Lage ist, seine BtBedürftigk einzusehen, dürfen die entspr Maßn, die seinem Wohl dienen sollen, nicht scheitern (BT-Drucks 11/4528, S 118). Die ZwBt setzt jedoch voraus, daß der mit seiner Bt nicht einverstandene Betroff aGrd seiner Krankh od Behinderg seinen Willen nicht frei best kann (BayObLG FamRZ **98**, 454), zB weil er krankhbdgt falsche Vorstellgen über seine Vermögensverhältn hat (BayObLG FamRZ **97**, 902) od die Notwendigk einer ärztl Behandlg nicht einzusehen vermag (BayObLG FamRZ **96**, 898). Grdsl sollte dabei jedoch nicht übersehen w, daß nicht nur die Besorgg, sond gerade auch die Beurteilg der eig Angelegenh den Kern der Selbstbest einer Person ausmacht (nicht überzeugd desh Rausch/Rausch NJW **92**, 274). Da für die ZwBt ein best Schweregrad der Erkr od Behinderg nicht gefordert w, erscheint es fragwürd, ob die in dem Erfordern des SachverstGA (FGG 68 b) liegde Pauschalverweisg auf die Psychiatrie verfrechtl ausr (Schwab FS Mikat 1989, S 889). Iü muß man sich ständig bewußt machen, daß dem BtBedürft vielf die Kraft, gg massive Beeinflussgen Widerstand zu leisten, fehlen wird u Einwilliggen in Unterbringg, med Behandlg usw in Wirklichk gar nicht freiwill zu sein brauchen, so daß der RSchutz gg die manipulierte EinwilliggsBt ebso dringl erscheint wie die rechtsstaatl Garantien bei der ZwBt (vgl Coester Jura **91**, 4). Zum VermüllgsSyndrom: § 1896 Rn 42. – **b) Betreuung im Interesse Dritter oder der Allgemeinheit.** Das BtR stellt tatbestmäßig ausschließl auf die Fähigk des Vollj zur Besorgg „seiner“ Angelegenh ab (vgl § 1896 I 1). Keine Bt also allein desh, weil fäll Rechngen nicht beglichen w (LG Regensburg FamRZ **93**, 476 u 477). Trotzd wird anerk, daß in AusnFällen eine Bt auch im Interesse anderer Pers angeordnet w kann (BT-Drucks 11/4528, S 117 f; BayObLG FamRZ **96**, 1369; Schwab FamRZ **92**, 494; Dröge FamRZ **98**, 1212), obw ein AntragsR Dri u auch des Betroff selbst („seine“ Angelegenh) fehlt. Bspe: MitEigt des Betroff; Kündigg eines geschäftsunfäh gewordenen Mieters (vgl BGH **93**, 1); Geltdmachg einer Forderg gg einen prozunfäh Schuldn (BayObLG FamRZ **98**, 922); erst recht natürl bei Doppelinteresse (vgl LG Frankenthal FamRZ **82**, 964). Ein VerfBetr ist nicht erfdl, wenn im Honorarstreit mit dem RA von dem Bekl ledigl eingewandt w, er sei bei Abschl des AnwVertr geschunfäh gewesen (BayObLG FamRZ **98**, 922). – **c) Betreuung und Geschäftsfähigkeit.** Das Verh von BtBedürftigk u GeschUnfgk (§§ 1896 I 1, 104 Nr 2) ist ungeklärt (Klüsener/Rausch NJW **93**, 617; Müller, Bt u GeschFgk, 1998). Zu Recht wird im Hinbl auf BeurkG 11, 28 auf die Schwierigkten hingewiesen, im konkr Fall die GeschFgk festzustellen (Cypionka NJW **92**, 208 f). Bei fortgeschrittener Demenz ist die Unterzeichng einer Vollm für einen VerfBevollm rechtl ohne Wirkg (Saarbr FGPrax **99**, 108). Der Zushg zw beiden Bereichen wird insbes in **anderen Rechtsgebieten** deutl, vgl zB im EhegüterR §§ 1411, 1436; beim VaterschAnerk u bei der VaterschAnf §§ 1596 III, 1600 a V; im VormundschR § 1781 Nr. 2; im ErbR §§ 2201, 2225, 2290 III 1. Zur Verfahrensfähigk vgl ZPO 53, FGG 66. Zur Auswirk der Bt auf die Teiln an öff Wahlen: Zimmermann FamRZ **96**, 79. Zur Bedeutg der Bt im BeamtenR: Lemhöfer ZBR **92**, 97. Im strafrechtl SichergsVerf ist der Betr zu beteil (BGH FamRZ **97**, 175). Der Betr vertritt den Betreuten innerh des ihm übertr AufgKreises als ges Vertr des Betreuten u unabh von dessen GeschFgk od -Unfgk (§ 1902). Abgesehen von den sich daraus ergebden fakt Einschrkgen (vgl Coester Jura **91**, 6) hat die AO der Bt als solche iü keine Auswirkg auf die GeschFgk, Ehefähigk od Testierfähigk des Betreuten (BayObLG FamRZ **90**, 318; Ffm FamRZ **96**, 635; vgl iü § 1903 Rn 19); ferner nicht auf die Fähigk zur Begründg des Wohnsitzes (vgl BayObLG FamRZ **85**, 743). Auch die eidesstattl OffenbargsVers (ZPO 807) kann ggf dch den Betreuten abgegeben w (vgl LG Ffm FamRZ **89**, 317). Iü decken sich BtErforderlk u GeschUnfgk auch nicht. Bspw kann ein VermögBtBedürfn partiell bestehen, die TestierUnfgk aber nur in vollem Umfang (BayObLG NJW **92**, 248). Hinweise auf eine bestehde GeschUnfgk des Betroff gehören nicht in den Tenor der BtAO (Düss FamRZ **93**, 1224). Der Betroff ist nicht ow verpfl, dem GeschGgner ggü seine GeschUnfgk zu offenbaren (vgl BVerfG NJW **91**, 2411 mAnm Geis FamRZ **91**, 1284).

15 16 17 18

5) Haftung (Lit: Deinert/Schreibauer BtPrax **93**, 185; Meier BtPrax **99**, 57). Zum UnfallVersSchutz des Betr: Deinert BtPrax **96**, 42. Kein VersSchutz, wenn der Sonntagsspaziergang mit dem Betreuten nicht zum AufgKreis des Betr gehört (LSG Mainz RhPf BtPrax **98**, 187). – **a)** Der **Betreute** kann aus den von dem Betr für ihn eingegangenen RGesch unmittelb in Anspr gen w u haftet für PflVerletzgen, die der Betreuer im AußenVerhältn begeht, unabhäng von seiner eig GeschFgk gem §§ 278 S 1, 1902. – **b) Einzelbetreuer** haften **aa) dem Betreuten** für schuldh PflVerletzgen (§§ 1833, 1908 i I 1). In Betracht kommt die falsche Einschätzg des AufgKr, also Überschreitgen ebso wie Nichtausschöpfgen der BtKompetenz (§ 1896 Rn 20 ff). Zur Haftg für die Anlage von MdlGeld mit einem zu geringen Zinssatz vgl AG Brem NJW **93**, 205. Bes HaftgsRisiken ergeben sich aus der Absicht des GGebers, die Autonomie des Betreuten soweit wie mögl zu erh (Rn 4; vgl Bienwald BtPrax **93**, 81). Wg NichtInansprN von SozHilfe vgl LG Offbg FamRZ **96**, 1356. Prakt am bedeutsamsten dürfte der Bereich med Eingr sein (§ 1904 Rn 1 u 2). Hier kann der Betr dch Vorn einer Behandlg ebso haftpfl w wie dch deren Unterlassg (iü auch Dr, zB unterhberecht Verwandten ggü). Ein bes HaftgsRisiko ergibt sich ferner daraus, daß das BtG nicht zuläßt, die Frage der GeschFgk des Betreuten konstitutiv zu klären. Aus Doppelverkäufen dch den geschfäh Betreuten u den Betr haftet im AußenVerh wg § 1902 zwar der Betreute; im InnenVerh kann ihm aber der Betr schadensersatzpfl sein, weil er die GeschFgk des Betreuten hätte erkennen können. Fragl ist auch, inwieweit aus der Nichtbeachtg von Wünschen des (geschfäh od geschunfäh) Betreuten od umgek auch aus deren Befolgg für den Betr SchadErsPfl entstehen. – **bb) Dritten gegenüber** haftet der Betr iR der SachwalterHaftg (§ 276 Rn 96; Medicus BR Rn 200 a; BGH NJW **95**, 1213: für die Unterlassg, SozHilfe zu beantr bzw Widerspr gg den abl Bescheid einzulegen; Schlesw FamRZ **97**, 1427: beides verneint) sowie iü mangels Drittwirkg von § 1833 (vgl BGH **100**, 313/16) nur nach den allg Grdsätzen, insb also aus unerl Hdlg (Bauer/Knieper BtPrax **98**, 123/168). Das gilt auch für die Haftg ggü der Staatskasse (Düss FamRZ **99**, 1166). Zur Hftg nach dem Tod des Betreuten: Spranger BtPrax **99**, 174.

– **cc) Versicherung** auf Kosten des Betreuten bzw des Staates: §§ 1835 I–III 1, 1908 i I 1. Zum UnfallVers-
23 Schutz des Betr: Deinert BtPrax **96**, 42. – **c) Betreuungsvereine aa) haften,** wenn der Verein selbst Betr ist
(§ 1900 I u II 1), für Schäden, die dem Betreuten od einem Dr entstehen, gem §§ 30, 31. Ferner gilt über
§ 1908 i I 1 auch § 1791 a III 2, so daß der Verein nicht einmal dch die Bestellg eines MitArb zum EinzelBetr
(§ 1897 II 1) v seiner Haftg befreit ist (Schwab FamRZ **92**, 498; aA offenb BT-Drucks 11/4528 S 158;
24 Damrau/Zimmermann § 1908 f Rn 6). – **bb) Versicherung:** Der Verein hat für seine eig Haftg wie für die
25 Haftg seiner als selbstd Betr tät MitArb eine HaftPflVers abzuschließen (§ 1908 f Rn 3). – **d)** Die Haftg der
Betreuungsbehörde (§§ 1897 II 2, 1900 IV 1) richtet sich nach §§ 31, 89 bzw 839 (vgl Schwab FamRZ **92**,
498; Deinert/Schreibauer DAV **93**, 1143; Schulz BtPrax **95**, 56); diej des **Vormundschaftsrichters** nach
26 § 839 (Coeppicus NJW **96**, 1947). Zum Richterprivileg dort Rn 67 ff. – **e) Psychiatrischer Sachverständiger:** BGH NJW **95**, 2412 (Unterbringg aGrd falscher Diagnose); Oldbg VersR **96**, 59 (Hirnatrophie statt
vorübergehder seel Störg); Nürnbg NJW-RR **88**, 791.

27 **6) Verfahren:** FGG 65 ff. Der Betroff ist unabh von seiner GeschFgk in allen BtVerf **verfahrensfähig**
(FGG 66). Soweit der Betroff nicht in der Lage ist, seinen Willen kundzutun, ist die Unterzeichng einer Vollm
rechtl ohne Wirkg (Saarbr BtPrax **99**, 153); er erhält gem FGG 67 einen **Verfahrenspfleger** (Hamm FamRZ
93, 988; Lit: Heistermann DAV **98**, 287), auch im VergütgsFestsetzgsVerf (Ffm FGPrax **97**, 109). Der VerfPfl ist
von den Weisgen des Betroff unabh (BT-Drucks 11/4528, S 89 u 171). Eine VerfPflegsch scheidet aus, wenn es
sich um einen einf Fall handelt u der Betroff sich verständl machen kann (BayObLG FamRZ **93**, 348; BtPrax
95, 181). Vergütg aus der Staatskasse: FGG 67 III. Bei Bestellg einer ungeeigneten Pers muß die SachEntsch
aufgeh w (BayObLG FamRZ **94**, 780). Hat jmd zB aGrd einer nichtigen Vollm einen RStreit geführt, kann er
28 seine ProzFührg nach seiner Bestellg zum Betr genehmigen (vgl BGH **41**, 107). **Sachverständigengutachten**
zur Feststellg der Vorauss für die BtAO (§ 1896 Rn 4 ff u 7 ff): FGG 68 b. Zu den Anfordergen im einz: Düss
FamRZ **93**, 1224; KG FamRZ **95**, 1379; Kln FamRZ **99**, 873. Zur Ablehng des Sachverst dch den Betroff:
BayObLG FamRZ **97**, 1288. Dem GA muß ein zeitnaher pers Kontakt zw Sachverst u Betroff zugrde liegen
(BayObLG BtPrax **99**, 195). Maßn zur Vorbereitg des GA wie Betreten der Wohng usw: KG NJW **97**, 400.
Ergibt sich die Sachkunde des Sachverst nicht aus der Berufsbezeichng, muß das Gericht sie nachvollziehb
darlegen (BayObLG FamRZ **97**, 901 u 1565 mA Christl). Das GA ist dem Betroff, wenn nicht die Vorauss von
FGG 68 II vorl, rechtzeitig vor seiner persönl Anhörg zuzusenden (BayObLG FamRZ **93**, 1489; Düss FamRZ
29 **97**, 1361). Im Ggsatz zum früh gespaltenen Verf von Entmündigg u Bestellg des Vormds ergeht eine **Einheitsentscheidung** über die Notwendigk der Bt, den AufgKreis des Betr, die Bestellg einer best Person zum Betr
sowie über die AO eines EinwVorb (FGG 69). Die Entscheidgen des VormschG werden grdsl mit der
Bekanntmachg an den Betroff wirks (FGG 69 a III 1). Der Betr wird mündl verpfl u erhält eine Urk (FGG 69
30 b), wovon jedoch die Wirksamk der Bestellg nicht abhängt (BayObLG FamRZ **93**, 602). **Einstweilige AnO:**
FGG 69 f. **Beschwerde:** FGG 20, 69 g. Kein BeschwR des Lebenspartners (BayObLG NJW **98**, 1567); ebso
nicht des Betr gg die Aufhebg der Bt (Köln FamRZ **97**, 1293) u schließl auch nicht der zustdgen Beh gg die
Bestellg auf Antr des Betroff, selbst wenn dieser geschunfäh ist (BayObLG FamRZ **98**, 1057). Die Beschw
kann auf die Auswahl des Betr beschränkt w (BGH NJW **96**, 1825). Ob die BtVorauss andauern, ist vom
Gericht in regelm Abständen zu überprüfen: FGG 69 I Nr 5; 69 i VI 1.

1896

Voraussetzungen der Betreuung. [I] **Kann ein Volljähriger auf Grund einer psychischen Krankheit oder einer körperlichen, geistigen oder seelischen Behinderung seine Angelegenheiten ganz oder teilweise nicht besorgen, so bestellt das Vormundschaftsgericht auf seinen Antrag oder von Amts wegen für ihn einen Betreuer. Den Antrag kann auch ein Geschäftsunfähiger stellen. Soweit der Volljährige auf Grund einer körperlichen Behinderung seine Angelegenheiten nicht besorgen kann, darf der Betreuer nur auf Antrag des Volljährigen bestellt werden, es sei denn, daß dieser seinen Willen nicht kundtun kann.**

[II] **Ein Betreuer darf nur für Aufgabenkreise bestellt werden, in denen die Betreuung erforderlich ist. Die Betreuung ist nicht erforderlich, soweit die Angelegenheiten des Volljährigen durch einen Bevollmächtigten, der nicht zu den in § 1897 Abs. 3 bezeichneten Personen gehört, oder durch andere Hilfen, bei denen kein gesetzlicher Vertreter bestellt wird, ebenso gut wie durch einen Betreuer besorgt werden können.**

[III] **Als Aufgabenkreis kann auch die Geltendmachung von Rechten des Betreuten gegenüber seinem Bevollmächtigten bestimmt werden.**

[IV] **Die Entscheidung über den Fernmeldeverkehr des Betreuten und über die Entgegennahme, das Öffnen und das Anhalten seiner Post werden vom Aufgabenkreis des Betreuers nur dann erfaßt, wenn das Gericht dies ausdrücklich angeordnet hat.**

1 **1) Betreuung.** Vgl zum Begr u den Prinzipien des BtRechts Einf v § 1896. § 1896 selbst enthält die Vorauss für die AO einer Bt, ohne daß freilich das Verhältn zw freiwill u ZwangsBt u das Verhältn der Bt zur GeschFähigk rechtsdogmat wie prakt befriedigd geklärt ist (vgl Einf 15 v § 1896).

2 **2) Voraussetzungen für die Anordnung einer Betreuung, I 1, II.** Die folgden tatbestandl Erfordern gelten nicht nur die ErstBestellg eines Betr, sond auch für die Verlängerg (Rn 43) od Erweiterg der Bt auf and AufgKreise (vgl § 1901 V 2). Zur Umgehg der Vorauss vgl Coeppicus FamRZ **93**, 1117.

3 **a) Volljährigkeit.** Eine Bt kann nur für einen Vollj angeordnet w. Nach Vollendg des 17. LebJ besteht die Möglk einer vorsorgl Best (§ 1908 a). Grdsl keine Bt für hirntote Schwangere (Schwab FamRZ **92**, 1471; aA AG Hersbruck NJW **92**, 3245).

4 **b) Medizinische Voraussetzungen der Betreuung.** (Lit: Wojnar BtPrax **92**, 16). Sie müssen dch SachverstGA festgestellt w (Einf 28 vor § 1896), die für die früh Entmündigg bzw GebrechlichkPflegsch maßgebden Begr der geist Krankh u geist Schwäche sind zG der Begr psych Krankh u geist od seel Behinderg

aufgegeben w, ohne daß damit eine Änderg des betroff PersK beabsicht war (BT-Drucks 11/4528 S 52 u
115 f). – **aa) Psychische Krankheiten.** Sie müssen fachpsychiatr konkretisiert w (BayObLG NJW **92**, 5
2100). Der bl Verdacht einer altersentspr organ Psychose reicht nicht aus (BayObLG FamRZ **95**, 1082);
ebsowenig, daß der Betroff die freiw Mitwirkg bei der med Aufklärg verweigert (Köln FamRZ **95**, 1083).
Zur AO der Bt zZw der Geltdmachg von Schmerzensgeld für das bewußtl Unfallopfer vgl BGH NJW **86**,
1039. Es kommen in Betr: körperl nicht begründb (endogene) Psychosen; seel Störgen als Folge v Krankh od
Verletzgen des Gehirns, von Anfalleiden od and Krankh od körperl Beeinträchtiggen (körperl begründbare,
also exogene Psychosen); ferner AbhängigkKrankh (Wetterling ua BtPrax **95**, 86), dh nicht die Alkohol- od
Drogenabhängigk als solche (BayObLG FamRZ **99**, 1306), sond nur wenn diese Symptom einer vorhandenen
psych Krankh ist od zu einer solchen (zB drogenindizierte Psychose) geführt hat (Schleswig BtPrax **98**, 185);
schließl Neurosen u PersönlichkStörgen (Psychopathien), wobei zB Paranoia von gesunder Hartnäckigk zu
unterscheiden ist (BayObLG FamRZ **94**, 720). Zu schubförmig verlfden psych Krankh vgl Rn 10. – **bb) Be-** 6
hinderungen. Bloße soz Behindergen (unangepaßtes Verh, Neigg zu Straftaten usw) reichen nicht aus. Es
muß sich vielm handeln um: **geistige** Behindergen, also angeborene od frühzeit erworbene Intelligenzdefekte
versch Schweregrade (vgl BayObLG FamRZ **94**, 318); **seelische** Behindergen, also bleibde psych Beein-
trächtiggen als Folge psych Krankh; Erscheingen des Altersabbaus (BT-Drucks 11/4528 S 116; vgl zur
Demenz Weitbrecht FuR **94**, 289); paranoide Psychosen wie Verschwörgswahn (BayObLG FamRZ **94**, 319);
krankh Eifersucht (Brandt/Göppinger FamRZ **76**, 377); **körperliche** Behindergen werden vielf von geist
Behindergen begleitet sein. Rein körperl Behindergen wie Schwerhörigk, extreme Kurzsichtigk od Blindh,
Lähmg usw beeinträcht den Betroff dagg idR nicht in der freien Regelg seiner Angelegenh. Soweit solche
Personen für die Umsetzg ihrer Entscheidgen eines Helfers bedürfen, reicht idR die Inanspruchn von
KrankenPfl, soz Diensten, Bevollm usw, die entspr Vorrang haben (Rn 11 f). Für die verbleibden Fälle (zB
Lähmg inf Schlaganfalls od Unfalls) soll dagg eine zivrechtl Bt nicht ausgeschl w. Doch bleibt hier der Vorrang
des Willens des Betreuten zu beachten (Coester Jura **91**, 4); vgl zB § 1600 a V.

c) Erforderlichkeitsgrundsatz, II. Das ErforderlkPrinzip dient auch öff Interessen, so daß der Betroff auf 7
seine Einhaltg nicht verzichten kann (Kln FamRZ **96**, 249). Das Prinzip, das auch in and Vorschr zum Ausdr
kommt (vgl §§ 1903, 1906 I, 1908 d III), gilt unabh davon, daß die Wünsche des Betroff nach Möglichk
respektiert w sollen (vgl Einf 4 v § 1896). Auch kommt es nicht auf den Umfg der BtAufg an (Kln FamRZ
93, 850). – **aa) Unfähigkeit zur Besorgung der eigenen Angelegenheiten.** Der medizin Befund von 8
Krankh od Behinderg rechtf für sich allein noch nicht die Bestellg eines Betr (BayObLG FamRZ **95**, 1085).
Hinzukommen muß, daß diese Beeinträchtiggen Ursache dafür sind, daß der Vollj seine Angelegenh ganz od
teilw nicht besorgen kann. Entsch ist die Feststellg, welche Defizite sich für den Betroff aus seiner Krankh od
Behind für die Besorgg seiner Angelegh ergäben, wenn die Bt in dem betreffden Bereich unterbliebe. Dieses
KausalitätsErfordern dient vor allem dazu, eine Herabsetzg der EingrSchwelle für staatl Maßn ggü dem bish
Recht zu vermeiden (Schwab FamRZ **92**, 493 f). Ein BtBedürfn besteht also nicht schon dort, wo auch ein
gesunder Vollj sich der Hilfe eines and (Arzt, RA, Notar, WirtschPrüfer, Steuerberater, KrankenPfl usw)
bedienen würde. Nur wenn der Betroff psych od körperl außerstande ist, solche Hilfe von sich aus in Anspr zu
nehmen od sogar die Notwendigk der Inanspruchn zu erkennen, kommt die AO einer Bt in Betr. Hat das Ger
die Frage, ob eine Bt überh erfdl ist, bejaht, so ist als nächstes die Frage zu beantw, für welche AufgKreise
(Rn 15) die Bt anzuordnen ist (BT-Drucks 11/4528 S 120; BayObLG FamRZ **95**, 1085). **Konkretisierung:** 9
Das BtBedürfn muß für jeden AufgKr gesond festgestellt w (BayObLG FamRZ **98**, 921) und darf nicht
Angelegenh erfassen, die der Betreute noch selbst besorgen kann (BT-Drucks 11/4528 S 52). Die BT ist
umfangmäß aber auch dann zu begrenzen, wenn der Betroff seine Angelegenh zwar sämtl nicht besorgen
kann, aber nur für einzelne von ihnen ein Fürsorgebedürfn besteht (vgl BGH FamRZ **61**, 370), wie zB
Vertretg im ScheidgsVerf (vgl Karlsr FamRZ **57**, 463); Versetzg in den Ruhestand wg DienstUnfgk (Stuttg
FamRZ **93**, 1365; Lemhöfer ZBR **92**, 98); SteuerAngel (BayObLG FamRZ **65**, 341). Aber auch soweit die
Bt angeordnet w, müssen die Vorauss des § 1896 für jeden WirkungsKr gesond und nachprüfb festgest w
(BayObLG FamRZ **93**, 442; **96**, 897). Verschließt sich der Betroff allg med Behandlg, besteht aber nur im
nervenärztl Bereich ein BtBedarf, so ist die Bt hierauf zu beschrken (BayObLG FamRZ **94**, 1059 u 1060).
Ferner ist ein **zukünftiger Betreuungsbedarf**, soweit er absehb ist, in die Erwägg einzubeziehen, wie die 10
Gefahr einer künft Verschuldg bei ggwärt Vermögenslosigk des Betroff (BayObLG FamRZ **97**, 902). Das gilt
vor allem aber auch bei schubförm verlaufden psych Krankh, wenn iF eines akuten Schubes sofort gehandelt
w muß (BayObLG FamRZ **94**, 319). Doch muß dann ggf die ÜberprüfgsFr (u Rn 43) verkürzt w (BayObLG
FamRZ **95**, 510; **96**, 1370; and Derleder FuR **96**, 309: für lange Phasen krankhfreien Verlaufs Aufhebg der
Bt). Ähnl muß eine VorsBt auch mögl sein zur Verabreichg von Depotpsychopharmaka, um eine sonst
unausweichl stationäre Unterbringg zu vermeiden (Schweitzer FamRZ **96**, 1317). Entspr kann eine Vermö-
gensBt angeordnet w, auch wenn es zZt nichts zu veranl gibt (BayObLG FamRZ **95**, 117). An der Erforderlk
fehlt es, wenn sich der angestrebte Zweck dch die vorgesehene Maßn nicht erreichen läßt (BayObLG FamRZ
94, 1551). – **bb) Subsidiarität der Betreuung, II, 2.** Die Bt ist nachrang ggü SelbsthilfeMglkten, dch deren 11
Wahrnehmg der BtBedarf auf and Weise befriedigt wird od befried w kann. Die Bt erübr sich desh insb dann,
wenn der Betroff für den in Frage stehden AufgBer eine **Vorsorgevollmacht** erteilt hat (Einf 8 v § 1896;
dort auch zur Bedeutg v § 1897 III). Bei Zweif an deren Wirksamk kann allerd eine Bt angeordnet w
(BayObLG FamRZ **94**, 720); ebso wenn der Bevollm die Verw des Verm aufgegeben h (BayObLG FamRZ
96, 968). Zur VollmÜberwBt: Rn 41. – Als **andere Hilfen** kommen die Fam, Nachb u Bekannte, aber auch 12
die soz Dienste (LG Hbg BtPrax **93**, 209) od Heimpersonal (BayObLG FamRZ **98**, 452) in Betr. So führt die
Unfgk zur Strukturierg des Tagsablaufs nicht zur BtBedürftigk, sol die ebenf kranke Mu sich um die betroffene
Tochter kümmert (Kln FamRZ **99**, 891).

d) Die Bestellg eines Betr erfolgt auf **Antrag des Betroffenen oder von Amts wegen**. Um den Betroff 13
die Bt als Hilfe begreifen zu lassen u ihm damit die Akzeptanz der Bt u die ZusArb mit dem Betr zu
erleichtern, ist entspr FGG 66 für die AntrStellg keine GeschFgk erfdl, **I 2**. Konsequenterw gilt für den Antr
auf Aufhebg der Bt dasselbe (BT-Drucks 11/4528 S 118 u 120). Dr haben kein AntrR; ein gleichwohl
gestellter Antr hat daher ledigl die Bedeutg einer Anregg (Wenker BtPrax **93**, 161). Das schließt nicht aus, daß

die Bt ausnahmsw auch im Interesse Dr angeordnet w kann (Einf 17 v § 1896). Die AO der Bt erfolgt vAw,
wenn die Vorauss dafür bis auf den Antr vorliegen. Es handelt sich dann um eine ZwangsBt (Einf 16 v
14 § 1896). – Bei ledigl **körperlicher Behinderung, I 3**, ist die Best eines Betr nur auf Antr mögl, es sei denn,
daß der Behind (zB inf eines Schlaganfalls) seinen Willen nicht kundtun kann (vgl Rn 6). Iü scheidet eine
ZwangsBt selbst dann aus, wenn die Bestellg eines Betr zur Vermeidg von Nachteilen sinnv wäre (BT-Drucks
11/4528 S 120).

15 **3) Aufgabenkreise** (Lit: Schwab FamRZ **92**, 499; Crefeld BtPrax **93**, 3). **a)** Das VormschG bestimmt den
AufgKr des Betr gleichzeit mit dessen Bestellg (FGG 69 I Nr 2). Das vor der Bestellg des Betr einzuholde
SachVerstGA hat sich auch auf die Frage des AufgKr zu erstrecken (FGG 68 b I 5; Einf 28 v § 1896) und insb
aufzuzeigen, in welchen Beziehgen dem Betroff Fähigkten verblieben sind, best Angelegenheiten selbst zu
16 besorgen (BT-Drucks 11/4528 S 121). Bei Zuweisg mehrerer AufgKr liegt nur eine einzige Bt vor (vgl
BayObLG FamRZ **88**, 1321). Zur AufgVerteilg auf mehrere Betr sowie zur ErgBt: §§ 1899 Rn 2 u 5; 1908 i
Rn 10. Bei Beschw gg die BtAO nur dch den Betroff keine Erweiterg des AufgKr dch das LG (BayObLG
FamRZ **98**, 922). Ein bes, ggf zusätzl Bt ist für die Sterilisation erfordl (§ 1899 III); eine entspr Schutzgarantie
17 wird bei der Unterbringg dch das Erfordern vormschger Gen erreicht (§ 1906 II 1). **Unzulässige Aufgaben-
kreise:** Ausübg der elt Sorge (§ 1673 Rn 5); Einw in Organspende dch behind Ki (Einf 12 v § 1896). Bei
18 **Überschreiten** des AufgKr dch den Betr gelten im AußenVerhältn die §§ 177 ff; im InnenVerhältn ggf Haftg
(Einf 19 v § 1896). GoA (§§ 677 ff) kommt nur ausnahmsw in Betr, etwa bei Einw in eine sofort dchzuführde
19 Notoperation (BT-Drucks 11/4528 S 135). **Änderungen** des AufgKr: § 1908 d. Zu beacht ist iü, daß unabh
von der Zuweisung eines best AufgKr jeder Betr verpfl ist, Verändergen in den BtErfordern zu melden
(§ 1901 V).

20 **b) Inhalt und Umfang.** Der Begr „AufgKreise" schließt nicht aus, daß dem Betr nur eine Angelegenh
21 zugewiesen w. – **aa) Totalbetreuung:** Das Ger kann die Sorge für die Pers u das Verm des Betreuten, dh die
Besorgg aller seiner Angelegenh, auf einen Betr übertr. Das setzt aber voraus, daß für sämtl Bereiche eine Bt
erfdl ist (BayObLG FamRZ **97**, 967). Die TotalBt soll Ausnahme bleiben (BayObLG FamRZ **98**, 452). Sie
hat den Verlust des WahlR zur Folge (BWahlG 13 Nr 2). Unzul ist jedoch die AO der TotalBt ledigl zur
22 Verhinderg von Wahlmanipulationen (BayObLG FamRZ **98**, 452). – **bb) Teilbetreuungen** verlangen keine
spez Bezeichng, typisierde Bezeichngen sind bei den StandardAufg wie AufenthBest, VermSorge, Sorge für
die Gesundh (krit: BayObLG FamRZ **96**, 897) übl u ausr. Stets hat das Ger aber darauf zu achten, ob das
BtBedürfn dch den gewählten AufgKr dann auch wirkl befried w kann. So deckt die „Vertretg im Enteigngs-
23 fall" nicht den Verkauf des Grdst zur Abwendg der Enteigng (vgl BGH NJW **74**, 1374). – **cc) Aufgaben-
kreise im einzelnen** (vgl Bienwald[3] § 1896 Rn 214, S 133 ff): **Adoption:** eine Bt bei der MjAdopt scheidet
aus (vgl § 1748 III); zur VolljAdopt vgl §§ 1768 II, 1902. Die Bt zZw der Einleitg von u der Zustimmg zu
24 **ärztlichen Maßnahmen** w umfassend vom AufgKr „Sorge für die Gesundh" gedeckt, verlangt ggf aber eine
Einschränkg, etwa bei fehlender KrankhEinsicht ledigl zur SicherStellg der erfdl medikament Behandlg und
deren ständ Überwachg (LG Regbg FamRZ **93**, 477) od als „GesundhFürs im Ber nervenärztl Behdlg"; vgl
Rn 10, dort auch zur Rezidivprophylaxe. Zur Erforderlk vormschger Gen: § 1904. Vgl auch u Rn 36.
25 Organisation der Inanspruchn **ambulanter oder sozialer Dienste** zur Versorgg des Betreuten mit warmen
Mahlzeiten, Pflege usw. Der AufgKr berechtigt zur Auswahl, Vertragsschl, Finanzierg, Überwachg, Kündigg.
26 **Arzneimittelversuche:** AMG 40 IV Nr 4 S 1, 41 Nr 3 u 4. **Aufenthaltsbestimmung** (vgl §§ 1907 II 1;
27 FGG 69 I II 1, 69 m; Lit: Coeppicus FamRZ **92**, 741; Klüsener/Rausch NJW **93**, 618; Sonnenfeld FamRZ
95, 393) berechtigt zur Umstellg der unsicheren häusl auf die Pflege in einem Heim (vgl BayObLG FamRZ
92, 108) sowie zur Aufhebg od Begründg des Wohnsitzes (BayObLG FamRZ **92**, 1222), nicht dagg zur
Beantragg eines neuen Passes od PersAusw (BayObLG FamRZ **99**, 1300) od zur zwangsw Verbringg in ein
Heim od zum Abschl von HeimVertr (Krüger, BtPrax **95**, 165); and ggf bei bl Erweiterg des AufgKr (vgl
BayObLG FamRZ **99**, 1299). Das AufenthBestR kann dem Betreuten ggü in Notfällen analog § 1906 II 2
zwangsw, iü aber nur aGrd eines Beschl des VormschG dchgesetzt w (Windel BtPrax **99**, 46; aA LG Offbg
28 FamRZ **97**, 899: keine RGrdl für einen solchen Beschl). Die **Beaufsichtigung** gehört nur iR der PersSorge
29 kraft Ges zum AufgKr des Betr, bedarf iü also der Übertragg als bes AufgKr (Bienwald[3] S 145). Zur
Bestattung vgl Rn 44. **Ehe:** eine Bt ist weder zur Eheschl (§§ 1304, 1311, 1903) noch zu deren Verhinderg
30 vorgesehen, wohl aber zZw Ehescheidg (ZPO 607 II 2). **Erbschaft:** s VermSorge. **Gesellschaftsrecht:** Die
Bt eines Gesellschafters berechtigt zur Wahrnehmg gesellschaftsrechtl Befugn, ohne daß dies im GesellschVertr
wirks beschränkt w könnte (vgl BGH **44**, 101; str). And natürl hins höchstpersönl Handlgen, Organtätigk als
31 Vorstd usw (vgl MüKo/Schwab 53). Der AufgKr **Gesundheitsfürsorge** umfaßt eine Umgangsregelg aus
med Gründen (vgl BayObLG FamRZ **88**, 320), nicht aber eine Unterbringg (MüKo/Schwab § 1906 Rn 4).
32 **Herausgabe** des Betreuten: §§ 1632 I, 1908 i I. Zur Bt im **Höferecht:** Steffen AgrarR **93**, 129. **Kastration:**
33 vgl KastrG 2 I Nr 1 u 3 III. **Lebensbeendende Maßnahmen und Organspende:** vgl Einf 11 u 12 v
34 § 1896. **Personensorge:** vgl §§ 1903; 1632 I iVm 1908 i I 1; FGG 69 i I 3 (Kollmer Rpfleger **95**, 45). Zur
35 Entsch über den Fernmeldeverkehr des Betreuten und über die Entggnahme, das Öffnen u Anhalten seiner
Post dch den Betr ist eine ausdr AO erfdl, **IV:** sie darf nur ergehen, wenn der Betr seine BtAufg sonst nicht
36 erfüllen könnte (BayObLG FamRZ **97**, 244). **Telephon** s Post. **Umgang:** §§ 1632 II iVm 1908 i I. Der
AufgKr der Bt zZw der ärztl Behandlg kann zur Untersagg von Besuchen ermächtigen, die dem Wohl des
37 Betreuten abträgl sind (BayObLG FamRZ **88**, 320). Der AufgKr **Unterbringung** (§ 1906) deckt nicht die
med Behandlg gg den Willen des Betreuten (BayObLG FamRZ **90**, 1154) od eine Umgangsbeschränkg
(BayObLG FamRZ **91**, 1481). Die UnterbringgsBefugn darf auch nicht in allg Ermächtigg wie dem AufgKr
38 „PersSorge" versteckt w (Schwab FamRZ **92**, 496 f). **Unterhalt** gehört zur VermSorge, ist aber als gesond
AufgKr empfehlenswert, wenn die Verwdg von Einkünften od Verm zum Unterh problemat ist. Der AufgKr
39 **Vermögenssorge** berecht zu Ausschlagg einer Erbsch uU erst nach entspr Erweiterg des AufgKr (vgl
§§ 1822 Nr 2, 1908 I 1), ow aber zur Betreibg des ErbscheinsVerf (vgl LG Bln Rpfleger **76**, 60); wohl auch
zu SozHilfAntr (Bienwald FamRZ **98**, 919) u zu Mietangelegenh, soweit nicht § 1907 betroff ist (vgl BT-
Drucks 11/4528 S 70). Zur VermAnlage Jünger, Das BtG, Dt Spark Verlag Stgt 1988 S 99 ff. Der AufgKr
VermSorge umfaßt nicht die PostKontr (LG Kln FamRZ **92**, 856), sollte sie aber zweckmäßigerw einbeziehen

(Klüsener/Rausch NJW **93**, 618; vgl. auch Rn. 35). **Vermißtenmeldung** des Betreuten: Milke BtPrax **93**, 84. Die Kompetenz zur **Vertretung und Zustimmung** ergibt sich für den Betr idR autom als RFolge aus 40
der Zuweisg des jew AufgKr (vgl § 1902). Sie muß aber ausdrückl als AufgKr zugewiesen w, wo sich die Bt auf die Vertretg od Zust beschrken soll, zB Zust zur Veräußerg eines Grdst; Einw in eine best Operation usw. Entspr gilt für den AufgKr „Vertretg im Verf" (BayObLG FamRZ **98**, 920) od zur Vertretg ggü Behörden. Zur Durchsetzg von Anspr gg die PflegeVers: Plaßmann u Wolter-Henseler BtPrax **96**, 91 u 142/158. **Vollmachtsüberwachungsbetreuung, III:** (Bienwald Rpfleger **98**, 231). Vgl zunächst zu VorsVollm: Einf 41
8 v § 1896. Die VollmÜberwBt dient als Ausgl dafür, daß der nach Erteilg der Vollm geschunfähig gew Betroff die Vollm nicht mehr selbst widerrufen kann (LG Wiesb FamRZ **94**, 778). Dem Bevollm steht gg ihre AO kein BeschwR zu (Stgt FGPrax **95**, 87). Der AufgKr besteht in der Geltdmachg etwaiger Anspr des Betreuten ggü seinem Bevollm (vgl Einf 8 v § 1896). Der Umfang der Befugn des VollmÜberwBetr ergibt sich aus dem GeschKr, für den die Bevollm erteilt w war. Der VollmBetr kann Ausk und Rechenschaft verl u auch die Vollm widerrufen (BayObLG FamRZ **94**, 1550). Die „Beaufs des Bevollm" ohne zusätzl Befugn reicht für III nicht aus (vgl LG Hbg FamRZ **91**, 369). Ebso rechtf die Verminderg der Inanspruchn von SozH die AO einer VollmÜberwBt nicht, wenn die VermVerbesserg nur zur Erweiterg iSv Einf 41 v § 1601 führen würde (LG Mü FamRZ **98**, 923). Keine KontrollBt sondern Bt nach I u II liegt auch vor, wenn es um die Geltdmachg von Anspr aus GoA geht (BayObLG FamRZ **93**, 1249). Bes Bedeutg hat die VollmBt bei BankVollm (vgl BT-Drucks 11/4528 S 123; Bühler BWNotZ **90**, 2). Eine VollmÜberwBt ist auch ohne MißbrVerdacht erfdl, wenn der Betroff seine KontrollAnspr aus § 666 wg psych Erkrankg nicht mehr selbst wahrnehmen kann u Umfg u Schwierigk der Gesch eine Überwachg erfordern (BayObLG FamRZ **99**, 1302; sa LG Mü I FamRZ **98**, 700), kann aber bei Bestehen mehrerer GeneralVollm überfl sein (LG Augsburg BtPrax **94**, 176). Ihre AO setzt die Feststellg voraus, daß die Vollm wirks erteilt war u nicht wieder erloschen ist (BayObLG FamRZ **93**, 1249) u ferner bes Schwierigk in der GeschFührg (Cypionka NJW **92**, 208) bzw konkr Verdachtsmomente, daß dem BtBedarf dch die VollmErteilg nicht Genüge geschieht. Die VollmÜberwBt unterl der Aufs des VormschG (§§ 1837, 1908 i I), währd die RGesch des ÜberwBetr selbst keiner gerichtl Gen bedürfen. Zu den Schwierigk bei Widerruf der Vollm dch den ÜberwBetr: BayObLG FamRZ **92**, 341 mA Zimmermann. Regelg der Verhältn der **Wohnung** berechtigt zur Kündigg der Wo u WoAuflösg 42
(§ 1907) od bei Verwahrlosg zu deren Säuberg u Entrümpelg (and bei bl Sammeltrieb; BayObLG BtPrax **97**, 239/40), ggf auch gg den Willen des Betreuten u mit Gewalt, ohne daß es dazu einer bes Ermächtigg bedürfte, wenn nur dadch dem Betreuten die Heimeinweisg erspart w kann (vgl Ffm DAV **96**, 79; LG Bln FamRZ **96**, 821; aA LG Ffm FamRZ **94**, 1617; LG Görlitz NJWE-FER **98**, 153; Bauer FamRZ **94**, 1562 sowie BtPrax **96**, 55; vgl dazu auch Dettmering ÖffGesundhW **85**, 17). Leerstehde Räume darf der Betr insbes iR einer VermSorge betreten, ohne daß GG 13 I berührt ist (BayObLG NJW **99**, 3205).

c) Unzulässig ist die AO eines Bt zur Wahrnehmg der elt Sorge (vgl §§ 1673–1675, 1773 Rn 4); zur 42 a
Einwilligg in die Ann als Ki (§ 1750 III); zur Ausübg des öff WahlR; höchstpers RGesch (vgl §§ 1902 Rn 4, 1903 Rn 13).

4) Dauer der Betreuung. Die unbefr Bestellg eines Betr ist unzul. Die Bestellg muß spätestens nach 5 J 43
überprüft w (FGG 69 I Nr 5). Hierbei gelten mit Ausn der vollen Begutachtg die Erfordern der Erstbest (FGG 69 i VI; BayObLG FamRZ **98**, 921). Iü ist die Bt jeder Zt insow aufzuheben, wie ihre Vorauss weggefallen sind (§ 1908 d I), so daß bei der freiw Bt ein entspr AufhebgsAntr ausreicht; GeschFgk ist dazu nicht erfdl (§ 1908 d II). Das Ger hat aber vorher vAw zu prüfen, ob nicht nunmehr eine ZwangsBt angeordnet w muß (vgl § 1908 d II 1). Ggf ist die Bt auch zu erweitern (§ 1908 d III u IV). Im VerlängergsVerf sind die Ki des Betreuten sowohl hins der Bt selbst als auch hins der Pers des Betr beschwberecht (Schlesw NJWE-FER **98**, 155). Mit dem **Tod** 44
des Betreuten endet die Bt automat. Aber best Fortwirkgen der Bt wie Vorl des Schlußberichts (LG Lpzg FamRZ **96**, 1361) bleiben bestehen. Zur Dchführg der Bestattg dch den Betr s Formella BtPrax **99**, 176. NotGeschFührg: LG Kblz FamRZ **95**, 1376; zur GoA bei NachlKonten: Vogt u Jochum BtPrax **96**, 52 u 88. Haftg: Einf 22 v § 1896. Zur Vergütg: § 1836 Rn 17; BayObLG FamRZ **96**, 372. Bei Mittellosigk auch AufwEntsch aus der Staatskasse (LG Kblz FamRZ **96**, 622). Die TotenFürs liegt bei den Angeh (LG Bln FamRZ **93**, 1121), die BeerdiggsKosten beim Erben (§ 1968). **Entlassung** des Betr: § 1908 b. 45

1897 ***Bestellung einer natürlichen Person.*** **I Zum Betreuer bestellt das Vormundschaftsgericht eine natürliche Person, die geeignet ist, in dem gerichtlich bestimmten Aufgabenkreis die Angelegenheiten des Betreuten rechtlich zu besorgen und ihn in dem hierfür erforderlichen Umfang persönlich zu betreuen.**

II Der Mitarbeiter eines nach § 1908 f anerkannten Betreuungsvereins, der dort ausschließlich oder teilweise als Betreuer tätig ist (Vereinsbetreuer), darf nur mit Einwilligung des Vereins bestellt werden. Entsprechendes gilt für den Mitarbeiter einer in Betreuungsangelegenheiten zuständigen Behörde, der dort ausschließlich oder teilweise als Betreuer tätig ist (Behördenbetreuer).

III Wer zu einer Anstalt, einem Heim oder einer sonstigen Einrichtung, in welcher der Volljährige untergebracht ist oder wohnt, in einem Abhängigkeitsverhältnis oder in einer anderen engen Beziehung steht, darf nicht zum Betreuer bestellt werden.

IV Schlägt der Volljährige eine Person vor, die zum Betreuer bestellt werden kann, so ist diesem Vorschlag zu entsprechen, wenn es dem Wohl des Volljährigen nicht zuwiderläuft. Schlägt er vor, eine bestimmte Person nicht zu bestellen, so soll hierauf Rücksicht genommen werden. Die Sätze 1 und 2 gelten auch für Vorschläge, die der Volljährige vor dem Betreuungsverfahren gemacht hat, es sei denn, daß er an diesen Vorschlägen erkennbar nicht festhalten will.

V Schlägt der Volljährige niemanden vor, der zum Betreuer bestellt werden kann, so ist bei der Auswahl des Betreuers auf die verwandtschaftlichen und sonstigen persönlichen Bindungen des Volljährigen, insbesondere auf die Bindungen zu Eltern, Kindern und zum Ehegatten, sowie auf die Gefahr von Interessenkonflikten Rücksicht zu nehmen.

VI Wer Betreuungen im Rahmen seiner Berufsausübung führt, soll nur dann zum Betreuer bestellt werden, wenn keine andere geeignete Person zur Verfügung steht, die zur ehrenamtlichen Führung der Betreuung bereit ist. Werden dem Betreuer Umstände bekannt, aus denen sich ergibt, daß der Volljährige durch eine oder mehrere andere geeignete Personen außerhalb einer Berufsausübung betreut werden kann, so hat er dies dem Gericht mitzuteilen.

VII Wird eine Person unter den Voraussetzungen des Absatzes 6 Satz 1 erstmals in dem Bezirk des Vormundschaftsgerichts zum Betreuer bestellt, soll das Gericht zuvor die zuständige Behörde zur Eignung des ausgewählten Betreuers und zu den nach § 1836 Abs. 1 Satz 3 zweite Alternative zu treffenden Feststellungen anhören.

1 **1)** Die Vorschr begründet den **Vorrang der Einzelbetreuung**. Dieser ist auch dann gewahrt, wenn die Bt dch den Mitarbeiter eines BtVereins od einer zuständ Beh erfolgt. Ist eine solche EinzelBt nicht mögl, was näher zu begr ist (BayObLG FamRZ **94**, 1203), so wird ein Verein bzw diesem ggü nochmals subsidiär die
2 BtBehörde bestellt (§ 1900 I 1 u IV 1). Unzul ist es, daß der Betr im Falle seiner Verhinderg (zB Erkrankg) einen Dr zur Übernahme der Bt bevollmächtigt (LG Frankth NJWE-FER **97**, 251).

3 **2) Einzelbetreuung, I.** Sie dient einer persönl Bt u trägt dem knappen Bestand an betreuungsgeeigneten
4 Pers Rechng (BT-Drucks 11/4528 S 130). Zur Einsetzg mehrerer Betr vgl § 1899. – **a)** In der Regel soll eine **natürliche Person** zum Betr bestellt w; für versch AufgKreise ggf auch versch EinzelPers. Zu **Verwandten** vgl P M Hoffmann, FamAngehör als vormschgerichtl best Betr, 1996. Zur BeschwBefugn naher Angehöriger BGH **132**, 157. Nur ausnahmsw u unter den Vorauss von § 1900 I u IV 1 kommt die Bestellg eines Vereins
5 od Amts (Beh) als Betreuer in Betr (vgl zur Rangfolge BayObLG FamRZ **94**, 1203). – **b) Eignung** (Fesel BtPrax **96**, 57): Die zur Bt in Auss genommene Pers muß in der Lage sein, in dem vorgesehenen AufgKreis die Angelegenh des Betreuten zu besorgen. Volle Nachprüfg in der RBeschw (BayObLG FamRZ **94**, 530). Große räuml Entferng steht der Eigng nicht grdsl entgg (Kln FamRZ **96**, 506). Zur Beschw zZw, einen medizin sachverst Betr einzusetzen: Zweibr BtPrax **99**, 157.

6 **aa) Eigenschaften des Betreuers.** Geschäftsunfäh od beschr geschäftsfäh Pers sind schon wg der gesetzl Vertretg (§ 1902) vom BetrAmt ausgeschlossen. Dagg schließt der Konk bspsw die Übern der Bt für ein geist behind vollj Kind od für die Einwillg in eine Heilbehandlg nicht aus. Der Betr braucht nicht Deutscher zu sein; bei einer Bt von Ausl, die in der BuRep leben, kann es sinnvoll sein, eine Pers gleicher Staatsangehörigk zum Betr zu bestellen (BT-Drucks 11/4528 S 129). Aus der Notwendigk der pers Bt (Rn 7) folgt, auch ohne daß eine Höchstzahl der Betreuungen gesetzl festgelegt wurde, daß das Vorhandensein anderweiter BtPflichten eine Pers zur Übern weiterer Betreuungen ungeeignet erscheinen lassen kann (BT-Drucks 11/4528 S 125 f). Dasselbe gilt für sonst, insb berufl Belastgen. Im übr enth das Gesetz selbst Vorschr zur Eign. Gem II hat das VormschG nur eine eingeschränkte Auswahlbefugn bei Bestellg eines Vereins- oder BehBetreuers (Rn 9). Nach III sind MitArb der unterbringden Einrichtg zur Bt ungeeignet (Rn 12–15). Umgek können nach IV u V der Vorschlag des Betreuten bzw. verwandtschaftl od pers Bindgen die Eigng begr (Rn 16 u 22). An der erfdl Eigng fehlt es nicht schon dann, wenn die Bt unter Mitwirkg eines Vereins od Amts erfolgen soll. Ein wesentl Ziel der Reform, zusätzl zur Bt geeignete u bereite Pers zu gewinnen, wäre ohne Mitwirkg von Vereinen u Ämtern gefährdet. Das Nebeneinander der versch BtOrgane soll aufrechterhalten w (BT-Drucks 11/4528 S 124), wobei den Vereinen insb die Aufg zugedacht ist, zur Bt geeignete Pers aus- u fortzubilden, zu beraten, zu bezahlen u den Ger zur Vfg zu stellen. Zur Bt als Nebentätigk eines **Beamten:** Deinert DAV **95**, 1031; § 1836 Rn 13.

7 **bb)** Hauptbestandteil der Eigng als Betr ist die Möglk zur **persönlichen Betreuung** (Einf 4 v § 1896; Einzelh § 1901 Rn 1 ff). Doch wird diese nur **in dem für die rechtliche Betreuung erforderlichen Umfang** verlangt. Je umfangreicher der AufgKreis des Betr, desto höhere Bedeutg kommt ihr zu. Umgek kann die pers Bt mitunter nur sehr eingeschränkt mögl sein, so, wenn der Betr Kontakte generell ablehnt (§ 1902 II 1). Ist ein Gespräch wg des Grads der Behinderg nicht mögl, soll der Betr den Betreuten trotzd in gewissen Abständen aufsuchen, um sich einen Eindruck von seinem Zust zu verschaffen (BT-Drucks 11/4528 S 125). Pers Kontakt ist ferner nur beschr erfdl, wenn die Bt nur die Führg eines einz Proz betrifft.

8 **cc) Rücksichtnahme auf die Gefahr von Interessenkonflikten.** Wie III u V aE zeigen, ist bei der Feststellg der Eigng bes auf die Gefahr mögl Interessenkonflikte zu achten. Das gilt vor allem für die Auswahl des Betreuers bei Fehlen eines Vorschlags des Betroffenen, V, aber auch bei der Berücks solcher Vorschläge (BT-Drucks 11/4528 S 127). Erfdl ist eine umfassde Abwägg aller Umstde (BayObLG FamRZ **99**, 49). Die Gefahr geringer Interessenkonflikte rechtf es nicht, den Vorschlag des Betroff zu übergehen (KG FamRZ **95**, 1442; Zweibr BtPrax **97**, 164). Zum Ausschl also Nachw konkr Interessenkollision erfdl, nicht dagg bereits konkr VerdachtsGrde für eine Schädigg des Betreuten (so aber Düss BtPrax **95**, 110). VerfPfleger nicht als Betr ausgeschl. Bspe für konkr Interessenkollision: frühere Vertretg des ProzGegners des Betreuten (Kln FamRZ **99**, 54); AbhängigkVerhältn; Gefahr der eig InAnsprN auf Unterh (Hamm **93**, 988); erkennb Desinteresse; eig Gebrechlk od beharrl Ablehng des Amts dch den Vorgeschl (Schwab FamRZ **92**, 501 f); nicht dagg Ehe zw Betr u für fremde BtSachen zust VormschRichterin (BayObLG FamRZ **94**, 530). Ferner sollte für die VermSorge nicht ein potentieller Erbe zum Betr best w (Düss BtPrax **93**, 103), es sei denn, die Best erfolgt auf Wunsch des Betreuten (Düss FamRZ **96**, 1373). Im Ggs zum starren Ausschl in III erfordert die Berücks von Interessenkollisionen eine Abwägg. Dabei kommen bei Anwendg von V nur konkr Gefahren in Betr. Abstr Gefahren, wie etwa die Erbberechtigg als solche, schließen die Bestellg zum Betr nicht aus (BT-Drucks 11/4528 S 128).

9 **3) Einzelbetreuung durch Vereins- und Behördenbetreuer, II.** Zu den Aufg der BtBehörde: Deinert DAV **92**, 119, 325 u 631. – **a) Zweck:** Die Bestellg eines Vereins- od BehBetr ist nur iR der §§ 1900, 1908 f zul; sie ist iGgs zur Bt dch den BtVerein od die Beh iRv § 1900 I u IV echte EinzelBt iSv I (BayObLG Rpfleger **98**, 199), für die IV 1 gilt. Vereins- u BehBetr sind in der BestallgsUrk ausdrückl als solche zu bezeichnen (FGG 69 I 3 a). II sichert einers den Vorrang der EinzelBt, wenn als EinzelBetr nur der MitArb eines BtVereins od einer Beh zu Vfg steht; anderers soll dch das EinverständnErfordern sichergestellt w, daß

das VormschG nicht gg den Willen des Vereins od der Beh über deren Mitarbeit verfügt. Das Ger kann daher nicht einen vom Verein vorgeschlagenen MitArb zG eines ihm besser geeignet erscheinenden übergehen (BT-Drucks 11/4528 S 126). – **b) Personenkreis:** Für die EinzelBt iRd Vereins- u BehTätigk kommen nur Pers 10
in Betr, die **aa)** bei einem nach § 1908f **anerkannten Betreuungsverein** bzw bei einer für BtAngelegenh **zuständigen Behörde** beschäft u **bb)** dort ausschließl od teilw **als Betreuer tätig** sind. Beschäftigg als freier MitArb reicht aus; der VereinsBetr braucht nicht ArbN des Vereins zu sein (Jaschinski NJW **96**, 1521; aA Schwab FamRZ **92**, 498). Auch eine organisator Verbindg zw BtVerein u Heim-GmbH wie eine bl ehrenamtl Tätigk reichen aus (vgl BayObLG BtPrax **98**, 76). Auch ehrenamtl Tätigk reicht aus (and 55. Aufl). Vgl iü § 1908g Rn 1. – **c) Einwilligung des Vereins bzw der Behörde, II 1 u 2.** Es gelten §§ 182ff, also ggf 11
Gen. Das EinwilliggsErfdn bezieht sich nur auf die Bestellg als solche. Das Ger kann nicht über das Personal des Vereins od der Beh von sich aus verfügen. Ebsowenig hat der Wunsch des Betreuten Vorrang (BayObLG FamRZ **94**, 1061). Anderers kann der Verein dem Ger nicht best Pers aufzwingen. Desh kann das Ger einem VereinsBetr einen ehrenamtl Helfer des Vereins vorziehen. Erfdl ist auch die BereitErkl des VereinsBetr (BayObLG FamRZ **94**, 1061). Auch bei MeingsVerschiedenh über den erfdl Umfang der Bt entsch ausschließl das VormschG.

4) Ausschluß des Anstalts- und Heimpersonals von der Betreuung, III. – a) Zweck: Vermeidg von 12
Interessenkonflikten u Belastgen des VertrauensVerhältn zw Betreuer u Betreutem dch Zweifel an der Unvoreingenommenh des Betr (BT-Drucks 11/4528 S 126). Eine solche Konfliktsituation entsteht insb, wenn ein AufenthWechsel des Betreuten in Betr kommt od wenn Rechte des Betreuten ggü der Einrichtg dchzusetzen sind. – **b) Ausgeschlossen sind** die MitArb od deren Eheg (Düss FamRZ **94**, 1416) **aa)** der Anstalt, des 13
Heims od der Einrichtg, in welcher der Vollj untergebracht ist od wohnt. Das bl Eigt am Wohnraum reicht nicht aus, so daß Elt od Verwandte des Betroffenen, deren Räume er bewohnt, von der Bt nicht ausgeschl sind. Dagg reicht für den Ausschl, daß die Heime, in denen der vorgeschlagene Betr als Angest tät ist bzw der Betreute wohnt, unter gleicher Leitg stehen (BayObLG FamRZ **97**, 245; aA LG Bln BtPrax **97**, 39); währd bei organisatorischer u arbeitsrechtl Sicherstellg der WeisgsUnabhängigk der Bt nicht entggsteht, daß der BtVerein den vorgesehenen Betr beschäft u das Heim betreibt, in dem der Betreute wohnt (Stgt FamRZ **99**, 811). – **bb)** Neben den aGrd ihres ArbVertr Abhängigen kommen als Betreuer auch nicht Pers in Betr, die zu 14
der betreffden Einrichtg in einer and engen Beziehg stehen, insb also die Inh der Einrichtg, aber auch Mitgl von deren Beirat sowie in der Einrichtg beschäftigte nahe Angeh des vorgeschlagenen Betr (BayObLG FamRZ **99**, 50) usw. AbhängigkVerhältn wie enge Beziehg müssen ggü der Einrichtg selbst bestehen, so daß es für III nicht ausr, wenn ein Bediensteter des Trägers der Einrichtg als Betr vorgesehen ist (BT-Drucks 11/4528 S 127; BayObLG Rpfleger **98**, 159 [sofern er nicht dem Einrichtgsleiter unterstellt ist]; aA LG Stgt BtPrax **96**, 75). – **c) Zwingendes Recht:** III sieht keine Möglk vor, den Ausschl von der BetrBestellg im 15
Einzelfall (auch nicht bei Vorschlag nach IV) zu durchbrechen (BayObLG Rpfleger **98**, 159). Zur Unwirksamk einer entspr Vorsorgevollm Einf 8 v § 1896.

5) Vorschlag des Betreuungsbedürftigen, IV (vgl Schwab FamRZ **92**, 501). – **a) Zweck:** Die 16
Wünsche des Betroffenen müssen sich schon bei der BetrAuswahl niederschlagen, zumal eine Berücks der gewünschten gedeihl ZusArb zw Betr u Betreutem nur dienl sein kann (BT-Drucks 11/4528 S 127). Zur eingeschränkten Berücks von Wünschen bei der Entlassg des Betr § 1908b Rn 15. – **b) Rechtsnatur:** Keine 17
WillensErkl. Auch Wünsche eines GeschUnfäh sind ggf zu berücks (BayObLG FamRZ **97**, 1360; Zweibr BtPrax **97**, 164; Düss FamRZ **98**, 510). Desh auch keine Selbstbindg des Betroffenen, insb auch nicht an BtVfgen (Einf 11v § 1896). – **c) Form:** Einhaltg nicht erfdl, aber bei BtVfgen (Einf 10v § 1896) aus 18
BewGrden mind Schriftlichk zweckmäß. – **d) Zeitpunkt:** Der Betroffene kann pos wie negat Vorschläge im 19
BtVerf od bereits früher für den Fall seiner BtBedürftigk machen; letztere sind als **Betreuungsverfügungen** (Einf 9v § 1896) zul u sollen unter dem GesPkt des Willensvorrangs Berücks finden, wenn sich der Betroffene nicht später wieder davon distanziert hat od sonst erkennb ist, daß er **an diesen Vorschlägen nicht festhalten will, IV 3.** Rn 17u 18 gelten entspr. Das Abgehen des Betroff von seinem Vorschl zu Pers des Betr setzt nicht Geschfgk voraus (BayObLG FamRZ **93**, 1110). – **e) Berücksichtigung des Vorschlags. – aa) Positive Vorschläge** des Betroffenen zur Pers des Betreuers begründen einen Vorrang des Vorgeschla- 20
genen (BayObLG FamRZ **96**, 1374); ihnen ist zu entspr, wenn dies seinem **Wohl nicht zuwider läuft, IV 1.** Hierdch soll ausgeschl w, daß sich der Betroffene dch einen unbedachten od von schlechten Ratgebern beeinflußten Vorschlag selbst schädigt (BayObLG FamRZ **97**, 1360). Vorauss für die Bestellg ist desh ijF, daß der Vorgeschlagene die allg Erfordern für die Bestellg zum Einzelbetreuer erfüllt (Rn 3ff) u daß die UnvereinbarkRegelg des III nicht entggsteht u daß schließl der Vorgeschlagene die Übern der Bt nicht ablehnt (§ 1898). Der Vorschlag des Betroffenen darf nicht mit der Begr übergangen w, ein Dr sei als Betr geeigneter als die vom Betroff vorgeschlagene Pers (Schwab FamRZ **90**, 685). Zur Berücks von Interessenkonflikten vgl Rn 8. Zur Ablehng des Vorgeschlagenen bedarf es der Feststellg einer konkr Gefahr für das Wohl des Betroffenen (BayObLG FamRZ **97**, 1360), bloß allg Vermutg/Befürchtg nachteil Handelns reicht nicht (Zweibr BtPrax **97**, 164). Daß noch geeignetere Pers in Betr kommen, kann den Vorschl des Betroff nicht entkräften (BayObLG FamRZ **99**, 53; Kln FamRZ **99**, 811). Nichteigng des Betr bei 40 lfden VerwGerProz (Brschw DAV **93**, 991). Der Betroff kann auch von der Reihenfolge der I u II u § 1900 abweichde Vorschläge machen, also zB einen Vereins- od BehBetr vorschl. Dagg ist III zwingd u der Vorschlag eines Vereins/Behörde unverbindl (BayObLG Rpfleger **98**, 199); wg BerufsBetr vgl Rn 23. – **bb) Ablehnung einer** 21
Person, IV 2. Spricht sich der Betroffene gg eine best Pers als Betreuer aus, so wird diese kaum in der Lage sein, das für eine erfolgr Bt wünschensw VertrauensVerhältn herzustellen. Doch besteht keine Bindg des Ger an den Widerspr des Betroffenen (BT-Drucks 11/4528 S 127f).

6) Berücksichtigung verwandtschaftlicher und persönlicher Bindungen, V. Fehlt ein Vorschlag des 22
Betroffenen od ist sein Vorschlag nicht realisierb (Rn 20), so ist bei der Auswahl des Betreuers in erster Linie neben seiner pers **Eignung** (Celle FamRZ **97**, 845). Spannungen zw den Geschw stehen der Bestellg zum Bt nicht entgg (Kln NJWE-FER **99**, 123). auf seine **Bindungen zu Eltern, Kindern und zum Ehegatten** abzustellen. Deren Vorrang ist aber kein absoluter. Das Wohl des Betroff ist ausschlaggebd (BayObLG

FamRZ **96**, 507); fehlder pers Kontakt aGrd räuml Entferng kann entggstehen (Celle FamRZ **97**, 845). Spanngen zw den Geschw stehen der Bestellg zum Bt nicht entgg (Kln NJWE-FER **99**, 123). Daneben können and Verwandte und bei entspr tragfäh **sonstigen persönlichen Bindungen** and Pers wie der LebGefährte des Betreuten (Kln NJWE-FER **99**, 271), Nachb, Bekannte od Freunde zum Betr bestellt w. Zur Berücks von **Interessenkonflikten** Rn 8. Das Ger muß prüfen, ob evtl Gefahren für das Wohl des Betroff dch Aufsicht, Weisgen od Aufhebg der Befreiung von der RechngsleggsPfl beseit w können (BayObLG FamRZ **99**, 51). Bei Best eines Dr zum Betr kein BeschwR des übergangenen Verwandten (LG Zweibr BtPrax **92**, 75; aA LG Krfld BtPrax **93**, 106).

23 **7) Bestellung eines Berufsbetreuers**; BerufsBetr ist, wer die Bt iSv § 1836 I 2–4 berufsmäß führt. – **a) Subsidiarität**. Bestellg eines BerufsBetr grds nur, wenn kein geeigneter Betr zur Vfg steht, der die Bt iSv § 1836 I 1 unentgeltl führt; **VI 1.** Der Vorrang der Bt dch eine natürl Pers wird nicht dch den Vorschl des Betroff, ihm einen Verein zum Betr zu bestellen, beseit (BayObLG NJWE-FER **98**, 105). Vorschlag des Betroffenen hat keinen Vorrang nach IV 1. Abw kann zuläss sein („soll"), zB bei enger pers Bindg od wenn bemittelter Betroffener es möchte. Kein BeschwR der Staatskasse aus FGG 69 g I 2 gg die Bestellg (Schlesw
24 NJW-FER **99**, 237). – **b) Mitteilungspflicht**. Bestellter BerufsBetr hat dem VormschG Mitteilg zu machen, wenn geeigneter NichtberufsBetr zur Vfg steht, **VI 2**, zB nach Erledigg schwieriger Anfangstätigk, damit BetrWechsel geprüft werden kann (§ 1908 b I 2). Verstoß gg diese Verpfl führt nicht zum Verlust der BetrVer-
25 gütg. – **c) Anhörung der Betreuungsbehörde, VII**. Wird erstmals ein BerufsBetr (BT-Drucks 13/10 331 S 43) bestellt, der im Bezirk eines and VormschG wohnen od zum Betr bestellt sein kann, so ist die BtBeh zur Eigng anzuhören (vgl auch §§ 1908 i I 1, 1799); es wird die BtBeh anzuhören sein, in deren Bereich der Betr Bt führt od führen will (Walther BtPrax **98**, 125). Kann das VormschG die nach § 1836 I 2 erforderl Feststellg der berufsmäß BtFührg nur aGrd einer Erwartg nach § 1836 I 3 Fall 2 treffen, so ist die BtBeh auch dazu zu hören. Verstoß gg diese Verpfl berührt die Wirksamk der BetrBestellg nicht. Niemand hat Anspr darauf, dch die BtBeh als Bt vorgeschlagen zu w (Düss FamRZ **98**, 700).

1898 *Pflicht zur Übernahme der Betreuung.*

I Der vom Vormundschaftsgericht Ausgewählte ist verpflichtet, die Betreuung zu übernehmen, wenn er zur Betreuung geeignet ist und ihm die Übernahme unter Berücksichtigung seiner familiären, beruflichen und sonstigen Verhältnisse zugemutet werden kann.

II Der Ausgewählte darf erst dann zum Betreuer bestellt werden, wenn er sich zur Übernahme der Betreuung bereit erklärt hat.

1 **1)** Die Vorschr begründet eine allerd **sanktionslose Rechtspflicht** zur Übern der Bt. Evtl allerd SchadErs gem §§ 1787 I, 1908 i I 1 (dort Rn 4; Schwab FamRZ **92**, 502). Die an die BtEigng u Zumutbark geknüpfte ÜbernVerpfl, I, wird von einer entspr Bereiterklärg des vom VormschG Ausgewählten abhäng gemacht, II. Der Staat will damit auf die zwangsw Dchsetzg der mat-rechtl ÜbernVerpfl verzichten. Rechtstechn sind die beiden Abs allerd widersprüchl formuliert (Klüsener Rpfleger **89**, 222).

2 **2) Übernahmepflicht.** Der vom VormschG Ausgewählte hat die Bt zu übern unter der doppelten Vorauss
3 **a)** der **Betreuungseignung** für den gerichtl bestimmten AufgKreis (§ 1897 Rn 5), an der es aber bei beharrl
4 Weigerg des Betr zur Übern der Bt fehlen kann (Schwab FamRZ **92**, 502), u **b)** der **Zumutbarkeit.** Hierbei sind seine familiären, berufl u sonst Verhältn zu berücks. Zu letzteren gehören Alter u GesundhZust des Ausgewählten, aber etwa auch ein pers Zerwürfn mit dem Betreuten. Von einer Aufzählg der AblehngsGrde wie in § 1786 ist bewußt Abstand genommen w (BT-Drucks 11/4528 S 129).

5 **3) Bereiterklärung, II.** Der Ausgewählte darf erst dann zum Betreuer bestellt w, wenn er sich zur Übern der Bt bereit erkl hat. Dieses mat-rechtl ausgestaltete ZustErfordern schließt insb das nach bish Recht mögl Zwangsgeld zur Dchsetzg der Übern aus. Zweck: Das für eine pers Bt erfdl VertrauensVerhältn wäre von vornherein gefährdet, wenn der Betr sein Amt nur unter Zwang übernimmt; der GesGeber setzt auf die im Ges enth Anreize zur Übern von Betreuungen (vgl §§ 1835–1836 a, 1837 I, 1908 i II 3), um eine hinreichende Anzahl von Betr zu gewinnen (BT-Drucks 11/4528 S 129). Bei mehreren Betr (§ 1899) ist die Zust jedes einz Betr erfdl. Bei Widerruf der BereitErkl Entlassg (§ 1908 b Rn 10).

1899 *Mehrere Betreuer.*

I Das Vormundschaftsgericht kann mehrere Betreuer bestellen, wenn die Angelegenheiten des Betreuten hierdurch besser besorgt werden können. In diesem Fall bestimmt es, welcher Betreuer mit welchem Aufgabenkreis betraut wird.

II Für die Entscheidung über die Einwilligung in eine Sterilisation des Betreuten ist stets ein besonderer Betreuer zu bestellen.

III Soweit mehrere Betreuer mit demselben Aufgabenkreis betraut werden, können sie die Angelegenheiten des Betreuten nur gemeinsam besorgen, es sei denn, daß das Gericht etwas anderes bestimmt hat oder mit dem Aufschub Gefahr verbunden ist.

IV Das Gericht kann mehrere Betreuer auch in der Weise bestellen, daß der eine die Angelegenheiten des Betreuten nur zu besorgen hat, soweit der andere verhindert ist oder ihm die Besorgung überträgt.

1 **1)** Die Vorschr regelt die Vorauss der in Dchbrechg des Prinzips der EinzelBt (§ 1897 I) ausnahmsw (BayObLG NJW-RR **98**, 869) Bestellg mehrerer Betr u das Verhältn zw ihnen. Zur Bestellg mehrerer Betr kann die Verschiedenartigk der zu besorgden Angelegenh nötigen, I. Einer bes zusätzl Bt bedarf es stets bei der Sterilisation, II. Bei Überschneidg der AufgKreise gilt der Grds der gemeins Besorgg, III; mögl ist aber auch die Subsidiarität u Delegation der Bt, IV. Zur **Gegenbetreuung** § 1908 i Rn 10.

2) Mitbetreuung, I. – a) Mehrere Betr werden bestellt, wenn dadch die **Angelegenheiten des Betreuten besser besorgt** w können, **I 1.** Das gilt etwa für die Elt eines vollj gewordenen geist behind Ki; die gemeins Bt erscheint hier nur als Fortsetzg der bish gemeins elt Sorge (BT-Drucks 11/4528 S 130). Mehrere Betr können erforderl sein, wenn der gewünschte (§ 1897 IV) u iü geeignete Betr für einz Aufg erforderl bes Kenntn/Fähigk nicht hat (BayObLG FamRZ **97**, 1502). Eines ErgBetr bedarf es, wenn der Betr an der Besorgg best Angelegenh gehindert ist (IV; vgl Rn 5). Mehrere Betr sind schließl iR einer AblösgsBt sinnvoll, um bei absehb Ausscheiden etwa eines Vereins- od BehBetreuers einen reibgsl Übergang zu gewährleisten. Entspr gilt bei Erweiterg des AufgKr (§ 1908 d Rn 9). Die nur auf RFehler überprüfb Entsch hat das Ger unter Berücks der GesUmst des Einzelfalls zu treffen (BayObLG BtPrax **97**, 114). – **b)** I 1 befreit nicht von der **Prüfung der übrigen Voraussetzungen** der Bestellg für jeden der mehreren Betreuer, insb also der Eignung (§ 1897 Rn 5) u etwaiger Vorschläge des Betreuten (§ 1897 Rn 16). Ferner sind verwandtschaftl od sonst Beziehgen zu berücks (§ 1897 Rn 22). Die Bestellg mehrerer Betr setzt schließl die BereitErkl jedes einz von ihnen voraus (§ 1898 II). – **c) Bestimmung der Aufgabenkreise, I 2.** Der AufgKreis des Betr ist genau zu best (§ 1896 Rn 22 ff). Das bedeutet bei mehreren Betr, daß das VormschG best, welcher Betr mit welchem AufgKreis betraut ist. Dadch soll das Verhältn der Betr zueinand von vornherein klargestellt w. Das Ger kann den AufgKreis den mehreren Betr gemeins zuweisen; es kann ihnen aber auch getrennte od teils gemeins, teils getrennte AufgKreise zuweisen. – **d)** Eine **Ergänzungsbetreuung, IV 1. Fall** (Spanl Rpfleger **92**, 142), kommt in Betr, wenn der Betr an der Erledigg best Angelegenh verhindert ist, weil er nach § 181 od §§ 1908 i I 1, 1795 von der Vertretg ausgeschl ist od ihm die VertretgsMacht nach §§ 1908 i I 1, 1796 entzogen ist (BayObLG FamRZ **98**, 512). Der Bestellg eines ErgPflegers bedarf es insow nicht mehr (Schwab FamRZ **92**, 499). Die ErgBt nimmt dem Betr innerh des AufgKr der ErgBt die VertretgsBefugn, so daß zB für den Abschl eines SchenkgVertr der allg für die VermAngeleghten bestellte Betr keine VertrM besitzt (vgl BayObLG FamRZ **92**, 104). Die ErgBt ist auch bei rein tats Verhindg eines Betr mögl, zB iF einer schon zZ der AnO der Bt vorauszusehden längeren Abwesenh des Betr. Eine ErsatzBt scheidet bei absehb wiederkehrder Verhindg des HptBetr aus (LG Ffo FamRZ **99**, 1221). Für die Auswahl gilt § 1897 (Zweibr NJWE-FER **99**, 272). – **e)** Eine **Delegationsbetreuung, IV 2. Fall,** ermöglicht, zB einen ehrenamtl Betr an seine Aufg heranzuführen, indem zunächst ein Vereins- od BehBetr den HauptT der Arb erled u der and Betr die Arb mehr u mehr übernimmt (BT-Drucks 11/4528 S 131).

(Randnummern: 2 bei „2) Mitbetreuung“, 3 bei „b) I 1 befreit“, 4 bei „c) Bestimmung“, 5 bei „d) Eine Ergänzungsbetreuung“, 6 bei „e) Eine Delegationsbetreuung“)

3) Sterilisationsbetreuung, II. – a) Nach § 1905 kann der Betr in engen Grenzen aSt eines nicht einwillgsfäh Betreuten in dessen Sterilisation einwill. Dafür ist ein bes Betr zu bestellen, um zu verhindern, daß die Entsch über die Sterilisation von eig Interessen etwa des personensorgeberecht Betr beeinflußt w (BT-Drucks 11/4528 S 131). Dabei können sich allerd gravierde KompetenzKonfl stellen (vgl Schwab FamRZ **92**, 499 f). Als SterilisationsBetr scheiden Verein u Beh aus (§ 1900 V), nicht dagg Vereins- oder BehBetr iSv § 1897 II (vgl dort Rn 9). – **b) Umfang:** Die Zuweisg des AufgKreises „Entscheidg über eine Sterilisation des Betreuten“ berecht zur Besorgg sämtl Angelegenh, die mit dieser Entsch im Zushg stehen: Aufsuchen des Betreuten u Erörterg der Angelegenh, Einholg von Informationen bei Ärzten u im soz Umfeld des Betreuten, Schließg des ArztVertr usw. BT-Drucks 11/4528 S 131 ist widersprüchl: Einers wird der AufgKreis auf die „Entsch über die Einwilligg“ beschränkt u ein „unmittelb“ Zushg damit verlangt; anderers soll der Abschluß des ArztVertr darunter fallen. Die Kompetenzerweiterg des SterilisationsBetr ist richtig, um Obstruktionen des sorgeberecht Betr etwa dch die Weigerg, den ArztVertr trotz Erteilg der Zust zur Sterilisation abzuschließen, vorzubeugen.

4) Gemeinsame Betreuung, III. Entspr der Regelg bei mj Ki u wohl auch als dessen häufigster FortsetzgsFall (vgl Rn 2) können mehrere Betr mit demselben AufgKreis die Angelegenh des Betreuten nur gemeins besorgen (vgl § 1627 Rn 1). Doch kann das VormschG auch etwas anderes best. Eine Einzelbesorgg ist ferner dann zul, wenn mit dem Aufschub der Besorgg der Angelegenh **Gefahr verbunden** ist.

1900 *Betreuung durch Verein oder Behörde.*

I Kann der Volljährige durch eine oder mehrere natürliche Personen nicht hinreichend betreut werden, so bestellt das Vormundschaftsgericht einen anerkannten Betreuungsverein zum Betreuer. Die Bestellung bedarf der Einwilligung des Vereins.

II Der Verein überträgt die Wahrnehmung der Betreuung einzelnen Personen. Vorschlägen des Volljährigen hat er hierbei zu entsprechen, soweit nicht wichtige Gründe entgegenstehen. Der Verein teilt dem Gericht alsbald mit, wem er die Wahrnehmung der Betreuung übertragen hat.

III Werden dem Verein Umstände bekannt, aus denen sich ergibt, daß der Volljährige durch eine oder mehrere natürliche Personen hinreichend betreut werden kann, so hat er dies dem Gericht mitzuteilen.

IV Kann der Volljährige durch eine oder mehrere natürliche Personen oder durch einen Verein nicht hinreichend betreut werden, so bestellt das Gericht die zuständige Behörde zum Betreuer. Die Absätze 2 und 3 gelten entsprechend.

V Vereinen oder Behörden darf die Entscheidung über die Einwilligung in eine Sterilisation des Betreuten nicht übertragen werden.

1) Betreuung durch juristische Personen (Lit: Hellmann BtPrax **92**, 4). Der Vorrang der EinzelBt (§ 1897 Rn 1 u 3) muß zG der Bt dch eine jur Pers weichen, wo der Vollj dch eine od mehrere natürl Pers nicht hinreichd betreut w kann. Die Bt erfolgt dann vorrangig dch einen anerk BtVerein, I, subsidiär dch die zust Beh, IV, aber beides nur sol, bis eine natürl Pers für die Bt ausfind gemacht w, wovon der Verein dem Ger ggf Mitteilg zu machen hat, III. Der Verein überträgt die Wahrnehmg der Bt einz, dem Ger bekannt zu gebden Pers, wobei er Vorschlägen des vollj Betroffenen iR seiner organisator Möglkten zu entspr hat, II. Vereins- u BehBt sind in der BestellgsUrk ausdrückl zu bezeichnen (FGG 69 I Z 3 b).

2 **2) Bestellung des Betreuungsvereins** (Lit: Bienwald/Oetjen, BtVereine in Dtschl, 1994), **I. – a) Zweck:** Ein Verbot der Bt dch einen Verein od die zust Beh würde zu prakt Schwierigkten führen u letztl zL des Betroffenen gehen. Trotz der ijF wünschensw EinzelBt ist die Bestellg eines Vereins od einer Beh immer dann sinnvoll, wenn die Zuordng konkreter EinzelPers nicht mögl ist bzw wenn dch den Austausch der konkr BtPers die Erreichg des BtZwecks erleichtert w. Das kann etwa der Fall sein bei Alkoholikern od manisch Erkrankten, die gg einen konkr Betreuer Aggressionen aufbauen, od wenn erst abgewartet w soll, zu welcher von mehreren BtPers der Betreute eine VertrauensBeziehg herzustellen vermag (BT-Drucks 11/4528
3 S 131 f). – **b) Voraussetzungen: aa) Nicht hinreichende Betreuung durch eine oder mehrere natürliche Personen, I 1.** Die Bestellg eines Vereins ist nur zul, wenn der Betroff dch eine natürl Pers nicht hinreichd betreut w kann (BayObLG FamRZ **99**, 52). Die Grde können in der Pers des Betroffenen liegen (Rn 2), aber auch darin, daß ein geeigneter EinzelBetr qualitativ od auch quantitativ (BayObLG FamRZ **93**, 1248) nicht zu finden ist, was nachvollziehb begründet w muß (BayObLG aaO). Das gilt auch, wenn der Verein EinzelBetr iSv § 1897 II nicht besitzt od vorhandene MitArb nicht zur Vfg stellt, da auch den anerkannten BtVerein keine GestellgsPfl trifft (BT-Drucks 11/4528 S 132). Der Vorrang der Bt dch eine natürl Pers wird nicht dch den Vorschl des Betroff, ihm einen Verein zum Betr zu bestellen, beseit (BayObLG FamRZ **99**, 52). Kraft der ausdrückl Bestimmg des **V** scheidet die Vereins- u BehBt für die SterilisationsBt
4 (§ 1899 Rn 7) aus. – **bb) Einwilligung des Vereins in die Bestellung, I 2.** Vgl § 1791 a I 2. Bei mangelder Einwilligg bleibt nur die von einer Einwilligg nicht abhäng Bt dch die Beh.

5 **3) Durchführung der Vereinsbetreuung. – a) Übertragung auf einzelne Personen, II 1** (vgl zum **Vereinsbetreuer** Geistert DAV **95**, 1095). Der Verein übertr die Wahrnehmg der Bt einz Pers. Im Ggs zum Vereinsbetreuer iSv § 1897 II, der selbst zum EinzelBetr wird (§ 1897 Rn 9), behält der Verein dabei entspr § 1791 a I 2 die RStellg eines Betr (BT-Drucks 11/4528 S 132). Zur BtWahrnehmg kommen nur MitArb des Vereins in Betr. Bei zur Bt geeigneten außenstehden Dr gilt III (Rn 8). Rechtsbehelf des Betroffenen gg die Ausw dch den Verein: Antr auf gerichtl Entsch (FGG 69 c II). Zur tarifrechtl Eingruppierg eines DiplSozPäd-
6 agogen BAG BtPrax **97**, 32. – **b) Vorschlägen des Betreuten** dazu, wer innerh des Vereins die Bt übern soll, hat der Verein zu entspr, soweit nicht wichtige Grde entgg stehen, **II 2.** Wegen der begrenzten Zahl von MitArb besteht kein Willensvorrang des Betroffenen wie nach § 1897 IV 1. Auch organisator Schwierigkeiten sind als wichtige Grde anzusehen, aus denen der Verein Vorschläge des Betroffenen ablehnen kann. Der Verein darf in diesem Zushg auch auf eine gleichmäß Auslastg seiner MitArb achten (BT-Drucks 11/4528
7 S 132). – **c) Mitteilung an das Gericht, II 3.** Dadch wird gewährleistet, daß das VormschG jew über die
8 konkrete BtPers informiert ist. – **d) Mitteilungspflicht bei Möglichkeit der Einzelbetreuung, III.** Ergibt sich iR der VereinsBt die Möglk der EinzelBt, so hat der Verein dies dem Ger mitzuteilen. Dadch soll sichergestellt w, daß die VereinsBt nur sol dauert, als eine EinzelBt nicht mögl ist.

9 **4) Behördenbetreuung, IV** (Lit: v Gaessler BtPrax **92**, 11; Deinert, Handb der BtBeh, 2. Aufl 1994). Es handelt sich um einen abs, auch bei quantitat Mangel an Betreuern geltenden AuffangTbestd (Rn 3). – **a) Voraussetzungen** dafür, daß die Beh als solche (also nicht einer ihrer Bediensteten iR einer EinzelBt nach § 1897 II) zum Betr bestellt w, sind **aa)** die nicht hinreichde Bt dch einen od mehrere EinzelBetr (Rn 3), wozu sich das VormschG in den Grden äuß muß (BayObLG FamRZ **94**, 1203). – **bb)** Ferner kommt die Bestellg der Beh erst dann in Betr, wenn der Betroffene auch dch einen Verein nicht hinreichd betreut w kann, etwa weil in einem best Gebiet ein Verein nicht zur Vfg steht, wenn MitArb des Vereins ausgelastet sind od der Verein die gem I 2 erfdl Einwilligg verweigert (BT-Drucks 11/4528 S 132). – **cc)** Im Ggs zum Verein bedarf die Bestellg der zust Beh nicht deren Einwilligg. – **b)** Auf die BehBt finden II u III entspr Anwendg,
10 **IV 2. – c)** Die Wahrnehmg der behördl Aufg bei der Betr Volljähriger bestimmt sich nach dem **Betreuungsbehördengesetz (= BtBG),** Art 8 BtG (Lit: Dodegge NJW **92**, 545 u 1936; Deinert DAV **92**, 133 u 325): Die sachl Zustdk auf Landesebene richtet sich nach LaR (§ 1), die örtl Zustdgk nach dem gewöhnl Aufenth des Betroff (§ 3). Die Behörde berät die Betr, führt sie in ihre Aufg ein u bildet sie fort (§§ 4, 5). Sie unterstützt das VormschG u rät BetrMaßn an (§§ 8, 7). Es besteht kein Anspr einer Pers auf Anerk als Betr (VG Ffm BtPrax **97**, 83). Iü soll BetrBehörde, um Diskriminiergen zu vermeiden, nicht das JA, sond eine larechtl neu zu schaffde Beh sein (BT-Drucks 11/4528 S 101).

1901 *Pflichten des Betreuers.* **I Die Betreuung umfaßt alle Tätigkeiten, die erforderlich sind, um die Angelegenheiten des Betreuten nach Maßgabe der folgenden Vorschriften rechtlich zu besorgen.**

II Der Betreuer hat die Angelegenheiten des Betreuten so zu besorgen, wie es dessen Wohl entspricht. Zum Wohl des Betreuten gehört auch die Möglichkeit, im Rahmen seiner Fähigkeiten sein Leben nach seinen eigenen Wünschen und Vorstellungen zu gestalten.

III Der Betreuer hat Wünschen des Betreuten zu entsprechen, soweit dies dessen Wohl nicht zuwiderläuft und dem Betreuer zuzumuten ist. Dies gilt auch für Wünsche, die der Betreute vor der Bestellung des Betreuers geäußert hat, es sei denn, daß er an diesen Wünschen erkennbar nicht festhalten will. Ehe der Betreuer wichtige Angelegenheiten erledigt, bespricht er sie mit dem Betreuten, sofern dies dessen Wohl nicht zuwiderläuft.

IV Innerhalb seines Aufgabenkreises hat der Betreuer dazu beizutragen, daß Möglichkeiten genutzt werden, die Krankheit oder Behinderung des Betreuten zu beseitigen, zu bessern, ihre Verschlimmerung zu verhüten oder ihre Folgen zu mildern.

V Werden dem Betreuer Umstände bekannt, die eine Aufhebung der Betreuung ermöglichen, so hat er dies dem Vormundschaftsgericht mitzuteilen. Gleiches gilt für Umstände, die eine Einschränkung des Aufgabenkreises ermöglichen oder dessen Erweiterung, die Bestellung eines weiteren Betreuers oder die Anordnung eines Einwilligungsvorbehalts (§ 1903) erfordern.

1 **1) Tätigkeitsbereich, I.** Die neue Vorschr soll die Abgrenzg zw den dem Betr gesetzl Aufg u seiner darüber hinausgehden tats Zuwendg verdeutlichen, ohne eine scharfe Trennlinie zu ziehen (BT-Drucks 13/

7158 S 33); zur Abgrenzg vgl auch Jürgens BtPrax **98**, 129. – **a) Rechtsfürsorge** iR des AufgKr ist der wesentl Inhalt der Amtstätigk des Betr; so ist zB die GesundhFürsorge dch PflegeVertr zu organisieren. Hierbei ist BtMethode die **persönliche Betreuung**, deren Hauptmerkm der pers Kontakt u das pers Gespräch zw Betr u Betreutem sind (Einf 4 v § 1896), denn nur dch das so geschaffene VertrauensVerh lassen sich Wohl u Wünsche des Betreuten (Rn 4) ermitteln; dies kann monatl 1–2 Besuche des Betr rechtfertigen (LG Mainz BtPrax **97**, 245). – **b) Tatsächliche Zuwendung**, die nicht iR der RFürsorge erforderl ist, gehört nicht zum TätigkBereich; HaushHilfe/Pflege/Einkäufe usw sind grds nur zu organisieren. Bei der Prüfg der Erforderlichk einer solchen Maßn zur RFürsorge ist ein großzüg Maßstab anzulegen (BT-Drucks 13/7158 S 33; Jürgens BtPrax **98**, 129). So können sie iR der Verhältnismäßigk vertrauensbilld/erhaltd sein od der Rehabilitation (III) dienen; zB Begleitg bei Einkäufen (vgl aber LG Kblz BtPrax **98**, 38), Teiln an Veranstaltgen einer vom Betreuten besuchten Einrichtg (LG Kblz BtPrax **97**, 24; **98**, 195) od StrafVerhdlg gg ihn (LG Memmg NJW-RR **98**, 1227; aA LG Frankth BtPrax **98**, 151 bei Zeugenvernehmg), **nicht aber** Körperpflege (LG Limbg BtPrax **97**, 119), therapeutische Maßn (BayObLG **98**, 44), Begleitg zu Kochkursus (LG Kblz BtPrax **98**, 195). Es scheiden insb Tätigk aus, deren Vergütg dch and Kostenträger (KrKasse, SozHilfe) abschließd geregelt ist, denn es darf nicht zu einer Verlagerg der Kostenträgersch od Erweiterg der Vergütbark kommen (BayObLG **98**, 44). 2 3

2) Wohl und Wünsche des Betreuten (vgl Einf 5 v § 1896). Die Erfordern v II 2 u III haben keine AußenWirkg, beschränken also nicht die VertretgsMacht des Betr (§ 1902); aber Einschreiten des VormschG gem §§ 1837, 1908 i I 1 (Schwab FamRZ **90,** 683). Es kann Gebote aussprechen, aber nicht die Einwilligg des Betreuers ersetzen, weil in § 1908 i I die Verweisg auf §§ 1837 IV, 1666 II fehlt. Zur Anwendg von **Zwang** vgl §§ 1896 Rn 28; 1906. 4

a) Der Betr hat die Angelegenh des Betreuten so zu besorgen, wie es dessen Wohl entspr. Das Wohl des Betreuten ist **entscheidender Maßstab** für das Verhalten des Betr, **II 1.** Angesichts der Vielfalt der Fallgestaltgen kann der Begr des Wohls nicht näher konkretisiert w; doch ist das Wohl jedenf nicht rein obj zu best. Desh ist bereits **bei Bestimmung des Wohls den Wünschen und Vorstellungen des Betreuten Rechnung zu tragen, II 2,** da zu seinem Wohl auch die Möglk gehört, iR der ihm verbliebenen Fähigkeiten sein Leb nach seinen Wünschen u Vorstellgen zu gestalten. Dadch soll verhind w, daß das Wohl des Betreuten ausschließl obj bestimmt w. Derart Wünsche können den AufenthOrt (u zwar auch, wenn der AufgKr „Bestimmg des Wohns des Betroff" lautet; Kln NJW-RR **97**, 451), die Art des Heims, zusätzl Leistgen im KrankHs, die Verwendg des Verm für Unterh od Geschenke betr. So darf bei der VermSorge in Zukft der Wunsch des Betreuten nach einem vertretb Luxus nicht mehr übergangen u sein Wohl mit der Erhaltg u Mehrg seines Verm gleichgesetzt w (BT-Drucks 11/4528 S 133). Der Betreute soll den **gewohnten Lebenszuschnitt beibehalten** können (BayObLG NJW **91**, 432; FuR **93**, 228). Insb ist sein Verm vor allem dazu zu verwenden, seine Lage zu erleichtern u ihm den früh LebStandard zu erh (BayObLG FamRZ **92**, 106), nicht aber, es den Erben zu erhalten od dch Bildg von Rücklagen künft VergütgsAnspr des Betr selbst zu sichern (Düss FamRZ **99**, 1166; zweifelh Entsch, weil zu den VermAngelegenh auch die Berücks der BtKosten gehört). 5

b) Begrenzter Vorrang der Wünsche des Betreuten, III 1. Soweit dies dem Wohl des Betreuten nicht zuwiderläuft u dem Betr zuzumuten ist, hat dieser den Wünschen des Betreuten zu entspr. – **aa) Wünsche** sind unabhängig von der GeschFgk zu berücks, wenn sie sinnvoll sind. Auch der ledigl körperl Behind darf von seinem Betr keine Hilfe bei einer klaren Selbstschädigg erwarten. Umgek hat der grdsl Willensvorrang des Betreuten im Bereich der **Heilbehandlung** zur Folge, daß der Betr den Wunsch eines nicht einwillgsfäh Betreuten auch dann zu beachten hat, wenn dieser darauf gerichtet ist, in der letzten LebPhase nicht sämtl denkb lebens-, aber auch schmerzverlängernden med Möglkten einzusetzen (BT-Drucks 11/4528 S 142; vgl § 1904 Rn 1). – **bb) Zeitpunkt, III 2.** Der Willensvorrang gilt auch für Wünsche, die der Betreute vor der Bestellg des Betr dch BtVfg (Einf 9 v § 1896) geäuß hat, es sei denn, daß er an diesen Wünschen erkennb nicht festhalten will. Dadch sollen auch Gesunde und Nichtbehinderte die Möglk haben, Vorsorge für den Fall der BtBedürftigk zu treffen. Zur Verpfl, entspr Schriftstücke abzuliefern, vgl § 1901 a. – **cc)** Dem Wunsch des Betreuten ist Rechng zu tragen, soweit dies nicht seinem **Wohl zuwiderlaufen** würde. Damit sind die Wünsche des Betreuten nicht nur bei wichtigen Angelegenh zu berücks, aber auch nicht umgek nur bei Gefahr einer schweren Selbstschädigg unbeachtl. Bei der Bt selbst braucht der Betr den Wünschen des Betreuten auch dann nicht zu folgen, wenn sich bei Berücks der Wünsche des Betreuten der zu erwartde Schaden in Grenzen hält. Sinn dieser Regelg ist auch, daß die Haftg des Betr dem Betreuten ggü nicht dadch unterlaufen w kann, daß sich der Betr darauf beruft, der Betreute habe die schädigde Maßn selbst verlangt (BT-Drucks 11/4528 S 134). – **dd) Zumutbarkeit.** Der Betr kann die Wünsche schließl unbeachtet lassen, wenn ihre Erfüllg ihm selbst nicht zuzumuten ist. Hierdch soll der Betr vor überzogenen Anfordergen des Betreuten (etwa an die Dauer des tägl BtAufwands) geschützt w (BT-Drucks 11/4528 S 134). 6 7 8 9 10

c) Besprechungspflicht, III 3. Aus der Stellg der Vorschr ergibt sich, daß den Betr keine generelle BesprechgsPfl trifft, die ihn überdies bei Kleinigkten nicht selten überfordern würde. Aber ehe er wichtige Angelegenh erled, hat er sie mit dem Betreuten zu besprechen, es sei denn, daß dies dessen Wohl zuwiderlaufen würde. Das Gesetz hat auf RegelBspe verzichtet, um unerwünschte GgSchlüsse zu verhindern (BT-Drucks 11/4528 S 134). Was **wichtige Angelegenheiten** sind, ist nach den konkr Umstden des Einzelfalls zu beurt. Auch einf Akte der VermSorge können wichtig sein, zB der Kauf eines Bettes od der Matratze, wenn sie für den Betreuten von entspr Bedeutg sind. Wichtig sind ijF insb Telefon- u Postkontrolle (§ 1896 IV), die Untersuchg des GesundhZustdes, Heilbehandlgen, ärztl Eingr, Sterilisation (§ 1905), Unterbringg (§ 1906) u die WohngsAuflösg (§ 1907). 11

3) Rehabilitation, IV. – a) Der Betr hat innerh seines AufgKreises (§ 1896 Rn 22) dazu beizutragen, daß Möglkten genutzt w, Krankh od Behindergen des Betreuten zu beseit, zu bessern, ihre Verschlimmerg zu verhüten od ihre Folgen zu mildern. Er hat sich dabei der Hilfe des Arztes od and Fachleute zu bedienen. – **b)** Die Verpfl zur Nutzg von Rehabilitationschancen trifft den Betreuer nur **innerhalb seines Aufgabenkreises** (§ 1896 Rn 22). Im Hinbl auf die Rehabilitation ist dies allerd weit auszulegen: Selbst der VermBe- 12 13 treuer kann uU erfolgreich an der Rehabilitation mitwirken, indem er den Betreuten an eigverantwortl Besorgg seiner Geschäfte heranführt (BT-Drucks 11/4528 S 134). Insb trifft jeden Betr unabhäng vom Inh seines AufgKr die Verpfl nach IV 2 (Rn 16).

14 **4) Mitteilungspflichten, V.** Der Betr hat unabhäng vom Umfang seines AufgKr (§ 1896 Rn 27) dem VormschG Mitteilg zu machen, wenn ihm Umstde bekannt w, die eine Änderg in der Bt notw machen. Er unterliegt einer erhöhten MitteilgsPfl bei schubförm verlfden psych Krankh (BayObLG FamRZ **95**, 510). –
15 **a) Aufhebung der Betreuung, V 1.** Die Vorschr soll sicherstellen, daß eine Bt nicht über die erfdl Zt hinaus andauert (§ 1896 Rn 30). Das Ger prüft dann unabhäng von der Befristg der Bt (§ 1896 Rn 29) vAw die
16 Möglk der Aufhebg der Bt (§ 1908 d I 1). – **b) Erforderlichkeit anderer Maßnahmen, V 2.** Die MitteilgsPfl des Betr bezieht sich auch auf Umstde, welche die Einschränkg bzw Erweiterg seines AufgKr betreffen, sowie solche, die die Bestellg eines weiteren Betr od die AnO eines EinwilliggsVorbeh erfordern. Die MitteilgsPfl betr nur Umstde, die dem Betr iR seines ggwärt AufgKr bekannt geworden sind; ihn trifft dagg **keine** darüber hinausgehde **Ermittlungspflicht** (BT-Drucks 11/4528 S 135). IV findet entspr Anwendg auf den EinwilliggsVorbeh (§ 1903 IV, vgl dort Rn 19).

17 **5) Verschwiegenheitspflicht** besteht auch ohne strafrechtl Sanktion (Pardey BtPrax **98**, 42 zu 5).

1901 a ***Schriftliche Betreuungswünsche.*** **Wer ein Schriftstück besitzt, in dem jemand für den Fall seiner Betreuung Vorschläge zur Auswahl des Betreuers oder Wünsche zur Wahrnehmung der Betreuung geäußert hat, hat es unverzüglich an das Vormundschaftsgericht abzuliefern, nachdem er von der Einleitung eines Verfahrens über die Bestellung eines Betreuers Kenntnis erlangt hat.**

1 **1) Ablieferungspflicht für schriftliche Betreuungsverfügungen.** Zu letzteren vgl zunächst: Einf 9 v § 1896. – **a) Zweck** der AblieferungsPfl ist es, dem Betroffenen Gewißh zu geben, daß das VormschG rechtzeit von seinen Wünschen Kenntn erlangt (BT-Drucks 11/4528 S 208). Aber keine Ablieferg vor Einl
2 eines BtVerf (KG FamRZ **95**, 1295). – **b)** Zum **Begriff** der BtVfg Einf 9 vor § 1896. Die AblieferungsPfl betr BtVfgen jeden Inh, also Vorschläge zur Auswahl des Betr (§ 1897 Rn 19) ebso wie Wünsche zur
3 Wahrnehmg der Bt im einz (§ 1901 Rn 8). – **c)** Die **Ablieferungspflicht** besteht unabhäng von den EigtVerhältn, so daß auch von dem Betroffenen geschriebene Briefe uä abzuliefern sind. Dch die Ablieferg
4 ändert sich die EigtLage an dem Schriftstück nicht. – **d) Zeitpunkt.** Die AbliefergsPfl entsteht erst, wenn der Verfügde betreuungsbedürft wird u derj, der die Vfg im Besitz hat, davon Kenntn erlangt.

5 **2) Verfahren.** Die AbliefergsPfl begr keinen dch einen Betr dchsetzb Anspr, sond wird ggf gem FGG 33, 69 e S 2 vom VormschG dchgesetzt.

1902 ***Vertretung des Betreuten.*** **In seinem Aufgabenkreis vertritt der Betreuer den Betreuten gerichtlich und außergerichtlich.**

1 **1) Vertretungsmacht des Betreuers.** Der Betr vertritt in seinem AufgKreis den Betreuten gerichtl u außergerichtl (§ 164). Die Einschrkg der Befugn des Betr im InnenVerh, wie sie dch die Bezugn auf das Wohl des Betreuten u die Rücksichtn auf seine Wünsche zum Ausdr gebracht w (§ 1901 I u II), gilt für den Umfang der VertretgsMacht, also im AußenVerh, nicht (§ 1901 Rn 3). Das AußenVerh richtet sich vielm gem § 1902 obj ausschließl nach dem in der BestallgsUrk bezeichneten AufgKr (§ 1896 Rn 22). Allerd gelten auch hier die Regeln über den Mißbr der VertretgsMacht: § 164 Rn 13 (Schwab FamRZ **92**, 503). Fehlt es
2 an der ausdrückl Zuweisg eines AufgKr, besteht keine VertretgsMacht (Cypionka DNotZ **91**, 578). – **a)** Er hat dabei die Stellg eines **gesetzlichen Vertreters.** Soweit and Hilfen ausr, bei denen kein gesetzl Vertr bestellt zu w braucht, ist eine Bt von vornherein nicht zul (§ 1896 II 2). Die Unterscheidg zw gesetzl Vertr u staatl bestelltem Bevollmächt bei der bish GebrechlichkPflegsch (vgl BGH WM **74**, 272; NJW **83**, 1040) hat das BtG fallengelassen (BT-Drucks 11/4528 S 135). Geblieben ist die Differenzierg nach der GeschFgk des Betreuten (unten Rn 5 sowie § 1896 Rn 2), so daß für die Stellg des Betr die alte Problematik erh bleibt (Klüsener Rpfleger **89**, 220). Unhaltb sind auch die Diskrepanzen zw Bevollmächtigg u auf Antr beruhder Bt (Einf 5 v § 1895). Der Betreute kann, auch wenn er geschfäh ist, den Betr nicht dahingehd bevollmächt, Gesch nach den §§ 1821, 1822, soweit diese in seinen AufgKr fallen, ohne Gen des VormschG vorzunehmen.
3 – **b) Umfang.** Die gesetzl Vertr des Betreuers besteht nur, soweit er ihrer bedarf, um die ihm übertragenen Aufg (§ 1896 Rn 22) zu erfüllen. Ergibt sich daraus die Notwendigk zur Führg eines Proz, so vertritt der Betr den Betreuten insoweit auch gerichtl (§ 1896 Rn 28). Ggf hat das ProzGer den Umfang des AufgKr des Betr iRv ZPO 51 zu prüfen. Zum Umfang der VertretgsMacht bei bl ProzBt vgl BGH NJW **88**, 49. Zur ges Vertretg für Kontosperrg u Schenkg: Bobenhausen BtPrax **94**, 158.

4 **2) Wirkung für den Betreuten. – a)** Ist der Betreute **geschäftsunfähig,** was nach § 104 Nr 2 festgestellt w muß, so sind von ihm abgegebenen WillErkl nichtig (§ 105 I). Seine Teiln am rechtsgeschäftl Verk wird nur dch die gesetzl Vertr des Betr ermögl. Dem Ziel, Streitigkten über die GeschFgk des Betreuten vorzubeugen, dient der EinwilliggsVorbeh (§ 1903). Liegt eine natürl GeschUnfgk vor, findet selbst bei unbegrenztem AufgKr des Betr keine Vertretg statt in höchstpersönl RGesch, so daß der GeschUnfäh weder einen RelWechsel noch einen Kirchenaustritt vollziehen kann (Fritsche StAZ **93**, 82). Insow auch kein EV (§ 1903 Rn 13). –
5 **b)** Ist er (etwa aGrd ledigl einer körperl Behinderg) **geschäftsfähig,** so büßt er dch die Bestellg eines Betr seine GeschFgk nicht ein, auch nicht teilw in dem AufgKr des Betr. Die GeschFgk des Betreuten wird also dch die Bestellg eines Betr nicht berührt. Auf diese Weise kann es zu einand widersprechden RGeschäften u ProzHdlgen von Betreuer u Betreutem kommen (vgl Rn 2). Nach Veit FamRZ **96**, 1312 f hängt die Vertretg dagg von der GeschUnfgk des Betreuten ab. Ggü dem GeschPartn des Betreuten wird der Betr sich dann bei **zweifelhafter** GeschFgk uU im Interesse des Betreuten auf dessen GeschUnfgk berufen müssen.

3) Beendigung. Keine Entziehg der VertretgsMacht dch Erkl des Betreuten od dch das VormschG. Keine Anwendg v § 1666 II; aber Entzug der VertretgsMacht dch entspr Einschrkg des AufgKr (§§ 1896 Rn 26 ff, 1908 I 2) od dch Entlassg (§ 1908 b I). 6

1903 *Einwilligungsvorbehalt.* **I Soweit dies zur Abwendung einer erheblichen Gefahr für die Person oder das Vermögen des Betreuten erforderlich ist, ordnet das Vormundschaftsgericht an, daß der Betreute zu einer Willenserklärung, die den Aufgabenkreis des Betreuers betrifft, dessen Einwilligung bedarf (Einwilligungsvorbehalt). Die §§ 108 bis 113, 131 Abs. 2 und § 206 gelten entsprechend.**

II Ein Einwilligungsvorbehalt kann sich nicht erstrecken auf Willenserklärungen, die auf Eingehung einer Ehe gerichtet sind, auf Verfügungen von Todes wegen und auf Willenserklärungen, zu denen ein beschränkt Geschäftsfähiger nach den Vorschriften des Vierten und Fünften Buches nicht der Zustimmung seines gesetzlichen Vertreters bedarf.

III Ist ein Einwilligungsvorbehalt angeordnet, so bedarf der Betreute dennoch nicht der Einwilligung seines Betreuers, wenn die Willenserklärung dem Betreuten lediglich einen rechtlichen Vorteil bringt. Soweit das Gericht nichts anderes anordnet, gilt dies auch, wenn die Willenserklärung eine geringfügige Angelegenheit des täglichen Lebens betrifft.

IV § 1901 Abs. 4 gilt entsprechend.

1) Teilnahme am Rechtsverkehr (Lit: Jurgeleit Rpfleger **95**, 282). – **a) Zweck.** Ein BtR, das verbliebene Fähigkten des Betroffenen berücks u in seine Rechte nur eingreifen will, soweit dies erfdl ist (§ 1896 Rn 19), muß diesem Maßst insb dann gerecht w, wenn es die Teiln des Betroffenen am RVerk ausschließt od einschränkt. Die ROrdng muß außerd den erfdl Schutz des Betroffenen vor ihn selbst schädigden RGesch gewährl, insb auch dch einand widersprechde RGesch von Betreutem u Betr (BT-Drucks 11/4528 S 59 ff u 136). Das BtG hat an die Stelle einer konstitutiven Feststellg der GeschUnfgk den **Einwilligungsvorbehalt (EV).** Dieser bewirkt entspr der Regelg bei der beschränkten GeschFgk, daß der Betreute zu einer WillErkl, die den AufgKr des Betr betr, dessen Einwillig bedarf. Die Teiln des Betreuten am RVerk wird aber im Ggsatz zu den §§ 107 ff, die eine partielle Geschfgk nicht kennen, nur in dem nach dem Grad seiner Behinderg erfdl Umfang eingeschrkt. De facto wird er sich dagg wie die bish Entm auswirken (Klüsener Rpfleger **89**, 221; Böhmer StAZ **90**, 214). Weiß der GeschGegner von einem EV, wird er sich unabhäng von dessen Umfang aus Furcht vor dem daneben geltden § 105 I unmittelb an den Betr halten. Da der EV aber öff nicht bekannt gemacht w, besteht die Gefahr, daß in Zukft prakt bereits die AnO der Bt den Betreuten unabhäng von der AnO eines EV aus dem GeschVerk verdrängt u dies wg § 1896 I 2 selbst bei fortdauernder GeschFgk des Betreuten. – 1
b) Inhalt: I 1 regelt die Vorauss, I 2 die Wirkgen des EV. II nimmt best RGesche (Eingehg der Ehe, Vfgen vTw usw) von der Möglk, den Betreuten insoweit an einen EV zu binden, schlechthin aus; III 1 u 2 schränken den GeltgsBereich eines EV wieder ein u geben dem Betreuten für ledigl vorteilh RGesche sowie für solche, die 2
geringfüg Angelegenh des tägl Leb betr, die rechtsgeschäftl Freih zurück. – **c) Verfahren.** Der EV dient vor allem zur Verhinderg einer uneinsicht Selbstschädigg des Betreuten u wird desh **von Amts wegen** angeordn. Wg der Schwere des Eingr sind die pers Anhörg (FGG 68) sowie diej der zust Beh (FGG 68 a) u gem FGG 68 b die vorher Einholg eines GA zwingd vorgeschrieben (BayObLG FamRZ **95**, 1517). Ferner wird der gem FGG 69 b II Nr 4 in die BestallgsUrk des Betr aufzunehmde EV unter eine ÜberprüfgsFr gestellt (FGG 69 I Nr. 5) u ist schon vorher bei Wegfall seiner Vorauss vAw aufzuheben od einzuschränken (§ 1908 d I u IV). Zum EV dch einstw AnO FGG 69 f. Wenn der EV auch eine Bt voraussetzt, so genügt es doch, daß die Bestellg des Betr in dem Augenbl wirks ist, in dem auch die Wirksamk des EV eintritt. Das heißt, es ist mögl, aGrd eines **einheitlichen Verfahrens** über die BetrBestellg u über die AnO eines EV gemeins zu befinden. Denkb sind aber auch isolierte Verf u Entsch über den EV, insb dann, wenn sich dessen Notwendigk erst im Verlauf der Bt zeigt. Bei Aufhebg eines EV als ungerechtf sind RGeschäfte des Betroffenen od ihm ggü vorgen RGesch wirks (FGG 69 h); allerd keine Präjudizierg hins der Geltdmachg der Nichtigk gem §§ 105 I, 104 Nr 2. 3

2) Voraussetzungen, I 1 4

a) Gefahr für die Person oder das Vermögen des Betreuten. Nicht ausr ist der Widerspr des Betreuten gg die AufenthBest (LG Hildesh BtPrax **96**, 230). – **aa)** Ein EV kann in Angelegenh der **Vermögenssorge,** aber auch in solchen der **Personensorge** angeordn w, wie zB bei einem VaterschAnerk dch den Betreuten oder im Falle med Eingr (§ 1904 Rn 1). – **bb)** Die **Gefahr,** die den EV erfdl macht, muß der Pers od dem 5
Verm des Betreuten drohen. Ist der Betreute ledigl körperl behindert, so darf ein EV nicht angeordn w (BT-Drucks 11/4528 S 64). Desgl nicht, wenn der Betroff aGrd eines Sparzwangs sein Verm gar nicht gefährdet (LG Mü I FamRZ **99**, 1303). Seine AnO setzt voraus, daß der Betreute aGrd einer **psychischen Erkrankung seinen Willen nicht frei bestimmen kann** (BayObLG FamRZ **98**, 454; **99**, 681; vgl § 1896 Rn 7). Dagg würde der EV leerlaufen, wollte man GeschUnfgk zur Vorauss machen, weil insoweit ohnehin § 105 I gilt. Die Frage der GeschFgk/GeschUnfgk ist ohne unmittelb Bedeutg (BayObLG FamRZ **98**, 454), so daß ein EV auch bei GeschUnfgk mögl ist (BayObLG BtPrax **94**, 136), aber auch Feststellgen zu ihrem Fehlen nicht erforderl sind. Eine Gefahr für Dr reicht nicht aus. Nach Cypionka DNotZ **91**, 580 soll die Gefahr, später ggf die eig GeschUnfhgk nachweisen zu müssen, für einen EV ausr. Das BtG hält es nicht für erfdl, die Rechte Dr dch einen EV zu schützen, da auf die konstitutive Feststellg der GeschUnfgk bewußt verzichtet w ist (BT-Drucks 11/4528 S 60 ff u 136). Wg des obj GefahrErfordern läßt sich das EV–Verf auch nicht vom Betr dazu benutzen, die Frage der GeschUnfgk des Betreuten zu klären (vgl Einf 5 v § 1896 aE). Umgek erübr sich die AnO eines EV in Fällen absoluter GeschUnfgk, in denen also eine Teiln des Betroff am GeschVerk nach der Natur seiner Behindg ohneh ausscheidet (BT-Drucks 11/4528 S 137; krit Cypionka NJW **92**, 209, der zu Recht auf die mit dem EV verbundenen Beweiserleichterungen hinweist). – **cc)** Zu berücks sind nur **erhebliche Gefahren,** zB 6
der größeren Verschuldg (BayObLG FamRZ **97**, 902) od VermSchädigg dch unsinnige Antr/Proz (BayObLG FamRZ **98**, 454). Die Gefahr geringfüg VerSchäden reicht nicht. Alleine die nie ausschiebb Möglk einer gefahrenträcht Betätigg des Betreuten reicht ebenf nicht aus (LG Kln BtPrax **92**, 109).

7 **b) Erforderlichkeit.** Der EV kommt nur insow in Betr, als er zur Abwendg der erhebl Gefahr erfdl ist. Der Betreute bleibt außerh des EV ggf voll geschfäh (Schwab FamRZ **90**, 684). Im Sparbuch des Betreuten ist der Sperrvermerk gem §§ 1809, 1908 i unabh von der AO des EV anzubringen (Blank u Bienwald BtPrax **98**,
8 15 u 21). – **aa)** Der EV setzt voraus, daß eine **Betreuung angeordnet** ist, u kann sich (1) nur auf **Willenserklärungen** beziehen, nicht jedoch auf tats Hdlgen wie die Einwilligg in ärztl Eingr od die AufenthBest (Hamm FamRZ **95**, 433; LG Kln FamRZ **92**, 857; aA BayObLG FamRZ **93**, 852, aber unter Verschiebg des maßgebl GesichtsPkts, wenn das Ger auf die Verhinderg der Kündigg des HeimVertr abstellt; ähnl wohl Derleder FuR **96**, 311 f). (2) Die WillErkl müssen außerd den **Aufgabenkreis des Betreuers** betr. Dies ergibt sich daraus, daß der Betr die vorgesehene Einwilligg nur erteilen kann u darf, wenn dies in seinen AufgKr fällt. Der Kreis der einwilliggsbedürft WillErkl kann kleiner sein als der Kr der dem Betr übertragenen
9 Aufg („soweit"). Bei Tod od Entlassg des Betr bleibt der EV wirks. – **bb)** Die **Notwendigkeit** der AnO des EV richtet sich nicht nach der Schwere der Behinderg, sond danach, ob nur dch den EV den drohden Gefahren vorgebeugt w kann. Bei leichteren Fällen psych Krankh od geist od seel Behindergen, in denen keine Gefahr besteht, daß sich die Betreuten dch unvernünft WillErkl selbst schäd, besteht keine Notwendigk für die AnO eines EV. Dasselbe gilt aber auch in bes schweren Fällen. Ist die psych Krankh od geist od seel Behinderg so offenkund, daß der RVerkehr WillErkl des Betreuten ohneh nicht akzeptiert, so ist ein EV nicht erfdl. Ältere Betroffene oder aGrd einer vorgeburtl oder frühkindl Schädigg geist Behinderte haben oft weder den Wunsch noch die AntriebsKr, dch WillErkl überh am RVerkehr teilzunehmen. Hier bedarf es eines EV allenf, wenn die Gefahr besteht, daß bedeuts WillErkl ihnen ggü abgegeben w u hierdch erhebl Schäden für die Betreuten eintreten (BT-Drucks 11/4528 S 137). Eines EV bedarf es daher vor allem dann, wenn die Gefahr besteht, daß ein Betreuter sich dch Abg von WillErkl selbst erhebl schädigt, etwa dch Widerruf ordngsgem WillErkl des Betr. Die Notwendigk eines EV kann sich hier daraus ergeben, daß der Betreute beweispflicht dafür ist, daß er im ZtRaum der Abg der WillErkl geschunfäh war (BT-Drucks 11/4528 S 137). Die Beschr eines EV auf Verpflichtgen von mehr als 500 DM ist zul (BayObLG FamRZ **94**, 1135). Iü ist die Maßn konkr zu bez („Sanierg eines Hauses") u der EV ggf zeitl zu befr (BayObLG FamRZ **95**, 1517).

10 **c) Ausschluß des EV, II.** Der Betr soll nicht höchstpersönl entsch, insb die Wahl des Eheg od die Einsetzg des Erben beeinflussen (BT-Drucks 11/4528 S 65 u 139). Für die Wirksamk dieser Erkl soll es ausschließl auf die Gesch-, Ehe- bzw Testierfähigk des Betroffenen ankommen (Rn 17 ff). Unter EV dürfen daher nicht
11 gestellt w: **aa)** die **Eheschließung** des Betreuten (EheG 13). Die Bestellg des Betr soll keine Auswirkg auf die Ehefähigk haben. Eine konstitutive Feststellg der Eheunfähigk ist ausgeschlossen. Für die Eheschl bleibt daher die natürl GeschFgk maßgebl (EheG 2; § 104 Rn 2), für die der StandesBeamt ggf eig Ermittlgen anstellen muß (BT-Drucks 11/4528 S 64 f). Das gilt auch für übergeleitete Entmündiggen (AG Brem StAZ **92**, 272).
12 War der Betreute bei Eheschl geschunfäh, ist die Ehe für nichtig zu erkl (EheG 18 I). – **bb) Verfügungen von Todes wegen** unterliegen ebenf keinem EV trotz der Schwierigk, daß die natürl TestierUnfgk (§ 2229 IV) dann idR erst nach dem Tod des Betroffenen festzustellen ist (BT-Drucks 11/4528 S 65 f). Zur Vernehmg des Arztes auch ohne Entbindg von der ärztl SchweigePfl dch den Erbl: BayObLG FamRZ **91**,
13 1461. – **cc) Höchstpersönliche Willenserklärungen** bleiben ebenf EV-frei. Hierher gehören §§ 1355 II 1 (Böhmer StAZ **92**, 67 f), 1516 II 2, 1595 I 2, 1597 III 3, 1600 k I 1, 1728 III, 1740 b III 2, 1747 II 3 iVm 1750 III 2, 1760 III 2 und V 2, 1762 I sowie §§ 2229 II, 2271 I 1, 2282 I 2, 2290 II 2, 2296 I 2 und 2347 II 1, soweit es sich bei letzteren nicht ohneh um Vfgen vTw handelt. Kein EV ferner für Erkl, die der Betreute als gesetzl Vertr seiner Ki abgibt, sowie für Kirchenaustritte u RelWechsel (Fritsche StAZ **93**, 82) sowie für Einwilliggen in med Eingriffe, für die es auf die Einwfähigk ankommt. Obwohl höchstpersönl Erkl, ist der EV dagg mögl für das VaterschAnerk (§ 1600 d III 2. HS) u Einw in Einbenng (§ 1618 II 3).

14 **3) Wirkungen des EV.**

15 **a) Einwilligungsbedürftigkeit. aa) Einwilligung** ist die vorherige Zust (§ 183 S 1). Welche RFolgen
16 die nachträgl Zust hat, ergibt sich aus den Verweisgen in I 2 (Rn 16). – **bb) Verweisungen auf die Vorschriften über die beschränkte Geschäftsfähigkeit, I 2.** Ein ohne Einwilligg des Betr geschl Vertr ist schwebd unwirks; seine Wirksamk hängt also von der **Genehmigung** des Betr ab (§ 108). Wird der EV desh aufgehoben, weil seine Vorauss nachträgl weggefallen sind, tritt an die Stelle der Gen des Betr die Gen des Betreuten (§ 1908 d IV). Wird der EV hingg aufgehoben, weil er von Anfang an ungerechtf war, geht die SondRegelg in FGG 69 h dem § 108 III vor (BT-Drucks 11/4528 S 138). **Einseitige Rechtsgeschäfte,** die der Betreute ohne die erfdl Einwilligg des Betr eingegangen ist, sind unwirks (§ 111). WillErkl, die **gegenüber dem Betreuten abgegeben** werden, werden nicht wirks, bevor sie dem Betr zugegangen sind (§ 131 II). Der Betr kann die eigenverantwortl Teiln des Betreuten am RVerkehr dadch ermögl, daß er ihm best Mittel zur freien Vfg überläßt, ihn zum selbständ Betrieb eines ErwGesch od zur Aufn eines Dienst- od ArbVerhältn ermächt (§§ 110–113). Die in § 206 enth **Hemmung der Verjährung** tritt auch ein, wenn ein unter EV stehder Betreuter ohne gesetzl Vertr ist, etwa weil der Betr gestorben u noch keine neue Pers eingesetzt ist.

17 **b) Einwilligungsfreiheit trotz EV, III. aa) Lediglich rechtlicher Vorteil, III 1.** Auch wenn ein EV angeordn ist u das betreffde RGesch des Betreuten unter diesen EV fallen würde, bedarf er gleichwohl nicht der
18 Einwilligg seines Betr, wenn die WillErkl ihm ledigl einen rechtl Vorteil bringt (§ 107 Rn 2). – **bb) Geringfügige Angelegenheiten des täglichen Lebens, III 2,** sind ebenf zustimmgsfrei, auch wenn sie nach dem EV an sich der Einwilligg des Betr bedürften. Was zu den **zustimmungsfreien Geschäften** zu zählen ist, läßt sich nicht generell best. Es entsch die wirtsch Verhältn des Betreuten. Regelm dürften aber alltägl Bargeschäfte über geringwert Ggstde zustimmgsfrei sein, so der Kauf der zum alsbald Verbr best Lebensmittel, wenn diese nach Menge u Wert das übl Maß nicht übersteigen (vgl § 1357 Rn 15 ff). „Tägl Leben" verlangt nicht, daß das entspr RGesch üblicherw jeden Tag vorgen w. Entsch ist vielm, ob die VerkAuffassg das RGesch zu den alltägl Gesch zählt (BT-Drucks 11/4528 S 139). Im Gegensatz zu § 110 kommt es für die Wirksamk des RGesch nicht darauf an, daß die vertragsmäß Leistg mit Mitteln bewirkt w, die dem Betreuten dazu überlassen w sind; das Gesch ist auch wirks, wenn die GgLeistg von dem Betreuten noch nicht erbracht wurde. **Erstreckung des EV:** Das VormschG kann dch AnO den EV auch ganz od teilw auf geringfüg Angelegenh des tägl Leb erstrecken, zB um zu verhind, daß sich ein Alkoholiker rechtswirks kleinere Mengen alkohol Getränke verschafft.

c) Verhältnis zur Geschäftsunfähigkeit. Vgl zunächst § 1896 Rn 2. Die AnO des EV hat keine Auswirkgen auf die Geschfhgk; maßgebd bleibt ausschließl die in §§ 104 Nr 2, 105 I enth Regelg, wonach die WillErkl eines im natürl Sinne GeschUnfäh nichtig ist (Jurgeleit Rpfleger **95**, 282). Die WillErkl eines GeschUnfäh ist desh auch dann nichtig, wenn ein EV angeordn ist u der Betr in die Erkl eingewill hat (Schwab FS Mikat 1989, 889 u 894). Darin liegt eine Irreführg des GeschVerk (Einf 2 v § 104; Coester Jura **91**, 7). Eine Umdeutg der Einwillgg in die Vornahme des RGesch des Betr scheitert daran, daß § 140 eine Konversion in ein weitergehdes RGesch nicht gestattet (aA BT-Drucks 11/4528 S 137 f). 19

4) Mitteilungspflichten, IV. Umstde, die zur Aufhebg, Einschränkg od Erweiterg des EV führen können, hat der Betr dem VormschG mitzuteilen, um den EV dem ErfdlkGrds entspr anzupassen (§ 1901 Rn 14). 20

1904 *Ärztliche Maßnahmen.* **I Die Einwilligung des Betreuers in eine Untersuchung des Gesundheitszustandes, eine Heilbehandlung oder einen ärztlichen Eingriff bedarf der Genehmigung des Vormundschaftsgerichts, wenn die begründete Gefahr besteht, daß der Betreute auf Grund der Maßnahme stirbt oder einen schweren und länger dauernden gesundheitlichen Schaden erleidet. Ohne die Genehmigung darf die Maßnahme nur durchgeführt werden, wenn mit dem Aufschub Gefahr verbunden ist.**

II Absatz 1 gilt auch für die Einwilligung eines Bevollmächtigten. Sie ist nur wirksam, wenn die Vollmacht schriftlich erteilt ist und die in Absatz 1 Satz 1 genannten Maßnahmen ausdrücklich umfaßt.

1) Die äußerst unklare Bestimmg wirft Probleme in dreifacher Hins auf (Lit: Kern MedR **91**, 66; Müller DAV **92**, 151; Stolz FamRZ **93**, 642; BtPrax **94**, 49; Frost, Ärzrechtl Probl des neuen BtR, 1994; Klie BtPrax **96**, 38 mit Checkliste!). – **a) Entscheidungskompetenz** (Lit: J-M Kuhlmann, Einwilligg in die Heilbehdlg alter Menschen, 1996). Zur Behdlg währd der Unterbringg vgl § 1906 Rn 3. Med Maßn iSv § 1904 (auch von Nichtärzten) bedürfen der jederzeit widerrufb Einwilligg des Betroffenen, für die es nicht auf die GeschFgk, sond auf seine **natürliche Einsichtsfähigkeit** in bezug auf die konkr zur Entsch stehde Maßn (Hamm FGPrax **97**, 64) ankommt (§ 823 Rn 42). – **aa)** Bei **bestehender Einsichtsfähigkeit** bedarf es keiner zusätzl Zust des Betr, wie dieser auch umgek nicht zur zwangsw Verabreichg von Medikamenten befugt ist. Der Wille des einsichtsfäh Betreuten hat absoluten Vorrang (LG Kassel FamRZ **96**, 1501). Entspr dürfte für die Befugn zur Offenbarg v Patientengeheimn u die Herausg von Krankenunterlagen gelten (vgl grdsl BGH **106**, 146; BayVerfGH NJW **95**, 1608). Der Schutzmechanism der §§ 1904, 1905 greift also erst jenseits dieser natürl EinsichtsFgk des Betreuten (LG Bln FamRZ **93**, 597; Coester Jura **91**, 8). – **bb)** Bei **fehlender Einsichtsfähigkeit** erteilt sein gesetzl Vertreter iR seines AufgKr od Bevollm (II) die Einwilligg. ZwangsBehdlgen EinwilliggsUnfäh werden vom BtG also nicht grdsl verboten (BT-Drucks 11/4528 S 141; Coester Jura **91**, 8), wenn allerd auch im Bereich der HeilBehdlg der grdsl Willensvorrang des Betreuten zu beachten ist (§ 1901 Rn 6), u zwar auch, wenn der Wille des Betreuten (1) sachl auf Verweigerg eines med an sich gebotenen Eingr gerichtet ist u (2) wenn er der Form nach in einem **Patiententestament** zum Ausdr gebracht w ist (Einf 6 ff v § 1896). – **cc)** Bei nur **zweifelhafter Einsichtsfähigkeit** des Betreuten ist die Situation für den Betr rechtl unhaltb (vgl Peters DAV **90**, 188), weil er angesichts des Fehlens eines entspr Verf zur Klärg der Einwilliggs-Kompetenz auf die Beurteilg dch einen Med (des behandelden Arztes od zusätzl eines Psychiaters?) angewiesen ist. Das VormschG kann bei Eingr unterh des sich aus § 1904 ergebden Maßst nicht eingeschaltet w (Rn 5). Bleibt die EinwilliggsFgk des Betreuten zweifelh, reicht die Einwilligg des Betreuers daher mE nicht aus, selbst wenn AufgKr die med Bt ist. Widerspr der Betreute der med Maßn, muß diese unterbleiben (Peters DAV **90**, 182). Es bedarf dann ggf der AnO eines EinwilliggsVorbeh analog § 1903 I 1. Dann kann der Betreute ohne Zust des Betr nicht mehr widerspr, der Betr aber analog § 1902 der Behdlg zustimmen. – **b) Genehmigungsschwelle.** Die Befugn des Betr/Bevollm zur Einwilligg wird iü dch § 1904 S 1 nur für bes gefährl bzw endgült Eingr eingeschrkt. Nur hierfür bedarf er der Gen des VormschG. Ob ein med Eingr der vormschaftl Gen bedarf, kann im Einzelfall für den Betr schwierig zu beurteilen sein. Er kann dann die **Beratung durch das Gericht** in Anspr nehmen (§ 1837 I 1). Widersprüchl ist, daß die *Verweigerg* des med Eingr dch den Betr keiner GenPfl unterliegt. Auf die vormschaftl Gen kommt es nicht an, wenn mit dem Aufschub des med Eingr Gefahr verbunden ist, S 2 (Rn 12). – **c) Rechtliche Bedeutung der Genehmigung.** Der Sinn der Gen kann nur sein, den Vorgang rechtssicher zu machen. Wenn der Staat sich hier (mE verfehlt!) vGw das Amt der EntschKompetenz in med Dingen zumutet, kann das nur bedeuten, daß er Pat, Arzt u Betr von der EntschVerantwortg u insb deren Folgen entlastet u nach außen auch das HaftgsRisiko übernimmt (vgl als Parallele etwa § 1822 Rn 8). Desh ist für die Rechtmäßigk des ärztl Eingr unter den Vorauss § 1904 die Gen des VormschG erfdl u wirkt für Arzt u Betr rechtfertigd auch dann, wenn sie zu Unrecht erteilt wurde (wie hier für die sog AußenGen: Ffm NJW **98**, 2747; MüKo/Schwab 23; Damrau/Zimmermann 2; für die InnenGen dagg Bienwald 27; Erm/Holzhauer 26).

1 (beside line 1 of Rn 1), 2 (at "aa) Bei bestehender Einsichtsfähigkeit"), 3 (at "bb) Bei fehlender Einsichtsfähigkeit"), 4 (at "cc) Bei nur zweifelhafter"), 5 (at "b) Genehmigungsschwelle"), 6 (at "c) Rechtliche Bedeutung")

2) Einwilligungsvollmacht, II; richtiger: Ermächtigg. Sie muß schriftl iSv § 126 vom Betroffenen erteilt sein u die in I 1 genannten Maßn ausdrückl (nicht notw wörtl) umfassen. Es genügt daher nicht eine GeneralVollm u nicht eine Vollm nur zu „med/ärztl Maßn" (BT-Drucks 13/7158 S 34); die mögl Folgen des I 1 brauchen aber nicht genannt zu werden. Der in I nicht genannte Abbruch lebenserhaltder Maßn muß ausdrückl erwähnt werden, da die Anwendbark von I (Rn 9) dem Laien nicht erkennb ist. Die VollmErteilg erfordert GeschFgk, nicht aber ihr jederzeit (Ausschl unwirks, vgl § 1906 Rn 5) Widerruf (*arg* FGG 67); es genügt Einwilliggsfhgk iSv Rn 1. Widerspr des Betroff gg die ärztl Maßn selbst ist stets beachtl, da keine verdrängde Vollm mögl. Ein trotz od in Unkennt der Vollm mit entspr AufgKr bestellter Betr kann die Vollm od die auf ihrer GrdLage erteilte Einwilligg widerrufen. 7

3) Vormundschaftsgerichtliche Genehmigung. Das GenVerf ist in FGG 69 a I (Anhörg), II (SachverstGA; zur Fragen des Betr an diesen vgl Wolter/Henseler BtPrax **95**, 168) geregelt; idR VerfPfleger erforderl (FGG 67). Wg endgült Wirkg keine Gen dch einstw AO. Obliegt die Einwilligg in den Eingr dem Betr (oben Rn 3), kommt eine ger Gen nur iF von § 1846 od § 1904 I 1 in Betr (BayObLG FamRZ **99**, 1304). 8

9 **a) Erforderlich** ist die Gen der Einwilligung des Betr **(I 1)** od Bevoll **(II 1)**, nicht die der Maßn, bei bes gefährl Maßn (Rn 10). – **aa) Einwilligungsgegenstand** ist eine best med Maßn iSv I 1. Heilbehdlg ist auch bloße Schmerzlinderg, die bei Beschleunigg des Sterbevorgangs gem § 1904 eigtl der Gen bedurfte (vgl BGH NJW **97**, 807/810). Zum **Abbruch lebenserhaltender Maßnahmen:** Einf 11 v § 1896; **Organspende:** Einf 12 v § 1896 (vgl auch Deinert BtPrax **98**, 60); **Schwangerschaftsabbruch** ist auch gg den Willen der Betreuten zuläss; BetrEinwilligg bedarf nur unter den Voraussetzgen von Rn 10 der Gen. Für **Organspende** geltden die Grds des SchwangerschAbbruchs entspr (vgl auch Deinert BtPrax **98**, 60); ebso für die **klinische Arzneimittelprüfung** im Ggs zum klinischen Experiment (Holzhauer NJW **92**, 2325; aA MüKo/Schwab
10 Rn 18). – **bb) Genehmigungserfordernis.** Die med Maßn müssen die begründete Gefahr auslösen, daß der Betreute aGrd der Maßn stirbt od einen schweren od länger dauernden gesundheitl Schaden erleidet (krit Pardey BtPrax **95**, 83). Für die Frage nach dem **Grad der Gefährlichkeit**, näml der Wahrscheinlichk des VerletzgsEintritts, enth das Gesetz keine EntscheidgsHilfen. Nach Wiebach ua BtPrax **97**, 48 liegt eine begründete Gefahr erst bei einer 20%igen Wahrscheinlk eines SchadEintr vor, wesh die übl Behdlgen mit Psychopharmaka u EKT nicht gen-pfl seien. Die Aufstellg irgendwelcher Listen ist äuß problemat (Wolter-Henseler BtPrax **94**, 183). Wenig wahrscheinl, jedoch nicht auszuschließde Risiken sind genehmiggsfrei. Es muß sich um eine ernstl und konkr Erwartg solcher Folgen aGrd des bes gelagerten Einzelfalls od in aller Regel handeln; seltene NebWirkgen lösen nicht ijF die GenBedürftigk aus (Dose FamRZ **93**, 1032 mwN). Das VormschG soll hins des Sterberisikos vor allem bei Risikooperationen an herzkranken od aus sonst Grden dch die Operation bes gefährdeten Patienten eingeschaltet w (BT-Drucks 11/4528 S 140). Das gleiche gilt bei der Gefahr **schwerer und länger dauernder gesundheitlicher Schäden**; beide Merkmale müssen zustreffen, so daß schwere, aber vorübergehde Beeinträchtiggen (wie stark blutde Wunden) ebsowenig genehmiggspfl machen wie länger dauernde, aber nicht schwere Schäden (ZahnBehdlg). StGB 224 als Maßst (BT-Drucks 11/4528 S 140) ist ungeeignet (LG Bln FamRZ **93**, 597/8). Genpflicht ist die Behdlg mit Neuroleptika wg der BeweggsAuffälligkten (Dyskinesien) als chron Spätschäden (LG Bln aaO); die Elektrokrampf-Behdlg psych Kranker (LG Hbg FamRZ **94**, 1204 [mA Richter] u allerd differenzierd NJWE-FER **98**, 203; so auch Dodegge FamRZ **96**, 78); kaum dagg die ErnährgsSonde dch die Bauchdecke PEG (Müller-Bohlen BtPrax **97**, 22 gg Hubert-Fehler/Hollmann BtPrax **96**, 210). Länger dauert ein gesundheitl Schaden, wenn er
11 mind 1 J dauert (BT-Drucks 11/4528 S 140f). – **cc) Genehmigungskriterien.** Maßg ist das Wohl des Betreuten unter dem GesPkt der Verhältnismäßigk (Hamm FGPrax **97**, 64) u unter Berücksichtigg geäußerter Wünsche. Der Zustand des Betreuten (u seine Fortentwicklg) ist gg das mit der Maßn verbundene Risiko abzuwägen. Die Gen ist schon zu versagen, wenn die Maßn weder eine Heilg noch eine nachhalt Besserg verspricht (LG Bln FamRZ **93**, 597). Im Zweifel haben Leben u Vermeidg einer Leidesverstärkg Vorrang (vgl Ffm NJW **98**, 2747).

12 **b) Entbehrlich** ist die Gen in den Fällen von Rn 10, wenn dch den damit verbundenen Aufschub Gefahr verbunden wäre **(I 2)**, dh wenn ohne sof Maßn erhebl gesundheitl Nachteile wahrscheinl wären. Nachholg nicht erforderl. BetrEinwilligg bleibt notw (vgl aber Rn 13).

13 **4) Fehlt ein Betreuer** (od ist er verhindert), so ist je nach Eilbedürftigk ein vorläuf Betr (bzw Ergänzgs-Betr) zu bestellen (FGG 69f) mit einem auf die Einwilligg zu der konkr Maßn beschränkem AufgKr od das VormschG erteilt selbst die Einwilligg (§§ 1908i I 1, 1846); käme beides zu spät, gelten die allg Regeln (Erm/Holzhauer Rn 31; vgl § 823 Rn 44). Sofern zusätzl eine Gen nach § 1904 erforderl ist, kann diese mit der BetrBestellg verbunden werden bzw liegt schon in der Einwilligg nach § 1846.

1905 *Sterilisation.* **I Besteht der ärztliche Eingriff in einer Sterilisation des Betreuten, in die dieser nicht einwilligen kann, so kann der Betreuer nur einwilligen, wenn**

1. die Sterilisation dem Willen des Betreuten nicht widerspricht,
2. der Betreute auf Dauer einwilligungsunfähig bleiben wird,
3. anzunehmen ist, daß es ohne die Sterilisation zu einer Schwangerschaft kommen würde,
4. infolge dieser Schwangerschaft eine Gefahr für das Leben oder die Gefahr einer schwerwiegenden Beeinträchtigung des körperlichen oder seelischen Gesundheitszustandes der Schwangeren zu erwarten wäre, die nicht auf zumutbare Weise abgewendet werden könnte, und
5. die Schwangerschaft nicht durch andere zumutbare Mittel verhindert werden kann.

Als schwerwiegende Gefahr für den seelischen Gesundheitszustand der Schwangeren gilt auch die Gefahr eines schweren und nachhaltigen Leides, das ihr drohen würde, weil vormundschaftsgerichtliche Maßnahmen, die mit ihrer Trennung vom Kind verbunden wären (§§ 1666, 1666a), gegen sie ergriffen werden müßten.

II Die Einwilligung bedarf der Genehmigung des Vormundschaftsgerichts. Die Sterilisation darf erst zwei Wochen nach Wirksamkeit der Genehmigung durchgeführt werden. Bei der Sterilisation ist stets der Methode der Vorzug zu geben, die eine Refertilisierung zuläßt.

1 **1) Sterilisation geistig behinderter Erwachsener** (Lit: Hoffmann, Ster geist beh Erwachs, 1996; Bericht der BuReg, BT-Drucks 13/3822 = BtPrax **96**, 176). Die verfassgskonforme (Pieroth FamRZ **90**, 117) Vorschr bezieht sich auf den **Sterilisationsbetreuer**, der stets eine bes Pers sein muß (§ 1899 II). Seine Einwilligg ist nur wirks, wenn ihm der GenBeschl bekannt ist (Düss FamRZ **96**, 375; vgl auch Seitz FGPrax **96**, 23). Auf den dem Betreuten sonst etwa zur PersSorge, ärztl Versorgg usw bestellten Betr u seine Einstellg zur Sterilisation des Betreuten kommt es nicht an. Der SterilisationsBetr kann nicht mit der Begr entlassen w, er habe nach Überprüfg der Vorauss keinen Antr auf Gen der Sterilisation gestellt (LG Hildesh BtPrax **97**,
2 121). – **a) Sterilisation.** Es handelt sich um eine SondVorschr für den Fall, daß der ärztl Eingr iSv § 1904 in der Sterilisation besteht; Sterilisation gem § 1904 damit unzul (aA Kern MedR **91**, 70). Besitzt der Betreute die entspr EinsichtsFgk od hat er sie nur vorübergehd verloren, kommt es ausschließl auf seinen Willen an. Ggf ist auf die Wiederherstellg der WillensFgk zu warten. Nach § 1905 können Männer wie Frauen sterilisiert

w (Rn 7). Die Regelg wird ergänzt dch das Verbot der Sterilisation Mj (§ 1631 c). Die Sterilisation ist nur unter den 5 Vorauss von I zul u verlangt außerd nach II auch die Gen des VormschG. – **b)** Es gelten in einer 3
wg der leichten Umgehbark (vgl Schwab FamRZ **90**, 686) geradezu grotesken Kompetenzkumulation die strengsten **Verfahrensgarantien** des ganzen BtG: Für die Entsch über die Einwilligg ist ein bes Vertreter zu bestellen (§ 1899 II); über die Gen entsch das Ger, II, nach Bestellg eines VerfPfl (FGG 67 I 2 Nr 3) sowie nach Einholg v mind 2 SachverstGA (FGG 69 d III 2 u 3; BT-Drucks 11/4528 S 177; Bienwald S 627) u nachd der zust Beh Gelegenh zur Äußerg gegeben w ist (FGG 68 a S 1, 69 d III 1). Die Schwere des Eingr erfordert eine kurze ÜberprüfgsFr iSv FGG 69 I Nr 5 (LG Bln BtPrax **93**, 34). Allg zur **sexuellen Aufklärung** geist behind Menschen: Pohlmann BtPrax **95**, 171.

2) Voraussetzungen für die Einwilligung des Betreuers, I. Die Vorschr regelt die engeren Vorauss, 4
unter denen der SterilisationsBetr in die Sterilisation von nicht einwillggsfäh Betreuten einwill kann. Fehlt auch nur eine dieser Vorauss, muß die Sterilisation unterbleiben. Die Vorauss der Z 1–5 gelten kumulativ, dh sie müssen sämtl erfüllt sein, damit der Betr wirks in die Sterilisation einwill kann. – **a) Verbot der Zwangs-** 5
sterilisation, Nr 1. Völlig unerhebl etwaiges Interesse der Allgemeinh, von Verwandten od des ungeborenen Kindes; entscheidd ist allein der Wille des Betreuten. Jede Art von Ablehng od Ggwehr des Betreuten schließt die Sterilisation aus. Obwohl es sich um einen ärztl Eingr handelt, kommt es nicht auf die EinsichtsFhgk iSv § 1904 Rn 1 an, sond auf den natürl Willen des Betreuten im Ztpkt des Eingr. Bereits vorher erkl Einwilliggen verlieren desh ggf ihre Wirksamk (BT-Drucks 11/4528 S 143). – **b) Dauernde Einwilligungsunfähigkeit,** 6
Nr 2. Bei nur vorübergehder EinwilliggsUnfhgk ist die Sterilisation nicht gerechtf, u zwar selbst dann nicht, wenn eine Refertilisierung mögl ist. – **c) Gefahr einer Schwangerschaft, Nr 3.** Nur die konkr u ernstl 7
Ann, daß ohne Sterilisation eine Schwangersch zu erwarten ist, rechtf die Sterilisation. Mit einer Schwangersch muß den Umst nach ernstl zu rechnen sein; die abstr Möglk reicht nicht aus (BayObLG FamRZ **97**, 702). Auf den Grad der sexuellen Aktivität des Betreuten kommt es nicht an. Die Schwangersch kann bei der betreuten Pers selbst od bei der Partnerin eines betreuten Mannes zu befürchten sein (BT-Drucks 11/4528 S 143). Die Partn braucht ihrers nicht betreuungsbedürft zu sein. – **d) Lebens- oder Gesundheitsgefahr für die** 8
Schwangere, Nr 4. aa) Vgl StGB 218 a I Z 2 (BT-Drucks 11/4528 S 77). Da es um die Beurteilg einer Notlage geht, die ihren Grd in einer erst in der Zukft zu erwartden Schwangersch hat, sind ijF auch die zukünft LebVerhältn mit zu berücks. Die **Lebensgefahr** kann körperl oder psych Ursachen haben (Gebärmutterkrebs, Selbstmordgefahr). **Schwerwiegende Beeinträchtigungen des Gesundheitszustands** sind etwa Herz- u Kreislauferkrankgen od depressive Fehlentwicklgen. Als schwerwiegde Gefahr für den seel GesundhZustd gilt auch der Kummer, der mit Maßn nach §§ 1666, 1666 a verbunden wäre, **I 2.** Die Regelg ist abschließd (BT-Drucks 11/4528 S 143 f). Die BtBedürftigk als solche ist allerd nicht ijF ein Grd dafür, das Ki von der Mutter zu trennen (BT-Drucks 11/4528 S 144). – **bb)** Die Sterilisation scheidet aus, wenn die für die Schwangere 9
bestehde, sich aus der Leb- od GesundhGefahr ergebde **Notlage** mit zumutb Mitteln **abgewendet** w kann, also etwa dch eine med Behdlg der zu erwartden Depression, nicht dagg dch Abbruch der Schwangersch (BT-Drucks 11/4528 S 144). – **e) Verhinderung der Schwangerschaft, Nr 5.** Vor der Sterilisation sind and 10
Möglkten, die Schwangersch zu vermeiden, auszuschöpfen, also ggf empfängnverhütde Mittel, sexualpädagog Maßn, nicht dagg Unterbringg od freiheitsbeschränkde Maßn iSv § 1906 IV (BT-Drucks 11/4528 S 144).

3) Genehmigung des Vormundschaftsgerichts, II 1. Bestellg eines VerfPfl ist zwingd (FGG 67 I 2 11
Nr 3, 69 d III). Zu den VerfGarantien iü oben Rn 3. Das Ger hat die Gen zu versagen, wenn die in I enth Vorauss nicht vorliegen. **Rechtsnatur** der Gen: § 1904 Rn 3.

4) Befristung der Sterilisation, II 2. Um zu verhindern, daß die Sterilisation unmittelb mit Wirksam- 12
werden der vormschgerichtl Gen (FGG 69 a III 1, 69 d III 1) dchgeführt u damit einer Beschw der Boden entzogen w, darf auch die gen Sterilisation erst 2 Wo nach Wirksamk der Gen dchgeführt w. Währd dieser Zt kann die iü nicht befristete Beschw eingelegt u das VormschG wie das BeschwG die Vollziehg der Gen aussetzen (FGG 24 II u III).

1906 *Unterbringung.*

I Eine Unterbringung des Betreuten durch den Betreuer, die mit Freiheitsentziehung verbunden ist, ist nur zulässig, solange sie zum Wohl des Betreuten erforderlich ist, weil

1. **auf Grund einer psychischen Krankheit oder geistigen oder seelischen Behinderung des Betreuten die Gefahr besteht, daß er sich selbst tötet oder erheblichen gesundheitlichen Schaden zufügt, oder**
2. **eine Untersuchung des Gesundheitszustandes, eine Heilbehandlung oder ein ärztlicher Eingriff notwendig ist, ohne die Unterbringung des Betreuten nicht durchgeführt werden kann und der Betreute auf Grund einer psychischen Krankheit oder geistigen oder seelischen Behinderung die Notwendigkeit der Unterbringung nicht erkennen oder nicht nach dieser Einsicht handeln kann.**

II Die Unterbringung ist nur mit Genehmigung des Vormundschaftsgerichts zulässig. Ohne die Genehmigung ist die Unterbringung nur zulässig, wenn mit dem Aufschub Gefahr verbunden ist; die Genehmigung ist unverzüglich nachzuholen.

III Der Betreuer hat die Unterbringung zu beenden, wenn ihre Voraussetzungen wegfallen. Er hat die Beendigung der Unterbringung dem Vormundschaftsgericht anzuzeigen.

IV Die Absätze 1 bis 3 gelten entsprechend, wenn dem Betreuten, der sich in einer Anstalt, einem Heim oder einer sonstigen Einrichtung aufhält, ohne untergebracht zu sein, durch mechanische Vorrichtungen, Medikamente oder auf andere Weise über einen längeren Zeitraum oder regelmäßig die Freiheit entzogen werden soll.

V Die Unterbringung durch einen Bevollmächtigten und die Einwilligung eines Bevollmächtigten in Maßnahmen nach Absatz 4 setzt voraus, daß die Vollmacht schriftlich erteilt ist und die in

den Absätzen 1 und 4 genannten Maßnahmen ausdrücklich umfaßt. Im übrigen gelten die Absätze 1 bis 4 entsprechend.

1 **1)** Die Vorschr regelt die materiellen Voraussetzungen der freihentziehden **privatrechtlichen Unterbringung (I) und ähnlicher Maßnahmen (IV)**; sie entspricht § 1631 b. Zur Verfassgsmäßigk vgl BVerfG BtPrax **97**, 196. Daneben gibt es die **öffentlich-rechtliche Unterbringung**, deren Voraussetzgen die landesrechtl PsychKG/UnterbringgsG (ZusStellg bei Bassenge/Herbst Vorb 2 vor FGG 70) regeln. Sie dient der Gefahrenabwehr für den Betroffenen u Dritte u nur bei bes Zulassg seiner Fürsorge (vgl Ffm NJW-RR **93**, 579). Zum Grdsatz der Verhältnismäßigk: BVerfG-Ka NJW **93**, 778; vgl BayObLG NJW **99**, 1789; zum Verh zur privatrechtl Unterbringg vgl Klüsener/Rausch NJW **93**, 621. **Literatur**: Saage/Göppinger, Freih-
2 Entziehg u Unterbringg, 3. Aufl 1994, u die in Einf 1 v § 1896 Genannten zum BtR. – **a)** Das **Verfahren** ist für beide Unterbringgen in FGG 70 ff geregelt. Privatrechtl UnterbringgsVerf sind AmtsVerf (vgl Rn 12) u öffrechtl AntrVerf (das AntrR regelt das LandesR). Bedeuts VerfGarantien für den Unterzubringden sind: VerfFähigk (FGG 70 a); VerfPfleger (FGG 70 b), der bei öffrechtl Unterbringg idR erforderl (Schlesw FamRZ **94**, 781) u wie im BetVerf (Einf 21 v § 1896) zu vergüten ist; pers Anhörg (FGG 70 d), auf die er nicht verzichten kann (BayObLG FamRZ **95**, 695); SachverstGA (vgl Pardey BtPrax **99**, 83 u 126) bzw ärztl Zeugn
3 (FGG 70 e). Über EntschInhalt vgl Rn 12, über einstw AO vgl Rn 15. – **b) Medizinische Behandlung** in der Unterbringg (Steinle BtPrax **96**, 139). Die Gen der privatrechtl Unterbringg berechtigt nicht zu med Maßn gg den Willen des Untergebrachten (vgl BayObLG FamRZ **90**, 1154), es gilt § 1904 Rn 1–5. Bei AO der öffrechtl Unterbringg regelt das LandesR die Zulässigk einer ZwangsBehandlg (Helle MedR **93**, 134). Zur Kostentragg vgl Nürnbg NJW-RR **99**, 1237.

4 **2) Erforderlichkeit der Genehmigung,** die dch eine Doppelverantwortg einen verstärkten Schutz des Betroffen bezweckt. – **a)** Bei **Einwilligung des Betroffenen** in eine Maßn nach I u IV bedarf es keiner Gen. Sie ist jederzeit widerrufb u erfordert keine GeschFgk, sond nur natürl Einsichtsfähigk bzgl der Folgen der konkr Maßn (BT-Drucks 11/4528 S 146; BayObLG FamRZ **96**, 1375). Diese GenFreih ist aber in hohem Maße bedenkl, weil sie zum Mißbr einlädt (Schwab FamRZ **90**, 687; Schumacher FamRZ **91**, 281;
5 aA Coeppicus FamRZ **92**, 751; Holzhauer/Reinicke 12). Über VorsorgeVollm vgl Rn 5. – **b)** Die Unterbringg dch den **Betreuer (I, IV) oder Bevollmächtigten (V)** sowie eine bei EinwilliggsUnfgk des Betroffenen von ihrer Einwilligg abhäng Maßn nach IV bedürfen einer Gen; trotz V 1 ist nicht anzunehmen, daß beim Betr die Maßn nach IV u beim Bevollm die Einwilligg in sie genehmigt wird. Der Betr ist dazu nur befugt, wenn sein AufgKr diese Maßn umfaßt; GesundhSorge umfaßt nicht Unterbringg (§ 1896 Rn 28). Der Bevollm ist dazu nur befugt, wenn die Vollm (richtiger: Ermächtigg) schriftl iSv § 126 vom Betroffenen erteilt ist u die in I u IV genannten Maßn ausdrückl (nicht notw wörtl) umfaßt. Zur Formulierg einer UnterbrVorsVollm Bühler BWNotZ **99**, 27. Es genügt daher nicht eine GeneralVollm. Vollm für Maßn nach I umfaßt nicht auch Maßn nach IV u umgekehrt. Die VollmErteilg erfordert GeschFähigk, nicht aber ihr jederzeit (Ausschl unwirks, weil nur im Interesse des VollmG erteilt; § 168 Rn 6) Widerruf (*arg* FGG 70 b). Vgl § 1904 Rn 7. Widerspr des Betroffenen stets beachtl, da keine verdrängde Vollm mögl. Über RFolgen einer BetrBestellg mit entspr AufgKr vgl § 1904 Rn 7.

6 **3) Voraussetzungen der Unterbringung, I**. Sie gelten für eine ErstUnterbringg u für eine Verlängerg (BayObLG FamRZ **94**, 321). Zur Unterbringg wird eine FreihEntziehg, wenn sie mit dem Verbringen in einen and Lebensraum verbunden ist (MüKo/Schwab Rn 6). Desh ist das Einschließen in der eigenen Wohng keine Unterbringg u im Ggsatz zur ger Prax (LG Hbg FamRZ **94**, 1619; AG Tempelhof-Kreuzbg BtPrax **98**, 194) auch nicht als unterbringgsähnl Maßn iSv IV gen-bedürft (vgl BGH NJW **59**, 1595).

7 **a) Freiheitsentziehung.** Sie liegt vor, wenn die Lebensführg auf einen räuml begrenzten Bereich beschränkt wird, dessen Verlassen dch Überwachg od dch in zumutb Weise nicht überwindb physische Mittel kontrolliert u verhindert wird. Die Bezeichng einer Einrichtg als **„offen"** (AG Wolfhagen BtPrax **98**, 83) oder **„halboffen"** (AT Kamen FamRZ **83**, 299; KrG Schwedt FamRZ **93**, 601) besagt als solche nichts; es kommt auf die konkr Ausgestaltg bzgl der BeweggsFreih an, ob I oder IV vorliegt (Dodegge NJW **98**, 2716). Kann der Betroffene keinen natürl Willen entwickeln od dchsetzen (auch nicht mit Hilfe Dritter), kann Freih nicht mehr entzogen werden (Damrau/Zimmermann Rn 2; vgl auch Rn 19). Da das AufenthBestR die zwangsw Verbringg in offene Unterbringg nicht ermöglicht (§ 1896 Rn 28), wendet die Praxis zT § 1906 entspr an (LG Brem BtPrax **97**, 102).

8 **b) Wohl des Betreuten.** Die Unterbringg muß zum Wohl des Betreuten erfdl sein. Das Gesetz sieht hierf nur zwei Fälle vor. **Drittschutz:** Bei Gefahr allein von Drittschädiggen kommt nur eine Unterbringg nach den PsychKG in Betr (LG Bln FamRZ **93**, 597/9; Klüsener/Rausch NJW **93**, 622; aA Pardey FamRZ **95**,
9 713). – **aa) Selbstgefährdung, Nr 1.** Die Unterbringg ist zul bei Selbstmordgefahr od bei Gefahr einer erhebl Gefährdg der eig Gesundh. Die Ursache muß in einer psych Krankh od geist od seel Behinderg liegen, aGrd derer der Betreute seinen Willen nicht frei best kann (BayObLG FamRZ **93**, 998; FamRZ **98**, 1327); dagg ist die Feststellg der GeschUnfgk keine zusätzl Vorauss für die gerichtl Gen der Unterbringg (Klüsener/Rausch NJW **93**, 621). Wer sich aus Genußsucht od Leichtsinn gesundheitl schäd (übermäß Essen, Rauchen), kann nicht untergebracht w. Zum AlkoholMißbr Rn 6. Auch die Gefahr eines philosoph od Bilanz-**Suizids** reicht zur Unterbringg nicht aus. Ausführl dazu Coeppicus FamRZ **91**, 896 ff. Zu den SorgfaltsPfl des KrankH ggü suizidgefährdeten Pat BGH VersR **94**, 50; Stgt u Düss NJW-RR **95**, 662 u 1050. Die Gefahr and als gesundheitl Schäden rechtf eine Unterbringg nicht; hier helfen EinwilliggsVorbeh (§ 1903 I 1) od zB die Verwahrg der dch den Betreuten gefährdeten eig Ggstde. Mittelb GesundhGefährdgen sind aber denkb (BT-Drucks 11/4528 S 146). Die UnterbrGen darf nicht als Druckmittel benutzt w (BayObLG FamRZ **93**, 998 Anschl an die öff Kanalisation). Bei Gefährdg von RGütern Dr kommt ggf eine ör Unterbringg in Betr. **Gefahr** ist nur eine ernstl u konkr Gefahr. Sie setzt kein zielgerichtetes Tun des Betreuten voraus. Selbstgefährdg also auch uU bei planlosem Umherirren bei Gefahr, überfahren zu w od zu erfrieren (Ffm BtPrax **93**, 138). Unterlassgen (zB dch NahrgsVerweigerg) reichen aus, dagg nicht überwiegdes pass Verhalten u bl Vermutgen (AG Soltau BtPrax **93**, 212). Die Gefahrenprognose ist im wesentl Sache des TatRi (BayObLG
10 FamRZ **94**, 1617). – **bb) Notwendige Untersuchung des Gesundheitszustands, Heilbehandlung oder**

ärztlicher Eingriff, Nr 2. Die Vorschr ist wg GG 104 II 1 bedenkl (Schumacher FamRZ **91**, 280). Zum Wohl des Betreuten gehören die Erhaltg seiner Gesundh u die Verringerg oder Beseitigg von Krankh od Behindergen. Dieses Wohl darf nicht dch die mangelde Einsichts- od SteuergsFgk des Betreuten gefährdet w (BT-Drucks 11/4528 S 147). Eine Behdlg ohne FreihEntziehg ist vielf nicht mögl, wenn der Betroffene die Krankh nicht wahrhaben will, wie dies häuf etwa beim Alkoholismus der Fall ist (vgl iü Rn 6). **Störungsbedingte Versagung der Einwilligung:** Die Unterbringg setzt ferner voraus, daß der Betreute aGrd einer psych Krankh od geist od seel Behinderg die Notwendigk der dch die Unterbringg mögl HeilBehdlg (Düss FamRZ **95**, 118; MüKo/Schwab 16) nicht erkennen od nicht nach dieser Einsicht handeln kann. Der Widerstd des Betroff gg die nur dch die Unterbringg ermögl Heilbehdlg muß auf der psych Krankh od psych Behinderg beruhen (BayObLG BtPrax **96**, 28). Dagg ist eine Unterbringg zur Erzwingg der Krankh- u BehandlgEinsicht unzul (LG Ffm FamRZ **93**, 478). Die Unterbringg nach Nr 2 ist nur zul, solange die EinsichtsFhgk fehlt (Düss FamRZ **95**, 118).

c) Notwendigkeit (Wigge MedR **96**, 292). Daß die Unterbringg dem Wohl des Betreuten dient, reicht **11** nicht aus; sie muß vielm erfdl sein. Das kann auch zur Abwehr weniger schwerer GesundhSchäden der Fall sein. Der Betreute darf aber nicht untergebr w, wenn weniger einschneidde Maßn, wie etwa eine freiw HeilBehdlg od bei ausr Verm dch ständ Begleiter gg Weglaufgefahr (vgl AG Marbg BtPrax **94**, 106), ausr. Grdsl best der Betr in eig Verantwortg u unterliegt in ZweckmäßigkEntsch ledigl der Aufs dch das VormschG (§ 1837). Der Aufenth in einer geschl gerontolog Station kann der geringere Eingr ggü FixiergsMaßn sein (Ewers FamRZ **93**, 853; aA Kln NJW **93**, 206). Die Unterbringg ist ferner unzul, wenn sie außer Verhältn zu den ohne die Unterbringg drohden Nachteilen steht. Insb müssen bei einer HeilBehdlg die Schwere des mit der Unterbringg verbundenen Eingr gg die gesundheitl Schäden abgewogen w, die ohne die nur bei Unterbringg mögl HeilBehdlg drohen (BT-Drucks 11/4528 S 146). Die Erfdlk ist schließl zu verneinen, wenn die HeilBehdlg od and Maßn keinen hinreichden Erfolg verspr; denn was keinen Erfolg verspr, ist auch nicht notw (Schlesw BtPrax **98**, 185 u NJW **99**, 874). Das gilt insb für EntziehgsKuren gg den Willen eines **Alkohol/Drogenabhängigen**. Ohne mit der Abhängigk verbundene psych Krankh (§ 1896 Rn 11) od geistige Behinderg (Hamm DAV **97**, 55) ist die Unterbringg zur EntwöhngsBehdlg unzul (Schlesw BtPrax **98**, 185 u NJW **99**, 874), wohl aber zZw der Entgiftg (BT-Drucks 11/4528 S 147; Coeppicus FamRZ **91**, 895; vgl auch Düss JMBl NW **75**, 186 u Schlesw aaO). Die Rückfallgefahr als solche reicht für die AnO der Unterbr ebsowenig aus wie für deren Verlängerg (vgl Ffm NJW **88**, 1527; and BayObLG BtPrax **94**, 98: 2 J). Unterbr daher nur bei Gefahr weiterer Schäden, wie Nichtheilg von Knochenbrüchen dch weiteren AlkAbusus uä.

4) Vormundschaftsgerichtliche Genehmigung, II 1. Sie erfordert keinen Antr des Betr/Bevollm **12** (BayObLG FamRZ **94**, 1416), ergeht aber idR nur auf dessen Anregg u wird nicht dadch überfl, daß sich der Betroff inzw in Strafh befindet (BayObLG NJW-FER **99**, 210). – **a) Inhalt.** Gen (nicht Anordng) der Unterbringg in einer ihrer Art nach (zB psychiatr Krhs, Klinik für Suchtkranke) bezeichneten Einrichtg (BayObLG FamRZ **94**, 320); die Auswahl des konkr Krhs usw obliegt dem Betr/Bevollm (BayObLG aaO). EndZtpkt (FGG 70f I Nr 2), an dem die Gen ohne Aufhebg erlischt. Vgl iü FGG 70f. – **b) Bedeutung.** Rechtmäßigk der FreihEntziehg (vgl § 1904 Rn 6). Die RBeziehgen zw Untergebrachtem u Einrichtg (auch LandesKrhs) sind grds zivrechtl (Fischer/Mann NJW **92**, 1593). – **c) Gegenstandslos** wird die Gen nicht dch eigenmächt Verlassen der Einrichtg od Probeentlassg. Auch nicht dch endgült Entlassg (BayObLG FamRZ **95**, 1296; aA BayObLG **95**, 146); sie ist AufhebgsGrd. – **d) Aufhebung** vAw bei Wegfall der Voraussetzgen (FGG **13** 70i I) auch gg den Willen des Betr/Bevollm. Dies auch bei Entlassg auf Veranlassg des Betr/Bevollm, damit von der Gen nicht ohne erneute gerichtl Prüfg Gebr gemacht werden kann (BT-Drucks 11/4528 S 148).

5) Vorläufige Maßnahmen bei Gefahr im Verzug. – a) Der **Betreuer/Bevollmächtigte** darf ohne **14** Gen unterbringen; diese ist aber unverzügl nachzuholen **(II 2)**. Nur zuläss, wenn auch eine einstw AO nach FGG 70h zu spät käme. – **b)** Das **Vormundschaftsgericht** hat folgde Möglichk, wobei es die Notwendigk **15** einer einstw AO sehr sorgfält zu prüfen hat (BVerfG-Ka NJW **98**, 1774; vgl aber die gewicht Krit v Coeppicus BtPrax **99**, 130 zu den Einzelh dieser Entsch): **aa) Vorläufige Genehmigung** dch einstw AO (FGG 70h), wenn Betr/Bevollm mit entspr AufgKr vorhanden; bei Fehlen/Verhinderg kann zugl dch einstw AO (FGG 69f) ein solcher Betr/ErgänzgsBetr bestellt bzw sein AufgKr erweitert werden. Sie wird dch die Hauptsacheentscheidg ggstandslos (KG FamRZ **93**, 84); ohne solche wird nach Erledigg dch Zeitablauf die Beschw nicht unzul (BVerfG BtPrax **98**, 184). – **bb) Anordnung der Unterbringung** dch einstw AO (FGG 70h III, § 1846), wenn kein Betr/Bevollm bestellt (Schlesw NJW **92**, 2974; LG Bln BtPrax **92**, 43; aA [nur zugl mit BetrBestellg] Ffm FamRZ **93**, 357; BezG Chemn BtPrax **92**, 111; Rink FamRZ **93**, 512) od der Betr/Bevollm verhindert ist.

6) Beendigung der Unterbringung durch den Betreuer, III 1: Jederzt ohne Einschaltg des Ger, wenn **16** die Unterbringg nicht mehr erfdl ist. Doch besteht eine entspr **Anzeigepflicht, III 2.** Ergänzd hat das VormschG die Unterbringg aufzuheben (Rn 13).

7) Unterbringungsähnliche Maßnahmen, IV (Lit: Dodegge MDR **92**, 437 u NJW **94**, 2390; Bischof/ **17** Wolff BtPrax **93**, 192; Wigge MedR **96**, 292; Schumacher, Freih-entziehde Maßn mit mechan Mitteln bei der Betr gebrechl Menschen, 1997), liegen vor, wenn der Betreute eine Behinderg seiner BeweggsFreih nicht mit zumutb Mitteln, also auch eig Verm (AG Marbg BtPrax **94**, 106), überwinden k (MüKo/Schwab 23). Die Vorschr ist eng auszulegen u auf wirkl unterbr-ähnl Maßn zu beschränken (Holzhauer FuR **92**, 249 u BtPrax **92**, 54). Treffen Maßn (übermannshoher Zaun) alle Heiminsassen, liegt Unterbringg u nicht IV vor (AG Stgt/ Bd Cannstatt BtPrax **96**, 35). – **a) Zweck:** Schutz der persönl BeweggsFreih. Bettgitter, Festbinden im Bett od am Stuhl, vom Betroffenen nicht zu öffnde Schließmechanismen, Schlafmittel u sonstige Medikamente haben oft dieselbe Wirkg wie eine Unterbringg u werden auch genauso empfunden. Desh gewährt das BtG für sie dieselben rechtsstaatl Sicherh wie für die Unterbringg selbst (AG Ffm FamRZ **88**, 1209); entfällt bei Einwilligg des Betroffenen (Rn 4; vgl aber Schlesw DAV **91**, 687). – **b) Genehmigungsvoraussetzungen: aa) Aufent-** **18** **haltsort** sind die Räumlichkten, in denen sich der Betreute befindet, also die Einrichtg selbst, die Abteilg, das Stockwerk od sein Zimmer. Der Betreute muß sich dort befinden, **ohne untergebracht zu sein** (Wigge

19 MedR **96**, 292 ff; vgl insow Rn 1). – **bb) Gehindert** am Verlassen wird der Betreute nur, wenn er überh, u sei es auch nur mit natürl Willen, versuch will od k (Stolz FamRZ **93**, 644), den AufenthOrt zu verlassen. Für die GenPfl reicht es aus, wenn nicht ausgeschl w kann, daß der Betreute noch zur willkürl Fortbewegg in der Lage ist (Hamm FamRZ **93**, 1490; LG Ffm FamRZ **93**, 601). Die Vorschr verbietet also nicht, daß die Eingangstür nachts abgeschl w; einer vormschgerichtl Gen bedarf es nur im Einzelfall desj Betreuten, der nachts das Haus verlassen will. Ein Hindern liegt ferner nicht vor, wenn der Betroffene dch Bitten od Überredg beeinflußt w. –
20 **cc)** Genehmiggsbedürft ist ein Hindern dch **mechanische Vorrichtungen, Medikamente oder auf andere Weise,** etwa dch körperl Gewalt. Unter die mech Vorr fallen das zeitweil Einschließen des Betreuten in seiner Wohng (AG Bln Tempelh BtPrax **98**, 194; vgl dazu Grauer BtPrax **99**, 20); Anbinden im Bett dch Bekkengurt (BayObLG FamRZ **94**, 721); Fixierstuhl od -tuch (LG Kln NJW **93**, 206); ferner ein Therapietisch am Rollstuhl (LG Ffm FamRZ **93**, 601). Die Ausstattg mit einer PersOrtgs- od Sendeanlage stellt keine FreihBeschrkg dar u bedarf desh nicht der vormschaftsgerichtl Gen (Feyerabend BtPrax **99**, 93 mN der ggteil Rspr). Medikamente fallen nur unter IV, wenn sie gezielt eingesetzt w, um den nicht untergebrachten Betreuten am Verlassen seines AufenthOrts zu hindern (Hamm FGPrax **97**, 64). Dagg „soll" die Freih dch Medikamente nicht entzogen w, wenn sie zu Heilzwecken verabreicht w, auch wenn sie als Nebenwirkg den BeweggsDrang des Betreuten einschränken (BT-Drucks 11/4528 S 149). Nicht gen-bedürft sollte das zeitweil Einschließen in
21 der eig Wohng sein (vgl Rn 6). – **dd) Dauer der Freiheitsbeschränkung.** Genehmiggspfl ist die FreihEinschrkg über einen längeren Ztraum. Für das Bettgitter eines Fieberkranken bedarf es keiner Gen, auch nicht bei längerer Dauer. Ein regelm FreihEntzug liegt vor, wenn der EinschrkgsMechanismus stets zur selben Zt od
22 aus wiederkehrdem Anlaß (Störg der Nachtruhe) eingesetzt w. – **ee)** Die Gen kann zum **Wohl des Betroffenen** erfordl sein, wenn sich die freihentziehden Maßn im Vergl mit den BtAlternativen als das mildere Mittel zur Abwehr einer Eigengefährdg des Betroff erweisen (LG Bln FamRZ **91**, 365; AG Stgt-Bad Cannstatt FamRZ **97**, 704 Armbandsender). Bei der Gen ist aber auch die Realität der **Personalausstattung** des Pflegeheims zu berücks (Ffm BtPrax **93**, 138). Körperverletzgen anderer dch den Betroffenen reichen für Maßn
23 gem IV nicht aus (LG Hildesh BtPrax **94**, 106). – **c) Geltungsbereich.** IV gilt auch für Mj (§ 1631 b Rn 3), nicht aber für in der Fam lebde Betreute (Holzhauer FuR **92**, 252; aA AG Garm-P BtPrax **99**, 207) sowie für nichtbetreute Anstaltsbewohner (krit insow Schumacher FamRZ **91**, 282). Für sie sind derart Maßn aber nicht schon desh ow zul (BT-Drucks 11/6949 S 76; Coester Jura **91**, 9). Die Fixierg bereits Untergebrachter bed einer zusätzl Gen, auch wenn schon bei der Gen der Unterbringg von dem Einsatz fixierder Maßn in derart Anstalten auszugehen ist (BayObLG FamR **94**, 721; AG Hann BtPrax **92**, 113; Schumacher FamRZ **91**, 281; aA Klüsener/Rausch NJW **93**, 623; Holzhauer FuR **92**, 252). Dasselbe gilt für unterbringgsähnl Medikationen
24 iR einer Unterbringg (Düss FamRZ **95**, 118). – **d) Genehmigung** der konkr zu bezeichnden Maßn entspr Rn 12; Zusatz „nur nach ausdr AO des behandelnden Arztes" überträgt nicht die Verantwortg auf den **Arzt** (BayObLG FamRZ **94**, 721). Bei Gefahr in Verzug gilt Rn 14, 15 entspr. Zu den **gesundheitlichen Folgen** unterbringgsähnl Maßn: Wojnar BtPrax **97**, 92.

1907 *Aufgabe der Mietwohnung.*

I Zur Kündigung eines Mietverhältnisses über Wohnraum, den der Betreute gemietet hat, bedarf der Betreuer der Genehmigung des Vormundschaftsgerichts. Gleiches gilt für eine Willenserklärung, die auf die Aufhebung eines solchen Mietverhältnisses gerichtet ist.

II Treten andere Umstände ein, auf Grund derer die Beendigung des Mietverhältnisses in Betracht kommt, so hat der Betreuer dies dem Vormundschaftsgericht unverzüglich mitzuteilen, wenn sein Aufgabenkreis das Mietverhältnis oder die Aufenthaltsbestimmung umfaßt. Will der Betreuer Wohnraum des Betreuten auf andere Weise als durch Kündigung oder Aufhebung eines Mietverhältnisses aufgeben, so hat er dies gleichfalls unverzüglich mitzuteilen.

III Zu einem Miet- oder Pachtvertrag oder zu einem anderen Vertrag, durch den der Betreute zu wiederkehrenden Leistungen verpflichtet wird, bedarf der Betreuer der Genehmigung des Vormundschaftsgerichts, wenn das Vertragsverhältnis länger als vier Jahre dauern oder vom Betreuer Wohnraum vermietet werden soll.

1 **1) Wohnungsauflösung** (Lit: Renner BtPrax **99**, 96). Die Rehabilitation eines Betreuten nach einem Klinikaufenth hängt häuf davon ab, daß er in seine vertraute Umgebg u in die alte Nachbarsch zurückkehren k; desh stellt das BtG die Wo des Betreuten unter einen bes Schutz (BT-Drucks 11/4528 S 149). Ein zusätzl Schutzbedürfn besteht hins der Auflösg von Mietverhältn. Zur VerfPflegsch: Kirsch Rpfleg **92**, 381. Ist umgek der Betreute **Eigentümer,** Erbbau- od sonst dingl Berecht des Grdst od der Wohng, bedarf der Betr zur Kündigg des MietVerhältn (Hamm FamRZ **91**, 605), zu einer Vfg oder zu einer entspr Verpfl ohneh der vormschaftsgerichtl Gen (§§ 1812, 1821 I Nr 1–4, 1908 i). Das Ges hat den Begr „WohngsAuflösg" wg seiner Unschärfe vermieden, will aber mit § 1907 insges eine Lösg verwirkl, die prakt keine bedeuts Lücken aufweist (BT-Drucks 11/4528 S 150). Die Vorschr ist auf PachtVerhältn jedenf dann nicht analog anzuwenden, wenn zum PachtObj auß der Wohng gewerbl genutzte Räume gehören (BT-Drucks 11/4528 S 151). Zur fristl Kündigg wg **Mietzahlungsverzugs:** Jochum BtPrax **94**, 201; zur **Zwangsräumung** bei Krankh u Alter: Bindokat NJW **92**, 2872; Walker/Gruß NJW **96**, 352.

2 **2) Beendigung des Mietverhältnisses, I,** ist unabhängig von der Form der Aufhebg (Rn 1) nur mit Gen
3 des VormschG mögl. – **a) Beendigungsformen. aa) Kündigung der Mietwohnung des Betreuten, I 1.** Ob der Betreute die Wohng pers od dch einen Vertreter gemietet hat, ist ohne Belang. Die Vorschr ist ferner auch dann anwendb, wenn der Betreute die Räume nicht mehr bewohnt, etwa weil er bereits untergebracht
4 ist od weil er sich im Krankenh aufhält. – **bb) Einverständliche Aufhebung des Mietverhältnisses, I 2,**
5 verlangt den gleichen Schutz des Betreuten wie hins der Künd. – **b) Genehmigung des Vormundschaftsgerichts.** Dafür ist entsch, ob die Künd od Aufhebg des MietVerh dem **Wohl und Interesse des Betreuten** dient. Dabei kommt es nicht nur auf wirtsch, sond auch auf and GesichtsPkte an. Auch sind die Wünsche des Betreuten zu berücks (§ 1901 I 2 u II 1). Anderers muß die evtl überflüss Bereithaltg der Wohng auch an den

wirtsch Möglkten des Betreuten gemessen w. SozLeistgen wie SozHilfe, Wohngeld ua können nur beschr eingesetzt w. Noch weniger Schutz verdient der Betreute, wenn er eine Wohng gemietet hat, die seine Bed u seine wirtsch LeistgsFgk weit übersteigt (BT-Drucks 11/4528 S 150). Absurd ist, daß die vormschgerichtl Gen auch bei Zust dch den geschfäh Betreuten erfdl bleibt (Schwab FS Mikat 1989, 892; Coester Jura **91**, 7). **Bedeutung der Genehmigung:** vgl § 1904 Rn 3.

3) Anzeigepflicht, II. And Umst, aGrd derer die Beendigg des MietVerh in Betracht kommt, hat der Betr dem VormschG unverzügl mitzuteilen, wenn sein AufgKr das MietVerh od die AufenthBest umfaßt, **II 1,** also insb bei **Kündigung oder Erhebung einer Räumungsklage durch den Vermieter.** Das VormschG kann dann zum Wohl des Betreuten AnO nach § 1837 treffen, um Mißbr rechtzeit aufzudecken, etwa daß der Betr die Künd benutzt, den Betreuten in ein Alten- od Pflegeheim zu verbringen, weil ihm dies die Bt erleichtert, od daß sich der Betr dem Wohl des Betreuten zuwider gg die RäumgsKl nicht wehrt (BT- Drucks 11/4528 S 151). – 6
Die AnzPfl besteht auch für die **faktische Wohnungsaufgabe, II 2,** dch EinzMaßn wie Veräußerg des Hausrats, Beendigg des Bezugs von Wasser, Strom u Gas, Abmeldg des Fernsehers usw (BT-Drucks 11/4528 S 129). 7

4) Aufgabe der Mietwohnung durch Weitervermietung, III. Dch den GenVorbeh soll sichergestellt w, daß der Betr den WohngsSchutz zG des Betreuten nicht dch Weitervermieten der Wohng des Betreuten unterläuft. Die Vorschr gilt also nicht für die Vermietg anderw WohnR (LG Münst MDR **94**, 276). Die GenPfl sollte nach der amtl Begr auch für Vertr gelten, die nicht länger als 4 J dauern sollen (BT-Drucks 11/4528 S 151); daß der GesText von § 1902 II 1 aF ohne diese Änd abgeschrieben wurde, beruht wohl auf einem Versehen. Vgl iü § 1822 Nr 4; zu wiederkehrden Leistgen § 1822 Rn 18, 19. 8

1908 *Ausstattung.* **Der Betreuer kann eine Ausstattung aus dem Vermögen des Betreuten nur mit Genehmigung des Vormundschaftsgerichts versprechen oder gewähren.**

Die Vorschr entspr § 1902 I aF. Sie hat Bedeutg vor allem bei Hof- od GeschÜbergaben (BT-Drucks 11/4528 S 211). Der RegEntw wollte auf eine entsprechde Bestimmg mRücks darauf verzichten, daß die vormschaftsgerichtl Gen wg der Beachtlichk des Willensvorrangs des Betreuten (§ 1901 II 1) stets erteilt w müßte (BT-Drucks 11/4528 S 151 f). **Ausstattungen** (§ 1624) können nur mit Gen des VormschG versprochen od gewährt w. Sind jedoch beim Versprechen die zu übereignden Ggstde genau bezeichnet u ist die Verpfl dann gen, so bedarf es für das dingl Gesch keiner neuen Gen. Über die §§ 1804 S 1, 1908 i II 1 hinausgehde Geschenke od schenkgsw erfolgde Ausstattgen werden auch dch die Gen des VormschG nicht wirks (§ 1804 Rn 1), außer wenn dadch einer sittl Pfl od einer auf den Anstand zu nehmden Rücks entsprochen w (§ 1804 S 2). Schenkg liegt gem § 1624 vor, wenn die Ausstattg das den Umstden nach entsprechde Maß überschreitet, insb mit den VermVerhältn des Betreuten nicht im Einklang steht, od wenn sie einer and Pers als dem Kind gewährt w. 1

1908 a *Vorsorgliche Maßnahmen für Minderjährige.* **Maßnahmen nach den §§ 1896, 1903 können auch für einen Minderjährigen, der das siebzehnte Lebensjahr vollendet hat, getroffen werden, wenn anzunehmen ist, daß sie bei Eintritt der Volljährigkeit erforderlich werden. Die Maßnahmen werden erst mit dem Eintritt der Volljährigkeit wirksam.**

1) Zweck: §§ 1896, 1903 lassen die Bestellg eines Betr bzw die AnO eines EinwilliggsVorbeh nur zu, wenn der Betroffene vollj ist. Um Zeitlücken zu vermeiden, wenn absehb ist, daß ein Mj bei Eintritt der Volljährigk eines Betr bedarf, ermögl § 1908 a die vorsorgl Bestellg eines Betr. Mit Rücks auf das WirksWerden nach S 2 kein unzul Eingr in das EltR. Anhörg: FGG 68 a S 2. 1

2) Voraussetzungen, S 1. Die Bestellg des Betr od AnO des EV erfolgen **von Amts wegen** od auf **Antrag.** Den Antr kann nur der Mj selbst stellen (*arg.:* § 1896 I 2); Antr der Elt sind als bl Anreggen zu behandeln. 2

3) Wirkungen, S 2, der Bestellg des Betr bzw der AnO des EV erst mit Eintritt der Volljährigk. Werden nicht die Elt, sond ein Dr zum Betr best, besteht vor WirksWerden der Bestellg auch kein UmgangsR des Dr (BT-Drucks 11/528 S 152). 3

1908 b *Entlassung des Betreuers.* **I Das Vormundschaftsgericht hat den Betreuer zu entlassen, wenn seine Eignung, die Angelegenheiten des Betreuten zu besorgen, nicht mehr gewährleistet ist oder ein anderer wichtiger Grund für die Entlassung vorliegt. Das Gericht soll den nach § 1897 Abs. 6 bestellten Betreuer entlassen, wenn der Betreute durch eine oder mehrere andere Personen außerhalb einer Berufsausübung betreut werden kann.**

II Der Betreuer kann seine Entlassung verlangen, wenn nach seiner Bestellung Umstände eintreten, auf Grund derer ihm die Betreuung nicht mehr zugemutet werden kann.

III Das Gericht kann den Betreuer entlassen, wenn der Betreute eine gleich geeignete Person, die zur Übernahme bereit ist, als neuen Betreuer vorschlägt.

IV Der Vereinsbetreuer ist auch zu entlassen, wenn der Verein dies beantragt. Ist die Entlassung nicht zum Wohl des Betreuten erforderlich, so kann das Vormundschaftsgericht statt dessen mit Einverständnis des Betreuers aussprechen, daß dieser die Betreuung künftig als Privatperson weiterführt. Die Sätze 1 und 2 gelten für den Behördenbetreuer entsprechend.

V Der Verein oder die Behörde ist zu entlassen, sobald der Betreute durch eine oder mehrere natürliche Personen hinreichend betreut werden kann.

1 **1)** Die **Entlassung** berührt den Fortbestand der Bt nicht (vgl § 1980 c). Die Vorschr regelt die Vorauss der
Entlassg. Verfahren: FGG 69 i VII. Ist wg fortgeschrittener Demens die Anhörg des Betreuten nicht mögl, so
ist ein VerfPfleger zu bestellen (BayObLG FamRZ **97**, 1358; Zweibr FGPrax **98**, 57). Beschw gg die Entlassg
dch den Betr (BayObLG FamRZ **97**, 1358), aber nach Wirksamwerden der Entlassg nicht mehr im Namen
des Betreuten (BayObLG FamRZ **96**, 58). Bei erfolgreicher Beschw ist der entlassene Betr rückw wieder im
Amt u der neue Betr ohne die Vorauss von § 1908 b zu entlassen (Stgt Rpfleger **96**, 67). Die RGesch des
neuen Betr bleiben wirks (Kln FamRZ **95**, 1086); doch hat er kein weiteres BeschwR gg die Aufhebg der
Entlassg (Kln FamRZ **98**, 841). Beschw bei Ablehng der Entlassg: Betr u Betreuter (FGG 20 I) sowie die
Staatskasse (FGG 69 e I 2), nicht aber Dr (BGH NJW **96**, 1825; BayObLG FamRZ **98**, 1186), insb nicht die
Tochter, auch wenn sie selbst zur Betreuerin best w will (BayObLG NJWE-FER **98**, 128).

2 **2) Entlassung von Amts wegen, I. – a) Entlassungsgründe**. Für Entlassg nach I 1 (Rn 3–5) genügt
jeder Grd, der den Betr iSv § 1897 I–V ungeeignet macht (BayObLG FamRZ **98**, 1257), insb die Beeintr des
VertrauensVerhältn; eine konkr Schädigg des Betreuten wird nicht vorausgesetzt, rein abstrakte Gefahr (zB
eigene ErbBerechtigg) reicht aber nicht (BayObLG FamRZ **97**, 1358). Der **Entlassungsgrund des I 2** ergänzt
§ 1897 VI u ist nicht zwingd („soll") u der entggstehde Wunsch des Betreuten bindet nicht; die Entlassg kann
daher unterbleiben, wenn sie dem Wohl des Betreuten schadet (vgl Rn 16; zB bei starker pers Bindg) od der
Betreute bemittelt ist. Liegen die Vorauss von § 1908 b vor, steht der Entlassg ein ggteil Wunsch des Betreuten
3 nicht entgg (BayObLG FamRZ **96**, 1105). **Entlassungsgründe des I 1: aa) Person des Betreuers:** Es
genügt zur Entlassg jeder Grd, der Nichteigng iSv § 1897 Rn 5 wäre (BayObLG FamRZ **97**, 1360), wie mehrf
Bestrafg wg VermDelikten (LG Kblz BtPrax **98**, 38); Unterl jegl Besuchs eines behind Betreuten (LG Hildesh
BtPrax **97**, 79); mangelnde Sachkenntn bei der VermVerwaltg od Verweigerg einer angem Miete bei Wohnen
im Hause des Betreuten (Kln NJWE-FER **98**, 201); PflVerletzgen wie Nichtoffenlegg der Bt bei VermGesch
zG des Betr (BayObLG FamRZ **95**, 1232); wiederholte Verstöße gg BerichtsPfl (BayObLG FamRZ **96**, 509);
ungenügde und verzög Rechngslegg (BayObLG FamRZ **94**, 1282; **96**, 1105) od daß der Betr den nöt Einsatz
vermissen läßt u seine Untätigk dem Betreuten schadet, wobei das VormschG vor der Entlassg jedoch die Mittel
der Aufs u des WeisgsR einzusetzen hat (BayObLG FamRZ **98**, 1257); längere Krankh od Abwesenh des Betr u
dadch bedingte Unfähgk zur ordngsgem Besorgg der Angelegenh des Betreuten; Eintritt der obj Unvereinbark
gem § 1897 III. Vgl iü II (Rn 9); Gefährdg des Verm des Betreuten dch VermVerfall beim Betr (Zweibr FGPrax
98, 57); VermDelikte des VermBetr (LG Kblz BtPrax **98**, 38); nicht dagg Ablehng, einen aussichtsl Proz zu
führen (BayObLG NJWE-FER **99**, 192). Überprüfg im RBeschwVerf nur darauf, ob der TatRi die unbest
4 RBegriffe verkannt hat (BayObLG FamRZ **97**, 1358) – **bb) Person des Betreuten,** auch eines GeschUnfäh
(Kln FamRZ **99**, 1169): Unüberwindl Abneigg, so daß eine pers Bt iSv § 1897 I nicht mehr mögl erscheint,
5 obwohl das Ger nicht jeder Laune des Betreuten nachgeben soll (BT-Drucks 11/4528 S 153). – **cc) Anderer
wichtiger Grund:** Wenn der Betr zwar keine Eigngsmängel aufweist, ein BetrWechsel aber dennoch im
Interesse des Betreuten liegt, weil ein Verbleiben im Amt dem Wohl des Betreuten mehr als unerhebl schadet
(BayObLG FamRZ **98**, 1183). Das ist etwa der Fall, wenn ein Eheg od Verwandter wg Feindsch (BayObLG
FamRZ **95**, 1235) od InteressKoll ausscheidet (BayObLG FamRZ **94**, 323) bzw umgek, wenn er zuvor wg
Krankh od aus and Grden die Bt nicht übern konnte, nunmehr aber zur Vfg steht (*arg.:* § 1897 V). Doch hat der
Wille des Betreuten, wenn er an seinem bish Betr festhalten will, Vorrang (§ 1897 IV 1); er ist auch sonst in die
Abwägg einzubeziehen (Köln FamRZ **98**, 1258). Einen wicht Grd kann auch die Entlassg des Vereins- od
BehBetr bei Auflösg des ArbVerhältn mit dem Verein od die Entlassg aus der Beh darstellen; dann aber ggf IV
(BT-Drucks 11/4528 S 154). Spanngen zw Betr u Betroff brauchen kein wicht Grd zu sein (BayObLG BtPrax
94, 136). Das Interesse naher Angeh des Betreuten gibt als solches keinen EntlassgsGrd (Düss FamRZ **95**, 483).
Nicht als wicht Grd zur Entl eines BerufsBetr ist die zur ExistSicherg ungeeign Vergütg angesehen (Schlesw
NJW-RR **98**, 655; FamRZ **98**, 1259).

6 **b) Maßnahmen. – aa)** Das Ger handelt **von Amts wegen.** Verhältn von I zu II: Familiäre, berufl u
sonstige Verhältn in der Pers des Betr sind an sich nur auf Verlangen des Betr zu berücks; doch muß das Ger
ihnen iR seiner AufsPfl auch vAw Beachtg schenken u etwa eine familiäre od berufl Überbelastg zum Anlaß
7 für eine Entlastg in der Bt nehmen (BT-Drucks 11/4528 S 153). – **bb)** Bevor eine Entlassg ins Auge gefaßt w,
soll das Ger nach dem VerhältnmäßigkGrds zunächst die ihm zu Gebote stehden Mittel iRv **Aufsichts- und
Weisungsrecht** (§§ 1908 i I, 1837) über die Tätigk des Betr nutzen (BayObLG FamRZ **98**, 1257). Mögl ist
auch eine nur **teilweise Entlassung,** indem das Ger dem Betr nur einen best AufgKr entzieht (Zweibr
FGPrax **98**, 57) u hierf ein weiterer Betr bestellt w (§ 1899 I). Gilt insb, wenn für die pers Bt bes geeignete
Eheg od nahe Verwandte die für die VermSorge notw Kenntn nicht besitzen od in einen Interessenwiderstreit
8 geraten. – **cc)** Entlassg dch **einstweilige Anordnung** bei Gefahr im Verzug (FGG 69 f III).

9 **3) Entlassung auf Wunsch des Betreuers, II. – a) Zweck:** Der Betr kann seine Entlassg verlangen,
wenn nach seiner Ernenng Umstde eintreten, aGrd derer ihm eine Bt nicht mehr zugemutet w kann.
Unzumutb Belastgen dch die Bt sollen vermieden w. Die weite Fassg der Vorschr ermögl es, alle in Betr
10 kommden Umstde zu berücks, gleichgült in wessen Pers sie liegen od ob sie von außen einwirken. – **b) Unzu-
mutbarkeit.** Die Unzumutbark braucht nicht die Eigng des Betr in Frage zu stellen. Bei Widerruf der
BereitErkl (§ 1898 Rn 5) ist der Betr auch dann zu entlassen, wenn die Vorauss von § 1908 b II nicht vorliegen
11 (LG Duisbg FamRZ **93**, 851). – **aa)** Tiefgreifde, vom Betreuten ausgehde Entfremdg, wobei II nicht ermögl
12 soll, sich einer ledigl unbequemen Bt zu entled (BT-Drucks 11/4528 S 153 f). – **bb)** Betr kann sich ferner auf
seine eig familiären, berufl oder sonst Verhältn berufen, etwa auf die erfdl werdende Pfl einer nahestehden Pers;
Ausscheiden eines Vereins- od BehBetr aus dem AnstellgsVerhältn (Rn 5); eine Verschlechterg seines eig
GesundhZustds od fortgeschrittenes Alter; obj Umstde wie Verschlechterg von VerkVerbindgen usw. –
13 **cc)** Schließl sind Umstde zu berücks, die bei Auswahl des Betr noch nicht mit in Erwägg gezogen w konnten,
zB Wechsel der Zustgk (Hbg BtPrax **94**, 138); od eine vorhandene, aber seinerZt nicht bemerkte Krankh des
Betr; Fortführg eines schwier ZivProz (BayObLG FamRZ **94**, 1353). Nicht dagg eine möglw zu Unrecht
14 erfolgte Verkürzg der Vergütg (Schlesw FamRZ **98**, 1259; bestr.). – **c) Maßnahmen:** Nicht unbedingt Ersetzg
des bish Betr dch einen neuen Betr insges; auch teilw Entlassg mögl (Rn 7). Dann wie §§ 1899, 1908 c.

4) Austauschentlassung auf Wunsch des Betreuten, III. – aa) Im Anschl an § 1897 IV kann das Ger den Betr entlassen, wenn der Betreute eine gleich geeignete Pers, die zur Übern der Bt bereit ist, als neuen Betr vorschlägt. Auf die GeschFgk kommt es nicht an (BayObLG FamRZ **94**, 322). Doch ist dem Wunsch des Betreuten nach einem BetrWechsel nur stattzugeben, wenn der Wunsch nicht seinem Wohl zuwiderläuft (BayObLG BtPrax **97**, 200) u er zugl einen neuen Betr präsentiert. Kein BetrWechsel bei bl pers Unzufriedenh des Betreuten mit seinem Betr (BT-Drucks 11/4528 S 154). Kann der Betreute selbst keinen geeigneten and Betr finden, kommt eine Entlassg des Betr nur unter den Vorauss von I od II in Betr. Unberührt bleibt das Recht des nur körperl Behind, die Aufhebg der Bt zu verlangen (§§ 1908 d II 1, 1896 I 3). – **bb) Kann-Vorschrift.** Zum Umfang der Sachaufklärg hins der gleichen Geeigneth BayObLG NJWE-FER **99**, 122. Das VormschG behält einen Ermessensspielraum u muß prüfen, ob der mögl BetrWechsel nicht dem Wohl des Betreuten zuwiderläuft. Das ist zB der Fall, wenn in Wirklichk der Wunsch des Betreuten auf die Beeinflussg eines wirtschaftl interessierten Dr zurückzuführen ist (BayObLG BtPrax **97**, 200) od der BetrWechsel die Fortsetzg einer notw Therapie in Frage stellt. Dem Wunsch des Betreuten kommt aber ein bes Gewicht zu (BayObLG FamRZ **98**, 1259). Gilt auch für I 2 (Rn 2). 15 16

5) Entlassung eines Vereins- oder Behördenbetreuers, IV. Zu den Begriffen § 1897 Rn 9. Die EntlassgsMöglkten nach I–III bleiben unberührt (vgl insb Rn 5). – **a) Entlassungsantrag des Vereins, IV 1.** Der VereinsBetr kann von seinen Aufg als Betr nicht dch den Verein, sond nur vom VormschG entbunden w. Dennoch muß dem Verein od der Beh ein Weg eröffnet w, die Entlassg des MitArb aus der Bt zu erreichen, etwa wenn der MitArb dringd für and Aufg benöt w. Die Personalhoheit wird dch ein entspr AntrR des Vereins gesichert. – **b) Weiterführung der Betreuung, IV 2.** Ist die Entlassg trotz des Antr zum Wohl des Betreuten nicht erfdl, kann das VormschG statt der Entlassg aussprechen, daß der Betr die Bt künft als PrivPers weiterführt. Der Weg einer Entlassg u Neubestellg als PrivBetr wurde nicht beschritten, weil sonst zB noch nicht vollzogene vormschgerichtl Gen ihre Wirksamk verlören u neu erteilt w müßten (BT-Drucks 11/4528 S 154). – **c) Behördenbetreuer, IV 3.** S 1 u 2 gelten für den BehBetr entspr, dh auch die Beh kann jederzt die Entlassg ihres MitArb aus der Bt verlangen, aber nicht verhindern, daß der MitArb unabhäng davon, ob er weiter in der Beh tät, versetzt od überh aus dem öff Dienst ausgeschieden ist, die Bt als PrivBetr fortsetzt. Zur Entlassg bei Wegfall der örtl Zustdgk Zweibr FamRZ **92**, 1325 (Einf 20 v § 1896). 17 18 19 20

6) Entlassung des Vereins oder der Behörde, V. Sind der Verein od die Beh als solche zum Betr best (§ 1900 I u IV), so werden sie entlassen, sobald die Bt dch eine od mehrere natürl Pers mögl ist. Dadch soll der Vorrang der EinzBt auch für die Zt nach der BetrBestellg gewährl w. Die Regel wird dch die AnzPfl gem § 1900 III u IV 2 ergänzt. Keine Entlassg der Beh, wenn der vorgeschlagene Bter nicht gleich gut geeignet ist (LG Mainz BtPrax **93**, 176). 21

1908 c

Bestellung eines neuen Betreuers. **Stirbt der Betreuer oder wird er entlassen, so ist ein neuer Betreuer zu bestellen.**

Die Bt als solche wird weder dch den Tod noch dch die Entlassg des Betr beendigt; nicht das Amt u die dadch begrdeten Beschrkgen entfallen, sond der derzeit AmtsInh fällt weg. Desh ist in diesen Fällen schnellstmögl ein neuer Betr zu best. Für die **Auswahl** gilt wiederum § 1897. **Verfahren:** FGG 69 i VIII. Bestellg dch einstw AnO: FGG 69 f, insb bei Bestehen eines EinwilliggsVorbeh (§ 1903 I). 1

1908 d

Aufhebung oder Änderung von Betreuung und Einwilligungsvorbehalt. **I Die Betreuung ist aufzuheben, wenn ihre Voraussetzungen wegfallen. Fallen diese Voraussetzungen nur für einen Teil der Aufgaben des Betreuers weg, so ist dessen Aufgabenkreis einzuschränken.**

II Ist der Betreuer auf Antrag des Betreuten bestellt, so ist die Betreuung auf dessen Antrag aufzuheben, es sei denn, daß eine Betreuung von Amts wegen erforderlich ist. Den Antrag kann auch ein Geschäftsunfähiger stellen. Die Sätze 1 und 2 gelten für die Einschränkung des Aufgabenkreises entsprechend.

III Der Aufgabenkreis des Betreuers ist zu erweitern, wenn dies erforderlich wird. Die Vorschriften über die Bestellung des Betreuers gelten hierfür entsprechend.

IV Für den Einwilligungsvorbehalt gelten die Absätze 1 und 3 entsprechend.

1) Gesetzeszweck. Zur Dauer der Bt allg: § 1896 Rn 32. Die Aufhebg od eine sonstige Änderg der Bt od eines EinwilliggsVorbeh sollen (iGgs etwa zu § 1882) im Interesse der Klarh der RVerhältn nicht schon bei Verändergen der BtBedürftigk eintreten, sond erst aGrd einer ausdrückl **gerichtlichen Entscheidung.** Das gilt auch dann, wenn die Bt zur Besorgg einer einz Angelegenh angeordn ist, so daß die Bt auch hier nicht mit der Erledigg der Angelegenh, sond erst dch Beschl des VormschG endet (BT-Drucks 11/4528 S 155). Daß die Bt mit dem **Tod** des Betreuten endet, ergibt sich aus dem Wesen der Bt; wg der Fortwirkg von Pflichten des Betr vgl §§ 1893, 1908 i I; Paßmann BtPrax **94**, 202: §§ 177 ff; Führg von NachlKten Vogt BtPrax **96**, 52; Bestattg Stockert BtPrax **96**, 203. Tod od Entlassg des Betr änd dagg an der BtBedürftigk des Betroffenen nichts u führen desh nur zur Bestellg eines neuen Betr (§ 1908 c). 1

2) Aufhebung der Betreuung bei Wegfall ihrer Voraussetzung, I. Entspr dem ErfdlkGrds (§ 1896 Rn 19) hat das VormschG vAw dafür Sorge zu tragen, daß die Bt nicht unnöt lange aufrechterh bleibt. Desh ist die Bt insges aufzuheben, wenn ihr Vorauss gänzl weggefallen sind, **I 1.** Kein Wegf der Vorauss in der Zt zw mehreren Schüben einer Psychose (BayObLG FamRZ **94**, 319; § 1896 Rn 20). Fallen die Vorauss nur für einen Teil der Aufg des Betr weg, so ist dessen AufgKr einzuschränken, **I 2.** Vgl § 1896 Rn 27 ff. I gilt analog, wenn die Vorauss der Bt von Anfg an fehlten. Zum BeschwR des Betr gg die Aufhebg des Bt Düss BtPrax **98**, 80. 2

3 **3) Aufhebung der auf Antrag angeordneten Betreuung, II.** Die Vorschr steht einer Beschw gg die auf eigenen Antr erfolgte Bestellg eines Betr nicht entgg (Hamm FamRZ **95**, 1519). – **a) Voraussetzungen der Aufhebung, II 1.** Ist der Betr auf Antr des Betreuten best w (§ 1896 I), so ist zu unterscheiden:
4 **aa)** Kann der Betreute seine Angelegenh ausschließl aGrd einer **körperlichen Behinderung** nicht besorgen, so kam die Bt schon nur aGrd seines Antr zustande (§ 1896 Rn 8) u soll desh gg seinen Willen auch nicht fortdauern. Dem Antr auf Aufhebg ist daher auch bei Fortdauer der früh BtBedürftigk ijF stattzugeben. –
5 **bb)** Ist der Betreute dagg aGrd einer **psychischen Krankheit** od einer geist od seel Behinderg betrgsbedürft (§ 1896 Rn 6), so kann er nicht ow auf eig Antr aus der Bt entlassen w. Um dch eine Entlassg des AntrBetr keine falschen Hoffngen zu erwecken, ist die einmal begründete Bt desh bei Fortdauer der BtBedürftigk als **Amtsbetreuung** fortzuführen. Hatte der Betreute im ErstVerf auf die Einholg eines GA verzichtet, ist letztere jetzt nachzuholen (FGG 69 i IV). Iü steht die Einholg eines neuen GA (wg des Fehlens einer Verweisg auf FGG 68 b in § 69 i III) im Ermessen des Ger (Ffm NJW **92**, 1395). Liegt das letzte GA nur 2 Mo zurück,
6 kann der Antr ohne neue Erhebgen abgelehnt w (BayObLG FamRZ **98**, 323). – **b)** Den **Antrag** auf Aufhebg der Bt kann auch ein **Geschäftsunfähiger** stellen, **II 2** (vgl. § 1896 Rn 6). Unabhäng davon hat der betroff
7 AntrSt auch ein BeschwR (Hamm BtPrax **95**, 221). – **c) Einschränkung des Aufgabenkreises, II 3.** Die Einschränkg des AufgKr ist der Sache nach eine teilw Aufhebg der Bt u unterliegt desh denselben Vorschr.

8 **4) Erweiterung des Aufgabenkreises, III.** – **a)** Der AufgKr des Betr ist zu erweitern, wenn dies **erforderlich** ist, **III 1** (§ 1896 Rn 19 u 21). Die Notwendigk kann sich aus versch Grden ergeben, etwa weil sich die Krankh od Behinderg des Betreuten verschlimmert hat od weil zusätzl Angelegenh auftauchen, die vom ursprüngl AufgKr des Betr nicht erfaßt waren od weil bish vorhandene and Hilfen etwa von FamAngeh
9 (vgl § 1896 II 2) nachträgl weggefallen sind. – **b)** Für die Erweiterg des AufgKr gelten iü die **Vorschriften über die Erstbestellung** eines Betr entspr, **III 2.** Dies gilt auch für das Verf (FGG 69 i). Bei Erweiterg des AufgabKr auf alle Angeleghten ist die Best eines VerfPfleg zwingd (BayObLG FamRZ **94**, 327). Für sämtl neuen AufgKr muß die SelbstBestFähigk fehlen (BayObLG FamRZ **95**, 116). Neben der Erfdlk (BayObLG FamRZ **98**, 453) muß der bish Betr auch die erfdl **Eignung** besitzen (§ 1897 Rn 5). Ist das nicht der Fall, hat das Ger zu prüfen, ob es einen weiteren Betr best (§ 1899 I) od den bish Betr entläßt (§ 1908 b I) u einen neuen Betr für den erweiterten AufgKr best. Für diese Entsch ist es von erhebl Bedeutg, ob sich zw dem Betreuten u dem bish Betr ein VertrauensVerhältn gebildet hat (BT-Drucks 11/4528 S 156). Dann können die Angelegenh des Betreuten dch die Bestellg eines weiteren Betr besser besorgt w (§ 1899 Rn 2).

10 **5) Aufhebung und Änderung des Einwilligungsvorbehalts, IV.** Vgl zum EV § 1903. Für die Aufhebg, Einschränkg od Erweiterg eines EV gelten I u III entspr. Eine entspr Anwendg von II kommt nicht in Betr, weil der EV nur vAw angeordnet w kann (§ 1903 Rn 3). Hat der Betreute über J inf seiner Krankh nicht selbstd am RVerkehr teilgenommen u läßt das KrankhBild eine Änd dieses Verhaltens auch nicht erwarten, so ist der EV aufzuheben (Zweibr FamRZ **99**, 1171).

1908 e ***Aufwendungsersatz und Vergütung für Vereine.*** **I Ist ein Vereinsbetreuer bestellt, so kann der Verein Vorschuß und Ersatz für Aufwendungen nach § 1835 Abs. 1 und 4 und eine Vergütung nach § 1836 Abs. 2, §§ 1836 a, 1836 b verlangen; § 1836 Abs. 1 Satz 2 und 3 findet keine Anwendung. Allgemeine Verwaltungskosten werden nicht ersetzt.**

II Der Vereinsbetreuer selbst kann keine Rechte nach den §§ 1835 bis 1836 b geltend machen.

1 **1)** Bei Bt dch einen **Betreuungsverein** (§ 1900 I) kann der Verein AufwendgsErs ohne Vorschuß nur von einem Betreuten mit ausreichdem (dh mit nach § 1836 c einsetzb) Eink/Verm verlangen (§§ 1908 i I, 1835 V 1); AufwandsEntsch u Vergütg kann er nicht verlangen (§§ 1908 i I, 1835 a V, 1836 IV).

2 **2)** Bei Bt dch einen **Vereinsbetreuer** (1897 II 1), auch als GgBetr (I 1 mit §§ 1835 I 2, 1836 II 1), hat dieser keinen eigenen Anspr auf AufwendgsErs, AufwandsEntsch u Vergütg **(II)**, da die Kosten vom Verein
3 getragen werden. Der **Verein** kann verlangen (FestsetzgsVerf: FGG 56 g): – **a) Aufwendungsersatz** einschl Vorschuß vom bemittelten Betreuten (**I 1**, § 1835 I) u bei mittellosem Betreuten aus der Staatskasse (**I 1**, § 1835 IV). Zu den ersetzb Aufwendgen gehören auch Kosten nach § 1835 II; die Vorschr ist zwar in I 1 nicht erwähnt, sie füllt aber nur den AufwendgsBegr aus u **I 2** schließt abw von § 1908 h I 2 nur allg VerwKosten (einschl Aus- u Fortbildgskosten gehören) aus. Entspr gilt für Aufwendgen iSv § 1835 III jedenf dann, wenn der Betr ehrenamtl tätig ist (vgl § 1897 Rn 10). Erlöschen nach § 1835 I 3, 4. Eine Aufwands-
4 Entsch als pauschalierter AufwendgsErs kann nicht verlangt werden (I 1 erwähnt § 1835 a nicht). – **b) Vergütung** einschl Abschlagszahlg vom bemittelten Betreuten (**I 1**, 1836 II) in Höhe der Vergütg, die dem Betr bei Selbständigk zustehen würde (BayObLG FamRZ **95**, 692; Ffm BtPrax **95**, 183; aA Düss FamRZ **97**, 767 [Vergütg eines beim Verein angestellten Betr]) u bei mittellosem Betreuten aus der Staatskasse (**I 1**, 1836 b); dazu bedarf es keiner Feststellg der Berufsmäßigk der Bt **(I 1 Halbs 2)**. Die Vergütg kann nach § 1836 b begrenzt werden u unterliegt der Kürzg aus dem EinigsV (LG Stendal FamRZ **94**, 1202), wenn der Betr (nicht notw der Betreute) im Beitrittsgebiet wohnt.

1908 f ***Anerkennung als Betreuungsverein.*** **I Ein rechtsfähiger Verein kann als Betreuungsverein anerkannt werden, wenn er gewährleistet, daß er**

1. eine ausreichende Zahl geeigneter Mitarbeiter hat und diese beaufsichtigen, weiterbilden und gegen Schäden, die diese anderen im Rahmen ihrer Tätigkeit zufügen können, angemessen versichern wird,
2. sich planmäßig um die Gewinnung ehrenamtlicher Betreuer bemüht, diese in ihre Aufgaben einführt, fortbildet und berät,
2 a. planmäßig über Vorsorgevollmachten und Betreuungsverfügungen informiert,
3. einen Erfahrungsaustausch zwischen den Mitarbeitern ermöglicht.

II Die Anerkennung gilt für das jeweilige Bundesland; sie kann auf einzelne Landesteile beschränkt werden. Sie ist widerruflich und kann unter Auflagen erteilt werden.

III Das Nähere regelt das Landesrecht. Es kann auch weitere Voraussetzungen für die Anerkennung vorsehen.

1) Zweck der den bes Status als BtVerein vermittelnden ör ErgNorm ist es, best Qualitätsstandards zu 1
gewährleisten, ehe eine Bestellg von VereinsBetr in Betracht (§ 1897 II) u ein Verein in den Genuß der in § 1908 I 1 genannten Beträge kommt.

2) Voraussetzungen der Anerkennung, I. Wg weiterer landesgesetzl Anfdgen vgl Dodegge NJW **94**, 2
2383. **a) Rechtsfähigkeit.** Für die Anerkenng muß der Verein rechtsfäh sein (§ 21). – **b) Professionelle** 3
Betreuer, Nr 1. Im Rahmen des Modells „organisierter EinzBt" darf der Verein nicht nur ehrenamtl Helfer haben, sond muß die Beschäftigg von MitArb gewährl, die für die Übern auch schwierigerer BtFälle u iü auch dazu geeignet sind, ehrenamtl Mitgl zu gewinnen, sie in ihre Aufg einzuführen, fortzubilden u zu beraten. Ein best AusbildgsAbschl ist nicht vorgeschrieben (BT- Drucks 11/4528 S 158). Vgl aber Rn 7. Zur Beaufsichtigg: Coen NJW **99**, 535. Der Verein muß für Schäden, die seine MitArb den Betreuten zufügen u für die der Verein ggf haftet, eine **Versicherung** abschließen. – **c) Ehrenamtliche Betreuer, Nr 2.** Der Verein soll 4
im wesentl die EinzBt gem § 1897 I organisieren; desh muß er sich planmäß um die Gewinng ehrenamtl Betr bemühen u diese in ihre Aufg einführen, fortbilden u beraten. – **d) Information,** Nr 2 a, über Vorsorge- 5
Vollm (Einf 8 v § 1896, §§ 1904 II, 1906 V) u BtVfg (Einf 9 v § 1896, § 1901 a). – **e) Erfahrungsaus-** 6
tausch, Nr 3, setzt die Berichterstattg auch über pers Verhältn des Betreuten voraus. Desh entbindet Z 3 insow von der VerschwiegenhPfl des Betr (§ 1901 Rn 17). Allerd muß dafür gesorgt w, daß die Informationen aus den Gesprächskreisen nicht herausgegeben w (BT-Drucks 11/4528 S 158).

3) Verfahren. a) Die Anerk ist ein **Verwaltungsakt.** Über die Zustdgk für die Anerk entscheidet das 7
Landesrecht, III 1. Im Bundesgesetz können nur die GrdStrukturen der Vereinstätigk vorgegeben w. Einzelh sind dch LandesR zu regeln. Das gilt insb für die genauen Anfordergen an die Qualifikation von hauptberufl Betr. Soweit die in § 1908 f I vorgeschriebenen Anfordergen erfüllt sind, hat der Verein ein Recht auf Anerk. Die zust Beh hat kein Ermessen (BT-Drucks 11/4528 S 157). Bei Ablehng des Antr auf Anerk VerpflKl vor dem VerwG.
– **b) Weitere Voraussetzungen, III 2.** Das LandesR kann weitere Vorauss für die Anerk vorsehen. – **c)** Die 8
Anerk kann schließl unter **Auflagen** (zB hins der Einstellg zusätzl Personals od der Gestaltg des SchulgsPro- 9
gramms) erteilt w u ist **widerruflich, II 2,** zB bei VermVerfall des Vereins, bei einer Einstellg seiner Aktivitäten od bei Verstößen gg die Pfl nach I bzw bei Nichterfüllg von Aufl. – **d) Wirkung der Anerkennung.** Die Anerk 10
gilt für das jew Bundesland, in dem sie ausgespr wurde, kann aber auf einz Landesteile beschr w, **II 1.**

1908 g

Behördenbetreuer. **I Gegen einen Behördenbetreuer wird kein Zwangsgeld nach § 1837 Abs. 3 Satz 1 festgesetzt.**

II Der Behördenbetreuer kann Geld des Betreuten gemäß § 1807 auch bei der Körperschaft anlegen, bei der er tätig ist.

1) Zwangsgeld, I. Der **Behördenbetreuer** ist im Ggs zur Bestellg der Beh als solcher (§ 1900 IV) der 1
MitArb einer in BtAngelegenh zust Beh, der dort ausschließl od neben and Tätigkten als Betr beschäft ist, aber als Pers zum EinzelBetr bestellt wird (§ 1897 II 2; dort Rn 9). Ist die Beh als solche zum Betr bestellt (§ 1900 IV), scheidet die Festsetzg eines Zwangsgelds unmittelb nach § 1837 III 2 aus. Die Festsetzg eines Zwangsgelds wäre jedoch auch mit der Stellg als BehBetr, da die Bt in Wahrnehmg einer öff Aufg ausgeübt wird, nicht vereinb. Desh erweitert I das Verbot entspr (BT-Drucks 11/4528 S 159).

2) Anlage von Geld, II, das dem Betreuten gehört, soll auch bei der Körpersch erfolgen, bei der der 2
BehBetr tät ist. Die Vorschr entspr §§ 1805 S 2, 1897 S 1, 1915 I aF.

1908 h

Aufwendungsersatz und Vergütung für Behördenbetreuer. **I Ist ein Behördenbetreuer bestellt, so kann die zuständige Behörde Ersatz für Aufwendungen nach § 1835 Abs. 1 Satz 1 und 2 verlangen, soweit eine Inanspruchnahme des Betreuten nach § 1836 c zulässig ist. § 1835 Abs. 5 Satz 2 gilt entsprechend.**

II Der zuständigen Behörde kann eine Vergütung nach § 1836 Abs. 3 bewilligt werden, soweit eine Inanspruchnahme des Betreuten nach § 1836 c zulässig ist.

III Der Behördenbetreuer selbst kann keine Rechte nach den §§ 1835 bis 1836 b geltend machen.

1) Bei Bt dch eine **Betreuungsbehörde** (§ 1900 IV) die Behörde AufwendgsErs ohne Vorschuß nur von 1
einem Betreuten mit ausreichdem (dh mit nach § 1836 c einsetzb) Eink/Verm verlangen (§§ 1908 i I, 1835 V 1); AufwandsEntsch u Vergütg kann sie nicht verlangen (§§ 1908 i I, 1835 a V, 1836 IV).

2) Bei Bt dch einen **Behördenbetreuer** (§ 1897 II 2), auch als GgBetr (I 1, §§ 1835 I 2; II, 1836 III 1), 2
hat dieser keinen eigenen Anspr auf AufwendgsErs, AufwandsEntsch u Vergütg **(III)**, da die Kosten von der Beh getragen werden. Die **Behörde** kann verlangen (FestsetzgsVerf: FGG 56 g): – **a) Aufwendungsersatz** 3
ohne Vorschuß (wird abw von § 1908 e I 1 nicht erwähnt) vom Betreuten mit nach § 1836 c einsetzb Eink/Verm **(I 1,** § 1835 I); fehlde Mittellosigk ist mangels Verweisg auf §§ 1835 III, 1836 d nicht vorausgesetzt. Zu den ersetzb Aufwendgen gehören nicht allg VerwKosten (einschl Aus- u Fortbildgskosten) u Kosten nach § 1835 II **(I 2)**; auch nicht Aufwendgen iS v § 1835 III (obwohl in I 2 nicht erwähnt), da der BhBetr für seine Tätigk besoldet wird. Kein Erlöschen nach § 1835 3, 4. Eine AufwandsEntsch als pauschalierter AufwendgsErs kann nicht verlangt werden (I 1 erwähnt § 1835 a nicht). Bei Betreutem ohne nach § 1836 c einsetzb Eink/Verm besteht kein Anspr gg die Staatskasse (Justizfiskus). – **b) Vergütung** einschl Abschlags- 4
zahlg (entspr § 1836 II 3) nur von Betreutem mit nach § 1836 c einsetzb Verm **(II)**; fehlde Mittellosigk ist mangels Verweisg auf § 1836 d nicht vorausgesetzt. Zur Höhe vgl § 1908 e Rn 4.

1908 i ***Entsprechend anwendbare Vorschriften.*** **I Im übrigen sind auf die Betreuung § 1632 Abs. 1 bis 3, §§ 1784, 1787 Abs. 1, § 1791 a Abs. 3 Satz 1 zweiter Halbsatz und Satz 2, §§ 1792, 1795 bis 1797 Abs. 1 Satz 2, §§ 1798, 1799, 1802 Abs. 1 Satz 1, Abs. 2 und 3, §§ 1803, 1805 bis 1821, 1822 Nr. 1 bis 4, 6 bis 13, §§ 1823 bis 1825, 1828 bis 1831, 1833 bis 1836 e, 1837 Abs. 1 bis 3, §§ 1839 bis 1841, 1843, 1845, 1846, 1857 a, 1888, 1890, 1892 bis 1894 sinngemäß anzuwenden. Durch Landesrecht kann bestimmt werden, daß Vorschriften, welche die Aufsicht des Vormundschaftsgerichts in vermögensrechtlicher Hinsicht sowie beim Abschluß von Lehr- und Arbeitsverträgen betreffen, gegenüber der zuständigen Behörde außer Anwendung bleiben.**

II § 1804 ist sinngemäß anzuwenden, jedoch kann der Betreuer in Vertretung des Betreuten Gelegenheitsgeschenke auch dann machen, wenn dies dem Wunsch des Betreuten entspricht und nach seinen Lebensverhältnissen üblich ist. § 1857 a ist auf die Betreuung durch den Vater, die Mutter, den Ehegatten oder einen Abkömmling des Betreuten sowie auf den Vereinsbetreuer und den Behördenbetreuer sinngemäß anzuwenden, soweit das Vormundschaftsgericht nichts anderes anordnet.

1 **1) Anwendung von Regelungen der Vormundschaft über Minderjährige, I 1.** Eine pauschale Verweisg wie in §§ 1897 S 1, 1915 I aF ist im BtR nicht sinnvoll, wesh I den Weg der Einzelverweisg beschreitet (BT-Drucks 11/4528 S 159). Die Verweisg ist unvollständ. So besteht analog § 667 ein Anspr auf Herausg der **Handakten** gg den früh Betr (AG Bln-Spandau NJWE-FER **97**, 156). Vorauss ist iü stets, daß sich der dem Betr zugewiesene AufgKr (§ 1896 Rn 22) auf den RegelgsBereich der Vorschr, auf die
2 verwiesen w, bezieht. **Für die Betreuung gelten sinngemäß: – a) Personensorge:** § 1632 I–III. Vorauss ist, daß sich die Bt allg auf die PersSorge od bei eingeschrkte‌m AufgKr zumind gezielt auf die Befreiung des
3 Betreuten aus widerrechtl FreihBehinderg od auf den Schutz vor Belästiggen dch Dritte bezieht. – **b) Beamter oder Religionsdiener:** §§ 1784, 1888. Sie sollen als Betr bestellt od wieder entlassen w nur unter
4 Berücks etwaiger landesrechtl bes ErlaubnVorbehalte. – **c) Haftung des Betreuers:** §§ 1787 I, 1833, 1834 bei unbegründeter Ablehng der Übern der Bt bzw bei PflVerletzgen in Ausübg der Bt (Einf 13 ff vor § 1896).
5 – **d) Vereins- und Behördenbetreuung:** §§ 1791 a III S 1 Halbs 2 u S 2, 1857 a. Die Verweisg gilt für Vereine wie für Beh, auch wenn die Vorschr selbst unmittelb nur vom Verein handeln; das folgt aus der allg
6 Fassg der Verweisg („die Betreuung"). – **aa) Delegationssperre.** Für die Bestellg des Vereins u der Beh zum Betr gelten aStv §§ 1791 a I–III die Vorschr des § 1900 I, II u IV iVm FGG 69 b I 2 u II. Sinngem gilt dagg § 1791 a III 1 Halbs 2, dh der zum Betr bestellte Verein darf die Bt (zB gesetzl Vertretg, Einwilligg in med Behdlg) nicht einem VereinsMitgl übertr, das den Betreuten in einem Heim des Vereins versorgt (§ 1791 a
7/8 Rn 8). – **bb) Haftung:** Einf 13 ff v § 1896. – **cc) Befreiungen** von Beschrkgen bei der Anlegg von Geld
9 sowie von der Pfl zur Hinterlegg u RechngsLegg: § 1857 a. Vgl iü Rn 19. – **e) Gesetzlicher Ausschluß der Vertretung:** §§ 1795, 1796. Die gesetzl VertretgsMacht des Betr (§ 1902) ist ausgeschl bei Geschäften zw dem Betreuten u dessen Eheg od einem mit ihm in gerader Linie Verwandten (§ 1795 Nr 1; vgl § 1795 Rn 1), ferner bei best SichergsGesch (§ 1795 Nr 2) u entspr RStreitigkten mit den genannten Pers od über die genannten Angelegenh (§ 1795 Nr 3) sowie schließl iF des Selbstkontrahierens (§ 1795 II). Darüber hinaus kann dem Betr bei Interessenkollisionen die VertretgsMacht für einz Angelegenh od einen Kreis von
10 Angelegenh entzogen w (§ 1796). – **f) Gegenbetreuer:** § 1792 (vgl BayObLG FamRZ **94**, 325). **Mitbetreuung:** § 1899. Für mehrere Betr gilt: **aa) Meinungsverschiedenheiten:** §§ 1797 I 2, 1798. Sind für ein u dieselbe Angelegenh mehrere Betr bestellt (§ 1899 I 1), entsch über MeingsVerschiedenh ggf das VormschG, zB über die Notwendigk von RehabilitationsMaßn (§ 1901 Rn 13). Kein solcher Fall liegt vor, wenn die AufgKr der mehreren Betr sich überschneiden (§ 1899 I 2), wie zB bei einer SterilisationsBt (§ 1899 Rn 7), od wenn dem einen Betr von vornherein die EntscheidgsKompetenz übertr w ist, wie zB bei der Trenng von Pers- u VermSorge (§ 1896 Rn 23) od bei der ÜberwachgsBt (§ 1896 Rn 21 u 27) sowie bei
11/12 teilw Entlassg (§ 1908 b Rn 7). – **bb) Gegenseitige Kontrolle:** § 1799 (Spanl Rpfleger **92**, 144). – **g) Vermögenssorge: aa)** § 1802 I 1, II u III (VermVerzeichn); § 1803 (Erbsch u Schenkg); §§ 1805–1821, 1822 Nr 1–4, 6–13, 1823–1825, 1828–1831, 1845 (Anlegg von Geld, Hinterlegg von Wertpapieren, GenPfl, VermVerzeichn bei Heirat usw). Die Gen eines GrdstVerk hat sich vornehml an den Wünschen des Betreuten auszurichten (BayObLG FamRZ **98**, 455). Zu Kontosperren u Schenkgen: Bobenhausen BtPrax **94**, 158. Zur Vfg ü Grdbesitz: § 1907 Rn 1. Von der Verweisg ausgen sind Vorschr über GgVormd u solche, zu denen
13 das BtG eigenständ Vorschr enth (zB §§ 1822 Nr 5 u 1907 III). – **bb) Aufsichtserleichterung, I 2.** Durch LandesR kann die Aufs des VormschG in vermrechtl Hins sowie für den Abschl von Lehr- u ArbVertr
14 ausgesetzt w. – **h) Aufwendungsersatz und Vergütung:** §§ 1835–1836 e; §§ 1908 e, 1908 h. – **i) Auf-**
15 **sicht, Kontrolle und Beratung durch das Vormundschaftsgericht:** §§ 1837 I–III, 1839–1841, 1843.
16 Zum EinfGespräch: Formella BtPrax **95**, 198. – **j) Amtsbeendigung** (vgl § 1896 Rn 32): Tod des Betreuten (§ 1908 d Rn 1); § 1890 RechnLegg u VermHerausg; §§ 1892–1894 RechnPrüfg, GeschFortführg, Anz des
17 Todes des Betr. – **k) Einstweilige Maßregeln,** einschl Unterbringg (§ 1906 Rn 15) nach § 1845.

18 **2) Geschenke, II 1:** „Vorsichtige Erweiterg" des § 1804, der dahin modifiziert wird, daß der Betr **a)** in **Vertretung** des Betreuten (§ 1902) **b) Gelegenheitsgeschenke** machen kann, zu denen auch Zuwendgen außerh des § 1804 S 2, also an fürsorgl Bekannte, Nachb od Pflegepersonal gehören. Doch müssen die Geschenke **c)** dem **Wunsch** des Betreuten entspr, wobei bei fortschreitdem geist Verfall ggf früher (nicht notw in der Form von BtVfgen) geäußerte Wünsche ausr (vgl § 1901 Rn 8). Die Fortdauer eines entspr Wunsches ist auch anzun, wenn in der Vergangenh Geschenke dieses Umfgs häufiger gemacht w sind. – **d)** Vorauss ist schließl, daß die Geschenke nach den **Lebensverhältnissen** des Betreuten übl sind.

19 **3) Befreiung, II 2.** Zur Befreiung von BtVerein u BtBeh (§ 1900 I 1 u IV) bei der Anlegg von Geld (§ 1852 II), bei der Hinterlegg von WertP (§ 1853) u bei der Rechnlegg (§ 1854) vgl Rn 8. Zur „Entbürokratisierg" erweitert II 2 die BefreiungsMöglkten auf den Vereins- u BehBetr (§ 1897 II) sowie auf die unmittelb Verwandten u den Eheg des Betreuten, soweit diese seine Betr sind (§ 1897 I). Doch kann das VormschG die gesetzl Befreiung dch AnO auch zurückn. Dies ist angezeigt, wenn im Einzelfall eine möglicherw auch zeitl beschrkte engere Kontrolle angezeigt ist (BT-Drucks 11/4528 S 161).

1908 k *Mitteilungen an die Betreuungsbehörde.* **I Wer Betreuungen entgeltlich führt, hat der Betreuungsbehörde, in deren Bezirk er seinen Sitz oder Wohnsitz hat, kalenderjährlich**
1. die Zahl der von ihm im Kalenderjahr geführten Betreuungen,
2. die von ihm für die Führung dieser Betreuungen insgesamt in Rechnung gestellte Zeit,
3. den von ihm für die Führung dieser Betreuungen insgesamt in Rechnung gestellten Geldbetrag und
4. den von ihm für die Führung von Betreuungen im Kalenderjahr erhaltenen Geldbetrag
mitzuteilen.

II Die Mitteilung erfolgt jeweils bis spätestens 31. März für den Schluß des vorangegangenen Kalenderjahres. Die Betreuungsbehörde kann verlangen, daß der Betreuer die Richtigkeit der Mitteilung an Eides Statt versichert.

III Die Betreuungsbehörde ist berechtigt und auf Verlangen des Vormundschaftsgerichts verpflichtet, dem Vormundschaftsgericht diese Mitteilung zu übermitteln.

Die erstmals für das J 1999 zum 31. 3. 2000 geltde **Jahresgesamtabrechnungspflicht** soll die Abrech- 1
ngsehrlichk der Betr fördern u einer Konzentration von Bt in einer Hand entggwirken (BT-Drucks 13/10 331 S 43). **Entgeltliche Betreuung** liegt nicht vor, wenn nur AufwendgsErs bzw AufwandsEntsch verlangt w kann (daher nicht bei Bt dch BtVerein; § 1908 e Rn 1). Sie erfordert Entgeltlichk aGrd berufsmäß Führg dch selbstd Betr (§ 1836 I 1) od VereinsBetr (BT-Drucks aaO); die Vorschr gilt nicht bei Bt dch BehBetr (BtBeh müßte an sich selbst berichten) u NichtberufsBetr, der Vergütg nach § 1836 III erhält. Bei VereinsBetr obliegt die Pfl unter Aufgliederg der Zahlen getrennt nach Betr dem Verein, denn er erhält die Vergütg (§ 1908 e). Die Mitteilg ist der BtBeh zu machen, in deren Bezirk der Betr/BtVerein seinen GeschSitz hat (Walther BtPrax **98**, 125). Die Einhaltg ist vom VormschG **nicht erzwingbar**, denn §§ 1908 i I, 1837 gelten nur für 2
Pfl iR einer konkr Bt (Wagenitz/Engers FamRZ **98**, 1276; aA Walther aaO; Zimmermann FamRZ **99**, 637).

Dritter Titel. Pflegschaft

Einführung

1) Allgemeines zur Pflegsch. **a) Begriff.** Sie ist im Gegensatz zur Vormsch für Fälle vorgesehen, in denen 1
ein FürsBedürfn dch gesetzl Vertretg nicht allg, sond nur für best pers- u sachbezogene Angelegenh od einen
Kreis solcher Angelegenh besteht. – **b) Abgrenzung zur Vormundschaft.** Auch diese betrifft eine Fürs- 2
Tätigk, jedoch nur für Pers, ist eine gesetzl festgelegte, dauernde u umfassde, der elterl Sorge entspr Befugn u Verpflichtg, währd die Pflegsch die Besorgg best Angelegenh betr, die in der Anordng (Rn 8) gerichtl festgelegt werden. Wie der Vormd ist der Pfl gesetzl Vertr (§ 1793 I S 1 üb § 1915 I), jedoch setzt die Vormsch die MindJährk u damit Fehlen od Beschränkg der GeschFähk voraus (§ 1773), währd die Pflegsch eine vorhandene GeschFähk nicht berührt. Im Einzelfall geht die Pflegsch den Ren u Pfl des Vormd vor
(§ 1794). – **c) Abgrenzung zur Rechtlichen Betreuung.** Diese ist für psych kranke od behinderte Vollj 3
anstelle einer Vormsch vorgesehen (§ 1896). Wie die Pflegsch erstreckt sich die Rechtl Betreug auf den
gerichtl angeordneten Aufgabenkreis u verschafft gesetzl VertretgsMacht (§ 1902 u §§ 1915 I, 1793). – 4
d) Abgrenzung zur Beistandschaft. Diese tritt nur ein bei einer Klage zur Feststellg der Vatersch u zur Geltdmachg von UnterhAnspr (§ 1712); sie geht der Pflegsch stets vor u führt üb § 1716 S 2 zur entspr
Anwendg der PflegschVorschr u damit des § 1915. – **e) Arten und Anwendung.** Zu untersch sind die in 5
den §§ 1909 ff geregelten Pflegsch: ErgänzgsPflegsch für Mj (§ 1909), für Abwesde (§ 1911), für eine Leibesfrucht (§ 1912), für unbekannte Beteil (§ 1913) sowie für ein SammelVerm (§ 1914). Diese Aufzählg ist erschöpfd. Die §§ 1909 ff sind einer analogen Anwendg auf and Fälle eines konkr SchutzBedürfn nicht zugängl (Jau/Schlechtriem 2). Die AmtsPflegsch des § 1706 ist seit 1. 7. 98 aufgeh u dch die Beistdsch (§ 1712) ersetzt. Die NachlaßPflegsch (§§ 1960, 1961) ist eine Unterart der Pflegsch, für die § 1915 I anwendb ist (§ 1960 Rn 11). In and Gesetzen gibt es Fälle von Pflegsch (MK/Schwab 22–30), die bes geregelt sind u für die im Einzelfall die BGB-Vorschr anwendb sein können. Unanwendb sind die §§ 1909 ff auf die bes Vertreter u sog ProzPfl (ZPO 57, 58, 494 II, 779 II, 787, FGG 50, 88 sowie ZVG 135, 157 II 9) sowie auf
die Vertr bei GrdPfdR (§§ 1141 II, 1189). – **f) Wirkung.** Die Pflegsch beschränkt die vorhandene GeschFä- 6
higk des Pfleglings nicht. Der Pfl hat nur iR seines in der Anordng (Rn 8) best Aufgabenkreises die Stellg eines ges Vertr (§§ 1915 I, 1793 I S 1). Ist auch Vormsch angeordnet, geht die Pflegsch vor (§ 1794). Die
entspr Anwendg der VormschVorschr ist in § 1915 I best. – **g) Internationales Privatrecht:** EG Art 24. – 7
h) Überleitungsrecht für die neuen BLänder: EG Art 234 § 15.

2) Verfahren. Es unterliegt dem FGG, damit dem Amtsermittlungsgrundsatz (FGG 12) u gehört zu den 8
VormschSachen (FGG 35–63 a). Zu untersch ist: **a) Anordnung** der Pflegsch. Zuständk: das AG als VormschGer (FGG 35). International: FGG 35 b. Örtl: FGG 36 a–42. Funktionell: der RPfleger (RPflG 3 Nr 2 a mit dem RichterVorbeh des 14 Nr 4). Es gilt das allg VerfR des FGG mit SoRegeln, zB FGG 50 a,
50 b. Entschieden wird dch Beschl (FGG 16 I). Darin muß der Umfang der Pflegsch (vgl Rn 2) genau best
sein. – **b) Auswahl und Bestellung** des Pfl. Zuständk u Verf: wie Rn 8, auch hinsichtl des Verf. In der 9
Entsch muß der Aufgabenkreis best sein. Das ist nicht wiederholt erforderl, wenn er (idR zweckmäß) mit der
Anordng (Rn 8) verbunden ist. – **c) Rechtsmittel.** Beschw (FGG 18) u weitere Beschw (FGG 27). So- 10
Regeln zur BeschwBerechtigg (FGG 20): FGG 57 I Nr 3, 59. Zur sof Beschw: FGG 60 I Nr 2.

1909 *Ergänzungspflegschaft.* **I Wer unter elterlicher Sorge oder unter Vormundschaft steht, erhält für Angelegenheiten, an deren Besorgung die Eltern oder der Vormund verhindert sind, einen Pfleger. Er erhält insbesondere einen Pfleger zur Verwaltung des Vermö-**

gens, das er von Todes wegen erwirbt oder das ihm unter Lebenden unentgeltlich zugewendet wird, wenn der Erblasser durch letztwillige Verfügung, der Zuwendende bei der Zuwendung bestimmt hat, daß die Eltern oder der Vormund das Vermögen nicht verwalten sollen.

II Wird eine Pflegschaft erforderlich, so haben die Eltern oder der Vormund dies dem Vormundschaftsgericht unverzüglich anzuzeigen.

III Die Pflegschaft ist auch dann anzuordnen, wenn die Voraussetzungen für die Anordnung einer Vormundschaft vorliegen, ein Vormund aber noch nicht bestellt ist.

1 **1) Allgemeines. a) Anwendbar** ist § 1909 nur bei Bestehen der elterl Sorge od Vormsch. Keine entspr Anwendg (Einf 5), insb nicht auf jur Pers. – **b) Umfang und Zeitraum.** Die Pflegsch kann für einzelne RHdlgen od für unbest Dauer (DauerPflegsch) angeordnet werden (zur Abgrenzg vgl BayObLG Rpfleger **81,**
2 302). – **c) Wirkung.** Der Pfl tritt an Stelle der Eltern od des Vormds. Die angeordnete Pflegsch verdrängt
3 insow elterl Sorge (§ 1630 I) u Vormsch (§ 1794). – **d) Voraussetzungen** der ErgänzgsPflegsch sind: **aa)** Verhinderg v Eltern od Vormd (Rn 5), wobei die sog ZuwendgsPflegsch (Rn 7) einen bes Fall darstellt.
4 **bb)** Bestehdes Bedürfn für Anordng einer Pflegsch (Rn 6). – **e) Beendigung** der Pflegsch: krG gem § 1918 I od III; mit Aufhebg dch das VormschGer gem § 1919.

5 **2) Verhinderung (I S 1)** der Eltern (auch eines allein berecht EltT) od des Vormd. Das ist sowohl tats wie rechtl Verhinderg (zB §§ 1629 II, 1638 I, 1795, 1796, 1801) für nur eine Angelegenh od einen Kreis v solchen, persönl wie vermögensrechtl Art, insb Krankh, Abwesenh, Interessenwiderstreit, Beisp: offensichtl Interessenkonflikt in der Pers des Vormd (BVerfG NJW **95**, 2023); Entbindg des ges Vertr von der ärztl SchweigePfl (LG Stgt DAVorm **87**, 147: Vorauss daß Mj selbst bereit ist); AdoptivElt des inkognito adoptierten Kindes wollen nicht bekannt w (Karlsr FamRZ **66**, 268); Entsch üb die Ausübg des ZeugnVerweigergsR eines Mj bei Verhinderg des ges Vertr (Hamm OLGZ **72**, 157), zB weil der eine EltT der Beschuldigte ist (LG Memmg MDR **82**, 145); Klage des Kindes gg beide Elt auf Unterh (§ 1629 I S 2); Entlassg eines EltT als GeschF in der GesellschafterVers einer GmbH, an der das Kind beteil ist (KG JW **35**, 2154), weil der and EltT wg §§ 1629 II S 2, 1795 Nr 1 nicht vertr kann; ebso bei ErbauseinandS zw EltT u Kind, nicht aber schon bei AuseinandS des EltT u Kindes einers mit einem Dr ands, da die bloße Möglichk eines Interessenwiderstreites nicht genügt (KG DJ **38**, 427); Herausg des PflichtT gg einen EltT. Wird anläßl einer ErbauseinandS das mehreren Mjen zustehde GesHandEigt in BruchtEigt umgewandelt, so muß jeder Mj dch einen Pfl vertr sein (BGH **21**, 229); ebso wenn mehrere Kinder als Kommanditisten mit einem EltT eine KommanditG eingehen, da dadch auch RVerh zw den Kindern begrdet werden (BayObLG FamRZ **59**, 125); wenn die Ämter eines TestVollstr u eines Vormds des Erben sich in einer Pers vereinigen (BayObLG DAVorm **78**, 470), neben TestVollstr mögl, wenn der VermGgst inf Vertr zG Dr unter Lebden nicht in den Nachl fällt (LG Bln Rpfleger **79**, 204); bei unentgeltl Zuwendg eines Grdst od WoEigt v EltT auf das Kind; auch bei Einbringg eines Grdst in eine BGB-Gesellsch, der mehrere mj Ki beitreten (Zweibr NJW-RR **99**, 1174); Abschl eines MietVertr zw einem mj Kind als Verm u einem EltT (BFH NJW **93**, 1415).

6 **3) Bedürfnis für eine Pflegschaftsanordnung.** Es muß vorliegen u ist v VormschG vAw zu prüfen (FGG 12). Das bedeutet, daß eine rechtswirks Erledigg od Wahrnehmg der Angelegenh ohne Pflegsch nicht mögl sein muß. Zweifel daran, ob der Pfl die Angelegenh erled, insb ein RGesch wirks vornehmen kann, schließen die PflegschAnordg nicht aus (BayObLG NJW **60**, 577). Beisp: Kein Bedürfn besteht, wenn der and EltT die elterl Sorge ausüben (zB § 1680), das FamG od VormschG die erforderl Maßn treffen (zB §§ 1667, 1693, 1846), das JA für den mj Asylanten (Kln NJWE-FER **99**, 182) od der Mj selbst handeln kann (zB §§ 112, 113; FGG 59). Bei Geltdmachg v Unterh (KG JR **59**, 20 mAv Beitzke) od eines PflichtTAnspr (KG JW **36**, 2748) muß der Anspr gefährdet sein. Bei ZeugnVerweigerg wg sex Mißbr od Kindesmißhdlg entsch Verhörsperson über Aussagebereitsch u Verstandesreife (Stgt FamRZ **85**, 1154). Zur ErgPflegsch zur Entsch über die Ausübg eines ZeugnVerweigergsR vgl BayObLG NJW **98**, 614; Gutowski FamRZ **98**, 1330. Ist ein Proz offenb aussichtl od mutwill, so kann Anordng der Pflegsch wg fehlenden Bedürfn abgelehnt werden (BayObLG Recht **24**, 1000). Es darf nicht deshalb abgelehnt werden, weil Vertretg möglicherw nicht mehr wirks vorzunehmen ist (BayObLG NJW **60**, 577) od nicht dem MdlInteresse entspricht. Dies hat der Pfl selbst zu entsch (BayObLG JFG **4**, 126). Nur wenn eine Gen völl aussichtsl erscheint, wird von einer Bestellg abgesehen werden können (LG Mü I FamRZ **71**, 324). Im AsylAnerkenngsVerf besteht für einen 16jähr Ausländer Bedürfn, wenn die VerwGe seine VerfFähigk verneinen (KG NJW **82**, 526).

7 **4) Zuwendungspflegschaft (I S 2)** ist ein besonderer Fall der rechtl Verhinderg bei VermErwerb von Todes wg od dch unentgeltl Zuwendg seitens eines Dr mit VerwaltgsAusschl der beiden Eltern od des Vormd (§§ 1638, 1803). Anordng ist geboten, wenn der überlebde EltT dch seinen geschiedenen Eheg von der Verw des ererbten KiVerm ausgeschl wurde (BayObLG FamRZ **89**, 1342). Es genügt die Bitte um Anordng gerichtl Verwaltg od um PflBestellg. Anderers kann die Bestellg eines Pfl dch den VermZuwender nicht ausgeschl werden. Das VormschG hat die Gültigk des Tests zu prüfen, aber bereits bei Zweifeln Pflegsch anzuordnen (Hbg OLG **26**, 118). Durch die Anordng werden die Eltern v der Verw ausgeschl (§ 1638), ohne daß ihnen dadch das Recht zur Ausschlagg der Erbsch (§ 1643 II) entzogen würde (KG RJA **14**, 115). Beim Vormd tritt die Unfähigk zur VermVerw erst mit der PflBestellg ein (§ 1794).

8 **5) Anzeigepflicht (II).** Eltern u Vormd haben von dem Bedürfn der Pflegsch (Rn 6), das ihnen dch Tats zur Kenntn gelangt, unverzügl (ohne schuldh Zögern, § 121) dem VormschG Anz zu machen. Zur Anz sind auch verpfl der GgVormd (§ 1799 I S 1), der Pfl (§ 1915 I), der Beistand (§ 1716); jedes Ger, wenn in dem vor ihm anhäng Verf die Anordng einer Pflegsch erforderl erscheint (FGG 35 a S 1).

9 **6) Pflegschaft statt Vormundschaft (III)** ist anzuordnen, wenn ein Bedürfn (Rn 6) eingetreten ist u die Angelegenh erled werden soll, noch bevor mit der Bestellg des Vormds (§ 1789), der Hindern entggstehen können, gerechnet werden kann. Die Vorauss der Vormsch (§ 1773) müssen vorliegen u das FamG (§ 1693) od das VormschG (§ 1846) handeln nicht unmittelb. Maßregel iS v § 1693 u § 1846 kann auch die Anz des Gerichts (FGG 35 a S 1) od die unmittelb PflegschAnordng sein (§ 1846 Rn 2).

7) Verfahren (vgl Einf 8–10). – **a) Zuständigkeit.** Sachl: FGG 35. International: FGG 35 b. Örtlich: 10
FGG 37. – **b) Ablehnung** der PflegschAnordng erfolgt dch Beschl (FGG 16 I). Anfechtg: Rn 12. –
c) Anordnung: Einf 8. – **d) Auswahl und Bestellung** des Pflegers (Einf 8): § 1916; bei ZuwendgsPflegsch 11
§ 1917. – **e) Aufhebung:** § 1919. – **f) Rechtsmittel:** Einf 10. Beschwberecht (FGG 20) gg Ablehng u 12
Aufhebg der Pflegsch sind alle in FGG 57 I Nr 3 genannten Pers sowie das Kind od Mündel nach Maßg v FGG 59 I, III S 1 sowie der Vormd (FGG 20), nicht aber der Pfl (Mü JW **36**, 1022), ferner Dr (FGG 57 I Nr 9), zB der Schu einer NachlaßFdg (BayObLG FamRZ **90**, 909), nicht aber der ProzGegner des Pfleglings (KGJ **24** A 153).

1910 *Gebrechlichkeitspflegschaft.* *(Aufgehoben durch BtG Art 1 Nr 48.)*

1911 *Abwesenheitspflegschaft.* **I Ein abwesender Volljähriger, dessen Aufenthalt unbekannt ist, erhält für seine Vermögensangelegenheiten, soweit sie der Fürsorge bedürfen, einen Abwesenheitspfleger. Ein solcher Pfleger ist ihm insbesondere auch dann zu bestellen, wenn er durch Erteilung eines Auftrags oder einer Vollmacht Fürsorge getroffen hat, aber Umstände eingetreten sind, die zum Widerrufe des Auftrags oder der Vollmacht Anlaß geben.**

II Das gleiche gilt von einem Abwesenden, dessen Aufenthalt bekannt, der aber an der Rückkehr und der Besorgung seiner Vermögensangelegenheiten verhindert ist.

1) Allgemeines. a) Zweck: Fürs für VermAngelegenh einer Pers, die inf Abwesenh an deren Besorgg 1
verhindert ist (vgl I S 1), insb auch am Widerr eines Auftrags od einer Vollm (vgl I S 2). – **b) Anwendungs-** 2
bereich: nur für vermrechtl Angelegenh (nicht persönl Angelegenh, Kblz FamRZ **74**, 222) bei volljähr natürl Pers: auch nicht analog anwendb auf jur Pers (vgl Einf 5 vor § 1909). Eine SoRegelg besteht in FGG 88, 99 für AuseinanderS v Nachl u GesGut, für das StädteBauR in BauGB 207 sowie bei Beschlagn u Einziehg im
StrafProz (StPO 292 I, 443 III). – **c) Wirkung** der PflegschAnordng: Einf 6 vor § 1909. Der Umfang der 3
Befugn des Pfl richtet sich nach dem Inhalt des BestellgsBeschl. Ist ohne eine umschriebene Befugn bestellt, erstreckt die Pflegsch sich auf alle VermAngelegenh (Rn 9). Der Pfl ist ges Vertr des Abwesden (hM; Jau/Schlechtriem 8 mwN).

2) Abwesenheit mit unbekanntem Aufenthalt (I S 1). Welche Anfordergen an die Dauer der Abwe- 4
senh gestellt werden, ist nach Lage des Einzelfalls vom VormschG zu beurt. Liegt vor: wenn jemand von seinem Wohns, od falls er einen solchen nicht hatte, von seinem AufenthOrt abgereist ist, ohne daß Nachricht über seinen neuen AufenthOrt vorliegt; wenn jemand an seinem Wohns verschwunden u Nachricht von seinem Verbleib trotz mögl u erforderl Nachforschgen nicht zu erlangen ist (RG **98**, 264). Verschollenh (VerschG 1) braucht nicht vorzuliegen. Ands ist Anordng der Pflegsch auch zul, wenn die LebVermutg (VerschG 10) nicht mehr begrdet ist (OHG JR **51**, 280). Ist der Pflegebefohlene schon zZ der Einleitg der Pflegsch tats nicht mehr am Leben gewesen, so wird dadch die Wirksk der von u ggü dem Pfl vorgenommenen RGesch nicht berührt u wirkt für wie gg die Erben (Jau/Schlechtriem 5), da bei Tod die Pflegsch erst mit der Aufhebg dch das VormschG endet (§ 1921 II 2). Nach TodesErkl ist eine AbwesenhPflegsch unzul, aber NachlPflegsch mögl (§ 1961; vgl Arnold NJW **49**, 250).

3) Abwesenheit mit bekanntem Aufenthalt (II). Kann auch zutreffen, wenn der Pflegebefohlene sich 5
an seinem Wohns befindet. Entscheidd ist die Verhinderg, an den Ort zu gelangen, wo die VermAngelegenh besorgt w müssen (RG **98**, 263). Wesentl Erschwerg genügt. Gleichgült ist, ob die Verhinderg auf dem Willen des Abwesden beruht oder nicht. Die Vorschr ist wg modernen ReiseVerkMöglk u Nachrichten-Übermittlg kaum noch prakt. Nicht anwendb für Strafgefangene bei bloßem Geldmangel (KG FamRZ **88**, 877).

4) Bedürfnis zur Fürs in VermAngelegenh des Abwesden. Nur auf diesen, nicht auf die Bedürfn Dr ist 6
abzustellen (hM; Zweibr FamRZ **87**, 523). Ein zusätzl Interesse Dr steht der AbwesenhPflegsch nicht entgg, wohl aber ein ausschließl Interesse des Dr (Köln FamRZ **96**, 694). Für weitergehde Berücksichtigg v DrInteressen: Gernhuber/Coester-Waltjen § 75 VI 3; MK/Schwab 15 mwN). Ob ein Bedürfn vorliegt, ist aus der
Sicht des Abwesden zu beurt. – **a) Fehlen.** Das Bedürfn besteht nicht bei Pers, für deren VermAngelegenh 7
bereits in and Weise Vorsorge getroffen ist, insb dch elterl Sorge, Vormsch u rechtl Betreug (§ 1902), aber auch dch Auftr (§ 662) u Vollm (§ 164); ebso wenn der Abwesde die Angelegenh schriftl od telekommunikativ
erledigen könnte. – **b) Widerruf** (I S 2) v Auftr (§ 671 I) od Vollm (§ 168), die der Abwesde erteilt hat. Wg 8
der modernen Telekommunikation ist die Vorschr nur bei unbekanntem Aufenth (I S 1) bedeuts, weil sie nicht gilt, wenn der Abwesde selbst handeln kann. Den Widerr erkl nicht das VormschG, sondern der Pfl.

5) Wirkungskreis des Pflegers. Ist nach dem FürsBedürfn zu best, bei dessen Beurteilg auch die Länge 9
der voraussichtl Verhinderg u die Dringlichk der Angelegenh zu beachten ist. Danach ist zu entsch, ob der Pfl nur für einz od für alle VermAngelegenh zu bestellen ist. Für die Abgrenzg des WirkgsKreises ist die Bestellg maßgebd (Einf 9 vor § 1909). Ist sie nicht beschr w, so ist anzunehmen, daß der Pfl für die Besorgg aller VermAngelegenh bestellt ist. Dazu gehört nicht nur Erhaltg, sond auch Verw des Verm, Ausschlagg u Ann einer Erbsch, jedoch niemals die Besorgg persönl Angelegenh, zB Kl in KindschSachen, ScheidgsAntr (RG **126**, 261), StrafAntr, sow es sich nicht um Verletzg der vom Pfl wahrzunehmder VermRechte handelt. Zu den Aufgaben gehört auch Ermittlg des unbekannten Abwesden, soweit nicht die AmtsermittlgsPfl des VormschG Vorrang hat (BGH Betr **56**, 891). Der Pfl kann auch TodesErkl beantragen (VerschG 16 II b; BGH **18**, 393), aber nur mit Gen des VormschG (VerschG 16 III).

6) Verfahren. Einf 8–10 vor § 1909. – **a) Zuständigkeit.** Sachl: FGG 35. International: FGG 35 b. Örtl: 10
FGG 39. AuseinanderS: FGG 88, 99. – **b) Ablehnung** der PflegschAnordnung: § 1909 Rn 10. – **c) Anord-** 11
nung Einf 8 vor § 1909. – **d) Auswahl** des Pfl: § 1915 I, §§ 1779–1782. – **e) Bestellung:** Einf 2 vor § 1909. – **f) Rechtsmittel:** Einf 10 vor § 1909. Beschwberecht gg die Anordng ist allein der Abwesde (FGG 20), auch ges vertr dch den Pfl; gg Ablehng u Aufhebg uU auch Dr (FGG 57 I Nr 3).

12 7) **Beendigung der Pflegschaft. a) Kraft Gesetzes** bei Bestellg für die Besorgg einer einzelnen Angele-
13 genh mit deren Erledigg (§ 1918 III), mit RKr des die TodesErkl aussprechenden Beschl (§ 1921 III). –
b) Aufhebung dch das VormschG; bei Wegfall des AnordngsGrdes (§§ 1919, 1921 I), bei Tod des Pflegebe-
fohlenen (§ 1921 II). Eine Fortführg der Pflegsch im Interesse der Erben findet nicht statt. Ggf ist Pflegsch
nach § 1913 od NachlPflegsch (§ 1960) einzuleiten.

1912 *Pflegschaft für eine Leibesfrucht.* **I Eine Leibesfrucht erhält zur Wahrung ihrer künftigen Rechte, soweit diese einer Fürsorge bedürfen, einen Pfleger.**

II Die Fürsorge steht jedoch den Eltern insoweit zu, als ihnen die elterliche Sorge zustünde, wenn das Kind bereits geboren wäre.

1 1) **Allgemeines.** Abs I S 2 ist aufgeh dch das BeistandschG Art 1 Nr 6; iKr seit 1. 7. 98. – **a) Zweck.** Die
Vorschr soll ermögl, daß die TeilRFähigk der Leibesfrucht dch Wahrnehmg der v der elterl Sorge nicht erfaßten
2 Re verwirkl wird. – **b) Anwendbar** nur auf die Leibesfrucht. Für noch nicht Erzeugte kann Pflegsch nur nach
§ 1913 angeordnet werden; zu in-vitro-fertilisierten Embryonen vgl Einf 27 zu § 1591. Unanwendb auf Entsch
3 üb SchwangerschAbbruch (Vennemann FamRZ **87**, 1068). – **c) Beistandschaft** (§§ 1712–1717) hat Vorrang.
4 Im Rahmen der Aufgaben des Beistands (§ 1712 Nr 1 u 2) kommt eine Pflegsch nicht in Betr. – **d) Wirkung.**
Der Pfl ist ges Vertr der Leibesfrucht, aber nur für die im Beschl (FGG 16 I) genannten künft Re.

5 2) **Voraussetzungen** sind: **a) Existenz** einer Leibesfrucht inf Schwangersch einer Frau. – **b) Künftige
Rechte,** die der Leibesfrucht bei Geburt od danach zustehen. Es genügt die Möglk, daß ein solches R
entsteht, zB als Erbe (§ 1923 II), soweit nicht § 1960 eingreift, Vermächtnisnehmer (§ 2178), Nacherbe
(§ 2108 I, § 1923 II), bei Vertr zGDr (§ 328 I, § 331 II), unerl Hdlg (§ 844 II S 1), StraßenVerkHaftg (StVG
6 10 II S 1). – **c) Fürsorgebedürfnis.** Es kommt allein auf das Interesse der Leibesfrucht an, nicht auf das Dr.
Deren Bedürfn kann daneben bestehen (wie § 1911 Rn 6). Ein Bedürfn besteht nicht, soweit für die Wahrg
7 der Re in and Weise Vorsorge getroffen ist, zB dch TestVollstr (§ 2222) od NachlPflegsch (§ 1960 II). –
d) Fehlen elterlicher Vertretungsmacht (II): Sie muß, falls das Kind bereits geboren wäre, vonvorneherein
fehlen od nicht ausgeübt werden können, zB § 181, § 1629 II S 1 u 3, § 1638 I u II, §§ 1673, 1674;
außerdem die Fälle v Verhinderg (wie § 1909 Rn 5), sofern sie für eine Leibesfrucht in Betr kommen.

8 3) **Verfahren.** Einf 8–10 vor § 1909. – **a) Zuständigkeit.** Sachl: FGG 35. International: FGG 35 b. Örtl:
FGG 40 od 44 iVm EG 24 III bei erwarteter fremder StaatsAngehk. – **b) Ablehnung** der PflegschAnordng:
9 wie § 1909 Rn 10. – **c) Anordnung:** Einf 8 v § 1909. – **d) Auswahl** des Pfl: wie § 1909 Rn 10. –
e) Anordnung: Einf 8 v § 1909. – **f) Auswahl** des Pfl: wie § 1911 Rn 11. – **g) Rechtsmittel:** Einf 10 vor
§ 1909. Beschwberecht gg Anordng der Pflegsch ist jeder EltT, dem die elterl Sorge zusteht, gg Ablehng u
Aufhebg sind es uU auch Dr (FGG 57 I Nr 3).

10 4) **Beendigung** der Pflegsch. – **a) Kraft Gesetzes:** mit der Geburt (§ 1918 II) od vorher bei Erledigg der einzelnen Angelegenh (§ 1918 III). – **b) Aufhebung** der Pflegsch dch das VormschG gem § 1919, insb wenn die Schwangere stirbt od sich herausstellt, daß keine Schwangersch bestand.

1913 *Pflegschaft für unbekannte Beteiligte.* **Ist unbekannt oder ungewiß, wer bei einer Angelegenheit der Beteiligte ist, so kann dem Beteiligten für diese Angelegenheit, soweit eine Fürsorge erforderlich ist, ein Pfleger bestellt werden. Insbesondere kann einem Nacherben, der noch nicht erzeugt ist oder dessen Persönlichkeit erst durch ein künftiges Ereignis bestimmt wird, für die Zeit bis zum Eintritte der Nacherbfolge ein Pfleger bestellt werden.**

1 1) **Allgemeines.** Die Vorschr betr eine PersPflegsch, nicht (wie § 1914) eine SachPflegsch. **a) Anwend-
bar** auch auf einen noch nicht Erzeugten (vgl S 2) und auf jur Pers, nicht aber, wenn nur deren Organ od
2 Vertr unbekannt ist (Jau/Schlechtriem 1). Nicht anwendb bei herrenlosem Grdst (Soe/Damrau 2; bestr). –
b) Sondervorschriften für unbekannte Beteil mit Vertr- od PflBestellg gehen vor. Dazu gehören im Städte-
bauR BauGB 207 u bei RVerh an Grdst im Beitrittsgebiet SachenRBerG 17 (hierzu Brdbg OLG-NL **96**, 277).

3 2) **Voraussetzungen** (S 1). **a) Unbekannte oder ungewisse Beteiligung.** Diese muß rechtl Art sein u
sich auf eine Angelegenh beziehen. Sie kann auch eine künft Berechtigung betr. Unbekannt u ungewiß (auch aus
RGrden mögl) ist eine (möglweise bestehde) Beteiligg auch, wenn üb die Berechtigg gestritten wird (vgl Düss
Rpfleger **76**, 358) od wenn noch nicht feststeht, ob das Ereign, welches die Beteiligg verschafft, überh eintritt od
eingetreten ist, zB bei Erbprätendentenstreit für möglicherw zur Erbfolge berufene Verwandte eines Erbl (BGH
NJW **83**, 226, Anm Dieckmann FamRZ **83**, 582); bei and ErbfiF einer Wiederverheiratg (KG FamRZ **72**, 323).
§ 1913 gilt auch für die Verwendung des VereinsVerm nach Erlöschen weg Wegfalls sämtl Mitgl (Kln NJW-RR
4 **99**, 336). – **b) Fürsorgebedürfnis** für ggwärt Angelegenh tats, vermrechtl od persönl Art. Es ist allein auf den
Beteil, nicht auf das Interesse Dr abzustellen; dieses kann daneben bestehen. Das Bedürfn besteht nicht dann,
wenn die Ungewißh leicht zu beheben ist. Es fehlt, wenn die Belange des Beteil schon dch and Pers wahrgen
werden, zB TestVollstr (§ 2216), NachlPfl (§ 1960 I), bei Fundsachen die zuständ Beh (§ 967). Kein Bedürfn,
wenn bei Ungewißh üb eine Berechtigg die eigene Entsch des Beteil zu erwarten ist (Düss Rpfleger **77**, 131).

5 3) **Nacherbenpflegschaft** (S 2). Die Ungewißh der Beteil (Rn 3) wird hier v GGeber vorausgesetzt. Sie ist auf die §§ 2101, 2104, 2105 II, 2106 II zugeschnitten. Es muß ein aufgetretenes ggwärt Bedürfn (Rn 4) vorliegen, insb wenn Re des Nacherben zu wahren od RGesch vorzunehmen sind, zB §§ 2114, 2116, 2118, 2120–2123, 2127, 2128, 2142; ferner bei Antr auf Löschg des Nacherbenvermerks im GB (Hamm FamRZ **97**, 1368).

6 4) **Wirkungskreis des Pflegers** ist der Bestellg zu entnehmen (Einf 9 vor § 1909). Sie kann sich auf mehrere Beteil erstrecken. Insow ist der Pfl ges Vertr der Beteil (BGH MDR **68**, 484; Hamm NJW **74**, 505).

Die Bestellg bindet das ProzGer hins der VertrMacht (BGH **33**, 195). Der Pfl hat die Pflegsch im Interesse des Beteil zu führen u sie nach Mögl k zu ermitteln (KG JW **38**, 2401).

5) **Verfahren:** Einf 8–10 vor § 1909. – **a) Zuständigkeit.** Sachl: FGG 35. International: FGG 35 b. Örtl: FGG 41. – **b) Anordnung:** Einf 8 vor § 1909. – **c) Auswahl und Bestellung** des Pfl: Einf 9 vor § 1909; § 1915 I, § 1779 II S 1. Bei NacherbenPflegsch (S 2) wird für einen Vorzug der künft Elt eingetreten (MK/Schwab 23; bestr). – **d) Rechtsmittel:** Einf 10 vor § 1909. BeschwBerechtigg: FGG 20, 57 I Nr 3; zB der TestVollstr gg die Anordng, der Schu bei Ungewißh des Gläub; nicht der Vor- od Miterbe bei Anordng od abgelehnter Aufhebg der NacherbenPflegsch (Dresd OLG **39**, 19; KG JFG **12**, 143). 7 8

6) **Beendigung** der Pflegsch. **a) Kraft Gesetzes** mit Erledigg der Angelegenh (§ 1918 III). – **b) Durch Aufhebung** (§ 1919) wg Wegfall des Grdes, weil der Beteil bekannt od Gewißh eingetreten ist, zB Geburt des Nacherben; Eintritt der NachErbf (§ 2106). 9

1914 *Pflegschaft für Sammelvermögen.* **Ist durch öffentliche Sammlung Vermögen für einen vorübergehenden Zweck zusammengebracht worden, so kann zum Zwecke der Verwaltung und Verwendung des Vermögens ein Pfleger bestellt werden, wenn die zu der Verwaltung und Verwendung berufenen Personen weggefallen sind.**

Allgemeines: mangels eig RPesönlk keine Pers- (vgl Rn 2), sond SachPflegsch. **Begriff:** Vorb 7 vor § 80. 1
SammelVerm besteht idR aus Geld, GeldFdgen od auch Sachwerten. **Voraussetzung:** Wegfall der (treuhänd) verwaltden u verfüggsbefugten Pers, gleich aus welchem Grd, insb Tod, Auflösg der jur Pers, Aufgabe der Tätk für das SammelVerm, zB dch Rücktr v Amt; nicht genügt PflichtVerl od Unfähk zu ordngsgem GeschFührg.
Wirkung. Die Bestellg umfaßt die ges Befugn für Verwaltg u Verteilg an Stelle des Veranstalters. Der Pfl hat 2
die Stellg eines Verwalters u einer Partei kraft Amtes (BGH **LM** Nr 1), nicht eines ges Vertr, weil kein RTräger vorhanden ist (Rn 1). **Befugnis** umfaßt die Verwaltg (ggf Einziehg v Fdgen) u bestimmgsgem Verteilg, nicht 3
die zum Weitersammeln (umstr). **Verfahren:** Einf 8–10 vor § 1909. Zuständk: FGG 42. BeschwBerechtigg: FGG 20, 57 I Nr 3. **Beendigung** der Pflegsch: § 1918 III u § 1919. 4

1915 *Anwendung des Vormundschaftsrechts.* [I] **Auf die Pflegschaft finden die für die Vormundschaft geltenden Vorschriften entsprechende Anwendung, soweit sich nicht aus dem Gesetz ein anderes ergibt.**

[II] **Die Bestellung eines Gegenvormundes ist nicht erforderlich.**

[III] **§ 1793 Abs. 2 findet auf die Pflegschaft für Volljährige keine Anwendung.**

Gesetzestext: Abs III ist angefügt dch das MHbeG Art 1 Nr 4, in Kraft ab 1. 1. 99. **Anwendbar** auf alle 1
Pflegsch, auch § 1914 u solche außerh des BGB, soweit die §§ 1909–1921 für entspr anwendb erkl sind u passen (Jau/Schlechtriem 2). **Grundsatz.** Die Ähnlk der Stellg des Pfl u des Vormd begrdet die generelle Verweisg auf die §§ 1773–1895. Darühinaus ist auf alle and BGB-Vorschr verwiesen, die den Vormd betr, zB §§ 204, 1999, 2275. **Beschränkungen:** § 1916. Die Bestellg eines GgVormd ist auch iF des § 1792 II nicht 2
erforderl (Abs II), bleibt aber zuläss, wenn nicht ein Fall v § 1917 II S 1, § 1852 I vorliegt. Die für Mj geltde HaftgsBeschränkg (§ 1793 II) gilt bei vollj Pflegebefohlenen nicht (Abs III). **Einzelheiten.** Es gelten insb 3
entspr: Bestellg (§ 1789), Führg (§§ 1713 ff), Fürs u Aufs des VormschGer (§§ 1837–1847), vormschgericht1 Gen (§§ 1819–1831), Haftg (§ 1833), AufwendgsErs (§§ 1835, 1835 a), Vergütg (§§ 1836–1836 e), AblehngsR (§ 1786), Ausschl der VertretgsMacht (§ 1795), Auswahl (§ 1779), Mehrh v Pfl (§§ 1775, 1797), RechngsLegg (§§ 1840, 1841, 1890), Entlassg (§§ 1886, 1889). Bei InteressenGgsatz ist Bestellg eines weiteren Pfl mögl (vgl BayObLG FamRZ **59**, 32).

1916 *Berufung als Ergänzungspfleger.* **Für die nach § 1909 anzuordnende Pflegschaft gelten die Vorschriften über die Berufung zur Vormundschaft nicht.**

Anwendbar nur auf § 1909. **Zweck:** Verhinderg v Interessenkollisionen. **Wirkung.** Die §§ 1776–1778 1
gelten nicht. Dadch wird die Auswahl v nächsten Angeh iR des § 1779 II S 1 nicht ausgeschl. **Auswahl:** 2
Maßgebd ist allein das Interesse des Pflegebefohlenen (BayObLG FamRZ **59**, 125). Verwandte sind nicht auszuwählen, wenn ein InteressenGgsatz zu den Elt fortwirkt (BayObLG FamRZ **65**, 99). Bei Interessenkollision (insb § 181) besteht keinerlei Bindg an einen Vorschlag der Elt (LG Mannh DNotZ **72**, 691).

1917 *Benennung durch Erblasser und Dritte.* [I] **Wird die Anordnung einer Pflegschaft nach § 1909 Abs. 1 Satz 2 erforderlich, so ist als Pfleger berufen, wer durch letztwillige Verfügung oder bei der Zuwendung benannt worden ist; die Vorschriften des § 1778 sind entsprechend anzuwenden.**

[II] **Für den benannten Pfleger können durch letztwillige Verfügung oder bei der Zuwendung die in den §§ 1852 bis 1854 bezeichneten Befreiungen angeordnet werden. Das Vormundschaftsgericht kann die Anordnungen außer Kraft setzen, wenn sie das Interesse des Pfleglings gefährden.**

[III] **Zu einer Abweichung von den Anordnungen des Zuwendenden ist, solange er lebt, seine Zustimmung erforderlich und genügend. Ist er zur Abgabe einer Erklärung dauernd außerstande oder ist sein Aufenthalt dauernd unbekannt, so kann das Vormundschaftsgericht die Zustimmung ersetzen.**

1 **Benennung** (Abs I). Anwendb nur bei der ZuwendgsPflegsch (§ 1909 I S 2, dort Rn 7). Der Zuwender kann nur benennen (auch sich selbst, Mü JFG **21**, 181), nicht ausschließen. Übergehen des Benannten ist nur nach § 1778 zuläss (Abs I Hs 2), wobei für § 1778 I Nr 4 ein Interessenwiderstreit genügt (BayObLG
2 FamRZ **97**, 1289). Bei Verstoß: § 1778 Rn 1 entspr. **Befreiungen** des Pfl (Abs II). Zuläss Umfang: §§ 1852–
3 1854. Die Pflicht des Pfl richtet sich nach § 1803 (§ 1915 I). **Abweichung** v den Anordngen (Abs III). Darunter sind nicht die Benenng (Abs I), sond nur die Anordngen des Abs II zu verstehen. Für Verwaltgs-Anordngen des Zuwendden gilt § 1803.

1918 ***Beendigung der Pflegschaft kraft Gesetzes.*** **I Die Pflegschaft für eine unter elterlicher Sorge oder unter Vormundschaft stehende Person endigt mit der Beendigung der elterlichen Sorge oder der Vormundschaft.**

II Die Pflegschaft für eine Leibesfrucht endigt mit der Geburt des Kindes.

III Die Pflegschaft zur Besorgung einer einzelnen Angelegenheit endigt mit deren Erledigung.

1 **Ergänzungspflegschaft** (Abs I). Anwendb nur bei § 1909. Beendigg bei elterl Sorge: Volljährk od Tod des Kindes; Tod od TodesErkl des sorgeberecht einz EltT (§§ 1677, 1680). Beendigg der Vormsch: mit Volljährk od Tod des Mündels; Eintritt od Wiedereintritt der elterl Sorge (§ 1882 I); Wechsel in der Pers des elterl Sorgebefugten od Vormd führt ebenf zur Beendigg der Pflegsch (MK/Schwab 10; bestr). Liegen die
2 Vorauss des § 1909 weiter vor, muß Pflegsch erneut angeordnet werden. **Leibesfrucht** (Abs II). Außer dch Geburt (auch Totgeburt u Tod der werdden Mutter) kann die Beendigg eintreten, wenn die Angelegenh
3 vorher erled wird (Abs III; § 1912 Rn 10). **Erledigung der Angelegenheit** (Abs III) ist BeendiggsGrd, wenn die Pflegsch sich allein auf diese Angelegenh erstreckt, zB Vertretg in einem rechtskr beendeten ZivilProz (BayObLG FamRZ **88**, 321); Gen des v Pfl als ges Vertr abgeschl RGesch dch das VormschGer (Jau/Schlechtriem 3). Abs III gilt auch, wenn der Aufgabenkreis, für den der Pfl bestellt ist, endgült u vollständ
4 erled ist (St/Engler 10; bestr). **Verfahren.** Deklarator Beschl üb Aufhebg der Pflegsch ist zuläss u anfechtb (MK/Schwab 21).

1919 ***Aufhebung der Pflegschaft bei Wegfall des Grundes.*** **Die Pflegschaft ist von dem Vormundschaftsgericht aufzuheben, wenn der Grund für die Anordnung der Pflegschaft weggefallen ist.**

1 **Anwendbar** bei jeder Art v Pflegsch, wenn sie nicht schon aGrd des § 1918 weggefallen ist od nicht die
2 SoRegelg des § 1921 eingreift. § 1919 ist v der Entlassg des Pfl (§§ 1915 I, 1886) zu untersch. **Voraussetzung.** Wegfall des Grdes der PflegschAnordng. Das ist entweder eine Vorauss der Anordng, zB bei § 1909 I die Verhinderg der Eltern od des Vormd, od das FürsorgeBedürfn. Dem steht das Fehlen dieser
3 Vorauss schon zZ der PflegschAnordng gleich (BayObLG **21**, 95; Jau/Schlechtriem 5). **Aufhebung** dch Beschl des VormschG. Wirkg gem FGG 16 I. Der Beschluß beendet die Pflegsch auch dann, wenn die Vorauss (Rn 2) nicht od noch nicht weggefallen sind. Aufhebg des AufhebgsBeschl im BeschwWeg erfordert
4 Neubestellg des Pfl (KG RJA **15**, 101). **Rechtsmittel:** Einf 10 vor § 1909. BeschwBerechtigg: für Pflegebefohlenen FGG 20, für Dr gem FGG 57 I Nr 3. Der Pfl gg den Beschluß, dch den die Aufhebg der Pflegsch abgelehnt wird, u aus FGG 57 I Nr 3, wenn seine Vergütg nur bei Fortbestd der Pflegsch dchsetzb ist (Jau/Schlechtriem 8 mwN).

1920 ***Aufhebung der Gebrechlichkeitspflegschaft.*** *(Aufgehoben durch BtG Art 1 Nr 48)*

1921 ***Aufhebung der Abwesenheitspflegschaft.*** **I Die Pflegschaft für einen Abwesenden ist von dem Vormundschaftsgericht aufzuheben, wenn der Abwesende an der Besorgung seiner Vermögensangelegenheiten nicht mehr verhindert ist.**

II Stirbt der Abwesende, so endigt die Pflegschaft erst mit der Aufhebung durch das Vormundschaftsgericht. Das Vormundschaftsgericht hat die Pflegschaft aufzuheben, wenn ihm der Tod des Abwesenden bekannt wird.

III Wird der Abwesende für tot erklärt oder wird seine Todeszeit nach den Vorschriften des Verschollenheitsgesetzes festgestellt, so endigt die Pflegschaft mit der Rechtskraft des Beschlusses über die Todeserklärung oder die Feststellung der Todeszeit.

1 **Wegfall der Verhinderung** (Abs I), die Anlaß für die PflegschAnordng war (§ 1911), zB Rückkehr des Abwesden, Aufnahme ausreichder telekommunikativer Verbindg. Bei Erledigg der Angelegenh gilt
2 § 1918 III. **Tod des Abwesenden** (Abs II). Das Ende der Pflegsch tritt nicht kraft G ein, sond erst mit dem
3 AufhebgsBeschl des VormschGer (FGG 16 I). **Todeserklärung** (Abs III). Die Pflegsch endet kraft Ges mit formeller RKraft des TodesErklBeschl (VerschG 23, 29, 40). Gesch des Pfl sind auch dann wirks, wenn sie nach dem festgestellten TodesZtpkt (VerschG 9) vorgen wurden (BGH **5**, 244; BayObLG **53**, 34).

Fünftes Buch. Erbrecht

Bearbeiter: Edenhofer, Präsident des Amtsgerichts München

Schrifttum: a) Lehrbücher: Brox, 17. Aufl 1998. – Ebenroth, 1992. – Kipp/Coing, 14. Bearbeitg 1990. – Lange/Kuchinke, 4. Aufl 1995. – Leipold, 10. Aufl 1993. – von Lübtow, 1972. – Schlüter 13. Aufl 1996. – **b) Handbücher:** Dittmann/Reimann/Bengel, Test und ErbVertr, 2. Aufl 1986. – Esch/Schulze zur Wiesche, Handbuch der Vermögensnachfolge, 5. Aufl 1997. – Firsching/Graf, NachlR, 7. Aufl 1994. – Langenfeld/Gail, Handbuch der FamilienUntern, 6. Aufl 1988. – Kapp/Ebeling, Handbuch der Erbengemeinsch. – Nieder, Handbuch der TestGestaltg, 1992. – Spiegelberger, Vermögensnachfolge, 1994. – Weirich, Erben und Vererben, 4. Aufl 1998.

Einleitung

1) Das Erbrecht hat die Funktion, das Privateigentum als Grdlage der eigenverantwortl Lebensgestaltg 1
(BVerfG **83**, 201) mit dem Tod des Eigentümers nicht untergehen zu lassen, sond seinen Fortbestand im Wege der RNachfolge zu sichern (BVerfG NJW **95**, 2977). Seine Regelg im BGB garantiert daher als logischer Konnex zum Privateigentum die Weitergabe des Privateigentums natürl Personen in private Hand. Es umfaßt folgl nicht Anspr, die dem öff Recht zugeordnet sind (selbst wenn sie Vermögenswert haben wie zB solche aus der SozialVers od aus einer Konzession; s § 1922 Rn 49 ff) od die mit dem Tod ihres Trägers untergehen (wie zB das PersönlichkR; s § 823 Rn 180). Bei der Erbfolge geht es vorrangig aber auch um den Übergang der Verpflichtgen, die der Erbl eingegangen war u nicht (mehr) erfüllt hat. Das hinterlassene Vermögen steht deshalb zuerst den NachlGläub zu. Erst wenn die Verbindlichk berichtigt sind, kommen Erbe u Vermächtnisnehmer zum Zug (§ 2046). – Im **objektiven** Sinne ist ErbR die Gesamth aller privatrechtl Vorschr, die nach dem Tode eines Menschen die Weitergabe seines Vermögens regeln. Es ist vornehml im 5. Buch enthalten, findet sich aber auch in anderen Büchern wie im SachenR (zB § 857) u im FamilienR (zB § 1371) und auch außerhalb des BGB in zahlreichen EinzelVorschr; in Erbfällen vor dem 3. 10. 90 kommt ggf auch ErbR des DDR-ZGB zur Anwendg (s Rn 5). Zum Vermögensanfall außerh des ErbR s Rn 6–8. **Subjektiv** ist ErbR ein Komplex aller Befugnisse, die mit dem Erbfall originär in der Person des Erben zur Entstehg gelangen und sich allein auf seine Erbenstellg beziehen (Dörner, FS Ferid 1988, 57 ff mit Übersicht zum Stand der Meingen). – Zur REntwicklg des im BGB geregelten ErbR s Einl 17 vor § 1; Schmoeckel NJW **96**, 1697; Stürner JZ **96**, 741, auch zu Reformbedarf. Bei temporaler Kollision erbrechtl Vorschr dch **Rechtsän-** 2
derungen ist grdsl das beim Erbfall geltde ErbR maßgebl; die früh Vorschr sind dah weiter anzuwenden, wenn der Erbl vor Inkrafttreten des neuen Rechts gestorben ist (allg M, zB BGH NJW **89**, 2054). Ausn von diesem Grdsatz müssen aus Grden des Vertrauensschutzes ausdrückl in ÜberleitgsVorschr geregelt werden, wie dies in EG 214; 235 § 2 bezügl der Form vor dem Erbfall errichteter Vfgen vTw u der Fähigk zu ihrer Errichtg od Aufhebg sowie ihrer Bindgswirkg erfolgt ist; od in EG 227 bezügl der Wirkg eines bis zum 1. 4. 98 rwirks zustande gekommenen vorzeit Erbausgleichs. – **IPR:** EG 25; 26.

a) Erbrechtliche Grundsätze. Die Regelg der Erbfolge im BGB gibt den Grdsätzen der Klarh, der 3
Überschaubark u der Leichtigk des RVerkehrs Vorrang vor der Einzelfallgerechtigk. Sie beruht auf folgenden grdsätzl Prinzipien, die zum Teil von der Verfassg garantiert werden (s Rn 4): **Privaterbfolge:** Das Privatvermögen des Erbl wird in private Hand geleitet. Der Staat hat keinen erbrechtl Anteil an der Erbsch, sondern nur ein gesetzl ErbR (§ 1936) für den Fall, daß kein privater Erbe vorhanden ist. Er beteiligt sich gleichwohl auf dem Umweg über die ErbschSteuer am Nachl u beschränkt dadch das private ErbR. – **Familienerbrecht:** Sofern der Erbl nicht abweichend verfügt, geht sein Vermögen nach dem G auf seine Familie über, näml auf den Ehegatten u die nächsten Verwandten. Dies beruht nicht auf einem hypothetischen Willen des Erbl, sond auf einer davon unabhängigen allg GerechtigkÜberzeugg (MüKo/Leipold Rn 10). Der Ehegatte erbt neben den Verwandten gemäß dem Wesen der ehel Gemeinsch (s dazu § 1931 Rn 1). Dabei wird vom Teilgsprinzip ausgegangen, das weder den Abkömml (zum Erhalt des Vermögens in der Familie) noch dem Ehegatten (zu dessen Absicherg) absoluten Vorrang einräumt. Die Reihenfolge der Verwandten bestimmt sich nach Ordngen (s § 1924 Rn 2), wodurch auch die jüngere Generation bevorzugt wird. – **Testierfreiheit:** Sie berechtigt den Erbl zur beliebigen Vfg über seinen Nachl, ist vertragl unbeschränkb (§ 2302) u wird nur dch das PflichttR u das Verbot sittenwidriger Vfgen begrenzt (Einzelh s § 1937 Rn 3) sowie dch das Testierverbot des HeimG 14 verhältnmäß eingeschränkt (BVerfG NJW **98**, 2964; s § 1937 Rn 19). – **Universalsukzession:** Das Vermögen des Erbl geht als Ganzes unmittelb auf den (die) Erben über. Nur ausnahmsw findet eine Sondererbfolge (Singularsukzession) unmittelb in einzelne Vermögensmassen, also getrennt vom übr Nachl statt (s § 1922 Rn 7–11). – **Formzwang:** S dazu §§ 2231; 2247, 2267; 2276. – **Höchstpersönlichkeit** der Errichtg von Vfgen vTw. S dazu §§ 2064; 2274; 2347.

b) Verfassungsrechtliche Garantien. GG 14 I 1 gewährleistet (wie auch verschiedene Länderverfassgen) 4
neben dem Eigentum auch das ErbR. Dies beinhaltet die Garantie des ErbR als RInstitut u als IndividualR (s BVerfG **67**, 329/340). Auf diese Garantie können sich neben dem Erbl auch der begünst Erbe, jedenf ab Erbfall berufen sowie die Erben des Erben (BVerfG NJW **99**, 1853). Nach GG 14 I 2 ist es dem GesGeber überlassen, Inhalt u Schranken des ErbR zu bestimmen. Dies eröffnet ihm eine weitreichde GestaltgsBefugn einschließl einer Besteuerg des ErbschErwerbs (BVerfG FamRZ **98**, 153). Er muß dabei aber den grdlegenden Gehalt der ErbR-Garantie wahren u darf von den der Gewährleistg unterliegenden Elementen des ErbR nur in Verfolgg verfassgsrechtl legitimer Zwecke u nur unter Wahrg des Grdsatzes der Verhältnmäßigk abweichen (BVerfG NJW **95**, 2977). Zu seinem unantastbaren Wesensgehalt (GG 19 II) gehören sicherl die Grundprinzipien der Privaterbfolge u der Testierfreiheit (BVerfG NJW **95**, 2977; **85**, 1455; Rn 3), wobei GG 14 allerd eine ges Beschränkg der Testierfreiheit zuläßt (§ 193 Rn 3), zumal auch das sie begrenzende PflichttR sozialstaatl u dch GG 6 legitimiert ist (BGH NJW **99**, 566), also auch „in gewissem Umfang" GG 14; 6 I

untersteht (BGH **98**, 226; **109**, 306; dazu Otte ZEV **94**, 193; Leipold JZ **90**, 700). Die ErbR-Garantie ist nicht auf die gewillkürte Erbfolge beschränkt. Auch die Regelg der ges muß am Interesse des Erbl ausgerichtet sein, wobei der GesGeber auf das eines verständ Erbl aus obj Sicht abstellen kann (BVerfG NJW **95**, 2977). Inwieweit er dabei zwingd auf das Familien- u VerwandtenErbR verwiesen ist, ist verfassgsrechtl noch nicht geklärt (BVerfG aaO; dafür MüKo/Leipold Einl Rn 17; dagg Soergel/Stein Einl Rn 6). Die hM sieht als garantiert an, daß bei fehlendem Test die engere Familie Erbe kr Ges wird (vgl Pieroth NJW **93**, 173 mN); zweifelh ist aber, wie weit genau diese Garantie reicht. – Ferner garantiert GG 14 das Recht des Erbl, sein Vermögen zu vererben und schützt das subjektive Recht des Erben (dh des Erbanwärters) vor staatl Maßnahmen, die seine Aussicht auf das Vermögen des Erbl (s § 1922 Rn 3) vereiteln würden, jedenfalls vom Eintritt des Erbfalls an (BVerfG NJW **95**, 2977).

5 **c) Erbrecht der DDR.** In bestimmten Altfällen ist seit dem Beitritt der DDR weiterh deren ErbR nach interlokalem PrivatR anzuwenden (EG 235 § 1 I mit Rn 5), u zwar aus Grden des Vertrauensschutzes im Grdsatz so, wie es dort gehandhabt wurde. Zur Anwendg kommen auch sonst Vorschr der DDR, welche auf die erbrechtl Verhältn Einfluß hatten (Naumbg FGPrax **96**, 148). Für die GesAuslegg ist also auf die RPraxis der DDR abzustellen (vgl BGH **131**, 22). Allerd ist das alte Normenverständn auf seine Vereinbark mit dem GG zu prüfen. Eine früh Gesetzesauslegg ist daher heute unmaßgebl, wenn sie auf spezifisch sozialistischen Wertgen beruhte od gg rechtsstaatl Prinzipien verstößt (BGH NJW **94**, 582 mAv Thode JZ **94**, 472; Otte ZEV **94**, 104). – In der DDR galt erst seit **1. 1. 76** das ZGB mit seiner Neuregelg des ErbR in §§ 362–427 in allen Erbfällen, die zw 1. 1. 76 u 3. 10. 90 eingetreten sind; Es behielt viele Grdsätze u Grdbegriffe des BGB bei, ebso die bereits erreichte erbrechtl Gleichstellg nichtehel Kinder (bei NachlSpaltg s § 1922 Rn 8; BayObLG ZEV **94**, 310 mAv Lorenz) u die bessere RStellg des Ehegatten als Erbe 1. Ordng in der ges Erbfolge, schaffte aber auch etliche RInstitute wie den ErbVertr, die NErbfolge, den Erbverzicht u den ErbschKauf ab. Ein vor dem ZGB gült errichtetes Test (od ErbV) blieb wirks, beurteilte sich jedoch wg seiner mat-rechtl Wirkgen nach dem beim Erbfall geltden ErbR (EGZGB 8); s dazu auch Übbl 3 vor § 2274. – Auf Erbfälle **vor dem 1. 1. 76** war auch in der DDR weiterh altes R anzuwenden (EGZGB 2; 8), nämlich das **BGB** mit den Ändergen, die sich bezügl seiner Funktion dch die sozialist Eigentumsordng u bezügl des ges ErbRs als Auswirkg familienrechtl Reformen ergaben. Insow sind zu nennen: Die in Erbfällen seit 1. 1. 57 zu berücksichtigende Gleichstellg angenommener Kinder mit ehel (VO vom 29. 11. 56; dazu Wagenitz FamRZ **90**, 1169; Wandel BWNotZ **92**, 17/26); das seit 1. 4. 66 anerkannte volle ErbR nichtehel Kinder, sofern die Vatersch festgestellt war (Dresden NJW **98**, 2609), wobei EGFGB 9 allerd zw minderj u vollj unterschied (dazu Eberhardt DtZ **91**, 293); für die Zeit davor kann auch aus Art 22 II der Verfassg der DDR v 7. 10. 49 kein ges ErbR hergeleitet werden (BezG Erfurt FamRZ **94**, 465); schließl seit 1. 4. 66 auch die Einordng des Ehegatten als Erbe 1. Ordng (EGFGB 10; dazu Jaeger DtZ **91**, 293; Bestelmeyer Rpfleger **92**, 321). – **Übersicht** zum ErbR der DDR s MüKo/Leipold Einl Rn 214–299.

6 **2) Lebzeitige Rechtsgeschäfte auf den Todesfall.** Ein Vermögensanfall kann sich beim Tod eines Menschen auch außerh des ErbR u damit am Nachlaß vorbei vollziehen, weil durch bestimmte RGesch unter Lebden über den Tod hinaus disponiert werden kann. In Betr kommen in erster Linie Vertr zGDr nach § 331 (Lebensversichergs- od BausparVertr, s § 1922 Rn 47; 48; od üb Bankguthaben, s § 2301 Rn 17) u Schenkgen auf den Todesfall (§ 2301; s dort Rn 1–16), aber auch Erteilg einer Vollmacht üb den Tod hinaus iVm entspr Anweisgen (s Einf 16–20 v § 2197). Solche RGesch können grdsl nicht unter dem Gesichtspkt einer Umgehg des G od berecht Belange Dritter in Frage gestellt werden (BGH FamRZ **89**, 669). Ihre Abgrenzg zu Vfgen vTw bereitet vor allem dann Schwierigk, wenn der Erbl sich zwar bereits lebzeit binden wollte, aber die dingl Erfüllg auf die Zeit nach seinem Tod hinausgeschoben ist (s dazu § 2301 Rn 1 ff; BGH NJW **84**, 46; Liessem MittRhNK **88**, 29). – Zur Nachfolge bei PersonenGesellsch s § 1922 Rn 7; 15–22. – Die Umdeutg einer nichtigen Vfg vTw in ein RGesch unter Lebden od umgekehrt ist grdsl mögl (s § 140 Rn 10; § 2302 Rn 7). – Nicht dem ErbR unterliegen auch die Versorggsregelg nach BeamtenR od Anspr der Hinterbliebenen nach SozialversichergsR (s aber § 1922 Rn 49; 50).

7 **3) Vorweggenommene Erbfolge.** RGesch, mit denen ein (künftiger) Erbl schon zu seinen Lebzeiten sein Vermögen (od einen wesentl Teil davon) auf einen od mehrere als künft Erben in Aussicht genommene Empfänger überträgt, unterliegen nicht dem ErbR (BGH **113**, 310). Solche als „ÜbergabeVertr" od ähnl bezeichneten RGesch unter Lebden sind nicht typisiert, sond vielfält gestaltb entspr der Vielfalt der Motive (Nachfolge in landwirtsch, gewerbl od sonst Unternehmen; große Vermögen; steuerl Grde; komplizierte FamilienVerhältn). Ges kommen sie in HöfeO 17 vor u sind in § 593a erwähnt. Rechtl Gestaltgsmittel sind auch Ausstattgen (§§ 1624; 2050); Schenkgen (§§ 516 ff; 2301); Errichtg u Umwandlg von FamilienGesellsch; Güterstandsvereinbargen; ggf auch Adoptionen (s Langenfeld NJW **96**, 2601; Mayer DNotZ **96**, 604). – Gemeins ist diesen RGesch, daß bereits zu Lebzeiten des Erbl Rechte u Pflichten begründet werden. Gleiches gilt für Vertr, deren Vollzug bis zum Tod eines VertrTeils hinausgeschoben wird (§ 2278 Rn 5; MüKo/Musielak Einl 9 vor § 2274). Häufig wird die Vermögensübertragg mit einer Verpflichtg zur Alters- od KrankhPflege od mit Abfindgszahlgen an Geschwister kombiniert (BGH FamRZ **90**, 1083). Derartige GgLeistgen sind entgeltl, auch wenn im ÜbergabeVertr auf die Vorwegnahme der Erbfolge als Motiv der EigtÜbertragg hingewiesen wurde (BGH NJW **95**, 1349; Kollhosser AcP **94**, 231). – Bedarf Vertr als Gesch üb das Gesamtvermögen der Genehmigg des and Eheg (§ 1365), führt deren Verweigerg zur endgült Unwirksamk; stirbt der and Eheg, ohne daß schwebde Unwirksamk gem §§ 1365 II; 1366 III 1 wiederhergestellt wurde, kommt Konvaleszenz des RGesch nicht in Betr (BGH ZEV **94**, 296 mAv Krampe). – Zu
8 Umgehgsgeschäften s § 2286 Rn 1. – Als **Schenkung** kommt ein solcher Vertr zustande, wenn die Parteien sich über die Unentgeltlichk der Zuwendg einig sind (§ 516); bei Verknüpfg der Leistg des Erbl an den Erbberecht mit dessen Erbverzicht hat der Vertr aber keine unentgeltl Leistg zum Ggst (Coing NJW **67**, 1777; s auch BayObLG **95**, 29; Übbl 5 v § 2346). Schenkg kann nach dem Erbfall aber erbrechtl Wirkg haben gem §§ 2050; 2287; 2325 (zur PflichttErgänzg Reiff NJW **92**, 2857). Diese kann Erbl dadch verstärken, daß er die Ausgleichg der Zuwendg anordnet (§ 2050 III; unter Geschwistern als ges od test Erben, s § 2052). Ein vereinbarter Rückfall des verschenkten Ggst an den Schenker bei Eintritt best Umstände (zB wenn der

Beschenkte vor ihm stirbt) ist zw Abkömml u Eltern steuerfrei (ErbStG 13 I Nr 10), allerd nur bei Identität zw zugewandtem u zurückfallendem Ggst (BFH NJW **94**, 2375; dazu Felix NJW **94**, 2334). – Übereignen Eltern ihr Vermögen den Kindern zu ungleichen Wertanteilen u sieht der Vertr eine Gleichstellg aller Kinder vor, sind sowohl die Kinder untereinander als auch die Eltern ggü wertmäß benachteiligten Kindern gehalten, die vorgesehene Gleichstellg herbeizuführen (BGH **113**, 310 mAv Kuchinke JZ **91**, 731); es hängt dann vom Vertr ab, ob deren Anspr unmittelb auf Zahlg od auf Herbeiführg der Gleichstellg gerichtet ist. Bei späteren Wertveränderungen der zugewendeten Ggstde ist idR keine VertrAnpassg üb Wegfall der GeschGrdlage möglich; dies gilt aber nicht, wenn es um einen anfängl Irrt üb die GeschGrdlage geht, etwa bei offensichtl Rechen- od groben Bewertgsfehlern (BGH aaO). – **Lit:** Olzen, Die vorweggenommene Erbfolge 1984; Eccher, Antizipierte Erbfolge, 1980; Wegmann MittBayNot **91**, 1 zur Vorwegnahme einer Vor- u NErbfolge; Spiegelberger ZEV **94**, 214 zu Nießbrauchsgestaltgen; Thubauville RhNK **92**, 289 zur Anrechng auf Erb- u Pflichtteil; Mayer DNotZ **96**, 604 zur RückFdg; Jülicher ZEV **98**, 201 zu verschied Rückfallklauseln.

4) Die Totenfürsorge regelt sich nicht nach ErbR. Vielm ist in erster Linie der Wille des Verstorbenen 9 dafür maßgebl, wer zu Entscheidgn üb den Leichnam des Verstorbenen (s auch § 1922 Rn 44), üb die Art der Bestattg u den Ort der letzten Ruhestätte sowie üb Fragen einer Umbettg der Leiche bzw Urne (Oldbg FamRZ **90**, 1273; Zweibr FamRZ **93**, 1493) od üb eine Exhumierg befugt ist. Dieser kann das BestimmgsR für Bestattg u die sog Totenfürsorge seinen Angehörigen belassen od entziehen od auch nur deren Reihenfolge bestimmen od ändern. Das TotenfürsorgeR hat also in erster Linie derjenige, den der Verstorbene mit der Wahrnehmg der Totenfürsorge beauftragt hat u der nicht zum Kreis der an sich dazu berufenen Angehörigen zählen muß, sond auch ein Dritter sein kann (zB der TV). Nur soweit ein Wille des Verstorbenen nicht erkennb ist, sind nach GewohnheitsR seine nächsten Angehörigen berecht u verpflichtet (BGH FamRZ **78**, 15; **92**, 657; KG FamRZ **69**, 414; OLG-NL **99**, 33), also Ehegatte, Kinder, ersatzw die nächsten Seitenverwandten. Unter ihnen hat dann der Ehegatte ein VorR (Schlesw NJW-RR **87**, 72; Zweibr MDR **93**, 878), bei verstorbenem minderj Kind der Inhaber des PersonensorgeR (Paderborn FamRZ **81**, 700); VorR kann sich auch daraus ergeben, daß ein Angehör Betreuer des Erbl war (Bonn FamRZ **93**, 1121). – Die Bestimmg üb Bestattgsart, Bestattgsort od Umbettg ist keine Verwaltgshandlg iS der §§ 2038, 745; diese sind auch nicht entspr anwendb (RG **100**, 173; Staud/Werner § 2038 Rn 5; aA Baumann FamRZ **58**, 281).

a) Bei der Ausübung seines BestimmgsR ist der Berecht an den irgendwie geäußerten od auch nur 10 mutmaßl Willen des Verstorbenen gebunden (BGH FamRZ **92**, 657; KG FamRZ **69**, 414; Ffm NJW-RR **89**, 1159). Dessen Anordngen u Wünsche können sowohl in einem Test als auch formlos zum Ausdr gebracht u ebso widerrufen worden sein (für Feuerbestattg sind allerd FeuerBestG 2; 4 zu beachten; dazu Reimann NJW **73**, 2240). Frei entscheiden kann der Berecht nur, wenn u soweit sich ein solcher Wille nicht ermitteln läßt u jegl Anhaltspkt fehlt. Aber auch dann kann er ohne entspr Wunsch des Verstorbenen nicht anonyme Beerdigg ohne nächste Angehörige anordnen (AG Ffm FamRZ **97**, 1505). Bei einer beabsicht Umbettg od Exhumierg ist der ausdrückl od mutmaßl Wille des Verstorbenen aGrd seines fortwirkenden PersönlichkR ebenf zu beachten (BGH **61**, 238), aber auch, ob nicht die Achtg der Totenruhe entggsteht (Schlesw NJW-RR **87**, 72; Oldbg FamRZ **90**, 1273; Gießen NJW-RR **95**, 264); dies gilt auch nach Ablauf der Grabnutzungsdauer (Zweibr MDR **93**, 878). – Ebso hat bei Auswahl u Beschriftg des **Grabmals** der Berecht in erster Linie den Willen des Verstorbenen zu berücksichtigen. Im übr ist dabei nach allg Herkommen u den sittl Anschauungen zu verfahren. Zur HandlgsFreih bezügl der Gestaltg s BayVerfG **28**, 136; zur Versetzg des Grabkreuzes LG Mü I FamRZ **82**, 849. Zum Anspr des Ehegatten, den gemeins Familiennamen auf den Grabstein des verstorbenen Eheg zu setzen, s AG Opladen FamRZ **68**, 205. RFragen zu Friedhof u Bestattg behandelt Zimmermann ZEV **97**, 440. – Verbietet der zur **Grabpflege** Berecht and Angehörigen, Schnittblumen am Grab aufzustellen, kann dies schikanös sein (§ 226 Rn 4). Zur Kostentragg s § 1968 Rn 5.

b) Prozessuales. Die gerichtl Dchsetzg der Anordngen des Verstorbenen ist mögl (dazu Widmann 11 FamRZ **92**, 759). Üb Streitigk entscheidet ProzeßG (KG FamRZ **69**, 414; Übbl 10 vor § 90). Beweislast für entspr Willen des Verstorbenen hat, wer ihn behauptet (BGH FamRZ **92**, 657). Für Feuerbestattg s aber FeuerBestG 2 IV. Zum Verwaltgsrechtsweg s dagg BVerwG NJW **74**, 2018 (Bestattg auf Privatgrdstück). – Das TotenfürsorgeR ist als **sonstiges Recht** iS von § 823 I anerkannt u setzt sich als AbwehrR gg Beein- 12 trächtiggen fort. Im Falle seiner Verletzg können daher dem RInhaber SchadErsatz-, Beseitiggs- od UnterlassgsAnspr zustehen (vgl Kiel FamRZ **86**, 56). – Über **Leichenöffnung** s StPO 159; 87 mit RiStV Nr 28 ff; FeuerBestG 3 II Nr 2. Ob vor gerichtl Anordng einer Obduktion die Angehör zu hören sind, entscheidet Gericht nach pflichtgemäß Ermessen (Struckmann NJW **64**, 2244; Koch NJW **65**, 528).

5) Erbschaftssteuer. Das auf Steuerfälle seit 1. 1. 96 zur Anwendg kommende ErbStG nF hat die zur 13 Berechng der ErbschSt maßgebl StKlassen auf drei verringert (§ 15), die persönl Freibeträge (§ 16) u den Versorgsfreibetrag (§ 17) deutl angehoben u die Steuersätze geändert. Bedeuts ist auch die Tarifbegrenzg für Betriebsvermögen (§ 19 a mit Erlaß der Länder v 17. 6. 97, ZEV **97**, 287; dazu Piltz; Moench ZEV **97**, 61; 268). – **Grundbesitz** wird seit dieser Reform bei der Wertermittlg (§§ 10–13 a) nicht mehr mit dem EinhWert, sond mit dem sog Grdbesitzwert nach BewG 138–150 bewertet (§ 13; dazu Weinmann ZEV **97**, 41) mit Besonderh für BetriebsGrdst sowie land- u forstwirtsch Vermögen. Unbebauten Grdst werden dabei die kommunalen Bodenrichtwerte auf den 1. 1. 96 zugrde gelegt abzügl eines generellen Bewertgsabschlags von 20%. Bebaute Grdst od WohngsEigt werden grdsl im ErtragswertVerf bewertet u dabei mit dem 12,5fachen der dchschnittl Jahresmiete der letzten 3 Jahre abzügl einer Alterswertminderg von 0,5% p. a. (max 25%) angesetzt. Zur einheitl Handhabg liegen inzw ErbschStRichtlinien vor (BStBl **98**, SonderNr 2; dazu Ebeling NJW **99**, 1087). – Ferner gelten eine Schuldenabzugsbegrenzg (§ 10 I 3; VI 5), angehobene sachl StBefreiungen (§ 13; dazu Meincke ZEV **97**, 52) u Vergünstiggen für Betriebsvermögen (§ 13 a mit Erlaß der Länder v 17. 6. 97, ZEV **97**, 287; dazu Piltz; Moench ZEV **97**, 61; 268). Zur Zusammenrechng mehrerer Erwerbe von derselben Person innerh von 10 Jahren (§ 14 mit Erlaß der Länder v 16. 4. 97, ZEV **97**, 200) s Weinmann; Jülicher ZEV **97**, 185; 274.

Erster Abschnitt. Erbfolge

1922 *Gesamtrechtsnachfolge.* **I Mit dem Tode einer Person (Erbfall) geht deren Vermögen (Erbschaft) als Ganzes auf eine oder mehrere andere Personen (Erben) über.**

II Auf den Anteil eines Miterben (Erbteil) finden die sich auf die Erbschaft beziehenden Vorschriften Anwendung.

1 **1) Erbfolge** ist die RNachfolge des (der) Erben in das gesamte Vermögen des Erbl samt den Verbindlichk (Erwerb von Todes wg) gleichgült ob die Schulden überwiegen (s Rn 12). Sie beruht als gewillkürte auf einer entspr Anordng des Erbl (§§ 1937; 1941), bei Fehlen einer Vfg vTw als gesetzl auf den dann eingreifenden Regelgen der §§ 1924–1936; beides ist auch nebeneinand mögl (s § 2088). Für beide Arten der Erbfolge gelten die in §§ 1922, 1923 getroffen grdsätzl Regelgen. – Die **gesetzliche** Erbfolgeregelg ist subsidiär ggü der gewillkürten, also der vom Erbl gewollten, da sie nur eintritt, wenn nicht der Erbl in Ausübg seiner TestierFreih (§ 1937 Rn 3) dch eine rechtsgült, insbes formgerechte Vfg vTw sie anderweit geregelt hat od wenn der von ihm eingesetzte Erbe ersatzlos wegfällt (s dazu § 2094 Rn 2). Als Ersatz für eine gewillkürte muß die ges Erbfolge so ausgestaltet sein, daß sie aus obj Sicht dem Interesse eines verständ Erbl entspricht, da auch für sie die ErbR-Garantie von GG 14 gilt (BVerfG NJW **95**, 2977 mAv Krenz FamRZ **95**, 534; Einl 4 vor § 1922). Dieser Vorgabe hat der GesGeber unter Wahrg seines Wertgs- u Gestaltgsspielraums mit dem VerwandtenErbR unter angemessener Beteiligg des Ehegatten entsprochen (BVerfG aaO). – Zu den nicht der Erbfolge unterliegden Rechten des Erbl s Rn 40 ff; Einl 6–8 vor § 1922.

2 **2) Erbfall** ist der Tod des Erbl. Dieser kann nur eine natürliche Person sein, nicht auch die juristische. Nur der Mensch kann sterben und beerbt werden (passive Erbfähigk). Als Todeszeitpkt ist in Übereinstimmg mit der medizin Wissensch der Eintritt des Gesamthirntods anzusehen, dh der vollständ, irreversible Ausfall aller Funktionen von Großhirn, Kleinhirn u Hirnstamm (§ 1 Rn 3; hM; s Ffm NJW **97**, 3099 mN), der auch nach TPG 3 II Nr 2 seit 1. 12. 97 für die Organentnahme maßgebl ist. Dadch ist allerd hinzunehmen, daß der Hirntote auch dann tot im RSinne ist, wenn Kreislauf u Atmg noch künstl aufrecht erhalten werden. Eine exakte Feststellg des TodesZtpkts ist allerd nur erforderl, wenn geringe Zeitdifferenzen üb die Erbfolge entscheiden (s dazu § 1923 Rn 3); wurden dann nur Herz- u Atmgsstillstand beobachtet, ist von da ab noch eine geringe Zeitspanne (max 10 Minuten) als empirisch gesicherte, individuell aber unterschiedl „Sterbezeit" hinzuzurechnen (Soergel/Stein Rn 3). Dem Tod gleich steht die dch formelle TodesErkl begründete (widerlegb) Todesvermutg zum festgestellten TodesZtpkt (VerschG 9, 44 II; s auch §§ 2031, 2370). – **Erbschaft** ist das auf den Erben als Ganzes übergehende Vermögen des Erbl (Einzelh s Rn 12 ff), das ohne Bezug zum Erben als Nachlaß bezeichnet wird (zB in § 1960). – **Erbteil (II)** ist der Anteil eines MitE (§§ 2032 ff). Auf ihn finden grdsl die Vorschr üb die Erbsch Anwendg, zB üb den Erbteilsverkauf (§§ 2371 ff); NachlSicherg (§ 1960). Ausnahmen: §§ 2033; 2062; InsO 316 III.

3 **3) Vor dem Erbfall,** also zu Lebzeiten des Erbl haben weder der nach dem G als künft Erbe Berufene noch der in einer Vfg vTw Eingesetzte bereits eine gesicherte RPosition iS eines AnwartschR, sond nur eine tatsächl Aussicht auf dessen Vermögen, also eine rechtl begründete Erwartg auf das ErbR. Jeder Erbanwärter kann seine Stellg jederzeit noch dadch einbüßen, daß er den Erbfall gar nicht erlebt (§ 1923 I) od daß sie ihm vom Erbl genommen wird, indem dieser dch Vfg vTw eine die ges Erben nicht berücksichtigende Regelg trifft od eine getroffene Erbeinsetzg widerruft. Selbst die Erbeinsetzg dch wechselbezügl Vfg in einem gemeinsch Test (§ 2270) od die erbvertragsmäß (§ 2278) bewirkt keine grdsl andere RPosition, weil auch dann erst beim Erbfall feststeht, ob der Erbanwärter tatsächl Erbe geworden ist, nachdem auch das gemeinsch Test widerrufl (§ 2271) u der ErbVertr in bestimmter Weise aufhebbar ist (§§ 2290 ff); allerd werden beim ErbVertr gewisse Unterschiede für Vermächtn gemacht (vgl BGH **12**, 118; Mattern BWNotZ **62**, 234; Lange NJW **63**, 1573). Für den SchlußE eines gemeinsch Test ändert sich dch den Tod des ersten Ehegatten noch nichts (s § 2269 Rn 11). – Der Nacherbe erlangt auch erst mit dem Erbfall, aber noch vor dem NErbfall eine rechtl gesicherte Anwartsch (s § 2100 Rn 11).

4 **a) Die Erbanwärterstellung** räumt also keinen Anspr gg den Erblasser ein, gewährt keine rechtl Befugn iS einer RMacht u begründet keine vermögensrechtl od übertragb od vererbl RPosition. Sie kann weder verpfändet noch gepfändet werden, unterliegt nicht der ZwangsVollstr, gehört nicht zur Insolvenzmasse u ist auch kein Vermögenswert iSv VermG 2 (BVerwG NJW **94**, 470). Ein RVerhältn wird zu Lebzeiten des Erbl nur dch das unentziehbare PflichttR begründet (s Übbl 1 vor § 2303). Erbanwärtern können nur schuldrechtl ErbschVertr nach Maßg des § 312 II schließen (dazu § 312 Rn 5–7). – Vfgen des künft Erben üb Ggstände des Erbl (od umgekehrt) werden nach Eintritt des Erbfalls nach Maßg des § 185 II S 1 wirks (s § 185 Rn 11; Ebel NJW **82**, 724). – **Sicherung** der Aussicht auf den künft Nachl ist nicht mögl. Im GBuch ist sie nicht eintraggsfäh. Vormerkg ist unzuläss (BGH **12**, 115; s § 883 Rn 19, aber auch § 2174 Rn 10). Sie kann auch nicht dch einstw Vfg gesichert werden (KG OLG **21**, 363). Haben sich die erbvertragl eingesetzten MitE bereits zu Lebzeiten des Erbl üb ein künft NachlGrdstück auseinandergesetzt, können sie etwaige ÜbereigngsAnspr nicht dch Auflassgsvormerkg am Grdst des Erbl sichern (Hamm OLGZ **65**, 347 mAv Haegele Rpfleger **66**, 367).

5 **b) Feststellungsklage** der Erbanwärter (MitE, NachE, SchlußE) üb ihr künft ErbR ist zu Lebzeiten des Erbl mangels eines RVerhältn (ZPO 256) nicht zuläss, selbst wenn die Erbaussicht der Lebenserfahrg entspricht (BGH **37**, 137). Dies gilt auch für Klagen, dch die nur einzelne Voraussetzgen des künft erbrechtl Erwerbs festgestellt werden sollen, zB die (Un-)Gültigk eines Test (Köln JW **30**, 2064); od daß sich ein bestimmter Ggstand noch im Vermögen des künft Erbl befindet (Karlsr FamRZ **89**, 1351; Celle MDR **54**, 547). Auch die TestierFähigk des noch lebenden Erbl kann nicht gerichtl festgestellt werden (BayObLG NJW-RR **96**, 457); Gutachten kann auch nicht in selbständ BeweisVerf erholt werden (Ffm NJW-RR **97**, 581). – Die RPosition

eines PflichttBerecht kann dagg bereits vor dem Erbfall Ggstand einer Feststellgsklage sein (s Übbl 1 vor § 2303); die eines SchlußE ab dem Tod des ersten Ehegatten (s § 2269 Rn 11). Üb Gültigk eines ErbVertr ist zw den VertrParteien Feststellgsklage bei berecht Anlaß zuläss (Düss FamRZ **95**, 58; s dagg Lange NJW **63**, 1573).

4) Gesamtnachfolge durch Vonselbsterwerb. Mit dem Erbfall geht die Erbsch „als Ganzes" unmittelb u von selbst auf den Erben kr G über (dazu Wacke JA **82**, 242; für „Antrittserwerb" von Lübtow II 651). Dieser wird damit RNachfolger des Erbl im Wege der Gesamtnachfolge, also ohne besond Übertragg der Einzelrechte. Die Nachfolge geschieht durch einheitl Rechtsakt in das gesamte Vermögen und nicht in einzelne Ggstände (s § 2087 II), so daß zB der Voraus wie ein Vermächtn behandelt wird (§ 1932). Auf Wissen und Willen des Berufenen kommt es nicht an (s § 1942 Rn 1), auch nicht auf seine Annahme od den Antritt der Erbsch. Ein Erwerb aGrd guten Glaubens an das Eigentum des Erbl ist nicht mehr mögl. – Endgült erwirbt der Erbe wg seines Rechts zur Ausschlagg (§ 1942) die Erbsch allerd erst mit Annahme (§ 1943; s dort u § 1942 Rn 2). Dann kann er seine dch Vfg vTw od aGrd G erworbene RStellg aber auch nicht mehr dch „Verzicht" (s Übbl 1 vor § 2346) od wg Verstoßes gg § 242 verlieren (BayObLG **77**, 274; BGH NJW **67**, 1126; WM **77**, 688 zur Verwirkg), sond nur noch dch ErbunwürdigkUrteil (§§ 2342; 2344). – Kommt es als Folge des Erbgangs zur **Vereinigung** von Recht u Verbindlichk od von Fdg, Schuld u Belastg in der Person des Erben (Konfusion, Konsolidation), erlischt grdsl das betr SchuldVerhältn ohne weiteres (§§ 425, 429, 1063, 1173, 1256; Ausn § 889); bei MitE tritt allerd vor Auseinandersetzg keine Vereinigg ein. Die erloschenen RVerhältn bleiben jedoch insow bestehen, als Nachl u Eigenvermögen des Erben vom G als getrennte Massen angesehen werden, zB bei NachlVerwaltg; Nacherbfall; ErbschKauf (s Übbl 4 v § 362). Auch für Rechte Dritter (Nießbraucher; PfandGläub) sind die Fdgen als bestehd zu behandeln (s Hamm Rpfleger **73**, 315); ferner für Sozialhilfeträger bezügl eines gem BSHG 90 übergeleiteten Anspr des Erbl gg den Erben als verarmter Schenker (§ 528 mit Rn 4). – Zur Ablaufhemmg der **Verjährung** eines zum Nachl gehörenden od sich gg ihn richtenden Anspr s § 207. 6

5) Sondererbfolgen. Als Ausnahmen vom Grdsatz der Gesamtnachfolge findet in wenigen Einzelfällen eine unmittelb Sondererbfolge (Singularzession) in bestimmte, vom übr Nachl abgesonderte Vermögensteile des Erbl statt. RFolge ist dann, daß zwei rechtl selbständ Vermögensmassen entstehen u jeder NachlTeil für sich wie ein eigener Nachl anzusehen ist (BGH **24** 352; BayObLG NJW **60**, 775), der sein eigenes rechtl Schicksal hat. Die prakt wichtigste, aber ges nicht geregelte ist die Sondererbfolge in den GeschAnteil des persönl haftden Gters einer **Personengesellschaft** (OHG; KG; BGB-Ges) im Falle erbrechtl Nachfolge (s dazu Rn 17–20). – Eine **Heimstätte** iS von RHeimstG 24 konnte in Erbfällen, die vor Aufhebg dieses G zum 1. 10. 93 (BGBl I 93, 912) eingetreten sind, in das AlleinEigt eines von mehreren MitE übergehen. – Die sonstigen Fälle beruhen auf ges Sonderregelgen: 7

a) DDR-Grundstücke, die einem zw dem 1. 1. 76 u dem 3. 10. 90 verstorbenen Erbl aus der damal BRep gehörten, bilden ein von dessen übr, nach BGB vererbten Nachl abgetrenntes Sondervermögen. Es trat insow NachlSpaltg ein, weil in diesem Zeitraum in der DDR die Kollisionsnorm des RAG 25 II galt, nach der sich die erbrechtl Verhältn in Bezug auf das Eigentum u and Rechte an Grdst u Gebäuden in der DDR stets nach dem Recht der DDR bestimmten. Dieses Sonderstatut wurde bereits zum Zeitpkt des Erbfalls in der BRep anerkannt (EG 3 III; EG 28 aF) u ist auch nach dem Beitritt der DDR aus Grden des Vertrauensschutzes zu beachten (EG 25 Rn 23). Welche Rechte unter RAG 25 II fielen, ist nach DDR-Recht u der dort entwickelten GesAuslegg (BGH **124**, 270; DtZ **93**, 179) zu qualifizieren. S dazu Böhringer Rpfleger **99**, 110. Nicht dazu gehören RestitutionsAnspr nach dem VermG (Rn 50; EG 25 Rn 23; BGH **131**, 22), so daß zB ein vor dem 3. 10. 90 in der BRep erklärter Erbverzicht (§ 2346) auch insow gült ist, obwohl er in der DDR dch das ZGB abgeschafft war (Düss NJW **98**, 2607); auch nicht Beteiligg an ErbenGemsch mit Grdbesitz in der DDR (BayObLG Rpfleger **99**, 76 mN; str). – Als **Folge** dieser NachlSpaltg ist jeder der beiden NachlTeile rechtl als selbständ Nachl anzusehen u die RNachfolge vTw für jeden Teil gesondert nach dem jeweil Erbstatut zu beurteilen (BGH FamRZ **95**, 481; KG FamRZ **98**, 124; BayObLG **95**, 79; Hamm FGPrax **96**, 188; Rpfleger **97**, 529). Dah konnte der Erbl die Erbfolge für jeden Teil in Abweichg vom Grdsatz der Gesamtrechtsnachfolge gesondert regeln (KG aaO). Auch kann er hinsichtl eines Teils kr G, hinsichtl des and Teils kr letztw Vfg beerbt werden (BayObLG FamRZ **95**, 1089). Ebso beurteilen sich auch and erbrechtl Fragen für jeden Teil gesondert nach dem jeweiligen Erbstatut (EG 25 Rn 9; 10), bezügl des DDR-GrdVermögens also nach dem DDR-ZGB (BGH FamRZ **95**, 481; Einl 5 vor § 1922). Dies gilt zB für die Wirksamk der Ausschlagg (KG FGPrax **96**, 191) od ihre Anfechtg; die Auswirkg einer Ehescheidg (BayObLG FamRZ **95**, 1088); PflichttAnspr (BGH NJW **93**, 1920; Übbl 5 vor § 2303) od die Erbenhaftg, die im ZGB abweichd vom BGB geregelt waren. Auch die TestAuslegg richtet sich in Bezug auf den abgespaltenen NachlTeil nach dem dafür geltenden Erbstatut (KG DtZ **95**, 417; Köln FamRZ **94**, 591; s dazu § 2084 Rn 12). Wurde zB der gesamte DDR-Grdbesitz dch ein bereits vor dem 1. 1. 76 errichtetes Test als VorausVerm zugewendet, kann dies infolge seiner späteren rechtl Abspaltg nun als Erbeinsetzg für diesen NachlTeil anzusehen sein (KG FamRZ **98**, 124). – Bezügl TestErrichtg, die zuläss Arten test Vfgen u deren Anfechtg ist dagg die Rückverweisg dch RAG 26 auf das BGB als dem WohnsitzR des Erbl zu beachten (KG DtZ **96**, 217; FamRZ **95**, 762; zum ErbV s Übbl 3 vor § 2274). Auch die Bindgswirkg eines gemeinsch Test beurteilt sich nach Errichtgsstatut (EG 235 § 2 Rn 4; KG FamRZ **98**, 124). – Zur Erteilg eines beschränkten ErbSch s § 2353 Rn 7. – In Erbfällen **vor** dem 1. 1. 76 galt dagg auch in der DDR noch das KollisionsR des EGBGB, so daß es nicht zur NachlSpaltg kam (Ffm OLGZ **92**, 35; BayObLG **94**, 382); nichtehel Kind ist folgl vor 1. 7. 70 nicht erbberecht (KG FGPrax **96**, 109). 8

b) Hoferbrecht. Zur Erhaltg eines landw Betriebs als geschlossene Einheit bestimmen einige der landesrechtl AnerbenG (s EG 64 mit Rn 6; 7) abweichd vom allg ErbR des BGB, daß der Hof mit dem Erbfall im Wege einer SonderRNachfolge unmittelb einem der MitE als HofE zufällt (s HöfeO 4; *brem* HöfeG 9; *rheinl-pfälz* HöfeO 14; *württ-hohenz* AnerbenRG 3). Hof u hoffreies Vermögen vererben sich dann als zwei rechtl selbständ Vermögensmassen unterschiedl, der Hof nach AnerbenR u der hoffreie Nachl nach BGB. – Wichtigstes AnerbenG ist die norddeutsche **HöfeO** (s EG 64 Rn 6). Für die ihr zum Zeitpkt des Erbfalls 9 unterliegenden Höfe (s EG 64 Rn 6) bestimmt sich die ges Hoferbfolge nach §§ 4; 5 Nr 3; 6; 9 I. Nichtehel Kinder, die bislang bei Verweisg auf ErbersatzAnspr auch von der Hoferbfolge ausgeschlossen waren, sind in Erbfällen seit 1. 4. 98 den ehel auch in der Berufg zum HofE gleichgestellt (§ 1924 Rn 9). Eine Bestimmg des HofE dch den Eigentümer erfolgt entw auf Grd Vfg v Tw (§ 7) od dch ÜbergabeVertr (§ 8 II); zum formlosen HofübergabeV s BGH **87**, 237; WM **93**, 390. Die sog formlose Hoferbenbestimmg (§ 7 II) verwehrt dem Erbl eine anderweit HofEBestimmg (dazu Kroeschell JR **89**, 418). Der dadch begründeten Hoferbfolge wird der Hof dch Begründg eines Ehegattenhofs wieder entzogen, so daß die Erbfolge dann § 8 unterliegt (Hamm OLGZ **90**, 284; str). Beim Ehegattenhof kann ein Ehegatte nicht letztw über seinen Anteil verfügen (Hamm AgrarR **80**, 50; 165 mAv Stöcker). Nießbrauchs Vermächtn am Hof ist zuläss Beschränkg der Hoferbfolge (HöfeO 16 I; BGH **118**, 361). Dch dauerh BewirtschaftgsÜbertragg wird ein Abkömml VollE, sofern Erbl nicht ausdrückl Vorbeh erklärte (§ 6 I 1; dazu BGH ZEV **94**, 234 mAv Witt). – HofNachE hat bei Eintritt des Erbfalls keinen AbfindgsAnspr nach HöfeO 12 (Oldbg NJW-RR **94**, 272). – Vererbl ist auch der Anspr auf Übereigng eines Hofs aus einem ÜbergabeVertr (BGH **LM** HöfeO 17 Nr 7; str; s Lüdtke-Handjery HöfeO 17 Rn 122); der AusgleichsAnspr nach HöfeO 13 I (BGH **37**, 122). – Zwar keine Sondererbfolge, aber eine ähnl Bevorzugg des HofNachf ggü dem BGB u entspr Benachteiligg der übr MitE bewirkt

10 auch die **Betriebszuweisung** nach GrdstVG (s § 2042 Rn 24) od nach landesrechtl AnerbenG (*bad* G betr geschlossene Hofgüter 10; *hess* LandgüterO 11; s EG 64 Rn 7). Dch sie wird die Alleinberechtigg eines MitE an dem landw Betrieb erst nachträgl begründet, so daß es sich um eine bes Form der Erbauseinandersetzg handelt. Der Hof fällt also bis dahin in den allg Nachl, so daß auch die später weichden MitE zunächst eine gesamthänd gebundene MitE-Stellg am Hof erlangen.

11 **c) Mietwohnung.** Beim Tod des Mieters treten gem §§ 569 a; b dessen Ehegatte und/od Familienangehörige, die mit ihm gemeins Hausstand geführt haben, im Wege der Sonderrechtsnachfolge in das MietVerhältn ein, um ihnen den bish Lebensmittelpkt zu erhalten. Auch der überlebde Partner einer eheähnl Gemeinsch (dazu BVerfG NJW **93**, 643) tritt in den MietV analog § 569 a ein (BGH NJW **93**, 999; s § 569 a Rn 5). Beim Tod eines von mehreren Mietern treten dessen Familienangehörige unter den Voraussetzgen des § 569 a II 1 in den MietVertr ein (Karlsr NJW **90**, 581).

12 **6) Umfang des Nachlasses.** Die „Erbschaft", also das auf den Erben übergehende Vermögen, ist die Gesamth der RVerhältn des Erbl, umfaßt also auch RVerhältn nichtvermögensrechtl Inhalts. Vererbl sind regelm alle dingl u persönl Vermögensrechte u Verbindlichk einschl der Rechte u Verbindlichk aus unerlaubten Hdlgen. Auch öff-rechtl Anspr gehen grdsl auf den Erben über (auch wenn dies in der anspruchsbegründenden Norm selbst nicht vorgesehen ist), sofern nicht öff-rechtl Sonderregelgen entggstehen od sich aus dem öff-rechtl RVerhältn Abweichendes herleiten läßt (BVerwG **64**, 105; NJW **87**, 3212; s Rn 49–54). Zur Erbsch gehören ferner die Verbindlichkeiten des Erbl (BGH **32**, 369; hM), so daß zB die im Rahmen eines AuftragsVerhältn entstandene Pflicht zur Abgabe einer eV gem § 259 II mit dem Tod des Verpflichteten auf dessen Erben übergeht (BGH **104**, 369 mAv Hohloch JuS **89**, 63). Die Stellg als Erbe hängt nicht davon ab, daß ihm aus der Erbsch ein wirtschaftl Vorteil zukommt (BayObLG MDR **79**, 847). – Ob ein Ggst zum Nachl gehört, ist auch für die Erbenhaftg erhebl u spielt bei der Übertragg der Erbsch od des Erbteils eine Rolle. Auch die Rechte eines VorE od NachE sowie die Befugn eines TV hängen davon ab.

13 **a) Bei Gütergemeinschaft** (§§ 1415 ff) gehört der Anteil des verstorbenen Ehegatten am Gesamtgut zum Nachl. Der verstorbene Eheg wird nach den allg Vorschriften beerbt (§ 1482; BayObLG Rpfleger **81**, 282). Solange keine Auseinandersetzg über das Gesamtgut stattgefunden hat, gehört nur der Anteil als solcher zum Nachl; die einzelnen Ggst des Gesamtguts sind dagg keine NachlGgste (BGH **26**, 382; NJW **64**, 768; s auch Stgt Just **67**, 119). – Ist **fortgesetzte Gütergemeinschaft** vereinbart (§§ 1483 ff) u wird die GüterGemsch mit den gemeinschaftl Abkömmlingen fortgesetzt, gehört der Anteil des verstorbenen Eheg am Gesamtgut nicht zum Nachl; im übr wird der verstorbene Eheg nach den allg Vorschriften beerbt (§ 1483 I 3 mit Rn 2). Stirbt ein anteilsberecht Abkömmling, gehört sein Anteil am Gesamtgut nicht zu seinem Nachl (§ 1490 S 1). Die fortgesetzte GüterGemsch wird mit seinen Abkömmlingen nach Maßgabe des § 1490 S 2 fortgesetzt; sind solche nicht vorhanden, tritt Anwachsg nach § 1490 S 3 ein; der nichtehel Abkömml des Verstorbenen tritt als dessen Erbe aber dann nicht in die fortgesetzte GüterGemsch ein, wenn er in Erbfällen vor dem 1. 4. 98 nicht Erbe des vorverstorbenen Teilhabers geworden war (§ 1924 Rn 12; Stgt Rpfleger **75**, 433). Stirbt ein an einer fortgesetzten GüterGemsch beteiligter Abkömml nach deren Beendigg, aber vor Beendigg der Auseinandersetzg des Gesamtguts, vererbt sich sein Recht an der AuseinandersetzgGemsch nach allgem Grdsätzen (gesetzl Erbfolge; aGrd Vfg von Todes wg; BayObLG **67**, 70). – Endet **Zugewinngemeinschaft** dch Tod eines Ehegatten, hat allein der überlebende Ehegatte Anspr auf Ausgleich eines Zugewinns (§ 1371 I, II). Ist sein Zugewinn der höhere, können die Erben des Verstorbenen von ihm keinen Ausgleich fordern, selbst wenn der Erbl die AusgleichsFdg schon in einem ScheidgsVerf rhäng gemacht hatte, aber vor Scheidg gestorben ist (BGH FamRZ **95**, 597). Nur eine schon vor dem Tod eines Ehegatten entstandene AusgleichsFdg (§ 1378 III) ist vererbl, dann auch der AuskAnspr (§ 1379 I, II) u der ErgänzgsAnspr (§ 1390 I 1).

14 **b) Ein Handelsgeschäft** ist vererbl, wie sich aus HGB 22 ergibt (dazu Stürner JuS **72**, 653; Johannsen FamRZ **80**, 1074; Langenfeld BWNotZ **81**, 51). Die Firma ist nur mit dem Unternehmen übertragb u vererbl (HGB 21 ff; dazu Kuchinke ZIP **87**, 681). Eine Prokura erlischt nicht (HGB 52 III), sofern nicht der Prokurist AlleinE od MitE wird (BGH NJW **59**, 2114 u dazu Reinicke MDR **60**, 28). Nicht vererbl ist die Kaufmannseigenschaft, die vom Betreiben eines Handelsgewerbes abhängt (HGB 1 II). – Auch ein sonstiges vom Erbl betriebenes **gewerbliches Unternehmen** (zB Handwerksbetrieb) kann vererbl sein (BGH **LM** Nr 1, 7). Die Zugehörigkeit zum Nachl ist nicht davon abhäng, ob die Weiterführg dch einen MitE mit od ohne Einverständn der übrigen MitE erfolgt (BGH NJW **63**, 1541). Für Minderjährige kann ges Vertr das Gesch fortführen; weil dazu keine gerichtl Gen nach §§ 1643, 1822 Nr 3 erforderl ist (BGH **92**, 259), wurde nun die Möglichk einer Haftgsbeschränkg geschaffen (§§ 1629 a; 1793 II). – Unvererbl sind dagg **öffentlich-rechtliche Gewerbeberechtigungen**.

c) Anteil des persönlich haftenden Gesellschafters an einer Personengesellschaft. PhG sind bei GbR, OHG u PartG alle Gter, bei der KG alle außer den Kommanditisten (HGB 161 I). – **aa) Gesetzliche Regelung, Gestaltungsmöglichkeiten.** Beim Tod eines phG sieht das G für die einz GesFormen unterschiedl Regellösgen vor. Die Gter können aber dch Vereinbg and GestaltgsMöglichk wählen (§ 727 I Hs 2, HGB 131 III). Nur wenn der AlleinE des verstorbenen Gters zugleich dessen einziger MitGter war, erlischt diese bish zweigliedr Ges ohne Liquidation, weil sich dch die Erbfolge nun sämtl GesAnteile in einer Hand vereinigen (§ 705 Rn 1), u zwar iW der GesamtRNachf (K. Schmidt JuS **87**, 147). Ist der MitGter allerd nur VorE, kann der GesAnteil bis zum Eintritt der NErbfolge nicht untergehen; die Ges bleibt dem NachE erhalten (BGH **98**, 48), es sei denn ein TV gibt den Anteil gem § 2217 I frei (BGH aaO; § 2205 Rn 14). – Die **Auflösung der Gesellschaft** dch den Tod des Gters bestimmt § 727 I nur mehr für die **GbR** als Regelfall. Die Ges wird abgewickelt, der Erbe bzw die ErbenGemsch wird Gter der LiquiGes (BGH NJW **82**, 170; s a Rn 18 aE) u hat damit Anspr auf das AuseinandSGuth. Bis zum Inkrafttr des HRefG am 1.7.98 galt dies auch noch für OHG, KG u PartG. – Den **Fortbestand unter den übrigen Gesellschaftern** sieht HGB 131 III nunmehr (dazu K. Schmidt NJW **98**, 2166) als Regelfall für den Tod des phG einer **OHG,** KG (HGB 161 II) u PartG (PartGG 9 I) vor. Der Anteil des Verstorbenen am GesVermögen wächst den übr Gtern zu (§ 738 I). Gg diese steht den Erben des verstorbenen Gters ein AbfindgsAnspr gem §§ 738–740 zu (s a HGB 105 III, 161 II, PartGG 9 I; Reimann ZEV **94**, 7). Dieser kann im GesVertr beschränkt werden (s aber § 738 Rn 7 f, § 2311 Rn 13); gilt diese Vereinbg für alle Gter, ist sie keine Schenkg vTw (§ 2301; BGH 22, 194; zu AbfindgsVereinbgen Rasner NJW **83**, 2905). – Eine **Vererblichkeit des Gesellschaftsanteils** sieht das G nur für den Kommanditanteil vor (Rn 21). Der Anteil eines phG kann dagg nur dch Vereinbg der Gter vererbl gestellt werden (sog erbrechtl NachfKlausel); dazu Rn 17 ff. Gter kann dann werden, wer zumind auch Erbe ist; die Zuwendg eines Vermächtn genügt nicht (MüKo/Ulmer § 727 Rn 32). Bei der PartG gelten allerd im Hinbl auf das BerufsR Einschränkgen (PartGG 9 IV; s a Heydn ZEV **98**, 161; Mayr ZEV **96**, 321). – Im GesVertr kann auch ein **Eintrittsrecht** für alle od einz Erben des verstorbenen Gters od für Dritte vorgesehen 15
16 sein (s a § 727 Rn 4, § 736 Rn 8). Es kann sich auch dch ergänzde VertrAuslegg ergeben, wenn die als erbrechtl Nachf vorgesehene Person nicht Erbe u damit nicht Gter wird (BGH NJW **78**, 264). Es bewirkt keine unmittelb erbrechtl Nachfolge (s zB BGH **68**, 225; NJW-RR **87**, 989). Der Anteil des dch seinen Tod ausgeschiedenen Gters fällt nicht in den Nachl, sond wächst den übr Gtern zu (§ 738), unter denen die Ges fortgesetzt wird (HGB 131; § 736). Der Eintritt des Berecht nach Ausübg seines EintrittsR begründet dann eine neue Mitgliedsch; wie er sich vollzieht, hängt vom GesVertr ab. Der minderjähr Erbe bedarf dazu der gerichtl Genehmigg (§§ 1643; 1822 Nr 3). Wird vom EintrittsR kein Gebrauch gemacht, sind den Erben mit dem Tod des Gters AbfindgsAnspr entstanden (§ 738), für deren Ausgestaltg im GesVertr es mehrere Möglichk gibt (dazu Götte DNotZ **88**, 603).

17 **bb) Erbrechtliche Nachfolgeklausel.** Vererbl ist der Anteil des phG nur, wenn im GesVertr u damit dch RGesch unter Lebden vereinbart wurde, daß bei seinem Tod seine (ges od gewillkürte) Erbe(n) in die Ges einrücken (§ 736; HGB 139 I). Nur dann können seine Erben auch in seine GterStellg im Wege der Erbfolge nachrücken (Rn 18). Wer nachfolgeberecht Erbe ist, bestimmt allein der Erbl, sei es dch Vfg vTw, sei es dch Hinnahme der ges Erbfolge. Allerd kann er sich bereits im GesVertr dch sog **qualifizierte** Nachfolgeklausel darauf festgelegt haben, daß von mehreren Erben nur einer od nur ein Teil ihm in der Ges nachfolgen kann; dabei kann auch bestimmt worden sein, daß dieser üb eine gewisse Eignung verfügen muß. Die übr MitE erhalten dann nur erbrechtl AusgleichsAnspr gg den GterErben, da sich ihre quantitative Berechtigg am Nachl nicht ändert (BGH **68**, 225; Reimann ZEV **94**, 7; zur Bewertg s auch § 2311 Rn 14); der Ausschluß jegl Abfindg ist zwar nach GesR, wg des PflichtR nicht aber erbrechtl zuläss (s BGH **22**, 195; Kohl MDR **95**, 865; MüKo/Ulmer § 727 Rn 35; Baumbach/Hopt HGB 139 Rn 19). Soll nach dem Willen des Erbl ein TV den Nachfolgererben bestimmen, muß dies im GesVertr vereinbart worden sein od die übr Gter müssen zustimmen (BGH NJW-RR **86**, 28). Bei Irrtum üb die Person des Erben s Konzen ZHR **145**, 29 ff. – Ob der eingetretene Erbe auch in die Geschäftsführgs- u Vertretgsbefugn des Erbl einrückt, bestimmt gleichf in erster Linie der GesVertr (BGH **LM** HGB 139 Nr 2; Merkel MDR **63**, 102; s auch § 727 Rn 2). Sein Verbleiben in der Ges kann der neue Gter bei OHG u KG nach Maßgabe von HGB 139 I; III davon abhängig machen, daß ihm die Stellg eines Kommanditisten eingeräumt wird; zu seiner Haftg s dann K. Schmidt BB **89**, 1702; Saßenrath BB **90**, 1209. Gesvertragl kann dem neuen Gter auch ein „AblehngsR" in Form eines AustrittsR, ggf gg Abfindg, zuerkannt sein. Die Nachfolgeklausel gilt iZw auch für Vor- u NachE (BGH **98**, 48; s Michalski DB **87**, Beil 16). Zu den einkommensteuerl Folgen der Vererbg von Anteilen an PersonenGes s BFH NJW **91**, 254; NJW-RR **92**, 1123. –**Vollziehung:** Bei dem dch gesvertragl Nachfolgeklausel vererbl 18
gestellten GesAnteil vollzieht sich die Fortsetzg der Ges mit dem (den) Erben im Ztpkt des Erbfalls erbrechtl, dh unmittelb u ohne weiteres dch Singularzession (Rn 7). Die Nachfolge bedarf also keiner bes Erklärg des Erben u keiner Aufnahme dch die übr Gter; minderjähr Erben benötigen keine vormschgerichtl Genehmigg nach § 1822 Nr 3 od 10 (BGH **55**, 267). Diese Sondererbfolge ist notwend, um die haftgsrechtl Kollision zw ErbR u GesellschR zu lösen, die sich aus der Unvereinbark zw der Ausgestaltg der Haftg des phG als unbeschränkte (HGB 128) einerseits u derjenigen der Erben als dauerh auf den Nachl beschränkb andererseits (Einf 4 vor § 1967) ergibt; ist eine ErbenGemsch Nachfolger des GterErbl, würde diese im erbrechtl Normalfall die GterStellg als GesamthandsGemsch erlangen u daher bis zur Auseinandersetzg stets nur mit dem Nachl haften (§ 2059). Die Rspr löst diesen Konflikt dadch, daß der GesAnteil aus dem übr Nachl ausgegliedert u getrennt von diesem auf den dch letztw Vfg bzw ges Erbfolge bestimmten GterErben übergeht. Der Anteil fällt also stets getrennt vom übr NachlVermögen (das bei MitE gesamthänderisch gebunden bleibt) unmittelb u endgült in das Privatvermögen des GterErben. Ist allerd die Ges beim Erbfall bereits in Liquidation, vollzieht sich die Vererbg nach allg Grdsätzen (BGH NJW **81**, 749; **95**, 3314). – Dies gilt sowohl bei Vorhandensein nur eines als auch mehrerer Erben (BGH **91**, 132). Auch **Miterben** werden also aGrd ihres ErbR ausnahmsw 19
unmittelb Gter mit einem der Größe ihres ErbR entspr GesAnteil (BGH NJW **71**, 1286; **83**, 2376); nur das übr NachlVermögen ist bei ihnen gesamthänderisch gebunden. Jeder MitE hat dann das WahlR nach HGB 139 I, III; üb Vertreterklausel für die als Kommanditisten in die OHG eintretden MitE s BGH **46**, 291 mAv Kol NJW **67**, 1908. Erhält aGrd qualifizierter Nachfolgeklausel (Rn 17) nur einer von mehreren MitE den

gesamten GesAnteil, geht dieser auf ihn im Ganzen unmittelb über (BGH **68**, 237; dazu Ulmer BB **77**, 805; Göbel DNotZ **79**, 133; Johannsen WM **79**, 637; str; nach and Auffassg soll der bevorrecht MitE zunächst nur einen seinem Erbteil entspr Anteil erhalten u die übr MitE dann verpflichtet sein, ihm den ihnen zugewachsenen Restanteil zu übertragen). Hat er damit wertmäß zuviel erhalten, ist dies unter den MitE gemäß den Erbquoten auszugleichen (BGH aaO); bei entspr test Anordngen des Erbl sind ggf Unterbeteiliggen zu schaffen (BGH **50**, 318). Zur Einwilligg der Erben üb die Fortführg der Firma unter dem ErblNamen s BGH
20 **92**, 79; NJW **87**, 2081. – **Wirkung:** Diese gesonderte erbrechtl Behandlg ist endgültig u wird nachträgl auch bei besond Umständen nicht mehr aufgehoben (BGH **91**, 132 mAv Brox JZ **84**, 890; Schmidt JuS **85**, 63). NachlVerwaltg (§ 1985 Rn 4) od NachlInsolvenzVerf sowie TVstrg (§ 2205 Rn 14) erfassen also nicht den GesAnteil als solchen, sond nur die zum übr Nachl gehörden Anspr auf Gewinn u ein Auseinandersetzgsguthaben. Der GesAnteil gehört aber trotz seiner Abspaltg von den übr Vermögenswerten insgesamt zum Nachl (u nicht nur die selbständ abtretbaren Anspr auf den Gewinn u das Auseinandersetzgsguthaben, wie der II. Senat des BGH NJW-RR **87**, 989 abweichd entschieden hat), weil eine Herauslösg weder unter haftgs- noch unter gesellschrechtl Gesichtspkten gerechtfert ist (BGH **98**, 48; NJW **83**, 2376; Raddatz, NachlZugehörigk vererbter PersonenGesAnteile, 1991; aA Ulmer NJW **84**, 1496 u JuS **86**, 856). Auf den Wert des GesAnteils kann daher der Insolvenzverwalter ggf dch Kündigg entspr HGB 135 zugreifen (BGH **91**, 132).

21 **d) Ein Kommanditanteil** ist vererbl, wenn der GesVertr dies nicht abweichd regelt, so daß dann beim Tod des Kommanditisten die Ges mit den Erben fortgesetzt wird (HGB 177). Dessen Ausscheiden aus der Ges mit der Folge eines AbfindgsAnspr der Erben widerspricht näml idR dem Interesse der übr Gter, des Erbl u der Erben. Bei MitE wird jeder mit dem Anteil, der seinem Erbanteil entspricht, Kommanditist (KG WM **67**, 148; aM Köbler DB **72**, 2241, der die ErbenGemsch als solche als Rechtsnachfolgerin erachtet); der so aufgeteilte GesAnteil gehört dennoch zum Nachl (BGH NJW **83**, 2376 mAv Esch, Ulmer NJW **84**, 339; 1496). – Statt der Vererblichk können im GesVertr auch verschiedenartige Nachfolgeklauseln vorgesehen werden (s Langenfeld/Gail IV Rz 243f; KG JR **71**, 421 mAv Säcker). – Zur Regelg des EintrittsR eines Erben bei Vorliegen eines bindenden gemschaftl Test s BGH DNotZ **74**, 296; BGH WM **79**, 533; zur Aufhebg einer gesvertragl Nachfolgeklausel BGH WM **74**, 192. Scheitert die im GesVertr enthaltene erbrechtl NachfolgeRegelg in den Kommanditanteil daran, daß die vorgesehene Person nicht Erbe geworden ist, kann ergänzende Auslegg des GesVertr zum EintrittsR führen (s Rn 16; dazu Tiedau MDR **78**, 353). Zur Zulässigk einer TVstrg s § 2205 Rn 20; 21. – Beerbt in einer zweigliedr KG einer der beiden Gter den verstorbenen and hinsichtl dessen vererbl gestellten GesAnteils (Rn 17), wird dadch die KG aufgelöst u gleichzeit beendet. Der verbleibde Gter wird AlleinInh des Unternehmens, auf den das GesVermögen übergeht (BGH **65**, 79). Er haftet dann für die bish GeschVerbindlk gem HGB 27. Liegen dessen Voraussetzgen nicht vor, ist seine Haftg entspr § 419 II auf den Bestand des übergegangenen GesVermögens beschränkt (BGH **113**, 132 mAv Marotzke ZHR **156**, 17, auch zur RFolge bei NachlVerwaltg). – Trat Erbfall erst nach Auflösg der Ges ein, kann Erbe die Haftg für EinlageVerpflichtg des Erbl beschränken (BGH NJW **95**, 3314).

22 **e) Stille Gesellschaft.** Dch Tod eines stillen Gters wird die Gesellsch nicht aufgelöst (HGB 234 II). Der Erbe tritt kraft seines ErbR an Stelle des Erbl in die stille Gesellsch ein, mehrere Erben als ErbenGemsch (MüKo/Leipold Rn 44). Abweichde Vereinbgen im GesVertr sind zuläss (BGH WM **62**, 1084). – Zur Vererblichk einer Unterbeteiligg s Schiller RhNK **77**, 45/50; Langenfeld/Gail I Rn 155.

23 **f) Kapitalgesellschaften.** Hier ist im einzelnen vieles str. Die Vererblichk des **Aktienrechts** kann nicht ausgeschlossen werden (s auch § 2032 Rn 13); über die Möglichk einer in der Satzg der AG vorgesehenen Zwangseinziehg s AktG 237. Auch das AktienbezugsR (AktG 186) ist idR vererbl (RG **65**, 21; vgl auch RG **97**, 240). Für Stimmrechtskonsortien unter Aktionären kann in den GesVertr (BGB-Gesellsch) eine VererblichkKlausel für den Tod eines Konsorten vorgesehen werden (s hierzu Schröder ZGR **78**, 578/594ff, der
24 sowohl Vererbg auf einen AlleinE als auch auf MitE behandelt). – **GmbH-Anteile** sind vererbl (GmbHG 15 I). MitE erwerben sie in gesamthänd Bindg (vgl BGH **92**, 386; Promberger ZHR **150**, 585; § 2032 Rn 12). Eine Sondererbfolge ist nicht mögl, auch nicht üb qualifizierte Nachfolgeklausel (Staud/Marotzke Rn 210; 211). AusgleichsAnspr weichder MitE richten sich gg die Ges (Reimann ZEV **94**, 7). Ob Ausschluß der Vererblichk im GesVertr vereinbart werden kann, ist str, aber abzulehnen, da bei Unvererblichk des Anteils seine Zuordng ungeklärt bliebe (Soergel/Stein Rn 65 mwN). Zur RStellg eines vermeintl Erben in der
25 GmbH s Kremer/Laux BB **92**, 159. – Die Mitgliedsch bei einer **eingetragenen Genossenschaft** geht auf den (die) Erben über; dieser scheidet aber mit dem Ende des laufden GeschJahres aus. Das Statut kann bestimmen, daß im Falle des Todes eines Genossen dessen Mitgliedsch in der Genossensch dch dessen Erben fortgesetzt wird. Das Statut kann die Fortsetzg der Mitgliedsch von persönl Voraussetzgen des Rechtsnachfolgers abhäng machen; für den Fall der Beerbg des Erbl dch mehrere Erben kann auch bestimmt werden, daß die Mitgliedsch endet, wenn sie nicht innerh einer im Statut festgesetzten Frist einem MitE allein überlassen worden ist (GenG 77 I, II; dazu Hornung Rpfleger **76**, 37; LG Kassel Rpfleger **76**, 61; **77**, 62; MüKo/Leipold Rn 31). – Über Fortsetzg einer KGaA mit den Erben des Komplementärs (AktG 289, HGB 139) s Durchlaub BB **77**, 875; Langenfeld/Gail I Rn 120.

26 **g) Vermögensrechtliche Beziehungen** sind vererbl, auch noch werdende od schwebende RBeziehgen; bedingte od künftige Rechte; AnwartschRechte; Bindgen u Lasten (BGH **32**, 367; Schröder JZ **78**, 379). **Beispiele:** Vererbl ist das AnfechtgsR nach § 119 (BGH NJW **51**, 308); die Wirkkraft einer WillErkl (§ 130 II); das Recht zur Genehmigg des Abschlusses eines vermögensbezogenen Vertr dch vollmachtlosen Vertreter des Erbl (Hamm Rpfleger **79**, 17); das WiderrufsR nach § 178 (SchlHOLG SchlHA **65**, 277); das AnkaufsR (OGH DNotZ **51**, 124); das Recht zur Annahme eines VertrAntr (§ 153); ErsatzAnspr (BGH **LM** § 249 (Hd) Nr. 15); das zeitl beschränkte persönl VorkR (§ 514 S 2; s LG Stgt BWNotZ **74**, 85); die KreditbürgschVerpfl (§ 765; BGH **LM** Nr 10). – HonorarAnspr eines RA od Steuerberaters, zu deren Geltdmachg kein Kanzleiabwickler bestellt werden muß (Bautzen NJW-RR **98**, 872). – Im AuftragsVerhältn sind die Anspr des Erbl auf Auskunft, Rechensch (§ 666) u Herausgabe (§ 667) vererbl, es sei denn, daß sie deshalb erloschen sind, weil der Erbl diese Rechte auf seine Person beschränkt hatte (BGH NJW-RR **90**, 131). – Rechte u Pflichten des Jagdpächters sind vererbl (Düss MDR **76**, 140). – Der AusgleichsAnspr des

Handelsvertreters nach § 89b HGB kann bei dessen Tod von den Erben geltd gemacht werden (BGH **24**, 214 mAv Selowsky in **LM** § 89b HGB Nr 2). – Die an sich öffrechtl NutzgsBefugn an bestimmter Grabstätte (**„Wahlgrab"**) kann nach BGB vererbl sein (BVerwG **64**, 108; Beyer NJW **58**, 1813), wobei Friedhofssatzg dies auf FamAngehör beschränken kann. Bei MitE kommt dann Auseinandersetzg dch Versteigerg in Betr (Oldbg NJW-RR **96**, 136). – Wird bei Betriebsstillegg Abfindg dch verbindl **Sozialplan** geregelt, sind Anspr aus dem Sozialplan vererbl. Handelt es sich nicht nur um einmalige Abfindg, sond um fortlaufende Zahlgen üb längeren Zeitraum, sollten diese ausnahmsw nicht den Erben als solchen, sond entpr dem SozialR (s SGB I 56–59) dch Sondererbfolge den nächsten Angehör, insbes Ehegatten zustehen (Compensis DB **92**, 888). – Deliktische Verpflichtgen zum **Schadensersatz** ggü dem Erbl sind aber auf die dem Verletzten (Erbl) selbst zugefügten Nachteile begrenzt u stehen nur in diesem Umfang den Erben zu (BGH NJW **62**, 911 mAv Larenz JZ **62**, 709); BGH FamRZ **68**, 308 (Aufopfergsschaden). Vererbl ist auch ein dem Erbl als Ausgleich für immateriellen Schaden zustehender **Schmerzensgeldanspruch** (§ 847), ohne daß der Verletzte zu Lebzeiten einen Willen zur Geltdmachg bekunden mußte (BGH NJW **95**, 783). Bei Insassenunfallversicherg fällt Anspr auf Auskehrg der vom VersNehmer einbezogenen VersSumme grdsätzl in Nachl des tödl verunglückten Insassen (BGH **32**, 44; BFH NJW **63**, 1223; Oswald VP **70**, 57).

27 (Grabstätte) 28 (Sozialplan) 29 (Schadensersatz)

30 **h) Beim Bankkonto** tritt Erbe in das GiroVerhältn (§ 675 Rn 8) zur Bank ein. Auch steht ihm das beim Erbfall vorhandene Guthaben zu, sofern nicht der Erbl die EinlageFdg dem Nachl dch einen mit der Bank geschlossenen Vertr zg Dr entzogen hat (dazu § 2301 Rn 17); mit Fortführg des Kontos für eigenen Zahlgsverkehr tritt Erbe dann in persönl RBeziehgen zur Bank (BGH NJW **96**, 190). Auch der sich aus der Geschäftsverbindg des Erbl ergebende AuskunftsAnspr (§§ 675, 666) geht auf den Erben über (BGH **107**, 104 mAv Kuchinke JZ **90**, 652; Ffm MDR **66**, 503); dieser kann ihn an den PflichttBerecht, dem er seinerseits Auskunft gem § 2314 schuldet, abtreten (BGH aaO). – MitE können über das Konto nur gemeinsam vfgen (§ 2040 I), die Bank kann nur an alle gemeinsam leisten (§ 2039), so daß bei ihnen ein gemeinsames Und-Konto kr G entsteht. Zur Legitimation der Erben s Übbl 5 vor § 2353. Eine vom Erbl erteilte Vollm besteht fort (s Rn 34); zur Vollm auf den Todesfall s Einf 16 vor § 2197; sie stellt keine Vfg des Erbl üb das Guthaben dar (Köln ZIP **88**, 1203). – Beim **Gemeinschaftskonto,** idR ein Oder-Konto mit alleiniger VfgsBerechtigg jedes Mitinhabers, ändert sich im Innenverhältn der Kontoinhaber dch den Eintritt der Erben nichts an der Berechtigg bezügl der EinlageFdg. Diese bestimmt sich weiterhin nach den (auch konkludent) getroffenen Absprachen der Kontoinhaber; nur wenn solche fehlen, steht das Guthaben den Inhabern zu gleichen Teilen zu (§ 430) unabhängig davon, aus wessen Mitteln es stammt (zur AusgleichsPfl getrennter Ehegatten s BGH NJW **90**, 705; Zweibr NJW **91**, 1835). Allerd können die Kontoinhaber über ihre Guthabenanteile auch dch RGesch unter Lebenden vfgt haben, zB sich ihre Anteile aufschiebend bedingt auf den Todesfall abgetreten haben. Eine solche Abtretg bedarf keiner Form, bei Eheleuten uU nicht einmal einer exakten rechtl Vorstellg (s § 2301 Rn 12) und ist dann eine zu Lebzeiten vollzogene Schenkg vTw iS von § 2301 II; sie führt allerd auch zur Haftg. – Vererbl ist auch der **Treuhandvertrag** des Erbl mit der Bank betr Vfgen über Wertpapiere nach seinem Tod (BGH WM **76**, 1130). – Über rechtl Behandlg der „Anderkonten" des RA, Notars nach dessen Tod s Soergel/Stein Rn 41. – Zum Besitz u EigentumsÜbergang am Inh eines **Schrankfachs** s Düss NJW-RR **96**, 839; Oldbg JuS **78**, 54; § 866 Rn 2. 31

32 **i) Dingliche Rechte.** Bei Grdst ist nicht nur das Eigentum vererbl, sond schon die RStellg aus erkl Auflassg (§ 873 II; BayObLG **73**, 139; Tiedke FamRZ **76**, 510); ebso die Rechte aus einer für den Erbl laufenden Ersitzg (§ 943); ob gutgläub Erbe eines bösgläub Erbl ersitzen kann, untersucht Finkenauer NJW **98**, 960. Zum Vollzug im GBuch nach Tod eines VertrPartners s Kofler RhNotK **71**, 671. – Der **Besitz** ist vererbl (§ 857), auch wenn der Erbe weder vom Erbfall noch vom Eigenbesitz des Erbl Kenntn hatte (BGH **LM** § 836 Nr 6; dort auch über die VerkSichgPfl des Erben gem § 836), nicht aber der Gewahrs im strafrechtl Sinn (RGSt **34**, 254). Die tatsächl Sachherrsch entsteht erst mit der Besitzergreifg (s Celle NdsRpfl **49**, 199). – Beim **Erbbaurecht** sowie bei **Dauerwohnrecht** (WEG 31) kann die Vererblichk nicht abbedungen werden (str; s ErbbRVO 1 Rn 10; WEG 33 Rn 2). – Zur Vererblichk von **Bodenreformland** (EG 233 § 11) s BGH NJW **99**, 1470. 33

34 **k) Eine Vollmacht,** die der Erbl erteilt hat, erlischt bei seinem Tod idR nicht. Der Bevollmächtigte vertritt nun die Erben, aber beschränkt auf den Nachl. Diese (od der TV) können aber die Vollm widerrufen, auch jeder MitE für sich; widerruft nur ein Erbe, erlischt sie im übr nicht (Einzelh s § 168 Rn 4). War allerd eine AuflassgsVollm zusammen mit der unentgeltl Überlassg eines Grdst dem Erwerber erteilt worden, ist idR deren Unwiderruflichk als vertragl vereinbart anzusehen (BayObLG FamRZ **90**, 98). Nach Verkauf eines Grdst erstreckt sich eine Formnichtigk des KaufVertr auch auf eine vom Erbl erteilte AuflassgsVollm (§ 139); dies gilt aber nicht, wenn die Vollm zur Sicherg der VertrVollziehg unwiderrufl üb den Tod hinaus erteilt war. Dann bindet sie auch die Erben, so daß es auf deren Willensübereinstimmg mit dem Käufer bei AuflassgsErkl nicht ankommt (BGH BB **89**, 1227). Wird Bevollmächt AlleinE, ist str, ob die Vollm dch Konsolidation erlischt (§ 168 Rn 4) od im Interesse des RVerkehrs als weitergeltd zu betrachten ist (LG Bremen Rpfleger **93**, 235 mAv Meyer-Stolte). – Die Vollm kann auch von vorneherein **nur auf den Todesfall** erteilt werden (Einf 16 vor § 2197). – Eine dem Erbl erteilte Vollm erlischt iZw mit seinem Tod (§ 168 Rn 3; Hopt ZfHK **133**, 305). 35

36 **l) Urheberrechte** sind vererbl (UrhG 28; s auch 29; 30; 60 II; 117; dazu Fromm NJW **66**, 1244). Auch das postmortale UrheberpersönlichkR ist wie das UrheberR selbst vom Erben geltend zu machen (Schack JZ **90**, 40). – Vererbl sind ebenso sonst **Schutzrechte** wie die nach VerlagsG 34; GebrauchsmusterG 13; GeschmacksmusterG 13; PatentG 15; WarenzeichenG 8. Zur Kündigg eines VerlagsVertr dch ErbenGemsch u zum Übergang des KündiggsR auf Erwerber des lit Nachl s BGH NJW **97**, 1150. 37

38 **m) Treugut** gehört zum Nachl des Treuhänders (vgl § 903 Rn 38). – Ob **Trust-Guthaben** eines dtschen Erbl bei amerik Bank zum Nachl gehört, bestimmt sich nach amerik Recht (BGH BB **69**, 197).

39 **n) Bei der Besteuerung** tritt der Erbe des Steuerpflichtigen grdsl auch in die RStellg des Erbl ein. Er kann auch das WahlR nach EStG 26 ausüben (BFH NJW **64**, 615). Für die vom Erbl nicht versteuerten Einkünfte haften die Erben (AO 45), ggf auch TV, NachlVerwalter od NachlPfleger. Allerd unterliegt der

Erwerb vTw als solcher nicht der EinkSteuer, sond die beim Erben, VermächtnNehmer od PflichttBerecht aus dem Erwerb ab Erbfall anfallenden Einkünfte, die dann von ihm persönl zu versteuern sind. Zu den steuerrechtl Folgen des Erbfalls s Meincke NJW **89**, 3251 u den Übblick von Enders MDR **87**, 719; 898. – Der Grunderwerb vTw od von MitE unterliegt nicht der GrunderwerbSt (GrdErwStG 3 Nr 2; 3).

40 **7) Unvererbliche Rechte** sind zunächst idR die höchstpersönl Rechte (Hamm Rpfleger **79**, 17); dazu gehörte auch Mitgliedsch in einer LPG (Dresden OLG-NL **99**, 105). Der **Name** überträgt sich nicht dch Erbgang, sond als Folge der Abstammg (s § 1616). Das NamensR als solches erlischt grdsl mit dem Tod seines Trägers (BGH **8**, 318). Ob es als „Ausschnitt" aus dem allg PersönlichkR üb den Tod hinaus fortwirken kann, hat BGH **107**, 385 erstmals angedeutet, aber offengelassen. Zur Befugn der Angehörigen eines Verstorbenen, dessen PersönlichkR postmortal noch zu schützen, s § 823 Rn 180; BGH NJW **96**, 593. – Wg Einsicht in die **Krankenpapiere** des Erbl s § 810 Rn 4; vgl auch BVerfG NJW **99**, 1777. – Ferner erlöschen mit dem
41 Tod des Berecht die an seine Person gebundenen Rechte wie zB: Ein **Nießbrauch,** § 1061 (s dazu LG Traunstein NJW **62**, 2207). Nutzte Nießbraucher Grdst nicht selbst, sond vermietete es, kann der ihn allein beerbende Eigt nicht vorzeit künd (analg § 1056 II), da er als RNachfolger in MietVertr eintrat (BGH **109**, 111). GrdstEigtümer kann sich ggü Nießbraucher verpflichten, nach dessen Tod dessen Erben neuen Nießbrauch zu bestellen). – Ein an die Person geknüpftes AltenteilsR (Hamm RdL **62**, 70). Beschränkte persönl **Dienstbarkeiten,** § 1090 II (vererbl uU aber Anspr auf Bestellg einer beschränkten persönl Dienst-
42 bark, BGH **28**, 99). – **Mitgliedschaft** bei einem rechtsfäh Verein, soweit nicht die Satzg ein anderes bestimmt, §§ 38, 40 (es kann Anspr auf Aufnahme des Erben bestehen, BGH **21**, 1; Köln OLGZ **66**, 132) und ebso die Mitgliedsch bei einem nicht rechtsfäh Verein od bei einer Gesellsch, sofern nicht der GesVertr etwas anderes bestimmt (§ 727 I; s oben Rn 15). – Das zeitl unbeschränkte **Vorkaufsrecht,** sofern nicht ein anderes bestimmt ist, § 514 (dazu wg des subj-persönl dingl VorkR § 1094 Rn 5). – Die auf Schenkg beruhde **Rente,**
43 sofern sich nicht aus dem Versprechen ein anderes ergibt (§ 520); iZw die **Leibrente,** § 759 I. – **Unterhaltsansprüche** sind regelm unvererbl (§ 1615, § 1586); die UnterhPfl geht jedoch im Fall des § 1586 b auf die Erben über (dazu Roessink FamRZ **90**, 924). War dem Erbl im ScheidgsVerf vom Eheg ein **Prozeßkostenvorschuß** (§ 1360 a IV S 1) gezahlt worden, kann dieser nicht vom Erben zurückverlangt werden (AG Detmold FamRZ **98**, 1538). – **Familienrechte** wie die elterl Sorge sind unvererbl, soweit sie nicht überw vermögensrechtl Art sind; daher kein VaterschAnerkenntn (§§ 1594 ff) dch die Erben u keine Rücknahme des AdoptionsAntr des Erbl (BayObLG NJW-RR **96**, 1092). Zur Unvererblichk des VersorggsAusglAnspr s § 1587 e II mit Rn 7; § 1587 k II mit Rn 3, 4; § 1587 m. Ein Anspr auf Ausgleich des Zugewinns ist nur vererbl, wenn er beim Tod des Erbl bereits entstanden war (BGH FamRZ **95**, 597). – Grdsätzl auch die **Verwaltgsbefugnis** der privaten Amtsträger wie NachlPfleger u -Verw, InsolvenzVerw, TV; vererbl aber sind die Einzelansprüche aus der Amtstätigkeit.

44 **8) Leichnam,** Skelett und Asche des Erbl sind in ihrer rechtl Einordng umstritten. Nach hM sind sie zwar als Sachen anzusehen (str), stehen aber in niemandes Eigentum (RGSt **64**, 314 f; Kallmann FamRZ **69**, 578; Zimmermann NJW **79**, 570; aA Brunner NJW **53**, 1173) u gehören jedenf nicht zum Nachl. Bestimmgen darüb können aber die nächsten **Angehörigen** im Rahmen der Totenfürsorge treffen (s Einl 9 ff vor § 1922; Englert, Todesbegriff u Leichnam als Element des TotenR, 1979). – Zu Skelettfunden od Reliquien s Übbl 11 v § 90. – Die mit der Leiche fest verbundenen künstl Körperteile gehören zur Leiche, teilen also während der Verbindg deren Schicksal u sind nicht vererbl (s § 90 Rn 3); jedoch haben die Erben ein ausschließl AneigngsR, dessen Ausübg aber ev von der Zust der Angeh abhängt, denen die Totensorge obliegt (LG Mainz MedR **84**, 200; aM Dotterweich JR **53**, 174; Kallmann FamRZ **69**, 578 ist für AneigngsR der Angehör). Zum Recht am Herzschrittmacher u an getrennten Körperteilen s § 90 Rn 3; Weimar JR **79**, 363; Görgens JR **80**, 140. – Die
45 **Organentnahme** aus dem Körper des Toten zum Zweck ihrer Übertragg auf andere Menschen ist seit 1. 12. 97 dch das TPG vom 5. 11. 97 (BGBl I 2631) ges geregelt (s dazu Deutsch NJW **98**, 777; Walter FamRZ **98**, 201 zu den Befugn der Angehörigen). – Soweit Leichen in befugter Weise zu medizin od sonst wissenschaftl Zwecken verwendet werden (§ 823 Rn 180), sind sie u ihre Bestandteile als normale, dem RVerkehr zugängl
46 Sachen anzusehen. Die Widmg des eig Körpers zur Verwendg in der **Anatomie** od zu Transplantationen bedarf keiner bes Form (bestr); der Wille des Verstorbenen muß aber eindeut zu ermitteln sein (s Schlüter § 6 IV 1 b aa; Soergel/Stein aaO; Epple BWNotZ **81**, 31). Zur Zulässigk vorformulierter EinwilliggsErkl für eine Sektion im KrankenhausaufnahmeVerh s BGH NJW **90**, 2313; Gucht JR **73**, 234. Die rechtl Zulässigk von Leichenversuchen ist ges nicht geregelt; dazu Pluisch/Heifer NJW **94**, 2377.

47 **9) Versicherungen.** – Der Anspr aus einer **Lebensversicherung** od einer Kapitalversicherg auf den Todesfall gehört beim Tod des VersichNehmers nicht zu dessen Nachl, wenn bereits im Versichergsschein die Versicherg zur Leistg an einen BezugsBerecht verpflichtet wurde. Der Anspr auf die Versichergssumme entsteht dann unmittelb in dessen Person (BGH **32**, 47; § 330 Rn 2). Dies gilt auch dann, wenn die Benenng des BezugsBerecht widerrufl ist (Stgt NJW **56**, 1073; s dazu § 330 Rn 4; § 332 Rn 2) od der bezugsberecht Ehegatte beim Tod des Erbl von diesem geschieden ist (s aber § 2077 Rn 9). Sind bei einer Kapitalversicherg als BezugsBerecht „die Erben" bestimmt, ist nach der Ausleggsregel in VVG 167 II im Zw anzunehmen, daß sich der RErwerb außerhalb des Erbrechts vollzieht u bezugsberechtigt diejenigen sind, die beim Erbfall zu Erben berufen sind, selbst wenn sie ausschlagen (zur entspr Anwendg von § 2066 S 1 s Damrau FamRZ **84**, 443). Bei Rentenversicherg ist dies Ausleggsfrage. Zum Fall der Bezeichng des BezugsBerecht mit Ehefrau s § 330 Rn 3. – Wurde die Bezugsberechtigg vom Erbl bei Sichergsabtretg an seinen Kreditgeber **widerrufen,** fällt Anspr in Höhe der gesicherten Schuld in Nachl (BGH NJW **90**, 256; **96**, 2230 mAv Kummer ZEV **96**, 264; Düss FamRZ **98**, 121). Zum Nachl gehört Anspr auch, wenn die Angabe eines BezugsBerecht **unterblieb;** zB fällt die FlugVersSumme in den Nachl des tödl verunglückten Fluggastes (FinG Brem VersR **77**, 73; s auch BFH NJW **79**, 944). Zum Widerruf einer sog ErbschSteuerVers s BGH NJW-RR **98**, 1297. – Leistgen aGr eines **Vertrags zu Gunsten Dritter** auf den Todesfall (§ 331) gehören nicht zum Nachl des Gläubigers (Einf 6 vor § 328; § 2301 Rn 17). Bei Vorversterben des zunächst Begünstigten steht das R auf Leistg allerd iZw dem Erbl zu od fällt in dessen Nachl, soweit kein ErsatzBerecht benannt wurde u auch nicht dch Auslegg (§ 157) zu ermitteln ist (BGH NJW **93**, 2171). – **Hausratsversicherung** endet nicht automat mit Tod des

VersNehmers, sond geht auf dessen Erben über. Allerd ist üb die AGB (zB VHB 92) meist vereinbart, daß VersVerhältn 2 Monate nach Tod endet (s BGH FamRZ **93**, 1060). – Bei **Bausparverträgen** s zur rechtl 48 Bedeutg des Todes des Bausparers EStG 10 VI Nr 2; WohngsBauprämienG idF v 10. 2. 82 (BGBl 131) 2 II 3. Zur Ablösg eines dch GrundpfandR gesicherten Bauspardarlehens dch eine vom Erbl abgeschlossene Risikolebensversicherg s BGH MDR **80**, 386.

10) Öffentlich-rechtliche Ansprüche u Pflichten. Ihr Übergang ist unterschiedl nach dem Zweck der 49 jeweiligen öffrechtl Vorschr geregelt (BVerwG **16**, 68 zum RÜbergang von Beihilfeansprüchen beim Ableben eines Beamten). Jedoch kann der Rechtsgedanke des § 1922 bei Fehlen ausdrückl Vorschriften über die Vererblichk entspr angewendet werden (s Rn 12; BVerwG **21**, 302; BGH NJW **78**, 2091). – **a) Restitutions-** 50 **ansprüche** für die in der fr DDR dch staatl Maßnahmen rwidrig verlorenen VermWerte nach dem am 29. 9. 90 in Kr getretenen VermG auf Rückerstattg (§ 3 I 1) bzw Entschädigg (§ 9 I 1) sind zwar vermögens-, aber öff-rechtl Anspr, da zum dingl RÜbergang rkräft VerwAkt erforderl ist (VermG 34). Sie entstehen unmittelb in der Person des zum Stichtag 29. 9. 90 Berecht iSv VermG 2, also des von der Enteigng ursprüngl Betroffenen od, wenn dieser nicht mehr lebte, seines RNachfolgers. Starb also der Betroffene erst nach diesem Stichtag, gehört der bereits entstandene Anspr zu seinem Nachl. Starb er vorher, entstand der Anspr originär in der Person des RNachf (BGH DtZ **96**, 84; auch NJW **93**, 2176 zu § 2313, so dort Rn 2; str; s EG 25 Rn 23; Kuchinke DtZ **96**, 194; Fischer VIZ **97**, 569) u fällt bei dessen Tod in dessen Nachl. Wer RNachf ist, beurteilt sich nach den erbrechtl Vorschr (BGH DtZ **96**, 84; BVerwG VIZ **99**, 215) entw des BGB od des ZGB, ggf auch nach ausländ R (BVerwG aaO); bei der Ermittlg des Erbstatus ist RAG 25 II auf diese Anspr weder unmittelb noch entspr anwendb, so daß sie auch keine NachlSpaltg (Rn 8) herbeiführen (BGH DtZ **96**, 84; str; s EG 25 Rn 23). Erbausschlaggen sind daher beachtl (zur Möglichk ihrer Anfechtg s de Leve DtZ **96**, 199). Wurde Volkseigentum dch ununterbrochene Kettenausschlagg aller Berufenen begründet, ist Berecht der erstausschlagende Erbe bzw sein RNachfolger (BVerwG NJW **94**, 1233; s auch Kuchinke DtZ **96**, 194). Dies gilt selbst bei unvollständ Kettenausschlagg, also wenn nicht alle dem Staat vorgehden Erben ausgeschlagen hatten, ein Grdst aber gleichwohl entgg der mat RLage in Volkseigentum übernommen worden ist; der auf erbrechtl Grdlage erhobene Anspr des nachrang Erben, der sich vor dem VermG nicht auf seine Erbenstellg berufen hatte, ist dch VermG 1 II als SpezialVorschr ausgeschlossen (BVerwG NJW **98**, 255; Steffens/Schmidt VIZ **97**, 571); verfassgsrechtl ist diese Auslegg nicht zu beanstanden (BVerfG 1. Kammer des 1. Sen NJW **98**, 2853). Ob MitE als RNachfolger gesamthänd gebunden sind, hängt davon ab, ob § 2041 entspr angewendet wird (hierfür Limmer ZEV **94**, 31; abl Adlerstein/Desch DtZ **91**, 193/199). Bei Schädigg einer ErbenGemsch kann jeder MitE Rückgabe an die gesamte Gemsch verlangen (BVerwG DtZ **97**, 234). – Kapitalentschädigg für Inhaftierg nach dem **StrRehaG** ist nach dessen § 17 III nur beschränkt vererbl. Dies ist trotz anderer Regelg in BEG 39 II mit GleichhSatz vereinbar (OVG Berlin VIZ **98**, 701). **– b) Sonstige.** Im 51 **Beamtenrecht** sind unvererbl das BeamtVerhältn (iü auch das AngestVerh) u die GehaltsAnspr (RG **93**, 110), bei letzteren mit Ausn der rückständ u auf den Sterbemonat eines Beamten treffenden Beträge (BeamtVG 17); doch steht uU den Hinterbliebenen Sterbe-, Witwen- u Waisengeld selbständ zu (BeamtVG 18 ff). Auch **Beihilfeansprüche** sind nicht vererbl (BVerwG ZBR **83**, 106) u erlöschen mit dem Tod des Berecht; nahe Angehör erhalten dann eigene Anspr (dazu krit Günther DÖD **92**, 158). Rückforderg einer dem Erben zu Unrecht zugeflossenen Beihilfe erfolgt nach öff Recht (BVerwG DVBl **90**, 870) u nicht privatrechtl (s aber unten zu WohngeldAnspr). Wurde die Beihilfe allerd noch zu Lebzeiten des Erbl festgesetzt, aber erst nach seinem Tod gutgeschreiben, fällt sie in den Nachl (BVerwG ZGB **90**, 266 mAv Osterloh JuS **91**, 610). Der TV eines verstorbenen Beamten ist nicht befugt, BeihilfeAntr zu stellen (BayVGH BayVerwBl **83**, 698). – Die zu Lebzeiten des Erbl entstandenen Anspr auf **Sozialhilfe** sind nach Maßg von SGB I 58; 59 bei Säumigk des 52 Trägers der Sozialhilfe vererbl, wenn der Bedürftige desh seinen Bedarf dch vorleistenden Dritten gedeckt hat u ihm dch diese Dritthilfe Schulden entstanden sind (BVerwG NJW **94**, 2844). Soweit es um Erstattg von Sozialhilfe geht, ist auch der RückfdgsAnspr eines verarmten Schenkers (§ 528) vererbl (BGH NJW **95**, 2287); der Anspr kann dah auch noch nach dessen Tod auf den Sozialhilfeträger übergeleitet werden (s dazu Brähler-Boyan/Mann NJW **95**, 1866 mN). – Zum PflegegeldAnspr s OVG Münster NJW **93**, 3344; zur Eingliedergshilfe BVerwG MDR **69**, 79; zum Anspr auf Blindenhilfe BVerwG **25**, 23. – Anspr auf **Wohngeld** ist ohne Rücks auf eine erfolgte Festsetzg jedenf dann vererbl, wenn der verstorbene AntrSteller Alleinmieter der Wohng gewesen war (BVerwG MDR **69**, 79). Sind nach Wegfall des mat Anspr dch Tod des Berecht versehentl weiter Zahlgen an den Erben erfolgt, soll hier der RückfordergsAnspr nach BVerwG NJW **90**, 2482 privatrechtl Natur sein (str; s Hänlein JuS **92**, 559; Maurer JZ **90**, 863; auch oben zu BeihilfeAnspr). – Eine RNachfolge des Erben in **Polizei- u Ordnungspflichten** ist, soweit es sich nicht um höchstpersönl 53 Rechte u Pflichten handelt, grdsätzl zu bejahen; dies gilt zB für Verhaltenspflichten, die dch Ersatzvornahme erzwungen werden können (s Ossenbühl, NJW **68**, 1992; auch BayVGH JuS **70**, 590 mAv Wallerrath JuS **71**, 460; Oldiges, Rechtsnachfolge im Polizei- u OrdngsR, JA **78**, 541, 616). – Über RNachfolge im **Bauordnungsrecht** s BVerwG NJW **71**, 1624 u dazu Martens, JuS **72**, 190; auch VGH Kassel NJW **76**, 1910; **77**, 123 mAv Stober. – Unvererbl ist der Anspr auf Erteilg einer Genehmigg der **Selbstbenutzung** (sog Bauherrnprivileg) nach WoBindgG 6 II 3 (BVerwG NJW **87**, 3212). – Im **Zivilprozeß** rücken die Erben kr G in 54 das ProzeßVerhältn des Erbl ein, da die RStellg einer Partei vererbl ist (BGH **104**, 1) u übernehmen die mit dem Anspr verbundene Beweisposition des Erbl (BGH NJW-RR **94**, 323). Die Bewilligg von Prozeßkostenhilfe für den Erbl erlischt als höchstpersönl Berechtigg rückwirkd (Ffm NJW-RR **96**, 776); Erbe muß eigene Hilfe beantragen (str; s Düss MDR **87**, 1032; KG Rpfleger **86**, 281; Bielefeld Rpfleger **89**, 113). Bei TVstrg s §§ 2212, 2213. Unvererbl ist dagg das Recht auf Erhebg der Restitutionsklage nach ZPO 641 i (Stgt FamRZ **82**, 193). – Im **Strafverfahren** ist das Recht des Verletzten gem StPO 170 II zum Betreiben des Klageerzwinggs Verf unvererbl (hM; zB Stgt NJW **86**, 3153).

1923 ***Erbfähigkeit.*** **I Erbe kann nur werden, wer zur Zeit des Erbfalls lebt.**

II Wer zur Zeit des Erbfalls noch nicht lebte, aber bereits erzeugt war, gilt als vor dem Erbfalle geboren.

1 **1) Erbfähigkeit** ist die Fähigk, das Vermögen des Erbl als dessen erbrechtl Gesamtrechtsnachfolger (§ 1922) zu erlangen. Sie ergibt sich aus der allg RFähigk (§ 1), wird also in § 1923 vorausgesetzt, der seinem Wortlaut nach nur auf die natürl Person abstellt u nur den maßgebl Zeitpkt behandelt, diesen allerd für jegl Art der Erbenberufg (ges od gewillkürte). – Auf die NErbfolge ist § 1923 entspr anwendb (§ 2108 I), so daß die Einsetzg zum NachE unwirks ist, wenn dieser vor dem Erbl stirbt. Erlebt er allerd den Erbfall, erwirbt er damit bereits ein AnwartschR, das idR auf seine Erben übergeht, wenn er dann den NErbfall nicht mehr erlebt (§ 2108 II). Zum NachE kann auch eingesetzt werden, wer beim Erbfall noch nicht lebt od erzeugt ist (§ 2101 I); dieser muß dann gem § 1923 spätestens bei Eintritt des NErbfalls leben od erzeugt sein. – Auch Vermächtn ist bei Vorversterben des Bedachten unwirks (§ 2160). Ist Bedachter beim Erbfall erst erzeugt, gilt **II** entspr; war er noch nicht erzeugt, fällt ihm Vermächtn mit Geburt an (§ 2178).

2 **2) Natürliche Person.** Die Erbfähigk eines Menschen endet mit seinem Tod (§ 1 Rn 3). Er muß dah den Erbl überleben **(I).** Dafür genügt auch nur eine Sekunde, weil dann der Nachl ihm angefallen ist (§ 1942) u auf seine Erben als ErbesE übergeht samt dem AusschlaggsR (§ 1952). Wer vor od gleichzeit mit dem Erbl stirbt, kann diesen nicht beerben; seine Berufg wird unwirks. Die Erbsch geht auf die vom Erbl (§ 2096) od vom G bestimmten Nächstberufenen über. Gleiche Wirkg wie Vorversterben haben Ausschlagg (§ 1953 II), Erbverzicht (§ 2346 I 2), ErbunwürdErkl (§ 2344 II) u ein vor dem 1. 4. 98 rgült zustande gekommener
3 vorzeit Erbausgleich (EG 227 I Nr 2; § 1934 d; e aF). – **a) Ermittlungspflicht.** Kommt es auf den exakten Todeszeitpkt (§ 1922 Rn 2) an, zB weil Erbl u vorgesehener Erbe dch das gleiche Ereign ums Leben gekommen sind, hat ihn NachlG vAw (§ 2358) genau zu ermitteln; es darf sich nicht damit begnügen, ein Überlappen festzustellen u von gleichzeit Versterben auszugehen (Hamm NJW-RR **96**, 70; Köln FamRZ **92**, 860). Erweist sich dies als unmögl, trifft Feststellgslast (§ 2358 Rn 6) für Überleben, wer daraus Rechte herleitet, zB ErbesE (Hamm aaO; Baumgärtel/Strieder Rn 1 ff). Kann die Reihenfolge zweier Todesfälle nicht festgestellt werden, gilt die Vermutg des VerschG 11, daß beide gleichzeit gestorben sind; sie ist dch standesamtl Beurkundg der Todeszeit nicht ausgeschlossen (BayObLG NJW-RR **99**, 1309). Dies gilt auch, wenn zwar Todeszeit einer Person feststeht, die eines and Beteiligten aber nicht aufgeklärt werden kann
4 (MüKo/Leipold Rn 12). – **b) Todeserklärung.** Auch der Verschollene ist erbfäh, wenn er den Erbfall erlebt. Für ihn gilt die Lebensvermutg des VerschG 10. Diese endet aber mit dem in VerschG 9 III, IV, bei Kriegsvermißten mit dem in Art 2 § 2 III VerschÄndG bestimmten Ztpkt (Ffm OLGZ **77**, 407). Mit ihrem Ende wird sie nicht dch eine Todesvermutg ersetzt. Vielm tritt wieder der allg Zustand der Ungewißh über Leben od Tod ein (BayObLG FamRZ **92**, 1206; Köln FamRZ **67**, 59). – Die gleiche Wirkg tritt ein, wenn der Verschollene für einen vor dem Erbfall liegenden Ztpkt für tot erkl wird (VerschG 9 I). In allen Fällen ist aber der GgBew zuläss, daß der Verschollene den Erbfall erlebte (RG **60**, 198; vgl auch KG FamRZ **63**, 467). – Ob mehrere zu verschiedenen Zeiten für tot erklärte Personen mangels eines bestimmten Beweises trotzdem als gleichzeitig verstorben gelten (VerschG 11), ist streitig (vgl BGH NJW **74**, 699; KG FamRZ **67**, 514; s auch BGH WM **74**, 1256).

5 **a) Erbfähigkeit des Erzeugten (II).** Ein Kind, das beim Erbfall noch nicht geboren, aber schon erzeugt ist, kann Erbe sein, vorausgesetzt, daß es nach dem Erbfall lebend geboren u damit rfähig wird (§ 1). Dann gilt es als bereits vor dem Erbfall geboren (ges Fiktion) u wird damit bei der Frage, wer als Erbe berufen ist, so angesehen, als hätte es beim Erbfall schon gelebt. Zum Zeitpkt der Erzeugg s § 1 Rn 9. Beweislast obliegt Kind, das daraus Rechte ableitet; es gilt freie Beweiswürdigg (ZPO 286). – Die Rückwirkg der RBeziehg ändert aber nichts daran, daß tatsächl das ErbR erst mit Geburt erlangt wird. Der Erbe muß also außerh des Mutterleibs gelebt haben, zumindest kurz. Dies kann auch dch künstl Aufrechterhaltg des Kreislaufs einer währd der Schwangersch verstorbenen Mutter mögl werden. Kommt es dagg zu Fehl- od Totgeburt od verstirbt Mutter samt Leibesfrucht, kann nasciturus nicht erben. Die Erbsch fällt dann an den zur Zeit des Erbfalls Nächstberufenen (§ 2094 Rn 6). – Wg dieser Ungewißh besteht zw Erbfall u Geburt Schwebezustand. Eine Auseinandersetzg ist in dieser Zeit ausgeschlossen (§ 2043). Die künft Rechte werden von den od dem sorgeberecht Eltern(teil) wahrgenommen (§ 1912 II), die aber noch nicht annehmen (§ 1943 Rn 4), jedoch bereits ausschlagen können (§ 1946 Rn 1). Pfleger kann bei Bedürfn bestellt werden (§ 1912 I); Pflegsch endet dann mit Geburt kr G (§ 1918 II). Mutter ist dch Anspr auf Unterh aus Nachl abgesichert (§§ 1963; 2141). – Der noch nicht Erzeugte (non dum conceptus) kann nur dch letztw Zuwendg Rechte erhalten (s Rn 1; § 1 Rn 8).

6 **b) Einschränkung** der Erbfähigk dch bestimmten Status (zB Ordensmitglieder; dazu Dubischar DNotZ **93**, 419) gibt es nicht mehr, seit EG 87 aufgehoben ist. Der Vorbehalt staatl Genehmigg für (auch erbrechtl) GrdstErwerb dch Ausländ (EG 88) ist prakt bedeutgslos. Relativ erbunfäh sind die an der Beurkundg eines öff Test od ErbVertr mitwirkden Notare, Dolmetscher u Vertrauenspersonen für Zuwendgen dch die beurkundete Vfg (BeurkG 7; 16 III; 24 II mit 27; s auch § 2249 I 3, 4; § 2250 I). Wg Verstoß gg VerbotsG unwirks sind Zuwendgen von Insassen bestimmter Heime an Träger od Bedienstete dieses Heims (HeimG 14; s § 1937 Rn 19).

7 **3) Juristische Personen** des privaten od öff R sind als rfähige auch erbfähig (vgl §§ 2044 II 3; 2101 II; 2106 II; 2109 II; 2163 II). Dazu müssen sie zZ des Erbfalls bestehen; andernf können sie nur NachE werden. Eine Ausn macht § 84 für Stiftgen, die als vor dem Tod des Stifters entstanden gelten, auch wenn Genehmigg erst danach erteilt wird (dazu Turner ZEV **95**, 206; Wochner RhNK **94**, 89); eine sog Vorstiftg als handlgsfäh Gebilde zw Erbfall u Genehmigg ist abzulehnen (Schmidt ZEV **98**, 81). Für and in Entstehg befindl jur Personen gilt **II** aber nicht. – Nicht rechtsfäh Personenvereiniggen sind als erbfäh anzusehen, wenn sie rechtl einer jur Person stark angenähert sind. Dies gilt zB für OHG u KG (HGB 124 I; 161 II), bei denen Erbsch od Vermächtn unmittelb in das Gesamthandsvermögen der Ges fallen; auch für nicht rechtsfäh Verein, so daß die vTw erfolgte Zuwendg unmittelb Vereinsvermögen wird (MüKo/Leipold Rn 30); ggf kann Zuwendg als Vfg zugunsten der einzelnen Mitglieder auszulegen sein. Dagg nicht für BGB-Gesellsch, so daß zB ein in dieser RForm künft zu errichtendes Pflegeheim nicht Erbe werden kann (BayObLG FamRZ **99**, 170).

1924 *Gesetzliche Erben erster Ordnung.* **I Gesetzliche Erben der ersten Ordnung sind die Abkömmlinge des Erblassers.**

II Ein zur Zeit des Erbfalls lebender Abkömmling schließt die durch ihn mit dem Erblasser verwandten Abkömmlinge von der Erbfolge aus.

III An die Stelle eines zur Zeit des Erbfalls nicht mehr lebenden Abkömmlinges treten die durch ihn mit dem Erblasser verwandten Abkömmlinge (Erbfolge nach Stämmen).

IV Kinder erben zu gleichen Teilen.

1) Die gesetzliche Erbfolge ist in §§ 1924–1936 geregelt u kommt nur zum Zuge, wenn der Erbl nicht dch Vfg vTw die Erben bestimmt hat (§ 1922 Rn 1). Sie beruht auf dem FamilienErbR (Einl 3 v § 1922) u führt daher zur Berufg der nächsten Verwandten u des Ehegatten des Erbl. Beider ErbR steht gleichberecht u gleichrang nebeneinander (Teilgsprinzip, Einl 3 vor § 1922), so daß unter Verwandten nur der Teil des Nachl zur Verteilg kommt, der nicht dem Ehegatten zusteht. Dessen ErbR ist umso größer, je geringer der VerwandtschGrad der übr Erben zum Erbl ist; außerd ist es auch noch mit dem Güterstand verknüpft (§ 1931). Sind weder Ehegatte noch Verwandte vorhanden, erbt der Staat (§ 1936), so daß niemand ohne Erben stirbt. Dies ist auch nach verfassgsrechtl Grdsätzen eine sachgerechte Regelg der ges Erbfolge (BVerfG NJW **95**, 2977) iS einer von der Bewertg des Einzelfalls losgelösten Hilfslösg des GesGebers für den Fall, daß der Erbl von seiner Freih zur eigenverantwortl Erbfolgeregelg (§ 1937 Rn 3) keinen Gebrauch macht, aber kein allg gült GerechtigkModell. S auch § 1922 Rn 1. 1

2) Reihenfolge der Verwandten. Im ErbR gilt nur die rechtl anerkannte Verwandtsch (§ 1589), also nicht schon die biologische (BGH NJW **89**, 2197). Desh erben Blutsverwandte nicht immer (zB nicht die vor dem 1. 7. 49 geborenen nichtehel Kinder); andrers gehören auch nicht blutsverwandte Angehörige zu den ges Erben (bei Annahme eines Kindes, §§ 1754, 1755). Sind beim Erbfall unterschiedl Verwandte vorhanden, bestimmt sich dch die Zugehörigk zu einer der in §§ 1924–1929 gebildeten Ordngen (Parentelen), wer von ihnen zum Zuge kommt. Nach diesem **Ordnungssystem** schließt jeder Verwandte einer vorhergehden Ordng alle Verwandten der nachfolgden Ordngen aus (§ 1930), selbst wenn er in Erbfällen vor dem 1. 4. 98 nur einen ErbersatzAnspr hatte (§ 1934 a aF; EG 227 I Nr 1), so daß auch ein nichtehel Kind die Eltern seines Vaters stets von der Erbfolge ausschließt (§ 1930). Der Grad der Verwandtsch spielt dabei also grdsätzl keine Rolle, ausgenommen ab der vierten Ordngen (s § 1928 III). Zugleich wird damit die jüngere Generation bevorzugt. 2

a) Rangfolge durch Linearsystem (II). Sind mehrere Verwandte der **gleichen Ordnung** vorhanden, zB mehrere Abkömml des Erbl, ist zu unterscheiden zw Abkömml derselben Linie (Kind, Enkel, Urenkel) und Abkömml verschiedener Linien (zB Geschwister; dazu Rn 6). Auf die ersten wird das Linearsystem angewandt, nach dem jeder beim Erbfall lebde u zur Erbfolge (od in Erbfällen vor dem 1. 4. 98 zu einem ErbersatzAnspr) gelangende Abkömml als Repräsentant seiner Linie alle dch ihn mit dem Erbl verwandten Abkömml von der Erbfolge ausschließt **(II)**. 3

b) Erbfolge nach Stämmen (III) tritt bei Vorversterben eines Abkömml ein. Erlebt der als Erbe berufene Abkömml den Erbfall nicht, treten an seine Stelle seine Abkömmlinge (u nicht sein Ehegatte). Der Wegfallende wird also dch seine Nachkommen ersetzt, es sei denn, daß dch seinen Erbverzicht auch diese ausgeschlossen sind (§ 2349). Diese Regelg der Ersetzg des Repräsentanten einer Linie gilt bis zur dritten Ordng (§ 1926), wobei ab der zweiten noch die Teilg der Erbsch nach väterl u mütterl Linien hinzukommt. – Entspr angewandt wird sie in allen Fällen eines Wegfalls vor dem Erbfall, in denen der Abkömml so zu behandeln ist, als ob er den Erbfall nicht erlebt hätte, also wenn er ausgeschlagen (§ 1953) od für sich auf sein ges ErbR verzichtet hat (§§ 2346; 2349) od für erbunwürd erklärt wurde (§ 2344) od nur er persönl enterbt ist (§ 1938 Rn 2). Als Besonderh ist zu beachten, daß das nichtehel Kind dch einen nur vor dem 1. 4. 98 rwirks mögl vorzeit Erbausgleich das ErbR auch seiner Nachkommen zum Erlöschen brachte (§§ 1934 d, e aF; EG 227 I Nr 2 mit Rn 2). Ferner führt die Annahme eines minderjähr Abkömml des Erbl als Kind eines Dritten nach dem Grdsatz der Volladoption zum Wegfall des ganzen Stammes (Rn 16). – Die **Nachrükkenden** erben aus eigenem Recht (RG **61**, 16) u somit auch dann, wenn sie nicht Erben des Weggefallenen geworden sind. Sie erhalten seinen Erbteil zusammen u zu gleichen Teilen in der Weise, daß die Kinder des Weggefallenen die Stämme, Enkel die Unterstämme bilden usw. Geteilt wird nach Stämmen ohne Rücksicht darauf, wieviel Mitglieder jeder Stamm hat, innerhalb der Stämme dann nach der Anzahl der Unterstämme. Die Zugehörigk zu mehreren Stämmen kann zu mehrfacher Berücksichtigg führen (§ 1927). – Über Anwendg von **III** bei Gütertrenng mit dem überlebenden Ehegatten s § 1931 IV. 4 5

c) Zur Erbteilung nach Köpfen (IV) kommt es zw den Kindern des Erbl, also innerh einer Ordng u eines Stammes u damit unter gleich nahen Erben. Der Erstgeborene hat also unter erbenden Geschwistern (od Halbgeschwistern) kein Vorrecht wie auch Geschlecht u Alter keine Rolle spielen. Nach **IV** berechnen sich auch die Erbquoten nichtehel Kinder od in Erbfällen vor dem 1. 4. 98 ihr ErbersatzAnspr (§ 1934 b aF). Diese Bestimmg gilt auch innerhalb der Stämme; leben also beim Erbfall von 3 Kindern eines Erbl nur noch zwei u hat das verstorbene seinerseits 2 Kinder hinterlassen, erben die beiden Kinder des Erbl je $^1/_3$ u seine beiden Enkel je $^1/_6$. 6

3) Die erste Ordnung (I) in der ges Erbfolge besteht aus den **Abkömmlingen** des Erbl, also den mit ihm in gerader absteigender Linie verwandten Personen (Kinder, Enkel, Urenkel usw). Da bei der ges Erbfolge nur die rechtl anerkannte Abstammg zählt (Rn 2), bestimmt bezügl der ehel, nichtehel u angenommenen Kinder das zum Zeitpkt des jeweiligen Erbfalls geltende FamilienR auch die ges Erbberechtigg. Auch bei künstl Befruchtg ist das FamR für die Beurteilg der Abstammg maßgebl (s dazu Mansees FamRZ **86**, 756; § 1591). Die seit 1957 verwirklichten familienrechtl Reformen wirkten sich also stets auch auf das ErbR aus, selbst wenn dessen Vorschr unverändert blieben, allerd nie rückwirkd (s Einl 2 vor § 1922). Dah sind die jeweiligen ÜbergangsVorschr zu beachten, in Erbfällen seit dem 3. 10. 90 auch der dch den EinigsVertr eingeführte EG 235 § 1 II. Ein nichtehel Kind verlor seine Erb- u PflichttBerechtigg u die seiner Abkömml wieder dch vorzeit Erbausgleich (§§ 1934 d, e), der nur bis 1. 4. 98 u nur auf Verlangen des Kindes festgelegt 7 werden konnte (EG 227 I Nr 2 mit Rn 2). Scheidg, Aufhebg od NichtigErkl der Elternehe wirken sich dagg auf das ges ErbR ihres Kindes nie aus. – Kommt ErbR der **DDR** zur Anwendg, ist zu beachten, daß die nichtehel Kinder bereits seit 1. 4. 66 ges Erben 1. Ordng waren (s Einl 5 v § 1922).

8 **a) Das nichteheliche Kind** ist Abkömml seines Vaters im RSinne erst seit dem am 1. 7. 70 in Kr getretenen NEhelG u dah erst in den seitdem eingetretenen Erbfällen ges Erbe 1. Ordng auch nach diesem (u nicht nur nach der Mutter); ausgenommen blieben dabei allerd die vor dem 1. 7. 49 geborenen Kinder (Art 12 § 10 NEhelG; s Rn 10). Das BVerfG hat dies nicht beanstandet (**44**, 1). Voraussetzg für die dem ges ErbR zugrde liegde Verwandtsch mit seinem Vater (§ 1592) od väterl Vorfahren ist stets, daß die **Vaterschaft** förml festgestellt wurde, sei es vor oder nach dem Erbfall. Da die Eltern nicht miteinander verheiratet waren, muß sie entw dch rkräft Urteil gerichtl festgestellt (§§ 1592 Nr 3; 1600 d) od wirksam anerkannt sein (§§ 1592 Nr 2; 1594; 1596 ff), wozu nach den dch das KindRG seit 1. 7. 98 geänderten Vorschr nun die Zustimmg der Mutter (§ 1595 I), ggf auch des Kindes (§ 1595 II) erforderl ist; für die vor dem 1. 7. 98 geborenen Kinder richtet sich die Vatersch weiterh nach früh R (EG 224 § 1 I iVm §§ 1600 a–o aF). Die VaterschFeststellg kann auch wieder beseitigt werden, näml das rkräft FeststellgsUrteil dch erfolgreiches WiederaufnahmeVerf (ZPO 578 ff; 641 i) u die Anerkenng üb die VaterschAnfechtg (§§ 1600 ff) dch rkräft Gestaltgsausspruch des FamG (§ 1600 e; ZPO 621 I Nr 10; FGG 55 b II, III; 56 c I); gelingt dies erst nach dem Erbfall, war das Kind Scheinerbe, so daß den Erben Anspr nach §§ 2018 ff zustehen (bei geleistetem
9 Erbersatz nach §§ 812 ff). – Die **volle Gleichstellung** nichtehel Kinder mit ehel ist im ErbR allerd erst in den seit 1. 4. 98 eingetretenen Erbfällen (EG 227) dch das ErbGleichG vom 16. 12. 97 (BGBl I 2968) hergestellt, das die Sonderregelgen der §§ 1934 a–c ersatzlos gestrichen u dadch die Benachteiligg nichtehel Kinder beseitigt hat. Diese waren näml in den zw 1. 7. 70 u 31. 3. 98 eingetretenen Erbfällen trotz Erbberechtigg auf einen ErsatzAnspr in Geld zurückgesetzt, wenn zugleich ehel Abkömml und/od der Ehegatte zu ges Erben berufen waren (s Rn 12). Allerd hat das ErbGleichG die von Art 12 § 10 II NEhelG gezogene
10 **Altersgrenze** aus Grden der RSicherh unverändert gelassen. Ein Verstoß gg GG 6 V od EMRK liegt darin zwar nicht (Radziwill/Steiger FamRZ **97**, 268); jedoch wurde die REinh nicht vollständ hergestellt, weil für die vor dem 3. 10. 90 geborenen Kinder keine Altersgrenze gilt, wenn der Vater am 2. 10. 90 seinen gewöhnl Aufenth in der DDR gehabt hat (EG 235 § 1 II mit Rn 3). Von dieser beitrittsbedingten Ausn abgesehen bleiben damit die vor dem 1. 7. 49 geborenen Kinder auf Dauer von jegl Erb- u PflichttR nach dem Vater ausgeschlossen (s zur Reform Schlüter/Fegeler FamRZ **98**, 1337). Allerd ist seit 1. 7. 98 dch KindRG Art 14 § 14 als Ersatz für die weggefallene Möglichk einer Legitimation od EhelErkl des Kindes (Rn 12) in Art 12 NEhelG ein neuer § 10 a eingefügt, wonach der Vater u sein Kind für künft Erbfälle die Nichtanwendg von § 10 Abs 2 vereinbaren können, allerd beide nur höchstpersönl u nur in not Form (§ 10 a II) mit Zustimmg eines jeweils vorhandenen Ehegatten, ggf auch eines Betreuers (§ 1903 I) mit Genehmigg des VormschG (§ 10 a III); s dazu Rauscher ZEV **98**, 41; Bestelmeyer FamRZ **99**, 970, der Vereinbarg auch mit Abkömml
11 des nichtehel Kindes für zuläss erachtet. – Auch in der **Höfeordnung** wurde dch Änderg der §§ 5; 12 die Benachteiligg des nur erbersatzberecht Kindes beseitigt, dessen bisheriger Anspr noch dazu am geringeren Ertragswert bemessen war (s Rauscher aaO).

12 **aa) In Erbfällen vor dem 1. 4. 1998** sind die beim Erbfall geltenden Vorschr weiter anzuwenden (EG 227 I Nr 1). Nichtehel Kinder (u ihre Väter) kommen in Erbfällen seit dem 1. 7. 70 dch VaterschFeststellg (§ 1600 a aF) bei der ges Erbfolge nach ihrem Vater zum Zuge (u umgekehrt), sofern sie nicht vor dem 1. 7. 49 geboren (Rn 8) u auch nicht dch vorzeit Erbausgleich weggefallen sind (§ 1934 e; EG 227 I 2). Jedoch waren sie neben miterbenden ehel Kindern und/od dem Ehegatten des Erbl ausnahmsw dch die Sonderregelg des § 1934 a auf einen **Erbersatzanspruch** in Geld auf Zahlg des Wertes ihres ges Erbteils verwiesen, weil der GesGeber des NEhelG glaubte, damit ErbenGemsch verhindern zu müssen, deren Zusammensetzg er nur wg Beteiligg des nichtehel Kindes als prinzipiell konfliktbeladen u daher unerwünscht erachtete. Diese Sonderregelg galt allerd nicht, wenn die privilegierten ehel Kinder u die Ehefrau bei der ges Erbfolge insgesamt ausfielen (infolge Vorversterbens, Ausschlagg, Erbverzicht od ErbunwürdigErkl) u es dadch nicht zur MiterbenGemsch kam; ferner nicht in Erbfällen zw dem 3. 10. 90 u dem 1. 4. 98, wenn das vor dem Beitritt der DDR geborene nichtehel Kind dch die Übergangsregelg des EG 235 § 1 II mit ehel bereits gleichgestellt war, weil sein Vater am 2. 10. 90 seinen gewöhnl Aufenthalt noch in der DDR gehabt hatte. – RNatur, Berechng u Geltdmachg des ErbersatzAnspr waren in § 1934 b geregelt. – **Folge** dieser Zurücksetzg war, daß das nur erbersatzberechtigte Kind von der dingl Beteiligg am Nachl ausgeschlossen blieb u ledigl NachlGläub war. Gleichwohl wahrte es aber den Rang der 1. Ordng, so daß Verwandte nachfolgder Ordngen (zB die väterl Großeltern) neben dem Ehegatten nicht zum Zuge kamen (§ 1930 Rn 1). Eine ausführl Kommentierg des §§ 1934 a–c ist zuletzt in der 57. Aufl enthalten. – Eine **Statusänderung** wurde nach den bis 1. 7. 98 geltden, dch das KindRG aufgehobenen familienrechtl Vorschr dch die Legitimation des Kindes infolge nachträgl Eheschließg der Eltern (§§ 1719; 1722 aF) od dch seine EhelichErkl (§§ 1736; 1740 ff aF) herbeigeführt u wirkte sich dann auch erbrechtl aus. Die Legitimation wirkte allerd nicht auf die schon vor der Eheschließg eingetretenen Erbfälle zurück. Die EhelichErkl verschaffte dem Kind sein ges ErbR auch dann noch, wenn sie erst nach dem Tod des Vaters erfolgte (§ 1733 III aF). Die bloße Einbenenng (§ 1618 aF) begründete dagg keine verwandtschaftl Beziehg u damit kein ges ErbR. Kinder aus Nichtehen waren allerd stets nichtehel.

13 **bb) In Erbfällen vor dem 1. 7. 70** hatte ein nichtehel Kind nach seinem Vater od väterl Vorfahren kein Erb- u PflichttR, weil es bis zum NEhelG dch die Fiktion in § 1589 II aF mit seinem Vater als nicht verwandt galt. Das NEhelG beließ es bezügl der bei seinem Inkrafttreten bereits eingetretenen Erbfälle bei diesem RZustand, da es sie als abgeschlossene Sachverhalte behandelte (Art 12 § 10 I). War zwar der Vater vor dem Stichtag 1. 7. 70 gestorben, nicht aber dessen Eltern, ist nach diesen auch das nichtehel (Enkel)Kind erbberecht, da in der Übergangsregelg des Art 12 § 10 NEhelG nur auf den Ztpkt des jeweil Erbfalls abgestellt ist. – Hatte der vor dem 1. 7. 70 verstorbene Vater seine Abkömml als NachE berufen, gehört sein nichtehel Kind auch dann nicht zu diesen, wenn der NErbfall erst nach dem 1. 7. 70 eingetreten ist.

14 **b) Angenommene Kinder** sind unterschiedl erbberechtigt, je nachdem ob sie als Minder- od als Volljährige angenommen wurden (s Rn 16–21) u ob die Annahme vor od nach Inkrafttreten des AdoptionsG am

1. 1. 77 mit seinem Grdsatz der Volladoption (Einf 2 v § 1741) erfolgte, das sich iü auch auf früh Adoptionen
auswirkte (dazu Rn 23). – War die Adoption dch gerichtl Entscheidg im **Ausland** erfolgt u ist diese 15
anzuerkennen (FGG 16 a; s EG 22 Rn 12–14), besteht Streit üb die Qualifikation des ges ErbRs (s Müller
NJW **85**, 2056 ff; KG FamRZ **88**, 434). BGH NJW **89**, 2197 hat entschieden, daß weder allein nach Erbstatut
noch ausschließl nach dem Adoptionsstatut beantwortet werden kann, ob ein Adoptivkind ein ges ErbR hat;
vielm beurteilt sich nach Adoptionsstatut, ob es zwischen Erbl u Kind zu einer so starken Verwandtsch
kommen soll, wie das in dem für die Erbfolge maßgebenden Recht vorausgesetzt wird (dazu Wandel
BWNotZ **92**, 17; ebso Düss FamRZ **98**, 1627).

aa) Annahme eines Minderjährigen. Ein seit 1. 1. 77 angenommenes Kind ist ges Erbe 1. Ordng nach 16
dem Annehmden, dessen Eltern u Voreltern als Folge der dch die Adoption begründeten Verwandtsch mit
seinen Adoptiveltern u deren Verwandten, da es dch die Annahme die volle RStellg eines ehel Kindes des
Annehmden, bei gemeinsch Annahme der Ehegatten erlangte (§ 1754, geändert dch das KindRG). Dies gilt
auch für die Erbfolge nach der HöfeO (§ 1922 Rn 9). Bis 1. 7. 98 war auch die Adoption des eigenen
nichtehel Kindes zur Herbeiführg des Status eines ehel Kindes des Annehmenden mögl (§ 1741 III aF, aufgeh
dch das KindRG). – Dagg scheidet es aus der ges Erbfolge nach seinen **leiblichen Eltern** u deren Vorfahren 17
aus, weil das VerwandtschVerhältn zu den bish Verwandten erlosch (§ 1755); dah bewirkte auch die Adoption
des eigenen nichtehel Kindes den Verlust des ges ErbR nach dem and Elternteil. Für einige Sonderfälle gelten
allerd Ausn, wobei die entspr Vorschr dch das KindRG teilw geändert wurden: Wurde das nichtehel Kind
eines verheirateten Elternteils von dessen Ehepartner bis 1. 7. 98 angenommen **(Stiefkindadoption),** verlor 18
es dadch nicht sein ges ErbR nach diesem Elternteil u dessen Vorfahren, weil das VerwandtschVerhältn nur zu
dem außerh der Ehe stehden and Elternteil erloschen ist (§ 1755 II aF); inzw gilt dch Streichg des Wortes
„nichtehel" § 1755 II für alle Stiefkinder. – Nahm bis 1. 7. 98 ein Ehegatte nach Heirat mit Witwe(r) ein aus
der Vorehe seines Partners stammendes Kind an **(Halbwaisenadoption),** blieben dessen VerwandtschVer- 19
hältn zu den Verwandten seines verstorbenen Elternteils erhalten (§ 1756 II aF). Seit dem KindRG gilt dies
bei Adoption jedes Kindes des Ehegatten, also auch eines nichtehel, sofern der verstorbene Elternteil (Mit)In-
haber der elterl Sorge war; an die Ehelichk des Kindes wird seit 1. 7. 98 nicht mehr angeknüpft. Dem
angenommenen Halbwaisenkind steht damit ein ges ErbR sowohl nach seinen leibl Eltern (u deren Vorfahren)
wie auch nach dem Annehmenden (u dessen Vorfahren) zu, so daß es ges Erbe 1. Ordng nach 3 Großeltern-
paaren sein kann (eingehd Schmitt-Kammler FamRZ **78**, 570/573 ff; Beispiele bei Kemp RhNK **76**, 373/
394 f.). – Bei der Annahme von Verwandten od Verschwägerten zweiten od dritten Grades, also zB dch Onkel
od Tante **(Verwandtenadoption)** erlöschen die VerwandtschVerh des Kindes nur zu seinen Eltern, nicht 20
aber auch zu seinen Großeltern (§ 1756 I), so daß es über die Großeltern auch mit seinen Geschwistern
verwandt bleibt (die dann allerd nur Erben 3. Ordng nach § 1926 I sein können); das Kind kann also ges Erbe
1. Ordng nach seinen 2 leibl Großelternpaaren u nach dem dch die Adoption vermittelten Großelternpaar
werden (s § 1927).

bb) Annahme eines Volljährigen hat erbrechtl nur eingeschränkt Auswirkgen. Zwar wird der Ange- 21
nommene Kind des Annehmden (§§ 1767 II, 1754). Die Wirkgen der Annahme erstrecken sich jedoch nicht
auf dessen Verwandte oder den Ehegatten (§ 1770 I). Dafür bleiben idR die verwandtschaftl Beziehgen des
angenommenen Erwachsenen (u seine Abkömml) zur leibl Familie bestehen (§ 1770 II). Er ist daher ges Erbe
1. Ordng nach dem Annehmenden und nach seinen leibl Eltern (u deren Vorfahren), aber nicht nach den
Verwandten des Annehmden. Nur in den in § 1772 abschließd aufgezählten 4 Fällen kann das VormschG
bestimmen, daß die Annahme des Erwachsenen die Wirkg einer Volladoption hat.

cc) Die Aufhebung des AnnahmeVerhältn ist mögl (§ 1759), wirkt aber nur für die Zukunft (§ 1764 I 1 22
mit Ausn in I 2) u läßt dah bereits eingetretene RWirkgen bestehen. Sowohl bei Annahme Minderjähr wie
Volljähr entfallen dch den rkräft AufhebgsBeschluß des VormschG (FGG 56 f III) alle erbrechtl Beziehgen
zwischen dem Kind (seinen Abkömml) u den Adoptiveltern (u ihren Verwandten); dafür leben die zu seinen
leibl Eltern (u deren Verwandten) wieder auf (§ 1764 II, III). Bei Eheg, die ein Kind angenommen haben,
kann das AnnahmeVerhältn auch nur zu einem allein aufgehoben werden (§ 1763 II), so daß die erbrechtl
Beziehgen zu dem and Eheg verbleiben, ohne daß das VerwandtschVerhältn zur leibl Familie wieder auflebt
(§ 1764 V). Einen Sonderfall regelt § 1766. – Wurde ein ausländ Adoptionsdekret im Ausland wieder
annuliert, hängt im Inland die erbrechtl Auswirkg der AufhebgsEntscheidg von ihrer Anerkenng ab (FGG
16 a; Düss FamRZ **96**, 699).

dd) Adoptionen nach altem Recht wurden von der RÄnderg dch das AdoptG auch betroffen (Über- 23
gangsVorschr: Art 12 §§ 1–8 AdoptG). War allerd Erbl am 1. 1. 77 bereits verstorben, bestimmen sich die
erbrechtl Verhältn stets nach altem Recht (Art 12 § 1 IV). Bei einem (nach § 1767 aF früh zuläss) Ausschluß
des ErbR im AnnahmeVertr hat also der Adoptierte, aber auch der Annehmde (Art 12 § 1 V) kein ErbR.
Geht es dann später noch um die Vererbg des AnwartschR eines erst nach dem Stichtag verstorbenen NachE
(§ 2108 Rn 2), sollte dafür nicht altes R maßgebl sein (Stgt FamRZ **94**, 1553). – In Erbfällen **nach** dem **1. 1.
77** muß unterschieden werden: War der Adoptierte am 1. 1. 77 bereits **volljährig,** werden nach Art 12 § 1 I
grds die Vorschr über die VolljAnnahme (s Rn 21) angewandt (BayObLG FamRZ **94**, 853; Ffm FamRZ **95**,
1087). Ein vereinbarter Ausschluß des ErbR des Kindes bleibt unberührt; auch den Adoptiveltern steht dann
kein ges ErbR nach dem Kind zu (Art 12 § 1 V). War nur PflichttR ausgeschlossen, bleibt dieser Ausschluß
unberührt, hat aber keine Folgen für das gesetzl ErbR; auch die Annehmden sind dann nach dem Kind erb-,
aber nicht pflichttberecht (Kraiß BWNotZ **77**, 1/6; Dittmann Rpfleger **78**, 277/284). Ferner wird der
Annehmde nicht von solchen Abkömml des Adoptierten gesetzl beerbt, auf die sich die Wirkgen der Adop-
tion nach § 1762 aF nicht erstreckt haben (Art 12 § 1 II). – War der Adoptierte am 1. 1. 77 noch **minder-
jährig,** verlängerte sich die Geltg alten Rs bis 31. 12. 77 (Art 12 § 2 I). Danach gelten die neuen Vorschr üb
die Wirkg der Annahme Minderjähr, sofern nicht bis zu diesem Tag ein Annehmder, das Kind, ein ehel
Elternteil od die nichtehel Mutter ggü dem AG Berlin-Schöneberg erklärt hatte, daß diese Vorschr nicht
angewandt werden sollen mit der Folge, daß ab 1. 1. 78 für das AnnahmeVerhältn die neuen Vorschr über die
Volljährigenannahme gelten (Art 12 § 2 II, III; § 3 I).

1925 ***Gesetzliche Erben zweiter Ordnung.*** **I Gesetzliche Erben der zweiten Ordnung sind die Eltern des Erblassers und deren Abkömmlinge.**

II Leben zur Zeit des Erbfalls die Eltern, so erben sie allein und zu gleichen Teilen.

III Lebt zur Zeit des Erbfalls der Vater oder die Mutter nicht mehr, so treten an die Stelle des Verstorbenen dessen Abkömmlinge nach den für die Beerbung in der ersten Ordnung geltenden Vorschriften. Sind Abkömmlinge nicht vorhanden, so erbt der überlebende Teil allein.

IV In den Fällen des § 1756 sind das angenommene Kind und die Abkömmlinge der leiblichen Eltern oder des anderen Elternteils des Kindes im Verhältnis zueinander nicht Erben der zweiten Ordnung.

1 **1) Die zweite Ordnung** in der Verwandtenerbfolge (s § 1924 Rn 1) bilden die Eltern des Erbl u deren Abkömml, also seine voll- u halbbürtigen Geschwister u deren Kinder (Neffen u Nichten) u Kindeskinder. Auch der Vater eines seit dem 1. 7. 49 geborenen nichtehel Kindes gehört in Erbfällen seit dem 1. 7. 70 dazu, sofern die Vatersch förml feststeht (§ 1924 Rn 8). Er war in Erbällen vor dem 1. 4. 98 allerd in den Fällen des § 1934 a II, III auf einen ErbersatzAnspr verwiesen (s § 1924 Rn 12). Ein bis zum 1. 4. 98 rwirks zustande gekommener vorzeit Erbausgleich des Kindes (§ 1934 d) beseitigte auch sein ErbR u das seiner Abkömml (EG 227 I Nr 2 mit Rn 2). Bei Erbfällen vor dem 1. 7. 70 besaß der Vater kein ErbR (§ 1924 Rn 13). Zu Adoptiveltern s Rn 5 ff. – **Rangfolge:** Die Erben 2. Ordng kommen nur zum Zug, wenn beim Erbfall keine Abkömml des Erbl (Erben 1. Ordng) vorhanden od vorhandene Abkömml dch Ausschlagg, Enterbg, Erbverzicht od Erbunwürdgk weggefallen sind (§ 1930). Sie schließen dann ihrers die Erben 3. Ordng (§ 1926) aus, auch wenn nur ein einziger Erbe 2. Ordng vorhanden ist (§ 1930). Großeltern werden also sowohl dch einen überlebden Elternteil (**III** 2) als auch dch Halbgeschwister (auch nichtehel) ausgeschlossen, so daß auch ein Halbbruder od Halbneffe den Großvater verdrängen kann (s § 1924 Rn 2). – Der **Ehegatte** des Erbl erbt neben ges Erben 2. Ordng bei ZugewinnGemeinsch zu drei Viertel, sonst zur Hälfte (§ 1931).

2 **a) Leben beide Eltern** beim Erbfall, gelangen nur sie zur Verwandtenerbfolge (zum Ehegatten s Rn 1). Sie schließen also die Geschwister des Erbl u deren Abkömml völlig aus **(II),** der Nachtl „fällt in ihren Schoß zurück". Dies gilt auch beim Tod eines nichtehel Kindes (s Rn 1); zu Adoptiveltern s Rn 5–10. Ohne Einfluß ist die Scheidg od Nichtigerklärg der Elternehe (Ausn: NichtigErkl vor dem 1. 8. 38, Soergel/Stein Rn 6).

3 **b) Ist ein Elternteil verstorben** od erbrechtl weggefallen u hat er keine Abkömml hinterlassen, erbt der überlebde Elternteil allein (**III** 2). – Sind **Abkömmlinge** in Erbfällen vor dem 1. 4. 98 vorhanden, treten diese nach Stämmen (§ 1924 II–IV) an die Stelle des Verstorbenen (**III** 1), auch die nichtehel (§§ 1934 a II, III sind aber in Erbfällen vor dem 1. 4. 98 zu beachten); Halbgeschwister (ihre Abkömml) treten aber nur nach dem Elternteil ein, den sie mit dem Erbl gemeins haben. War der Erbl ein angenommenes Kind u sind seine leibl Eltern vor ihm verstorben, haben deren Abkömml ein EintrittsR nur im Fall der Annahme eines Vollj (s Rn 7), da sie andernf nicht als verwandt gelten (Rn 6). Bei Wegfall der Adoptiveltern treten deren Abkömml zwar bei Annahme eines Minderjähr ein (Rn 6), nicht aber bei Annahme eines Erwachsenen (Rn 7). – Die Berufg der Abkömmlinge tritt (im Ggsatz zur 4. Ordng, § 1928 III) für den Anteil jedes einzelnen Elternteils (RG **94**, 242) schon dann ein, wenn dieser weggefallen ist.

4 **c) Sind beide Eltern** vorverstorben, treten deren Abkömml an ihre Stelle. Dabei ist zwischen gemeinsamen und einseitigen Abkömml zu unterscheiden, weil Abkömml nur an die Stelle der Elternteile treten, mit denen sie verwandt sind. Hat der (kinderlose) Erbl also Voll- u Halbgeschwister hinterlassen, tritt eine Aufteilg nach Linien ein (Vater-/Mutterseite); innerhalb der Linien wird nach Stämmen geerbt (§ 1924 III). Die vollbürtigen Geschwister treten an die Stelle beider Eltern, die halbbürtigen (od deren Abkömml) nur an die Stelle des Elternteils, den sie mit dem Erbl gemeinsam haben (sie erben nur „mit einer Hand"). Hatten die Eltern zB außer dem Erbl noch 2 Söhne u der Vater außerd eine Tochter aus erster Ehe, erben die 2 Brüder des Erbl zu je 5/12, die Halbschwester zu 1/6, weil sich die Mutterhälfte nur auf 2, die Vaterhälfte dagg auf 3 Abkömml verteilt. – Sind nur halbbürtige Geschwister vorhanden, schließen diese gleichwohl als Erben 2. Ordng die Großeltern (od deren Abkömml) aus, die als Erben 3. Ordng (§ 1926) nicht zum Zug kommen (s Rn 1). – Der Ehegatte des Erbl tritt nicht an die Stelle eines vorverstorbenen Elternteils (Bochum Rpfleger **89**, 509).

5 **2) Adoptiveltern.** Stirbt ein angenommenes Kind, hängt die Erbfolge davon ab, ob es als Minderjähr od Erwachsener angenommen worden war, weil in Erbfällen seit 1. 1. 77 bei Anwendg der §§ 1741 ff (gem den Übergangsregelgen des AdoptG) die jeweils unterschiedl Regelg der VerwandtschVerhältn zu verschiedenen
6 erbrechtl Folgen führt: – **a)** Der als **Minderjähriger** angenommenen Erbl wird ges als Folge des Grdsatzes der Volladoption (§ 1754) nur von dem (od den) Annehmenden u deren Abkömml beerbt. Seine leibl Eltern u die leibl Geschwister scheiden als nicht mehr verwandt aus (§ 1755); zu Besonderh bei der Verwandtena-
7 doption s unten Rn 8–10. – **b)** Bei einem als **Volljähriger** angenommenen Erbl sind wg der beschränkten Adoptionswirkg (s § 1924 Rn 21) sowohl die leibl Eltern als auch die Adoptiveltern gesetzl Erben 2. Ordng; der Adoptierte hat also 4 Elternteile. Fällt ein Elternteil (od beide) vor dem Erbfall weg, verbleiben für die Erbfolge 2. Ordng Regelgslücken. Bei Wegfall der Adoptiveltern treten allerd deren Abkömml nicht an ihre Stelle, weil die Adoptionswirkgen sich nicht auf ihre Verwandten (auch nicht auf dessen Eheg) erstreckten (§ 1770 I), so daß der Grdsatz der Repräsentation **(III)** insow als ausgeschlossen anzusehen ist (Zweibr FGPrax **96**, 189; Dittmann RPfleger **78**, 277 ff). Für die Linie der leibl Eltern gilt dies nicht, da insow die verwandtschaftl Beziehgen bestehen blieben (§ 1770 II; Ausn: § 1772); bei Wegfall beider treten daher ihre Abkömml an ihre Stelle (**III** 1 iVm § 1924 III 1) u erben ihre Hälfte (je 1/4) neben den Adoptiveltern. S zu anderen Fällen Dittmann aaO. – War bei einer Adoption nach altem R im AnnahmeVertr das ErbR des Kindes ausgeschlossen worden (§ 1767 aF), hat auch der Annehmde kein ErbR (s § 1924 Rn 23; Kemp RhNK **76**,
8 373/378; Dittmann Rpfleger **78**, 277/284). – **c) Bei Verwandtenadoption** ergeben sich wg § 1756 Besonderh (s § 1924 Rn 18–20): Das von seinen **Großeltern** angenommene Kind wurde deren gemeinschaftl ehel Kind (§ 1754 I) u wird daher auch von ihnen beerbt. Da die leibl Eltern nicht mehr ges Erben

2. Ordnung sind (§ 1755), stellt für die ges Erbfolge der dch das AdoptG eingefügt Abs **IV** klar, daß auch die Geschwister kein EintrittsR (III) mehr nach diesen haben. Da die verwandtschaftl Beziehgen aber nur zu den leibl Eltern, nicht aber darüber hinaus abgebrochen sind (§ 1756 I), scheiden weder die leibl Eltern noch deren Nachkommen als Abkömml der annehmden Großeltern aus (Soergel/Stein Rn 10 mN). – Auch bei der Annahme eines Neffen (Nichte) dch **Onkel oder Tante** wird das angenommene Kind in 2. Ordng 9
gesetzl von seinen Adoptiveltern (deren Abkömml) beerbt; **IV** stellt klar, daß die leibl Geschwister mangels Verwandtsch mit dem Angenommenen über ihre Eltern nicht eintreten (III) können. § 1756 verhindert aber nicht, daß **umgekehrt** das angenommene Kind seine leibl Eltern, von denen eines ein Geschwister des Annehmden ist, dann beerbt, wenn diese keine anderen Abkömml als Erben hinterlassen und die vorrang berufenen Großeltern und der Annehmde weggefallen sind (Dieckmann FamRZ **79**, 389/394 mN). – Entspr gilt bei der Annahme durch Geschwister: Der Annehmde erbt als Elternteil; andere Geschwister haben kein EintrittsR. – In welchem Umfang **IV** bei der **Stiefkinderadoption** (§ 1756 II) gilt, ist str. Das EintrittsR der 10
Geschwister des Angenommenen ist wohl nur nach dem verstorbenen leibl Elternteil ausgeschlossen. Bei Wegfall des überlebden (wiederverheirateten) Elternteils treten die Geschwister jedoch an dessen Stelle (Soergel/Stein Rn 11 mwH).

1926 ***Gesetzliche Erben dritter Ordnung.*** **I Gesetzliche Erben der dritten Ordnung sind die Großeltern des Erblassers und deren Abkömmlinge.**

II Leben zur Zeit des Erbfalls die Großeltern, so erben sie allein und zu gleichen Teilen.

III Lebt zur Zeit des Erbfalls von einem Großelternpaar der Großvater oder die Großmutter nicht mehr, so treten an die Stelle des Verstorbenen dessen Abkömmlinge. Sind Abkömmlinge nicht vorhanden, so fällt der Anteil des Verstorbenen dem anderen Teile des Großelternpaars und, wenn dieser nicht mehr lebt, dessen Abkömmlingen zu.

IV Lebt zur Zeit des Erbfalls ein Großelternpaar nicht mehr und sind Abkömmlinge der Verstorbenen nicht vorhanden, so erben die anderen Großeltern oder ihre Abkömmlinge allein.

V Soweit Abkömmlinge an die Stelle ihrer Eltern oder ihrer Voreltern treten, finden die für die Beerbung in der ersten Ordnung geltenden Vorschriften Anwendung.

1) Die dritte Ordnung in der Verwandtenerbfolge (s § 1924 Rn 1) bilden die Großeltern des Erbl u 1
diejenigen ihrer Abkömml, die nicht Erben 2. Ordng sind, also Onkel, Tanten, Vettern, Basen u deren Kinder u Kindeskinder. Sie haben aber kein PflichttR mehr (§ 2303 II). Auch nach einem seit dem 1. 7. 49 geborenen nichtehel Kind gehören in Erbfällen seit dem 1. 7. 70 die väterl Großeltern (u deren Abkömml) zu den Erben 3. Ordng, sofern die Vatersch förml feststeht (§ 1924 Rn 8). Sie waren allerd in Erbfällen vor dem 1. 4. 98 auf einen ErbersatzAnspr verwiesen, wenn eine Fallgestaltg nach § 1934 a vorlag (s § 1924 Rn 12). Ein bis zum 1. 4. 98 rwirks zustande gekommener vorzeit Erbausgleich des Kindes (§ 1934 d) beseitigt auch ihr ErbR (EG 225 I Nr 2 mit Rn 2). In Erbfällen vor dem 1. 7. 70 besaß die väterl Linie mangels Verwandtsch (§ 1589 II aF) kein ErbR (§ 1924 Rn 9 ff). Zu Adoptivgroßeltern s Rn 5 ff. – **a) Leben** noch alle **vier** 2
Großeltern und erben sie, tritt Schoßfall ein (**II;** zum Begriff s § 1925 Rn 2). Dies gilt auch, wenn der Erbl nichtehel geboren ist od seine Eltern nichtehel geboren sind. – **b) Bei Wegfall eines Großelternteils** treten 3
seine Abkömml an seine Stelle **(III),** u zwar nach Stämmen (**V** iVm § 1924 II–IV; s dazu § 1925 Rn 3), weil jedes Großelternpaar als Einheit angesehen wird. Hier wird also die Zugehörigk zur väterl od mütterl Linie bedeuts. Erst wenn auf einer Seite weder Großvater noch Großmutter od Abkömml von ihnen vorhanden sind (s § 1930 Rn 2), erben die and Großeltern (od ihre Linie) allein **(IV).** – **c) Der Ehegatte** des Erbl erhält 4
neben Großeltern die Hälfte, bei ZugewinnGemeinsch drei Viertel; das ErbR ihrer Abkömml schaltet er völlig aus, wodurch sich sein Anteil erhöht (§ 1931 I). Ist von den Großeltern niemand mehr vorhanden, erbt der Eheg allein (§ 1931 II).

2) Angenommene Kinder. S zunächst § 1925 Rn 5. Das als **Minderjähriger** angenommene Kind wird 5
gemäß dem Grdsatz der Volladoption (§§ 1754; 1755) nur dch die Familie des Annehmenden beerbt. Beim Tod eines als **Volljähriger** Angenommenen sind Erben dritter Ordng dagg die leibl Großeltern u deren Abkömml (§ 1770 I); seine Kinder haben aber drei erbberecht Großelternpaare. Kommt **altes** Recht zur Anwendg (§ 1924 Rn 23), wird das adoptierte Kind in 3. Ordng ausschließl in der leiblichen Familie beerbt, da es mit den Verwandten des Adoptierenden nicht verwandt wurde (§ 1763 aF). – Besonderheiten gelten bei einer **Verwandtenadoption:** Nach § 1756 blieb das minderj Kind, das von seinem Onkel (Tante) u dessen 6
Eheg angenommen u damit deren ehel Kind wurde (§ 1754 I), mit seinen zwei leibl Großelternpaaren verwandt (von denen eines zugleich zu Adoptivgroßeltern wurde); hinzu kamen die Eltern des annehmden Ehegatten. Diese drei Großelternpaare bzw ihre Abkömml sind beim Tod des Kindes Erben 3. Ordng, ohne daß die Adoptivgroßeltern doppelt bedacht sind, weil weder mehrfache Verwandtsch vorliegt (der Grad hat sich nicht geändert) noch die aufsteigenden Linien mehreren Stämmen (§ 1927) zugehörig sein können (MüKo/Leipold Rn 8; Dieckmann ZBlJugR **80**, 673 Fußn 24; aA Soergel/Stein Rn 6). Die leibl Geschwister haben als Abkömml der gemeins leibl Großeltern ein EintrittsR nach **III,** ebso der Teil von den leibl Eltern (die wg § 1756 I als Erben 2. Ordng wegfallen u als nicht vorhanden iS des § 1930 gelten), der ein Kind dieser Großeltern ist (Soergel/Stein Rn 6; Schmitt-Kammler FamRZ **78**, 571 ff). – Entspr gilt bei Annahme dch **Geschwister** sowie bei der **Stiefkinderadoption** nach § 1756 II.

1927 ***Mehrere Erbteile bei mehrfacher Verwandtschaft.*** **Wer in der ersten, der zweiten oder der dritten Ordnung verschiedenen Stämmen angehört, erhält den in jedem dieser Stämme ihm zufallenden Anteil. Jeder Anteil gilt als besonderer Erbteil.**

1 **1) Mehrfache Verwandtschaft** mit dem Erbl (§ 1589) innerh derselben Ordng (§ 1930) führt nur bei Angehörigen der ersten drei Ordngen zur mehrfachen Beteiligg, da die Erbfolge nach Stämmen nur bis zur dritten Ordng reicht (§ 1928 III). Der mehrfach Verwandte erhält dann jeden der in diesen Stämmen auf ihn
2 entfallden Anteil **(S 1). – Zu mehreren Stämmen** kann ein Verwandter gehören, wenn er aus einer Ehe zwischen Verwandten stammt (zB von Geschwisterkindern) od wenn er von einem Verwandten als Kind angenommen wurde, sofern seine bisherigen VerwandtschVerhältn bestehen blieben. Letzteres ist der Fall bei Adoption Volljähriger (§ 1770 II) sowie eines Verwandten 2. od 3. Grades (§ 1756 I), s § 1924 Rn 20. – Die bis 1. 7. 98 mögl Annahme des eigenen nichtehel Kindes (§ 1741 III 2 aF) führt nicht auch zu mehrfacher Verwandtsch mit dem Annehmden (Soergel/Stein Rn 1 mN), wohl aber zum Verlust des ErbRs nach dem anderen Elternteil u dessen Verwandten (§ 1755).

3 **2) Eigenständige Erbteile (S 2)** sind die verschiedenen Anteile, so daß auf jeden die Vorschr üb die Erbsch Anwendg finden (§ 1922 II). Jeder Anteil kann also gesondert ausgeschlagen werden (§ 1951 I). Der MitE kann über ihn gesondert verfügen (§ 2033). Die Haftg für NachlVerbindlichk beurteilt sich für jeden Anteil selbständ (§ 2007). Vermächtn u Auflagen belasten nur den Anteil, für den sie angeordnet sind (§§ 2161; 2187; 2095). Auch AusgleichsPfl können auf den Anteil beschränkt sein (§§ 2051, 2056).

1928 *Gesetzliche Erben vierter Ordnung.*

I Gesetzliche Erben der vierten Ordnung sind die Urgroßeltern des Erblassers und deren Abkömmlinge.

II Leben zur Zeit des Erbfalls Urgroßeltern, so erben sie allein; mehrere erben zu gleichen Teilen, ohne Unterschied, ob sie derselben Linie oder verschiedenen Linien angehören.

III Leben zur Zeit des Erbfalls Urgroßeltern nicht mehr, so erbt von ihren Abkömmlingen derjenige, welcher mit dem Erblasser dem Grade nach am nächsten verwandt ist; mehrere gleich nahe Verwandte erben zu gleichen Teilen.

1 **Die vierte Ordnung** in der Verwandtenerbfolge (s § 1924 Rn 1) bilden die Urgroßeltern des Erbl u ihre Abkömml. Die noch vorhandenen Urgroßeltern erben zu gleichen Teilen. Ihre Abkömml bleiben ausgeschlossen, wenn nur einer der 8 Urgroßeltern den Erbfall erlebt (**II,** unbeschränkter Schoßfall). Ab der 4. Ordng gilt also die Aufteilg nach Linien u das EintrittsR nach Stämmen (§ 1924 Rn 3; 4) nicht mehr. Lebt keiner der Urgroßeltern mehr, wird zur Vereinfachg auf das Gradualsystem übergegangen: Die Abkömml werden nur mehr nach ihrem VerwandtschGrad zum Erbl berücksichtigt, um eine zu große Zersplitterg des Nachl zu vermeiden. Der Nächstverwandte schließt also die ferneren Verwandte aus; zw mehreren Abkömml gleichen Grades wird nach Köpfen geteilt **(III).** Dies gilt auch für halbbürtige Abkömml. Zur erbrechtl
2 Auswirkg einer Annahme als Kind s § 1924 Rn 14 ff. – Ist ein **Ehegatte** des Erbl vorhanden, verdrängt er die (ohnehin seltenen) Erben der 4. Ordng völlig (§ 1931 II).

1929 *Fernere Ordnungen.*

I Gesetzliche Erben der fünften Ordnung und der ferneren Ordnungen sind die entfernteren Voreltern des Erblassers und deren Abkömmlinge.

II Die Vorschriften des § 1928 Abs. 2, 3 finden entsprechende Anwendung.

1 **Unbegrenzt** wird das VerwandtenErbR weitergeführt, wobei innerh der Ordngen das Gradualsystem gilt (**II** iVm § 1928 III; s dort Rn 1). – Der überlebende **Ehegatte** verdrängt aber sämtl Verwandte ab der 4. Ordng (§ 1931 II). – In der Praxis kommen die hier häufige Unkenntn od Nachweisschwierigk dem Staat zugute (§ 1936; vgl auch §§ 1964, 1965).

1930 *Rangfolge der Ordnungen.*

Ein Verwandter ist nicht zur Erbfolge berufen, solange ein Verwandter einer vorhergehenden Ordnung vorhanden ist.

1 **1) Grundprinzip** des Systems der Ordngen (Parentelen) zur Regelg der Rangfolge der Verwandten in der ges Erbfolge (§ 1924 Rn 2) ist, daß kein Angehöriger der zweiten od jeder folgden Ordng als Erbe berufen ist, solange ein Verwandter einer vorhergehenden Ordng vorhanden ist. Ein einziger (auch halbbürtiger) Verwandter der früheren Ordng genügt also, um das ErbR jedes Angehörigen einer späteren Ordng auszuschließen. – War in Erbfällen vor dem 1. 4. 98 der vorrangige Verwandte auf einen ErbersatzAnspr verwiesen (§ 1934 a aF), wahrte er gleichwohl den Rang seiner Ordng u schloß dah nachrangige Verwandte von der Erbfolge aus (§ 1930 2. Halbsatz aF, der dch das ErbGleichG als entbehrl gestrichen wurde). Hinterließ also der vor dem 1. 4. 98 gestorbene Erbl außer seiner Ehefrau seine Eltern u ein nichtehel Kind, war die Ehefrau AlleinE, weil das selbst nur erbersatzberecht Kind als Erbe 1. Ordng die Eltern (u deren Abkömml) als Erben 2. Ordng ausschloß (§§ 1931; 1924, 1934 a aF; 1930). Hinterließ das vor dem 1. 4. 98 gestorbene nichtehel Kind außer seiner Ehefrau noch den Vater u dessen Eltern, war seine Witwe AlleinE (§ 1931 I 1), weil der selbst nur erbersatzberecht Vater als Erbe 2. Ordng (§§ 1925 III 2; 1934 a aF) die Großeltern als Erben 3. Ordng ausschloß.

2 **2) Verwandte nachfolgender Ordnungen** können nur erben, wenn kein Angehöriger einer vorhergehenden Ordng (mehr) vorhanden ist. Existierte ein solcher, muß er entweder **vor** dem Erbfall gestorben oder trotz Erlebens des Erbfalls als gesetzl Erbe weggefallen sein, zB dch Ausschlagg (§ 1953 II), Erbverzicht (§ 2346 I 2), Enterbg (§ 1938), vorzeit Erbausgleich (§§ 1934 d, e) od ErbunwürdigkErkl (§ 2344 II). – **Folge** ist dann, daß der entferntere Verwandte vom Erbfall an zur Erbfolge berufen ist, selbst wenn er nur den Erbfall, aber nicht mehr den Wegfall erlebt hat. – Stirbt allerd der Erstberufene erst **nach** dem Erbfall, war er bereits Erbe geworden u überträgt daher den Nachl auf seine eigenen Erben (§§ 1922, 1942).

1931 *Gesetzliches Erbrecht des Ehegatten.* **I Der überlebende Ehegatte des Erblassers ist neben Verwandten der ersten Ordnung zu einem Vierteile, neben Verwandten der zweiten Ordnung oder neben Großeltern zur Hälfte der Erbschaft als gesetzlicher Erbe berufen. Treffen mit Großeltern Abkömmlinge von Großeltern zusammen, so erhält der Ehegatte auch von der anderen Hälfte den Anteil, der nach § 1926 den Abkömmlingen zufallen würde.**

II Sind weder Verwandte der ersten oder der zweiten Ordnung noch Großeltern vorhanden, so erhält der überlebende Ehegatte die ganze Erbschaft.

III Die Vorschriften des § 1371 bleiben unberührt.

IV Bestand beim Erbfall Gütertrennung und sind als gesetzliche Erben neben dem überlebenden Ehegatten ein oder zwei Kinder des Erblassers berufen, so erben der überlebende Ehegatte und jedes Kind zu gleichen Teilen; § 1924 Abs. 3 gilt auch in diesem Falle.

1) Ehegattenerbrecht. Der Eheg des Erbl erhält dch § 1931 außerh der Erbordngen ein eigenständ ges 1
ErbR, mit dem er die Verwandten bei der ges Erbfolge verdrängt, denen nur der nicht dem Eheg zufallende NachlAnteil verbleibt (Teilgsprinzip, Einl 3 v § 1922; dazu Buchholz MDR **90**, 375). Dieses ErbR entspricht dem Wesen der ehel LebensGemsch u sichert die wirtschaftl Existenz des Eheg entspr dem bish Lebenszuschnitt der Eheleute. Zusätzl hat er noch Anspr auf die HausratsGgstände, den sog Voraus (§ 1932). Im Falle der Entziehg seines ErbR dch Vfg vTw ist ihm dch sein PflichttR (§ 2303 II) eine Mindestbeteiligg am Nachl garantiert, der dann im übr den Verwandten verbleibt, weil die ges Erbfolgeregelg bei Wegfall des Eheg kein EintrittsR eines Anderen vorsieht. – Außerh des ErbR können ihm weitere Anspr zustehen, etwa wenn die Eheg ihre vermögensrechtl Beziehgen gesellschrechtl (§ 705 Rn 27–31) geregelt haben (BGH NJW **99**, 2962). – Kommt ErbR der **DDR** zur Anwendg (EG 235 § 1 Rn 5), erbte der Eheg nach ZGB 365 I als Erbe 1. Ordng neben einem Kind $^1/_2$, neben zwei $^1/_3$ u neben mehr Kindern $^1/_4$.

2) Voraussetzung. Nur der mit dem Erbl bei dessen Tod rgült verheiratete, ihn überlebde Eheg 2
(§ 1923 I) hat dieses ges ErbR. Sterben beide Eheg dch das gleiche Ereign, ist der jeweil Todeszeitpkt (§ 1922 Rn 2) zu ermitteln (§ 1923 Rn 3). Ist dies nicht mögl u von ihrem gleichzeit Versterben auszugehen, kann ein Eheg nicht Erbe des and sein (§ 1923 Rn 1); es besteht dann auch kein Anspr auf ZugewinnAusgl (BGH NJW **78**, 1855). Zur Eheschließg s § 1310; ggf sind SonderVorschr der Kriegs- u Nachkriegszeit zu beachten (Fern- od Nottrauungen; Ehen nach AHKG 23; s BGH **22**, 65; KG FamRZ **73**, 91). Wurde ein verschollener Erbl für tot erkl, obwohl er noch lebt, wird seine Ehe dch Wiederverheiratg seines Eheg aufgelöst u bleibt dies auch, wenn die TodesErkl aufgehoben wird, es sei denn, daß die beiden neuen Eheg bei Eheschließg
wußten, daß der Erbl noch lebt (§ 1319 II). – **Eheauflösung:** Nach rkräft Scheidg (§ 1564) od Aufhebg 3
(§ 1313) der Ehe vor dem Erbfall ist der bish Eheg keiner mehr u hat desh kein ges ErbR u kein PflichttR. Gleiches gilt bei NichtigErkl der Ehe (EheG 23) dch rkräft Urteil, die bis zur Neuregelg des EheschließgsR mögl war u sogar ex tunc wirkte. Ermangelte es bei der Eheschließg der Mitwirkg des Standesbeamten, liegt eine Ehe überh nicht vor (Nichtehe), ein gerichtl Ausspruch ist entbehrl (Einf 5 v § 1313); zur Heilbark s § 1310 III mit Rn 10 ff. Kam es in einem gerichtl Verfahren dch den Tod des Erbl nicht mehr zu einem rkräft Urteil, schließt bereits sein berecht Verlangen auf Scheidg od Aufhebg der Ehe das ges ErbR des Überlebden aus (§ 1933; s dort). – Seitdem die NichtigkErkl abgeschafft ist (s aber EG 226), kommt es zu einem die Ehe ex nunc auflösenden rkräft AufhebgsUrteil (§ 1313) nur mehr auf Antrag eines dazu Berecht (§ 1316). Unterblieb bis zum Erbfall AntrStellg, behält der Überlebde einer aufhebbaren Ehe sein ges ErbR, da nach
Auflösg der Ehe dch Tod ein Antr nicht mehr zuläss ist (§ 1317 III). Dies gilt allerd **nicht** für den **bös-** 4
gläubigen Eheg, der bereits bei Eheschließg wußte, daß seine Ehe wg GeschUnfähigk, Doppelehe, Verwandtsch, Formverstoß od Geistesstörg aufhebbar ist (§ 1318 V mit Rn 15). Ihm ist ein ges ErbR dch § 1318 V versagt, damit er nicht besser gestellt ist, als er stünde, wenn noch zu Lebzeiten des Erbl
AufhebgsAntr gestellt worden wäre (u dann § 1933 S 2 eingreift). Bei **Doppelehe** des Erbl hinterläßt dieser 5
also zwei Eheg, wenn die Aufhebg der zweiten Ehe (§§ 1306; 1314 I) bis zum Erbfall nicht wenigstens beantragt wurde; dies entspricht dem früh R, wenn NichtigkKlage nicht erhoben worden war. In diesem ges nicht geregelten Fall sind dann beide Eheg zu Erben berufen, sofern nicht § 1318 V eingreift; sie erhalten dann den EhegErbteil gemeins, aber nicht doppelt (KG OLGZ **77**, 386; MüKo/Leipold Rn 9, auch zu güterrechtl Problemen).

3) Erbquote. Der Eheg erbt neben Verwandten des Erbl zw einem Viertel u dem Ganzen. Seine Erbquote 6
hängt näml zunächst davon ab, welcher Erbordng (§ 1924 Rn 2) die konkurrierenden Verwandten angehören. Sein Erbteil ist bei näher Verwandten kleiner als bei entfernteren, wobei fernere als die Großeltern überh nicht mehr zum Zug kommen, da der Eheg dann allein erbt (**II**). Außerd ist sein ErbR mit dem ehel GüterR verküpft: Bei ges Güterstand wird seit dem GleichberechtG der Zugewinn erbrechtl dch pauschale Erhöhg seiner Grdquote um $^1/_4$ ausgeglichen (**III**; Rn 8). Bei Gütertrenng ist dch die vom NichtehelG eingefügte Reglg in **IV** sichergestellt, daß sein Erbteil nicht kleiner als der eines Kindes ist (Rn 12). Nur bei GüterGemsch bestimmt sich der EhegErbteil allein nach **I** u **II**; zum Nachl gehört dann auch der ErblAnteil am Gesamtgut (§ 1482 S 1), es sein denn, daß fortgesetzte GüterGemsch erbvertragl vereinbart wurde (§ 1483 I 1), die den Nachl auf das Sonder- u Vorbehaltsgut des Erbl beschränkt (s § 1922 Rn 13). – Je nach
VerwandtschGrad gilt: – **a) Verwandte 1. Ordnung** (§ 1924). Neben Abkömml des Erbl erbt der Eheg $^1/_4$ (**I** 7
1), bei ZugewinnGemsch $^1/_2$ (Rn 8), bei Gütertrenng neben einem Kind $^1/_2$, neben zweien $^1/_3$, neben mehreren wieder $^1/_4$ (Rn 12). Waren in Erbfällen vor dem 1. 4. 98 nur nichtehel Abkömml des verstorbenen Ehemannes vorhanden, erbte dessen Witwe allein, war dann allerd mit den ErbersatzAnspr der Kinder belastet (§ 1934 a aF; s § 1924 Rn 12). – **b) Verwandte 2. Ordnung** (§ 1925). Neben ErblEltern u deren Abkömml erbt der Eheg die Hälfte, bei ZugewinnGemsch $^3/_4$. Dies gilt auch, wenn beide Eltern vorverstorben u Abkömml nur eines Elternteils vorhanden sind (s § 1925 Rn 4), weil der Eheg mangels Vorschr nicht an die Stelle des weggefallenen Elternteils treten kann. In Erbfällen vor dem 1. 4. 98 war der nichtehel Vater neben dem Eheg seines Kindes allerd auf einen ErbersatzAnspr beschränkt (§ 1934 a III aF; s § 1925 Rn 1). – **c) Neben Großeltern** erhält der Eheg die Hälfte (**I** 1), bei ZugewinnGemsch $^3/_4$ (Rn 8). Leben also alle 4

Großeltern noch, erben sie zu je 1/8 bzw zu je 1/16. Sind alle vorverstorben, erbt der Eheg allein, da andere Verwandte 3. Ordng (§ 1926) nicht mehr zum Zuge kommen (**II**). Väterl Großeltern eines nichtehel Kindes sind in Erbfällen vor dem 1. 4. 98 auf einen ErbersatzAnspr verwiesen (s § 1926 Rn 1). – Sind nur einzelne Großeltern weggefallen, kommt es darauf an, wem ihr Anteil zufallen würde: Wären an ihrer Stelle an sich ihre Abkömml berufen (§ 1926 III, IV), verdrängt diese der Eheg (**II**), so daß ihm der Anteil zufällt (**I** 2); treten dagg an die Stelle des Weggefallenen and Großeltern, verbleibt diesen der Anteil, weil der Eheg nur die Abkömml ausschließt. Zur Auswirkg der ZugewinnGemsch s Rn 8. Zu beachten ist, daß Abkömml, die auch ohne den Eheg nicht berufen wären (wg Erbverzicht; Enterbung usw), vom Eheg auch nicht verdrängt werden können, so daß ihr Vorhandensein sich auch nicht zu seinen Gunsten auswirkt. Dagg spielt eine etwaige Ausschlagg der Abkömml keine Rolle, da sie gar nicht zu einer ausschlagbaren Erbfolge gelangen. – **Beispiele:** Ist einer der 4 Großeltern vorverstorben, leben aber Abkömml von ihm, erhalten sein 1/8 nicht diese, sond der Eheg (er erbt dann 5/8); hinterließ er keine Abkömml, bekommt sein 1/8 der and Teil des Großelternpaars (§ 1926 III 2) zusätzl (also 1/4). Ist ein Großelternpaar ohne Hinterlassg von Abkömml vorverstorben, erben ihre beiden 1/8 die beiden and Großeltern (§ 1926 IV), also je 1/4. Ist auch von dem and Großelternpaar bereits ein Teil vorverstorben u hinterließ er Abkömml, bekommt statt dieser der Eheg zusätzl dieses 1/4 (erbt also 3/4); sind keine Abkömml vorhanden, erbt der einzige lebende Großelternteil üb § 1926 IV zu 1/2.

8 **4) Erbteilserhöhung als Zugewinnausgleich (III).** Galt in der Ehe mit dem Erbl ZugewinnGemsch (§ 1363), wird der Ausgleich im Falle ges Erbfolge erbrechtl vorgenommen, indem sich der Erbteil seines Eheg pauschal um ein Viertel erhöht (**III**; § 1371 I), gleichgült, ob Zugewinn überh erzielt wurde (§ 1371 Rn 3). Der Eheg erhält dann neben Kindern 1/2, neben Eltern u Großeltern 3/4 (s Rn 6; 7). Sein so erhöhter Erbteil ist ein einheitl, so daß er sein zusätzl Viertel nicht gesondert ausschlagen kann (§ 1950); es ist allerd mit einem ges Vermächtn zugunsten bedürft Stiefkinder belastet (§ 1371 IV). Schlägt der Eheg diesen einheitl Erbteil insges aus, kann er güterrechtl ZugewinnAusgl verlangen (§ 1371 II) u dazu den sog kleinen Pflichtt als erbrechtl Ausnahme (§ 1371 III; s § 2303 Rn 7). – Sind neben Großeltern Abkömml vorhanden, deren
9 ErbR der Eheg **verdrängt** (s Rn 7), ist streitig, ob bei der Berechng des EhegErbteils von dem um 1/4 erhöhten Hälfteanteil des **I** 1 auszugehen oder ob zunächst ohne Berücksichtigg des § 1371 zu rechnen ist, so daß der Eheg ggf schon nach **I** 2 drei Viertel bekäme u nach Erhöhung um 1/4 Alleinerbe wäre. Nachdem dch die Erhöhg die Verwandten nicht völlig ausgeschlossen werden, ihnen vielmehr stets Restanteile (mindestens 1/16) verbleiben sollen (MüKo/Leipold Rn 24), erscheint es richtig, Großeltern u ihren Abkömml rechnerisch zunächst ein Viertel zuzumessen und davon dann die auf Abkömml entfallden Anteile dem Eheg zuzuschlagen (Soergel/Stein Rn 25 mN), so daß er neben einem Großelternpaar und einem Abkömml des andern Paares 7/8 erhält u die Großeltern je 1/16. Zum entspr PflichttR s § 2303 II mit Rn 4–6. Auch wenn die Eheg vor dem
10 Beitritt der **DDR** in deren ges Güterstand der Eigent- u VermögensGemsch lebten, gilt dieser in Erbfällen nach dem Beitritt nicht automat weiter, weil er ab 3. 10. 90 kr G in die Zugewinngemsch übergeleitet worden ist, sofern nicht die Eheg etwas anderes vereinbarten od ein Eheg binnen Zweijahresfrist für die Fortgeltg des DDR-Güterstands optierte (EG 234 § 4 II; BGH NJW **99**, 2520). Ist in Erbfällen vor dem 3. 10. 90 das ErbR der DDR anzuwenden (EG 235 § 1 I), ist auch die Kollisionsnorm des RAG 19 zu beachten, die bezügl des Güterstands von in der alten BRD lebenden Eheleuten auf das BGB verwies, wenn die Eheleute nicht (mehr) die DDR-Staatsangehörigk besaßen. Dies ist bei NachlSpaltg (§ 1922 Rn 8) relevant, wobei dann für die Beachtg von § 1371 I dessen Qualifikation als güter- od erbrechtl Regelg entscheidet (str; s EG 15 Rn 26;
11 Schotten/Johnen DtZ **91**, 257). – War der Erblasser **Ausländer** u wird er gem EG 25 nach seinem ausländ HeimatR beerbt, tritt keine Erhöhg des EhegErbteils nach § 1371 I ein (Düss MittRhNotK **88**, 68). Der erbrechtl Zugewinnausgleich kann selbst bei deutschem Erbstatut (infolge Rückverweisg) nicht stattfinden, wenn das für den Zugewinn stets maßgebl Güterstatut ein ausländ ist (Karlsr NJW **90**, 1420).

12 **5) Bei Gütertrennung (IV;** § 1414) erhält der gemeins mit Abkömml zu ges Erben berufene Eheg neben einem Kind die Hälfte, neben zwei Kindern (wie diese) ein Drittel; von drei Kindern an gilt wieder die allg Regelg des **I.** Abkömml sind die ehel, nichtehel (s aber Rn 14) u angenommenen Kinder des Erbl (s § 1924 Rn 7). Sie müssen als ges Erben berufen (also nicht enterbt, § 1938) sein u dürfen ihr ErbR nicht verloren haben dch Verzicht (§ 2346), Ausschlagg (§ 1953), ErbunwürdigErkl (§ 2344) od vorzeit Erbausgleich (§ 1934 e aF; EG 227 I Nr 2). An die Stelle eines vor dem Erbfall dch Tod od danach dch Ausschlagg weggefallenen Kindes treten allerd dessen Abkömml (**IV** Hs 2 iVm §§ 1924 III; 1953 II), die dann zusammen
13 zu gleichen Teilen dessen Erbteil aus eigenem R erhalten (s iü § 1924 Rn 4). – **Zweck** dieser in Erbfällen seit dem 1. 7. 70 geltden SonderVorschr (Art 12 § 10 I 1 NEhelG) ist es, zu verhindern, daß der Erbteil des Eheg geringer als der eines Kindes ist. Wäre dies nach **I** der Fall, erben alle zu gleichen Teilen. Mit dieser Verbesserg soll der Eheg, der bei den anderen Güterständen dch § 1371 u § 1416 einen Ausgleich erfährt, für seine Mitarbeit beim Vermögenserwerb entschädigt u ein Ausgleich dafür geschaffen werden, daß durch § 2057 a nur Abkömml ein AusgleichsAnspr bei bes Leistgen zusteht (für Reform Rauscher FamRZ **97**, 1121). – Der Anspr auf Ausbildungskosten besteht bei Gütertrenng nicht, da § 1371 IV auch nicht entspr anwendbar ist
14 (MüKo/Leipold Rn 31 mN). – In **Erbfällen vor dem 1. 4. 1998** hatten nichtehel Kinder neben dem Eheg nur einen ErbersatzAnspr (§ 1934 a aF; EG 227 I Nr 1; s § 1924 Rn 12), wurden aber nach allg Meing mitgezählt. Waren also neben der Ehefrau nur ein bzw zwei nichtehel Kinder vorhanden, stand diesen ein ErbersatzAnspr in Höhe der Hälfte bzw je eines Drittels des Nachl zu. – War von 2 Kindern nur eines ehel, erbte dieses neben der Ehefrau zur Hälfte; dem nichtehel stand ein ErbersatzAnspr in Höhe eines Drittels des NachlWertes zu. – Waren drei oder mehr Kinder vorhanden, kam **I** 1 zur Anwendg, auch wenn nicht mehr als zwei ehel waren (str; ebso Staud/Werner Rn 48; Erman/Schlüter Rn 43; wohl hM). Bei zwei ehel u zwei nichtehel Kindern erbten also die Ehefrau 1/4 u die ehel Kinder je 3/8; der ErbersatzAnspr der nichtehel Kinder im Wert von je 3/16 belastete aber im InnenVerhältn nur die ehel Kinder. Nach aA war hier **IV** anzuwenden (MüKo/Leipold Rn 30; Soergel/Stein Rn 33 je mN), so daß die Ehefrau u die ehel Kinder je 1/3 erbten; der ErbersatzAnspr im Wert von zusammen 3/8 war dann intern in dem Verhältn zu tragen, in dem sich die jeweilige Erbquote dch den Ausfall der nichtehel Kinder erhöht hatte, so daß die Ehefrau 4/48 und jedes ehel Kind 7/48 des Anspruchs traf.

6) Die nichteheliche Lebensgemeinschaft führt beim Tod eines Partners nicht zu einem ges ErbR, da 15
§ 1931 nicht analog anwendb ist (allg M), auch nicht nach jahrelangen Pflegeleistgen (Berlin FamRZ **79**, 503). Zur allg RLage s Grziwotz ZEV **94**, 267. Allenfalls hat der überlebde Partner gg die ges Erben Anspr aus besonderen Vereinbargen, die den Nachl belasten (§ 1967; s Einl 33 ff v § 1297). Zu letztw Zuwendgen s Einl 36 v § 1297.

1932

Voraus des Ehegatten. **I Ist der überlebende Ehegatte neben Verwandten der zweiten Ordnung oder neben Großeltern gesetzlicher Erbe, so gebühren ihm außer dem Erbteil die zum ehelichen Haushalt gehörenden Gegenstände, soweit sie nicht Zubehör eines Grundstücks sind, und die Hochzeitsgeschenke als Voraus. Ist der überlebende Ehegatte neben Verwandten der ersten Ordnung gesetzlicher Erbe, so gebühren ihm diese Gegenstände, soweit er sie zur Führung eines angemessenen Haushalts benötigt.**

II Auf den Voraus sind die für Vermächtnisse geltenden Vorschriften anzuwenden.

1) Voraus. Dem überlebenden Ehegatten steht als gesetzl Erben zusätzl zu seinem Erbteil u unabhäng vom 1
Güterstand ein Anspr auf den sog Voraus zu, sofern die Eheleute einen gemeinschaftl Haushalt gehabt haben. Der Eheg soll diejenigen Ggstände behalten dürfen, die bisher den äußeren Rahmen der ehel LebensGemsch repräsentierten (s Eigel MittRhNotK **83**, 1). Dieser Zweck wird ergänzt durch die §§ 569 a, b, die ein SonderErbR für ein Mietverhältn über die Ehewohng schaffen (s § 1922 Rn 11). – Keinen Anspr auf den Voraus haben iZw NachE (§ 2110 II) u ErbschKäufer (2373).

a) Voraussetzung ist, daß der Ehegatte endgült ges MitE geworden ist (dazu § 1931 Rn 2–5). Kein Anspr 2
besteht daher, wenn der Eheg dch Vfg vTw als Erbe eingesetzt wurde (BGH **73**, 29) od von der ges Erbfolge ausgeschlossen ist (§§ 1933, 1938), auf das ErbR verzichtet hat (s § 2346), die Erbsch ausschlägt (Staudenmaier DNotZ **65**, 72) od erbunwürdig erkl ist (§ 2344). Er kann also nicht die Erbsch ausschlagen u den Voraus annehmen, wohl aber den Voraus ausschlagen u die Erbschaft annehmen. Ebso kann der Erbl ihm den Voraus allein entziehen, da er nicht den Charakter eines PflichttR hat. Der Anspr auf den Voraus ist auch nach Maßg des § 2345 I anfechtb. Um den Voraus zu erhalten, kann der Eheg die Erbsch aGrd einer Vfg vTw ausschlagen und seinen ges Erbteil annehmen (vgl § 1948 Rn 1, 2); nutzlos ist dies allerd, wenn bei seiner Einsetzg als MitE gewollt war, daß seine NachlBeteiligg begrenzt sein soll, ihm also der Voraus entzogen worden ist (MüKo/Leipold Rn 5). Hat der Erbl seine „gesetzl Erben" bedacht u ist der überlebende Eheg nach der Ergänzgsregel des § 2066 als ges Erbe berufen, gebührt ihm als dann testamentar Erben der Voraus grdsl nicht, es sei denn, daß Erbl ersichtl ihm auch diesen stillschweigd zuwenden wollte (str; idR dafür Soergel/Stein Rn 3; MüKo/Leipold Rn 5).

b) Forderungsrecht. Zusätzl zum ges Erbteil begründet der Voraus infolge der zur Anwendg kommenden 3
VermächtnVorschr **(II)** einen Anspr des Eheg gg die ErbenGemsch auf Eigentumsübertragg (§ 2174). Er wird deshalb gerne als „gesetzl" Vermächtn bezeichnet, obwohl es Vermächtn nur aGr Vfg vTw gibt (§ 1939) u gerade deshalb die Verweisg notwend wurde (Harder NJW **88**, 2761; s Einf 4 vor § 2147). Der Anspr ist NachlVerbindlichk (§ 1967 II), die bei der Auseinandersetzg vorweg zu berichtigen ist (§ 2046), bei Unzulänglichk des Nachl od NachlInsolvVerf aber keinen Vorrang hat u wie andere Vermächtn auch erst nach den sonst Verbindlichk zu erfüllen ist (§ 1991 IV; InsO 327 I Nr 2). – Die **Erfüllung** des Anspr erfolgt dch Einigg u Übergabe, die entbehrl ist, sofern der Eheg die HaushaltsGgstände bereits in Besitz hat (KG FamRZ **60**, 1107). – Im Streitfall ist ProzeßG zuständ. Ein Auseinandersetzgs- od HausratsVerf findet nicht statt. – AuskunftsPfl des Eheg besteht über § 2027.

2) Umfang. Zum Haushalt können Ggstände nur gehören, wenn die Eheleute einen gemeins geführt (also 4
nicht nur geplant u dafür bereits Anschaffgen getätigt) haben. Bei Trenng von Anfang an fehlt ein ehel Haushalt; bei späterer Trenng können, wenn sie ohne einvernehml Haushaltsauflösg erfolgte, noch die verbliebenen Ggstände des früh Haushalts gefordert werden, uU nach § 2169 III iVm § 1932 II als Surrogat (KG OLG **24**, 80; aA Soergel/Stein Rn 5). – **a) Haushaltsgegenstände** sind Sachen u Rechte, die dem Erbl gehört u dem gemeins Haushalt gedient haben ohne Rücks auf ihren Wert od ihren tatsächl Gebrauch; ausgenommen sind Sachen, die Grundstückszubehör wurden (§§ 97, 98). Beispiele: Möbel, Teppiche, Geschirr, Haushalts- u Phonogeräte, Bücher, Schallplatten, Bilder (sofern nicht Kunstsammlg); auch Mietmöbel (Leasing), Miteigentumsanteile, vertragl od ErsatzAnspr usw; wohl auch der Familien-Pkw (nicht der berufl genutzte; grds aA MüKo/Leipold: Pkw hat nie Bezug zur Wohng). **Keine** HaushaltsGgstände sind dagg die dem persönl Gebrauch des Erbl dienden (Kleider, Schmuck usw) od zur Berufstätigk bestimmten Ggstände. Bei Hochzeitsgeschenken (nicht auch bei Aussteuer, § 1624), die iZw gemeinschaftl Eigentum beider Eheg sind (KG Recht **07** Nr 1452), geht der Anspr auf Verschaffg der ideellen Eigentumshälfte des Erbl. – **b) Eingeschränkt** ist der Voraus **neben Abkömmlingen (I 2).** Hier kommt es für jeden Einzelfall darauf an, ob die Ggstände nach den Verhältn zum Zeitpunkt des Erbfalls (Ripfel BWNotZ **65**, 268) zur Führg eines angemessenen Haushalts notwend sind, der überlebde Ehegatte also weder genügd Ggstände dieser Art besitzt noch ihm die Beschaffg aus eigenen Mitteln zugemutet werden kann (RGRK Rn 8). Die Möglichk des Selbsterwerbs schließt nicht immer aus, daß er sie benötigt (s auch Soergel/Stein Rn 9). Bei der Interessenabwägg ist die Reduzierg des Haushalts wg geringeren Bedarfs zu berücksichtigen (MüKo/Leipold Rn 14). Der Wert allein ist nicht entscheidend.

3) Bei Berechnung des Pflichtteils des Eheg sind die zum Voraus gehörden Ggstände mit den übrigen 5
NachlGgständen zusammen unter die NachlAktiva einzustellen (RGRK § 2311 Rn 11). Bei der Berechng des Pflichtt eines Abkömml u der Eltern des Erbl ist der Wert der zum Voraus gehörden Ggstände vom Nachl nur abzuziehen, wenn der überlebde Eheg ges Erbe geworden ist (BGH **73**, 29 mAv Schubert JR **79**, 245; Goller BWNotZ **80**, 12).

1933 *Ausschluß des Ehegattenerbrechts.* **Das Erbrecht des überlebenden Ehegatten sowie das Recht auf den Voraus ist ausgeschlossen, wenn zur Zeit des Todes des Erblassers die Voraussetzungen für die Scheidung der Ehe gegeben waren und der Erblasser die Scheidung beantragt oder ihr zugestimmt hatte. Das gleiche gilt, wenn der Erblasser berechtigt war, die Aufhebung der Ehe zu beantragen, und den Antrag gestellt hatte. In diesen Fällen ist der Ehegatte nach Maßgabe der §§ 1569 bis 1586 b unterhaltsberechtigt.**

1 **1) Erbrechtsausschluß.** Das ErbR des Eheg ist an den Bestand der Ehe beim Erbfall gebunden. Er verliert es, wenn seine Ehe dch rkräft Urteil vorher aufgelöst wurde (§ 1931 mit Rn 3). Kam es nicht mehr zur Auflösg einer gescheiterten od fehlerh zustande gekommen Ehe, obwohl dazu bereits ein gerichtl Verf rhängig gemacht war, soll es nicht mehr von dem Zufall abhängig sein, ob der Erbl die RKraft eines eheauflösden Urteils noch erlebt. Dazu bestimmt der dch das EheschlRG v 4. 5. 98 nur im Wortlaut, nicht aber sachl geänderte § 1933, daß dann bereits die Prozeßhandlgen des Erbl Auswirkgen auf das ges ErbR seines Partners erlangen. Wäre seine Ehe zu scheiden od aufzuheben gewesen, ist es dazu aber nicht mehr gekommen, weil sich dch seinen Tod das Scheidgs- od AufhebgsVerf in der Hauptsache erledigte (ZPO 619) u desh ein Urteil nicht mehr ergehen od rkräft werden konnte, wird bereits das begründete Verlangen des Erbl in der erbrecht Konsequenz (Rn 9) einem rkräft Urteil gleichgestellt. Dem liegt die Annahme zugrunde, daß der hypothet Wille eines Erbl, der die Folgen aus dem Scheitern seiner Ehe ziehen wollte u dies in einer auch den Förmlichk des ErbRs genügenden Weise zum Ausdruck gebracht hat, auf Ausschluß seines Eheg von seinem Vermögen gerichtet ist. – Wollten **beide** Eheg nicht mehr an ihrer Ehe festhalten, entfällt auch die RFertigg ihrer Erbberechtigg, weil damit die Scheidgg sicher voraussehb ist (Ffm OLGZ **90**, 215); der überlebde Eheg erbt dah nicht, wenn die Scheidgsvoraussetzgen vorlagen. Dieser ggseit ErbR-Ausschluß ist verfassgsrechtl unbedenkl (BVerfG FamRZ **95**, 536). – Hat dagg nur der **überlebende Ehegatte** die Scheidg beantragt, ist es dazu aber nicht mehr gekommen, bleibt sein ges ErbR erhalten. Der scheidgsunwillige Ehegatte kann dann nur dch Vfg vTw das ges ErbR seines die Scheidg betreibenden Ehegatte verhindern u ihm unter den Voraussetzgen des § 2335 den Pflichtt entziehen (s Reimann ZEV **95**, 329). Gg diesen einseit ErbR-Ausschluß werden Bedenken aus GG 3; 6 erhoben (Zopfs ZEV **95**, 309). – Für die **gewillkürte** Erbfolge gelten entspr Regelgen, näml für Test §§ 2077; 2268 u für ErbVertr § 2279. Dabei handelt es sich allerd nur um Ausleggsregeln, so daß der eingesetzte Eheg besser gestellt ist.

2 **2) Formelle Voraussetzung** ist, daß der Erbl vor seinem Tod entw die Scheidg (§§ 1564 ff) od Aufhebg
3 (§ 1313) seiner Ehe beantragt od einem ScheidgsAntrag seines Eheg zugestimmt hat. – **a) Antragstellung** (ZPO 622, 630, 631) erlangt ihre erbrechtl Wirkg erst nach RHängigk (ZPO 262 S 2), setzt also Zustellg des Schriftsatzes (ZPO 622 II 2; 261 I; 253) voraus (BGH **111**, 329; BayObLG **90**, 20). Für Rückwirkg auf den Zeitpkt der Einreichg analog ZPO 270 III ist kein Raum, weil es weder um Fristwahrg zur Erhaltg eines Rechts noch um Unterbrechg der Verjährg geht (BGH; BayObLG je aaO). Zustellg erst nach dem Tod des Erbl genügt daher nicht, selbst wenn sie „alsbald" erfolgt ist. Auch besteht kein Bedürfn für entspr Anwendg von ZPO 270 III (BayObLG aaO). Ausreichd ist auch die Stellg eines AnschlußAntr im rhäng ScheidgsVerf (§ 1566). Dagg nicht schon der Antr auf PKH (ZPO 114 ff) für beabsichtigte Klage. – Beseitigbare prozessuale Mängel wie zB Klageerhebg beim örtl unzuständ FamilienG (GVG 23 b I Nr 1; ZPO 606) betreffen dagg nur die Zulässigk, beseitigen aber nicht die RHängigk u sind materiellrechtl unschädl. – **Zurücknahme** des Antrags beseitigt die Wirkg des § 1933, nicht aber schon AussetzgsAntrag (ZPO 614 III). Betreibt AntrSteller allerd das Verf mehr als 25 Jahre bis zu seinem Tod nicht, ist dies nach Düss FamRZ **91**, 1107 wie Rücknahme zu behandeln; die Rhängigk wird dagg dch Nichtbetreiben nicht beseitigt (BGH NJW-RR **93**, 898). –
4 **b) Die Zustimmung** des Erbl zum ScheidgsAntrag seines Eheg (§ 1566; ZPO 630 II 2) ist Prozeßhandlg. Sie setzt folgl RHängigk voraus (BGH **111**, 329) u muß dem Gericht ggü in prozessual wirks Form erklärt worden sein. Eine außergerichtl ggü dem AntrSt erklärte Zustimmg (zB in UnterhVereinbarg) genügt nicht (BGH NJW **95**, 1082); eine im vorausgegangenen PKH-Verf erklärte nur, wenn sie dch nachfolgde RHängigk als Prozeßhandlg wirks wird (Zweibr NJW **95**, 601). – Als **Form** der Erkl genügt jede zuläss, sei es zu Protokoll der Geschäftsstelle od in der mündl Verhandlg zur Niederschrift des Gerichts (Zweibr OLGZ **83**, 160; Saarbr FamRZ **92**, 109) od dch Schriftsatz seines bevollmächt RA (BayObLG NJW-RR **96**, 651; FamRZ **83**, 96; Ffm OLGZ **90**, 215; Stgt OLGZ **93**, 263; Zweibr NJW **95**, 601). Sie kann auch in einem nicht wirks gewordenen eigenen ScheidgsAntr als minus enthalten sein (Zweibr aaO). Die Erkl kann nach ZPO 630 II 2 auch von der Partei selbst abgegeben werden (Saarbr FamRZ **92**, 109); s auch BVerfG FamRZ **95**, 536. Der Ausdruck „Zustimmg" muß nicht wörtl verwendet werden (Ffm aaO; aA Stgt NJW **79**, 662); eine nach Sinn u Zweck nicht eindeut Erkl ist wie allg der Auslegg zugängl u bedürft (Saarbr aaO; BayObLG NJW-RR **96**, 651). – Widerruf ist bis zum Schluß der mündl Verhandlg mögl (ZPO 630 II 1) u läßt Wirkg
5 entfallen. – **c) Bei Abweisung des Antrags** beseitigt erst der Eintritt der RKraft des abweisden Urteils die mat-rechtl Wirkg des § 1933. Unstreitig ist dies, wenn Erbl noch RMittel eingelegt hat. Dies muß aber auch gelten, wenn der Erbl dch seinen Tod von einem ihm zustehenden RMittel keinen Gebrauch mehr machen konnte (Soe/Stein Rn 5; aA Staud/Werner Rn 6; im Ergebn wie hier MüKo/Leipold Rn 9).

6 **3) Materielle Voraussetzung** ist, daß ohne die Erledigg des Verfahrens dch Tod des Erbl (ZPO 619) die Ehe auf seinen Antr od mit seiner Zustimmg geschieden od aufgehoben worden wäre. – **a) Scheidung (S 1).** Ihre Voraussetzgen sind in §§ 1565–1568 geregelt. Das Scheitern der Ehe (§ 1565 I) ist, bezogen auf den Zeitpkt des Erbfalls, nach den subj Vorstellgen der Ehegatten bezügl ihrer konkreten LebensGemsch festzustellen (BGH NJW **95**, 1082). Eine einjähr Trenng ist bei der Prognose zu berücksichtigen, begründet aber keine tatsächl Vermutg für Zerrüttg der Ehe; bei trotzdem bestandener Bereitsch beider Ehegatten zu einem Versöhngsversuch kann daher ein Scheitern nicht festgestellt werden (BGH aaO). Bei Getrenntleben ist daher auf Ablehng der ehel LebensGemsch abzustellen (§ 1587; BayObLG Rpfleger **87**, 358). Zu den Scheidgs-Voraussetzgen gehört auch die Härteklausel (§ 1568; BayObLG Rpfleger **87**, 358). – Bei der Konventional-Scheidg (§ 1566 I; ZPO 630) muß die **Einigung** über die Folgesachen gem ZPO 630 I Nr 2, 3 bereits vorgelegen haben (Bremen FamRZ **86**, 833; Schlesw NJW **93**, 1082; Stgt OLGZ **93**, 263; Soe/Stein Rn 8;

Dieckmann FamRZ **79**, 389/396; str; aA Ffm OLGZ **90**, 215; MüKo/Leipold Rn 8; Soe/Loritz § 2077 Rn 8 mN). Fehlte sie, kann nur noch geprüft werden, ob der Erbl seinen Antrag auf streitige Scheidg umgestellt hätte (dazu Hbg FamRZ **79**, 702) u ob dann deren Voraussetzgen vorlagen (ebso Schlesw NJW **93**, 1082; Stgt OLGZ **93**, 263; Soe/Stein Rn 8; aA MüKo/Leipold Rn 8). – **Beweislast** dafür, daß die Ehe 7 geschieden worden wäre, trägt auch bei Anwendg von §§ 1933; 2077, wer sich darauf beruft (BayObLG FamRZ **92**, 1349). Das sind bei § 1933 idR die das EhegattenErbR bestreitenden Verwandten, bei § 2077, wer die Unwirksamk der letztw Vfg geltd macht; daran ändert auch eine erfolgte ErbSchErteilg nichts (BGH NJW **95**, 1082). Sie müssen beweisen, daß im Zeitpkt des Erbfalls keine Versöhngsbereitsch der Ehegatten bestand (BGH aaO). Dabei kommen ihnen die in § 1566 aufgestellten Vermutgen zu Hilfe, sofern deren Grdlagen dch die (vom NachlG vAw, FGG 12) zu führenden Ermittlgen feststehen (BGH aaO). An den Nachweis des Scheiterns sind strenge Anfordergen dann zu stellen, wenn der Überlebende dem vom Erbl kurz vor seinem Tod (ggf nicht unbeeinflußt) gestellten Scheidgsbegehren nicht zugestimmt hatte (Baumgärtl/Strieder Rn 1 mN; str). Dagg hat der Ehegatte die Beweislast dafür, daß die erwiesenen Gründe ausnahmsw (zB wg der Härteklausel) nicht zur Scheidg geführt hätten (Staud/Werner Rn 16). – **b) Aufhebung (S 2)** der Ehe ist in §§ 1313–1318 geregelt (bis 1. 7. 98 in EheG 28 ff), die auch für Altehen gelten (EG 226 III). Im Verf beim FamG (ZPO 631) muß der Antr (wie bei Scheidg) rhängig geworden sein. Die AufhebgsGrde sind in § 1314; 1315 zusammengefaßt. 8

4) Rechtsfolgen. Sind die Voraussetzungen nach S 1 od S 2 gegeben, hat der überlebende Eheg sein ges 9 ErbR (§ 1931) verloren. Er hat auch keinen Anspr auf den Voraus (§ 1932) u kein PflichttR, weil er dann nicht mehr von der ges Erbfolge ausgeschlossen werden konnte (§ 2303 II 1). Zugewinnausgleich kann nur noch güterrechtl (§ 1371 II) beansprucht werden (BGH **46**, 343), wobei dann für die Berechng analog § 1384 der Ztpkt der RHängigk des ScheidgsAntr statt des Erbfalls maßgebl ist (BGH **99**, 304 mAv Hohloch JuS **87**, 745); die Erben können nur bei „grober Unbilligkeit" die Erfüllung verweigern (§ 1381). – Seinen **Unterhaltsanspruch** nach Maßgabe der §§ 1569–1586 b gewährleistet Satz 3 nun gegen die Erben. Er ist allerd auf den fiktiven güterstandsunabhäng Pflichtt begrenzt (§ 1586 b I 3; s Übbl 4 v § 2303) u insow Ausgleich für den Verlust der erbrechtl Mindestbeteiligg am ErblVermögen. Ist ein solcher aber nicht gerechtfert, weil Eheg auf sein ges ErbR (ohne Vorbeh des Pflichtt) od auf den Pflichtt verzichtet hat (§ 2346), besteht auch kein UnterhAnspr, da er sonst dch das Scheidgsverlangen mehr erhielte als ohne dieses (str; ebso Dieckmann NJW **80**, 2777 u FamRZ **99**, 1029; § 1586 b Rn 8; aA Grziwotz FamRZ **91**, 1258; Pentz FamRZ **98**, 1344); gleiches gilt, wenn Pflichtt entzogen ist (s § 2335 Rn 1). – **Unberührt** bleiben die §§ 569 a; b für Mietverhältn an der Ehewohng. – **Versorgungsansprüche** stehen dem verwitweten Eheg zu, weil die Ehe beim Erbfall noch bestanden hat. – Zu Lebensversichergen vgl § 2077 Rn 9.

1934 ***Erbrecht des verwandten Ehegatten.*** **Gehört der überlebende Ehegatte zu den erbberechtigten Verwandten, so erbt er zugleich als Verwandter. Der Erbteil, der ihm auf Grund der Verwandtschaft zufällt, gilt als besonderer Erbteil.**

1) Ein mehrfaches Erbrecht des überlebenden Eheg ist prakt nur mögl, wenn er mit dem Erbl in zweiter 1 Ordnung verwandt, also zB mit Tante od Onkel verheiratet war (s MüKo/Leipold Rn 1). War umgekehrt der Erbl Neffe od Nichte seines Eheg, ist ein mehrfaches ErbR ausgeschlossen, weil der Überlebende als Onkel od Tante dann Abkömml von Großeltern ist, so daß § 1931 I 2 eingreift.

2) Rechtsfolge ist, daß die als Eheg nach § 1931 erbende Nichte (der Neffe) zusätzl einen besonderen 2 Verwandten-Erbteil gem § 1925 erhält, der von § 1933 nicht betroffen wird u gesondert ausgeschlagen werden kann (s § 1927 Rn 3). Er steht bei Ausschlagg des Ehegattenerbteils dem Verlangen eines güterrechtl Zugewinnausgleichs nicht entgegen (s § 1371 Rn 18).

1934 a–1934 c *enthielten Sonderregeln üb einen* ***Erbersatzanspruch****, auf den nichtehel Kinder u ihre Väter in Erbfällen zw dem 1. 7. 70 u dem 31. 3. 98 verwiesen wurden, sofern sie bei der ges Erbfolge als MitE mit ehel Kindern od dem Ehegatten des Erbl zusammengetroffen wären. Sie wurden dch das am* ***1. 4. 98*** *in Kraft getretene ErbGleichG vom 16. 12. 97 (BGBl I 2968) ersatzlos gestrichen, sind jedoch in den davor eingetretenen Erbfällen weiter anzuwenden (EG 227 I Nr 1; § 1924 Rn 12); § 1934 c war allerd nichtig (BVerfG NJW* ***87****, 1007). Zuletzt kommentiert waren sie in der 57. Auflage.*

1934 d–1934 e *wurden dch das ErbGleichG ab 1. 4. 98 ebenfalls gestrichen. Sie ermöglichten einem nichtehelichen Kind, von seinem Vater einen* ***vorzeitigen Erbausgleich*** *zu verlangen. Ein* ***bis 1. 4. 98*** *rwirks zustande gekommener Erbausgleich (s EG 227 Rn 2) bewirkt den Verlust des ges Erb- u PflichttR des Kindes u seiner Abkömml nach dem Vater wie auch des Vaters u väterl Verwandter nach dem Kind, auch in nach dem 1. 4. 98 eingetretenen Erbfällen (EG 227 I Nr 2 mit Rn 3).*

1935 ***Folgen der Erbteilserhöhung.*** **Fällt ein gesetzlicher Erbe vor oder nach dem Erbfalle weg und erhöht sich infolgedessen der Erbteil eines anderen gesetzlichen Erben, so gilt der Teil, um welchen sich der Erbteil erhöht, in Ansehung der Vermächtnisse und Auflagen, mit denen dieser Erbe oder der wegfallende Erbe beschwert ist, sowie in Ansehung der Ausgleichungspflicht als besonderer Erbteil.**

1) Bedeutung. Bei ges Erbfolge begünstigt der Wegfall ges Erben die and ges Erben, wenn sich deren 1 bislang geringere Quote dadch erhöht. Der ihnen angefallene erhöhte Erbteil ist dann ein einheitl, kann also nur insges angenommen od ausgeschlagen (kein Fall des § 1951) u nicht in Teilen veräußert (§ 2033) werden. Sind allerd Belastgen vorhanden, die nur auf dem hinzugekommenen Erbteil ruhen, könnte sich die Erbteilserhöhg für die dadch Begünstigten letztl als Nachteil erweisen, falls sie sich nun auch auf ihren ursprüngl Anteil auswirken; der VermächtnNehmer wäre bevorzugt, könnte er auf den erhöhten statt nur auf den vom Erbl belasteten Erbteil zugreifen. Solche Nachteile bzw Bevorzugg verhindert § 1935, indem die Erbteilserhöhg als besond Erbteil angesehen wird, allerd nur hinsichtl der genannten Belastgen.

2 **2) Voraussetzungen** sind Wegfall eines ges Erben vor od nach dem Erbfall u Erhöhg bei and, die bereits aus eigenem Recht als ges Erben berufen sind, also nicht erst dch den Wegfall Erben werden. Vor dem Erbfall wegfallen kann allerd nicht der Erbe, sond nur der Erbanwärter (§ 1922 Rn 3), der somit gemeint ist, dch Vorversterben (§ 1923 I), Erbverzicht (§ 2346), Ausschluß von der ges Erbfolge (§ 1938), Auflösg der Ehe (§ 1933) od dch einen vor dem 1. 4. 98 rgült zustand gekommenen vorzeit Erbausgleich (EG 227 I Nr 2; §§ 1934 d; e aF). – Nach dem Erbfall fällt der Erbe weg dch rückwirkde Ausschlagg (§ 1953) od ErbunwürdErkl (§ 2344) sowie dch Totgeburt des Erzeugten (§ 1923 II mit Rn 5). Nicht gemeint ist dagg der Tod des Erben nach Erbfall (s § 1930 I Rn 2).

3 **3) Rechtsfolgen.** Nur bezügl der Belastgen dch Vermächtn, Auflagen u AusgleichgsPfl wird die Erhöhg als eigener Erbteil angesehen, also der an sich einheitl Erbteil getrennt in den ursprüngl u in die Erhöhg, u dies nur dann, wenn der Erbl damit nur den weggefallenen od nur den verbliebenen ges Erben beschwert hat (§ 2147). § 1935 kann dann auch bei der AnrechngsPfl (§ 2315) prakt werden. Nachdem das Vermächtn dch den Wegfall des Beschwerten unberührt bleibt (§ 2161), ebso die Auflage (§ 2192), ist nunmehr der dch den Wegfall Begünstigte beschwert. Die Verpflichtg daraus hat der Erbe aber nur aus dem beschwerten Erbteil zu erfüllen u muß nicht auch den auf die and Erbteile entfallden Anteil herausgeben. Ist der beschwerte Erbteil dch diese Belastgen sogar überschuldet, muß Erbe nicht gem § 1992 vorgehen. Für die Erbenhaftg gilt im übr § 2007 S 2. – AusgleichgsPfl eines Abkömml (§ 2050) erstreckt sich bei seinem Wegfall auf den an seine Stelle tretenden Abkömml (§ 2151). War dieser auch schon vorher erbberecht u ist Erhöhg eingetreten, wirkt sich § 1935 aus, wenn die AusgleichgsPfl aus dem belasteten Erbteil nicht erfüllt werden kann. Ausgleichg muß dann nicht aus dem and Erbteil geleistet werden. Vielm bleiben Wert der Zuwend u der mit AusgleichgsPfl beschwerte Anteil außer Ansatz (§ 2056 S 2). § 1935 gilt nicht, wenn der weggefallene Erbe an der Ausgleichg weder aktiv noch passiv beteiligt ist (zB Ehegatte). – Zu Besonderh beim ErbschKauf s § 2373.

4 **4) Entsprechende Anwendung** kommt bei gewillkürter Erfolge an sich nicht in Betr, weil § 2095 eine gleichart Regelg für die dann Anwachsg (§ 2094) genannte Erbteilserhöhg enthält. Der Wegfall eingesetzter Erben kann sich allerd auch auf die ges Erbfolge auswirken, näml wenn der Erbl nur üb einen Teil der Erbsch verfügt (§ 2088) u Anwachsg ausgeschlossen hat (§ 2094 II; III). Dann erhöht sich dch den Wegfall des TestErben der Erbteil ges Erben, so daß entspr Anwendg von § 1935 geboten ist (MüKo/Leipold Rn 5; Staud/Werner Rn 18).

1936 *Gesetzliches Erbrecht des Fiskus.*

I Ist zur Zeit des Erbfalls weder ein Verwandter noch ein Ehegatte des Erblassers vorhanden, so ist der Fiskus des Bundesstaats, dem der Erblasser zur Zeit des Todes angehört hat, gesetzlicher Erbe. Hat der Erblasser mehreren Bundesstaaten angehört, so ist der Fiskus eines jeden dieser Staaten zu gleichem Anteile zur Erbfolge berufen.

II War der Erblasser ein Deutscher, der keinem Bundesstaate angehörte, so ist der Reichsfiskus gesetzlicher Erbe.

1 **1) Staatserbfolge.** Der Fiskus hat als letzter in der ges Erbfolgeordng ein privates ges ErbR, das auch im Ausland befindl Vermögenswerte des Erbl umfaßt, soweit nicht EG 3 III eingreift. Ihm gehen vorhandene Verwandte u der Ehegeatte des Erbl stets vor, soweit deren Erbberechtigg nicht dch Ausschluß von der ges Erbfolge (§ 1938), Erbverzicht (§ 2346), ErbunwürdigErkl (§ 2344), einen vor dem 1. 4. 98 rgült zustande gekommenen vorzeit Erbausgleich (EG 227 I Nr 2; §§ 1934 d; e aF) od dch Auflösg der Ehe (§ 1933) entfallen ist. Das ges StaatserbR (nicht ein test, KG RzW **66**, 212) ist auch dch REG Art 10 *(AmZ)*, Art 8 *(BrZ)*, Art 9 *(Berlin)* ausgeschlossen; die Rechte nicht mehr vorhandener Erben werden hier durch Nachfolgeorganisationen (Treuhandgesellsch) wahrgenommen; Ansprüche nach dem BEG erlöschen (BEG 13 II; s auch LAG 244, RepG 42 S 3). Grundlage für die Geltdmachg des Staatserbrechts bildet der FeststellgsBeschluß des § 1964 (s dort). – Der Staat kann auch, abgesehen von dem Zusammentreffen mehrerer Länder **(I 2)**, als **Miterbe** (§ 1922 II) in Frage kommen, zB in den Fällen der §§ 2088, 2094 I, III. Möglicherweise ist er nur VorE (§ 2105), doch gehört er zu den ges NachE nicht (§ 2104 S 2). Auch bei § 2149 zählt der Fiskus nicht
2 zu den ges Erben. – Der Staat kann sein ges ErbR **nicht ausschlagen** noch darauf verzichten (§§ 1942 II, 2346). Er kann nicht ohne Einsetzg eines anderen Erben ausgeschlossen werden (§ 1938). Wegen seiner Haftg als Erbe s § 2011 mit Rn 1. – Ein BezugsR bei der **Lebensversicherung** steht ihm nicht zu (VVG 167 III), wohl aber das Recht auf das **Patent** und aus dem Patent sowie der Anspr auf Erteilg des Patents (PatG 15); s auch UrheberrechtsG 28. – § 1936 gilt in gewissen Fällen auch für das Vermögen eines aufgelösten Vereins (§§ 45 f); s auch § 88 für das Vermögen einer erloschenen Stiftg.

3 **2) Deutscher Erblasser.** § 1936 gilt für die Beerbg deutscher Staatsangehöriger ohne Rücks auf deren letzten Wohnsitz (EG 25). Neben der deutschen bleibt eine zusätzl and Staatsangehörigk außer Betr (EG 5 I 2). Staatenlose mit gewöhnl Aufenth im Inland werden wie Deutsche beerbt (EG 25 iVm EG 5 II; s EG 5
4 Rn 6 ff). – **Ausländische** Erblasser werden nach ihrem HeimatR beerbt (EG 25). Ein danach bestehdes ges ErbR des ausländ Fiskus wird aber im Inland nur anerkannt, wenn es auch als privates ErbR ausgestaltet ist; als öff-rechtl AneignungsR kann es dagg außerhalb des betr Staatsgebiets nicht geltend gemacht werden. S zB KG OLGZ **85**, 280 zum schwed R mAv Firsching IPrax **86**, 25; Stgt IPrax **87**, 125 zum österr Recht mAv Krzywon. Gilt dch Zurückverweisg des ausländ R auf deutsches ErbR § 1936 auch nach einem ausländ Erbl, ist zweifelh, ob der ausländ od der deutsche Fiskus berufen ist (für letzteren MüKo/Leipold Rn 15; Lorenz Rpfleger **91**, 433).

3) Die Bundesländer sind der erbberecht Fiskus, da sie an die Stelle der Bundesstaaten getreten sind. I 5
wird ergänzt dch den nach allg M fortgeltden § 4 der VO üb die deutsche Staatsangehörigk vom 5. 2. 34
(BGBI III 102–2). Danach ist zum Erben das Bundesland berufen, in dem Erbl zZ seines Todes seine
Niederlassg hatte; dieser Begriff ist weiter zu interpretieren als Wohnsitz. Bei mehreren Niederlassgen in
verschiedenen Bundesländern sind diese zu gleichen Anteilen berufen u bilden ErbenGemsch (**I** 2;
§§ 2032 ff). Fehlt Niederlassg, sollte nicht § 4 II der VO herangezogen werden, sond üb **II** der Bundesfiskus
Erbe sein (MüKo/Leipold Rn 12). – Zweifelsfälle entschied nach § 4 III der VO der Reichsinnenminister.
Diese Kompetenz kann bei Streit mehrerer Bundesländer nicht als solche des Bundesinnenministers aufrecht
erhalten werden (so noch 57. Aufl), da zur Entscheidg üb das ErbR aus § 1936 nach dem GG allein die
Gerichte berufen sind (MüKo/Leipold Rn 14; str). – Nach **Landesrecht** kann an die Stelle des Fiskus auch 6
eine öffrechtl Körpersch treten (EG 138). Wurde Erbl vom Fiskus (od einer jur Person) verpflegt od unter-
stützt, kann aGrd EG 139 (hierzu KG NJW **50**, 610) auch ein ausschließl ErbR des Staates oder anderer
Körperschaften des öff Rechts in Betr kommen.

1937 *Erbeinsetzung durch Testament.* **Der Erblasser kann durch einseitige Verfügung von Todes wegen (Testament, letztwillige Verfügung) den Erben bestimmen.**

1) Testament. Das G stellt dem Erbl zur Gestaltgg der Weitergabe seines Vermögens im Rahmen seiner 1
TestierFreih (Rn 3) zwei Formen zur Vfg, näml Test (§ 1937) u ErbVertr (§ 1941). Der wesentl Unterschied
liegt in der Widerrufsmöglichk: Das Test ist einseit RGesch u kann daher vom Erbl jederzeit frei widerrufen
werden (§ 2253); dies gilt auch für gemschaftl Test mit der Besonderh, daß der Widerruf wechselbezügl Vfgen
(§ 2270) grdsl zeitl beschränkt nur bis zum Tod des and Ehegatten mögl ist (§ 2271 II). Dagg kann mittels
ErbVertr auch vertragsmäß u damit unwiderrufl vTw verfügt werden (§§ 2278; 2289 ff). – § 1937 bezeichnet
das Test auch als **letztwillige** Vfg, weil es unwiderrufen das letzte Wort des Erbl über seinen Nachl darstellt.
Der Ausdruck umfaßt aber auch die einzelnen Anordngen (vgl § 2253). Die ges Regelgen üb das Test sind
etwas unübersichtl (s Einf 1 vor § 2064). Die Einhaltg der **Form** ist zwingd (§ 2231 Rn 1). Bei Wahrg der
Form kann gem § 140 auch ein ungült od nicht zustande gekommener ErbVertr od ein formnicht Schenkgs-
versprechen od ein AltenteilsVertr als Test aufrecht erhalten werden, sofern Erbl dies bei Kenntn der
Unwirksamk gewollt hätte (s § 140 Rn 10). – **Verfügung von Todes wegen** ist der Oberbegriff für beide 2
Formen. Für das Test wird damit ausgedrückt, daß es im Hinbl auf den Tod getroffen u erst mit dessen Eintritt
wirks wird. „Vfg" ist dabei nur im Sinne von Anordng gemeint, hat also nicht die rechtstechn Bedeutg des
§ 185, insbes nicht als Vfg üb einen Ggstand iS von § 185 II, u kann entw die Gesamtheit aller für den
Todesfall getroffenen Anordngen od auch nur einzelne von ihnen bezeichnen (vgl §§ 2085; 2253).

2) Testierfreiheit ist der das ErbR des BGB beherrschende Grdsatz, der heute unter dem Schutz von GG 3
14 I 1 steht (Einl 4 v § 1922) u somit als grundrechtl gewährleistete Privatautonomie es dem Erbl gestattet,
nach seinem Belieben üb sein Vermögen vTw zu verfügen, also auch ohne besond Grd von der ges Erbfolge
abzuweichen u auch sonst beliebig zu testieren. Sie ist bestimmendes Element der ErbR-Garantie (Einl 4 vor
§ 1922), als VfgsBefugn üb den Tod hinaus eng mit der Garantie des Eigentums verknüpft u genießt wie diese
als Element der Sicherg der persönl Freih bes ausgeprägten Schutz (BVerfG NJW **95**, 2977). Sie dient in erster
Linie dazu, den FreihRaum des Erbl zu sichern (BVerfG **91**, 346), weil dieser besser als das schematische ges
ErbR geeignet ist, üb sein Vermögen nach seinem Tode zu disponieren. Ihre Ausübg steht damit auch im
Allgemeininteresse (Schmoeckel JZ **99**, 517). Der Erbl kann sie nicht einem andern überlassen (§§ 2065;
2274); auch unterliegt er dabei dem erbrechtl Typenzwang von Test u ErbVertr (§§ 2231; 2276). – Grdsl sind
somit auch willkürl Entscheidgen des Erbl etwa üb die Bestimmg eines od mehrerer Erben u deren Anteile od
üb die rechtl u wirtschaftl Aufteilg seines Vermögens hinzunehmen, selbst wenn seine Motive keine besond
Achtg verdienen („gewillkürte" Erbfolge). Jedoch ist seine Freih nicht völlig unbeschränkt. Zwar ist sie nicht
vertragl beschränkb (§ 2302), ausgenommen die vom Erbl selbst mittels ErbVertr od gemeinsch Test her-
beigefügte Bindg (§ 2289 Rn 1; § 2271 Rn 14; 15), jedoch dch G (GG 14 I 2). Solche ges **Schranken** setzt 4
zum einen das ErbR selbst dch die Vorschr des PflichttR (§§ 2303 ff), die den nächsten Angehör einen
Mindestanteil am ErblVermögen garantieren u sozialstaatl sowie dch GG 6 legitimiert sind (BGH NJW **99**,
566; st Rspr). Zum andern wird sie dch das Verbot sittenwidr Vfgen (§ 138) begrenzt (BGH aaO, s Rn 18–
20). – Keine Beschränkg ergibt sich dagg aus dem **Güterrecht** für Ehegatten: Bei ZugewinnGemsch gilt 5
§ 1365 weder für Vfgen vTw (BGH FamRZ **64**, 25) noch für vollzogene Schenkgen vTw (§ 2301), ist allerd
bei Vollziehg eines Schenkgsversprechens zu beachten (Staud/Thiele § 1365 Rn 11). Bei GüterGemsch
gelten §§ 1419 ff nicht für Vfgen vTw (BGH NJW **64**, 2298; s auch § 1922 Rn 13); der überlebde Ehegatte
ist an Vfgen üb seinen Nachl od seinen Anteil weder dch ihre Fortsetzg mit den Abkömml noch aus
pflichtteilsrechtl Gesichtspkten gehindert. – Da die TestierFreih den Inhalt einer Vfg vTw betrifft, gibt sie
keine Befugn zur **Wahl** der ROrdng für Erbfolge u erbrechtl Ansprüche, soweit nicht EG 25 II eingreift
(BGH NJW **72**, 1001; Hamm FamRZ **81**, 876; s EG 25 Rn 7).

3) Inhalt. §§ 1937–1941 geben den mögl Inhalt der Vfgen vTw an, enthalten aber keine abschließende 6
Aufzählg, da der Grdsatz der Testierfreiheit nur den sich aus dem G ergebenden Einschränkgen unterliegt
(s Rn 3). Der Inhalt kann sowohl erbrechtl Art sein als auch andere Erklärgen enthalten (s Rn 10–12).

a) Erbeinsetzung ist die wichtigste Gestaltungsbefugn des Erbl. § 1937 nennt sie ausdrückl und bringt so 7
den Vorrang der gewillkürten Erbfolge zum Ausdruck. Damit ist klargestellt, daß die vom G als Regelfall
behandelte ges Erbfolge (§§ 1924–1936) dch den erklärten abweichenden Willen des Erbl ausgeschlossen
wird, also abdingb und tatsächl nur subsidiär ist. § 1938 ergänzt die positive Regelgsbefugn dch Gestattg des
rein negativen Test. – Hat der Erbl positiv eine Erbeinsetzg angeordnet, enthalten die §§ 2087 ff; 2100 ff
Regeln über die Auslegg od Ergänzg sowie über die Einsetzg von ErsatzE und NachE. Mehrfache Erbeinsetzg
derselben Person unter jew verschiedenen Voraussetzgen od Bedinggen (§§ 2074, 2075) ist mögl (BayObLG
NJW-RR **97**, 72). – Ob Erbeinsetzg vorliegt, ist Ausleggsfrage (vgl §§ 2087, 2304). Die Anordng in einem
gemeinschaftl Test, daß es „bezügl unseres übrigen Nachl bei den ges Bestimmgen verbleibt", kann eine test

Einsetzg der ges Erben enthalten (BayObLG **65**, 53; Ffm FamRZ **97**, 1572). Zum Erben kann auch ein
Nichtverwandter bestimmt werden unbeschadet des PflichttAnspr (§§ 2302, 2317) od einer Anfechtbark gem
§ 2079. Die Person des Erben muß so bestimmt sein, daß sie allein auf Grd der in der letztw Vfg enthaltenen
Willensäußerg des Erbl festgestellt werden kann (§ 2065 Rn 4). – Eine Erbeinsetzg auf bestimmte einzelne
8 **Gegenstände** des Nachl ist nicht mit dingl Wirkg mögl (s § 2048 Rn 4; § 2087 Rn 1; Einf 2 vor § 2147). –
Keine Erbeinsetzg ist die Zuwendg des Pflichtt; od des ErbersatzAnspr in Erbfällen vor dem 1. 4. 98 (s § 2304
Rn 2). – Die Erbeinsetzg bringt das subj ErbR frühestens mit dem Erbfall zum Entstehen. Vor diesem Zeitpkt
besteht nur eine tatsächl Aussicht (s § 1922 Rn 3) od bei Bindg des Erbl an seine letztw Vfg eine Anwartsch (s
§ 2269 Rn 11; BGH **37**, 319; Mattern BWNotZ **62**, 229). – Die erfolgte Zuwendg der ganzen Erbsch an
eingesetzte Erben bewirkt zugleich den Ausschluß der ges Erben, denen aber unter den Voraussetzgen der
9 §§ 2303, 2305 ein PflichttAnspr zusteht. – **Andere erbrechtliche Anordnungen** als Erbeinsetzg können
dch Test ebenfalls getroffen werden. Beisp: Enterbg (§ 1938); Widerruf eines Test (§§ 2254, 2258); Teilgs-
anordngen (§ 2048); Ernenng eines TV (§ 2197), sogar auf Lebenszeit des AlleinE (Zweibr Rpfleger **82**, 106);
Entziehg des Pflichtt (§ 2336) od des ErbersatzAnspr in Erbfällen vor dem 1. 4. 98; Beschränkg des PflichttR
(§ 2338); Errichtg einer Stiftg gem § 83 (BGH **70**, 313).

10 **b) Sonstige Anordnungen. – aa) Familienrechtliche** Anordngen mit erbrechtl Auswirkg sind ebenf
mögl wie zB Anordngen über die Verwaltg des Kindesvermögens (§ 1638; dazu Hamm OLGZ **69**, 488;
BayObLG **82**, 86; FamRZ **89**, 1342; §§ 1639, 1803); od die Ernenng und Ausschließg eines Vormunds dch
die Eltern (§§ 1777, 1782; dazu BayObLG **61**, 189). Ein Vaterschaftsanerkenntn im notariellen Test od
11 Erbvertrag genügt der Form des § 1597, bedarf aber der Zustimmg (§ 1595). – **bb) Ein Schiedsgericht**
(ZPO 1066) kann der Erbl auch anordnen (Kohler DNotZ **62**, 125; Soergel/Stein Rn 13; MüKo/Leipold
12 Rn 26 ff). – **cc) Empfangsbedürftige Willenserklärungen** kann der Erbl ebenf dch letztw Vfg abgeben.
Beisp: Widerruf einer Schenkg (RG **170**, 383). Erteilg einer Vollmacht (zB AuflassgsVollm), auch wenn sie
erst nach Eröffng dem Bevollmächtigten zur Kenntn kommt (Köln Rpfleger **92**, 299). TestAnfechtg erfaßt
dann nicht automat VollmErteilg (Köln aaO). – Mögl ist ferner die Befreig eines Zeugen von der Pfl zur
Verschwiegenh etwa gem ZPO 385 II mit 383 I Nr 4, 6 (BGH NJW **60**, 550); eine Anordg über die
Bestattgsart (vgl Reimann NJW **73**, 2240; Einl 10 vor § 1922); Bestimmgen über die religiöse Kindererziehg
13 (vgl RKEG 1). – Bei **Lebensversicherung** kann Bezugsberechtigg dagg nicht dch Test widerrufen werden,
wenn sie dem Versicherer nach dessen Bedinggen schriftl anzuzeigen ist (BGH DNotZ **94**, 377; Völkel VersR
92, 539; § 332 Rn 2; str). – **dd) Wertsicherg** eines Vermächtn dch Gleitklausel kann genehmiggspflicht sein
(§ 245 Rn 24; 28). Zur Auswirkg des Euro s § 245 Rn 9 ff; Batke-Spitzer ZEV **98**, 175.

14 **4) Wirksam** ist eine Vfg vTw dann, wenn der testierfäh Erbl (§§ 2229; 2275) sie höchstpersönl (§§ 2064;
2274) u formgerecht (§§ 2231; 2276) errichtet hat, die Vfg weder inhaltl sich als von Anfang an nichtig erweist
(§§ 134; 138; s Rn 18–20) noch nachträgl unwirks geworden ist (dazu Rn 21) u der Erbl sich auch nicht bereits
dch abweichde Vfg vTw gebunden hatte (Rn 3; §§ 2289; 2271 II). Die WirksamkVoraussetzgen eines Test sind
allerd im ErbR nicht abschließd geregelt. Es gelten grdsl auch die Vorschr des Allg Teils üb GeschFähigk u
WillErkl (§§ 104–144) sowie üb Bedingg, Vertretg u Genehmigg (§§ 158–185), soweit sie nicht dch erbrechtl
15 SonderVorschr eingeschränkt od ganz ausgeschaltet sind (§§ 2064; 2074 ff; 2084; 2085). – Bei **Willensmän-
geln** ist nur § 116 S 1 anwendb; ein geheimer Vorbehalt ist wirkgslos, um betrügerisches Testieren zu verhin-
dern (RG **148**, 222; Soergel/Stein Rn 18; str). Auch § 118 gilt, so daß scherzeshalber od zu Lehrzwecken
angefertigte Test nichtig sind. Dagg sind die nur für empfangsbedürft WillErkl geltden §§ 116 S 2; 117 auf Test
unanwendb (Ffm OLGZ **93**, 461; BayObLG FamRZ **77**, 347), da die letztw Vfg zwar für andere bestimmt,
aber nicht ggü einem anderen abzugeben ist (RG **104**, 322); anwendb sind sie dagg auf ErbVertr. – Die
16 **Anfechtbarkeit** wg Irrtums, Täuschg od Drohg richtet sich nicht nach §§ 119 ff, sond nach §§ 2078 ff mit den
Besonderh in 2078 II, III; 2081. Ersatz des Vertrauensschadens (§ 122) ist dch § 2078 III ausdrückl ausgeschlos-
sen. Nicht anwendb ist auch § 120, nachdem ein Test nur persönl errichtet werden kann.

17 **5) Unwirksamkeit.** Vfgen vTw können von Anfang an nichtig sein (nach allg Vorschr; zum Begriff s Übbl
27 v § 104) od auch nachträgl unwirks werden (dazu Rn 21). Unwirksam ist auch ein Test, das vollkommen
unbestimmte, widersinnige, rechtl und tatsächl unmögl Bestimmgen od Bedinggen enthält (KG DFG **44**, 56;
§ 2074 Rn 1); in dem der Erbl versehentl nicht erklärt hat, wer als Erbe eingesetzt ist (Köln Rpfleger **81**, 57);
auch bei Beweisfälligk im Falle der §§ 2247 III, V; 2249 VI (s § 2247 Rn 21).

18 **a) Von Anfang an nichtig** ist eine Vfg vTw nach den allg Vorschr: – **aa)** Bei einem Verstoß gg eine
zwingende ges Vorschr (§§ 125; 134). Zwingend in diesem Sinne sind die Vorschr üb die Voraussetzgen für
ihre Errichtg (§§ 2064; 2065; 2265; 2274) einschließl der TestierFähigk (§ 2229; 2275) sowie üb die ein-
zuhaltende Form (§§ 2231–2233; 2247 I, IV u §§ 2267; 2276 I; bei NotTest § 2249 I mit der Einschränkg des
VI; §§ 2250 III 1, 3; 2251). Eine EinzelVorschr ist § 2263. Dazu kommen bei öff Test die zwingden Verfahrens-
Vorschr des BeurkG 9; 13; 16 II 1, III 1; 23 S 1; 24 I 2, II; 25; 27; 30 S 1; 32; 33. Der in einer formnichtigen
Vfg vTw Eingesetzte kann auch nicht unter Berufg auf Treu u Glauben (§ 242) sein ErbR verlangen. – Zur
19 Nichtigk der Erbeinsetzg des Trägers eines Altenheims od des Heimpersonals dch **Heimbewohner** wg Verstoß
gg HeimG 14 s § 134 Rn 19. HeimG 14 gilt nach seinem Schutzzweck auch, wenn Test bereits vor Einzug
errichtet wurde, sofern üb Vfg Einvernehmen besteht (KG FamRZ **98**, 1542). Er ist auch bei Kleinstheim
anzuwenden, nicht aber bei Betreug in Familie (BayObLG NJW-RR **98**, 729) od Pflege in der eigenen Wohng
(Bonn MDR **99**, 809); zum Begriff „Heim" s BayObLG FamRZ **99**, 1310. Das Verbot sichert den Schutz arg-
od hilfloser alter Menschen, dient dem Heimfrieden u ist verfassgsrechtl unbedenkl (BVerfG NJW **98**, 2964). Es
findet auch auf Umgehgsversuche dch Zuwendg an Verwandte der in HeimG 14 V genannten Personen
Anwendg (Düss FamRZ **98**, 192); dagg nicht, wenn Heim nicht in der BRD liegt (Oldbg FamRZ **99**, 1313;
str). Auf das Verhältn zw Betreuer u Betreutem ist es aber nicht analog anwendb (BayObLG NJW **98**, 2369;
Müller ZEV **98**, 219); auch nicht auf ambulanten Pfleger (Bonn NJW **99**, 2977). – Bei Beamten od BAT-
Angestellten gilt das Verbot der Annahme von Belohngen (BRRG 43; BBG 70; BAT 10) auch für dienst-
bezogen gewährte letztw Zuwendgen (BayObLG FamRZ **90**, 302; NJW **95**, 3260; Stach NJW **88**, 943 ff).

Ebso dürfen Zivildienstleistde, die Erbl dienstl betreuten, dessen dadch veranlaßte letztw Zuwendg auch noch nach Ausscheiden aus dem Dienst nur mit Zustimmg des Dienstherrn annehmen (BVerwG NJW **96**, 2319 mAv Battis JZ **96**, 856 u Ebenroth/Koos ZEV **96**, 344). – **bb) Bei Sittenwidrigkeit** (§ 138). Da sie zur Nichtigk der Vfg vTw führt, stellt sich im ErbR ihre Annahme als erhebl Eingriff in die TestierFreih des Erbl u damit in seine verfassgsrechtl geschützte Position (Rn 3) dar. Sie kann desh nur bei besond schwerwiegden Ausnahmefällen angenommen werden (BGH **111**, 36; NJW **99**, 566; st Rspr). Als Einschränkg der TestierFreih kommt sie nur in Betr, wenn das Verdikt der Sittenwidrigk sich auf eine klare, deutl umrissene Wertg des GesGebers od auf die allg RAuffassg stützen kann (BGH **123**, 368; BayObLG NJW **98**, 2369), weil auch für Generalklauseln der verfassgsrechtl BestimmthGrdsatz gilt (BVerfG NJW **81**, 1311). Für das heutige Verständnis der „guten Sitten" kommt der insbes in den GrdRechten niedergelegten Wertordng des GG wesentl Bedeutg zu (BVerfG **89**, 214; BGH NJW **99**, 566), ohne daß aber für die Beurteilg der zivilrechtl Wirksamk GG 3 unmittelb anwendb ist. Vielm ist die Verletzg od Beeinträchtigg einer grdrechtl geschützten Position des Betroffenen abzuwägen ggü dem Rang u der Bedeutg der TestierFreih, die in idR überwiegt. Selbst wenn dah der Erbl eine willkürl Differenzierg unter seinen Kindern nach Abstammg od Geschlecht vornimmt, verstößt dies nicht gg das Diskriminiergsverbot in GG 3, wenn er damit von der TestierFreih gedeckte Ziele verfolgt, insbes die Regelg seiner VermögensVerhältn. Auch ein Eingriff in die EheschließgsFreih des Erben (GG 6 I) kann allenf als schwerer ausnahmsw sittenwidr sein. Nur wenn die Auswirkgen der letztw Vfg darauf gerichtet u auch obj geeignet sind, den Betroffenen wg des Merkmals, an das die Differenzierg anknüpft, nachhalt in seiner Würde herabzusetzen, kann dies anders sein (BGH aaO mAv Schmoeckel JZ **99**, 517). S dazu § 138 Rn 1; Einzelh zu Grdlage u Zeitpkt der Beurteilg sowie zum Wandel des sittl Maßstabes s § 138 Rn 9–11; zu verschied Fallgestaltgen s § 138 Rn 49 ff, dort insbes auch zum sog BehindertenTest von Eltern bei einem auf Kosten der Sozialhilfe untergebrachten behinderten Kind (Rn 50 a); zu dessen GestaltgsMöglichk s Nieder NJW **94**, 1264; Bengel ZEV **94**, 29; Mayer DNotZ **94**, 347; Damrau ZEV **98**, 1; Eichenhofer JZ **99**, 226 aus Sicht des SozHiR; OVG Bautzen NJW **97**, 2898, auch zum einzusetzenden Vermögen iS von BSHG 88 I. Ein dem Kind entstehder PflichttAnspr ist allerd gem BSHG 90 I 4 auf den SozHilfeTräger überleitb (Nieder aaO mwN), sofern er nicht die vorherige Ausschlagg voraussetzt (s § 2306 Rn 16). 20

b) Nachträglich unwirksam kann eine Vfg vTw werden: Dch Widerruf (§§ 2253–2258; über unfreiw Verlust s § 2255 Rn 9–12) od Änderg; dch Anfechtg (§§ 2078 ff; 2281 ff); dch Auflösg der Ehe od des Verlöbn (§§ 2077, 2268, 2279). Ferner dch Erbverzicht (§ 2352), Vorversterben des Bedachten (§ 1923 I), Ausschlagg (§ 1944) od ErbunwürdigkErklärg (§§ 2344, 2342 II); auch dch Zeitablauf (§§ 2109; 2162; 2210; 2252). 21

c) Die Rechtsfolgen sind bei Nichtigk und Unwirksamk verschieden und richten sich nach der Sachlage. Es kann die ganze Vfg nichtig sein od nur eine einzelne Bestimmg (zB bei teilweiser Sittenwidrigk, s § 138 Rn 50); im Falle des § 2077 I kann eine Begünstigg Dritter bestehen bleiben (s Dieterle BWNotZ **70**, 170). Es kann dann ges Erbfolge (ganz od zum Teil) eintreten od auch ein früheres Test wirks werden od bleiben, da §§ 2255, 2258 einen wirks Widerruf voraussetzen. – Unter Umständen kann auch dch **Umdeutung** (§ 140) die Vfg gehalten werden, zB ein nichtiges öffentl Test als eigenhänd od ein nichtiger Erbvertrag als gemeinschaftl od einseit Test (vgl 140 Rn 10). 22

d) Bestätigung. Will der Erbl ein nichtiges Test bestätigen (§ 144 I), muß er ein neues Test errichten und den früheren NichtigkGrd vermeiden (s BGH **20**, 75; str). – **Vereinbarungen** der Erbbeteiligten, in denen ein Test als wirks anerkannt wird, sind mögl, haben aber nur schuldrechtl Bedeutg. Dabei müssen ggf die FormVorschr der §§ 2371, 2385, bei Übertragg der Erbsch od eines Erbteils des § 2033 beachtet werden. 23

e) Prozessuales. Nichtigk und Unwirksamk sind im ErbSchVerfahren vAw zu prüfen und zu beachten. Meist werden sich ohnehin die Beteiligten darauf berufen. – Klage auf Feststellg der Nichtigk erfordert ein Feststellgsinteresse (ZPO 256). Beklagte MitE sind dann keine notw Streitgenossen (BGH **23**, 73). – **Beweislast** trägt jede Partei für diejenigen Tatsachen, welche für die von ihr in Anspr genommene günst RFolge von Bedeutg sind (BGH **53**, 379; FamRZ **71**, 639; Baumgärtel/Laumen § 138 Rn 2). 24

6) Haftung des Beraters. Beruht die vom Erbl zum Nachteil eines anderen errichtete letztw Vfg auf dem vorwerfb Verhalten eines Dritten (zB eines Beraters), berührt dies nicht den rechtl Bestand der Vfg, sond begründet allenf SchadErsAnspr gg den Dritten (BayObLG FamRZ **85**, 1082). Unterblieb dagg eine vom Erbl beabsichtigte TestErrichtg wg schuldhafter Versäumn des vom Erbl damit beauftragten RA od Notars, können dem vom Erbl vorgesehenen, aber nicht zum Zuge kommden Bedachten SchadErsAnspr gegen den RA od Notar zustehen (BGH NJW **65**, 1955; dazu krit Lorenz JZ **66**, 141; **95**, 317; abl Boehmer MDR **66**, 468; s auch Zimmermann FamRZ **80**, 99). Weil Notar aber auch u in erster Linie AmtsPfl ggü Erbl hat, schließt dessen haftgsausschließdes Mitverschulden (BNotO 19 iVm § 839 III) zB in Form einer schuldh Unterlassg, den Notar zu erinnern, gem § 242 auch SchadErsatzAnspr des als TestErben vorgesehenen Dritten aus (BGH JR **98**, 155 mAv Bader). – Entspr gilt, wenn eine vom Erbl nicht mehr gewollte letztw Vfg infolge Amtspflichtverletzg des Notars nicht beseitigt wurde (BGH NJW **79**, 2033) od dch schuldh Versäumn des beauftragten RA es nicht mehr zu dem vom Erbl angestrebten Erbausschuß einer bestimmten Person (BGH NJW **95**, 51) od zur ungewollten Übertragg von GesAnteilen an die übr Gter statt an seine Erben kam (BGH NJW **95**, 2551). Zur Einbeziehg Dritter in den Schutzbereich des RA-Vertr s auch BGH NJW **84**, 353; **86**, 581; **88**, 200. – Steht der auf Wertersatz für die entgangene Erbsch gerichtete Anspr Eltern zu, deren Kinder Nutznießer der vom Erbl nicht mehr gewollten, aber wirks gebliebenen Vfg geworden sind, ist der Anspr gem § 242 zu ermäßigen (BGH NJW **79**, 2033). 25

1938 *Enterbung.* **Der Erblasser kann durch Testament einen Verwandten oder den Ehegatten von der gesetzlichen Erbfolge ausschließen, ohne einen Erben einzusetzen.**

1) Das negative Testament erlaubt die Vorschr dem Erbl (s BayObLG **74**, 440). Er kann also seine ges Erben ausschließen, ohne an deren Stelle den Nachl and Personen zuzuwenden. Das Staatserbrecht (§ 1936) kann der Erbl bei Gefahr der Unwirksamk seiner letztw Vfg nicht ausschließen, wohl aber seinen Eintritt 1 durch wirks Einsetzg eines anderen unmögl machen. Weitere unentziehbare Erbrechte bestehen nach LandesR (s EG 139) und nach REG 78 *(AmZ)*, 65 *(BrZ)*, 67 *(Bln)*.

2 **2) Der Ausschluß** kann nur durch Test od einseit Vfg in einem ErbVertr erfolgen (§§ 2278 II, 2299), auch bedingt od für einen Teil des Nachl. Er bedarf keiner Begründg; eine unzutreffende ist unschädl, berechtigt aber uU zur Anfechtg gem § 2078 II (BGH NJW **65**, 584). Stillschw Ausschluß ist mögl; der Ausschließgswille muß aber unzweideut zum Ausdruck kommen (BayObLG **65**, 166/174; FamRZ **92**, 986). Die Ausschließg kann in der Zuwendg des Pflichtt liegen (§ 2304 Rn 2), liegt aber bei Erschöpfg des Nachl durch Vermächtnisse nicht vor, da die Vermächtn ja ausgeschlagen werden können (RG Recht **30** Nr 1520; BayObLG MDR **79**, 847). Erfolgt der Ausschluß durch Einsetzg eines anderen, bleibt er auch im Fall der Nichtigk der Erbeinsetzg wirks, wenn er unter allen Umständen gewollt war (BGH RdL **66**, 320).

3 **3) Rechtsfolgen.** Der Ausschluß führt zur ges Erbfolge ohne den Ausgeschlossenen, der so zu behandeln ist, wie wenn er beim Erbfall nicht vorhanden wäre. Ist es der Eheg, erhöhen sich die ges Erbteile der Verwandten. Ist es ein Verwandter der ersten drei Ordngen, wird er dch seine Abkömml ersetzt (§§ 1924 III; 1925 III; 1926 III), es sei denn, daß auch diese ausgeschlossen wurden. Der Ausschluß aller Abkömml ist auch stillschweigd mögl u dem Test ggf dch Auslegg (§ 2084) zu entnehmen, stellt aber nicht die Regel dar, so daß es dafür konkreter Anhaltspkte bedarf (BGH JZ **59**, 444; BayObLG **65**, 176); im Zw ist nur der Genannte ausgeschlossen (BayObLG FamRZ **89**, 1006). In seiner Enterbg kann zugleich der Wille der Erbl gesehen werden, dem Ausgeschlossenen auch die Verwaltg der nun an seine Abkömml fallenden Erbsch zu entziehen (§ 1638 I; BayObLG **64**, 263). – Gehört der Enterbte zu den in § 2303 genannten Personen, kann er Pflichtt fordern, falls nicht auch dieser wirks entzogen ist (Rn 4). Bei allen Güterständen verliert der Eheg durch Ausschließg auch das Recht auf den Voraus (§ 1932 Rn 2). – Aus **§ 242** kann aber die Erbenstellg nicht angezweifelt werden (s § 1922 Rn 6).

4 **4) Pflichtteilsentziehung** kann nur unter den Voraussetzgen der § 2333 ff erfolgen. Ist sie unwirks, weil der angegebene Grd nicht dchgreift, bringt sie dennoch regelmäß zum Ausdr, daß der Betroffene überh nichts vom Nachl erhalten, also auch von der Erbfolge ausgeschlossen sein soll. Dies gilt auch bei and Unwirksamk Grden; od wenn der Betroffene gar nicht pflichtberecht ist (BayObLG NJW-RR **96**, 967). – Der Ausdruck „Enterbg" in einem Test bedeutet jurist nur den Ausschluß von der Erbfolge. Er wird aber vielf auch in der Weise gebraucht, daß der Enterbte keinerlei Anteil am Nachl des Erbl, also auch nicht den Pflichtt erhalten soll, vor allem wenn Gründe für die Enterbg angegeben sind (Hamm FamRZ **72**, 660).

1939 *Vermächtnis.* **Der Erblasser kann durch Testament einem anderen, ohne ihn als Erben einzusetzen, einen Vermögensvorteil zuwenden (Vermächtnis).**

1 **1) Begriff.** Die Zuwendg eines Vermächtn (Einzelheiten bei §§ 2147 ff) macht den Bedachten nicht zum Erben (§ 2087 II). Da der vermachte Ggstand nicht dingl übergeht (das G kennt kein sog Vindikationslegat; s Einf 2 vor § 2147), wird nur ein schuldr Anspr gg den Beschwerten begründet (§ 2174; sog Damnationslegat; s MüKo/Leipold Rn 2, 3). Ein dem Erben selbst zugewendetes ist ein sog Vorausvermächtn (§ 2150). – Da nur dch Vfg vTw das Vermächtn ausgesetzt werden kann, gibt es keine „gesetzl" (s Einf 4 vor § 2147); in den erbrechtl Vorschriften ist diese Bezeichng folgl auch nicht zu finden. Gleichwohl werden vereinfachend als solche oft Voraus und Dreißigster (§§ 1932, 1969) sowie die Rechte der Abkömml auf Ausbildgshilfe bei durch Tod aufgelöster ZugewGemsch nach § 1371 IV bezeichnet; ferner die Anspr auf Grd HöfeO 12 V, 13 u die Rechte auf bestimmte Sachen nach EG 139. – Ob Vermächtn od Erbeinsetzg od Teilgsanordg vorliegt,
2 ist durch **Auslegung** zu ermitteln (vgl §§ 2048, 2087; BGH **36**, 115; BayObLG Rpfleger **82**, 13; Stgt BWNotZ **81**, 141). Ein Vermächtn kann auch durch ErbVertr zugewendet werden (§§ 1941, 2278, 2299). Ein unwirks dingl Vermächtn (zB des Eigtums an einem Grdst) kann beim Erben als Teilgsanordg (§ 2048) od Vorausvermächtn (§ 2150), bei einem Dritten als Vermächtn aufrechterhalten werden. – **Beschwert** werden kann mit dem Vermächtn sowohl ein Erbe als auch ein anderer Vermächtnisnehmer (s § 2147), in Erbfällen vor dem 1. 4. 98 (EG 227 I Nr 1) auch ein ErbersatzBerecht (str).

3 **2) Gegenstand** eines Vermächtn kann jeder Vermögensvorteil sein. Dies ist weit zu verstehen im Sinne eines Anspr auf eine Leistg u nicht nur als Vermögenswert (MüKo/Leipold Rn 5). Es muß also nicht zu einer Bereicherg iS einer Vermögensvermehrg kommen, sond nur zu einer Begünstigg für den Bedachten (zB Anspr auf Abschluß eines Vertr). Es kann auch ein mittelb Vermögensvorteil sein, zB eine Dienstleistg (Hamm FamRZ **94**, 1210) od die Stellg einer Sicherh für eine Fdg (Johannsen WM **72**, 866). Auch kann eine Fdg erlassen od vermacht werden (§ 2173). Vermächtn einer Geldsumme ist iZw VerschaffgsVerm (vgl § 2173 S 2). – Das Vermächtn wird nicht dadurch unwirks, daß der Erbl den Bedachten mit einer Auflage oder einem Untervermächtn bis zur vollen Höhe des ihm Zugewandten belastet od das Vermächtn nur Treugut dargestellt (RG HRR **28** Nr 1698).

4 **3) Der Bedachte** u der ihm vermachte Ggstand müssen bestimmt od wenigstens bestimmb sein (§ 2065 II mit Rn 4; BGH NJW **81**, 1562). Auch muß der zugewendete Ggstand idR vorhanden sein (§§ 2169, 2170). – **Vor** dem Erbfall hat er weder einen Anspr noch eine rechtl gesicherte Anwartsch (§ 2176 Rn 1). Dies gilt auch, wenn das Vermächtn auf einem ErbVertr beruht (BGH **12**, 115 mAv Pritsch zu **LM** § 883 Nr 2; **LM** § 2288 Nr 2; s auch § 1922 Rn 3). – Über den Schutz des vertragl VermNehmers s § 2288; dieser Schutz gilt auch für den VermNehmer aGrd eines bindden wechselbezügl Test (OHG **1**, 161). – Über die mit dem Erbfall erlangte Anwartsch des VermNehmers beim aufschiebend bedingten od befristeten Vermächtn s § 2177 mit Rn 2; § 2179 mit Rn 1.

1940 *Auflage.* **Der Erblasser kann durch Testament den Erben oder einen Vermächtnisnehmer zu einer Leistung verpflichten, ohne einem anderen ein Recht auf die Leistung zuzuwenden (Auflage).**

Begriff. Das G unterscheidet zw Erbeinsetzgen, Vermächtnissen (beide in § 2279 als Zuwendgen bezeichnet) u Auflagen. Die Auflage ist also keine Zuwendg, sond die durch Test od Erbvertrag erfolgende Auferlegg einer Verpflichtg, der kein Bedachter ggübersteht. Ein allenf Begünstigter hat kein Recht auf Leistg od Schadensersatz wg Nichterfüllg. Jedoch können gewisse Personen od Behörden die Vollziehg verlangen (§ 2194). Einzelheiten s §§ 2192 bis 2196. 1

1941 *Erbvertrag.*

I Der Erblasser kann durch Vertrag einen Erben einsetzen sowie Vermächtnisse und Auflagen anordnen (Erbvertrag).

II Als Erbe (Vertragserbe) oder als Vermächtnisnehmer kann sowohl der andere Vertragschließende als ein Dritter bedacht werden.

1) Der Erbvertrag ist eine in Vertragsform errichtete Vfg vTw (s § 1937 Rn 1) und im einzelnen in den §§ 2274–2300 a geregelt (s Übbl v § 2274). Der Erbverzicht ist in §§ 2346 ff besonders ausgestaltet u kann mit einem ErbV verbunden werden (§ 2276 Rn 10 ff). ErbV kann auch ein Vertrag sein, der anders bezeichnet ist, zB als „Ehevertr“, der inhaltl nur eine Vfg vTw enthält (LG Mü I FamRZ **78**, 364 mAv Jayme). Umgekehrt kann auch ein Gesch im Gewand eines ErbV als RGesch unter Lebden auszulegen sein (BGH FamRZ **98**, 908). – Seiner RNatur nach ist der ErbV sowohl Vertr als auch Vfg vTw (Übbl 4 v § 2274) u seinem möglichen Inhalt nach begrenzt **(I).** Es können sowohl beide Vertragschließenden wie auch nur der eine Teil über den Nachl verfügen. Bedachter kann sowohl der andere VertrPartner wie auch ein Dritter sein **(II;** dazu BayObLG Rpfleger **82**, 13). Er kann vertragsmäßige u auch einseit Vfgen enthalten (§ 2299, zB TV-Ernenng), aber nicht nur einseit (§ 2278 Rn 1). Eine Erbeinsetzg od Vermächtnisanordng ist aber nicht schon deshalb als vertragsmäßige Vfg anzusehen, weil sie sich in einem ErbV findet (s § 2278 Rn 3). – Obwohl auch ein Dritter bedacht werden kann **(II),** ist doch ein ErbV kein Vertr auf Leistg an Dritte (§ 328), da weder eine Verpflichtg eingegangen wird noch dem Dritten ein FdgsR erwächst. Vielmehr vollzieht sich der Erwerb des Dritten erst mit dem Tode des Erbl. 1

2) Kein Erbvertrag ist der Vertr über den Nachl eines noch lebenden Dritten (§ 312 mit Rn 1–4; s dazu Blomeyer, Spellenberg FamRZ **74**, 421, 489; Wiedemann NJW **68**, 769). – Ferner nicht der nach § 2302 nichtige Vertr über Errichtg od Aufhebg einer Vfg vTw (Staud/Otte Rn 8; Battes AcP **178**, 342 ff). Auch nicht der HofübergabeVertr gem HöfeO 17 (s Einl 6 v § 1922; Riedel JurBüro **80**, 1281). – Vertragl Aufschub der Erfüllg eines Anspr bis zum Tod des Erbl ist kein ErbVertr (Hbg MDR **50**, 616). 2

Zweiter Abschnitt. Rechtliche Stellung des Erben

Erster Titel. Annahme und Ausschlagung der Erbschaft Fürsorge des Nachlaßgerichts

1942 *Anfall der Erbschaft.*

I Die Erbschaft geht auf den berufenen Erben unbeschadet des Rechtes über, sie auszuschlagen (Anfall der Erbschaft).

II Der Fiskus kann die ihm als gesetzlichem Erben angefallene Erbschaft nicht ausschlagen.

1) Anfall der Erbschaft. Zusammen mit § 1922 bringt § 1942 den Grdsatz des Vonselbsterwerbs der Erbsch zum Ausdruck, der sich im Zeitpkt des Erbfalls ohne Wissen u Willen des Erben kraft G vollzieht. Daran anküpfend gewährt **I** dem Berufenen das Recht, sich der angefallenen Erbsch dch Ausschlagg wieder zu entledigen (RA muß entspr beraten, LG Köln NJW **81**, 351). Berufen wird der Erbe vom Erbl dch Vfg vTw, sonst dch das G. Erbfall u Anfall der Erbsch fallen idR zusammen; nur beim erst erzeugten Erben erfolgt Anfall mit Geburt (§ 1923 II), jedoch rückwirkd vom Erbfall an. Der Erbl kann diesen Anfall nicht hinausschieben. Will er ihn von einer besond AnnahmeErkl abhäng machen, liegt darin keine aufschiebende Bedingg, sond ein ebso überflüssiger u daher unbeachtl Zusatz wie in Klausel „falls er Erbe wird“ oder „falls er nicht ausschlägt“. Der so Eingesetzte würde VollE, nicht NachE nach § 2105 (aA Staud/Otte Rn 5); der Erbl kann allerdings eine vom G abweichende Zeit für die Annahme vorschreiben (vgl § 1944 Rn 9). – Bei **Ausschlagung** od Verurteilg wg **Erbunwürdigkeit** gilt der Anfall an den NächstBerecht als mit dem Erbfall erfolgt (§§ 1953 II; 2344 II), so daß dieser nur den Tod des Erblassers, nicht den Anfall zu erleben braucht. Einem NachE fällt die Erbsch erst mit Eintritt der Nacherbfolge (§ 2139) an. Beim Vermächtn erfolgt Anfall idR mit dem Erbfall (§ 2176, jedoch Ausn in §§ 2177–79). – Für **Stiftungen** gilt § 84. Hat der Erbl eine Stiftg dch Erbeinsetzg errichtet, kann StiftgsVorstand nicht ausschlagen (RGRK Rn 4). 1

2) Vorläufiger Erbschaftserwerb. Bis zur Annahme besteht ein Schwebezustand. Wg des AusschlagsR ist der ErbschErwerb zunächst nur ein vorläufiger. Erst die wirkliche od bei Verstreichen der Ausschlagsfrist unterstellte Annahme (§ 1943) vollendet den Erwerb. Währd der dem Erben gewährten Überleggsfrist (§ 1944) ist er entspr geschützt (§§ 207, 1958, 1995 II; ZPO 239 V, 778). Im InsolvenzVerf muß sich der endgült Erbe anfechtb RHandlgen des vorläuf (InsO 131) zurechnen lassen (vgl BGH NJW **69**, 1349 zum früh KO 30 Nr 2). 2

3) Kein Ausschlagungsrecht (II) hat der **Fiskus** als ges Erbe (§ 1936), um zu verhindern, daß die Erbsch herrenlos wird. Dafür wird er dch §§ 1966, 2011 und ZPO 780 II bevorzugt. Als eingetzter Erbe kann er dagg die Zuwendg ausschlagen. 3

1943 ***Annahme der Erbschaft.*** **Der Erbe kann die Erbschaft nicht mehr ausschlagen, wenn er sie angenommen hat oder wenn die für die Ausschlagung vorgeschriebene Frist verstrichen ist; mit dem Ablaufe der Frist gilt die Erbschaft als angenommen.**

1 **1) Die Annahme** der Erbsch bewirkt, daß der Annehmende endgült Erbe wird u das Recht verliert, die Erbsch auszuschlagen. Sie beendet den Schwebezustand (§ 1942 Rn 2) u wandelt den vorläuf Erwerb der Erbsch in einen endgült um. Sie ist also Bestätigg des Anfalls u Verzicht auf das AusschlaggsR. Ihrer RNatur nach ist sie gestaltende WillErkl, die ausdrückl od konkludent erfolgen kann od vom G fingiert wird. – Die Erklärg der Annahme kann nicht vor dem Erbfall erfolgen (§ 1946). Sie besagt, daß der vorläuf Erbe die Erbsch behalten, also endgült Erbe sein u bleiben will. An eine bestimmte Form ist sie nicht gebunden (im Ggsatz zur Ausschlagg od Anfechtg der Annahme bzw der Ausschlagg, §§ 1945, 1955) u auch nicht empfangsbedürftig (zB mittels GläubAufgebots durch Zeitg od Rundfunk, hM; s Soergel/Stein Rn 2 mwN). Sie wird regelm ggü einem Beteiligten (zB NachlGläub, NachlSchu, VermächtnNehmer, MitE) od dem NachlG erfolgen (s MüKo/Leipold Rn 3). Bei ausdrückl Erkl der Annahme berechtigt eine fehlende Kenntn des AusschlaggsRs nicht zur Anfechtg (s § 1954 Rn 2).

2 **a) Durch schlüssiges Verhalten** kann die Annahme erfolgen, wenn dieses ggü Dritten objektiv eindeutig zum Ausdruck bringt, Erbe sein u die Erbsch behalten zu wollen (BayObLG **83**, 153; FamRZ **99**, 1172). Dies ist unter Berücksichtigg aller in Betr kommenden Umstände des Einzelfalls zu entscheiden u kann auch darin liegen, daß über einen einzelnen Ggstand verfügt wird (BayObLG FamRZ **88**, 213). Wer nach außen Handlgen vornimmt, die den Schluß auf seinen Annahmewillen zulassen, muß sich als Annehmender behandeln lassen, auch wenn sein Wille nur auf and RFolgen gerichtet ist u ihm der Annahmewille tatsächl fehlt. Jedoch ist dann die Anfechtg der Annahme wg Irrtums mögl (s § 1954 Rn 2). Annahme liegt zB in einer Prozeßaufnahme (ZPO 239) od Einlassg auf diese (vgl § 1958 Rn 1); in der Geltdmachg des Erbsch-Anspr (§ 2018) und ErbschVerkauf (§ 2371); in der Stellg eines ErbSchAntr (BGH RdL **68**, 99). Sie kann auch im Anbieten eines NachlGrdst üb Makler gesehen werden (Oldbg NJW-RR **95**, 141); in der Einreichg eines NachlVerzeichn braucht sie dagg noch nicht zu liegen (Johannsen WM **72**, 918). Wenn allerdings der vorläuf Erbe NachlGgstände in der irrigen Meing veräußert, daß sie ihm schon vor dem Erbfall gehörten, so liegt darin überh keine Annahme der Erbsch (aM MüKo/Leipold Rn 4). – Zu beachten ist dabei allerd, daß
3 gewisse **Fürsorgemaßnahmen** für den Nachl auch währd der Überleggsfrist geboten sind, in denen keine Annahme liegt wie zB Erklärgen üb den Nachl beim NachlG (Köln OLGZ **80**, 235), Antr auf TestEröffng od auf NachlVerw. Selbst eine Vfg über NachlGgstände braucht noch keine Annahme zu sein (§ 1959 II; s Celle OLGZ **65**, 30; Lücke JuS **78**, 254); ebsowenig Bezahlg der Beerdiggskosten; auch zunächst nicht die Fortführg eines Handelsgeschäfts unter der bisherigen Firma u die Eintragg des Erben ins HandelsReg, wenn letztere etwa erforderl ist, um gleichzeitig die verschärfte Schuldenhaftg des vielleicht später annehmenden Erben aus HGB 27 I entspr 25 II auszuschließen.

4 **b) Vertretung.** Die Annahme, die auch durch einen gewillkürten Vertreter (Vollm ist formlos gültig, Soergel/Stein Rn 6) erfolgen kann, setzt volle GeschFähigk voraus. Für GeschUnfähige oder beschränkt GeschFähige (§§ 104–111) kann ihr ges Vertreter (beide Elternteile, § 1945 Rn 2) annehmen, ohne daß es – im Ggsatz zur Ausschlagg u Anfechtg der Annahme (§§ 1643 II, 1822 Nr 2) – der Genehmigg des FamG bedarf (s § 1643 Rn 4). Der beschränkt GeschFähige kann mit Einwillgg seines ges Vertreters annehmen; die Annahme ist aber als einseit RGesch nicht genehmiggsfäh, § 111 (s Staud/Otte/Marotzke Rn 9). Vor der Geburt des Erben kann für die Leibesfrucht noch nicht angenommen werden, weil die Wirkg der Annahme wg § 1 nicht feststünde (Ausschlagg ist dagg nach hM mögl, s § 1946 Rn 1; str). – Zur Annahme **nicht** berechtigt sind TV od NachlPfleger (OLG 21, 349), zumal sie nicht od nicht insoweit (RG **106**, 46) echte ges Vertr des Erben sind (RG **144**, 401); wohl aber Ergänzgspfleger (§ 1909), AbwesenhPfleger (§ 1911) u Betreuer (§§ 1896; 1902). Bei Ehegatten ist nur der Teil, dem die Erbsch anfiel, zur Annahme berecht; dies gilt bei GüterGemsch auch dann, wenn die Erbsch nicht ins Vorbehaltsgut, sond ins Gesamtgut fällt, selbst wenn dieses vom anderen Eheg verwaltet wird (§ 1432 I mit Rn 1); bei gemeinschaftl Verwaltg können beide Eheg gemeins (§ 1450) od der Erbende allein (§ 1455 Nr 1) annehmen. – Im InsolvenzVerf steht die Annahme einer vor Eröffng angefallenen Erbsch allein dem Schuldner zu (InsO 83).

5 **2) Fiktion der Annahme** (s Pohl AcP **77**, 57 ff). Als Annahme gilt die Anfechtg der Ausschlagg (§ 1957) u das ungenutzte Verstreichenlassen der Ausschlagsfrist. Auch im letzteren Fall muß der Erbe geschäftsfähig sein od, wenn dies nicht der Fall ist, einen ges Vertreter haben, der Kenntn von Erbanfall u BerufgsGrd hat (Staud/Otte Rn 11; aM Soergel/Stein Rn 8). Die Fristversäumg kann wie die Annahme angefochten werden (§ 1956; Köln MDR **80**, 493; ausführl Kraiß BWNotZ **92**, 31). Bei fehlendem ges Vertreter trifft § 1944 II S 3 Vorsorge.

6 **3) Beweislast.** Der Erbe braucht zur Geltmachg seiner Rechte Annahme nicht zu beweisen, wenn seine Hdlgen (Rn 2) als Annahme gelten. Ausnahmen: ZPO 991 III (Aufgebot); § 2357 (für MitE). – NachlGläub muß bei Bestreiten die Eigensch des in Anspr Genommenen als Erbe beweisen, also auch die ausdrückl erklärte Annahme od den Ablauf der Ausschlaggsfrist (Baumgärtel/Streider Rn 5). Für die Ausschlagg u ihren Ztpkt ist beweispflicht, wer ihre Rechtzeitigk behauptet (Staud/Otte/Marotzke Rn 13; s auch § 1944 Rn 10).

1944 ***Ausschlagungsfrist.*** **I Die Ausschlagung kann nur binnen sechs Wochen erfolgen.**

II Die Frist beginnt mit dem Zeitpunkt, in welchem der Erbe von dem Anfall und dem Grunde der Berufung Kenntnis erlangt. Ist der Erbe durch Verfügung von Todes wegen berufen, so beginnt die Frist nicht vor der Verkündung der Verfügung. Auf den Lauf der Frist finden die für die Verjährung geltenden Vorschriften der §§ 203, 206 entsprechende Anwendung.

III Die Frist beträgt sechs Monate, wenn der Erblasser seinen letzten Wohnsitz nur im Auslande gehabt hat oder wenn sich der Erbe bei dem Beginne der Frist im Ausland aufhält.

1) Die Ausschlagungsfrist (I) von 6 Wochen ist relativ kurz bemessen, um den durch die Möglichk der Ausschlagg geschaffenen ungewissen Schwebezustand innerh festbestimmter Zeit zu beenden. Sie ist allerd dann auf 6 Monate verlängert, wenn entw der Erbl nur im Ausland Wohnsitz hatte od wenn der Erbe sich bei Fristbeginn im Ausland aufhält **(III);** ist Kenntn des ges Vertreters maßgebl (s Rn 7), kommt es auf dessen Aufenthalt an; bei gewillkürter Vertretg gilt Rn 7 entspr. **III** Hs 1 gilt nur für einen deutschen Erbl (EG 25) und stellt allein auf dessen Wohnsitz ab; auf den Sterbeort kommt es nicht an. Da jemand mehrere Wohnsitze haben kann (§ 7 II), gilt **III** ledigl dann, wenn der Erblasserwohnsitz „nur im Auslande" bestand, nicht wenn sich der Erbl (bei Doppel- od Inlandswohnsitz) ledigl im Auslande aufhielt. – Zur Ausschlagg nach dem **ZGB der DDR,** wenn dieses in Erbfällen zw 1. 1. 76 u 2. 10. 90 insges od wg NachlSpaltg bezügl des DDR-Grundvermögens (§ 1922 Rn 8) maßgebl ErbR war (EG 235 § 1 Rn 5), s zuletzt 55. Aufl Rn 11 ff; BGH NJW **98**, 227; de Leve DtZ **96**, 199. 1

2) Fristbeginn (II). Abgestellt ist nicht auf den Erbfall, da dieser auch ohne Wissen des Erben zum Anfall der Erbsch führt (s § 1942 Rn 1), sond darauf, wann danach der Erbe von dem Anfall und dem Grunde der Berufung bestimmte und überzeugende Kenntnis erlangt hat; bei mehreren Erben gilt dies für jeden gesondert. Dafür ist erforderl, aber auch genügend, wenn dem Erben die tatsächl u rechtl Umstände in so zuverläss Weise bekannt geworden sind, daß von ihm vernünftigerw erwartet werden kann, in die Überleggen üb Annahme od Ausschlagg einzutreten (BayObLG FamRZ **94**, 264; MüKo/Leipold Rn 8). Gleichgült ist, ob Kenntn aus privater od amtl Quelle (NachlG) stammt; für Erben unüberprüfb private Mitteilgen genügen allerd regelm nicht (BayObLG aaO). – Kennenmüssen od (grob) fahrläss Unkenntn steht Kenntn nicht gleich; auf Verschulden kommt es nicht an (BGH **LM** § 2306 Nr 4; Hamm OLGZ **69**, 288). Daher kommt dem bloßen Zugang eines Schreibens, das Kenntn vermitteln würde, noch keine entscheidde Bedeutg zu (BayObLG **68**, 74; s auch BGH Rpfleger **68**, 183). Ohne Bedeutg ist auch, ob Nichtkenntn auf tatsächl od auf RIrrtum beruht, zB auf Ungewißh od Irrtum üb die Wirksamk einer letztw Vfg (BGH **LM** § 2306 Nr 4). – Bei **gewillkürter** Erbfolge beginnt die Frist jedoch nach **II** 2 niemals vor der gerichtl Verkündg der Vfg (dies war Wortlaut des 1. Entwurfs zum BGB), also der amtl Verlautbarg. Dabei wird nicht so sehr auf die unterschiedl gestaltbare Art der Eröffng (§§ 2260; 2261) abgestellt, sond auf die damit bezweckte amtl Unterrichtg der Beteil, die das G ihnen zusichert. Deren Form (ob mit od ohne Zuziehg des Erben; mit od ohne Verlesg des Test) ist dah nicht erhebl, sofern sie nur den Zweck erreicht, den Inhalt des Test den Beteil amtl kundzugeben. Zur exakten Festlegg des frühesten Beginns der Ausschlaggsfrist ist daher auf die Kenntn des Erben von der TestEröffng abzustellen (BGH **112**, 229). Erhält der Erbe erst später die notwend Kenntn von der ihn berufenden Vfg, wird die Frist erst dch diesen späteren Zeitpkt in Lauf gesetzt. Bei Mißverständn od beachtl RIrrtum kann aber selbst dann ein noch späterer Zeitpkt in Frage kommen (s MüKo/Leipold Rn 12). – Keine Eröffng im RSinne ist die Mitverkündg untrennbarer Vfgen des Überlebenden bei Eröffng eines gemeinsch Test nach dem Erstverstorbenen (§ 2273 Rn 1); wohl aber steht ihr die „Kundmachung" eines Test eines Deutschen dch das österreich VerlassenschGer gleich (Will DNotZ **74**, 273/278). – Ist Verkündg wg Zerstörg od Verlust der Urk unmöglich, beginnt die Frist mit Kenntn von Anfall und BerufgsGrd sowie der zusätzl Kenntn, daß Verkündg nicht mögl ist (MüKo/Leipold Rn 17). Kann allerd die Urkunde nach BeurkG 46 wiederhergestellt werden, beginnt Frist nicht vor Eröffng der wiederhergestellten Urkunde (vgl Wuppertal JMBl NRW **48**, 173). – Für **pflichtteilsberechtigten** Erben gilt zusätzl § 2306 I 2. Für ihn beginnt Frist erst, wenn er auch Kenntn davon hat, daß sein Erbteil beschränkt od beschwert iS von § 2306 I ist u er weiß, ob der hinterlassene Erbteil die Hälfte des ges Erbteils übersteigt (§ 2306 Rn 13; 15). 2 3

a) Kenntnis des Anfalls (Rn 2) liegt regelm in der Kenntn der den Anfall begründenden **Tatsachen** (Tod, TodesErkl des Erbl; verwandtschaftl od ehel Verhältn; Wegfall im Wege stehender Verwandter). Kenntn fehlt aber, solange der Erbe irrtüml (infolge Tats- od Rechtsirrtums) einen anderen für vorberufen od das diesen berufende nichtige Test für gültig od das ihn selbst berufende Test für ungült hält; ferner bei begründeter Vermutg, dch letztw Vfg als ges Erbe ausgeschlossen zu sein (Hamm OLGZ **69**, 288). Fehlen eines Aktivnachlasses od die Annahme, ein solcher fehle, kann bei jur Laien nach den bes Umständ des Einzelfalls Kenntn des Anfalls ausschließen (BayObLG FamRZ **94**, 264). 4

b) Kenntnis des Berufungsgrundes (Rn 2) liegt vor, wenn der Erbe weiß, weshalb die Erbsch ihm u ob sie ihm als ges od als gewillkürtem Erben angefallen ist. Fristbeginn ist also ausgeschlossen, solange der TestErbe irrtüml annimmt, er sei ges Erbe, und umgekehrt (s Rn 4); desgl wenn der Erbe inf körperl od geistigen Verfalls von Anfall u BerufgsGrd nicht mehr Kenntn nehmen kann (BayObLG NJW **53**, 1431). – **aa) Bei gesetzlicher Erbfolge** ist Kenntn des die Erbberechtigg begründenden Familienverhältnisses (Verwandtsch, Ehe, §§ 1924–1935) erforderl. Außerdem muß dem ges Erben bekannt sein, daß keine letztw Vfg vorhanden ist, die das ges ErbR ausschließt; hierbei genügt es, wenn er keine Kenntnis u auch keine begründete Vermutg hat, daß eine Vfg vTw vorliegt (BayObLG RhNK **79**, 159). – **bb) Bei gewillkürter Erbfolge** muß der Erbe Kenntn davon erlangen, daß er dch Vfg vTw zum Erben berufen ist. Auf die genaue Kenntn des ganzen Inhalts der ihn berufenden Vfg kommt es nicht an. Insbes ist unerhebl, ob er sie für ein Test od einen ErbVertr hält, ihre Tragweite od den Nachl überschaut, die genaue Größe seines Erbteils od den sonstigen Inhalt kennt; irrt er sich über die Erbteilsgröße, hilft allenf Anfechtg. Existieren mehrere Vfgen des Erbl mit unterschiedl Regelgen, sollte allerd Kenntn von dem bestimmten Test verlangt werden, nachdem dessen Eröffng dch **II** zur weiteren Voraussetzg für den Fristbeginn gemacht wird (MüKo/Leipold Rn 4). 5 6 7

c) Maßgebliche Person. Entscheidend ist die Kenntn des Erben, im Falle seiner Minderjähigk od Geschäftsunfähigk die seiner ges Vertreter (BayObLG Rpfleger **84**, 403), also beider Eltern (§ 1945 Rn 2) od eines Betreuers (§ 1902). Ist Erbe voll geschäftsfäh, genügt bei Betreuung (§ 1896) od Bevollmächtigg sowohl die Kenntn des Vertretenen wie die seines Vertreters (KG HRR **35** Nr 1664); die früher ablaufende Frist entscheidet. § 166 gilt nicht, da er nur die RFolgen einer WillErkl, nicht deren Unterlassg betrifft. – Ist Erbe eine **juristische Person,** die zum Erwerb einer Genehmigg bedarf (EG 86), beginnt die Frist erst mit 8

Kenntn von deren Erteilg (Soergel/Stein Rn 17 mN). – Für **Nacherben** beginnt die Frist erst bei Kenntn des Eintritts der Nacherbfolge u des Berufsgsgrundes (RG LZ **25**, 1071), doch kann er (wie jeder Erbe, § 1946) bereits nach Eintritt des Erbfalls ausschlagen (§ 2142 I). Für einen nach dem Tode des Erbl geborenen Erben (§ 1923 II) beginnt die AusschlaggsFrist nicht vor dessen Geburt (§ 1942 Rn 1) u Kenntn des ges Vertreters. – Der **Ersatzerbe** (§ 2096) kann bereits nach dem Erbfall, muß aber erst nach dem Ersatzerbfall ausschlagen.

9 **3) Fristablauf** wird nach §§ 187 I, 188, 193 berechnet. Fristverlängerg od Verkürzg durch NachlG ist unzuläss. Der Erbl kann allerdings die Frist dadurch verlängern od verkürzen, daß er die Annahme innerh eines gewissen Zeitraumes vorschreibt (Stgt OLGZ **74**, 67/68); bei Bestimmg einer längeren Frist ist der Erbe unter einer aufschiebenden Bedingg eingesetzt (RGRK Rn 1). – **Hemmung** dch Stillstand der RPflege (§ 203) kann in Bezug auf die fr DDR nicht allg angenommen werden (Adlerstein/Desch DtZ **91**, 193). – Als Fall höherer Gewalt wird die unvermeidb Verzögerg einer erforderl vormschgerichtl Genehmigg (§§ 1643 II, 1822 Nr 2; vgl § 1945 Rn 3) angesehen, weil bei deren Verzögerg dch Gericht über den Fristablauf hinaus Anfechtg wg Fristversäumg (§ 1956) mangels Irrt nicht mögl ist (hM; Ffm FamRZ **66**, 259; BayObLG **69**, 18; **83**, 9); die Hemmg des Fristablaufs fällt mit Zugang des GenehmiggsBeschlusses beim ges Vertreter weg (Ffm aaO). Od wenn nicht sachkund Betreuer beim VormschG die Bestellg eines anderen anregt, bis zur Entscheidg hierüber (BayObLG FamRZ **98**, 642). – Nach § 206 I 2 beträgt die Frist eines ges Vertreters ebenf nur 6 Wochen, nicht 6 Monate, abgesehen vom Fall des **III**. § 206 II ist unanwendb (Staud/Otte Rn 27). Fällt der ges Vertreter nach Kenntn, also nach Fristbeginn (durch Tod, Abberufg usw) weg, beginnt bei Bestellg des Nachfolgers eine neue Frist. Erneute Kenntn ist nicht erforderl, da der neue Vertreter (od der geschäftsfähig gewordene Erbe) die RLage so hinnehmen muß, wie er sie vorfindet; beim Tod des Erben läuft die schon im Lauf befindl Frist gg seine Erben weiter (vgl aber §§ 1952 II, 1956).

10 **4) Beweislast.** Beruft sich der in Anspr genommene Erbe auf Ausschlagg, hat er diese u ihren Zeitpkt nachzuweisen. Wer dagg Verlust des AusschlaggsR geltd macht, ist hierfür beweispflicht, also für Annahme od Fristablauf (Baumgärtel/Strieder Rn 3). S auch Düss MDR **78**, 142 zur Prüfg des Fristablaufs im ErbSchVerf.

1945 *Form der Ausschlagung.* **I Die Ausschlagung erfolgt durch Erklärung gegenüber dem Nachlaßgerichte; die Erklärung ist zur Niederschrift des Nachlaßgerichts oder in öffentlich beglaubigter Form abzugeben.**

II Die Niederschrift des Nachlaßgerichts wird nach den Vorschriften des Beurkundungsgesetzes errichtet.

III Ein Bevollmächtigter bedarf einer öffentlich beglaubigten Vollmacht. Die Vollmacht muß der Erklärung beigefügt oder innerhalb der Ausschlagungsfrist nachgebracht werden.

1 **1) Die Ausschlagungserklärung** ist einseitige, form- und fristgebundene, amtsempfangsbedürftige WillensErkl (§ 130). Sie wird daher erst wirks, wenn sie dem NachlG zugeht; geht diesem allerd vorher od gleichzeitig ein Widerruf zu (§ 130 I), wird sie nicht wirks. Die Erkl muß den Willen erkennen lassen, nicht Erbe sein zu wollen; dies ist ggf dch Auslegg (§§ 133, 157) festzustellen (BayObLG **67**, 33; **77**, 163); wollte der Erbe entgg dem Wortlaut seiner Erkl nur den in der fr DDR belegenen Grdbesitz ausschlagen, den Nachl in der alten BRD aber annehmen, ist die Ausschlagg nicht wg geheimen Vorbehalts nichtig (§ 116; BayObLG **92**, 64). – Bei **Auslegung** einer nicht eindeut Erkl ist auf das Verständn des Personenkreises abzustellen, der von der Ausschlagg rechtl betroffen wird; dies gilt auch für die Frage, ob Teilausschlagg erkl ist (BayObLG **92**, 64). Da sie das Gegenstück der Annahme ist (§ 1957 I), muß auch die Erkl, nicht annehmen zu wollen, genügen (Besonderheiten in §§ 1947 ff). In der Erklärg eines ges Erben (MitE), daß er das auf Test beruhende ErbR einer and Person anerkenne, liegt noch keine Ausschlagg der Erbsch, auch wenn der Erklärende wußte, daß das Test nichtig ist (BayObLG aaO). Bei mehrfacher Ausschlagg ist die zweite RHdlg zunächst unbeachtl, kann aber Wirksamk dadurch erlangen, daß die erste sich als unwirks herausstellt. – Eine Anfechtg der Ausschlagg wg GläubBenachteiligg kann nicht erfolgen, da sie keine Schenkg ist (§ 517; s RG **54**, 289).

2 **2) Der Ausschlagende** muß unbeschränkt geschäftsfäh sein. Er braucht aber nicht persönl zu handeln. Bei gewillkürter Vertretg muß mit der Erkl öff beglaubigte Vollmacht zur Ausschlagg vorgelegt od innerh der Frist nachgereicht werden **(III)**, die nicht vom NachlG beurkundet werden kann (Winkler Rpfleger **71**, 346). Kosten der Beglaubigg trägt der Ausschlagende. – **a) Gesetzliche Vertreter.** Beschränkt Geschäftsfähige können nur mit Einwilligg ihres ges Vertr ausschlagen (§ 107), aber nicht mit dessen nachträgl Zustimmg (§ 111). Im übr kann für sie sowie für Geschäftsunfähige nur ihr ges Vertr die Ausschlagg erklären. Dessen Berechtigg zur Ausschlagg entfällt auch nicht dadch, daß der Erbl ihn oder einen von ihnen nach § 1638 von der Verwaltg des Nachl ausgeschlossen hat (Karlsr FamRZ **65**, 573). Die Ausschlagg dch den ges Vertreter wird auch wirks, wenn der Vertretene nach Abgabe der AusschlagsErkl, aber noch vor deren Zugang volljähr wird (§ 130 II; Karlsr aaO). **Eltern** (§ 1629 I) müssen beide die ihrem Kind angefallene Erbsch ausschlagen (BayObLG **77**, 163); schlägt nur ein Elternteil aus, ist die Ausschlagg auch dann nicht wirks, wenn der and formlos zustimmt (BayObLG **57**, 361; Soergel/Stein Rn 5). Auch wenn die Ausschlagg des Kindes dazu führt, daß nunmehr ein Elternteil als Erbe berufen ist, sind die Eltern nicht kr G von der Vertretg ausgeschlossen, weil bei der Ausschlagg § 181 weder direkt noch seinem Schutzzweck nach eingreift und ein Fall der §§ 1629 II, 1795 nicht vorliegt (BayObLG **83**, 213; auch Coing NJW **85**, 6; dagg für erweiternde Auslegg des § 181 Heldrich FS Lorenz, 1991, 97; Buchholz NJW **93**, 1161). Dem dadch entstehenden Interessenkonflikt kann Rechng getragen werden, weil die Eltern die Genehmigg des FamG einholen müssen (§ 1643 II 1 mit Ausn in S 2; s Rn 3), ohne die ihre AuschlaggsErkl unwirks ist (§ 1831; s § 1828 Rn 2). Dieses wird ggf vom NachlG vAw verständigt (FGG 35 a) u idR statt die Genehmigg zu erteilen den Eltern insow deren ges Vertretg gem §§ 1629 II 3, 1796 entziehen und einen Pfleger (§ 1909) bestellen (Soergel/Stein Rn 6; s auch BayObLG aaO). Auch Vormund, Betreuer u Pfleger bedürfen stets der vormschgerichtl Genehmigg (§§ 1822
3 Nr 2; 1908 i; 1915). – **b) Die Genehmigung** des FamG ist samt dem Nachweis der zu ihrer Wirksamk

erforderl Bekanntmachg an den ges Vertr (§ 1828) innerhalb der Frist des § 1944 dem NachlG vorzulegen. Ohnehin ist sie grdsl vorher zu erholen (§ 1831); ausnahmsw kann sie hier allerd entspr **III** 2 auch noch nach der Erkl beigebracht werden (BayObLG **83**, 213; Ffm FamRZ **66**, 259). Wird die Erteilg der rechtzeit beantragten Genehmigg verzögert, ist dies ggf als höhere Gewalt anzusehen (s § 1944 Rn 9). Das VormschG darf seine Entscheidg nicht davon abhäng machen, ob nach seiner Beurteilg die Ausschlaggsfrist bereits abgelaufen ist (BayObLG **69**, 14; Soergel/Stein Rn 6). – **c) Bei Ehegatten** ist zur Ausschlagg nur derjen 4
berecht, dem die Erbsch anfiel, bei GüterGemsch auch dann, wenn das Gesamtgut vom anderen Eheg verwaltet wird (§ 1432); bei gemeinschaftl Verwaltg können beide Eheg gemeins (§ 1450) od nur der Erbende (§ 1455 Nr 1) ausschlagen. Bei ZugewinnGemsch bedarf der Eheg zur Ausschlagg nicht der Einwilligg seines Partners nach §§ 1365, 1367. – **d) Sonstiges.** Bei Anfall vor Eröffng des ErbenInsolvenzVerf ist der Erbe zur 5
Ausschlagg berechtigt (InsO 83). – TV u NachlPfleger können ebsowenig ausschlagen wie annehmen (vgl § 2205 Rn 4; § 1960 Rn 21). – Eine nach Erbfall formlos vereinbarte **Verpflichtung** zur Ausschlagg ist mögl, muß aber durch formgerechte Ausschlagg erfüllt werden (RG HRR **29** Nr 292); vor dem Erbfall ist sie nur gem § 312 II mögl.

3) Form. Die Erkl muß ggü dem NachlG (Rn 7) entw zu dessen Niederschrift (Rpfleger, RPflG 3 Nr 1 f; 6
II iVm BeurkG 1–13 a; 16–18; 22–26; 44–51; 54) od in öff beglaub Form (§ 129; BeurkG 40; 63) abgegeben werden. Ausschlagg des Jugendamts vor dem 1. 7. 98 als früh Amtspfleger in Form einer öff Urk (ZPO 415) bedurfte nicht der öff Beglaub (LG Bln Rpfleger **94**, 167 mwN). Halten sich die Erben im Ausland auf (§ 1944 III), sollte für die an das inländ NachlG gerichtete Erkl auch Ortsform genügen (EG 11; str; ebso Staud/Dörner EG 25 Rn 12); die Abgabe dch Bevollmächt mit öff beglaub Vollm ist stets wirks (MüKo/Birk vor EG 24–26 Rn 186). Formfehler bei der Niederschr können innerh der Frist behoben werden (arg III 2). Ausschlagg dch Telegramm genügt nicht. – **Gebühr** KostO 45. – Die Ausschlagg in öff Test wäre an sich ebenso wie der in gleicher Form erfolgende Widerruf einer Schenkg wirks (str; vgl § 130 Rn 12); es wird aber nur selten die Frist des § 1944 gewahrt sein.

4) Erklärungsempfänger ist ausschließl das **Nachlaßgericht** (anders beim Vermächtnis, §§ 2180 II 1; 7
2308 II 2; wenn ZGB der fr DDR zur Anwendg kommt, s Dresden OLG-NL **96**, 139; BGH NJW **98**, 227; ausführl noch 55. Aufl, § 1944 Rn 11–13). Diese nimmt die AusschlaggsErkl entgg (selbst wenn es sie für verspätet od unwirksam hält) u teilt die Ausschlagg den Nächstberufenen mit (§ 1953 III). Über die Wirksamk der Ausschlagg entscheidet es nur im Rahmen eines ErbSchVerf, selbst wenn das LandesR ihm die Erbenermittlg vAw vorschreibt (BayObLG **85**, 244); für einen (feststellenden) gesonderten Beschluß besteht weder eine Verpflichtg noch ein Bedürfnis (BayObLG aaO). Das NachlG kann im Wege der RHilfe ein and NachlG um Entggnahme ersuchen; dieses kann nach Ausschlagg auch noch den nachrückenden Erben einvernehmen u dessen Erkl entggnehmen, weil das Ersuchen weit auszulegen ist (BayObLG **52**, 291). – Die Aufnahme der Erkl zur Niederschr od ihre EntggNahme in öff beglaubigter Form dch ein **örtlich unzu-** 8
ständiges Gericht ist dann nicht unwirks, wenn sich dieses als NachlG betätigt (FGG 7; s BGH Rpfleger **77**, 406; BayObLG FamRZ **98**, 924). Dazu gehört auch die Weitergabe der Erkl innerh der Frist an das zuständ NachlG, auch wenn sie dort verspätet eingeht (Keidel/Reichert FGG 7 Rn 6). Selbst wenn das unzuständ Gericht nach Aufnahme od Entggnahme untätig bleibt, ist die Wirksamk zu bejahen, da auch Aufnahme u Entggennahme von Erkl od deren Weitergabe gerichtl Handlgen sind (ebso Keidel/Reichert FGG 7 Rn 5). Nur wenn das Gericht wg Unzuständigk die bei ihm in öff beglaub Form eingereichte Erkl zurückgibt, ist die Ausschlagg unwirks. Sie kann aber vor Fristablauf in wirks Form wiederholt werden. – NachlG hat auf Verlangen eine **Bestätigung** über den Eingang der öff beglaub Erkl od üb die erfolgte Beurkundg dch 9
Niederschrift auszustellen, sich dabei aber nicht üb die Wirksamk der Ausschlagg zu äußern.

5) Ausländischer Erblasser. Das anzuwendde ausländ ErbR (EG 25) bestimmt auch üb die Möglichk u 10
die Voraussetzgen einer Ausschlagg (s EG 25 Rn 10). Regelt es dabei, daß die Ausschlagg ggü einem Gericht abzugeben u somit amtsempfangsbedürft ist, betrifft dies die mat Wirksamk u ist dah nach ausländ R als dem Erbstatut zu beurteilen (BayObLG **94**, 40). Ggü welchem Gericht (od Amtsperson) die Erkl abzugeben ist, ist eine Frage des VerfahrensR, die sich nach der lex fori (dtschem R) beurteilt. Ist es das NachlG, hat dieses seine internat Zuständigk zur Entggnahme einer AusschlaggsErkl nach einem ausländ Erbl zu prüfen. Diese fehlt grdsl, ergibt sich allerd aus § 2369, wenn die Erteilg eines ggständl beschränkten ErbSch beantrag wurde; dabei ist jedoch zweifelh, ob dann das deutsche R sie auch für eine gesamte, den ausländ Nachl mit umfassene Ausschlagg in Anspr nimmt (BayObLG NJW-RR **98**, 798 mN). Die internat Zuständigk kann sich ferner analog FGG 7 daraus ergeben, daß das NachlG die Erkl entggengenommen hat, ohne auf Zweifel an seiner Zuständigk hinzuweisen, wenn aus der Sachbehandlg beim Erklärenden der Eindruck entstehen konnte, er habe seine Erkl ggü dem zuständ Gericht abgegeben (BayObLG **94**, 40; NJW-RR **98**, 798).

1946 ***Frühester Zeitpunkt für Annahme oder Ausschlagung.*** **Der Erbe kann die Erbschaft annehmen oder ausschlagen, sobald der Erbfall eingetreten ist.**

1) Der Erbfall ist der frühest mögl Zeitpkt für Annahme od Ausschlagg. Eine davor erfolgte Erkl ist 1
wirkgslos u muß nach Erbfall wiederholt werden; zu Lebzeiten des Erbl ist nur Erbverzicht (§ 2346) od Vertr nach § 312 II zuläss (s auch § 1922 Rn 3). Ab seinem Tod muß dann aber nicht erst der Beginn der Ausschlaggsfrist (§ 1944 II) abgewartet werden, da im Hinbl auf den Grds des Vonselbsterwerbs (§ 1922) eine rasche Klärg der endgült RLage mögl sein soll. – Für einen beim Erbfall noch nicht geborenen, aber schon erzeugten künft Erben (§ 1923 II) kann noch nicht angenommen (§ 1943 Rn 4), nach hM aber bereits dch seine künft ges Vertreter (Eltern od ein nach § 1912 bestellter Pfleger) ausgeschlagen werden (zB Stgt OLGZ **93**, 140; Oldbg NJW-RR **94**, 651; Osnabr Rpfleger **93**, 342; aA LG Berlin Rpfleger **90**, 362; AG Recklinghausen Rpfleger **88**, 106). Ebso kann eine jur Person, deren ErbschErwerb von einer Genehmigg nach LandesR (EG 86) abhängt, vor deren Erteilg nicht annehmen (§ 1944 Rn 8), aber schon ausschlagen (RG **76**, 384).

2 **2) Auf den Anfall** der Erbsch (§ 1942) stellt das Ges nicht ab. Nachberufene können dah schon vor einem Wegfall des Erstberufenen für den Fall ausschlagen od annehmen, daß ihnen die Erbsch anfallen sollte (§ 1947 steht nicht entgg, da RBedingg, 1947 Rn 1). Gleiches gilt für ErsatzE (§ 1944 Rn 8) u auch bei aufschiebd bedingter Erbeinsetzg. NachE kann schon vor Eintritt des NErbfalls ausschlagen (§ 2142 I) u auch annehmen (BayObLG **62**, 239). – Beim SchlußE aGrd gemeinsch Test mit EinhLösg (§ 2269 mit Rn 3) tritt der Erbfall erst mit Tod des längerlebden Eheg ein (§ 2269 Rn 11), so daß erst dann angenommen u ausgeschlagen werden kann. Im Ggsatz zu Nach- u Ersatzerbfolge liegen hier zwei getrennte Erbfälle vor, wobei der SchlußE beim ersten Erbfall nichts auszuschlagen hat. Seine schon nach Tod des erstverstorbenen Eheg erkl Ausschlagg erfolgt dah noch zu Lebzeit seines Erbl u ist damit nach § 1946 wirkgslos (BGH NJW **98**, 543 mAv Behrendt ZEV **98**, 67); er kann allerd auf die Zuwendg dch Vertr in not Form verzichten (§ 2352). Dies ist auch desh sachgerecht, weil sich bis zum Erbfall die RStellg des SchlußE noch ändern kann, zB dch Verstoß gg PflichttKlausel (§ 2269 Rn 13) od dch RHandlgen des längerlebden Eheg (Ausschlagg od Anfechtg, § 2271 Rn 17; 25 ff u neue letztw Vfg).

1947 *Bedingungsfeindliches Geschäft.* **Die Annahme und die Ausschlagung können nicht unter einer Bedingung oder einer Zeitbestimmung erfolgen.**

1 **1) Bedingungsfeindlich** sind Annahme u Ausschlagg, um den Schwebezustand (§ 1942 Rn 2) eindeut zu beenden u RKlarh zu schaffen, u ab Zugang unwiderrufl (§ 130 I 1, III). S aber auch §§ 1949 I, 1954. Unzulässig u zur Unwirksamk der Erkl führd sind aber nur echte rechtsgeschäftl Bedingg (s Einf 1 vor § 158) od Zeitbestimmg (§§ 158–163) wie zB „Falls mir die Erbschaftsteuer erlassen wird“, „Auf die Dauer von 3 Jahren“, „Falls der Nachlaß nicht überschuldet ist“ usw (s MüKo/Leipold Rn 2). Unschädl, weil überflüss sind dagg RBedinggen, die nur die ges Voraussetzgen betreffen (Ein 5 v § 158) wie zB „Wenn ich berufen sein sollte“, „Falls der Erblasser nicht mehr lebt“. Keine echte Bedingg liegt auch vor, wenn für den Fall der Berufg aus einem bestimmten Grd angenommen od ausgeschlagen wird (Staud/Otte Rn 3). – Wegen mehrfacher Berufg vgl §§ 1948, 1949, 1951, 2007.

2 **2) Ausschlagung zugunsten Dritter** ist unschädl RBedingg, wenn dieser ohnehin der Nächstberufene (§ 1953 II) ist. Unzuläss echte Bedingg liegt dagg vor, wenn die Ausschlagg nur gelten soll, falls dann die Erbsch auch dem benannten Dritten anfällt, dieser aber nicht zum Zuge kommt. Der gewollte Erwerb des Dritten kann allerd auch nur den Beweggrund der Ausschlagg ausdrücken, ohne daß die Wirksamk der Erkl vom Anfall an diese Person abhängen soll. Ob unschädl Motivangabe od unzuläss Bedingg vorliegt, ist dch Auslegg zu ermitteln (s Hamm NJW **81**, 2585; FamRZ **98**, 771; Frohn Rpfleger **82**, 56) Echte Bedingg ist sie, wenn dem Ausschlagden erkennb daran liegt, daß die Erbsch an einen bestimmten Dritten gelangt u der Erklärde mit einem mögl and Erfolg keineswegs einverstanden ist (BayObLG **77**, 163, Rpfleger **82**, 69). Ebso, wenn Ausschlagg davon abhäng gemacht wird, daß der Dritte die Erbsch auch annimmt. Die als Ausschlagg unwirks Erkl kann ggf als Annahme, verbunden mit einem Angebot an Dritten, ihm die Erbsch zu veräußern (§§ 2371, 2033, 2385), anzusehen sein (KGJ **35** A 63), insbes wenn Begünstigter Entgelt für Ausschlagg versprochen hat. Wird das Entgelt dann nicht gezahlt, berührt dies die Wirksamk der Ausschlagg nicht.

1948 *Mehrere Berufungsgründe.* **I Wer durch Verfügung von Todes wegen als Erbe berufen ist, kann, wenn er ohne die Verfügung als gesetzlicher Erbe berufen sein würde, die Erbschaft als eingesetzter Erbe ausschlagen und als gesetzlicher Erbe annehmen.**

II Wer durch Testament und durch Erbvertrag als Erbe berufen ist, kann die Erbschaft aus dem einen Berufungsgrund annehmen und aus dem anderen ausschlagen.

1 **1) Normzweck.** Ist ein Erbe aus mehreren Grden als AlleinE od als MitE berufen, gestattet ihm **I** die getrennte Annahme u Ausschlagg, währd er sonst nur insgesamt ausschlagen od annehmen kann (§ 1950). Entsprechdes ordnet **II** für den Fall gleichzeit Berufg dch Test u ErbVertr an. Allerd hat die Vorschr nur geringe prakt Bedeutg, weil die Ausschlagg der dch Vfg vTw zugewendeten Erbsch nicht die angeordneten Belastgen u Beschwergen beseitigt. Sie birgt auch Gefahren, da der Erbe dabei wg des Vorrangs des ErblWillens nicht immer sicher sein kann, daß dann seine ges Berufg auch wirkl zum Tragen kommt (s Rn 2). – Die Berufg zu mehreren Erbteilen regelt § 1951.

2 **2) Voraussetzung des I** ist, daß durch die Ausschlagg die ges Erbfolge des Ausschlagenden eröffnet wird, zB Einsetzg als AlleinE, Fall des § 2088. Die Vorschr gilt also nicht, wenn die ges Erbfolge durch erschöpfende testamentarische Bestimmgen gänzl ausgeschlossen ist, der ausgeschlagene Erbteil daher entweder den Nach- u ErsatzE zufällt (Ffm NJW **55**, 466; Rpfleger **69**, 386) oder den übr eingesetzten Erben nach § 2094 anwächst (BayObLG **77**, 163) od das G (§§ 2069, 2102) für den Fall der Ausschlagg eine and Erbfolge vorsieht (s BayObLG **77**, 163/166 f). – **Folge** einer Ausschlagg der letztwill Erbeinsetzg ist, daß für die Berufg als ges Erbe ab Kenntn dieses Berufsgrundes neue Ausschlaggsfrist läuft (RGRK Rn 9). Kennt der Ausschlagende seine Berufg als ges Erbe, muß er wg § 1949 II die Ausschlagg auf die Berufg als eingesetzter Erbe beschränken, um sich die ges Erbfolge zu wahren (Staud/Otte Rn 14). – Der umgekehrte Fall (Ausschlagg als ges u Annahme als eingesetzter Erbe) kann nicht in Betr kommen („wenn er ohne die Vfg als gesetzlicher Erbe berufen sein würde“).

3 **3) Testament und Erbvertrag.** Auch **II** hat prakt keine große Bedeutg. Es ist an die Fälle zu denken, daß das Test od der ErbVertr besondere Beschränkgen und Belastgen (Vermächtnisse, Nacherbeinsetzgen) enthält. Sind sie dem Test beigefügt, so wird es durch einen späteren ErbVertr ohnedies aufgehoben, soweit das Recht des vertragsmäß Bedachten beeinträchtigt würde (§ 2289 I), währd die im ErbVertr enthaltenen Beschräkgen auch bei Ausschlagg der vertragsmäß Einsetzg bestehen bleiben (vgl § 2161). **II** gilt jedoch nicht, wenn die Berufg auf zwei Test od zwei ErbVertr beruht, § 1951 II (s MüKo/Leipold Rn 11).

1949 ***Irrtum über den Berufungsgrund.*** **I Die Annahme gilt als nicht erfolgt, wenn der Erbe über den Berufungsgrund im Irrtume war.**

II Die Ausschlagung erstreckt sich im Zweifel auf alle Berufungsgründe, die dem Erben zur Zeit der Erklärung bekannt sind.

1) Nichtige Annahme (I). Bei Irrtum des Erben üb BerufgsGrd läßt die Vorschr die Wirkgen einer 1
Anfechtg ohne die sonst erforderl AnfechtgsErkl (§ 1954) eintreten. Dah besteht auch keine SchadErsatzPfl (§ 122). Die Ausschlaggsfrist beginnt in diesem Fall erst mit Kenntn des wahren Grundes, vorausgesetzt, daß die beiden Berufgen sich nicht inhaltl decken. – **a) Berufungsgrund** ist die Art u Weise der konkreten 2
Berufg: durchein bestimmtes VerwandtschVerh, Ehe od eine bestimmte Vfg vTw. Die richtige Kenntn vom BerufgsGrd darf nicht mit der Kenntn vom Grd der Berufg nach § 1944 II (s dort Rn 5–7) gleichgesetzt werden. – **b) Der Irrtum** kann auf Unkenntn der die Berufg begründenden Tatsachen (zB VerwandtschVerh, 3
ob gesetzl od gewillkürte Erbfolge) od auf falscher rechtl Beurteilg bekannter Tatsachen beruhen (zB Test wird fälschl für unwirks erachtet, BGH NJW **97**, 392). Nimmt also der eingesetzte Erbe inf Unkenntn der maßg VerwandtschBeziehg die Erbsch an, ohne zu wissen, daß er (zB durch Wegfall der gesetzl Vorberufenen) der nächste gesetzl Erbe war, so irrt er über den BerufsGrd (Staud/Otte Rn 6). Ohne Einfluß ist, ob der Irrt entschuldb ist od nicht. – **Nicht** anwendb ist **I,** wenn es (wie meist) dem Erben ganz gleichgültig war, aus welchem Grd die Berufg erfolgte, da Berufg auf Irrt dann RMißbrauch ist (Pohl AcP **177**, 57/71 läßt es dann bereits an Kausalität mangeln; zustimmd Kraiß BWNotZ **92**, 31). Er greift auch nicht ein, wenn die Erbsch ledigl inf Versäumg der Ausschlagg (§ 1943) als angenommen gilt, da die Frist nicht ohne Kenntn des Berufgsgrundes zu laufen beginnt (§ 1944 II).

2) Unwirksame Ausschlagung liegt gem dem hier ebenf anwendb **I** vor, wenn Erbe üb BerufgsGrd im 4
Irrtum war u dah der wahre Grd ihm unbekannt geblieben ist (Soe/Stein Rn 1). Sind mehrere BerufgsGrde gegeben u wird die Ausschlagg pauschal ohne tatsächl Angaben erklärt, erstreckt sie sich nach **II** im Zw auf alle dem Erben bekannten BerufgsGrde, aber nicht auf einen tatsächl gegebeben, der er infolge Irrtums nicht kannte. Kennt der Erbe alle Berufgsgründe, kann er die Ausschlagg auf einen beschränken. Ob die Ausschlagg sich auch auf möglicherw erst künftig eintretende Berufgsgründe erstreckt, ist Frage der Auslegg. Die Vermutg des **II** gilt hier nicht (MüKo/Leipold Rn 10).

1950 ***Teilannahme; Teilausschlagung.*** **Die Annahme und die Ausschlagung können nicht auf einen Teil der Erbschaft beschränkt werden. Die Annahme oder Ausschlagung eines Teiles ist unwirksam.**

1) Unwirksam ist eine nur teilw Annahme od Ausschlagg des Erben. Das G untersagt ihm dies, damit der 1
Grdsatz der Gesamtrechtsnachfolge (§ 1922 I) von ihm nicht unterlaufen werden kann, indem er seine Erbquote willkürl beeinflußt. Weder der AlleinE noch der MitE kann also seine Annahme od Ausschlagg auf rechtl gar nicht existierende Bruchteile der Erbsch od des Erbteils (§ 1922 II) beschränken; ohnehin kann er dies nie bezügl einzelner NachlGgstände. Die Ausschlagg unter Vorbehalt des Pflichtt wird nur ausnahmsw als Teilausschlagg gewollt sein, indem ein dem Pflichtt entspr Erbteil von der Ausschlagg ausgenommen sein soll. Meist liegt eine uneingeschränkte Ausschlagg vor, weil der Erklärende nur klarstellen will, daß er trotz Aufgabe seines ErbRs noch eine (Geld-)Fdg stelle. Es geht dann aber um die Frage, ob das Bestehen des PflichttAnspr (§ 2317) unbeachtl Motiv od Bedingg (dann § 1947) war (MüKo/Leipold Rn 5; Soergel/Stein Rn 1; Frohn Rpfleger **82**, 56).

2) Folge der Unwirksamk einer Teilannahme od Teilausschlagg ist, daß die ganze Erbsch mit dem Ablauf 2
der Ausschlaggfrist als angenommen gilt (Soergel/Stein Rn 1). Ehegatten können bei ZugewinnGemsch also nicht ihren Erbteil nach § 1931 I annehmen u die Erhöhg nach § 1371 I ausschlagen oder umgekehrt, da es sich um einen einheitl Erbteil handelt. – Besonderheiten in § 1951, 1952 III (mehrere Erbteile, Ausschlagg von Erbeserben). Auch auf Vermächtn anwendb (§ 2180 III).

1951 ***Mehrere Erbteile.*** **I Wer zu mehreren Erbteilen berufen ist, kann, wenn die Berufung auf verschiedenen Gründen beruht, den einen Erbteil annehmen und den anderen ausschlagen.**

II Beruht die Berufung auf demselben Grunde, so gilt die Annahme oder Ausschlagung des einen Erbteils auch für den anderen, selbst wenn der andere erst später anfällt. Die Berufung beruht auf demselben Grunde auch dann, wenn sie in verschiedenen Testamenten oder vertragsmäßig in verschiedenen zwischen denselben Personen geschlossenen Erbverträgen angeordnet ist.

III Setzt der Erblasser einen Erben auf mehrere Erbteile ein, so kann er ihm durch Verfügung von Todes wegen gestatten, den einen Erbteil anzunehmen und den anderen auszuschlagen.

1) Bei Berufung zu mehreren Erbteilen sieht § 1951 deren Teilbarkeit vor. Allerd gestattet § 1951 die 1
getrennte Annahme od Ausschlagg der mehreren Erbteile nur, wenn die Berufg auf verschiedenen Grden beruht (I) od der Erbl sie gestattet hat (**III**); sonst nicht bei einheitl BerufgsGrd (§ 1950 S 2). Die Berufg auf einen Erbteil aus mehreren Grden ist in § 1948 geregelt. – Keine Mehrheit von Erbteilen liegt bei Erhöhg (§ 1935) od Anwachsg (§§ 2094; 2095) vor, so daß sich eine Annahme od Ausschlagg ohne weiteres auf den erhöhten od angewachsenen Erbteil erstreckt. – Zur Erbenhaftg s § 2007.

2) Berufungsgrund ist der konkret maßgebl Tatbestand, aus dem sich die Berufg zum Erben ergibt. 2
Verschiedene Grde liegen also vor, wenn mehrere solcher Tatbestände gegeben sind, die aber grdsl nicht auch verschiedenartig sein müssen (Ausn **II** S 2). Also zB bei ges u gewillkürter Berufg nebeneinander; bei ges

Berufg in den Fällen des § 1927 (Zugehörigk zu verschiedenen Stämmen) u des § 1934 (Eheg als Verwandter); bei Berufg dch Vfg vTw, wenn ein Teil aus Test, ein anderer aus ErbVertr anfällt; od aus mehreren ErbVertr, die Erbl mit verschiednenen Personen geschlossen hat. – Derselbe BerufgsGrd liegt dagg vor bei Anfall aus einem od mehreren Test; aus einem od mehreren mit derselben Person abgeschlossenen ErbVertr (**II** 2). Die Einheit wird aus der zu vermutenden einheitl Willensrichtg des Erbl gefolgert, so daß auch Annahme u Ausschlagg einheitl zu erfolgen haben. Dasselbe Test, das für dieselbe Person mehrere Nacherbeneinsetzgen unter verschiedenen Voraussetzgen anordnet (beim Tode der Vorerbin, bei Wiederverheiratg),
3 stellt nur einen BerufgsGrd dar (KG JFG **6**, 143). – **a) Bei demselben** BerufgsGrd können auch mehrere Erbteile, vorbehaltl einer anderw Bestimmg des Erbl (**III**), nur einheitl angenommen od ausgeschlagen werden (**II**), selbst wenn der eine Erbteil erst später anfällt. Hat zB der Erbl jemand für einen Erbteil zum Erben, für den anderen zum ErsatzE (§ 2096) eingesetzt, hindert die beim Anfall des ersten Erbteils noch bestehende Ungewißh od Unkenntn des Eintritts der Ersatzerbfolge die allg Wirkg der Annahme od Ausschlagg nicht (**II** 1). Die Annahme kann also auch vor dem Anfall wirks erfolgen; auch seitens des NachE (RG **80**, 382). Die Teilannahme od -Ausschlagg ist in entspr Anwendg des § 1950 unwirks; also Fiktion der Annahme auch
4 des ausgeschlagenen Teils nach § 1943, vorbehaltl der Anfechtg, § 1956 (s Pohl AcP **177**, 74). – **b) Bei verschiedenen** BerufgsGrden kann der Erbe sich auch verschieden entscheiden u die mehreren Erbteile teils annehmen, teils ausschlagen. Schlägt er nun einen Erbteil aus, so ist damit der andere noch nicht stillschweigd angenommen. § 1949 II ist aber auch auf mehrere Erbteile entsprechd anzuwenden. Im Zw erstreckt sich daher Annahme od Ausschlagg auf alle Erbteile, soweit sie schon angefallen sind u der Anfall dem Erben bekannt ist (Staud/Otte Rn 6). Beschränkt der Erbe bei einem einheitl BerufgsGrd seine Erkl auf einen Erbteil, so ist sie in entspr Anwendg des § 1950 S 2 unwirks (hM).

5 **3) Erblassergestattung (III).** Der Erbl kann dem auf mehrere Erbteile eingesetzten Erben dch Vfg vTw gestatten, einen Erbteil anzunehmen u den and auszuschlagen. Nach hM ist es desh auch zuläss, daß der Erbl die Erbsch in Bruchteile aufspaltet, um eine gesonderte Annahme od Ausschlagg zu ermöglichen (MüKo/Leipold Rn 7 mN). Setzt er den von ihm Bedachten mehrfach zum AlleinE unter jew unterschiedl Ausgestaltg seiner Erbenstellg dch Bedinggen u Belastgen ein (vgl KG JFG **6**, 138; BayObLG **66**, 227), kann er entspr dem RGedanken des III dann auch die gesonderte Annahme od Ausschlagg der verschiedenen Erbsch gestatten (BayObLG NJW-RR **97**, 72).

1952 *Vererblichkeit des Ausschlagungsrechts.* **[I] Das Recht des Erben, die Erbschaft auszuschlagen, ist vererblich.**

[II] Stirbt der Erbe vor dem Ablaufe der Ausschlagungsfrist, so endigt die Frist nicht vor dem Ablaufe der für die Erbschaft des Erben vorgeschriebenen Ausschlagungsfrist.

[III] Von mehreren Erben des Erben kann jeder den seinem Erbteil entsprechenden Teil der Erbschaft ausschlagen.

1 **1) Das Ausschlagungsrecht** ist eine nur dem Erben persönl zustehende RBefugn u daher auf Dritte nicht übertragbar. Es ist aber **vererblich,** sofern es der Erbe nicht schon dch Annahme verloren hat (§ 1943) und geht unter dieser Voraussetzg beim Tod des Erben zusammen mit der ganzen vorläufigen RPosition (BGH **44**, 152) als Bestandteil des ErbenNachl auf den ErbesE über; entspr gilt auch für Vermächtnis (§ 2180 III).

2 **2) Stellung des Erbeserben.** Der Erbe des Erben kann beide Erbschaften annehmen od beide ausschlagen, ebso die erste Erbschaft ausschlagen u die zweite annehmen. Dagg kann er nicht umgekehrt die zweite ausschlagen u die erste annehmen, da er die erste nur als Bestandteil der zweiten erhalten könnte (dazu von Lübtow JZ **69**, 503; s auch Brüstle BWNotZ **76**, 78). In der Annahme oder Ausschlagg der ersten liegt idR eine stillschw Annahme der zweiten Erbsch (Staud/Otte Rn 2; aA Soergel/Stein Rn 2, zT auch MüKo/Leipold Rn 5). – Hat der vor Ablauf der Ausschlaggsfrist verstorbene Erbe Vor- und NachE eingesetzt, so kann der VorE die Erbsch mit Wirkgg gg den NachE ausschlagen vorbehaltl seiner späteren Verantwortlichk aus §§ 2130, 2131 (s § 2112 Rn 1; Soergel/Stein Rn 3). Auch die gesetzl Erben eines VorE, denen die NachErbsch nicht zufällt, können nach Eintritt des Nacherbfalls den Anfall der Vorerbschaft an ihren Rechtsvorgänger ausschlagen, solange die Ausschlaggsfrist noch läuft (BGH **44**, 152 mAv Johannsen **LM** § 2139 Nr 2 u Bosch FamRZ **65**, 607); war hier VorE die Witwe des Erbl, mit dem sie in ZugewinnGemsch gelebt hat, kann die zurückwirkende Auschlagg (§ 1953) dch ihre gesetzl Erben bewirken, daß diese den Pflichtt-Anspr (§§ 2303 I 2 mit 2306 II) u den ZugewAusgleichsAnspr (§ 1371 II) der Witwe bei ihrem Ableben geerbt haben (s BGH aaO; unten Rn 5).

3 **3) Ausschlagungsfrist.** Hatte die Frist für den Erben schon begonnen, läuft sie für den ErbesE weiter, auch wenn er vom Anfall der ersten Erbsch keine Kenntn hat. Sie endet aber nicht vor dem in **II** bestimmten Ztpkt (BayObLG NJW **53**, 1432). War der Erbe bereits vor Fristbeginn gestorben, beginnt die Frist für den ErbesE überh erst mit seiner Kenntn von Anfall u BerufgsGrd; sie endet aber auch in diesem Falle nicht vor dem Ablauf der für die Erbsch des Erben bestehenden Ausschlaggsfrist (**II**), da andernf für die Erbsch des Erbl die gedachte Annahme nach § 1943 eintreten könnte. Die Frist beträgt 6 Monate, wenn der ErbesE sich im Ausland aufhielt (§ 1944 III).

4 **4) Mehrheit von Erbeserben (III).** Abweichend von dem Grdsatz des § 1950 haben MiterbesE, die eine gesamthänderische Unterbeteiligg an der ErbenGemsch bilden (für 2 verschied MitErbGemeinsch, MüKo/Leipold Rn 11), dch **III** die Möglichk einer **Teilausschlagung.** Schlägt nur der eine ErbesE seinen Anteil an der zur Erbsch des Erben gehörenden Erbsch des Erbl aus, fällt der ausgeschlagene Anteil (soweit nicht die Abkömml des Ausschlagenden nach §§ 1924 III, 2069 eintreten) den MiterbesE durch eine Art Anwachsg an; denn es ist dann in entspr Anwendg des § 1953 II so anzusehen, als wenn der Erbe nur von den nicht ausschlagenden Miterbeserben beerbt worden wäre (jetzt hM; s Soergel/Stein Rn 5; krit Heinrich/Heinrich Rpfleger **99**, 201). – Über die Wirkg der Ausschlagg des alleinigen ErbesE s § 1953; wird das AusschlaggsR

vererbt u ausgeübt, so gilt der Anfall an den Erbl des Ausschlagden als nicht erfolgt (von Lübtow JZ **69**, 503); Annahme, Ausschlag, Versäumg der AusschlaggsFr können angefochten werden (§§ 1954, 1956). – Zum Inhalt eines Erbscheins bei Teilausschlagg s Schmid BWNotZ **70**, 82.

5) Zugewinnausgleich. Sind in gesetzl Güterstand lebende Ehegatten so kurz hintereinander verstorben, daß das AusschlaggsR des Überlebenden bei seinem Tod noch besteht, kann von mehreren Erben des Überlebenden jeder zu seiner Erbquote nach dem Überlebden das sich aus § 1371 ergebde WahlR ausüben u die hieraus abzuleitenden Rechte geltend machen (s Schramm BWNotZ **66**, 34); aM Olshausen FamRZ **76**, 678/683, der annimmt, bei vererbtem AusschlaggR entstehe der Anspr auf ZugewinnAusgl u der bes Pflichtt-Anspr des § 1371 III nur, wenn alle ErbesE die transmittierte Erbsch ausschlagen. 5

1953 *Wirkung der Ausschlagung.* **I Wird die Erbschaft ausgeschlagen, so gilt der Anfall an den Ausschlagenden als nicht erfolgt.**

II Die Erbschaft fällt demjenigen an, welcher berufen sein würde, wenn der Ausschlagende zur Zeit des Erbfalls nicht gelebt hätte; der Anfall gilt als mit dem Erbfall erfolgt.

III Das Nachlaßgericht soll die Ausschlagung demjenigen mitteilen, welchem die Erbschaft infolge der Ausschlagung angefallen ist. Es hat die Einsicht der Erklärung jedem zu gestatten, der ein rechtliches Interesse glaubhaft macht.

1) Rückwirkung. Bei wirks Ausschlagg vor dem Anfall (§ 1946 Rn 2) erfolgt kein Anfall. Wird nach dem Anfall ausgeschlagen, so „gilt der Anfall als nicht erfolgt“ **(I).** Die Ausschlagg wirkt also auf den Erbfall zurück **(II),** so daß der Ausschlagende von Anfang an Nichterbe war. Der Nächstberufene muß zwar noch den Erbfall, aber nicht mehr die Ausschlagg erlebt haben (RG **61**, 16). 1

2) Rechtsstellung des Ausschlagenden. Da er nicht Gesamtnachfolger wurde, stand ihm der Nachlaß nie zu. Seine RVerhältn zum Erbl erloschen nicht dch Konsolidation od Konfusion. Er hat auch keinen PflichttAnspr (s § 2303 Rn 5); Ausnahmen ergeben sich allerd aus §§ 2305, 2306 I 2 und bei Zugewinn-Gemsch aus § 1371 III (s § 1371 Rn 19). Ein ihm zugewendetes VorausVermächtn verbleibt ihm, sofern es nicht mit ausgeschlagen wurde und nicht unter die Bedingg der ErbschAnnahme gestellt war. 2

a) Dem wirklichen Erben ggü trifft den Weggefallenen die Herausgabepflicht (§ 1953 iVm §§ 1959 I, 667, 681) u die Auskunftspflicht (§§ 1959 I, 681, 666 u 2027 II). Bei Eröffng des NachlInsolvVerf (InsO 11; 315 ff) kommt es für die Anfechtg von Rechtshandlgen des vorläuf Erben wg GläubBegünstigg (InsO 131) allerd auf die Absicht des vorläuf Erben an (BGH NJW **69**, 1349 zum früh KO 30 Nr 2). Gg ihn ergangene Urteile können den wirkl Erben nicht binden (BGH **106**, 359). 3

b) Im Verhältnis zu Dritten verfügte der vorläuf Erbe dch die Rückwirkg als **Nichtberechtigter** mit Ausn der Geschäfte, die nach § 1959 II, III wirks bleiben. Auch der **Besitz** ist beim Erbfall auf den wirkl Erben übergegangen (§ 857). An der tatsächl Sachherrsch des vorläuf Erben über NachlGgstände kann sich allerd nichts mehr ändern. Insoweit muß die Besitzentziehg als gesetzl gestattet angesehen werden (§ 858 I), so daß weder verbotene Eigenmacht vorliegt noch dem wirkl Erben Sachen abhanden gekommen (§ 935) sind. Gutgläubiger Erwerb vom vorläuf Erben ist also nach §§ 892, 893, 932 mögl, nach §§ 2366, 2367 prakt nur bei Anfechtg der Annahme, da im ErbSchAntr die AnnahmeErkl liegt. 4

3) Anfall an den Nächstberufenen (II). Dieser gilt (rückwirkend) vom Erbfall an als Erbe, so daß die Ausschlagg keine RNachfolge iS von ZPO 265 vom „vorläufigen“ zum „endgült“ Erben bewirkt (BGH **106**, 359). Er wird nach den Vorschr der gesetzl od gewillkürten Erbfolge ermittelt, indem der Ausschlagende als beim Erbfall nicht lebend betrachtet wird. Bei Erbeinsetzg kommt zunächst ein ErsatzE (§§ 2096, 2097, 2102) zum Zuge, dessen Einsetzg sich auch aus § 2069 ergeben kann. Fehlt ein solcher, ist bei MitE Anwachsg (§ 2094) zu beachten; greift diese nicht ein, erhalten die gesetzl Erben den frei gewordenen Erbteil (§ 2088). Der Fortfall des einzigen eingesetzten Erben löst gesetzl Erbfolge aus. – Der VorE wird bei Ausschlagg des NachE, für den kein ErsatzE bestimmt ist, zum VollE (§ 2142 II). – Bei gesetzl Erbfolge treten, sofern nicht Erhöhg von Erbteilen (§ 1935) stattfindet, an die Stelle des Ausschlagenden die in derselben Ordng Eintritts-berechtigten; sind solche nicht vorhanden, fällt das ErbR der nächsten Ordng zu (§ 1930). Die Ausschlagg des Ehegatten erhöht den Erbteil der berufenen Verwandten. – Kommt **ZGB** der fr DDR zur Anwendg (EG 235 § 1), führen Ausschlaggen bereits nach der 3. Ordng zum ErbR des Staates (ZGB 369; Vogt/Kobold DtZ **93**, 226). 5

4) Die Mitteilungspflicht (III) des NachlG hat den Zweck, die Ausschlaggsfrist gg den inf der Ausschlagg Berufenen in Lauf zu setzen; sie kann aber schon vorher beginnen, falls der Nächstberufene vom Anfall u BerufgsGrd schon vor der Mitteilg Kenntn erhielt (Soergel/Stein Rn 9 zu § 1944). Aus **III** S 1 ergibt sich, daß das NachlG den Nächstberufenen von Amts wegen (FGG 12) und gebührenfrei (KostO 105) zu ermitteln hat. Ist der nunmehr Berufene unbekannt, ist nach §§ 1960 ff (NachlPflegsch usw) zu verfahren. Gericht der Fürsorge (FGG 74) hat Sicherungsmaßnahmen dem zuständigen NachlG mitzuteilen. – **Einsichtsrecht:** Rechtl Interesse (**III** S 2) ist enger zu verstehen als berechtigtes Interesse (s § 2264 Rn 1). Einsicht wird (gebührenfrei) dem Nächstberufenen u den NachlGläub zu gewähren sein. 6 7

1954 *Anfechtungsfrist.* **I Ist die Annahme oder die Ausschlagung anfechtbar, so kann die Anfechtung nur binnen sechs Wochen erfolgen.**

II Die Frist beginnt im Falle der Anfechtbarkeit wegen Drohung mit dem Zeitpunkt, in welchem die Zwangslage aufhört, in den übrigen Fällen mit dem Zeitpunkt, in welchem der Anfechtungs-berechtigte von dem Anfechtungsgrunde Kenntnis erlangt. Auf den Lauf der Frist finden die für die Verjährung geltenden Vorschriften der §§ 203, 206, 207 entsprechende Anwendung.

III Die Frist beträgt sechs Monate, wenn der Erblasser seinen letzten Wohnsitz nur im Auslande gehabt hat oder wenn sich der Erbe bei dem Beginne der Frist im Ausland aufhält.

IV Die Anfechtung ist ausgeschlossen, wenn seit der Annahme oder der Ausschlagung dreißig Jahre verstrichen sind.

1 **1) Anfechtbarkeit.** Die WillErkl des Erben, daß er die Erbsch annimmt od daß er sie ausschlägt, ist grdsl unwiderrufl. Dafür ist sie anfechtb nach den allg Bestimmgen der §§ 119, 120, 123 (s dazu Kraiß BWNotZ **92**, 31). Die §§ 1954 bis 1957 enthalten ledigl einige Sonderregeln, ohne aber die AnfGründe zu erweitern, so daß §§ 2078, 2079 nicht gelten. Als erbrechtl Besonderh erfordert der Irrt üb den BerufgsGrd allerd gar keine AnfechtsgsErkl (§ 1949). Die Wirkg einer erfolgreichen Anfechtg geht üb § 142 hinaus (s § 1957). – Hat ein **Vertreter** die Erbsch für den Erben angenommen, kommt es für die Frage, ob die AnnahmeErkl von Willensmängeln beeinflußt war, allein auf die Person des Vertreters an (§ 166 I). Ein zZ der Annahme noch minderj Erbe kann also nach Volljährigk nur anfechten, wenn sein ges Vertreter bei Erkl der Annahme einem nach §§ 119, 123 beachtl WillMangel unterlegen war (Karlsr NJW-RR **95**, 1349; LG Kblz FamRZ **68**, 656). – Bei **bewußten** Willensmängeln sind §§ 116 S 2; 117; 118 anwendb (Pohl AcP **177**, 52/61 ff). Die guten Sitten (§ 138) können bei Annahme od Ausschlagg nicht verletzt werden (Pohl aaO 65 ff). – **Gläubigeranfechtung** der Ausschlagg innerh od außerh eines InsolvenzVerf ist ausgeschlossen. – Zur Anfechtg der Annahme, Ausschlagg od Versäumg der Ausschlaggsfrist nach **ZGB der DDR** 405, wenn das ZGB in Erbfällen zw 1. 1. 76 u 2. 10. 90 insges od wg NachlSpaltg bezügl des DDR-Grundvermögens (§ 1922 Rn 8) maßgebl ErbR war (EG 235 § 1 Rn 5), s zuletzt 55. Aufl Rn 7 ff; Jena OLG-NL **96**, 42.

2 **a) Erklärungsirrtum.** Ein Irrt in der ErklHandlg (§ 119 I Alt 2) ist hier selten. In Betr kommt vor allem ein **Inhaltsirrtum** (§ 119 I Alt 1), bei dem äußerer Tatbestand u Wille übereinstimmen, der Erklärende sich jedoch üb Bedeutg u Tragweite seiner Erkl irrt (s § 119 Rn 11). Ein solcher liegt allerd nicht vor, wenn die Annahme ausdrückl erklärt wurde u der Annehmende dabei nicht gewußt hat, daß er auch ausschlagen kann. Fehlende Kenntn vom AusschlaggsR ist dann näml bloßer RIrrt u dah unbeachtl, weil trotz dieser Unkenntn wirkl u erklärter Wille auf Annahme gerichtet waren u übereinstimmen (BayObLG **87**, 356; NJW-RR **95**, 904). Anders kann dies dagg bei Annahme dch schlüss Verhalten sein, wenn der Erbe weder weiß noch will, daß er mit seiner auf etwas anderes als die Annahme gerichteten ausdrückl Erkl auch das Recht zur Ausschlagg verliert (BayObLG **87**, 356). Hier wird seinem Verhalten dch dessen Auslegg als Annahme eine zusätzl RFolge beigemessen, obwohl es (etwa bei Veräußerg eines NachlGgstands) auf and RFolgen ausgerichtet war. Erzeugt aber eine angefochtene Erkl nicht die erstrebten, sond davon wesentl verschiedene RFolgen, liegt beachtl Irrtum über die RFolgen (s § 119 Rn 15) vor, zB wenn ihm die Möglichk der Ausschlagg völlig unbekannt war u er daher nicht wußte, daß er dch sein Verhalten zugleich die Erbsch angenommen hat (BayObLG **83**, 153), ihm also tatsächl der Annahmewille fehlte (s auch Soe/Stein Rn 2; MüKo/Leipold Rn 5). – Unbeacht-
3 licher **Motivirrtum** ist dagg der Irrt über die nunmehr vom G nächstberufene Person (Düss FamRZ **97**, 905; hM), währd InhaltsIrrt vorliegt, wenn der Ausschlagende irrig angenommen hat, seine Erkl führe zum unmittelb Übergang seines Erbteils auf einen MitE (KG JFG **17**, 70; Pohl AcP **177**, 52/74); od wenn TestErbe annimmt, er werde dch Ausschlagg ges Erbe unter Wegfall test Anordngen (Düss NJW-RR **98**, 150). Unbeachtl MotivIrrt ist Irrt üb RFolgen näml dann, wenn der Erklärde nicht weiß, daß seine Ausschlagg außer der erstrebten Wirkg auch weitere, nicht erkannte u nicht gewollte Nebenwirkgen hat. Dies gilt zB bei Annahme, RFolge sei der Anfall der Erbsch bei einem bestimmten Dritten (RGRK Rn 1; Staud/Otte Rn 6; Soe/Stein Rn 2; aA KGJ 35 A 67; Pohl aaO); od bei Unkenntn, daß Erhöhg eines ErbersatzAnspr eintritt (Hamm FamRZ **98**, 772). Irrt im Beweggrund ist ferner Fehlvorstellg üb künft Entwicklg der polit Verhältn in der DDR (Ffm OLGZ **92**, 35; Rostock OLG-NL **94**, 40; LG Bln NJW **91**, 1238); od Irrt über die Zahlg des Entgelts für die Ausschlagg od die Wirksamk des Entgeltversprechens; über den Umfang von Beschränkgen od über Beschwergen mit Ausn in § 2308 I für pflichttberecht Erben iF des § 2306, bei der allerd Vorstellg, ein Vermächtn könne bis zur Höhe des Pflichtt verweigert werden, unbeachtl RFolgenIrrt ist (BayObLG FGPrax **98**, 146); Unkenntn üb die rechtl Folgen der Annahme wie Verlust des PflichttR (BayObLG NJW-RR **95**, 904). Ferner der Irrt über die Höhe der ErbschSteuer; den Bestand von LA-Anspr (KG NJW **69**, 191); die pflichtteils- od güterrechtl Folgen der Ausschlagg (Schwab JuS **65**, 437; s aber auch Hamm OLGZ **82**, 47). – Die Anwendg des § 119 I auf Ausschlagg schränkt auch bei DDR-Grdst die ErbR-Gewährleistg nicht unverhältnmäß ein (BVerfG, 1. Kammer DtZ **94**, 312).

4 **b) Eigenschaftsirrtum** (§ 119 II). Kausale u obj erhebl Fehlvorstellgen bei der Annahme üb verkehrswesentl Eigensch des Nachl, der hier als „Sache" iSd § 119 II angesehen wird, begründen Anfechtg. Solche Eigensch sind zB: Überschuldg des Nachl (RG **158**, 50; BayObLG FamRZ **83**, 834; **97**, 1174; **99**, 1172); die Belastg des Nachl mit wesentl, in ihrem rechtl Bestand ungeklärten Verbindlichk jedenf dann, wenn der Irrtum ein Vermächtn betrifft, das den Pflichtt des Erben gefährdet (BGH **106**, 359), nicht aber mit Steuerschulden, die Nachl erhebl mindern (Zweibr FGPrax **96**, 113); Rechte Dritter am Nachl, zB infolge unbekannter Berufg zusätzl MitE (BGH NJW **97**, 392; s auch Hamm NJW **66**, 1080 bei Irrt üb Erbquote); Beschränkgen des Erben dch TVstrg, NErbeneinsetzg (BayObLG NJW-RR **97**, 72), Vermächtn od Auflage (BGH aaO; s auch § 2308 Rn 1). – Eigensch des Nachl ist ferner seine Zusammensetzg, dh die Zugehörigk bestimmter Rechte od Vermögenswerte (hM; zB MüKo/Leipold Rn 7). Haben also Erben in der alten BRep in einem dem BGB unterstehenden Erbfall (EG 235 § 1) noch vor der polit Wende ausgeschlagen, weil sie keine Kenntn hatten, daß zum Nachl auch nicht enteignete Immobilien in der DDR gehörten, kann ein nach § 119 II beachtl Irrtum vorliegen; ursächl ist dieser aber nur, wenn feststeht, daß bei Kenntn u bei verständ Würdigg statt der Ausschlagg zu diesem Zeitpkt die Annahme erkl worden wäre (KG OLGZ **93**, 1; BayObLG FamRZ **94**, 848). Bei NachlSpaltg ist dagg bezügl des Immobilienvermögens in der fr DDR die Vorschr des DDR-ZGB anzuwenden. – **Kein** die Anfechtg nach § 119 II begründender Irrt liegt vor, wenn die von Anfang an bekannten Vermögensstücke u Verbindlichkeiten nachträgl nur anders bewertet wurden (§ 119 Rn 27), zB als Bauland statt Ackerland (BayObLG NJW-RR **95**, 904); bei Irrt üb fehlde Bereitsch des Erbl zur Steuerzahlg (Zweibr FGPrax **96**, 113); od wenn bei Grdbesitz in der fr **DDR** der Irrt nur darin besteht, daß der Erbe die auf der künft polit Entwicklg beruhende Verfügbark u Wertsteigerg (wie jedermann) nicht

erwartet u bei der Ausschlagg nicht in seine Vorstellg aufgenommen hat (KG OLGZ **92**, 279; Ffm OLGZ **92**, 35; Bonn Rpfleger **91**, 369; LG Zweibr Rpfleger **92**, 107; Grunewald NJW **91**, 1208); od wenn bei Ermittlg des Wertes ein Irrtum unterlaufen ist (Lücke JuS **78**, 254/256); od wenn die Überschuldg erst nach der Ausschlagg durch Erlaß einer Schuld, Verjährg der NachlVerbindlk wegfällt (LG Bln NJW **75**, 2104). Ferner nicht bei Irrtum über den Wert des Anteils eines MitE am Nachl; od üb die Bewertg einzelner NachlGgstde (§ 119 Rn 27). – Der pflichttberecht VorE kann seine AusschlaggsErkl nicht nach § 119 anfechten, wenn der NachE entgg der Erwartg des VorE auch ausschlägt statt annimmt (Stgt OLGZ **83**, 304).

2) Die Anfechtungsfrist von 6 Wochen (**I**) bzw 6 Monaten (**III**) wird im wesentl wie die Ausschlaggsfrist (§ 1944) behandelt. Sie beginnt bei argl Täuschg u Irrt mit Kenntn vom AnfechtgsGrd, bei Drohg mit Aufhören der Zwangslage (**II**). Kenntn von Irrt hat der AnfechtgsBerecht, wenn ihm die dafür maßgebl Tatsachen bekannt werden u er erkennt, daß seine Erkl eine and Bedeutg od Wirkg hatte, als er ihr beilegen wollte (BGH WM **61**, 785; BayObLG **93**, 88; vgl § 1944 Rn 2). Bloßes Kennenmüssen genügt ebsowenig wie Vorliegen von Verdachtsgründen (BGH WM **73**, 750). Andrers muß der Anfechtde über das AnfechtgsR als solches nicht unterrichtet sein (Hamm OLGZ **85**, 286; s § 121 Rn 2). Volle Überzeugg vom Bestehen des AnfR ist nicht erforderl (§ 121 Rn 2). Kenntn setzt ferner nicht die Gewißh voraus, daß der AnfechtgsGrd auch dchgreift. Wie sie dch die Gründe eines nicht rkräft Urteils vermittelt, genügt dies, auch wenn Berufg eingelegt wurde (BayObLG NJW-RR **98**, 795). – Bei DDR-Vermögen endete Zwangslage spät 9. 11. 89 (KG OLGZ **93**, 278; Rostock OLG-NL **94**, 40). – Die Länge der Frist entspricht der Ausschlaggsfrist; bei der IrrtAnf muß also nicht unverzügl (§ 121) angefochten werden (Soergel/Stein Rn 8). Die Bezugnahme auf § 207 in **II** 2 hat für den ErbesE Bedeutg, wenn der Erbe vor Anfechtg gestorben war, denn das AnfechtgsR gehört zum Nachlaß. Dch **IV** ist die Anfechtg mit Ablauf von 30 Jahren seit Annnahme od Ausschlagg endgült ausgeschlossen. – Zur Möglichk einer **Hemmung** der Frist (**II** 2; § 203) vgl § 2082 Rn 3; Bestelmeyer Rpfleger **93**, 381. 5

3) Anfechtungsberechtigt ist nur der Erbe oder ErbesE, auch bei GüterGemsch (§ 1432 Rn 1; § 1455 Nr 1); bei gemschaftl Gesamtgutverwaltg können auch beide Eheg gemeins anfechten (§ 1450). Dagg **nicht** der Gläub (vgl § 517; RG **54**, 289), der TV od NachlVerw, NachlInsolvenzVerw (InsO 83), NachlPfleger (Staud/Otte Rn 16; vgl auch § 1943 Rn 4). Über vormundschgerichtl Genehmigg s § 1643 Rn 4; RG **143**, 419. – Zum **Ersatz** des Vertrauensschadens (§ 122) ist der Anfechtde jedem verpflichtet, der auf die Wirksamk der Annahme od Ausschlagg vertraute u desh RBeziehgen zum Nachl aufnahm (s § 1957 Rn 2). 6

1955 *Form der Anfechtung.* **Die Anfechtung der Annahme oder der Ausschlagung erfolgt durch Erklärung gegenüber dem Nachlaßgerichte. Für die Erklärung gelten die Vorschriften des § 1945.**

1) Anfechtungserklärung. Obwohl Anfechtsgegner (s § 143 I, III, IV) der Nächstberufene ist, dem nun die Erbsch zufällt od entzogen wird, ist die ihm ggü erfolgte Anfechtg wirkslos. Sie muß ggü dem **Nachlaßgericht** erfolgen, da ihre Wirkg nicht nur den Adressaten der AnnahmeErkl, sond alle Beteiligten betrifft. Es handelt sich also um eine amtsempfangsbedürft Erkl, deren Inhalt notf dch Auslegg zu ermitteln ist (BayObLG **83**, 153). Der AnfechtsGrd kann bereits, muß aber nicht schon angegeben werden. NachlG überprüft im ErbSchVerf vAw nur die geltd gemachten Gründe (BayObLG FamRZ **94**, 848; s § 2358 Rn 2). Nachschieben eines neuen Grdes ist dann neue AnfechtgsErkl, für die eigene Frist (§ 1954) gerechnet wird (BGH NJW **66**, 39; BayObLG aaO). – Üb die **Form** der Erkl s § 1945 I, II; § 1945 Rn 6. Bei NachlSpaltg wg Grdbesitz in der fr **DDR** muß wg der unterschiedl Ausschlaggen nur die wirks erkl angefochten werden (Bonn DtZ **92**, 56). Zur Anfechtg nach DDR-ZGB s 55. Aufl, § 1954 Rn 7. – Für die Erkl des Bevollmächtigten gilt § 1945 III. MitteilgsPfl des NachlG besteht nach § 1957 II. 1

2) Unwiderruflich ist die erkl Anfechtg der Annahme od Ausschlagg. Die Erkl kann jedoch wg Irrtum **angefochten** werden; diese muß unverzügl erklärt werden (BayObLG **80**, 23). 2

1956 *Anfechtung der Fristversäumung.* **Die Versäumung der Ausschlagungsfrist kann in gleicher Weise wie die Annahme angefochten werden.**

1) Anfechtbarkeit. § 1956 ermöglicht, daß die Versäumg der Ausschlaggsfrist (§ 1944) in gleicher Weise wie die erklärte Annahme angefochten werden kann. Nachdem die Erbsch nur als angenommen gilt (§ 1943), finden also auf das bloße Verstreichenlassen die §§ 119 ff mit der Maßgabe Anwendg, daß die Fristversäumg wie eine WillErkl mit dem obj ErklWert Annahme zu lesen ist (Staud/Otte Rn 3). – Zur Anfechtg bei Anwendg von DDR-ZGB s 55. Aufl, § 1954 Rn 7. – **a) Anfechtungsgründe** sind die nach den allg Bestimmgen (§§ 119; 120; 123; s § 1954 Rn 1). Die in der Fristversäumn liegende Annahme kann also nicht nur bei wissentl Unterlassg der Ausschlagg, sond auch dann wg Irrt angefochten werden, wenn der als Erbe Berufene die Erbsch in Wirklichk nicht hat annehmen wollen, sond die Frist nur versäumt hat, weil er über ihr Bestehen, ihren Lauf oder die RFolgen ihres Ablaufs in Unkenntn gewesen ist od geglaubt hat, wirks ausgeschlagen zu haben (Hamm OLGZ **85**, 286; BayObLG RhNK **79**, 159); od wenn er meint, sein Schweigen habe die Bedeutg einer Ausschlagg; wenn er deren Formbedürftigk nicht kannte (BayObLG DNotZ **94**, 402). Hierher gehört auch die mangelnde Kenntn des neuen gesetzl Vertreters (§ 1944 Rn 9) od die Unkenntn des gesetzl Vertreters von der GenehmiggsBedürftigk der Ausschlagg (BayObLG **83**, 9; s § 1945 Rn 3); od es stellt sich nach Fristablauf heraus, daß die Ausschlagg (zB wg Verstoß gg §§ 1947–1951) unwirks war. Ein Irrtum über den NachlBestand (EigenschIrrt) wird mangels Ursächlichk die Anfechtg nicht begründen können (Stein Rpfleger **85**, 149 in Anm zu Bonn Rpfleger **85**, 148; KG NJW **69**, 191). – **b)** Die erforderl **Ursächlichkeit** ist gegeben, wenn der Irrende bei Kenntn der Sachlage u verständiger Würdigg des Falles (§ 119 Rn 31; zu letzterem aber Stein aaO) die Erbsch ausgeschlagen hätte, wären ihm die Konsequenzen des Fristablaufs bekannt gewesen. – Leichtfertigen od böswilligen AnfechtgsErkl ist auch hier dch §§ 119 I (Schlußhalbs), 122 eine wirksame Schranke gesetzt.

4 **2) Frist, Form** und **Wirkung** sind die gleichen wie bei Anfechtg der Annahme (§§ 1954, 1955, 1957). Wiederholte Ausschlagg ist uU Anfechtg der Versäumg der Ausschlaggsfrist (Mü DFG **42**, 21). – Eine für die Ausschlagg etwa erforderliche vormundschaftsgerichtl Genehmigg deckt auch die Anfechtg der Ausschlaggs-versäumg. – **Gebühr** s § 1955 Rn 1.

1957 *Wirkung der Anfechtung.* **I Die Anfechtung der Annahme gilt als Ausschlagung, die Anfechtung der Ausschlagung gilt als Annahme.**

II Das Nachlaßgericht soll die Anfechtung der Ausschlagung demjenigen mitteilen, welchem die Erbschaft infolge der Ausschlagung angefallen war. Die Vorschrift des § 1953 Abs. 3 Satz 2 findet Anwendung.

1 **1) Wirkung (I).** Über die Nichtigk der angefochtenen Erkl (§ 142 I) hinaus tritt zugleich die jeweils gegenteilige Wirkg dch die gesetzl Fiktion sofort ein. Damit soll zur Vermeidg von Unklarheiten der Eintritt eines nochmaligen Schwebezustandes vermieden werden. Diese Wirkg tritt auch bei Anfechtg der Fristversäumnis ein (§ 1956). Daher kann diese ihrers wieder angefochten werden (LG Bln NJW **91**, 1238). – § 1957 gilt auch, wenn ein NachE vor Eintritt des Nacherbfalls die Annahme der Nacherbsch anficht (BayObLG **62**, 239). – Bei Anwendg von DDR-ZGB regelt ZGB 405 III die Wirkg ähnl.

2 **2) Rechtsfolgen.** Zum SchadErsatz verpflichtet (§ 122) ist der Anfechtende einem **Dritten,** dem im Vertrauen auf die Gültgk der Annahme od Ausschlagg ein Schaden entstanden ist (s aber MüKo/Leipold Rn 4). Zu ersetzen sind zB Prozeßkosten eines RStreits, den NachlGläub nach Annahme (§ 1958) angestrengt u der sich dch die Anfechtg erledigt hat. – Der seine Ausschlagg anfechtde Erbe kann gg den etwaigen ErbschBesitzer nach § 2018 vorgehen (Staud/Otte Rn 4; aA Soergel/Stein Rn 2).

1958 *Keine passive Prozeßführungsbefugnis vor der Annahme.* **Vor der Annahme der Erbschaft kann ein Anspruch, der sich gegen den Nachlaß richtet, nicht gegen den Erben gerichtlich geltend gemacht werden.**

1 **1) Schutz bei Passivprozessen.** Solange der vorläuf Erbe weder angenommen noch ausgeschlagen hat und Zeit zur Prüfg des Nachl haben soll, ist er **prozessual** geschützt: In diesem Zeitraum fehlt ihm als Beklagtem einer Leistgs-, Feststellgs-, Gestaltgs- od Widerklage die **Prozeßführungsbefugnis** (Soergel/Stein Rn 2 mN; hM; aA RG **60**, 179: Passivlegitimation). Dies ist vAw zu beachten. Zur Fortsetzg eines dch Tod des Erbl unterbrochenen Prozesses ist er nicht verpflichtet (ZPO 239 V) u ohne Annahme auch nicht berechtigt. Für die Klage eines NachlGläubigers gg den Erben ist also die Annahme eine vAw zu berücksichtigende Prozeßvoraussetzg, die vom Kläger schlüssig behauptet werden muß; läßt sie sich nicht feststellen, erfolgt Abweisg als unzulässig. Wer dch Ausschlagg od Anfechtg der Annahme nicht Erbe geworden ist, bedarf des prozessualen Schutzes nicht; Klagen gg ihn sind mangels mat Verpflichtg unbegründet. – Ebenso ist in
2 dieser Zeit die **Zwangsvollstreckung** wg NachlVerbindlichk (§ 1967 II) nur in den Nachl, wg Eigenverbindlichk des Erben nur in dessen Vermögen zuläss, ZPO 778, 779 (dazu LG Dortm NJW **73**, 374), ZPO 928 (s Noack JR **68**, 8; Brox Rn 306). Ein vollstreckb Titel wg einer NachlVerbindlichk kann nicht gg den Erben erwirkt od umgeschrieben werden (ZPO 727), – Auch eine Sicherg des Anspruchs durch **Arrest** od **einstweilige Verfügung** ist gg ihn nicht zuläss (RG **60**, 179); einstweil Maßnahmen zum Schutz absoluter Rechte, wie sie ggü jedem Dritten, der das Recht zu achten hätte, zuläss wären, sind aber nicht ausgeschlossen (Staud/Marotzke Rn 4). – Einlassg auf Passivprozesse, Führg von **Aktivprozessen** od Aufnahme durch den vorläuf Erben gelten idR als Annahme der Erbsch (vgl § 1943 Rn 2). – § 1958 gilt auch im Verfahren der freiw Gerichtsbark (Staud/Marotzke Rn 11; Josef ZZP **44**, 478). – SonderVorschr für **Fiskus,** der ja nicht ausschlagen kann, ist § 1966. – **Nach** der Annahme greifen §§ 1967 ff; 2014 ff ein. Auch der endgült Erbe ist noch dch aufschiebende Einreden geschützt.

3 **2) Ausnahmen.** § 1958 gilt nicht bei TVstrg (§ 2213 II) u NachlPflegsch (§ 1960 III). Gläub, der vor der Annahme vorgehen will, muß nach § 1961 NachlPflegsch beantragen. Vgl auch § 2017, ZPO 779 II. Andererseits hindert die NachlPflegsch Vfgen des vorläuf Erben nach § 1959 nicht. Dieser kann auch NachlVerwaltg (§§ 1975, 1981, 1984 I) beantragen (str); dazu wird es aber vor Annahme der Erbsch kaum kommen. Auch NachlInsolvVerf ist schon vor Annahme zulässig (InsO 316).

4 **3) Außergerichtliche Geltendmachung** (Mahng, Kündigg, Anfechtg, Genehmigg, Rücktr, Aufrechng, Zurückbehaltg) gg den vorläuf Erben ist dem Gläub nicht verwehrt u bleibt ggü dem endgült Erben wirks (§ 1959 III). Der Erbe gerät aber nicht in Verzug (§ 285), wenn er die ihm ggü währd der Schwebezeit geltd gemachte Fdg des NachlGläub unbefriedigt läßt od vorzeit Erfüllgserbieten ablehnt (RG **79**, 203); anders bei § 2014. Die **Aufrechnung** gg eine zum Eigenvermögen des vorläuf Erben gehörige Fdg ist in ihrer Wirkg aber davon abhängig, daß der Erbe nicht ausschlägt; nur wenn die eine Fdg sich gg den Nachl richtet u die andere zum Nachl gehört, gilt § 1959 III (Staud/Marotzke Rn 6). – Die **Verjährung** ist gehemmt (§ 207). – Eine **Inventarfrist** beginnt nicht vor der Annahme (§ 1995 II).

1959 *Geschäftsführung vor der Ausschlagung.* **I Besorgt der Erbe vor der Ausschlagung erbschaftliche Geschäfte, so ist er demjenigen gegenüber, welcher Erbe wird, wie ein Geschäftsführer ohne Auftrag berechtigt und verpflichtet.**

II Verfügt der Erbe vor der Ausschlagung über einen Nachlaßgegenstand, so wird die Wirksamkeit der Verfügung durch die Ausschlagung nicht berührt, wenn die Verfügung nicht ohne Nachteil für den Nachlaß verschoben werden konnte.

III Ein Rechtsgeschäft, das gegenüber dem Erben als solchem vorgenommen werden muß, bleibt, wenn es vor der Ausschlagung dem Ausschlagenden gegenüber vorgenommen wird, auch nach der Ausschlagung wirksam.

1) Allgemeines. Der Erbe ist vor Annahme der Erbsch zur NachlFürsorge nicht verpflichtet; dies ist notf Aufgabe des NachlG (§ 1960). Wird der vorläuf Erbe aber (ohne Annahmewillen) tätig und schlägt er später wirks aus od ficht er an (§ 1957 I), hat er dem Nachl ggü wie eine Art Treuhänder und „demjenigen gegenüber, welcher Erbe wird", wie ein auftragloser GeschFührer gehandelt u ist verpflichtet, weiter tätig zu sein (§ 677). Das G spricht hier nur von Geschäften vor der Ausschlagg, nicht von solchen vor der Annahme od Anfechtg der Ausschlagg. In letzterem Fall gelten auch für den wirkl Erben im NachlInsolvenzVerf od bei NachlVerwaltg Besonderheiten (§ 1978 I 2, III). Der Ausschlagende muß nach **III** zum Erben berufen gewesen sein. Ein Dritter haftet als ErbschBesitzer (§§ 2018 ff). 1

2) Geschäftsführung ohne Auftrag (§§ 677 ff). Der vorläuf Erbe hat die Interessen des endgült Erben zu wahren u dessen mutmaßl Willen zu berücksichtigen (s Celle MDR **70**, 1012), seinen wirkl Willen, wenn er ihn schon kennt (zB den eines für den Ausschlaggsfall berufenen ErsatzE, der bereits im voraus angenommen hat). Geschäfte des Ausschlagden (zB Besorgg der Bestattg, § 1968) und die ihm daraus erwachsenen ErsatzAnspr (§ 683) belasten den endgült Erben als NachlVerbindlichk (§ 1967 II); im NachlInsolvVerf Masseschuld (InsO 324 Nr 6). Bei einer vom Erbl genommenen Versicherg ist aber der die Erbsch später ausschlagde vorläuf Erbe als solcher nicht Repräsentant des VersNehmer (BGH **LM** § 61 VVG Nr 2). Andererseits haftet der Ausschlagde dem Erben auf Herausg des Erlangten (§§ 681 S 2, 667). Bei schuldh Verletzg seiner Pfl zur Interessenwahrg haftet er dem endgült Erben; dieser Anspr gehört zum Nachl (Celle aaO). 2

3) Unaufschiebbare Verfügungen des Ausschlagenden bleiben trotz späterer Ausschlagg wirksam **(II)**. Ob eine Vfg ohne Nachteil für den Nachl verschoben werden kann, ist obj u wirtschaftl zu beurteilen (MüKo/Leipold Rn 6). **Verfügung** ist jedes RGesch, dch das unmittelbar auf ein zum Nachl gehördendes R eingewirkt wird (s Übbl 16 vor § 104), wie zB die Annahme von Zahlgen, sonstiger Leistgen zwecks Erfüllg einer NachlFdg dch den NachlSchuldner bei Dringlichk, Zahlg der Beerdiggskosten aus NachlMitteln, Veräußerg verderblicher Waren usw. Das schuldrechtl Verpflichtungsgeschäft wird von II dagg nicht erfaßt (hM; aA Bertzel AcP **158**, 107). – Die Vfg über fremde, nicht zum Nachl gehörende Ggstände, über einen Erbteil (Erman/Schlüter Rn 4) u die Prozeßführg, die eine VerwaltgsHdlg, aber keine Vfg ist, gehören nicht hierher. Aktive Prozeßführg (s dazu Staud/Marotzke Rn 21–23) des vorläuf Erben begründet also keine RKraft ggü dem endgült Erben (RGRK Rn 2). Nicht eilige Verfügungen sind an sich unwirks, können jedoch wirks werden dch gutgläub Erwerb (§§ 932 ff; Lüke JuS **78**, 254/255; auch §§ 892, 893, wenn vorläuf Erbe bereits inf Annahme ins GBuch eingetragen war, die Annahme aber angefochten hat) od dch Genehmigg des endgültigen Erben (§ 185 II; s Staud/Marotzke Rn 13–15). 3

4) Die einseitigen, empfangsbedürftigen Rechtsgeschäfte (III), die ggü dem Erben vorgenommen werden müssen u ggü dem vorläuf Erben vorgenommen wurden, bleiben auch ggü dem endgült Erben wirks. Eine dem Ausschlagenden ggü erfolgte Geltmachg einer Fdg gg den Nachl wahrt zB die Frist des § 1974 I. Sie sind ggü dem vorläuf Erben auch dann vorzunehmen, wenn das InsolvVerf über sein Vermögen eröffnet ist, da der Nachl vor Annahme nicht zur Insolvenzmasse gehört (RGRK Rn 14; auch Celle OLG **30**, 207). Bei NachlInsolvVerf finden **I** u **II** keine Anwendg. 4

1960 *Sicherung des Nachlasses; Nachlaßpfleger.*

I Bis zur Annahme der Erbschaft hat das Nachlaßgericht für die Sicherung des Nachlasses zu sorgen, soweit ein Bedürfnis besteht. Das gleiche gilt, wenn der Erbe unbekannt oder wenn ungewiß ist, ob er die Erbschaft angenommen hat.

II Das Nachlaßgericht kann insbesondere die Anlegung von Siegeln, die Hinterlegung von Geld, Wertpapieren und Kostbarkeiten sowie die Aufnahme eines Nachlaßverzeichnisses anordnen und für denjenigen, welcher Erbe wird, einen Pfleger (Nachlaßpfleger) bestellen.

III Die Vorschrift des § 1958 findet auf den Nachlaßpfleger keine Anwendung.

Schrifttum: Möhring/Beisswingert/Klingelhöffer, Vermögensverwaltg in Vormdsch- u Nachlaßsachen, 7. Aufl 1992; Jochum/Pohl, Pflegschaft: Vormundschaft u Nachlaß, 1989; Tidow, Aufwendgen u Vergütgen des NachlPflegers, 1990; Anordng der NachlPflegsch, Rpfleger **91**, 400.

1) Nachlaßfürsorge. Die Besorgg aller sich aus der Erbsch ergebenden Angelegenh obliegt ab dem Erbfall dem Erben als dem Gesamtrechtsnachfolger des Erbl. In dessen private NachlAngelegenh greift der Staat im Regelfall nicht ein. Maßnahmen staatl Fürsorge kommen also nicht in Betr, wenn das NachlG bezügl der Existenz der Erben, ihrer Identität u Erbberechtigg sowie der Annahme der Erbsch keine Zweifel hat (Düss FamRZ **95**, 895). Diese Subsidiarität staatl Handelns gilt selbst dann, wenn dafür an sich ein Bedürfn bestünde, weil die vorhandenen Erben zerstritten sind (Zweibr Rpfleger **86**, 433). Nur ausnahmsw sind SichergsMaßn des NachlG geboten, wenn näml ein aktuelles Bedürfn hierfür zu einem Zeitpkt auftritt, zu dem die Person des verantwortl Erben od seine Annahme der Erbsch noch ungewiß ist. Dann ist das NachlG verpflichtet, vorübergehd vAw für die Sicherg des Nachl zu sorgen. Ein Ermessen hat es dann nur bei der Auswahl der Mittel (**II**; s Rn 10). – Liegen die Voraussetzgen des § 1960 nur hinsichtl eines **Erbteils** vor, ist die Anordng zB einer NachlPflegsch auch nur hinsichtl dieses Erbteils zulässig; auch ein zum Nachl gehörendes Mietshaus rechtfertigt dann keine Ausdehng auf den ganzen Nachl, zumal der Pfleger keine weiteren Befugn erhalten kann als der von ihm vertretene unbekannte MitE (Köln FamRZ **89**, 435). 1

2 **2) Verfahren.** Zuständig ist das NachlG (§ 1962), aber auch jedes AG, in dessen Bezirk ein Fürsorgebedürfn hervortritt (FGG 74). Auch zur Sicherg des inländ Nachl eines ausländ Erbl ist das dtsche Gericht bei entspr Bedürfnis befugt (s EG 25 Rn 19), sogar wenn ein zuständ deutsches NachlG als solches fehlt (BGH FamRZ **68**, 26). Ob ein Bedürfn besteht u welche Maßnahme geboten ist, bestimmt sich nach dtschem Recht. Eine NachlPflegsch kann also auch dann angeordnet werden, wenn das für die Beerbg maßgebl ausländ Recht eine solche nicht kennt (BGH **49**, 1). Sogar über die NachlSicherg hinaus ist eine Notzuständigk in Anwendg von FGG 74 zu bejahen, wenn ein Fürsorgebedürfn für NachlGläub od NachlBerecht besteht (BGH NJW **76**, 481; BayObLG **65**, 413). – Ob sich die Fürsorge des NachlG auch auf den im Ausland belegenen Nachl erstrecken kann, hängt im wesentl davon ab, ob NachlSpaltg eingetreten ist (BayObLG **82**,
3 284). Zur Fürsorge dch Konsularbeamte s KonsG 9. – **Kosten** treffen Erben (KostO 6; 104; 106). Im NachlInsolvVerf sind sie Masseschulden (InsO 324 Nr 4). – **Akteneinsicht** in PflegschAkten wird bei berecht Interesse gewährt (FGG 34).

4 **3) Voraussetzungen** für gerichtl FürsorgeMaßn (Rn 10) sind ein Bedürfn hierfür (Rn 6) und unbekannter Erbe bzw ungewisse Annahme (Rn 7–9); landesrechtl können sie auch anders bestimmt werden (EG 140). Ob sie vorliegen, beurteilt das NachlG nach seinem KenntnStand im Zeitpkt der Entscheidg (BayObLG FamRZ **96**, 308) u von seinem Standpkt aus selbständ u nach pflichtgem Ermessen (Köln OLGZ **89**, 144; 547; BayObLG Rpfleger **75**, 47; KG OLGZ **71**, 210). Ihre Anordng kann nach dem Zweck der Vorsch nicht von der vorherigen Dchführg umfangreicher u zeitraubender Ermittlgen abhängig gemacht werden (Köln aaO). Bei einer Mehrh von Erben sind die Voraussetzgen für jeden Erbteil gesondert zu prüfen (s auch Rn 1).
5 – **Fehlt** eine dieser beiden materiell-rechtl Voraussetzgen, ist die getroffene gerichtl Maßnahme nicht nichtig, aber aufzuheben. Bis zur Aufhebg ist eine angeordnete Pflegsch wirks (BGH **49**, 1). Im ErbSchVerfahren wird folglich das Vorliegen der Voraussetzgen des § 1960 nicht überprüft.

6 **a) Bedürfnis (I 1)** besteht, wenn ohne Eingreifen des NachlG der Bestand des Nachl gefährdet wäre (Düss FamRZ **95**, 895). Ob dieser zu seiner Erhaltg u Sicherg der Fürsorge bedarf, beurteilt sich nach dem Interesse des endgült Erben (nicht der NachlGläub, die sich üb §§ 1961, 1981 II schützen können). Es fehlt, wenn eine an sich erforderl Sicherg auf einfachere Weise zu erlangen ist (etwa dch einstw Vfg, ZPO 938), wenn ein TV den Nachl verwaltet (KG OLGZ **73**, 106) od NachlVerwaltg angeordnet wurde (s Rn 31). Es kann auch fehlen, wenn die dringl NachlAngelegenh bereits von einer dch ErblVollm handlungsfähigen Person erledigt werden (zB einem vertrauenswürd Ehegatten) u mißbräuchl and Vfgen nach der Zusammensetzg des Nachl vor ErbSchErteilg ausgeschlossen sind (s auch Düss FamRZ **98**, 583).

7 **b) Unbekannter Erbe (I 2).** Die Person des (der) Erben kann aus tatsächl od aus rechtl Gründen unbekannt sein. Sie ist es insbesond auch dann, wenn zwar alle in Betr kommenden Personen bekannt sind, das NachlG sich aber nicht ohne umfängl Ermittlgen davon überzeugen kann, wer von ihnen der wahre Erbe ist (Köln FamRZ **89**, 435): zB bei zweifelh Testierfähigk des Erbl, wenn umfangreiche Ermittlgen (wie meist) nicht zu umgehen sind (BayObLG FamRZ **96**, 308); Streit üb die Gültigk eines Test (BayObLG **60**, 405); wenn das nichtehel Kind als einziger Erbe seines Vaters in Betr kommt, ohne daß die Vatersch schon festgestellt ist (Stgt NJW **75**, 880). Unbekannt kann der Erbe ferner sein im Fall, daß er erst gezeugt, aber noch nicht geboren ist (§ 1923 II); wenn er verschollen ist u weder eine Lebens- noch TodesVermutg (VerschG 10; 9) besteht (Wuppert RhNK **74**, 260), so daß keine AbwesenhPflegsch angeordnet werden kann. Ist dagg die Person des Erben, nur nicht sein Aufenth bekannt, kommt nur AbwesenhPflegsch (§ 1911) in
8 Betr. – Um den Erben iS von § 1960 als **bekannt** anzusehen, ist nicht letzte Gewißh erforderl. Für das NachlG ist ausreichend, wenn nach den klaren tatsächl Verhältn mit hoher Wahrscheinlichk feststeht, wer Erbe geworden ist (KG OLG-NL **99**, 33), zB nur bloße Zweifel an der Erbberechtigg bestehen (Stgt BWNotZ **78**, 163); die Erbfolge bereits sehr wahrscheinl ist; TestAnfechtg od Erbunwürdigk als mögl bezeichnet wird, ohne daß Anfechtg erfolgt od Klage erhoben ist (KG Recht **29** Nr 2004). Unerhebl ist, daß ErbSchVerf noch nicht abgeschlossen ist, wenn Erbe (VE u NE) schon feststeht (s Oldbg Rpfleger **66**, 18). – Ist gegen den im ErbSch ausgewiesenen Erben ein Prozeß auf Herausg des ErbSch anhängig, hat das NachlG als Vorfrage für die Anordng der NachlPflegsch zu prüfen, ob seine Überzeugg von der Richtigk dieses ErbSch erschüttert ist (BayObLG **60**, 405). Durch ErbSchEinziehg kann der Erbe unbekannt werden (BayObLG **62**, 307); uU kann auch schon vor Einziehg des ErbSch eine NachlPflegsch erforderl sein (BayObLG **60**, 407). S auch § 1961 Rn 2.

9 **c) Die ungewisse Annahme** steht der Ungewißh üb die Person gleich. Sie besteht, wenn der bekannte Erbe die Erbsch entw noch nicht angenommen hat (**I** 1) od seine Annahme ungewiß ist (**I** 2). Dies kann zB bei Zweifeln üb die Berechng der Ausschlaggsfrist (§ 1944) der Fall sein; od bei Anfechtg der Annahme; bei Unklarh, ob eine Handlg des vorläuf Erben nur als Sichergsmaßn od als Annahme zu werten ist.

10 **4) Fürsorgemaßnahmen.** Das NachlG ist in der Auswahl der Sichergsmittel frei, muß sich aber stets von den vermögensrechtl Interessen des endgült Erben bezügl Sicherg u Erhaltg des Nachl leiten lassen. Die Art der Fürsorge im einzelnen ist also seinem pflichtgemäß Ermessen überlassen; die in **II** aufgeführten Maßnahmen sind nur Beispiele („kann insbesondere"). Es können auch Ermittlgen über die Erben, über den NachlBestand (Celle FamRZ **59**, 33), über die Frage der Annahme, das Vorhandensein von Vfgen vTw usw nach FGG 12 in Betr kommen (RG **69**, 271). Auch § 1846 ist anwendb (§ 1915 I; s § 1962 Rn 2). – **Beispiele:** Sofern nicht eine NachlPflegsch anzuordnen ist (dazu Rn 11), kommen in Betr: Anstellg eines Hauswächters. – Anordng des Verkaufs verderbl Sachen. – Sperrg von Konten (KG Rpfleger **82**, 184); dabei sind aber (ohne überspannte PrüfgsPflicht) Rechte Dritter zu wahren (KG OLGZ **83**, 398). – Anordng, den erteilten ErbSch zu hinterlegen (Stgt NJW **75**, 880). – Wegen Siegelg vgl das LandesR, zB *Bay* AGGVG 36; *BaWü* 1. VVLFGG 9 und AV u 30. 6. 75 (Just 201). – Wg Hinterlegg s HintO mit RPflG 30. – Über Sichergsmaßnahmen beim Ableben des Bediensteten einer öff Behörde vgl *Preuß* FGG 20, *Hess* FGG Art 23. – Auf das NachlVerzeichn (in § 1993 „Inventar" genannt) finden §§ 2001, 2010 Anwendg (vgl auch §§ 2012, 2017), jedoch nicht die der Fristwahrg dienenden §§ 2002, 2003, 2009.

11 **5) Nachlaßpflegschaft (II)** ist die wichtigste Sichergsmaßnahme des NachlG. Rechtl ist sie eine Unterart der Pflegsch (FGG 75 S 1), so daß gem § 1915 I die Vorschr über die Vormsch Anwendg finden, soweit sich

nicht daraus etwas anderes ergibt, daß sie einen Nachl betrifft u der Pflegling regelm unbekannt ist. Sie wird angeordnet „für denjenigen, welcher Erbe wird", ist also PersonenPflegsch. Ist nur ein Teil der Erben unbekannt od steht nur für einige MitE die Erbquote nicht fest, ist die Pflegsch grdsl auf die betroffenen Erbteile zu beschränken (Düss FamRZ **95**, 895; KG NJW **71**, 565; s Rn 1). – Die VfgBefugn des (sich als wirkl erweisenden) Erben wird dch die Anordng nicht berührt, da dem Pfleger (im Ggsatz zu TV u NachlVerwalter) keine verdrängende Vertretgsmacht zukommt (MüKo/Leipold Rn 43). Widersprechen sich seine Vfgen u die des Pflegers, gibt Priorität den Ausschlag, die früh erfolgte bleibt wirksam. Zum vorläuf Erben s § 1959. – Über Anordng einer Pflegsch für **unbekannte Beteiligte**, wenn kein Sichergsbedürfn hins des Nachl besteht, s § 1913. Zur Wahrg der Rechte unbekannter **Nacherben** kann Pfleger gem §§ 1913, 1960 bestellt werden (BGH RdL **68**, 97; s auch KG OLGZ **72**, 83). **12**

a) Zweck. Die NachlPflegsch dient nicht (wie die NachlVerw) der Beschränkg der Erbenhaftg u regelm nicht der Befriedigg der NachlGläub, auch nicht (wie die TVstrg) der Ausführg des letzten Willens des Erbl. Vielm ist sie eine Sichergsmaßnahme im Interesse der Erben u als solche auf die **Ermittlung** der unbekannten Erben (s KG NJW **71**, 565) und die **Sicherung und Erhaltung** des Nachlasses bis zur Annahme der Erbsch (BGH **LM** Nr 1; Köln FamRZ **67**, 59) gerichtet, sofern sie nicht nur auf eine Einzelaufgabe beschränkt wird (s Rn 17). Die Ermittlg des Erben ist allerd dann nicht Aufgabe des Pflegers (sond des Gerichts), wenn die Erbberechtigg nur zwischen zwei Erbprätendenten streitig ist (Köln FamRZ **89**, 435). Was innerh einer der Erhaltg u Sicherg des Nachl dienenden Verwaltg zu tun ist, ist weitgehd eine Frage der Zweckmäßigk (s Rn 18). UU kann der NachlPfleger auch den ganzen Nachl liquidieren (BGH **49**, 1). **13**

b) Die Bestellung des NachlPflegers dch das NachlG (§§ 1962; 1789) ist rechtsbegründend u selbst beim Fehlen der mat-rechtl Voraussetzgen für die Pflegsch (Rn 4–9) bis zu deren Aufhebg wirks (BGH **49**, 1). Auch mehrere Pfleger können bestellt werden (§§ 1915; 1797) mit aufgeteilten Wirkgskreisen (Oldbg FGPrax **98**, 108). Der Pfleger erhält vom NachlG eine BestallgsUrkunde (§ 1791) nach Maßgabe der ihm übertragenen Aufgaben. Seine **Auswahl** erfolgt dch Rechtspfleger nach pflichtgem Ermessen (§§ 1915; 1779 II 1); die Beteiligten haben kein Recht auf einen bestimmten Pfleger (KG DFG **44**, 54). Jedoch ist das Ermessen gem § 1779 gebunden. Die Auswahl hat ausschließl nach Eigng zu erfolgen; ihr darf keiner der in §§ 1780–1784 genannten Grde od ein AblehngsR des Ausgewählten gem § 1786 entggstehen, so daß zB ein NachlGläub ungeeignet ist (BayObLG NJW-RR **92**, 967). Sofern NachlG sich für berufsmäß Pfleger (§ 1836 I 3 mit Rn 6) entscheidet, hat es dies bereits bei der Bestellg festzustellen (§ 1836 I 2). Über AnzeigePfl ggü dem Finanzamt s ErbStG 34 II Nr 2; ErbStDVO 12. – **Beschwerdeberechtigt** (FGG 20 I) sind gg Anordng der Pflegsch od Auswahl des Pflegers die Erbanwärter (Heidelberg NJW **55**, 469), allerd nicht ErsatzE od NachE od Dritte (Stgt BWNotZ **71**, 88); der TV nur gg die Anordng (KG OLGZ **73**, 106), nicht aber gg die Auswahl des Pflegers (OLG **40**, 133). Aufhebg der Pflegsch währd des BeschwVerf führt wg Erledigg der Hauptsache zum Wegfall des RSchutzBedürfn (Ffm FamRZ **95**, 442). Zum BeschwR bei Ablehng s FGG 75; 57 I Nr 3 (dazu KG OLGZ **71**, 210; **81**, 151/152). **14** **15**

c) Rechtsstellung. Der NachlPfleger verwaltet den Nachl (§ 2017) für einen anderen, näml den bereits feststehden, aber seiner Person nach noch nicht od nicht sicher bekannten Erben (s Rn 7, 9), nicht für die Erbanwärter od den künft Erben, den es nach dem Erbfall nicht mehr gibt (§ 1922 I mit Rn 4). Seine Bestellg dient also ausschließl der Vertretg einer bestimmten od zumindest bedingt bestimmten Person zur Wahrg ihrer Interessen. Im Rahmen der Sicherg u Erhaltg des Nachl ist er deshalb gesetzl Vertreter der unbekannten Erben (nicht des Nachl od gar der NachlGläub), wenngleich seine Stellg in der Tendenz bis zur Feststellg der wahren Erben gg alle Erbprätendenten gerichtet ist (BGH NJW **83**, 226). Hat er im Rahmen einer ErbenGemsch nur die Rechte unbekannter MitE wahrzunehmen, besitzt er keine weitergehden Befugn als diese (Düss FamRZ **95**, 895). – Der Pfleger handelt eigenverantwortl u führt sein Amt selbständig. Er bedarf nur zu bestimmten RGeschäften (zB nach §§ 1812, 1821, 1822) der **Genehmigung** des NachlG (§§ 1915; 1962; 1828–1831; s Ffm WM **74**, 473 zur Abhebg vom Bankkonto; KG OLGZ **93**, 266 zu privatrechtl GrdstVersteigerg). Für alle anderen im Rahmen seines Wirkgskreises abgeschlossenen RGeschäfte ist seine Vertretgsmacht nach außen unumschränkt u nicht von der Zweckmäßigk seiner Handlgen abhängig (BGH **49**, 1). Über NachlGgstände kann er als gesetzl Vertreter nicht Verträge nach § 181 mit sich selbst abschließen (RG **71**, 162); etwaige Genehmigg des NachlG wäre unwirksam. – Der Pfleger untersteht allerd der **Aufsicht** des NachlG (§§ 1962; 1837), das sich seiner zur Erfüllg der staatl FürsorgePfl bedient (BGH NJW **83**, 226). Dieses darf ihn allerd in Fragen, die allein seiner Entscheidg unterliegen, nicht mit bindenden Anweisgen versehen (BayObLG NJW-RR **97**, 326). Es hat ihn jedoch zu überwachen u auch zu unterstützen, ggf auf eine sachgemäße Erledigg hinzuweisen u gg etwaige Pflichtwidrigk mit Ge- u Verboten vorzugehen (BayObLG **83**, 62; s § 1962 Rn 4). Pflichtwidrig handelt Pfleger, wenn er gg zwingde ges Vorschr verstößt od das ihm eingeräumte Ermessen überschreitet, mißbraucht od nicht ausübt, zB Gelder auf sein unbeschränktes Anderkonto überträgt statt auf Konto mit Sperrvermerk (ggf haftet dann auch Bank, Kempten WM **91**, 69). NachlG kann ihm dann Weisg erteilen; lehnt es ein Einschreiten ab, hat Gläub dagg kein BeschwR (KG JW **38**, 1453). **16**

d) Die Aufgaben des Pflegers werden dch seinen Wirksgskreis festgelegt, den das NachlG bei seiner Bestellg nach dem jeweiligen Bedürfn des Falles bestimmt u der desh weit gezogen (s Rn 13), aber auch nur auf die Besorgg bestimmter einzelner Angelegenh (Auflösg der Wohng) od auf die Verwaltg einzelner NachlGgstände beschränkt werden kann (KG NJW **65**, 1719; BayObLG **60**, 93) od auf die Mitwirkg bei Veräußerg eines NachlGrdst bezügl des Anteils unbekannter MitE (Hamm JMBl NRW **63**, 19; Köln FamRZ **89**, 435). **17**

aa) Allgemeine Pflichten. Wurde der Pfleger neben der Erbenermittlg allg mit der Sicherg u Verwaltg des Nachl betraut, gehört es insbes zu seinen Pflichten, den Nachl zu erhalten u zu verwalten u die Vermögensinteressen der noch festzustelldеn Erben wahrzunehmen. Dazu hat er kraft Amtes den Nachl an sich zu nehmen (BGH NJW **83**, 226), also als erstes die NachlSachen in Besitz zu nehmen. Er kann von jedem, der NachlGgstände in Besitz hat (auch vom Erbanwärter, s BGH aaO mAv Dieckmann FamRZ **83**, 582) deren Herausg verlangen; s dazu BGH NJW **81**, 2299 (Einschränkg hinsichtl des WohnR); BGH NJW **72**, 1752 (ZurückbehaltgsR wg Verwendgen auf den herausverlangten Ggst); Hartung Rpfleger **91**, 279. **18**

Rückständ Rentenbeträge kann er wg § 58 S 2 SGB1 nicht verlangen, wenn Fiskus als Erbe in Betr kommt (BSozG **54**, 186). Versichergssummen, die nicht in den Nachl fallen, kann er nicht fordern; wird trotzdem an ihn geleistet, ist die Herausgabeverpflichtg im NachlInsolvVerf Masseschuld (BGH **94**, 312). – Beim NachlG
19 hat er ein **Nachlaßverzeichnis** einzureichen (§ 1802); über dessen Nachprüfg durch das NachlG vgl LG Bln JR **55**, 261. – Er hat für Zahlg von **Steuerschulden** zu sorgen (s AO 34, 36, 69; s Rn 24). – **Inventar** (§ 1993) kann der Pfleger für den Erben errichten; Inventarfrist (§ 1994) kann ihm aber nicht gesetzt werden (§ 2012 I 1). Das **Aufgebot** der NachlGläub (ZPO 991) kann er ebso beantragen wie **Nachlaßinsolvenzverfahren** (InsO 317). – Die **Todeserklärung** des Erben (VerschG 16 II b) kann er als ges Vertreter des verschollenen Erben beantragen (Köln FamRZ **67**, 59); ein rechtl Interesse nach VerschG 16 II c hat er nicht (BayObLG NJW **59**, 725, str); Genehmigg des NachlG ist erforderl (VerschG 16 III), da auch hier § 1962 eingreift (Köln aaO; insoweit unentschieden BayObLG aaO).

20 **bb) Den Nachlaßgläubigern** hat der Pfleger Auskunft üb den Bestand des Nachl zu geben (§ 2012 I 2). Ihre Befriedigg ist grdsl nicht seine Aufgabe (Johannsen WM **72**, 919; aA Draschka Rpfleger **92**, 281). Soweit dies jedoch zur Erhaltg des NachlWertes geboten ist, kann er aus Mitteln des Nachl u unter Berücksichtigg der beschränkten Erbenhaftg (§§ 1979; 1980) NachlVerbindlk erfüllen, insbes um Kosten dch unnötige RStreitigk (s § 1961) zu vermeiden (MüKo/Leipold Rn 53) od Schaden abzuwenden. Dazu kann er auch NachlGgstände veräußern (BGH DRiZ **66**, 395) od auf Einrede der Verjährg, zumindest zeitl begrenzt, verzichten (BayObLG NJW-RR **97**, 326). Für die aufschiebden Einreden der §§ 2014, 2015 I beginnen die Fristen schon mit seiner Bestellg (§ 2017).

21 **cc) Keine Berechtigung** hat der Pfleger zur Wahrnehmg der höchstpersönl Rechte des Erben. Er kann dah die Erbsch weder annehmen noch ausschlagen u auch nicht auf die Beschränkg der Haftg verzichten (§ 2012 I 3). – Ferner kann er nicht NachlVerwaltg beantragen (§ 1981 Rn 3; str). – Die Erteilg eines **Erbscheins** für den seiner Pflegsch unterstellten Nachl kann er nicht beantragen (wohl aber für and Nachl, an dem die von ihm vertretenen Erben beteiligt sind, BayObLG FamRZ **91**, 230). – Die **Nachlaßauseinandersetzung** steht ihm nicht zu (KG NJW **71**, 565). Ein TeilnachlPfleger kann allerd für den von ihm vertretenen unbek MitE an einer von and MitE betriebenen Auseinandersetzg mitwirken (KG aaO; Avenarius MDR **97**, 1033). Es besteht auch kein VfgsR bei TeilNachlPflegsch (§ 2033 II) vorbehaltl § 2038 I 2 (OGH DRZ **49**, 66).

22 **dd) Prozesse** über das ErbR kann er nicht führen, ebensowenig einen Erbanwärter im ErbscheinsVerf vertreten (Celle JR **50**, 59). Er hat auch nicht zu klären, wer von mehreren Erbanwärtern der wirkl Erbe ist, selbst wenn ihm die Ermittlg der Erben ausdrückl übertragen wurde (BGH NJW **83**, 226); dies muß vielm im Verhältn der Erbanwärter erfolgen, wobei ggf für unbekannte ges Erben ein Pfleger gem § 1913 zu bestellen ist (BGH aaO). – Für Prozesse **gegen** den Nachl ist Pfleger passiv legitimiert u prozeßführgsbefugt (Köln
23 NJW-RR **97**, 1091). – **Klage des Erben** gg den sein ErbR bestreitden NachlPfleger auf Feststellg dieses Rechts ist mögl, wie auch sonst der Vertretene gg den Vertr einen RStreit wg des der Vertretgsmacht zugrunde liegden RVerhältnisses führen kann (RG **106**, 46; BGH aaO mN). – Auch der NachlPfleger kann Prozeß über den Nachl führen (vgl auch **III**), in welchem dem zukünft Erben (nicht ihm) Prozeßkostenhilfe bewilligt werden kann, da er ges Vertreter u nicht Partei kraft Amtes ist. Entscheidend ist also, ob die Prozeßkosten aus dem Nachl gedeckt werden können (vgl BGH NJW **64**, 1418; BVerfG, 1. Kammer des 1. Sen NJW-RR **98**, 1081). Bei Fortsetzg des RStreits dch den ermittelten Erben bedarf es keiner erneuten Bewilligg (vgl KG NJW **69**, 2207). – Wurde ein vom **Erblasser** begonnener Prozeß wg dessen Tod unterbrochen od ausgesetzt (ZPO 239; 246), endet dies mit Anzeige der Pflegerbestellg (ZPO 243; 246 II; 241; BGH NJW **95**, 2171). Die RKraft einer im ErblProzeß ergangenen Entscheidg wirkt für u gg den endgült Erben. Die VollstrKlausel ist, wenn nötig, ohne Anwendg der ZPO 727, 730 auf den Erben umzustellen, da es sich nur um die Aufdeckg des wahren Sachverhalts handelt (StJMünzberg ZPO 727 Rn 10). Bei Urteilen gg den Erbl kann die VollstrKlausel gg den NachlPfleger erteilt werden; unnötig ist dies, wenn Vollstr schon vor dem Erbfall begonnen hatte (ZPO 779 I).

24 **e) Haftung.** Der NachlPfleger haftet dem **Erben** für den aus vorsätzl od fahrläss Pflichtverletzgen entstandenen Schaden (§§ 1915, 1833; vgl BGH **49**, 1); zu den Anfordergen an seine SorgfPfl s Hamm NJW-RR **95**, 1159. Ausnahmsw könnte seine Inansprnahme gg Treu u Glauben verstoßen (s BGH FamRZ **75**, 576; Johannsen WM **77**, 270/271). Die ErsatzAnspr sind im Prozeßweg geltend zu machen (s § 1843 Rn 3). – Den **Nachlaßgläubigern** haftet er nur bei Verletzg der Auskunftspflicht (§ 2012 I 2) u unerl Handlg. Da er nur die Interessen des unbek Erben zu wahren hat (s Rn 16), ist § 1985 II nicht entspr anwendbar (hM). Der von ihm gesetzl vertretene **Erbe** hat ein Verschulden des Pflegers über § 278 zu vertreten; er kann aber seine Haftg auf den Nachl beschränken, da die aus Maßnahmen des Pflegers erwachsenen Anspr NachlVerbindlk sind, u beim Pfleger Rückgriff nehmen. – Dem **Finanzamt** haftet er nach Bekanntgabe des Steuerbescheids (ErbStG 32) für die ErbschSteuer (AO 34 III), soweit deren Nichtzahlg auf vorsätzl od grob fahrläss Pflichtverletzg beruht; ebso für rückständige Steuern des Erbl (AO 45; s Rn 19).

25 **f) Die Vergütung** des bestellten NachlPflegers bestimmt sich gem § 1915 I nach § 1836, dch dessen Neufassg mit Wirkg vom 1. 1. 99 (dazu Karmasin FamRZ **99**, 348) die bish Grdsätze grdlegd geändert worden sind (s Zimmermann ZEV **99**, 329); auf davor erbrachte Tätigk ist allerd aus Grden des Vertrauensschutzes weiterh altes R anzuwenden (vgl BayObLG NJW-RR **99**, 952; § 1836 Rn 3; zu den früh Grdsätzen s die 58. Aufl). – Ehrenamtl Pfleger führen danach die Pflegsch (wie bish) grdsl unentgeltl (§ 1836 I 1). Ihnen kann aber das NachlG gem § 1836 III eine angemessene, dh nicht nach starren Regeln oder Prozentsätzen zu bemessende Vergütg bewilligen (Ermessensvergütg), soweit Umfang od Schwierigk der Gesch dies rechtfertigen u der Erbe nicht mittellos ist (s § 1836 Rn 25; 26). – Pfleger, der die Pflegsch **berufsmäßig** führt (dazu § 1836 I 3 mit Rn 5, 6), hat dagg Anspr auf Vergütg (§ 1836 I 2; II). Sofern NachlG sich für ihn entscheidet, hat es zur RKlarh entspr Feststellg bereits bei der Bestellg zu treffen (§ 1836 I 2); unterblieb dies zu Unrecht, kann es dies nachholen (FGG 18 I). Bei wirks Bestellg (Rn 14) ist im VergütgsVerf unbeachtl, ob sie auch geboten war, weil Grdlage der Bewilligg die Mühewaltg des Pflegers ist, die dch etw Mängel der PflegschAnordng nicht beseitigt wird (BayObLG FamRZ **90**, 801; Ffm OLGZ **93**, 259). – Der Berufspfleger kann ferner

Abschlagszahlgen verlangen (§ 1836 II 3). – Das NachlG kann für ihn auch von vornherein festen Betrag als Pauschalvergütg bestimmen od seine vergütgsfäh Zeit begrenzen (§ 1836 b).

aa) Der Anspruch des Berufspflegers entsteht dem Grde nach bereits dch Aufnahme einer Tätigk im Vertrauen auf erfolgte Bestellg (die Ermessensvergütg des ehrenamtl Pflegers dagg erst mit Festsetzg, § 1836 Rn 22). Dem NachlG vorbehalten ist allerd, die Höhe des Anspr festzustellen u insoweit sein (eingeschränktes) Ermessen auszuüben (§ 1836 Rn 22). Wird er nicht binnen 15 Monaten nach Entstehg beim NachlG geltd gemacht, erlischt der Anspr (§ 1836 II 3); NachlG kann abweichende Frist bestimmen. – Schuldner der festgesetzten Vergütg ist der Erbe. Er haftet für sie, da sie als Erbfallschuld NachlVerbindlk ist (Ffm Rpfleger **93**, 284; § 1967 Rn 6). Im NachlInsolvVerf ist sie Masseverbindlk (InsO 324 I Nr 4; 6). **Vereinbarung** zw Erben u Pfleger hindern das FestsetzgsVerf nicht, weil die Kontrollfunktion des NachlG den Pfleger grdsl auf den Weg des § 1836 verweist (MüKo/Schwab § 1836 Rn 17). Aus Vereinbargen herrührende Einwände od Streit üb den Inhalt einer solchen Vereinbarg sind im ordentl RStreit abzuklären (BayObLG **65**, 348; MüKo/ 26
27 Leipold Rn 63). – Bei **Mittellosigkeit** des Nachlasses hat für den Erben die Staatskasse einzustehen. Diese schon bish in der Rspr anerkannte Haftg (KG Rpfleger **95**, 356) ist nun in § 1836 a ges statuiert, der auch hier zur Anwendg kommt (§ 1915); gleichzeit wurde Mittellosigk ges definiert (§ 1836 d). Damit wurde sichergestellt, daß Berufspfleger stets Vergütg erhält, von der Staatskasse allerd nur im ges festgelegten Umfang. Auf die Verhältn des Nachl statt des Erben abzustellen erscheint gerechtfert, da die Festsetzg der Vergütg auch vor Erbenermittlg mögl sein muß u außerd dch die Regelg dem Pfleger Streit üb seinen Schuldner erspart werden soll, nachdem Staatskasse RückgriffsR hat (§ 1836 e). – Der Pfleger darf nach Bewilligg die festgesetzte Vergütg einem von ihm verwalteten Barvermögen selbst entnehmen, soweit nicht vorrangige SichergsR and NachlGläub entggstehen (MüKo/Leipold Rn 64; Tidow FamRZ **90**, 1060). Kann er dies nicht, ist FestsetzgsBeschluß nunmehr Vollstreckgstitel (FGG 56 g VI). – Eine ZahlgsPfl and Personen besteht nicht, selbst wenn sie die Pflegsch beantragt haben (Ffm OLGZ **93**, 259).

bb) Die Höhe der Vergütg eines Berufspflegers bestimmt sich nunmehr nach seinen für die Führg der Pflegsch nutzbaren Fachkenntn sowie nach Umfang u Schwierigk der PflegschGeschäfte (s § 1836 II 2 mit Rn 8 ff). Das NachlVermögen spielt grdsl keine Rolle mehr; ihm kann aber noch Bedeutg zukommen, wenn es Umfang u Schwierigk der Geschäfte beeinflußt (§ 1836 Rn 8). Der Umfang kommt im Zeitaufwand des Pflegers zum Ausdr u ist wesentl Kriterium (zur Feststellg s § 1836 Rn 14 ff). Für ihn wird ein angemessener Stundensatz festgesetzt (§ 1836 Rn 17); im Falle von Mittellosigk sind die Vergütgssätze ges festgelegt (§ 1836 a Rn 2). S dazu Zimmermann ZEV **99**, 329. Zur Berücksichtigg anteiliger Bürounkosten u des Zeitaufwands s § 1836 Rn 15 ff; BayObLG **83**, 96; Bobenhausen Rpfleger **85**, 426. MWSteuer kann ein umsatzsteuerpflicht Pfleger nach hM nicht selbständ der bewilligten Vergütg hinzusetzen; vielm hat das NachlG sie bereits bei der Festsetzg der Vergütg mit zu berücksichtigen u einzukalkulieren (BayObLG **88**, 275; Ffm OLGZ **93**, 257; s § 1836 Rn 17). – Ist die Tätigk des Pflegers teilw bereits dch Aufwendgsersatz abgegolten (§ 1835 I–III; Rn 30), zB weil er für einen von ihm als RA geführten Zivilprozeß die ges Gebühren erhalten hat, kann diese Tätigk bei Bewilligg der Vergütg nicht nochmals berücksichtigt werden (BayObLG NJW-RR **86**, 497; FamRZ **89**, 214; Ffm FamRZ **98**, 497). – Der Einwand **mangelhafter Amtsführung**, zB Pfleger habe sein Amt nachläss, oberflächl od fehlerh geführt, ist grdsl unbeachtl, da es sich hier um Entschädigg für tatsächl erbrachte Bemühgen handelt (hM, zB KG NJW **88**, 261). Üb behauptetes pflichtwidr Verhalten od and mat-rechtl Einwendgen hat vielm ProzeßG gesondert zu entscheiden (s § 1836 Rn 24). Dies gilt auch für etwaige SchadErsatzAnspr gg den Pfleger aus § 1833. Nur bei vorsätzl Schädigg des Nachl, etwa bei Untreue od Unterschlagg des Pflegers kann, der VergütgsAnspr verwirkt sein (BayObLG NJW **88**, 1919); auch kann dann der Anspr dch Aufrechng mit SchadErsAnspr erloschen sein. Im FestsetzgsVerf ist dies zu beachten, wenn die Tats für diese Vorwürfe feststehen od auf der Hand liegen, also nicht erst einer Klärg dch Ermittlgen bedürfen (BayObLG FamRZ **92**, 106). – Hat sich ein pflichtwidr Verhalten des Pflegers dahin ausgewirkt, daß seine Tätigk als wesentl geringer anzusehen ist als bei pflichtgem Amtserfüllg, ist der Einwand zu berücksichtigen (KG OLGZ **88**, 281). Nach BayObLG NJW **88**, 1919 entsteht kein VergütgsAnspr für solche Tätigk, die der Pfleger nur zu dem Zweck entfaltete, eine Vergütg zu begründen u die für den Erben nachweisb ohne Nutzen blieben. 28

cc) Festsetzung. Das Verf der Vergütgsfeststellg ist seit 1. 1. 99 in FGG 56 g eigens geregelt, der gem FGG 75 zur Anwendg kommt mit der Maßg, daß NachlG zuständ ist (§ 1962). S dazu § 1836 Rn 28; mangels Übergangsregelg ist die Vorschr auf alle nicht abgeschlossenen Verf anzuwenden (s Zweibr NJW **99**, 2125). Festsetzg erfolgt entwed auf Antr od vAw (FGG 56 g I). NachlG hat sich Kenntn der vergütgsrelevanten Umstände des Einzelfalls zu verschaffen, den Zeitaufwand des Pflegers zu überprüfen (§ 1836 Rn 14) u den im Einzelfall zutreffenden Stundensatz zu ermitteln (§ 1836 Rn 17). Erbe ist vor Festsetzg zu hören; für unbekannte ist VerfahrensPfl zu bestellen (FGG 67). Staatskasse (statt Erbe) ist Beteiligter, wenn gg sie festgesetzt werden soll. Die Vergütg wird nur bei kürzerer Dauer der Pflegsch einmalig für den gesamten Zeitraum, im übr nach Zeitabschnitten (zB jährl) festgesetzt schon wg der Gefahr, daß Pfleger dch Ablauf der Frist des § 1836 II S 3 Anspr verliert. Zur Abwendg dieser Gefahr kann NachlG ggf vAw tätig werden. Die Entscheidg ist idR zu begründen (vgl BayObLG FamRZ **95**, 683) u stets zuzustellen (FGG 16 II). – **Rechtsmittel** gg Festsetzg ist nunmehr die sofort Beschw, wenn Wert 300 DM übersteigt od sie zugelassen wurde (FGG 56 g V), sonst befristete Erinnerg (RPflG 11 II). Weitere Beschw (FGG 27) nur bei Zulassg wg grdsl Bedeutg (FGG 56 g V 2). BeschwerdeR (FGG 20 I) haben Erbe; Erbanwärter; TV; NachlGläub jedenfalls dann, wenn die Vergütg seine Befriedigg beeinträchtigt (BayObLG **58**, 74) od er sich dem Erben ggü zur Zahlg der Vergütg verpflichtet hat (BayObLG FamRZ **86**, 107); ferner PflichttBerecht (Köln Rpfleger **99**, 397); ErbschKäufer; schließl der Pfleger selbst, wobei dann das Verbot der Schlechterstellg gilt (KG FamRZ **86**, 1016; aA Domke Rpfleger **84**, 94). 29

g) Aufwendungsersatz. Zusätzl zur Vergütg sind dem Pfleger die ihm entstandenen Aufwendgen zu erstatten (§§ 1915, 1835), wie zB Auslagen, Anwaltsgebühren (LG Mü I Rpfleger **75**, 396), Bürounkosten usw). Zu ihrer Geltendmachg s § 1835 Rn 15. Ein ehrenamtl Pfleger kann seit 1. 1. 99 auch pauschale Aufwandsentschädigg verlangen (§ 1835 a nF). Sind Bürounkosten u Zeitaufwand bereits bei der Bemessg der Vergütg berücksichtigt, ist ein ErsatzAnspr nicht mehr gegeben (BayObLG **83**, 96). – Die zu ersetzenden 30

Aufwendgen darf sich der Pfleger dem von ihm verwalteten Bargeldvermögen entnehmen (Tidow S 98). Vorschuß ist mögl (§§ 1835; 669; s Köln ZEV **94**, 316 mAv Klingelhöffer). ErsatzAnspr gg Erben wird also nicht vom NachlG festgesetzt (KG Rpfleger **77**, 225; dagg gilt FGG 56 g nF bei Anspr gg Staatskasse, § 1836 IV); es darf sie auch nicht in eine zu bewilligende Vergütg pauschal einrechnen (Zweibr Rpfleger **80**, 103). Bei Streit üb Grd od Höhe entscheidet ProzeßG (§ 1835 Rn 14). – Wegen seiner **Anwaltsgebühren** für einen von ihm als RA geführten RStreit muß er sich an die Erben halten (vgl § 1835 u dazu BayObLG **59**, 329), kann sie aber nicht nach BRAGO 19 festsetzen lassen (Mü NJW **65**, 1027; Ffm, Hamm JW **66**, 554, 2129).

31 **h) Beendigung.** Die NachlPflegsch endet bei Zweckerreichg nicht von selbst, sond dch Aufhebg. Sie wird auch nicht ohne weiteres dch Eröffng des NachlInsolvVerf od Anordng einer NachlVerwaltg beendet; neben einer NachlVerw wird aber selten noch ein Bedürfnis zur Aufrechterhaltg einer NachlPflegsch bestehen. Vor Annahme der Erbsch wird auch kaum NachlVerw angeordnet werden (Staud/Marotzke Rn 57). – **Aufhebung** erfolgt dch Beschluß (§ 1919), sobald die Erben ermittelt sind u die Erbsch angenommen haben od Erbschein erteilt ist. Teilaufhebg ist zuläss. Eine vorliegde Schlußrechng des Pflegers (s
32 §§ 1890, 1892) ist tunlichst vorher zu prüfen. Die Erben treten nun an Stelle des Pflegers in einen RStreit, ohne Aussetzg od Unterbrechg ein (BayObLG FamRZ **91**, 230). NachlPfleger ist verpflichtet, den Nachl an den Erben herauszugeben (§§ 1960, 1915, 1890). Er hat aber ein ZurückbehaltgsR bezügl einer Bezahlg der bewilligten Vergütg, sofern an NachlGgständen nicht vorrangige SichergsRe and NachlGläub bestehen. Eine Entnahme von NachlGgständen ist ihm verwehrt (Tidow S 62; s § 1890). – **Abwicklung:** Die Aushändigg des Nachl ist Sache der Beteiligten, nicht des Gerichts. Das NachlG kann jetzt den Pfleger nur noch zur Einreichg einer formell ordngsmäß Schlußrechg sowie zur Rückgabe der Bestellg anhalten u die Befolgg dieser Anordng dch Festsetzg von Zwangsgeld (FGG 33) erzwingen. Zu bestimmten VerwHdlgen u weiterer Rechngslegg kann es ihn auch bei nicht vollständ Herausg des Vermögens an den Berecht den Pfleger nicht
33 mehr veranlassen (KG FamRZ **69**, 446). – **Rechtsmittel:** Pfleger hat kein BeschwR gg Aufhebg; auch nicht gg Anordng des LG, die Aufhebg dchzuführen (BayObLG **61**, 277). Str ist, ob BeschwR der NachlGläub besteht. Bei Ablehng der Aufhebg bestimmt sich BeschwR nach FGG 20 I (nicht nach FGG 57 I 3; KG OLGZ **83**, 398).

34 **i) Entlassung** des NachlPflegers gg seinen Willen ist gem §§ 1915, 1886 mögl. Zwingend notw ist sie allerd nur bei Vorliegen eines UntauglichkGrdes (§ 1781). Dagg ist sie bei Gefährdg des Erbeninteresses dch pflichtwidr Verhalten od auch objektiv ohne Verschulden (BayObLG **52**, 336) nur die äußerste Maßnahme, die erst in Betracht kommt, wenn mildere, weniger einschneidende erfolglos blieben od objektiv im konkreten Fall nicht ausreichen (BayObLG **83**, 59; auch Rpfleger **83**, 108; s § 1886 Rn 5). – Der Pfleger ist vorher zu hören. Die EntlassgsVfg ist ihm zuzustellen (FGG 16 II). – **Rechtsmittel** s § 1886 Rn 11. Pfleger hat BeschwR (Oldbg FGPrax **98**, 108). Die Aufhebg der EntlassgsVfg dch das BeschwG wirkt zurück, so daß Pfleger im Amt bleibt und nicht neu bestellt werden muß (KG OLGZ **71**, 198; BayObLG **83**, 59).

1961 *Nachlaßpflegschaft auf Antrag.* **Das Nachlaßgericht hat in den Fällen des § 1960 Abs. 1 einen Nachlaßpfleger zu bestellen, wenn die Bestellung zum Zwecke der gerichtlichen Geltendmachung eines Anspruchs, der sich gegen den Nachlaß richtet, von dem Berechtigten beantragt wird.**

1 **1) Prozeßpfleger.** Da gem §§ 1958; 1960 III gg den Nachlpfleger geklagt werden kann, wird dch § 1961 den NachlGläub die Möglichk gegeben, ihre Anspr auch vor Annahme der Erbsch zu verfolgen (vgl auch ZPO 243; § 2017 Rn 1). Beschränkt das NachlG den Wirkgskreis des von ihm bestellten Prozeßpflegers nicht auf den RStreit od eine and bestimmte Angelegenh (s BayObLG **60**, 93), ist er in vollem Umfang NachlPfleger. Seine Vertretgsbefugnis erstreckt sich dann auch auf die NachlSicherg iS von § 1960. – Die Vorschr gilt auch für inländ Nachl eines Ausländers (Hamm JMBl NRW **62**, 209); s auch § 1960 Rn 2. Gegenstück ist § 1913. – **Kosten** sind vom Erben geschuldete NachlVerbindlichkeiten (KostO 6) wie auch eine Vergütg des Pflegers (§ 1960 Rn 25); Vorschuß kann vom Gläub nicht verlangt werden (LG Oldbg Rpfleger **89**, 460; teilw aA Weithase Rpfleger **93**, 143 bei dürft Nachl).

2 **2) Voraussetzung.** Grdsl sind es die gleichen wie nach § 1960 mit der Ausn, daß nicht ein Bedüfn zu prüfen ist, sond nur RSchutzinteresse vorliegen muß (BayObLG **60**, 405; KG OLGZ **81**, 151). Bei Prüfg, ob der Erbe unbekannt ist, muß die Situation des Gläub berücksichtigt werden, dem bei verwickelten Verhältn umfangreiche Nachforschgen u Nachweisbeschaffgen nicht zugemutet werden können (BayObLG Rpfleger **84**, 102; KG OLG-NL **99**, 33). Bekannt ist der Erbe nicht nur, wenn Erbschein erteilt ist, sond auch, wenn der Gläub die zur sachgemäßen RVerfolgg erforderl Tats kennen muß (LG Oldbg Rpfleger **82**, 105). – Die bezweckte gerichtl Geltendmachg braucht Gläub nicht glaubhaft zu machen. Es genügt die Überzeugg des Gerichts, daß er jemandes bedarf, gg den er seine Rechte verfolgen kann, sei es auch zunächst nur zwecks gütl Verhandlg (BayObLG aaO). – § 1961 ist daher entspr anwendb, wenn der ErbscheinsMitE des ungeteilten Nachl starb u seine RNachfolger ganz od teilw unbekannt sind.

3 **3) Berechtigter** ist, wer die Absicht vorträgt, einen Anspr gg den Nachl gerichtl geltd machen zu wollen (auch durch Arrest od ZwVersteigerg zum Zweck der Aufhebg einer Erbengemeinsch, Düss JMBl NRW **54**, 83, usw). Der Antr bedarf keiner Form. Glaubhaftmachg des Anspr ist nicht erforderl. Bei Tod des AntrStellers läuft Verf für seine Erben weiter. – Antrag ist abzulehnen, wenn TVstrg (§ 2213) besteht. Gegen Ablehng hat
4 Gläubiger BeschwerdeR (FGG 57 Nr 3). – Das Amt des bestellten Pflegers **endet,** wenn der Wirkgskreis auf eine bestimmte Angelegenh beschränkt war, mit Erledigg dieser Aufgabe (§ 1918 III), sonst mit Aufhebg der Pflegsch.

5 **4) Sonderfälle.** Soweit bei einer **Vollstreckungshandlung** die Zuziehg des Schuldners erforderl ist, hat das VollstrG auf Antr einen einstweiligen bes Vertreter des Erben zu bestellen, wenn nicht NachlPflegsch od TVstrg besteht (ZPO 779 II); dazu LG Oldbg aaO mAv Meyer-Stolte (NachlPflegsch für Zwangsversteigerg).

– Die Stellg eines NachlPflegers nach § 1961 hat auch der auf Antr des **Finanzamts** bestellte Pfleger nach AO 81 (dazu Hamm JMBlNRW **62**, 209).

1962 *Zuständigkeit des Nachlaßgerichts.* **Für die Nachlaßpflegschaft tritt an die Stelle des Vormundschaftsgerichts das Nachlaßgericht.**

1) Nachlaßgericht ist das AG (FGG 72; RpflAnpG 15; 17), in *Ba-Wü* das Notariat (EG 147; LFGG 1 II; 38; 40 ff), das bei der NachlPflegsch aus Gründen der Zweckmäßigk an die Stelle des VormschG tritt. Neben ihm ist sachl auch noch jedes AG zuständ, in dessen Bezirk ein Fürsorgebedürfn hervortritt; dieses verständigt dann das NachlG (FGG 74). – **Zuständigkeit** des NachlG: Die örtl bestimmt sich nach dem letzten Wohnsitz od Aufenth des Erbl (FGG 73; s § 2353 Rn 16). Zur internat bei Auslandsberührg s § 1960 Rn 2; EG 25 Rn 18. Funktionell zuständ ist grdsl der Rechtspfleger (RPflG 3 Nr 2 c). Dem Richter vorbehalten (RPflG 16 I Nr 1; 14 I Nr 4) sind AusländerNachl (bei Mehrstaatern mit dtscher Staatsangehörigk gilt dtsches Recht, EG 5 I 2). 1

a) Stellung. Die in § 1960 statuierte Verpflichtg des NachlG, im Bedarfsfall für unbekannte Erben die Sicherg u Erhaltg des Nachl zu besorgen, ist Ausfluß der allg staatl Fürsorge- u AufsichtsPfl. Zugleich hat das NachlG damit fremde Vermögensinteressen zu betreuen, muß sich also stets von den Interessen des endgült Erben leiten lassen. Dazu ist ihm auch eine unmittelb Vfgs- u Verpflichtgsbefugn eingeräumt: Bis zur Bestellg eines NachlPflegers od im Falle seiner Verhinderg an dessen Stelle kann es in dringenden Fällen gem §§ 1915, 1846 in unmittelbarer Vertretg der Erben selbst die erforderl Maßnahmen treffen u dabei mit unmittelb Wirkg für u gg die Erben üb NachlGgstände verfügen u Verbindlichk eingehen (s auch § 1846 Rn 1), zur Abwendg drohender Nachteile auch NachlGgstände veräußern (BGH DRiZ **66**, 395). – Für die Entgegennahme einer Rechngslegg u die RechngsPrüfg ist auch das NachlG berufen (s Birkenfeld FamRZ **76**, 197; Beisp Ffm NJW **63**, 2278). 2

b) Aufgaben. Nach Bestellg eines NachlPflegers, dem als Wirkgskreis die selbständ Verwaltg des Nachl übertragen ist, beschränkt sich die Aufgabe des NachlG im wesentl auf die Beaufsichtigg des Pflegers bei Durchführg seiner Aufgaben (§§ 1915; 1837 II; BGH DNotZ **67**, 320; § 1960 Rn 16). Nur bei dessen tatsächl od rechtl Verhinderg wird das NachlG selbst gem § 1846 noch tätig (s Rn 2). Im Rahmen seiner Aufsicht hat es bei Pflichtwidrigk dch geeignete Gebote u Verbote sowie dch Festsetzg von Zwangsmitteln einzuschreiten (§ 1837), um eine pflichtgemäße, der Sicherg u Erhaltg dienende Verwaltg des Nachl sicherzustellen. Bei Gefährdg des Interesses der Erben hat es den Pfleger zu entlassen (§ 1886). 3

2) Vorsätzliche Pflichtverletzungen des Rechtspflegers können wg seiner VermögensbetreuungsPfl ggü dem Erben in NachlSachen zur strafrechtl Ahndg führen: Er kann Täter einer Untreue iS von StGB 266 sein (BGH NJW **88**, 2809 mAv Otto JZ **88**, 883) sowohl in Form des Mißbrauchstatbestands (zB dch Pflegsch-Anordng ohne sachl Bedürfn; Bewillig überhöhter Vergütg; Veräußerg von NachlGgst unter Wert) als auch in Form des Treubruchstatbestands (zB dch unberechtigte Zuführg von NachlWerten an sich od Dritte; Veranlassg des Pflegers zu nachteiligen Maßnahmen). Auch kann er Rechtsbeugung begehen, da seine Tätigk als richterliche iS von StGB 336 zu werten ist (BGH aaO), obwohl der Rechtspfleger im Sinne des GG u des GVG nicht die Stellg eines Richters hat (BVerwG Rpfleger **88**, 244). 4

3) Die Genehmigung dch das VormschG läßt sich in eine nachlgerichtl Genehmigg desselben Gerichts jedenf dann nicht umdeuten, wenn die Genehmiggsfrage sich für den NachlRichter wesentl anders darstellt als für den VormschRichter (OGH **1**, 198 gegen Kiel JR **48**, 159; aM Müller NJW **56**, 652; s auch Keidel/Reichert FGG 7 Rn 26 b; Jansen FGG 7 Rn 15). 5

1963 *Unterhalt der werdenden Mutter eines Erben.* **Ist zur Zeit des Erbfalls die Geburt eines Erben zu erwarten, so kann die Mutter, falls sie außerstande ist, sich selbst zu unterhalten, bis zur Entbindung angemessenen Unterhalt aus dem Nachlaß oder, wenn noch andere Personen als Erben berufen sind, aus dem Erbteile des Kindes verlangen. Bei der Bemessung des Erbteils ist anzunehmen, daß nur ein Kind geboren wird.**

1) Zugunsten des nasciturus, der ges od gewillkürter Erbe sein muß (§ 1923 II), wird für dessen bedürft Mutter beim Tod des Vaters gesorgt. Dies gilt auch bei nichtehel Vatersch. Im Falle einer Ersatzberufg (§§ 1953, 2096, 2344) gilt § 1963, sobald der zunächst Berufene weggefallen ist, weil dieser dann so anzusehen ist, als hätte er nicht gelebt. – Kommt es zu einer **Totgeburt,** behält die Mutter den schon gezahlten Unterh, da seine RückFdg (§ 818) wg § 814 ausgeschlossen ist, nachdem Mutterschutz AnstandsPfl ist (aA Soergel/Stein Rn 6); einen noch nicht gezahlten kann sie aber nicht nachverlangen. – Bei irrtüml Annahme einer Schwangersch ist der gezahlte Unterh zurückzuerstatten (§ 812; Staud/Marotzke Rn 12). Bei Vorspiegelg der Schwangersch besteht ErsatzPfl der Mutter nach §§ 823 II, 826 u §§ 812, 813 I, 818 IV. 1

2) Anspruchsberechtigt ist die Mutter des nasciturus nur bei Bedürftigk (§ 1602 I) u dann nur für die Zeit bis zur Entbindg (also auch für Entbindgs-, nicht aber für Wochenbettkosten). Verlangen kann sie den angemessenen Unterh (§ 1610; s § 1360 a Rn 2), nicht nur einen billigen Beitrag (§ 1611 I), u zwar regelm in Rentenform (§ 1612 I) dch monatl Vorauszahlg. Der volle Monatsbetrag wird auch dann geschuldet, wenn die Mutter im Laufe des Monats stirbt (§ 1612 III). Der Höhe nach ist der Anspr begrenzt dch den Erbteil des erwarteten Erben (S 2), der zu schätzen ist u nur einen Berechngsmaßstab bildet (Staud/Marotzke Rn 10). – Entspr anwendb ist auch § 1614, aber nicht § 1613 (Staud/Marotzke Rn 7). – Von einem Leibesfruchtpfleger (§ 1912) kann der Anspr nicht geltd gemacht werden, da nicht künftige Rechte der Leibesfrucht in Frage stehen. 2

3) Der Unterhaltsanspruch ist gewöhnl NachlVerbindlk (§ 1967), kein gesetzl Vermächtn. Zu begleichen ist er aus dem Nachl, daher gg einen (ggf zu bestellenden) NachlPfleger (§§ 1960, 1961) od gg den TV 3 zu richten. Auch bei einer Mehrh von Erben richtet sich der Anspr gg den gesamten Nachl. – Die Dreimonatseinrede (§ 2014) wird nicht gewährt. – Der Anspr, der auch durch einstw Vfg (ZPO 940) geltd gemacht werden kann, ist im NachlInsolvVerf gewöhnl InsolvenzFdg. Er besteht an sich auch bei überschuldetem Nachl (bestr), aber nicht bei mangelnder Masse (§§ 1990, 1991 I–III; Soergel/Stein Rn 5). Als UnterhRente genießt der Anspr den Pfändgsschutz des ZPO 850 b I Nr 2; es gilt daher auch das Aufrechngs-Verbot des § 394 und der daraus sich ergebde Ausschluß eines ZurückbehaltsgsR (§ 273); entspr gilt auch, wenn kein Rentenbetrag, sond unregelmäß Summen zu zahlen sind (Dütz NJW **67**, 1107).

1964 ***Erbvermutung für den Fiskus.*** **I Wird der Erbe nicht innerhalb einer den Umständen entsprechenden Frist ermittelt, so hat das Nachlaßgericht festzustellen, daß ein anderer Erbe als der Fiskus nicht vorhanden ist.**

II Die Feststellung begründet die Vermutung, daß der Fiskus gesetzlicher Erbe sei.

1 **1) Von Amts wegen** wird das Verfahren nach §§ 1964–1966 nur bei Eintritt ges Erbfolge (nicht bei Erbeinsetzg des Fiskus) eingeleitet, wenn Erben nicht ermittelt werden konnten u dah das ges ErbR des Fiskus (§ 1936) in Betr kommt, so daß das ohnehin schon beschränkte StaatserbR an ein umständl Verfahren gebunden wird (dazu ausführl Frohn Rpfleger **86**, 37). Die Ermittlungspflicht obliegt dem NachlG od einem (zweckm zunächst bestellten) NachlPfleger. Str ist, ob das StaatsErbR auch dann festgestellt werden muß, wenn kein Nachl vorhanden od der Nachl überschuldet ist; bejahend LG Düss Rpfleger **81**, 358; Staud/Marotzke Rn 8; Soergel/Stein Rn 2; nach BayObLG **57**, 360 steht in diesen Fällen die Entscheidg im Ermessen des NachlG. – Akteneinsicht kann bei berecht Interesse verlangt werden (FGG 78).

2 **2) Der Feststellungsbeschluß** bildet die Grdlage für das StaatsErbR (BayObLG JW **35**, 2518), ersetzt aber ggü GBAmt nicht den nach GBO 35 erforderl ErbSch (BayObLG MDR **87**, 762 mN). BenachrichtigsPfl: Art 2 VO v 18. 3. 35 (RGBl 381). Zuständig ist der RPfleger (s zur Entscheidg Frohn Rpfleger **86**,
3 37). – Gebühr: KostO 110; ein and Erbe als Fiskus haftet dafür nicht (KG FamRZ **97**, 969). – **Rechtsmittel** ist Beschwerde (FGG 19; RPflG 11). Beschwerdeberecht ist gg die Feststellg sowohl der Fiskus als auch die and Erbprätendenten, selbst wenn sie als Verwandte ausdrückl als ges Erben enterbt sind (BayObLG FamRZ **86**, 728). Gg die Ablehng der Fiskus u die NachlGläub, da auch deren Rechte durch die Ablehng beeinträchtigt werden (BayObLG **57**, 360); andere Erben haben gg die Ablehng kein BeschwR (JFG **16**, 110). Doch kann der angebl Übergangene stattdessen auch Klage gg den Staat erheben (§ 1965 II) od Erbschein beantragen (KG Rpfleger **70**, 340).

4 **3) Die Vermutung (II)** ist widerlegbar. Die Feststellg entbehrt aber der dem Erbschein eigentüml Wirkgen zG redlicher Dritter (§§ 2366 ff). Der Beschluß kann vAw jederzeit aufgehoben werden (FGG 18 I); er steht auch dem Fortgang des ErbschVerf und der Einlegg von RMitteln nicht entgg (BayObLG **83**, 204); über Bindg des NachlG an rkräft Urteil s § 1965 Rn 2. Bei Ablehng der Feststellg steht dem Fiskus der Klageweg frei. Er kann nach Feststellg auch noch Erbschein beantragen, der zur GBuchEintragg erforderl ist (Ffm MDR **84**, 145; BayObLG MDR **87**, 762).

1965 ***Öffentliche Aufforderung zur Anmeldung der Erbrechte.*** **I Der Feststellung hat eine öffentliche Aufforderung zur Anmeldung der Erbrechte unter Bestimmung einer Anmeldungsfrist vorauszugehen; die Art der Bekanntmachung und die Dauer der Anmeldungsfrist bestimmen sich nach den für das Aufgebotsverfahren geltenden Vorschriften. Die Aufforderung darf unterbleiben, wenn die Kosten dem Bestande des Nachlasses gegenüber unverhältnismäßig groß sind.**

II Ein Erbrecht bleibt unberücksichtigt, wenn nicht dem Nachlaßgerichte binnen drei Monaten nach dem Ablaufe der Anmeldungsfrist nachgewiesen wird, daß das Erbrecht besteht oder daß es gegen den Fiskus im Wege des Klage geltend gemacht ist. Ist eine öffentliche Aufforderung nicht ergangen, so beginnt die dreimonatige Frist mit der gerichtlichen Aufforderung, das Erbrecht oder die Erhebung der Klage nachzuweisen.

1 **1) Die öffentliche Aufforderung** darf erst nach Ablauf der Frist des § 1964 I erfolgen (s Frohn Rpfleger **86**, 37). Sie verfolgt den Zweck, die in § 1964 vorgesehene Feststellg zu ermögl (s KG FamRZ **97**, 969; Rpfleger **70**, 340). – Die Dreimonatsfrist des **II** ist nicht abzuwarten, wenn überh keine Anmeldg bis zum FeststellgsBeschl erfolgt war (KGJ **36** A 67). – Fiskus haftet als Erbe nicht für Auslagen des Erbenaufgebots (KostO 12; BayObLG Rpfleger 70, 181). – Die Vorschr gilt auch für die jur Pers des öff Rechts nach EG 138.

2 **2) Verfahren** regelt sich nach FGG; nur die Bekanntmachg u Fristdauer (mind 6 Wochen) richtet sich nach ZPO 948–950. Die Entscheidg wird auf 3 Monate ausgesetzt, wenn währd der Anmeldefrist od später, jedoch vor dem FeststellgsBeschl, ein ErbR angemeldet wird od wenn an Erbanwärter eine gerichtl Aufforderg nach **II** 2 ergeht, damit der Erbanwärter Gelegenh zum Nachw seines ErbR od wenigstens der Klageerhebg erhält. – Über das angemeldete Recht entscheidet das NachlG. Ein nicht nachgewiesenes Recht erlischt aber nicht, sond bleibt nur „unberücksichtigt“. – Ein rkräft Urteil zw Erbanwärtern u Staat bindet das NachlG im Rahmen seiner RKraft (s Übbl 7 vor § 2353). Es ist also im Verhältn der Prozeßparteien auch für das FeststellgsVerf maßgebd (BayObLG **69**, 184; Soergel/Stein Rn 3).

1966 ***Rechtsstellung des Fiskus vor Feststellung.*** **Von dem Fiskus als gesetzlichem Erben und gegen den Fiskus als gesetzlichen Erben kann ein Recht erst geltend gemacht werden, nachdem von dem Nachlaßgerichte festgestellt worden ist, daß ein anderer Erbe nicht vorhanden ist.**

Der Staat soll bei ges Erbfolge den Nachl nicht an sich ziehen, bevor sein ErbR nach §§ 1964, 1965 festgestellt ist. So lange ist er aber auch gg Inanspruchnahme geschützt. Ist er eingesetzter Erbe, so gelten die gewöhnl Vorschr der §§ 1942 I, 1958, 2014. – Das FeststellgsVerf gilt auch im Fall der §§ 46, 88 (Anfall des Vereins- od Stiftsvermögens); s Staud/Weick § 46 Rn 4. 1

Zweiter Titel. Haftung des Erben für die Nachlaßverbindlichkeiten

I. Nachlaßverbindlichkeiten

Einführung

1) Erbenhaftung. Auf den Erben gehen nach dem Grdsatz der Universalsukzession (§ 1922) auch die Verpflichtgen über, die der Erbl eingegangen ist, aber nicht (mehr) erfüllt hat. Er haftet für diese u and, dch den Erbfall entstehenden NachlVerbindlichk (§ 1967). Der in Erbfällen vor dem 1. 4. 98 (EG 227 I Nr 1) nur ErbersatzBerecht haftete dagg nicht, sond war selbst NachlGläub (§ 1934 a aF). Die Haftg mehrerer Erben wird erst in §§ 2058–2063 geregelt, die des NachE in §§ 2144 ff, des ErbschKäufers in §§ 2382 ff. 1

2) Art der Haftung. Nach dem vom BGB gewählten Haftgssystem haftet der Erbe „vorläufig unbeschränkt, aber beschränkbar". Dies bedeutet, daß er ab Annahme der Erbsch (s § 1958) außer mit dieser auch mit seinem übr Vermögen haftet, aber vom G die Möglichk eingeräumt erhält, seine Haftg unter bestimmten Voraussetzgen u mittels bestimmter Maßnahmen auf den Nachl zu beschränken (s Rn 4). Er hat also ein BeschränkgsR, dessen Ausübg sich dahin auswirkt, daß er dann nur mit den NachlGgständen selbst haftet, aber nicht mehr mit seinem eigenen Vermögen (auch nicht etwa in Höhe des NachlWertes). Mit der Beschränkg erfolgt somit eine Trenng zw Nachl u Eigenvermögen. Der Erbe muß aber auch dann den Nachl ordngsgemäß verwalten, andernf ErsatzAnspr gegeben sind (§§ 1978; 1991), die dann wieder dem Nachl zugerechnet werden. – Als **unbeschränkte** Haftung wird im Ges die Haftg dann bezeichnet, wenn sie 3
unbeschränkb geworden ist, indem der Erbe sein BeschränkgsR verloren hat. Ein solcher Verlust tritt (unbeschadet der Wirksamk abweichder Vereinbargen) ggü sämtl Gläub kr G ein, wenn er eine ihm gesetzte Inventarfrist fruchtlos verstreichen läßt (§ 1994 I 2) ob absichtl ein unrichtiges Inventar errichtet (§ 2005 I 1); ggü dem einzelnen NachlGläub bei Verweigerg der geforderten eidesstattl Versicherg (§ 2006). 2

3) Haftungsbeschränkung. Solange der Erbe nicht unbeschränkb haftet (Rn 3), kann er eine allg Beschränkg seiner Haftg dch die in §§ 1975–1992 geregelten Beschränkgsmittel herbeiführen. Es sind dies Anordng der NachlVerwaltg (§§ 1975–1988) u Eröffng des NachlInsolvVerf (§§ 1975–1980; InsO 316; 320), mit denen eine Absonderg des Nachl vom sonst Vermögen des Erben, seine Fremdverwaltg u Verlust der VfgsBefugn verbunden sind. Können bei geringem Nachl diese Verfahren zB mangels kostendeckender Masse (§ 1982; InsO 26) nicht dchgeführt werden, stehen dem Erben mit den UnzulänglichkEinreden der §§ 1990 u 1992 weitere Beschränkgsmittel zur Vfg, die er allerd in prozeß- u vollstreckgsrechtl richtiger Weise erheben muß (s Rn 7). Macht er diese Einreden geltd, haftet er auch nur mit dem Nachl, den er dann zum Zwecke der Befriedigg im Wege der ZwangsVollstr herauszugeben hat (§ 1990 I 2). Da bis dahin keine Vermögensabsonderg eintritt, haftet er für die Verwaltg des Nachl gem §§ 1978–1980. – **Minderjährige** Erben können ihre Haftg für NachlVerbindlk, die aGr eines während ihrer Minderjährigk erfolgten Erwerbs vTw entstanden sind, gem §§ 1629 a; 1793 II nach Eintritt der Volljährigk auf den Bestand ihres zu diesem Zeitpkt vorhandenen Vermögens beschränken, nämlich entspr §§ 1990; 1991 (§ 1629 a I 2 mit Rn 12; 13; s auch § 2032 Rn 6). – **Kein** Mittel der HaftgsBeschränkg ist die **Inventarerrichtung** (§§ 1993 ff), die im 5
Ggteil zur unbeschränkten Haftg führen kann (s Rn 3). – Das **Aufgebot** (§§ 1970–1974) hat in erster Linie den Zweck, dem Erben einen Überblick üb die NachlVerbindlk zu verschaffen. Dem ausgeschlossenen od verspäteten NachlGläub können aber als RFolge die Einreden aus §§ 1973, 1974 entgegengehalten werden. – Dch **Haftungsvereinbarung** kann der Erbe auf die HaftgsBeschränkg auch verzichten (nicht der NachlPfleger, § 2012 I 3). Umgekehrt kann er sie auch dch Vereinbarg mit den Gläub herbeiführen (§ 1967 Rn 10). 4 6

4) Prozessuales. Der als Erbe des Schuldners Verurteilte kann die HaftgsBeschrkg nur geltend machen, wenn sie im Urteil vorbehalten ist (ZPO 780; s dazu § 1973 Rn 6; § 1990 Rn 11–13; Ausn im Fall des § 1629 a für Urteile vor dem 1. 7. 99, Art 2 MHbeG). Der Antr ist grdsl in den Tatsachenrechtszügen zu stellen, nicht erst mit der Revision (BGH NJW **62**, 1250); dies gilt nicht, wenn der zur Zahlg verurteilte Bekl erst nach Schluß der letzten Tatsachenverhandlg stirbt (BGH **17**, 69, aber auch BGH **54**, 204). Die Kompetenzabgrenzg zw Erkenntn- u VollstreckgsVerf in den Fällen von ZPO 780; 785 behandelt K. Schmidt JR **89**, 45. Zur VollstreckgsRLage nach Eintritt der HaftgsBeschränkg bei Titel noch gg Erbl s Stein ZEV **98**, 178. 7

1967 ***Erbenhaftung.*** **I Der Erbe haftet für die Nachlaßverbindlichkeiten.**

II Zu den Nachlaßverbindlichkeiten gehören außer den vom Erblasser herrührenden Schulden die den Erben als solchen treffenden Verbindlichkeiten, insbesondere die Verbindlichkeiten aus Pflichtteilsrechten, Vermächtnissen und Auflagen.

1) Nachlaßverbindlichkeiten sind sowohl die Erblasserschulden als auch die Erbfallschulden **(II).** Dazu gibt es Verbindlichk, die sowohl NachlVerbindlichk wie EigenVerbindlichk des Erben sind (Rn 8) u für die desh eine HaftgsBeschränkg sinnlos wäre. Für alle Schulden haftet der Erbe (s Einf 1). Im Ggsatz zu seinen Eigenschulden kann er aber für die ererbten od dch den Erbfall entstandenen Verbindlichk die Beschränkg seiner Haftg auf das ererbte Vermögen herbeiführen (zu den Beschränkgsmitteln s Einf 4), sofern er dieses BeschränkgsR nicht verloren hat (Einf 3). Macht er davon Gebr, wird der Nachl zu einer von seinem übr Vermögen getrennten, ggf sogar abgesonderten Vermögensmasse. 1

2 **a) Erblasserschulden** sind die „vom Erblasser herrührenden Schulden", soweit sie nicht mit dem Tod des Erblassers erlöschen (§ 1922 Rn 41–43), also gesetzliche, vertragliche und außervertragliche Verpflichtungen (Kauf, Miete, unerl Hdlg), auch wenn die Folgen erst nach dem Erbfall eintreten (RG HRR **42** Nr 522).
3 Dazu gehören zB: **Eintragungsbewilligung** des Erbl (BGH 48, 351). – **Steuerschulden** des Erbl (BFH NJW **93**, 350; s Kröger BB **71**, 647; AO 45). – Verpflichtg des Erben eines Beamten zur Rückzahlg von überbezahltem Ruhegehalt (BVerwG MDR **71**, 748). – Kosten einer für den Erbl angeordneten **Betreuung** (BayObLG FamRZ **96**, 376; LG Bln FamRZ **97**, 968), wobei sich schon bei der Festsetzg der Vergütg eines Berufsbetreuers gg Erben DürftigkEinrede auswirkt (BayObLG MDR **98**, 415; LG Mü I NJW-RR **98**, 438). – In der Pers des Erbl entstandene **Prozeßkosten.** War dem Erbl Prozeßkostenhilfe bewilligt gewesen, entsteht für den Erben bei Aufnahme des Zivilprozesses zwar die VerfGebühr neu; für bereits angefallene SachverständKosten haftet er jedoch ebso nicht wie der davon nach ZPO 122 I Nr 1 a befreite Erbl (Düss MDR **87**, 1031; str). Wg der nach dem Erbfall entstandenen Kosten s Rn 8. – Die VermAbgabeschuld beim Lastenausgleich (BGH 14, 368; BFH NJW **65**, 1736; BayObLG **56**, 231), wobei nach LAG 71 neben dem Erben auch die VermNehmer u die Auflagebegünstigten in Höhe der Bereicherg haften. – Schulden eines verstorb **Gesellschafters** wg unzulässiger Entnahme aus dem GesellschVerm (BGH **LM** § 115 HGB Nr 3). –
4 Auch Verpflichtg zur Abgabe von **Willenserklärung** od **Auskunftserteilung** (RG HRR **33** Nr 569). – Hierher gehören auch **Unterhaltsansprüche** (§ 1586 b); Anspr auf den öff-rechtl **Versorgungsausgleich** (§ 1587 e IV mit Rn 10); beim schuldrechtl endet der Anspr auf Ausgleichsrente (§§ 1587 g; k) grdsl mit dem Tod des Ausgleichspflichtigen; für die Zeit davor können aber noch Anspr gg die Erben bestehen (BGH FamRZ **89**, 950). – ErblSchuld ist auch die GeldFdg auf **Zugewinnausgleich** nach § 1371 II (BFH NJW **93**, 2462), die im Rang den gewöhnl NachlVerbindlichk gleichsteht, also nicht unter InsO 327 fällt (bestr; s Reinicke DB **60**, 1267). Dagg erwächst aus einer **nichtehelichen** LebensGemsch als solcher keine ErblSchuld (BFH NJW **89**, 1696; s auch Einf 17 ff vor § 1297), es sei denn, daß die Partner vertragl Anspr begründet hatten od daß ein BereicherungsAnspr gegeben ist; für diese haften die Erben auch sonst (Schröder JZ **78**, 379/383). – Die auf den Erben übergegangene Haftg des Erbl für künftige Inanspruchn, zB aus **Bürgschaft**
5 (BGH WM **76**, 808). – Ferner der vor dem 1. 4. 98 wirks vereinbart od rkräft zuerkannte vorzeit **Erbausgleich** (s EG 227). – Als vom Erbl herrührde Verbindlichk gehen auch die verhaltenen, noch werdenden u **schwebenden** RBeziehgen des Erbl auf den Erben über (§ 1922 Rn 26). ErblSchulden sind daher auch Verbindlichk, die nur desh erst in der Person des Erben u nicht mehr dem Erbl entstanden sind, weil dieser vor Eintritt der zu ihrer Entstehg nötigen weiteren Voraussetzg gestorben ist (BGH NJW **91**, 2558). Tritt zB die Bedürftigk eines Schenkers erst nach dem Tod des Beschenkten ein, richtet sich ein RückfdgsAnspr gg die Erben des Beschenkten (BGH aaO). **Wohngeldschulden** des Erbl, die erst nach seinem Tod dch Beschluß der EigtümerGemsch begründet werden, sind dann NachlVerbindlk, wenn die EigtWohng der Befriedigg der NachlGläub zugeführt wird (Köln NJW-RR **92**, 460; s auch Hbg MDR **86**, 319). – Der Erbe haftet auch für eine Verbindlichk des Erbl, die dch Aufnahme in ein **Kontokorrent** u die nachfolgenden Saldoanerkenntnisse als EinzelFdg erloschen ist (BGH WM **64**, 881); Haftg des Bürgenerben (Ffm OLGZ **71**, 46). – Schließl für **öffentlich-rechtliche Erstattungsansprüche** (Klink SozSich **66**, 199; s auch Rn 14). Über öffentlichrechtl **Verbindlichkeiten** s BGH NJW **78**, 2091; § 1922 Rn 49–53.

6 **b) Erbfallschulden** sind „die den Erben als solchen" treffenden Schulden, die aus Anlaß des Erbfalls entstehen. Das sind zB: Vor dem 1. 4. 98 entstandene **Erbersatzansprüche** (§ 1934 b II aF); **Pflichtteilsansprüche** (§§ 2303 ff), auch PflichttErgAnspr (BGH **80**, 206 mAv Zopfs **LM** § 1922 Nr 12); **Vermächtnisse** (§ 2174, s BayObLG **82**, 20/27) und **vermächtnisähnliche** Anspr (Voraus, § 1932; Dreißigster, § 1969; Anspr der Abkömml auf Ausbildungsbeihilfe nach § 1371 IV; letzteres str, aM Boehmer, Johannsen FamRZ **61**, 48; 164), Ansprüche nach **§ 1963. – Kosten** der Beerdigg (§ 1968, Mü NJW **74**, 704; OVG Münster NJW **98**, 2154); der TodesErkl (VerschG 34 II, 40); der gerichtl Sicherg des Nachl; der TestEröffng. – **Altenteilsrechte** (BGH **8**, 217). – Ferner die **Erbschaftsteuer** (BFH NJW **93**, 350; aA Hamm OLGZ **90**, 393 mwN). – Verbindlichk aus wirksamen (Rn 7) RHdlgen eines **Nachlaßpflegers** (-Verwalters) od des TV (RG **60**, 30) sowie deren Gebühren (NachlKosten u NachlVerwaltgsschulden) od Vergütg (§ 1960 Rn 25).

7 **c) Keine** NachlVerbindlichk sind Anspr auf Rückzahlg des nach dem Tod des Erbl gezahlten Altersruhegelds (s KG FamRZ **77**, 349), sie können aber NachlErbenschulden sein (Rn 8; § 2058 Rn 1). – Ferner nicht EinkSteuer aGrd Einkünften, die der Erbe aus dem Nachl erzielt (BFH NJW **93**, 350). – Durch genehmiggpfl, aber nicht genehmigte Geschäfte eines NachlPflegers werden NachlVerbindlichk nicht begründet (Hbg NJW **52**, 938). Über Entstehg von NachlVerbindlichk bei Schäden dch NachlSachen (zB gem §§ 833, 836) s Weimar MDR **71**, 369.

8 **2) Nachlaßerbenschulden.** Sie entstehen aus RHdlgen des Erben anläßl des Erbfalls u führen grds zu **Eigenschulden,** für die der Erbe aus seinem Vermögen haftet wie jeder andere, der durch RGesch eine Verbindlichk eingeht (Köln NJW **52**, 1145). Wenn aber das RGesch irgendwie mit dem Nachl od Erbfall zu tun hat, zur Abwicklg des Nachl gehört (BGH **32**, 60), kann nach außen sowohl eine Nachl- wie eine Eigenverbindlk entstehen. Dann haften im Außenverhältn Nachl- und Eigenvermögen gewisserm gesamtschuldnerisch; richtiger spricht man von einem einheitl Schuldverhältn mit doppeltem HaftgsGgst im Falle der Haftgssonderg (Erman/Schlüter Rn 9 mN). Im Innenverhältn gilt § 1978 III: ErsatzAnspr des Erben gg den Nachl. – Praktisch bedeutsam ist dies, wenn es zu NachlSonderg kommt (zB dch NachlVerwaltg).

9 **a) Nachlaßverbindlichkeit** liegt vor, wenn die Verbindlichk vom Standpkt eines sorgfältigen Verwalters in ordnungsgem Verwaltg des Nachl eingegangen ist; dabei kommt es nicht entscheidend darauf an, ob die Verbindlichkeit ausdrückl für den Nachl übernommen od die Beziehg zum Nachl dem GeschGegner erkennb ist (RG **90**, 95; BGH **32**, 60); s auch BGH **38**, 193; WM **73**, 362; Ffm BB **75**, 1319 (NachlAbwicklg eines HandwerksBetr, Kosten, die Erben dch Auflösg eines Gesch des Erbl entstehen); BGH WM **77**, 270; Düss OLGZ **78**, 323 (Verneing einer NachlVerbindlk). Dabei können die Grdsätze über Haftg aus Anscheinsvollmacht Anwendg finden, wenn es sich um Geschäfte handelt, die ein MitE in Fortführg eines vom Erbl hinterlassenen Handwerksbetriebs abschließt (BGH **LM** § 2032 Nr. 2). Nimmt der Erbe einen dem Erbl von einer Bank eingeräumten Kredit weiter in Anspr, so handelt es sich um eine ErblSchuld, aber auch um eine

NachlErbenschuld (Brox § 37 V 1). NachlErbenschuld ist auch der Anspr auf Rückforderg von irrtüml nach dem Tod des Berecht an die Erben gelangten RentenZahlgen (BGH **71**, 180; **73**, 202; § 2058 Rn 1; aM KG FamRZ **77**, 349; AG Kassel NJW-RR **92**, 585). – Auch für den **Nacherben** sind vom VorE begründete Schulden aus ordnungsmäßiger Verwaltg des Nachl NachlVerbindlichk (BGH **32**, 60), es sei denn, daß erkennb nur persönl Haftg des VorE bestehen sollte (RGRK Rn 12).

10 **b) Eine Vereinbarung** des Erben (mag eine NachlVerbindlichk vorliegen od nicht) **mit dem Gläubiger,** daß seine Haftg auf den Nachl od auf sein Eigenvermögen **beschränkt** sein solle, ist mögl (RG **146**, 346; Molitor JhJ **69**, 291 ff; s Ffm WM **65**, 659: Wechselverbindlichk als NachlErbenschuld). Für die Beschrkg der Haftg auf den Nachl genügt es, wenn der Erbe zum Ausdruck bringt, er handle nur für den Nachl, u der and Teil darauf eingeht: Vertr im Rahmen der Fortsetzg des Betriebs eines vom Erbl geführten HandelsGesch unter dessen Firma (BGH BB **68**, 769); s auch Johannsen WM **72**, 919; Ffm BB **75**, 1319 (HandwBetr). – Aus schuldh Verwaltg des Nachl (§§ 1978–1980), also für NachlFdgen (§ 1978 II) haftet der Erbe **ohne Beschränkung** (§ 1978 Rn 4), ebso der **Vorerbe** aus Eigenverbindlichk (s RG **112**, 131 und § 2145).

11 **3) Besonderheiten.** – **a) Minderjährige** Erben haben nach Eintritt der Volljährigk eine besond Möglichk der Haftgsbeschränkg gem §§ 1629 a; 1793 II (s Einf 4 v § 1967). – **b)** Die Haftg für **Geschäftsschulden** regeln HGB 25 III; 27 I, II; 139. S dazu aus der Rspr: BGH **30**, 391; BB **65**, 968 (Haftg eines ausgeschiedenen MitE für neuerwachsene Verbindlichk der Firma); BGH NJW **71**, 1268 mAv Schwerdtner JR **71**, 420. – Beerbt in einer zweigliedr **KG** der einzige Kommanditist den einzigen Komplementär, wird dadch die Ges aufgelöst u gleichzeit beendet. Der erbende Gter wird Alleininhaber (BGH **65**, 79; s auch Schlesw OLGZ **91**, 447; § 1922 Rn 15); seine persönl Haftg kann sich daher nicht mehr aus HGB 130 ergeben, aber bei Fortführg des HandelsGesch aus HGB 27. Andernf ist analog § 419 II die Haftg auf das übergegangene GesVermögen beschränkt (BGH **113**, 132 mAv Frank/Müller-Dietz JR **91**, 457; dazu eingehd Marotzke ZHR **156**, 17). Zur Haftg des Erben als Nachfolger des Komplementärs s BGH DB **81**, 2165; Herfs DB **91**, 2121; des Kommanditisten BGH NJW **76**, 848 zu HGB 176 II. – Die Haftg des Alleinerben eines **GmbH**-Gesellschafters für NachlVerbindlichk ggü der GmbH bestimmt sich nach BGB. – Über Haftg des TV bei Verwaltg des HandelsGesch s Haegele/Winkler, Der TV, Rn 317 ff. – **c) Geld-** 12 **strafen** dürfen in den Nachl des Verurteilten nicht vollstreckt werden (StPO 459 c III). Auch darf nach OWiG 101 eine Geldbuße nicht in den Nachl des Betroffenen vollstreckt werden. S auch AO 45 I 2. Nach StPO 465 III haftet der Nachl nicht für die VerfKosten, wenn ein Verurteilter vor RKraft des Urt stirbt (dazu Kleinknecht/Meyer StPO 465 Rn 12). – **d) Für die Kosten** der in KostO 6 bezeichneten Gesch 13 des NachlG haften nur die Erben nach den Vorschr über NachlVerbindlk (s Düss Rpfleger **68**, 98); über ZahlgsPfl für gemschaftl ErbSch s Stgt Just **78**, 76. – **e) Sozialhilfe.** Verlangt ihr Träger Ersatz für die ihm 14 in den letzten 10 Jahren vor dem Erbfall entstandenen Aufwendgen vom Erben gem BSHG 92 c, liegt eine NachlVerbindlk vor, die Vorrang hat vor and Verbindlk, insbes Pflichtt- u VermächtnAnspr od Auflagen (s dazu Karpen MittRhNK **88**, 131). Der Erbe haftet aber nur mit dem Wert des im Ztpkt des Erbfalls vorhandenen Nachl, der bis auf einen Sockelbetrag von derzeit 3012 DM zu verwerten ist (BSHG 92 c II). Zu den AusnTatbeständen des BSHG 92 c III Nr 2; 3 s HessVGH FamRZ **99**, 1023. Bei sozialwidr Erlangg der Sozialhilfe dch Erbl geht die aus einer RückFdg gem BSHG 92 a herrührde Verbindlk als ErblSchuld auf den Erben über, der mit Nachl haftet (BSHG 92 a II; Kerpen aaO; s auch AG Düren DAV **80**, 730; MüKo/Siegmann Rn 8; 9 vor § 1967). – **f) Für Regreßanspruch** der Staatskasse wg der von ihr 15 bezahlten Vormds- od **Betreuerkosten** haften Erben nur mit Nachl (§ 1836 e I 3 mit Rn 3). – **g)** Fdgen des **Erben** gegen den Erbl od aus Aufwendungen haftet der Nachl, denn der Erbe kann sich nicht selbst haften (§§ 1976; 1991 I, II; 1978 III; InsO 324, 326).

1968 *Beerdigungskosten.* **Der Erbe trägt die Kosten der Beerdigung des Erblassers.**

1 **1) Erstattungsanspruch.** Der Erbe (od die ErbenGemeinsch, BGH NJW **62**, 791) wird als Korrelat für den Anfall des Vermögens des Erbl mit den Kosten von dessen Beerdigg belastet, obwohl die Art u Weise der Bestattg nicht zwangsläufig von ihm bestimmt werden kann (s Einl 9 vor § 1922). Hat diese Kosten zunächst der Bestattgsberechtigte getragen, ohne Erbe geworden zu sein, begründet § 1968 einen ErsatzAnspr gg den Erben. Die angefallenen Kosten bzw der ErsatzAnspr sind NachlVerbindlichk (§ 1967 Rn 6; § 2058 Rn 1) u Masseschuld (InsO 324 I Nr 4). – Ein **Dritter,** der die Bestattg veranlaßt hat, ohne daß ihm das Recht zur 2 Totenfürsorge zusteht, hat keinen Anspr aus § 1968. Kann er Ersatz seiner Kosten nicht aGrd Vertrags verlangen (wie zB der Bestattgsunternehmer von seinem Auftraggeber; ist dies der Erbe, hat er dch den Vertr auch eine Eigenverbindlichk begründet), ist der Dritte auf Anspr aus GoA angewiesen (Widmann FamRZ **88**, 351). Daneben können ggf noch Anspr nach § 812 od gem § 844 I (BGH **61**, 238; Düss MDR **73**, 671: Umfang der Kosten) od nach § 2022 II geltend gemacht werden. – Soweit die Kosten vom Erben nicht zu erlangen sind, haften subsidiär bei Tod eines UnterhaltsBerecht die UnterhPflichtigen (§ 1615 II; dazu Dieckmann FamRZ **77**, 161/165; LG Dortm NJW-RR **96**, 775). Entsprechendes gilt für den Vater bei Tod der nichtehel Mutter infolge Schwangersch od Entbindg (§ 1615 m). – Die Kosten der Beerdigg eines Vorerben treffen nicht den Nacherben (Celle HRR **41** Nr 127).

3 **2) Beerdigungskosten.** Die Verpflichtg des Erben zur Erstattg angefallener Kosten für die Beerdigg od Feuerbestattg (RG **154**, 270) ist auf den Aufwand beschränkt, der dch die Lebensstellg des Erbl angemessen ist (vgl § 1610 I; Düss NJW-RR **95**, 1161); hieran hat sich dch Streichg des Wortes „standesmäßigen" dch EGInsO nichts geändert. Zu tragen hat er desh nicht nur die eigentl Beerdiggskosten (Bestatter; Grab), sond auch die Kosten einer übl kirchl u bürgerl Feier (AG Grimma NJW-RR **97**, 1027), des Grabsteins sowie der Erstanlage der Grabstätte (Düss aaO; allerd nicht Mehrkosten für Doppelgrab, BGH **61**, 238); ferner die Ausgaben für Trauerkleidg (s dazu Weimar MDR **67**, 980; Hamm DAR **56**, 217; str; aA MüKo/Siegmann Rn 4); für Todesanzeigen, Danksagungen; Verdienstausfall usw (RG **139**, 394; Hamm aaO). Den Erben treffen, wenn dafür ausreichde Grde vorliegen, auch die Kosten einer Umbettg u der endgültigen

4 Bestattg (Karlsr NJW **54**, 720; Mü NJW **74**, 703); s dazu Fritz BWNotZ **92**, 137. – **Keine** zu erstattenden Kosten sind dagg die Reisekosten von Angehörigen zum Beerdiggsort (BGH **32**, 72), es sei denn, daß das
5 öff R den Angehörigen zur Beerdigg verpflichtet (Karlsr MDR **70**, 48). – Auch die spätere **Grabpflege** fällt nicht mehr unter § 1968, da sie keiner rechtl, sond einer sittl Pfl des Erben entspringt (BGH **61**, 238; Oldbg FamRZ **92**, 987). Hat Erbl ihn allerd test dazu verpflichtet od einen GrabpflegeVertr abgeschlossen, gehören die Kosten zu den vom Erben zu tragenden NachlVerbindlk. In einem PflegeVertr üb die gesamte Ruhezeit für seine Grabstätte kann das KündiggsR mit bindender Wirkg für die Erben ausgeschlossen werdcen (Karlsr 11 U 154/88); ist die von ihm einmalig zu leistende Vorauszahlg unangemessen hoch, kann der Vertr wg Sittenwidrigk nichtig sein (LG Mü I NJW-RR **89**, 197: Gesamtzahlg für 40 Jahre ohne Berücksichtgg einer Kapitalisierg). – Bei Streit entscheidet Prozeßgericht (Schlesw SchlHA **81**, 67; Paderborn FamRZ **81**, 700).

6 3) **Andere Verpflichtete** als der Erbe können entw dch ges Reglgen, dch Vertr od infolge ErsatzPfl bei Tötg die Kosten tragen müssen (s dazu Fritz BWNotZ **92**, 137). – **a)** Der **Hofübernehmer** hat auch ohne ausdrückl Bestimmg die Beerdiggskosten für den Übergeber u seinen Eheg jedenf dann zu tragen, wenn der Hof das Hauptvermögen darstellte u das Altenteil die vollständ Versorgg des Übergebers u seines Eheg sichern sollte (SchlHOLG RdL **63**, 154). Wird in einem **Übergabe- und Altenteilsvertrag** freie u standesgem Beerdigg versprochen, gehört dazu grdsätzl auch Setzg eines Grabmals, das den wirtschaftl Verhältn des Hofes entspricht, Celle RdL **68**, 74 (dort auch zur Verwirkg). – **b)** Nach **Sozialhilferecht** (BSHG 15) sind die erforderl Kosten der Bestattg eines SozHilfeempfängers zu übernehmen, soweit dem hierzu Verpflichteten nach seinen Verhältn (OVG Münster NJW **98**, 2154) nicht zugemutet werden kann, die Kosten zu tragen. Anspruchsberecht ist derjen, der rechtl verpflichtet ist, die Kosten der Bestattg zu tragen (OVG Münster aaO), also im Falle des § 1968 der Erbe (BVerwG NJW **98**, 1329) od die MitE (Rn 1). Örtl zuständ ist SozHilfeträger, der bis zum Tod SozHilfe gewährte, andernf Träger, in dessen Bereich Sterbeort liegt (BSHG 97 III). Er muß nicht vor Bestattg od Kostenbegleichg unterrichtet werden (BVerwG FamRZ **97**, 1472). – **c)** Dem Dienstherrn des getöteten **Beamten** steht in Höhe des nach BeamtVG 18 zu zahlende Sterbegeldes der Rückgr auf den Anspr gg den Schädiger auf Ersatz der BeerdiggsKosten zu (BGH FamRZ **77**, 246). – **d)** Weitere SonderVorschr enthalten **SeemannsG** 75 II; 78 I; sowie RVO 487 III.

1969 *Dreißigster.* **I Der Erbe ist verpflichtet, Familienangehörigen des Erblassers, die zur Zeit des Todes des Erblassers zu dessen Hausstande gehört und von ihm Unterhalt bezogen haben, in den ersten dreißig Tagen nach dem Eintritte des Erbfalls in demselben Umfange, wie der Erblasser es getan hat, Unterhalt zu gewähren und die Benutzung der Wohnung und der Haushaltsgegenstände zu gestatten. Der Erblasser kann durch letztwillige Verfügung eine abweichende Anordnung treffen.**

II Die Vorschriften über Vermächtnisse finden entsprechende Anwendung.

1 **1) Anspruchsberechtigter.** Der Anspr auf den Dreißigsten steht denjenigen **Familienangehörigen** zu, die zum **Hausstande** (§ 1619) gehörten, also wg ihrer persönl Beziehgen zum Erbl u ihrer tatsächl Aufn in die FamGemeinsch als zu ihr gehörig angesehen werden (Staud/Marotzke Rn 4–6). Zu ihnen gehören auch Pflegekinder; ob auch Lebensgefährtin, ist str (ja Düss NJW **83**, 1566; Einl 20 vor § 1297; MüKo/Siegmann Rn 2; Soergel/Stein Rn 2; nein Steinert NJW **86**, 686). – Außerdem mußten sie **Unterhalt** bezogen haben (ohne Rücks darauf, ob hierzu eine Verpflichtg des Erbl bestand), so daß Hausangestellte schon desh ausscheiden (s Müller/Freienfels JuS **67**, 127). IdR ist auch ein nach Trenng in Scheidg lebder Eheg nicht anspruchsberecht (str; aA Soergel/Stein Rn 2).

2 **2) Der Anspruch** wird wg der entspr Anwendg des VermächtnRs **(II)** oft als „gesetzl" Vermächtn bezeichnet, obwohl es solche nicht gibt (s Einf 4 vor § 2147; § 1932 Rn 5) u er auch nicht Vermächtn iS des § 1371 II ist. Er ist in Natur u im bish Umfang zu erfüllen, falls nicht vorherige Haushaltsauflösg erforderl wird (dann Geldansprüche; vgl auch § 1612 I 2). Durch letztw Vfg (**I** 2) kann der Erbl den Dreißigsten erhöhen (insoweit reines Vermächtn), verringern od ausschließen. Vor Annahme der Erbsch ist notf ein Pfleger (§§ 1958, 1960 III) zu bestellen; nach Annahme keine aufschiebende Einrede nach § 2014. Der Erbe kann die Haftg beschränken. Durch Aufgebot wird jedoch der Anspr nicht betroffen (**II,** § 1972). Kein Anspr besteht für die Vergangenh (§ 1613). Verzicht ist nach dem Erbfall (entgg § 1614) mögl, da auch reine Vermächtn ausgeschlagen werden können (Staud/Marotzke Rn 14; aM RGRK Rn 6). – Der Anspr ist grdsätzl **nicht übertragbar** u **unpfändbar** (§§ 399, 400, ZPO 850 b I Nr 2, II, 851). Er unterliegt damit dem Aufrechngsverbot des § 394 u dem Ausschluß des ZurückbehaltgsR (§ 273; Dütz NJW **67**, 1107).

II. Aufgebot der Nachlaßgläubiger

1970 *Aufforderung zur Anmeldung.* **Die Nachlaßgläubiger können im Wege des Aufgebotsverfahrens zur Anmeldung ihrer Forderungen aufgefordert werden.**

1 **1) Das Aufgebot** soll dem Erben Aufschluß über den Stand des Nachl u die Höhe der NachlVerbindlichk geben, ihm die Entschließg über Beantragg der NachlVerw od des NachlInsolvVerf u die Errichtg eines ordngsgem Inv (§ 2001) ermöglichen und ihn gg unbekannte NachlGläub sichern (§ 1973). Außerdem soll es dem Erben, NachlPfleger, NachlVerwalter und TV die Unterlagen zur Verteilg der Masse an die Gläub
2 verschaffen. – Die **Dreimonatsfrist** des § 2014 verlängert sich nach Maßg des § 2015 bis zur Beendigg des Aufgebotsverfahrens, so daß der Erbe nicht in Verzug kommt u im Prozeß den Vorbeh der beschränkten Haftg geltd machen kann (ZPO 305, 782). Zugleich ergibt sich daraus, daß das Aufgebot **keine Haftungsbeschränkung** herbeiführt. Für den MitE s auch § 2045 und die Besonderh in § 2060 Nr. 1.

2) Vom Aufgebot betroffen werden **alle Nachlaßgläubiger** (Ausn Rn 4), auch auswärtige, mögen sie dem Erben bekannt sein, gg ihn od den Erbl einen Titel haben od nicht, sofern ihnen zu Beginn der Aufgebotsfrist (ZPO 994, 950) eine NachlFdg zustand. Der antragstellende Erbe, der selbst eine NachlFdg hat (§§ 1978 III; 1991 I; InsO 326 II, III), braucht nur anzumelden, wenn das Aufgebot vom NachlVerw od TV beantragt ist od einem anderen MitE (ZPO 997) zustatten kommt. – **Ausnahmen:** Nicht betroffen werden: der in §§ 1971, 1972 genannte Personenkreis; die EigenGläub des Erben (RG **92**, 344); auch nicht Fdgen gg den Nachl, die erst nach Erlaß des Ausschlußurteils od die durch RHdlgen des NachlPflegers od TV nach Erlaß des Aufgebots entstanden sind (bestr; aA, Veröffentlichg maßgebl, Soergel/Stein Rn 4 mN). 3 4

3) Das Aufgebotsverfahren ist in ZPO 946–959; 989–1000; EGZPO 11 als besond Prozeßart (nicht als Verfahren der fG) geregelt. Zuständ ist sachl stets das AG (GVG 23 Nr 2h), örtl dasjen, das sonst NachlG ist (ZPO 990; FGG 73; EG 147), funktionell grdsl RPfleger (RPflG 20 Nr 2), Richter allerd für Ausschlußurteil (ZPO 952, 957). – **a) Antragsberechtigt** ist jeder Erbe (ZPO § 991 I, III) nach Annahme der Erbsch, sofern er nicht bereits unbeschränkb haftet, § 2013 I (Ausnahme bei MitE, ZPO 997); NachlPfleger, -Verw; TV nach Annahme der Erbsch (ZPO 991 II, III; ZVG 175 II); ErbschKäufer (ZPO 1000). Ob NachlVerw u TV auch bei allg unbeschränkb Haftg des Erben noch antragsberecht sind, ist str, aber zu bejahen (Staud/Marotzke Rn 7; aM RGRK Rn 8; Soergel/Stein Rn 1). Gehört ein Nachl zum Gesamtgut der GüterGemsch, kann sowohl der erbende Eheg als auch der das Gesamtgut allein od mit verwaltende and Eheg das Aufgebot ohne Zustimmg des anderen beantragen (ZPO 999). – **b) Keine Ausschlußfrist** besteht für den Antr. Daß aber der Aufgebotsantrag praktisch binnen Jahresfrist seit der ErbschAnnahme gestellt werden muß, ergibt sich aus § 2015 I, ZPO 782. Wenn Grd besteht, das Vorhandensein unbekannter NachlVerbindlichk anzunehmen, muß der Erbe oder NachlVerw bei Vermeidg der SchadErsPfl den Antr unverzügl stellen (§§ 1980 II 2, 1985 II 2). – **c) Ein Verzeichnis** der bekannten Gläub ist dem Antr beizufügen (s ZPO 992, 994 II); hat der Erbe schuldh die Aufnahme eines bekannten Gläub in das Verzeichn unterlassen, macht er sich schadensersatzpflichtig u kann ihm ggü die Einrede nach § 1973 nicht geltend machen (Soergel/Stein § 1973 Rn 3). – **d) Abzulehnen** ist der AufgebotsAntr bei NachlInsolvVerf mangels RSchutzbedürfnisses (ZPO 993); die ZwVersteigerg geht jedoch weiter (ZVG 178 II). – Das Verfahren ist auch dann **einzustellen,** wenn das BeschränkgsR des Erben vor Erlaß des Ausschlußurteils verlorengeht (Staud/Marotzke Rn 9) oder uU, wenn er den Aufgebotstermin versäumt (§ 2015 II). – **e) Die Kosten** des Aufgebotsverfahrens sind Nachlverbindlichk und im NachlInsolvVerf Masseschulden (InsO 324 I Nr 4), da sie im Ergebn auch den NachlGläub zugute kommen. 5 6 7 8 9 10

4) Ausländisches Ausschlußurteil kann bei deutschem Erbstatut anerkannt werden. S dazu u zur Durchführg eines Aufgebotsverfahrens im Inland bei ausländ Erbstatut Pinckernelle/Spreen DNotZ **67**, 217. 11

1971 *Nicht betroffene Gläubiger.*

Pfandgläubiger und Gläubiger, die im Insolvenzverfahren den Pfandgläubigern gleichstehen, sowie Gläubiger, die bei der Zwangsvollstreckung in das unbewegliche Vermögen ein Recht auf Befriedigung aus diesem Vermögen haben, werden, soweit es sich um die Befriedigung aus den ihnen haftenden Gegenständen handelt, durch das Aufgebot nicht betroffen. Das gleiche gilt von Gläubigern, deren Ansprüche durch eine Vormerkung gesichert sind oder denen im Insolvenzverfahren ein Aussonderungsrecht zusteht, in Ansehung des Gegenstandes ihres Rechtes.

1) Normzweck. Die Gläub dingl u diesen gleichgestellter Anspr werden vom Aufgebot, dh dch den Ausschluß im AufgebotsVerf (§ 1973) nicht betroffen u brauchen ihre Fdgen nicht anzumelden, da ihre Anspr nur einen bestimmten NachlGgstand betreffen u nicht den Nachl als Ganzes (wie das AufgebotsVerf). Unerhebl ist, ob sie ihr Vorrecht vor od nach dem Erbfall (allerd noch vor Ausschlußurteil) erlangt haben; anders ist dies dagg bei der Einrede (§ 2016) u im NachlInsolvenzVerf (InsO 321). Nicht betroffen sind sie allerd nur, soweit es sich um den besond Ggstand ihres Rechts handelt. Anmelden müssen sie also ihre weitergehenden persönl AusfallFdgen gg Nachl (zB den persönl Anspr bei der Hyp). 1

2) Die nicht betroffenen Gläubiger sind in § 1971 aufgezählt. Nach S 1 sind dies PfandGläub (§§ 1204; 1273) u die ihnen im InsolvenzVerf gleichgestellten Berechtigten, näml Gläub, die an gewissen Ggständen ein rgesch, ges od dch Pfändg erlangtes PfandR (InsO 50) od ein kaufmänn ZbR (HGB 369; InsO 51 Nr 3) od ein ZbR wg Verwendgen auf eine Sache haben (InsO 51 Nr 2) od Sichergseigentümer sind (InsO 51 Nr 1, neue Regelg); öff Kassen bezügl zurückbehaltener od beschlagnahmter Ggstände (InsO 51 Nr 4); ferner die in der ZwVollstr Realberechtigten (ZVG 10). Dazu kommen nach S 2 Gläub mit AussonderungsR (InsO 47) od deren Anspr dch Vormerkg (§§ 883; 884) gesichert sind. Ob das Vorrecht vor od nach dem Erbfall erlangt wurde, ist hier gleichgült; anders bei der Einrede (§ 2016 II) u im NachlInsolvVerf (InsO 321). 2

3) Ergänzt wird § 1971 dch ZVG 175, wenn NachlGläub für ihre persönl Fdg ein BefriediggsR aus einem NachlGrdstück haben. Dann kann entspr dem AufgebotsVerf Erbe nach ZVG 175 ff ZwVersteigerg beantragen, um ihm die Feststellg zu ermöglichen, ob u inwieweit der Gläub sich aus dem Grdstück befriedigen kann u der Erbe danach noch persönl für den Ausfall haftet. 3

1972 *Nicht betroffene Pflichtteilsrechte, Vermächtnisse und Auflagen.*

Pflichtteilsrechte, Vermächtnisse und Auflagen werden durch das Aufgebot nicht betroffen, unbeschadet der Vorschrift des § 2060 Nr. 1.

Nicht betroffen dch das Aufgebot werden die sog **nachlaßbeteiligten Gläubiger**, da der Erbe das Bestehen von Verbindlichkeiten aus PflichttR, Vermächtn u Auflagen idR dch Verkündg der Vfg vTw eher als die Gläubiger kennen wird. Sie haben im Ggsatz zu den ausgeschlossenen Gläub Ansprüche gg den Erben aus dessen Verwaltg (§§ 1978, 1979). Doch können sie nur durch Anmeldg die Teilhaftg des Miterben 1 verhindern (§ 2060 Nr 1). Die Versäumungseinrede aus § 1974 kann auch gg sie erhoben werden (s § 1974 III). Bei der Befriedigg stehen sie ggü den übrigen NachlVerbindlichkeiten in mehrf Hins zurück (vgl §§ 1973 I 2; 1991 IV; InsO 322; 327; 328). – § 1972 gilt auch für die bis zum 1. 4. 98 entstandenen **Erbersatzansprüche** (§ 1934 b II aF; Staud/Werner § 1934 b Rn 36).

1973 ***Ausschließung von Nachlaßgläubigern.*** **I Der Erbe kann die Befriedigung eines im Aufgebotsverfahren ausgeschlossenen Nachlaßgläubigers insoweit verweigern, als der Nachlaß durch die Befriedigung der nicht ausgeschlossenen Gläubiger erschöpft wird. Der Erbe hat jedoch den ausgeschlossenen Gläubiger vor den Verbindlichkeiten aus Pflichtteilsrechten, Vermächtnissen und Auflagen zu befriedigen, es sei denn, daß der Gläubiger seine Forderung erst nach der Berichtigung dieser Verbindlichkeiten geltend macht.**

II Einen Überschuß hat der Erbe zum Zwecke der Befriedigung des Gläubigers im Wege der Zwangsvollstreckung nach den Vorschriften über die Herausgabe einer ungerechtfertigten Bereicherung herauszugeben. Er kann die Herausgabe der noch vorhandenen Nachlaßgegenstände durch Zahlung des Wertes abwenden. Die rechtskräftige Verurteilung des Erben zur Befriedigung eines ausgeschlossenen Gläubigers wirkt einem anderen Gläubiger gegenüber wie die Befriedigung.

1 **1) Erschöpfungseinrede.** Der Erbe, der bei Erlaß des Ausschlußurteils (ZPO 952) nicht bereits unbeschränkbar haftet (§ 2013 I), kann dem ausgeschlossenen NachlGläub als Urteilswirkg eine Einrede bes Art entgghalten, ohne die HaftgsBeschrkg der NachlVerw od des NachlInsolvVerf herbeiführen zu müssen. Es handelt sich um eine **außerordentliche Beschränkung der Haftung** (§ 2013 I 2), die bei §§ 1973, 1974 dem Erben auch noch dann zustatten kommt, wenn die unbeschränkb Haftg nach Erlaß des Ausschlußurteils eintritt. Seine Haftg ggü den Ausgeschlossenen (§ 1973 f) beschränkt sich auf den Nachlaßüberschuß (s Rn 2). Auch der ausgeschlossene Gläub kann NachlInsolvVerf beantragen, vgl InsO 317 I.

2 **2) Der Überschuß (II 1)** errechnet sich gem BereichergsGrdsätzen (§§ 818, 819) nach dem Aktivbestand des Nachl, dem die gezogenen Nutzgen u Surrogate **zuzurechnen** sind, ebso die beim Erbfall erloschenen Verbindlichk u Lasten des Erben ggü dem Erbl. **Abzuziehen** sind umgekehrt die beim Erbfall auf gleiche Weise erloschenen Fdgen u Rechte des Erben; dann vor allem die Fdgen (auch die erfüllten) der nicht ausgeschlossenen u der vom Aufgebot nicht betroffenen Gläub, ausgenommen die noch nicht befriedigten Ansprüche aus § 1972 (**I 2**); ferner die aus dem Nachl bereits befriedigten Fdgen anderer ausgeschlossener Gläub mit der Maßgabe des **II 3**; schließl alle Aufwendgen des Erben für den Nachl aus eigenem Vermögen
3 (einschränkend, nur wertsteigernde, Soergel/Stein Rn 5). Wg eines AnfechtgsR s AnfG 5. – Maßgebl **Zeitpunkt** für den Umfang der Haftg ist die letzte mündl Verhandlg, auf die das Urteil im RStreit mit dem Ausgeschlossenen ergeht, od der Entscheidg über die gg seine Vollstreckg erhobenen Einwendg (nach aA ist dann auf den Beginn der ZwVollstr abzustellen, s MüKo/Siegmann Rn 5), nicht aber der Ztpkt der Geltdmachg, auf den es nur bei **I 2** ankommt.

4 **3) Wirkung.** Die Erschöpfgseinrede (die mit der DürftigkEinr des § 1990 nicht zu verwechseln ist) läßt die GläubFdg nicht erlöschen, sond macht sie nur **einredebehaftet.** Der Gläub kann daher mit ihr weiterhin gg NachlFdgen aufrechnen (§ 390 steht nicht entgg, weil selbst NachlInsolvVerf die entstandene Aufrechngslage unberührt läßt, MüKo/Siegmann Rn 2) od auf sie die Einrede des § 322 stützen. Im **Prozeß** ist sie vom Erben nachzuweisen u führt bei nachgewiesener NachlErschöpfg zur Klageabweisg als zZ unzulässig (MüKo/Siegmann Rn 8; vgl RG **137**, 54, BGH NJW **54**, 635). – Ihre Wirkg besteht also im wesentl darin, daß der Erbe die **Befriedigung** insow **verweigern** kann, als der Nachl dch Erfüllg der nicht ausgeschlossenen Fdgen erschöpft ist od wäre. Bei Überschuß beschränkt sich der GläubAnspr auf die im Nachl „noch vorhandenen" Ggstände (**II** 1, 2) od deren Ersatz; BereichergsAnspr bei Zahlg des Erben an vermeintl NachlGläub usw. Der Erbe hat (ähnl wie bei AnfG 11) die ZwVollstr in diese Ggstände zu dulden; der Gläub kann zuvor vom Erben nach §§ 260, 261 Ausk und eidesstattl Vers verlangen (s auch § 2006 Rn 2).

5 **4) Abwendungsbefugnis (II 2).** Auch die so bereits ggständl beschränkte ZwVollstr kann der Erbe (ebso bei § 1992 S 2) durch Zahlg des Schätzwertes, falls dieser hinter der Fdg des Ausgeschlossenen zurückbleibt, abwenden, wobei er die zur Befriedigg seiner eigenen ErsatzFdgen (Rn 2) erforderl Ggstände zurückbehalten kann, da sie nicht zum „Überschuß" gehören (RGRK Rn 22).

6 **5) Vorbehalt im Prozeß.** Die Einrede aus § 1973 ist verzichtb u geht durch Versäumg des Vorbehalts nach ZPO 780 I verloren (Ausn ZPO 780 II; RG **59**, 305), falls der Vorbehalt nicht durch Urteilsergänzg (ZPO 321) od RMittel (in der Revisionsinstanz nur noch ausnahmsw, BGH **17**, 69; NJW **62**, 1250) nachgeholt wird. Der allg Vorbehalt des ZPO 305, 780 I genügt (RG **83**, 330), auch wenn er versehentl nur in den Gründen steht (OLG **7**, 134). Vorbehalt ist auch bei Klage auf Vollstreckgsklausel (ZPO 731) notw; nicht bei Klauselumstellg nach ZPO 727, da hier ZPO 781 Anwendg findet (Zöller/Stöber ZPO 780 Rn 9).

7 **6) Zwangsvollstreckung.** Führt die Erschöpfungseinrede nicht bereits zur Klageabweisg, muß der Erbe in der ZwVollstr die beschränkte Haftg einwenden (ZPO 781), u zwar dch VollstrAbwehrklage (ZPO 785), die allerd ggü einer vorbehaltlosen Verurteilg versagt ist. Hat er bereits unter dem Druck der ZwVollstr gezahlt, kann er Rückzahlg verlangen (§§ 813, 814; RG **64**, 244).

8 **7) Besonderheiten.** Bei NachlVerw u NachlInsolvVerf kann der Ausgeschlossene nur dann auf Duldg der ZwVollstr klagen, wenn nach dem Teilgsplan feststeht, daß ein Überschuß nach Befriedigg der nicht ausgeschlossenen Gläub verbleibt (RG **61**, 221).

1974 ***Versäumung.*** **I Ein Nachlaßgläubiger, der seine Forderung später als fünf Jahre nach dem Erbfalle dem Erben gegenüber geltend macht, steht einem ausgeschlossenen Gläubiger gleich, es sei denn, daß die Forderung dem Erben vor dem Ablaufe der fünf Jahre**

bekannt geworden oder im Aufgebotsverfahren angemeldet worden ist. Wird der Erblasser für tot erklärt oder wird seine Todeszeit nach den Vorschriften des Verschollenheitsgesetzes festgestellt, so beginnt die Frist nicht vor dem Eintritt der Rechtskraft des Beschlusses über die Todeserklärung oder die Feststellung der Todeszeit.

II Die dem Erben nach § 1973 Abs. 1 Satz 2 obliegende Verpflichtung tritt im Verhältnisse von Verbindlichkeiten aus Pflichtteilsrechten, Vermächtnissen und Auflagen zueinander nur insoweit ein, als der Gläubiger im Falle des Nachlaßinsolvenzverfahrens im Range vorgehen würde.

III Soweit ein Gläubiger nach § 1971 von dem Aufgebote nicht betroffen wird, finden die Vorschriften des Absatzes 1 auf ihn keine Anwendung.

1) Die Versäumungseinrede soll den Erben vor Nachteilen dch nachlässige od verhinderte Gläub 1
schützen. Machen diese ihre Fdg erst nach Ablauf von 5 Jahren geltend, werden sie wie ausgeschlossene Gläub (§ 1973) behandelt. Der Fristbeginn wird bei TodesErkl, der die Feststellg der Todeszeit gleichgestellt ist (VerschG 39 ff), bis zum Wirksamwerden des Beschlusses mit RKraft (VerschG 29, 40, 49) hinausgeschoben **(I 2).** – **Ausgenommen** sind säumige Gläub, die im AufgebotsVerf ihre Fdg angemeldet haben **(I 1)** od von dem Verf nach § 1971 nicht betroffen werden **(III)** od deren Fdg dem Erben vor Fristablauf bekannt wurde **(I 1).** – Die Vorschr hat auch Bedeutg, wenn ein AufgebotsVerf stattgefunden hat, näml ggü den vom Verf nicht betroffenen nachlaßbeteiligten Gläub des § 1972 u ggü **Neugläubigern,** deren Fdgen erst nach dem Ausschlußurteil od erst nach Fristablauf entstanden sind (str; s Soergel/Stein Rn 3), weil unerhebl ist, ob die Fdg geltend gemacht werden konnte; allerd wird dann meist der Erbe Kenntn haben od Nachlaßerbenschuld vorliegen. – **II** hat kaum prakt Bedeutg, da Erbe diese Verbindlk (§ 1972) aus der Vfg vTw kennt.

2) Voraussetzung ist völlige Säumnis des Gläub; dies ist nur der Fall, wenn die Fdg auch nicht ggü 2
NachlPfleger, NachlVerwalter, TV od vorläufigem Erben (der später ausgeschlagen hat) geltend gemacht wurde. – Bei geteiltem Nachl unter Miterben gilt § 2060 Nr 2. Die Säumniswirkg tritt nicht ein, wenn der Erbe noch vor Ablauf der Fünfjahresfrist sein HaftgsbeschränkgsR verliert (§ 2013 I). Die Frist läuft auch ggü dem Nacherben (§ 2144 I 1).

1975 *Nachlaßverwaltung; Nachlaßinsolvenzverfahren.* **Die Haftung des Erben für die Nachlaßverbindlichkeiten beschränkt sich auf den Nachlaß, wenn eine Nachlaßpflegschaft zum Zwecke der Befriedigung der Nachlaßgläubiger (Nachlaßverwaltung) angeordnet oder das Nachlaßinsolvenzverfahren eröffnet ist.**

1) Haftungsbeschränkung (I) tritt entw dch Anordg der NachlVerw (Rn 4) od dch Eröffng des 1
NachlInsolvVerf (Rn 5) ein. Die NachlVerw führt also stets zu einer auf den Erbfall zurückwirkenden Trenng von Nachl u sonstigem Vermögen des Erben (s § 1976 Rn 1). Verwaltgs- u VfgsBefugn üb den Nachl gehen auf den Verwalter über (§ 1981) wie auch beim NachlInsolvVerf (InsO 80). Hinsichtl des Eigenvermögens des Erben ruht das ZugriffsR der NachlGläub. Der Erbe kann nicht mehr auf Leistg verklagt werden (RG JW **13**, 752), wohl aber auf Feststellg u künftige Leistg, u kann seinerseits Vollstreckgsabwehrklage erheben (ZPO 784; 785).

a) Nach Beendigung der NachlVerw bleibt die HaftgsBeschränkg bestehen (BGH NJW **54**, 635; hM) u 2
ist entspr §§ 1990, 1991 geltend zu machen; der Erbe haftet allerd den Gläub bei nicht ordnungsgemäßer Verwaltg nach §§ 1978, 1979. Auch nach Aufhebg des InsolvenzVerf können die NachlGläub ihre restl Fdgen gg den Erben geltend machen (InsO 201); dieser haftet ihnen nach Beendigg dch Verteilg der Masse (InsO 200) od dch Bestätigg des Insolvenzplans (InsO 258) endgült nur wie ausgeschlossenen Gläub (§§ 1989; 1973). Bei Einstellg des Verf mangels Masse (InsO 207; 211) ist Haftgsbeschränkg nicht eingetreten; der Erbe, der damit das VfgsR üb die Insolvenzmasse zurückerhalt (InsO 215 II), kann sich dann aber auf Unzulänglichk berufen (§ 1990).

b) Verlust des HaftgsbeschränkgsR kann durch Verzicht od Eintritt der unbeschränkten Haftg allg od ggü 3
einzelnen Gläub eintreten. Der Erbe kann bei allg Verlust keine NachlVerw mehr beantragen (§ 2013 I), wohl aber noch NachlInsolvVerf (InsO 316 I), um Übergriffe der PrivGläub zu verhindern. TVstrg steht der Haftgsbeschränkg nicht entgg (s auch InsO 317 III).

2) Die Nachlaßverwaltung ist eine besondere NachlPflegsch, die der Befriedigg der NachlGläub bei 4
zureichendem, aber unübersichtl Nachl dient, und eine Unterart der Pflegsch (RG **135**, 307; Jena Rpfleger **98**, 427). Sie ist vielf nicht nach PflegschR, sond entspr der InsolvVerw gestaltet, so daß auf sie VormschR (§ 1915) nur insow anzuwenden ist, als dem nicht ihr Zweck entggsteht (RG **135**, 307). Über einen Erbteil u nach Teilg des Nachl (§ 2062) ist NachlVerw nicht zulässig. Das Vorhandensein eines NachlPflegers bildet dagg kein Hindern für ihre Anordg (BayObLG **76**, 167/171). Die NachlVerw führt vielf zum NachlInsolv-Verf u endigt mit dessen Eröffng (§ 1988). Bei Einverständn der Gläub läßt sich die Verwaltg auch zwecks Abwendg des wertvernichtenden InsolvenzVerf rechtfertigen (Siber 89). Auch kann ohne NachlVerw der Erbe im Einverständn der Gläub als deren Beauftragter den Nachl abwickeln. Diese Vereinbg wird aber durch Eröffng des NachlInsolvVerf (§ 1980) hinfällig (Molitor JhJ **69**, 314). – **Verfahren:** Zuständig ist das NachlG (§ 1981; s dort Rn 1). Der Erbe ist stets antragsberechtigt (§ 1981 I), NachlGläub unter den Voraussetzgen des § 1981 II. S iü §§ 1981–1983.

3) Das Nachlaßinsolvenzverfahren zur Haftgsbeschränkg ist seit 1. 1. 99 dch InsO 315–331 geregelt; 5
ein NachlVergleichsVerf gibt es wg ersatzloser Aufhebg der VglO dch EGInsO nicht mehr. Über einen Erbteil findet das Verf aber nicht statt (InsO 316 III). EröffngsGrde sind Zahlgsunfähigk (auch nur drohende bei Antrag des Erben, TV; NachlVerw od -Pflegers) u Überschuldg (InsO 320). Eine unbeschränkte Erbenhaftg, erfolgte NachlTeilg od Nichtannahme sowie ausstehder Ablauf der Ausschlagsfrist stehen nicht entgg (InsO 316). Es können nur NachlVerbindlk geltd gemacht werden (InsO 325). GemeinSchu ist der Erbe, der aber

auch NachlGläub sein kann (InsO 326); bei ErbschVerkauf tritt Käufer an seine Stelle (InsO 330 I). InsolvGläub sind alle NachlGläub. Zu den Masseverbindlk s InsO 54, 55, 324, zum Insolvenzplan InsO 217 ff. Auf Grd einer nach dem Erbfall erfolgten Zwangsvollstrg in Nachl kann keine abgesonderte Befriedigg verlangt werden (InsO 321). PflichttAnspr, Vermächtn od Auflagen sind nachrangig (InsO 327), ebso ErbersatzAnspr (KO 226 II Nr 6; die entspr Regelg in InsO 327 I Nr 3 wurde dch Art 6 ErbGleichG
6 gestrichen); ihre Erfüllg vor Eröffng ist anfechtb (InsO 322). – **Verfahren:** Ausschließl zuständig ist das AG als InsolvenzG am letzten ErblWohnsitz, es sei denn, daß Erbl den Mittelpkt einer selbständ wirtschaftl Tätigk an einem and Ort hatte (InsO 315). Antrberecht (InsO 317) sind: der Erbe; ein MitE bei Glaubhaftmachg des EröffngsGrdes (InsO 317 II); der TV, NachlVerw, NachlPfleger sowie jeder NachlGläub (InsO 317 I), letzterer jedoch nur binnen 2 Jahren ab Annahme (InsO 319). Zum AntragsR des Ehegatten, wenn Nachl zum Gesamtgut gehört, s InsO 318.

7 **5) Ausländer.** Über Durchführg einer NachlVerwaltg od eines NachlInsolvenzVerf im Inland bei ausländ Erbstatut s Pinckernell/Spreen DNotZ **67**, 218 f. Für NachlVerwaltg über Nachl eines Israeli fehlt in der BRep die internat Zuständigk (BayObLG **76**, 152); ebso KG OLGZ **77**, 309 über Nachl eines Österreichers, wenn Erbstatut österr R ist.

1976 *Fiktion des Nichterlöschens von erloschenen Rechtsverhältnissen.* **Ist die Nachlaßverwaltung angeordnet oder das Nachlaßinsolvenzverfahren eröffnet, so gelten die infolge des Erbfalls durch Vereinigung von Recht und Verbindlichkeit oder von Recht und Belastung erloschenen Rechtsverhältnisse als nicht erloschen.**

1 **1) Nachlaßabsonderung.** Die wirks gewordene NachlVerwaltg (§ 1983 Rn 1) führt zur Absonderg des Nachl vom Eigenvermögen des Erben, ebso die Eröffng des NachlInsolvVerf (InsO 11; 316). An Stelle der Vereinigung (Konfusion, Konsolidation, § 1922 Rn 6) tritt mit rückw Kraft Trenng beider Vermögen, u zwar im Interesse der Gläub, auch bei unbeschränkb Haftg (§ 2013 I S 1). Der über den Nachl nicht mehr vfgsberecht Erbe (§ 1984 I; InsO 80) kann seine gg den Nachl gerichtete Fdg gg den zur Berichtigg der NachlVerbindlichk verpflichteten NachlVerw (§ 1985 I) od gg den InsolvVerw (InsO 326) geltd machen (BGH **48**, 214). Die Anwachsg nach § 738; HGB 138 wird durch § 1976 nicht berührt (RG **136**, 99).

2 **a) Eine Erblasserschuld** beim Erben, zB aGr eines dem Erbl gewährten Darlehens, gilt bei Anordng der NachlVerwaltg als fortbestehend, so daß der Erbe unter diesen Voraussetzgen zugleich Gläub u Schu ist. Folgl kann er im NachlInsolvVerf die ihm gg den Erbl zustehenden Anspr geltd machen, obwohl er GemeinSchu ist (InsO 326). Die Vermögenssonderg ermöglicht also den Fortbestand des Sondervermögens Nachl. Daher ist der Verwalter auch befugt, ggü dem Erben neue Rechte zu begründen, obwohl der Erbe Vermögenssubjekt beider Massen bleibt (MüKo/Siegmann Rn 6 mN; aA Soergel/Stein Rn 3; RGRK Rn 2); nach BGH NJW-RR **91**, 683 besteht diese Befugn jedenfalls dann, wenn das neu begründete R an die Stelle eines der Verwaltg unterliegenden NachlGgstands treten soll.

3 **b) Wurde Hypothekengläubiger Erbe** des Eigentümers, ist die HypGrdschuld (§ 1177 I), solange die Vereinigg besteht, od wird, wenn der Erbl nicht persönl Schuldner war, im Rahmen des § 1177 II wie eine solche behandelt. Durch die Trenng entsteht aber eine fordergsbekleidete FremdHyp, so daß der Gläub wg der Hyp die ZwVersteigerg betreiben kann, da § 1197 durch § 1976 ausgeschaltet ist (Staud/Marotzke Rn 4). Auch die Vereinigg zweier Miteigentumsanteile in einer Hand wird wieder beseitigt (Soergel/Stein Rn 2).

4 **2) Entsprechende Anwendung** des allg RGedankens des § 1976 ist mögl, wo der NachlBestand BerechngsGrdlage einer Fdg war (MüKo/Siegmann Rn 8), zB bei Erbersatz- od PflichttAnspr, QuotenVermächtn. Entspr Bestimmgen enthalten §§ 1991 II, 2175, 2377 im Verhältn zu den dort genannten Personen sowie § 2343. Auch bei § 1973 wirkt er sich bei der Überschußberechng aus (s § 1973 Rn 2).

5 **3) Konvaleszenz** (§ 185 II). Die Vfg eines NichtBerecht, den der Berecht beerbt, kann idR bei Anordng der NachlVerw od bei Eröffng des NachlInsolvVerf nicht wirks werden, da Voraussetzg ist, daß der Erbe unbeschränkt haftet, also die Möglk der HaftgsBeschränkg nicht mehr besteht (§ 185 Rn 11). Haftet der Erbe unbeschränkbar, ist Konvaleszenz eingetreten u wird dch spätere Eröffng des NachlInsolvVerf nicht mehr beseitigt.

1977 *Unwirksamwerden der Aufrechnung.* **I Hat ein Nachlaßgläubiger vor der Anordnung der Nachlaßverwaltung oder vor der Eröffnung des Nachlaßinsolvenzverfahrens seine Forderung gegen eine nicht zum Nachlasse gehörende Forderung des Erben ohne dessen Zustimmung aufgerechnet, so ist nach der Anordnung der Nachlaßverwaltung oder der Eröffnung des Nachlaßinsolvenzverfahrens die Aufrechnung als nicht erfolgt anzusehen.**

II Das gleiche gilt, wenn ein Gläubiger, der nicht Nachlaßgläubiger ist, die ihm gegen den Erben zustehende Forderung gegen eine zum Nachlasse gehörende Forderung aufgerechnet hat.

1 **1) Aufrechnung durch Nachlaßgläubiger (I).** Seine nach dem Erbfall gg eine EigenFdg des Erben ohne dessen Zustimmg erklärte Aufrechng wird im Falle einer späteren Anordng der NachlVerw bzw Eröffng des NachlInsolvVerf kr G wirkgslos u ist dann als nicht erfolgt anzusehen, so daß die Wirkg des § 398 nicht eingetreten ist u die an sich erloschenen Fdgen einschließl NebenR (Bürgsch; PfandR) fortbestehen. Damit schützt **I** als Konsequenz der rückwirkd eingetretenen NachlAbsonderg (§ 1976 Rn 1) den Erben vor dem Verlust der beschränkten Haftg, indem dieser es nicht hinnehmen muß, daß NachlSchulden auf seine Kosten getilgt wurden. Versagt ist ihm die Berufg auf die Unwirksamk der Aufrechng allerd, wenn er die Möglichk
2 der HaftgsBeschränkg verloren hat (§ 2013 I; s Rn 5). – **Wirksam** bleibt dagg die Aufrechng des NachlGläub, wenn sie mit ausdrückl od schlüssig erklärter Zustimmg des Erben erfolgte, die als Vfg üb sein Eigenvermögen u als Verzicht auf die beschränkte Haftg ggü diesem Gläub anzusehen ist. Erst recht ist dah die NachlVerbindlk

erloschen, wenn Erbe selbst die Aufrechng ggü dem NachlGläub erklärt hat. Der Erbe erwirbt dafür allerd ErsatzAnspr (§ 1979) od BereichergsAnspr gg Nachl u tritt im NachlInsolvVerf an die Stelle des Gläub (InsO 326 II). – **Nach** der NachlAbsonderg kann NachlGläub seine Fdg nur noch gg den Verwalter geltd machen 3
(§ 1984 I 3; InsO 80); eine trotzdem erkl Aufrechng gg eine EigenFdg des Erben bleibt wirkgslos, ebso die eines EigenGläub gg eine NachlFdg. Auch kann sich der Erbe nicht mehr von einer Eigenschuld dch Aufrechng mit einer NachlFdg befreien (§§ 1975; 1984 I 1), wohl aber noch eine NachlSchuld dch Aufrechng gg den NachlGläub mit einer EigenFdg tilgen (str; s Soe/Stein Rn 2; 7 mN) mit der Folge, daß ihm dann BereichergsAnspr gg die Masse zusteht (§§ 1978 III; 683, 684; s auch InsO 326 II). – Die Bestimmgen üb Aufrechng im gewöhnl InsolvVerf (InsO 94–97) bleiben unberührt.

2) Bei Aufrechnung durch Eigengläubiger des Erben gg eine NachlFdg gilt nach **II** „das gleiche", hier 4
allerd, um die NachlGläub gg eine Verringerg des Nachl zu schützen. Ist seine Aufrechng ohne Zustimmg des Erben erfolgt, verliert also auch sie mit der NachlAbsonderg ihre Wirkg; dies entspr iü der Möglichk zur Beseitigg von VollstreckgsMaßn der EigenGläub in Nachl nach ZPO 784 II; 785 (Staud/Lehmann Rn 3). Ob dagg eine Zustimmg des Erben auch bei **II** der erkl Aufrechng ihre Wirkg erhält, ist str (dafür Soe/Stein Rn 5); wird dies bejaht, haftet für die dann erloschene NachlFdg der Erbe den NachlGläub persönl (§ 1978 I 1). Im Hinbl auf den ggü **I** abweichden Normzweck von **II** ist hier der Zustimmg jedoch keine Bedeutg zuzumessen, so daß mit der NachlAbsonderg diese Aufrechng stets wirkgslos wird (ebso MüKo/Siegmann Rn 6). Folgl ist dann allerd auch eine vom Erben ggü seinem EigenGläub erkl Aufrechng mit einer NachlFdg unwirks.

3) Bei allgemein unbeschränkbarer Haftung des Erben gilt **I** überh nicht (§ 2013 I), da der Erbe dann 5
jeden SchutzAnspr verloren hat. – Dagg wird **II,** der dem Schutze der NachlGläub gg NachlVerkürzg dient, trotz des § 2013 bei allg unbeschränkbarer Haftg des Erben anzuwenden sein, da andernf die NachlGläub bei Unvermögen des Erben gerade durch eine zu ihren Gunsten geschaffene RLage benachteiligt würden (MüKo/Siegmann Rn 7). Daß § 2013 nicht alle vorkommenden Fälle deckt, zeigt sich bei nur teilw unbeschränkbarer Haftg. Die durch § 2013 II angeordnete Geltg des § 1977 kann sich näml nur auf dessen **II** wg der zu verhindernden Verkürzg der übrigen NachlGläub beziehen. Denn aus der Nichterwähng des § 1975 in § 2013 II ergibt sich hier, daß eine teilw unbeschränkb Haftg nicht wieder beschränkt werden kann. Der so begünstigte Gläub kann also ungeachtet des **I** die ErbenFdg durch Aufrechng zum Erlöschen bringen u auch noch nach Verfahrensanordng aufrechnen (Erman/Schlüter Rn 4).

1978 ***Haftung des Erben für bisherige Verwaltung.*** **I Ist die Nachlaßverwaltung angeordnet oder das Nachlaßinsolvenzverfahren eröffnet, so ist der Erbe den Nachlaßgläubigern für die bisherige Verwaltung des Nachlasses so verantwortlich, wie wenn er von der Annahme der Erbschaft an die Verwaltung für sie als Beauftragter zu führen gehabt hätte. Auf die vor der Annahme der Erbschaft von dem Erben besorgten erbschaftlichen Geschäfte finden die Vorschriften über die Geschäftsführung ohne Auftrag entsprechende Anwendung.**

II Die den Nachlaßgläubigern nach Absatz 1 zustehenden Ansprüche gelten als zum Nachlasse gehörend.

III Aufwendungen sind dem Erben aus dem Nachlasse zu ersetzen, soweit er nach den Vorschriften über den Auftrag oder über die Geschäftsführung ohne Auftrag Ersatz verlangen könnte.

1) Erbenhaftung für Verwaltung (I). Weil u soweit der Erbe gem § 1975 nur mit dem Nachl haftet, 1
muß der Nachl den (nicht durch Aufgebot ausgeschlossenen) NachlGläub auch möglichst unvermindert erhalten bleiben und der Erbe für seine Verwaltgsmaßnahmen ihnen verantwortl sein, wobei für die Zeit vor u nach Annahme unterschieden wird. Haftet er dagg bereits allg unbeschränkb mit Nachl und Privatvermögen, hätte es keinen Sinn, dem Nachl die ErsatzAnspr **(II)** noch besonders zuzuweisen (§ 2013 I S 1). – Verletzt der Erbe die durch den Erbl begründeten Rechte Dritter, haftet er diesen außer nach § 1978 I auch persönl (RG **92**, 343; s auch MüKo/Siegmann Rn 8); wg NachlSchädigg (Entgang des Kaufpreises, Wegfall des Mietzinses) haftet er den NachlGläub.

a) Vor Annahme der Erbschaft (I 2) braucht der Erbe hins des Nachl nicht tätig zu sein, weil zur 2
GeschFührg ohne Auftr niemand gezwungen ist (wg der Geschäfte des Ausschlagenden vgl § 1959, des NachlPflegers § 1960 Rn 20). Wird er gleichwohl tätig, gelten die §§ 677–684, 259, 260 entspr (s Celle MDR **70**, 1012). Er ist also persönl haftbar, wenn er den Interessen der NachlGläub zuwiderhandelt (vgl MüKo/Siegmann Rn 3). Für seine Aufwendungen **(III)** gelten §§ 683, 684. Über Anwendg des § 1978 III auf Grd § 419 II s BGH DB **76**, 1278, Celle OLGZ **78**, 199.

b) Ab Annahme der Erbschaft (I 1) bis zur NachlAbsonderg (§ 1976 Rn 1) wird der Erbe so behandelt, 3
wie wenn er die Verwaltg für die NachlGläub als deren Beauftragter zu führen gehabt hätte, auch wenn er zu Unrecht untätig blieb. Wirtschaftlich zum Nachl gehörige Geschäfte (zB Bestellg einer Hyp am NachlGrdst) gelten angesichts der durch § 1975 bewirkten NachlAbsonderg als für Rechng des Nachl abgeschlossen (RG **134**, 259). Ggstände, die der Erbe rechtsgeschäftl mit Mitteln des Nachl erwirbt, gehören nicht allein deshalb auch zum Nachl, nachdem eine dingl Surrogation (anders als in §§ 2019; 2111) hier ges nicht vorgesehen ist. Wollte der Erbe also zwar für Rechng des Nachl, aber für sich selbst erwerben, kann von ihm nicht Herausgabe des beschafften Ggstand verlangt werden, sond nur Wertersatz wg schuldhafter Verletzg seiner VerwalterPfl (BGH NJW-RR **89**, 1226). Nur wenn er auch für den Nachl erwerben wollte, wird der Ggstand dch dingl Surrogation kr Parteiwillens NachlBestandteil (MüKo/Siegmann Rn 6 a mwN; offen gelassen von BGH aaO). Wg der Berichtigg von NachlVerbindlichk vgl § 1979. – Der **Erbe haftet** für ordngsgmäß Verwaltg u Erhaltg des Nachl u hat ihn nebst Nutzgen u ErsatzAnspr an den NachlVerw (InsolvVerw, s InsO 148) **herauszugeben** (§§ 667, 1984; RG Recht **09**, Nr 2127) sowie **Rechenschaft abzulegen** (§ 666, §§ 259, 260). Für NachlPfleger (§§ 1960, 1961), TV (§ 2219) u and gesetzl Vertreter sowie Erfüllgsgehilfen haftet er nach § 278 (s auch § 644 I); für die beiden ersteren aber nur mit dem Nachl (Erman/Schlüter

Rn 4). Für verbrauchte od auf eig Rechng veräußerte NachlGgstände hat er Ersatz zu leisten. Was der Erbe auf eigene Rechng mit Mitteln der Erbsch erworben hat, gilt aber nicht (wie in §§ 2019 I, 2111) als für die Erbsch erlangt u ist daher nicht herauszugeben, sond zu ersetzen. Nur die ErsatzFdg **(II)** gehört zum Nachl.

4 **2) Fiktion der Nachlaßzugehörigkeit (II).** Die an sich den NachlGläub zustehenden ErsatzAnspr gg den Erben nach **I** werden gesetzl dem Nachl zugeordnet, damit sie der Verwalter im Interesse aller NachlGläub (u nicht der einzelne Gläub) gg den Erben (die MitE als GesamtSchu schon vor Auseinandersetzg) trotz dessen Haftgsbeschränkg geltend machen kann. Dieser Zweck der Fiktion trifft allerd nicht auch im Fall des § 1990 zu (der auf § 1978 verweist), weil die Erhebg der DürftigEinrede nicht zur amtl Verwaltg führt, so daß der einzelne NachlGläub dch sie nicht gehindert wird, aus eigenem Recht die Verwalterhaftg geltend zu machen (BGH NJW-RR **89**, 1226).

5 **3) Ersatzansprüche des Erben (III).** Aufwendgen des Erben aus ErbschGeschäften sind ihm aus dem Nachl zu ersetzen u im NachlInsolvVerf Masseschuld (InsO 324 I Nr 1). Eine bes Vergütg steht ihm nicht zu (§ 662). Um die schleunige Verfahrensabwicklg nicht aufzuhalten, ist dem Erben im NachlInsolvVerf das ZurückbehaltgsR ausdrückl versagt (InsO 323). Das gleiche wird trotz des § 273 II auch für die NachlVerwaltg zu gelten haben, bei der Erbe mit Befriedigg seines AufwendgsAnspr eher rechnen kann als im NachlInsolvVerf und er durch die gerichtl Aufsicht hinreichd gesichert ist (Soergel/Stein Rn 9 mN).

1979 ***Berichtigung von Nachlaßverbindlichkeiten.*** **Die Berichtigung einer Nachlaßverbindlichkeit durch den Erben müssen die Nachlaßgläubiger als für Rechnung des Nachlasses erfolgt gelten lassen, wenn der Erbe den Umständen nach annehmen durfte, daß der Nachlaß zur Berichtigung aller Nachlaßverbindlichkeiten ausreiche.**

1 **1) Allgemeines.** Berichtigg von Eigenschulden aus eigenen Mitteln ist dem beschränkt haftenden Erben nicht versagt; bei Begleichg aus NachlMitteln ist er nach § 1978 ersatzpflichtig. Bei Berichtigg von NachlSchulden, die in beliebiger Reihenfolge geschehen kann, trifft § 1979 iVm § 1980 zum Schutze des Erben wie der NachlGläub bes Bestimmgen.

2 **2) Voraussetzung** ist, daß der nicht bereits unbeschränkbar haftende Erbe (§ 2013 I 1; InsO 326 II im Ggsatz zu 2013 II; InsO 326 III) die begründete Überzeugg hat, daß der Nachl ausreicht. Ob **guter Glaube** des Erben (od des an seiner Stelle handelnden NachlPflegers od TV) gegeben ist, hängt von den Umständen des Einzelfalles ab. Er ist zu sorgfältiger ZulänglichkPrüfg verpflichtet u darf den Nachl nicht ohne weiteres für ausreichend halten. Desh muß er den Nachl sichten, Unterlagen durcharbeiten, Rückfragen halten usw u auf dieser Grdlage die NachlAktiva u -Passiva erfassen, bewerten u in groben Zügen aufzeichnen, ev Inventar errichtet u Aufgebot erwirkt haben (§§ 1993, 2009, 1980 II 2, 2061).

3 **3) Rechtsfolgen. – a)** Beweist der Erbe, daß er den Nachl für zulängl halten durfte, so ist zu **unterscheiden:** Erfolgte die Berichtigg **aus eigenen Mitteln,** steht dem Erben in voller Höhe eine ErsatzFdg zu (§ 1978 III), soweit der Nachl reicht, und im NachlInsolvVerf ein MasseschuldAnspr (InsO 324 I Nr 1), auch wenn der befriedigte Gläub durch Aufgebot ausgeschlossen war (Staud/Marotzke Rn 12). Hat der Erbe eine durch Hyp an einem NachlGrdst gesicherte Schuld des Erbl für Rechng des Nachl erfüllt, steht ihm ein MasseschuldAnspr zu; die Hyp ist zur NachlInsolvenzmasse gehörige EigtümerGrdSch (§§ 1163 I 2, 1177 I). – Auch wenn die Berichtigg **aus Nachlaßmitteln** erfolgte, müssen die NachlGläub dies „als für Rechng des Nachl erfolgt gelten lassen". Den Erben trifft also bei Herausg des Nachl insow keine ErsatzPfl.

4 **b) Bei Fahrlässigkeit** kann Erbe im Falle einer Befriedigg aus eigenen Mitteln bei NachlVerw nur die etwaige Bereicherg der NachlMasse beanspruchen (§ 1978 III mit § 684), im NachlInsolvVerf aber die auf ihn übergegangene Fdg des Gläub an dessen Rangstelle (einschließl der etwa anhaftenden Hyp, RG **55**, 161) geltend machen (InsO 326 II), damit die dem Befriedigten gleich- od nachstehenden Gläub sich nicht auf Kosten des Erben bereichern. – Im Falle einer Befriedigg aus NachlMitteln ist der Erbe nach § 1978 I, II ersatzpflichtig. Im NachlInsolvVerf gilt InsO 326 II für ihn nur dann, wenn er zunächst den zu Unrecht entnommenen Betrag der Masse zurückerstattet hat (Jaeger/Weber KO 225 Rn 5).

5 **4) Anfechtung.** Befriedigg eines NachlGläub unter Verletzg des § 1979 ist wirks (RG Warn **08** Nr 650). Es kann aber Anfechtgsmöglichk ggü dem Befriedigten nach InsO 130 ff, 322; AnfG 3–5 gegeben sein. Zur Anfechtg ist nur der Nachl- od InsolvVerw berechtigt (InsO 129; §§ 1984 I, 1985; AnfechtgsR gehört zum Nachl; aM RGRK Rn 5); der einzelne Gläub kann es nur in den Fällen der §§ 1990, 1992 ausüben (ebso MüKo/Siegmann Rn 7; aM Staud/Marotzke Rn 19). Es ist **kein Rückgriff** des leer Ausgegangenen gg den Befriedigten möglich.

1980 ***Antrag auf Insolvenzverfahrenseröffnung.*** **I Hat der Erbe von der Zahlungsunfähigkeit oder der Überschuldung des Nachlasses Kenntnis erlangt, so hat er unverzüglich die Eröffnung des Nachlaßinsolvenzverfahrens zu beantragen. Verletzt er diese Pflicht, so ist er den Gläubigern für den daraus entstehenden Schaden verantwortlich. Bei der Bemessung der Zulänglichkeit des Nachlasses bleiben die Verbindlichkeiten aus Vermächtnissen und Auflagen außer Betracht.**

II Der Kenntnis der Zahlungsunfähigkeit oder der Überschuldung steht die auf Fahrlässigkeit beruhende Unkenntnis gleich. Als Fahrlässigkeit gilt es insbesondere, wenn der Erbe das Aufgebot der Nachlaßgläubiger nicht beantragt, obwohl er Grund hat, das Vorhandensein unbekannter Nachlaßverbindlichkeiten anzunehmen; das Aufgebot ist nicht erforderlich, wenn die Kosten des Verfahrens dem Bestande des Nachlasses gegenüber unverhältnismäßig groß sind.

1) Antragspflicht (I). Unverzügl muß der Erbe die Eröffng des NachlInsolvVerf (InsO 13; 317) nach Annahme der Erbsch zur Vermeidg einer ErsatzPfl ggü den Gläub beantragen, wenn er Kenntn von seiner ZahlgsUnfähigk od einer NachlÜberschuldg hat; der Kenntn steht die auf Fahrlässigk beruhde Unkenntn gleich (**II** 1). Eine nur drohde ZahlgsUnfähigk ist zwar EröffngsGrd (InsO 320 S 2) u gibt dem Erben AntrR, löst aber noch nicht seine AntrPfl aus. Zur AntrPfl von Eheg bei GüterGemsch, wenn Nachl zum Gesamtgut gehört, s InsO 318. – Die AntrPfl des Erben **entfällt,** wenn er für die NachlVerbindlk den Gläub bereits unbeschränkt haftet (§ 2013 I 1) u es desh keiner zusätzl Haftg bedarf; wenn sie ihm von sämtl NachlGläub dch Vereinbarg erlassen worden ist; wenn ein inländ InsolvGerichtsstand (InsO 315) nicht besteht. – Die AntrPfl des Erben **endet** mit Anordng einer NachlVerwaltg (nicht auch sein AntrR, InsO 317) u obliegt nunmehr dem Verwalter (§ 1985 II 2). Erbe haftet aber, wenn er schon vor Anordng Kenntn hatte od er Verwalter schuldh mangelhaft unterrichtete. – Vorhandene TV od NachlPfleger haben zwar AntrR (InsO 317), aber keine AntrPfl; diese verbleibt dem Erben, der desh seine Verantwortg üb § 2215 wahrnehmen muß.

1

2

2) Haftungsvoraussetzungen wg Verletzg der AntrPfl sind: – **a) Objektiv** die ZahlgsUnfähigk des Erben od die Überschuldg des Nachl. **Zahlungsunfähigkeit** liegt vor, wenn Erbe nicht mehr in der Lage ist, fäll ZahlgsPfl zu erfüllen; sie ist idR bei Zahlgseinstellg anzunehmen (InsO 17 II). Eine nur drohende (InsO 18 II) ist hier irrelevant, obwohl nun EröffngsGrd (InsO 320 S 2). **Überschuldung** liegt vor, wenn bei Ggüberstellg der Aktiva u Passiva die Verbindlk den Wert der NachlGgstände übersteigen. Dabei sind den Aktiva ErsatzAnspr gg Erben aus § 1978 II sowie wiederauflebde Rechte nach §§ 1976, 1977 hinzuzurechnen, bei den NachlVerbindlk Vermächtn u Auflagen grdsl zu berücksichtigen. Beruht Überschuldg allerd auf letzteren, entfällt AntrPfl (**I** 3); Erbe kann nach § 1992 vorgehen. Entspr muß gelten bei Überschuldg nur wg Fdgen ausgeschlossener Gläub, die im InsolvVerf leer ausgehen (InsO 327 III) u dah dch Unterlassen des Antr keinen Schaden erleiden (MüKo/Siegmann Rn 6). Überschuldg dch PflichttAnspr löst AntrPfl aus, obwohl sie nachrangig sind (InsO 327). – **b) Subjektiv** Kenntn (**I**) od auf Fahrlässigk beruhde Unkenntn (**II**) des Erben. ZahlgsUnfähigk kennt er, wenn er weiß, daß die erforderl Zahlgsmittel fehlen u er desh dauerh außerstande ist, fäll Verbindlk zu erfüllen. Kenntn einer Überschuldg ergibt sich aus der von Tatsachen, die ihm die Überzeugg einer Überschuldg aufzwingen. Fahrlässigk ist gem **II** vorzuwerfen, wenn Erbe Grd hatte, das Vorhandensein unbekannter NachlVerbindlk anzunehmen, die ihn zwingen, das AufgebotsVerf zu beantragen. Verschulden entfällt zwar, wenn Kosten des AufgebotsVerf unverhältnismäß sind (**II** 2); dann mußte Erbe aber sich auf and Weise Kenntn von etwaiger Überschuldg verschaffen, etwa dch Prüfg aller Unterlagen, InvErrichtg od Privataufgebot (§ 2061) u darf nicht unbesehen Nachl zur Befriedigg von NachlGläub verwenden (vgl § 1979). – **c) Verzögerte Antragstellung.** Sie muß unverzügl, dh ohne schuldh Zögern (§ 121) erfolgen, allerd erst ab Annahme. Davor hat der Erbe keine Pflichten.

3

4

5

3) Haftung (I 2). Verletzg seiner AntrPfl verpflichtet Erben ggü den NachlGläub zum Ersatz des daraus entstandenen Schadens (MitE als GesamtSchu, §§ 823 II 2, 840 I, 421 ff). Dieser besteht in der Differenz zw dem tatsächl erhaltenen Betrag zu dem, den sie bei rechtzeit AntrStellg erhalten hätten. Er kann zB eintreten, indem einzelne Gläub inzw in Nachl vollstreckt haben od ihnen unnötige Prozeßkosten entstanden sind usw. Für Maßn des Erben selbst haftet dieser bereits nach § 1978. – Geltdmachg erfolgt im InsolvVerf dch Verwalter, da Anspr zur Masse gehört (InsO 328 II).

6

1981 *Anordnung der Nachlaßverwaltung.*

I Die Nachlaßverwaltung ist von dem Nachlaßgericht anzuordnen, wenn der Erbe die Anordnung beantragt.

II Auf Antrag eines Nachlaßgläubigers ist die Nachlaßverwaltung anzuordnen, wenn Grund zu der Annahme besteht, daß die Befriedigung der Nachlaßgläubiger aus dem Nachlasse durch das Verhalten oder die Vermögenslage des Erben gefährdet wird. Der Antrag kann nicht mehr gestellt werden, wenn seit der Annahme der Erbschaft zwei Jahre verstrichen sind.

III Die Vorschriften des § 1785 finden keine Anwendung.

1) Antragsverfahren. Im Ggsatz zur gewöhnl NachlPflegsch (§ 1960) wird die NachlVerw nur auf Antrag angeordnet (s dazu § 1975 Rn 4). – **Zuständig** ist das NachlGericht (s § 1962), u zwar RPfleger (RPflG 3 Nr 2c; 16 I Nr 1). Die internat Zuständigk fehlt bei Anwendg ausländ Rechts auf die Erbfolge (BayObLG **76**, 152; KG OLGZ **77**, 309; str; s § 1975 Rn 7). Vorgeschrieben ist Mitteilg an FinA nach ErbStDVO 12. – **Wirksam** wird die Anordng nach FGG 16 I od II (III) mit der Bekanntmachg an den (die) Erben; ist für unbekannte Erben ein NachlPfleger bestellt, muß auch ihm die Anordng bekannt gemacht werden (BayObLG **66**, 75/76; **76**, 167). – Ist sie zu Unrecht vAw od auf Antr eines NichtBerecht (zB des allg unbeschränkb haftden Erben, § 2013 I S 1; eines ErbenGläub; nur eines Miterben § 2062; s Aachen NJW **60**, 46) od trotz mangelnder internat Zustdgk (BayObLG **76**, 151/154) angeordnet worden, ist sie auf Antr, einfache Beschw (FGG 76 setzt Anordng auf Antr eines Berechtigten voraus) oder vAw **aufzuheben,** wenn nicht ein AntrBerechtigter noch den Antr stellt und (vgl **II** 2) stellen kann. Sie kann aber nicht vAw aufgeh werden, wenn sie von NachlGläub beantragt war (FGG 18 II, 76 II; Mannh MDR **60**, 505). – Der Antrag des Erben auf Anordng der NachlVerwaltg unterliegt nicht der GläubAnfechtg (AnfG 3 I Nr 1), da die Verwaltg im GläubInteresse liegt (RG LZ **07**, 841). – **Gebühren:** KostO 106; es haften nur die Erben wie für NachlVerbindlichkeiten (KostO 6).

1

2

2) Auf Antrag des Erben (I) ist die NachlVerw ohne weitere Voraussetzg anzuordnen, sofern dieser nicht bereits allg unbeschränkb haftet (§ 2013 I 1) u nicht ein Fall des § 1982 vorliegt. Insbes ist NachlÜberschuldg hier nicht erforderl u nicht zu prüfen. Die NachlVerw dient der Abwehr einer Vollstreckg in das Eigenvermögen des Erben; uU auch der Abwendg des NachlInsolvVerf (§ 1975 Rn 4). – **a) Das Antragsrecht** des Erben (Miterben gemeinsch und nur vor Teilg, § 2062) ist zeitl unbegrenzt. Es besteht schon vor ErbschAnnahme (im Antr liegt idR keine Annahme, § 1943 Rn 3), aber nicht mehr, wenn NachlInsolvVerf eröffnet wurde (§ 1988 I). Wurde InsolvVerf über sein Eigenvermögen eröffnet, hindert dies den Antrag nicht (Aachen NJW **60**. 46). – Den Antr kann auch ein verwaltender TV (vgl die Parallele in InsO 317 I) und der

3

ErbschKäufer stellen (§ 2383; s RGRK Rn 5); auch der NachE (§ 2144). – Nicht jedoch NachlPfleger nach §§ 1960, 1961, da er für die HaftgsBeschrkg und GläubBefriedigg nicht zu sorgen hat (BayObLG **76**, 167/172, str). Wenn der Nachl zum Gesamtgut der GüterGemsch gehört, gilt für das AntrR der Ehegatten InsO
4 318 entspr. – **b) Verfahren.** Der antragstellende Erbe muß sich durch Erbschein od letztw Vfg ausweisen. Antr ist nach Zustellg der Anordng nicht mehr zurücknehmb (KG JFG **22**, 66; dazu Fahrenkamp NJW **75**, 1637). Ein RSchutzBedürfn muß gegeben sein (s Notariat Mannh BWNotZ **75**, 27).

5 **3) Gläubigerantrag (II). – a) Antragsrecht** hat jeder NachlGläub (auch wenn er zugleich MitE ist; ferner der nach §§ 1973, 1974 Ausgeschlossene), auch bei allg unbeschränkbarer Erbenhaftg (§ 2013 I), innerh der zweijährigen Ausschlußfrist seit Annahme der Erbsch dch den Erben oder Nacherben (§ 2144). Die Befristg (ebso InsO 319) erklärt sich aus der mit dem Zeitablauf immer schwieriger werdenden Trenng des Eigenvermögens vom Nachl. NachlGläub ist auch der PflichttBerechtigte (§§ 2303, 2304); Vermächtn-
6 Nehmer; in Erbfällen bis 31. 3. 98 der Erbersatzberechtigte (§§ 1934 a; b aF). – **b) Voraussetzung** der Anordng ist, daß die Befriedigg sämtl NachlGläub (nicht nur die eines einzelnen) aus dem Nachl gefährdet ist. Der AntrSteller hat seine Fdg u deren Gefährdg glaubhaft zu machen, ggf unter Angabe von Beweismitteln (BayObLG JZ **54**, 234; KG OLGZ **77**, 309). Gefährdgstatbestände sind nach dem G das Verhalten od die Vermögenslage des Erben; Verhalten des verwaltenden TV ist nur erhebl, wenn Erben ein Verschulden trifft (MüKo/Siegmann Rn 6; aA Staud/Marotzke Rn 23). Bei MitE genügt es, wenn nur einer die Voraussetzgen erfüllt (BayObLG **66**, 75). Ein Verhalten des Erben ist zB leichtfertige Verschleuderg des Nachl; Gleichgültigk; voreilige Befriedigg einzelner NachlGläub. Schlechte Vermögenslage des (der) Erben bezieht sich auf sein Eigenvermögen, so daß Gefahr des Zugriffs seiner EigenGläub auf Nachl besteht. Die sich aus der Nachl-Abwicklg ergebende Beeinträchtigg des einzelnen Gläub reicht nicht aus (Mü JFG 15, 268; KG DFG **41**, 25). Die Gefährdg kann (ebso wie bei § 1968 II) durch SicherhLeistg (nicht bloßes Erbieten dazu) beseitigt werden (OLG **12**, 357).

7 **4) Nachlaßverwalter.** Für seine Auswahl, die der Rechtspfleger nach pflichtgem Ermessen trifft, gelten die gleichen Grsätze wie bei der Pflegsch (§§ 1960; 1915; 1779 II 1). Der Erbe kann nicht Verwalter sein (wohl aber der TV); den MitE hält Reihlen MDR **89**, 603 jedenf bei Anordng auf ErbenAntr für geeignet. Auch kann der Zwangsverwalter eines NachlGrdst Verw sein, da ein Interessenwiderstreit nicht stets zu besorgen ist (KG JFG **18**, 331). Eine Verpflichtg zur Übernahme des Verwalteramtes besteht nicht (**III** schließt § 1785 aus). Der NachlVerwalter erhält eine Bestallg (§ 1791).

8 **5) Rechtsmittel.** Gg die **Anordnung** ist Beschw (FGG 19; RPflG 11) dann unzuläss, wenn sie auf Antr des Erben **(I)** erfolgte, abgesehen von den in Rn 1 aufgeführten Fällen (FGG § 76 I). Wurde sie auf Antr eines NachlGläub **(II)** beschlossen, findet sofortige Beschw des Erben, jedes einzelnen MitE u des verwaltenden TV statt (FGG 76 II), kann aber mit Erfolg nur darauf gestützt werden, daß zZ der Anordng die für sie bestehden Voraussetzgen nicht gegeben waren. Ereignisse, die erst nach der Anordng eingetreten sind, können nicht zur Anfechtg verwendet werden (BayObLG **66**, 75). – Gg **Ablehnung** des Antr erfolgt einf Beschw des AntrStellers (bei mehreren Erben nur gemeinsch); aber Beschw jedes MitE bei Ablehng der Aufhebg wg Erreichg des Zwecks (Ffm JZ **53**, 53; Hamm JMBl NRW **55**, 230). – Gg **Aufhebung** der NachlVerw hat der AntrSt und der rechtl Interessierte BeschwR; nicht der NachlVerw (RG **151**, 62) mangels rechtl Interesses (FGG 57 I Nr 1, 3); anders bei seiner Entlassg wider Willen (KGJ **40**, 42).

1982 *Ablehnung der Nachlaßverwaltung mangels Masse.* **Die Anordnung der Nachlaßverwaltung kann abgelehnt werden, wenn eine den Kosten entsprechende Masse nicht vorhanden ist.**

1 **Kosten der Nachlaßverwaltung** sind die dadurch entstehenden Gebühren u Auslagen (§§ 1983, 1987; KostO 106, 136 ff). Die notf durch einen Sachverständigen zu schätzende Masse, zu der auch die ErsatzAnspr gg den Erben nach §§ 1978 ff gehören, entspricht den Kosten nicht, wenn sie diese nicht deckt (s auch InsO 26). Ein ganz geringfügiger Überschuß kann außer Betr bleiben (ebso Staud/Marotzke Rn 3; auch KG OLG **11**, 227); der Erbe kann aber nach § 1990 verfahren. Andererseits kann (wie bei InsO 207 I 2) bei ausreichendem Vorschuß die Ablehng od Aufhebg (§ 1988 II) unterbleiben. Unzulänglichk gibt dem Erben die DürftigkEinrede (§§ 1990–1992).

1983 *Öffentliche Bekanntmachung.* **Das Nachlaßgericht hat die Anordnung der Nachlaßverwaltung durch das für seine Bekanntmachungen bestimmte Blatt zu veröffentlichen.**

1 **1) Bekanntmachung.** In sie wird zweckm auch Name u Anschrift des Verwalters aufgenommen. Sie ist keine Voraussetzg für die Wirksamk der Verfahrensanordng. Diese wird bereits wirks mit der Zustellg (FGG 16, 76) des Anordngsbeschlusses an den (oder die) Erben od TV (BayObLG **66**, 75). Die Anordng ergeht zweckm durch Beschluß. Der Gebr bestimmter Worte ist nicht vorgeschrieben.

2 **2) Die Eintragung** der VfgsBeschrkg des Erben (§ 1984) bei NachlGrdst ins GBuch erfolgt nicht vAw. Sie hat der Verwalter zu bewirken. Das NachlG ist mangels „gesetzl Vorschr" (GBO 38) zu einem Eintraggsersuchen (anders InsO 32, 33) nicht befugt (bestr; s RGRK Rn 3). Wurde aber seinem Ersuchen stattgegeben, so ist GBuch nicht unrichtig (GBO 53). Auch kann NachlG den Verwalter zur Herbeiführg der Eintragg anhalten (§§ 1915, 1837).

1984 *Wirkung der Anordnung.* **I Mit der Anordnung der Nachlaßverwaltung verliert der Erbe die Befugnis, den Nachlaß zu verwalten und über ihn zu verfügen. Die Vorschriften der §§ 81 und 82 der Insolvenzordnung finden entsprechende Anwendung. Ein Anspruch, der sich gegen den Nachlaß richtet, kann nur gegen den Nachlaßverwalter geltend gemacht werden.**

II Zwangsvollstreckungen und Arreste in den Nachlaß zugunsten eines Gläubigers, der nicht Nachlaßgläubiger ist, sind ausgeschlossen.

1) Die unmittelbaren Folgen der Anordng der NachlVerw bezügl der RStellg des Erben regelt § 1984 im Anschluß an die Bestimmgen der InsO. Entspr InsO 80 verliert der Erbe als Folge der NachlAbsonderg zum Zwecke der Befriedigg der NachlGläub (§ 1975) die Verwaltgs- u Vfgsbefugnis über den Nachl und im Prozeß die Aktiv- u Passivlegitimation zG des NachlVerw. Der Miterbe kann aber noch nach § 2033 über seinen Anteil am Nachl verfügen, da dies die Stellg des Verwalters u die Rechte der Gläub unberührt läßt. § 1984 regelt die Folgen aber nicht abschließd. Dazu kommen §§ 1975–1977; 2000; ZPO 241, 246, 784. 1

2) Die Verfügungsbeschränkung des Erben tritt kr G unmittelb u sofort ein (RG **130**, 193). Seine RHandlgen nach Anordng der NachlVerw sind den NachlGläub ggü unwirks; die Unwirksamk kann im Rahmen der Zweckbestimmg (Erhaltg des Nachl zur gemeinsch Befriedigg der Gläub) von jedermann geltend gemacht werden (BGH **46**, 229). Hat Erbe von der Anordng zunächst keine Kenntn erlangt, ist er ggü NachlGläub nach §§ 1978 I; 674 geschützt. Eine Vollmacht des Erbl über den Tod hinaus erlischt. GBuch-Antr des Erben, die nach der Anordng eingehen (mag die Bewilligg auch vor der Anordng erkl sein), sind zurückzuweisen, sofern es sich nicht ledigl um eine Berichtigg handelt. – Die Wirkg des § 1984 erstreckt sich auch auf TV. Dessen Amt endet zwar nicht; seine Befugn werden aber ausgeschaltet, soweit die des NachlVerw reichen. Mit Aufhebg der NachlVerw erlangt er sie wieder. 2

a) Gegenüber Dritten beurteilen sich die RHandlgen des Erben nach InsO 81; 82. Guter Glaube an die VfgsBefugn des Erben bei Vfgen üb Grdst od GrdstR wird desh entspr §§ 892, 893 (InsO 81 I 2) geschützt, wenn die NachlVerwaltg nicht eingetragen (vgl § 1983 Rn 2) u dem Erwerber nicht bekannt war (§ 892 I 2). Beim Erwerb bewegl Sachen u von Rechten vom Erben finden auch bei Unkenntn von der Anordng die Vorschr üb den Schutz gutgläub Erwerbs ggü Veräußergsverboten (§§ 135 II, 932–936, 1032, 1207) keine Anwendg (Umkehrschluß aus InsO 81; bestr für WG 16 II, s Erman/Schlüter Rn 3), außer wenn dem Erwerber die Zugehörigk zum Nachl ohne grobe Fahrlässigk unbekannt geblieben war (hM; aA Staud/Marotzke Rn 15). Jedoch wird ein nachfolgder gutgläub Zweiterwerb von demjenigen, der einen NachlGgst vom Erben erworben hatte, durch das VfgsVerbot nicht berührt. § 935 gilt aber, wenn die Sachen dem NachlVerw nach Inbesitznahme abhanden gekommen sind (RG **101**, 224). 3

b) Die Prozeßführungsbefugnis (I 3) verliert der Erbe bezügl aller den Nachl betr Streitigk für od gg diesen; sie steht nun dem NachlVerwalter zu. Ein nach Anordng der Verwaltg gg Erben od von ihm erhobene Klage ist als unzuläss abzuweisen, es sei denn, daß seine unbeschränkte Haftg geltd gemacht u dah Befriedigg aus seinem Eigenvermögen angestrebt wurde. Ein anhäng RStreit wird unterbrochen, soweit nicht Vertretg dch ProzBevollm besteht (ZPO 239; 241 III; 246) u kann nur vom NachlVerw fortgesetzt werden. Dieser hat als Partei kr Amtes (RG **135**, 307) alleinige ProzFührgsBefugn aber nur bezügl vermögensrechtl Streitigk des Nachl, zu denen auch FinanzGProzeß gehört (BFH NJW **77**, 1472); bei nichtvermögensrechtl ausnahmsw, wenn sich dch Tod des Erbl die Hauptsache erledigt hat u nur noch üb Kosten zu entscheiden ist (zB ScheidgsVerf, ZPO 619). Er kann Erben jedoch ermächtigen, einen Aktivprozeß im Wege gewillkürter Prozeßstandsch in eigenem Namen für den Nachl zu führen (BGH NJW **63**, 297 mAv Nirk; vgl Bötticher JZ **63**, 582). – Zu Prozeßkostenhilfe s ZPO 116 Nr 1. 4

3) Zwangsvollstreckung. VollstreckgsMaßn u Arreste von NachlGläub in Nachl bleiben wirks u sind auch noch nach Anordng der NachlVerw zuläss (**II**). VollstrKlausel gg Verwalter (ZPO 727) ist nicht erforderl (MüKo/Siegmann Rn 8), gleich ob Urteil gg Erbl od Erben erging (auf Erbl lautender Titel muß allerd auf Erben umgeschrieben sein). Vollstreckg in sein Eigenvermögen muß der noch nicht unbeschränkt haftende Erbe nun nicht mehr hinnehmen (§ 1975) u kann Abwehrklage (ZPO 785, 767) erheben, sofern ihm die Haftgsbeschränkg im Urteil vorbehalten war (ZPO 780); gg bereits erfolgte Maßn hat er AufhebgsKlage (ZPO 781, 784 I, 785, 767). – Seine **Eigengläubiger** können nicht mehr in Nachl vollstrecken; Verwalter kann sie abwehren u ihre bereits vor Anordng vorgenommenen Maßn dch Abwehrklage (ZPO 784 II, 785, 767) beseitigen, auch wenn Erbe schon unbeschränkt haftet. Sie können aber den Anspr des Erben gg Verwalter auf Herausgabe des künft Überschusses pfänden (§ 1986; ZPO 829, 844). 5 6

4) Im Nachlaßinsolvenzverfahren ist die GgLeistg für die unwirks Vfg des Erben aus der InsolvMasse zurückzugewähren, soweit die Masse dch sie bereichert ist (InsO 81 I 3). Bei Vfgen des Erben am Tag der VerfEröffng wird vermutet, daß er nach Eröffng verfügt hat (InsO 81 III). Eine an den Erben auf eine NachlFdg nach Anordng erfolgte Leistg hat allerd befreiende Wirkg, wenn der Leistende die VerfEröffng nicht kannte (InsO 82 S 1); dies wird bei Leistg vor öff Bekanntmachg vermutet (InsO 82 S 2). 7

1985 *Pflichten und Haftung des Nachlaßverwalters.* **I Der Nachlaßverwalter hat den Nachlaß zu verwalten und die Nachlaßverbindlichkeiten aus dem Nachlasse zu berichtigen.**

II Der Nachlaßverwalter ist für die Verwaltung des Nachlasses auch den Nachlaßgläubigern verantwortlich. Die Vorschriften des § 1978 Abs. 2 und der §§ 1979, 1980 finden entsprechende Anwendung.

1) Rechtsstellung. Der NachlVerwalter führt ein Amt (§ 1987) zur Verwaltg fremden Vermögens (RG **135**, 307) u zwecks Wahrnehmg der Belange aller Beteiligten (Erben u Gläubiger). Er ist amtlich bestelltes Organ (wie der InsolvVerw) u nicht ges Vertreter des Erben (wie der NachlPfleger; BayObLG **76**, 171; hM) od der Gläub od gar des Nachl; denn er kann sowohl gg den Erben (§ 1978 II) wie gg die Gläub vorgehen. Dem Nachl kommt als einem Vermögensinbegriff ohnehin keine RPersönlichk zu, auch wenn der Verwalter für dessen Rechng handelt (**II** 2, § 1979). Da Verwalter nicht Träger der mat RPosition wird, kann er bezügl des NachlVermögens nicht als Berechtigter ins GBuch eingetragen werden (BGH DNotZ **61**, 485). – Das VerwR eines TV ruht währd der Dauer der NachlVerw (s § 1984 Rn 2; § 2205 Rn 5). 1

2 **a) Amtsführung.** Der NachlVerwalter führt sein Amt unabhängig u eigenverantwortl. In reinen ZweckmäßigkFragen untersteht er keinen gerichtl Weisgen (BGH **49**, 1; s vor § 1793 u Einf vor § 1909). Jedoch unterliegt er nach § 1915 mittelb dem VormschRecht (nach § 1798 zu verpflichten; s aber §§ 1981 III, 1987) u damit der **Aufsicht des Nachlaßgerichts** (§§ 1960, 1915, 1837, 1886; 1962), dessen Genehmigg er in den Fällen der §§ 1821, 1822, 1828–1831 bedarf, auch wenn die Erben nicht minderjährig sind. Die Genehmigg ist zB zu versagen, wenn der Verwalter, anstatt NachlInsolvVerf zu beantragen, eine genehmiggspflicht Vfg treffen will (KGJ **34** A 90). Ob auch §§ 1812, 1813 u hierzu § 1825 Anwendg finden, ist str, aber wohl zu verneinen im Hinblick auf die Stellg des NachlVerwalters u die daraus sich ergebenden prakt Erwäggen (ebso MüKo/Siegmann Rn 2; aA Staud/Marotzke Rn 34). NachlG hat auch die nach § 1841 mit § 1915 zu legende Rechnung zu prüfen (§ 1843); es kann ihn zB zur Rückzahlg von Auslagen anhalten (LG Bln Rpfleger **76**, 98). Bei Verzicht der NachlGäub u MitE auf Nachprüfg darf NachlG keine Prüfg anordnen (Ffm NJW **63**, 2278). Bestellg eines GgVerwalters nach § 1792 ist mögl (KG DJZ **28**, 388).

3 **b) Entlassung** des NachlVerwalters ist die äußerste Maßnahme bei Erfolglosigk milderer Mittel. Verschulden ist nicht erforderl, sond gem §§ 1915; 1897; 1886 die Gefährdg des Interesses der NachlGläub od des Erben maßgebend. Eine solche kann bei beharrl, langandauernder Unterlassg der Vorlage des NachlVerzeichn gegeben sein. Gleiches gilt bei Gleichgültigk ggü der Pfl zur jährl Rechngslegg gem § 1840 (BayObLG FamRZ **88**, 543). Ob Antr auf Entlassg auch NachlGläub stellen kann, ist str (s Ffm Rpfleger **98**, 200 gg Karlsr NJW-RR **89**, 1095).

4 **2) Gegenstand.** Der NachlVerwaltg unterliegen alle vermögensrechtl Bestandteile des Nachl samt den nach dem Erbfall entstandenen Anspr. Dagg nicht höchstpersönl Rechte od Sachen des Erbl ohne bes Verkehrswert. Auch das unpfändb Vermögen sollte wie beim NachlInsolvenzVerf nicht von der NachlVerwaltg erfaßt werden, wobei sich die Unpfändbark aus der Person des Erben bestimmt (MüKo/Siegmann Rz 4; aA Soergel/Stein Rn 6). Nicht der NachlVerw unterliegt ein im Wege der Sondererbfolge übergegangener GesAnteil an einer PersonenGes (§ 1922 Rn 17–20). Der Verwalter kann dah nicht die ererbten MitgliedschR ausüben u auch nicht die Re des Gter-Erben bei der GeschFührg wahrnehmen (s § 2205 Rn 14 ff zum TV). Dementspr kann er nicht an der Vfg üb ein der Ges gehörendes Grdst zu deren Wirksamk mitwirken (BayObLG **90**, 306), so daß auch kein GBuch-BerichtiggsVerf gg ihn eingeleitet werden kann (Hamm OLGZ **93**, 147). Auch kann er nicht Feststellg begehren, daß der GesVertr nichtig od wirks angefochten ist. Vielm ist er darauf beschränkt, zur Befriedigg der NachlGläub den Anspr des Gter-Erben auf den Gewinnanteil u das Auseinandersetzgsguthaben geltd zu machen, ggf nach Ausübg eines ihm nach überw Ansicht zustehden fristlosen KündiggsR nach § 725; HGB 135 (BGH **47**, 293; BayObLG **90**, 306; Hamm aaO). – Bei KapitalGes kann er dagg ererbte MitgliedschRe ohne Rücks auf den Inhalt der Satzg wahrnehmen. – Geht dem Erben ein NachlGrdst infolge Verschuldens seines RA dch Zwangsversteigerg verloren, fällt der SchadensersatzAnspr des Erben gg den Anwalt im Fall der NachlVerw in das ihr unterliegde Vermögen (Surrogation; BGH **46**, 222 mAv Mattern **LM** § 1984 Nr 2).

5 **3) Zur Verwaltung** des Nachl **(I)** ist der Verwalter berecht u verpflichtet, die aber nicht nur der Erhaltg u Vermehrg des Nachl dient, sond vorrang der Befriedigg der NachlGläub. Dazu hat er den Nachl, soweit dieser seiner Verwaltg unterliegt (Rn 4), in Besitz zu nehmen (Umkehrschluß aus § 1986 I). Verweigert Erbe dessen Herausgabe, muß Verwalter klagen (s LG Stgt BWNotZ **78**, 164 mAv Vögele), weil Anordngsbeschluß des NachlG kein Titel ist (ZPO 794 I Nr 3); auch das NachlG kann nicht GVz beauftragen, selbst wenn Zugehörigk der Ggstände zum Nachl unstreitig ist (hat keine Befugn wie InsolvenzG nach InsO 98. Bei Eintragg einer vom Verwalter beantragten ZwangssichergsHyp zur Sicherg einer NachlFdg sind die Erben als Berecht einzutragen (Hamm OLGZ **88**, 390). – Um den Zweck der Verwaltg erfüllen zu können, hat er die NachlGläub zu ermitteln, notf dch Aufgebot (§§ 1970 ff; KG OLGZ **77**, 309). Bei seiner Verwaltg u der Berichtigg der Verbindlk ist er an Wünsche der Erben od Gläub nicht gebunden (die nur bei Pflichtwidrigk NachlG anrufen können). Eine vom Erbl erteilte GeneralVollm kann er widerrufen (KG NJW **71**, 566), die vom Erbl einem RA erteilte Vollm widerrufen (Düss BB **78**, 1442). Die Versilberg von NachlGgständen steht in seinem pflichtgemäß Ermessen. Dch RGesch kann er ggü dem Erben neue Rechte begründen (§ 1976 Rn 2), jedenf wenn diese an die Stelle eines seiner Verwaltg unterliegenden NachlGgstandes treten sollen (BGH NJW-RR **91**, 683).

6 **4) Weitere Aufgaben.** Hauptaufgabe des Verwalters ist die Berichtigg der NachlVerbindlk aus dem Nachl. Dazu hat er zunächst die Gläub zu ermitteln, ggf dch Aufgebot (§§ 1970 ff; KG OLGZ **77**, 309). Ferner hat er bei Gericht nach § 1802 ein Nachlaßverzeichnis einzureichen, das ihm der Erbe vorzulegen hat (§ 260). Da ihm InvFrist nicht bestimmt werden kann, hat er den Gläub Auskunft zu erteilen (§ 2012 I 2; II). Bei der **Befriedigung** von NachlFdgen ist er an § 1979 gebunden. Zahlgen an NachlGläub sind ihm daher erst nach sorgfält ZulänglichkPrüfg gestattet. Dazu muß er mittels vollständ Sichtg des Nachl, Prüfg der Unterlagen, Rückfragen usw NachlAktiva u -Passiva vollständ erfassen, bewerten u zumindest in groben Zügen aufzeichnen (BGH NJW **85**, 140). Ohne ein solches Vorgehen, für das ihn die Darleggs- u Beweislast trifft, darf er keine Verbindlichk berichtigen (BGH aaO). Sind NE vorhanden, ist er auf deren Zustimmg zur Veräußerg eines NachlGrdst zwecks Befriedigg der NachlGläub nicht angewiesen (analog § 2115 S 2); er hat insow mehr Befugn als der nicht befreite VE, selbst wenn dieser die NachlVerw beantragt hatte (Braunschw OLGZ **88**,
7 392). – Bei Kenntn der Zahlgsunfähigk od **Überschuldung** hat er unverzügl NachlInsolvVerf zu beantragen (§ 1980; InsO 317), selbst wenn mit Ablehng der Eröffng mangels Masse zu rechnen ist (Stgt Rpfleger **84**, 416); schließt er statt dessen noch RGeschäft mit NachlGläub ab, ist eine erforderl nachlgerichtl Genehmigg zu versagen (Stgt aaO). Bei Überschuldg dch ausgeschlossene Fdgen besteht aber keine AntrPflicht (§ 1980 Rn 3). – **Notdürftigen Unterhalt** kann er dem Erben mit gerichtl Genehmigg bei ausreichder Masse
8 gewähren, wie dies ja sogar im NachlInsolvVerf, also bei Überschuldg, mögl ist. – **Nicht** zu den Aufgaben des Verwalters gehört die Erbauseinandersetzg, deren gerichtl Vermittlg (FGG 86) währd der Dauer der Verwaltg als ihrem Zweck zuwiderlaufd ausgeschlossen ist; auch nicht die Verteilg des Nachl unter den Erben. Ferner nicht die Errichtg des Inventars (§ 1993); eine InvFrist kann ihm nicht bestimmt werden. Auf die Beschränkg der Haftg des Erben kann er nicht verzichten (§ 2012).

5) Verantwortlichkeit. Der Verwalter **haftet dem Erben** auf Grd der durch die Bestellg zw ihm und dem Erben geschaffenen RBeziehg (RG **150**, 190) für schuldhafte Pflichtverletzgen gem §§ 1915, 1833, auch §§ 1834, 1839–1841, 1844 (BGH NJW **85**, 140; FamRZ **75**, 576: Anwendg des § 242 ggü Haftbarmachg dch Erben). – Den **Nachlaßgläubigern** ist er gem **II**, § 1980 I 2 auch verantwortl, sofern er seine Pflicht zu ordngsgemäßer Verwaltg schuldhaft verletzt u daraus einem Gläub Schaden entsteht. Entspr SchadErsatzAnspr der Gläub gelten als zum Nachl gehörend (**II** 2; § 1978 II). Bei Verstoß gg § 1979 kommt Ersatz nur in Betracht, soweit andere vor- od gleichrangige Gläub weniger erhalten, als sie bei Unterbleiben vorzeit Zahlgen erlangt haben würden (BGH NJW **85**, 140). Bei Aufgebot kann sich der Verwalter auf § 1973 berufen (RG **61**, 221). – Bei mangelnder Masse od Erschöpfg des Nachl (KG HRR **35** Nr 1022) hat er **Aufhebung** der Verwaltg nach § 1988 II zu beantragen; die §§ 1990, 1991 sind nicht entspr anwendb (RGRK Rn 17), wohl aber § 1992; für Anwendg von §§ 1990–1992 Staud/Marotzke Rn 29. 9 10 11

1986 *Herausgabe des Nachlasses.*

I Der Nachlaßverwalter darf den Nachlaß dem Erben erst ausantworten, wenn die bekannten Nachlaßverbindlichkeiten berichtigt sind.

II Ist die Berichtigung einer Verbindlichkeit zur Zeit nicht ausführbar oder ist eine Verbindlichkeit streitig, so darf die Ausantwortung des Nachlasses nur erfolgen, wenn dem Gläubiger Sicherheit geleistet wird. Für eine bedingte Forderung ist Sicherheitsleistung nicht erforderlich, wenn die Möglichkeit des Eintritts der Bedingung eine so entfernte ist, daß die Forderung einen gegenwärtigen Vermögenswert nicht hat.

1) Herausgabe (Ausantwortg). Der Verwalter hat nach Berichtigg aller bekannten NachlVerbindlk den verbliebenen NachlRest auch ohne formelle Aufhebg (die erst die Verwaltg beendet, § 1988 Rn 2) an den Erben herauszugeben, bei mehreren an alle (s KG NJW **71**, 566; dort auch über Pfl zur Herausg an einen neu bestellten NachlVerwalter). Wird die Verwaltg dch bish TV fortgesetzt, ist an diesen herauszugeben. Gegen unbekannte NachlGläub hat sich der Verwalter durch Aufgebot (§§ 1970 ff) zu sichern. Die Haftgsbeschränkg der NachlVerw bleibt bei ordngsgem durchgeführten Verf bestehen; der Erbe kann also entspr § 1990 I den Gläub auf den etwa erhaltenen NachlRest verweisen (BGH NJW **54**, 635; **LM** Nr 1 zu § 1975; s § 1975 Rn 1). Doch kann noch InvFrist bestimmt u dadch uU beschränkte Haftg herbeigeführt werden. 1

2) Sicherheitsleistung (II) erfolgt nach §§ 232 ff. Streitig ist die NachlVerbindk, wenn Verwalter sie bestreitet; die Ansicht des Erben ist unerhebl (Ffm JZ **53**, 53). Eine Fdg ohne Vermögenswert (**II 2**, s ZPO 916 II) ist aber zB nicht der UnterhaltsAnspr gem § 1615 o od der Anspr der Mutter aus § 1963. 2

1987 *Vergütung des Nachlaßverwalters.*

Der Nachlaßverwalter kann für die Führung seines Amtes eine angemessene Vergütung verlangen.

1) Vergütungsanspruch. Der NachlVerw erhält nicht nur als berufsmäß, sond auch als ehrenamtl (abweichd von §§ 1915; 1836 I 1) stets eine Vergütg, da seine Tätigk vor allem im Interesse des Erben u weniger im öff liegt. Insow ist er TV (§ 2221) u InsolvVerw (InsO 63) gleichgestellt. Dah ist bei seiner Bestellg Feststellg berufsmäß Ausübg (§ 1836 I 3) entbehrl, die in der Praxis fast immer gegeben ist. Wurde er allerd überh nicht tätig, ist keine Vergütg angemessen. Im NachlInsolvVerf ist der Anspr Masseschuld (InsO 324 Nr 4; 6). – Die **Höhe** der Vergütg bestimmt das G als „angemessene". Grdsl ist dazu üb § 1915 auf § 1836 verwiesen, da die NachlVerwaltg eine bes Form der Pflegsch ist (§ 1975). Der GesGeber hat § 1836 neu gefaßt u dabei die bish Formulierg „angemessene Vergütg" (1836 I 2 aF) für den BerufsVormd dch die Kriterien nutzb Fachkenntn sowie Umfang u Schwierigk der Gesch konkretisiert (§ 1836 II). Da § 1987 keine völlig eigenständ Regelg ist, vielm die Angemessenh schon immer in Anlehng an die GrdSätze für NachlPfleger festgelegt wurde, ist diese RÄnderg auch hier relevant. Es erscheint dah richtig, die Vergütg des NachlVerw für Tätigk seit 1. 1. 99 nach Zeitaufwand u angemessenem, dh auf den Einzelfall u den Beruf des Verw abgestellten Stundensatz (§ 1836 Rn 17) zu errechnen (s § 1960 Rn 25 ff). Die Vergütgssätze des InsolvVerwalters gelten hier dagg nicht (KG JFG **17**, 206; BayObLG **72**, 156; Rpfleger **85**, 402). Ebso nicht die Gebührensätze eines Berufsverbands, dem Verwalter angehört (BayObLG **53**, 50; Hamm Rpfleger **66**, 180). – Mat-rechtl Einwendgen gg den Anspr auf Vergütg sind ggf im Prozeßwege geltend zu machen (s § 1960 Rn 28). – Aus Gründen des Vertrauensschutzes sind allerd bei Verwaltg, die vor dem 1. 1. 99 angeordnet wurde, die bish Grdsätze anzuwenden, wonach das NachlG den AktivNachl, die Dauer der Verwaltg, Umfang u Bedeutg der VerwGesch u das Maß seiner Verantwortg, aber auch den Erfolg seiner Tätigk zu berücksichtigen hat (BayObLG **86**, 448; FamRZ **91**, 861). S dazu die 58. Aufl. 1 2

2) Ersatz von Aufwendungen kann NachlVerw neben Vergütg verlangen (§§ 1915, 1835); s dazu § 1960 Rn 29. Zu ihrer Geltendmachg s § 1835 Rn 15. Bürokosten des Verwalters sind grdsl Aufwendgen; lassen sie sich zB bei RAnwalt nicht exakt ausscheiden, kann Kanzleibenutzg bei der Bemessg der Vergütg allg in die BilligkErwägg einbezogen werden; ein zahlenmäßiger Bruchteil der Kosten darf allerd nicht zugrde gelegt werden (BayObLG Rpfleger **85**, 402). Bei Mittellosigk s § 1835 IV. – Üb Aufwendgsersatz entscheidet bei Streit mit Erben nicht NachlG, sond ProzeßG (s § 1835 Rn 14). Unzulässig ist daher auch ihre Einrechng dch NachlG mittels Festsetzg einer Pauschalvergütg (Zweibr Rpfleger **80**, 103). 3

3) Festsetzung der Vergütg erfolgt dch NachlG (§ 1962); zuständ ist Rpfleger (RPflG 3 Nr 2 c; 16 I Nr 1). Dessen Beschluß ist nun Vollstreckgstitel (FGG 75; 56 g VI; VII). – Rechtsmittel ist nun sofort Beschw, sofern BeschwWert 300 DM übersteigt od NachlG sie zuläßt, da FGG 56 g V; VII üb FGG 75 gilt (s Keidel/Winkler FGG 75 Rn 1); andernf befristete Erinnerg (RPflG 11 II). BeschwerdeR (FGG 20) haben NachlVerw, Erbe, TV; NachlGläub, wenn Vergütg ihre Befriedigg beeinträcht. – Die Änderg einer nach Aufhebg u Abwicklg des Verfahrens formell rkräft Entscheidg üb die Festsetzg der Vergütg kann nicht verlangt werden (KG JFG **14**, 42). 4

1988 *Ende der Nachlaßverwaltung.* **I Die Nachlaßverwaltung endigt mit der Eröffnung des Nachlaßinsolvenzverfahrens.**

II Die Nachlaßverwaltung kann aufgehoben werden, wenn sich ergibt, daß eine den Kosten entsprechende Masse nicht vorhanden ist.

1 **1) Eröffnung des Nachlaßinsolvenzverfahrens (I)** bewirkt kr G u ohne Aufhebgsbeschluß die Beendigg der NachlVerwalter. Für sie ist kein Raum mehr, weil das Verwaltgs- u VfgsR auf den InsolvVerwalter übergegangen ist. An diesen hat der NachlVerw den Nachl herauszugeben, sofern er nicht selbst zum InsolvVerwalter bestellt wurde; ein ZurückbehR wg seiner Vergütg steht ihm nicht zu (InsO 323). RHandlgen des bish Verwalters nach Eröffng sind unwirks; InsO 81, 82 finden keine Anwendg. An der Haftgslage des Erben ändert sich nichts (§ 1975). Eine NachlPflegsch besteht weiter (KGJ **38** A 117).

2 **2) Aufhebung durch Nachlaßgericht** dch formellen Beschluß ist in allen and Fällen zur Beendigg der Verwaltg erforderl. – **a) Mangelnde Masse (II;** vgl auch InsO 207) ist nur ein AufhebgsGrd, der wg § 1982 selten sein dürfte. Sie gibt dem Erben, dem der Nachl herauszugeben ist, die Einrede aus § 1990. Wird entspr
3 Kostenbetrag vorgeschossen, entfällt Aufhebgsbefugn. – **b) Weitere Gründe** für Aufhebg sind: Beendigg der Verwaltg durch die Berichtigg aller bekannten NachlVerbindlichk (§§ 1986, 1919; BayObLG **76**, 167/173); Eintritt der Nacherbfolge, da die Haftg des NachE bes beschränkt werden muß (RGRK Rn 5); wenn Erbe, auf dessen Antr Verwaltg angeordnet wurde, nachträgl wirks die Erbsch ausschlägt (KG RJA **7**, 102). – Vorher können die Beteiligten (Erben, NachlGläub) durch AntrRücknahme od AufhebgsAnträge die Aufhebg der angeordneten Verwaltg nicht erzwingen (KGJ **42**, 94). Allerd kann noch vor Befriedigg der NachlGäubiger bei Einverständn aller Gläubiger u Erben (zB inf Einigg über die Befriedigg) die Verwaltg aufgehoben werden (s BayObLG aaO). War ihre Anordng fehlerhaft, weil Antrag schon vorher zurückgenommen wurde, kann
4 auch Aufhebg verlangt werden. – **c) Wegen Zweckerreichung** kann der Erbe die Aufhebg beantragen u gg Ablehng Beschwerde (FGG 19; RPflG 11) einlegen; bei Mehrh von Erben steht BeschwR jedem zu (Ffm JZ **53**, 53; Hamm JMBl NRW **55**, 230). Kein BeschwR gg Aufhebg hat Verwalter (Jena Rpfleger **98**, 427). – Der Aufhebgsbeschluß ist (auch im Falle des **II**) nach FGG 16 wie der Anordngsbeschluß zuzustellen, womit erst das Amt des Verwalters endet. Hebt das BeschwG die aufhebde Entscheidg des NachlG auf u ordnet es erneut NachlVerw an, ist der Verwalter neu auszuwählen u zu verpflichten (§§ 1791 mit 1915). Tod des Erben als solcher ist kein AufhebgsGrd.

5 **3) Rechtsfolgen der Aufhebung.** Aufhebg nach § 1919 (vgl auch Rn 1) verpflichtet den Verwalter zur Schlußrechng (§ 1890) u Herausgabe des Nachl an den Erben. Jedoch hat er wg seiner Aufwendgen ein ZurückbehaltgsR (§ 273). Löschg im GBuch erfolgt auf Antr des Erben.

1989 *Erschöpfungseinrede des Erben.* **Ist das Nachlaßinsolvenzverfahren durch Verteilung der Masse oder durch einen Insolvenzplan beendet, so finden auf die Haftung des Erben die Vorschriften des § 1973 entsprechende Anwendung.**

1 **1) Haftungsumfang.** Nur bei Beendigg des NachlInsolvVerf dch Verteilg der Masse (InsO 196; 200) od Feststellg des Insolvenzplans (InsO 217 ff, der bish Zwangsvergleich ersetzt) haftet der Erbe, dessen HaftgsBeschränkg bestehen bleibt (§ 1975 Rn 1), den nicht befriedigten NachlGläub wie den nach AufgebotsVerf ausgeschlossenen Gläub (§ 1973), also endgült beschränkt. An dieser Haftg würde eine nachfolgde InvErrichtg wg des im InsolvVerf bereits stattgefundenen Aufgebots nichts ändern, so daß sie entbehrl ist (§ 2000 S 3); sie kann also auch dch InvSäumnis nicht mehr in Frage gestellt werden (s auch § 2013 Rn 3). Wg der MitE s § 2060 Nr 3. – Mit dieser Erbenhaftg ist die allg Regelg nach InsO 201, daß InsolvGläub nun ihre restl Fdgen wieder unbeschränkt gg den Schu geltend machen können, unvereinb u nicht anzuwenden. – Allerd wird es in der Praxis ohnehin kaum vorkommen, daß nach Masseverteilg dem Erben noch NachlRest verbleibt, es sei denn, daß InsolvGrd Zahlgsunfähigk (InsO 320), bei aktivem NachlBestand war. Nachträgl noch ermittelte Masse od zu ihr zurückfließde Beträge erhält InsolvVerw zur Nachtragsverteilg (InsO 203; 205) u nicht der Erbe. – Bei Insolvenzplan, der ggü bish ZwangsVergl weitergehde Regelgen enthalten u Haftg des Schu abweichd regeln kann (InsO 217), muß Verwalter auch AussondergsRe beachten (InsO 47) u unstreit MasseAnspr berichtigen (InsO 258 II); Anspr nachrangiger Gläub, zB aus Pflichtt od Vermächtn (InsO 327) gelten als erlassen, wenn Plan nichts anderes bestimmt. § 1989 wird dann nur bezügl solcher InsolvGläub prakt, die ihre Fdgen nicht angemeldet haben (InsO 254 I 3). – Vollstreckt Gläub aus Tabellenauszug (InsO 201 II) in das Eigenvermögen des Erben, kann dieser trotz fehlendem Vorbehalt (ZPO 780) Klage nach ZPO 781, 785, 767 erheben, weil Tabelle nur Titel in Nachl gibt (MüKo/Siegmann Rn 7). – Das moderne Instrumentarium der InsO paßt allerd allg nicht für das NachlInsolvVerf (dazu MüKo/Siegmann Rn 1 a).

2 **2) Unanwendbar** ist § 1989, wenn Erbe schon vor InsolvEröffng sein BeschränkgsR verloren hatte (§ 2013 I 1 mit Rn 3) od wenn EröffngsBeschluß aufgehoben wird (InsO 34) u dah Eröffng als nicht erfolgt gilt, so daß HaftgsBeschränkg nach § 1975 nicht eingetreten ist. Ferner bei Einstellg mangels Masse (InsO 207; hier kann sich Erbe auf § 1990 berufen) od angezeigter Masseunzulänglk (InsO 211); od mit GläubZustimmg (Inso 213), nach der die Vereinbarg des Erben mit den Gläub entscheidend ist u er den am InsolvVerf nicht beteiligten Gläub wie vor InsolvEröffng haftet. Bei Abweisg des EröffngsAntr mangels Masse (InsO 26) kann sich Erbe nur auf § 1990 berufen (§ 1975 Rn 1).

1990 *Unzulänglichkeitseinrede des Erben.* **I Ist die Anordnung der Nachlaßverwaltung oder die Eröffnung des Nachlaßinsolvenzverfahrens wegen Mangels einer den Kosten entsprechenden Masse nicht tunlich oder wird aus diesem Grunde die Nachlaßverwaltung aufgehoben oder das Insolvenzverfahren eingestellt, so kann der Erbe die Befriedigung eines Nachlaßgläubigers insoweit verweigern, als der Nachlaß nicht ausreicht. Der Erbe ist in diesem Falle verpflichtet, den Nachlaß zum Zwecke der Befriedigung des Gläubigers im Wege der Zwangsvollstreckung herauszugeben.**

II Das Recht des Erben wird nicht dadurch ausgeschlossen, daß der Gläubiger nach dem Eintritte des Erbfalls im Wege der Zwangsvollstreckung oder der Arrestvollziehung ein Pfandrecht oder eine Hypothek oder im Wege der einstweiligen Verfügung eine Vormerkung erlangt hat.

1) Haftungsbeschränkende Einrede. Ist der Nachl zur Erfüllg der NachlVerbindlichk unzureichend u deckt die Masse nicht einmal die Kosten einer amtl Verwaltg (§ 1975; InsO 26), ist der zunächst unbeschränkt haftende Erbe nicht gezwungen, zur Beschränkg seiner Haftg auf den Nachl (s Einf 2 vor § 1967) die VerfKosten selbst vorzuschießen. Vielm kann er diese Wirkg einfacher über § 1990 mittels Einrede ggü NachlGläub erreichen, sofern er das Recht zur Beschränkg noch nicht verloren hatte (§ 2013 I 1; s Einf 3 vor § 1967). – Diese Einrede wird begriffl meist nochmals unterteilt, ohne daß damit allerd viel mehr ausgedrückt wird als das Maß der Befriedigsmöglichk eines NachlGläub: Die **Dürftigkeitseinrede** dient vor allem bei unzureichdem, aber nicht überschuldetem Nachl der Abwehr des Zugriffs der NachlGläub auf das Eigenvermögen des Erben. Mit der **Unzulänglichkeitseinrede** wird geltd gemacht, daß der dürftige Nachl auch noch überschuldet, eine vollständ Befriedigg aus dem Nachl also nicht mögl ist; ob dies der Fall ist, entscheidet sich nach Herausgabe des Nachl (**I** 2) grdsl erst in der ZwangsVollstr. Die **Erschöpfungseinrede** steht zur Vfg, wenn keinerlei NachlAktiva mehr vorhanden sind (etwa nach Zahlg von NachlVerbindlk) u auch keine ErsatzFdg gg den Erben nach § 1991 bestehet (s Rn 3). Greift sie dch, wird mangels haftender Masse bereits die Klage des NachlGläub abgewiesen (s Rn 13). – Zu diesen kommt noch die sog ÜberschwergsEinrede des § 1992, die allerd nur ggü bestimmten nachlaßbeteil Gläub besteht. – Da dürftige Nachl häufig ausgeschlagen werden, führt das Fehlen einer amtl Liquidation oft zu einer erhebl Belastg von NachlG u Nachberufenen (dazu Weithase Rpfleger **88**, 434). 1

2) Unzulänglichkeit des Nachlasses (I 1) ist gegeben, wenn die NachlAktiva so geringwertig sind, daß die Kosten einer NachlVerwaltg od des NachlInsolvVerf nicht gedeckt sind. Überschuldg wird (im Ggsatz zu § 1992 I) nicht vorausgesetzt, kann aber gegeben sein. Den **Nachweis** der Dürftigk hat der Erbe zu führen. Dies kann er etwa dch Vorlage solcher Entscheidgen, mit denen NachlG od InsolvG mangels Masse die Eröffng beantragter Verfahren abgelehnt (§ 1982; InsO 26) od eingeleitete Verf aufgehoben (§ 1988 II) bzw eingestellt haben (InsO 207). Derartige Entscheidgen sind auch für das ProzeßG bindend (BGH NJW-RR **89**, 1226; hM). Ohne solche Entscheidgen ist die Dürftigk anderweitig darzulegen u zu beweisen (zB dch Inventarerrichtg, § 2009). – Maßgebl **Zeitpunkt** für die Dürftigk ist nicht der Erbfall (allg M), sond der Entscheidg üb die Einrede (BGH **85**, 274; aA Staud/Marotzke Rn 7: Erhebg der Einrede; Soergel/Stein Rn 5: Geltendmachg des Anspr), so daß sich ggü verschiedenen Gläub unterschiedl Zeitpkte ergeben können. Ist der Nachl dch Maßnahmen des Erben dürftig geworden u führen diese zu ErsatzAnspr der Gläub nach §§ 1991; 1978; 1979 (zB wg schuldhafter Verletzg seiner Pfl, den Nachl den Gläub zu erhalten), sind diese Anspr dem Nachl hinzuzurechnen (§ 1978 II), so daß die Dürftigk möglicherw entfällt (BGH FamRZ **89**, 1070); zur Geltendmachg s § 1991 Rn 2. Umgekehrt sind AufwendgsAnspr des Erben (§ 1978 III) abzuziehen, soweit sich dieser nicht schon aus dem Nachl befriedigt hat (s § 1991 Rn 2). 2 3

3) Recht zur Einrede. Die Einrede kann vom Erben ggü allen NachlGläub, denen er nicht unbeschränkt haftet (§ 2013), erhoben werden, gleichgült welcher Art deren Fdg ist u unbeschadet der Einrede aus §§ 1973, 1974 ggü den Ausgeschlossenen. Sie steht ihm also auch ggü dem auf Geld gerichteten PflichttErgänzgsAnspr (§ 2325; BGH **LM** § 2325 Nr 2), ggü der RückFdg von Sozialhilfe nach SGB X § 50 I (VGH Mannh NJW **86**, 272) od von Leistgen nach dem LAG (BVerwG NJW **63**, 1075) zu und auch noch nach Teilg, wenn Nachl schon bei Teilg unzulängl war (RGRK Rn 3). – Der Umstand allein, daß der Erbe NachlGläub ggü nicht sofort darauf hinweist, er wolle von der Möglichk, die Haftg auf den Nachl zu beschränken, Gebrauch machen, kann weder als Verzicht auf die Beschränkgsmöglichk angesehen werden noch dazu führen, daß die spätere Ausübg dieses Rechts als unzuläss RAusübg anzusehen ist (Celle NdsRpfl **62**, 232). – Wird die zunächst unbegründete Einrede infolge nachträgl Verändergen begründet, muß sie noch beachtet werden (BGH **85**, 281). – Die Einrede steht auch NachlPfleger u TV sowie bei in GüterGemsch lebden Ehegatten dem Gesamtgutsverwalter zu (s Staud/Thiele § 1432 Rn 7); ferner dem InsolvenzVerw im GesamtinsolvVerf (InsO 331) des Erben (Börner JuS **68**, 55). – Auf die Einrede kann sich auch der Träger der Sozialversicherg berufen, wenn dem Erben eines Unfallgeschädigten ggü der AusgleichsFdg des Schadensersatzpflichtigen (§ 426, § 17 StVG) diese Einrede zusteht u die SchadErsFdg auf den Träger der Sozialversicherg übergegangen ist (BGH **35**, 317; VersR **65**, 688). – Die Vorschr gilt entspr auch nach Durchführg einer NachlVerwaltg (BGH NJW **54**, 635; § 1986 Rn 1). 4 5

a) Dingliche Sicherung (II). Hat der NachlGläub **nach** dem Erbfall (also nicht schon ggü dem Erbl) ein SichergsR im Wege der Zwangsvollstreckg od Arrestvollziehg (PfandR an bewegl Sachen; SicherungsHyp) od dch einstw Vfg eine Vormerkg erlangt, kann der Erbe nach **II** gleichwohl noch die Einrede erheben, um nicht schlechter gestellt zu sein als bei amtl NachlVerwaltg. Er kann dann analog ZPO 784 die Aufhebg der VollstrMaßnahme in sein Eigenvermögen verlangen. Dingl Sicherg eines NachlGläub dch Vollstreckg in den Nachl hat allerd grdsl Bestand (s § 1991 III); nur wenn sie den Erben an der Einhaltg der Rangfolge des § 1991 IV od an der Geltendmachg seiner ErsatzFdg (§ 1978 III) hindern, kann er deren Aufhebg verlangen. 6

b) Eigengläubiger des Erben können auch in den Nachl vollstrecken. Ob der Erbe dem im Falle des § 1990 widersprechen kann, ist ges nicht geregelt. Um nicht die Haftgssituation einseitig zum Nachteil der NachlGläub zu ändern, ist entspr ZPO 784 II; 767 VollstrAbwehrklage des als Selbstverwalter anzusehenden Erben (s Rn 9) mögl (Soergel/Stein Rn 9; str; aA MüKo/Siegmann Rn 7). – **Nachlaßerbengläubiger** (§ 1967 Rn 8), denen der Erbe stets auch persönl haftet, werden von § 1990 nicht betroffen. Der Erbe hat daher keine Einrede zB gg Prozeßkosten, die erst in seiner Person entstanden sind (Köln NJW **52**, 1145). 7 8

4) Rechtsfolgen. Nach Erhebg der DürftigkEinrede kann der Erbe die Befriedigg eines NachlGläub insoweit verweigern, als der Nachl nicht ausreicht. Er muß dann den Nachl zum Zwecke der Befriedigg des Gläub im Wege der ZwangsVollstr herausgeben (**I 2**); dazu zählen auch die unpfändbaren NachlGgstände (MüKo/Siegmann Rn 14). Abwendg dch Zahlg des Wertes ist hier (anders als bei § 1973 II 2; 1992 S 2) 9

nicht mögl. – Die Einrede dient nur der Abwehr des Zugriffs auf das Eigenvermögen dch NachlGläub. Sie führt nicht zur Absonderg des Nachl vom Eigenvermögen des Erben (wie bei NachlVerwaltg od NachlInsolvenzVerf), sond nur zu einer Trenng im Verhältn zw Erben u dem jeweil NachlGläub (§ 1991 Rn 1). Die NachlVerbindlk werden deshalb auch nicht von einem amtl Verwalter berichtigt. Vielm ist der Erbe bezügl des Nachl gleichsam sein eigener Verwalter, ohne unbedingt die Reihenfolge des InsolvenzVerf bei der Befriedigg der Gläub einhalten zu müssen (s § 1991 Rn 3 mit der Ausn in § 1991 IV). Daher ist er bei Erhebg der Einrede den NachlGläub auch für seine bish Verwaltg nach §§ 1991; 1978–1980 verantwortl (s § 1991 Rn 1). Daraus resultierde ErsatzAnspr der Gläub gelten als zum Nachl gehörig (§ 1978 II mit Rn 4), vergrößern also den unzureichdn Nachl (s Rn 3). – Der Erbe kann den Ansturm der Gläub auch dadch
10 abwehren, daß er ihnen den dürftigen Nachl zur Befriedigg **freiwillig überläßt** od sich nach ZPO 794 I Nr 5 der sofort ZwangsVollstr in die NachlGgstände zur Vermeidg von Prozeßkosten unterwirft (RG **137**, 53). Er muß dabei nur beachten, daß die freiwill Vollstreckgsfreigabe nicht zur Schuldbefreiung führt und er der Verwalterhaftg unterliegt (§ 1991 I), so daß er zu seiner Absicherg mit allen od einzelnen Gläub Vollstreckgsvereinbargen treffen sollte, daß diese den Nachl entw im Wege der Zwangsvollstr (mittels Titel) od der öff Versteigerg (mangels Titel) verwerten müssen (MüKo/Siegmann Rn 17).

11 **a) Im Prozeß** muß der in Anspr genommene Erbe die Einrede unbedingt geltend machen, damit er die Beschränkg seiner Haftg in der ZwangsVollstr geltd machen kann. Dort kann sich die Einrede näml nur bei Vorbehalt im Urteil (ZPO 780) auswirken, der umfassend für alle Einreden gilt, die eine HaftgsBeschränkg bewirken können (BGH NJW **91**, 2839). Sein RA ist daher grdsl verpflichtet, den Vorbehalt in den Titel aufnehmen zu lassen, sei es auch nur vorsorgl, da ein Unterlassen zum SchadErs führen kann (BGH aaO; s auch Einf 7 vor § 1967). Bei Klagerücknahme ist dann Vorbehalt auch in KostenBeschl (ZPO 269 III) aufzunehmen (LG Bückeburg NJW-RR **98**, 1220). – Die Erhebg der **Dürftigkeitseinrede** führt also im ErkenntnVerfahren entw zum Vorbehalt nach ZPO 780 (erfolgt dann dennoch Vollstreckg in das Eigenvermögen, muß sich der Erbe dagg mit einer Klage gem ZPO 784 I; 785; 767 wehren) od zur Beschränkg der Vollstreckg im Urteil auf bestimmte, noch vorhandene NachlGgstände. Es steht im Ermessen des Gerichts, ob es die Einrede sachl überprüft od ob es ohne eine solche Prüfg einen Vorbehalt nach ZPO 780 in das Urteil aufnimmt u das weitere dem VollstreckgsVerfahren überläßt (BGH NJW **54**, 635; **83**, 2379; dazu Rn 13). –
12 Die Einrede der **Unzulänglichkeit** od der **Erschöpfung** führt, wenn diese unstreitig od bewiesen ist, zur Klageabweisg, andernf zum Vorbehalt nach ZPO 780. Steht Erschöpfg fest, ist die Klage des NachlGläub als unzulässig abzuweisen, weil derzeit kein Interesse an der Verurteilg zu einer nicht dchsetzbaren Leistg besteht, bei Auftauchen neuer NachlGgstände aber Klage wieder möglich sein muß (MüKo/Siegmann § 1973 Rn 8). Ist die Erschöpfg streitig, findet Beweisaufnahme hierüb nicht statt; der Erbe wird dann auf den Vorbehalt nach ZPO 780 verwiesen. – Im Verfahren vor dem **Verwaltungsgericht** ist die geltend gemachte Dürftigk schon im Anfechtgsprozeß zu prüfen (VGH Mannh NJW **86**, 272).

13 **b) In der Zwangsvollstreckung** kann der Erbe, der keine Verurteilg nur in genau bestimmte NachlGgstände erreicht hat, sich nur im Falle eines Vorbehalts nach ZPO 780 auf die Beschränkg berufen. Trotz Vorbehalts bleibt die Beschränkg der Haftg so lange unberücksichtigt, bis er aGrd derselben Einwendgen erhebt (ZPO 781), die dann nach ZPO 767, 769, 770 aGrd Vollstreckgsabwehrklage erledigt werden (ZPO 785). Die sachl Berechtigg der Einrede wird also im Rahmen der Klage nach ZPO 767 geprüft. Der Gläub kann im Wege der Widerklage Herausgabe der NachlGgstände, ein Verzeichn des ursprüngl u jetzigen NachlBestands einschließl Auskunft üb die Gründe der Veränderg sowie eidesstattl Versicherg üb die Vollständigk des Verzeichn verlangen (§§ 260; 261). Zur Offenlegg seines Eigenvermögens ist der Erbe nach Erhebg der Einwendgen (ZPO 781) nicht mehr verpflichtet, auch nicht im Falle eidesstattl Versicherg nach ZPO 807 (Soergel/Stein Rn 11).

14 **5) Aufrechnung.** NachlGläub können nicht gg eine EigenFdg des Erben aufrechnen, obwohl § 1977 nicht für anwendb erkl ist, da der Erbe sonst prakt unbeschränkt haften würde (vgl BGH **35**, 317). Jedoch können sie gg eine NachlFdg aufrechnen; die haftgsbeschränkende Einrede fällt nicht unter § 390 S 1, nachdem selbst im InsolvenzVerf (InsO 94; 95) Aufrechng mögl ist (hM). – Der EigenGläub des Erben kann gg eine NachlFdg aufrechnen, da er auch in den Nachl vollstrecken kann (str; wie hier MüKo/Siegmann § 1991 Rn 6; Staud/Marotzke Rn 43; aA Soergel/Stein Rn 8, weil Nachl entgg dem Absondergsprinzip zum Nachteil der NachlGläub geschmälert würde).

1991 *Verantwortlichkeit des Erben.* **I Macht der Erbe von dem ihm nach § 1990 zustehenden Rechte Gebrauch, so finden auf seine Verantwortlichkeit und den Ersatz seiner Aufwendungen die Vorschriften der §§ 1978, 1979 Anwendung.**

II Die infolge des Erbfalls durch Vereinigung von Recht und Verbindlichkeit oder von Recht und Belastung erloschenen Rechtsverhältnisse gelten im Verhältnisse zwischen dem Gläubiger und dem Erben als nicht erloschen.

III Die rechtskräftige Verurteilung des Erben zur Befriedigung eines Gläubigers wirkt einem anderen Gläubiger gegenüber wie die Befriedigung.

IV Die Verbindlichkeiten aus Pflichtteilsrechten, Vermächtnissen und Auflagen hat der Erbe so zu berichtigen, wie sie im Falle des Insolvenzverfahrens zur Berichtigung kommen würden.

1 **1) Verwalterhaftung des Erben (I).** Die Herbeiführg der HaftgsBeschränkg nach § 1990 dch Geltdmachg der Dürftigk od Unzulänglichk des Nachl setzt den Erben (abweichd von § 1973) der Verwalterhaftg gem §§ 1978 ff aus. Der Nachl bleibt näml bis zur Herausgabe an die Gläub in seiner Hand, da er zwar als das nun allein haftende Vermögen dchaus vom Eigenvermögen des Erben zu unterscheiden ist, aber keine Absonderg von dessen übr Vermögen eintritt (§ 1990 Rn 9). Wird der dürft Nachl dch seine schlechte Verwaltg weiter vermindert, haftet Erbe ab Erhebg der Einrede den NachlGläub zum Ausgleich verschuldensunabhäng (BGH FamRZ **92**, 1409) gem §§ 1978; 1979. Danach ist er ihnen so verantwortl, wie wenn er ab

Annahme der Erbsch die Verwaltg für sie als Beauftragter zu führen gehabt hätte (§ 1978 I 1; §§ 662 ff); bis zur Annahme haftet er wie ein GeschFührer ohne Auftrag (§ 1978 I 2). Wg seiner sich aus dieser Verantwortg ergebenden Pflichten u der Wirkg seiner getätigten Geschäfte s § 1978 Rn 1–4. Ferner gilt auch § 1980 (den § 1991 versehentl nicht erwähnt; BGH aaO), wenn der Nachl die VerfKosten des NachlInsolvVerf noch deckt (InsO 26), Erbe aber gebotenen Antr auf Eröffng (InsO 317) unterläßt; InsolvenzGrd ist seit der InsO auch Zahlgsunfähigk (InsO 320). Befriedigt er dann weitere NachlGläub, hat er die nicht befriedigten so zu stellen, wie diese bei rechtzeit Beantragg des NachlInsolvVerf stünden.

2) Berechnung des Nachlaßbestands (I, II). Die Anspr gg den Erben gem **I** gelten als zum Nachl 2
gehörig (§ 1978 II), ebso Ersatz für verbrauchte Ggstände (§ 1978 I) od für anfechtb veräußerte (LG Köln ZIP **81**, 1385). Jeder mit der DürftigkEinrede konfontierte NachlGläub kann aus eigenem Recht verlangen, daß ihm der Erbe das aus dieser Verwalterhaftg Geschuldete zwecks Befriedigg zur Vfg stellt (BGH NJW-RR **89**, 1226) u kann insow seinen Vollstreckgszugriff auch auf dessen Eigenvermögen ausdehnen. Diesen Anspr kann der NachlGläub sowohl dch Klage gg den Erben als auch mittels des Arglisteinwands gg die VollstrAbwehrklage des mit seinem Eigenvermögen in Anspr genommenen Erben (ZPO 785) geltend machen (BGH FamRZ **92**, 1409). Der Erbe darf dem Gläub aber seinen Anspr auf Aufwendgsersatz (§ 1978 III) in Rechng stellen, also vom ErsatzAnspr des Gläub abziehen, kann ihn aber nicht gg Fdgen des Gläub verrechnen. – Für and Anspr des Erben gg den Nachl gilt Aufhebg der Vereinigg **(II)**, aber nur relativ zu dem seine Befriedigg suchenden Gläub (also nicht zu seinen EigenGläub); dies ermöglicht ihm Befriedigg aus dem Nachl trotz tatsächl eingetretenem Erlöschen seiner Fdg. Er kann diese allerd nicht gg GläubFdg verrechnen, braucht den Nachl aber erst nach Befriedigg seiner eigenen Anspr herauszugeben, so daß er gem § 181 den erforderl Betrag entnehmen kann (RG **82**, 278). – Gem § 1979 kann Erbe alle NachlGläub befriedigen, solange er Zulänglichk des Nachl ohne Fahrlässigk annehmen darf, u dann die dabei entstandenen eigenen Aufwendgen den Gläub in Rechng stellen. – Aufrechng des NachlGläub gg EigenFdg des Erben kann dieser unter Verweisg auf seine beschränkte Haftg zurückweisen (BGH NJW **61**, 1966). Dagg kann er bei Aufrechng seines EigenGläub gg eine zum Nachl gehörde Fdg sich nicht auf Dürftigk berufen (MüKo/Siegmann Rn 6). NachlGläub können gg NachlFdgen trotz Dürftigk aufrechnen, da sie nicht schlechter stehen können als im NachlInsolvVerf (InsO 94, 95; § 1990 Rn 14).

3) Reihenfolge der Gläubigerbefriedigung. Das G schreibt sie grdsl nicht vor. Der Erbe kann gem **I** 3
iVm § 1979 die NachlGläub in beliebiger Reihenfolge (also auch eigene Fdgen, **II** mit Rn 2) freiwill befriedigen bzw ihre zwangsweise Befriedigg dulden. Er muß nicht die im NachlInsolvVerf geltde Rangordng beachten. Ausgeschlossene u diesen gleichstehde Gläub hat er jedoch hinter die and zurückzustellen, aber noch vor den nachlaßbeteil **(IV)** zu befriedigen. Es ist also grdsl mögl, daß er den Nachl demjen NachlGläub (mit befreiender Wirkg ggü den and) überläßt, der ihn als erster wg einer NachlFdg im Wege der ZwangsVollstr in
Anspr nimmt. – **a) Ausnahmen: – aa) Urteilsgläubiger,** also NachlGläub, der rkräft Verurteilg des Erben 4
zu seiner Befriedigg erwirkt hat, geht den noch nicht befriedigten and Gläub vor **(III)**. Der Erbe ist ggü dem UrteilsGläub zur vorrang Befriedigg bzw zur Abwehr von Vollstreckgen and verpflichtet (BGH **122**, 197) u kann sich bereits ab RKraft seiner Verurteilg ggü den später kommenden Gläub auf Erschöpfg berufen (BGH NJW-RR **89**, 1226). Gleichwohl kann er auch dem UrteilsGläub Herausgabe des Nachl zur Zwangsvollstr verweigern, soweit dies zur Befriedigg eigener Fdgen gg den Nachl auf Aufwendgsersatz (Rn 1) od gg den
Erbl (Rn 2) erforderl ist, nachdem er diese Anspr nicht einklagen kann. – **bb) Nachlaßbeteiligte Gläubiger** 5
(IV) sind nachrangig u so zu befriedigen wie im NachlInsolvVerf (InsO 327), selbst wenn sie ein rkräft Urteil haben. Untereinander gilt für ihre Befriedigg die Reihenfolge PflichttAnspr (auch ErgänzgsAnspr, § 2325; BGH **85**, 280), Vermächtn u Auflagen u erst danach ErbersatzAnspr (in Erbfällen vor dem 1. 4. 98, § 1934 b II 1 aF; EG 227 I Nr 1; KO 226 II Nr 6). Verletzt der Erbe diese Rangordng des **IV**, haftet er den vorrangigen Gläub nach **I**; § 1978 I; dagg nicht der bevorzugte Gläub, der nur erhalten hat, was ihm zustand. Auch können
zu unrecht zurückgesetzte Gläub die bevorzugende Befriedigg nach Maßg von AnfG 5 anfechten. – **b) Bereicherungsanspruch** (§§ 813; 814) hat der Erbe uU gg den Gläub, den er in Unkenntn der Unzulänglichk 6
des Nachl befriedigt hat, soweit dessen Fdg bei Erhebg der Einrede nicht zum Zuge gekommen wäre.

1992 ***Überschuldung durch Vermächtnisse und Auflagen.*** **Beruht die Überschuldung des Nachlasses auf Vermächtnissen und Auflagen, so ist der Erbe, auch wenn die Voraussetzungen des § 1990 nicht vorliegen, berechtigt, die Berichtigung dieser Verbindlichkeiten nach den Vorschriften der §§ 1990, 1991 zu bewirken. Er kann die Herausgabe der noch vorhandenen Nachlaßgegenstände durch Zahlung des Wertes abwenden.**

1) Überschwerung. Ein InsolvenzAntr (InsO 317) nur zur Herbeiführg der HaftgsBeschrkg bleibt dem 1
Erben erspart, wenn die Überschuldg des Nachl nur auf Vermächtn od Auflagen beruht, zumal er dann keine Pfl zur AntrStellg hat (§ 1980 I 3). Bei der Prüfg bleiben im AufgebotsVerf ausgeschlossene u säumige Gläub (§§ 1973, 1974) außer Betracht. § 1992 ist also nicht anwendbar, wenn Nachl auch ohne Vermächtn u Auflage überschuldet ist (Mü ZEV **98**, 100 mAv Weber; str). Soweit daher der Nachl zur Befriedigg solch letztrangiger Gläub nicht ausreicht, haftet der Erbe nicht, wenn er nicht bereits allg unbeschränkb haftet (§ 2013 I). – Die Vorschr ist entspr anzuwenden bei UnterVermächtn (§ 2187 III). – **Nicht** hierher gehören Pflichtteilsrechte, da diese einen aktiven NachlBestand zZ des Erbfalls voraussetzen (§§ 2303 I 2; § 2311 Rn 3; Staud/Marotzke Rn 6: weil G dies anordnet); auch nicht ErbersatzAnspr in Erbfällen vor dem 1. 4. 98 (§ 1934 a aF; EG 227 I Nr 1).

2) Die Einrede der Überschwerg kann an Stelle des Erben auch vom TV, NachlPfleger u NachlVerwalter 2
geltend gemacht werden (str, s Soergel/Stein Rn 3). **Im Prozeß** muß der Erbe, obwohl es sich bei § 1992 nicht um vom Erbl herrührende Schulden handelt, Vorbehalt nach ZPO 780 in Anspr nehmen; ist die Einrede erhoben, kann das ProzeßG im allg entweder die Frage des Haftgsumfangs sachl aufklären u darü entscheiden, od sich mit dem Ausspruch des Vorbehalts der HaftgsBeschrkg im Urteil begnügen u die sachl Klärg dem ZwVollstrVerf überlassen (BGH NJW **64**, 2300).

3 **3) Die Rechtsfolgen** der erhobenen Einrede bestimmen sich nach §§ 1990, 1991. Die Haftg für Vermächtn u Auflage beschränkt sich auf den nach § 1991 zu ermittelnden Nachl, wobei der Nachrang des § 1991 IV zu beachten ist; der Erbe ist also berechtigt, seine Fdg u die der and NachlGläub bei den Passiva einzusetzen. Als Besonderh hat der Erbe hier allerd ein **Abfindungsrecht (S 2):** Er kann die Herausgabe der noch vorhandenen NachlGgstände abwenden dch Zahlg ihres Wertes (der nach dem Ztpkt der Einredeerhebg zu schätzen ist). – Bei Vermächtn eines best NachlGgstandes wandelt sich der VermächtnAnspr bei Erhebg der Einrede in einen gekürzten GeldAnspr. Der VermächtnNehmer kann aber die Sachleistg verlangen, sofern er einen dem Kürzgsbetrag entspr Geldbetrag in den Nachl einzahlt (BGH NJW **64**, 2298). Dies gilt auch dann, wenn der vermachte Ggstand vom Erben zu beschaffen (§ 2170) ist (BGH aaO; Soergel/Stein Rn 4; krit MüKo/Siegmann Rn 9). – Besteht die Zuwendg im **Erlaß** einer Schuld, gehört die Fdg anteilig zum Nachl, soweit sie zur Deckg vorrangiger od gleichrangiger Gläub erforderl ist.

4 **4) Aufrechnung.** Mit dem VermächtnAnspr kann gg eine NachlFdg auch bei Erhebg der Einrede aufgerechnet werden (analog InsO 94 ff), nicht aber gg eigene Fdgen des Erben. Ersteres wird allerd dann verneint, wenn der Nachl von Anfang an überschuldet war, weil dann dem VermächtnAnspr die Einrede des § 1992 entggstehe (MüKo/Siegmann Rn 8). Abgesehen davon, daß bei einer nicht auf Vermächtn u Auflage beruhenden Überschuldg § 1992 nicht zur Anwendg kommt (s Rn 1), steht § 390 bei haftgsbeschränkden Einreden der Aufrechng nicht entgg (s § 1990 Rn 14; im Ergebn wie hier Soergel/Stein Rn 6).

IV. Inventarerrichtung. Unbeschränkte Haftung des Erben

Vorbemerkung

1 **1) Inventarerrichtung** iS des G ist die Einreichg (u nicht nur die Erstellg) eines Verzeichnisses (des Inv) beim örtl zuständigen NachlGericht (§ 1993). Sie dient zur „Abwendung der unbeschränkten Haftung" (vgl § 2000 S 3). Für den **Erben** ist sie ein Mittel, sich die Möglk der HaftgsBeschränkg zu erhalten, führt diese aber nicht herbei. Jedoch haben Fristversäumnis (§ 1994 I 2) od InvUntreue (§ 2005 I) die unbeschränkte Haftg zur Folge, die Verweigerg der eidesstattl Vers nur ggü dem einzelnen Gläub (§ 2006 III 1, II); s Einf 2–5 vor § 1967. Positiv wirkt sich für den Erben vor allem die dch § 2009 begründete Vermutg aus; allerd verliert er damit die aufschiebde Einrede des § 2014. Den Interessen der **Nachlaßgläubiger** dient sie durch die damit geschaffene Übersicht über den NachlBestand, eine Erleichterg der ZwangsVollstr in die NachlGgstände u die Inanspruchn des Erben bei Bestandsverändergen (RG **129**, 244). – **Gebühren:** KostO 114 Nr 1; es haften nur die Erben, u zwar wie für NachlVerbindlichk (KostO 6).

2 **2) Die Aufnahme des Inventars,** also die Erstellg des Verzeichnisses der Aktiva u Passiva des Nachl, erfolgt entw dch den **Erben** unter Zuziehg einer Behörde bzw Amtsträgers (§ 2002) od auf Antrag des Erben dch das **Nachlaßgericht;** dieses kann dann das Inv selbst aufnehmen od einer Behörde od einem Amtsträger die Aufnahme übertragen (§ 2003; s auch EG 148). Der Erbe kann auch auf ein bereits vorhandes Inv eines anderen (zB das vom TV errichtete) Bezug nehmen (§ 2004). – **Errichtet** ist das vom Erben aufgenommene Inv mit Einreichg beim NachlG (§ 1993), das vom NachlG aufgenommene mit Antragstellg (§ 2003 I 2) bzw Bezugnahme (§ 2004). – Zustatten kommt dem Erben auch das für ihn dch **Dritte** aufgenommene Inv, zB das Inv des verwaltenden Ehegatten bei GüterGemsch (§ 2008); des MitE (§ 2063). Eine auf das bereits errichtete Inv bezugnehmende Erkl ggü dem NachlG ist nicht erforderl (s § 2063 Rn 1). – **Inhalt** des Inventars s § 2001.

1993 ***Recht zur Inventarerrichtung.*** **Der Erbe ist berechtigt, ein Verzeichnis des Nachlasses (Inventar) bei dem Nachlaßgericht einzureichen (Inventarerrichtung).**

1 **1) Zur freiwilligen Inventarerrichtung** ist der Erbe berechtigt, ohne daß eine entspr Pfl besteht; bei MitE ist jeder ohne Mitwirkgspflicht der übrigen berechtigt. Sie ist an **keine Frist** gebunden u wird nicht dch NachlVerwaltg (KGJ **42**, 94) od NachlInsolvVerf ausgeschlossen. – **Inventar** ist ein Verzeichn mit dem Inhalt des § 2001. **Errichtet** im rechtstechn Sinne ist es erst mit Einreichg beim örtl zuständigen NachlG (FGG 73), nicht schon mit seiner Aufnahme. Der Erbe kann aber zur InvAufnahme jedes (sachl zuständige) AG zuziehen (§ 2002) oder beim örtl zuständigen NachlG die Aufnahme beantragen (§ 2003) od auf ein anderes vorschriftsmäß Inv Bezug nehmen (§ 2004). – Einreichg durch Vertreter (nicht aber Vertr ohne VertretgsMacht, § 180; s auch § 2004 Rn 2), durch MitE (§ 2063), od eines verschlossenen Inv (§ 2010 Rn 1) ist mögl. – Der Einreichende kann vom Gericht Empfangsbestätigg, der Gläub nach FGG 34 Abschrift des eingereichten Inv verlangen (RG **129**, 234).

2 **2) Von Ehegatten** errichtet das Inv grdsl derjen, der Erbe ist. Bei GüterGemsch (s dazu § 1922 Rn 13) kann er dies auch ohne Zustimmg seines verwaltenden Partners (§ 1432 II). Ebso kann aber auch der allein verwaltde Eheg für den erbenden Inv errichten, bei gemeinsch Verwaltg jeder ohne Mitwirkg des anderen, sei es üb eine eigene od dem and Eheg angefallene Erbsch, soweit diese nicht Vorbehalts- od Sondergut des anderen ist (§ 1455 Nr 3). – Hinsichtl der Bestimmg einer InvFrist bei Ehegatten vgl § 2008.

1994 ***Bestimmung der Inventarfrist.*** **I Das Nachlaßgericht hat dem Erben auf Antrag eines Nachlaßgläubigers zur Errichtung des Inventars eine Frist (Inventarfrist) zu bestimmen. Nach dem Ablaufe der Frist haftet der Erbe für die Nachlaßverbindlichkeiten unbeschränkt, wenn nicht vorher das Inventar errichtet wird.**

II Der Antragsteller hat seine Forderung glaubhaft zu machen. Auf die Wirksamkeit der Fristbestimmung ist es ohne Einfluß, wenn die Forderung nicht besteht.

1) Inventarfrist. Der Erbe kann nicht zur InvErrichtg gezwungen werden (RG **129**, 243). Der Gläub kann ihm aber dafür eine Frist setzen lassen (**I** 1), um zu erreichen, daß den Erben der RNachteil der unbeschränkb Haftg (Einf 3 vor § 1967) trifft (**I** 2), wenn er bis Fristablauf nicht das Inv eingereicht od gerichtl InvAufn beantragt (§ 2003) od auf beim NachlG vorhandenes Inv verwiesen (§ 2004) hat oder ein durch Dritte aufgenommenes Inv für Erben wirks wurde (s §§ 2008, 2063 I, 2144 II, 2383 II). Dies gilt auch dann, wenn zuvor Eröffng des NachlInsolvVerf mangels Masse abgelehnt worden ist (Stgt FGPrax **95**, 68). – Diese RFolge gilt allerd nicht bezügl solcher Gläub, denen der Erbe schon beschränkt haftet (§§ 1973 f, 2000 S 3, 2063 II, 2144 III). Ein verspätet eingereichtes Inv wendet die Folge der Fristversäumn nicht mehr ab. Wg Einreichg beim unzuständ Gericht vgl § 1945 Rn 8. – Die Entscheidg über die **Wirkung** des Fristablaufs steht nicht dem NachlG, sond dem ProzeßG zu (KGJ **34** A 94). Die Wirkgen des **I** 2 erstrecken sich allerd nicht auf MitE (§ 2063 II) und NachE (§ 2144 III). Weitere Folge der Fristversäumn ist, daß keine GläubAusschließg (§§ 1973, 1974) mehr mögl ist; außerd kann Erbe nur noch NachlInsolvVerf beantragen (InsO 316 I), aber nicht mehr NachlVerwaltg (§ 2013 I 1). 1

a) Voraussetzungen der Fristsetzg sind Antr eines dazu Berecht (Rn 3) sowie Glaubhaftmachg seiner Fdg u Eigensch als NachlGläub (FGG 15; ZPO 294 I; s dazu BayObLG **92**, 162). AntrSteller muß nur behaupten, daß AntrGegner Erbe geworden sei; ob dies tatsächl zutrifft, hat NachlG vAw (FGG 12) festzustellen (Bochum Rpfleger **91**, 154). Annahme der Erbsch ist an sich keine Voraussetzg (§ 1995 II), jedoch das für Fristbeginn maßgebl Ereign. Bei wirks Ausschlagg ist dah Antr abzulehnen (BayObLG FamRZ **94**, 264; s § 1995 Rn 2); die dem vorläufigen Erben gesetzte InvFrist ist dann wirkgslos. 2

b) Antragsrecht. Jeder NachlGläub ist berechtigt, beim NachlG formlos eine InvFrist für den Erben zu beantragen (auch der nachlaßbeteiligte, § 1967 II) od, wenn sein Anspr gepfändet wurde, der PfandGläub (BayObLG **8**, 263). **Kein** AntrR hat aber der ausgeschlossene Gläub (§ 1973) od ihm Gleichgestellte (§ 1974; str; aA Soergel/Stein Rn 3 mN); auch nicht der **Miterbe,** selbst wenn er zugl NachlGläub ist (letzteres str; aA Soergel/Stein Rn 2 mN) wg § 2063 II, zumal dieser ja schon als Erbe nach § 1993 das Inv errichten kann (KG Rpfleger **79**, 136; RGRK Rn 5; Staud/Marotzke Rn 8). – **Kosten** (KostO 114 Nr 1) treffen AntrSteller. 3

2) Fristbestimmung erfolgt ohne Rücks auf einen aktiven Nachl; gleichgültig ist, ob überh NachlGgstände von Wert vorhanden sind (Staud/Marotzke Rn 19). Sie ist auch schon vor ErbschAnnahme mögl (§ 1995 II). Unzuläss ist sie in den Fällen des § 2000 S 2, 3; gg den Fiskus (§ 2011) od gg NachlPfleger, NachlVerwalter (§ 2012). – **Verfahren:** Fristbestimmg erfolgt nach Anhörg der Erben (BayObLG **92**, 162) dch Beschluß des RPfl (RPflG 3 Nr 2 c). Sie kann verlängert (§ 1995) u neu festgesetzt (§ 1996), jedoch bei Ausschlagg nicht mehr vAw zurückgenommen werden (FGG 18 II). – Einsicht nach FGG 78 I, 34. – 4
Rechtsmittel: Erbe steht gg Fristbestimmg od gg Ablehng der Fristverlängerg od neue Fristgewährg (§§ 1995, 1996) sofort Beschwerde zu (FGG 77, 22 I; RPflG 11), mit der er zB geltd machen kann, daß er nicht Erbe, daß die Frist zu kurz, ohne sein Verschulden verstrichen od ein Inv (vgl auch § 2004) bereits eingereicht sei (dazu Hamm NJW **62**, 53). Gläub hat gleiches RMittel gg Festsetzg zu langer Frist, Fristverlängerg od Setzg einer neuen Frist. – Gg Ablehng einer Entggnahme des Inv steht (unbefristete) Beschwerde (FGG 19; 20; RPflG 11) dem Erben zu; dem AntrGläub gg Ablehng der Fristbestimmg (Ablehng zB denkb, wenn bereits Frist auf Antr eines anderen Gläub gesetzt od Inv errichtet ist). – Der Ablauf der Frist wird dch Einlegg der sofort Beschwerde nicht gehemmt (FGG 24 I). 5

1995 *Dauer der Inventarfrist.* **[I] Die Inventarfrist soll mindestens einen Monat, höchstens drei Monate betragen. Sie beginnt mit der Zustellung des Beschlusses, durch den die Frist bestimmt wird.**

[II] Wird die Frist vor der Annahme der Erbschaft bestimmt, so beginnt sie erst mit der Annahme der Erbschaft.

[III] Auf Antrag des Erben kann das Nachlaßgericht die Frist nach seinem Ermessen verlängern.

1) Fristbeginn. Die InvFrist beginnt mit Zustellg des Beschlusses (FGG 16 II 1; ZPO 208–213) an den Erben, jedoch nicht vor der Annahme der Erbsch (**II**). Die Frist läuft für jeden Erben besonders (Klautern DAV **73**, 625). Verstoß gg **I** macht Fristbestimmung nicht unwirks. Bei Unklarh ist Beschluß ausleggsfäh (BayObLG FamRz **92**, 1326). Fristberechng: §§ 187 I, 188 II, III. – Schlägt der Erbe wirksam aus, kommt es auch nicht zu der für den Fristbeginn wesentl Annahme (vgl § 1953), so daß ihm keine InvFrist mehr gesetzt werden kann u eine bereits gesetzte wirkgslos wird (AG Oldbg Rpfleger **90,** 21). – Ist der Erbe unbekannt, kann die Frist nicht dem NachlPfleger gesetzt werden (§ 1994 Rn 4). 1 2

2) Fristverlängerung ist auf ErbenAntr mögl (**III**), der aber vor Fristablauf bei Gericht eingegangen sein muß (BayObLG FamRZ **92**, 1326). Sie beginnt dann mit Ablauf der zunächst bestimmten Frist u vermeidet die ges Folge (§ 1994 I 2) einer Fristversäumg; dies gilt schon, wenn Antr rechtzeit gestellt wurde u nach den Umständ gerechtfertigt war (Düss Rpfleger **97**, 216). NachlG verlängert nach seinem Ermessen u ist dabei weder an Antr noch an die Höchstfrist des **I** gebunden (KG Rpfleger **85**, 193). – RMittel ist sofort Beschwerde (s § 1994 Rn 5). NachlGläub hat BeschwerdeR (BayObLG FamRZ aaO). 3

1996 *Bestimmung einer neuen Frist.* **[I] Ist der Erbe durch höhere Gewalt verhindert worden, das Inventar rechtzeitig zu errichten oder die nach den Umständen gerechtfertigte Verlängerung der Inventarfrist zu beantragen, so hat ihm auf seinen Antrag das Nachlaßgericht eine neue Inventarfrist zu bestimmen. Das gleiche gilt, wenn der Erbe von der Zustellung des Beschlusses, durch den die Inventarfrist bestimmt worden ist, ohne sein Verschulden Kenntnis nicht erlangt hat.**

II Der Antrag muß binnen zwei Wochen nach der Beseitigung des Hindernisses und spätestens vor dem Ablauf eines Jahres nach dem Ende der zuerst bestimmten Frist gestellt werden.

III Vor der Entscheidung soll der Nachlaßgläubiger, auf dessen Antrag die erste Frist bestimmt worden ist, wenn tunlich gehört werden.

1 **1) Neue Inventarfrist** ist mögl bei Fristversäumnis wg höherer Gewalt (**I** 1) od schuldloser Unkenntnis von der Zustellg (**I** 2). Voraussetzg ist eine wirks bestimmte Erstfrist (BayObLG **92**, 162), was als Vorfrage zu prüfen ist (BayObLG **93**, 88). Die Vorschr gewährt **eine Art Wiedereinsetzung** in den vorigen Stand (RG **54**, 151; vgl ZPO 233). § 203 gilt hier nicht (vgl aber § 1997); wg des Begriffs „höhere Gewalt" s § 203 Rn 4; § 651j Rn 3. Verschulden des ges Vertreters ist Verschulden des Erben (ZPO 51 II; 171). – Keinen WiedereinsetzgsGrd bildet die Tatsache, daß ein Dritter im Besitz des Nachl ist u über ihn keine Ausk erteilt; der Erbe muß dann gerichtl vorgehen und Fristverlängerg (§ 1995 III) od die fristwahrende amtl Aufnahme (§ 2003) beantragen. – Neuerl Wiedereinsetzg bei Versäumg der neuen Frist ist zuläss; Antr muß aber innerh der Jahresfrist des **II** gestellt werden (Staud/Marotzke Rn 7). – Formell rkräft Entscheidg des NachlG ist auch für ProzeßG bindend; s aber § 1994 Rn 1.

2 **2) Der Antrag** muß innerh der Frist des **II** vor Fristablauf bei Gericht gestellt werden. – **Rechtliches Gehör** ist entgg **III** obligatorisch (GG 103 I). – Sofort Beschwerde: FGG 77 II, III; RpflG 11.

1997 *Hemmung des Fristablaufs.* **Auf den Lauf der Inventarfrist und der im § 1996 Abs. 2 bestimmten Frist von zwei Wochen finden die für die Verjährung geltenden Vorschriften des § 203 Abs. 1 und des § 206 entsprechende Anwendung.**

1 **Hemmung** tritt ein bei Stillstand der RPflege (§ 203 I) od fehlendem ges Vertreter (§ 206). Jedoch tritt der Fristablauf auch ein, wenn der geschäftsfähig gewordene Erbe od der neue ges Vertreter von der Fristsetzg keine Kenntn hatte (vgl § 1944 Rn 9). Doch kann hier durch Gewährg einer neuen InvFrist geholfen werden (§ 1996 I 2). – § 1997 gilt auch für die verlängerte Frist (§ 1995 III) u die Frist nach § 1996 I. Bei Verhinderg an der Frist des § 1996 II scheidet Wiedereinsetzg aus (hM; aA MüKo/Siegmann Rn 2).

1998 *Tod des Erben vor Fristablauf.* **Stirbt der Erbe vor dem Ablaufe der Inventarfrist oder der im § 1996 Abs. 2 bestimmten Frist von zwei Wochen, so endigt die Frist nicht vor dem Ablaufe der für die Erbschaft des Erben vorgeschriebenen Ausschlagungsfrist.**

1 **Die Vorschrift** gilt auch für den Fall des § 1952 II (vgl auch § 1944). Auch der Erbe des Erben kann Fristverlängerg u neue Frist beantragen.

1999 *Mitteilung an das Vormundschaftsgericht.* **Steht der Erbe unter elterlicher Sorge oder unter Vormundschaft, so soll das Nachlaßgericht dem Vormundschaftsgerichte von der Bestimmung der Inventarfrist Mitteilung machen. Dies gilt auch, wenn die Nachlaßangelegenheit in den Aufgabenkreis eines Betreuers des Erben fällt.**

1 **Zweck:** VormundschG soll benachrichtigt werden, um die Fristeinhaltg überwachen u ggf zur InvErrichtg anhalten zu können (§§ 1667 ff; 1837; 1908 i; 1915). Es handelt sich um bloße OrdngsVorschr, deren Nichtbeachtg ohne Einfluß auf Beginn u Lauf der Frist ist. – Benachrichtigg des GBAmts s GBO 83.

2000 *Unwirksamkeit der Fristbestimmung.* **Die Bestimmung einer Inventarfrist wird unwirksam, wenn eine Nachlaßverwaltung angeordnet oder das Nachlaßinsolvenzverfahren eröffnet wird. Während der Dauer der Nachlaßverwaltung oder des Nachlaßinsolvenzverfahrens kann eine Inventarfrist nicht bestimmt werden. Ist das Nachlaßinsolvenzverfahren durch Verteilung der Masse oder durch einen Insolvenzplan beendet, so bedarf es zur Abwendung der unbeschränkten Haftung der Inventarerrichtung nicht.**

1 **1) Bedeutung.** Da NachlVerwaltg od NachlInsolvVerf die Haftgsbeschrkg herbeiführen (§ 1975) u eine ordngsmäßige Bestandsaufnahme gewährleisten, wird die Fristsetzg (§ 1994) bei noch nicht versäumter Frist unwirks (S 1) und die Fristbestimmg währd des Verfahrens untersagt (S 2). Bei durchgeführtem NachlInsolvVerf gelten §§ 1989, 1973; daher kann auch nachher keine InvFrist bestimmt werden (S 3). Wird es dagg auf andere Weise beendet, zB dch Ablehng mangels Masse (Stgt FamRZ **95**, 57), od ist NachlVerwaltg durchgeführt, kann InvFrist bestimmt werden, wobei sich der Erbe auf ein Verzeichn des NachlVerwalters berufen kann (§ 2004).

2 **2) Inventaruntreue.** Hat der Erbe ein Inv bereits errichtet, bleibt bei InvUntreue (§ 2005 I) die eingetretene unbeschränkb Haftg bestehen, auch wenn es später zu NachlInsolvVerf od NachlVerwaltg kommt. Ein währd NachlVerwaltg od NachlInsolvVerf freiwillig errichtetes Inv (§ 1993 Rn 1) führt auch bei InvUntreue nicht zur unbeschränkten Haftg; Bedenken äußern Staud/Marotzke Rn 8.

2001 *Inhalt des Inventars.* **I In dem Inventar sollen die bei dem Eintritte des Erbfalls vorhandenen Nachlaßgegenstände und die Nachlaßverbindlichkeiten vollständig angegeben werden.**

II Das Inventar soll außerdem eine Beschreibung der Nachlaßgegenstände, soweit eine solche zur Bestimmung des Wertes erforderlich ist, und die Angabe des Wertes enthalten.

Reine Ordnungsvorschrift. In dem Verzeichnis sollen die bei dem Eintritte des Erbfalls vorhandenen NachlGgstände u die im Ztpkt der InvErrichtg bereits vorhandenen bekannten NachlVerbindlichk (§ 1967) angegeben werden (BGH **32**, 60). Pauschale Zusammenfassg reicht nicht aus. Nach **II** sollen auch eine Beschreibg und eine Wertangabe (auf den Zeitpkt des Erbfalls, **I**) enthalten sein. – Da es sich nur um Sollvorschr handelt, wird die Wirksamk durch Unvollständigk nicht berührt (s jedoch § 2005). – Ein NachlVerzeichn ohne amtl Mitwirkg, (§ 2002) ist kein Inv im RSinne. – Auch beim Inv des MitE muß der ganze Nachl aufgeführt werden. Inv des NachE s § 2144 Rn 4. 1

2002 ***Aufnahme des Inventars durch den Erben.*** **Der Erbe muß zu der Aufnahme des Inventars eine zuständige Behörde oder einen zuständigen Beamten oder Notar zuziehen.**

1) Amtliche Mitwirkung ist bei der InvAufn **durch den Erben** erforderl (s Vorb 2 vor § 1993); das reine PrivatInv ist nicht zugelassen. Sache des Erben ist die Beschreibg der NachlGgstände u Wertangabe (§ 2001 II); er hat auch das Inv zu unterschreiben (RG **77**, 246). Der Notar od die Behörde bzw der Beamte haben im Ggsatz zu § 2003 nur mitzuwirken, also Beistand zu leisten u zu belehren, aber die Vollständgk und sachl Richtigk der Angaben des Erben nicht zu prüfen (Staud/Marotzke Rn 2). – Ihre sachl u örtl **Zuständigkeit** wird dch das jew LandesR bestimmt (meist dch AGBGB od dch Landes-FGG; s § 2003 Rn 2). Notar ist in allen Ländern sachl zuständ (BNotO 20 I, IV; BeurkG 61 Nr 2), in einigen sogar ausschließl (*Bay:* AGGVG 8; *Ba-Wü:* LFGG 41 V). Für die Wirksamk entscheidend ist nur die sachl Zuständigk (nach Soergel/Stein Rn 3 genügt bereits, daß Behörde ihre Zuständigk bejaht hat). – Über die **Form** enthält das BGB keine Bestimmgen, wohl aber das LandesR Ordngsvorschriften. Über notarielle Inventarerrichtg s BeurkG 36, 37, auch 39. – **Gebühr:** KostO 52. 1 2

2) Fristwahrung. Durch die Zuziehg wird (anders nach § 2003 I 2) die Frist noch nicht gewahrt, sondern erst durch rechtzeitige Einreichg beim NachlG nach § 1993 (Hamm NJW **62**, 53). Bei behördl Verzögerg ist InvFrist zu verlängern (s § 1995 III, § 1996 I 1); auch kann Antr nach § 2003 helfen. 3

2003 ***Amtliche Aufnahme des Inventars.*** **I Auf Antrag des Erben hat das Nachlaßgericht entweder das Inventar selbst aufzunehmen oder die Aufnahme einer zuständigen Behörde oder einem zuständigen Beamten oder Notar zu übertragen. Durch die Stellung des Antrags wird die Inventarfrist gewahrt.**

II Der Erbe ist verpflichtet, die zur Aufnahme des Inventars erforderliche Auskunft zu erteilen.

III Das Inventar ist von der Behörde, dem Beamten oder dem Notar bei dem Nachlaßgericht einzureichen.

1) Amtliche Inventaraufnahme. Der Erbe kann das Inv auch amtl aufnehmen lassen. Zuständig ist dafür grdsl das NachlG (s dazu § 1962 Rn 1; RPflG 3 Nr 2 c), das die Aufnahme selbst vornehmen od übertragen (**I** 1) kann, zB auf GVz (LG Bln DFG **42**, 7). Landesrechtl kann seine Zuständigk allerd ausgeschlossen sein (EG 148), so in *Bay* (AGGVG 8), *Bremen* (AGBGB 63 II) u *Hambg* (AGBGB 78 II). Das zuständ NachlG kann ggf im Wege der RHilfe ein auswärtiges Gericht od eine auswärtige Behörde um Aufnahme ersuchen (RG **106**, 288), die ihrers die Aufnahme nach **I 1** übertragen können. – **Gebühr** KostO 52. – Ein nach § 2369 **international zuständiges** NachlG kann auch die nach ital R vorgesehene Erklärg der minderjähr Erben über die Annahme der Erbsch unter Vorbeh des Inventars entggnehmen. Zur Anordng der Inventarerrichtg ist es dann auch berufen, sofern sich im Inland sowohl der gesamte Nachl als auch die Wohnsitze aller Erben zZ des Erbfalls befinden. Die Inventarerrichtg kann dann nach deutschem Recht durchgeführt werden (BayObLG **65**, 423; dazu Heldrich, Neuhaus NJW **67**, 417; 1167). 1

2) Bei Übertragung der InvAufnahme wird die zuständ Behörd od der Beamte (**I** 1) dch das jew LandesR bestimmt (EG 147). **Notar** ist stets zuständ (s § 2002 Rn 2), ggf sogar ausschließl (*Ba-Wü:* LFGG 41 V). Neben ihm sind zuständ in: **Hamburg** und **Bremen** GVz (AGBGB 63 I); **Hessen** UrkBeamte der Geschäftsstelle, GVz u Ortsgericht (*hess FGG* 46; 44 I Nr 6; 45 I Nr 3; OrtsGG 23 I c); **Niedersachsen** UrkBeamte der Geschäftsstelle und GVz (*ndsFGG* 13; 24 Nr 2; 25 I Nr 3); **Mecklenburg-Vorpommern** GVz im Auftr des Gerichts (GerOrgG Art 1 Abschn 3 § 10 I Nr 3); **Thüringen** UrkBeamte der Geschäftsstelle des AG od Behörde (AGGVG 3). 2

3) Antragsverfahren. Antragsberecht sind nur Erben od MitE, nicht der Gläub (Karlsr OLG **35**, 361). Der Antr ist beim örtl zuständ NachlG (FGG 73) zu stellen; ist dessen Zuständigk landesrechtl ausgeschlossen (Rn 2), kann es zwar den Antr entggnehmen, muß aber die Aufn der zuständ Behörde, Beamten od Notar übertragen. Örtl Unzuständigk macht das Inventar nicht unwirks, wohl aber sachl (§ 2002 Rn 2). – Durch Antr eines MitE wird Frist **(I 2)** auch für die übrigen gewahrt (§ 2063 I). – Die erforderl **Auskunft (II)** kann nicht erzwungen werden. Mangelnde, unzureichende od erhebl verzögerte Auskunft berechtigt das NachlG zwar nicht zur Zurückweisg des Antr, kann aber InvUntreue (§ 2005 I 2) darstellen. Gegen Verzögerg der ersuchten Behörde od Beamten AufsichtsBeschw. Auch bei Unzulänglichk des Nachl muß der Erbe ein Inv errichten; Prozeßkostenhilfe kann hierzu grdsätzl nicht bewilligt werden (vgl KG RJA **11**, 269), wohl aber dann, wenn der Erbe auch selbst unbemittelt ist (FGG 14; s Staud/Marotzke § 1993 Rn 23). 3 4

2004 ***Bezugnahme auf vorhandenes Inventarverzeichnis.*** **Befindet sich bei dem Nachlaßgerichte schon ein den Vorschriften der §§ 2002, 2003 entsprechendes Inventar, so genügt es, wenn der Erbe vor dem Ablaufe der Inventarfrist dem Nachlaßgerichte gegenüber erklärt, daß das Inventar als von ihm eingereicht gelten soll.**

1 **1) Bezugnahme des Erben** auf das beim NachlG bereits befindliche Inv eines anderen ist eine dritte Art der InvAufnahme. Zu denken ist an das Inv des NachlVerwalters (§ 1802), auf das der Erbe nach Beendigg der Verwaltg ggü dem FristbestimmgsAntr eines Gläub verweisen kann, od das eines TV oder ErbschBesitzers. Das Inv des NachlInsolvenzVerw wird nach § 2000 S 3 wohl kaum in Betr kommen. – Die BezugnahmeErkl bedarf keiner Form, ist aber fristgebunden. Sie kann auch dch Bevollmächtigten erfolgen (Vollm kann nachgereicht werden, anders als bei § 1945 III 2). Dch Bezugnahme in Kenntn der Unrichtigk des fremden Inv kann Erbe InvUntreue (§ 2005) begehen; auch § 2005 II ist anwendb.

2 **2) Nicht anwendbar** ist die Vorschr, wenn das Inv von jemand eingereicht ist, der gesetzl od gewillkürter Vertreter des Erben (zB NachlPfleger, § 1960 II) ist od dessen Inv dem Erben zugute kommt (§§ 2008, 2063, 2144, 2383), da hier das Inv als das des Erben gilt u es nicht mehr besonderer Erkl des Erben bedarf. Ein bei den Akten befindl NachlVerzeichn des Erben (nach § 2314 I 3) wird auch nicht dadurch zu einem wirks errichteten Inv, daß der Erbe ggü NachlG erklärt, es solle als von ihm errichtetes Inv angesehen werden (Hamm NJW **62**, 53).

2005 ***Unrichtigkeit des Inventars.*** **I Führt der Erbe absichtlich eine erhebliche Unvollständigkeit der im Inventar enthaltenen Angabe der Nachlaßgegenstände herbei oder bewirkt er in der Absicht, die Nachlaßgläubiger zu benachteiligen, die Aufnahme einer nicht bestehenden Nachlaßverbindlichkeit, so haftet er für die Nachlaßverbindlichkeiten unbeschränkt. Das gleiche gilt, wenn er im Falle des § 2003 die Erteilung der Auskunft verweigert oder absichtlich in erheblichem Maße verzögert.**

II Ist die Angabe der Nachlaßgegenstände unvollständig, ohne daß ein Fall des Absatzes 1 vorliegt, so kann dem Erben zur Ergänzung eine neue Inventarfrist bestimmt werden.

1 **1) Inventaruntreue** bewirkt für den Erben den Verlust seiner Möglk einer Haftgsbeschränkg. Die unbeschränkb Haftg ggü allen NachlGläubigern (wg dieser s § 2013 I) tritt sowohl bei freiwilligem Inv, § 1993 (Ausn § 2000 Rn 2) wie erzwungenem Inv (§ 1994) ein, nicht aber bei einem dem § 2002 nicht entsprechenden PrivatInv. Unrichtige Angaben der gesetzl od gewillkürten Vertreter gehen zu Lasten des Erben (§ 278). Untreue bei Inv, dessen Errichtg dem Erben nur zustatten kommt (§§ 2008, 2063 I, 2144, 2383), führt zwar nicht seine unbeschränkte Haftg herbei; aber solche Inv vermögen die InvFrist nicht zu wahren (s
2 Staud/Marotzke Rn 11 mit § 2008 Rn 27). – **Voraussetzung** ist die beabsichtigte und erhebl Unvollständigk bei der Aufführung der NachlGgstände (nicht bei der Beschreibg od der Wertangabe nach § 2001 II). Benachteiligungsvorsatz (vgl InsO 133) ist bei der Angabe der Aktiva (s § 2001 I) nicht erforderlich. Die Unvollständigk kann zB auch bezweckt haben, anderen Erbanwärtern od der Steuerbehörden den Nachl gering erscheinen zu lassen. Die Aufnahme einer nicht bestehenden NachlVerbindlichk muß dagg in der Absicht, die NachlGläub zu benachteiligen, erfolgt sein, zB Vorspiegelg der Überschuldg des Nachl (RGRK Rn 5). Weglassen einer bestehenden NachlVerbindlichk od Aufnahme eines nicht vorhandenen NachlGgstandes haben dagg nicht die unbeschränkte Haftg zur Folge, da sie nicht zur Verkürzg der GläubRechte führen können. Bei § 2005 liegt die Verfehlg in einer Täuschg der Behörden.

3 **2) Verletzung der Auskunftspflicht (I** 2, § 2003 II) hat die Wirkg des **I** nur dann, wenn eine InvFrist gesetzt war, da dch Antrag nach § 2003 I 2 die Frist gewahrt wird. Es soll verhindert werden, daß der Erbe unter dem Schutz der Fristwahrg die richtige Bestandsaufnahme vereitelt. Die Folge der InvUntreue tritt also nicht ein bei freiwill InvErrichtg (§ 1993, dann aber **II**); ferner nicht, wenn die Auskunft nur unabsichtl od unerhebl unvollständ od wenn sie unabsichtl verzögert war; od der Beamte sie sich anderweit verschafft hat (RGRK Rn 7). Bei Ehegatten ist die Auskunft des erbenden Teils maßg; doch kommt im Fall des § 2008 die Auskunft des das Gesamtgut verwaltenden od mitverwaltenden Eheg dem erbenden zustatten.

4 **3) Berichtigung** eines absichtl falschen Inv od unvollständ Angaben nach Einreichg (§ 1993) **ist ausgeschlossen**; sie ist auch nicht innerh der InvFrist mögl, da der zur InvErrichtg gezwungene Erbe sonst zu Unrecht besser gestellt wäre als der freiwillig Errichtende. Zudem verliert die InvFrist mit der rechtzeitigen Einreichg des (wenn auch unvollständigen) Inv ihre Bedeutg. Vervollständigg nach § 2006 II schützt nur vor Strafe, nicht vor Verlust des BeschränkgsR.

5 **4) Neue Inventarfrist (II)** zur Ergäng (die im Falle des § 1993 auch die erste sein kann) kann nach § 1994 nur auf Antrag eines Gläub bestimmt werden (Staud/Marotzke Rn 14). Einem MitE (vgl § 2063 I) kann bei unvollständ Inv des anderen Frist gesetzt werden (KGJ **34** A 97). Auch für die neue Frist gelten §§ 1994–2000. – Bei Ablehng sofortige Beschwerde nach FGG 77 II; 22 I; RPflG 11.

2006 ***Eidesstattliche Versicherung des Erben.*** **I Der Erbe hat auf Verlangen eines Nachlaßgläubigers zu Protokoll des Nachlaßgerichts an Eides Statt zu versichern, daß er nach bestem Wissen die Nachlaßgegenstände so vollständig angegeben habe, als er dazu im Stande sei.**

II Der Erbe kann vor der Abgabe der eidesstattlichen Versicherung das Inventar vervollständigen.

III Verweigert der Erbe die Abgabe der eidesstattlichen Versicherung, so haftet er dem Gläubiger, der den Antrag gestellt hat, unbeschränkt. Das gleiche gilt, wenn er weder in dem Termine noch

in einem auf Antrag des Gläubigers bestimmten neuen Termin erscheint, es sei denn, daß ein Grund vorliegt, durch den das Nichterscheinen in diesem Termine genügend entschuldigt wird.

IV Eine wiederholte Abgabe der eidesstattlichen Versicherung kann derselbe Gläubiger oder ein anderer Gläubiger nur verlangen, wenn Grund zu der Annahme besteht, daß dem Erben nach der Abgabe der eidesstattlichen Versicherung weitere Nachlaßgegenstände bekannt geworden sind.

1) Der Erbe ist zur Abgabe der eV verpflichtet, wenn er freiwill od nach Fristsetzg (§ 1994) ein Inv errichtet hat, gleichgült ob dieses nach §§ 2002, 2003 od 2004 aufgenommen worden ist; dies gilt auch bei einem für den Erben wirkden Inv (§§ 2008; 2063; 2144; 2383). Nicht verpflichtet ist der NachlPfleger (vgl aber § 2012 I 2, II) od der NachlInsolvVerw. Hinsichtl der eV der Ehegatten bei GüterGemsch, wenn die Erbsch zum Gesamtgut gehört, vgl § 2008 Rn 4. – Währd NachlVerwaltg od NachlInsolvVerf kann vom Erben die eV nicht verlangt werden (vgl § 2000 S 1). Wohl aber kann dies der NachlVerw vom Erben, der Gläub vom NachlVerw aGrd des § 260 II, aber nur im Klagewege (s auch RG **129**, 244). Im NachlInsolvVerf beruht die Pfl zur Abgabe der eV ausschließl auf InsO 153 II, dessen Verletzg die Folge des § 2006 III nicht nach sich zieht. 1

2) Verlangen kann die eV **jeder Nachlaßgläubiger,** auch wenn er keine InvFrist (§ 1994) beantragt hatte; dazu gehört auch der Ausgeschlossene (§§ 1973, 1974; s § 1973 Rn 4 aE) od PflichttBerecht (s LG Krefeld MDR **70**, 766). Er kann sie aber nicht erzwingen, da freiw Gerichtsbark; and bei § 260 (RG **129**, 245; Mü JFG **15**, 121). Wer die Folge der Verweigerg (s Rn 5) auf sich nehmen will, ist vor Zwang geschützt. – Terminsbestimmg kann auch vom Erben beantragt werden (FGG 79). 2

3) Die Abgabe der eV erfolgt zu Protokoll des NachlG. Zuständig ist der RPfleger (RpflG 3 Nr 2 c), der auf Bedenken gg Richtigk des Inv hinweisen muß, weil es Erbe vorher noch vervollständigen kann (**II**); auch nach Einwendgen von NachlGläub muß Erbe Gelegenh zur Überprüfg seiner bish Angaben erhalten (Hamm FGPrax **95**, 69). – **Inhalt:** Die eV betrifft nur die Vollständigk der angegebenen Aktiven nach dem Stand zZ des Erbfalls, nicht aber die Verbindlichk, die Beschreibg u die Wertangabe (§ 2001 II). Sie schützt vor neuem Verlangen desselben od anderer Gläub, falls nicht IV vorliegt. GgBeweis (wie ZPO 807) ist unbeschränkt im Prozeß zuläss, Änderg der Norm für die eV nach Sachlage zuläss. Hat NachlG aber Nichterscheinen als entschuldigt od die eV als verweigert angesehen, ist dies für ProzeßG bindend, da hier eine gerichtl Entscheidg bereits vorliegt (bestr; aA Soergel/Stein Rn 7 mwN). – **Verfahren:** FGG 79 mit ZPO 478–480; 483 entspr (s dazu Hamm FGPrax **95**, 69). Üb Verlauf des Termins ist Protokoll aufzunehmen (FGG 78 I 2). – **Be-** 3
schwerde (FGG 19, 20; RPflG 11) ist nur gg Ablehng der Terminsbestimmg od der Abnahme der eV statthaft, dagg nicht gg Bestimmg eines Termins, Ladg od Vertagg (Hamm aaO; Jansen FGG 79 Rn 7). – Protokolleinsicht nach FGG 78. – **Kosten** (KostO 124) treffen AntrSteller (entspr § 261 II; vgl auch KostO 2). 4

4) Verweigerung (III 1) od unentschuldigtes Nichterscheinen im zweiten Termin (**III** 2) hat die relativ unbeschränkb Haftg (§ 2013 II) ggü dem AntrSteller wg der im Antr bezeichneten Fdg zur Folge (hM; aA Soergel/Stein Rn 6: aller Fdg des AntrStellers), sofern sie nicht schon wg InvSäumn od InvUntreue (§§ 1994, 2005) allg eingetreten ist. Hierüber entscheidet allerd ProzeßG u nicht NachlG (Hamm FGPrax **95**, 69). – Bei Verweigerg ggü einem Gläub können andere ihrers die Leistg verlangen. 5

2007

Haftung bei mehreren Erbteilen. **Ist ein Erbe zu mehreren Erbteilen berufen, so bestimmt sich seine Haftung für die Nachlaßverbindlichkeiten in Ansehung eines jeden der Erbteile so, wie wenn die Erbteile verschiedenen Erben gehörten. In den Fällen der Anwachsung und des § 1935 gilt dies nur dann, wenn die Erbteile verschieden beschwert sind.**

1) Ist der Erbe zu mehreren Erbteilen berufen (§§ 1927, 1934, 1951) od erwirbt er einen weiteren nach § 2033 hinzu, werden die Voraussetzgen der Haftgsbeschränkg idR bei jedem Erbteil die gleichen sein, es sei denn, daß die InvFrist (§§ 1994, 1995) verschieden lief od im Falle des § 1951 I die Erbteile getrennt angenommen wurden. Sind mehrere Erben vorhanden, haftet der MitE, dem mehrere Erbteile angefallen sind, mit seinem Privatvermögen nur für den Teil der NachlVerbindlichk, welcher der Quote des Erbteils entspricht, mit der er unbeschränkb haftet, § 2059 I 2 (anders nach der Teilg, außer in den Fällen des § 2060). Ist der **Alleinerbe** zu mehreren Erbteilen berufen, kommt NachlTeilg nicht in Betracht; bei unterschiedl Haftgslage der Erbteile haftet er analog § 2059 I 2 (Soergel/Stein Rn 2). Wenn die unbeschränkte Haftg nach §§ 1994, 2005 erst nach dem endgültigen Erwerb der sämtl Erbteile eintritt, muß sie sich notwend auf alle Erbteile beziehen (Staud/Marotzke Rn 13; bestr). 1

2) Bei Anwachsung (§§ 2094, 2095) od **Erbteilserhöhung** (§ 1935), die den Anteil vergrößern, erweitert sich die Haftg auf den Zuerwerb, wenn nicht unterschiedl Beschwergen vorliegen **(S 2).** Eine Berufg zu mehreren Erbteilen kommt in diesen Fällen nur „in Ansehung" von Vermächtn u Auflagen in Frage. Eine Haftgsbeschrkg aus **S 2** kann daher nur im Verhältn zu diesen nachlaßbeteiligten Gläub, nicht auch ggü den übrigen NachlGläub in Betr kommen, für die Anwachsg u Erhöhg nicht als besonderer Erbteil gelten (hM). **S 2** ist also dahin zu lesen: „In den Fällen der Anwachsg u des § 1935 gilt dies nur, soweit der hinzutretende Teil mit anderen Lasten (Vermächtn u Auflage) beschwert ist." 2

2008

Inventar für zum Gesamtgut gehörende Erbschaft. **I Ist ein in Gütergemeinschaft lebender Ehegatte Erbe und gehört die Erbschaft zum Gesamtgut, so ist die Bestimmung der Inventarfrist nur wirksam, wenn sie auch dem anderen Ehegatten gegenüber erfolgt, sofern dieser das Gesamtgut allein oder mit seinem Ehegatten gemeinschaftlich verwaltet. Solange die Frist diesem gegenüber nicht verstrichen ist, endet sie auch nicht dem Ehegatten gegenüber,**

der Erbe ist. Die Errichtung des Inventars durch den anderen Ehegatten kommt dem Ehegatten, der Erbe ist, zustatten.

II Die Vorschriften des Absatzes 1 gelten auch nach der Beendigung der Gütergemeinschaft.

1 **1) Inventarfristbestimmung.** Gehört eine Erbsch zum **Gesamtgut** (§ 1416) des in GüterGemsch verheirateten Erben, haftet der nichterbende Eheg, der das Gesamtgut allein od mit verwaltet, persönl auch für die Gesamtgutsverbindlichk seines erbenden Eheg, also auch für NachlVerbindlichk. Die Haftg erlischt bei Beendigg der GüterGemsch nur, wenn die Verbindlichk im InnenVerhältn dem anderen Eheg zur Last fällt (§§ 1437, 1459). Der nichterbende Eheg hat daher ein erhebl Interesse daran, daß ihm durch rechtzeitige Errichtg eines vollständigen Inv die Möglichk der Beschränkg der Haftg auf den Nachl nicht verloren geht. Die InvFrist muß deshalb auch dem nichterbenden Eheg, der das Gesamtgut (mit) verwaltet, gesetzt werden, auch wenn dies nicht beantragt ist (**I 1**). Verwaltet der erbende Eheg das Gesamtgut allein, ist die Frist nur ihm zu setzen. § 2008 gilt nicht, wenn die Erbsch zum Vorbehalts- oder Sondergut gehört od ein anderer Güterstand besteht. – Die **Dauer** der Frist kann bei den Eheg verschieden bestimmt werden. Die Frist ist auch nach Beendigg der GüterGemsch zu setzen (**II**). – § 2008 gilt auch dann, wenn erst nach dem Anfall der Erbsch die Ehe geschlossen od die Erbsch zum Gesamtgut wird. Dem nicht erbenden Eheg muß dann notf eine neue InvFrist gesetzt werden. In allen Fällen endet aber die Frist ggü dem erbenden Eheg nicht früher als ggü dem nichterbenden (**I 2**). Wohl aber kann die Frist ggü dem erbenden Eheg später enden als die dem nichterbenden gesetzte.

2 **2) Inventarerrichtung.** Der das Gesamtgut allein od mit verwaltende Eheg kann selbständig ein Inv über eine in das Gesamtgut fallende Erbsch seines Ehepartners errichten, das diesem zustatten kommt (**I** 3). Daneben bleibt aber der erbende Eheg auch ohne Zustimmg des verwaltenden Eheg befugt, selbst ein Inv zu errichten (§ 1432 II). Jeder Eheg kann die InvSäumn des Partners od dessen **Inventaruntreue** (§§ 1994, 2005) durch ein rechtzeitiges u richtiges Inv abwenden. InvUntreue des einen Eheg schadet dem anderen nicht, wenn dieser gutgläub auf das Inv Bezug nimmt (§ 2004); er muß aber rechtzeitig innerh der ihm dann nach § 2005 II zu setzenden Frist das Inv richtigstellen (Soergel/Stein Rn 6).

3 **3) Herbeiführung beschränkter Haftung.** Sowohl der erbende wie der nichterbende, aber das Gesamtgut (mit) verwaltende Eheg kann die beschränkte Haftg des erbenden Eheg durch die gesetzl Mittel (NachlVerwaltg, NachlInsolvVerf) herbeiführen u das Aufgebot der Gläub beantragen (ZPO 999), ferner die ErschöpfgsEinrede (§ 1990) und die DreimonatsEinrede (§ 2014) erheben.

4 **4) Eidesstattliche Versicherung.** Die Verpflichtg zur Abgabe der eV (§ 2006) trifft in den Fällen des § 2008 nicht nur den erbenden Eheg, sond auch seinen das Gesamtgut (mit)verwaltenden Ehepartner. Beide Eheg müssen daher zum Termin geladen werden (RGRK Rn 13). Die eV des einen kommt dem and zustatten.

5 **5) Verzicht** des erbenden Ehegatten **auf die Haftungsbeschränkung** ist im Fall des § 2008 nur mit Zustimmg des anderen Eheg, der das Gesamtgut allein od mitverwaltet, zulässig (§§ 1438, 1460; Soergel/Stein Rn 10). Letzterer kann, wenn der erbende Eheg den Vorbehalt der beschränkten Haftg (ZPO 780) versäumt hat, die Haftgsbeschränkg gleichwohl geltend machen, wenn er für das Duldgsurteil gg sich den Vorbehalt erwirkt.

2009 ***Wirkung der Inventarerrichtung.*** **Ist das Inventar rechtzeitig errichtet worden, so wird im Verhältnisse zwischen dem Erben und den Nachlaßgläubigern vermutet, daß zur Zeit des Erbfalls weitere Nachlaßgegenstände als die angegebenen nicht vorhanden gewesen seien.**

1 **1) Vermutung.** Die positive Wirkg der InvErrichtg für den Erben ist die Vermutg des § 2009, deren Bedeutg aber stark eingeschränkt ist: Sie gilt nur ggü den NachlGläub (nicht ErbenGläub, ErbschBesitzern, NachE, ErbschKäufern, TV; ggü MitE nur, soweit sie NachlGläub sind) **und nicht** für die NachlVerbindlichk (§ 2001 I). Sie bezieht sich entspr § 2001 I nur auf die Zeit des Erbfalls u hat ledigl negativen Inhalt. Es wird also nicht vermutet, daß die im Inv aufgeführten Ggstände nun auch zum Nachl gehören.

2 **2) Voraussetzung** ist rechtzeit Errichtg, dh freiwill (§ 1993) od vor Fristablauf (§ 1994 I). Ferner darf nicht InvUntreue (§ 2005 I) vorliegen, da es dann so anzusehen ist, als wenn kein Inv errichtet wäre (Prot **5**, 756). Bei Unvollständigk nach § 2005 II wird im übr die Vermutg, daß weitere NachlGgstände nicht vorhanden sind, nicht entkräftet (hM).

3 **3) Die praktische Bedeutung** der Vermutg liegt darin, daß dementspr das Inv die Grdlage der Verantwortlichk des Erben aus § 1978 bildet; auch wird bei §§ 1973, 1974, 1990, 1992 bis zum Beweis des Ggteils der Umfang der Pfl zur Herausgabe des Nachl begrenzt u ihm der Beweis der Nichtzugehörigk des VollstreckgsGgstandes zum Nachl erleichtert. Der Gläub kann mit allen zuläss Mitteln den Gegenbeweis gg die Vermutg als bloße Tatsachenvermutg führen (ZPO 292).

2010 ***Einsicht des Inventars.*** **Das Nachlaßgericht hat die Einsicht des Inventars jedem zu gestatten, der ein rechtliches Interesse glaubhaft macht.**

1 **1) Rechtliches Interesse** ist enger als berechtigtes (s § 2264 Rn 1). Ist es gegeben, kann auch **Abschrift** (auf Antr beglaubigte) erteilt werden (zB an NachlGläub, MitE, NachlVerwalter und TV). Auch die Steuerbehörde ist stets einsichtsberechtigt. – Zuständ ist RPfleger (RPflG § 3 Nr 2 c).

2) Versiegeltes Inventar. Aus der ges Regelg ergibt sich, daß die Einreichg eines versiegelten Inv unzulässig ist. Dies gilt auch, wenn Einsicht bei Eröffng gestattet wird. 2

2011 ***Fiskus als Erbe.*** **Dem Fiskus als gesetzlichem Erben kann eine Inventarfrist nicht bestimmt werden. Der Fiskus ist den Nachlaßgläubigern gegenüber verpflichtet, über den Bestand des Nachlasses Auskunft zu erteilen.**

1) Ausschluß der Inventarfristbestimmung. Für den Staat als **gesetzlichen** Erben (vgl §§ 1936, 1942 II; 1964; 1966), der nicht ausschlagen kann, sowie die Körperschaften usw nach EG 138 ist die Geltdmachg der Haftgsbeschränkg (die im übr nach den allg Vorschr zu erfolgen hat) durch § 2011 u ZPO 780 II wesentl erleichtert. Daher scheidet bei ihnen InvSäumnis und Eidesleistg kraft G und InvUntreue als unwahrscheinl aus. Im praktischen Endergebnis haftet der Staat in jedem Falle nur mit dem Nachl, mag dieser zulängl oder überschuldet sein. Wegen der Vollstreckg vgl ZPO 882 a. 1

2) Auskunftspflicht (S 2) tritt erst mit der Feststellg nach § 1964 ein. Sie ist vor dem ProzeßG geltd zu machen, umfaßt auch Verzeichn (§ 260 I) sowie eidesstattl Vers (§ 260 II) und bezieht sich nur auf den gegenwärtigen Bestand (anders § 2001). 2

2012 ***Nachlaßpfleger; Nachlaßverwalter.*** **I Einem nach den §§ 1960, 1961 bestellten Nachlaßpfleger kann eine Inventarfrist nicht bestimmt werden. Der Nachlaßpfleger ist den Nachlaßgläubigern gegenüber verpflichtet, über den Bestand des Nachlasses Auskunft zu erteilen. Der Nachlaßpfleger kann nicht auf die Beschränkung der Haftung des Erben verzichten.**

II Diese Vorschriften gelten auch für den Nachlaßverwalter.

1) Zweck der Vorschr ist der Schutz des Erben, dem bei NachlVerwaltg und -Pflegsch die Herrschaft über den Nachl entzogen ist, so daß er durch Säumnis od VerzichtsErkl des Verwalters od Pflegers sein BeschränkgsR nicht verlieren darf (vgl auch ZPO 780 II). Die Gläub sind dadurch genügd geschützt, daß Pfleger od Verwalter gem §§ 1915, 1802 für ordngsmäßige Verzeichng der Masse zu sorgen haben. Daß dem NachlVerwalter (u währd der NachlVerwaltg dem Erben) keine Frist bestimmt werden kann, ergibt sich auch aus § 2000. – Dagg kann vom NachlPfleger u -Verw **Auskunft (I 2; II;** § 260) verlangt und nach ZPO 888, 889 die Abgabe der eV erzwungen werden. Daneben besteht AuskunftsPfl des Erben gem § 2314 I (Celle JZ **60**, 375). 1

2) Für den Erben beginnt bei **Nachlaßpflegschaft** (§§ 1960; 1961) eine ihm gesetzte InvFrist erst mit Annahme (§ 1995 II mit Rn 2). Nach Beendigg einer **Nachlaßverwaltung** (falls nicht NachlInsolvVerf folgt, § 1988) kann zwar dem Erben wieder eine InvFrist bestimmt, von diesem aber nach § 2004 auf das etw Bestandsverzeichn des NachlVerwalters verwiesen werden. Durchgeführtes NachlInsolvVerf erübrigt die InvErrichtg (§ 2000 S 3). – Zum Verzicht des Erben auf Beschränkg der Haftg s Einf 6 vor § 1967. 2

2013 ***Folgen der unbeschränkten Haftung des Erben.*** **I Haftet der Erbe für die Nachlaßverbindlichkeiten unbeschränkt, so finden die Vorschriften der §§ 1973 bis 1975, 1977 bis 1980, 1989 bis 1992 keine Anwendung; der Erbe ist nicht berechtigt, die Anordnung einer Nachlaßverwaltung zu beantragen. Auf eine nach § 1973 oder nach § 1974 eingetretene Beschränkung der Haftung kann sich der Erbe jedoch berufen, wenn später der Fall des § 1994 Abs. 1 Satz 2 oder des § 2005 Abs. 1 eintritt.**

II Die Vorschriften der §§ 1977 bis 1980 und das Recht des Erben, die Anordnung einer Nachlaßverwaltung zu beantragen, werden nicht dadurch ausgeschlossen, daß der Erbe einzelnen Nachlaßgläubigern gegenüber unbeschränkt haftet.

1) Normzweck. Der nicht sehr klar gefaßte § 2013 regelt in **I** die Folgen, wenn der Erbe ggü allen NachlGläub die Möglk verloren hat, seine Haftg zu beschränken, in **II** den nur einzelnen NachlGläub ggü eingetretenen Verlust des BeschränkgsR. Es handelt sich hier um die Folgen einer kraft G eintretenden Verwirkg. Unter unbeschränkter Haftg ist die allgem unbeschränkb Haftg zu verstehen (s Einf 3 vor § 1967), also die Haftg mit Nachl u Eigenvermögen, die bei InvSäumnis (§ 1994 I 2); InvUntreue (§ 2005 I) u Verzicht des Erben (§§ 305, 2012 I S 3) auf die Beschränkg der Haftg ggü allen NachlGläub eintritt. 1

2) Folgen (I) der allgem unbeschränkb Haftg sind: Der Erbe kann nicht mehr das GläubAufgebot beantragen (ZPO 991 I) und verliert deshalb die Ausschließungs- u Verschweigungseinreden der §§ 1973, 1974 (Ausn in **I** 2). – NachlVerwaltg u NachlInsolvVerf (§§ 1975, 1981 II, 1982–1988; InsO 320) hindern die persönl Inanspruchn des Erben nicht mehr (ZPO 784 I), wohl aber die Vereinigg (§ 1976 wurde nicht ausgeschlossen). – **Aufrechnungen** (§ 1977 I) bleiben bestehen. – Die §§ 1978–1980 gelten nicht, da der Erbe nun ohnehin mit seinem ganzen Vermögen haftet. Somit stehen ihm auch die Erschöpfgs- u ÜberlastgsEinrede (§§ 1989–1992) u die aufschiebende Einrede (§ 2016 I) nicht zu (s Klautern DAV **73**, 625). – NachlInsolvVerf kann der Erbe noch beantragen (InsO 316 I; 317). 2

3) Als Ausnahme (I 2) kann eine nach §§ 1973; 1974 bereits eingetretene HaftgsBeschränkg bestehen bleiben, wie auch umgekehrt der Erbe nur einzelnen Gläub unbeschränkbar, allen anderen aber beschränkt haften kann (§ 2006 III; ZPO 780 I). Wird näml die InvFrist erst versäumt (§ 1994 I) od wird InvUntreue (§ 2005 I) erst begangen, nachdem bei Beginn der InvFrist (die Antr eines Gläub voraussetzt, § 1994 I) das Aufgebot (§§ 1970 ff) erledigt od Verschweigg (§ 1974) eingetreten war, behält der Erbe den so ausgeschlos- 3 senen Gläub ggü die Ausschließgs- u VerschweiggsEinrede (§§ 1973, 1974), obwohl er im Verhältn zu den übrigen NachlGläub seine Haftgsbeschränkg verwirkt hat. – Das Gleiche gilt gem § 2000 S 3 von der Einrede aus § 1989; denn § 1973 gilt entspr. – Im Umkehrschluß ergibt sich, daß Ablehng der Eröffng des NachlInsolvVerf mangels Masse (InsO 26) nicht die gleiche Wirkg zukommt, so daß auch danach noch Versäumg der InvFrist zur unbeschränkb Haftg führt (Stgt FGPrax **95**, 68).

4 **4) Einzelnen Nachlaßgläubigern gegenüber (II)** haftet der Erbe unbeschränkb (vgl auch § 2016) bei Weigerg, die eidesstattl Vers abzugeben (§ 2006 III); Verlust des Vorbehalts (ZPO 780 I) und Verzicht, was sich aus § 2012 I 3 indirekt ergibt; ferner in den Sonderfällen der HGB 27, 139. Der Erbe ist dadurch nicht gehindert, die Beschränkbark seiner Haftg den übrigen NachlGläub ggü (zB dch Antr auf NachlVerwaltg od NachlInsolvVerf) geltend zu machen, weshalb die §§ 1977–1980 anwendb sind. Auch kann er sich (was als selbstverständl nicht erwähnt ist) insow auf die HaftgsBeschrkg nach §§ 1990–1992 berufen. Von § 1977 (Aufrechng) ist allerdings nur **II** anwendb (vgl § 1977 Rn 5) – Bezügl eines den Nachl verwaltenden **Nichterben** ist für Verwirkg kein Raum.

V. Aufschiebende Einreden

2014 ***Dreimonatseinrede.*** **Der Erbe ist berechtigt, die Berichtigung einer Nachlaßverbindlichkeit bis zum Ablaufe der ersten drei Monate nach der Annahme der Erbschaft, jedoch nicht über die Errichtung des Inventars hinaus, zu verweigern.**

1 **1) Dreimonatseinrede.** Bis zur Annahme der Erbsch ist der Erbe dch § 1958 u ZPO 778 vor Prozessen mit den NachlGläub geschützt. Aber auch noch nach Annahme wird ihm dch § 2014 eine gewisse Schonfrist gewährt, währd der er sich über die Lage des Nachl unterrichten, das Inv vorbereiten u von den andrängenden NachlGläub nicht behelligt werden soll. Die **Schonfrist** beginnt mit Annahme, also spätestens nach Ablauf der Ausschlaggsfrist (§§ 1943, 1944) und endet mit Ablauf von 3 Monaten, vorher schon bei Errichtg des Inv, da der Erbe dadurch ja genügd Überblick über die ErbschVerhältnisse u NachlSchulden erhalten hat. – **Das gleiche Recht** haben auch NachlPfleger, -Verw u verwaltender TV und der gesamtgutsverwaltende Eheg bei der GüterGemsch. – Gegenüber den sofort zu befriedigenden Anspr aus § 1963 (Mutterschutz) und § 1969 (Dreißigster) ist die Einrede **nicht** gewährt; weitere Ausn vgl § 2016 II. Wohl aber ggü Erbersatzanspruch in Erbfällen vor dem 1. 4. 98 (EG 225 I Nr 1). – Entspr Anwendg § 1489 II.

2 **2) Voraussetzung** ist, daß der Erbe nicht bereits unbeschränkb haftet (§ 2016 I). Die Einrede kann auch nur gg Anspr von NachlGläub erhoben werden; verfügen diese über dingl Sichergen, ergeben sich Einschränkgen aus § 2016 II. Ihre Erhebg kann treuwidrig sein, wenn der Erbe alle NachlGläub kennt und der Nachl für deren Fdgen offensichtl ausreicht (Soergel/Stein Rn 2).

3 **3) Wirkung.** Die Einrede hat nur prozessuale u vollstreckgsrechtl Wirkg, nicht aber auch materiell-rechtl (RG **79**, 201; heute wohl hM, s Soergel/Stein Rn 4 mN). Sie hindert aber weder Klage auf Leistg od Verurteilg dazu (ZPO 305 I) noch den Beginn der ZwangsVollstr, die aber nicht zur Befriedigg, sond nur zur Sicherg des Gläub führen darf (ZPO 782, 783, 785). – Mangels materiell-rechtl Wirkg wird Verzug des Erben durch Erhebg der Einrede nicht ausgeschlossen, so daß er Verzugszinsen, SchadensErs u Vertragsstrafen schuldet; Gläub kann auch Rechte aus § 326 geltd machen. Eine Aufrechg der NachlGläub gg NachlFdgen od ein ZurückbehaltgsR wird nicht gehindert. Die Verjährg wird nicht gehemmt (§ 202 II).

2015 ***Einrede des Aufgebotsverfahrens.*** **I Hat der Erbe den Antrag auf Erlassung des Aufgebots der Nachlaßgläubiger innerhalb eines Jahres nach der Annahme der Erbschaft gestellt und ist der Antrag zugelassen, so ist der Erbe berechtigt, die Berichtigung einer Nachlaßverbindlichkeit bis zur Beendigung des Aufgebotsverfahrens zu verweigern.**

II Der Beendigung des Aufgebotsverfahrens steht es gleich, wenn der Erbe in dem Aufgebotstermine nicht erschienen ist und nicht binnen zwei Wochen die Bestimmung eines neuen Termins beantragt oder wenn er auch in dem neuen Termine nicht erscheint.

III Wird das Ausschlußurteil erlassen oder der Antrag auf Erlassung des Urteils zurückgewiesen, so ist das Verfahren nicht vor dem Ablauf einer mit der Verkündung der Entscheidung beginnenden Frist von zwei Wochen und nicht vor der Erledigung einer rechtzeitig eingelegten Beschwerde als beendigt anzusehen.

1 **1) Zweck.** Diese Einrede soll eine gleichmäßige Befriedigg der NachlGläub gewährleisten u unbekannte Gläub vor der Vorwegbefriedigg einzelner vordrängender Gläub schützen. Die Stellg des Aufgebotsantrags ist für den Erben befristet (**I**) und ihm uU zur Pflicht gemacht (§ 1980 II). Der Antr eines MitE kommt den anderen zustatten, soweit sie nicht schon unbeschränkb haften (ZPO 997). Für die Fälle vor Annahme der Erbsch ist durch § 2017 gesorgt. Der AufgebotsAntr muß nicht nur gestellt, sond (wenn auch nach Ablauf der Jahresfrist) zugelassen sein (ZPO 947 II).

2 **2) Um Verschleppungen** des rechtzeit in Gang gebrachten AufgebotsVerf vorzubeugen, werden der Beendigg dieses Verf die in **II** genannten Fälle gleichgestellt. Die Verweigergsfrist **(I)** wird also nicht solange hinausgeschoben, wie ZPO 954 dies für die dort geregelte AntrFrist vorsieht; das Verf ist schon dann als beendigt anzusehen, wenn der Erbe nicht innerh von 2 Wochen den Antr auf Bestimmg eines neuen Termins gestellt hat od in diesem nicht erschienen ist (RGRK Rn 2, 3). Verlust der Einrede tritt nicht ein, wenn der ausgebliebene Erbe vor dem ersten od zweiten Termin den Antr auf Ausschlußurteil schriftl od zu Protokoll gestellt hat. – **III** berücksichtigt die nach ZPO 952 IV mögliche sofort Beschwerde (ZPO 577 II).

2016 ***Ausschluß der Einreden bei unbeschränkter Erbenhaftung.*** **I Die Vorschriften der §§ 2014, 2015 finden keine Anwendung, wenn der Erbe unbeschränkt haftet.**

II Das gleiche gilt, soweit ein Gläubiger nach § 1971 von dem Aufgebote der Nachlaßgläubiger nicht betroffen wird, mit der Maßgabe, daß ein erst nach dem Eintritte des Erbfalls im Wege der Zwangsvollstreckung oder der Arrestvollziehung erlangtes Recht sowie eine erst nach diesem Zeitpunkt im Wege der einstweiligen Verfügung erlangte Vormerkung außer Betracht bleibt.

1) Ausgeschlossen (I) sind die Einreden für den unbeschränkb haftden Erben (§ 2013 I, II), weil sie dem 1
Erben dann nicht mehr die HaftgsBeschränkg vorbereiten und sichern können. Der Ausschluß gilt sowohl bei allg unbeschränkbarer Haftg als auch im Verhältn zu einzelnen Gläub, ggü denen der Erbe sein BeschränkgsR verloren hat. NachlVerwalter u verwaltender TV können aber noch das Aufgebot beantragen u nach Maßg von § 2015 die Aufgebotseinrede geltd machen (§ 1970 Rn 6; Staud/Marotzke Rn 2).

2) Dinglich gesicherte Gläubiger (II). Die Einreden wirken auch nicht ggü den nach § 1971 bevor- 2
rechtigten RealGläub, soweit sie sich bei der RVerfolgg auf den dingl Anspr in die ihnen haftenden Ggstände beschränken od es sich um eine vom Erben bewilligte Vormerkg handelt. Soweit die Rechte durch Zwangs-Vollstr nach dem Erbfall erlangt sind, kann der Erbe nach ZPO 782, 783, 785 vorgehen.

2017 ***Fristbeginn bei Nachlaßpflegschaft.*** **Wird vor der Annahme der Erbschaft zur Verwaltung des Nachlasses ein Nachlaßpfleger bestellt, so beginnen die im § 2014 und im § 2015 Abs. 1 bestimmten Fristen mit der Bestellung.**

Auch Nachlaßpfleger, der mit der Verwaltung des Nachl beauftragt wurde u nicht nur auf die Regelg 1
einzelner Angelegenheiten beschränkt ist, kann die Einreden der §§ 2014, 2015 I erheben. Da er aber vor ErbschAnnahme des Erben bestellt wird (s § 1960 Rn 7), mußte der Beginn der dafür geltenden Fristen anders geregelt werden, da sonst die NachlGläub uU zuwarten müßten, obwohl sie ihre Anspr gg den die Erben vertretenden NachlPfleger (s § 1960 Rn 16) bereits geltend machen können (§§ 1960 III; 1958; 1961). **Fristbeginn** ist daher der Zeitpkt der Bestellg des NachlPflegers, dh der Bekanntmachg des Beschlusses an ihn (FGG 16). – Für einen NachlVerwalter gilt das gleiche, doch ist NachlVerwaltg vor ErbschAnnahme 2
selten. – Für den **Testamentsvollstrecker** beginnt die Frist mit ErbschAnnahme od der etwaigen vorherigen Bestellg eines verwaltenden NachlPfleger (Staud/Marotzke Rn 2, 4). Wird die NachlPflegsch wg ErbschAnnahme aufgehoben (§ 1919), laufen die begonnenen Fristen weiter.

Dritter Titel. Erbschaftsanspruch

Einführung

1) Erbschaftsanspruch. Der Erbe, auf den mit dem Erbfall die Erbsch als Ganzes übergegangen ist 1
(§ 1922 I) u der auch die Besitzerstellg des Erbl erlangte (§ 857), hat als Herr des Nachlasses bezügl der NachlGgstände gg Dritte alle Einzelansprüche des Eigtümers od Besitzers (zB §§ 985, 1007; 861; 812; 823 ff). Zusätzl gewährt ihm das G als besond ErbschAnspr in §§ 2018 ff einen **Gesamtanspruch** gg den Erbsch-Besitzer, der auf Grd eines beanspruchten, ihm aber tatsächl nicht zustehden Erbrechts etwas aus dem Nachl erlangt hat. Dieser Anspr besteht also nicht gg denjenigen, der dem Erben NachlGgstände vorenthält, ohne sich ein ErbR anzumaßen. – Der ErbschAnspr umfaßt die Anspr auf Herausgabe der NachlGgstände (§ 2018), ihrer Surrogate (§ 2019) sowie der Nutzgen (§ 2020). An die Stelle der HerausgabeAnspr kann eine Bereichergshaftg treten, wobei die Haftg des ErbschBesitzers ähnl der nach §§ 987 ff ausgestaltet ist (§§ 2021 ff). Bei EinzelAnspr ist seine Haftg wie beim ErbschAnspr geregelt (§ 2029). Die Erbenhaftg trifft in jedem Fall den Erben und nicht den ErbschBesitzer.

2) Erbschaftsklage. Trotz des GesamtAnspr (s § 2018 Rn 1) muß Erbe im KlageAntr die herausverlang- 2
ten NachlGgstände einzeln bezeichnen (ZPO 253 II Nr 2), auch wegen der Vollstreckg; er kann ohne Klageänderg die bezeichneten Ggstände ergänzen (ZPO 264 Nr 2). Im Wege der Stufenklage (ZPO 254) kann er Auskunfts- und HerausgabeAnspr verfolgen. Der besond Gerichtsstand (auch der internat) ergibt sich aus ZPO 27 I (Nürnb OLGZ **81**, 115); er ist auch bei Auskunftsklage gg einen sonstigen Besitzer von ErbschGgständen gegeben. – Der Beklagte kann auch gg den GesamtAnspr Einzeleinreden erheben, mit denen er nur ein Recht auf einzelne der herausverlangten Ggstände behauptet. – **Rechtskraft** des Urteils 3
wirkt nur zw den Parteien (ZPO 322, 325) und erstreckt sich nur auf die im KlageAntr bezeichneten Ggstände. Deshalb wird mit Klage auf Herausgabe zweckmäß eine auf Feststellg des ErbRs (Rn 4) und auf Auskunft (§ 2027; ZPO 260, 254) verbunden (s Nürnb aaO). Soweit Kläger dann weitere Ggstände über das Verzeichn des Beklagten hinaus verlangt, ist zwar nicht deren Zugehörigk zur Erbsch, aber doch wenigstens das ErbR rkräft festgestellt. – Zur Beweislast s § 2018 Rn 11. – Von dieser ErbschKlage zu unterscheiden ist die Klage auf **Feststellung** des ErbR (ZPO 256; 257), bei der StreitGgst nicht die Erbsch, sond das ErbR ist. 4
Beide Klagen können miteinander verbunden werden (Zöller/Vollkommer ZPO 27 Rn 5); von Vorteil ist dies wg der RKraftwirkg (ZPO 322).

2018 ***Herausgabepflicht des Erbschaftsbesitzers.*** **Der Erbe kann von jedem, der auf Grund eines ihm in Wirklichkeit nicht zustehenden Erbrechts etwas aus der Erbschaft erlangt hat (Erbschaftsbesitzer), die Herausgabe des Erlangten verlangen.**

1) Der Herausgabeanspruch erstreckt sich auf die unmittelb aus dem Nachl erlangten Ggstände u 1
ergänzend auf die Surrogate (§ 2019). Als GesamtAnspr ist er eine Ausnahme im BGB, weil er alle auf die

erlangten Ggstände gerichteten EinzelAnspr zusammenfaßt, obwohl der in die RPosition des Erbl voll eingerückte Erbe (§ 1922 I) seine Rechte auch dch EinzelAnspr daneben verfolgen könnte. Das Erlangte ist als Ganzes herauszugeben. Der ErbschBesitz umfaßt ein subj u ein obj Moment (s Rn 5; 8). – Zur prozessualen Geltendmachg s Einf 2. Der Anspr ist vererbl, übertragbar u pfändbar. Er kann als solcher verjähren (§§ 2026;
2 2031 I 2). Ein **Zurückbehaltungsrecht** des ErbschBesitzers gg das Herausgabeverlangen wg eines ihm zustehenden Pflichtt- od VermächtnAnspr besteht nicht (Düss FamRZ **92**, 600; KG OLGZ **74**, 17; Hamm MDR **64**, 151), weil der ErbschAnspr zuerst die Einziehg des Nachl ermöglichen soll, bevor dann etwaige Anspr erfüllt werden können (str; einschränkend Dütz NJW **67**, 1105).

3 **2) Anspruchsberechtigt** ist zunächst der wahre Erbe; auch der MitE, der aber vor Auseinandersetzg wg der gesamthänd Bindg des Anspr nur Leistg an alle bzw Hinterlegg (Verwahrg) für alle verlangen kann (§ 2039 S 2); der VorE bis zum Eintritt des NErbfalls, der NachE danach (§ 2139); im Verhältn zum VorE besteht die Sonderregel des § 2130 (s Rn 7). Ferner der Erbteilserwerber (§ 2033 I); der PfändgsGläub eines Erbteils (RG Warn **11** Nr 139); der ErbschKäufer (§ 2371) dagg erst nach Abtretg dch den hierzu verpflichteten Verkäufer (§ 2374). Außerdem der verwaltende TV (§§ 2211, 2212); der NachlVerwalter (§ 1984) und der NachlInsolvVerw (InsO 80). – Der **Nachlaßpfleger** kann auf Grund seines Rechts zum Besitz und zur Verwaltg (§ 1960) von jedem Herausgabe von NachlGgständen verlangen (evtl auch vom wahren Erben), ohne die Nichtberechtigg des Erbanwärters beweisen zu müssen (BGH NJW **72**, 1752; **83**, 226 mAv Dieckmann FamRZ **83**, 582; bestr; s MüKo/Frank Rn 15); ErsatzGgstände erfaßt sein Anspr analog § 2019 jedenfalls dann, wenn der AnsprGegner seine Berechtigg aus einem behaupteten ErbR ableitet (BGH aaO).

4 **3) Anspruchsgegner** ist der Erbschaftsbesitzer, also derjenige, der etwas aus der Erbsch auf Grd eines ihm in Wirklichk nicht zustehenden Erbrechts erlangt hat (Rn 8–10). Ihm steht derjenige gleich, der von ihm die Erbsch dch Vertrag erwirbt (§ 2030); nach dem Sinn des G auch, wer nachträgl unter Berufg auf ein nicht bestehendes ErbR Ggstände verteidigt, die er aus dem ErblVermögen zunächst ohne Beanspruchg eines ErbRs (vor od nach dem Erbfall) erlangt hat (BGH NJW **85**, 3068). Der Erbe des ErbschBesitzers rückt in dessen noch bestehende Verpflichtg ein, ohne daß es dazu einer zusätzl Erbrechtsanmaßg dch ihn
5 bedarf (BGH aaO mAv Dieckmann FamRZ **85**, 1247 u Hohloch JuS **86**, 315). – **a)** Auf Grd **angemaßten Erbrechts** muß der (gut- od bösgläubige) Besitzer etwas aus der Erbsch erlangt haben (nicht zB dch Vermächtn), das ihm in Wirklichk nicht od (bei MitE, RG **81**, 293) nicht in diesem Umfang zusteht. Wechselt der ErbschBesitzer dann nachträgl seine Stellg u berühmt er sich schließl keines Erbrechts mehr, kann er sich dadch dem Anspr nicht entziehen (BGH FamRZ **85**, 693). – ErbschBesitzer ist auch der NachlSchu, der dem wahren Erben die Erfüllg mit der Behauptg, selbst Erbe zu sein, verweigert (s aber
6 auch Staud/Gursky Rn 21). – Nach **Wegfall** einer zunächst eingenommenen Erbenstellg infolge wirks Anfechtg (§§ 2078; 2079; 142) od ErbunwürdigkErkl (§ 2344) wird der besitzende vermeintl Erbe zum ErbschBesitzer (Soergel/Dieckmann Rn 6), wobei unerhebl ist, daß er sich jetzt eines ErbRs nicht mehr
7 berühmt (BGH NJW **85**, 3068). – **b) Kein Erbschaftsbesitzer** ist also der vorläuf Erbe, der ausschlug (gg ihn besteht nur Anspr aus GeschFg ohne Auftr, § 1959); das gilt auch dann, wenn er die Ausschlagg zu Unrecht nicht als wirks gelten lassen will (Soergel/Dieckmann Rz 6). Ferner nicht, wer aGrd vermeintl persönl od dingl Anspr gg den Erbl od auch ohne solche (zB der Dieb) den Nachl ganz od teilw an sich genommen hat. Hier hilft dem Erben der Besitzschutz (§§ 857 ff), der Anspr aus dem früh Besitz (§ 1007) und auf Auskunft (§ 2027 II). Deshalb scheiden hier auch NachlPfleger, NachlVerwalter, NachlInsolvVerw und TV (RG **81**, 152) aus, da sie nicht aGrd angemaßten Erbrechts, sond kraft ihres Amtes besitzen (abgesehen von dem seltenen Fall, daß sie etwas zur Masse gezogen haben, bzgl dessen der Erbe nur ErbschBesitzer war). Doch kann gg sie FeststellgsKlage (Einf 4) erhoben werden, wenn sie dem Erben sein ErbR streitig machen (BGH **LM** Nr 1 zu § 1960). – Der **Vorerbe** wird nicht ErbschBesitzer, wenn er den Eintritt der Nacherbfolge zu Unrecht bestreitet. Für ihn gilt stets die weitergehende Haftg des § 2130 als Sonderregelg (Staud/Gursky Rn 14; MüKo/Frank Rn 21; Soergel/Dieckmann Rn 7; str).

8 **4) Aus dem Nachlaß erlangt** muß der Besitzer etwas haben. Erwerb des mittelb Besitzes genügt; es kann auch der ganze Nachl erlangt sein (zB von dem sich ein AlleinR anmaßden MitE; von einem Erbanwärter, der unter Vorlegg eines gefälschten Erbscheins vom NachlPfleger den ganzen Nachl ausgehändigt erhielt). –
9 **a) Erlangt** sein können „zur Erbschaft gehörende Sachen" (§ 2023 I), auch wenn sie nicht im Eigt des Erbl, sond nur in seinem unmittelb od mittelb Besitz standen (von ihm also nur gemietet, gepachtet od ihm anvertraut waren). Ferner ErbschGgstände, auch Fdgen u Rechte (§ 2025); insb, was der ErbschBesitzer dch RGesch mit Mitteln der Erbsch erlangt hat (§ 2019) u was an ihn auf NachlFdgen geleistet worden ist; sowie die dch Aufrechng gg eine NachlFdg erlangte Schuldbefreiung. Als erlangt gilt auch, was schon vor dem Erbfall erlangt u aGrd der Erbanmaßg einbehalten wurde; zB ein vom Erbl gewährtes Darlehen, dessen Rückzahlg der ErbschBesitzer jetzt verweigert; od dem Erbl gehörende Sachen od Grdst, die der ErbschBesitzer ohne Einverständn des Erbl an sich brachte, um sie dann aGrd seines vermeintl ErbR zu behalten (RG **81**, 295; KG OLGZ **74**, 17). War dies aber mit Willen des Erbl geschehen, greift nicht der ErbschAnspr, sond
10 uU der PflichttErgänzgsAnspr (§ 2325) ein. – **b) Aus dem Nachlaß** erlangt hat ein NichtE auch Beträge, die er aus einem ihm vom Erbl übergebenen Blankoscheck nach dessen Tod erhalten hat. Er hat sie an den Erben herauszugeben, weil die Leistg der Scheckvaluta erst nach dem Erbfall erfolgt ist (KG NJW **70**, 329; aM Finger ebda 954).

11 **5) Beweispflicht.** Der Kläger hat sein ErbR zu beweisen, zB durch Beibringg einer formgerechten letztw Vfg od (bei ges Erbfolge) eines Erbscheins (§ 2365), dessen Vermutg jedoch vom Bekl widerlegt werden kann (vgl § 2365 Rn 2). Ferner hat er nachzuweisen, daß der herausverlangte Ggstand zum Nachl gehört, also den ErbschBesitz (Oldbg FamRZ **98**, 1468). – Der Beklagte hat demggü den Wegfall des Besitzes der Sache od der Bereicherg (§ 2021) zu beweisen. – Die besondere Gestaltg der ErbschKlage zeigt sich darin, daß sie schon abzuweisen ist, wenn dem Kläger der Beweis seines ErbR nicht gelingt.

2019 *Surrogation.* **I Als aus der Erbschaft erlangt gilt auch, was der Erbschaftsbesitzer durch Rechtsgeschäft mit Mitteln der Erbschaft erwirbt.**

II Die Zugehörigkeit einer in solcher Weise erworbenen Forderung zur Erbschaft hat der Schuldner erst dann gegen sich gelten zu lassen, wenn er von der Zugehörigkeit Kenntnis erlangt; die Vorschriften der §§ 406 bis 408 finden entsprechende Anwendung.

1) Ersetzungsgrundsatz. Die in §§ 2019; 2041; 2111 normierte dingl Surrogation ist eine erbrechtl Besonderh (Einl 20 vor § 854). Sie bewirkt, daß der Wert des Sondervermögens Nachl über alle Wechsel seiner konkreten Bestandteile hinweg im Interesse des Erben (bei § 2111: des NE) u für den Zweck des Sondervermögens (Zugriff der NachlGläub) erhalten wird (BGH **109**, 214). Dazu wird kr G ein Wertausgleich herbeigeführt, wenn im Laufe der wirtschaftl Entwicklg des Nachl Ändergen im konkreten Bestand seiner Einzelteile eintreten, indem der darin liegende Abfluß realer Werte unter bestimmten Voraussetzgen (s Rn 2) dch dingl Zuordng der konkreten Ersatzggstände zum Nachl ausgeglichen wird. Hiervon bleiben selbst nichtübertragbare RPositionen nicht ausgenommen, weil sich sonst die dingl Sicherg ohne zwingenden Sachgrund zu einem bloß persönl ungesicherten GeldAnspr verflüchtigen würde (BGH aaO unter Aufgabe von BGH NJW **77**, 433), zB die dch Einbringg des Nachl in eine neue Ges entstandene GterStellg (Düss FamRZ **92**, 600). 1

2) Voraussetzungen sind ein rechtsgeschäftl Erwerb des ErsatzGgstands (zu dem jeder rechtl Vorteil zählt) mit Mitteln der Erbschaft (s § 2111 Rn 5); bei Erwerb teils mit eigenen u teils mit NachlMitteln entsteht MitEigtum zw dem Erben u dem ErbschBesitzer (§ 1008). Die Wirksamk der Vfg über NachlGgstände ist gleichgült. Rechtsgeschäftl ist der Erwerb auch dann, wenn der ErbschBesitzer tatsächl ErbschMittel weggibt. Bei unwirksamer Vfg liegt im Herausgabeverlangen des Ersatzguts die Genehmigg (§ 185), bedingt dch die tatsächl Herausgabe (Soergel/Dieckmann Rn 3; str; s Lüke- Göler JuS **75**, 381 f). Auch Gegengeschenke für verschenkte NachlSachen unterliegen der Surrogation, wenn diese schon bei der Schenkg vereinbart werden (Staud/Gursky Rn 13; bestr). – **Gesetzliche Ersatzvorteile,** die inf „Zerstörg, Beschädigg oder Entziehg eines ErbschGegenstandes“ (§ 2111 I 1) an dessen Stelle getreten sind, stehen ohne weiteres dem Erben zu. Dies brauchte angesichts der weiten Fassg des § 2018 u des nach § 2021 anwendb § 818 nicht bes hervorgehoben zu werden (s MüKo/Frank Rn 4). Doch gilt für den Schu dieser Fdgen **II** nicht, da dort rechtsgeschäftl Erwerb vorausgesetzt ist; wohl aber gelten §§ 851, 893, 2367 (s Staud/Gursky Rn 18 mit teilw aM). 2 3

3) Wirkung. Dch die dingl Surrogation wird ein gesicherter Zwischenerwerb des ErbschBesitzers vermieden (Olzen JuS **89**, 374). Hat dieser ErbschGgstände veräußert, NachlFdgen eingezogen od mit NachlMitteln etwas erworben (auch die Stellg als Kommanditist dch Einbringen einer Kapitaleinlage, BGH **109**, 214), wird das Erworbene von selbst Bestandteil des Nachl u unterliegt der HerausgPfl (§ 2018) u im InsolvVerf des ErbschBesitzers der Aussonderg (InsO 47), ohne daß es auf den Willen des Erben, des ErbschBesitzers oder des Dritten ankäme (s Werner JuS **73**, 434/436). § 2019 ergänzt also § 2018, verschafft aber keinen selbständ Anspr. – Die Surrogation kann sich auch wiederholen (Staud/Gursky Rn 6). – Wegen des guten Glaubens des Dritten vgl **II.** Das Eigt steht unmittelb dem wahren Erben zu. Bei Eintragg des ErbschBesitzers im GBuch hat der Erbe den BerichtiggsAnspr (§ 894, GBO 22). – **a) Wertersatz.** Geht der erlangte Vorteil völlig im Vermögen des ErbschBesitzers auf, etwa bei Bezahlg eigener Schulden mit ErbschMitteln od Aufrechng mit einer NachlFdg gg eine Eigenschuld (Staud/Gursky Rn 7), tritt Surrogation nicht ein. Vielm erfolgt nur Wertersatz nach Bereichergsgrdsätzen (§ 2021; MüKo/Frank Rn 6). – **b) Keine Surrogation** tritt bei höchstpersönl Rechten (zB Nießbr) ein; od bei Rechten, die Bestandteil eines dem ErbschBesitzer gehörigen Grdstücks sind (§ 96). Auch bei Kreditgeschäften, bei denen der ErbschBesitzer seine Leistg aus dem Nachl erst nach Empfang der Ggleistg erbringt, findet kein Zwischenerwerb statt (Soergel/Dieckmann Rn 1; str; aA MüKo/Frank Rn 13). 4

4) Schutz des gutgläubigen Schuldners (II) ist in entspr Anwendg der §§ 406–408 angeordnet. Entscheidend ist nicht die Kenntn der (gar nicht stattfindenden) Abtretg, auch nicht die Geltdmachg der Fdg, sond Kenntn der Zugehörigk der Fdg zum Nachl. Bis dahin darf der Schu den ErbschBesitzer als Gläub betrachten. – Daß der Schu den Erben die zZ der Kenntn gg den ErbschBesitzer begründeten **Einwendungen** (zB aus Sachmängeln; Verjährg) entggsetzen kann (§ 404), versteht sich von selbst. Nach § 406 kann unter den dort bezeichneten Voraussetzgen der Schu eine ihm gg den ErbschBesitzer zustehende Fdg auch ggü dem Erben aufrechnen. – Leistgen des Schu an den Besitzer befreien nur, wenn sie vor Kenntn der NachlZugehörigk der Fdg erfolgt sind (§ 407). Das gleiche gilt für Leistgen u RGeschäfte des Schuldners bei Weiterabtretg (§ 408). 5

2020 *Nutzungen und Früchte.* **Der Erbschaftsbesitzer hat dem Erben die gezogenen Nutzungen herauszugeben; die Verpflichtung zur Herausgabe erstreckt sich auch auf Früchte, an denen er das Eigentum erworben hat.**

Nutzungen (§ 100) sind nur herauszugeben, soweit sie gezogen sind. Anders ist dies allerd nach RHängigk od bei Bösgläubigk (§§ 2023 II; 2024; 987 II). – Noch vorhandene **Früchte** (§ 99) muß der ErbschBesitzer herausgeben: Sofern er an ihnen gem § 955 Eigtum erworben hat, ist der dazu aGrd des bes schuldrechtl Anspr nach Halbs 2 verpflichtet; ist wg bösem Glauben nicht er, sond der Erbe Eigtümer geworden (§ 953), besteht dingl HerausgAnspr. Auch für mittelb Sach- und Rechtsfrüchte wie zB Mietzins für NachlGrdst (vgl § 99 Rn 4) gilt Hs 2 (aA Soergel/Dieckmann Rn 2: Surrogation gem § 2019). – In allen Fällen tritt bei Nichtvorhandensein Haftg nach BereichergsGrds ein (§ 2021). 1

2021 ***Herausgabepflicht nach Bereicherungsgrundsätzen.*** **Soweit der Erbschaftsbesitzer zur Herausgabe außerstande ist, bestimmt sich seine Verpflichtung nach den Vorschriften über die Herausgabe einer ungerechtfertigten Bereicherung.**

1 **1) Regelungsinhalt.** § 2021 beschränkt die in §§ 2018–2020 geregelte HerausgPflicht des gutgläub unverklagten ErbschBesitzers dem Umfang nach auf eine Haftg nach BereichergsGrdsätzen (§§ 818, 822) im Falle der Unmöglichk. Dagg ist die Haftg verschärft bei Bösgläubigk (§ 2024), RHängigk (§ 2023) od gewaltsamer Aneigng (§ 2025). Da es sich um eine Rechtsfolgenverweisg handelt, kommt es auf die Voraussetzgen eines BereichergsAnspr nicht an (RG **81**, 206; Olzen JuS **89**, 374).

2 **2) Außerstande** ist der ErbschBesitzer nur, wenn ihm die Herausgabe in Natur **unmöglich** ist, gleichgült aus welchem Grunde. Bei bloßen Gebrauchsvorteilen (zB mietfreier Nutzung der ErblWohnung) ist dies ohne weiteres der Fall, sonst bei Untergang od Verbrauch des Ggstands. War der ErbschAnspr ursprüngl auf Geld gerichtet, befreit die Unmöglichk im Hinblick auf § 279 den ErbschBesitzer an sich noch nicht; gleichwohl kann auch hier Wegfall der Bereicherg eingewendet werden (RG Recht **20** Nr 417). Bei unentgeltl Zuwendg des Erlangten an einen Dritten haftet der Erwerber unmittelbar nach § 822, bei wirks Vfg des ErbschBesitzer als Nichtberecht auch nach § 816 I 2 (Soergel/Dieckmann Rn 3).

3 **3) Bereicherungsgrundsätze.** Der dingl HerausgAnspr verwandelt sich in einen schuldrechtl auf Wertersatz (§ 818 II), der entfällt, soweit der Besitzer nicht mehr bereichert ist (§ 818 III). **Verwendungen** des ErbschBesitzers auf den Nachlaß führen zur Entreicherg (§ 2022 I), gleichgült ob sie aus eigenen od aus Mitteln des Nachl erbracht wurden. Dagg mindern Aufwendgen des gutgläub ErbschBesitzers, die er im Vertrauen auf sein vermeintl ErbR machte, seine Bereicherg dann nicht, wenn sie gemacht wurden, um in den Besitz der Erbsch zu kommen; deshalb sind insbes Erbscheins- und Prozeßkosten nicht anzurechnen (Soergel/Dieckmann Rn 5).

2022 *Ersatz von Verwendungen.* ^I **Der Erbschaftsbesitzer ist zur Herausgabe der zur Erbschaft gehörenden Sachen nur gegen Ersatz aller Verwendungen verpflichtet, soweit nicht die Verwendungen durch Anrechnung auf die nach § 2021 herauszugebende Bereicherung gedeckt werden. Die für den Eigentumsanspruch geltenden Vorschriften der §§ 1000 bis 1003 finden Anwendung.**

^II **Zu den Verwendungen gehören auch die Aufwendungen, die der Erbschaftsbesitzer zur Bestreitung von Lasten der Erbschaft oder zur Berichtigung von Nachlaßverbindlichkeiten macht.**

^III **Soweit der Erbe für Aufwendungen, die nicht auf einzelne Sachen gemacht worden sind, insbesondere für die im Absatz 2 bezeichneten Aufwendungen, nach den allgemeinen Vorschriften in weiterem Umfang Ersatz zu leisten hat, bleibt der Anspruch des Erbschaftsbesitzers unberührt.**

1 **1) Bedeutung.** Ggü dem dingl Anspr auf Herausgabe der zur Erbsch gehörenden Sachen stellt § 2022 den gutgläub u noch nicht verklagten ErbschBesitzer hinsichtl seiner Verwendgen besser als den Besitzer einer Sache ggü dem Eigentümer nach §§ 985 ff (zum bösgläub od nach RHängigk s §§ 2023–2025). Sein VergütgsAnspr für Aufwendgen (gleichsam das Ggstück zu seiner HerausgPfl) beschränkt sich näml nicht ledigl auf notwend u werterhöhende Verwendgen (wie bei § 996) od die hins einer einzelnen Sache gemachten Aufwendgen. Vielm sind alle für die Erbsch im allg gemachten Verwendgen, auch die überflüssigen u die nicht nutzbringenden, nach Maßg der §§ 1000–1003 zu ersetzen, soweit sie nicht schon durch Anrechng (innere Ausgleichg, keine Aufrechng) die nach § 2021 herauszugebende Bereicherg mindern **(I 1).** – Üb den Schutz des **I** hinaus bleiben dem ErbschBesitzer weitergehde Anspr dch **III** vorbehalten, insbes BereichergsAnspr, wenn er üb die Zulänglichk des Nachl hinaus NachlVerbindlk berichtigt hat u der Erbe unbeschränkb haftet (§ 2013 I). – Ihrem Sinn nach gilt die Verwendgsregel auch für den schuldrechtl HerausgAnspr bezügl der **Früchte,** an denen der Besitzer Eigtum erworben hat (§ 2020), obwohl es hier an einer ausdrückl Vorschr fehlt (anders § 2023 II).

2 **2) Verwendungen** sind Ausgaben, die der ErbschBesitzer aus eigenen Mitteln (nicht aus dem Nachl) im Interesse des herauszugebenden Nachl gemacht hat (Düss FamRZ **92**, 600). Erweiternd zählen dazu nach **II** auch Aufwendgen zur Bestreitg von Kosten der Erbsch od Tilgg von NachlVerbindlk aus Eigenmitteln, zB die für den Erben im Umfang der bestehenden SteuerPfl gezahlte ErbschSt (Staud/Gursky Rn 5); die eigene Arbeitsleistg aber nur dann, wenn dadch für den Besitzer ein Verdienstausfall entsteht (KG OLGZ **74**, 17).

3 **3) Geltendmachung.** Der Anspr auf Verwendgsersatz wird gem **I 2** nach den für den EigtAnspr geltenden Vorschr der §§ 1000 bis 1003 geltend gemacht. Der (darleggs- u beweispflicht, Düss FamRZ **92**, 600) ErbschBesitzer hat demnach folgende Rechte:

4 **a) Ein Zurückbehaltungsrecht** (§§ 1000, 273, 274) steht dem Besitzer wg aller Aufwendgen an allen herauszugebenden Sachen zu. Er kann also die Herausgabe einer Einzelsache auch dann verweigern, wenn die Verwendgen nicht auf diese, sond auf eine andere NachlSache (selbst wenn sie nicht mehr vorhanden ist) od auf die Erbsch im ganzen gemacht worden sind. Soweit Anrechng **(I 1)** erfolgt, schließt sie ZbR aus. – Ist der ErbschBesitzer zugleich VermächtnNehmer od PflichttBerecht, hat er ein ZbR nur wg Verwendgen, nicht aber wg Vermächtn- oder PflichttAnsprüchen (BGH **120**, 96; KG OLGZ 74, 17; Düss FamRZ **92**, 600; teilw aA Staud/Gursky § 2018 Rn 29; weitergehd Dütz NJW **67**, 1105 f). Über entspr Anwendg ggü HerausgAnspr des NachlPflegers s BGH NJW **72**, 1752. – § 2022 gilt entspr für den Anspr der Erben auf **Berichtigung des Grundbuchs,** wenn der ErbschBesitzer eine zu seinen Gunsten lautende unrichtige Eintragg erlangt hat. Er kann Zustimmg verweigern, bis ihm Verwendgen auf das Grdst ersetzt sind (Staud/Gursky Rn 2 mit § 2018 Rn 27). Der Erbe muß sich durch Eintragg eines Widerspruchs sichern.

5 **b) Einen klagbaren Anspruch** auf Ersatz der Verwendgen (§ 1001), der innerh der Ausschlußfrist des § 1002 geltend zu machen ist. Str ist dabei, ob der Anspr von der Rückgabe der gesamten Erbsch (§ 2018) abhängt (Staud/Gursky Rn 9) od nur davon, daß der Erbe die Ggstände, denen die Verwendg galten, bzw deren Surrogate (§ 2019) od entspr Wertersatz (§ 2021) erhalten od die Verwendg genehmigt hat (Soergel/Dieckmann Rn 7); letzterem ist zuzustimmen.

c) Ein pfandähnliches Befriedigungsrecht an allen ErbschSachen, die sich noch in seinem Besitz befinden (§ 1003). – Ein **Wegnahmerecht** entspr §§ 997, 258 (Soergel/Dieckmann Rn 9 mN). 6

4) Nach Herausgabe der Erbsch ist der ErsatzAnspr des Besitzers ebso beschränkt wie ggü der Eigentümerklage (**I 2,** §§ 1001–1003). VergütgsAnspr besteht also nur, wenn der Erbe die Sache wiedererlangt od die Verwendg genehmigt. 7

2023 ***Haftung bei Rechtshängigkeit.*** **I Hat der Erbschaftsbesitzer zur Erbschaft gehörende Sachen herauszugeben, so bestimmt sich von dem Eintritte der Rechtshängigkeit an der Anspruch des Erben auf Schadensersatz wegen Verschlechterung, Unterganges oder einer aus einem anderen Grunde eintretenden Unmöglichkeit der Herausgabe nach den Vorschriften, die für das Verhältnis zwischen dem Eigentümer und dem Besitzer von dem Eintritte der Rechtshängigkeit des Eigentumsanspruchs an gelten.**

II Das gleiche gilt von dem Anspruche des Erben auf Herausgabe oder Vergütung von Nutzungen und von dem Anspruche des Erbschaftsbesitzers auf Ersatz von Verwendungen.

1) Haftungsverschärfung. Ab Eintritt der RHängigk (ZPO 261 I, II; 696 III; s § 818 Rn 51) verschärft sich die Haftg des Besitzers und mindert sich sein Gegenanspruch. Der Besitzer muß nun mit der Möglichk rechnen, daß er im RStreit unterliegt und nicht er, sond ein anderer der wahre Erbe ist, so daß er von da ab die Erbsch wie fremdes Gut zu behandeln hat. Für untergegangene, verschlechterte od veräußerte Sachen hafter er dann auf SchadErs (§§ 249–255), Verschulden (§§ 276, 989) sowie wg schuldh nicht gezogener Nutzgen (**II;** § 987 II). Die RHängigk endet dch Klagerücknahme (vgl auch § 212), Urteil od Vergleich. 1

2) Der Bereicherungsanspruch des Erben (§ 2021) richtet sich nunmehr nach allg Vorschriften (§ 818 IV), in erster Linie also nach den §§ 291, 292 mit den dort genannten Verweisgen (s § 818 Rn 52). Ob sich der ErbschBesitzer nun noch auf Wegfall od Minderg der Bereicherg berufen kann, ist str (s Soergel/Dieckmann Rn 2 mN; § 818 Rn 53). Richtig erscheint, daß der ErbschBesitzer nicht nach §§ 292, 989 haftet, wenn er den Wegfall der Bereicherg nicht (sei es auch nur wg Verzugs, § 287 S 2) zu vertreten hat (Erman/Schlüter Rn 2). 2

3) Notwendige Verwendungen allein sind zu ersetzen **(II)** und auch diese nur nach den Grdsätzen der GoA (§ 994 II), dh wenn sie dem wirkl od mutmaßl Willen des Erben entsprochen haben od von ihm genehmigt worden sind (§§ 677 ff) od den Erben noch bereichern (§§ 683, 684). Außerdem müssen sie gerade auf die herauszugebende Sache gemacht worden sein, soweit nicht § 2022 III eingreift (bestr; aA Soergel/Dieckmann Rn 3). 3

2024 ***Haftung bei Bösgläubigkeit.*** **Ist der Erbschaftsbesitzer bei dem Beginne des Erbschaftsbesitzes nicht in gutem Glauben, so haftet er so, wie wenn der Anspruch des Erben zu dieser Zeit rechtshängig geworden wäre. Erfährt der Erbschaftsbesitzer später, daß er nicht Erbe ist, so haftet er in gleicher Weise von der Erlangung der Kenntnis an. Eine weitergehende Haftung wegen Verzugs bleibt unberührt.**

1) Ursprüngliche Bösgläubigkeit bei Erlangg des Besitzes liegt vor, wenn der Besitzer entw positiv weiß od es ihm inf grober Fahrlässigk (zB Nichtlesen des vorgefundenen Test) unbekannt blieb, daß er nicht Erbe ist. **Nachträgliche** Bösgläubigk (**I** 2) tritt ein, sobald Besitzer positiv erfährt, daß er nicht Erbe ist, wozu grobe Fahrlässigk nicht ausreicht (RG **56**, 317; vgl § 990 Rn 7). 1

2) Haftung. Der bösgläub ErbschBesitzer haftet ggü dem Herausgabe- u BereichergsAnspr wie bei RHängigk (§ 2023) und bei Verzug (durch Mahng od Klageerhebg) wg Zufalls (S 3; §§ 284 II, 287). Die Haftg entfällt, wenn der Besitzer hinsichtl seines BesitzR an einem einzelnen Ggstand gutgläub ist (aA Staud/Gursky Rn 3; Soergel/Dieckmann Rn 2: nur mit diesem Ggstand unterliegt er nicht der verschärften Haftg). – Erbe ist für Bösgläubigk u Verzug beweispflicht. 2

2025 ***Haftung bei unerlaubter Handlung.*** **Hat der Erbschaftsbesitzer einen Erbschaftsgegenstand durch eine Straftat oder eine zur Erbschaft gehörende Sache durch verbotene Eigenmacht erlangt, so haftet er nach den Vorschriften über den Schadensersatz wegen unerlaubter Handlungen. Ein gutgläubiger Erbschaftsbesitzer haftet jedoch wegen verbotener Eigenmacht nach diesen Vorschriften nur, wenn der Erbe den Besitz der Sache bereits tatsächlich ergriffen hatte.**

1) Deliktische Haftung. – Dch eine **Straftat** (Fälschg des Test od Erbscheins; Erpressg; Betrug) muß der ErbschGgst (Sache od Recht, zB Einziehg einer NachlFdg aGrd gefälschter Urk) erlangt sein. Daß der Besitzer dann bösgläub ist (anders **S 2**), erscheint selbstverständl. Jedenfalls ist hier guter Glaube (§ 2024), der bei TestFälschg des an sein ErbR glaubenden Besitzers vorkommen könnte (vgl RG **81**, 413), gleichgültig. – 1
Verbotene Eigenmacht (§ 858) an ErbschSachen ist auch mögl, wenn der Erbe den Besitz noch nicht tatsächl ergriffen hatte (S 2; § 854 I), weil er den Besitz bereits mit dem Erbfall erworben hatte (§ 857). Der **gutgläubige** ErbschBesitzer (mag sein guter Glaube auch auf einfacher Fahrlässigk beruhen) haftet in solchem Falle allerd nicht aus unerlaubter Hdlg, sond wie ein gewöhnl ErbschBesitzer. Erst wenn der Erbe bereits Besitz ergriffen hatte (S 2), haftet der gutgläub wie der bösgläub ErbschBesitzer bei verbotener Eigenmacht nach **S 1.** 2

2) Verschulden setzt auch die Haftg wg verbotener Eigenmacht infolge der Bezugnahme auf §§ 823 ff voraus (Soergel/Dieckmann Rn 3; str). Die Erlangg dch verbotene Eigenmacht kann auch im Ausland erfolgt 3 sein (Ferid GRUR, Intern Teil, **73**, 472/476). Die verschärfte Haftg regelt sich nach §§ 823 ff, geht also auf Naturalherstellg (§ 249). Dadch wird dem ErbschBesitzer vor allem das Zufallsrisiko auferlegt (§ 848). Verwendgen sind auch dem gutgläub Besitzer nur noch nach §§ 850, 994–996 zu ersetzen. – **Verjährung** s § 2026 Rn 2.

2026 ***Keine Berufung auf Ersitzung.*** **Der Erbschaftsbesitzer kann sich dem Erben gegenüber, solange nicht der Erbschaftsanspruch verjährt ist, nicht auf die Ersitzung einer Sache berufen, die er als zur Erbschaft gehörend im Besitze hat.**

1 **1) Herausgabe.** Um die 30jähr Verjährgsfrist des ErbschAnspr (§ 195) hinsichtl bewegl Sachen nicht wertlos zu machen, schließt § 2026 aus, daß sich der gutgläub ErbschBesitzer schon nach 10 Jahren auf seinen Eigentumserwerb dch Ersitzg (§ 937 I) berufen kann. Der Besitzer ist dah trotz erlangtem Eigentum dem Erben schuldrechtl zur Herausg verpflichtet u kann sich nur ggü Dritten auf die Ersitzg berufen (Staud/Gursky Rn 9; MüKo/Frank Rn 7; str). Nach aA ist wg § 2026 der Eigtumserwerb relativ unwirks (Soergel/Dieckmann Rn 3 mN); dadch würde allerd ein dem G fremdes gespaltenes EigentR anerkannt. – Bei **Grundstücken** gilt § 2026 auch, ist aber wg der gleich langen Buchersitzgsfrist (§ 900) kaum von Bedeutg; denkb ist, daß zB dch Anerkenntn nur die Frist der Verjährg unterbrochen wird (§ 208), dies aber für die Ersitzg nicht mögl ist. – Eine Ersitzg der Erbsch im Ganzen gibt es nicht. – Bei einer dem Erbl nicht gehörten Sache kommt die Ersitzgszeit dem Erben zugute (§ 944), sofern er nicht bösgläub ist (§ 937 II).

2 **2) Die Verjährung** des Anspr beginnt einheitl, sobald etwas aus der Erbsch erlangt ist (§ 2018; hM). Nur der SchadErsAnspr des § 2025 verjährt nach § 852 in 3 Jahren, dagg die idR konkurrierenden Anspr aus §§ 2018, 2024 erst in 30 Jahren (§ 195). Wird der Erbe rückwirkend durch wirks Anfechtg (§§ 2078, 2340) zum ErbschBesitzer, beginnt die Verjährg des ErbschAnspr nach § 200 schon mit der Zulässigk der Anfechtg, sobald der AnfGegner etwas aus der Erbsch erlangt hat. – **Unterbrochen** (§ 209) wird die Verjährg nur hins der im KlageAntr bezeichneten Ggstände (vgl Einf 2 vor § 2018). – Mit Eintritt der Verjährg erlangt der ErbschBesitzer aber nicht die RStellg des Erben (Staud/Gursky Rn 7).

2027 ***Auskunftspflicht des Erbschaftsbesitzers.*** **I Der Erbschaftsbesitzer ist verpflichtet, dem Erben über den Bestand der Erbschaft und über den Verbleib der Erbschaftsgegenstände Auskunft zu erteilen.**

II Die gleiche Verpflichtung hat, wer, ohne Erbschaftsbesitzer zu sein, eine Sache aus dem Nachlaß in Besitz nimmt, bevor der Erbe den Besitz tatsächlich ergriffen hat.

1 **1) Die Auskunftspflicht des Erbschaftsbesitzers (I;** §§ 2018, 2030), der bereits nach § 260 I zur Vorlegg eines Bestandsverzeichnisses u nach § 260 II zur Abgabe der eidesstattl Vers verpflichtet ist (von geringfüg Nachl abgesehen, § 260 III), wird dch § 2027 hinsichtl des Aktivbestands des Nachl erweitert; dies betrifft auch den Voraus des erbschaftsbesitzenden Eheg (SeuffA **66** Nr 141). Dagg erstreckt sich diese AuskPfl nicht auf den Wert des Nachl, auf die Schulden (RGSt **71**, 360) od auf Schenkgen zu Lebzeiten (BGH **61**, 182). – Darüber hinaus hat der Besitzer über den **Verbleib** der nicht mehr vorhandenen od nicht auffindbaren Ggstände Ausk zu erteilen; auch dies erfordert schriftl Aufstellg (§ 260 I) u kann im Ergebn zu Rechenschaftslegg üb Verwaltg (§ 259) führen (Soe/Dieckmann Rn 1; MüKo/Frank Rn 7). Die Erfordernisse der
2 Ausk gehen aber nicht soweit wie die des Inventars (§ 2001). – Mit dem **Tod** des ErbschBesitzers geht eine noch unerfüllte AuskPfl auf dessen Erben über, die sich fehlende eigene Kenntnisse in zumutbarer Weise beschaffen müssen (BGH NJW **85**, 3068 mAv Dieckmann FamRZ **85**, 1247 u Hohloch JuS **86**, 315; Nürnb OLGZ **81**, 115; str); daneben kann eine eigene AusklPfl des Erben aus **I** bestehen (BGH aaO). – Der Erbl kann die AuskPfl nicht erlassen.

3 **2) Auskunftspflicht sonstiger Besitzer (II).** Wer nach dem Erbfall Sachen aus dem Nachl in Besitz genommen hat, ohne ErbschBesitzer zu sein (vgl § 2018 Rn 7), ist ebso auskunftspflichtig, gleichgült, aus welchem Grunde er in die Erbsch eingegriffen hat (als GeschF oA, Gläub od Dieb). Darunter fällt auch, wer nur die Möglichk tatsächl Vfg erlangt hat wie zB der Vermieter, der die Wohngsschlüssel an sich nahm (OLG **9**, 34). Nicht notwend ist, daß der Besitzer Kenntn von dem Eingriff in den Nachl hatte. – **Nicht** auskunftspflichtig ist aber, wer den Besitz schon vor dem Tod des Erbl erlangt hat (Staud/Gursky Rn 15) od wer nach dem Tode des Erbl eine Sache in Besitz nimmt, die der Erbl schon zu seinen Lebzeiten einem Dritten übergeben hatte (BGH **LM** Nr 1 zu § 1421; s auch Johannsen WM **72**, 923). Ebenso gilt **II** nicht ggü NachlPfleger usw (§ 2018 Rn 7).

4 **3) Auskunftsberechtigt** sind der Erbe (auch VorE); der NachE nach Eintritt des NErbfalls; NachlPfleger; NachlVerwalter; der verwaltende TV. Ferner Gläub, der ErbschAnspr gepfändet hat. Da AuskAnspr zum Nachl gehört, kann jeder MitE verlangen, daß allen MitE gemeinschaftl Ausk erteilt wird (§§ 2039 S 1; 2027). Ausk kann auch von and MitE verlangt werden (Karlsr MDR **72**, 424; Staud/Gursky Rn 5), allerd nicht, wenn letzterer für die Gesamth der Erben als deren Vertreter Besitz ergriffen hat (§ 2038 I 2; RG HRR **32** Nr 1928). Hier können aber §§ 666, 681 Platz greifen (Staud/Gursky aaO; vgl § 2038 Rn 13). – Der AuskAnspr ist vererbl (Soe/Dieckmann Rn 4; vgl auch Nürnbg OLGZ **81**, 115), aber nicht auf einen NichtE übertragb (Karlsr FamRZ **67**, 692). Der Berecht kann auf ihn verzichten.

5 **4) Prozessuales.** Klage auf AuskErteilg ist im Gerichtsstand des ZPO 27 mögl (Nürnb OLGZ **81**, 115; str). Sie macht aber nicht auch den ErbschAnspr rhängig (RG **115**, 29), es sei denn, daß im Wege der Stufenklage (ZPO 254) zugleich die genaue Kennzeichng und Herausg der ErbschGgstände verfolgt wird (s Einf 2 vor § 2018). Sie unterbricht auch nicht die Verjährg. – Vollstreckg erfolgt gem ZPO 888. – Die eidesstattl Vers ist abzugeben: freiwill gem FGG 163 vor dem FG-Gericht (zuständ RPfleger, RPflG 3 Nr 1 b); nach Verurteilg gem ZPO 889 vor dem VollstrGericht (Düss MDR **60**, 590), sofern nicht Gläub u

Schu mit Abgabe vor dem FG-Gericht einverstanden sind (s Hamm Rpfleger **58**, 189). – **Vervollständigung** der Ausk kann idR nur durch eidesstattl Vers, nicht dch neue Kl erzwungen werden, wenn nicht ein selbständ Vermögensteil gänzl ausgelassen war u deshalb ein NachlVerzeichnis gar nicht vorgelegen hat (RG **84**, 44).

2028 ***Auskunftspflicht des Hausgenossen; eidesstattliche Versicherung.*** **I Wer sich zur Zeit des Erbfalls mit dem Erblasser in häuslicher Gemeinschaft befunden hat, ist verpflichtet, dem Erben auf Verlangen Auskunft darüber zu erteilen, welche erbschaftliche Geschäfte er geführt hat und was ihm über den Verbleib der Erbschaftsgegenstände bekannt ist.**

II Besteht Grund zu der Annahme, daß die Auskunft nicht mit der erforderlichen Sorgfalt erteilt worden ist, so hat der Verpflichtete auf Verlangen des Erben zu Protokoll an Eides Statt zu versichern, daß er seine Angaben nach bestem Wissen so vollständig gemacht habe, als er dazu im Stande sei.

III Die Vorschriften des § 259 Abs. 3 und des § 261 finden Anwendung.

1) Die Auskunftspflicht wg häusl Gemeinsch hat ihren Grd darin, daß diese den Hausgenossen Kenntn u 1
Vfgsmöglichk üb NachlGgstände verschaffte, der schlechter informierte Erbe dagg auf Informationen angewiesen ist. Dah ist die Vorschr weit auszulegen. Auskpflichtig ist jeder, bei dem nach den räuml u persönl Beziehgen, die zw ihm u dem Erbl bestanden hatten, eine Kenntn iS des § 2028 unter Berücksichtigg aller Umst des Einzelfalls zu vermuten ist (BGH **LM** Nr 1). Dies kann auch ein MitE sein (RG **81**, 30). Verwandtsch od Familienzugehörigk (§ 1969) wird hier nicht vorausgesetzt. Dah können auch längere Besucher des Erbl (RG **80**, 285), sein Lebensgefährte (LG Bln FamRZ **79**, 503), Hauspersonal, Zimmer- u Flurnachbarn darunter fallen; ebso ein Mieter, der das eingerichtete Haus des Erbl gemietet, ihm ein Zimmer als Untermieter überlassen u seine Verköstigg u Versorgg übernommen hat (BGH **LM** Nr 1). MitE kann nicht Ausk verweigern, weil er NachlGgstand für wertlos hält (Köln MDR **61**, 147). – **Auskunftsberechtigung** wie § 2027 Rn 4. Nicht dazu gehört der Erwerber einzelner NachlGgstände (Bln JR **56**, 300).

2) Als Auskunft kann idR nur eine Erklärg gewertet werden, die der Erklärende auf Fragen hin in dem 2
Bewußtsein abgibt, einer ges Pfl zu genügen (BGH WM **71**, 443). Die Ausk unterscheidet sich von der nach § 2027. Sie umfaßt nicht die Vorlage eines Bestandsverzeichnisses, erstreckt sich aber auf Führg erbschaftl Geschäfte (Soergel/Dieckmann Rn 3). Bei Führg erbschaftl Geschäfte greift auch § 681 ein. – Unter „Verbleib der ErbschGgstände" (Sachen u Rechte; Vfgen darüber) fallen auch solche, die schon vor dem Erbfall beiseite geschafft sind; dagg nicht vorher verschenkte Ggstände (RG **84**, 206; BGH **18**, 67; WM **71**, 443 zur Ausk über Rückzahlg eines Darlehens an Erbl). Die AuskPfl ist nicht durch Namhaftmachg bestimmter vermißter NachlSachen bedingt (BGH DB **64**, 1443). – AuskErteilg nach § 2027 entbindet nicht von der AuskPfl nach § 2028 (Staud/Gursky Rn 11; str). – Gerichtsstand des ZPO 27 ist nicht gegeben (str). Vollstreckg erfolgt nach ZPO 888.

3) Eidesstattliche Versicherung (**II**; FGG 163, 79; ZPO 889) über Vollständigk der Angaben (nicht, wie 3
bei § 260, des Bestandes) setzt AuskErteilg voraus (RG LZ **22**, 196; BGH DB **64**, 1443). Ist der Hausgenosse zur Abgabe der eV vor dem Gericht der freiw Gerichtsbark (**III;** § 261) bereit, hat dieses nicht zu prüfen, ob Grd zur Annahme einer unsorgfältigen Ausk besteht (KGJ **45**, 112). Voraussetzg ist aber stets, daß der Erbe die Abgabe der eV verlangt od wenigstens damit einverstanden ist. In der Klage auf Abgabe der eV liegt ein solches Verlangen (BayObLG **53**, 135). Die Tätigk des **Gerichts** beschränkt sich dann auf die Bestimmg des Termins, Ladg der Beteiligten u EntggNahme der eV zu Protokoll des Rechtspflegers (RPflG 3 Nr 1 b; wg Prot s FGG 78 I 2), wenn der Pflichtige bereit ist (Mü JFG **15**, 118). Wird sie verweigert, entscheidet das ProzeßG über die Pflicht; der Erbe muß Gründe darlegen u ggf beweisen, die die Annahme rechtfertigen, daß die Auskunft aus mangelnder Sorgfalt unvollständ od unrichtig erteilt ist, zB NachlGgstände verschwiegen sind (BGH aaO).

2029 ***Haftung bei Einzelansprüchen des Erben.*** **Die Haftung des Erbschaftsbesitzers bestimmt sich auch gegenüber den Ansprüchen, die dem Erben in Ansehung der einzelnen Erbschaftsgegenstände zustehen, nach den Vorschriften über den Erbschaftsanspruch.**

1) Einzelansprüche dingl od schuldrechtl Art auf Herausg, Bereicherg, SchadErs (s §§ 985; 861; 812 ff; 1
823 ff) kann der Erbe als Herr des Nachl wie gg jeden Dritten so auch gg den Besitzer geltd machen (s Einf 1 vor § 2018; Wiegand JuS **75**, 286: Ausgl für Vfgen des ScheinE). Es steht in seiner Wahl, ob er gg letzteren Gesamt- od Einzelklage erhebt. § 2029 stellt klar, daß auch in letzterem Fall der Besitzer die Vorteile des ErbschAnspr (zB hins der Aufwendgen) nicht verlieren, andererseits aber auch dessen Nachteile tragen soll. Zu diesen Nachteilen gehört die strengere Haftg hins der Nutzgen (§ 2020) im Ggsatz zu § 993 und der Herausg der Bereicherg nach § 2024 S 1 (grob fahrläss Nichtwissen genügt) u schließl bei § 2026 der Ausschluß der Ersitzgseinrede (s Staud/Gursky Rn 2).

2) Prozessuales. Durch eine solche Einzelklage wird rechtskräftige Feststellg des ErbR nicht herbeige- 2
führt, wenn der Beklagte nicht die Widerklage (ZPO 256 II) hierauf erstreckt. Die Vorschr über den ErbschAnspr sind vom Gericht vAw anzuwenden, so weit sich der ErbschBesitz aus dem Parteivortrag ergibt. Der Gerichtsstand (ZPO 27) gilt jedoch für Einzelklagen nicht (Nürnb OLGZ **81**, 115).

2030 ***Rechtsstellung des Erbschaftserwerbers.*** **Wer die Erbschaft durch Vertrag von einem Erbschaftsbesitzer erwirbt, steht im Verhältnisse zu dem Erben einem Erbschaftsbesitzer gleich.**

1 **Erwerberhaftung.** Eine Veräußerg der Erbsch (§§ 2371, 2385) od eines Erbteils (§§ 1922 II, 2033) durch den Besitzer hindert den Erben nicht, gg den Veräußerer den Erbschaftsanspruch auf den Erlös (§ 2019) geltd zu machen. Der Erwerber haftet jedoch, sobald ihm tatsächl die Erbsch übertragen ist, dem Erben wie ein ErbschBesitzer u kann sich nicht auf gutgläub Erwerb iS der §§ 932–936, 892, 893, 2366, 2367 berufen (Staud/Gursky Rn 3). Die §§ 2024, 2025 treffen ihn aber nur, falls deren Voraussetzgen in seiner Person
2 gegeben sind. – Der Erbe hat die **Wahl**, ob er gg den Verkäufer nach §§ 2018, 2019 od gg den Erwerber nach §§ 2018, 2030 vorgeht. Erhält er allerd die Erbsch zurück, kann er nicht außerdem noch den etwaigen Verkaufserlös beanspruchen; diesen kann vielm der Erwerber vom Besitzer nach § 440 wieder zurückverlangen, falls er nicht den Mangel im Recht kannte (§ 439 I). – § 2030 gilt entspr für den Erwerb einer Erbsch aGrd einer letztw Vfg, zB Vermächtn des ErbschBesitzers (Staud/Gursky Rn 11). – Wer nur **einzelne** Nachlaßgegenstände erwirbt, steht einem ErbschBesitzer nicht gleich; daher ist gutgläub Erwerb mögl.

2031 ***Herausgabeanspruch des für tot Erklärten.*** **I Überlebt eine Person, die für tot erklärt oder deren Todeszeit nach den Vorschriften des Verschollenheitsgesetzes festgestellt ist, den Zeitpunkt, der als Zeitpunkt ihres Todes gilt, so kann sie die Herausgabe ihres Vermögens nach den für den Erbschaftsanspruch geltenden Vorschriften verlangen. Solange sie noch lebt, wird die Verjährung ihres Anspruchs nicht vor dem Ablauf eines Jahres nach dem Zeitpunkt vollendet, in welchem sie von der Todeserklärung oder der Feststellung der Todeszeit Kenntnis erlangt.**

II Das gleiche gilt, wenn der Tod einer Person ohne Todeserklärung oder Feststellung der Todeszeit mit Unrecht angenommen worden ist.

1 **1) Dem scheinbaren Erblasser,** der in Wirklichk noch lebt, gleichwohl aber für tot erklärt **(I)** bzw mit einem TodesZtpkt festgestellt (VerschG 39 ff) od nur für tot gehalten **(II)** wurde, steht der ErbschAnspr gg jeden Eindringling in sein Vermögen selbst zu, auch wenn dieser kein ErbschBesitzer iS des § 2018 war u sich kein ErbR angemaßt hat, sond zB das Vermögen des Verschollenen dadurch erlangte, daß er sich selbst als der Verschollene ausgab. – Stirbt der ScheinErbl dann tatsächl, geht sein HerausgabeAnspr auf seine Erben über u ist dann ein wirkl ErbschAnspr. – Der lebende ScheinErbl soll seinen Anspr auch nicht dch Ablauf der **Verjährungsfrist** (§§ 2026; 194; 195) verlieren (**I** 2).

2 **2) Der Todeszeitpunkt** wird bei TodesErkl od Todeszeitfeststellg dch Beschluß festgestellt (VerschG 9; 23; 44). Ohne förml Verfahren fehlt ein TodesZtpkt, so daß bei **II** (falsche Sterbeurkunde; Personenverwechslg; Scheintod; Aufhebg der TodesErkl od der Todeszeitfeststellg, VerschG 30) Leben des Totgeglaubten genügt. Dann kann auch Abwesenheitspfleger (§ 1911) den Anspr geltend machen.

Vierter Titel. Mehrheit von Erben

Einführung

1 **1) Die Miterbengemeinschaft** entsteht kr G dch den Tod des Erbl unabhäng vom Willen der MitE, kann also weder vertragl begründet noch nach erfolgter Auseinandersetzg wieder hergestellt werden (§ 2042 Rn 22). Diese RVerbindg der MitE ist als Gemeinsch zur gesamten Hand ausgestaltet u damit die dritte derartige Gemeinsch im BGB (neben Gesellsch u Gütergemeinsch; vgl Übbl 8 vor § 420). Obwohl damit zwischen dem gesamthänd gebundenen NachlVermögen u dem Eigenvermögen ihrer Mitglieder zu unterscheiden ist, ist die ErbenGemsch keine eigene Rechtspersönlichk u als solche auch nicht parteifähig (BGH NJW **89**, 2133), kann allerd am sozialgerichtl Verf beteiligt sein (SGG 70 Nr 2; BSozG NJW **58**, 1560). – Der in Erbfällen vor dem 1. 4. 98 nur Erbersatzberechtigte (§ 1934 a aF; EG 227 I Nr 1) war nicht an der ErbenGemsch beteiligt, sond nur deren Gläub.

2 **2) Gemeinschaftliches Handeln** ist grdsl Pflicht der MitE (§§ 2038–2040). Dieser Grdsatz erfährt aber mehrfach eine Durchbrechg durch Befugnisse rein individueller Prägung wie die Verfügbark üb den Erbenanteil (§ 2033 I; anders bei § 719 I u § 1419 I) u den Anspr jedes MitE auf jederzeitige Auseinandersetzg (§ 2042 I). Während näml die Gesellsch für die Dauer bestimmt u eingegangen ist, soll die MiterbenGemsch idR möglichst bald aufgelöst werden. Auch die „fortgesetzte ErbenGemsch" ist keine Gesellsch des BGB.

3 **3) Erbeserbengemeinschaft** (s § 1952 Rn 4). Stirbt einer der MitE vor Auseinandersetzg der ErbenGemsch und hinterläßt er seinerseits mehrere Erben, geht sein Anteil am Sondervermögen der ErbenGemsch auf seine Erben über; sie bilden eine ErbeserbenGemsch, also eine **gesamthänderische Unterbeteiligung** an der ErbenGemsch. Über das AusschlaggsR des einzelnen Erben s § 1952 III mit Rn 4. Für die Verwaltg der ErbeserbenGemsch gelten §§ 2038–2040. Über den Anteil an der Erbsch nach dem ersten Erbl können die Erbeserben nicht verfügen, wohl aber über den ideellen Bruchteil des von ihnen ererbten Nachl. Zur Ausübg des VorkaufsR (§§ 2034 ff) s BGH NJW **69**, 92. Die Teilg des Nachl nach dem verstorbenen MitE kann jeder Erbeserbe verlangen (§ 2042); zur Haftg des zweiten Nachl s §§ 2058 ff.

4 **4) Sondervorschriften. – a) Grundstücke.** Befinden sich Grdst im Nachl, ist durch einen beschränkten Vollstreckgsschutz eine gewisse Sicherg gg allzu krasse Auswüchse des Auseinandersetzgsverlangens gegeben, die zur Einigg der MitE beitragen kann (ZVG 180 II). S auch ZVG 185 über Einstellg des Zwangsversteigergs Verf wg Stellg eines Zuweisgsantrags nach § 13 GrdstVG. Handelt es sich um land- od forstwirtschaftl Grdstücke, ist für die Auseinandersetzg ggf die Genehmigg nach GrdstVG 2 ff; 18 ff erforderl (s insbes GrdstVG 9 III; SchlHOLG RdL **63**, 89). S auch § 2033 Rn 11. – **b)** Gehört zu einer dch ges Erbfolge entstandenen
5 ErbenGemsch ein **landwirtschaftlicher Betrieb,** ermöglicht das GrdstVG die gerichtl Zuweisg des Betriebs an einen MitE (GrdstVG 13–17; 33; 39 I; dazu § 2042 Rn 24). – **c) Außenwirtschaft.** Bei Erbteilg u

einzelnen AuseinandersetzgsMaßn ist ggf das AWG (s § 245 Rn 37) zu beachten. – **d) Zur steuerlichen** 6
Behandlg der ErbenGemsch s BFM-Schreiben vom 11. 1. 93 (NJW **93**, 977).

I. Rechtsverhältnis der Erben untereinander

2032 *Erbengemeinschaft.* **I Hinterläßt der Erblasser mehrere Erben, so wird der Nachlaß gemeinschaftliches Vermögen der Erben.**

II Bis zur Auseinandersetzung gelten die Vorschriften der §§ 2033 bis 2041.

1) Gesamthandsgemeinschaft. Das BGB kennt nur die Gesamtrechtsnachfolge hins des ganzen Nach- 1
lasses (§ 1922 I). Eine unmittelb ggständl Beziehg des einzelnen MitE zum Nachl od Teilen davon wird daher durch den Erbfall nicht begründet. Die Erbsch bleibt zunächst zusammen. Der Nachl steht den MitE gemschaftl zur gesamten Hand zu. Der Anteil des MitE an den einzelnen NachlGgsten ist zwar kein Bruchteil, aber ein wirkl, wenn auch bis zur Auseinandersetzg gesamthänderisch gebundener Anteil (BayObLG **68**, 3; **82**, 59/67). Die Sachen stehen im GesamthandsEigtum, die Fdgen sind GesamthandsFdgen usw. Wg der Bedeutg vgl § 2033 Rn 19–21. Zur Rechtsstellg der ErbenGemsch s Einf 1. – Sind den Erben durch Test einzelne Ggstände zugewendet u bestimmt damit der Erbl über die Vermögensstücke selbst, liegt nur ein Vorausvermächtn (§ 2150) od eine Teilgsanordng (§ 2048) vor, die nur schuldrechtl Wirkgen haben u erst bei der Auseinandersetzg zu berücksichtigen sind. Hat aber der Erbl im Test bestimmt, daß hinsichtl des wesentl Teils des Nachl ges Erbfolge eintreten soll, liegt eine dch ges Erbfolge entstandene ErbenGemsch vor (Köln RdL **76**, 249).

2) Besondere Übertragungsakte sind daher für RÜbertragungen erforderl, wenn das GesamthandsEi- 2
gent in BruchteilsEigent umgewandelt od wenn AlleinEigent begründet werden soll. Bei Grundstücken ist also Auflassg u zur Gültigk des schuldrechtl Vertrags Beachtg der Form des § 313 erforderl (RG **57**, 432; **118**, 244; BGH **21**, 231); über Genehmiggsbedürftigk nach GrdstVG 2 II Nr 2 s Oldbg RdL **64**, 234; über Anwendg von WEG 12 I bei Übertragg eines WohngsEigt von der ErbenGemsch auf einen der MitE s BayObLG **82**, 46. Ebenso ist Auflassg erforderl zur Umschreibg des Eigtums an einem NachlGrdst auf eine von den MitE gebildete OHG (KG JFG **21**, 168) od KG (Hamm JMBl NRW **58**, 268); s auch Rn 7. Erwirbt jedoch eine von den MitE gebildete BGB-Gesellsch sämtl Erbteile, bedarf es zur Umschreibg eines Nachl-Grdstücks auf die Gesellsch keiner Auflassg (KG DR **44**, 455; s auch § 2033 Rn 13). – Aus dem Grdsatz der GesamthandsGemsch ergibt sich ferner, daß es nicht mögl ist, innerh einer fortdauernden ErbenGemsch eine engere, nur einen Teil der MitE umfassde „ErbenGemsch" zu begründen; die Erben können aber ein zum Nachl gehördes HandelsGesch in der Weise aus der ErbenGemsch ausgliedern, daß sie insow eine Gesellsch bilden u das Geschäftsvermögen dorthin übertragen (BGH WM **75**, 1110).

3) Die Berufung mehrerer Erben kann auf G (§§ 1924 ff) od auf einer Vfg vTw (§§ 1937; 1941) beruhen 3
u bei begrenzter Vfg (§§ 2088 ff) auch beide Berufgsgründe umfassen. Das GemschVerhältn besteht nur zw den unmittelb eintretenden MitE, nicht dagg schon mit einem ErsatzE (§ 2096) od NachE (§ 2100), solange nicht der für den Eintritt weiterer Erben maßgebl Umstand vorliegt. NachE bilden unter sich nach Eintritt des Nacherbfalls die Gemsch (RG **93**, 296, insow nicht geändert durch RG **152**, 380); ebenso ErsatznachE (s Schmidt BWNotZ **66**, 144); nicht aber der VorE mit dem NachE. Der MitE kann aGrd G od Vfg vTw von mehreren Personen beerbt werden, die in seine Rechte u Pflichten eintreten.

4) Nachfolge in Handelsgeschäft. Wird ein Einzelkaufmann von mehreren Erben beerbt, geht sein 4
vererbl HandelsGesch (HGB 22 I; s § 1922 Rn 14) auf die MitE als RTräger in gesamthänd Verbundenh über, obwohl ihnen eine eigene RPersönlk ermangelt (Einf 1); dies gilt auch für gewerbl Unternehmen, das erst dch Eintragg (HGB 2) zum Handelsgewerbe wurde (KG JW **38**, 3117). Die MitE können es gemeinsch in ungeteilter ErbenGemsch als werbendes Unternehmen zeitl unbeschränkt fortführen (HGB 27), ohne sich zu einer HandelsGes zusammenzuschließen (hM; zB BGH **92**, 259; KG FGPrax **99**, 27). Nach bestehder RPraxis müssen sie es nicht alsbald abwickeln, obwohl sich die auf Auflösg gerichteten u Interessen des Verkehrschutzes nicht berücksichtigden §§ 2038 ff kaum zur Führg eines kaufm Unternehmens eignen, zumal die Gesamthand kein Unternehmen neu errichten od unter Lebden erwerben kann. Der Fortführg steht auch nicht das Ausscheiden einzelner MitE entgg, solange noch zwei MitE verbleiben (KG JW **39**, 565). In der Übernahme des Gesch dch einen MitE mit Zustimmg der übr liegt Teilauseinandersetzg mit Zuweisg des Gesch an MitE, der als Alleininhaber ins HandReg einzutragen ist (Staud/Werner Rn 20; Kleve RhNK **67**, 783). In der Fortführg dch einen MitE liegt Fortführg dch alle nur, wenn dieser von den übrigen MitE zur Fortführg ausdrückl od stillschweigend bevollmächtigt wurde (BGH NJW **59**, 2114; **60**, 962). – Die Erwerber sämtl MitE-Anteile können dagg das Handelsgeschäft nicht fortführen, da dies nur Erben vorbehalten ist; dies gilt auch dann, wenn VE ihre Erbteile an die NE übertragen (KG FGPrax **99**, 27).

a) Bei Fortführung kann die ErbenGemsch unter ihrer Firma Rechte erwerben und Verbindlichk 5
eingehen sowie klagen und verklagt werden (Wolf aaO 493). Die MitE können das Gesch unter der alten Firma mit oder ohne Nachfolgezusatz fortführen (nun sogar, wenn sie den Namen des bish Inhabers enthält, HGB 22), aber auch unter einer neuen Firma, die dann aber (wie schon bish, KG JFG **5**, 209) wg des obligatorischen Rechtsformzusatzes (HGB 19 I Nr 1) kenntl machen muß, daß Inhaber MitE in gesamthänd Verbundenh sind, auch wenn die Anfordergen an das Irreführgsverbot vermindert wurden (HGB 18 II). Ins Handelsregister können die MitE in gesamthänd Verbundenh als Kaufmann eingetragen werden (KG aaO; Schaub ZEV **94**, 71). Die Geschäftsführg steht idR allen gemeinsam zu (Ffm BB **75**, 1319). Auf ihre RVerhältn untereinander, also im InnenVerhältn können die RSätze der OHG angewandt werden (BGH **17**, 299). – Eine **Prokura** erlischt mit dem Erbfall, wenn der Prokurist einer der MitE wird (BGH NJW **59**, 2114); ein MitE kann auch nicht zum Prokuristen bestellt werden (KG JW **39**, 565). – Die ErbenGemsch kann sich nicht als solche an einer OHG od KG beteiligen (KGJ **49**, 109; 268; **37** A 145; BGH **22**, 192).

6 **b) Haftung.** Nach Fortführg haften die MitE persönl sowohl für die von ihnen neu eingegangenen Verbindlk analog HGB 128 (K. Schmidt NJW **85**, 2785) als auch für die bereits entstandenen GeschSchulden unbeschränkt (HGB 27 I; 25 I; Baumbach/Hopt HGB 27 Rn 1); die MitE können diese Haftg auch mit ihrem Privatvermögen nur nach HGB 27 II vermeiden (s aber § 1629 a, dazu unten). Im übr kann die Haftg auf den Nachl nur dch Vereinbarg mit dem VertrPartner beschränkt werden (Ffm BB **75**, 1319; Soe/Wolf Rn 9). Führt Iedigl ein MitE das Gesch fort, haften die übr gem HGB 27 I nur, wenn sie ihm Vollm zur GeschFührg für alle zumindet konkludent erteilt haben (BGH NJW **59**, 2114; **60**, 962). – Besteht die ErbenGemsch aus Eltern u ihren **minderjährigen** Kindern, werden dch die Fortführg auch die Kinder als Mitinhaber für solche Verbindlichk mit verpflichtet, die ihre Eltern kr ihrer ges Vertretgsmacht unter der Firma des fortgeführten Unternehmens eingegangen sind. Der GesGeber hat jedoch den minderj ME nun die Möglk eingeräumt, nach Eintritt der Volljährigk ihre Haftg für Verbindlichk, die aGrd des währd ihrer Minderjährigk erfolgten Erwerbs vTw entstanden sind, gem §§ 1629 a; 1793 II auf den Bestand ihres Vermögens zu diesem Zeitpkt zu beschränken (s Einf 4 v § 1967). Allerd wird vermutet, daß die Verbindlk erst nach Vollendg des 18. Lebensj begründet wurde, sofern der vollj Gewordene von da an nicht binnen 3 Monaten Auseinandersetzg (§ 2042) verlangt (§ 1629 a IV mit Rn 27; 29).

7 **c) Umwandlung in Handelsgesellschaft** ist wünschenswert sowohl aus Gründen der HaftgsBeschränkg der MitE als auch des Verkehrsschutzes im HandelsR, damit die ErbenGemsch als Unternehmensträger alsbald abgelöst wird; einen ges Umwandlgszwang hierzu gibt es allerd nicht. Umwandlg erfordert Teilauseinandersetzg u Sachgründg (K. Schmidt aaO). Die Fortführg als **OHG** setzt Abschluß eines GesVertrags u Übertragg der Unternehmensgüter auf die PersonenGes voraus, weil es sich jeweils um gesonderte Gesamthandsvermögen u eigenständ Unternehmensträger handelt (BGH **92**, 259; BFH NJW **88**, 1343). Ohne entspr GesVertrag bleibt die ErbenGemsch Träger des Unternehmens. Allerd kann der Wille der MitE, zur Unternehmensfortführg eine OHG zu gründen, auch schlüssig zum Ausdr kommen. Ein solcher Gründgswille kann aber nicht schon im Entschluß zur Fortführg erblickt werden, wie überhaupt die Tats der Fortführg für sich allein auch nach längerem Zeitablauf nichts über eine Umwandlg od GesellschGründg besagt (Hamm NZG **99**, 588; BGH aaO). – Die MitE können dch Mitwirkg aller (§ 2038 I) auch eine **stille** Ges (HGB 230 ff) mit Dritten eingehen; sind dies minderj Abkömml eines MitE, ist zur Vertretg des Mindj ErgänzgsPflegsch (§ 1909) erforderl, sofern der Vertragsschluß dem Kind nicht ledigl rechtl Vorteil bringt (dazu BFH NJW **88**, 1343).

8 **5) Nachfolge bei OHG od KG** (HGB 139, 161 II; 177). Sieht der GesVertr einer OHG od KG bei Tod eines persönl haftden Gesellschafters die Fortsetzg der Ges mit dessen Erben vor (s § 1922 Rn 17), erben bei Vorhandensein mehrerer Erben die MitE die Beteiligg des Erbl an der Gesellsch nicht als ErbenGemsch, da eine solche als Inhaberin der Gesellschafterposition ungeeignet ist. Vielmehr vollzieht sich ihr Eintritt erbrechtl: Jeder MitE wird im Wege der Sondererbfolge unmittelb Gter mit einem GesAnteil, dessen Größe
9 seinem Erbteil am ErblAnteil entspricht (s § 1922 Rn 18–20). – Auch bei Vererbg eines **Kommanditanteils** auf mehrere Personen wird nicht die ErbenGemsch Kommanditist, sond jeder MitE mit dem Anteil, der seinem Erbteil entspricht (s § 1922 Rn 21 mH); zur AnmeldePfl jedes einz MitE s BayObLG DB **79**, 86. – Bei Fortführg einer OHG mit den Erben des Gters, bei einer KG mit den Erben des persönl haftenden Gters besteht unbeschränkte persönl Haftg (HGB 128) der einzelnen MitE, die unmittelb am GesellschVermögen beteiligt sind.

10 **6) BGB-Gesellschaft.** Sieht der GesVertr die Vererblichk der Mitgliedsch vor (§ 727 I), wird bei Beerbg eines Gters von mehreren Personen nicht die ErbenGemsch, sond jeder MitE Gter mit dem Anteil, der seinem Erbteil entspricht (s BGH NJW **81**, 749; BayObLG **84**, 225). Bei minderjähr Erben ist seit 1. 1. 99 die Vollendg des 18. Lebensjahrs wicht Grd für Kündigg (§ 723 I 2 Nr 2, eingefügt dch MHbeG).

11 **7) Nachfolge in einen GmbH-Anteil.** Der GeschAnteil einer GmbH ist vererbl (GmbHG 15 I) und kann kraft ErbR auf MitE in ErbenGemsch übergehen (s GmbHG 18; Däubler, Die Vererbg des GeschAnteils bei der GmbH, 1965, S 18 ff). Fällt der Anteil einer ErbenGemsch an, deren Mitglieder nach dem GesVertrag nur teilweise nachfolgeberechtigt sind, kann im Wege der Erbauseinandersetzg der vererbte GeschAnteil auf nachfolgeberechtigte MitE übertragen werden (BGH **92**, 386). Wird dagg dch erbrechtl zulässige Erbanteilsübertragg (s § 2033) ein gesrechtl ErwerbsR an dem Anteil beeinträchtigt, kann der Erwerber schuldrechtl verpflichtet sein, hinsichtl des GeschAnteils die satzgsmäßige RLage wiederherzustellen (BGH aaO). – Die
12 MitE können die GmbH-Anteilsrechte, namentl das StimmR nur **gemeinsam** ausüben (BGH WM **60**, 590) und Erklärgen ggü der Gesellsch nur gemeins abgeben; insow ist § 2038 I S 2, 2. Halbs nicht anwendb (GmbHG 18 I; Däubler aaO 18). Über RHandlgen der GmbH ggü der ErbenGemsch s GmbHG 18 III. Über Haftg für NachlVerbindlichk ggü der Gesellsch s GmbHG 18 II, der grdsätzl mit § 2058 übereinstimmt; § 2059 ist anwendb; §§ 2060, 2061 geht GmbHG 18 II vor (Däubler aaO 20, 21). Soll bei der NachlAuseinandersetzg ein GmbH-Teil aufgeteilt werden, ist GmbHG 17 zu beachten (s dazu Däubler aaO 23). S auch § 1922 Rn 24; eingehd Wiedemann Rdsch GmbH **69**, 247. Übertragg der GmbH-Anteile der ErbenGemsch auf OHG erfordert not beurk Übertraggsakt auch bei Identität der Gter (Karlsr NJW-RR **95**, 1189).

13 **8) Nachfolge bei Aktiengesellschaft.** Das MitgliedsR (AnteilsR) des Aktionärs (Aktie) ist unteilb (AktG 8 III). Mehrere MitE erben eine Aktie als ErbenGemsch, also zu gesamter Hand (s AktG 69). Die MitE können ihre Rechte aus einer Aktie nur dch einen gemschaftl Vertreter ausüben (AktG 69 I). Sie müssen einen solchen bestellen, wenn nicht etwa ein TV vorhanden ist (Godin/Wilhelmi AktG 69 Rn 3). – Die Vererblichk des AktienR kann **nicht ausgeschlossen** werden (§ 1922 Rn 23); in der Satzg der AG kann aber der Ges das Recht vorbehalten werden, beim Eintritt gewisser Umstände (zB Erbfall; Erbfall an bestimmte Personen) die Einziehg der vom Erbfall betroffenen Aktien durchzuführen (s AktG 237 ff; dazu Wiedemann, Die Übertr u Vererbg von MitgliedschR bei Handelsgesellschaften, § 4 I 1 b, II 2). – Die Eintragg des RÜbergangs in das Aktienbuch für Namensaktien (AktG 67, 68) ist für den erbrechtl Erwerb nicht erforderl. – Über Haftg der MitE für Leistgen auf die Aktie s AktG 69 II. Abgabe von Willenserklärgen der Ges ggü mehreren Erben eines Aktionärs regelt AktG 69 III.

9) Grundbuchberichtigung kann nur so erfolgen, daß gleichzeit alle MitE eingetragen werden, weil das 14
GBuch den neuen RZustand insges richtig wiedergeben muß. Dabei ist GBO 47 (Bezeichng des Gemsch-Verhältnisses) zu beachten; haben sich innerh der ErbenGemsch noch UnterGemsch gebildet, zB nach verstorbenen MitE (s Einf 3), sind auch diese u ihre Zusammensetzg einzutragen (BayObLG **90**, 188; dazu Venjakob Rpfleger **93**, 2). Ein verstorbener MitE kann allerd nicht eingetragen werden (Horber/Demharter, GBO 19 Rn 98); seine unbekannten Erben grdsl auch nicht, es sei denn, daß andernf eine nur einheitl mögl GBuch-Berichtigg nicht dchführb wäre (BayObLG **94**, 158). – Ist dann das MiterbenVerhältn gekennzeichnet, kann eine auf dem ideellen Anteil eines MitE unzulässigerw eingetragene Hyp auch nicht aGrd guten Glaubens an die Richtigk des GBuchs rechtswirks erworben werden (§§ 1114, 892; RG **88**, 21). – Zur GBuchEintragg bei Übertragg des Erbteils s § 2033 Rn 13, bei seiner Pfändg § 2033 Rn 18.

2033 *Verfügungsrecht des Miterben.* **I Jeder Miterbe kann über seinen Anteil an dem Nachlasse verfügen. Der Vertrag, durch den ein Miterbe über seinen Anteil verfügt, bedarf der notariellen Beurkundung.**

II Über seinen Anteil an den einzelnen Nachlaßgegenständen kann ein Miterbe nicht verfügen.

1) Miterbenanteil. Der MitE kann nur über seinen Erbteil (§ 1922) verfügen (**I**), also üb seine ideelle 1
quotale Berechtigg am Gesamthandsvermögen (§ 2032 Rn 1), dagg nicht über einzelne NachlGgstände od seinen Anteil daran **(II).** Dies gilt, solange die ErbenGemsch besteht, also solange noch Teile des Gesamthandvermögens vorhanden sind (Hamm DNotZ **66**, 744), auch wenn es sich dabei nur noch um einen Ggstand handelt (BGH NJW **69**, 92; Düss NJW **77**, 1828; BayObLG **67**, 408). – Zuläss ist auch die Vfg über einen
Bruchteil dieses Anteils (dazu BGH NJW **63**, 1610; BFH NJW **75**, 2119; Düss RhNK **67**, 219); ob dann 2
innerh der ErbenGemsch eine BruchteilsGemsch bezügl des ungeteilten Erbteils entsteht (so Düss aaO; Köln Rpfleger **74**, 109; hM), die wiederum Mitglied der ErbenGemsch ist, od ein selbständ Anteil, ist str (für letzteres Venjakob Rpfleger **93**, 2 mit Nachw des Meingsstands). – Zuläss ist auch der Erwerb eines MitE-Anteils dch mehrere Personen, sei es daß diese in einem bestimmten GemschVerh stehen od sich miteinander in keinem bes RVerhältn befinden. Stirbt ein MitE, können seine Erben über den in seinem Nachl befindlichen Erbteil nur gemeins verfügen (RG **162**, 397); Teilausschlagg ist jedoch zuläss (§ 1952 III).

a) Bei Übertragung sämtlicher Anteile auf einen MitE vereinigt sich die Erbsch in dessen Hand mit der 3
Folge der Aufhebg der ungeteilten ErbenGemsch. Eine Rückübertragg der Anteile ist nicht mehr mögl. Es besteht der gleiche RZustand wie bei dem urspr Anfall an einen AlleinE, der ebenf üb einen Bruchteil des Nachl nicht mit dingl Wirkg vfgen könnte (BGH FamRZ **92**, 659 mwN). Für die GläubAnfechtg bedeutet dies, daß ein Zurverfüggstellen (AnfG 11) dch Rückgewähr in Natur aus RGrden zwar im allg ausgeschlossen sein wird, aber jedenf dann mögl ist, wenn der Nachl nur aus einem Grdst besteht (BGH aaO).

b) Übertragung an Miterben. Überträgt ein MitE seinen Erbteil an die übr Mitgl der ErbenGemsch, 4
entsteht mangels entggstehender Anhaltspunkte (wie zB bei Angabe von Teilen der Bruchteile) keine BruchteilsGemsch; der übertragene Erbteil wächst den in GesamthandGemsch stehden Erwerbern gleichf zur Gesamthand zu (BayObLG **80**, 328); überträgt er nur einen Bruchteil seines Anteils an MitE, entsteht zw beiden keine UnterGemsch am Anteil (BayObLG **91**, 46). Der Antr von 3 in ungeteilter ErbenGemsch lebenden MitE, das GBuch dahin zu berichtigen, daß das NachlGrdst nur noch 2 MitE zusteht, kann als Erbteilsübertragg des Ausscheidenden auf die beiden anderen MitE auszulegen sein (Ffm MDR **61**, 415). – **Rückübertragung** eines von einem MitE einem and MitE übertrag Erbanteils ist zuläss, obwohl sich beim Empfänger zwei Erbanteile vereinigt haben (Frankth MittBayNot **78**, 17); anders ist es, wenn sich beim Empfänger alle Anteile vereinigt haben (Rn 3). – Üb MitE-Anteil des Erbl am Nachl eines **Dritten** kann AlleinE dagg mit dingl Wirkg vfgen (vgl auch Landau NJW **54**, 1647; Haegele BWNotZ **71**, 136).

c) Auseinandersetzungsguthaben. Üb den Anspr auf dieses künft Guthaben kann nicht verfügt werden, 5
solange noch gemschaftl Vermögen vorhanden ist (hM; aA RGRK/Kregel Rn 2; Siegler MDR **64**, 372). Dies folgt aus Grden des Gläubigerschutzes, da dieser Anspr auch hinsichtl der Haftg an die Stelle des Erbteils tritt (Staud/Werner Rn 12), so daß die Möglichk seiner isolierten Übertragg den Erbteil aushöhlen würde (MüKo/Dütz Rn 10). – Dies gilt auch für MitVorE (§ 2112 Rn 3).

2) Verfügungswirkung. Der Erwerber erhält zwar nicht die MitE-Stellg als solche, da diese nicht dch 6
RGesch unter Lebden erworben werden kann, tritt aber mit Veräußerg an Stelle des MitE in dessen vermögensrechtl Stellg am Nachl ein. Damit wächst ihm dch GesamtR-Nachfolge eine gesamthänd Berechtigg an den einzelnen NachlGgständen zu. Hinsichtl Verwaltg u Auseinandersetzg des Nachl erwirbt er alle Rechte u Pflichten. Zugleich gehen Beschränkgen u Beschwergen des Veräußerers auf ihn über (TVstrg, NE-Rechte, Pflichtt, Vermächtn, Auflagen, Teilgsanordngen, AusgleichgsPfl). Der ErbschAnspr (§ 2018) richtet sich nun gg ihn. Für NachlVerbindlk haftet er unter den Voraussetzgen der §§ 2382, 2385; für Anspr der MitE gg den Veräußerer aus §§ 2042 II; 756. Er kann NachlVerwaltg u NachlInsolvVerf beantragen; gerichtl InvFrist (§ 1994) ist ihm zu bestimmen. – Der **Veräußerer** verliert nicht die Stellg eines MitE (BGH NJW 7
71, 1265), da diese Position untrennb mit seiner Person verknüpft bleibt; nur seinen vermögensrechtl Anteil am Nachl konnte er aufgeben. Dah kann er noch für erbunwürd erkl werden (§ 2344) mit entspr Auswirkg auf Erwerber; PflichttRest- od ErgänzgsAnspr stehen ihm zu. Im ErbSch ist er weiter aufzuführen (§ 2353 Rn 1; Erwerber hat aber AntrR, Übbl 6 v § 2371). Entlassg eines TV kann er beantragen. Für NachlVerbindlk haftet er weiter (§§ 2382; 2385). – Bei **sicherungsweiser** Erbteilsübertragg erlangt der SichergsNehmer keine bessere RStellg als ein Erwerber. Sie kann sogar mit einer auflösenden Bedingg verbunden werden, so daß bei Bedinggseintritt der Erbteil ohne weiteres wieder an den SichergsGeber zurückfällt (§ 158 II). Unwirksam sind Vfgen des SichergsNehmers (§ 161 II); über Eintragg im GBuch vgl einers Staudenmaier, anderers Keller BWNotZ **59**, 191; **62**, 286. – Schutz des **guten Glaubens** kommt für Erwerber eines MitEAnteils nicht in Frage (Soergel/Wolf Rn 25).

8 **3) Verfügungs- und Verpflichtungsgeschäft.** Vfg ist auch hier nur Übertragg, Belastg, InhÄnderg od Aufhebg (Übbl 16v § 104), in erster Linie also Veräußerg; Belastg ist insbes Verpfändg (Rn 14) u Nießbrauchsbestellg (§ 1068). Von ihr zu unterscheiden ist das zGr liegende schuldrechtl u in seiner Wirksamk prinzipiell davon unabhäng VerpflichtgsGesch. Welches vorliegt, ist Ausleggsfrage. Ist das VerpflGesch ein Kauf, kommt das ges VorkR der MitE (§ 2034) zum Zuge. – Besteht der Nachl nur (noch) aus einem einzigen Ggstand u ist dieser ein Grdst od grdstgleiches Recht (zB ErbbauR, WohngsEigt), liegt in der Abtretg des Erbanteils keine Vfg über das Grdst od das Recht; eine bei Veräußerg des ErbbauR vereinbargsgem erforderl Zustimmg des GrdstEigtümers (ErbbRVO 5 I) ist hier nicht notwend (BayObLG aaO; Hamm NJW **80**, 1397 zu WEG 12).

9 **a) Form.** Für die Vfg ist in **I 2** die **notarielle Beurkundung** (§ 128; BNotO 20) vorgeschrieben, also Beurkundg der AbtretgsErkl u deren Annahme bei der Anteilsübertragg (BGH DNotZ **67**, 326; KG Rpfleger **73**, 26). Sie gilt für den dingl Vertr, wie §§ 2371, 2385 für das VerpflGesch. Beide FormVorschr stehen selbständig nebeneinander; doch können Verpflichtgs- und VfgsGesch in einer Urk verbunden werden; worauf der Wille der VertrSchließenden abzielt, ist eine Frage der Auslegg (BGH NJW **67**, 1128). Ein Formmangel des Verpflichtgsgeschäfts ist nicht heilbar (vgl § 2371 Rn 3; BGH aaO; bestr; aM Habscheid FamRZ **68**, 13; Schlüter JuS **69**, 10), ebsowenig bei Beurkundg eines unrichtigen Kaufpreises (Hamm RdL **51**, 103). – Das Formerfordern entfällt nicht, wenn die formlos mögl Auseinandersetzg des Nachl dch Übertragg der Erbanteile erfolgt (Soergel/Wolf Rn 8; Patschke NJW **55**, 444; Zunft JZ **56**, 550ff; aA Celle NJW **51**, 198 mAv Rötelmann); wohl aber, wenn die sämtl NachlGgstände an einen MitE gg Abfindg der übrigen übertragen werden, weil hier nach dem Willen der VertrTeile nur über einzelne NachlGgstände iS des § 2040 verfügt wird, nicht aber Erbanteile übertragen werden. Auch Umdeutg ist mögl (§ 140 Rn 10). – Über unschädl Falschbezeichng des ÜbertraggsGgstandes s BGH DNotZ **65**, 38. – Die Berufg auf die
10 Formnichtigk einer privschriftl Erbteilsübertragg verstößt nur ganz ausnahmsw gg **Treu u Glauben (§ 242)** mit der Wirkg, daß die Parteien das nichtige RechtsGesch wie ein gült zu behandeln haben (BGH DRiZ **69**, 279; Johannsen WM **70**, 573). Die Geltdmachg der Formunwirksamk einer 1970 in der DDR erfolgten Erbteilsübertragg wird auch dch das VermG nicht ausgeschlossen (LG Erfurt VIZ **97**, 546). – Die Verpflichtg eines MitE, im Rahmen eines Vertr zur Durchführg der Auseinandersetzg seinen Erbteil an einen and MitE zu übertragen, bedarf nicht der Form des § 2385 (Johannsen WM **70**, 543). – **Vollmacht** zur Übertragg eines Erbanteils des VollmGebers bedarf der Form des § 2033, wenn hierdch im wesentl die gleiche RLage geschaffen wird wie dch die Übertragg des Erbanteils selbst (KG JFG **15**, 205; BayObLG **54**, 234; SchlHOLG SchlHA **62**, 173), zB sie unwiderrufl ist od von § 181 befreit (KreisG Erfurt MDR **94**, 175). – Der **Notar,** der Erbteilskauf beurkundet, muß auf das VorkR der MitE **hinweisen** (BGH **LM** § 30 DONot Nr 2a).

11 **b) Genehmigungspflichten.** Bei minderj Erben ist gerichtl Genehmigg erforderl (§§ 1643 I; 1822 Nr 1). Bei Ehegatten kann § 1365 I zu beachten sein (BGH NJW **61**, 1301). – Besteht der Nachl im wesentl aus einem land- od forstwirtschaftl Betrieb, bedarf die Übertragg des Erbteils an einen anderen als den MitE der Genehmigg nach GrdstVG 2 II Nr 2; 3ff. Der Erbteilsveräußerg steht im Hinbl auf GrdstVG 2 II Nr 3 die Bestellg eines Nießbr an einem Erbteil gleich, nicht aber die Verpfändg. – Die Veräußerg von Erbteilen bedarf dagg keiner Genehmigg nach WEG 12 (Hamm NJW **80**, 1397; s aber BayObLG **82**, 46). Sie löst auch kein VorkR nach BBauG 24 aus (BGH DNotZ **70**, 423). – Auch öff-rechtl Genehmiggserfordernisse, die für die Übertragg einzelner NachlGgstände bestehen, greifen bei Erbanteilsübertragg nicht ein (BGH **18**, 380); Ausnahmen bedürfen einer ausdrückl gesetzl Regelg (zB GrstVG 2 II Nr 2).

12 **c) Verfügungsbeschränkungen** hinsichtl einer im Nachl vorhandenen Berechtigg schließen die Vfg üb den Erbteil nicht aus. Dies gilt zB, wenn zum Nachl ein GesAnteil gehört, für den sonst § 719 zu beachten wäre; od der Geschäftsanteil einer GmbH, dessen Übertragg sonst der Genehmigg der Ges bedarf (BGH **92**, 386). Bei GüterGemsch steht § 1419 nicht entgg, obwohl der Erbteil eines Ehegatten in das Gesamtgut fällt (§ 1417 Rn 3). – Auch TVstrg schließt das VfgsR des MitE nicht aus, bleibt aber ggü Erwerber erhalten (MüKo/Dütz Rn 19). – Die Vfg ist auch dann zuläss, wenn zum Nachl ein Anteil an einem fremden Nachl gehört (BayObLG **60**, 138; s auch Düss RhNK **67**, 219; Haegele BWNotZ **71**, 134f).

13 **d) Dingliche Wirkung.** Die Vfg hat unmittelbar dingl Wirkg. Sie ist losgelöst vom VerpflichtgsGrd u grdsätzl von dessen Rechtswirksamk unabhäng (s § 139; BGH WM **69**, 592). Sie begründet eine GesamtrechtsNachf (Zweibr MittBayNot **75**, 177; BayObLG NJW-RR **87**, 398). – Der **Besitz** am Nachl geht nicht entspr § 857 auf den Erwerber über (bestr). In der Übertragg des Anteils liegt aber häufig die Übertragg des unmittelb Mitbesitzes nach § 854 II od die Abtretg des HerausgabeAnspr nach § 870 (Erman/Schlüter Rn 5 aE). – Gehört ein Grdst zum Nachl, ist die Übertragg eines Erbteils iW der Berichtigg in das **Grundbuch** einzutragen, da sich der RÜbergang außerh des GBuchs vollzieht (BGH DNotZ **69**, 623; BayObLG NJW-RR **87**, 398). GBO 40 I ist nicht anwendb u die Voreintragg des übertragenden Erben nicht entbehrl (BayObLG **94**, 158), bei der alle MitE gleichzeit eingetragen werden müssen. – Ob eine etwaige Bruchteils-Gemsch, in der die Anteilserwerber hinsichtl eines gemschaftl od in Teilen erworbenen Erbanteils stehen, ins GBuch (s GBO 47) einzutragen ist, ist bestr (ja Düss Rpfleger **68**, 188; Köln Rpfleger **74**, 109; Neusser RhNK **79**, 143; abl BayObLGZ **67**, 405). – Die **Anfechtung** der Veräußerg nach dem AnfG hat keine dingl Wirkg. Gläub kann verlangen, daß ihm Vollstreckg nach ZPO 859 gewährt wird (BGH DB **63**, 341).

14 **4) Die Verpfändung** des Anteils ist gleichf Vfg (§ 1273; vgl § 1276 Rn 3; LG Oldbg MDR **59**, 669). Ein PfandR kann aber nicht mit dem Inhalt bestellt werden, daß der Gläub allein berechtigt ist, aus dem Pfand Befriedigg für seine Fdg zu suchen, der persönl Schu aber nicht befugt ist, das PfandR durch Tilgg der Schuld zum Erlöschen zu bringen (BGH **23**, 293). Die Rechte des PfandGläub bestimmen sich nach § 1258 (s dort Rn 1); über Konkurrenz eines VertrPfandR mit einem später entstandenen PfändgspfandR s BGH NJW **69**, 1347; Lehmann NJW **71**, 1545. – Zur Übertragg des ge- od verpfändeten Erbteils bedarf es nicht der Zustimmg des PfandGläub; das PfandR bleibt aber bestehen. Anzeige nach § 1280 ist nicht erforderl (RG **84**, 395; vgl hierzu Hoche NJW **55**, 654).

5) Pfändung des Erbanteils ist zuläss (nicht aber des Anteils des MitE an den einzelnen NachlGgständen), 15
um zu verhindern, daß Gläub dch eine ohne seine Zuziehg erfolgte Teilg benachteiligt wird (RG **49**, 405; **86**, 294). Sie erfolgt gem ZPO 857 I; 859 II; 829 I dch Pfändgs- u ÜberweisgsBeschl, der zu seiner RWirksamk allen Drittschuldnern zugestellt werden muß, da sie dch Leistg an den Schu zum Nachteil des Gläub vfgen können; dies sind die übr MitE (RG **75**, 179), bei ungeteiltem Nachl der verwaltende TV (RG **86**, 294) od ein NachlVerwalter, ferner auch ein für unbekannte MitE bestellter NachlPfleger (Avenarius MDR **97**, 1033; aA LG Kassel MDR **97**, 1032). Das PfandR erstreckt sich dann nur auf den Anteil, nicht jedoch auf den einzelnen NachlGgständen, auch nicht auf den Anteil des MitE an dem einzelnen NachlGgstand. Auch wenn der einer MitEGemsch zustehde Nachl nur aus einer teilbaren Forderg besteht, gewährt das PfandR dem Gläub idR kein Recht an einem dem MitEAnteil entspr Teil der Forderg, solange die Auseinandersetzg nicht erfolgt ist, die er aber betreiben kann (BGH NJW **67**, 200).

a) Für das Verfahren ist hier zu beachten, daß sämtl MitE erkennbar zu machen sind, da sie als 16
Drittschuldner iS von ZPO 857 I, 829 gelten, an die die Zustellg zu ergehen hat (RG **75**, 179); ist ein TV eingesetzt, kann nur diesem zugestellt werden (RG **86**, 294). Pfändg u Überweisg des Anteils berechtigen den PfändungsGläub ohne Rücks auf den Rang seines PfandR auch bei Konkurrenz mit VertrPfandR zu dem Verlangen der Auseinandersetzg (§ 2042 I), auch wenn der Erbl sie ausschloß (§ 2044); od zur Herbeiführg einer Versteigerg des Anteils (ZPO 844; Celle RdL **59**, 302), was den Interessen der übrigen MitE durchaus zuwiderlaufen u zu unerwünschter Zerschlagg von NachlWerten führen kann. Entscheidg über eine Anordng nach ZPO 844 hat nicht nur Interesse des PfandGläub, sond auch des Schuldners zu berücksichtigen, der den PfandGgst nicht verschleudert sehen möchte (Stgt BWNotZ **63**, 297). – Die Pfändg u Überweisg des Erbanteils des Schuldners enthält keinen Verzicht des Gläubigers auf ein PfändgspfandR an einer der ErbenGemsch gehörigen bewegl Sache (Düss JMBl NRW **66**, 140).

b) Der Schuldner kann die Auseinandersetzg nicht betreiben u insb nicht die TeilgsVersteigerg eines 17
NachlGrdst beantragen, da hierdurch das PfandR des Gläub beeinträchtigt würde (Hbg MDR **58**, 45; Ripfel NJW **58**, 692; Stöber Rpfleger **63**, 337; aM Hamm Rpfleger **58**, 269). Aus dem gleichen Grd kann der Schu auch nicht die einstw Einstellg des durch den PfändgsGläub veranlaßten ZwVersteigergsVerf nach ZVG 180 II beantragen (Hill MDR **59**, 92; aM LG Brschw NdsRpfl **56**, 74; Stöber aaO). – Nach Auseinandersetzg unter seiner Mitwirkg erlangt Gläub nach hM ohne weiteres PfandR an den zugeteilten Ggständen (BGH NJW **69**, 1347), wobei hinsichtl bewegl nach ZPO 847 verfahren worden sein muß (Liermann NJW **62**, 2189); nach aA nur Anspr auf Bestellg eines PfandR bei Auseinandersetzg (Zöller/Stöber ZPO 859 Rn 17).

c) Grundbucheintragung des rgeschäftl od durch Pfändg erworbenen PfandR ins GBuch eines zum 18
Nachl gehörenden Grdst ist zuläss, obwohl dem PfandR nur der Anteil am ungeteilten Nachl, nicht aber der einzelne NachlGgst unterliegt, und zwar als VfgsBeschrkg der Eigentümer im Wege der Berichtigg (RG **90**, 232; Hamm OLGZ **77**, 283; Ffm Rpfleger **79**, 205), so daß alsdann eine gemschaftl Vfg der MitE über das Grdst nur mit Zustimmg des PfandGläub mögl ist. Das GBA kann aber die Vfg eines MitE über den gepfändeten Erbanteil ohne Mitwirkg des PfandGläub eintragen (Hamm Rpfleger **61**, 201). Der Grd der Verpfändg oder Pfändg darf aber nicht eingetragen werden (Hamm JMBl NRW **59**, 110). Voreintragg der MitE ist nach GBO 39 erforderl. – Eine ohne Zustimmg des PfandGläub vorgenommene **Übertragung** sämtl MitEAnteile auf einen MitE (Rn 3) ist dem ErbteilsPfandGläub ggü unwirks, der der Aufhebg seines PfandR nicht zugestimmt hat (Saarbr JBl Saar **62**, 138). Wird der Erwerber sämtl Erbanteile als AlleinEigtümer eingetragen, wird dadurch das GBuch nicht unrichtig, wenn auch die Erbteilspfandrechte eingetragen bleiben (BayObLG **59**, 51).

6) Einzelne Nachlaßgegenstände (II) gehören allen MitE zusammen in gesamthänd Gebundenh. Jeder 19
MitE hat daran einen Anteil (§ 2032 Rn 1), aber nicht in Form eines seiner Erbquote entspr TeilR. Weder der einzelne MitE noch alle MitE zusammen können dah üb Anteile an einzelnen NachlGgständen vfgen, selbst wenn der Ggst den gesamten Nachl darstellt. Mögl ist nur eine gemeins Vfg der MitE üb einen einzelnen NachlGgst insgesamt (§ 2040). Die nach **II** unwirks Vfg des MitE üb seinen Anteil am einzelnen Ggst kann dah weder dch dessen Zuweisg an den MitE bei der Auseinandersetzg noch dch Genehmigg der übr MitE gem § 185 II geheilt werden (RG **88**, 21; vgl Haegele BWNotZ **71**, 134). – **Einzelfälle:** Unwirks 20
ist dah zB die Vfg eines MitE üb seinen Anteil an NachlGrdst (BGH NJW **71**, 321); Belastg eines solchen Anteils mit Nießbr (BGH NJW **84**, 731) od GrdPfandR (RG **88**, 21); die Übertragg des Anteils an einem zum Nachl gehörden HandelsGesch (RG Recht **30** Nr 2003). Allerd kann in der nach **II** nichtigen Vfg unter best Umständen eine Vfg üb den Erbteil selbst gesehen werden (§ 140), zB wenn der Nachl nur aus diesem Ggstand besteht (BGH FamRZ **65**, 267; Lange JuS **67**, 453). – Zulässig ist aber, daß ein MitE sich schuldrechtl
verpflichtet, einem anderen einen NachlGgst für den Fall zu verschaffen, daß er ihm bei der Auseinander- 21
setzg zufällt (RG **60**, 126, 133; MüKo/Dütz Rn 40). Ebso ist eine unbedingte u unmittelbare schuldrechtl Verpflichtg zur Übertragg eines (ideellen) Anteils an einem NachlGgst od eines ganzen NachlGgstandes mögl, da keine obj Unmöglichk vorliegt (BGH BWNotZ **68**, 165; **LM** Nr 8; s auch Zunft NJW **57**, 1178). Ausleggsfrage ist allerdings, ob in einer dingl Vfg auch eine schuldrechtl Verpflichtg enthalten ist.

2034 *Vorkaufsrecht der Miterben gegenüber dem Verkäufer.* **I Verkauft ein Miterbe seinen Anteil an einen Dritten, so sind die übrigen Miterben zum Vorkaufe berechtigt.**

II Die Frist für die Ausübung des Vorkaufsrechts beträgt zwei Monate. Das Vorkaufsrecht ist vererblich.

1) Vorkaufsrecht. Das ursprüngl einzige gesetzl VorkaufsR des BGB (inzw auch § 570 b) soll die MitE gg 1
das Eindringen unerwünschter Dritter u gg eine Überfremdg der ErbenGemsch schützen sowie eine Veränderg der quotenmäß Beteiligg verhindern, um Fortbestand und Auseinandersetzg nicht vom Willen eines NichtE abhängig zu machen (BGH **86**, 379). Es finden darauf, soweit nicht §§ 2034 ff anderes ergeben, die

allg Vorschr der §§ 504 ff Anwendg (dazu BGH **LM** Nr 3). Nach §§ 2035, 2037 hat es jedoch gewisse dingl Wirkgen (vgl dort). Es kann aber nicht als Belastg der MitEAnteile ins GBuch eingetragen werden, auch wenn der Nachl ganz od zum Teil aus Grdstücken besteht (BayObLG **52**, 231). – Das noch nicht ausgeübte VorkR ist für sich allein weder übertragb (§ 514) noch pfändb, aber vererbl **(II).** Im InsolvVerf des MitE kann es nicht vom InsolvVerw ausgeübt werden.

2 **a) Entstehung.** Ein (ges od test) MitE muß seinen Anteil am Nachl ganz od teilw an einen Dritten verkaufen. Verkäufer kann auch der Erbe eines verstorbenen MitE sein, der als ErbesE Mitglied der ErbenGemsch geworden war (BGH NJW **66**, 2207; **69**, 92; abl Kanzleiter DNotZ **69**, 625). Dritter ist auch, wer schon einen Erbteil erworben hat (BGH **56**, 115; NJW **71**, 1264; Dumoulin RhNK **67**, 740/767). Der KaufVertr muß wirks sein, also formgült (§ 2371; BGH DNotZ **60**, 551), ggf behördl genehmigt (Johannsen WM **70**, 746). – **Kein** VorkR entsteht, wenn ein MitE seinen Anteil an einen and MitE verkauft (BGH NJW **93**, 726); od Erben eines MitE ihre Anteile an dessen Nachl nicht dch einheitl RGesch, sond dch selbständ Vertr an Dritte verkaufen (BGH RhNK **70**, 535); ebso, wenn die Erben eines and MitE ihre Anteile an dessen Nachl veräußern u dieser Nachl nicht ausschließl aus dem Erbanteil des beerbten MitE am Nachl des von ihm beerbten Erbl besteht (BGH NJW **75**, 445 mAv Schubert JR **75**, 290).

3 **b) Vorkaufsberechtigt** sind die übr MitE gemeinschaftl (BGH WM **79**, 1066). Ihnen steht das VorkR als Gesamthändern zu. Berecht ist auch ein MitE, der beabsichtigt, den begehrten Erbteil später zu veräußern (Rostock MDR **99**, 941). Dagg nicht ein Dritter, der bereits früh den Erbteil eines and MitE vollständ erworben hat (BGH **56**, 115; NJW **83**, 2142); auch nicht mehr der damals seinen Anteil veräußernde MitE, der zwar im RSinne MitE geblieben ist (BGH **86**, 379), aber keines Schutzes mehr gg das Eindringen Dritter in die ErbenGemsch bedarf (BGH **121**, 47 mAv Hohloch JuS **93**, 694; hM, zB MüKo/Dütz Rn 22; Staud/Werner Rn 9), ohne daß aber VorkR auf den Erwerber übergeht (BGH **83**, 2142). Der BGH hat damit endgült eine früh, unveröffentl gebliebene Entscheidg aufgegeben. Schon nach BGH FamRZ **90**, 1110 war ein solcher MitE nicht schutzwürd, wenn er Verkauf an Dritten nur verhindern will, um den Anteil selbst einem Vierten zu verschaffen; ebso besteht beim Verkauf des letzten noch verbliebenen Erbteils an den Erwerber der übr Anteile kein VorkR der übr MitE mehr (BGH **86**, 379).

4 **c) Ausübung** erfolgt dch formlose Erkl ggü dem verpflichteten MitE (§ 505), nach der Übertragg ggü Käufer (§ 2035). Die MitE müssen es einheitl ausüben (BGH WM **79**, 1066), allerd nicht gleichzeit (RG **158**, 57). Können sich die Berecht nicht einigen, kommt es nicht zur gemsch Ausübg. Will es einer nicht ausüben, verbleibt es den and im ganzen (§ 513) u zwar wiederum als Gesamthändern (s BGH WM **62**, 722; **LM** Nr 6; NJW **82**, 330; Johannsen WM **73**, 546). Einzelne MitE können es für sich allein nur dann ausüben, wenn es für die and Berecht nicht mehr besteht (Rn 8) od wenn diese keinen Gebr davon machen wollen. Alleinige Ausübg ist allerd unter der ausdrückl od stillschw Bedingg mögl, daß die übr ihr Recht nicht geltd machen (BGH NJW **82**, 330). Von der Größe des Erbteils ist die Ausübg nicht abhäng (BGH WM **72**, 503), auch nicht davon, ob u wie der Berecht seine Verpflichtg daraus zu erfüllen vermag (BGH aaO); lehnt er Erfüllg allerd zugleich ab, ist Ausübg ausgeschlossen (BGH WM **62**, 722). Die Eltern od der Vormund eines mindjähr MitE bedürfen zur Ausübg dann der gerichtl Genehmigg, wenn ein Grdst zum Nachl gehört (§ 1821 I Nr 5;
5 § 1643 mit Rn 2); ebso der Betreuer eines volljähr MitE (§ 1908 i). – Die **Frist** zur Ausübg beträgt 2 Monate **(II)** u beginnt mit Empfang der Mitteilg über den Inhalt des abgeschlossenen Vertrages, zu der Verkäufer verpflichtet ist (§ 510; BGH WM **79**, 1066); Notar hat ihn auf VorkR hinzuweisen (BeurkG 17; 20). Ist der VorkBerecht beim VertrAbschluß anwesend, beginnt sie mit dem Beurkundgstag (Köln DNotZ **59**, 263). Die Frist läuft für jeden VorkBerechtigten besonders. Die Mitteilg nach § 510 kann formlos erfolgen, muß aber klar sein (RG HRR **30** Nr 297) u setzt die Frist nur in Lauf, wenn sie den Inhalt des Vertr richtig u vollständig wiedergibt (Johannsen WM **70**, 747; Köln aaO). Beweispfl für eine wirks mündl Mitteilg ist der Erbteilskäufer (Köln aaO).

6 **d) Wirkung.** Mit Ausübg erhalten die MitE einen Anspr auf Übertragg des Erbteils, der aber nicht hinsichtl einzelner NachlGgstände geltd gemacht werden kann (BGH **LM** § 2034 Nr 1). Es entsteht ein ges Schuldverhältn (s § 2035 Rn 3); § 326 ist anwendb (Schlesw NJW-RR **92**, 1160; Johannsen aaO). – Der
7 VorkBerecht hat dem Erbteilskäufer die durch den KaufVertr u die etwaige Genehmigg entstandenen **Kosten** zu ersetzen u die Kosten der Ausübg des VorkR zu tragen (Köln DNotZ **59**, 263).

8 **2) Erlöschen** des VorkR tritt, abgesehen vom Fristablauf, durch **Verzicht** säml Berechtigter ein. Dieser kann formlos u schon vor der Mitteilg nach § 510 erfolgen (RG JW **24**, 1247). Das VorkR erlischt auch dch jede Veräußerg des Erbteils, bei der die Ausübg des VorkR ausgeschlossen ist (s oben Rn 2; §§ 507, 511; Dumoulin RhNK **67**, 740/767). – Dagg ist die Ausübg nicht desh unzuläss, weil der Berecht nur zu einem geringen Bruchteil MitE ist u der Käufer nahezu alle Anteile der übrigen MitE bereits erworben hat (BGH NJW **72**, 202). Das VorkR wird auch dch Rückgängigmachg des KaufVertr mit dem Dritten nicht beseitigt (Stgt BWNotZ **76**, 150; § 504 Rn 5).

9 **3) Auf andere Veräußerungsfälle** wie zB Tausch; Schenkg; Sichergsübereigng kann die Vorschr **nicht** ausgedehnt werden (OLG **14**, 285, BGH **LM** § 1098 Nr 3). Ebso nicht auf die Erfüllg eines Vermächtn, dessen Ggst ein Erbanteil an einem zur Erbsch gehörenden nicht auseinandergesetzten Nachl ist. Auch eine notarielle Vollmacht, die einen Dritten unwiderrufl unter Befreiung von § 181 ermächtigt, einen KaufVertr über den Erbteil abzuschließen, löst das VorkR nicht aus (BGH DNotZ **60**, 551). Namentl gehört Veräußerg im Wege der ZwVollstr od dch InsolvVerw nicht hierher (§ 512; BGH NJW **77**, 37 mAv Schubert JR **77**, 284). Auch bei Versteigerg des Nachl nach § 753; ZVG 180 steht dem MitE ggü dem Meistbietenden das
10 VorkR nicht zu (BGH NJW **72**, 1199). – Jedoch können **Vereinbarungen,** die nicht als KaufVertr angesehen werden können, nach § 138 nichtig sein, wenn ein Erbteil prakt verkauft u dabei die Ausübg des VorkR dch die MitE vereitelt werden soll (s BGH WM **70**, 1315). In solchen Fällen kann uU angenommen werden, daß doch ein KaufVertr geschlossen ist (BGH **LM** § 2035 Nr 2 mAv Johannsen); über weitere Fälle der Vereitelg des VorkR u UmgehgsGesch s Johannsen WM **70**, 748; Haegele BWNotZ **72**, 2; RG DR **43**, 1108. Auch wenn zur Sicherg für ein Darlehen ein Erbteil übertragen wird, liegt in Wirklichk ein ErbschKauf vor, falls die Rückzahlg des Darlehens u die Rückübertragg des Erbteils dch bes Abmachgen prakt für immer ausgeschlos-

sen sind (BGH NJW **57**, 1515). – Öff-rechtl Veräußerg eines Anteils am Nachl, der nur aus einem Grdst besteht, löst das VorkR nicht aus (Clasen DVBl **56**, 821). 11

4) Die Weiterveräußerung des Erbteils dch den Erwerber läßt kein VorkR entstehen (hM; vgl aber § 2037 Rn 1). Der vorkaufsberecht MitE kann der Berufg eines MitE u des Käufers seines Erbanteils auf die Formungültigk des KaufVertr nicht mit dem Vorwurf der Arglist entggtreten, wenn der Erbanteil an den verkaufenden MitE zurückübertragen wird (RG **170**, 203). – **Kein** VorkR besteht hins des MitEigtAnteils eines MitE nach Auseinandersetzg (Hamm RdL **53**, 52). Das ges VorkR der MitE ist auch nicht gegeben, wenn dasjen Mitglied der GesamthandGemsch einen weiteren NachlAnteil kauft, das dch Erwerb eines NachlAnteils mit Rücks auf ein künft ErbR nach einem MitE als dessen ges Erbe in die Gemsch eingetreten ist; dieser ist nicht Dritter iS des § 2034 I (BGH **LM** Nr 3; s auch Dumoulin RhNK **67**, 764, aber auch Johannsen WM **70**, 746). – Zur Erbteilsübertragg des MitVorE an NachE s § 2139 Rn 7. 12

2035 *Vorkaufsrecht gegenüber dem Käufer.*

[I] Ist der verkaufte Anteil auf den Käufer übertragen, so können die Miterben das ihnen nach § 2034 dem Verkäufer gegenüber zustehende Vorkaufsrecht dem Käufer gegenüber ausüben. Dem Verkäufer gegenüber erlischt das Vorkaufsrecht mit der Übertragung des Anteils.

[II] Der Verkäufer hat die Miterben von der Übertragung unverzüglich zu benachrichtigen.

1) Ausübung. Verkauft ein MitE seinen Erbteil an Dritten (§ 2033), ohne daß bis dahin die and MitE ihr bestehdes VorkR (§ 2034) ausgeübt haben, können sie dieses nur noch ggü dem Käufer ausüben (**I**); hat dieser den Erbteil bereits weiterübertragen, nur ggü dem weiteren Erwerber (§ 2037). Hierin zeigt sich die dingl Wirkg des VorkR. Ggü dem verkaufenden MitE erlischt mit Anteilsübertragg auch das VorkR (**I** 2). 1

2) Benachrichtigungspflicht. Mit Rücks auf **I** hat der Verkäufer unabhängig von der AnzeigePfl des § 510 die MitE unverzügl (§ 121) von der Übertragg zu benachrichtigen **(II);** doch gilt auch hier § 510 I 2 entspr. Solange die Anzeige nicht erfolgt, können die MitE ihr VorkR wirks ggü dem Verkäufer ausüben (RGRK Rn 4). – Für die Frist des § 2034 II ist die Anzeige des II ohne Bedeutg. 2

3) Rechtswirkung. Dch Ausübg des VorkR ggü dem Käufer kommt zw den das VorkR ausübenden MitE u dem Käufer kein KaufVertr zustande. Vielm entsteht ein ges SchuldVerhältn (Hbg MDR **61**, 851), kr dessen der Käufer verpflichtet ist, den erworbenen Anteil auf die MitE zu übertragen, währd diese ihm den etwa schon bezahlten Kaufpr nebst sonstigen Aufwendgen einschließl der Kosten der Rückübertragg zu erstatten haben (vgl BGH **6**, 85; WM **62**, 722; BVerwG **24**, 88). Hierfür haften die MitE als Gesamtschuldner (§ 427). – **Eigentümer** wird der vorkaufsberecht MitE erst mit der Übereigng, also der Übertragg des Erbanteils; vor der Übertragg kann er grdsl auch nicht als wirtschaftl Eigtümer des Anteils angesehen werden (BVerwG **24**, 87). – Eine **Sicherung** des Anspr ist nicht dch Vormerkg mögl, wohl aber uU dch Erwirkg eines VeräußergsVerbots (s Stgt BWNotZ **76**, 150). – Mehrere MitE erwerben den Anteil als Gesamthänder; der Anteil wächst ihnen entspr §§ 1935, 2094 im Verhältn ihrer Erbteile zu (Erman/Schlüter Rn 4; bestr; s Haegele BWNotZ **71**, 137; BayObLG **80**, 328). – Kommt MitE, der sein VorkR ggü dem Erwerber eines MitEAnteils geltd machte, mit der Zahlung des Erwerbspreises in **Verzug**, hat Erwerber kein RücktrR nach 3
§ 326 (BGH NJW **54**, 1883). – Für den Fall, daß der Verkäufer das ausgeübte VorkR **mißachtet** und den Anteil nicht an die MitE, sond an den Käufer od einen Dritten überträgt, enthält das G keine Regelg. An sich ist das VorkR dch die erfolgte Ausübg erloschen. Gleichwohl ist in entspr Anwendg von § 2035 dem MitE ein Anspr auf Übereignung des Erbteils gg den Erwerber zuzubilligen, da sonst der Schutzzweck der Norm vereitelt würde (Schlesw NJW-RR **92**, 1160; MüKo/Dütz Rn 7; aA Soergel/Wolf Rn 3; Staud/Werner § 2037 Rn 4: ist Frist abgelaufen, nur Anspr auf SchadErs gg Verkäufer gem § 280). 4

2036 *Haftung des Erbteilkäufers.*

Mit der Übertragung des Anteils auf die Miterben wird der Käufer von der Haftung für die Nachlaßverbindlichkeiten frei. Seine Haftung bleibt jedoch bestehen, soweit er den Nachlaßgläubigern nach den §§ 1978 bis 1980 verantwortlich ist; die Vorschriften der §§ 1990, 1991 finden entsprechende Anwendung.

1) Haftungsbefreiung (Satz 1). Der ErbschKäufer haftet für NachlVerbindlichk grdsl auch dann, wenn er den Anteil weiterveräußert (§§ 1922 II; 2382, 2383, 2385). Davon macht S 1 eine Ausnahme: Mit der Übertragg des Erbteils durch Käufer od Verkäufer auf die MitE wird der Käufer von der Haftg frei, selbst wenn er schon das BeschränkgsR verloren hatte. Die unbeschränkte Haftg hins des Erbteils trifft dann aber die das VorkR ausübenden MitE (Staud/Werner Rn 3; RGRK Rn 2). 1

2) Bestehen bleibt nach **Satz 2** lediglich die Haftg für mangelhafte VerwaltgsHandlgen gem §§ 1978–1980. Die Verweisg auf §§ 1990, 1991 ist mißverständl, weil deren Voraussetzg, daß der Haftende den Nachl in Händen hat, beim Käufer nach Übertragg auf die MitE gerade nicht gegeben ist. Gemeint ist, daß der Erwerber nach §§ 1978 ff auch dann haftet, wenn wg Dürftigk des Nachl weder NachlVerwaltg noch NachlInsolvVerf stattfinden (allg M). 2

2037 *Weiterveräußerung des Erbteils.*

Überträgt der Käufer den Anteil auf einen anderen, so finden die Vorschriften der §§ 2033, 2035, 2036 entsprechende Anwendung.

Bei Weiterveräußerung des Erbteils dch den Erwerber kann das VorkaufsR nicht nur ggü dem ersten Käufer ausgeübt werden, sond auch gg den weiteren Erwerber, gleichgült ob die weitere Übertragg auf Kauf od einem anderen RGrunde beruht. Es handelt sich jedoch um kein neues VorkR (s BGH NJW **71**, 1265). Es ist vielm (kr dingl Wirkg) dasselbe, das den MitE gg den veräußernden MitE nach § 2034 zusteht. Deshalb 1 läuft die Frist des § 2034 II nur einmal seit der ersten Anzeige. Den Weiterveräußernden trifft aber jedesmal wieder die AnzeigePfl nach § 2035 II. – Unter „anderen" sind nicht auch die MitE zu verstehen (RG **170**, 203).

2038 *Gemeinschaftliche Verwaltung des Nachlasses.* **I Die Verwaltung des Nachlasses steht den Erben gemeinschaftlich zu. Jeder Miterbe ist den anderen gegenüber verpflichtet, zu Maßregeln mitzuwirken, die zur ordnungsmäßigen Verwaltung erforderlich sind; die zur Erhaltung notwendigen Maßregeln kann jeder Miterbe ohne Mitwirkung der anderen treffen.**

II Die Vorschriften der §§ 743, 745, 746, 748 finden Anwendung. Die Teilung der Früchte erfolgt erst bei der Auseinandersetzung. Ist die Auseinandersetzung auf längere Zeit als ein Jahr ausgeschlossen, so kann jeder Miterbe am Schlusse jedes Jahres die Teilung des Reinertrags verlangen.

1 **1) Verwaltungsbefugnis.** Die Erben als GesamthandsGemsch verwalten bis zur Auseinandersetzg das Sondervermögen Nachl gemeinschaftl (**I** 1), sind also zusammen das handlgsfäh Organ des Nachl (Soe/Wolf Rn 1). Damit in Zusammenhang steht das Erfordern gemeinschaftl Vfgen gem § 2040. – Trotz des Grdsatzes der gemeinschaft Verwaltg ist volle Übereinstimmg der MitE nur bei außerordentl VerwaltgsMaßn (Rn 5) erforderl (u bei Vfgen, § 2040). Entscheidgen üb Maßn der laufenden Verwaltg, die das G als ordngsgemäße bezeichnet (Rn 6), treffen die MitE dagg mit StimmenMehrh, falls erforderl (Rn 9); nur insow besteht auch eine MitwirkgsPfl (**I** 2; Rn 8). Für dringliche Maßn hat jeder MitE sogar alleinige Entscheidgskompetenz im Rahmen seines NotverwaltgsR (**I** 2; Rn 14). Die Rechtmäßigk jeder Maßn hängt somit davon ab, unter welche Art sie fällt. Liegen für sie die Voraussetzgen keiner der drei Verwaltgsarten vor, ist sie nach innen u außen unwirks (MüKo/Dütz Rn 8).

2 **2) Ausnahmen.** Die MitE sind von der Verwaltg **ausgeschlossen,** wenn die Befugn einem TV (§ 2205), NachlVerw (§ 1984) od NachlInsolvVerw (InsO 80) zusteht; TV ist dann nicht an den nur für die MitE geltden § 2038 gebunden (BGH Rpfleger **86**, 434). NachlG ist allerd nie zu VerwaltgsMaßn befugt. – Bei Erbteilspfändg geht die Verwaltgsbefugn eines MitE auf PfandGläub über. – Dch **Erblasserbestimmung** in einer letztw Vfg können einzelnen MitE besondere VerwaltungsRe zustehen (dann liegt TVstrg vor, § 2209). Ein solches VerwaltgsR kann aus wicht Grd entzogen werden (BGH **6**, 76). Verpflichtet Erbl die MitE zu bestimmten Maßn od zur Übertragg der Verwaltg auf bestimmte Person, liegt darin idR Auflage (§ 1940; MüKo/Dütz Rn 20), uU auch VorausVermächtn. – Die MitE können ferner eine vom G abweichde Regelg der Verwaltg **beschließen**, zB einen der MitE od Dritten mit der Verwaltg beauftragen. Dies kann auch stillschweigd geschehen (Brox Rn 466); od dch MehrhBeschluß erfolgen (BGH NJW **71**, 1265), ohne daß dann die Minderh bei mangelhafter Verwaltg idR SchadErsatz fordern kann (MüKo/Dütz Rn 21). Eine einvernehml getroffene Verwaltgsvereinbarg (BGH WM **68**, 1172) kann jeder MitE aus wichtigem Grd wieder kündigen (§ 745 Rn 4); der einem MitE von den übr erteilte Verwaltgsauftrag ist jederzeit widerrufl u kündb (§ 671). – Eine Fremdverwaltg erzwingen kann ein MitE dch Klage auf Zustimmg gg die übr nur, wenn die MitE selbst zur Verwaltg nicht bereit od nicht in der Lage sind (BGH NJW **83**, 2142). Zum KlageR auf Änderg der Art der Verwaltg s § 745 Rn 5; KG NJW **61**, 733.

3 **3) Verwaltung.** Art u Inhalt der Verwaltg ist den MitE überlassen; sie können den Nachl nach ihrem Willen berechtigen u verpflichten; § 2038 regelt nur ihre MitwirkgsRe u Pflichten. Verwaltg ist weit zu verstehen u umfaßt alle Maßn, die auf tatsächl od rechtl Erhaltg, Vermehrg, Sicherg u Nutzg des Nachl gerichtet sind. Darunter fallen sowohl Verpflichtgs- wie VfgsGeschäfte, für die jew weitere Vorschr gelten können, zB für Vfgen § 2040, für Verpflichtgen § 313. Keine Verwaltg sind dagg Handlgen im Rahmen der Totenfürsorge (Einl 9 v § 1922); Widerruf einer ErblVollmacht (BGH **30**, 396); Maßn der Auseinandersetzg od zu deren Ausschluß. – Gleichgült ist, ob eine Maßn nur nach innen od auch nach außen wirkt. Das G unterscheidet bei der ErbenGemsch näml nicht näher zw dem InnenVerhältn der MitE zueinander u der Vertretg ggü Dritten. Verwaltg des Nachl umfaßt dah sowohl die Maßn im InnenVerhältn (also die interne Beschlußfassg) als auch das AußenVerhältn (zB Vertragsabschluß mit Käufer), kann also Geschäftsführg u
4 Vertretg sein (BGH FamRZ **65**, 267). – Auch **Verfügungen** können VerwaltgsGeschäfte sein (BGH FamRZ **65**, 267; Lange JuS **67**, 453), zB Übereigng eines Grdst. Ob sie vorgenommen werden, entscheidet sich im InnenVerhältn nach § 2038, bei Gesch der ordngsgem Verw also nach MehrhPrinzip. Zur Dchführg des MehrhBeschlusses bedarf es dann der Mitwirkg aller MitE, da im AußenVerhältn § 2040 I gilt, der grdsl als Spezialnorm vorgeht (str; ebso BGH **56**, 47; Staud/Werner Rn 7; MüKo/Dütz Rn 53; aA Soe/Wolf Rn 5 mN: § 2038 gewähre eine § 2040 verdrängende ges Vertretgsmacht). Bei Verweigerg kann Mitwirkg dch Klage auf Erfüllg der MitwirkgsPfl (**I** 2) von jedem and MitE erzwungen werden (Rn 8).

5 **4) Außerordentliche Verwaltung.** Alle Maßn, die nicht unter die ordngsgemäße od laufende Verwaltg fallen u auch keine Notgeschäftsführg sind, erfordern Übereinstimmg aller MitE. Im InnenVerhältn können sie also nur einstimmig beschlossen werden; eine MitwirkgsPfl besteht hier nicht. Nach außen ist einvernehml Auftreten erforderl. Allerd kann auch ein einzelner MitE mit Zustimmg der übr handeln (§§ 182 ff). Handelt er ohne Vertretgsmacht, gelten §§ 177 ff; einseit RGesch ohne die erforderl Einwilligg sind dah wirkgslos (§ 180; Johannsen WM **70**, 576). Nehmen die MitE es hin, daß einer von ihnen Verwaltgshandlungen vornimmt, kann darin stillschw Bevollmächtigg liegen (BGH NJW **59**, 2114; KG NJW **61**, 734). – Verweigert MitE die Dchführg eines einstimmig gefaßten Beschlusses ggü Dritten, kommt nur Erzwingg nach den Grdsätzen der MehrhVerwaltg in Frage (MüKo/Dütz Rn 26).

6 **5) Ordnungsgemäße Verwaltung.** Unter diesen Grdsatz fallen gem **II** iVm § 745 alle Maßn, die der Beschaffenh des Ggstands u dem Interesse aller MitE nach billigem Ermessen entsprechen. Dafür ist eine wirtschaftl Beurteilg anzustellen (BGH FamRZ **65**, 267). Es kommt dann darauf an, was eine verständ Person in dieser Lage machen würde. Sie können mit Mehrh beschlossen werden u binden dann auch die RNachfolger (§ 746). – Im Prinzip handelt es sich hier um die Maßn der laufenden Verwaltg. Wesentl Verändergen sind

näml ausgeschlossen (§ 745 III). Dies bezieht sich allerd auf den Nachl als Ganzes u nicht auf seine einzelnen Ggstände, die dchaus veräußert, verarbeitet od umgestaltet werden können (MüKo/Dütz Rn 30).

a) Beispiele für Maßnahmen der ordngsgemäß Verwaltg: Ausübg des Besitzes an den NachlGgständen 7
(§ 743 II; dazu BGH WM **78**, 1012). – Einziehg von NachlFdgen (BGH **46**, 280). – Abschluß von **Mietverträgen** (LG Köln MDR **59**, 214; Mannh MDR **64**, 238; BGH WM **69**, 298; Johannsen WM **70**, 575 zu Vertr der ErbenGemsch mit MitE; dazu auch Schopp ZMR **67**, 193) u Einziehg der Mietzinsen aus einem der ErbenGemsch gehörenden Haus. Als Vermieter kann die Mehrh der MitE Mietverträge abschließen u kündigen (Schopp aaO 195; ebenso LG Köln MDR **59**, 214; Mannh MDR **64**, 238; **72**, 520; Staud/Werner Rn 41 nur für Abschluß); für gemschaftl Kündigg aller MitE grdsl LG Mannh ZMR **66**, 178; Siegelmann ZMR **66**, 293. Als Mieter können die MitE ein Mietverhältnis nur gemeinsch kündigen (§ 2040), da dies eine Vfg über das MietVerhältn, keine Verwaltgshandlg ist (Schopp aaO 195 f). – Kündigg eines VerwalterdienstVertr (KG DR **40**, 1018 mAv Vogels). – Kündigg des PachtVertr über ein zum Nachl gehörendes Landgut (BGH **LM** Nr 1; NJW **71**, 1265). – Baumaßnahmen auf einem Grdst (Düss MDR **47**, 289). – Rückn eines EintrAntr beim GBA (Düss NJW **56**, 876). – Klage auf Rechngslegg nach Tod des Mündels (§ 1890; Hamm BB **76**, 671). – Das Eingehen einer stillen Gesellsch (HGB 230 ff) mit einem Dritten (BFH NJW **88**, 1343). – Auch Fortführg eines Handelsgeschäfts namens der ErbenGemsch kann hierher gehören (BGH **30**, 391; NJW **60**, 962; vgl auch § 2032 Rn 4–6; Johannsen WM **70**, 575; **77**, 271); ebso Fortführg eines gewerbl Betriebs (Ffm WM **75**, 129). Beim HandelsGesch ist die Eintragg einzelner MitE als Vertreter der Firma unter Ausschluß der übr von der Vertretg unzulässig (KG KGJ **35** A 152). Zur Verwaltg eines GmbH-Anteils s Wiedemann RdschGmbH 69, 247. – Machen die MitE eine NachlFdg gerichtl geltend u schließt ihr RA einen Prozeßvergleich unter Vorbeh seines Widerrufs, kann jeder der vertretenen MitE fristgerecht widerrufen; § 2040 steht nicht entgg (BGH **46**, 277 mAv Johannsen **LM** Nr 8 u Bökelmann JR **67**, 341).

b) Mitwirkungspflicht (I 2). Jeder MitE ist verpflichtet, an den zur ordngsmäß Verwaltg erforderl Maßn 8
mitzuwirken. Dies bezhieht sich aber nicht auch auf die Aufstellg eines NachlVerzeichn (RG **81**, 30; s Rn 13). Zur Mitwirkg gehört nicht nur Zustimmg, sond uU auch eigenes tätiges Handeln. Sie kann im Klagewege erzwungen werden (BGH **6**, 76; OLG **37**, 252; Celle JR **63**, 221: kein Recht des MitE zu 1/5 auf Einwilligg der anderen MitE in Kündigg des GrdstVerwalters wg erhebl persönl Spanngen mit ihm). Dabei sind die Anträge auf eine bestimmte Maßn zu richten, die dem Interesse aller MitE nach billigem Erm entsprechen muß; eine wesentl Veränderg kann nicht verlangt werden (**II** mit § 745; vgl auch § 745 Rn 5). – Verletzt ein MitE die ihm obliegende MitwirkgsPfl od die Pflicht, gg schädigendes Verhalten anderer MitE einzuschreiten, macht er sich ersatzpflichtig (§ 276); für Erfüllgsgehilfen haftet er nach § 278 (BGH DRiZ **66**, 396). – Auf die fortgesetzte ErbenGemsch kann § 708 analog anwendb sein. – Da die MitwirkgsPfl nur unter den an der Gesamthand Beteiligten, nicht nach außen besteht, kann sich ein **Dritter** nicht darauf berufen, daß die von einem einzelnen MitE getroffene Maßregel notwend sei u die übr Erben hätten mitwirken müssen (BGH NJW **58**, 2061).

c) Entscheidungen. Dch Stimmenmehrh (**II;** § 745) beschließen die MitE, falls Einstimmigk nicht 9
erreichbar ist, üb eine der Beschaffenh des gemschaftl Ggstandes entspr ordngsmäßige Verwaltg u Benutzg (BayObLG **65**, 391); s dazu Muscheler ZEV **97**, 169; 222. Bspl: Die Übertragg der Verwaltg auf einen od einzelne MitE od einen Dritten (s BGH DRiZ **66**, 396; WM **68**, 1172; Johannsen WM **73**, 544); die Vertretg des Nachl dch einen MitE od Dritten; die Regelg der Benutzg von NachlGgst (BGH WM **68**, 1172). –
Stimmberechtigt ist auch der Erbteilserwerber (2033 Rn 6). Die Stimmenmehrh ist nach der Größe der 10
Erbteile zu berechnen (BayObLG **63**, 324). Dabei ist auch der MitE stimmberecht, der unter Berücksichtigg der AusgleichgsPfl nichts mehr zu erhalten hat (vgl § 2055 Rn 4). Stimmberechtigg bejaht auch BGH **56**, 47 (mAv Johannsen **LM** Nr 10) bei RGeschäften zw ErbenGemsch u GmbH, der MitE als Gesellschafter angehören. – Kein StimmR haben die MitE in eigenen Angelegenheiten, zB hins der Einziehg einer Fdg, deren Schu der MitE ist (vgl Hamm BB **69**, 514; BGH WM **73**, 360). Ein solcher Interessenwiderstreit besteht aber nicht, wenn die Verwaltg des Nachl einem MitE übertragen werden soll. Dieser MitE darf daher über die Übertragg u die Höhe der Vergütg mitabstimmen (Nipperdey AcP **143**, 315). – Erweist sich die
beschlossene Maßn als **ungeeignet,** kann jeder MitE von den and die zur Beseitigg der Störg erforderl 11
Hdlgen verlangen, zB Abberufg des eingesetzten Verwalters (OLG **40**, 111).

d) Wirkung. Ein wirks MehrhBeschluß kann Außenwirkg haben (BGH **56**, 47; Hamm BB **69**, 514), so 12
daß die Mehrh der MitE bzw der von den MitE Beauftragte jedenf für VerpflichtgsGesch Vertretgsmacht hat, auch für die and MitE zu handeln (MüKo/Dütz Rn 51). Dch dieses wird eine NachlVerbindlk begründet (s § 1967 Rn 9). Zur Haftg der MitE s auch § 2059. – Im InnenVerhältn sind die Kosten der Erhaltg, Verwaltg u einer gemeinsch Benutzg sowie die sonstigen Lasten von den MitE nach dem Verhältn ihrer Erbteile zu tragen (**II;** § 748). Die Verpflichtg beschränkt sich auf die im Nachl vorhandenen bereiten Mittel. Sie begründet keine VorschußPfl (MüKo/Dütz Rn 66; bestr).

e) Eine allgemeine Auskunftspflicht der MitE untereinander über den Nachl besteht nicht. Sie läßt sich 13
aus erbrechtl Bestimmgen nicht begründen u auch nicht aus § 242 ableiten, da die MitEStellg nicht die hierfür erforderl Sonderbeziehg begründet (BGH JR **90**, 16 mAv Wassermann). Die MitE sind sich auch nicht üb Umstände betr die Testierfähigk des Erbl auskunftspflichtig (BGH aaO), zumal die im ErbR normierten AuskPfl sich immer nur auf den NachlBestand u den Verbleib best Ggstände beziehen (§§ 2027; 2028; 2057; 2121; 2127; 2314). Ebso nicht üb lebzeit Zuwendgen (Sarres/Afraz ZEV **95**, 433). – Üb Bestand u Wert des Nachl kann sich ein MitE als Gesamthänder aber jederzeit selbst in Kenntn setzen u dazu ggf Mitwirkg der übr MitE verlangen (BGH NJW **73**, 1876; Lorenz JuS **95**, 569; s auch § 2314 Rn 3), da ihm die Anspr nach §§ 2027, 2028 zustehen. Hat ein MitE die Verwaltg allein geführt, ist er den anderen nach §§ 666, 681 auskunftspflichtig (RG **81**, 30). Es kann sich auch eine Pfl zur Mitwirkg bei Errichtg eines NachlVerzeichnisses ergeben (Karlsr MDR **72**, 424).

3) Notgeschäftsführung (I 2). Notwendige Erhaltungsmaßnahmen kann **jeder Miterbe** ohne Mitwirkg 14
der anderen treffen. Hat er allein vom Erbfall Kenntn, ist er zur Ergreifg der notwend Sichergsmaßn sogar

verpflichtet u hat hierfür ggf sogar sein eigenes Vermögen einzusetzen (BGH JZ **53**, 706). – **a) Notwendig** sind nur solche Maßn, die auch der ordngsgemäß Verwaltg des gesamten Nachl dienen (Einzelh s § 744 Rn 3 u Bertzel AcP **158**, 119 ff; NJW **62**, 2280). Dies kann auch eine Vfg sein (MüKo/Dütz Rn 62; Soergel/Wolf Rn 12; Schlesw SchlHA **65**, 276; str); od die Erhebg einer Klage, wenn nur dch sie ein dem Nachl gehörendes Recht erhalten werden kann (BGH **94**, 117), zB eine AnfechtgsKlage zur Beseitigg der Wirksamk eines GterBeschlusses, wenn der ErbenGemsch ein GmbH-Anteil zusteht (BGH BB **89**, 1496); od die notfalls im Klageweg erfolgende Abwehr der drohenden Enteigng eines NachlGrdst (VGH Kassel NJW **58**, 1203). Ferner Beschwerden u Klagen im FlurbereiniggsVerf (BVerwG NJW **65**, 1546). Bedeutsame Maßnahmen, dch die erhebl Verpflichtgen für den Nachl od die anderen MitE begründet werden, sind nur dann notwendig, wenn wg ihrer Dringlichk die Zustimmg der MitE nicht mehr eingeholt werden kann (BGH **6**, 83; Hamm OLGZ **85**, 226). – **Art und Umfang** der Maßnahmen sind vom Standpkt eines vernünft u wirtschaftl denkenden Beurteilers zu entscheiden (BGH **6**, 76; Johannsen WM **70**, 578), also idR weder Wiederaufbau eines kriegszerstörten Gebäudes (BGH **LM** § 1004 Nr 14) noch Abschluß eines langjährigen MietVertr (BGH NJW **58**, 2061), auch nicht Widerruf einer schwebend unwirks Auflassgserklärg (SchlHOLG aaO). – Antr auf Bestimmg einer InvFrist gehört nicht hierher, da dies ledigl nützl, aber nicht notwend ist (KG OLG
15 **35**, 360; s aber auch § 2039 Rn 3). – **b) Wirkung.** Die von dem notverwaltenden MitE eingegangenen Verpflichtgen sind zunächst EigenVerbindlichk (§ 1967 Rn 8); zugleich sind sie NachlVerbindlichk, wenn vom Standpkt eines sorgfält Verwalters aus die Erhaltgsaufwendgen ordnungsgemäßer Verwaltg entsprechen (§ 1967 Rn 9); ihm kommt dann eine ges Vertretgsmacht nach außen zu (Bertzel AcP **158**, 121; Brox Rn 482). – Intern kann er für seine Aufwendgen von den übr MitE anteilig Ersatz verlangen (§ 748), wenn sein eigenmächt Vorgehen berecht war; diese können ihn analog § 2059 auf ihren Anteil am Nachl verweisen, wenn auch er sich ggü dem NachlGläub auf § 2059 hätte berufen können (Wernecke AcP **193** (1993), 240/252). – Bei **Überschreitung** seines NotverwaltgsR kommt Aufwendgsersatz nach GoA (§§ 683; 684, 687 II) in Betr (BGH NJW **87**, 3001 mAv Hohloch JuS **88**, 74; s auch § 748 Rn 2), es sei denn, daß §§ 987 ff als lex spec eingreifen; unberechtigter Besitzer eines NachlGgst kann ein MitE aber nur bei Beeinträchtigg des Mitgebrauchs der übr MitE sein, sofern diese ihn beansprucht haben (BGH aaO). Bei unberecht eigenmächt Vorgehen hat er der ErbenGemsch den Nachteil zu ersetzen, der ihr bei pflichtgem Verhalten des MitE erspart geblieben wäre, sei es aus pVV, GoA (§ 678) od § 823 I bei widerrechtl Verletzg des GesamthandEigt (Wernecke aaO 257 ff).

16 **4) Die Früchte** gebühren den MitE nach dem Verhältn ihrer Erbteile (§ 743). Ihre Teilg erfolgt aber grdsl erst bei der Auseinandersetzg. Auch Abschlagszahlgen können nicht gefordert werden (OLG **18**, 327; Hbg MDR **65**, 66), da erst bei der Auseinandersetzg feststeht, was der MitE unter Berücksichtigg einer etwaigen AusgleichsPfl zu erhalten hat. Eine frühere Verteilg kann nicht durch MehrhBeschl (Hbg aaO), sond nur durch Vereinbg sämtl MitE angeordnet werden (RG **81**, 241). Doch kann sie einseitig dann verlangt werden, wenn Nichtteilg wg besonderer Umstände arglistig wäre (LG Halle JW **37**, 643). – Teilg des Reinertrags erfolgt am **Schluß des Jahres,** wenn Auseinandersetzg nach §§ 2043 bis 2045 länger als ein Jahr ausgeschlossen ist (Hbg aaO); bloße Verzögerg der Auseinandersetzg genügt nicht (RG **81**, 241; Soergel/Wolf Rn 28). – Wird ein MitE durch Vorschüsse auf sein Auseinandersetzgsguthaben ganz od teilw befriedigt, gebühren ihm Früchte nur nach seiner tatsächl Beteiligg am NachlVermögen, bemessen nach den Wertverhältn am Verteilgsstichtag (Hbg MDR **56**, 107). Allg wird als Stichtag für die Bewertg der zur Auseinandersetzg stehden Masse der TeilgsZtpkt heranzuziehen sein (s Meincke BewertgsR § 14 II 2 a).

2039 ***Nachlaßforderungen; Leistung nur an alle Erben.*** **Gehört ein Anspruch zum Nachlasse, so kann der Verpflichtete nur an alle Erben gemeinschaftlich leisten und jeder Miterbe nur die Leistung an alle Erben fordern. Jeder Miterbe kann verlangen, daß der Verpflichtete die zu leistende Sache für alle Erben hinterlegt oder, wenn sie sich nicht zur Hinterlegung eignet, an einen gerichtlich zu bestellenden Verwahrer abliefert.**

1 **1) Nachlaßansprüche.** Nach den Grdsätzen der GesamthandsGemsch muß ein NachlSchu an alle MitE gemeinschaftl leisten. An sich müßten danach auch die MitE gemeins die zum Nachl gehörden Anspr geltend machen. Hier ermächtigt nun das G jeden MitE allein und unabhäng von den anderen zur Einforderg der geschuldeten Leistg, allerd nicht an sich, sond nur an alle. Damit wird erreicht, daß jeder MitE die der ErbenGemsch dch Nachlässigk einzelner ihrer Mitglieder drohenden Nachteile abwenden kann, ohne selbst einen unberecht Sondervorteil zu erlangen.

2 **a) Erfaßte Ansprüche.** Nur bei Anspr (dazu § 194 Rn 1) und nur bei solchen, die zum Nachlaß gehören, ist deren Geltendmachg dch einen MitE allein zuläss, mögen sie schuldrechtl od dingl od öffentlrechtl Natur sein. Dazu gehören zum **Beispiel:** Der ErbschAnspr (§§ 2018 ff). – FreistellgsAnspr (RG **158**, 42). – UnterlassgsAnspr. – Anspr auf Hinterlegg (§ 432 I 2), auch wenn die ErbenGemsch nur Teilhaber der GeldFdg ist (BGH NJW **83**, 2020). – Anspr auf Auseinandersetzg u Antr auf Teilgsversteigerg nach ZVG 181, auch wenn die Gemsch zw der MiterbenGemsch u einem Dritten besteht (RG **108**, 424; Hamm Rpfleger **58**, 269; Schlesw MDR **59**, 46). – Der Anspr auf Rechngslegg gg TV (BGH NJW **65**, 396). – Anspr auf Berichtigg des GBuchs (BGH 44, 367 mAv Mattern **LM** Nr 7; FamRZ **76**, 146, 268 mAv Schwab; Zweibr Rpfleger **68**, 88). – **Ersatzforderungen** aGr von § 2041 (Wieser FS Lange, 1970, 325), zB SchadErsatzAnspr wg Nicht- od Schlechterfüllg der zum Nachl gehörenden KaufpreisFdg; ist dieser Anspr gg den Schuldner nicht dchsetzb, auch der SchadErsatzAnspr gg den Notar wg dessen schuldh AmtspflichtVerletzg bei Beurkundg des RGesch (BGH NJW **87**, 434). – Ein einz MitE eines tödl Verunglückten kann uU die SchadErsAnspr auf Grd des Todesfalles u die EntschädggsAnspr auf Grd der vom Schädiger nach dem Pauschsystem abgeschlossenen
3 InsassenUnfallVers selbständ geltd machen (Köln VersR **75**, 1113). – **Weitere Fälle:** AnfechtgsR aGrd des AnfG. – Auch Anspr auf das bei der GoA Erlangte, jedoch erst, wenn die ErbenGemsch die Geschführg genehmigt hat (RG SeuffA **81** Nr 95). – Ferner Antr auf Aufnahme eines dch den Tod des Erbl unterbrochenen WiederaufnahmeVerf (ZPO 578), jedenf dann, wenn das angefochtene Urt einen NachlAnspr

abgewiesen hatte (BGH NJW **54**, 1523). – Antr auf Bestimmg einer Inventarfrist gg die Erben des Schuldners (RGRK Rn 2; aM KG OLG **35**, 360; vgl § 2038 Rn 14). – Schließl auch **öffentlich-rechtliche** Anspr wie die Geltdmachg des mat-rechtl WitwerrentenAnspr des verstorbenen Vaters (BVerfG **17**, 86 zu BVG 43); od der KostenerstattgsAnspr aus vom Vater u später von den Erben für den Vater geführten Rechtsstreitigk (LSozG Celle NJW **68**, 1743 zu SGG 193); im SteuerR ErlaßFdg von Säumniszuschlägen (BFH FamRZ **89**, 975). – Entspr Anwendg ist mögl bei Klagen gg NachlVerwalter auf Herausgabe des Nachl (RG **150**, 189), auf Feststellg der Nichtigk eines Test (Mü HRR **42** Nr 302; RGRK Rn 10). – Für Anspr aus unerlaubter Hdlg, die der ErbenGemsch zustehen, beginnt die Verjährungsfrist (§ 852), wenn Erbl Kenntn vom Schaden u der Person des Ersatzpflichtigen nicht mehr gehabt hat, erst, wenn diese Voraussetzgen in der Person jedes MitE begründet sind (Celle NJW **64**, 869).

b) Gestaltungsrechte fallen **nicht** unter § 2039, der nur die Dchsetzg von Anspr regelt. Daher können 4
sie die MitE nur gemeins ausüben. Dies gilt vor allem für Vfgen (§ 2040); RücktrR; WahlR; Wiederkaufs- und VorkaufsR mit der Ausn des § 2034; AnfechtgsR nach §§ 119ff (BGH NJW **51**, 308; Düss NJW **54**, 1041); Widerruf einer Schenkg ua. – Auch **Kündigung** einer Fdg kann, da sie eine Vfg enthält, nur gemeinschaftl erfolgen (RG **65**, 5). – § 2039 ist auch nicht anwendb bei Anfechtg eines die ErbenGemsch verpflichtenden od belastenden **Verwaltungsakts,** die von den MitE grdsätzl nur gemeins in notwend 5
Streitgenossensch durchgeführt werden kann (BVerwG NJW **56**, 1295; BayVGH **25**, 112; Eyermann/Fröhler VwGO 64 Rn 2); einer allein kann daher auch nicht RMittel einlegen (VGH Mannh NJW **92**, 388). Für entspr Anwendg von § 2038 I Hs 2 ist BVerwG NJW **65**, 1546 (dazu auch Eyermann/Fröhler VwGO 42 Rn 87; 61 Rn 6; MüKo/Dütz Rn 35). – Zur ProzeßführgsBefugn für Gestaltgsklagen s ausführl Habermeier ZZP **105** (1992), 182ff.

2) Durchsetzung. Der einzelne MitE kann zunächst außergerichtl den Schu eines fälligen Anspr mahnen 6
und damit in Verzug setzen (§ 284; dazu Johannsen WM **70**, 578ff); wg Kündigg s Rn 4. Sodann kann er den Anspr **gerichtlich** geltend machen, also auf Leistg (uU auch auf künftige, RG JW **25**, 2244) od Feststellg klagen; zur Sicherg Arrest und einstw Vfg erwirken; die ZwangsVollstr betreiben (auch wenn der Titel von allen MitE erwirkt worden ist, KG NJW **57**, 1154); auch negative FeststellgsKlage auf Nichtbestehen einer NachlSchuld erheben (RG HRR **35** Nr 1602). Ein Widerspruch der übr MitE steht dem Recht des S 1 nicht entgg. – Ein Verfahren, das dch den Tod einer Partei unterbrochen worden ist, kann sowohl von der ErbenGemsch, als auch von jedem einzelnen MitE **aufgenommen** werden (Warn **39** Nr 23; OGH JR 50, 245; BGH FamRZ **64**, 360; Ffm MDR **66**, 153). Bei der Aufnahme kann der einzelne MitE dch Genehmigg auch Mängel des bish Verfahrens heilen, wenn zB der Kläger zZ der Klageerhebg u bis zu seinem Tod geschäftsunfäh war (BGH **23**, 207). – Ist eine ErbenGemsch Verpächterin eines landwirtschaftl Grdst, hat jeder MitE für sich allein das Recht, gg eine auf Antr des Pächters beschlossene Verlängerg des PachtVertr sof Beschw einzulegen (BGH **LM** Nr 2 zu § 2038). – Auch Wiedergutmachgsansprüche nach dem REG u BEG kann der einz MitE geltd machen (BGH MDR **73**, 220; **LM** Nr 48 zu BEG 189). – § 2039 gilt auch im FG-Verfahren (Staud/Werner Rn 31).

a) In eigenem Namen klagt stets der MitE, nicht als Vertreter der übrigen. Die ErbenGemsch als solche 7
ist nicht parteifähig (s Einf 1 vor § 2032); auch in dem von allen MitE als Gemsch geführten Prozeß sind desh die einzelnen MitE selbst Partei mit der Folge, daß sie auch einzeln prozessualen od materiell-rechtl Einwendgen ausgesetzt sein od solche geltend machen können (BGH NJW **89**, 2133 mAv Schilken JR **90**, 458). – Das für od gg einen MitE ergangene rkräft Urt schafft für u gg die and MitE keine RKraft (RG **93**, 127); es kann aber in einem nachfolgenden Prozeß aller Gesamthänder nicht unberücksichtigt bleiben u hindert ein neuerl Urteil gg den betr MitE (BGH aaO). – Klage des einen MitE unterbricht auch Verjährg für die übrigen (MüKo/Dütz Rn 20 mN; str); der Schu ist aber dem Obsiegenden zur Zahlg des Gesamtbetrags an alle Erben gemeinschaftl verpflichtet. – Ob bei Aktiv- od Passivprozessen aller od mehrerer MitE zwischen ihnen notwend Streitgenossensch (ZPO 62) besteht, ist str (s Zöller/Vollkommer ZPO 62 Rn 13, 16ff; BGH **23**, 207; von BGH NJW **89**, 2133 offen gelassen). – Der Grds von Treu u Glauben verwehrt es einem MitE regelm nicht, Anspr der ErbenGemsch gem § 2039 zu verfolgen, obwohl er selbst Verbindlk ggü der ErbenGemsch hat (BGH WM **71**, 653). – Hat der MitE einen RAnwalt mit der Verfolgg des NachlAnspr beauftragt, ist er diesem selbst verpflichtet. – Für die Bewilligg der **Prozeßkostenhilfe** kommt es grdsl auf 8
den klagenden MitE an (s Staud/Werner Rn 29). Es kann sittenwidr Versuch zu ihrer Erlangg sein, wenn die zT begüterten MitE einen gänzl vermögenslosen zur Einklagg des Anspr der ErbenGemsch gem § 2039 vorschieben (KG JW **38**, 696).

b) Nur Leistung an alle Miterben (Feststellg einer Leistgspflicht) kann der einzelne MitE idR fordern, 9
also auch nicht Leistg an sich in Höhe des seinem Erbteil entspr Teils der Fdg verlangen (OLG **4**, 432). Sind die MitE zur Annahme nicht bereit, muß er **Hinterlegung** für alle erwirken. Auch jeder MitE kann fordern, daß Hinterlegg od bei Ungeeigneth Ablieferg an einen vom AG (FGG 165) zu bestellenden **Verwahrer** 10
erfolgt. Ausnahmsw kann aber ein MitE nach Treu u Glauben nicht auf Hinterlegg bestehen, wenn es näml zur ordngsmäß Verwaltg gerade der Zahlg bedarf (zB bei Einziehg von Mieten, RG JW **38**, 356). Der Verwahrer hat allen MitE ggü die Pfl zur ordngsmäß Verwahrg. Er hat nur einheitl Weisgen aller Folge zu leisten; etwaige Streitigkeiten hierüber sind nur zw den MitE auszutragen (OLG **14**, 287). Ein MitE wird dch die Pfändg seines MitEAnteils nicht gehindert, eine NachlFdg mit dem Ziel der Hinterlegg für alle MitE geltend zu machen, u zwar auch dann, wenn der PfändgsGläub zugleich der FdgsSchu ist (BGH NJW **68**, 2059). – Ausnahmsw kann der MitE **Leistung an sich** verlangen, wenn er von den übrigen dazu ermächtigt 11
ist (RG Warn **08** Nr 651). Ferner auch, wenn die Klage zuläss das Ergebn der Auseinandersetzg vorwegnimmt, zB die fragl Fdg der einzige zur Verteilg reife NachlBestand, der Schu der einzige weitere MitE ist u das TeilgsVerhältn feststeht (BGH **LM** § 2042 Nr 4: Klage des einen MitE gg den andern auf Herausg des Gewinnanteils aus einem vom letzteren weitergeführten Erwerbsgeschäft); wenn MitE bei Verteilg eines Veräußergserlöses übergangen wurde (Dresden OLG-NL **98**, 137). – MitE können auch wechselseit od von Dritten eine dem Interesse aller MitE entspr Nutzg des ererbten u von ihnen bewohnten Hauses verlangen, also auch Unterlassg einer diesen Interessen widersprechdden wesentl Änderg der Nutzgsart (Hamm NJW-RR

92, 329: Ausübg der Prostitution); od untereinand Rechte feststellen lassen, die gg Dritte geltd zu machen sind (BGH WM **92**, 1296).

12 **c) Einwendungen.** Über die Geltdmachg von GgAnspr gg die NachlFdg s § 2040 II mit Rn 2; 6. – Den Einwand unzuläss Rechtsausübg kann der NachlSchuldner einer von MitE erhobenen GBuchberichtiggsklage nicht wg eines arglistigen Verhaltens entggsetzen, das sich ein MitE hat zuschulden kommen lassen (RGZ **132**, 81). Macht dieser MitE jedoch den Anspr geltd u widersprechen die übr MitE der Klageerhebg, liegt ein Mißbrauch der Prozeßführgsbefugn vor, der zur Klageabweisg als unzuläss führt (BGH **44**, 367).

13 **3) Für einen Miterben-Schuldner** gilt § 2039 gleichfalls. Auch er muß an alle leisten (BGH **LM** Nr 3 zu § 249 [Fa]; Braunschw OLG **14**, 286) od hinterlegen (BGH WM **75**, 1179), u zwar grdsätzl ohne Rücks darauf, ob bei der Auseinandersetzg die Schuld ausgeglichen werden könnte. Jedoch kann er sich uU darauf berufen, daß die Einziehg der Fdg vor Auseinandersetzg gg Treu u Gl verstößt, weil seine Schuld mit Sicherh durch seinen Erbanteil gedeckt wird (BGH FamRZ **71**, 644). – Zur **Zurückbehaltung** gem § 273 I ist ein MitESchuldner im Hinblick auf seinen AuseinandersetzgsAnspr nicht befugt, wenn die Einziehg od der Verkauf der gg ihn gerichteten Forderg zur Begleichg von NachlVerbindlk geboten od wenn eine Teilg der Forderg nicht mögl ist od entgegenstehende Bestimmgen des Erbl od der MitE vorliegen (Dütz NJW **67**, 1110). – Vgl auch § 2058 Rn 3; § 2059 Rn 4.

14 **4) Entsprechende Anwendung** des § 2039 auf andere GesamthandsGemsch ist grds mögl, zB für die GüterGemsch (RG **158**, 40), sofern wg Gefahr im Verzug das ZustimmgsVerf (§§ 1430, 1452) nicht eingehalten werden und ein NotverwaltgsR (§ 1429) mangels Krankh od Abwesenh nicht gegeben ist. – Auf **Gesellschaften** kann § 2039 allerd nur bei Vorliegen bes Gründe analog angewandt werden (BGH **39**, 14; aber auch NJW **73**, 2198). S dazu im einzelnen Soergel/Wolf Rn 2 mN.

2040 *Verfügung über Nachlaßgegenstände; Aufrechnung.* **I Die Erben können über einen Nachlaßgegenstand nur gemeinschaftlich verfügen.**

II Gegen eine zum Nachlasse gehörende Forderung kann der Schuldner nicht eine ihm gegen einen einzelnen Miterben zustehende Forderung aufrechnen.

1 **1) Verfügungen** über einzelne NachlGgstände, dh Sachen u Rechte (nicht über den Nachl als Ganzes) können von den MitE nur gemeinschaftl getroffen werden. Ausgenommen sind nur Vfgen eines einzelnen MitE, die zur Erhaltg des Nachl erforderl sind (§ 2038 I 2 Halbs 2). **I** ist damit die positive Ergänzg zu der negat Bestimmg des § 2033 II (s aber auch § 2038 Rn 14). Er findet auch auf den Erbteilserwerber Anwendg,
2 der nur wie der veräußernde MitE verfügen kann (RG **112**, 129). – Zum Begriff der **Verfügung** s Übbl 16 vor § 104. Dazu gehören auch Kündigg einer Fdg (RG **65**, 5; **146**, 316); ihre Einziehg; Anerkenng u Verzicht auf ein Recht (RG SeuffA **79** Nr 180); Rücktr (RG 151, 313); Anfechtg nach § 119 (BGH NJW **51**, 308); Ermächtigg eines Dritten zur Vfg (RG **67**, 27); Zustimmg einer ErbenGemsch als GrdstEigentümerin zur Veräußerg des ErbbauRs (Hamm MDR **67**, 127); Löschgsbewillgg für eine Reallast (BayObLG **88**, 230); Erhebg der Mietaufhebgsklage (AG Hannover ZMR **66**, 152); der Klage auf geräumte Herausg einer Wohng (LG Köln MDR **72**, 520). Zur Kündigg eines MietVertr s § 2038 Rn 7. – Ist der Schuldn der Fdg MitE, bedarf es seiner Mitwirkg nicht (BayObLG **6**, 327; bestr; aM OLG **26**, 304). – **Aufrechnung** mit einer zum Nachl gehörigen Fdg kann nach **I** nur von den MitE gemeinschaftl erklärt werden (BGH **38**, 124). Hat aber der Erbl die Aufrechng bereits erklärt, kann sich jeder einzelne MitE im Prozeß einredeweise darauf berufen (RG Warn **13** Nr 235). Über den Widerspr der ErbenGemsch, die gg einen MitE mehrere zur Aufrechng
3 geeignete Fdgen hat (§ 396 I 2), vgl LG Fürth MDR **54**, 100. – **Keine Verfügung** ist der Widerruf einer abstrakten **Vollmacht** (vgl § 1922 Rn 34), wohl aber die Kündigg des zugrunde liegenden AuftrVerhältn, soweit dadurch über einen NachlGgst verfügt wird (RG SeuffA **79** Nr 221); wird aber durch die Künd die NachlSubstanz nicht betroffen, liegt VerwaltgsMaßn nach § 2038 vor (s dort Rn 3). Ferner nicht der Antr auf Einleitg eines Aufgebotsverfahren auf Grd § 927 (Bambg NJW **66**, 1413). Zum Vergleichswiderruf s Bökelmann JR **67**, 342; Johannsen Anm **LM** § 2038 Nr 8; § 2038 Rn 7).

4 **2) Gemeinschaftliche Verfügung** erfordert keine rechtl Gleichartigk der Mitwirkg aller Beteiligten. Insbes ist nicht notwend, daß die Erklärgen gleichzeitig u bei derselben Gelegenh abgegeben werden, sofern sie sich nur zu einer einheitl Vfg ergänzen (KGJ **53**, 133). Ist zB eine ErbenGemsch Gläubigerin einer Hyp und bewilligen einige MitE deren Löschg, die übrigen die pfandfreie Abschreibg einer Parzelle, liegt eine gemschaftl Vfg der MitE vor, soweit es sich um die Löschg der Hyp auf der abzuschreibenden Parzelle handelt (KG JW **37**, 1553). Die vom einzelnen MitE getroffene Vfg wird wirks, wenn die übrigen vorher ihre Zustimmg erklärt hatten (RG **129**, 284) od wenn sie nachträgl genehmigen (BGH **19**, 138; **LM** § 105 HGB Nr 19; RG **152**, 382; KGJ **53**, 133). Einer solchen Genehmigg steht es gleich, wenn zB eine Mutter im Glauben, Alleinerbin ihres Mannes zu sein, zG ihrer Kinder gleichmäß über Grdbesitz verfügt, der in Wirklichk ihr u den Kindern kraft ges Erbfolge gehört, sie nach ihrem Tod von ihren Kindern zu gleichen Teilen beerbt wird u diese für die NachlVerbindlk unbeschränkt haften (BGH **LM** § 105 HGB Nr 19). Sind die allein sorgeberecht Mutter u ihr minderj Kind MitE, kann Mutter beim (genehmiggsbedürft, §§ 1821; 1828) Verkauf eines NachlGrdst ihr Kind vertreten (Jena NJW **95**, 3126). – Widerruft ein MitE seine od des Erbl Erkl zulässigerw, ist die Vfg unwirks (Düss NJW **56**, 876 zur Rückn eines Eintraggsantrags des Erbl). – Über Form u Durchführg der Zustimmg s § 182. – Bei **einseitigen** Vfgen ist eine nachträgl Genehmigg wirkgslos (vgl § 182 Rn 5). – Zur Anfechtg der Vfg einer ErbenGemsch dch den Insolvenzverwalter eines MitE s BGH BB **78**, 1139. – Üb NotVfgsR des **einzelnen** MitE s § 2038 Rn 14.

5 **3) Eine gegenüber der Erbengemeinschaft** zu treffende Verfügung (Kündigg, Anfechtg ua) wird auch nur wirks, wenn sie allen MitE ggü erfolgt (OLG **30**, 188). So muß eine Klage, die auf eine Vfg über NachlGgstände gerichtet ist, gg alle MitE erhoben werden, sofern nicht einige unstreitig od nachweisl zu der Vfg bereit od zur Vfg verurteilt sind (RG **111**, 338; **112**, 132; BGH WM **78**, 1327). Diese Grdsätze gelten

auch für einen Antr auf Ersetzg der Zustimmg nach ErbbRVO 7 (Hamm OLGZ **66**, 574 mAv Haegele Rpfleger **67**, 416); od für die Rücknahme eines begünstigenden VA, die einen ErstattgsAnspr begründet (VGH Mü NJW **85**, 2439).

4) Aufrechnung. Gg eine NachlFdg kann der Schu nicht mit der Fdg gg einen einzelnen MitE aufrechnen **(II)**. Auch durch Zustimmg dieses MitE wird sie nicht wirks (Staud/Werner Rn 27). Dem NachlSchu ist auch nicht die Ausübg des ZurückbehaltgsR wg einer gg einen MitE bestehenden Fdg gestattet (RG **132**, 84; BGH **31**, 394). – Auch ein **Besitzer** kann sich ggü dem von sämtl MitE erhobenen EigtAnspr nicht auf ein BesitzR berufen, das ihm nur ggü einem MitE zusteht (Mü MDR **57**, 103). – Ein mit der Gesamtschuldklage belangter MitE kann aber Befriedigg des Gläubigers verweigern, solange u soweit sich der Gläub durch Aufrechng gg eine fällige Fdg der ErbenGemsch befriedigen kann (BGH **38**, 122 mAv Mattern **LM** § 2058 Nr 3 und Scheyhing JZ **63**, 477). 6

2041 *Surrogation.* **Was auf Grund eines zum Nachlasse gehörenden Rechtes oder als Ersatz für die Zerstörung, Beschädigung oder Entziehung eines Nachlaßgegenstandes oder durch ein Rechtsgeschäft erworben wird, das sich auf den Nachlaß bezieht, gehört zum Nachlasse. Auf eine durch ein solches Rechtsgeschäft erworbene Forderung findet die Vorschrift des § 2019 Abs. 2 Anwendung.**

1) Surrogationserwerb. Zum Nachl gehört auch der Erwerb kr dingl Surrogation nach § 2041 (Ersatzsurrogation). Auch er steht den MitE zur gesamten Hand zu. Über die Voraussetzgen im einzelnen vgl § 2019 Rn 1–4; auch § 2111 Rn 2–8. – **Zweck** dieser Regelg ist, die wirtschaftl Einh u auch den Wert des NachlVermögens als Gesamthandsvermögen für die MitE u die NachlGläub zu erhalten (BGH NJW **87**, 434; s § 2019 Rn 1). – Kein Ersatz für Schaden am NachlGgstand sind in der Person des Erben entstandene LAG-Anspr (BVerwG **24**, 89; **27**, 86; s aber auch BGH **44**, 336, § 2111 Rn 4); Anspr nach VermG 1 ff allenf dann, wenn sie noch zu Lebzeiten des Erbl begründet wurden (Wasmuth DNotZ **92**, 3/16; § 1922 Rn 50). – Bei Vfgen des TV üb NachlGgstände gilt § 2041 entspr (MüKo/Dütz Rn 3 mN). 1

2) Bei rechtsgeschäftlichem Erwerb ist zu unterscheiden: Wird das RGesch **mit Mitteln des Nachlasses** vorgenommen, tritt Mittelsurrogation selbst bei entggstehendem Willen ein, soweit nicht der MitE mit Einverständn der and den Ggst zum AlleinEigt erwerben sollte (BGH NJW **68**, 1824; Mü NJW **56**, 1880; Johannsen WM **70**, 738; Staud/Werner Rn 6; Soergel/Wolf Rn 8). Die obj Beziehg zum Nachl reicht hier allein aus. Dies ist zB bei Verpachtg eines zum Nachl gehörenden Gewerbebetriebs auch dann der Fall, wenn ein MitE sie in eigenem Namen vornimmt in der Abs, den Pachtzins für sich einzuziehen; der Pachtzins gehört daher der ErbenGemsch (BGH aaO). – Bei Erwerb **mit fremden Mitteln** erfordert dagg die Beziehgssurrogation den subj Willen, für den Nachl zu erwerben und außerd obj einen inneren Zusammenhang zw Nachl und Erwerb (KG JFG **15**, 155; Köln OLGZ **65**, 117; aA MüKo/Dütz Rn 25, der hier idR keine Surrogation zulassen will); zB Erwerb eines Grdst, wenn damit die bessere wirtschaftl Ausnutzg eines den Erben bereits gehörenden Grdst bezweckt wird (KG DR **44**, 190; AG Osterrode NdsRpfl **68**, 67). – Gehört zur Erbsch ein GeschAnteil an einer GmbH, kann die ErbenGemsch bei einer Kapitalerhöhg eine auf das erhöhte Stammkapital zu leistde Stammeinlage übernehmen (Surrogationserwerb, Hamm OLGZ **75**, 164). Soweit aber als MitE ein ErbschBesitzer in Frage kommt, gilt nur § 2019, nach dem es sich entscheidet, ob der Erwerb mit Mitteln der Erbsch vollzogen ist. 2 3

3) Gutgläubiger Erwerb. Auch bei Surrogationserwerb gelten die Bestimmgen über gutgläub Erwerb vom Nichtberechtigten (zB §§ 932 ff). Bei Bösgläubigk des MitE, der das RGesch tätigt, ist ein gutgläub Erwerb durch die ErbenGemsch von vorneherein ausgeschlossen. Ist der unmittelb am Erwerb beteiligte MitE dagegen gutgläub, ein anderer MitE aber bösgläub, wird § 166 II entspr anzuwenden sein (Gross MDR **65**, 443). 4

4) Verkehrsschutz (Satz 2). Zum Schutz Dritter bestimmt S 2, daß dieser die Zugehörigk der durch Surrogation erworbenen Fdg zum Nachl erst gelten lassen muß, wenn er davon Kenntn erlangt hat (§ 2019 II mit Rn 5). 5

2042 *Auseinandersetzung.* **I Jeder Miterbe kann jederzeit die Auseinandersetzung verlangen, soweit sich nicht aus den §§ 2043 bis 2045 ein anderes ergibt.**

II Die Vorschriften des § 749 Abs. 2, 3 und der §§ 750 bis 758 finden Anwendung.

1) Auseinandersetzungsverlangen. Die Aufhebg der Gemsch zur gesamten Hand kann jeder einzelne MitE grdsl jederzeit verlangen; ebso der Erwerber eines Erbteils (§ 2033 I; OLG **14**, 154); der PfandGläub bei Verkaufsreife entspr § 1258 II (RG **60**, 126; **84**, 396), in Gemsch mit dem MitE der PfandGläub bis zum Eintritt der Verkaufsberechtigg; der Nießbraucher (§ 1066 II). Anders als in § 723 II ist auch ein Verlangen zur Unzeit nicht verboten. Jedoch ist Rücksichtnahme auf MitE geboten. Ein hiergg grob verstoßendes Verlangen kann rmißbräuchl sein (LG Düss FamRZ **55**, 303; Brox Rn 489). – **Ausschluß** des Verlangens ist ausnahmsw zeitweilig mögl (§§ 2043–2045). Dch vertragl Vereinbg können die MitE allerd die Auseinandersetzg für immer od auf Zeit ausschließen (**II** mit §§ 749 II, III; 750, 751; BGH WM **68**, 1172); bei wichtigem Grd kann sie allerd auch dann verlangt werden (§ 749 II mit § 2042 II). Eine solche Vereinbg hat nur schuldrechtl Wirkg. Sie unterliegt keinem Formzwang, da weder § 2033 noch §§ 2371, 2385 od § 313 in Betr kommen. Im einzelnen vgl dazu §§ 749–751. Hat dann ein Gläub den Anteil eines MitE gepfändet u zahlt ein and MitE dessen Schulden, um die eingeleitete Zwangsversteigerg abzuwenden, geht die Fdg des Gläub analog § 268 III auf den leistenden MitE über (Karlsr NJW-RR **92**, 713). 1

2 **2) Durchführung.** Die Auseinandersetzg kann verschiedentl erfolgen: Dch Auseinandersetzgsvertrag zw den MitE (dazu Rn 4–13). – Dch den TV (§ 2204 I; s Rn 14). – Dch Vermittlg staatl Stellen (NachlG, Notar; FGG 86 ff; dazu Rn 15). – Im Weg der Auseinandersetzgsklage dch das ProzeßG (dazu Rn 16). – Die Beteiligten können sie auch dch SchiedsVertr einem **Schiedsrichter** unter Ausschluß des Rechtsweges übertragen. Es ist also nicht nur Schiedsgutachtensabrede mögl (§ 319 I). § 2048 S 2, 3 sind nicht entspr anwendb (s BGH NJW **59**, 1493). Auch der Erbl kann ein Schiedsgericht zur Erbauseinandersetzg anordnen (ZPO 1048; dazu Kohler DNotZ **62**, 125). – Wegen der **Teilauseinandersetzung** vgl Rn 17–20.

3 **3) Auseinandersetzungsregeln.** Maßgebl sind primär Anordngen des Erbl nach § 2048 od anderer Art. – Sind solche nicht getroffen, können die MitE sich auf eine Lösg einigen. Solche frei vereinbarten Abmachgen der MitE haben dann Vorrang. – Kommt eine Vereinbarg nicht zustande, greifen die **ergänzenden** ges Vorschr der §§ 2046 ff; 752 ff ein (BGH **21**, 229/232; BayObLG **74**, 42/46 f). Danach sind zunächst die NachlVerbindlichk zu tilgen (§ 2046 I). Zu diesem Zweck ist der Nachl, soweit erforderl, zu versilbern. Das geschieht durch Verkauf nach den Vorschr über den Pfandverkauf, bei Grdstücken durch ZwVersteigerg (§§ 753, 754). Der Rest ist im Verhältn der Erbteile zu teilen (§ 2047). Wegen der dafür geltenden Vorschr vgl §§ 752–758. Über Beteiligg von PfandGläub bei Verteilg des Erlöses eines zur GemschAufhebg zwangsversteigerten NachlGrdst (§§ 752; 1279 II; 1258 III) s BGH NJW **69**, 1347.

4 **4) Auseinandersetzungsvertrag.** Dch vertragl Aufhebg der unter ihnen bestehden Gemeinsch führen die MitE in erster Linie die Auseinandersetzg durch (s BGH **LM** § 326 [A] Nr 2); ein etwaiger NachE ist, da nicht an der Gemsch beteiligt, nicht hinzuzuziehen, soweit nicht RGeschäfte iS der §§ 2113 I, 2114 in Frage kommen (KG DJZ **07**, 300). Der schuldrechtl Vertr bedarf als solcher **keiner Form,** solange er nicht Abreden enthält, die aus anderen Gründen der Form bedürfen (KGJ **52**, 272; KG FamRZ **63**, 468). Formpflichtig ist desh der Vertr, wenn zum Nachl Grdstücke gehören (§ 313; Zunft JZ **56**, 553), so daß zB ein formloser Auseinandersetzgsvertrag über landwirtschaftl GrdBesitz die VertrParteien nicht bindet, auch nicht aus § 242 (BGH **LM** § 242 [Ca] Nr 22). Formpfl ist auch ein Vertr über Übertragg von GmbHAnteilen (GmbHG 15; s Rn 12). S iü auch Rn 9 ff. – Die Auseinandersetzg kann auch in **mehreren** Vertr je zu einem Teil der MitE erfolgen; doch müssen die Verträge in gewolltem Zusammenhang stehen, so daß die Auseinandersetzg als Ganzes sich auf sämtl MitE erstreckt (RG HRR **30** Nr 1466). Über Auseinandersetzg, wenn ein am Nachl beteiligter MitE von mehreren Personen gemschaftl beerbt wird, s BGH NJW **63**, 1611. – **Ergänzende** Auslegg des Vertr ist mögl, wenn einem VertrPartner nachträgl wieder teilb u vererbl Pflichtinventarbeiträge
5 an früh LPG zustehen (Dresden OLG-NL **99**, 105). – **Anfechtung** des AuseinandersetzgsVertr nach § 119 ff ist mögl. Hat dieser Vergleichscharakter, ist § 779 einschlägig (Soergel/Wolf Rn 33). – Bei Wegfall der GeschGrdlage unterbricht Klage auf VertrAnpassg nicht Verjährg des Anspr auf Zugewinnausgleich nach § 1371 II (BGH NJW **93**, 2439).

6 **a) Inhalt.** Maßgebd ist in erster Linie die freie Vereinbg der MitE, soweit nicht Teilgsanordngen des Erbl (§ 2048) vorliegen (s aber auch § 2048 Rn 4). Das G enthält keine zwingende Vorschr (Warn **09** Nr 512). Die Auseinandersetzg kann zB in der Form erfolgen, daß der gesamte Nachl einem od mehreren MitE zugewiesen wird, währd die übrigen eine Abfindg erhalten; od daß ein MitE seinen Anteil in Form nur der zeitweil Nutzg des NachlVermögens erhält (zB als WohnR), die übr den Vermögensstamm ohne dessen Nutzg (BFH FamRZ **92**, 1076). Darin liegt kein ErbschKauf, so daß das schuldrechtl Gesch nicht der Form des § 2371 bedarf (Warn **09** Nr 512; Zunft JZ 56, 553) außer im Fall des § 313; wohl aber die Übertragg der Anteile (vgl § 2033 Rn 11; BFH NJW **81**, 784). Ein wg Formmangels nichtiger Verkauf eines Erbteils unter MitE kann uU sogar im Wege der Konversion (§ 140) als AuseinandersetzgsVertr aufrecht erhalten werden (RG **129**, 123). Die Übernahme des einzigen vorhandenen NachlGgstandes durch einen MitE gg Abfindg der anderen kann die RNatur eines KaufVertr haben (BGH DNotZ **55**, 406).

7 **b) Gesetzliche Vertretung.** Soll zw mehreren minderjähr MitE die Auseinandersetzg vertragl erfolgen, benötigt wg § 181 regelm jeder einen besond ges Vertreter (BGH FamRZ **68**, 245 mAv Mattern **LM** § 181 Nr 11), selbst wenn die Auseinandersetzg nur eine rechnerische ist (RG **93**, 336; bestr); od wenn das GesamthandsEigt an einem Grdst in BruchteilsEigt umgewandelt wird (BGH **21**, 229). Ein unerlaubtes Selbstkontrahieren des mit seinem Kind eine ErbenGemsch bildenden ges Vertreters kann selbst bei unentgeltl Erwerb eines NachlGrdst dch das Kind vorliegen, etwa bei gleichzeit Übernahme der Verpflichtg aus einer schuldrechtl Wohnberechtigg (Hamm OLGZ **83**, 144). Nur wenn die Auseinandersetzg völlig unter Beachtg der ges Regeln (§§ 2046 ff, 2042 mit 752 ff) erfolgt, ist die Vertretg mehrerer minderj MitE durch einen ges Vertreter zuläss, da hier die Auseinandersetzg ledigl der Erfüllg der Verbindlk zur Auseinandersetzg dient (BGH **21**, 229). – **Gerichtliche Genehmigung** ist gem § 1822 Nr 2 notwend (KG FamRZ **63**, 467; Memmg FamRZ **77**, 662; Damrau ZEV **94**, 1). Das VormschG kann die Vertretgsmacht des ges Vertreters nicht dch Gestattg nach § 181 erweitern (RG **71**, 162). Eltern benötigen die Genehmigg des FamG, wenn der Vertr eines der in § 1643 I genannten Geschäfte enthält (BGH FamRZ **61**, 216). Zu § 1821 Nr 1, § 107 (unentgeltl Erwerb eines NachlGrdst dch Minderjähr) s BayObLG **68**, 1. An Stelle des VormschG tritt in den Fällen von FGG 88, 97 II NachlG.

8 **c) Der Ehegatte** bedarf zur Auseinandersetzg der Zustimmg des anderen Teils bei ZugewinnGemsch nur, wenn der Erbteil sein ganzes Vermögen ausmacht u dieser od die NachlGgstände auf einen MitE übertragen wird (§ 1365; s BGH **35**, 135); nicht aber, wenn die MitE Realteilg vereinbarten (Mü MDR **70**, 928). – Bei Gütertrenng ist Zustimmg nie erforderl. – Bei GüterGemsch bedarf ein Eheg keiner Zustimmg bezügl seines Vorbehalts- u Sonderguts. Gehört der Erbteil dagg zum Gesamtgut, ist die Zustimmg des verwaltenden Eheg in den Fällen der §§ 1423, 1424 erforderl. Verwalten beide Eheg das Gesamtgut, kann der Auseinandersetzgs-Vertr nur von beiden geschlossen werden (§ 1450 I). – Ein nicht an der ErbenGemsch beteiligter, aber zum Ausgleich eines Zugewinns berecht Eheg (§ 1371 II, III mit Rn 12 ff) kann zur Vermeidg grober Unbilligk gem § 1383 beim FamG verlangen, daß ihm bestimmte NachlGgstände unter Anrechng auf die AusgleichsFdg übertragen werden.

d) Vollziehung. Zur dingl Übereigng einzelner NachlGgstände an einen MitE bedarf der nur verpflichtd wirkde AuseinandersetzgsVertr der Ausführg in der für das jeweil notwend Gesch vorgeschriebenen Form; erst dieses überführt mit dingl Wirkg das GesamthandsR in eine Alleinbeteiligg (BGH WM **65**, 155). Dah bedarf es bei Grdst der Auflassg, selbst wenn GesHandsEigt in MitEigt aller MitE umgewandelt werden soll (RG **57**, 433; vgl auch § 2032 Rn 1; BGH **21**, 229; BayObLG **65**, 324); ebso bei Übertragg von WohngsEigt (WEG 12 I; BayObLG **82**, 46); auch bei GrdstÜbertragg an eine von allen MitE gebildete HandelsGesellsch. Bei land- od forstwirtschaftl Grdstücken unterliegt die Auflassg der GenPfl nach GrdstVG 2 (SchlHOLG SchlHA **65**, 143 mAv Scheyhing; Stgt RdL **77**, 274; **78**, 22; **99**, 183 zu GrdstVG 9). – **aa) Ein Vorkaufsrecht** nach BBauG 24, dem ein NachlGrdst unterliegt, wird dch einen ErbauseinandersetzgsVertr mit der Pfl zur Übereigng dieses Grdst an einen der MitE nicht ausgelöst (BGH DNotZ **70**, 423). Daher ist auch keine Bescheinigg über Nichtbestehen eines gemeindl VorkaufsR erforderl (Krefeld, LG Koblz, Bonn, RhNK **77**, 55; **78**, 53). – **bb) Ein Urheberrecht,** das zum Nachl gehört, kann im Wege der Erbauseinandersetzg an MitE übertragen werden. Dem MitE, der es erhält, stehen alle Befugn zu, die dem Urheber eingeräumt sind (UrhRG 28–30; Fromm NJW **66**, 1247). – **cc) Bei GmbH-Anteil,** der zum Nachl gehört, bedarf eine Aufteilg in mehrere Teilgeschäftsanteile (falls diese nicht dch die Satzg ausgeschlossen ist) der Genehmigg der Gesellsch (GmbHG 17 I), es sei denn, daß nach der Satzg keine Genehmigg erforderl ist (GmbHG 17 III). Die Auseinandersetzg dch Zuteilg des GeschAnteils an einen der MitE ist nur dch Abtretg nach GmbHG 15 III mögl; diese bedarf uU der Genehmigg der Gesellsch (GmbHG 15 V; s dazu Däubler, Die Vererbg des Geschäftsanteils bei der GmbH, 1965, S 23, 24; Haegele BWNotZ **76**, 53/60f; Schulze zur Wiese GmbHRdsch **80**, 211). – **dd) Aktien** sind unteilbar (AktG 8 III; s auch 69; dazu Bartholomeyczik FS Lange, 1970, 343); Inhaberaktien sind frei übertragbar. Zur Übertragg von Namensaktien s AktG 68. S auch § 2032 Rn 11–13.

9 10 11 12 13

5) Testamentsvollstreckung. Ist ein TV für alle MitE eingesetzt, obliegt diesem die Auseinandersetzg, sofern im Einzelfall nichts Ggteiliges anzunehmen ist (s §§ 2204, 2208). Die MitE können sich dann nicht dch Vereinbg (Rn 4) auseinandersetzen, sond nur vom TV Bewirkg verlangen. Zur Vorgehensweise des TV u zur Aufstellg des Teilgsplans s § 2204 Rn 2ff; Karlsr NJW-RR **94**, 905. Dabei ist er an Weisgen der MitE nicht gebunden; deren Zustimmg zum Plan ist nicht erforden (RG **108**, 289). Sie sind aber vor Ausführg zu hören (§ 2204 II). Da TV VfgsMacht hat (§ 2205), kann er auch den dingl Vollzug bewirken (§ 2204 Rn 5), notfalls gerichtl erzwingen (MüKo/Dütz Rn 29). Üb ein Auseinandersetzgsverbot kann er sich mit Zustimmg aller Erben hinwegsetzen (§ 2204 Rn 2). – Der TV nur eines MitE kann von den übr MitE Mitwirkg bei der Auseinandersetzg verlangen (§ 2204; s auch v Preuschen FamRZ **93**, 1390). 14

6) Amtliche Vermittlung. Nur auf Antr (FGG 86 I) hat das NachlG in einem Verfahren der freiw Gerichtsbark tätig zu werden u eine etwa zustande gekommene Vereinbg zu beurkunden u zu bestätigen. Zuständ ist Rechtspfleger (Richter nur für etw Genehmiggen, RPflG 16 I Nr 8). – Nach LandesR kann auch **Notar** gem FGG 193, BNotO 20 IV dafür zuständ sein (zB *Bay* AGGVG 38; *Hess* FGG 24; *Nds* FGG 14), der dann als erste Gerichtsinstanz tätig wird (BayObLG **83**, 101), also kein eigenes BeschwR gg eine Überweisg des Verfahrens an ihn dch das NachlG hat (BayObLG aaO zu *Bay* AGGVG 38). – Säumige MitE werden als zustimmend behandelt. Im übr kann jeder MitE durch Widerspr das Verfahren zum Scheitern bringen. Die Streitpunkte sind dann im Prozeßwege zu klären. Wegen der Einzelheiten vgl FGG 86–98. – Für *Ba-Wü* s LFGG 38, 43, dazu Richter Rpfleger **75**, 417/418. – Über Durchführg des Verfahrens, wenn Erbstatut **ausländisches Recht** ist, s Pinckernelle/Spreen DNotZ **67**, 212f. – Die gerichtl Vermittlg der Auseinandersetzg des Nachlasses nach FGG 86ff ist auch zuläss, wenn ein **Hof** iS der HöfeO zum Nachl gehört (s EG 64 Rn 6). Zuständ ist NachlG, nicht LandwG (Haegele Rpfleger **61**, 281). – Über die gerichtl Zuweisg eines landwirtsch Betriebs s Rn 24. 15

7) Erbteilungsklage setzt Teilgsreife des Nachl voraus (hM; KG NJW **61**, 733; Karlsr NJW **74**, 956; MüKo/Dütz Rn 59 mN; aA BGH bei Johannsen WM **70**, 744); ein Verfahren nach FGG 86ff muß nicht vorab versucht worden sein. Dann kann die Auseinandersetzg bei fehlder Einigg der MitE klageweise erzwungen werden, indem notwend Zustimmgen von MitE dch Urteil ersetzt werden (ZPO 894). Zu klagen ist auf Abschluß eines konkreten schuldrechtl AuseinandersetzgsVertr. Wer dies will, hat dah zunächst detaillierten Teilgsplan aufzustellen, um Zustimmg zu diesem verlangen zu können; sind darin RGesch vorgesehen, die einer gerichtl Genehmigg bedürfen (zB nach § 1821 Nr 1; 3), ist diese vor der Entscheidg beizubringen. Sind vorab Schulden zu bezahlen (§ 2046) u ist dazu die Verwertg von NachlGgst erforderl, muß auch die Einwilligg dazu eingeklagt werden. Mit der Klage können Antr auf den dingl Vollzug des schuldrechtl Teilgsplans (Rn 9) verbunden werden (zB Zustimmg zur Auflassg; MüKo/Dütz Rn 68). – **Gegenständlich** ist die Klage auf Auseinandersetzg des gesamten Nachl zu richten, da sich MitE nicht auf eine teilw (Rn 17) einlassen müssen. Besteht allerd unter den MitE weitgehd Einigk u beschränkt sich ein Streit auf einzelne Pkte (bestimmte Ggstände od Rechngsposten), kann Feststellgsklage (ZPO 256) darauf gerichtet (BGH NJW-RR **90**, 1220) u auch auf einzelne widerstrebende MitE beschränkt werden. Feststellgsklage ist ferner dahin mögl, daß ein bestimmter Ggst mit einem best Betrag bei der Auseinandersetzg zu berücksichtigen od auszugleichen (§ 2055) ist (BGH FamRZ **92**, 665 mN). Auf Leistg statt Auseinandersetzg kann schließl ein MitE klagen, dem Erbl eine bestimmte Summe dch Teilgsanordg zugewiesen hat (Ffm OLGZ **77**, 228). – **Bestimmte Anträge** muß der klagende MitE (od der für seinen Erbteil eingesetzte TV) in der Klageschrift stellen, ggf HilfsAntr, da Gericht nicht befugt ist, seinen Teilgsplan von sich aus abzuändern; es hat aber wg der Schwierigk auf sachgemäße AntrStellg hinzuwirken (KG NJW **61**, 733). Mehrere klagende MitE sind keine notwend Streitgenossen (Nbg BayJMBl **57**, 39). – **Beklagte** haben ggf schon dann Anlaß zur Klage gegeben, wenn sie nur hinsichtl einzelner Ggstände Zustimmg zu deren Verteilg bzw Verwertg verweigerten (Köln NJW-RR **97**, 519). – **Zuständigkeit:** ZPO 27 (keine ausschließl). – Ein etwaiger **Auskunftsanspruch** nach § 2057 geht dem AuseinandersetzgsAnspr des MitE vor (Stgt BWNotZ **76**, 89). 16

8) Teilauseinandersetzung kann grdsl nicht gg den Willen eines MitE verlangt werden, da der Anspr gem § 2042 auf Auseinandersetzg des gesamten Nachl geht und im allg zu einer vollständ Abwicklg führen soll. Jedoch sind die MitE berecht, einvernehml und unter Mitwirkg aller sowohl eine persönl als auch eine 17

18 ggständl beschränkte Teilauseinandersetzg vornehmen. – **a) Die persönlich** beschränkte mit dem Ziel des Ausscheidens einzelner MitE kann stets nur einvernehml vereinbart werden (BGH NJW **85**, 51; Mü NJW-RR **91**, 1097) u darf berecht Belange and NachlBeteiligter nicht betreffen. Sie kann zum einen dadch herbeigeführt werden, daß der ausscheidgswillige MitE seinen Erbteil auf die and MitE überträgt (§ 2033; BGH **86**, 379), denen dadch der Anteil nach dem Verhältn ihrer Erbteile zuwächst; der Fortbestand der Gesamthand unter den verbliebenen MitE bleibt dabei gewahrt. – Zuläss ist aber auch der mit § 738 vergleichb formfreie Weg der Abschichtg, bei der ein MitE vertragl seine MitgliedschRe an der ErbenGemsch gg Abfindg aufgibt u dadch einvernehml aus der ErbenGemsch ausscheidet (BGH NJW **98**, 1557; hM; ablehnd Keller ZEV **98**, 281), wobei die Detailfragen dieses „dritten Wegs" noch weitgehd ungeklärt sind (Reimann ZEV **98**, 213). Der vom Ausscheidenden aufgegebene Erbteil wächst den verbleibenden MitE kr G an; bleibt nur einer übrig, führt die Anwachsg zur Beendigg der ErbenGemsch. Da die dingl RÄnderg am verbleibenden Nachl hier kr G eintritt, ist diese formfreie Art der vertragl Auseinandersetzg auch dann mögl, wenn ein Grdst zum Nachl gehört. Nur wenn als Abfindg ein Grdst übertragen werden soll, ist dafür die
19 Form des § 313 zu beachten (BGH aaO). – **b) Die gegenständlich** beschränkte Auseinandersetzg ist mit Einverständn aller MitE stets mögl. Ausnahmsw kann sie sogar gg den Willen eines MitE dann verlangt werden, wenn bes Grde dies rechtfertigen (zB keine NachlVerbindlk mehr bestehen) u dadch berecht Belange der ErbenGemsch od der einzelnen MitE nicht beeinträchtigt werden (BGH FamRZ **84**, 688; **LM** Nr 4; NJW **63**, 1611; WM **65**, 345; 1155; **77**, 271 f; Hbg MDR **65**, 665: grdsätzl nicht für NachlFrüchte). – Ist sie vollzogen (Rn 9), bewirkt sie das Ausscheiden des einzelnen NachlGgst aus dem Gesamthandsvermögen; der von einem MitE erworbene Ggst fällt bei seiner Insolvenz in die InsolvMasse (BGH NJW **85**, 1082: Wohngsnutzg). Die bereits geteilten Ggstände können dann auch einvernehml nicht wieder einbezogen werden (s Rn 22). Der übr Nachl bleibt ungeteilt, die ErbenGemsch besteht fort (OLG **21**, 317; Köln JMBl NRW **58**, 127). An den von MitE übernommenen Ggständ können diese keine neue ErbenGemsch vereinbaren (Rn 22; BayObLG **32**, 381). Soll ein minderj MitE im Wege der Teilauseinandersetzg ein Grdst unentgeltl zu AlleinEigt erwerben, bedarf er weder der Zustimmg des ges Vertreters noch gerichtl Genehmigg
20 (BayObLG **68**, 1). – Bei Grdst kann die Teilauseinandersetzg einvernehml auch dch **Teilungsversteigerung** (ZVG 180) erfolgen (LG Aachen DNotZ **52**, 36); erhielt dabei ein MitE vom Erlös einen seine Erbquote übersteigden Anteil, fällt dieser als Surrogat wieder in Nachl (Köln NJW-RR **96**, 1352). Gg den Willen der übr kann jeder MitE eine solche Versteigerg zwar zur Vorbereitg der Gesamtauseinandersetzg beantragen (BGH FamRZ **99**, 433; Köln MDR **58**, 517), sofern keine ErblAnordng entggsteht (BGH FamRZ **85**, 278: Grdst „darf nicht in fremde Hände fallen"), aber nur mit dem Ziel, daß die Erlösverteilg der Auseinandersetzg vorbehalten bleibt. Dies gilt auch, wenn ErbenGemsch nur Bruchteil am Grdst zusteht (Hamm Rpfleger **64**, 341). Bei Pfändg eines MitE-Anteils geht AntrR auf PfändgspfandGläub über (BGH FamRZ **99**, 433). – Das alleinige **Mietrecht** an einer Mietwohng, die Eheg gemeins gemietet hatten, kann sich die Witwe nicht durch Klage auf Teilauseinandersetzg gg die mit ihr zusammenwohnende MitE verschaffen. Eine Erbauseinandersetzg liegt hier nicht vor; anzuwenden sind die Vorschr über die Gemsch, §§ 743–745 (Brschw NJW **59**, 152
21 mAv Müller; s auch § 569 b). – **c) Die Beendigung** einer fortgesetzten ErbenGemsch kann erfolgen dch Vereinbg (§ 745 I, III 2); Zeitablauf; Tod eines MitE (§ 750); Pfändg des NachlAnteils eines MitE (§ 751 S 2); Insolvenz eines MitE; Aufhebg nach § 749 II.

22 **9) Nach Durchführung** der Auseinandersetzg ist eine vertragl Wiedereinführg der GesamthandsGemsch ausgeschlossen (Düss Rpfleger **52**, 244; OLG **5**, 357), auch wenn die Auseinandersetzg nur hins einzelner NachlGgstände vorgenommen wurde, im übr aber die ErbenGemsch fortbesteht (KG DNotZ **52**, 84). Nicht mögl ist es, innerh einer fortbestehden ErbenGemsch eine engere, nur einen Teil der MitE umfassende ErbenGemsch zu bilden (BGH WM **75**, 1110). Dah kann auch nicht ein dch Teilauseinandersetzg auf einen MitE (od Dritten) übertragenes Grdst auf die ErbenGemsch rückübertragen werden (Köln OLGZ **65**, 117). Die Beteiligten können aber den angestrebten Erfolg dch Neubegründg einer GesamthandsGemsch (zB einer BGB-Gesellsch) erreichen (BGH aaO). – Auch Erbteilsübertragg nach § 2033 I ist nach Auseinandersetzg nicht mehr mögl (RG **134**, 296). – Jedoch kann der AuseinandersetzgsVertr wg Irrtums **angefochten**
23 werden (KG DNotZ **52**, 84; Rn 5). Auch **Rücktritt** ist mögl. Wenn ein MitE einen NachlGgst gg Abfindg der übrigen Erben übernimmt u mit der Leistg der Abfindgen in Verzug kommt, wird durch den Rücktr u das Verlangen der Rückgabe an die ErbenGemsch diese weder „vertragl begründet" noch „nach Aufhebg wiederhergestellt" (BGH **LM** § 326 [A] Nr 2). – Denkb ist auch die **Verwirkung** der Anspr eines MitE aus einer NachlAuseinandersetzg, wenn sie lange Zeit nicht geltd gemacht worden sind (Johannsen WM **79**, 602).

24 **10) Landwirtschaftliche Betriebszuweisung.** Eine bes Regelg der Auseinandersetzg u als solche lex spec zu **II** ist das Zuweisgsverfahren nach GrdstVG 13–17; 33, das die agrarpolit erwünschte geschlossenen Erhaltg lebensfäh landw Betriebe bezweckt: Gehört ein landw Betrieb einer dch ges Erbfolge entstandenen ErbenGemsch (§ 13), weist er eine Hofstelle auf u reichen seine Erträge im wesentl zum Unterh einer bäuerl Familie aus (§ 14 I), kann das LandwGericht auf Antr eines MitE die Grdstücke des Betriebs samt notwend Zubehör ungeteilt einem der MitE zuweisen. Erhalten kann den Betrieb aber nur ein solcher MitE, der zu seiner Bewirtschaftg geeignet u entw Abkömml od Ehegatte des Erbl ist od bereits bish mit dem Betrieb dch Bewohnen u Mitbewirtschaften eng verbunden war (§ 15). – Das **Verfahren** regelt das LandwG. Ein gerichtl VermittlgsVerf hat Vorang (§ 14 II), nicht aber eine Klage auf Auseinandersetzg. Solange diese ausgeschlossen ist (§§ 2043 ff) od ein TV sie zu betreiben hat, darf Zuweisg nicht erfolgen (§ 14 III). – Den weichenden MitE steht dann anstelle ihrer Erbteile eine **Abfindung** in Höhe des Wertes ihres Anteils zu, für den aber der Betrieb nur mit seinem Ertragswert (s § 2049 Rn 3) bewertet wird (§ 16). Bei ihrer Berechng ist die Ausgleichg der Vorempfänge des Hofübernehmers zu berücksichtigen (Bergmann SchlHA **61**, 311). Auch haben sie einen Anspr auf Vorteilsausgleich, falls Erwerber innerh von 15 Jahren erhebl Gewinne dch Veräußerg od auf and Weise erzielt (§ 17). Diese Regelg ist verfassgsgemäß (BVerfG FamRZ **95**, 405 mAv Bosch 411 u Krenz 534). – **Landesrechtliche** ähnl Regelgen enthalten einige AnerbenG (s § 1922 Rn 9). – Fällt der Hof unter die HöfeO (EG 64 Rn 6), kommt Zuweisg nur in Betr, wenn er verwaist ist (HöfeO 10) u daher nach BGB vererbt wird.

2043 ***Aufschub der Auseinandersetzung.*** **I Soweit die Erbteile wegen der zu erwartenden Geburt eines Miterben noch unbestimmt sind, ist die Auseinandersetzung bis zur Hebung der Unbestimmtheit ausgeschlossen.**

II Das gleiche gilt, soweit die Erbteile deshalb noch unbestimmt sind, weil die Entscheidung über einen Antrag auf Annahme als Kind, über die Aufhebung des Annahmeverhältnisses oder über die Genehmigung einer vom Erblasser errichteten Stiftung noch aussteht.

1) Ausgeschlossen (I) ist die Auseinandersetzg nur so lange u so weit, als Erbteile noch unbestimmt sind. 1
Jedoch muß der MitE, dessen Geburt zu erwarten ist, zZ des Erbfalls bereits erzeugt sein (§ 1923). Zu **II** vgl §§ 1741 ff, insb §§ 1752, 1753, 1767 II, 1768 (Annahme als Kind); §§ 1760 ff, insb §§ 1764, 1767 II, 1771, 1772 II (Aufhebg des AnnahmeVerh); §§ 80, 84 (Stiftgsgenehmigg). – Betrifft die Ungewißh nur einen Stamm, kann hinsichtl der and Stämme Auseinandersetzg verlangt werden. – Eine Ausdehng auf weitere Fälle, in denen die Erbteile unbestimmt sind, ist ausgeschlossen, etwa bei Verschollenh eines MitE od noch vorhandener Ausschlaggsmöglichk. Desgl wird auf etwaige unbekannte Abkömmlinge eines für tot Erklärten keine Rücks genommen (BayObLG SeuffA **63** Nr 126). – **Nachtragsauseinandersetzg** üb die dem erwarteten MitE vorbehaltenen Ggstände erfolgt, wenn dieser doch nicht Erbe wird. – Zur entspr Anwendg s EG 86 S 2 Hs 3.

2) Kein Verbotsgesetz. Die Vorschr beseitigt nur das Recht des MitE auf jederzeitige Auseinandersetzg, 2
verbietet diese aber nicht. Eine gleichwohl vorgenommene Auseinandersetzg ist dah nicht nichtig. Sie wird aber schwebend unwirks, wenn ein weiterer MitE wirkl hinzutritt, kann jedoch namens des Kindes nach dessen Geburt genehmigt werden (§§ 177, 185 II; vgl Staud/Werner Rn 8).

2044 ***Ausschließung der Auseinandersetzung.*** **I Der Erblasser kann durch letztwillige Verfügung die Auseinandersetzung in Ansehung des Nachlasses oder einzelner Nachlaßgegenstände ausschließen oder von der Einhaltung einer Kündigungsfrist abhängig machen. Die Vorschriften des § 749 Abs. 2, 3, der §§ 750, 751 und des § 1010 Abs. 1 finden entsprechende Anwendung.**

II Die Verfügung wird unwirksam, wenn dreißig Jahre seit dem Eintritte des Erbfalls verstrichen sind. Der Erblasser kann jedoch anordnen, daß die Verfügung bis zum Eintritt eines bestimmten Ereignisses in der Person eines Miterben oder, falls er eine Nacherbfolge oder ein Vermächtnis anordnet, bis zum Eintritte der Nacherbfolge oder bis zum Anfalle des Vermächtnisses gelten soll. Ist der Miterbe, in dessen Person das Ereignis eintreten soll, eine juristische Person, so bewendet es bei der dreißigjährigen Frist.

1) Ausschluß der Auseinandersetzung kann, abgesehen von einer Vereinbg der MitE (s BGH WM **68**, 1
1172), auch durch letztw Vfg angeordnet werden (s auch Weckbach, Bindgswirkg von Erbteilsverboten, 1987). Sie kann sich auf den gesamten Nachl, einzelne Stämme od auch einzelne Ggstände beziehen u auch bei ges Erbfolge angeordnet werden (BayObLG **66**, 408). Hat der Erbl seine Anordng zeitl nicht begrenzt, wird diese 30 Jahre nach dem Erbfall unwirks (**II**). Dies entspricht §§ 2109, 2162, 2163, 2210. – Nachdem der Erbl die Auseinandersetzg ausschließen kann, kann er sie auch nur **erschweren**, zB indem nur eine bestimmte Mehrheit der MitE sie verlangen kann (RG **100**, 273).

2) Wirkung. Das vom Erbl einseit bestimmte Teilgsverbot hat nur schuldrechtl Charakter (wie eine 2
Teilgsanordng, § 2048) u wird dah nicht ins GBuch eingetragen. Die MitE können sich einvernehml üb ein solches Verbot hinwegsetzen, wenn der Erbl damit nur verhindern wollte, daß ein einzelner MitE gg den Willen der anderen die Auseinandersetzg gem § 2042 herbeiführt (BGH **40**, 117). Eine solche Begünstigg des einzelnen MitE kann uU sogar ein Vermächtn (§ 2150) sein (MüKo/Dütz Rn 13; dagg Bengel ZEV **95**,
178). – Wollte der Erbl die Auseinandersetzg allerd generell **verbieten**, also auch gg den Willen aller MitE, 3
liegt eine Auflage vor, die auch erbvertragl vereinbart werden (§§ 2278 II; 2270 III) u deren Einhaltg nach § 2194 erzwungen werden kann. Allerd wird auch in diesem Fall bei einer gleichwohl erfolgten Auseinandersetzg die dingl Wirksamk des Verfüggsgeschäfts nicht berührt, wenn sie von allen Erben (auch NachE) od iF der TVstrg vom TV u allen Erben gemeins getroffen wurde, da die Anordng kein ges Veräußergsverbot (§ 134; s auch § 137 S 1) enthält (BGH **40**, 115 mAv Nirk **LM** Nr 1; **56**, 275; LG Brem Rpfleger **67**, 411). Das NachlG (FGG 86 ff) hat in einem solchen Fall aber seine Mitwirkg zu versagen. Auch das gerichtl ZuweisgsVerf (GrdstVG 13 ff) ist ausgeschlossen (Grdst VG 14 III). – Ist die Auseinandersetzg bis zur Wiederverheiratg des überlebden Ehegatten, der bis dahin auch zum TV bestellt ist, ausgeschlossen, kann nach den Umständen des Falls angenommen werden, daß der Ausschluß nur im Interesse des Überlebden angeordnet wurde u er die Auseinandersetzg auch vor der Wiederverheiratg vornehmen darf (Stgt HEZ **2**, 115).

3) Ein Testamentsvollstrecker hat ein Auseinandersetzgsverbot als Verwaltgsanordng gem § 2216 II 1 zu 4
beachten u ist an die Anordng gebunden. Seine VfgsBefugn wird aber nicht mit dingl Wirkg beschränkt (Soe/Damrau Rn 3; aA BGH NJW **84**, 2464 mAv Damrau JR **84**, 106). Er kann auch gleichwohl mit Zustimmg aller MitE einzelne NachlGgstände mit dingl Wirkg freigeben (§ 2217 Rn 2). Zur Außerkraftsetzg der Verwaltgsanordng nach § 2216 II dch NachlG vgl § 2216 Rn 4; KG JFG **14**, 154.

4) Sachliche Grenzen der Anordnung. Wegen der entspr anwendbaren §§ 749 II, III, 750, 751 vgl 5
dort. Was als wichtiger Grd iS des § 749 II anzusehen ist, der es rechtfertigt, ein Teilgsverbot des Erbl außer acht zu lassen, hängt von den Umständen des Einzelfalles ab (s Hbg NJW **61**, 610). Zu entscheiden hat dies ein etwaiger TV (s LG Düss FamRZ **55**, 303) od das um Vermittlg der Auseinandersetzg angegangene NachlG, sonst das ProzeßG. – Die Anwendg des § 1010 I setzt voraus, daß der Erbl die Umwandlg der ErbenGemsch hins des Grdst in eine BruchteilsGemsch gestattet, deren Teilg aber verboten hat (RGRK Rn 7). Mit der Eintragg wirkt die Anordng als dingl Last. – **Unwirksam** ist der angeordnete Ausschluß als

Teilgsanordg ggü einem als MitE berufenen PflichttBerechtigten, wenn der ihm hinterlassene Erbteil die Hälfte des ges Erbteils nicht übersteigt (§ 2306). Sie wirkt auch nicht gg die Insolvenzmasse eines MitE (InsO 84 II 2) u bei Wiederverheiratg eines Elternteils, der mit minderj Kindern in ErbenGemsch lebt (s § 1683 Rn 2; BayObLG **67**, 230; str). Für PfändgsGläub vgl **I** 2 mit § 751.

2045 *Aufschub bis zur Gläubigerermittlung.* **Jeder Miterbe kann verlangen, daß die Auseinandersetzung bis zur Beendigung des nach § 1970 zulässigen Aufgebotsverfahrens oder bis zum Ablaufe der im § 2061 bestimmten Anmeldungsfrist aufgeschoben wird. Ist das Aufgebot noch nicht beantragt oder die öffentliche Aufforderung nach § 2061 noch nicht erlassen, so kann der Aufschub nur verlangt werden, wenn unverzüglich der Antrag gestellt oder die Aufforderung erlassen wird.**

1 **Aufschub** der Auseinandersetzg bis nach dem AufgebotsVerf (od Ende der Anmeldgsfrist) kann jeder MitE verlangen, weil er nach §§ 2060 Nr 1, 2061 für NachlVerbindlichk nur anteilig haftet, wenn der Gläub sich nicht rechtzeitig meldet. Die Verpflichtg wg des Dreißigsten (§ 1969) hindert die Auseinandersetzg allerd nicht (Staud/Werner § 2042 Rn 49; str). – Für die Beendigg des AufgebotsVerf gilt § 2015 II, III entspr (für § 2015 II bestr).

2046 *Berichtigung der Nachlaßverbindlichkeiten.* **I Aus dem Nachlasse sind zunächst die Nachlaßverbindlichkeiten zu berichtigen. Ist eine Nachlaßverbindlichkeit noch nicht fällig oder ist sie streitig, so ist das zur Berichtigung Erforderliche zurückzubehalten.**

II Fällt eine Nachlaßverbindlichkeit nur einigen Miterben zur Last, so können diese die Berichtigung nur aus dem verlangen, was ihnen bei der Auseinandersetzung zukommt.

III Zur Berichtigung ist der Nachlaß, soweit erforderlich, in Geld umzusetzen.

1 **1) Schuldentilgung vor Teilung (I).** § 2046 verschafft MitE den Anspr, daß NachlVerbindlk entgg den allg Vorschr (§§ 2042 II; 755) nicht erst bei Auseinandersetzg getilgt werden, sond schon vorher. Da näml die MitE nur bis zur Teilg einen Zugriff der Gläub auf ihr Eigenvermögen verhindern können (§ 2059), haben sie ein Interesse an vorheriger Schuldentilgg (RG **95**, 325). § 2046 gilt allerd nur für das Verhältn der MitE untereinander und läßt die Stellg der Gläub unberührt. – **I** ist nicht zwingend. Die MitE können also auch abweichend Teilg vor Tilgg vereinbaren. Auch der Erbl kann abweichende Anordngen treffen (§ 2048). Abgesehen hiervon ist auch der TV an § 2046 gebunden (§ 2204 Rn 3; BGH NJW **71**, 2266). – Das NachlG muß § 2046 beachten, wenn nicht sämtl MitE andere Anträge stellen (Staud/Werner Rn 3).

2 **2) Nachlaßverbindlichkeiten** s §§ 1967 ff. Dazu gehören auch PflichttAnspr einschließl Ergänzg (§ 2325; BGH WM **89**, 382), sogar nicht einklagbare u rein moralische Verpflichtgen (MüKo/Dütz Rn 2). Bei streitigen Verbindlk ist das zur Tilgg Erforderl bis zur Klärg zurückzubehalten (**I** 2), nicht etwa auch sicherzustellen. Das gilt entspr auch bei Streit der MitE über die AusgleichgsPfl (§§ 2050 ff; OLG **9**, 389). –
3 Fällt NachlVerbindlk **nur einigen** MitE zur Last, zB weil nur ihnen Vermächtn od Auflage auferlegt sind, kann der belastete MitE gem **I** auch deren Begleichg vor Teilg verlangen, die allerd gem **II** aus dem Überschuß vorzunehmen ist, der diesen MitE bei Auseinandersetzg zukommt (§ 2047), so daß insow vorausgehde Vorausteilg geboten ist.

4 **3) Versilberung (III)** erfolgt nach §§ 753, 754 (s dort; auch § 2042 Rn 3). Die Auswahl der zu verwertenden NachlGgste kann nicht dch MehrhBeschl (§ 2038 II; § 745) geschehen. Da es sich nicht um eine Verwaltgsmaßn handelt, bedarf sie der Zustimmg aller MitE. Ein widersprechender MitE muß ggf auf Einwilligg verklagt werden (Staud/Werner Rn 17).

5 **4) Miterbengläubiger.** Ist MitE zugleich NachlGläub, kann er wie jeder and Gläub Berichtigg seiner Fdg vor Auseinandersetzg verlangen (BGH NJW **53**, 501; RG **93**, 197). Auch bei VorausVermächtn (§ 2150) kann er grdsl Vorwegbefriedigg verlangen, soweit nicht ErblWille entggsteht (KG OLGZ **77**, 461). Jedoch kann bei einer nur aus zwei Erben bestehenden ErbenGemsch der MitE, der zugl NachlGläub ist, seine Fdg nur zu dem Teil geltend machen, zu dem der andere MitE wurde, soweit nicht das Verlangen auf Vorwegbefriedigg Treu u Glauben widerspricht (BGH **LM** Nr 1). – Zur Klage des MitEGläub währd Bestehens der ErbGemsch s § 2058 Rn 3.

2047 *Verteilung des Überschusses.* **I Der nach der Berichtigung der Nachlaßverbindlichkeiten verbleibende Überschuß gebührt den Erben nach dem Verhältnisse der Erbteile.**

II Schriftstücke, die sich auf die persönlichen Verhältnisse des Erblassers, auf dessen Familie oder auf den ganzen Nachlaß beziehen, bleiben gemeinschaftlich.

1 **1) Einen schuldrechtlichen Anspruch** auf Übertragg des ihm nach dem Verhältn der Erbteile zustehenden Teils des Auseinandersetzgsguthabens gewährt **I** dem einzelnen MitE gg die and MitE. Der Anspr ist für sich allein weder übertragb noch verpfändb (Soergel/Wolf Rn 4). – Der **Überschuß** besteht aus den nach Berichtigg der NachlVerbindlichk übrig gebliebenen NachlGgständen, zu denen noch nach § 2055 I 2 sämtl zur Ausgleichg zu bringenden Zuwendgen hinzuzurechnen sind. Er steht noch im Gesamthandsvermögen der ErbenGemsch.

2 **2) Die Teilung** erfolgt im Verhältn der Erbquoten nach §§ 752–754, sofern nicht die MitE eine and Art der Teilg vereinbaren od der Erbl angeordnet hat, wobei sich allerd die Teilgsquoten dch eine Ausgleichg nach §§ 2050 ff ggü den Erbquoten verschieben können (BGH **96**, 174). Vgl § 2042 Rn 3; BGH NJW **63**, 1611

(Teilg eines MitEAnteils nach Bruchteilen der Erbanteile des Erbeserben). Teilbark in Natur (§ 752) ist zB mögl bei Wertpapieren, aber auch bei Grdst mit Wohnhäusern (Teilg nach dem WEG). – Über die Rechte eines PfandGläub vgl § 1258 Rn 3.

3) Schriftstücke iS von **II** bleiben GesamthandsEigt, solange nicht Umwandlg in BruchteilsGemsch vereinbart wird. Über die Verwaltg entscheiden §§ 2038, 745. **II** besagt nur, daß hier ein Anspr auf Teilg fehlt. Vereinbarg der Erben über Teilg bleibt aber zulässig. – **Nicht** unter **II** fallen Familienbilder (Soergel/Wolf Rz 5). – Vgl auch § 2373 S 2. 3

2048 ***Teilungsanordnungen des Erblassers.*** **Der Erblasser kann durch letztwillige Verfügung Anordnungen für die Auseinandersetzung treffen. Er kann insbesondere anordnen, daß die Auseinandersetzung nach dem billigen Ermessen eines Dritten erfolgen soll. Die von dem Dritten auf Grund der Anordnung getroffene Bestimmung ist für die Erben nicht verbindlich, wenn sie offenbar unbillig ist; die Bestimmung erfolgt in diesem Falle durch Urteil.**

1) Auseinandersetzungsanordnung. Der Erbl kann aGrd seiner TestierFreih (§ 1937 Rn 3) auch Einfluß auf die Aufteilg seines Vermögens unter den MitE nehmen (S 1). Eine solche Anordng, auch Teilgs-Anordng genannt (s § 2306 I 1), ist dch Test od ErbVertr (hier nur einseit, BGH NJW **82**, 441) zu treffen. Mit ihr will der Erbl die von ihm gewünschte ges Erbfolge bzw die Höhe der von ihm bestimmten Erbteile u deren Wert nicht verschieben, sond im Ggteil unangetastet lassen (BGH FamRZ **85**, 62). Die den einzelnen MitE zugewiesenen Ggstände sind ihnen wertmäß auf ihre Anteile anzurechnen. Ist deren Wert höher, als dem MitE seiner Quote nach zukommt, ist er zur Zahlg eines dem Mehrwert entspr Ausgleichs aus seinem eigenen Vermögen an die übr MitE verpflichtet, ohne daß die Zahlg zur aufschiebden Bedingg der Teilgs-Anordng erhoben werden muß (BGH NJW-RR **96**, 577 mAv Kummer ZEV **96**, 71; krit Siegmann ZEV **96**, 47). Der einzelne MitE wird also nicht wertmäßig begünstigt, weil der Erbl mit ihr nur festgelegt hat, welche Ggstände aus dem Nachl der MitE bei der Auseinandersetzg erhalten soll. Wollte der Erbl dies nicht, liegt VorausVermächtn vor, weil er dann dem MitE zusätzl zu dessen Erbteil einen Vermögensvorteil zuwendete. Eine wertverschiebende Teilgsanordng läßt die Rspr nicht zu (Rn 5). 1

a) Inhalt. Die Anordng kann die Auseinandersetzg od die Verwaltg des Nachl betreffen. Der Erbl kann zB einzelne NachlGgstände einem MitE zuweisen. Er kann aber auch seinen Nachl vollständ auf alle MitE aufteilen, so daß diese dann seine Anordngen nur noch vollziehen können u müssen, eine vereinbarte Auseinandersetzg aber nicht mehr stattfinden kann. – Die Anordng kann auch die Art der Verwaltg betreffen, zB ihre Führg od ihre Ausübg dch einzelne MitE. – Ferner kann der Erbl anordnen, daß NachlVerbindlichk im Innenverhältn einem der MitE zur Last fallen (RG DNotZ **37**, 447; BGH **LM** § 138 [Cd] Nr 2 betr PflichttAnspr). – Er kann Bestimmgen über die Ausgleichg einer Schuld gem § 2050 treffen (wenn kein RückfordgsR mehr besteht). – Werden alle MitE Gter einer KG, kann er bestimmen, daß eine von ihnen geschuldete ErbschSteuer, die sich auf einen bestimmten GesAnteil bezog, zu Lasten dieses Anteils aus dem GesVermögen (u nicht aus dem sonst Nachl) aufgebracht werden soll (BGH WM **90**, 1066). – Über Teilg dch vorweggenommene Erbfolge s BGH NJW **82**, 43 mAv Schubert JR **82**, 155. – Über Erschwerg der Auseinandersetzg s § 2044 Rn 1. – Besteht der Nachl aus 2 Grdst, von denen nach der getroffenen Teilgsanordng jeder der beiden eingesetzten Erben eines erhalten soll, liegt Erbeinsetzg zu gleichen Teilen (u nicht im Verhältn der GrdstWerte) vor (BayObLG FamRZ **85**, 312). 2

b) Dem Ermessen eines Dritten kann die Teilg dch entspr Anordng des Erbl unterstellt werden (S 2). Dritter kann auch ein MitE sein (RG **110**, 274). – Zum Begriff der offenbaren Unbilligk (S 3) vgl § 319 Rn 3. Wird ein Urteil notwend, ist die Entscheidg gleichf nach bill Ermessen zu treffen. Entbehrl ist das Urteil, falls alle MitE über die Teilg einig sind. – Kann od will der Dritte die Entscheidg nicht treffen od verzögert er sie, ist § 319 I 2 entspr anwendbar (str). – Der Erbl kann auch für die bei Auseinandersetzg entstehenden Streitigk ein **Schiedsgericht** anordnen (s § 2042 Rn 2). 3

2) Wirkung. Die bloße Teilgsanordng wirkt nur schuldrechtl zw den MitE u gibt ihnen Anspr auf entspr Auseinandersetzg (BGH NJW **81**, 1837), für die allein sie von Bedeutg ist. Sie hat also keine dingl Zuordng zur Folge, begründet insbes keine Sondererbfolge an einzelnen NachlGgständ u läßt die Höhe der Erbteile u den Wert der Beteiligg der einzelnen MitE am Nachl unberührt (BGH NJW **85**, 51; KG OLGZ **67**, 361; s auch § 2042 Rn 16). Zu ihrer Ausführg bedarf es folgl noch eines dingl Rechtsaktes (Neustatt MDR **60**, 497). Diese dingl Aufteilg erfolgt bei der Auseinandersetzg, bei der die MitE zur Verteilg gemäß den Anordngen des Erbl verpflichtet sind; ein VorE als MitE bedarf zu ihrer Ausführg keiner Zustimmg, auch nicht bei GrdstÜbereigng. Bis dahin läßt die Teilgsanordng die RStellg der MitE als Gesamthänder unberührt u enthält auch keine VfgsBeschränkg (§ 137 S 2; Soe/Wolf Rn 2). – Für TV sind die ErblAnordngen bindend (§§ 2203; 2204). Bei Verwaltgsanordng gilt § 2216 II. – Jeder MitE hat Anspr auf Einhaltg des angeordneten Teilgsmodus. Gemeins können sie jedoch mit Einverständn aller eine davon **abweichende Teilung** vornehmen, sofern die Teilgsanordng nicht zugleich eine Auflage enthält (§ 2044 Rn 3); allerd ist auch dann eine gleichwohl erfolgte abweichende Aufteilg dingl wirks (BGH **40**, 115; Mattern BWNotZ **65**, 6). – **Nicht wirksam** wird die Teilgsanordng, wenn es zur Auseinandersetzg nicht kommt, weil den MitE nach Berichtigg sämtl NachlVerbindlichk (einschießl Vermächtn) kein zu verteilender Nachl übrig blieb. – Ggü pflichttBerecht MitE kann im Falle von § 2306 eine seinen Erbteil beschwerende Teilgsanordng unwirks sein (s dort Rn 6). 4

3) Abgrenzung zum Vorausvermächtnis. Bei Zuweisg bestimmter Ggstände an einzelne MitE mit einem Wert, der obj höher ist als dem MitE bei der Auseinandersetzg zukäme, ist dafür entscheidend, ob dch die Anordng ggü den Erbquoten eine Wertverschiebg eintritt od nicht (BGH **82**, 274; FamRZ **84**, 688; **85**, 62 mAv Rudolf). Dies hängt davon ab, ob der Erbl dem dch diese Anordng begünstigten MitE den Mehrwert zusätzl zu seinem Erbteil zuwenden wollte (dann VorausVermächtn, § 2150) od ob nach seinem Willen eine Wertverschiebg dadch ausgeschlossen sein soll, daß der Bedachte hinsichtl des Mehrwerts den übr MitE einen Wertausgleich aus seinem eigenen Vermögen zahlen muß (dann Teilgsanordng). Für die Abgrenzg ist also die 5

vom Erbl gewollte wertmäß Verteilg des Nachl der wichtigste Gesichtspunkt (BGH NJW **98**, 682), weil es
6 darauf ankommt, ob der Erbl den betr MitE wertmäß begünstigen wollte (BGH NJW **95**, 721). – **a) Auslegung.** Ergibt sich aus dem Test nicht eindeut, was der Erbl gewollt hat, ist dies dch Auslegg zu ermitteln (BGH FamRZ **90**, 396; 1114). Die Festsetzg einer AusgleichsPfl bedarf keiner ausdrückl od konkludenten Bestimmg; Schweigen des Test spricht also immer für einen Wertausgleich (BGH FamRZ **90**, 396 mwH). Gelingt es nicht, sich von dem bei TestErrichtg vorhandenen tatsächl Willen des Erbl zu überzeugen, muß das Gericht sich notfalls damit begnügen, den Sinn zu ermitteln, der dem mutmaßl ErblWillen am ehesten entspricht (BGH **86**, 41; FamRZ **85**, 62). Ein dem Erbl bekannter obj Vermögensvorteil wird Indiz für einen Begünstiggswillen sein; war dem Erbl der obj Vermögensvorteil nicht bewußt, ist ergänzende Auslegg geboten (Soergel/Wolf Rn 8). Ist auch so seiner letztw Vfg eine zusätzl Zuwendg des Mehrwerts nicht zu entnehmen, liegt stets Teilgsanordng vor, da diese näml grdsl (Ausn: § 2049) nicht wertverschiebend sein kann (BGH NJW **85**, 51; FamRZ **87**, 475). – Da aber die Abgrenzg an Hand einer wertmäß Begünstigg nicht alle Unterschiede zw den beiden RInstituten erfaßt, ist sie nicht stets zwingend. Wird zB der MitE, dem ein bestimmter Ggst zugewendet ist, dessen Wert er sich ausdrückl anrechnen lassen muß, dch Ausschlagg od aus and Grden nicht Erbe, kann ihm bei entspr ErblWillen der Ggst auch dann verbleiben. Die angeordnete Anrechng verhindert also im Einzelfall dann nicht eine Auslegg als VorausVerm, wenn vom Erbl ein von der Erbeinsetzg unabhängiger GeltgsGrd für die Zuwendg gewollt war (BGH **36**, 115; NJW **95**, 721 mAv Skibbe
7 ZEV **95**, 145). – **b) Die Bedeutung** der Abgrenzg zeigt sich nicht nur in der AusgleichsPfl, sond verschiedentl: Das VorausVermächtn kann ausgeschlagen werden (§ 2180), die Teilgsanordng nicht. Der VermächtnNehmer hat mit seiner Fdg einen besseren Rang (vgl § 1991 II mit InsO 327; § 1922 ggü § 2046). Der dch Teilgsanordng zugewiesene Ggst gehört bei beschränkter Erbenhaftg zum haftenden Nachl (BayObLG **74**, 312/315), nicht dagg der vorausvermachte u dem Bedachten bereits verschaffte Ggst unbeschadet InsO 322; AnfG 5. – Der Unterschied ist auch bei gemeinsch Test u ErbVertr von Bedeutg, da eine Teilgsanordng vom Überlebenden jederzeit einseit widerrufen werden kann (§§ 2270 III; 2278 II), während der mit einem Vorausvermächtn Bedachte schon vor dem Erbfall den Schutz der §§ 2287, 2288 genießt und ihm die Bindungswirkg (§§ 2270, 2271; 2289–2291) zugute kommt.

8 **4) Übernahmerecht.** Der Erbl kann auch anordnen, daß ein MitE frei selbst entscheiden kann, ob er einen Ggst des Nachl übernehmen will od nicht. Dem MitE wird damit ein GestaltgsR eingeräumt. Erst die Ausübg dieses Rechts läßt dann den Anspr auf Übertragg des zugewiesenen Ggst im Rahmen der Auseinandersetzg entstehen. – Das ÜbernahmeR kann auch nur gg Wertausgleich eingeräumt sein (Johannsen WM **72**, 866; **77**, 276), der ggf auch erst bei Veräußerg zu zahlen ist (Johannsen WM **73**, 545). Zuwendg eines Mehrwerts ist VorausVermächtn (s Rn 5). Aber auch bei obj gleichwert Übernahmepreis kann Vermächtn vorliegen, zB wenn in entgeltl ErbVertr Übernahme u Entgelt in Zusammenhang stehen (BGH **36**, 115; den dort als Kriterium herangezogenen Begünstiggswillen hat die Rspr aber aufgegeben, s Rn 5). – Auch die Anordg einer **Übernahmepflicht** ist denkb (Benk RhNK **79**, 61).

9 **5) Wertermittlung.** Der Wert des zugewiesenen Ggstands beurteilt sich nach dem Zeitpkt, zu dem die Dchführg der Teilgsanordng verlangt werden kann (Soergel/Wolff Rn 13). Maßgebl ist der obj Verkehrswert. Für ein Landgut macht § 2049 eine Ausnahme. Der Wert eines Unternehmens kann dch Ermittlg des Mittelwerts aus Substanz- und Ertragswert festgestellt werden, wobei der good will im Ertragswert berücksicht wird (vgl BGH NJW **82**, 575 zu § 2311).

2049 ***Übernahme eines Landgutes.*** **I Hat der Erblasser angeordnet, daß einer der Miterben das Recht haben soll, ein zum Nachlasse gehörendes Landgut zu übernehmen, so ist im Zweifel anzunehmen, daß das Landgut zu dem Ertragswert angesetzt werden soll.**

II Der Ertragswert bestimmt sich nach dem Reinertrage, den das Landgut nach seiner bisherigen wirtschaftlichen Bestimmung bei ordnungsmäßiger Bewirtschaftung nachhaltig gewähren kann.

1 **1) Übernahme eines Landguts.** Der Erbl kann einem MitE das Recht einräumen, sein Landgut (§ 2312 Rn 8) allein zu übernehmen, wenn dieses nach BGB an eine ErbenGemsch vererbt wird, also nicht nach landesrechtl AnerbenG iW der Sondererbfolge an einen HofE fällt (dazu § 1922 Rn 9; EG 64). Ordnet er dies an, ist das Landgut bei der Auseinandersetzg nach der Ausleggsregel des **I** (dazu Celle RdL **61**, 103) nur mit dem (ggü dem Verkehrswert geringeren) Ertragswert anzusetzen. Die darin liegende Begünstigg des übernehmenden MitE u die gleichzeit Benachteiligg der weichenden MitE rechtfertigt sich aus dem agrarpolit Interesse an der Erhaltg eines leistgsfäh landw Betriebs in einer Hand. Eine entspr Regelg gilt für die PflichttBerechng (§ 2312) und die Berechng des Anfangs- u Endvermögens bei ZugewinnGemsch (§ 1376 IV; s dazu BVerfG NJW **85**, 1329); bei der Berechng eines ErbersatzAnspr in Erbfällen vor dem 1. 4. 98 gilt § 2049 entspr (§ 1934 b I 3 aF). Diese Privilegierg verstößt nicht gg den allg GleichhSatz, solange davon ausgegangen werden kann, daß im Einzelfall der GesZweck erreicht werden wird (BGH **98**,
2 375; s § 2312 Rn 6; 7). – Übernimmt ein MitE nur einen **Bruchteil** des Eigentums an einem Landgut, ist im Zw nicht anzunehmen, daß der Bruchteil auch nur zum Ertragswert angesetzt werden soll (BGH NJW **73**, 995).

3 **2) Der Ertragswert** ist nach betriebswirtschaftl Grundsätzen ein bestimmtes Vielfaches des Reinertrags, der nicht nach dem BewertgsG ermittelt wird, sond wg der Besonderh jedes Einzelfalls nach betriebswirtschaftl Jahresabschlüssen (Düss FamRZ **86**, 168; Ffm OLGZ **70**, 268). Als maßgebl Kriterien zu seiner Festsetzg sind in **II** die bish wirtschaftl Bestimmg des Landguts, seine ordngsgemäße Bewirtschaftg u der daraus nachhaltig erzielbare Reinertrag festgelegt, ohne daß aber vorgegeben ist, wie der Reinertrag beurteilt u wie auf seiner Grdlage der Ertragswert errechnet werden soll. Reinertrag ist der Überschuß des Rohertrags
4 üb den Aufwand (zu den Einzelproblemen s Müller-Feldhammer ZEV **95**, 161). – **Landesrecht:** Um den Kapitalisiergsfaktor nicht in jedem Einzelfall nach den örtl Verhältn ermitteln zu müssen, kann **II** nach EG

137 landesrechtl dahin ergänzt werden, wie vom Reinertrag der Ertragswert zu errechnen ist, wobei die Länder allerd an die materiellen Kriterien des **II** gebunden, also nicht völlig frei sind (BVerfG NJW **88**, 2723). Einige Länder haben auch den auf den Reinertrag anzuwendenden Kapitalsiergsfaktor generalisierd als Vervielfältiger festgelegt, wobei meist der 25- bzw 18-fache jährl Reinertrag bestimmt wurde. Von der Ermächtigg, auch zu bestimmen, wie der Reinertrag zu ermitteln ist, wurde dagg kein Gebr gemacht.

2050 ***Ausgleichungspflicht für gesetzliche Erben.*** **I Abkömmlinge, die als gesetzliche Erben zur Erbfolge gelangen, sind verpflichtet, dasjenige, was sie von dem Erblasser bei dessen Lebzeiten als Ausstattung erhalten haben, bei der Auseinandersetzung untereinander zur Ausgleichung zu bringen, soweit nicht der Erblasser bei der Zuwendung ein anderes angeordnet hat.**

II Zuschüsse, die zu dem Zwecke gegeben worden sind, als Einkünfte verwendet zu werden, sowie Aufwendungen für die Vorbildung zu einem Berufe sind insoweit zur Ausgleichung zu bringen, als sie das den Vermögensverhältnissen des Erblassers entsprechende Maß überstiegen haben.

III Andere Zuwendungen unter Lebenden sind zur Ausgleichung zu bringen, wenn der Erblasser bei der Zuwendung die Ausgleichung angeordnet hat.

1) Die Ausgleichung setzt zunächst den Eintritt ges Erbfolge sowie einen zu verteilenden Nachl 1
voraus. Sie gewährt dann keinen selbständ Anspr auf Herausgabe der Vorempfänge (s § 2056), sond bedeutet, daß bei Auseinandersetzg dieses Nachl (§ 2042) ein Abkömml bestimmte Zuwendgen (s Rn 8), die er quasi als Vorausleistg vom Erbl zu dessen Lebzeiten erhalten hat, sich ggü and Abkömml anrechnen lassen muß. Sie führt also nicht zu einem GeldAnspr des Berecht, sond ledigl zu einem der Teilg zugrunde zu legenden Rechngsposten, so daß bei der Teilg der Verpflichtete um so viel weniger erhält, als er vorzeitig bereits empfangen hat. Diese AusgleichgsPfl beruht auf der Vermutg des G, daß der Erbl sein Vermögen unter seinen Abkömml gleichmäß verteilen will (BGH **65**, 75). Bei gewillkürter Erbfolge gilt dies nicht, weil hier anzunehmen ist, daß der Erbl die ihm sachgerecht erscheinende Aufteilg verfügt, also Vorempfänge entw berücksichtigt hat od nicht berücksichtigen wollte, sofern er nicht ausdrückl eine Ausgleichg anordnet.

a) Rechtsnatur. Die AusgleichgsPfl ist weder Vermächtn zugunsten der Berecht noch NachlVerbindlichk, 2
sond nur eine Berechngsregel für die Erbteilg, die nicht die Erbquote als solche mindert, sond nur das Auseinandersetzgsguthaben des Ausgleichspflichtigen verkürzt und das der ausgleichsberecht MitE vermehrt (s § 2055). Die Erbenstellg wird nicht berührt; auch der MitE, der nichts mehr erhält, bleibt Erbe mit allen Konsequenzen und ist sowohl zu NachlMaßnahmen zuzuziehen (s § 2055 Rn 4) als auch an der Schuldenhaftg beteiligt, wobei er aber bei Dchführg der Beschränkg nichts zu zahlen braucht (vgl auch § 2060 Rn 1). Die ausgleichgspflicht Zuwendgen sind also niemals Bestandteil des Nachl und auch nicht in Natur zur Nachlmasse zurückzuführen, sond bleiben Vermögen des Begünstigten (BayObLG OLG **37**, 253), das nur dch Verrechng zu berücksichtigen ist (s § 2055 Rn 1). – Die AusgleichgsPfl ist vererbl u trifft auch den Erwerber eines Erbteils (Rn 7), dem sie allerd auch zugute kommt.

b) Abweichende Anordnungen. Der Erbl kann die AusgleichgsPfl ganz od teilw, bedingt od unbedingt 3
ausschließen od ändern. Ferner kann er für die Ausgleichg einen niedrigeren Wert als den tatsächl festsetzen (Frischknecht BWNotZ **60**, 270). Seine abweichende Anordng muß er vor od bei Zuwendg treffen. Dies kann auch stillschw geschehen. Eine nachträgl Anordng ist nicht dch RGesch unter Lebenden, sond nur noch dch Vfg vTw mögl (RG **90**, 419; hM) als Teilgsanordng (§ 2048) od Vorausvermächtn (§ 2150) zugunsten der and Abkömml. Das PflichttR der and MitE kann dadch jedoch nicht beeinträchtigt werden (§ 2316 III; s RG **90**, 422). – Auch die **Abkömmlinge** können dch Vereinbarg die AusgleichgsPfl ganz od teilw ausschließen od über das G hinaus erweitern.

2) Nur Abkömmlinge des Erbl (§ 1924 Rn 7) sind sich untereinander zur Ausgleichg verpflichtet (s auch 4
§§ 2051, 2053) und auch nur, wenn sie als ges Erben berufen sind. Bei gewillkürter Erbfolge gilt (mit Ausn von § 2052) die Vorschr nicht (s Rn 1). Die Ausgleichg kommt auch nur den Abkömml zugute. – Für andere MitE, insbes den Ehegatten, ist die Ausgleichg ohne Bedeutg, ihr Anteil ist bei der Berechng auszuscheiden. Will der Erbl gleichwohl seinen Ehegatten od and MitE zur Ausgleichg heranziehen, muß er dies dch letztw Vfg als Vermächtn zugunsten der and MitE anordnen (Maßfeller Betr **57**, 626; Wolfsteiner MitBayNot **82**,
61). – Für den **Erbersatzanspruch** eines nichtehel Abkömml in Erbfällen vor dem 1. 4. 98 (EG 227 I Nr 1) 5
galt die Vorschr entsprechend (§ 1934 b III aF) u minderte od erhöhte seinen Anspr, je nachdem ob er od aber
ehel Abkömml ausgleichgspflichtig waren. – Der **Erbteilserwerber** tritt in die Rechte und Pflichten bezügl 6
der Ausgleichg ein (§§ 2372, 2376). – Auch der **Pfandgläubiger** am Erbteil steht wg einer AusgleichgsPfl 7
dem betr MitE gleich und muß sie gg sich gelten lassen (MüKo/Dütz Rn 3).

3) Lebzeitige Zuwendung. Nur zu Lebzeiten des Erbl erfolgte Zuwendgen können Ggstand der Aus- 8
gleichg sein. Als Erbl ist bei gemeinsch Test für die Ausgleichg auch der zuerst verstorbene Ehegatte anzusehen (§ 2052 Rn 2; str; aA BGH **88**, 102 zum PflichttR). Je nach Art der Zuwendg sind die Voraussetzgen der AusgleichgsPfl verschieden geregelt (I–III). Stets erfordert aber der Begriff der Zuwendg, daß ein **Vermögensvorteil** aus dem Vermögen des Erbl in das des Abkömml überführt wird (RG JW **27**, 1201), so daß zB die bloße Einräumg des EintrittsR in ein Handelsgeschäft nicht darunter fällt (RG aaO; s aber auch Celle NdsRpfl **62**, 203). Ein RGeschäft zw Erbl und Abkömml ist nicht begriffswesentl. Jede wirtschaftl Maßnahme, dch die dem Abkömml ein Vermögensvorteil vom Erbl auf Kosten des Nachl zufließt, ist Zuwendg (RG JW **38**, 2971), da allein die Vermögensverschiebg maßgebl ist. Wenn allerd der zugewendete Ggst dch Sondererbfolge gar nicht in den Nachl gefallen wäre, besteht auch keine AusgleichgsPfl (RG JW **37**, 2201). Bei der Zuwendg muß es sich nicht um Schenkg handeln; auch entgeltl fallen unter die AusgleichgsPfl, soweit
ihr Wert den der Ggleistg übersteigt. – **Nicht** ausgleichspflichtig ist, was der Erbl zurückerhalten hat, zB ein 9

als Ausstattg übertragenes landwirtschaftl Anwesen, das der Abkömml dem Erbl zurückübertragen hat (BGH DRiZ **66**, 397), od was dem Erbl wieder zurückgegeben werden muß. Deshalb begründet die Hingabe eines **Darlehens** grdsl nur eine NachlVerbindlichk und ist nur unter ganz bes Umständen ausgleichspflichtige Zuwendg, etwa wenn (auch nachträgl) vereinbart wird, daß es ganz od teilw nicht zurückzuzahlen, sond auszugleichen od von der Erbsch abzuziehen ist (RG Warn **10** Nr 245; **41** Nr 10; LZ **27**, 1110); dagg reicht nicht schon aus, daß es dem Abkömml zur Erhaltg seiner wirtschaftl Lebensstellg gewährt wurde (Dresden OLG **32**, 51). Zur AusgleichgsPfl von nicht getilgten DarlZinsen s Stgt BWNotZ **76**, 67. Hat der Erbl dem Abkömml eine Wohng unentgeltl überlassen, ist deren Nutzgswert nicht auszugleichen (Soergel/Wolf Rn 10; MüKo/Dütz Rn 10; bestr).

10 **a) Ausstattungen (I)** sind Zuwendgen des Erbl, die er seinem Abkömml zur Verheiratg od Begründg einer Lebensstellg od zu and Zwecken des § 1624 gemacht hat. Zum Begriff s deshalb § 1624; BGH **44**, 91; Celle NdsRpfl **62**, 203 zur Aufnahme als gleichberecht Gesellschafter in Geschäft des Erbl ohne Kapitaleinlage; dazu auch Hambg MDR **78**, 670; ferner Stgt BWNotZ **77**, 150 mAv Siegmann; Schmid BWNotZ **71**, 29. – Die **Aussteuer** (§§ 1620–1623 aF) ist als Unterart der Ausstattg ebenf auszugleichen. Da aber heute auch Töchter regelmäßig eine Berufsausbildg erhalten u der UnterhaltsAnspr der Kinder auch die Kosten einer angemessenen Ausbildg umfaßt, ohne daß insow eine Ausgleichg stattfindet, ist eine Aussteuer nur dann ausgleichspflichtig, wenn sie neben einer Berufsausbildg gewährt wird od soweit sie deren regelm Kosten übersteigt (BGH NJW **82**, 575). – Ausstattg iS des **I** ist (entgg § 1624) auch gegeben, wenn der Erbl die Zuwendg einem entfernteren Abkömml als Sohn od Tochter gemacht hat, soweit nicht nach § 2053 die Ausgleichg entfällt (hM). Zu den ausgleichspfl Ausstattgen kann auch ein bloßes AusstattgsVersprechen gehören, wenn es zu Lebzeiten des Erbl noch nicht erfüllt worden ist (s BGH **44**, 91). – Keine Ausstattg ist
11 eine Hofüberlassg gem HöfeO 17 (Schlesw AgrarR **72**, 362). – **Ausgleichspflichtig** sind Ausstattgen ohne Rücks darauf, ob sie das den Vermögensverhältn des Erbl entspr Maß übersteigen (and II), es sei denn, daß der Erbl bei Zuwendg od letztw etwas anderes angeordnet hat (s Rn 3). Jedoch gilt für eine in Rentenform gewährte Ausstattg **II** (RG **79**, 267) wie auch Ausbildgskosten, die im Rahmen der UnterhaltPfl (§ 1610 II) gewährt wurden.

12 **b) Zuschüsse (II),** die mit der Zweckbestimmg gewährt wurden, daß sie als Einkünfte verwendet werden sollen, sind dann nicht ausgleichspflichtig, wenn sie das dem Vermögen des Erbl entsprechde Maß nicht übersteigen, selbst wenn es sich um Ausstattgen handelt (RG **79**, 267). **II** regelt nur die Höhe des ausgleichspflicht Betrags, so daß iü die allg Voraussetzgen gelten (s oben). Zum Ausschluß der Ausgleichg s Rn 3. – Die Bestimmg als **Einkünfte** setzt voraus, daß Wiederholg in Aussicht genommen ist, zB Unterhalt währd eines Vorbereitsgsdienstes. Einmaliger Zuschuß (zB für Reise) gehört nicht hierher.

13 **c) Vorbildung zu einem Beruf (II).** Darunter fallen zB Aufwendgen in Form von Studien-, Promotions- od Fachschulkosten, nicht aber die Kosten für die allg Schulbildg. Aufwendgen, die nicht in Erfüllg ges UnterhPfl erfolgen (weil etwa Abkömml eigenes Vermögen hat), sind auch nach **II,** dh bei Übermaß
14 ausgleichspflichtig (RG **114**, 53). – **Übermaß** liegt nicht schon deshalb vor, weil die Aufwendgen für einen Abkömml zum Zwecke der Vorbildg höher sind als die für die anderen zu demselben Zweck gemachten. Für die Beurteilg der Frage, ob solche Aufwendgen das den Verhältn des Erbl entspr Maß überstiegen haben, sind vielm die gesamten VermögensVerhältn zZ der Zuwendg maßg (Hbg HansGZ **38**, 387); s zB zu Studienkosten Dieckmann FamRZ **88**, 712/714. – Die Ausbildg ist idR beendet, wenn durch Prüfg die Befähigg für den Beruf nachgewiesen ist (Warn **13** Nr 237). Doch kann uU später ein neuer Beruf erlernt werden, wofür wieder **II** gilt (RG **114**, 54). – Auch hier kann Ausgleichg erlassen werden (s Rn 3).

15 **d) Sonstige Zuwendungen (III)** des Erbl unter Lebenden an seine Abkömml sind **nur** ausgleichspflichtig, wenn der Erbl dies angeordnet hat. Ob auch Leistgen, durch die einer ges Pfl genügt wird, unter **III** fallen (RG **73**, 377), ist zweifelh. Der in einer OHG kraft einer gesellschrechtl qualifizierten Nachfolgeklausel (s § 1922 Rn 17) eintretende MitE des verstorbenen Gesellschafters muß sich bei der Erbauseinandersetzg den Wert der ihm zugewendeten Mitgliedsch anrechnen lassen, wenn der Erbl bei der Zuwendg die Ausgleichg
16 (stillschweigd) angeordnet hat (Brox Rn 761). – Die **Anordnung** der Ausgleichg muß wie der Ausschluß der Ausgleichg erfolgen (dazu Rn 3), ist aber gleichzeitig mit der Zuwendg so zur Kenntn des Empfängers zu bringen, daß er die Zuwendg ablehnen kann (RG **67**, 308). Werden Grdstücke zu Lebzeiten des Erbl von diesem an Abkömmlinge unentgeltl mit der Bestimmg übereignet, daß die Übertragg „in Vorwegnahme der zukünftigen Erbregelg" erfolgt, kann daraus nicht unbedingt der Wille des Erbl entnommen werden, daß sich der Erwerber den Wert des Grdstücks auf sein künftiges ErbR anrechnen lassen muß (Weimar JR **67**, 97; Stgt BWNotZ **77**, 150/151). Eine nachträgl Anordnung durch Vfg vTw enthält dann ein Vermächtn zG der übrigen MitE, das aber (außer bei ErbverzichtsVertr od wenn der Bedachte im Fall des § 2306 I 2 nicht ausschlägt) den Pflichtt des Abkömml nicht beeinträchtigen darf (s RG **90**, 422). – Die Anordng begründet nicht (wie bei der Schenkg unter Auflage) eine schuldrechtl Verpflichtg des Bedachten. – Eine Schenkg des Erbl an seinen minderjähr Abkömml wird dch die Anordng der Ausgleichg nicht mit einem Rechtsnachteil iS des § 107 versehen und erfordert daher keine Einwilligg des ges Vertreters (BGH **15**, 168 mAv Fischer **LM** § 107 Nr 1; aM Lange NJW **55**, 1343). – Setzt der Erbl einen Abkömml zum Erben ein, erklärt er ihn aber wg seines Erbteils dch Zuwendgen unter Lebden für **abgefunden,** handelt es sich in Wirklichkeit um Enterbg
17 (§ 1938; Weimar aaO 98). – Ein **Trustguthaben,** das ein deutscher Erbl bei amerikan Bank begründet u einem Abkömml zugewendet hat, ist sowohl nach amerikan Recht als auch nach **III** ausgleichspflichtig (BGH BB **69**, 197).

18 **4) Bei qualifizierter Nachfolgeklausel** im GesVertr einer OHG (s Rn 15; § 1922 Rn 17) kann die entspr Anwendg der §§ 2050 ff ggü den weichenden MitE geboten sein, wenn der Wert des dem GterErben zufallenden GesAnteils höher ist als der Betrag, der ihm auf Grd seiner Erbquote zusteht; § 2056 S 1 gilt in diesem Fall nicht (MüKo/Dütz § 2031 Rn 54; Brox Rn 761; Meincke AcP **178**, 45/46; 56 f).

19 **5) Beweislast** für das Bestehen einer AusgleichsPfl hat im Prozeß, wer die Anrechng einer Zuwendg verlangt. Den Ausschluß der Ausgleichg muß beweisen, wer sich darauf beruft (Soe/Wolf Rn 24 mN).

2051 ***Ausgleichungspflicht bei Wegfall eines Abkömmlings.*** **I Fällt ein Abkömmling, der als Erbe zur Ausgleichung verpflichtet sein würde, vor oder nach dem Erbfalle weg, so ist wegen der ihm gemachten Zuwendungen der an seine Stelle tretende Abkömmling zur Ausgleichung verpflichtet.**

II Hat der Erblasser für den wegfallenden Abkömmling einen Ersatzerben eingesetzt, so ist im Zweifel anzunehmen, daß dieser nicht mehr erhalten soll, als der Abkömmling unter Berücksichtigung der Ausgleichungspflicht erhalten würde.

1 **1) Wegfall eines Abkömmlings** als Erbe (§§ 1924, 1938, 1953, 2344, 2346) hat zur Folge, daß der an seine Stelle Tretende in die AusgleichgsPfl eintritt. Unerhebl ist, ob der Nachfolger Abkömml des Weggefallenen ist. Notwend ist nur, daß er Abkömml des Erbl ist. Erhöht sich dadurch der Erbteil eines MitE, gilt hins der Ausgleichg die Erhöhg als bes Erbteil (§ 1935). Ist aber der eintretende Abkömml vom Erbl **unmittelbar** durch Vfg vTw als Erbe eingesetzt, ist § 2051 nicht anwendb (Warn **13** Nr 238). Stirbt der ausgleichspflichtige Abkömml, nachdem er schon endgültig Erbe geworden war, geht mit der Erbsch die AusgleichgsPfl auf seine Erben über, mögen sie Abkömml des Erbl sein od nicht.

2 **2) Der Ersatzerbe** (§ 2096) eines weggefallenen Abkömml, mag er selbst Abkömml sein od nicht, soll iZw nicht mehr erhalten, als der Abkömml unter Berücksichtigg der AusgleichgsPfl erhalten würde (**II**). Dabei sind aber nicht nur die Ausgleichgspflichten des weggefallenen Abkömml, sond auch dessen Ausgleichgsrechte zu berücksichtigen (Staud/Werner Rn 6; Soergel/Wolf Rn 5; MüKo/Dütz Rn 6). Entscheidend muß das Gesamtergebn der Ausgleichg sein. – Vgl auch § 2053.

2052 ***Ausgleichungspflicht für Testamentserben.*** **Hat der Erblasser die Abkömmlinge auf dasjenige als Erben eingesetzt, was sie als gesetzliche Erben erhalten würden, oder hat er ihre Erbteile so bestimmt, daß sie zueinander in demselben Verhältnisse stehen wie die gesetzlichen Erbteile, so ist im Zweifel anzunehmen, daß die Abkömmlinge nach den §§ 2050, 2051 zur Ausgleichung verpflichtet sein sollen.**

1 **1) Für Testamentserben** enthält § 2052 eine Ausleggsregel für den Fall, daß der Erbl dch Erbeinsetzg die Abkömml entw genau auf die ges Erbteile gesetzt (s RG **149**, 133) od ihre (höheren od niedrigeren) Erbteile in demselben Verhältn wie die ges Quoten zueinander bestimmt hat. Sie ist auch bei Einsetzg als ErsatzE od NachE anwendb. Ist dch Zuwendg eines Vorausvermächtnisses an einen MitE ein Teil des Nachl ausgeschieden, ist hinsichtl des Rests die Ausgleichg nicht notwend ausgeschlossen (RG **90**, 419); uU kann aber in diesem Falle die AusgleichgsPfl der and MitE als ausgeschlossen gelten. – Hat der Erbl die Erbteile nur für einen **Teil** der Abkömml nach dem Verhältn der ges Erbteile bestimmt, findet die Ausgleichg unter diesem Teil statt (RG **90**, 420; Soergel/Wolf Rn 4). Bei Erhöhg des Erbteils eines Abkömmlings dch Anwachsg (§ 2095) gelten beide Erbteile hins der AusgleichgsPfl als selbständ Erbteile (Staud/Werner Rn 5).

2 **2) Berliner Testament.** Stammt eine Zuwendg vom erstverstorbenen Eheg, ist aGrd gemeinsch Test od ErbVertr der Empfänger aber SchlußE nur des Längerlebden, gilt im Regelfall des § 2269 für § 2052 auch der erstverstorbene Eheg als Erbl (KG OLGZ **74**, 257; hM; aA allerd BGH **88**, 102 für das PflichtR, s § 2327 Rn 1; Thubauville RhNK **92**, 289); die Abkömml müssen daher beim Tode des Überlebenden die Zuwendgen ausgleichen, die vom Erstverstorbenen od aus dessen Nachl gemacht worden waren. S auch BGH NJW **82**, 43 mAv Schubert JR **82**, 155 zu Ausgleichsanordng dch vorweggenommene Erbfolge.

2053 ***Zuwendung an entfernteren Abkömmling.*** **I Eine Zuwendung, die ein entfernterer Abkömmling vor dem Wegfalle des ihn von der Erbfolge ausschließenden näheren Abkömmlinges oder ein an die Stelle eines Abkömmlinges als Ersatzerbe tretender Abkömmling von dem Erblasser erhalten hat, ist nicht zur Ausgleichung zu bringen, es sei denn, daß der Erblasser bei der Zuwendung die Ausgleichung angeordnet hat.**

II Das gleiche gilt, wenn ein Abkömmling, bevor er die rechtliche Stellung eines solchen erlangt hatte, eine Zuwendung von dem Erblasser erhalten hat.

1 **1) Nicht ausgleichungspflichtig** sind ausnahmsweise Zuwendgen, die der Erbl einem entfernteren Abkömml vor dem Wegfall eines näheren gemacht hat. Sofern der entferntere Abkömml zum Zeitpkt der Zuwendg nicht erben würde, kann auch nicht die Absicht des Erbl vermutet werden, es handle sich um eine Vorleistg auf den zu erwartenden Erbteil, da er seinen näheren Abkömml als Erben ansieht. Ausgleichgspflichtig ist die Zuwendg dah nur, wenn der Erbl dies mit ihr angeordnet hat (s dazu § 2050 Rn 15; 16). – Die auf dem vermuteten ErblWillen beruhde Ausnahme gilt auch für Zuwendg, die ein nur als ErsatzE (§§ 2096 ff; 2102) eingesetzter Abkömml vor Wegfall des zuerst berufenen Abkömml erhielt. – Irrt sich der Erbl bei der Zuwendg üb die Nähe seines Abkömml, sind die Folgen ges nicht geregelt, sollten jedoch auch dann von den Vorstellgen des Erbl abhängen (aA MüKo/Dütz Rn 4: die tatsächl Lage ist stets maßgebl). § 2053 gilt also auch, wenn der Zuwendgsempfänger dch Wegfall des näheren Abkömml tatsächl bereits der nächste war, ohne daß der Erbl dies wußte. War er dagg der entferntere, hielt ihn jedoch der Erbl bei der Zuwendg irrtüml für seinen nächsten, greift die AusnVorschr nicht ein. – Wird der Zuwendgsbegünstigte Erbe u hat der Erbl für diesen Fall dch Vfg vTw eine Ausgleichg **angeordnet,** verpflichtet dies nur den entfernteren Abkömml. Allerd kann der Erbl auch den näheren verpflichten, Zuwendgen an die entfernteren auszugleichen (Staud/Werner Rn 6).

2 **2) Gleichgestellte Fälle (II)** bezieht sich seit 1. 7. 98 nur noch auf die Annahme als Kind (§§ 1741 ff), nachdem das KindRG die Legitimation durch nachfolgende Ehe (§ 1719) u die EhelichErkl (§§ 1273 ff) seit 1. 7. 98 als nunmehr entbehrl beseitigt hat.

2054 *Zuwendung aus dem Gesamtgut.* **I Eine Zuwendung, die aus dem Gesamtgut der Gütergemeinschaft erfolgt, gilt als von jedem der Ehegatten zur Hälfte gemacht. Die Zuwendung gilt jedoch, wenn sie an einen Abkömmling erfolgt, der nur von einem der Ehegatten abstammt, oder wenn einer der Ehegatten wegen der Zuwendung zu dem Gesamtgut Ersatz zu leisten hat, als von diesem Ehegatten gemacht.**

II Diese Vorschriften sind auf eine Zuwendung aus dem Gesamtgut der fortgesetzten Gütergemeinschaft entsprechend anzuwenden.

1 **1) Zweimalige Ausgleichung.** Die Vorschr will Klarh über die Person des Leistenden schaffen, wenn eine Zuwendg aus dem Gesamthandsvermögen einer GüterGemsch gemacht wurde. Falls kein ggteiliger Wille des verwaltenden Ehegatten vorliegt, gilt jeder Ehegatte zur Hälfte als Zuwender (**I** 1), u zwar unabhängig davon, welcher der Eheg od ob beide das Gesamtgut verwaltet haben (Staud/Werner Rn 2). Die Ausgleichg muß also idR zweimal stattfinden, wenn sie nicht bis zur Beendigg der fortgesetzten GüterGemsch hinausgeschoben ist (§ 1483; RGRK Rn 3). Jeder Eheg kann die Ausgleichg anordnen od erlassen, soweit er als Zuwendender gilt. Kann beim Nachl eines Ehegatten die Ausgleichg nicht erfolgen, weil dessen Gesamtgutsanteil nicht ausreicht, ist beim Nachl des and eine entspr höhere Ausgleichg vorzunehmen (MüKo/Dütz Rn 8; aA Soergel/Wolf Rn 3). – Zu **II** s §§ 1483 ff.

2 **2) Ausnahmsweise** findet Ausgleichg nur ggüber **einem** Elternteil statt, wenn der Abkömml, der die Zuwendg erhielt, nur von einem der Eheg stammt (**I** 2) od wenn ein Eheg wg der Zuwendg zum Gesamtgut Ersatz zu leisten hat. Diese ErsatzPfl tritt bei Ausstattgen nach §§ 1444, 1466 ein. – **I** 2 ist aber einschränkend dahin zu verstehen, daß die Zuwendg nur soweit von dem betr Eheg als gemacht gilt, als die auf ihn treffende Hälfte des Gesamtguts im Ztpkt der Beendigg der GüterGemsch reicht (RG **94**, 262).

2055 *Durchführung der Ausgleichung.* **I Bei der Auseinandersetzung wird jedem Miterben der Wert der Zuwendung, die er zur Ausgleichung zu bringen hat, auf seinen Erbteil angerechnet. Der Wert der sämtlichen Zuwendungen, die zur Ausgleichung zu bringen sind, wird dem Nachlasse hinzugerechnet, soweit dieser den Miterben zukommt, unter denen die Ausgleichung stattfindet.**

II Der Wert bestimmt sich nach der Zeit, zu der die Zuwendung erfolgt ist.

1 **1) Durchführung.** Nur rechnerisch wird nach der dispositiven Vorschr die Ausgleichg bei der Aufteilg (§ 2047) unter den beteiligten Abkömml vollzogen (Idealkollation), nicht durch Rückgewähr der Zuwendgen in Natur (Realkollation; vgl § 2050 Rn 1; 2). Sie verschafft also keinen ZahlgsAnspr, sond verschiebt nur die Teilgsquote nach § 2047 I. Dem Nachl wird nicht wirkl etwas zugeführt, sond er wird rein rechnerisch um die auszugleichenden Zuwendgen vermehrt: Von dem um die NachlVerbindlichk verminderten Nachl (§ 2046 I 1) werden zunächst auch noch die Erbteile des Ehegatten und der an der Ausgleichg nicht beteiligten MitE vorweg nach der wirkl vorhandenen Erbmasse berechnet und abgesondert. Diesem Netto-Nachl werden die auszugleichenden Zuwendgen hinzugerechnet. Von dem so erhöhten NachlWert werden die Erbteile der ausgleichspflichtigen Abkömml berechnet u davon die anzurechnenden Zuwendgen abgezogen (s Celle RdL **60**, 295). Diese Rechng führt idR zu von den Erbquoten abweichenden Teilgsquoten, die stets (also nicht nur bei der Verteilg von Geld) zu beachten sind (BGH **96**, 174). – **Beispiel:** Nachl 6000. MitE (ohne Berücksichtigg der ZugewGemsch, § 1371 I) sind die Witwe W zu $^1/_4$; Kinder A, B, C zu $^1/_4$. A hat 1000 und C 800 auszugleichen. Es erhält vorweg W 1500. Für die Abkömml beträgt die rechnerische erhöhte Teilungsmasse 4500 + 1000 + 800 = 6300. Davon erhalten B $^1/_3$ = 2100, A 2100–1000 = 1100 und C 2100–800 = 1300. Bei der ZugewGemsch erhält die Witwe nach § 1371 I $^1/_2$, die Abkömmlinge je $^1/_6$. Der Erbteil der W ist demnach 3000. Der rechnerische Nachl für die Abkömml beträgt 4800. Hiervon
2 entfallen auf A 600, auf B 1600, auf C 800. – **Stichtag** für die Bewertg des Nachl ist der Erbfall (BGH **96**, 174; Meincke AcP **178**, 45; str). Für die Zuwendg s Rn 3. – **Untergang** der Zuwendg befreit nicht von der AusgleichgsPfl (Staud/Werner Rn 10). – **Unterblieb** die Ausgleichg bei der vollständ Auseinandersetzg des Nachl, ist Anspr aus § 812 gegeben; hatte nur eine Teilauseinandersetzg stattgefunden, muß sie bei der Aufteilg des Restes nachgeholt werden, so daß sich dafür die Teilgsquoten weiter verschieben (BGH FamRZ **92**, 665). – Für Klagen wg der Ausgleichg ist der **Gerichtsstand** der Erbsch (ZPO 27) gegeben (BGH NJW **92**, 364).

3 **2) Bewertung.** Der Nachl ist zum Zeitpkt des Erbfalls (nicht der Auseinandersetzg) zu bewerten (BGH **96**, 181), die Zuwendg dagg zu dem ihrer Vornahme (**II**). Damit bleiben bei der Zuwendg spätere Wertändergen od Erträge unberücksichtigt; jedoch ist ihr Wert auf den Tag des Erbfalls dch Berücksichtigg des Kaufkraftschwundes zw Zuwendg u Erbfall umzurechnen (BGH **65**, 75 mAv Löbbecke NJW **75**, 2292; BGH WM **75**, 1179; s § 2315 Rn 4; dazu auch Meincke AcP **178**, 52 ff mit Beisp 48 ff). – Der Erbl kann bei der Zuwendg formlos den anzurechnenden Wert auch bindend festsetzen, zB nach dem Wert des geschenkten Ggst zur Zeit des Erbfalls (Hamm MDR **66**, 330); eine solche Anordng kann sich auch aus den Umständen des Falles ergeben (Werner DNotZ **78**, 66; Meincke AcP **178**, 45/55).

4 **3) Vor der Auseinandersetzung** hat die AusgleichgsPfl für die RStellg der MitE weder im Innen- noch im AußenVerhältn Bedeutg. Sie kann auch noch nicht Ggstand einer zuläss Feststellgsklage sein (Karlsr FamRZ **89**, 1232). Die MitE sind nach Maßg ihrer ideellen Erbteile an der Verwaltg u Vfg beteiligt. Auch der dch ausgleichspflichtige Zuwendgen bereits völlig befriedigte MitE ist nicht ausgeschlossen (hM; vgl § 2050 Rn 2). Im Falle der Gefährdg können gg ihn aber dch einstw Vfg Sichergsmaßnahmen ergriffen werden. Er haftet auch den Gläub nach allg Regeln. Im Innenverhältn allerdings ist er freizustellen; er kann
5 deshalb auf Einhaltg des § 2046 I dringen u notfalls Rückgriff nehmen. – **Gleiche Stellung** wie der MitE erlangt hinsichtl der AusgleichgsPfl ein Erbteilserwerber (§ 2033); der Gläub des MitE, der seinen Anteil

gepfändet hat; der NachlGläub, der vor Auseinandersetzg die ZwangsVollstr in den Erbteil des MitE betreibt.

2056 *Keine Herausgabe des Mehrempfanges.* **Hat ein Miterbe durch die Zuwendung mehr erhalten, als ihm bei der Auseinandersetzung zukommen würde, so ist er zur Herauszahlung des Mehrbetrags nicht verpflichtet. Der Nachlaß wird in einem solchen Falle unter die übrigen Erben in der Weise geteilt, daß der Wert der Zuwendung und der Erbteil des Miterben außer Ansatz bleiben.**

1) Keine Herausgabepflicht trifft den MitE, der als Zuwendg mehr erhalten hat, als das ihm nach § 2055 zustehende Auseinandersetzgsguthaben beträgt. Er ist namentl auch von der Zahlg eines Pflichtteils an andere befreit (RG **77**, 282). Der PflichttErgänzgsAnspr (§ 2325) erstreckt sich nur auf Schenkgen, nicht auf andere Zuwendgen (RG **77**, 282). Die Ausgleichg von Vorempfängen kann dch § 2056 nur dann beschränkt werden, wenn der Vorempfang eines sonst ausgleichspflichtigen ges Erben höher ist als dessen ges Erbteil bei Hinzurechng der auszugleichenden Vorempfänge zu dem um den Wert der Schenkg vermehrten Nachl (BGH NJW **65**, 1526 zu § 2325; dazu Keßler DRiZ **66**, 399; Johannsen WM **70**, 239). – Bei Erhöhung des ges Erbteils durch Wegfall eines ges Erben vgl § 1935 Rn 3. 1

2) Verfahren bei Ausgleichung. Bei der Verteilg des Nachl unter die übr MitE bleibt dieser Erbteil außer Ansatz. Dabei ist aber zu beachten, daß die Erbteile der beteiligt bleibenden MitE in demselben Verhältn zueinander stehen müssen wie bisher. **Beispiel:** Nachl 8000; MitE sind A zu 1/2, B zu 1/4, C zu 1/4. C hat 4000 auszugleichen, so daß die dadch erhöhte Teilgsmasse 12 000 beträgt. Davon würde auf C 1/4 = 3000 entfallen; da er aber bereits 4000 erhalten hat, scheidet er aus. Desh teilen sich A und B den Nachl von 8000 im Verhältnis 2/3 zu 1/3. 2

2057 *Auskunftspflicht der Miterben.* **Jeder Miterbe ist verpflichtet, den übrigen Erben auf Verlangen Auskunft über die Zuwendungen zu erteilen, die er nach den §§ 2050 bis 2053 zur Ausgleichung zu bringen hat. Die Vorschriften der §§ 260, 261 über die Verpflichtung zur Abgabe der eidesstattlichen Versicherung finden entsprechende Anwendung.**

1) Das Auskunftsrecht soll die AusgleichgsPfl sichern u steht jedem MitE gg jeden einzelnen anderen MitE zu (über den AuskunftsAnspr bei Auseinandersetzg s Stgt BWNotZ **76**, 89). Ebso einem mit der Auseinandersetzg beauftragten TV und dem NachlVerwalter. Dem NachlInsolvVerw nur bei bes Interesse (RGRK Rn 3). Wegen § 2316 I hat es auch der pflichtteilsberechtigte Nichterbe (RG **73**, 372; Zweibr FamRZ **87**, 1197). – Auskunft kann auch der in Erbfällen vor dem 1. 4. 98 nur erbersatzberecht Abkömml verlangen. 1

2) Die Auskunftspflicht trifft jeden MitE; aber auch einen von der Erbfolge ausgeschlossenen Abkömml, der den Pflichtt erhält (Nürnb NJW **57**, 1482). Sie umfaßt alle möglicherw unter § 2050 fallenden Zuwendgen, die der MitE persönl erhalten hat und nicht nur solche, die bei richtiger Anwendg der §§ 2050–2053 ausgleichspflichtig sind (RG **73**, 376; vgl Staud/Werner Rn 5). Die Entscheidg, welche Zuwendgen in Frage kommen, kann nicht dem Belieben des Auskunftspflichtigen überlassen bleiben. Demnach ist Auskunft zu erteilen, ohne daß das Vorhandensein von Zuwendgen vorher überh festgestellt sein muß. Auf Verlangen des Berecht bekanntzugeben ist auch, was üb den Wert des Erhaltenen u die zu seiner Berechng vorhandenen Anhaltspkte bekannt ist (BayObLG OLG **40**, 149). – Zur allg Auskunftspflicht unter MitE s § 2038 Rn 13. 2

3) Die Form der Auskunft ist nicht geregelt. Ein Verzeichnis iS des § 260 I ist nur vorzulegen, wenn die Zuwendg einen Inbegriff von Ggständen umfaßt. – Die **eidesstattliche Versicherung** ist nur zu leisten, wenn Grd zu der Annahme besteht, daß die Auskunft nicht mit der erforderl Sorgfalt erteilt ist; jedoch auch bei geringen Zuwendgen, da § 259 III nicht gilt (RGRK Rn 7). Ist der Pflichtige zur Abgabe der eV bereit, regelt sich das **Verfahren** nach FGG 163, 79. Zuständ für die Entggnahme der eV ist das AG (RPfleger, RPflG 3 Nr 1 b) des Wohns des Pflichtigen (§ 269). Bei Streit entsch das ProzeßG; über Entggnahme der eV s ZPO 889 (AG als VollstrG; RPfleger, RPflG 20 Nr 17); s § 2027 Rn 1. – Jedoch ist auch ein **Vertrag** auf Leistg einer eV gültig. Dann hat das Gericht nicht zu prüfen, ob die ges Voraussetzgen gegeben sind (Hbg HansGZ **40**, 98). – Die **Kosten** trägt der Antragsteller. Gebühr regelt KostO 124. 3

2057 a *Ausgleichungspflicht bei besonderer Mitarbeit oder Pflegetätigkeit eines Abkömmlings.* **I Ein Abkömmling, der durch Mitarbeit im Haushalt, Beruf oder Geschäft des Erblassers während längerer Zeit, durch erhebliche Geldleistungen oder in anderer Weise in besonderem Maße dazu beigetragen hat, daß das Vermögen des Erblassers erhalten oder vermehrt wurde, kann bei der Auseinandersetzung eine Ausgleichung unter den Abkömmlingen verlangen, die mit ihm als gesetzliche Erben zur Erbfolge gelangen; § 2052 gilt entsprechend. Dies gilt auch für einen Abkömmling, der unter Verzicht auf berufliches Einkommen den Erblasser während längerer Zeit gepflegt hat.**

II Eine Ausgleichung kann nicht verlangt werden, wenn für die Leistungen ein angemessenes Entgelt gewährt oder vereinbart worden ist oder soweit dem Abkömmling wegen seiner Leistungen ein Anspruch aus anderem Rechtsgrunde zusteht. Der Ausgleichungspflicht steht es nicht entgegen, wenn die Leistungen nach den §§ 1619, 1620 erbracht worden sind.

III Die Ausgleichung ist so zu bemessen, wie es mit Rücksicht auf die Dauer und den Umfang der Leistungen und auf den Wert des Nachlasses der Billigkeit entspricht.

IV Bei der Auseinandersetzung wird der Ausgleichungsbetrag dem Erbteil des ausgleichungsberechtigten Miterben hinzugerechnet. Sämtliche Ausgleichungsbeträge werden vom Wert des Nachlasses abgezogen, soweit dieser den Miterben zukommt, unter denen die Ausgleichung stattfindet.

1 **1) Normzweck** ist die Herstellg einer sicheren RGrdlage für einen Ausgleich nach Billigk im Rahmen der Erbauseinandersetzg, wenn ein Abkömml zum Wohl des Erbl besond Leistgen unentgeltl od gg unangemessen geringes Entgelt erbracht hat. Auszugleichen sind hier also nicht (wie sonst) Zuwendgen des Erbl an den ausgleichspflichtigen Abkömml, sond umgekehrt Leistgen des ausgleichsberecht Abkömml an den Erbl. Auch diese Ausgleichg findet nicht unter allen MitE statt, sond nur zw den dazu Berecht u Verpflichteten. Gemäß **II** ist die AusgleichsPfl allerd subsidiär (Rn 11). Sie wirkt sich iü auch auf die Größe des Pflichtteils aus (§ 2316 I 1). – Von der für Erbfälle seit dem 1. 7. 70 geltenden, dch das NEhelG eingefügten Vorschr werden die vor dem 1. 7. 49 geborenen nichtehel Kinder nicht erfaßt, da ihnen kein ErbR zusteht (Art 12 § 10 NEhelG) u das ErbGleichG vom 16. 12. 97 hieran nichts geändert hat (s § 1924 Rn 10). Leistgen, die bereits vor dem 1. 7. 70 erbracht wurden, sind ausgleichsfähig. – Der Erbl kann die ges Regelg dch letztw Vfg **ausschließen,** einschränken od sonst abändern. Eine solche Anordng ist dann als Vermächtn zugunsten der übr Abkömml anzusehen (MüKo/Dütz Rn 3 mN).

2 **2) Ausgleichsbeteilgte.** Die Ausgleichg findet bei der Auseinandersetzg nur unter Abkömmlingen des Erbl (§ 1924 Rn 7) statt u nur, wenn diese zur ges Erbfolge gelangen (beim nichtehel Kind, das seit 1. 7. 49 geboren ist, genügte ErbersatzAnspr) od wenn sie gem dem nach **I** 2 entspr anzuwendenden § 2052 test auf ihre ges Erbteile od im Verhältn derselben eingesetzt sind. Der Ehegatte des Erbl ist hier nicht beteiligt, da seine Leistgen pauschal abgegolten werden (s §§ 1931; 1371). Als Erbl kann im Falle eines Berliner Test (§ 2269) hier auch der erstverstorbene Eheg angesehen werden (§ 2052 Rn 2; MüKo/Dütz Rn 7; str). –
3 **Ausgleichberechtigt** ist jeder Abkömml, der Leistgen iS von **I** selbst erbracht hat (also nicht, wenn nur sein eigener Abkömml selbständ an Erbl geleistet hat). Ferner der Erbe eines ausgleichsberecht MitE, da das R u die Pfl vererbl sind. Der Erbteilserwerber, wenn schon der veräußernde MitE es war (§ 2372). Der nach Wegfall eines ausgleichsberecht Abkömml an dessen Stelle tretende Abkömml od ErsatzE analog § 2051 (hM; s MüKo/Dütz Rn 7 mN). Dagg entspr § 2053 nicht ein entfernterer Abkömml für Leistgen, die er zu einem Zeitpkt erbrachte, als er noch dch einen näheren von der Erbfolge ausgeschlossen war, wenn er später an Stelle des näheren den Erbl beerbt (Damrau FamRZ **69**, 580; str; aA MüKo/Dütz Rn 7). – **Ausgleichspflichtig** sind die Abkömml des Erbl, die ges Erben sind od denen ein ErbersatzAnspr zustand od die nach Maßg von § 2052 eingesetzt sind. Ferner der Erbe eines ausgleichspflicht MitE; der Erbteilserwerber, wenn den veräußerden MitE AusgleichsPfl traf (§ 2376).

4 **3) Auszugleichende Leistungen (I)** sind nur diejen eines Abkömml, die in besond Maße zur Erhaltg od Vermehrg des ErblVermögens beigetragen haben. Ggstand der Ausgleichg sind also nur Sonderleistgen, nicht auch die nach den jew Verhältn üblichen. Sie müssen nicht unerhebl gewesen u in jedem Fall über die bloße UnterhaltsPfl (§§ 1601 ff) hinausgegangen sein. Im Ergebn müssen sie den gesamten aktiven Vermögensbestand zumindest in Form eines Beitrags positiv beeinflußt haben, wobei der Vermehrg des Aktivvermögens die Erhaltg des wirtschaftl Werts gleichgeachtet wird. Das G nennt alternativ folgende Leistgen:

5 **a) Mitarbeit in Haushalt, Beruf od Geschäft des Erblassers.** Dazu können die zu § 1619 entwickelten Grdsätze über Dienstleistgen des dem elterl Hausstand angehörenden Kindes im Hauswesen u Geschäft der Eltern herangezogen werden (s dazu BGH NJW **72**, 429). Auch Mitarbeit der Familie des Kindes od and
6 Hilfskräfte im Auftrag des Kindes ist zu berücksichtigen (Soergel/Wolf Rn 4 mN). – Der **Haushalt** des Erbl umfaßt alle Angelegenh des Hauswesens, die die gemeins Lebensführg mit sich bringt (s § 1360a Rn 2; Weimar MDR **73**, 23). – Der **Beruf** des Erbl kann ein selbständ od unselbständ sein, zB Arzt, RAnwalt, Angestellter. – Als **Geschäft** des Erbl ist jeder GeschBetrieb (vgl KStDV 14; GewStDV 8) anzusehen, auch zB der einer Gesellsch, deren Geschäft er als Gesellschafter führt; ferner auch ein landwirtsch Betrieb. – Die
7 **Mitarbeit** kann sehr verschiedenartig sein, muß sich aber auf längere Zeit erstreckt haben. Das ist idR bei mehrjähr Dauer der Fall; eine Mindestzeitgrenze kann nicht aufgestellt werden (Weimar aaO). Sie muß eine unentgeltl gewesen sein (s Rn 11); bei teilw Unentgeltlichk besteht AusgleichgsPfl nur für den unentgeltl Teil der Leistg.

8 **b) Erhebliche Geldleistungen** sind einer solchen Mitarbeit gleichgestellt, wofür ein obj Maßstab anzulegen ist; die Vermögensverhältn des Erbl sind nicht hier, sond bei der Auswirkg zu würdigen (Soergel/Wolf Rn 5; str; aA MüKo/Dütz Rn 22). – Gleich stehen auch **Leistungen sonstiger Art** wie zB das Zurverfüggstellen eines dem Abkömml gehörenden Grdst für das Geschäft des Erbl; Bezahlg höherer Schulden; erhebl Investitionen in den Betrieb (Dressel RdL **70**, 146; s auch Weimar MDR **73**, 24).

9 **c) Pflegeleistungen.** Ein AusgleichgsR entsteht auch für den Abkömml, der unter Verzicht auf berufl Einkommen den Erbl währd längerer Zeit gepflegt hat **(I 2).** Die Pflege, also die Betreuung des pflegebedürft Erbl, muß längere Zeit gedauert und es muß sich um eine Leistg in besond Maß gehandelt haben. Der Abkömml muß die Pflege nicht allein dchgeführt, sond kann sich zur Unterstützg auch von ihm bezahlter Hilfskräfte bedient haben. Weiterhin ist erforderl, daß die Betreuung einen völligen od teilw Verzicht auf Einkünfte aus eigenen berufl Einkünften notwend gemacht hat (dazu auch Weimar MDR **73**, 24).

10 **d) Kinder im elterlichen Haushalt.** Wurden die Leistgen zG des Erbl von einem sog Hauskind im Rahmen seiner DienstleistgsPfl (§ 1619) erbracht od stellen sie Aufwendgen od eine Überlassg von Vermögen des vollj Hauskindes zur Bestreitg der Haushaltskosten iS des § 1620 dar, steht dies einer AusgleichgsPfl der übr Abkömml nicht entgg **(II 2).** Hat also zB das volljähr Hauskind seinem Vater zur Bestreitg von Haushaltskosten einen größeren GeldBetr überlassen u fehlte dabei die Absicht, Ersatz zu verlangen, sind die Voraussetzgen für die Entstehg einer AusgleichgsPfl gegeben, wenn das Kind nach dem Tod des Vaters kraft G MitE neben anderen Abkömml ist.

4) Ausschluß der Ausgleichung (II 1). Hat der Abkömml für die erbrachte Leistg ein **angemessenes Entgelt** erhalten, etwa im Rahmen eines Dienst- od ArbeitsVerhältn zw ihm u dem Erbl für Dienste in dessen Geschäft (s § 1619 Rn 10), steht ihm kein AusgleichgsR zu. Das gleiche gilt, wenn ein solches Entgelt für die Leistg zwar nicht entrichtet, aber vereinbart worden ist. In diesem Fall hat der Abkömml einen Anspr auf Zahlg des vereinbarten Entgelts als NachlFdg (§ 1967), bei Geldleistgen (zB Darlehen) eine Fdg auf Rückzahlg gem Vereinbarg. – Eine Ausgleichg kann ferner dann nicht verlangt werden, wenn dem Abkömmling ein Anspr aus einem and RGrd zusteht, etwa aus GeschFührg ohne Auftr (§§ 677 ff) od aus ungerechtfert Bereicherg (§§ 812 ff); s hierzu u insb über etwaige Anspr aus § 612 II Damrau FamRZ **69**, 581; auch Fenn FamRZ **68**, 291; Richter BWNotZ **70**, 7. Hat der Abkömml aber für seine Mitarbeit nur ein unangemessen geringes Entgelt erhalten, kann er eine Ausgleichg verlangen; ebso wenn zB der Nachw eines entgeltl DienstVertr nicht erbracht werden kann (s Odersky Anm II 2 d). 11

5) Höhe des Ausgleichsbetrags (II). Bei seiner Bemessg ist zum einen die Dauer u der Umfang der Leistgen des Abkömml zu berücksichtigen, also zB Zeitraum u Wert der Mitarbeit im Haushalt, Beruf od Geschäft des Erbl; Höhe der geleisteten Geldbetrags; Dauer der Pflege u Höhe des damit verbundenen EinkVerzichts. Zum andern ist der Wert des Nachl (u zwar des Reinrücklasses) zZ des Erbfalls (s § 2311 Rn 2) heranzuziehen. Es ist auch die Auswirkg der Leistgen des Abkömml auf das hinterlassene Vermögen des Erbl (Erhaltg, Vermehrg) zu ermitteln. – Die Ausgleichg muß unter Berücksichtigg dieser Faktoren so bemessen werden, daß sie der Billigk entspr. Der **Betrag** muß also nach den Umständ des Einzelfalls billig u gerecht sein. Die BilligkKlausel ermöglichte es, auf eine Nachrechng aller Einzelh, die ohnedies meist nicht mögl wäre, zu verzichten (s Firsching Rpfleger **70**, 41/53; Knur FamRZ **70**, 278; Damrau FamRZ **69**, 579/581; Johannsen WM **70**, 743/744). § 2057 a darf aber nicht zu dem Ergebn führen, daß der AusgleichsBerecht den ganzen Nachl erhält u and Abkömml leer ausgehen (Staud/Werner Rn 29; MüKo/Dütz Rn 35; 42; aA Soergel/Wolff Rn 17). Im Streitfall muß das ProzeßG nach diesen Gesichtspunkten die Höhe des AusglBetr festsetzen. 12

6) Durchführung der Ausgleichung (IV) erfolgt rechnerisch in der Weise, daß zunächst unter Abzug des Anteils der nicht ausgleichspflicht MitE der Wert des Nachl festgestellt wird, der den Abkömml zufällt, unter denen der Ausgl stattfindet. Von diesem NachlWert wird der errechnete AusglBetrag abgezogen und sodann dem Erbteil des ausgleichsberecht MitE hinzugerechnet. – **Beispiel:** Ist der Wert des Nachl 18 000 und sind MitE die Witwe zu 1/2 und die Kinder A, B und C zu je 1/6, ergibt sich bei einem AusglBetrag für A von 3000: Die Witwe erhält 9000, die abzusetzen sind. Von den auf die Kinder fallenden 9000 beträgt nach Abzug des AusglBetrags von 3000 der rechnerische Nachl 6000. Es erhalten A 2000 + 3000 = 5000; B und C je 2000. – Zum Zusammentreffen eines nichtehel Kindes mit ehel in Erbfällen vor dem 1. 4. 98 s das Beisp in der 57. Aufl Rn 13. 13

II. Rechtsverhältnis zwischen den Erben und den Nachlaßgläubigern

Einführung

1) Die Haftung des Erben ist allg in §§ 1967–2017 geregelt, zu denen vollstreckgsrechtl ZPO 780–785 treten. Die §§ 1967 ff gelten grds auch für MitE und zwar für jeden getrennt. Insbes regelt sich danach, ob ein MitE beschränkt (also nur mit dem ererbten Vermögen) od unbeschränkt (auch mit seinem Eigenvermögen) haftet. Auch der MitE kann nicht vor Annahme der Erbsch in Anspr genommen werden (§ 1958). Die Einreden aus §§ 2014, 2015 stehen auch ihm zu. **Ergänzend** bestimmen zu diesen allg Vorschr die §§ 2058–2063, ob im AußenVerhältn die Erbengemeinsch als solche haftet und ob der einzelne MitE als GesamtSchu (für die ganze Fdg) od nur anteilig (für den seinem Erbteil entspr Teil der Verbindlk) einzustehen hat. Dies ist unabhäng von der Haftgsbeschränkg geregelt. Die Haftg des einzelnen MitE kann also gesamtschuldnerisch und beschränkt od unbeschränkb sein; aber auch anteilig und unbeschränkb od beschränkt. 1

2) Haftungsbeschränkung. Jeder MitE kann die ges Möglichk zur Beschränkg seiner Haftg (s Einf 4 vor § 1967) ausnützen wie auch umgekehrt der Verlust des BeschränkgsR für jeden gesondert eintritt. Die SonderVorschr der §§ 2058 ff bestimmen für MitE ledigl folgende Abweichgen von den allg Grdsätzen: **Nachlaßverwaltung** (§ 1981) können nach § 2062 nur alle MitE gemeinschaftl und nur bis zur Teilg beantragen. Sie scheidet also als Beschränkgsmittel aus, sobald auch nur ein MitE unbeschränkb haftet (§ 2013 I). Das NachlInsolvVerf kann dagg von jedem MitE selbständ (InsO 317 I) unter Glaubhaftmachg des EröffngsGrds (InsO 317 II) beantragt u auch noch nach Teilg angeordnet werden (InsO 316). – **Inventarerrichtung** (§§ 1993 ff), die eine Haftgsbeschränkg zwar nicht herbeiführt, aber die Möglichk dazu erhält, dch einen MitE gilt für alle noch nicht unbeschränkt haftenden MitE (§ 2063). – Handelt ein MitE bei Abschluß eines Verpflichtgsgeschäfts im Rahmen der Verwaltg des Nachl (§ 2038 I) erkennbar nur für den Nachl, wird die ErbenGemsch nur mit dem Nachl, nicht mit ihrem sonst Vermögen verpflichtet (BGH BB **68**, 769), weil insofern eine HaftgsBeschränkg als vereinbart anzunehmen ist (Brox Rn 481; s auch Einf 6 vor § 1967). 2

2058 ***Gesamtschuldnerische Haftung.*** **Die Erben haften für die gemeinschaftlichen Nachlaßverbindlichkeiten als Gesamtschuldner.**

1) Im Außenverhältnis gilt grdsätzl die persönl **gesamtschuldnerische Haftung** der MitE. Sie besteht neben der gesamthänderischen Haftg der Erbengemeinsch als solcher (§ 2059) und ist völlig losgelöst von der Frage einer Haftgsbeschränkg, die nur besagt, mit welcher Masse der einzelne MitE haftet (s Einf 1, 2). Sie beginnt mit der Erbengemeinsch und dauert grdsätzl auch nach deren Teilg fort; allerd enthalten §§ 2060, 2061 Ausnahmen für die Zeit nach der Teilg (vgl auch die Beschränkg in § 2059 I). – Gesamtschuldnerische Haftg besteht aber nur für **gemeinschaftliche** NachlVerbindlk, also für solche, für die alle MitE haften 1

(Ggsatz vgl § 2046 II). Dies ist zB auch der Fall für die Rückforderg von Rentenzahlgen, die nach dem Tod des Berecht irrtüml an dessen Erben gelangten (BGH NJW **78**, 1385; aA AG Kassel NJW-RR **92**, 585 mwN; s auch § 1967 Rn 7, 8). Bei and Gläub tritt sie ein, wenn die Erben diesen aus demselben RGrund als GesamtSchu haften (BGH NJW **70**, 473 zu ZPO 747). – **Keine** gemeinschaftl Verbindlk sind zB: Vermächtnisse od Auflagen, die nur einzelnen MitE auferlegt sind; Verbindlichk der MitE eines PflichttBerecht nach § 2305, 2326 (RGRK Rn 2). Für diese haften die nicht betroffenen MitE überh nicht, mehrere betroffene entspr § 2058 als GesamtSchu. Dagg findet § 2058 auf die NachlGläub nach §§ 1978 ff zustehenden Anspr keine Anwendg, da diese als NachlAktiva gelten (§ 1978 II).

2 **2) Gesamtschuldklage.** Bis zur Teilg hat der Gläub ein WahlR, ob er Gesamtschuldklage gg die einzelnen MitE (zwecks Vollstreckg gg sie persönl) od Gesamthandklage gg die Erbengemeinsch (§ 2059 II; vgl § 2059 Rn 4) zwecks Zugriff nur auf den Nachl erheben will (BGH NJW **63**, 1611). Allerd hat die unterschiedl VollstreckgsMöglichk nur geringe praktische Bedeutg wg § 2059 I 1 (BGH NJW-RR **88**, 710). Gesamtschuldklage ist zB die auf Herbeiführg der Auflassg, also nicht auf unmittelb Vollzug der AuflassgsErkl (BGH aaO mAv Bötticher JZ **64**, 723 und Scheyhing JZ **63**, 477), da jeder einzelne MitE auf Abgabe seiner Erklärg zur Gesamtauflassg verklagt werden kann, aber nur die MitE gemeinschaftl verfügen können (§ 2040 I). Gg einzelne bestreitende MitE kann der Gläub auch auf **Feststellung** der Fdg klagen (RG Warn **08** Nr 487). – Zur **Vollstreckung** in den ungeteilten Nachl ist aber ein Urteil gg alle MitE nötig (ZPO 747), wobei auch getrennte Titel gg die verschiedenen MitE genügen (Soergel/Wolf Rn 15; MüKo/Dütz Rn 24). – Zum Einwand der Aufrechng dch einen MitE s § 2040 Rn 6. – Gerichtsstand s ZPO 27, 28.

3 **3) Ist Gläubiger selbst Miterbe,** kann er gg die übr MitE die Gesamtschuldklage während des Bestehens der Erbengemeinsch erheben (BGH NJW **63**, 1611; NJW-RR **88**, 710), vermindert um den Anteil, der seiner eigenen Erbquote entspricht (Düss MDR **70**, 766), es sei denn, daß er Zahlg des ihm gebührenden Betrags ausdrückl nur „aus dem Nachl" verlangt (BGH aaO). Er hat auch die Gesamthandklage des § 2059 II (RGRK Rn 7; bestr; s auch MüKo/Dütz Rn 28). – **Nach** der Teilg kann er jeden seiner MitE als GesamtSchu auf den vollen Betrag seiner Fdg abzügl des auf seinen eigenen Bruchteil fallenden Betrages in Anspr nehmen (RG **150**, 344; RGRK Rn 9).

4 **4) Im Innenverhältnis** der MitE regelt sich der Ausgleich nach dem Verhältn ihrer Erbteile (BayObLG **63**, 324; **70**, 132; vgl auch § 2055 Rn 4), bei Dchführg einer Ausgleichg nach dem, was jeder MitE tatsächl erhält (vgl § 2060 Rn 1). Die NachlVerbindlichk sind aber idR vor der Teilg zu tilgen (§ 2046 I).

5 **5) Sonderfälle.** Bei gerichtl **Zuweisung** eines landwirtschaftl Betriebs an einen MitE (GrdstVG 13 ff; s § 2042 Rn 24) enthält GrdstVG 16 II eine SonderVorschr für die Berichtigg von NachlVerbindlk, die zur Zeit des Erwerbs der zugewiesenen Ggstände noch bestehen. – Der **Hoferbe** haftet neben den übr MitE als GesamtSchu (vgl HöfeO 15; Soergel/Wolf Rn 17). – Bei Vererbg des Anteils eines persönl haftenden Gters eine **oHG** an MitE haften diese für die bisherigen GesellschSchulden gem HGB 128, 130. Eine Haftg nach §§ 2058 ff tritt nur nach Ausscheiden der MitE und Auflösg der Gesellsch ein (BGH NJW **82**, 45) od wenn der Erbe die Stellg eines Kommanditisten erhält (HGB 139 II; BGH **55**, 267).

2059 *Haftung bis zur Teilung.* [I] **Bis zur Teilung des Nachlasses kann jeder Miterbe die Berichtigung der Nachlaßverbindlichkeiten aus dem Vermögen, das er außer seinem Anteil an dem Nachlasse hat, verweigern. Haftet er für eine Nachlaßverbindlichkeit unbeschränkt, so steht ihm dieses Recht in Ansehung des seinem Erbteil entsprechenden Teiles der Verbindlichkeit nicht zu.**

[II] **Das Recht der Nachlaßgläubiger, die Befriedigung aus dem ungeteilten Nachlasse von sämtlichen Miterben zu verlangen, bleibt unberührt.**

1 **1) Besonderes Verweigerungsrecht.** Bis zur Teilg des Nachl (dazu Rn 3) kann sich der Gläub an den ungeteilten Nachl halten **(II).** Außerdem kann er auch von jedem einzelnen der als GesamtSchu haftenden MitE Erfüllg fordern (s § 2058 Rn 1). Der MitE hat dann nach **I 1** ein bes VerweigergsR, das selbständ neben den allg Möglichk der Haftgsbeschränkg (s Einf 2 vor § 2058), also ohne NachlVerwaltg od Dürftigk, geltend gemacht werden kann. Eine amtl Absonderg des Nachl ist hier entbehrl, weil dieser als gesamthänd Sondervermögen der ErbenGemsch vom Eigenvermögen des einzelnen MitE noch getrennt ist. – Haftet der MitE bereits **unbeschränkbar,** dh auch mit seinem Eigenvermögen, ordnet **I 2** zu seinem Schutz anteilige Haftg an: Als ein für die gesamte Fdg haftender GesamtSchu kann er zwar nicht Befriedigg aus dem Nachl verhindern; auf sein Eigenvermögen kann der Gläub jedoch nur in Höhe des seinem ideellen Erbteil entspr Teils der Schuld zurückgreifen (s Klautern DAV **73**, 625), da der MitE sich hinsichtl des Restes auf **I 1** berufen kann. Dazu ist Vorbehalt im Urteil erforderl (ZPO 780; s Rn 2), wobei der allg Vorbeh genügt, der jedoch im Urteilstenor entspr einzuschränken ist.

2 **2) Prozessual** wird das bes VerweigergsR des I im Urteil nicht ausgesprochen, da es sich um eine Einrede handelt, sond muß nach ZPO 780 **vorbehalten** werden. Der MitE kann also als GesamtSchu verurteilt werden (RG **71**, 371) und dch Erhebg der Einrede auch nicht den Eintritt des Verzugs verhindern (Mü OLG **30**, 203). Erst in der ZwangsVollstr muß er gem ZPO 781, 785, 767 den Zugriff des Gläub in sein Privatvermögen abwehren; dabei erlaubt ihm auch der allg Vorbehalt nach ZPO 780 die Geltendmachg des **I.** Der MitE muß dazu aber **beweisen,** daß der Nachl noch nicht geteilt ist (dazu Rn 3). – Die stets zulässige ZwVollstr in den Anteil am ungeteilten Nachl erfolgt dch Pfändg des Erbteils gem ZPO 859 (s § 2033 Rn 15–18).

3 **3) Die Teilung** des Nachl tritt mit Vollzug der Auseindersetzg ein (s § 2042 Rn 2–20). Dazu ist nicht erforderl, daß die ErbenGemsch hinsichtl keines NachlGgstands mehr fortbesteht wie anderers die Verteilg einzelner (auch wertvoller) Ggstände noch keine Teilg zu sein braucht (RG **89**, 408). Wann der Nachl geteilt

ist, beurteilt sich vielm nach dem obj Gesamtbild: Ist ein so erhebl Teil der NachlGgstände aus der Gesamthand in das Einzelvermögen der MitE überführt, daß im Nachl keine für die Berichtigg der NachlVerbindlichk mehr ausreichende Ggstände vorhanden sind, ist die Teilg vollzogen (Soergel/Wolf Rn 2; MüKo/Dütz Rn 4; str; aA Bräcklein NJW **67**, 431). – Auch die schon vorzeit verteilten Ggstände können nach **I 1** der Vollstreckg entzogen werden, wenn sie auch nicht mehr Teil eines dch amtl Verwaltg abgesonderten Nachl sind (s Westermann AcP **173**, 29 f). Die Gläub sind auf den zum Nachl gehörenden Anspr auf Rückgewähr, soweit die Ggstände zur Befriedigg erforderl sind, beschränkt (RG **89**, 408); für unmittelb Zugriff der Gläub auf verteilte Ggstände MüKo/Dütz Rn 10. – Zur Teilg bei Nachfolge einer ErbenGemsch in einen PersonengesellschAnteil s MüKo/Dütz Rn 8, 11. – **Keine** Teilg liegt vor, wenn ein MitE alle Anteile der übr MitE gg nicht aus dem Nachl entnommenes Entgelt erworben hat; das VerweigergsR nach **I 1** entfällt hier (RGRK Rn 7). – Ob die fortgesetzte ErbenGemsch vom AnwendgsBereich des § 2059 I auszuschließen ist, erscheint zweifelh.

4) Gesamthandklage (II). Diese gg die ErbenGemsch als solche gerichtete Klage muß gg alle MitE 4
erhoben werden. Diese sind notwend Streitgenossen (ZPO **62**; RG 71, 366; BGH **LM** Nr 2 zu ZPO 62: Klage auf Auflassg und Bewilligg der GBuchUmschreibg). Sind jedoch einzelne MitE mit der Befriedigg aus dem Nachl einverstanden, ist Klage auf Einwilligg hierzu nur gg die Widersprechenden zuläss (RG JW **29**, 585). – Daneben hat der Gläub bis zur Teilg wahlweise die Gesamtschuldklage (s § 2058 Rn 2) gg die einzelnen MitE, allerd nicht bei Klage auf GBuchBerichtigg (Naumbg NJW-RR **98**, 308). Sie dient dem nach **II** unbeschränkten Recht auf Befriedigg aus dem ungeteilten Nachl. Dazu ist allerd nach ZPO 747 ein gg alle MitE ergangenes Urteil nötig. Es genügen aber auch getrennte Titel (s § 2058 Rn 2). Vorbehalt der HaftgsBeschränkg hindert Verurteilg nicht (RG **71**, 371). – Ob die Gesamthandklage od die Gesamtschuldklage erhoben ist, ist Ausleggsfrage (s BGH NJW **63**, 1612; NJW-RR **88**, 710). Ein Übergang von der Gesamtschuldklage zur Gesamthandklage ist nicht Klageänderg, sond fällt unter ZPO 264 Nr 2 (RG **93**, 198). – Auch ggü der Gesamthandklage steht den MitE der Vorbehalt der HaftgsBeschränkg zu. – Auch dem MitE, der Gläub ist, steht die Gesamthandklage zu (str; s § 2058 Rn 3); er braucht sie nur gg die übrigen MitE zu richten (Warn **35** Nr 125).

2060 ***Haftung nach der Teilung.*** **Nach der Teilung des Nachlasses haftet jeder Miterbe nur für den seinem Erbteil entsprechenden Teil einer Nachlaßverbindlichkeit:**

1. wenn der Gläubiger im Aufgebotsverfahren ausgeschlossen ist; das Aufgebot erstreckt sich insoweit auch auf die im § 1972 bezeichneten Gläubiger sowie auf die Gläubiger, denen der Miterbe unbeschränkt haftet;

2. wenn der Gläubiger seine Forderung später als fünf Jahre nach dem im § 1974 Abs. 1 bestimmten Zeitpunkte geltend macht, es sei denn, daß die Forderung vor dem Ablaufe der fünf Jahre dem Miterben bekannt geworden oder im Aufgebotsverfahren angemeldet worden ist; die Vorschrift findet keine Anwendung, soweit der Gläubiger nach § 1971 von dem Aufgebote nicht betroffen wird;

3. wenn das Nachlaßinsolvenzverfahren eröffnet und durch Verteilung der Masse oder durch einen Insolvenzplan beendigt worden ist.

1) Ausnahmsweise Bruchteilshaftung. Auch nach Teilg (s dazu § 2059 Rn 3) bleibt die gesamtschuldn 1
Haftg der MitE für die nicht schon vorab (§ 2046) getilgten NachlVerbindlk grdsl bestehen (BGH NJW **98**, 682; Börner JuS **68**, 110), wobei sich nach den allg Vorschr beurteilt, ob der einzelne MitE beschränkt od unbeschränkbar haftet (s Einf 1 vor § 2058). Nur in den in §§ 2060; 2061 geregelten Fällen haftet ein MitE ausnahmsw nur noch für den seiner Erbquote entspr Bruchteil der Schuld, nicht mehr für den ganzen Betrag. Maßgebend im Verhältn zum Gläub ist die ideelle Erbquote; nur im InnenVerhältn wird die Verschiebg durch etwaige Ausgleichg, also der reale Erwerb aus der Erbsch berücksichtigt. Dadurch kann der Fall eintreten, daß ein Gläub trotz ausreichender NachlMasse nicht voll befriedigt wird. Denn ein nur beschränkt haftender MitE, der wg der Ausgleichg aus der Masse nichts erhalten hat, braucht nach Durchführung der Beschränkg nichts zu zahlen, währd die übrigen MitE nur für den ihrem ideellen Erbteil entspr Teil der Fdg haften (RGRK Rn 2). – In den Fällen der §§ 2060, 2061 ist ohne bes Vorbehalt nur anteilig zu verurteilen. Tritt die anteilige Haftg erst später ein, ist nach ZPO 767 zu verfahren.

2) Die Einschränkung des Haftgsumfangs auf eine Teilhaftg tritt in folgenden Ausnahmefällen ein: – 2
a) Ausschluß im Aufgebotsverfahren (Nr 1; §§ 1970 ff). Der Ausschluß wirkt für die Frage der Teilhaftg auch gg Gläub, denen der MitE unbeschränkb haftet, und gg die Pflichtt-, Vermächtn- und AuflageBerechtigten. Dieser Nachteil ist deshalb nach ZPO 997 I 2 besond anzudrohen. Teilg darf aber erst nach Erlaß des Ausschlußurteils erfolgen (MüKo/Dütz Rn 8; Soergel/Wolf Rn 4; bestr). – Nach ZPO 997 wirkt das Urteil für alle MitE. Ihre Kenntn von der Fdg ist unerhebl. – Die Stellg der dingl Berechtigten (§ 1971) bleibt unberührt (vgl Nr 2, wo dies ausdrückl klargestellt ist). – **b) Verspätete Geltendmachung (Nr 2).** Geltdmachg kann auch außergerichtl durch Mahng erfolgen. Die Frage der Kenntn ist für jeden MitE gesondert zu beurteilen. Sie können deshalb zT anteilig, zT gesamtschuldnerisch haften. – Anmeldg auf Aufforderg nach § 2061 ist nicht Anmeldg im AufgebotsVerf, kann sich aber als Geltdmachg ggü dem MitE darstellen. – Vor Ablauf der Fünfjahresfrist gibt es im allgem keine Verwirkg der Ansprüche eines NachlGläubigers nach § 242 (BGH WM **82**, 101). – Der verspäteten Geltdmachg der Forderg ist der Fall gleichzustellen, wenn ein Gläub infolge Rechtsirrtums über die Höhe der Forderg erst 5 Jahre nach Tilgg eines Teils der Forderg den Rest geltd macht (KG NJW **67**, 1137). Im übr vgl § 1974. – **c) Nachlaßinsolvenzverfahren (Nr 3)** führt zu Teilschuld, wenn es vor Teilg eröffnet wird. Einstellg des Verf (InsO 207; 213) bewirkt dies nicht. Bei Eröffng nach Teilg (InsO 316 II) findet Nr 3 keine Anwendg (Soergel/Wolf Rn 9). Der NachlTeilg gleich steht die vollständ Aufteilg der Masse unter die Gläub (hM). Endet InsolvVerf auf and Weise als dch Aufhebg wg Verteilg der Masse (InsO 200) od rkräft Insolvenzplan (InsO 258), tritt keine Teilschuld ein. Im übr vgl § 1980.

2061 *Aufgebot der Nachlaßgläubiger.* **I Jeder Miterbe kann die Nachlaßgläubiger öffentlich auffordern, ihre Forderungen binnen sechs Monaten bei ihm oder bei dem Nachlaßgericht anzumelden. Ist die Aufforderung erfolgt, so haftet nach der Teilung jeder Miterbe nur für den seinem Erbteil entsprechenden Teil einer Forderung, soweit nicht vor dem Ablaufe der Frist die Anmeldung erfolgt oder die Forderung ihm zur Zeit der Teilung bekannt ist.**

II Die Aufforderung ist durch den Bundesanzeiger und durch das für die Bekanntmachungen des Nachlaßgerichts bestimmte Blatt zu veröffentlichen. Die Frist beginnt mit der letzten Einrückung. Die Kosten fallen dem Erben zur Last, der die Aufforderung erläßt.

1 **1) Das Privataufgebot** kann von jedem MitE, auch dem unbeschränkbar haftenden, ausgehen u sichert diesem und den übrigen die Teilhaftung. Für die davon verschiedene Frage der HaftgsBeschränkg (s Einf 1 vor § 2058) ist nur das förml Aufgebotsverfahren (§§ 1970 ff) von Bedeutg.

2 **2) Eintritt der Teilhaftung** erfolgt erst, wenn Aufforderg, Fristablauf und Teilg (s § 2059 Rn 3) vorliegen. Teilg vor Fristablauf ist nicht verboten, Teilhaftg tritt dann erst mit Fristablauf ein. Die Aufforderg muß aber wenigstens vor Teilg erlassen sein (Soergel/Wolf Rn 2; str; aM RGRK Rn 2). – Die Stellg dingl Berechtigter bleibt unberührt (s § 1971). Das Privataufgebot wirkt aber auch gg PflichttBerechtigte usw, § 1972 (MüKo/Dütz Rn 6; bestr).

3 **3) Die Frist** ist eine Ausschlußfrist. – **Beweislast** für die Kenntn hat der Gläub. – **Veröffentlichung** erfolgt im Bundesanzeiger. – **Gebühr** regelt KostO 112 I Nr 3.

2062 *Antrag auf Nachlaßverwaltung.* **Die Anordnung einer Nachlaßverwaltung kann von den Erben nur gemeinschaftlich beantragt werden; sie ist ausgeschlossen, wenn der Nachlaß geteilt ist.**

1 **1) Das Antragsrecht** für die Anordng einer NachlVerwaltg (§ 1981) steht den MitE nur gemeins zu. Haftet auch nur ein MitE allen Gläubigern unbeschränkb (§ 2013), ist der Antr unzuläss (hM; str). Die AntrStellg kann nicht dch Mehrheitsbeschluß erzwungen werden, da keine VerwaltgsMaßn in Frage steht. Das Einverständn der MitE muß noch zZ der Entscheidg vorliegen (KG HRR **32** Nr 956). – Ist aber ein MitE zugl NachlGläub, kann er als solcher allein den Antr stellen (KGJ **44**, 72). Für GläubAntr (§ 1981 II) genügt das Verhalten eines MitE (§ 1981 Rn 6). – **Rechtsmittel:** Gg die Anordng der NachlVerwaltg ist Beschwerde unzuläss bei Antr aller MitE (FGG **76** I), dagg zuläss, wenn sie auf Antr eines MitE erfolgte. Gg Ablehng der Anordng steht Beschwerde den MitE nur gemeins zu.

2 **2) Ausgeschlossen** ist die NachlVerwaltg nach der Teilg (Hs 2; dazu § 2059 Rn 3). Auch der NachlGläub kann sie nicht mehr beantragen (MüKo/Dütz Rn 8; hM). Über einen Erbteil kann sie ohnehin nie angeordnet werden (MüKo/Dütz Rn 14). – Bei Vereinigg aller Erbteile in der Hand eines MitE bleibt NachlVerwaltg dagg zuläss (RGRK Rn 3). Ebso auch noch nach Zerfall der einheitl Gesellschafterstellg des Erbl in einer Personengesellsch. In diesem Fall kann jed einzelne MitE-Gesellschafter u auch noch jed NachlGläub ihre Anordng beantragen (Westermann AcP 173, 138 f).

3 **3) Aufhebung** der NachlVerwaltg wg Zweckerreichg kann jeder MitE beantragen, da dies nur Anregg zu einer vAw zu treffenden Maßnahme ist. Gg Ablehng des Antrags hat jeder MitE BeschwR (Ffm JZ **53**, 53; Hamm JMBl NRW **55**, 230).

2063 *Errichtung eines Inventars.* **I Die Errichtung des Inventars durch einen Miterben kommt auch den übrigen Erben zustatten, soweit nicht ihre Haftung für die Nachlaßverbindlichkeiten unbeschränkt ist.**

II Ein Miterbe kann sich den übrigen Erben gegenüber auf die Beschränkung seiner Haftung auch dann berufen, wenn er den anderen Nachlaßgläubigern gegenüber unbeschränkt haftet.

1 **1) Inventarerrichtung (I;** §§ 1993 ff) durch einen MitE genügt zum Schutz der NachlGläub, wenn sie den gesamten Nachl (nicht nur seinen Erbteil) zum Ggst hat. Sie kommt dann auch den übrigen MitE zustatten, sofern sie nicht schon unbeschränkbar haften **(I),** ohne daß sie selbst ein Inventar errichten od Erkl nach § 2004 abgeben. Da die übrigen hier nicht für die InvErrichtg verantwortl sind, kommt für sie die eidesstattl Vers (§§ 2006, 260 II) nicht in Frage (RG **129**, 246; RGRK Rn 2).

2 **2) Ein Miterbe (II)** benötigt als gewöhnl NachlGläub nicht den Schutz wie die übr, da er sich üb den NachlBestand selbst Aufschluß verschaffen kann. InvVerfehlgen wirken daher nicht unter MitE. Ihm haften die übr MitE nach **II** nie unbeschränkbar (auch wenn sie ihr BeschränkgsR ggü and Gläub bereits verloren haben); allerd ist wenig geklärt, ob der MitEGläub eher als MitE od eher als Gläub zu behandeln ist (dazu Buchholz JR **90**, 45; Wernecke AcP **193** (1993), 240/254). Der MitE muß sich jedoch auch hier das Recht der Beschränkg durch Vorbehalt nach ZPO 780 wahren u die Beschränkg in der ZwVollstr geltd machen. Ob er anteilig od gesamtschuldnerisch haftet, richtet sich nach §§ 2060 f. – Dch **II** wird § 185 II 1 Halbs 3 unanwendb (RG **110**, 94) u zwar auch dann, wenn ein VorE zG eines von mehreren NachE eine unentgeltl Vfg (§ 2113 II) trifft u seiners von den NachE beerbt wird (BGH **LM** Nr 1 zu § 2113).

Dritter Abschnitt. Testament

Erster Titel. Allgemeine Vorschriften

Einführung

1) Gesetzesübersicht. Die WirksamkVoraussetzgen eines Test sind weitgehd im ErbR, dort aber nicht ausschließl geregelt, so daß auch Vorschr des Allg Teils gelten (Einzelh s § 1937 Rn 14 ff). Insges sind die Regelgen etwas unübersichtl verteilt: In §§ 1937–1941 wird eine skizzenhafte Übersicht über die gewillkürte Erbfolge u die Vfgen vTw gegeben. Nach allgemeinen Vorschriften (§§ 2064–2086) üb persönl Errichtg, Bestimmg des Bedachten, Bedinggen, Anfecht u vor allem Auslegg wird der wesentlichste Inhalt der Test (näml Erbeinsetzg, Nacherbeinsetzg, Vermächtn, Auflage, TVstrg) in §§ 2087–2228 behandelt u erst dann die Errichtg u Aufhebg der Test sowie ihre Behandlg vor u nach dem Erbfall geregelt (§§ 2229–2273). – Zu Test, die vor dem 3. 10. 90 in der fr DDR errichtet wurden, s EG 235 § 2. 1

2) Gesetzliche Auslegungsregeln (zB §§ 2067–2072) sollen helfen, die wirkl Bedeutg einer in einem Test enthaltenen Erkl des Erbl zu ermitteln. Nach erfolgloser individueller Auslegg (§ 2084 Rn 1) kommt man mit ihrer Hilfe zu einem auf der Rechtserfahrg beruhenden standardisierten Ergebnis. – **Gesetzliche Ergänzungsregeln** (zB § 2066 S 1; § 2073) greifen dagg bei fehlender od lückenhafter Regelg dch den Erbl ein und liefern für den Fall des Versagens einer Ausleggsregel eine vom ErblWillen weitgehend gelöste eigene Gestaltgsentscheidg des Gesetzgebers. 2

2064 *Persönliche Errichtung.* **Der Erblasser kann ein Testament nur persönlich errichten.**

1) Persönliche Errichtung des Test schreibt das G zwingd vor (ebso für Erbvertrag u Erbverzicht, §§ 2274, 2347) wg der großen Tragweite der letztw Vfg u wg der erst mit dem Tode des Erbl eintretenden Wirksamk. Zur Sicherg soll bei öff Test die Identität des Erbl geprüft werden (BeurkG 10). Jede Vertretg (rechtsgeschäftl wie gesetzl) ist daher ausgeschlossen, auch bei Minderjährigen (§ 2229 II); bei einem betreuten Erbl (§ 1896) kann die Errichtg nicht der Einwilligg des Betreuers vorbehalten werden (§ 1903 II mit Rn 12). Der Erbl kann sich weder im Willen noch in der Erkl von einem anderen vertreten lassen (BGH NJW **55**, 100). Er kann auch nicht seinen Erben zu letztw Vfgen ermächtigen (RG Warn **11** Nr 42) od für seinen minderj Sohn einen Erben bestimmen (RG DNotZ 31, 312). Nur durch Anordng einer Nacherbfolge kann er über seinen Nachl weiter verfügen (vgl KGJ **26** A 59). 1

2) Verstoß. Das Test eines Vertreters ist unheilb nichtig ohne Genehmiggsmöglichk. Der Erbl kann sich bei der TestErrichtg zwar beraten u helfen lassen (vgl BeurkG 17, 30); aber sein Wille darf dadch nicht beeinträchtigt od ersetzt werden (s auch § 2339 I 1). 2

2065 *Keine Bestimmung durch Dritte.* **I Der Erblasser kann eine letztwillige Verfügung nicht in der Weise treffen, daß ein anderer zu bestimmen hat, ob sie gelten oder nicht gelten soll.**

II Der Erblasser kann die Bestimmung der Person, die eine Zuwendung erhalten soll, sowie die Bestimmung des Gegenstandes der Zuwendung nicht einem anderen überlassen.

1) Höchstpersönliche Willensentscheidung u eine vollständ Willensbildg fordert das G vom Erbl bei seinen letztw Vfgen. Dieser muß sich selbst üb alle wesentl Teile seines letzten Willens klar werden u diesen eigenen Willen auch bekunden. Er kann sich darin weder vor noch nach seinem Tode vertreten lassen (Grdsatz der Selbständigk). Von ihm wird verlangt, daß er das Schicksal seines Vermögens selbst entscheidet. Er darf nicht aus Unentschlossenh od Verantwortgsscheu bei seiner letztw Vfg die Bestimmg über deren Geltg (I), den Empfänger od den Ggstand der Zuwendg (II) der Willkür od dem bill Ermessen (vgl § 317) einem Dritten überlassen (BGH **15**, 199). Andernf ist sein Test ohne Anfechtg unwirks. Trotz der Willensherrsch des Erbl dürfen jedoch die Anfordergen an die Klarh seiner Entscheidgen in beiden Fällen des § 2065 nicht übersteigert werden. Nur wenn an Stelle des Erbl ein anderer Wahl- od Ermessenentscheidgen treffen soll, ist dessen Vfg unwirks. Davon zu unterscheiden ist aber die zuläss Vfg, daß der andere nur die objekt feststellb Wahl des Erbl verwirklichen soll. Die Grenzziehg ist im Einzelfall allerd schwierig. Im Schrifttum werden dafür mehr od weniger großzügige Maßstäbe empfohlen (s dazu Soe/Loritz Rn 27 ff mN). – **Ausnahmen** macht das G verschiedentl, etwa bei Vermächtn u Auflagen (§§ 2151; 2152; 2156; 2192; 2193), bei Auseinandersetzg (§ 2048 S 2) u beim TV (§§ 2198–2200). – Ist das Test nur **unvollständig,** kann dch Auslegg die Lücke geschlossen werden (s aber § 2086 Rn 2). 1

2) Bestimmung der Gültigkeit (I) einer letztw Vfg darf nicht von der Entscheidg eines Dritten abhäng gemacht werden; Verstoß führt zur Nichtigk. Der Ehemann kann also die Gültigk seiner Vfg nicht von der Zustimmg seiner Frau, ein Minderj (§ 2229 I, II) sie nicht von der Zustimmg seines ges Vertreters abhängig machen. Der Erstversterbende kann die Änderg oder den Widerruf seiner Anordngen nicht dem überlebenden Ehegatten vorbehalten (RG **79**, 32). Bei mehreren Test kann nicht einem anderen die Wahl überlassen werden, welches Test nun gelten soll. Andere Person ist auch der Bedachte. Mit der Eigenverantwortlk des Erbl vereinbar ist aber, wenn eine Zuwendg dem Willen des Bedachten unterstellt wird, nachdem dieser sie auch ausschlagen kann (Raape AcP **140**, 233; Soergel/Damrau Rn 2; str). 2

3 **3) Unter Zuwendung (II),** die weder bezügl der Person des Bedachten noch ihres Ggstands einem Dritten überlassen werden kann, fallen nur solche, die dem Bedachten einen selbständ Anspr auf das Zugewendete gewähren (also Erbeinsetzg, Vermächtn, SchenkgsVerspr auf den Todesfall). Bei Vermächtn wird allerd der Grdsatz gem §§ 2153–2156 von zahlr Ausn dchbrochen. Über Anwendg bei Auflagen s § 2192, 2193. Liegt keine derartige Zuwendg vor, kann die Vfg des Erbl als Beschwerg des ges Erben mit einer Zweckauflage (s § 2193 Rn 1; BayObLG Rpfleger **88**, 366) auszulegen sein (zB Zuwendg an nicht bestimmte gemeinnützige Organisationen). Dazu ist in Anwendg von § 2084 nicht der Umweg erforderl, zunächst eine unwirks Erbeinsetzg anzunehmen u diese dann gem § 140 umzudeuten (BGH NJW-RR **87**, 1090).

4 **4) Der Bedachte (II)** muß als Person vom Erbl nicht zwingd individuell, aber im Test doch so bestimmt werden, daß für seine Feststellg jede Willkür eines Dritten ausgeschlossen erscheint (BayObLG FamRZ **91**, 610). Hat er ihn nicht namentl genannt, muß der Bedachte anhand des Inhalts der Vfg, ggf unter Berücksichtigg außerh der Urk liegder Umstände zuverläss festgestellt werden können (BGH NJW **65**, 2201), zB bei Einsetzg „der Kirche" (BayObLG NJW **99**, 1119). Ist die Vfg insow nicht eindeut, gelten die allg Grdsätze der TestAuslegg auch hier (Zweibr OLGZ **89**, 268). Als auslegungsfäh iS entw der Erbeinsetzg einer Tierschutzorganisation od als Zweckauflage wurde zB noch angesehen, daß der Erbl sein Vermögen „den Tieren zugute kommen lassen" will (BayObLG NJW **88**, 2742); od „dem Tierschutz" (Oldbg NJW-RR **93**, 581); od den „Altersheimen der Stadt" bei 3 vorhandenen (BayObLG FamRZ **90**, 1275). Die Vfg, daß Sparbücher für 10 bedürft Waisenkinder anzulegen sind, die vom Leiter des örtl Waisenhauses auszuwählen sind, ist als VerschaffgsVermächtn (§ 2170 I) mit BestimmgsR gem § 2151 I auszulegen (BayObLG NJW-RR **98**, 727).

5 **a) Einem Dritten** darf der Erbl zwar nicht die Bestimmg, wohl aber die **Bezeichnung** des Bedachten überlassen. Dazu muß der Inhalt seines Test so genaue Hinweise enthalten, daß die Bezeichng von jeder mit genügender Sachkunde ausgestatteten Person erfolgen kann, ohne daß deren Ermessen bestimmend od auch nur mitbestimmend ist (BGH **15**, 199; NJW **65**, 2201; Celle NJW **58**, 953; BayObLG **65**, 83). Zuläss Bezeichng liegt zB vor, wenn der Erbl sich damit begnügte, einen eng begrenzten Kreis von Personen zu bestimmen, aus dem ein Dritter den Erben nach genau festgelegten sachl Gesichtspkten auszuwählen hat, zB den Geeignetsten zur Übernahme eines Geschäfts od Hofes usw ermitteln soll (RG **159**, 299, das weiter als BGH aaO ging; s Mayer ZEV **95**, 247; auch Rn 7); od der als VorE eingesetzte Ehegatte den HofE unter den als NachE eingesetzten Abkömml auszuwählen hat (BGH **LM** Nr 2; Köln FamRZ **95**, 57 mwN). Ein solches Urteil setzt voraus, daß der vom Erbl benannte Dritte die nötige Sachkunde für eine obj Auswahl besitzt. Kein Kriterium ist dagg bestimmt, wenn Erbl dem VE einen aus dem Kreis als NE nur empfiehlt (Hamm NJW-RR **95**, 1477). Künft Adoptivkinder des überlebenden Eheg kann Erbl dagg bedenken, auch wenn die Auswahl der Kinder diesem überlassen ist (BayObLG **65**, 457 mAv Immel NJW **66**, 1222; Köln Rpfleger **84**, 236); wird diese Erbeinsetzg an die Bedingg der Befähigg zur Führg eines Unternehmens geknüpft, führt dies nicht zur Unwirksamk der letztw Vfg wg der jeder sachkund Person mögl obj Bestimmbark (Köln aaO). – Die **Erklärung,** dch die der Dritte die ihm eingeräumte Auswahl- od Bestimmgsbefugn ausübt, ist mangels ges Regelg od anderweit Bestimmg des Erbl aus Grden der RSicherh analog § 2198 ggü dem NachlG in öffentl beglaub Form abzugeben (KG Rpfleger **98**, 288; MüKo/Leipold Rn 19; Staud/Otte Rn 41; Rötelmann DNotZ **58**, 432; Haegele BWNotZ **72**, 74; Großfeld JZ **68**, 113) u wirkt dann auf den Zeitpkt des Erbfalls zurück. Fristsetzg analog § 2198 II auf Antr eines Beteiligten sollte gestattet sein (MüKo/Leipold Rn 19). Bei grober Unbilligk ist § 319 I analog anwendb. Ihre Anfechtbark beurteilt sich nach §§ 119 ff.

6 **b) Unwirksame Bestimmung** des Bedachten u nicht nur dessen Bezeichng liegt vor, wenn der Erbl dem Erben die Ernenng des NachE od eines ErsatzE überlassen hat (KG OLG **42**, 127); dem VorE die Auswahl des „Würdigsten meiner Verwandten" als NachE, selbst wenn dazu genannte Kriterien das Ermessen des VorE einschränken (LG Mü I FamRZ **98**, 1261); dem Leiter des Waisenhauses die Auswahl von 10 Waisenkindern (BayObLG NJW-RR **98**, 727; s aber Rn 4) od die vollständ freie Auslegg des Test einem Dritten (zB dem TV; RG **66**, 103), weil darin eine unzuläss Vertretg des Erbl im Willen läge (s aber auch Rn 7). Ebensowenig kann der Ztpkt, zu dem eine Nacherbfolge eintreten soll, der Bestimmg eines Dritten überlassen bleiben (BGH **15**, 199); über bedingte Einsetzg eines NachE s aber Rn 8. – Unwirks ist ferner die Erbeinsetzg der namentl nicht genannten Person, welche die Beerdigg od die Grabpflege übernimmt od den Erbl einäschern läßt (Ffm OLGZ **92**, 271; BayObLG FamRZ **92**, 987; LG Ffm MDR **87**, 762) od mit dem Leichnam in bestimmter Weise verfahren soll (KG OLG-NL **99**, 33); od der „Person, die mir beisteht" (BayObLG FamRZ **91**, 610) od „die mich im Alter pflegt" (vgl dazu BGH **15**, 199; NJW **65**, 2201; Ffm aaO). Auch in diesen Fällen liegt eine unzuläss Vertretg im Willen vor, weil die Bestimmg dem überlassen ist, der als erster die als Bedingg genannte Handlg ausführt. Etwas and dürfte im Beispl der Pflege allerd dann gelten, wenn die Pflegebedürftigk tatsächl eingetreten ist u die Pflegeperson vom Erbl selbst bestimmt wurde (ebso Ffm NJW-RR **95**, 711). – Bezeichnet Erbl wahlweise zwei Personen als seine Erben (**alternative** Erbeinsetzg: A od B), fällt dies nicht unmittelb unter **II**, wenn er keinen Dritten benannt hat, der diese Wahl treffen soll. Die Vfg ist insow unvollständ, als der Erbl die ihm gem § 2065 obliegende Bestimmg der Person des Erben (Rn 1) nicht getroffen hat. Hatte er aber subj eine Vorstellg üb das AlternativVerhältn, kann im Wege der Auslegg festgestellt werden, ob er damit eine der eingesetzten Personen nur als ErsatzE od NachE bestimmen wollte (BGH NJW **65**, 2201; BayObLG NJW **99**, 1118; 1119). Ggf ist § 2073 entspr anzuwenden, wenn der Kreis der alternativ Bedachten bestimmt ist (str; s § 2073 Rn 3). Scheitert eine solche Auslegg, ist die Erbeinsetzg unwirks, zB wenn HofE dasjenige seiner Enkelkinder sein soll, das am besten für die Landwirtsch geeignet ist (BGH NJW **65**, 2201 mAv Grossfeld JZ **68**, 120); wenn „die Blindenanstalt in Köln od Umgebung" bedacht wird, ohne daß konkrete u objektivierbare Anhaltspkte für eine Auswahl unter den vielen in Betr kommenden Einrichtgen ersichtl sind (Bonn Rpfleger **89**, 63).

7 **b) Wirksame Anordnung** ist dagg, daß diejenigen Erben werden sollen, die ein anderer zu seinen Erben einsetzen wird (Gaberdiel Rpfleger **66**, 265; Schäfer BWNotZ **62**, 203); ebenso daß unter bestimmten Personen das Los entscheiden soll (RG SeuffA **91** Nr 106). – Hat der Erbl die Person des Bedachten od den Ggstand der Zuwendg unter eine Bedingg gestellt, die in einem Tun od Unterlassen des Bedachten od eines Dritten besteht, kann er die Entscheidg üb die Erfüllg der Bedingg einem Dritten (zB TV) od dem Beschwerten überlassen. Dies kann auch komplexe, eine Wertg einschließende Kriterien umfassen, zB die

Eignung zur Verwaltg od GeschFührg; die Feststellg geordneter, wirtschaftl gesicherter Verhältn des Bedachten (KG FamRZ **98**, 1202 mAv Wagner ZEV **98**, 184); die Führg eines ordentl Lebenswandels (KG OLGE **43**, 393). In diesem Falle hat der zur Entscheidg Berufene nicht zu bestimmen, was der Erbl zu bestimmen hätte, sond er hat nach Art eines Schiedsrichters zu entscheiden (Prot **5**, 20). Zur Ausübg der Entscheidg s Rn 5. – Aus diesem Grd kann auch bei einem nach Ansicht des Erbl erschöpfenden Test für den mögl Fall entstehender Streitigk über Gültigk, Anfechtbark u Auslegg des Test die (sonst dem Richter obliegende) Entscheidg einem **Schiedsrichter** (ZPO 1048; dazu Kohler DNotZ **62**, 125) und sogar dem **Testamentsvollstrecker** selbst übertragen werden (RG **100**, 78; § 2203 Rn 1), dem TV allerd nicht die Auslegg des Test hins solcher Bestimmgen, die den Bestand seines Amts betreffen (BGH **41**, 23).

5) Änderungsermächtigung bei Nacherbfolge. Ein NachE kann auch unter der (aufschiebden od 8
auflösden) Bedingg eingesetzt werden, daß der VorE **nicht anders** vTw verfügt (BGH **59**, 220; NJW **81**, 2051; Oldbg FamRZ **91**, 862; BayObLG **82**, 331; Hamm OLGZ **73**, 103; KG DNotZ **56**, 195; Frank MittBayNot **87**, 231). Dies ergibt sich mittelb aus §§ 2108 II, 2075 u ist auch beim gemeinsch Test zuläss (BayObLG FamRZ **91**, 1488; s auch § 2271 Rn 21). Der Eintritt od der Ausfall der Bedingg ist hier nicht vom Willen eines Dritten, sond des VorE abhäng, der nicht über das Vermögen des Erbl, sond üb sein eig (in dem das Vermögen des Erbl enthalten ist) eine Vfg trifft (vgl BGH **LM** Nr 6). Die ihm vorbehaltene Bestimmg kann der VorE allerd nicht schon zu Lebzeiten des Erbl treffen (s Johannsen WM **72**, 924; **73**, 538). Sein etwaiges Test verletzt nicht die Rechte des NachE, sondern vereitelt in Übereinstimmg mit dem Willen des Erbl (der auch dch ergänzde Auslegg festgestellt werden kann) den Fall der Nacherbfolge, so daß er nicht über sein Vorerbe, sond über sein Vollerbe bestimmt (Raape; Hermann AcP **140**, 239; **155**, 434). Nach dem Tod des „VorE" steht sodann rückwirkd fest, daß er VollE gewesen ist (RG HRR **42** Nr 838; Soergel/Loritz Rn 18). Vor seinem Tod darf der NachEVermerk im GBuch nicht gelöscht werden, auch wenn der VorE eine anderweit Vfg vTw getroffen hat (Brschw Rpfleger **91**, 204; Dortm Rpfleger **69**, 17). – **Umfang:** Die Freistellg des VorE kann umfassend od weniger umfassd sein; wie weit sie im Einzelfall geht, ist Frage der TestAuslegg. Sie kann dahin eingeschränkt werden, daß der VorE den Umfang, in dem die Hinterlassensch dem einen od and Kind zugute kommt, vom Test des Erbl abweichd regeln kann, jedoch nicht den einen od and leer ausgehen lassen darf (BGH **59**, 220 mAv Mattern **LM** Nr 7; aM Hamm DNotZ **67**, 315, das die Zulässigk der Ermächtigg, die Erbteile der NachE zu ändern, verneint). – **Weitere Möglichkeiten:** Der Erbl 9
kann auch dch testamentar Bestimmg es dem VorE überlassen, aus dem zu NachE berufenen bestimmten Kreis von Personen (zB ges Erben des Erbl) denjen auszuwählen, der den Nachl des VorE erhalten soll (Hamm OLGZ **73**, 103). – Denkb ist auch, daß der VorE berecht ist, einen der mehreren NE als solchen auszuschließen u ihn mit einem Vermächtn zu bedenken (BGH aaO). – Eine bedingte Nacherbeneinsetzg ist auch dann zuläss, wenn der BedinggsEintritt vom Willen eines Dritten abhängt, zB von der PflichttForderg eines Abkömml (Hamm OLGZ **68**, 80).

Vorbemerkung zu §§ 2066–2073

1) Gemeinsamer Grundgedanke der §§ 2066–2073 ist, daß bei Berufg einer geschlossenen Gruppe von 1
Personen (die zu den ges Erben des Erbl gehören) zu Erben und fehlender Angabe eines Beteiliggsverhältn eine Vermutg dafür spricht, daß die Bedachten nach dem Verhältn ihrer ges Erbteile erben sollen. – Dieser Grundgedanke ist auf **ähnliche** Fälle entspr anwendb (Köln FamRZ **70**, 605), so zB bei Einsetzg der Geschwister u ihrer leibl Kinder (Hamm Rpfleger **86**, 480); auch bei Einsetzg eines Kindes als VorE u dessen ges Erben als NachE (Köln aaO) od der (Stief-)Söhne als SchlußE u deren Kinder als NachE ohne Bestimmg der Erbteile (BayObLG FamRZ **86**, 610). – **Nicht** anwendb sind §§ 2066 ff, wenn Erbl seine Enkelkinder eingesetzt hat u die Auslegg ergibt, daß er damit neben vorhandenen auch alle berufen wollte, die nach dem Erbfall vielleicht noch gezeugt werden (Köln Rpfleger **92**, 391 mAv Eschelbach; Hohloch JuS **93**, 163).

2) Regelungsinhalt. Die §§ 2066–2073 enthalten über die Person des Bedachten teils Ausleggs-, teils 2
Ergänzggsregeln (s dazu Einf 2 vor § 2064; Diederichsen NJW **65**, 671/672). Sie gelten für Zuwendgen jeder Art, zB auch für Einsetzg von NachE (Köln aaO) od Vermächtn. Dagg nicht für eine Auflage (§§ 2192 ff), bei der kein Recht zugewendet wird (vgl § 2081 III).

2066

Einsetzung der „gesetzlichen Erben". **Hat der Erblasser seine gesetzlichen Erben ohne nähere Bestimmung bedacht, so sind diejenigen, welche zur Zeit des Erbfalls seine gesetzlichen Erben sein würden, nach dem Verhältnis ihrer gesetzlichen Erbteile bedacht. Ist die Zuwendung unter einer aufschiebenden Bedingung oder unter Bestimmung eines Anfangstermins gemacht und tritt die Bedingung oder der Termin erst nach dem Erbfall ein, so sind im Zweifel diejenigen als bedacht anzusehen, welche die gesetzlichen Erben sein würden, wenn der Erblasser zur Zeit des Eintritts der Bedingung oder des Termins gestorben wäre.**

1) Die gesetzlichen Erben des Erblassers (nicht die eines Dritten; hier muß Auslegg entscheiden u 1
§ 2066 gilt ev entspr) müssen ohne nähere Bestimmg bedacht (nicht eingesetzt wie in § 2091) sein, damit Satz 1 anwendb ist, also zB „meine gesetzlichen Erben" od auch „meine Erben." Hatte der Erbl allerd schon in einer früheren Vfg bestimmte Personen zu Erben eingesetzt, wird er unter „meine Erben" meist diese Personen gemeint haben, so daß dann § 2066 nicht anwendb ist, soweit nicht das spätere Test als Widerruf aufzufassen ist (§§ 2253 ff). Bei Irrtum des Erbl üb den Kreis der ges Erben kommt Anfechtg nach § 2078 in Frage (Staud/Otte Rn 12). Hatte der Erbl in einem vor dem 1. 7. 70 errichteten Test seine nichtehel Kinder nicht erwähnt, kommt auch Anfechtg nach § 2079 in Betr (Lindacher FamRZ **74**, 348 ff).

2) Eine Ergänzungsregel (Einf 2 v § 2064) enthält **Satz 1,** wenn sich der Erbl darauf beschränkt hat, auf 2
das ges ErbR zu verweisen. Danach sind alle zZ des Erbfalls vorhandenen ges Erben nach Maßg ihrer ges Erbteile berufen, nicht wie in § 2091 nach Kopfteilen. Zu ihnen gehört auch der Ehegatte u gilt als bedacht, wenn der Erbl nicht nur seine Abkömml gemeint hat. Ohnehin gilt die Ergänzgsregel nicht, wenn sich im

Einzelfall feststellen läßt, wen der Erbl als ges Erben angesehen hat (RG LZ **17**, 746; vgl RG **70**, 391). – Bei **Rechtsänderung** zw TestErrichtg u Erbfall ist grdsl das im Zeitpkt des Erbfalls (ggf des NErbfalls) geltde ErbR für die Feststellg der ges Erben u Erbteile maßgebend. Nur wenn sich aus besond Anhaltspkten ein entspr ErblWille dch Auslegg feststellen läßt, gilt das bei TestErrichtg geltde Recht (Köln FamRZ **70**, 605; KG FamRZ **61**, 447). Galt bei TestErrichtg bereits die neue RLage, war sie dem Erbl aber nicht bekannt od ging er fälschlicherw von der Fortgeltg alten Rechts aus, sind die für Auslegg von AltTest entwickelten Grdsätze heranzuziehen (Lindacher FamRZ **74**, 345; Spellenberg FamRZ **77**, 185/190 ff). RÄndergen bei der ges Erbfolge brachten insbes am 1. 7. 57 das GleichberechtG (s § 1931 Rn 6), am 1. 7. 70 das NichtEhelG (s § 1924 Rn 8; § 1925 Rn 1; § 1931 Rn 13), am 1. 1. 77 das AdoptionsG (§ 1924 Rn 14 ff) u am 1. 4. 98 das ErbGleichG (§ 1924 Rn 9). – Zur entspr Anwendg von S 1 auf **§ 167 II VVG,** s Damrau FamRZ **84**, 443.

3 **3) Die Auslegungsregel des Satz 2** (vgl auch §§ 158, 163, 2067, 2074) gilt bei **bedingter** od **befristeter** Zuwendg. Hier ist nicht der Zeitpkt des Erbfalls, sond derjenige des Eintritts der Bedingg od des Termins maßgebd (s KG FamRZ **72**, 323), so daß auch ein erst nach dem Tod des Erbl, aber im maßgel Zeitpkt bereits Erzeugter in erweiternder Anwendg des § 1923 II bedacht sein kann. – Die Ausleggsregel wird prakt bei Anordng einer Nacherbfolge unter Berufg der ges Erben als NachE, weil die in der Einsetzg eines NachE liegende Zuwendg an diesen schon ihrem Wesen nach mind aufschiebd befristet ist (KG DNotZ **35**, 826; dazu Kanzleiter DNotZ **70**, 326). Sie korrespondiert also mit der Bestimmg des § 2104, die eine fehlende Bezeichng der NachE in gleichem Sinne ergänzt (Zweibr FamRZ **90**, 668). – Bei Erbeinsetzg erst zu einem Zeitpkt nach dem Erbfall gilt § 2105.

4 **4) Erbvertrag.** Für die Auslegg von ErbVertr gilt bei einseit Vfgen § 2066 unmittelb (§ 2299 II 1), bei vertragsmäß Vfgen entspr (§ 2279 I). Hinsichtl einseit Vfgen in früh ErbVertr von Eheg gelten, was die Einbeziehg nichtehel Kinder anlangt, die zu § 2066 entwickelten AusleggsGrds (Giencke FamRZ **74**, 241/243; Ffm FamRZ **73**, 278). Hinsichtl vertragsmäß Vfgen ist bei ergänzder Auslegg auch der irreale Wille des and VertrPartners von Bedeutg (Giencke aaO).

2067 *Verwandte.* **Hat der Erblasser seine Verwandten oder seine nächsten Verwandten ohne nähere Bestimmung bedacht, so sind im Zweifel diejenigen Verwandten, welche zur Zeit des Erbfalls seine gesetzlichen Erben sein würden, als nach dem Verhältnis ihrer gesetzlichen Erbteile bedacht anzusehen. Die Vorschrift des § 2066 Satz 2 findet Anwendung.**

1 **1) Die Auslegungsregel** des § 2067 (s Einf 2 v § 2064) hat einen doppelten Zweck, wenn der Erbl die (nächsten) Verwandten ohne näh Bestimmg bedacht hat: Mangels and Anhaltspkte wird der mehrdeut Begriff „Verwandte" konkretisiert auf diejenigen, die zur Zeit des Erbfalls seine ges Erben sein würden. Zugleich hilft sie üb die fehlende Angabe der einzelnen Anteile hinweg, indem diese Verwandten als nach dem Verhältn ihrer ges Erbteile bedacht angesehen werden. Die individuelle Auslegg geht vor, zB wenn der Erbl unter „verwandt" auch die Ehefrau verstanden hat (s auch § 2077 Rn 6; 7 bei Zuwendg „an meine Frau"). – **Verwandte** sind auch die seit 1. 7. 49 geborenen nichtehel Kinder bei festgestellter Vatersch u auch die Verwandten ihres Vaters (s § 1924 Rn 8 ff); erfolgte die Zuwendg vor Inkrafttreten des NEhelG bzw des ErbGleichG, sind die Grdsätze in § 2066 Rn 2 anzuwenden. Ferner die dch Annahme als Kind zu Verwandten des Erbl geworden Personen (§§ 1754–1756, 1767 II, 1770, 1772; s auch Art 12 §§ 1–3 AdoptG); bei Zuwendgen vor dem AdoptionsG sind auch hier die in § 2066 Rn 2 angeführten Grundsätze heranzuziehen.

2 **2) Entsprechende Anwendung** der Vorschr ist mögl (s Vorb 1 vor § 2066), wenn der Erbl zwar die Verwandten als Gruppe genau bezeichnet, üb die Erbanteile aber keine näh Bestimmg getroffen hat. Bspl: Erben sind meine Geschwister (Düss DNotZ **72**, 41) od „die Kinder meiner Geschwister" (RG JW **38**, 2972; Hamm Rpfleger **86**, 480; str; aA KG JFG **10**, 63; Mü JFG **16**, 246). Bei Einsetzg der Verwandten eines Dritten wird auch die freie Auslegg meist zum gleichen Ergebn führen (s BayObLG **6**, 388; aber auch KG JFG **10**, 65). Bei Anordng einer NachErbsch können die Verwandten des VorE als NachE eingesetzt sein (BayObLG **58**, 225).

2068 *Kinder des Erblassers.* **Hat der Erblasser seine Kinder ohne nähere Bestimmung bedacht und ist ein Kind vor der Errichtung des Testaments mit Hinterlassung von Abkömmlingen gestorben, so ist im Zweifel anzunehmen, daß die Abkömmlinge insoweit bedacht sind, als sie bei der gesetzlichen Erbfolge an die Stelle des Kindes treten würden.**

1 **1) Eine Auslegungsregel** nach dem vermuteten Willen des Erbl enthält die Vorschr (keine Ersatzberufg wie §§ 2069, 2102 I), die eingreift, wenn die individuelle Auslegg nicht zur sicheren Feststellg des ErblWillens geführt hat. – Bei Wegfall des Kindes dch Erbverzicht und nicht dch Tod gilt nicht § 2068, sond § 2349.
2 Den Wegfall nach TestErrichtg behandelt § 2069. – Unter **Kindern** versteht das G (§ 1924 IV) nur die Abkömmlinge ersten Grades, der gewöhnl Sprachgebrauch aber oft auch Enkel u entferntere Abkömmlinge. Demgem sollen die letzteren insow mitbedacht sein, als sie bei ges Erbfolge (§ 1924 III) an die Stelle des vorverstorbenen ehel Kindes treten würden, auch wenn der Erbl den Wegfall kannte. Nichtehel Kinder, die nach dem 30. 6. 49 geboren sind u als deren Vater der Erbl festgestellt ist, gehören seit 1. 7. 70 zu den Kindern iS von § 2068 (s § 1924 Rn 8 ff). Abkömml sind auch die Kinder eines vom Erbl angenommenen Kindes gem dem am 1. 1. 77 in Kr getretenen AdoptionsG (s §§ 1754; 1767 II, 1770, 1772; auch § 1924 Rn 14 ff; BayObLG FamRZ **76**, 101). Für letztw Vfgen, die vor diesen Zeitpkten errichtet wurden, gelten die in § 2066 Rn 2 dargestellten Grdsätze (BayObLG **74**, 1). – Die Regel gilt auch für den Fall, daß eine **Gruppe** von Kindern (zB die Söhne) ohne nähere Bestimmg bedacht ist (Staud/Otte Rn 2).

2) Entsprechende Anwendung ist nicht allg mögl, wenn Erbl nicht die eigenen, sond Kind Dritter eingesetzt hat (KG OLGZ **91**, 144; str). Jedoch ist dies (ähnl wie bei § 2069 Rn 8) ausreichder Anhaltspkt, um dch individuelle Auslegg zu ermitteln, ob nach dem Willen des Erbl an Stelle eines verstorbenen Kindes dessen Abkömml berufen sind, wozu auch Umstände außerh des Test herangezogen werden können (KG aaO; s auch RG **134**, 280). 3

2069 ***Abkömmlinge des Erblassers.*** **Hat der Erblasser einen seiner Abkömmlinge bedacht und fällt dieser nach der Errichtung des Testaments weg, so ist im Zweifel anzunehmen, daß dessen Abkömmlinge insoweit bedacht sind, als sie bei der gesetzlichen Erbfolge an dessen Stelle treten würden.**

1) Eine Auslegungsregel („im Zweifel") enthält die Vorschr und keine ges Vermutg (BGH **33**, 60; NJW **74**, 43; Soergel/Loritz Rn 1; für Ergänzgsregel von Lübtow Lehrb I 287), der ggü die individuelle Auslegg Vorrang hat. Läßt sich dch letztere ein widersprechender ErblWille nicht feststellen, greift die Regel ein, nach der bei Wegfall eines bedachten Abkömml des Erbl nach TestErrichtg ersatzweise der betreffende Stamm berufen ist. – § 2069 gilt auch dann, wenn der Erbl mit dem Wegfall nicht rechnete; od wenn der Abkömml schon vor TestErrichtg weggefallen, dies aber dem Erbl nicht bekannt war; od wenn er trotz Verzichts bedacht wurde (KG JFG **23**, 255). Ferner bei Einsetzg eines SchlußE im gemeinsch Test (BayObLG FamRZ **95**, 251; Ffm FamRZ **98**, 772; s auch Rn 2; § 2269 Rn 11), wobei sich die Bindgswirkg wechselbezügl Vfgen auch auf diese Ersatzberufg erstrecken kann, da die ersatzw berufenen Abkömml zu dem in § 2270 II genannten Personenkreis gehören (Ffm aaO; Staud/Otte Rn 19; Leipold JZ **96**, 287; aA Baumann ZEV **94**, 351; Lange/Kuchinke § 24 V 2); sie muß sich aber nicht auf die Auswahl unter den Abkömml erstrecken (BayObLG FamRZ **98**, 38). – Über den ges geregelten Sonderfall hinaus läßt sich § 2069 nicht, auch nicht entspr anwenden (BGH NJW **73**, 240). Dies gilt auch für den Fall der Enterbg (§ 1938), so daß sich diese iZw nicht auf die Abkömml erstreckt (BGH **LM** § 1938 Nr 1; § 1938 Rn 2). – Dagg ist bei ausdrückl Ersatzberufg der weiteren Abkömml die Bestimmg des Kreises der ersatzweise berufenen Abkömml des weggefallenen Abkömml in § 2069 anwendb (BayObLG **61**, 132). S ferner Rn 8. 1

2) Voraussetzungen. – a) Ein Abkömmling des Erbl (§ 1924 Rn 7) muß Bedachter, also Empfänger der Zuwendg sein, also sein Kind, Enkel, Urenkel usw. Dazu gehört seit dem am 1. 7. 70 in Kr getretenen NEhelG auch das nichtehel Kind (§ 1924 Rn 8). Ferner das vom Erbl angenommene Kind (§ 1754; 1770). Bei gemeinsch Vfgen von Ehegatten kann es der Abkömml nur des Erstversterbenden sein (MüKo/Leipold Rn 5; Berlin FamRZ **94**, 785; aA BayObLG FamRZ **91**, 234). – Die Person des Bedachten muß an sich dch namentl Nenng od dch Angabe individueller Merkmale feststehen od doch nach §§ 2066 ff zu ermitteln sein. Fehlt es daran (zB bei BestimmgsR des VorE u Wegfall eines mögl Bedachten), gilt § 2069 nur entspr (BGH NJW **69**, 1111; aA MüKo/Leipold Rn 7: nur einzelfallorientierte Auslegg). – Hat der Erbl nur einen einzigen Abkömml, gilt § 2069 trotz seines Wortlauts („einen seiner . .") wg des inneren Grundes der Vorschr gleichwohl (BayObLG **71**, 386). – Die **Zuwendung** kann in einem Test (auch gemeinsch) od ErbVertr enthalten sein. Sie kann Erbeinsetzg (auch als VorE od NachE, BGH **33**, 61; Bremen NJW **70**, 1923; als ErsatzE) od Vermächtn sein. Ist die Zuwendg aufschiebd bedingt, hat § 2069 Vorrang vor § 2074, der bei Wegfall des Abkömml zw Erbfall u Eintritt der Bedingg nur gilt, wenn ein die weiteren Abkömml ausschließender ErblWille zweifelsfrei festgestellt werden kann (BGH NJW **58**, 22). 2

b) Wegfall des Bedachten **nach** TestErrichtg (bei vorherigem gilt § 2068, es sei denn, daß er dem Erbl nicht bekannt war, s Rn 1). Wegfall ist hier zunächst der dch Versterben zw TestErrichtg u Erbfall, aber auch ein erst nach dem Erbfall eingetretener, sofern er rückwirkd den Anfall in der Person des Bedachten beseitigt. Dies ist bei Ausschlagg (§ 1953 I) od ErbunfwürdErkl (§§ 2342; 2344) der Fall; dagg nicht bei Widerruf (§ 2253); Rücktritt (§§ 2293 ff) od Aufhebg (§ 2271 II 2). Verlangt der Ausschlagende den Pflichtteil, soll allerd nach dem Grundgedanken des § 2069 der Stamm nicht doppelt bedacht werden, so daß § 2069 nicht gilt (BGH **33**, 60), vor allem wenn ein pflichttberecht NachE ausschlägt, während beim VollE dies schon § 2320 I verhindert, weil die Nachrückenden im Innenverhältn allein die PflichttLast zu tragen haben (MüKo/Leipold Rn 13; Soergel/Damrau Rn 13). – Zuwendgsverzicht (§ 2352) führt zwar zum Wegfall des Verzichtenden, wirkt iZw aber nicht für seine Abkömml (s § 2352 Rn 5); § 2069 gilt daher beim Erbverzicht, wenn er die Abkömml nicht betrifft, bes wenn er zu deren Gunsten erfolgte; hat der Verzichtde dafür allerd eine Abfindg erhalten, spricht eine tatsächl Vermutg dafür, daß eine Ersatzberufg der Abkömml nicht dem Willen des Erbl entspricht (BGH NJW **74**, 43). – **Keinen Wegfall** stellt hier ein vor dem 1. 4. 98 rgült 3
zustande gekommener vorzeit Erbausgleich (EG 227 I Nr 2) dar, der zwar das ges ErbR beseitigte (§ 1934 e aF), aber letztw Vfgen unberührt läßt; erhielt das nichtehel Kind trotz erfolgtem Ausgleich noch eine letztw Zuwendg, wird auch das Nachrücken seiner Abkömml vom Erbl gewollt sein (MüKo/Leipold Rn 12). Auch kein Wegfall ist die Beseitig einer Zuwendg an den Abkömml dch Anfechtg, weil die angefochtene Vfg von Anfang an nichtig ist (§ 142 I) und nicht auf Nachrückende erstreckt werden kann. – Auch nicht unter § 2069 fällt die wirks **Enterbung** des im gemeinsch Test der Eltern bedachten Abkömml dch den Überleben- 4
den gem §§ 2271; 2294; 2333 (BGH FamRZ **65**, 321; BayObLG **63**, 271). Führt Verstoß gg **Verwirkungsklausel** zum Wegfall des Bedachten, gilt § 2069 regelm als widerlegt (KG DNotZ **42**, 147; s § 2074 Rn 8; MüKo/Leipold Rn 16 erachtet § 2069 hier für unanwendb; aA Soergel/Loritz Rn 20). 5

c) Ein als Nacherbe eingesetzter Abkömml fällt bei Wegfall zw TestErrichtg und Erbfall unter § 2069. Stirbt er allerd erst zwischen Erbfall und Nacherbfall, vererbt sich sein NacherbR grdsl auf seine Erben (§ 2108 II 1), sofern nicht ein anderer ErblWille anzunehmen ist, der aber nicht schon in der bloßen Einsetzg eines Abkömml zum NachE zu sehen ist. In diesem Widerstreit hat also § 2108 II Vorrang (BGH NJW **63**, 1150; vgl Haegele Rpfleger **67**, 164). Allerd ist bes sorgfält zu prüfen, ob dem Test nicht zu entnehmen ist, daß der Erbl das Eindringen familienfremder Personen nicht gewollt hat und § 2069 anzuwenden ist (s § 2108 Rn 3), was bes naheliegt, wenn sich Eheleute ggseit zu VorE und einen gemeinschaftl Abkömml als NachE eingesetzt haben (MüKo/Leipold Rn 24; Soergel/Loritz Rn 38). Bei ausdrückl Einsetzg eines ErsatzNachE 6 wird idR dieser auch bei Wegfall des ursprüngl Bedachten nach dem Erbfall zum Zuge kommen sollen (s § 2108 Rn 3). Bei Ausschlagg des pflichtberecht NachE s Rn 3.

7 **3) Als Ersatzberufene** treten an die Stelle des Weggefallenen dessen Abkömml, soweit sie bei der ges Erbfolge **nach dem Erblasser** (nicht nach dem Weggefallenen) nachrücken würden. Der Personenkreis und die Quoten bestimmen sich also danach, wer gem § 1924 zum Ztpkt des Erbfalls (bzw Nacherbfalls) in Bezug auf den Erblasser, um dessen Beerbg (und nicht die des Weggefallenen) es geht, dessen ges Erben wären. Sie müssen beim Erbfall leben oder erzeugt sein (§ 1923 II). Bei aufschiebd bedingter Zuwendg ist analog § 2066 S 2 auf den Zeitpkt des BedinggsEintritts abzustellen. – **Nachrücken** können nur solche Abkömml des Weggefallenen, die mit dem Erbl verwandt sind. Dazu gehört seit dem AdoptG auch der vom weggefallenen Abkömml als Kind angenommene Minderjährige (§§ 1754; 1755; s § 1924 Rn 14); dagg besteht bei Annahme eines Volljährigen idR kein VerwandtschVerhältn zum Erbl (§ 1770 I; s § 1924 Rn 21). Ein nichtehel Kind rückt auch bei Wegfall seines Vaters als Enkel des Erbl nach (Köln FamRZ **93**, 856; s § 1924 Rn 8 ff), hatte dann in Erbfällen vor dem 1. 4. 98 (EG 227 I Nr 1) bei Vorliegen der Voraussetzgen des § 1934 a aF iZw aber nur den ErsatzAnspr (Soergel/Loritz Rn 26; str); allerd liegt bei nichtehel Kindern des Weggefallenen die Möglichk eines abweichden ErblWillens häufig nahe. Dies ist insbes bei RÄnderung zwischen TestErrichtg und Erbfall zu berücksichtigen (s § 2066 Rn 2).

8 **4) Ergänzende Testamentsauslegung.** Hat der Erbl nicht Abkömml, sond andere Personen wie zB Geschwister eingesetzt, ist bei deren Wegfall § 2069 nicht entspr anwendb (BGH NJW **73**, 240; BayObLG **88**, 165). Wurde dadch seine letztw Vfg jedoch lückenh, ist die Lücke im Wege ergänzender TestAuslegg (§ 2084 Rn 9) zu schließen, sofern sich im Test selbst ein wenn auch noch so geringer Anhaltspkt dafür findet, daß der Erbl eine Ersatzberufg and Personen (§ 2096), insbes der Abkömml des Weggefallenen, gewollt hat od hätte, wenn er den Wegfall bei TestErrichtg erwogen hätte. Aus § 2069 ist ableitbar, daß schon die bloße Einsetzg des Bedachten als hinreichder Ausdruck der Ersatzberufg seiner Abkömml gewertet werden kann. Es liegt also je nach der Person des Bedachten der Schluß nahe, daß der Erbl nicht gerade nur den Eingesetzten persönl, sond diesen zugleich als ersten seines Stammes od seiner Familie bedenken wollte, bes wenn er von den Grdsätzen der ges Erbfolge ausgegangen ist (BayObLG Rpfleger **97**, 215). – Die Rspr erachtet desh die
9 Einsetzg einer dem Erbl **nahestehden Person** als einen für die Ermittlg des (hypothet) ErblWillens geringen, aber ausreichden Anhaltspkt im Test selbst (BGH NJW **73**, 240; BayObLG FamRZ **91**, 865; Hamm Rpfleger **87**, 247; KG FamRZ **77**, 344). Dies ist der Fall, wenn der Erbl einen nahen Verwandten eingesetzt hat, zB seine Schwester (BayObLG NJW-RR **92**, 73; Karlsr DNotZ **93**, 456); od ein Stief- od Geschwisterkind (BayObLG Rpfleger **74**, 345; Oldbg NdsRpfl **50**, 73); od seinen Ehegatten (BayObLG **88**, 165; Ffm NJW-RR **96**, 261), aber auch seine Geliebte, die er später heiratet (BayObLG NJW-RR **93**, 459; str); od eine
10 Person, zu der er bes enge Beziehgen unterhielt (enge Freunde; langjähr Betreuer). – Als **Ersatzerben** kommen in erster Linie die Abkömml des weggefallenen Bedachten in Betr; sind solche nicht vorhanden, kann es auch der einzige Verwandte der eingesetzten Ehefrau sein (BayObLG **88**, 165) od der Ehegatte des eingesetzten Abkömml, wenn die Verwandtsch für die getroffene Erbeinsetzg nicht ausschlaggebd war (Hamm
11 OLGZ **92**, 23). – Bei der Ermittlg des hypothet Willens ist auf den Zeitpkt der **Testamentserrichtung** abzustellen (§ 2084 Rn 8). Dies gilt auch, wenn das Test ledigl die in einem früh gemeinsch Test bindend festgelegte Erbeinsetzg wiederholt, sofern nicht bereits im gemeinsch Test eine anderweit bindende Ersatzberufg enthalten ist (Hamm OLGZ **92**, 29).

2070 ***Abkömmlinge eines Dritten.*** **Hat der Erblasser die Abkömmlinge eines Dritten ohne nähere Bestimmung bedacht, so ist im Zweifel anzunehmen, daß diejenigen Abkömmlinge nicht bedacht sind, welche zur Zeit des Erbfalls oder, wenn die Zuwendung unter einer aufschiebenden Bedingung oder unter Bestimmung eines Anfangstermins gemacht ist und die Bedingung oder der Termin erst nach dem Erbfall eintritt, zur Zeit des Eintritts der Bedingung oder des Termins noch nicht erzeugt sind.**

1 **1) Die Auslegungsregel** ist im Zusammenhang damit zu verstehen, daß ein beim Erbfall nicht Erzeugter nur als NachE eingesetzt werden kann (§§ 1923, 2101 I), der Nacherbfall erst mit Geburt eintritt (§ 2106 II 1) und VorE bis dahin die ges Erben sind (§ 2105 II). Eine so komplizierte Regelg wollte iZw der Erbl nicht, wenn er die Abkömml eines **Dritten** (zB eines Freundes) ohne nähere Bestimmg, also ohne Angabe persönl Merkmale als Erben bedacht hat. Hat od bekommt der Dritte überh keine Abkömml, ist zu prüfen, was der Erbl gewollt hätte, wenn er das vorausgesehen hätte. Dies kann dazu führen, daß der Dritte selbst bedacht ist od daß das entspr Vermächtn wegfällt od insow ges Erbfolge eintritt (Haegele JurBüro **70**, 841). Werden die Abkömml erst nach dem maßgebl Zeitpkt erzeugt, geht § 2070 dem § 2084 vor; sie gelten als nicht bedacht, falls nicht der Erbl auch diese Nacherzeugten bedenken wollte (s RGRK Rn 4). Im letzteren Falle können sie als NachE (§ 2101 I) od NachvermächtnNehmer (§ 2191) in Betr kommen.

2 **2) Erbeinsetzung von Enkeln.** § 2070 gilt nicht, wenn der Erbl die Abkömml eines seiner **Kinder** zu Erben berufen, also eine Generation übersprungen hat. Vielm ist dann in freier Auslegg (§§ 133, 2084) zu entscheiden, ob damit auch solche Abkömml gemeint sind, die erst nach dem Erbfall erzeugt wurden (KG JFG **10**, 63; Köln FamRZ **92**, 475; Soergel/Loritz Rn 6). Wird die Berufg solcher Abkömml als Erben bejaht, wirkt sie für diese nur als Nacherbeneinsetzg (Staud/Otte Rn 4).

2071 ***Personengruppe.*** **Hat der Erblasser ohne nähere Bestimmung eine Klasse von Personen oder Personen bedacht, die zu ihm in einem Dienst- oder Geschäftsverhältnisse stehen, so ist im Zweifel anzunehmen, daß diejenigen bedacht sind, welche zur Zeit des Erbfalls der bezeichneten Klasse angehören oder in dem bezeichneten Verhältnisse stehen.**

Bei Zuwendung an Personengruppe, zB an die Arbeiter und Angestellten des Erbl, gilt die Ausleggsregel des § 2071. Ferner bei Zuwendg an eine **Klasse** von Personen, also wenn sich die Bedachten dch ihre Zugehörigk zu einer bestimmten Personengruppe mit ggf wechselndem Bestand feststellen lassen (meine Betriebskollegen oä). Die Gruppe muß so eindeutig bezeichnet sein, daß ihre Angehörigen zweifelsfrei feststehen (also nicht nur „alle Liebhaber der Natur"). Die Zuwendg muß aber ohne nähere Bestimmg erfolgt sein, so daß bei Individualisierg (meine 4 Kartenbrüder) dch Angabe persönl Merkmale der Erbl selbst die Bedachten gekennzeichnet hat, § 2071 also nicht anzuwenden ist. – Hat der Erbl eine **organisierte** Gruppe bedacht (die Mitglieder des Tierschutzvereins; einer Gemeinde), muß dch Auslegg festgestellt werden, ob der Erbl die Korporation selbst oder deren Mitglieder (dies vor allem bei nichtrechtsfäh Vereinen) bedenken wollte. – Die Vorschr kann auch angewandt werden, wenn der jeweilige Repräsentant einer sich ablösenden Personenkette bedacht ist (unser Staatsoberhaupt). – Maßgebl ist iZw die Zugehörigk zum Zeitpkt des **Erbfalls,** nicht dem der TestErrichtg, u zwar auch bei bedingten u befristeten Zuwendgen (Kipp/Coing § 22 VI). Doch kann bei Personenwechsel zw TestErrichtg u Erbfall auch auf den ersteren Ztpkt abgestellt werden, wenn kein Zweifel besteht (zB „meinen jetzigen Hausangestellten für langjährige treue Dienste"). 1 2

2072 *Die Armen.* **Hat der Erblasser die Armen ohne nähere Bestimmung bedacht, so ist im Zweifel anzunehmen, daß die öffentliche Armenkasse der Gemeinde, in deren Bezirk er seinen letzten Wohnsitz gehabt hat, unter der Auflage bedacht ist, das Zugewendete unter Arme zu verteilen.**

1) Zuwendungen an die Armen wären wg Unbestimmbark der Empfänger unwirks (vgl § 2065) und werden daher aus sozialen Gründen umgedeutet, wobei eine räuml Begrenzg erfolgt und eine Stelle zur Verteilg bestimmt wird (Soergel/Loritz Rn 1; aA: Ausleggsregel, KG OLGZ **93**, 1). Die Abwicklg dch die örtl **Träger der Sozialhilfe** (BSHG 9; 96) als „öffentl Armenkassen" erfolgt dann nach AuflageR. Die Verteilg an den begünst Personenkreis ist dabei nicht auf die Armen der letzten Wohnsitzgemeinde beschränkt u erfolgt nach dem Ermessen der örtl Träger der Sozialhilfe. Die Armen erwerben keine eigenen Rechte (vgl aber § 2194). – Wenn ohne nähere Angaben ein Betrag oder ein Teil des Nachl für wohltätige od gemeinnützige Zwecke ausgesetzt ist, ohne daß ein Zuwendungsempfänger angegeben wird, ist idR § 2072 nicht anwendbar, sond der Erbe mit einer Auflage beschwert (Staud/Otte Rn 2; s auch Rn 2). 1

2) Entsprechende Anwendung. § 2072 ist zwar insow eine AusnVorschr, als er die Bedenkg einer bestimmten öff Kasse vorsieht. Das hindert aber nicht, den ihm zu Grde liegden allg Gedanken, daß ein Erbl bei mildtätigen Zuwendgen iZw in erster Linie an die in seiner Gemeinde bestehden Fälle von Hilfsbedürftigk gedacht haben wird, auch bei der dann notwend Auslegg der letztw Vfg zu verwerten (KG OLGZ **68**, 330). Analogiefähig sind auch die Fälle einer Zuwendg an „die Bedürftigen", „die sozial Schwachen", wenn als Zuwendgsempfänger bestimmte Gruppen od auch die Insassen eines unbestimmten Heimes konkretisierbar sind (Hamm Rpfleger **84**, 417); od „die Kriegsbeschädigten" (KG OLGZ **93**, 6); nicht generell gleichzustellen sind diesen „die Blinden" (Bonn Rpfleger **89**, 63). Unter gemeinnützige Zwecke soll auch die Einsetzg des Tierschutzvereins fallen, der dann auf den örtl konkretisiert werden kann (Oldbg NJW-RR **93**, 581). 2

2073 *Mehrdeutige Bezeichnung.* **Hat der Erblasser den Bedachten in einer Weise bezeichnet, die auf mehrere Personen paßt, und läßt sich nicht ermitteln, wer von ihnen bedacht werden sollte, so gelten sie als zu gleichen Teilen bedacht.**

1) Anwendungsbereich der Vorschr sind letztw Zuwendgen, die unvollzieb wären, weil der Erbl zwar erkennb zugunsten einer bestimmten Person verfügen wollte u diese auch dch Angabe individueller Merkmale genügd bestimmb bezeichnet hat, aber die von ihm gewählte Bezeichng auf mehrere Personen paßt, also obj mehrdeut ist u sich auch nicht dch individuelle Auslegg konkretisieren läßt. Gemeint ist also ein begrenzter Kreis von (natürl od jur) Personen, unter denen sich der vom Erbl Bedachte befinden muß (KG OLGZ **68**, 329) und nicht unbestimmb viele Träger zB des Namens „Hans". Beisple: „mein Freund Hans" od „das humantist Gymnasium", wenn diese Bezeichng auf mehrere Freunde od Anstalten paßt u ein bestimmter Bedachter nicht ermittelt werden kann; „der Staat" (AG Leipz Rpfleger **95**, 22 mAv Gruber). – § 2073 ist aber **nicht** anwendb, wenn die Zuwendg schon mangels Bestimmth unwirks ist (§ 2065 II), weil die vom Erbl bezeichnete Person nicht existiert u erst eine ergänzende Auslegg eine auf mehrere Personen passende „Bezeichng" ergibt, unter denen der Erbl bei Kenntn der Nichtexistenz ausgewählt haben würde. – **Entsprechend** anwendb ist § 2073, wenn von mehreren möglicherw Bedachten einzelne ausgeschlossen werden können (dann die restl); od wenn üb die vom Erbl für erschöpfend gehaltene Aufzählg hinaus ein weiterer vorhanden ist (dann alle; BayObLG FamRZ **90**, 1275). Auch bei alternativer Erbeinsetzg (§ 2065 Rn 6) kann § 2073 entspr herangezogen werden, sofern der Kreis der alternativ Bedachten bestimmt u nicht Ersatzberufg od Vor- u NErbfolge gemeint ist (Staud/Otte Rn 8; Baldus JR **69**, 180; aA Soergel/Loritz Rn 9; MüKo/Leipold Rn 10). 1 2 3

2) Gleiche Teile. Das G löst das Problem, indem es fingiert, daß die mehreren Personen zu gleichen Teilen (also nach Kopfteilen) bedacht sind (Diederichsen NJW **65**, 671/674). Diese Fiktion weicht zwar erkennb vom ErblWillen ab, entspricht diesem aber doch mehr als eine Unwirksamk. Allerd soll nach BGH WM **75**, 737 diese salomonische Fiktion nicht gelten, wenn der Erbl mit Sicherh nur eine Person und keinesfalls alle gemeins bedenken wollte. Ist aber die Bezeichng ganz unbestimmt (zB „Herr Schmitz") und kann nicht ein bestimmter Träger des Namens als Bedachter festgestellt werden, sind nicht alle Träger dieses Namens bedacht, sond die Zuwendg ist unwirks (KGJ **42** A 136). Das gleiche gilt, wenn eine bestimmt bezeichnete Einzelperson nicht existiert od nicht zu ermitteln ist. 4

2074 ***Aufschiebende Bedingung.*** **Hat der Erblasser eine letztwillige Zuwendung unter einer aufschiebenden Bedingung gemacht, so ist im Zweifel anzunehmen, daß die Zuwendung nur gelten soll, wenn der Bedachte den Eintritt der Bedingung erlebt.**

1 **1) Bedingte Zuwendungen** od befristete unterliegen grdsl den allg Vorschriften (§§ 158–163), wobei zu beachten ist, daß eine bedingte letztw Vfg keine bedingte Vfg iS des § 161 ist. Die §§ 2074–2076 enthalten nur Ergänzgen. Echte Bedingg liegt nur vor, wenn das künft Ereign sowohl objektiv als auch nach der Vorstellg des erklärenden Erbl ungewiß ist (BayObLG **66**, 390; FamRZ **76**, 101/103). Ihr Eintritt kann von dem Verhalten des Bedachten od eines beliebigen Dritten abhängig gemacht werden (Hamm OLGZ **68**, 84). – Keine Bedingg, sond die bloße Angabe des **Beweggrunds** für die TestErrichtg sind Formulierungen wie „Falls ich auf dieser Reise sterbe"; „Wenn ich meine Operation nicht überlebe" (BayObLG MDR **82**, 145; KG OLG **11**, 236; Hbg OLG **16**, 46); od der Hinweis, daß der Bedachte sich zur Pflege des Erbl bei Bedürftigk bereit erklärt hat (BayObLG **93**, 248). – Nicht unter § 2074 fällt Einsetzg eines **Ersatzerben** (§ 2096), weil der Wegfall des Erstberufenen ges Voraussetzg der Ersatzberufg ist. Hier genügt Erleben des Erbfalls, auch wenn dann Wegfall nicht mehr erlebt wird. Zum ErsatzVermächtn s §§ 2190; 2180 III; 2160. – Zum bedingten RErwerb vTw bei Vor- u NachErbsch s Zawar DNotZ **86**, 515.

2 **a) Aufschiebende Bedingung** (§ 158 I). Bei aufschiebend bedingter Erbeinsetzg wird der Bedachte nur NachE (§ 2105), falls nicht die Bedingg schon vor dem Erbfall eingetreten ist; der NachE muß den Eintritt der Bedingg erleben, andernf sich sein AnwartschR nicht vererbt (§ 2108 II 2). Aufschiebend bedingte Vermächtn fallen erst mit den Eintritt der Bedingg an (§ 2177). Nach der Ausleggsregel des § 2074 (iZw) soll die aufschiebd bedingte Zuwendg nur gelten, wenn der Bedachte den Eintritt der Bedingg (zB Wiederverheiratg des VorE) erlebt; anders bei ersichtl abweichdem ErblWillen („falls meinem Erben ein Nachkomme geboren wird"). Die bedingte Erbsch fällt demnach idR erst mit dem Bedingungseintritt an. Ausschlagg ist aber schon ab Erbfall mögl (§ 1946). – § 2074 kommt kein Vorrang vor § 2069 zu. Nur wenn ein die weiteren Abkömml ausschließender Wille des Erbl zweifelsfrei festgestellt werden kann, gilt die Ausleggsregel des § 2074 (BGH NJW **58**, 22).

3 **b) Unmögliche aufschiebende** Bedinggen bewirken regelm die Nichtigk der Vfg, sofern die Unmöglichk schon bei der Errichtg vorlag und dem Erbl bekannt war, da auch bei Vfgen vTw die aufschiebende Bedingg ein untrennb Bestandteil der Vfg ist, nicht etwa ein Teil einer WillErkl nach § 139 u noch viel weniger eine selbständ Vfg nach § 2085. War die Unmöglichk dem Erbl nicht bekannt oder tritt sie erst nach Errichtg ein, kann uU die Auslegg zur Aufrechterhaltg führen, ggf die ergänzde Auslegg helfen (Soergel/Loritz Rn 32; 34 mit teilw aA). – Ist bei einer an sich mögl Bedingg ihr **Eintritt** unmögl geworden, kann die Bedingg uU (je nach Einzelfall) auch in anderen als den unmittelbar von § 2076 erfaßten Fällen als eingetreten angesehen werden (BayObLG FamRZ **86**, 606).

4 **c) Unerlaubte, unsittliche und widersinnige Bedingungen,** gleichviel ob aufschiebend od auflösend, machen die Vfg insgesamt regelm unwirks (BayObLG **22**, 265; aA für auflösde Soergel/Loritz Rn 33: Zuwendg wirks). Eine Aufrechterhaltg des wg einer unsittl Bedingg unwirks RGesch als unbedingtes RGesch ist nur nach § 140 mögl. Sittenwidr ist zB die Bedingg der Verheiratg mit einer bestimmten Person, die Vfg daher unwirks; nicht aber die Bedingg einer Verheiratg als solche (Staud/Otte Rn 40 ff). Erbeinsetzg unter der Bedingg der Ehescheidg ist nach den gesamten Umständen des Falls, insb dem vom Erbl verfolgten Zweck zu beurteilen (BGH FamRZ **56**, 130; s auch Hilgers RhNK **62**, 381/383; Keuk FamRZ **72**, 9). – Grdsl gült ist dagg eine Erbeinsetzg unter der Bedingg, daß der Bedachte seiners den Testator od einen bestimmten Dritten zum Erben einsetzt od bedenken wird **(kaptatorische Verfügung;** BGH **LM** § 533 Nr 1; hM; s hierzu § 2302 Rn 3).

5 **2) Bei Befristung** gilt § 163, nicht § 2074 (KG DNotZ **55**, 412; vgl auch §§ 2105 I; 2108 II 1; 2177). Ob ein Ereign als Bedingg od Termin gelten soll, ist dch Auslegg zu entscheiden. Die Möglichk einer Bindg durch Bedinggen u Befristgen ist jedoch zeitl begrenzt (§§ 2109, 2162, 2163, 2210), um nicht eine Gebundenheit ins Unendliche eintreten zu lassen. Dem trägt auch § 2075 Rechng (s Haegele JurBüro **69**, 1/7).

6 **3) Straf- und Verwirkungsklauseln.** Der Erbl kann seine Zuwendgen mit der Bedingg versehen, daß ein Bedachter nichts erhält od auf den Pflichtteil gesetzt ist, wenn er den letzten Willen nicht befolgt od dagg vorgeht. Zweck solcher Klauseln ist es, dch mittelb Druck auf den Bedachten od den Erben die Verwirklichg des letzten Willens zu sichern od Streitigk (gerichtl und uU auch außergerichtl) zw Erben od Bedachten über den Nachl zu verhindern. Ihrer RNatur nach stellt eine solche Klausel idR eine auflösende Bedingg (§ 2075) für den Fall der Zuwiderhandlg dar, wenn der Verlust der test Zuwendg die Folge ist. Denkbar ist aber auch, eine aufschiebd bedingte (§ 2075) Enterbg anzunehmen, wobei der Bedachte bis zum Eintritt der Bedingg VE wäre. Die Klausel kann aber auch als aufschiebend bedingte Pflicht des Erben zur Herausgabe des Zugewendeten an einen VermächtnNehmer aufzufassen sein (§ 2177; BayObLG **62**, 48). – Erbl kann mit der Verwirkgsklausel auch eine Schiedsklausel für den Fall verbinden, daß unter den Erben Streit über die Auslegg od Gültigk einzelner Bestimmgen entsteht (Kohler DNotZ **62**, 125; s § 2065 Rn 7). – Dch wirks Anfechtg kann die Klausel selbst ihrer Bedeutg entkleidet werden, zB als Folge der Anfechtg anderer Vfgen (§ 2085). – Zum Widerruf s § 2254 Rn 1.

7 **a) Inhalt.** Der Erbl kann die Klausel innerh von G und Sitte (§§ 134, 138) weitgehd frei bestimmen (Stgt OLGZ **79**, 52). Bei den meist unbestimmten Formuliergen („Wer Streit anfängt"; „Jeder, der mein Test anficht") und der Vielfalt der mögl Handlgen wie Geltendmachg der Nichtigk; Ungehorsam; Anfechtg; Verstoß gg die Pflicht, Frieden unter den Bedachten zu bewahren usw ist im Einzelfall dch Auslegung zu bestimmen, welches Verhalten des Bedachten zur Verwirkg seiner Rechte führen soll (BayObLG **62**, 47; **63**, 271; **66**, 49; Stgt OLGZ **68**, 246; Brschw OLGZ **77**, 185; Johannsen WM **72**, 925). Mögl ist auch Ausschluß der eingesetzten Erben samt Abkömml von der Erbfolge, wenn sie nicht innerh einer bestimmten Frist ab TestEröffng ggü dem TV unaufgefordert und schriftl den testamentar geregelten letzten Willen anerkennen

(Stgt OLGZ **74**, 67). Im gemeinschaftl Test kann sich die Klausel auch auf das ErbR der Abkömml nach dem Letztversterbden für den Fall des PflichttVerlangens beim Tod des Erstversterbden beziehen (BayObLG **63**, 271; **90**, 58; Stgt OLGZ **68**, 246; s § 2269 Rn 13). Auch kann Erbeinsetzg dch Ausübg einer ÜbernahmePfl (zB eines Grdstücks aus dem Nachl) bedingt sein (Benk RhNK **79**, 53/61). – Über Ausdehng auf Nutzgen und Vorempfänge s Kohler BB **59**, 582.

b) Verwirkungsfall. Betrifft die Klausel einen Angriff auf die Vfg vTw, ist dch Auslegg zu ermitteln, 8 welches Verhalten des Bedachten zur Bedingg erhoben ist u die Verwirkgsfolge auslösen soll (Rn 7; Staud/Otte Rn 57). So ist die Klausel „Wer das Test anficht" idR nicht rechtstechn iS der §§ 2078 ff zu verstehen, sofern nicht entspr Hinweise vorliegen, sond erfaßt alle Handlgen, die ihrer Art nach geeignet sind, die Vfg ganz od teilw zu Fall zu bringen; also außer Anfechtgsklage jede proz Geltdmachg der Unwirksamk, auch dch Einrede im Prozeß (RG Recht **16** Nr 1549) od im ErbSchVerf (Dresden NJW-RR **99**, 1165); ggf schon Gesuch um PKH (KG JW **36**, 2744; aA MüKo/Leipold Rn 22). Sie kann selbst außergerichtl Bestreiten umfassen, wird aber ohne näh Hinweise idR nur gerichtl Vorgehen meinen. Soll ein den letzten Willen anfechtder Erbe den Pflichtt erhalten u sein Erbteil den übr ME anwachsen, kann Ausschlagg der Erbsch unter Verlangen des Pflichtt dch einen unter Beschränkgen eingesetzten Erben nach § 2306 nur ausnahmsw unter Verwirkgsklausel fallen (KG JW **38**, 1600; Haegele JurBüro **69**, 7); eine Ersatzberufg der Abkömml nach § 2069 scheidet damit regelm aus (Hilgers RhNK **62**, 386; s § 2069 Rn 3). – Allerd verstößt nicht jedes Verhalten gg die Klausel, sond nur der **bewußte Verstoß** gg den in eindeut und wirks Anordngen zum Ausdruck gebrachten Willen des Erbl (KG FamRZ **98**, 124; BayObLG **90**, 58; NJW-RR **96**, 262; Stgt OLGZ **79**, 52; Staud/Otte Rn 64; MüKo/Musielack § 2269 Rn 62); zu weit ginge es dagg, sogar böswill Auflehng zu verlangen (so noch Stgt OLGZ **68**, 246; Brschw OLGZ **77**, 185). Ist dem Erben ein bestimmtes Handeln aufgegeben, bedarf es bei Verstoß keines Unrechtsbewußtseins, da eine dem Erben bekannte Abweichg hier genügt (Stgt ZEV **98**, 225 mAv Kummer). – **Ausgenommen** werden müssen aber Verhaltens- 9 weisen, die nicht gg den wahren Willen des Erbl verstoßen, sond im Ggteil ihm gerade zur Geltg verhelfen sollen, zB Streit über die Echtheit; über Auslegg unklarer Vfgen; den Umfang des Nachl; Anfechtg wg Irrtums od Drohg. Selbst wenn der Erbl jeden Angriff gegen seinen Willen mit einer Sanktion belegen wollte, kann er nicht die erfolgreiche Geltendmachung der Nichtigk des Test (wg Formmangels; TestUnfähigk) verhindern, weil damit auch die Klausel selbst nichtig ist. Auch dch den Erfolg anderer Angriffe wird idR bestätigt, daß dem ErblWillen zur Wirksamk verholfen wurde. Ist der Angriff dagg erfolglos, führen nur vorwerfbare, dh leichtfertige od doch ohne hinreichend sorgfält Prüfg erfolgte zur Verwirkg (MüKo/Leipold Rn 25; teilw aA Soergel/Loritz § 2075 Rn 10; 13).

c) Die Rechtsfolge einer Zuwiderhandlg gg eine Verwirkgsklausel ist im Einzelfall dch Auslegg zu 10 ermitteln; dies gilt auch für die Frage, ob eine Klausel nur den Erben od auch seinen Stamm treffen soll (in letzterem Fall gilt Ausleggsregel des § 2069 als widerlegt, KG JFG **20**, 17; DNotZ **42**, 147). Der unter auflösender Bedingg eingesetzte Erbe hat die Stellg eines (idR befreiten) VorE (s auch § 2075 Rn 5). Er wird VollE mit Ausfall der Bedingg, zB wenn innerh einer gesetzten Frist der Bedachte sich nicht gg den letzten Willen auflehnt; ebso bei Übertragg des Nacherbrechts (§ 2108 Rn 8; dazu Birk DNotZ **72**, 300); nicht aber dch Versprechen des Bedachten, das Test zu respektieren. Umgekehrt kann ohne Verstoß gg den letzten Willen die Bedingg nicht dch bloßes Anerkennen des VorE eintreten (LG Freibg BWNotZ **79**, 67). – Mit **Eintritt** der Bedingg entfällt die Zuwendg (§ 158 II). Welche Personen dann NachE werden, ist bei Fehlen einer ausdrückl Bestimmg dch Auslegg zu ermitteln (BayObLG **62**, 57); in Betr kommen die ges Erben (§ 2104) od die Abkömml des VorE (§ 2069) od vorhandene MitE (§ 2094). Im Zw für den Eintritt der Abkömml ist Wacke DNotZ **90**, 417 entspr den gleichartigen Folgen bei §§ 2069; 2104 od der Enterbg dch negatives Test (§ 1938 Rn 2). – Die mit der Verwirkg oft verbundene Beschränkg auf den Pflichtt bedeutet wg des Strafzwecks idR Verweisg auf den Pflichtt (RG **113**, 237; BayObLG **59**, 205), so daß der Bedachte vom NachE den Pflichtt fordern kann (s § 2304 Rn 1, 2). Ausnahmsw kann Zuwendg eines Vermächtn in Höhe des Pflichtt vorliegen (dazu Oertmann ZBlFG **15**, 369; Schopp Rpfleger **54**, 548); etwa wenn der Bedachte nicht pflichttberecht ist und der Erbl keinem Irrtum darüber unterlag. – Ist in **gemeinschaftlichem** Test (od ErbVertr) mit ggseit Erbeinsetzg die Berufg des SchlußE mit einer sog PflichttKlausel (§ 2269 Rn 13) verbunden, wird der Überlebende bei Zuwiderhandlg gg die Klausel endgült VollE u ist an die Einsetzg des SchlußE nicht mehr gebunden (BayObLG **90**, 58; **66**, 49/55).

d) Im Erbschein muß je nach Auslegg der Klausel (BayObLG **62**, 57) die Nacherbfolge unter Angabe der 11 Bedingg ihres Eintritts angegeben werden (§ 2363), nicht aber ein bedingtes Vermächtn. – Das **Grundbuchamt** kann bei Vorlage eines not gemeinsch Test mit PflichttKlausel trotz GBO 35 I 2 (s Übbl 8 vor § 2353) einen Erbschein zum Nachweis verlangen, daß der Pflichtt nach dem ersten Erbfall nicht geltend gemacht wurde (Böhringer BWNotZ **88**, 155; aA LG Stgt BWNotZ **88**, 163, weil der erste Erbfall schon ein Jahrzehnt zurücklag). Je nach Fassg der Klausel ergeben sich aber Schwierigk im Hinbl auf GBO 35, die bei der Fassg bedacht werden sollten (s Karch BWNotZ **89**, 75).

2075 *Auflösende Bedingung.* **Hat der Erblasser eine letztwillige Zuwendung unter der Bedingung gemacht, daß der Bedachte während eines Zeitraums von unbestimmter Dauer etwas unterläßt oder fortgesetzt tut, so ist, wenn das Unterlassen oder das Tun lediglich in der Willkür des Bedachten liegt, im Zweifel anzunehmen, daß die Zuwendung von der auflösenden Bedingung abhängig sein soll, daß der Bedachte die Handlung vornimmt oder das Tun unterläßt.**

1) Auslegungsregel. Die Vorschr setzt die Zulässigk auflösd bedingter Vfgen vTw voraus u regelt nur den 1 Einzelfall, daß dem Bedachten ein Verhalten für eine unbestimmte Dauer auferlegt wurde („wenn er nicht trinkt; spielt"; „. . meine Mutter pflegt"). Dann ist imZw eine auflösde Bedingg anzunehmen, da es im allg dem Willen des Erbl entspricht, daß der Bedachte die so bedingte Zuwendg bereits mit dem Erbfall erhält, nicht erst nach unbestimmter Zeit od gar erst bei seinem Tode der ErbesE. Er soll sie dann aber nur behalten dürfen, wenn er sich entspr dem ErblWillen verhält. Bei bestimmter Dauer (Nichtheiraten vor Volljährigk) gilt § 2074 (einschränkend MüKo/Leipold Rn 4).

2 **2) Voraussetzung** ist Zuwendg unter einer Potestativbedingg (s Einf 10 vor § 158; Zawar NJW **88**, 16). Das Verhalten des Bedachten muß also allein von seinem Willen, nicht etwa von der Mitwirkg eines Dritten abhäng sein. Ist dies nicht od nicht ausschließl der Fall (zB die Bedingg pünktl Steuerzahlg), kann die Auslegg unbedingte Zuwendg ergeben (Soergel/Loritz Rn 3; vgl auch § 2076). Bspl: Hilfs- od Pflegeleistgen kann Erbl grdsl zur auflösden Bedingg einer letztw Vfg machen, obwohl sie dann noch vom tatsächl Eintritt der Pflegebedürftigk abhängen u nur mit Willen des Bedürftigen mögl sind (BayObLG NJW-RR **98**, 729); Zusage kann aber auch nur Motiv für die erfolgte Zuwendg sein (BayObLG **93**, 248). Zuwendg eines landwirtsch Betriebs mit Klausel „wenn er es richtig bewirtschaftet" kann Begingg der Erbeinsetzg sein (BayObLG FamRZ **99**, 59). Dagg ist bei Erbeinsetzg unter der Bedingg, daß der Bedachte im Fall seiner Verheiratg in Gütertrenng leben werde, nach KG OLGZ **68**, 244 die Vorschr nicht anwendb; es komme auf freie Auslegg des Test an (dagg mit gutem Grd Bosch FamRZ **68**, 395; dazu auch Keuk FamRZ **72**, 15). – Verstößt die Bedingg gg ein ges
3 Verbot od ist sie **sittenwidrig,** ist die Zuwendg hinfällig, weil die letztw Vfg insges od zumindest die darin getroffene Einzelbestimmg nichtig ist, sofern nicht üb § 140 Umdeutg erfolgen kann (§ 2074 Rn 4; Johannsen WM **71**, 926 f). Die Bedingg, daß der Bedachte eine Verheiratg mit bestimmter Person, Ausländer od Andersgläubigen unterläßt, ist im Hinbl auf die nur in Ausnahmefällen korrigierbare TestierFreih des Erbl (§ 1937 Rn 20) nicht generell, sond nur bei Fehlen hinzunehmer Gründe sittenwidrig (s auch § 2074 Rn 4; Keuk
4 FamRZ **72**, 9; Mikat, FS Nipperdey 1965, I 598 ff). – Bei **unmöglicher** auflösender Bedingg ist dagg diese (nicht die Zuwendg) wirkungslos (MüKo/Leipold Rn 3; Soergel/Loritz Rn 4). – Auch ein NachE kann unter einer auflösenden Bedingg eingesetzt werden (Hamm OLGZ **68**, 80; § 2065 Rn 9).

5 **3) Rechtsfolgen.** Bei Zuwiderhandlung (§ 158 II) ist das Erlangte den Erben od Ersatzberecht herauszugeben; ob mit od ohne Früchte u Nutzgen, richtet sich nach dem zu ermittelnden ErblWillen (§ 159), iZw also ohne diese. – Der unter einer auflösenden Bedingg Bedachte hat die Stellg eines (idR befreiten, BayOLG **62**, 57) VorE; erst bei seinem Tod steht fest, ob er VollE geworden ist (BayObLG aaO). Bis zum Tod besteht aufschiebd bedingte NachErbsch, die im ErbSch auszuweisen ist (§ 2363 Rn 2). – Hauptfall ist die Einsetzg eines Erben unter der Bedingg, daß er einer Verwirkgsklausel nach dem Erbfall nicht zuwiderhandelt (BayObLG **66**, 49; § 2074 Rn 6). S zB Stgt OLGZ **79**, 52 (Einsetzg eines Kindes als Erben des überlebden Eheg mit Ausschluß, wenn es Pflichtt nach Tod des Zuerstverstorbenen verlangt); LG Fbg BW-NotZ **79**, 67 (dch VerwirkgsKlausel auflösend bedingt eingesetzter Erbe fällt dann nicht weg, wenn er zwar den Eintritt der Verwirkg anerkennt, in Wirklichk gg die Klausel nicht verstoßen hat).

2076 *Bedingung zum Vorteil eines Dritten.* **Bezweckt die Bedingung, unter der eine letztwillige Zuwendung gemacht ist, den Vorteil eines Dritten, so gilt sie im Zweifel als eingetreten, wenn der Dritte die zum Eintritte der Bedingung erforderliche Mitwirkung verweigert.**

1 **1) Nur rechtsgeschäftliche Bedingungen** betrifft die Vorschr, dch die der Erbl auf den Willen des Bedachten einwirken will, um einem Dritten einen Vorteil zu verschaffen; dagg nicht Vermächtn (§ 2147) od Auflage (§ 2192). Scheitert diese Absicht trotz Bereitschaft des Bedachten nur desh, weil der Dritte den Vorteil gar nicht haben will, ist dch Auslegg zu ermitteln, was der Erbl in diesem Fall gewollt hat. Läßt sich dies nicht zweifelsfrei feststellen, gilt gem § 2076 entspr seinem mutmaßl Willen die Bedingg als eingetreten, so daß die Zuwendg dem Bedachten mit Verweigerg der Mitwirkg anfällt. Unberührt bleibt davon die ähnl Vorschr des § 162, der auch für letztw Vfgen gilt (Hamm OLGZ **68**, 85).

2 **2) Dritter** ist jeder, der nicht Erbl od Bedachter ist. Er hat keinen Anspr auf die Zuwendg (im Ggsatz zum Vermächtn). Der ihm zugedachte Vorteil muß nicht ein geldwerter Vermögensvorteil sein, wengleich es sich idR um Geld- od Sachleistg od Einräumg eines Rechts handeln wird. Ob auch die Bedingg, den Dritten zu heiraten, unter § 2076 fällt, ist zweifelh, aber ohnehin unwirks (§ 2074 Rn 4). Wird in einem solchen Fall der HeiratsAntr des Bedachten abgelehnt, ist dch Auslegg zu ermitteln, ob er die Zuwendg gleichwohl erhält. Dies gilt auch für and Fälle einer unverschuldeten Unmöglichk des Bedinggseintritts (s BayObLG FamRZ **86**, 606; RGRK Rn 7).

2077 *Unwirksamkeit letztwilliger Verfügungen bei Auflösung der Ehe oder der Verlobung.* **I Eine letztwillige Verfügung, durch die der Erblasser seinen Ehegatten bedacht hat, ist unwirksam, wenn die Ehe vor dem Tode des Erblassers aufgelöst worden ist. Der Auflösung der Ehe steht es gleich, wenn zur Zeit des Todes des Erblassers die Voraussetzungen für die Scheidung der Ehe gegeben waren und der Erblasser die Scheidung beantragt oder ihr zugestimmt hatte. Das gleiche gilt, wenn der Erblasser zur Zeit seines Todes berechtigt war, die Aufhebung der Ehe zu beantragen, und den Antrag gestellt hatte.**

II Eine letztwillige Verfügung, durch die der Erblasser seinen Verlobten bedacht hat, ist unwirksam, wenn das Verlöbnis vor dem Tode des Erblassers aufgelöst worden ist.

III Die Verfügung ist nicht unwirksam, wenn anzunehmen ist, daß der Erblasser sie auch für einen solchen Fall getroffen haben würde.

1 **1) Auslegungsregel.** Eine zugunsten des Ehegatten errichtete Vfg vTw soll im Zw nur im Falle des Bestehens der Ehe wirks bleiben, weil regelmäß ein Erbl seinen Ehegatten nur aGrd der dch die Eheschließg bewirkten familienrechtl Bindg bedacht hat (MüKo/Leipold Rn 2). Die Vorschr begründet aber keine ges Vermutg, sond enthält nur eine dispositive Ausleggsregel entspr dem vom G vermuteten wirkl Willen des Erbl (hM, s BayObLG NJW-RR **93**, 12; Zweibr NJW-RR **98**, 941). Daher ist im Hinbl auf **III** dch Auslegg zu

erforschen, ob der Wille des Erbl auf Weitergeltg gerichtet war (s Rn 6); Erbl ist dabei nur der erstverstorbene Ehegatte (BayObLG FamRZ **90**, 322). War die Vfg in Erwartg späterer u fortgeltender Ehe errichtet worden, hilft Anfechtg nach § 2078 II. – Die zunächst dem Zerrüttgsprinzip im ScheidgsR u dann dem Wegfall der EhenichtigkErkl angepaßte Vorschr (ebso § 1933 für die ges Erbfolge) ergänzt die allg Regeln üb Nichtigk od Unwirksamk einer Vfg vTw (s § 1937 Rn 17 ff). Sie gilt entspr beim gemeinsch Test (§ 2268) u beim ErbVertr (§ 2279), aber nicht bei Lebensversichergen (dazu Rn 9). – Zur TestGestaltg nach Scheidg s Nieder ZEV **94**, 156.

2) Auflösung der Ehe (I 1) muß beim Erbfall bereits erfolgt sein. Diese Voraussetzg ist bei rkräft Scheidg 2
(§ 1564) od Aufhebg (§ 1313) der Ehe od bei ihrer NichtigErkl gem dem bis 1. 7. 98 geltden EheG 17–21 (s EG 226 II; Finger MDR **90**, 213) od bei Wiederheirat des Eheg eines für tot erkl, aber noch lebden Erbl (§ 1319 II) gegeben (s § 1931 Rn 3). Unerhebl ist dagg, ob die Ehe bei TestErrichtg schon geschlossen od erst beabsichtigt war u dann nachfolgte (BGH FamRZ **61**, 364; BayObLG NJW-RR **93**, 12). – Auf nicht verlobte Partner einer nichtehel LebensGemsch sind **II, III** nicht anwendb (BayObLG **83**, 440; MüKo/Leipold Rn 11; aA Meier-Scherling DRiZ **79**, 296). – Der RGedanke des § 2077 ist analog bei Auslegg eines Test heranzuziehen, dch das Eltern den Ehepartner ihres Kindes zu ihrem Erben eingesetzt haben (Saarbr FamRZ **94**, 1205). – Wurde die Ehe nach Scheidg erneut geschlossen, ist die Zuwendg iZw von Bestand (s 3
Rn 7; str); bei Eheauflösg dch Tod des Bedachten entfällt sie ohnehin (§§ 1923, 2108, 2160).

3) Rechtshängiges Scheidungs- oder Aufhebungsverfahren (I 2, 3). Die Ausleggsregel greift iZw 4
(III) auch ein, wenn die Ehe als gescheitert anzusehen u der Erbl die Scheidg beantragt od ihr zugestimmt hat; od wenn der von ihm gestellte AufhebgsAntr (§ 1313) berecht war. S dazu § 1933 Rn 1–7, dort auch zu den Erfordern bei einverständl Scheidgsbegehren u zur Beweislast. Ob der Scheidgs- od AufhebgsAntr zum Zeitpkt des Erbfalls **begründet** gewesen wäre (§ 1933 Rn 6), hat ggf das NachlG bei Erteilg des Erbscheins (§§ 2358, 2359) od das ProzeßG bei der ErbschKlage selbständ zu prüfen (BayObLG JFG **6**, 169). – Über die RFolgen, wenn die letztw Vfg bestehen bleibt, s Battes FamRZ **77**, 436.

4) Bei Verlöbnis (**II;** § 1297) behandelt das G letztw Zuwendgen an den Verlobten als dch den Bestand 5
des Verlöbn bedingt (BayObLG Rpfleger **87**, 503). Verlöbn ist das ernstl gemeinte, ggseit gegebene u angenommene Eheversprechen. Steht die Eingehg fest, trägt Feststellgslast für seine Aufhebg derjen, der sich hierauf beruft (Stgt FGPrax **97**, 110; aA BayObLG aaO); zur Beweislast dafür, daß der Erbl seine letztw Vfg auch für den Fall der Auflösg getroffen hätte, s Rn 8. Im Zw (III) ist die letztw Vfg unwirks, wenn das Verlöbn einseit dch Rücktritt od einverständl aufgelöst war (s dazu Einf 4 vor § 1298 u dort Rn 1); ob der Rücktritt, der nicht in Erkl nur ggü Dritten gesehen werden kann (RG **141**, 358), gerechtfertigt war od nicht, ist ohne Bedeutg. – Die Zuwendg bleibt idR wirks, wenn Erbl als Verlobter starb (KGJ **37**, A 115), währd die Zuwendg sich ohnehin erledigt, wenn der bedachte Verlobte vorverstorben war. – Kommt es zur Eheschließg, s Rn 2. – Keine entspr Anwendg auf nichtehel LebensGemsch (Einl 20 v § 1297).

5) Vorrang des Erblasserwillens (III). Dch Auslegg ist zu ermitteln, ob nach dem wirkl Willen des Erbl 6
sein Test auch für den Fall einer späteren Scheidg od Aufhebg der Ehe Gültigk behalten soll. Zur Weitergeltg der letztw Vfg ist erforderl u genügd, daß sie der Erbl auch für den Fall der Ehe- (od Verlöbnis-) Auflösg getroffen hat od hätte (BGH FamRZ **60**, 28; vgl § 2067 Rn 1). Hat er bei TestErrichtg den Fall der Scheidg od Aufhebg nicht bedacht, kommt es auf seinen hypothet Willen zZ der TestErrichtg an (BGH FamRZ **61**, 366; BayObLG FamRZ **93**, 362; **95**, 1088; Battes JZ **78**, 733). Spätere Umstände können für die Ermittlg des hypothet Willens insoweit herangezogen werden, als sie Rückschlüsse darauf zulassen, wie der Erbl testiert hätte, wenn er die Auflösg seiner Ehe vorausbedacht hätte (s § 2084 Rn 8). Ein später neu gefaßter wirkl Wille ist dagg schon wg des Formzwangs insoweit unbeachtl, als er auf einem Anschauungswandel des Erbl beruht. Daher muß eine Aussöhng der geschiedenen Eheg bei Ermittlg des hypothet Willens außer Betr bleiben. – Auch bei **Wiederheirat** der geschiedenen Eheleute wird deshalb häufig angenommen, daß die Vfg 7
vTw nichtig bleibt (KG FamRZ **68**, 217 mit abl Anm Bosch). Dies wird allerd dem häufigen Fall nicht gerecht, daß der Erbl wg der Wiederherstellg der ehel Bindg davon ausging, daß sein Test weiterhin gilt und er daher von einer erneuten inhaltsgleichen Testierung abgesehen hat. Daher ist in diesen Fällen § 2077 entw überh nicht anzuwenden (dafür Soergel/Loritz Rn 17), weil beim Erbfall der Bedachte mit dem Erbl verheiratet ist (dazu Tappmeier DNotZ **87**, 715) od es ist die Vfg in ihrem ursprüngl Sinn (kein hypothet Wille) aufrechtzuerhalten (MüKo/Leipold Rn 18; s auch Battes JZ **78**, 733/738). Zum gemsch Test s dagg § 2268 Rn 2. Verheiratet sich dagg der Erbl mit einem anderen Gatten, kann die sich auf den früh Partner beziehde Zuwendg auch dann nicht zugunsten des jetzigen Gatten aufrecht erhalten werden, wenn nach der Formulierg „meine Frau“ bedacht war, weil nicht allgemein angenommen werden kann, daß der Erbl seine jeweilige Ehefrau einsetzen wollte (RG **134**, 281; MüKo/Leipold Rn 18; aA Brox Rn 216). – Die in einen Scheidgsvergleich aufgenommene Verpflichtg, ein Test nicht zu ändern, kann ggf in einen ErbVertr umgedeutet werden (Stgt OLGZ **89**, 415; s § 2276 Rn 9). – Durch **III** wird eine unmittelb ErklAuslegg nicht ausgeschlossen, so daß ein hypothet Wille nur dann von Bedeutg ist, wenn ein durch Auslegg zu ermittelnder irrtumsfreier Wille fehlt (BGH FamRZ **60**, 28). – **Beweislast** hat der frühere Eheg od Verlobte (BGH aaO; 8
BayObLG Rpfleger **87**, 503). Im ErbscheinsVerf trifft Feststellgslast (§ 2358 Rn 6) denjen, der sich auf die Weitergeltg beruft (BayObLG FamRZ **93**, 362; Bremen FamRZ **86**, 833).

6) Auf Lebensversicherungen als Kapitalversicherg (VVG 166) u damit RGesch unter Lebenden ist 9
§ 2077 trotz ähnl Interessenlage aus Grden der RSicherh u im Interesse des VertrPartners nicht entspr anzuwenden (BGH NJW **87**, 3131; Tappmeier DNotZ **87**, 715; Völkel VersR **92**, 539; str). Ggü der Versicherg (DeckgsVerhältn) richtet sich das BezugsR allein nach den dafür im VersichergsVertr getroffenen Vereinbargen (BGH NJW **95**, 1082; st Rspr). Die Bezugsberechtigg der Ehefrau (mit od ohne Namensangabe) ist auch nicht dch Test widerrufl (s § 332 Rn 2) u nicht ohne weiteres auflösd bedingt dch die Scheidg od Aufhebg vor Eintritt des Versichergsfalles. Ist in den allg Bedinggen einer der Alters- und Hinterbliebenenversorgg dienenden Versicherg die Ehefrau „unwiderrufl“ als BezugsBerecht bezeichnet, wird damit die zum Ztpkt des Versichergfalles mit dem Versicherten verheiratete Ehefrau bezeichnet (BGH NJW

81, 984). – Die Berechtigg zum **Behalten** der Versicherungssumme kann aber entfallen, wenn das Valuta-Verhältn zw zuwendendem Versichergsnehmer (Erbl) u BezugsBerecht (zB geschiedener Ehefrau) rückabgewickelt werden muß (BGH NJW **95**, 1082; Muscheler WM **94**, 921). RGrd für die Zuwendg an den Ehegatten kann Schenkg, auch Pflichtschenkg (BGH FamRZ **82**, 165), Unterhalt (BGH **74**, 38) od sog unbenannte Zuwendg (BGH **84**, 361; s dazu auch § 1372 Rn 3) sein. Dafür entfällt die GeschGrdlage regelmäß mit Scheitern der Ehe (BGH FamRZ **87**, 806), es sei denn, daß die Bezugsberechtigg gerade für diesen Fall Unterh u Versorgg des Ehegatten sichern sollte (BGH NJW **95**, 1082; Köln FamRZ **98**, 193). Beweislast dafür, was GeschGrdlage der Zuwendg geworden ist, trägt der sich auf Wegfall Berufende (BGH aaO). Bei Wegfall kann dann statt entspr Anwendg von § 2077 das damit verfolgte Anliegen dch Prüfg einer Anpassg u Interessenabwägg (s § 242 Rn 130, 131) berücksicht werden (dazu auch Völkel aaO).

2078 *Anfechtung wegen Irrtums oder Drohung.* **I Eine letztwillige Verfügung kann angefochten werden, soweit der Erblasser über den Inhalt seiner Erklärung im Irrtume war oder eine Erklärung dieses Inhalts überhaupt nicht abgeben wollte und anzunehmen ist, daß er die Erklärung bei Kenntnis der Sachlage nicht abgegeben haben würde.**

II Das gleiche gilt, soweit der Erblasser zu der Verfügung durch die irrige Annahme oder Erwartung des Eintritts oder Nichteintritts eines Umstandes oder widerrechtlich durch Drohung bestimmt worden ist.

III Die Vorschriften des § 122 finden keine Anwendung.

1 **1) Vorrang der Auslegung,** Die Auslegg (auch die ergänzende) geht nach allg Grdsätzen der Anfechtg vor, weil dch sie der wahre Wille des Erbl verwirklicht werden kann. Die Anfechtg vernichtet dagg die Vfg vTw (§ 142) u führt häufig zur vom Erbl ungewollten ges Erbfolge. Sie hat dah zur Voraussetzg, daß deren Inhalt klargestellt, ggf also gem §§ 133; 2084 der reale od hypothet Wille des Erbl ermittelt ist (BGH **LM** § 2100 Nr 1; NJW **78**, 264; KG NJW **71**, 1992; BayObLG NJW-RR **97**, 1438). Dies gilt auch, soweit MotivIrrt (Rn 4) in Frage steht (BGH NJW **87**, 264). – Auch eine nur **falsche Bezeichnung** des Bedachten od des zugewendeten Ggstands unterliegt der Auslegg, nicht der Anfechtg (RG LZ **21**, 376), zB wenn der Erbl seine Ehefrau als „Mutter" bezeichnet. Es gilt dann das Gewollte u nicht das Erklärte (Lange JhJ **82**, 15).

2 **2) Die Anfechtung** letztw Vfgen ist in weiterem Umfang als bei and RGesch zugelassen, weil auf den Vertrauensschutz eines ErklEmpfängers keine Rücksicht zu nehmen ist. Anfechtbar ist aber nicht das Test als solches, sond immer nur einzelne in ihm enthaltene letztw Vfgen (BGH NJW **85**, 2025). Die Anfechtbark geht nur so weit, wie der Irrtum gereicht u auf den Inhalt der Erkl eingewirkt hat (RG **70**, 391; BGH aaO). Ob RückgabeAnspr nach VermögensG 1 ff die Anfechtg ausschließen, ist str, aber zu bejahen (Wasmuth DNotZ **92**, 3/14; Fahrenhorst JR **92**, 265). – Das G regelt die **Gründe** der Anfechtg in §§ 2078, 2079 (als SonderVorschr zu §§ 119, 123), die **Berechtigung** dazu in § 2080 sowie **Form** und **Frist** in §§ 2081, 2082. Zur Wirkg s Rn 10. Der seine Zuwendg verlierende Bedachte hat keinen Anspr auf Ersatz des Vertrauensschadens (**III**). – Bei aufschiebend bedingter od mit Anfangstermin versehener Zuwendg ist eine Anfechtg der **Bedingung** od der Befristg allein nicht mögl; anders ist dies bei auflösender Bedingg od bei Bestimmg eines Endtermins (Staud/Otte Rn 40). – Über Verzicht auf Anfechtg s § 2081 Rn 10. – Dch späteres Test kann Erbl Fortgeltgswillen bestätigen u damit die Anfechtbark selbst beseitigen (Hamm NJW-RR **94**, 462 mAv Langenfeld ZEV **94**, 171; s auch § 1937 Rn 23). – Zur Anfechtg bei gemeinsch Test s § 2271 Rn 25–36. Beim ErbVertr ist die Anfechtg in §§ 2281–2285 gesondert geregelt. – Zur Anfechtg nach dem ZGB der fr **DDR** s Rn 12.

3 **3) Anfechtungsgründe. – a) Inhalts- und Erklärungsirrtum, I** (s § 119 Rn 5; 7–9). Hier ist es gleichgült, welcher Fall vorliegt, ob TatsIrrtum od Rechtsirrtum wie zB bei Einsetzg der ges Erben darüber, wer nach dem G berufen ist (RG **70**, 391); Irrtum über die rechtl Tragweite bzw Bindgswirkg des ErbVertr (Hamm OLGZ **66**, 497; BayObLG NJW-RR **97**, 1027); üb erbvertragl Ausschluß des AnfechtgsR wg Übergehg eines PflichttBerecht (BayObLG aaO); od der Fall des Verschreibens od (man denke an ein öff Test) des Versprechens. **Voraussetzung** ist stets, daß der testierfäh Erbl (s Johannsen WM **72**, 643) bei Kenntn der Sachlage die Erkl nicht abgegeben hätte, wobei es genügt, wenn der Irrt wesentl mitbestimmend war (s Rn 9). Die Verkehrssitten spielen hier keine Rolle. Es kommt daher auch nicht auf die verständ Würdigg des Falles an (wie bei § 119); maßg ist allein die wirkl Absicht des Erbl entspr seiner subj Denk- u Anschauungsweise (BayObLG **71**, 149), sofern sie nicht gesetzwidrig ist.

4 **b) Motivirrtum (II)** ist abweichd von § 119 II beachtl, um beim Test den wahren Willen des Erbl stärker berücksichtigen zu können als im sonst rechtsgesch Verkehr. Jedoch ist damit die Anfechtg nicht schrankenlos mögl, so daß nicht jede Fehlvorstellg ausreicht. Vielm können sie nur besond schwerwiegende Umstände begründen, die gerade diesen Erbl unter Berücksichtigg seiner ihm eigenen Vorstellgen mit Sicherh dazu gebracht hätten, anders zu testieren (BGH NJW-RR **87**, 1412). Dabei kommt es nicht darauf an, ob das Verhalten des Bedachten obj beanstandenswert od gar schuldh war, sond allein darauf, ob es einer Erwartg des Erbl widerspricht, die für die Vfg bestimmd war (BGH NJW **63** 246; FamRZ **73**, 539), da andernf Irrt nicht bewegender Grd für letzten Willen war (Rn 9). Nicht erforderl ist, daß die irrige Annahme in der Vfg selbst zum Ausdr kommt (BGH NJW **65**, 584). – Irrige **Annahme** eines Umstands bezieht sich auf Vergangenh u Ggwart, **Erwartung** des Eintritts od Nichteintritts auf die Zukunft, wobei der Umstand auch erst nach dem Erbfall liegen kann (BGH DB **66**, 379; FamRZ **77**, 786; BayObLG **71**, 149). Beispiele: Später unerwarteter Vermögenserwerb des Erbl (Stgt BWNotZ **60**, 50) od die Vorstellg eines rechtl Erfolges (RG Gruch **67**, 671). Auch allg Vorstellgen od Erwartgen üb die künft Entwicklg, die Erbl seiner Vfg als selbstverständl zugrde gelegt hat, können Umstand iS von **II** darstellen (allg M; BGH NJW **63**, 246; BayObLG FamRZ **98**, 1625). Bspl: Die Erwartg, daß künft Unstimmigkeiten zw Erbl u Bedachten ausbleiben (BGH NJW **63**, 246); eines friedl u harmonischen Zusammenlebens im selben Haus (BGH FamRZ **73**, 539); od daß Erbl nicht mit Beilegg eines Streits rechnete, der Grd für Test war (Köln FamRZ **90**, 1038); Erwartg künft Wohlverhaltens

des Erben ggü dem Erbl (BGH **4**, 91); od grdlegender Irrtum üb Verhalten des Bedachten, zB Vermögensgefährdg dch Beitritt zu Sekte (Mü NJW **83**, 2577). Die allg Veränderg der polit Verhältn in der fr **DDR** allerd nur, wenn die früh Verhältn nach dem Test Beweggrund waren (dazu Grunewald NJW **91**, 1208). Ließ sich zB der Erbl davon leiten, daß sein Grundbesitz in der fr DDR infolge der dortigen polit Verhältn für seine in der alten BRD lebden Erben ohne wirtschaftl Interesse od sogar eine Belastg sei, kann diese Erwartg die Anfechtg begründen (s Rn 6).

aa) Wirkliche Vorstellung. Die Anfechtg kann nur auf Vorstellgen u Erwartgen gestützt werden, die der Erbl **bei Errichtung** der letztw Vfg gehabt hat, nicht auf solche, die er bei Kenntn von damals unbekannten Umständen gehabt haben würde (BGH NJW **63**, 246; BayObLG FamRZ **84**, 1270); auch nicht auf das spätere Aufkommen irriger Vorstellgen, wie etwa das Vergessen einer früheren TestErrichtg (BGH **42**, 327 mAv Kreft zu **LM** Nr 9). IdR rechtfertigen Vorstellgen des Erbl, der Erbe werde in bestimmter Weise über den Nachl verfügen, die Anfechtg nicht, wenn der Erbe überhaupt nicht od nicht in entspr Weise über den Nachl verfügt (BGH FamRZ **67**, 473; s Johannsen WM **72**, 643 f). 5

bb) Sog. unbewußte Vorstellungen. Die Rspr versteht darunter keine vom Bewußtsein nicht erfaßbare, sond die durchaus vorhandenen Vorstellungen iS von in die Zukunft gerichteten Erwartgen des Erbl, die ihm als so selbstverständl erscheinen, daß sie bei ihm unbewußt bestehen können u trotzdem Grdlage seiner letztw Vfg sind wie zB die Erwartg, die Ehe werde harmonisch verlaufen (BayObLG FamRZ **90**, 322). Gemeint sind also Umstände, die in der Vorstellungswelt des Erbl ohne nähere Überlegg so selbstverständl sind, daß er sie zwar nicht konkret im Bewußtsein hat, aber doch jederzeit abrufen u in sein Bewußtsein holen kann (BGH NJW-RR **87**, 1412); Pohl bezeichnet sie als mitbewußte Vorstellgen (in: Unbewußte Vorstellgen als erbrechtl AnfGrd, 1976). Solche (zwischen wirkl Vorstellg u Nichtwissen anzusetzenden) Erwartgen können für den Erbl infolge ihrer Gewohnh die selbstverständl Grdlage für seine letztw Vfg sein u die Enttäuschg üb ihren Nichteintritt die Anfechtg nach **II** begründen (BGH **LM** Nr 3; 4; 8; WM **83**, 567; KG FamRZ **77**, 271; BayObLG FamRZ **84**, 1270; Hamm FamRZ **94**, 849). – Ob dies auch bei Fehlvorstellgen üb die künft polit Entwicklg gilt, wenn Test in der Erwartg errichtet wurde, die polit Lage in der fr **DDR** werde sich nicht ändern, hängt vom Einzelfall ab (dazu Meyer ZEV **94**, 12; s auch Rn 12). Hatte zB der Erbl die Vorstellg, seinem Grdbesitz in der damaligen DDR komme für den Erben kein wirtschaftl Wert zu u hat er ihn deshalb in seinem Test gar nicht erwähnt u nur üb and unwesentl Vermögensteile verfügt, kann dies die Anfechtg nach § 2078 begründen (Gießen DtZ **93**, 217; Not Müllheim DtZ **92**, 157). Jedoch wird man die auf der künft polit Entwicklg beruhde Wertsteigerg als erst nach seinem Tod sich ereignende künft Tats idR nicht als (mit-)bestimmend für die Vfg ansehen können (Grunewald NJW **91**, 1208; aA Gießen aaO; Wasmuth DNotZ **92**, 3; s auch Ffm FamRZ **93**, 613). – Nicht darunter fällt idR die Tatsache, daß der eingesetzte Erbe einen Verkehrsunfall verursacht hat, der zum Tod des Erbl führte (Hamm OLGZ **68**, 86; s zum gleichen Sachverhalt aber auch BGH FamRZ **71**, 638). 6

cc) Umstände. Zur Begründg der Anfechtbark kommen sowohl solche in Betr, die (wie Geburt, Tod, Bedürftigk des Bedachten) unabhäng vom Willen des Erbl eintreten, als auch solche, die (wie spätere Heirat) in seinem Belieben stehen (RG **148**, 222), soweit nicht der Erbl die Voraussetzgen für die Anfechtg gg Treu und Glauben selbst herbeigeführt hat (BGH **4**, 91; FamRZ **62**, 427; BWNotZ **61**, 181; Johannsen aaO 645); daß der Erbl AnfGründe durch Heirat u Entstehg neuer PflichttBerecht selbst schaffen kann, ergibt sich aus § 2079. Ist der Erbl durch einen (angegebenen oder nicht angegebenen) unzutreffenden Grund zum Ausschluß des ges Erben bestimmt worden, kann der Benachteiligte nach **II** anfechten (BGH NJW **65**, 584). Anfechtb können auch letztw Vfgen sein, dch die ein Eheg dem überlebden Eheg nur ein Vermächtn od einen geringfügigen Erbteil hinterlassen u über die pflichtteilsrechtl Auswirkgen nach § 1371 irrige Vorstellgen gehabt hat (s Schwab JuS **65**, 437; auch Johannsen aaO zur Anfechtbark weg GesÄnderg). – Einseitige Vfgen des AntrGegners zG des AntrStellers im ScheidgsVerf, die vor der Ehekrise errichtet worden sind, können uU anfechtb sein (Battes FamRZ **77**, 433/437, 439; Lange JuS **65**, 347/350). 7

c) Drohung (II). Bei Drohg ist die letztw Vfg wie nach § 123 I anfechtb, zB wg Drohg mit Strafanzeige (s aber auch RG Recht **10** Nr 1395). Ob sie vom Bedachten od einem Dritten ausging, gilt gleich. Wg der Widerrechtlichk vgl § 123 Rn 19–22; BayObLG **60**, 497. Auch die Drohg einer Pflegerin, einen Kranken hilflos sterben zu lassen, falls er nicht sie od einen anderen bedenke, gehört hierher (RG JW **02** Beil 286). – Daß jemand einen Erbl dch Widerspr gegen eine von ihm beabsichtigte TestErrichtg von dieser Absicht abbringt, ist für sich allein nicht rechtswidr (noch verstößt es gg die guten Sitten); dazu bedarf es weiterer Umstände, etwa der Ausnutzg einer Willensschwäche od Zwangslage des Erbl (BGH BWNotZ **65**, 348). – Widerrechtl Drohg kann auch uU Anfechtg wg Erbunwürdigk begründen (§ 2339 I Nr 3). 8

4) Kausalität. Irrtum bzw Drohg müssen für die Vfg bestimmend od zumindest derart mitbestimmend gewesen sein, daß der Erbl diese ohne die irrige Vorstellg nicht getroffen hätte (BGH FamRZ **61**, 366; BayObLG **71**, 150). Der ursächl Zusammenhang fehlt also, wenn er auch ohne die irrige Vorstellg od die Drohg so testiert hätte (Hamm OLGZ **68**, 86); od wenn der Irrtum erst nach TestErrichtg entstand (BGH **42**, 327: Vergessen eines Test). Er fehlt idR auch bei Irrt nur über die steuerl Folgen (Hbg MDR **55**, 291) od über das weitere Schicksal des Nachl (BGH **LM** Nr 11). Vgl auch BGH **LM** Nr 4 betr spätere Änderg der polit Einstellg des Erbl. – Beim Motivirrtum muß der zur Anfechtg berechtigende Umstand der bewegende Grd für den letzten Willen gewesen sein, weil nicht jede Ursache das Gewicht des Beweggrundes hat (BGH NJW-RR **87**, 1412). Hat der Erbl zB sein in der fr DDR belegenes Grdst für wertlos gehalten u dah im Test nicht erwähnt, kann sein Irrt nur ursächl sein, wenn er desh eine anderweit Vfg vTw unterlassen hatte (Not Stgt-Botnang FamRZ **94**, 658; s auch Rn 12). – Dch formlose Bestätigg der anfechtb Vfg kann der Erbl sie nicht der Anfechtg entziehen. Änderte er sie aber auch dann nicht, nachdem er seinen Irrt erkannte, zeigt sich daraus, daß die getroffene Vfg dem Willen entspricht, den er zur Zeit des Erbfalls gehabt hat. Dann kann eine Anfechtg nicht dchgreifen, weil er seine ursprüngl vom Irrt beeinflußte Vfg nun bewußt gelten lassen, es also letzten Endes bei ihr belassen wollte (BayObLG **71**, 150; FamRZ **95**, 246). Dafür muß allerd feststellb sein, daß er nicht nur aus Nachlässigk, Passivität od Scheu vor Kosten Widerruf bzw Abänderg unterließ (Köln FamRZ **90**, 1038; BayObLG FamRZ **90**, 211; Ffm FamRZ **97**, 1433). 9

10 **5) Wirkung.** Die begründete, form- u fristgerecht von dem dazu Berecht erklärte Anfechtg führt zur Nichtigk von Anfang an (§ 142). Diese erfaßt aber nicht das ganze Test, sond nur die angefochtene Vfg u auch diese nur insoweit, als anzunehmen ist, daß der Erbl sie bei Kenntn der Sachlage nicht getroffen hätte, also soweit sie durch den Irrt od die Droh beeinflußt ist (BGH NJW **86**, 1813; BayObLG **71**, 150). Die vom Irrtum unbeeinflußten and Vfgen des Test läßt sie dagg unberührt (§ 2085), bewirkt also bei mehreren Vfgen häufig nur eine Teilnichtigk. – Auch die nur von einem von mehreren AnfBerecht erklärte begründete Anfechtg wirkt absolut, kommt also auch den übr Beteiligten zugute (BGH NJW **85**, 2025). – Der Nichtigk einer Erbeinsetzg folgt aber nicht wie bei der Anfechtg unter Lebenden das Nichts, sond die ges Erbfolge (Lange IhJ **82**, 9), soweit nicht durch die Anfechtg ein älteres Test wieder in Kraft gesetzt wird od spätere EinzelVfgen des Überlebenden trotz § 2271 II wirks werden (RG **130**, 214). Der wahre, nicht erklärte Wille des Erbl gelangt aber dadurch nicht zur Wirksamk. Daher der Vorrang der Auslegg (s Rn 1), durch die dem mutmaßl od unterstellten Willen des Erbl zum Erfolg verholfen werden kann. – Die Anfechtg ist uU **unzulässige Rechtsausübung,** wenn der Anfechtende selbst den Anfechtgstatbestand in sittl zu mißbilligender Weise mit verwirklicht hat (Soergel/Loritz Rn 31).

11 **6) Der Beweis** für den AnfechtgsGrd obliegt dem, der sich auf die Anfechtg der letztw Vfg beruft (BayObLG **63**, 264; **71**, 147; FamRZ **77**, 347; Hamm OLGZ **66**, 497; KG FamRZ **77**, 271; s auch § 2081 Rn 5; § 2082 Rn 1). An den Nachw des Motivirrtums dürfen keine zu geringen Anfordergen gestellt werden (Ffm FamRZ **97**, 1433). Dies gilt insb für den Nachw, daß ein etwaiger Irrt auch ursächl für die Vfg war; für diese Ursächlichk gibt es keinen prima-facie-Beweis (Mattern BWNotZ **61**, 277/284). Beweis des ersten Anscheins scheidet ohnehin bei dem individuellem Vorgang des Verstandes- u. Seelenlebens eines Menschen aus (BGH NJW **63**, 248; KG aaO; Düss FamRZ **97**, 1506). – Etwaige Anhaltspunkte für einen Willensmangel brauchen sich nicht aus der letztw Vfg zu ergeben, sond können zB nachgewiesenen mündl Äußergen des Erbl entnommen werden (BGH NJW **65**, 584). Siehe allg Johannsen WM **72**, 647 ff.

12 **7) Anfechtung nach DDR-ZGB.** Ist in Erbfällen zw 1. 1. 76 u 2. 10. 90 das ZGB der fr DDR (Einl 5 vor § 1922) maßgebl ErbR (EG 235 § 1 Rn 5), regelt sich die TestAnfechtg nach ZGB 374. Sie hat daher nicht ggü dem NachlG, sond dch AnfKlage gg den Begünst (ZGB 374) zu erfolgen, auch noch nach dem Beitritt (BGH NJW **94**, 582 mAv Otte ZEV **94**, 104; Thode JZ **94**, 472; de Leve Rpfleger **94**, 233; aA Bestelmeyer DtZ **94**, 99), selbst wenn Test vor dem ZGB errichtet worden war (EGZGB 2; 8). – **Anfechtungsgrund:** ZGB 374 umfaßte üb seinen Wortlaut hinaus sowohl den InhaltsIrrt als auch den Erkl- u MotivIrrt, da die Vorschr im überkommenen Sinne des BGB gemeint u so in der fr DDR praktiziert worden war; dementspr ist sie auch heute umfassd anzuwenden (BGH aaO mN). Wurde MotivIrrt dch irrige Erwartg üb die polit Entwicklg in Dtschl ausgelöst, ist er nur ursächl, wenn sich feststellen läßt, daß unter and polit Verhältn anders testiert worden wäre; Kausalität fehlt dagg, wenn sich dem Erbl gar keine sinnvolle Alternative geboten hat (s BGH aaO; Otte aaO). Ob ZGB 374 allerd auch die Anfechtg wg Übergehg (entspr § 2079) erfaßt, ist str (Brdbg FamRZ **98**, 59, das die Frage offen ließ). – Die **Anfechtungsfrist** von 1 Jahr (ZGB 374 II 2) entspr § 2082. Sie wird mat-rechtl gem EG 235 § 1 bereits dch Einreichg der Klage gewahrt (BGH aaO; Dresden FamRZ **94**, 268). Für deren Beginn gilt EG 231 § 6 entspr. Fristauslösde Kenntn ist bei obigem MotivIrrt jedenf ab 15. 6. 90 wg Gemeins RegiergsErkl anzunehmen (BGH aaO); Jena OLG-NL **96**, 42
13 sowie Otte aaO stellen auf 15. 5. 90 wg Vertr üb Währgsunion ab). – Bei **Nachlaßspaltung** ist bezügl DDR-Grdbesitz Rückverweisg auf WohnsitzR dch RAG 26 zu beachten (KG DtZ **96**, 217; FamRZ **95**, 762; s § 1922 Rn 8).

14 **8) Versicherungsverträge** des Erbl, also RGesch unter Lebenden können ggf in entspr Anwendg von § 2078 angefochten werden, etwa wenn der Erbl in einem Zusatz zur LebensVersPolice einen anderen als bezugsberecht bezeichnet hat in der irrigen Annahme, der zunächst Bezeichnete sei gestorben, verschollen od erbunwürdig. Denkbar ist auch eine entspr Anwendg der §§ 2078, 2079 auf die Anfechtg einer Drittbegünstiggsklausel für den Todesfall in einem BausparVertr (s Hippel NJW **66**, 867; Soergel/Loritz Rn 9).

2079 ***Anfechtung wegen Übergehung eines Pflichtteilsberechtigten.*** **Eine letztwillige Verfügung kann angefochten werden, wenn der Erblasser einen zur Zeit des Erbfalls vorhandenen Pflichtteilsberechtigten übergangen hat, dessen Vorhandensein ihm bei der Errichtung der Verfügung nicht bekannt war oder der erst nach der Errichtung geboren oder pflichtteilsberechtigt geworden ist. Die Anfechtung ist ausgeschlossen, soweit anzunehmen ist, daß der Erblasser auch bei Kenntnis der Sachlage die Verfügung getroffen haben würde.**

1 **1) Normzweck.** Die Vorschr regelt einen Sonderfall des Motivirrtums u ergänzt § 2078. Da beiden Vorschr verschiedene Tatbestände zugrunde liegen, kann eine Anfechtg auch auf beide gestützt werden (BayObLG **80**, 42/51); die nach § 2079 schließt jedenf nicht ohne weiteres eine solche nach § 2078 mit ein (RG JW **11**, 656). Da aber der Grund der Anfechtg nicht angegeben werden muß (s § 2081 Rn 2), kann nicht gefordert werden, daß schon bei Erklärg der Anfechtg ausdrückl erklärt wird, ob sie auf die eine od die andere Norm od auf beide gestützt wird. Nach seinem Zweck dient § 2079 dem Schutz des allein anfechtgsberecht (§ 2080 III) PflichttBerecht (MüKo/Leipold Rn 2; Soergel/Loritz Rn 1), während bei ErbVertr (§ 2281 I) u gemeinsch Test (s § 2271 Rn 25–30) das eigene AnfechtgsR des Erbl and Zwecken dient.

2 **2) Die Anfechtung** nach § 2079 erstreckt sich grdsl auf die gesamte Vfg vTw (währd § 2078 die Anfechtbark auf die vom Irrt des Erbl beeinflußten Vfgen beschränkt). Auch wechselbezügl Vfgen in einem gemeinsch Test von Eheleuten (§ 2270 I) können nach Ableben beider Ehegatten von dem neuen Ehegatten des zuletzt Verstorbenen angefochten werden (KG FamRZ **68**, 218; BayObLG **89**, 116), allerd mit den Einschränkgen des § 2285 (s § 2271 Rn 33). Voraussetzgen sind:

3 **a) Übergehen** eines PflichttBerecht liegt vor, wenn der PflichttBerecht weder enterbt noch als Erbe eingesetzt od mit einem Vermächtn bedacht ist (BayObLG **93**, 389; Celle NJW **69**, 101). Es bedeutet den unbewußten Ausschluß des Berecht (Jung AcP **194**, 42). Nach aA (MüKo/Leipold Rn 6; Soergel/Loritz

Rn 3) ist der Bedachte auch übergangen, wenn sein PflichttR bei TestErrichtg noch nicht bestand u daher die Zuwendg nicht wg seiner Stellg als pflichttberecht Erbe getätigt wurde. Übergangen ist das nichtehel Kind in Erbfällen seit 1. 7. 70 auch, wenn es in einem davor errichteten Test seines Vaters nicht bedacht wurde (Lindacher FamRZ **74**, 345). – Im Falle einer Zuwendg bleiben nur ganz geringfügige außer Betr (s auch Karlsr ZEV **95**, 454 mAv Ebenroth/Koos). Zuwendg eines Vermächtn an den PflichttBerecht schließt Anfechtg auch dann aus, wenn PflichttBerechtigg zwar noch nicht bestand, aber vom Erbl bereits in seine Erwägg mit einbezogen wurde (Düss FamRZ **99**, 122; Hamm NJW-RR **94**, 462 mAv Langenfeld ZEV **94**, 171). Allerd kommt dann ggf Anfechtg nach § 2078 in Betr (RG **148**, 223; Jung aaO). – Der PflichttBerecht kann dagg nicht anfechten, wenn ihn der Erbl ausdrückl ausgeschlossen od **bewußt** übergangen hat od eine endgült Regelg ohne Rücks auf etwa noch hinzutretende PflichttBerecht treffen wollte.

b) Unkenntnis des Erbl bei TestErrichtg vom Vorhandensein des PflichttBerecht aus tatsächl od rechtl 4 Gründen. Dem Nichtbekanntsein gleichgestellt werden bloße Mutmaßgen des Erbl (zB der PflichttBerecht sei gestorben, RG SeuffA **62** Nr 186) sowie der tatsächl oder RechtsIrrt über das PflichttR des bekannten Berecht (RGRK Rn 24). Auch der Fall, daß der Erbl an die Möglichk zukünft PflichttR (zB durch Wegfall eines näher Berecht, § 1924 III; Heirat; EhelichErkl od Adoption) einfach nicht gedacht hat (Kipp/Coing § 24 II 2 d).

c) Die Ursächlichkeit zwischen Irrt u Vfg wird hier vom G vermutet (im Ggsatz zu § 2078). § 2079 geht 5 davon aus, daß iZw die Unkenntn vorhandener od künftiger PflichttBerecht (§ 2303 ff; § 2338 a) bestimmendes Motiv des Erbl war u er bei Kenntn der Sachlage den PflichttBerecht nicht übergangen hätte. – **Widerlegt** ist diese Vermutg, wenn der reale Wille des Erbl zur Übergehung mögl PflichttBerecht erwiesen ist (BGH NJW **83**, 2249), zB weil er bezügl seines späteren Eheg die mögl Eheschließg bereits in seine Überleggen einbezogen hat (BayObLG FamRZ **92**, 988). Ferner dann **(S 2)**, wenn der Erbl nach seinem zu ermittelnden hypothet Willen zZt der TestErrichtg (nicht des Erbfalls) die gleiche Vfg getroffen hätte, sofern er hinsichtl der Person des PflichttBerecht die spätere Lage überschaut hätte (BGH NJW **81**, 1735; 1736; Brdbg FamRZ **98**, 59; Hamm NJW **72**, 1089; Celle NJW **69**, 101). Andere Verändergen als die Kenntn von der Person des PflichttBerecht od seinem Hinzutreten nach TestErrichtg dürfen bei der ergänzden Auslegg nicht berücksichtigt werden (BGH **LM** Nr 1), so daß also iü von den Umständen auszugehen ist, die den Erbl seinerzeit zu der Vfg bestimmt haben. Im allg wird Anfechtg aber nicht dchgreifen, wenn die letztw Vfg dem Willen entspr, den Erbl im Zeitpkt des Erbfalls gehabt hat (Ffm NJW-RR **95**, 1350; s auch § 2078 Rn 9). Aus dem Umstand, daß der Erbl nach Wiederverheiratg sein Test nicht abgeändert hat, kann keinesfalls der Schluß gezogen, er habe schon bei dessen Errichtg den Willen gehabt, den zweiten Ehegatten zu übergehen. Dazu bedarf es im Einzelfall der Feststellg, daß der Erbl eine TestÄnd geflissentl, dh absichtl unterlassen hat (BGH **80**, 295; BayObLG **89**, 116; **80**, 42), so daß bloße Untätigk des Erbl insoweit nicht genügt (Brdbg aaO).

3) Wirkung. Die Anfechtg vernichtet nach **S 1** grdsl das gesamte Test, weil die Berücksichtigg eines 6 weiteren Erben alle Erbteile verschieben würde (BayObLG **71**, 147; **80**, 42; Brdbg FamRZ **98**, 59) u führt dann zur ges Erbfolge (aA Köln NJW **56**, 1522; MüKo/Leipold Rn 19; Erman/Schmidt Rn 5: Test ist nur insow nichtig, als es den PflichttBerecht von seinem ges ErbR ausschließt). Da die Anfechtg stets nur kassiert, nie reformiert, stellt sie nicht die RLage her, die ein vom Erbl mutmaßl errichtetes Test schaffen würde. Auch die in der Einsetzg des test Bedachten notw liegende Enterbg eines Übergangenen entfällt wieder, weil diese nicht als selbständ u unabhäng Vfg angesehene werden kann (Tiedtke JZ **88**, 649; aA Staud/Otte Rn 14). – S 1 wird allerd dch **S 2 eingeschränkt.** Da der PflichttBerecht üb die Anfechtg nur seinen ges Erbteil erhält, 7 kann er hinsichtl des restl Nachl als ges Erbe nicht zum Zuge kommen, wenn das Test im übr wirksam blieb. Dies hängt davon ab, wie der Erbl testiert haben würde, wenn er gewußt hätte, daß der PflichttBerecht Erbe im ges Umfang würde (BayObLG **71**, 147; Reinicke NJW **71**, 1961). Hätte er also auch bei Kenntn der Sachlage den übergangenen PflichttBerecht nur nicht schlechter als das G gestellt, hinsichtl seines übr Nachl aber auch dann letztw verfügt, bleibt sein Test insoweit gültig. Dies liegt immer dann nahe, wenn der ges Erbe nicht zugleich auch nach dem angefochtenen Test MitE ist, weil dann der Erbl mit seiner Vfg immerhin deutlich gemacht hat, daß er die TestErben ggü den ges Erben bevorzugen wollte (Brdbg FamRZ **98**, 59), es sei denn, daß sich aus bes Umständen ergibt, daß die Enterbg ges Erben nicht dadch motiviert war, daß der Erbl ihnen jegl Zugriff auf sein Vermögen nehmen wollte (vgl BayObLG aaO).

4) Beweislast. Die Kausalität des Irrtums braucht der Anfechtde als Folge der ges Vermutg nicht nachzu- 8 weisen (anders als bei § 2078). Vielm muß der Anfechtsgegner beweisen, daß der Erbl auch bei Kenntn der Sachlage so testiert hätte wie geschehen (BayObLG **89**, 116; Hbg FamRZ **90**, 910; Ffm NJW-RR **95**, 1350; Düss FamRZ **99**, 1024). – Auf die RStellg des im Test eingesetzten Erben ist die Beweislastregel in S 2 zugunsten des übergangenen PflichttBerecht dagg nicht anwendb. Insoweit muß es bei der Regel bleiben, daß die Kausalität des Irrt grdsl von dem zu beweisen ist, der hieraus Rechte herleitet (Tiedtke aaO). Der ges Erbe hat also zu beweisen, daß Erbl bei Kenntn der Sachlage nicht testiert, sond es bei ges Erbfolge belassen hätte. Eine Ausn ist allerd zu machen, wenn der eingesetzte Erbe pflichttberecht ist (also den Schutz des § 2079 auch beanspruchen kann) u sein ges Erbteil dch Aufrechterhaltg des Test stärker beeinträchtigt würde, als es der Vorstellg des Erbl bei TestErrichtg entsprach (Tiedtke aaO; s auch Darmst NJW-RR **88**, 262; aA Brdbg FamRZ **98**, 59).

5) Arglisteinrede. Wirkgslos ist die fristgerecht erklärte und sachl begründete Anfechtg, wenn sie sich als 9 unzuläss RAusübg (§ 242) od Verstoß gg §§ 138, 226 darstellt (BGH FamRZ **70**, 82; Hbg MDR **65**, 139).

2080 ***Anfechtungsberechtigte.*** **I Zur Anfechtung ist derjenige berechtigt, welchem die Aufhebung der letztwilligen Verfügung unmittelbar zustatten kommen würde.**

II Bezieht sich in den Fällen des § 2078 der Irrtum nur auf eine bestimmte Person und ist diese anfechtungsberechtigt oder würde sie anfechtungsberechtigt sein, wenn sie zur Zeit des Erbfalls gelebt hätte, so ist ein anderer zur Anfechtung nicht berechtigt.

III Im Falle des § 2079 steht das Anfechtungsrecht nur dem Pflichtteilsberechtigten zu.

1 **1) Beschränkte Berechtigung.** Das AnfechtgsR ist zunächst auf die Personen begrenzt, denen die Aufhebg der letztw Vfg unmittelb zustatten kommen würde (**I;** weitere Eingrenzg erfolgt noch dch **II; III**). Dies ist dch einen Vergleich mit der RLage zu beurteilen, wie sie sich infolge der Anfechtg darstellen würde (BGH NJW **85**, 2025). Der Anfechtende muß also bei Wegfall der Vfg einen erbrechtl Vorteil erhalten, den er sonst nicht erhielte (BayObLG **75**, 6). Es soll also (anders als bei § 2341) nicht zunächst ein Dritter Nutznießer der Anfechtg sein. Als eigener unmittelb rechtl Vorteil anzusehen ist zB die Erlangg eines ErbRs; eines Anspr; der Wegfall einer Beschwerg od Beschränkg; auch ein GestaltgsR, zB zur Anfechtg der abgegebenen AusschlaggsErkl (BGH **112**, 229).

2 **a) Weitere Einschränkungen.** Bezog sich im Falle des § 2078 der Irrtum (bei Drohg gilt dies nicht) auf eine **bestimmte Person,** steht das AnfechtgsR nur dem vom Irrtum Betroffenen zu (**II**). Stirbt er schon vor dem Erbfall, entsteht kein AnfechtgsR. Seine Erben können nur anfechten, wenn das AnfechtgsR bereits entstanden, also der Betroffene nach dem Erbl gestorben ist. – Im Falle des § 2079 steht das AnfechtgsR nur
3 dem übergangenen und beim Erbfall vorhandenen **Pflichtteilsberechtigten** zu (**III**). Einem Dritten soll die Anfechtg nicht unmittelb zustatten kommen (s BayObLG **75**, 6/9). War der Berecht noch vor dem Erbfall durch Tod od Erbverzicht weggefallen, bleibt die Vfg wirks, da dann die Voraussetzg des § 2079 (Übergehg eines zur Zeit des Erbfalls vorhandenen PflichttBerecht) nicht gegeben ist u zudem es an einem Anfechtgsberecht fehlt, soweit nicht an Stelle des Weggefallenen ein anderer PflichtBerecht tritt, der seiners übergegangen ist.

4 **b) Der Erblasser** ist hier **nicht** zur Anfechtg berecht, da er jederzeit frei widerrufen kann (§§ 2253 ff). Anders ist dies beim ErbVertr (§ 2281) und bindend gewordenem gemschaftl Test (RG **132**, 4). Auch für letzteres gilt § 2285 (s § 2271 Rn 33; § 2285 Rn 1).

5 **2) Anfechtungsberechtigte** sind zB: die nächsten ges Erben bei Erbeinsetzg eines Dritten (vgl auch § 2081 I); Vor- u NachE wechselseitig (§ 2102 I); der ErsatzE ggü dem Haupterben; der MitE wg der anfechtb Berufg anderer Miterben; der mit einem Vermächtn Beschwerte bezügl der VermächtnAnordng. – Bei Widerruf der Erbeinsetzg in einem späteren Test ist zur Anfechtg des späteren Test auch der in einem früh Test eingesetzte Erbe berecht (RG Recht **19** Nr 2136). Entsprechendes gilt auch für ein widerrufenes Vermächtn. Ist die Erbeinsetzg eines Ehegatten od ein Vermächtn an ihn widerrufen, so ist nur der früher Bedachte anfechtgsberecht. – Hat der Erbl die wirks erfolgte Ernenng eines TV irrtüml aufgehoben (zB weil er ihn für verstorben hielt), ist nur TV anfechtgsberecht. – Bei familienrechtl Anordngen ist der Betroffene berecht; zB der eine Eheg bei Bestimmg einer Zuwendg als VorbehGut des anderen nach § 1418 II Nr 2 (RG Recht **09** Nr 1334); die Eltern od ein Elternteil bei Ausschluß der Vermögensverwaltg nach § 1638 I
6 und die Eltern od der Vormund bei Ausschluß der Verwaltg nach § 1909 I 2. – **a) Ausnahme.** Ist der bei Anfechtg primär zum Zuge kommde Erbe **erbunwürdig** (§ 2339), ist ausnahmsw das AnfechtgsR dem zuzugestehen, der im Falle des Anfalls der Erbsch an den Unwürdigen mit Hilfe der Anfechtklage (§ 2342) die Erbsch erlangen kann. Der rechtl Vorteil besteht im Erwerb dieses AnfechtgsR (Staud/Olshausen § 2340 Rn 14; MüKo/Leipold Rn 4). Versucht der Unwürdige, sein AnfechtgsR als Druckmittel zu benützen, kann ihm mit Erhebg der AnfechtgsKlage begegnet werden, zumal der Kreis der AnfechtgsBerecht in § 2341 sehr
7 viel weiter gezogen ist. S auch Schubert/Czub JA **80**, 257/262 f. – **b) Von mehreren Anfechtungsberechtigten** steht jedem das AnfechtgsR nach **I** selbständ zu. Auch die nur von einem Berecht erkl Anfechtg einer ihrem ganzen Inhalt nach durch Irrt beeinflußten Vfg wirkt absolut, kommt also auch den übr Beteiligten zugute (BGH NJW **85**, 2025; aA MüKo/Leipold Rn 8), denen dann immer noch die Ausschlaggsmöglichk hins einer nach Anfechtg eingetretenen Erbfolge verbleibt.

8 **3) Höchstpersönlich,** aber vererbl ist das einmal entstandene AnfechtgsR, jedoch nicht unter Lebenden übertragb od pfändb. Es steht nur dem AnfechtgsBerecht selbst zu, nicht auch NachlPfleger, NachlVerw, InsolvenzVerw des AnfechtgsBerecht od dem TV. NachlPfleger u TV können aber uU Anordngen des Erbl anfechten, die ihre Befugnisse einschränken (vgl auch § 2081 I; oben Rn 1). – Allerdings kann das AnfechtgsR einem Dritten zur Ausübg überlassen werden, insb durch Übertragg des mit der Anfechtg erst zu erstreitenden Erbteils od Vermächtn. – Über Verzicht auf die Anfechtg s § 2081 Rn 10.

2081 *Erklärung der Anfechtung.* **I Die Anfechtung einer letztwilligen Verfügung, durch die ein Erbe eingesetzt, ein gesetzlicher Erbe von der Erbfolge ausgeschlossen, ein Testamentsvollstrecker ernannt oder eine Verfügung solcher Art aufgehoben wird, erfolgt durch Erklärung gegenüber dem Nachlaßgerichte.**

II Das Nachlaßgericht soll die Anfechtungserklärung demjenigen mitteilen, welchem die angefochtene Verfügung unmittelbar zustatten kommt. Es hat die Einsicht der Erklärung jedem zu gestatten, der ein rechtliches Interesse glaubhaft macht.

III Die Vorschrift des Absatzes 1 gilt auch für die Anfechtung einer letztwilligen Verfügung, durch die ein Recht für einen anderen nicht begründet wird, insbesondere für die Anfechtung einer Auflage.

1 **1) Gegenüber dem Nachlaßgericht (I; III)** ist (abweichend von § 143) die Anfechtg in den aufgeführten Fällen der §§ 2087 ff, 1938, 2197 ff, 2253 ff zu erklären, selbst wenn die NachlSache bereits in der Beschwerdeinstanz anhäng ist (BayObLG **89**, 327; FamRZ **92**, 226), ohne daß aber das NachlG dadch zum Anfechtgsgegner wird (dies ist der dch den Wegfall der letztw Vfg Betroffene, RG **143**, 353). Zu diesen Fällen gehören auch die Nacherbeneinsetzg (§ 2100), die Befreiung des VorE (§ 2136 f) oder die Wiederaufhebg einer solchen Anordng u die Nichtbefreiung (KG JFG **13**, 129) sowie die Bestimmg des Wirkgskreises des TV (§§ 2072 ff). – Anfechtg ggü dem NachlG hat auch dann zu erfolgen, wenn dch die letztw Vfg kein Recht begründet wird **(III);** das ist außer bei der genannten Auflage (§ 1940) auch bei Anfechtg von Teilgsverbot

(§ 2044); Entziehg od Beschränkg des PflichttR (§§ 2336; 2338); familienrechtl Anordngen sowie bei Aufhebg solcher Anordngen der Fall. – Zur Anfechtg nach dem ZGB der fr **DDR** in Erbfällen zw 1. 1. 76 u 2. 10. 90 (EG 235 § 1 Rn 5) s § 2078 Rn 12.

a) Anfechtungserklärung. Sie kann schriftl od auch zu Protokoll (FGG 11) abgegeben werden. Inhaltl ist 2 zumindest die eindeut Kundgabe des Anfechtgswillens erforderl (BayObLG FamRZ **92**, 226), wobei es genügt, wenn im Wege der Auslegg zu erkennen ist, daß die Erkl auf die RFolge einer Anfechtg hinzielt u welche Vfg betroffen sein soll (MüKo/Leipold Rn 16; Gießen FamRZ **92**, 603). Der Grund der Anfechtg muß dagg noch nicht angegeben werden (BayObLG **89**, 321); üb die Rechtzeitigk der Anfechtg (§ 2082) kann allerd nur entschieden werden, wenn zuvor der Grund klargestellt ist (BayObLG FamRZ **90**, 322). Nachträgl bekannt gewordene Tatsachen, die schon vor der Anfechtg gegeben waren, können also jederzeit zur Unterstützg der Anfechtg nachgebracht werden. Wird aber ein erst **nach** der Anfechtg entstandener Grd nachgeschoben, kann auf diesen die bereits erklärte Anfechtg nicht mehr gestützt werden; ein derartiger AnfechtgsGrd kann aber mit einer neuen AnfechtgsErkl geltd gemacht werden (RGRK Rn 2; s OHG **3**, 378). – Die Anfechtg muß nicht persönl erkl werden (BayObLG **89**, 116) im Ggsatz zur Selbstanfechtg des gemeinsch Test od ErbVertr dch Erbl (§ 2282).

b) Wirksam wird die amtsempfangsbedürft WillErkl mit Zugang (§ 130 I; III) beim örtl u sachl zuständ 3 NachlG (s § 1962 Rn 1). Gibt ein örtl unzuständ NachlG die Erkl an das zuständ weiter, ist sie schon mit Einreichg wirks geworden (str; s MüKo/Leipold Rn 8 mN); dies gilt auch, wenn das NachlG bewußt wg Unzuständigk untätig bleibt (Keidel/Reichert FGG 7 Rn 5); od sich das NachlG fälschl für zuständ erachtet u die Erkl nach **II** behandelt (FGG 7 analog; s BGH FamRZ **77**, 786: auch bei fehlender interlokaler Zuständigk). Nur wenn das Gericht unter Verweisg auf seine Unzuständigk die Erkl zurückgibt, ist diese nicht wirks (Keidel/Reichert FGG 7 Rn 4; s auch § 1945 Rn 11).

c) Das Nachlaßgericht nimmt die AnfechtgsErkl zunächst nur entgg u teilt sie den Anfechtgsgegnern, 4 also den dch die angefochtene Vfg Begünstigten mit (**II** 1), wobei es solche in den Fällen des **III** nicht gibt. Gebühr: KostO 112 I Nr 4. Von der zu den Akten genommenen Erkl kann Einsicht (od Abschrift) im Falle des **I** verlangen, wer rechtl Interesse glaubhaft macht (**II** 2; auch § 1953 Rn 7); im Falle des **III** gilt FGG 34. – Eine sachl **Prüfung,** ob die Anfechtg begründet ist, erfolgt dabei nicht. Diese ist vielm erst u nur dann 5 veranlaßt u statth, wenn dies für ein Verfahren vor dem NachlG von Bedeutg ist (Köln FamRZ **93**, 1124; BayObLG FamRZ **97**, 1179). Erst in einem späteren ErbscheinsVerf (§§ 2353 ff) hat das NachlG selbst über das Durchgreifen der Anfechtg zu entscheiden; Verweisg auf den Prozeßweg ist unstatth (Mü JFG **13**, 280). Nur wenn bereits ein Erbschein erteilt war, muß NachlG vAw prüfen, ob dieser infolge der Anfechtg unricht geworden u einzuziehen (§ 2361) ist (KG NJW **63**, 766); die Zurückweisg der Anfechtg kann dann als Ablehng der Einziehg beschwerdefäh sein (BayObLG FamRZ **90**, 1037; **97**, 1179; Köln aaO). Die ErmittlgsPfl des NachlG beschränkt sich grds auf die geltd gemachten AnfechtgsGründe; nach weiteren AnfechtgsGründen forscht es nicht (BayObLG **62**, 47). Anerkenng der Wirksamk der Anfechtg durch die Beteiligten ist im ErbscheinsVerf ohne Bedeutg (§ 2358). – Die materielle **Beweislast** (Feststellgslast) für die TestAnfechtgsgründe trifft den, der Anfechtg geltend macht (BayObLG **62**, 299; KG NJW **63**, 766).

2) Gegenüber dem Verfügungsbegünstigten erfolgt in allen Fällen, die nicht unter **I** od **III** fallen, die 6 Anfechtg nach der allg Regelg des § 143 dch formlose Erklärg. Dies betrifft die Anfechtg der Anordng od Aufhebg von Vermächtnissen (§§ 2147 ff) u von Rechte begründenden Teilgsanordnungen (§ 2048). Wurde die Anfechtg versehentl ggü dem NachlG erklärt, reicht dessen Mitteilg an den AnfechtgsGegner aus (BayObLG FamRZ **92**, 862); jedoch ist dann für Fristwahrg auf Zugang der Erkl bei diesem abzustellen. – **a) Anfechtungsgegner** ist jeder, der aGrd der angefochtenen Vfg, Aussetzg, Aufhebg des Vermächtn un- 7 mittelb einen Vorteil erlangt hat (BayObLG **60**, 495). Auch bei Ehegatten, die in GüterGemsch leben, hat die Anfechtg eines Vermächtn immer ggü dem Bedachten analog §§ 1432 I; 1455 Nr 1 zu erfolgen, gleich wie die Verwaltg des Gesamtguts geregelt ist. Ist das Vermächtn vor Eröffng des InsolvenzVerf angefallen, gehört es zur InsolvMasse u ist dann ggü dem InsolvVerw anzufechten (Staud/Otte Rn 7). – **b) Die Wirkung** der 8 Anfechtg ergibt sich aus § 142 I. Sie erstreckt sich aber nicht auf die bereits erfolgte dingl Übertragg des vermachten Ggstandes durch den Beschwerten, der vielm nach BereichergsGrdsätzen (§§ 812 ff) herauszugeben ist (Soergel/Loritz § 2078 Rn 28). Ob die Anfechtg des Widerrufs eines Vermächtn durch den VermNehmer über den Widerruf des Vermächn hinaus auf die von dem TestWiderruf betroffene Erbeinsetzgen wirkt, ist nach § 2085 zu prüfen (BayObLG **60**, 499; s aber auch Johannsen WM **72**, 652).

3) Doppelte Anfechtung. Die Anfechtg eines Test oder des Widerrufs eines Test (Rücknahme aus der 9 amtl Verwahrg, § 2256), das eine **Erbeinsetzung und ein Vermächtnis** enthält, muß doppelt erklärt werden: ggü dem NachlG, soweit sie die Erbeinsetzg betrifft und ggü den Begünstigten hinsichtl des Vermächtn (BayObLG **60**, 490; KG FamRZ **77**, 271). Vermächtn verliert allerd schon dann seine Wirksamk, wenn es mit den ggü dem NachlG anzufechtden Vfgen in so engem Zusammenhang steht, daß § 2085 Platz greift (Staud/Otte Rn 9; RGRK Rn 12). Die Anfechtg des Widerrufs eines derartigen Test seitens eines VermNehmers macht den Widerruf der im Test enthaltenen Erbeinsetzgen nur dann unwirks, wenn anzunehmen ist, daß der Erbl das Test nur in seiner Gesamth widerrufen hätte (BayObLG aaO).

4) Verzicht auf die noch nicht erklärte Anfechtg ist mögl dch **Vertrag** (Vergleich) mit dem Anfechtgs- 10 gegner sowie durch **formlose Bestätigung** seitens des AnfechtgsBerecht (§ 144), auch wenn er nicht „Erklärender" iS des § 2078 ist (s BayObLG **30**, 269; **65**, 265). Eine Bestätigg durch den Erbl kommt nur in Frage, soweit er anfechtgsberecht ist (vgl § 2080 Rn 4). Die Bestätigg ist nicht empfangsbedürft, braucht daher nicht notwend ggü dem Anfechtgsgegner od nach dessen Tod ggü dem NachlG abgegeben zu werden (BayObLG **54**, 77). – Aber auch soweit der Erbl nicht anfechtgsberecht ist, wird eine Anfechtg regelm **ausgeschlossen** sein, wenn der Erbl trotz Kenntn des AnfechtgsGrdes die Vfg nicht abgeändert hat (vgl 11 § 2079 Rn 9; BayObLG **71**, 150; **80**, 42; Rpfleger **75**, 242), weil dann idR anzunehmen ist, daß der Erbl auch bei Kenntn der Sachl die Vfg getroffen hätte (aM Lange/Kuchinke § 36 V 2). Wenn aber der Erbl seine Vfg vor Anfechtg schützen will, muß er das Test (anders beim ErbVertr, § 2284) in der vorgeschriebenen

Form neu errichten, wobei er sich auf Aufrechterhaltg der früheren Vfg beschränken kann (hM; s auch
12 Johannsen WM **72**, 653). – Dch **Zurücknahme** der abgegebenen AnfechtgsErklärg kann die Wirkg der Anfechtg **nicht** mehr beseitigt werden (§ 142 Rn 2). Die AnfechtgsErklärg selbst ist aber wieder anfechtb (BayObLG **30**, 269).

2082 *Anfechtungsfrist.* **I Die Anfechtung kann nur binnen Jahresfrist erfolgen.**

II Die Frist beginnt mit dem Zeitpunkt, in welchem der Anfechtungsberechtigte von dem Anfechtungsgrunde Kenntnis erlangt. Auf den Lauf der Frist finden die für die Verjährung geltenden Vorschriften der §§ 203, 206, 207 entsprechende Anwendung.

III Die Anfechtung ist ausgeschlossen, wenn seit dem Erbfalle dreißig Jahre verstrichen sind.

1 **1) Ausschlußfrist.** Die Anfechtg ggü dem NachlG (§ 2081 Rn 1) od beim Vermächtn ggü dem Anfechtgsgegner (§ 2081 Rn 6) kann abweichend von § 121 I und entspr § 124 I nur **binnen Jahresfrist** erfolgen. Sie ist also keine Verjährgsfrist, so daß sie vAw zu berücksichtigen u eine Unterbrechg (§§ 208 ff) ausgeschlossen ist. Die Berechng der Frist erfolgt nach §§ 187, 188. – In jedem Fall **ausgeschlossen** ist die Anfechtg, wenn der Erbfall mehr als 30 Jahre zurückliegt **(III),** da es für diese Frist keine Hemmg gibt, selbst nicht bei TestErrichtg in der fr DDR (Ffm OLGZ **93**, 461). – Den **Beweis** der rechtzeitigen Anfechtg hat der Anfechtende zu führen. Den der früher erlangten Kenntn, also den Ausschluß des AnfechtgsRs durch Zeitablauf der Anfechtgsgegner (s BayObLG **63**, 265; auch Johannsen WM **72**, 652). – Zur Anfechtg nach dem ZGB der fr **DDR** in Erbfällen zw 1. 1. 76 u 2. 10. 90 (EG 235 § 1 Rn 5) s § 2078 Rn 12.

2 **2) Frist beginnt (II 1)** mit Kenntn des AnfechtgsBerecht von allen das AnfechtgsR begründenden Tats (RG **132**, 4). Er muß also zuverläss von Erbfall, Test sowie Irrtum od Bedrohg des Erbl u deren Ursächlichk erfahren haben. Fristbeginn kann also nie vor Erbfall liegen (auch nicht bei Bedrohg, da AnfechtgsBerecht ja nicht bedroht war) u setzt voraus, daß AnfechtgsGrd feststeht; dieser ist also klarzustellen (BayObLG FamRZ **90**, 322; 1037). Bezieht sich der AnfechtgsGrd auf die eingetretene VfgsMöglichk üb Grundbesitz infolge des Wandels der polit Verhältn in der fr DDR, liegt Fristbeginn nicht vor Wirksamwerden des EinigsVertr vom 31. 8. 90 (Gießen FamRZ **92**, 603). Auf TestEröffng kommt es dagg nicht an (im Ggsatz zu § 1944 II).

3 **a) Für ihre Hemmung (II 2)** gilt dasselbe wie nach § 1954 II. Stillstand der RPflege (§ 203 I) ist bei Erkl ggü AnfechtgsGegner (§ 2081 Rn 6) ohne Bedeutg. Stets beachtl ist höhere Gewalt (§ 203 II), die vorliegt, wenn die Verhinderg auf Ereign beruht, die dch äußerste, billigerw zu erwartde Sorgfalt nicht verhütet werden konnten (BayObLG NJW-RR **97**, 72) u dah schon dch geringstes Verschulden ausgeschlossen wird (BGH **81**, 353; BayObLG **93**, 88); sie kann auch in unrichtiger amtl Sachbehandlg liegen (BGH NJW **60**, 283), zB unrichtiger Belehrg üb AnfechtgsR (BayObLG **60**, 490) od unricht ErbschErteilg aGr ges Erbfolge trotz Vorliegens eines gemeinsch Test mit früh Eheg (BayObLG **89**, 116). Zu Notar- od Vertreterverschulden s § 203 Rn 4. – Mangel ges Vertretg (§ 206) liegt auch bei Verhinderg des ges Vertr nach § 181 vor (RG **143**, 354). – Zu § 207 s dort. – Zu Erbfällen mit DDR-Bezug vgl Bestelmeyer Rpfleger **93**, 381.

4 **b) Ein Rechtsirrtum** ist nur dann geeignet, den Fristbeginn zu hindern, wenn er die Unkenntn einer die Anfechtg begründenden Tatsache zur Folge hat; dagg ist er unbeachtl, wenn es sich nur um die irrtüml Beurteilg des Anfechtgstatbestands selbst handelt (BGH NJW **70**, 279; Hamm OLGZ **71**, 312; BayObLG **90**, 95). Beachtl ist auch die auf einem TatsIrrt beruhde falsche Beurteilg der RLage (RGRK Rn 12). Die Frist läuft also nicht, solange der AnfechtgsBerecht wg irriger Annahme von Tatsachen die letztw Vfg für ungült hält (RG **115**, 30), zB für wirks angefochten (KG OLGZ **68**, 112) od für wirks widerrufen (Hamm OLGZ **71**, 312), soweit es sich dabei um Irrt üb die für die Anfechtg wesentl Tatumstände handelt. – **Unbeachtlich** ist dagg ein Irrt üb die ges Anfordergen der Anfechtg, zB üb deren FormErfordern (Hamm FamRZ **94**, 849); od die Fehleinschätzg der Bindgswirkg eines ErbVertr (BayObLG NJW-RR **97**, 1027). Frist läuft auch, wenn AnfBerecht an das frühere Test nicht gedacht hat, weil er sich mit der Regelg seines Nachl nicht befaßte (Kiel HEZ **2**, 334); sie beginnt auch nicht erst dann zu laufen, wenn er erfährt, daß er zur Beseitigg der Vfg die Anfechtg erklären müsse (RG **132**, 4). Unbeachtl RIrrtum ist ferner die irrige Annahme des AnfechtgsBerecht, die heiml Vernichtg eines gemeinsch Test dch einen Ehegatten habe die Aufhebg auch der wechselbezügl Vfgen bewirkt (BayObLG **90**, 95; dazu § 2255 Rn 16). Auch der bloße, auf Rechtsunkenntn beruhde Irrt über die Möglichk u Notwendigk, ein Test wg Geburt eines PflichttBerecht anzufechten, ist nicht geeignet, den Lauf der Anfechtgsfrist zu hemmen (KG NJW **63**, 767; BayObLG FamRZ **90**, 1037). Lit: Mayer, Der RIrrt u seine Folgen im bürgerl R, 1989.

5 **3) Gemeinschaftliches Testament.** Haben sich die Eheleute ggseitig zu Erben u die Abkömml zu Erben des Überlebenden eingesetzt, beginnt die Frist für die Abkömml erst mit dem Tod des Überlebenden (BayObLG FamRZ **77**, 347). Anfechtb ist für sie nur dessen Vfg. Dah ist die Auffassg von Ffm MDR **59**, 393, die Frist beginne schon mit dem Tod des Erstversterbden, abzulehnen, weil dessen Vfg hins der Abkömml mit seinem Ableben ggstandslos wurde. – Zur Fristhemmg bei amtl Nichtbeachtg des Test s Rn 3. – Zum AnfechtgsR nach Tod der Eheg s § 2271 Rn 33; § 2285 Rn 1.

2083 *Einrede der Anfechtbarkeit.* **Ist eine letztwillige Verfügung, durch die eine Verpflichtung zu einer Leistung begründet wird, anfechtbar, so kann der Beschwerte die Leistung verweigern, auch wenn die Anfechtung nach § 2082 ausgeschlossen ist.**

1 **Leistungsverweigerungsrecht.** Nach Verlust des AnfechtgsRs dch Fristablauf (§ 2082) soll bei anfechtb Vermächtn od Auflage der FdgsBerechtigte, dem ggü nicht angefochten wurde, wenigstens nicht auf Erfüllg klagen können. Das AnfechtgsR kann dann noch **einredeweise** geltd gemacht werden, so auch bei § 2345

(ähnl §§ 821, 853). Dies gilt aber nicht, wenn der Beschwerte die AnfechtgsFrist gar nicht verstreichen lassen konnte, weil ihm ein AnfechtgsR nach § 2285 wg Nichtanfechtg dch den Erbl (§§ 2283; 2281) nie zustand (BGH **106**, 359). – Der TV kann die Einrede nur mit Zustimmg der Erben geltd machen (BGH NJW **62**, 1058). – Nach erfolgter **Leistung** in Kenntn der Anfechtbark besteht kein RückFdgsR (§ 814); bei Unkenntn gilt § 813. Keine LeistgsPfl wird aber dch Teilgsanordngen (außer soweit sie etwa bei Teilg unberücksichtigt geblieben sind) od dch Erbeinsetzg begründet; auch nicht durch die Nacherbeinsetzg, da die HerausgabePfl des § 2130 nur die Folge davon ist, daß die Erbenstellg dem Vorerben nicht mehr zukommt (RGRK Rn 2).

2084 ***Verschiedene Auslegungsmöglichkeiten.*** **Läßt der Inhalt einer letztwilligen Verfügung verschiedene Auslegungen zu, so ist im Zweifel diejenige Auslegung vorzuziehen, bei welcher die Verfügung Erfolg haben kann.**

1) Die Testamentauslegung hat zum Ziel, den wirkl (realen) Willen des Erbl zu erforschen. Dabei ist 1 zwar vom Wortlaut auszugehen. Dieser ist jedoch nicht bindend. Vielm ist zur Ermittlg seines wirkl Willens nicht am buchstäbl Sinn des Ausdrucks zu haften (§ 133). Dazu ist der Wortsinn der vom Erbl benutzten Ausdrücke zu hinterfragen, um festzustellen, was er mit seinen Worten sagen wollte u ob er mit ihnen genau das unmißverständl wiedergab, was er zum Ausdruck bringen wollte (BGH **86**, 45; NJW **93**, 256). Allein sein subj Verständn hinsichtl des von ihm verwendeten Begriffs ist maßgebl (BGH FamRZ **87**, 475). Ein Abweichen vom Wortsinn setzt allerd voraus, daß Umstände vorliegen, aus denen geschlossen werden kann, daß der Erklärde mit seinen Worten einen and Sinn verbunden hat als es dem allg Sprachgebrauch entspricht (BGH **80**, 246; BayObLG FamRZ **86**, 835). Es geht nicht um die Ermittlg eines von der Erkl losgelösten Willens, sond um die Klärg der Frage, was der Erbl mit seinen Worten sagen wollte. – Da die Erkl des Erbl nicht empfangsbedürft ist, bedarf es **keines Vertrauensschutzes** dch Berücksichtigg der obj Erklärgsbedeutg (s § 133 Rn 13). Nur bei vertragsmäß Vfgen im ErbVertr (§ 2278) u bei wechselbezügl Vfgen im gemeinsch Test (§ 2270) ist gem §§ 157, 242 auch auf den ErklEmpfänger abzustellen (s Übbl 8 vor § 2274; Einf 12 vor § 2265). – Gelingt es trotz Auswertg aller Umstände nicht, sich von dem tatsächl vorhandenen wirkl Willen des Erbl zu überzeugen, muß sich das Gericht damit begnügen, zu ermitteln, was dem Erblasserwillen **mutmaßlich** am ehesten entspricht, dh was der Erbl vernünftigerw gewollt haben kann (BGH **94**, 36; Zweibr Rpfleger **86**, 480). Nur soweit dann noch Zweifel verbleiben, sind die ges Ausleggsregeln des Erbrechts heranzuziehen (§§ 2066–2076; 2096 ff; 2101, 2102, 2108 II; 2148; 2165; 2167; 2169 III; 2173 ff). – Die Vorschr des § 2084 regelt ledigl ein spezielles Problem, das bei der Auslegg auftreten kann (s Rn 14). – Der TestAnfechtg geht die Auslegg vor, da sie den ErblWillen verwirklicht, währd erstere ihn zerstört (§ 2078 Rn 1).

a) Zur Ermittlung des Inhalts der einzelnen Vfgen ist der gesamte Inhalt der TestUrk einschließl aller 2 Nebenumstände, auch solcher außerh des Test (§ 133 Rn 19) heranzuziehen u zu würdigen (BGH NJW **93**, 256; st Rspr). Solche Umstände können vor od auch nach TestErrichtg liegen. Dazu gehört das gesamte Verhalten des Erbl, seine Äußergen u Handlgen; auch der Inhalt früherer od widerrufener od nichtiger Vfgen (BGH JR **81**, 23 mAv Schubert; BayObLG **82**, 159). Ist der letzte Wille in mehreren wirks u sich ergänzden Test enthalten (s § 2258 Rn 1), läßt sich nur aGr des Inhalts sämtl Test beurteilen, ob u welche Rechte bestimmten Personen am Nachl zustehen (BayObLG NJW-RR **97**, 836; ZEV **96**, 432). Abzustellen ist aber stets auf den Willen des Erbl im Zeitpkt der TestErrichtg. Danach eingetretene Umständ können dah nur Bedeutg erlangen, soweit sie Rückschlüsse hierauf zulassen (BayObLG NJW **96**, 133); nicht verwertbar sind sie insow, als sie ergeben, daß der Erbl nach TestErrichtg seinen Willen geändert hat. – Hat ein **Notar** die Erkl 3 beurkundet, spricht eine gewisse Vermutg dafür, daß obj Erklärgsinhalt u ErblWille übereinstimmen (Köln Rpfleger **82**, 424; BayObLG FamRZ **96**, 1037). Gleichwohl sind not Test der Auslegg in gleicher Weise zugängl wie private, selbst dahin, daß RBegriffe wie Vor- u Nacherbsch bei Erfassg des ErblWillens unpräzise od unrichtig verwendet wurden (KG FamRZ **87**, 413; **98**, 124; Saarbr NJW-RR **94**, 844), obwohl sie dem Notar geläufig sind (RG **160**, 109), weil nicht seine Auffassg, sond die des Testierenden maßgebl ist (BGH **LM** Nr 1 zu § 2100; NJW **81**, 1736; Hamm FamRZ **94**, 188). Der Sinn, den Notar einer Erkl des Erbl beigemessen hat, läßt aber regelmäß Schluß darauf zu, was Erbl wollte (BGH BWNotZ **66**, 254; BayObLG **65**, 59).

b) Form als Auslegungsgrenze. Nur der erklärte Wille ist rwirks. Da die Erkl bei letztw Vfgen deren 4 Formzwang unterliegt (Einf 1 vor § 2229), ist der ermittelte wirkl Wille des Erbl formnichtig (§ 125), wenn er im Test selbst nicht wenigstens einen unvollkommenen Ausdruck gefunden hat, indem er dort zumindest vage od versteckt angedeutet ist (BGH **86**, 41; s § 133 Rn 19). Unter welchen Voraussetzgen ein die Form wahrender versteckter Anhalt angenommen werden kann, ist nicht eindeut festzulegen, sond hängt vom Einzelfall ab (s zB BayObLG FamRZ **94**, 853). Die Rspr zieht die Grenzen gelegentl sehr weit. – Die Formfrage als Grenze der Auslegg fällt weitgehend mit der Frage nach dem obj Inhalt der Erkl zusammen (BGH FamRZ **87**, 475), stellt sich method allerd erst nach Ermittlg ihres Inhalts (dazu Rn 2), weil erst dann entschieden werden kann, ob der dch die Auslegg festgestellte Wille im Test selbst eine hinreichende Stütze findet (dazu krit Leipold JZ **83**, 709; Kuchinke JZ **85**, 748; DNotZ **90**, 427). – Durchbrochen wird die Andeutgsregel im Falle einer bloßen **Falschbezeichnung**, da nach allg Meing eine falsa demonstratio immer 5 korrigiert werden kann (s Flume NJW **83**, 2007; § 2078 Rn 1). Bei der ergänzenden Auslegg (Rn 8) fehlt überh eine förml Erkl der ergänzten Vfg (s Rn 10).

c) Beispiele: Mehrdeutig u daher ausleggsbedürft ist die Verwendg des Begriffs „Kinder" in einem Test od 6 ErbVertr. Darunter fallen auch Adoptivkinder, es sei denn, daß im Einzelfall ein ggteiliger Wille des Erbl festzustellen ist (BayObLG **84**, 246; FamRZ **89**, 1118 mAv Gottwald; Düss FamRZ **98**, 1206; Hamm Rpfleger **99**, 278). Zum Begriff „Abkömmling" vgl BayObLG **59**, 493; **61**, 132; Ffm OLGZ **72**, 120; LG Stgt FamRZ **90**, 214; zu „Nachkommen" BGH NJW **93**, 256. Selbst „leibliche" Abkömml ist nicht eindeutig nur iS einer Abgrenzg zu angenommenen Kindern zu verstehen (BGH FamRZ **83**, 380; BayObLG NJW-

RR **92**, 839; Brdbg FamRZ **99**, 55) od zu nichtehel (Köln FamRZ **93**, 856). Zum altrechtl Begriff „Leibeserben" s BGH FamRZ **92**, 668. – Ebso ist die Bedeutg des Begriffs „Geschwister" im Einzelfall dch Auslegg zu ermitteln (Düss DNotZ **72**, 41). – Der Ausdruck „Universalerbe" bedeutet nach allg Sprachgebrauch AlleinE, schließt dah Berufg zum alleinigen VorE nicht aus (BayObLG NJW-RR **97**, 836); in der Einsetzg des and Eheg zum UniversalE kann aber auch dessen Befreiung von der Bindg an früh wechselbezügl Verfügen
7 in einem gemschaftl Test liegen (BayObLG **66**, 242; zust Haegele Rpfleger **66**, 332). – Die Vfg, daß der Sohn den ganzen Nachl „verwalten" soll, kann üb diesen Teilbereich hinaus als Erbeinsetzg ausgelegt werden, insbes wenn der Erbl den sprachl eindeut Begriff vorformuliert erhalten hat (BayObLG NJW-RR **89**, 837 mAv Hohloch JuS **90**, 61; s auch BayObLG FamRZ **97**, 1029). – Die Zuwendg eines Geschäfts mit allen Aktiven u Passiven kann dahin ausgelegt werden, daß die in der Bilanz aufgeführten Grdst nicht zu den Aktiven gehören, wenn der Erbl hierüber bes Bestimmgen trifft (BGH FamRZ **58**, 180). – Zuwendg der Ggstände im gemeins Haushalt kann auch Anteil an GemeinschKonten umfassen (BayObLG FamRZ **84**, 1153). – Vermächtn des Lastenausgleichs enthält nicht auch die Zuwendg des Grdstücks im Osten selbst (Köln FamRZ **94**, 591; Ffm FamRZ **93**, 613). – Bleibt zweifelh, ob Vor- u Nacherbfolge od Nießbrauchsvermächtn gewollt war, spricht für Anordng eines Vermächtn, daß dadurch der wiederholte ErbschSteueranfall vermieden wird (BayObLG **60**, 154).

8 **2) Ergänzende Auslegung.** Sie dient in erster Linie dazu, Lücken in der letztw Vfg zu schließen, die sich daraus ergeben haben, daß zw Errichtg des Test u Erbfall Verändergen eingetreten sind, die der Erbl nicht vorausgesehen u bedacht hat, sei es im Kreis der bedachten Personen od bezügl des zugewendeten Ggstands. Die Lücke kann sich auch daraus ergeben, daß der Erbl die Verhältn bei TestErrichtg falsch beurteilte, zB aus einem ihm bekannten Umstand fehlerh rechtl Schlußfolgergen gezogen (MüKo/Leipold Rn 42) od sich üb den Inhalt eines Vertr geirrt hat (BGH NJW **78**, 264) od irrtüml von der Wirksamk einer Verzichtsvereinbarg ausgegangen ist (BayObLG NJW-RR **97**, 1438). Bei Vermächtn u Auflagen können uU auch solche Verändergen berücksichtigt werden, die zw Erbfall u Fälligk des Vermächtn bzw Zeitpkt der Auflagenerfüllg eingetreten sind (s auch BGH WM **71**, 533). Bei einer Nacherbfolge darf sie auch die zw Erbfall u NErbfall eingetretenen Ändergen berücksichtigen (BayObLG FamRZ **91**, 1234; MüKo/Leipold Rn 59). – Zur Schließg dieser Lücke dch Anpassg der letztw Vfg an die nachträgl Verändergen hält sich die ergänzende TestAuslegg an den realen Willen des Erbl, bringt dann aber zur Verwirklichg seiner Zielvorstellg einen hypothetischen Willen zur Geltg, den er im Falle einer Vorausschau vermutl gehabt haben würde. Sie schaltet also die FormVorschr (Rn 4) nicht völlig aus, da sonst eine formlose Vfg vTw gestattet wäre (BayObLG **88**, 165) u kann auch dazu führen, daß eine getroffene test Vfg als ggstandslos anzusehen ist (BayObLG NJW-RR
9 **97**, 1438). – **a) Voraussetzung.** Die ergänzende Auslegg ist vorrangig an dem vom Erbl in der Vfg erkennbar festgelegten Ziel auszurichten, setzt also eine aus dem Test selbst erkennbare Willensrichtg des Erbl voraus (BayObLG **88**, 165; **94**, 313; KG Rpfleger **98**, 288). Sie beruht damit auf einem realen ErblWillen bei TestErrichtg. Zu dessen Ermittlg ist nach allg Grdsätzen (Rn 2) ein wenn auch geringer Anhaltspkt im Test selbst erforderl, auch wenn er dann erst unter Heranziehg außerh des Test liegender Umstände od der allg Lebenserfahrg endgült festgestellt werden kann (BGH NJW **81**, 1737; KG OLGZ **66**, 503). Sie darf also nicht einen Willen in das Test hineintragen, der darin nicht wenigstens andeutgsweise ausgedrückt ist (Hamm FamRZ **98**, 122; KG FGPrax **95**, 200). Der so ermittelte Wille muß tatsächl in Richtg der vorgesehenen
10 Ergänzg gehen. – **b) Ergänzung** des Test zur Errichg des vom Erbl tatsächl gewollten, aber verfehlten Ziels erfolgt dch seine Anpassg an die Verändergen, soweit dies dem hypothetischen Willen des Erbl entspricht. Dies ist der Wille, den er vermutl gehabt hätte, wenn er bei Errichtg seiner Vfg die tatsächl Verhältn u deren weitere Entwicklg in Betracht gezogen hätte (BayObLG **88**, 165), u zwar unter Berücksichtigg aller Verändergen, die für diesen Willen von Bedeutg sein können u nicht nur einer einzelnen Fehlvorstellg (Hamm FamRZ **97**, 121). Es ist also zu ermitteln, was nach der Willensrichtg des Erbl im Ztpkt der TestErrichtg als von ihm gewollt anzusehen sein würde, sofern er vorausschauend die spätere Entwicklg bedacht hätte (BGH **22**, 360; FamRZ **62**, 257). Der Auslegende hat sich dazu in den früheren Zustand zurückzuversetzen u von dort aus in die damalige Zukunft zu schauen, um die Auffassg des Erbl zu den veränderten Verhältn zu ermitteln (BayObLG **66**, 390/394; Karlsr Just **81**, 317). Ob auch nach dem Erbfall eingetretene Ereignisse berücksicht werden können, die sich unabhäng vom Willen des Erbl ereigneten, ist str (dafür BGH NJW **63**, 1150; Karlsr OLGZ **81**, 399; BayObLG **88**, 165). Keinesfalls dürfen Ereign nach dem Erbfall zur (wiederholb) Uminterpretation des ErblWillens benutzt werden, etwa Eintritt des Erben in Sekte (Mü NJW **83**, 2577) od die allg Entwicklg der polit Verhältn in der fr DDR (dazu Grunewald NJW **91**, 1208; aA Meyer ZEV **94**, 12). Sie sind daher nur zu berücksichtigen, wenn dies ausdrückl im Test vorgesehen ist (vgl Oldbg MDR **92**, 879; Ffm FamRZ **93**, 613; KG FamRZ **95**, 762); zur Besonderh, daß RestitutAnspr nach VermG erst nach Erbfall
11 entstanden, s Naumbg FGPrax **96**, 30. – **c) Beispiele:** Enthält das Test eines in die BRep gekommenen Erbl Anhaltspkte, daß es sich nur auf das in der DDR zurückgelassene Vermögen beziehen sollte u weist es eine Lücke auf, weil der Erbl späteren Vermögenserwerb in der BRep nicht vorhergesehen hat, ist ergänzende Auslegg mögl (BayObLG FamRZ **89**, 1348). Hat der vor dem 1. 1. 76 in der fr DDR verstorbene Erbl (s Rn 12) seinen dortigen Grdbesitz nicht erwähnt, weil er ihn für wertlos hielt, kommt ergänzde Auslegg in Betr, sofern sich für die Willensrichtg Anhaltspkte im Test finden (Ffm OLGZ **93**, 382; Gießen DtZ **93**, 217; dazu Gerhards JuS **94**, 642). – Wurde testamentar der „ges Erbteil" zugewendet, ist bei RÄndergen zw TestErrichtg u Erbfall idR davon auszugehen, daß der beim Erbfall gültige zugewendet ist (KG BWNotZ **61**, 329; s auch § 2066 Rn 2). – Hat Erbl sein Sparguthaben vermacht (§ 2173) u Jahre nach TestErrichtg ein weiteres Sparkonto eröffnet, auf das er Erlös eines GrdstVerkaufs überweisen ließ, ist dch ergänzende Auslegg festzustellen, ob Vermächtn sich auch darauf erstreckt (Koblz FamRZ **98**, 579). – An Stelle einer nicht mehr vorhandenen Institution kann deren Ersatz als bedacht angesehen werden (BaWü VGH VerwRspr **8**, 550); vgl auch § 2160 Rn 1. – Die ergänzde Auslegg kann auch ergeben, daß der Erbl seine Anordng für den von ihm nicht vorhergesehenen Fall nicht getroffen hätte, so daß die Vfg ggstlos ist und ges Erbfolge eintritt (BayObLG **66**, 390; aM Johannsen WM **72**, 68).

12 **3) Anderes Recht. – a) DDR.** Lebte Erbl in der fr DDR, ist in Erbfällen zw 1. 1. 76u 2. 10. 90 das ZGB anzuwenden (EG 235 § 1 Rn 5; Einl 5 vor § 1922). AusleggsVorschr ist dann ZGB 372, der aber sachl

nicht abweicht (Dresden OLG-NL **99**, 163; Naumbg OLG-NL **95**, 138; Köln FamRZ **94**, 591) u auch hinsichtl der ergänzden Auslegg mit den Regeln des § 2084 übereinstimmt (KG FamRZ **95**, 762; **96**, 569; Naumbg FGPrax **96**, 30; Jena FamRZ **95**, 446; Wasmuth DNotZ **92**, 3). Bilden **Grundstücke** in der fr DDR einen rechtl selbständ Nachl (§ 1922 Rn 8), ist dch Auslegg zu ermitteln, ob sich eine vom westdtschen Erbl errichtete Vfg v Tw auch darauf bezieht. Dazu bedarf es eines Anhalts im Test (KG DtZ **95**, 417). Es kann nicht ohne weiteres davon ausgegangen werden, er habe dem eingesetzten Erben stets beide Nachl zuwenden wollen (BayObLG FamRZ **94**, 723). Die Zuwendg des Grdbesitzes in der DDR ist Erbeinsetzg, auch wenn Erbl bei TestErrichtg sich insow nur Vermächtn vorstellte, da sie den abgespaltenen Nachl erschöpft (Hamm FGPrax **96**, 188; KG FamRZ **98**, 124). Eine Erbeinsetzg in Kenntn des gesamten NachlBestandes ohne nähere Bestimmg ihres Umfangs erfaßt regelmäß beide NachlTeile (KG FamRZ **96**, 569; BayObLG FamRZ **94**, 723; **96**, 765; Hamm FamRZ **95**, 758; **98**, 122; Zweibr FamRZ **92**, 1474), selbst wenn der Erbl nicht wußte, daß er üb jeden NachlTeil auch selbständ hätte vfgen können (BayObLG FamRZ **95**, 1089 mAv Limmer; ZEV **95**, 256). Allerd kann sich aus den besond Umständen des Einzelfalls auch ein and ErblWille ergeben. Dies ist dch Auslegg zu ermitteln gem den RVorschr, denen der NachlTeil unterliegt, dessen Einbeziehg in die Erbeinsetzg zweifelh ist (BayObLG aaO). – **b)** War der Erbl **Ausländer,** beurteilt **13**
sich die Auslegg seines Test grdsl nach seinem HeimatR (EG 25 Rn 12).

4) Die Sonderregelung des § 2084 betrifft nur die relativ seltenen Fälle mehrdeut Vfgen, in denen eine **14**
von mehreren Ausleggsmöglichk zur Unwirksamk führen würde. Für diesen Fall werden die allg Ausleggsregeln dch § 2084 um den Grdsatz der wohlwollenden Auslegg ergänzt. Dadch verändert sich aber nicht das Ziel der Auslegg, näml den wirkl Willen des Erbl zu erforschen. Es soll nur dem ermittelten wirkl Willen zum Erfolg verholfen werden, indem ein rechtl zuläss Weg zur Verwirklichg dieses ErblWillens einem rechtl unzuläss vorzuziehen ist. Die **Beweisregel** des § 2084 (RG **92**, 72) greift also erst ein, wenn eine notwend Auslegg nach allg Grdsätzen od nach bes Ausleggsregeln nicht bereits zum Erfolg führt, sondern Zweifel offen läßt, welche von zwei od mehreren AusleggsMöglk die rechtl richtige ist: zB ob jemand Allein- od MitE ist (KG JFG **22**, 83); ob Erb- od NacherbEinsetzg vorliegt (§ 2101); ob VorErbsch od Nießbrauchsvermächtn gegeben ist (s Petzold BB **75** Beil Nr 6). – Können **mehrere** Ausleggen zum Erfolg führen, so wird in **15**
Anwendg von § 2084 die dem Bedachten günstigere, weniger Umstände u Kosten verursachde Auslegg vorzunehmen sein; unter diesem Gesichtspkt hat KG JFG **22**, 83 angenommen, daß von mehreren mit verschiedenen NachlGgständen Bedachten nur der Hauptbedachte als Erbe, die übrigen als VermächtnNehmer anzusehen sind (s auch § 2087 Rn 2). – Die Ausleggsregel des § 2269 tritt hinter § 2084 zurück, wenn eine Vfg des anderen Ehegatten bei entspr Auslegg wegen Wechselbezüglichk unwirks sein würde, währd sie bei einer anderen mögl Auslegg Erfolg haben könnte (KG JW **37**, 1410).

a) Entsprechend anwendbar ist § 2084, obwohl er seinem Wortlaut nach an sich nur auf eine letztw Vfg **16**
Anwendg findet, die unstreitig besteht, deren Inhalt aber mehrdeutig ist. Um jedoch dem letzten Willen des Erbl nach Möglichk Geltg zu verschaffen, kann eine entspr Anwendg geboten sein, wenn eine rgeschäftl Erkl des Erbl zweifelsfrei feststeht, aber deren rechtl Natur zweifelh ist. Dies gilt vor allem, wenn Zweifel darüber bestehen, ob eine letztw Vfg od eine Schenkg unter Lebden gegeben ist (BGH **LM** Nr 3; NJW **84**, 46; FamRZ **85**, 693; KG NJW **59**, 1441; hM, s dazu Johannsen WM **72**, 69; **79**, 602; aA Soergel/Stein § 1937 Rn 2). Ferner bei der Frage, ob eine letztw Vfg oder eine widerrufl Vollm für den Todesfall (§ 168 Rn 1) vorliegt.

b) Nicht anwendbar ist § 2084, wenn üb die Auslegg der letztw Vfg keine Zweifel bestehen u diese **17**
eindeut unwirks ist. Dann kann ihr nicht dch wohlwollende Auslegg zur Wirksamk verholfen werden (BayObLG **53**, 195), sond allenf üb § 140 (s § 140 Rn 10). Ferner nicht, wenn es darum geht, ob das dem Bedachten od dem Verpflichteten Günstigere gewollt ist (zB ob Zuwendg des „Schreibtisch mit Inhalt“, in dem sich HypBrief befindet, auch auf die Hyp zu beziehen ist, RG SeuffA **75** Nr 107). Auch kann eine eindeut nur für einen bestimmten, aber nicht eingetretenen Fall getroffene letztw Vfg nicht üb § 2084 auf ganz and Fälle ausgedehnt werden, nur damit sie Erfolg hat (s BGH WM **75**, 737). – Fehlde ges **Formerfor-** **18**
dernisse können nicht üb § 2084 ersetzt werden, etwa die Unterschrift beim eigenhänd Test (Neust Rpfleger **62**, 446; Mannh Just **62**, 182; Soergel/Loritz Rn 2). – Ebso ist § 2084 unanwendb, wenn es darum geht, ob der Erbl überh ein Test errichten od nur einen unverbindl Wunsch äußern wollte (BGH **LM** Nr 13; hM; aA Stgt BWNotZ **60**, 150); ob ein eigenhänd Schriftstück Test od nur **Entwurf** ist od ob nur die Ankündigg **19**
einer letztw Vfg vorliegt (BayObLG FamRZ **92**, 353; Ffm Rpfleger **70**, 392; Stgt Rpfleger **64**, 148; KG NJW **59**, 1441); od nur als Beweismittel für das Vorhandensein eines Test dienen soll (Mü JZ **54**, 513); ob Erkl in Brief Test od nur unverbindl Mitteilg ist (BGH WM **76**, 744; BayObLG **63**, 61; Ffm Rpfleger **70**, 392). Derart Zweifel betreffen den Testierwillen (§ 2247 Rn 2) u sind dah dch Auslegg gem § 133 zu klären. Dabei ist allerd zu beachten, daß die letzten Bitten u Wünsche vielf als höfl Formulierg eines letzten Willens gedeutet werden können (BayObLG **60**, 505; Werner JuS **73**, 434). Auch bei der Fassg „Ich erwarte“ kann eine letztw Vfg gegeben sein (BGH **LM** § 133 (B) Nr 1). Entscheidd ist, ob Rechtsbindgswille bestand. Beisp s Prior JuS **78**, 772.

5) Zu Verfahrensfragen im Zivilprozeß s § 133 Rn 29; 30. Die Willensrichtg des Erbl ist eine dem **20**
Geständn (ZPO 288) zugängl Tats (BGH NJW **81**, 1562). Im ErbschVerf erfolgt die TatsErmittlg vAw. In beiden Verfahrensarten beeinflussen die Ausleggsregeln die Darleggs- u Beweislast (s Tappmeier NJW **88**, 2714). Untereinander können sich allerd die Beteiligten nach dem Erbfall dch not AusleggsVertr verbindl einigen (§ 2385 Rn 2). Auch kann ein Dritter (auch TV) vom Erbl dch Anordng einer Schiedsklausel od dch Bestellg zum Schiedsrichter zur Auslegg ermächtigt werden.

2085 ***Teilweise Unwirksamkeit.*** **Die Unwirksamkeit einer von mehreren in einem Testament enthaltenen Verfügungen hat die Unwirksamkeit der übrigen Verfügungen nur zur Folge, wenn anzunehmen ist, daß der Erblasser diese ohne die unwirksame Verfügung nicht getroffen haben würde.**

1 **1) Auslegungsregel.** Ist eine von mehreren in einem Test enthaltenen Vfgen unwirks, bleiben nach der Ausleggsregel die übr grdsl aufrechterhalten. Um dem erkl Willen des Erbl nach Möglichk zum Erfolg zu verhelfen, steht § 2085 gerade im Ggteil zur allg Regel des § 139. Sie gilt aber nicht für wechselbezügl od erbvertragsmäß Vfgen (§§ 2270,2298). Die Regel geht von der Selbständigk der einzelnen test Vfgen aus und beruht auf der Annahme, daß es typischer Weise dem Willen des Erbl eher entspricht, wenn sein Test wenigstens teilw zur Geltg gelangt statt gar nicht. Ist im Einzelfall festzustellen, daß der Erbl abweichd hiervon die Abhängigk seiner Vfgen gewollt hat, geht dieser Wille der Regel vor (s BayObLG NJW-RR **99,** 946; **98,** 326). Im Ergebn kann damit der Weiterbestand der übr Vfgen erreicht werden, nicht aber der Ersatz der unwirks dch eine mutmaßl gewollte. – **Beweislast** für die Abhängigk hat (im Ggsatz zu § 139, BGH NJW **59**, 2113), wer die Unwirksamk auch der übr Vfgen behauptet (RG **116**, 148). – Der Grdsatz des § 2085 gilt entspr in § 2161 (Vermächtn), § 2195 (Auflage) u § 2258 (Widerruf dch spät Test).

2 **2) Voraussetzung** ist, daß ein Test nach seinem festgestellten Inhalt **mehrere** Vfgen enthält. Bsp: Unwirks Vfg zugunsten der Tochter üb ein nicht mehr zum Nachl gehörendes Haus u wirks Zuwendg der Firmenanteile an die übr Kinder (BayObLG FamRZ **89**, 325); Erbeinsetzg und Verwirkgsklausel (RG JW **37**, 2201); wenn der Erbl den Bedachten sowohl von der Erbfolge ausgeschlossen als auch ihm den Pflichtt entzogen hat und die Entziehg (dch Verzeihg od mangels Gründen) hinfällt ist (Hamm FamRZ **72**, 660 mAv Bosch); die Enterbg eines PflichttBerecht neben der Erbeinsetzg eines Dritten (BGH NJW **59**, 2113; Karlsr FamRZ **67**, 691); die Verweisg auf den Pflichtt neben der Einsetzg eines AlleinE kann sowohl den selbständ Ausschluß von der Erbfolge bedeuten (Zweibr FGPrax **96**, 152; Ffm FamRZ **97**, 1433), aber auch nur bloßer Hinweis auf die ges Folge der Erbeinsetzg, also keine selbständige Vfg sein (RG DR **41**, 1000). Bestimmen also die Eltern ihren Sohn zum Erben u setzen die Tochter auf den Pflichtt, bleibt die letztere Anordnung auch dann wirks, wenn der Sohn vor dem Erbfall stirbt, es sei denn, daß die Enterbg von der Einsetzg des Sohnes abhäng sein sollte (s aber auch BGH NJW **59**, 2113). Die Anordng der VorErbsch kann trotz Unwirksamk der NachE-Einsetzg wirks bleiben.

3 **a) Kein Fall** des § 2085 liegt vor bei ungült Zusätzen od Nachträgen zu einem gült Test. Dieses bleibt vorbehaltl der Möglichk einer Anfechtg (§ 2078) wirks, soweit es dem wahren Willen des Erbl widerspricht (RG SeuffA **87** Nr 46); ungült Zusätze können iü ggf zur Auslegg herangezogen werden (s § 2084 Rn 2). Umgekehrt kann dagg ein formgült Nachtrag zu einem nichtigen Test nach allg AusleggsGrdsätzen aufrecht erhalten werden, wenn anzunehmen ist, daß der Erbl das Bestehen des Nachtrags gewollt hätte, wenn er die Nichtigk des Test gekannt hätte. – Ferner greift § 2085 nicht ein, wenn **ein Teil** eines Test inhaltl nicht mehr feststellb, aber der Gesamtwille des Erbl soweit erkennb ist, daß er auch ohne den fehlenden Teil Bestand hat; der festgestellte Teil ist dann wirks (BGH **LM** Nr 1; s auch BayObLG **67**, 206). – Die Unwirksamk eines widerspruchsvollen TestTeils (zB Erbeinsetzg) braucht die Wirksamk des weiteren TestInhalts (zB Enterbg der Verwandten) nicht zu berühren.

4 **b) Die Unwirksamkeitsgründe** sind gleichgültig. § 2085 gilt sowohl bei Nichtigk von Anfang an, zB wg Formmangels (bei Zusätzen von fremder Hand; teilweiser Maschinenschrift im eigenhändigen Test) od bei Verstoß gg § 2065 II (KG JR **53**, 422) als auch bei nachträgl Unwirksamk infolge Anfechtg (§§ 2078 ff), Sittenwidrigk od aus anderen Gründen. Ferner bei nachträgl Hinfälligwerden der Vfg dch Ausschlagg, Bedinggsausfall (§§ 2074 ff; vgl § 1937 Rn 21) und bei unterbliebener Ergänzg (§ 2086).

5 **3) Teil einer Verfügung.** Betrifft die Unwirksamk nicht eine von mehreren Vfgen, sond einen Teil einer einheitl Vfg, ist str, ob § 2085 entspr andwendb ist od § 139 gilt, nach dem iZw Gesamtnichtigk anzunehmen ist. Sofern die Vfg überh **teilbar** ist, also der eine Teil ohne den and selbständ bestehen kann (s unten), wird von der nicht einheitl Rspr meist § 139 angewandt (s RG **63**, 23; BGH NJW **62**, 912; Hamm OLGZ **73**, 83). Mit dem überwiegd Schrifttt ist analoge Anwendg von § 2085 vorzuziehen (MüKo/Leipold Rn 9 mwH); differenzierend dagg Staud/Otte Rn 11; Soergel/Loritz Rn 11. – Teilbarkeit erfordert, daß der Zusammenhang zw den einzelnen Bestandteilen der Vfg nicht rechtl zwingd geboten ist (BGH NJW **59**, 2113; Hamm FamRZ **65**, 49). Teilbar ist zB ein mehreren Erben auferlegtes Vermächtn, das ggü einzelnen Beschwerten unwirks ist (RG SeuffA **75** Nr 36); die Anordng einer TVstrg bei mehreren Erben (BGH NJW **62**, 912); die Anordng der VorErbsch, wenn die Einsetzg der NachE wirks angefochten ist (Soergel/Loritz Rn 10); bei partieller Sittenwidrigk hat der BGH die Einsetzg eines AlleinE mit einer geringeren Quote aufrecht erhalten (NJW **69**, 1343; s aber § 138 Rn 50; str; aA Soergel/Loritz Rn 10).

6 **4) Durch Aufnahme** einer **Teilunwirksamkeitsklausel** in das Test kann der Erbl die Ersetzg des unwirks Teiles durch eine Regelg vorschreiben, die dessen Zweck wenigstens im wirtschaftl Ergebn auf eine zuläss Weise soweit als mögl erreicht u auch das Bestehenbleiben des übrigen Teils ermöglicht (s Kohler DNotZ **61**, 195). – Auch **Umdeutung** (§ 140 mit Rn 10) kann uU helfen.

7 **5) Bei gemeinschaftlichem Testament** gilt für wechselbezügl Vfgen § 2270 I; ob auch andere Vfgen von der Nichtigk betroffen werden, richtet sich nach § 2085 (s § 2270 Rn 2). – Für **Erbverträge** greift hinsichtl vertragsmäß bindender Vfgen beider VertrTeile § 2298 I ein. Ob einseitige Vfgen dch die Nichtigk einzelner vertragsmäß Vfgen berührt werden, bemißt sich nach § 2085 (s § 2298 Rn 2).

2086 *Vorbehalt einer Ergänzung.* **Ist einer letztwilligen Verfügung der Vorbehalt einer Ergänzung beigefügt, die Ergänzung aber unterblieben, so ist die Verfügung wirksam, sofern nicht anzunehmen ist, daß die Wirksamkeit von der Ergänzung abhängig sein sollte.**

1 **1) Testament mit Ergänzungsvorbehalt.** Nachdem das BGB den Vorbeh von Nachzetteln (Kodizillarklausel) nicht kennt, vielm auch solche Ergänzgen den TestFormen unterliegen, geht § 2086 von der Lebenserfahrg aus, daß der Erbl in der späteren Ergänzg meist nur noch eine Erläuterg treffen wird, die Endgültigk seiner Vfg davon aber iZw nicht abhäng machen wollte (Vermutg der Wirksamk). § 154 gilt hier nicht, da § 2086 ein bereits formgerecht errichtetes Test voraussetzt u nur zweifelh ist, ob es durch den ErgänzgsVorbeh

in Frage gestellt werden kann. Ob der Vorbehalt dem Test überh oder einer einzelnen letztw Vfg beigefügt war, gilt gleich. – Kein Fall des § 2086, sond gült Vermächtn liegt vor, wenn zur Bezeichng der VermNehmer auf die Traubibel Bezug genommen wird (RG JW **37**, 2832; vgl auch § 2151).

2) Das unvollständige (unvollendete) Testament gehört nicht hierher, zB Offenlassen der Vermächtn-Summe od der Fall, daß der Erbl währd der Errichtg stirbt od nicht mehr weitersprechen kann. In letzterem Falle ist das Test nichtig. Ist es unvollständig (zB es fehlt eine Seite), ist möglichst durch Auslegg zu helfen, zu der bei Übergabe einer Schrift (§ 2232) auch ein fehlendes Blatt, wenn es später aufgefunden wird, herangezogen werden kann (s RGRK Rn 6). 2

Zweiter Titel. Erbeinsetzung

2087 *Allgemeine Auslegungsregel.* **I Hat der Erblasser sein Vermögen oder einen Bruchteil seines Vermögens dem Bedachten zugewendet, so ist die Verfügung als Erbeinsetzung anzusehen, auch wenn der Bedachte nicht als Erbe bezeichnet ist.**

II Sind dem Bedachten nur einzelne Gegenstände zugewendet, so ist im Zweifel nicht anzunehmen, daß er Erbe sein soll, auch wenn er als Erbe bezeichnet ist.

1) Bedeutung. Die wenig glückl formulierte Vorschr (Otte NJW **87** 3164) ändert nichts an der Grdregel, daß Erbeinsetzg die Zuwendg der Gesamtnachfolge (§ 1922; 1942) in das Vermögen des Erbl insgesamt od in Bruchteile davon ist, Vermächtn dagg die Zuwendg einzelner Ggstände, weil das BGB keine Erbfolge in bestimmte Ggstände kennt. Ob allerd der Erbl mit einer test Zuwendg von EinzelGgständen Erbeinsetzg od Vermächtn im rechtl Sinne gewollt hat, erschließt sich im Einzelfall nicht ohne weiteres u ist dah zu ermitteln. Maßgebl hierfür ist der sachl Inh seiner letztw Vfg u nicht, welche Worte er verwendet hat (§ 133); ohnehin gebraucht ein großer Teil der Bevölkerg die Ausdrücke „erben" u „vermachen" unterschiedslos od gar nicht (allg M; zB Köln Rpfleger **92**, 199; BayObLG FamRZ **95**, 835). Die Ermittlg seines Willens geschieht im Weg der Auslegg an Hand des gesamten Inhalts der letztw Vfg u der Umstände des Einzelfalls (§ 2084), wobei wesentl Kriterium generell das WertVerhältn der zugewendeten Ggstände zum GesamtNachl ist (Köln Rpfleger **92**, 199). Dabei kann sich ergeben, daß nur scheinbar die Zuwendg eines einzelnen VermögensGgst vorliegt, in Wahrh aber der Erbl damit dem Bedachten einen Bruchteil seines Vermögens, eine Vermögensgruppe od sogar sein ganzes Vermögen zuwenden wollte (BGH FamRZ **72**, 561; BayObLG Rpfleger **80**, 430; FamRZ **97**, 1177). Erst wenn ein and Wille des Erbl nicht festgestellt werden kann, greifen die in **I** und **II** aufgestellten Ausleggsregeln ein (allg M; zB BGH aaO; BayObLG FamRZ **90**, 1399; Köln Rpfleger **92**, 199). Die Bedeutg des § 2087 beschränkt sich also auf eine Ausleggsregel bei solchen Vfgen, bei denen erst ermittelt werden muß, was der Erbl mit der Zuwendg von EinzelGgständen wirkl gewollt hat, weil das G bei unklaren od unvollständig Vfgen mit den in §§ 2087–2099 aufgestellten Ausleggs- u Ergänzgsregeln helfen will, die letztw Vfg nach Möglichk aufrecht zu erhalten, auch hier von dem Grdgedanken des § 2084 geleitet. – Die Vorschr sind auf Erbverträge entspr anwendb (§ 2279 I). – Auch für die NErbfolge gelten die GrdSätze des § 2087 (RG **152**, 190; dazu aber Schrader NJW **87**, 117). 1

2) Erbeinsetzung dch test Zuwendg von Ggständen an eine od mehrere Personen ist entgg dem Wortlaut des **II** (Ausleggsregel, keine ges Vermutg, Köln FamRZ **93**, 735) regelm anzunehmen, wenn ein Erbl den Bedachten diejen Ggstände zugewiesen hat, die nach seiner Vorstellg bei TestErrichtg (Rn 6) prakt sein gesamtes Vermögen od einen Bruchteil davon ausmachten. Dann wollte der Erbl dch die in dieser Weise Bedachten seine wirtschaftl Stellg fortgesetzt wissen (BayObLG NJW-RR **97**, 517; Düss ZEV **95**, 410; Köln FamRZ **89**, 549). Erschöpfen seine Einzelzuweisgen den Nachl, kann nicht unterstellt werden, daß er gleichwohl überh keinen Erben berufen wollte (BGH DNotZ **72**, 500; BayObLG FamRZ **92**, 862; NJW-RR **99**, 1021); dies gilt auch, wenn er zur Verteilg des Nachl einen TV eingesetzt hat (BGH WM **72**, 622). Entscheidend für Abgrenzg zu VermAnordng ist, ob der Erbl den so Bedachten eine mögl starke Stellg, also unmittelb Rechte am Nachl (als Ganzem od zu Bruchteilen) verschaffen wollte u ob sie nach seinem Willen auch den Nachl zu regeln u NachlSchulden zu tilgen haben. Die test Aufteilg des Nachl auf mehrere kann dann als mit einer Teilgsanordng (§ 2048) verbundene Erbeinsetzg der Bedachten zu Erbquoten nach den WertVerhältn angesehen werden (BGH FamRZ **85**, 62; **90**, 396); ggf wurde einem MitE ein VorausVermächtn (§ 2150) zugewendet (s § 2048 Rn 5). – Allerd hängt die Stellg als Erbe nicht begriffsnotwend davon ab, ob ihm nach Erfüllg aller NachlVerbindlichk noch ein mehr od weniger großer wirtschaftl Vorteil aus der Erbsch verbleibt (KG OLGZ **68**, 329); es kann geradezu für seine Erbeinsetzg sprechen, daß der Bedachte die **Schulden** des Nachl zu tilgen u den Nachl zu regulieren hat (BayObLG FamRZ **86**, 604; 728), zu denen auch die Beerdiggskosten gehören (§ 1968), so daß in der Beauftragg einer Person zur Besorgg der Bestattg ein zusätzl Anzeichen für deren Erbeinsetzg erblickt werden kann (BayObLG FamRZ **86**, 835). 2

a) Alleinerbe. Bei Zuwendg von Ggständen an mehrere Personen müssen nicht alle Bedachten auch zu Erben berufen sein. Vielm kann die Auslegg ergeben, daß nur einer od einzelne von ihnen zu Erben eingesetzt, den and dagg nur Vermächtn zugewendet sind (BGH DNotZ **72**, 500; BayObLG NJW-RR **97**, 517). Naheliegd ist es, als AlleinE die Person anzusehen, der wertmäß der Hauptggstand zugewandt ist u als VermächtnNehmer diejen, die mit Ggständen von geringerem Wert bedacht wurden (BayObLG FamRZ **95**, 246; **99**, 59). Auch die Zuwendg eines einzelnen Ggstands kann nämlich Erbeinsetzg sein, wenn der Nachl dadch erschöpft wird (BayObLG **66**, 408) od wenn sein obj Wert das im Test nicht erwähnte weitere Vermögen an Wert erhebl übertrifft, so daß der Erbl ihn offensichtl als seinen wesentl Nachl angesehen hat (BayObLG FamRZ **95**, 836). Dies gilt vor allem bei Zuwendg einer Immobilie, die ihrem Wert nach den wesentl Teil des Nachl ausmacht (BayObLG FamRZ **97**, 436; **99**, 1177; Köln FamRZ **91**, 1482; Düss ZEV **95**, 410). Hat zB westdtscher Erbl sein Grdst in der DDR dch VorausVerm zugewendet, liegt darin Alleinerbeinsetzg des Bedachten, wenn es beim Erbfall einen selbständ Nachl infolge rechtl Abspaltg bildet (KG 3

FamRZ **98**, 124; § 1922 Rn 8). – Erbeinsetzg kann auch darin liegen, daß ein Bedachter das „übrige Vermögen", dh alles erhalten soll, was nicht ausdrückl als Zuwendg einzelner Ggstände an andere Personen verteilt wurde, sofern dieses Restvermögen tatsächl den Wert der aufgezählten Ggstände erhebl übersteigt (BayObLG FamRZ **90**, 1275; 1399). – Einsetzg zum „AlleinE der Wohng", die Erbl aber nur gemietet hatte, kann Zuwendg ihres Inhalts u dann Erbeinsetzg sein, wenn er darin die wesentl Teile seines Vermögens aufbewahrte (BayObLG FamRZ **94**, 1554).

4 **b) Zuwendung nach Vermögensgruppen** (zB des bewegl u unbewegl Vermögens; od des inländ u ausländ) kann als Erbeinsetzg nach Bruchteilen, verbunden mit einer Teilgsanordng (§ 2048), ausgelegt werden, wenn Erbl damit üb sein gesamtes Vermögen verfügt hat. Die Erbquoten sind dann anhand des wirtschaftl WertVerhältn der zugewandten Vermögensgruppen zum GesamtNachl zu ermitteln (BGH FamRZ **90**, 396). Daß dies umständl u schwierig sein kann u auch nicht ohne weiteres zu genauen Bruchteilen führt, macht eine solche Auslegg nicht zur Regel, steht ihr aber auch nicht entgg (BGH NJW **97**, 392; **93**, 1005;
5 BayObLG NJW-RR **95**, 1096). – Ein Erbl kann auch nur üb den **Bruchteil** seines Vermögens vfgen u für den Rest ges Erbfolge eintreten lassen (§ 2088), etwa wenn er dch Zuwendg einzelner Ggstände od Vermögensgruppen die Bedachten zwar zu Erben einsetzen wollte, ihnen aber obj nur einen Teil des Nachl zugewandt hat (BayObLG FamRZ **90**, 1278); od einen wertvollen Ggstand im Test zwar aufgeführt, aber nicht einer best Person zugewiesen hat (BayObLG FamRZ **98**, 1334). Die zugewandten Ggstände sind dann in Bruchteile des Nachl umzudeuten, idR entspr ihrem Wertanteil am Nachl (BayObLG FamRZ **99**, 62). Frage der Auslegg ist dah nicht nur, ob Erbl die Bedachten zu Erben einsetzen wollte, sond auch, ob er sie zu alleinigen Erben einsetzen wollte od nur zu einem Bruchteil. In erstem Fall tritt dann gem § 2089 verhältnismäß Erhöhg ihrer Erbteile ein, im letzteren Fall ges Erbfolge für das Restvermögen.

6 **c) Maßgeblicher Zeitpunkt.** Maßgebd sind grdsl die Vorstellgen, die der Erbl im Zeitpkt der TestErrichtg üb die voraussichtl Zusammensetzg seines Nachl u den Wert der in diesen fallenden Ggstände gehabt hat (BGH FamRZ **72**, 563; BayObLG NJW-RR **95**, 1096; **97**, 517). Daher wird eine gewollte Erbeinsetzg nicht dch nachträgl erhebl Vermögenszuwachs in Frage gestellt, weil diese sich regelmäßig auf das beim Erbfall hinterlassene Vermögen bezieht; eine anteilige ges Erbfolge an der nachträgl Vermögensmehrg kommt deshalb nicht in Betracht (BayObLG FamRZ **86**, 835). Auch bei der Bewertg von Vermögensgruppen ist vom Zeitpkt der Errichtg des Tests auszugehen, wenn es dem Erbl darauf ankam, die Bedachten in einem bestimmten Verhältn am Nachl zu beteiligen (BayObLG FamRZ **97**, 1177). Nachträgl Vermögensändergen (Zuwachs od Verringerg) lassen dann die Erbquoten unberührt (BGH aaO); tritt eine Minderg allerd dch Schenkg an den Bedachten ein, kann im Wege ergänzder TestAuslegg anzunehmen sein, daß sie auf die mit dessen Erbeinsetzg verbundene Teilgsanordng anzurechnen ist (BGH NJW **97**, 392; Staud/Otte Rn 28 ff). – **Änderungen** in der **Vermögenszusammensetzung** od Wertverschiebgen sind dagg dann zu berücksichtigen, wenn der Erbl sie bereits bei TestErrichtg in seine Überleggen einbezogen hat (BayObLG NJW-RR **93**, 581), weil auch seine tatsächl Vorstellgen üb die weitere Entwicklg seines Vermögens u die voraussichtl Zusammensetzg seines Nachl maßgebl sind (BayObLG FamRZ **95**, 246). So kann sich Erbl zB noch gesonderte Vfg üb Vermögensggstände im Ausland (auch lebzeit) vorbehalten haben (BayObLG Rpfleger **98**, 201). Im Zweifelsfall muß dch Auslegg (auch ergänzende) ermittelt werden, ob sich die Erbeinsetzg auch auf den nachträgl Vermögens-
7 erwerb erstreckt (s KG NJW **71**, 1992; dazu Bartz NJW **72**, 1174; RGRK Rn 8). – Ausnahmsw wird der Wert zZ des **Erbfalls** maßgebl u zu ermitteln sein, wenn der Erbl einem Bedachten bestimmte Ggstände unabhängig von deren Wertändergen ohne Ausgleichszahlg zukommen lassen wollte (Staud/Otte Rn 30; Soergel/Loritz Rn 8; s auch § 2048 Rn 5; 6). Voraussetzg einer so gemeinten Erbeinsetzg wird im allg sein, daß die zugewandten Ggstände beim Erbfall noch zum Nachl gehören, zumindest zu einem nicht ganz unerhebl Teil (BGH NJW **97**, 392). Die Erbquote kann sich dah reduzieren, wenn etwa die zugedachten Ggstände teilw dem Bedachten schon zu Lebzeiten des Erbl geschenkt worden sind (BGH aaO).

8 **3) Vermächtnis** ist die Zuwendg von Einzelgegenständen, wenn Erbl nur üb diesen konkreten Ggst vfgen, den Bedachten also damit nicht an seinem Vermögen als Ganzes zu einer best Quote beteiligen, sond ihm ledigl auf schuldrechtl Ansprüche gg den Erben hinsichtl einzelner Ggstände (Mobiliar, Grdstück, Geldsumme etc) verweisen wollte (BGH MDR **60**, 484; BayObLG **63**, 319; NJW-RR **97**, 389). Sogar die Zuwendg von „Haus mit Inhalt" kann Vermächtn sein, wenn es nicht den wesentl Nachl ausmacht (BayObLG FamRZ **90**, 1401). Die Ausleggsregel des **II** führt zum Vermächn, wenn kein anderer Wille des Erbl festzustellen ist. – Die Zuwendg einer **Geldsumme** ist idR Vermächtn (BayObLG FamRZ **97**, 1177). Erbeinsetzg kann sie nur sein, wenn die Summe (od ein sonstiger realer Teil der Erbsch) fast das ganze Vermögen erschöpft od als Bruchteil des zu einem bestimmten Wert veranschlagten Nachl aufzufassen ist (Erman/Schmidt Rn 3). – Da **I** nicht zwingd ist, kann Erbl einen Bruchteil seines Vermögens auch als sog **Quotenvermächtnis** (Einf 6 v § 2147) zuwenden, dch das den Erben die Auszahlg eines dem Bruchteil entspr Teils des Barerlöses an den Bedachten als schuldrechtl Verpflichtg auferlegt wird (BGH NJW **60**, 1759; WM **78**, 377; KG OLGZ **67**, 361; BayObLG NJW-RR **96**, 1478); zB kann Zuwendg des ges Erbteils auch in diesem Sinne verstanden werden (BayObLG FGPrax **98**, 109).

9 **4) Einzelfälle.** Hat Erbl bestimmt, daß seine Ehefrau frei über den Nachlaß verfügen kann u Verwandte den Teil des Nachl erhalten sollen, über den sie bis zu ihrem Tod nicht letztw verfügt hat, ist die Ehefrau Vollerbin, die Verwandten VermächtnNehmer (Bremen DNotZ **56**, 149; s aber auch die in § 2065 Rn 8, 9 angeführte Rspr). – Die Klausel im ErbVertr von Eheg, der Überlebde u AlleinE des Erstversterbden habe bei seinem Tod die Hälfte des Nachl den Blutsverwandten des Erstversterbden zu hinterlassen, kann Erbeinsetzg dieser Verwandten zur Hälfte des Nachl des Überlebden bedeuten (LG Köln FamRZ **65**, 581). – Während die Zuwendg eines bestimmten Ggstandes an einen Erben über seinen Erbteil hinaus Vorausvermächtn ist (§ 2150), wird die Anordng, daß ein ErbschGgst den eingesetzten Erben „nicht zufallen" soll, als Vermächtn zG der ges Erben behandelt (§ 2149). – Zuläss ist auch VermächtnAnordng an mehrere Personen (Kinder), bei der ein Dritter bestimmt, wer von diesen das Vermächtn erhalten soll (§ 2151) und die zum Ggst ein Unternehmen hat, das im wesentlichen den Nachl ausmacht, wenn der auf Anordng eines Vermächtn gerichtete Wille des Erbl eindeut in der letztw Vfg zum Ausdruck kommt (s Dobroschke DB **67**, 803; Haegele

Rpfleger **73**, 203/204). – Stimmen bei Vermögensgruppen die errechneten Erbteile nicht mit den vom Erbl wortlautmäß angegebenen überein, kann unter bes Umständ sogar Erbeinsetzg zu den sich aus den Wert-Verhältn der Vermögensgruppen ergebden Erbquoten gegeben sein (BGH **LM** § 2084 Nr 12).

5) Zuwendung des Pflichtteils ist nach der (den § 2087 ergänzden) Ausleggsregel des § 2304 iZw nicht 10
als Erbeinsetzg anzusehen (s BayObLG **66**, 398). Damit ist aber noch nicht gesagt, ob die Zuwendg als Vermächtn aufzufassen ist od ob der so Bedachte auf den Pflichtt beschränkt, dh den PflichttBetrag nur kraft G, nicht kraft test Anordng zu fordern berechtigt sein soll. Dies festzustellen ist Sache der Auslegg (RG **129**, 239) und schon für die Verjährg (§ 2332) von Bedeutg (RG **113**, 237). S § 2304 Rn 1; Ferid NJW **60**, 121. – Bei Zuwendg eines Vermächtn zwecks Deckg eines Pflichtteils greift § 2307 ein.

2088 *Einsetzung auf einen Bruchteil.*

I Hat der Erblasser nur einen Erben eingesetzt und die Einsetzung auf einen Bruchteil der Erbschaft beschränkt, so tritt in Ansehung des übrigen Teiles die gesetzliche Erbfolge ein.

II Das gleiche gilt, wenn der Erblasser mehrere Erben unter Beschränkung eines jeden auf einen Bruchteil eingesetzt hat und die Bruchteile das Ganze nicht erschöpfen.

1) Nicht erschöpfende Erbeinsetzung. Erschöpft eine erfolgte Erbeinsetzg das Ganze nicht, kommt es 1
darauf an, ob der Erbl damit Beschränkg auf einen (**I**) od mehrere Bruchteile (**II**) des Nachl gewollt hat. Ist dies der Fall, tritt hinsichl des nicht verteilten Nachl ges Erbfolge ein. § 2088 bringt dann nur zum Ausdruck, daß der Erbl ledigl üb einen Teil des Nachl vfgen u für den Rest ges Erbfolge eintreten lassen kann (Staud/Otte Rn 1; s auch § 1951). Vfg nur üb Bruchteil kann auch darin liegen, daß Erbl dch Zuwendg einzelner Ggstände den Bedachten zwar zum Erben einsetzen (§ 2087) wollte, ihm aber obj nur einen Teil des Nachl zugewandt hat (BayObLG FamRZ **99**, 62); od wenn der westdtsche Erbl nur über sein Vermögen in der BRD, nicht aber auch üb das in der DDR testiert hat (KG DtZ **95**, 417). Beschränkg auf Bruchteil kann sich auch daraus ergeben, daß sich Erbl Vfg üb RestNachl vorbehalten hat (BayObLG NJWE-FER **98**, 61); unterblieb dann die Benenng eines Bedachten hinsichtl wesentl Vermögenswerte, tritt insow ges Erbfolge ein (BayObLG FamRZ **98**, 1334). Mehrere Erben können auch zusammen auf einen Bruchteil gesetzt sein.

2) Ergänzungsregel. Erweist sich die Erbregelg als lückenhaft, weil die Auslegg weder ergibt, daß ein 2
solcher Beschränkgswille festzustellen ist, noch daß die eingesetzten Erben die alleinigen sein sollen (§ 2089), enthält § 2088 eine Ergänzgsregel, nach der mangels eines erkennb abweichenden ErblWillens ges Erbfolge hinsichtl des nicht verteilten Bruchteils eintritt. Die dann wg § 1934 a strittige Frage, wie dabei ein nichtehel Kind als ges Erbe neben einer test eingesetzten Ehefrau u ehel Kindern beteiligt ist, hat sich wg Streichg der SonderVorschr dch das ErbGleichG in Erbfällen seit dem 1. 4. 98 erledigt. Zu früh s EG 227 I Nr 1 u die 57. Aufl.

3) Abweichender Erblasserwille. Steht als Ergebn der Auslegg fest, daß nach dem Willen des Erbl die 3
auf einen Bruchteil eingesetzten Erben trotz der Beschränkg nicht die alleinigen sein sollen, ist sein Wille bezügl des Restes aber unklar, kann sich dch Auslegg ergeben, daß die ges Erben hinsicht des Restes eingesetzt sind. Soll Bedachter den „größeren Teil" erben, ohne daß der Umfang dieser Zuwendg exakt bestimmt ist, liegt darin jedenf Erbeinsetzg zur Hälfte (LG Mü I FamRZ **99**, 959). – Gehört der auf Bruchteil eingesetzte Erbe auch zu den ges Erben, ist zu klären, ob der Wille des Erbl nicht dahin ging, ihn auf den zugewendeten Bruchteil zu beschränken (BayObLG **65**, 166/177); in diesem Fall kann er nicht noch als ges Erbe am Nachl teilhaben, weil dann insow Teilausschluß vorliegt. Gg eine solche Auslegg spricht allerd oft, daß dann Erben entfernterer Ordng zum Zuge kommen (MüKo/Schlichting Rn 4). – Wurde ein Bruchteil erst dadch frei, daß der Erbl von den eingesetzten Erben im Wege des Teilwiderrufs (§ 2255) einen gestrichen hat, ist es von den Umständ des Einzelfalls abhäng, ob auf den frei gewordenen Erbteil § 2088 od § 2089 anzuwenden ist (KG JFG **6**, 147). – Scheidet ein eingesetzter Erbe aus, weil er nicht Erbe sein kann od will, und greift nach dem ErblWillen weder Ersatzerbfolge (§ 2096) noch Anwachsg (§ 2094) ein, gelangt der frei werdende Erbteil an die ges Erben.

2089 *Erhöhung der Bruchteile.*

Sollen die eingesetzten Erben nach dem Willen des Erblassers die alleinigen Erben sein, so tritt, wenn jeder von ihnen auf einen Bruchteil der Erbschaft eingesetzt ist und die Bruchteile das Ganze nicht erschöpfen, eine verhältnismäßige Erhöhung der Bruchteile ein.

Verhältnismäßige Erhöhung der Bruchteile erfolgt bei nicht erschöpfender Einsetzg mehrerer Erben auf 1
Bruchteile, sofern nach dem dch Auslegg zu ermittelnden Willen des Erbl die Eingesetzten die alleinigen Erben unter Ausschluß der ges Erbfolge sein sollen. Dies ist iZw der Fall, wenn nach Wegstreichen eines Erben die verbliebenen Bruchteile den Nachl nicht mehr erschöpfen (str; differenzierd Soergel/Loritz Rn 4). – Es wird dann nicht nach Kopfteilen, sond nach Verhältn der bestimmten Bruchteile zueinander geteilt unter Errechng des niedrigsten gemeinsamen Nenners. Diese Erhöhg hat nicht die Bedeutg eines bes Erbteils iS der §§ 1935, 2095. – Ist der einzige eingesetzte Erbe zu einem Bruchteil bedacht, gilt § 2088 I. – **Beispiel:** Soll A 1/2, B 1/5 und C 1/5 erhalten, ist 1/10 unverteilt. Bei gemeinschaftl Nenner 10 sind also A auf 5/10, B auf 2/10 und C auf 2/10 eingesetzt od im Verhält 5:2:2. Das Zusammenzählen 5 + 2 + 2 = 9 ergibt den neuen Nenner, so daß also A 5/9, B 2/9 und C 2/9 erhalten.

2090 *Minderung der Bruchteile.*

Ist jeder der eingesetzten Erben auf einen Bruchteil der Erbschaft eingesetzt und übersteigen die Bruchteile das Ganze, so tritt eine verhältnismäßige Minderung der Bruchteile ein.

1 **Widerspruchsvolle Anordnungen** sollen das Test möglichst nicht unwirks machen (§§ 140, 2084), soweit nicht bei mehreren Test eine Aufhebg des früheren anzunehmen ist (§ 2258). Falls kein entgegengesetzter Wille des Erbl festzustellen ist und kein Irrtum vorliegt (sonst Anfechtg, § 2078), erfolgt bei Einsetzg auf Bruchteile, deren Summe das Ganze übersteigt, Korrektur nach § 2090. Es wird dann also verhältnism (vgl § 2089) in der Weise gemindert, daß die Brüche der Erbteile auf den gleichen Nenner gebracht werden; dch Zusammenzählg der entstandenen Zähler erhält man den neuen Nenner. – Die Vorschr gilt entspr beim Vermächtn (§ 2157). – **Beispiel:** Sind A auf $^{2}/_{3}$, B auf $^{1}/_{4}$ und C auf $^{1}/_{4}$ eingesetzt, ist $^{1}/_{6}$ zu viel verteilt. Bei gemeinschaftl Nenner 12 sind also A auf $^{8}/_{12}$, B auf $^{3}/_{12}$ und C auf $^{3}/_{12}$ eingesetzt od im Verhältn 8:3:3. Das Zusammenzählen von 8 + 3 + 3 = 14 ergibt den neuen Nenner, so daß A $^{8}/_{14}$, B und C je $^{3}/_{14}$ erhalten. S auch das Beispiel bei Staudenmaier BWNotZ **66**, 279.

2091 *Unbestimmte Erbteile.* **Sind mehrere Erben eingesetzt, ohne daß die Erbteile bestimmt sind, so sind sie zu gleichen Teilen eingesetzt, soweit sich nicht aus den §§ 2066 bis 2069 ein anderes ergibt.**

1 **Die Ergänzungsregel** sieht gleiche Erbteile erst vor, wenn deren Größe auch nach Auslegg des Test (BayObLG FamRZ **90**, 1405) weder ausdrückl noch mittelb bestimmt ist, also auch nicht Grdsätze der ges Erbfolge anzuwenden sind, sei es üb die Heranziehg der §§ 2066–2069 bzw dch deren entspr Anwendg (BayObLG FamRZ **86**, 610) od sonst nach den Umständen des Falles (Gruppierg nach Stämmen; zB Ffm FamRZ **94**, 327: Geschwister, ersatzw deren Kinder; RG Warn **18** Nr 123: „meine Frau und meine Kinder“). Im Zw sind aber Kopfteile gemeint, zB bei Einsetzg von Kindern verschiedener Geschwister. Sind die ges Erben namentl, aber nicht ihre Erbteile angegeben, greift § 2091 und nicht § 2066 ein (KG JW **38**, 2475). Hatte sich der Erbl die Bestimmg der Anteile noch vorbehalten (§ 2086), dies aber nicht mehr ausgeführt, muß nach § 2091 gleiche Teilg eintreten. – Eine mittelb Bestimmg der Anteile liegt insb in der Einsetzg auf einen gemschaftl Erbteil (§ 2093). Unbestimmt sind die Erbteile auch, wenn die Verweisg auf das ges ErbR keine Klarh bringt, zB Einsetzg des Bruders u dessen Tochter zum ges Erbteil (RGRK Rn 1). – Bei Verteilg nach Ggständen ist nicht an § 2091, sond an § 2087 zu denken (BGH **LM** § 13 HöfeO Nr 22).

2092 *Teilweise Einsetzung auf Bruchteile.* **I Sind von mehreren Erben die einen auf Bruchteile, die anderen ohne Bruchteile eingesetzt, so erhalten die letzteren den freigebliebenen Teil der Erbschaft.**

II Erschöpfen die bestimmten Bruchteile die Erbschaft, so tritt eine verhältnismäßige Minderung der Bruchteile in der Weise ein, daß jeder der ohne Bruchteile eingesetzten Erben so viel erhält wie der mit dem geringsten Bruchteile bedachte Erbe.

1 **1) Beim Zusammentreffen** bestimmter mit unbestimmter Erbeinsetzg erhalten, soweit nicht ein anderer ErblWille ersichtl ist, gem **I** die ohne Angabe eines Bruchteils Eingesetzten nach dem Grdsatz des § 2091 iZw gleiche Teile. Bspl: Ist A auf $^{1}/_{2}$, B auf $^{1}/_{4}$, C und D ohne Bruchteil eingesetzt, erhalten C und D das verbleibende $^{1}/_{4}$ zu gleichen Teilen, also je $^{1}/_{8}$.

2 **2) Erschöpfen** die bestimmten Bruchteile den Nachl (od übersteigen sie das Ganze), regelt **II** dies wie § 2090: Sind die bestimmten Bruchteile gleich, erhalten die ohne Bruchteil Eingesetzten gleich große Anteile wie die anderen; sind sie verschieden, erhält jeder von ihnen so viel wie der Erbe mit dem geringsten bestimmten Bruchteil. Bspl: A ist auf $^{1}/_{2}$, B auf $^{1}/_{3}$, C auf $^{1}/_{6}$, D und E ohne Bruchteil eingesetzt. D und E steht der gleiche Anteil wie C zu. A $^{3}/_{6}$, B $^{2}/_{6}$, C, D und E je $^{1}/_{6}$ ergeben zusammen $^{8}/_{6}$. Gem § 2090 wird gekürzt im Verhältn 3:2:1:1:1 auf A $^{3}/_{8}$, B $^{2}/_{8}$, C, D und E je $^{1}/_{8}$.

2093 *Gemeinschaftlicher Erbteil.* **Sind einige von mehreren Erben auf einen und denselben Bruchteil der Erbschaft eingesetzt (gemeinschaftlicher Erbteil), so finden in Ansehung des gemeinschaftlichen Erbteils die Vorschriften der §§ 2089 bis 2092 entsprechende Anwendung.**

1 **1) Gemeinschaftlicher Erbteil.** Die Einsetzg hierauf ist mögl u hat dann innerrechtl Bedeutg (s Rn 2). Wann sie vorliegt, bestimmt die Vorschr nicht. Daher ist bei nicht eindeut Anordng des Erbl dch Auslegg zu ermitteln, ob mehrere Bedachte eine Gruppe bilden sollen (BayObLG **76**, 122; FamRZ **88**, 214). Ein derartiger Wille ist idR nicht schon bei bloß sprachl Verbindg (A, B und C erben $^{1}/_{3}$) od Gesamtbezeichng (meine Söhne sollen die Hälfte erben) anzunehmen. Eher ist die Zusammenfassg von Personen unter einzelne Ziffern im Test ein Indiz für Gruppenbildg (1. A, 2. B und C) od der Fall des § 2092 I (A soll mein Erbe zu $^{1}/_{4}$, B und C sollen auch Erben sein). Entscheidend ist der Gedanke der engeren Gemeinsch im Verhältn zu den übr Erben (BayObLG **76**, 122), der sich aus sachl Gesichtspkten wie enge persönl Beziehg untereinander od gemeinsame Beziehg zum Ggstand ergeben soll (Soergel/Loritz Rn 2; MüKo/Schlichting Rn 2). Die Bezeichng „Eheleute“ ist für sich allein aber noch kein ausreichendes Indiz für Einsetzg auf gemeinsch Erbteil (BayObLG NJW-RR **99**, 1311).

2 **2) Teilung der Unterbruchteile.** Die so Zusammenberufenen zählen ggü den anderen Erben für eins und haben unter sich nach den in §§ 2089–2093 wg des Teilgsverhältnisses gegebenen Vorschr zu teilen, also iZw nach Köpfen (§ 2091). Der gemschaftl Erbteil hat ferner bei der Anwachsg (§ 2094 I 2; II) u Ersatz-Berufg (§ 2098 II) Bedeutg.

2094 *Anwachsung.* **I Sind mehrere Erben in der Weise eingesetzt, daß sie die gesetzliche Erbfolge ausschließen, und fällt einer der Erben vor oder nach dem Eintritte des Erbfalls weg, so wächst dessen Erbteil den übrigen Erben nach dem Verhältnis ihrer Erbteile an.**

Sind einige der Erben auf einen gemeinschaftlichen Erbteil eingesetzt, so tritt die Anwachsung zunächst unter ihnen ein.

II Ist durch die Erbeinsetzung nur über einen Teil der Erbschaft verfügt und findet in Ansehung des übrigen Teiles die gesetzliche Erbfolge statt, so tritt die Anwachsung unter den eingesetzten Erben nur ein, soweit sie auf einen gemeinschaftlichen Erbteil eingesetzt sind.

III Der Erblasser kann die Anwachsung ausschließen.

1) Ausschluß gesetzlicher Erbfolge. Sollen die eingesetzten Erben nach dem Willen des Erbl die alleinigen Erben sein (sei es, daß ihre Erbteile den Nachl erschöpfen; daß ein Fall des § 2089 vorliegt; od daß bei Zuwendg einzelner NachlGgste an mehrere Erben diese den gesamten Nachl ausmachen u die Ausleggsregel des § 2087 II nicht durchgreift), wird vermutet, daß bei Wegfall eines Eingesetzten die übr TestErben den freiwerdenden Erbteil erhalten sollen und nicht die ges Erben, sofern nicht der Erbl etwas anderes gewollt hat (**III;** s Rn 3). Diese Vermutg greift allerd nicht ein, wenn der Erbl selbst die Erbeinsetzg einzelner Personen widerruft, weil er dann erkennb nicht mehr abschließd vfgen wollte (BayObLG FamRZ **93**, 736). – Nach Anwachsg ist das Recht der NachE dch § 2110 I, der ErbschKäufer dch § 2373 geregelt. Für Vermächtn gelten §§ 2158, 2159. 1

a) Wegfall kann vor od nach dem Erbfall erfolgen. Er tritt ein: **Vor** dem Ebfall dch Tod (§ 1923 I; auch Totgeburt einer Leibesfrucht, § 1923 II; RG Warn **14** Nr 125) sowie dch Erbverzicht (§ 2352); **nach** dem Erbfall dch Ausschlagg (§ 1953), Erbunwürdigkeitserklärg (§ 2344), Nichterleben einer aufschiebenden Bedingg (§ 2074), Anfechtg (§§ 2078, 2079) und Nichterteilg der staatl Genehmigg nach § 84; EG 86. – **Keinen** Wegfall bewirkt die Feststellg der Nichtigkeit der Erbeinsetzg von Anfang an (zB gem § 2077; BeurkG 7, 27), weil der Bedachte dann nie Erbe werden konnte, so daß ggf eine Erhöhg der Erbteile gem § 2089 vorzunehmen ist (RG **95,** 97; RGRK Rn 2; str; aA KG NJW **56**, 1523; MüKo/Schlichting Rn 3; Staud/Otte Rn 2; differzierd Soergel/Loritz Rn 6). Bei der Ersatzerbeneinsetzg (§ 2096), die ja auch für den Wegfall ges Erben gilt (§ 2051 II), ist der Begriff des Wegfalls allerd ein weiterer. 2

b) Ausschließung (III). Der Erbl kann dch Vfg vTw die Anwachsg ausschließen, sei es dch ausdrückl od dch eine erst mittels Auslegg der Vfg zu entnehmde Erkl (BayObLG FamRZ **93**, 736; Faber BWNotZ **87**, 7; Schopp MDR **78**, 10). Dies ist allg oder ggü einzelnen Erben mögl, da die Anwachsg ja nur auf dem vermuteten Willen des Erbl beruht. Der Ausschluß führt zum Eintritt eines ErsatzE. Ist keiner berufen, fällt der frei gewordene Teil an die ges Erben. War der Ausschluß auf einzelne MitE beschränkt, nehmen diese an einer Anwachsg nicht teil; fallen sie selbst weg, wächst dagg ihr Anteil bei Anwachsg den übr MitE an. – Stets 3
ausgeschlossen ist die Anwachsg bei Einsetzg von **Ersatzerben** (§ 2099), zu denen iZw auch die NachE gehören (§ 2102 I), die daher dch Auslegg (§ 2084, ggf ergänzende) vorrangig zu ermitteln sind. Ferner bei Ersatzberufg von Kindeskindern gem § 2069; zum Nachrücken von ErsatzE bei Wegfall naher Angehöriger s § 2069 Rn 8; KG FamRZ **77**, 344; die test Bevorzugg des weggefallenen Enkels ggü and Abkömml u Stämmen kann ein ausreichender Anhaltspkt für Ersatzberufg sein (Hbg FamRZ **88**, 1323). – In der Einsetzg auf den Pflichtt liegt auch Ausschließg (KG DNotZ **42**, 147; s § 2069 Rn 4; § 2074 Rn 6). – In der Einsetzg auf **bestimmte Bruchteile** liegt die Ausschließg noch nicht, da sie nur das Teilgsverhältn der Erben festsetzt (BayObLG FamRZ **93**, 736; vgl § 2158 I 2); jedoch bleibt der Erbe dann auf den zugewendeten Bruchteil beschränkt, wenn sich der Erbl der Möglichk des Wegfalls bewußt war u gerade für diesen Fall eine von der ges abweichde Regelg treffen wollte (BayObLG aaO; MüKo/Schlichting Rn 4). – Bei Verwirkgsklausel u ähnl Sachlage geht § 2094 dem § 2069 vor (KG DNotZ **42**, 147; s § 2069 Rn 4; § 2074 Rn 6). – **Die** 4
Vererblichkeit des NacherbR (§ 2108 II 1) geht dagg iZw dem AnwachgsR vor, wenn ein NachE nach dem Erbfall wegfällt (KG JFG **15**, 309; § 2108 Rn 2). Bei Wegfall eines von mehreren VorE ist es eine Frage der Auslegg, ob Anwachsg unter den übr VorE, Übergang auf den NachE als ErsatzE (§ 2102 I) gewollt ist od sich die Vorerbsch auf die Erben des VorE vererbt; iZw tritt Ersatzerbfolge ein (Soergel/Loritz Rn 10). Stirbt der MitVorE nach dem Erbfall, tritt iZw Nacherbfolge ein (§ 2106), andernf sich die Vorerbsch vererbt. – **Beweisen** muß im RStreit den Ausschluß, wer ihn behauptet. 5

2) Anwachsung (I 1) ist sachl das Gleiche wie die Erhöhg des Erbteils bei ges Erbfolge (§§ 1935; 2007 S 2) u erfolgt in der Weise, daß sich die Erbteile der verbleibenden Erben entspr ihrem Verhältn zueinander von selbst erhöhen. Es tritt also kein neuer Erbteil hinzu. Der vergrößerte Erbteil ist bereits mit Erbfall erworben (§ 1953 II) und stellt eine Einheit dar, so daß der Zuwachs keine selbständ Bedeutg hat mit Ausnahme von Belastgen und AusgleichsPfl (§§ 2095; 2052; 2007). – Bspl für verhältnismäß Erhöhg: Sind A auf $^1/_2$, B auf $^1/_4$, C auf $^1/_4$ eingesetzt, erhalten bei Wegfall des C: A $^1/_2 + ^2/_{12} = ^2/_3$, B $^1/_4 + ^1/_{12} = ^1/_3$. – Bei **gemeinschaftlichem Erbteil** (§ 2093) findet die Anwachsg zunächst nur innerh dieser Sondergruppe statt, falls nicht alle gemschaftl Eingesetzten weggefallen sind (**I 2**). Bei den so Zusammenberufenen findet sogar auch dann Anwachsg statt, wenn nach § 2088 II auch die ges Erben teilnehmen, obwohl hier im übrigen ein AnwachsgsR nicht besteht (**II**). 6

2095 *Angewachsener Erbteil.* **Der durch Anwachsung einem Erben anfallende Erbteil gilt in Ansehung der Vermächtnisse und Auflagen, mit denen dieser Erbe oder der wegfallende Erbe beschwert ist, sowie in Ansehung der Ausgleichungspflicht als besonderer Erbteil.**

1) Schutz des Anwachsungsberechtigten. Die Vorschr entspricht § 1935. Der Erbe hat die auf dem anwachsenden Erbteil lastenden Vermächtn u Auflagen bei verschiedener Beschwerg (§ 2007 S 2) nur aus Mitteln der Erhöhg zu tragen, ohne den freien Erbteil angreifen zu müssen (§§ 2161, 2187 II, 2192). Für die AusgleichsPfl kommt hier nur die letztw Berufg von Abkömmlingen nach § 2052 in Betr. Es soll auch hier vermieden werden, daß der Erbe durch die Anwachsg (§§ 2055, 2056) benachteiligt wird. – Bei Vermächtn 1 gilt (von der AusgleichgsPfl abgesehen) dasselbe (§ 2159). – Die Selbständigk der Erbteile gilt auch hins der Verteilg der PflichtLast nach § 2318.

2 **2) Abweichende Anordnungen** kann der Erbl treffen, zB einzelne Vermächtn od Auflagen dadch bevorzugen, daß sie nicht bloß von dem ursprüngl, sond auch von dem dch Anwachsg größer gewordenen Erbteil zu tragen sind, jedoch unbeschadet der Rechte der PflichttBerecht nach §§ 2306 I, 2318 III u der zwingenden Vorschriften über die Beschränkg der Erbenhaftg (§ 2007; s Staud/Otte Rn 5).

2096 ***Einsetzung als Ersatzerbe.*** **Der Erblasser kann für den Fall, daß ein Erbe vor oder nach dem Eintritte des Erbfalls wegfällt, einen anderen als Erben einsetzen (Ersatzerbe).**

1 **1) Ersatzerbfolge.** Hat der Erbl seine Erben dch Vfg vTw bestimmt, kann er für den Fall, daß der Eingesetze (od einer von mehreren) nicht Erbe wird, dch Benenng eines ErsatzE die gewillkürte Erbfolge sichern u die ges weiterhin ausschließen. Bes wichtig ist diese Vorsorge bei Anordng einer Vor- u NErbfolge (dazu § 2102 mit Rn 4; § 2108 Rn 5). Eine ges Ersatzerbfolge gibt es nicht. Das G hält ledigl für nachträgl TestLücken infolge Vorversterbens bestimmter Bedachter ergänzende Regelgen bereit; so sind bei Wegfall eines Abkömml gem § 2069 die nachrückenden Abkömml und gem § 2102 der NachE iZw als ErsatzE berufen. Auch kann in der Einsetzg einer dem Erbl besond nahestehenden Person sein Wille zum Ausdr gebracht sein, daß bei deren Wegfall and Personen, insbesond deren Abkömml, als ErsatzE eingesetzt sind od wären, wenn er bei TestErrichtg den Wegfall des Bedachten erwogen hätte (s § 2069 Rn 8). Beruht somit die Ersatzerbfolge immer auf dem Willen des Erbl, muß sie nicht ausdrückl erklärt sein, sond kann auch dch ergänzde Auslegg (§ 2084 Rn 8–11) festgestellt werden.

2 **2) Ersatzfall** ist der Wegfall des eingesetzten Erben. Dies ist hier weiter zu verstehen als bei § 2094, da die Ersatzberufg auch dann eingreift, wenn die Erbeinsetzg nichtig ist od widerrufen wird. Wegfall liegt also sowohl in den in § 2094 Rn 2 genannten Fällen vor als auch bei anfänglicher Nichtigk der Einsetzg des Erstberufenen (unstr). Annahme des Eingesetzten als Kind eines Dritten kann uU als Wegfall anzusehen sein (s Dittmann Rpfleger **78**, 277). – Die Berufg des ErsatzE muß allerd nicht für alle Fälle des Wegfalls gelten, so daß bei einzelnen Wegfallgründen das Einrücken des ErsatzE ausgeschlossen sein kann. – Ist die Ersatzberufg auf eine bestimmte Art des Wegfalls beschränkt, gilt § 2074 (s § 2097 Rn 1; aA Soergel/Loritz Rn 9). Überh findet § 2096 keine Anwendg, wenn der Erbl den Eintritt des Ersatzerbfalls von einer echten Bedingg abhängig macht (BayObLG NJW **60**, 965); stirbt dann der Erstberufenen nach dem Erbfall, aber vor Eintritt der Bedingg, ist Ausleggsfrage, ob die gleiche Bedingg auch für den ErsatzE gilt, der gem § 2105 bedingt
3 berufener NachE ist. – Stirbt der Erstberufene erst **nach** dem Erbfall, geht die Erbsch auf dessen Erben über samt dem AusschlaggsR (§ 1952); macht der Erbeserbe davon noch innerh der Frist des § 1944 Gebrauch, ist der Erstberufene nie Erbe geworden (§ 1953 I), so daß Ersatzerbfolge eintritt.

4 **3) Der Ersatzerbe** wird vom Erbl nach den allg Vorschr berufen (zB §§ 2068, 2069, 2096 ff). Ob ersatzw nach § 2069 berufenen Abkömml Vorrang vor eingesetzten ErsatzE zukommt, kann nicht generell, sond nur nach den Umständ des Einzelfalls festgestellt werden (BayObLG **93**, 335 mAv Mayer MittBayNot **94**, 111). Läßt sich auch dch Auslegg nicht ermitteln, ob der Eingsetzte ErsatzE od NachE sein soll, ist iZw Einsetzg als ErsatzE anzunehmen (§ 2102 II mit Rn 4; BGH LM Nr 1). – ErsatzE kann auch ein MitE (2098) od ein Fremder sein. Der Erbl kann **mehrere** ErsatzE sowohl neben- als auch hintereinander einsetzen; nebeneinander sind sie gemeinschaftl und iZw zu gleichen Teilen (§ 2091) an Stelle des ersten Erben berufen, hintereinander jeweils erst nach Wegfall des Vordermannes, wobei bedeutgslos ist, in welcher Reihenfolge die
5 Vordermänner wegfallen (s auch § 2098). – In der Einsetzg als ErsatzE kann nicht auch die als **Nacherbe** gefunden werden, falls nicht festzustellen ist, daß der Erbl in Wirklichk Nacherbfolge gemeint hat (RG HRR **32** Nr 1055); hat der Erbl letzteres gewollt, kann auch im Gebr des Wortes „Ersatzerbe" die Einsetzg eines NachE liegen (BGH aaO; vgl auch Celle RdL **69**, 99; § 2102 Rn 1). Bei Erbeinsetzg für den Fall des kinderlosen Ablebens des Erstberufenen vor Erreichen eines bestimmten Lebensalters liegt Anordng von NachErbsch u nicht ErsatzErbsch vor (Celle NdsRpfl **49**, 176).

6 **4) Rechtsstellung.** Der ErsatzE tritt an die Stelle eines anderen (im Ggsatz zum NachE, der Erbe wird, nachdem zunächst ein anderer dies war, § 2100). Der Erstberufene darf also nie Erbe gewesen sein. Daher ist die Einsetzg des ErsatzE aufschiebd bedingt dch den Wegfall des Erstberufenen; dies ist allerd keine rechtsgeschäftl Bedingg (s § 2074 Rn 1), da sie beim Erbfall schon eingetreten war od als eingetreten gilt. Vor dem Erbfall und auch noch vor dem Wegfall des Erstberufenen (Ersatzerbfall) hat der ErsatzE keinerlei Rechte, da er nur hilfsweise berufen ist (BGH **40**, 115). Er kann sich wg Geschäftsführg und Vfgen des Erstberufenen erst nach dessen Wegfall und nur nach Maßgabe des § 1959 an diesen od an Dritte halten (RG **145**, 316). – Mit
7 Eintritt des **Erbfalls** erlangt der ErsatzE ein AnwartschR (BayObLG **60**, 410; Soergel/Loritz Rn 12; aA Hamm NJW **70**, 1606), das iZw vererbl und übertragb ist. Dafür muß er den Erbfall erleben, zumindest als Erzeugter (§ 1923), da auch für ihn die allg Grdsätze der Erbeinsetzg gelten und der Erstberufene auch bei späterem Wegfall so angesehen wird, als wäre er bereits vor dem Erbfall weggefallen. Den Ersatzerbfall braucht er dann nicht mehr zu erleben; sein AnwartschR geht iZw auf seine Erben über (KGJ **42**, 104). Er kann die
8 Erbsch auch bereits ausschlagen (s § 1944 Rn 7) od annehmen (RG **80**, 377). – Mit dem **Ersatzerbfall** erwirbt der ErsatzE die Erbsch, sofern der Erstberufene bereits weggefallen ist; bei späterem Wegfall wird er so angesehen, als sei er bereits im Ztpkt des Erbfalls berufen worden. Vermächtn und Auflagen belasten iZw auch ihn (§§ 2161, 2192). Ebenso trifft ihn die AusgleichgsPfl (§ 2051 II). Ob er auch ein dem Erben zugewendetes Vorausvermächtn (§ 2150) erhält, ist Ausleggsfrage; zum Ersatzvermächtn s iü § 2190. Der Voraus (§ 1932) des weggefallenen Ehegatten steht dem ErsatzE idR nicht zu. – Als Ersatzmann eines NachE ist er
9 **Ersatznacherbe.** Er muß dann den Nacherbfall erleben, aber nicht den Wegfall des NachE (zu seiner RStellg s § 2102 Rn 6). Zur Vererblichk des mit dem Erbfall entstehenden AnwartschR des NachE und zu ihrem Ausschluß dch Einsetzg eines ErsatzE s § 2108 Rn 2–4. – Nach **Erbschaftsverkauf** verbleibt einem MitE iZw ein ihm gem § 2096 zusätzl anfallendes ErbR (§ 2373).

2097 *Auslegungsregel.* **Ist jemand für den Fall, daß der zunächst berufene Erbe nicht Erbe sein kann, oder für den Fall, daß er nicht Erbe sein will, als Ersatzerbe eingesetzt, so ist im Zweifel anzunehmen, daß er für beide Fälle eingesetzt ist.**

Die Auslegungsregel ist weit gefaßt (Düss DNotZ **74**, 366/369), greift aber nur ein („im Zw“), wenn der Erbl die Ersatzberufg nicht auf einen bestimmten Fall beschränken wollte (BayObLG FamRZ **89**, 666), zB wenn der ErsatzE für den Fall der Ausschlagg des Erstberufenen eingesetzt war, dieser aber inf Widerrufs seiner Erbeinsetzg nicht Erbe sein konnte (Dresden ZBlFG **17**, 303); od umgekehrt, wenn bei Einsetzg für den Vorversterbensfall ausgeschlagen wird (RG **113**, 50). Ist die Ersatzberufg auf eine bestimmte Art des Wegfalls beschränkt, gilt nicht § 2097, sond § 2074 (aA Soergel/Loritz § 2096 Rn 9); der ErsatzE muß also den Wegfall (nicht nur den Erbfall) erleben. – Über entspr Anwendg beim Vermächtn s § 2190. – Nicht anwendb ist § 2097, wenn der NachE nach Eintritt des Nacherbfalls die Erbsch ausschlägt, um den Pflichtt zu verlangen (Ffm Rpfleger **70**, 391; Stgt OLGZ **82**, 271). 1

2098 *Gegenseitige Einsetzung als Ersatzerben.* **I Sind die Erben gegenseitig oder sind für einen von ihnen die übrigen als Ersatzerben eingesetzt, so ist im Zweifel anzunehmen, daß sie nach dem Verhältnis ihrer Erbteile als Ersatzerben eingesetzt sind.**

II Sind die Erben gegenseitig als Ersatzerben eingesetzt, so gehen Erben, die auf einen gemeinschaftlichen Erbteil eingesetzt sind, im Zweifel als Ersatzerben für diesen Erbteil den anderen vor.

Auslegungsregel. Sind einem Erben mehrere ErsatzE nebeneinander bestellt, erhalten sie nach § 2091 iZw gleiche Teile. Hat der Erbl aber die eingesetzten Erben ggseitig od für einen von ihnen die übrigen (also nicht bloß einzelne von ihnen) als ErsatzE berufen, erhalten sie iZw die Ersatzerbanteile nach dem Verhältn ihrer urspr Erbteile (**I** und § 2094 I 1), im ersten Fall unter Bevorzugg der Zusammenberufenen (**II** und § 2094 I 2). – Der einem MitE durch ErsatzBerufg zukommde Erbteil gilt (anders als bei der Anwachsg, § 2095) in jeder Hins als selbständiger Erbteil (RGRK Rn 5), für Annahme u Ausschlagg aber nur bei Berufg aus verschiedenen Gründen (§ 1951). 1

2099 *Ersatzerbe und Anwachsung.* **Das Recht des Ersatzerben geht dem Anwachsungsrechte vor.**

Ausschluß der Anwachsung liegt in der Einsetzg eines ErsatzE (§ 2094 III). Dem eingesetzten ErsatzE stehen die nach § 2069 nachrückenden Abkömml gleich. Fällt auch der ErsatzE weg, greift Anwachsg ein. Bei Einsetzg eines ErsatzE für mehrere MitE ist es AusleggsFrage, ob die Ersatzerbfolge bei Wegfall jedes einzelnen der Erben od erst nach Wegfall aller MitE wirks wird; iZw geht auch hier ErsatzErbsch der Anwachsg vor (Soergel/Damrau Rn 1); s auch Schopp MDR **78**, 10/11. 1

Dritter Titel. Einsetzung eines Nacherben

Einführung

1) Die Nacherbfolge ermöglicht es dem Erbl, die Weitergabe seines Vermögens so zu steuern, daß es zunächst beim Erbfall zwar dem VE persönl, später aber nicht dessen Erben zukommt (Prot II 5, 91 ff). Sein Nachl bildet dann in der Hand des VE ein Sondervermögen, das von dessen übr Vermögen zu trennen ist u über das der VE nur nach Maßgabe der §§ 2112 ff mehr od weniger frei unter Lebenden vfgen kann. Kennzeichnend ist für sie also das zeitl Aufeinanderfolgen verschiedener Erben desselben Erbl bezügl derselben Erbsch. Kommt es zu dieser vorausgesetzten Zwischenherrsch des VE nicht, weil dieser vor dem Erbfall wegfällt od das sein ErbR beendigende Ereign (zB Heirat) schon vor dem Erbfall eintrat, kommt es auch nicht zur NErbfolge. Der NE ist dann vielm iZw als Ersatzerbe (§§ 2096, 2102 I) Vollerbe. Widerspricht dies ausnahmsweise dem Willen des Erbl, ist er nicht Ersatzerbe, ohne daß es einer Anfechtg nach § 2078 II bedarf. Stirbt der VE nach dem Erbfall, aber vor dem NErbfall, geht seine entstandene RStellg auf seine Erben über u erlischt in deren Person beim Eintritt des NErbfalls (s § 2100 Rn 8). – Eine **Sondernacherbfolge** in 2
einzelne NachlBestandteile (zB Grundbesitz; Unternehmen) kann der Erbl nicht anordnen (Ausn s § 1922 Rn 7–11) ebso wie er sein Vermögen nicht ohne zeitl Beschränkg immer weiter nur in der Familie vererben kann. Ansonsten entstünden der Wirkg nach wieder Familienfideikomisse, die seit 1939 nicht mehr zugelassen sind. Das ErbR gewährt heute keine Möglichk mehr, Vermögen üb eine unbegrenzte **Zahl von Generatio-** 3
nen in der Familie zu halten (vgl Sorg BB **83**, 1620/1626). Hierauf abzielende Anordngen des Erbl können allenf als NErbfolge (ggf als mehrfache mit der zeitl Begrenzg dch § 2109) bzw Nachvermächtnis (§ 2177) aufrecht erhalten werden. Eine Auslegg als Erbeinsetzg einer staatl beaufsichtigten **Familienstiftung** ist nicht ohne Feststellg eines entspr ErblWillens mögl (Köln FamRZ **90**, 438). Ob der erbvertragl Absicherg einer NErbfolge gemäß dem Hausgesetz einer Adelsfamilie heute die rechtl Durchsetzg zu versagen ist, wird von der Rspr widersprüchl beantwortet (Stgt FamRZ **98**, 260 sieht darin gg BayObLG **96**, 204 unzuläss RAusübg u hat die Frage BGH vorgelegt).

2) Verfahrensrecht. Bis zum NErbfall ist für die den Nachl betreffden **Klagen** der VE aktiv und passiv prozeßführgsbefugt (MüKo/Grunsky § 2100 Rn 21). Die Prozeßführg ist keine Vfg über das streitbefangene Recht (BFH NJW **70**, 79). Ein vor Eintritt der NErbfolge rkräft gewordenes Urteil wirkt unter der Voraussetzg des ZPO 326 für und gg den NE, also stets, wenn der VE ohne Zustimmg des NE über den der NErbfolge unterliegdn ProzeßGgstand verfügen konnte (ZPO 326 II); sonst nur das ihm günstige Urteil (ZPO 326 I). An ein gg den Erbl ergangenes Urteil ist der NE als dessen RNachfolger gebunden (ZPO 325). 4

Zur Unterbrechg des Verfahrens bei Eintritt der NErbfolge s ZPO 242, 246 (dazu RG **75**, 363; MüKo/Grunsky § 2100 Rn 22). – Bei Klage auf Abgabe einer WillErkl (ZPO 894, 895) muß NE mitverklagt werden, soll er an das Urteil gebunden sein. – Kann der VE über das streitbefangene Recht nur mit Zustimmg des NE verfügen, ist er nur bei Zustimmg des NE aktiv legitimiert; ein gg ihn ergangenes Urteil wirkt nicht gg den NE. Der NE hat seine Rechte in einem eigenen Prozeß geltd zu machen (StJSchP ZPO 242 Rn 7). Doch kann der Dritte schon vor dem NErbfall gg den NE auf Feststellg klagen, daß der StreitGgst nicht zum Nachl gehörte. – Alle Urteile über die RVerhältnisse des Nachlasses wirken für den NE. Ein Prozeß über NachlVerbindlichkeiten (vgl § 2144 Rn 1) geht gg den NE od dessen Erben weiter.

5 **3) Zwangsvollstreckung.** Der NE kann mit Rücks auf § 2115 durch Widerspruchsklage (ZPO 773) eine zur Veräußerg od Überweisg führende Vollstreckg in einen NachlGgstand verhindern. Er darf also nicht bloßer Pfändg (RG **80**, 33) od Eintragg einer ZwangsHyp widersprechen, sowie dann nicht, wenn es sich um eine NachlVerbindlichk handelt (RG **90**, 95) od um ein gg den NE wirks dingl Recht (§ 2115 S 2), zB eine vom befreiten VE entgeltl bestellte SichergsHyp (RG **133**, 264). – War das Urteil dem NE ggü wirks (ZPO 326), kann die **Klausel** für und gg ihn umgeschrieben werden (ZPO 728 I; vgl auch ZPO 863 II). Das VfgsR
6 des VE ist aGrd des Urteils ohne urkundl Nachweise bei Erteilg der Klausel zu prüfen. – Der **Pfändung** unterliegt das Recht des NE zw Erbfall und NErbfall (bei MitNE das Recht auf den Anteil) nach ZPO 857, 859 II (Haegele BWNotZ **75**, 129/132). Der VE ist nicht Drittschuldner (außer für Herausg- u andere Nebenansprüche, KGJ **42**, 235); es gilt also ZPO 857 II. Ist ein MitNE Schuldner, sind Drittschuldner die übrigen NE (ZPO 857 I; 829 III; Stöber[8] Rn 1652 ff). Der NachE kann die Pfändg durch Ausschlagg
7 ggstandslos machen (Lange/Kuchinke § 26 VII 3 e). – **Verpfändung** bedarf der Form des § 2033. – Im **Insolvenzverfahren** des VE hat der NE zwar kein AussondergsR, ist aber gg ihn beeinträchtigde Vfgen geschützt (§ 2115; InsO 83 II). In dem des NE gehört sein NErbR u beim NErbfall die Erbsch zur Masse. Über Zusammentreffen von NachlGläubigern u Eigengläubigern des VE im InsolvVerf über dessen Vermögen s Rahn BWNotZ **61**, 246; Jaeger/Weber KO 128 Rn 5 zur gleichart bish Regelg in KO 128.

8 **4) Nacherbenvermerk** (GBO 51). Der eingetragene Vermerk schützt den NE davor, daß beeinträchtigende Vfgen des befreiten VE infolge gutgläub Erwerbs gem § 2113 III wirks werden, u zwar nicht nur vor gutgläub Erwerb unmittelb vom VE, sond auch ggü jedem weiteren Erwerber (Brschw FamRZ **95**, 443). Er bewirkt aber keine Sperre des GBuchs, sond soll nur sichern. Als bloße VfgsBeschränkg steht er auch in keinem Rangverhältn zu eingetragenen GrdstRechten (RG **83**, 434; Hamm Rpfleger **57**, 19). Vfgen des VE (auch des nicht befreiten) üb das Grst od üb GrstRechte können daher ohne weiteres eingetragen werden (auch unentgeltl; s BayObLG Rpfleger **80**, 64; Maurer DNotZ **81**, 223; Bergermann RhNK **72**, 775 ff), sofern dies nicht zur Löschg des NE-Vermerks führt (s dazu Rn 12); zur Eintragg eines WirksamkVermerks s BayObLG FamRZ **97**, 1363. Ohne vorherige Eintragg des VE (u damit auch des NE-Vermerks) ist dem GBAmt die Zustimmg des NE in der Form von GBO 29 nachzuweisen (BayObLG **59**, 493), nicht aber die eines ErsatzNE (BGH **40**, 115); die Zustimmg bedarf ggf vormschgerichtl Genehmigg (§ 1821 I Nr 1; BayObLG aaO).

9 **a) Eintragung.** Das GBAmt muß das Recht des NE bei der Eintragg des VE im GBuch (dazu § 2136 Rn 13) stets vAw mit eintragen; der NE kann vom VE Eintragg des Vermerks gem §§ 894, 895 verlangen. Unabhäng von der Eintragg des VE kann das NE-Recht nicht gebucht werden, weil es kein dingl Recht am einzelnen NachlGgst ist, sond nur sichert (Hamm FGPrax **95**, 7). Gleiches gilt iü für das Schiffsregister (SchiffRegO 54) u das Register für PfandR an Luftfahrzeugen (LuftfzReg 86 I). Bei Vfgen des VE üb ein NachlGrdst zugunsten eines Dritten scheidet folgl dessen unmittelb Eintragg nach GBO 40 idR aus, es sei denn, daß der NE der Vfg zugestimmt od auf die Eintragg des NE-Vermerks verzichtet hat (BayObLG **89**, 183; Hamm FGPrax **95**, 7). S ferner § 2111 Rn 5. – **Inhalt:** Der NE-Vermerk muß die Berecht bezeichnen, andernf er inhaltl unzulässig ist (Zweibr Rpfleger **77**, 305). Einzutragen sind auch eingesetzte zweite u weitere NE (Hamm OLGZ **75**, 151), deren Anwartsch bestehen bleibt, bis die Erbenstellg des vorausgehenden NE beendet ist; ferner die Ersatz-NE (Hamm Rpfleger **66**, 19), und zwar auch dann, wenn der NachE sein AnwR auf einen Dritten od den VorE übertragen hat u wenn trotz der Berufg eines ErsatzNE die Vererblichk des NacherbenR nicht ausgeschlossen ist (Köln NJW **55**, 633); für sie gelten aber §§ 2113 ff nicht (BGH **40**, 115; Oldbg JR **63**, 21 mAv Jansen). – Sind als GrdstEigentümer in ErbenGemsch **Miterben** eingetragen u ist einer von ihnen nur VE, erfordert die GB-Berichtigg auch den Vermerk der NErbfolge (Hamm Rpfleger **85**, 21).

10 **b) Keine Eintragung** des Vermerks erfolgt, wenn der NE (od statt seiner der NE-TV, BayObLG **89**, 183) in der Form des GBO 29 I 1 darauf **verzichtet** (aA Bestelmeyer Rpfleger **94**, 189). Bei Einsetzg eines ErsatzNE bedarf der Verzicht dessen Zustimmg (Hamm NJW **69**, 1490; Ffm OLGZ **70**, 443). Für unbekannte NE ist ggf Pfleger zu bestellen (Hamm aaO). In dem Verzicht auf die Eintragg liegt kein Verzicht auf das NE-Recht am Grdst, sond nur auf die Schutzwirkg gg gutgläub Erwerb (§§ 2113 III; 892 I 2); erst recht keine
11 Ausschlagg (KGJ **52**, 169). – Die Eintragg des Vermerks unterbleibt auch bei **Veräußerung** des NachlGrdst dch VE mit Zustimmg des NE, weil es dadch aus dem Nachl ausscheidet. – Ferner bei **Übertragung** des AnwartschR des NE auf den VE, wenn dadch der VE wg unterbliebener Einsetzg von ErsatzNE od von zweiten NE unbeschränkter Erbe wird (Hamm JMBl NRW **53**, 80; KG DNotZ **33**, 291). Dann ist auch kein NEVermerk im Erbschein notwendig (KG JW **38**, 3118).

12 **c) Löschung** des Vermerks im Zusammenhang mit einer neuen Eintragg setzt entw Bewilligg aller eingetragenen NE (GBO 19) od Nachw der Unrichtigk (GBO 22 I) voraus (BayObLG Rpfleger **88**, 525; gg Bewilligg Bestelmeyer Rpfleger **94**, 189). Bleibt allerd der Vermerk dabei weiter eingetragen u NE damit
13 geschützt, muß GBAmt bei Vfgen des befreiten VE auch nicht etwaige Unentgeltlk prüfen. – **aa) Bewilligung** der Löschg bedeutet Verzicht auf Schutz gg gutgläub Erwerb. Wurde die Zustimmg der NE zur Veräußerg nachgewiesen (GBO 29), genügt dies auch für die Löschg des Vermerks (Maurer DNotZ **81**, 225). Für Zustimmg unbekannter NE ist ein Pfleger zu bestellen (§ 1913), der zur Bewilligg vormschger Genehmigg bedarf (§§ 1915; 1821); etwas and gilt jedoch, wenn offenkund ist, daß keine weiteren als die namentl bekannten NE vorhanden sind u auch nicht mehr hinzutreten können (Hamm NJW-RR **97**, 1095).

Bewillig etwaiger ErsatzNE ist nicht erforderl (Oldbg JR **63**, 23 mAv Jansen), wohl aber die test bestimmter (Hamm FGPrax **95**, 7). – **bb) Unrichtig** ist GBuch, wenn der Vermerk nicht mehr der RLage entspr. Dies 14
ist zB der Fall, wenn NErbR nie bestand; nach Eintritt des NErbfalls, wenn VE nicht wirks vfgt hat; wenn Grdst nicht zum Nachl gehört; wenn es mit Wirkg ggü NE aus Nachl ausgeschieden ist, weil VE es entw mit Zustimmg der NE (BayObLG FGPrax **95**, 19, auch zu mindj NE, die zugl MitE sind) od als befreiter entgeltl veräußert (KG OLGZ **93**, 270) od auf einen NE mit Zustimmg der übr übertragen hat (BayObLG DNotZ **93**, 404). Der **Nachweis** der Unrichtigk ist in Form von GBO 29 zu führen (GBO 22 I); nur wenn 15
sie auf einem Erbfall beruht, bedarf es Nachweis nach GBO 35 (Hamm Rpfleger **85**, 430). Hinsichtl des rechnerischen Nachweises der Entgeltlichk hat die Rspr die Anfordergen allerd abgeschwächt, da er kaum in Form von GBO 29 zu führen ist, wenn VE keine sie bescheinigende beglaub Erkl des NE (KGJ **33** A 43) beibringen kann. Das GBA wird dann für berecht u verpflichtet angesehen, bei der Prüfg, ob sie nicht als offenkund anzusehen ist (GBO 29 I 2), Regeln der Lebenserfahrg u der Wahrscheinlichk heranzuziehen (Hamm OLGZ **91**, 137; BayObLG Rpfleger **88**, 525; Ffm Rpfleger **80**, 107). Dies läuft im Ergebn auf freie Beweiswürdigg hinaus (BayObLG Rpfleger **89**, 200), da GBA eigene Ermittlgen nicht anstellt (Brschw Rpfleger **91**, 204). – Vor Löschg ist dem betroffenen NE rechtl Gehör zu gewähren (BayObLG **94**, 177; Hamm Rpfleger **84**, 312; FGPrax **95**, 14) – **cc) Bei unberechtigter** Löschg richtet sich der Anspr aus 16
§ 894 auf Zustimmg zur Wiedereintragg (Brschw FamRZ **95**, 443). Bei **irrtümlicher** Löschg darf Amtswiderspr (GBO 53) nach Eintritt des NErbfalls nicht mehr eingetragen werden (Hamm OLGZ **91**, 113 mAv Alff Rpfleger **91**, 243).

5) Sonstiges. Im **Erbschein** für den VE (§ 2363) ist anzugeben, daß NErbfolge angeordnet ist, unter 17
welchen Voraussetzgen sie eintritt u wer NE ist (auch bedingter; ErsatzNE; weitere NE). Einzelh s § 2363 Rn 4, auch zum VorausVermächtn des VE. – Bei Nichterwähng kann NE Einziehg (§ 2361) verlangen u hat ggf ErsatzAnspr (RG **139**, 347). – In das **Handelsregister** wird nur der VE eingetragen, wenn zum Nachl ein HandelsGesch od ein Gesellschaftsanteil gehört (Mü JFG **22**, 89; MüKo/Grunsky § 2100 Rn 38). – Ein **Vermögensverzeichnis** muß der überlebende Ehegatte beim FamG einreichen, wenn er VE und sein Kind 18
NE ist, sofern ihm die Vermögenssorge zusteht und das Vermögen 10 000 DM übersteigt (§ 1640). Der Erbl kann allerd die Pflicht erlassen (§ 1640 II Nr 2). Über den Inhalt des Verzeichn s § 1640 Rn 9.

2100 *Begriff des Nacherben.* **Der Erblasser kann einen Erben in der Weise einsetzen, daß dieser erst Erbe wird, nachdem zunächst ein anderer Erbe geworden ist (Nacherbe).**

1) Die Nacherbfolge wird dch die zeitl Aufeinanderfolge verschiedener Erben nach einem Erbl gekenn- 1
zeichnet. VE u NE sind also wahre Erben desselben Erbl u derselben Erbsch u folgen nur zeitl einander nach. Sie haben also nacheinander ein ungeteiltes ErbR, so daß von einer ErbenGemeinsch zw ihnen keine Rede sein kann, da nicht der Ggstand ihrer Berechtigg, sond nur deren Zeitdauer geteilt ist. Zw Erfall u NErbfall (§ 2139) bilden auch mehrere NE noch keine ErbenGemsch, nachdem eine solche ein ihr zugeordnetes gemeinsch Vermögen (§ 2032 I) voraussetzt, das die NE nicht haben, weil der Nachl bis zum Eintritt des NErbfalls (§ 2139) ausschließl in der Hand des VE liegt (BGH NJW **93**, 1582; Schiedermair AcP **139**, 145). Wohl aber besteht zw mehreren VE ErbenGemeinsch; wg der „Auseinandersetzg" vgl §§ 101–103; 2130 (dort Rn 3). – Abweichd vom ZivilR wird allerd für die **Erbschaftssteuer** der VE als VollE u der NE als Erwerber vom VE angesehen (ErbStG 6), die Vor- u NErbFolge damit wie **zwei** Erbfälle behandelt, so daß die Steuer bei Überschreiten der Freibeträge zweimal anfällt. Entrichtet der VE aus Mitteln der Erbsch (s § 2126 Rn 2) seine Steuerschuld nicht, geht diese bei seinem Tod als NachlVerbindlk auf seine Erben über (nicht auf den NE, MüKo/Grunsky § 2100 Rn 42). Tritt der NErbfall nicht dch Tod des VE, sond schon vorher ein, wird die vom VE gezahlte Steuer dem NE angerechnet abzügl des auf eine Bereicherg des VE entfallenden Betrags (ErbStG 6 III).

a) Die Anordnung der NErbfolge kann nur dch Test od ErbVertr erfolgen. Dies gilt auch für die sog 2
konstruktive NErbfolge, bei der das G ledigl einer lückenhaften Anordng des Erbl zur Wirksamk verhelfen will, indem Ausleggsregeln für die Fälle der Einsetzg einer noch nicht erzeugten Person (§§ 2101, 2106 II) od der fehlenden Bezeichng (§§ 2104, 2105) aufgestellt wurden. – Es ist auch zuläss, die NErbfolge auf einen **Bruchteil** des dem VE zugewendeten Erbteils zu beschränken (BayObLG **61**, 205; BGH Rpfleger **80**/95). Hierbei können uU Schwierigkeiten bei der Frage entstehen, wie der VE zur freien Vfg über den ihm als Vollerben zukommenden ErbschTeil gelangt; § 2120 wird wohl entspr angewendet werden müssen (vgl BayObLG **58**, 109; auch BGH **26**, 378). – NE kann auch unter einer **Bedingung** oder **Befristung** eingesetzt 3
werden, zB daß der VE wieder heiratet (KG DFG **42**, 149); er vor seinem Bruder stirbt (BayObLG FamRZ **91**, 1234) od kinderlos bleibt (auflösd bedingte Nacherbfolge; Brschw MDR **56**, 296; BayObLG Rpfleger **81**, 64); daß sich der VE innerh 10 Jahren nach dem Erbfall nicht gut führt (BGH RdL **63**, 46) od nicht anderw über den Nachl verfügt (hM; zB Oldbg FamRZ **91**, 862 mN; s § 2065 Rn 8; § 2107 Rn 3; § 2269 Rn 16–18) od daß der NE vor Eintritt des NErbfalls eine Leistg erbringt (BayObLG **66**, 275). Eine NErbsch kann aufschiebd bedingt für den Fall angeordnet werden, daß der zuerst Bedachte einen bestimmten Ztpkt nicht erlebt (Johannsen WM **73**, 538).

b) Weitere Nacherbfolge. Mehrere Erben können auch nacheinander als NE eingesetzt werden. In 4
diesem Fall steht der zunächst berufene NE dem folgenden NE zunächst wieder als VE ggü (Zweibr Rpfleger **77**, 305; Langenfeld/Gail IV Rn 20; s aber § 2109). Da der NE begriffl erst nach dem VE eintreten soll, ist eine NE-Einsetzg auf den Ztpkt des Todes des Erbl nicht mögl; hier kann Einsetzg des „VE" als Erben, der an den „NE" als VermächtnNehmer den Nachl herauszugeben hat, angenommen werden (RG LZ **23**, 321).

c) Beim Berliner Testament (§ 2269 I) stellt das G eine Ausleggsregel gg die Annahme einer NEEin- 5
setzg auf, wobei selbst der Ausdruck „Nacherbe" nicht unbedingt maßgebd ist (BGH NJW **83**, 277 mAv Stürner JZ **83**, 147; § 2269 Rn 7).

6 **d) ZGB der DDR.** Kommt es auf Erbfälle zw 1. 1. 76 und 2. 10. 90 zur Anwendg (s EG 235 § 1), sind seine Vorschr weiterh heranzuziehen, auch wenn NErbfall erst nach dem 2. 10. 99 eingetreten ist (Naumbg OLG-NL **99**, 107). Dann ist zu beachten, daß das DDR-ZGB das RInstitut der NErbfolge abgeschafft hat (s dazu Naumbg aaO). War jedoch das Test schon vor dem 1. 1. 76 errichtet worden, blieb die darin angeordnete NErbfolge trotz Inkrafttreten des ZGB gem EGZGB 8 II mit der Maßg wirks, daß die aus dem früh geltden BGB für den VE sich ergebden VfgsBeschränkgen unter Lebden üb NachlGgstände entfielen. Der VE blieb also VE (ggf befreiter); mit Eintritt des NErbfalls wurde der NachE Erbe (BayObLG FamRZ **97**, 391; s dazu sowie zum Vermerk einer solchen NErbfolge im ErbSch auch KG DtZ **95**, 418). Dagg eröffnete § 8 II dem VE nicht das R zu anderweit Vfg vTw (Naumbg OLG-NL **99**, 107). – Wurde die NErbfolge von einem Erbl in der BRD nach Inkrafttreten des ZGB bezügl seines **Grundbesitz** in der DDR als abgespaltenem Nachl (§ 1922 Rn 8) angeordnet, ist diese nicht nichtig; vielm ist gem ZGB 372 dch Auslegg zu ermitteln, ob eine nach dem ZGB mögl erbrechtl Gestaltg dem mutmaßl ErblWillen entspricht, zB als Erbeinsetzg mit bedingtem (Quoten)Vermächtn (KG FGPrax **96**, 191).

7 **2) Einsetzung von Nacherben.** Hierfür gilt § 2087 in gleicher Weise wie für die Erbeinsetzung (Brdbg FamRZ **98**, 926), so daß es auch hier nicht auf den Gebrauch bestimmter Worte ankommt (§ 2087 Rn 1). Desh brauchen die Worte VE u NE in der letztw Vfg nicht vorzukommen wie umgekehrt selbst der Gebrauch der Begriffe Vor- und NErbsch nicht notwend zur Anwendbark der §§ 2100 ff führt, weil Erbl etwas and gewollt haben kann (Brdbg FamRZ **99**, 188). Auch die Einsetzg einer Person als AlleinE sagt noch nichts darüb aus, ob sie nach dem Willen des Erbl VollE od alleiniger VE sein soll (BayObLG **97**, 59, 69). Bei notwend Auslegg (s dazu § 2084 Rn 1) ist **entscheidend**, ob der Eingesetzte erkennb nur eine Zeitlang Herr des Nachl sein soll (ggf unter Beschränkgen) u nach ihm noch ein anderer als Erbe (BayObLG **65**, 457; s Einf 1), also ob Erbl einen mind zweimaligen Anfall der Erbsch gewollt hat (Staud/Behrens/Avenarius Rn 14). Unwesentl ist dagg, ob dem VE die Vfg über den Nachl im eig Interesse u zu eigenem Vorteil u Nutzen zustehen soll. – NErbfolge ist anzunehmen, wenn der überlebende Eheg zum AlleinE mit der Verpflichtg eingesetzt wird, den Nachl zG der Kinder zu verwalten u ihnen gleichmäß zuzuwenden, zB „das Ganze als Treuhänderin zu betreuen u es der Tochter zu vererben"; der Grundbesitz als wesentl NachlBestandteil nach dem Erben an eine bestimmte Person gehen soll (BayObLG FamRZ **90**, 562); in dem Verbot, den NachlGrundbesitz an andere als die Abkömml der Söhne zu „übergeben" (BayObLG FamRZ **86**, 608); od letztw zu verfügen; od in dem Gebot, einen bestimmten Dritten als Erben einzusetzen (Oldbg NdsRpfl **54**, 165) oder den Nachl mit ihm zu teilen. Ein testamentar Verbot, den Nachl an andere als an Blutsverwandte weiterzuvererben, kann als Einsetzg der Blutsverwandten des VE zu NE auszulegen sein (BayObLG **58**, 225). – Dagg ist **keine** NErbfolge angeordnet, wenn der Erbl nur Erwartgen üb die Weitervererbg des Nachl äußert, etwa seinem ausdrückl zum unbeschränkten VollE eingesetzten Eheg nur die moralische Verpflichtg auferlegt, sein Vermögen letztw bestimmten Dritten zuzuwenden (Hamm JMBl NRW **58**, 100; auch DNotZ **63**, 559). – Sind **Abkömmlinge** des VE als NE eingesetzt, kann zur Auslegg dieses Begriffs ergänzd § 2069 herangezogen werden (Hamm Rpfleger **99**, 278); desh zählen auch Adoptivkinder zu ihnen, wenn nicht ein anderer Wille des Erbl festgestellt werden kann (BayObLG FamRZ **89**, 1118; s § 2084 Rn 6). Hat der Erbl ein Kind zum VE u dessen „gesetzl Erben" als NE eingesetzt, bestimmt sich der Kreis der NE u deren Erbquoten nach den im Ztpkt des Eintritts der NErbfolge geltden Vorschr; § 2066 ist insow entspr anwendb (Köln FamRZ **70**, 605). – In der Zuwendg des **Nießbrauchs** an einer Erbsch (§ 1089) kann die Einsetzg als VE zu sehen sein, wenn dem Berecht die freie Vfg über den Nachl zugewendet ist (vgl BGH **LM** Nr 2; BayObLG **65**, 461; FamRZ **81**, 403). Dagg liegt nur Vermächtn vor, wenn der Begünstigte beim Erbfall darauf angewiesen ist, daß ihm der Erbe die Nutzerposition einräumt; eine Beschränkg der Befugnisse über §§ 2112 ff hinaus ist dafür allerd nicht ausschlaggebend (BGH aaO). Zu beachten wird sein, ob der Erbl nicht die steuerl günstigere Konstruktion gewollt hat (BayObLG **60**, 154; Rpfleger **81**, 64); zumindest bei großer Erbsch liegt dies nahe. S Soergel/Harder vor § 2100 Rn 13.

8 **3) Rechtsstellung des Vorerben.** Mit dem Erbfall fällt dem VE die VErbsch an. Sie bildet in seiner Hand ein Sondervermögen, das rechtl von seinem übr getrennt ist (s Einf 1) u das ihm bis zum NErbfall zur Nutzg verbleibt. In dieser Zeit hat er eine Vertrauensstellg ähnl einem Nießbraucher inne, insb bei Befreiung (§§ 2136, 2137), allerd mit größerer Vfgsmacht. Stirbt einer von mehreren VE, die gemeins eingesetzt sind mit der Bestimmg, daß NErbfolge mit dem Tod des Letzten eintreten soll, geht das einmal entstandene VErbR des Verstorbenen iZw auf dessen Erben über (RG Recht **28** Nr 298; Einf 1). – Dem VE gebühren im Verhältn zum NE die vollen **Nutzungen** (§ 100) der Vorerbsch; dafür fallen ihm außer den Fruchtziehgskosten (§ 102) nur die gewöhnl Erhaltgskosten (§ 2124 I) zur Last. Er ist auch berecht, vorbehaltl der gesetzl Beschränkgen (§§ 2113 ff) über den Nachl zu verfügen (§ 2112). Rückt er in eine GterStellg des Erbl ein (s § 1922 Rn 17), ist er handelsrechtl unbeschränkter Gter, kann also auch an Ändergen des GesVertr ohne Gestattg des NE mitwirken, selbst wenn dies zur Unvererblichk der Beteiligg u damit zum Nichtnachrücken des NE führt (BGH **78**, 117; **69**, 47). Dem NE muß (ledigl) die Substanz erhalten bleiben (s auch §§ 2133; 2134). Diese Abgrenzg der Rechte muß auch ein TV beachten, sofern der Erbl keine anderweit Vfg getroffen
9 hat (BGH Rpfleger **86**, 434). – Das Recht des VE **erlischt** mit Eintritt des NErbfalls. Die Substanz der Erbsch gebührt dem NE, dem sie herauszugeben ist (§ 2130), während die gezogenen Nutzgen dem VE verbleiben. Aus dieser zeitl Beschränkg seines Rechts und seiner Treuhänderstellg ggü dem NE erklärt sich auch seine beschränkte Vfgsmacht. Schlägt allerd der NE aus od überträgt er sein Recht auf den VE (s § 2108 Rn 8), verbleibt iZw die Erbsch dem VE (§ 2142). – Bei **Ausschlagung** des VE kommt iZw der NE als Ersatzerbe zum Zuge (§ 2102 I).

10 **4) Rechtsstellung des Nacherben.** Der NE leitet sein Recht in gleicher Weise wie der VE unmittelb vom Erbl als dessen Erbe und Rechtsnachfolger ab (BGH **3**, 254; Rn 1) und nicht vom VE. Währd der VErbsch kann er also nicht als MitE des VE angesehen werden (s Rn 1) wie auch mehrere NE untereinander vor Eintritt des NErbfalls nicht MitE sein können, da sie diese Stellg erst mit Erhalt der Erbsch erlangen (BGH NJW **93**, 1582). Der Erbfall bewirkt also zugleich den Voranfall der NErbsch, deren Erwerb sich somit in zwei Abschnitten vollzieht:

a) Mit dem Erbfall erlangt der NE (auch der bedingt eingesetzte, Hamm JMBl NRW **59**, 173) neben seinem zukünft ErbR bereits ein ggwärt **Anwartschaftsrecht,** das unentziehb, unbeschränkb, vererbl und übertragb ist (BGH **87**, 367; **37**, 325; Düss MDR **81**, 143; Harder ZEV **95**, 453; Kempf NJW **61**, 1797). Bei dessen Übertragg ist zw Verpflichtgs- u VfgsGesch zu unterscheiden. Sie ist auch auf den VE mögl (s § 2108 Rn 6 ff). Auch das AnwR aus einer bedingten NErbfolge ist übertragb, soweit sich nicht aus den Umständen ergibt, daß der Erbl die Übertragbark ausschließen wollte (RG **170**, 168; vgl jedoch § 2108 Rn 6 dazu, ob die Übertragbark überh ausgeschlossen werden kann). – Eine **Auseinandersetzung** zw VE u NE ist zwar in § 2100 ff nicht vorgesehen, aber zur Auflösg des zw ihnen bestehden Verhältn vertragl entspr § 2042 mögl. Das VerpflichtgsGesch bedarf dann keiner Form, es sei denn aGrd bes Vorschr (zB § 313; GmbHG 15 III); dingl VollzugsGesch ist die Übertragg des AnwartschR (s Gantzer MittBayNot **93**, 67). – Die Veräußerg des AnwR eines MitNE (wohl auch des AlleinNE) an einen Dritten ist genehmigungspflichtig, wenn der Nachl im wesentl aus einem land- od forstwirtschaftl Betrieb besteht (GrdstVG 2 II Nr 2; Roemer DNotZ **62**, 491). 11
– Der NE kann sein AnwR, dch das die Vfgsmacht des VE im Interesse des NE wesentl beschränkt ist (RG **139**, 347), im Beeinträchtiggsfalle schon vor dem NErbfall dch Feststellgsklage geltd machen. Umgekehrt kann eine Ehefrau als VE ihres verstorbenen Mannes gg den NE auf Feststellg des RVerhältn klagen, das dadurch entstanden ist, daß der Mann eingebrachtes Gut der Frau für sich verwendete (BGH **LM** § 2100 Nr 5); wg des ErsatzNE s § 2102 Rn 5; 6. – Bei Verschollenh des VE hat NE AntragsR für TodesErkl (VerschG 16 II c). 12

b) Mit dem Nacherbfall erlischt das R des VE. Die Erbsch geht nach dem Grdsatz der Gesamtrechtsnachfolge (§ 1922) von selbst u unmittelb auf den NE über (§ 2139), auch soweit sie bis dahin nicht in den Händen des VE war. Der NE erhält den Nachl allerd ohne die dem VE verbleibden Nutzgen u nur in dem rechtl Zustand, in dem er sich im Augenblick des NErbfalls befindet, also ohne die Vermögenswerte, die dch wirks Vfgen des VE aus dem Nachl ausgeschieden sind. – Mögl ist aber, daß die Erbsch nicht mehr dem NE, sond dessen Erben anfällt (§ 2108 II). – Schlägt NE aus, verbleibt sie iZw dem VE (§ 2142). 13

2101

Noch nicht Erzeugter. **I Ist eine zur Zeit des Erbfalls noch nicht erzeugte Person als Erbe eingesetzt, so ist im Zweifel anzunehmen, daß sie als Nacherbe eingesetzt ist. Entspricht es nicht dem Willen des Erblassers, daß der Eingesetzte Nacherbe werden soll, so ist die Einsetzung unwirksam.**

II Das gleiche gilt von der Einsetzung einer juristischen Person, die erst nach dem Erbfalle zur Entstehung gelangt; die Vorschrift des § 84 bleibt unberührt.

1) Die Auslegungsregel greift ein, wenn feststeht, daß der Erbl einen noch nicht Erzeugten bedenken wollte; sie gilt also nicht für die Frage, ob ein noch nicht Erzeugter überh eingesetzt ist (Köln FamRZ **92**, 475; Zweibr FamRZ **97**, 1364). Eine solche Erbeinsetzg ist an sich unwirks, weil der beim Erbfall nicht wenigstens Erzeugte nicht Erbe od ErsatzE sein kann (§ 1923; dch **I** ist § 2102 II ausgeschaltet). Das G deutet sie daher in eine Einsetzg des später Erzeugten als NE um (**I** 1), auch wenn er nach dem ErblWillen ohne Vorausgehen eines VE Erbe sein sollte (s Diederichsen NJW **65**, 651/675). Der Erbl hat iZw dieses Mindere gewollt, zumal der NE, dem die Erbsch dann schon mit der Geburt anfällt (§ 2106 II 1), durch die Vorerbsch kaum beschwert wird. Der Gegenbeweis (OLG **11**, 267), daß vom Erbl die Einsetzg eines NE keinesf gewollt, die Erbeinsetzg also nach **I** 2 unwirks sei, ist zuläss, aber wohl schwer zu führen. – Ist eine zur Zeit des **Nacherbfalls** noch nicht erzeugte Person als NE eingesetzt, ist sie iZw zweiter NE. 1

2) Wirkung. Mit der Geburt wird der nach § 2101 Berufene NE (§ 2106 II). Bis dahin sind idR die ges Erben die VE (§ 2105 II). Solange der Eintritt des NErbfalls ungewiß ist, besteht ein Schwebezustand. Er findet sein Ende, wenn Gewißh darüber eintritt, daß es zur Erzeugg od Geburt nicht mehr kommen kann; dch Sterilisation des VE muß noch nicht Gewißh eintreten (Zweibr FamRZ **97**, 1364). Auch wenn die zeitl Grenze des § 2109 überschritten ist, sind die als VE Berufenen unbeschränkte Erben. – Dem ungewissen NE-Anwärter ist nach § 1913 S 2 ein **Pfleger** zu bestellen (s BayObLG **59**, 493), aber nur diesem, nicht den gewissen u ungewissen gemeinsam (von Werthern JhJ **83**, 200; Kanzleiter DNotZ **70**, 328). § 1912 gilt erst von der Erzeugg ab. 2

3) Juristische Person (II). Für die Einsetzg einer erst nach dem Erbfall zur Entstehg gelangenden jur Person (§§ 21–23, 80) gilt das gleiche. Eine vom Erbl selbst errichtete, aber erst nach dem Erbfall genehmigte **Stiftung** wird dagg VollE (§ 84), nicht NE. Auch eine nach dem test Willen des Erbl errichtete ausländ Stiftg gilt für dessen letztw Vfgen als schon vor seinem Tod entstanden (BayObLG **65**, 77). 3

4) Ins Grundbuch kann das Recht des NE in den Fällen **I** u **II** eingetragen werden. Der Unerzeugte kann unter namentl Angabe der Eltern auch grdbuchmäßg gesichert werden (RG LZ **22**, 170). 4

2102

Nacherbe und Ersatzerbe. **I Die Einsetzung als Nacherbe enthält im Zweifel auch die Einsetzung als Ersatzerbe.**

II Ist zweifelhaft, ob jemand als Ersatzerbe oder als Nacherbe eingesetzt ist, so gilt er als Ersatzerbe.

1) Wegfall des Vorerben (I). Kommt die Einsetzg des NE wg Vorversterbens, Ausschlagg usw des VE nicht zum Tragen, soll iZw (**I**; Ausleggsregel, Diederichsen NJW **65**, 671/675) die Vfg wirks bleiben, indem der NE ersatzw als VollE berufen ist (KG Rpfleger **87**, 111). Vorausgesetzt wird, daß er zZ des Erbfalles bereits lebt od doch schon erzeugt ist. War er damals noch nicht einmal erzeugt, kann er ledigl NE werden u erst mit seiner Geburt Erbe (§ 2106 II); VE werden dann die ges Erben (§ 2105 II). – Die Vorschr findet auch auf Vermächtn Anwendg (§ 2192 II) u ergänzt zugl § 2096. Zum PflichttAnspr des NE s auch § 2306 II mit Rn 15; 16. – **Umgekehrt** gilt die Regel nicht; die Einsetzg als ErsatzE enthält nicht auch die als NE (vgl 1

§ 2096 Rn 5). Da aber der Unterschied zw den Begriffen ErsatzE und NE rechtsunkundig Pers nicht immer geläufig ist, kann leicht Verwechslg vorkommen. Dch Auslegg kann daher festgestellt werden, daß nach dem Willen des Erbl der ErsatzE auch NE sein soll (BGH **LM** § 2100 Nr 1; Celle RdL **69**, 99).

2 **a) Eindeutiger Erblasserwille.** Besteht kein Zweifel, sond steht fest (ggf nach Auslegg), daß der als NE Eingesetzte die Erbsch nach dem Willen des Erbl (wenn überh) erst mit Eintritt eines bestimmten nach dem Erbfall liegenden Zeitpunkts od einer Bedingg und somit nur als NE erhalten soll, bleibt er auf die NErbfolge beschränkt (RG Recht **22** Nr 438); bei Wegfall des VE treten mangels einer Bestimmg des Erblassers die anwachsgsberecht MitE, sonst aber die ges Erben als VE ein. Im übrigen schließt bei Wegfall des VE der als (NE u nunmehr) ErsatzE eines MitE Berufene das AnwachsgsR der übrigen MitE aus (§ 2099). Die Annahme der Erbsch gilt sowohl für den Ersatzerbfall wie auch für die NErbfolge (RG **80**, 382).

3 **b) Gemeinschaftliches Testament.** Setzen sich Ehegatten darin ggseit zu VE u Dritte zu NE ein (ist also nicht die Einsetzg von SchlußE gewollt, s § 2269 Rn 6), bleiben die beiderseit Vermögen getrennt; Vor- u NErbfolge kann nur nach dem Erstversterbenden eintreten, weil beim Tod des Längerlebenden kein VE mehr vorhanden ist. Dann ist dch individuelle Auslegg zu ermitteln, ob der Längerlebende mit der Einsetzg der Dritten zu NE zugleich zum Ausdr bringen wollte, daß diesen sein Nachl auch bei Ausfall des VE zukommen soll, so daß ihn dann die Dritten ersatzw als seine VollE erhalten (BayObLG FamRZ **92**, 476). Läßt sich ein derart Wille nicht ermitteln, lehnt die hM die Anwendg der Ausleggsregel des **I** ab (zB Karlsr FamRZ **70**, 256). Richtig erscheint, daß auch dann der für jeden Wegfall des VE konzipierte **I** anzuwenden ist (KG Rpfleger **87**, 111; LG Bln FamRZ **76**, 293; Nehlsen/von Stryk DNotZ **88**, 147; Muscheler JZ **94**, 630). – Eine and Frage u gesondert zu prüfen ist, ob insow von den Eheg eine Bindgswirkg gewollt war (KG aaO).

4 **2) Ersatz- oder Nacherbe (II).** Die in **II** enthaltene Ausleggsregel (BayObLG **93**, 19/27 f) greift nur ein, wenn kein and Wille des Erbl feststeht u kommt dah erst nach Ausschöpfg aller Ausleggsmöglichk zur Anwendg (BayObLG **63**, 19). Sie geht davon aus, daß im Zweifelsfall die Einsetzg als ErsatzE mehr dem mutmaßl Willen des Erbl entspricht als die Annahme, er habe den eingesetzten Erben dch einen NE beschweren wollen (Diederichsen NJW **65**, 675 f sieht in II Fiktion) u gilt auch bei Abkömml (OGH HEZ **2**, 59). Bei Einsetzg unter Bedingg wird aber häufig Einsetzg als NE anzunehmen sein (vgl RG LZ **22**, 465; aber auch Celle RdL **61**, 183). – Bei Einsetzg einer zZ des Erbfalls noch nicht erzeugten Person steht der ErsatzBerufg § 1923 entgg (vgl KGJ **46** A 97) u es gehen die Sondervorschriften der §§ 2101 I, 2106 II vor (Soergel/Harder Rn 7). – Für **II** ist kein Raum, wenn Eheg in gemeinschaftl Test sich ggseit zu VE u Dritte zu NE einsetzen (Karlsr FamRZ **70**, 256).

5 **3) Ersatznacherbe.** Auch für den Wegfall des NE kann ein ErsatzE berufen werden. Der ErsatzNE muß zZ des NErbfalls leben od erzeugt sein, braucht aber den Wegfall des NE nicht zu erleben. Das den Ersatzerbfall auslösde Ereign kann zeitl vor dem Erbfall, zw Erbfall u NErbfall u nach dem NErbfall liegen, in letzterem Fall aber nur, wenn das Ereign auf den NErbfall rückbezogene Wirkgen auslöst wie zB Ausschlagg, Erbunwürdigk, Anfechtg der Annahme (Schmidt BWNotZ **66**, 139/143).

6 **a) Rechtsstellung.** Vor dem Eintritt des Ersatzerbfalls hat der ErsatzNE zwar eine iZw vererbl u übertragb Anwartsch, aber keine Rechte hins des Nachl, insb keine Kontroll-, Sichergs- u ZustimmgsRechte ggü dem VE, da auch dem gewöhnl ErsatzE vor dem Ersatzerbfall keine Rechte am Nachl zustehen (s BayObLG **60**, 410; gg jedes AnwartschR aber Becher NJW **69**, 1463). Der VE bedarf zu Vfgen über Grdst u GrdstRe sowie zu unentgeltl Vfgen (§ 2113) nicht der Zustimmg des ErsatzNE (RG **145**, 321; BGH **40**, 115; BayObLG **60**, 410). – Der NE kann gleichwohl sein AnwartschR auf den VE (od einen Dritten) übertragen, jedoch nur in dem Umfang, als es ihm selbst zusteht, also unbeschadet der Rechte des ErsatzNE (s Hamm FamRZ **70**, 607 mAv Schulz sowie von Kanzleiter DNotZ **70**, 693; auch BayObLG **70**, 137). Hat der ErsatzNE nicht ebenf seine Anwartsch auf den VE übertr od die Zustimmg zur Übertr dch den NE erteilt, verliert der VE die Stellg in dem Augenblick, in dem sie der NE an den ErsatzNE verlieren würde (Stgt BWNotZ **57**, 152; Horber/Demharter GBO 51 Rn 48; s auch § 2108 Rn 8; aM Becher aaO). Es handelt sich hier um eine and als die vorstehd verneinte Frage, ob der ErsatzNE einer der Einwilligg des NE bedürft Vfg des VE zustimmen muß. – Für noch nicht erzeugte ErsatzNE ist, wenn auch ihre Anwartsch auf den VE übertragen werden soll, Pfleger nach § 1913 zu bestellen (LG Duisbg NJW **60**, 1205; s auch Bergermann RhNK **72**, 789 ff).

7 **b) Im Erbschein** ist der ErsatzNE (mag er ausdrückl eingesetzt sein od seine Einsetzg sich durch Auslegg ergeben) immer anzugeben, da der Erbschein von Anfang an spätere Ändergen, soweit sie zZ der Ausstellg zu übersehen sind, berücksichtigen muß (RG **142**, 173; Guggumos DFG **37**, 233; Haegele Rpfleger **67**, 165). – Das gleiche gilt für die Eintragg des NEVermerks ins **Grundbuch** (Oldbg JR **63**, 23 mAv Jansen; Hamm DNotZ **66**, 108; Einf 8 vor § 2100). Der NE kann auf die Eintragg des NEVermerks nur mit Zustimmg etwa vorhandener ErsatzNE verzichten (Köln NJW **55**, 633); auch zur Löschg des NEVermerks ist die Zustimmg etwa vorhandener ErsatzNE erforderl (Hamm DNotZ **55**, 538).

2103 ***Anordnung der Herausgabe der Erbschaft.*** **Hat der Erblasser angeordnet, daß der Erbe mit dem Eintritt eines bestimmten Zeitpunkts oder Ereignisses die Erbschaft einem anderen herausgeben soll, so ist anzunehmen, daß der andere als Nacherbe eingesetzt ist.**

1 **1) Ergänzungsregel.** Die Pflicht zur Herausgabe der Erbsch (§ 2130) od eines Bruchteils (OLG **11**, 239) ist eine bes sinnfällige Wirkg des Übergangs der Erbenstellg. Sie wird daher leicht im prakt Leben an Stelle der Ursache genannt. Daher folgert das G daraus **ergänzend,** aber nicht zwingd (Soergel/Harder Rn 1) die Einsetzg als VE und NE statt bloßer Vermächtnisanordg (vgl dazu BayObLG **22**, 94). Die Absicht des Erbl muß aber auf Begründg der NEStellg gerichtet sein, also nicht bloß auf Herausg einzelner Ggstände od einer Quote (eines Wertanteils) des reinen Nachl, wie beim Vermächtn.

2) Anordnung. Ob die HerausgVerpflichtg den eingesetzten Erben (VE) od den ges Erben auferlegt wird, gilt gleich. Voraussetzg ist immer, daß der Beschwerte wenigstens vorübergehd VE sein u die Herausg erst eine gewisse Zeit nach dem Erbfall (zB bei Wiederverheiratg der Witwe; Volljährigk des NE; Tod des VE) stattfinden soll (RG LZ **23**, 321). Die Bestimmg des Zeitpunkts kann nicht einem Dritten überlassen werden (BGH **15**, 199; § 2065 Rn 4). – Die Anordng der Herausg kann auch in der Einsetzg auf den Überrest (§§ 2137, 2138) liegen (RG **152**, 190). Die Anordng sofortiger Herausg wird sich uU als unmittelbare Erbeinsetzg des HerausgBerechtigten unter Ernenng des Beschwerten zum TV halten lassen. 2

2104 *Gesetzliche Erben als Nacherben.* **Hat der Erblasser angeordnet, daß der Erbe nur bis zu dem Eintritt eines bestimmten Zeitpunkts oder Ereignisses Erbe sein soll, ohne zu bestimmen, wer alsdann die Erbschaft erhalten soll, so ist anzunehmen, daß als Nacherben diejenigen eingesetzt sind, welche die gesetzlichen Erben des Erblassers sein würden, wenn er zur Zeit des Eintritts des Zeitpunkts oder des Ereignisses gestorben wäre. Der Fiskus gehört nicht zu den gesetzlichen Erben im Sinne dieser Vorschrift.**

1) Konstruktive Nacherbfolge. An sich muß der Erbl den Willen, seinen Nachl dem VorE nur zeitl begrenzt zu belassen u dann einem NE zuzuwenden, hinreichend deutl zum Ausdruck bringen. Wollte er Vor- und NErbfolge anordnen, hat er aber die NE od die VE nicht bezeichnet, ist seine letztw Vfg unvollständ und wird gesetzl dch die §§ 2104, 2105 ergänzt (s § 2100 Rn 2). § 2104 hält also nur für den Sonderfall, daß der Erbl zwar die RStellg des VE zeitl begrenzt, aber die Bestimmg des danach eintretenden NE unterlassen hat, ein WillErkl des Erbl für entbehrl u nimmt an, daß er den VE unabhängig von der Person des NE auf jeden Fall beschränken wollte (BGH NJW **86**, 1812). Hat er dagg seine ges Erben als NE berufen u dabei weder auf den Zeitpkt des Erbfalls noch des NErbfalls abgestellt, gilt § 2066, falls die Auslegg kein eindeut Ergebn bringt (s § 2066 Rn 3). – Über das Verhältn von § 2104 zu § 2142 II s Coing NJW **75**, 521, der dafür eintritt, daß Lücken in der Regelg der NErbfolge dch den Erbl grdsätzl dch Heranziehg des § 2142 II beseitigt werden sollen, währd § 2104 nur für den Fall gelten soll, daß es formal an einer NEBerufg fehlt. 1

2) Voraussetzung ist, daß ein NE von vornherein nicht bestimmt wurde, also nicht genannt ist und sich auch nicht dch Auslegg ermitteln läßt. Dem steht gleich, wenn der Erbl die getroffene Einsetzg des NE widerruft, also die Unvollständigk dch eigenen Willensentschluß herbeigeführt hat (BayObLG FamRZ **91**, 1114). Ist Bestimmg des NE gem § 2065 II unwirks, weil Erbl sie dem VE überließ, wird S 1 entspr angewandt (Hamm FGPrax **98**, 198; LG Mü I FamRZ **98**, 1261). – Die Anwendg des § 2104 ist also ausgeschlossen, wenn der Erbl einen NE bestimmt hat (zB wenn die Blutsverwandten der VE Nacherben sein sollen, BayObLG **58**, 225); od die Bestimmg hinfäll wurde, weil die Einsetzg des NE unwirksam ist od infolge Anfechtg wird (BGH NJW **86**, 1812; MüKo/Grunsky Rn 3; aA u für entspr Anwendg von § 2104 KG JW **38**, 2821; Soe/Harder Rn 2; RGRK Rn 6); od wenn gemäß dem Test nach dem Tode der Witwe der Nachl auf den Sohn als Erben übergehen sollte, da in solchem Fall die zeitl Begrenzg der Rechte des eingesetzten Erben u die NErbfolge im umgekehrten Verhältn stehen, als es § 2104 vorsieht; denn hier folgt die Beschränkg aus der testamentar Anordng der NErbfolge (dazu Coing aaO 523). Ein entgg BeurkG 7; 27 Bedachter kann nicht üb § 2104 NE werden (wohl aber kraft ges Erbfolge). Nicht anwendb ist § 2104 auch, wenn dch Vorversterben des NE die NErbfolge mangels eines ErsatzNE ggstandslos wird; der VE wird dann VollE. Sollte aber der VE auf jeden Fall nur bis zu einem bestimmten Ztpkt Erbe sein, können bei Vorversterben des NE die gesetzl Erben des Erbl als ErsatzNE in entspr Anwendg des § 2104 als eingesetzt gelten (KG DNotZ **33**, 286, auch JW **38**, 2821). – Sind die künft **Abkömmlinge** als NE eingesetzt, aber 3 keine vorhanden, ist davon auszugehen, daß nur bei Vorhandensein von Kindern der Eintritt der NErbfolge gewollt war, der Überlebende also bei kinderloser Ehe unbeschränkter Erbe sein soll (KG JFG **2**, 151). Hat der Erbl einen Abkömml als **Hoferben** eingesetzt u bestimmt, daß im Falle seiner kinderlosen Ehe HofE werden soll, wer nach dem G dazu berufen sei, so stellt sich erst beim Tod des Abkömml heraus, ob er VollE od VE geworden ist. Es handelt sich um eine auflösd bedingte Vor- und NErbsch; für letztere gilt nicht die Ausleggsregel des § 2104, denn NE sollen die gesetzl Erben nach dem Abkömml sein (Hamm RdL **67**, 152). 2

3) Rechtsfolgen. Testamentarisch berufene NE sind nach § 2104 diejenigen **gesetzlichen Erben** des Erbl, die zum Zuge kämen, wenn der Erbl den NErbfall erlebt hätte. Wer zu den ges Erben gehört, ist nach der Regel des § 2066 S 2 zu bestimmen (KG DNotZ **35**, 827). NE sind also nicht die Personen, welche zZ des Erbfalls ges Erben gewesen wären, sond diejenigen, welche zZt des Eintritts des vom Erbl bestimmten Ereignisses od Ztpkts die nächsten ges Erben sein würden, wenn erst jetzt der Erbfall einträte. Nicht zu ihnen gehört, wer dch Erbverzicht od ErbunwürdigErkl aus ihrem Kreis ausgeschieden ist; auch nie der Staat (S 2; auch nicht als ErsatzE iSv § 2102 I), da er dem Erbl nicht näher steht als VE (dem dann die Erbsch verbleibt). Ein nichtehel ErbBerecht ist dagg auch neben ehel Abkömml od dem Ehegatten zu NE berufen, auch wenn er in Erbfällen vor dem 1. 4. 98 nur erbersatzberecht (§ 1934 a aF) war (Soe/Harder Rn 4; str; aA MüKo/Grunsky Rn 4). – Da es sich um eine Ausleggsregel handelt, geht die individuelle Auslegg vor; aus der letztw Vfg kann sich daher ergeben, daß zB nach dem Willen des Erbl der Kreis der NE abweichend bestimmt ist od der Ztpkt des Erbfalls gelten soll. – Nach § 2104 können also ganz andere als die eigentl ges Erben des Erbl NE werden. Ihnen ist ein **Pfleger** zu bestellen (§ 1913), wobei str ist, ob dieser auch die schon vorhandenen 5 ges Erben vertritt, weil diese noch wegfallen können und daher in der Schwebezeit rechtl unbekannt sind (so zutr die noch hM; BGH MDR **68**, 484; Hamm Rpfleger **69**, 347; BayObLG **66**, 227; auch § 2066 Rn 3) od nur die einstw noch nicht vorhandenen und daher tatsächl unbekannten (Kanzleiter DNotZ **70**, 326; Soe/Harder Rn 5; MüKo/Grunsky Rn 7). – Die eigentl ges Erben erwerben auch kein AnwartschR, das sie nach § 2108 vererben könnten (BayObLG **66**, 229). – Ist von **Miterben** nur einer nach § 2104 beschränkt, wächst 6 nach Maßg des § 2094 der erledigte Erbteil den übr MitE an u kommt nicht den ges Erben zu. Das gleiche gilt, wenn die Bedingg nur in der Person eines od einzelner MitE, die alle unter einer auflösden Bedingg (zB Verwirkgsklausel) eingesetzt sind, eintritt (Hilgers RhNK **62**, 391). 4

2105 *Gesetzliche Erben als Vorerben.* **I Hat der Erblasser angeordnet, daß der eingesetzte Erbe die Erbschaft erst mit dem Eintritt eines bestimmten Zeitpunkts oder Ereignisses erhalten soll, ohne zu bestimmen, wer bis dahin Erbe sein soll, so sind die gesetzlichen Erben des Erblassers die Vorerben.**

II Das gleiche gilt, wenn die Persönlichkeit des Erben durch ein erst nach dem Erbfall eintretendes Ereignis bestimmt werden soll oder wenn die Einsetzung einer zur Zeit des Erbfalls noch nicht erzeugten Person oder einer zu dieser Zeit noch nicht entstandenen juristischen Person als Erbe nach § 2101 als Nacherbeinsetzung anzusehen ist.

1 **1) Konstruktive Vorerben-Berufung.** Um bei unvollständ letzw Vfg eine herrenlose (ruhende) Erbsch zu vermeiden, bestimmt das G **ergänzend,** daß VE „die gesetzl Erben des Erbl" (hier einschließl des Staates, § 1936) nach dem Ztpkt des Erbfalls sind (abweichend § 2104 bezügl der NE). Wie die ges Erbfolge neben der TestErbfolge eintreten kann (§ 2088), kann sie nach § 2105 dieser auch vorangehen (Staud/Behrends/Avenarius Rn 1). – Da das G nur ergänzd eingreift, kann es nicht gelten, wenn der Erbl einen VE ausdrückl od in einer dch Auslegg feststellbaren Weise benannt (KGJ **29** A 42) od die ges Erben nach § 1938 von der VErbfolge ausgeschlossen hat (Staud/Behrends/Avenarius Rn 3). § 2105 gilt entspr, wenn der VE zwar benannt, die Einsetzg aber nichtig ist, ohne daß die Anordng der NErbfolge unwirks wird (Soe/Harder Rn 2). Bei **Miterben** (vgl § 2104 Rn 6) tritt hier mangels Wegfalls keine Anwachsg ein; die Auslegg kann aber dazu führen, daß die Erbsch zunächst den unbedingt eingesetzten MitE allein teils als VollE, teils als VE anfällt, so daß also die ges Erben als VE des bedingt od betagt eingesetzten MitE nicht in Frage kommen (Staud/Behrends/Avenarius Rn 5). – Zu den konstruktiven VE gehört auch das **nichteheliche** Kind, in Erbfällen vor dem 1. 4. 98 allerd dann nicht, wenn es nur erbersatzberecht (§ 1934 a aF; EG 227 I Nr 1) war (Soergel/Harder Rn 4); dann hatte es allerd gg den VE einen ErsatzAnspr hinsichtl der Nutzgen (MüKo/Grunsky Rn 4).

2 **2) Objektiv unbestimmt (II)** muß die Persönlichk des Erben sein, zB die künft Ehefrau des zZ noch unverheirateten Sohnes. Dies ist zB nicht der unbekannt gebliebene, noch zu ermittelnde Lebensretter, dem notf ein NachlPfleger (§ 1960 I) zu bestellen ist. Trat das Ereign (zB die Eheschließg) schon vor dem Erbfall ein, kommt es zur gewöhnl Erbfolge. – Im übrigen enthält **II** für die Fälle des § 2101 die notwend Ergänzg (vgl dort sowie § 2106 II); dagg wird die bereits erzeugte Person mit der Geburt (§ 1923 II) und die errichtete Stiftg mit der Genehmigg (§ 84) rückwirkend auf den Erbfall gewöhnl Erbe.

2106 *Eintritt der Nacherbfolge.* **I Hat der Erblasser einen Nacherben eingesetzt, ohne den Zeitpunkt oder das Ereignis zu bestimmen, mit dem die Nacherbfolge eintreten soll, so fällt die Erbschaft dem Nacherben mit dem Tode des Vorerben an.**

II Ist die Einsetzung einer noch nicht erzeugten Person als Erbe nach § 2101 Abs. 1 als Nacherbeinsetzung anzusehen, so fällt die Erbschaft dem Nacherben mit dessen Geburt an. Im Falle des § 2101 Abs. 2 tritt der Anfall mit der Entstehung der juristischen Person ein.

1 **1) Ergänzungsregel.** Der NErbfall, dh der Ztpkt des Anfalls der Erbsch an den NE (Einf 1 vor § 2100), kann in den zeitl Grenzen des § 2109 vom Erbl frei bestimmt werden (nicht von einem Dritten, § 2065; BGH **15**, 199). Fehlt es an solcher Bestimmg, tritt der NErbfall (§ 2139) regelm mit dem Tode des VE ein (Ergänzungsregel); vgl auch § 2181. Auch § 2109 I S 2 Nr 1 kommt zum Zug (BayObLG **75**, 62; KG Rpfleger **76**, 249). – Der Voranfall, dh der Erwerb einer vererbl Anwartsch, tritt dagg regelm schon mit dem Erbfall ein (§ 2108 II); Ausn enthalten §§ 2104, 2074 (s § 2100 Rn 11).

2 **2) Noch nicht Erzeugter. II** gilt nur in den Fällen des § 2101, also bei seiner in eine NE-Einsetzg umgedeuteten Erbeinsetzg. Bei ausdrückl Einsetzg des noch nicht Erzeugten als NE greift **I** ein, so daß er die Erbsch erst mit dem Tod des VE erwirbt. Stirbt der VE dann vor Geburt des NE, treten zunächst seine Erben an seine Stelle. Von diesen erhält der NE mit Geburt die Erbsch (Soergel/Harder Rn 3; MüKo/Grunsky Rn 4).

2107 *Kinderloser Vorerbe.* **Hat der Erblasser einem Abkömmlinge, der zur Zeit der Errichtung der letztwilligen Verfügung keinen Abkömmling hat oder von dem der Erblasser zu dieser Zeit nicht weiß, daß er einen Abkömmling hat, für die Zeit nach dessen Tode einen Nacherben bestimmt, so ist anzunehmen, daß der Nacherbe nur für den Fall eingesetzt ist, daß der Abkömmling ohne Nachkommenschaft stirbt.**

1 **1) Auslegungsregel.** Das G geht davon aus, daß der Erbl die Nachkommen eines von ihm bedachten Abkömml nicht zugunsten Dritter von der Erbsch ausschließen will. Bei Einsetzg eines zu dieser Zeit tatsächl od doch nach Meing des Erbl kinderlosen Abkömml als VE gilt daher die Einsetzg eines NE iZw nur für den Fall, daß der VE ohne Nachkommen stirbt, sofern NErbfall der Tod des VE ist. Der NE muß also ausdrückl od nach § 2106 I für die Zeit **nach dem Tod** des VE berufen sein. § 2107 gilt daher nicht in den Fällen der §§ 2105, 2106 II, wo Zeitpkt u Ereign anders bestimmt sind, weil dann als genügd deutl ausgedrückt gilt, daß der etwa nachgeborene od unbekannte Abkömml ausgeschaltet sein soll (RGRK Rn 3). – Die Vorschr enthält **nachgiebiges** Recht (BGH BWNotZ **63**, 70; BayObLG FamRZ **91**, 1234) u weicht einem abweichden ErblWillen (auch einem dch Auslegg ermittelten mutmaßl, BayObLG NJW-RR **92**, 839). Sie gilt nicht nur ggü familienfremden NE, sond auch im Verhältn zu and Abkömml als NE (BGH JR **80**, 282 mAv Schubart; NJW **81**, 2743). – Für den zuläss GgBeweis muß sich in der Vfg vTw selbst ein gewisser Anhalt finden (BGH aaO). – Zu den **Abkömmlingen** zählen auch Adoptivkinder (§§ 1754, 1767 II, 1770; fr § 1757 aF; BayObLG Rpfleger **76**, 122), sofern nicht ein ggteiliger Wille des Erbl zum Ausdruck gekommen ist

(BayObLG **84**, 246) sowie nichtehel Kinder des bedachten Abkömml. Die Annahme als Kind kann vor od nach der TestErrichtg u selbst nach dem Tod des Erbl erfolgen, soweit nicht im letzteren Fall nur die Vereitelg der NErbfolge bezweckt wird.

2) Rechtsstellung des Abkömmlings. Da sich erst bei seinem Tod entscheidet, ob er mit od ohne Nachkommensch stirbt, hat er auf Lebensdauer nur die Stellg eines VE. Erst wenn er bei seinem Tod Nachkommen hinterläßt, entfällt die NErbfolge nach § 2107, ohne daß es einer Anfechtg wie nach § 2079 bedarf. Der VE wird dann als VollE angesehen. Er war also unbeschränkter Herr des Nachl u konnte über diesen unter Lebenden sowie vTw frei verfügen, zB zG seiner Abkömml od anderer vorbehaltl des Pflichtt-Anspr (RGRK Rn 1, 6). NE des Erbl sind diese nicht. 2

3) Das Nacherbrecht ist durch das Vorhandensein od Erzeugtsein (§ 1923) von Nachkommen des VE auflösend bedingt (BayObLG Rpfleger **81**, 64; MüKo/Grunsky Rn 6; Soergel/Harder Rn 3; aM Erman/Hense/Schmidt Rn 5: „Nach gesetzl Auslegg bedingt"). Der NE erwirbt bereits mit dem Erbfall ein vererbl u übertragb AnwartschR (§ 2108), das er erst verliert, wenn der VE bei seinem Tod Nachkommen hinterläßt, auch wenn diese den VE nicht beerben (BGH NJW **80**, 1277). Er braucht entgg § 2074 nur den Erbfall, nicht das nachkommenlose Versterben des VE zu erleben. Erfährt Erbl nach TestErrichtg das Vorhandensein von Abkömml, ändert er aber gleichwohl seine Vfg nicht, wird § 2107 meist ausgeschlossen sein (MüKo/Grunsky Rn 3). 3

4) Anfechtung. Neben § 2107 kann nach Sachlage auch eine Anfechtg durch den VE nach § 2078 II in Frage kommen. Fällt der VE vor dem Erbfall od durch Ausschlagg od ErbunwürdigkeitsErkl danach rückwirkend weg, ist § 2107 nicht anwendb. Vielm wird der eingesetzte NE nach § 2102 I iZw ErsatzE; der Abkömml des VE ist auf Anfechtg nach § 2078 II od § 2079 angewiesen (Soergel/Harder Rn 2; MüKo/Grunsky Rn 5; aM Staud/Behrends/Avenarius Rn 9). 4

2108 *Erbfähigkeit; Vererblichkeit des Nacherbrechts.*

I Die Vorschriften des § 1923 finden auf die Nacherbfolge entsprechende Anwendung.

II Stirbt der eingesetzte Nacherbe vor dem Eintritte des Falles der Nacherbfolge, aber nach dem Eintritte des Erbfalls, so geht sein Recht auf seine Erben über, sofern nicht ein anderer Wille des Erblassers anzunehmen ist. Ist der Nacherbe unter einer aufschiebenden Bedingung eingesetzt, so bewendet es bei der Vorschrift des § 2074.

1) Erleben des Erbfalls (I). Gem dem entspr anzuwendenden § 1923 I muß der als NE Berufene beim Erbfall noch leben. Hat der Erbl den eingesetzten NE überlebt, wird die Anordng der NErbfolge in gleicher Weise hinfällig, wie wenn der Erbl den Erben überlebt. Der eingesetzte VE erwirbt dann die Erbsch als VollE, sofern nicht ein weiterer NE od ErsatzNE eingesetzt war. Fällt ein als NE eingesetzter Abkömml vor dem Erbfall weg, treten im Zweifel seine Abkömml als ErsatzE an seine Stelle (§ 2069; Bremen NJW **70**, 1923). – Dagg braucht der NE, wie sich aus § 2101 I ergibt, beim **Erbfall noch nicht zu leben** u noch nicht einmal erzeugt zu sein. Hier stellt vielm die entspr Anwendg des § 1923 auf die Zeit des Eintritts der NErbfolge (§ 2139) ab. NE kann daher nur werden, wer zu dem hierfür bestimmten Zeitpkt od Ereign (§§ 2103–2105) od beim Tode des VE (§ 2106) lebt od doch zumindest erzeugt ist u demnächst lebend zur Welt kommt. Ist er noch nicht erzeugt, ist er iZw zweiter NE (s § 2101 Rn 1). – Ohne Bedeutg ist es, wenn der NE, der zZ des Erbfalls lebte, den Eintritt des **Nacherbfalls nicht mehr erlebt,** wie sich aus **II** (entgg § 1923) ergibt. – Entspr **§ 1923 II** gilt der beim NErbfall nur erst erzeugte NE als schon vor diesem Ztpkt geboren. Dagg wird im Falle des § 2106 II, § 2101 I der Eintritt der NErbfolge erst auf den Ztpkt der Geburt verlegt, zumal eine Rückbeziehg hier kaum dem Willen des Erbl entsprechen u der Ztpkt der Erzeugg sehr schwer festzustellen sein wird (vgl auch RGRK Rn 2). 1

2) Vererblichkeit des Anwartschaftsrechts (II 1). Überlebt der NE (od ErsatzNE) den Erbl, erlangt er ein unentziehbares AnwartschR (s § 2100 Rn 11). Stirbt er dann vor od gleichzeit mit Eintritt des NErbfalls, geht dieses AnwartschR als Bestandteil seines Nachl nach der Auslegungsregel des **II 1** (hM; BGH NJW **63**, 1150) auf seine Erben über, sofern nicht die vorrangige individuelle Auslegg (BGH **33**, 60) etwas anderes ergibt. Der NE kann dann seiners (als Erbl) seine Erben durch NErbfolge od TVstrg (§ 2222) beschränken (RG **103**, 354). – Mehrere Erben des NE bilden auch an dem AnwR eine ErbenGemsch (Schmidt BWNotZ **66**, 141/145). Der Erbschein ist für sie auch so zu erteilen (Schmidt aaO 147). – Die Vererblichk geht der **Anwachsung** (§ 2094) iZw vor (RG **106**, 357; KG JFG **15**, 309; Stgt FamRZ **94**, 1553). Sie ist zum Vorteil des NE angeordnet, der nicht durch seinen vorzeitigen Tod der NErbsch verlustig gehen soll (vgl auch § 2142 II). Er kann also auch die zu erwartende NErbsch durch Test einem anderen (als Vermächtn) zuwenden als demjenigen, dem er sein eigenes Vermögen hinterläßt (Raape DNotZ **35**, 629). – Bei **mehrfach aufeinanderfolgenden** NE-Einsetzgen ist das AnwR des weiteren NE vererbl, wenn er den Erbl überlebt hat. Nicht erforderl ist, daß er den ersten NErbfall erlebt hat, da er schon vom Erbfall an die vollen Rechte eines NE hat (KG DNotZ **55**, 408). Der folgde NE ist zugleich ErsatzNE (s Zweibr Rpfleger **77**, 305; RGRK Rn 11). – **II** kommt allerd überh **nicht zur Anwendung,** wenn nach dem Willen des Erbl od nach ges Ausleggsregeln bei der Bestimmg der NE erst auf den Zeitpkt des NErbfalls abzustellen ist (zB wenn die als NE berufenen „gesetzl Erben" unter Anwendg von § 2066 zu bestimmen sind; s dort Rn 3), weil dann dch den vorherigen Wegfall eines zunächst Eingesetzten seine Berufg ggstandslos wird. 2

3) Ausschluß der Vererblichkeit. Der Erbl kann die Vererblichk des AnwartschR ganz ausschließen od den Ausschluß auf einen bestimmten Personenkreis beschränken, etwa wenn er bei Wegfall seines Kindes die Vererbg nur auf einen Teil von dessen Erben gewollt hat (BGH NJW **63**, 1150; Karlsr FGPrax **99**, 155). Der Ausschluß muß nicht ausdrückl angeordnet sein, sond kann auch konkludent erfolgen u sich etwa daraus ergeben, daß er dch Verteilg seines Vermögens nur an Familienangehörige deren familienfremde test Erben nicht zum Zuge kommen lassen will; od sich aus anderen Anordgen ersehen lassen, zB der Berufg weiterer NE, wenn NErbfall der Tod des ersten NE ist (KG DNotZ **55**, 413); das NE-Recht ist in diesem Fall auflösend 3

befristet auf den Tod des Vorgängers (BGH NJW **81**, 2743). Bei fehlender Eindeutigk kommt es stets auf die individuelle Auslegg an Hand der Umstände des Einzelfalls an, weil der Ausschluß sich aus der letztw Vfg ergeben muß. Erforderlichenfalls ist der ErblWille nach den Grdsätzen der ergänzenden TestAuslegg zu ermitteln. Hierfür gibt es keine zwingenden Regeln. Gg die Annahme, der Erbl habe bei Wegfall des NE vor Eintritt des NErbfalls die Weitervererbg nicht gewollt, spricht jedenfalls nicht, daß er ohne diesen Wegfall die Möglichk der Weitervererbg seines Vermögens auf die Erben des NE (einschließl familienfremder) hingenommen hat (BGH NJW **63**, 1150; Haegele Rpfleger **67**, 161). – Stirbt der NE zw Erb- u NErbfall, liegt in der Einsetzg
4 eines **Ersatznacherben** nicht ohne weiteres schon der Ausschluß, weil die Ersatzberufg auch für andere Fälle des Wegfalls als dch Tod getroffen sein kann (§ 2142 II); auch eine Vermutg (Soergel/Harder Rn 5) läßt sich nicht begründen (BGH **LM** Nr 1). Entscheidd ist daher konkrete Auslegg (BayObLG **93**, 335 mAv Mayer MittBayNot **94**, 111). Bei ausdrückl Einsetzg eines ErsatzNE wird zwar die Auslegg meist zur Unvererblichk führen (s Brschw FamRZ **95**, 443), ohne daß dies aber zwingend ist. Stirbt zB der ErsatzNE vor dem HauptNE u rückte er dah nie in die Stellg eines unmittelb NE ein, ist zu prüfen, ob der Erbl auch für diesen Fall die Vererblichk des AnwartschR des NE nicht wollte; näherliegd erscheint iZw, daß er dann die NErbsch den Erben des vorrangig berufenen HauptNE belassen wollte (Stgt FamRZ **94**, 1553; aA KGJ **42** A 104). Betrifft die Anordng der Vor- u NErbfolge ausschließl engste Familienangehörige, ohne daß die letztw Vfg eine Regelg üb die Vererblichk od deren Ausschluß enthält, u stirbt der NE ohne eigene Abkömml, bestehen an der Vererblichk Bedenken, die es dch ergänzende Auslegg auszuräumen gilt (Oldbg Rpfleger **89**, 106); der Umstand, daß der NE ein Abkömml des Erbl ist, genügt für sich allein noch nicht ohne weiteres für die Annahme des Willens zur Unvererblichk (Köln OLGZ **68**, 91), wenngleich ein solcher Wille hier besonders häufig sein wird (BGH NJW **63**, 1150; RG **169**, 39; dazu Johannsen WM **70**, 7; **77**, 275; Bergermann RhNK **72**, 757). Als **Anhaltspunkt** für die Auslegg kann gelten: Vererblichk ist ausgeschlossen, wenn es dem Erbl in erster Linie darum ging, das Vermögen in der Familie zu halten (Soergel/Harder Rn 6). Dagg spricht es für die Vererblichk, wenn der Erbl dem NE eine schon vor dem NErbfall verwertbare RStellg zuwenden wollte (ebso MüKo/Grunsky § 2102 Rn 7). – **Beweislast** hat, wer einen dahingehenden Willen behauptet, da der Ausschluß von **II** 1 als Ausnahme angesehen wird (BayObLG Rpfleger **83**, 11; Baumgärtel/Strieder Rn 1).

5 **4) Aufschiebend bedingte Nacherbschaft (II 2).** Hat der Erbl den NE zB unter der Bedingg eingesetzt, daß die als VE eingesetzte Witwe sich wieder verheiratet (BayObLG **66**, 227), bleibt es bei der Regel, daß der NE die Erfüllg der Bedingg iZw erleben muß (**II** 2, § 2074). Bis dahin bleibt auch die Anwartsch in der Schwebe, so daß sie nicht vererbt werden kann. Da aber § 2074 nur Ausleggsregel ist, kann der Erbl auch bei einer aufschiebenden Bedingg die Vererblichk gewollt haben (Brschw MDR **56**, 296). Daß der NE den Eintritt der NEFolge erlebt, ist keine Bedingg in diesem Sinne (KG DNotZ **35**, 827; RGRK Rn 14), ebsowenig die Einsetzg eines ErsatzNE; seine Anwartsch auf die NErbsch ist vererbl, wenn er vor Wegfall des zunächst berufenen NE verstirbt (§ 2102 Rn 6; RGRK aaO; s auch Haegele Rpfleger **67**, 165). – Bei **auflösender Bedingung** ist das AnwartschR dagg veräußerl u je nach Art der Bedingg auch vererbl. Es geht jedoch bei Eintritt der Bedingg unter (Hamm OLGZ **76**, 180/187; Soergel/Harder Rn 10).

6 **5) Übertragbarkeit des Anwartschaftsrechts.** Das mit Erleben des Erbfalls entstehde AnwR des NE (s § 2100 Rn 11) ist Bestandteil seines Vermögens u gehört zur Insolvenzmasse, falls nach dem Erbfall das InsolvVerf eröffnet wird (vgl auch Einf 7 v § 2100). Es ist grdsl abtretbar, verpfändb und pfändb; ebso ist die Stellg als ErsatzNE übertragb (BayObLG FamRZ **92**, 728). Eine Übertragg vor dem Erbfall ist allerd schon nach § 312 ausgeschlossen; in dieser Zeit ist nur Erbverzicht (§ 2352) zuläss. Nach Eintritt des NErbfalls gibt es dagg kein AnwR mehr, da nun der bish NE Erbe geworden ist u sein ErbR nach allg Regeln veräußern (Übbl 1 ff v § 2371) od seinen Anteil übertragen (§ 2033) kann. Übertragg kommt dah nur zw Erbfall u NErbfall in Betr, sofern der Erbl die Übertragbark nicht ausgeschlossen hat. Dies kann er ebso wie die Vererblichk (RG **170**, 168; Soe/Harder § 2180 Rn 11; Mezger AcP **152**, 382; Haegele Rpfleger **71**, 130).

7 **a) Die Zulässigkeit** der Übertragg des AnwR in dieser Zeit ist allg anerkannt, aber ges nicht geregelt (s Soergel/Harder Rn 10 u § 2100 Rn 11; Schiedermair AcP **139**, 131 ff). Auch ist der NE nun befugt, vTw über seine NE-Rechte zu verfügen. Die Übertragg ist allerd nur in dem Umfang mögl, in dem das AnwR dem NE selbst zusteht, so daß dch sie Rechte eines ErsatzNE nicht berührt werden (§ 2102 Rn 6). Angesichts der Rechtsähnlichk zw der Stellg des MitE u der des NE (mag er nun Allein- od MitNE sein) ist eine Übertragg sowohl auf einen Dritten als auch auf den VE zuläss, aber auch an die Form des § 2033 gebunden (RG **101**, 186 ff; KG JFG **6**, 273; DNotZ **54**, 389). Das VerpflichtgsGesch zu einer solchen Vfg bedarf im Falle der Veräußerg der not Beurkundg nach §§ 2371, 1922 II, 2385 (Gantzer MittBayNot **93**, 67). Über GenehmiggsPfl nach dem GrdstVG s § 2100 Rn 11. – In einem **Verzicht** des NE auf seine Rechte zG des VE liegt idR eine Übertragg des AnwR auf diesen; er bedarf auch der Form des § 2033. Der VE wird damit Vollerbe. Übertragg kann aber auch auf den am Vertr beteiligten MitNE erfolgt sein (Düss OLGZ **91**, 134). – Bei der Übertragg an Dritte steht dem VE ein **Vorkaufsrecht** als Ausgleich für die Übertragbark des NERechts u zwecks Vermeidg des Eindringens Dritter in die Gemsch in entspr Anwendg des § 2034 zu (Schiedermair aaO 150); ebso den MitNE, auch bei Verkauf an den VE. – Eine gesonderte Übertragg des unselbständigen künftigen HerausgabeAnspr (§ 2130) ist nicht möglich (Kipp/Coing § 50 I 3 d), wohl die Verpflichtg dazu denkb (RG **60**, 133).

8 **a) Wirkungen.** Durch die Übertragg des AnwR zw Erbfall u NErbfall tritt der Erwerber unmittelb in die RStellg des NE ein. Sind keine ErsatzNE vorhanden, wird der erwerbende Dritte daher mit dem NErbfall an Stelle des ursprüngl NE ohne dessen Durchgangserwerb Erbe (MitE) des Erbl (MüKo/Grunsky § 2100 Rn 30). Der erwerbende VE wird unbeschränkter VollE, wenn ihm sämtl NE (und ErsatzNE) ihre Anwartsch übertragen (BayObLG FamRZ **92**, 728); im Erbschein werden die NE dann nicht aufgeführt (KG JW **38**, 3118). – Dch die Übertragg werden dagg die Rechte **eingesetzter** ErsatzNE nicht berührt, so daß der VE seine Stellg in dem Augenblick an diese verliert, in dem sie auch der NE verlieren würde (s § 2102 Rn 6). – Aus dem zGrde liegden ErbschKauf haftet vom Eintritt des NErbfalles an der Erwerber, nicht zusätzl der NE, der übertragen hat (MüKo/Grunsky § 2100 Rn 30). – Überträgt der (die) NE sein AnwartschR auf den VE, wird im GBuch der NE- und ErsatzNE-Vermerk nicht ggstandslos u das GBuch ist insoweit nicht unricht;

der VE kann bis zum Eintritt des Ersatzerbfalls über die Ggstände der Vorerbsch frei verfügen. Tritt jedoch der ErsatzNE an die Stelle des NE, endet damit die (auflösd bedingte) Vereinigg der beiden RStellgen in der Person des VE u es entsteht das NEAnwartschR für den bish ErsatzNE (BayObLG **70**, 137).

2109 ***Dreißigjährige Frist für Nacherbschaft.*** **I Die Einsetzung eines Nacherben wird mit dem Ablaufe von dreißig Jahren nach dem Erbfall unwirksam, wenn nicht vorher der Fall der Nacherbfolge eingetreten ist. Sie bleibt auch nach dieser Zeit wirksam:**

1. wenn die Nacherbfolge für den Fall angeordnet ist, daß in der Person des Vorerben oder des Nacherben ein bestimmtes Ereignis eintritt, und derjenige, in dessen Person das Ereignis eintreten soll, zur Zeit des Erbfalls lebt;

2. wenn dem Vorerben oder einem Nacherben für den Fall, daß ihm ein Bruder oder eine Schwester geboren wird, der Bruder oder die Schwester als Nacherbe bestimmt ist.

II Ist der Vorerbe oder der Nacherbe, in dessen Person das Ereignis eintreten soll, eine juristische Person, so bewendet es bei der dreißigjährigen Frist.

1) Zweck. Das G will die Bindg des Vermögens in der Hand des VE grdsl nicht länger als 30 Jahre 1
bestehen lassen, damit der Erbl seine TestierFreih nicht dazu ausnutzen kann, fideikommißähnl Regelgen zu treffen. Er kann zwar mehrfach NErbfolge anordnen. Nach Fristablauf wird aber die NE-Einsetzg unwirks mit der Folge, daß der Nachl freies Vermögen des VE als VollE wird. Bei Einsetzg mehrerer NE nacheinander kommt das Unwirksamwerden dem zustatten, der bei Fristablauf VE ist. – Die Vorschr kann entspr auf gesellschrechtl Nachfolgeklauseln angewandt werden (Soergel/Harder Rn 1; Däubler JZ **69**, 502).

2) Zwei Ausnahmen von der 30jähr Frist macht **I** mit der Folge, daß dann die Frist beliebig überschritten 2
werden kann. – **a)** Wenn ein **bestimmtes Ereignis (I 2 Nr 1)** „in der Person" des VE od des NE den NErbfall herbeiführen soll, gleichgült, ob der Eintritt vom Willen des VE od NE abhängt od nicht, so daß auch reine Potestativbedingg ausreicht (BGH NJW **69**, 1112). Bsple: die NErbfolge ist für den Fall angeordnet, daß der VE stirbt (BayObLG FamRZ **90**, 320); sich wieder verheiratet; einen bestimmten Beruf ergreift; daß der NE ein gewisses Alter erreicht; daß er heiratet usw (s § 2163 Rn 1). Ist also die NErbfolge auf den Tod des VE abgestellt (s § 2106 I), bleibt die Einsetzg des NE wirks, auch wenn der VE den Erbl um mehr als 30 Jahre überlebt (BayObLG **75**, 63/66; KG Rpfleger **76**, 249). NErbe, bei dessen Verheiratg der NErbfall eintreten soll, bleibt NE trotz Ablaufs der 30 Jahre, falls er zZ des Erbfalls lebte (Flad AkZ **36**, 419) od wenigstens erzeugt war (§ 1923). – Das Ereign muß in der **Person** des VE oder NE eintreten, also eine rechtl od wirtschaftl Beziehg zu ihm haben, deren Grad nicht zu streng bemessen werden soll. Bloßes Miterleben eines Weltgeschehens fällt nicht darunter (hM; aA Staud/Behrends/Avenarius Rn 8, MüKo/Grunsky Rn 4; s auch Soergel/Harder Rn 3), wohl aber eine Einsetzg für den Fall der „wirtschaftl Wiedervereinigg", wenn es dem Erbl dabei um die wirtschaftl Folgen für den Bedachten ging (LG Bln NJW **93**, 272). Da die für das Ereign maßg Person schon zZ des Erbfalls am Leben gewesen sein muß, zieht die begrenzte Dauer des menschl Lebens auch hier der unbegrenzten NachlBindg eine Schranke. – **b)** Wenn **ungeborene Geschwi-** 3
ster (I 2 Nr 2) als (weitere) NE eingesetzt sind. Die zeitl Grenze wird dann dch die Lebensdauer des Vaters bzw der Mutter des erzeugten Geschwisters, das NE werden soll, gezogen. Nichtehel Kinder, Halbgeschwister u die nach früh R Legitimierten (§§ 1719, 1736) gehören auch hierher; nicht aber Adoptivkinder (Soergel/Harder Rn 4 mN; aA MüKo/Grunsky Rn 5).

3) Für juristische Personen als VE od NE macht **II** eine Ausn von **I** Nr 1 (I Nr 2 ist hier nicht mögl). 4
Nachdem jur Personen in ihrer Lebensdauer nicht beschränkt sind, soll der Erbl nicht dch Abstellen auf ein Ereign in der jur Person die NE-Einsetzg zeitl beliebig hinausschieben können. Hier hat es bei der 30jähr Frist sein Bewenden (s auch § 2044 II 3). Ist das Ereign bis zu dieser Zeit nicht eingetreten, verbleibt dem VE die Erbsch endgült.

2110 ***Umfang des Nacherbenrechts.*** **I Das Recht des Nacherben erstreckt sich im Zweifel auf einen Erbteil, der dem Vorerben infolge des Wegfalls eines Miterben anfällt.**

II Das Recht des Nacherben erstreckt sich im Zweifel nicht auf ein dem Vorerben zugewendetes Vorausvermächtnis.

1) Vergrößerter Erbteil. Ist der VE Mitglied einer ErbenGemsch u vergrößert sich sein Erbteil dch 1
Wegfall eines and MitE, kommt dies nach der Ausleggsregel des **I** iZw auch dem NE zugute. Dieser rückt dann beim NErbfall im Umfang des gesamten Erbteils des VorE in die ErbenGemsch ein. Die Erbteilsvergrößerg des VE kann durch Erhöhg (§ 1935), Anwachsg (§ 2094) od Ersatzberufg (§ 2096) erfolgen. Gleichgültig ist, ob der Wegfall vor od nach dem Erbfall (§ 2139) geschah, da in letzteren Fällen gem §§ 1953, 2344 Rückbeziehg des Anfalls auf den Erbfall erfolgt. – Beim ErbschKauf ist dies anders geregelt (§ 2373).

2) Vorausvermächtnis (II, § 2150). Der VE muß dagg beim NErbfall iZw nicht auch die ihm vom Erbl 2
voraus vermachten Ggstände nach § 2130 an den NE herausgeben, da er sie aGrd des VermächtnAnspr (§ 2174) frei vom Recht des NE erworben u nicht als Erbe erlangt hat. Doch kann auch eine Ersatzberufg (§§ 2096, 2191) vom Erbl gewollt sein (OLG **34**, 283). – Der alleinige VE erwirbt den ihm durch VorausVerm zugewandten Ggst ohne weiteres mit dem VErbfall, unbeschwert mit der NErbsch (BGH NJW **60**, 959; s auch § 2150 Rn 6). – Wurde ein Grdst als VorausVerm zugewendet, ist die Eintragg des NEVermerks im Grdbuch unzuläss (Mü JFG **23**, 300). Im **Erbschein** (§ 2363) ist das dem alleinigen VE zugewendete Voraus-Vermächtn anzugeben (s § 2363 Rn 6).

2111 *Surrogation.* **[I] Zur Erbschaft gehört, was der Vorerbe auf Grund eines zur Erbschaft gehörenden Rechtes oder als Ersatz für die Zerstörung, Beschädigung oder Entziehung eines Erbschaftsgegenstandes oder durch Rechtsgeschäft mit Mitteln der Erbschaft erwirbt, sofern nicht der Erwerb ihm als Nutzung gebührt. Die Zugehörigkeit einer durch Rechtsgeschäft erworbenen Forderung zur Erbschaft hat der Schuldner erst dann gegen sich gelten zu lassen, wenn er von der Zugehörigkeit Kenntnis erlangt; die Vorschriften der §§ 406 bis 408 finden entsprechende Anwendung.**

[II] Zur Erbschaft gehört auch, was der Vorerbe dem Inventar eines erbschaftlichen Grundstücks einverleibt.

1 **1) Surrogationsprinzip** (s dazu § 2019 Rn 1). Als eine eng nach wirtschaftl Maßstäben auszulegende Ausnahme (BGH NJW **93**, 3198) stellt § 2111 zugunsten des NE (nicht der NachlGläub, BGH **81**, 12) den Grds der dingl Surrogation auf, der aber nur für Zuwachs, Ersatzvorteile u rgeschäftl Mittelsurrogation (**I**) sowie Inventar (**II**) gilt. Da sich der Bestand des Nachl in der Zeit zw Erbfall u NErbfall durch zufäll Ereignisse, dch Vfgen des VE od TV od den Eingriff Dritter vermehren, vermindern od sonst verändern kann, werden aus ZweckmäßigkGründen die Nutzgen dem VE, die Substanz dem NE zugewiesen (s Einf 1 v § 2100). Was dch Surrogation zum Nachl gehört, untersteht auch den Vorschr der VErbsch, wobei sich die VfgsBeschränkgen (§§ 2112 ff) nach der Art der zum Nachl gelangden Ggstände richten. – Die Beweislast für Surrogationsvorgänge hat NE (BGH NJW **83**, 2874). – Für Grdst, die zum Nachl gelangen, ist NE-Vermerk (GBO 51) einzutragen (Bergermann RhNK **72**, 773); auch für RestkaufgeldHyp des VE (Mü JFG **18**, 109). Ausnahmsw ist die Entschädigg für die Enteigng eines NachlGrdst wie das Grdst selbst zu behandeln (BGH RdL **56**, 189; s
2 Rn 4). – Nutzgen aus der Zeit **vor** dem Erbfall gehören dagg auch im Verhältn zw VE und NE zum Nachl, wobei die Grenze der Fruchtnutzg aus § 101 zu entnehmen ist (RG Warn **08** Nr 71). Währd der VorErbsch kann der VE nicht den NachlBestand mit dingl Wirkg dadch verändern, daß er dch InsichGesch Ggstände seines eigenen Vermögens dem Nachl zuweist od gg NachlGgstände tauscht (BGH **40**, 125; Stgt OLGZ **73**, 262). Will er aus dem Nachl zB Grdst zu freiem Eigtum erwerben, muß er dieses zuerst auf den NE übertragen u dann zurückerwerben (s Maurer DNotZ **81**, 223/229 ff, auch zur RStellg des ErsatzNE).

3 **a) Zuwachs** ist nur der Erwerb aGrd eines zur Erbsch gehörenden Rechts (zB durch Ersitzg, Verbindg od Vermischg), also nicht der dch ein RGesch des VE vermittelte Erwerb (Johannsen WM **79**, 605). Bezahlt der VE eine NachlHyp **mit eigenen Mitteln,** fällt die EigtümerGrdsch demnach nicht in den Nachl (KG JFG **8**, 355; Celle NJW **53**, 1265; Soergel/Harder Rn 6). – Erwerb durch Zuschlag in der ZwVersteigerg gehört mangels rgeschäftl Erwerbs nicht hierher (RG HRR **28** Nr 1592; auch RG 136, 353; str; aA Soergel/Harder Rn 8; MüKo/Grunsky Rn 10 mN, die § 2111 aus wirtschaftl Betrachtgsweise entspr anwenden), da es hier nicht um Ersatzvorteile, sond um reinen Zuwachs geht.

4 **b) Ersatzvorteile** aGrd von Zerstörg, Beschädigg od Entziehg eines ErbschGgstands sind Anspr auf SchadErsatz (auch aus GefährdgsHaftg); Versichergssumme; Überschuß aus Zwangsversteigerg eines NachlGrdst (BGH NJW **93**, 3198); EnteigngsEntschädgg (BGH RdL **56**, 189); LastenAusgl für schon vom Erbl verlorene Werte (BGH **44**, 336). Damit vergleichb sind auch Anspr nach VermG 1 ff, sofern sie schon zu Lebzeiten des Erbl begründet wurden (Wasmuth DNotZ **92**, 3; s § 1922 Rn 50).

5 **c) Rechtsgeschäftlicher Erwerb mit Mitteln der Erbschaft** (sog Mittelsurrogation) liegt vor, wenn der Gegenwert obj aus dem Nachl stammt; dies ist auch dann der Fall, wenn ein Kreditinstitut für eine Zwischenfinanzierg eingeschaltet war (BGH NJW **90**, 1237). Das RGesch braucht sich nicht auf den Nachl zu beziehen, muß aber stets vom VE abgeschlossen sein. Erwirbt also der VE aus Mitteln der Erbsch einen Ggstand zum persönl Gebrauch, gehört dieser zum Nachl, auch wenn der VE irrtüml Eigenmittel zu verwenden glaubte. Verkauft er einen NachlGgstand, gehört die KaufpreisFdg od der vereinnahmte Kaufpreis zum Nachl, der verkaufte Ggstand noch bis zur Übereigng. Veräußert der alleinige VE die ganze Erbsch dch Einzelübertragg der NachlGgstände, gilt für das Entgelt § 2111 (Haegele BWNotZ **71**, 130). – Benutzt VE ein vom Erbl stammendes Bankkonto für eigenen Zahlgsverkehr, tritt NE nicht in GiroVerhältn mit Bank ein (s § 1922 Rn 30); ist dann beim NErbfall das ursprüngl Guthaben nicht mehr vorhanden, kann NE das jetzige nur verlangen, wenn § 2111 eingreift (BGH NJW **96**, 190 mAv Krampe ZEV **96**, 63). – Erwerbsggstand der Surrogation kann uU auch eine nichtübertragb RPosition sein. Hat zB der VE einen Kommanditanteil mit Mitteln der Erbsch erworben, wird dieser einschließl der damit verbundenen Gewinnrechte Bestandteil der VErbsch ungeachtet der Möglichk, daß nach Eintritt des NErbfalls die übr Gter sich nicht auf den Eintritt des NE in die KG einlassen müssen (BGH **109**, 214). Gelingt es dem NE später nicht, die erlangte erbrechtl Position innerh der Ges dchzusetzen, erfaßt die Surrogation zumindest die vermögensrechtl Vorteile wie Anspr auf Gewinn od das AuseinandersetzgsGuthaben od ein etw EntnahmeR (BGH aaO), da bei jeder Beteiligg des VE an einer Gesellschaft mit NachlMitteln der Anspr auf das Auseinandersetzgsguthaben in den
6 Nachl fällt (Soergel/Harder Rn 9; aM Roggendorff RhNK **81**, 35). – Ggstände, die der VE durch **Auseinandersetzung** (TeilgsVersteigerg) aus dem Nachl erwirbt, unterliegen der NEBeschränkg, da sie mit Mitteln der Erbsch erworben sind (BGH NJW **69**, 2043 f; Celle NJW **68**, 802; Hamm FGPrax **95**, 7); bei der Eigentumsumschreibg der dabei übertragenen Grdst auf den VorE ist der NE-Vermerk von Amts wg mit einzutragen (BayObLG **86**, 208; Hamm aaO). Erwirbt also ein MitVE die der ErbenGemsch an einem Grdst bestellte Hyp dch Tilgg seiner DarlSchuld infolge Verrechng mit der NachlAuseinandersetzgsquote ggü der ErbenGemsch, gehört seine dadurch entstehende EigentümerGrdschuld zur (Vor-)Erbsch (BGH **40**, 115 mAv
7 Nirk zu **LM** Nr 2). – Wird der Ggst **nur teilweise** mit ErbschMitteln erworben, gehört er auch nur zum entspr Teil zum Nachl (BGH NJW **77**, 1631, 2075 mit abl Anm Peters; aA Wolf JuS **81**, 15; Staud/Behrends/Avenarius Rn 31); s ferner Ffm Rpfleger **80**, 228; Stgt BWNotZ **80**, 92 (wirtschaftl Maßstab). – Nicht zur
8 Erbsch gehört der Anspr auf Erstattg der **Prozeßkosten,** wenn VE einen RStreit wg eines NachlGgstandes geführt u obsiegt hat; er ist vielmehr freies Vermögen der VE (KG JurBüro **66**, 615).

9 **d) Inventar (II).** Hier gilt im wesentl dasselbe wie in §§ 588 II, 1048 I, währd die Ersatzfrage in §§ 2124, 2125 behandelt ist. Dabei ist weder vorausgesetzt, daß der VE das einverleibte Inventarstück mit ErbschMitteln

erworben hat (dann greift schon **I** ein), noch daß es an Stelle eines abgängigen Stücks von ihm angeschafft worden ist. Hier waren nicht SurrogationsGrdsätze, sond wirtschaftl Gründe maßg.

2) Nutzungen (I 1) des Nachl (§§ 99, 100; s auch § 101) unterliegen **nicht** der Surrogation. Sie erwirbt der VE währd der Dauer seines Rechts mit der Einschränkg des § 2133 zu eigenem Vorteil; er hat dafür auch die gewöhnl Erhaltgskosten zu tragen (§ 2124). Diese Verteilg gilt aber nur im Verhältn des VE zum NE; ggü NachlGläub gehören Nutzgen zum NachlVermögen. An dem Fruchterwerb des VE ändert sich auch nichts bei Verwaltg dch TV (§ 2209; vgl aber auch dort Rn 2). – Der Erbl kann durch Vermächtnis od Auflage den Fruchtbezug des VE prakt ausschließen (RG Warn **12** Nr 174). – Gehört ein **Unternehmen** zum Nachl, steht dem VE der Gewinn nach Maßg der nach kaufmänn Grdsätzen aufzustellenden jährl Handelsbilanz zu; der Erbl kann aber die Bilanziergs- u Bewertgsfreih durch letztw Vfg erweitern od einschränken (Baur JZ **58**, 465; Baur/Grunsky ZHR **133**, 208/211 ff). Gewinnanteile an PersonenGesellsch, die während der Dauer der VErbsch anfallen, gebühren dem VE (BGH NJW **90**, 514); es können jedoch Entnahmebeschränkgen bestehen (s hierzu Esch/Schulze zur Wiesche Rn 501). – Nutzg ist auch der Zinszuschlag gem LAG 250 III (BGH **81**, 8). – Keine Nutzgen stellen die neuen Anteilsrechte eines Aktionärs aGrd Kapitalerhöhg aus GesellschMitteln (AktG 212) dar; sie gehören deshalb zur Erbsch (§ 99 Rn 3). – Auch Überlassg eines Grdst mittels Verpachtg zur Kiesausbeutg dch den befreiten VE kann diesen bei Eintritt der NErbfolge zum SchadErs verpflichten, wenn er den Pachterlös in vollem Umfang für sich verwendet hat (Köln AgrarR **77**, 150). 10

3) Vertrauensschutz (I 2). Der gutgläub Schuldner einer der NErbfolge unterliegden Fdg aus einem mit dem VE abgeschlossenen RGesch wird wie in § 2019 II geschützt, damit er dch seine Unkenntn nicht Schaden erleidet. Soweit die Fdg nicht auf RGesch beruht, kommen ihm §§ 851, 893, 2367 zustatten (vgl § 2113 III). 11

2112 *Verfügungsrecht des Vorerben.* **Der Vorerbe kann über die zur Erbschaft gehörenden Gegenstände verfügen, soweit sich nicht aus den Vorschriften der §§ 2113 bis 2115 ein anderes ergibt.**

1) Verfügungsfreiheit. Der VE ist wahrer Erbe (s § 2100 Rn 1) und damit als Eigentümer des Nachl grdsl zur Vfg üb NachlGgstände befugt. Seine Vfgen sind dingl wirks, u zwar in jedem Fall bis zum Eintritt des NErbfalls, gleichgült ob sie entgeltl sind od nicht. Mögl ist allerd, daß sie mit dem NErbfall (absolut) unwirks werden, allerd ohne Rückwirkg (s § 2113 Rn 8). Da sein ErbR nur ein zeitl ist, wird sein VfgsR näml zugunsten des NE dch §§ 2113 ff eingeschränkt, um dem NE die Substanz zu erhalten. Der Erbl kann ihn allerd davon weitgehend befreien (§ 2136), umgekehrt auch dch TVstrg noch weiter mit dingl Wirkg beschränken (§ 2211). Auch bei befreiter VErbsch verdrängt dann das Verwaltgs- und VfgsR des TV grdsl das des VE (BayObLG **59**, 128; s § 2205 Rn 28); ist der TV zugleich MitVE, ist er (von § 2222 abgesehen) dem NE ggü ebso beschränkt wie ein gewöhnl VE (vgl von Lübtow II 892). Andere test Beschränkgen haben als Auflage nur schuldrechtl Wirkg (BGH **LM** § 2100 Nr 2). Allerd bewirkt auch die Entziehg der Verwaltg (§§ 2129, 1052) den Verlust der Vfgsgewalt. – **Verfügung** ist technisch zu verstehen (Übbl 16 vor § 104) und betrifft die dingl Übertragg, Belastg, InhÄnderg und Aufgabe eines NachlGgstands (Sachen und Rechte), auch die Bestellg eines ErbbauR (BGH **52**, 269). Schuldrechtl Verpflichtgsgeschäfte sind unbeschränkt gültig, verpflichten den NE allerd nur im Rahmen ordngsgemäßer NachlVerwaltg als NachlVerbindlk (BGH **32**, 60; MDR **73**, 749). – **Keine** Vfg des VE ist dessen **Prozeßführung,** bei der er grdsl frei ist u ohne Zustimmg des NE Prozeßhandlgen vornehmen kann. S Einf 4 vor § 2100, auch zur RKrafterstreckg (ZPO 326), Unterbrechg, Aussetzg (ZPO 242, 246) und Erteilg vollstreckb Ausfertigg (ZPO 728 I).
1 (Rn 1) / 2 (Rn 2, beginning at "betrifft")

2) Unbeschränkte Verfügungsbefugnis. – a) Über seinen **Miterbenanteil** als solchen kann der VE gem § 2033 verfügen, da die §§ 2113 ff nur einzelne Ggstände betreffen; dies gilt auch für die Vereinbarg einer allg **Gütergemeinschaft** (BayObLG **89**, 114). Die Mitwirkg des NE ist nicht erforderl, da seine Rechte jeweils unberührt bleiben und auch ein gutgläub Erwerb frei von den Beschränkgen ausgeschlossen ist (s § 2113 Rn 13). – Besteht der Nachl im wesentl aus einem land- od forstwirtschaftl Betrieb, ist die Veräußerg an einen Dritten genehmigungspflichtig (GrdstVG 2 II Nr 2; Roemer DNotZ **62**, 491; § 2033 Rn 11). – Ist dem als VE Eingesetzten nur die **Nutznießung** zugewendet (§ 2100 Rn 7), wirkt die darin liegende Beschränkg seiner VfgsMacht für ihn nur verpflichtend; nach außen hat er die Befugnisse aus § 2112 u bleibt Herr des Nachl (BGH **LM** Nr 2 zu § 2100). – **b)** Der VE ist auch für die Geltdmachg des **Auseinandersetzungsanspruchs** (§ 2042) legitimiert u hat das AusschlaggsR (§§ 1946, 1952), wobei aber für seine etwaige spätere Verantwortlichk §§ 2130, 2131 gelten; vgl auch § 1952 Rn 2 aE. – **c) Gehört ein Handelsgeschäft** zur Erbsch, entscheidet der VE über die Fortführg. Er kann sich als Firmeninhaber ins HandelsReg eintragen lassen (Staud/Behrends/Avenarius Rn 22). – **d)** War der Erbl persönl haftender **Gesellschafter** einer PersonenGes, gelten im GesVertr vereinbarte erbrechtl Nachfolgeklauseln (§ 1922 Rn 17–20) od ein vereinb EintrittsR (§ 1922 Rn 16) des Erben auch bei Anordng der Vor- u NErbsch (§ 1922 Rn 17; Langenbach RhNK **65**, 81/88; 91). Der VE wird dann Mitglied der Ges entw erbrechtl dch unmittlb Einrükken in die Stellg des Erbl od mit Eintritt dch Ausübg des EintrittsR. Er kann dann, soweit G od GesVertr es zulassen (vorbehaltl seiner Haftg nach §§ 2130, 2131), aus der Ges austreten; kündigen; wenn zulässig, den GesAnteil veräußern; Ändergen des GesVertr mitbeschließen (Langenbach aaO 94 ff). Reservekonten gehören zur Substanz (u damit NE); übermäßig zu Lasten des VE-Gewinns gebildete „Finanzpolster" kann aber VE beanspr (Sandrock, FS Lukes, 1991, S 771; str). Über Schutz des NachE s §§ 2127 bis 2129. Die Anmeldg zum **Handelsregister** erfolgt dch den VE u die übr Gter ohne Mitwirkg des NE; bei Eintritt der NErbfolge ist die Anmeldg dch den VE (od seine Rechtsnachfolger), den NE u die übr Gter zu bewirken (Langenbach aaO S 106). – **e) Vollmacht.** Die vom Erbl einem Dritten über den Tod hinaus erteilte Vollm berechtigt währd der VErbsch nur zur Vertretg des VE, ebso beschränkt wie dieser. Dem VE steht das WiderrufsR zu, auch bei GeneralVollm od Prokura. Erst vom NErbfall ab berecht die nicht widerrufene Vollm zur Vertretg des NE (RGRK Rn 7; bestr). Hat der Erbl den VE selbst bevollmächtigt, erlischt die Vollm mit dem Erbfall

(KGJ **43** A 157; MüKo/Grunsky Rn 8). – Eine vom VE erteilte Vollm erlischt idR mit dem Eintritt des NErbfalls, soweit nicht der NE mit der Bevollmächtigg einverstanden ist (KG NJW **57**, 755; auch SchlHOLG SchlHA **62**, 174).

8 **3) Letztwillige Verfügungen** des VE fallen nicht unter §§ 2112ff. Soweit die VEStellg nicht mit dem Tod des VE endet, ist dieser nicht gehindert, sie dch Vfg vTw einem Dritten zu übertragen. Dies ist kein Widerspr in sich (entgg Raape AcP **140**, 233). Die erlangten AnwartschRechte des NE dürfen jedoch nicht angetastet werden. Volle Testierfreih des VE besteht dann, wenn der NE unter der Bedingg eingesetzt ist, daß der VE nicht anders über den Nachl verfügt (vgl § 2065 Rn 8; Soergel/Harder Rn 9).

2113 *Verfügungen über Grundstücke und Schiffe; Schenkungen.* **I Die Verfügung des Vorerben über ein zur Erbschaft gehörendes Grundstück oder Recht an einem Grundstück oder über ein zur Erbschaft gehörendes eingetragenes Schiff oder Schiffsbauwerk ist im Falle des Eintritts der Nacherbfolge insoweit unwirksam, als sie das Recht des Nacherben vereiteln oder beeinträchtigen würde.**

II Das gleiche gilt von der Verfügung über einen Erbschaftsgegenstand, die unentgeltlich oder zum Zwecke der Erfüllung eines von dem Vorerben erteilten Schenkungsversprechens erfolgt. Ausgenommen sind Schenkungen, durch die einer sittlichen Pflicht oder einer auf den Anstand zu nehmenden Rücksicht entsprochen wird.

III Die Vorschriften zugunsten derjenigen, welche Rechte von einem Nichtberechtigten herleiten, finden entsprechende Anwendung.

1 **1) Schutz des Nacherben.** Die RPosition des NE wird dch die VfgsFreih des VE (§ 2112) gefährdet. Um sie gg einige als besond schwerwiegend angesehene Beeinträchtiggen zu schützen, wird gesetzl angeordnet, daß bestimmte dingl Vfgen (nicht auch schuldrechtl Geschäfte) mit Eintritt des NErbfalls unwirksam werden (s Rn 8; 12). § 2113 gilt jedoch nur im Verhältn zw VE und NE. Das VfgsR des TV wird dadch nicht eingeschränkt (str), zumindest nicht, wenn er für VE und NE eingesetzt ist (vgl BGH **40**, 115; § 2205 Rn 28; Soergel/Harder Rn 1 mN).

2 **2) Grundstücksverfügungen (I).** Vfgen üb die zum Nachl gehörenden Grdst werden dch **I** von der VfgsFreih des VE ausgenommen, so daß VE (vorbehaltl einer mögl Befreiung, § 2136) üb sie od üb Rechte an ihnen sowie üb ein ErbbauR (ErbRVO 11) od Wohngseigentum (WEG 1) nicht wirks vfgen kann. Vfg ist die Übertragg, Aufhebg, Inhaltsänderg, Belastg od Aufgabe des GrdsR (s Übbl 16 v § 104). Auch auf eine öffrechtl Baulast, die der VE übernommen hat, wird **I** entspr angewandt (VGH Mannh NJW **90**, 268). Unter § 2113 fallen auch die zur Dchführg eines ErbauseinandersetzgsVertr getroffenen Vfgen üb NachlGrdst (Hamm FG Prax **95**, 7 mAv Graf ZEV **95**, 339); der Rangrücktritt eines GrdstPfandRs, das auf einem zum Nachl gehör Grdst lastet (LG Frankth MDR **76**, 666), ebso der Rangrücktritt eines Erbbauzinses (LG Brschw Rpfleger **76**, 310); die Vfg über die Entschädigg für ein enteignetes zum Nachl gehörendes Grdst (BGH RdL **56**, 189); die GestaltgsErklärg des VE bezügl eines NachlGrdst ggü dem GrdstNachb nach § 915 (KG Rpfleger **74**, 222). – Üb sein eigenes GrdVermögen kann der VE dagg stets frei vfgen, auch wenn dadch seine eigenen Erben beeinträchtigt werden (vgl § 2286 Rn 1). – **Keine** Rolle spielt **I** bei Vfgen üb GesellschAnteil, auch wenn Grdstück zum GesellschVermögen gehört, ggf sogar der einzig wertvolle Ggstand der Gesellsch ist (BGH NJW **76**, 893; Soergel/Harder Rn 2, 5; aA Michalski DB **87** Beil 16, 15).

3 **a) Nachlaßzugehörigkeit.** Gehört das Grdst einer GesamthandsGemeinsch u ist VE an dieser beteiligt, ist sehr str, ob Vfgen über das Grdst unter § 2113 fallen (s BayObLG Rpfleger **99**, 440). Da NachlGgstand der GesHandsAnteil (u nicht ein GrdstAnteil) ist u das G die Sicherg des NERechts nur im Verhältn zum VE bezweckt, kann nicht auch das Recht jedes weiteren Mitglieds der GesHandsGemsch der Zustimmg des NE unterworfen sein (s auch BGH NJW **76**, 893). § 2113 ist daher nicht (auch nicht entspr) anzuwenden, wobei es nicht darauf ankommen kann, ob über das Grdst unmittelb (von der GesHandsGemsch) od mittelb (dch Vfg über den Anteil) verfügt wird (MüKo/Grunsky Rn 3, 5) selbst wenn das Grdst den Hauptwert des GemschVermögens darstellt (Staud/Behrends/Avenarius Rn 48; Schmidt FamRZ **76**, 683; aA Düss JMBl NRW **60**, 101). Die Rspr läßt folgl VfgsBeschränkgen des § 2113 dann nicht zum Tragen kommen, wenn sie sich zwangsläuf auch auf bereits vorhandene Anteile am Gesamthandsvermögen erstrecken würden. Der in GüterGemsch lebde Eheg als befreiter VE seines verstorbenen Ehepartners kann also ohne Zustimmg des NachE über ein zum Gesamtgut gehördes Grdst verfügen (BGH NJW **76**, 893; BayObLG Rpfleger **81**, 282; ZEV **96**, 64 mAv Kanzleiter). – Dies gilt auch im Falle einer **Erbengemeinschaft** jedenfalls dann, wenn ein MitE den einzigen and MitE beerbt hat (BGH NJW **78**, 698). Sind dagg mehrere MitE vorhanden, von denen nur einer einen and beerbt, soll § 2113 nach Hamm Rpfleger **95**, 21 zur Anwendg kommen. Hiergg krit BayObLG **94**, 177, das § 2113 jedenf bei AlleinEigtum des VE infolge nachträgl Hinzuerwerbs weiterer MitE-Anteile auch iW der Erbfolge für nicht anwendb erachtet; s auch Zweibr Rpfleger **98**, 156. – Köln Rpfleger **87**, 60 wendet § 2113 auch im Falle einer **BGB-Gesellschaft** nicht an, wenn ein Gter seinen einzigen MitGter als VE beerbt hat. Das aus einem Grdst bestehde Vermögen der BGB-Ges, an der nicht befreiter VE beteiligt ist, kann aber auch gg den Willen der NE auseinandergesetzt werden (Hbg NJW-RR
4 **94**, 1231). – Hat der Eigtümer eines ideellen **Hälftebruchteils** eines Grdst dessen and Hälfte als VE hinzuerworben, kann er trotz § 1114 BGB die ihm schon vor dem VErbfall gehörende GrdstHälfte gesondert mit einem GrdPfandR belasten (BayObLG **68**, 104). Die Veräußerg eines Grdst dch den VE, das zur ideellen Hälfte ihm selbst und zur and Hälfte zur Erbsch gehört, führt nicht zur Gesamtnichtigk der ganzen Vfg (§ 139), wenn die Beteil ihre Erklärgen in Kenntn der die Teilunwirksamk begründenden Umstände abgegeben haben (BGH WM **73**, 41). Die EigtÜbertr auf die Erwerber zu MitEigt ist also bei Eintritt des NEerbfalls dem NE ggü zur Hälfte unwirks (s BGH aaO).

5 **b) Beeinträchtigung** ist bei **I** nach rechtl Gesichtspkten zu beurteilen (Soergel/Harder Rn 7), nicht nach wirtschaftl (iGgs zu **II,** s Rn 10). – **aa) Keine** Beeinträchtigg des NE liegt vor, wenn VE in Erfüllg einer

bereits vom Erbl eingegangenen Verpflichtg Grdst veräußert od belastet; od ein Vermächtn erfüllt; od Teilgsanordng des Erbl (§ 2048) befolgt (Hamm FGPrax **95**, 7; BayObLG FamRZ **92**, 728; KG JFG **22**, 98; Deimann Rpfleger **78**, 244). Bei von der Teilgsanordng abweichder Vfg gilt dies allerd nicht, selbt wenn die MitE damit nur weitere Übertraggen vermeiden wollen (Hamm aaO). Ebso bedarf der nicht befreite VE der Zustimmg der übr NE, wenn er NachlGrdst einem MitNE in vorzeit Befolgg einer diesen auferlegten Teilgsanordng übereignet (BayObLG **74**, 312). – **bb) Zustimmung** des NE schließt seine Beeinträchtigg aus 6 (volenti non fit injuria); in diesem Fall ist die Vfg sogleich vollwirks (RG **65**, 129). Die Zustimmg kann dem VE wie dem Dritten ggü erkl werden (Hamm NJW **65**, 1490; str). Sie hat die Bedeutg eines Verzichts auf die aus der NEEinsetzg folgden Rechtsstellg (SchlHOLG Rpfleger **68**, 325). – Der minderjähr NE bedarf der Genehmigg des VormschG (Soergel/Harder Rn 9); Ausnahme: § 1821 II. Ist sein ges Vertr zugleich der VE, kann dieser die Zustimmg zur eigenen Vfg nicht selbst erklären. § 181 beschränkt ihn auch dann, wenn er formal ggü dem dch die Vfg Begünstigten zustimmt (str; vgl zum ges Vertr BGH **77**, 7; BayObLG Rpfleger **87**, 156; aA Hamm aaO). – Zur Bestellg eines Pflegers (§ 1913) für unbekannte NE s Kanzleiter DNotZ **70**, 330[23]; Bergermann RhNK **72**, 763f; Haegele Rpfleger **71**, 122f. – Zur Vfg ist auch die Zustimmg des **bedingten** NE (Hamm DNotZ **70**, 360) sowie des **weiteren** NE (RGRK Rn 39) erforderl, nicht aber die 7 des ErsatzNE (BGH **40**, 115 mAv Nirk in **LM** Nr 2/3 zu § 2096; Staud/Behrends/Avenarius Rn 18; s auch Einf 9 vor § 2100 und § 2102 Rn 6). – VollwirksWerden ist auch dch Genehmigg od RErwerb nach § 185 II mögl, wenngleich der VE als „Berechtigter" verfügt hat (Mü FamRZ **71**, 94; vgl jedoch § 2063 Rn 2). – Über Verpflichtg des NE zur Einwillgg s § 2120; über Streitwert der Klage eines VE auf Zustimmg zum Verkauf eines NachlGrst s SchlHOLG aaO. – **Keiner** Zustimmg der NE bedarf die Löschg der auf einem NachlGrdst eingetragenen Hyp, sofern weitere GrdstBelastgen nicht vorhanden sind (KG JFG **15**, 187) od nur solche, für die Löschgsvormerkgen eingetragen sind (s Rn 14); od bei Tilgg der Hyp aus persönl Mitteln des VE (str; s § 2111 Rn 3).

c) Unwirksamkeit der GrdstVfg hängt vom Eintritt der NErbfolge ab u ist auf diesen Zeitpkt hinausgeschoben. Erst von da an sind die Vfgen des VE gem **I** in den Grenzen der Vereitelg oder Beeinträchtigg des Rechts des NE unwirks. Die Unwirksamk ist dann aber in ihrem Umfang von absoluter Wirkg, so daß ab diesem Zeitpkt sich jeder auf sie berufen kann, der daran ein rechtl Interesse hat (BGH **52**, 269). Die Wirksamk ist also nicht berührt, solange VErbsch besteht (Mü FamRZ **71**, 93) od wenn NErbfolge wegfällt. – Ist ein MitE irrigerw im GBuch als VE eingetr, ist nicht § 2113, sond nur § 892 maßg (Celle FamRZ **57**, 273). 8

3) Unentgeltliche Verfügungen (II) od zum Zwecke der Erfüllg eines Schenkgsversprechens getroffene 9 Vfgen des VE zum Nachteil des NE läßt das G als weiteren Fall nicht wirksam werden; hiervon kann auch der Erbl den VE nicht befreien (§ 2136); dies gilt sowohl für zweiseit wie auch für einseit Vfgen, etwa Verzicht (BGH NJW **99**, 2037). Mit Ausn bloßer Pflicht- od Anstandsschenkgen (**II** 2; s Rn 16) sind derartige Vfgen des VE über NachlGgstände jegl Art (also nicht nur Grdstücke) bei Eintritt der NErbfolge stets unwirks, wenn die Vfg das Recht des NE vereiteln od beeinträchtigen würde. Ob die unentgeltl Vfg zugunsten Dritter od eines von mehreren NE erfolgte, ist für **II** gleich (BayObLG **74**, 312; Brschw FamRZ **95**, 443). **II** findet auch auf die nur **teilweise** unentgeltl Vfg Anwendg (s dann Rn 12). – Der Regelungsgehalt des **II** ist auf die ungeschmälerte Erhaltg des Rechts des NE begrenzt. Er bezweckt daher nur die Abwehr einer Vereitelg od Beeinträchtigg (BGH NJW **85**, 382). Stimmt allerd der NE zu (dazu LG Freibg BWNotZ **74**, 139), entfällt die Rechtsbeeinträchtigg (s Rn 6). – Auf das Verhältn des TV zum NE finden § 2113ff keine Anwendg (Rn 1).

a) Unentgeltlichkeit der Vfg ist gegeben, wenn nach wirtschaftl Gesichtspunkten **objektiv** eine in den 10 Nachl zu erbringende Ggleistg fehlt od dem aus der Erbmasse erbrachten Opfer nicht gleichwertig ist und **subjektiv** der VE die Ungleichwertigk entw erkennt od jedenfalls bei ordngsmäßiger Verwaltg das Fehlen bzw die Unzulänglichk der Ggleistg hätte erkennen müssen (st Rspr; zB BGH NJW **84**, 366; FamRZ **71**, 643; BayObLG **73**, 272; für rein obj Begriff Harder DNotZ **94**, 822). Für die Erkennbark kommt es also nicht auf die persönl Fähigk des VE an; vielmehr ist objektivierend von den an eine ordngsmäßige Verwaltg (§§ 2120, 2130) zu stellenden Anfordergen und der dem VE in Rücks auf die ihm bekannte HerausgPfl zuzumutende Erkennbark des Fehlens od der Unzulänglichk der GgLeistg auszugehen (BGH **5**, 174; Hamm Rpfleger **71**, 147). Ob auch der Empfänger die Ungleichwertigk erkannte, ist im Interesse des Schutzes des NE nicht erhebl (BGH NJW **63**, 1614). Ist ein ErbschGgst wertlos, stellt Verzicht auf ihn keine unentgeltl Vfg dar (BGH NJW **99**, 2037). – Die Ggleistg muß grdsl dem **Nachlaß** selbst zugute kommen (§ 2111). Nur wenn ihm ein Vermögensvorteil erwächst, der seine dch die Vfg eingetretene Verringerg bei obj u subj Betrachtg aufwiegt, ist die Vfg entgeltl (BGH **69**, 47; KG Rpfleger **68**, 224; Ffm Rpfleger **77**, 710). Die Ggleistg kann allerd uU auch dem befreiten VE zufließen, soweit dieser seinen LebensUnterh dadch in wirtsch gerechtfert Verwaltg bestreiten will (BGH **69**, 47; NJW **77**, 2075). Die Einräumg eines Nießbrauchs am Grdst zugunsten des VE ist keine Ggleistg, sond mindert den Wert der Leistg des VE (Brschw FamRZ **95**, 443). – Maßgebl Zeitpkt für die Beurteilg einer Vfg als entgeltl od nicht ist der ihrer Vornahme (BayObLG **57**, 285). – **Beispiele:** Ist Entgelt eine Leibrente, muß diese kapitalisiert dem Grdbesitz gleichwert sein (BGH NJW **77**, 1631), indem Mindestdauer festgelegt wird u sie bei vorzeit Tod des VE nach Surrogationsprinzip dem NE zufließt (Hamm OLGZ **91**, 137; s auch BGH WM **79**, 606). – Bei Gesellsch kann unentgeltl die Zustimmg des VE zur Änderg des Verteilgsschlüssels sein (BGH NJW **81**, 1560); Zustimmg zur Änderg des GesVertr mit Eingriff in seine Mitgliedsch ist es idR nicht (BGH **78**, 177); bei Ausscheiden des VE aus Ges s zur obj Vollwertigk BGH NJW **84**, 362. S dazu auch Harder DNotZ **94**, 822; zur Sanierg einer zum Nachl gehörenden GmbH mit NachlMitteln s BGH NJW **84**, 366. – Sog unbenannte Zuwendgen unter Ehegatten 11 sind im ErbR schon bei nur obj Unentgeltlichk grdsl wie eine Schenkg zu behandeln (BGH **116**, 167; s dazu § 2325 Rn 15). – Da dch § 2113 II die Gesamth der NE geschützt werden soll, ist Unentgeltlichk auch dann anzunehmen, wenn die GgLeistg statt in die von dem VE betreute Masse in das freie Vermögen eines einzelnen NE gelangt (RG **125**, 246). – Erwirbt VE selbst NachlGrdst, kann sein Verzicht auf ihm zustehde ErsatzAnspr wg außergewöhnl Erhaltgsaufwendgen für das ererbte Haus (§ 2124 II) Entgelt für den Erwerb in sein Eigenvermögen sein (BGH ZEV **94**, 163). – Die vertragl **Anerkennung** eines verjährten PflichtAnspr eines Abkömml dch den VE ist schon keine Schenkg (BGH NJW **73**, 1690 mit krit Anm von Waltjen 2061); zumindest wären die Voraussetzgen von **II** 2 zu bejahen. – Über rechtsgrdlose Vfgen s § 2205 Rn 27, 28; Spellenberg FamRZ **74**, 350/353.

12 **b) Unwirksamkeit.** Die unentgeltl Vfg des VE wird unter den Voraussetzgen des **II** 1 bei Eintritt der NErbfolge u mit Wirkg von da an unwirksam, aber nur in dem Maße, daß die von der Vfg drohende Vereitelg od Beeinträchtigg vermieden wird u das Recht des NE ungeschmälert bestehen bleibt (BGH **7**, 274; FamRZ **90**, 1344). – Bei **nur teilweise unentgeltlicher** Vfg des VE ist die ganze Vfg unwirks (BGH **LM** Nr 1; Hamm Rpfleger **71**, 174 mAv Haegele; BayObLG **57**, 290). Daher hilft keine weitere Zahlg des Erwerbers an den NE zwecks Ausgleichg von Leistg u GgLeistg (RG DR **45**, 57). Allerd liegt hier die Beeinträchtigg ledigl in der Wertdifferenz zw dem weggegebenen NachlGgstand u der unzureichenden Ggleistg, wobei jedenfalls bei befreiter VErbsch gleichgült ist, ob die Ggleistg in den Nachl gelangt (§ 2111) od ledigl dem VE persönl zugute gekommen ist (BGH NJW **85**, 382; FamRZ **90**, 1344). Diese Ggleistg ist in die dch **II** gebotene Abwicklg einzubeziehen, so daß die NE Herausgabe nur Zug um Zug gg Rückerstattg der Ggleistg verlangen können (BGH aaO). Bezügl der Verwendgen u Nutzgen auf den Ggstand können im Hinblick auf die erst beim NErbfall eintretende Unwirksamk erst von da an die §§ 987 ff in Betr kommen; für die Zeit davor sind §§ 2124–2126 maßgebl (BGH aaO). – Ist der NE zugl VertragsE, greift zu seinem Schutz gg unentgeltl RGeschäfte auch § 2287 ein, der nicht nur gg Vfgen, sond auch gg reine Verpflichtgsgeschäfte schützt (vgl Celle MDR **48**, 142).

13 **c) Sonderfälle. – aa)** Die Vereinbarg einer **Gütergemeinschaft**, mit der jeder Ehegatte über sein gesamtes Vermögen zugunsten des anderen dch Verschaffg gemeinsch Vermögens verfügt, ist grdsl keine den Beschränkgen der §§ 2113 ff unterliegende Vfg zB üb ein dem Ehemann als VE gehörendes Grdst (BayObLG **89**, 114; s aber auch § 2325 Rn 11). Die Rechte des NE werden nicht berührt, da jeder dch NErbfolge gebundene Vermögensteil nur unbeschadet der Rechte des NE übertragen werden kann (KG HRR **29**,
14 2085). S auch Rn 3. – **bb)** Die Aufgabe einer **Eigentümergrundschuld**, die dch Rückzahlg einer Hyp aus NachlMitteln entstanden ist, stellt regelm eine unentgeltl Vfg dar und kann daher nicht ohne weiteres durch Erteilg der LöschgsBewillig seitens des VE erfolgen. Die Löschg bedeutet jedoch dann keine unentgeltl Vfg, wenn sie an letzter Stelle steht, weil in diesem Falle ihr Rang dem Nachl zugute kommt u sie forderungsentkleidet dort keine echte Belastg mehr darstellt (Soergel/Harder Rn 24); die sonst zu verlangende Zustimmg des NE ist entbehrl (KGJ **43** A 263). S auch Hildesheim MDR 61, 692, wonach Aufgabe einer letztrang EigtümerGrdSchuld nach den Grdsätzen ordngsmäß Verwaltg im freien Belieben des Berecht steht u keine Einbuße des Vermögens bedeutet, also nicht der Zustimmg des NE bedarf. Entgeltlichk ist ferner zu bejahen, wenn LöschgsVormerkg nach § 1179 vorliegt, weil hier Löschg in Erfüllg einer NachlVerbindlichk erfolgt (Saarbr DNotZ **50**, 66); wenn gleichzeitig mit Löschg der EigtGrdSchuld neue Hyp bestellt wird u der Gläub dieser Hyp auf vorheriger Löschung bestanden hat; das Entgelt besteht dann in dem GgWert der neuen Belastg (KGJ **41**, 180).

15 **d) Ausnahme (II 2).** Wirksame unentgeltl Vfgen sind nur die Schenkgen des § 534 (dazu Migsch AcP **173**, 46). Ihre Bewirkg aus dem Nachl muß dch sittl Pfl od Anstandsrücksichten gerechtfertigt sein (Johannsen
16 WM **70**, 5). – **Sittliche Pflicht** ist die aus den konkreten Umständen des Einzelfalles erwachsene u in der Sittlichk wurzelnde Verpflichtg (Köln OLGZ **69**, 263). Darunter fällt nicht, wenn ein als VE eingesetzter Elternteil zu seinen Lebzeiten zG eines der zu NE berufenen Kinder eine Ausgleichg iS von §§ 2050, 2052 vornimmt (RG LZ **22**, 410). Auch eine Ausstattg ist unentgeltl Zuwendg (Warn **42** Nr 89). Zum Anerkenntn verjährter PflichttAnspr s Rn 15.

17 **e) Auskunftsanspruch** hat der NE gg den vom VE Beschenkten uU gem § 2314 (BGH **58**, 237 mAv Johannsen **LM** § 2314 Nr 7); s § 2314 Rn 3.

18 **4) Schutz des gutgläubigen Erwerbs (III).** Die § 161 III entspr Regelg setzt die Eintragg des NE-Vermerks im GBuch voraus (s Einf 8 vor § 2100). Solange nach dem Tode des im GBuch eingetragenen Eigtümers der VE noch nicht im GBuch eingetr ist, wird der gute Glaube des GrdstErwerbers daran, daß mangels Eintragg des Rechts des NE der VE VollE geworden ist, nicht nach § 892 I 2 geschützt (BGH NJW **70**, 943 mit krit Anm von Batsch ebda 1314; s auch § 2366 Rn 6). – Als **guter Glaube** geschützt wird die Annahme des Erwerbers, der über den ErbschGgst Verfügende handele entw nicht als VE od sei befreiter VE mit gem § 2136 erweiterter Vfgsbefugn (s Hamm MDR **71**, 665). Beim Erwerb bewegl Sachen darf jedoch die Annahme nicht auf grober Fahrlässigk beruhen (§ 932 II). Ist allerd in einem Erbschein die NErbfolge nicht erwähnt, ist auch beim Erwerb bewegl Sachen grobe Fahrlässigk unschädl (§ 2366); über Anwendg von § 892 in einem solchen Fall s Hamm DNotZ **63**, 562. – Irrtum über die Unentgeltlichk wird nicht geschützt. – Gegen Bereicherten besteht der Anspr des § 816 I 2. – **III** gilt nicht bei Übertragg eines MitEAnteils (§ 2112 Rn 3), wohl aber, wenn VEen gemeins ein NachlGrdst veräußern u die Voraussetzgen der §§ 892 ff od (u) § 2366 gegeben sind (Haegele BWNotZ **71**, 132).

2114 ***Verfügungen über Hypothekenforderungen, Grund- und Rentenschulden.*** **Gehört zur Erbschaft eine Hypothekenforderung, eine Grundschuld, eine Rentenschuld oder eine Schiffshypothekenforderung, so steht die Kündigung und die Einziehung dem Vorerben zu. Der Vorerbe kann jedoch nur verlangen, daß das Kapital an ihn nach Beibringung der Einwilligung des Nacherben gezahlt oder daß es für ihn und den Nacherben hinterlegt wird. Auf andere Verfügungen über die Hypothekenforderung, die Grundschuld, die Rentenschuld oder die Schiffshypothekenforderung finden die Vorschriften des § 2113 Anwendung.**

1 **1) Regelungsinhalt.** Grdsl gelten für Vfgen über die in S 1 bezeichneten Rechte an Grdst die Vorschr des § 2113 I, was S 3 ausdrückl klarstellt. Eine Ausnahme macht die Vorschr aber für die Kündigg und Einziehg der genannten Rechte: Nach **S 1** gilt die GrdRegel des freien VfgsRechts (§ 2112). Diese Befugnisse stehen also dem VE ohne Mitwirkg der NE zu. Sein EinziehgsR wird allerd wieder eingeschränkt dch **S 2,** wonach

der VE Zahlg an sich erst nach Beibringg der Einwillig des NE (die nötigenf gem § 2120 erzwungen werden kann) verlangen kann, sonst nur Hinterlegg für sich u den NE (§ 372); der hinterlegte Betrag wird Surrogat der Erbsch (§ 2111). – § 2114 gilt nur für die HauptFdg. Zinsen kann der VE schon gem § 2112 fordern.

2) Über Kündigung vgl §§ 1141, 1185 II, 1193. Ebenso wie das KündiggsR aktiv allein dem VE zukommt, ist auch die vom Schu ihm ggü erklärte Kündigg voll wirks. Unter **Einziehung** sind alle der unmittelb Durchsetzg der HauptFdg zur Erlangg der Zahlg dienenden Maßnahmen zu verstehen, vor allem die Geltdmachg des Anspr im Prozeßwege und die Beitreibg durch ZwVollstr; auch der Antr des VE auf ZwVersteigerg eines Grdst wg einer NachlHyp, der als solcher keine Vfg über die Hyp iS von § 2113 darstellt (RG **136**, 353). 2

3) Schutz gewährt **Satz 2** für den NE u den auf Zahlg in Anspr genommenen Schu, da dieser auch von sich aus die Zustimmg des NE zur Zahlg an den VE allein beibringen müßte; eine Befreiung von der Schuld ggü dem NE tritt sonst nicht ein (BGH FamRZ **70**, 192). Zahlt der Schu **freiwillig,** ist S 2 entspr anzuwenden (BGH WM **70**, 221). 3

4) Andere Verfügungen iS von **Satz 3** sind Abtretg; Verpfändg; Umwandlg von Hyp in GrdSchuld od umgekehrt (§ 1198); Erteilg der Löschgsbewilligg; auch eine vom VE erklärte Aufrechnung. 4

5) Befreiung von den Beschränkgen des § 2114 S 2 kann erteilt werden (§ 2136). Soweit die Verweisg des S 3 eingreift, gilt auch § 2113 II, für den eine Befreiung nicht eintritt. 5

2115 ***Zwangsverfügungen gegen Vorerben.*** **Eine Verfügung über einen Erbschaftsgegenstand, die im Wege der Zwangsvollstreckung oder der Arrestvollziehung oder durch den Insolvenzverwalter erfolgt, ist im Falle des Eintritts der Nacherbfolge insoweit unwirksam, als sie das Recht des Nacherben vereiteln oder beeinträchtigen würde. Die Verfügung ist unbeschränkt wirksam, wenn der Anspruch eines Nachlaßgläubigers oder ein an einem Erbschaftsgegenstande bestehendes Recht geltend gemacht wird, das im Falle des Eintritts der Nacherbfolge dem Nacherben gegenüber wirksam ist.**

1) Regelungsinhalt. Die Vfg üb einen der NErbfolge unterliegenden NachlGgstand im Weg der Zwangsvollstreckg od einer ZwangsVfg iS von S 1 wird bei Eintritt der NErbfolge im Grds ganz od teilweise unwirks, sofern u soweit sie das Recht des NE vereiteln od beeinträchtigen würde. Die EigenGläub des VE sollen nicht zum Nachteil des NE wirks in die der NErbfolge unterliegenden Sachen u Rechte vollstrecken können, weil sonst dem Nachl ohne Ausgleich Vermögen entzogen würde, obwohl den VE die Verbindlichk nicht als RNachfolger des Erbl trifft. Die dem VE zustehenden Nutzgen der Erbsch können dagg ungehindert in Anspr genommen werden (RG **80**, 7). – Vfgen im Wege der ZwangsVollstr sind nur solche wg GeldFdgen in ErbschGgstände (ZPO 803–871). Zur Vollziehg eines Arrests s ZPO 928 ff. Im InsolvVerf des VE gilt die Beschränkg auch für den InsolvVerw, der sonst in seinen Vfgen frei ist (s BayObLG **63**, 23; Soergel/Harder Rn 8). – Aufrechng dch EigenGläub des VE gg NachlFdg ist entspr § 394 unstatthaft (RG **80**, 30). – Auf Kündigg der PersonenGes dch Gläub des VE (HGB 135) ist § 2115 anwendbar (Soergel/Harder Rn 4). Dagg gilt er nicht, sond § 2112 für Urteile auf Abgabe einer WillErkl (ZPO 894, 895). 1

a) Verfahrensrechtlich wird die ZPO 326 angepaßte Vorschr dch ZPO 773 und InsO 83 II ergänzt (Verbot der Verwertg). Bei Zuwiderhandlg hat NE DrittwidersprKlage gem ZPO 771 (Celle NJW **68**, 802); der KlageAntr kann dahin lauten, daß es für unzuläss erklärt wird, den Ggst im Weg der Zwangsvollstreckg zu veräußern od zu überweisen (Brox Rn 353). Kommt es aber entgg ZPO 773 u InsO 83 II zu einer Veräußerg, erwirbt der Dritte Eigentum. NE kann ggü Erwerber des ErbschGgst keine Rechte geltd machen, wohl aber vom Gläub Herausgabe der Bereicherg verlangen (Staud/Behrends/Avenarius Rn 24, 27). 2

b) Die Teilungsversteigerung zum Zweck der Auseinandersetzg von mehreren VE (ZVG 180 ff) ist **keine** ZwangsVollstr. Der im GBuch eingetragene NEVermerk steht der Versteigerg nicht entgg. Diese führt also zur Wirksamk der Eigentumsübertragg an einem Grdst auch ggü dem NE; § 2113 I greift nicht ein (BayObLG **65**, 212). Der NEVermerk ist aGrd des ZuschlagsBeschl zu löschen (Hamm NJW **69**, 516). Der Erlösüberschuß gehört zur Erbsch (§ 2111). 3

2) Unwirksamkeit (Satz 1). Nach Eintritt der NErbfolge sind ZwangsVfgen gg den VE in NachlGgstände absolut, dh ggü jedermann unwirks, soweit die Rechte des NE vereitelt od beeinträchtigt werden (§ 2113 Rn 8). Der Schutz des NE geht sogar noch weiter, da eine Befreiung iS von § 2136 ausscheidet u alle NachlGgstände einbezogen sind, selbst wenn der VE über sie rechtsgeschäftl hätte frei verfügen können. Da die Unwirksamk auf den Zeitpkt des NErbfalls hinausgeschoben ist (s § 2113 Rn 8), sind während der Dauer der VErbsch alle übr ZwVollstrMaßn zuläss, zB Begründg eines PfandR; Bestellg einer ZwangsHyp (ZPO 866); Dchführg der ZwVerwaltg (ZVG 146); Anordng der ZwVersteigerg, die allerd vorläuf einzustellen ist (ZVG 28), wenn VollstrSchu der nicht befreite VE ist u weder Zustimmg der eingetragenen NE noch DuldgsTitel gg ihn beigebracht ist (s Hofmann Rpfleger **99**, 317). Nur soweit VollstrMaßnahmen über die Zeit der VErbsch hinauswirken u erst bei deren Beendigg kann NE die Beseitigg solcher Maßnahmen verlangen; vorher ggf SicherhLeistg (§ 2128). 4

3) Wirksam (Satz 2) sind ZwangsVfgen in zwei Fällen: – **a) Liegt Nachlaßverbindlichkeit** vor, können 5
zur Befriedigg der NachlGläub Vfgen schon vor Eintritt des NErbfalls erfolgen (§ 1967; s BGH FamRZ **73**, 187: Verneinung einer NachlErbenschuld), weil die Anspr der NachlGläub sich gg jeden Erben richten würden, so daß ihnen auch der NE nicht ausweichen kann. Deshalb sind auch Vfgen des InsolvVerw, die ausschließl der Befriedigg der NachlGläub dienen, uneingeschränkt wirks (Jena HRR **33** Nr 830). Entspr gilt für Vfgen des NachlVerwalters, der für GrdstVeräußerg zum Zwecke der GläubBefriedigg nicht der Zustimmg der NE bedarf (Braunschw OLGZ **88**, 392). – **b)** Wenn ein **dingliches Recht** an einem ErbschGgstand geltd 6
gemacht wird, das im NErbfall auch ggü dem NE wirks ist. Dies ist (abgesehen von einem bereits vor dem

Erbfall entstandenen Recht) vor allem dann der Fall, wenn der VE selbst iS von § 2113 I oder II wirks hat verfügen können, also immer bei Zustimmg des NE (auch im Fall des § 2120). Hierzu ist auch der Fall zu rechnen, daß an den von dem VE eingebrachten ErbschSachen ein VermieterPfdR (§ 559) geltd gemacht wird (Ffm SeuffA **71** Nr 206). Ist der NE ein minderj Abkömml des VE, kann dieser die Zustimmg erkl (§ 1629), weil er bei Abgabe der Erkl ggü dem Gläub nicht auf beiden Seiten iS von § 181 handelt (Bln Rpfleger **87**, 457 mN; str); er bedarf aber ggf der famgerichtl Genehmigg (§ 1643 iVm §§ 1821; 1822; Bln aaO).

7 **4) Kein guter Glaube** kommt (anders als bei § 2113 III) ggü ZwVollstrMaßnahmen in Betr, da die Vorschr über den öff Glauben des GBuchs (§ 892) u über gutgläub Erwerb bewegl Sachen (§ 932, auch § 1244) nicht für Erwerb dch ZwVollstreckg od Arrestvollziehg gelten. Daher erlangt auch der gutgläub ohne Kenntn des NErbR mit ZwVollstr vorgehende Gläub keine gg den NE wirks Rechte. – Bei freihänd Verkauf od öff Versteigerg dch GVz gelten aber die allg Regeln. Bei ZwVersteigerg erlöschen die NERechte sogar dann, wenn sie dem Ersteher bekannt waren, sofern sie nicht dch Vermerk nach GBO 51 gesichert od aber im Sinn von ZVG 37 Nr 4, 5 rechtzeit angemeldet waren (Soergel/Harder Rn 13).

2116 *Hinterlegung von Wertpapieren.* **[I] Der Vorerbe hat auf Verlangen des Nacherben die zur Erbschaft gehörenden Inhaberpapiere nebst den Erneuerungsscheinen bei einer Hinterlegungsstelle oder bei der Reichsbank, bei der Deutschen Zentralgenossenschaftskasse oder bei der Deutschen Girozentrale (Deutschen Kommunalbank) mit der Bestimmung zu hinterlegen, daß die Herausgabe nur mit Zustimmung des Nacherben verlangt werden kann. Die Hinterlegung von Inhaberpapieren, die nach § 92 zu den verbrauchbaren Sachen gehören, sowie von Zins-, Renten- oder Gewinnanteilscheinen kann nicht verlangt werden. Den Inhaberpapieren stehen Orderpapiere gleich, die mit Blankoindossament versehen sind.**

[II] Über die hinterlegten Papiere kann der Vorerbe nur mit Zustimmung des Nacherben verfügen.

1 **1) Zweck.** Zum Schutz der NE wg der leichten Verkehrsfähigk dieser Wertpapiere ist deren Hinterlegg auf Sperrkonto vorgeschrieben, falls NE dies verlangt. Dieser Verpflichtg kann sich der VE nach Maßg des § 2117 entziehen, sofern er nicht schon nach §§ 2136, 2137 befreit ist. SchadErsPfl besteht nach § 2130.

2 **2) Hinterlegungspflichtige Wertpapiere (I)** sind die Inhaberpapiere (**I** 1) u die mit Blankoindossament versehenen Orderpapiere (**I** 3), also Schuldverschreibgen auf den Inhaber (§§ 793ff); InhaberGrdschulden (§§ 1195, 1199); Inhaberaktien und indossierte Namensaktien (AktG 10; 68 I; 278 III) und Erneuergsscheine (§ 805) sowie Wechsel (WG 12, 13, 16); Schecks (ScheckG 14, 16). – Dagg **nicht Legitimationspapiere** (§ 808) wie Sparkassenbücher, Pfandscheine u die zu den verbrauchbaren Sachen (§ 92) gehörenden Inh-Papiere (zB Banknoten), die zudem unter § 2119 fallen; aber auch andere Inh- u Orderpapiere, deren
3 bestimmgsmäßiger Gebr im Verbrauch od der Veräußerg besteht (**I** 2). – **Hinterlegungsstellen** nach HintO 1; 27; 31 ff sind grdsl die AmtsG. Anlegg erfolgt (an Stelle der ZentrGenKasse) bei der Deutschen GenossenschBank in Ffm (§ 15 G vom 22. 12. 75, BGBl 3171) od der Deutschen Girozentrale (Deutsche Kommunalbank) mit Sitz in Bln u in Ffm.

4 **3) Verfügen (II)** üb die hinterlegten Wertpapiere kann der VE nur mit Einwilligg od Genehmigg (§§ 182–184) des NE. Die Befugn zur Vfg über veräußerl Rechte (§ 137) ist hier also zG des NE eingeschränkt. Einseitige Vfgen können durch Genehmigg des NE wirks werden; bei Aushändigg an den Dritten gilt zudem § 934. Verpflichtg des NE zur Zustimmg besteht nach Maßg des § 2120. Zur Herausgabe dch die
5 HinterleggsStellen s HintO 12ff. – Pflegerbestellg für das Kind ist, wenn dessen Mutter VE ist, zur Wahrnehmg der Sichergsrechte des NE gem § 2116ff nur bei Vorliegen eines bes Anlasses erforderl (Ffm FamRZ **64**, 154; s auch § 1706 Nr 3).

2117 *Umschreibung; Umwandlung.* **Der Vorerbe kann die Inhaberpapiere, statt sie nach § 2116 zu hinterlegen, auf seinen Namen mit der Bestimmung umschreiben lassen, daß er über sie nur mit Zustimmung des Nacherben verfügen kann. Sind die Papiere von dem Reiche oder einem Bundesstaat ausgestellt, so kann er sie mit der gleichen Bestimmung in Buchforderungen gegen das Reich oder den Bundesstaat umwandeln lassen.**

1 **Befugnis des Vorerben** zur Umschreibg auf seinen Namen besteht nur unter der gemachten Einschränkg. S dazu § 806; EG 101. Befreiung nach § 2136 ist mögl. – Statt Bundesstaat jetzt Land. – Auf InhPapiere kommunaler Gebietskörperschaften ist die Vorschr entspr anzuwenden. Hinsichtl der Umwandlg in BuchFdgen s § 1815 Rn 1.

2118 *Sperrvermerk im Schuldbuch.* **Gehören zur Erbschaft Buchforderungen gegen das Reich oder einen Bundesstaat, so ist der Vorerbe auf Verlangen des Nacherben verpflichtet, in das Schuldbuch den Vermerk eintragen zu lassen, daß er über die Forderungen nur mit Zustimmung des Nacherben verfügen kann.**

1 **Der Nacherbe** kann sich gg Vfgen des VE schützen. Eine Vfg über die BuchFdg ist dann nach Maßg des Vermerks beschränkt (§ 399). Vgl auch § 2115. – Befreiung nach § 2136 ist mögl. – Verpflichtg zur Einwilligg zu einer Vfg des VE besteht gem § 2120.

2119 *Anlegung von Geld.* **Geld, das nach den Regeln einer ordnungsmäßigen Wirtschaft dauernd anzulegen ist, darf der Vorerbe nur nach den für die Anlegung von Mündelgeld geltenden Vorschriften anlegen.**

1) Pflicht zur Geldanlage. Das Kapital soll dem NE erhalten bleiben. Daher hat der VE Geld, das beim 1
Erbfall vorhanden od als Surrogat (§ 2111) zum Nachl gelangt ist und dessen dauernde Anlegg wirtschaftl geboten erscheint, wie Mündelgeld anzulegen (s dazu §§ 1806, 1807; EG 212). Der Zustimmg des NE zur Anlegg od Abhebg (§§ 1809, 1810) bedarf er nicht; für entspr Anwendg des § 1809 (Zustimmg des NE zur Abhebg des bei Sparkasse od Bank angelegten Geldes) mit beachtl Grd Ordemann MDR **67**, 642. – Der NE kann (auch schon vor dem NErbfall) die Anlegg im Klagewege (OLG **18**, 318) erzwingen u nach § 2128 uU SicherhLeistg verlangen. – Befreiung ist zulässig (§ 2136).

2) Haftung. Ob die dauernde Anlegg geboten ist, richtet sich hier nicht nach den Gewohnheiten od der 2
Lebensstellg des VE (§ 2131), sond objektiv nach wirtschafl Gesichtspunkten (RG **73**, 6). Dagg gilt für die Frage, ob ererbte Kapitalanlagen in mündelsichere umzuwandeln sind, der Maßstab des § 2131. – Die Nutzgen gebühren dem VE (§§ 100, 2111).

2120 *Einwilligungspflicht des Nacherben.* **Ist zur ordnungsmäßigen Verwaltung, insbesondere zur Berichtigung von Nachlaßverbindlichkeiten, eine Verfügung erforderlich, die der Vorerbe nicht mit Wirkung gegen den Nacherben vornehmen kann, so ist der Nacherbe dem Vorerben gegenüber verpflichtet, seine Einwilligung zu der Verfügung zu erteilen. Die Einwilligung ist auf Verlangen in öffentlich beglaubigter Form zu erklären. Die Kosten der Beglaubigung fallen dem Vorerben zur Last.**

1) Doppelter Zweck der Vorschr ist, den VE nach außen (ggü Behörden, NachlSchuldnern u VertrGeg- 1
nern) zur Vfg zu **legitimieren** sowie ihn nach innen gegen etwaige Ansprüche des NE (§§ 2130; 2131) abzusichern (Mot **5**, 117; zur Entstehgsgeschichte s Harder DNotZ **94**, 822, nach dem die heut Fassg redaktionell mißglückt ist). Auf schuldrechtl Verpflichtg ist die Vorschr entspr anzuwenden, um klarzustellen, daß die beabsicht Vfg wirks ist und auch der NE für die entstehde NachlVerbindlk haftet (RG **90**, 96). Bei zweifelh RLage kann die Zustimmg verlangt werden, ohne daß ein Fall der §§ 2113 ff sicher feststeht (vgl Soergel/Harder Rn 3). – Der Einwilligg eines ErsatzNE bedarf es nicht (RG **145**, 316).

2) Ordnungsmäßige Verwaltung (S 1; vgl auch § 2038 I 2) ist der Maßstab dafür, ob u inwieweit der 2
VE unter Berücksichtigg seiner HerausgPfl (§ 2130) nach den Umständen des Falles über NachlGgstände zG eines Dritten verfügen darf (RG **105**, 248). Die Pfl des VE dazu schützt in erster Linie die NE. Von ihm wird erwartet, daß er das auf Substanzerhaltg u -erlangg gerichtete ErbschInteresse des NE wahrt (BGH NJW **93**, 1582). – Zur Verwaltg gehört hier insb die Versilberg von NachlGgständen zur Bezahlg von NachlVerbindlichk. Vom VE eingegangene Verbindlichk sind idR EigenVerbindlk (s § 1967 Rn 8); zugleich sind sie NachlVerbindlk, soweit vom Standpkt eines sorgfält Verwalters aus der VE sie in ordnungsgemäß Verwaltg eingegangen ist (BGH **32**, 60; § 1967 Rn 9). Letzteres ist zB nicht der Fall bei einer Kreditaufnahme, wenn Zinsen u Tilgg mangels ausreichender Einkünfte die Substanz des Nachl immer weiter aufzehren (BGH **110**, 176); od der VE ggü dem NE nicht sicherstellt, daß der aufgenommene Kredit zweckgebunden verwendet wird, zB dch Einschaltg eines die ErbschInteressen des NE wahrden erfahrenen u zuverläss Treuhänders (BGH **114**, 16; NJW **93**, 1582). – Die ordnungsgemäße Verwaltg kann eines der Geschäfte erforderl machen, die nach §§ 2113, 2114, 2116 II, 2117, 2118 nur mit Zustimmg des NE vorgenommen werden können. S dazu BayObLG **58**, 113; BGH NJW **72**, 580 (Verpflichtg des NE, dem Verkauf eines Grdst zuzustimmen, wenn andernf Enteigng droht); KG Rpfleger **74**, 222. Dem nicht befreiten VE, der für einen Bruchteil als VollE eingesetzt ist, wird dadch auch die Möglichk eröffnet, die ihm als VollE gebührenden NachlGgstände auszusondern (BayObLG aaO; Soergel/Harder Rn 5; s auch Hurst RhNK **62**, 447).

3) Zustimmungspflicht (S 1). Der NE ist zur Erteilg der Einwilligg (die hier nur als Einverständn 3
aufzufassen ist; s Harder DNotZ **94**, 822) zu denjen Vfgen des VE verpflichtet, die zur ordngsmäß Verwaltg erforderl sind. Diese Vfgen bleiben dem NE ggü wirks. Harder aaO sieht dah die Bedeutg des § 2120 darin, daß auf solche Vfgen § 2113 keine Anwendg findet. Die Verpflichtg besteht nur ggü dem VE, der NE aufzufordern u dabei Art der Vfg u die Grde nachvollziehb u nachprüfb darzulegen hat (Düss NJW-RR **96**, 905). VE kann seinen Anspr an einen Dritten abtreten, der ggü dem NE, der sich auf die mangelnde Zustimmg beruft, obwohl er zu dieser verpflichtet ist, die Einrede der Arglist erheben und zB auf Einwilligg in die Löschg eines ggstandslos gewordenen NEVermerks (GBO 51) klagen kann (RG JR **26** Nr 939). – Der VE kann die Einwilligg des NE (od TV, § 2222) auch dann verlangen, wenn sie materiell nicht erforderl ist, aber hierdurch das Bestehen der NachlVerbindlichk sowie die Ordngsmäßigk der VerwaltgsHdlg des VE festgestellt u seine Verantwortlichk ausgeschlossen wird (bestr). Verpflichtg zur Einwilligg in den Verkauf eines NachlGrdst bedarf der Form des § 313 (BGH NJW **72**, 581). – Die Zustimmg des NE bedarf ggf der gerichtl Genehmigg nach §§ 1643, 1821 I Nr 1, 1915 (BayObLG **59**, 493); der VE kann die Zustimmg zu seiner eig Vfg auch als ges Vertreter des NE abgeben (BayObLG BayNotV **54**, 64). – **Die Erteilung** der Zustimmung 4
ist unwiderrufl. Sie kann sowohl dem VE wie auch dem Dritten ggü erfolgen (§§ 185, 182 I) und muß auf Verlangen des VE in beglaub Form (§ 129; BeurkG 39, 40, 63; GBO 29) abgegeben werden (**S 2**). Die Kosten fallen als Erhaltgskosten (§ 2124 I) dem VE (nicht dem Nachl, § 1967) zur Last (**S 3**).

2121 *Verzeichnis der Erbschaftsgegenstände.* **I Der Vorerbe hat dem Nacherben auf Verlangen ein Verzeichnis der zur Erbschaft gehörenden Gegenstände mitzuteilen. Das Verzeichnis ist mit der Angabe des Tages der Aufnahme zu versehen und von dem Vorerben zu unterzeichnen; der Vorerbe hat auf Verlangen die Unterzeichnung öffentlich beglaubigen zu lassen.**

II Der Nacherbe kann verlangen, daß er bei der Aufnahme des Verzeichnisses zugezogen wird.

III Der Vorerbe ist berechtigt und auf Verlangen des Nacherben verpflichtet, das Verzeichnis durch die zuständige Behörde oder durch einen zuständigen Beamten oder Notar aufnehmen zu lassen.

IV Die Kosten der Aufnahme und der Beglaubigung fallen der Erbschaft zur Last.

1 **1) Zweck.** Die §§ 2121–2123 bezwecken sowohl die Sicherstellg des NE (nicht od doch nicht unmittelb die des ErsatzNE, RG **145**, 316) vor Unkenntn als auch den Schutz des VE vor ErsatzAnspr. Sie gelten nur für die Dauer der Vorerbsch, also nicht mehr, wenn wg deren Beendigg (§§ 2130, 2139) schon Herausg verlangt werden könnte (RG **98**, 25). Das NachlG hat keine Aufsicht (BayObLG **20**, 182). – Befreiung dch den Erbl ist unzuläss (§ 2136 Rn 2). – Für TV gilt § 2215 (OLG **18**, 344); der NE-TV (§ 2222) ist statt des NE legitimiert. – Über Anspr auf **Auskunft** bei SchadErs s RG **108**, 7; **164**, 209; bei Schenkg gg den vom VE Beschenkten BGH NJW **72**, 907. Kein Anspr auf Auskunft besteht über den Wert von NachlGrdst (BGH NJW **81**, 2051/2052).

2 **2) Das Verzeichnis** schafft eine der freien Würdigg unterliegde Beweisurkunde. Sein Inhalt hat den NachlBestand (nur die Aktiven) **zur Zeit der Aufnahme** (nicht des Erbfalls) wiederzugeben (RG **164**, 211), wie sich aus dem Zusammenhang mit § 2111 (Ersatzstücke), aus **I** S 2 (Zwang zur Zeitangabe) und **III** ergibt, da der Erbfallsbestand vom UrkBeamten ja nicht festgestellt werden kann. Wegen etwaiger Veränderungen nach Aufnahme, die nur einmal verlangt werden kann, besteht uU nach § 2127 AuskPfl.

3 **3) Form.** Es genügt Schriftform mit Angabe von Datum u Unterschr des VE. Auf Verlangen des NE ist die Unterschr öff zu beglaubigen (s BeurkG 39, 40, 63) od die Aufnahme durch die zuständ Behörde od den zuständ Beamten od Notar zu veranlassen (**I** 2; **III**). Bundesrechtl ist der Notar zuständ (BNotO 20 I). Die Zuständigk der Behörden u Beamten (III) richtet sich nach LandesR (§ 2003 Rn 3). – Der VE kann auch bei eigener Aufnahme die Behörde usw zuziehen (§ 2002). Kosten sind NachlVerbindlichk (§ 1967).

4 **4) Durchsetzung.** Das Verlangen des NE muß notf im Prozeß (nicht nach FGG) durchgesetzt werden. Verpflichtg zur eidesstattl Versicherg (wie bei §§ 2006, 2127) besteht nicht (OLG **21**, 325). Bei Mehrh von NE kann jeder von ihnen, auch bei Widerspr der übrigen, nach § 2121 vorgehen (RG **98**, 26). – Ist der NE Kind des VE, gelten in erster Linie §§ 1640, 1686.

2122 *Feststellung des Zustandes der Erbschaft.* **Der Vorerbe kann den Zustand der zur Erbschaft gehörenden Sachen auf seine Kosten durch Sachverständige feststellen lassen. Das gleiche Recht steht dem Nacherben zu.**

1 **Das Verfahren** richtet sich nach FGG 15, 164, was § 2122 klarstellt. Kosten (KostO 120) trägt der AntrSt. – Zum Zweck s § 2121 Rn 1. Die Feststellg kann wiederholt verlangt werden (s aber § 226). Sie kann sich auch auf einzelne Sachen beschränken (Staud/Behrends/Avenarius Rn 2), nicht aber auf den Wert. – Befreiung dch den Erbl ist unzuläss (§ 2136 Rn 2). – VorzeigePfl s § 809.

2123 *Wirtschaftsplan.* **I Gehört ein Wald zur Erbschaft, so kann sowohl der Vorerbe als der Nacherbe verlangen, daß das Maß der Nutzung und die Art der wirtschaftlichen Behandlung durch einen Wirtschaftsplan festgestellt werden. Tritt eine erhebliche Änderung der Umstände ein, so kann jeder Teil eine entsprechende Änderung des Wirtschaftsplans verlangen. Die Kosten fallen der Erbschaft zur Last.**

II Das gleiche gilt, wenn ein Bergwerk oder eine andere auf Gewinnung von Bodenbestandteilen gerichtete Anlage zur Erbschaft gehört.

1 **Dem Nießbrauchsrecht (§ 1038)** entspricht die Vorschr bis auf die Kostenregelg. – Befreiung ist zulässig (§ 2136). Gesetzl Vorschr (zB über vermehrte Abholzung) gehen vor.

2124 *Notwendige Aufwendungen.* **I Der Vorerbe trägt dem Nacherben gegenüber die gewöhnlichen Erhaltungskosten.**

II Andere Aufwendungen, die der Vorerbe zum Zwecke der Erhaltung von Erbschaftsgegenständen den Umständen nach für erforderlich halten darf, kann er aus der Erbschaft bestreiten. Bestreitet er sie aus seinem Vermögen, so ist der Nacherbe im Falle des Eintritts der Nacherbfolge zum Ersatze verpflichtet.

1 **1) Lastenverteilung.** Aufwendgen für die Instandhaltg des Nachl hat der VE zunächst selbst aufzubringen, andernf er sich schadersatzpfl machen kann (§§ 2130, 2131). Wer im Innenverhältn zw VE u NE sie letztl zu tragen hat, regeln die §§ 2124–2126, wobei zw Erhaltgskosten (§ 2124), sonst Verwendgen (§ 2125) u außerordentl Lasten (§ 2126) unterschieden wird. Diese Vorschr folgen entspr VerteilgsGrdsätzen beim Eigtümer-Besitzer-Verhältn (§ 994 I) u beim Nießbrauch (§§ 1041, 1043, 1049), wonach derjen, dem ledigl die Nutzgen zustehen, auch nur die laufden Aufwendgen zu tragen hat. – Befreiung (§ 2136) ist nicht mögl, läßt sich aber prakt durch entsprechende Vermächtnisse od Auflagen herbeiführen. Ebenso können VE u NE abweichende Vereinbarungen treffen.

2 **2) Gewöhnliche Erhaltungskosten (I)** trägt der VE; er hat dafür ggf auch noch nach Eintritt der NErbfolge aufzukommen (§ 2145 I; vgl jedoch § 2130 I 2). Darunter fallen alle Kosten, die nach den rechtl u wirtschaftl Umständen des Nachl regelmäß aufgewendet werden müssen, um das Vermögen in seinen

Ggständen tatsächl u rechtl zu erhalten (BGH NJW **93**, 3198; dazu Voit ZEV **94**, 138). Dies sind zB normale Verschleißreparaturen wie Renoviergskosten für Mietwohng (BGH aaO); bei einem Haus Kosten für gewöhnl Ausbesserg u Erneuerg; Brand- u GebäudeVersicherg; Verwaltgskosten u and ordentl Lasten, die auf die Zeit der Dauer seines Rechts (§ 103) entfallen; öff Lasten nach ZVG 10 wie GrdSteuern; Zinsen; die Zinsen der HypGewinnabgabe u, wenn die Abgabeschuld auf einer Rentenverbindlichk beruht, die Abgabeschuld nach LAG 122 III mit II 1. Ferner Renten, Versichergsprämien, Ausbessergs- u Erneuergskosten; notw Ausgaben zur Fortführg eines Betriebes; Düngemittel für landwirtsch Betrieb (s BGH FamRZ **73**, 187). – Kein Kriterium für die Abgrenzg von **I** u **II** ist, ob die Aufwendgen sich aus Erträgen des Objekts finanzieren lassen (BGH NJW **93**, 3198).

3) Andere Aufwendungen (II), die notwend sind, aber das Maß des **I** übersteigen, verringern die Erbsch, 3
belasten im Ergebn also den NE; handelt es sich um nicht notwend, kann VE Ersatz nur nach GoA verlangen (§ 2125 I). Unter **II** fallen vor allem solche mit langfristig wertsteigernder Wirkg (Soergel/Harder Rn 5), zB Kosten für Erneuerg des Daches; der ganzen Hausfassade; für Einbau einer besseren Heizgsanlage; für Isolierverglasg der Fenster eines Miethauses (BGH NJW **93**, 3198); zur Beseitigg von Zerstörgen. Ferner die Ergänzg des vernichteten Inventars od Viehbestandes; währd der VErbfolge aufgelaufene Kosten eines RStreits über einen gg den Nachl gerichteten Anspr od einen der NErbfolge unterliegenden Ggst, sofern die Prozeßführg nicht mutwillig war. – In gleicher Weise werden außerordentl Lasten behandelt (§ 2126 S 2). – Über Notwendigk u Umfang der Aufwendg entscheidet ebso wie beim Auftrag (§ 670) das gutgläub ausgeübte Ermessen des VE (RGRK Rn 8), so daß zu beurteilen ist, ob der VE die Aufwendgen bei Anwendg der ihm obliegenden Sorgfalt den Umständ nach für erforderl halten durfte. – Zur **Bezahlung** dieser Kosten 4
aus der Erbsch (§ 2111) kann der VE auch NachlGgstände versilbern u die etwa nötige Einwilligg des NE erzwingen (§ 2120). Kredit kann er dafür nach den Grdsätzen ordngsmäß Verwaltg nur aufnehmen, wenn die Erträge Zinsen u angemessene Tilgg decken; die Zinsen muß VE näml aus eigenem Vermögen entrichten, die Tilgg darf er nicht ganz dem NE überlassen (BGH NJW **93**, 3198; dazu krit Voit ZEV **94**, 138). – Bestreitet er sie aus seinem Eigenvermögen (wozu auch die ErbschNutzgen gehören), kann er hierfür vom NErbfall ab (§ 2139) Ersatz sowie Zinsen od Befreiung (§§ 256, 257) verlangen, auch wenn die Erbsch durch die Aufwendg nicht bereichert ist od der VerwendgsGgstand dem NE (zB infolge Untergangs; anders § 1001) nicht herausgegeben werden kann. Der NE haftet jedoch ggü dem VE immer beschränkt (§ 2144). Bezahlt VE eine **Hypothek** am NachlGrdst mit eigenen Mitteln (§ 1143 Rn 7), fällt sie an ihn, andernf in den Nachl (KGJ **50**, 214; § 2111 Rn 3).

2125 *Ersatz von Verwendungen; Wegnahmerecht.* **I Macht der Vorerbe Verwendungen auf die Erbschaft, die nicht unter die Vorschrift des § 2124 fallen, so ist der Nacherbe im Falle des Eintritts der Nacherbfolge nach den Vorschriften über die Geschäftsführung ohne Auftrag zum Ersatze verpflichtet.**

II Der Vorerbe ist berechtigt, eine Einrichtung, mit der er eine zur Erbschaft gehörende Sache versehen hat, wegzunehmen.

1) Verwendungen (I), die nicht unter § 2124 fallen, sind solche, die über den bloßen Erhaltungszweck 1
hinausgehen (zB völlige Umgestaltg des Grdst od Betriebes) od unnütz kostspielige Ausgaben od Kosten eines unnötigen Prozesses (vgl § 2124 Rn 3). Für sie kann der VE Ersatz ledigl nach den Grdsätzen der auftragslosen GeschFührg (§§ 683 f) fordern (vgl auch § 2124 Rn 1; 3). – Bei Ausgaben, die nicht unter § 2124 od § 683 fallen, besteht nur der BereichergsAnspr, sofern der NE nicht genehmigt hatte (§ 684 S 1 u 2). Daß der VE solche Aufwendgen (zu Unrecht) aus der Erbsch bestritten hat, befreit ihn nicht von der HerausgPfl des § 2130.

2) Das Wegnahmerecht (II; § 258) betrifft nicht nach § 2111 II einverleibte Inventarstücke (aM MüKo/ 2
Grunsky Rn 3; Soergel/Harder Rn 3), sond zB eingefügte Öfen, Lampen, SicherhSchlösser usw, auch wenn die Sachen wesentl Bestandteil eines NachlGgstands geworden sind (vgl § 1049 Rn 1). Verpflichtet zur Wegnahme ist der VE nicht.

2126 *Außerordentliche Lasten.* **Der Vorerbe hat im Verhältnisse zu dem Nacherben nicht die außerordentlichen Lasten zu tragen, die als auf den Stammwert der Erbschaftsgegenstände gelegt anzusehen sind. Auf diese Lasten finden die Vorschriften des § 2124 Abs. 2 Anwendung.**

1) Außerordentliche Lasten treffen den NE, da ihm auch die Substanz des Vermögens gebührt (s § 2124 1
Rn 1). Dazu zählen zB die Erblasserschulden und die meisten Erbfallschulden (§ 1967 Rn 2–7); Vermächtnisse u Auflagen, die nicht dem VE allein auferlegt sind; PflichttLasten; fällig werdende GrdstBelastgen (bei Rentenvermächtn Ausleggsfrage, RG Recht **09** Nr 694); regelm wiederkehrende Tilggsbeträge, die der VE auf eine TilggsHyp geleistet hat (Stgt BWNotZ **61**, 92; Soergel/Harder Rn 3; str); Erschließgsbeiträge (vgl BauGB 123 ff); außerordentl Vermögensabgaben (KG JW **20**, 564).

2) Steuern. Die durch die VErbsch veranlaßte Erbschaftsteuer hat der VE aus Mitteln der VErbsch zu 2
entrichten (ErbStG 20 IV); sie fällt also unter § 2126. – Außerordentl Last ist auch die nach EStG 17 im Falle der Veräußerg von Anteilen an Kapitalgesellsch bei wesentl Beteiligg anfallende Steuer (BGH **LM** Nr 3); auch die im Fall der Veräußerg od Aufgabe des GewerbeBetr nach EStG 16 anfallde EinkSt auf den Veräußerungsgewinn (BGH NJW **80**, 2465).

2127 *Auskunftsrecht des Nacherben.* **Der Nacherbe ist berechtigt, von dem Vorerben Auskunft über den Bestand der Erbschaft zu verlangen, wenn Grund zu der Annahme besteht, daß der Vorerbe durch seine Verwaltung die Rechte des Nacherben erheblich verletzt.**

1 **1) Nur bei Gefährdung** seiner Rechte stehen dem NE die Sichergsmittel der §§ 2127–2129 (Auskunft; Sicherh; Entziehg der Verwaltg), bei mehreren NE jedem einzelnen auch gg den Willen der übrigen (RG LZ **19**, 252) zur Seite. Befreiung des VE ist zulässig (§ 2136).

2 **2) Die Auskunft** kann nur währd der VErbsch und nur über den ggwärtigen Bestand (nicht auch über den Verbleib) verlangt werden. Nach Eintritt des NErbfalls gilt § 260 (§ 2130 II). Der ErsatzNE kann sie nicht verlangen. Sie wird sich idR auf spätere Verändergen des ErbschBestandes beziehen, falls das Verzeichn des § 2121 bereits vorliegt (vgl dort Rn 2). – Das Verlangen ist für unbekannte Erben von Pfleger (§ 1913), im Falle des § 2222 vom TV sowie von jedem NE gesondert geltd zu machen und notf im Prozeß durchzusetzen (s BGH WM **66**, 373). Der Anspr kann **wiederholt** geltd gemacht werden, wenn ein neuerl Grd gegeben ist.

3 **3) Die Besorgnis** einer **erheblichen Verletzung** der Rechte des NE auf Herausgabe der Erbsch (§ 2130) dch die Verwaltg des VE rechtfertigt allein das AuskVerlangen, also nicht schon eine ungünstige Vermögenslage des VE wie bei § 2128. War die betreffende Maßn des VE ordngsmäß zur NachlVerwaltg erforderl und der NE somit zur Einwilligg (§ 2120) verpflichtet, können seine Rechte nicht verletzt werden (RG **149**, 68). – Über AuskunftsR des NE ggü dem vom VE Beschenkten s § 2113 Rn 17. Keinen AuskunftsAnspr hat der pflichttberecht NE gem § 2314 (BGH NJW **81**, 2051).

2128 *Sicherheitsleistung.* [I] **Wird durch das Verhalten des Vorerben oder durch seine ungünstige Vermögenslage die Besorgnis einer erheblichen Verletzung der Rechte des Nacherben begründet, so kann der Nacherbe Sicherheitsleistung verlangen.**

[II] **Die für die Verpflichtung des Nießbrauchers zur Sicherheitsleistung geltenden Vorschriften des § 1052 finden entsprechende Anwendung.**

1 **1) Die Besorgnis** einer erhebl Verletzg der NERechte muß sich ergeben entw aus dem (auch unverschuldeten, RG JW **20**, 380) **Verhalten** des VE (zB unentgeltl Vfgen; Unterlassg der Kündigg u Eintreibg von Fdgen; der Geldanlegg; unwirtschaftl Verwaltg des eigenen Vermögens, Warn **22** Nr 17) od aus der ungünst **Vermögenslage** des VE, gleichgültig, wann sie eingetreten ist. SicherhLeistg ist nach §§ 232 ff in Höhe des NachlWerts zu erbringen (OLG **39**, 25), soweit nicht nur geringerer Schaden droht, etwa weil der VE über Teile des Nachl nach §§ 2113 ff nicht verfügen kann. Die Pfl zur SicherhLeistg besteht nicht mehr, wenn wg Beendigg der VErbsch schon Herausgabe verlangt werden kann. – Der Anspr ist im Prozeßweg geltd zu machen (**II;** § 1052 I).

2 **2) Zwangsverwaltung (II,** § 1052) kann nach Verurteilg zur SichLeistg im Wege der ZwVollstr auf Antr nach Fristsetzg (ZPO 255, 764) vom VollstrG angeordnet werden mit der Folge des § 2129. Der Verwalter darf erst bestellt werden, wenn die Frist zur SicherhLeistg fruchtlos verstrichen ist. Zum Verwalter kann auch der NE, nicht aber der VE eingesetzt werden (Soergel/Harder Rn 5). – Das Recht des Eigtümers aus § 1054 steht dem NE nicht zu (Celle HRR **34** Nr 1683). – Die Anordng ist aufzuheben, wenn die Sicherh nachträgl geleistet wird (§ 1052 III). – Die Vergütg des Verwalters, die den Einkünften zu entnehmen ist, setzt das VollstrG fest (OLG **19**, 155). – **Allgemeine Sicherungsmaßregeln** durch Arrest u einstw Vfg (ZPO 916 ff, 935 ff) können auch bei Befreiung (§ 2136) von den Beschränkgen des § 2128 erlassen werden (OLG **12**, 373).

2129 *Entziehung der Verwaltung.* [I] **Wird dem Vorerben die Verwaltung nach den Vorschriften des § 1052 entzogen, so verliert er das Recht, über Erbschaftsgegenstände zu verfügen.**

[II] **Die Vorschriften zugunsten derjenigen, welche Rechte von einem Nichtberechtigten herleiten, finden entsprechende Anwendung. Für die zur Erbschaft gehörenden Forderungen ist die Entziehung der Verwaltung dem Schuldner gegenüber erst wirksam, wenn er von der getroffenen Anordnung Kenntnis erlangt oder wenn ihm eine Mitteilung von der Anordnung zugestellt wird. Das gleiche gilt von der Aufhebung der Entziehung.**

1 **1) Durch Zwangsverwaltung** wg unterbliebener SichLeistg (§§ 2128, 1052) wird dem VE nicht nur die Verwaltg (vgl auch ZVG 148 II), sond auch das VfgsR (§ 2122) entzogen. Diese Wirkg tritt mit der Vollstreckbark der Entscheidg des VollstrG, also mit ihrem Erlaß ein (ZPO 793; 794 I Nr 3). Die Erbsch ist dem Verwalter herauszugeben. Das NutzgsR des VE bleibt aber bestehen. Verfüggen des VE können nur durch Genehmigg des NE (§ 185 II) wirks werden (RGRK Rn 2). Dem Verwalter steht das VfgsR im gleichen Ausmaß wie vorher dem VE zu (Soergel/Harder Rn 2). – Die Eintragg der Vfgsbeschrkg erfolgt nach GBO 13, 22 (nicht 51) auf Antr des Verwalters od NE oder auf Ersuchen des VollstrG (GBO 38).

2 **2) Gutglaubensschutz.** Durch die Eintragg der Vfgsbeschrkg wird § 2113 III ausgeschlossen Andernfalls kommt es auf Kenntn des Erwerbers von dem Bestehen der Vfgsbeschrkg an (§ 892). Verfüggen des VE über bewegl Sachen (§§ 932 ff) sind nur wirks, wenn der Erwerber die Anordng der Verwaltg ohne grobe Fahrlässigk nicht kennt. – Durch **II** 2 sind die Schuldner (nicht die Erwerber solcher Fdgen) bes geschützt (vgl auch § 1070 II, § 1275; ZVG 22 II), da ihnen ja die ZwVerwAnordng nicht (wie bei ZPO 829) gerichtl zugestellt wird. Doch kann diese Zustellg auf bes Antr des NE od nach § 132 erfolgen. Der Erbschein (§ 2366), der über Vfgsbefugn nichts besagt, vermittelt keinen guten Glauben.

2130 *Eintritt der Nacherbfolge.* [I] **Der Vorerbe ist nach dem Eintritte der Nacherbfolge verpflichtet, dem Nacherben die Erbschaft in dem Zustande herauszugeben, der sich bei einer bis zur Herausgabe fortgesetzten ordnungsmäßigen Verwaltung ergibt. Auf die Her-**

ausgabe eines landwirtschaftlichen Grundstücks findet die Vorschrift des § 596 a, auf die Herausgabe eines Landguts finden die Vorschriften der §§ 596 a, 596 b entsprechende Anwendung.

II Der Vorerbe hat auf Verlangen Rechenschaft abzulegen.

1) Herausgabeanspruch. Die Verpflichtg zur Herausgabe (von der Befreiung erteilt werden kann, § 2136) entsteht mit dem NErbfall (§§ 2100, 2106, 2139) u trifft den VE. Tritt die NErbfolge gerade dch dessen Tod ein, trifft sie dessen Erben (RG **163**, 53) u zählt dann zu den Verbindlichk des Nachl des VE (Ffm FamZ **95**, 446). Da VE u NE zeitl nacheinander, dann aber jeder für sich erbberecht sind (§ 2100 Rn 1), findet zw ihnen keine Erbauseinandersetzg statt; nur bezügl der Verteilg der Früchte erfolgt Auseinandersetzg nach § 101. – Beschränkg der HerausgabePfl s § 2138. – Dch Herausgabe der Erbsch an einen and als den NE wird der VE (dessen Erben) nicht befreit (RG Warn **18** Nr 213). 1

a) Rechtsnatur. Der gesetzl HerausgabeAnspr des NE ist kein rein schuldrechtl, auf Verschaffg des Eigentums gerichteter (denn Eigtümer wird der NE schon mit dem NErbfall, § 2139), sond ein erbrechtl u ähnelt insow dem ErbschAnspr (§ 2018). Von diesem unterscheidet er sich jedoch wesentl dadurch, daß er stets gg den VE (od dessen RNachf) gerichtet ist, gleich in wessen Besitz die NachlGgstände sind, und daß der VE auf Zeit vollberecht war (vgl aber § 2018 Rn 10). Bestreitet der VE den Eintritt des NErbfalls zu Unrecht, gilt auch dann § 2130 als lex spec u nicht § 2018 (s § 2018 Rn 7). 2

b) Inhalt. Der Anspr geht auf Herausgabe der **Erbschaft** (wie eine Pachtsache, § 596) in dem Zustande, zu dem sie sich bei fortgesetzt ordnungsmäßiger Verwaltg des Nachl entwickelt haben müßte (s Benk RhNK **79**, 53/57), umfaßt also auch Surrogate und nicht nur die beim Tod des Erbl vorhanden gewesenen NachlGgstände (vgl § 2111). Demgemäß kann der VE für laufende Aufwendgen grdsl keinen Ersatz verlangen, auch wenn die damit erzielten Früchte in die Zeit der NErbsch fallen (jedoch besteht Sonderregelg hins Wert- od AufwendgsErsatz für Früchte u zurückgelassene Erzeugnisse bei landwirtschaft Grdstücken od einem Landgut, **I** 2; dazu BGH FamRZ **73**, 188). – Der in vollem Umfang **befreite** VE (§ 2137) ist dagg nur zur Herausgabe der bei ihm noch vorhandenen ErbschGgstände (einschl der Ersatzvorteile) verpflichtet (§ 2138). Dazu gehört auch vollstreckb Ausfertigg, die VE oder dessen Erben nach dem NErbfall sich hat erteilen lassen (RG **163**, 55). – Über Ansprüche des VE s §§ 2124, 2125. Seiner Herausgabepflicht kann er uU ZurückbehaltgsR (§ 273 II) entgghalten (Staud/Behrends/Avenarius Rn 17). 3

c) Testamentsvollstrecker. Ist derselbe TV für VE und NE ernannt, entfällt eine Herausgabe. Es genügt, wenn der TV sich einseitig vom bisherigen BesitzmittlgsVerhältn zum VE löst u nunmehr für den NE die Erbsch besitzt (vgl § 868 Rn 25). 4

2) Fürsorgepflicht. Als Ausgleich für sein Vfgs- und NutzgsR obliegt dem VE als gesetzl Verbindlichk eine gewisse VerwaltgsPfl (materielle FürsorgePfl), zu der die formelle RechenschPfl des **II** hinzutritt. Im übr darf der NE nicht eine einzelne VerwaltgsHdlg des VE herausgreifen, sond muß das Gesamtergebn der Verwaltg des VE berücksichtigen. Daraus, daß dieses Ergebn erst am Schluß der Verwaltg vorliegt u erst dann Ersatz- und RechenschAnspr erhoben werden können, erkl sich die eigenartige Fassg des § 2130 I 1, der den Zustand der herauszugebenden Erbsch der VerwaltgsPfl voranstellt (Flad AkZ **36**, 420 f). 5

3) Die Rechenschaftspflicht (II) bedeutet, daß gem § 259 Rechng zu legen ist. Sie bezieht sich (abgesehen von § 2133) aber weder auf solche Einnahmen, die Nutzgen sind, noch auf solche Ausgaben, die gewöhnl Erhaltgs- u VerwaltgsKosten (§ 2124 I) sind, ist also beschränkter als die für eigentl Verwaltg fremden Gutes. Doch ist der VE sowohl hins seiner RechenschPfl (§ 259) wie der HerausgVerpflichtg (§ 260) ggf zur eidesst Versicherg verpflichtet. Auf ein bereits gem § 2121 mitgeteiltes NachlVerzeichn kann er Bezug nehmen, muß aber die Verändergen bis zur Herausgabe angeben. Die Erfüllg der Pflichten muß erforderlichenf durch Klage erzwungen werden (Staud/Behrends/Avenarius Rn 21). 6

2131 *Haftung des Vorerben.* **Der Vorerbe hat dem Nacherben gegenüber in Ansehung der Verwaltung nur für diejenige Sorgfalt einzustehen, welche er in eigenen Angelegenheiten anzuwenden pflegt.**

1) Nur Sorgfalt in eigenen Angelegenheiten ist subjektiver HaftgsMaßstab (vgl §§ 276, 277, 690, 708, 1359, 1664), wie dies dem vermutl ErblWillen u der Stellg des VE als Erben und Eigtümer der NachlSachen entspricht (Prot **5**, 96). Es handelt sich hier ja nicht um geschäftl, sond um persönl Verhältnisse. – Währd § 2130 von dem Grds ordngsmäßiger Verwaltg (obj Maßstab) ausgeht, ist dem VE durch § 2131 der GgBeweis offengelassen, daß er in eigenen Angelegenheiten nicht sorgfältiger verfahre. Hiernach richtet sich ua, ob u inwieweit der VE NachlGgstände zu versichern u bereits vom Erbl abgeschlossene Versichergen fortzusetzen hat. Befreiung nach § 2136 ist mögl. Für grobe Fahrlk haftet der VE (§ 277), wenn er nicht befreit ist (§§ 2136, 2137); bei absichtl Benachteiligg des NE (RG **70**, 334) haftet er auch dann (§ 2138 II). 1

2) Der subjektive Maßstab gilt nicht, soweit dem VE eine bestimmte Handlgsweise (§§ 2112–2119) wie zB Beurteilg der Unentgeltlichk einer Vfg (§§ 2113, 2133) oder Wertersatz (§ 2134) vorgeschrieben ist (RG **73**, 6; Schmidt FamRZ **76**, 683/689 zur Haftg bei unentgeltl Vfgen üb Gesamthandsgegenstände). 2

2132 *Keine Haftung für gewöhnliche Abnutzung.* **Veränderungen oder Verschlechterungen von Erbschaftssachen, die durch ordnungsmäßige Benutzung herbeigeführt werden, hat der Vorerbe nicht zu vertreten.**

In Ausführung des Verwaltungsgrundsatzes (§ 2130) ist hier klargestellt, daß der VE zur Benutzg berechtigt und seine Hdlg, auch wenn völliger Verschleiß eintritt, nicht rechtswidr ist (vgl §§ 548, 602, 1050). 1

Er haftet an sich für Verändergen u Verschlechtergen, kann aber den GgBeweis ordnungsmäßiger Benutzg od aus § 2131 führen. Der befreite VE (§ 2136) braucht nicht einmal diesen zu erbringen.

2133 *Übermäßige Fruchtziehung.* **Zieht der Vorerbe Früchte den Regeln einer ordnungsmäßigen Wirtschaft zuwider oder zieht er Früchte deshalb im Übermaße, weil dies infolge eines besonderen Ereignisses notwendig geworden ist, so gebührt ihm der Wert der Früchte nur insoweit, als durch den ordnungswidrigen oder den übermäßigen Fruchtbezug die ihm gebührenden Nutzungen beeinträchtigt werden und nicht der Wert der Früchte nach den Regeln einer ordnungsmäßigen Wirtschaft zur Wiederherstellung der Sache zu verwenden ist.**

1 **1) Übermaßfrüchte** (vgl wg des Nießbrauchers § 1039), die der VE gezogen hat, gehören ihm zwar als Eigtümer (§ 953). Ob sie ihm auch gebühren (vgl § 2111), dh ob er sie behalten darf, bestimmt § 2133 in Abweichg von § 101, soweit nicht der VE befreit ist (§ 2136). Der Mehrertrag ist dem NE nach Eintritt der NErbfolge herauszugeben od ihm zu ersetzen, soweit nicht der VE durch den Raubbau einen Ausfall an Früchten erleidet. Der VE erhält die Übermaßfrüchte aber nicht, soweit sie zur Wiederherstellg notwend sind. – Der Anspr des NE ist schuldrechtlicher Art. Hier findet eine Art Auseinandersetzg statt. Eine Pfl, für die Erstattg der Früchte Sicherh zu leisten (§ 1039 I 2), besteht nicht, unbeschadet des § 2128. Die Übermaßfrüchte sind keine ErbschGgstände, auch nicht iS des § 2134. – **Besonderes Ereignis** kann Windbruch, Schneebruch, Raupenfraß sowie eine gesetzl Anordng sein.

2 **2) Schadensersatz** kann der NE verlangen, wenn durch den Raubbau die Substanz der Erbsch unter Verletzg der eigenen Sorgfalt (§ 2131) angegriffen u geschädigt wurde.

2134 *Eigennützige Verwendung.* **Hat der Vorerbe einen Erbschaftsgegenstand für sich verwendet, so ist er nach dem Eintritte der Nacherbfolge dem Nacherben gegenüber zum Ersatze des Wertes verpflichtet. Eine weitergehende Haftung wegen Verschuldens bleibt unberührt.**

1 **1) Die Forderung auf Wertersatz** tritt an die Stelle der vom VE für sich verbrauchten od sonst verwendeten ErbschGgstände (Sachen u Rechte einschl Ersatzvorteile, § 2111), deren Herausgabe (§ 2130) dadurch unmögl wird. Zu denken ist dabei an (zB zur Tilgg eigener Schulden des VE verwendetes) Geld u andere verbrauchbare Sachen (§ 92); Verbindg, Vermischg u Verarbeitg (§§ 946, 948, 950), zB wenn der VE auf eigenem Grdst mit ErbschMitteln ein Haus bauen läßt (Wolf JuS **81**, 14/17). Wird bei Vfg üb Ggstände der NachlSubstanz das Surrogat Bestandteil der Erbsch (§ 2111), entsteht dem NE meist kein Nachteil so daß § 2134 ggü § 2111 zurücktritt (BGH **40**, 115/124). – Maßgebd für den Wert ist die Zeit der Verwendg. Die Ersatz- u VerzinsgsPfl tritt aber erst mit dem NErbfall ein.

2 **2) Eine weitergehende Haftung** nach §§ 249 ff, 280 ist gegeben, wenn die Verwendg den Grdsätzen ordngsmäßiger Verwaltg widersprach. Sie geht bei Verschulden, dh Verletzg der Eigensorgfalt (§ 2131), auf Ersatz des den Wertersatz übersteigden Schadens (s Staud/Behrends/Avenarius Rn 5).

3 **3) Die Nutzung,** nicht die Substanz der Erbsch steht dem VE zu (s § 2100 Rn 8). ErbschGgstände gg Wertersatz für sich zu verwenden, ist dem VE nicht allg gestattet, da sonst ja die vom G vorausgesetzte weitergehende Haftg wg Verschuldens **(S 2)** nicht denkb wäre. Ob der VE (insb der Eheg) in Zeiten der Not das Kapital entgg § 2134 angreifen darf, ist Frage der Auslegg, die davon abhängt, ob der Erbl in erster Linie den VE sicherstellen od dem NE das Kapital erhalten wollte (RGRK Rn 5). – **Für den befreiten Vorerben** (§§ 2136, 2137) hat es bei der HerausgabePfl des § 2138 iVm § 2111 sein Bewenden (BGH NJW **77**, 1631; **83**, 2874). Der **nicht** befreite VE kann jed nicht wirks einen ererbten GesellschAnteil gg Leibrente veräußern (BGH **69**, 47 mAv Johannsen **LM** Nr 16 zu § 2113).

2135 *Einfluß der Nacherbfolge auf Miete und Pacht.* **Hat der Vorerbe ein zur Erbschaft gehörendes Grundstück oder eingetragenes Schiff vermietet oder verpachtet, so finden, wenn das Miet- oder Pachtverhältnis bei dem Eintritte der Nacherbfolge noch besteht, die Vorschriften des § 1056 entsprechende Anwendung.**

1 **1) Bei Grundstücken** (und eingetragenen Schiffen) ist der NE an die weiter bestehen bleibenden Miet- u PachtVertr des VE gebunden, kann sie aber nach Eintritt der NErbfolge unter Einhaltg der gesetzl Fristen kündigen (§ 1056 II), wobei etwaige Einschränkgen dch das soziale MietR zu beachten sind (s Einf 96–99 vor § 535). Der Mieter hat dagg kein KündiggsR aGrd des NErbfalls. – Dagg ist bei Miete od Pacht **beweglicher** ErbschSachen der NE nicht an den vom VE geschlossenen Vertr gebunden und kann mit Eintritt der NErbfolge vom Mieter od Pächter die Herausgabe der bewegl Sache verlangen; Mieter u Pächter haben uU SchadErsAnspr gg den VE (Staud/Behrends/Avenarius Rn 14).

2 **2) Die Verweisung auf § 1056** bedeutet, daß bei Miete od Pacht unbewegl Sachen §§ 571, 572, 573 I, 574–576 u 578 entspr anzuwenden sind (§ 1056 I). Auch nach Eintritt des NE (§ 571 I) haftet der VE dem Mieter für etwaige SchadErsAnsprüche wie ein selbstschuldnerischer Bürge; er kann sich jedoch dch Mitteilg des Eintritts der NErbfolge an den Mieter für die Zukunft befreien (§ 571 II). VorausVfgen des VE über den Mietzins und Aufrechngen des Mieters sind nach Maßg der §§ 573 S 1, 574, 575 wirks. Da § 573 S 2 nach § 1056 I nicht gilt, braucht der NE Vfgen des VE über den Mietzins einer Zeit, die noch über den dem NErbfall folgden Kalendermonat hinaus liegt, auch dann nicht gg sich gelten zu lassen, wenn er zZ des Eintritts der NErbfolge von der Vfg Kenntn hatte. – §§ 404, 422 werden dch die spezielleren §§ 574, 1056 I
3 ausgeschlossen. – Mietvertragl **Baukostenzuschuß** od bereits im Mietvertr ausbedungene Mietvorauszahlgen

bleiben jedoch auch ggü dem NE wirks (vgl § 573 Rn 2; § 1124 Rn 4); dem NE ist in entspr Anwendg von ZVG 57 a–c das KündR versagt, wenn die Kündigg bis zum Abwohnen des BaukZuschusses ausgeschlossen ist (Staud/Behrends/Avenarius Rn 12; Soergel/Harder Rn 4). – Im Falle der Veräußerg des Miet- oder PachtGrdst durch den NE od beim Eintritt einer weiteren NErbfolge finden die Grdsätze nach Maßg des § 579 entspr Anwendg. – Verlangt der Mieter od Pächter die Zustimmg des NE, kann der VE nach § 2120 dessen Einwilligg zu dem abzuschließden Vertr beanspruchen, wenn die Vermietg od Verpachtg zur ordngsgemäß Verwaltg erforderl ist.

2136 ***Befreiung des Vorerben.*** **Der Erblasser kann den Vorerben von den Beschränkungen und Verpflichtungen des § 2113 Abs. 1 und der §§ 2114, 2116 bis 2119, 2123, 2127 bis 2131, 2133, 2134 befreien.**

1) Befugnisse des Erblassers. Da die RStellg des VE gesetzl nur zT zwingend ausgestaltet ist, kann ihn 1
der Erbl zum einen über die ges Beschränkgen hinaus weiter beschränken (auch den befreiten VE, RG JW **38**, 1454; BayObLG **58**, 304; **59**, 128) und ihm die Verwaltg des Nachl u die Vfg über NachlGgstände durch Bestellg eines TV ganz entziehen (§ 2209; s BGH NJW **90**, 2056 zu den Pfl des TV bei Befreiung des VE) sowie das FruchtbezugsR durch NießbrVermächtn einem anderen einräumen od bestimmen, daß der auf die Zeit der VErbfolge entfallende Fruchtertrag beim NErbfall dem NE herauszugeben ist. Der Erbl kann aber auch umgekehrt dem VE eine größere Vfgsfreiheit zugestehen, dabei aber nicht weiter gehen als § 2136 zuläßt (BGH **7**, 276; Müller ZEV **96**, 179), auch nicht dadurch, daß er den VE zum alleinigen TV für den NE (JFG **11**, 126; dazu § 2222 Rn 2) od zum Generalbevollmächt bestellt (RG **77**, 177; Soergel/Harder Rn 1). Doch ist eine solche unzuläss Befreiung nicht immer nichtig. Bei gemeinschaftl Test kann die Auslegg ergeben, daß in Wahrh der Überlebende VollE und der „NE" nur Erbe des Überlebenden sein soll. Notf kann auch Umdeutg zu diesem Ergebn führen (§ 140; Karlsr OLGZ **69**, 500). Über Deutg als Vollerbeinsetzg mit befristeten Vermächtn s § 2137 Rn 2.

a) Schranken. Der Erbl kann den VE nicht von allen Beschränkgen befreien. Das G gestattet dies ihm 2
nicht für unentgeltl Vfgen (§ 2113 II; BGH **7**, 276) od von der dingl Surrogation (§ 2111; Roggendorf RhNK **81**, 30) sowie hinsichtl VollstrMaßnahmen (§ 2115) od der Pfl zur Inventarisierg (§§ 2121, 2122) und zum SchadErs (§ 2138 II). Bei § 2111 hilft ggf VorausVermächtn für den VE. Die Verpfl zur Inventarisierung kann der Erbl dem VE erleichtern, indem er den gesamten Hausrat von der NErbsch ausschließt u dem VE allein überläßt; die Beschränkg der HerausgabePfl (§ 2138 I) ändert dagg nichts daran, daß ein Inbegriff von Ggstände (§ 260) herauszugeben u der VE daher zur Vorlage eines Verzeichn u evtl dessen Bekräftigg dch eidesst Vers verpflichtet ist.

b) Verfügungen von Todes wegen. Eröffnet der Erbl dem VE sogar die Möglichk zu anderweit letztw 3
Vfgen, liegt keine Befreiung vor, sond die Anordng einer NErbfolge unter der auflösenden Bedingg, daß der VE nicht abweichend üb die ihm zugewendete Erbsch testiert (Einzelh s § 2065 Rn 8).

2) Die Anordnung der Befreiung muß in einer letztw Vfg des Erbl enthalten sein. Eine ausdrückl Erkl od 4
eine bestimmte Ausdrucksweise ist dafür nicht vorgeschrieben (Hamm NJW-RR **97**, 453). Es genügt vielm, wenn der Befreiungswille in der letztw Vfg selbst irgendwie, wenn auch nur andeutgsweise od versteckt, zum Ausdr kommt (BGH FamRZ **70**, 192; BayObLG **74**, 312; FamRZ **76**, 549; § 2084 Rn 4). Trifft dies zu, können auch sonstige, außerh des Test liegde Umstände zu dessen Auslegg herangezogen werden (§ 2084 Rn 5; Übbl 12 v § 2265). Andernf hilft ggf Anfechtg (Kblz DRZ **50**, 160; § 2081 Rn 1).

a) Anhaltspunkte. In der Einsetzg zum AlleinE liegt noch keine Befreiung, da auch der nicht befreite 5
einzige VE AlleinE ist (BGH FamRZ **70**, 192; BayObLG **58**, 303; aA Düss FamRZ **98**, 389 mit abl Anm Avenarius). Die Kinderlosigk von Ehegatten, die sich in einem gemeinsch Test zu VE einsetzen und Verwandte od Dritte zu NE, spricht allein nicht regelm für befreite VErbsch (BayObLG **60**, 432); jedenf für ländl Verhältn besteht dafür keine Vermutg (BGH NJW **51**, 354; s auch BayObLG **58**, 109). Jedoch kann der zum VE eingesetzte Ehegatte stillschweigend befreit sein, wenn der Erbl wg Fehlens eigener Abkömmlinge entfernte Verwandte zu NE eingesetzt u der VE wesentl zum Vermögenserwerb des Erbl beigetragen hat (BayObLG **60**, 437; Hamm NJW-RR **97**, 453 mAv Avenarius NJW **97**, 2740). Der teilweise als VollE eingesetzte VE ist nicht ohne weiteres befreit (BayObLG **58**, 109). Dagg kann auch in Einräumg der „unbeschränkten Verwaltg" Befreiung gefunden werden, da nach dem gewöhnl SprachGebr unter den Begriff der Verwaltg auch die Vfg (§ 2137 II) fällt; desgleichen in einem NießbrVermächtn mit der Befugn freier Vfgen über den ganzen Nachl (Oldbg NdsRpfl **51**, 198). Einräumg „lebenslänglicher Nutznießg und Verfügg" wird idR keine Befreiung enthalten, soweit nicht die freie Vfg (§ 2137 II) durch Auslegg festgestellt werden kann (RG HRR **31** Nr 1050). Ein testamentar Verbot, den Nachl an andere als Blutsverwandte weiterzuvererben, kann als Anordng einer befreiten Vorerbsch auszulegen sein (BayObLG **58**, 225).

b) Bedingte Erbeinsetzung. Der dch gemeinsch Test zum alleinigen VollE eingesetzte überlebende 6
Ehegatte ist bei Einsetzg der Kinder zu NE für den Fall der Wiederverheiratg (§ 2269 Rn 16) iZw befreiter VE, weil er bis zur (ungewissen) Wiederverheiratg soweit wie mögl das VfgsR über den Nachl gleich einem unbeschränkten Erben haben soll. Diesem ErblWillen wird die Annahme befreiter VErbsch am ehesten gerecht (Hamm DNotZ **72**, 96; s auch § 2269 Rn 18; Johannsen WM **70**, 9). Dies gilt auch bei einem EinzelTest, durch das der Erbl seinen Ehegatten zum VollE mit bedingter NEEinsetzg der Kinder für den Fall der Wiederverheiratg eingesetzt hat (BGH FamRZ **61**, 275; s auch LG Köln RhNK **62**, 549); ebso bei erst im Todesfall möglicherw ausfallender Bedingg (KG JFG **17**, 154; s auch Staud/Behrends/Avenarius Rn 22). BGH BWNotZ **59**, 205 läßt die Frage dahingestellt, ob der vom KG JFG **17**, 154 ausgesprochene Erfahrgssatz von der Befreiung des überlebden Eheg auf alle Fälle von bedingter Erbeinsetzg dieser Art ausgedehnt werden kann; einschränkd auch Mannh MDR **60**, 497. Gg solchen Befreiungswillen spricht die Anordng einer TV mit der bes Auflage, den Nachl od einen bestimmten NachlGgstand den NE zu sichern (s hierzu allg Staud/Behrends/Avenarius Rn 26).

7 **3) Zulässige Befreiungen,** die iZw nur für den VE persönl gelten (nicht auch für dessen Erben), auch bedingt mögl sind (zB nur für den Not- od Pflegefall) u auch ledigl ggü einzelnen von mehreren NE erteilt werden können (LG Stgt Rpfleger **80**, 387), sind von folgenden Beschränkgen u Verpflichtgen (insgesamt, einzeln od in Verbindg miteinander) möglich:

8 **a) §§ 2113 I, 2114.** Befreiung von der Beschränkg in der Vfg über erbschaftl **Grundstücke** und **Rechte** an solchen ist regelm anzunehmen, wenn dem VE die Verpflichtg zur Übereigng eines Grdstücks an einen anderen (auch wenn dieser nicht MitE ist) durch Vermächtn od Teilgsanordng auferlegt ist (KG HRR **41** Nr 129; BayObLG **60**, 411) od dch NachlAuseinandersetzg gem § 2048 (Deimann Rpfleger **78**, 244). Die Befreig kann dem VE auch ledigl ggü einzelnen NE erteilt werden (LG Stgt Rpfleger **80**, 387). – Der
9 **Hoferbe** hat nicht die Stellg eines befreiten VE (BGH **21**, 234). Jedoch kann ein als HofVE eingesetzter Abkömml (Celle RdL **67**, 44) od Ehegatte von § 2113 I befreit werden (BGH RdL **61**, 261; aM Celle DNotZ **58**, 583). Hat der Erbl seine Ehefrau zum HofE eingesetzt u ihr dabei die Befugn erteilt, unter bestimmten Voraussetzgen über die HofGrdstücke zu verfügen, muß hierin keine Befreiung liegen; es ist auch die Auslegg mögl, daß GrdstVeräußergen zwar der Zustimmg des NE bedürfen, dieser aber bei Vorliegen der Voraussetzgen zur Erteilg der Zustimmg verpflichtet ist (Celle RdL **63**, 127).

10 **b) Die dem Schutz** des NE dienenden **Verpflichtungen** zur Hinterlegg bzw Umschreibg von Wertpapieren u zur Anlegg von Geld (§§ 2116–2119); zur Aufstellg eines WirtschPlans (§ 2123); zur AuskErteilg und SicherhLeistg (§§ 2127–2129); zur ordnungsmäß Verwaltg (§§ 2130, 2131) und zum Wertersatz für Raub- u Übermaßfrüchte und für sich verwendete ErbschGgstände (§§ 2133, 2134; dazu BGH NJW **77**, 1540, 1631). Auch § 2126 gilt bei befreiter VErbsch (BGH NJW **80**, 2465).

11 **c) Durch Vorausvermächtnis** kann der Erbl über die Befreig von **§ 2134** hinaus bestimmen, daß einzelne ErbschGgstände an den NE nicht herauszugeben sind. Auch kann er den VE durch Vermächtn von der Verpflichtg der Lastentragg des § 2124 I befreien, sowie ihm ein Vorausvermächtn zur unbeschränkten, also auch unentgeltl od letztw Vfg über einzelne ErbschGgstände zuweisen (RGRK Rn 5, 7).

12 **4) Im Erbschein** ist die Befreiung des VE anzugeben (§ 2363 I 2) und zwar nicht nur eine völlige Befreiung, sond auch die von den Beschränkgen der §§ 2113 I, 2114 (vgl hierzu den besser gefaßten GBO 51); beim alleinigen VorE auch die dch VorausVermächtn bewirkte (Rn 11). Dieser Vermerk, dessen Fassg (§ 2363 I 2) sich an § 2137 anschließt, dient dazu, die Befreiung von den VfgsBeschrkgen der §§ 2113 I, 2114 im Rechtsverkehr u ggü Behörden (insb vor dem GBA, vgl GBO 35) darzutun. Die Befreiung von gesetzl Verpflichtgen gehört in den Erbschein als einen VfgsAusweis nicht hinein (OLG **34**, 290).

13 **5) Im Grundbuch** (GBO 51) ist bei der Eintragg des VE, soweit dieser von den Beschränkgen seines Vfgsrechts befreit ist, auch die Befreiung vAw zu vermerken; also nicht nur die gänzl Befreiung, sond auch die bloße Befreiung von den VfgsBeschrkgen der §§ 2113 I, 2114 (die anderen Befreiungen interessieren für den GBVerkehr nicht). Diese Eintragg ist notwend, da das GBuch sonst unrichtig werden würde und sie die Vfg des VE ggü Erwerbern u dem GBA erleichtert. Aus der Eintragg der Befreiung ist die grundbuchrechtl VfgsBefugn für Löschgen zu entnehmen und es bedarf nur noch des **Nachweises der Entgeltlichkeit** (§§ 2113 II, 2136; s Einf 13 vor § 2100; LG Stade NdsRpfl **75**, 219).

14 **6) Entsprechende Anwendung.** Über die strittige entspr Anwendg des § 2136 bei Beschwerg des Erben mit einem bedingten Vermächtn s § 2177 Rn 2; auch Bühler BWNotZ **67**, 174.

2137 *Nacherbeneinsetzung auf den Überrest.*

[I] Hat der Erblasser den Nacherben auf dasjenige eingesetzt, was von der Erbschaft bei dem Eintritte der Nacherbfolge übrig sein wird, so gilt die Befreiung von allen im § 2136 bezeichneten Beschränkungen und Verpflichtungen als angeordnet.

[II] Das gleiche ist im Zweifel anzunehmen, wenn der Erblasser bestimmt hat, daß der Vorerbe zur freien Verfügung über die Erbschaft berechtigt sein soll.

1 **1) Nacherbeneinsetzung auf den Überrest** (vgl § 2138) muß nicht wörtl verfügt sein u liegt prakt dann vor, wenn der VE von allen zuläss Beschränkgen u Verpflichtgen befreit ist od ihm der Verbrauch des Geerbten gestattet wird. Voraussetzg ist jedoch, daß eine NErbfolge gewollt ist; uU ist auch Auslegg mögl, daß bzgl des Überrestes ein aufschiebd bedingtes Vermächtn vorliegt (Oldbg DNotZ **58**, 95 mAv Eder). – Liegt Einsetzg auf Überrest vor, ordnet **I** dch **Ergänzungsregel,** die keine and Auslegg zuläßt (Soergel/Harder Rn 1; str), als RFolge die vollständ Befreig (§ 2136) an.

2 **2) Eine Auslegungsregel** („i Zw") enthält dagg **II** für die Anordng der Befugn zur **freien Verfügung** des VE über die Erbsch. „Vfg" ist hier untechnisch gemeint (KGJ **44**, 77; vgl auch § 2136 Rn 4). Ob der VE völlig od nur teilw (§§ 2113, 2114) befreit sein soll, ist durch Auslegg zu ermitteln. Wenn der Erbl bestimmt, daß seine Ehefrau unter Lebenden u vTw frei über den Nachl verfügen kann und ihr damit auch unentgeltl Vfgen gestattet, ist die Ehefr Vollerbin u nicht nur befreite VE; den Verwandten, die den Teil des Nachl erhalten sollen, über den die Ehefrau bei ihrem Tod nicht verfügt hat, ist nur ein befristetes Vermächtn zugewendet (Bremen DNotZ **56**, 149; s § 2087 Rn 7, auch § 2065 Rn 8). – Wegen der Vermerke im GBuch (GBO 51) und Erbschein (§ 2363) vgl § 2136 Rn 12; 13.

2138 *Beschränkte Herausgabepflicht.*

[I] Die Herausgabepflicht des Vorerben beschränkt sich in den Fällen des § 2137 auf die bei ihm noch vorhandenen Erbschaftsgegenstände. Für Verwendungen auf Gegenstände, die er infolge dieser Beschränkung nicht herauszugeben hat, kann er nicht Ersatz verlangen.

[II] Hat der Vorerbe der Vorschrift des § 2113 Abs. 2 zuwider über einen Erbschaftsgegenstand verfügt oder hat er die Erbschaft in der Absicht, den Nacherben zu benachteiligen, vermindert, so ist er dem Nacherben zum Schadensersatze verpflichtet.

1) Die Herausgabepflicht des VE beschränkt sich (abweichd von § 2130, aber mit den Verpflichtgen aus § 260) auf alles, was tatsächl noch vorhanden od dch Surrogation (§ 2111; BGH NJW **90**, 515), hinzugekommen ist. War ein Ggstand verkauft, aber noch nicht übereignet, gehört er noch zur Erbsch. Der VE kann aber vom NE Befreiung von seiner ggü dem Käufer übernommenen Verbindlichk verlangen; befreit der NE den VE, steht nach § 2111 der vom Käufer geschuldete Kaufpreis dem NE zu; bei Sparguthaben mit wechselndem Kontostand s Celle NJW-RR **92**, 141. – Verwendgen (§§ 2124 II, 2125) kann der VE ersetzt verlangen, soweit es zur Herausg kommt od diese nicht „infolge dieser Beschränkg“, sond aus anderen Gründen (zB wg zufälligen Untergangs) unterbleibt. 1

2) Schadensersatz (§§ 249 ff, 280) kann vom befreiten VE (den die Vorschr allein betrifft) erst ab dem NErbfall wg Arglist od wg unentgeltl Verfüggen (§ 2113 II; s BGH **26**, 383; NJW **77**, 1631; K. Schmidt FamRZ **76**, 689) verlangt werden. Vorher sind aber Feststellgsklage (BGH NJW **77**, 1631; dazu Wolf JuS **81**, 14) sowie allg Sichergsmaßnahmen gegeben, denn von § 2128 ist der hier gemeinte VE befreit (§ 2136 I; § 2128 Rn 2; Köln AgrarR **77**, 150). – Die **Höhe** des SchadErsatzes bestimmt sich nach dem Ztpkt der Ersatzleistg, nicht etwa der Verminderg der Erbsch (MüKo/Grunsky Rn 4). – Dem NE ist es unbenommen, den SchadErsAnspr und die Unwirksamk der Vfg auch gg Dritten geltd zu machen. – Von der RegreßPfl aus § 2113 II kann Erbl den VE nicht befreien, aber dadch freistellen, daß er dch bes Vermächtn NE verpflichtet, Schenkgen des VE zu genehmigen, od den VE von dem Anspr zu befreien (Kipp/Coing § 51 III 1 b; str; s auch § 2136 Rn 11). Dies gilt aber nicht auch für Haftg aus Arglist (vgl §§ 276 II, 226). 2

2139 *Wirkung des Eintritts der Nacherbfolge.* **Mit dem Eintritte des Falles der Nacherbfolge hört der Vorerbe auf, Erbe zu sein, und fällt die Erbschaft dem Nacherben an.**

1) Übergang der Erbschaft. Die §§ 2139–2146 behandeln die **Wirkungen** der eingetretenen NErbfolge, nicht den Zeitpkt des Eintritts des NErbfalls. Diesen bestimmt der Erbl (§ 2100), hilfsw das G (§ 2106); über Folgen der Tötg des VE dch den NE s § 2339 Rn 2 (dazu BGH **LM** § 2339 Nr 2). – **a) Anfall.** Dem NE fällt mit Eintritt des NErbfalls die Erbsch von selbst an. Er erwirbt sie als Gesamtnachfolger des Erbl und mit dingl Wirkg (§ 1922) als Ganzes kr G, auch wenn sie sich bis dahin nicht in den Händen des VE befand. Der NE tritt mit der Möglichk der Ausschlagg (§ 2142 I) in die Erbenstellg ein, sofern er nicht bereits angenommen und noch nicht ausgeschlagen hat. Es bedarf also nicht erst der Herausgabe der Erbsch (§ 2130). Schon vor dieser ist der NE Eigentümer der ErbschSachen, Gläub und Schuldner der NachlFdgen und NachlSchulden (§ 2144). – Der NE muß den Nachl in der RLage hinnehmen, in der er sich auf Grd ordngsmäß Verwaltg des VE befindet (Soergel/Harder Rn 2). Soweit der VE währd des Bestehens der VErbsch im Rahmen seiner Befugn über NachlGgstände verfügt hat, sind diese Vfgen dem NE ggü wirks. Hat er befugterw als befreiter VE über ein NachlGrdst dch Auflassg verfügt, erwirbt der NE das Eigtum nur in der dch die Auflassg geschaffenen rechtl Bindg (KG JFG **23**, 21; s auch Aachen RhNK **67**, 217). – **b) Ist ein weiterer Nacherbe** vom Erbl eingesetzt, ist der NE zugleich VE. – **c) Der Ersatznacherbe** wird bei Eintritt des ErsatzNErbfalles auch Erbe des Erbl. Mehrere ErsatzNE bilden keine ErbenGemsch hinsichtl des weggefallenen NE od dessen fingierten Erbteils; sie sind MitE nach dem Erbl. Tritt der Ersatzerbfall zw Vor- und NErbfall ein, muß der ErsatzNE den Bestand der Erbsch im Ztpkt des Ersatzerbfalls hinnehmen. Es wirkt also zB die erteilte Zustimmg des NE zu einer Vfg des VE (s § 2113 Rn 6) über einen ErbschGgstand auch gg den ErsatzNE. Die Annahme der Erbsch dch den NE vor Eintr des NErbfalles schließt aber das AusschlaggsR des ErsatzNE nicht aus. Auch eine Vfg über das AnwartschR od ein PfandR (dch Pfändg seitens eines Gläub des NE) wirken nicht ggü dem ErsatzNE (Schmidt BWNotZ **66**, 143; § 2102 Rn 6). – **d) Übertragung.** Hat ein NE nach dem Erbfall, aber vor dem NErbfall sein Recht auf einen Dritten (od and NE) übertragen, geht die Erbsch mit dem NErbfall unmittelb auf den Dritten (od MitNE) über (s Düss MDR **81**, 143; OLGZ **91**, 134). 1 2

2) Rechtsnachfolger des **Erblassers** ist der NE u nicht der des VorE. Er tritt daher nicht in die Fdgen u Verbindlk des VorE ein (s aber § 2120 Rn 2; auch § 2144 Rn 2). Dies zeigt sich bes deutl, wenn der VE nur MitE war und er seinen Anteil nach § 2033 übertragen hatte. Hier stellt sich beim NErbfall heraus, daß das Recht des VE über die VErbfolge nicht hinausreichte und daß der NE somit weder RNachfolger des VE noch des Erwerbers ist. – Eine vom VE erteilte **Vollmacht** wird mit dem Eintritt des NErbfalls grdsl unwirks (KG JFG **5**, 308; SchlHOLG SchlHA **62**, 174), soweit nicht der NE mit der Bevollmächtigg einverstanden war (KG NJW **57**, 755). Eine nicht widerrufene Vollm des Erbl bleibt dagg bestehen (s § 1922 Rn 34; § 2112 Rn 7). – Die **Prokura** eines MitNE für ein vom Erbl stammendes fortgeführtes HandelsGesch erlischt mit dem NErbfall (BGH **32**, 67). 3

3) Der Besitz des VE an den zur Erbsch gehörden Sachen geht als Bestandteil des Nachl grdsl auf den NE über; dh der ledigl vererbte unmittelb u der mittelb Besitz (§§ 857, 870). Der von ihm bereits ausgeübte unmittelb Besitz verbleibt aber beim VE so lange, als er ihn wirkl hat, od geht bei seinem Tode auf seine Erben nach § 857 über, muß also erst dem NE übertragen werden, wie sich aus der HerausgabePfl (§§ 2130 ff) und dem nach §§ 2124, 2125 iVm § 273 begründeten ZurückbehaltgsR des VE ergibt. Wegen eines Bankdepots vgl OLG **42**, 135. 4

4) Prozessual bewirkt der Eintritt der NErbfolge Unterbrechg des RStreits (ZPO 242, 246). Um eine Erledigg des RStreits und unerwünschte Kostenfolgen zu vermeiden, behandelt ZPO 242 den NE ausnahmsweise so, als wenn er RNachfolger des VE wäre. Der VE verliert die Klagebefugn. Zur RKrafterstreckg s Einf 4 vor § 2100. 5

5) Unrichtig wird durch den NErbfall der dem VorE erteilte **Erbschein,** der daher einzuziehen ist (§ 2363 Rn 8). – Ferner das **Grundbuch,** zu dessen Umschreibg auf den NE es des Nachweises der NErbfolge dch neuen Erbschein bedarf (GBO 35 I 1; s Übbl 8 vor § 2353); dies gilt auch dann, wenn das Recht des NE gem GBO 51 im GBuch eingetragen ist u eine Sterbeurkunde des VE vorgelegt wird (BGH 6

84, 196). Eine Ausn kommt nur in Betracht, wenn die NErbfolge beim GBA „offenkundig" ist (GBO 29 I 2; dazu Köln MDR **65**, 993; von BGH aaO offen gelassen), wozu aber Sterbeurkunde od Erbschein des VE nicht ausreichen (BGH aaO; auch BayObLG **82**, 252). Der eingetragene NEVermerk (GBO 51) ist jedoch nicht vAw, sond nur auf Antr des NE zu löschen; Bewilligg eines etwaigen ErsatzNE ist nicht erforderl, da der ErsatzNErbfall hier nicht mehr eintreten kann. – Jetzt ist auch Berichtiggszwang mögl (GBO 82). War NErbfolge nicht eingetragen, sond noch Erbl als Eigtümer eingetragen, ist jedoch Erbnachweis notwendig (Ffm NJW **57**, 265).

7 **6) Erbschaftsübertragung.** Der VE kann die Erbsch bereits vor dem NErbfall vertragl auf den NE übertragen (Hamm Rpfleger **71**, 433); üb Durchführung s Übbl 2 vor § 2371. Dch die Übertragg ändert sich allerd nichts daran, daß VE im RSinne Erbe des Erbl bleibt u weiter für Schulden haftet (§ 2145), weil mit ihr nicht etwa der NErbfall eintritt. Auch kann dch sie keine ErbenGemsch zw den NE vertragl begründet werden; eine solche entsteht nicht schon vor dem NErbfall, sond entsteht nur kr G u dah erst mit diesem (KG FGPrax **99**, 27; § 2100 Rn 10). Ist der VE MitE, kann er seinen Anteil gem § 2033 auf den NE übertragen. In diesem Fall gilt § 2034 (Haegele BWNotZ **71**, 132f, dort auch über die RStellg des ErsatzNE u die grdbuchrechtl Fragen). – Umgekehrt kann auch NE schon vor dem NErbfall sein AnwartschR auf den VE übertragen, wodurch dieser VollE wird (§ 2108 Rn 8).

2140 ***Zwischenzeitliche Verfügungen des Vorerben.*** **Der Vorerbe ist auch nach dem Eintritte des Falles der Nacherbfolge zur Verfügung über Nachlaßgegenstände in dem gleichen Umfange wie vorher berechtigt, bis er von dem Eintritte Kenntnis erlangt oder ihn kennen muß. Ein Dritter kann sich auf diese Berechtigung nicht berufen, wenn er bei der Vornahme eines Rechtsgeschäfts den Eintritt kennt oder kennen muß.**

1 **1) Schutz des Vorerben.** Mit dem NErbfall (§ 2139) hört der VE auf, Erbe zu sein und sein VfgsR erlischt, ohne daß der VE von dem Eintritt immer sogleich Kenntn erhält. Er wird deshalb bei späteren Vfgen noch als vfgsberecht behandelt, soweit er sich in schuldloser Unkenntn von dem bereits erfolgten NErbfall (zB der Geburt, nicht der Person des NE) befand. Die Verantwortlichk des VE wird durch seinen guten Glauben ausgeschlossen, auch wenn der Dritte bösgläub und demgemäß die Vfg unwirks ist (Kipp/Coing § 50 IV 2). Von in ordngsmäßiger Verwaltg eingegangenen Verpflichtgen muß der NE den gutgläub VE befreien. – **Kein Schutz** des § 2140 besteht für den VE, der die Erbsch an den Falschen herausgibt. Auch nicht für die Erben des VE, wenn mit dessen Tode der NErbfall eintritt (Warn **18** Nr 213).

2 **2) Der Schutz des Dritten (S 2)** tritt nur ein, wenn der VE gutgläub war. Doch kann er sich ev auf §§ 892, 893, 932, 2366 berufen. – Auch ist eine entspr Anwendg der §§ 406–408, 412 auf den gutgläub Schuldner einer auf den NE übergegangenen Fdg geboten, wenn dieser sich noch mit dem VE gutgläub in Verhandlgen einließ. Die fahrläss Unkenntn des Schuldners ist aber der Kenntn insoweit überall gleichzustellen.

2141 ***Unterhalt der werdenden Mutter eines Nacherben.*** **Ist bei dem Eintritte des Falles der Nacherbfolge die Geburt eines Nacherben zu erwarten, so finden auf den Unterhaltsanspruch der Mutter die Vorschriften des § 1963 entsprechende Anwendung.**

1 **Einen Unterhaltsanspruch** gem § 1963 gewährt die Vorschr der Mutter eines beim NErbfall **bereits erzeugten** NE. Er richtet sich gg den durch den Pfleger des Kindes vertretenen Nachl, wenn der NErbfall vor der Geburt eintritt. – Tritt der NErbfall mit der Geburt des Kindes ein (§§ 2101 I, 2106 II), kann die Mutter ebenf in entspr Anwendg des § 1963 Unterh verlangen (Staud/Behrends/Avenarius Rn 2). In diesem Fall richtet sich der Anspr gg den VE, der vom NE Ersatz verlangen kann (Soergel/Harder Rn 2).

2142 ***Ausschlagung der Nacherbschaft.*** **I Der Nacherbe kann die Erbschaft ausschlagen, sobald der Erbfall eingetreten ist.**

II Schlägt der Nacherbe die Erbschaft aus, so verbleibt sie dem Vorerben, soweit nicht der Erblasser ein anderes bestimmt hat.

1 **1) Ausschlagung.** Das Recht des NE zur Ausschlagg besteht schon ab Erbfall (§ 1946), also noch vor Eintritt des NErbfalls. **I** stellt also ledigl klar, daß § 1946 auch für den NE gilt, der somit die NErbsch nach seinem Belieben entw bereits nach dem Erbfall od erst nach dem NErbfall ausschlagen kann. Existiert er allerd noch nicht, kann für ihn nicht TV (§ 2222) ausschlagen. Ist Elternteil VE u sein Kind NE, bedarf es ggf Pflegerbestellg zur Entscheidg üb Ausschlagg der NErbsch, allerd nur bei konkretem Interessenswiderstreit (Ffm FamRZ **64**, 154). – Stirbt NE vor dem NErbfall, geht sein AusschlaggsR mit der Anwartsch entw auf seine Erben über (§ 2108 II) od auf den ErsatzNE; od es erlischt, wenn Erbsch dem VE verbleibt. Bei Tod des
2 NE nach Eintritt des NErbfalls erwerben seine Erben das AusschlaggsR (§ 1952). – Die **Ausschlagungsfrist** (§ 1944), nach deren Ablauf eine wirks Ausschlagg nicht mehr mögl ist, beginnt für NE dagg erst mit Kenntn vom NErbfall (§ 2139 iVm § 1944 II), da vor Anfall der Erbsch noch keine Kenntn davon gegeben sein kann (BayObLG **66**, 230; 274). Jedoch kann NE im Falle des § 2306 II wg drohender Verjährg seines PflichttAnspr (§ 2332 III) sich zur Ausschlagg vor dem NErbfall gezwungen sehen (RG **59**, 341; LZ **25**, 1071). Soweit Frist vom Wohnsitz abhängt (§ 1944 III), kommt es auf den des Erbl an (nicht des VE). – Einen Verzicht des NE auf sein NErbR durch Vereinbarg mit VE od Dritten kennt das G nicht, sond nur dessen Übertragg nach dem Erbfall (KG DNotZ **54**, 389; s auch § 2108 Rn 7).

3 **a) Wirkung (II).** Dch Ausschlagg aller NE wird die NErbsch ggstandslos. Die Erbsch verbleibt im Zw dem VE bzw fällt an ihn od seine Erben zurück, sofern die Ausschlagg erst nach dem NErbfall erfolgte, als

sein Recht bereits weggefallen war (§ 2139). Allerd hängt dies vom Willen des Erbl ab, der vorrangig u ggf dch Auslegg (§ 2084) zu ermitteln ist. Abweichde Bestimmg des Erbl ist anzunehmen bei Berufg eines ErsatzE (§ 2096) od stillschw Berufg der Abkömml eines weggefallenen Abkömmlings (§ 2069; Zweibr OLGZ **84**, 3). Schlägt aber ein testamentarisch neben anderen Verwandten als NE eingesetzter Abkömml die Erbsch aus, um seinen Pflichtt zu verlangen, ist mit bes Sorgfalt zu prüfen, ob der Erbl ein Nachrücken der Abkömml des Ausschlagenden gewollt hat, da hierbei der Stamm des Ausschlagenden bevorzugt wird (Celle NdsRpfl **53**, 69; Düss NJW **56**, 1880); s § 2069 Rn 3; BGH **33**, 60; ferner Lübeck SchlHA **64**, 258, das annimmt, eine etwaige testamentar Einsetzg von ErsatzNE werde ggstandslos, wenn die NE unter Ausschlagg der NErbsch den Pflichtt verlangen (ebso grdsätzl Ffm OLGZ **71**, 208). Das AnwachsgsR der MitNE steht der Ersatzberufg nach (§ 2099), geht aber dem Anrecht des VE **(II)** vor (KGJ **31** A 125; LG Düss RhNK **61**, 125). Im Falle des § 2104 rücken bei Ausschlagg der zunächst Berufenen gem § 1953 die entfernteren gesetzl Erben nach, nur nicht der Staat (§ 2104 S 2).

b) Sonstige Fälle. Schlägt nur einer von mehreren NE aus, kommt es zur Anwachsg (BayObLG **62**, 239/ 4
246; Rn 3). – Fällt NE anderweit als dch Ausschlagg rückwirkd weg, etwa dch Tod vor Erbfall; Erbverzicht (§ 2352); ErbunwürdErkl (§ 2344); vorzeit Erbausgleich (EG 227 I Nr. 2; § 1934 e aF), gilt **II** nicht, so daß kein vermuteter Wille zugunsten des VE spricht. Vielm ist dch Auslegg zu ermitteln, wem Erbsch anfällt (s auch Coing NJW **75**, 521 ff).

2) Zur Annahme der Erbsch dch NE enthält § 2142 keine Regelg. Jedoch gilt auch insow § 1946 (allg 5
M; s MüKo/Grunsky Rn 6 mN). NE kann also schon mit dem Erbfall annehmen, ohne daß dadch aber bereits eine Haftg des NE begründet würde. Auch wg der Befugn zur Übertragg der Anwartsch (§ 2108 Rn 6) muß zum Schutz des Erwerbers die vorher Annahme mögl sein. Ob allerd in der Übertragg der Anwartsch auch Annahme zu sehen ist, hängt vom Einzelfall ab u ist nicht zwingd (s MüKo/Grunsky Rn 6 mN). Anfechtg der Annahme gilt als Ausschlagg (§ 1957 I), auch wenn sie vor NErbfall erklärt wird (BayObLG **62**, 239). – Annahme liegt aber nicht schon darin, daß NE zw Erbfall u NErbfall seine Rechte u Pflichten wahrnimmt (RG **80**, 383).

2143 *Wiederaufleben erloschener Rechtsverhältnisse.* **Tritt die Nacherbfolge ein, so gelten die infolge des Erbfalls durch Vereinigung von Recht und Verbindlichkeit oder von Recht und Belastung erloschenen Rechtsverhältnisse als nicht erloschen.**

1) Wiederaufleben der zu Lebzeiten des Erbl begründeten, aber mit dem Erbfall erloschenen RVerhältn 1
ist notwend, weil bei Eintritt der NErbfolge das Vermögen des VE geteilt wird in privates und in den Nachl (§ 2139). – Die RVerhältnisse gelten (anders bei § 2377) nicht nur zw VE und NE, sond auch ggü Dritten als fortbestehd, und zwar einschließl der Nebenrechte (wie Bürgsch, PfandR). Der VE schuldet also dem NE, was er dem Erbl schuldete, und er kann vom NE fordern, was ihm der Erbl schuldig war. – **Rückwirkung** tritt aber **nicht** ein. Das Wiederaufleben beginnt erst mit dem NErbfall. Die Verjährg war währd der Dauer des VErbenVerhältn nach § 202 I gehemmt. Auch wenn NErbsch nur für einen Bruchteil der Erbsch eintritt, leben die RVerhältnisse wieder in vollem Umfang auf (Staud/Behrends/Avenarius Rn 2). Vgl im übr §§ 1976, 1991, 2175. – Schon vor dem Eintritt der NErbfolge ist mit Rücks auf das künft Wiederaufleben von Fdgen eine FeststellgsKlage des VE gg den NE mögl (BGH **LM** § 2100 Nr 5).

2) Gegenstandslos ist § 2143, wenn bereits aus and Gründen (zB wg TVstrg; NachlVerwaltg; NachlIn- 2
solvVerf) der Nachl zum Sondervermögen (§ 1976) und damit von dem sonstigen Vermögen des VE getrennt worden ist (BGH **48**, 214; auch Soergel/Harder Rn 3).

2144 *Haftung des Nacherben.* **I Die Vorschriften über die Beschränkung der Haftung des Erben für die Nachlaßverbindlichkeiten gelten auch für den Nacherben; an die Stelle des Nachlasses tritt dasjenige, was der Nacherbe aus der Erbschaft erlangt, mit Einschluß der ihm gegen den Vorerben als solchen zustehenden Ansprüche.**

II Das von dem Vorerben errichtete Inventar kommt auch dem Nacherben zustatten.

III Der Nacherbe kann sich dem Vorerben gegenüber auf die Beschränkung seiner Haftung auch dann berufen, wenn er den übrigen Nachlaßgläubigern gegenüber unbeschränkt haftet.

1) Haftung. Für NachlVerbindlk haften VE und NE als wahre Erben des Erbl. Der VE wird mit dem 1
Eintritt der NErbfolge von der Haftg grdsl frei mit der Einschränkg des § 2145 (s dort Rn 1). Die Haftg des NE beginnt mit dem NErbfall. Sie bestimmt sich im allg nach den Grdsätzen der Erbenhaftg überh. RHandlgen des VE in dieser Hins (Aufgebot; Inventar; NachlVerwaltg und NachlInsolvVerf) kommen ohne weiteres auch dem NE zu statten, währd eine Säumnis od Pflichtwidrigk des VE dem NE in seiner Stellg zu den NachlGläub nicht schadet.

2) Der Nacherbe haftet für die Nachlaßverbindlichkeiten (§ 1967), auch soweit sie aus RGeschäften 2
entstanden sind, die der VE in ordngsmäßiger Verwaltg eingegangen ist (BGH **32**, 63 mAv Mattern **LM** § 1967 Nr 1), sowie für Vermächtn und Auflagen, soweit sie nicht dem VE persönl auferlegt sind. – Ordngsmäß Verwaltg liegt auch beim Wiederaufbau eines kriegszerstörten Hauses durch befreiten VE vor, selbst wenn die Erträgn keine hinreichde Verzinsg der Baukosten ergeben (BGH **LM** Nr 1 zu § 2136). Die Kosten für das Begräbnis des VE u den Dreißigsten (§§ 1968, 1969) haben die Erben des VE und nicht der NE als solcher zu tragen. – Im übr wird der NE Schuldner der NachlVerbindlichk in dem bei NErbfall bestehenden Umfange, auch soweit dieser durch Verschulden, bes Verzug (Zinsen, Vertragsstrafen) des VE erweitert ist, vorbehaltl des Rückgriffs nach §§ 2130, 2131; vgl auch ZPO 326.

3 **3) Haftungsbeschränkung.** Ob der NE beschränkb od unbeschränkt haftet, richtet sich nach den allg Vorschr (vgl Einf 2, 3 vor § 1967) u ist unabhängig davon, ob dem VE eine HaftgsBeschränkg zukam od nicht. Das vom VE erwirkte **Aufgebot** (§§ 1970 ff) wirkt ohne weiteres für den NE; in ein schwebendes Verfahren kann er eintreten und selbst ein solches beantragen (ZPO 998, 997). – Eine **Nachlaßverwaltung** dauert unter den Voraussetzgen des § 1981 II fort. Vom NE kann sie von neuem beantragt werden, von den Gläub binnen Zweijahresfrist seit Annahme der NErbsch. Dasselbe gilt beim NachlInsolvVerf (InsO 317; 319). Auch die Rechte aus §§ 1990–1992 stehen ihm zu (s RGRK Rn 5).

4 **4) Das Nachlaßinventar** des VE (§§ 1993 ff) kommt dem NE zustatten **(II).** Er braucht also kein neues zu errichten, wenn nicht InvUntreue vorlag (§ 2005 I). War das Inv des VE unvollständig, kann dem NE nach § 2005 II neue InvFrist bestimmt werden, währd § 1994 eingreift, wenn der VE nach § 2005 I die HaftgsBeschrkg verwirkt od überh kein Inv errichtet hatte. Es kommt nur dann „auch" dem NE zustatten, wenn es dem VE selbst nützte, also rechtzeitig u gem §§ 2002 ff, 2005, 2006 errichtet war (Staud/Behrends/Avenarius Rn 19). – Das vom NE errichtete Inv muß nach § 2001 die NachlGgstände u NachlVerbindlichk angeben, die zZ des Erbfalls (nicht des NErbfalls) vorhanden waren (hM; aA Staud/Behrends/Avenarius Rn 18; Meincke BewertgsR § 14 II 3 a). Über Verändergen seit dem Erbfall hat er nach §§ 1978, 1991 Auskunft zu geben. Dabei kann er das NachlVerzeichn (§ 2121) und den Rechenschaftsbericht des VE (§ 2130 II) heranziehen. – Der NE muß die **eidesstattliche Versicherung** abgeben, soweit der VE dies noch nicht getan. Doch auch wenn letzeres der Fall war, kann der NE dazu angehalten werden, wenn er von den NachlGgständen mehr weiß, als dem VE bekannt war (§ 2006 IV).

5 **5) Haftungsbestand (I** 2) ist nicht der ursprüngl, sond der nach §§ 2130, 2111 herauszugebende Nachl, weil der beschränkb haftende NE für eine vor seiner Zeit eingetretene Verminderg des Nachl (zB durch Zufall, Fruchtbezug des VE) nicht mit seinem Eigenvermögen einzustehen hat. Als „erlangt" gilt auch der HerausgabeAnspr des § 2130 selbst. Gegen den VE „als solchen" stehen dem NE die Ersatzansprüche der §§ 2130 bis 2134, 2138 II zu. Für diesen NachlBestand ist der NE den Gläub nach § 260 auskunftspflichtig.

6 **6) Auch dem unbeschränkbar haftenden Nacherben** (§ 2013 I) bleibt ggü den Ansprüchen des VE aus §§ 2124 II – 2126; 2121 IV; 2143 die Möglichk der HaftgsBeschrkg gewahrt **(III).** Jedoch hat der NE die HaftgsBeschränkg besonders geltend zu machen u Vorbehalt nach ZPO 780 zu erwirken.

2145 *Haftung des Vorerben.* **I Der Vorerbe haftet nach dem Eintritte der Nacherbfolge für die Nachlaßverbindlichkeiten noch insoweit, als der Nacherbe nicht haftet. Die Haftung bleibt auch für diejenigen Nachlaßverbindlichkeiten bestehen, welche im Verhältnisse zwischen dem Vorerben und dem Nacherben dem Vorerben zur Last fallen.**

II Der Vorerbe kann nach dem Eintritte der Nacherbfolge die Berichtigung der Nachlaßverbindlichkeiten, sofern nicht seine Haftung unbeschränkt ist, insoweit verweigern, als dasjenige nicht ausreicht, was ihm von der Erbschaft gebührt. Die Vorschriften der §§ 1990, 1991 finden entsprechende Anwendung.

1 **1) Weiterhaftung des Vorerben.** Da der VE aufhört, Erbe zu sein (§ 2139), wird er von der Haftg grdsl frei. Er kann wg NachlAnspr nicht mehr verklagt werden und selbst nach RKraft Einwendgen nach ZPO 767, 769 erheben. Haftet er jedoch **unbeschränkt,** wird er dch den NErbfall nicht befreit; denn **II** setzt die Fortdauer dieser Haftg als selbstverständl voraus (Soergel/Harder Rn 3). Auch sonst dauert seine Haftg in gewissem Umfang noch fort: – **a)** Für die ihm allein auferlegten **Vermächtnisse** u Auflagen. – **b)** Für **Eigenverbindlichkeiten** wie zB Haftg aus Verletzg der VerwaltgsPfl (§ 1978); ErsatzAnspr des NE (§§ 2131, 2134, 2138); vom VE selbst, wenn auch in Beziehg auf den Nachl gemachte Schulden (vgl § 1967 Rn 8 und RG JW **38**, 2822); s wg der Haftg des NE § 2144 Rn 2. – **c)** Für die Verbindlichk, die ihm **im Verhältnis zum Nacherben** zur Last fallen, also wirtschaftl nur ihn allein angehen: zB die aus der Zeit der VErbsch rückständ Zinsen von NachlSchulden; die rückständ gewöhnl Lasten u Erhaltungskosten (§ 2124). Hier haftet der VE den Gläub neben dem NE (s auch BGH FamRZ **73**, 187), ein Fall, in dem die Verbindlichk nicht dem Nachl zur Last fallen konnte. Der NE kann sich an den VE halten, wenn er in Anspr genommen wird. – **d)** Für sämtl anderen Verbindlichk, **soweit der Nacherbe nicht haftet** od die Gläub durch Zahlgsunfähigk des unbeschränkt haftden NE Ausfälle erleiden. Den Gläub darf durch die NErbfolge kein HaftgsGgstand entzogen werden, auch dann nicht, wenn der NE unbeschränkt haftet. Die Haftg des unbeschränkb haftden VE mindert sich nur um das, was vom NE beigetrieben wird.

2 **2) Haftungsbeschränkung.** Der VE kann die Berichtigg der ihm noch obliegden NachlVerbindlichk insow verweigern, als dasjenige nicht ausreicht, was ihm von der Erbsch gebührt. NachlVerwaltg u NachlInsolvVerf kommen für den VE (soweit er nicht seiners NachlGläub ist) nicht mehr in Betr. Denn das, womit er haftet, ist ja nicht der Nachl, sond es sind die Nutzgen (§ 2111), auch die nicht gezogenen nach Maßg der §§ 1991, 1978, 1979 u Verwendgen aus der Erbsch (§ 2134). Insoweit hat auch der befreite VE für die NachlVerbindlichk aus eigenem Vermögen aufzukommen (s RGRK Rn 13). – Weist er nach, daß er aus dem Nachl nichts mehr hat, ist die Klage abzuweisen. Er kann aber auch den Vorbehalt des ZPO 780 erwirken.

3 **3) Bei Fortführung eines Handelsgeschäfts** durch den VE und NE gelten die SonderVorschr in HGB 25, 27 (s dazu BGH **32**, 60; Mattern BWNotZ **60**, 166 u in Anm zu BGH **LM** § 1967 Nr 1).

2146 *Anzeigepflicht des Vorerben.* **I Der Vorerbe ist den Nachlaßgläubigern gegenüber verpflichtet, den Eintritt der Nacherbfolge unverzüglich dem Nachlaßgericht anzuzeigen. Die Anzeige des Vorerben wird durch die Anzeige des Nacherben ersetzt.**

II Das Nachlaßgericht hat die Einsicht der Anzeige jedem zu gestatten, der ein rechtliches Interesse glaubhaft macht.

Anzeigepflicht. Der wichtige, auch für Dritte bedeutungsvolle Vorgang des NErbfalls vollzieht sich nicht in der Öffentlichk und ist daher vom VE (od seinen Erben) dem NachlG (FGG 72, 73) anzuzeigen. Bei Verletzg der Pfl ist er NachlGläub schadensersatzpflichtig. – Das NachlG hat keine Mitteilgspflicht nach § 1953 III (vgl im übrigen § 1953 Rn 6). – Gebühr: KostO 112 I Nr 5. 1

Vierter Titel. Vermächtnis

Einführung

1) Als Vermächtnis wird sowohl die Vfg des Erbl als auch das ihr entspringende Recht des Bedachten u schließl der so zugewendete Ggstand bezeichnet. Erbrechtl ist es die dch Test (§ 1939) od ErbVertr (§ 1941) erfolgte Einzelzuwendg eines Vermögensvorteils vTw, die gerade keine Erbeinsetzg ist (zur Abgrenzg s § 2087). Vielm begründet sie nur einen schuldrechtl Anspr (§ 2174) des bedachten VermNehmers gg den Beschwerten, der Erbe od selbst VermNehmer sein muß (§ 2147). Für seine Erfüllg kann der Erbl auch dch Ernenng eines TV sorgen (§ 2203). Eine mehrdeut letztw Vfg ist auszulegen (s § 2084 Rn 1); zB kann die vermächtnisweise Zuwendg des „Barvermögens auf der Bank" auch das Wertpapierdepot umfassen (BGH WM **75**, 1259). – Ein **dingliches** Verm (Vindikationslegat) kennt das BGB nicht; es würde den Grdsätzen der Gesamtnachfolge, der Übergabe bewegl u der Umschreibg unbewegl Sachen widersprechen, die Abwicklg des Nachl erschweren u Erben sowie Gläub benachteiligen. Auch ein nach ausländ ErbR als Erbstatut bestehdes Vindikationslegat begründet im Inland nur schuldrechtl Anspr (BGH NJW **95**, 58 mAv Birk ZEV **95**, 283; EG 25 Rn 11). – Im **Erbschein** wird das Verm nicht aufgeführt, es sei denn, daß es sich um das VorausVerm eines alleinigen VorE handelt, weil dieses nicht der Beschränkg dch die NErbfolge unterliegt (s § 2150 Rn 6; § 2363 Rn 6). 1 2

a) Abgrenzung. Eine Auflage (§ 1940) unterscheidet sich vom Verm dadch, daß sie keine Zwendg ist u dem Begünstigten keinen Anspr auf deren Ausführg verschafft (s §§ 2192; 2194). – Der **Vertrag von Todes wegen** (bes Lebensversicherg) ist Gesch unter Lebenden. Die Schenkg vTw wird, wenn vom Erbl vollzogen, als Schenkg unter Lebenden, sonst als Verm behandelt (vgl auch § 2301). – Kein Verm ist die in einem HofübergabeVertr enthaltene Verpflichtg des Übernehmers, einem weichden Erben, der am Vertr nicht mitwirkt, eine Abfindg zu gewähren (Celle RdL **79**, 76). 3

b) Rechtsgrundlage ist nach der Legaldefinition des § 1939 stets eine Vfg vTw, also Test (auch wechselbezügl gemeinsch, § 2270 III) od ErbVertr (§§ 1941; 2278; 2299). „Gesetzl" Vermächtn gibt es begriffl nicht (Harder NJW **88**, 2716), obwohl vereinfachend von solchen dann gesprochen wird, wenn das G die ausdrückl od entspr Anwendg von VermR anordnet: beim Voraus (§ 1932), Dreißigsten (§ 1969) od dem Anspr der Abkömml auf Ausbildgsbeihilfe bei Beendigg der ZugewinnGemsch durch Tod (§ 1371 IV; str; vgl § 1371 Rn 7); ferner dem Recht auf bestimmte Sachen nach EG 139. Erst recht ist der Pflichtt kein ges Verm; auch nicht der in Erbfällen bis 1. 4. 98 mögl ErbersatzAnspr (§ 1934 a aF; EG 227 I Nr 1), nur weil er statt einer dingl NachlBeteiligg ledigl einen Anspr gg den Erben begründete (aA Coing NJW **88**, 175), tatsächl aber der wertmäßige Ausgleich für ein vom G vorenthaltenes Recht war u damit eine besond Ausgestaltg des ges ErbRs. 4

c) Besondere Arten des Vermächtn sind: VorausVerm (§ 2150); AlternativVerm (§§ 2151, 2152); WahlVerm (§ 2154); GattgsVerm (§ 2155); ZweckVerm (§ 2156); gemschaftl Verm (§ 2157); VerschaffgsVerm (§ 2170); FordergsVerm (§ 2173); UnterVerm (§ 2186); ErsatzVerm (§ 2190); NachVerm (§ 2191); RückVerm (§ 2177 Rn 7). – Zum GrdstVerm im HöfeR s § 2174 Rn 3. 5

2) Gegenstand eines Vermächtn vermag alles zu sein, was auch Ggst einer Leistg aus einem SchuldVerhältn sein kann, sofern nur ein **Vermögensvorteil** zugewendet wird. Dieser braucht aber nicht von Dauer zu sein u keine Vermögensmehrg (Bereicherg) zu enthalten. Es genügt auch ein mittelb Vermögensvorteil (vgl auch § 1939 Rn 3). – **Beispiele:** Ein Geben od Verschaffen. – Die Übereigng von Sachen. – Einräumg eines **Nießbrauchs** als lebenslängl NutzgsR (KG NJW **64**, 1808; LG Mü I BayNotV **63**, 337) od an Aktien (BGH WM **68**, 696; **77**, 689) od Grdst (BGH WM **77**, 416; BayObLG Rpfleger 81, 64); ein lebenslängl WohnR (LG Mannh MDR **67**, 1012; auch BGH WM **70**, 1520). – Ein **GmbH**-Anteil (Haegele BWNotZ **76**, 53/57) od ein **Kommanditanteil** (Hamm OLGZ **93**, 286, auch zu Eintragg im HandelsReg). – Ein ÜbernahmeR an einem NachlGgst (§ 2048 Rn 8; BGH **36**, 115; Karlsr Just **62**, 152). – **Zahlung** einer Geldsumme (BGH WM **70**, 480), auch in Form eines dem Erbteil bei ges Erbfolge entsprechenden Barbetrags (**Quotenvermächtnis;** BGH NJW **60**, 1759; FamRZ **74**, 652; DNotZ **78**, 487 zur Berechng des Verm, wenn Unternehmen zum Nachl gehört; LG Köln FamRZ **75**, 289); GeldVerm in Währgseinheiten nach Preis einer Ware (BGH WM **71**, 1151). – Eine **Rente** (s BGH **LM** Nr 1 DevG) od ein Altenteil (Oldbg RdL **68**, 236 zur Umwandlg der Naturalleistg in GeldBetr). – Ein Gewinnanteil (BGH NJW **83**, 937), auch nach Maßg des vom Finanzamt festgestellten Steuergewinns (BGH WM **69**, 337). – Die **Abtretung** von Fdgen. – Die Befreiung von Verbindlichk (**Erlaßvermächtnis;** BGH FamRZ **64**, 140) sowie überh jede Hdlg od Unterlassg des Beschwerten, auf die eine RechtsPfl begründet werden kann wie zB Aufnahme des Bedachten in eine Gesellsch (OLG **44**, 196). – Leistg persönl **Dienste** wie ärztl Behandlg, Pflege usw. – Die Einräumg eines **Ankaufsrechts** (RFH **12**, 278). – Verm von WiedergutmachgsLeistgen aGrd ergänzder TestAuslegg (BGH WM **71**, 533). – Verm der Erbsch im ganzen od eines Bruchteils ist als Erbeinsetzg anzusehen (§ 2087). Jedoch ist uU „Universalvermächtnis" eines **Unternehmens** mögl, auch wenn dieses im wesentl die Gesamth des Vermögens des Erbl ausmacht (Verdrängg des § 2087 II, s Dobroschke DB **67**, 803; Klunzinger BB **70**, 1199). – Wg eines HausratsVerm vgl Reichel AcP **138**, 194ff; § 2164 Rn 1. – Auch das **Urheberrecht** kann Ggst eines Verm sein (UrhG 29; Fromm NJW **66**, 1247). 6

3) Der Vermächtnisnehmer, der zugl auch Erbe sein kann (§ 2150), wird schon mit dem Erbfall berufen. Da er jedoch als solcher nicht zu den Erben gehört, braucht der Anfall des Verm nicht unbedingt mit dem Erbfall zusammentreffen (§§ 2176ff). Er kann eine natürl od jur Pers sein od auch Gemsch zur ges Hand 7

(MüKo/Schlichting v § 2147 Rn 6; bestr) u braucht beim Erbfall noch nicht zu existieren. Jedoch muß der Bedachte in diesem Zeitpkt noch leben (§ 2160). – Der Anfall erfolgt ohne Annahme, aber mit der Möglichk der Ausschlagg, für die ebso wie bei § 333 eine bestimmte Frist nicht vorgeschrieben ist (§ 2180). – Da die schuldrechtl VermVerpflichtg (§ 2174) eine NachlVerbindlichk (§ 1967) begründet, ist der VermNehmer NachlGläub, hat jedoch in manchen Beziehgen hinter anderen Gläub zurückzustehen (vgl §§ 1992–1994; 1980; 1991–1992; 2318; InsO 322, 327, 328; AnfG 5). – Dagg ist die Höhe des Verm nicht beschränkt. Dieses kann also möglicherw den ganzen Nachl aufzehren und dem Erben nichts mehr übrig lassen.

2147 ***Beschwerter.*** **Mit einem Vermächtnisse kann der Erbe oder ein Vermächtnisnehmer beschwert werden. Soweit nicht der Erblasser ein anderes bestimmt hat, ist der Erbe beschwert.**

1 **1) Beschwerter.** Mit einem Vermächtn kann nur beschwert werden, wer vom Erbl etwas unmittelb u aus eigenem Recht zugewendet erhält. Hat Erbl nichts anderes bestimmt, ist nach der Ausleggsregel des **S 2** der Erbe (die MitE) beschwert. Die anderweit Bestimmg braucht nicht ausdrückl getroffen zu sein, sond kann sich auch aus den Umständ ergeben. – **a) Erbe.** Beschwert werden kann sowohl der ges wie der test, auch der vertragsmäß (s aber § 2289 I 2). Auch der ErsatzE, jedoch erst ab Anfall. Der aufschiebd bedingt eingesetzte Erbe, wobei dann Verm nur bei Eintritt der Bedingg wirks ist. – Der VorE; der NachE, jedoch nicht mit Leistgen, die er vor Eintritt des NErbfalls erbringen soll (BayObLG **66**, 271; s auch § 2144 Rn 2), andernf eine bedingte NErbeneinsetzg vorliegt (RGRK/Johannsen Rn 6). Ist nicht bestimmt, ob VorE od NachE beschwert sein soll, ist die Erbsch als solche belastet; leistet VorE, ist er zum Abzug nach § 2126 berecht (MüKo/Schlichting Rn 2). – Der Erbe des Beschwerten hat an dessen Stelle ein Verm zu erfüllen, das bis zum Tod des Beschwerten aufschiebd bedingt od befristet (§ 2177) od erst bei seinem Tod fällig (§ 2181) war. –
2 **b) Vermächtnisnehmer** kann ebenf beschwert werden, u zwar jeder (dazu Einf 7). Dies erfolgt dch sog UnterVerm (§§ 2186 ff). Mögl ist dies auch bei den sog ges Verm (Einf 4). – In Erbfällen vor dem 1. 4. 98
3 auch der ErbersatzBerecht (hM). – **c)** Der vom Erbl auf den Todesfall **Beschenkte** kann mit Verm beschwert werden, wenn er den Erbl überlebt u nicht § 2289 I 2 entggsteht. – Nach der HöfeO (17 II) kann auch der Begünstigte eines HofübergabeVertr mit Verm beschwert werden (BGH **37**, 192; NJW-RR **86**, 164).

4 **2) Nicht beschweren** kann der Erbl Personen, die am Nachl nur aGrd PflichttR beteiligt sind. Ferner nicht Dritte, selbst wenn sie vom Erbl dch RGesch unt Lebenden eine unentgeltl Zuwendg erhalten haben (BGH NJW-RR **86**, 164) od dch Vertr zG Dr (§§ 331, 332) mit dem Tod des Erbl das Recht auf eine Leistg erwerben (str; aA Soergel/Wolf Rn 15). Auch nicht sonstige Personen, die aus dem Erbfall Vorteile ziehen, ohne aber etwas vom Erbl zugewandt erhalten zu haben, wie der **Erbeserbe** (der aber uU das dem Erben auferlegte Verm erfüllen muß, § 2181; s Olshausen DNotZ **79**, 707/717); der Ehegatte od ein Verwandter des Bedachten; der Auflagenbegünstigte (einschränkd insow Soergel/Wolf Rn 12). Ferner nicht den TV.

2148 ***Mehrere Beschwerte.*** **Sind mehrere Erben oder mehrere Vermächtnisnehmer mit demselben Vermächtnisse beschwert, so sind im Zweifel die Erben nach dem Verhältnisse der Erbteile, die Vermächtnisnehmer nach dem Verhältnisse des Wertes der Vermächtnisse beschwert.**

1 **1) Nur das Innenverhältnis** betrifft die Ausleggsregel des § 2148 (hM; s MüKo/Schlichting Rn 2 mN). Sind nicht alle MitE (VermNehmer) belastet, richtet sich die Beschwerg der MitE iZw nicht nach Köpfen, sond nach dem Verhältn ihrer jeweil Beteiligg am Nachl, wenn sich kein and Wille des Erbl feststellen läßt. Nach außen haften die MitE gem §§ 2058; 420 ff als GesamtSchu. Der Erbl kann allerd bestimmen, daß zB ein MitE Verm allein zu tragen hat; od die Haftg od die interne Verteilg anderweit regeln. – § 2148 ist entspr anzuwenden, wenn Erben u VermNehmer gemeins beschwert sind (Staud/Otte Rn 5; Soe/Wolf Rn 3; hM).
2 – Bei **alternativer** Beschwerg, also wenn Erbl bestimmte, daß entw A od B Verm zu erfüllen hat, sind beide als GesamtSchu zur Erfüllg verpflichtet. Der interne Ausgleich kann dann gem § 2148 erfolgen (RGRK/Johannsen Rn 6). Für mehrere alternativ Bedachte gelten dagg §§ 2073; 2151; 2152. – Eine **Ausnahme** von § 2148 enthält § 2320.

3 **2) Der Ausgleich** zw MitE erfolgt nach § 2148 im Verhältn ihrer Erbteile. VorausVerm bleibt außer Betr, ebso das nur einen MitE beschwerende Verm, sofern Erbl nichts and bestimmt hat. – Zw VermNehmern ist Verhältn des Wertes ihrer Verm zZ des Erbfalls maßgebl. Treffen VermNehmer u Erben zusammen, wird einheitl auf den jeweil Wert der Zuwendg abzustellen sein (RGRK/Johannsen Rn 2).

2149 ***Vermächtnis an den gesetzlichen Erben.*** **Hat der Erblasser bestimmt, daß dem eingesetzten Erben ein Erbschaftsgegenstand nicht zufallen soll, so gilt der Gegenstand als den gesetzlichen Erben vermacht. Der Fiskus gehört nicht zu den gesetzlichen Erben im Sinne dieser Vorschrift.**

1 **1) Eine Ergänzung** des ErblWillens erfolgt dch § 2149, wenn dieser nur negativ bestimmt hat, daß die test Erben einen NachlGgstand nicht erhalten sollen, ohne aber festzulegen, wem dieser zufallen soll. Er gilt dann den ges Erben als vermacht, u zwar nach Maßg ihrer Erbteile; dies ist ähnl wie in § 2088 bei nicht erschöpfender Erbeinsetzg. Bedacht sind die beim Erbfall vorhandenen ges Erben (§ 2066 S 1), zu denen Fiskus hier nie gehört (S 2; ebso § 2104 S 2). Sind solche nicht vorhanden, verbleibt dem eingesetzten Erben der ihm vorenthaltene Ggstand doch. – Unter § 2149 kann auch fallen, daß Ggstand den eingesetzten Erben erst ab bestimmtem Termin od bei Eintritt einer Bedingg nicht mehr zustehen soll. Dann gilt für Bestimmg der ges Erben der spätere Zeitpkt (§ 2066 S 2).

2) Keine Anwendung findet § 2149, wenn eine positive Zuwendg unwirks ist. Wollte Erbl es bei ges Erbfolge belassen, hat er aber den ges Erben Ggstand entzogen, ist dies unwirks, wenn sich dch Auslegg nicht feststellen läßt, wer Bedachter sein soll (MüKo/Schlichting Rn 2). – Hat Erbl sich ledigl **vorbehalten,** üb bestimmte Ggstände noch zu verfügen, gilt § 2086 (Staud/Otte Rn 3). – Beschränkt sich Anordng des Erbl auf das **Verbot,** daß die Erben üb NachlGgstände nicht unter Lebden od vTw verfügen dürfen, wirkt sich dieses rechtl nur aus, wenn es als NachVerm (§§ 2191, 2338), Auflage (§ 2192) od auflösd bedingte Zuwendg (§ 2192 Rn 6) anzusehen ist, also nicht nur ein unverbindl Wunsch vorliegt (Soergel/Wolf Rn 2). 2

2150 *Vorausvermächtnis.* **Das einem Erben zugewendete Vermächtnis (Vorausvermächtnis) gilt als Vermächtnis auch insoweit, als der Erbe selbst beschwert ist.**

1) Begriff. Ein VorausVerm liegt vor, wenn dem VermNehmer zusätzl zu seinem Erbteil ein Vermögensvorteil zugewendet wird, den er sich (im Ggsatz zur Teilgsanordng, § 2048) nicht auf seinen Erbteil anrechnen lassen muß. Es setzt also voraus, daß dem Allein- od MitE neben seiner Erbeinsetzg noch ein bestimmter NachlGgstand (od mehrere) besond zugewendet wird. Wird der VermNehmer nicht Erbe, bleibt das Verm trotzdem wirks (Rn 2). – Sind einzelne MitE zG eines anderen MitE mit einem Verm beschwert, liegt ein gewöhnl Verm vor, bei dem der Bedachte ledigl die Stellg eines VermNehmers einnimmt (vgl auch § 2063 II). – Üb das Verhältn zw VorausVerm u Teilgsanordng, insb Zuwendg eines Übernahmerechts, s § 2048 Rn 5; Loritz NJW **88**, 2697. – Bei VorausVerm eines Grdst in der DDR, das dch NachlSpaltg einen selbständ Nachl bildet (§ 1922 Rn 8), liegt Alleinerbeinsetzg vor (KG FamRZ **98**, 124). 1

2) Wirkung. Das VorausVerm belastet den ganzen Nachl u kann gg die ErbenGemsch durchgesetzt werden (s Rn 4). Der Bedachte ist selbst auch od sogar allein der Beschwerte (als AlleinE od alleiniger VorE, BGH NJW **60**, 959). Er hat also eine Doppelstellg. Als VermNehmer ist ihm das Zugewendete ungekürzt u ohne Anrechng auf den Erbteil zu gewähren, sofern nicht andere NachlGläub bessere Rechte haben. Als Erbe ist er selbst beschwert; da allerd niemand sein eigener Schu sein kann, „gilt" das VorausVerm insow als Verm, dh es soll wie ein solches behandelt werden (s Staud/Otte Rn 1; 8 aE). – Dch seine rechtl Selbständgk ist das VorausVerm von der Erbenstellg unabhäng (Köln FamRZ **98**, 197). Der Vorausbedachte kann also die Erbsch ausschlagen u das Verm annehmen wie auch umgekehrt. Bei Ausschlagg der Erbsch hat er ggf Pflichtt-Restanspruch (§ 2307 I 2). – Eine Bedingg od Unwirksamk der Erbeinsetzg gilt nicht ohne weiteres auch für das VorausVerm (§ 2085). – Hat der Erbl mit dem VorausVerm **nur die anderen Miterben,** nicht aber auch den Vorausbedachten beschwert, gelten die allgem Grdsätze (s §§ 2046 II, 2063 II), so daß § 2150 dann ohne bes Bedeutg ist. 2

3) Nachlaßminderung. Das VorausVerm bildet einen Abzugsposten von der zu verteilenden NachlMasse. Der dch die Zuwendg ggü den and MitE begünstigte MitE (KG OLGZ **77**, 457) erhält zwar das Verm ungekürzt. Dadch mindert sich jedoch zugleich der zu verteilende Nachl. Da er zugleich selbst mitbeschwert ist, wenn Erbl dies nicht anders bestimmt hat (§ 2147 S 2), trifft ihn dies in gleicher Weise wie die übr MitE, näml nach dem Verhältn der Erbteile. Alle MitE haben zur vollen VermErfüllg verhältnismäß beizutragen, also nicht bloß zu dem ihrem jew Erbteil entsprechden Anteil, sond auch zu dem auf den Erbteil des Vorausbedachten entfallenden Anteil. Beispl: Wurde einem MitE zu 1/3 ein VorausVerm von 6000 DM zugewendet u hat Nachl einen Wert von 30 000 DM, erhält er vorab das Verm von 6000, seinen Erbteil von 1/3 dann aber nur noch aus dem dadch auf 24 000 verringerten Nachl, so daß er insges 14 000 zu erhalten hat. 3

4) Durchsetzung. Der Vorausbedachte kann Erfüllg bereits aus dem ungeteilten Nachl mit der Gesamthandsklage (§ 2059 II) verlangen (RG **93**, 196; KG OLGZ **77**, 457; vgl § 2046 Rn 5; Johannsen WM **72**, 870). Im Verhältn zu NachlGläub, die nicht VermNehmer sind, gilt der Vorausbedachte als VermNehmer (vgl §§ 1973, 1974; 1979; 1991, 1992). Ebso im NachlInsolvVerf (InsO 327) u hinsichtl der Anfechtg (InsO 322; AnfG 5). – Wegen des NachE vgl § 2110 II; des Erbscheins § 2110 Rn 2. – **a) Mehrere vorausbedachte** 4
Miterben sind iZw zu gleichen Teilen berecht (§§ 2091, 2157), aber nach Verhältn ihrer Erbteile beschwert (§ 2148; RGRK Rn 6; auch Staud/Otte Rn 5). – **b) Für den Alleinerben** kann das VorausVerm auch von Wert sein (vgl §§ 2085, 2110 II, 2373), auch im GBuchverkehr (OLG **30**, 202) sowie ggü einem TV (§§ 2203, 2213) od NachlVerwalter (§§ 1975 ff). – Der **alleinige Vorerbe** erwirbt den ihm durch Voraus-Verm zugewendeten Ggstand ohne weiteres mit dem Vorerbfall (BGH **32**, 60 mAv Mattern **LM** § 1967 Nr 1; s auch Johannsen WM **72**, 871). 5 6

2151 *Mehrere Bedachte; Bestimmungsrecht des Beschwerten.* **I Der Erblasser kann mehrere mit einem Vermächtnis in der Weise bedenken, daß der Beschwerte oder ein Dritter zu bestimmen hat, wer von den mehreren das Vermächtnis erhalten soll.**

II Die Bestimmung des Beschwerten erfolgt durch Erklärung gegenüber demjenigen, welcher das Vermächtnis erhalten soll; die Bestimmung des Dritten erfolgt durch Erklärung gegenüber dem Beschwerten.

III Kann der Beschwerte oder der Dritte die Bestimmung nicht treffen, so sind die Bedachten Gesamtgläubiger. Das gleiche gilt, wenn das Nachlaßgericht dem Beschwerten oder dem Dritten auf Antrag eines der Beteiligten eine Frist zur Abgabe der Erklärung bestimmt hat und die Frist verstrichen ist, sofern nicht vorher die Erklärung erfolgt. Der Bedachte, der das Vermächtnis erhält, ist im Zweifel nicht zur Teilung verpflichtet.

1) Bestimmbarkeit. Als Ausnahme vom Grds der der höchstpersönl Bestimmg (§ 2065 II) genügt es nach § 2151 für das Vermächtn, daß der Erbl nur den Personenkreis der VermNehmer allg bestimmt, die endgült Auswahl daraus aber einem anderen überläßt. Dies gilt allerd nicht auch für den vermachten Ggstand, der bestimmt sein muß (andernf gelten §§ 2154–2156). Die Auswahl des Bedachten kann Erbl aber nicht völlig 1 in das Belieben eines Dritten stellen, sond muß den Personenkreis, aus dem er kommen soll, hinreichd genau bestimmen (RG **96**, 15; Düss JW **25**, 2147). Zu diesem Kreis können auch der Erbe od der Beschwerte u sogar der Bestimmgsberecht gehören, wenn dies ErblWillen entspricht (MüKo/Schlichting Rn 3). Die Zahl der in Betr kommenden Personen darf nicht zu weit ausgedehnt werden (Haegele BWNotZ **72**, 74); die Bedachten müssen ggf nach **III** als GesamtGläub nebeneinander vorstellb sein. Ausreichd ist zB Mitglieder eines bestimmten Vereins; einer Studentenverbindg. Bei fehlender Bestimmbark liegt Auflage (§ 2193) vor, zB bei Verteilg des NachlRestes „zu wohltätigen Zwecken". – Die AusnVorschr erweist sich besond für Unternehmensnachfolge praktisch (s dazu Sudhoff DB **66**, 650; 1720; Dobroschke DB **67**, 803; Klunzinger BB **70**, 1199; Haegele aaO; Rpfleger **73**, 204).

2 **2) Die Bestimmung (II)** geschieht dch formlose, unwiderrufl Erkl; unterbleibt sie, liegt gleichwohl wirks Vermächtn vor (**III**). Berecht ist der Beschwerte (§§ 2147; 2148) od ein Dritter, zB TV; der überlebde Eheg. Das BestimmgsR ist nicht übertragb u erlischt dch Wegfall des Dritten, wenn Erbl dafür keine Anordng getroffen hat (Staud/Otte Rn 4). Bei Willensmängeln ist die Erkl anfechtb; Irrtum üb die Eigng der ausgewählten Person ist jedoch unbeachtl Motivirrtum (Klunzinger aaO). Str ist, ob die getroffene Bestimmg üb die WirksamkErfordern hinaus auch sachl dch Gericht überprüft werden kann (s MüKo/Schlichting Rn 12 mN). Zumindest Beachtg des ErblWillens ist überprüfb; dagg muß Bestimmg nicht der Billigk entspr (aA noch 57. Aufl). Ist einem in ZugewinnGemsch lebenden, nicht erbenden Eheg ein Verm nach § 2151
3 zugewendet, so ist ggf § 1371 II zu beachten. – **Unterbleibt** die Bestimmg, sind die Bedachten GesamtGläub (**III** 1; § 428). Auf Vornahme kann nicht geklagt werden. Auf Antr kann jedes NachlG (Rpfleger, RPflG 3 Nr 2 c) dem BestimmgsBerecht **Frist** setzen (**III** 2) unabhäng von einem Streit üb Wirksamk des Test (Stgt FGPrax **96**, 115). Nach fruchtlosem Verstreichen tritt die Wirkg des **III** 1 ein. – **III** 3 ist eine Ausn von § 430.

2152 *Wahlweise Bedachte.* **Hat der Erblasser mehrere mit einem Vermächtnis in der Weise bedacht, daß nur der eine oder der andere das Vermächtnis erhalten soll, so ist anzunehmen, daß der Beschwerte bestimmen soll, wer von ihnen das Vermächtnis erhält.**

1 **Der Beschwerte** soll iZw das BestimmgsR nach § 2151 haben, selbst wenn mehr als zwei Personen bedacht sind. Mehrere Beschwerte können das BestimmgsR nur übereinstimmd ausüben (§ 317 II; Staud/Otte § 2151 Rn 4). Unterläßt der Beschwerte die Bestimmg, gilt § 2151 III.

2153 *Bestimmung der Anteile.* **I Der Erblasser kann mehrere mit einem Vermächtnis in der Weise bedenken, daß der Beschwerte oder ein Dritter zu bestimmen hat, was jeder von dem vermachten Gegenstand erhalten soll. Die Bestimmung erfolgt nach § 2151 Abs. 2.**

II Kann der Beschwerte oder der Dritte die Bestimmung nicht treffen, so sind die Bedachten zu gleichen Teilen berechtigt. Die Vorschrift des § 2151 Abs. 3 Satz 2 findet entsprechende Anwendung.

1 **Anteilsbestimmung.** Als weitere Ausn von § 2065 II kann der Erbl die Verteilg des VermGgstands (Übbl 2 § 90) unter mehreren Bedachten einem anderen überlassen, der auch einer der Bedachten sein kann (§ 2151 Rn 1). Ist der Ggstand nicht real teilb, sind für die einzelnen Bedachten ideelle Bruchteile zu bestimmen. Die Größe der jew Anteile od die Befugn zu ungleicher Teilg muß den Umständ des Einzelfalls entnommen werden (RGRK/Johannsen Rn 2). Unterbleibt sie, erfolgt gleiche Verteilg (**II** iVm § 2151 III 2). – Die Erkl (§ 2151 II) erfordert keine Form u muß nicht gleichzeit ggü allen Bedachten abgegeben werden. Bestimmg ist aber erst erfolgt, wenn alle erforderl VerteilgsErkl abgegeben sind. – Die vollzogene Verteilg ist für den Bestimmenden unwiderrufl und für die Bedachten (außer bei Arglist) unanfechtb. – Die Möglichk der §§ 2151 und 2153 können miteinander verbunden werden (RG **96**, 17), zB TV soll unter die Freunde des Erbl etwas nach seinem Ermessen verteilen.

2154 *Wahlvermächtnis.* **I Der Erblasser kann ein Vermächtnis in der Art anordnen, daß der Bedachte von mehreren Gegenständen nur den einen oder den anderen erhalten soll. Ist in einem solchen Falle die Wahl einem Dritten übertragen, so erfolgt sie durch Erklärung gegenüber dem Beschwerten.**

II Kann der Dritte die Wahl nicht treffen, so geht das Wahlrecht auf den Beschwerten über. Die Vorschrift des § 2151 Abs. 3 Satz 2 findet entsprechende Anwendung.

1 **Das Wahlvermächtnis** („eines meiner Bilder") begründet eine Wahlschuld iS der §§ 262–265. Im Zw ist also in erster Linie der Beschwerte wahlberechtigt (§ 262). Ist es nach der Bestimmg des Erbl der Bedachte, kann er bei einer vom Beschwerten verschuldeten Unmöglk der Leistg auch SchadErsatz verlangen (§ 265 S 2; § 280). Unter mehreren Wahlberecht muß Übereinstimmg herrschen (vgl §§ 317 II; 747; 2040 I; 2224). Im übr sind aber §§ 317 ff bei Wahl dch einen Dritten nicht anwendb. – Der Beschwerte ist nach §§ 242, 809 zum Vorzeigen der zur Wahl stehden Ggstände verpflichtet (Staud/Otte Rn 8). – Verfügt der Erbl, daß der vermachte Ggstand durch Los od ein sonstiges Ereign bestimmt werden soll, liegt bedingtes Verm vor. – Über den Unterschied zw Wahlschuld u begrenzter Gattgsschuld vgl Reichel AcP **138**, 200.

2155 *Gattungsvermächtnis.* **I Hat der Erblasser die vermachte Sache nur der Gattung nach bestimmt, so ist eine den Verhältnissen des Bedachten entsprechende Sache zu leisten.**

II Ist die Bestimmung der Sache dem Bedachten oder einem Dritten übertragen, so finden die nach § 2154 für die Wahl des Dritten geltenden Vorschriften Anwendung.

III Entspricht die von dem Bedachten oder dem Dritten getroffene Bestimmung den Verhältnissen des Bedachten offenbar nicht, so hat der Beschwerte so zu leisten, wie wenn der Erblasser über die Bestimmung der Sache keine Anordnung getroffen hätte.

1) Das Gattungsvermächtnis betrifft einen relativ unbestimmten VermächtnGgstand, der erst dch die Leistg konkretisiert wird (§ 243). Es kann nur auf körperl „Sache" gerichtet sein (str; aA MüKo/Schlichting Rn 2: zu eng), aber sowohl auf vertretb („100 Flaschen Rotwein") wie unvertretb („ein Bild von Liebermann"). Ob auch Vermächtn einer Geldsumme hierher gehört, ist str, aber zu verneinen (aA MüKo/Schlichting Rn 2 mN). – Befinden sich Sachen dieser Gattg nicht im Nachl, ist Vermächtn trotzdem wirks, da § 2169 nur StückVerm betrifft. Allerd kann Erbl die Gattgsschuld auch auf Nachl beschränken (beschränktes GattgsVerm). – Hat der Erbl noch zu seinen Lebzeiten dem Bedachten eine seinem Vermächtn entsprechende Zuwendg gemacht, hängt es vom Einzelfall ab, ob dann sein Vermächtn unter die stillschw Bedingg gestellt war, daß der Bedachte nicht noch vom Erbl selbst befriedigt wird (Hamm MDR **95**, 1236; s eingehd Kuchinke JZ **83**, 483). – Vermächtn eines **Sachinbegriffs** (§ 92 II) mit wechselndem Bestand (zB Hausrat) bezieht sich iZw auf die im Zeitpkt des Erbfalls dazugehörenden Sachen. 1

2) Bestimmung der Sache. Nur die Merkmale der Gattg werden vom Erbl bestimmt. Der Bedachte kann dann eine seinen persönl Verhältn entsprechende Sache dieser Gattg fordern (**I**), nicht eine von mittlerer Art u Güte (**I** modifiziert § 243 I). Deren konkrete Bestimmg kann dem Beschwerten, dem Bedachten od Drittem obliegen (**II**). – Bestimmt der **Beschwerte** die Sache u wird er dabei **I** nicht gerecht, braucht der Bedachte die Leistg nicht annehmen. Erhebt er Klage, muß er im Antrag die maßgebl Auswahlkriterien aufstellen, da Gericht die Sache nicht an Stelle des Berecht bestimmen kann. Vollstreckg erfolgt nach ZPO 884, soweit die Sachen im Nachl vorhanden sind; andernf kann Ersatz nach ZPO 893 verlangt werden. – Kann **Bedachter** od **Dritter** bestimmen, findet für dessen Wahl § 2154 Anwendg (**II**), so daß Bestimmg ggü dem Beschwerten zu erklären ist (§ 2154 I 2). Auf diesen geht WahlR über, wenn von dem anderen die Wahl nicht getroffen werden kann (§ 2154 II, der dann seinerseits noch § 2151 III 2 für entspr anwendb erkl). Entspricht die getroffene Bestimmg offenb nicht den Verhältn des Bedachten, ist so zu leisten, wie wenn Erbl üb die Bestimmg der Sache keine Anordng getroffen hätte (**III**). Offenb Fehlgriff, der Bestimmg unwirks macht u BestimmgsR auf Beschwerten übergehen läßt, liegt vor allem vor, wenn der Bedachte seine Befugn mißbrauchte; od der Dritte grobem Irrtum üb die Verhältn des Bedachten unterlag (MüKo/Schlichting Rn 8). – Bei Mängel der Sache ist Beschwerter zur Gewährleistg gem §§ 2182; 2183 verpflichtet. 2

2156 *Zweckvermächtnis.* **Der Erblasser kann bei der Anordnung eines Vermächtnisses, dessen Zweck er bestimmt hat, die Bestimmung der Leistung dem billigen Ermessen des Beschwerten oder eines Dritten überlassen. Auf ein solches Vermächtnis finden die Vorschriften der §§ 315 bis 319 entsprechende Anwendung.**

Den Vermächtniszweck muß der Erbl in dem von ihm ausgesetzten Vermächtn selbst und so genau bestimmen, daß der Beschwerte od ein Dritter für die Ausübg seines billigen Ermessens genügend Anhaltspkte hat. Eine allg Floskel genügt nicht (BayObLG NJW-RR **99**, 946). Hat er den Zweck bestimmt, zB für Studium; Reise (dazu auch Schäfer BWNotZ **62**, 207); Ersatz für entgangenen Erbteil (BGH NJW **83**, 277); Verschaffg der Stellg eines Gesellschafters (BGH NJW **84**, 2570), kann er dem Beschwerten (Dritten) nur Bestimmg des Ggstands, der Bedinggen der Leistg u deren Zeit überlassen. Dagg nicht die Person des Empfängers (§ 2065), soweit nicht zugleich ein Fall der §§ 2151, 2152 vorliegt (anders bei der Auflage, § 2193). – Dem **Bedachten** selbst kann Erbl Bestimmg der Leistg nicht überlassen (BGH NJW **91**, 1885 mit krit Anm Kanzleiter DNotZ **92**, 511; str). Auch dem freien Belieben eines Dritten kann BestimmungsR nicht überlassen bleiben (BGH NJW **84**, 2570). S aber auch die Fälle der §§ 2154, 2155. – Bei Wegfall des Dritten entscheidet die Billigk schlechthin. Nachprüfg der Verbindlichk erfolgt nach § 315 III, bei Bestimmg dch Dritten nach § 319. 1

2157 *Gemeinschaftliches Vermächtnis.* **Ist mehreren derselbe Gegenstand vermacht, so finden die Vorschriften der §§ 2089 bis 2093 entsprechende Anwendung.**

1) Gemeinschaftliches Vermächtnis. Hat der Erbl denselben Ggstand mehreren Bedachten vermacht, ohne selbst dessen Aufteilg zu realen od ideellen Teilen anzuordnen od dafür einen Bestimmgsberecht (§§ 2151–2153) einzusetzen, erfolgt die Aufteilg nach §§ 2089–2093. Die Bedachten sind also zu gleichen Teilen eingesetzt (§ 2091). Entscheidend ist, ob es Erbl darauf ankam, den Ggstand insgesamt zu vermachen. Dann kann das Verm auch in mehreren Vfgen ausgesetzt sein, sofern nicht die spätere die frühere aufhebt (§ 2258); od der Erbl im Verm die Anteile der Bedachten an vermachtem Grdst mit bestimmt hat (s BayObLG **13**, 18). – Bei Verm einer teilbaren Leistg ist durch Auslegg zu ermitteln, ob ein gemeinsch od mehrere einzelne Verm vorliegen (RGRK Rn 3). 1

2) Forderungsrecht. Die Bedachten können den vom Beschwerten geschuldeten Ggstand bei ideeller od unmögl Teilg nur als GemeinschGläub (§ 432) fordern, bei realer Teilbark auch einzeln ihre Teile (§ 420). § 432 gilt auch, wenn nach dem Willen des Erbl die Aufteilg nur für das Innenverhältn der Bedachten gelten soll. – Über einen ideellen Anteil als solchen kann jeder Bedachte verfügen (§ 741). 2

2158 *Anwachsung.* **I Ist mehreren derselbe Gegenstand vermacht, so wächst, wenn einer von ihnen vor oder nach dem Erbfalle wegfällt, dessen Anteil den übrigen Bedachten nach dem Verhältnis ihrer Anteile an. Dies gilt auch dann, wenn der Erblasser die Anteile der Bedachten bestimmt hat. Sind einige der Bedachten zu demselben Anteile berufen, so tritt die Anwachsung zunächst unter ihnen ein.**

II Der Erblasser kann die Anwachsung ausschließen.

1 **Die Anwachsung** beim gemeinschaftl Vermächtn (§ 2157) entspricht § 2094. Zum Wegfall des Bedachten vor od nach Erbfall s § 2094 Rn 2. Stirbt nach Erbfall Mitbedachter noch vor Ablauf der Ausschlaggsfrist, kommt es nur zur Anwachsg, wenn seine Erben wirks ausschlagen (§§ 2180; 1952; Staud/Otte Rn 4). – § 2158 ist entspr anzuwenden, wenn die mehreren Bedachten unter einer auflösden Bedingg od Bestimmg eines Endtermins eingesetzt sind, ohne daß der Erbl bestimmte, wer an die Stelle eines Mitbedachten treten soll, bei dem die Bedingg od der Endtermin eintritt (RG **148**, 336). – Das Recht eines Nachvermächtn-
2 Nehmers umfaßt iZw die Anwachsg (§§ 2191; 2110). – **Ausschluß (II)** der Anwachsg ergibt sich insbes aus Einsetzg eines ErsatzVermNehmers (§§ 2190; 2099), aber auch bei Ersatzberufg nach § 2069. Ohne Ersatzberufg wird bei Ausschlußwillen des Erbl Vermächtn dch Wegfall des Mitbedachten bezügl seines Anteils hinfällig u kommt dem Beschwerten zugute.

2159 ***Selbständigkeit der Anwachsung.*** **Der durch Anwachsung einem Vermächtnisnehmer anfallende Anteil gilt in Ansehung der Vermächtnisse und Auflagen, mit denen dieser oder der wegfallende Vermächtnisnehmer beschwert ist, als besonderes Vermächtnis.**

1 **Selbständigkeit des anwachsenden Anteils** gilt nur für Beschwergen wie bei § 2095 (mit Ausn der nur bei ges Erbfolge geltenden Ausgleichg). Der so begünstigte VermNehmer haftet einem Unterbedachten nur mit dem Wert des beschwerten Anteils (§ 2187 II). – Erbl kann abweichende Anordngen treffen.

2160 ***Vorversterben des Bedachten.*** **Ein Vermächtnis ist unwirksam, wenn der Bedachte zur Zeit des Erbfalls nicht mehr lebt.**

1 **1) Unwirksamkeit.** Die Wirksamk letztw Zuwendgen ist idR ausgeschlossen, wenn der Bedachte vor dem Erbfall (vor od nach TestErrichtg) gestorben ist od als jur Pers vorher zu bestehen aufgehört hat (vgl auch § 1923). Doch braucht der mit einem Verm Bedachte (anders als der Erbe, § 1923 II) beim Erbfall nicht bereits zu leben, erzeugt od sonst bestimmt zu sein (§ 2178), da hier keine unmittelb Gesamtnachfolge eintritt
2 (vgl auch §§ 2162, 2163). Der VermAnfall (§ 2176) trifft also nicht immer mit dem Erbfall zusammen. – Die Unwirksamk kommt dem Beschwerten, nicht den ges Erben zugute. – Die Vorschr gilt **nicht** bei Anwachsg (§ 2158) od bei Berufg von ErsatzVermNehmern nach § 2190 od § 2069 (RG LZ **20**, 385). Ersatzberufg kann sich auch dch ergänzende TestAuslegg ergeben (vgl § 2084 Rn 8), zB statt aufgehobener Schulgemeinde die polit Gemeinde (Celle NdsRpfl **48**, 8); statt eines weggefallenen Verwandten dessen Kinder (§ 2069 Rn 8; BayObLG NJW-RR **97**, 517). – Die Wirksamk einer VermAnordng hat Gericht unabhäng von Erklärgen der Parteien selbst zu prüfen (BGH WM **70**, 1520).

3 **2) Andere Unwirksamkeitsgründe** sind Verzicht (§ 2352); Eheauflösg (§ 2077); Zeitablauf (§§ 2162, 2163); Ausschlagg (§ 2180); Anfechtg (§§ 2078 ff; 2345); Tod vor Eintritt der Bedingg (§ 2074); Unmöglichk (§§ 2171, 2172).

2161 ***Wegfall des Beschwerten.*** **Ein Vermächtnis bleibt, sofern nicht ein anderer Wille des Erblassers anzunehmen ist, wirksam, wenn der Beschwerte nicht Erbe oder Vermächtnisnehmer wird. Beschwert ist in diesem Falle derjenige, welchem der Wegfall des zunächst Beschwerten unmittelbar zustatten kommt.**

1 **Trotz Wegfalls des Beschwerten** (sei er nun Erbe od VermNehmer) bleibt das Verm iZw erhalten, auch wenn der Bedachte durch den Wegfall MitE wird (RG Recht **13** Nr 1615). Der an Stelle eines selbst beschwerten VermNehmers Eintretende haftet neu, aber nicht weiter als der Weggefallene (§ 2187 II), weil der Bedachte aus dem Wegfall keinen Vorteil ziehen soll. – Über den Begriff des Wegfalls vgl § 2094 Rn 2.

2162 ***Dreißigjährige Frist für aufgeschobenes Vermächtnis.*** **I Ein Vermächtnis, das unter einer aufschiebenden Bedingung oder unter Bestimmung eines Anfangstermins angeordnet ist, wird mit dem Ablaufe von dreißig Jahren nach dem Erbfall unwirksam, wenn nicht vorher die Bedingung oder der Termin eingetreten ist.**

II Ist der Bedachte zur Zeit des Erbfalls noch nicht erzeugt oder wird seine Persönlichkeit durch ein erst nach dem Erbfall eintretendes Ereignis bestimmt, so wird das Vermächtnis mit dem Ablaufe von dreißig Jahren nach dem Erbfall unwirksam, wenn nicht vorher der Bedachte erzeugt oder das Ereignis eingetreten ist, durch das seine Persönlichkeit bestimmt wird.

1 **Aufgeschobene Vermächtnisse** (§§ 2177, 2074) werden ähnl wie Nacherbsch behandelt (§ 2109), um eine Verewigg der VermWirkg zu verhindern. Ist jemand, dessen „Kinder" bedacht sind, 30 Jahre nach dem Erbfall noch kinderlos, wird das Verm unwirks, wenn er nicht der Beschwerte ist (§ 2163 I Nr 1; vgl RGRK
2 § 2109 Rn 7). – **Für die Fristberechnung** gilt § 188 II 1. Alt. Die Frist kann sich jedoch im Falle des **II** noch um die Empfängniszeit verlängern (§ 2178).

2163 ***Ausnahmen von der dreißigjährigen Frist.*** **I Das Vermächtnis bleibt in den Fällen des § 2162 auch nach dem Ablaufe von dreißig Jahren wirksam:**

1. wenn es für den Fall angeordnet ist, daß in der Person des Beschwerten oder des Bedachten ein bestimmtes Ereignis eintritt, und derjenige, in dessen Person das Ereignis eintreten soll, zur Zeit des Erbfalls lebt;

2. wenn ein Erbe, ein Nacherbe oder ein Vermächtnisnehmer für den Fall, daß ihm ein Bruder oder eine Schwester geboren wird, mit einem Vermächtnisse zugunsten des Bruders oder der Schwester beschwert ist.

II Ist der Beschwerte oder der Bedachte, in dessen Person das Ereignis eintreten soll, eine juristische Person, so bewendet es bei der dreißigjährigen Frist.

Die Ausnahmen von § 2162 entsprechen denen bei der Vor- u Nacherbsch (§ 2109). **I** Nr 1 ist nicht 1
erweiternd dahin auslegb, daß das Ereign, von dessen Eintritt das Verm abhängt, nicht in der Person des Beschwerten, sond eines früh Bedachten eintreten soll (BGH FamRZ **92**, 667; 800). – **Ereignis** (**I** Nr 1) kann nicht nur ein Geschehen sein, das den Beschwerten od Bedachten unabhängig von seinem Willen trifft (wie etwa Erwerbsunfähigk od Tod; Anfall des Vorerbteils eines verstorbenen MitE, Hbg FamRZ **85**, 538; BayObLG FamRZ **91**, 1234), sond kann auch auf der Willensentschließg des Betreffenden selbst beruhen (zB Wiederverheiratg). Es muß auch nicht den Beschwerten od Bedachten in seiner Stellg als Person berühren. Es genügt, wenn deren vermögensrechtl Stellg betroffen wird, sei es dch ein von seinem Willen unabhäng Ereign (zB InsolvenzVerf), sei es dch einen vermögensrechtl Vorgang, der auf dem Willen des Beschwerten od Bedachten beruht wie zB Landverkauf (BGH NJW **69**, 1112).

2164 *Erstreckung auf Zubehör.*

I Das Vermächtnis einer Sache erstreckt sich im Zweifel auf das zur Zeit des Erbfalls vorhandene Zubehör.

II Hat der Erblasser wegen einer nach der Anordnung des Vermächtnisses erfolgten Beschädigung der Sache einen Anspruch auf Ersatz der Minderung des Wertes, so erstreckt sich im Zweifel das Vermächtnis auf diesen Anspruch.

1) Umfang und Zustand, in dem die vermachte Sache zu leisten ist, richten sich wie sonst auch nach 1
dem Zeitpunkt des Erbfalls u nicht nach dem der TestErrichtg od des Anfalls (s Staud/Otte Rn 4). Auch bei aufschiebd bedingtem od befristetem Verm ist deshalb iZw Zubehör in dem Umfang vermacht, wie es beim Erbfall (nicht bei Bedinggseintritt) vorhanden war; es kann aber angenommen werden, daß nach dem Willen des Erbl der Beschwerte Ersatz für Fehlstücke od Verschlechterg bei Eintritt der Bedingg od Befristg zu leisten hat (s §§ 2179, 160 I; Soergel/Wolf Rn 2). Das gilt auch für vermachte Sachinbegriffe wie Hausrat (vgl Reichel AcP **138**, 199). – Was **Zubehör** ist, entscheidet das G (§§ 97, 98, 314, 926). Der Wille des Erbl 2
entscheidet aber, ob mehr od weniger als das ges Zubehör vermacht ist; dann verschafft nicht der Irrtum des Erbl, sond eine besondere Vfg das Verm. Fehlende Zubehörstücke, mögen sie auch für den wirtschaftl Zweck der Hauptsache notwend sein, gelten nicht als vermacht. – Zubehörstücke dürfen im Rahmen ordngsmäß Bewirtschaftg ausgewechselt werden (Staud/Otte Rn 4); es ist dann das Ersatzstück vermacht (entw kr dingl Surrogation, §§ 2041, 2111, od als VerschaffgsVerm, § 2170). – Bei Zubehör, das nicht dem Erbl gehört, ist iZw der Besitz vermacht (§ 2169 II), zB unter EigtVorbeh vom Erbl gekaufte Maschinen (s auch Johannsen WM **72**, 875); uU ist ein VerschaffgsVerm anzunehmen (§ 2170; Staud/Otte Rn 4).

2) Der Ersatzanspruch (II) kann auf G od Vertr beruhen, auf SchuldVerh, RGesch (Versicherg) od 3
unerlaubter Hdlg (s §§ 249 ff; 812 ff). Er umfaßt auch GewährleistgsAnspr (§ 459 ff) mit Ausn der Wandlg (s aber Soergel/Wolf Rn 5: § 2169 III entspr), jedoch nicht entgangene Nutzgen. Bei Zerstörg od Entziehg der Sache greift § 2169 III ein; Ersatzvorteil kann auch die AusglLeistg nach dem LAG für Zerstörg od Beschädigg des ausgesetzten VermGgst sein (BGH **LM** Nr 1; Johannsen WM **73**, 549); od RestitutionsAnspr nach VermögensG (§ 1922 Rn 50). Entsteht der Anspr erst nach dem Erbfall, gehört er zum Nachl u ist nach §§ 281, 2184 abzutreten (Kipp/Coing § 58 II). Verwendgen des Beschwerten regelt § 2185.

3) Zusammenhängende Teile. Mit der vermachten Sache in wirtschaftl Zusammenhang stehende 4
Ggstände können nach dem Willen der Erbl als mitvermacht gelten (Staud/Otte Rn 8). – Wesentl u unwesentl **Bestandteile** einer Sache können Ggstand eines selbständigen Verm sein oder beim Verm der Sache ausgenommen werden (Staud/Otte Rn 5).

2165 *Beseitigung von Belastungen.*

I Ist ein zur Erbschaft gehörender Gegenstand vermacht, so kann der Vermächtnisnehmer im Zweifel nicht die Beseitigung der Rechte verlangen, mit denen der Gegenstand belastet ist. Steht dem Erblasser ein Anspruch auf die Beseitigung zu, so erstreckt sich im Zweifel das Vermächtnis auf diesen Anspruch.

II Ruht auf einem vermachten Grundstück eine Hypothek, Grundschuld oder Rentenschuld, die dem Erblasser selbst zusteht, so ist aus den Umständen zu entnehmen, ob die Hypothek, Grundschuld oder Rentenschuld als mitvermacht zu gelten hat.

1) Die dinglichen Rechte (PfandR, Nießbr, Hyp) belasten iZw den vermachten Ggstand, da der 1
VermNehmer grdsl nur das erhalten soll, was dem Erbl zustand. Befreiung von ges PfandR (§§ 559, 647) wird aber verlangt werden können. – Da der Ggstand zur Erbsch gehören muß, ist **I** 1 **nicht** anwendb auf VerschaffgsVerm (§§ 2170, 2182 II); ebsowenig auf GattgsVerm (§§ 2155, 2182). Hier kann der VermNehmer iZw Leistg einer lastenfreien Sache verlangen (Ausn bei GrdstVerm, § 2182 III). – Bei Zuwendg eines Ggstands, der an Dritten **sicherungsübereignet** ist, wird der Wille des Erbl idR im Sinne von § 2169 dahin gehen, daß der Beschwerte den Ggstand dem Bedachten verschaffen soll; es sind nicht §§ 2165–2168 a, sond § 2182 II, III anzuwenden (Staud/Otte Rn 1, 5). – Bei **Befriedigung** des Pfandgläubigers durch den Bedachten gilt § 1249. Anspr des Erbl auf Beseitigg einer Belastg gelten iZw als mitvermacht. Der VermNehmer kann dann vom Beschwerten Übertragg dieses BeseitiggsAnspr u aGrd desselben Beseitigg der Belastg vom Berecht verlangen (Soergel/Wolf Rn 3; s BGH **LM** Nr 1; auch MDR **80**, 386).

2 **2) Für Eigentümer-Grundpfandrechte** des Erbl an dem vermachten Grdstück (§§ 1163, 1168, 1170 II, 1171, 1196) gilt die Ausleggsregel des **I** nur, solange kein anderer, auf lastenfreie Übertragg gerichteter ErblWille feststeht (BGH NJW **98**, 682). Bei noch auf den Namen des Gläub eingetragenen Grdpfandrechten sprechen im allg die Umstände dafür, daß die infolge ganzer od teilw Rückzahlg dem Erblasser als Eigtümer zustehenden Grdpfandrechte mit vermacht sind (s Staud/Otte Rn 10). – Im übr vgl §§ 2166–2168 a.

2166 ***Belastung mit Hypothek.*** **[I] Ist ein vermachtes Grundstück, das zur Erbschaft gehört, mit einer Hypothek für eine Schuld des Erblassers oder für eine Schuld belastet, zu deren Berichtigung der Erblasser dem Schuldner gegenüber verpflichtet ist, so ist der Vermächtnisnehmer im Zweifel dem Erben gegenüber zur rechtzeitigen Befriedigung des Gläubigers insoweit verpflichtet, als die Schuld durch den Wert des Grundstücks gedeckt wird. Der Wert bestimmt sich nach der Zeit, zu welcher das Eigentum auf den Vermächtnisnehmer übergeht; er wird unter Abzug der Belastungen berechnet, die der Hypothek im Range vorgehen.**

[II] Ist dem Erblasser gegenüber ein Dritter zur Berichtigung der Schuld verpflichtet, so besteht die Verpflichtung des Vermächtnisnehmers im Zweifel nur insoweit, als der Erbe die Berichtigung nicht von dem Dritten erlangen kann.

[III] Auf eine Hypothek der im § 1190 bezeichneten Art finden diese Vorschriften keine Anwendung.

1 **1) Ein vermachtes Grundstück** (auch einen Bruchteil) muß der Bedachte iZw mit den auf ihm ruhenden Hyp, Dienstbark usw übernehmen (§ 2165 I). Bei **persönlicher Schuld** des Erbl (nicht bei bloß dingl Haftg) haftet der Bedachte dem Erben (nicht dem Gläub, § 329) für Erfüllg der Hypothekenschuld, soweit sie durch den Wert des Grdst gedeckt wird. Befriedigt der VermNehmer den Gläub u übersteigt seine Leistg den GrdstWert, geht insoweit die Fdg gg den persönl Schu nach § 1143 auf ihn über. Zahlt der Erbe die Schuld, geht die Hyp bis zur Höhe des GrdstWerts auf diesen über (Staud/Otte Rn 4). – Auf eine **Grundschuld** zur Sicherg einer persönl Schuld des Erbl ist § 2166 entspr anzuwenden (KG NJW **61**, 1680; BGH NJW **63**, 1612; Staud/Otte Rn 10–12). Die Ausleggsregel des **I 1** gilt aber bei einer Grdschuld jedenf dann nicht, wenn diese der Sicherg eines Kreditverhältnisses in laufender Rechng mit wechselndem Bestand der Schuld dient (BGH **37**, 246 mAv Mattern **LM** BBauG Nr 1; s auch Johannsen WM **72**, 874). § 2166 ist ferner nicht anwendb, wenn der Erbl zur Darlehenssicherg ggü einer Bank eine Grdschuld bestellt u eine RisikolebensVers abgeschlossen, der Erbe das Darlehen aus der LebensVers getilgt u die Bank ihm die Grdschuld abgetreten hat (Mü NJW **75**, 1521).

2 **2) Für die Wertberechnung** (**I** 2) ist der gemeine Wert (Verkehrswert; vgl BauGB 194; BewertgsG 9 II) zZt des EigtÜbergangs (§§ 873, 925), nicht des Erbfalls od des Anfalls maßgebd. Die der Hyp vorrangigen Belastgen werden grdsätzl abgezogen. Nicht abgezogen werden aber mitvermachte Grundpfandrechte; in § 2165 II erwähnte Eigentümerrechte, soweit nicht der Erbl das Ggteil bestimmte; ebsowenig die HöchstbetragsHyp od entspr eine SichergsGrdschuld für Kontokorrentkredit (vgl BGH **37**, 246; NJW **63**, 1612), da sie gem **III** außer Betr bleiben, weil sie idR keine Kapitalsanlage darstellen, die sich aus dem Grdst verzinst und amortisiert. Dagg gilt auch für letztere § 2165 I 1; aber der Erbe bleibt persönl Schuldner, so daß der VermNehmer, der den Gläub befriedigt, die Fdg erwirbt (Staud/Otte Rn 9). – Im Fall des **II** haftet der Bedachte nur hilfsweise.

2167 ***Belastung mit Gesamthypothek.*** **Sind neben dem vermachten Grundstück andere zur Erbschaft gehörende Grundstücke mit der Hypothek belastet, so beschränkt sich die im § 2166 bestimmte Verpflichtung des Vermächtnisnehmers im Zweifel auf den Teil der Schuld, der dem Verhältnisse des Wertes des vermachten Grundstücks zu dem Werte der sämtlichen Grundstücke entspricht. Der Wert wird nach § 2166 Abs. 1 Satz 2 berechnet.**

1 **Dem Gläubiger der Gesamthypothek,** also nach außen haftet der Bedachte dingl mit dem Grdst unbeschränkt (§ 1132 I). Gleiches gilt nach § 2168 für GesamtGrdschulden. – Nur im InnenVerhältn zum Erben gilt § 2167, so daß die Beschrkg nach dem in S 1 angegebenen Wertverhältn nur hins der Verpflichtg des VermNehmers ggü dem Erben zur Befriedigg des Gläubigers eintritt (s Staud/Otte Rn 1, 2). Gehören die anderen Grdst nicht zur Erbsch, gilt § 2166; vgl auch § 2168 II.

2168 ***Belastung mit Gesamtgrundschuld.*** **[I] Besteht an mehreren zur Erbschaft gehörenden Grundstücken eine Gesamtgrundschuld oder eine Gesamtrentenschuld und ist eines dieser Grundstücke vermacht, so ist der Vermächtnisnehmer im Zweifel dem Erben gegenüber zur Befriedigung des Gläubigers in Höhe des Teiles der Grundschuld oder der Rentenschuld verpflichtet, der dem Verhältnisse des Wertes des vermachten Grundstücks zu dem Werte der sämtlichen Grundstücke entspricht. Der Wert wird nach § 2166 Abs. 1 Satz 2 berechnet.**

[II] Ist neben dem vermachten Grundstück ein nicht zur Erbschaft gehörendes Grundstück mit einer Gesamtgrundschuld oder einer Gesamtrentenschuld belastet, so finden, wenn der Erblasser zur Zeit des Erbfalls gegenüber dem Eigentümer des anderen Grundstücks oder einem Rechtsvorgänger des Eigentümers zur Befriedigung des Gläubigers verpflichtet ist, die Vorschriften des § 2166 Abs. 1 und des § 2167 entsprechende Anwendung.

1 **Für Gesamtgrundschulden** gilt das gleiche wie für GesamtHyp (§ 2167; s dort). Die BefriediggsPfl des Bedachten geht auch im Falle des **I** nicht über den Wert des Grdst (§ 2166 I S 1) hinaus; aber gesagt ist es
2 nicht (Redaktionsversehen). – **II** erweitert die Ausgleichspflicht des VermNehmers auf eine Ersatzpflicht des

Erbl ggü dem Eigentümer der gesamtbelasteten Grdstücke (s § 1173 II). Jedoch besteht keine BefriedigsPfl ggü dem Erben, soweit der Erbl nicht zur Befriedigg des Gläub verpflichtet ist, wohl aber die Haftg mit dem Grdst (§§ 1132 I, 1192 I).

2168 a ***Anwendung auf Schiffe, Schiffsbauwerke und Schiffshypotheken.*** **§ 2165 Abs. 2, §§ 2166, 2167 gelten sinngemäß für eingetragene Schiffe und Schiffsbauwerke und für Schiffshypotheken.**

Geltungsbereich. § 2165 II gilt nur in den Fällen des SchiffsRG 64 II, IdR erlischt die SchiffsHyp, wenn sie mit dem Eigtum in derselben Person zusammentrifft (SchiffsRG 64 I). – § 2168 ist nicht entspr anwendb, da das SchiffsRG nur die SchiffsHyp kennt. 1

2169 ***Vermächtnis fremder Gegenstände.*** **I Das Vermächtnis eines bestimmten Gegenstandes ist unwirksam, soweit der Gegenstand zur Zeit des Erbfalls nicht zur Erbschaft gehört, es sei denn, daß der Gegenstand dem Bedachten auch für den Fall zugewendet sein soll, daß er nicht zur Erbschaft gehört.**

II Hat der Erblasser nur den Besitz der vermachten Sache, so gilt im Zweifel der Besitz als vermacht, es sei denn, daß er dem Bedachten keinen rechtlichen Vorteil gewährt.

III Steht dem Erblasser ein Anspruch auf Leistung des vermachten Gegenstandes oder, falls der Gegenstand nach der Anordnung des Vermächtnisses untergegangen oder dem Erblasser entzogen worden ist, ein Anspruch auf Ersatz des Wertes zu, so gilt im Zweifel der Anspruch als vermacht.

IV Zur Erbschaft gehört im Sinne des Absatzes 1 ein Gegenstand nicht, wenn der Erblasser zu dessen Veräußerung verpflichtet ist.

1) Ein Stückvermächtnis (I) ist grdsl nur wirks, wenn der vermachte bestimmte Ggstand zur Zeit des Erbfalls (nicht der Anordng) zum Vermögen des Erbl gehört. Es wird vermutet, daß der Erbl diesen nur vermachen will, wenn er ihm auch gehört; auf GattungsVerm (§ 2155) ist die Vorschr nicht anwendb. Ob dies der Fall ist, beurteilt sich nach wirtschaftl Betrachtgsweise, wie sich aus **IV** ergibt (s BGH FamRZ **84**, 41). Danach gehört ein Ggstand schon bei wirksamer und beim Erbfall noch bestehender Verpflichtg des Erbl darüber nicht mehr zur Erbsch, auch wenn er dingl noch dazugehört (s Rn 9). Gehört ein Ggstand nur teilw zur Erbsch, ist nur der Teil vermacht. Ist der Erbl MitE eines noch ungeteilten Nachl eines Dritten, gehört zur Erbsch des Erbl nur dessen Erbteil, nicht aber einzelne Ggstände od ein Bruchteil der einzelnen Ggst (RG **105**, 250; KG NJW **64**, 1809); das Verm einzelner dieser Ggstände ist daher grdsätzl unwirks. – **Bestimmter** 2 **Gegenstand** kann Sache od Recht sein. **I** gilt auch, wenn ein Recht an einem Ggstand vermacht wird; wenn das Recht zugewendet ist, von dem Beschwerten einen bestimmten Ggstand aus dem Nachl käufl zu erwerben; gehört dieser dann nicht mehr zum Nachl, ist das Verm grdsl unwirks (RG SeuffA **80** Nr 14; Celle HEZ 3, 39; s aber Rn 3). – Gleichgült ist, ob die Zuwendg dch Test od ErbVertr erfolgt. Die Regelg des § 2169 steht mit der Bindgswirkg von ErbVertr u gemschaftl Test nicht in Widerspr (s § 2286; BGH **31**, 17; Johannsen WM **69**, 1226; **72**, 873; dazu auch Bund JuS **68**, 273). 1

2) Als Verschaffungsvermächtnis (§ 2170) ist das Verm anzusehen u die UnwirksamkVermutg des **I** 3 widerlegt, wenn der Erbl den nicht mehr zur Erbsch gehörenden Ggstand od das Recht an ihm auch für diesen Fall der Nichtzugehörigk zuwenden wollte (BGH **LM** § 2288 Nr 2). Bes nahe liegt dies dann, wenn der Ggstand zwar nicht rechtl, aber wirtschaftl zum Nachl gehört (BGH NJW **83**, 937). – Auch der Anspr auf Auszahlg eines Gewinnanteils kann Ggstand eines VerschaffgsVerm sein (BGH aaO). Ein solches kann auch dann vorliegen, wenn bei gemeinsch Test od ErbVertr üb den Ggstand bereits unter Lebenden verfügt wurde u das Verm dadch unwirks wird (§ 2271 Rn 10; BGH NJW **58**, 547; **59**, 2252 mAv Baumgärtel MDR **60**, 296, Coing JZ **60**, 538). Vermacht der überlebende Eheg einen zum Gesamtgut der fortgesetzten GüterGemsch gehörenden Ggstand, handelt es sich um VerschaffgsVerm (BayObLG **60**, 254, 507; BGH NJW **64**, 2298: Verm eines ÜbernahmeR bezügl Grdst; dazu Mattern BWNotZ **65**, 4; Bühler DNotZ **64**, 581); ebso, wenn Ggstand zu einem noch ungeteilten Gesamthandsvermögen gehört, an dem Erbl beteiligt ist (Oldbg FamRZ **99**, 532). – **Voraussetzung** ist nicht das Bewußtsein der Nichtzugehörigk beim Erbl, sond sein 4 qualifizierter **Zuwendgswille** (BGH NJW **83**, 672) zur Zeit der VermAnordng (RG **104**, 196). Dah kann auch bei einem Irrtum des Erbl üb die Zugehörigk zu seinem Vermögen VerschaffgsVerm vorliegen (BGH FamRZ **84**, 41; Oldbg FamRZ **99**, 532). Regelmäß wird ein auf VerschaffgsVerm gerichteter Wille dann anzunehmen sein, wenn der Erbl die Nichtzugehörigk kannte (Celle aaO). Allerd ist dies nur ein Indiz; entscheidend ist die Intensität des Zuwendgswillens (BGH NJW **83**, 937). Bei Sichergsübereigng durch den Erbl ist idR entweder ein VerschaffgsVerm gewollt od der Anspr auf Leistg nach **III** vermacht. – **Beweislast** 5 dafür, daß der vermachte Ggstand nicht zum Nachl gehört, hat der Beschwerte. Der Bedachte hat dann zu beweisen, daß die Zuwendg auch für diesen Fall angeordnet ist (BGH FamRZ **84**, 41).

3) Haftung beim Stückvermächtnis. Ist der vermachte bestimmte Ggstand mangelhaft, haftet der 6 Beschwerte nicht für Sachmängel (§ 2183 Rn 2), für Rechtsmängel aber iZw wie ein Verkäufer (§ 2182 II). Er hat also alle Rechte zu beseitigen, die nach Erfüllg von Dritten gg den Bedachten geltend gemacht werden könnten, aber nicht die Rechte des Bedachten selbst (Bühler DNotZ **64**, 583). Der Erbl kann die Haftg für Rechtsmängel ausschließen od verschärfen; er kann auch Sachmängelhaftg anordnen (Bühler aaO 584). Für Grdstücke s § 2182 III.

4) Besitzvermächtnis (II). Ist der Erbl nur Besitzer der vermachten Sache, ist iZw kein VerschaffgsVerm 7 anzunehmen, sond nur der Besitz vermacht. Unwirks ist das Verm allerdings, falls nicht § 2170 eingreift, wenn der Besitz keinen rechtl Vorteil gewährt, insbes wenn seine Unrechtmäßigk bekannt u Herausgabe vom Eigtümer bereits verlangt ist, GgAnsprüche (s § 994) aber nicht bestehen (Soergel/Wolf Rn 12).

8 **5) Surrogation (III).** Gehört die vermachte Sache dem Erbl rechtl nicht, hat er aber einen Anspr auf sie, ist entgg der Vermutg des **I** das Verm iZw nicht unwirks, vielm statt der Sache der Anspr auf sie vermacht. Die Zuwendg ist also dahin auszulegen, daß iZw kein VerschaffgsVerm gewollt ist, sond ein Verm des LeistgsAnspr od eines ErsatzAnspr. Wenn der Erbl den Wertersatz selbst noch nicht erhalten hatte, gilt § 2173. Hat er aber den VermGgstand veräußert u den Erlös selbst noch eingezogen, ist der Ggstand weder untergegangen noch entzogen; der Erlös tritt daher grdsl nicht an die Stelle des VermGgstandes (s BGH **31**, 13), das Verm ist unwirks. Denn der Grds des **III** darf nicht zu einem allg gültigen Surrogationsprinzip erweitert werden (Staud/Otte Rn 16). Im Wege der ergänzenden Auslegg kann aber uU doch der Erlös als vermacht angesehen werden (BGH **22**, 357; KG FamRZ **77**, 267/270; Johannsen WM **79**, 606 f), zB bei Ausgleichsleistg nach LAG 229 (BGH NJW **72**, 1369) od bei Rückerstattg als Ersatzleistg für verfallenes Vermögen (Mü RzW **67**, 538). S auch § 2164 Rn 3.

9 **6) Veräußerungspflicht (IV).** War der Erbl beim Erbfall zwar noch Eigentümer der vermachten Sache, aber bereits zu deren Veräußerg verpflichtet, wird die Sache als nicht mehr zum Nachl gehörend angesehen (**IV**), weil der verkaufte u nur noch nicht übergebene Ggstand dem Erbl zwar noch dingl, aber nicht mehr wirtschaftl gehörte. Hier kann **III** nicht entspr angewendet werden. Zu prüfen ist aber, ob notfalls im Weg ergänzender TestAuslegg festgestellt werden kann, daß der Erbl mit dem Verm des Ggstandes auch die GgLeistg für dessen Veräußerg vermachen wollte (Nürnbg NJW **56**, 1882; KG aaO). – **IV** gilt auch entspr für vertragsmäß Zuwendgen durch ErbVertr (Stgt BWNotZ **58**, 307; BGH **31**, 13); s auch § 2288 Rn 1.

2170 *Verschaffungsvermächtnis.* **[I] Ist das Vermächtnis eines Gegenstandes, der zur Zeit des Erbfalls nicht zur Erbschaft gehört, nach § 2169 Abs. 1 wirksam, so hat der Beschwerte den Gegenstand dem Bedachten zu verschaffen.**

[II] Ist der Beschwerte zur Verschaffung außerstande, so hat er den Wert zu entrichten. Ist die Verschaffung nur mit unverhältnismäßigen Aufwendungen möglich, so kann sich der Beschwerte durch Entrichtung des Wertes befreien.

1 **1) Das Verschaffungsvermächtnis** ist auf einen Ggstand gerichtet, der nicht zum Nachl gehört (s § 2169 I Alt 2). Die Anordg setzt aber nicht voraus, daß der Erbl sich darüber bewußt ist (BGH NJW **83**, 937; s auch § 2169 Rn 3). Der Beschwerte hat dann den Ggstand (dazu § 2169 Rn 2) anzuschaffen u (nebst etwaigem Zubehör, § 2164) dem Bedachten zu übereignen od ihm das zu begründende Recht (RG LZ **23**, 454) zu verschaffen. Die Verpflichtg ist NachlVerbindlichk (§ 1967 II; BGH FamRZ **64**, 425). – Beim ErbVertr gewährt § 2288 zusätzl Schutz. – Über Haftg des Beschwerten s § 2169 Rn 6; über Durchsetzg des Verschaffgsanspruchs s Bühler DNotZ **64**, 581/589 ff, Johannsen WM **72**, 875. – Gehört der Ggstand bereits dem Beschwerten, gilt § 2174 (Haegele Rpfleger **64**, 138; s dazu Kuchinke JZ **83**, 483). Gehört er dem Bedachten (weil er ihn etwa vom Erbl schon zu dessen Lebzeiten erhalten hatte), ist das Vermächtn wirkgslos; ein Anspr auf Wertersatz wird ihm nur in bes Fällen zustehen (Soergel/Wolf Rn 1). War aber der Bedachte dem Erbl herausgabepflichtig, ist er von der HerausgabePfl befreit; s auch RG **164**, 202.

2 **2) Subjektives Unvermögen** der Verschaffg (zB durch Weigerg od übermäßige PreisFdg des Dritten) verpflichtet zum Wertersatz; im zweiten Fall (**II** 2) berechtigt sie dazu (vgl §§ 251 II; 633 II). Es liegt auch vor, wenn ein vermachtes NutzgsR am Haus infolge unentgeltl Übertragg des Grdst dch Erben unmögl wird (Köln FamRZ **98**, 197). – Maßgebend ist der gemeine Wert nicht zZ des Erbfalls, sond im Fall **II** 1 zZ des Entstehens der Ersatzverpflichtg, in der sich das subj Unvermögen des Beschwerten endgült herausstellt, im Fall **II** 2 zZ der Leistg (Soergel/Wolf Rn 9). Zur Entschädigg eines Bedachten, dem Gelegenh zum Eintritt in eine OHG vermacht wurde, bei verschuldeter Unmöglichk des Eintritts s BGH NJW **84**, 2570. Die Verpflichtg zum Wertersatz entfällt aber, wenn die Leistg des vermachten Ggstandes nachträgl ohne Verschulden u ohne Verzug des Beschwerten obj unmögl wird (RGRK Rn 12; str).

3 **3) Objektive Unmöglichkeit.** Bei ursprüngl (anfängl) ist das Verm unwirks (§ 2171). Wird die Verschaffg nachträgl ohne Verschulden und ohne Verzug des Beschwerten obj unmögl (zB dch zufälligen Untergang, § 275 I), wird der Beschwerte befreit; vgl aber § 281 (s RG DR **44**, 292; RGRK Rn 6; Bühler DNotZ **64**, 581/586; einschränkend Soergel/Wolf Rn 6). Bei nachträgl Unmöglichk, die der Beschwerte zu vertreten hat, gilt § 280 I (Johannsen WM **72**, 875).

2171 *Unmögliches oder verbotenes Vermächtnis.* **Ein Vermächtnis, das auf eine zur Zeit des Erbfalls unmögliche Leistung gerichtet ist oder gegen ein zu dieser Zeit bestehendes gesetzliches Verbot verstößt, ist unwirksam. Die Vorschriften des § 308 finden entsprechende Anwendung.**

1 **1) Anfängliche objektive Unmöglichkeit** (vgl §§ 275, 306) setzt § 2171 voraus, zB Untergang in der Zeit zw Anordg u Erbfall, soweit hier nicht der Anspr auf Wertersatz als vermacht anzusehen ist (§ 2169 III). Zeitlich wird dafür in Abweichg von § 306 auf den Erbfall abgestellt. Nur bei einem bedingten od befristeten Verm muß die obj Unmöglichk auch noch zZ des Eintritts der Bedingg od des Anfangstermins vorliegen (§§ 308, 2177; BGH NJW **83**, 937; Soergel/Wolf Rn 4; s auch § 2170 Rn 3). – **Wirksam (S 2)** ist das Verm trotz zZ des Erbfalls bestehender Unmöglichk od Verbotswidrigk der Leistg bei Vorliegen der Voraussetzgen des § 308 (s RGRK Rn 8). – Bei **nachträglicher** obj Unmöglichk s §§ 275 ff und § 2170 Rn 2, 3. – Über aufschiebende u auflösende unmögl Bedinggen vgl § 2074 Rn 3. – Bei Unvermögen des Beschwerten zZ des Erbfalls gelten §§ 2169, 2170.

2 **2) Nichtigkeit.** – Ein gesetzl **Verbot** macht das Verm schon nach § 134 nichtig (zB Einfuhrverbot; od Verstoß gg Devisenbestimmgen). Es muß zZ des Erbfalls bestehen, nicht bei der Errichtg der Vfg. – Bei Verstoß gg die **guten Sitten** ist ein Verm nach § 138 nichtig (vgl § 1937 Rn 20; auch Soergel/Wolf Rn 6–

8). Die Frage der Sittenwidrigk ist nicht nach den Verhältn zZ des Erbfalls, sondern der Errichtg zu beurteilen (BGH **20**, 71; § 138 Rn 9; str; aA Soergel/Wolf Rn 8). Bei Änderg des sittl Maßstabs zw Errichtg u gerichtl Entscheidg ist jedoch die Beurteilg im Ztpkt des Richterspruchs maßgebl (§ 138 Rn 10). Keine Sittenwidrigk ergibt sich aus einer Unentgeltlichk u ungleicher Bedenkg der Kinder (BGH NJW **64**, 2299).

3) Genehmigungsbedürftigkeit. Schwebend unwirks ist ein Verm, das seinem Inhalt nach einer behördl Genehmigg bedarf, zB nach GrdstVG; BauGB. Diese besteht bis zur Entscheidg über die Genehmigg od den Wegfall des Genehmiggserfordernisses (BGH **37**, 233). Zum Verm landwirtsch Grdst an Nichtlandwirt s Stgt BWNotZ **64**, 335. Vgl § 2174 Rn 3. 3

2172 ***Verbindung, Vermischung, Vermengung der vermachten Sache.*** **I Die Leistung einer vermachten Sache gilt auch dann als unmöglich, wenn die Sache mit einer anderen Sache in solcher Weise verbunden, vermischt oder vermengt worden ist, daß nach den §§ 946 bis 948 das Eigentum an der anderen Sache sich auf sie erstreckt oder Miteigentum eingetreten ist, oder wenn sie in solcher Weise verarbeitet oder umgebildet worden ist, daß nach § 950 derjenige, welcher die neue Sache hergestellt hat, Eigentümer geworden ist.**

II Ist die Verbindung, Vermischung oder Vermengung durch einen anderen als den Erblasser erfolgt und hat der Erblasser dadurch Miteigentum erworben, so gilt im Zweifel das Miteigentum als vermacht; steht dem Erblasser ein Recht zur Wegnahme der verbundenen Sache zu, so gilt im Zweifel dieses Recht als vermacht. Im Falle der Verarbeitung oder Umbildung durch einen anderen als den Erblasser bewendet es bei der Vorschrift des § 2169 Abs. 3.

Verbindung usw (I) der vermachten Sache mit einer anderen machen die Leistg unmögl, u zwar ohne Rücks darauf, ob die Verbindg usw nur Sachen des Erbl od auch fremde Sachen betrifft u ob die Verbindg durch den Erbl od einen Dritten erfolgt. – **II** enthält aber dann Ausnahmen für den Fall, daß ein Dritter ohne den Willen des Erbl die Verbindg usw vornahm. – Über **II** hinaus kann aber die Vfg nach Sachlage dahin ausgelegt werden, daß auch in anderen Fällen etwaige WertersatzAnspr als vermacht gelten. Mögl ist auch ein Verm dahin, daß die vermachte Sache von der anderen abzutrennen u dann zu leisten ist. Ebenso ist auch in den Fällen des **I** denkb, daß ein entstandenes AlleinEigtum an der neuen Sache (§§ 947 II, 948) od ein MitEigtum des Erbl (§§ 947 I, 948) als vermacht gilt. 1

2173 ***Forderungsvermächtnis.*** **Hat der Erblasser eine ihm zustehende Forderung vermacht, so ist, wenn vor dem Erbfalle die Leistung erfolgt und der geleistete Gegenstand noch in der Erbschaft vorhanden ist, im Zweifel anzunehmen, daß dem Bedachten dieser Gegenstand zugewendet sein soll. War die Forderung auf die Zahlung einer Geldsumme gerichtet, so gilt im Zweifel die entsprechende Geldsumme als vermacht, auch wenn sich eine solche in der Erbschaft nicht vorfindet.**

1) Beim Forderungsvermächtnis erlangt der Bedachte gemäß § 2174 gg den Beschwerten den Anspr auf Übertragg der vermachten Fdg (§§ 398 ff) nebst Zinsen seit dem Anfall (§ 2184) und etw Nebenrechten (§§ 401, 402). Wird eine SchuldUrk (zB ein Sparkassenbuch) vermacht, ist regelm die Zuwendg der verbrieften Fdg in ihrer beim Erbfall bestehenden Höhe gemeint (Koblenz FamRZ **98**, 579). Bei Verm eines Schreibtischs „mit Inhalt" ist dies Ausleggsfrage (§ 2084 Rn 15; RG SeuffA **75** Nr 107). Wurden die vermachten Wertpapiere vor dem Erbfall veräußert, muß nach den Umständen des Einzelfalles entschieden werden, ob der Beschwerte zur Herausgabe des Erlöses verpflichtet ist (Erman/Hense/Schmidt Rn 1). Auch künftig entstehende Fdgen können vermacht werden. Beim Verm einer Leibrente wird die Schriftform (§ 761) durch die TestForm (§§ 2231 ff; BeurkG 1 ff) ersetzt. 1

2) Erfüllung. Nach der Ausleggsregel des **S 1** tritt im Zw an die Stelle einer untergegangenen Fdg der geleistete Ggstand, wenn die Fdg **vor dem Erbfall** dch Erfüllg getilgt wird. Das Verm wird also iZw nicht unwirks, sofern sich der geleistete Ggst noch im Nachl befindet; od wenn es sich um eine Geldschuld handelt **(S 2)**, da die Absicht des Erbl idR auf Zuwendg des SchuldGgstandes geht. Die Ausleggsregel des **S 2** (Warn 30 Nr 60) greift auch bei der **Aufrechnung** ein, soweit sie für den Erbl denselben wirtschaftl Erfolg wie die Erfüllg herbeiführt. 2

3) Was der Erbe nach dem Erbfall durch Zahlg der Schuld einnahm, hat er dem Bedachten zu ersetzen. Erfolgt nach dem Erbfall die Aufrechng durch den Schuldner mit einer ihm gg den Nachl od den Erben zustehenden Fdg ggü dem Bedachten, haftet der Erbe dem Bedachten, soweit er infolge der Aufrechng bereichert ist. 3

4) Beim Befreiungsvermächtnis, das nicht bes geregelt ist und ebenf keine dingl Wirkg hat, kann der Bedachte verlangen, von einer Schuld befreit zu werden. War es eine Schuld ggü dem Erbl, kann der Bedachte Schulderlaß, ev Freigabe der Sicherh für die erlassene Schuld, Quittg und Rückgabe des Schuldscheins (§§ 368, 371) beanspruchen (BGH FamRZ **64**, 140). Er hat auch nach Verjährg seines Anspr eine Einrede (vgl § 821). War es eine Schuld ggü einem Dritten, hat der Beschwerte durch Zahlg, Aufrechng od sonstwie den Bedachten zu befreien (RG LZ **14**, 760). War die Schuld vom Bedachten schon vor dem Erbfall getilgt, kann Verm der Schuldsumme gemeint sein (RG Gruch **62**, 248). 4

5) Schuldvermächtnis. Vermacht der Erbl etwas, was er dem Bedachten ohnehin schuldet, kann dies als Verm eines Schuldanerkenntnisses aufgefaßt werden. Dem Bedachten wird so der Beweis des Bestehens der Schuld erspart (OLG **12**, 363). Doch kann der Beschwerte nach § 2078 anfechten, wenn die Schuld nicht bestand. War sie vor dem Erbfall getilgt (nicht bloß verjährt), wird das Verm nach § 2171 unwirks. – Die Bestätigg einer unwirksamen Schenkg in einem Test kann als Verm ausgelegt werden (RG **82**, 149). 5

2174 ***Anspruch aus Vermächtnis.*** **Durch das Vermächtnis wird für den Bedachten das Recht begründet, von dem Beschwerten die Leistung des vermachten Gegenstandes zu fordern.**

1 **1) Schuldrechtlicher Anspruch.** Das Verm verschafft dem Bedachten nur ein FdgsR gg den Beschwerten, auf das (von der Ausschlagg abgesehen) nach § 397 verzichtet werden kann (vgl Einf 1 vor § 2147). Wann die Fdg entsteht, regelt nicht § 2174, sond die §§ 2176 ff (BGH NJW **61**, 1915). Die gegenseitigen Rechte und Pflichten des Bedachten u Beschwerten richten sich nach den Vorschr des **allgemeinen Schuldrechts,** insb hins Fälligk (§ 271; s aber § 2181); eigenen u fremden Verschuldens (§§ 276 ff); der Unmöglichk (§§ 280, 275 II; s BGH NJW **84**, 2570); des Verzuges (§§ 286 ff) und der Verzinsg (§ 291). Sie stehen auch unter dem Gebot von Treu u Glauben, § 242 (BGH **37**, 240; Johannsen WM **72**, 877). Dagg greifen die Regeln üb Wegfall der GeschGrdlage nicht ein (BGH NJW **93**, 850); fehlen wesentl Umstände od ändern sie sich nachträgl, kann dem idR nur mittels ergänzder TestAuslegg (§ 2084 Rn 8) Rechng getragen werden (BGH aaO). – **Klage** kann in jedem Falle beim Gerichtsstand der Erbsch (ZPO 27) erhoben werden u richtet sich iZw gg den Erben (§ 2147), vor der Annahme gg den NachlPfleger od verwaltenden TV (§§ 1958; 2213) od InsolvVerwalter (InsO 327 I Nr 2). Im ordentl RWeg kann die Klage auch gg eine Stiftg erhoben werden, die einwendet, sie brauche das Verm nach LandesstiftgsR nicht zu erfüllen (BGH WM **75**, 198). – Vor Annahme der Erbsch **haftet** der Beschwerte wie ein GeschFührer ohne Auftr (vgl § 1978 I 2). – Die Gefahr einer nach dem Erbfall eingetretenen Verschlechterg seiner Wirtschaftslage trägt iZw der Beschwerte, nicht der Bedachte. – Wird der Anspr vereitelt u wirkt dabei ein Dritter in sittenwidr Weise mit, kommt Anspr aus § 826 in Betr (BGH NJW **92**, 2152). – **Verjährung** des VermAnspr tritt nach dreißig Jahren (§§ 194, 195) ein. Die Frist beginnt mit dem Anfall des Verm (§§ 198, 2176 ff). Wg Hemmg der Verjährg s § 202.

2 **2) Zur Erfüllung** der iZw sofort fälligen (§ 271; s aber § 2181) VermFdg hat der Beschwerte (§ 2147) ein Grdst nach §§ 873, 925, bewegl Sachen nach §§ 929 ff zu übereignen, eine vermachte Fdg abzutreten usw. Wurde der Bedachte vom Erbl zur Auflassg an sich selbst bevollmächt, wird das Grdst gleichf vom Erben (vertreten dch den Bedachten) erworben (Köln Rpfleger **92**, 299). Wird das einem MitE vorausvermachte Grdst dch Teilgsversteigerg AlleinEigtum eines and MitE, erlischt dadch nicht der VermAnspr; vielm endet nur die gesamthänd Berechtigg der MitE am Grdst (BGH NJW **98**, 682). – Das Verm muß grdsl bis zur völligen Ausschöpfg des Nachl erfüllt werden (§§ 1990 ff; BGH NJW **93**, 850). Hat Erbl bereits zu Lebzeiten den vermachten Ggst dem Bedachten als Vorauserfüllg übertragen, wird Verm grdsl unwirks (§§ 2169; 2171); die VermAnordng hat aber als causa der Leistg Bestand, sofern dieser nicht eine neue RGrdlage zugrde lag od das Verm vom Erbl gleichzeit widerrufen wurde od unter der auflösden Bedingg einer vorzeit Zuwendg stand (Staud/Otte Rn 27; Kuchinke JZ **83**, 483); ein NachVerm am Ggst besteht dann fort (Ffm ZEV **97**, 295 mAv
3 Skibbe). Überträgt der Beschwerte den vermachten Ggstand, s § 2170 Rn 1. – **Genehmigung:** Das ErfüllgsGesch kann nach §§ 1643; 1821 einer Genehmigg bedürfen. Das Verm eines unter GrdstVG 1 fallenden Grdst bedarf nicht der Gen nach GrdstVG 2 I, wohl aber seine Auflassg zwecks Erfüllg (str; s Hamm RdL **65**, 120; 299; Stgt BWNotZ **65**, 353; Karlsr AgrarR **75**, 106). Im Bereich der HöfeO ist dessen § 16 I zu beachten, falls das vermachte Grdst zu einem Hof gehört. Ist das GrdstVerm von einer dem KirchenR unterstehenden jur Person als Erbe zu erfüllen, gelten kirchenrechtl GenehmiggsPfl, die sonst bei GrdstÜbertraggen dch kirchl Organisationen auch vom GBAmt zu beachten sind, nicht (Memmingen RPfleger **90**, 70 mAv Khan; s auch Übbl 26 vor § 873). Verm einer EigentWohng fällt nicht unter WEG 12 (LG Nürnbg-Fürth MittBayNot **76**, 27; s WEG 12 Rn 4). – Beim Verm eines entgeltl lebenslängl **Wohnrechts** bestimmen sich die ggseit Rechte u Pflichten der Beteiligten nicht nach MietR, sond nach erbrechtl Grdsätzen auf der Grdlage der test Anordng (LG Mannh MDR **67**, 1012). – Hinsichtl eines vermachten UrheberR s UrhRG 29, eines vermachten GmbHAnteils s GmbHG 15 III, V. – Als Erfüllgsort wird meist der letzte Wohnsitz des Erbl maßgebend sein (§§ 269; 270).

4 **3) Zur Auskunft** über den NachlBestand ist der Beschwerte an sich nicht verpflichtet (RG **129**, 239). Eine solche Pflicht kann sich aber aus § 242 ergeben, wenn die Ausk für die Sicherstellg des Anspr des Bedachten erforderl ist. Auch kann das AuskR mitvermacht sein. Ist der Bedachte pflichtberechtigt, kann er Ausk gem § 2314 beanspruchen (BGH **28**, 177). Soll bei einem GewinnVerm der vom FinAmt festgestellte Steuergewinn maßgebd sein, hat der VermNehmer gg den Beschwerten nur einen Anspr auf Vorlage der Gewinnfeststellg des FinAmts, nicht aber auf Ausk od Rechngslegg über Einnahmen und Ausgaben des Betriebs (BGH WM **69**, 337). Ein nach § 242 bestehender AuskAnspr kann sich bei Vor- u NErbfolge auch
5 gg den befreiten VorE richten (Oldbg NJW-RR **90**, 650). – Auch eine Pflicht zur **Rechnungslegung** od Vorzeigung kann sich nur aus dem Umständen ergeben (§ 242) od auch mitvermacht sein (RG LZ **31**, 688), insb beim Verm eines Bruchteils des ReinNachl.

6 **4) Abtretung, Pfändung.** Der VermAnspr ist vom Erbfall an (§ 2176) abtretb od pfändb (RG **67**, 425; § 2177 Rn 2) und (außer im Fall des § 2074) auf die Erben des Bedachten übertragb. Ist aber Ggstand des Verm der Anteil an einer OHG od KG, ist die Abtretung (§ 399) des Anspr nur mit Zustimmg der and Gesellschafter mögl, falls nicht der GesVertr die Abtretg ohne deren Zustimmg zuläßt (BGH **LM** Nr 5 zu § 399; s auch Baumgärtel JZ **58**, 654). Steht der GesVertr einer Beteiligg des VermNehmers entgg, hat der Erbe ihm wenigstens die übertragb Rechte auf Gewinnausschüttg u Auseinandsetzgsguthaben abzutreten (BGH WM **76**, 251, dort auch zur Wertermittlg). – Die Abtretg eines dem ges Vertr eines minderj Erben vermachten Kommanditanteils bedarf weder einer Pflegerbestellg noch einer gerichtl Genehmigg (LG Nürnbg-Fürth MittBayNot **77**, 239), Abtretg eines Anspr aus GrdstVerm ist nicht nach GrdstVG genehmiggspflicht (Ffm RdL **80**, 216). – Schuldet der VermNehmer eine Leistg an den Nachl, so kann sich für ihn eine VorleistgsPfl ergeben; er kann in einem solchen Fall ggü der ihn treffden NachlSchuld kein Zurückbehaltgs-Recht (§ 273 I) geltend machen (s Dütz NJW **67**, 1108).

7 **5) Nachlaßverbindlichkeit** (§ 1967 II) ist das Verm, wenn der Erbe damit beschwert ist. Es ist eine Verbindlichk zweiter Klasse, wie sich bes beim NachlInsolvVerf zeigt (InsO 327 I Nr 2). Das Verm hat nur

soweit Geltg, als der Nachl nach Abzug der Schulden des Erbl reicht (vgl §§ 1972, 2060, 1992, 2306, 2318, 2322, 2323); mehrere Verm sind ggfs verhältnismäßig zu kürzen (§ 1991 IV mit InsO 327; vgl § 2189 Rn 1). Im übr kann der Erbl den Rang bestimmen (§ 2189). Ist ein VermNehmer beschwert, gelten §§ 2186 ff. – Die **Kosten** der Entrichtg des Verm fallen dem Beschwerten, die der Abnahme u Übersendg (man denke an 8 Hausrat) iZw dem Bedachten zur Last (vgl §§ 242; 448 I; 449). Eine Bringschuld (Schickschuld) kann uU dann anzunehmen sein, wenn die Übersendgskosten vom Bedachten schwer, vom Nachl leicht zu tragen oder im Verhältn zum Wert der Zuwendg hoch sind (Reichel AcP **138**, 201). Der mit einem GrdstVerm Beschwerte hat auch die Kosten der GrdstUmschreibg zu tragen (BGH NJW **63**, 1602). – **Annahmeverzug** kann 9 nicht vor Annahme des Verm (§ 2180 I) eintreten. Erst ab dann kommt der Bedachte dch Ablehng der Leistg in Annahmeverzug. Der Beschwerte muß ggf nach § 383 verfahren, sofern nicht der Bedachte endgült verzichtet (Reichel aaO 204).

6) Besondere Sicherungsrechte des VermNehmers bestehen nicht, soweit sie nicht mitvermacht sind 10 (RG JR **25** Nr 1526). Er ist nach dem Erbfall auf Arrest, einstw Vfg, NachlVerw (§ 1981), bei GrdstR auf Sicherg dch Vormerkg (§§ 883, 885 I 2) angewiesen. Zu Lebzeiten des Erbl ist Vormerkg unmögl, auch wenn der Erbl die Eintragg bewilligte (BGH **12**, 115; s § 1922 Rn 4). – Ob eine schuldrechtl Verpflichtg, die neben dem ErbVertr übernommen und deren Zulässigk vom BGH (NJW **59**, 2252) anerkannt wird, durch Vormerkg gesichert werden kann, ist str (s § 883 Rn 9). Der schuldrechtl Vertr, durch den sich ein Erbl ggü seinem VermNehmer verpflichtet, über das vermachte Grdst auch unter Lebenden nicht zu verfügen, bedarf nicht der Form des § 313 (BGH NJW **63**, 1602). S auch § 2179 Rn 1.

2175 ***Wiederaufleben erloschener Rechtsverhältnisse.*** **Hat der Erblasser eine ihm gegen den Erben zustehende Forderung oder hat er ein Recht vermacht, mit dem eine Sache oder ein Recht des Erben belastet ist, so gelten die infolge des Erbfalls durch Vereinigung von Recht und Verbindlichkeit oder von Recht und Belastung erloschenen Rechtsverhältnisse in Ansehung des Vermächtnisses als nicht erloschen.**

Das Nichterlöschen wird angeordnet, um ein Unmöglichwerden des Verm zu verhüten (vgl § 2169). 1 Konfusion tritt auch nicht ein, wenn ein mit einem Recht des Erben belasteter Ggstand vermacht ist (vgl § 2165; Staud/Otte Rn 5). Soweit die vermachte Fdg fortbesteht, bleiben auch die Sicherungen (PfandR; Rechte gg Bürgen) ggü Dritten und zG des Bedachten u seiner RNachfolger bestehen. – **Nicht** unter § 2175 fallen Rechte, die nicht vererbl sind (§§ 1059, 1061, 1090 II, 1092). Sie erlöschen mit dem Erbfall; nach § 2169 I ist daher das Verm insow unwirks (Soergel/Wolf Rn 3). – Zu beachten ist, daß in den Fällen der §§ 889, 1063, 1068, 1256, 1273 die Vereinigg von Recht u Belastg in einer Person überh nicht erlöschend wirkt und bei NachlVerw u NachlInsolvVerf die Vereiniggswirkgen schon nach § 1976 nicht eintreten.

2176 ***Anfall des Vermächtnisses.*** **Die Forderung des Vermächtnisnehmers kommt, unbeschadet des Rechtes, das Vermächtnis auszuschlagen, zur Entstehung (Anfall des Vermächtnisses) mit dem Erbfalle.**

1) Der Vermächtnisanspruch (§ 2174) entsteht regelm mit dem Erbfall unabhäng von dem Erwerb der 1 Erbsch durch den Erben; vor Annahme der Erbsch kann er allerd nicht eingeklagt werden (§§ 1958; 2014 ff). Der **Anfall** des Verm erfolgt also wie der Erbanfall unmittelb mit dem Tode des Erbl; die Fdg des VermNehmers wird mit dem Erbfall existent (BGH NJW **61**, 1915). Ausnahmen regeln §§ 2177 bis 2179. Vor diesem Zeitpkt besteht nur eine tatsächl Aussicht, auch wenn das Verm auf einem ErbVertr beruht (BGH **12**, 115; § 2174 Rn 10). Diesen Ztpkt muß der Bedachte erlebt haben (§ 2160; s § 2177 Rn 1; 4).

2) Die Fälligkeit des Verm ist vom Anfall zu unterscheiden (§§ 271, 2181; vgl SeuffA **72** Nr 55). Sie 2 kann nie vor dem Anfall, wohl aber erst nach ihm eintreten, wenn dies vom Erbl bestimmt ist od sich eine solche Bestimmg aus Umständen zZ der Errichtg der letztw Vfg ergibt (Celle NdsRpfl **61**, 198). Über **Stundung** der VermFdg u deren Widerruf s BGH FamRZ **74**, 652. – Bestimmt sich die Höhe eines Verm nach dem Wert eines Bruchteils des Nachl, ist hierfür der Ztpkt des Erbanfalls maßg, soweit sich nicht aus dem Test des Erbl ein anderes ergibt (BGH NJW **60**, 1759). Nach einer Geldentwertg richtet sich der Wert des Bruchteils nach dem Zeitpkt der Tilgg, wenn dies dem ErblWillen entspricht (BGH FamRZ **74**, 652). Der Zeitpkt für Bemessg der Höhe eines GeldwertVerm in Währgseinheiten nach Kaufpr einer Ware richtet sich nicht nach § 2176, sond nach TestAuslegg (BGH WM **71**, 1151). – Zur Auschlagg s § 2180.

2177 ***Anfall bei Bedingung oder Befristung.*** **Ist das Vermächtnis unter einer aufschiebenden Bedingung oder unter Bestimmung eines Anfangstermins angeordnet und tritt die Bedingung oder der Termin erst nach dem Erbfall ein, so erfolgt der Anfall des Vermächtnisses mit dem Eintritte der Bedingung oder des Termins.**

1) Aufschiebend bedingtes Vermächtnis. Es gilt die Ausleggsregel des § 2074. Im Zweifel, vor allem 1 wenn das Ereign zu der Person des Bedachten in Beziehg gesetzt ist, muß der Bedachte den Eintritt der Bedingg erleben. Hat Erbl seinem Sohn ein Verm aufschiebd bedingt zugewandt u ist dieser nach dem Erbfall, aber vor Eintritt der Bedingg verstorben, können nach § 2069 die Abkömml des Bedachten ersatzw bedacht sein (BGH **LM** Nr 1). Ist nach dem Willen des Erbl die Regel des § 2074 nicht anwendb, fällt das Verm mit Eintritt der Bedingg den Erben des Bedachten zu, wenn dieser zu diesem Ztpkt nicht mehr lebt (s Johannsen WM **72**, 877). – **a) Anwartschaft.** Mit dem Erbfall erlangt der Bedachte bereits eine rechtl geschützte Anwartsch (§§ 160 ff, 2 2179), die rechtsgeschäftl übertragen und unbeschadet der Ausschlaggsmöglichk gepfändet werden kann (BGH **LM** Nr 28 zu § 1 VHG). – **b) Zur Entstehung** kommt der VermAnspr erst mit Eintritt der Bedingg od dem

Anfangstermin (Karlsr Just **62**, 153; auch Olshausen DNotZ **79**, 707/716 zum Anfall beim Tod des beschwerten Erben). – **c) Beispiele.** Ein Verm iS des § 2177 liegt vor, wenn der Erbl eine Tochter um ihrer Versorgg willen zum AlleinE einsetzt u bestimmt, das zum Nachl gehörige Haus solle im Falle ihres kinderlosen Versterbens an die Kinder seines Sohnes fallen (s Gudian NJW **67**, 431). Zu Unrecht nimmt aber Gudian aaO an, die Neffen seien gg den Verkauf des Hauses dch die Tochter des Erbl gem § 2179 mit § 161 geschützt, es könne auch der Rechtsgedanke des § 2136 („befreiter Beschwerter") herangezogen werden; denn § 161 ist hier nicht anwendb (s § 2179 Rn 2) u für eine Anwendg des § 2136 auf die VermAnwartsch fehlt es an den entspr Voraussetzgen (s
3 Bühler BWNotZ **67**, 180 ff). – **d) Ist erst der Nacherbe** mit dem Verm beschwert, gilt § 2177 auch. Es kommt dann erst mit dem Nacherbfall zur Entstehg. Überträgt der NachE schon vorher sein AnwR auf den VorE, werden damit nicht die an den Eintritt des Nacherbfalls geknüpften Verm fällig (LG Heilbronn NJW **56**, 513); anders dagg, wenn der NE den Nachl schon vor dem NErbfall vom VE dch RGesch unter Lebden erhält (Celle FamRZ **98**, 1335). Über Fälligk s § 2174 Rn 2 u § 2181. Vormerkg zur Sicherg eines vom NachE zu erfüllden GrdstVerm zw Erbfall u NErbfall ist nicht mögl, da Schuldner u GrdstEigtümer dann noch nicht ident sind (Schlesw NJW-RR **93**, 11).

4 **2) Für das befristete Vermächtnis** gilt das gleiche. Jedoch kommt § 2074 nicht in Frage, so daß also der Bedachte mit dem Erbfall eine vererbl Anwartsch erwirbt, sofern nicht durch Auslegg festgestellt werden kann, daß der Bedachte den Anfangstermin erleben muß (RG JW **18**, 502). – Hiervon zu unterscheiden ist das **betagte** Verm, bei dem die VermFdg schon mit dem Erbfall entsteht u nur deren Geltdmachg (Fälligk) hinausgeschoben ist (zB Anordng der Auszahlg erst nach dem Tode des überlebenden Eheg). Ob mit dem Setzen eines Anfangstermins (od FälligkZeitpunktes) zugleich die Bedingth des Verm gewollt war, ist Aus-
5 leggsfrage (RG aaO). Durch §§ 2162, 2163 sind zeitl Grenzen gesetzt. – Beim Verm **wiederkehrender Leistungen** (Renten; Leibrenten) kann ein einheitl Verm od eine Reihe nach § 2177 zu beurteilender Verm vorliegen; bei Leibrenten handelt es sich iZw um ein einheitl Recht (Staud/Otte Rn 6).

6 **3) Ein Vermächtnis unter auflösender Bedingung** (Beisp bei Johannsen WM **72**, 878) **oder Befristung** hat die Bedeutg eines NachVerm (§ 2191), wenn der Ggstand einem Dritten zugewendet ist. Hat der Erbl niemand bezeichnet, der den Ggstand bei Eintritt der Bedingg od Befristg erhalten soll, kann der Beschwerte dessen Rückgewähr verlangen (RGRK Rn 12; s auch Bungenroth NJW **67**, 1357; Johannsen aaO). Ein testamentar Weitervererbgsverbot an den VermNehmer ohne ausdrückl Bestimmg der Folgen der ZuwiderHdlg kann entweder auflösende Bedingg seines Verm od Auflage od aufschiebd bedingtes NachVerm sein (s BGH BWNotZ **61**, 229).

7 **4) Rückvermächtnis** liegt vor, wenn bei dem unter auflösde Bedingg od Befristg gestellten Verm der Erbl verfügt hat, daß beim Eintritt der Bedingg od Befristg der vermachte Ggstand an den mit dem Verm Beschwerten herauszugeben ist (Ffm ZEV **97**, 295; BayObLG Rpfleger **81**, 190; Johannsen WM **77**, 276). RückVerm ist auch das NachVerm (§ 2191; Ffm aaO).

2178 *Anfall bei Ungewißheit des Bedachten.* **Ist der Bedachte zur Zeit des Erbfalls noch nicht erzeugt oder wird seine Persönlichkeit durch ein erst nach dem Erbfall eintretendes Ereignis bestimmt, so erfolgt der Anfall des Vermächtnisses im ersteren Falle mit der Geburt, im letzteren Falle mit dem Eintritte des Ereignisses.**

1 **Bei einem noch nicht erzeugten Bedachten** ist der Anfall des Verm bis zur Behebung der Ungewißh hinausgeschoben. Eine Rückbeziehg wie bei der Erbeinsetzg (§ 1923 II) findet also nicht statt. Die Fristen der §§ 2162, 2163 dürfen aber nicht überschritten werden; vgl insb § 2162 II, wonach es genügt, daß der später lebend Geborene zu jener Zeit bereits erzeugt war. – Dem beim Erbfall bereits Erzeugten kommt das Verm schon mit dem Erbfall zu (§ 1923 II). – Die Vorschr gilt bei einer noch nicht zur Entstehg gelangten **juristischen Person** entspr. – War der Erbl zugleich Stifter, gilt die genehmigte **Stiftung** als schon vor seinem Tod entstanden (§ 84), so daß hier das Verm schon mit dem Erbfall anfällt (§ 2176).

2179 *Schwebezeit.* **Für die Zeit zwischen dem Erbfall und dem Anfalle des Vermächtnisses finden in den Fällen der §§ 2177, 2178 die Vorschriften Anwendung, die für den Fall gelten, daß eine Leistung unter einer aufschiebenden Bedingung geschuldet wird.**

1 **1) Anwartschaft.** Bei hinausgeschobenen Verm iSv §§ 2177; 2178 besitzt der Bedachte während der Schwebezeit bereits eine rechtl geschützte Anwartsch. Diese kann übertragen u gepfändet werden, auch wenn die Ausleggsregel des § 2074 Platz greift (s § 2177 Rn 1). Sicherg durch einstw Vfg (ZPO 916 II, 936; Bungeroth NJW **67**, 1357) ist mögl (BGH **LM** Nr 28 zu § 1 VGH), sofern nicht ein solcher SichergsAnspr bereits mitvermacht ist (RG DNotZ **32**, 539). Ist VermGgstand ein Grdst od GrdstR, kann nach dem Erbfall die Rechtsstellg des VermNehmers dch Vormerkg (§ 883) gesichert werden (Staud/Otte Rn 12; BayObLG Rpfleger **81**, 190). – Die Rechtsstellg der AnwartschBerecht kann vom Erbl in den allgemeinen Grenzen der §§ 137, 138, 276 II, 226 abweichend vom Gesetz geregelt werden (s Bühler BWNotZ **67**, 174/180 ff). – Bei Ungewißh üb die Person des VermNehmers erfolgt Pflegerbestellg nach § 1913.

2 **2) Bedingungsrecht.** Aus der angeordneten Anwendg der Vorschr über aufschiebd bedingte Leistgspflichten ergibt sich, daß § 160 I u § 162 gelten (s Staud/Otte Rn 4, 5, 7). Vom Erbfall an haftet der Beschwerte für jedes Verschulden (§ 276), dch das der Anspr des Bedachten vereitelt od beeinträcht wird (§§ 160, 281, 282,; BGH aaO; Brox Rn 429). Zur Heranziehg des § 162 s BGH BWNotZ **61**, 265; Stgt FamRZ **81**, 818 mAv Bausch. – **§ 161** ist dagg **nicht** anwendb, weil dieser Schutz für aufschiebend bedingte Vfgen nicht auch die vorliegende Anwartsch nur auf schuldrechtl Anspr erfaßt (Bungeroth NJW **67**, 1357; Bühler BWNotZ **67**, 174; Staud/Otte Rn 5; Soergel/Wolf Rn 2; Müko/Schlichting Rn 4). Über Fälle der Anwendbark des § 161 s Schlüter § 38 III 1 a.

2180 *Annahme und Ausschlagung.* **I Der Vermächtnisnehmer kann das Vermächtnis nicht mehr ausschlagen, wenn er es angenommen hat.**

II Die Annahme sowie die Ausschlagung des Vermächtnisses erfolgt durch Erklärung gegenüber dem Beschwerten. Die Erklärung kann erst nach dem Eintritte des Erbfalls abgegeben werden; sie ist unwirksam, wenn sie unter Bedingung oder einer Zeitbestimmung abgegeben wird.

III Die für die Annahme und die Ausschlagung einer Erbschaft geltenden Vorschriften des § 1950, des § 1952 Abs. 1, 3 und des § 1953 Abs. 1, 2 finden entsprechende Anwendung.

1 **1) Annahme und Ausschlagung** sind formlose (auch dch schlüss Verhalten mögl) empfangsbedürftige WillensErkl (§§ 130–132). Abzugeben sind sie ggü dem Beschwerten (bei mehreren genügt Erkl ggü einem, Pentz JR **99**, 138) od auch ggü einem NachlPfleger (§§ 1960 II, 1961) od TV (§ 2213 I), sofern der VermAnspr gg diese Vertreter geltd gemacht werden kann; aber nicht ggü dem NachlG, das sie allerd weiterleiten wird (RG **113**, 237). Stillschweigde Annahme ist zB idR die Annahme des zugewendeten Ggstands (s Johannsen WM **72**, 879). – Die Erkl kann erst nach dem Erbfall, aber bei hinausgeschobenen Verm (§ 2177) schon vor dem Anfall erfolgen. – **Eine Ausschlagungsfrist** bestimmt das Gesetz (abweichd
2 von §§ 1943, 1944) **nicht** (ErklFrist nur bei § 2307 II). Der Erbl kann als Bedingg die Annahme binnen einer bestimmten Frist verfügen (Reichel AcP **138**, 202). Ablehng des Verm vor Annahme wird als Ausschlagg zu werten sein. – Es handelt sich um **persönliche Rechte,** die aber dch Vertreter ausgeübt werden können. Das
3 AusschlaggsR ist vererbl **III** iVm § 1952 I). Bei Ehegatten ist nur der Bedachte zur Annahme und Ausschlagg berechtigt, und zwar auch dann, wenn bei GüterGemsch das Gesamtgut vom anderen Eheg od von beiden gemeins verwaltet wird (§§ 1432 I, 1455 Nr 1). Eltern bedürfen zur Ausschlagg eines dem Kind angefallenen Verm der Genehmigg des FamG nach Maßg des § 1643 II, Vormund der des VermschG nach § 1822 Nr 2. Bei Anfall vor Eröffng des InsolvVerf steht Annahme u Ausschlagg dem GemeinSchu zu (InsO 83). – Die
4 Ausschlagg wird auch durch die **Pfändung** des Verm od der Anwartsch nicht ausgeschlossen u unterliegt der GläubAnfechtg nicht (vgl auch § 517). Eine Gruppe von VermNehmern kann denjen von ihnen, der üb die Annahme seines VermAnteils (an Grdst) unentschlossenen ist, auf Erkl über eine Annahme od Ausschlagg verklagen (Schalhorn JurBüro **76**, 1301).

5 **2) Unwiderruflich** ist die abgegebene Erkl, jedoch nach allg Vorschr (§§ 119–124, 142–144) ggü dem Beschwerten **anfechtbar** (Ausnahme § 2308 II). Durch die Anfechtg wird der Zustand der Ungewißh wiederhergestellt. Wird das Verm vom Beschwerten angefochten (§ 2078), hat die Ausschlagg nur Bedeutg, wenn die Anfechtg unbegründet od gem § 2082 verspätet war; hier wird die Praxis iZw die Ausschlagg durchgreifen lassen (Reichel AcP **138**, 215).

6 **3) Wirkung.** Die Annahme schließt Ausschlagg aus **(I).** Der Bedachte kann von nun an in Annahmeverzug gesetzt werden (§ 372). – Bei **Ausschlagung** gilt gem **III**; 1953 der Anfall an den Ausschlagenden als nicht erfolgt; war Anfall noch nicht erfolgt, kommt er nicht mehr in Frage. Verm ist hinfäll, sofern nicht Anwachsg eingreift (§ 2158) od ein ErsatzBerecht vorhanden ist (§ 2190). Der entspr anwendb § 1953 II ist so anzuwenden, daß Rückbeziehg auf den Zeitpkt des Erbfalls eintritt, nicht auf den des Erwerbs od der Entstehg einer vererbl Anwartsch (Staud/Otte Rn 15; Soergel/Wolf Rn 11; MüKo/Schlichting Rn 8; str), was wg der Früchte (§ 2184) von Bedeutg sein kann. – Zu unterscheiden von der Ausschlagg ist der vor dem
7 Erbfall erklärte **Verzicht** ggü dem Erbl (§ 2352) oder der nach Annahme durch formlosen ErlaßVertr mit dem Beschwerten bewirkte Verzicht (§ 397). – Bei Ausschlagg eines Verm dch einen PflichttBerecht sind für das PflichttR §§ 2307, 2306 zu beachten (dazu BGH NJW **81**, 1837).

2181 *Fälligkeit der Leistung.* **Ist die Zeit der Erfüllung eines Vermächtnisses dem freien Belieben des Beschwerten überlassen, so wird die Leistung im Zweifel mit dem Tode des Beschwerten fällig.**

1 **Erfüllungszeitpunkt.** Die Auslegungsregel des § 2181 bei freiem Belieben des Beschwerten betrifft nur die **Fälligkeit** der VermFdg (Ausn von § 271 I), so daß §§ 2162, 2163 nicht gelten. Die Erfüllg als solche darf nicht in das Belieben des Beschwerten gestellt sein, da sonst kein wirks Vermächtn vorliegt. FälligkZeitpkt ist dann der Tod des Beschwerten. Davor kann dieser zwar erfüllen (§ 271 II), der Bedachte aber nicht Erfüllg verlangen. Allerd kann er schon Klage auf Feststellg der befristeten Verpflichtg erheben (ZPO 256; RG Warn
2 **19** Nr 198). – Der **Anfall** des Verm richtet sich dagg nach §§ 2176–2178, kann also vor Fälligk liegen, sofern nach dem ErblWillen nicht auch der Anfall hinausgeschoben ist (vgl Soergel/Wolf Rn 3). – Ob der Bedachte den Tod des Beschwerten erleben muß, ist Ausleggsfrage (RG JW **18**, 502). Ebso, ob seit dem Erbfall gezogene Früchte herauszugeben sind (§ 2184) od dem Beschwerten verbleiben.

2182 *Gewährleistung für Rechtsmängel.* **I Ist eine nur der Gattung nach bestimmte Sache vermacht, so hat der Beschwerte die gleichen Verpflichtungen wie ein Verkäufer nach den Vorschriften des § 433 Abs. 1, der §§ 434 bis 437, des § 440 Abs. 2 bis 4 und der §§ 441 bis 444.**

II Dasselbe gilt im Zweifel, wenn ein bestimmter nicht zur Erbschaft gehörender Gegenstand vermacht ist, unbeschadet der sich aus dem § 2170 ergebenden Beschränkung der Haftung.

III Ist ein Grundstück Gegenstand des Vermächtnisses, so haftet der Beschwerte im Zweifel nicht für die Freiheit des Grundstücks von Grunddienstbarkeiten, beschränkten persönlichen Dienstbarkeiten und Reallasten.

1 **1) Für Rechtsmängel** haftet der Beschwerte nur bei GattungsVerm (§ 2155) und VerschaffgsVerm (§ 2170); dagg nicht beim StückVerm eines bestimmten, im Nachl vorhandenen Ggstands (s §§ 2165–2168).

Die Haftg ist wie die eines Verkäufers; ausgenommen sind nur §§ 438, 439 sowie § 440 I, an dessen Stelle § 280 Schadensersatz regelt. Bei Grdst (**III**) erhält § 435 I beim VerschaffgsVerm Bedeutg über **II**; ein GattgsVerm kommt hier so gut wie nicht vor. – Soll ein **Recht verschafft** werden, dessen Bestehen der Erbl voraussetzte, das aber nicht od nicht mehr bestand, so ist es Ausleggsfrage, ob § 2170 II Platz greift. Kann ein dahingehender Wille nicht ermittelt werden, wird das Verm (weil auf eine unmögl Leistg gerichtet, § 2171) als unwirks anzusehen sein (RGRK Rn 6). – Beim **Wahlvermächtnis** (§ 2154) richtet sich die Haftg nach der RNatur des gewählten Ggstandes (Staud/Otte Rn 9).

2 **2) Absatz II** enthält im Ggsatz zu I eine Ausleggsregel für das VerschaffgsVerm. Der Beschwerte kann sich hier dch Wertersatz stets befreien (§ 2170 II). – **Absatz III** schränkt § 436 weiter ein. Für die genannten Freiheiten wird entgg § 434 nicht gehaftet.

3 **3) Guter Glaube** wird auch beim Erwerb des Verm geschützt. Dem Bedachten, der aGrd § 932 Eigtum erlangt hat, steht kein GewährleistgsAnspr zu. Dies gilt auch dann, wenn er nach § 816 I 2 dem Bereichergs-Anspr des Berechtigten ausgesetzt ist (RGRK Rn 11).

2183 *Gewährleistung für Sachmängel.* **Ist eine nur der Gattung nach bestimmte Sache vermacht, so kann der Vermächtnisnehmer, wenn die geleistete Sache mangelhaft ist, verlangen, daß ihm an Stelle der mangelhaften Sache eine mangelfreie geliefert wird. Hat der Beschwerte einen Fehler arglistig verschwiegen, so kann der Vermächtnisnehmer statt der Lieferung einer mangelfreien Sache Schadensersatz wegen Nichterfüllung verlangen. Auf diese Ansprüche finden die für die Gewährleistung wegen Mängel einer verkauften Sache geltenden Vorschriften entsprechende Anwendung.**

1 **1) Für Sachmängel** haftet der Beschwerte nur beim **Gattungsvermächtnis** (§ 2155). Für positive Fordergsverletzg dagg bei allen Verm. Die Gewährleistgspflicht entspricht der beim Kauf (§§ 480, 459 I, 460, 464, 465, 476, 477, 481 ff) mit dem Unterschied, daß kein Anspr des Bedachten auf Wandelg od Minderg besteht, sond nur auf Lieferg einer mangelfreien Sache. Ein NachbessergsR entspr § 476a kann nur der Erbl
2 einräumen. – Bei einem **Sachvermächtnis** wird dagg die Sache nur so geschuldet wie sie ist od ist zu liefern wie sie auch sei. Für Fehler haftet dah der Beschwerte nicht, gleich ob die Sache als bestimmte vermacht od erst zu verschaffen (§ 2170) war.

2184 *Früchte; Nutzungen.* **Ist ein bestimmter zur Erbschaft gehörender Gegenstand vermacht, so hat der Beschwerte dem Vermächtnisnehmer auch die seit dem Anfalle des Vermächtnisses gezogenen Früchte sowie das sonst auf Grund des vermachten Rechtes Erlangte herauszugeben. Für Nutzungen, die nicht zu den Früchten gehören, hat der Beschwerte nicht Ersatz zu leisten.**

1 **1) Beim Stückvermächtnis** eines bestimmten, zur Erbsch gehörenden Ggstands hat der Beschwerte, sofern der Erbl nichts anderes bestimmt hat, nur die seit Anfall des Verm (§§ 2176–2178) wirkl gezogenen Früchte (§ 99) herauszugeben, nicht aber sonst Nutzgen wie zB Benutzg eines Kfz; Gartennutzg (S 2; § 100). Die zeitl Aufteilg bestimmt sich nach § 101, die Kosten der Fruchtziehg nach § 102. Sind herauszugebende Früchte nicht mehr vorhanden, besteht ErsatzPfl nur nach § 280; bei erlangten Surrogaten greift § 281 ein. Haftg nach § 812 (Eingriffskondiktion) setzt regelm Erwerb des HauptGgst dch Bedachten voraus (Soergel/
2 Wolf Rn 4). – **a) Früchte** sind bei Vermächtn einer GeldFdg auch die seit Erbfall fällig gewordenen Zinsen. Beim NießbrauchsVerm muß der Nießbrauch erst bestellt sein, ehe er Früchte tragen kann; die davor zB an einem Grdst seit Anfall gezogenen Nutzgen sind Früchte des Grdst u nicht des Nießbrauchs (KG NJW **64**, 1808). Allerd kann ein Verm dahin auszulegen sein, daß auch die Früchte vom Erbfall an mitvermacht sind (BGH WM **77**, 416). Beim Verm eines WohnR ist die vom Beschwerten vereinnahmte Miete ebenf keine Frucht des WohnR, sond RFrucht (§ 99 III) des vermieteten Gebäudes (Stgt OLG **6**, 313) u daher dem Bedachten nicht aus § 2184 herauszugeben, wenn dieser von seinem vermachten Recht zur unentgelt Nutzg der Räume keinen Gebrauch gemacht hat. Hat allerd der Beschwerte dch eigenmächt Vermietg die Überlassg an den Bedachten unmögl gemacht, kann neben SchadErsatzAnspr (§ 280) auch Anspr auf Herausgabe der Miete bestehen (§ 281), ggf auch aus Eingriffskondiktion (§ 812 I 1) analog der RLage bei unbefugter Vermietg fremder Sachen (s § 816 Rn 7 mN); s auch Rn 4; nur im Ergebn ebso Staud/Otte Rn 2. – **b) Unterlassene Fruchtziehung** begründet grdsl keine Haftg. Der Beschwerte ist nicht verpflichtet, in der Zeit zw Anfall u Erfüllg des Verm für den Bedachten überhaupt Nutzgen zu ziehen. Er hat SorgfaltsPfl nur bezügl Erhaltg des Ggstands u seines Bestandes. Erst ab Verzug od RHängigk kann er für unterlassene Fruchtziehg schadensersatzpfl werden (§§ 284, 286; 291, 292 iVm § 987 II); die verschärfte Haftg wird nicht schon dch Kenntn seiner ErfüllgsPfl ausgelöst. Bei vorsätzl Unterlassg kommt uU § 826 in Betracht.

3 **2) Bei Gattungs-** (§ 2155) od **Verschaffungsvermächtnis** (§ 2170) eines nicht zur Erbsch gehörenden Ggstands (zB Geldsumme) hat der Bedachte einen Anspr auf Früchte (zB Zinsen) u Nutzgen erst ab Verzug (§§ 284 ff). Beim VerschaffgsVerm gilt daneben § 2184 ab Besitzerlangg des Ggst dch den Beschwerten. – Beim **Wahlvermächtnis** (§ 2154) ist der Ggstand erst bestimmt, wenn die Wahl vorgenommen ist (Staud/Otte Rn 8). Bei Einräumg eines **Übernahmerechts** an NachlGgstand an einen MitE gebühren ihm die Nutzgen idR von der Ausübg des ÜbernahmeR an (BGH BWNotZ **62**, 259).

4 **3) Herausgabe des sonst Erlangten (I 1).** Hat der Beschwerte für gezogene, aber nicht mehr vorhandene Früchte Ersatz erlangt, greift § 281 ein; gleichgült ist, ob ErsatzAnspr vor oder nach dem Anfall entstanden war. Im übr ist als Erlangtes iS von **S 1** zB ein Erwerb durch Verbindg od Vermischg (§§ 946–949) anzusehen (Staud/Otte Rn 6). – Wegen **Zubehör** s § 2164.

2185 *Ersatz von Verwendungen.* **Ist eine bestimmte zur Erbschaft gehörende Sache vermacht, so kann der Beschwerte für die nach dem Erbfall auf die Sache gemachten Verwendungen sowie für Aufwendungen, die er nach dem Erbfalle zur Bestreitung von Lasten der Sache gemacht hat, Ersatz nach den Vorschriften verlangen, die für das Verhältnis zwischen dem Besitzer und dem Eigentümer gelten.**

1) Verwendungsersatz. Beim StückVerm einer bestimmten u zum Nachl gehörenden Sache hat der 1
Beschwerte gg den Bedachten ErsatzAnspr gem §§ 994–1003; 256–258 für seine nach dem Erbfall auf die Sache gemachten Verwendungen (Vorb 5 vor § 994) bzw seine Aufwendgen. Das G behandelt ihn wie den nichtberecht (Eigen-)Besitzer u den VermNehmer wie den Eigentümer. Entspr gilt im Falle eines VerschaffgsVerm nach Besitzerlangg (für GattgsVerm gilt § 304). – Somit kann er vor Kenntn des eingetretenen od zu erwartenden Anfalls od vor Rechtshängigk als gutgläub notwend u nützl Verwendgen (so auch Prozeßkosten) ersetzt u verzinst (Ausn § 256 S 2) verlangen (§§ 994, 996, 256). Bei Bösgläubigk hat er Anspr nur nach Maßg des § 994 II. Abzustellen ist dafür beim bedingten (Nach)Verm schon auf Kenntn der VermAnordng od auf Kenntn, daß Verm mit Sicherh anfallen wird (BGH **114**, 16 mAv Leipold JZ **91**, 990; str). Bei entggstehendem Willen des Bedachten scheidet ein Ersatzanspr für notwend Verwendgen nach RHängigk od Bösgläubigk gem §§ 994 II, 683 aus (Soergel/Wolf Rn 2 mN; str). – Ersatz gewöhnl Erhaltgskosten ist ausgeschlossen, soweit die Nutzgen dem Beschwerten verbleiben (§§ 994, 995, 997, 998, 2184 S 2), zB Verwendgen auf einen vom Beschwerten benutzten Kraftwagen (s auch § 256 S 2).

2) Lasten (öffentl wie private; gewöhnl wie außerordentl) hat der Beschwerte zu tragen, soweit u solange 2
ihm die Nutzgen verbleiben. Im übrigen trägt sie der Bedachte, jedoch nicht vor dem Erbfall aufgelaufene Rückstände. Persönl Verpflichtgen des Erbl berühren den Bedachten nicht. Bei Vermietg od Verpachtg des vermachten Grdstücks gelten §§ 571 ff (Bühler BWNotZ **67**, 175); bei bewegl Sachen wird der Bedachte den MietVertr zu erfüllen haben.

2186 *Fälligkeit des Untervermächtnisses.* **Ist ein Vermächtnisnehmer mit einem Vermächtnis oder einer Auflage beschwert, so ist er zur Erfüllung erst dann verpflichtet, wenn er die Erfüllung des ihm zugewendeten Vermächtnisses zu verlangen berechtigt ist.**

Weitere Belastung. Der Erbl kann den bedachten VermNehmer mit einem UnterVerm (s KG NJW **64**, 1
1808; BGH DRiZ **66**, 398) od einer Auflage belasten, auch wenn er damit lediglich beabsichtigt, den Ggstand dem Zweitbedachten mittelbar zuzuwenden. Sind beide Verm angefallen (§ 2176), tritt die Fälligk des UnterVerm nicht vor der des HauptVerm ein. Dagg ist es für die Fälligk des UnterVerm belanglos, ob der Erstbedachte das Verm bereits angenommen hat. Eine Ausschlagg (§ 2180), die die Klage des Zweitbedachten erledigt, hat der Hauptbedachte zu beweisen. Die Wirksamk des UnterVerm wird dadurch nicht berührt (§ 2161). – Wegen des Umfangs der Haftg u der Kürzgen s §§ 2187, 2188. – Mit UnterVerm können auch Personen beschwert sein, denen ein sog ges Verm (§ 1939 Rn 1) zusteht.

2187 *Haftung des Hauptvermächtnisnehmers.* **I Ein Vermächtnisnehmer, der mit einem Vermächtnis oder einer Auflage beschwert ist, kann die Erfüllung auch nach der Annahme des ihm zugewendeten Vermächtnisses insoweit verweigern, als dasjenige, was er aus dem Vermächtnis erhält, zur Erfüllung nicht ausreicht.**

II Tritt nach § 2161 ein anderer an die Stelle des beschwerten Vermächtnisnehmers, so haftet er nicht weiter, als der Vermächtnisnehmer haften würde.

III Die für die Haftung des Erben geltenden Vorschriften des § 1992 finden entsprechende Anwendung.

1) Haftungsbeschränkung. Ebenso wie der Erbe soll der beschwerte VermNehmer nicht weiter haften, 1
als das ihm Zugewendete reicht, dh zunächst mit seiner Fdg aus § 2174, nach deren Erfüllg mit dem Erlangten. Auch die in Kenntn der Beschwerg erfolgte Annahme ändert an dieser HaftgsBeschrkg nichts. Das gilt auch für den an seine Stelle Tretenden (**II**), also ErsatzVermNehmer; MitVermNehmer (§ 2159), da der Bedachte durch den Wegfall keinen Vorteil haben soll. – Bei **mehreren Vermächtnissen,** die einem VermNehmer zugewendet sind, gilt jedes dieser Verm hinsichtl der ihm auferlegten Beschwergen durch UnterVerm od Auflagen für die HaftgsBeschränkg als selbständig. Wg Anwachsg s § 2159.

2) Die etwaige Überschuldung (III) beruht hier nur auf dem UnterVerm, so daß an Stelle des Nachl 2
(§§ 1990–1992) der Wert des HauptVerm tritt, da die sonstigen NachlVerbindlichkeiten den ersten VermNehmer nichts angehen (Staud/Otte Rn 6–9). Er hat zu beweisen, daß dasjenige, was er aus dem Verm erhalten od zu erhalten hat, von vornherein od mangels Beitreibgsmöglichk nicht ausreicht, und muß das etwa Erlangte dem Zweitbedachten zwecks Befriedigg überlassen. Er haftet wg seiner Verwaltg u auf Rechngslegg (§§ 1991, 1978). Inventarerrichtg ist zweckm. – **Prozessual** gilt dasselbe wie beim Erben (ZPO 786). Er muß also Vorbehalt (ZPO 780) erwirken, falls es nicht zur Klageabweisg kommt, und seine Haftgsbeschränkg ggü einer ZwVollstr in andere Ggstände klageweise geltd machen (ZPO 767, 770, 785).

2188 *Kürzung der Beschwerungen.* **Wird die einem Vermächtnisnehmer gebührende Leistung auf Grund der Beschränkung der Haftung des Erben, wegen eines Pflichtteilsanspruchs oder in Gemäßheit des § 2187 gekürzt, so kann der Vermächtnisnehmer, sofern nicht ein anderer Wille des Erblassers anzunehmen ist, die ihm auferlegten Beschwerungen verhältnismäßig kürzen.**

1 **Kürzung** des Verm kann nach §§ 1990–1992; 2187; 2318 I; 2322 ff; InsO 327 u nach LAG 70 I eintreten. Ist das so gekürzte Verm seinerseits beschwert (§ 2187 I), kann der Beschwerte diese Leistgen verhältnismäßig kürzen, wie wenn er u der UnterVermNehmer nebeneinander bedacht wären, selbst wenn die gekürzte Zuwendg zur Erfüllg des Auferlegten noch ausreicht. Der Beschwerte soll näml nach dem vermutl ErblWillen den Nachteil der Kürzg nicht allein tragen. Bei unteilbarer Leistg braucht der Beschwerte nur den verhältnismäßig gekürzten Schätzgswert zu bezahlen, wenn der Bedachte die Kürzg nicht vergüten will (BGH **19**, 309).

2189 ***Anordnung eines Vorrangs.*** **Der Erblasser kann für den Fall, daß die dem Erben oder einem Vermächtnisnehmer auferlegten Vermächtnisse und Auflagen auf Grund der Beschränkung der Haftung des Erben, wegen eines Pflichtteilsanspruchs oder in Gemäßheit der §§ 2187, 2188 gekürzt werden, durch Verfügung von Todes wegen anordnen, daß ein Vermächtnis oder eine Auflage den Vorrang vor den übrigen Beschwerungen haben soll.**

1 **Eine Rangordnung** für den Fall von Kürzungen mehrerer Verm statt verhältnismäßiger Kürzg (§ 1991 IV mit InsO 327; § 2188) kann der Erbl test od erbvertragl anordnen. Eine derart Anordng wird in InsO 327 II 2 vorausgesetzt. – § 2189 ist auf Zuwendgen, die der Erbl unter die Bedingg einer Leistg zG eines Dritten stellt (vgl § 2076), entspr anwendbar; für die Frage, ob in diesem Fall die übrigen Beschwergen einer Kürzg ausgesetzt sind, muß man den Wert der Zuwendg nach Vorabzug des Kostenwerts der Bedinggsleistg mit den Verm u Auflagen vergleichen (Kipp/Coing § 80 III; Staud/Otte Rn 1, 2 mit Beisp).

2190 ***Ersatzvermächtnis.*** **Hat der Erblasser für den Fall, daß der zunächst Bedachte das Vermächtnis nicht erwirbt, den Gegenstand des Vermächtnisses einem anderen zugewendet, so finden die für die Einsetzung eines Ersatzerben geltenden Vorschriften der §§ 2097 bis 2099 entsprechende Anwendung.**

1 **Das Ersatzvermächtnis** entspricht dem ErsatzerbR und wird ihm entspr behandelt. Die Ersatzmänner treten aber entgg § 2098 zu gleichen Teilen ein, falls sie nicht mit demselben Ggstand bedacht sind. Auch die Vererblichk ist die gleiche wie beim ErbR (vgl § 2096 Rn 6). Der Ersatzberufene braucht nur den Erbfall zu erleben, nicht auch den Wegfall des zunächst bedachten VermNehmers (§§ 2160, 2178).

2191 ***Nachvermächtnis.*** **I Hat der Erblasser den vermachten Gegenstand von einem nach dem Anfalle des Vermächtnisses eintretenden bestimmten Zeitpunkt oder Ereignis an einem Dritten zugewendet, so gilt der erste Vermächtnisnehmer als beschwert.**

II Auf das Vermächtnis finden die für die Einsetzung eines Nacherben geltenden Vorschriften des § 2102, des § 2106 Abs. 1, des § 2107 und des § 2110 Abs. 1 entsprechende Anwendung.

1 **1) Nachvermächtnis** liegt vor, wenn Erbl denselben Ggstand zeitl nacheinander verschiedenen Personen zuwendet dergestalt, daß bei Eintritt des Termins od der Bedingg der erste VermNehmer den Ggstand dem zweiten herauszugeben hat. Es ähnelt in gewisser Weise der NErbfolge. Im Ggsatz zu dieser führt es aber bei Eintritt des NachVermFalls nicht (wie § 2139) zum Anfall von selbst, sond gewährt dem NachVermNehmer nur einen Anspruch gg den VorVermNehmer auf Leistg (§ 2174). Dieser ist hier nämlich der Beschwerte, nicht der Erbe (nur dies regelt **I**), der nach Leistg an den Erstbedachten mit der späteren Herausgabe an Nachbedachten nichts mehr zu tun hat, selbst wenn Grdst noch auf ihn eingetragen ist (OGH NJW **50**, 596). – NachVerm kann sich auch auf einen (realen od ideellen) Teil des VorVerm beschränken. Mehrere VermFälle können nacheinand angeordnet sein. NachVerm ist auch das RückVerm (§ 2177 Rn 7; Ffm ZEV **97**, 295). – Der Anspr des NachVermNehmers ist grdsl **vormerkbar**, wenn Ggstand des NachVerm ein Grdst od GrdstR ist (BayObLG Rpfleger **81**, 190; Bengel NJW **90**, 1826). Zur VfgsBeschränkg des VorVermNehmers nach Eintragg einer Vormerkg u zur analogen Anwendg von §§ 2124 ff; 2120 s Maur NJW **90**, 1161.

2 **2) Rechtliche Ausgestaltung.** Für das NachVerm gelten VermGrdsätze, da es ein UnterVerm (§ 2147 S 1) besond Art ist (Leistg hat and Inhalt), das sich mit entspr aufschiebd bedingten od befristeten Verm (§ 2177) deckt. Dies betrifft insbes die VermVorschr üb den vermachten Ggstand sowie die zeitl Schranken (§§ 2162, 2163). Vorschr üb die NErbsch sind mit Ausn der in **II** ausdrückl genannten weder unmittelb noch entspr anwendb. Der Nachbedachte hat zwar auch ab Erbfall eine Anwartsch (BGH MDR **63**, 824), die aber nicht mit dem AnwR des NachE vergleichb ist u für die § 2108 nicht gilt (Bengel NJW **90**, 1826). Fällt er weg, kommen seine Abkömml nur zum Zug, wenn der Erbl seinen Stamm (u nicht nur ihn persönl) bedenken wollte (BGH NJW **58**, 22; **73**, 240; Bengel aaO).

3 **3) Der Vorvermächtnisnehmer** unterliegt als Eigentümer bzw RInhaber nicht den Verfüggsbeschränkgen des VorE (RG Warn **10** Nr 157). Der Nachbedachte ist nur dch § 2179 geschützt (BGH BWNotZ **61**, 265; s § 2179 Rn 1); jedoch kann Erbl TVStrg als VerwaltgsVollstrg üb VorVerm anordnen; ebso ist NachVermVollstrg zuläss (§ 2223 Rn 2). – VorVermNehmer zieht die Nutzgen bis Anfall u darf sie auch behalten, sofern Erbl nichts and bestimmt hat (§ 2184); dafür trägt er die gewöhnl Erhaltgskosten u bestimmte Lasten (§ 2185 Rn 2). Anspr auf Verwendgsersatz bestimmt sich nach § 2185 (BGH **114**, 16 mAv Leipold JZ **91**, 990), jedoch erst ab Anfall an Nachbedachten. Diesem ist er aber auch schon vor Anfall zur ordngsgem Verwaltg verpflichtet (BGH aaO). – BGH BWNotZ **63**, 70 hat es offen gelassen, ob (analog §§ 2107, 2191 II) auch die Beschwerg eines als Erben eingesetzten Abkömmlings mit einem bei seinem Tod fälligen Verm iZw dann entfällt, wenn dieser zZ der Errichtg der letztw Vfg tatsächl od nach Annahme des Erbl keinen Abkömml hatte, bei seinem Tod jedoch Nachkommensch vorhanden ist. Die Frage dürfte zu bejahen sein; dazu (wie hier) BGH JR **80**, 282 mAv Schubart (Auslegg ist aber zu beachten).

Fünfter Titel. Auflage

2192 *Anzuwendende Vorschriften.* **Auf eine Auflage finden die für letztwillige Zuwendungen geltenden Vorschriften der §§ 2065, 2147, 2148, 2154 bis 2156, 2161, 2171, 2181 entsprechende Anwendung.**

1) Die Auflage ist bereits in § 1940 definiert als Auferlegg einer Verpflichtg ohne Zuwendg. Ein dch sie Begünstigter hat dah keinen Anspr auf Leistg. Dies gilt auch, wenn Erbe ausnahmsw verpflichtet wurde, einem Dritten fortlaufd Geld aus Nachl zuzuwenden (s dazu KG ZEV **98**, 306 mAv Vorwerk 297), so daß sich in diesem Fall TVstrg empfiehlt. Die RStellg des Begünstigten ist auch nicht vererbl. Die Aufl, die im ErbV auch vertragsmäß Vfg sein kann (§ 2278), setzt jedoch einen Begünstigten nicht voraus (Bsp: Versorgg eines Tieres). Ihre Erfüllg muß für den Verpflichteten nicht immer mit einem Geldaufwand verbunden sein (zB bei Aufl, das Grab des Erbl jährl zu besuchen) u kann sogar Vorteil des Beschwerten bezwecken (zB Anweisg zur Geldanlage; GeschFührg). – Zu unterscheiden ist sie von bloßen letzten Wünschen, Ratschlägen u Empfehlgen, die den Beschwerten nur moralisch, nicht rechtl binden (s § 2084 Rn 20). 1

a) Keine Zuwendung ist die Aufl. Jedoch findet eine Reihe von Zuwendgsvorschriften entspr Anwendg, wohl auch § 2170. Die §§ 2159, 2186–2189, 2318, 2322, 2323 betreffen die Aufl ebenfalls. Fällig wird die Aufl mangels Zeitangabe spätestens mit dem Tode des Beschwerten (§ 2181). – **b) Beschwert** ist iZw der Erbe (§ 2147). Auch VermNehmer kann beschwert sein; NachE erst bei od nach Eintritt der Nacherbfolge (BayObLG **66**, 271; s § 2147 Rn 1). Doch haben Aufl oft insofern einen höchstpersönl Charakter, als sie nur einen ganz bestimmten Beschwerten treffen sollen. Wegen Bestimmg der Leistg u des Begünstigten vgl §§ 2156, 2193. – **c) Keine Anwendung** finden die Vorschr, die einen Bedachten betreffen, zB § 2180 (Ausschlagg) u § 2307 (RG HRR **28** Nr 427), da ein allenfalls Begünstigter kein Recht auf Leistg hat. Auch eine zeitl Grenze (wie in §§ 2162, 2163) ist nicht gezogen, da Aufl auch stiftgsähnl Dauerzwecken dienen sollen. 2 3 4

2) Gegenstand der Auflage kann ein Tun od Unterlassen betreffen (§ 241), dh alles, wozu man sich schuldrechtl verpflichten kann. Dies muß nicht vermögensrechtl Inhalts sein. **Beispiele:** Bestattg in best Weise auszurichten; Grabpflege; Aufstellg einer Büste; Verpflichtg des Erben, auf seine Kosten die Leiche der Anatomie zu übergeben (Soergel/Stein § 1940 Rn 3); od ihr keine Organe zu entnehmen; Unternehmen des Erbl fortzuführen; in Gesellsch einzutreten (bei Eintrittsklausel); mit best Mitteln Stiftg zu errichten od sie für eine solche verwenden; Vfgen üb NachlGgst zu unterlassen, insbes Grdbesitz nicht zu veräußern (BayObLG FamRZ **86**, 608) od nicht ohne Zustimmg od Rat eines Dritten (Köln FamRZ **90**, 1402); od nicht „in fremde Hände" geraten zu lassen (vgl BGH FamRZ **85**, 278); hinterlassenes Geld für best Zeit anzulegen. MitE kann Übertragg der VerwaltgsBefugn auf best MitE aufgegeben werden. Verwendg des ErblVermögens für Tiere kann Erbeinsetzg einer erbfäh natürl od jur Person mit Aufl zweckentspr NachlVerwendg sein (s § 2065 Rn 4). – Ggst einer Aufl kann auch (soweit nicht Sittenwidrigk anzunehmen ist) die Verpfl sein, zu heiraten od nicht zu heiraten; einen bestimmten Beruf zu ergreifen; den Beruf, die Konfession od den Wohnsitz nicht zu wechseln; einer Vereinigg beizutreten od nicht beizutreten (s auch § 2074 Rn 2; § 2075 Rn 1; 2). – Dagg kann **nicht** Ggst einer Aufl sein, ein best Test zu errichten (BayObLG **58**, 225/230), aufzuheben od dies nicht zu tun (vgl § 2302). Wenn gg die Anerkenng von Verpflichtgen, die mit einer Zuwendg verbunden sind (zB ein Kind anzunehmen od zu legitimieren; den Familiennamen zu ändern) Bedenken bestehen, ist die Umdeutg einer Aufl in eine auflösd bedingte Zuwendg denkb (Staud/Otte § 1940 Rn 10). – Über Auflagen bezügl eines GeschAnteil einer GmbH s Haegele BWNotZ **76**, 55/58. Bezügl TVstrg bei Fortführg eines EinzelhandelsGesch s § 2205 Rn 7–13. Allgem über Auflagen zur Unternehmensfortführg od -umgründg s Esch/Schulze zur Wiesche Rn 570 ff. 5 6

2193 *Bestimmung des Begünstigten.* **I Der Erblasser kann bei der Anordnung einer Auflage, deren Zweck er bestimmt hat, die Bestimmung der Person, an welche die Leistung erfolgen soll, dem Beschwerten oder einem Dritten überlassen.**

II Steht die Bestimmung dem Beschwerten zu, so kann ihm, wenn er zur Vollziehung der Auflage rechtskräftig verurteilt ist, von dem Kläger eine angemessene Frist zur Vollziehung bestimmt werden; nach dem Ablaufe der Frist ist der Kläger berechtigt, die Bestimmung zu treffen, wenn nicht die Vollziehung rechtzeitig erfolgt.

III Steht die Bestimmung einem Dritten zu, so erfolgt sie durch Erklärung gegenüber dem Beschwerten. Kann der Dritte die Bestimmung nicht treffen, so geht das Bestimmungsrecht auf den Beschwerten über. Die Vorschrift des § 2151 Abs 3 Satz 2 findet entsprechende Anwendung; zu den Beteiligten im Sinne dieser Vorschrift gehören der Beschwerte und diejenigen, welche die Vollziehung der Auflage zu verlangen berechtigt sind.

1) Bestimmung (I) des Begünstigten kann ein Erbl, der den Zweck einer Aufl wenigstens in erkennb Umrissen (RG **95**, 15) bestimmt hat, abweichd von § 2065 II u über §§ 2156; 2192 hinaus dem Beschwerten od einem Dritten (zB dem TV) überlassen. Der dann zur Auswahl Berecht kann insow den Erbl im Willen vertreten, bleibt aber an dessen erkennb Vorgaben insbes zum Zweck der Aufl gebunden. Auch wenn er nach freiem Ermessen bestimmen kann, ist seine Entscheidg gerichtl überprüfb, aber nur darauf, ob sie diesen Zweck offensichtl verfehlt od auf Arglist beruht (BGH **121**, 357 mAv Schubert JR **94**, 158). 1

2) Das Bestimmungsrecht geht erst u nur dann auf die aus § 2194 klagende Partei über, wenn der AuswahlBerecht zur Vollziehg der Aufl rkräft verurteilt, ihm eine Frist gesetzt u diese fruchtlos verstrichen ist. 2

Die Fristsetzg kann bei **II** auch durch das Gericht (ZPO 255 II) und ggü dem Dritten (nicht dem Beschwerten) erfolgen, im Falle des **III** durch das NachlG (**III** 3; Rpfleger, RPflG 3 Nr 2 c; 11; FGG 80, 20). – **II** Hs 2 ist aber nicht entspr anwendb, wenn die getroffene Bestimmg sich als unwirks erweist; vielm bleibt dann der Berecht verpflichtet, eine wirks Bestimmg nachzuholen (BGH **121**, 357; str). – **Beweislast** für die zur Unwirksk führden Tats trifft den aus § 2194 vorgehden Kläger; Beklagter kann aber Darleggslast haben (BGH aaO).

2194 *Anspruch auf Vollziehung.* **Die Vollziehung einer Auflage können der Erbe, der Miterbe und derjenige verlangen, welchem der Wegfall des mit der Auflage zunächst Beschwerten unmittelbar zustatten kommen würde. Liegt die Vollziehung im öffentlichen Interesse, so kann auch die zuständige Behörde die Vollziehung verlangen.**

1 **1) Das Klagerecht** auf Vollziehg ist gewährt, damit die Aufl nicht unerfüllt bleibt, weil dem AuflBegünstigten kein FdgsR, also auch kein KlageR zusteht. Eingeräumt ist es als eigenes Recht auf Leistg an Dritte (vgl § 335) den Vollzugsberechtigten: dem Erben od ErbesE (gg den beschwerten VermNehmer; zum Einwand nach § 2187 s Hass SchlHAnz **78**, 61); dem MitE (gg den beschwerten Erben od VermNehmer); dem TV (§§ 2208 II, 2223), neben diesem aber auch dem Erben selbst, da § 2212 nicht entspr angewendet werden kann (aM LG Brschw MDR **55**, 169); sowie demjenigen, dem der Wegfall des mit der Aufl Beschwerten unmittelb zustatten kommen würde (§§ 2161, 2192; s Staud/Otte Rn 4); auch denjenigen, dem
2 der Erbl das KlageR in der letztw Vfg ausdrückl eingeräumt hat (Staud/Otte Rn 6). – Bei **öffentlichem Interesse** (worüber ordentl Gericht entscheidet) hat KlageR auch die nach LandesR (s dazu jew AGBGB) zuständ Behörde als Partei kr Amtes. – Wegen der Vollstreckgsfragen vgl § 2196 Rn 1. Mangels Vermögenswert ist das KlageR nicht pfändbar.

3 **2) Der Vollziehungsberechtigte** ist ein Rechtsträger in fremdem Interesse, der (ähnl § 335) Leistg nur an den Begünstigten verlangen kann. Der Begünstigte hat keinen eigenen Anspr. Bei Nichterfüllg besteht kein SchadErsAnspr, da der Eintritt eines Schadens begriffl ausgeschlossen ist (MüKo/Schlichting Rn 9); vgl aber § 2196. – Eine Verpflichtg zum Verlangen auf Vollziehg besteht nicht. Verzicht hierauf ist zuläss, wenn er dem mutmaßl Willen des Erbl entspricht (RGRK Rn 9; str). Mehrere Berechtigte sind nicht GesamtGläub, da jeder dasselbe und nicht für sich verlangt. Das Recht auf Vollziehg ist nicht übertragbar u pfändbar, aber auf jeden Fall bei Erben u MitE vererbl (s RGRK Rn 8). – Der Erbl kann den Kreis der VollziehgsBerecht erweitern od einschränken, allerd nicht den dch die Aufl Begünstigten einbeziehen (Vorwerk ZEV **98**, 297 mN; str).

2195 *Selbständigkeit von Auflage und Zuwendung.* **Die Unwirksamkeit einer Auflage hat die Unwirksamkeit der unter der Auflage gemachten Zuwendung nur zur Folge, wenn anzunehmen ist, daß der Erblasser die Zuwendung nicht ohne die Auflage gemacht haben würde.**

1 **Die Selbständigkeit der Auflage** (vgl auch § 2085) bildet die Regel, falls es nicht dem Erbl in erster Linie auf die Erfüllg der Aufl ankam (zB Rente für Grabunterhaltg; diese entfällt mit dem Grab). Die Unwirksamk kann von Anfang an bestehen (Unmöglichk; Sittenwidrigk; Anfechtg der betr Anordng) oder nachträgl eintreten (Ausfall der Bedingg; Sonderfall § 2196). Veränderte Umstände machen die Aufl noch nicht unwirks, wenn dem mit ihr zum Ausdruck gebrachten Willen des Erbl durch eine andere Art der Vollzieh Rechng getragen werden kann (BGH **42**, 327 mAv Kreft zu **LM** Nr 1). – Umgekehrt entfällt die Aufl nicht notw durch teilweise Unwirksamk der Zuwendg (RG Gruch **52**, 1087) od dadurch, daß nicht der zunächst Bedachte sie erhält (§§ 2192, 2161).

2196 *Unmöglichkeit der Vollziehung.* **I Wird die Vollziehung einer Auflage infolge eines von dem Beschwerten zu vertretenden Umstandes unmöglich, so kann derjenige, welchem der Wegfall des zunächst Beschwerten unmittelbar zustatten kommen würde, die Herausgabe der Zuwendung nach den Vorschriften über die Herausgabe einer ungerechtfertigten Bereicherung insoweit fordern, als die Zuwendung zur Vollziehung der Auflage hätte verwendet werden müssen.**

II Das gleiche gilt, wenn der Beschwerte zur Vollziehung einer Auflage, die nicht durch einen Dritten vollzogen werden kann, rechtskräftig verurteilt ist und die zulässigen Zwangsmittel erfolglos gegen ihn angewendet worden sind.

1 **1) Bei unverschuldeter Unmöglichkeit** (vgl auch § 2195) wird der Beschwerte frei u behält die Zuwendg (§ 275). Bei **verschuldeter Unmöglichkeit (I)** oder **Weigerung (II)** soll sich der Beschwerte nicht bereichern dürfen (§§ 276 ff), sofern nicht überh dann auch die Zuwendg nach dem ErblWillen entfällt. Der Erbl kann die Nichtvollziehg der Aufl auch zur auflösenden Bedingg der Zuwendg gestalten (vgl auch RG SeuffA **74** Nr 101). – Kann auch ein Dritter die Aufl vollziehen, erfolgt gewöhnl ZwangsVollstr nach ZPO 887 (Ermächtigg). Andernf ist nach ZPO 888, 890 zu vollstrecken. Erfordert die Aufl keinen Vermögensaufwand, besteht kein BereichergsAnspr.

2 **2) Der Bereicherungsanspruch,** der nur dem evtl nachrückenden Beschwerten (nicht dem TV od der Behörde, § 2194) zusteht, bemißt sich nach §§ 818, 819 (vgl auch §§ 291, 292, 989). Der Herausgabeberechtigte ist seiners verpflichtet, die Aufl mit dem Erlangten zu erfüllen, sofern sie nicht etwa nur durch den zunächst Beschwerten erfüllt werden sollte od ihre Vollziehg obj unmögl ist (Kipp/Coing § 65 III).

Sechster Titel. Testamentsvollstrecker

Einführung

Schrifttum: Bengel/Reimann u. a., Handbuch der TVstrg (2. Aufl 1998); Haegele/Winkler, Der TV (13. Aufl 1994); Hartmann, TVstrg u Nießbr zur Sicherg der Nachfolge des EinzelUntern (2. Aufl 1983); Möhring/Beisswingert/Klingelhöffer, Vermögensverwaltg in Vormsch- u NachlSachen (7. Aufl 1992); Muscheler, Die Haftgsordng der TVstrg, 1994.

1) Die Testamentsvollstreckung beruht vornehml auf dem Interesse des Erbl an dem künft Schicksal 1 seines Vermögens (BayObLG **76**, 67). Im Normalfall ist für sie kennzeichnend, daß dch ihre Anordng Inhabersch u Ausübg des Rechts auseinanderfallen (MüKo/Brandner § 2205 Rn 1): Dem Erben ist die Ausübg seiner Rechte verwehrt (§ 2211), solange u soweit sie dem TV dch Anordng des Erbl übertragen ist (§§ 2205; 2208); seine Haftg wird dadch jedoch nicht berührt. Allein die Anordng des Erbl bestimmt also, in welchem Umfang der TV tätig zu werden berechtigt u verpflichtet ist; zur Vfg üb NachlGgstände, die nicht der Verwaltg des TV unterliegen, ist allein der Erbe befugt. TVstrg kann uU sittenwidr sein (s zB Düss NJW **88**, 2615 bei Anordng nur wg Zugehörigk des Erben zu Sekte). Sie kann auch für einen VermächtnNehmer angeordnet werden (BGH **13**, 203); s § 2223. – Regelfall ist die ausführende TVstrg od **Abwicklungsvollstreckung** (§§ 2203–2207); ihren Zwecken ist das Verwaltgs- u VfgsR des § 2205 untergeordnet. – Der Erbl kann aber auch dch **Dauervollstreckung** (§ 2209 S 1 Hs 2) dem TV die Verwaltg des Nachl auch für die Zeit nach Erledigg der ihm sonst zugewiesenen Aufgaben übertragen. – Er kann auch eine reine **Verwaltungsvollstreckung** anordnen (§ 2209 S 1 Hs 1).

2) Rechtsstellung. Der TV hat die Stellg eines Treuhänders u ist Inhaber eines privaten Amtes (BGH **25**, 2 275), das erst mit der Annahme (§ 2202 I) beginnt. Er ist nicht Vertreter od Beauftragter des Erbl (wg Vereinbargen mit diesem vgl § 2203 Rn 1) u auch nicht des Nachl, der ja keine RPersönlichk ist. Er ist auch nicht eigentl Vertreter des Erben, denn er kann auch gg diesen vorgehen (vgl §§ 2206 II, 2217); sein rechtsgeschäftl Wille, der den Nachl verpflichtet, ist nicht der des Erben. Er übt vielmehr das ihm zugewiesene Amt **aus eigenem Recht** gem dem letzten Willen des Erbl u dem G selbständ aus (s BGH **LM** Nr 1 zu § 2203). Dabei muß er sich allerdings nach außen hin als TV bezeichnen, um aus seinen RGeschäften nicht persönl haftbar gemacht zu werden. Indessen ist seine Stellg der eines ges Vertreters (iwS) in gewissen Beziehgen angenähert. Denn der eigentl Herr des Nachl ist der Erbe, der TV sein Verwalter. Im Rahmen dieser Verwaltg werden Rechte u Pflichten des Erben vom TV wahrgenommen u treffen dessen Hdlgen in ihren Wirkgen den Erben als solchen (vgl § 278 und dazu RG **144**, 401; §§ 2206, 2213, 2216–2219), ausgenommen unerlaubte Hdlgen des TV (vgl § 2219 Rn 5). – Über mitwirkendes Verschulden vgl § 254 Rn 5. – Über die Frage der Anwendbark des § 181 vgl § 2205 Rn 30. – Beauftragter des Erben ist der TV nicht, wenn auch § 2218 aus techn Gründen die entspr Anwendg einiger AuftragsVorschr anordnet. Ernenng durch den Erbl u Annahme des Amtes schaffen auch kein AuftragsVerh zw Erbl und TV; §§ 164 ff sind aber entspr anwendb (Schlüter § 42 I 3 a). – Derjenige, dem nur zu eigenem Nutzen Verwaltg und Vfg über einen Nachl eingeräumt wurde, ist nicht TV, sond regelm VorE (Mü JFG **16**, 310).

a) Das Nachlaßgericht ist nicht zur Überwachg der Tätigk des TV berufen u nicht ermächtigt, in seine 3 Amtsführg einzugreifen. Das G kennt keine gerichtl od behördl Dauerkontrolle des TV (s Reimann FamRZ **95**, 588), auch nicht dch GenehmiggsBedürftigk wichtiger Gesch. Auch der Erbl kann den TV nicht der Aufsicht des NachlG unterstellen, da dies ein Eingriff in öff R wäre. Die ges Befugnisse des NachlG sind vielm auf Maßnahmen beschränkt, die das Vollstreckeramt erleichtern sollen wie zB Ernenng auf Ersuchen (§ 2200); Entggnahme von Erkl (§§ 2198 I 2, 2202 II 1); Außerkraftsetzg letztw Anordngen (§ 2216 II 2) od Entscheidg bei Meinungsverschiedenh (§ 2216 II 2). Es kann ihm folgl nicht dch einstw Anordng ein konkretes rechtsgeschäftl Handeln untersagen (Köln OLGZ **87**, 280), auch nicht das BeschwerdeG aGr FGG 24 III (Köln aaO). Erst auf Antrag eines Beteiligten hat das NachlG üb seine Entlassg aus wicht Grd zu entscheiden (§ 2227), wodch dann eine gewisse gerichtl Überwachg der Tätigk mögl ist. – Der Aufsicht des **Vormundschaftsgerichts** kann der TV bei minderj Erben gleichfalls nicht unterstellt werden (hM; H/ 4 Winkler Rn 218; aM Greiser DFG **36**, 245), obwohl die ges Vertreter minderj od geschäftsunfäh Erben von der Verwaltg des ererbten Vermögens insow ausgeschlossen sind, als dieses der TVstrg unterliegt. Sie können allerd mit Zustimmg des TV eine Vfg üb derartiges Vermögen treffen u bedürfen dann dazu (wie bei Vfg des TV allein) nicht einer sonst erforderl gerichtl Genehmigg (Celle FamRZ **68**, 489; AG Bremen Rpfleger **72**, 369; s auch § 2204 Rn 4).

b) Der Erbe kann vom TV jederzeit verlangen, daß dieser seine Befugn nicht überschreitet. Er kann im 5 Zivilprozeß seinen Anspr auf ordnungsmäßige Verwaltg durchsetzen u den TV auf Erfüllg seiner Pflichten verklagen (BGH **48**, 214; **25**, 283 mAv Johannsen **LM** § 2205 Nr 2). Insow wird ihm unter den Voraussetzgen von ZPO 935 ff auch einstw RSchutz zu gewähren sein (Köln OLGZ **87**, 280). – Beim NachlG kann der Erbe die Entlassg des TV bei Pflichtverletzgen od sonst wicht Grd beantragen (§ 2227). Auch dadch wird ihm eine gewisse Einwirkg auf den TV ermöglicht. – Der TV **haftet** dem Erben (§ 2219), dagg nicht den NachlGläub mit Ausn von § 826 (wie etwa der NachlVerwalter, § 1985 II).

c) Ergänzungspfleger (§§ 1909) ist zu bestellen, wenn zum TV ein Elternteil od der Vormund od 6 Betreuer des Erben ernannt ist. Dch ihre Doppelstellg als TV u ges Vertr sind sie rechtlich gehindert (§§ 1629 II; 1795 II; 1796; 1908 i; § 181), den Erben in Bezug auf die Wahrg seiner Rechte ggü dem TV zu vertreten (Hamm OLGZ **93**, 392 mAv Reimann MittBayNot **94**, 55; LG Ffm Rpfleger **90**, 207; s dazu Damrau ZEV **94**, 1). Ggstandslos wird die TVstrg dch Anordng einer ErgänzgsPflegsch hinsichtl eines VermögensGgstands, der aGrd Vertr zg Dritter (§§ 331; 332) nicht in den Nachl fällt (Bln Rpfleger **79**, 204).

7 **3) Aufgabenkreis.** Der TV hat den Willen des Erbl auszuführen. Jedoch können Inhalt u Umfang seines Amts nach dem durch §§ 2203 ff dem Erbl gewährten Spielraum sehr mannigfaltig sein. Seine Aufgaben können sich in einer einzelnen Maßnahme erschöpfen, zB für Vollziehg einer Auflage zu sorgen (BayObLG NJW-RR **86**, 629) od für die Durchführung der Bestattg; Auflassg eines Grdstücks an sich selbst (Lindemann DNotZ **51**, 215); Ausübg des Stimmrechts aus einem GmbH-Geschäftsanteil, und zwar auch noch nach der Auseinandersetzg (Hamm JMBl NRW **56**, 158). Sie können sich aber auch bei der selbständ Verwaltg des § 2209 nach § 2210 auf Jahrzehnte, auf den Nachl im ganzen od einzelne NachlGgstände od nur auf ein
8 Vermächtn (vgl § 2223 Rn 2) erstrecken. – Ihm obliegt auch die **Auseinandersetzung** (§ 2204). Dadch entfällt die Befugn des NachlG zu ihrer Vermittlg (FGG 86). – Zur Eingehg von **Verbindlichkeiten** für den Nachl ist er befugt (§ 2206). Diese Befugn kann sogar unbeschränkt sein (§ 2207) od aber auch enger beschränkt (§ 2208) od sogar ganz ausgeschlossen sein (RG **132**, 141). – Die TVstrg kann auch ggständl od
9 auf bestimmte Erbteile **beschränkt** werden; eine solche Beschränkg kann sich auch nachträgl ergeben (s BGH NJW **62**, 912; BayObLG FamRZ **91**, 231; dazu v Preuschen FamRZ **93**, 1390). – Auch die Ausübg des UrheberR kann dch letztw Vfg einem TV übertragen werden (UrhRG 28 II; Fromm NJW **66**, 1245).

10 **4) Prozeßführung. – a) Für den Nachlaß** kann allein der TV im Rahmen seiner VerwaltgsBefugn die zum Nachl gehörenden Rechte gerichtl geltd machen, währd der Erbe Nebenintervenient (ZPO 66) u Zeuge sein kann. Der TV führt die Prozesse in eigenem Namen, aber in seiner Eigensch als TV, als „Partei kraft Amts", also für Rechng des Nachl u mit Wirkg für u gg den Erben (§ 2212; ZPO 327 I), auch soweit es sich um eine Feststellgsklage, ErbschKlage od Vollstreckgsabwehrklage handelt. Betrifft der Prozeß eine NachlVerbindlichk, wirkt das Urteil für u gg den Erben nur, soweit der TV nach § 2213 prozeßführgsbefugt war. ZwangsVollstr erfolgt nach ZPO 728 II, 748, 780 II.

11 **b) Prozesse gegen den Nachlaß** (insb aus NachlVerbindlichk) können, wenn der TV zur Verwaltg des ganzen Nachlasses befugt ist, sowohl gg den Erben als auch gg den TV gerichtet werden (§ 2213 I 1; s aber auch ZPO 327 II, 748 I). Ist der TV nicht zur Verwaltg des ganzen Nachl berechtigt, so ist nur der Erbe passiv legitimiert (§ 2213 I 2). Die ZwangsVollstr in die vom TV verwalteten einzelnen NachlGgstände erfordert aber neben dem Urteil gg den Erben ein solches auf Duldg gg den TV (ZPO 748 II; § 2213 III), da das Urteil gg den Erben keine RKraft gg den TV schafft (RG **109**, 166). Der PflichttAnspr (einschließl des vorbereitenden Auskunftbegehrens, § 2314) muß gg den Erben gerichtet werden; doch ist auch hier ein Duldgsurteil gg den TV erforderl (§ 2213 I 3, III; ZPO 748 III). – Lit: Garlichs, Passivprozesse des TV, 1996.

12 **c) Über das Erbrecht** selbst, das seiner Verwaltg nicht unterliegt, kann der TV grdsl keinen Prozeß führen (RG **106**, 47). Hat er jedoch in seiner Eigensch als TV ein rechtl Interesse an dessen Feststellg, liegt also die Prozeßführg im Rahmen seiner Verwaltgsaufgabe, ist seine Klage als Partei kr Amtes zulässig (BGH WM **87**, 564). Dies ist zB der Fall, wenn ein von ihm nicht anerkannter Erbanwärter Anspr auf den Nachl erhebt. Auf das ErbSchVerf braucht er sich dann nicht zu verlassen, weil er ein eigenständ Recht hat, den letzten Willen des Erbl zu verwirklichen u zu verteidigen (BGH **69**, 235 u aaO). Inzidenter kann er üb das ErbR prozessieren, soweit es sich um das Bestehen seines Amtes od die Gültigk der ihn berufenden letztw Vfg od um sein Recht zu deren Ausführg usw handelt. RKraft (ZPO 325) wirkt nur zw den Parteien. – Im Verf über die vormschaftsgerichtl Genehmigg eines Vergleichs über das ErbR (§ 1822 Nr 1) ist der TV nicht beschwerdeberecht (Zweibr OLGZ **80**, 142).

13 **5) Bekanntmachung. – a) Im Erbschein** ist die Ernenng des TV anzugeben (§ 2364 I). Bei aufschiebend bedingter TVstrg ist diese erst nach Eintritt der Bedingg (KG JFG **10**, 73) zu erwähnen. Der Umfang der Befugn des TV ergibt sich aus dem Zeugnis (§ 2368).

14 **b) Im Grundbuch** (GBO 52) ist die TVstrg gleichzeitig mit der Eintragg des Erben zu vermerken, aber niemals ohne diese (BayObLG FGPrax **96**, 32 mAv Schaub ZEV **96**, 151), wenn Grdst der Verwaltg des TV unterliegt (dazu Bestelmeyer ZEV **96**, 261). Entspr gilt nach SchiffsRegO 55; s auch LuftfzRG 86 I. Erbl kann die Eintragg nicht verbieten, der TV nicht auf sie verzichten, da er seine Befugnisse im Interesse des Erben auszuüben hat (Mü JFG **20**, 294). – Der eingetragene TV–Vermerk hat dann rein negative Wirkg, indem GBuch für Vfgen des Erben gesperrt wird (§ 892 Rn 18; BayObLG FamRZ **99**, 474). – Löschg erfolgt bei UnrichtigkNachw (GBO 22, 84), wenn TVstrg in Wirklichk nicht bestand; od bei Nachweis der Beendigg der TVstrg dch öff Urk (GBO 29 I 2), die auch das TV-Zeugn sein kann, wenn sich aus ihm die Beendigg ergibt (BayObLG **90**, 51). Dagg nicht allein aGrd Bewilligg des TV (Hamm RPfleger **58**, 15; Starnberg Rpfleger **85**, 57). Vielm ist der Grd hinreichend nachzuweisen, wobei im Falle der Niederlegg des Amtes durch TV damit noch nicht nachgewiesen ist, daß auch die TVstrg als solche beendet ist, da Erbl Ersatzbestimmgen getroffen haben kann (Hamm Rpfleger **58**, 15).

15 **c) Ob in das Handelsregister** ein TV–Vermerk gehört, ist bestr. Nachdem nicht nur kr ausdrückl ges Vorschr einzutragen ist, sond auch ohne solche nach den Erfordern von Sinn u Zweck des HandelsReg (Baumbach/Hopt HGB 8 Rn 5; zB die Gestattg des Selbstkontrahierens, BGH **87**, 60), ist in Bezug auf die Beteiligg des Erbl an PersonenGes die bish ablehnende hM infolge der nunmehr vom BGH anerkannten Zulässigk der TVstrg (s § 2205 Rn 14; 20) zu überprüfen. Soweit die TVstrg die RMacht des Kommanditisten beschränkt u Außenwirkg entfaltet (zB nach § 2212 für Aktivprozesse; § 2214 für den Zugriff von EigenGläub), sollte die Eintragg eines TV–Vermerks im HandelsReg zugelassen werden (Ulmer NJW **90**, 73/82; Schaub ZEV **94**, 71; Plank ZEV **98**, 325 mN; aA KG FGPrax **95**, 202; Damrau BWNotZ **90**, 69). – Zur Anmeldg des Eintritts des Gter-Erben ist der TV berechtigt u verpflichtet, soweit seine Befugn reicht (BGH **108**, 187) u die nur bei TVstrg nach § 2209 besteht, nicht aber bei bloßer Abwicklgsvollstrg (KG OLGZ **91**, 261); dagg kann er das Ausscheiden des Erbl für die Erben, die selbst nicht Gter wurden, stets anmelden ohne Rücks auf die Art der TVstrg (KG aaO; HGB 107; 108 I; 143 II; 161 II). Ob neben einer bestehenden Befugn des TV auch noch der Erbe ein AnmeldeR hat, ließ BGH aaO offen, ist aber zu verneinen (Reimann aaO). – Hinsichtl der Fortführg des Geschäfts eines **Einzelkaufmanns** s § 2205 Rn 9; im Falle der sog Vollmachtlösg (§ 2205 Rn 9; 10) hat sich Konstanz FamRZ **90**, 441 im Anschluß an Baur FS Dölle, 1963, I 249 für die Eintragg des TV entschieden (s auch Schaub ZEV **94**, 71).

6) Vollmacht auf den Todesfall. Der Erbl kann zu seinen Lebzeiten statt einer Vollm, die mit seinem Tod nicht erlischt (s § 168; § 1922 Rn 34), auch eine Vollm erteilen, die von vorneherein auf seinen Todesfall beschränkt ist, dh erst beim Erbfall zur Entstehg gelangt (RG **114**, 354; Trapp ZEV **95**, 314). Darin liegt aber noch keine Vfg des Erbl zB üb sein Bankguthaben, weil die postmortale Vollm auch nach dem Tod des Erbl nicht die Verteilg seines Vermögens ändert; dieses fällt auch dann in den Nachl, wenn es von da an der Verfüggsbefugn eines Bevollmächtigten unterliegt (Köln ZIP **88**, 1203). Das Risiko des **Mißbrauchs** einer nach außen unbeschränkten Vollm trägt der Vertretene. Der VertrPartner hat keine PrüfgsPfl, es sei denn bei obj Evidenz des Mißbrauchs, die aber massive Verdachtsmomente voraussetzt (BGH NJW **94**, 2082); solche ergeben sich zB noch nicht aus einer Vermögensübertragg auf eigene Konten (BGH NJW **95**, 250). Ohne solche muß Bank die ihr vom Bevollmächtigten erteilten Weisgen unverzügl u vorbehaltslos ausführen u ist nicht berecht od verpflichtet, die Zustimmg des Erben abzuwarten od ihm dch Zuwarten Widerruf zu ermöglichen (BGH aaO). – Üb Vollm des Erbl bei **Vor-** u **Nacherbfolge** s § 2112 Rn 7. – Liegt der Vollm ein Auftrag od ein GeschBesorggsVertr zugrunde, ergibt sich ihre Fortdauer über den Tod hinaus idR aus §§ 168, 672, 675. Diese ist aber auch mögl, wenn die Vollm unabhängig von einem bestimmten RVerhältn erteilt wird (isolierte Vollm). Sonderfälle: HGB 52 III; ZPO 86. 16

a) Erteilung. Die postmortale Vollm kann als Innen- od AußenVollm durch RGesch unter Lebenden (§ 167) erteilt werden (s dazu Mü DB **73**, 693); es genügt, wenn die Erklärg nach dem Tod des VollmGebers dem zu Bevollmächtigenden zugeht (§ 130 II). Die empfangsbedürft Erkl der Vollm kann auch in einem gemeinsch Test od in ErbVertr bei Beteiligg des zu Bevollmächtigenden u sogar in einer einseit letztw Vfg (auch eigenhändigem Test) erfolgen, wenn das Zugehen der Erkl nach dem Tode des Erbl sichergestellt ist (Köln NJW-RR **92**, 1357; Staud/Reimann Vorb Rn 58); eine Anfechtg des Test erfaßt dann nicht automat auch die VollmErteilg (Köln aaO). Die Frage, ob Vollm od TVBestellg vom Erbl gewollt ist, muß dch Auslegg (§§ 133, 2084) festgestellt werden (Oldbg Rpfleger **65**, 305). 17

b) Der Bevollmächtigte kann ein Dritter sein, aber auch der TV od ein Erbe (Röhm DB **69**, 1973). Er vertritt nach Tod seines VollmGebers dessen Erben bis zum VollmWiderruf (dazu Rn 20); es tritt also ledigl eine Änderg in der Person des Vertretenen ein, nicht aber hinsichtl Umfang u Inhalt der Vollm. Mit dem Erbfall erwirbt er die Befugn, innerhalb der ihm eingeräumten Vertretgsmacht üb das zum Nachl gehörende Vermögen in Vertretg des (der) Erben zu verfügen (§ 672; BGH **87**, 19; s auch Kuchinke FamRZ 84, 109), u zwar ohne Erbnachweis (KG JFG **12**, 274). Ein im Rahmen seiner Vertretgsmacht u des ErblAuftrags handelnder Bevollm braucht sich dann nicht der Zustimmg der Erben für seine RGesch zu versichern (BGH NJW **95**215), bedarf auch nicht einer sonst für den ges Vertr minderj Erben etwa notwend gerichtl Genehmigg (RG **106**, 186) u hat auch nicht generell eine RückfragePfl, ob die Erben die Vollm widerrufen wollen (Trapp ZEV **95**, 314). Er kann auch nach dem Tod des VollmGebers für diesen Anmeldgen zum HandelsReg ohne Vorlage eines ErbSch vornehmen (Hbg DNotZ **67**, 30). Über Verkehr mit GBAmt s Lukowsky RhNK **63**, 115/120ff; Haegele Rpfleger **68**, 345. Das Handeln des Bevollm kann aber ausnahmsw unzuläss RAusübg darstellen oder gg die guten Sitten verstoßen (BGH NJW **69**, 1245, abl Finger 1624; dazu auch Hopt ZfHK **133** (1970), 322ff. – Ist der **Umfang** seiner Vertretgsmacht nicht eindeut, sind Einschränkgen ggf dch Auslegg aus der Sicht eines obj ErklEmpfängers zu ermitteln (Hamm FamRZ **95**, 832). BankVollm zB umfaßt grdsl nur übl Kontovorgänge, berecht also nicht ohne weiteres zur Umwandlg des GemschKontos in Einzelkonto (Ffm WM **85**, 1199); der überlebde Ehepartner als Bevollm kann zu seiner Absicherg dazu allerd als berecht angesehen werden, ohne daß dann § 181 entspr angewendet werden muß (Hamm aaO). Da der Bevollm seine RMacht aber nicht von den Vertretern, sond vom Erbl ableitet, können seine Rechte weitergehend sein als die der vertretenen Erben. Auch wird Vollm dch eine nach ihrer Erteilg eintretende Beschränkg der Erben in ihrer Vfgsmacht nicht berührt (Rehmann BB **87**, 213). 18

c) Bei Testamentsvollstreckung wird die Vertretgsmacht des Bevollmächtigten nicht schon allein dch deren Anordng berührt (aA Staud/Reimann Vorb Rn 76; MüKo/Brandner § 2211 Rn 13). Erfolgte diese vor od gleichzeit mit der VollmErteilg, ist vielm anzunehmen, daß der Erbl dann die Befugn des TV entspr (widerrufl) beschränken wollte. Auch dch ein der Vollm nachfolgendes spät Test mit Einsetzg eines TV, in dem der Wille des Erbl zur Einschränkg der Vollm erklärt ist, kann der Bevollmächtigte wg der Empfangsbedürftigk eines solchen teilw Widerrufs nur wirks beschränkt werden, wenn der Erbl den Zugang der Erkl an diesen (§§ 168, 167, 130 II) sichergestellt hat (Rehmann BB **87**, 213 am Bspl Bankvollm; dazu auch Merkel WM **87**, 1001). – Wird ein TV aGrd einer ihm erteilten postmortalen Vollm als Bevollm tätig, unterliegt er nicht den Beschrkgen eines TV (BGH NJW **62**, 1718 mAv Haegele Rpfleger **62**, 439). Er kann also im Rahmen seiner Vollm auch unentgeltl Vfgen treffen, soweit darin nicht ein Mißbr der Vollm liegt (BGH aaO; auch Röhm DB **69**, 1973). Ein TV kann zugl aGrd einer ihm vom Erbl über den Tod hinaus erteilten Vollm die Stellg eines GeneralBevollm innehaben. Das Recht zum Abschluß von InsichGesch (§ 181) darf ihm aber nicht erteilt werden (s auch § 2205 Rn 30). – Über Fortführg eines EinzelhandelsGesch dch den TV namens der Erben u über die Ausübg der PersonenGterRe des Erbl dch den TV als ErbenBevollm s § 2205 Rn 9; 16; H/Winkler Rn 309; 350ff. – Zur Bevollmächtigg dch den TV s § 2218 Rn 2. 19

d) Zum Widerruf der Vollm üb den Tod hinaus ist (auch währd des Bestehens einer ErbenGemsch) jeder einzelne **Erbe** befugt, und zwar ohne Rücks darauf, ob der Vollm ein RGesch zugrunde liegt od nicht. Durch den Widerruf eines MitE wird aber das VertretgsR des Bevollmächtigten hins der übrigen MitE nicht berührt (RG JW **38**, 1892). Auch TV kann diese Vollm im Rahmen des § 2205 widerrufen, sofern nicht das Test ein anderes bestimmt (Staud/Reimann Vorb Rn 73). – Die Widerruflichk richtet sich nach dem ihr zugrunde liegenden RGesch (§ 168; dazu BGH DNotZ **72**, 229). Das für Widerruf erforderl ErklBewußtsein (BGH NJW **95**, 250; 953) fehlt, wenn Erbe von VollmErteilg keine Kenntn hat (BGH aaO); in seinen Erkundiggen kann aber uU Widerruf der aGrd Vollm erteilten Weisgen des Bevollm zu sehen sein (Schultz NJW **95**, 3345 krit zu BGH). Die isolierte Vollm ist idR widerrufl (s § 168 Rn 5), sofern sie nicht ohnehin mit dem Tod des VollmGebers erlischt, wenn kein wirks GeschBesorggsverhältn begründet worden ist (Kuchinke FamRZ **84**, 109/111). Ist der Widerruf vom VollmGeber ausgeschlossen, kann die Vollm nur aus wichtigem Grd widerrufen werden. – Die Unwiderruflichk einer über den Tod hinaus erteilten **Generalvollmacht** ist wg nicht zu billigender Knebelg der Erben u Umgehg der TVstrg sittenwidrig (§ 138; Staud/Reimann Vorb Rn 75; 20

Röhm DB **69**, 1977); sie gilt als widerrufliche fort, wenn der VollmGeber sie auch ohne den Verzicht auf das WiderrufR erteilt hätte (§ 139; Lukowsky aaO 129). Möglicherw kann sie in Erbeinsetzg umgedeutet werden (Erman/Hense/Schmidt Rn 10 vor § 2197).

21 **7) Fremdes Erbstatut.** Kommt ErbR der fr **DDR** zur Anwendg (EG 235 § 1), ist in Erbfällen zw 1. 1. 76 u 2. 10. 90 zu beachten, daß nach DDR-ZGB TVstrg zwar mögl war, aber nicht zu einer VfgsBeschränkg des Erben führte (ZGB 371 II, III). Vielm beurteilte sich das RVerhältn zw TV u Erben nach den Vorschr üb Vertretg (ZGB 53) u Auftrag (ZGB 275 ff) sowie SchadErs (ZGB 330 ff). S dazu KG FGPrax **95**, 157; DtZ **96**, 217; Jena OLG-NL **96**, 270; Bestelmeyer Rpfleger **92**, 229; vMorgen/Götting DtZ **94**, 199, insbes zur RLage bei NachlSpaltg; Einl 5 vor § 1922. In Erbfällen vor dem 1. 1. 76 s zur RStellg des TV Janke DtZ **94**, 364. – Ein trustee **amerikanischen** Rs kann als TV iS des deutschen Rs behandelt werden (Ffm DNotZ **72**, 542; BayObLG **80**, 42 [executor]). Zur Rechtsstellg des von einem Gericht des Staates New York eingesetzten Administrators s KG RzW **72**, 409; s auch BGH WM **76**, 811.

2197 *Ernennung durch Testament.* **[I] Der Erblasser kann durch Testament einen oder mehrere Testamentsvollstrecker ernennen.**

[II] Der Erblasser kann für den Fall, daß der ernannte Testamentsvollstrecker vor oder nach der Annahme des Amtes wegfällt, einen anderen Testamentsvollstrecker ernennen.

1 **1) Die Ernennung** des TV dch den Erbl **(I)** kann nur dch letztw Vfg erfolgen, dh dch Test od einseit Vfg im ErbV gem §§ 2299; 2278 II (zur Ernenng dch Andere s dagg §§ 2198–2200). Eine bestimmte Ausdrucksweise ist dafür nicht erforderl (RG **92**, 72). Es genügt eine Bezeichng als Pfleger; Verwalter; Bevollmächtigter zur Verteilg des Nachl nach bill Ermessen (BayObLG Recht **15** Nr 329) od mit voller u alleiniger Vfgsgewalt über Nachl (Oldbg Rpfleger **65**, 305), sofern dch Auslegg festgestellt werden kann, daß der Erbl damit Vollstreckg im fremden Interesse gewollt hat und nicht in Wirklichk Erbeinsetzg unter Auflage (§ 2192 Rn 5; BayObLG FGPrax **96**, 26) oder Vor- u Nacherbfolge (KG DRZ **27** Nr 680) od VerwVorausvermächtn an MitE (OGH 4, 223) od eine Anordng nach § 2048 gemeint ist. Hat Erbl trotz Anordng einer TVstrg keinen TV u keinen BestimmgsBerecht angegeben, ist dies idR als Ersuchen nach § 2200 auszulegen. Gleiches gilt, wenn der Erbe von jegl Verwaltg ausgeschlossen wurde (§ 2200 Rn 1; H/Winkler Rn 75). Dagg nicht ohne weiteres, wenn der Ernannte vor Erbl verstirbt. – **a) Ehegatten.** Ernennen sie in einem gemeinsch Test einen Dritten zu ihrem TV, ist er für beide Erbfälle ernannt, falls nicht die Auslegg ergibt, daß die Ernenng nur für den Fall des Todes des Überlebenden gelten soll (KG JFG **14**, 275; Granicky NJW **57**, 407). Ist zB der überlebde Ehegatte AlleinE des Erstverstorbenen u sind für den ersten Erbfall keine weiteren, der Ausführg bedürftigen Vfgen getroffen u keine Anhaltspunkte für eine Verwaltgs- od Dauervollstreckg vorhanden, wird der TV nur für den Nachl des Überlebenden eingesetzt sein (Staud/Reimann Rn 15). Bei Ernenng sowohl für den Nachl des erstversterbenden als auch des letztversterbenden Ehegatten handelt es sich nicht um eine
2 fortgesetzte, sond um zwei voneinander rechtl unabhängige TVstrgen (BayObLG **85**, 233). – **b) Wirksamkeit.** Die Ernenng ist, auch bei gemeinsch Test (§ 2270 III), seitens der Erbl jederzeit widerrufl (Stade MDR **60**, 142), nach § 2081 I anfechtb u bei Ungültigk des Test nach Maßg des § 2085 unwirks, woran auch die Erben nichts zu ändern vermögen. Doch können diese den TV zum rechtsgeschäftl Bevollmächtigten bestellen. Ist eine TVstrg für den ganzen Nachl angeordnet, die Anordng aber hins eines MitE wg eines fr ErbVertr ungült (§ 2289), kann die Anordng den and Erben ggü wirks sein, wenn TeilTVstrg dem Willen des Erbl entsprach (BGH **LM** § 2085 Nr 3). – **c) Ersatzweise** Ernenng eines TV ist möglich **(II).** Sie gilt auch im Fall der Ablehng des Amtes dch den Ernannten (§ 2202 II; III). – **d)** Eine Bestellg durch **Vertrag** mit dem Erblasser ist nur als Auftrag wirks und vom Erbl u den Erben nach § 671 widerrufl (RG **139**, 41; vgl auch § 2202 Rn 2).

3 **2) Auswahl des Testamentsvollstreckers.** Zum TV kann jede Person ernannt werden, sofern sie nicht nach § 2201 untaugl ist, also auch die Ehefrau od eine ausländ od auch eine juristische Person (§ 2210 S 3). TV kann auch der jeweilige Träger eines Amts od Notariats (BayObLG **20**, 55) sein; nicht jedoch eine Behörde als solche, etwa das NachlG. Auch VermächtnNehmer, Vormund od Nießbraucher (dazu BayObLG MDR **78**, 142; Staud/Reimann Rn 55–59) kann TV sein. – Der **Alleinerbe** od der alleinige VorE kann nicht alleiniger TV, sond nur MitVollstr (§ 2224) sein (KG JFG **11**, 125; OLGZ **67**, 361), von § 2223 abgesehen (gg die st Rspr aber Adams ZEV **98**, 321). Wohl aber kann ein MitVorE zum TV u zugl zum NachE-TV berufen werden, wenn die TVstrg dch ein Kollegium ausgeübt wird (BayObLG **76**, 67). Der NachE oder einer von mehreren NachE (BayObLG NJW **59**, 1920) kann zum TV für den VorE ernannt werden (BGH NJW **90**, 2056). – Der **Miterbe** kann ohne weiteres TV sein, da er damit ein Tätigkeitsfeld zugewiesen erhält, das er als bloßer MitE (§§ 2038 bis 2040) nicht besitzt (KG JR **52**, 324). Auch können sämtl MitE (allein od neben einem MitVollstr) TV sein, da dann § 2224 I (statt § 2038 II) Geltg u der Erbl die Möglichk hatte, die Verwaltg abweichd zu regeln (Soergel/Damrau Rn 13). – Die Ernennung des beurkundenden **Notars** verstößt gg BeurkG 7; 27 (s § 2232 Rn 3), so daß die not Beurkdg dieser Vfg u damit die Ernenng nichtig (§ 125) ist (nicht zwingd das ganze Test od ErbV, §§ 2085; 2298); will Erbl unbedingt Notar als TV, muß er ihn anderweit berufen (dazu Reimann DNotZ **90**, 433). Zum Notarvertreter s BNotO 41 II. Die Ernenng eines Sozius des Notars im not Test ist dagg wirks (BGH NJW-RR **87**, 1090; NJW **97**, 946 mit krit Anm Moritz JZ **97**, 953). – Einem **Rechtsanwalt** ist die Tätigk als TV gem BRAO 45 II untersagt, wenn er zuvor gg den Träger des zu verwaltenden Vermögens tätig geworden ist (dies schließt Sozien mit ein, BRAO 45 III). Ist RA zugleich Notar, stellt Beurkundg des Test aber keine RA-Tätigk gg Nachl dar (BGH NJW **97**, 946). – Übernimmt **Sparkasse** TVstrg geschäftsmäß, bedarf dies als Besorgg fremder RAngelegenh der Erlaubn (Art 1 § 1 RBerG; Karlsr WM **94**, 680; dazu Henssler ZEV **94**, 261; Lang NJW **99**, 2332). – Wegen des TV neben einem VE od NE vgl § 2222.

4 **3) Sonderfälle:** Auch unter einer Bedingg (vgl **II**) od Befristg, zB als Nachvollstrecker (TV nach Amtsbeendigg des Vorgängers), kann die Ernenng erfolgen; ferner für einen bestimmten Erbteil od ein Vermächtn od nur zur Beschrkg eines bestimmten Erben (§ 2338 I 2). Fällt dieser Erbe weg, ist die TVstrg ggstandslos,

ohne daß es der Anfechtg od Entlassg bedürfte (vgl Staud/Reimann Rn 34). Auch für die ges Erbfolge und im Rahmen des § 1514 mit §§ 1512, 1513, 1516 für die fortgesetzte GüterGemeinsch kann TV bestellt werden; unzuläss ist aber Beschränkg des VerwR des überlebenden Eheg dch Überweisg der Verw an TV (§ 1518 Rn 3; s auch H/Winkler Rn 72).

2198 ***Bestimmung durch einen Dritten.*** **I Der Erblasser kann die Bestimmung der Person des Testamentsvollstreckers einem Dritten überlassen. Die Bestimmung erfolgt durch Erklärung gegenüber dem Nachlaßgerichte; die Erklärung ist in öffentlich beglaubigter Form abzugeben.**

II Das Bestimmungsrecht des Dritten erlischt mit dem Ablauf einer ihm auf Antrag eines der Beteiligten von dem Nachlaßgerichte bestimmten Frist.

1 **1) Voraussetzung** ist, daß der Erbl überh TVstrg angeordnet hat (KGJ **42**, 219), wobei ggf wohlwollende Auslegg (§ 2084) helfen kann (Greiser DFG **39**, 216). Dann kann er in Abweichg von § 2065 dch entspr test od einseit erbvertragl Anordng die Auswahl des TV einem Dritten übertr. – **Dritter** kann auch der Erbe sein (RG **92**, 68) od der Leiter einer Behörde, zB der Direktor eines AG (Hamm DNotZ **65**, 487) od der jeweilige Leiter als Privatperson (KG JW **38**, 1900).

2 **2) Die Bestimmung** durch den Dritten ist wie die Ausschlagg (§ 1945 I) behandelt und unwiderrufl. Sie wird mit Eingang beim NachlG wirks, auch wenn sie diesem erst nach dem Tod des Erklärden zugeht (§ 130 II; Staud/Reimann Rn 9). Bestimmg erfolgt nach freiem Ermessen; Haftg nur nach § 826. Der Dritte kann auch sich selbst bestimmen, falls er nicht AlleinE ist (Haegele BWNotZ **74**, 109/112). Hat der Erbl allerd einen Personenkreis vorbestimmt, muß er darunter auswählen. – **Öffentliche Beglaubigung** der Unterschr (§ 129, BeurkG 39, 40, 63) genügt, auch wenn der Erbl Beurkundg vorschrieb (Soergel/Damrau Rn 4 mN; aM Staud/Reimann Rn 14, RGRK § 2199 Rn 5). Die Bestimmg kann auch in einem öff Test getroffen werden, ebso wie in einem Test eine Schenkg widerrufen werden kann (§ 531 Rn 1; str; ebso Staud/Reimann Rn 15; Soergel/Damrau Rn 6; vgl § 130 Rn 12 u KG JW **36**, 2462). Kosten der Beglaubigg trägt der Bestimmgsberechtigte mit RückgrAnspr gg den Erben nach § 2218. Akteneinsicht nach § 2228. – **Keiner Beglaubigung** bedürfen öff Urk wie die in amtl Form erfolgte Bestimmg des TV dch den Präsidenten des OLG (Stgt NJW-RR **86**, 7) od der RA-Kammer (KG JFG **23**, 306) od dch einen Notar (Neust DNotZ **51**, 339); aA zur Ernenng dch den Präsidenten der IHK KG JW **38**, 1900; dch den AG-Direktor Hamm DNotZ **65**, 487; dch den Vorsitzenden einer Zivilkammer RG **53**, 1. Zur Benenng eines Schiedsrichters s Mü OLGZ **19**, 165; Hbg OLGZ **35**, 159; Arnold NJW **68**, 781.

3 **3) Fristsetzung (II)** dch NachlG erfolgt zur Klarstellg. Zuständ ist RPfleger (RPflG 3 Nr 2 c). Eine vom Erbl gesetzte Frist kann durch NachlG verlängert wie verkürzt werden. Beteiligte sind Erben, NachE, MitVollstr, PflichttBerecht, VermNehmer, AuflageBerechtigte (§ 2194; nicht der durch die Auflage Begünstigte, LG Verden MDR **55**, 231; aM insoweit Staud/Reimann Rn 24) od NachlGläubiger (vgl BGH **35**, 296). – RMittel gg die Fristsetzg ist befristete, gg die Ablehng (auch einer Verlängerg) einf Erinnerg (RPflG 11; FGG 80, 20). Abänderg der gerichtl Frist ist unzulässig (FGG 18 II). – Gebühren: KostO 112 I Nr 6. – Durch fruchtlosen **Fristablauf** wird die TVstrg hinfällig, falls nicht vorsorgl ein weiterer Bestimmgsberechtigter benannt od nach § 2197 II ein Ersatzmann bestimmt ist od ein bedingtes Ersuchen iS des § 2200 vorliegt. – BestimmgsR erlischt auch bei Ablehng vor Fristablauf.

2199 ***Ernennung von Mitvollstrecker oder Nachfolger.*** **I Der Erblasser kann den Testamentsvollstrecker ermächtigen, einen oder mehrere Mitvollstrecker zu ernennen.**

II Der Erblasser kann den Testamentsvollstrecker ermächtigen, einen Nachfolger zu ernennen.

III Die Ernennung erfolgt nach § 2198 Abs. 1 Satz 2.

1 **1) Die Ermächtigung** zur Ernenng von Mitvollstreckern (§ 2224) und Nachfolgern kann dem TV durch Test od einseitige Vfg im ErbVertr erteilt werden (vgl OLG **44**, 96), ebso wie der Erbl diese auch einem Dritten od dem NachlG überlassen kann (§§ 2198; 2200). Die dann zu treffende Entscheidg betrifft nicht nur die Person des zu Ernennenden (wie bei § 2198), sond auch dessen Eintritt überhaupt. – Zur Absetzg der ernannten MitTV kann der TV nicht ermächtigt werden. – Dieses **Bestimmungsrecht,** das einer Fristsetzg nicht unterliegt, hat der TV nur so lange, als er bei Wirksamwerden der Ernenng (**III;** §§ 130 ff) selbst noch im Amt ist (vgl auch JW **28**, 1943). Nach § 130 II ist jedoch die Ernenng auch wirks, wenn der bish TV vor Eingang der Erkl beim NachlG stirbt, sofern er nur alles tat, was von seiner Seite erforderl war, um die Wirksamk der Erkl herbeizuführen (vgl RG **170**, 382).

2 **2) Ein Nachfolger (II)** od mehrere, wenn der Erbl dies gestattet hat, kann nur für den Fall der Beendigg des Amtes (§§ 2225 bis 2227) ernannt werden. Die Ernenng wird mit Eingang der Erkl beim NachlG wirks (**III**; Staud/Reimann Rn 5 mit § 2198 Rn 13). Sind mehrere TV ermächtigt, ist durch Auslegg zu ermitteln, ob Ernenng durch Mehrheits- od einstimmigen Beschluß zu erfolgen hat (Staud/Reimann Rn 4). Über den Fall, daß zw mehreren ermächtigten TV Meingsverschiedenh bestehen, vgl § 2224 Rn 3; 4. – Vererbl ist das Amt nicht (§ 2225). S hierzu allgem Haegele BWNotZ **74**, 109/112.

3 **3) Für sorgfältige Auswahl** haftet der TV nach §§ 2218, 2219. – Akteneinsicht nach § 2228. – Gebühr nach KostO 112 I Nr 6. – Wegen **Bevollmächtigung** durch den TV vgl RG **81**, 166 und § 2218 Rn 2.

2200 ***Ernennung durch Nachlaßgericht.*** **I Hat der Erblasser in dem Testamente das Nachlaßgericht ersucht, einen Testamentsvollstrecker zu ernennen, so kann das Nachlaßgericht die Ernennung vornehmen.**

II Das Nachlaßgericht soll vor der Ernennung die Beteiligten hören, wenn es ohne erhebliche Verzögerung und ohne unverhältnismäßige Kosten geschehen kann.

1 **1) Ersuchen** des Erbl an das NachlG ist Voraussetzg für die gerichtl Ernenng eines TV. Der Erbe od ein and NachlBeteiligter od ein Gläub kann dies nicht, weil das NachlG keine allg Hilfszuständigk im NachlInteresse hat (MüKo/Brandner Rn 1). Es muß in testamentar Form gestellt sein, dh im Test irgendwie seinen Ausdruck gefunden haben. Ist es nicht ausdrückl gestellt, kann es dch Auslegg ermittelt werden (auch ergänzende, KG OLGZ **92**, 138; Hamm OLGZ **76**, 20; BayObLG FamRZ **87**, 98; s § 2084 Rn 4). Ein dch ergänzde Auslegg festzustelldes Ersuchen kommt nach Wegfall des TV (u ggf auch noch des ErsatzTV) insbes bei Beendigg des Amtes dch seinen Tod in Betr, wenn der Erbl diesen Fall nicht bedacht hat u die TVstrg nach seinem hypothet Willen noch andauern soll, weil die dem TV zugewiesenen Aufgaben noch nicht erledigt sind (KG aaO; BayObLG FamRZ **88**, 325). – Nimmt dagg der vom Erbl eingesetzte TV nach dem Erbfall das **Amt nicht an,** kann nicht schon in seiner Einsetzg allein ein Ersuchen gesehen werden (BayObLG aaO; hM), jedoch in Verbindg mit den übr getroffenen Regelgen, wobei die Grde, die Erbl zur Anordng der TVstrg bestimmt haben, aufschlußreich sein können (BayObLG FamRZ **88**, 325): zB wenn Ausschluß der geschiedenen Ehefrau ersehen läßt, daß diese auch nicht als ges Vertreter minderj Erben den Nachl verwalten soll; wenn TVstrg die Erfüllg von Auflagen sichern soll (BayObLG FamRZ **97**, 1569); od ggf aus Teilgsanordngen, wenn sie zweckmäß eine Auseinandersetzg dch TV erfordern; wenn dem Erben für immer die Verwaltg entzogen (OLG **43**, 401 Fußn 1 b) od durch den Erbl unzulässigerw Pflegsch angeordnet ist (RG Warn **13** Nr 239; § 140); s auch § 2197 Rn 2. Auch die einem TV auferlegte Pfl, einen Nachfolger zu ernennen (§ 2199 II), enthält nicht ohne weiteres ein Ersuchen an das NachlG (BayObLG FamRZ **88**, 325). – Das Ersuchen kann auch **bedingt** sein (zB für den Fall der Nichtannahme des Amtes; des Fristablaufs, § 2198). Lehnt der um Übernahme der TVstrg gebetene aufsichtsführende Richter eines AG die Bestimmg des TV nach § 2198 I 1 ab, ist zu prüfen, ob nicht ein Ersuchen an das AG im Sinn des § 2200 vorliegt (Hamm DNotZ **65**, 487). – Auf Ersuchen eines **ausländischen** Erbl kann das deutsche NachlG einen TV nur ernennen, wenn dies auch nach seinem maßgebl HeimatR (EG 25) zuläss ist (Neuhaus JZ **51**, 644; s auch Staud/Schilken § 2368 Rn 39).

2 **2) Ernennung.** Nur das NachlG kann ernennen. Es muß aber dem Ersuchen nicht ohne weiteres nachkommen (aA MüKo/Brandner Rn 5), da es in seinem pflichtgem Ermessen („kann") steht, ob unter Berücksichtigg der Lage des Nachl u der Interessen der Beteiligten ein TV zu ernennen ist (Hamm Rpfleger **84**, 316). Ablehnen kann das NachlG die Ernenng zwar nicht wg Überlastg, aber zB dann, wenn der Nachl eine Vollstrg nicht lohnt. Keine Ernenng erfolgt mehr, wenn das TVAmt mit der Ausführg aller Aufgaben geendet hat; eine trotzdem erfolgte Ernenng eines neuen TV ist von vorneherein ggstandslos (BGH NJW **64**, 1316 mAv Strickrodt; dazu auch Bund JuS **66**, 60; Jansen NJW **66**, 331; auch Johannsen WM **69**, 1403). – Fällt der Ernannte weg od nimmt er Amt nicht an, kann NachlG Nachfolger (u auch weitere) ernennen.

3 **a) Die Auswahl** des TV steht im pflichtgemäßen Ermessen des Gerichts (Ffm Rpfleger **78**, 178), soweit nicht der Erbl Personen ausgeschlossen hat (Staud/Reimann Rn 10). Es ist nicht an eine Einigg der Erben gebunden, die nur als Anregg von Bedeutg ist (Hamm Rpfleger **59**, 53). Ernannt werden kann auch der Notar, der die Vfg vTw beurkundete (Stgt OLGZ **90**, 14; Göttingen DNotZ **52**, 445; s aber Reimann DNotZ **94**, 659); BeurkG 27 mit 7 stehen nicht entgg, auch wenn Notar einen entspr Wunsch des Erbl mit beurkundet hat (Stgt aaO). Dagg nicht eine für das Amt ungeeignete Person, bei der Schwierigk mit den Erben vorauszusehen sind, die zu einer Entlassg der in Aussicht genommenen Person führen könnten.

4 **b) Fehlerhafte Ernennung.** Eine ohne Ersuchen erfolgte Ernenng ist ggstandslos. Sie ist gleichwohl vom BeschwG zur Beseitigg des nachteil RScheins aufzuheben (BayObLG FamRZ **95**, 124). Das NachlG kann seine rgestalde Vfg nach Wirksamk nicht selbst vAw aufheben (Rn 5). Es kann aber auf Antr TV entlassen, da wicht Grd (§ 2227) vorliegt (KG DNotZ **55**, 648; Hbg NJW **65**, 1969).

5 **3) Verfahren.** Zuständ ist Richter (RpflG 16 I Nr 2). Er hat vor der Entscheidg die Beteiligten anzuhören (GG 103 I), also diejenigen, deren Rechte u Pflichten dch die Entscheidg unmittelb betroffen werden können (s § 2198 Rn 3; § 2360 Rn 1). Vorbescheid ist hier nicht zuläss (BayObLG **93**, 389 mAv Graf ZEV **94**, 106; Hamm OLGZ **84**, 282). In Erteilg eines TV-Zeugn kann Ernenng liegen (BayObLG **92**, 175). – Wirks wird die Ernenng ggü den Beteiligten nur bei formgerechter Bekanntmachg dch Zustellg (FGG 16 II); ggü dem Ernannten auch dch formlose Bekanntmachg (FGG 16 I; KG OLGZ **73**, 385; str; vgl BayObLG **85**, 233), für den das Amt erst mit Annahme beginnt (§ 2202). – Verzögert sich die Entscheidg, kommt Pflegerbestellg (§ 1913) für unbekannten od ungewissen TV in Betr (Damrau, FS Lange 1992, 797). – **Bindung:** Das NachlG kann die wirks gewordene Ernenng nicht vAw aufheben (s aber Köln FamRZ **93**, 1124 bei wirks TestAnfechtg) u im ErbSchVerf mit den gleichen Beteil nicht erneut überprüfen (Karlsr NJW-RR **96**, 652; Hbg NJW **65**, 1968; Jansen NJW **66**, 331 schränkt dies ein). Auch GBAmt u RegisterG sind daran gebunden u haben kein eigenes PrüfgsR (Soergel/Damrau Rn 10), ebsowenig ProzeßG auf Klage (KG Recht **25**
6 Nr 2438; einschränkd BGH **41**, 23). – **Rechtsmittel** ist bei Ablehng die fristlose, bei Ernenng die sofort Beschwerde (FGG 81; vgl auch FGG 32). Beschwberecht sind bei Ernenng die Erben, auch MitE nach Pfändg der MitE-Anteile. Dagg nicht der TV selbst, der ablehnen kann (§ 2202); auch nicht gewöhnl NachlGläub (KG OLGZ **73**, 385). Wird Ernenng dch BeschwG aufgehoben, ist TV zur sofort weit Beschw berecht, sofern er Amt angenommen hatte (KG OLGZ **92**, 138). – Bei Ablehng der Ernenng ist auch PflichttBerecht beschwberecht (KG NJW **63**, 1553).

2201 *Unwirksamkeit der Ernennung.* **Die Ernennung des Testamentsvollstreckers ist unwirksam, wenn er zu der Zeit, zu welcher er das Amt anzutreten hat, geschäftsunfähig oder in der Geschäftsfähigkeit beschränkt ist oder nach § 1896 zur Besorgung seiner Vermögensangelegenheiten einen Betreuer erhalten hat.**

1) Unfähig für das Amt des TV sind GeschUnfähige (§ 104); Minderjährige; der zur Besorgg seiner eigenen Vermögensangelegenh selbst Betreute (§ 1896). Maßgebender Ztpkt ist weder der Erbfall noch die Annahme, sond idR die Erlangg der Kenntn von der Ernenng als TV; nur bei befristeter, bedingter od einem Dritten übertragener Ernenng kann ein späterer Ztpkt in Frage kommen. – Die Ernenng eines Unfähigen ist **unwirksam,** ohne daß es einer Aufhebg od Entlassg bedarf. Eine Ernenng wird auch dadurch unwirks, daß der Ernannte vor der Annahme od dem Erbfall stirbt od nach der Annahme unfähig wird (§ 2225). Nachträgl Wegfall der UnfähigkGründe hat keine rückw Kraft (Soergel/Damrau Rn 4). 1

2) Untauglichkeitsgründe (wie beim Vormd, §§ 1780, 1781) gibt es nicht. Doch ist ein TV, üb dessen Vermögen InsolvenzVerf eröffnet wurde od der eidesstattl Versicherg üb sein Vermögen abgegeben hat od gerichtl bestraft ist, in aller Regel nach § 2227 zu entlassen. 2

2202 ***Annahme und Ablehnung des Amtes.*** **[I] Das Amt des Testamentsvollstreckers beginnt mit dem Zeitpunkt, in welchem der Ernannte das Amt annimmt.**

[II] Die Annahme sowie die Ablehnung des Amtes erfolgt durch Erklärung gegenüber dem Nachlaßgerichte. Die Erklärung kann erst nach dem Eintritte des Erbfalls abgegeben werden; sie ist unwirksam, wenn sie unter einer Bedingung oder einer Zeitbestimmung abgegeben wird.

[III] Das Nachlaßgericht kann dem Ernannten auf Antrag eines der Beteiligten eine Frist zur Erklärung über die Annahme bestimmen. Mit dem Ablaufe der Frist gilt das Amt als abgelehnt, wenn nicht die Annahme vorher erklärt wird.

1) Erst mit der Annahme, die endgült sein muß (KG JFG **44**, 34), beginnt das Amt des TV. Der Erbfall muß eingetreten sein. Annahme der Erbsch (§ 2213 II) od TestEröffng ist nicht notwend. Seine schon vor Annahme vorgenommenen RGesch kann der TV nach der Annahme (vgl auch § 108 III) nach Maßg der §§ 177, 180 durch Genehmigg wirks machen; ebso vorher getätigte Vfgen (§ 185 II 1 Fall 1). § 185 II 1 Fall 2 u Satz 2 sind nicht entspr anwendb (bestr; Soergel/Damrau Rn 5). Zu Pflegsch bei Verzögerg des Amtsbeginns Damrau ZEV **96**, 81. 1

2) Zur Übernahme des Amts eines TV besteht keine Verpflichtg, auch nicht im Falle des § 2200. Aus einer gleichwohl früh eingegangenen Verpflichtg zur Amtsübernahme kann weder auf SchadErs (der übrigens schwer zu begründen wäre) noch auf VertrStrafe u auch nicht auf Annahme des Amtes (mit der Folge des ZPO 894) geklagt werden, da dies der Natur der TVstrg als eines Vertrauensamtes widersprechen würde und der so in sein Amt Gezwungene jederzeit kündigen (§ 2226) könnte (str; aA Soergel/Damrau Rn 2 mN). Ein gewisser Zwang zur Übernahme kann allerd durch eine Zuwendg unter der Bedingg der Amtsübernahme ausgeübt werden. Dann entfällt mit Ablehng die Zuwendg von selbst. Bei einer Zuwendg unter Auflage der Amtsübernahme gilt bei Ablehng Entsprechendes wie nach § 2195. Ggf kann die Zuwendg bei Ablehng auch teilw unwirks sein, etwa weil sie teilw Vergütg des TV sein sollte (s auch Staud/Reimann Rn 27). – Eine Bindung des **Erblassers** zur Ernenng einer bestimmten Person wird schon durch § 2302 ausgeschlossen. 2

3) Für die Annahmeerklärung genügt die privatschriftl Form. Sie wird wirks nach § 130. Eine mündl Erkl ist zu beurkunden (vgl § 2228). Im Antrag des TV auf Erteilg des Zeugn liegt spätestens die Annahme des Amts (BGH WM **61**, 479). – Annahme und Ablehng (gleiche Form) erfordern **Geschäftsfähigkeit.** Bei insow Beschränkten ist Erkl durch gesetzl Vertreter mögl, wenn die Ernenng aufschiebd bedingt od befristet ist u mit dem Wegfall der Beschränkth bis zum Amtsantritt zu rechnen ist. Die Erklärgen sind unwiderrufl (vgl aber § 2226). – Über die Annahme kann TV vom NachlG eine **Bestätigung** verlangen (OLG **14**, 316; H/Winkler Rn 106 mit Muster Rn 878). Sie ergibt sich im übr mittelb aus dem Zeugnis (§ 2368 I). – **Kosten** (KostO 112 I Nr 6) tragen die Erben als NachlVerbindlichk (KostO 6 S 2). 3

4) Erklärungsfrist (III). Zuständig zur Fristbestimmg ist der RPfleger (RPflG 3 Nr 2 c). Über AntrBerechtigg s § 2198 Rn 3. RMittel ist Erinnerg gem RPflG 11; FGG 81 I. – Ist Amtsbeginn vom Eintritt einer Bedingg od Befristg abhängig, ist Fristbestimmg nicht vor diesem Ztpkt mögl (Erman/Hense/Schmidt Rn 3). – Das NachlG kann auch vAw den Ernannten zur Erkl über Annahme od Ablehng auffordern (Staud/Reimann Rn 20). – Fristsetzg erübrigt sich, wenn der Ernannte unbekannt od nicht erreichb ist. Dann ist Entlassg nach § 2227 mögl (Zustellg nach Maßg des FGG 16 II); Bestellg eines Pflegers (§ 1913) für den unbekannten od ungewissen TV empfiehlt dagg Damrau FS Lange, 1992, 797. 4

2203 ***Ausführung der letztwilligen Verfügungen.*** **Der Testamentsvollstrecker hat die letztwilligen Verfügungen des Erblassers zur Ausführung zu bringen.**

1) Die Abwicklungsvollstreckung od ausführende Vollstrg ist der Regelfall der §§ 2203 bis 2207: eine Dauervollstreckung (§ 2209) die Ausnahme. Die Anordng einer TVstrg ohne nähere Angaben ist daher als ausführende zu deuten. – Um seiner Aufgabe gerecht werden zu können, wird sich der TV, der von seiner Ernenng Kenntn hat u annehmen will (§ 2202), sofort beim NachlG melden u die TestEröffng (§§ 2260 f) betreiben. Seine Tätigk bezieht sich iZw auf alle Bestimmgen vTw des Erbl, die ein Dritter ausführen kann, also nicht in den Fällen der §§ 1639, 1803, 1909, 1917; vgl jedoch § 2208 II. – Als Vollstrecker des letzten Willens hat der TV die letztw Vfgen des Erbl aber nur auszuführen, nicht auch auszulegen, jedenf nicht hinsichtl solcher Bestimmgen, die den Bestand seines Amts selbst betreffen (BGH **41**, 23; Bund JuS **66**, 61), u sie erst recht nicht iS von nur vermuteten Absichten des Erbl zu erweitern (BayObLG FamRZ **89**, 668). Jedoch kann ihm vom Erbl die Aufgabe eines **Schiedsrichters** zur Beilegg von Meingsverschiedenh zw den Erben zuerkannt werden (ZPO 1048; RG **100**, 77; Kohler DNotZ **62**, 125/129; str), wobei ihm dann auch die Befugn zur Auslegg sonstiger str TestBestimmgen zukommt. Bei ErbVertr kann Schiedsabrede zw den am 1

Vertr Beteiligten aber nur in gesonderter Urk getroffen werden (Hamm NJW-RR **91**, 455), zumal einseit test Einsetzg eines Schiedsgerichts beeinträchtigende Vfg (§ 2289) ist (Hamm aaO).

2 **2) Die Ausführung** der letztw Vfgen setzt deren RGültigk voraus (bei Streit über Gültigk od Tragweite FeststellgsKl nach ZPO 256; vgl auch Einf 12 vor § 2197). Bei der Durchführg hat TV die Anordngen des Erbl u dessen erkennb Willen zu befolgen, ohne an Weisgen des Erben gebunden zu sein (vgl auch §§ 2208, 2211, 2216 II; RG **105**, 250), zB Übereigng eines NachlGrdst an begünstigten VermNehmer u Einhaltg bestimmter vom Erbl verfügter Bedinggen (BGH WM **70**, 930). Doch wird er sich bei auftauchenden Bedenken mit dem NachlG u den Erben ins Benehmen setzen u letztere von der Ausführg der letztw Vfg
3 benachrichtigen (RG **130**, 139). – Der TV hat insb für die Erfüllg od Sicherstellg von Vermächtn und Auflagen (auch soweit sie einen VermNehmer beschweren) u die Berichtigg der ErbschSteuer zu sorgen und auch die „ihm sonst zugewiesenen Aufgaben" (§ 2209 S 1) zu erledigen wie zB die Bestattg; Veröff von Schriftstücken; Leistg von Rechtsbeistand. Keine bindden VerwAnordngen sind idR Wünsche, Hoffnungen u Bitten des Erbl in seinem Test (BayObLG **76**, 67). – Zur Aufklärg eines MitE üb ein für diesen vorteilhaftes AusschlaggsR nach § 2306 I 2 ist der TV weder verpflichtet noch überh berechtigt (Kohler DNotZ **58**, 246).

4 **a) Ein Anfechtungsrecht** (§ 2078) steht dem TV (soweit er nicht selbst MitE od VermNehmer ist) nur ggü Vfgen zu, die seine Rechte beschränken od aufheben (vgl BGH NJW **62**, 1058). Dagg nicht für die Anfechtg der Vfg vTw, durch die TVstrg angeordnet ist; auch nicht hins einer solchen Vfg, durch die dem Erbl der Nachl eines Dritten zugefallen war. Soweit eine Vfg der letzteren Art noch anfechtb ist, steht die Anfechtg ebenf nur dem Erben, nicht dem TV zu, da jener allein über sein ErbR verfügen kann (§ 2205 Rn 4). – Der TV bedarf der Zustimmg des Erben, um ggü der LeistgsPfl aus einer (nicht rechtzeitig) angefochtenen letztw Vfg die Einrede der Anfechtbark (§ 2083) zu erheben (BGH NJW **62**, 1058).

5 **b) Die Mittel zur Ausführung** erhält der TV durch sein Recht zur Verwaltg und Vfg (§ 2205) und zur Eingehg von Verpflichtgen (§§ 2206, 2207). Bei unzureichendem Nachl kann er NachlInsolvVerf beantragen (InsO 317 I) u die dem Erben nach § 1992 zustehenden Rechte gebrauchen (vgl § 2205 Rn 5). Die Erfüllg einer Verbindlichk muß der Erbe (vorbehaltl des BereichergsAnspr) gg sich gelten lassen, sowie Urteile nach Maßgabe von ZPO 327 II (vgl dazu §§ 2212, 2213 u Einf 10 vor § 2197).

6 **3) Der Erbe** (vgl §§ 2218, 2219), und zwar jeder einzelne kann seiners auf Erfüllung der dem TV obliegenden Verpflichtung zur Verwaltg (§ 2216) und Vollstrg (zB Auszahlg von Vermächtn) klagen, notf einstw Vfg erwirken (s Einf 5 vor § 2197).

2204 ***Auseinandersetzung unter Miterben.*** **I Der Testamentsvollstrecker hat, wenn mehrere Erben vorhanden sind, die Auseinandersetzung unter ihnen nach Maßgabe der §§ 2042 bis 2056 zu bewirken.**

II Der Testamentsvollstrecker hat die Erben über den Auseinandersetzungsplan vor der Ausführung zu hören.

1 **1) Die Auseinandersetzung** (vgl §§ 2042–2056) hat der TV vorzunehmen, soweit ihm diese nicht nach §§ 2208 I 1, 2209 I entzogen ist (vgl auch Rn 6). Er ist dazu verpflichtet, auch soweit über einen Teil des Nachl Streit herrscht (BGH WM **77**, 276) u kann von den Erben darauf verklagt werden. Das NachlG (FGG 86 I), das nur vermittelt, währd der TV teilt, ist hier ausgeschaltet. Auch ein ZuweisgsVerf üb einen landwirtsch Betrieb nach GrdstVG ist unzuläss (GrdstVG 14 III). Bei Streit üb die Art der Teilg od Widerspr gg den Teilgsplan (**II**) ist das ProzeßG anzurufen. – Ist der TV gleichzeit für VorE u NachE ernannt, hat er den Nachl spätestens unter den NachE auseinanderzusetzen.

2 **a) Pflicht zur Auseinandersetzung.** Der TV hat entspr den Anordngen des Erbl, möglicherw auch nach bill Ermessen (§ 2048; dazu Johannsen WM **70**, 744) u gem dem G zu teilen, ohne an Weisgen der Erben gebunden zu sein, kann dabei allerd einer Vereinbarg aller Erben entsprechen, der etwaige Anordngen des Erbl nicht entggstehen. Zu unterlassen ist die Auseinandersetzg, wenn alle Erben wirks vereinbart haben, die ErbenGemsch hinsichtl des Nachl od eines Teiles von ihm fortzusetzen (§§ 2042, 749 ff; H/Winkler Rn 510), weil die Erben zwar ein Recht auf Auseinandersetzg haben, aber keine Pfl zu ihrer Duldg. – Der TV hat in den Fällen der §§ 2043–2045 die Teilg **aufzuschieben.** Verstoß macht sie aber nicht unwirks (KGJ **52**, 113); insb steht ein Auseinandsetzgsverbot des Erbl der Wirksamk einer im Wege der Auseinandersetzg getroffenen Vfg über NachlGgstände nicht entgg, wenn sie vom TV u allen Erben (NachE, nicht ErsatzNachE) getroffen wird (BGH **40**, 115; **56**, 275; **57**, 84). Wenn später ein MitE aus wicht Grd die Auseinandersetzg verlangt od die Erben die Auseinandersetzg nur widerrufl ausgeschlossen haben, sie aber nunmehr verlangen, ist der TV zuständig (RGRK Rn 2; aM Mü JFG **14**, 190: für Zustdgk des NachlG). – Ist der überlebende Eheg bis zur Wiederverheiratg als TV berufen, aber die Auseinandersetzg bis zur Wiederverheiratg ausgeschlossen, so ist uU anzunehmen, daß der Ausschluß nur im Interesse des Überlebenden angeordnet ist u er die Auseinandersetzg auch vor der Wiederverheiratg vornehmen darf (Stgt HEZ **2**, 116). Ist der als MitE mit minderj Kindern eingesetzte überlebende Eheg zum TV berufen, ist im Fall der Wiederverheiratg § 1683 zu beachten, auch wenn der Erbl die Auseinandersetzg ausgeschlossen hat (BayObLG **67**, 230; s § 2044 Rn 5, aber auch § 1683 Rn 2).

3 **b) Weitere Pflichten.** Der TV hat nach § 2046 zuerst die Schulden zu bezahlen (RG **95**, 329). Jedoch braucht er mit der Ausschüttg der verbleibenden Masse nicht solange zu warten, sond kann die erforderl Beträge zurückhalten (BGH **51**, 125). – Die AusgleichgsPfl, §§ 2050 ff (§ 2057 gilt hier nur zG des TV, § 2057 Rn 1) od Teilgsanordngen (§ 2048) hat er zu berücksichtigen. – Im übr hat er die ges TeilgsVorschr (§§ 2042 II; 752–754) zu beachten; jedoch ist § 753 hier durch § 2205 S 2 ausgeschaltet (Johannsen WM **69**, 1409). Bei NachlGrdst steht es zB in seinem pflichtgem Ermessen, ob er dieses versteigern od freihändig verkaufen will (RG **108**, 289; Zweibr FGPrax **97**, 109). Bei landw Grdst empfiehlt sich die ZwVersteigerg (ZVG 180), da sie von der GenehmiggsPfl ausgenommen ist (GrdstVG 37) u daher vielf einen höheren Erlös verspricht (Klingenstein BWNotZ **65**, 25). Da Auseinandersetzg vom TV beschleunigt zu betreiben ist, kann

er GrdstVerkauf od Versteigerg nicht wg schlechter Marktlage unterlassen, es sei denn, daß sämtl MitE beschließen, von ihr dauernd oder vorübergehd Abstand zu nehmen (Zweibr FGPrax **97**, 109).

2) Der Auseinandersetzungsplan (II) wird vom TV aufgestellt u für verbindl erkl. Vor seiner Ausführg 4
sind die Erben zu hören. Er bedarf aber weder ihrer Genehmigg noch der des Gerichts (Soergel/Damrau Rn 21 ff), da er kein Vertr ist, sond diesen ersetzt (s BayObLG **67**, 240). Der Plan wirkt an sich nur verpflichtend u berechtigend für die Erben (RG JW **16**, 1586). Jedoch verfügt der TV dingl zum Zweck der Auseinandsetzg über die NachlGgstände, wobei er nicht gleichzeitig den Empfänger des Zuzuteilenden vertreten kann; anders, wenn er selbst MitE ist (vgl § 2205 Rn 30). – Bei der Gesamtgutsauseinandersetzg hat er mitzuwirken, soweit der Nachl beteiligt ist (RG **85**, 1 ff). – Bei Vorhandensein mj od unter Betreug stehder MitE bedarf der TV zu einem sich im Rahmen seiner Befugn haltden Teilgsplan nicht der Genehmigg des VormschG, ausgenommen, wenn im Plan bes Vereinbgen der Erben enthalten sind, die weder den Anordngen des Erbl noch ges Vorschr entsprechen (H/Winkler Rn 531; BGH **56**, 275; AG Bremen Rpfleger **72**, 369). Ist TV ein Elternteil des minderj Erben, kann er nicht als dessen ges Vertr an der Auseinandersetzg mitwirken, so daß ErgänzgsPfleger zu bestellen ist (Hamm OLGZ **93**, 392; Damrau ZEV **94**, 1; s auch Einf 6 vor § 2197). – Der TeilgsPlan kann wegen Gesetzwidrigk od offenbarer Unbilligk von jedem MitE dch Klage gg TV **angefochten** werden (H/Winkler Rn 533), ohne daß er seine MitE mitverklagen muß (Karlsr NJW-RR **94**, 905).

3) Die Ausführung der Teilg erfolgt durch Zuteilg selbständiger Rechte an die Erben. Kraft seiner 5
Vfgsmacht (§ 2205) kann der TV die durch den Plan geschaffene Übertraggsverpflichtg der Erben gegeneinander erfüllen, auch selbst dingl Rechte (unter Wahrg der Übertraggsformen, Auflassg, Übergabe) begründen. Seine Vfgen werden durch Verletzg der AuseinandersetzgsVorschr nicht berührt (vgl aber § 2219). Die Kosten der Auseinandersetzg (auch Auslagen für Gutachten usw) treffen die Erben (§§ 2218, 670). Werden von der Auseinandersetzg land- od forstwirtschaftl Grundstücke erfaßt, ist eine GenehmiggsPfl nach GrdstVG 2 zu beachten (s auch Stgt RdL **66**, 123; H/Winkler Rn 536). – Setzt sich der TV über die Anordngen des Erbl hinweg, macht er sich der ErbenGemsch schadensersatzpflicht. Der von ihm aufgestellte Auseinandersetzgsplan ist dann unverbindl und die Leistgen an die MitE ohne RGrd erfolgt; die ErbenGemsch hat folgl ggü den LeistgsEmpfängern nach § 812 Anspr auf Rückgewähr des Empfangenen. Diesen Anspr kann jeder MitE nach § 2039 geltd machen (BGH bei Johannsen WM **70**, 744).

4) Bei Teilvollstreckung ist der TV, der nur für ein Erbteil od einen bestimmten Erben sowie in den 6
Fällen der §§ 2222, 2223 bestellt ist, nicht berecht, die Auseinandersetzg allein zu bewirken, da er nur die Rechte des MitE wahrnimmt (s dazu v Preuschen FamRZ **93**, 1390). Dah kann er nur die Auseinandersetzg fordern (auch die nach FGG 86) u nur die Rechte zB aus §§ 2034, 2039 wahrnehmen.

2205 *Verwaltung des Nachlasses.* **Der Testamentsvollstrecker hat den Nachlaß zu verwalten. Er ist insbesondere berechtigt, den Nachlaß in Besitz zu nehmen und über die Nachlaßgegenstände zu verfügen. Zu unentgeltlichen Verfügungen ist er nur berechtigt, soweit sie einer sittlichen Pflicht oder einer auf den Anstand zu nehmenden Rücksicht entsprechen.**

1) Das Verwaltungsrecht (Satz 1) besteht während der Dauer der Vollstrg (s dazu § 2225 Rn 1). Ist dem 1
TV allein die Verwaltg übertragen (§ 2209), besteht zudem die zeitl Grenze des § 2210; allerd kann auch darin die Übertragg aller Befugn liegen (Düss NJW **52**, 1259). Der Erbl kann dch Anordngen das VerwaltgsR beschränken (§ 2208). Ohne eine solche Beschränkg untersteht grsl der gesamte Nachl der Verwaltg des TV; zum Nachl gehört auch, was der TV dch RGesch mit Mitteln des Nachl erwirbt (KGJ **40**, 192). Seinem Inhalt nach verleiht das Recht dem TV die Befugn, grdsl alle Handlgen vorzunehmen, die im Rahmen seiner Aufgaben (s §§ 2203, 2204) den Zwecken der TVstrg dienen u die ohne deren Anordng dem Erben zustünden. Dem steht die Pflicht ggü, sich bei Ausübg des Rechts von den Grdsätzen einer ordngsmäßigen Verwaltg leiten zu lassen (§ 2216 I; dort Rn 2).

a) Der Erbe kann während der Dauer der TVstrg den Nachlaß nicht verwalten. Dies gilt auch für die 2
Zeit, in der währd der Dauer der TVstrg kein TV das Amt bekleidet (Johannsen in Anm zu **LM** Nr 2). Der Erbe kann hier nur als GeschFührer ohne Auftr tätig werden (§ 2211 Rn 2). Die Erben (auch jeder einzelne) können also jederzeit verlangen, daß der TV seine Befugn nicht überschreitet u seine Pflichten erfüllt (BGH NJW **83**, 41). – Der TV kann sich Dritten od dem Erben ggü nicht wirks verpflichten, nur solche Hdlgen vorzunehmen, denen der Erbe vorher zustimmte (BGH **25**, 275). Ob er bei Vorgängen, die eine Verwaltgs-Maßn vorbereiten, dem Erben Mitteilg machen und ihn anhören muß, bemißt sich nach dem Einzelfall (BGH **30**, 73).

b) Erlöschen. Das VerwaltgsR des TV erlischt endgültig hinsichtl solcher NachlGgstände, die er dem 3
Erben zur freien Vfg überläßt (§ 2217 I 2). Verpflichtet ist er hierzu auf Verlangen, soweit er ihrer zur Erfüllg seiner Obliegenheiten offenbar nicht mehr bedarf (§ 2217 I); berechtigt hierzu ist er auch ohne die Schranke des § 2217 I, soweit er trotz eines Vfgsverbots des Erbl üb einen NachlGgstand verfügen darf od auch eine unentgeltl Vfg treffen kann (BGH **56**, 284; s Rn 32; 35). – Gleich dem Erben verliert auch TV das VerwaltgsR, wenn **Nachlaßverwaltung** angeordnet wird (§§ 1981, 1984, 1985), sofern er nicht selbst zum Verwalter bestellt wird. Gleiches gilt bei Eröffng des NachlInsolvVerf (Haegele KTS **69**, 159; Emmerich ZHR **132**, 307). Nach Verfahrensbeendigg kommen seine Rechte wieder frei zur Entfaltg (RG LZ **19**, 875).

2) Von den Rechten des Erben kann der TV dessen höchstpersönl nicht wahrnehmen, da er nur den 4
Nachl verwaltet. Er kann daher **nicht** erkl: Annahme od Ausschlagg der Erbsch, für die er bestellt ist, soweit er nicht selbst zum Erben berufen ist (Staud/Reimann Rn 18); auch nicht einer dem Erbl zugefallenen Erbsch (str; vgl Staud/Reimann aaO), wohl aber die Verwaltg einer solchen (Schlüter § 42 IV 3 f). Ferner nicht Anfechtg der Vfg vTw nach § 2078 (vgl aber § 2203 Rn 4); Widerruf einer Schenkg (§ 530 II); Anfechtg wg Erbunwürdigk; Anspr wg Verletzg des NamensR (Staud/Reimann Rn 18); Anspr auf Herausgabe einer

beeinträchtigenden Schenkg nach § 2287 (RG **77**, 5); nicht Anfechtg der vormschgerichtl Genehmigg zu einem Vergleich über das ErbR eines Pflegebefohlenen (Zweibr OLGZ **80**, 143). – Der AusglAnspr des HandelsVertr (HGB 89 b) fällt in den Nachl u damit in die Verwaltgsbefugn des TV (Soergel/Damrau Rn 8). S allg Soergel/Damrau Rn 6, 7. – Zur Wahrnehmg ererbter MitgliedschR bei Personengesellschaften s
5 Rn 14–19. – **Wahrnehmen** kann er dagg die Rechte des Erben zu dessen HaftgsBeschränkg bei unzureichendem Nachl. Er kann also NachlInsolvVerf und NachlVerwaltg beantragen (InsO 317; § 1981; s Staud/Reimann Rn 152). Währd ihrer Dauer ist er, sofern man ihn nicht zum Verwalter macht, praktisch ausgeschaltet. Nach Verfahrensbeendigg kommt sein Recht wieder frei zur Entfaltg (Rn 3). Bei InsolvVerf üb das Eigenvermögen des Erben kommt der vom TV verwaltete Nachl unter Aufrechterhaltg der Vfgsbeschrkg (§ 2211) u des Vollstreckgsverbots (§ 2214) zur Insolvenzmasse (LG Aachen NJW 60, 46; auch Haegele KTS **69**, 159 ff). – Der TV kann die aufschiebenden **Einreden** (§§ 2014, 2015), auch die aus § 1990, 1992 geltd machen u das **Aufgebot** der NachlGläub u ZwVersteigerg eines NachlGrdst beantragen (ZPO 991 II; ZVG 175 I 2). – Er kann bei rechtl Interesse **Todeserklärung** od Feststellg des TodesZtpkts des verschollenen (Mit)Erben beantragen (VerschG 16 II c), sofern der Erbe vor dem Erbl verstorben sein soll; s Düss OLGZ **66**, 222; Ffm OLGZ **77**, 407 (Beschwerde gg TodesErkl). – Eine **Inventarfrist** kann ihm nicht gestellt werden, da die InvErrichtg ausschließl Sache des Erben ist (§ 2215 iVm § 1994) u die TVstrg keine beschränkte Erbenhaftg herbeiführt. – Der **Erbschaftsanspruch** (§ 2018) steht ihm zwar zu, besteht aber nicht gg ihn als solchen, da er sich ja kein ErbR anmaßt (RG **81**, 151). – § 2041 (Ersatzsurrogation) ist im Bereich der TVstrg entspr anzuwenden, wenn es sich um AlleinE handelt (BGH NJW **91**, 842).

6 **3) Die Befugnisse** des TV stehen unter dem leitenden Gesichtspkt der Dchführg seiner Aufgaben (s Einf 7 vor § 2197). Sie sind teilw ausschließl Natur (zB Führg von Aktivprozessen, § 2212). Zum Teil laufen sie aber neben den fortbestehenden Rechten des Erben einher, zB bei Geltendmachg von Anspr gg den Nachl (§ 2213 I 1); bei dem Aufgebot der NachlGläub (§ 1970 iVm ZPO 989, 991 II, III) u dem gleichzustellenden Fall des Antr auf Zwangsversteigerg eines NachlGrdst (ZVG 175 I); bei Antr auf Erteilg od Einziehg eines Erbscheins (s Einf 12 vor § 2197). – Der TV hat einers die zum Nachl gehörenden Fdgen geltend zu machen (auch solche gg die Erben, Johannsen WM **61**, 1407). Andrers hat er die NachlVerbindlichk zu berichtigen, auch die **Steuerschulden** des Erbl sowie die ErbschSt (AO 34; 69), deren Festsetzg gg Erben mit Bekanntgabe des StBescheids an TV wirks wird (BFH NJW **91**, 3303). Ist TV RA, handelt er regelmäßig in Ausübg seines Berufs iSv AO 191 II (BFH NJW **98**, 2999). Jedoch ist der TV nicht zur Abgabe allg SteuerErkl an Stelle des Erben verpflichtet (BFH DB **80**, 2118). Der an den Erben als EinkStSchu gerichtete Steuerbescheid greift nicht in das VerwaltgsR des TV ein, so daß er auch nicht klagebefugt ist (BFH NJW-RR **96**, 1025). – Der TV ist auch zum **Empfang** rgeschäftl Erkl, die ggü dem Nachl abzugeben sind (zB Kündigg; Aufrechng) legitimiert. – Macht der TV von seinem Recht Gebrauch, den Nachl in **Besitz** zu nehmen (S 2), wird er mit Erlangg der tatsächl Gewalt (§ 854 I) unmittelbarer Besitzer. Der Erbe, auf den der Besitz nach § 854 übergegangen war, wird mittelbarer (§ 868). Der Besitzschutz steht dem TV erst ab Besitzergreifg zu (Staud/Reimann Rn 31).

7 **a) Ein Einzelhandelsgeschäft** des Erbl, das zum verwalteten Nachl gehört, kann der TV bei Abwicklgs-Vollstrg gem § 2203 verpachten, veräußern, stillegen od nach § 2217 dem Erben überlassen, falls sich aus den für ihn maßgebl Anordngen kein ggteil Wille des Erbl ergibt (H/Winkler Rn 320). Im letztgenannten Fall kann der Erbe es unter der bish Firma (HGB 22) fortführen (BGH **12**, 100); bei mehreren Erben gibt TV das HandelsGesch entw der ErbenGemsch frei (§ 2204) od teilt es einem der MitE zu (MüKo/Brandner Rn 18). – Bei Verwaltgsvollstrg (§ 2209), die den gesamten Nachl od auch nur das HandelsGesch umfaßt, hat TV idR das Unternehmen zu erhalten u fortzuführen, weil der Erbl sie meist angeordnet hat, um seinen Bestand langfristig zu sichern u er den Erben dafür noch nicht für geeignet ansah. Kann TV das HandelsGesch aus RGrden nicht verwalten, muß er es nach § 2217 freigeben (BGH **12**, 100). Führt er es fort, verdrängt er den Erben als den (auch ins HandelsReg einzutragenden) Inhaber von der GeschFührg, kann diesen aber nicht mit seinem Privatvermögen verpflichten, da er erbrechtl Verbindlichk nur für den Nachl eingehen kann. Wg dieser Ggsätzlichk von ErbR u HandelsR bestehen für die Fortführg nach hM zwei Möglichk, nach aA noch eine dritte:

8 **aa) Nach außen in eigenem Namen,** eigener Haftg und Verantwortg führt der TV das HandelsGesch fort. Im Innenverhältnis ist er dann Treuhänder des (der) Erben (BGH **12**, 100; **35**, 13; eingehd John BB **80**, 747/758 ff, der für die „Vollrechtstreuhand" eintritt). Der TV wird damit nicht Eigentümer des BetrVermögens (nicht VersNehmer eines Firmenwagens, BGH NJW **75**, 54). Er muß sich in diesem Fall persönl als Inh des Gesch in das HandelsReg eintragen lassen (s Hamm NJW **63**, 1554). HGB 27 greift nicht Platz (RG **132**, 144). HGB 25 II kann aber angewendet werden (KG JFG **18**, 282). Mehrere TV, die ein HandelsGesch vorübergehend treuhänderisch fortführen, bilden keine OHG (BGH NJW **75**, 50). – Der TV hat aber ggü
9 dem Erben Anspr auf **Befreiung** von seiner unbeschränkten Haftg für die vom Erbl stammenden u die neubegründeten GeschVerbindlichk (§§ 2218, 670; s H/Winkler Rn 308). Prokura kann der TV für das HandelsGesch erteilen u eine bestehende widerrufen (KG NJW **59**, 1086). Denkb ist auch, daß ein Prokurist zum TV ernannt ist (dazu H/Winkler Rn 325); in diesem Fall verliert er dch Annahme des TV-Amtes nicht die Prokura (s Hofmann, Der Prokurist7, S 174; aber auch Dempewolf DB **55**, 889).

10 **bb) Als Vertreter des Erben** führt der TV in dessen Namen das HandelsGesch fort (BGH **12**, 100; **35**, 13; KG JFG **14**, 428; Staud/Reimann Rn 97 ff). Zu dieser Regelg bedarf es des Einverständn des (der) persönl haftden Erben (H/Winkler Rn 309), der TV einer Vollmacht (BayObLG **69**, 138 mAv Haegele Rpfleger **69**, 299). Der Erbl kann dch letztw Anordng einer entspr Bedingg od Auflage den Erben verpflichten, dem TV eine Rechtsstellg einzuräumen, die ihm die Befugn gibt, über § 2206 hinaus Verpflichtgen für den Erben einzugehen (BGH **12**, 103; H/Winkler Rn 313). In der Anordng einer TVstrg nach § 2209 kann uU eine derart Bedingg liegen. Der TV kann die Vollziehg der Bedingg oder Auflage von dem Erben verlangen (§§ 2208 II; 2194; BGH aaO; BayObLG aaO 141). Ob ein Erbe dch eine Auflage des Erbl rechtswirks gebunden werden kann, dem TV eine derart RStellg einzuräumen, möchte BGH WM **69**, 492 eher
11 verneinen. – Ins **Handelsregister** wird der Erbe (die Erben), der anmeldepflichtig ist, als Inhaber eingetragen; eine AnmeldePfl des TV besteht nicht (Keidel/Schmatz/Stöber, RegisterR, Rn 169; 195); s auch Plank ZEV

98, 325. – Für die Beschränkg der Haftg gelten HGB 25, 27; für die namens des (der) Erben für das Gesch eingegangenen Verbindlichk haftet dieser persönl, nicht aber der TV (Langenfeld/Gail IV Rn 138 ff). – Auch bei dieser Regelg ist der TV befugt, Prokura zu erteilen od eine vom Erbl erteilte zu widerrufen (KG NJW **59**, 1086).

cc) Für eine **„echte Testamentsvollstrecker-Lösung"** tritt Baur (FS Dölle, 1963, 249) u mit ihm MüKo/Brandner Rn 22 ein. Danach wird der Erbe als neuer Inhaber des HandelsGesch im HandelsReg eingetragen. Die Verwaltg des HandelsGesch obliegt aber unter Ausschluß des Erben dem TV; klarstelld ist im HandelsReg der TV zu vermerken. Im GeschVerkehr zeichnet der TV mit der Firma, muß aber zum Ausdr bringen, daß er als TV handelt. Für das GeschVermögen gilt § 2041 entspr. Neuerwerb des TV gehört also wieder zum Nachl. Für eine etwaige Freigabe der Nutzgen greift § 2217 Platz. Zu Vfgen ist nur der TV befugt. Die vom TV beim Betrieb des Gesch eingegangenen Verbindlichk sind NachlVerbindlichk; seine Befugn dazu bemessen sich nach § 2209 S 2 mit § 2207. Die EigenGläub des Erben können sich nicht an das GeschVermögen halten (§ 2214). 12

dd) Bei Übergabe an Erbengemeinschaft, auf die das EinzelhandelsGesch übergegangen ist, verwandelt es sich nach dem ungenutzten Ablauf der Frist von HGB 27 II nicht ohne weiteres in eine OHG (s § 2032 Rn 7). Der TV als solcher kann das Unternehmen nicht in eine OHG (HGB 105 II) umwandeln (s KG RJA **12**, 229). Denkb ist aber, daß der Erbl den TV ausdrückl damit beauftragt, eine OHG zu gründen. 13

b) Personengesellschaften. Eine vom Erbl angeordnete TVstrg kann sich auch auf seinen im Wege der Sondererbfolge (§ 1922 Rn 18) vererbten Anteil an einer PersonenGes erstrecken, wobei dann aber die RPosition des TV aus Grden, die im GesR wurzeln, begrenzt ist (BGH **98**, 48). Nicht in Zw steht, daß TV üb die mit der Beteiligg verbundenen verkehrsfäh VermögensRe vfgen kann (BGH **91**, 132; NJW **85**, 1953), also üb Anspr auf Auseinandersetzgs- od Abfindgsguthaben (§ 717 S 2; HGB 105 II; 161 II) u in gewissem Umfang auch üb die nach Erbfall entstehden GewinnAnspr (s Weidlich ZEV **94**, 205 mit Hinw für gestaltde RPraxis). Grenzen werden jedoch dch die Besonderh der von den Gtern gebildeten Arbeits- u HaftgsGemsch gezogen, wobei entscheidd ist, daß TV den Erben nur im Rahmen des NachlVermögens verpflichten kann, währd OHG-Gter u geschführde Gter einer BGB-Ges notwendigerw unbeschränkt haften (BGH **108**, 187). Dies läßt Raum für eine TVstrg, die sich im wesentl auf Wahrnehmg u Erhaltg der VermögensRe beschränkt (BGH NJW **96**, 1284 unter Klarstellg der Auffassg der Senate für GesR u ErbR mAv Lorz ZEV **96**, 112) u die verhindert, daß der Gter-Erbe üb den Anteil u die daraus erwachsenen VermögensRe vfgen kann (§ 2211) u seine EigenGläub in den Anteil u diese VermögensRe vollstrecken (§ 2214) können (BGH **98**, 48; Marotzke JZ **86**, 457). TV kann dagg nicht in die inneren Angelegenh der Ges eingreifen u nicht die MitgliedsRe ausüben. Zu den Besonderh bei BGB-Ges s Weidlich ZEV **98**, 339. – Als **Ersatzlösungen** werden, wenn 14
TV als Fremdverwalter nicht nur auf die Vermögensrechte beschränkt bleiben soll, praktiziert: TV erhält den GesAnteil als **Treuhänder** übertragen u nimmt dann die GterRechte in eigenem Namen, aber für Rechng der Erben wahr. Diese Treuhandlösg ist zuläss, falls sie im GesVertr vorgesehen ist od die MitGter ihr zustimmen (s Bengel/Reimann V Rn 166 ff; Gschwendtner NJW **96**, 362; BGH NJW **81**, 750). Der TV haftet dann den Gläub der Gesellsch persönl unbeschränkt. – Ferner kann der TV als **Bevollmächtigter** entw 15
des Erben od aGrd einer erst mit seinem Tode beginnenden (widerrufl) Vollmacht des Erbl die ererbten GterRechte ausüben, wenn dies dem GesVertr entspricht od die MitGter zustimmen (BayObLG **86**, 34). Zwingen kann der Erbl den Erben, indem er entw ihm dch Auflage die VollmErteilg zur Pflicht macht (s BayObLG FamRZ **86**, 613 mN; str; aA Emmerich ZHR **132**, 314; BGH WM **69**, 492 ließ die Frage offen) od durch auflösende Bedingg die Erbeinsetzg von der VollmErteilg abhängig macht (s H/Winkler Rn 350 ff; Johannsen WM **70**, 570; Finger DB **75**, 2021). 16

aa) Das Eintrittsrecht in eine OHG, also die dch GesVertr einem (od mehreren) Erben eingeräumte Befugn zum Eintritt in die Gesellsch nach dem Tod des Erbl (§ 1922 Rn 16), gehört nicht zum Nachl, sond entsteht in der Person des Erben (BGH **22**, 186). Eine TVstrg daran kommt daher nicht in Frage. 17

bb) Für minderjährige Erben des verstorbenen Gesellschafters od geschäftsunfähige übt der ges Vertr die Gesellschafterrechte aus (dazu Stöber Rpfleger **68**, 1). Ist ihm die Vermögensverwaltg letztw entzogen (§§ 1638; 1909 I 2), kann insoweit der TV als Pfleger für den Erben bestellt werden (KG JFG **13**, 98). 18

cc) Handelsregister. Die Pflicht zur Anmeldg des Neueintritts des Erben in die Ges trifft die Gter persönl (HGB 108; 143 I; 161 II) u ist daher dch den TV nicht mögl (Hbg NJW **66**, 986; auch BayObLG Rpfleger **72**, 259), es sei denn, daß die Erstreckg seines Machtbereichs auch auf den GesAnteil anerkannt wird (Hamm OLGZ **89**, 148; s Rn 20). – Die Eintragg eines TV-Vermerks ins **Grundbuch** (GBO 52) kommt nicht in Betr, wenn zum Vermögen einer BGB-Ges Grdst gehören, auch wenn der TV Erbenbevollmächtigter ist (LG Hbg Rpfleger **79**, 26; H/Winkler Rn 388). 19

c) Ein Kommanditanteil (HGB 161) des Erbl kann in eine DauerTVstrg dann einbezogen werden, wenn sämtl weiteren Gter damit einverstanden sind (BGH **108**, 187); Einschränkgen können sich insbes daraus ergeben, daß der TV nicht befugt ist, den Erben persönl zu verpflichten. Ob sich seine VfgsBefugn dann auch auf den Kernbereich der Mitgliedsch erstreckt, ist str (bejahd Mannh NZG **99**, 824). – Mit seiner GrdsatzEntscheidg hat der BGH eine lange streitige Frage geklärt, ohne daß damit allerd schon alle Probleme gelöst sind (s dazu Weidlich ZEV **94**, 205; Reimann DNotZ **90**, 190; Raddatz, NachlZugehörigk vererbter PersonenGesAnteile, 1991). Unter rein erbrechtl Grdsätzen kann eine Beteiligg des Erbl an PersonenGes in den Machtbereich des TV fallen, weil sie als Teil des hinterlassenen Vermögens zum Nachl gehört mit der Besonderh, daß bei Vorhandensein mehrerer Erben sie im Wege der Sondererbfolge übergeht (§ 1922 Rn 18, 19). Beim Kommanditanteil ist es auch mit den gesellschrechtl Besonderh grdsl vereinbar, ihn dch einen fremdnützigen, grdsl nicht persönl haftenden Sachwalter verwalten zu lassen, weil nach der Ausgestaltg der RStellg eines Kommanditisten seine Haftg auf die geleistete Einlage beschränkt (HGB 170 I), er idR nicht geschäftsführgs- u vertretgsbefugt ist (HGB 164, 170) u die wenigen Ausnahmen, in denen es zu einer persönl Haftg kommen kann, keine unüberwindl Schwierigk bereiten. Damit entfällt bei ihm der wesentl Einwand gg TVstrg über den Anteil des persönl haftenden Gters, daß näml der TV den Erben ohne dessen Einverständn nicht unbeschränkt verpflichten kann, wie dies für persönl haftende Gter notwendig ist (s Rn 14). Ohne die erforderl **Zustimmung** der übr Gter 20 21

(BGH aaO) kann der TV allerd die Rechte des Gter-Nachfolgers in der Ges nicht wahrnehmen, weil sich diese wg ihres persönl Verbunds in der KG niemand aufdrängen lassen müssen, mit dem sie sich nicht auf die Ges eingelassen hatten (Hamm OLGZ **89**, 148; Stgt ZIP **88**, 1335). Diese Zustimmg ist keine zusätzl erbrechtl Voraussetzg, sond handelsrechtl bedingt (Reimann FamRZ **92**, 117); sie kann also im GesVertr (auch konkludent, Hamm NJW-RR **91**, 837) od auch später erteilt werden (BGH aaO; NJW **85**, 1953; Stgt aaO). – Zu den RFolgen dieser Rspr, insbes bezügl der Ausübg der MitgliedschRe, s ausführl Ulmer NJW **90**, 74. Zu Eintraggen im Handelsregister s Einf 15 vor § 2197. – Dem Willen des Erbl, die Verwaltg des Kommanditanteils für bestimmte Zeit nicht dem Erben zu übertragen, kann auch dadch Rechng getragen werden, daß dem TV
22 entw **Vollmacht** erteilt od die Verwaltg **treuhänderisch** übertragen wird (s Rn 15; 16). – Der **Erwerb** eines Kommanditanteils für den Nachl dch den TV wird von Hbg MDR **82**, 849; MüKo/Brandner Rn 47 grdsl für zulässig erachtet. Dem widerspricht zu Recht Damrau DNotZ **84**, 660, weil vorhandenen MitE dogmatisch keine Anteile an dem rgeschäftl erworbenen Kommanditanteil vom TV zugewiesen werden können, so daß der Erwerb auf AlleinErbsch beschränkt wäre.

23 **d) Bei stiller Gesellschaft** (s HGB 234 II) kann TV die Rechte des (der) Erben eines stillen Gesellschafters wahrnehmen (Paulick, Handbuch der still Ges, § 16 II 9; H/Winkler Rn 389 ff). Das EintrittsR eines MitE (Erben), den der Erbl entspr dem GesVertr zu seinem RNachfolger als stiller Gesellschafter bestimmt hat, wird dch eine TVstrg nicht berührt (s BGH WM **62**, 1084).

24 **e) GmbH-Anteil.** Der TV verwaltet einen zum Nachl gehör GeschAnteil kraft eigenen Rechts unter Ausschluß des (der) Erben (BGH NJW **59**, 1820; DB **76**, 2295/2296; H/Winkler Rn 393; Priester, FS Stimpel, 1985, 463). Auch bei TVstrg für den alleinigen GesellschafterErbl einer GmbH tritt der verwaltende TV an die Stelle des Erben (LG Köln RhNK **66**, 127). Ein TV kann auch ledigl zu dem Zweck ernannt sein, das StimmR aus dem GeschAnteil unter Ausschluß des Erben auszuüben (Hamm BB **56**, 511; str). Über Mitwirkg des TV bei seiner Wahl zum GeschFührer der GmbH s Rn 30 aE. Als solcher od als Mitglied eines and Organs der GmbH ist er vom StimmR ausgeschlossen, soweit es um seine Entlastg od die der and Mitglieder geht (GmbHG 47 IV 1); an seiner Stelle üben das StimmR die Erben aus, weil ihr Vertreter in einer Angelegenh rechtl verhindert ist, die ihn persönl betrifft (BGH BB **89**, 1499). – Ob der TV im Rahmen seiner Befugnisse mit Wirkg für die Erben einen GesVertr zur **Errichtung** einer GmbH abschließen kann, ist bestr (s Staud/Reimann Rn 116; H/Winkler Rn 405 ff). Hat ihn der Erbl letztw damit beauftragt, das hinterlassene Unternehmen in eine GmbH umzuwandeln od sich sonst an der Errichtg einer GmbH zu beteiligen, kann er dies als Treuhänder der Erben im eigenen Namen durchführen. – Gehört zum Nachl ein treuhänd abgetretener Geschäftsanteil, kann TV Rückabtretg dchführen, wenn dies aus Mitteln des Nachl bewirkt wird u für den Erben als Treugeber keine zusätzl Pflichten begründet werden (BayObLG **91**, 127).

25 **f) Zum Nachlaß gehörende Aktien** verwaltet der TV (Inhaber-, Namensaktien). Er übt auch das StimmR aus (AktienG 134). Auch zur Geltdmachg von Bezugsrechten ist er befugt (s AktienG 186). Wird eine AG in eine KG umgewandelt, bei der der Aktionär-Erbe Kommanditist wird, geht das VerwaltgsR des TV unter. Er hat aber Anspr auf Wiederherstellg dieses Rechts in der Form, daß ihm der Erbe treuhänderisch den Teil seines Kommanditanteils überträgt, der den Aktien entspricht, die zunächst der TVstrg unterlagen (BGH **24**, 106 mAv Fischer **LM** Nr 1 zu § 2218).

26 **g) Anteil an einer Genossenschaft.** Nach GenG 77 I geht mit dem Tod eines Genossen die Mitgliedsch auf die Erben über; sie endet mit dem Schluß des GeschJahrs, in dem die Erbfolge eingetreten ist. Bis zu diesem Ztpkt kann für mehrere Erben das StimmR dch einen Bevollmächtigten ausgeübt werden. Für den Zeitraum der Fortsetzg der Mitgliedsch kann ein TV die MitgliedschR wahrnehmen. GenG 77 I sieht die Möglichk einer Fortsetzg der Mitgliedsch dch den (die) Erben vor. Etwa hierzu erforderl Erklärgen kann der TV nicht abgeben (s H/Winkler Rn 429, 430; § 1922 Rn 25; aA MüKo/Brandner Rn 45).

27 **4) Die Verfügungsbefugnis (Satz 2)** des TV ist Ausfluß seines VerwaltgsR. Er erhält sie mit demselben Inhalt, wie sie dem Erben ohne Anordng der TVstrg zustehen würde. Sie ist ausschließl (§ 2211), bezieht sich aber nur auf die zum Nachl gehörenden Ggstände und nicht auch auf die Anteile der MitE am Nachl (§ 2033 I). Letzteres betrifft aber nicht Erbteile an einem anderen Nachl, die bereits dem Erbl zugestanden hatten u damit als einzelne Ggstände Bestandteil des vom TV verwalteten Nachl sind (BGH NJW **84**, 2464; s Rn 31). – Keine Einschränkung bewirkt das nur schuldrechtl Wirkgen zeitigende Auseinandersetzgsverbot des § 2044 (KGJ **52** A 113; s auch BGH NJW 71, 805). – Für den Erlös aus Vfgen üb NachlGgstände gilt § 2041 entspr (s dort Rn 1).

28 **a) Umfang.** Die Befugn des TV zu Vfgen üb die seiner Verwaltg unterliegenden NachlGgstände ist grdsl unbeschränkt (S 2); nur unentgeltl Vfgen sind ihm untersagt (S 3; dazu Rn 32; 35). Dies gilt auch dann, wenn NachE vorhanden sind (KG DR **43**, 90). Das VerwaltgsR des TV geht auch dem des befreiten VorE vor, solange der TV nicht den Nachl an ihn herausgegeben hat (BayObLG **59**, 129; hM); an die einem VorE auferlegten Beschränkgen der §§ 2113, 2114 ist der TV nicht gebunden, da sie nur im Verhältn zw VorE u NachE gelten (Neust NJW **56**, 1881; Stgt BWNotZ **80**, 92), jedenf wenn TV zugl für VorE u NachE eingesetzt ist (BGH **40**, 115; BayObLG **86**, 208). Ist allerd der TV zugl MitVorE od als alleiniger VorE MitTV, ist die RLage anders (s § 2112 Rn 1). – Den TV berühren auch nicht solche Beschränkgen, denen nur der Erbe unterliegt, zB wenn sein Erbteil gepfändet od verpfändet ist (KG JR **52**, 323), wenn er unter elterl Sorge od Vormdsch steht (KG OLG **38**, 250; der ges Vertr hat nur ggü dem TV die Rechte des Minderj zu vertreten); od wenn seine VfgsBefugn kr ehel GüterR (§§ 1365; 1423; 1424) beschränkt ist (Staud/Reimann Rn 79; Haegele Rpfleger **63**, 331). Ist die GüterGemsch des Erbl dch seinen Tod beendet, aber noch nicht auseinandergesetzt, kann der TV gemeins mit dem Ehegatten ohne Beteiligg der Erben üb einzelne Ggstände des Gesamtguts in Liquidation verfügen (Stgt NJW **67**, 1809; s auch BGH **26**, 378; **64**, 768). – Zur Erteilg einer widerrufl **Generalvollmacht** dch TV s § 2218 Rn 2; eine unwiderrufl erteilte ist grdsl unwirksam, da sie als unzuläss dauernde Übertragg seiner Rechte u Pfl mit seiner Vertrauensstellg unvereinbar ist (KGJ **32**, 90). Zum Widerruf einer vom Erbl erteilten GeneralVollm s Einf 20 vor § 2197.

29 **b) Wirksam** sind die Vfgen des TV nur, wenn sie entgeltl sind od wenn ihnen die Erben u Vermächtn-Nehmer zugestimmt haben (BGH **57**, 84; s Rn 32; 35). Seine VfgsHandlgen wirken dann unmittelb für u gg

die Erben (RG **59**, 361; **76**, 125). Dies gilt selbst dann, wenn der TV zugl MitE ist u die Vfgen ihm eigene Rechte einräumen. – Eine den **gutgläubigen Erwerb** schützende Vorschr (wie § 2113 III) ist entbehrl, da insow §§ 2368 III; 2366 gelten. Verfügt der TV als angebl Eigentümer, greifen §§ 932 ff ein. Eine Schutz-Vorschr enthält allerd § 2211 wg des Ausschlusses des VfgsRechts des Erben (s dort).

c) Insichgeschäft. Der Schutzzweck des § 181 erzwingt dessen Anwendg auch auf den TV (BGH **30**, 67; **51**, 209; NJW **81**, 1271; Ffm NJW-RR **98**, 795). Desh sind dem TV RGesch mit sich selbst grdsl versagt (allg M). Etwas anderes gilt nur, wenn das RGesch ausschließl in der Erfüllg einer Verbindlichk besteht; od wenn Erbl dem TV das Selbstkontrahieren (ausdrückl od stillschweigd) gestattet hat (RG **61**, 139). Letzteres ist anzunehmen, wenn TV zugleich MitE ist od Anspr gg Nachl hat. Auch dann ist aber die Zulässigk eines solchen RGesch dadurch begrenzt, daß die Gestattg nur im Rahmen einer ordngsgemäßen Verwaltg (§ 2216 I) anzunehmen ist, wobei an diesen Begriff strenge Anfordergen zu stellen sind (BGH NJW **59**, 1429; WM **60**, 1419; dazu von Lübtow JZ **60**, 151). Insichgeschäfte des TV, die gg das Gebot der ordngsgemäßen Verwaltg verstoßen, sind dah stets unwirks (KG JW **35**, 2755), selbst wenn sie vom Willen des Erbl gedeckt sein sollten, da er den TV von der Verpflichtg zur ordngsgemäßen Verwaltg nicht befreien kann (§ 2220; Mattern BWNotZ **61**, 149/155). Die Unwirksamk ist aber nur eine schwebende mit der Möglichk einer Heilg durch Genehmigg der (übrigen) Erben. Nichtig u nicht heilb sind allerd Geschäfte, die dem Willen des Erbl widersprechen (Lübtow JZ **60**, 157; s auch Mattern aaO 157). – **Beweispflichtig** für die Gestattg des Selbstkontrahierens ist der TV, der den Beweis dadurch führen kann, daß er die Ordngsmäßigk nachweist (BGH WM **60**, 1419). Er kann aber auch die Gestattg unmittelb nachweisen; dann muß der Gegner die Überschreitg einer ordnungsgemäßen Verwaltg nachweisen (BGH NJW **59**, 1429). Ergibt sich hiernach die Unzulässigk des eigenen Handelns des TV und ist seitens des Erbl keine Ersatzanordng getroffen, steht das VfgsR dem Erben selbst zu (KGJ **50** A 164). – **Entsprechend** ist der RGedanke des § 181 anwendb, wenn ein TV, der AnteilsR an einer GmbH verwaltet, über seine Bestellg u Anstellg als GeschFührer der GmbH mitentscheiden soll; er darf dies nur, wenn der Erbl od die Erben ihm dies gestattet haben (BGH **51**, 209; s auch Johannsen WM **69**, 1405). 30

d) Keine Verfügung über einen NachlGgst bedeutet der Verzicht des zur Ausübg der NacherbRe berufenen TV (§ 2222) auf die Eintragg des NEVermerks ins GBuch (Einf 10 vor § 2100); dieses Recht entspringt schon der allg Verwaltgstätigk des TV (KG DNotZ **30**, 480). – Auch Vfg eines MitE über seinen Erbteil (§ 2033) od die Mitwirkg bei einer solchen ist ausschließl dem MitE selbst vorbehalten u steht nicht dem TV zu, auch nicht im Rahmen der Erbauseinandersetzg (§ 2204; BGH WM **69**, 1404). Dies gilt aber nicht für den Anteil an einem and Nachl, der bereits dem Erbl zugestanden hatte (BGH NJW **84**, 2464). Der Erbteilserwerber kann ohne Mitwirkg des TV seine Eintragg als RNachfolger des bisherigen Mitglieds der im GBuch eingetragenen ungeteilten ErbenGemsch beantragen (Essen Rpfleger **60**, 58). Das VerwaltgsR des TV an den einzelnen NachlGgst bleibt aber bestehen; jedoch hat er kein VerwaltgsR an der GgLeistg, die der ErbschVerkäufer erzielt hat (H/Winkler Rn 233). 31

5) Schenkungsverbot (Satz 3). Nicht berechtigt ist der TV zu unentgeltl Vfgen über NachlGgst mit Ausnahme von Pflicht- u Anstandsschenkgen (§ 534), es sei denn, daß alle Erben u VermächtnNehmer der Vfg zustimmen (s Rn 35). Der Erbl kann den TV hiervon nicht befreien (§ 2207 S 2); er kann allerd dch Straf- od Verwirkgsklausel die Zustimmg der Erben zu solchen Vfgen hintanhalten (H/Winkler Rn 211). – **Keine** unentgeltl Vfgen sind allerd solche, die der TV zur Erfüllg wirks letztw Anordngen des Erbl (zB Vermächtn) od and rbeständ NachlVerbindlk vornimmt, weil der Ggwert in der Befreig des Nachl von der Schuld als Vermögensvorteil liegt (BGH NJW **63**, 1613; BayObLG **86**, 208). Irrte sich allerd der TV bezügl des Vorliegens einer NachlVerbindlk, ist Erfüllg stets unentgeltl (KG OLGZ **92**, 138). – Unentgeltl Vfgen kann der Erbl im übr dadch ermöglichen, daß er dem TV Vollm über den Tod hinaus erteilt (BGH NJW **62**, 1718), die aber von den Erben widerrufen werden kann (Einf 20 vor § 2197). 32

a) Unentgeltlichkeit bedarf hier keiner Einigg der Beteiligten (vgl § 516). Sie setzt (wie bei § 2113 II) **objektiv** nur voraus, daß aus dem Nachl ein Wert hingegeben wird, ohne daß die dadch eingetretene Verringerg dch Zuführg eines entspr Vermögensvorteils ausgeglichen wird. **Subjektiv** muß hinzukommen, daß der TV weiß od bei ordngsgemäßer Verwaltg hätte erkennen müssen, daß die Leistg der Ggseite unzulängl war (BGH **57**, 84; NJW **91**, 842); Erkennbark der Pflichtverletzg dch die Ggseite ist nicht erforderl (BGH NJW **63**, 1614; aM Lange/Kuchinke § 31 VI 2b). – Um **Entgeltlichkeit** annehmen zu können, ist allerd keine obj Gleichwertigk von Leistg u Ggleistg erforderl (s ebso § 2113 Rn 10). Vielmehr genügt es, wenn die beiderseit Leistgen für die verfolgten Zwecke gleichgestellt werden u von dem TV nach dem Maßstabe einer ordngsgemäßen Verwaltg einander gleichgestellt werden dürfen, vorausgesetzt nur, daß er seine Leistg nicht im irrigen Glauben an eine GgLeistg bewirkt (RG **105**, 249; **117**, 97). Neben den objektiven sind also auch hier subjektive Momente heranzuziehen (RG **81**, 364). Jedoch haben die letzteren nicht die gleiche Bedeutg wie beim VorE (s BayObLG **56**, 54), da der TV Verwalter fremden Vermögens ist u (soweit er nicht etwa MitE ist) keine eig Interessen verfolgt. Ist die Vfg ordngsgemäß, so steht nicht entgg, daß die Leistg an den TV selbst erfolgt (Mü JFG **21**, 242). – Für die Beurteilg maßgebend ist der Ztpkt der Vfg. – **Unentgeltliche** Vfg kann auch ein Vergleich enthalten u daher unwirks sein, wobei aber ein gewisser Ermessensspielraum des TV besteht (BGH NJW **91**, 842 mAv Bork JZ **91**, 728). Bei Erbauseinandersetzung kann sie vorliegen, wenn ein MitE wertmäß mehr zugeteilt bekommt, als seiner Erbquote entspricht (BGH; KG je aaO; BayObLG **86**, 208; dazu Keller, Haegele BWNotZ **63**, 285; **69**, 277 ff); auch bei Änderg eines bindenden VertrAngebots des Erbl (Fichter BWNotZ **63**, 158). Unentgeltl ist Vfg auch bei Löschg eines nicht an letzter Rangstelle stehenden u zur EigtümerGrdSch gewordenen GrdPfandR, ohne daß der dadch im Rang aufrückende Nachhypothekar eine GgLeistg für die Rangverbesserg an die NachlMasse gewährt (s KG JFG **15**, 191); and aber, wenn die Löschg in Erfüllg der in einem KaufVertr übernommenen Verpflichtg bewilligt wird, um dem Käufer das Grdst frei von Lasten zu verschaffen (KG NJW **68**, 1632; Stade JurBüro **80**, 1574). – Als unentgeltl gilt auch die rechtsgrundlose Verfügg (RG **105**, 246; **163**, 348; s auch Rn 32; aM Spellenberg FamRZ **74**, 350). – Sog unbenannte Zuwendgen unter Ehegatten sind im ErbR schon bei nur obj Unentgeltlk grdsl wie Schenkg zu behandeln (s § 2325 Rn 15). 33 34

35 **b) Wirkung.** Die Einschränkg der VfgsBefugn dch S 3 führt bei Verstößen zur Unwirksamk sowohl des schuldrechtl Gesch als auch des dingl Vollzugsgeschäfts. Da S 3 allerd nicht die Aufgabe hat, den Erben vor eigener Freigebigk zu schützen (Lehmann AcP **188**, 1), kann der TV mit **Zustimmung** derjen Personen, zu deren Schutz das VfgsVerbot besteht, also der Erben (samt NachE) und der VermächtnNehmer über NachlGgstände auch unentgeltl wirks vfgen, wobei ein etwa entggstehender Wille des Erbl unbeachtl ist (BGH **57**, 84; BayObLG **86**, 208; KG OLGZ **92**, 138); die von Auflagebegünstigten od sonstigen NachlGläub ist stets entbehrl. Die Zustimmg bedarf mat-rechtl nicht der für das RGesch vorgeschriebenen Form (KG aaO), ist dem GBAmt allerd in Form von GBO 29 nachzuweisen (s auch § 2217 Rn 3; 5).

36 **6) Legitimation.** TV weist seine RStellg dch TV-Zeugnis (§ 2368) nach, ohne aber dazu immer genötigt zu sein. Der mit dem TV in rechtsgeschäftl Beziehgen tretende Dritte kann nicht unbedingt dessen Vorlage verlangen (s BGH WM **61**, 479; **67**, 25). Das erteilte Zeugn genügt auch ggü dem RegisterG (s § 2368
37 Rn 1). – Ggü dem **Grundbuchamt** gilt die SonderVorschr des GBO 35 II; uU kann Bezugnahme auf Nachlaßakten genügen (Mü JFG **20**, 374). Hat TV als Veräußerer die Auflassg eines Grdst erklärt, wird seine VfgsBefugn vom GBA nachgeprüft, da die Eintragg vom Nachweis der Einigg abhängt (GBO 20). Dem GB ist also nachzuweisen, daß TV entw in Erfüllg einer letztw Vfg des Erbl od aber **entgeltlich** handelte. Diese Nachweise brauchen aber nicht in der Form des GBO 29 geführt zu werden (BayObLG NJW-RR **89**, 587). Es genügt, daß Zweifel an der Pflichtmäßigk der Vfg ausgeräumt werden können, indem TV den RGrund u die für seine Vfg maßgebenden Beweggründe darlegt, wenn diese verständl u der Wirklichk gerecht werdend erscheinen u begründete Zweifel an der Pflichtmäßigk der Hdlg nicht ersichtl sind (KG JFG **7**, 284; Zweibr Rpfleger **68**, 89). GBA kann auch WahrscheinlichkErwäggen berücksichtigen, die sich auf allg Erfahrgssätze stützen (BayObLG **56**, 55; s auch Lübeck JurBüro **76**, 1486). – Soweit die GgLeistg **nicht** dem Nachl zufließt, muß sie bei der Prüfg, ob die Vfg des TV entgeltl ist, außer Betr bleiben (RG **125**, 245); anders aber, wenn bei NachlAuseinandersetzg der TV NachlGgstände auf einen MitE überträgt u dieser an andere MitE dafür Ausgleich leistet, der somit nicht in den Nachl fließt (KG Rpfleger **72**, 58). Sofern es dabei für die Beurteilg der Entgeltlichk auf die ErbenEigensch ankommt, ist diese stets in Form von GBO 35, ggf GBO 36 nachzuweisen (BayObLG **86**, 208). Für die Beurteilg der Entgeltlichk der Vfg ist es ferner ohne Bedeutg, wie der TV die GgLeistg, wenn sie bereits in den Nachl gelangt ist, verwendet (KG JW **38**, 949). Bei Bestellg einer Fremdgrundschuld muß TV darlegen, ob Anlaß eine DarlAufnahme ist u an wen das Darlehen geleistet
38 worden ist (Aachen Rpfleger **84**, 98). – War die Vfg **unentgeltlich,** aber der TV dch Zustimmg der Erben dazu berechtigt, setzt der Nachweis der Zustimmg voraus, daß die Zustimmenden auch Erben sind; letzteres ist dch ErbSch (GBO 35) bzw nach GBO 36 nachzuweisen (BayObLG NJW-RR **89**, 587). – Hat das GBA vor Eintragg des neuen Eigtümers nicht in erforderl Umfang geprüft, ob der TV etwa unentgeltl verfügt hat, so ist schon aus verfahrensrechtl Gründen ein **Amtswiderspruch** (GBO 53) einzutragen (Zweibr Rpfleger **68**, 88 mAv Haegele). Der TV od ein von ihm ermächtigter MitE kann die Eintragg mittels Beschw (GBO 71 II 2) fordern. Dies kann bei unentgeltl Vfg des TV auch ein NachE mit dem Ziel der Eintragg eines AmtsWiderspr zG des VorE (KG DR **43**, 90).

2206 *Eingehung von Verbindlichkeiten.* **I Der Testamentsvollstrecker ist berechtigt, Verbindlichkeiten für den Nachlaß einzugehen, soweit die Eingehung zur ordnungsmäßigen Verwaltung erforderlich ist. Die Verbindlichkeit zu einer Verfügung über einen Nachlaßgegenstand kann der Testamentsvollstrecker für den Nachlaß auch dann eingehen, wenn er zu der Verfügung berechtigt ist.**

II Der Erbe ist verpflichtet, zur Eingehung solcher Verbindlichkeiten seine Einwilligung zu erteilen, unbeschadet des Rechtes, die Beschränkung seiner Haftung für die Nachlaßverbindlichkeiten geltend zu machen.

1 **1) Voraussetzung.** Sofern der Erbl den TV nicht befreit hat (§§ 2207; 2209 S 2), darf dieser von seiner Befugn zur Eingehg von Verbindlichk für den Nachl **(I 1)** nur im Rahmen ordngsgemäßer Verwaltg (§ 2216 I) Gebrauch machen, andernf die getroffene Maßn unwirks bleibt. Dieses Erfordern ist aber nicht rein obj zu verstehen. Erweist sich, daß die Eingehg objektiv nicht erforderl war, kann dennoch eine wirks NachlVerbindlk zustande kommen, wenn der VertrPartner des TV annimmt u ohne Fahrlässigk annehmen durfte, die Eingehg sei zur ordngsmäßigen Verwaltg erforderl (BGH NJW **83**, 40). Im Streitfall ist der Dritte beweispflichtig (Staud/Reimann Rn 12). Konnte der VertrPartner dies nicht annehmen, erlangt er keine Rechte gg den Nachl (§ 2216 Rn 1) und kann den TV höchstens aus § 179 verantwortl machen (H/Winkler Rn 193).

2 **2) Bei Verfügungen** über NachlGgstände ist nach **I 2** die Vertretgsmacht des TV bezügl des zGr liegenden VerpflichtgsVertr nicht auf Geschäfte beschränkt, die zur ordngsgemäßen Verwaltg des Nachl erforderl sind. Die Einschränkg des **I** 1 ist hier also ausgeschaltet, weil es keinen Sinn gäbe, dem TV zwar die freie VfgsBefugn zu geben (§ 2205 S 2), ihn aber in der Eingehg von Verbindlichk zu seinen Vfgen zu beschränken (KGJ **27** A 192). Verletzt also der TV bei KaufVertr über NachlGgstand seine Pflicht zur ordngsgemäßen Verwaltg (§ 2216), berührt dies nach **I** 2 nicht die Gültigk des Vertrags (kann TV aber schadensersatzpfl machen). Erweist sich seine Pflichtverletzg allerd als Treubruch, ist das VerpflGeschäft gem § 138 I nichtig, wenn der Vertragspartner mit dem TV bewußt zum Nachteil des Nachl zusammengewirkt hat; fehlt ein solcher Vorsatz des Vertragspartners, kann sich der Erbe über den Einwand unzuläss RAusübg auf Mißbrauch der Vertretgsmacht nur dann berufen, wenn sich der TV ersichtlich verdächtig verhalten hatte (BGH NJW-RR **89**, 642).

3 **3) Einwilligung des Erben (II).** Da der TV in erster Linie den Anordngen u dem sonst zum Ausdr gelangten Willen des Erbl zu folgen hat, über die Tragweite dieser Willensäußergen aber Zweifel entstehen können, gibt **II** die Möglichk, Klarheit darüber herbeizuführen, ob die vom TV getroffene Maßn noch seiner Vfgsmacht entspricht. Deshalb ist die Beiziehung des Erben (bei Vorerbsch des VorE; nicht aber eines NachE

oder ErsatznachE, Neust NJW **56**, 1881; RGRK Rn 5) bei Eingehg der Verbindlichk vorgesehen (RG **74**, 219). Der TV kann aber ein rechtl Interesse an der Mitwirkg des NachE haben (s Neust aaO). Der Erbe ist aber nur dann zur Einwillig **verpflichtet,** wenn die Eingehg der Verbindlichk zur ordngsgemäßen Verwaltg erforderl ist. Er kann sie auch verweigern, wenn es sich um die Verbindlichk zu einer Vfg (**I** 2) handelt, die der TV nach §§ 2205, 2208 eingehen kann, deren Eingehg aber ordngsgemäßer Verwaltg widerspricht (Staud/Reimann Rn 15). – Durch die Erteilg der Einwilligg ist der TV gg SchadErsAnspr aus § 2219 geschützt. Dch die Einwilligung des (der) Erben können unter den in § 2205 Rn 32 genannten Voraussetzgen unentgeltl Vfgen des TV wirks werden. Dies gilt aber nicht für die Eingehg von Verbindlichk, wenn der TV keinen Anspr auf Einwilligg gem II hat (Staud/Reimann Rn 16).

4) Haftung des Erben. Handelt TV im Rahmen seiner VerpflichtgsBefugn, entsteht NachlVerbindlk (§ 1967). Dafür muß TV, der selbst Vertragspartner ist, bei Abschluß des RGesch sein Handeln als TV zum Ausdruck bringen. Erbe haftet dann für sie mit der Möglichk der Haftgsbeschränkg (Einf 4 vor § 1967). Für Willensmängel, Kenntn od Kennenmüssen kommt es allerd nur auf TV an. Für sein Verschulden bei Erfüllg einer NachlVerbindlk haftet Erbe gem § 278. Ebso für cic, für die TV nur persönl haftet, wenn er bei VertrVerhandlgen bes persönl Vertrauen in Anspr nahm (MüKo/Brandner Rn 15). – Im NachlInsolvVerf sind die vom TV begründeten Verbindlk Masseschulden (InsO 324 I Nr 5). 4

5) Bei fehlender Verpflichtungsmacht des TV ist Heilg mögl: Vor Amtsannahme vorgenommene RGeschäfte kann TV nach der Annahme dch Genehmigg wirks machen (§ 2202 Rn 1). – Fehlt es an der wirks Anordng einer TVstrg (zB Anordng in nichtiger Vfg vTw), kann der Erbe das VerpflichtgsGesch mit der Wirkg genehmigen (§ 177), daß eine NachlErbenschuld begründet wird.– Ein rgeschäftl Handeln des angebl TV kann dch den amtierenden TV genehmigt werden (Müller JZ **81**, 370/375; 380). 5

2207 ***Erweiterte Verpflichtungsbefugnis.*** **Der Erblasser kann anordnen, daß der Testamentsvollstrecker in der Eingehung von Verbindlichkeiten für den Nachlaß nicht beschränkt sein soll. Der Testamentsvollstrecker ist auch in einem solchen Falle zu einem Schenkungsversprechen nur nach Maßgabe des § 2205 Satz 3 berechtigt.**

1) Befreiung des TV von der Beschrkg des § 2206 I kann Erbl dch letztw Vfg anordnen (ähnl wie § 2136 für gewisse Beschränkgen des VorE). Bei Übertragg der ausschließlichen Verwaltungsbefugn an den TV gilt die Ermächtigg des § 2207 ohne bes Anordng als erteilt (§ 2209 S 2). Im Auftrag des Erbl an den TV zur Erfüllg eines Verschaffgsvermächtn (§ 2170) ist regelm die nach § 2207 wirksame Ermächtigg enthalten, die zum Erwerbe des VermächtnGgstandes unumgänglichen Verpflichtgen für den Nachl einzugehen (RG **85**, 7). – **Ausnahme** von der Ermächtigg besteht nach **S 2** nur für SchenkgsVerspr (wie beim VorE, §§ 2113 II, 2136). – Über Aufnahme der Befreiung ins TV-Zeugnis s § 2368 I 2. 1

2) Für das Verhältnis gegenüber dem Erben bleibt § 2206 entscheidend, so daß der TV allen sonstigen Pflichten (bes der Pfl zur ordngsmäß Verwaltg) unterworfen bleibt (§§ 2220, 2216). Er kann daher auch die Einwillig des Erben nach § 2206 II verlangen (str; ebso Soergel/Damrau Rn 2; MüKo/Brandner Rn 7; s Staud/Reimann Rn 5 ff). 2

2208 ***Beschränkung der Rechte.*** **I Der Testamentsvollstrecker hat die in den §§ 2203 bis 2206 bestimmten Rechte nicht, soweit anzunehmen ist, daß sie ihm nach dem Willen des Erblassers nicht zustehen sollen. Unterliegen der Verwaltung des Testamentsvollstreckers nur einzelne Nachlaßgegenstände, so stehen ihm die im § 2205 Satz 2 bestimmten Befugnisse nur in Ansehung dieser Gegenstände zu.**

II Hat der Testamentsvollstrecker Verfügungen des Erblassers nicht selbst zur Ausführung zu bringen, so kann er die Ausführung von dem Erben verlangen, sofern nicht ein anderer Wille des Erblassers anzunehmen ist.

1) Willentliche Beschränkung (I 1). Der Erbl kann die Befugn des TV nach seinem Willen verschiedentl beschränken: Durch Entziehg eines Teils seiner Rechte (§ 2208; s zB BGH **56**, 275) od dch Bindg an die Zustimmg der Erben (H/Winkler Rn 145). – Durch Beschränkg auf die Verwaltg (§ 2209 S 1, 1. Halbs) od sogar nur auf bestimmte einzelne Verwaltgsaufgaben (BayObLG **56**, 186), zB Verwaltg eines HandelsGesch (s Nolte, FS Nipperdey, 1965, I 667); Beschränkg auf vermittelnde und schlichtende Tätigk nach Beendigg der Verwaltg (BGH WM **66**, 189). – Durch bloße Übertragg einzelner Rechte (zB §§ 2222, 2223; s Einf 7 vor § 2197). Auch bei Bestellg zur „Verwaltung" kann nach Sachlage aber die Übertragg aller Befugnisse gewollt sein (Düss NJW **52**, 1259). – Auch die VfgsMacht eines verwaltenden TV kann der Erbl zeitl od ggständl für einzelne od sämtl NachlGgstände mit dingl Wirkg entziehen (s BGH **56**, 275; NJW **84**, 2464; MüKo/Brandner Rn 7; Staud/Reimann Rn 5). ZB kann er verbieten, ein Grdst zu veräußern od zu belasten. Da dann aber auch der Erbe nicht allein vfgen kann (§ 2211), wäre damit der NachlGgst vom Erbl dem RVerkehr auf Dauer entzogen. Nach hM ist zur Überwindg dieser Blockierg eine gemeinsame Vfg, näml Vfg des TV mit Zustimmg aller Erben mögl u wirks (s BGH **40**, 115; **56**, 275; **57**, 85; MüKo/Brandner Rn 5; Staud/Reimann Rn 6), auch wenn die rechtl Konstruktion dafür weitgehd ungeklärt blieb (s dazu Lehmann AcP **188**, 1). – Die Beschränkg ist auch gg Dritte wirks, wenn sie ihnen bekannt od im TV-Zeugnis erwähnt (§§ 2366; 2368) od kein Zeugnis erteilt ist (§ 2211 Rn 8). 1
2

a) Die Anordnung der Beschränkg dch den Erbl od die völlige Entziehg einzelner Befugnisse muß nicht ausdrückl erfolgen. Sie kann sich auch aus den Umständen ergeben; od mittelb aus der an sich nicht wirksamen Anordng, daß der TV der Beaufsichtigg od Genehmigg des NachlG unterliege (vgl Einf 3 vor § 2197), bei der dann entw dem TV kein selbständ VfgsR zusteht (KG OLG **7**, 360) od die Anordng als ggstandslos zu betrachten ist. Jedoch ist Zurückhaltg geboten, wenn die dingl wirkende Beschränkg nicht 3 ausdrückl bestimmt ist. Nicht schon zu sehen ist sie zB in der Anordng einer befreiten Vorerbsch (BGH **40**, 115; BayObLG **58**, 304; **59**, 129); in einem Auseinandersetzgsverbot (BayObLG **67**, 230; str); in der vermächtnisweisen Zuwendg des Anspr auf die NachlNutzgen od der Bestellg eines Nießbrauchs am Nachl; der Nießbraucher erhält dann nur mittelbaren Besitz (BGH **LM** Nr 1 zu § 2203). Auch eine Teilgsanordng beschränkt den TV nur schuldrechtl (sofern nicht nach § 2216 II aufgehoben), aber nicht mit dingl Wirkg (Johannsen WM **70**, 744). BGH NJW **84**, 2464 hat allerd entschieden, daß bei einem TV, der dch Anordng des Erbl gehalten ist, über NachlGgstände nur in bestimmter Weise zu verfügen, seine Befugn zu widersprechenden Vfgen „in der Regel" auch dingl ausgeschlossen sei; dem widerspricht zu Recht Damrau JR **84**, 106. – Hat der für Vor- u NachE eingesetzte TV nach Erfüllg besonderer letztw Anordngen des Erbl den Nachl an den VorE herauszugeben, liegt hierin keine Beschrkg nach § 2208; daher erfolgt auch keine Eintragg in das TVZeugn nach § 2368 I 2 (BayObLG **59**, 129).

4 **b) Eine Erweiterung** der Befugnisse des TV ist mögl dch DauerVollstrg (§ 2209 S 1, 2. Halbs; S 2); Übertragg von Befugnissen, wie sie jedem Dritten zugeteilt werden können (vgl zB §§ 2048; 2151; 2153–2156; 2192; 2193; aber auch § 2065 Rn 7) u Befreiung (§§ 2207, 2220). Eine sonstige Erweiterg ist unwirks.

5 **2) Eine gegenständliche Beschränkung (I 2;** vgl auch ZPO 748 II) der Befugn des TV ist die Folge, wenn der Erbl seiner Verwaltg nur einzelne NachlGgstände unterstellt hat, auch wenn der Ggstand zum Anteil an einer noch ungeteilten ErbenGemsch gehört (BayObLG **82**, 59). Das Recht des TV zur Besitzergreifg, Vfg und Eingehg von Verpflichtgen (§§ 2205, 2206 I) erstreckt sich dann nur auf die betr NachlGgstände, die dem Teilgsverbot (§ 2044) unterliegen (s § 2044 Rn 1). Für nach § 2206 I eingegangene Verbindlichkeiten
6 haftet aber der gesamte Nachl (Staud/Reimann Rn 10). – Bei Verwaltg eines **Erbteils** (dazu Muscheler AcP **95**, 35), die zB eintreten kann, wenn die TVstrg zwar für den ganzen Nachl angeordnet ist, die Anordng aber hins eines MitE wg eines früheren ErbVertr ungültig ist (BGH NJW **62**, 912; BayObLG FamRZ **91**, 231; s dazu v Preuschen FamRZ **93**, 1390), kann der TV die Rechte des MitE ausüben, nicht aber über den Erbteil verfügen (Staud/Reimann Rn 16; vgl §§ 2204 Rn 6; 2338 Rn 5). – Über Beschränkg auf Verwaltg eines VermächtnGgstandes s § 2223 Rn 2. Über Beschränkg des TV auf Ausübg des StimmR aus einem zum Nachl gehörigen GeschAnteil einer GmbH s Hamm JMBl NRW **56**, 158. Über Erbauseinandsetzgsverbote s § 2204 Rn 2.

7 **3) Die beaufsichtigende Vollstreckung (II)** gibt dem TV nicht die Befugn der §§ 2203–2206, sond nur den Anspr, vom Erben die Ausführg der betr Vfgen zu verlangen (Vermächtnisse; Teilgsanordngen; Herausgabe der Erbsch an den NachE; Auflagen, bei diesen aber mangels eines Berechtigt kein SchadErsAnspr wg Nichterfüllg der Auflage (RG Warn **37** Nr 133; Staud/Reimann Rn 19, 20). Hier prozessiert er nicht in Verwaltg des Nachl, so daß ihn die Prozeßkosten beim Unterliegen treffen; er hat aber RückgriffsR gg die Erben (§ 2218). Soll ihm auch dieses Vollzugsverlangen nicht zustehen, ist er kein TV, sond nur Berater des Erben.

2209 *Verwaltung des Nachlasses; Dauervollstreckung.* **Der Erblasser kann einem Testamentsvollstrecker die Verwaltung des Nachlasses übertragen, ohne ihm andere Aufgaben als die Verwaltung zuzuweisen; er kann auch anordnen, daß der Testamentsvollstrecker die Verwaltung nach der Erledigung der ihm sonst zugewiesenen Aufgaben fortzuführen hat. Im Zweifel ist anzunehmen, daß einem solchen Testamentsvollstrecker die im § 2207 bezeichnete Ermächtigung erteilt ist.**

1 **1) Verwaltungsvollstreckung (Satz 1 Hs 1)** ist von den in S 1 geregelten zwei Sonderfällen (die sich ggseit ausschließen) die Vollstrg nur zur Verwaltg des Nachl ohne andere Aufgaben, deren Zulässigk sich schon aus § 2208 ergibt. Sie kann auch weiter auf bestimmte einzelne Verwaltgsaufgaben beschränkt werden wie zB Abwicklg bestimmter NachlVerbindlichk (BayObLG **56**, 186) od Verwaltg eines HandelsGesch. Mit der Verwaltg kann auch ein Nießbrauch des TV an dem Nachl verbunden sein (Mü JFG **16**, 310). – **Kein Fall** des § 2209 liegt vor, wenn ein TV, der für den VorE u den NachE ernannt ist, einen NachlGgst bis zum Eintritt der Nacherbfolge zu verwalten hat (BayObLG **58**, 299, 305). – Bei **Ende des Amts** der Verwaltung gilt ZPO 239 (RG **155**, 350). – VerwaltgsR ist im Zeugnis (§ 2368) nur in den Fällen des § 2209 zu erwähnen (KGJ W **38**, 2823).

2 **2) Dauervollstreckung** gestattet **Satz 1 Hs 2.** Ist ihre Anordng nicht ausdrückl erfolgt, kann sie angenommen werden, wenn der Nachl eines AlleinE von einem TV zu verwalten ist u diesem keine besond Aufgaben zugewiesen sind (BGH NJW **83**, 2247; BayObLG **92**, 175). Sie beschränkt den Erben erhebl (Rn 5) u stellt eine Art fürsorgl Bevormundg für ihn dar. Endet näml sonst die Verwaltg als eine dem TV neben der Vollstrg u Auseinandersetzg (§§ 2205, 2203, 2204) obliegende u damit zusammenhängende Aufgabe mit der Erledigg der Aufgaben, bedeutet die DauerVollstrg eine zeitl Verlängerg seiner Tätigk. Dabei steht dieser weitgehden Beschränkg des Erben keine ges Einschränkg ihrer Voraussetzgen u ihrer Zeitdauer ggüber, abgesehen von § 2210. Der Erbe kann sich ggf helfen durch Anfechtg (§ 2078) und das Verlangen des Pflichtteils (§ 2306). – Eine Außerkraftsetzg nach § 2216 II 2 ist dagg nicht mögl, da die TVstrg selbst nicht außer Kraft gesetzt werden kann (§ 2216 Rn 4; Staud/Reimann Rn 14; s aber § 2227 Rn 1). Die Anordng kann aber uU wg übermäßiger Beschrkg des Erben sittenwidr sein (vgl Mü JFG **14**, 428; Lange JuS **70**, 107).
3 – Auch bei **mehreren Erben** ist DauerVollstrg mögl. Erstreckt sie sich auf alle Erben od auf einzelne Ggstände (§ 2208), ist insow die Teilg noch aufzuschieben (§ 2044). Der Teilgsausschluß steht aber der Wirksamk einer dch Erbauseinandersetzg getroffenen Vfg über einen NachlGgst nicht entgg, wenn sie von allen Erben u dem TV gemeinsam vorgenommen wurde (LG Bremen Rpfleger **67**, 411; s auch BGH **40**, 115; H/Winkler Rn 541). Über TeilgsAusschluß u § 1683 s § 2044 Rn 1; § 2204 Rn 2. Bezieht sich die TVstrg auf einzelnen Erben od Erbteil, erhält TV zur Verwaltg, was bei der Teilg auf den Erben fällt (s § 2204 Rn 6).

4 **a) Aufgaben.** Der Dauervollstrecker hat den Nachl in seinen Besitz zu nehmen u im allg auch in Besitz zu halten. S ferner § 2203 Rn 2–5. Es gelten auch hier §§ 2215–2219. Der Inhalt seiner Pfl zur ordngsmäßigen

Verwaltg (§ 2216) läßt sich nicht für jeden Einzelfall gleich beschreiben, weil die vom Erbl gestellten Aufgaben sehr verschieden sein können (s BGH FamRZ **87**, 377; **88**, 279). Unentgeltl Vfgen sind nur mit Zustimmg des Erben mögl (s § 2205 Rn 35; bestr). Eine HerausgabePfl (§ 2217) besteht nur hinsichtl der Ggstände, an denen eine Verwaltg nicht mögl ist. Der Erbe kann jährl Rechngslegg verlangen (§§ 2218 II; 2220). Den jährl Reinertrag kann er nur beanspruchen, wenn dies der Wille des Erbl war (RG HRR **29** Nr 1652) od die Herausgabe den Grdsätzen ordngsgemäßer Verwaltg entspr (BGH Rpfleger **86**, 434; FamRZ **88**, 279; str). Dies gilt auch, wenn ein Unternehmen zum Nachl gehört. – Die unbeschränkte Eingehg von Verpflichtgen (S 2) entspricht der Notwendigk, fortlaufend neue Geschäfte abschließen zu müssen.

b) Vor- und Nacherbfolge. Verwaltet der TV einen Nachl, der Vor- u NErbfolge unterliegt, verdrängt er 5 das VerwaltgsR des VorE. Dem VorE steht der Reingewinn wie alle Nutzgen (§ 100) zu, der aber vom TV verwaltet wird. Ob er ihn herauszugeben hat, hängt davon ab, ob dies ordngsgemäßer Verwaltg entspr (s Rn 4). Der TV hat den InteressenGgsatz zu berücksichtigen, der daraus entsteht, daß der VorE auf die Erzielg mögl hoher (ihm zustehender) Gewinne bedacht sein wird, der NachE dagg die Erträge mehr zur Erhaltg u Mehrg der Substanz eingesetzt wissen will. Der TV darf also weder die dem VorE gebührenden Nutzgen schmälern noch die Substanz mindern od gefährden. Dabei muß er die §§ 2124–2126 beachten, die den Ausgl von Aufwendgen zw VorE u NachE regeln (BGH aaO).

c) Wirkungen. Die DauerVollstrg erweitert die Befugn des TV erhebl (s H/Winkler Rn 130ff). Aus- 6 geschaltet werden kann dch sie sowohl die elterl Vermögenssorge (§§ 1626; 1638f; 1793, 1803) als auch die Bestellg eines Pflegers nach § 1909 I 2 (ebso Staud/Reimann Rn 7; Dortmd NJW **59**, 2264). Ein volljähriger Erbe kann dch sie in guter Absicht beschränkt (§§ 2211, 2214, 2338) oder dem TV (zB der Witwe) die Stellg eines nicht der Aufsicht des VormschG unterstehenden Familienoberhaupts verschafft werden (s Hartmann 2.1.3). Vfgen des Erben (aber nicht tatsächl Maßnahmen, wie Umbau eines Hauses usw) sind unwirks (§ 2211), sofern nicht der TV zustimmt (§§ 182–185) oder die Verwaltg aufgehoben wird (§ 185 II).

3) Stiftung. Hat der Erbl eine rechtsfäh Stiftg testamentarisch begründet u als Alleinerbin eingesetzt, ist 7 Dauervollstrg zur Mitwirkg des TV bei der Errichtg der Stiftg, bei künftigen Satzgsanpassgen u stiftgsinterner Überwachg denkbar (vgl BGH **41**, 23 u dazu bes Strickrodt NJW **64**, 1316; Bund JuS **66**, 60).

2210 ***Dreißigjährige Frist für Dauervollstreckung*** **Eine nach § 2209 getroffene Anordnung wird unwirksam, wenn seit dem Erbfalle dreißig Jahre verstrichen sind. Der Erblasser kann jedoch anordnen, daß die Verwaltung bis zum Tode des Erben oder des Testamentsvollstreckers oder bis zum Eintritt eines anderen Ereignisses in der Person des einen oder des anderen fortdauern soll. Die Vorschrift des § 2163 Abs. 2 findet entsprechende Anwendung.**

1) Die Höchstgrenze von 30 Jahren gilt nur für die VerwaltgsVollstrg (§ 2209), hier allerd für jede. Die 1 AbwicklgsVollstrg (§ 2203) hat dagg keine zeitl Grenze, weil davon ausgegangen wird, daß sie sich in angemessener Zeit erledigt (bei schuldh Verzögerg hilft nur Entlassg). – **Zweck** der zeitl Begrenzg ist es, grdsl zu verhindern, daß dem Erben die Herrsch üb den Nachl dch TVstrg für immer entzogen werden kann; diesen Schutz hat das G dch Satz 2 aber nur schwach ausgestaltet (s Rn 3). – Die **Frist** beginnt mit dem 2 Erbfall. Sofern die DauerVollstrg nicht ohnehin für kürzere Zeit angeordnet wurde (dies ist ggf dch Auslegg zu ermitteln) u auch nicht dch vorzeit Erledigg der Verwaltgsaufgaben endete, ist sie grdsl mit Ablauf der 30-Jahresfrist von selbst beendet. Einer Aufhebg dch NachlG od Amtsniederlegg dch TV bedarf es dann nicht (RG **81**, 166). – Der Erbl kann auch ein auf 30 Jahre ernanntes TV-Kollegium ermächtigen, die Beendigg der Verwaltg selbst vorzeitig zu beschließen (BayObLG **76**, 67).

2) Verlängerung. Satz 2 läßt ErblAnordngen zu, die eine Dchbrechg der zeitl Höchstdauer bewirken u 3 ggf eine lebenslängl Beschränkg des Erben herbeiführen. Die VerwaltgsVollstrg kann näml bis zum Tod des Erben (auch des NachE) od des TV festgelegt werden (ggf auch bis zu and Ereign in der Person des Erben od TV). Dadch könnte sie in Verbindg mit einer Ermächtigg des TV zur Nachfolgerernenng (§ 2199 II) zeitl nahezu uneingeschränkt dauern; um dies zu verhindern, kann die Dauer sich nach der Lebenszeit eines Nachfolgers nur richten, wenn dieser beim Erbfall schon gelebt hat (MüKo/Brandner Rn 6 mN). – § 2210 gilt auch nicht, wenn TV mit Ausübg eines UrheberR (UrhG 28 II) betraut ist, weil dessen Schutz bis 70 Jahre nach dem Tod des Urhebers (UrhG 64 I) vorgeht.

3) Ist eine juristische Person Erbe oder TV (zB Bank; TreuhandGes), bleibt es auf jeden Fall bei der 4 30jährigen Frist (S 3 iVm § 2163 II), damit nicht die VerwaltgsVollstrg dch Anordng auf Lebenszeit verewigbar ist. Eine längere Dauer der TVstrg ist in diesem Fall ges ausgeschlossen, selbst wenn sie dch Anordng bis zum Tod des NachE an sich vorgesehen war.

2211 ***Verfügungsbeschränkung des Erben.*** **I Über einen der Verwaltung des Testamentsvollstreckers unterliegenden Nachlaßgegenstand kann der Erbe nicht verfügen.**

II Die Vorschriften zugunsten derjenigen, welche Rechte von einem Nichtberechtigten herleiten, finden entsprechende Anwendung.

1) Verfügungsentziehung. In Ergänzg von § 2205 und als Ausnahme von § 137 (BayObLG **52**, 250) 1 stellt die Vorschr klar, daß der TV nicht nur die alleinige Verwaltg, sond auch das ausschließl VfgsR über die NachlGgstände hat. Sie spricht also nur die ges Folge der dem TV eingeräumten Befugn und nicht ein rgeschäftl Veräußerungsverbot iSd § 135 aus (BGH **56**, 275; RG **87**, 433). Dem Erben ist jegliches VfgsR dinglicher Art entzogen, sofern nicht ein Fall des § 2208 vorliegt. – Üb seinen **Erbteil** kann der MitE, unbeschadet der Fortdauer der Rechte des TV, nach § 2033 verfügen (§ 2205 Rn 31). – Antrag auf Berichtigg des GBuchs ist keine Vfg u kann dah trotz TVstrg von jedem MitE gestellt werden, zumal bei Verwaltg des Grdst dch TV zugleich TV–Vermerk (GBO 52) einzutragen ist (LG Stgt Rpfleger **98**, 243). Die

Eintragg der Verpfändg des Erbanteils eines MitE, die im GBuch vermerkt ist, verliert ihre Bedeutg, wenn der TV das Grdst wirks veräußert; das PfandR erstreckt sich nunmehr auf den Erlös (§ 2041; KG JFG **22**, 122).

2 **a) Wirkung.** Der Entzug tritt bereits mit dem Erbfall ein, auch wenn der TV sein Amt noch nicht angenommen hat od seine Ernenng dch das NachlG od Dritte noch nicht erfolgt ist (BGH **25**, 275; **48**, 214). Vfgen des Erben sind dah unwirks (vorbehaltl **II**), allerd nicht nichtig. Sie können dah gem § 185 II wirks werden, wenn TV sie genehmigt (§ 184; RG **87**, 432); od wenn sein Recht wegfällt, bevor er entggstehde Vfg getroffen hat (RG LZ **31**, 1325). Kommt es überh nicht zur Annahme seitens des TV od seiner Ersatzmänner, sind die Vfgen des Erben stets wirks. Ohnehin sind sie es, wenn sie mit Einwilligg des TV erfolgen (§ 183). Ob Wirksamwerden dch Genehmigg des TV auch eine unentgeltl Vfg (§ 2205 S 3) erfaßt, ist bestr (s Düss NJW **63**, 162; LG Oldbg Rpfleger **81**, 197; dazu § 2205 Rn 35). Fällt die Verwaltg od TVstrg weg, wird die Vfg ohne Rückwirkg nach § 185 wirks (Kipp/Coing § 70 I). Prozesse sind auszusetzen (RG **155**, 350).

3 **b) Einzelheiten.** Die Erben sind nicht zur Bewilligg der Eintragg eines VorkR an einem NachlGrdst befugt, das der Verwaltg eines TV unterliegt (Düss NJW **63**, 162). – Der Erbe des Mieters kann nicht nach § 569 kündigen (RG **74**, 35). – Der Erbe kann aber sich persönl (nicht den Nachl) schuldrechtl verpflichten, ohne (aus dem Nachl) erfüllen zu können (RG HRR **29** Nr 1833). Der TV kann daher auch nicht auf Erfüllg solcher Verbindlichk in Anspr genommen werden, die von den Erben ohne seine Zustimmg über NachlGgstände eingegangen wurden; insoweit besteht auch kein Aufrechngs- od ZurückbehaltgsR (BGH **25**, 257; dazu Coing JZ **58**, 169). Dies gilt auch für die Zeit, in der währd der Dauer der TVstrg kein TV das Amt bekleidet, es sei denn, daß die Erben hier als GeschFührer ohne Auftr tätig werden (Johannsen Anm zu **LM**
4 § 2205 Nr 2). – **Bedingte** Vfgen sind mögl (vgl auch § 160), falls nicht der TV anderw verfügt. Im Falle des § 2217 kann der Erbe vom TV die Zustimmg zur Vfg verlangen (s § 2217 Rn 1; Erman/Schmidt Rn 3). – Ein Anspr des Erben gg den Erbl, der idR dch Vereinigg von Recht u Verbindlichk in seiner Person erlischt,
5 bleibt bestehen, wenn TVstrg zur Verwaltg des Nachl angeordnet ist (BGH **48**, 214). – **Gemeinsam** können TV u Erben über NachlGgstände auch dann verfügen, wenn der Erbl dch Anordng vTw eine Vfg verboten hat; § 137 steht nicht entgg (BGH **56**, 275 mAv Mattern **LM** § 2208 Nr 3; s auch § 2204 Rn 2).

6 **2) Der gutgläubige Dritte (II;** §§ 932ff; 892, 893; 1032; 1207) ist bei RGeschäften **mit dem Erben** geschützt, wenn er das Bestehen einer TVstrg nicht kannte od gutgläubig annahm, daß der Ggstand nicht zum Nachl gehört od der Verwaltg des TV nicht unterliegt. Der gute Glaube ist aber regelm ausgeschlossen, wenn die Verwaltgsbefugn des TV nach außen erkennb gemacht ist. Diese Kundmachg erfolgt im Erbschein (§§ 2364, 2366), ferner bei bewegl Sachen, Wertpapieren durch Inbesitznahme (§ 2205), bei Grdst (GrdstRechten) durch Eintragg des TV-Vermerks (GBO 52; SchiffsRegO 55). Rechtsirrtum wird kaum in
7 Betracht kommen (Staud/Reimann Rn 20). – **II gilt entsprechend** für NachlFdgen. Der gutgläubig an den Erben leistende Schuldn wird befreit (vgl §§ 1984 I u 407 I; Soergel/Damrau Rn 10). Zahlt die Bank an die wg bestehender TVstrg nicht verfüggsberecht Erbin des Konteninhabers aus, kommt es für den Gutglaubensschutz (§ 2211 II mit § 407 I) auf die Kenntn der auszahlenden Stelle an. Hat die Bank aber Kenntn von der TVstrg, jedoch die kontoführende Stelle nicht benachrichtigt, wird sie ggü dem TV nicht befreit (Bremen MDR **64**, 328).

8 **3) Nicht geschützt** wird der gute Glaube an die VfgsBefugn bei RGesch **mit dem Testamentsvollstrecker.** Gutgläub Erwerb eines NachlGgstands, auf den sich die Vfgsbefugn des TV nicht erstreckt, ist also auch bei gutem Glauben an diese Vfgsbefugn nicht mögl (Staud/Reimann Rn 19; s auch § 2205 Rn 29). Auch kann ein Dritter aus einem vom TV unter Mißbrauch seiner Befugnisse abgeschlossen RGesch keine Rechte geltd machen, wenn er diesen Mißbrauch hätte erkennen müssen (s RG **83**, 353; **130**, 134; s auch § 2206 Rn 1; § 2368 Rn 9). – Gehört ein vom TV veräußerter fremder Ggst **nicht zum Nachlaß,** ist für den Erwerb § 932 maßgebd (BGH NJW **81**, 1251).

2212 ***Prozeßführungsrecht für Aktivprozesse.*** **Ein der Verwaltung des Testamentsvollstreckers unterliegendes Recht kann nur von dem Testamentsvollstrecker gerichtlich geltend gemacht werden.**

1 **1) Die Prozeßführungsbefugnis** für Aktivprozesse steht nur dem TV zu (wg der Passivprozesse vgl § 2213). Die seiner Verwaltg unterliegenden Rechte des Nachl (vgl §§ 2208, 2209; BGH **31**, 284) können nur von ihm gerichtl geltend gemacht werden, auch ggü einem Amtsvorgänger (BGH MDR **58**, 670); gehört dazu der Anteil des Erbl an einer PersonenGes (§ 2205 Rn 14), erstreckt sich sein ProzeßführgsR aber nicht auf die inneren Angelegenh der Ges wie zB RStreitigk üb den Kreis der Gter (BGH NJW **98**, 1313 mAv Ulmer JZ **98**, 468). – Dies gilt sowohl für Zivilprozeß (Klage, Widerklage, VollstrGgklage; Einrede, Aufrechng; Verteidgg eines Streitpatents gg NichtigkKlage, BGH NJW **66**, 2059; s § 2213 Rn 3) als auch für VerwaltgsgerichtsVerf u die freiw Gerichtsbark (zB Berichtigg des GBuchs). Dah kann auch nur TV (u nicht Erbe) einen vom Erbl begonnenen u dch dessen Tod unterbrochenen Aktivprozeß (ZPO 239) aufnehmen (ZPO 243; BGH **104**, 1). – Lehnt TV Führg des Prozesses ab, kann Erbe ihn darauf verklagen (§ 2216) od seine Entlassg betreiben (§ 2227). – **Nicht** unter § 2212 fällt das Verlangen auf Vollziehg einer Auflage (§ 2194), das auch dem Erben zusteht (vgl § 2194 Rn 1). Auch Ansprüche des Erben aus § 2287 gehören nicht zum Nachl. Sie können vom TV nur mit Ermächtigg des Erben geltd gemacht werden (gewillkürte Prozeßstandsch); s BGH NJW **80**, 2461 u eingehd Tietke JZ **81**, 429. – Wegen RStreits über das ErbR als solches s Einf 12 vor § 2197; Löwisch DRiZ **71**, 272; H/Winkler Rn 435. – Zur Rechtsstellg des TV im **Steuerverfahren** s BFH NJW **77**, 1552; **78**, 1456, 2264; Betr **80**, 2118; H/Winkler Rn 780, 781; Thietz/Bartram DB **89**, 798).

2 **a) „Partei kraft Amtes"** ist der TV, nicht nur Vertreter des Erben od des Nachl. Er führt die Prozesse in eigenem Namen, aber als TV (s Einf 10 v § 2197). Ihm ist Prozeßkostenhilfe zu bewilligen (ZPO 114 mit 116

S 1 Nr 1; dazu Grunsky NJW **80**, 2041/2044). Er ist als Partei zu vernehmen. Der Erbe kann Zeuge, Neben- u auch Hauptintervenient (ZPO 66, 69, 64) sowie Streitverkündeter (ZPO 72 ff; §§ 2216 I, 2219) sein. Wird er als Partei zur Tragg der Prozeßkosten verurteilt, haftet er dafür nicht persönl, sond nur mit dem Nachl, in dessen Interesse er das Verf führte (Zöller/Herget ZPO 91 Rn 8), sofern nicht ein Fall des § 2219 vorliegt. – **Persönlich als Partei** klagt der TV dagg seine eigenen Anspr ein, zB Aufwendgsersatz (§§ 2218, 670) od die ihm zustehde Vergütg (§ 2221). – Entscheidd für die Frage, ob der TV als Partei kr Amtes od selbst streitet, ist iZw, ob es um Interessen des Nachl od um seine persönl geht. Dabei spielt es auch keine Rolle, ob er mit Recht od zu Unrecht einen Anspr für den Nachl geltd macht od einen gg den Nachl gerichteten Anspr bestreitet (Kessler DRiZ **67**, 299 ff; auch **65**, 195).

b) Bei Beendigung seines TVAmts u ebenso bei Wegfall der VerfüggsBefugn des TV tritt der Erbe als RTräger an Stelle des TV in einen nicht beendeten Prozeß ein. ZPO 239; 246 gelten entspr (BGH NJW **64**, 2301; aA Zöller/Greger ZPO 239 Rn 4). Wechselt nur die **Person** des TV infolge Kündigg, Entlassg od Tod, gelten ZPO 241; 246 (Thomas/Putzo ZPO 241 Rn 2). Auch ist § 207 anzuwenden (s § 207 Rn 1). 3

2) Rechtskraft. Das Urteil wirkt entspr dem VfgsR des TV für und gg den Erben, wenn der TV zur Führg des RStreits befugt, also (bei Aktivprozessen) verwaltgsberechtigt war (ZPO 327 I). Dagg berühren Prozesse, die nicht in Verwaltg des Nachl, sond zB gegen dritte Erbanwärter geführt sind, den wahren Erben nicht. Anderers binden die unter den mehreren Erbanwärtern ergangenen Urteile den TV nicht; er kann aber an den Obsiegenden leisten (RGRK Rn 9). Vollstreckb Ausfertigg gegen den Erben ist jederzeit (ZPO 728 II), für ihn erst dann zu erteilen, wenn das VerwaltgsR des TV entfallen ist. 4

3) Eine Klage des Erben ist bei bestehdem VerwaltgsR eines TV wg Fehlens einer Prozeßvoraussetzg als unzuläss abzuweisen (s BGH **31**, 279), falls nicht der TV ihn dazu ermächtigt hat od seiner Prozeßführg zustimmt (s BGH **38**, 287 mAv Nirk u Johannsen in **LM** § 1984 Nr 1). Bei Zustimmg des TV wirkt das Sachurteil auch für u gegen ihn. Bedenken gg eine gewillkürte Prozeßstandsch des Erben greifen nicht dch, wenn die Ermächtigg des TV den Grdsätzen ordngsgemäßer Verwaltg entspricht, nachdem sogar Freigabe des Anspr (§ 2217) denkb ist (s Staud/Reimann Rn 8; MüKo/Brandner Rn 18; auch BGH **38**, 287). – Auch ein Antr der MitE auf **Teilungsversteigerung** eines NachlGrdst (§ 180 ZVG) kann dch Genehmigg des TV wirks werden (Lübeck SchlHA **70**, 231). – Der TV kann auch einen MitE ermächtigen, die Eintragg eines AmtsWiderspr ins GBuch im Wege der Beschw (GBO 71) zur Sicherg eines Berichtiggsanspruchs (§ 894) einer ErbenGemsch zu deren Gunsten im eigenen Namen (§ 2039 S 2) zu fordern (Zweibr Rpfleger **68**, 88). 5

2213 ***Prozeßführungsrecht für Passivprozesse.*** **I Ein Anspruch, der sich gegen den Nachlaß richtet, kann sowohl gegen den Erben als gegen den Testamentsvollstrecker gerichtlich geltend gemacht werden. Steht dem Testamentsvollstrecker nicht die Verwaltung des Nachlasses zu, so ist die Geltendmachung nur gegen den Erben zulässig. Ein Pflichtteilsanspruch kann, auch wenn dem Testamentsvollstrecker die Verwaltung des Nachlasses zusteht, nur gegen den Erben geltend gemacht werden.**

II Die Vorschrift des § 1958 findet auf den Testamentsvollstrecker keine Anwendung.

III Ein Nachlaßgläubiger, der seinen Anspruch gegen den Erben geltend macht, kann den Anspruch auch gegen den Testamentsvollstrecker dahin geltend machen, daß dieser die Zwangsvollstreckung in die seiner Verwaltung unterliegenden Nachlaßgegenstände dulde.

1) Prozeßführungsrecht bei Passivprozessen. Werden Anspr gg den Nachl gerichtl geltd gemacht, ist der Erbe nach Annahme der Erbsch immer prozeßführgsberecht, da er auch für sie persönl, wenngleich beschränkb haftet. Das Urteil gg ihn berecht den NachlGläub jedoch nicht zur ZwangsVollstr in Nachl, soweit dieser der Verwaltg eines TV unterliegt, weil er dann Titel gg TV benötigt (ZPO 748). Ob der NachlGläub auch gg TV Klage erheben kann, hängt also davon ab, in welchem Umfang u wie lange der Nachl dessen Verwaltg unterliegt (s auch § 2212 Rn 1). PflichttAnspr können allerd nur gg Erben geltd gemacht werden (Rn 7). Sind sowohl Erbe als auch TV nebeneinander passiv prozeßführgsberecht, wird er zweckmäßigerw beide verklagen. 1

a) Passivprozeß iS des § 2213 ist jeder RStreit, in dem wg einer NachlVerbindlk (§§ 1967; 1968) eine Leistg aus dem Nachl verlangt wird od ihr Bestehen festgestellt werden soll. Dabei wird nicht nach Gerichtsbark u Verfahrensart unterschieden. Auch neg Feststellgsklage gg Dritten, der sich Anspr gg Nachl berühmt, fällt darunter (MüKo/Brandner Rn 2); ebso nach rkräft Urteil gg Erbl Wiederaufnahme dch Restitutionsklage (ZPO 580). – **Nicht** darunter fallen RStreite, die sich zwar gg den Erben richten, aus der 3 Sicht des Nachl aber Aktivprozesse (§ 2212) sind, weil ein Recht zu verteidigen ist. Dies betrifft zB PatentnichtigkKlage (PatG 37) gg den in der Rolle als Patentinhaber eingetragenen Erben, zu der nur TV befugt ist, um das seiner Verwaltg unterliegende Patent zu verteidigen (BGH NJW **66**, 2059). – Um keinen Anspr gg Nachl handelt es sich bei Streitigk von Erbanwärtern um das ErbR (Einf 12 v § 2197) od der MitE untereinander üb eine AusgleichggsPfl (§§ 2050 ff). 2

b) Ansprüche gegen TV persönlich fallen nicht in den Geltgsbereich des § 2213 wie auch umgekehrt der TV wg eigener Anspr auf NachlGgstand (zB aus Vermächtn) gg Erben klagen kann, worin dann allerd die Aufgabe seines VfgsR u Freigabe des Ggstands zum Zweck der Erfüllg zu sehen ist (RG **82**, 149). Gg TV ist dah stets zu klagen, wenn seine Ernenng bestritten werden soll (OGH **2**, 45); wenn der Erbe nach Beendigg der TVstrg den Nachl herausverlangt (§§ 2218, 667); wenn er TV auf SchadErsatz in Anspr nimmt (§ 2219; BGH FamRZ **88**, 279); od bei Geltendmachg einer NachlFdg dch einen Erben (BGH **48**, 214). – Verklagt jemand den TV auf Feststellg, er sei Erbe od hinsichtl eines bestimmten Ggst VermächtnNehmer geworden, hat er die Klage gg ihn als Partei kr Amtes zu erheben (BGH bei Kessler DRiZ **67**, 299). Er kann nicht gleichzeit gg ihn hilfsw Verurteilg zu Schadensersatz wg schuldh Pflichtverletzg beantragen; denn der HauptAntr richtet sich gg den TV als Partei kr Amtes (Repräsentanten der Erben), der HilfsAnspr gg den TV 4 persönl. Die Ansprüche müssen im Prozeß so behandelt werden, als richteten sie sich gg verschiedene Personen (BGH bei Kessler DRiZ **65**, 195).

5 **2) Bei Verwaltung des ganzen Nachlasses** kann NachlGläub den TV allein od neben dem Erben auf Leistg od Feststellg verklagen. Er kann aber auch gg den Erben auf Leistg u gg den TV auf Duldg der ZwangsVollstr klagen (hM; zB BGH **104**, 1), u zwar sowohl getrennt wie gemeinsam, da er zur Zwangsvollstr in Nachl Titel gg TV benötigt (ZPO 748) u zu der in das Eigenvermögen Titel gg Erben. Bei unterschiedl Gerichtsstand kann Bestimmg des zuständ Gerichts gem ZPO 36 Nr 3 beantragt werden. – Nimmt Erbe einen gg Erbl geführten u dch dessen Tod unterbrochenen Prozeß auf (ZPO 239), kann der Kläger den TV auch gg dessen Willen in das Verfahren dch Anzeige seiner Fortsetzgsabsicht (ZPO 243; 241) einbeziehen
6 (BGH aaO). – Steht dagg dem TV nur die Verwaltg **einzelner Nachlaßgegenstände** zu (§ 2208 I 2), kann NachlGläub nur gg Erben Leistgsklage erheben (hM; aA Garlichs MDR **98**, 511). Gg TV ist nur Klage auf Duldg der ZwangsVollstr zuläss (**III**), aber auch erforderl, wenn Gläub in die verwalteten Ggstände vollstrekken will (ZPO 748 II; KG NJW **63**, 1553; Hamm Rpfleger **77**, 306). Unzuläss Leistgsklage gg TV kann ggf in Duldgsklage umgedeutet werden (RG HRR **32** Nr 1453). Gg sie hat TV alle mat-rechtl Einwendgen des Erben. – Üb die RLage bei Wegfall des TVAmts während des Prozesses s § 2212 Rn 3.

7 **3) Pflichtteilsansprüche** kann TV nur erfüllen, wenn sie unstreitig sind, dann allerd auch ohne Zustimmg des Erben, den er aber immer hören sollte (Prot **5**, 300). Bestrittene PflichttFdgen kann er dagg ohne Zustimmg des Erben nicht mit Wirkg gg diesen rgeschäftl anerkennen (BGH **51**, 25; Merkel NJW **69**, 1285) wie auch umgekehrt TV nicht an Anerkenntn des Erben gebunden ist (Celle MDR **67**, 46). – Im Streitfall kann PflichttAnspr nur gg Erben eingeklagt werden (**I** 3), auch wenn TV den ganzen Nachl verwaltet. Dieses passive ProzeßführgsR umfaßt auch die NebenAnspr auf Auskunft u Wertermittlg (§ 2314). Die RKraft des Leistgsurteils gg den Erben wirkt jedoch nicht gg TV (BGH **51**, 125). Will der PflichttGläub dah in den vom TV verwalteten Nachl od NachlTeil vollstrecken, muß er gg ihn noch Duldgsurteil (**III**) erwirken (ZPO 748 III). Dies ist getrennt od in einem Prozeß mögl (ZPO 59).

8 **4) Rechtskraftwirkung.** Das im Prozeß gg den TV ergangene Urteil üb ein seiner Verwaltg unterliegendes NachlR wirkt auch für u gg den Erben (ZPO 327 II). – Das im Prozeß gg den Erben ergangene Urteil wg einer NachlVerbindlk wirkt, falls es für ihn ungünst ist, nur gg den Erben. Obsiegt dagg der Erbe, wirkt das für ihn günst Urteil auch für den verwaltenden TV, damit dieser nicht mit den seiner Verwaltg unterliegenden NachlGgständen uU doch noch aufkommen muß. – **Vollstreckung:** Wg der vollstreckb Ausfertig für u gegen den Erben s ZPO 728, des ErblUrteils für u gegen den TV s ZPO 749, 779 II. – Vorbehalt (ZPO 780 I) ist bei Klage gg TV allein nicht erforderl, da er auf die HaftgsBeschrkg nicht verzichten kann. – Haftet der Erbe nach materiellem Recht unbeschränkt (§ 2013), ist das gg den TV ergangene Urt auch in Eigenvermögen des Erben vollstreckb (s ZPO 728 II; Staud/Reimann Rn 9); dies bleibt auch dann so, wenn das VerwaltgsR des TV nicht mehr besteht (Kipp/Coing § 71 II 2 ab).

2214 *Eigengläubiger des Erben.* **Gläubiger des Erben, die nicht zu den Nachlaßgläubigern gehören, können sich nicht an die der Verwaltung des Testamentsvollstreckers unterliegenden Nachlaßgegenstände halten.**

1 **Die Eigengläubiger des Erben** (PrivatGläub) können nicht mehr Rechte haben als der Erbe selbst (§§ 2205, 2211). Schuldrechtl Geschäfte über NachlGgstände kann der Erbe zwar eingehen. Sie bewirken aber keine NachlVerbindlichk, sond verpflichten nur ihn, ohne gg den TV erzwungen werden zu können
2 (ZPO 748). – **Dingliche Rechte** bleiben durch § 2214 unberührt. Ebso das Recht auf Pfändg des Erbteils, die zwar Befugn des TV zur Vfg über die einzelnen NachlGgstände nicht beschränkt (KG JR **52**, 323), aber ggf Auseinandersetzg erreichb macht (Ensthaler Rpfleger **88**, 94); od Pfändg der Ansprüche des AlleinE gg den TV, zB auf Herausgabe des Nachl (Ausnahme ZPO 863 I 2). – Im übr ist jede Vollstrg zG eines ErbenGläub in den der TVstrg unterliegenden Nachl ab Erbfall unzuläss und auf Erinnerg des TV (ZPO 766) aufzuheben, weil der TV in der Erfüllg seiner Aufgaben durch Maßnahmen von EigenGläub nicht gehindert werden darf, auch nicht durch Vollstreckgshandlgen mit bedingter od aufgeschobener Wirkg (RG LZ **16**, 1473).

2215 *Nachlaßverzeichnis.* **I Der Testamentsvollstrecker hat dem Erben unverzüglich nach der Annahme des Amtes ein Verzeichnis der seiner Verwaltung unterliegenden Nachlaßgegenstände und der bekannten Nachlaßverbindlichkeiten mitzuteilen und ihm die zur Aufnahme des Inventars sonst erforderliche Beihilfe zu leisten.**

II Das Verzeichnis ist mit der Angabe des Tages der Aufnahme zu versehen und von dem Testamentsvollstrecker zu unterzeichnen; der Testamentsvollstrecker hat auf Verlangen die Unterzeichnung öffentlich beglaubigen zu lassen.

III Der Erbe kann verlangen, daß er bei der Aufnahme des Verzeichnisses zugezogen wird.

IV Der Testamentsvollstrecker ist berechtigt und auf Verlangen des Erben verpflichtet, das Verzeichnis durch die zuständige Behörde oder durch einen zuständigen Beamten oder Notar aufnehmen zu lassen.

V Die Kosten der Aufnahme und der Beglaubigung fallen dem Nachlasse zur Last.

1 **1) Das Nachlaßverzeichnis** ist unverzichtb Grdlage für eine ordngsgemäße Amtsführg des TV, für die von ihm geschuldete Rechngslegg (§ 2218) u für die Herausgabe des Nachl bei Amtsbeendigg (BayObLG FamRZ **98**, 325). Nur auf seiner Grdlage können die Erben ihre KontrollRe ausüben u haben ggü dem TV ein Beweismittel bezügl der ordngsgemäßen Abwicklg der TVstrg. Als eine seiner wesentl Pflichten hat TV es

dah unverzügl zu erstellen u auch unverlangt jedem Erben üb den ganzen Nachl zu übermitteln, ggf auch dessen PfandGläub u dem Nießbraucher am Erbteil; dagg nicht einem VermächtnNehmer. – Der **Erbe** kann seine Hinzuziehg (**III**) od auch Aufnahme dch Notar od Behörde verlangen (**IV**). Er kann aber auch TV von Mitteilg befreien (nicht dagg Erbl, § 2220). – Nach Kündigg des Amts besteht die entspr Verpflichtg des TV nicht mehr (Koblz NJW-RR **93**, 462). – Ist der TV zugleich SorgeBerecht eines minderj MitE, ist bestr, ob zur ordngsmäß Prüfg des vom TV erteilten NachlVerzeichn ein Pfleger (§ 1909) für diesen MitE bestellt werden muß (dafür H/Winkler Rn 491; dagg Damrau ZEV **94**, 1). – Zur eidesstattl Versicherg ist TV nur nach §§ 2218, 666, 259, 260 verpflichtet (vgl Stgt aaO; Mü OLG **40**, 135; s auch § 2218 Rn 3). – Verzögerl Erstellg kann uU Entlassg begründen (s § 2227 Rn 3).

2) Inhalt. Die inhaltl Anfordergen ergeben sich aus **I.** Es sind alle NachlGgstände aufzuführen u die bekannten NachlVerbindlk zu bezeichnen. Beschreibg u Wertangabe (§ 2001 II) ist nicht vorgeschrieben, aber zweckmäß, weil dann sich der Erbe nach § 2004 darauf berufen kann. – Die **Form (II)** u die Kosten (**V**) sowie die Aufnahme (**III, IV**) sind wie beim VorE geregelt (vgl § 2121). – Das Verzeichn des TV ist **kein Inventar** iSv § 2001 u hat nicht dessen Bedeutg zur Erhaltg der HaftgsBeschrkg. Der TV unterliegt auch nicht der InvFrist des § 1994. Er hat aber dem Erben bei Inventarerrichtg (§§ 1993 ff) zu helfen (**I**), insbes Einsicht in den Nachl u die Auskunft zu gewähren, die sein Verzeichn nicht schon bietet (Stgt Just **65**, 29). Der Erbe kann darauf klagen, wozu ein bestimmter Antr erforderl ist (OLG **16**, 269). S auch § 2004 Rn 1. 2

2216 *Ordnungsmäßige Verwaltung des Nachlasses.*

I Der Testamentsvollstrecker ist zur ordnungsmäßigen Verwaltung des Nachlasses verpflichtet.

II Anordnungen, die der Erblasser für die Verwaltung durch letztwillige Verfügung getroffen hat, sind von dem Testamentsvollstrecker zu befolgen. Sie können jedoch auf Antrag des Testamentsvollstreckers oder eines anderen Beteiligten von dem Nachlaßgericht außer Kraft gesetzt werden, wenn ihre Befolgung den Nachlaß erheblich gefährden würde. Das Gericht soll vor der Entscheidung, soweit tunlich, die Beteiligten hören.

1) Die Verwaltungspflicht des TV ist das Ggstück seines Vfgs- u Verwaltgsrechts. Sie geht nicht weiter als dieses vom Erbl einschränkbare VerwaltgsR (§ 2208) u besteht ggü Erben und VermächtnNehmern (§ 2219 I; BGH NJW **71**, 2266), nicht aber ggü PflichttBerecht (BayObLG FamRZ **97**, 905). Insoweit kann ihn der Erbl nicht davon befreien (§ 2220), auch nicht, soweit Insichgeschäfte des TV in Frage kommen (vgl § 2205 Rn 30). – Die VerwaltgsPfl ist **fortlaufend** zu erfüllen u muß den Zweck der Erfüllg im Auge behalten. Sie kann nicht Ggstand eines ZurückbehaltgsR des Erben gg den TV sein. Der Erbe kann gg den TV auf Erfüllg dieser Pflichten klagen (BGH **25**, 275; **48**, 214; Einf 5 vor § 2197). – **Pflichtwidriges** Handeln führt idR zu Schadensersatz (§ 2219) u Entlassg (§ 2227), aber nicht zur Unwirksamk (s jedoch § 2205 Rn 1; 30; § 2206 Rn 2; BGH **30**, 73 bei Verletzg einer Mitteilgs- u AnhörgsPfl). Handelt der TV den Grdsätzen einer ordngsgemäßen Verwaltg zuwider u mußte ein Dritter bei einem mit ihm abgeschlossenen RGesch erkennen, daß der TV seine VerwaltgsBefugn überschreitet od mißbraucht, wird der Erbe nicht verpflichtet (BGH NJW **83**, 40; s § 2206 Rn 1; 2). 1

2) Ordnungsmäßige Verwaltung (I). Nach ihren Grdsätzen hat der TV seine VerwaltgsPfl zu erfüllen. An die Ordngsmäßigk werden nach obj Gesichtspkten (BGH **25**, 280) strenge Anfordergen gestellt (BGH NJW **59**, 1820). Der TV ist zu besond Gewissenhaftigk u Sorgfalt angehalten (RG **130**, 131). Er muß das ihm anvertraute Vermögen sichern u erhalten, Verluste verhindern u Nutzgen gewährleisten (BGH NJW-RR **89**, 642). Desh ist er zu Kontrollmaßn verpflichtet, um rechtzeit drohden Gefahren u Verlusten zu begegnen (BGH NJW-RR **95**, 577). Dazu gehört zB Prüfg der Kosten einer für den Nachl tätigen GrdstVerwaltg (BGH FamRZ **99**, 435). Zu berücksichtigen ist aber auch, daß der TV in eigener Verantwortg selbständ u weitgehend nach seinem Ermessen entscheidet, uU gg den Willen der Erben. Pflichtwidrig handelt er dah erst bei Überschreitg der Grenzen dieses Ermessens, die dch allg Grdsätze der Wirtschaftlichk gezogen werden (BGH WM **67**, 25; BayObLG FamRZ **90**, 1279; **97**, 905) und deren äußerste das Verbot unentgeltl Vfgen (§ 2205 S 3) bildet. – **a) Vermögensanlage.** Dem TV ist dafür ein Ermessensspielraum eingeräumt (BGH FamRZ **95**, 478). Er soll ähnl wie der Erbl selbst, dessen besond Vertrauen er als Person u als Institution genießt (BGH aaO), sein Handeln an Umfang, Zusammensetzg u Struktur des Nachl orientieren, also bei größerem Vermögen uU wie ein Unternehmer u nach dem Bild eines zwar umsichtigen u soliden, dabei aber dynamischen Geschäftsführers erfolgsorientiert handeln (BGH NJW **87**, 1070). Folgl ist er nicht immer an den „sichersten Weg" (zB mündelsichere Anlage) gebunden, zumal er sich nicht mit mäßigem Erfolg begnügen, sond Möglichk zu besserem Erfolg wahrzunehmen hat (BGH WM **67**, 25: Ausübg von BezugsR bei Aktien); s dazu Klumpp ZEV **94**, 65. Die Eingehg eines kalkulierten Wagnisses ist dah nicht ohne weiteres ausgeschlossen. Rein spekulative Anlagen sind aber jedenf dann zu unterlassen, wenn sie den gesamten Nachl od einen sehr hohen Teil davon erfassen (BGH aaO; s auch Klumpp aaO). Keine Verletzg seines pflichtgemäß Ermessens liegt im Behalten von Aktien bekannter Unternehmen trotz sinkender Kurse statt Tausch gg festverzinsliche Wertpapiere, weil er ohne besond Anlaß nicht verpflichtet ist, Aktienwerte in mündelsichere Papiere umzutauschen (Köln, Die AG **64**, 308). Geld, auf das er möglicherw kurzfristig zur Tilgg von NachlVerbindlk angewiesen ist, kann er bei seiner Bank bestmögl anlegen u muß sich nicht vorab einen Überblick üb etwa bessere Zinsen bei allen Geldinstituten verschaffen (BGH FamRZ **95**, 478). – **b) Bloße Zweckmäßigkeitsfragen** entscheidet allein der TV, andernf seine Tätigk lahmgelegt wäre. Seine unternehmerischen Entscheidgen, etwa wenn ein GmbH-Anteil seiner Verwaltg unterliegt (BayObLG FamRZ **97**, 905) sind vom NachlG nur unter dem Maßstab grober Pflichtverletzg eingeschränkt nachprüfb (BayObLG **90**, 177). 2

3) Besondere Anweisungen (II 1) des Erbl sind vom TV zu befolgen wie zB Gebot od Verbot bestimmter rechtsgeschäftl Vfgen od Auszahlg von Einkünften (RG HRR **29** Nr 1652). Sie sind der Vfg vTw ggf dch deren Auslegg zu entnehmen (BayObLG FamRZ **97**, 905). Bloße Wünsche des Erbl sind dagg nicht 3 unbedingt bindend (BayObLG 76, 67). Eine Vollm des Erbl ist widerrufl (RG **139**, 41; Einf 20 vor § 2197). – Anordngen des Erbl können allerd wg Verstoßes gg die guten Sitten nichtig sein (§ 138), zB wenn er damit eine übermäß Beschränkg der Persönlichk der Erben u ihrer unentbehrl BeweggsFreih bezweckt u bewirkt hat (Mü JFG **14**, 428). – Mit Einverständn der Erben kann der TV aber wirks Vfgen vornehmen, die den Anordng des Erbl zuwiderlaufen (s § 2204 Rn 2). Dadch wird zwar nicht die Anordng außer Kr gesetzt. Jedoch können dann die Erben keine Vorwürfe u damit nicht SchadErsAnspr gg TV erheben (s auch § 2217 Rn 2).

4 **a) Außerkraftsetzung (II 2)** der Verwaltgsanordngen des Erbl ist mögl, da er weder unfehlb ist noch die spätere Entwicklg immer voraussehen kann. Besteht die Anordng aus mehreren selbständ Teilen, kann sie auch nur teilw außer Kr gesetzt werden, wenn die Befolgg nur dieses Teils Nachl erhebl gefährdet (KG OLGZ **71**, 220). Nicht außer Kr gesetzt werden können allerd die TVstrg als solche (KG JR 51, 732) und ebensowenig Anordngen über deren Dauer, die Zahl der TV u ihre Vergütg (für deren Änderg ist ProzeßG
5 zuständ, KG JW **37**, 475); auch nicht dem Erben gemachte Auflagen (BayObLG **61**, 155). – **Voraussetzung** ist Gefährdg der Substanz des Nachlasses. Erweiternd genügt aber schon die zu besorgende Schädigg der an ihm interessierten Personen (KG HRR **33** Nr 1765), wodch mittelb auch die Vollziehg einer Teilgsanordng verhindert werden kann (KG JFG **14**, 154; s auch Staud/Reimann Rn 29; vgl § 1803 II). Daß der TV sich bereits über die Anordng (zB durch Verkauf unter dem Mindestpreis) hinweggesetzt hat, hindert die (auch der Beseitigg der RegreßPfl dienende) Außerkraftsetzg nicht (ebso Soergel/Damrau Rn 13 mN; MüKo/Brandner Rn 19; aA Staud/Reimann Rn 27).

6 **b) Verfahren.** Die Entscheidg obliegt NachlG (**II** 2), dem Erbl die ÄndergsBefugn nicht entziehen kann (vgl auch § 2220). Zuständ ist Richter (RPflG 16 I Nr 3). Erforderl ist ein Antrag entw des TV (bei gemeinschaftl Amtsführg aller TV, Mü JFG **20**, 121; str) od eines and Beteiligten (Erbe; VermächtnNehmer); kein AntrR haben NachlGläub od PrivatGläub des Erben (vgl BGH **35**, 296; BayObLG **82**, 459). Vor Entscheidg hat NachlG die Betroffenen anzuhören (II 3; GG 103 I, s § 2360 Rn 1). Es kann nur aufheben od den Antr ablehnen, nicht aber eine eigene Anordng treffen (KG OLGZ **71**, 220). Es übt auch keine allg Aufsicht üb den TV aus (s Einf 3 vor § 2197). Gebühr: KostO 113. – **Rechtsmittel:** Beschwerde steht gg stattgebende Entscheidg jedem Beeinträchtigten zu; bei mehreren TV jedem selbständ (FGG 19, 20, 81 I); gg Ablehng nur dem AntrSteller (FGG 20 II), bei mehreren TV allen gemeins (Mü JFG **20**, 121; str).

2217 *Überlassung von Nachlaßgegenständen.* **I Der Testamentsvollstrecker hat Nachlaßgegenstände, deren er zur Erfüllung seiner Obliegenheiten offenbar nicht bedarf, dem Erben auf Verlangen zur freien Verfügung zu überlassen. Mit der Überlassung erlischt sein Recht zur Verwaltung der Gegenstände.**

II Wegen Nachlaßverbindlichkeiten, die nicht auf einem Vermächtnis oder einer Auflage beruhen, sowie wegen bedingter und betagter Vermächtnisse oder Auflagen kann der Testamentsvollstrecker die Überlassung der Gegenstände nicht verweigern, wenn der Erbe für die Berichtigung der Verbindlichkeiten oder für die Vollziehung der Vermächtnisse oder Auflagen Sicherheit leistet.

1 **1) Ein Überlassungsrecht** des TV ergibt sich nicht aus § 2217 (BGH **56**, 275). Bei der AusführgsVollstrg (§ 2203) benötigt er den Nachl aber nur, um zB Steuern u Schulden zu bezahlen (s auch **II**) und ggf die Auseinandersetzg vorzunehmen (§ 2204). Soweit er allerd zur Aufgabenerfüllg einzelner NachlGgstände nicht mehr bedarf, kann er sie auf Verlangen dem Erben überlassen u muß dies ggf sogar (Rn 5–9), damit dieser in den Genuß des Nachl kommt. Der TV kann also nach Annahme des Amtes (vorbehaltl seiner Haftg ggü MitE, VermächtnNehmern nach § 2219 I; KG JFG **20**, 261/263; Häußermann BWNotZ **67**, 234) unverlangt
2 einzelne NachlGgstände dem (den) Erben überlassen mit der Wirkg, daß sein VerwaltgsR erlischt. – Bei **Verwaltungsvollstreckung** (§ 2209) üb den ganzen Nachl od einzelne NachlGgstände ist die vorzeit Herausgabe nicht zuläss, soweit der TV den NachlGgstand zur Erfüllg seiner Aufgaben benötigt (s RG LZ **29**, 1406; auch KG DR **42**, 980). Bei Dauervollstrg gibt TV den Nachl idR gar nicht frei. Zur Ausführg letztw Vfg od Bewirkg der Auseinandersetzg (§§ 2203, 2204) bedarf der TV zunächst einmal der zur Erfüllg von Vermächtn u Auflagen zu verwendenden Ggstände sowie der nötigen Mittel zur Erfüllg der NachlVerbindlichk. – Die ÜberlassgsBefugn kann dch den Erbl **ausgeschlossen** werden. Der TV kann aber auch entgg einem VfgsVerbot des Erbl über NachlGgste verfügen, wenn die Erben (Vor-, NachE; evtl VermächtnNehmer) zustimmen (BGH **56**, 275; **57**, 84). – Die **Wirksamkeit** der Freigabe, insb der Vfg über NachlGgste (auch einer unentgeltl), wird dch § 137 S 1 nicht beeinträcht (BGH **56**, 275/279 ff; **57**, 84; gg letztere Staud/Reimann Rn 4). Der Erbl kann aber zur Durchsetzg seines Willens (VfgsVerbot) Strafklauseln anordnen (s H/Winkler Rn 506 mit 211).

3 **2) Eine Überlassungspflicht** des TV ergibt sich dagg aus **Satz 1**. NachlGgstände, deren er zur Erfüllg seiner Aufgaben „offenbar" nicht mehr bedarf (was im Streitfall ohne weitläufige Beweiserhebg feststellb sein muß), hat er auf Verlangen des (der) Erben diesen zu überlassen. Er kann im Klageweg vom Erben (bei Mehrh nur von allen gemeins; aA Muscheler ZEV **96**, 410: jeder auf Freigabe an alle) zur Überlassg gezwungen werden. Zur Herausgabe der für die Durchführg seiner Aufgaben zur Abwicklg od Verwaltg (Dauervollstreckg, § 2209) erforderl Ggstände ist er nicht verpflichtet (s Rn 2). – Von der ÜberlassgsPfl kann der TV gem § 2220 **befreit** werden. Mit Zustimmg der Erben (Vor- u NachE) kann der TV aber NachlGgstände unter Nichtbeachtg der Schranken des S 1 u ohne Rücks auf den ErblWillen (falls dieser die ÜberlassgsBefugn ausgeschlossen hat) freigeben u damit mit diesen (u etwaigen VermächtnNehmern) gemeins wirks über NachlGgstände unentgeltl, auch über § 2205 S 3 hinaus unentgeltl verfügen (BGH **57**, 84, auch **56**, 275; Haegele BWNotZ **74**, 109/115; Neuschwander BWNotZ **78**, 73; § 2205 Rn 35). – Bei **befreiter Vorerbschaft** ist die Frage, wie lange der TV den Nachl im Besitz behalten darf, in Anwendg der allgemein für die TestAuslegg geltenden Grdsätze zu beurteilen (BayObLG **59**, 129).

3) Nach Sicherheitsleistung (II) muß der TV dem Erben auch die Ggstände herausgeben, die an sich zur Berichtigg der NachlVerbindlichk benötigt werden; nur bei schon fälligen Vermächtn u Auflagen besteht keine HerausgabePfl. Es genügt, daß die Sicherh vom Erben dem Gläub, VermächtnNehmer, Auflageberechtigten geleistet u dem TV nachgewiesen wird (MüKo/Brandner Rn 11 mN). – Die TVstrg als solche kann weder durch SicherhLeistg beseitigt noch einem Dritten überlassen werden (vgl auch § 2218, andererseits § 2199). – Wegen der Herausgabe zwecks Umschuldg vgl Heck AcP **141**, 445. 4

4) Die Freigabe ist einseit, abstraktes dingl RGesch. Sie geschieht dch empfangsbedürft Erkl des Verzichts auf das Verwaltgs- u VfgsR üb den betr Ggstand (hM; s Muscheler ZEV **96**, 410; für gemischten Realakt Hamm aaO). Die Erkl kann formlos erfolgen u sich auch konkludent aus den Umständ ergeben, zB aus Überlassg eines HandelsGesch zur Führg in eigenem Namen (BGH **12**, 100); ggü GBAmt ist sie allerd in Form von GBO 29 I 1 nachzuweisen (Hamm aaO), auch wenn TV selbst Notar ist (Düss Rpfleger **89**, 58). Freigabe liegt dann vor, wenn der TV einen Ggstand rwirks u endgült so aufgibt, daß der Erbe im RVerkehr darüb frei vfgen kann (Hamm Rpfleger **73**, 133). Dies ist nicht schon der Fall, wenn der TV ein Grdst dem Erben nur zur Verwaltg u Nutznießg überläßt, ihm also die VfgsBefugn verbleibt; wohl aber bei Verteilg des Verkaufserlös dch Teilauseinandersetzg (BayObLG DNotZ **93**, 399 mAv Weidlich). Gegenstand (s Übbl 2 vor § 90) kann auch selbständ Recht sein; auch Anteile an GüterGemeinsch (Häußermann BWNotZ **67**, 234). Kein selbständ R ist aber die Befugn, den NachlGgst zu belasten (Düss NJW **63**, 162). – **a) Wirkung.** Der 5
TV verliert bezügl des freigegebenen Ggst sein Verwaltgs-, Vfgs- u ProzeßführgsR. Die Freigabe wirkt stets dingl (BayObLG **59**, 35), selbst wenn sie grdlos od sogar gg Anordngen des Erbl erfolgte (s Rn 2) u führt grdbuchmäßig zur Löschg des TV–Vermerks (GBO 52; SchiffsRegO 55); erfolgte die Freigabe schon vor der Eintragg des Vermerks, kann die Eintragg von Anfang an unterbleiben (KGJ **40**, 212). Wird GesamthandsEigt in BruchteilsEigt der Erben verwandelt, wird der TV–Vermerk im GBuch gelöscht, auch wenn die Voraussetzgen des § 2217 nicht gegeben sind (BGH NJW **71**, 1805 mAv Mattern **LM** § 2208 Nr 3). – **b) Rück-** 6
gängigmachung ist mögl, indem der Erbe den ihm überlassenen NachlGgstand freiwill in die VfgsGewalt des TV zurückgibt (KG **40**, 207; Damrau FamRZ **92**, 604; aA BayObLG **92**, 390). Gab der TV den Ggstand irrtüml frei, hat er schuldr Anspr auf Wiederherstellg seiner VfgsGewalt aus § 812 (BGH **24**, 106 mAv Fischer **LM** § 2218 Nr 1). – **c) Steuern.** Vor Erledigg der steuerl Verpflichtgen kann Überlassg nicht 7
verlangt werden, soweit nicht feststeht, daß ein Teil des Nachl zur Steuerzahlg nicht benötigt wird. Über die Pflichten des TV hinsichtl der Entrichtg der ErbschSteuer s AO 34, 69; ErbStG 31 V, 32 I; Megow/Michel Einl IV 4 vor ErbStG 1. – **d) Kein Zurückbehaltungsrecht** besteht hinsichtl einzelner NachlGgstände wg 8
der Vergütg des TV (Häußermann aaO 235; Staud/Reimann Rn 14; teilw aA Muscheler ZEV **96**, 410). – 9
e) Die Gläubiger können sich nur an den ÜberlassgsAnspr des Erben, nicht an den TV unmittelb halten. – 10
f) Die Herausgabe von **Nutzungen** richtet sich nach § 2216 (Staud/Reimann Rn 13; Häußermann aaO 234).

2218 ***Rechtsverhältnis zum Erben; Rechnungslegung.*** **[I] Auf das Rechtsverhältnis zwischen dem Testamentsvollstrecker und dem Erben finden die für den Auftrag geltenden Vorschriften der §§ 664, 666 bis 668, 670, des § 673 Satz 2 und des § 674 entsprechende Anwendung.**

[II] Bei einer länger dauernden Verwaltung kann der Erbe jährlich Rechnungslegung verlangen.

1) Ein gesetzliches Schuldverhältnis besteht zw dem Erben u dem TV, da dieser aGrd ges Verpflichtg handelt, die wiederum auf dem Willen des Erbl beruht. Es besteht zw ihnen also kein Vertr od vertragsähnl Verhältn; ein NachE hat währd der Vorerbsch ohnehin nur die Rechte aus § 2127. Von unmittelb RBeziehgen ist nur in §§ 2206 II, 2208 II, 2215 und 2217 die Rede. Soweit zur Regelg des Verhältn zw Erben u TV nach § 2318 einzelne AuftragsVorschr anzuwenden sind, hat die Verweisg nur rechtstechn Gründe. Üb diese hinaus können TV u Erben weitergehde Vereinbargen treffen (vgl auch Einf 2 v § 2197). Aus dem AuftragsR gelten nicht die §§ 665, 669, 671 I, 672, 673 S 1; wg § 671 II, III vgl § 2226, sond nur folgende Vorschr entsprechend: 1

a) Zuziehung Dritter (§ 664). Sein Amt als solches darf der TV als Vertrauensperson des Erbl keinesfalls auf Dritten übertragen, auch nicht mit Zustimmg der Erben (darf aber ggf Nachfolger ernennen, § 2199). Auch für die Ausführg der TVstrg gilt grdsl ein Übertraggsverbot. Einzelne Aufgaben kann TV dah einem Dritten zur eigenverantwortl Wahrnehmg nur mit Einverständn des Erbl übertragen, das sich allerd aus den Umständ ergeben kann. Eine solche Substitution ist insbes bei umfangreicher TVstrg zur ordngsgemäßen Verwaltg oft erforderl od sogar geboten. Dann haftet TV für Auswahl- u Aufsichtsverschulden (§ 664 I 2); bei unerlaubter Übertragg dagg für jeden Schaden, der bei eigenem Handeln nicht entstanden wäre (MüKo/Brandner Rn 5). – Gehilfen darf TV im Rahmen ordngsgemäßer Verwaltg stets beschäftigen. Aufgaben, die er nicht selbst zu erledigen, sond nur zu veranlassen hat, kann er selbständ VertrPartnern übertragen (Handwerker; RA; Steuerberater usw); dies ist ggf vergütgsmindernd (Rn 6; § 2221 Rn 5). – **Vollmacht** kann er Dritten für einzelne Geschäfte erteilen (Bank; RA; Hausverwaltg) u muß dies bei seiner Verhinderg sogar. Führt er HandelsGesch des Erbl fort, kann er auch Prokura erteilen. Einen Generalbevollmächtigten darf er dagg nur ernennen, wenn dies mit dem ErblWillen vereinb ist, intern die EntscheidgsBefugn bei ihm verbleibt u er sich jederzeit Widerruf vorbehält (MüKo/Brandner Rn 8; str). Mit Beendigg des TVAmts erlischt auch Vollmacht (§ 168). 2

b) Die Auskunfts- und Rechenschaftspflicht (§ 666), erweitert durch **II** und § 2215 (dazu H/Winkler Rn 549 ff), kann unter den Voraussetzgen der §§ 259 II, 260 zur eidesstattl Vers verpflichten, zB wenn Anlaß zu der Annahme besteht, daß die Einnahmen in der Rechng unvollst angegeben waren (BGH WM **64**, 950). Sie besteht ggü jedem Erben, auch ggü dem einzelnen MitE (BGH NJW **65**, 396). Dieser kann sie aber nur derart geltd machen, daß Leistg an alle MitE verlangt wird. Der Anspr ist pfändb mit dem Erbanteil (RG LZ **16**, 1473). In der vorbehaltlosen EntggNahme von Leistgen liegt im allg keine Verwirkg des Anspruchs der Erben auf Rechngslegg od ein Verzicht darauf (Mü HRR **41** Nr 628). Über etwaige Mitteilgs- u AnhörgsPfl 3 vgl § 2205 Rn 2. Ist TV ein Elternteil u endet die TVstrg vor Volljährigk des Erben, bedarf es keiner Pflegerbestellg für die Entggnahme u Prüfg der Abrechng des TV (Damrau ZEV **94**, 1).

4 **c) Die Herausgabepflicht (§ 667;** vgl aber auch §§ 2217, 2019, 2041, 2111) besteht bei Beendigg des Amtes (vgl auch § 260). Auf das Verzeichn des § 2215 kann sich der TV berufen, wenn es noch zutrifft. Wegen der beiderseitigen Ansprüche ist ZurückbehaltgsR (§ 273) mögl (s § 2221 Rn 16). – Im eigenen Interesse verwendetes **Geld** ist von der Verwendg ab zu **verzinsen (§ 668;** vgl §§ 246, 1834).

5 **d) Aufwendungsersatz (§ 670).** Seine Auslagen erhält der TV (ohne VorschußR) ersetzt, wenn er sie den Umständen nach für erforderl halten durfte. Dazu gehören auch die Kosten notwend **Hilfspersonen,** es sei denn, daß ihnen der Verwalter Arbeiten übertragen hat, die er in zumutbarer Weise selbst hätte erledigen können (vgl H/Winkler Rn 636). – Die Kosten eines **Rechtsstreits,** in dem der TV unterlegen ist od die nicht beitreibbar sind, fallen nur dann unter § 2212, wenn er diesen als TV im Rahmen seines Amts geführt hat. Persönl RStreite hat der TV selbst zu zahlen, es sei denn, daß er den Prozeß für erforderl halten durfte, um den letzten Willen des Erbl zu verteidigen (RG JW **36**, 3388), zB im Streit um die Gültigk des Test mit seiner Ernenng (s H/Winkler Rn 449). Angefallene **Anwaltsgebühren** kann der TV dann ersetzt verlangen, wenn er eine Vertretg dch einen RA für erforderl halten durfte (BGH **69**, 235 mAv Johannsen **LM** Nr 6 u Schelter DNotZ **78**, 439; Möhring/Segebrecht JurBüro **78**, 145). – Obwohl der Beruf des TV für die Vergütg
6 bedeutgslos ist, sind besondere **berufliche Dienste,** die er in seiner Eigensch als RA; Steuerberater; Notar; Handwerker usw für den Nachl erbracht hat, dann zu vergüten, wenn er sie sonst einem Dritten hätte übertragen müssen, weil der TV regelm nur gg Entgelt Dienste zu leisten hat (s KG NJW **65**, 1540; H/Winkler Rn 635). Etwas anderes gilt nur dann, wenn solche Dienste dch die vom Erbl festgesetzte Vergütg mit abgegolten sein sollten u dies dem TV bei Amtsannahme bekannt war (Kipp/Coing § 73 IV 2). – Zu ersetzen sind uU auch Aufwendgen, die der TV **nach** seiner Entlassg gemacht hat (BGH WM **72**, 536). – Bei **nichtigem** Test gelten §§ 683, 684, 812 ff (s § 2221 Rn 3).

7 **e) Bei Tod des Testamentsvollstreckers (§ 673 S 2)** hat dessen Erbe AnzeigePfl ggü dem Erben (Anzeige an NachlG zweckmäß) und bei Gefahr im Verzuge sogar die Geschäfte einstweilen fortzuführen. Insow gilt er als beauftragt.

8 **f) Amtsfortdauer (§ 674)** gilt zugunsten des TV, wenn ohne seine Kenntn auflösde Bedingg eintritt (vgl auch § 2210 S 2 und § 169). Dies gilt aber nicht für seine Entlassg (§ 2227), bei der es auf die Bekanntmachg der EntlassgsVfg (FGG 16) ankommt. – § 674 ist nicht anwendb, wenn die Ernenng des TV wg Ausführg aller Aufgaben ggstandslos war (BGH **41**, 23). – Endete eine TVstrg nach dem Willen des Erbl infolge Ausschlagg des (Vor-)Erben, stehen dem vermeintl TV gg die späteren (Ersatz-)Erben keine Anspr aus §§ 2118 mit 674 zu; auch keine Anspr gem § 683, wenn diese Erben die TVstrg abgelehnt haben (BGH NJW **77**, 1726; s Rn 6).

9 **2) Für Vermächtnisnehmer und Pflichtteilsberechtigte** gilt § 2218 nicht (vgl aber § 2219). Sie haben ggü dem TV keinen allgemeinen, unmittelbaren Anspr auf Rechngslegg. Ein Anspr auf Auskunft u damit auch auf Rechngslegg kann aber mit vermacht sein, zB wenn Ggstand od Umfang des Vermächtn nur aGrd einer derartigen Auskunft bestimmt werden kann; dies kommt insbes bei Quotenvermächtn; Vermächtn von Sachinbegriffen (s § 260); Vermächtnissen, deren Höhe sich aus dem Wert anderer unbestimmter Vermögensteile ergibt (BGH WM **64**, 950), in Betracht.

10 **3) Seinem Nachfolger im Amt** ist der TV zur Auskunfterteilg u RechenschAblegg verpflichtet. Außerdem hat er an diesen alles herauszugeben, was er zur Ausführg seines Amts erhalten u aus dessen Besorgg erlangt hat. Dazu gehören auch die Unterlagen seiner Amtsführg (§§ 2218 I; 666, 667 entspr; BGH NJW **72**, 1660).

2219 *Haftung.*

I Verletzt der Testamentsvollstrecker die ihm obliegenden Verpflichtungen, so ist er, wenn ihm ein Verschulden zur Last fällt, für den daraus entstehenden Schaden dem Erben und, soweit ein Vermächtnis zu vollziehen ist, auch dem Vermächtnisnehmer verantwortlich.

II Mehrere Testamentsvollstrecker, denen ein Verschulden zur Last fällt, haften als Gesamtschuldner.

1 **1) Dem Erben haftet** der TV für schuldhafte (§ 276) Verletzg seiner Pflichten, die aus seiner freien Stellg entstehen (§§ 2215; 2216; 2218; 2219) u dch die er ggü dem Erben Schu eines ges Schuldverhältnisses ist (§ 2218). Dieses verpflichtet ihn zu sorgfältiger u gewissenhafter Ausführg der ihm obliegenden Verrichtgen (§§ 2203 bis 2209; 2212–2218; 2226 S 3). Von seiner SchadErsatzPfl kann ihn der Erbl nicht befreien (§ 2220), auch nicht dch BefreigsVermächtn (Kipp/Coing § 73 II 7). Allerd kann ihn der Erbe von seiner Haftg freistellen, außer bei Vorsatz (§ 276 II). Mitwirkdes Verschulden des Erben ist beachtl (§ 254; RG **138**, 132). Mehrere TV (**II**; § 2224) haften als GesamtSchu (§§ 421 ff), wenn sie das Amt gemeinsam führten u jeden ein Verschulden trifft (vgl auch § 1833 II). Verjährg tritt nach § 195 ein. – Fehlen dem TV die nötigen Kenntn für sein Amt, darf er entw dieses nicht annehmen od er muß bei schwierigen, seine eigenen Kenntn
2 übersteigenden Entscheidgen sachkundige Beratg einholen (Stgt BWNotZ **62**, 61). – **Beispiele:** Der TV haftet zB für Kosten erkennb überflüssiger, leichtfertiger od dch eigene persönl Interessen beeinflußter Prozeßführg (BGH WM **67**, 29); für verzögerte Auseinandersetzg; Geldeinlage bei unzuverlässiger Bank; Versteigerg trotz Möglichk eines günstigeren freihändigen Verkaufs (Saarbr JZ **53**, 509; BGH WM **60**, 1421); für Versäumg der Pflicht, seine Legitimation zur Vfgsbefugn über verwahrte Wertpapiere des Nachl der verwahrenden Bank auf Verlangen nachzuweisen (BGH WM **67**, 25); für unnötige Umwandlg eines Einzelhandelsgeschäfts in GmbH (BGH MDR **58**, 670). Beruhen die Handlgen des TV auf seiner Auslegg nicht eindeut letztw Vfgen des Erbl, fehlt Verschulden, wenn er nach sorgfält Ermittlg aller erkennb erhebl Anhaltspkte zu einer immerhin vertretb Auslegg gelangt ist (BGH NJW-RR **92**, 775). – **Keinen** SchadensersatzAnspr kann ein MitE gg den TV daraus herleiten, daß er bei Verteilg des Nachl schlechter gestellt worden

ist als dem Test entsprach, wenn er der getroffenen Regelg zugestimmt u dem TV hinsichtl dieser Regelg Entlastg erteilt hat (BGH DRiZ **69**, 281).

2) Dem Vermächtnisnehmer haftet der TV gleichfalls (auch im Falle der §§ 2208 II, 2223). Dieser muß nicht erst seine Anspr gg den Erben od sonst Beschwerten geltd machen (BGH **LM** Nr 1 zu § 2258; s auch WM **64**, 950). – Den übrigen **Nachlaßgläubigern** (insb Pflichtt- od ErbersatzBerecht) und **Auflagebegünstigten** haftet der TV nur bei unerlaubter Hdlg (vgl Rn 5). – **Dritten** haftet der TV für unerlaubte Handlgen, die er bei Verwaltg des Nachl begangen hat, persönl (BGH **LM** § 823 [Ad] Nr 1). 3

3) Weitere Rechte. Unabhängig von einer SchadErsatzPfl nach § 2219 kann der Erbe Klage gg den TV auf Einhaltg der Grenzen seiner VerwaltgsBefugn u Vornahme pflichtmäßiger Maßn erheben (RG **73**, 26) und ggü einer Klage des TV einwenden, daß dieser seine Befugnisse überschreite. Er kann aber dem TV nicht entgghalten, es sei zur ordngsmäß Verwaltg nicht erforderl, daß dieser Anspr geltd gemacht werde. Die Entscheidg hierüber kann idR nur durch das NachlG im Rahmen der Entscheidg über einen EntlassgsAntr nach § 2227 erfolgen (BGH **25**, 275). Andererseits kann der TV auf Feststellg des Nichtbestehens einer SchadErsPfl klagen (Staud/Reimann § 2218 Rn 21; Hambg OLG **16**, 281). – Für Anspr des TV gg den Erben auf Entlastg Erman/Hense/Schmidt Rn 4. – Die Geltdmachg eines ErsatzAnspr, der dem Erben aus der Pflichtverletzg eines früheren TV zusteht u der zum Nachl gehört (§ 2041), obliegt nur dem neuen TV, nicht aber daneben auch dem Erben (BGH MDR **58**, 670). 4

4) Die Erben selbst haften (vorbehaltl der beschränkten Erbenhaftg, § 1978 Rn 3) nach § 278 für Verschulden des TV bei Erfüllg von Verbindlichk im gleichen Umfang wie für eigenes Verschulden (BGH NJW **58**, 670; JR **57**, 297), nachdem ein Verstoß des TV gg die ihm obliegden Verpflichtgen regelmäß keine Nichtigk der von ihm getroffenen Vfgen bewirkt. – Für unerlaubte Handlgen des TV haftet dieser, aber nicht die Erben an dessen Stelle (BGH **LM** § 823 [Ad] Nr 1); § 831 ist unanwendb, da TV nicht Verrichtgsgehilfe des Erben ist (Staud/Schäfer § 831 Rn 62). Str ist, ob sie dafür aber analog §§ 31, 86 haften (so MüKo/Brandner Rn 18; Staud/Reimann Rn 28; dagg Soergel/Damrau Rn 8). 5

2220 ***Zwingende Vorschriften.*** **Der Erblasser kann den Testamentsvollstrecker nicht von den ihm nach den §§ 2215, 2216, 2218, 2219 obliegenden Verpflichtungen befreien.**

Keine Befreiung kann der Erbl dem TV hinsichtl der genannten Verpflichtgen erteilen, um den Erben nicht mit gebundenen Händen der Willkür eines TV auszuliefern. § 2220 darf auch nicht durch Umgehgsversuche zu einer stumpfen Waffe in der Hand des ohnehin durch den TV sehr eingeschränkten Erben gestaltet werden (RG **133**, 135). – Auch nicht ausschließen kann der Erbl die Entlassg des TV (§ 2227); od die dem TV nach §§ 2218, 259, 260, 666, 667 möglicherw obliegende Pfl zur Abgabe einer eidesstattl Vers. Ferner kann er TV nicht unentgeltl Vfgen über § 2205 S 3 hinaus gestatten (s § 2205 Rn 32). – Übermäßige Beschränkg der Persönlichk des Erben durch Einräumg zu weitgehder Machtbefugnisse an den TV bezügl eines zum Nachl gehörenden Geschäfts kann sittenwidr sein (Mü JFG **14**, 428). Der Erbe kann aber auf den Schutz des § 2220 verzichten (OLG **43**, 403; H/Winkler Rn 142). 1

2221 ***Vergütung.*** **Der Testamentsvollstrecker kann für die Führung seines Amtes eine angemessene Vergütung verlangen, sofern nicht der Erblasser ein anderes bestimmt hat.**

1) Der Erblasserbestimmung unterliegt der VergütgsAnspr des TV; nur wenn sie fehlt, steht TV eine angemessene Vergütg zu, für die es keine ges Regelg gibt (Rn 4). Der Erbl kann also dch Test eine verbindl Festlegg dahin treffen, daß der von ihm eingesetzte TV eine Vergütg nicht od nur in bestimmter Höhe od Art erhalten soll; bei nicht eindeut Vfg muß sein wirkl od mutmaßl Wille erforscht werden (BayObLG Rpfleger **80**, 152). Der TV kann dann nach Annahme des Amts auch nur die festgelegte Vergütg verlangen (BGH WM **69**, 410), ohne daß deren Angemessenh zu prüfen ist. Ist sie unangemessen hoch, stellt sie insow ein unter der Bedingg der Amtsannahme stehendes Vermächtn dar; eine aufhebbare Verwaltgsanordng iS von § 2216 II liegt darin nicht. – Erfährt der TV erst nachträgl dch ein später aufgefundenes Test, daß er sein Amt unentgeltl führen soll, kann er kündigen u für seine bis dahin geleistete Tätigk eine Vergütg verlangen (H/Winkler Rn 629; s auch Rn 3). – Der Erbl kann die Vergütg auch indirekt bestimmen, indem er einen **Dritten** mit ihrer Festsetzg betraut (§§ 2156; 315 ff; BGH WM **72**, 101). – **Kein** Anspr auf Vergütg besteht bei Ausschluß dch Erbl. Ferner nicht, wenn der TV bereits vor Annahme entlassen wurde od er sonst keine Tätigk entfaltet hatte. – Der VergütgsAnspr ist **abtretbar** (KG NJW **74**, 752). 1

a) Sind mehrere TV ernannt, kann jeder die seiner Tätigk entspr Vergütg unabhängig von den and TV beanspruchen (BGH NJW **67**, 2400). Ihre Vergütgen können verschieden hoch sein, weil es auf die Aufgabe, Leistg u Verantwortg jedes einzelnen ankommt, so daß insgesamt keine Verdoppelg ggü dem einzelnen TV eintreten wird (H/Winkler Rn 605). Eine Vereinbarg mehrerer TV untereinander üb ihre Vergütg ist unzulässig (BGH NJW **57**, 947). – Die Aufwendgen eines jeden TV sind gesondert abzurechnen. 2

b) Vermeintlicher Testamentsvollstrecker. Wer als TV tätig geworden ist, obwohl sich nachträgl seine Ernenng als unwirks erweist, kann im Falle seiner Gutgläubigk wie ein TV je nach Lage des Einzelfalls Vergütg verlangen, da die tatsächl Arbeit u Verantwortlichk denselben Umfang hatte. AnsprGrdlage ist dann nicht § 2221, sondern GeschäftsbesorggsVertr, §§ 675, 612 (BGH NJW **63**, 1615; aA Dittus NJW **61**, 590: nur BereichergsAnspr). Haben allerd die Erben die TVstrg von vorneherein bestritten, kommt nur die entspr Anwendg von §§ 2218, 2221 in Betr; diese ist auch gerechtfertigt, weil von einem ges SchuldVerhältn auszugehen ist, bei dem der Erbe den vom Erbl formgerecht gesetzten RSchein gg sich gelten lassen muß (H/Winkler Rn 632; aA BGH NJW **77**, 1726: kein Anspr). Nur wenn der TV den Mangel seiner Ernenng kannte od kennen mußte, steht ihm kein Anspr zu (Schelter DNotZ **78**, 494). – Ist das wirks begründete Amt 3 nachträgl entfallen, nimmt der TV jedoch irrtüml dessen Fortbestand an, gilt die Vollstrg zugunsten des TV als fortbestehend (§§ 674, 2218), weil zunächst ein auf dem Willen des Erbl beruhendes besond ges Verhältn von ggseit Rechten u Pfl bestanden hat (BGH **69**, 235).

4 **2) Regelvergütung.** Für die normal verlaufende AbwicklgsVollstrg sieht § 2221 auch bei unterschiedl Umfang eine einmalig zu zahlende Vergütg vor. Diese wird bei fehlender ErblBestimmg (Rn 1) als angemessene idR dch einen Hundertsatz vom BruttoNachl ausgedrückt (zu dessen Ermittlg s Rn 10). Ob der TV sich damit zu begnügen hat, hängt von der Art seiner Tätigk ab (s zu Sondervergütgen Rn 6–9). Für die **Höhe** der angemessenen Vergütg sind stets die Umstände des Einzelfalls maßgebend, näml der dem TV im Rahmen der Vfg vTw nach dem Gesetz obliegende Pflichtenkreis, der Umfang der ihn treffenden Verantwortg (§§ 2219; 276) u die von ihm geleistete Arbeit. Zu berücksichtigen sind dabei die Schwierigk der geleisteten Aufgabe, die Dauer der Abwicklung od der Verwaltg, die Verwertg besond Kenntnisse u Erfahrgen sowie die Bewährg einer sich im Erfolg ausdrückenden Geschicklichk (BGH WM **72**, 101; DNotZ **68**, 355; **LM** Nr 2 mAv Haegele Rpfleger **63**, 79). Richtsätze von Körperschaften od Berufsvereiniggen (dazu H/Winkler Rn 580 ff) dürfen auch auf Notare u RAe als TV nicht schematisch angewandt werden, auf and Personen erst recht nicht (Köln NJW-RR **95**, 202). – Die Vergütg ist eine Bruttovergütg, so daß anfallde Mehrwertsteuer (Rn 17) vom TV nicht hinzugerechnet werden kann (hM; zB Köln FamRZ **94**, 328; aA Klingelhöffer ZEV **94**, 121;
5 Bengel/Eckelskemper X Rn 111; s auch Kirnberger ZEV **98**, 342 mit Gestaltgshinweisen). – Eine **Verminderung** der Regelgebühr ist mögl. Bei vorzeit Beendigg des Amts infolge Kündigg (§ 2226) od Entlassg (§ 2227) od bei Anordng einer NachlVerwaltg mindert sich die Vergütg entsprechend (vgl auch § 628), auch eine testamentarisch festgelegte (BGH bei Keßler DRiZ **66**, 398). Bei Entlassg wg gröbl Pflichtverletzg kann uU VergütgsAnspr ganz entfallen (s Rn 15). Auch bei besond schneller Abwicklg des Nachl infolge seiner einfachen Zusammensetzg ist ein Abschlag von der Regelvergütg vorzunehmen (H/Winkler Rn 608). Überläßt TV Arbeiten, die er zumutbar selbst hätte erledigen können, einem Dritten gg Vergütg, mindert sich seine eigene im Umfang der dadch unnötig verursachten Kosten (vgl BGH BB **67**, 184); zum Kostenersatz für Hilfspersonen s § 2218 Rn 5. – **Aufwendungsersatz** regeln §§ 2218, 670. Einzelh s § 2218 Rn 5.

6 **3) Sondergebühren.** Nur bei längerer Verwaltg ist es zulässig, daß die Vergütg in Teilen gezahlt wird entspr den Zeit- u Arbeitsabschnitten der Konstituierg des Nachl u der sich daran je nach Anordng des Erbl anschließenden weiteren Verwaltg (BayObLG **72**, 379; Köln NJW-RR **95**, 202), ggf auch noch der Auseinandersetzg. Die Praxis hat allerd keine gesicherten Erkenntn üb das Verhältn dieser Gebühren zueinander sowie einer Wechselwirkg hinsichtl der Höhe der Vergütgsarten (Klingelhöffer ZEV **94**, 121). Fallen alle nebeneinander an, addieren sie sich nicht; vielm muß vom Gesamtbetrag ein gewisser Abschlag gemacht werden (Bengel/Eckelskemper X Rn 51).

7 **a) Eine Konstituierungsgebühr** kann der TV verlangen, wenn er entw dies mit den Erben vereinbart hat od wenn er zu Beginn der TVstrg eine besonders arbeitsreiche u verantwortgsvolle Tätigk hat entfalten müssen (BGH NJW **63**, 1615; BayObLG aaO). Unter Konstituierung versteht man die Ermittlg u Inbesitznahme der NachlGgstände (§ 2205), die Aufstellg des NachlVerzeichnisses (§ 2215), die Regelg der Forderungen u der vom Erbl herrührenden Schulden, die Bezahlg der Beerdigg, des Grabsteins u der ErbschSteuer. Die Auseinandersetzg des Nachl gehört nicht dazu. Mit Beendigg dieser oft aufwendigen Tätigk hat der TV die Grdlage für die weitere laufende Verwaltg geschaffen. – Wird auf diese Weise eine besond aufwend Mühewaltg des TV zu Beginn seiner Tätigk abgegolten, ist unstr, daß eine daran anschließde VerwaltgsTätigk zusätzl jährl Verwaltgsgebühren auslöst (Rn 8). In der Rspr nicht geklärt u im Schriftt nicht eindeut beantwortet ist dagg die Frage, ob der TV daneben auch noch eine Abwicklgsgebühr verlangen kann, sofern die TVstrg auch diese Tätigk umfaßt. Da das G letztl von einer einheitl Vergütg ausgeht, aber nur eine Differenzierg nach Tätigk dem Einzelfall gerecht wird, erscheint es richtig, einzelne TätigkAbschnitte für sich zu sehen u zu bewerten, wenn sie im Vergleich zum Normalfall eigenes Gewicht haben u nicht nur jeweils kurze Durchgangsstadien bis zur Auseinandersetzg sind (Bengel/Eckelskemper X Rn 20; ähnl Möhring/Beisswingert/Klingelhöffer S 222, 229; Köln FamRZ **94**, 328 bezeichnet die Konstituiergsgebühr als eine Art „Grundgebühr"). Fallen mehrere Gebühren nacheinander an, ist nach Bengel/Eckelskemper X Rn 51 eine Herabsetzg der Gesamtgebühr um 15% zur Abgeltg ledigl der Konstituiergsarbeiten angemessen.

8 **b) Eine periodische Verwaltungsgebühr,** die jährl berechnet wird, kommt zusätzl dann in Betr, wenn sich an die Konstituierg eine längere Verwaltg anschließt (zB bei Unternehmensführg; minderj Erben) od die Verwaltg eine besond umfangreiche u zeitraubende Tätigk erfordert. Bei der Bestimmg dieser Gebühr sind §§ 315, 316 entspr anzuwenden (BGH NJW **63**, 1615). Ihre **Höhe** ist erhebl niedriger zu bemessen als die Konstituiergsgebühr (BGH NJW **67**, 876; s auch KG NJW **74**, 752). Im Regelfall wird sie in Hundertsätzen entw vom Bruttowert des Nachl (1/3%–1/2%) od vom Jahresbetrag der laufenden Einkünfte (2–4%) bemessen u in periodischen Zeitabschnitten (jährl) laufend gezahlt (s Glaser DB **79**, 877; MDR **83**, 93; H/Winkler Rn 595 ff). Über die Vergütg des TV, der eine Tätigk als Unternehmer in einem zum Nachl gehörden Betrieb ausübt, s LG Hbg MDR **59**, 761.

9 **c) Eine Auseinandersetzungsgebühr** als zusätzl Gebühr ist umstritten. Sie wird für mögl erachtet, wenn auf Konstituierg u lange Verwaltg nach Jahren noch eine Auseindersetzg folgt, die dann selbst anspruchsvoll u mit besond Schwierigk verbunden war (Köln FamRZ **94**, 328) u für die solche ArbeitsErgebn, die bereits dch früh Gebühren abgegolten sind, nicht mehr verwertet werden können (Bengel/Eckelskemper X Rn 52).

10 **4) Berechnung und Höhe.** Für die nicht vom Erbl festgesetzte, sond als angemessen zu ermittelnde Vergütg ist BewertgsGrdlage der Verkehrswert des AktivNachl, wenn die TVstrg den ganzen Nachl umfaßt; vom Erbl letztw angeordnete abweichde Bewertgen sind aber auch hier zu beachten (Soergel/Damrau Rn 10). NachlVerbindlk werden nicht abgezogen, weil gerade die Schuldenregelg oft besond aufwend ist u sonst bei Überschuldg keine Vergütg zu gewähren wäre; anders ist es dagg, wenn ihre Regulierg nicht in den Aufgabenbereich des TV fällt (BGH **LM** Nr 2). – BewertgsStichtag ist für die Regelvergütg (Rn 4) od die Konstituiergsgebühr (Rn 7) der Erbfall. Ändert sich im Laufe einer langen Tätigk Zusammensetzg u Wert des der TVstrg unterstellten Nachl od der Aufgabenbereich des TV, ist dies für Sondergebühren (Rn 8; 9) zu

berücksichtigen. – Als **Vergütungsrichtsätze** sind Vomhundertsätze übl, gerechnet auf den der TVstrg unterliegden Bruttowert des Nachl. Als Richtsätze existieren in der Praxis unterschiedl Tabellen. Die am längsten gebräuchl ist die *Rheinische Tabelle* des Notariatsvereins für Rheinpreußen von 1925, die auf Tätigk eines Notars als TV abstellte u für den Regelfall einer normalen Abwicklg eine Staffelg zw 4% u 1% je nach NachlWert empfiehlt (abgedruckt bei Köln FamRZ **94**, 328). Sie wird auch heute noch herangezogen, jedenfalls wenn NachlWert wesentl dch Immobilien bestimmt wird (Köln aaO; BGH zuletzt NJW **67**, 2400); allerd ist strittig, ob ihre Richtsätze heute nicht generell zu erhöhen sind (vgl H/Winkler Rn 581 mN). Als Fortentwicklg empfehlen Bengel/Eckelskemper X Rn 11 u Weirich Rn 487 die Beibehaltg der Prozentsätze, aber höhere Stufenwerte. Stärker differenziert die im Vordringen begriffene *Möhring'sche Tabelle,* die sich zw 7,5% u 2,81% der Aktivmasse bewegt (abgedruckt bei Möhring/Beisswingert/Klingelhöffer S 224). Leitfaden für Praxis gibt Tiling ZEV **98**, 331.

5) Schuldner der Vergütg sind die Erben. Als Erbfallschuld ist sie NachlVerbindlk (§ 1967 I) u aus dem 11
Nachl zu leisten (s auch InsO 324 I 6). War TVstrg nur für einen Erbteil angeordnet (dazu Muscheler AcP **195**, 35), ist nicht geregelt u str, wer sie schuldet, wenn Erbl keine Anordng getroffen hat. Nach Hbg NJW-RR **96**, 455 trifft sie im Verhältn der MitE allein den von der TVstrg betroffenen (dagg v Morgen ZEV **96**, 170; Muscheler ZEV **96**, 185). Bei VermächtnTV geht Vergütg auf Rechng des VermNehmers (H/Winkler Rn 641); auch sonst kann dieser mind teilw mit Vergütg belastet werden, wenn sein Vermächtn im Vergl zum Rest des Nachl, der Erben verbleibt, unverhältnismäß hoch ist. – **Fällig** wird die Vergütg idR mit Beendigg 12
des Amts in einem Betrag (§§ 614, 628). Ein Anspr auf Vorschuß besteht nicht. Nur bei länger dauernder Verwaltg (§ 2218 II), insbes bei Dauervollstrg (§ 2209), kann TV seine Vergütg in periodischen Abschnitten (jährl nachträgl) verlangen (BGH WM **64**, 950; BayObLG **72**, 380), die Schlußvergütg aber stets erst nach Rechngslegg (BGH **LM** Nr 1). – **Verjährung:** 30 Jahre (§ 195; BGH WM **69**, 1411). – **Verwirkung** der 13
Vergütg kann nur ausnahmsw bei besond schwerwiegenden vorsätzl od grob fahrläss Verstößen des TV gg seine Amtspflichten eintreten. Dagg nicht, wenn er in dem Glauben, zum Wohle der Erben zu handeln, dch irrtüml Beurteilg der Sach- u Rechtslage fehlerhafte Entschlüsse faßte u Entscheidgen traf (BGH DNotZ **76**, 559; **80**, 164).

a) Entnahme. Der TV kann die vom Erbl bestimmte, sonst die von ihm für angemessen erachtete Vergütg 14
grdsl selbst dem Nachl entnehmen (BGH WM **72**, 101). Da der TV aber ihre Höhe ohne eine dahingehende Bestimmg des Erbl weder für sich noch für einen Mitvollstrecker festsetzen kann (BGH WM **73**, 360), trägt er dabei das Risiko, daß der entnommene Betrag nicht der tatsächl geschuldete ist (BGH NJW **63**, 1615). Die Entnahme einer zu hohen Vergütg kann sogar ein EntlassgsGrd sein (s § 2227 Rn 3). Ob er sich die zur Entnahme erforderl Geldmittel dch Veräußerg von Sachwerten (zB Aktien) verschaffen darf, hängt von den Einzelumständen ab (BGH aaO). Wertvolle NachlGgstände darf er jedenf nur versilbern, wenn besond Umstände dies rechtfertigen od die Erben dem zustimmen, andernf SchadensersatzPfl besteht (BGH WM **73**, 360). – TV hat ggü dem Anspr des Erben auf Herausgabe des Nachl wg seiner Vergütg **Zurückbehaltungs-** 15
recht, dessen Ausübg allerd bei besond Umständen gg § 242 verstoßen kann. Es besteht jedoch nicht ggü dem Anspr auf Auskunft u Rechngslegg (§ 2218) u dem ÜberlassgsAnspr nach § 2217 (dort Rn 9).

b) Festsetzung. Im Streitfall zwischen TV u Erben ist für die Festsetzg der Vergütg das Prozeßgericht 16
zuständig (nicht das NachlG, BGH WM **72**, 101; dazu Johannsen WM **73**, 56). Der TV hat in seiner Klage den von ihm verlangten Betrag grdsl im Antrag zu beziffern (RG JW **37**, 3184).

2222 *Nacherbenvollstrecker.* **Der Erblasser kann einen Testamentsvollstrecker auch zu dem Zwecke ernennen, daß dieser bis zu dem Eintritt einer angeordneten Nacherbfolge die Rechte des Nacherben ausübt und dessen Pflichten erfüllt.**

1) Bei Vor- und Nacherbfolge kann der Erbl sowohl gewöhnl TVstrg ab Erbfall nur für den VE währd 1
der VErbsch als auch ab NErbfall nur für den NE (BayObLG **58**, 299) od beides anordnen; was er gewollt hat, ist iZw dch Auslegg zu ermitteln (BayObLG **58**, 301). Diese TVstrgen sind keine NE-Vollstreckg iSv § 2222 (dazu Rn 2); desh ist iZw auch nicht anzunehmen, daß ein allg ernannter TV zugleich NE-Vollstr sein soll (BayObLG **59**, 129; LG Oldbg Rpfleger **81**, 197), es sei denn, daß die Auslegg einen and Willen ergibt (s BayObLG FamRZ **95**, 124). – Zur RStellg des gewöhnl TV bei Vor- u NErbfolge s § 2112 Rn 1; § 2205 Rn 31. Üb TVstrg für den befreiten VE s § 2205 Rn 28; BayObLG **59**, 129. Nicht überlassen kann der Erbl dem TV die Bestimmg des Zeitpkts, zu dem die NErbfolge eintreten soll (§ 2065 Rn 2). – Als TV für den VE kann auch der NE bestellt werden (OLG **40**, 136). Ferner kann für VE u NE derselbe TV bestellt werden, dem dann ein einheitl Zeugn (§ 2368) zu erteilen ist (BayObLG **59**, 129). Dieser kann dem VE NachlGgstände entgeltl so überlassen, daß die Beschränkgen erlöschen u sie aus dem Nachl ausscheiden (KG JFG **11**, 121). – Beim Tod des NE noch vor dem NErbfall übt ein vom NE für seinen eigenen Nachl bestellter TV währd der VErbsch die Befugn des NE aus (RG **103**, 356).

2) Nacherbenvollstrecker (§ 2222) ist ein TV, der nach dem Willen des Erbl währd der Zeit der VErbsch 2
die schon vor dem NErbfall bestehenden Rechte u Pfl der NE wahrzunehmen hat. Er beschränkt den NE (nicht den VE) u kann auch neben einem zu Lasten des VE für die Verwaltg der VErbsch ernannten TV bestellt werden. Der Erbl kann dann für beide TVstrgen auch die gleiche Person bestellen, ohne daß damit die Rechte des NE (od des VE) stärker beschränkt werden als bei Bestellg verschiedener TV (BGH **127**, 360 mAv Schubert JR **96**, 60). – NE-TV kann auch ein Mit-VE sein; dagg nicht der alleinige VE (Staud/Reimann Rn 15; s auch § 2197 Rn 3), es sei denn neben Mitvollstreckern (§ 2224 I), dch die er genügd überwacht wird (KG JFG **11**, 126).

a) Rechtsstellung. Dem NE-TV obliegt nicht die Verwaltg des Nachl, sond nur die Wahrnehmg der 3
Rechte u Pfl, in denen sich die Anwartsch des NE (§ 2100 Rn 11) vor Eintritt des NErbfals äußert. Er hat nicht mehr od weniger Rechte u Pfl als sie dem NE im allg ggü dem VE zustehen (BGH NJW **95**, 456). In diesem Rahmen sind die allg Vorschr der TVstrg auch auf ihn anzuwenden. Da er die gleiche Stellg wie der

verwaltende TV hat, ist er dah insbes zur ordngsmäß Verwaltg der Re der NE verpflichtet (§ 2216), denen er auch haftet (§ 2219).

4 **b) Die Befugnisse** u Aufgaben des NE-TV ergeben sich aus der RStellg der NE. Wie diese kann u muß er den VE nach Maßg der §§ 2116–2119; 2121–2123; 2127; 2128; 2115 iVm ZPO 773 beaufsichtigen, wobei er die einem befreiten VE zustehden Erleichtergen (§§ 2136, 2137) zu beachten hat. Er erteilt die nach §§ 2113 ff erforderl Zustimmg zu Vfgen des VE über NachlGgstände (Staud/Reimann Rn 12) u bedarf dazu keiner sonst erforderl gerichtl Genehmigg (Einf 3 vor § 2197). Die Anwartsch der NE kann er allerd nicht übertragen (KG JW **37**, 1553) u nicht auf deren Rechte verzichten, wohl aber auf Sicherg dch Eintragg des NE-Vermerks im GBuch (BayObLG **89**, 183; s Einf 10 vor § 2100).

5 **c) Pflichten.** Ggü dem VE ist er zu dessen Unterstützg bei der Verwaltg gem §§ 2120; 2123 verpflichtet. – Den NE muß er schon bei Amtsübernahme von sich aus grdlegende Auskunft üb den vorhandenen Bestand des Nachl geben; diesen auf Auskunft an alle gerichteten Anspr kann jeder NE geltd machen. Aus dem von ihm zu erstellde Verzeichn (§ 260 I) müssen die bei Übernahme des TV-Amts im Nachl vorhandenen Ggstände zu ersehen sein, da § 2218 auch ihn an die erkennb Informations- u Kontrollinteressen der NE bindet (BGH **127**, 360 mAv Schubert JR **96**, 60). Zur Erlangg erforderl Informationen muß er sich des Anspr aus § 2121 gg VE bedienen. Ist diese Auskunft erteilt, braucht er sie (ebsowenig wie VE) nicht für einen späteren Stichtag zu wiederholen, es sei denn, daß NE Grd zur Annahme haben, der VE verletze dch seine Verwaltg Rechte der NE, so daß für sie der TV gg VE aus § 2127 vorgehen muß (BGH aaO). Auf Verlangen ist TV den NE auch gem §§ 2218; 666 auskunftspflicht, wenn er Rechte der NE gem §§ 2213; 2216 ggü dem VE wahrgenommen hat.

6 **d) Das Amt endet** mit Eintritt der NErbfolge (§ 2139). Trat Vorerbschaft gar nicht ein (zB bei Ausschlagg), kommt es auch nicht zur TVstrg für den NachE (BGH NJW **77**, 1726). – Vermerk im GBuch (GBO 51, 52) u Erbschein (§ 2363) wie beim VE. – Der Anspr auf **Vergütung** (§ 2221) richtet sich gg den NE, nicht gg den VE; Haftg wie für gewöhnl NachlVerbindlichk (Staud/Reimann Rn 24).

2223 ***Vermächtnisvollstrecker.*** **Der Erblasser kann einen Testamentsvollstrecker auch zu dem Zwecke ernennen, daß dieser für die Ausführung der einem Vermächtnisnehmer auferlegten Beschwerungen sorgt.**

1 **1) Vermächtnisvollstrecker.** Der Erbl kann den TV zu dem Zweck ernennen, für die Ausführg der einem VermächtnNehmer auferlegten Beschwergen zu sorgen, zB für die Vollziehg einer Auflage (BayObLG **86**, 34). Die Fürsorge für Untervermächtnis und Auflagen (auch NachVermächtn, § 2191) kann dem TV neben seinen anderen od als einzige Aufgabe übertragen sein. An Stelle des Nachl tritt das beschwerte Vermächtn. Dah kann hier auch der AlleinE TV sein. – Auf eine derartige TVstrg sind, abhängig vom ErblWillen (§ 2208), weitgehend die Vorschr entspr anzuwenden, die auch den Erben beschränken (BGH **13**, 203). Dazu gehören §§ 2203; 2205, so daß der TV den vermachten Ggstand verwaltet u darüber verfügt; handelt es sich um ein Grdstück, ist Eintragg der TVstrg im GBuch entspr GBO 52 mögl (BayObLG **90**, 82). Die TVstrg kann auch in der Weise angeordnet sein, daß der VermächtnNehmer verfügen kann, aber nur mit Zustimmung des TV (BayObLG aaO). – Der TV ist nach §§ 2212, 2213 klagberechtigt u beklagbar. Er ist dem VermächtnNehmer, dem UntervermächtnNehmer (§ 2186) u dem NachvermächtnNehmer (§ 2191) ggü verantwortl. – Im Erbschein ist der VermächtnVollstr nicht zu erwähnen (KGJ **46**, 141). Ihm ist jedoch ein Zeugnis nach § 2368 zu erteilen (§ 2368 Rn 2).

2 **2) Verwaltungsvollstrecker.** Dem TV kann auch als einzige Aufgabe die Verwaltg des Ggstands, den der Erbl einem VermächtnNehmer zugewendet hat (zB eines Grdst, einer Fabrik), übertragen werden; ebso dessen Verwaltg für die Zeit nach Ausführg der Beschwergen. Das G sagt das zwar nicht ausdrückl. Jedoch sind die §§ 2209, 2210 entspr anzuwenden (BayObLG **86**, 34; FamRZ **91**, 490). Ein solcher TV kann dann zugl für den Erben und den VermächtnNehmer bestimmt werden (BGH **13**, 203). Einsetzg der Witwe auf den Pflichtt, verbunden mit dessen Verwaltg durch einen „Pfleger", kann als Vermächtnis u Ernenng eines TV nach § 2223 angesehen werden (BayObLG RJA **15**, 24). Auch Einsetzg eines TV zur Ausübg der Rechte des NachvermächtnNehmers bis zum Anfall des NachVermächtn (§ 2191) ist zuläss (Dietrich NJW **71**, 2017; Staud/Reimann Rn 10).

2224 ***Mehrere Testamentsvollstrecker.*** **I Mehrere Testamentsvollstrecker führen das Amt gemeinschaftlich; bei einer Meinungsverschiedenheit entscheidet das Nachlaßgericht. Fällt einer von ihnen weg, so führen die übrigen das Amt allein. Der Erblasser kann abweichende Anordnungen treffen.**

II Jeder Testamentsvollstrecker ist berechtigt, ohne Zustimmung der anderen Testamentsvollstrecker diejenigen Maßregeln zu treffen, welche zur Erhaltung eines der gemeinschaftlichen Verwaltung unterliegenden Nachlaßgegenstandes notwendig sind.

1 **1) Gesamtvollstrecker** sind mehrere TV (§§ 2197, 2199, 2219 II), sofern nicht jemand ledigl als Ratgeber od Anwalt dem TV empfohlen ist (vgl RG **130**, 138). Sie führen das Amt gemeinschaftl nach innen wie außen (BGH NJW **67**, 2402). Doch können sie vorbehaltl ihrer Haftg (§§ 2218, 664) die Ausführg einem TV od Dritten übertragen (vgl § 2218 Rn 2 und KG JFG **7**, 279) od den Wirkgskreis unter sich aufteilen. Auskunft u Rechensch kann von jedem gefordert werden; GBuch-Berichtiggszwang (GBO 82) nur gg alle (Mü HRR **38** Nr 1019). – Aus der gemeinschaftl Amtsführg folgt, daß (abgesehen von abweichenden Anordngen des Erbl) mehrere TV grdsl nur gemeins Anträge stellen u Beschwerde einlegen können (Mü JFG **20**, 121). Ausnahmen hiervon bestehen nur bei Außerkraftsetzg einer Anordng (§ 2216 Rn 6) u bei Meings-
2 verschiedenh (s Rn 2; FGG 82). – Zu ihrer Vergütg s § 2221 Rn 2. – **Nachfolgerernennung** (§ 2199 II) gehört nicht zur Amtsführg iS des § 2224 (KG DFG **42**, 45). Bei Meingsverschiedenh, ob nach der Bestimmg

des Erbl ein einziger TV seinen Nachfolger ernennen darf od nur mehrere gemeins, entscheidet ProzeßG (s Rn 2); dagg das NachlG gem I, wenn mehrere zur Ernenng berufene TV sich über die Person des Nachfolgers nicht einigen können (vgl Staud/Reimann Rn 22).

2) Entscheidungszuständigkeit. Nur bei Meinungsverschiedenh der TV üb die Amtsführg entscheidet ausschließl das NachlG, sofern Erbl dies nicht einem der TV od Drittem übertragen od Einstimmigk vorgeschrieben hat. Diese ausschließliche Kompetenz setzt voraus, daß der Streit innerh der TVGemeinsch die ordngsgemäße u zweckmäßige sachl Amtsführg betrifft (BGH **20**, 264; BayObLG MDR **78**, 142). – Dagg ist ProzeßG zuständ für RStreitigk unter den TV, also wenn ausschließl od eigentl eine RFrage Ggstand des Streits der TV ist, mag diese dann auch für die Amtsführg Bedeutg haben (zB TestAuslegg; ob Handlg von allen gemeinschaftl vorgenommen werden muß; ob sie mit G od Test in Einklang steht). Die Abgrenzg ist nicht immer einfach. Sinnvoll erscheint es, daß bei Meingsverschiedenh NachlG auch üb solche RFragen mitentscheidet, die sich als Vorfrage stellen (ebso MüKo/Brandner Rn 12; str). – Bei landwirtsch Grdst iS der HöfeO entscheidet üb Meingsverschiedenh LandwG. 3

3) Das Nachlaßgericht (§ 1962 Rn 1) entscheidet nur auf Antrag, zu dem jeder MitTV od ein and Beteiligter berecht ist, üb die Meingsverschiedenh dch den Richter (RPflG 16 I Nr 4). Dabei kann es nicht die Entscheidgskompetenz üb die Art der Verwaltg an sich ziehen, sond den Vorschlag eines TV nur billigen od ablehnen; allenf sind ihm unbedeutende Modifikationen gestattet (Staud/Reimann Rn 26). Eine von keinem TV vorgeschlagene Entscheidg kann es nie treffen, hat also auch abzulehnen, wenn es von verschiedenen Vorschlägen keinen billigt (KG JW **36**, 1017; hM). Bei Billigg eines Vorschlags ist regelmäß auszusprechen, daß der widerstrebende TV zuzustimmen hat (KG DR **43**, 353), ohne daß diesem Ausspruch ersetzde Wirkg zukommt, so daß der seine Mitwirkg weiterh verweigernde TV noch zur Abgabe der WillErkl gezwungen werden muß (KG aaO; Staud/Reimann Rn 26; Soe/Damrau Rn 15; str); nach aA kann der vom NachlG bestätigte TV nun wirks allein handeln (MüKo/Brandner Rn 14; Kipp/Coing § 74 I 1). – RMittel: sofort Beschw (FGG 53; 60 Nr 6; 82 II); berecht ist nur AntrSteller (FGG 20 II). – Gebühr: KostO 113. 4

4) Bei Wegfall (I 2) eines MitTV führen die übr das Amt allein, bei zwei also nur noch einer (KG JR **55**, 65), sofern Erbl keine abweichde Anordng getroffen hat (**I** 3). Weggefallen ist ein TV, wenn er Amt abgelehnt od gekündigt hat od es beendet ist (§§ 2202; 2225–2227); od bei dauernder Verhinderg insges od bezügl eines best RGesch aus rechtl od tatsächl Grden, zB wg Interessenwiderstreits (RG **98**, 173). Bei nur vorübergehder Verhinderg ist **I** 2 auch nicht entspr anwendb, da entw **II** hilft od NachlG entscheiden muß. – Eine abweichende **Erblasseranordnung** ist dch letztw Vfg zu treffen. Er kann zB anordnen, daß Ersatzmann nachrückt (§ 2197 II) od Nachfolger zu bestimmen od zu ernennen ist (§§ 2198; 2199; 2200); daß bei Wegfall die TVstrg beendet ist (KG JR **55**, 65); od Aufgabenkreis teilen, also Nebenvollstrecker ernennen. 5

5) Notwendige Erhaltungsmaßnahmen (II) kann jeder MitTV ohne Zustimmg der übr allein treffen u so bei dringl Geschäften (uU auch Beitreibg einer NachlFdg, RG **98**, 174) tätig werden. Auch die Verteidigg ggü Fordergen, die zu einer Schmälerg des Nachl führen können, fällt darunter, zB Einlegg eines RMittels gg vollstreckb Titel wie Kostenrechng eines Notars (Saarbr NJW **67**, 1137). Im übrigen gelten §§ 677 ff. Genehmigg nach §§ 177 ff, 185 ist mögl, aber auch notwend, wenn die Voraussetzgen des **II** nicht gegeben waren; in diesem Fall kann er auch das NachlG **(I 1)** anrufen (RGRK Rn 15). 6

2225 *Erlöschen des Amtes.* **Das Amt des Testamentsvollstreckers erlischt, wenn er stirbt oder wenn ein Fall eintritt, in welchem die Ernennung nach § 2201 unwirksam sein würde.**

1) Amtsbeendigung. Das Amt des TV erlischt in den in §§ 2225–2227 genannten Fällen. Außerdem bei Eintritt einer auflösenden Bedingg od Endfrist; bei Ablauf der Frist des § 2210 u durch Erledigg der zugewiesenen Aufgaben, wobei weder eine Niederlegg des Amts noch eine Anzeige an das NachlG od eine Aufhebg der TVstrg notwend ist (RG **81**, 166; BGH **41**, 23). Ferner, wenn die Erben nach Erledigg seiner übrigen Aufgaben vereinbaren, die Auseinandersetzg zu unterlassen und die ErbenGemsch fortzusetzen (vgl § 2204 Rn 2; Hannover JR **50**, 693 mAv Hartung). – **aa) Durch Tod** des TV (bei jur Pers durch Verlust der RFähigk) endet stets sein nicht vererbl Amt. Es ist aber nach §§ 2218, 673 S 2 uU durch seinen Erben (od dessen ges Vertreter) vorläuf weiterzuführen. – Tod des Erben beendet die TVstrg nur, wenn sie gerade für ihn od seine Lebenszeit (vgl § 2338) angeordnet war (Mü NJW **51**, 74); zB wird VerwVollstrg üb Vorerbsch dch Tod des VE beendet. – Ergeben sich nachträgl RückerstattgsAnspr, war TVstrg in Wirklichk noch gar nicht beendet (RGRK Rn 10). – Prozesse führt der Erbe weiter (ZPO 241, 246). – **bb) Durch Geschäftsunfähigkeit** des TV (§ 2201) tritt ebenf endgültige Amtsbeendigg ein. Ferner, wenn der TV einen Betreuer (§ 1896) od vorläuf Betreuer (BayObLG NJW-RR **95**, 330) zur Besorgg seiner VermögensAngelegenh erhält (§ 2201). 1

2) Nicht beendet wird das Amt des TV dch entspr Vereinbarg mit den Erben; hieraus kann sich aber eine Verpflichtg zur Amtsniederlegg ergeben (BGH NJW **62**, 912; s auch § 2226 Rn 1). Auch nicht dch NachlVerwaltg od NachlInsolvVerf; ebso nicht dch InsolvVerf üb das Vermögen des TV, nach dessen Eröffng TV jedoch wie auch nach Abgabe der eidesstattl Vers regelm zu entlassen (§ 2227) ist. – Ein **Streit**, ob die TVstrg als solche beendet ist, kann nur vor dem ProzeßG ausgetragen werden (BGH **41**, 23; KG JR **51**, 732; BayObLG **53**, 360). Jedoch hat sich das NachlG als Vorfrage damit zu befassen, wenn die Fortdauer des Amtes Voraussetzg für eine zu treffende Entscheidg (zB üb Entlassg) ist (BayObLG **88**, 42; § 2227 Rn 1). 2

3) Folgen der Amtsbeendigg sind die Herausgabe- u RechenschPfl (§§ 2218; 666, 667; 259–261), das Kraftloswerden des Zeugnisses (§ 2368 III mit Rn 10) u die Löschg des GBuchvermerks (GBO 52) nach GBO 22 I, 84 (dazu Mö-Gladb RhNK **80**, 10). Ob nach Entlassg des TV § 878 Anwendg findet, ist str (s dazu § 878 Rn 11). Hins Unterbrechg anhängiger Prozesse s § 2212 Rn 3. – Die TVstrg als solche endet 3

dagg dann nicht, wenn Erbl Ersatzbestimmungen traf (§§ 2197 II; 2199 II; 2200; 2224 I 3; RG **156**, 76; Hamm Rpfleger **58**, 15). In diesem Fall kann sie auch nicht durch Vereinbarg der Erben mit TV aufgehoben
4 werden. – **Zeugnis.** Üb eine Erteilg nach Amtsbeendigg s § 2368 Rn 10; Stgt DNotZ **81**, 294.

2226 *Kündigung.* **Der Testamentsvollstrecker kann das Amt jederzeit kündigen. Die Kündigung erfolgt durch Erklärung gegenüber dem Nachlaßgerichte. Die Vorschriften des § 671 Abs. 2, 3 finden entsprechende Anwendung.**

1 **1) Kündigung** steht im Belieben des TV u ist formlos mögl, aber empfangsbedürftig. Die Fortführg des Amtes ist freiwillig wie seine Übernahme (vgl auch § 671 I). Ein Verzicht auf das KündR hindert entspr § 671 III nicht die Künd bei wichtigem Grunde (schwere Erkrankg, anderw Überlastg, Verfeindg mit Erben od Mitvollstr). – Die zugegangene Kündigg (S 2, § 130) ist unwiderrufl, aber nach § 119 anfechtb dch Erklärg ggü dem NachlG (KG RhNZ **32**, 140). Anfechtg der Kündigg verpflichtet zum SchadErs (nicht nach § 122, da NachlG ja keinen Schaden erleidet) wie unzeitgemäße Kündigg (§§ 671 II, 2219; Staud/Reimann Rn 4). – Erbl kann die Kündigg u damit die Freiwilligk der Amtsführg nicht ausschließen, wohl aber eine Zuwendg entspr auflösd bedingen. – **Vereinbarung** einer Verpflichtg des TV zur Amtsniederlegg mit dem Erben ist zuläss und einklagb (RG **156**, 75; BGH **25**, 281; NJW **62**, 912; FamRZ **66**, 140; einschränkd Coing JZ **58**, 170). Nichteinhaltg der Vereinbg könnte uU auch einen EntlassgsGrd (§ 2227) darstellen (Hamm JMBl NRW **58**, 101). – **Teilkündigung** ist ges nicht geregelt u nur mögl, wenn dem Test der Wille des Erbl zu entnehmen ist, eine solche zuzulassen. Eine unzuläss führt nicht zum Erlöschen des Amtes, weil ihr nicht die Bedeutg einer Gesamtkündigg beigelegt werden kann (Hamm OLGZ **91**, 388 mAv Reimann FamRZ **92**, 117; str). – Unzulässig ist eine Verpflichtg des TV, das Amt jederzeit auf Verlangen eines od aller Erben niederzulegen (BGH **25**, 275), sofern nicht der Erbl dies ausdrückl od stillschw gebilligt hat. – **Gebühr:** KostO 112 I Nr 6.

2 **2) Wirkung.** Das Amt des TV erlischt dch die Kündigg. Die TVstrg als solche endet allerd dann nicht, wenn der Erbl Ersatzbestimmungen getroffen hat (s § 2225 Rn 3). Die Ernennung des ErsatzTV (§ 2199 II, III) muß spätestens gleichzeit mit der Kündigg erfolgen (vgl Staud/Reimann § 2199 Rn 12).

3 **3) Einen Streit,** ob eine Kündigg des TV-Amtes wirks erfolgt od die erklärte Kündigg wirksam angefochten ist, hat das ProzeßG zu entscheiden. Das NachlG kann dies nur als Vorfrage prüfen, zB im Rahmen einer Entscheidg nach § 2200.

2227 *Entlassung.* **I Das Nachlaßgericht kann den Testamentsvollstrecker auf Antrag eines der Beteiligten entlassen, wenn ein wichtiger Grund vorliegt; ein solcher Grund ist insbesondere grobe Pflichtverletzung oder Unfähigkeit zur ordnungsmäßigen Geschäftsführung.**

II Der Testamentsvollstrecker soll vor der Entlassung, wenn tunlich, gehört werden.

1 **1) Die Entlassung** des TV setzt seine gültige Ernenng voraus u bewirkt die endgült Amtsbeendigg; eine nur vorläufige Entlassg kommt daher nicht in Betr (s Rn 10). Liegt wichtiger Grd vor, kann das NachlG auf Antrag (Rn 6) TV „gegen seinen Willen" (FGG 81 II) entlassen (auch schon vor Amtsantritt u Annahme). Entlassg aus einem bereits beendeten Amt ist allerd nicht mehr mögl (BGH NJW **64**, 1316; BayObLG **88**, 42). Als Vorfrage hat NachlG dah im EntlassgsVerf zu prüfen, ob die TVstrg nicht bereits ggstandslos geworden ist (BayObLG **88**, 42; Köln MDR **63**, 763; Hamm Rpfleger **73**, 303; s auch § 2225 Rn 1). Nur wenn es dies verneint, kann es üb Entlassg beschließen. – Üb Entlassg des TV im Falle seiner Ernenng dch das NachlG ohne Ersuchen des Erbl s § 2200 Rn 4. – Aufhebg der TVstrg als solche ist dem NachlG nicht gestattet (Soergel/Damrau Rn 23). Sie läßt sich nur dadurch herbeiführen, daß TV u etwaige Ersatzmänner (§§ 2224 I 2, 3; 2197 II; 2198; 2199) kündigen od entlassen werden, wenn sie auf Beibehaltg einer wirtschaftl nicht tragbaren TVstrg uneinsichtig beharren. Über einen Streit, ob die TVstrg noch fortbesteht, entscheidet ggf das ProzeßG (SchlHOLG SchlHA **57**, 303; § 2225 Rn 1).

2 **2) Wichtiger Grund (I)** ist nicht nur in den im G bes genannten Beispielsfällen gegeben (dazu Rn 3; 4), sond kann sich auch aus anderen, ges nicht benannten obj Gründen ergeben (Rn 5) u liegt ohne Rücks auf ein Verschulden auch dann vor, wenn der TV begründeten Anlaß zu der Annahme gibt, daß ein längeres Verbleiben im Amt der Ausführg des ErblWillens hinderlich sei od zu einer Schädigg od erhebl Gefährdg der Interessen der an der Ausführg od am Nachl Beteiligten führe (BayObLG **85**, 298; FamRZ **97**, 205; Zweibr FGPrax **97**, 109; krit gg die Rspr Muscheler AcP **197**, 226). Entlassg kann schon dann zuläss sein, wenn Umstände vorliegen, die den Erbl (wenn er noch lebte) mutmaßl zum Widerruf der Ernenng veranlaßt hätten (BayObLG **85**, 298; Köln aaO); od um seine Absicht zum Widerruf, die nicht mehr verwirklicht wurde, zu berücksichtigen (BayObLG FamRZ **91**, 490). Tatsachen, die dem Erbl bei der Berufg des TV aber bekannt waren, rechtfertigen die Entlassg regelm nicht; vielmehr muß dann geprüft werden, ob der Erbl diesen TV nicht ernannt hätte, wenn er die späteren Auswirkgen dieser Tatsachen gekannt hätte (Düss RhNK **65**, 505).

3 **a) Grobe Pflichtverletzung** ist eine erhebl u zudem schuldhafte Zuwiderhandlg gg die dem TV kr G obliegenden Pflichten (BayObLG FamRZ **91**, 235; 615). Sie kann zB vorliegen bei: Mißachtg der vom Erbl letztw verfügten VerwaltgsAnordngen (Zweibr Rpfleger **89**, 370) od der Grdsätze ordngsgemäßer (§ 2216) Verwaltg (BayObLG FamRZ **97**, 905). – Eigennützigem Verhalten (ausnahmsw nicht, wenn TV auch bei pflichtgemäßer Einstellg in der gleichen Weise hätte handeln dürfen, OGH **3**, 242). – Bevorzugg einzelner Erben vor den anderen od der eigenen Interessen vor denen der Erben. – Benachteiligg eines MitE (s BGH **25**, 284; Celle OLGZ **78**, 442). – Inanspruchnahme u Einbehaltg einer ganz unangemessenen Vergütg (BayObLG **72**, 380; Rpfleger **80**, 152; Köln NJW-RR **87**, 1097; OLGZ **88**, 26). – Schuldhafter Unterlassg der Vorlage eines NachlVerzeichn (§ 2215 I; Hamm OLGZ **86**, 1; Zweibr FGPrax **97**, 109; BayObLG

FamRZ **98**, 325) od Verzögerg seiner Erstellg, sofern dadch die Interessen des Erben ernstl gefährdet werden (Köln OLGZ **92**, 192; Zweibr aaO; dagg Muscheler AcP **197**, 226/278). – Nichtbeachtg von Ersuchen des Erben um Auskunft u Rechngslegg od unzulängl AuskErteilg (BayObLG NJW-RR **88**, 645). – Auswahl od Beibehaltg ungeeigneter Vertreter, insb Generalbevollmächtigter; überh Täuschg des in ihn gesetzten Vertrauens (vgl auch RG **130**, 131).

b) Unfähigkeit setzt Verschulden nicht voraus, muß aber die VerwaltgsVollstrg des TV so nachhaltig 4
beeinträchtigen, daß von ordngsgemäßer Verwaltg nicht mehr gesprochen werden kann (BayObLG FamRZ **91**, 235). Sie kann sich aus Untätigk ergeben od aus Unvermögen, zB infolge längerer Abwesenh od Krankh (BayObLG FamRZ **91**, 615); Verhaftg; Insolvenz; Bestrafg; erhebl Interessenkonflikt (Dresden JFG 3, 169). Dagg nicht dch bloße Behinderg bei einzelnen Maßn (RG **88**, 173); aus Eigensch als NachlGläub (soweit nicht erhebl InteressenGgsätze); die Erschöpfg des Nachl (dann Beendigg; vgl § 2225 Rn 1).

c) Andere Fälle eines wichtigen Grundes können zB sein: **Feindschaft** zw TV u Erben oder MitVollstr 5
nur unter bes Umständen (s Köln OLGZ **69**, 281 mAv Haegele Rpfleger **69**, 207), vor allem wenn sie die ordngsgemäße Amtsführg gefährdet (BayObLG **88**, 42). – Persönl **Spannungen** zwischen TV und (Mit)Erben nur ausnahmsw (Düss ZEV **94**, 302). – Ein auf Tatsachen und nicht nur auf subj Einschätzg beruhendes, also obj gerechtfert **Mißtrauen** in die unparteiliche Amtsführg, wenn TV den Beteiligten dazu (ggf auch unverschuldet) Anlaß gegeben hat (BayObLG **88**, 42; Zweibr FGPrax **97**, 109). Dieses kann darin begründet sein, wie TV die Bestimmgen der maßgebl letztw Vfg auslegt (BayObLG **85**, 298); od dch den Verdacht, TV habe GeneralVollm kurz vor Erbfall zum eigenen Vorteil ausgenutzt (BayObLG NJW-RR **96**, 714) od seine RStellg dazu benützt, sich finanzielle Vorteile in Form einer Darlehensgewährg an sich selbst aus dem Nachl zu verschaffen (Ffm NJW-RR **98**, 795 mAv Damrau ZEV **98**, 352); od wenn TV eidesst Versicherg abgeben mußte u sich daraus greifbare Gefährdg der ErbenInteress ergibt (Hamm Rpfleger **94**, 213). Jedoch ist insow für Entlassg strenger Maßstab anzulegen, damit Erben nicht den ihnen nur lästigen TV aus Amt sollen drängen können (BayObLG FamRZ **97**, 905). – Erhebl **Interessengegensatz** zwischen TV u Erben (BayObLG **85**, 298; Stgt OLGZ **68**, 457; Zweibr FamRZ **99**, 472). – Überschreitg der Befugn dch **Erhöhung von Zuwendungen** aGr nur vermuteten ErblWillens ohne Erbenzustimmg (BayObLG FamRZ **89**, 668). – Erhebliche **Gefährdung** des Erben od der sonst Beteiligten (Düss DNotZ **50**, 67). – Auch ein vor Amtsantritt liegendes Verhalten kann das Mißtrauen begründen. – Kritik an der Rspr wg zu weiter Ausdehng des Tatbest übt Muscheler AcP **197**, 226.

3) Auf Antrag erfolgt die Entlassg, nicht vAw; auch keine Zurücknahme der gerichtl Ernenng (§ 2200) 6
vAw. Dch Zeitablauf kann die Berechtigg zur Berufg auf einen die Entlassg rechtfertigenden Vorgang nur bei Hinzutritt bes Umstände verwirkt sein. Zurücknahme des Antr ist zulässig (Staud/Reimann Rn 21). EntlassgsAntr des TV selbst ist Kündigg. Erbl kann die Entlassg nicht ausschließen (§ 2220 Rn 1; RG **133**, 128).
– **Antragsberechtigt** ist jeder Beteiligte, der ein rechtl Interesse an der TVstrg hat (BGH **35**, 296): Erben 7
(NachE) u ErbesE (BayObLG FamRZ **98**, 325); MitE, auch nachdem sie ihren Erbteil übertragen haben (§ 2033) od dieser gepfändet ist, weil ihre Haftg gem §§ 2382, 2385 fortdauert (KG Recht **29** Nr 1232). – Mitvollstrecker (so noch im Amt, Köln NJW-RR **87**, 1098). – VermächtnNehmer (§ 2219 I). – Auflageberechtigte (§ 2194); nicht aber der Auflagebegünstigte (LG Verden MDR **55**, 231). – PflichttBerechtigte (BayObLG FamRZ **97**, 905; KG NJW **63**, 1553; aA Muscheler AcP **197**, 226), ggf dch ges Vertreter (BayObLG **67**, 239); ihr AntrR wird nicht beeinträchtigt, wenn eine PflichttEntziehg vorliegt, deren Wirksamk zweifelh ist (Hildesheim MDR **64**, 849). – **Nicht** antragsberechtigt sind dagg: Der MitE, der als 8
TV üb einen and Erbteil entlassen worden ist (Köln Rpfleger **87**, 313). GgVormund, der nicht ges Vertreter ist; Eltern, die der Erbl gem § 1638 von der Verwaltg des dem Kind zugewendeten Nachl ausgeschlossen hat (BGH **106**, 96), deren Antr allerd ein bestellter Pfleger rückwirkend (auch noch in 3. Instanz) genehmigen kann (BGH aaO). Auch nicht der gewöhnl NachlGläubiger (BGH **35**, 296 mAv Baur JZ **62**, 123), zumal er NachlVerwaltg beantragen kann (§ 1981), od der EigenGläub des Erben, der dessen Erbteil gepfändet hat (LG Stgt BWNotZ **92**, 59). Erst recht nicht die Staatsanwaltschaft od eine sonst Behörde (MüKo/Brandner Rn 6; aA KG JFG **16**, 74). – Auf **Beschwerde** gg Ernenng (§ 2200) können nachträgl eingetretene EntlassgsGrde nicht berücksichtigt werden (Ffm Rpfleger **78**, 118).

4) Entscheidung. Das NachlG (FGG 72, 73; Richter, RPflG 16 I Nr 5) darf sich nicht nur auf die Prüfg 9
der vom AntrSteller vorgebrachten Grde beschränken, sond hat vAw alle erforderl Ermittlgen vorzunehmen (BayObLG **88**, 42). Es hat als Vorfragen zu prüfen, ob eine gült Ernenng vorliegt u aufzuklären, ob TVstrg nicht bereits dch Erledigg aller Aufgaben beendet ist (Rn 1). Kommt es dann zum Ergebn, daß ein wicht Grd vorliegt, hat es eine Ermessensentscheidg („kann") dahin zu treffen, ob trotz Vorliegens eines wicht Grundes nicht überwiegende Gründe für das Verbleiben des TV sprechen (BayObLG FamRZ **87**, 101; Hamm OLGZ **86**, 1; Zweibr FamRZ **99**, 472; Celle OLGZ **78**, 442; aA Muscheler AcP **197**, 226: kein Ermessen bezügl RFolge). Dabei sind der (ggf mußmaßl) ErblWille u die Interessen der Beteiligten zu berücksichtigen u ggeinander abzuwägen. – Eine **Entlassung** erfolgt dch Beschluß nach Anhörg des TV (GG 103 I; idR formlos, BayObLG FamRZ **98**, 325) u möglichst auch der AntrSt u Beteiligten (sämtl Erben, Hamm Rpfleger **94**, 213). Mit dessen Zustellg an den Entlassenen (FGG 16) endet das Amt ohne Rücks auf die RKraft der Entscheidg (BayObLG **69**, 142); zu den Folgen s § 2225 Rn 3, zu einer RKrafterstreckg Düss FGPrax **98**, 107. Wird Entlassg auf Beschw aufgehoben, entfällt deren Wirksamk u das Amt des TV wird als fortbestehd angesehen (BayObLG FamRZ **91**, 615). Einen ErsatzTV kann das NachlG nur ernennen, wenn ein Ersuchen des Erbl vorliegt (§ 2200). – **Vorläufige Anordnungen** kann das NachlG **nicht** treffen (KG JFG **3**, 174). Es 10
kann auch keine zeitweil Entlassg verfügen, weil es nicht die Möglichk hat, während dieser Zeit anderweit Vorsorge zu treffen (Köln OLGZ **87**, 280). Auch die dem BeschwerdeG nach FGG 24 III zustehende Befugn zu einstw Anordngen ermächtigt nicht zu einer vorläuf Entlassg, weil auch das Hauptverfahren nur die endgült Amtsenthebg zum Ziel hat (Köln aaO); wohl aber zur vorläuf Amtsfortführg (BayObLG FamRZ **91**, 235). –
Rechtsmittel ist bei Entlassg wider Willen des TV die sofortige, bei Ablehng des Antr die unbefristete 11
Beschw (FGG 81, 20); zur sofort weiteren Beschw (FGG 29 II) s BayObLG **85**, 298; NJW-RR **96**, 714. –
Kosten: Gerichtsgebühren KostO 113. Ob TV seine im EntlassgsVerf entstandenen od die ihm auferlegten 12

(FGG 13 a) Kosten der Erben dem Nachl entnehmen darf od erstattet bekommt, hängt davon ab, ob er ausnahmsw das Verf für erforderl halten durfte, um den ErblWillen zu verteidigen (Hbg MDR **63**, 423; Oldbg NJW-RR **96**, 582).

13 **5) Wiedereinsetzung** in sein früh Amt kann ein TV nicht verlangen, wenn er wg eines in seiner Person eingetretenen Grundes rkräft entlassen worden war, Entlassgsgrund aber nachträgl weggefallen ist (BayObLG **64**, 153 mAv Haegele Rpfleger **64**, 181; SchlHOLG SchlHA **65**, 107). Ebso nicht der wg seiner Insolvenz entlassene TV nach Aufhebg des InsolvVerf. Ggf kann Ernenng nach § 2200 in Betr kommen.

14 **6) Ausländisches Recht.** Richtet sich die RStellg des TV danach, ist die internat Zuständigk des dtschen NachlG zur Entscheidg üb seine Entlassg str (s BayObLG **65**, 377/383; Ffm OLGZ **77**, 180; allg Pinckernelle/Spreen DNotZ **67**, 208 f). Jedenf kann NachlG den Antr abweisen, wenn das ausländ (zB ungarische) Recht eine dch Gericht od Behörde zu verfügende Entlassg des TV nicht kennt (BayObLG aaO).

2228 *Akteneinsicht.* **Das Nachlaßgericht hat die Einsicht der nach § 2198 Abs. 1 Satz 2, § 2199 Abs. 3, § 2202 Abs. 2, § 2226 Satz 2 abgegebenen Erklärungen jedem zu gestatten, der ein rechtliches Interesse glaubhaft macht.**

1 **Einsicht** (vgl § 1953 Rn 7) hat das NachlG als zentrale Auskunftsstelle zu erteilen. Einsicht der Akten u Abschrift beurteilt sich nach FGG 34, 78, 85. Über Erteilg einer Erbscheinsausfertigg an DarlehensGläub nach Tod des Schuldners s KG Rpfleger **78**, 140.

Siebenter Titel. Errichtung und Aufhebung eines Testaments

Einführung

1 **1) Formzwang.** Die Errichtg von Test od ErbVertr ist nur in den ges festgelegten Formen mögl. Welche dies sind, richtet sich nach der RNatur der letztw Vfg, die ggf dch Auslegg (§ 2084) zu bestimmen ist (BayObLG FamRZ **93**, 1494). In Erbfällen mit Auslandsberührg bestimmt sich das anzuwendende ErbR nach dem Haager Testamentsabkommen, das für alle nach dem 31. 12. 65 errichteten letztw Vfgen das EGBGB verdrängt (BGH NJW **95**, 58). Es wurde im wesentl inhaltl identisch in EG 26 übernommen; seitdem ist str, ob diese jedenf für ErbVertr geltende Norm für Test im Hinblick auf den Vorrang von StaatsVertr (EG 3 II) eine selbständ Geltg beanspruchen kann (s EG 3 Rn 8; EG 26 Rn 1). Die in der fr DDR vor dem 3. 10. 90 erfolgte TestErrichtg wird nach damaligem Recht beurteilt (s EG 235 § 2). – Das deutsche ErbR entspricht in seiner Formstrenge dem GrdstR. Zum Zweck der erbrechtl Formen s § 2231 Rn 1. Die bei Einführg des BGB noch ausgeprägtere Formstrenge führte in einer unnötigen Vielzahl zur Nichtigk des ErblWillens (§ 125
2 BGB). Sie wurde gemildert durch das **Testamentsgesetz** vom 31. 7. 38 (RGBl I 973), das bei Erbfällen **nach dem 4. 8. 38** die Errichtg u Aufhebg von Vfgen vTw nicht mehr den bis dahin geltden Vorschr des BGB unterstellte. Es brachte zahlr Formerleichtergen, aber auch rassische Diskriminierg (§ 48 II; dazu BayObLG FamRZ **99**, 1236). Eine zuverläss Wiedergabe des letzten Willens sollte aber gewährleistet sein. Seine Vorschr wurden ohne sachl Änderg dch das am 1. 4. 53 in Kraft getretene GesEinhG vom 5. 3. 53 (BGBl 33) wieder in das BGB übernommen; nur die sprachl Fassg wurde in einigen Fällen dem BGB angepaßt. Vom damaligen ÜbergangsR ist auch heute noch bei Erbfällen nach dem 4. 8. 38 für eine davor errichtete Vfg vTw **TestG 51** wg der darin geregelten Überleitg der Formerleichtergen auch auf die früh errichteten letztw Vfgen beachtl; auf abgeschlossene, schon vor dem 4. 8. 38 eingetretene Erbfälle können die milderen FormVorschr dagg nicht rückwirkd angewandt werden.

3 **2) Sondervorschriften** außerhalb des BGB gelten für das **Konsulartestament.** Die im Ausland von Konsularbeamten (KonsG 18–20; 24) beurkundeten Test und ErbV (KonsG 10 I Nr 1; 11 I) stehen den von einem inländ Notar aufgenommenen Urkunden gleich (KonsG 10 II). Beurkundg soll nur erfolgen, wenn der Erbl Deutscher (GG 116) ist (KonsG 11 I); beim ErbV kann der Vertragspartner auch Ausländer sein. Für das Verfahren gilt das BeurkG mit den sich aus KonsG 10 III Nr 1, 2 ergebenden Abweichgen (dazu allg Geimer DNotZ **78**, 3/18 ff). Zur Verwahrg s § 2258 a Rn 2; zur Eröffng s § 2260 Rn 2. – Der früher im TestG
4 enthaltene Vorbeh von SonderVorschr für **Wehrmachtsangehörige** wurde nicht übernommen. Die einschläg SonderVorschr für MilitärTest mit ihren Formerleichtergen (WehrmFGG vom 24. 4. 34, RGBl 335 mit VO vom 6. 9. 43, RGBl I 537) sind nur noch für die unter ihrer Geltgszeit errichteten Test von Bedeutg (Einzelh s Staud/Baumann Vorbem 34–37; Soergel/Müller, 10. Aufl, Rn 17–21 je vor § 2229). Sie gelten nicht für die deutsche Bundeswehr. – Zum **Verfolgtentestament** s § 2231 Rn 4.

2229 *Testierunfähigkeit.* I **Ein Minderjähriger kann ein Testament erst errichten, wenn er das sechzehnte Lebensjahr vollendet hat.**

II **Der Minderjährige bedarf zur Errichtung eines Testaments nicht der Zustimmung seines gesetzlichen Vertreters.**

III *(aufgehoben mit Wirkg vom 1. 1. 92 dch das BtG)*

IV **Wer wegen krankhafter Störung der Geistestätigkeit, wegen Geistesschwäche oder wegen Bewußtseinsstörung nicht in der Lage ist, die Bedeutung einer von ihm abgegebenen Willenserklärung einzusehen und nach dieser Einsicht zu handeln, kann ein Testament nicht errichten.**

1 **1) Minderjährige** unter 16 Jahren sind testierunfäh (**I**); der Tag der Geburt ist mitzurechnen (§ 187 II). Für sie kann auch nicht ihr ges Vertr testieren (§ 2064). Bereits nach Vollendg des 16. Lebensjahres können sie aber Test errichten u benötigen dazu nicht die Zustimmg ihres ges Vertr (**II**). Sie sind dabei allerd von der

Form des privatschriftl Test ausgeschlossen (§ 2247 IV), also auf das öff Test zur Niederschrift des Notar angewiesen (§ 2231 Nr 1) u können auch dieses nicht dch Übergabe einer verschlossenen Schrift errichten (§ 2233 I mit Rn 1). Daher können stumme Minderj, die nicht schreiben können, faktisch auch nicht testieren (Reimann Rn 58).

2) Der Volljährige (§ 2) ist testierfäh, wenn er selbstbestimmt handeln u eigenverantwortl Entscheidgen 2 treffen kann. Da es dem GesGeber nach GG 14 I 2 überlassen ist, dieses Selbstbestimmgsprinzip zu konkretisieren (BVerfG NJW **99**, 1853), konnte er in **IV** festlegen, in welchen Fällen die geistige TestierFähigk fehlt. Solange nicht bewiesen ist, daß der Testierende unter **IV** fällt (Rn 9; 13), besitzt er die Fähigk, ein Test zu errichten, zu ändern od aufzuheben. Diese TestierFähigk muß beim Errichtgsakt bis zu dessen Abschluß vorhanden sein (BGH **30**, 294) u soll vom Notar geprüft werden (BeurkG 11; 28). Ein nachträgl Verlust berührt dann die Gültigk des Test nicht (s Rn 11). Obwohl ein Unterfall der GeschFähigk (§ 104 ff), ist sie gleichwohl selbständ geregelt (nicht für ErbVertr, § 2275). Sie erfordert die Vorstellg des Erbl, daß er ein Test errichtet u welchen Inhalt die darin enthaltenen letztw Vfgen aufweisen. Dazu muß er in der Lage sein, sich ein klares Urteil üb die Tragweite seiner Anordngen zu bilden, insbes üb ihre Auswirkgen auf die persönl u wirtschaftl Verhältn der Betroffenen sowie üb die Gründe, die für u gg ihre sittl Berechtigg sprechen, und nach diesem Urteil frei von den Einflüssen etwaiger Dritter zu handeln (allg M; s BGH NJW **59**, 1822; BayObLG NJW-RR **98**, 870; Köln FamRZ **91**, 1356), wobei er kraft eigenen Entschlusses dchaus Anregungen eines Dritten aufnehmen od sich dch dessen Fdgen u Erwartgen zur Errichtg des Test veranlaßt sehen kann (BayObLG FamRZ **90**, 318). Weiter setzt die Testierfähigk voraus, daß der Erbl imstande ist, den Inhalt des Test von sich aus zu bestimmen u auszudrücken. – Es gibt keine je nach Schwierigk des Test **abgestufte** 3 (relative) TestierFähigk (BGH **30**, 117) u auch keine partielle für einen bestimmten, ggständl abgegrenzten Kreis von Angelegenh (wie bei der GeschFähigk, s § 104 Rn 6), weil die Fähigk zur TestErrichtg entw gegeben ist od ganz fehlt, selbst wenn sich krankhafte Geistesstörgen beim Erbl nur in einzelnen Lebensbereichen auswirkten (BayObLG **91**, 59; Weser MittBayNot **92**, 169).

a) Betreute Erblasser. Bestand für ihn eine Betreuung (§ 1896), kann aus seiner Betreugsbedürftigk nicht 4 generell auf seine TestierUnfähigk geschlossen werden. Im Ggteil besteht auch für den Betreuten die Vermutg seiner Testierfähigk, wie dies schon bisher für die mit Einwilligg des Erbl erfolgte Anordng einer Gebrechlichk-Pflegsch (§ 1910 aF) galt (s Rn 13; Weser MittBayNot **92**, 169); seine TestierUnfähigk ist deshalb der allg Regelg des **IV** zu entnehmen, wobei zum Nachweis ggf auch auf ein im BetreugsVerf erholtes Gutachten zurückgegriffen werden kann (Hahn FamRZ **91**, 27). Der Betreute ist auch in seinen Testiermöglichk nicht beschränkt; das VormschG kann nicht im Einzelfall anordnen, daß er ein Test nur in not Form errichten kann. Auch kann seine TestErrichtg nicht der Einwilligg eines Betreuers vorbehalten werden (§ 1903 II mit Rn 12).

b) Behinderte Erblasser sind in ihren Testiermöglichk teilw insow beschränkt, als das G je nach Art der 5 Behinderg ihnen die eine od and Testform versagt. Solche Einschränkgen enthalten für Erbl, die des Sprechens, Lesens u Schreibens nicht kundig sind, §§ 2247 IV; 2233 II, III. Eingeschränkt testierfäh sind also stumme Personen (§ 2233 III; BeurkG 31 mit 22); Taubstumme, die nicht die Lautsprache beherrschen (§ 2233 III; BeurkG 23; 24; 31); Lesensunkundige (§ 2233 II; BeurkG 22). – Ist ein geistig testierfäh Erbl **mehrfach behindert,** verschließt bei Kombination bestimmter Behindergen das G jegl Testierform, so daß 6 bestimmte Erbl aus FormGrden faktisch nicht testieren können (dazu Rossak MittBayNot **91**, 143; ZEV **95**, 236; Hamm NJW-RR **94**, 593). Betroffen sind **schreibunfähige Stumme**, die auf öff Test angewiesen wären (§ 2233 III), aber unfäh zur erforderl Erkl sind, das Test enthalte ihren letzten Willen (§ 2232 S 1; BeurkG 31); **lesensunfähige Stumme**, die kein eigenhänd Test (§ 2247 IV), aber auch kein öff errichten können, weil ihnen die vorgeschriebene Errichtg dch mündl Erkl (§ 2233 II) unmögl ist; **stumme Blinde**, welche die Blindenschrift nicht beherrschen (§ 2233 Rn 4); üb Kombination von ErbV mit EheVertr (§ 2276 II) s Höfer JurA **70**, 751; **taube Analphabeten**, mit denen Verständigg unmögl ist (s BeurkG 24; Reimann Rn 57). Jedoch hat nun BVerfG NJW **99**, 1853 (mAv Rossak DNotZ **99**, 416; Vollkommer ZEV **99**, 268) im Falle eines schreibunfäh Stummen unter Aufhebg von Hamm aaO den **generellen** Ausschluß schreib- u sprechunfäh Personen von jegl Testiermöglk als Verstoß gg GG 14 I; 3 I u III 2 angesehen, die teilw **Verfassungswidrigkeit** der §§ 2232, 2233, BeurkG 31 dch ihr Zusammenwirken festgestellt, ohne sie aber 7 für teilw nichtig zu erklären u den GesGeber zur Neuregelg aufgefordert. Bis dahin hat es selbst Übergangsregelgen getroffen. Danach darf Notar, der sich von der Testierfähigk eines Mehrfachbehinderten überzeugt hat, die Beurkundg des Test zB eines schreibunfäh Stummen nicht mehr nach BeurkG 4 ablehnen, sond muß es nach Maßg der allg Regeln (BeurkG 22–26) unter Beachtg von BeurkG 27–30; 32–35, insbes Zuziehg von Vertrauensperson u Zeugen od 2. Notar, beurkunden (dazu Rossak ZEV **99**, 254). Für bereits eingetretene Erbfälle steht der Vertrauensschutz einer unbegrenzten Rückwirkg der Entscheidg entgg, da erstmals 1991 die Verfassgsmäßigk angezweifelt wurde (Einzelh s BVerfG aaO).

c) Bei ausländischem Erblasser ist die Anknüpfg der Testierfähigk im IPR ges nicht vorgegeben u str 8 (EG 7 od EG 25; s dazu EG 25 Rn 16; van Venrooy JR **88**, 485). – Über **Staatenlose** vgl EG 5 II. – **Flüchtlinge und Vertriebene** deutscher Volkszugehörigk sind Deutsche (GG 116 I; Art 9 II Nr 5 FamRÄndG); vgl auch EG 5 Anh II.

3) Testierunfähig (IV) sind Volljähr nur bei mangelnder Einsichtsfähigk üb die Bedeutg ihrer WillErkl 9 infolge krankhafter Störg ihrer Geistestätigk, Geistesschwäche od Bewußtseinsstörg (§§ 104, 105 II), wobei auf den Zeitpkt der TestErrichtg abzustellen ist. Leidet ein Erbl an einer dieser krankh Erscheingen derart, daß ihm die Einsichts- u HandlgsFähigk verlorengegangen ist, reicht es nicht mehr aus, wenn er noch eine allg Vorstellg von der Tats der Errichtg des Test u dem Inhalt seiner Vfgen hat. Nur wenn er auch in der Lage ist, sich über die Tragweite seiner Anordngen ein klares Urteil zu bilden u dann frei von den Einflüssen etwaiger interessierter Dritter zu handeln, ist er testierfähig (s Rn 2). Psychopathie od Rauschgiftsucht schließen zB die TestierFähigk idR nicht aus (BayObLG **91**, 59/64 f; Fam RZ **96**, 1109), auch nicht querulator Veranlagg u abnormes PersönlichkBild (BayObLG FamRZ **92**, 724). Geistesstörg mit Auswirkg nur auf bestimmte Lebensbereiche muß gerade den Bereich der für die insges maßgebden geistigen Fähigk berühren (BayObLG **91**, 59). Bei Altersdemenz od Cerebralsklerose kann Testierunfähigk nur aGrd des Gesamtverhaltens u des

Gesamtbilds der Persönlichk zZ der TestErrichtg festgestellt werden (BayObLG FamRZ **96**, 566; **97**, 1511;
10 Rpfleger **85**, 239; Düss FamRZ **98**, 1064). – Bei **wechselnden Zuständen** des Erbl sind die in lichten
Zwischenräumen errichteten Vfgen wirksam. Auch Bewußtseinsstörgen führen nicht ohne weiteres zur
TestierUnfähigk, wenn noch EinsichtsFähigk nach **IV** vorliegt. Erklärt Erbl im Vollbesitz seiner Geisteskräfte
dem Notar seinen letzten Willen erklärt u erleidet er danach einen Schlaganfall mit der Folge einer Bewußt-
seinstrübg, genügt es, wenn er den am nächsten Tag ihm vorgelesenen Text versteht u erfaßt, daß es sich um
sein Test handelt, und wenn er frei darüb entscheiden kann, ob dieses Test wirks werden soll (BGH **30**, 294).

11 **a) Rechtsfolge** der Testierunfähigk ist, daß das errichtete Test unwirksam ist und bleibt. Es wird also selbst
bei späterem Eintritt der TestierFgk nicht wirks, sond muß dann formgerecht neu errichtet werden (§ 141 I).
Zur Bestätigg eines im Zustand der TestUnfähigk errichteten Test ist neuerl Unterzeichng notwend. Die bis
12 **31. 12. 91** errichteten Test **Entmündigter** sind weiterhin unwirks, nachdem bis zu diesem Zeitpkt ein
entmündigter Erbl von der Stellg des Antr an ein Test nicht mehr wirks errichten konnte (**III** aF; ZPO 647;
680 aF); etwaige lichte Zwischenräume blieben unberücksichtigt. Dies gilt auch dann, wenn die Entmündigg
am 1. 1. 92 kr G in eine Betreug umgewandelt wurde (Art 9 § 1 BtG), zumal diese Umwandlg keine
rückwirkende u damit heilende Kraft hat (Hahn FamRZ **91**, 27). Wirks u kein Fall des III 2 aF ist dagg ein
nach Antragstellg errichtetes Test (sofern nicht **IV** eingreift), wenn wg Inkrafttreten des BtG nicht mehr eine
Entmündigg, sond ledigl eine Betreug angeordnet wurde (Hahn aaO).

13 **b) Beweisfragen.** Da die Störg der Geistestätigk die Ausn bildet, ist ein Erbl bis zum Beweis des Ggteils als
testierfäh anzusehen, auch wenn GebrechlkPflegsch (§ 1910 aF; BayObLG FamRZ **88**, 1099) od Betreug
(§ 1896; s Rn 4; Ffm FamRZ **96**, 635) bestand. Testierunfähigk muß also zur vollen Gewißh des Gerichts
feststehen. Der dazu erforderl Umfang der Ermittlgen richtet sich nach dem Einzelfall (Köln NJW-RR **91**,
1412; **94**, 396). Stets ist aber wg der Tragweite sorgfält Untersuchg geboten (Ffm NJW-RR **98**, 870). Zweifel,
die auf konkreten Umständen u dargelegten Auffälligk (nicht nur pauschaler Behauptg, Hamm FGPrax **97**,
68; BayObLG FamRZ **97**, 1028) beruhen, hat NachlG vor Erteilg (od Einziehg) eines ErbSch ohne Bindg an
den Vortrag der Beteiligten vAw (§ 2358; BayObLG FamRZ **90**, 1281) zu klären. Dazu sind zunächst die
konkreten auffälligen Verhaltensweisen des Erbl aufzuklären (s Rn 14), sodann Klarh üb den medizinischen
Befund zu schaffen u anschließend die hieraus zu ziehenden Schlüsse zu prüfen (Hamm OLGZ **89**, 271;
Rpfleger **89**, 23; Ffm NJW-RR **96**, 1159). Erforderl ist dann regelmäß Gutachten eines fachkund ärztl
Sachverständ (Psychiater, nicht bloß prakt Arzt; allg M; zB BGH FamRZ **84**, 1003), dem dazu alle An-
knüpfgstatsachen vorzugeben u von ihm auszuwerten sind (Ffm NJW-RR **98**, 870). Dieses ist auf Antr mündl
zu erläutern (FGG 15 iVm ZPO 402; 397; s Hamm OLGZ **92**, 409) u vom Gericht auf seinen sachl Gehalt,
seine logische Schlüssigk sowie darauf zu überprüfen, ob es von dem vom Gericht selbst für erwiesen
erachteten Sachverhalt ausgeht (BayObLG **82**, 309); werden im Gutachten Zweifel geäußert, hat das Gericht
diesen nachzugehen (BayObLG Rpfleger **88**, 67). An das erholte Gutachten ist das Gericht nicht gebunden
(BGH NJW **61**, 2061), sond kann nach dem Grdsatz freier Beweiswürdigg nach eingehder Auseinandersetzg
damit auch abweichen (BayObLG Rpfleger **85**, 239). Zur Begutachtg des künft Erbl noch zu Lebzeiten s
§ 1922 Rn 5; seines überlebden Eheg wg ErbV BayObLG NJW-RR **96**, 457. Bei groben Mängeln des
Gutachtens kommt Obergutachten in Betr; ebso wenn ein neuer Sachverständ über überlegene Forschgsmittel
14 verfügt (BGH **53**, 258 f; BayObLG **82**, 315). – Die erforderl Vernehmg von **Zeugen** u die Beurteilg ihrer
Glaubwürdigk u der Glaubhaftigk ihrer Bekundgen ist allein Aufgabe des Gerichts (BayObLG FamRZ **85**,
739; NJW-RR **91**, 1287); der Sachverständige ist zuzuziehen, wenn es dabei auf seine Sachkunde ankommt
(vgl BGH NJW **62**, 1770). Zum ZeugnVerweigergsR zB des behandelnden Arztes s § 2358 Rn 5. –
15 **Anscheinsbeweis** kann für Testierunfähigk sprechen (Ffm NJW-RR **98**, 870), insbes wenn diese vor u nach
der TestErrichtg festgestellt ist (Karlsr OLGZ **82**, 280; Köln NJW-RR **91**, 1412). Er setzt voraus, daß NachlG
nicht von wechselden Zuständen des Erbl ausgeht, sond von anhaltder TestUnfähigk überzeugt ist (BayObLG
FamRZ **99**, 819). Die ernsth Möglk eines lichten Intervalls reicht also zur Erschütterg des ersten Anscheins
aus; sie hat dazulegen u zu beweisen, wer Rechte aus dem Test herleitet (Karlsr aaO; BayObLG ZEV **94**, 303
mAv Jerschke). Verbleiben trotz Ausschöpfg aller AufklärgsMöglk (Ffm NJW-RR **96**, 1159) nicht behebb
16 Zweifel, trifft **Feststellungslast** denjen, der sich auf die daraus hergeleitete TestUnwirksamk beruft (s § 2358
Rn 6; § 104 Rn 8). Steht allerd Testierunfähigk des Erbl fest, läßt sich aber der Zeitpkt der Errichtg eines
undatierten Test (s § 2247 Rn 21) oder der einer nachträgl Einfügg des Erben nicht mehr ermitteln, treffen
daraus verbleibde Zweifel den, der sich auf Gültigk des Test beruft (BayObLG NJW-RR **96**, 1160). Im
RStreit trifft BeweisPfl für mangelnde TestierFähigk den, der sie behauptet (BGH FamRZ **58**, 127). – Unter
MitE besteht keine **Auskunftspflicht** üb Umstände betreffend die Testierunfähigk (s § 2038 Rn 13).

2230 *aufgehoben mit Wirkg vom 1. 1. 92 dch das BtG. Nach Abschaffg der Entmündigg sind Regelgen üb die Test Entmündigter (§§ 2229 III; 2230 aF) nicht mehr erforderl (dazu Hahn FamRZ* ***91****, 27).*

2231 ***Ordentliche Testamentsformen.*** **Ein Testament kann in ordentlicher Form errichtet werden**

1. zur Niederschrift eines Notars;
2. durch eine vom Erblasser nach § 2247 abgegebene Erklärung.

1 **1) Formzwang.** Das ErbR ist hins der Einhaltg der ges FormVorschr nicht weniger streng als das GrdstR.
Deren **Zweck** ist vor allem, den wirkl Willen des Erbl zur Geltg kommen zu lassen, indem er möglichst deutl
zum Ausdruck gebracht wird. Ferner soll der Erbl dch die Form gezwungen sein, sich über den Inhalt seiner
Vfg vTw selbst klar zu werden. Auch soll die Echth seiner Erkl sichergestellt u nach Möglk auch die
Selbständigk seines Willens verbürgt werden. Es soll also verantwortl Testieren gefördert, Streitigk über den
TestInhalt hintangehalten werden (BGH **80**, 242 u 246). Selbst ein etwaiges Versagen des Notars entbindet
von der Einhaltg der Förmlichkeiten nicht (BGH FamRZ **81**, 651). – Bei TestErrichtg im **Ausland** gilt für
die Form EG 26 (Bspl: BayObLG FamRZ **99**, 1307).

2) Zwei ordentliche Testamentsformen stellt das G zur Vfg, die erbrechtl gleichwertig sind u zw denen der Erbl frei wählen kann: – **a) Das öffentliche** Test (§§ 2231 Nr 1; 2232; 2233; BeurkG 27–35 mit §§ 1–11, 13, 16, 17, 18, 22–26). Ein solches ist auch das KonsularTest (s Einf 3 vor § 2229) u das BürgermeisterTest (§ 2249). Das notarielle Test hat den Vorzug rechtskund Beratg (BeurkG 17; 30), ersetzt im GBuch-Verkehr den sonst notwend ErbSch (GBO 35), hat auch weitere Bedeutg (s SchiffsRegO 41, RSchuldbG 16; s auch wg des HandelsReg LG Bln JR **50**, 688) u wird stets in besond amtl Verwahrg genommen (BeurkG 34; §§ 2258 a; 2258 b). – **b) Das eigenhändige** od privatschriftl Test (§§ 2247; 2267), das einfacher, bequemer u ohne Kosten zu errichten ist u dch das iü auch öffentl Test geändert, ergänzt oder widerrufen werden können. Dafür ist bei dieser TestForm die Gefahr des Verlustes, der Unterdrückg od Fälschg höher. 2 3

3) Außerordentliche Testamente sind die **Nottestamente:** BürgermstrTest (§§ 2249, 2250 I), DreizeugenTest (§ 2250 I, III) u SeeTest (§ 2251 mit Verweisg auf § 2250 III). – Eine Sonderform ist auch das Konsulartestament. Weitere außerordentl TestFormen waren das WehrmachtsTest (vgl Einf 4 vor § 2229) u die VerfolgtenTest nach REG 67 *(BrZ)*, 80 *(AmZ)*, 69 *(Bln)*. 4

2232 *Öffentliches Testament.* **Zur Niederschrift eines Notars wird ein Testament errichtet, indem der Erblasser dem Notar seinen letzten Willen mündlich erklärt oder ihm eine Schrift mit der Erklärung übergibt, daß die Schrift seinen letzten Willen enthalte. Der Erblasser kann die Schrift offen oder verschlossen übergeben; sie braucht nicht von ihm geschrieben zu sein.**

1) Notarielle Zuständigkeit. Seit 1. 1. 70 kann das öffentl Test grdsl nur vor dem Notar errichtet werden (§ 2231 Nr 1; BNotO 20; BeurkG 64; zum Notar im Landesdienst s *Ba-Wü* LFGG 3; 13–25; 48–50). Ausnahmen gelten für das KonsularTest (s Einf 3 vor § 2229) und das BürgermeisterTest (§ 2249). – Für alle vor dem 1. 1. 70 eingetretenen Erbfälle gelten noch die früh Vorschr, die auch eine gerichtl Beurkundg dch das AG vorsahen (§§ 2234 ff aF). Eine dem TestG 51 entspr Überleitgsregel (s Einf 2 vor § 2229) wurde nicht geschaffen. Bei Erbfällen nach dem 1. 1. 70 sind also davor errichtete letztw Vfgen nicht gült, wenn sie nicht den strengeren FormVorschr zum ErrichtgsZeitpkt, sond nur den erleichterten des BeurkG genügen (Soergel/Harder vor § 2229 Rn 8; str). – In einem **Prozeßvergleich** kann ein Test nicht errichtet werden (s § 127 a Rn 3), wohl aber ein ErbVertr (s § 2276 Rn 9). 1

2) Das Beurkundungsverfahren regelt das BeurkG, das neben den allg Vorschr (BeurkG 1–11; 13; 16–18) spezielle für Vfgen vTw enthält (BeurkG 27–35). Bei Beteiligg behinderter Personen, insbes bei körperl Behinderg des Erbl sowie seiner Schreib- od Sprechunfähigk sind BeurkG 21–27; 31 zu beachten; bei Doppelbehinderg s Rn 15; § 2229 Rn 6; 7; § 2233 Rn 2 ff. – Die örtl Zuständigk des Notars ergibt sich aus BNotO 11; Verstöße hiergg führen aber nicht zur Unwirksamk der Beurkdg (BeurkG 2). Im Ausland können deutsche Notare nicht wirks beurkunden. – **a) Ausschließungsgründe** bestehen nach BeurkG 6; 7; 27. Danach ist eine Beurkdg zumindest teilweise unwirks, wenn an ihr der Notar od sein Ehegatte od bestimmte Angehörige entw beteiligt waren od in der Vfg vTw bedacht bzw zum TV ernannt wurden. Verschärfte Mitwirkungsverbote ergeben sich für den Notar aus BeurkG 3 idF des ÄndergsG vom 31. 8. 98 (BGBl I 2585); dazu Eylmann NJW **98**, 2929. – **b) Verhandlung und Niederschrift.** Die TestErrichtg besteht stets aus der vom Notar selbst zu führenden Verhandlg (er darf sie nie Dritten überlassen), der Niederschrift (dazu Rn 8), ihrer Vorlesg, dem Genehmigen (Rn 9) u Unterschreiben dch Erbl sowie dem Abschluß dch Unterschrift des Notars u etwaiger sonst mitwirkender Personen. Notar hat Identität u Testierfähigk des Erbl zu prüfen (BeurkG 10; 11; 28), dessen wahren Willen zu erforschen, den Sachverhalt zu klären, üb die rechtl Tragweite des Geschäfts zu belehren u die Erkl des Erbl unzweideut wiederzugeben (BeurkG 17). – **c) Verschließung** sowie die bes amtl **Verwahrung** öff Test regeln BeurkG 34 u §§ 2258 a; b. – **d) Kosten** s KostO 46; 141. – **e) Zur Haftung** des Notars s § 1937 Rn 25. 2 3 4 5 6

3) Mündliche Erklärung zur Niederschrift des Notars (Satz 1, Altern 1) ist die eine der beiden Errichtgsformen (zur and s Rn 10 ff). Auch eine Verbindg beider Formen ist mögl (Soergel/Harder Rn 14). Die mündl Erkl richtet sich an Notar u muß mit verständl gesprochenen Worten abgegeben werden (unverständl Lallen daher unzureichd). Sie darf nicht nur dch Zeichen od Gebärden zum Ausdruck kommen (BGH **2**, 172; BayObLG **68**, 272), kann also nicht dch Kopfnicken, Gebärden od sonst Zeichen bewirkt werden (BGH aaO; Hamm NJW-RR **94**, 593). Sie kann aber dch abschnittsweises Vorlesen eines zuvor niedergeschriebenen TestEntwurfs u mündl erklärte Bejahg der Richtigk dch den Erbl zum Ausdruck kommen (s BGH **37**, 84; BayObLG **68**, 272 f). Es genügt dann (noch) ein bloßes Jasagen des Erbl auf Fragen des Notars, wobei auch ein von einem Dritten (in Abwesenh des Erbl) gefertigter Entwurf verwendet werden kann (KG DNotZ **60**, 485). Die von der RSicherh gezogene Grenze ist jedoch überschritten, wenn ein fast taubstummer Erbl die ihm vorgelegte Urk selbst liest u dann einen gerade noch verständl, vom Notar als Bejahg empfundenen Laut von sich gibt (Hamm OLGZ **89**, 20 mAv Burkart DNotZ **89**, 587), zumal mangelnde Hörfähigk zur Beachtg von BeurkG 23 (auch bei der Genehmigg) zwingt. 7

a) Die Niederschrift ist grdsl in deutscher Sprache zu errichten (nur auf Verlangen in einer and, BeurkG 5, wobei dann für Übersetzg BeurkG 16; 32 gelten). Sie muß die Erklärg des Erbl enthalten (BeurkG 9 I 1 Nr 2), in Ggwart des Notars vorgelesen, genehmigt u eigenhänd unterschrieben werden (BeurkG 13 I). Unterschrift erfordert ausgeschriebenen, nicht unbedingt auch leserl Namen; § 2247 II findet keine Anwendg (BGH DNotZ **58**, 650). Künstlername ist zuläss. Ein erfundener Name, den Erbl sonst nie verwendet hat, macht Test dagg formunwirks (KG FGPrax **96**, 113). Zur Schreibhilfe bei Unterzeichnung s § 2247 Rn 6. – Bei Schreibunfähigk ist Schreibzeuge od 2. Notar zuzuziehen (BeurkG 25); dies erfordert, daß der Zeuge im Bewußtsein seiner Mitwirkg u Verantwortg an dem BeurkVorgang teilnimmt (BayObLG **84**, 141), beim Verlesen u bei der Genehmigg anwesend ist u die Niederschrift unterschreibt. – Auch Karten usw können Ggstand der Niederschr sein (BeurkG 9 I 3). Die Erklärgen können auch in einem Schriftstück enthalten sein, auf das in der Niederschr verwiesen wurde und das mit vorgelesen werden muß (Anl; BeurkG 9 I 2); handelt 8 es sich bei dem Schriftstück, auf das verwiesen wurde, um eine andere not Niederschr, kann auf deren Vorlesg u Beifügg verzichtet werden (§ 13 a). – Die Unterschrift des Notars auf der Niederschrift fordert BeurkG 13 III; fehlt sie, genügt gem BeurkG 35 die Unterschrift auf dem verschlossenen Umschlag, in den die Niederschrift zu nehmen ist (BeurkG 34). – Eine Erbeinsetzg ermangelt der ges Form (§ 125), wenn in der Niederschr die eingesetzte Pers nicht wenigstens andeutgsweise genannt od sonst zu bestimmen ist, weil das Test dann nicht die erhöhte Sicherh vor nachträgl Verändergen u Verfälschgen liefert u hins der zuverläss Willensüberlieferg keinerlei Vorzug vor einer nicht beurkundeten mündl Erklärg verdient (BGH **80**, 246). Über den Formmangel kann auch nicht bei etwaigem Versagen des Notars hinweggesehen werden (BGH aaO u NJW **81**, 1900).

9 **b) Die Genehmigung** der Niederschr nach BeurkG 13 I u die Erkl des letzten Willens können in einem Akt vollzogen werden. Die bloß stillschweigde Genehmigg (zB dch Kopfnicken) der vorgelesenen Niederschr od ihre Unterzeichng (BeurkG 13 I), insb Stillschweigen zum Diktat, ersetzt die Erkl des letzten Willens nicht (KG aaO). Es genügt aber, wenn der Erbl nach vollständ Vorlesg auf die Frage nach der Richtigk des Vorgelesenen – mag das Test auch mehrere Vfgen vTw enthalten – sein Einverständn mit Worten zu erkennen gibt, mag er auch zwischendch nur dch Gesten zugestimmt haben (RGZ **161**, 381; auch Reimann Rn 14). Hat der schreibunfäh Erbl seinen letzten Willen mündl erklärt, kann er die danach noch erforderl Genehmigg der Niederschr auch dch Kopfnicken zum Ausdr bringen. Zum Beweis der Richtigk der TestErrichtg kommt der not Urkunde erhöhte Beweiskraft zu (ZPO 415; Ffm NJW-RR **90**, 717). Spricht bei gemschaftl Test der eine Eheg allein, ist darauf zu achten, daß sich auch der and mündl erklärt.

10 **4) Testamentserrichtung durch Übergabe einer Schrift** (S 1, 2. Altern; S 2) mit der Erkl des Erbl, daß sie seinen letzten Willen enthalte, ist die zweite ErrichtgsForm. Minderjährige können aber nur dch Übergabe einer offenen Schrift testieren (§ 2233 I). Die offene od verschlossene Schrift muß nicht von Hand zu Hand übergeben werden. Es genügt zB, wenn der Notar die von ihm selbst gefertigte Schrift an das Krankenlager des Erbl mitbringt, sie vor diesem vorliest u der Erbl in der Lage ist, sie an sich zu nehmen, u er seinen ÜbergWillen erklärt (RG **150**, 191; Schlüter § 17 III 3 b). – Die Erkl des Erbl kann auch in der allg Genehmigg der Niederschr gem BeurkG 13 I erblickt werden (Soergel/Harder Rn 7).

11 **a) Die Schrift** braucht vom Erbl nicht selbst geschrieben zu sein. Sie kann von einem Dritten (zB der UrkPers) entworfen sein (KG DNotZ **60**, 487; vgl BGH **37**, 85); der Dritte ist dadch von der Bedenkg in dem Test nicht ausgeschlossen (wg Bedenkg der an der Beurk Mitwirkden s aber BeurkG 27 mit 7, 26 I Nr 2). Die Schrift kann in jeder Form (Maschinenschrift, Lithographie, Pause, Blindenschrift, Kurzschrift od auch in fremden Schriftzeichen u fremder Sprache) gefertigt sein. Der Erbl muß den Inhalt kennen (MüKo/ Burkart Rn 16; aM Soergel/Harder Rn 4). Datum, Ortsangabe u Unterschrift sind überflüssig. – Bei der
12 **offen** übergegebenen Schrift soll der Notar vom Inhalt Kenntn nehmen, sofern er der Sprache, in der die Schrift verfaßt ist, hinreichend kundig ist (BeurkG 30 S 4). Die Prüfgs- u BelehrgsPfl (BeurkG 17) umfaßt in
13 diesem Fall auch den Inhalt der offen übergebenen Schrift. – Die **verschlossen** übergebene Schrift ist erst bei der TestEröffng (§ 2260 II) zu öffnen. Auch hier ist der Notar aber berecht, wenn auch nicht verpflichtet, den Erbl über den Inhalt zu befragen u ihn auf mögl Bedenken hinzuweisen (Reimann BeurkG 30 Rn 10; s auch BeurkG 27 mit 7; 24 II; 26 I Nr 2; ferner § 17).

14 **b) Der Niederschrift** (Rn 9) soll die Schrift des Erbl beigefügt werden mit einer Kennzeichng, die Verwechslg ausschließt (s Keidel/Winkler, BeurkG 30 Rn 7); einer Vorlesg der Schrift bedarf es nicht (BeurkG 30 S 2, 5). Sie muß die Feststellg enthalten, daß die Schrift übergeben worden ist (BeurkG 30 S 1); andernfalls ist die Beurkdg unwirks, auch wenn die Übergabe tatsächl erfolgt ist. Auch soll vermerkt werden, ob sie offen od verschlossen übergeben worden ist (BeurkG 30 S 3). – Die übergebene Schrift wird nicht Bestandteil der Niederschr; wohl aber gilt sie als Bestandteil des öffentl Test (Soergel/Harder Rn 10).

15 **5) Sonderfälle:** Bei **Minderjährigen** s § 2233 I; 2229 I. – Für **Sprachunkundige** sind die Sonder-Vorschr von BeurkG 16 mit 6, 7; 27; 32 zu beachten. – **Stumme** können gem § 2233 III ein öffentl Test nur dch Übergabe einer Schrift errichten (s auch BeurkG 22, 31); bei Taubstummen ist auch BeurkG 23 heranzuziehen. Ist der Stumme schreib- od lesensunfähig, kann er überh kein Test errichten (BeurkG 31; §§ 2233 III, 2247 IV; s § 2229 Rn 6). Dieser generelle Ausschluß von jegl Testform ist jedoch verfassgswidrig (s dazu § 2229 Rn 7). – **Taube** können ein öffentl Test in allen drei Arten errichten; wg des Verf s BeurkG 22 ff. – **Blinde,** welche die Blindenschrift beherrschen, können dch Übergabe einer Blindenschrift testieren (Soergel/Harder § 2233 Rn 3), andernf nur dch mündl Erkl (s § 2233 II); zum Verf s BeurkG 22. Ist der Blinde schreibunfäh, also nicht in der Lage, die erforderl eigenhänd NamensUnterschr zu leisten (Jansen BeurkG 25 Rn 2), greift BeurkG 25 Platz. Die Errichtg eines privatschriftl Test ist dem Blinden nicht mögl (§ 2247 Rn 6). – Über Errichtg öffentl Test in **fremder Sprache** s BeurkG 5 II; 16; 32.

2233 *Sonderfälle der Errichtung.* **I Ist der Erblasser minderjährig, so kann er das Testament nur durch mündliche Erklärung oder durch Übergabe einer offenen Schrift errichten.**

II Ist der Erblasser nach seinen Angaben oder nach der Überzeugung des Notars nicht imstande, Geschriebenes zu lesen, so kann er das Testament nur durch mündliche Erklärung errichten.

III Vermag der Erblasser nach seinen Angaben oder nach der Überzeugung des Notars nicht hinreichend zu sprechen, so kann er das Testament nur durch Übergabe einer Schrift errichten.

1 **1) Minderjährige (I)** sind erst nach Erreichg des 16. Lebensjahres testierfäh (§ 2229 I). Von da an bis zur Volljährigk, die mit Vollendg des 18. Lebensjahres erreicht wird (§ 2), bis 31. 12. 74 auch dch VolljErkl (§§ 3–5, aufgehoben ab 1. 1. 75), kann der Minderjähr **nur** in der Form eines öffentl Test letztw verfügen u auch so nur dch mündl Erkl vor dem Notar od dch Überg einer offenen Schrift (§ 2232), dagg nicht auch dch Übergabe einer verschlossenen Schrift. Der Zustimmg seines ges Vertreters bedarf er nicht (2229 II). Vermag

der testierfäh Minderj nicht hinreichd zu sprechen, kann er nur dch Übergabe einer offenen Schrift sein Test errichten (**III;** s auch BeurkG 22, 24, 31). – Ein privatschriftl Test kann er nicht errichten (§ 2247 IV). – § 2233 I ist eine zwingde Vorschr, so daß bei Verstoß eine Heilg nach Eintritt der Volljährigk nicht mögl ist (Soergel/Harder Rn 2).

2) Lesensunfähige (II) können ein Test nur dch mündl Erklärg errichten; bei Doppelbehinderg s § 2229 Rn 6; 7. Es genügt die Angabe des Erbl, nicht hinreichd sprechen zu können. Maßgebl ist dann die Überzeugg des Notars, die bei Irrtum nicht dch abweichde Feststellgen des Gerichts ersetzt werden kann (Köln FGPrax **95**, 69, auch zu Beweisfragen). **III** ist zwingende Vorschr, so daß Verstoß zur Nichtigk des Test führt, falls Erbl tatsächl nicht sprechen konnte u dies dem Notar erkl hat od wenn Notar hiervon überzeugt war (Rn 2). – **a) Lesensunfähig** ist, wem die Fähigk, den Text einer Schrift zu entziffern, abgeht. Darunter fällt auch, wer den Text zwar dch Lesen optisch wahrnehmen, aber inhaltl nicht verstehen u damit den Sinn des Geschriebenen nicht erfassen u kontrollieren kann (BayObLG NJW-RR **97**, 1438). Lesensunfäh ist also nicht nur ein Analphabet, sond auch, wer die Zeichen einer verwendeten fremden Schrift nicht versteht (Soe/Harder Rn 3); wer wg Störg im Gehirn das Gelesene nicht mehr umsetzen kann (BayObLG aaO); Blinde, welche die Blindenschr nicht beherrschen (BayObLG Rpfleger **99**, 396); uU auch hochgrad Schwachsichtige (s SchlHOLG SchlHA **70**, 138). Ob ein Erbl lesensunfäh ist, richtet sich in erster Linie danach, ob er sich für lesensunfäh erklärt; an diese Erkl ist der Notar gebunden. Daneben wird auf die Überzeugg des Notars abgestellt für den Fall, daß der Erbl seine vom Notar erkannte Lesensunfähigk nicht zugeben will. Die Erkl des Beteiligten, Geschriebenes nicht lesen zu können, od die Überzeugg des Notars hiervon, soll in die Niederschr aufgenommen werden (wie dies BeurkG 22 I 2 für Blinde vorschreibt). – **b) Nur durch mündliche Erklärung** vor dem Notar können Lesensunfähige iSv **II** ein Test errichten (§ 2232). Auch die Errichtg eines eigenhänd Test ist nicht mögl (§ 2247 IV). § 2233 II ist eine zwingde Vorschr. Das dch Übergabe einer Schrift errichtete Test eines Leseunfäh ist gleichwohl nur dann nichtig, wenn der Erbl tatsächl nicht lesen konnte u wenn er seine Lesensunfähigk entw dem Notar angegeben hatte od dieser der Überzeugg war, daß der Erbl nicht imstande ist, Geschriebenes zu lesen. Ein Irrt des Notars über die tatsächl Voraussetzgen der Lesensunfähigk macht das Test nicht unwirks (RGRK Rn 3; Soergel/Harder Rn 4). 2

3) Stumme (III) können ein Test nur dch Übergabe einer (offenen od verschlossenen) Schrift errichten (§ 2232 Rn 10, 11); bei Doppelbehinderg s § 2229 Rn 6; 7. Es genügt die Angabe des Erbl, nicht hinreichd sprechen zu können. Maßgebl ist dann die Überzeugg des Notars (Rn 2), die bei Irrtum nicht dch abweichde Feststellgen des Gerichts ersetzt werden kann (Köln FGPrax **95**, 69, auch zu Beweisfragen). **III** ist zwingende Vorschr, so daß Verstoß zur Nichtigk des Test führt, falls Erbl tatsächl nicht sprechen konnte u dies dem Notar erkl hat od wenn Notar hiervon überzeugt war (Rn 2). – **a) Stumm** iSv III sind Personen, die nicht hinreichd zu sprechen vermögen. Am Sprechen verhindert ist ein Erbl, der nur unartikuliert lallen kann. Der Grd der Verhinderg am Sprechen ist rechtl ohne Bedeutg; es kann dies zB eine Erkrankg der Sprachorgane, ein Schlaganfall, ein ärztl Sprechverbot sein (Reimann Rn 22, 23). Bloße Zeichen od Gebärden reichen als Ausdrucksmittel allein nicht aus; nicht stumm ist aber ein Erbl, der das Sprechen zu einzelnen Punkten dch Zeichen od Gebärden unterstützen od ersetzen muß (Köln MDR **57**, 740; BayObLG **68**, 272; Reimann Rn 22; dazu auch Rossak MittBayNot **91**, 193; ZEV **95**, 236). – Ist der Stumme noch minderjähr, kann er nur dch Übergabe einer offenen Schrift testieren (§ 2233 II). Ein schreibunfähiger Stummer kann nach dem G überh kein Test errichten, ebenso ein Stummer, mit dem eine schriftl Verständigg nicht mögl ist (BeurkG 31 S 1; vgl § 2229 Rn 6); dieser generelle Ausschluß von jegl TestErrichtg ist allerd mit der Verfassg nicht vereinb (s § 2229 Rn 7). – **b) Das Verfahren** regeln BeurkG 31 mit 22. Der Erbl muß mit der Übergabe der Schrift die Erkl verbinden, daß sie seinen letzten Willen enthalte. Diese Erkl muß er bei der Verhandlg eigenhändig in die Niederschr od auf ein besond Blatt in Ggwart des Notars (u des Zeugen bzw zweiten Notars, BeurkG 22) schreiben. Zu den Feststellgen in der Niederschr s BeurkG 22 I 2; 31 S 2. Bei Taubstummen ist auch noch BeurkG 23 zu beachten. 3 4 5

2234-2246 *sind am 1. 1. 70 mit Inkrafttreten des BeurkG weggefallen, jedoch für alle bis 31. 12. 69 errichteten öff Test weiterhin maßgebl (s § 2232 Rn 1).*

2247 *Eigenhändiges Testament.* **I Der Erblasser kann ein Testament durch eine eigenhändig geschriebene und unterschriebene Erklärung errichten.**

II Der Erblasser soll in der Erklärung angeben, zu welcher Zeit (Tag, Monat und Jahr) und an welchem Ort er sie niedergeschrieben hat.

III Die Unterschrift soll den Vornamen und den Familiennamen des Erblassers enthalten. Unterschreibt der Erblasser in einer anderen Weise und reicht diese Unterzeichnung zur Feststellung der Urheberschaft des Erblassers und der Ernstlichkeit seiner Erklärung aus, so steht eine solche Unterzeichnung der Gültigkeit des Testaments nicht entgegen.

IV Wer minderjährig ist oder Geschriebenes nicht zu lesen vermag, kann ein Testament nicht nach obigen Vorschriften errichten.

V Enthält ein nach Absatz 1 errichtetes Testament keine Angabe über die Zeit der Errichtung und ergeben sich hieraus Zweifel über seine Gültigkeit, so ist das Testament nur dann als gültig anzusehen, wenn sich die notwendigen Feststellungen über die Zeit der Errichtung anderweit treffen lassen. Dasselbe gilt entsprechend für ein Testament, das keine Angabe über den Ort der Errichtung enthält.

1) Das eigenhändige Testament ist ein vom Erbl in vollem Umfang handschriftl verfaßtes (**I;** § 2231 Rn 1). Beglaubigg dch Zeugen ist nicht vorgeschrieben, aber unschädl. Mitunterzeichng dch Erben gilt als nicht geschrieben (BayObLG FamRZ **97**, 1029), die dch Dritte ist nicht schon als Wille zum Abschluß eines 1

ErbVertr anzusehen (BayObLG **93**, 248; NJW-RR **98**, 729). Die Angabe von Zeit und Ort sowie der Gebrauch einer vollständ Unterschrift ist seit den Formerleichtergen dch das TestG (s Einf 2 vor § 2229) nicht mehr zwingend, wird vom G aber weiterhin dch SollVorschr angeraten (**II, III**), um Beweisschwierigk u damit eine mögl Ungültigk zu vermeiden (**III; V;** s Rn 12; 17). – Ein vollj u lesefäh Erbl (**IV** mit Rn 19) ist nur in der Wahl der TestForm frei (§ 2231 Rn 2). Die von ihm gewählte Form muß er aber einhalten, da die FormVorschr zwingd sind (§ 2231 Rn 1). Verstoß gg **I** bewirkt daher **Nichtigkeit** (§ 125) des Test, selbst wenn die Urhebersch des Erbl u die Ernstlichk seiner Erkl feststehen (zB bei mit Schreibmaschine geschriebenem Test; bei Diktat auf Tonband). Der favor testamenti (§ 2084) hilft nicht üb fehlende FormErfordern hinweg (§ 2084 Rn 18). – Auch die Ermittlg des **Inhalts** mehrdeut Test findet ihre Grenze an den FormVorschr (s § 2084 Rn 4). Deshalb kann zB die letztw Anordng der „gesetzl Erbfolge" nicht als unschädl falsche Bezeichng einer bestimmten Pers angesehen werden, weil sie ledigl als Verweisg auf die ges Regelg zu verstehen u als anderer Wille formungült ist (BGH **80**, 246). Formungült ist ein Test auch, wenn der Erbl versehentl nicht erklärt hat, wer als Erbe eingesetzt ist (Köln Rpfleger **81**, 357). Der dch formnichtige Vfg Eingesetzte kann ein Recht am Nachl auch nicht unter Berufg auf Treu u Glauben (§ 242) geltend machen (s § 2359 Rn 1). Die Erben sind jedoch nicht gehindert, den Inhalt des nichtigen Test vertragl anzuerkennen (s Bengel Rn 57; 58). – Für die **Aufbewahrung** des errichteten Test u sein Auffinden beim Erbfall ist der Erbl selbst verantwortl. Auf sein Verlangen wird es von jedem AG verwahrt (§§ 2248; 2258a II Nr 3). Aus dieser Verwahrg kann es der Erbl persönl jederzeit wieder zurückverlangen, ohne daß dadch die Gültigk berührt wird (§ 2256 II; III).

2 **2) Testierwille.** Die niedergelegte Erkl muß auf einem ernstl Testierwillen beruhen. Dazu muß der Erbl die von ihm erstellte Urk als rverbindl letztwill Vfg angesehen od zumindest das Bewußtsein gehabt haben, die Urk könne als Test angesehen werden. Dies ist bei einem formgerecht abgefaßten u inhaltl vollständ Test idR nicht zweifelh (KG OLGZ **91**, 144). Die Form der Eigenhändigk soll näml neben anderen Zwecken (s auch § 2231 Rn 1) dazu dienen, Vorüberleggen u Entwürfe von der maßgebenden Vfg exakt abzugrenzen sowie eine erhöhte Sicherh vor Verfälschgen des ErblWillens bieten (BGH **80**, 242; s auch Grundmann AcP
3 **187**, 429). – Bieten dagg die Umstände **Anlaß zu Zweifeln**, ist zu prüfen, ob es sich bei der Urk nur um einen Entwurf handelt. Ein solcher muß nicht allein wg Niederlegg auf ungewöhnl Unterlage (wie Briefumschlag) od wg Aufbewahrg an ungewöhnl Ort (zB im Scheckheft; Schuhkarton) angenommen werden (BayObLG FamRZ **92**, 226; 1206). Anderers müssen mehrere Schriftstücke, die Erbl am gleichen Tag als „Testamente" mit verschiedenem od widersprüchl Inhalt angefertigt hat, nicht schon allein wg Einhaltg der Form als entgült letztw Vfgen betrachtet werden (BayObLG FamRZ **89**, 1124; **93**, 117). Desh ist in Zweifelsfällen dch Heranziehg aller erheblichen, auch außerh der Urkunde liegdn Umstände u der allg Lebenserfahrg zu ermitteln, ob der Erbl rechtsverbindl Anordngen über sein Vermögen nach seinem Tode treffen wollte, zumindest aber das Bewußtsein hatte, das Schriftstück könne uU als sein Test angesehen werden (BayObLG NJW-RR **89**, 1092). Bsple: In einem vom Erbl eigenhänd geschriebenen u unterschriebenen Brief kann sein letzter Wille enthalten sein, sofern Erbl mit seiner briefl Erkl eine letztw Vfg treffen wollte od sich mindestens dessen bewußt war, der Brief könne als sein Test angesehen werden (Dresden FamRZ **98**, 985). S ferner BayObLG **70**, 173 zur Wirksamk eines als „Entwurf" bezeichneten, aber formgült Schreibens; BayObLG FamRZ **99**, 534 zur Wertg einer Zuwendg in Vollm als bloße Ankündigg, weil Erbl hinzufügte, er werde „das
4 Ganze noch vor Notar machen". – **Beweisfragen:** Die favor testamtenti-Regel des § 2084 gilt dafür nicht (s § 2084 Rn 19). Vielm sind bei Brief od and Schriftstück, das nicht den für Test übl Gepflogenh entspricht, strenge Anfordergen an Nachw des Testierwillens zu stellen (KG NJW **59**, 1441; BayObLG **91**, 158; Dresden FamRZ **98**, 985). Bei Unaufklärbark trägt Feststellgslast, wer Rechte aus dem Schriftstück herleitet (KG OLGZ **91**, 144).

5 **3) Eigenhändigkeit** ist für die Niederschrift des ganzen TestWortlauts vorgeschrieben, also die persönliche Herstellg (Ziehen) der Schrift unmittelb mit der Hand (bei Versehrten mit Prothese, Fuß, Mund oä), um die Echtheit des Test aGd der individuellen Schriftzüge nachprüfen zu können. Dieses zwingende Erfordern kann nicht umgangen werden, etwa indem der Erbl einen Dritten ermächtigt, für ihn die letztw Vfg niederzuschreiben (BayObLG FamRZ **90**, 441). Ist die volle Eigenhändigk gewahrt, kommt es nicht mehr auf die äußerl Form des Schreibens (Brief od Postkarte), das Material, Schreibmittel (Tinte, Blei, Farbe, Kreide, Schiefer), die Sprache od Schrift (auch Rundschrift, Schrift in Druckbuchstaben, oder Kurzschrift) an, wenn das Test nur verständl ist u auf ernsth Testierwillen des Erbl beruht, also kein Entwurf od Scherz ist (Haegele BWNotZ **77**, 29; KG FamRZ **77**, 483/484; BayObLG Rpfleger **77**, 438: Test auf gebrauchtem Briefumschlag). Bei Verwendg ausgefallenen Materials ist allerd bes sorgfält zu prüfen, ob es sich nicht um einen bloßen TestEntwurf handelt. Auch die mittels Kohlepapier hergestellte **Durchschrift** eines eigenhändigen Test (Blaupause) ist stets formgerecht u kann Test sein, sofern sie auf einem ernstl Testierwillen beruht u nicht nur Entwurf od bloße Abschrift ist (BGH **47**, 68; KG FamRZ **95**, 897; BayObLG **65**, 258; FamRZ **86**, 1043), sond zweite Urschrift od sogar das einzige Original (BayObLG Rpfleger **93**, 405); sorgfält Prüfg auf Echth ist aber geboten. Wer sich auf ein solches Schriftstück beruft, hat die Umstände darzutun, aus denen sich ein entspr ErblWille ergibt (dazu Johannsen WM **71**, 405 f); er trägt die Feststellgslast dafür, daß der Erbl mit der Durchschrift eine TestUrschrift errichten wollte (BayObLG Rpfleger **81**, 282). – Abfassg in and **Sprache** als der dtschen ist zuläss (Zweibr FamRZ **92**, 608; MüKo/Burkart Rn 12).

6 **a) Die Schriftzeichen** müssen von der Hand des Erbl stammen u die verwendete Sprache muß ihm bekannt sein. Die Eigenhändigk fehlt nicht nur bei mechanischer Schrift (Druck, Schreibmaschine, Telegramm), sond auch bei Durchpausen eines von fremder Hand geschriebenen TestEntwurfs od bei Nachmalen eines von fremder Hand stammenden Schriftstücks dch Leseunkundige (Mü DNotZ **37**, 68; BayObLG **65**, 261; BGH **47**, 68). – Der Erbl kann beim Schreiben von einem Dritten **unterstützt** werden, etwa dch Halten des Arms od der Hand. Eine bloße Unterstützg liegt so lange vor, als die Schriftzüge des Erbl von seinem Willen abhängig sind u bestimmt, also nicht von dem Helfer geformt werden (BGH **47**, 68/71); ohne Bedeutg ist dann, ob der Erbl seine gewöhnl Schriftzüge zustande bringt u ob seine Unterschr lesbar ist (BayObLG Rpfleger **85**, 493). Das Test darf also nicht von dem Dritten dch Führen der Hand des

Testierenden ohne dessen Willen hergestellt werden. Kann ein Erbl bei der Leistg des Schriftzuges nicht mehr aktiv mitwirken, ist er nicht mehr schreibfäh (BGH NJW **81**, 1900; s auch Köln DNotZ **57**, 158; Stgt BWNotZ **77**, 70; BayObLG NJW **99**, 1118). – **Schreibunfähige** müssen öffentl testieren **(IV)**. Blinde gehören praktisch immer dazu, auch wenn sie die Blindenschr (od Blindenkurzschr) beherrschen (Hann NJW **72**, 1204; Werner DNotZ **72**, 8; Schulze DNotZ **55**, 625), weil die mit der Hand gefertigte PunktSchr keinen sicheren Schluß auf die Person des Schreibers zuläßt (Soergel/Harder Rn 16 mN; bestr).

b) Zusätze Dritter od Einschaltgen in mechanischer Schrift od Abschnitte von fremder Hand gelten als nicht geschrieben u machen nicht das ganze Test ungültig, es sei denn, daß der Erbl den übr Teil nicht ohne die unwirks Vfg geschrieben hätte (BayObLG FamRZ **86**, 726). Mitunterzeichng dch Begünstigte macht Test nicht zu formnicht ErbV (BayObLG **93**, 248). 7

c) Bezugnahmen in der Weise, daß Erbl den Inhalt seiner letztw Vfg dch Verweisg auf ein nicht eigenhändig geschriebenes Schriftstück zum Ausdr bringt (früh als sog testamentum mysticum bezeichnet), wahren nicht die Form u können nach den Grdsätzen der §§ 2085, 139 die Nichtigk der gesamten Vfg bewirken, wenn sich die Erbeneinsetzg od die Zuwendg von Vermächtn in der Bezugnahme erschöpft (BGH Rpfleger **80**, 337; BayObLG **79**, 215). Gleiches gilt, wenn sich dch die Bezugnahme überhaupt erst der Testierwille ergibt (Hamm FamRZ **92**, 356 mAv Musielak). Dagg berührt es die Formgültigk nicht, wenn die Bezugnahme nur zur näheren Erläuterg der test Bestimmgen erfolgt, es sich also nur um die Auslegg des formgült erklärten wirkl Willens handelt, weil sie dazu geeignet ist (BGH, BayObLG aaO; Zweibr FamRZ **89**, 900: Verweisg auf Auflistg mittels KennNr). Zur Abgrenzg unzulässiger Bezugnahme von der zur Auslegg gebotenen Heranziehg außertest Umstände s BGH JR **81**, 23 mAv Schubert. – Im gemeinsch eigenhänd Test ist die bloße BeitrittsErkl eines Eheg zur formnichtigen (weil nicht unterschriebenen) HauptErkl des and Eheg nichtig u keine zuläss Bezugnahme (BayObLG **68**, 311). 8

d) Unlesbare Teile des Test machen die dort enthaltenen Vfgen unwirks (s § 2085 Rn 3). Ist das ganze Test bereits bei Errichtg obj vollkommen unlesbar, liegt keine Erkl im RSinne vor; es ist nichtig u bleibt es, selbst wenn seine Bedeutg dch Umstände außerh der Urk (zB Zeugenaussagen) ermittelt werden kann (Hamm FamRZ **92**, 356; KG FGPrax **98**, 111). Hat der Erbl allerd eine Geheimschrift benutzt, zu deren Entzifferg auf einen Code außerh der Urk zurückgegriffen werden muß, ist sein Wille obj erkennb schriftl niedergelegt u damit formwirks erklärt (Musielak in Anm zu Hamm aaO 358). Nicht mehr Lesbares, von dem feststeht, daß es lesbar niedergeschrieben wurde, berührt die Formgültigk des Test nicht; eine andere Frage ist, ob der Inhalt noch ermittelt werden kann (s auch Rn 17). Bei schwer leserlicher Schrift kann später Sachverständiger helfen (KG JW **37**, 2831; s auch Werner DNotZ **72**, 12). 9

e) Sonstiges. Anfertigg auf mehreren losen Blättern, von denen nur das letzte unterschrieben ist u deren Zusammengehörigk feststeht, ist mögl (Neust Rpfleger **62**, 446); dazu gehört aber nicht ein Ringbuch mit Öffnungsmechanik (Hamm NJW **83**, 689). – Erstellg von mehreren Urschriften ist zulässig. Eine formgültige Niederschr kann uU auch wirks sein, wenn der Erbl noch eine Reinschrift anfertigen wollte (BayObLG **70**, 173/179). – Durchstreichgen, Rasuren sind nicht verboten, aber unzweckmäßig, da sie den Beweiswert der Urk beeinträchtigen (ZPO 419) uU als Widerruf angesehen werden können (§ 2255). 10

4) Die Unterschrift muß gleichf eigenhänd sein (Rn 5; 6). Durch sie will das G ein Mindestmaß an RSicherh gewährleisten (Identifikation des Erbl; sein Bekenntn zum Inhalt; den Abschluß der Vfg). Leserlichk ist nicht erforderl, wohl aber ein die Identität ausreichd kennzeichnender individueller Schriftzug (vgl BGH Rpfleger **64**, 211; **76**, 127 mAv Vollkommer; Krapp JurBüro **77**, 11). Zweckmäß ist Vor- u Zuname. Handzeichen (§ 126 I), bloße Schnörkel od drei Kreuze genügen nicht (RG **134**, 310). – Nach **III** ist aber auch die Unterzeichng **"in anderer Weise"** wirks, wenn Identität u Ernstlichk festgestellt werden können. Desh kann auch Unterzeichng nur mit dem Vornamen od nur mit Nachnamen od sogar nur mit der Familienbezeichng („Euer Vater") od mit Kose-, Künstlername usw ausreichen, wenn wirkl eine ernstl, endgültige Erklärg vorliegt. In diesen Fällen ist aber bes sorgfält zu prüfen, ob es sich nicht ledigl um einen Entwurf od eine Ankündigg (bes bei BriefTest, s BayObLG **63**, 58 u Rn 4) handelt (Vogels JW **38**, 2162; KG DFG **41**, 9). – Abkürzungen (von Handzeichen od bloßen Schnörkeln abgesehen) sind wohl zulässig, wenn im Zweifelsfall die Urheberschaft des Erbl (**III** S 2) u Nichtvorliegen bloßen Entwurfs feststellbar ist; zB „F. M." od „Mü." statt „Ferdinand Mühlens". Ebso, wenn Erbl unter Abkürzg bekannt war u sich ihrer stets bedient hat (str; wie hier Celle NJW **77**, 1690; Stgt Just **77**, 378; Soergel/Harder Rn 26, 27 mwH; aA amtl Begr DJ **38**, 1257; RGRK Rn 17; Staud/Baumann Rn 83, da dies den Erfordern einer Unterschr nicht entspreche; vgl auch BGH DB **67**, 1628), da die Erfordern hinsichtl der Identitätsbezeichng nach **III** äußerst gering sind, so daß auch nachlässige Form genügend ist. Dem Sinne des G entspricht es jedenf mehr, den letzten Willen an diesen Formalien nicht scheitern zu lassen (s auch Bengel Rn 24–26; Brox Rn 126). 11 12

a) Als Abschluß der Urk muß die Unterschrift am Schluß des Textes stehen, um diesen auch räuml abzudecken (Oberschrift ist keine Unterschrift, BGH **113**, 48 mAv Köhler JZ **91**, 408); unerhebl ist allerd, wenn nach ihr noch Zeit- u Ortsangabe folgt. Bei einem vollbeschriebenen Blatt kann die Unterschrift aber auch quergeschrieben sein, od mangels freien Raums am Textende daneben stehen (BayObLG **81**, 79; FamRZ **86**, 728; Hamm FamRZ **86**, 728; Celle NJW-RR **96**, 1938; vgl zur „Nebenschrift" aber auch allg BGH NJW **92**, 829). Auch zeitl wird sie im Regelfall als Abschluß unter den fertigen Text gesetzt. Allerd ist nicht notwend, daß Abschluß der ErrichtgsHandlg u Unterschrift zeitl zusammenfallen, da die TestErrichtg nicht einheitl od zusammenhängend erfolgen muß (BGH NJW **74**, 1083) u zw der Niederschrift einzelner Teile auch lange Zeiträume liegen können (BayObLG **84**, 194); theoretisch kann sie also auch schon vor dem Text geschrieben werden. – Die bloße **Selbstbezeichnung:** des Erbl im Eingangstext seines eigenhänd Test („Ich, Klaus Schmitt, bestimme als meinen letzten Willen . . .") ist desh noch keine Unterschrift (hM, zB Köln OLGZ **67**, 69; BayObLG FamRZ **88**, 1211; Hamm OLGZ **86**, 292; MüKo/Burkart Rn 28; aA Grundmann AcP **187**, 429/458). Zwar wird hierdch die Person des Testierden bezeichnet. Jedoch ist die Selbstbezeichg nicht Fortsetzg u Abschluß der Vfg. Dies gilt auch dann, wenn sich die Erkl ihrem äußeren Anschein nach als abgeschlossen darstellt (zB durch die Schlußworte „Dies ist mein letzter Wille" od 13 14

„geschrieben in meiner Wohnung“, „persönlich“, BayObLG **79**, 203), da eben diese abgeschlossene Erkl nicht unterschrieben ist (RG DR **42**, 1340; Brschw MDR **55**, 292; Freibg DRZ **49**, 19; aM KG DR **41**, 1464). In den meisten Fällen würde auch die Frage, ob die Erkl wirkl abgeschlossen ist, kaum zweifelsfrei gelöst werden können. – Dagg ist Selbstbezeichng am Schluß der Erkl gültige Unterschrift, wenn dadurch die Erkl abgeschlossen werden sollte (Düss JMBl NRW **54**, 116; s auch Haegele JurBüro **68**, 343 f).

15 **b) Besonderheiten.** Wurde die TestUrk zwar nicht unterzeichnet, aber in einem **Umschlag** aufbewahrt, der mit einer den Inhalt bezeichnenden Aufschrift u der Unterschrift des Erbl versehen ist, kann der Umschlag Teil der TestUrkunde u die TestForm gewahrt sein, wenn der Unterschrift auf dem Umschlag keine selbständ Bedeutg zukommt u sie mit dem Text auf den einliegenden Blättern in einem so engen inneren Zusammenhang steht, daß sie sich nach dem Willen des Erbl u der Verkehrsauffassg als äußere Fortsetzg u Abschluß der einliegenden Erklärg darstellt (BayObLG FamRZ **88**, 1211; Hamm OLGZ **86**, 292; Celle NJW-RR **96**, 1938). Je nach Einzelfall muß daher beurteilt werden, ob der Umschlag letzter Teil der mehrteiligen TestUrk ist u als solcher auch die Unterschrift tragen kann. Gleiches gilt, wenn vom Erbl nur das Begleitschreiben unterzeichnet wurde, mit dem er sein nicht unterschriebenes Test an Notar übersandte (BayObLG FamRZ **92**, 477). Hamm (aaO) hat allerd die Abschlußfunktion allg verneint bei Unterzeichng nur eines **unverschlossenen** Umschlags wg der zu losen, jederzeit aufhebbaren Verbindg zwischen Hülle u darin befindl Text
16 (bejaht dagg von BayObLG Rpfleger **86**, 294). – Vom Erbl selbst geschriebene **Anlagen** bedürfen nur dann keiner besonderen Unterschrift, wenn sie nach seinem erkennb Willen zum Bestandteil des Test gemacht sind. – Bei **mehrseitigem** Test ist Unterschrift auf letztem Blatt ausreichend (Soergel/Harder Rn 28; BayObLG **75**, 243); zum Ringbuch mit Öffnungsmechanik s Hamm NJW **83**, 689.

17 **5) Zeit und Ort** sind keine notwend Angaben, sollen aber **(II)** aufgenommen werden, um die Feststellg zu ermöglichen, welches von zwei Test früh errichtet wurde (§ 2258; s dort Rn 1 bei gleichem Datum) u ob bei späterer od zeitweil TestUnfähigk das Test wirks ist. Entspr Angaben sind also keine WillErkl u unterliegen auch nicht dem Formzwang (können also maschinenschriftl sein), sond haben die Bedeutg eines Zeugn des Erbl üb Zeit u Ort seiner TestErrichtg u bis zum Beweis des Ggteils die Vermutg der Richtigk für sich (BayObLG FamRZ **91**, 237). Wer ihre Unrichtigk geltd macht, trägt bei Unerweisbark im ErbschVerf Feststellgslast (BayObLG aaO). – Bei **mehreren** Zeitangaben ist die durch die Unterschrift gedeckte jüngste maßgebd; ist aber die Zeit nicht erkennb, so ist die Zeitangabe als fehlend anzusehen (RGRK Rn 28). – Sind vorhanden gewesene Angaben unleserl geworden, gilt nicht **V**, sond freie Beweiswürdigg (KG JW **38**, 1601). – **Fehlen** diese Angaben od sind sie zweideut (zB zwei Orte angegeben), kommt es aber auf sie an **(V)**, ist jedes Beweismittel zulässig („anderweit“).

18 **6) Nachträge.** Für die Formgültigk späterer Zusätze ist entscheidend, daß die TestUrkunde zZ des Erbfalls eine die gesamten Erkl deckende Unterschrift aufweist. Der Erbl kann daher zur Errichtg eines formgült Test auch ein Schriftstück benutzen, das er als früh Test od sogar zu anderen Zwecken niedergeschrieben hat, indem er dieses so vollendet, daß es sein nunmehr gewolltes Test darstellt (BayObLG **84**, 194; **92**, 1131; Zweibr FamRZ **98**, 581). Die Berichtigg von Schreibfehlern od offensichtl Unrichtigk ist stets ohne Unterzeichng mögl. – **a) Auf demselben Blatt,** also auf der formgült TestUrk angebrachte Nachträge müssen vom Erbl dann nicht gesondert unterzeichnet werden, wenn sie nach seinem festgestellten Willen von der ursprüngl Unterschrift gedeckt sein sollten u das räuml Erscheingsbild der TestUrk dem nicht entggsteht (BGH NJW **74**, 1083; BayObLG **65**, 262; **84**, 194). Befindet sich die Ergänzg unterhalb der Unterschrift, kommt Ausn nur in Betr, wenn Deckg zweifelh ist (Köln FamRZ **94**, 330), zB wg vollgeschriebenem Blatt (Rn 13). Od wenn der ursprüngl Text ohne die Ergänzg lückenh, unvollständ od nicht dchführb wäre u desh der wirkl Wille des Erbl nur aus beiden Erkl ersichtl wird (BGH aaO; BayObLG FamRZ **86**, 835; Ffm NJW-RR **95**, 711); od der Nachtrag nur eine Klarstellg od Bekräftigg der früh Vfg enthält (BayObLG FamRZ **91**, 962). – Gesonderte Unterzeichng des Nachtrag ist dagg auch bei räuml Abdeckg zur Wirksamk erforderl, wenn der Haupttext noch gar keine letztw Vfgen, sond nur tatsächl Angaben enthält (Hamm Rpfleger **84**, 468); od als früh Test bereits vor dem Nachtrag widerrufen worden war (BayObLG **92**, 81; FamRZ **95**, 246; Schlesw SchlHA **76**, 9); od der neue Text ggü der ursprüngl Vfg neue selbständ Vfgen enthält (BayObLG FamRZ **84**, 1270); od der Nachtrag die ursprüngl klare u eindeut Erbeinsetzg dch eine and ersetzt, also Widerruf ist (BayObLG FamRZ **86**, 835). Ist der Nachtrag eigens unterschrieben, kann die Einschaltg in den ursprüngl Text od eine Ergänzg Widerruf od Einschränkg (§§ 2255; 2258) sein. – **b) Auf gesondertes Blatt** gesetzte Nachträge müssen vom Erbl stets eigens unterzeichnet sein, da sie in keinem räuml Zusammenhang mit dem bereits vorhandenen Test stehen u daher den Charakter einer neuen letztw Anordng haben (BGH NJW **74**, 1083; Hamm NJW **83**, 689; BayObLG FamRZ **84**, 1269). Eine inhaltl Anknüpfg allein kann hier das Formerfordern nicht ersetzen (für neue Abgrenzgskriterien dagg Stumpf FamRZ **92**, 1131). – Vgl auch §§ 2085; 2086.

19 **7) Minderjährige und Leseunfähige** (s § 2233 I, II) sind vom eigenhänd Test ausgeschlossen **(IV).** Volljährigk tritt seit 1. 1. 75 mit Vollendg des 18. Lebenj ein (§ 2). Lesefähigk (vgl § 2233 Rn 2) ist eine in der Person des Erbl zu erfüllende Voraussetzg für eigenhändiges Testieren. Die Feststellgslast obliegt daher dem, der sich auf die mangelnde Fähigk beruft (BayObLG Rpfleger **85**, 239). Hat ein Erbl sein Test eigenhänd geschrieben, steht jed nicht sicher fest, ob er zu dieser Zeit noch „Geschriebenes zu lesen vermochte“ u bringt auch die Ermittlg vAw (§ 2358; BayObLG FamRZ **97**, 1028) darüb keine Klarheit, ist vom Regelfall auszugehen, daß er lesen konnte (Neust FamRZ **61**, 541 mAv Lutter u Habscheid JZ **62**, 417; Werner DNotZ **72**, 14). Malt dagg ein Schreibunkundiger die von einem Anderen erstellte Vorlage ab, ist die Erkl keine eigenhänd (s Rn 6). – Zum öffentl Test vgl § 2233 I, II.

20 **8) Beweisfragen:** Im ErbscheinsVerf erfolgt Amtsprüfg (s § 2358). Die mat Beweislast (§ 2358 Rn 6) für den erbrechtl Charakter einer Erkl trägt, wer aus ihr ein ErbR für sich in Anspr nimmt (BayObLG **62**, 303; Hamm OLGZ **66**, 498). – **a) Eigenhändigkeit.** Echtheit der Unterschrift ist noch kein Beweis, aber ein BewAnzeichen für die Eigenhändigk der letztw Erkl (Stgt BWNotZ **77**, 69; Ellw BWNotZ **77**, 91). ZPO 416 u 440 II sind unanwendb, da hier nicht die Abgabe, sond zugl eine bestimmte Form in Frage steht

(Hamm OLGZ **93**, 141). Im Zweifelsfall ist im ErbSchVerf vAw (FGG 12) ein schriftvergleichendes Gutachten zu erholen; sprechen allerd keine besond Umstände gg eigenhänd Errichtg, prüft u vergleicht NachlG etwaige Auffälligk selbst (BayObLG FamRZ **98**, 644). Ein erforderl Gutachten kann schriftl od mündl erstattet werden od sich in beigezogenen Akten befinden. Ungeklärten Zweifeln des Gutachters hat das Gericht gem FGG 12 nachzugehen (BayObLG Rpfleger **88**, 67). – Feststellgslast für Echtheit und Eigenhändigk trägt derjenige, der Rechte aus dieser Urkunde herleiten will (BayObLG FamRZ **85**, 837). – **b) Bei** 21
Orts- und Zeitangabe spricht eine Vermutg für ihre Richtigk (s Rn 17). Fehlt Zeitangabe, kommt es aber (zB wegen zeitweiser TestierUnfähigk des Erbl) auf diese an, hat Beweislast, wer sich auf TestGültigk beruft (**V** S 1). Bei BewFälligk ist Test als ungültig anzusehen, obwohl es materiell gültig sein mag. Dasselbe gilt bei Widerspr zw einem datierten u einem undatierten Test (**V** S 1, § 2258 I). – **V** ist entspr anwendb, wenn das Test zwar eine Zeitangabe enthält, die für deren Richtigk sprechde Vermutg jedoch widerlegt ist (BayObLG FamRZ **94**, 593). – **c) Fehlen der Ortsangabe** (**II, V** S 2) führt nicht zur Ungültigk.

2248 ***Verwahrung des eigenhändigen Testaments.*** **Ein nach den Vorschriften des § 2247 errichtetes Testament ist auf Verlangen des Erblassers in besondere amtliche Verwahrung zu nehmen (§§ 2258 a, 2258 b). Dem Erblasser soll über das in Verwahrung genommene Testament ein Hinterlegungsschein erteilt werden.**

Die Verwahrung seines eigenhänd Test ist dem Erbl nicht vorgeschrieben u macht es dann nicht zu einem 1
öffentl. Sie soll die Auffindg des Test beim Erbfall sichern u Schutz vor Unterdrückg u Fälschg bieten. Das Verwahrgsverlangen kann formlos auch durch Vertreter erfolgen. Überbringg durch Boten ist zulässig. Rücknahme aus der Verwahrg ist jederzeit zulässig (§ 2256 II) u kein Widerruf (§ 2256 III). – **Zuständig** ist jedes 2
AG (§ 2258 a II Nr 3). – S auch AktO 27 III; § 2258 a Rn 1; 2. – Gebühren: KostO 101.

2249 ***Nottestament vor dem Bürgermeister.*** **I Ist zu besorgen, daß der Erblasser früher sterben werde, als die Errichtung eines Testaments vor einem Notar möglich ist, so kann er das Testament zur Niederschrift des Bürgermeisters der Gemeinde, in der er sich aufhält, errichten. Der Bürgermeister muß zu der Beurkundung zwei Zeugen zuziehen. Als Zeuge kann nicht zugezogen werden, wer in dem zu beurkundenden Testament bedacht oder zum Testamentsvollstrecker ernannt wird; die Vorschriften der §§ 7, 27 des Beurkundungsgesetzes gelten entsprechend. Für die Errichtung gelten die Vorschriften der §§ 2232, 2233 sowie die Vorschriften der §§ 2, 4, 5 Abs. 1, §§ 6 bis 10, 11 Abs. 1 Satz 2, Abs. 2, § 13 Abs. 1, 3, §§ 16, 17, 23, 24, 26 Abs. 1 Nr. 3, 4, Abs. 2, §§ 27, 28, 30 bis 32, 34, 35 des Beurkundungsgesetzes; der Bürgermeister tritt an die Stelle des Notars. Die Niederschrift muß auch von den Zeugen unterschrieben werden. Vermag der Erblasser nach seinen Angaben oder nach der Überzeugung des Bürgermeisters seinen Namen nicht zu schreiben, so wird die Unterschrift des Erblassers durch die Feststellung dieser Angabe oder Überzeugung in der Niederschrift ersetzt.**

II Die Besorgnis, daß die Errichtung eines Testaments vor einem Notar nicht mehr möglich sein werde, soll in der Niederschrift festgestellt werden. Der Gültigkeit des Testaments steht nicht entgegen, daß die Besorgnis nicht begründet war.

III Der Bürgermeister soll den Erblasser darauf hinweisen, daß das Testament seine Gültigkeit verliert, wenn der Erblasser den Ablauf der im § 2252 Abs. 1, 2 vorgesehenen Frist überlebt. Er soll in der Niederschrift feststellen, daß dieser Hinweis gegeben ist.

IV Für die Anwendung der vorstehenden Vorschriften steht der Vorsteher eines Gutsbezirks dem Bürgermeister einer Gemeinde gleich.

V Das Testament kann auch vor demjenigen errichtet werden, der nach den gesetzlichen Vorschriften zur Vertretung des Bürgermeisters oder des Gutsvorstehers befugt ist. Der Vertreter soll in der Niederschrift angeben, worauf sich seine Vertretungsbefugnis stützt.

VI Sind bei Abfassung der Niederschrift über die Errichtung des in den vorstehenden Absätzen vorgesehenen Testaments Formfehler unterlaufen, ist aber dennoch mit Sicherheit anzunehmen, daß das Testament eine zuverlässige Wiedergabe der Erklärung des Erblassers enthält, so steht der Formverstoß der Wirksamkeit der Beurkundung nicht entgegen.

1) Das Bürgermeistertestament (od GemeindeTest) gehört als NotTest zu den außerordentl Test (s 1
§ 2231 Rn 4). Es kann von Ehegatten auch als gemeinschaftl Test errichtet werden (§ 2266). Einen NotErbVertr gibt es aber nicht (§ 2276). Da der Bürgermstr als Urkundsperson an die Stelle des Notars tritt (vgl §§ 2256 I; 2258 a II Nr 2), steht sein Test einem öffentl gleich, ist aber nur zeitl beschränkt gültig (§ 2252). Die Beweiskraft einer öffentl Urkunde (ZPO 415) hat nur die ordngsmäß Niederschr.

2) Voraussetzungen. Das NotTest kann nur in zwei bestimmten Situationen errichtet werden: **– a) Bei** 2
Absperrung (§ 2250 I; s dort Rn 2). **– b) Bei Besorgnis des vorzeitigen Ablebens** des Erbl, bevor ihm die Errichtg eines Test vor dem Notar mögl ist (**I**). Ihr gleichgestellt ist die Besorgnis des Eintritts einer bis zum Tod fortdauernden **Testierunfähigkeit** des Erbl (BGH **3**, 372). – Die Befürchtg muß beim Bürger- 3
meister als der Urkundsperson vorhanden sein; die der Zeugen oder des Erbl ist unmaßgebl (BGH aaO). Hegt er sie, kommt es nicht mehr darauf an, ob sie auch begründet ist **(II).** Ist die Besorgn objektiv gegeben, ist das NotTest auch dann gült, wenn der Bürgermstr die Besorgn nicht hatte (RG **171**, 29). Nur wenn keine Lebensgefahr bestand und der Bürgermstr dies erkannte, ist das Test ungült, selbst wenn die Besorgn pflichtwidr festgestellt würde. – Der nicht rechtzeitigen Erreichbark des Notars steht es gleich, wenn dieser nicht tätig werden will (Soergel/Harder Rn 3).

4 **3) Mitwirkende Personen. – a) Der Bürgermeister** des Aufenthaltsorts od in gemeindefreien Gutsbezirken der Gutsbezirksvorsteher übernimmt die Rolle des Notars (**I** 4; **IV**). Er muß also anwesend sein, mit dem Erbl selbst verhandeln und dessen letzten Willen entgegennehmen. Nach BeurkG 7; 27 ist er ausgeschlossen, wenn er od sein Ehegatte dch das Test bedacht, als TV ernannt werden od einen rechtl Vorteil erlangen soll. Er wird aber nicht dadurch ausgeschlossen, daß seine Gemeinde vom Erbl bedacht wird. Ablehnen kann er die Beurkdg im Fall von BeurkG 4. – Befugt ist auch der dch GemeindeO ges bestimmte
5 **Vertreter** des Bürgermstr **(V)**, nicht aber sonst GemeindeAngestellte (KG NJW **47**/48, 188). – Die örtl Unzuständigk des Bürgermstr führt nicht mehr zur Nichtigk des Test. Nach **I 4**, BeurkG 2 ist das Test auch gült, wenn er (GutsBezVorst) die Beurk außerh seines AmtsBez (Gemeindegebiets) vorgenommen hat. – **Verwaltungsverfügungen:** S die Übersicht bei Soergel/Harder Rn 2; für *Bay* MEntschl vom 24. 2. 70 (MABl 657).

6 **b) Zwei Zeugen** muß der Bürgermstr immer zur Beurkdg zuziehen (**I** 2). Die in dem NotTest Bedachten od der zum TestVollstr Ernannte sind als Zeugen ungeeignet u ausgeschlossen (**I** 3); Verstoß macht das Test allerd nicht in vollem Umfang unwirks, da BeurkG 7; 27 entspr anzuwenden sind. Mitwirkgsverbote ergeben sich aus BeurkG 26, insbes dessen I Nr 3, 4; II. S auch § 2250 Rn 4; 5.

7 **c) Haftung.** Für schuldhafte PflVerletzgen des Bürgermstrs haftet die Gemeinde (GG 34; § 839; Nürnb OLGZ **65**, 157). Gg diese Amtshaftg kann nicht ein Selbstverschulden des Erbl od seines Beraters eingewendet werden, wenn der Erbe des dch die Pflichtverletzg nichtigen Test SchadErsatz verlangt (BGH NJW **56**, 260). – In öff **Krankenhäusern** ist der Träger sowohl öff-rechtl als auch vertragl verpflichtet, organisatorisch sicherzustellen, daß einem testierwilligen Patienten die Errichtg eines wirksamen Test ermöglicht wird (BGH NJW **89**, 2945; **58**, 2107; dazu Schlund ArztR **79**, 206).

8 **4) Testamentserrichtung.** Der Errichtgsakt als solcher erfordert hinsichtl aller wesentl Teile die ständige Anwesenh des Bürgermstrs und der beiden Zeugen, andernf das Test nichtig ist (s Rn 12). Vor allen Mitwirkenden erklärt zunächst der Erbl seinen letzten Willen entw dch mündl Erkl, die in eine Niederschr aufzunehmen ist od dch Übergabe einer (off od verschlossenen) Schrift mit der Erkl, daß sie seinen letzten Willen enthalte (**I** 4; § 2232). Ist er minderjährig, lese- od sprachunfähig, gelten die SonderVorschr des § 2233. – Anschließend fertigt der Bürgermstr üb die TestErrichtg eine **Niederschrift,** die er auch in Kurzschrift abfassen kann u ohne die das Test nicht wirks errichtet ist (Rn 9). – Die gefertigte Niederschr muß sodann in Anwesenh aller Mitwirkenden dem Erbl **vorgelesen** werden (dies ist nicht etwa wg lauten Diktats der Niederschr entbehrl). – Der Erbl muß die ihm vorgelesene Niederschr **genehmigen.** – Abschließend ist die genehmigte Niederschr vom Erbl, dem Bürgermstr u den beiden Zeugen zu **unterschreiben**; ist der Erbl entw nach seinen Angaben od nach Überzeugg des Bürgermstrs (**I** 6) schreibunfähig, ersetzt die entspr Feststellg seine Unterschrift (**I** 6).

9 **a) Die Niederschrift** verkörpert den mündl erkl Willen des Erbl, ist dah unabdingb WirksamkVoraussetzg u muß bei seinem Tod bereits vorhanden sein, da er sein Test noch vollständ zu Lebzeiten errichtet haben muß (BayObLG NJW-RR **96**, 711). Für sie gelten Vorschr des BeurkG (Rn 10), bei deren Nichteinhaltg zw unschädl Formfehlern (**VI**; Rn 11) u unverzichtb Mindestanfordergen zu unterscheiden ist, wobei dem Ziel, jede unnötige Formstrenge zu vermeiden, bei der Abgrenzg Rechng zu tragen ist (BGH **37**, 79). Danach genügt es, wenn sich aus der erstellten Urk die erforderl rerhebl Umstände u Erkl ergeben, dies in Ggwart aller mitwirkden Personen erfolgte u dch deren Unterschrift bezeugt ist (BGH aaO 90 ff). Alle Beteil müssen dch ihre Unterschrift den Inhalt der Urk als authentische Wiedergabe der ErblErkl bestätigen wollen (BayObLG aaO); unterblieb Unterzeichng, liegt begriffl keine Niederschrift vor (KG NJW **66**, 1661; BayObLG **79**, 232; Köln Rpfleger **94**, 65; s aber Rn 11). Wird für die TestErrichtg ein bereits vorbereiteter schriftl Entwurf benutzt, der dem Erbl Satz für Satz vorgelesen u von ihm (nicht nur mit Gebärden) gebilligt wird, kann die mündl Erkl des letzten Willens mit der Verlesg u Genehmigg der Niederschr in einem Errichtgsvorgang zusammengefaßt werden (RG **161**, 378; Zweibr Rpfleger **87**, 22; BayObLG aaO).

10 **b) Aus dem BeurkG** gelten gem **I** 4 mit der Maßg, daß der Bürgermstr an die Stelle des Notars tritt: **§ 5 I:** Errichtg der Urk in dtscher Sprache; in einer and Sprache ist sie ausgeschlossen. – **§§ 8, 9:** Niederschr über die Verhandlg. – **§ 10:** Feststellg der Person des Erbl. – **§ 11 I 2, II:** Feststellgen über GeschFgk (TestierFgk). – **§ 13 I, III:** Vorlesen, Genehmigen, Unterschreiben der Niederschr. – **§ 16:** Übersetzg der Niederschr. – **§ 17:** Prüfgs- u BelehrgsPfl. – **§§ 23, 24:** SonderVorschr für taube Erbl, für Taube u Stumme, mit denen eine schriftl Verständigg nicht mögl ist (auch für das NotTest gilt aber der allg Grds, daß schreibunfäh od lesensunkund Stumme überh kein Test errichten können; s § 2229 Rn 6, 7; § 2232 Rn 15; § 2233 Rn 4). – **§ 28:** Feststellg der GeschFgk, TestierFgk (s auch den oben angeführten § 11 I 2, II). – **§ 30:** Übergabe einer Schrift. – **§ 31:** Übergabe einer Schrift dch Stumme. – **§ 32:** Sprachunkundigk des Erbl (s auch den angeführten § 16). – **§ 34:** Verschließg, Verwahrg des Test. – **§ 35:** Niederschr ohne Unterschr des Bürgermstr.

11 **c) Formverstöße**, die bei der **Abfassung** der Niederschr unterlaufen (also nur ihren Inhalt u nicht den Errichtgsakt als solchen betreffen, s Rn 12), sind **unschädlich (VI),** wenn gleichwohl eine zuverlässige Wiedergabe des letzten Willens anzunehmen ist; für letzteres ist beweispfl, wer sich auf die Wirksamk des Test beruft (BGH **LM** Nr 1 zu ZPO 416). Was hierzu zählt, soll zur Vermeidg unnöt Formstrenge zwar weit ausgelegt werden (BGH **37**, 88; **54**, 89; BayObLG **70**, 53), darf aber nicht den mat-rechtl Erfordernissen zuzurechnen sein. – Unschädl ist zB: Nichtfeststellg der Besorgn der Todesgefahr (BayObLG **79**, 232) od der Schreibunfähigk des Erbl (MüKo/Burkart Rn 34); fehlende Angaben üb Zeit, Ort; ungenaue Bezeichng der Mitwirkenden; fehlende Unterschrift nur der Zeugen auf einem vom Erbl genehmigten u unterschriebenen Test (s § 2250 Rn 10), da diese auch noch nach dem Tod des Erbl ohne Beteilgg and Mitwirkender nachgeholt werden können (KG NJW **47/48**, 190; s auch BayObLG aaO 240).

12 **d) Unheilbar** ist dagg die Nichtbeachtg der wesentl Erfordern des **Errichtungsakts.** Verstöße, die das Test nichtig machen, sind zB: Niederschrift wird nicht od erst nach Ableben des Erbl erstellt od von keinem unterschrieben (Rn 9); ihre Vorlesg od ihre Genehmigg dch den Erbl unterbleibt (BGH **115**, 169); Zeugen werden nicht od nur einer od es werden ausgeschlossene Personen zugezogen (bei letztem Verstoß ist ggf nur

Zuwendg, nicht Test unwirks, s Rn 6); Verstoß gg die dauernde AnwesenhPfl (BayObLG Rpfleger **77**, 439); fehlende Unterschr des Bürgermstr (sofern nicht BeurkG 35 eingreift) od des schreibfäh Erbl (KG JFG **21**, 296; Staud/Baumann Rn 35); Verwandtsch des Bürgermstr (**I** 4 mit BeurkG 6).

5) Verschließung. Die Niederschr ist vom Bürgermstr nach TestErrichtg in einen Umschlag zu nehmen, der mit dem Amtssiegel zu verschließen, zu beschriften und zu unterschreiben (BeurkG 35!) und sodann unverzügl in die bes amtl **Verwahrung** zu geben ist (**I** 4; BeurkG 34; § 2258a II Nr 2). 13

2250 *Nottestament in besonderen Situationen.* [I] **Wer sich an einem Ort aufhält, der infolge außerordentlicher Umstände dergestalt abgesperrt ist, daß die Errichtung eines Testaments vor einem Notar nicht möglich oder erheblich erschwert ist, kann das Testament in der durch § 2249 bestimmten Form oder durch mündliche Erklärung vor drei Zeugen errichten.**

[II] **Wer sich in so naher Todesgefahr befindet, daß voraussichtlich auch die Errichtung eines Testaments nach § 2249 nicht mehr möglich ist, kann das Testament durch mündliche Erklärung vor drei Zeugen errichten.**

[III] **Wird das Testament durch mündliche Erklärung vor drei Zeugen errichtet, so muß hierüber eine Niederschrift aufgenommen werden. Auf die Zeugen sind die Vorschriften der § 6 Abs. 1 Nr. 1 bis 3, §§ 7, 26 Abs. 2 Nr. 2 bis 5, § 27 des Beurkundungsgesetzes, auf die Niederschrift sind die Vorschriften der §§ 8 bis 10, 11 Abs. 1 Satz 2, Abs. 2, § 13 Abs. 1, 3 Satz 1, §§ 23, 28 des Beurkundungsgesetzes sowie die Vorschriften des § 2249 Abs. 1 Satz 5, 6, Abs. 2, 6 entsprechend anzuwenden. Die Niederschrift kann außer in der deutschen auch in einer anderen Sprache aufgenommen werden. Der Erblasser und die Zeugen müssen der Sprache der Niederschrift hinreichend kundig sein; dies soll in der Niederschrift festgestellt werden, wenn sie in einer anderen als der deutschen Sprache aufgenommen wird.**

1) Voraussetzung. Ist eine der beiden im G genannten Situationen (s Rn 2; 3) gegeben, kann – ebso wie auf einer Seereise (§ 2251) – ein NotTest dch mündl Erkl vor drei Zeugen errichtet werden, im Falle der Absperrung wahlweise statt vor dem Bürgermstr nach § 2249. Dies ist auch als gemeinschaftl NotTest mögl (§ 2266; s dort). Liegen die Voraussetzgen dieses NotTest obj vor, ist eine entspr Überzeugg bei den Zeugen entbehrl, sogar ihre ggteilige Auffassg unschädl (BGH **3**, 372). Das NotTest ist aber auch dann wirks errichtet, wenn die angenommene Gefahr tatsächl nicht bestand, wohl aber nach der subj Überzeugg aller Zeugen. Die entspr Besorgn des Erbl selbst ist dagg ohne Bedeutg (BGH aaO). Nur wenn weder obj noch subjekt die Voraussetzgen bestanden haben, ist das NotTest unwirks. Diese sind alternativ: 1

a) Absperrung (I) als Folge außerordentl Umstände wie Hochwasser od Verschüttg. Da Ort nicht gleich Ortschaft ist, genügt auch Absperrg in einem Haus od an anderer Örtlichk; kurz nach Kriegsende auch infolge Erkrankg, weil damals die meisten Notare (u AGe) noch nicht wieder tätig waren (Hamm JMBl NRW **62**, 60). Dagg kann ein nur subj Notstand, in dem sich der zur Errichtg eines eigenhändig Test nicht mehr fähige Erbl befindet (zB Furcht vor Strafe), den Voraussetzgen von **I** nicht gleichgestellt werden (KG Rpfleger **68**, 391). – NotTest kann in dieser Lage auch vor Bürgermeister errichtet werden (**I**). 2

b) Nahe Todesgefahr (II) gleich aus welchen Gründen u gleich an welchem Ort, ob im Hochgebirge od Krankenhaus (s zB BayObLG **90**, 294). Ihrer Befürchtg gleich steht die des Eintritts einer bis zum Tod fortdauernden **Testierunfähigkeit** (BGH **3**, 372). – Unter **II** fällt auch die Errichtg eines Test durch die Insassen eines Flugzeugs bei naher Todesgefahr. 3

2) Die Zeugen übernehmen hier die Beurkundgsfunktion, da eine amtl Urkundsperson (Notar; Bürgermeister) fehlt. Sie müssen desh während des gesamten Errichtgsvorgangs anwesend sein (BGH **54**, 89). Jeder trägt gleichberecht mit den and die Verantwortg für die richtige Wiedergabe der Erkl u muß daher zur Mitwirkg von Anfang an bereit sein. Zeuge ist desh nicht, wer die Erkl des Erbl ledigl mit anhört, ohne zur TestErrichtg hinzugezogen zu sein od von sich aus seine Mitwirkgsbereitsch erkennen gegeben zu haben (BGH FamRZ **71**, 162; NJW **72**, 162). – Die Zeugen können untereinander verwandt od verschwägert sein. 4
Ausgeschlossen sind gem **III** 2 der Erbl selbst, sein Ehegatte u die mit ihm in gerader Linie Verwandten (BeurkG 6 Nr 1–3). Ferner sollen als Zeugen nicht Minderjähr, Geisteskranke u -schwache, Taube, Stumme, Blinde u Schreibunfäh herangezogen werden (BeurkG 26 II Nr 2–5); jedoch führt die Mitwirkg eines geistesschwachen Zeugen nicht zur Unwirksamk (Hamm OLGZ **92**, 29). Die Geliebte des Erbl kann Zeugin sein, nicht aber die Ehefrau; diese kann aber mittestieren (§ 2266). – Die Mitwirkg eines dch BeurkG 6 Nr 1–3 ausgeschlossenen Zeugen macht die Beurkundg insgesamt unwirks. Wirken allerd außer dem ausgeschlossenen Zeugen noch drei rechtl geeignete mit, ist seine Beteiligg unschädl (BGH **115**, 169 mAv Harder **LM** Nr 4). Wird in dem beurkundeten Test dem Ehegatten (auch früh) od einem nahen Angehörigen iSv BeurkG 7 Nr 3 eines Zeugen ein rechtl Vorteil verschafft od wird er bedacht od als TV ernannt, ist dies ein Verstoß gg die zwingden Vorschr von BeurkG 7; 27. Dieser bewirkt zwar nicht die Unwirksamk des gesamten Test, wohl aber die der betr EinzelVfg od Zuwendg, da es sich insow nicht nur um einen heilbaren Formmangel handelt (BayObLG NJW-RR **96**, 9). 5

3) Der Errichtungsakt für ein wirks NotTest umfaßt zwingd folgde Teilakte: Zunächst muß der Erbl vor den drei Zeugen mündl seinen letzten Willen erklären (Übergabe einer Schrift ist unwirks, Ffm HEZ **1**, 236; Sprechunfähige sind also von diesem NotTest ausgeschlossen, s § 2233 III; BeurkG 31). Als nächstes muß noch zu seinen Lebzeiten hierüber eine **Niederschrift** angefertigt werden (Einzelh s Rn 7–9). Abschließend muß die angefertigte Niederschr dem Erbl **vorgelesen** (dazu Rn 8), von ihm **genehmigt** (dazu Rn 9) u von ihm im Falle seiner Schreibfähigk **unterschrieben** werden (**III** 2; BeurkG 8, 13 I); bei SchreibUnfähgk s Rn 9. Alle **Zeugen** müssen aGrd ihrer Beurkundgsfunktion währd der Erkl des Erbl, dem Vorlesen der Niederschr, ihrer Genehmigg u Unterzeichng dch den Erbl **ständig anwesend** sein; nur währd der Anfertigg der Niederschr (zB im Büro des Krankenhauses) ist dies nicht erforderl. Das Fehlen auch nur eines von ihnen 6 bei einem dieser wesentl Teilakte macht das NotTest ebso unheilb nichtig (BGH **54**, 89) wie auch jeder andere Verstoß gg die zwingden Erfordern des Errichtgsakts (BGH **115**, 6; s § 2249 Rn 12).

7 **a) Die Niederschrift** üb den letzten Willen des Erbl muß noch zu seinen Lebzeiten zwingend angefertigt werden. Dies kann dch einen der Zeugen, aber auch dch eine and Person erfolgen. Die Anfertigg kann auch in einem and Raum u ohne die Zeugen geschehen. Stirbt der Erbl nach Erkl seines letzten Willens, bevor die Niederschr vorgelesen od genehmigt od unterschrieben worden ist, liegt kein wirks Test vor (Hamm JMBl NRW **62**, 212; Köln JMBl NRW **74**, 221; BayObLG **79**, 232). Als Schrift kann auch Kurzschrift verwendet werden (BayObLG **79**, 232). Die Abfassg in einer and Sprache als der deutschen ist nur dann zuläss, wenn auch der Erbl u alle Zeugen der fremden Sprache hinreichd mächtig sind (**III** 3, 4); andernf ist Test nichtig. – Als **Inhalt** ist in die Urkunde außer dem letzten Willen im wesentl aufzunehmen (**III** 2): Angaben zur Person des Erbl u der Zeugen; Tag u Ort (BeurkG 9, 10). Dazu sollen Feststellgen getroffen werden über die Beteiligten (BeurkG 9); die Testierfähigk des Erbl (BeurkG 11 I 2), ggf die Schwere seiner Erkrankg; üb eine Schreibunfähigkeit des Erbl (nach seinen Angaben od nach Überzeugg der Zeugen); die nahe Todesgefahr
8 (Testierunfähigk) bzw die Absperrg. – Das **Vorlesen** der angefertigten Urk in Anwesenh aller Zeugen ist notwendig (BeurkG 13 I). Es kann dch einen Zeugen, aber auch dch Dritte oder den Bedachten erfolgen. Lautes Diktat bei der Niederschr ist kein wirks Ersatz (BayObLG aaO). Einem tauben Erbl ist die Niederschr statt vorzulesen zur Durchsicht vorzulegen (BeurkG 23). – Der Erbl muß die vorgelesene Niederschr vor allen
9 Zeugen **genehmigen,** weil erst dies die Sicherh verschafft, daß sein letzter Wille richtig niedergeschrieben wurde; dies kann ggf dch Kopfnicken „Punkt für Punkt" geschehen (BayObLG **90**, 294). – Wurde bei der TestErrichtg ein aGrd der Angaben des Erbl vorbereiteter schriftl Entwurf benutzt, kann die mündl Erkl des Erbl mit der Verlesg u Genehmigg in einem Errichtgsakt erfolgen (s § 2249 Rn 9). – Die Niederschr ist von dem schreibfäh Erbl sowie von den Zeugen zu **unterschreiben;** die ErblUnterschr wird dch die Feststellg seiner Schreibunfähigk ersetzt (**III** 2; § 2249 I 5; 6). Eine Niederschr liegt begriffl nicht vor, wenn die Urk von keinem unterschrieben ist (s § 2249 Rn 12). Unterschreibt Erbl nach seiner Genehmigg ein anderes, vom vorgelesenen abgeschriebenes Schriftstück, liegt kein wirks Test vor (BGH **115**, 169).

10 **b) Formverstöße** sind nur dann unschädl, wenn sie nur bei Abfassg der Niederschr unterlaufen sind (**III** 2 iVm § 2249 VI), also nicht mehr den Errichtgsakt als solchen betreffen (s Rn 6 u § 2249 Rn 11; 12) wie zB: die Feststellgen (Rn 7) wurden unterlassen; Angabe von Tag, Ort od Beteiligten fehlt; Zeugen haben die vom Erbl unterschriebene Urk im Eingangsteil statt am Ende unterzeichnet (BayObLG **90**, 294) od gar nicht (KG NJW **66**, 1661; Köln Rpfleger **94**, 65; offen gelassen von BGH **115**, 169).

11 **4) Beschränkte Gültigkeitsdauer** besteht auch hier (§ 2252). – **Verwahrung** (§§ 2258 a, b) ist wohl wg Fehlens einer Amtsperson nicht erwähnt, aber entspr § 2248 auch hier zulässig. Da kein öffentl Test vorliegt (BayObLG **79**, 232; Soergel/Harder Rn 14), sind BeurkG 34 I, § 2256 I nicht anwendb (s § 2256 Rn 1). Als PrivatUrk unterliegt das NotTest der freien richterl Würdigg (BGH **LM** Nr 1 zu § 416 ZPO). – Anwendg beim gemeinschaftl Test vgl § 2266.

12 **5) Völlige Formlosigkeit** gilt beim VerfolgtenTest, REG Art 80 *(AmZ),* 67 *(BrZ)* 69 *(Bln)*; s auch § 2252 Rn 3. – Auch nach dem WehrmFGG waren völlig formlose Test uU wirks (s Einf 4 vor § 2229).

2251 *Seetestament.* **Wer sich während einer Seereise an Bord eines deutschen Schiffes außerhalb eines inländischen Hafens befindet, kann ein Testament durch mündliche Erklärung vor drei Zeugen nach § 2250 Abs. 3 errichten.**

1 **1) Das Seetestament** ist eine außerordentl TestForm, aber kein NotTest, da es keine Notlage (wie Seenot, Krankheit, Absperrg) voraussetzt. Es ist ein privates, kein öff Test. – Ist zufäll ein **Notar** an Bord, kann auch in ordentl Form testiert werden, ohne daß die Form des § 2251 ausgeschlossen wäre. § 2252 II steht nicht entgg. – Der Erbl kann Deutscher od Ausländer sein. Für Deutsche auf fremden Schiffen gilt EG 11 I (Soergel/Harder Rn 7).

2 **2) Voraussetzungen. – a) Seereise** ist jede Seefahrt außerh eines inländ Hafens, also auch die Küstenfahrt. Nicht dazu zählen aber kurze Sport- od Vergnüggsfahrten (RGRK Rn 2) od Fischereifahrten mit baldiger Rückkehr. Der Aufenth in ausländischen Häfen zählt zur Seereise, solange der Erbl an Bord ist. In
3 inländ Häfen gibt es nur die gewöhnl TestFormen (bei Quarantäne allerd § 2250 I). – **b) An Bord eines deutschen Schiffes** muß sich der Erbl befinden. Dies beurteilt sich nach dem FlaggenrechtsG vom 8. 2. 51 (BGBl 79); auf die Eintragg im Schiffsregister kommt es nicht an. Unerhebl ist die Schiffsart (Motor- od Segelboot; See- od Binnenschiff). Nach dem eindeutigen Wortlaut fallen aber Luftschiffe od Flugzeuge nicht unter die Vorschr (aM RGRK Rn 4); bei diesen sind nur NotTest nach § 2250 mögl.

4 **3) Zeitlich beschränkte Wirksamkeit** hat das SeeTest (§ 2252). – Amtl **Verwahrung** ist nicht vorgeschrieben, aber zuläss (§ 2250 Rn 11). – Zu Seeverschollenh s VerschG 5.

2252 *Gültigkeitsdauer der Nottestamente.* **I Ein nach § 2249, § 2250 oder § 2251 errichtetes Testament gilt als nicht errichtet, wenn seit der Errichtung drei Monate verstrichen sind und der Erblasser noch lebt.**

II Beginn und Lauf der Frist sind gehemmt, solange der Erblasser außerstande ist, ein Testament vor einem Notar zu errichten.

III Tritt im Falle des § 2251 der Erblasser vor dem Ablauf der Frist eine neue Seereise an, so wird die Frist mit der Wirkung unterbrochen, daß nach Beendigung der neuen Reise die volle Frist von neuem zu laufen beginnt.

IV Wird der Erblasser nach dem Ablauf der Frist für tot erklärt oder wird seine Todeszeit nach den Vorschriften des Verschollenheitsgesetzes festgestellt, so behält das Testament seine Kraft,

wenn die Frist zu der Zeit, zu welcher der Erblasser nach den vorhandenen Nachrichten noch gelebt hat, noch nicht verstrichen war.

1) Zeitliche Beschränkung. Die Unwirksamk eines NotTest mit seinem nur vorläuf Charakter tritt rückwirkd in drei Monaten nach Errichtg ein, wenn der Erbl dann noch lebt u zur Errichtg eines Test vor einem Notar (also nicht vor einem Konsul) in der Lage ist (**I**). Das unwirks gewordene NotTest behält auch nicht die Wirkg eines Widerrufs (§§ 2254; 2258). Irrtum des Erbl über den Eintritt der Ungültigk berechtigt zur Anfechtg nach § 2078 nur, wenn ursächl Zusammenhang besteht (RG **104**, 322). – Durch fortdauernde od wiedereinsetzende Absperrg, sonstige Unmöglichk, einen Notar zu erreichen (zB auf einem Schiff) od durch TestierUnfähigk wird Beginn u Lauf der Frist **gehemmt** (**II**). – Eine Sonderregelg gilt für SeeTest in **III**. – Wirksam bleibt allerd ein NotTest, wenn es zugleich den Erfordernissen eines eigenhänd Test entspricht, auch nach Ablauf der Frist. 1

2) Bei Todeserklärung des Erbl schließt **IV** die Vermutg des VerschG 9 I u 44 I aus. Der TestGültigk steht der TodesZtpkt des Beschlusses (VerschG 23, 44) nicht entgg (Arnold Rpfleger **57**, 145). – **Verfolgtentestamente** wurden nach dem REG am 30. 9. 45 unwirks, wenn Erbl nach diesem Ztpkt zur Errichtg einer formgerechten Vfg in der Lage war (vgl § 2250 Rn 12). 2 3

3) Beweislast für Hemmg der Frist hat, wer sich auf die fortdauernde Wirksamk des Test beruft. Ist TodesZeitpkt (§ 1922 Rn 2) streitig, muß der die Unwirksamk Geltdmachende beweisen, daß Erbl die Frist überlebte. 4

2253 *Widerruf des Testaments.* Der Erblasser kann ein Testament sowie eine einzelne in einem Testament enthaltene Verfügung jederzeit widerrufen.

1) Das Recht zum jederzeitigen Widerruf entspringt der Testierfreiheit (§ 1937 Rn 3) u liegt im Wesen des Test als einer erst mit dem Tode wirks Vfg. Der Erbl kann also jederzeit frei widerrufen u damit den Eintritt der Wirkgen des widerrufenen Test verhindern (von Lübtow NJW **68**, 1849). Das WiderrufsR ist unverzichtb (§ 2302) wie auch eine Pflicht zum Widerruf vertragl nicht begründet werden kann (BGH FamRZ **60**, 28). – Die Vorschr gilt an sich auch für gemeinsch Test; bei bindenden wechselbezügl Vfgen bestehen aber Ausnahmen (§ 2271), vgl § 2255 Rn 15; § 2272 Rn 2. Ebenso gelten für Erbverträge bes Vorschr (§§ 2290 ff). – Zum Widerruf eines Test, der vor dem 3. 10. 90 in der fr DDR erfolgte, s EG 235 § 2 Rn 2. – Zur **Auslegung** eines späteren Test kann auch der Inhalt des widerrufenen Test herangezogen werden. Beinhaltete das aufgehobene Test aber zB eine Vor- u Nacherbfolge, kann es idR nichts mehr darüber aussagen, ob mit dem späteren gült Test eine Vorerbsch beabsichtigt ist (Oldbg NdsRpfl **68**, 281). – Der bis 1. 1. 92 geltde Abs II betraf Widerruf des Test eines Entmündigten u wurde dch BtG aufgehoben. 1

2) Vier Widerrufsmöglichkeiten hat ein Erbl für sein errichtetes Test: Errichtg eines reinen Widerrufs-Test (§ 2254). – Vernichtg der TestUrk od dch ähnl schlüssige Hdlgen (§ 2255). – Rücknahme eines öff Test aus der bes amtl Verwahrg (§ 2256). – Errichtg eines neuen Test mit widersprechendem Inhalt (§ 2258). – Andere Möglichk gibt es nicht. Doch kann ein Test auch aus anderen Gründen nachträgl unwirks werden (vgl § 1937 Rn 21). 2

3) Letztwillige Verfügung ist auch der Widerruf eines Test. Seine Ausübg setzt dah Testierfähigk voraus. Da er ex nunc wirkt, vernichtet das WiderrufsTest sofort u unmittelb den RBestand der widerrufenen Vfg (bestr; wie hier Bengel Rn 8; von Lübtow I S 235 f). – Der Widerruf einer letztw Vfg ist seiners nach § 2078 **anfechtbar** (BayObLG **60**, 490); ebso der nach §§ 2255; 2256; 2272 erklärte (s auch § 2256 Rn 3). 3

2254 *Widerruf durch Testament.* Der Widerruf erfolgt durch Testament.

1) Ein reines Widerrufstestament, das sonst keine Vfgen zu enthalten braucht (solche aber enthalten kann), ist mögl. Es muß den Formerfordern eines Test entsprechen u kann auch als NotTest (dann jedoch mit zeitl beschränkter Wirkg, § 2252) errichtet werden; oder ein sog BriefTest sein (dazu § 2247 Rn 3). Dagg nicht ein bloßer TestEntwurf. Ist es als „Nachtrag“ zeitl später auf die Rückseite des Test gesetzt, muß dch Auslegg die Reichweite seiner Auswirkg ermittelt werden (BayObLG FamRZ **90**, 318). Das WiderrufsTest bedarf nicht der gleichen Form wie das zu widerrufende, so daß ein öff Test durch ein eigenhänd widerrufen werden kann u umgekehrt (Köln OLGZ **68**, 325). – Nur ein gült u wirks Test kann widerrufen werden. Ein ungült WiderrufsTest hat keine Wirkg (s Schlesw SchlHA **76**, 9). – Auch bedingter Widerruf ist mögl (Verwirkgsklausel, § 2074 Rn 6) oder ein auf einzelne test Anordngen beschränkter. – **Widerruf** des Widerrufs ist nach §§ 2254–2256; 2258 mögl. Seine Wirkg regelt § 2257. 1

2) Der Widerruf nach § 2254 muß nicht ausdrückl erklärt sein. Er kann auch durch Auslegg od Umdeutg aus einer widersprechenden anderweitigen Vfg nach § 2258 entnommen werden (BayObLG **56**, 377; Hamm MDR **71**, 137) od einem späteren Test, mit dem der Erbl die Erbfolge abschließd und ausschließl regeln wollte (BayObLG **65**, 91). – Ein rechtswirks Widerruf (od eine rechtswirks Einschränkg) eines in **amtlicher Verwahrung** befindl Test liegt auch dann vor, wenn der Erbl auf eine mit Schreibmaschine geschriebene TestAbschr den Widerruf (od die Einschränkg) dch handschriftl mit Ortsangabe u Datum versehenen eigenhändig geschriebenen u von ihm unterzeichneten Zusatz vornimmt, der erst in Verbindg mit der TestAbschr voll zu verstehen ist (BGH NJW **66**, 201; Köln OLGZ **67**, 324). Vermerk auf Hinterleggsschein „Test überholt“ muß unterschrieben sein (LG Mü I FamRZ **98**, 1623). – In einem **Prozeßvergleich** kann der Widerruf nicht erkl werden (BGH FamRZ **60**, 30; vgl § 2232 Rn 1). – Gebühr: KostO 46. 2

2255 ***Widerruf durch Vernichtung oder Veränderungen.*** **Ein Testament kann auch dadurch widerrufen werden, daß der Erblasser in der Absicht, es aufzuheben, die Testamentsurkunde vernichtet oder an ihr Veränderungen vornimmt, durch die der Wille, eine schriftliche Willenserklärung aufzuheben, ausgedrückt zu werden pflegt. Hat der Erblasser die Testamentsurkunde vernichtet oder in der bezeichneten Weise verändert, so wird vermutet, daß er die Aufhebung des Testaments beabsichtigt habe.**

1 **1) Der Widerruf durch schlüssige Handlung** erfordert objektiv eine körperl Veränderg des Test und subjektiv die Absicht seiner Aufhebg (BGH NJW **59**, 2113). Er ist daher idR nur beim eigenhänd Test praktikabel; beim öff Test ist er mögl, sofern die Urk in die Hände des Erbl gelangte, sei es vor ihrer amtl Verwahrg od nach Rückgabe unter Verstoß gg § 2256, zB dch Versehen od auf unrechtmäß Weise. – Auch **einzelne** Vfgen (§ 2253) können zB durch Streichg od Abschneiden eines Teils der Urk aufgehoben werden (vgl auch § 2247 Rn 18; RG **111**, 262). Das Test kann dadch unvollständ od ausleggsbedürft werden (BayObLG FamRZ **91**, 1114). Dienen die Verändergen zur Vorbereitg eines neuen Test, wirken sie noch nicht als Widerruf, wenn das alte Test noch bis zur Errichtg des neuen gelten soll (RG **71**, 300; **111**, 265). – Ersetzg zerstörter od abhanden gekommener öffentl Test, die nicht widerrufen sind, regelt BeurkG 46; er ist analog anwendb, wenn Urk aus polit Grden unbenutzbar wurde (KG JR **52**, 443). Vor dem BeurkG war die Ersetzg gerichtl od notarieller Urk dch VO vom 18. 6. 42 (RGBl 395) geregelt. Über Ersatzzuständigk nach ZuständigErgG 6 s § 2353 Rn 16.

2 **2) Objektive Voraussetzungen. – a) Der Erblasser persönlich** muß zu seinen Lebzeiten die Urschrift der Urk vernichtet od verändert haben. Dies ist auch gegeben, wenn der Erbl sich eines Dritten als unselbständ Werkzeug bedient, der im Auftr u mit Willen des Erbl zu dessen Lebzeiten die Urk vernichtet (BayObLG FamRZ **92**, 1350; KG JFG **6**, 146; Soergel/Harder Rn 11). Er muß zu diesem Zeitpunkt testierfäh (§ 2229) sein, da der Widerruf als letztw Vfg anzusehen ist; die UrkVernichtg dch einen Widerrufsunfähigen beseitigt also rechtl das Test nicht, sofern sein Inhalt noch bewiesen werden kann (vgl Rn 12). – Wird nach dem Erbfall die TestUrk verändert aufgefunden, besteht keine ges Vermutg dafür, daß der ggwärt
3 Zustand der Urk auf eine Handlg des Erbl zurückzuführen ist. Ebso spricht bei **Unauffindbarkeit** der Urk keine Vermutg dafür, daß der Erbl sie in Widerrufsabsicht vernichtet habe (st Rspr, zB BayObLG **80**, 60; FamRZ **93**, 117; KG OLGZ **75**, 355; Hamm NJW **74**, 1827). Form u Inhalt des verschwundenen Test können vielm mit allen zuläss Beweismitteln erwiesen werden (s Rn 12); ungült ist es nur, wenn sich seine Formgültigk u sein Inhalt nicht mehr feststellen lassen.

4 **b) Veränderungen** müssen an der TestUrk selbst vorgenommen sein. Sind mehrere Urk vorhanden u wird nur eine von ihnen vernichtet od verändert, greift S 1 schon vom Wortlaut her nicht ein; damit gilt auch nicht die Vermutg des S 2, so daß Widerruf nur anzunehmen ist, wenn nach den Umständ des Falles u freier Beweiswürdigg kein Zweifel üb Aufhebgswillen des Erbl besteht (KG FamRZ **95**, 897 mwN). Wird nur die Abschrift eines amtl verwahrten Test verändert, ist dies rechtl wirkglos, es sei denn, daß die Veränderg selbst
5 der TestForm genügt (Ffm NJW **50**, 607). – **Veränderungen** erfolgen idR durch Einreißen (BayObLG **83**, 204; FamRZ **96**, 1110), Einschneiden, Durchstreichen; Ungültigkeitsvermerke (dazu Rn 6); dch Zerknüllen der Urk in Verbindg mit der Erklärg des Erbl, daß sein Vermächtn nunmehr hinfäll sei (BayObLG **80**, 95). Bloße Streichungen brauchen die TestFormen nicht einzuhalten, sofern nicht die Streichgen mittelb eine positive Vfg enthalten. Wenn zB der Erbl geschrieben hatte: „Ich setze A und B als Erben ein, wobei A mein Vorerbe und B mein Nacherbe sein soll" und den mit „wobei" beginnenden zweiten Halbsatz später streicht, um damit B zum sofortigen Vollerben zu 1/2 einzusetzen, ist diese positive Vfg nur wirks, wenn die Streichg dch die ursprüngl Unterschr gedeckt wird (s § 2247 Rn 18). Werden dagg von mehreren Erben einer od mehrere gestrichen, liegt ein gültiger Widerruf der Einsetzg der Gestrichenen vor; auf den frei gewordenen Teil sind dann §§ 2088 II, 2089 anzuwenden (Soergel/Harder Rn 10; Staud/Baumann Rn 12; KG JFG **6**, 148; aM RGRK Rn 8, der in letzterem Fall Ungültigk der Streichg annimmt).

6 **c) Ungültigkeitsvermerke** (wie „ungültig"; „annuliert"; „überholt" usw) über dem Text od am Rande od quer üb den Text sind dann als ausreichende Veränderg anzusehen, wenn für jedermann sofort erkennbar ist, daß die Urkunde als solche nicht mehr gelten soll (RG JW **11**, 545; KG NJW **57**, 1364). Sie brauchen nach hM nicht gesondert unterschrieben zu sein (KG aaO; Soergel/Harder Rn 9; aA Schmidt MDR **51**,
7 324). Ein nicht unterschriebener Entwertgsvermerk nur auf dem **Umschlag** reicht allerd nicht aus (RG JW **25**, 475; BayObLGZ **63**, 31), es sei denn, daß er selbst dem TestErfordern entspricht. Will bei gemeinsch Test der überlebde Ehegatte den ihm vorbehaltenen Widerruf wechselbezügl Vfgen dch Ungültigkeitsvermerk ausüben (s Rn 15), muß er diesen auch unterzeichnen, da der Widerruf TestForm erfordert (Stgt NJW-RR **86**, 632; § 2271 Rn 23).

8 **3) Subjektive Voraussetzung** des Widerrufs ist die **Aufhebungsabsicht** des widerrufsfähig Erbl. Eine Vermutg hierfür knüpft das G allein an seine Handlgen, aber nicht an eine Unauffindbark: Nur wenn feststeht, daß er persönl die Urk vernichtet od verändert hat, wird vermutet, daß dies in der Absicht einer Aufhebg der Vfg geschah (S **2**). Vernichtet er nur eine von mehreren Urschriften, greift diese Vermutg noch nicht ein (s Rn 4). Rechtl wirkgslos ist die Vernichtg nur der Abschrift eines not Test (Rn 4). Ein Wegwerfen der Urk (zB in Papierkorb) läßt idR AufhebgsAbs ersehen u steht der Vernichtg gleich (aA Soergel/Harder Rn 5 mN). – Die Vermutg ist widerlegb, weil auch eine äußerl endgült Handlg des Erbl nicht immer Widerrufsabsicht ausdrücken muß. So kann zB Durchstreichen einzelner Vfgen ledigl der Vorbereitg eines neuen Test dienen u Widerruf erst mit dessen Errichtg gelten, insbes wenn darin gleiche Vfgen wieder getroffen werden sollen (BayObLG FamRZ **98**, 258). Absicht kann auch fehlen, wenn das Zerreißen des Test im Hinblick auf eine neu errichtete Vfg vTw erfolgte, deren Formnichtigk der Erbl nicht erkannte (Freibg Rpfleger **52**, 340;
9 RGRK Rn 5 will hier nur Anfechtg nach § 2078 II zulassen). – Ohnehin fehlt die Absicht bei **unfreiwilligem Verlust** der Urk. Die Wirksamk eines Test berührt es daher nicht, wenn die Urkunde ohne Willen u Zutun des Erbl vernichtet worden, verloren gegangen od sonst nicht auffindbar ist (allg M; zB BayObLG FamRZ **93**, 117). Errichtg u Inhalt des Test können dann mit allen zuläss Mitteln bewiesen werden (s Rn 12).

Dasselbe gilt bei Vernichtg in Unkenntn, daß es sich um das eigenhänd Test handelt (LwG Neumünster SchlHA **66**, 83); od bei Undeutlichwerden des Schriftstücks; wenn ein Test in amtl Verwahrg (§ 2256) verlorengeht od dort versehentl vernichtet wird. Insbes wird ein durch Kriegsereignisse verlorengegangenes Test durch den Verlust nicht wirkgslos. – Die formlose **Billigung** des Verlusts ist kein Widerruf, so daß 10
Widerruf nach § 2254 od § 2258 notwend ist (BGH **LM** Nr 1 zu § 1960; dazu Johannsen WM **71**, 408). Das Gleiche gilt auch dann, wenn ein Dritter das Test ohne Wissen des Erbl vernichtet, da dies nicht Widerruf, sond Realakt ist, so daß §§ 182 ff nicht anwendbar sind (aM Schmidt MDR **51**, 321). – Ist nur **ein Teil** eines 11
Testamentsinhalts nicht mehr feststellbar, aber der Gesamtwille des Erbl insow erkennbar, daß er auch ohne den fehlenden Teil Bestand hat u hierdurch nicht wesentl berührt wird, ist der festgestellte Teil des Test wirks (BGH **LM** Nr 1 zu § 2085; s auch BayObLG **67**, 206 f).

4) Beweisfragen. – a) Form und Inhalt. Wird die Errichtg eines nicht vorhandenen Test behauptet, 12
kann u muß sowohl die formgerechte Errichtg als auch grdsl der Gesamtinhalt (s aber Rn 11) mit allen zuläss Beweismitteln (Ablichtg, Dch- u Abschriften, Zeugen, Sachverst) zuverläss nachgewiesen werden. An den Nachweis sind strenge Anfordergen zu stellen (BayObLG FamRZ **90**, 1162). Da die zu treffende Feststellg für die Entscheidg ausschlaggebend ist, verdient das förml BeweisVerf idR den Vorzug (BayObLG FamRZ **86**, 1043; Köln NJW-RR **93**, 970), zumal wenn sonst MitwirkgsRe der Beteil nicht hinreichd gesichert sind (BayObLG NJW-RR **92**, 653 mAv Pohlmann Rpfleger **92**, 484). Beweispfl ist, wer aus dem Test Rechte herleiten will. Ist im ErbscheinsVerf auch nach abschließden Ermittlgen vAw keine sichere Feststellg mögl, trägt Feststellgslast, wer seinen Antr auf das nicht mehr vorhandene Test stützt (Hamm NJW **74**, 1827; BayObLG **77**, 59; Rpfleger **80**, 60; Ffm Rpfleger **78**, 310/312). Hat aber der Gegner durch (schuldh) Vernichtg des Test diesen Nachw erschwert od vereitelt, muß er bis zum Beweis des Ggteils sich so behandeln lassen, als ob ein formgültiges Test errichtet worden wäre (Hamm OLGZ **67**, 79). – **b) Ungültigkeit.** Wird 13
der Beweis einer TestErrichtg erbracht, ist für die Ungültigk des unauffindbaren Test, also für Widerrufshandlgen dch Erbl persönl im RStreit beweispflichtig, wer sich darauf beruft (Düss NJW-RR **94**, 142; Zweibr Rpfleger **87**, 373; Ffm Rpfleger **78**, 310/312); verbleiben trotz ausreichender Ermittlgen Zweifel, geht dies auch im ErbSchVerf zu Lasten desjenigen, der sich auf die Veränderg zur Begründg seines ErbRs beruft (BayObLG **83**, 204). Befand sich die veränderte Urk bis zuletzt im Gewahrs des Erbl und fehlen Anzeichen für Handlgen eines Dritten, sind die Beweisanfordergen aber nicht zu hoch anzusetzen (BayObLG aaO; FamRZ **96**, 1110).

5) Der Widerruf nach § 2255 kann **nicht widerrufen** werden (GgSchluß aus § 2257), ist aber uU nach 14
§ 2078 anfechtb (RG **102**, 70; BayObLG **83**, 204). Die bloße Aufbewahrg eines zerrissenen Test macht dieses selbst bei einem Willen zur Fortgeltg nicht wieder wirks, auch nicht erneutes Zusammenkleben (BayObLG NJW-RR **96**, 1094 mAv Hohmann ZEV **96**, 271), weil es nur unter Beachtg der FormVorschr des § 2247 als eigenhänd Test wiederhergestellt werden kann (von Lübtow NJW **68**, 1852); dies gilt auch dann, wenn nach Vernichtg der Urschrift eine bloße Abschrift als Test gelten soll. Klebt der Erbl das zerrissene Test wieder zusammen, steckt es in einen Umschlag, versieht diesen eigenhänd mit dem Vermerk „Mein Test" u unterschreibt diesen, kann ein gült neues Test vorliegen (Düss JZ **51**, 309; Staud/Baumann § 2257 Rn 7), nachdem eine UmschlagsUnterschr uU ausreicht (s § 2247 Rn 15). Steht allerd weder der Zeitpkt des Widerrufs noch der so erfolgten Neuerrichtg fest, ist das neue Test ggf nach § 2247 V ungültig.

6) Gemeinschaftliches Testament. Ein Ehegatte kann seine eigenen **einseitigen Verfügungen** in der 15
Form des § 2255 widerrufen (ohne Zustimmg des anderen u auch noch nach dessen Tod), solange das Test nicht an das NachlG abgeliefert ist (BayObLG NJW-RR **96**, 1095). Er kann in dieser Form auch einseitige Vfgen des anderen Eheg widerrufen, wenn er hierzu beauftragt ist u solange der andere lebt (s Rn 2; Schmidt MDR **51**, 321). Nachträgl formlose Billigg des anderen reicht aber nicht aus (s Rn 10; aM Schmidt aaO). –
Wechselbezügliche Vfgen können in der Form des § 2255 nicht einseitig durch einen Ehegatten widerrufen 16
werden. Das Test bleibt wirks, wenn der Inhalt erweislich ist. Gemeinsame Vernichtg od gemeins Verändergen an der Urkunde durch beide Eheg sind denkb. Handelt ein Eheg im Einverständn mit dem and, ist der Widerruf wirks (Staud/Kanzleiter § 2271 Rn 2; vgl auch BayObLG **65**, 92; Schlesw SchlHA **57**, 181); nachträgl formlose Zustimmg des and Teils genügt nicht (bestr). Dch die **einseitige** Vernichtg eines gemschaftl Test werden die wechselbezügl Vfgen nicht unwirks (s § 2271 Rn 23). Es können aber Beweisschwierigk bei der Rekonstruktion des gemeinsch Test entstehen (s Soergel/Harder Rn 14). Die auf der Vernichtg dch den überlebden Eheg beruhde Unaufklärbark der formgerecht Errichtg muß sich zum Nachteil desjen auswirken, der dch diese Handlg begünstigt wird (OHG **1**, 268; Hamm OLGZ **67**, 74). Erfolgte sie in der Absicht, die Einsetzg des SchlußE zu widerrufen u ist desh deren Wechselbezüglk nicht mehr feststellb, trifft Feststellgslast (§ 2358 Rn 6) die ges Erben des Überlebden (Hamm FGPrax **96**, 28). – Bei **Unauffindbarkeit** 17
ist das gemeinsch Test schon dann als unfreiwill vernichtet od abhanden gekommen anzusehen, wenn es ohne Wissen u Willen des überlebenden Ehegatten beseitigt wurde. – Zum ErbVertr s §§ 2289 ff.

2256 *Rücknahme des Testaments aus der amtlichen Verwahrung.*

I Ein vor einem Notar oder nach § 2249 errichtetes Testament gilt als widerrufen, wenn die in amtliche Verwahrung genommene Urkunde dem Erblasser zurückgegeben wird. Die zurückgebende Stelle soll den Erblasser über die im Satz 1 vorgesehene Folge der Rückgabe belehren, dies auf der Urkunde vermerken und aktenkundig machen, daß beides geschehen ist.

II Der Erblasser kann die Rückgabe jederzeit verlangen. Das Testament darf nur an den Erblasser persönlich zurückgegeben werden.

III Die Vorschriften des Absatzes 2 gelten auch für ein nach § 2248 hinterlegtes Testament; die Rückgabe ist auf die Wirksamkeit des Testaments ohne Einfluß.

1) Widerrufswirkung (I). Nur beim öffentl Test (§§ 2232; 2249; auch das bis 31. 12. 69 vor einem 1
Richter errichtete, BeurkG 68 III), das in bes amtl Verwahrg (§ 2258 a) gegeben worden ist, bewirkt die vom

Erbl verlangte u an ihn persönl erfolgte (s Rn 2) Rückgabe des Test dessen Widerruf (**I** 1). Der Widerruf ist dann endgült, kann also nicht dch neuerliche bes amtl Verwahrg des zurückgegebenen öff Test beseitigt u auch nicht seiners dch Test widerrufen werden (§ 2257 Rn 1). – **Keine** Widerufswirkg hat dagg die Rückgabe eines öffentl Test aus nur einfacher Verwahrg od die Rücknahme eines eigenhänd Test aus der bes amtl Verwahrg **(III);** ein gült öffentl Test fällt auch dann nicht unter **III,** wenn es zugleich der Form des § 2247 entspricht (MüKo/Burkart Rn 3; Soergel/Harder Rn 7; aA Staud/Baumann Rn 19). Auch das Dreizeugen-Test (§§ 2250; 2251) kann nicht in der Form des § 2256 widerrufen werden. – Auf **Erbverträge** ist § 2256 nicht anwendb (s § 2277 Rn 4). – Entspr Anwendg findet § 2256 I, II dagg auf das vor einem **Konsul** errichtete Test, auch wenn die Vorschr in KonsG 16 a I nicht mehr angeführt ist.

2 **2) Persönliche Rückgabe** (**II** 2) an den (testierfäh) Erbl ist formell vorgeschrieben u auch Wirksamk-Voraussetzg für den Widerruf. Der Erbl ist dabei üb die Wirkg zu belehren (**I** 2). Der Ausschluß der Stellvertretg hängt mit der RNatur der Rücknahme als Vfg vTw zusammen (s Rn 3), soll aber auch sicherstellen, daß der Erbl die Rückgabe bis zuletzt noch will (BGH NJW **59**, 2113). Keinen Widerruf bewirkt daher die Rückgabe an einen bevollmächt Vertr (hM, zB BGH aaO; Saarbr NJW-RR **92**, 586) od Aushändigg unter Verletzg des **II**, zB dch Übersendg an Erbl ohne entspr Verlangen od an Dritten. – Zum Verfahren s § 2258 b Rn 4. – Keine Rückgabe ist die Vorlage des Test **nur zur Einsicht** bei Gericht (vgl Bengel Rn 10–12). Das Test bleibt wirks, sofern es nicht vom Erbl entw schon während der Verwahrg od nach der Aushändigg in den Formen der §§ 2254, 2258, ggf auch nach § 2258 widerrufen wurde.

3 **3) Rücknahme.** Der Erbl kann jederzeit Rückgabe verlangen (**II** 1). Seine Rücknahme ist ihrer RNatur nach sowohl RGesch unter Lebenden als auch wg der damit zwangsläufig verbundenen Widerrufswirkg zugleich Vfg vTw (BGH **23**, 211; BayObLG **73**, 35; aM von Lübtow NJW **68**, 1849/1851; Merle AcP **171**, 486/492, 509: Fiktion). Daher wird einers TestierFähigk vorausgesetzt. Andrers ist eine **Anfechtung** nach § 2078 dch die nach § 2080 Berecht (nicht aber dch den Erbl) mögl (BayObLG **60**, 490; aM Kipp/Coing § 31 II 3; Merle aaO 504; von Lübtow aaO), wobei sich ein Irrt auf die Rücknahme beziehen muß (BayObLG FamRZ **90**, 1404). Beispiele: Wenn Erbl das herausverlangte Test irrtüml für ggstandslos hielt, ein neues zweites Test aber nichtig war; wenn er zur Rücknahme dch falsche Erwartgen über den weiteren Verlauf eines ihm bekannten Vorfalls (KG DR **42**, 143) od dch den Irrt veranlaßt wurde, er könne die Folgen des Widerrufs testamentar wieder aufheben (KG NJW **70**, 612 mAv Riedel 1278); od widerrechtl dch Drohg bestimmt wurde (BayObLG **60**, 494). Bei Verfahrensweise nach **I** 2 ist aber ausgeschlossen, daß er die Widerrufswirkg nicht kannte; andernf ist Anfechtg mögl (KG JFG **21**, 324).

2257 *Widerruf des Widerrufs.* **Wird der durch Testament erfolgte Widerruf einer letztwilligen Verfügung widerrufen, so ist im Zweifel die Verfügung wirksam, wie wenn sie nicht widerrufen worden wäre.**

1 **1) Widerruf** des Widerrufs behandelt das G im Zw so, als ob der Widerruf des ursprüngl Test nie stattgefunden hat; ein Zweifelsfall liegt allerd nicht vor, wenn sich ursprüngl Test u (das jetzt widerrufene) WiderrufsTest decken (BayObLG **65**, 92). Auch er ist letztw Vfg. Seine Erkl setzt daher Testierfähigk voraus, muß in den Formen der §§ 2254–2256; 2258 erfolgen u ist nach §§ 2078 ff anfechtb. – Nur der nach § 2254 erfolgte Widerruf dch Test kann ganz od auch nur teilw mit der Wirkg des § 2257 widerrufen werden; auf den nach §§ 2255; 2256 ist die Vorschr unanwendb (s Rn 3).

2 **2) Wirkung.** Das ursprüngl Test tritt iZw wieder in Kraft, wie wenn es nie widerrufen worden wäre. Die Wirkg des test Widerrufs wird also rückwirkd dch den zweiten Widerruf beseitigt (s auch § 2258 II). Es handelt sich um eine widerlegb Vermutg (BayObLG FamRZ **96**, 1112). Ist ein ggteil Wille des Erbl feststellb, bleibt das früh Test widerrufen; es tritt dann ges Erbfolge ein, sofern nicht in dem zweiten Widerruf eine neue Vfg getroffen wurde (s Klunzinger DNotZ **74**, 278). – Wird der zweite Widerruf erneut widerrufen, tritt die Wirkg des § 2257 hinsichtl des ersten Widerrufs ein, der dann wieder gilt, so daß das ursprüngl Test
3 unwirks bleibt. – **Ungültig** bleibt das ursprüngl Test, wenn es dch schlüss Handlg (§ 2255) od Rücknahme (§ 2256) widerrufen worden ist; dies war endgült, so daß das vernichtete od zurückgenommene Test zur Wiederherstellg neu errichtet werden muß (BayObLG **73**, 35). Entferng von Streichgen od Unterpunktierg gestrichener Sätze genügen nicht. Bei Streichg nur der Unterschrift genügt neue Unterzeichng. Das Zusammenkleben der zerrissenen Urk stellt Test nicht wieder her; das zusammengeklebte Schriftstück kann allerd Bestandteil einer neuen gleichlautden Vfg werden, indem der Erbl es mit eigenhänd geschriebenem u unterschriebenem Vermerk versieht (evtl auf verschlossenem Umschlag, § 2247 Rn 15). Die Streichg des Rücknahmevermerks (§ 2256 II) auf dem aus der amtl Verwahrg zurückgenommenen öff Test mit unterschriebenem handschriftl Zusatz: „Das Test hat Gültigk" stellt das ursprüngl Test allerd nicht wieder her (BayObLG **73**, 35; möglw aA KG NJW **70**, 612 mAv Riedel 1278).

2258 *Widerruf durch späteres Testament.* **I Durch die Errichtung eines Testaments wird ein früheres Testament insoweit aufgehoben, als das spätere Testament mit dem früheren in Widerspruch steht.**

II Wird das spätere Testament widerrufen, so ist im Zweifel das frühere Testament in gleicher Weise wirksam, wie wenn es nicht aufgehoben worden wäre.

1 **1) Mehrere Testamente** eines Erbl sind dahin zu überprüfen, ob sie in ihrer Gesamth den Willen des Erbl repräsentieren u sich ergänzen od ob spätere Vfgen zu früheren inhaltl in Widerspr stehen und diese dann insow kr Gesetzes aufheben, ohne daß es dafür eines entspr ErblWillens od auch nur seiner Kenntn von der früh Vfg bedarf. Die spätere Errichtg ergibt sich idR aus der Datierg, bei gleichem od fehlendem Datum oft aus dem Inhalt od den Umständen. Bei Ungewißh üb den ErrichtgsZtpkt ist jedes Beweismittel zur Klärg

zulässig; uU hilft auch die Auslegg (BayObLG Rpfleger **79**, 123). Läßt sich eine Klärg nicht erreichen, gelten mehrere Test mit gleichem Datum als gleichzeit errichtet (KG OLGZ **91**, 144). Sie heben sich dann ggseit (nur) insoweit auf, als sie widersprüchl Anordngen enthalten (KG aaO; BayObLG FamRZ **91**, 237). Gleiches gilt für mehrere undatierte Test. Ist ein Test datiert, das and undatiert, gilt iZw das undatierte als das ältere, so daß das datierte Bestand hat (s § 2247 V u dort Rn 17; 21). – Beim eigenhänd Test kann das spätere auch in einer Einschaltg bestehen, die aber unterschrieben sein muß (s § 2247 Rn 18). – Bei mehreren gleichlautenden, aber nacheinander errichteten Test bleibt idR auch das früh wirks (s aber Rn 2); das ErbR beruht dann auf jedem einzelnen Test (BayObLG FamRZ **89**, 441). – Die Auslegg einer mehrfachen Bedenkg derselben Person ist vom Einzelfall abhängig (s RG JW **13**, 981; Warn **31** Nr 12).

2) Widerspruch. Mehrere Vfgen vTw widersprechen sich inhaltl, wenn sie sachl miteinander unvereinbar 2
sind. Eine gleichart Regelg enthielt ZGB 387 (dazu KG FamRZ **98**, 124). – Auch bei inhaltl Vereinbark kann ein Widerspr dann bestehen, wenn nach dem dch Auslegg zu ermittelnden ErblWillen die spätere Vfg eine ausschließl u alleinige Geltg haben sollte, also die kumulative Geltg aller Vfgen den im späteren Test zum Ausdr gebrachten Absichten des Erbl zuwiderliefe (BGH NJW **81**, 2746), etwa wenn der Erbl mit dem späteren Test die Erbfolge abschließend regeln wollte, sei es insgesamt od auch nur für einen bestimmten Teilbereich (BGH NJW **85**, 969), wobei es nicht darauf ankommt, ob er an seine früh Vfg überh noch gedacht hat (BayObLG FamRZ **89**, 441). Ist die früh Einsetzg des SchlußE im späteren gemsch Test nicht mehr enthalten, kann Widerruf vorliegen (BayObLG **91**, 10). Ändert der Erbl seine als abschließd angesehene Erbregelg, bei der er auch die Enterbg von Angehörigen ausdrückl verfügt hatte, umfaßt die Neuregelg nicht auch die Beseitigg der Enterbg (BayObLG NJW-RR **96**, 967).

3) Die Aufhebungswirkung (I) reicht nur insow, als der Widerspr besteht. Die alleinige Erbeinsetzg 3
eines Abkömml muß hinsichtl seiner Berufg also nicht einem früh ErbV widersprechen, in dem er auch, aber neben Geschwistern eingesetzt war (BayObLG Rpfleger **87**, 59). Die alleinige Erbeinsetzg des Ehegatten in einem not Test widerspricht als Wiederholg nicht einer früh dch PrivatTest, auch wenn nun noch Regelgen für den Fall des gleichzeit Versterbens od des Längerlebens des Erbl getroffen werden (BayObLG FamRZ **89**, 441). Umfaßt die Erbeinsetzg auch Grdst in der DDR, das einen selbständ Nachl bildet (§ 1922 Rn 8), kann ein späteres abweichdes Test ggf nur beschränkter Widerruf bezügl des Westvermögens sein (Hamm Rpfleger **97**, 529). – Die Wirkg des **I** kommt nur einem zZ seiner Errichtg gült Test zu (KG DNotZ **56**, 564). Sie bleibt dann aber bestehen, auch wenn das Test aus tatsächl Grden wirkgslos bleibt (BayObLG NJW-RR **96**, 967), etwa dch Tod od Ausschlagg des Bedachten ggstandslos od dch Bedinggsausfall od auch Verlust (KG JW **35**, 3122) wirkgslos wird. Dagg nimmt rückwirkde Unwirksamk dch Anfechtg od Fristablauf eines NotTest (§ 2252) dem Test jede Wirkg. S auch beim ErbVertr § 2289 Rn 2–5.

4) Beseitigung der Aufhebungswirkung erfolgt dch Widerruf des späteren Test in den Formen der 4
§§ 2254–2256 **(II),** ohne daß dies ausdrückl verfügt werden muß. **II** ist allerd nur Ausleggsregel (iZw). Der Wille des Erbl kann also auch dahin gehen, trotz des Widerrufs die Wiederherstellg des ersten Test auszuschließen, also mit dem späteren auch das früh Test aufzuheben (Hamm Rpfleger **83**, 401). Ein Wille des Erbl, das früh Test nur teilw wiederherzustellen u einzelne Bestimmgen zu revidieren, kann nur dch neue Vfg wirks werden (Klunzinger DNotZ **74**, 286 ff). – Das früh Test bleibt immer unwirks, wenn es aus der bes amtl Verwahrg zurückgenommen (§ 2256) od dch Handlgen nach § 2255 widerrufen worden war.

2258 a *Zuständigkeit für die besondere amtliche Verwahrung.*

I Für die besondere amtliche Verwahrung der Testamente sind die Amtsgerichte zuständig.

II Örtlich zuständig ist:

1. **wenn das Testament vor einem Notar errichtet ist, das Amtsgericht, in dessen Bezirk der Notar seinen Amtssitz hat;**
2. **wenn das Testament vor dem Bürgermeister einer Gemeinde oder dem Vorsteher eines Gutsbezirks errichtet ist, das Amtsgericht, zu dessen Bezirk die Gemeinde oder der Gutsbezirk gehört;**
3. **wenn das Testament nach § 2247 errichtet ist, jedes Amtsgericht.**

III Der Erblasser kann jederzeit die Verwahrung bei einem anderen Amtsgericht verlangen.

1) Die besondere amtliche Verwahrung bezweckt die Sicherg der letztw Erkl dch Erhalt der Urkunde 1
u Schutz vor ihrer Veränderg sowie die Geheimhaltg ihres Inhalts. Dazu wird die Urkunde aus der allg Aktenverwahrg entnommen u einer Sonderform der Verwahrg (§ 2258 b) unterworfen. Über die AbliefergsPfl des Notars s BeurkG 34 I 4 u zum Vollzug DONot 16. Die vor dem BeurkG (1. 1. 70) vor einem Richter errichteten öff Test sind weiter zu verwahren (Zimmermann Rpfleger **70**, 194). – VollzugsVorschr vgl AktO 27. – Das für den inländ Geburtsort des Erbl zuständ **Standesamt** (sonst das AG Schöneberg in Berlin) ist von der erfolgten Verwahrg zu benachrichtigen. Es verständigt seiners vom Tod des Erbl das Gericht (Notar). S dazu die bundeseinheitliche Bek der Länder üb Benachrichtigg in NachlSachen u die bundeseinheitl Anordng über Mitteilgen in Zivilsachen (MiZi) 2. Teil XVII/1. – **Gebühr:** KostO 101.

2) Die Zuständigkeit des AmtsG (dort Rpfleger, RPflG 3 Nr 2 c) besteht für das ganze Bundesgebiet; in 2
BaWü sind allerd die Notariate zuständig (LFGG 1 I, II; 38; 46 III; Stgt BWNotZ **76**, 175; Karlsr BWNotZ **77**, 45). Verlangt der Erbl Verwahrg dch ein and Gericht, ist dem stets u ohne weiteres stattzugeben **(III),** falls kein offensichtl Mißbrauch vorliegt. Die Ablieferg muß nicht persönl erfolgen. – **Konsulartestamente** sind 3
beim AG Schöneberg in Bln zu hinterlegen, sofern der Erbl nicht ein and AG verlangt hat (KonsG 11 II). – Hinterlegg beim örtl unzuständigen Gericht nimmt ihr nicht den Charakter der bes amtl Verwahrg (vgl FGG 7); das unzuständige Gericht wird aber das Test weiterleiten.

2258 b *Verfahren bei der besonderen amtlichen Verwahrung.* **I Die Annahme zur Verwahrung sowie die Herausgabe des Testaments ist von dem Richter anzuordnen und von ihm und dem Urkundsbeamten der Geschäftsstelle gemeinschaftlich zu bewirken.**

II Die Verwahrung erfolgt unter gemeinschaftlichem Verschluß des Richters und des Urkundsbeamten der Geschäftsstelle.

III Dem Erblasser soll über das in Verwahrung genommene Testament ein Hinterlegungsschein erteilt werden. Der Hinterlegungsschein ist von dem Richter und dem Urkundsbeamten der Geschäftsstelle zu unterschreiben und mit dem Dienstsiegel zu versehen.

1 **1) Das Verfahren** bei der **Annahme** von Test zur bes amtl Verwahrg regelt § 2258 b; AusführgsVorschr enthält AktO 27. Die Aufgaben des Richters sind dem RPfleger übertragen (RPflG 3 Nr 2 c); zu *BaWü* s § 2258 a Rn 2. Die Annahme ist vom RPfleger anzuordnen u von ihm gemeinsch mit dem UrkBeamten zu
2 bewirken **(I).** Eine Pflicht zur Prüfg der RGültigk des Test besteht dabei nicht. – Ein **Hinterlegungsschein (III 1)** soll dem Erbl (bei ErbVertr jedem VertrSchließenden, § 2277) erteilt werden. Zum Inhalt s AktO 27 Abs 6. Über den Vollzug der bes amtl Verwahrg dch den Notar s BeurkG 34 I 4, DONot 16. – Beim AG ist
3 ein **Verwahrungsbuch** über alle zur Verwahrg gebrachten Vfgen vTw zu führen (AktO 27 Abs 4). Die Verwahrg hat unter gemeinschaftl Verschluß des RPflegers u des UrkBeamten zu erfolgen (**II**).

4 **2) Die Herausgabe** eines Test aus der bes amtl Verwahrg ist verfahrensrechtl gleichf in § 2258 b geregelt. Sie erfolgt entw zur Eröffng (§§ 2260 ff) od zur Rückgabe an den Erbl, der sie jederzeit verlangen kann (§ 2256 II 1). Der RPfleger gibt dann das verwahrte Test nur an den Erbl persönl (§ 2256 II 2), bei gemeinsch Test nur an beide Ehegatten (§ 2272) u nur gg Vorlage des Hinterlegsscheins (Rn 2) zurück. Die Herausgabe ist vom RPfleger anzuordnen u von ihm gemeins mit dem UrkBeamten zu bewirken. RPfleger ist dabei nicht befugt, selbst den Umschlag (BeurkG 34) zu öffnen, sofern nicht Erbl zustimmt (str; s Granicky Rpfleger **57**, 246; Fischer Rpfleger **58**, 177). – Zur **Belehrungspflicht** bei öff Test s § 2256 I 2; in der Niederschrift üb die Rückgabe ist Belehrg zu vermerken (AktO 27 Abs 9). – Dagg sind **Erbverträge** nie den VertrSchließenden auszuhändigen, sond in die gewöhnl Verwahrg des Notars zurückzugeben (§ 2277 Rn 4).

2259 *Ablieferungspflicht.* **I Wer ein Testament, das nicht in besondere amtliche Verwahrung gebracht ist, im Besitz hat, ist verpflichtet, es unverzüglich, nachdem er von dem Tode des Erblassers Kenntnis erlangt hat, an das Nachlaßgericht abzuliefern.**

II Befindet sich ein Testament bei einer anderen Behörde als einem Gericht in amtlicher Verwahrung, so ist es nach dem Tode des Erblassers an das Nachlaßgericht abzuliefern. Das Nachlaßgericht hat, wenn es von dem Testament Kenntnis erlangt, die Ablieferung zu veranlassen.

1 **1) Ablieferungspflicht.** Die zwingde Vorschr gilt für Test und ErbVertr (§ 2300) u dient der Erhaltg u Sicherstellg nicht verwahrter Vfgen vTw sowie der Vorbereitg der Eröffng (§§ 2260 ff). Sie erfaßt aber nicht AufhebgsVertr (§ 2290, Düss RhNK **73**, 199) od ErbverzichtsVertr (§ 2346; BayObLG **83**, 149) od bloße Anordngen über Feuerbestattg (RGRK Rn 3). – Die Verpflichtg, von welcher der Erbl nicht befreien kann, trifft den unmittelbaren **Besitzer (I;** § 857; BayObLG FamRZ **88**, 658). – Abliefergspflichtige **Behörde (II)** kann ein Konsularbeamter, Notar od Bürgermeister sein, wenn entgg KonsG 11 II, BeurkG 34 I, § 2249 I 4 das Test noch nicht in amtl Verwahrg gebracht wurde; od ein Notar, der einen ErbVertr verwahrt (BeurkG 34 III); ggf die Polizei od Staatsanwaltsch bei Beschlagnahmen; auch Gerichte, die nicht Verwahrgsgerichte iS des § 2261 sind. Bei Weigerg hilft nur AufsichtsBeschw. – In *Ba-Wü* ist das verwahrende Notariat nicht abliefergspflichtig, sond selbst für die Eröffng zuständig.

2 **2) Abzuliefernde Schriftstücke** sind ausnahmslos alle nicht in Verwahrg des NachlG befindl Schriftstücke, die sich äußerl od nach ihrem Inhalt als letztw Vfg des Erbl darstellen ohne Rücksicht darauf, ob sie als solche sachl u formell gültig, offen od verschlossen sind (BayObLG aaO). Abzuliefern sind also auch alle Schriftstücke, deren Eigensch als Test zweifelh ist, weil allein das NachlG (nicht der Besitzer) entscheidet, ob es den Anfordergen genügt, gültig, widerrufen od ggstandslos ist (KG OLGZ **77**, 394; BayObLG Rpfleger **84**, 19). Es sind also auch nach §§ 2256, 2272 zurückgenommene Test abzuliefern (KG JFG **15**, 93), wenn noch vorhanden; od Briefe od Vereinbargen, sofern sie als erbrechtl Anordngen aufgefaßt werden können (BayObLG aaO). Auch Test von Ausländern sind abzuliefern (Soergel/Harder Rn 17). – Die AbliefergsPfl bezieht sich aber nicht auf die Gesamth verschiedener, in einem Behältn aufbewahrter unbekannter Schrift-
3 stücke zwecks Prüfg ihres Inhalts (BayObLG FamRZ **88**, 658). – Abzuliefern sind die **Urschriften** (dazu Soergel/Harder Rn 4), bei deren Verlust eine etwa vorhandene begl Abschrift (Hbg RJA **15**, 25). Die Ablieferg hat unverzügl (§ 121) nach Kenntn vom Tod des Erbl zu erfolgen, muß aber nicht persönl geschehen. Ihre Kosten treffen den Erben (KGJ **25** B 31). Abgabe beim nächsten AG statt beim zuständ NachlG erfüllt die Pflicht auch. Nichtablieferg kann straffällig u schadensersatzpflichtig machen.

4 **3) Zwang.** Erhält das NachlG Kenntn, daß jemand im Besitz eines Test ist, fordert es den Besitzer zunächst zur Ablieferg auf. Bleibt dies erfolglos, kann es die Ablieferg erzwingen entw dch Festsetzg von Zwangsgeld (FGG 83 I; 33 I) od dch Anwendg unmittelb Zwangs (FGG 33 II). Zwang kann auch angeordnet werden, wenn kein Pflichtiger, wohl aber bekannt ist, daß sich die Urk in Bankfach, Wohng, Versteck befindet. Besteht nur eine Vermutg, kann NachlG den bestreitenden Besitzer zur Abgabe eidesstattl Vers anhalten (FGG 83 II); dies kann vAw od auf Antr erfolgen; bei Ablehng Beschw (Karlsr Just **78**, 141). – Für das Verfahren nach § 2259, FGG 83, 33 I, II 1 ist Rpfleger zuständ (RPflG 3 Nr 2 c); s auch *BaWü* LFGG 40 I.

5 **4) Nach Ablieferung** werden die Test nicht in bes amtl Verwahrg gebracht, sond bei den anzulegenden Akten bis zur Eröffng aufbewahrt (AktO 28 Abs 4 a). Ein Hinterleggsschein wird nicht erteilt, jedoch auf Verlangen eine Empfangsbestätigg.

2260 *Eröffnung des Testaments durch das Nachlaßgericht.* **I Das Nachlaßgericht hat, sobald es von dem Tode des Erblassers Kenntnis erlangt, zur Eröffnung eines in seiner Verwahrung befindlichen Testaments einen Termin zu bestimmen. Zu dem Termin sollen die gesetzlichen Erben des Erblassers und die sonstigen Beteiligten, soweit tunlich, geladen werden.**

II In dem Termin ist das Testament zu öffnen, den Beteiligten zu verkünden und ihnen auf Verlangen vorzulegen. Die Verkündung darf im Falle der Vorlegung unterbleiben. Die Verkündung unterbleibt ferner, wenn im Termin keiner der Beteiligten erscheint.

III Über die Eröffnung ist eine Niederschrift aufzunehmen. War das Testament verschlossen, so ist in der Niederschrift festzustellen, ob der Verschluß unversehrt war.

1) Eröffnung. Zu eröffnen ist jedes Schriftstück, das angebl vom Erbl stammt u sich äußerl u inhaltl als Test od ErbVertr darstellt (Einzelh s Rn 3). Die materielle od formelle Gültigk ist dabei noch nicht zu prüfen. Deshalb sind selbst aufgehobene, nichtige od dch Vorversterben des Bedachten überholte Test zu eröffnen u sogar solche, die inhaltl übereinstimmen (KG Rpfleger **79**, 277). – Die Eröffng ist von Amts wg vorzunehmen, sobald NachlG vom Todesfall zuverläss durch Standesbeamten, Polizei usw Kenntn hat. Ausnahmsw können auch ohne Todesnachweis Test, die mehr als 30 Jahre verwahrt sind, eröffnet werden (§ 2263 a). – Die Eröffng ist ein formaler Akt, also mat-rechtl weder WirksamkVoraussetzg für die in der Urkunde enthaltenen letztw Vfgen noch Nachweis für die Erbfolge (BayObLG **83**, 176; Rpfleger **86**, 303). Dch sie wird idR die Ausschlagsfrist (§ 1944 II 2) in Lauf gesetzt (s § 1944 Rn 3). 1

a) Zuständig ist das **Nachlaßgericht** (s dazu § 1962 Rn 1; Rpfleger, RPflG 3 Nr 2 c), ausnahmsw das Verwahrgsgericht (§ 2261) u der Konsularbeamte (KonsG 11 III), nicht aber ein ersuchtes Gericht (BayObLG **31**, 91). In *BaWü* ist das verwahrende Notariat auch für die Eröffng zuständig. – Verzicht der Beteiligten auf förml Eröffng ist unbeachtl (BayObLG **51**, 391), ebso ein Verbot des Erbl (§ 2263). – Gg Ablehng der Eröffng ist Beschwerde (FGG 19; RPflG 11) statth (s Ffm FamRZ **77**, 482), nicht aber gg die erfolgte Eröffng (BayObLG NJW-RR **94**, 1162). 2

b) Gegenstand der Eröffng ist jede amtl verwahrte oder nach § 2259 abgelieferte, sich äußerl als (wenn auch formungült) Test darstellde Urk. Einen Brief, der äußerl nicht als Test bezeichnet ist, kann das NachlG inhaltl prüfen, ob es sich um ein Test handelt (Ffm Rpfleger **70**, 392; KG Rpfleger **77**, 256). Auch widerrufene Test sind zu eröffnen u mitzuteilen (BayObLG **89**, 323; Düss OLGZ **66**, 64). Über die Gültigk ist erst bei ErbschErteilg (§§ 2353 ff) oder vom Prozeßrichter zu entscheiden (Hbg JFG **1**, 174; KG JFG **14**, 158, 171). – Zu eröffnen ist die **Urschrift,** bei mehreren sämtliche, notf bei Verlust eine etwa vorhandene beglaub Abschrift, nicht aber einfache Abschrift (KG JW **19**, 586). – Kann Eröffng wg TestVerlusts nicht erfolgen, hindert dies bei Nachweis von Form u Inhalt des verlorenen Test (§ 2255 Rn 12) die ErbschErteilg nicht (KG JW **19**, 586; vgl § 2255 Rn 10). Wegen Ersetzg zerstörter od abhanden gekommener gerichtl od not Urk vgl § 2255 Rn 1. 3

c) Ausländische Erblasser. Ihre letztw Vfgen sind auf jeden Fall dann zu eröffnen, wenn ein StaatsVertr die Mitwirkg des deutschen Gerichts vorsieht; wenn kraft Rückverweisg deutsches materielles ErbR, auch nur auf einen Teil des Nachl, anzuwenden ist (BayObLG **58**, 34; Staud/Baumann Rn 20); ein FremdR-ErbSch (§ 2369) beantragt werden soll (Lüb SchlHA **58**, 334) od ein Sichergsbedürfn für den Nachl besteht (Pinckernelle/Spreen DNotZ **67**, 201). – Ein in **Österreich** vom dortigen VerlassenschGer „kundgemachtes" Test eines Deutschen braucht im ErbSchVerf nicht ein zweites Mal eröffnet zu werden (Will DNotZ **74**, 273). 4 5

2) Verfahren. Zum alsbald anzusetzenden Termin (**I 1**) sollen die gesetzl Erben geladen werden sowie die sonst **Beteiligten,** denen dch die letztw Vfgen des Erbl ein (wenn auch aufschiebd bedingtes od befristetes) Recht gewährt od genommen od deren Rechtslage in sonstiger Weise unmittelb beeinflußt wird (Erben; TV; VermächtnNehmer; Empfänger von Auflagen, § 2194; Behörde, die Vollziehg einer Auflage verlangen kann; Personen, bezügl deren familienrechtl Anordngen getroffen sind; nicht: NachlGläub), soweit sie bekannt sind (bei verschlossenem Test sind Angehörige, Polizei, Nachbarn zu befragen; zeitraubde Ermittlgen aber vor der Eröffng zu unterlassen). In der Praxis unterbleibt oft die Ladg als „untunlich", weil die Beteiligten zweckmäßiger, schneller und zuverlässiger dch Übersendg von Ablichtgen des Test als dch Verkündg unterrichtet werden. 6

a) Im Termin hat der Rpfleger unter Feststellg des Todestags (mittels SterbeUrk, TodesErkl od and Nachweis) sowie der Unversehrtheit des Verschlusses ein verschlossenes Test zu öffnen. Die Eröffng erfolgt dch Verkündg an die Beteiligten; diese unterbleibt nur bei Vorlegg od Nichterscheinen (der ordngsgemäß geladenen) od Nichtermittlg von Beteiligten; es ist dann zur Niederschr **(III)** der Grund des Unterbleibens der Verkündg festzustellen u Benachrichtigg nach § 2262 vorzunehmen. – Zu sonstigen Erklärgen od Belehrg über Echth, Ausschlagg, Annahme, Anfechtg, Erbenhaftg, Erbteilg, Steuerfragen ist der Termin zwar nicht bestimmt. Er wird jedoch auch zu derart Erörtergen in der Praxis genutzt; NachlG hat aber keine allg AuskPfl u sollte sich auf die seiner Prüfg unterliegden RFragen beschränken. – Über die erfolgte Eröffng ist eine **Niederschrift** zu fertigen **(III).** Ihr Inhalt ist ges nur hinsichtl der Mindestanfordergen festgelegt, ergibt sich aber daraus, daß die erfolgten Feststellgen samt Auffälligkeiten zu protokollieren sind. Der in der Praxis verbreitete Stempelaufdruck auf der Originalurkunde mag rechtl der Mindestanforderg genügen, ist aber weder zweckmäßig noch sinnentspr (vgl dazu Westphal Rpfleger **80**, 214, 460; **83**, 210; von Rechberg Rpfleger **80**, 458; Bayer Rpfleger **80**, 459). Die Niederschrift ist zwar eine öff Urkunde (ZPO 415), aber kein Nachweis für die Erbfolge (vgl BayObLG **83**, 176/181; Übbl 5 vor § 2353). 7 8

b) Nach Eröffnung wird auf das eröffnete Test zweckm ein Eröffngsvermerk gesetzt. Das Test bleibt dann offen bei den NachlAkten (Ausn § 2273 II 2), auch nach Erteilg eines Erbscheins (vgl auch § 2264). Keine Herausg an die Beteiligten (KG DFG **43**, 51; Rpfleger **77**, 256; aM Hbg MDR **75**, 666, wenn Urschrift für die Hinterbliebenen erhebl ethischen Wert hat; ebso Stgt Rpfleger **77**, 398; wie hier aber BGH NJW **78**, 1484). – Dem zuständ GBA soll das NachlG bei bekannt gewordenem Grundbesitz nach GBO 83 Mitteilg 9 vom Erbfall machen; die Erben sollen auf die Unrichtigkeit des Grundbuchs hingewiesen werden sowie auf bestehende Gebührenvergünstiggen (s KostO 60 IV).

2261 *Eröffnung durch ein anderes Gericht.* **Hat ein anderes Gericht als das Nachlaßgericht das Testament in amtlicher Verwahrung, so liegt dem anderen Gericht die Eröffnung des Testaments ob. Das Testament ist nebst einer beglaubigten Abschrift der über die Eröffnung aufgenommenen Niederschrift dem Nachlaßgericht zu übersenden; eine beglaubigte Abschrift des Testaments ist zurückzubehalten.**

1 **1) Das Verwahrungsgericht** (ein AG, BeurkG 34; § 2248, § 2258 a; KonsG 11 III; in *BaWü* seit 1. 9. 86 das verwahrende Notariat) nimmt mit der Eröffng des Test eine eigenständ Aufgabe wahr, die auch dann zu erfüllen ist, wenn die Verwahrg keine bes iS von § 2258 a; BeurkG 34 I war (Hamm Rpfleger **72**, 23). Es leitet seine Funktionen nicht von der Tätigk des NachlG ab wie auch dieses nicht die Tätigk des VerwahrgsG fortsetzt (Hbg Rpfleger **85**, 194). Eine Zuständigk wird auch dch TestAblieferg beim „nächsten AG" eröffnet (BayObLG **92**, 123). Für späteren ZuständigkStreit ist Eröffng keine Befassg iS von FGG 5 (BayObLG Rpfleger **95**, 254; Ffm NJW-RR **98**, 367). – Wegen der Verlustgefahr muß das VerwahrgsG eröffnen u erst das eröffnete Test samt beglaub Abschr an das NachlG weiterleiten, womit seine Funktionen enden, während das NachlG ein völlig neues Verfahren in Gang setzt (Hbg aaO). Bei Verlust des Test kann sein Inhalt an Hand der zurückbehaltenen begl Abschrift festgestellt werden. – Beschwerde steht dem VerwahrgsG gg die Weigerg eines and Gerichts zu, das übersandte Test zur endgült Verwahrg anzunehmen (KG Rpfleger **77**, 100).

2 **2) Vom Nachlaßgericht** ist das eröffnete Test weiter zu verwahren (KG Rpfleger **77**, 100; s auch § 2273 Rn 6; § 2300 Rn 3) u die nach KostO 103 III angefallene Gebühr zu erheben. Beschwerde kann es zwar nicht gg die erfolgte Eröffng mit dem Ziel einer Berichtigg u Ergänzg einlegen (BayObLG **86**, 118), wohl aber gg die Verweigerg der Auslieferg des Test (KG JFG **14**, 168).

2262 *Benachrichtigung der Beteiligten.* **Das Nachlaßgericht hat die Beteiligten, welche bei der Eröffnung des Testaments nicht zugegen gewesen sind, von dem sie betreffenden Inhalt des Testaments in Kenntnis zu setzen.**

1 **1) Benachrichtigung.** Ihr Zweck ist, Personen, deren RLage dch die in der Vfg vTw getroffenen Bestimmgen des Erbl unmittelb beeinflußt wird, Kenntn von dem sie betreffenden Inhalt des Test zu geben, um sie in den Stand zu versetzen, das zur Wahrnehmg ihrer Interessen Zweckdienliche zu veranlassen (BGH **70**, 173; BayObLG **89**, 323). Eine Unterlassg mit Rücks auf das PersönlichkR des Erbl od der Erben ist nicht gerechtfertigt (BayObLG aaO). – **Beteiligte** sind zunächst die Bedachten, auch bei nur bedingter Zuwendg (s § 2260 Rn 6); der VermächtnNehmer, auch wenn das Vermächtn dch ein weiteres Test widerrufen ist (BayObLG aaO; Düss OLGZ **66**, 64; s aber auch BGH **LM** Nr 1 mAv Johannsen zum ErbVertr). Sodann alle ges Erben, die nach § 1938 ausgeschlossen od auf den Pflichtt gesetzt sind, od denen der Pflichtt entzogen ist, auch wenn sie in der Vfg nicht erwähnt sind (Staud/Baumann Rn 7; Düss RhNK **78**, 160 zum ErbVertr). –
2 **Mitteilungspflicht:** Das NachlG (nicht das nach § 2261 eröffnende Gericht) hat die Beteiligten formlos u ohne Rücks auf die Gültigk des Test in Kenntn zu setzen (s LG Köln Rpfleger **92**, 436). Verletzg dieser MitteilgsPfl kann SchadErsAnspr begründen (BGH NJW **92**, 1884). Die Beteiligten sind ggf zu ermitteln (RG **69**, 274), zB wer zum Kreis der VermächtnNehmer gehört; ev ist Pfleger (§ 1913) zu bestellen (BayObLG **79**, 340/343); s auch Bremen Rpfleger **73**, 58: Ist TV ernannt, genügt es, wenn VermächtnNehmern die sie betreffde Vfg u der Name des TV bekannt gemacht wird. – Der Erbl kann Benachrichtigg ebensowenig verbieten wie die Eröffng (§ 2263; Düss aaO). Die Beteiligten können auf Benachrichtigg verzichten. – Der Erbe ist gg die vom NachlG beabsichtigte Bekanntgabe einer VermächtnAnordng an den Bedachten beschwerdeberecht (Düss aaO); über BeschwerdeR des TV gg Durchführg einer über die ges Vorschr hinausgehden Mitteilg s Bremen aaO.

3 **2) Erbenermittlung.** In Süddeutschland hat das NachlG nach *BaWü* LFGG 41 u *Bay* AGGVG 37 vAw die Erben zu ermitteln (in *BaWü* auch die ErbersatzBerecht); *Bay* schränkt diese Fürsorge für den Nachl allerd auf die Fälle ein, daß ein Grdst od wesentl Aktivvermögen vorhanden ist (s auch BayObLG NJW-RR **97**, 389). Das NachlG hat die ermittelten Erben dann vom Erbfall u dem Ermittlgsergebn zu unterrichten u auf die Berichtigg des GBuchs hinzuwirken (zu *BaWü* s Sandweg BWNotZ **86**, 5; **79**, 25, der auch bei Ausländern die Pfl zur Erbenermittlg bejaht; üb die Mitwirkg der Standesbeamten u der Gemeinden s Richter StAZ **88**, 249). – Im Rahmen einer Erbenermittlg vAw kann das NachlG ua die Unwirksamk einer Erbausschlagg aussprechen; dieser Beschluß ist mit Beschw (FGG 19 ff) anfechtb. Es kann gem GG 35 vom Standesamt über die in den Sammelakten aufgeführten Angehörigen des Erbl Auskunft verlangen (Brschw Rpfleger **89**, 371). – Über Erbenermittlg auf Ersuchen des GBA im BerichtiggszwangsVerf s GBO 82 a; KG OLGZ **69**, 134. – Erbenermittlg dch darauf spezialisierte Sucher zu dem Zweck, sich gg Erfolgshonorar mit der NachlAbwicklg beauftragen zu lassen, ist erlaubnispflichtig nach Art 1 § 1 RBerG (BGH NJW **89**, 2125).

4 **3) Mitteilung an Finanzamt** ist nach ErbStDV 7 (BGBl 98 I 2658) vorgeschrieben. Vgl dazu die bundeseinheitl Anordng über Mitteilgen in Zivilsachen (MiZi) 2. Teil XVII/2.

2263 *Nichtigkeit eines Eröffnungsverbots.* **Eine Anordnung des Erblassers, durch die er verbietet, das Testament alsbald nach seinem Tode zu eröffnen, ist nichtig.**

1 **Unbeachtlich** wie das Eröffngsverbot ist auch das Verbot der Ablieferg, Benachrichtigg, Einsicht (§§ 2259, 2262, 2264; s KG Rpfleger **79**, 137/138) sowie der Öffng der ErblWohng u ihrer Behältnisse. Die Nichtigk solcher Bestimmgen berührt iZw das Test im übrigen nicht (§ 2085). Doch wird Nichtigk dann

anzunehmen sein, wenn der Erbl verboten hat, das Test überh zu eröffnen, weil es damit nicht ernstl gemeint (§ 118) od uU widerrufen (§§ 2253 ff) ist (ebso Soergel/Harder Rn 3; Staud/Baumann Rn 3).

2263 a *Eröffnungsfrist für Testamente.* **Befindet sich ein Testament seit mehr als dreißig Jahren in amtlicher Verwahrung, so hat die verwahrende Stelle von Amts wegen, soweit tunlich, Ermittlungen darüber anzustellen, ob der Erblasser noch lebt. Führen die Ermittlungen nicht zu der Feststellung des Fortlebens des Erblassers, so ist das Testament zu eröffnen. Die Vorschriften der §§ 2260 bis 2262 sind entsprechend anzuwenden.**

1) Eröffnungspflicht entsteht stets dann, wenn sich ein Test (auch ein gemeinsch, obwohl § 2273 nicht 1
erwähnt ist) mehr als 30 Jahre in amtl Verwahrg befindet. Dies soll verhindern, daß eine TestEröffng auf Dauer nur desh unterbleibt, weil Tod des Erbl nicht dem verwahrenden Gericht mitgeteilt wurde. Verwahrg ist jede amtl, ob bes, einfache od Aktenverwahrg (Hornung JVBl **64**, 226). – Der Zeitpkt der Errichtg od Annahme des Test zur Verwahrg ist gleichgült. Desh sind auch vor dem 1. 1. 1900 errichtete Test (ErbV) grdsl zu eröffnen (BGH DNotZ **73**, 379; Memmingen Rpfleger **77**, 440); nur wenn feststeht, daß ihnen keine Bedeutg mehr zukommt, kann davon abgesehen werden. – Der Eröffng voraus geht eine mit Fristablauf entstehde **Ermittlungspflicht** des VerwahrgsG, deren Umfang aber in sein pflichtgem Ermessen gestellt ist. 2
Bleibt Tod des Erbl ungeklärt, ist sein Test so zu eröffnen, als ob er unmittelb vor Eröffng im Bezirk des VerwahrgsG gestorben wäre (Bengel Rn 5). – **Zuständig** ist RPfleger (RPflG 3 Nr 2 c), in Ba-Wü Notariat 3
(§ 2258 a Rn 2; § 2261 Rn 1). – AusführgsVorschr: AktO 27 Abs 10.

2) Eine Eröffnung noch zu bei Lebzeiten des Erbl (sei es versehentl od nach ergebnislosen od mangelh 4
Erhebgen) berührt die Gültigk des Test nicht. Das Test ist wieder zu verschließen u zu verwahren. Ggf ist Erbl zu verständigen, der nur bei versehentl Eröffng SchadErsatz verlangen kann, wenn er dadurch berechtigten Anlaß zur Errichtg eines neuen Test erhielt u ihm daraus besondere Kosten erwachsen, die nicht niedergeschlagen od erlassen werden können.

2264 *Einsichtnahme, Abschrifterteilung.* **Wer ein rechtliches Interesse glaubhaft macht, ist berechtigt, ein eröffnetes Testament einzusehen sowie eine Abschrift des Testaments oder einzelner Teile zu fordern; die Abschrift ist auf Verlangen zu beglaubigen.**

1) Rechtliches Interesse (vgl FGG 85) erfordert, daß das Test nach der Eröffng auf die Gestaltg der rechtl 1
Beziehgen des Einsichtnehmers einwirkt. Es ist daher enger als das berechtigte (wirtschaftl, wissenschaftl) Interesse gem FGG 34 (Keidel/Reichert FGG 34 Rn 13), der neben § 2264 gilt (KG Rpfleger **78**, 140). Glaubhaftmachg erfolgt gem FGG 15 II. – Zu Lebzeiten des Erbl kann nur dieser Einsicht in sein amtl verwahrtes Test nehmen. Bei gemeinsch Test gilt dies nach dem Tod eines Ehegatten auch bezügl der noch nicht eröffneten gesonderten u wiederverwahrten (§ 2273 Rn 1; 6) Vfgen des Überlebenden (aA Jena Rpfleger **98**, 249).

2) Einsicht können auch die nicht bedachten ges Erben des Erbl verlangen, ebso Abschriften seines Test 2
(BayObLG **54**, 312). Der Berechtigte kann auch durch Vertreter einsehen, vom NachlG (nicht vom beurkundenden Notar, BayObLG **54**, 310) Abschriften verlangen, Photokopien anfertigen, aber keine chemische Untersuchg vornehmen lassen. Er hat bei Ablehng Erinnerg gem RPflG 11. – Behörden, insb dem FinA (AO 111 ff) ist ohne weiteres Einsicht zu gewähren. – Bei nur teilw Eröffng eines gemeinsch Test (§ 2273) wird nur Einsicht in den eröffneten Teil u Abschrifterteilg von diesem gewährt. Sonst kann der Berecht Einsicht u Abschrift des ganzen Test verlangen (Hamm FamRZ **74**, 387/389). Zum Test zählen auch die Anlagen u das EröffngsProt (MüKo/Burkart Rn 6; str). – Für eröffnete **Erbverträge** gilt nicht § 2264, sond FGG 34, so daß berecht Interesse genügt (dann Ermessensentscheidg). – FGG 34 regelt auch die Einsicht in die **Akten** des 3
NachlG (s dazu § 2353 Rn 24).

Achter Titel. Gemeinschaftliches Testament

Einführung

1) Der Begriff des gemeinsch Test ist im G nicht geregelt. Es steht nur Ehegatten offen (§ 2265; zur 1
Umdeutg gemeinsch Test von Nichtehegatten s § 2265 Rn 3) u ist deshalb weitgehend vom Bestand der Ehe abhängig (§ 2268). Auch im gemeinsch Test verfügt jeder Ehegatte stets einseit als Erblasser üb sein Vermögen für den Fall seines Todes, so daß rechtl eine doppelte einseit Vfg vTw vorliegt. Die Unterschiede zu zwei EinzelTest liegen in den ges Formerleichtergen (§§ 2266, 2267), im Ausschluß einseit Rücknahme aus amtl Verwahrg (§ 2272) u vor allem in der Möglichk, die letztw Vfgen beider Ehegatten so miteinander zu verbinden, daß sie in ihrem Bestand voneinander abhängig sind (§ 2270) u nur nach § 2271 widerrufen werden können. – Zu GestaltgsMöglichk bei nichtehel Partnersch s Grziwotz ZEV **94**, 267.

a) Das Wesen des gemeinsch Test besteht in der **Gemeinschaftlichkeit** seiner Errichtg aGr eines gemeins 2
Entschlusses beider Ehegatten. Die früh vom RG vertretene obj Theorie, nach der die äußere Form einer einheitl Urkunde für wesentl erachtet wurde (RG **72**, 202), wird heute fast allg als zu formal abgelehnt. Weitgehend herrscht Einigk, daß der Wille zur gemeinsch Testierg maßgebl ist (subjekt Theorien). Unterschiedl Auffassgen bestehen jedoch darüber, wie dieser Wille zum Ausdruck gebracht u nachgewiesen sein muß (Einzelh s Pfeiffer FamRZ **93**, 1266). Die rein subjekt Theorie begnügt sich damit, die Gemeinschaftlichk aus irgendwelchen, auch außerhalb der Urk liegenden Umständen herzuleiten (OGH NJW **49**, 304). Demggü verlangt im Interesse der RSicherh die heute wohl überwiegende vermittelnde Auffassg in Anlehng an die Andeutgstheorie (s dazu § 2084 Rn 4), es müsse aus den TestUrk selbst erkennb sein, daß es sich um

eine gemeinsch Erklärg handelt (BGH **9**, 113; Köln OLGZ **68**, 321; Celle OLGZ **69**, 84), mag sich der volle Beweis dann auch erst dch Umstände außerhalb der Urk ergeben (Ffm OLGZ **78**, 267; Hamm OLGZ **79**, 266). Dem ist zuzustimmen. Der als maßgebl angesehene Wille bezieht sich nur auf den Errichtgsakt, der als gemeins äußerl erkennb sein muß, aber nicht auf die inhaltl Übereinstimmg der beiden letztw Vfgen, die nicht begriffsnotwend aufeinander abgestimmt sein müssen; jeder Ehegatte verwirklicht seinen eigenen Willensentschluß u muß die Vfg des and nur deshalb kennen, um sich darauf einzustellen u seine eigene Vfg damit abstimmen zu können. Der Wille ist also kein rechtsgeschäftl, sond ein tatsächl, der sich auf die gemeinsch Errichttg beschränkt (s MüKo/Musielak Einl zu § 2265 Rn 9 ff; Soergel/Wolf vor § 2265 Rn 6; KG NJW **72**, 2133; vgl auch Kanzleiter DNotZ **73**, 133; für rechtsgesch Qualität Pfeiffer FamRZ **93**, 1266) und der sogar erst später gefaßt werden kann, sich aber stets aus den TestUrk ergeben muß.

3 **b) Vom Erbvertrag** unterscheidet sich das gemeinsch Test verschiedentl: Der ErbVertr kann auch von Nichteheleuten u zwischen mehr als zwei VertrPartnern geschlossen werden, braucht dann aber nur die letztw Vfg einer Person zu enthalten; er erzeugt als Vertr stets Bindgswirkg u kann vom Erbl grdsl nicht mehr widerrufen, sond nur noch angefochten od dch vorbehaltenen Rücktritt beseitigt werden; er bedarf stets notarieller Form u kennt keine Formerleichterg.

4 **2) Testamentserrichtung.** Unter der Besonderh, daß stets zwei Erbl vorhanden sind, die beide testierfähig sein müssen (§ 2229), können die Ehegatten frei wählen, ob sie ihr gemeinsch Test in Form des öff od des eigenhänd Test errichten wollen. Beide Formen sind erbrechtl gleichwertig, der angestrebte Zweck ist mit jeder Form erreichb; zu den jeweiligen Vorzügen s § 2231 Rn 3. Entscheiden sich die Eheleute für die privatschriftl Form, können sie zusätzl die Erleichterg des § 2267 in Anspr nehmen, müssen dies aber nicht. IdR werden beide Ehegatten in der gleichen Form testieren. Es sind aber auch **Mischformen** zulässig (einer errichtet öff, der andere privatschriftl Test; bei Behinderg s aber Rn 6), sofern der Wille, ein gemeinsch Test zu errichten, hinreichend erkennb ist (str; ebso Soergel/Wolf § 2265 Rn 12; RGRK Rn 11, 12; aA MüKo/Musielak § 2267 Rn 3). – Neben diesen ordentl Test (§ 2231) können die Ehegatten auch gemeinsch außerordentl Test errichten (§§ 2249–2251); dabei muß für ein NotTest die Voraussetzgen des § 2249 od des § 2250 nur bei einem Ehegatten bereits vorliegen (§ 2266). – Zur **Aufhebung** dch Widerruf s § 2271 Rn 1–8; § 2255 Rn 15. Bei Unauffindbark od unfreiw Verlust s § 2255 Rn 9–12; 15.

5 **a) Das öffentliche** gemeinsch Test kann seit 1. 1. 70 nur noch zur Niederschrift eines Notars errichtet werden (§ 2231 Nr 1; 2232). Die Gemeinschaftlichk wird idR dch die Einheitlichk der Beurkundg hergestellt. Jedoch kann das gemeinsch Test auch dch getrennte öff Test errichtet werden, sofern nur der gemeinsch Wille erkennb ist, zB der eine Ehegatte vor einem Notar das gemeinsch Test errichtet u der andere vor einem anderen Notar erklärt, das ihm bekanntgemachte Test sei auch sein eigenes (RGRK Rn 10; Soergel/Wolf § 2265 Rn 12). – Ihren letzten Willen können die Eheleute auf die gleiche Weise od auf verschiedene Art erklären (§ 2232 iVm BeurkG 9 I Nr 2; 13 I; 30). Sie können sich also beide mündl erklären; od der eine mündl u der andere dch Übergabe einer Schrift testieren; od beide eine gemeins Schrift übergeben; od jeder eine gesonderte; od der eine zur übergebenen Schrift mündl Ergänzgen erklärt, der andere nicht. Stets muß jedoch sichergestellt sein, daß jeder Ehegatte von der Vfg des and Kenntn hat u sich auf sie einstellen kann; bei Übergabe einer verschlossenen Schrift soll der Notar deshalb entspr Erkl beider
6 Ehegatten in die Niederschr aufnehmen. – Bestehen Hindernisse in der **Person** eines Ehegatten, muß die Form beachtet werden, die dem beschränkten Ehegatten zum Testieren offen steht (§ 2233): Ist ein Ehegatte minderjährig, kann auch der volljähr nur dch mündl Erkl od Übergabe einer offenen Schrift testieren (§ 2233 I; BeurkG 30); ist einer lesensunkundig, können beide Ehegatten nur dch mündl Erkl testieren (§ 2233 II); ist einer stumm, kann dieser stets nur dch Schriftübergabe testieren (§ 2233 III; BeurkG 22, 31), der and Ehegatte auch mündl, ohne daß dann schon genügt, wenn der Stumme schriftl erklärt, daß die aufgenommene Niederschr auch seinen Willen enthalte; der Stumme muß also eine Schrift mit seinem Willen
7 übergeben u noch die schriftl Erkl nach BeurkG 31 abgeben. – **Verfahren:** Beide Ehegatten müssen anwesend sein u bis zur Unterschrift eines jeden leben. Beide müssen sich vor dem Notar erklären, die Niederschr genehmigen u sie unterzeichnen (BeurkG 9 I Nr 2; 13 I). Bei Gebrechen auch nur eines gelten BeurkG 22 ff, 31. Die Ausschließgsgründe nach BeurkG 6, 7, 27 gelten, auch wenn sie nur in der Person eines Ehegatten vorliegen. Übersetzg bzw Dolmetscher (BeurkG 16; 32) ist erforderl, wenn auch nur ein Ehegatte nicht sprachkundig ist. – Zur Verschließg u Veranlassg der Verwahrg s BeurkG 34. – **Gebühr** s KostO 46.

8 **b) Das eigenhändige** gemeinsch Test kann von den Ehegatten nur gewählt werden, wenn beide volljährig sind und lesen können (§ 2247 IV), anderf nur das öff Test zulässig ist (§ 2233 I; s Rn 6). Es kann dann sowohl in einem einzigen gemeinsch Test, aber auch in mehreren Urkunden, dann auch in zeitl Abstand voneinander (RG **72**, 204) u selbst ohne ausdrückl Bezugnahme, Ergänzgs- od Nachtragsvermerk errichtet
9 werden. – **aa) Bei getrenntem** Testieren in Form zweier privatschriftl EinzelTest muß zunächst jeder Ehegatte seine Vfg zur Gänze eigenhänd schreiben und unterschreiben (§ 2247); es ist also nicht formgerecht, wenn der Ehemann nach seiner Vfg auch den Text der Ehefrau schreibt, diesen aber nur die Ehefrau unterschreibt u nicht auch der Ehemann, weil die FormVorschr nicht schon wg der Absicht zur Errichtg eines gemeinsch Test unbeachtet bleiben können (BGH NJW **58**, 547; Hamm OLGZ **72**, 139 mAv Haegele Rpfleger **72**, 404; aA Celle NJW **57**, 876). **Zusätzlich** muß der Wille beider Ehegatten zum gemeinsch Testieren sich aus beiden Urk zumindest andeutgsweise ergeben, wobei dann zum vollen Beweis auch Umstände außerh der Urkunden herangezogen werden können (BGH **9**, 114; Ffm OLGZ **78**, 267; Hamm OLGZ **79**, 266). Dazu reicht nicht schon die gesonderte Errichtg zweier sich inhaltl im wesentl enspr Test am gleichen Ort u zur gleichen Zeit aus (BGH, Hamm aaO). Ausreichende Anhaltspkte können dagegen sein, daß die Ehegatten in ihren Vfgen das Wort „wir" od „gemeinsam" verwenden (BayObLG FamRZ **91**, 1485; **93**, 240); od jeweils die Vfg des and mitunterzeichnen (BayObLG **59**, 199; Ffm aaO); od wenn beide EinzelTest auf demselben Bogen Papier geschrieben werden, inhaltl aufeinander abgestimmt sind u sich aus der Urk die Gleichzeitigk der Errichtg ergibt (aA Hamm aaO). Noch nicht genügend ist dagg die bloße Verwahrg beider Test in einem gemeins unbeschrifteten offenen Umschlag (BayObLG **59**, 229; Köln OLGZ **68**, 321; Haegele JurBüro **68**, 347 ff); jedoch kann bei verschlossenem Umschlag aus dessen Beschriftg der

gemeinsame Testierwille ersehen werden (Hamm aaO), wobei Köln aaO in der Aufschrift „Unser Test" noch keinen derart Willen gesehen hat. – **bb) Bei gemeinsamer Urkunde** gewährt § 2267 Formerleichtergen. 10
Der gemeins Testierwille kann sich dann schon aus der gemeins Unterzeichng der nur von einem Ehegatten geschriebenen Vfgen ergeben od aus der jeweiligen Mitunterzeichng der von jedem Teil selbst geschriebenen Vfg (Einzelh s bei § 2267).

3) Inhalt. Im gemeinsch Test können die Eheleute alle Vfgen treffen, die sie sonst in EinzelTest treffen 11
würden. Deshalb kann auch nur eine äußerl TestierGemsch vorliegen, zB wenn jeder Eheg verschiedene Personen bedenkt, etwa die Kinder aus seiner früheren Ehe (sog gleichzeitiges Test). Dies gilt auch dann, wenn sich die Eheleute ggseit, jedoch ohne inneres BeziehgsVerhältn, bedenken od so zugunsten desselben Dritten testieren (sog ggseit Test). – Die Besonderh des gemeinsch Test liegen jedoch in der Möglichk zu **wechselbezüglicher** Vfgen (§ 2270 I), dem häufigsten Fall (wechselbezügl Test). Hier wird jede Vfg nicht nur mit Rücks auf die andere, sond nicht ohne die andere getroffen, steht u fällt also mit ihr (§ 2270 Rn 1). Das G beschränkt die wechselbezügl Vfgen auf Erbeinsetzgen, Vermächtn u Auflagen (§ 2270 III), führt einzelne Vfgen an, in denen iZw Wechselbezüglichk vorliegt (§ 2270 II) u zieht in § 2270 I aus der Wechselbezüglichk die Folgerg, daß Nichtigk od Widerruf der einen Vfg die Unwirksamk der anderen herbeiführt. In § 2271 wird schließl der Widerruf wechselbezügl Vfgen behandelt. – Bei **einseitiger Abhängigkeit** (einseit Bindg), bei der dem anderen Eheg der AbhängigkWille fehlt, sind §§ 2270, 2271 entspr anwendb (KG JFG **10**, 67; **17**, 46; Kipp/Coing § 35 I 2; Brox Rn 190; bestr; s dazu ausführl Buchholz Rpfleger **90**, 45). – Auch in **unwirksamen** gemeinsch Test, insb von Nichtehegatten, sind wechselbezügl Vfgen möglich (BGH NJW-RR **87**, 1410). Hierauf sind zwar die §§ 2270 ff nicht anwendb; wohl aber ist die eine Vfg bei Unwirksamk der anderen anfechtbar. – In einem notariellen gemeinsch Test kann auch die stillschw Erkl eines Erb- od Pflichtt-**Verzichts** des einen Eheg u dessen Annahme dch den and Eheg enthalten sein (BGH NJW **77**, 1728; dazu Habermann JuS **79**, 169). – Ein gemeinsch Test kann auch dch einen ErbVertr od dch ein späteres gemeinsch Test (gleich ob eigenhänd od notariell) in der Weise **ergänzt** werden, daß die neuen Vfgen mit den bisherigen sich als einziges gemsch Test darstellen (BayObLG Rpfleger **80**, 283; s dazu auch § 2270 Rn 4).

4) Auslegung. Die allg Grds zur Auslegg nicht eindeutiger Vfgen vTw (s § 2084 Rn 1 ff) gelten auch hier. 12
Jedoch ist bei gemeins Vfgen in einem gemeinsch Test stets für jede zu prüfen, ob ein nach dem Verhalten des einen Eheg mögl AusleggsErgebn auch dem Willen des and entsprochen hat (BGH **112**, 229; BayObLG **81**, 79). Dabei kommt es auf den übereinstimmenden Willen zZt der TestErrichtg an (BGH aaO). Auch für die Ermittlg des mutmaßl od des hypothet Willens ist die Willensrichtg beider Ehegatten maßgebend (KG OLGZ **66**, 506; BayObLG **62**, 142). Läßt sich keine Übereinstimmg der beiderseit Vorstellgen u Absichten feststellen, muß auf den Willen gerade des Erbl abgestellt werden mit der Besonderh, daß hier gem § 157 eine Beurteilg aus der Sicht des and Ehegatten stattfindet. Dieser muß näml die Möglichk haben, sich bei seinen Vfgen auf die des and Teils einzustellen u umgekehrt (BGH NJW **93**, 256). S auch § 2269 Rn 9; 10.

2265 *Errichtung durch Ehegatten.* **Ein gemeinschaftliches Testament kann nur von Ehegatten errichtet werden.**

1) Nur Ehegatten ist die Errichtg eines gemeinsch Test vorbehalten. Diese Einschränkg ist verfassgsrechtl 1
unbedenkl u verstößt nicht gg GG 3 I (BVerfG NJW **89**, 1986). Die Eheleute müssen zZt der TestErrichtg in einer gültigen Ehe leben. Die Eheschließg kann hier frei nachgewiesen werden, da § 2356 nur für ges ErbR des Eheg gilt (BayObLG FamRZ **90**, 1284). S dazu näheres bei § 2268, dort auch über die Auswirkgen einer Ehescheidg od Eheauflösg auf das gemeinsch Test. – Zu den Möglichk eines gemeinsch Test bei **Ausländern** s Umstätter DNotZ **84**, 532. Ist nur einer der Ehgatten Ausländer u kennt sein HeimatR das gemeinsch Test nicht, ist die Zulässigk eines solchen Test str (s EG 25 Rn 13; Zweibr FamRZ **92**, 608). – Zum Wesen gemeinsch Vfg und zur TestErrichtg s Einf 1–10 vor § 2265. – Lit: Langenfeld, Das EhegTest, 1994.

2) Unverheiratete Personen (Verlobte; Verwandte; Partner eheähnl Lebensgemeinsch) können sich des 2
gemeinsch Test mit seiner Bindgsmöglichk u Formerleichterg nicht bedienen. Sie müssen entw zwei getrennte EinzelTest errichten od not ErbVertr (§ 2276) abschließen, falls Bindg gewollt wird. Ein von ihnen gleichwohl errichtetes gemeinsch Test, das sich nicht als zwei nur äußerl in einer Urk verbundene EinzelTest erweist, ist als solches nichtig; dies wird auch nicht dch spätere Heirat geheilt (Soergel/Wolf Rn 5). Allerd ist seine Aufrechterhaltg als EinzelTest im Weg der **Umdeutung** (§ 140) mögl, soweit die Form des § 2247 vollständ 3
gewahrt ist (bei gewählter Formerleichterg nach § 2267 trifft dies nur auf einen zu). Bei Wahrg der Form bleiben einseit Vfgen stets gültig (BGH NJW-RR **87**, 1410; KG NJW **72**, 2133; BayObLG FamRZ **93**, 1370). – Für **wechselbezügliche** Vfgen wird dies dagg von der bisher hM abgelehnt (RG **87**, 33; KG 4
Rpfleger **69**, 93; Hamm FGPrax **96**, 152), weil derartige Vfgen miteinander stehen u fallen, also gerade nicht isoliert gelten sollen (s § 2270 Rn 1). Dann ist aber auch zu beachten, daß zur Feststellg einer Wechselbezüglichk der Vfgen von Unverheirateten nicht ohne weiteres die für Ehegatten geltende Vermutg des § 2270 II herangezogen werden kann, zumal wenn es sich um Blutsverwandte handelt (zB Geschwister, s Zweibr FamRZ **89**, 790). Inzwischen hat sich allerd ein gewisser Meingswandel vollzogen, wonach unter bestimmten Voraussetzgen auch bei wechselbezügl Vfgen die Möglichk einer Umdeutg zu bejahen ist (s KG NJW **72**, 2133; Ffm MDR **76**, 667; FamRZ **79**, 347; LG Karls BWNotZ **89**, 62; Soergel/Wolf Rn 5; RGRK Rn 14; Schlüter § 26 III 2 c; Lange/Kuchinke § 24 I 4 b; Kanzleiter DNotZ **73**, 133 u in Staud Rn 4 ff; wohl auch MüKo/Musielak Rn 9). Voraussetzg dafür ist allerd außer der Wahrg der Form eines EinzelTest vor allem ein entsprechender Wille beider Testierender. Soergel/Wolf (aaO u vor § 2265 Rn 12) stellt darauf ab, ob eine beiders auflösende Bedingg od eine WirksamkErwartg nach § 2078 II als gewollt angesehen werden kann. Da dem G kein Umdeutgsverbot zu entnehmen ist, sollte anerkannt werden, daß der formgerecht erklärte Wille des Testierenden eines fehlgegangenen gemeinsch Test auch bei wechselbezügl Vfg als EinzelTest aufrecht erhalten werden kann, wenn festgestellt wird, daß er bei Kenntn der Unwirksamk des angestrebten gemeinsch

Test eine gleichlautende einseit letztw Vfg getroffen hätte (Staud/Kanzleiter Rn 12; Bengel Rn 7; dagg Hamm aaO mAv Kanzleiter ZEV **96**, 306); bei Zuwendg an einen Dritten, die in der Absicht erfolgte, daß sie nicht nachträgl aufgehoben werden kann, wird die Umdeutg unter Beifügg einer Bedingg, daß der letzt-
5 begünstigte Dritte das ihm Zugewendete erhält, häufig mögl sein (Staud/Kanzleiter Rn 13). – Ein in der fr **DDR** errichtetes gemeinsch Test von Nichteheleuten (EG 235 § 2 mit Rn 4) ist wg Verstoßes gg ZGB 388 unwirks. Es kann im Weg der Umdeutg als EinzelTest bei Wahrg der Form von ZGB 385 nur aufrechterhalten werden, wenn Erbl seine Vfg auch bei Kenntn der Unwirksamk gewollt hat (Naumbg OLG-NL **98**, 226).

2266 ***Gemeinschaftliches Nottestament.*** **Ein gemeinschaftliches Testament kann nach den §§ 2249, 2250 auch dann errichtet werden, wenn die dort vorgesehenen Voraussetzungen nur bei einem der Ehegatten vorliegen.**

1 **1) Ein gemeinschaftliches Nottestament** nach § 2249 od § 2250 ist auch zulässig, wenn die dort bezeichneten Voraussetzgen nur bei einem Eheg vorliegen. Beim AbsperrgsTest (§ 2250 I) und beim SeeTest (§ 2251) ergibt sich im allg, daß deren Voraussetzgen bei beiden Eheg vorliegen. Jedoch kann ein gemeinsch Test auch dadurch zustande kommen, daß ein Eheg seine Erkl in der Form u unter den Voraussetzgen der §§ 2250 I od 2251 abgibt, der andere in ordentl Form (RGRK Rn 2).

2 **2) Als nicht errichtet** ist das Test zu betrachten, wenn beide Eheg die **Frist** des § 2252 I, II überleben. Die Frist ist gehemmt, solange nur einer der Eheg kein öff Test errichten kann. Dagg bleibt die ganze Vfg wirks, wenn einer der Eheg währd der Frist stirbt, also auch beim Tod des Gefährdeten (KGJ **51**, 89). Der Überlebende ist dann nach § 2271 an seine wechselbezügl Vfgen gebunden. Auch seine einseit Vfgen bleiben wirks (str; ebso Soergel/Wolf Rn 3; MüKo/Musielak Rn 4; aA Staud/Kanzleiter Rn 5 mN).

2267 ***Gemeinschaftliches eigenhändiges Testament.*** **Zur Errichtung eines gemeinschaftlichen Testaments nach § 2247 genügt es, wenn einer der Ehegatten das Testament in der dort vorgeschriebenen Form errichtet und der andere Ehegatte die gemeinschaftliche Erklärung eigenhändig mitunterzeichnet. Der mitunterzeichnende Ehegatte soll hierbei angeben, zu welcher Zeit (Tag, Monat und Jahr) und an welchem Ort er seine Unterschrift beigefügt hat.**

1 **1) Formerleichterungen** gewährt § 2267, wenn die Eheg eigenhänd testieren (zur TestErrichtg und Wahl der Form s Einf 4 vor § 2265; zum früh TestG 28 II s ÜbergangsVorschr Einf 2 vor § 2229); daneben stehen auch and Formen zur Vfg (s Einf 8–10 vor § 2265). Es genügt, daß sämtl Vfgen beider Eheg nur von einem niedergeschrieben werden, wenn dann beide Eheg diese Vfgen unterschreiben (vgl Hamm OLGZ **72**, 139/143). Eine ausdrückl BeitrittsErkl ist nicht erforderl; wurde sie (entspr fr R) abgegeben, kann sie auch auf unterzeichnetem besond Blatt stehen, wenn Beziehg zur HauptErkl feststeht (BayObLG **93**, 240). Wenn ein Eheg die vom anderen getroffenen Vfgen mitunterzeichnet, will er damit möglicherw zum Ausdr bringen, daß er auch für seine Person Vfgen treffen will, die denen des anderen Eheg entsprechen. Aus der Mitunterzeichng ergibt sich dann eine gemeinsch Erkl (Soergel/Wolf Rn 2). Zum vollen Beweis der Gemeinschaftlichk können außertestamentarische Umstände herangezogen werden (s Einf 2 vor § 2265; BayObLG **59**, 199; s auch Hamm aaO). Der beitretende Eheg kann seine Unterschrift auch noch später beifügen (Haegele BWNotZ **77**, 29/33). Jedoch muß zum Zeitpkt der Unterzeichng des Letztunterschreibenden der and Eheg noch am Leben sein. – Zeit- und Ortsangabe ist beim Mitunterzeichnen ebso erwünscht wie beim Schreiben (§ 2247 II), jedoch nicht notwend. Die Folgen einer Unterlassg (§ 2247 V) können aber auch hier eintreten. – Über die RFolgen, falls der andere Eheg nicht beitritt, vgl § 2270 Rn 2.

2 **a) Formmängel.** Kein gemeinsch Test liegt dann vor, wenn die Unterschrift des and Eheg unterbleibt od wenn ein Eheg ohne eigenen Testierwillen die vom anderen einseitig getroffenen Vfgen nur zum Zeichen der KenntnNahme od Billigg mitunterzeichnet (vgl Schlesw SchlHA **55**, 21; KGJ **42**, 116; BayObLG **59**, 199). Der Form des § 2267 entspricht es auch nicht, wenn ein Eheg vorab blanko unterschreibt u der and danach den Text räuml darüber setzt (Hamm OLGZ **93**, 141); od der Schreibende Lücken läßt, mit deren Ausfüllg dch den and Eheg erst das von beiden Gewollte erkl ist (Hamm FamRZ **92**, 356 mAv Musielak). Dagg ist abwechselnde Niederschrift u deren gemeins Unterzeichng formgerecht, sofern sämtl Vfgen von den Unterschriften beider Eheg gedeckt sind (LG Mü I FamRZ **98**, 1391 mN; aA Musielak aaO). – Entspricht die TestUrk nach ihrem äußerl Bild einem formgerechten gemeinsch Test, begründet dies eine tatsächl, aber entkräftb Vermutg, daß die ges vorgeschriebene Reihenfolge eingehalten wurde (Hamm OLGZ **93**, 141).

3 **b) Nachträge** müssen wie beim EinzelTest (s § 2247 Rn 18) durch die ursprüngl Unterschrift der beiden Eheg gedeckt sein. Es genügt dann, wenn der eine Eheg sie mit Billigg des anderen beifügt. Nicht durch die urspr Unterschr mehr gedeckte Nachträge müssen also von beiden Eheg unterschrieben sein (RGRK Rn 14). Zur Möglichk der Ergänzg s auch § 2270 Rn 4.

4 **2) Umdeutung.** Hat ein Eheg die gemeinsch Erkl vollständ niedergeschrieben u unterschrieben, wird diese vom and Eheg aber nicht (mehr) unterzeichnet, liegt nur der Entwurf eines gemeinsch Test vor. Dieser kann aber, da er die Form des § 2247 wahrt, ein rwirks EinzelTest sein. Dafür kommt es nicht darauf an, ob es sich um den Entwurf von Eheg od von Unverheirateten handelt, sond nur auf den Willen desjenigen, der seine Erkl bereits abgegeben hat (BGH NJW-RR **87**, 1410): Geht dieser Wille dahin, daß seine Vfg unabhängig von dem Beitritt des and gelten soll, kann der Entwurf als sein EinzelTest aufrecht erhalten werden; war dagg von ihm nur eine wechselbezügl Vfg gewollt, ist dies nicht mögl (BGH aaO; Ffm FGPrax **98**, 145). Die Ausleggsregel des § 2084 ist bei dieser Ermittlg unanwendb (BayObLG FamRZ **92**, 353). – Eine Umdeutg (§ 140) in ein EinzelTest kommt wg der Formbedürftigk prakt nur für die HauptErkl in Betracht, da die BetrittsErkl für sich betrachtet idR kein vollständ formgerechtes EinzelTest darstellt; deshalb kann die BeitrittsErkl „Dies ist auch mein Test u Wille“ nicht als rwirks EinzelTest aufrecht erhalten werden (BayObLG **68**, 311).

2268 *Wirkung von Ehenichtigkeit oder -auflösung.* **I Ein gemeinschaftliches Testament ist in den Fällen des § 2077 seinem ganzen Inhalte nach unwirksam.**

II Wird die Ehe vor dem Tode eines der Ehegatten aufgelöst oder liegen die Voraussetzungen des § 2077 Abs. 1 Satz 2 oder 3 vor, so bleiben die Verfügungen insoweit wirksam, als anzunehmen ist, daß sie auch für diesen Fall getroffen sein würden.

1) Volle Unwirksamkeit (I). In den Eheauflösgsfällen des § 2077 (Scheidg, Aufhebg, NichtigErkl nach früh R, Tod des AntrSt währd laufendem Scheidgs- od AufhebgsVerfahren) bestimmt **I** als lex spec, daß ein gemeinsch Test der Ehegatten dann insgesamt unwirks ist, also auch hinsichtl der Vfgen zugunsten Dritter u der nicht wechselbezügl Vfgen. Das G geht davon aus, daß sie vermutl nicht gemeinsch testiert hätten, wenn sie mit der Auflösg ihrer Ehe gerechnet hätten (BGH FamRZ **60**, 28; Hamm OLGZ **92**, 272). Diese RFolge trifft sogar gemeinsch Test, in denen die Ehegatten nur Dritte bedacht haben (vgl BayObLG FamRZ **94**, 193). – **I** ist eine dispositive Norm (Muscheler DNotZ **94**, 733; str; nach aA Ausleggsregel, s Hamm aaO; BayObLG NJW **96**, 133), da **II** Ausnahme zuläßt, allerd nicht für den Fall der Nichtigk. Wurde also eine Ehe nach den bis 1. 7. 98 geltden Vorschr (EG 226) für **nichtig** erklärt (EheG 23), ist das gemeinsch Test stets unwirks. Dann können aber solche Anordngen, die einen Dritten begünstigen u mit der Ehe nichts zu tun haben, in EinzelTest nach § 140 umgedeutet werden (Staud/Kanzleiter Rn 5; Muscheler aaO; weitergehend Lange/Kuchinke § 24 I 5; für Umdeutgsverbot Lutter FamRZ **59**, 273). 1

2) Bei Aufrechterhaltgswillen (II) bleiben die Vfgen des Erbl im gemeinsch Test (auch seine wechselbezügl) entgg **I** auch bei rkräft Eheauflösg vor seinem Tod (§ 2077 Rn 3) od in den ihr gleichgestellten Fällen des § 2077 I 2; 3 (dort Rn 4) insow wirks, als sie auch für einen solchen Fall getroffen sind od anzunehmen ist, daß der Erbl sie auch für diesen Fall getroffen hätte. Letzteres entspricht § 2077 III, der bei einseit Vfgen zugunsten des Ehegatten auch dem mutmaßl ErblWillen Vorrang einräumt (zum ErbV s § 2279 II). Bei Nichtigk der Ehe gilt die Ausn des **II** dagg nicht (Rn 1). – Für die **Feststellung** eines (wirkl od hypothet) Aufrechterhaltgswillens kommt es bei wechselbezügl Vfgen auf den Willen beider Ehegatten an (Einf 12 vor § 2265), bei and auf den des jew Verfügenden, stets aber auf den zum Zeitpkt der TestErrichtg (BayObLG **93**, 240). Spätere Umstände können nur als Anzeichen für einen bereits früh vorhanden gewesenen Willen berücksichtigt werden (BGH FamRZ **61**, 364 zu § 2077). Aufrechterhaltgswille kann nur angenommen werden, wenn der Erbl zu der Vfg nicht dch die Erwartg des Fortbestands der Ehe bestimmt worden ist; liegen der Vfg mehrere Beweggründe zugrunde, muß ausgeschlossen werden können, daß diese Erwartg sich zumindest wesentl mitbestimmend ausgewirkt hat (Hamm OLGZ **92**, 272; BayObLG NJW **96**, 133). Regelmäß wird dies nur bei einseit Vfgen gelten. Dagg ist Wechselbezüglichk der Vfg Indiz gg Aufrechterhaltgswillen (Hamm aaO; Staud/Kanzleiter Rn 10). Etwas anderes kann sich aus der Person des Bedachten ergeben, etwa wenn bereits nach dem Erstverstorbenen gemeinsame Kinder als Erben zu bestimmten Teilen eingesetzt sind (BayObLG **93**, 240; Stgt OLGZ **76**, 17; Dieterle BWNotZ **70**, 171). – **Heiraten** sich die geschiedenen Eheleute **erneut,** wird ihr Test nicht allein dadch wieder wirks (hM, zB BayObLG NJW **96**, 133 mN; Keuk, ErblWille, 1965, 53 f). Jedoch kann dies bei Ermittlg des hypothet Willens Berücksichtigg finden u ggf zur Weitergeltg führen (BayObLG aaO). Zum EinzelTest s § 2077 Rn 7. – Ob nach **II** wirks wechselbezügl Vfgen auch nach Eheauflösg als solche iS der §§ 2270; 2271 anzusehen sind (wovon zB BayObLG aaO ausgeht) od idR nur als einseit weitergelten, ist im Einzelfall zumindest zu prüfen, sofern nicht ohnehin jede Wechselbezüglk zwingd mit Eheauflösg endete (so Muscheler DNotZ **94**, 733). – Die mat **Feststellungslast** 3 für Aufrechterhaltgswillen trifft, wer sich auf Wirksamk des Test beruft (Hamm OLGZ **92**, 272 mwN). – Eine freiere Beurteilg greift ein, wenn bei begründetem Scheidgs- od AufhebgsAntr des Erbl der andere Ehegatte währd des Prozesses stirbt; denn bei ihm ist § 2077 u demzufolge auch § 2268 I unanwendb (s Staud/Kanzleiter Rn 8 mN). 2

2269 *Berliner Testament.* **I Haben die Ehegatten in einem gemeinschaftlichen Testamente, durch das sie sich gegenseitig als Erben einsetzen, bestimmt, daß nach dem Tode des Überlebenden der beiderseitige Nachlaß an einen Dritten fallen soll, so ist im Zweifel anzunehmen, daß der Dritte für den gesamten Nachlaß als Erbe des zuletzt versterbenden Ehegatten eingesetzt ist.**

II Haben die Ehegatten in einem solchen Testament ein Vermächtnis angeordnet, das nach dem Tode des Überlebenden erfüllt werden soll, so ist im Zweifel anzunehmen, daß das Vermächtnis dem Bedachten erst mit dem Tode des Überlebenden anfallen soll.

1) Gestaltungsmöglichkeiten. Wollen Eheg, die ihr Vermögen häufig als Einheit ansehen, dch erbrechtl 1 Vfgen sicherstellen, daß nach dem Tod des ersten von ihnen das gemeinsame Vermögen zunächst dem überlebenden Teil verbleiben soll und erst nach dessen Ableben auf einen von ihnen gemeinsam bestimmten Dritten (meist die Abkömml) übergehen soll, stehen ihnen dafür grdsl drei Möglichk offen:

a) Vor- und Nacherbfolge (sog. Trenngslösg). Jeder Eheg kann den anderen als seinen VorE, den Dritten 2 als seinen NachE und zugleich als ErsatzE (für den Fall des eigenen Überlebens) einsetzen. Nach dem ersten Erbfall ist dann beim Überlebenden zw Eigenvermögen und Nachl des Erstverstorbenen zu unterscheiden. Nach seinem Tod (der zugleich Nacherbfall ist) erhält der Dritte beide Vermögensmassen getrennt u aus verschiedenen Berufgsgründen, näml den Nachl des Erstverstorbenen als dessen NachE und den des Überlebenden als dessen VollE (an Stelle des zunächst vorgesehenen, aber vorverstorbenen and Eheg). Fehlt die ausdrückl Bestimmg, daß NE zugleich ErsatzE sein soll u schafft auch die Auslegg keine Klarh, ist § 2102 anzuwenden (str; s § 2102 Rn 3). – Für den Fall, daß der eingesetzte NachE den Nacherbfall nicht erlebt, können die Eheg auch einen SchlußE einsetzen (BayObLG **66**, 408).

b) Voll- und Schlußerbfolge (sog Einheitslösg). Setzen sich die Eheg ggseit zu AlleinE ein u bestimmen 3 sie, daß nach dem Tod des Überlebenden der beiderseit Nachl an einen Dritten fallen soll, ist dieser SchlußE von jedem Eheg als ErsatzE für den Fall berufen, daß der andere zuerst stirbt. Beim Tod des Erstversterbenden wird der Überlebende VollE, so daß sich in seiner Hand Nachl u Eigenvermögen zu einer einheitl Vermögensmasse vereinigen, über die er zu seinen Lebzeiten frei verfügen kann (soweit nicht § 138 entggsteht, s § 2271 Rn 11) u die nach seinem Tod als GesamtNachl auf den Dritten als seinen Erben übergeht. Als „Berliner Test" wird heute eine Vfg vTw bezeichnet, bei der sich die Eheg ggseit zu AlleinE einsetzen u ihre Kinder (od Dritte) zu Erben des Längerlebenden mit der Maßgabe berufen, daß diesem der GesamtNachl zur freien lebzeit Vfg allein verbleiben u den Kindern nur das bei seinem Tod vorhandene Vermögen zufallen soll (BayObLG **66**, 408). – Geht der überlebende Eheg eine zweite Ehe ein u macht er von seinem AnfechtgsR (s § 2271 Rn 26) keinen Gebr, erhält bei seinem Ableben der neue Eheg seinen Pflichtt aus dessen gesamten Nachl (bei ZugewinnGemsch s § 2280 Rn 3). – Nach dem SchlußE können die Eheg **Nacherben** einsetzen (BayObLG FamRZ **86**, 610; **98**, 324).

4 **c) Nießbrauchsvermächtnis und Vollerbschaft.** Die Eheg können den Dritten auch schon als VollE des Erstversterbenden berufen, den Nießbrauch am Nachl aber im Wege des Vermächtn dem Überlebenden zuwenden (s Einf 6 vor § 2147; § 1089). – Zu steuerl Überleggen s Mayer ZEV **98**, 50.

5 **2) Auslegungsregel.** Verknüpfen Eheleute ihre ggseit (nicht notwend wechselbezügl) Einsetzg zu AlleinE mit der Bestimmg eines Erben für den Überlebenden (die bei Abkömml nicht stets ausdrückl sein muß, zB sich auch aus einer Strafklausel mit PflichttFolgen ergeben kann, BayObLG **59**, 199; **60**, 218) u ist ihr gemeins Wille nicht eindeut, ist er zunächst dch Auslegg auf der Grdlage des erklärten Willens beider Eheleute (s Einf 12 vor § 2265) zu erforschen. Hiervon befreit § 2269 nicht. Nur wenn Zweifel bestehen bleiben, die auch nach Ermittlg aller in Betr kommenden Umstände nicht zu beheben sind, kommt die **Auslegungsregel** des **I** (keine ges Vermutg) zur Anwendg (BGH **22**, 366; WM **73**, 41; Hamm OLGZ **68**, 486). Im Zw hat das G sich also für die Einheitslösg entschieden u damit eine alte Streitfrage geregelt (zur Entstehgsgeschichte u etwaigen Reform s Buchholz FamRZ **85**, 872). § 2269 ist aber nicht anwendb, wenn der Längerlebende nur als MitE eingesetzt ist. Auch nicht, wenn die Schlußerbeneinsetzg mit einem früh Zeitpkt od Ereignis verknüpft ist; eine Wiederverheiratgsklausel (Rn 16) steht einer Auslegg allerd nicht entgg (BGH NJW **83**, 277). Die Bezeichng des Dritten als „NachE" hat dagg für sich allein keine entscheidende Bedeutg (s Rn 7).

6 **3) Auslegungsfragen.** Schlußerbeneinsetzg ist als gewollt anzunehmen, wenn beide Eheg das beiderseit Vermögen ersichtl als eine Einheit ansehen u eine verschiedene RStellg des Überlebenden zu den beiden ursprüngl Vermögensmassen u die Möglichk einer Trenng der Massen beim Tod des Längstlebenden haben ausschließen wollen (RG **113**, 240; BayObLG **66**, 61; 417; KG DNotZ **55**, 411). Sind zB die beiders Verwandten als Schlußerben eingesetzt, erhalten sie iZw das Gesamtvermögen ohne Unterscheidg danach, was von welchem Eheg herstammt. Sind die Kinder ohne nähere Bezeichng als SchlußE eingesetzt u hinterläßt der Überlebende sowohl ehel als auch nichtehel Kinder, kann der Verwendg einer PflichttSanktionsklausel (s Rn 13) entnommen werden, daß SchlußE nur diejenigen Kinder sind, denen ein Pflichtt in Bezug auf beide Eheg zusteht (BayObLG Rpfleger **88**, 314). Haben die Eheg sich dagg nur ggseit eingesetzt, kann die unterbliebene Einsetzg eines SchlußE nicht in der Verwendg einer Straf- od Wiederverheiratgsklausel gefunden werden (Saarbr Rpfleger **92**, 393). Die Einsetzg von SchlußE muß nicht ausdrückl erfolgt sein, sond kann sich auch aus einer Verteilg nach Ggständen ergeben (§ 2087 Rn 2), selbst wenn dabei bezügl eines angegebenen Ggstands offen blieb, wer diesen erhalten soll (BayObLG NJW-RR **98**, 1230).

7 **a) Vor- und Nacherbschaft** ist dagg anzunehmen, wenn das Auseinanderfallen des Vermögens in seine ursprüngl Bestandteile gewollt war, zB wenn die Verwandten des Mannes als Erben für seinen Nachl, die der Frau als Erben ihres Nachl bezeichnet werden (RG **79**, 277, auch wg weiterer Verteilgsfragen). Für Vor- und Nacherbeinsetzg spricht auch die Anordng, daß die Kinder ein gewisses Kontroll- oder MitverwaltgsR haben (RG **60**, 118) od daß der überlebde Teil nur Verwaltg u Nießbrauch hat u von jeder SicherhLeistg befreit sein soll. Dagg macht nicht schon allein die Verwendg der Begriffe Vor- u NachE das Test eindeutig, weil nicht feststeht, daß die Eheleute diese Begriffe rechtl zutreffend gebraucht haben (BayObLG FamRZ **92**, 1476). Selbst in einem notariellen Test kann damit der ErblWille unpräzise od unrichtig erfaßt sein (KG Rpfleger **87**, 110; s zB Hamm JZ **94**, 628), obwohl einem Notar solche Begriffe geläufig sind (RG **160**, 109). Maßgebl ist näml nicht die Auffassg des Notars, sond die des Erbl, auch wenn der Notar glaubt, die von ihm gewählte Formulierung gebe den Willen des Erbl wieder (BGH **LM** Nr 1 zu § 2100). Erst recht ist bei dem PrivatTest eines Laien der Gebr der Worte „Vorerbe" od „Nacherbe" (BGH NJW **83**, 277; Düss NJW-RR **97**, 136; BayObLG **66**, 419; Karlsr OLGZ **69**, 495) od ungenauer Ausdrücke wie „Nacherbe des Zuletztversterbenden" (Ffm OLGZ **72**, 122) nicht entscheidend. Haben die Ehegatten bei der Einsetzg eines „NachE" sinnwidrig nicht zwischen ihren beiden Nachlässen unterschieden, wollte aber jeder für seinen Überlebensfall auch zugunsten dieses „NachE" testieren, bildet der Wortlaut eine hinreichende Stütze für die Ermittlg, ob damit dessen Einsetzg als VollE gewollt war (KG aaO; Hamm JZ **94**, 628 mAv Muscheler; s § 2102 Rn 3). Haben Eheg wg vereinbarter GüterGemsch bezügl des Gesamtguts keinen Anlaß zur Unterscheidg, wem dieses Vermögen zusteht (§ 1416 I), kann bei Zuwendg von Grundvermögen aus dem Gesamtgut an die Abkömml Nacherbfolge angeordnet sein (BayObLG FamRZ **88**, 542).

8 **b) Die Vermögenslosigkeit** des überlebden Eheg allein zwingt bei einer im gemeinsch Test angeordneten Erbfolge der Kinder nach dem zunächst alleinerbenden Überlebenden nicht zur Annahme von Vor- od NachErbsch (BayObLG **66**, 49). Ebso für einen ähnl gelagerten Fall BGH (Urt v 2. 2. 67, III ZR 17/65), wonach eine mögliche Vermögenslosigk des überlebenden Ehemanns noch kein hinreichder Hinweis dafür zu sein braucht, daß Vor- u NachErbsch gewollt war (vgl BayObLG NJW **66**, 1223). Sie könnte aber als solcher angesehen werden, wenn anzunehmen wäre, die (vorverstorbene) Ehefr habe Wert darauf gelegt, daß die Substanz ihres Vermögens unvermindert auf ihre Verwandten übergehe. Dagg spricht nach KG DNotZ **55**, 408 Vermögenslosigk eines Eheg für Vor- u Nacherbeneinsetzg, weil ohne Vorhandensein eines nennenswerten Vermögens des einen Eheg ein maßgebl BewegGrd für die Gestaltg der Erbfolge iS einer Behandlg des „beiderseitigen Vermögens als Einheit" fehle; s hierzu aber BayObLG **66**, 62 f.

9 **c) „Gleichzeitiges" Versterben.** Eheleute verfügen oft für den Fall ihres gleichzeit Todes, obwohl dies im RSinne voraussetzt, daß beider Tod im gleichen Bruchteil einer Sekunde eintritt u dies schon ärztl prakt

nicht feststellb ist (§ 1922 Rn 2). Erbrechtl könnte in einem solchen Fall auch keiner Erbe des andern werden, weil der Erbe den Erbl (wenigstens kurz) überleben muß (§ 1923 I). Die Eheg werden dah bei Abfassg ihres gemeinsch Test meist nicht an diesen engen u kaum wahrscheinl Wort- u RSinn ihrer Formulierg gedacht, sond den Begriff für ähnl Fallgestaltgen gebraucht haben. Wenn sich dah aus den Umständ ergibt, daß sie mit ihren Worten einen vom Wortsinn abweichden and Sinn verbunden haben, ist ihre Vfg ausleggsfäh, weil ihr gemeins wirkl Wille Vorrang hat (§ 2084 Rn 1). Der Lebenserfahrg folgd können nach der Rspr damit auch Fallgestaltgen umschrieben sein, in denen beide Eheg in kurzem zeitl Umstand nacheinander versterben, sei es aGrd desselben Ereignisses (zB Unfall, BayObLG **86**, 426), sei es aGrd verschiedener Ursachen (Selbsttötg nacheinander, BayObLG NJW-RR **97**, 329; natürl Tod, Stgt FamRZ **94**, 852; Ffm FGPrax **98**, 110). Wollten sie allerd nur für eine besond Situation Vorsorge treffen, die nicht eingetreten ist, gilt ihre Vfg nicht generell (BayObLG FamRZ **97**, 1570; 1571). Zur Auslegg s Übbl 12 v § 2265. – Wörtl weniger eng sind Formuliergen wie „Im Falle unseres **gemeinsamen Ablebens**" od „Falls uns beiden etwas zustößt". Damit kann 10
zunächst nur das Motiv angegeben sein, warum die Eheg schon jetzt auch für den zweiten Todesfall testierten (s § 2074 Rn 1; BayObLG FamRZ **97**, 389: Sollte uns gemeinsam was passieren). Die Vfg kann aber auch für den (seltenen) Fall des zeitgleichen Todes od den (näherliegenden) des Versterbens der Eheg kurz nacheinander aGr desselben Ereignisses getroffen sein (BayObLG **86**, 426; Karlsr OLGZ **88**, 24; Köln FamRZ **96**, 310). Schließl ist auch bei Vorliegen ausreichender Anhaltspkte eine and Auslegg nicht ausgeschlossen, so daß darin zB auch die Erbeinsetzg der Kinder nach dem zuletzt verstorbenen Eheg liegen kann (BayObLG FamRZ **88**, 879; **90**, 563); solche Anhaltspkte hat Ffm Rpfleger **88**, 483 in den zusätzl Worten gesehen „u kein Überlebender mehr von uns beiden vorhanden ist".

4) Dem Schlußerben eines Berliner Test (od ErbVertr), der nur Erbe des Längerlebenden ist u als Nachl 11
nur das bei dessen Tod Vorhandene erhält, erwächst dch den Tod des Erstversterbenden noch kein Recht od ein vererbl Voranfall (anders beim NachE, § 2108 II). Er erwirbt dadch aber eine Anwartsch (str), über die er zwar nicht vfgen kann (§ 312 I), die ihn aber zur Feststellgsklage berechtigt, wenn der überlebende Eheg entgg der eingetretenen Bindg abweichend letztw verfügt (RG HRR **28** Nr 843) od das Test anficht (vgl BGH **37**, 331) od eine Vfg unter Lebenden wg Umgehung des Widerrufsverbots nach § 2271 II aus besond Gründen nichtig ist (s § 2271 Rn 11). Erlebt er den zweiten Erbfall nicht, setzt eine stillschw Ersatzberufg nach § 2069 an sich voraus, daß er Abkömml des Längerlebenden war; die Auslegg wird hier aber meist dazu führen, daß auch Abkömml des Erstverstorbenen in Frage kommen (hM). – Für eine beabsichtigte **Anfechtung** beginnt die Frist erst mit dem Tod des Überlebenden (s § 2082 Rn 5; § 2271 Rn 33). Eine Ausschlagg kann erst dann erfolgen (§ 1946 Rn 2). – **Bedingt** ist die Einsetzg des SchlußE im Falle einer Strafklausel, mit der die Fdg des Pflichtt (s Rn 12; 13) verhindert werden soll (BayObLG Rpfleger **88**, 314).

5) Den Pflichtteil kann ein Abkömml od Elternteil (§§ 2303 ff) als SchlußE nach dem Tod des erst- 12
verstorbenen Eheg fordern, da es sich um zwei Erbl handelt u er beim ersten Erbfall übergangen ist (hM); mit einem ErbVertr kann dagg uU ein stillschw abgeschlossener PflichttVerzichtsVertr verbunden sein (BGH **22**, 364). Ausschlagg nach § 2306 I 2 kommt nicht in Betr, denn wo nichts zugewendet wurde, ist auch nichts auszuschlagen. In der Geltdmachg des Pflichtt liegt auch kein Verzicht auf die SchlußErbsch. Die PflichttFdg können die Testierenden rechtl selbst dann nicht verhindern, wenn sie ihrem Ziel widerspricht, dem Überlebenden das Vermögen ungeschmälert u frei verfügbar zu belassen. – **a) Durch Sanktionen** können die Eheg 13
mittelbar versuchen, den SchlußE von der Fdg seines Pflichtt nach dem ersten Erbfall abzuhalten. Vielf übl ist die Strafklausel, daß ein Kind, das beim Tod des Erstversterbenden seinen Pflichtt verlangt, beim Tod des Längerlebenden auch nur den Pflichtt erhält. Zuwiderhandlg des SchlußE (ggf seines Erben, BayObLG NJW-RR **96**, 262) führt dann zum Verlust der test Zuwendg, so daß es sich um eine auflösende Bedingg handelt (§ 2075; s § 2074 Rn 6). Die rechtl Wirksamk solcher Klauseln, mit denen das Ziel verfolgt wird, den Nachl zunächst dem Überlebenden ungeschmälert zukommen zu lassen, wird allg nicht in Zweifel gezogen (s § 2074 Rn 6; BayObLG **90**, 58); sie waren auch nach dem ZGB der DDR zuläss (KG FamRZ **98**, 124). Nur wenn sie zu weit gehen, können §§ 134; 138 zur Nichtigk führen (BayObLG **94**, 164). Welches **Verhalten** dann tatsächl die Verwirkg auslöst, hängt von der Gestaltg der Klausel dch die Testierenden ab. Daher ist dch Auslegg zu ermitteln (BayObLG aaO; FamRZ **95**, 1019), wodch ein Pflichtt „verlangt" ist, ob dch die Fdg von Geld iS einer bloßen Geltendmachg (dann allerd noch nicht dch AuskAnspr, BayObLG FamRZ **91**, 494), dch Mahng mit Verzugsfolge, dch gerichtl Dchsetzg ab RHängigk od erst dch tatsächl Erhalt der Zahlg (s Lübbert NJW **88**, 2706; Zweibr FamRZ **99**, 468). Auch muß als subj Moment ein bewußter Verstoß des SchlußE iS einer Auflehng gg den ErblWillen hinzukommen (s § 2074 Rn 8; hiergg Lübbert aaO). Eintritt der Bedingg kann auch noch nach dem Tod des Letztversterbden herbeigeführt werden (Stgt OLGZ **79**, 52; Zweibr aaO). – Die PflichttKlausel kann auch Kinder aus früh Ehen betreffen, die nur ggü einem der testierenden Ehegatten pflichttberecht sind. Dies ist auch dann keine unangemessene Benachteiligg der Stiefkinder des Überlebenden, wenn allein der Erstverstorbene vermögend war (BayObLG FamRZ **95**, 249). Zu den verschiedenen Zwecken einer solchen Klausel s Saarbr NJW-RR **94**, 844. Bei Verstoß gg Klausel kommt es dann in erster Linie darauf an, ob sie aus dem Nachl des jeweil Stiefelternteils überh etwas erhalten sollen, sei es auch nur ein Vermächtn in Höhe des Pflichtt, das ggf nochmals an dem Pflichtteil nach dem Erstverstorbenen anknüpft (BGH FamRZ **91**, 796). – **b) Rechtsfolge** einer Zuwiderhandlg ist, daß der 14
Überlebende endgült VollE wird u an die Einsetzg des SchlußE nicht mehr gebunden ist (BayObLG **90**, 58 mAv Steiner MDR **91**, 156). Für ihn kann desh die Verwirkgsklausel auch einen Ändergsvorbehalt beinhalten (s § 2271 Rn 22). – Das Kind, das sich nicht abhalten ließ, erhält im Ergebn vom Vermögen des Vorverstorbenen den Pflichtt doppelt, da im Vermögen des Überlebenden das des Erstverstorbenen ja mitenthalten ist (s BayObLG **66**, 55). Anrechng des ersten Pflichtt auf den zweiten ist rechtl nicht mögl, weil der Pflichtt sich nach dem G u nicht nach ErblWillkür bestimmt (str; s RGRK Rn 34 u Ebbecke Recht **23**, 88). –
c) Vorsorge. Erwartet der Erbl, daß ein PflichttBer beim ersten Erbfall den Pflichtt fordert, kann er nur 15
durch Aussetzg von Geldvermächtn zugunst der Nichtfordernden in Höhe ihres ges Erbteils helfen, die beim ersten Erbfall anfallen, aus dem Vermögen des Erstversterbenden zu entrichten und bis zum zweiten Erbfall gestundet sind (Formel nach Jastrow DNotZ **04**, 424; Johannsen WM **69**, 1318; Dippel AcP **177**, 350/362; Schopp Rpfleger **78**, 77/80; Olshausen DNotZ **79**, 704/714, 718; Buchholz FamRZ **85**, 872). UU kann

Anrechng des Pflichtt auf den Erbteil aus der SchlußErbsch als verfügt angesehen werden (RGRK Rn 35); vgl auch Hamm DNotZ **51**, 41; BayObLG **59**, 199; **60**, 218; FamRZ **94**, 1206.

16 **6) Wiederverheiratungsklausel.** In einem gemeinsch Test können Eheg ihre ggseit Einsetzg zu VollE (s Rn 3) mit der Klausel verbinden, daß der Überlebende im Falle seiner Wiederheirat den Nachl des Erstverstorbenen ganz od teilw an als Erben eingesetzte Dritte (meist die gemeinsch Abkömml) herausgeben od daß er sich dann mit den Abkömml auseinandersetzen muß. Mögl ist auch die in ihrer rechtl Auswirkg einfachere Anordng, daß der Überlebende bei Wiederheirat Vermächtn auszuzahlen habe, zB an die Kinder des Erstverstorbenen (s Rn 22). – Mit einer solchen Klausel wollen die Eheg die Wiederheirat als unwägb Moment ihres gemeins Ordngsplans regeln (Buchholz, Erbfolge u Wiederverheiratg, 1986, S 10; dazu Otte AcP **187**, 603; Leipold, FamRZ **88**, 352). Ihr gemeins Wille wird vorwiegend auf Erhaltg der Vermögenssubstanz für die gemeins Abkömml, aber auch auf Ausschluß des neuen Eheg u seines Stammes gerichtet sein. Je nach Hauptmotiv werden sie den Überlebenden in seinen VfgsBefugn mehr od weniger frei stellen. Formulieren sie allerd die angestrebten RFolgen nicht genau, ist die im Einzelfall zutreffende rechtl Konstruktion oft unklar. – Vom Grds her wird dch eine solche Klausel die Erbeinsetzg des Überlebenden zulässigerweise unter eine auflösende, nur von seinem Willen abhängige (Potestativ-)Bedingg gestellt (§ 2075; s Rn 17). Die Gültigk dieser Beschränkg, die sich die Eheg ggseit auferlegen, wird bei ihnen kaum in Frage gestellt (zB von Otte aaO), obwohl Zölibatsklauseln sonst von der hM als sittenwidrig wg unzulässiger Einflußnahme auf eine höchstpersönl Entscheidg angesehen werden. Auch ist (je nach Klausel) bedenkl, daß dem die Erbsch annehmenden Eheg bei Wiederheirat ein Vermögensnachteil ohne Ausgleich, uU sogar der ersatzlose Verlust der ganzen Erbsch zugemutet wird, während der ausschlagende Überlebende von den Abkömml Pflichtt u ZugewinnAusgl verlangen (§ 1371 II; III) u dann bei Wiederheirat auch behalten kann (vgl Haegele Rpfleger **76**, 73/82; Dippel AcP **177**, 349). Die Beschränkg des Überlebenden sollte unter diesem Gesichtspkt möglichst nicht weiter gehen, als daß er bei Wiederheirat zum VorE eingesetzt ist, der Nacherbfall aber erst mit seinem Tode eintritt (Otte aaO). – Zur Verfassgsmäßigk einer solchen Klausel s BGH FamRZ **65**, 600. – Zum PflichttR der Abkömml bei bedingter Nacherbfolge s § 2306 Rn 9–11.

17 **a) Rechtswirkungen bei Einheitslösung** (s Rn 3). Bestimmen Ehegatten, daß im Falle der Wiederheirat des Längerlebenden der Nachl des Erstverstorbenen vorzeit auf die eingesetzten SchlußE übergehen soll, ist die Vollerbsch des Überlebenden nur bedingt angeordnet. Daneben besteht eine dch seine Wiederheirat bzw Nicht-Wiederheirat bedingte Vor- u NachErbsch, wobei str ist, ob diese auflösend od aufschiebd bedingt ist. Nach hM ist der Überlebende bis zu seiner evtl Wiederheirat auflösend bedingter VollE (§ 2075) u zugleich aufschiebend bedingter VorE, da er mit seiner Wiederheirat die RStellg des VollE verliert, nun feststeht, daß er bis dahin nur VorE war u gleichzeit dch Eintritt der NErbfolge der Nachl (ganz od teilw) auf Andere übergeht. Der NachE ist dagg unter der aufschiebenden Bedingg (§ 2074) eingesetzt, daß der Überlebende wieder heiratet. Eine solche Kombination von auflösend bedingter VollErbsch u aufschiebend bedingter NachErbsch ist rechtl zulässig u wirtschaftl sinnvoll (BGH **96**, 198 mAv Zawar DNotZ **86**, 544; s Meier-Kraut NJW **92**, 143 zum Stand der Meingen; teilw abweichde Auffassgen vertreten Wilhelm NJW **90**, 2857; Buchholz aaO S 55; Zawar NJW **88**, 16).

18 **aa) Als bedingter Vorerbe** unterliegt der Überlebende so lange auch den ges Beschränkgen eines VorE (§§ 2113 ff), als nicht der Ausfall der Bedingg feststeht u in dem Umfang, in dem er bei Wiederheirat den Nachl des Erstverstorbenen herauszugeben hat (hM; zB BGH **96**, 198; aA MüKo/Musielak Rn 55 ff; Buchholz aaO § 15 ff). Im Regelfall ist er allerd als **befreiter** VorE (§ 2136) anzusehen, sofern nicht eine ggteilige Anordng getroffen ist od sonst Umstände der Annahme entggstehen, daß die Eheg einander im Rahmen der ges Ermächtigg befreien wollten (hM; zB BGH FamRZ **61**, 275; BayObLG **66**, 227; Hamm DNotZ **72**, 96; Staud/Kanzleiter Rn 44, allerd differenzierend hinsichtl der §§ 2133, 2134 als Vorschr zur Substanzerhaltg). Falls er nicht mehr heiratet, behält er diese bedingte RStellg bis zu seinem Tode, weil sich erst dann feststellen läßt, daß die Bedingg für seine Vollerbsch ausgefallen ist u sich hieran nichts mehr ändern kann, er also endgültig VollE geworden ist. Damit erweisen sich auch alle seine Vfgen als wirksam, selbst wenn sie entgg §§ 2113 ff getroffen waren u bei Eintritt der Bedingg unwirks gewesen wären. Diese Sicherstellg seiner Vfgen ist ua Sinn der Klausel (BGH aaO). Die SchlußE haben dann nur Anspr auf das, was vom beiderseit Nachl beim Tod des Letztverstorbenen noch übr blieb (RG **156**, 181).

19 **bb) Bei Wiederheirat** steht von da an fest, daß die Bedingg eingetreten u der Überlebende endgült nur befreiter VorE hinsichtl des Teils des Nachl gewesen ist, der an die Abkömml (od Dritte) fallen soll. Zugleich fällt die NErbsch an, so daß die gemeins Abkömml od die sonst bedachten Dritten als NachE die Herausgabe des Nachl von dem überleb Ehegatten nach Maßg der Klausel verlangen können. – Für die vom VorE getroffenen Vfgen unter Lebenden üb Ggstände, die der NErbsch unterliegen, gelten §§ 2113 II; 161 II. Im Verhältn des VorE zu den NachE ist § 159 iZw zu beachten. – Bestand bis dahin eine **Bindung** des Überlebenden an seine eigenen Vfgen vTw im gemsch Test üb seinen Nachl, entfällt diese regelmäß, wenn er dch seine Wiederheirat jegl Beteiligg am Nachl des Erstverstorbenen verlustig geht, weil diese Vfgen mit der Wiederheirat iZw den Charakter der Wechselbezüglichk verlieren, es sei denn, daß ein anderweit Wille ausdrückl od eindeut feststeht (dann ist ggf Anfechtg mögl, s § 2271 Rn 26). Er kann sie also widerrufen u frei üb sein eigenes Vermögen neu vTw vfgen (BayObLG **62**, 137; KG FamRZ **68**, 332; Köln FamRZ **76**, 552); die auf der Anordng des Erstverstorbenen beruhde bedingte NErbeneinsetzg kann er allerd nicht widerrufen (Mü JFG **15**, 42) wie er auch üb die der NErbfolge unterliegden Ggstände als jetzt fremdes Vermögen nicht mehr letztw vfgen kann. Unterläßt er einen Widerruf od eine neue Vfg vTw, sollen nach der Rspr die im gemsch Test getroffenen Vfgen des Überlebenden mit der Wiederheirat von selbst ggstandslos werden, sofern nicht besond Umstände vorliegen, so daß mangels letztw Vfg ges Erbfolge eintritt (KG NJW **57**, 1073; FamRZ **68**, 331; Hamm FamRZ **95**, 250; ebso Soergel/Wolf Rn 31). Richtiger erscheint, dies dahin einzuschränken, daß im Einzelfall konkret ermittelt werden muß, ggf dch ergänzende Auslegg, ob der gemeins Wille der Testierenden dahin (wie häufig) gegangen ist (ebso Staud/Kanzleiter Rn 50; MüKo/Musielak Rn 59; Erman/Schmidt Rn 14; Bengel Rn 45). Bleiben sie bestehen, kommt Anfechtg nach
20 §§ 2281; 2285 iVm §§ 2078; 2079 in Betr (s § 2271 Rn 33). – Seinen **Pflichtteil** kann der wiederverheiratete Überlebende nun nicht mehr geltd machen, obwohl er den Nachl des Erstverstorbenen herausgeben

muß, da er die Erbsch angenommen, also gerade nicht fristgerecht ausgeschlagen (§ 2306 I 2) hat. Der mit dem Erbl im ges Güterstand verheirat gewesene Überlebende muß also bereits nach dem Erbfall wählen, ob er nicht dch Ausschlagg der dch die Klausel mit einer bedingten NErbeneinsetzg belasteten Erbsch sich besser nur den Anspr auf Zugewinnausgleich u Pflichtt sichert (s § 2303 Rn 4; 7), da ihm dieser geringere Vermögenswert auch bei Wiederheirat verbleibt (vgl Haegele Rpfleger **76**, 82; MüKo/Musielak Rn 58).

b) Rechtswirkung bei Trennungslösung (Rn 2). Hier tritt die an keine Bedingg geknüpfte NErbfolge 21
in jedem Fall ein, spätestens mit dem Tod des Überlebenden. Die Wiederverheiratgsklausel führt hier nur dazu, daß der NErbfall zeitl vorverlegt wird auf die Wiederheirat (s Zawar DNotZ **86**, 515). Eine auflösd bedingte VollErbsch des Überlebenden ist hier nicht mögl, da er auch ohne Wiederheirat nur VorE bleibt. Da die NErbfolge unbedingt angeordnet ist, scheidet eine Anwendg von § 2108 mit § 2074 aus.

c) Gestaltung einer Vermächtnislösung. Mögl ist auch eine Regelg, dch die der Überlebende von 22
Anfang an als unbedingter VollE eingesetzt, aber mit einem aufschiebend bedingten Vermächtn belastet wird, das im Falle seiner Wiederheirat den Abkömml einen Anspr auf einen Teil des Nachl zuwendet; od das ihm selbst nur bestimmte VermögensGgstände beläßt; od dch das ein Anspr auf Auseinandersetzg nach der ges Erbfolge angeordnet wird (s zB Karlsr NJW **61**, 1410; BayObLG **62**, 137; Köln FamRZ **76**, 552; ausführl Zawar DNotZ **86**, 515). Für die RStellg der VermächtnNehmer gelten dann nach dem Tode des Erstverstorbenen gem § 2179 die §§ 158, 159, 160 u 162 (nicht § 161, Bungeroth NJW **67**, 1357), wobei der Erbl weitere SichergsRe anordnen kann (Zawar aaO).

d) Im Erbschein ist die Wiederverheiratgsklausel zu vermerken. Die Fassg richtet sich nach dem 23
jeweiligen Inhalt (zB: Die NErbfolge tritt ein mit dem Tod od mit der Wiederverheiratg des VorE . . .; Im Falle seiner Wiederverheiratg hat der VorE . . .). Einzelheiten s bei Firsching/Graf 4297 ff; Ripfel Rpfleger **51**, 578; Asbeck MDR **59**, 897; Hurst RhNK **62**, 435; Hilgers RhNK **62**, 381; Haegele Rpfleger **76**, 78 ff.

7) Vermächtnis im Berliner Testament. Bei **II** soll als Erbl, dem der Dritte das Vermächtnis verdankt, 24
nur der **Längstlebende** gelten, den der VermNehmer daher gem § 2160 überleben muß (**LM** § 2271 Nr 6 Anm von Johannsen). **II** beruht auf einer Lebenserfahrg; wer für sich Rechte aus einer solchen Bestimmg in einem Test herleitet, hat damit selbst dann Erfolg, wenn sich nicht feststellen läßt, wie die Bestimmg von dem Erbl gemeint war (BGH FamRZ **60**, 432). Im Zw ist also nicht anzunehmen, daß das Vermächtn schon mit dem Tode des Erstversterbenden anfallen u nur seine Fälligk bis zum Tode des Längstlebenden hinausgeschoben sein sollte (vgl RG **95**, 14). Es gelten auch nicht §§ 2177, 2179, 2074 (Staud/Kanzleiter Rn 67; Johannsen WM **69**, 1318), denn es liegt iZw ein Vermächtn des Letztversterbenden vor (RGRK Rn 37; s § 2160, auch § 2069). Der überlebde Eheg ist dch die VermächtnAnordng grdsl nicht gehindert, über den VermächtnGgst unter Lebden zu verfügen (Staud/Kanzleiter Rn 68). – Wenn Eheg eines ihrer Kinder für den GesamtNachl als Erben des Überlebenden einsetzen u zur Abfindg der übr Kinder Vermächtn anordnen, ist ein Vertr, durch den diese bei Lebzeiten des Überlebenden die Abfindg anderw regeln, nach § 312 I nichtig (BGH NJW **56**, 1151). Soll der Überlebde die Höhe dieser Abfindg bestimmen können, ist er dabei nicht frei, sondern ihm eine Grenze gesetzt, wobei die Feststellg des ihm verbliebenen Spielraums Ausleggsfrage ist (BGH NJW **83**, 278).

2270 ***Wechselbezügliche Verfügungen.*** **I Haben die Ehegatten in einem gemeinschaftlichen Testamente Verfügungen getroffen, von denen anzunehmen ist, daß die Verfügung des einen nicht ohne die Verfügung des anderen getroffen sein würde, so hat die Nichtigkeit oder der Widerruf der einen Verfügung die Unwirksamkeit der anderen zur Folge.**

II Ein solches Verhältnis der Verfügungen zueinander ist im Zweifel anzunehmen, wenn sich die Ehegatten gegenseitig bedenken oder wenn dem einen Ehegatten von dem anderen eine Zuwendung gemacht und für den Fall des Überlebens des Bedachten eine Verfügung zugunsten einer Person getroffen wird, die mit dem anderen Ehegatten verwandt ist oder ihm sonst nahe steht.

III Auf andere Verfügungen als Erbeinsetzungen, Vermächtnisse oder Auflagen findet die Vorschrift des Absatzes 1 keine Anwendung.

1) Wechselbezüglich sind in einem gemeinsch Test getroffene letztw Vfgen, wenn die Vfg des einen 1
Ehegatten nicht ohne die Vfg des and getroffen worden wäre, wenn also jeder Ehegatte seine Vfg gerade deshalb getroffen hat, weil auch der and eine bestimmte Vfg traf u nach dem **Willen** der gemeinsch Testierenden die eine Vfg mit der and stehen u fallen soll. Kennzeichnd ist also die ggseit innere Abhängigk der beiderseit Vfgen aus dem Zusammenhang des Motivs (KG FamRZ **77**, 485; Stgt FamRZ **77**, 274; BayObLG **87**, 23; dazu Pfeiffer FamRZ **93**, 1266: Kausalität des korrespektiven Motivs). Wechselbezüglichk ist nur mögl bei Erbeinsetzg, Vermächtn (auch VorausVerm, Benk RhNK **79**, 53) u Auflage (**III**; s auch Rn 11). Sie setzt aber nicht voraus, daß die Ehegatten sich ggseit zu Erben einsetzen od sonst bedenken (BayObLG **91**, 173). Sie erstreckt sich auch nicht zwangsläuf auf das gesamte gemeinsch Test, sond ist für **jede einzelne** darin getroffene Vfg gesondert zu prüfen (BGH **LM** Nr 2; NJW-RR **87**, 1410; BayObLG **83**, 213). Bei ggseit Erbeinsetzg u Einsetzg von SchlußE ist also die Frage, ob die Erbeinsetzg eines Eheg nur erfolgt ist, weil auch der and so verfügt hat, gesondert davon zu prüfen, ob der vorverstorbene Eheg den Überlebden nur desh eingesetzt hatte, weil dieser seinerseits die SchlußE eingesetzt hat.

a) Die Besonderheit wechselbezügl Vfgen liegt zum einen darin, daß zu Lebzeiten beider Ehegatten der 2
einseit Widerruf nicht dch Test, sond nur dch formbedürft Erkl ggü dem and erfolgen kann (§ 2271 I) u der wirks Widerruf (dazu § 2271 Rn 1–8) ebso wie die Nichtigk einer Vfg die damit wechselbezügl Vfg des and Eheg von selbst unwirks macht (**I**). Zum and tritt mit dem Tod eines Eheg die erbrechtl Bindg des Überlebenden an seine wechselbezügl Vfgen ein, die ihn hindert, diese nun noch zu widerrufen oder abweichd letztw neu zu vfgen (§ 2271 II 1; Einzelh s § 2271 Rn 9–16), wobei eine Befreig von der Bindg mögl ist (s § 2271 Rn 17–24). – Die **Nichtigkeit** kann auf formellen od sachl Mängeln beruhen, schon ursprüngl bestehen od auch erst nachträgl eintreten (zB dch Anfechtg; s dazu § 2271 Rn 25–36). Ob auch bei einer aus and Grden

eintretden Unwirksamk der wechselbezügl Vfg (zB infolge Ausschlagg; Vorversterben; Erbunwürdigk) die Folge des **I** eintritt, hängt von dem (zu ermittelnden) Willen der Ehegatten ab. – Ob von der Nichtigk der wechselbzügl Vfg auch and Vfgen (Rn 11) betroffen werden, richtet sich nach § 2085 (RG **116**, 49; Staud/Kanzleiter Rn 36); wer deren Unwirksamk geltd macht, hat zu beweisen, daß auch diese nicht ohne die nach **I** unwirks Vfg getroffen worden wäre.

3 **b) Wirkungsbeschränkungen.** Den Eheg steht es grdsl frei, die Wirkgen, die das G an die Wechselbezüglichk knüpft, auszuschließen od zu beschränken (Staud/Kanzleiter Rn 6; s auch BGH **2**, 37; **30**, 265; NJW **64**, 2056). Daher kann auch **einseitige Abhängigkeit** gewollt sein (KG JFG **10**, 67), also nur die Vfg des einen Eheg von der Wirksamk des and abhängen, während die des anderen auf jeden Fall wirks sein soll (dazu eingehend Buchholz Rpfleger **90**, 45; Pfeiffer FamRZ **93**, 1266), so daß dann eine entspr Anwendg von §§ 2270; 2271 mögl ist (s auch Einf 11 vor § 2265). – In einem neuen einseitigen Test kann jeder Eheg die Wechselbezüglichk seiner eigenen letztw Vfg wieder ausschließen. Dieser Eheg bleibt aber seiners gebunden, nur der andere Eheg wird frei; § 2271 steht nicht entgg (RGRK Rn 12).

4 **c) Nachträgliche Herbeiführung.** Um wechselbezügl zu sein, müssen Vfgen nicht in demselben Test getroffen sein. Es ist den Eheleuten nicht verwehrt, die in einem früheren Erbvertrag od gemeinsch Test enthaltenen Regelgen dch ein späteres gemeinsch Test nicht nur aufzuheben od abzuändern, sond auch zu ergänzen (s § 2292 Rn 1). § 2270 steht dem nicht entgg. Ggseit Erbeinsetzg u Berufg des SchlußE müssen also nicht in derselben Vfg getroffen werden (BayObLG FamRZ **94**, 191). Eine solche Änderg od Ergänzg bewirkt, daß die früheren Vfgen mit den späteren wechselbezügl werden, wenn der Wille der Testierenden dahin geht, daß nunmehr auch die früheren Vfgen nur für den Fall der Wirksamk der neueren gelten sollen u umgekehrt (BayObLG FamRZ **86**, 392). Die spätere Einsetzg eines SchlußE ist aber nicht allein desh als wechselbezügl anzusehen, weil die Eheg sich in der früh Vfg ggseit eingesetzt haben (BayObLG FamRZ **93**, 1126). Jedoch ist, wenn die Vfgen als Einheit anzusehen sind, auch II (Rn 7) anzuwenden (Ffm FamRZ **96**, 1039). – Mögl ist auch die einseitige Bindg nur eines Ehegatten an die Schlußerbeneinsetzg (BayObLG **83**, 213), zB wenn nach dem Willen der Testierenden die Bestimmg des früheren gemeinsch Test als solche zwar weiter bestehen, aber dch das spätere ergänzt werden sollen (BayObLG FamRZ **86**, 392).

5 **2) Die Ermittlung** der Wechselbezüglichk erfolgt nach Wortlaut u Inhalt des gemeinsch Test. Enthält dieses dazu keine klaren u eindeut Anordngen, muß sie dch **Auslegung** nach allg Grds (s § 2084 Rn 1 ff) u für jede einzelne Vfg gesondert ermittelt werden, auch wenn es sich um ein sog Berliner Test handelt (BayObLG **83**, 213); auch eine ergänzde Auslegg kann vorgenommen werden (KG NJW **63**, 766). Dabei kommt es auf den übereinstimmenden Willen beider Ehegatten zZt der TestErrichtg an (Einf 12 vor § 2265). Allerd gibt es keine Regel, die Schlüsse auf eine bestimmte Willensrichtg u Interessenlage der Testierenden zuließe, etwa für das Verhältn der Einsetzg des Überlebenden zum AlleinE ggü der Einsetzg der SchlußE. Der Grad der Verwandtsch od Schwägersch des SchlußE zum Erbl besagt nichts (BayObLG FamRZ **92**, 1102). Sogar dann, wenn die sich ggseit bedenkden Ehegatten bestimmen, daß nach dem Tod des Längerlebenden der beiderseit Nachl an die gemeins Kinder fallen soll, ist nicht ohne weiteres anzunehmen, daß jeder Ehegatte die Kinder deshalb bedenkt, weil auch der and dies tut (BayObLG FamRZ **86**, 392). Allerd sprechen gleichlautde Vfgen im gemeinsch Test für ihre Wechselbezüglk (Hamm FamRZ **94**, 1210). Das NachlG muß also das Für u Wider prüfen und abwägen, indem es den Inhalt der Erkl als Ganzes einschließl aller Nebenumstände würdigt und auch die allg Lebenserfahrg berücksichtigt. Umstände außerh der TestUrk sind einzubeziehen wie zB Äußergen der Erbl, ihre beiderseit Vermögensverhältn, Zuwendgen während der Ehe od der Umstand, daß ein Ehegatte dem and zu bes Dank verpflichtet war. Besaß nur einer der Ehegatten Vermögen, so daß er keinen Vermögensvorteil zu erwarten hat, gibt dies zwar zu einer bes Prüfg Anlaß, ob er trotzdem daran interessiert war, seine eigene letztw Vfg in ein AbhängigkVerhältn zu der seines Ehegatten zu stellen, spricht aber nicht direkt gg Wechselbezüglk (RG DR **40**, 723; BayObLG FamRZ **95**, 251; Hamm NJW-RR **95**, 777); es ist auch nur einseit Wechselbezüglk mögl (BayObLG FamRZ **84**, 1154). Dies gilt auch dann, wenn nach dem Tode des einen Eheg das Vermögen vollständ verlorengeht u der Überlebende später
6 neues Vermögen neu erwirbt (Kiel HEZ **2**, 329). – **Beispiele:** Nicht wechselbezügl ist iZw die Einsetzg nur des gemeinsch Kindes ohne weitere Vfg (BayObLG Rpfleger **85**, 445; FamRZ **96**, 1041 mAv Kössinger ZEV **96**, 190); die von SchlußE, die mit keinem der testierden Eheg verwandt od verschwägert sind, so daß nach ihrem Willen der Überlebende die Einsetzg der SchlußE jederzeit ändern kann, insbes bei Verschlechterg seiner persönl Beziehgen zu den Bedachten (BayObLG FamRZ **91**, 1232 mAv Hohloch JuS **92**, 77). Auch reicht für die Annahme einer inneren Abhängigk zwischen Erbeinsetzg der Ehefrau dch ihren vorverstorbenen Mann mit der ihrer erstehel Tochter als SchlußE der überlebenden Ehefrau gutes Einvernehmen zwischen Stiefvater u Stieftochter, auch Briefe u Kartengrüße, allein nicht aus (BayObLG FamRZ **84**, 1154; **86**, 392). Es entspricht auch der Lebenserfahrg, daß bei Einsetzg eines Verwandten der Ehefrau als SchlußE der Ehemann nach seinem Ableben seiner Ehefrau das Recht zur Abänderg der Einsetzg des SchlußE zB bei Verschlechterg der persönl Beziehgen belassen wollte (BayObLG FamRZ **85**, 1287; KG OLGZ **93**, 398). Die Einsetzg einer gemeinnützigen od caritativen Organisation als SchlußE ist idR nicht wechselbezügl u kann daher vom Überlebenden dch Test widerrufen werden (vgl BayObLG FamRZ **86**, 604). S auch Rn 10. Gg Wechselbezüglk spricht auch der Umstand, daß die Zuwendg des einen an den and hinter dessen ges Erb- od sogar Pflichtteil zurückbleibt (KG JFG **22**, 106). – Die **Feststellungslast** für Tatsachen, welche die Wechselbezüglichk begründen, trifft den, der sein ErbR auf die Wechselbezüglichk stützt (BayObLG **70**, 173); insoweit noch verbleibende Zweifel gehen zu seinen Lasten (BayObLG FamRZ **86**, 392).

7 **a) Die Auslegungsregel des II** greift erst u nur dann ein, wenn die Auslegg bezügl der Wechselbezüglk kein eindeut Ergebn gebracht hat, die Erforschg des Willens beider Eheg also weder die ggseit Abhängigk noch die ggseit Unabhängigk ergab. Im Zweifel ist danach Wechselbezüglk in zwei Fallgestaltgen anzunehmen, die auch miteinander verbunden werden können (Köln FamRZ **93**, 1371): Wenn sich die Eheleute ggseit bedacht haben (auch nur mit Vermächtn, Hamm FamRZ **94**, 1210). – Oder wenn dem einen Eheg (zB dem überlebden Mann) von dem and (seiner vorverstorbenen Frau) eine Zuwendg gemacht worden ist u er (der Bedachte) für den Fall seines Überlebens eine Vfg zugunsten solcher Personen getroffen hat, die mit seinem Eheg (der vorverstorben Frau) verwandt sind od ihm nahestanden. Dies beruht auf der Erwägg, daß

der eine Eheg in der Vfg, die zugunsten einer ihm nahestehden Person von dem and Eheg getroffen wird, eine Art GgLeistg dafür zu sehen pflegt, daß er seinerseits dem letzteren eine Zuwendg macht (KG OLGZ **93**, 398; DNotZ **32**, 122). Haben sich also zB die Eheleute ggseit zu AlleinE u Verwandte der Ehefrau als SchlußE eingesetzt, ist bei Überleben des Mannes nach der Ausleggsregel seine Erbeinsetzg dch die vorverstorbene Ehefrau wechselbezügl zur Einsetzg der SchlußE. Das **Verwandtschaftsverhältnis** ist ges geregelt (§ 1589), 8
beurteilt sich allerd nach dem Recht des Wohnsitzes der test Eheleute (KG FamRZ **83**, 98). Es muß nicht schon bei TestErrichtg bestanden haben u kann sich daher auch auf die zu diesem Ztpkt noch nicht geborenen Personen erstrecken (KG aaO), aber nicht auf ein nach fr Recht mit dem Erbl nicht verwandtes Adoptivkind trotz der zwischenzeitl RÄnderg (KG aaO). Es können auch die gemeinsch Kinder sein (RG **116**, 150; Köln FamRZ **93**, 1371). – **„Nahestehen"** ist nach den konkreten Umst des Einzelfalls zu entscheiden, wobei an 9
den Begriff hohe Anfordergen zu stellen sind, um die Vermutg nicht zur ges Regel werden zu lassen (KG OLGZ **93**, 398; BayObLG FamRZ **91**, 1232). Es fallen nur Personen darunter, zu denen der betr Ehegatte enge persönl u innere Bindgen gehabt hat, die mindestens dem übl Verhältn zu nahen Verwandten entsprechen (KG aaO; BayObLG **82**, 474). In Betr kommen zB Adoptiv-, Stief- u Pflegekinder, enge Freunde, evtl langjähr Angestellte, bewährte Hausgenossen (BayObLG aaO). Ob verschwägerte Personen einand nahestehen, kann nicht generell, sond nur nach den Verhältn des Einzelfalls beurteilt werden (KG OLGZ **93**, 398; BayObLG Rpfleger **80**, 259; 283; DNotZ **77**, 40 mAv Bengel DNotZ **77**, 5). Gut nachbarl Beziehgen reichen dazu auch noch nicht aus (BayObLG FamRZ **91**, 1232). Auch nicht darunter fallen können Personen, die zZt der TestErrichtg noch nicht geboren od dem Erbl aus and Gründen unbekannt waren (KG FamRZ **83**, 98); ferner nicht jur Personen.

b) Umfang. Die Vfg, dch die Verwandte des Mannes u der Frau als SchlußE (§ 2269) eingesetzt sind, 10
braucht nicht im vollen Umfang wechselbezügl zu sein. Die Wechselbezüglichk ist vielm iZw auf die Einsetzg der Verwandten des Erstversterbenden beschränkt (BGH **LM** Nr 2). Im Umkehrschluß kann gefolgert werden, daß der Überlebde an die Einsetzg eigener Verwandter zu SchlußE im Grdsatz nicht gebunden ist (KG OLGZ **93**, 398). – **Beispiele:** Setzen sich kinderlose Eheg ggseit zu Erben ein u bestimmen sie, daß nach dem Tod des Längerlebden der beiderseit Nachl teils an Verwandte des Mannes u teils an die der Frau fallen, ist die vom Ehemann verfügte Erbeinsetzg seiner Ehefrau nur wechselbezügl mit der von der Ehefrau verfügten Einsetzg ihres Ehemannes u seiner Verwandten, nicht aber ohne weiteres mit der Berufg der eigenen Verwandten dch die Ehefrau selbst (BGH aaO). Hat jeder Eheg seine eigenen Verwandten für sein Vermögen eingesetzt, wobei dem jeweils überlebden Eheg hins des ererbten Vermögens des anderen nur eine Zwischenstellg als VorE zukam, so steht die Einsetzg der jeweiligen eigenen Verwandten auf das eigene Vermögen nicht im Verhältn ggseitiger Abhängigk. Haben die Eheg bestimmt, daß jeder von ihnen nach der ges Erbfolge beerbt werden soll, zerfällt diese Erbeinsetzg auf Seiten jedes von ihnen in zwei Teile: in die Einsetzg der ges Erben für den erstversterbenden u in die der ges Erben für den überlebenden Gatten. Letztere Einsetzg ist nach § 2270 II grdsl wechselbezügl (BayObLG **64**, 94; FamRZ **74**, 395; Rpfleger **97**, 479; s auch Stgt BWNotZ **60**, 151; 258). Ob die Anordng „Bezügl unseres übrigen Nachl verbleibt es bei den gesetzl Bestimmgen" eine testamentar Einsetzg der gesetzl Erben als SchlußE enthält u ob eine solche Einsetzg mit der Einsetzg des überlebenden Eheg als Erben wechselbezügl sein soll, ist dch Auslegg zu ermitteln (BayObLG **65**, 53). Bei kinderlosen Eheg ist die Einsetzg der ges Erben des Überlebden als Schlußerben idR nicht wechselbezügl zur ggseit Erbeinsetzg der Ehegatten (Ffm FamRZ **97**, 1572; BayObLG Rpfleger **81**, 282). Auch bei einseit Vermögenslosigk der Ehegatten kann die Abhängigk ihrer ggseit Erbeinsetzg von der Schlußerbeneinsetzg verneint werden (BayObLG Rpfleger **81**, 282; **85**, 240). Die Freistellg des überlebden Eheg in einem gemeinsch Test hins der Vfg vTw über seinen Nachl muß nicht notw gg eine Wechselbezüglichk sprechen (BGH NJW **64**, 2056; Stgt NJW-RR **86**, 632; dazu RGRK Rn 8).

3) Andere Verfügungen (III) sind zB: Enterbung (§ 1938; BayObLG FamRZ **93**, 240). – Anordng einer 11
TVstrg (vgl hierzu § 2197 Rn 1; zum einseit Widerruf od nachträgl Anordng s § 2271 Rn 16). – Teilgsanordngen (BGH **82**, 277; BayObLG FamRZ **88**, 660; entgg BGH ist es jedoch keine Frage von **III,** sond von § 2271 II, wenn der gebundene Eheg nachträgl noch eine Teilgsanordng trifft, s Lehmann MittBayNot **88**, 157). – PflichttEntziehg (§ 2336 und Warn **33** Nr 152). – Familienrechtl Anordngen. – Diese Vfgen können zwar wechselbezügl gewollt sein, doch tritt insow Unwirksamk kraft G nicht ein, wie sich aus **III** iVm § 2278 II ergibt, so daß insb § 2271 auf solche Vfgen nicht anzuwenden ist. Jedoch ist uU Anfechtg (§ 2078) mögl. Auch der beiders Verzicht auf Erb- u PflichttAnspr der Eheg in gemeinsch Test kann nicht wechselbezügl sein (BGH **30**, 261/265; Bengel Rn 5).

2271 ***Widerruf wechselbezüglicher Verfügungen.*** **I Der Widerruf einer Verfügung, die mit einer Verfügung des anderen Ehegatten in dem im § 2270 bezeichneten Verhältnisse steht, erfolgt bei Lebzeiten der Ehegatten nach den für den Rücktritt von einem Erbvertrage geltenden Vorschriften des § 2296. Durch eine neue Verfügung von Todes wegen kann ein Ehegatte bei Lebzeiten des anderen seine Verfügung nicht einseitig aufheben.**

II Das Recht zum Widerruf erlischt mit dem Tode des anderen Ehegatten; der Überlebende kann jedoch seine Verfügung aufheben, wenn er das ihm Zugewendete ausschlägt. Auch nach der Annahme der Zuwendung ist der Überlebende zur Aufhebung nach Maßgabe des § 2294 und des § 2336 berechtigt.

III Ist ein pflichtteilsberechtigter Abkömmling der Ehegatten oder eines der Ehegatten bedacht, so findet die Vorschrift des § 2289 Abs. 2 entsprechende Anwendung.

1) Der Widerruf des gemeinsch Test ist zu Lebzeiten beider Ehegatten jedem von ihnen ohne bes Grd zu 1
jeder Zeit gestattet. Er muß dazu persönl handeln, Vertretg ist ausgeschlossen. Für die einseit Vfgen kann er die allg Formen (§§ 2254 ff) benutzen. Wechselbezügl Vfgen (§ 2270) können dagg ausschließl dch not beurkundete Erkl ggü dem and Teil widerrufen werden entspr dem Rücktr vom ErbVertr (**I**; § 2296; s Rn 3–

8); dieses WiderrufsR geht erst mit dem Tod seines Ehegatten verloren (s Rn 14). – In der Möglichk des Widerrufs liegt der Hauptunterschied zum ErbV, nach dessen Abschluß der Erbl seine vertragsmäß Vfgen auch zu Lebzeiten des anderen nicht mehr frei widerrufen kann (s Übbl 5 vor § 2274); bei vereinbarter Unwiderruflichk eines „gemeinsch Test" kann daher ein ErbV anzunehmen sein, wenn die Form des § 2276 gewahrt ist (KG OLG **35**, 19). – Solange die Widerrufsmöglichk besteht, ist eine Anfechtg des Test ausgeschlossen (s Rn 25). – Vfgen unter Lebenden kann jeder Ehegatte unbeschränkt vornehmen, zumal der andere sich dch das WiderrufsR schützen kann; § 2287 gilt zu diesem Zeitpkt noch nicht (s § 2287 Rn 2; bejahend für unentgeltl Vertr zGDr auf den Todesfall Speth NJW **85**, 463).

2 **a) Wechselbezügliche Verfügungen.** Die Besonderh des § 2271 betreffen nur den **einseitigen** Widerruf von wechselbezügl Vfgen dch einen Ehegatten, für den zwingend die Beachtg der Form des § 2296 sowie Zugangsbedürftigk vorgeschrieben ist, damit der and Ehegatte zuverlässig Kenntn erlangt u sich mit seinen eigenen Vfgen einrichten kann (s Rn 3). – Soweit dagg die Ehegatten **gemeinsam** handeln, können sie in allen Formen widerufen: Dch gemeinsch WiderrufsTest (§ 2254) od widersprechendes Test (§ 2258), zB ein von beiden Eheg unterschriebenes Test, in dem ein Eheg seine wechselbezügl Vfg aufhebt, wodch die Wechselbezüglichk der Vfg des anderen Eheg mit der aufgehobenen wegfällt. Unterscheiden sich zwei gemeinsch Test nur darin, daß im späteren die Einsetzg der SchlußE nicht wiederholt ist, liegt insow ein Widerspr (§ 2258 I) nur vor, wenn die Auslegg ergibt, daß die Erbfolge dch das spätere Test abschließd u ausschließl geregelt sein soll (BayObLG **91**, 10). – Dch Erbvertrag (§ 2289 I 1), auch dch einen im Prozeßvergleich enthaltenen ErbVertr (Köln OLGZ **70**, 114; s dazu § 2276 Rn 9). – Dch gemeinsch Rücknahme des öff Test (§ 2272). – Dch einvernehmliche Vernichtung der TestUrk od gemeins Streichg der betr Vfgen (§ 2255 Rn 15). – Bei Vermächtnis- und Auflagenanordnungen analog § 2291 dch Test unter beurkundeter Zustimmg des and Ehegatten (RGRK Rn 8; Kipp/Coing § 35 III 3 a Fußn 25; str).

3 **b) Formbedürftige Erklärung.** Der einseit Widerruf wechselbezügl Vfgen dch einen Eheg kann ausschließl dch notariell beurkundete Erkl ggü dem anderen (**I** 1; § 2296 II) erfolgen, damit dies nicht heimlich hinter dessen Rücken geschieht u dieser sich bezügl seiner eigenen Vfgen darauf einrichten kann. Dagg ist ihr einseit Widerruf dch neue Vfg vTw stets ausgeschlossen (**I** 2), selbst wenn der andere zustimmt (RG DR **45**, 76; Schlesw SchlHA **57**, 181). Somit kann auch das von den Eheg bei sich verwahrte eigenhänd Test (§ 2267) ggü dem widerstrebenden Ehegatten nur in dieser Form aus der Welt geschafft werden. – Will ein Ehegatte
4 wechselbezügl Vfgen nur **teilweise** widerrufen, zB nur abändern od den Bedachten nachträgl noch beschränken (auch über § 2270 III hinaus) dch Anordg von Vermächtn, Auflagen, Nacherbfolge od TVstrg, ist gleichf die Widerrufsform des § 2296 erforderl (jedoch nicht bei Auswechslg nur der Person des TV, KG FamRZ **77**, 485). Hierzu genügt jedoch, daß der Widerruf auf den zu ergänzenden Punkt beschränkt wird. – Die WiderrufsErkl ist Vfg vTw, kann also von dem (auch beschränkt geschäftsfäh) Erbl nur **persönlich** abgegeben werden, nicht dch Vertreter (§§ 2064; 2296 I) u unterliegt der Anfechtg nach § 2078 (im Ggsatz zum gemeinsch Test als solchen, s Rn 25).

5 **c) Empfangsbedürftig** ist der einseit Widerruf (**I**; § 2296 II 1). Die in Abwesenh des Empfängers abgegebene Erkl muß daher dem and Ehegatten (bzw dessen ges Vertr) in Urschrift od Ausfertigg der not Urk zu dessen Lebzeiten zugehen (§ 130); Zugang nur einer beglaub Abschrift genügt nicht (st Rspr, zB BGH **31**, 5; **36**, 201; Hamm FamRZ **91**, 1486; § 130 Rn 10; aA Soergel/Wolf Rn 8 mwN). Zustellg (§ 132) dch GVz ist dafür nicht notwend, aber aus BeweisGrden zweckmäß. Öff Zustellg ist ggf erforderl; wird sie erschlichen, bleibt sie zwar wirks, jedoch ist dann gg Geltendmachg von Rechten aus dem Widerruf der Einwand unzuläss RAusübg mögl (BGH **64**, 5 mAv Johannsen **LM** Nr 19). Zu Ersatzzustellg s § 2296 Rn 2. Vereinbarg and Voraussetzgen wirks Zugangs (BGH NJW **95**, 2217; § 130 Rn 19) liegt beim Test regelm nicht vor. –
6 **Zeitpunkt:** Der Zugang ist trotz der zeitl begrenzten Widerrufsmöglichk (**I** 1) noch nach dem Tod des Erkl mögl (BGH **48**, 374; aA Kreft Anm zu **LM** § 130 Nr 10; krit auch Hamm FamRZ **91**, 1486), kann aber nur an den lebden ErklEmpfänger erfolgen. § 130 II ist anwendb, aber zum Schutz des Empfängers einschränkd auszulegen, da in dessen Interesse die Frage der TestGültigk beim Tod des Partners mögl geklärt sein sollte. Der Widerruf muß sich daher beim Tod des Erklärenden zumindest bereits auf dem Weg zum Adressaten
7 befinden u der Zugang alsbald nachfolgen, um wirks zu sein. **Unwirksam** ist er, wenn der Erbl bewußt den Zugang hinauszögerte, um bis zu seinem Tod den and Teil vom Widerruf nichts wissen zu lassen (BGH **9**, 233; Roth NJW **92**, 791 mwN); od wenn zu Lebzeiten des Widerrufenden nur beglaub Abschrift zuging, dieser Mangel erst nach seinem Tod erkannt wurde u zur Abhilfe nun erst noch eine Ausfertigg zugestellt wird (BGH **48**, 374; Hamm FamRZ **91**, 1486 mAv Hohloch JuS **92**, 259).

8 **d) Vernichtung** od **Veränderung** eines gemeinsch Test nur dch einen Ehegatten **ohne** Einverständn des andern od gg dessen Willen ist rechtswidr. Hinsichtl der Wirkgen ist zu unterscheiden (s § 2255 Rn 15): Nur seine eigenen einseit Vfgen kann der handelnde Eheg in der Form des § 2255 widerrufen. Die wechselbezügl Vfgen können aber in dieser Form nicht einseit widerrufen werden u bleiben trotz einseit Vernichtg des gemeinsch Test wirks. Es können aber Beweisschwierigk bei der Rekonstruktion des gemeinsch Test auftreten (von Lübtow I 495 f). Zur Feststellgslast s OHG **1**, 268; Hamm OLGZ **67**, 79. – Über **einseitige Zurücknahme** eines öffentl gemschaftl Test aus der amtl Verwahrg s § 2272 Rn 2.

9 **2) Die erbrechtliche Bindung (II 1)** an seine wechselbezügl Vfgen tritt für den Überlebenden mit dem **Tod** seines Ehegatten ein u bewirkt die Beschränkg seiner TestierFreih (nicht seiner TestierFähigk); wurde das Test vor dem 3. 10. 90 in der fr DDR errichtet, gilt insow ggf bish R (EG 235 § 2 S 2 mit Rn 4). Dafür wird ein wirks gemeinsch Test vorausgesetzt, also daß zB beide Eheg testierfäh waren; insow bestehde Zweifel hat NachlG vAw aufzuklären (BayObLG FamRZ **96**, 1036). Von dieser Bindgswirkg wird der Überlebende nur mehr in bestimmten Fällen frei (dazu Rn 17–23). Eine Anfechtg der eigenen wechselbezügl Vfgen u der
10 Vfgen des Erstverstorbenen ist jetzt mögl (s Rn 26–36). – Vfgen üb sein Vermögen **unter Lebenden** kann der Überlebende weiterhin frei vornehmen. Insoweit besteht **keine** Bindg, da § 2286 entspr anwendb ist (BGH DNotZ **51**, 344; § 2286 Rn 6); eine Ausn besteht nur im HöfeR, da ggü der Hoferbenbestimmg durch bindendes gemeinsch Test od ErbVertr ein widersprechender ÜbergabeVertr unwirks ist (Celle RdL **68**, 72; s auch NdsRpfl **71**, 255). Sie sind auch dann zulässig u wirks, wenn dadch der Nachl geschmälert wird,

selbst bei einer absichtl Benachteilgg dch Schenkg unter Lebenden, da für diesen Fall in entspr Anwendg des § 2287 (s § 2287 Rn 3) nur ein BereichergsAnspr vorgesehen ist (BGH BWNotZ **59**, 205; s auch Reimann § 2287 Rn 9ff; RGRK § 2269 Rn 15, 16). Solche Vfgen sind auch dann wirks, wenn dadurch ein Vermächtn unwirks werden sollte; soweit kein VerschaffgsVerm (§ 2169 I) vorliegt, hat der bedachte VermNehmer nur die Rechte aus § 2288 II (BGH NJW **58**, 547; vgl hierzu Anm Johannsen in **LM** Nr 6). – Ein RGesch des Überlebenden, dch das er NachlGgstand **lebzeitig** auf einen Dritten übertrug, ist nicht schon 11
desh nichtig, weil dadch dem Schlußbedachten das Erbgut entzogen wird (heute allg M). Allenfalls greift bei Vorliegen besond Umstände § 138 ein (BGH **59**, 343; WM **73**, 680). Denkb ist auch eine **Haftung des** 12
Empfängers ggü dem Erben gem dem inzw aufgehobenen § 419, wenn der Erbl vor dem 1. 1. 99 (EG 223 a) dch das RGesch sein ganzes od sein im wesentl ganzes Vermögen übertragen hat (BGH **59**, 352). Auch §§ 2287, 2288 sind entspr anwendb (BGH NJW **82**, 43; **76**, 749). Neben diesen ist ein Anspr aus § 826 nur unter besond Voraussetzgen gegeben (s dazu § 2287 Rn 2). – **Keine Bindung** des überlebden Eheg besteht 13
auch familienrechtl insofern, als er im Falle seiner Wiederheirat mit seinem neuen Ehepartner GüterGemsch vereinbaren oder ges Güterstand der ZugewinnGemsch gelten lassen kann. Fdg des Pflichtteils od eines Zugewinnausgleichs, die aus Anlaß des Todes des Eheg zG des neuen Ehepartners erwachsen, muß SchlußE erfüllen (BGH FamRZ **69**, 207).

a) Nur auf letztwillige Verfügungen wirkt sich die Bindg als rein erbrechtl aus. Seine im gemsch Test 14
getroffenen wechselbezügl Vfgen kann der Überlebende grdsl nicht mehr widerrufen (**II** 1), es sei denn, daß er von der Bindg befreit ist od wird (dazu Rn 17–23). Dies betrifft die wechselbezügl Zuwendgen an Dritte, weil die Vfgen zugunsten des verstorbenen Ehegatten ggstandslos geworden sind (§§ 1923; 2160). Die Einschränkg des WiderrufsR ist darin begründet, daß der Überlebende von der wechselbezügl Vfg im gemeinsch Test, auf deren Bestand der Verstorbene vertraute, sich nicht mehr soll lösen können, nachdem er deren Vorteile in Anspr genommen hat. Sie dient dagg nicht dem Schutz des Dritten, der zu diesem Ztpkt noch keine dem ErbV vergleichbare Anwartsch hat, da ein Widerruf bei Ausschlagg noch mögl ist (s Rn 17) u selbst dch Eintritt der Bindg noch kein gesichertes Recht erwirbt (s § 2269 Rn 11). – **aa) Für neue** Vfgen 15
vTw, die der dch gemeinsch Test in seiner TestierFreih beschränkte Ehegatte ohne wirks förml Widerruf getroffen hat, sind Umfang u Wirkg der Bindg nicht eigens ges geregelt. Wegen der Vergleichbark mit der erbvertragl Bindg ergeben sie sich daher dch analoge Anwendg von § 2289 (RG **58**, 64; Ffm NJW-RR **95**, 265; MüKo/Musielak Rn 15; Gerken Rpfleger **92**, 252). Sie sind also nicht von vornherein nichtig. Voll **wirksam** sind sie vielm dann, wenn sie den and Eheg rechtl besser stellen als bish (BGH **30**, 261; BayObLG **66**, 245), nur die wechselbezügl Anordng wiederholen (Hamm OLGZ **67**, 77; BayObLG **61**, 12) od wenn die vorrangige wechselbezügl Vfg unwirksam ist od ggstandslos wird (RG **149**, 200; Ffm NJW-RR **95**, 265). Ggstandslos wird die wechselbezügl Vfg zB dch ersatzlosen Wegfall des Bedachten infolge Vorversterbens, Erb- oder Zuwendgsverzicht (§ 2352), ErbunwürdigErkl (§ 2344) od Ausschlagg; dagg nicht, wenn an die Stelle des Weggefallenen ein ErsatzE tritt (§§ 2096; 2069; BayObLG FamRZ **95**, 251) od sein Erbteil den übr Bedachten anwächst (§ 2094). – **Unwirksam** sind die vom Überlebenden (gleich in welcher Form) nach dem gemeinsch Test einseitig getroffenen letztw Vfgen nur insoweit und so lange, als sie die Rechte des dch eine wechselbezügl Vfg Bedachten beeinträchtigen würden (dazu Rn 16). Von dieser Bindgswirkg sind auch solche Vfgen nicht ausgenommen, mit denen einer sittl Pflicht od einer auf den Anstand zu nehmenden Rücks entsprochen wurde (s BGH NJW **78**, 423). Beeinträchtigende letztw Vfgen werden nur dch Wegfall der Bindg (Rn 17–23), aber nicht schon dadurch wirks, daß der Bedachte formlos zustimmt, weil die Bindg ggü dem Erstverstorbenen besteht (BGH **LM** Nr 7; Hamm OLGZ **82**, 272; aA RG **134**, 325). Nur wenn der Bedachte in der Form des § 2352 auf die Zuwendg verzichtet, wird die neue Vfg wirks, soweit dch den Verzicht die wechselbezügl Vfg ggstandslos geworden ist (RG Warn **18** Nr 124; Soergel/Wolf Rn 17; dahingestellt von BGH aaO). Dies entspricht der Wirkg in den übrigen Fällen ihres Ggstandsloswerdens. Der nur formlos zustimmende od verzichtende Bedachte kann allerd treuwidrig handeln, wenn er sich später auf die Bindg beruft (BGH aaO; LG Düss FamRZ **88**, 661). – **bb) Beeinträchtigt** wird das Recht des Bedachten 16
zB dch: Nachträgl Einsetzg eines NachE. – Beschwerg mit einem Vermächtn (BGH FamRZ **64**, 592; **69**, 207; NJW **78**, 423 mit krit Anm Schubert JR **78**, 287 u Tiedtke NJW **78**, 2572; KG OLGZ **77**, 457; BayObLG Rpfleger **89**, 457). – Ausschließg der Rechte des Schwiegersohns vom Erbteil der Tochter (Hbg Recht **12** Nr 2298). – Wertverschiebgen zu Lasten des Bedachten infolge neuer Teilgsanordng (§ 2048; Soergel/Wolf Rn 16; BGH **82**, 274 läßt sie bei AusgleichsPfl zu; Lehmann MittBayNot **88**, 157 erachtet jede Teilgsanordng als beeinträchtigende Vfg; s auch Staud/Kanzleiter § 2289 Rn 12). – Nachträgl Anordng einer TVstrg (Köln FamRZ **90**, 1402; BayObLG FamRZ **91**, 111; Ffm WM **93**, 803), es sei denn, daß dies dem Überlebenden gestatt war od er hierzu nach dem Willen beider Eheleute befugt sein sollte; dies kann sich dch (auch ergänzende) Auslegg bei verständig Würdigg der tatsächl Verhältn ergeben (KG OLGZ **66**, 503; Zweibr WPg **75**, 87; s auch Haegele BWNotZ **74**, 109). Keine Beeinträchtigg liegt dagg in der Aufhebg einer TVstrg od der Auswechslg nur der Person des TV (KG FamRZ **77**, 485). – Der Überlebende kann seine eigene Zuwendg in einem späteren Test insow einschränken, als der Vater od die Mutter des minderj Erben von der Verwaltg des Zugewendeten ausgeschlossen wird (Brschw DNotZ **51**, 374; RGRK Rn 16). Er kann auch die gemeinsch Erbeinsetzg später wiederholen, so daß diese dann auf beiden Test beruht (KG JW **39**, 353).

b) Befreiung von der Bindung. Haben sich die Ehegatten nicht bereits im gemeinsch Test die Freih zu 17
abweichden Vfgen vorbehalten (dazu Rn 19ff) u ist die Bindg auch nicht dch ersatzlosen Wegfall des Bedachten entfallen (s Rn 15), kann der Überlebende nach dem Erbfall noch in folgenden Fällen seine TestierFreih wiedererlangen: – **aa) Durch Ausschlagung (II 1)** des ihm vom Erstverstorbenen Zugewendeten entfallen sowohl Bindgszweck als auch Vermögensanfall (§§ 1953, 2180). Nach Annahme od nach seinem Tod dch seine Erben ist dies nicht mehr mögl (RG **95**, 218). War dem Überlebden nichts zugewendet, kann er auch nichts ausschlagen u daher auch nicht widerrufen. Ist jedoch die Zuwendg nur wirtschaftl wertlos (zB wg Überschuldg), muß der Überlebde ausschlagen, um seine Testierfreih zu erhalten (Kiel HEZ **2**, 333; BGH MDR **61**, 402). Wird der Überlebende aGrd der Ausschlagg ges Erbe u ist der ihm zufallde ges Erbteil nicht erhebl kleiner, sond fast od sogar gleich groß wie der ausgeschlagene, ist nach KG OLGZ **91**, 6 erforderl, daß er zur Erlangg seiner TestierFreih sogar aus beiden Berufsgründen ausschlagen u dadch ein erhebl Vermögens-

opfer bringen muß. Zweck des **II** sei es näml, das Vertrauen des Erstverstorbenen auf den Fortbestand der Bindgswirkg zu schützen; dies sei idR nur erreichb, wenn der Überlebende dch einen spürb Verlust davon abgehalten werde, sich von der Bindg zu lösen. Hiergg wendet Tiedtke FamRZ **91**, 1259 zu Recht ein, daß diese Opfertheorie weder dch Wortlaut u Entstehggeschichte noch dch Sinn u Zweck der Vorschr gestützt wird, weil **II** tatsächl nur die gleiche Aufgabe wie **I** iVm § 2270 I hat, näml zu verhindern, daß der Überlebende sich von den Nachteilen des gemeinsch Test lösen, dessen Vorteile aber behalten kann. Daher muß entgg KG die Ausschlagg nur des Zugewendeten stets ausreichen, um die TestierFreih zu erlangen. Im Einzelfall kann allerd für den Fall der Ausschlagg im gemeinsch Test stillschweigd u bedingt die Enterbg des Ausschlagenden angeordnet sein; dies hängt aber von besond Umständen ab (Tiedtke aaO; s auch § 1938 Rn 2). – **Wirkung:** Da die Bindg beseitigt ist, kann der Überlebende nunmehr nach §§ 2253 ff seine eigenen Vfgen widerrufen. Ein derart erklärter Widerruf der wechselbezügl Vfgen des Überlebden zieht die Unwirksamk der entspr Vfgen des Erstverstorbenen nach sich (§ 2270; Bengel Rn 44; s aber auch BGH bei Johannsen WM **73**, 534). – War nicht der Überlebende, sond ein Verwandter od eine nahestehende Person (§ 2270 II) bedacht, steht deren Ausschlagg nicht der des Ehegatten gleich u berecht daher auch nicht zur Aufhebg (Staud/Kanzleiter Rn 40). War sowohl dem Gatten als auch dem Verwandten etwas zugewandt u stehen beide Zuwendgen in einem AbhängigkVerhältn zu den Vfgen des Überlebenden, müssen beide ausschlagen (aA Staud/Kanzleiter Rn 41: Ausschlagg des Ehegatten genügt).

18 **bb) Gegenüber Bedachten,** denen schwere Verfehlgen (§§ 2294, 2333, 2336) vorzuwerfen sind, ist der Überlebende auch nach Annahme der Zuwendg zur Aufhebg seiner wechselbezügl Vfg berechtigt (**II** 2). – Ferner kann er pflichttberecht Abkömml zu deren Schutz beschränken (**III;** §§ 2289 II; 2338). Denn hiermit würde auch der Verstorbene einverstanden sein. Die Aufnahme des Grundes in die Vfg ist unerläßl (§ 2336 II; KG OLG **21**, 340). Als Grd für beschränkende Anordngen kommen nach § 2338 nur Verschwendg od eine (bereits vorliegende, Köln MDR **83**, 318) Überschuldg in Betracht. Der überlebende Eheg kann die Erbeinsetzg des Kindes auch dann aufheben, wenn es den ehrlosen Lebenswandel (§ 2333 Nr 5), den es schon zZ der Errichtg des gemeinsch Test führte, bis zum Tod des überlebenden Eheg fortsetzt (BayObLG **63**, 271). Die Aufhebg der Erbeinsetzg nach § 2271 II 2 hat nicht die Ersatzberufg der Kinder dieses Erben zur Folge (s § 2069); es befreit den überlebden Eheg (im Umfang der Aufhebg der Erbeinsetzg) von der Bindg an das gemeinsch Test (BayObLG aaO).

19 **3) Änderungsvorbehalt.** Da die Ehegatten die Bindgswirkg beschränken od ausschließen können (s § 2270 Rn 3), können sie auch die Widerrufbark wechselbezügl Vfgen üb § 2271 II hinaus erweitern u dem Überlebenden sogar ein freies WiderrufsR einräumen (BGH **2**, 35; KG OLGZ **77**, 457). Der ÄndergsVorbeh kann dem Test im Zw dch Auslegg zu entnehmen sein, etwa wenn Erbl seinen Nachl zur Sicherg seiner Altersversorgg einsetzte u desh die Erbeinsetzg mit der Erwartg bestimmter Leistgen des Bedachten verknüpfte (Hamm NJW-RR **95**, 777). Jeder Ehegatte kann sich folgl mit Zustimmg des anderen dch letztw Vfg das Recht vorbehalten, seine **eigenen** Vfgen ganz od teilweise zu widerrufen. Die Eheleute können sich nach allg Meing auch ggseit ermächtigen, daß der Überlebende üb seinen eigenen Nachl (zu dem bei ggseit Vollerbeneinsetzg auch das Vermögen des Erstverstorbenen gehört) abweichend von den getroffenen Anordngen verfügen u dabei auch wechselbezügl Vfgen abändern darf (BGH NJW **64**, 2056; WM **77**, 278). Dch eine solche Freistellgsklausel wird nicht notwend die Wechselbezüglichk von beiderseit Vfgen ausgeschlossen (s Rn 24). Diese ist vielmehr getrennt zu prüfen von der Frage, ob u in welchem Umfang das Recht zur einseit
20 Aufhebg u Änderg besteht. – Die Befugn hierzu kann einem Ehegatten auch **nachträglich** dch einseit letztw Vfg gewährt werden. Wird ein ErbV mit ggseit Erbeinsetzg der Ehegatten und Freistellgsklausel (die zunächst inhaltsleer ist, weil dem Überlebenden die Änderg der eigenen Erbeinsetzg gestattet wäre) nachträgl dch ein gemeinsch Test mit Einsetzg eines SchlußE zu einer Einheit ergänzt, als wäre der letzte Wille in einer Urkunde niedergelegt (dazu § 2292 Rn 1; § 2270 Rn 4), ist es mögl, daß die Ändergsbefugn auch mit Wirkg für das spätere Test fortbesteht u dem Überlebenden bezügl des SchlußE freie Hand läßt; aufgehoben wäre die Klausel nur bei entspr Vereinbarg (§ 2292) od als ges Folge eines widersprechenden späteren Test (§ 2258), das bei einer dch Bezugnahme im gemeinsch Test auf den ErbV zustande gekommenen „Gesamterbregelg" nicht vorliegt (BGH NJW **87**, 901 mit krit Anm Kanzleiter DNotZ **87**, 433; BayObLG **87**, 23).

21 **a) Die Ermächtigung** kann nur dch Vfg vTw eingeräumt werden. Sie kann Befugn zum abweichenden Testieren sein. Die wechselbezügl Vfg des Erstversterbenden kann aber auch unter die Bedingg gestellt werden, daß der Überlebende nicht anderweitig testiert. Eine solche Ermächtigg braucht nicht ausdrückl erklärt, sond kann auch iW der Auslegg ermittelt werden, wobei allerd Zurückhaltg geboten ist (BayObLG FamRZ **91**, 1488); eine stillschweigend eingeräumte Befugn kann zB nicht allein daraus entnommen werden, daß der Erstverstorbene vermögenslos war (Mü DNotZ **37**, 704) od nur aus der Anordng einer befreiten Vorerbsch (KG OLGZ **77**, 457). Sie kann sich auch dch ergänzde TestAuslegg ergeben (Zweibr FamRZ **92**, 608 mAv Gerken Rpfleger **92**, 252). – Das Recht, auch die Vfg des anderen zu ändern, kann dem Überlebenden nicht eingeräumt werden (§ 2065). Dies berührt jedoch nicht die Befugn zur Abänderg des SchlußE, der nur den Überlebenden beerbt (s § 2269 Rn 11), so daß dieser im Falle der Änderg nur üb seinen eigenen Nachl verfügt. Auch die Einsetzg eines Dritten als NachE des Längerlebenden (dazu § 2269 Rn 2) hindert die Eheg nicht, dem Überlebenden zu gestatten, über den Nachl anders vTw zu verfügen; die Einsetzg des NachE ist dann an die Bedingg geknüpft, daß der Überlebende nicht anderweitig verfügt (s § 2065 Rn 8; BGH **59**, 220; Huber Rpfleger **81**, 437). Verliert der Überlebende bei Wiederheirat infolge Wiederverheiratgsklausel seine Rechte am Nachl des Erstverstorbenen, kann er idR nunmehr frei verfügen (s § 2269 Rn 19). – Die Ändergsbefugn kann an bestimmte Bedinggen geknüpft od nur aus bestimmten Gründen erlaubt werden; ist dann beigefügt, daß die Vfg des Überlebenden keiner gerichtl Nachprüfg unterliegt, ist eine Überprüfg der vom Überlebenden angenommenen Gründe auf ihre Richtigk ausgeschlossen (BGH NJW **51**, 959).

22 **b) Umfang** u Inhalt des vorbehaltenen Rechts zur einseit Abänderg müssen sich aus einer letztw Vfg ergeben u sind im Zweifelsfall dch Auslegg (auch ergänzende) nach dem Willen beider Ehegatten zu ermitteln. Der Vorbehalt muß sich auf die Befugn zu abweichenden Vfgen vTw beziehen. Die häufige Bestimmg,

daß der Überlebende frei u ungehindert verfügen dürfe, ist mangels and Anhaltspkte nur die Ermächtigg zu Vfgen unter Lebenden (BayObLG FamRZ **85**, 209; KG FamRZ **98**, 124 zur gleichen RLage nach ZGB). Der Vorbehalt kann weit gehen (zB Änderg der Schlußerbfolge), aber auch nur beschränkte Befugnisse eröffnen, zB zur Anordng einer TVstrg od von Vermächtn ermächtigen. Lautet der Vorbehalt, daß „die Eltern das Test abändern können", muß bei jurist Laien aus der Überflüssigk des Vorbehalts gemeinsamer Ändergs-Befugn (s Rn 2) allein nicht geschlossen werden, er sei als einseit ÄndergsR des Überlebenden auszulegen (BayObLG NJW-RR **89**, 587). Eine Befugn, ausgesetzte Vermächtn der Höhe nach zu verändern, berechtigt nicht zum Austausch der Person des VermNehmers (RG Recht **14** Nr 945); auch kann das Recht zur Anordng zusätzl Vermächtn dahin auszulegen sein, daß den bereits Bedachten die Zuwendg nicht mehr entzogen werden darf (RG LZ **20**, 705). Die Befugn des Überlebenden zur Anordng von Vermächtn kann sich auch auf Vfgen nur über das eigene Vermögen ohne das ererbte beschränken, etwa wenn das gemeinsame Vermögen größtenteils von dem Vorverstorbenen stammt u die Eheleute davon ausgingen, daß es im wesentl dem als SchlußE eingesetzten Kind zufallen soll (BGH FamRZ **73**, 189; dazu Johannsen WM **73**, 534). Es entspricht der Lebenserfahrg, daß ein Ehemann nach seinem Ableben seiner Ehefrau das Recht zur Abänderg des SchlußE zB bei Verschlechterg der persönl Beziehgen belassen wollte, wenn nur ein Verwandter der Ehefrau als SchlußE eingesetzt war (BayObLG FamRZ **85**, 1287). Die Klausel, daß der seine Einsetzg als SchlußE anstreitende Abkömml nur den Pflichtt erhalten soll, kann beinhalten, daß der Überlebende nicht an die vorgenommene Einsetzg des SchlußE gebunden sein soll, wenn das Kind beim ersten Erbfall seinen Pflichtt fordert (BayObLG **90**, 58).

c) Die Ausübung des vorbehaltenen Widerrufs nach dem Tod des Ehegatten bedarf auch bei wechselbezügl Vfgen nicht mehr der not Beurk des **I,** kann aber nur dch Errichtg eines weiteren Test des Überlebenden erfolgen entspr dem Rücktritt vom ErbV (§ 2297), nicht jedoch dch Vernichtg der TestUrk od einen auf diese gesetzten nicht unterschriebenen UngültigkVermerk (Hamm NJW-RR **96**, 1095; Stgt OLGZ **86**, 261; s § 2255 Rn 6). Widerruf der Einsetzg eines ErsatzE kann zB in einer späteren Wiederholg der Erbeinsetzg unter Weglassg des ErsatzE liegen (Köln OLGZ **93**, 275). § 2336 II, der eine Nenng des EntziehgsGrds verlangt, ist nicht entspr anwendb (Köln aaO); bei Beschränkg des WiderrufsRs auf bestimmte Gründe ist die Angabe des Grundes jedenfalls dann nicht erforderl, wenn nach dem gemeinsch Test es nur einen Grd geben kann (Düss JMBl NRW **63**, 272). 23

d) Wirkung. Der erfolgte Widerruf einer wechselbezügl Anordng beseitigt nach § 2270 grdsl auch die entspr Vfg des Vorverstorbenen, es sei denn, daß (wie oft) ein entgegengesetzter Wille der Eheleute ausdrückl od stillschweigend dch TestAuslegg festzustellen ist. Die Befugn, daß der Überlebende üb seinen Nachl frei verfügen kann, schließt die Wechselbezüglichk nicht notwendig aus (BGH NJW **64**, 2056; **87**, 901; Stgt NJW-RR **86**, 632), kann aber je nach den gegebenen Umständen dahin ausgelegt werden, daß die Einsetzg des SchlußE nicht wechselbezügl sein soll (BayObLG **87**, 23). Die Auslegg kann also ergeben, daß § 2270 I bezügl der Folgen des Widerrufs dch den gemeins Willen der Ehegatten eingeschränkt wird, so daß die Erbeinsetzg des Überlebenden wirks bleibt. 24

4) Die Anfechtung des gemeinsch Test ist zu Lebzeiten beider Ehegatten als entbehrl ausgeschlossen, weil jeder Ehegatte seine wechselbezügl Vfgen in der Form des § 2271 I 1 u einseitige Vfgen frei widerrufen kann gem §§ 2253 ff (RG **77**, 169; **87**, 97; LG Karlsr **58**, 714; s Rn 1). Eine Anfechtg durch Dritte scheidet aus, da der Erbfall noch nicht eingetreten ist. Erst **nach dem Tod eines Ehegatten** ist die Anfechtg des gemeinsch Test sowohl dem überlebenden Eheg als auch Dritten gestattet. 25

a) Der überlebende Ehegatte kann sowohl Vfgen des Erstverstorbenen als auch seine eigenen wechselbezügl Vfgen nach den allg Vorschr der §§ 2078 ff anfechten. Eine Anfechtg eigener einseitiger Vfgen ist nicht mögl, denn insow steht ihm nach §§ 2253 ff das WiderrufsR zu (Bengel Rn 60). 26

aa) Die Selbstanfechtung eigener wechselbezügl Vfgen ist in entspr Anwendg der §§ 2281 ff mit §§ 2078, 2079 mögl (RG **132**, 4; BGH **37**, 333; FamRZ **70**, 79; Peter BWNotZ **77**, 113). Der überlebende Eheg, der eine neue Ehe eingeht, kann zB binnen Jahresfrist nach der Eheschließg od nach der Geburt eines Kindes aus dieser Ehe seine wechselbezügl Vfgen anfechten, § 2079 (BayObLG FamRZ **95**, 1024; Hamm NJW **72**, 1088 zu § 2079 S 2); dabei ist Rücksichtnahme auf den Willen des verstorbenen Eheg geboten. Auch die Geburt eines nichtehel Kindes kann ein AnfechtgsR nach § 2079 begründen (2079 Rn 3). – Die **Anfechtungserklärung** bedarf nach § 2282 III der not Beurkundg (Düss DNotZ **72**, 42; Celle RdL **68**, 72). – Die **Anfechtungsfrist** (§ 2283) beginnt mit dem Ztpkt, in dem der überlebde Eheg vom AnfechtgsGrd zuverläss Kenntn erlangt hat (§ 2283 Rn 1), aber nicht vor dem Tod des Erstverstorbenen. Die Frist läuft auch dann, wenn der Erbl an das gemeinsch Test nicht gedacht hat. Kenntn fehlt aber, wenn das Test soweit aus der Erinnerg des Erbl entschwunden ist, daß es selbst bei Befassg mit Fragen der NachlRegelg nicht in dessen Bewußtsein zurückgerufen worden ist (BayObLG FamRZ **95**, 1024; Kiel HEZ **2**, 334), u zw so lange, bis er konkret an seine früh Vfg erinnert wird. Über RechtsIrrt als HemmgsGrd für den Fristbeginn s § 2082 Rn 4; BGH FamRZ **70**, 79. Die Frist läuft nicht, wenn der überlebde Eheg das Test irrtüml für ungült, zB für wirks angefochten od widerrufen hält (KG JW **37**, 2976; FamRZ **68**, 218; BGH FamRZ **70**, 79; Hamm OLGZ **71**, 312), wohl aber, wenn die Ungültigk aus rechtsirrtüml Beurteilg des Anfechtgstatbestdes hergeleitet wurde (RG **132**, 4; Kiel aaO) od wenn der AnfechtgsBerecht von der Möglichk und Notwendigk der Anfechtg nichts gewußt hat (RG **132**, 4). Bedenkl jedoch Koblz NJW **47/48,** 628, wonach rechtsirrtüml Auslegg den Fristablauf nicht hindert (dazu auch Johannsen WM **73**, 531; dort auch über die Zulässigk erneuter Anfechtg, wenn das AnfR nach § 2079 dch Zeitablauf verloren gegangen ist, aber ein neuer PflichttBer hinzugetreten ist). – **Unzulässig** ist die Selbstanfechtg, wenn der überlebde Eheg die Voraussetzgen für die Anfechtg nach § 2078 II selbst durch ein Verhalten herbeigeführt hat, das gg Treu u Glauben od gg §§ 138, 226 verstößt (BGH **4**, 91; FamRZ **62**, 428; **70**, 82; s § 2078 Rn 10; § 2281 Rn 2). – Der überlebde Eheg kann auch eigene wechselbezügl Vfgen **bestätigen** (§§ 2284, 144) u zwar dch einseit formlose Erkl (BayObLG **54**, 71). – Im Falle der Anfechtg einer VermächtnAnordng dch den überlebenden Eheg kann gg ihn von dem bedachten Dritten Klage auf Feststellg erhoben werden, daß die Vermächtn-Anordng nicht unwirks geworden ist (BGH **37**, 331). 27 28 29

30 **bb) Verfügungen des erstverstorbenen Ehegatten** (einseit od wechselbezügl) kann der Überlebende nach § 2078 anfechten, nicht aber nach § 2079, da dieses AnfechtgsR nur dem übergangenen PflichttBerecht zusteht (§ 2080 III). Die Anfechtg kann auch erfolgen, nachdem der Überlebende das ihm Zugewendete angenommen hat (RGRK Rn 42). – Anfechtgsform: § 2081.

31 **b) Dritte** können die Vfgen des **erstverstorbenen** Eheg in dem gemeinsch Test nach §§ 2078, 2079,
2080 ff anfechten; zu § 2078 II s Köln OLGZ **70**, 114. Nach § 2079 können insb PflichttBerecht, die zw
Errichtg des Test u dem Tod des erstverstorbenen Eheg hinzugekommen sind (zB dch Adoption von Kindern
des zweiten Eheg) von diesem Recht Gebr machen (BGH FamRZ **70**, 79). Bei Wiederverheiratg ist auch
Anfechtg dch Kinder der neuen Ehe mögl (KG JFG **15**, 330), falls nicht eine Wiederverheiratgsklausel
32 (§ 2269 Rn 16) diesen Fall berücksichtigt. – **Form** der Anfechtg: § 2081. Bestr, aber zu verneinen ist, ob auf
die Anfechtg wechselbezügl Vfgen des erstverstorbenen Eheg (sei es vor od nach dem Tod des überlebden)
§ 2285 Anwendg findet (Staud/Kanzleiter Rn 67; Soergel/Wolf Rn 38; aA LG Karlsr NJW **58**, 714; s auch
33 KG NJW **63**, 766; Bln FamRZ **76**, 293; Schubert/Czub JA **80**, 334/339). – Vfgen des **überlebenden** Eheg
können Dritte erst nach dessen Tod, nicht zu seinen Lebzeiten anfechten (KG FamRZ **68**, 219). Wenn ihnen die Aufhebg des gemeinsch Test od einzelner in ihm enthaltener Vfgen unmittelbar zustatten kommen würde (§ 2080), können sie das Test od einzelne Vfgen desselben aGrd §§ 2078, 2079 in der Form des § 2081 anfechten. ZB kann der neue Eheg des zuletzt Verstorbenen als PflichttBerecht nach §§ 2281, 2079 das gemeinsch Test der früheren Eheg soweit anfechten, daß ihm der ges Erbteil zusteht (RG **132**, 1; KG FamRZ **68**, 219). Das AnfechtgsR unterliegt aber, soweit es wechselbezügl Vfgen des zuletzt verstorbenen Eheg betrifft, der Einschränkg des § 2285; solche Vfgen können also nicht mehr angefochten werden, wenn der zuletzt verstorbene Eheg das Recht, die Vfg aus demselben Grunde anzufechten, verloren hatte, zB durch Fristablauf od Bestätigg, §§ 2283, 2284 (Hamm OLGZ **71**, 313; KG aaO; BayObLG NJW-RR **89**, 587). Diese Einschränkg gilt jedoch nicht für die Anfechtg einseitiger Vfgen des überlebenden Eheg (BGH FamRZ **56**, 83); die wirksame Anfechtg solcher Vfgen kann aber uU auch die Unwirksamk wechselbezügl Vfgen nach sich ziehen (§ 2085; s RGRK Rn 56; Bengel Rn 68; Erman/Schmidt Rn 18).

34 **c) Wirkungen der Anfechtung. – aa)** Die begründete Anfechtg **eigener** wechselbezügl Vfgen dch den
überlebden Eheg bewirkt nach § 2270 grdsl auch die Unwirksamk der wechselbezügl Vfgen des anderen
Eheg, insb dessen Vfg, durch die der Überlebende als Erbe eingesetzt wurde, so daß idR nachträgl ges
Erbfolge nach dem Erstverstorbenen eintritt (s Peter BWNotZ **77**, 113/114). Das gilt aber nicht, wenn
ausnahmsw anzunehmen ist, daß der erstverstorbene Eheg seine mit der angefochtenen in Wechselbeziehg
stehende Vfg in gleicher Weise getroffen hätte, wenn die Vfg des Überlebenden schon bei Errichtg des Test
den Inhalt gehabt hätte, den sie durch die Anfechtg haben würde (RGRK Rn 50; Hamm NJW **72**, 1089). –
35 **bb)** Die wirksame Anfechtg der wechselbezügl Vfgen des **Erstverstorbenen** durch den überlebden Eheg
bewirkt nach § 2270 auch die Nichtigk seiner eigenen wechselbezügl Vfgen. – **cc)** Die Anfechtg durch den
36 Überlebenden od Dritte nach § 2079 kann auf **einzelne Verfügungen** des Test beschränkt werden (bestr).
Über die Wirkg der Anfechtg nach § 2079 s § 2079 Rn 7; auch Staud/Kanzleiter Rn 66, 73 u § 2281 Rn 33 ff; BGH FamRZ **70**, 79. Auch § 2079 S 2 ist anwendb (Hamm aaO). Die wirks Anfechtg wechselbezügl Vfgen eines Eheg durch Dritte hat nach § 2270 I die Nichtigk der wechselbezügl Vfgen des anderen zur Folge.

37 **5) Wegfall der Geschäftsgrundlage** begründet kein Recht des überlebden Eheg, die wechselbezügl Vfgen des gemeinsch Test den veränderten Verhältn anzupassen (s auch BGH **37**, 233/241).

2272 *Rücknahme aus amtlicher Verwahrung.* **Ein gemeinschaftliches Testament kann nach § 2256 nur von beiden Ehegatten zurückgenommen werden.**

1 **1) Zur gemeinschaftlichen Rücknahme** müssen die Eheg persönl u gleichzeitig erscheinen. Dies entspricht der Gemeinsamk der Errichtg u bedeutet zugl einen Schutz des mit der Aufhebg nicht einverstandenen Eheg. Bei öff Test ist auch nach Scheidg diese Rücknahme zur Aufhebg (§ 2256) geboten wg § 2268 II. Wg weiterer Widerrufsmöglichk s § 2271; § 2255 Rn 15.

2 **2) Einseitige** Rücknahme zwecks Widerruf ist weder beim öff noch beim eigenhänd Test statth, nach dem Tode des Erstversterbenden (§ 2273 II 2) überh ausgeschlossen u abzulehnen. Sie würde Widerrufswirkg beim öff Test höchstens hins der einseit Vfgen des Zurücknehmenden haben. Vgl im übr § 2271. – **Einsicht** kann allerdings auch ein Eheg allein nehmen (KG JFG **4**, 159; LG Halberstadt JW **22**, 522).

2273 *Eröffnung.* **I Bei der Eröffnung eines gemeinschaftlichen Testaments sind die Verfügungen des überlebenden Ehegatten, soweit sie sich sondern lassen, weder zu verkünden noch sonst zur Kenntnis der Beteiligten zu bringen.**

II Von den Verfügungen des verstorbenen Ehegatten ist eine beglaubigte Abschrift anzufertigen. Das Testament ist wieder zu verschließen und in die besondere amtliche Verwahrung zurückzubringen.

III Die Vorschriften des Absatzes 2 gelten nicht, wenn das Testament nur Anordnungen enthält, die sich auf den Erbfall beziehen, der mit dem Tode des erstversterbenden Ehegatten eintritt, insbesondere wenn das Testament sich auf die Erklärung beschränkt, daß die Ehegatten sich gegenseitig zu Erben einsetzen.

1 **1) Eröffnung.** Auch beim gemeinsch Test sind nach dem Tod des zuerst verstorbenen Ehegatten nur dessen Vfgen (vollständ) zu eröffnen; § 2262 darf dch die gewählte Verbindg der beiderseit letztw Vfgen nicht umgangen werden. Verfüggen des Überlebenden werden nicht eröffnet. Sein Geheimhaltgsinteresse wird grdsl geschützt, soweit sich seine Vfgen nach der Abfassg des Test von denen des and Testierenden absondern lassen

(I). Ist dies nicht mögl, müssen sie zwangsläufig mit verkündet bzw bekannt gemacht werden; dies ist jedoch nur ein tatsächl Vorgang u keine Eröffng im Rechtssinn (RG **137**, 222; Hamm OLGZ **87**, 283), sond notwend Folge der von den Testierenden gewählten Verbindg ihrer Vfgen. Die Wahrg des Geheimhaltgsinteresses liegt näml in deren Händen. Sie können bei Errichtg des gemeinsch Test die Schwierigk bedenken u ausräumen. Haben sie dch die von ihnen herbeigeführte Unmöglichk der Absonderg einen Konflikt zwischen Unterrichtgsbedürfn der Erben u Geheimhaltgsinteresse des Überlebenden selbst herbeigeführt, wird ersterem dch das G der Vorrang eingeräumt (BGH **91**, 105 mAv Bökelmann JR **84**, 501). Diese Regelg ist verfassgskonform (BVerfG NJW **94**, 2535). – **Absondern** läßt sich eine Vfg des Überlebenden schon äußerl nur dann, 2
wenn sie sprachl als Einzelanordng abgefaßt ist, also in verständl Sätzen für sich steht (s KGJ **31** A 365). Untrennbar sind dagg Verfüggen in „Wir"-Form; in ein u demselben Satz enthaltene; die auf Vfgen des and verweisen od Bezug nehmen od die ihrem Inhalt nach beiden Ehegatten in gleicher Weise zuzuordnen sind (Hamm OLGZ **82**, 136; BayObLG Rpfleger **90**, 22) wie zB: „Unser Sohn erhält"; „Erbe des Überlebden von uns ist" (vgl BVerfG aaO); „Der Überlebende von uns ist verpflichtet". Die Trennbark richtet sich jeweils nach den Umständen des Einzelfalls. Bei inhaltl Verknüpfg der Vfgen hat die Eröffng so zu geschehen, daß jeder Beteiligte ein richtiges Bild von der Tragweite der Vfgen des Erstverstorbenen für seine RPosition gewinnen kann.

2) Umfang. Zu eröffnen ist wie bei § 2260, also jede Urkunde, die sich äußerl als gemeinsch Test darstellt. 3
Das NachlG hat nicht vorab zu prüfen, welche Teile des Test od Erbvertrags von Belang od ggstandslos, gültig od ungültig sind (BGH **91**, 105; BayObLG Rpfleger **90**, 22; Hamm NJW **82**, 57; Ffm Rpfleger **77**, 206 mAv Haegele; KG OLGZ **79**, 269). Zu verkünden sind also auch gemeinsch Regelungen für den nicht eingetretenen Fall gleichzeit Versterbens (Köln DNotZ **88**, 721 mAv Cypionka); eine von beiden Eheg verfügte Wiederverheiratgsklausel (§ 2269 Rn 16; Asbeck MDR **59**, 897); Strafklauseln; die Aussetzg von Vermächtnissen (BGH FamRZ **84**, 690; Hbg NJW **65**, 1969 mit krit Anm Lützeler NJW **66**, 58; aber mit Recht einschränkend für Vermächtnisse, die in ggseit ErbVertr vom Längstlebenden ausgesetzt sind, BGH **70**, 173); mit der Einsetzg des überlebenden Eheg zum VorE auch die Berufg der Kinder als NachE (Haegele aaO 139). – Über den Umfang der Eröffng entscheidet nicht der Überlebende (od gar der Erstversterbende), sond das eröffnende **Gericht** (§§ 2260, 2261); bei mögl Sonderg kann zB vermerkt werden „Eröffnet mit Ausnahme der eingeklammerten Stellen" (Brand/Kleef 276). Ein Verzicht der Beteiligten kann erhebl sein, wenn keine überwiegenden öff Interessen entggstehen (Hamm JMBl NRW **62**, 62; s auch RGRK Rn 6). – **Beteiligt** u 4
zu benachrichtigen (§ 2262) ist jeder, dem dch die letztw Vfg des Erbl ein Recht gewährt od genommen oder dessen RLage dch sie in sonst Weise unmittelb beeinflußt wird (BGH **70**, 173), also die Bedachten; die ges Erben des Erstverstorbenen (nicht die des Überlebenden), vor allem die PflichttBerecht; NachE; Vermächtn-Nehmer; TV. Der SchlußE ist beim ersten Erbfall nur ausnahmsw Beteiligter, näml wenn er zu den ges Erben des Erstverstorbenen gehört (zB als Abkömml, Hamm OLGZ **82**, 136) od es als mögl erscheint, daß in seiner Einsetzg auch die Berufg als NachE od als ErsatzE des Erstverstorbenen liegen kann (s Stgt BWNotZ **79**, 11; LG Stgt BWNotZ **89**, 81 mAv Bühler); dagg nicht, wenn er eindeut erst nach dem Überlebenden Rechte erwerben wird. – **Rechtsmittel.** Gegen Ausschluß eines Teils od Ablehng der Beschränkg ist Beschwerde 5
(FGG 19; RPflG 11) statthaft (Ffm Rpfleger **77**, 206; LG Aachen RhNK **65**, 368). – **Erbvertrag** wird grdsl wie ein gemeinsch Test behandelt (§ 2300).

3) Wiederverwahrung. Nach Eröffng ist eine beglaub Abschrift der eröffneten Vfgen zu fertigen (**II** 1), 6
die im RVerkehr (zB im Falle des GBO 35) an die Stelle der Urschrift tritt. Ein bisher amtl verwahrtes gemeinsch Test ist in die bes amtl Verwahrg zurückzubringen, wenn es letztw Vfgen des Überlebenden enthält, die nicht dch den Tod des Erstverstorbenen ggstandslos geworden sind (**II** 2; **III**). Die örtl Zuständigk für diese Wiederverwahrg ist ges nicht geregelt u str. Den Vorzug verdient die Auffassg, daß das gemeinsch Test in die Verwahrg des bish nach § 2258a zuständ Gerichts zurückzubringen ist (BayObLG FamRZ **95**, 681; Saarbr Rpfleger **88**, 484; Stgt Rpfleger **88**, 189; Oldbg NJW-RR **87**, 265; KG Rpfleger **81**, 304; Schlesw SchlHA **78**, 101; Köln Rpfleger **75**, 249; str). Nach der Ggmeing soll die Weiterverwahrg aus praktischen Gründen entspr § 2261 S 2 vom jetzigen NachlaßG übernommen werden (Ffm NJW-RR **95**, 460; Karlsr BWNotZ **89**, 63; Zweibr Rpfleger **98**, 428; Hamm OLGZ **90**, 276; Celle Rpfleger **79**, 24), obwohl die ZuständigkRegelg des § 2258a einen Wechsel nicht vorsieht und § 2261 S 2 dch **II** als lex spec verdrängt wird. Will keines der beiden Gerichte die Verwahrg dchführen, liegt ein nach FGG 5 zu klärender Streit üb die örtl Zuständigk vor. – Ein nach § 2259 abgeliefertes gemeinsch Test verbleibt nach der Eröffng bei den Akten, wenn nicht der Überlebende die bes Amtsverwahrg beantragt; doch kommt im Falle des **III** nur gewöhnl Verwahrg in Betracht (AktO 27). Keine Rückgabe an den Überlebenden (KGJ **49**, 55; s auch § 2260 Rn 9). Dieser kann auch nicht gem § 2258a III Abgabe an ein anderes Gericht verlangen, wenn das NachlG das gemeinsch Test eröffnet u wieder in bes amtl Verwahrg gegeben hat (Mü BayJMBl **60**, 22; s auch Hamm OLGZ **72**, 73). – **Entbehrlich (III)** wird die dch **II** vorgeschriebene Fertigg einer beglaub Abschr u 7
die Wiederverwahrg, wenn das Test für den Tod des Überlebenden keine Bestimmungen enthält. Daher wird ein solches Test nur in gewöhnl Verwahrg genommen u beim zweiten Erbfall nicht nochmals eröffnet u verkündet, da dies sinnlos wäre. Zum Verfahren für *BaWü* s 1. VVFGG 13 I.

4) Nach dem Tode des Längstlebenden sind dessen Vfgen nach den gewöhnl Vorschr (§§ 2260ff) zu 8
eröffnen, auch soweit sie mangels Trenngsmöglichk bereits bei der 1. Verkündg hatten verkündet werden müssen (RG **137**, 222). Nochmalige Verkündg unterbleibt im Falle des **III.** Der nochmaligen Eröffng bedarf es aber auch dann, wenn zweifelh ist, ob das Test Anordngen enthält, die sich auf diesen Erbfall beziehen (Hamm OLGZ **75**, 94). – Sodann erfolgt gewöhnl Aufbewahrg; bei ZuständigkWechsel Eröffng durch das erste NachlG als VerwahrgsG, Aufbewahrg durch das Gericht des zweiten Erbfalls (§ 2261 S 2; Mü JFG **14**, 73; s auch Hamm aaO; KG Rpfleger **77**, 24).

5) Eröffnungsgebühr (KostO 102, 103) wird nur nach dem NachlWert des jeweils Versterbenden 9
berechnet. Im Fall des **III** kommen mangels Eröffng beim zweiten Erbfall Gerichtskosten nicht in Frage.

Vierter Abschnitt. Erbvertrag

Überblick

1 **1) Begriff.** Der ErbV ist die vertragsmäßige, dh mit einer Bindgswirkg nach § 2289 ausgestattete Erbeinsetzg u die vertragsmäßige Anordng von Vermächtn od Auflage (§§ 1941; 2278). Er muß also mindestens eine solche vertragsmäß Vfg enthalten; ist dies der Fall, können beliebig and letztw Vfgen als einseit hinzugefügt werden (§ 2299). Begünstigter der vertragsmäß Vfg kann sowohl der VertrPartner als auch ein am ErbV nicht
2 beteiligter Dritter sein (§ 1941 II). **Einseitig** ist ein ErbV, wenn nur der Erbl vertragsmäß Vfgen vTw trifft, auch wenn sich der ledigl annehmende VertrGegner gleichzeit zu Leistgen unter Lebenden verpflichtet od einseit vTw verfügt; **zweiseitig**, wenn beide Teile als Erbl hinsichtl ihres Nachlasses vertrmäß verfügen. **Gegenseitig** ist ein ErbV, wenn sich die Erbl dabei jeweils bedenken, **mehrseitig,** wenn mehr als zwei Personen vertrmäßige Vfgen vTw treffen. – **Entgeltlich** wird ein ErbV bezeichnet, der mit einem RGeschäft verbunden ist, in dem der VertrPartner sich zu einer Leistg ggü dem Erbl (zB Unterhaltszahlg) verpflichtet. Auch wenn diese Verpflichtg mit Rücksicht auf die Zuwendg des Erbl eingegangen wird, steht sie zu ihr nicht im Verhältn von Leistg u GgLeistg iSd §§ 320 ff (MüKo/Musielak Einl vor § 2274 Rn 21, 29); bei Leistgsstörgen s § 2295 Rn 2. – Das Gesetz verwendet den Begriff unterschiedl; es kann sowohl das Vertragswerk, der erbrechtl Akt (zB in §§ 2274–2278, 2298) als auch die vertrmäß Vfg (zB in §§ 2281 ff, 2293 ff) gemeint sein.

3 **2) Abgrenzung**. Vom Test unterscheidet sich die in VertrForm errichtete Vfg vTw im Prinzip dadch, daß sie vom Erbl nicht mehr frei widerrufl ist, weil er seine TestierFreih im Umfang der von ihm freiwillig eingegangenen vertragl Bindg aufgegeben hat (s § 2289 Rn 1). Auch steht sie im Ggsatz zum gemeinsch Test, das nur Ehegatten gestattet ist (§ 2265), unverheirateten Personen und mehr als zwei offen. – RGesch im Gewand eines ErbV kann auch als eines unter Lebden auszulegen sein, wenn nämlich die Beteiligten schon zu Lebzeiten Re u Pfl begründen wollten, auch wenn sie erst beim Tod eines von ihnen wirks werden sollten (BGH FamRZ **98**, 908); dafür kann zB Entgeltlichk der Zuwendg sprechen (BGH NJW **84**, 46). – Verträge über den Nachlaß eines noch lebenden Dritten vgl § 312. – Über Errichtg einer **Stiftung** dch ErbV s §§ 83, 84; BGH NJW **78**, 943. – Kommt in einem zw 1. 1. 76 u 2. 10. 90 eingetretenen Erbfall das ErbR der fr **DDR** zur Anwendg (EG 235 § 1 I), ist zu beachten, daß das ZGB den ErbV abschaffte (s Einl 5 vor § 1922, auch zu früh ErbV). Davor von Eheleuten errichtete sind dann üb ZGB 372 in gemeinsch EhegTest (ZGB 388) umzudeuten (Hamm FamRZ **95**, 758). Hat währd der Geltg des ZGB ein DDR-Bürger einen ErbV in Westdeutschland abgeschlossen, kommt dessen Umdeutg in ein Test in Betr (Jena FamRZ **94**, 786). Ist Grdbesitz in der fr DDR als rechtl selbständ Nachl zu behandeln (§ 1922 Rn 8), wurden erbvertragl Vfgen des westdtschen Erbl auch von der fr DDR gem RAG 26 als wirks erachtet (BayObLG **95**, 79; DtZ **96**, 214).

4 **3) Rechtsnatur.** Der ErbV ist ein einheitl RGeschäft, das eine **Doppelnatur** als Vertr u als Vfg vTw aufweist. Als **Vertrag** läßt er mit seinem Abschluß Bindgen entstehen. Während aber ein RGesch unter Lebenden schon vor dem Erbfall Rechte u Pflichten erzeugt, begründet der ErbV als **Verfügung von Todes wegen** keine schuldrechtl Verpflichtg (auch nicht für den VertrGegner, etwa zur Annahme der Erbsch), sondern läßt seine RWirkgen erst mit dem Erbfall eintreten. Auch wenn er zwei- od mehrseit (Rn 2) abgeschlossen wird, kann er daher niemals ggseit iS der §§ 320 ff sein. Trifft nur der Verbl eine Vfg vTw u verpflichtet sich der ledigl annehmende VertrPartner gleichzeit zu Leistgen (zB Versorgg u Pflege), ist letzteres RGesch unter Lebenden u nicht Bestandteil des ErbV, auch wenn es in der gleichen Urkunde enthalten ist (BGH **36**, 65; BayObLG NJW-RR **98**, 729; MüKo/Leipold § 1941 Rn 4; s auch Rn 7).

5 **4) Wirkung. – a) Der Erblasser** wird dch Abschluß des ErbV in seiner **Testierfreiheit** beschränkt, aber nicht an Vfgen unter Lebenden gehindert; diese sind wirks (§ 2286) u lösen allenfalls Anspr nach §§ 2287, 2288 aus. Während ein Test frei widerrufen werden kann (§§ 2253 ff), ist der ErbV grdsl unwiderrufl. Allerdings ist der Erbl nur an seine vertragsmäß Vfgen gebunden, nicht aber an seine einseitigen. Die Bindung ergibt sich aus der vertragl Natur des RGesch u nicht erst aus § 2289, der nur die Folgen ausspricht (BGH **26**, 204). Sie entfällt dch wirks Anfechtg (§§ 2281 ff), Aufhebg (§§ 2290 ff) od Rücktritt (§§ 2293 ff) od dch Ggstandsloswerden des ErbVs infolge Vorversterbens, Ausschlagg od Erbunwürdigk des Bedachten. Auch kann sich der Erbl dch Vorbehalt das Recht sichern, vertragsmäß Vfgen nachträgl einseit zu ändern od
6 aufzuheben (s § 2289 Rn 8). – **b) Der Vertragserbe** hat zu Lebzeiten des Erbl nur eine Anwartschaft, später möglicherw Erbe zu werden (Erwerbsaussicht, Kapp BB **80**, 845), die nicht vererbl u nicht übertragb (Mattern BWNotZ **62**, 229; auch BGH **37**, 319) u auch nicht Vermögen iSd § 1836 ist (BayObLG **52**, 290). – Bei einem erbvertragl ausgesetzten **Vermächtnis** besteht vor dem Erbfall nur eine tatsächl Aussicht u kein schuldrechtl Anspruch (BGH **12**, 115). Im einzelnen s § 1922 Rn 3–5. – Ist ein **Dritter** bedacht, liegt kein Vertr zGDr iSd § 328 vor (BGH aaO), da der Erbl keine Verpflichtg ggü dem Dritten eingeht. Bei Aufhebg des ErbV ist daher die Zustimmg des bedachten Dritten nicht erforderl.

7 **5) Die Form** des ErbV entspricht der des öffentl Test (§ 2276). Bei Ehe- u ErbV in einer Urkunde genügt EheVertrForm (§ 2276 II). – Auch mit anderen Vertr ist eine urkundl **Verbindung** zuläss (s § 2276 Rn 10). In diesen Fällen ist dann vom zweiseit ErbV zB wieder der **Unterhaltsvertrag** (§ 2295) zu unterscheiden, der sich aus einem ErbV und einem schuldrechtl Vertr zusammensetzt. Im Erbeinsetzungsvertrag können sich die Parteien ggseit od nur einer den anderen od Dritte (§ 1941 II) zu „Vertragserben" (auch Vor-, Nach- od Ersatzerben) berufen, auf den ganzen Nachl od einen Bruchteil, neben gesetzl od TestErben. – Beim **Vermächtnisvertrag** können Beschwerte od Bedachte die Parteien wie auch Dritte sein. Nicht aber kann ein ErbesE od der Erbe eines VermNehmers beschwert werden. Über die RNatur der Anwartsch des Erben od VermNehmers s Übbl 6; § 1922 Rn 3. – Bei der **Auflage** steht die Klage auch hier nur den Vollziehgsberechtigten (§ 2194), nicht dem VertrGegner zu. – **Gesellschaftsvertragliche Nachfolgeregelun-**

gen, die alsbald Rechte u Pflichten zw den Beteiligten begründen sollen, sind kein ErbV, auch wenn sie erst im Todesfall ihre volle Wirkg entfalten (BGH WM **66**, 367; s auch § 2301 Rn 15). – Zu den Möglichk einer **vorweggenommenen** Erbfolge s Einl 7; 8 vor § 1922.

6) Auslegung. Die Tats, daß ErbV notariell beurkundet ist, hindert nicht seine Auslegg (§ 2084 Rn 3; 8
Saarbr NJW-RR **94**, 844). Auch eine nicht ausdrückl erkl Annahme kann dch Auslegg festgestellt werden (Ffm Rpfleger **80**, 344). Für seinen Inhalt gelten bei einseit Vfgen des Erbl TestRegeln (§ 2084), da bei ihnen kein Vertrauensschutz besteht u es nur auf den ErblWillen ankommt (§ 2084 Rn 1). Für vertragsmäß Vfgen (§ 2274) ist dagg, selbst wenn nur ein VertrTeil vTw verfügt hat, der erklärte übereinstimmde Wille beider VertrParteien zum Zeitpkt der VertrErrichtg maßgebl (BGH FamRZ **83**, 380), u zwar so wie sie den Vertr u seinen Wortlaut übereinstimmend verstanden haben, weil das jeder Interpretation vorgeht (BGH NJW **84**, 721). Ggf ist § 157 heranzuziehen (BGH NJW **89**, 2885; BayObLG **94**, 313), so daß die Vorstellgen des VertrPartners des Erbl idR von Bedeutg sind (BayObLG NJW-RR **97**, 7). Auf den Willen u die Vorstellgen des Notars kommt es nicht an (BayObLG FamRZ **97**, 911). Das Verständn des UrkNotars ist aber ggf von indizieller Bedeutg (BayObLG NJW-RR **97**, 835). Läßt sich eine sprachl mehrdeut Erbeinsetzg nicht mehr klären, hat Gericht sich mit dem Sinn zu begnügen, der ErblWillen mutmaßl am ehesten entspr (BGH NJW **93**, 256; BayObLG **97**, 59). – Auch bei der ergänzenden Auslegg ist der Wille beider Vertragsparteien maßgebend (Hamm RdL **69**, 152). Der Gesamth der Erkl kann sogar eine nicht ausdrückl erkl Erbeinsetzg entnommen werden (Mattern DNotZ **66**, 250). Die Formbedürftigk der Erkl (§ 2276) setzt der Auslegg Grenzen (s § 2084 Rn 4). S auch §§ 2279; 2280.

7) Nichtigkeit. Abgesehen von der Formungültigk eines ErbV kann dieser nichtig sein, wenn sein Inhalt 9
gg ein gesetzl Verbot od gg die guten Sitten (§§ 134, 138) verstößt (s § 1937 Rn 17 ff). Verstoß gg § 138 ist insbes auch gegeben, wenn er auf eine sittl zu mißbilligde Art zustande gekommen ist, zB wenn er dem VertrErben außergewöhnl Vorteile bietet u dieser die Unerfahrenh des Erbl ausgenützt hat; od wenn der VertrErbe eine psychische Zwangslage des Erbl herbeigeführt u ausgenützt hat (s BGHZ **50**, 63/70 mAv Mattern **LM** § 138 (A a) Nr 19; **LM** § 138 (B c) Nr 1; Johannsen WM **71**, 927 ff). Zu ErbV, die zur Verhinderg des Zugriffs der Sozialbehörde die Substanz des Vermögens einem NachE statt dem behinderten Kind zukommen lassen, s § 138 Rn 50 a. – **Umdeutung** des nichtigen ErbV in Test od Schenkg nach § 2301 10
ist mögl (§ 140 Rn 10), zweiseit von Ehegatten auch in gemeinsch Test (§ 2265 Rn 3; 4); bei Hofnachfolge in Anordng einer Ausgleichsverpflichtg zugunsten des im ungült ErbV Bedachten (BGH FamRZ **64**, 25); ein undurchführb gewordener ErbV uU in Anordng von Vor- u NErbfolge (OHG JR **50**, 536); eine gem § 2302 nichtige Verpflichtg zur TestErrichtg in ErbV (Hamm FamRZ **97**, 581).

2274 *Persönlicher Abschluß.* **Der Erblasser kann einen Erbvertrag nur persönlich schließen.**

1) Der Erblasser kann nicht durch einen Vertreter, sei es im Willen, sei es in der Erkl, einen ErbV 1
schließen, bestätigen (§ 2284), aufheben (§ 2290) od von ihm zurücktreten (§ 2296). Dies entspricht TestR (§ 2064). Für Anfechtg bestehen die SonderVorschr des § 2282. Wegen Zustimmg des ges Vertreters vgl § 2275 II. Bei betreutem Erbl (§ 1896) erstreckt sich ein Einwilliggsvorbehalt nicht auf ErbV (§ 1903 II mit Rn 12).

2) Der Vertragsgegner kann dagg vertreten werden, mag er bedacht sein od nicht, wenn er nicht ebenf 2
Erbl ist. Jeder VertrSchließende kann gleichzeitig Erbl u VertrGegner sein (§§ 2278, 2298, 2299); ebso können mehrere Erbl mit einem VertrGegner abschließen u umgekehrt (s Reithmann DNotZ **57**, 527; Kipp/Coing § 36 III). Annehmender Teil kann auch eine jur Person sein, wobei rgült Vertretg notwendig ist.

2275 *Voraussetzungen.* **I Einen Erbvertrag kann als Erblasser nur schließen, wer unbeschränkt geschäftsfähig ist.**

II Ein Ehegatte kann als Erblasser mit seinem Ehegatten einen Erbvertrag schließen, auch wenn er in der Geschäftsfähigkeit beschränkt ist. Er bedarf in diesem Falle der Zustimmung seines gesetzlichen Vertreters; ist der gesetzliche Vertreter ein Vormund, so ist auch die Genehmigung des Vormundschaftsgerichts erforderlich.

III Die Vorschriften des Absatzes 2 gelten auch für Verlobte.

1) Unbeschränkte Geschäftsfähigkeit des Erblassers (I). Beim ErbV gilt die allg Regelg der §§ 2; 104 1
Nr 2 (s auch BeurkG 11; 28) im Ggsatz zum Test mit seiner bes Regelg der TestierFähigk (§ 2229), deren irrtüml Prüfg aber idR zu ident Ergebn führt (s BayObLG NJW-RR **96**, 1289). Sie gilt beim zweiseit ErbV (Übbl 2) für beide Teile, da beide Erbl sind. ErbV GeschUnfähiger od beschränkt GeschFähiger sind nichtig (§ 105; Ausn s **II** mit Rn 2). Sie sind auch nicht unter Mitwirkg oder Zustimmg des ges Vertreters mögl, da der ErbV den Erbl erhebl mehr bindet als das Test. – Heilg tritt bei Wegfall der Beschränkg nicht ein; jedoch ist Umdeutg in Test mögl (s § 140 Rn 10). Stand der Erbl unter Betreug, wird er nicht beschränkt, wenn der für letztw Vfgen unzuläss EinwilliggsVorbeh (s § 2274 Rn 1) für and Lebensbereiche angeordnet war (Weser MittBayNot **92**, 161/169). – Im RStreit ist Gutachten eines Sachverständigen (Psychiater) einzuholen (BGH FamRZ **84**, 1003). S auch § 2229 Rn 13; BayObLG FamRZ **97**, 1026 zum ErbSchVerf.

2) Für minderjährige Erblasser (§ 106; EheG 3) bestehen Ausnahmen zugunsten ihres Ehegatten (**II**) 2
bzw Verlobten (**III**); bis 31. 12. 91 galt dies auch für volljähr, aber in der GeschFähigk beschränkte Erbl. Auch sie müssen den ErbV persönl abschließen (§ 2274). Die erforderl Zustimmg des ges Vertreters richtet sich nach §§ 108, 182–184, 1882. Sie kann formlos erfolgen; an sich auch nachträgl (§ 184). Doch wird Notar (§ 2276 I; BeurkG 11, 18, 28) außer bei Gefahr im Verzug ohne Nachweis der Einwilligg die Beurkundg verweigern müssen (s auch Soergel/Wolf Rn 7). Die Zustimmg formpflichtig zu machen, wäre zweckmäßig.

– Bei fehlender Zustimmg ist Genehmigg dch den Erbl nach Erlangg der unbeschränkten GeschFähigk mögl (§ 108 III), aber nicht mehr nach dem Tod des anderen Teils, der ebenf Erbl war (KGJ **47**, 100). – Gerichtl Genehmigg (**II** letzter Halbs) erfolgt durch RPfleger (RPflG 3 Nr 2 a; der früh RPflG 14 Nr 17 wurde dch BtG aufgehoben). – Für Partner in eheähnl **Lebensgemeinschaft** gelten **II; III** nicht (sie können aber ErbV schließen).

3 **3) Für den Vertragsgegner,** der nicht Erbl ist, gelten die allg Vorschr über Verträge (vgl auch §§ 104, 105 ff, 114). Durch den ErbV erlangt er ausschließl Vorteile (§ 107), soweit er nicht Verpflichtgen (Unterhalt, Pflege) übernimmt (§ 2295). Bei seiner GeschUnfähigk ist ErbV unwirks (BayObLG NJW-RR **96**, 7, auch zu Umdeutg). Bei mangelnder Vertretg kann der schwebd unwirks ErbV nach dem Tod des Erbl nicht mehr dch nachträgl Zustimmg des ges Vertreters geheilt werden (BGH NJW **78**, 1159).

2276 *Form.* **I Ein Erbvertrag kann nur zur Niederschrift eines Notars bei gleichzeitiger Anwesenheit beider Teile geschlossen werden. Die Vorschriften der § 2231 Nr. 1, §§ 2232, 2233 sind anzuwenden; was nach diesen Vorschriften für den Erblasser gilt, gilt für jeden der Vertragschließenden.**

II Für einen Erbvertrag zwischen Ehegatten oder zwischen Verlobten, der mit einem Ehevertrag in derselben Urkunde verbunden wird, genügt die für den Ehevertrag vorgeschriebene Form.

1 **1) Materielle Formvorschriften.** Nur vor Notar kann der ErbV im Inland geschlossen werden; im Ausland können auch noch Konsularbeamte (KonsG 18–20; 24) für deutsche Staatsangehörige ErbV beurkunden (KonsG 11 I, 10). Die Aufnahme der Niederschrift darf nur bei gleichzeit Anwesenh beider VertrTeile erfolgen. Der (die) Erbl muß persönl anwesend sein (§ 2274); dagg kann sich der VertrGegner, mag er bedacht sein od nicht, vertreten lassen (§ 2274 Rn 2; s auch § 177). Der ges Vertreter des Erbl (§ 2275 Rn 2) braucht nicht anwesend zu sein. – **IPR:** EG 26 IV (s dort Rn 5; Riering/Bachler DNotZ **95**, 580).

2 **a) Vertragsabschluß.** Es sind die Formen des öffentl Test zu wahren (s §§ 2231 Nr 1, 2232, 2233). Dies gilt auch für den VertrGegner, der nicht Erbl ist. Jedoch sind Bestimmgen, deren Voraussetzgen in der Person des Erbl erfüllt sind (zB wg Minderjährigk, Lesensunfähigk, Stummheit, § 2233), auf den VertrGegner, der keine vertragsmäß Vfgen vTw trifft, nicht anzuwenden. Vielm gelten sie für den VertrGegner idR nur dann, wenn ihre Voraussetzgen (auch) in seiner Person liegen (Bengel Rn 6). – Ggf kann Abschluß einem unwirks and RGesch dch Umdeutg zu entnehmen sein (s § 140 Rn 10), zB einem ÜbergabeVertr (BGH **50**, 63; ZEV **94**, 296 mAv Krampe).

3 **b) Die Erklärung des letzten Willens** kann mündl od dch Schriftübergabe geschehen. Der and VertrSchließde kann die Annahme dieser Erklärg ebenf mündl od in einer übergebenen Schrift erklären (§ 2232; BeurkG 30, 33). Die VertrSchließden brauchen ihren Willen nicht in derselben Weise zu erklären; der eine kann ihn mündl erklären, der and eine Schrift überreichen. Sie können ihre Erklärgen auch in einer gemeins Schrift niederlegen u übergeben. Über die mündl Erklärg s § 2232 Rn 7, zur Übergabe einer Schrift
4 § 2232 Rn 10, 11; BeurkG 30. – **Besonderheiten:** Bei Minderjährigk, Lesensunfähigk u Sprechunfähigk (Stummh) muß § 2233 beachtet werden. Handelt für den anderen VertrSchließden ein (ges) Vertreter, gilt dies auch für die Person des Vertreters. Der VertrGegner od sein Vertreter, der nicht lesen kann u auch die Blindenschrift nicht beherrscht, kann seine Erklärg nur mündl abgeben (§ 2233 II); in diesem Fall muß auch der Erbl seine Vfgen mündl erklären, damit der annehmende Teil vor Abschluß des ErbV die Vfgen des Erbl kennen lernt (Bengel Rn 10).

5 **2) Das Beurkundungsverfahren** regelt das BeurkG. Einzelh dazu s § 2232 Rn 2–6. Bezügl der Mitwirkgsverbote (BeurkG 3) ist der ErbV auch als eine Angelegenh des VertrGegners anzusehen, der keine Vfg
6 vTw errichtet. Die Ausschließungsgründe ergeben sich aus § 6. Wirkt für den Annehmenden ein Vertreter mit, ist das Vorliegen des AusschließgsGrdes aus dessen Person zu beurteilen (BeurkG 6 I Nr 4, II). Die
7 Ausschließg wegen Verhältn zum Bedachten ergibt sich aus BeurkG 27 mit 7. Die **Niederschrift** (s dazu § 2232 Rn 8) muß in Gegenwart des Notars den Beteiligten vorgelesen, von ihnen genehmigt u eigenhänd von beiden VertrSchließden (Vertr des VertrGegners) unterschrieben werden. Für den anderen VertrSchließden, der nicht Erbl ist, gelten gem BeurkG 33 dessen §§ 30–32 entspr.

8 **3) Eigenhändige** od nur **beglaubigte Erbverträge** sind ausgeschlossen. Ebenso der Abschluß vor Bürgermeister oder 3 Zeugen (§§ 2249, 2250). Dagg kann ein ErbV in einem persönl abgeschlossenen
9 **Prozeßvergleich** (dazu § 127 a Rn 2) od in einem persönl im Verf der FreiwG geschlossenen Vergleich beurkundet werden. Besteht im Verf Anwaltszwang, müssen sowohl der Erbl persönl als auch sein Prozeßbevollmächtigter die erforderl Erkl abgeben (vgl BGH **14**, 381 mAv Keidel DNotZ **55**, 190; NJW **80**, 2307; § 127 a Rn 3). Die Billigg des Vergleichs dch den Erbl persönl muß im Einzelfall festgestellt werden u läßt sich auch bei seiner Anwesenh im Termin nicht aus der Lebenserfahrg ableiten (Stgt OLGZ **89**, 415), ohne daß aber dieser Nachweis nur dch das Protokoll geführt werden kann (Stgt aaO).

10 **4) Verbindung mit Ehevertrag** od anderem Vertr (zB Erbverzicht, § 2348; s auch Übbl 7 v § 2274) ist mögl, wobei Zusammenhang in einer Niederschrift ausreicht (anders bei § 2295, wo innerer Zusammenhang erforderl ist). Auch ein stillschweigend abgeschlossener PflichttVerzicht kann uU mit einem ErbV verbunden sein, in dem die Eheg sich ggseit zu AlleinE u einen pflichttberecht Abkömml zum SchlußE einsetzen (BGH **22**, 365; FamRZ **77**, 390 zum gemeinsch Test).

11 **a) Form.** Grdsl genügt nicht die Beachtg der für den verbundenen Vertr bestehenden FormVorschr, sond es müssen die Erfordernisse des **I** gewahrt werden. – Nur für einen zw Eheg od Verlobten geschlossenen ErbV gewährt **II** eine **Erleichterung,** wenn er in derselben Urk mit einem **Ehevertrag** (§ 1408) verbunden wird. Die ehevertragl Form (§ 1410) genügt dann auch für den ErbV. In diesem Fall gelten für das Verfahren BeurkG 2–5, 6–13, 13 a, 16–18, 22–26. Aus BeurkG 9 I 2, 13 I ergibt sich aber, daß eine die Vereinbg der Beteiligten enthaltende Schrift nur offen übergeben werden kann (Bengel Rn 20). Die §§ 2274, 2275 werden

dch **II** nicht berührt; auch §§ 2231, 2232, 2233 müssen eingehalten werden. Die Ausdehng des BeurkG 7 dch BeurkG 27 bleibt ebenf anwendb. – BeurkG 28–35 scheiden als SonderVorschr für Vfgen vTw aus (Soergel/Wolf Rn 13). Gem BeurkG 34 II 2 ist iZw anzunehmen, daß die bes amtl Verwahrg ausgeschlossen sein soll, so daß diese nur auf Antrag eines VertrSchließenden vorzunehmen ist. – Dagg reicht für den **Ehevertrag** die Beachtg der Form des ErbV nicht aus (Mecke/Lerch BeurkG 33 Rn 5; bestr). – Die VertrSchließden können auch nicht in einzelnen Punkten die FormVorschr des EheVertr u solche des ErbV wählen (Bengel Rn 4).

b) Auswirkungen. Wird dch **Auflösung** des Verlöbn der von den Verlobten geschlossene EheVertr unwirks, gilt dies auch für den damit verbundenen ErbV, sofern in ihm nichts anderes bestimmt ist (§ 2279 II iVm § 2077). Bei **Tod** eines Verlobten bleibt der ErbV idR wirksam (KGJ **37** A 115). – Str ist, wie die **Unwirksamkeit** eines der beiden verbundenen Vertr sich auf den anderen Vertr auswirkt. Da beide nicht notwendig eine rechtl Einh iSv § 139 bilden, ist grdsl die Wirksamkeit des verbundenen Vertr anzunehmen. Nur wenn nach dem Willen der Eheg (Verlobten) beide Vertr ein einheitl RGesch darstellen, kann ausnahmsw bei einem von Anfang an nichtigen ErbV (wg Formmangel, § 125; infolge Anfechtg; nach § 2289 II usw) sich gem § 139 diese Nichtigk ex tunc auch auf den in derselben Urk geschlossenen EheVertr erstrecken (Stgt FamRZ **87**, 1034; offen gelassen von BGH **29**, 129). Die Annahme eines EinheitlichkWillens zZt des VertrAbschlusses ist aus Inhalt u Zustandekommen des Vertr unter Berücksichtigg des Interesses der VertrSchließenden festzustellen, wobei sich aus der Zusammenfassg in einer Urk eine tatsächl Vermutg ergibt (Stgt aaO). Dagg ist bei nachträgl Aufhebg des ErbV dch Rücktritt die Anwendg des § 139 dch die SonderVorschr für den Rücktritt stets ausgeschlossen (BGH **29**, 129; s auch BGH NJW **67**, 152). 12

5) Nicht der Form des ErbV bedarf idR ein **besonderer** im Zusammenhang mit dem ErbV stehender **Vertrag,** durch den sich der in einem ErbV Begünstigte zu Leistgen (einmaliger od wiederkehrender Art) an den Erbl verpflichtet (BGH **LM** Nr 4 mAv Piepenbrock; s Übbl 7 vor § 2274). Ist er formnichtig (s zB § 761), ist auch ErbV nichtig, wenn nicht anzunehmen ist, daß ihn die VertrTeile auch ohne das nichtige RGesch unter Lebenden abgeschlossen hätten (§ 139; s Rn 12). – Über Verbindg eines ErbV mit einem **Verfügungsunterlassungsvertrag** s § 137 Rn 5. – Mit dem ErbV kann auch ein Vertr verbunden werden, in dem sich der VermNehmer ggü den Erben verpflichtet, zu Lebzeiten vom Erbl keine Zuwendgen anzunehmen (BGH WM **77**, 689; Köln NJW-RR **96**, 327). Dieser Vertr bedarf nicht der Form des § 2276. Zur Frage der BeurkBedürftigk formfreier RGesch infolge Zusammenhangs mit ErbV s Kanzleiter NJW **97**, 217. – Zu formlosen Hofübergabe- u Erbverträgen s § 125 Rn 26; § 1922 Rn 9. 13

2277 ***Amtliche Verwahrung.*** **Wird ein Erbvertrag in besondere amtliche Verwahrung genommen, so soll jedem der Vertragschließenden ein Hinterlegungsschein erteilt werden.**

1) Verschließung. Der Notar soll in einen mit seinem Prägesiegel (s DONot 2) zu verschließenden Umschlag nehmen: Die Niederschrift über den Abschluß eines ErbV u die nach BeurkG 30–32 (s BeurkG 33) beigefügten Schriftstücke, also bei Erklärg des letzten Willens (AnnahmeErkl) dch Schriftübergabe die eine Vfg vTw (AnnahmeErkl) enthaltde Schrift (§ 30), bei Schriftübergabe dch Stumme die in § 31 vorgesehene Erklärg sowie bei Sprachunkundigen die nach Maßg des § 32 vorgeschriebene Übersetzg (BeurkG 34 II mit I 1, 2). Dazu soll er sonstige Anlagen wie zB eine Vollmacht des nur annehmenden VertrTeils (§ 2274 Rn 2) od eine bereits vorliegende vormschgerichtl Genehmigg (§ 2275 II) mit in den Umschlag nehmen. – Auf dem Umschlag soll Notar die Vertragschließenden ihrer Person nach näher bezeichnen u angeben, wann der ErbV abgeschlossen worden ist; diese Aufschrift soll Notar unterschreiben (BeurkG 34 II mit I 3). 1

2) Amtliche Verwahrung. Der Notar soll veranlassen, daß der ErbV unverzügl in bes amtl Verwahrg gebracht wird (BeurkG 34 II mit I 4). Für Zuständigk u Verf gelten nach § 2300 die §§ 2258 a, b entspr. Für *BaWü* s LFGG 1 II, 46 III, 1. VVLFGG 11 ff. Dazu bestimmt § 2277 ergänzend, daß jedem VertrSchließenden über den in bes amtl Verwahrg genommenen ErbV ein **Hinterlegungsschein** erteilt werden soll (s § 2258 b Rn 2). Gem DONot 16 I 3 soll der Notar auf Wunsch der VertrSchließenden eine Abschrift des ErbV, den er zur bes amtl Verwahrg bringt, zurückbehalten; sie ist zu beglaubigen u zu den Akten zu nehmen. S ferner AktO 27 Abs 4 ff und die bundeseinheitl Bek über die Benachrichtigg in NachlSachen sowie DONot 16 I, II. Über Anfertigg eines Vermerkblattes s DONot 16 I 1, 2. – **Einsicht** in die verwahrte Urkunde od eine Abschrift kann jede VertrPartei jederzeit verlangen. 2

a) Ausschließung. Die bes amtl Verwahrg unterbleibt, wenn die VertrSchließden sie ausschließen (BeurkG 34 II). Der Widerspr muß gleich nach der Errichtg erklärt werden. Der Widerspr eines VertrTeils genügt nicht, in diesem Fall ist amtl zu verwahren. Wird der Widerspr später widerrufen, so ist der ErbV in bes amtl Verwahrg zu bringen. – Ist die bes amtl Verwahrg ausgeschlossen (dazu auch BeurkG 34 II Halbs 2), verbleibt ErbV in der Verwahrg des UrkNotars, der ihn bei Eintritt des Erbfalls an das NachlG abzuliefern hat (BeurkG 34 III; § 2259). Nach § 2300 gelten auch für die gewöhnl amtl Verwahrg dch den Notar §§ 2258 a, b, entspr, ebso § 2300 a; s ferner AktO 27 Abs 4 ff. Der Notar hat nach Maßg des DONot 16 III, IV über die ErbV, die er gem BeurkG 34 III 1 in Verwahrg nimmt, ein Verzeichn zu führen (s hiezu Dumoulin DNotZ **66**, 70; Kanzleiter DNotZ **70**, 585 f; **75**, 26). – Über Benachrichtigg des Standesbeamten im Fall des BeurkG 34 III s DONot 16 II 1; § 2258 a Rn 1. 3

b) Rücknahme aus der amtl Verwahrg können die Vertragsparteien verlangen. Die Urk gelangt dann in die gewöhnl Verwahrg des UrkNotars; sie ist nicht etwa an die VertrSchließden zurückzugeben (Hamm FamRZ **74**, 391). Die Wirksamk des ErbV wird dadch aber nicht berührt (Jansen BeurkG 34 Rn 14). Es gelten ausschließl die §§ 2290, 2292. 4

c) Nach Aufhebung eines ErbV (§§ 2290, 2292) darf der Notar die Urschrift selbst bei entspr Verlangen weder an die VertrSchließenden herausgeben (Ausn: BeurkG 45) noch sie vernichten, sond hat sie weiter selbst zu verwahren (BNotO 25 II; Köln NJW-RR **89**, 452). 5

2278 *Vertragsmäßige Verfügungen.* **I In einem Erbvertrage kann jeder der Vertragschließenden vertragsmäßige Verfügungen von Todes wegen treffen.**

II Andere Verfügungen als Erbeinsetzungen, Vermächtnisse und Auflagen können vertragsmäßig nicht getroffen werden.

1 **1) Vertragsinhalt.** Ein ErbV muß mind eine vertragsmäß Vfg enthalten, weil nur eine solche die dem ErbV eigentüml erbrechtl Bindg herbeiführt (§ 2289 Rn 1). Andernf liegt kein Vertr vor (s Übbl 1 vor § 2274; zu seiner RNatur s Übbl 4; 6), zumal dann auch kein Unterschied zum Test bestünde (s auch Rn 4). Diese Bindg kann zwar dch einen in den ErbV aufgenommenen Vorbehalt gelockert u eingeschränkt werden, darf aber nicht völl fehlen, selbst wenn sie nachträgl wieder entfallen kann (s § 2289 Rn 6–8). – Erbvertragl
2 Bestimmgen kann **jeder** der VertrSchließenden treffen (§ 2298 I), auch mehrere Erbl jeweils mit dem gleichen Partner od umgekehrt, ohne daß diese Vfgen voneinander abhängen müßten (wie bei § 2295). Im Ggsatz zum gemeinsch Test (§ 2265) müssen die VertrSchließenden auch nicht miteinander verheiratet sein. – Bei Ehegatten gilt die VfgsBeschränkg des **§ 1365** nicht für ihre Vfgen vTw (BGH **40**, 224).

3 **2) Vertragsmäßige Verfügungen** können nach **II** nur Erbeinsetzg, Vermächtn und Auflage sein, wie dies an sich bereits § 1941 bestimmt. Diese sind aber nicht allein schon deshalb vertragsmäßig, weil sie in einem ErbV stehen; es ist desh empfehlenswert, im ErbV zum Ausdruck zu bringen, ob es sich um eine vertragsmäß od um eine einseit Vfg handelt. Hat der Erbl sie nicht ausdrückl als „vertragsmäßig" bezeichnet, ist dch Auslegg gem §§ 133, 157 (s Übbl 8 vor § 2274) für jede Vfg gesondert zu ermitteln, ob u inwieweit ggseitige Bindg od freie Widerruflichk der Bestimmg beabsichtigt war (BayObLG **61**, 206; FamRZ **94**, 196). Dabei ist vor allem zu prüfen, ob Erbl od der and VertrTeil ein Interesse an der ErblBindg gehabt haben, zumindest bei Vfg zg Dritter (BayObLG FamRZ **97**, 911). Die Annahme einer vertragsmäßigen Vfg liegt besond nahe, wenn dch die letztw Vfg eine Zuwendg an den VertrPartner selbst erfolgte (BGH **26**, 204; **106**, 359); zB ggseit Erbeinsetzg von Eheg (Hamm NJW **74**, 1774; Zweibr FamRZ **95**, 1021) od bei Vermächtn eines ÜbernahmeR an MitE, wenn nicht ausdrückl als einseitig bezeichnet (BGH **36**, 116). Wird mit dem Vermächtn in demselben Vertr ein ggseit Erbverzicht verbunden, spricht dies für (kausalen) Zusammenhang u damit vertragsmäß Vermächtn (BGH **106**, 359). – Erfolgte die Zuwendg an einen dem VertragsPartner nahestehenden, insbesond verwandten **Dritten,** ist sie idR als bindend gewollt anzusehen, wenn der Erbl od der and VertrPartner ein Interesse an der Bindg gehabt haben (BGH NJW **61**, 120; DNotZ **70**, 356; Gerken BWNotZ **92**, 93), wobei die Grdsätze zur Wechselbezüglk (§ 2270) herangezogen werden können (Zweibr FamRZ **95**, 1021). Vertragsmäßigk ist zB anzunehmen, wenn Kinder der Vertragsschließenden als (Schluß)Erben eingesetzt sind (BayObLG FamRZ **89**, 1353; Saarbr NJW-RR **94**, 844; Ffm Rpfleger **97**, 309); setzen kinderlose Ehegatten sich zunächst ggseitig u dann beiderseits Verwandte zu Erben des Überlebenden ein, ist idR die Erbeinsetzg der Verwandten des Erstversterbenden vertragsmäß, die der Verwandten des Überlebden dagg einseitig (BGH NJW **61**, 120). Auch ein vertragl vorbehaltenes RücktrittsR iVm teilw Freistellg spricht eher für Vertragsmäßigk der Einsetzg eines SchlußE (BayObLG FamRZ **94**, 196).

4 **3) Einseitige Verfügungen.** Im ErbV kann gem § 2299 zu den vertragsmäß Vfgen als einseitige Vfgen all das hinzugefügt werden, was auch dch Test bestimmt werden kann. Der Unterschied liegt darin, daß diese einseit Anordngen vom Erbl auch jederzeit wieder nach TestVorschr widerrufen werden können (§ 2299 II). Einseit anordnen kann er also zB Teilgsanordngen; Ausschluß der Auseinandsetzg; Enterbgen; Einsetzg eines TV (RG **116**, 322; Düss ZEV **94**, 302); Erteilg einer Vollmacht, auch wenn sie nach dem Willen des Erbl erst bei Eröffng zur Kenntn des zu Bevollmächtigenden gelangt (Köln DNotZ **51**, 36); PflichttEntziehg (§ 2333; BGH FamRZ **61**, 437).

5 **4) Vereinbarungen unter Lebenden** können mit dem ErbV verbunden werden (s Einl 6; 7 vor § 1922). Dies wird in § 2276 II; BeurkG 34 II vorausgesetzt (BGH **26**, 65 mAv Piepenbrock **LM** § 2276 Nr 4; BayObLG Rpfleger **76**, 290 zu LeibgedingsVertr, § 2293); s wg der Form § 2276 Rn 13. Ist bloß die VertrErfüllg bis nach dem Tode des Schuldners hinausgeschoben, handelt es sich überh nicht um einen ErbV (Düss NJW **54**, 1041; Übbl 11 v § 2274). Wenn durch Vertr Grdbesitz od sonstiges Vermögen mit der Maßg übergeben wird, daß der Vertr erst nach dem Tode des Übergebers vollzogen werden soll, hängt es von dem VertrInhalt u den Umständen ab, ob ein Vertr unter Lebenden od ein verschleierter ErbV vorliegt (BGH NJW **53**, 182; BayObLG **53**, 226). – Die ggü dem VertrPartner eingegangene Verpflichtg, ein Grdst nicht zu veräußern u bei Verstoß hiergg das Eigentum auf die VertrE zu übertragen, kann dch Vormerkg gesichert werden (BayObLG FamRZ **89**, 321).

2279 *Vertragsmäßige Zuwendungen und Auflagen.* **I Auf vertragsmäßige Zuwendungen und Auflagen finden die für letztwillige Zuwendungen und Auflagen geltenden Vorschriften entsprechende Anwendung.**

II Die Vorschriften des § 2077 gelten für einen Erbvertrag zwischen Ehegatten oder Verlobten auch insoweit, als ein Dritter bedacht ist.

1 **1) Anwendbares Testamentsrecht (I).** Bei vertragsmäß Zuwendgen (§ 2278 II) bezieht sich die entsprechende (nicht buchstäbliche) Anwendung der TestVorschr insb auf den zuläss Inhalt und die notwend Bestimmth sowie auf die Auslegg, dh auf §§ 2064–2076; 2077; 2084 bis 2093 (zu § 2085 s aber § 2298); 2096–2099; 2100–2146; 2147–2168; 2169 (dazu BGH **31**, 13/17 mAv Hieber DNotZ **60**, 209); 2170–2174; 2181–2193. – Ferner auf den Anfall u Erwerb des Zugewendeten u die Auflageverpflichtg (§§ 1923 mit 2160; 1937–1959; 2094; 2095; 2176; 2180; RG **67**, 66). – Dagg nicht auf §§ 2265–2268 (vgl Rn 2). Selbst die Mitwirkg des Bedachten als annehmender Teil hindert nicht die Anwendg der Vorschr über Annahme u Ausschlagg (§§ 1942 ff, 2180). Ein Verzicht auf das AusschlaggsR im ErbV wäre unwirks. – Die Beurteilg von **Willensmängeln** ist zT eine andere als bei einseitigen letztw Vfgen. Da der Erbl hier seine Erkl einem

anderen ggü abzugeben hat, gelten im Ggsatz zu den Test (§ 1937 Rn 15) auch die §§ 116 S 2, 117 (vgl auch RG **134**, 327), so daß ggf die Willensübereinstimmg u damit die Gültigk ausgeschlossen werden. – §§ 320 ff finden auf zweiseit ErbV, in denen beide Vertragsteile vertragsmäß Vfgen treffen, keine Anwendg (Übbl 4 vor § 2274).

2) Der Erbvertrag zwischen Ehegatten (Verlobten) steht u fällt mit der Gültigk u dem Bestand der Ehe (des Verlöbnisses, § 2077 II), wenn diese(s) nicht dch Tod aufgelöst wurde od anzunehmen ist, daß der Erbl die Vfg auch für einen solchen Fall getroffen haben würde (§ 2077 III; BGH FamRZ **61**, 365). Dies gilt nicht nur dann, wenn der Erbl den ErbV mit seinem Eheg (Verlobten) selbst schließt, sond auch, wenn er ihn zu dessen Gunsten mit einem Dritten geschlossen hat. Für Feststellg eines Fortgeltgswillens (§ 2077 III) gelten die Ausleggsregeln für ErbV (Übbl 8 v § 2274). Er muß sich aus besond Umständ ersehen lassen (Zweibr NJW-RR **98**, 941); ggf ist Notar zu vernehmen (BayObLG NJW-RR **97**, 7). Erbl iS des § 2077 ist auch beim ggseit ErbV nur der zuerst verstorbene Eheg (Hamm FamRZ **65**, 78; BayObLG FamRZ **90**, 322). – Die **Unwirksamkeit** der Erbeinsetzg des Eheg u damit auch der Zuwendgen an Dritte (**II** iVm § 2277) führt gem § 2298 I; III bei zweiseit ErbV idR zur Unwirksamk aller vertragsmäß Vfgen. Sie erstreckt sich also auch auf die gleichzeit Erbeinsetzg der aus der geschiedenen Ehe hervorgegangenen Kinder, es sei denn, daß die Eheg bei Abschluß des ErbV etwas and gewollt haben (Hamm FamRZ **94**, 994; Stgt OLGZ **76**, 17; BayObLG NJW-RR **97**, 7; s auch § 2268 Rn 2). – Nach **II** soll aber § 2077 auch beim **einseitigen** ErbV Anwendg finden, bei dem nur ein Eheg (Verlobter) als Erbl auftritt u ein Dritter bedacht wird, und zwar auch dann, wenn der jetzt verstorbene Eheg – nicht aber, wenn der andere – berechtigten Scheidgs- od AufhebgsAntr gestellt hatte (vgl RGRK Rn 4). Es wird angenommen, daß der Vertr auch hier durch die Ehe stark beeinflußt ist. Soweit das nicht der Fall war, kann die Drittzuwendg nach § 2077 III aufrechterhalten werden, da es sich nur um Ausleggsregeln handelt (vgl auch §§ 2085, 2298 III; Dieterle aaO 172); § 2268 gilt hier nicht. Auch auf die Erbeinsetzg der Schwiegertochter ist § 2077 analog anwendb, wenn mit dem Fortbestand ihrer Ehe mit dem Sohn nicht mehr gerechnet werden kann (Saarbr FamRZ **94**, 1205). 2

2280 ***Auslegungsregeln bei Ehegattenerbvertrag.*** **Haben Ehegatten in einem Erbvertrage, durch den sie sich gegenseitig als Erben einsetzen, bestimmt, daß nach dem Tode des Überlebenden der beiderseitige Nachlaß an einen Dritten fallen soll, oder ein Vermächtnis angeordnet, das nach dem Tode des Überlebenden zu erfüllen ist, so finden die Vorschriften des § 2269 entsprechende Anwendung.**

1) Beim Ehegattenerbvertrag ist die Berufg eines Dritten nach dem Tod des Längerlebden entspr § 2269 iZw als Einsetzg zum SchlußE anzusehen (Einheitslösg, § 2269 Rn 3). Dritter ist zunächst, wer am Abschluß des ErbV weder als Erbl noch als dessen VertrPartner beteiligt war, bei vertragsmäß erfolgter ggseit Erbeinsetzg der Ehegatten aber stets auch der nicht am ErbV beteiligte Erbe des Überlebenden (MüKo/Musielak Rn 7; vgl auch § 2352 Rn 7). Der Überlebende kann also unter Lebenden über das beiderseitige Vermögen verfügen (§ 2286), ohne daß darin eine Aufhebg iS des § 2290 I 2 zu finden wäre; vgl auch KG HRR **38** Nr 1338 mit JFG 15, 325; § 2269 Rn 16 (Wiederverheiratgsklausel); Hamm JMBl NRW **60**, 125 (Umdeutg der Verpflichtg des längstlebenden Eheg, das beim Tod vorhandene Vermögen auf die Kinder zu übertragen, in Erbeinsetzg) u im übr Erläutergen zu § 2269. – Auch **Nichteheleute** können in einem ErbV Vfgen dieses Inhalts treffen. Dann ist aber die AusleggsRegel des § 2269 I nur entspr anwendb, wenn zw den VertrSchließden ein ähnl starkes VertrauensVerh wie zw Eheg besteht (Köln FamRZ **74**, 387). 1

2) Pflichtteilsklauseln. Haben die sich ggseit einsetzden Eheleute nicht ausdrückl bestimmt, daß der Nachl nach dem Tod des Längstlebden an die Abkömml fallen soll, diese aber dch Pflichtt- od Wiederverheiratgsklausel (§ 2269 Rn 16) in ihre Regelg einbezogen, kann darin je nach ihrem Zweck die Erbeinsetzg der Kinder verborgen sein (Saarbr NJW-RR **94**, 844), so daß der ErbV auszulegen ist (dazu Übbl 8 vor § 2274). Allerd genügt nicht schon eine PflichttVerweisg für den Fall der VertrAnfechtg (OGH MDR **50**, 669). Dagg kann PflichttSanktionsklausel (§ 2269 Rn 13) mit Wiederverheiratgsklausel uU so auszulegen sein (Saarbr aaO gg Saarbr NJW-RR **92**, 841; s auch BayObLG **60**, 218). – Die in einem von Eheg mit einem ihrer Kinder abgeschlossenen ErbV abgegebenen Erklärgen können uU auch als **Verzicht** des SchlußE auf seinen **Pflichtteil** u als Annahme dieses Verzichts dch die Erbl angesehen werden, wenn der ErbV dahingeht, daß die Eheg sich ggseit als Alleinerben und das am Vertr beteiligte Kind als SchlußE einsetzen, währd den and Kindern Vermächtnisse für den Fall zugewendet werden, daß sie keine PflichttAnsprüche geltd machen (BGH **22**, 364 mAv Johannsen **LM** Nr 1 zu § 2348; s auch Lübtow JR **57**, 340). – Die Anordng einer entspr Anwendg des § 2270 in § 2280 erübrigte sich, weil aus dem Charakter des ErbV die grdsätzl Bindg der VertrSchließden an ihre vertragl Vfgen folgt (BGH DNotZ **70**, 358, dort auch über einen Fall bindender Erbeinsetzg der Kinder nach dem letztversterbenden Eheg). 2

3) Bei Zweitehe eines Erbl, der die Regelg nach § 2269 nicht gem §§ 2281, 2079 angefochten hat, erhält der neue Eheg den Pflichtt aus dem gesamten Nachl, und zwar bei **Zugewinngemeinschaft** den kleinen Pflichtt u daneben den Anspr auf Ausgleich des in der zweiten Ehe erzielten Zugewinns (§ 1371 II). Es besteht kein WahlR mit dem großen Pflichtt (str; vgl § 2303 Rn 7). 3

2281 ***Anfechtung durch den Erblasser.*** **I Der Erbvertrag kann auf Grund der §§ 2078, 2079 auch von dem Erblasser angefochten werden; zur Anfechtung auf Grund des § 2079 ist erforderlich, daß der Pflichtteilsberechtigte zur Zeit der Anfechtung vorhanden ist.**

II Soll nach dem Tode des anderen Vertragschließenden eine zugunsten eines Dritten getroffene Verfügung von dem Erblasser angefochten werden, so ist die Anfechtung dem Nachlaßgerichte gegenüber zu erklären. Das Nachlaßgericht soll die Erklärung dem Dritten mitteilen.

1 **1) Beseitigung des Erbvertrags.** Beim ErbV muß sich auch der Erbl bei Vorliegen eines Anfechtgsgrundes vom Vertr lösen können, um die volle TestierFreih wiederzuerlangen. Die Anfechtg kann den ganzen ErbV, aber auch nur eine einzelne Vfg zum Ggstand haben. Jedoch gilt auch hier der Grdsatz, daß die Auslegg (auch die ergänzende) Vorrang vor der Anfechtg hat (s auch § 2078 Rn 1). Zur Selbstanfechtg eingehd Veit NJW **93**, 1553. – Weitere Möglichk der Entkräftg des ErbV bieten die Aufhebung (§§ 2290–2292) u der Rücktritt (§§ 2293 ff). Ferner kann der ErbV kraftlos werden durch Vorversterben, Erbunwürdigk, Ausschlagg od Erbverzicht des Bedachten. Zum Vorbehalt s § 2289 Rn 8.

2 **2) Das Anfechtungsrecht** des Erbl besteht nur hinsichtl vertragsmäß Vfgen (§ 2278), da er seine einseit (§ 2299) frei widerrufen kann und daher insow der Anfechtg (wie beim Test) nicht bedarf. Der Erbl kann im ErbV auf das AnfechtgsR ganz od teilw **verzichten** mit der Folge, daß die Anfechtg wg solcher Tatsachen, auf die sich der Verzicht bezieht, für die Zukunft ausgeschlossen ist (BGH NJW **83**, 2247; Celle NJW **63**, 353; dazu Bengel DNotZ **84**, 132). – Ferner ist die Anfechtg auch hier **ausgeschlossen,** wenn der Erbl die Voraussetzgen wider Treu u Glauben od dch Verstoß gg §§ 138, 826 herbeiführte (BGH **4**, 91; FamRZ **70**, 82). – Zur Bestätigg des anfechtb ErbV s § 2284. – §§ 2281 ff gelten auch für die Anfechtg wechselbezügl Vfgen in **gemeinschaftlichem Testament** (BGH **37**, 333; FamRZ **70**, 71; vgl § 2271 Rn 27; Schubert/Czub JA **80**, 334/338); für die Anfechtg nicht wechselbezügl Vfgen in einem gemeinsch Test gelten dagg die §§ 2078 ff (BGH FamRZ **56**, 83). – Über das AnfechtgsR **Dritter** s § 2285. – Der **Vertragsgegner** kann nach §§ 119, 123 nur seine eigene Erkl sowohl vor als auch nach dem Erbfall anfechten, als Nächstberufener auch die des Erbl nach §§ 2078, 2079, 2080.

3 **3) Die Anfechtungsgründe** sind dieselben wie beim Test (§§ 2078, 2079); für die Anwendg der §§ 119, 123 bleibt kein Raum. Form und Frist regeln §§ 2282 III; 2283 I. Die materielle Beweislast für AnfechtsGrd trifft den, der sich auf die Anfechtg beruft (Hamm OLGZ **66**, 497); für Ausschluß des AnfechtgsR dch Zeitablauf den Anfechtgsgegner (BayObLG **63**, 264; FamRZ **95**, 1024).

4 **a) Irrtum und Drohung** (§ 2078) einschl Irrtum im Beweggrunde. Es ist dah (abweichd von § 123 II) gleichgült, ob die etwaige Täuschg vom VertrGegner od einem Dritten verübt wurde. Irrtumsfall kann hier auch sein, daß der Erbl nicht wußte, daß er sich vertragsmäßig band, mag er nun geglaubt haben, ein Test zu errichten, od über die RWirkgen, insb die Bindgswirkgen, des ErbV falsch unterrichtet gewesen sein (Hamm OLGZ **66**, 497; BayObLG NJW-RR **97**, 1027; Ffm FamRZ **98**, 194). Grund zur Anfechtg kann auch die irrige Erwartg des Erbl sein, daß der VertrGegner od ein Dritter den Erbl in bestimmter Weise betreuen werde (BGH FamRZ **73**, 539; § 2078 Rn 4); ebso bei Nichterfüllg einer GgLeistg des VertrGegners (Kipp/Coing § 40 I 2b; Schubert/Czub aaO 337; § 2295 Rn 2). Wurde Eheg zum VertrAbschluß dch Vortäuschen eines Selbstmordversuchs veranlaßt, kommt bei hinreichder Kausalität arglist Täuschg in Betr (BGH FamRZ **96**, 605). – Str ist, ob bei der Anfechtg dch den Erbl auch dessen irrealer Wille zu berücksichtigen ist (dazu MüKo/Musielak Rn 10). BGH lehnt dies ab, läßt aber immerhin sog unbewußte Vorstellgen ausreichend sein (NJW **63**, 246; FamRZ **70**, 79); s dazu Veit NJW **93**, 1553.

5 **b) Übergehung eines Pflichtteilsberechtigten** (§ 2079). Es genügt hier (im Ggsatz zu § 2079 S 1), daß dieser zZ der Anfechtg vorhanden ist, auch wenn er später den Erbfall nicht mehr erlebt (BGH FamRZ **70**, 79/82). Die Anfechtg ist grdsl auch dann mögl, wenn ihre Voraussetzgen vom Erbl selbst geschaffen wurden; nur wenn besond Umstände vorliegen, kann nach § 226 od § 138 die Anfechtg nichtig sein, etwa wenn eine Adoption ausschließl zu dem Zweck vorgenommen wurde, die Anfechtg zu ermöglichen (BGH FamRZ **70**, 79; RG **138**, 373). Der Erbl kann zB nach Wiederverheiratg den mit seinem früh Ehegatten geschlossenen ErbV anfechten. Od nach Annahme eines Kindes, auch wenn es sich dabei um die Kinder seiner zweiten Ehefrau handelt (LG Hbg MDR **64**, 507). – Unerhebl ist, ob der PflichttBerecht irrtüml übergangen wurde od erst nachträgl geboren od pflichtberecht geworden ist. – War der Pflichtt entzogen, der EntziehgsGrd aber nachträgl weggefallen (vgl § 2336 IV), besteht die Anfechtgsmöglichk höchstens dann, wenn der Erbl irrtümlicherw mit einer Besserg nicht gerechnet hatte (§ 2078 II). – Auch § 2079 S 2 ist zu berücksichtigen (Hamm NJW **72**, 1089; Rpfleger **78**, 179).

6 **c) Kausalität.** S zunächst § 2078 Rn 9. Soweit enttäuschte Erwartg des Erbl die Anfechtg begründen soll (§ 2078 Rn 4), muß seine Vorstellg od Erwartg zwar nicht im ErbV ihren Niederschlag gefunden haben (BGH **4**, 91); jedoch müssen besond Umstände des Einzelfalls gegeben sein, die in die Richtg einer solchen Vorstellg deuten (BGH NJW **63**, 246). Die vom G grdsl gewollte erbvertragl Bindg würde näml prakt weitgehd aufgehoben, wenn die Ursächlk der Erwartg allg od auch nur für den Normalfall unterstellt würde (BayObLG FamRZ **98**, 1625).

7 **4) Anfechtungsgegner** ist bei Lebzeiten des VertrGegners nur dieser (§§ 143 II, 130–132), wobei aber der Erbl die Form (§ 2282 III) einzuhalten hat (Düss DNotZ **72**, 42). Nach dem Tod des VertrErbl können seine Erben nach Maßg des § 2080 anfechten. – Für den **Überlebenden** kann nur noch die Anfechtg vertragsmäß Erbeinsetzgen, Vermächtnisse u Auflagen zG Dritter in Frage kommen, da er ja nicht die zu seinen Gunsten getroffenen Vfgen des anderen anfechten kann u seine eigenen Anordngen zG des anderen Teils sich durch dessen Tod erledigt haben. Da sich für den noch lebenden VertrErbl kein NachlG finden läßt, ist das für den Todesfall des Erstverstorbenen zuständige NachlG (FGG 73, Wohnsitz zZ des Erbfalls) Empfänger der AnfechtgsErkl. Mitteilg an die Erben des Erstverstorbenen ist zweckmäßig.

8 **5) Wirkung.** Die erfolgreiche Anfechtg vertragsmäß Vfgen führt zu deren Nichtigk von Anfang an (§ 142). Diese Wirkg tritt ein, so weit die Anfechtg reicht. Inwieweit andere, nicht vom AnfechtgsGrd erfaßte letztw Vfgen des Erbl nichtig sind, beurteilt sich bei einseit ErbV nach § 2085; bei zweiseitigen ErbV bewirkt allerd die Nichtigk einer vertragsmäß Vfg die des ganzen Vertr (§ 2298). – Nach § 2078 können die Erkl des Erbl nur insoweit angefochten werden, als sie auf Irrtum od Drohg beruhen. – Eine Anfechtg nach § 2079 dch den Erbl selbst führt idR zur Nichtigk des gesamten Vertr, da eine bedingte Anfechtg nicht zugelassen wurde. Er hätte den ErbV nicht abgeschlossen, wenn ihm das Vorhandensein des PflichttBerecht bekannt gewesen wäre. Die Anfechtg dient auch seinen eigenen Interessen, da er dch sie die volle TestierFreih zurückgewinnt (BGH FamRZ **70**, 79; Johannsen WM **73**, 532). – Dagg dient eine nach dem Tod des Erbl

dch den PflichttBerecht erfolgte Anfechtg nur dessen Interessen u Schutz. Dch sie sollte deshalb der ErbV grdsl nur insow unwirks werden, als seine Vfgen dem ErbR des PflichttBerecht entggstehen (MüKo/Musielak Rn 18). Ist der Wille des Erbl feststellbar, kann üb § 2079 S 2 die angefochtene Vfg teilweise bestehen bleiben (Hamm Rpfleger **78**, 179). – Die Nichtigk des ErbV kann nach § 139 sogar die Nichtigkeit **weiterer,** äußerl 9
davon getrennter Vertr zur Folge haben (zB eines weiteren ErbV; eines AdoptionsVertr), wenn der Wille der VertrParteien darauf gerichtet war, daß die äußerl getrennten RGesch miteinander stehen u fallen sollen (BGH **LM** § 139 Nr 34; s § 139 Rn 5; § 2276 Rn 12). – Eine Aufrechterhaltg nichtiger Vfgen des Erbl als Test ist uU nach § 140 mögl, etwa wenn nur der VertrGegner angefochten hat. – Der selbst anfechtende Erbl haftet auf Ersatz des **Vertrauensschadens** (§ 122; str), da der Haftgsausschluß dch § 2078 III nur für Dritte 10
gilt, die nicht für Folgen eines ErblIrrtums haften sollen (Staud/Kanzleiter Rn 37; Mankowski ZEV **98**, 46 mN; aA Mü NJW **97**, 2331). Der Ersatz umfaßt aber nicht den Wert der vertragl Zuwendg, da § 122 keinen Anspr wg Nichterfüllg gewährt u der vertragl Bedachte ohnehin nur eine Erwerbsaussicht hatte (Übbl 6 vor § 2274). – Nach erfolgter Anfechtg kann Erbl auf Feststellg der Nichtigk des ErbV klagen (Johannsen WM **69**, 1320).

2282 *Form der Anfechtung.* **I Die Anfechtung kann nicht durch einen Vertreter des Erblassers erfolgen. Ist der Erblasser in der Geschäftsfähigkeit beschränkt, so bedarf er zur Anfechtung nicht der Zustimmung seines gesetzlichen Vertreters.**

II Für einen geschäftsunfähigen Erblasser kann sein gesetzlicher Vertreter mit Genehmigung des Vormundschaftsgerichts den Erbvertrag anfechten.

III Die Anfechtungserklärung bedarf der notariellen Beurkundung.

1) Nur persönlich kann der **Erblasser** hier handeln wie bei der Aufhebg u dem Rücktr (§§ 2290 II 2; 1
2296 I 2) u nur in Form notariell beurkundeter Erkl. Auch eine bloße Vertretg in der Erkl ist ausgeschlossen (Lent DNotZ **51**, 151; Bengel Rn 1). Dies gilt auch für den in der GeschFähigk Beschränkten (für Einschränkg seines AnfechtgsR unter Heranziehg von § 107 Bengel Rn 2). Ist für ihn Betreuer bestellt (§ 1896), kann seine Erkl nicht dessen Einwilligg vorbehalten werden (§ 1903 II mit Rn 13). – Die AnfechtgsErkl muß dem Empfänger in Urschrift od Ausfertigg zugehen, § 130 (s BayObLG **63**, 260); Zugang bedarf nicht der Beurkundg. – **Ausnahme:** Für einen nach Errichtg geschäftsunfäh Gewordenen kann dessen gesetzl Vertreter mit vormschgerichtl Genehmigg (**II;** RPflG 3 Nr 2 a) anfechten (anders §§ 2229, 2274). Damit ist gewährleistet, daß erzwungene od auf Irrtum beruhende, etwa erschlichene VertrBestimmgen im Interesse des GeschUnfähigen wieder beseitigt werden können. Bestand Betreug (§ 1896), greift **II** auch nur ein, wenn der betreute Erbl geschäftsunfäh (§ 104 Nr 2) ist. Anfechtgsberecht ist der Vertreter, dem die Vermögensverwaltg zusteht (vgl auch § 2283 III).

2) Der Formzwang (III) betrifft nur die Anfechtg dch den **Erblasser,** und zwar ggü dem VertrGegner 2
wie dem NachlG (§ 2281 II), nicht aber dch and Personen, die formlos anfechten können (Bengel Rn 5). – Über entspr Anwendg von **III** beim **gemeinschaftlichen Testament** s § 2271 Rn 28; Düss DNotZ **72**, 42.

2283 *Anfechtungsfrist.* **I Die Anfechtung durch den Erblasser kann nur binnen Jahresfrist erfolgen.**

II Die Frist beginnt im Falle der Anfechtbarkeit wegen Drohung mit dem Zeitpunkt, in welchem die Zwangslage aufhört, in den übrigen Fällen mit dem Zeitpunkt, in welchem der Erblasser von dem Anfechtungsgrunde Kenntnis erlangt. Auf den Lauf der Frist finden die für die Verjährung geltenden Vorschriften der §§ 203, 206 entsprechende Anwendung.

III Hat im Falle des § 2282 Abs. 2 der gesetzliche Vertreter den Erbvertrag nicht rechtzeitig angefochten, so kann nach dem Wegfalle der Geschäftsunfähigkeit der Erblasser selbst den Erbvertrag in gleicher Weise anfechten, wie wenn er ohne gesetzlichen Vertreter gewesen wäre.

1) Die einjährige Ausschlußfrist (I) beginnt gem **II** 1 im Fall der Drohg mit Beendigg der Zwangslage, 1
in allen and Fällen mit Kenntn des Anfechtgsgrundes. Diese ist gegeben, wenn der Erbl alle Tatsachen kennt, die erforderl sind, damit er die Sachlage richtig beurteilen kann (BGH FamRZ **73**, 539; BayObLG **90**, 95; FamRZ **95**, 1024; Ffm FamRZ **98**, 194); s auch § 2271 Rn 28. RIrrtum ist nur dann beachtl, wenn er Unkenntn einer die Anfechtg begründenden Tatsache zur Folge hat (s dazu § 2082 Rn 4; BayObLG NJW-RR **97**, 1027). Die Frist läuft deshalb nicht, wenn der ErbV (entspr das gemeinsch Test) irrtüml für ungült, zB für bereits wirks angefochten gehalten wird (vgl KG FamRZ **68**, 218; BayObLG FamRZ **92**, 1102), außer wenn die Ungültigk aus einem Umstand hergeleitet wird, der die Anfechtg erst begründet (§ 2271 Rn 28; BGH FamRZ **70**, 79) od der Irrtum nur die ges Anfordergen der Anfechtg betrifft (Hamm FamRZ **94**, 849). Auch rechtsirrige Beurteilg der Wirksamk eines fr Widerrufs kann bewirken, daß die Frist für die Anfechtg eines ErbV nicht in Lauf gesetzt wird (Köln OLGZ **67**, 496). Unbeachtl RIrrt ist dagg, daß Erbl den ErbV wg ihm bekannter tatsächl Ereign nicht mehr für bindend hält (BayObLG MittBayNot **91**, 84). – Die Entscheidg üb die Rechtzeitigk der Anfechtg erfordert zunächst eine Klarstellg des Anfechtgsgrundes (BayObLG FamRZ **90**, 322). – Die Frist läuft auch ggü dem in der GeschFähigk Beschränkten (§ 2282 I 2) u ges Vertreter (§ 2282 II); im letzteren Fall kann aber der später wieder geschäftsfäh gewordene Erbl selbst anfechten **(III),** wobei ihm eine Nachfrist gewährt ist (**II 2** iVm § 206). Eine zeitl Schranke entspr § 124 III besteht hier nicht.

2) Nur für den Erblasser gilt § 2283. Bei mehreren Erbl kann jeder für sich anfechten; ficht nur einer an, 2
fallen auch die vertragsmäß Vfgen des anderen weg (Reithmann DNotZ **57**, 529). – Für den **Vertragsgegner** (s § 2281 Rn 2) gelten dagg §§ 121, 124, für sonstige Anfechtgsberechtigte (§ 2285) die §§ 2080, 2082. – Ist das AnfechtgsR nach § 2079 dch Zeitablauf verloren gegangen, ergibt das Hinzutreten eines neuen Pflichtt-Berechtigten wiederum ein AnfechtgsR (Johannsen WM **73**, 531).

3 **3) Beweislast.** Die materielle Beweislast für den Ausschluß des AnfechtgsR durch Zeitablauf trifft den Anfechtgsgegner (BayObLG **63**, 264; Baumgärtel/Strieder Rn 1; aA MüKo/Musielak Rn 6: Erbl).

2284 *Bestätigung.* **Die Bestätigung eines anfechtbaren Erbvertrags kann nur durch den Erblasser persönlich erfolgen. Ist der Erblasser in der Geschäftsfähigkeit beschränkt, so ist die Bestätigung ausgeschlossen.**

1 **1) Bestätigung** (§ 144; hierzu Ischinger Rpfleger **51**, 159) steht als Verzicht auf das AnfechtgsR dem Erbl persönl zu u gilt nur für vertragsmäß (§ 2278) Vfgen; einseit (§ 2299) sind für den Erbl widerrufl, daher (wie beim Test) nicht zusätzl anfechtb u können daher auch nicht bestätigt werden. Die einseit Erkl ist nur dem voll geschäftsfäh Erbl gestattet; auch für minderjähr Eheg u Verlobte (§ 2275 II) besteht insow keine Ausn (für Anwendg des § 2275 II Erman/Hense/Schmidt Rn 1); die übr NachlBeteiligten können aber auf ihr AnfechtgsR verzichten (vgl § 2081 Rn 10).

2 **2) Keine Form.** Die Bestätigg bedarf nicht der Form der ErbV od der Anfechtg (§ 144 II; s dazu aber Bengel DNotZ **84**, 132) und ist auch durch schlüss Hdlg mögl, da ja auch das nicht formbedürft Verstreichenlassen der Anfechtgsfrist (§ 2283) Bestätiggswirkg hat. Sie setzt aber Kenntnis des AnfechtgsGrds voraus (MüKo/Musielak Rn 5). Sie ist nicht empfangsbedürft, braucht daher nicht dem anderen VertrTeil od nach dessen Tod dem NachlG ggü abgegeben zu werden (BayObLG **54**, 77, hM).

2285 *Anfechtung durch Dritte.* **Die im § 2080 bezeichneten Personen können den Erbvertrag auf Grund der §§ 2078, 2079 nicht mehr anfechten, wenn das Anfechtungsrecht des Erblassers zur Zeit des Erbfalls erloschen ist.**

1 **1) Das Anfechtungsrecht Dritter** entsteht mit dem Tod des Erbl u richtet sich grdsl nach TestR. Wem die Aufhebg unmittelb zustatten kommt (§§ 2279 I, 2080), kann innerhalb der Frist des § 2082 durch formlose Erklärg anfechten, die bei Erbeinsetzg u Auflagen ggü dem NachlaßG (§ 2081 I, III), bei Vermächtn ggü dem Bedachten (§ 143; RG **143**, 353) abzugeben ist. Das AnfechtgsR ist jedoch von dem des Erbl **abhängig,** soweit dieser anfechtgsberecht war (also nicht bei einseit Vfgen, § 2281 Rn 2), wird also durch dessen Bestätigg (§ 2284), Fristversäumn (§ 2283), Verzicht od rechtsmißbräuchl Herbeiführg des AnfechtgsGrds (§ 2281 Rn 2) zerstört. – Zum AnfechtgsR des VertrGegners s § 2281 Rn 2. – § 2285 gilt auch bei wechselbezügl Vfgen im **gemeinschaftlichen Testament** (RG **132**, 4; KG FamRZ **68**, 218; Berlin FamRZ **76**, 293/295; s § 2271 Rn 33). – Die **Beweislast** dafür, daß AnfechtgsR des Erbl ausgeschlossen ist, trifft den Anfechtgsgegner (Stgt OLGZ **82**, 315; BayObLG FamRZ **95**, 1024; § 2281 Rn 3).

2 **2) Anfechtungstatsachen.** Hat der Erbl sein AnfechtgsR ohne Erfolg ausgeübt, wurde also gg ihn rkräft erkannt, daß es nicht besteht, ist es nicht erloschen iS des § 2285 (BGH **4**, 91; dazu Johannsen WM **73**, 531). Man wird jedoch § 2285 entspr anwenden u Dritten ein AnfechtgsR versagen müssen, wenn der Anfechtgstatbestand derselbe ist (RGRK Rn 4; aM Bengel Rn 6). Dritte können aber aGrd neuer Tatsachen anfechten u hierbei zu deren Unterstützg auch auf solche zurückgreifen, auf die eine selbständ Anfechtg nicht mehr gestützt werden kann, wenn es nach dem AnfechtgsGrd auf das Gesamtverhalten des Anfechtgsgegners ankommt (BGH aaO mAv Ascher **LM** Nr 1).

2286 *Verfügungen unter Lebenden.* **Durch den Erbvertrag wird das Recht des Erblassers, über sein Vermögen durch Rechtsgeschäft unter Lebenden zu verfügen, nicht beschränkt.**

1 **1) Freies Verfügungsrecht unter Lebenden.** Auch nach Abschluß eines ErbV kann der Erbl weiterhin dch RGesch unter Lebenden üb sein gesamtes Vermögen ohne jede Einschränkg verfügen. Dch die Vereinbg vertragsmäß Vfgen hat er sich nur hinsichtl seiner künft letztw Vfgen gebunden, also sich selbst in seiner TestierFreih beschränkt (allg M, zB BGH WM **73**, 680). Er kann dah wirks VermögensGgst an Dritte übertragen. Nur bei Vorliegen bes Umstände kann sich der Bedachte auf § 138 berufen (BGH **59**, 343/351), auf § 826 nur unter bes Voraussetzgen (s dazu § 2287 Rn 2); uU kann sich auch eine Haftg des Empfängers ggü dem VertrErben aus dem inzw aufgehobenen § 419 bei Vermögensübernahme vor dem 1. 1. 99 (EG 223 a) ergeben (BGH aaO 352; dazu Teichmann JZ **74**, 34; Stöcker WM **80**, 482/490). – Die Anweisg an eine Bank (Spark), nach dem Tod ein Guthaben an eine bestimmte Pers auszuzahlen, ist eine rechtswirks Zuwendg dch Vertr zugunsten Dritter (§ 331); sie ist nicht schon aus dem Gesichtspkt der Umgehg der Bindg aus einem ErbVertr od gemeinsch wechselbezügl Test unwirks; dem benachteiligten VertrE od SchlußE kann aber ein BereichergsAnspr nach § 2287 zustehen (BGH **66**, 8 mAv Johannsen **LM** § 2301 Nr 6; dazu Harder FamRZ **76**, 418). – Zuläss ist allerd, daß sich der Erbl zur Absicherg des Bedachten zusätzl verpflichtet, lebzeit
2 **Verfügungen zu unterlassen** (§ 137 S 2). Ein solcher Vertr nimmt dem Erbl ggü Dritten zwar nicht seine VfgsFreih, da er nur zw den Beteiligten schuldrechtl wirkt, begründet bei Verletzg aber SchadErsAnspr gg Erbl od seine Erben (s § 137 Rn 5; 6). – Zur Position des Bedachten vor dem Erbfall s § 1922 Rn 3; Übbl 6 vor § 2274. – Ausnahmen zum Schutz gg den Mißbrauch der VfgsFreih enthalten §§ 2287, 2288.

3 **2) Familienrechtliche Handlungen** wie Eheschließg od Annahme eines Kindes od VaterschAnerkenntn sind dem Erbl nicht verwehrt, obwohl diese RGeschäfte PflichttRechte Dritter begründen u auf diese Weise mittelb den vertragsmäß Bedachten beeinträchtigen können. Andererseits kann der PflichttAnspr durch den ErbV weder ausgeschlossen noch beschränkt werden (Ausnahmen: §§ 2333 bis 2336). – Anfechtg nach § 2079, §§ 2279, 2285 ist schon im ErbV ausschließbar (s § 2281 Rn 2; § 2285 Rn 1).

3) Auf wechselbezügliche Verfügungen in einem **gemeinschaftlichen Testament** ist § 2286 entspr anwendb (BGH DNotZ **51**, 345; DNotZ **65**, 357). Durch die nach dem Tode des Erstverstorbenen eingetretene Bindg werden RGeschäfte unter Lebenden nicht ausgeschlossen (§ 2271 Rn 10). 4

2287 *Beeinträchtigende Schenkungen.* **[I] Hat der Erblasser in der Absicht, den Vertragserben zu beeinträchtigen, eine Schenkung gemacht, so kann der Vertragserbe, nachdem ihm die Erbschaft angefallen ist, von dem Beschenkten die Herausgabe des Geschenkes nach den Vorschriften über die Herausgabe einer ungerechtfertigten Bereicherung fordern.**

[II] Der Anspruch verjährt in drei Jahren von dem Anfalle der Erbschaft an.

1) Schutz des Vertragserben. Da auch dem dch ErbV gebundenen Erbl (§ 2289) seine VfgsFreih unter Lebenden uneingeschränkt verbleibt (§ 2286), kann er bis zu seinem Tod sein Vermögen dch unentgeltl lebzeit RGesch beliebig vermindern. Seine unentgeltl Vfgen sind selbst dann wirks, wenn damit die Beeinträchtigg des VertrE beabsichtigt war, so daß dieser als RNachfolger des Erbl sie auch gg sich gelten lassen muß; sittenwidr (§ 138) können hohe Geldzuwendgen allerd aGrd des vom Empfänger verfolgten Zwecks u der Art u Weise seines Vorgehens sein (BGH FamRZ **90**, 1343). Gg einen solchen Mißbrauch der fortbestehenden Vfgsgewalt dch „bösliche" Schenkgen des vertragl gebundenen Erbl wird der VertrE aber dch **I** wenigstens in dem Umfang geschützt, daß ihm nach Anfall der Erbsch (§ 1942 I) ein HerausgabeAnspr gg den Beschenkten entsteht. Auf entgeltl RGesch des Erbl ist § 2287 dagg nicht anwendb. Der Vermächtn-Nehmer wird dch § 2288 geschützt. – Gg den **Erblasser** selbst bestehen dagg idR keine Anspr. Der VertrE besitzt zu seinen Lebzeiten kein AnwartschR (§ 1922 Rn 3). Für § 823 I fehlt es an einem verletzten R. Mit einer FeststellgsKlage kann er gg Erbl bei Zweifel nur die Wirksamk des ErbV klären lassen (dazu Hohmann ZEV **94**, 133). Hat allerd der VertrE Aufwendgen für ein Grdst des Erbl erbracht, hat er bei dessen Veräußerg gg den Erbl Anspr aus §§ 812 I 2; 818; 819 (BGH bei Johannsen WM **77**, 280). 1

a) Eine Sonderregelung abschließder Art ist § 2287 bezügl des Schutzes der Erberwartg gg unentgeltl Vfgen. Neben ihr ist desh kein Platz für einen originär in der Person des VertrE entstehenden Anspr aus § 826 gg den Erbl, wenn die erfolgte Weggabe von Vermögen sittl zu mißbilligen war (BGH **108**, 73 mit teilw krit Anm von Schubert JR **90**, 159; Kohler FamRZ **90**, 464; Hohloch JuS **89**, 1017); dies gilt selbst dann, wenn der Erbl mit einem Dritten kollusiv in der Absicht der Schädigg des VertrE zusammengewirkt hat (BGH aaO). Allerd kann dann § 138 eingreifen, etwa wenn das Gesch bewußt darauf gerichtet war, einen VfgsUnterlassgsVertr (§ 137 Rn 5) zu brechen (BGH NJW **91**, 1952). – Davon zu unterscheiden ist aber der Fall, daß die zu mißbilligende Preisgabe von Vermögensbestandteilen schon den Erbl selbst schädigte (zB weil er von dem Dritten zu einem sittenwidr od anfechtbaren RGesch veranlaßt wurde). Standen dadch bereits dem Erbl gg einen Dritten neben and Anspr auch SchadErsatzAnspr nach § 826 zu, gehen solche Anspr als Bestandteil des ErblVermögens auch auf den VertrE unter der Voraussetzg über, daß der Erbl an das von ihm getätigte Geschäft ggü dem Dritten nicht gebunden war od dieses wieder rückgängig machen konnte. Hatte dieser sich dann gleichwohl nicht zurückgezogen, kann dem VertrE ein Anspr aus § 826 nur noch entstehen, wenn er dem Erwerb des Dritten zumindest die schuldrechtl Grundlage entziehen kann, zB über §§ 138; 2113 II; 2329 I 1 (BGH **108**, 73; NJW **91**, 1952). – Ist ein NachE zugleich VertrE, greift zu seinem Schutz gg unentgeltl Geschäfte außer § 2113 II auch § 2287 ein; dieser schützt auch gg reine Verpflichtgsgeschäfte (Celle MDR **48**, 142 mAv Kleinrahm). 2

b) Bei gemeinschaftlichem Testament kommen §§ 2287; 2288 auf bindend gewordene Vfgen gleichf zur Anwendg (BGH **82**, 274, § 2271 Rn 12). Ein Anspr kommt aber nicht in Betr, wenn der Ehegatte des Schenkers zZt der Schenkg noch lebte, weil dann die wechselbezügl Vfg des Erbl noch nicht bindend geworden war (BGH **87**, 19). Die Vorschr greifen auch nicht ein, wenn der überlebende Erbl sein Vermögen im Wege vorweggenommener Erbfolge auf die eingesetzten SchlußE (ungleich) verteilt (BGH **82**, 274 mAv Kuchinke JuS **88**, 853). Für entspr Anwendg des § 2287 zum Schutz des testamentstreuen Ehegatten vor unentgeltl Vertrag zGDr Speth NJW **85**, 463. 3

2) Voraussetzungen (I) eines BereichergsAnspr sind, daß die berecht Erwartg des VertrE (SchlußE) **objektiv** dch eine Schenkg beeinträchtigt worden sein muß (dazu Rn 5), die der Erbl **subjektiv** in Benachteiliggsabsicht vorgenommen hat, indem er sein Recht zu lebzeit Vfgen mißbrauchte (s Rn 6–9). Ist seine Erberwartg obj gar nicht beeinträchtigt, verschafft selbst eine in Benachteiliggsabsicht vorgenommene Schenkg keinen Anspr (BGH FamRZ **89**, 175), zB wenn der beschenkte MitE dadch ausgleichspflicht wird (§§ 2050; 2052) u der Nachl ausreicht, um bei der Auseinandersetzg die MitE üb die Ausgleichg völlig gleichzustellen (BGH aaO); od wenn ungedeckte NachlVerbindlichk offen sind, die den verschenkten Ggstand aufgezehrt haben würden, wenn er sich zZ des Erbfalls noch im Nachl befunden hätte (BGH NJW **89**, 2389/2391). 4

a) Schenkung muß nach Abschluß des ErbV erfolgt sein (zeitl Schranke wie bei § 2325 III besteht nicht). Sie ist auch hier iS von § 516 zu verstehen. Erforderl ist also eine Zuwendg des Erbl, dch die obj die Substanz seines Vermögens vermindert u das Vermögen des Empfängers entspr vermehrt wird, sowie Einigg üb die Unentgeltlichk der Zuwendg (dazu Spellenberg NJW **86**, 2531; Beckmann RhNK **77**, 26 f). Dabei kommt es weder auf die Größe der Schenkg an noch auf ihren Ggstand (aus dem Stamm od aus Erträgen des Vermögens od aus Einkünften). Unter Schenkg fallen auch: die gemischte od verschleierte (BGH FamRZ **61**, 72; **63**, 426; **64**, 429), die aber bei fehlendem Schenkgswillen (etwa bei Kauf zum FreundschPreis, BGH WM **73**, 680/681) nicht angenommen werden kann; das SchenkgsVerspr (§ 518; OLG Celle MDR **48**, 142) und die vollzogene Schenkg auf den Todesfall (§ 2301 II), wogg ein SchenkgsVerspr vTw ohne weiteres unwirks ist (§§ 2301 I; 2289 I); sog unbenannte Zuwendgen unter Ehegatten schon bei nur obj Unentgeltlk (BGH **116**, 167; s dazu § 2325 Rn 15). Ob im übr der SchenkgsVertr wirks ist, ist ohne Bedeutg (Münzberg JuS **61**, 389/391, auch Spellenberg FamRZ **74**, 357). – Keine Zuwendg aus dem Vermögen des Erbl ist die Aufhebg eines Erbverzichts nach § 2351 (s dort Rn 1). – **Beweisfragen:** Bei auffallendem, grobem Mißverh zw Leistg u GgLeistg spricht eine tatsächl Vermutg für Schenkg (BGH **82**, 274; s auch § 2325 Rn 18). 5

6 **b) Beeinträchtigungsabsicht** ist die Absicht des Erbl, dem VertrErben die Vorteile der Erbeinsetzg zu entziehen od zu schmälern. Sie braucht nicht der eigentl leitende Beweggrund der Schenkg zu sein, wie überh die Absicht, den Beschenkten zu begünstigen und den VertrErben zu benachteiligen, prakt meist in untrennb Zushang stehen wird (BGH **59**, 353). Die inneren Motive des Erbl brauchen daher nicht bis zum letzten aufgeklärt zu werden. Die Abgrenzg zw Mißbrauch u einer Fallgestaltg, bei der ein VertrE schutzlos bleibt, erfolgt vielm aGrd einer Interessenabwägg nach obj Kriterien, die ergeben muß, ob der Erbl an der Schenkg ein lebzeitiges **Eigeninteresse** hatte, das dann eine Beeinträchtiggsabsicht ausschließt (BGH **82**, 274; NJW **92**, 564/566). Ein solches wird angenommen, wenn nach dem Urteil eines obj Beobachters die Beweggründe des Erbl in Anbetracht der gegebenen Umstände so sind, daß der erbvertragl Bedachte sie anerkennen u seine Benachteiligg dch die ErblVfg hinnehmen muß (BGH **83**, 44). Es muß nicht erst nach Abschluß des ErbV entstanden sein (BGH aaO), setzt aber eine sittl Verpflichtg des Erbl voraus, die sich nur aus besond Leistgen, Opfern od Versorgungszusagen ergibt, die der Beschenkte für den Erbl od ihm nahestehde Personen erbracht hat (Köln FamRZ **92**, 607). Es wird also zB bejaht, soweit die Schenkg dem Bemühen des Erbl entspringt, seine Altersversorgg zu verbessern (BGH **66**, 8; **77**, 264; Düss NJW-RR **86**, 806; Mü NJW-RR **87**, 1484), wobei sein Bedürfn hierfür mit den Jahren dringender u gewichtiger wird (BGH **83**, 44); od dem Bedürfn, die jüngere Ehefrau zwecks Betreug u Pflege im Alter an sich zu binden (BGH NJW **92**, 2630, der auch Abgrenzg zu seiner Rspr zur unbenannten Zuwendg vornimmt, s Rn 5); od wenn VertrE sich schwerer
7 Verfehlgen ggü Erbl schuldig gemacht hat (Gießen MDR **81**, 582). – **aa) Kein** Eigeninteresse hat der Erbl, wenn er sich nach dem Abschluß des ErbV umentschlossen hat u aGr seines Sinneswandels nun seine Vfg vTw dch Zuwendg an eine ihm jetzt genehmere Person korrigieren will (st Rspr, zB BGH **83**, 44; NJW **80**, 2307; Ffm NJW-RR **91**, 1157). Ferner nicht, wenn er nach Abschluß des ErbV zum Beschenkten enge persönl Bindgen entwickelt hat u dch seine Schenkg nun seiner Zuneigg Ausdruck verleihen möchte (Köln FamRZ **92**, 607); od wenn seine Schenkg der Einsicht entspringt, daß er in der bindend gewordenen Vfg vTw den Beschenkten zu gering bedacht hat (BGH **77**, 264). Ist dieser allerd ein PflichttBerecht, der auf sein ges ErbR verzichtet hat, ist der Schutz des VertrE insoweit eingeschränkt, wie dem Erbl der Weg der Verzichtsaufhebg nach § 2351 offengestanden hätte (BGH **77**, 264; abl Hülsmeier NJW **81**, 2043). Ob bei nachfolgder Ehe Schenkgen des Erbl an seinen neuen Ehegatten grdsl anzuerkennen sind (so Remmele NJW **81**, 2290), ist jedenf dann zweifelh, wenn Schenkg den wesentl Teil des Nachl umfaßt u Erbl keine Anfechtg nach §§ 2281,
8 2079 erkl hat (ebso Koblz OLGZ **91**, 235). – **bb) Die Einwilligung** des vertragsmäß bedachten VertrPartners nimmt ihm nur dann den Schutz des § 2287, wenn sie in notarieller Form (entspr dem Erbverzicht, § 2348) erklärt ist, weil aus Gründen der RKlarh u auch des Schutzes vor unüberlegten Äußergen auf die Einhaltg der Form des § 2348 abzustellen ist (BGH **108**, 252; aA RG **134**, 325 u hM); diese Analogie zum Erbverzicht überzeugt allerd nicht (Kanzleiter DNotZ **90**, 776; krit auch Damrau FamRZ **91**, 552). Eine nur formlose Einwilligg hat diese Wirkg nicht, kann aber ausnahmsweise den Arglisteinwand begründen (BGH aaO). Bei minderjähr Bedachtem bedarf dessen ges Vertreter für die Erkl der Einwilligg gerichtl Genehmigg (BGH **83**,
9 44/49). – **cc) Beweislast** für die BenachteiliggsAbs hat im RStreit der VertrE (BGH **66**, 8). Auf seine Behauptg, der Erbl habe ohne lebzeit Eigeninteresse gehandelt, muß allerd zunächst der Beschenkte schlüss die Umstände darlegen, die für ein solches Interesse sprechen (BGH NJW **86**, 1755). Erst dann kann u muß der VertrE die angeführten Umstände widerlegen u damit die ErblAbsicht beweisen (Mü NJW-RR **87**, 1484; Köln FamRZ **92**, 607). Pflichtschenkgen (§§ 534, 1624) schließen die BeeinträchtiggsAbsicht dann nicht aus, wenn sie jedes vernünft Maß überschreiten (Koblz aaO). Kenntnis des Empfängers ist nur für § 819 von Bedeutg.

10 **c) Anfall der Erbschaft** an den VertrE (§ 1942 I). Dabei ist gleichgült, ob er VertrGegner od nur als Dritter bedacht war. Dch Ausschlagg entfällt sein Recht rückwirkd (§ 1953; Muscheler FamRZ **95**, 1361 läßt Anspr entfallen), auch wenn sie auf der durch die Schenkg bewirkten NachlÜberschuldg beruhte (Reimann Rn 18). Das G will rasch klare Verhältnisse schaffen (vgl **II**).

11 **3) Der Herausgabeanspruch** gehört nicht zum Nachl (BGH **78**, 1; **108**, 73; s dazu aber Muscheler FamRZ **95**, 1361), entsteht vielm als persönl Anspr des VertrE (SchlußE) mit dem Anfall der Erbsch (Rn 10). Er unterliegt daher nicht einer vom Erbl angeordneten TVstrg (RG JW **36**, 251); allerd erscheint es richtig, einen verschenkten Ggstand, der ohne die Schenkg unter die TVstrg gefallen wäre, nach seiner Zurückholg ihr zu unterstellen (Muscheler FamRZ **94**, 1361). Er kann auch nicht in die Auseinandersetzg des Nachl einbezogen werden (BGH FamRZ **92**, 665). Ein Verzicht des beeinträchtigten Erben ist daher mögl (OHG **2**, 169; Dittmann Rn 25). Ein völliger vertragl Ausschluß des § 2287 ist zuläss, sofern er nicht im Einzelfall gg die guten Sitten verstößt (Soergel/Wolf Rn 1; aA Kipp/Coing § 38 IV 2 c: stets unzuläss; s auch § 276 II). Einsetzg des VertrE auf den Überrest schließt Anspr nicht aus (RG LZ **19**, 1187); ebsowenig RücktrVorbehalt nach § 2293.

12 **a) Auf Herausgabe des Geschenks** nach §§ 818–822 geht der Anspr. Kenntn (§ 819) oder Rechtshängigk verschärfen die Haftg. Bei noch nicht erfülltem SchenkgsVerspr geht der Anspr auf Befreiung (vgl auch § 821). Bei teilweiser Unentgeltlichk geht der Anspr nur dann auf Herausgabe, wenn der unentgeltl Charakter des Geschäfts überwiegt (BGH NJW **53**, 501); sonst auf Erstattg der Wertdifferenz (RG **148**, 236; BGH **30**, 120). Ist der Beschenkte pflichttberecht, kann der VertragsE den HerausgabeAnspr nur Zug um Zug gg Zahlg des PflichttBetrags geltend machen (BGH **88**, 269). – Ein vertragl **Miterbe** kann den (nicht in die gesamthänd Bindg fallenden) Anspr nur zu einem seiner Erbquote entsprechenden Bruchteil, nicht aber insgesamt geltend machen (BGH NJW **80**, 2461; **89**, 2389). Er kann also nicht Herausgabe an die ErbenGemsch verlangen, sond nur Einräumg des Miteigentums entspr seiner Erbquote (vgl BGH NJW **82**, 43); ist dem MitE der verschenkte Ggstand allerd im ErbV dch Teilgsanordng zugedacht, kann er ausnahmsw Herausgabe an sich selbst verlangen (Ffm NJW-RR **91**, 1157; aA Waltermann JuS **93**, 276). – Hat Erbl vertragsmäß **Vor- u Nacherbfolge** angeordnet, kann VE das Geschenk zurückfordern. Würde es dann aber auch bei ihm in sein Eigenvermögen fallen, wäre der VE besser gestellt als wenn der Erbl die beeinträchtigde Schenkg unterlassen hätte; dah sollte hier das zurückerhaltene Geschenk dem Nachl zugeordnet werden (Muscheler FamRZ **95**, 1361).

b) Gegen den Beschenkten richtet sich der Anspr (nicht gg den Erbl od die Miterben; anders bei §§ 2288, 2325 ff). Seinem Umfang nach kann der Anspr nicht höher sein als die dch die Schenkg herbeigeführte Beeinträchtigg des VertrE (SchlußE), selbst wenn der Erbl eine darüber hinausgehende Benachteiligg beabsichtigt haben sollte (BGH FamRZ **89**, 175). – Vom Beschenkten kann der VertrE gem § 242 **Auskunft** dann verlangen, wenn er die Voraussetzgen für das Bestehen eines Anspr aus § 2287 schlüssig u in substantiierter Weise dargetan hat (BGH **97**, 188 mAv Hohloch JuS **86**, 811; aA noch BGH **18**, 67); dagg nicht zur bloßen Ausforschg einer Schenkg (BGH **61**, 180). Die Darleggspflicht des VertragsE ist dabei um so höher, je konkreter der Begünstigte Behauptgen zum lebzeit Eigeninteresse (s Rn 6) aufstellt (BGH NJW **86**, 1755). – Ist der Beschenkte **Pflichtteilsberechtigter,** erfährt der mit § 2287 bezweckte Schutz des Erben Einschränkgen, weil dieser bei seiner Erberwartg mit der PflichttLast rechnen muß. Der VertragsE (ebso SchlußE) ist also von vorneherein nicht beeinträchtigt, soweit ein Geschenk des Erbl den Pflichtteil des Beschenkten zu decken geeignet ist, so daß der Anspr auf das beschränkt ist, was nach Begleichg des Pflichtt übrig bleibt (BGH **88**, 269). Selbst wenn der PflichttBerecht auf sein ges ErbR samt PflichttR verzichtet hat, kann der VertragsE den Schutz des § 2287 insoweit nicht beanspr, wie dem Erbl der Weg der Aufhebg des Verzichts gem § 2351 offengestanden hätte (BGH **77**, 264; Aachen FamRZ **96**, 61). 13 14 15

c) Den Nachlaßgläubigern kann der VertrE dch Beschränkg seiner Haftg das bereichergsrechtl zurückzufordernde Geschenk entziehen, sofern nicht der Sonderfall einer Anfechtg nach InsO 129 ff; AnfG 3 ff vorliegt. Darin liegt keine ungerechtfertigte Besserstellg des Erben, weil zum einen der verschenkte Ggstand im Verhältn zu den NachlGläub aus dem haftendem Vermögen des Erbl schon zu dessen Lebzeiten ausgeschieden war (Kohler FamRZ **90**, 464), zum andern es bereits an der Voraussetzg der obj Beeinträchtigg des VertrE fehlt, wenn noch ungedeckte NachlVerbindlichk offen sind, die den verschenkten Ggstand aufgezehrt haben würden, falls er sich zZ des Erbfalls noch im Nachl befunden hätte (s Rn 4). 16

d) Sicherung des künft BereichergsAnspr nach erfolgter Schenkg, also noch zu Lebzeiten des Erbl, dch Arrest od einstw Vfg ist nicht mögl (hM; zB BayObLG **52**, 290; Koblenz MDR **87**, 935; aA Hohmann ZEV **94**, 133 mwN). Dch Feststellgsklage (ZPO 256) gg Beschenkten (nicht gg Erbl) kann VertrE allerd das Bestehen des Anspr klären lassen, sobald ihm sein ErbR nicht mehr entzogen werden kann (Koblenz aaO; Hohmann aaO mN; str; einschränkd Mü NJW-RR **96**, 328: nur ganz ausnahmsw zuläss). 17

2288 ***Beeinträchtigung des Vermächtnisnehmers.*** **I Hat der Erblasser den Gegenstand eines vertragsmäßig angeordneten Vermächtnisses in der Absicht, den Bedachten zu beeinträchtigen, zerstört, beiseite geschafft oder beschädigt, so tritt, soweit der Erbe dadurch außerstande gesetzt ist, die Leistung zu bewirken, an die Stelle des Gegenstandes der Wert.**

II Hat der Erblasser den Gegenstand in der Absicht, den Bedachten zu beeinträchtigen, veräußert oder belastet, so ist der Erbe verpflichtet, dem Bedachten den Gegenstand zu verschaffen oder die Belastung zu beseitigen; auf diese Verpflichtung finden die Vorschriften des § 2170 Abs. 2 entsprechende Anwendung. Ist die Veräußerung oder die Belastung schenkweise erfolgt, so steht dem Bedachten, soweit er Ersatz nicht von dem Erben erlangen kann, der im § 2287 bestimmte Anspruch gegen den Beschenkten zu.

1 **1) Erweiterten Schutz (I)** vor rein tatsächl Beeinträchtiggen gewährt § 2288 dem erbvertragl bindend bedachten VermächtnNehmer (vom Schenkgsfall abgesehen, **II** 2) dch Verschaffgs- bzw WertersatzAnspr gg den Erben. Der dch § 2287 geschützte Erbe könnte demggüb gar nicht bei sich selbst od seinen MitE Rückgriff nehmen (BGH NJW **94**, 317 sieht Grd dagg in seiner erhöhten Schutzbedürftigk; dazu Siegmann ZEV **94**, 38; Hohmann MittBayNot **94**, 231). Nachdem ein Vermächtn unwirks ist, wenn der vermachte Ggstand beim Erbfall nicht mehr zum Nachl gehört u nach dem Willen des Erbl dann auch nicht verschafft werden soll (§ 2169 I; vgl auch §§ 2165; 2171), wird damit dem Fall vorgebeugt, daß der trotz ErbV vfgs- und handlgsbefugte Erbl (§ 2286) sich dch Zerstörg uä des Ggst der erbvertragl Bindg entzieht. Bei Einziehg einer Fdg od beim VerschaffgsVerm bestehen zwar WertersatzVorschr (§§ 2173, 2170 II), bei letzterem gewährt aber § 2288 für den Fall obj Unmöglichk (Zerstörg) Schutz (s auch Reimann Rn 11, 13). Vertragl Ausschluß ist auch hier unzulässig (bestr). Allerd kann bei Änderg der Sachlage nach Abschluß des ErbV lebzeit Eigeninteresse des Erbl (§ 2287 Rn 6) der Anwendg auch des § 2288 entggstehen (BGH NJW **84**, 731). – Der Schutzbereich des § 2288 ist nicht auf StückVermächtn beschränkt, sond gilt auch für Geld- od sonst GattgsVermächtn (BGH **111**, 138). – Die Vorschr ist auf gemeinsch Test ebenf anwendb (§ 2287 Rn 3).

2 **2) Willkürliche Vernichtung (I)** od Verringerg des Werts der vermachten Sache dch ein Eingreifen des Erbl in BeeinträchtiggsAbsicht (§ 2287 Rn 6) löst nach **I** Anspr gg den Erben od die ErbenGemsch aus. Den aufgezählten Handlgsweisen (zerstören, beiseite schaffen, beschädigen) ist gleichzusetzen, wenn die Sache dch Verarbeitg, Verbindg, Vermischg od Verbrauch untergeht od im Wert gemindert wird (MüKo/Musielak Rn 2). Ob Beschädigen auch dch Unterlassen geschehen kann, ist str (abl wohl BGH aaO; dafür Hohmann; Siegmann je aaO). Kein Anspr wird allerd dadch ausgelöst, daß der Erbl zu seinen Lebzeiten den Ggstand nicht instand hielt; dies ist keine Beschädigg, so daß auch der VermNehmer die Sache nur in dem Zustand erhält, in dem sie sich bei unbeeinflußter Entwicklg im Ztpkt des Erbfalls befindet (BGH NJW **94**, 317). – Der Anspr richtet sich auf Wiederherstellg od Wiederbeschaffg; ist Erbe dazu außerstande, auf Ersatz des gemeinen Wertes zur Zeit des VermächtnAnfalls (§ 2176). Soweit als Schuldner nur der beschwerte Erbe angesehen wird (Soergel/Wolf Rn 3; Reimann Rn 4), ist nicht berücksichtigt, daß die ErbenGemsch für das Verhalten des Erbl einzustehen hat (MüKo/Musielak Rn 9).

3 **3) Bei Veräußerung** od **Belastung (II 1)** durch den Erbl in Beeinträchtiggsabsicht steht dem VermächtnNehmer gg den Erben bzw die ErbenGemsch (BGH **26**, 280) ohne Rücks darauf, ob er beschwert ist, der Anspr auf Verschaffg des Ggstandes od Beseitigg der Belastg zu. Ist der Erbe hierzu außerstande, besteht Anspr auf Wertersatz (§ 2170 II 1). Für Beeinträchtiggsabsicht (§ 2287 Rn 6) spricht hier bereits Veräußerg des vermachten Ggstands im Bewußtsein, daß damit Vermächtn der Boden entzogen wird, es sei denn, daß das

lebzeit Eigeninteresse des Erbl sich gerade auf Veräußerg richtete u der erstrebte Zweck nicht anderweit zu erreichen gewesen wäre (BGH NJW **84**, 731; NJW-RR **98**, 577). Der Anspr entsteht nicht vor Erbfall (BGH
4 aaO). – Bei Beeinträchtigg dch **Schenkung (II 2)** haftet der Beschenkte dem Bedachten hilfsw, wenn u soweit von dem Erben (wg beschränkter Haftg od ZahlgsUnfähigk) nichts zu erlangen ist, aus ungerechtfertigter Bereicherg (s § 2287); daneben besteht kein Anspr aus § 826 (s § 2287 Rn 2). Der mit Vermächtn belastete Erbe kann dagg nicht selbst Herausg vom Beschenkten verlangen (Ffm NJW-RR **91**, 1157; s § 2287 Rn 4). – Der Anspr nach **II** besteht auch bei VerschaffgsVermächtn (BGH **111**, 138) od bei schuldrechtl Verpflichtg zur Veräußerg des vermachten Ggstandes (BGH **31**, 23, dazu Bund JuS **68**, 274).

5 **4) Schenkung (II 2).** Vereitelte die Verschenkg eines Ggst die Erfüllg eines angeordneten Vermächtn u nimmt der VermNehmer desh den Erben nach § 2288 in Anspr, erleidet dieser dadch keinen beeinträchtigden Nachteil iS des **I,** weil der Erbl dch die beanstandete Schenkg nicht seine berecht Erberwartg auf den weggeschenkten Ggst enttäuscht hat (Ffm NJW-RR **91**, 1157). Eine Vereitelung des VermächtnAnspr dch Schenkgen, die den Nachl erschöpfen, gibt nach dem Zweck dieser Schutzbestimmg den Anspr gg den Beschenkten auch dann, wenn es sich um ein GattgsVermächtn handelte (BGH **111**, 138; aM Reimann Rn 11). S auch § 2287 Rn 4.

2289 ***Wirkung auf letztwillige Verfügungen.*** **I Durch den Erbvertrag wird eine frühere letztwillige Verfügung des Erblassers aufgehoben, soweit sie das Recht des vertragsmäßig Bedachten beeinträchtigen würde. In dem gleichen Umfang ist eine spätere Verfügung von Todes wegen unwirksam, unbeschadet der Vorschrift des § 2297.**

II Ist der Bedachte ein pflichtteilsberechtigter Abkömmling des Erblassers, so kann der Erblasser durch eine spätere letztwillige Verfügung die nach § 2338 zulässigen Anordnungen treffen.

1 **1) Die erbvertragliche Bindung** als solche ist nicht in § 2289 geregelt, der nur ihre Folgen ausspricht. Sie ergibt sich vielm unmittelb aus der Vertragsnatur des RGesch (BGH **26**, 204). Eine Bindg ist notwend, weil der ErbV als Vfg vTw im Ggsatz zum schuldrechtl Vertr od gar dem dingl VfgsGesch weder einen Anspr verschafft (der Bedachte hat nur eine tatsächl Aussicht, s § 1922 Rn 3) noch eine unmittelb RÄnderg bewirkt. Er nimmt dem Erbl auch nicht das Recht, weiterhin üb sein Vermögen frei unter Lebenden zu verfügen (§ 2286). Seine RPosition verändert sich gleichwohl, weil er mit dem ErbV von seiner TestierFreih konkret in einer Weise Gebr macht, daß er hieran grdsl nichts mehr ohne Mitwirkg des VertrPartners ändern kann. Er gibt also seine TestierFreih im Umfang der von ihm vertragsmäß getroffenen Vfgen für die Zukunft auf u verschafft dch den ErbV dem vertragsmäß Begünstigten eine Position, die beim Erbfall ohne weiteres Zutun zur RNachfolge führt. An die Beibehaltg dieser von ihm geschaffenen Lage ist der Erbl gebunden, hierin liegt das Wesen des ErbV (Gerken BWNotZ **92**, 93). – Die im ErbV nur **einseitig** getroffenen Anordngen nehmen als solche nicht an der Bindgswirkg teil (§ 2299). Der Erbl kann sie dah jederzeit wie beim Test frei widerrufen (§ 2299 II). – Der **Umfang** der Vertragsmäßigk u damit der Bindg richtet sich innerh der ges Grenzen ausschließl nach dem Willen der VertrSchließenden.

2 **2) Wirkung.** Der abgeschlossene ErbV entfaltet bezügl seiner vertragsmäß Vfgen (§ 2278; für einseit gelten §§ 2258; 2299) sowohl Aufhebgs- als auch Bindgswirkg, die jeweils auf den Umfang der Beeinträchtigg (Rn 4) abgestellt ist: – **a) Frühere,** also zeitl vor dem ErbV errichtete Vfgen vTw werden im Umfang ihrer Beeinträchtigg **aufgehoben** (**I** 1), sofern sie nicht ihrerseits als wechselbezügl gemeinsch Test od ErbV dem jetzigen ErbV vorgehen u seine Wirksamk verhindern (§§ 2271; 2289 I 2). Ist allerd der ErbV nur Ersatz des gemeinsch Test od des früheren Vertr, also von gleichen Partnern geschlossen worden, liegt Aufhebg (§ 2290) vor, so daß es auf Beeinträchtigg nicht ankommt. Wird die frühere Vfg im ErbV ganz od teilw ausdrückl aufrecht erhalten, ist die vertragsmäß Vfg dch gemeins Willen der VertrSchließenden von vorneherein eingeschränkt. Letzteres gilt auch für beeinträchtigende einseit Anordngen des Erbl in der VertrUrkunde, da
3 sie dem VertrPartner regelm bekannt sind (Hamm OLGZ **76**, 20/24; MüKo/Musielak Rn 5). – **b) Nachträgliche,** also zeitl spätere Vfgen vTw des vertragsmäß gebundenen Erbl sind als Folge der Bindg **unwirksam** (**I** 2), soweit sie das Recht des vertragsmäß Bedachten beeinträchtigen würden, es sei denn, daß der Erbl sich die abweichende Vfg ausdrückl od stillschweigend im ErbV vorbehalten hatte (s Rn 8). Ist der ErbV nichtig, zB wirks angefochten od fällt die Bindg nachträgl weg (s Rn 6), wird die spätere Vfg vTw wirks. Zur
4 nachträgl Zustimmg des Vertragspartners (Bedachten) s Rn 7. – **c) Beeinträchtigung** des Rechts des Bedachten liegt vor, wenn zum Zeitpkt des Erbfalls (nicht des VertrSchlusses) die anderweit letztw Vfg die vertragsmäß Zuwendg mindern, beschränken, belasten od ggstandslos machen würde (Hamm OLGZ **74**, 378). Wirtschaftl Beeinträchtigg genügt (Soergel/Wolf Rn 3; Hülsmeier NJW **81**, 2043; aA MüKo/Musielak Rn 10: nur rechtl). Bei Widerspruch zwischen vertragl u anderweit Vfg liegt immer eine Beeinträchtigg vor, selbst wenn die andere Vfg für den Bedachten wirtschaftl günstiger wäre (BGH **26**, 204; dazu Küster JZ **58**, 394; anders beim gemeinsch Test). Eine vorausgehende Vfg muß allerd nicht auch widersprechend sein, um den vertragsmäß Bedachten beeinträchtigen zu können (§ 2289 geht üb § 2258 hinaus); zB beeinträchtigt ein test Vermächtn den Umfang einer späteren vertragl Erbeinsetzg, auch wenn sich beide Vfgen als Willen des
5 Erbl ergänzen. – **Beispiele** für Beeinträchtigg: Zurückstufg des VertragsE zum VorE dch spätere Vfg (Hamm NJW **74**, 1774). – Anordng wertverschiebender Teilgsanordng (Lehmann MittBayNot **88**, 157 erachtet jegl Teilgsanordngen als beeinträchtigende Vfg; BGH **82**, 274; NJW **82**, 441 läßt Teilgsanordngen als wertverschiebende nur bei entspr AusgleichsPfl zu, s § 2048 Rn 4; dagg Staud/Kanzleiter Rn 12). – Anordng von Vermächtn; Auflage. – Einseit test Anordng einer TVstrg für vertrmäß eingesetzten Erben (BGH NJW **62**, 912; Hamm FGPrax **95**, 241), selbst wenn die Erben nachträgl einverstanden sind (KG JW **38**, 2746) od der Erbl üb den halben Nachl frei vfgen durfte (LG Stgt Rpfleger **93**, 68); die bloße Auswechslg nur der Person des TV beeinträchtigt allerd nicht (Düss ZEV **94**, 302; s auch § 2271 Rn 16; aA Stgt OLGZ **79**, 49; Meyding ZEV **94**, 98 bei Austausch der im ErbV festgelegten Person). – Test Einsetzg eines Schiedsgerichts (Hamm NJW-RR **91**, 455). – Der Erbl kann auch nicht ohne weiteres den Vertragspartner zu Lasten anderer vertragsmäß Bedachter besserstellen; haben zB Ehegatten vertragsmäß ihre Abkömml zu Erben berufen, kann

ein Ehegatte später nicht mehr einseit den anderen zu seinem Erben einsetzen (BayObLG **61**, 206). Wohl aber kann ein Ehegatte bei vertragl ggseit Erbeinsetzg noch zu Lebzeiten des anderen Gatten einseit für den Fall neu testieren, daß der andere zuerst verstirbt, weil dann eine Beeinträchtigg nicht mehr vorliegt (s Rn 6).

3) Wegfall der Bindung. Nur der wirks geschlossene u wirks gebliebene ErbV entfaltet Bindgswirkg. Ist 6
er nichtig oder wird er wirks beseitigt, entfällt damit auch die Bindg (allgM; zB Zweibr OLGZ **90**, 134); ebso, wenn vertragsmäß Vfg ggstandslos wird, weil es dann zu keiner Beeinträchtigg des damit Bedachten mehr kommt. Damit entfällt dann auch die Aufhebgswirkg hinsichtl früh Vfg, so daß diese grdsl ihre Wirkg behält, es sei denn, daß sich aus dem ErbV der Wille ergibt, die früh Vfg auf jeden Fall aufzuheben; dies ist ggf dch Auslegg festzustellen (KG JFG **5**, 181; Zweibr FGPrax **99**, 113; Staud/Kanzleiter Rn 8). – **Beseitigung** des ErbV kann dch Aufhebg (§§ 2290–2292), Rücktritt (§§ 2293 ff) od Anfechtg (§§ 2281 ff) erfolgen. Ggstandslos wird sie, wenn der Bedachte wegfällt (allg M; zB Zweibr OLGZ **90**, 134; FGPrax **99**, 113), sei es dch Vorversterben od nach dem Erbfall dch Ausschlagg od ErbunwürdigErkl; Bindg an die Einsetzg eines SchlußE kann auch dch dessen Wegfall infolge Verstoß gg eine Verwirkgsklausel (s § 2269 Rn 13) entfallen (BayObLG **90**, 58). Zum Wegfall bei einer dch Wiederheirat wirks gewordenen Klausel s § 2269 Rn 19. – Die **Einwilligung** des bedachten VertrPartners ist grdsl geeignet, den Erbl von seiner Bindg zu befreien u trotz **I** eine weitere Vfg vTw im Rahmen der Einwilligg wirks werden zu lassen (differenzierd nach Interessenlage Stumpf FamRZ **90**, 1057). Sie muß dann in der für die VertrAufhebg vorgeschriebenen Form (§§ 2290 IV; 2276) erklärt sein (BGH **108**, 252), wofür zwischen Ehegatten auch ein gemeinsch Test (§ 2292), bei Vermächtn einseit not beurkundete Erkl (§ 2291 II) genügt. Wirks ist auch die vor dem Erbfall in Form des Erbverzichts (§ 2348) erkl Zustimmg (BayObLG **74**, 401). – Dagg kommt der **formlos** erkl Einwilligg eine solche Wirkg nicht zu (BGH aaO; Köln NJW-RR **94**, 651). Wird sie allerd nach dem Erbfall erkl, sollte, nachdem der Bedachte jetzt die Zuwendg ganz ausschlagen kann, auch eine Beschränkg seiner RStellg als Teilausschlagg dann beachtl sein, wenn seine nicht formgerechte Zustimmg nach Frist u Form der Ausschlagg (§§ 1944, 1945) entspricht (Soergel/Wolf Rn 14). – Auch im Falle unwirks Zustimmg muß sich der Bedachte im Einzelfall uU den Arglisteinwand entgghalten lassen, wenn er sich später auf die Unwirksamk der sein Recht beeinträchtigenden Vfg beruft (BGH **108**, 252; WM **78**, 171).

(Margin number 7 stands beside the line "90, 58). Zum Wegfall … – Die Ein-".)

4) Änderungsvorbehalt. Der Erbl kann sich im ErbV selbst (ausdrückl od stillschweigd) das Recht 8
vorbehalten, anders als im Vertr vorgesehen u abweichd von diesem zu testieren (BGH NJW **82**, 441; BayObLG FamRZ **91**, 1359; NJW-RR **97**, 1027). Er behält dadch seine TestierFreih im Umfang des Vorbehalts, weil es grdsl dem Willen der VertrParteien unterliegt, den Umfang der Bindg festzulegen. Der formbedürft (§ 2276) Vorbehalt kann auch dch Auslegg des ErbVs festgestellt werden, sofern dieser dafür irgendeinen Anhalt bietet (BayObLG **61**, 210; Köln NJW-RR **94**, 651; Hamm FGPrax **95**, 241). Dabei kann sich ergeben, daß mit dem Vorbehalt, beliebige andere Vfgen zu treffen, tatsächl ein RücktrVorbeh gem § 2293 gewollt war (BayObLG FamRZ **89**, 1353). – Die **Grenzen** eines solchen Vorbehalts sind str u angesichts der in der Praxis verwendeten Typenvielfalt nicht leicht zu ziehen (dazu Mayer DNotZ **90**, 755/762 ff; Nolting, Der ÄndergsVorbeh beim ErbV, 1994), so daß die Beratgspraxis vor ungeklärten Problemen steht; zu deren Überwindg empfiehlt Lehmann BWNotZ **99**, 1 die Aufgabe des von der hM bevorzugten Ändergsvorbehalts, da alle Probleme mit dem vielseit RücktrVorbeh (§ 2293) zu lösen seien. Keinesfalls kann der Vorbeh als sog TotalVorbeh alle Vfgen od die einzige Vfg des ErbV in der Weise erfassen, daß der Erbl zu seiner uneingeschränkten Abänderg berecht wäre. Ein ErbV ohne jegliche Bindg würde sich nicht mehr vom Test unterscheiden. Die Rspr formuliert, daß dann der ErbV seines eigentl Wesens entkleidet u inhaltslos wäre (BGH NJW **58**, 498; Düss OLGZ **66**, 70) u verlangt, daß wenigstens eine vertragsmäß Vfg nicht vom Vorbehalt erfaßt werden dürfe (Stgt OLGZ **85**, 434; Köln NJW-RR **94**, 651). Damit wird aber die vertragl Bindg als das Wesen des ErbV bildend stets als strikte iS von Unabänderbark verstanden, obwohl sie auch abgeschwächt vereinbart werden kann u nur Willkür ausgeschlossen sein muß (Mayer aaO 766). Auch ist damit die Folge eines unbegrenzten Vorbehalts noch nicht geklärt, etwa ob er od der ganze Vertrag unwirks ist od dieser als einseit Vfg wirks bleibt (s dazu Weiler DNotZ **94**, 427). Zu unterscheiden ist hierfür zwischen Wirksamk des Vorbehalts einers u Vertragsmäßigk der Vfg anderers (zum ähnl Problem der Wechselbezügl k beim gemeinsch Test mit Freistellgsklausel s § 2271 Rn 19). Hülsmeier NJW **86**, 3115 ist zuzustimmen, daß jeder Vorbehalt wirks ist ebso wie die erbvertragl Zuwendg auch von einer Bedingg od Befristg abhängig gemacht werden kann. Vertragsmäß Vfg liegt aber nur vor, wenn der Vorbehalt so ausgestaltet ist, daß der Erbl in seiner erbrechtl GestaltgsFreih in bestimmter Weise eingeschränkt bleibt (Mayer aaO 774; Weiler aaO). Nur dann erwirbt der Bedachte überh ein Recht iS von § 2289, das dch Ausnutzg des Vorbehalts nicht beeinträcht wird, weil es von vornherein dch den Vorbehalt bestimmt wurde. Die Einschränkg des Erbl bei Errichtg neuer Vfgen kann dann auch bei nur einer vertragsmäß Vfg dadch erfolgen, daß entweder die zuläss RFolgen dem Bedachten eine erbrechtl Mindestposition belassen muß od daß die Ändergsvoraussetzgen (inhaltl od zeitl befristet) festgelegt werden (Mayer aaO 774; Hülsmeier aaO). Die erbvertragl Bindg wirkt sich dann dahin aus, daß der Erbl nur noch solche einseit Vfgen treffen kann, die im Rahmen des Vorbehalts liegen. – **Beispiele** für zulässige Vorbehalte: Nachträgl Berufg weiterer Erben neben dem eingesetzten AlleinE; das Recht des überlebenden Ehegatten, die für den zweiten Erbfall getroffenen Bestimmgen in einem bestimmten Rahmen abzuändern (Stgt OLGZ **85**, 434) od „wenn sich die Verhältn ändern" (LG Koblenz JurBüro **68**, 254); die nachträgl Anordng von Vermächtn od Auflagen (Düss OLGZ **66**, 68); einer TVstrg, ggf nur mit einer bestimmten Person als TV (Stgt OLGZ **79**, 49). Der Vorbehalt von Vermächtn berecht aber nicht zu einer neuen Erbregelg; der zur bloßen Umverteilg des Nachl nicht auch zur Anordng einer TVollstrg (LG Koblenz aaO), es sei denn, daß die Erbeinsetzg insgesamt widerrufen werden darf.

5) Entziehung in guter Absicht (II). Als gesetzl Vorbeh berecht **II** den Erbl, einem (am ErbV beteiligten 9
od als Dritten bedachten) pflichtteilsberecht **Abkömmling** die gemachte Zuwendg in guter Absicht (§ 2338) wieder zu entziehen. Ein vorheriger Verzicht auf dieses Recht wäre nichtig (§ 138 I). Die Anordng erfolgt einseitig, Kenntn od gar Zustimmg des Vertragspartners (Abkömml) ist nicht erforderl. Soll ein Dritter beschränkt werden, kann dies auch noch nach Tod des VertrPartners geschehen. – Die Entziehg des Pflichtt selbst (§ 2333) ist nicht nach **II,** sond nur nach Rücktritt vom ErbV (§ 2294) mögl.

10 **6) Rechtsgeschäfte unter Lebenden.** Auch wenn durch sie dem VertragsE der erwartete Nachl entzogen wird, sind sie nur unter bes Umständen nichtig (s § 2286 Rn 1). Zur Frage einer entspr Anwendg des § 2289 I 2 auf Vfgen zG Dr auf den Todesfall (§ 2301) s Johannsen DNotZ **77** SH 79 ff. Da § 2289 ebso wie § 2286 nicht für familienrechtliche Geschäfte gilt, kann der Erbl trotz Bindg kraft ErbV dch **Eingehung** einer (neuen) **Ehe** uU die Entstehg eines erhöhten PflichttAnspruchs des (2.) Eheg nach § 1371 I herbeiführen (s § 2303 Rn 8; § 2286 Rn 5). Dies gilt auch dann, wenn Eheleute einen ErbV iS von § 2280 errichtet haben u nach dem Tod des einen Eheg der andere wieder heiratet u vor seinem 2. Ehegatten im Güterstand der ZugewGemsch stirbt (Reimann Rn 30; Erman/Schmidt Rn 1). Treffen Eheg in einem ErbV, in dem sie sich ggseit u nach dem Tode des Längstlebenden ihre Kinder zu Alleinerben eingesetzt haben, die Bestimmg, daß im Fall der Wiederverheiratg des überlebden Teils den Kindern der den ges Erbteil übersteigde Betrag des Nachlasses des ErstVerstorbenen als Vermächtn herauszugeben ist, ist der überlebende Eheg im Fall der Wiederverheiratg an seine Vfg zG seiner Kinder nicht gebunden (Zweibr OLGZ **73**, 217).

2290 *Aufhebung durch Vertrag.* **I Ein Erbvertrag sowie eine einzelne vertragsmäßige Verfügung kann durch Vertrag von den Personen aufgehoben werden, die den Erbvertrag geschlossen haben. Nach dem Tode einer dieser Personen kann die Aufhebung nicht mehr erfolgen.**

II Der Erblasser kann den Vertrag nur persönlich schließen. Ist er in der Geschäftsfähigkeit beschränkt, so bedarf er nicht der Zustimmung seines gesetzlichen Vertreters.

III Steht der andere Teil unter Vormundschaft oder wird die Aufhebung vom Aufgabenkreis eines Betreuers erfaßt, so ist die Genehmigung des Vormundschaftsgerichts erforderlich. Das gleiche gilt, wenn er unter elterlicher Sorge steht, es sei denn, daß der Vertrag unter Ehegatten oder unter Verlobten geschlossen wird.

IV Der Vertrag bedarf der im § 2276 für den Erbvertrag vorgeschriebenen Form.

1 **1) Der Aufhebungsvertrag** kann nur von den Parteien des ErbV, nicht aber von ihren Erben (I 2) od zw Erbl u bedachtem Dritten geschlossen werden (**I 1**). Der **Erblasser** kann ihn in allen Teilen nur persönl schließen, **II 1** (wie schon den ErbV, § 2274), Vertretg ist bei ihm ausgeschlossen. Als Minderjähr bedarf er nicht der Zustimmg seines ges Vertr (**II 2**; § 106) od einer gerichtl Genehmigg (kann aber keinen neuen ErbV mehr schließen, § 2275 I); bei nachträgl GeschUnfähigk ist Aufhebg nicht mehr mögl. Ist für ihn Betreuer bestellt (§ 1896), kann die Aufhebg nicht dessen Einwilligg vorbehalten werden (§ 1903 II mit Rn 13). – **a) Der Vertragspartner,** der nicht selbst zugleich Erbl ist, kann bei nachträgl GeschUnfähigk dch seinen ges Vertr handeln. Dieser bedarf der Genehmigung des VormschG (**III**); ebso der Betreuer, wenn er innerh seines Aufgabenkreises (§ 1896 II) den Betreuten beim AufhebgsVertr vertritt. Der minderjähr VertrPartner bedarf der Einwilligg des ges Vertr (§ 107). – Die Zustimmg eines bedachten **Dritten** ist nicht erforderl, da er vor dem Erbfall noch keinerlei Rechte erwirbt (s Übbl 6 vor § 2274); verhindert er arglist die Aufhebg, muß er sich so behandeln lassen, als wenn sie erfolgt wäre (RG **134**, 327). Er wird im übr dadurch einigermaßen geschützt, daß die Aufhebg nur vertragl (nicht einseit) u nach dem Tode einer Partei überh nicht mehr mögl ist, ebsowenig durch Ausschlagg (anders bei §§ 2271 II, 2298 II). Doch ist zu beachten, daß der Gegner nicht Erbe des Erbl sein muß u Vfgen zu seinen Gunsten inf seines Todes von selbst wegfallen (s auch § 2297). – **b)** Einen **Erbverzichtsvertrag** (§ 2352) kann der Erbl mit dem bedachten VertrGegner nicht schließen (BayObLG **74**, 401; Hamm DNotZ **77**, 752; Stgt OLGZ **79**, 129), wohl aber mit dem bedachten Dritten (Düss DNotZ **74**, 368; s § 2352 Rn 7). – Aufhebg kann iü auch dch neuen ErbV mit abweichdem Inhalt erfolgen (BayObLG FamRZ **94**, 190).

2 **2) Die Form** ist dieselbe wie beim ErbV (**IV**); § 2276 erfordert gleichzeit Anwesenh beider Teile. Auch ist ein Ehe- u AufhebgsVertr mögl (§ 2276 II). § 2277, BeurkG 34 gelten nicht. Auch Aufhebg durch Rücknahme des Vertr aus der amtl Verwahrg (§§ 2256, 2272) kommt nicht in Frage. – Aufhebg im Prozeßvergleich ist zulässig; Erbl muß aber anwesend sein. Zum Prozeß mit Anwaltszwang s § 2276 Rn 9.

3 **3) Die Aufhebungswirkung** besteht darin, daß der ErbV od die aufgehobenen vertragsmäß Vfgen kraftlos werden u erstreckt sich iZw auch auf einseit Vfgen (§ 2299 III). Sie kann auf den Fortfall der Bindg beschränkt werden. Verbindg des Vertr mit neuem ErbV od Test (§§ 2274, 2275, 2299 I) ist mögl.

4 **4) Anfechtung** des AufhebgsVertr kann durch den Gegner, der den Vertr nicht zugleich als Erbl geschlossen hat, nur nach §§ 119 ff erfolgen, durch den Erbl entspr § 2281 (§ 2285; str; wie hier MüKo/Musielak Rn 9; aM RGRK Rn 9); dies wird bei letzterem angesichts seiner wiedererlangten TestierFreih kaum prakt. – Der Bestand eines mit dem AufhebgsVertr verbundenen Abfindgsvertrags richtet sich nach § 139. Durch Beseitigg od vertragl **Aufhebung** des Aufhebungsvertrags (wofür §§ 2274, 2275, nicht § 2290 II, III gilt) wird der ErbV wiederhergestellt (§§ 2257, 2279 I).

2291 *Aufhebung durch Testament.* **I Eine vertragsmäßige Verfügung, durch die ein Vermächtnis oder eine Auflage angeordnet ist, kann von dem Erblasser durch Testament aufgehoben werden. Zur Wirksamkeit der Aufhebung ist die Zustimmung des anderen Vertragschließenden erforderlich; die Vorschriften des § 2290 Abs. 3 finden Anwendung.**

II Die Zustimmungserklärung bedarf der notariellen Beurkundung; die Zustimmung ist unwiderruflich.

1 **1) Das Aufhebungstestament** bezügl vertragsmäß Vfgen (§ 2278) kommt nur bei Vermächtn und Auflage, nicht aber bei Erbeinsetzg in Betracht **(I 1).** Es ist nur der Form nach Test, der Sache nach aber Vertr (str, aM MüKo/Musielak Rn 2), weil es ein Zusammenwirken der ErbVertrParteien durch Zustimmg des

VertrGegners erfordert **(I 2),** um wirks zu sein. Die Formerleichterg liegt in der Zulassg auch des PrivatTest (§§ 2231 Nr 2) u darin, daß der Gegner zwar zustimmen, aber nicht gleichzeit anwesend sein muß.

2) Die Zustimmungserklärung ist empfangsbedürft und bedarf der not **Form (II),** um ein zuverlässiges Beweismittel u den Parteien zweifelsfrei Kenntn der nunmehr wieder unbeschränkten TestierFreih zu verschaffen. Das ZustimmgsR geht nicht auf die Erben des VertrGegners über, kann also nur zu dessen Lebzeiten ausgeübt werden (s aber § 130 II); nach dem Tode des Erbl kann die Zustimmg als empfbedürft WillErkl nicht mehr erteilt werden (Hamm NJW **74**, 1774). Eine bereits im ErbV ausgesprochene Zustimmg, die nicht schon im Einverständn mit einem Rücktrittsvorbehalt (§ 2293) liegt, nimmt der entspr Vfg ihren vertragsmäß Charakter. Die Zustimmg kann auch dch Vertreter erklärt werden, wobei nach **I 2** in den Fällen des § 2290 III Genehmigg des VormschG erforderl ist. 2

3) Widerruf des AufhebgsTest kann der Erbl nach §§ 2253 ff vornehmen, solange der VertrGegner nicht zugestimmt hat. Er bewirkt, daß die vertragsmäß Vfg wieder wirks wird. Nach Erteilg der Zustimmg kann das AufhebgsTest nur mit Zustimmg des VertrGegners – in der Form von II – widerrufen werden. Der Widerruf hat auch in diesem Fall die Wirkg, daß die vertragsmäß Vfg wieder auflebt. 3

2292 ***Aufhebung durch gemeinschaftliches Testament.*** **Ein zwischen Ehegatten geschlossener Erbvertrag kann auch durch ein gemeinschaftliches Testament der Ehegatten aufgehoben werden; die Vorschriften des § 2290 Abs. 3 finden Anwendung.**

1) Nur Ehegatten können den von ihnen geschlossenen ErbV durch gemeinsch Test aufheben (**I** u § 2265), auch dann, wenn die VertrTeile bei Aufhebg verheiratet sind, diese Voraussetzg aber bei Abschluß des ErbV noch nicht vorlag (BayObLG NJW-RR **96**, 457; Köln FamRZ **74**, 51). **Die Aufhebung** kann sich hier (anders bei § 2291) auch auf vertragsmäß Erbeinsetzgen beziehen. Das Test kann sich mit der Aufhebg der früher getroffenen Vfgen begnügen; es kann auch nur einzelne Vfgen aufheben, and bestehen lassen (BayObLG **60**, 192). Erfolgt die Aufhebg nicht ausdrückl u stehen die test Vfgen zu den früheren des ErbV nicht in Widerspr, kann **Ergänzung** zu einer einheitl gemeinsch Vfg vTw vorliegen (BayObLG Rpfleger **80**, 283). Wollen die Eheleute beide Vfgen als Einheit gelten lassen, können die vertragsmäß Erbeinsetzg u die test Einsetzg des SchlußE bei entspr Bindgswillen sogar wechselbezügl werden (BayObLG FamRZ **86**, 392). Die zeitl nacheinander errichteten Vfgen sind dann so auszulegen, als wäre der Wille der Ehegatten in einer einheitl Urkunde niedergelegt, wobei eine vertragl Bindg nur insow als aufgehoben anzusehen ist, als das spätere gemeinsch Test ihr widerspricht (BayObLG **87**, 23). – Lag ein einseitiger ErbV vor od ist nur die Aufhebg der Vfgen des einen Teils beabsichtigt, hat der andere Teil der Aufhebg ledigl zuzustimmen. 1

2) Das Aufhebungstestament kann in jeder zuläss Form des gemeinsch Test, aber nicht dch übereinstimmende EinzelTeste errichtet werden (dazu Einf 9 vor § 2265; § 2266). Beide Eheg müssen testierfäh sein, wenn sie beide als Erbl handeln u ihre vertragsmäß Vfgen aufheben (BayObLG NJW-RR **96**, 457). Für den Eheg, der im ErbV nicht Erbl war, gilt dch die Verweisg § 2290 III, wonach er als beschränkt GeschFähiger der Zustimmg seines ges Vertreters u ggf Genehmigg des VormschG bedarf. Nachträgl Genehmigg nach erlangter GeschFähigk behebt den Mangel (aber nur solange der Erbl lebt, § 108 III; MüKo/Musielak Rn 3; s auch § 2275 Rn 3). Bei einem minderj Eheg ist nur öff AufhebgsTest mögl (§ 2247 IV; Einf 8 vor § 2265). 2

3) Durch einseitigen Widerruf des AufhebgsTest (§§ 2271; 2253 ff) kann der ErbV nicht wieder in Kraft gesetzt werden (er ist aber uU gem § 140 in eine einseit letztw Vfg umdeutbar). Wohl aber kann diese Wirkg durch einen ErbV, einen Vertr nach § 2290 od ein neues gemeinsch Test erzielt werden. 3

2293 ***Rücktritt bei Vorbehalt.*** **Der Erblasser kann von dem Erbvertrage zurücktreten, wenn er sich den Rücktritt im Vertrage vorbehalten hat.**

1) Rücktrittsrecht. Hat Erbl es sich vorbehalten, sichert es ihm persönl (nicht seinen Erben, § 2296 I) das Recht, dch einseit Erklärg seine vertragsmäß Vfgen (§ 2278) außer Kraft zu setzen. Solange er davon aber keinen Gebrauch macht, besteht auch die erbvertragl Bindg. Das RücktrR erlischt zwingd mit Tod des RücktrBerecht (§§ 2065, 2279 I). Dagg läßt der Tod des VertrPartner beim einseit ErbV das R unberührt (ändert aber die Form, § 2297); beim zweiseit erlischt es iZw bei Nichtausübg (§ 2298 II, III). – Ohne RücktrVorbehalt stehen dem Erbl unter den jeweil Voraussetzgen nur die Anfechtg (§§ 2281 ff) od die ges RücktrRe (§§ 2294, 2295) zur Vfg (s Müller BWNotZ **84**, 113). 1

2) Der Vorbehalt unterliegt dem Willen der VertrParteien. Er kann für den ganzen ErbV od nur für einzelne vertragsmäß Vfgen, unbeschränkt od nur für bestimmte Fälle, bedingt od befristet erklärt werden. Der Erbl kann von dem Vorbeh auch nur teilw Gebrauch machen. – **Im Vertrag** muß der Vorbeh gemacht sein; auch in einem NachtragsVertr mögl, für den, wenn er nur den Vorbeh enthält, dann § 2290 II, III (nicht § 2275) gilt. Er kann auch in anderen Begriffen ausgedrückt sein („widerrufen", „aufheben"). Eine WiederverheiratgsKlausel in einem EhegattenErbV enthält idR stillschweigend einen RücktrVorbeh für den Überlebenden im Falle der Wiederheirat (Karlsr NJW **61**, 1410; Zweibr OLGZ **72**, 217). – RücktrVorbeh kann auch mit dem Vorbeh, abweichend vTw zu verfügen, gemeint sein (s § 2289 Rn 8; BayObLG FamRZ **89**, 1353; NJW-RR **97**, 1027); od eine auflösende Bedingg. 2

3) Die Ausübung des RücktrR bedarf der Form des § 2296 II od § 2297; Befristg kann vereinb werden (s Rn 2). Ist der Rücktr für den Fall vorbehalten, daß der Begünstigte versprochene Leistgen nicht erfüllen wird, kann der Erbl nicht zurücktreten, wenn er das Verhalten des Begünstigten stillschw duldete (Oldbg NdsRpfl **55**, 191). Ein erklärter Rücktr kann nur im Falle test Ausübg (§ 2297) widerrufen werden. – Hat der Erbl sich den Rücktr für den Fall vorbehalten, daß der VertrErbe die Pflicht, den Erbl zu verpflegen, nicht ordngsgem erfüllt, kann gem § 242 vor Rücktr **Abmahnung** erforderl sein (BGH **LM** § 242 (Cd) Nr 118); 3

zu deren Inhalt s Düss FamRZ **95**, 58. Erfolgte trotz Abmahng kein Rücktr, kann ein späterer nicht mehr auf die früh Grde gestützt werden (Düss aaO). Keine Abmahng ist aber bei eindeut Verstößen gg klare Vertr-Pflichten erforderl (BGH NJW **81**, 2299). – Die schuldrechtl Vorschr der §§ 346 ff sind für den Rücktr des Erblassers grdsl nicht anwendb; in dem vom BGH (aaO) entschiedenen Fall wirft dieser allerd mit Recht die Frage auf, ob die Beweislastregel des § 358 doch Geltg zu beanspruchen hat. – Haben Eheg in einem mit dem ErbV verbundenen EheVertr (§ 2276 II) GüterGemsch vereinbart, kann zwar jeder Eheg unter den Voraussetzgen der §§ 2293 ff vom ErbV od einer vertragsmäß Vfg zurücktreten, die Weitergeltg des EheVertr wird aber dadurch nicht berührt (BGH **29**, 129).

4 **4) Der Gegner** braucht dem Rücktr nicht zuzustimmen. Seine Zustimmg liegt schon in der Vereinbarg des RücktrVorbehalts. Er hat kein ges RücktrR, sond kann ausschlagen. Jedoch kann ein RücktrVorbeh seinerseits prakt werden, wenn er mit Rücks auf den ErbV (§ 2295) Leistgen gemacht od Verpflichtgen übernommen hat. Dieses vorbehaltene RücktrR richtet sich dann nach §§ 346 ff. Seine Ausübg beseitigt die LeistgsPfl und berechtigt zur Rückforderg des Geleisteten. Es vernichtet aber die Vfgen des Erbl nicht ohne weiteres, sond kann dessen vorbehaltenes od ges RücktrR (§ 2295) auslösen.

2294 ***Rücktritt bei Verfehlungen des Bedachten.*** **Der Erblasser kann von einer vertragsmäßigen Verfügung zurücktreten, wenn sich der Bedachte einer Verfehlung schuldig macht, die den Erblasser zur Entziehung des Pflichtteils berechtigt oder, falls der Bedachte nicht zu den Pflichtteilsberechtigten gehört, zu der Entziehung berechtigen würde, wenn der Bedachte ein Abkömmling des Erblassers wäre.**

1 **1) Ein gesetzliches Rücktrittsrecht** besteht bei Verfehlgen (§§ 2333–2335) des Bedachten (mag er VertrGegner od Dritter sein), nicht auch bei solchen des bloß Annehmenden. Sie verdienen keine Belohng (ähnl § 530). Im Ggsatz zu § 2297 ordnet aber § 2294 die entspr Anwendg des § 2336 II–IV nicht an, da bei § 2294 der Rücktr zu Lebzeiten des anderen VertrSchließenden erfolgt, bei § 2297 dagg erst nachher (BGH NJW **52**, 700; FamRZ **85**, 919; hM). Hieraus ergibt sich für § 2294: Verfehlgen vor dem Abschluß des ErbV, auch wenn sie dem Erbl unbekannt sind, begründen kein RücktrR, sondern uU Anfechtg nach §§ 2281, 2078. Ein unbegründeter Rücktritt vom ErbV kann uU in Anfechtg wg Irrtums umgedeutet werden (§ 140; BGH bei Mattern BWNotZ **61**, 280). – **Form** des Rücktr: §§ 2296, 2297. Der RücktrGrd braucht nicht angegeben zu werden (Johannsen WM **73**, 530). – **Wirkung** s § 2296 Rn 4. War ein **Ehevertrag** mit dem ErbV verbunden, wird durch den Rücktr eines Ehegatten vom ErbV die Weitergeltg des EheVertr nicht berührt (BGH **29**, 129).

2 **2) Beweisfragen.** Die Darleggs- u Beweislast für die Gründe einer PflichttEntziehg trägt der widerrufende Erbl (Baumgärtel/Strieder Rn 1). § 2294 verweist nicht auf die Regel des § 2336 III. Also muß Erbl auch den Tatbestand der körperl Mißhandlg (§ 2333 Nr 2) od eines Verbrechens od schweren vorsätzl Vergehens (§ 2333 Nr 3) beweisen. Nach allg Regeln ist aber der Bedachte insow beweispflichtig, als er sich für seine Schuldlosigk auf wirkl od vermeintl Notwehr od sonstige Schuldausschließgsgründe beruft (BGH NJW-RR **86**, 371). Besserg oder Verzeihg vor Rücktr (§§ 2336 IV, 2337 S 1) vernichten das an sich unverzichtbare RücktrR. – Verzeihg nach Rücktr (§ 2337 S 2) od Besserg nach dem Rücktr machen ihn nicht mehr unwirks.

2295 ***Rücktritt bei Aufhebung der Gegenverpflichtung.*** **Der Erblasser kann von einer vertragsmäßigen Verfügung zurücktreten, wenn die Verfügung mit Rücksicht auf eine rechtsgeschäftliche Verpflichtung des Bedachten, dem Erblasser für dessen Lebenszeit wiederkehrende Leistungen zu entrichten, insbesondere Unterhalt zu gewähren, getroffen ist und die Verpflichtung vor dem Tode des Erblassers aufgehoben wird.**

1 **1) Gesetzliches Rücktrittsrecht.** Hat der Erbl eine vertragsmäß Zuwendg (§ 2278) getroffen, weil sich der Bedachte dch sog VerpfründgsVertr zu wiederkehrenden Leistgen an den Erbl bis zu dessen Tod verpflichtete (Pflege, Unterhalt, Rente, Verpflegg usw), sind beide RGesch zwar ursächl miteinander verknüpft, stehen aber nicht im Verhältn von Leistg u Ggleistg iSv §§ 320 ff (Übbl 4 vor § 2274). Folgl steht bei Nichterfüllg der Verpflichtg dem Erbl kein RücktrittsR nach diesen Vorschr zu. Ein solches gewährt ihm dah § 2295 für den Fall, daß die Verpflichtg vor seinem Tod aufgehoben wurde.

2 **2) Voraussetzungen** für Rücktr sind: – **a) Rechtsgeschäftliche** Verpflichtg des and Vertragsteils zu wiederkehrenden Leistgen, die fortlaufd bis zum Tod des Erbl zu erbringen sind. Die LeistgsPfl muß weder in einer mit dem ErbV verbundenen Urkunde (Übbl 7 vor § 2274) übernommen sein noch müssen beide Vertr eine rechtl Einh bilden. Wurde der Bestand (od die Erfüllg) der Verpflichtg als Bedingg für die Gültigk des ErbV (ggf stillschweigd, Hamm DNotZ **77**, 751) vereinbart, führt deren Aufhebg von selbst zur Unwirksamk
3 des ErbV (§ 158 II), so daß für § 2295 kein Raum ist (BayObLG Rpfleger **76**, 290). – **b) Zusammenhang** zw ErbV u dem die Verpflichtg begründenden RGesch. Sie wird dch den vom Erbl verfolgten u dem
4 Bedachten bekannten Zweck seiner vertragsmäß Vfg hergestellt. – **c) Aufhebung** der Verpflichtg des Bedachten zu Lebzeiten des Erbl. Ihr nachträgl Wegfall, gleich aus welchem RGrd (Rücktr; Bedinggseintritt; nachträgl Unmöglk; Kündigg aus wicht Grd, Karlsr NJW-RR **97**, 708) steht nach dem Zweck der Vorschr dem vertragl Aufheben gleich. War die Verpflichtg von vornherein od rückwirkd dch Anfechtg nichtig (§ 142) u damit gar nicht entstanden, ist gleichf § 2295 anwendb (str; MüKo/Musielak Rn 6 hält Anfechtg der vertragsmäß Vfg dch Erbl für erforderl, sofern diese nicht gem § 139 unwirks wurde).

5 **3) Leistungsstörungen** wie Nicht- od Schlechterfüllg, die den ErfüllgsAnspr bestehen lassen, berechtigen nicht zum Rücktr. Da §§ 320 ff nicht anwendbar sind, ist nach hM die Anfechtg (§§ 2078 II, 2281 ff) zulässig, sofern nicht beide Vertr als dch die Wirksamk jeweils des and bedingt abgeschlossen wurden od sie ein einheitl

RGesch iS von § 139 bilden (vgl Lüke, Vertragl Störgen beim entgeltl ErbV, 1990). Nach aA ist Rücktr gem § 326 eröffnet, weil dem entgeltl ErbV ein GrundGesch wie beim Erbverzicht zugrde liege (Stöcker WM **80**, 482; Stürzebecher NJW **88**, 2717); für Rücktr auch LG Köln DNotZ **78**, 685 mit abl Anm Bengel. Nach and Meing kommt KondiktionsR (§ 812 I 2, Fall 2) zur Anwendg, weil die beiden VertrAbschlüsse dch Zweckabrede zusammenhängen sollen (RGRK Rn 3; Reimann Rn 6; Knieper DNotZ **68**, 331), obwohl es sich nicht um Bestandteile eines ggseit Vertr handelt u der Anspr auch undurchführb wäre, wenn Erbl vor seiner Durchsetzg verstirbt.

4) Ausübung. Das RücktrR steht allein dem Erbl zu. Die Form regeln §§ 2296, 2297. Ein formnichtiges 6
VertrAngebot zur Aufhebg des ErbV kann in Erkl des Rücktr nach § 2295 umgedeutet (§ 140) werden (Hamm DNotZ **77**, 752).

5) Die Wirkung des Rücktr ist bezügl des ErbV auf die im Zweckzusammenhang (Rn 3) stehenden 7
vertragsmäß Vfgen beschränkt. Die Wirksamk weiterer Vfgen beurteilt sich nach §§ 2279, 2085 (vgl auch § 2296 Rn 4; § 2298 Rn 3). – Der Verpflichtete kann von ihm bereits erbrachte Leistgen vom Erbl infolge des unwirksamen SchuldVerhältn gem § 812 I 2 wg Nichterreichg des mit der Leistg bezweckten Erfolgs zurückfordern.

2296 *Form des Rücktritts.* **I Der Rücktritt kann nicht durch einen Vertreter erfolgen. Ist der Erblasser in der Geschäftsfähigkeit beschränkt, so bedarf er nicht der Zustimmung seines gesetzlichen Vertreters.**

II Der Rücktritt erfolgt durch Erklärung gegenüber dem anderen Vertragschließenden. Die Erklärung bedarf der notariellen Beurkundung.

1) Die Rücktrittserklärung (§§ 2293–2295) ist dem Erbl **persönlich** vorbehalten u geht nicht auf seine 1
Erben über. Vertretg ist ausgeschlossen (**I** 1). Als beschränkt geschfäh Minderjähr bedarf er nicht der Zustimmg seines ges Vertr (**I** 2); als GeschUnfäh kann er nicht mehr zurücktreten. Ist für ihn Betreuer bestellt (§ 1896), kann seine Erkl nicht dessen Einwillig vorbehalten werden (§ 1903 II mit Rn 13). – **a) Emp-** 2
fangsbedürftig ist die einseit WillErkl (**II** 1), die zwingend der not Beurk bedarf (**II** 2). Um wirks zu werden, muß der in Abwesenh des and VertrSchließden erkl Rücktr diesem bzw dessen ges Vertr (§ 131) in Urschrift od Ausfertigg der not Urkunde zugehen (§ 130), bei mehreren VertrSchließenden jedem (Reithmann DNotZ **57**, 529); Zugang nur einer Abschrift genügt auch dann nicht, wenn sie dch RA, Notar, GVz beglaubigt ist (hM, s § 2271 Rn 5; MüKo/Musielak Rn 6 mN). Zustellg (§ 132) ist nicht notwend, aber aus Beweisgründen zweckmäß; ZPO 170 I Halbs 2 gilt nicht; Ersatzzustellg an den die Zustellg betreibenden Teil macht die Zustellg unwirks (ZPO 185). Vereinbarg and Voraussetzgen wirks Zugangs wäre mögl (BGH NJW **95**, 2217; § 130 Rn 19). Eine unwirks Zustellg (s dazu BGH NJW **75**, 827) der RücktrErkl kann nach dem Tod des Vertragserben nicht mit heilender Wirkg nachgeholt werden (Düss OLGZ **66**, 68). – **Zeitlich** ist der Zugang begrenzt (s dazu § 2271 Rn 6). Hat Notar zunächst nur beglaub Abschrift des Rücktr zustellen lassen u wurde erst nach dem Tod des Erklärenden eine Ausfertigg erneut zugestellt, um dem jetzt erst erkannten Zustellgsmangel abzuhelfen, ist der Rücktr unwirks (BGH **48**, 374). Darauf, ob der Erklärde vor seinem Tod alles getan hat, was von seiner Seite aus geschehen mußte, damit die Erkl dem and Teil zugeht, kommt es nicht an. Im übr ist der Rücktr auf jeden Fall unwirks, wenn die Erkl beim Tod des Widerrufden sich nicht bereits auf dem Weg zum Adressaten befand u der Zugang alsbald erfolgte, sond erst zu einem Ztpkt zugestellt wurde, zu dem der VertrPartner mit einem Rücktr nicht mehr zu rechnen brauchte (BGH aaO; Hamm FamRZ **91**, 1486). – **b) Die spätere Errichtung** eines Test mit abweichdem Inhalt ist mangels Erkl ggü dem and 3
VertrTeil noch kein Rücktr. Eine Anweisg, den TestInhalt (Widerruf) erst nach dem Tod des Erbl dem VertrGegner zu übermitteln, ist unzuläss (BGH **9**, 235); im übr ist aber § 130 II anwendb (vgl § 2271 Rn 6). Der das Test nur verwahrende Notar ist nicht ermächtigt, nach dem Tod des Erbl durch Versendg des Test den Rücktr zu erklären (Saarbr SaarlRZ **57** (1. Halbjahr), 45). – **c) Unwiderruflich** ist der einseit Rücktr (wie jede empfangsbedürft Erkl). Er kann nicht unter einer Bedingg erklärt werden (Stgt OLGZ **79**, 129) u läßt sich nur dch neuen Vertr beseitigen. Nach dem Tode des anderen Teils gilt § 2297. – **d) Gebühr:** KostO 46 II.

2) Wirkung. Dch wirks Rücktr werden die vertragsmäß Vfgen des Zurücktretenden immer, die des and 4
Teils aber nur bei vorbehaltenem Rücktr aufgehoben (§ 2298 II, III), während diese sonst, zB bei Rücktr wg Verfehlgen (§ 2294) wirks bleiben (arg e contrario aus § 2298 II; Müller-Rottach BWNotZ **87**, 42). Einseit Vfgen treten außer Kr (§ 2299 III). Bei Teilrücktritt beurteilt sich die Wirksamk der übrigbleibenden Bestimmgen nach §§ 2279, 2085; Ausn: § 2298.

2297 *Rücktritt durch Testament.* **Soweit der Erblasser zum Rücktritte berechtigt ist, kann er nach dem Tode des anderen Vertragschließenden die vertragsmäßige Verfügung durch Testament aufheben. In den Fällen des § 2294 finden die Vorschriften des § 2336 Abs. 2 bis 4 entsprechende Anwendung.**

1) Der Tod des Vertragsgegners läßt bei einseitigem ErbV das RücktrR des Erbl unberührt, ändert aber 1
die RücktrForm (Anfechtg ist außerdem mögl, aber mit geändertem Empfänger, § 2281 II). Dagg erlischt bei zweiseitigem ErbV iZw mit dem Tod des and Teils bei Nichtausschlagg der RücktrVorbeh (§ 2298 II 2, 3, III). – Der Rücktr erfolgt nicht ggü den Erben od dem bedachten Dritten, sond allein durch aufhebendes Test (§§ 2254, 2258), gleichviel ob der Grd zum Rücktr vor od nach dem Tode des anderen Teils eintrat. Beim Tod einzelner von mehreren VertrSchließenden hält Reithmann (DNotZ **57**, 529) den Rücktr ggü den noch Lebenden nach § 2296 II für ausreichend. Der Rücktr ist bei § 2297 (anders bei § 2296) widerrufl wie jedes Test (§§ 2253 ff).

2 **2) Verfehlungen des Bedachten.** Erklärt der Erbl desh den Rücktritt in TestForm, muß er im Ggsatz zu § 2294 aus dem PflichttEntziehgsR die Vorschr des § 2336 II bis IV beachten. Ob der nicht erwähnte § 2337 Anwendg findet, ist str. Nach hM beseitigt Verzeihg vor dem Rücktr das Recht zur Aufhebg, eine nachträgl Verzeihg aber nicht die Wirksamk des Rücktr; Erbl muß dann entw das AufhebgsTest widerrufen od dem Bedachten eine neue Zuwendg machen.

2298 ***Zweiseitiger Erbvertrag.*** **I Sind in einem Erbvertrage von beiden Teilen vertragsmäßige Verfügungen getroffen, so hat die Nichtigkeit einer dieser Verfügungen die Unwirksamkeit des ganzen Vertrags zur Folge.**

II Ist in einem solchen Vertrage der Rücktritt vorbehalten, so wird durch den Rücktritt eines der Vertragschließenden der ganze Vertrag aufgehoben. Das Rücktrittsrecht erlischt mit dem Tode des anderen Vertragschließenden. Der Überlebende kann jedoch, wenn er das ihm durch den Vertrag Zugewendete ausschlägt, seine Verfügung durch Testament aufheben.

III Die Vorschriften des Absatzes 1 und des Absatzes 2 Satz 1, 2 finden keine Anwendung, wenn ein anderer Wille der Vertragschließenden anzunehmen ist.

1 **1) Nichtigkeit** auch nur einer vertragsmäß Vfg eines Erbl in einem **zweiseitigen** ErbV (s Übbl 2 vor § 2274) macht nach der AusleggsRegel (III) des **I** den ganzen Vertr unwirks. Ob die Erbl sich auch ggseit (od Angehörige) bedacht haben, ist unerhebl. Wenn beide VertrParteien als Erbl auftreten und die Vertragsmäßigk ihrer Vfgen feststeht, ist iZw (nicht notwend) ggseit Abhängigk voneinander anzunehmen (BGH NJW **61**, 120; anders § 2270 II). Die Nichtigk ist idR eine anfängl (wg GeschUnfähigk; Formmangel; Sittenverstoß usw) od eine dieser gleichstehende (bei Anfechtg, § 142). Eine von Anfang an gegebene Unwirksamk im Falle des § 2289 I 2 ist ihr gleichzusetzen. – Wird dagg eine vertragsmäß Vfg **gegenstandslos** (zB durch Vorversterben, Ausschlagg des Bedachten, Bedingungsausfall, Erbunwürdigk), ist dies regelm auf die Bestimmgen des
2 Gegners ohne Einfluß. – Ob **einseitige** Vfgen durch die Nichtigk einzelner vertragsmäßiger Bestimmgen berührt werden, bemißt sich nach § 2085 (s dazu Bühler DNotZ **62**, 367 ff). Bei Nichtigk des ganzen ErbV sind auch einseit Vfgen unwirks, soweit nicht § 140 (Umdeutg in Test) eingreift.

3 **2) Rücktritt.** Nur die Ausübg eines nach § 2293 vorbehaltenen Rücktr (nicht des ges nach §§ 2294, 2295) dch einen VertrSchließenden macht nach der AusleggsRegel (III) des **II 1** gleichfalls den gesamten ErbV hinfäll. – **a) Vorbehalten** können sich den Rücktr beide od nur einer; vgl iü § 2293 Rn 2. Wurde der Vorbehalt auf eine einzelne Vfg beschränkt, ist idR anzunehmen, daß diese Vfg nicht im Verhältn ggseit Abhängigk zum übrigen Inhalt des ErbV stehen soll (s aber auch KG OLG **44**, 107). Wenn die Beteiligten den Vorbehalt ganz weglassen können, dürfen sie ihn auch zeitl einschränken; sie dürfen also auch TestAufhebg bei Ausschlagg (**II 3**) durch Vereinbg ausschließen, so daß diese Art der Aufhebg ohne Ausschlagg
4 gestattet u umgekehrt Aufhebg trotz Ausschlagg untersagt werden kann. – **b) Erlöschen.** Das vorbehaltene RücktrR erlischt beim Tode des anderen, sofern nicht ein and Wille beider VertrParteien zZ des VertrSchlusses anzunehmen **(III)** u ggf dch Auslegg zu ermitteln ist (BayObLG FamRZ **94**, 196; Übbl 8 v § 2274). Doch gibt die Ausschlagg des im Vertr (vertragl od letztwill) Zugewendeten aGrd des RücktrVorbehalts das Recht zur Aufhebg der eigenen Vfgen durch Test. Nur wer auf den ganzen GgWert verzichtet, kann von dem ganzen Vertr loskommen. War nichts zugewandt, so kann auch nicht durch Ausschlagg aufgehoben werden; über die bestr Bedeutg der Ausschlagg eines bedachten Dritten vgl § 2271 Rn 17.

5 **3) Die Wirkung der Rücktrittserklärung** (Aufhebg) richtet sich auch hier zunächst nach ihrem Umfang, in jedem Falle aber nach dem alles entscheidenden Parteiwillen **(III),** wobei die Hauptrolle spielt, ob u inwieweit die Vfgen wechselbezügl sind. Der Parteiwille kann auch aGrd von Tatsachen außerh des Vertr sowie der allg Lebenserfahrg ermittelt werden. S auch Rn 1; § 2085 u wg einseit Vfgen § 2299 III.

2299 ***Einseitige Verfügungen.*** **I Jeder der Vertragschließenden kann in dem Erbvertrag einseitig jede Verfügung treffen, die durch Testament getroffen werden kann.**

II Für eine Verfügung dieser Art gilt das gleiche, wie wenn sie durch Testament getroffen worden wäre. Die Verfügung kann auch in einem Vertrag aufgehoben werden, durch den eine vertragsmäßige Verfügung aufgehoben wird.

III Wird der Erbvertrag durch Ausübung des Rücktrittsrechts oder durch Vertrag aufgehoben, so tritt die Verfügung außer Kraft, sofern nicht ein anderer Wille des Erblassers anzunehmen ist.

1 **1) Einseitige Verfügungen.** Der ErbV ist gewissermaßen ein Stützpunkt für testamentar Vfgen jeder Partei, sofern er wirks zustande kam, also wenigstens eine vertrmäß Vfg (§ 2278) enthält (s Übbl 1 vor § 2274). Ob eine vertragsmäß (§ 2278) od eine einseit Vfg (§ 2278 Rn 4) vorliegt, ist iZw dch Auslegg zu ermitteln (dazu Übbl 8 vor § 2274; § 2278 Rn 3). Für die einseit gelt TestR (**II** 1), zB für ihre Auslegg (§ 2084). Auch ist TestierFähigk (s § 2229) erforderl. Der Bindgswirkg nach § 2289 unterliegen sie nicht. Auch die Erleichtergen des § 2275 II, III gelten für sie nicht (hM; MüKo/Musielak Rn 4).

2 **2) Die Aufhebung** einseit Vfgen kann sowohl einseit dch Test, dh jederzeit nach § 2255 ff, als auch dch Vertr nach § 2290 (**II** 2) od dch Rücktritt vom ErbV nach §§ 2293 ff (**III**) erfolgen. Die Beseitigg des gesamten ErbV (nicht nur einzelner vertrmäß Vfgen) dch Rücktritt od Aufhebg setzt auch die einseit Vfg außer Kraft, wenn nicht der ErblWille entgegensteht (**III;** Ausleggsregel).

2300 ***Amtliche Verwahrung; Eröffnung.*** **Die für die amtliche Verwahrung und die Eröffnung eines Testaments geltenden Vorschriften der §§ 2258 a bis 2263, 2273 sind auf den Erbvertrag entsprechend anzuwenden, die Vorschriften des § 2273 Abs. 2, 3 jedoch nur dann, wenn sich der Erbvertrag in besonderer amtlicher Verwahrung befindet.**

1) Die besondere amtliche Verwahrung von ErbV ist nach BeurkG 34 II die Regel. Die VertrSchließenden können sie dch gemeins Erkl ausschließen. Dies ist iZw anzunehmen, wenn der ErbV mit einem and Vertr (zB EheVertr, § 2276 II) verbunden ist; in solchen Fällen überwiegt das Interesse der Beteil an der alsbald Benutzg der Urk idR das Interesse an der Sicherg u Geheimhaltg. Durchführg: s § 2277 Rn 3. – Zuständigk u Verfahren: §§ 2258 a, b. – Bei Ausschluß bleibt die Urk in der Verwahrg des UrkNotars (BNotO 25 II 1). 1

2) Ablieferungspflicht. Notar hat den von ihm gewöhnl verwahrten ErbV (auch einen aufgehobenen) nach dem Tod des Erbl unverzügl an das NachlG gem §§ 2300, 2259 abzuliefern (BNotO 25 II 2, DONot 16 II 2), auch bei Verbindg mit einem anderen Vertr. 2

3) Eröffnung u Verkündung geschieht wie beim Test (§§ 2260 bis 2263; dazu BGH **70**, 173; Ffm Rpfleger **77**, 206; BayObLG Rpfleger **90**, 22). Auch ein aufgehobener ErbV ist zu eröffnen (LG Münst NRW JMBl **57**, 196), ebso ein mit einem and Vertr verbundener ErbV; nicht aber ein AufhebgsVertr, § 2290 (Düss RhNK **73**, 199). Bei zweiseit ErbV gilt § 2273 entspr, ebso wenn nur auf einer Seite zwei Erbl stehen. – Im Falle der bes amtl Verwahrg wird nach § 2273 II, III verfahren (BayObLG **74**, 9). Ein nach § 2259 abgelieferter ErbV wird daher offen bei den NachlAkten aufbewahrt, wenn nicht der Überlebde die amtl Verwahrg beantragt, die jedoch im Fall des § 2273 III nicht in Frage kommt. Ein bish in bes amtl Verwahrg befindl ErbV ist ggf wieder in diese zu nehmen (s § 2273 Rn 6). In die Verwahrg des Notars ist der Vertr auf keinen Fall zurückzugeben (vgl § 2273 Rn 6; AktO 27 Abs 11). – Enthält der Vertr auch Vfgen des Überlebden, erfolgt nochmalige Eröffng bei seinem Ableben (vgl § 2273 Rn 8). – Über entspr Anwendg des § 2300 s KonsG 11 III. – **Einsichtnahme** nach Eröffng: FGG 34 (vgl § 2264 Rn 2). 3

2300 a *Eröffnungsfrist.* **Befindet sich ein Erbvertrag seit mehr als fünfzig Jahren in amtlicher Verwahrung, so ist § 2263 a entsprechend anzuwenden.**

Eröffnungsfrist. Entspr Vorschr wie für Test (§ 2263 a); jedoch beträgt die Eröffngsfrist bei ErbV 50 Jahre, da sie vielf schon in jüngeren Jahren abgeschlossen werden. Die Vorschr gilt für alle ErbV, und zwar nicht nur für die in bes amtl Verwahrg befindl, sond auch für die beim Notar verwahrten Urkunden. Im letzteren Fall obliegt dem Notar die Nachprüfg u ggf die Ablieferg an das NachlG zwecks Eröffng (DONot 16 II 3, IV). – Auch für Notar gelten die in § 2263 a angeführten Grdsätze. Er muß also ggf auch ErbV, der vor dem 1. 1. 1900 errichtet worden ist, an NachlG (§ 2260) abliefern (s § 2263 a Rn 2); er kann auch an ein and AG abliefern, zB das AG des Amtssitzes (§§ 2259 mit 2261; s auch § 2263 a Rn 3; Hamm Rpfleger **72**, 23). – Lehnt das angegangene AG die **Annahme** des ErbV zur Eröffng **ab**, ist Notar zur Beschwerde (FGG 19; RPflG 11) befugt (BayObLG **83**, 149; Memmg Rpfleger **77**, 440). – Die Vorschr ist auf den ErbverzichtsVertr nicht entspr anwendb (BayObLG aaO). 1 2

2301 *Schenkungsversprechen von Todes wegen.* **I Auf ein Schenkungsversprechen, welches unter der Bedingung erteilt wird, daß der Beschenkte den Schenker überlebt, finden die Vorschriften über Verfügungen von Todes wegen Anwendung. Das gleiche gilt für ein schenkweise unter dieser Bedingung erteiltes Schuldversprechen oder Schuldanerkenntnis der in den §§ 780, 781 bezeichneten Art.**

II Vollzieht der Schenker die Schenkung durch Leistung des zugewendeten Gegenstandes, so finden die Vorschriften über Schenkungen unter Lebenden Anwendung.

1) Schenkung von Todes wegen. Stellt der Erbl ein unentgeltl RGesch unter die Bedingg, daß der Beschenkte ihn überlebt, liegt Schenkg unter Lebenden auf den Todesfall vor. Im BGB sind solche RGesch nicht als eigenständ RInstitut ausgestaltet. Sie sind nach § 2301 zwar zulässig, werden aber unterschiedl Vorschr unterworfen: Vollzieht der Erbl (persönl od dch einen Vertreter) noch zu seinen Lebzeiten eine solche Schenkg u mindert dadch sein Vermögen, wird sie auch als Schenkg unter Lebden behandelt **(II).** Ist sie dagg von ihm nur versprochen u demnach auch erst nach seinem Tode zu erfüllen, untersteht sie den Vorschr über Vfgen vTw, weil das lebzeit Schenkgsversprechen einer letztwill Zuwendg gleichkommt (**I** 1). – Liegt wirks Schenkg vTw vor, sind die Rechte des VertrErben auf § 2287, der PflichttBerecht auf §§ 2325; 2329 u der NachlGläub auf AnfG 3 ff; InsO 134 beschränkt. – Für entgeltl Vertr gilt § 2301 nicht (BGH **8**, 23). 1

a) Zweck dieser Regelg ist, die Umgehg der zwingenden erbrechtl Vorschriften dch formlosere RGeschäfte zu verhindern. Es besteht jedoch kein Anlaß, **I** ausdehnend u **II** einengend auszulegen (ebenso BGH BWNotZ **64**, 331), da ein gewisses Bedürfn für die rgeschäftl Regelg des Vermögens auf den Todesfall durchaus besteht. Bei der Vielfalt rechtl GestaltgsMöglk liegt die Schwierigk zunächst darin, den Übergang vom Versprechen zum Vollzug eindeut festzulegen. Ferner ist dch die Anerkenng des Vertrags zGDr auf den Todesfall als RGesch unter Lebenden eine weitgehende Möglichk zur Umgehg erbrechtl Vorschr vorhanden (s Rn 17). Im Schrifttum gehen die Meingen im Einzelnen auseinander. 2

b) Überlebensbedingung. Kennzeichnend für die auf den Erbfall befristete Schenkg vTw od für ihr Versprechen ist die damit verknüpfte Bedingg, daß der Beschenkte den Schenker überlebt. Ob eine Schenkg unter Lebenden od vTw vorliegt, richtet sich also danach, ob eine solche Bedingg vereinbart ist. Sie kann aufschiebend od auflösend formuliert sein. Zuläss ist es, die Bedingg mit der Beschränkg auf einen bestimmten Fall des Ablebens (bestimmte Lebensgefahr) zu verbinden (RGRK Rn 5). Die Überlebensbedingg ist vielfach auch dann gewollt, wenn der Erbl sie nicht ausdrückl erklärt hat, etwa wenn die Gründe für die nach seinem Tod versprochene Zuwendg gerade in der Person des Empfängers liegen (BGH **99**, 97 mAv Leipold JZ **87**, 362 u Olzen JR **87**, 372); bei dieser Prüfg braucht der Richter nicht engherzig zu verfahren (BGH aaO). Eine Regel gibt es jedoch nicht; maßgebl ist stets der individuelle Wille. Dieser ist im Einzelfall dch Auslegg (§ 133) festzustellen. Führt sie zu keinem eindeut Ergebn, ist auch der RGedanke des § 2084 heranzuziehen, 3

also iZw die Auslegg zu wählen, bei der der Wille des Erbl Erfolg hat (BGH NJW **88**, 2731); aA Bork JZ **88**, 1059, wonach § 2084 dch die von § 2301 geforderte Auslegg ausgeschlossen wird, daß iZw Schenkg vTw anzunehmen ist, wenn die Schenkg so ausgestaltet ist, daß sie sich wirtschaftl erst nach dem Tod des Schenkers
4 auswirken soll. – **Ohne** diese Überlebensbedingg liegt ein nur auf den Tod des Schenkers befristetes Versprechen unter Lebenden vor, wenn der Schenker sich (od seine Erben) schon endgült zur Leistg verpflichtet hat, aber vereinbart wurde, daß die Erfüllg auf die Zeit seines Todes od später hinausgeschoben wird (BGH **8**, 31; NJW **59**, 2254; **85**, 1553: formlos eingeräumtes WohnR); es bedarf als reines RGesch unter Lebenden der Form des § 518 u läßt dann bereits bei Lebzeiten des Schenkers einen Anspr entstehen, der bei Vorversterben des Beschenkten auf dessen Erben übergeht. **I** ist auch nicht anwendb, wenn das Schenkgs-Verspr nach seinem Inhalt erst nach dem Tod des Versprechenden angenommen werden darf, aber auch bei vorzeit Tod des VersprEmpfängers von dessen Erben angenommen werden kann (OHG MDR **49**, 282) od wenn die Bedingg auf gleichzeit Versterben von Schenker u Beschenktem lautet. Keine Bedingg, sond nur Motiv ist es, wenn das Verspr in der sicheren Erwartg des bald Todes abgegeben wird.

5 **2) Schenkungsversprechen (I)** vTw ist die versprochene, erst nach dem Tod des Schenkers u nur bei Überleben des Beschenkten zu erfüllende Schenkg. Es setzt eine dch Annahme bereits verbindl gewordene VerpflErkl voraus, ist also Teil eines einseitig verpflichtenden SchenksVertr (s § 518 Rn 2; Hamm FamRZ **89**, 673; aA MüKo/Musielak Rn 5 ff). Schuldversprechen u SchuldAnerkenntn werden (wie bei § 518 I 2) gleich behandelt, wenn der abstrakte Vertr eine Schenkg als RGrd u das Überleben des Beschenkten als Bedingg hat
6 (**I** 2). Sie alle unterstehen den Vorschr für Vfgen vTw. Dies bedeutet: – **a) Form.** Die nur versprochene Schenkg ist formbedürft (§ 2276), weil sie dch ihre Gleichstellg mit Vfgen vTw auch den Vorschr üb den ErbV untersteht. Eine aA läßt dagg die für einseit Erkl ausreichende Form des § 2247 genügen (s MüKo/Musielak Rn 13; Kuchinke FamRZ **84**, 109/113). – Ist die Form nicht beachtet, kann ein schriftl Schenkgs-Verspr bei entspr Voraussetzgen (zB Brief) als eigenhänd Test aufrechterhalten werden (§ 140; s dort Rn 10). Jedoch kann es ebsowenig wie eine formnichtige Vfg vTw nach dem Erbfall dch Handlgen eines vom Erbl Bevollmächtigten in Kr gesetzt werden; § 518 II ist hier nicht anwendbar (BGH NJW **88**, 2731; dazu Bork
7 JZ **88**, 1059; s auch Rn 8). – **b) Rechtsfolgen.** Beim Erbfall ist das formgerechte SchenkgsVerspr entw als Vermächtn (bei Einzelggstand) od als Erbeinsetzg (bei gesamtem Vermögen od Bruchteil, § 2087) zu behandeln. Der Empfänger erlangt bis zum Tode des Schenkers keine gesicherte RPosition, insbes kein AnwartschR (s Übbl 6 vor § 2274) u einen Anspr auf die Zuwendg erst mit dem Erbfall, sofern er ihn erlebt. Der Schenker ist allerd an das in ErbVertrForm abgegebene Verspr gebunden u kann sich nur dch Anfechtg, Aufhebg od Rücktritt (§§ 2281; 2290; 2293 ff) befreien. Widerrufen gem §§ 530 ff kann er dagg nicht. Grober Undank ist aber idR Anfechtsgrund (§ 2078 Rn 4).

8 **3) Vollzogene Schenkung (II).** Die vom Schenker vollzogene, unter Überlebensbedingg erfolgte (s Rn 3; 16) Schenkg wird wie eine Schenkg unter Lebden behandelt u untersteht nicht dem Recht der Vfg vTw. Für Vollzug genügt Leistgsbewirkg nach Tod des Schenkers nicht. Steht dingl Erfüllg (Rn 9) noch aus, muß er noch zu Lebzeiten alles Erforderliche für den Eintritt des Leistgserfolgs getan haben, um den RErwerb des Empfängers ohne weitere Maßnahmen von selbst eintreten zu lassen (Rn 10). – Handelt es sich nicht um eine Handschenkg (§ 518 Rn 4), sond um Erfüllg eines formnicht Versprechens, wird dieses wirks, wenn der Versprechende den zugesagten Ggstand leistet (**II;** § 518 II). Diese Heilg tritt aber nur ein, wenn die Schenkg noch zu Lebzeiten des Schenkers vollzogen ist. Die Voraussetzgen von **II** u § 518 II sind also nicht völlig identisch: Während beim formungült Versprechen unter Lebenden Heilg auch noch dch Leistg nach dem Tod des Versprechenden, sei es dch dessen Erben od einen von ihm postmortal Bevollmächt, eintritt, führt beim Schenkgsversprechen unter Überlebensbedingg Leistg nach dem Tod nie mehr zur Heilg, weil es dann bereits den Vorschr des ErbR untersteht (BGH **99**, 97 mAv Leipold JZ **87**, 362).

9 **a) Dingliche Erfüllung.** Vollziehung erfordert, daß noch der Schenkende selbst das Vermögensopfer bringt, nicht erst sein Erbe (Brox Rn 712). Dies trifft zu in allen Fällen der dinglichen Erfüllg (§§ 929 ff; 398; 397), die den zugewendeten Ggstand aus dem Vermögen des Schenkers in das des Beschenkten übergehen läßt. Nur vorbereitende od sichernde Handlgen (s § 518 Rn 16–18) sind kein Vollzug, zB Ermächtigg zur Abhebg der zZ des Todes vorhandenen Fdg (RG LZ **19**, 692). Die Erteilg einer Vollmacht, verbunden mit dem Auftrag des Erbl, nach seinem Tod das ErfüllgsGesch vorzunehmen, genügt selbst dann nicht, wenn die Vollmacht unwiderrufl erteilt wurde, auch wenn der zu Beschenkende tatsächl nach dem Tod des Erbl auf Grd der Vollmacht das versprochene Bankguthaben erlangt (BGH **87**, 19 mit abl Anm Kuchinke FamRZ **84**, 109; zust Bork JZ **88**, 1059). Bei Vollmacht zur Vfg über ein Sparguthaben braucht auch in der Übergabe des Sparbuchs noch kein Vollzug gesehen werden (BGH WM **78**, 895). – Mit dem Vollzug ist der Vorbehalt eines Widerrufs vereinbar (MüKo/Musielak Rn 22); der Widerruf bestimmt sich nach §§ 530–532.

10 **b) Ausstehende Erfüllung.** Steht die dingl Erfüllg noch aus, erfordert Vollzug iS des **II**, daß der Schenker seinen ZuwendgsWillen bereits in entspr Umfang in die Tat umgesetzt u schon zu Lebzeiten alles getan hat, was von seiner Seite zur Vermögensverschiebg erforderl ist, so daß diese ohne sein weiteres Zutun eintreten kann (BGH **87**, 19). Der Bedachte muß also bereits eine solche RPosition erreicht haben, daß sie ohne weiteres Zutun des Schenkers mit od nach dessen Tod zur vollen Inhabersch des Rechts führt (Düss NJW-RR **97**, 199). Dies ist zB der Fall, wenn zur Wirksamk nur noch behördl Genehmigg erforderl ist. – Wie bei § 518 II muß der Leistgserfolg noch nicht eingetreten sein. Der Erwerb kann befristet od (dch das Vorversterben des Schenkers) bedingt sein (KG NJW **72**, 497; 1357 mAv Walter u Finger). Für Vollzug genügt dann, daß für den Berecht ein ErwerbsR od AnwartschR begründet wird, das sich bei Eintritt der Bedingg zwangsläufig zu einem VollR entwickelt. Das verschaffte AnwartschR mehrt als gesicherte RStellg das Vermögen des Beschenkten bereits u mindert das des Erbl noch zu Lebzeiten (vgl BGH **8**, 28; NJW **78**, 424). – Erweiternd ist aus dem Zweck der §§ 130 II, 153 Vollzug auch dann zu bejahen, wenn der Beschenkte bis zum Erbfall trotz aller erforderl ErfüllgsHandlgen des Schenkers noch kein AnwartschR erwerben konnte, weil ihm dessen WillensErklärgen erst nach Ableben zugingen u erst dann dch Annahme zum RErwerb führten, sofern der Zugang vom Schenker nicht absichtl bis nach dem Erbf verzögert wurde (str, s MüKo/Musielak Rn 23 mN). Stirbt Schenker, bevor ein von ihm beauftragter Dritter (Treuhänder, Bevollmächtigter,

Bote) die ihm aufgetragenen Erfüllgshandlgen ausführt, ist Vollzug zu bejahen, wenn der Mittler unwiderrufl beauftragt war (zB Bank zur Aushändigg verwahrter Wertpapiere), in and Fällen, wenn die WillErkl des Schenkers nicht vor ihrer Annahme dch den Beschenkten von dem Erben widerrufen wurde (MüKo/Musielak Rn 24). Auch bei Übertragg an Treuhänder, der einem Dritten zur Übertragg verpflichtet ist, liegt Vollzug vor (teilw aA Staud/Kanzleiter Rn 38).

c) Einzelfälle: Vollzogene Schenkg ist auch der vertragl vereinbarte **Erlaß** einer Darlehensschuld in der 11 zum Todeszeitpkt des Gläub noch bestehenden Höhe (befristeter Erlaßvertrag, Hbg NJW **61**, 76); als Folge der Befristg auf den Todesfall kann sich der Gläub zu seinen Lebzeiten noch Rückzahlgen vorbehalten, weil dies das Erstarken des AnwartschR zum VollR im Augenblick des Todes nicht hindert (Karlsr FamRZ **89**, 322). – Nach Lage des Falles kann eine aufschiebd bedingte u damit vollzogene Schenkg vorliegen (vgl Rn 16): Bei der schenkgsweisen Zuwendg eines GesellschAnt dch GesellschVertr (KG JR **59**, 101). – Bei schenkgsweiser Abtretg eines **Bankkontos** für den Zeitpkt des Ablebens des Gläub in Verbindg mit Erteilg 12 einer BankVollm (Hbg NJW **63**, 449, auch KG WM **69**, 1047). Bei schenkgsw Zuwendg eines GeldBetr dch Erteilg eines BankAuftr zur Auszahlg nach dem Tod des Erbl (BGH NJW **75**, 382 mAv Bökelmann JR **75**, 243; BGH **66**, 8; dazu Harder FamRZ **76**, 418; Johannsen zu **LM** Nr 6; Bühler NJW **76**, 1727); der Auftr kann allerd vom Erben widerrufen werden, sofern ihm dies der Erbl nicht dch letztw Vfg od Ernenng eines TV untersagt hat (Kümpel WM **77**, 1186/1192). – Bei sog Oder-Konto von Ehegatten mit beiderseit VfgsBefugn (s § 428 Rn 3) liegt das für Vollzug erforderl lebzeit Vermögensopfer bereits in der Einräumg der MitverfüggsBefugn (BGH FamRZ **86**, 982); für Schenkg genügt dann der Wille der Eheleute bei Kontoeinrichtg, daß im TodesZtpkt des einen die Fdg gg die Bank auf den Überlebenden als AlleinBerecht übergehen soll u ihre laienhafte Kenntn, daß dafür ihr Einverständn erforderl ist, ohne daß noch eine exakte Vorstellg üb die rechtl Einkleidg dieses Willens als aufschiebend bedingte Abtretg vorhanden sein muß (BGH FamRZ **85**, 693 u aaO). – Ferner dch TreuhandVertr zw Erbl u Bank mit Anweisg, bei dessen Tod dem Begünstigten den VerkErlös von Wertpapieren auszuzahlen (rechtswirks Schenkg, Widerruflichk; BGH WM **76**, 1130); üb Bindg der Erben dch sog SelbstkontrahiergsKlausel (§§ 177 I, 178 S 1 Halbs 2) od Widerrufsverzichtsklausel (§§ 130 I S 2, 671) Kümpel aaO 1193 ff. – Ausreichend für Vollzug ist auch die aufschiebd bedingte Abtretg eines Sparkontos (s BGH **87**, 19/23; FamRZ **89**, 959; Ffm MDR **66**, 503); schenkgsweise Übertragg von Wertpapieren in Bankkonto (BGH **41**, 95 mAv Mattern **LM** Nr 2; ablehnend Büsselberg NJW **64**, 1952). – Bei **Postsparguthaben** war vor dem 1. 1. 99 deren formlose Abtretg wg Verstoßes gg das früh PostG 23 IV 3 gem § 125 nichtig (BGH NJW **86**, 2107; abl Wagner NJW **87**, 928: nur relative Unwirksamk) u dadch weder wirks Handschenkg noch Bewirkg eines SchenkVersprech; jedoch wurde der Formmangel dch Auszahlg geheilt (§ 518 II). – Bei **Versicherungsverträgen** stellt die Übertr der VersichergsnehmerEigensch für den 13 Fall des Todes des Versichergsnehmers sich als ein unter Lebden vollzogenes RGesch dar, das gem § 2301 II mit § 518 II keiner bes Form bedarf (s Mohr VersR **66**, 702). – Ebso die entschädiggslose Einräumg eines ÜbernahmeR bei Tod eines Gesellschters (BGH WM **71**, 1338). – Setzt Schenker zum Vollzug **Hilfsperson** 14 ein (zB Bote od Bank soll Wertpapier übergeben) u führt diese die ihr aufgegebene Handlg erst nach seinem Tod aus, liegt auch bei postmortaler Übergabe u Annahme bewegl Sachen vollzogene Schenkg vor, es sei denn, daß noch vor Annahme die WillErkl des Schenkers von seinen Erben wirks widerrufen wurde (MüKo/Musielak Rn 25; Kegel aaO 55; aA RG **83**, 225 im Bonifatiusfall; zu diesem Martinek/Röhrborn JuS **94**, 473, 564). Wurde Hilfsperson als Vertreter des Schenkers tätig, kann sie nach seinem Tod noch alle erforderl VollzugsErkl aGr Vollmacht abgeben, sofern die Erben diese nicht wirks widerrufen haben (s § 1922 Rn 34). Schlüssiges Verhalten des Erben ohne ErklBewußtsein kann aber nicht Widerruf einer ihm unbekannten Vollm ggü dem vom Erbl Bevollmächtigten sein (BGH FamRZ **95**, 424; s allerd Einf 20 v § 2197). – **Gesellschaftsanteile:** Wächst nach dem GesellschVertr der Anteil eines Gesellschafters bei dessen Tod einem 15 Mitgesellschafter zu u hat dieser den Erben den Wert des Anteils zu vergüten, liegt überh keine Schenkg vor (BGH **LM** § 516 Nr 3). Eine gesellschaftsvertragl Nachfolgeregelg, die für alle Gesellschafter gilt u die, weil sie alsbald Rechte u Pflichten zw den Beteiligten begründen soll, keine Vfg von Todes wg darstellt, ist auch dann keine Schenkg, wenn ein AbfindgsAnspr der Erben ausgeschlossen ist (BGH **22**, 194; DNotZ **66**, 620; NJW **77**, 1339; KG OLGZ **78**, 464/467, dazu Zimmermann, BB **69**, 969)

d) Die Bedingung ist bei vollzogener Schenkg regelm eine **auflösende.** Überlebt der Beschenkte den 16 Erbl, besteht die Schenkg auch künftig zu Recht. Ihr Ggstand gehört nicht mehr zum Nachl u bleibt bei dessen Abwicklg außer Betr. Bei Vorversterben des Empfängers fällt der Ggstand wieder an den Schenker zurück (ob auch mit dingl Wirkg, hängt von den Umständ ab; bei Grdstücken ist dingl Rückfallsicherg wg § 925 II nur durch Vormerkg (§ 883) zu erreichen (s dazu auch Jülicher ZEV **98**, 285). Zuwendgen unter **aufschiebender Bedingg** des Überlebens des Bedachten sind auch **vollzogene Schenkgen** (KG NJW **71**, 1808, 2311, **72**, 497, 1357), wenn alle übr Voraussetzgen für den RErwerb erfüllt sind.

4) Verträge zu Gunsten Dritter auf den Todesfall sind gesetzl nur unvollkommen geregelt (vgl §§ 330, 17 331), fallen aber nicht unter § 2301. In der Rspr ist anerkannt (zB BGH NJW **84**, 480; **87**, 3131; Düss FamRZ **98**, 774), daß der echte Vertr zGDr (§§ 328; 331) neben den Vfgen vTw ein zuläss Mittel für die gewillkürte Weitergabe von Vermögensstücken ist, da dem Erbl auch außerhalb des ErbRs rechtl Gestaltgsmöglichk offenstehen (s Einl 6 v § 1922). Mit seiner Hilfe kann sich der Erbl eine Leistg an den von ihm begünst Dritten derart versprechen lassen, daß dieser nach dem Tode des Erbl einen eigenen Anspr gg den Versprechenden auf die Leistg erlangt, die Begünstigg also nicht aus dem Nachl erhält, sond kr Vertrags unmittelb vom Versprechenden (Versicherg; Bank usw). Dieses Deckgsverhältn (Einf 3 vor § 328), also die RBeziehg des Erbl (als VersprechensEmpf) zu dem Versprechenden entscheidet auch üb die **Form** derartiger 18 Vertr. Damit sind die zwingenden FormVorschr des ErbR nicht einzuhalten (str; s Einf 7 vor § 328), weil das Deckungsverhältn ebso wie der dadch begründete Anspr des Dritten dem SchuldR zumindest im Grdsatz unterliegt (dazu BGH **66**, 8). – Dem Valuta-Verhältn, also der RBeziehg zw Erbl u Drittem (Einf 4 vor § 328), ist dagg der **rechtliche Grund** für die Leistg des Versprechenden an den Dritten zu entnehmen. Nur 19 wenn im Verhältn zw Begünstigtem u Erbl ein rechtl Grd für die Vermögensverschiebg besteht, darf er den erworbenen Anspr gg den Versprechenden od die zu dessen Erfüllg bewirkte Leistg als den Ggstand der Zuwendg behalten. Andernfalls hat er sie an den Erben herauszugeben (§ 812 I 1; BGH aaO). Ist das

ValutaVerhältn eine Schenkg, weil Erbl den Dritten unentgeltl begünstigen wollte, ist dessen RErwerb nur gesichert, wenn formwirks SchenkgsVerspr (§ 518 I) vorliegt od ein formloses dch Erwerb des LeistgsAnspr gem § 518 II geheilt wird (§ 331 Rn 4). Da dieser mit Tod des Erbl erfolgt, können Erben nach Erbfall das Wirksamwerden des SchenkgsVertr (§ 516 I) nicht mehr verhindern (Düss NJW-RR **96**, 1329). Bei fehlender Vereinbarg kann SchenkgsVertr sogar noch nach Tod des Erbl dch Übermittlg seines Angebots üb Beauftragten zustande kommen, sofern Erben nicht den Auftr od das Angebot vor Zugang widerrufen (s § 331 Rn 4). Zw Eheg kann RGrd auch sog unbenannte Zuwendg sein, nicht aber zw Partnern einer nichtehel LebensGemsch (vgl Koblz FamRZ **98**, 770). – Im Schrifttum ist im Einzelnen vieles streitig (s zB bei Liessem BB **89**, 862; Muscheler WM **94**, 921). – **Beispiele** für rwirks Zuwendg auf den Todesfall s § 331 Rn 2.

2302 ***Unbeschränkbare Testierfreiheit.*** **Ein Vertrag, durch den sich jemand verpflichtet, eine Verfügung von Todes wegen zu errichten oder nicht zu errichten, aufzuheben oder nicht aufzuheben, ist nichtig.**

1 **1) Gesetzliches Verbot.** Die TestierFreih (§ 1937 Rn 3) kann außer dch gemeinsch Test u ErbV nicht beschränkt werden. Ges verboten u nichtig (§ 134) ist jegl and Art von Vertr üb Vfgen vTw (dazu Stöcker WM **80**, 482/487). Darunter fällt vor allem die Verpflichtg, eine Vfg vTw zu errichten od in bestimmter Form od in bestimmter Weise zu testieren od nicht zu testieren (zB die ges Erbfolge nicht zu ändern, sofern damit nicht in Wahrh Erbeinsetzg gewollt ist); eine Vfg vTw aufzuheben od zu unterlassen od nicht aufzuheben. Unwirks ist
2 auch eine zur Sicherg des Versprechens vereinb **Vertragsstrafe** (§ 344); im ErbVertr der **Verzicht** auf Rücktritts- od AufhebgsR, §§ 2294 ff, 2290 ff (BGH NJW **59**, 625). Die in einem ProzeßVergl übernommene Verpflichtg zum Abschluß eines ErbVertr kann nicht nach ZPO 888 erzwungen werden (Ffm Rpfleger **80**,
3 117). – **Entsprechend** anzuwenden ist § 2302 auch auf test **Auflagen** des Erbl zur Beschränkg der TestFreih anderer. Nichtig ist daher zB die Beschwerg des Bedachten mit der Verpflichtg, eine Vfg vTw zu errichten od zu unterlassen, aufzuheben od nicht aufzuheben. Eine Zuwendg kann allerd an die **Bedingung** geknüpft werden, daß der Empfänger seiners jemand letztw bedenkt (BGH **LM** Nr 1 zu § 533; NJW **77**, 950), weil dadch ledigl die Zuwendg eingeschränkt wird, nicht aber die TestFreih (aber Verstoß gg §§ 134, 138 mögl; s
4 auch § 2074 Rn 4). – **Wirksam** u nicht gg § 2302 verstoßend ist die schuldrechtl Verpflichtg zur Ausschlagg der Erbsch. Mit dem Erbl ist ein solcher Vertr formbedürftiger Erbverzicht (§ 2348); mit Dritten s § 312.

5 **2) Rechtsfolgen.** Die Nichtigk ergreift den ganzen Vertr, auch Versprechen der GgLeistg. Da keine rechtl Verpflichtg begründet wird, kann aus der Zusage einer test Zuwendg grdsl kein SchadErsAnspr hergeleitet werden (BGH NJW **67**, 1126). VertrStrafe ist unwirks, § 344 (s Rn 2). – Allerd kann das Versprechen, eine
6 Vfg vTw bestimmten Inhalts zu errichten, **Grundlage** eines and RGesch sein u die Nichteinhaltg sich auf dessen Inhalt gem § 242 auswirken (BGH NJW **77**, 950 mAv Jochem JuS **77**, 473). Das nichtige Versprechen, erbrachte Dienstleistgen dch letztw Zuwendg zu entgelten, kann als Zusage einer Vergütg (§ 612 II) Anspr des Dienstpflichtigen begründen. BereichergsAnspr (§ 812 I 2) setzen voraus, daß kein schuldr Vertr bestanden hat (BGH FamRZ **65**, 318). S auch § 2057 a üb AusgleichsPfl unter Abkömml für bes Leistgen.

7 **3) Umdeutung** nichtiger Vereinbargen (§ 140) ist mögl, zB die Verpflichtg des in einem ErbV bedachten Ehegatten zur Übertragg des Vermögens auf die ehel Kinder in eine Erbeinsetzg der Kinder (Hamm JMBl NRW **60**, 125); die der alleinerbenden Ehefrau gemachte Auflage, test Vfgen ausschließl zugunsten der gemeinsch Kinder zu treffen, in eine Anordng der Vor- u NachErbsch (Hamm NJW **74**, 60); bei Zuwendg bestimmter Werte die Anordng, die Ehefrau habe diese den gemeinschaftl Kindern zu vererben, in ein Nachvermächtn (BGH DRiZ **66**, 398); die Verpflichtg zum Abschluß eines ErbV in einen Vertr zGDr (BGH WM **61**, 87, dazu Johannsen WM **72**, 1046).

Fünfter Abschnitt. Pflichtteil

Überblick

1 **1) Das Pflichtteilsrecht** ist Ausfluß u Ersatz des ges ErbR (Mot **5**, 388, 472) u Grundlage des PflichttAnspr. Es garantiert den übergangenen nächsten Angehörigen (s § 2303) dch die Einschränkg der Testierfreih des Erbl u selbst gg dessen Willen eine Mindestbeteiligg am Nachl, allerd nicht in Gestalt eines Erbteils (NoterbR), sond nur eines GeldAnspr. Zum Schutz der PflichttBerecht wehrt das G zu starke Beschränkgen u Beschwergen ab (§ 2306) u hilft dch Ausgleichspflicht (§ 2316) u ErgänzgsAnspr (§§ 2325 ff), einen vom Erbl geschmälerten Nachl mögl wieder aufzufüllen. Ob u in welchem Umfang das PflichttR auch dch die Verfassg garantiert wird, ist noch nicht abschließd geklärt (s Einl 4 vor § 1922; VerfBeschw ist anhäng, BVerfG 1 BvR 2464/97). Die bestehende Regelg genügt jedenf allen verfassgsrechtl Vorgaben, so daß keine Verpflichtg des GesGebers besteht, darüb hinaus den Verwandten einen unentziehb NachlAnteil zu sichern (BVerfG **67**, 329; NJW **95**, 2977).

2 **a) Es beruht** auf Verwandtsch od Ehe u begründet ein RVerhältn, das schon zu Lebzeiten des Erbl besteht (vgl §§ 312 II, 1643, 1822 Nr 1, 2281, 2346), seinen Tod überdauert u mit den Erben sich fortsetzt. Es kann desh Ggst einer FeststellgsKlage sein (BGH NJW **74**, 1084; **90**, 911; Saarbr NJW **86**, 1182; Tod des Erbl läßt FeststellgsInteresse entfallen, BGH NJW-RR **93**, 391) u ist auch dann von Bedeutg, wenn im Einzelfall ein PflichttAnspr mit dem Erbfall nicht entsteht (vgl §§ 2305 f, 2314, 2316, 2319, 2326; grdsl BGH **28**, 177). Das Recht besteht unter Verwandten aber nicht notwend wechselseit (Enkel ggü Großeltern, aber nicht umge-
3 kehrt). – **b) Es geht verloren** dch Ausschlagg (Ausn: § 1371 III; § 2306 I 2); Pflichtt- u Erbverzicht (§§ 2346, 2349); Erbunwürdk (§§ 2344, 2345); PflichttEntziehg (§§ 2333 ff); vorzeit Erbausgleich (§ 1934 e; EG 227 I Nr 2); Verlust des ges EhegErbR nach § 1933 od dch Scheidg, Aufhebg od der nach früh R mögl NichtigErkl der Ehe (§ 2077). – **c) Reformgedanken.** Das derzeit PflichttR wird ganz (Petri ZRP **93**, 205)

od teilw (zB Gerken Rpfleger **89**, 45) in Frage gestellt. Kick, Jahrbuch Junger ZivilRWissenschaftler, 1996, 167 erachtet es nicht mehr für zeitgemäß. Otte ZEV **94**, 193 befürwortet allenf Detailkorrekturen.

2) Sondervorschriften. – a) Für den Ehegatten gilt bei ZugewinnGemsch **§ 1371,** der nach § 2303 II unberührt bleibt. Hat er als Geschiedener einen UnterhAnspr, der nach dem Erbfall gg den Erben weiterbesteht (§ 1586 b I), wird die Haftg des Erben für diese NachlVerbindlichk begrenzt auf den fiktiven ordentl Pflichtt (ohne ErgänzgsAnspr, AG Bottrop FamRZ **89**, 1009) des geschiedenen Ehegatten (§ 1586 b I 3; s dort Rn 6; 7); dabei werden für die PflichttBerechng güterrechtl Besonderh (§§ 1371; 1931 IV) od ein neuer Ehegatte nicht berücksichtigt. Bei der Konkurrenz von Unterh- u PflichttAnspr befürwortet Probst AcP **191**, 138 ff einen funktional beschränkten Vorrang des EhegUnterh. – **b) Im Höferecht** gelten bes Bestimmgen für die Berechng des Pflichtteils des Hoferben u der übrigen, s HöfeO 16 II mit § 12 II, III. Im Streitfall entscheidet LwG (LwVG 1 Nr 5). – **c) Recht der DDR** als Erbstatut: Kommt in Erbfällen zw 1. 1. 76 u 4
3. 10. 90 das DDR-ZGB insgesamt (EG 235 § 1 Rn 5) od hinsichtl des Immobiliarvermögens in der fr DDR (1922 Rn 8) zur Anwendg, richtet sich auch ein PflichttAnspr nach ZGB 396 ff (EG 235 § 1 I; s auch § 1922 Rn 8), die teilw erhebl vom BGB abweichen: Stets pflichttberecht war nur der beim Erbfall mit Erbl verheiratete Ehegatte. Kinder, Enkel u Eltern dagg nur im Falle ihrer Unterhaltsberechtigg (FGB 81 ff) ggü Erbl beim Erbfall (ZGB 396 I). – PflichttAnspr: 2/3 des Wertes des ges Erbteils (ZGB 396 II) in Geld; war vererbl (ZGB 396 IV). Erfüllg gem ZGB 398; 409 ff. – Verjährg: 2 Jahre ab Kenntn von Erbfall u Test, spät 10 Jahre nach Erbfall (ZGB 396 III 3). – Kein Recht zur PflichttErgänzg od PflichttEntziehg (vgl Schübel/ Wiedemann JZ **95**, 858). – S dazu Freytag ZRP **91**, 304.

2303 ***Pflichtteilsberechtigte; Höhe des Pflichtteils.*** **I Ist ein Abkömmling des Erblassers durch Verfügung von Todes wegen von der Erbfolge ausgeschlossen, so kann er von dem Erben den Pflichtteil verlangen. Der Pflichtteil besteht in der Hälfte des Wertes des gesetzlichen Erbteils.**

II Das gleiche Recht steht den Eltern und dem Ehegatten des Erblassers zu, wenn sie durch Verfügung von Todes wegen von der Erbfolge ausgeschlossen sind. Die Vorschriften des § 1371 bleiben unberührt.

1) Pflichtteilsberechtigt (I, II) sind nur die nächsten Angehörigen des Erbl, näml seine Abkömml, seine 1
Eltern u sein Ehegatte. Nur ihnen, nicht aber auch den Geschwistern od Großeltern garantiert das G damit eine Mindestteilhabe am Nachl für den Fall, daß sich ihre ges Erberwartg nicht erfüllt. Der Erbl kann diese NachlBeteiligg im allg nicht verhindern (Ausn s §§ 2333 ff), weil das PflichttR einen Teil seines Vermögens seiner Dispositionsbefugn vTw entzieht, also seine TestierFreih begrenzt (s Übbl 1 vor § 2303). Wg dieser Ersatzfunktion setzt jedes PflichttR ein bestehdes ges ErbR des Berecht voraus, das nur desh nicht zum Zuge kommt, weil der Erbl es im Rahmen seiner TestierFreih dch Vfg vTw ausgeschlossen hat (dazu Rn 5). Wer auch ohne eine solche Vfg vTw nicht als ges Erbe berufen wäre, hat auch kein PflichttR. Haben Eheg ihre Erbfolge dch gemeinsch Test (§ 2269) geregelt, ist zu beachten, daß gleichwohl zwei getrennte Erbfälle eintreten, die auch hinsichtl des PflichttR auseinanderzuhalten sind (vgl BGH **88**, 102; NJW **83**, 277).

a) Abkömmlinge sind die mit dem Erbl in gerader (§ 1589) absteigender Linie Verwandten jegl Grades, 2
also Kinder, Enkel, Urenkel usw (s § 1924 Rn 7 ff); sind ausnahmsw entferntere u nähere pflichttberechtigt, ist das PflichttR der entfernteren dch § 2309 ausgeschlossen. Zw ehel u nichtehel Kindern wird auch beim Tod des Vaters in den seit 1. 4. 98 eingetretenen Erbfällen (EG 227 I Nr 1) nicht mehr unterschieden, wenn die Vatersch förml feststeht u das Kind nicht vor dem 1. 7. 49 geboren ist (§ 1924 Rn 8–10); diese Altersgrenze gilt nur in den Fällen von EG 235 § 1 II nicht. Ein vor dem 1. 4. 98 rwirks zustande gekommener vorzeit Erbausgleich beseitigt das PflichttR aber auch bei späteren Erbfällen (§ 1934 e aF; EG 227 I Nr 2). Zur RLage in Erbfällen vor dem 1. 4. 98 s § 1924 Rn 12; 13; auch der nur ErbersatzBerecht war bei Entziehg seines Anspr pflichttberecht (§ 2338 a aF; BGH **80**, 290). – Das **angenommene Kind** (u seine Abkömml) ist nach dem (den) Annehmden erb- u pflichttberecht (§§ 1754; 1755), der als Volljähr Angenommene sowohl nach seinen leibl als auch nach den Adoptiveltern (§§ 1767 II, 1754, 1770). Bei Annahme Verwandter ergeben sich Sonderprobleme wg § 1756 (dazu MüKo/Frank Rn 9). S § 1924 Rn 14–23, auch zu Altadoptionen.

b) Eltern (§§ 1591 ff) haben ein dch § 2309 eingeschränktes PflichttR. Zu ihnen gehört auch der nicht- 3
ehel Vater des verstorbenen Kindes, wenn die Vatersch förml festgestellt (§ 1592 Nr 2, 3; s § 1925 Rn 1) u das Kind nicht vor dem 1. 7. 49 geboren ist. Dies gilt auch, wenn er in Erbfällen vor dem 1. 4. 98 nur einen ErbersatzAnspr hatte u dieser ihm entzogen wurde (§ 2338 a aF). Ein bis 1. 4. 98 wirks gewordener vorzeit Erbausgleich beseitigt auch sein PflichttR auf Dauer (§ 1934 e aF; EG 227 I Nr 2). Zum Erb- u PflichttR der Adoptiveltern beim Tod des angenommenen Kindes s § 1925 Rn 5–7.

c) Der Ehegatte muß beim Erbfall noch rgült mit dem Erbl verheiratet sein. Er verliert sein PflichttR also 4
dch vorherige rkräft Auflösg seiner Ehe (s dazu § 1931 Rn 3). Wurde ein rhäng Scheidgs- od AufhebgsVerf vor RKraft eines Urteils dch Tod des Erbl vorzeit beendet, entfällt trotz dann formell noch gült Ehe das PflichttR, wenn der Eheg sein ges ErbR nach § 1933 verloren hat. Besonderh bestehen dadch, daß bei ZugewinnGemsch § 1371 unberührt bleibt (**II** 2; s Rn 7). Dadch behält der Eheg sein PflichttR üb die SonderVorschr des § 1371 III auch bei **Ausschlagung** der Erbsch (s § 1371 Rn 18; 19), die in allen and Fällen zum Verlust des PflichttR führt (Rn 5). Hatte er allerd auf sein Erb- od PflichttR verzichtet, verhilft ihm auch die Ausschlagg einer letztw zugewendeten Erbsch nicht mehr zum PflichttR (§ 1371 III Hs 2 mit Rn 20).

2) Ausschluß von der Erbfolge dch Vfg vTw liegt bei ausdrückl od stillschweigder Enterbg (§ 1938) vor. 5
Dazu gehört auch eine Einsetzg nur als ErsatzE; iZw auch die Zuwendg nur des Pflichtt (§ 2304). Die nur in Erbfällen vor dem 1. 4. 98 mögl Entziehg eines ErbersatzAnspr (§ 1934 a; EG 227 I Nr 1) stand der Enterbg gleich (§ 2338 a aF). Bei Ausschlagg der Erbsch liegt kein Ausschluß vor, da sie auf dem eigenen Willen des

Erben beruht u desh grdsl auch zum Verlust des PflichttR führt. Eine Ausn gibt es nur für den Eheg (s Rn 4). – Die Einsetzg des PflichttBerecht als VorE stellt Beschränkg dar (§ 2306 I), so daß er bei einem seinen Pflichtt übersteigenden Erbteil ein WahlR hat (§ 2306 Rn 12). Bei Einsetzg nur als NachE gilt § 2306 II (s dort Rn 15; 16). Zuwendg eines Vermächtn an Stelle des Erbteils macht dessen Ausschlagg erforderl (§ 2307).

6 **3) Die Pflichtteilsquote** ergibt sich als Bruchteil dch Halbierung des ges Erbteils. Für jeden Berechtigten ist sein Erbteil gesondert zu bestimmen, wobei die Erbfolge abstrakt unter Beachtg von § 2310 zu ermitteln ist (s dort). Ist beim Pflichtt entfernterer Abkömml u der Eltern § 2309 maßgebl, wird bei Ermittlg ihrer Quote der weggefallene Näherberechtigte trotz § 2310 nicht mitgezählt, wenn gerade dch seine Ausschlagg der Entferntere erst pflichttberecht wird (s § 2310 Rn 1). – Für **Ehegatten** gelten wg der Verknüpfg ihres ErbR mit dem GüterR (§ 1931 III; IV) Besonderh, die sich auch auf die Quote der and PflichttBerecht auswirken:

7 **a) Bei Zugewinngemeinschaft** bleibt § 1371 unberührt (**II** 2). Der von seinem ges ErbR ausgeschlossene Eheg, der weder Erbe geworden (BGH **37**, 58) noch mit einem Vermächtn bedacht ist (BGH **42**, 182; DNotZ **83**, 187 mAv Wolfsteiner u Dieckmann 190; 630), kann dah zunächst den **kleinen** Pflichtt verlangen, dessen Quote sich dch Halbierg seines nicht erhöhten ges Erbteil (§ 1931 I, II) errechnet. Daneben hat er noch Anspr auf Ausgleich des Zugewinns (§ 1371 II; s dazu § 1371 Rn 12–17), der nach güterrechtl Vorschr (§§ 1373 ff) geltd zu machen ist. Ob er hiervon Gebr macht u ob ein Zugewinn überhaupt erzielt wurde, ist für seinen PflichttAnspr unerhebl, da eine Erhöhg des Erbteils hier stets außer Betr bleibt. – Ein Wahlrecht, statt dem kleinem Pflichtt u ZugewinnAusgl den großen Pflichtt zu fordern, hat der von der Erbfolge
8 ausgeschlossene Eheg nicht (§ 1371 Rn 15). Dieser **große** Pflichtt errechnet sich aus dem pauschal um $^1/_4$ erhöhten ges Erbteil, der dem Eheg bei der erbrechtl Lösg ohne Zugewinnausgleich zusteht (§§ 1371 I; 1931 I, II mit Rn 4), so daß die PflichttQuote des Eheg neben Abkömml $^1/_4$ u neben Eltern $^3/_8$ ist (ggf noch höher, § 1931 I 2). Er kommt nur zum Ansatz, wenn der Eheg als Erbe eingesetzt (ggf AlleinE, BGH **37**, 58) od mit Vermächtn bedacht ist (s § 1371 Rn 2) u trotzdem PflichttAnspr (§§ 2305–2307) od ErgänzgsAnspr (§§ 2325; 2329) hat; ferner wirkt er sich in den Fällen der §§ 2318; 2319; 2328 aus. Die Quote der and PflichttBerecht vermindert sich dann von selbst, da sie unter Berücksichtigg des erhöhten ges EhegErbteils zu berechnen ist, falls nicht die Fälle des § 1371 II u III vorliegen. Abkömml des erstverstorbenen Eheg haben dann zusammen nur einen Pflichtt von $^1/_4$, Eltern von zusammen $^1/_8$. Erhebt der Eheg Klage auf Zahlg des großen Pflichtt, unterbricht diese nicht auch die Verjährg des selbständ Anspruchs auf ZugewinnAusgl (BGH NJW **83**, 388).

9 **b) Bei Gütertrennung** (§ 1414) ist § 1931 IV zu beachten, der das ges ErbR neben einem Kind auf $^1/_2$ u neben zwei Kindern auf $^1/_3$ erhöht, so daß sich auch sein Pflichtt aus der Halbierg dieses erhöhten Erbteil ergibt. Dies betrifft auch die Kinder, wenn sie von dieser ges Erbfolge od als nichtehel in Erbfällen vor dem 1. 4. 98 von ihrem ErbersatzAnspr dch Vfg vTw ausgeschlossen wurden.

10 **4) Pflichtteilsschuldner** ist der Erbe od die MitE (**I** 1). Gg ihn bzw sie richtet sich der mit dem Erbfall entstandene PflichttAnspr (§ 2317), nicht gg TV (§ 2213 I 3). Einzelh zum PflichttAnspr, zu seiner Geltdmachg dch minderj PflichttBerecht gg Eltern u zur Berechng, Übertragg u Pfändg s § 2317. Mehrere MitE haften nach außen grdsl als Gesamtschuldner (§ 2058); zum Innenverhältn s §§ 2318 ff. Gleiches gilt auch für den ErgänzgsAnspr (§ 2325; Ausn § 2329). Bei Einsetzg eines NachE (§§ 2100, 2139) kann der Anspr während der Dauer der Vorerbschaft nur vom VorE verlangt werden (RG **113**, 49). – Erfüllg des PflichttAnspr kann Erbe nicht davon abhäng machen, daß der PflichttBerecht auf eine Anfechtg des Test verzichtet (Heidelbg NJW-RR **91**, 969), da die vom Erbl angeordnete Gestaltg der Erbfolge von der Geltdmachg des Pflichtt unabhäng ist. – Zur Erbenhaftg für UnterhaltsAnspr des geschiedenen Eheg des Erbl s Übbl 4;
11 § 1586 b. – Wurde eine Vereinbarg üb den Pflichtt getroffen, die scheinbar verlorene Grdst des Erbl in der fr DDR als damals wertlos außer acht ließ, kommt eine **Anpassung** bei späterer Rückgabe der Grdst od
12 Entschädigg üb Wegfall der GeschGrdlage in Betr (§ 242 Rn 152 d; Ffm FamRZ **93**, 1128). – **Unzulässige Rechtsausübung** kann dem PflichttAnspr aus einem dem Erben ggü gezeigten Verhalten entgegengesetzt werden, schwerl aber aus dem Verhalten ggü dem Erbl. Hat zB Ehefrau die Scheidg betrieben und ein Urteil erwirkt, dieses aber in Absprache mit ihrem Ehemann aus steuerl Gründen nicht rkräft werden lassen, kann sie nach Tod des Mannes ihren Pflichtt als gesetzl Konsequenz der noch bestehenden Ehe verlangen (BGH FamRZ **74**, 648); ggf kann aGrd § 242 auch der Einwand der Verwirkg erhoben werden (BGH WM **77**, 688).

2304 *Auslegungsregel.* **Die Zuwendung des Pflichtteils ist im Zweifel nicht als Erbeinsetzung anzusehen.**

1 **1) Zuwendung des Pflichtteils** ist keine eindeut Vfg des Erbl, sond kann dreierlei bedeuten: Erbeinsetzg auf die Pflichttquote; Enterbg (§ 1938) dch Verweisg auf den PflichttAnspr; Vermächtn in Höhe des Pflichtt. Die Ausleggsregel des § 2304 besagt nur negativ, daß sie im Zw nicht Erbeinsetzg ist, läßt aber offen, ob dann positiv VermächtnAnordng od Verweisg auf das ges PflichttR anzunehmen ist. – § 2304 gilt in Erbfällen vor dem 1. 4. 98 auch, wenn ein nur ErbersatzBerecht (§ 1934 a aF; EG 227 I Nr 1) auf den Pflichtt verwiesen war. Zuwendg des ErbersatzAnspr fällt dagg nicht unter § 2304, kann aber schwerl als Erbeinsetzg, jedoch als VermächtnAnordng auszulegen sein (bedeuts für Verjährg). – Zuwendg des Pflichtt an eine nicht pflichttberecht Person kann Vermächtn in Höhe der Hälfte des ges Erbteils, ggf sogar des ges Erbteils sein (Ferid NJW **60**, 121).

2 **2) Durch Auslegung** (§ 2084) ist dah zu ermitteln, was der Erbl mit der Verweisg auf den Pflichtt gewollt hat. Erbeinsetzg kann nur angenommen werden, wenn der Erbl dem PflichttBerecht unmittelb Rechte am Nachl u Mitsprache bei dessen Verwaltg u Verteilg einräumen wollte (vgl § 2087 Rn 2). Kann dies nicht festgestellt werden, ist zur Abgrenzg zw Enterbg u Vermächtn nach hM festzustellen, ob der Erbl nur ausschließen od etwas zuwenden wollte (Soe/Dieckmann Rn 3), also ob der PflichttBerecht den Betrag nicht

nur kr G, sond kraft test Anordng zu fordern berecht sein soll (§ 2087 Rn 10). Eindeutiger erscheint es, darauf abzustellen, ob der Erbl erkennbar die Anwendg pflichttrechtl Grdsätze vermeiden wollte u nur dann Vermächtn anzunehmen (MüKo/Frank Rn 4), ohne ausreichde Anhaltspunkte hierfür aber stets von Verweisg auf das ges PflichttR auszugehen. – Die Abgrenzg ist prakt bedeuts für Verjährg (Pflichtt 3 Jahre, Vermächtn 30 Jahre, §§ 2332; 2176; 195; 198); für die nur beim Vermächtn mögl Ausschlagg nach Erbfall; für Verzicht, der vor Erbfall nur beim Pflichtt mögl ist (§ 2346); bei der Pfändg (Pflichtt nur gem § 852 ZPO); wg § 2307 sowie wg § 1371 (Rn 3; ausführl Staud/Haas Rn 15 ff).

3) Pflichtteilszuwendung an Ehegatten. Bestand ZugewinnGemsch, hat der dch Verweisg auf Pflichtt enterbte Eheg Anspr auf den kleinen Pflichtt u auf ZugewinnAusgl (§ 1371 II; s § 2303 Rn 7); eine Verweisg auf den großen Pflichtt ist nicht mögl (s § 2303 Rn 8). – Ist ihm dagg sein Pflichtt als Vermächtn od Erbeinsetzg zugewendet, kann sowohl der kleine als auch der große EhegPflichtt gemeint sein, wenn näh Angaben fehlen. Für die dann notwend Auslegg läßt sich schwerl eine Regelvermutg aufstellen, nachdem einers der kleine Pflichtt der Normalfall ist, andrers die Quote unter Zugrdelegg von § 1371 I gemeint sein kann (allerd nicht bei Test vor dem 1. 7. 58; vgl auch KG FamRZ **61**, 477). Prakt ist dies allerd ohne Bedeutg, weil bei Zuwendg des kleinen Pflichtt der Eheg entw die Differenz zum großen Pflichtt üb den RestAnspr verlangen (§§ 2305; 2307 I 2) od ausschlagen kann u dadch den kleinen Pflichtt kr G u daneben noch Anspr auf ZugewinnAusgl erhält (§ 1371 III); ist die Zuwendg Erbeinsetzg, muß er sogar ausschlagen, um güterrechtl ZugewinnAusgl verlangen zu können. 3

2305 ***Rest-Pflichtteil.*** **Ist einem Pflichtteilsberechtigten ein Erbteil hinterlassen, der geringer ist als die Hälfte des gesetzlichen Erbteils, so kann der Pflichtteilsberechtigte von den Miterben als Pflichtteil den Wert des an der Hälfte fehlenden Teiles verlangen.**

1) Der Pflichtteilsrestanspruch verhilft dem PflichttBerecht zu einem Ausgleich, wenn ihn der Erbl als MitE eingesetzt hat, sein Erbteil jedoch wertmäßig unter seinem Pflichtt bleibt. Er hat dann eine GeldFdg, die der Höhe nach auf die Differenz zw zugewendetem Erbteil u vollem Pflichtt (§ 2303 I 2) begrenzt ist. Dieser RestAnspr ist ein wirkl PflichttAnspr (keine PflichttErgänzg, §§ 2325 ff). Seine Höhe wird aber unter Berücksichtigg etw Anrechngs- od AusgleichgsPfl (§§ 2315, 2316 mit Rn 7) errechnet (Soe/Dieckmann Rn 2). Ist Erbteil infolge Beschränkg od Beschwerg unzureichd, greift § 2306 ein (dort Rn 1). Wurde ein Vermächtn zugewendet, gilt § 2307. – Der Anspr ist bei der Auseinandersetzg geltd zu machen (§ 2046). Er ist NachlVerbindlk; MitE haften für ihn aber nur beschränkt (§ 2063 II). Er verjährt in 3 Jahren (§ 2332). – Bei Kürzg eines ErbersatzAnspr in Erbfällen vor dem 1. 4. 98 (§ 1934 a aF; EG 227 I Nr 1) kann der Berecht Ergänzg entspr § 2305 verlangen (s 57. Aufl). 1

2) Bei Annahme des unzureichden Erbteils erhält der MitE diesen u zusätzl den RestPflichtt. Der überlebde Ehegatte kann bei ZugewinnGemsch Ergänzg zu seinem großen Pflichtt (§ 2303 Rn 8) verlangen, da er als MitE keinen Anspr auf ZugewinnAusgl hat (§ 1371 I). Will Erbl ihm den Wert des großen Pflichtt vorenthalten, kann er ihn mit einem zw kleinem u großem Pflichtt liegden Erbteil unter der Bedingg einsetzen, daß er den RestAnspr nicht verlangt. Nimmt der Eheg dann an, verzichtet er damit auf den RestAnspr (dazu auch Bohnen NJW **70**, 1533). 2

3) Bei Ausschlagung der Zuwendg hat der PflichttBerecht grdsl keinen PflichttAnspr (§ 2303 Rn 5), kann aber den RestAnspr noch verlangen (BGH NJW **73**, 995; DNotZ **74**, 597). Irrte er sich üb diese RFolge, kann er seine AusschlaggsErkl nicht nach § 119 anfechten (str; ebso MüKo/Frank Rn 2; Soe/Dieckmann Rn 2; aA Hamm OLGZ **82**, 41). Bei Ausschlagg unter Vorbehalt des Pflichtt ist hier keine unzuläss Bedingg (§ 1947) anzunehmen, da bei Abgabe der Erkl bereits feststand, ob Pflichtt entstanden ist (str; ebso MüKo/Frank Rn 2; dagg Soe/Dieckmann Rn 3). – Dagg hat der **Ehegatte** bei ges Güterstd auch nach Ausschlagg Anspr auf den kleinen Pflichtt u zusätzl noch auf Zugewinnausgleich (§ 1371 III; § 2303 Rn 4). 3

2306 ***Beschränkungen und Beschwerungen.*** **I Ist ein als Erbe berufener Pflichtteilsberechtigter durch die Einsetzung eines Nacherben, die Ernennung eines Testamentsvollstreckers oder eine Teilungsanordnung beschränkt oder ist er mit einem Vermächtnis oder einer Auflage beschwert, so gilt die Beschränkung oder die Beschwerung als nicht angeordnet, wenn der ihm hinterlassene Erbteil die Hälfte des gesetzlichen Erbteils nicht übersteigt. Ist der hinterlassene Erbteil größer, so kann der Pflichtteilsberechtigte den Pflichtteil verlangen, wenn er den Erbteil ausschlägt; die Ausschlagungsfrist beginnt erst, wenn der Pflichtteilsberechtigte von der Beschränkung oder der Beschwerung Kenntnis erlangt.**

II Einer Beschränkung der Erbeinsetzung steht es gleich, wenn der Pflichtteilsberechtigte als Nacherbe eingesetzt ist.

1) Normzweck. Ist der PflichttBerecht nicht ausgeschlossen, sond als MitE eingesetzt, soll seine dch das PflichttR garantierte Mindestbeteiligg am Nachl vom Erbl nicht dadch gemindert werden können, daß er den zugewendeten Erbteil belastet. Dies gewährleistet § 2306, allerd dch unterschiedl Regelgen je nach Größe des belasteten Erbteils: Ist der MitE mit nicht mehr bedacht als der Hälfte seines ges Erbteils, soll ihm diese Zuwendg auch uneingeschränkt zugute kommen, also ohne die angeführten Beschränkgen u Beschwergen (**I** 1; Rn 9); dazu kommt bei geringerem Erbteil noch der Anspr auf den PflichttRest in Höhe des Wertes des an der Hälfte fehlenden Erbteils (§ 2305). Ist der zugewendete Erbteil größer als die Hälfte des ges Erbteils, kann der PflichttBerecht dch angeordnete Beschränkgen weniger, möglicherw aber immer noch mehr erhalten als seinen Pflichtt. Dah wird ihm ein WahlR gewährt (**I** 2; Rn 12). In Erbfällen vor dem 1. 4. 98 ist § 2306 auch anzuwenden, wenn dem PflichttBerecht bei ges Erbfolge nur ein ErbersatzAnspr zuge- 1

standen hätte (§ 1934a aF; EG 227 I Nr 1). Zur Belastg des ErbersatzAnspr selbst mit Beschränkgen u Beschwergen s 57. Aufl Rn 18. – § 2306 ist aber nicht anwendb auf die erbrechtl Nachfolge bei PersonenGes, da sonst die angeordnete Sondererbfolge (§ 1922 Rn 18) undurchführb wäre (Hamm OLGZ **91**, 388;
2 aA in Anm dazu Reimann FamRZ **92**, 117; s auch Marotzke EWiR **91**, 977). – Mit einem **halben unbeschränkten** od unbeschwerten Erbteil, der dem Pflichtt gleichkommt, muß sich der Berecht dagg regelmäßig zufriedengeben. Schlägt er diesen aus, hat er auch keinen PflichttAnspr, weil er dann dch eigene WillErkl u nicht dch Vfg des Erbl von der Erbfolge ausgeschlossen ist; ausgenommen ist der Eheg bei ZugewinnGemsch (§ 2303 Rn 4; 7).

3 **2) Hinterlassener Erbteil.** Ob er kleiner, gleich od größer als die Hälfte des ges Erbteils ist, wird dch Vergleich der halben ges Erbquote mit dem hinterlassenen quotenmäßigen Anteil am GesamtNachl festgestellt, wobei die Belastgen u Beschwergen des hinterlassenen Erbteils außer Betracht gelassen werden. Maßgebl sind die erbrechtl Verhältn im Zeitpkt des Erbfalls (SchlHOLG NJW **61**, 1929 mAv Lange). Abgestellt wird also sowohl beim hinterlassenen als auch bei dem zum Vergleich stehenden ges Erbteil stets auf die **Quote,** also die Bruchteilsgröße, u nicht auf den Wert des Hinterlassenen (sog Quotentheorie; BGH WM **68**, 543; BayObLG **68**, 112; Köln ZEV **97**, 298; Marotzke AcP **191**, 563; hM; Ausn s Rn 5). Besteht die Zuwendg aus EinzelGgständen od Geldbeträgen, liegt aber gleichwohl Erbeinsetzg vor (s § 2087 Rn 2), ist die Quote aus dem WertVerhältn zw Zuwendg u GesamtNachl zu ermitteln (§ 2087 Rn 2). Ein zusätzl zum
4 Erbteil zugewendetes Vermächtn ist hinzuzurechnen (§ 2307 Rn 4). – Beim **Ehegatten,** der mit dem Erbl in ZugewinnGemsch lebte, ist die halbe ges Erbquote des überlebenden Ehegatten nach dem um ¹/₄ erhöhten Erbteil (§ 1371 I) zu bestimmen (s § 2303 Rn 8). Für Eltern u Abkömml kommt es darauf an, ob der Ehegatte sich für die erb- od die güterrechtl Lösg entscheidet: Nur wenn der Ehegatte ausschlägt, wird der
5 nicht erhöhte Erbteil zugrunde gelegt, so daß sich der Pflichtt der and Berecht erhöht. – Ein **Wertvergleich** statt des Quotenvergleichs ist allerd dann vorzunehmen, wenn bei Berechng des Pflichtt Anrechngs- u AusgleichgsPfl (§§ 2315, 2316) zu berücksichtigen sind. Entspricht näml im Einzelfall der konkrete Pflichtt (den § 2306 nur schützt) gar nicht dem Wert des halben ges Erbteils, weil Vorempfänge anzurechnen sind, wäre es nicht gerechtfertigt, dem PflichttBerecht einen zugewendeten beschwerten halben Erbteil lastenfrei zukommen zu lassen. Deshalb ist hier zu vergleichen, ob der rechnerische Betrag des konkreten Pflichtt (unter Berücksichtigg der Ausgl- u AnrechngsPfl) hinter dem Rohwert des hinterlassenen Erbteils (dh ohne Abzug der Beschränkgen u Beschwergen) zurückbleibt od nicht (sog Werttheorie; RG **113**, 48; BayObLG **59**, 80; **68**, 112; aA Stgt NJW **59**, 1735). Staud/Haas Rn 12 wendet Wertheorie nur an, wenn Erbteil kleiner als die Hälfte ist; für allg Anwendg der Werttheorie dagg Klingelhöffer ZEV **97**, 299.

6 **a) Die Beschränkungen (I 1; II)** sind abschließend aufgezählt. Dch die Berufg nur zum VorE (auch als befreiter) wird der PflichttBerecht immer beschränkt. – Gleiches gilt für die Anordng einer TVstrg wg der Verwaltgs- u VfgsBefugn des TV. – TeilgsAnordng beschränkt nur, wenn sie den PflichttBerecht benachteiligt, vor allem die Werte verschiebt (vgl § 2289 Rn 5); nicht aber, wenn sie ihn begünstigt (zB ÜbernahmeR) od gar nicht berührt (MüKo/Frank Rn 9). Liegt in der Zuwendg bestimmter Ggstände in Wirklichk Erbeinsetzg (§ 2087 II), entfällt die mitenthaltene Teilgsanordng bei kleinerem Erbteil über **I** 1 nicht vollständ, sond bleibt insoweit bestehen, als sie die Erbquote bestimmt (BGH FamRZ **90**, 396; RG LZ **32**, 1050; str). – Die
7 Einsetzg des PflichttBerecht als **Nacherben** wird dch **II** der Erbeinsetzg unter einer Beschränkg gleichgesetzt, weil der Bedachte den ihm zugedachten Erbteil nicht sogleich, sond erst nach dem VorE erhalten soll (s dazu Rn 15). – Als **Beschwerungen** kommen nur Vermächtn u Auflage in Betr (**I** 1).

8 **b) Andere Anordnungen** als die in § 2306 erschöpfend aufgezählten muß der als Erbe berufene PflichttBerecht hinnehmen wie zB: Die Einsetzg nur als ErsatzE od bedingter NachE. Hier kann der Berecht den vollen Pflichtt verlangen (§ 2303 Rn 5), den er bei Eintritt der Ersatz- od NErbfolge erforderlichenf sich anrechnen lassen muß (BayObLG **66**, 230), ohne daß er zuvor die Erbsch ausschlagen mußte (Hamm NJW-RR **96**, 1414). – Die Einsetzg als SchlußE nach § 2269, da dem SchlußE beim ersten Erbfall nichts zugewendet ist. – Familienrechtl Anordngen (zB nach § 1638 I; § 1418 II Nr 2; dazu Wendelstein BWNotZ **74**, 10). – Beschränkgen nach §§ 2333ff od in guter Absicht (2338) sowie solche Beschränkgen, die schon vor dem Erbfall od durch Ausschlagg des Bedachten weggefallen sind (§§ 1953 I, 2180 III, vgl aber § 2308).

9 **3) Gleicher oder kleinerer Erbteil (I 1).** Ist der dem PflichttBerecht zugewendete belastete Erbteil gleich oder kleiner als die Hälfte seines ges Erbteils, so daß dieser sich nur mit dem Pflichtt deckt od sogar hinter diesem zurückbleibt, werden kr G die darauf lastenden Beschränkgen u Beschwergen (Rn 6; 7) gestrichen. Sie entfallen dann also hinsichtl dieses Erbteils (nicht aber insgesamt) von selbst, gelten insow als „nicht angeordnet“. Die PflichttLast wird dann von demjenigen getragen, zu dessen Gunsten die Beschwergen
10 angeordnet waren (Staud/Haas Rn 36). – Ob der Erbl den PflichttBerecht vor die **Wahl** stellen kann, entw den belasteten Erbteil anzunehmen od ihn auszuschlagen u den Pflichtt zu verlangen (cautela Sozini), ist im Schriftt streitig (s MüKo/Frank Rn 12 mN). BGH hat dazu entschieden, daß Beschränkg vorliegt, die krG unwirks ist. Er erachtet im Bereich des **I** 1 alle Verwirkungsklauseln, dch die der Erbl seine Angehör zur Beachtg seines letzten Willens anhalten will, od Strafklauseln, mittels derer er die Beteiligg der PflichttBerecht unter das pflichttrechtl gebotene Mindestmaß kürzen will, für unwirks (BGH **120**, 96 mAv Hohloch **LM** H 3/93 § 2306 Nr 11; Schubert JR **93**, 368; dagg Kanzleiter DNotZ **93**, 780). – Bei ZugewinnGemeinsch steht hier dem Eheg kein AusglAnspr zu, da er Erbe ist (§ 1371 II). – Eine Ausn ergibt sich aus § 2311 I 2. Erfüllt der PflichttBerecht das ihn belastende Vermächtn, gilt § 812 I 1, ggf § 814. – Die Unwirksk einer angeordneten TVstrg ist vom NachlG vAw zu beachten (vgl Haegele BWNotZ **74**, 109/110). – Bei geringerem Erbteil hat der pflichttberecht MitE daneben noch den **Restanspruch** bezügl des Wertes der zur Hälfte
11 fehlenden Differenz (§ 2305), so daß er damit stets seinen vollen Pflichtt erhält. – Bei **Ausschlagung** eines zu geringen Erbteils erwirbt der PflichttBerecht nur diesen RestAnspr (BGH NJW **58**, 1964), da er iü nicht dch Vfg des Erbl von der Erbfolge ausgeschlossen ist, sond dch eigenen Entschluß. Schlägt er einen dem Pflichtt gleichen Erbteil aus, steht ihm erst recht kein PflichttAnspr zu (s Rn 2); ein darüb hinaus zugewandtes Vermächtn kann er allerd ausschlagen, um einen befreiten Erbteil zu erhalten (BGH NJW **81**, 1837). Ob die

Beschränkg od Beschwerg sich letztl auch zum Nachteil des PflichttBer auswirken würde, ist nicht zu prüfen (BGH aaO). Bei ZugewinnGemeinsch erhält der ausschlagende Ehegatte neben dem güterrechtl Ausgleichs-Anspr auch den kleinen Pflichtt ohne WahlR (§ 2303 Rn 7). – Bei Ausschlagg sind die Beschränkgen u Beschwergen wirks zu Lasten desj, der an die Stelle des Ausschlagenden tritt. Zur Ausschlagg unter Vorbehalt des Pflichtt s § 1950 Rn 1, aber auch Hamm OLGZ **82**, 41 (unwirks TeilAusschlagg, § 1950).

4) Größerer Erbteil (I 2). Ist der dem PflichttBerecht zugewendete belastete Erbteil größer als die Hälfte seines ges Erbteils, hat er kr G ein WahlR: Er kann entw den höheren Erbteil samt Beschränkgen u Beschwergen (Rn 6; 7) annnehmen od die Erbsch ausschlagen u den vollen Pflichtt verlangen. Welche Wahl er trifft, hängt davon ab, wie hoch der Erbe die Beschränkgen u Belastgen wirtschaftl bewertet (Maßfeller DB **57**, 624; DNotZ **74**, 597 f). Eine wirtschaftl nachteil Annahme ist ggf anfechtb (§ 1954), zB wenn Vermächtn Nachl so belastet, daß Pflichtt des Erben gefährdet wird (BGH **106**, 359). Größer ist der Erbteil auch dann, wenn er zwar genau dem Pflichtt entspricht, der Erbe aber zusätzl noch ein Vermächtn angenommen hat (Neust NJW **57**, 1523). Im Falle der ZugewinnGemeinsch muß der dem Ehegatten hinterlassene Erbteil größer als der Wert der Hälfte des nach § 1371 I um 1/4 erhöhten gesetzl Erbteils sein. Bei Ausschlagg steht dem Eheg der kleine Pflichtt sowie Anspr auf ZugewinnAusgl zu ohne WahlR zum großem Pflichtt (vgl § 2303 Rn 7). 12

a) Ausschlagungsfrist. Ihr Beginn hängt hier neben den allg Voraussetzgen des § 1944 davon ab, daß der PflichttBerecht von den Beschränkgen u Beschwergen Kenntn erlangt hat (**I** 2), sofern diese auch wirkl bestehen u vom Erben nicht nur irrig angenommen werden (BGH **112**, 229). Die Kenntn eines belastenden Test reicht also nicht aus, um die Ausschlaggsfrist in Lauf zu setzen, solange der Betroffene das Test für unwirks hält (BGH **LM** Nr 4). Ferner muß der PflichttBerecht davon Kenntn haben, ob der hinterlassene Erbteil die Hälfte des gesetzl Erbteils übersteigt, da nur dann eine Ausschlagg in Frage kommt. Dies gilt auch, wenn der überlebende Eheg bei ZugewinnGemeinsch mit mehr als 1/4 (bei vorhandenen Abkömml) unter Auferlegg von Beschrkgen od Beschwerg bedacht ist (Staud/Haas Rn 60). Ist der PflichttBerecht als Erbe auf eine Summe od auf einzelne Ggstände eingesetzt (§ 2087 Rn 2), beginnt die Frist erst, wenn er das Wertverhältn dieser Zuwendgen zum ganzen Nachl überblicken kann. Im übrigen ist grdsätzl die Erbquote, nicht der Wert des Hinterlassenen maßgebend. Eine Ausn besteht aber dann, wenn eine Anrechngs- od AusgleichgsPfl (§§ 2315, 2316) od beide in Frage kommen (s Rn 5). Hier beginnt die Frist erst dann, wenn der PflichttErbe weiß, ob sein Erbteil den ihm bei Berücksichtigg der gesetzl AnrechngsPfl zukommenden PflichttBetr übersteigt od nicht (RG **93**, 3, **113**, 45; BayObLG **59**, 77; aM Natter JZ **55**, 138, auch Stgt NJW **59**, 1735). Ist aber ungewiß, ob überh eine AnrechngsPfl bestimmt ist, so soll nach BayObLG (aaO) der Fristbeginn dadurch nicht hinausgeschoben werden; dies dürfte nur dann zutreffen, wenn (wie im Fall von BayObLG) der hinterlassene Erbteil in jedem Fall den Pflichtt übersteigt; denn solange der PflichttBerecht nicht weiß, ob eine Anrechngsbestimmg getroffen ist, weiß er auch nicht, wie sich sein Pflichtt stellt. 13

b) Rechtsfolge der Ausschlagg ist, daß der Nächstberufene (§§ 2161, 2192) die PflichttFdg erfüllen u die Lasten (ggf gekürzt nach § 2322) tragen muß, wenn er nicht ebenf ausschlägt od der Berechtigte sich mit den VermächtnNehmern vergleicht. – Anfechtg der Ausschlagg u der Annahme vgl § 2308. 14

5) Nacherbfolge (II). Ist der PflichttBerecht nur als NachE eingesetzt u übersteigt die Quote des ihm hinterlassenen NErbteils nicht die Hälfte des ges Erbteils, gilt die NErbfolge als nicht angeordnet. Er wird daher im Umfang seiner Erbeinsetzg sofort VollE. Ggf hat er noch den RestAnspr gem § 2305 (s auch Lange NJW **61**, 1929; Staudenmaier BWNotZ **66**, 279). Eine Ausschlagg dieses NErbteils verschafft ihm keinen PflichttAnspr, es sei denn, daß es sich um den überlebenden Ehegatten einer ZugewinnGemeinsch handelt u dieser auch noch die VollErbsch ausschlägt. Die weggefallene NErbfolge wird als ges Rechtsfolge nicht in einem zu erteilenden Erschein vermerkt. War er bereits erteilt u die NErbfolge vermerkt, wird er bei nachträgl Eintreten der Voraussetzg des **I** 1 unrichtig (SchlHOLG NJW **61**, 1929); vgl auch § 2069 Rn 6; BayObLG **62**, 239. – Ist dagg der NErbteil **größer** als der halbe ges Erbteil, kann der als NachE eingesetzte PflichttBerecht nach seiner Wahl entw die Nacherbsch annehmen od ausschlagen u den Pflichtt fordern (BayObLG **66**, 232). Vor Ausschlagg ist er nicht pflichtteilsberecht (LG Bln Jur Büro **63**, 423). Die **Ausschlagungsfrist** beginnt für ihn nicht vor dem Eintritt der NErbfolge. Da aber unabhäng davon die VerjFrist des § 2332 I, III läuft (SchlHOLG NJW **61**, 1930), wird er gut daran tun, schon vorher (§ 2142) auszuschlagen (RGRK Rn 31). Über die Unterbrechg der Verj bei Vor- u NachErbsch vgl Donau MDR **58**, 735; Anerkenng des PflichttAnspr dch Vorerben u die damit herbeigeführte Unterbrechg der Verjährg wirkt auch gg den NachE (BGH NJW **73**, 1690; aM Donau aaO). In dem Verlangen des Pflichtt kann eine Ausschlagg der Erbsch (§ 2142) nicht erblickt werden. Kommt es ohne Ausschlagg gleichwohl schon zur Auszahlg des Pflichtt, muß sich der NE bei Eintritt des NErbfalls den rechtsgrundlosen Vorausempfang samt Nutzgen auf den Erbteil anrechnen lassen (Soergel/Dieckmann Rn 11; MüKo/Frank Rn 6). Ein NEVermerk (GBO 51) wird in diesem Fall vor Eintritt des NErbfalles nicht gegenstandslos (BayObLG **73**, 272/275). Vgl auch § 2269 Rn 12. – Bei Überleitg des PflichttAnspr auf den Träger der **Sozialhilfe** nach BSHG 90 geht nicht auch das AusschlaggsR mit über, weil dieses im PflichttR u nicht im -Anspr gründet (Kuchinke FamRZ **92**, 363; Nieder NJW **94**, 1265 mN; hM; aA van de Loo RhNK **89**, 249). 15 16

2307 *Zuwendung eines Vermächtnisses.* **I Ist ein Pflichtteilsberechtigter mit einem Vermächtnisse bedacht, so kann er den Pflichtteil verlangen, wenn er das Vermächtnis ausschlägt. Schlägt er nicht aus, so steht ihm ein Recht auf den Pflichtteil nicht zu, soweit der Wert des Vermächtnisses reicht; bei der Berechnung des Wertes bleiben Beschränkungen und Beschwerungen der im § 2306 bezeichneten Art außer Betracht.**

II Der mit dem Vermächtnisse beschwerte Erbe kann den Pflichtteilsberechtigten unter Bestimmung einer angemessenen Frist zur Erklärung über die Annahme des Vermächtnisses auffordern. Mit dem Ablaufe der Frist gilt das Vermächtnis als ausgeschlagen, wenn nicht vorher die Annahme erklärt wird.

1 **1) Vermächtnis statt Erbteil (I).** Ist der nicht als Erbe berufene PflichtBerecht mit Vermächtn bedacht, muß er dieses ausschlagen (**I** 1; § 2180), um den vollen Pflichtt verlangen zu können, andernf ihm der Anspr insow nicht zusteht, wie der Wert des Verm reicht (**I** 2; Rn 3). Gleiches gilt in Erbfällen vor dem 1. 4. 98 für ErbersatzBerecht (§ 1934 a), sofern er statt seines ErsatzAnspr nur Vermächtn zugewendet erhielt (§ 1934 b II 1; EG 227 I Nr 2). Mit der Ausschlagg entsteht der PflichttAnspr. Ein Ehegatte hat dann bei ZugewinnGemsch neben dem kleinen Pflichtt noch Anspr auf ZugewinnAusgl, aber kein WahlR zum großen Pflichtt (§ 2303 Rn 7). Zur PflichttLast s § 2331; zur Verjährg § 2332. – Ein AuskunftsAnspr ist nicht davon abhängig, ob das Verm ausgeschlagen wird od den Wert des Pflichtt übersteigt (§ 2314 Rn 1). – Für Auflagen gilt § 2307 nicht.

2 **2) Bei Annahme (I 2)** des Verm hat der Bedachte nur noch Anspr auf etwaigen RestPflichtt (§ 2305), soweit der Wert des Verm hinter seinem Pflichtt zurückbleibt; bei ZugewinnGemsch ist der Wertunterschied zum großen Pflichtt maßgebl, da sich der Pflichtt des Ehegatten u der and Berecht nach dem erhöhten EhegErbteil bestimmen (daneben besteht dann kein Anspr auf ZugewinnAusgl, da kein Fall des § 1371 II vorliegt). – Ist das Verm **beschränkt** od beschwert iS von § 2306, werden bei der Wertermittlg des Verm die darauf beruhden Belastgen nicht wertmindernd berücksichtigt (**I** 2). Der belastete VermNehmer ist damit
3 dem pflichttberecht Erben gleichgestellt. – Ist das Verm nur unter aufschiebder **Bedingung** zugewendet, wird diese von der hM wie eine Beschränkg behandelt (zB Oldbg NJW **91**, 988) u es damit ohne Rücks auf den ungewissen Eintritt der Bedingg mit seinem vollen Wert angerechnet. Richtiger erscheint es, den VermNehmer wie den vergleichbaren bedingten NachE zu behandeln (s § 2306 Rn 8) u ihn den vollen Pflichtt ohne Ausschlagg des Vermächtn mit der Maßgabe fordern zu lassen, daß das Vermächtn bei Eintritt der Bedingg angerechnet wird (MüKo/Frank Rn 6; Schlitt NJW **92**, 28). Bestehen bleibt auch die etwaige Anordng eines Nachvermächtn (§ 2191). – Im NachlInsolvenzVerf steht das Verm im Rang dem Pflichtt insow gleich, als es diesen nicht übersteigt (InsO 327 II). – Nachträgl Verschlechterg der WirtschLage des Beschwerten berecht diesen nicht zur Kürzg, gewährt ihm aber uU einen StundgsAnspr (RG AkZ **38**, 277 mAv Boehmer).

4 **3) Vermächtnis neben Erbteil.** Ist der PflichttBerecht Erbe u zusätzl VermNehmer, ist für einen RestAnspr (§ 2205) das angenommene VorausVerm zum Erbteil hinzuzurechnen. Entspricht der Erbteil von vornherein dem halben ges Erbteil, steht er dadch dem Erben gleich, dem der Erbl mehr als den Pflichtt zugewendet hat (Neustadt NJW **57**, 1523; Düss FamRZ **96**, 444). Beschränkgen od Beschwergen des Erbteils (§ 2306) fallen dann nicht weg. Um vollen PflichttAnspr zu gewinnen, muß er Verm (**I** 1) u Erbsch (§ 2306 I 2) ausschlagen (BGH **80**, 263); schlägt er nur Erbsch aus, muß er sich Verm anrechnen lassen; schlägt er nur Verm aus, verliert er dieses ersatzlos. – Ist der belastete Erbteil kleiner, unter Hinzurechng des Verm aber wertmäß **größer,** fallen die Beschränkgen gem § 2306 I 1 nur bei Ausschlagg des Verm weg; wird nur der Erbteil ausgeschlagen (§ 2306 I 2), ist Verm auf den Pflichtt anzurechnen (**I** 2). – Sind Erbteil u Verm zusammen **kleiner** als der halbe ges Erbteil, fallen Belastgen weg (§ 2306 I 1); zusätzl besteht RestAnspr (§ 2305). Will er vollen Pflichtt geltd machen, muß er zuerst Erbteil u später Verm ausschlagen; die
5 umgekehrte Reihenfolge führt zum Verlust des Pflichtt. – **Der Ehegatte** muß bei ZugewinnGemsch Erbsch u Vermächtn ausschlagen, wenn er den kleinen Pflichtt u daneben ZugewinnAusgl verlangen will. Nimmt er beides an, so hat er einen RestAnspr nur, wenn der hinterlassene Erbteil geringer ist als der große Pflichtt u auch der Wert des Verm hinzugezählt nicht ausreicht (§§ 2305 mit 2307 I). Schlägt er nur die Erbsch aus, kann er Ergänzg des Verm; schlägt er nur das Verm aus, Ergänzg des Erbteils jeweils auf den Wert des großen Pflichtt verlangen. Über weitere Fragen s BGH FamRZ **76**, 334 u § 2304 Rn 4–6.

6 **4) Die Fristsetzung (II)** ist dem beschwerten Erben gewährt (nicht dem beschwerten VermNehmer od nichtbeschwerten Erben), da für Annahme od Ausschlagg von Vermächtn ges Fristen nicht bestehen u der Erbe Klarheit haben muß, ob er Verm od Pflichtt zu entrichten hat. Sind mehrere MitE mit demselben Verm beschwert, können sie das FristsetzgsR nur gemeinsam ausüben (Mü FamRZ **87**, 752).

2308 *Anfechtung der Ausschlagung.* **I Hat ein Pflichtteilsberechtigter, der als Erbe oder als Vermächtnisnehmer in der im § 2306 bezeichneten Art beschränkt oder beschwert ist, die Erbschaft oder das Vermächtnis ausgeschlagen, so kann er die Ausschlagung anfechten, wenn die Beschränkung oder die Beschwerung zur Zeit der Ausschlagung weggefallen und der Wegfall ihm nicht bekannt war.**

II Auf die Anfechtung der Ausschlagung eines Vermächtnisses finden die für die Anfechtung der Ausschlagung einer Erbschaft geltenden Vorschriften entsprechende Anwendung. Die Anfechtung erfolgt durch Erklärung gegenüber dem Beschwerten.

1 **1) Anfechtungsgrund** bei Anfechtg der Ausschlagg der Erbsch od des Vermächtn ist hier auch der Motivirrtum, damit der Berecht durch die Anfechtg (§ 1957) möglicherw mehr erhalten kann als den Pflichtt u weil er sonst nicht einmal den Pflichtt bekäme, da § 2306 I 2 für nicht beschwerte Erbteile nicht gilt. Hat PflichttBerecht die Beschränkg (Beschwerg) nach Ausschlagg dch TestAnfechtg rückwirkd (§ 142) selbst beseitigt, kann Ausschlagg anfechtb sein (BGH **112**, 229). Hamm (OLGZ **82**, 41) läßt Anfechtg wg beachtl RIrrtums zu, wenn der Berecht zur Erlangg eines unbelasteten Pflichtt den Erbteil vom Standpkt des § 2306 I aus zu Unrecht ausgeschlagen hat. – Anfechtg der in Unkenntn von Beschränkgen erfolgten **Annahme** ist zuläss, damit sich der Berechtigte wenigstens den Pflichtt ganz sichern kann, richtet sich aber nach § 119 (BayObLG NJW-RR **95**, 904; Kraiß BWNotZ **92**, 31; str); s dazu § 1954 Rn 2–4. – § 2308 gilt in Erbfällen vor dem 1. 4. 98 (EG 227 I Nr 1) auch für den PflichttBerecht, der bei ges Erbfolge auf einen ErbersatzAnspr (§ 1334 a) zurückgesetzt war u als ErbersatzBerecht, eingesetzter Erbe od VermNehmer beschränkt od beschwert wurde.

2 **2) Form** u Frist der Anfechtg bestimmen §§ 1954; 1955. Keiner Form bedarf allerd Anfechtg der VermächtnAusschlagg, da hier der Beschwerte an die Stelle des NachlG tritt (**II;** §§ 1955; 1957 II). – **Wirkung:**

Anfechtg gilt als Annahme des Erbteils (§ 1957 I). Genehmigg des VormschG ist nicht erforderl, da kein rechtsgeschäftl Verzicht auf Pflichtt erfolgt.

2309 ***Pflichtteilsrecht der Eltern und entfernteren Abkömmlinge.*** **Entferntere Abkömmlinge und die Eltern des Erblassers sind insoweit nicht pflichtteilsberechtigt, als ein Abkömmling, der sie im Falle der gesetzlichen Erbfolge ausschließen würde, den Pflichtteil verlangen kann oder das ihm Hinterlassene annimmt.**

1) Normzweck ist, eine Vervielfältigg der PflichttLast zu verhindern u allen PflichttBerecht zusammen höchstens die Hälfte dessen zukommen zu lassen, was ihnen bei ges Erbfolge zufiele. Dazu schränkt § 2309 bei entfernteren Abkömml od den Eltern eine an sich gegebene PflichttBerechtigg wieder ein: Steht diesen nach §§ 2303 ff ein eigenes PflichttR zu, wird es dch § 2309 gleichwohl ausgeschlossen, wenn ein näher Berecht vorhanden ist, der selbst seinen Pflichtt verlangen kann od eine seinen Pflichtt deckende Zuwendg annimmt (s Rn 5). § 2309 begründet dagg nie ein PflichttR, dessen allg Voraussetzgen nicht vorliegen (eingehd Bestelmeyer FamRZ **97**, 1124). 1

2) Voraussetzungen der Anwendg von § 2309 sind: – **a) Eigene Erbberechtigung** des entfernteren Abkömml od des Elternteil im Falle ges Erbfolge. Lebt beim Erbfall ein näher Berecht, ist dies nur mögl, wenn dieser enterbt wurde, ausgeschlagen (§§ 1942; 1957) od verzichtet (§ 2346) hat od für erbunwürdig erklärt (§ 2344) wurde. – **b) Eigene Pflichtteilsberechtigung** des entfernteren Berecht. Dies ist der Fall, wenn er enterbt ist (§ 2303), ihm ein zu geringer Erbteil od ein zu geringes Vermächtn zugewendet wurde (§§ 2305; 2307 I S 2) od er einen beschränkten od beschwerten größeren Erbteil od das Vermächtn ausgeschlagen hat (§ 2306 I S 2, § 2307 I S 1). Ein vor dem 1. 4. 98 rwirks zustande gekommener vorzeit Erbausgleich (EG 227 I Nr 2; § 1934 a aF) beseitigt in Erbfällen seit dem 1. 7. 70 die PflichttBerechtigg sowohl des nichtehel Kindes als auch des Vaters od entfernterer Abkömml. Bei Annahme als Kind (§ 1924 Rn 14 ff) gilt § 2309 auch für das Verhältn der Adoptiveltern bzw entfernterer Verwandter zum angenommenen Kind. 2 3

3) Die Wirkung des § 2309 auf den einem entfernteren Berecht an sich zustehden Pflichtt tritt in 2 Fällen ein: – **a)** Wenn ein näher Berechtigter selbst den Pflichtt verlangen kann. Vgl dazu Rn 3. Ist er rechtl dazu nicht in der Lage, weil ihm sein Pflichtt wirks entzogen wurde (§ 2333), greift § 2309 nicht ein; auch nicht, wenn er den Pflichtt unberechtigt forderte u gleichwohl erhielt (RG **93**, 195). – **b)** Wenn der näher Berecht zwar den Pflichtt nicht verlangen kann, aber eine den Pflichtt deckende letztw **Zuwendung** angenommen hat; diese kann nach dem Zweck der Vorschr (Rn 1) sogar eine lebzeit sein, zB Abfindg für Erb- u PflichttVerzicht (Celle NJW **99**, 1874; aA Pentz NJW **99**, 1835; zweifld Mayer ZEV **98**, 433). Dann soll zur Zuwendg nicht auch noch der Pflichtt entfernterer Berecht hinzutreten. Bei kleineren Zuwendgen ist deren Pflichtt allerd nur „insoweit", dh in Höhe des Werts des Hinterlassenen abzügl Belastgen, beseitigt. Sie sind daher pflichtteilsberecht in Höhe des Unterschieds zw dem Wert des Pflichtt u des Hinterlassenen. Wegen der AnrechngsPfl vgl § 2315. 4 5

2310 ***Feststellung des Erbteils.*** **Bei der Feststellung des für die Berechnung des Pflichtteils maßgebenden Erbteils werden diejenigen mitgezählt, welche durch letztwillige Verfügung von der Erbfolge ausgeschlossen sind oder die Erbschaft ausgeschlagen haben oder für erbunwürdig erklärt sind. Wer durch Erbverzicht von der gesetzlichen Erbfolge ausgeschlossen ist, wird nicht mitgezählt.**

1) Erbteilsbestimmung (S 1). Der für den Pflichtt maßgebl Erbteil (§ 2303 I 2) wird für jed Berecht gesondert bestimmt, u zwar abstrakt: Mitgezählt werden alle Personen, die zum Zeitpkt des Erbfalls als gesetzl Erben (od ErbersatzBerecht) berufen waren, auch wenn sie konkret infolge Enterbg, Ausschlagg od ErbunwürdigErkl weggefallen sind (S 1). Ihr Wegfall soll nicht den Pflichtt vergrößern, kommt also dem Erben zugute. Der Erbl soll näml einerseits die Größe des Pflichtt nicht dch Enterbg von seinem Willen abhängig machen, anderers die Höhe der bestehenden Pflichtt für die NachlRegelg trotz Unvorhersehbark von Ausschlagg u Erbunwürdigk überschauen können. – Die Vorschr ändert aber für die Berechng nicht die Grdsätze der Verwandtenerbfolge. Wer den Erbfall nicht erlebt, wird ebensowenig mitgezählt wie ein Abkömml, dessen Verwandtsch zur leibl Familie infolge Annahme als Kind eines Dritten gem § 1755 erloschen ist. Auch bleibt es beim Grdsatz der §§ 1924 II, 1930, 1935, so daß der Weggefallene nicht mitgezählt wird, wenn es um den Pflichtt eines entfernteren Abkömml od um den der Eltern (§ 2309) geht. 1

2) Wegfall durch Erbverzicht (S 2) wirkt pflichtteilserhöhd, weil ein auf sein ges ErbR Verzichtender (§ 2346 I) nicht mitgezählt wird. Mit einem solchen ErbVerz ist näml idR die Zahlg einer den Nachl schmälernden Abfindg verbunden; allerd wollte der GesGeber aus Gründen der RSicherh die Regelg nicht davon abhängig machen. Erstreckt sich der Verzicht entgg § 2349 ausnahmsw nicht auf die Abkömml, werden diese entspr ihrem EintrittsR (§ 1924 III) mitgezählt. – Wie ein Erbverzicht zu behandeln ist auch ein vor dem 1. 4. 98 rwirks zustande gekommener **vorzeitiger Erbausgleich,** der Erb- u PflichttR des Kindes u seiner Abkömml nach dem Vater beseitigt wie auch umgekehrt (EG 227 I Nr 2; § 1934 e aF). – Außer Betr bleiben dagg der bloße **Pflichtteilsverzicht** (§ 2346 II) u der Verzicht unter Vorbehalt des Pflichtt (§ 2346 Rn 6; Soergel/Dieckmann Rn 11). 2

2311 ***Wert des Nachlasses.*** **I Der Berechnung des Pflichtteils wird der Bestand und der Wert des Nachlasses zur Zeit des Erbfalls zugrunde gelegt. Bei der Berechnung des Pflichtteils eines Abkömmlings und der Eltern des Erblassers bleibt der dem überlebenden Ehegatten gebührende Voraus außer Ansatz.**

[II] **Der Wert ist, soweit erforderlich, durch Schätzung zu ermitteln. Eine vom Erblasser getroffene Wertbestimmung ist nicht maßgebend.**

1 **1) Nachlaßbestand.** Er ergibt sich dch Vergleich der im Zeitpkt des Erbfalls vorhandenen Aktiva u Passiva. Zu dem zunächst festzustellenden **Aktivbestand** (dazu BGH WM **71**, 1338) gehören auch Surrogate, zB LAG-Anspr für vor dem Erbfall eingetretene Schäden, auch wenn sie erst in der Person des Erben entstanden sind (BGH FamRZ **77**, 128/129). Ebso Anspr auf Rückübertragg von Grdst od Entschädigg für Grdst in der fr DDR nach dem VermögensG (BGH **123**, 76 m krit Anm Dieckmann ZEV **94**, 198; s auch § 1922 Rn 50; Faßbender DNotZ **94**, 359; Casimir DtZ **93**, 362; de Leve DtZ **94**, 270); entstehen sie erst dem Erben, weil der Erbfall schon vor dem 29. 9. 90 eintrat, s § 2313 Rn 1; 2. Dagg nicht Lebensversicherungen (s § 1922 Rn 47); hatte Erbl sie allerd zur Sicherg an Kreditgeber abgetreten, fällt sie im Umfang
2 der gesicherten Schuld in Nachl (BGH NJW **96**, 2230). Dauernde Nutzgen sind zu kapitalisieren (RG **72**, 381). RVerhältn, die mit dem Erbfall infolge Vereinigg von Recht u Verbindlichk erlöschen, gelten als nicht erloschen (BGH DNotZ **78**, 487/489). Der Wert eines dem PflichttBerecht zugewendeten Vermächtn ist bei Berechng des Wertes des AktivNachl zu berücksichtigen (BGH WM **70**, 1520). – Schlägt der Erbe eine zum Nachl gehörde Erbsch nach einem früh Erbl aus, mindert sich damit der Nachl auch für den PflichttBerecht (s Brüstle BWNotZ **76**, 78).

3 **2) Verbindlichkeiten.** Der PflichttBerecht geht den and NachlGläub nach, da er Befriedigg erst aus dem schuldenfreien Nachl verlangen darf. Die ermittelte Summe des Aktivbestands ist daher um den Betrag der Passiva zu kürzen. Da auf den Erbfall abgestellt wird, ist es ohne Einfluß, wenn eine zweifelsfreie ErblSchuld (§ 2113) dem Erben nach dem Erbfall erlassen wird. Ist der Nachl im Zeitpkt des Erbfalls bereits überschuldet, entsteht überhaupt kein PflichttAnspr (Stgt NJW-RR **89**, 1283). Wird der Nachl erst nach dem Erbfall unzulängl, kann der Erbe Befriedigg des PflichttGläub gem §§ 1990; 1991 IV iVm InsO 327 verweigern (s § 1990 Rn 9ff; § 1991 Rn 5). Hat der Erbe in Unkenntn der UnzulänglichkEinrede erfüllt, kommt ein BereichergsAnspr in Betr (Stgt aaO; § 1991 Rn 5). Die Eintragg einer SichergsHyp für PflichttAnsprüche, deren endgült Höhe noch nicht feststeht, ist zulässig (LG Aachen Rpfleger **63**, 117).

4 **a) Abzusetzen** sind daher die **Erblasserschulden** wie zB: Anspr der Ehefr gg den Erbl aus gemschaftl WirtschFührg (Johannsen WM **73**, 541). – Anspr Dritter für Mitarbeit u Dienstleistgen im Betrieb des Erbl gem § 612 (dazu § 612 Rn 4–6). – GrdstLasten (auch HypGewinnabgabe, Johannsen WM **70**, 113; **79**, 635). – Sämtl Steuern (Besitz-, Verkehrs-, Realsteuern), soweit sie zu Lasten des Erbl (befristet od unbefristet) entstanden sind (Sudhoff NJW **63**, 421); über Berücksichtigg künftiger vom Erbl herrührder, aber erst in der Person des Erben entstandener Steuerschulden s Kröger BB **71**, 647; auch BGH NJW **72**, 1269. – Abzusetzen sind auch alle Verbindlk, deren RGrd **bereits beim Erbfall** bestand, zB Beerdiggs-, NachlSichergs-, Nachl-Verwaltgs-, Inventar-, NachlProzeßkosten; RAGebühren eines ErbSchVerf jedenf dann, wenn Bestreiten des
5 ErbR dch PflichttBer Anlaß für Inansprnahme des RA war (BGH MDR **80**, 831). – Ferner die **Zugewinnausgleichsforderung** des überlebden Eheg in den Fällen des § 1371 II, III, da sie eine NachlVerbindlichk begründet (BGH **37**, 64; § 1371 Rn 12–17; bestr; s auch Flik BWNotZ **78**, 117). – RückfdgsAnspr des
6 Trägers der **Sozialhilfe** nach BSHG 92 c (s § 1967 Rn 14). – Verbindlichkeiten, die auf **wiederkehrende Leistungen** gerichtet sind, mit ihrem Kapitalwert (RG **72**, 382; BGH **14**, 376: Anwendg versichergstechn Grdsätze bei Renten). – WertÄndergen nach dem Erbfall können nur insoweit in Rechng gestellt werden, als sie auch schon zZ des Erbfalls einen vorbestimmenden Einfluß hatten.

7 **b) Nicht abzusetzen** sind die im Range nachgehden (s §§ 1992; 1991 IV; InsO 327 I Nr 2, 3) Vermächtn, Auflagen, ErbersatzAnspr in Erbfällen vor dem 1. 4. 98 (EG 227 I Nr 1); Anspr aus dem Dreißigsten (§ 1969); ges Vermächtn an die Abkömml nach § 1371 IV. – Ferner nicht die Kosten einer TVstrg, es sei denn, daß diese auch für den PflichtBerecht von Vorteil ist (BGH **95**, 222). – Auch nicht die den Erben treffenden ErbschSteuern; od die Ertragssteuer (EStG 16), wenn Erbe zum Nachl gehörendes HandelsUntern aufgibt (BGH **LM** Nr 7).

8 **c) Der Voraus** des überlebden Eheg bei ges Erbfolge (§ 1932 I), bleibt bei der Berechng des Pflichtt von Abkömml od Eltern außer Ansatz (**I** 2), um den Zweck des § 1932 nicht zu vereiteln. Deren Pflichtt wird also aus dem übr Nachl berechnet, auch wenn der Voraus ausgeschlagen wird. Voraussetzg ist, daß dem Eheg der Voraus auch „gebührt“. Dies ist nicht der Fall, wenn die ges Voraussetzgen des § 1932 (dort Rn 2) nicht gegeben sind, zB er test Allein- od MitE ist (BGH **73**, 29; hM; aA MüKo/Frank Rn 28 mwN). Zu beachten ist auch, daß nur bei Eltern der volle Voraus abzuziehen ist, bei Abkömml dagg nur der zur angemessenen Haushaltsführg benötigte (§ 1932 I 2). – Der Pflichtt des Eheg selbst errechnet sich nach dem GesamtNachl ohne Abzug des Voraus.

9 **3) Wertermittlung.** Nach dem Stichtagsprinzip (**I** 1) wird die Höhe des PflichttAnspr dch den Bestand u den Wert des Nachl im Ztpkt des Erbfalls festgelegt. Nachträgl Wertsteigergen od -Mindergen müssen desh außer Betr bleiben (BGH **7**, 135; BWNotZ **61**, 232), zB die eines beim Erbfall in der fr DDR belegenen Grdst infolge der späteren staatl Vereinigg. Der PflichttBerecht ist wirtschaftl so zu stellen, als sei der Nachl beim Tod des Erbl in Geld umgesetzt worden. Daher ist auf den gemeinen Wert abzustellen, der dem Verkaufswert entspricht (BGH **14**, 376). – Eine bestimmte **Methode** der Wertberechng ist nicht vorgeschrieben (BGH NJW **72**, 1269). Jedoch verdient eine Bewertg, die sich an einen tatsächl Verkauf des zu bewertden NachlGgstands anlehnen kann, den Vorzug vor einer Schätzg (BGH NJW-RR **93**, 131). Wurde der Verkaufspreis alsbald nach dem Erbfall erzielt, hat sich die Bewertg folgl daran zu orientieren (BGH **14**, 376: Unternehmen; BGH NJW-RR **91**, 900: Grdbesitz). Bei zeitl Abstand ist das Ergebn je nach Entwicklg der Preise zu korrigieren (BGH NJW-RR **93**, 834). Blieben die Marktverhältn seit Erbfall im wesentl unverändert, hat selbst ein 5 Jahre nach Erbfall erzielter Erlös Aussagekraft (BGH NJW-RR **93**, 131). Andernf ist der Wert dch Schätzung zu bestimmen (**II** 1), ggf durch Sachverständige (dazu Johannsen WM **79**, 635). – Der Erbl kann den Wert nicht bestimmen (**II** 2; Ausn § 2312). Seine Wertbstimmung kann aber als TeilgsAnordng (§ 2048) Bedeutg haben, jedoch nur, soweit sie den PflichttAnspr nicht verkürzt (Staud/Haas Rn 56). Bei Berechtigg des Erbl zur PflichttEntziehg (§ 2333) kann er aber statt der Entziehg eine den PflichttBerechtigten

benachteiligende Bewertg des Aktivbestands bindend anordnen od Anrechngspflichten bestimmen, AusgleichsPflichten (§§ 2315, 2316) u PflichttErgänzgsAnspr mindern od ausschließen (§§ 2325 ff); dabei ist aber § 2336 zu beachten.

a) Grundstücke. Ihr Wert ist idR der Verkehrswert (gemeiner Wert); ein fiktiver wie der als Denkfigur gebildete sog innere Wert gilt nur für Ausnahmebedinggen wie Stopp-Preise etc (BGH **LM** Nr 4). Bei **unbebauten** Grdst wird er dch Vergleich ermittelt (direkt od indirekt mittels Bodenrichtwerte), da hier idR eine ausreichende Zahl vergleichbarer Kaufpreise zur Vfg steht; bei Verkauf nach Erbfall verdient der tatsächl erzielte Verkaufserlös den Vorzug (s Rn 9). Bei **bebauten** Grdst wird das SachwertVerf angewandt, wenn für potentielle Käufer Herstellgskosten vorrangig sind (eigengenutztes Einfamilienhaus od EigtWohng; Geschäftshaus; BGH NJW **70**, 2018; Köln MDR **63**, 411), dagg das ErtragswertVerf, wenn Renditeüberleggen im Vordergrd stehen (bei Miethaus, BGH aaO; Ffm FamRZ **80**, 576); in besond Fällen ist auch bei Renditehaus der Sachwert ergänzend zu berücksichtigen (BGH WM **61**, 700). Ein Mischwert wird vom BGH gg die Literatur, die ihn als zu schematisch ansieht, zugelassen (**LM** Nr 5; NJW-RR **86**, 226; abl Düss BB **88**, 1001: nur für Beleihgszwecke). Beim SachwertVerf werden der Bodenwert dch Preisvergleich, der Wert von Gebäude u Außenanlagen üb durchschnittl Herstellgskosten zum Stichtag (vermindert um Wertminderung dch Alter, Schäden usw) ermittelt u beide addiert. Beim ErtragswertVerf werden der Bodenwert ebso, der Wert von Gebäude u Außenanlagen dagg als Rentenbarwert ermittelt, wobei der jährl Reinertrag (verkürzt um Bodenwertverzinsg) mittels der Rentenformel kapitalisiert wird als Jahresbetrag einer Zeitrente üb die Restnutzgsdauer, und alle Werte addiert. – **Bauerwartungsland** ist ebenf mit dem Verkehrswert anzusetzen, wobei die darauf ruhende latente EinkSteuerlast jedenf dann zu berücksichtigen ist, wenn der Wert nur dch Verkauf realisiert werden kann (BGH **98**, 382). – **Sonderfälle:** Wert bei nur vorübergehender Preisänderg BGH NJW **65**, 1589; FamRZ **86**, 40. – Landwirtsch Grdst (hängt von der Eigng zur landw Nutzg ab, BGH DNotZ **90**, 49) Oldbg RdL **68**, 265; Steffen RdL **76**, 116; in Großstadtnähe Stgt NJW **67**, 2410; vgl iü § 2312 u § 1376 Rn 4. 10

b) Bargeld, Wertpapiere: Der Wert von Bargeld od unbestrittenen Außenständen liegt klar zutage u erfordert nie eine Schätzg. – Bei Wertpapieren mit Kurswert (Aktien; Pfandbriefe; Bundesobligationen usw) ist idR der mittlere Tageskurs zZ des Erbfalls maßgebl. Nur in besond Fällen, zB bei Aktienpaketen (Minoritätspaketen unter 25%) ist der innere Wert durch Gutachten zu ermitteln (Nirk NJW **62**, 2185); aA Veith NJW **63**, 1521, der grdsätzl (auch bei Aktien von FamilienGes) für den Börsenpreis zZ des Erbfalls ist u nur in seltenen AusnFällen aGrd § 242 eine Korrektur des Börsenpreises für zulässig hält. 11

c) Gesellschaftsanteile des Erbl sind grdsl mit ihrem vollen wirkl Wert zu bewerten (BGH NJW **82**, 2441; WM **86**, 234); übl ist dafür die Ertragswertmethode (BGH NJW **85**, 192; dazu Reimann DNotZ **92**, 473; ZEV **94**, 7; s auch BayObLG NJW-RR **96**, 1125); im Einzelfall kann allerd Substanzwertmethode anzuwenden sein (BGH DNotZ **92**, 526). – Kommt es dch den Tod des an einer PersonenGes beteiligten Erbl zur **Auflösung** u Liquidation der Ges, ist den PflichttAnspr die Beteiligg der Erben am Liquidationserlös zugrde zu legen. – Wird die Ges mangels Vererblichk des ErblAnteils nur unter den **übrigen Gesellschaftern** fortgesetzt, ist für die AbfindgsAnspr der Erben gg die Gter (u folgl auch für PflichttAnspr) grdsl der wirkl Wert der ErblBeteiligg unter Berücksichtigg der offenen u stillen Reserven anzusetzen. Sie müssen allerd nach überw Meing es hinnehmen, wenn die Gter im Rahmen ihrer VertrFreih vereinbart haben, für diese Fälle die Abfindg abweichd vom Verkehrswert zu berechnen od sie sogar ganz auszuschließen (s § 1922 Rn 15; Reimann DNotZ **92**, 487); dies ist dann auch für die PflichttAnspr maßgebl, weil nur der Buchwert od gar keine Abfindg in den Nachl fällt (vgl Eiselt NJW **81**, 2447 mit Fallgruppen). Den PflichttBerecht kann dann allenf Anfechtg nach AnfG 4; InsO 134 helfen. Für ausnahmsw Begründg eines AbfindgsAnspr in Sonderfällen nach ZumutbarkÜberleggen ist Reimann ZEV **94**, 7 unter Hinweis auf BGH NJW **93**, 3193. – Bei Nachfolge aller od eines **Erben** in ErblAnteile an PersonenGes (§ 1922 Rn 17) kommt es bei **Abfindungsklauseln** zum Konflikt zw ErbR u GesVertr hinsichtl der PflichttAnspr gg die Erben u bei qualifizierter NachfKlausel auch hinsichtl der AusglAnspr nicht beteiligter MitE gg den GterErben (§ 1922 Rn 17): Der Ansatz des Vollwerts bedeutet eine Härte für den Erben, weil er seinen Anteil zwecks Auszahlg des Pflicht selbst nur zum Buchwert realisieren kann; bei Ansatz des Buchwerts wird dagg der überschießde wirkl Wert dem PflichttBerecht entzogen. Der BGH hat zwar die inhaltl Grenzen für die Regelg des Abfindgsguthabens im GesVertr geklärt (s BGH NJW **92**, 892; **93**, 2101; Schulze-Osterloh JZ **93**, 45), aber üb die erbrechtl Relevanz von Buchwertklauseln bislang nicht entschieden. Zur Lösg des Konflikts werden in der Lit deshalb verschiedene Kompromißlösgen vorgeschlagen (s die Nachweise bei MüKo/Frank Rn 26 od Eiselt NJW **81**, 2447 sowie § 1376 Rn 7): Vollwert nur bei Fortsetzg der Beteilgg; nur bei Realisierbark od mit Übergang zum Buchwert bei Mittellosigk des Erben; nur als vorläufiger, auflösd od aufschiebd bedingter Wert, ggf mit Ausgleichg nach § 2313 I; als Zwischenwert. Richtig erscheint es, grdsl die PflichttBerechng nach dem Vollwert des GesAnteils vorzunehmen, wenn der Erbe in die Ges einrücken kann, da sonst der Mehrwert dem PflichttBerecht vorenthalten wird. Für diesen Fall ist Reimann (aaO 486) für ähnl Lösg wie bei ZugewinnAusgl. Siebert (NJW **60**, 1033) räumt dagg dem Erben ein LeistgsVerweigR ein, wenn zZ des Erbfalls nur der Buchwert realisiert werden kann; Zimmermann (BB **69**, 965) weist auf § 2331 a hin u erachtet eine darüber hinausgehde Anwendg des § 242 nicht für gerechtf; Heckelmann, Abfindgsklauseln in GesVertr (1973), 209 ff u ihm folgend MüKo/Frank Rn 26, Haegele BWNotZ **76**, 25, mit Einschränkg auch Soergel/Dieckmann Rn 30 sind für Anfechtg der Klausel nach InsO 134; AnfG 4 zur Realisierg des vollen Anteilswert, da AbfindgsVereinbg zus mit Kündigg nach Erbfall unentgeltl Vfg sei. – Für GmbH-Anteile ist wg GmbHG 15 (s § 1922 Rn 24) generell str, ob Klauselwerte überh erbrechtl Auswirkgen haben (s Reimann aaO 485 mN). 12 13 14

d) Bei einem Handelsgeschäft gehört dazu auch der innere Wert, good-will (RG **106**, 132; § 1376 Rn 6), der nicht etwa unter § 2313 II fällt (BGH NJW **73**, 509, wonach bei Fortführg eines Unternehmens grds nicht der Liquidationswert zu Grde gelegt werden kann; dazu Breidenbach DB **74**, 104). Die gleichen Grdsätze müssen auch für einen Handwerksbetrieb gelten (aM Nürnb FamRZ **66**, 512, das hier § 2313 II für anwendbar erachtet). 15

2312 *Landgut.* **[I] Hat der Erblasser angeordnet oder ist nach § 2049 anzunehmen, daß einer von mehreren Erben das Recht haben soll, ein zum Nachlasse gehörendes Landgut zu dem Ertragswerte zu übernehmen, so ist, wenn von dem Rechte Gebrauch gemacht wird, der Ertragswert auch für die Berechnung des Pflichtteils maßgebend. Hat der Erblasser einen anderen Übernahmepreis bestimmt, so ist dieser maßgebend, wenn er den Ertragswert erreicht und den Schätzungswert nicht übersteigt.**

[II] Hinterläßt der Erblasser nur einen Erben, so kann er anordnen, daß der Berechnung des Pflichtteils der Ertragswert oder ein nach Absatz 1 Satz 2 bestimmter Wert zugrunde gelegt werden soll.

[III] Diese Vorschriften finden nur Anwendung, wenn der Erbe, der das Landgut erwirbt, zu den im § 2303 bezeichneten pflichtteilsberechtigten Personen gehört.

1 **1) Eine Bewertungsregel** für das PflichttR enthält § 2312 bezügl eines Landguts des Erbl, wenn sein Abkömml, Ehegatte od Elternteil (**III;** § 2303) als MitE im Rahmen der Erbauseinandersetzg von einem ihm eingeräumten Recht zur Übernahme Gebrauch macht. Kann er dabei das Landgut zu einem günstigeren Wert als dem Verkehrswert (§ 2311) übernehmen (weil dies vom Erbl so angeordnet wurde od gem § 2049 anzunehmen ist), ist dieser günstigere Wert auch für die Berechng des Pflichtt sowohl des Übernehmers selbst als auch der übr Berecht maßgebl (**I** 1). Belanglos ist dafür, ob der Übernehmer im Einzelfall tatsächl einen PflichttAnspr hat (§ 2317) od dch Näherstehende ausgeschlossen wird (§ 2309). Die Vorschr ist nur anzuwenden, wenn die Erbfolge in den Hof nicht den Sonderregelgen eines AnerbenG unterliegt (s § 1922 Rn 9;
2 EG 64). – Als **Übernahmepreis** kann der Erbl den ggü dem Verkehrswert idR erhebl günstigeren Ertragswert (§ 2049 II) bestimmen, dessen Berechng dch Kapitalisierg des jährl Reinertrags mit einem idR nach LandesR (EG 137) festgesetzten Faktor erfolgt (s § 2049 Rn 3; 4), aber auch einen and günstigeren Wert, wobei ihm
3 dann aber Schranken nach oben u unten gesetzt sind (**I** 2). – Auch zugunsten eines pflichttberecht **Alleinerben** kann der Erbl anordnen, daß der PflichttBerechng ein anderer Wert des Landguts als der Verkehrswert zugrunde zu legen ist (**II**). Diese Anordng kann ggf stillschweigd erfolgt sein od sich dch ergänzde TestAuslegg ergeben (BGH **98**, 375; NJW **75**, 1831 ff). Eine unwirks PflichttEntziehg kann aber nicht ohne weiteres in
4 eine solche Anordng umgedeutet werden (Stgt NJW **67**, 2410). – **Keine** Anwendg findet § 2312, wenn der übernehmende Mit- od AlleinE nicht zum Kreis der PflichttBerecht gehört (**III**; s Becker AgrarR **75**, 57); od wenn das Landgut auf mehrere MitE zu Bruchteilen übergeht (BGH FamRZ **77**, 195). – Gehörte dem Erbl nur der **Bruchteil** eines Landguts, kann dieser bei Übernahme dch MitE iZw nicht zum Ertragwert angesetzt werden (BGH NJW **73**, 995).

5 **2) Bei lebzeitiger Übergabe** des Landguts dch den Erbl ist bei Geltdmachg von PflichttErgänzgsAnspr (§§ 2325 ff) gg den Übernehmer eine analoge Anwendg von § 2312 mögl (BGH Rpfleger **64**, 312 mAv Haegele; **LM** § 2325 Nr 5; Ulm BWNotZ **64**, 283), allerd nur, wenn seine Voraussetzgen zum Zeitpkt des Erbfalls gegeben sind (BGH NJW **95**, 1352), auch wenn der Übernehmer sie erst hergestellt hatte. Dagg reicht es nicht aus, wenn sie zwar bei Übergabe vorgelegen haben, aber nicht mehr beim Erbfall, zu dem die Belastg eintritt (BGH aaO). Dies gilt auch, wenn es sich um eine vorweggenommene Erbfolge (Einl 7 vor § 1922) handelte. – Zur entspr Anwendbark, wenn zum Nachl GütergemeinschAnteil an Landgut gehört, s Oldbg RdL **57**, 220; Haegele BWNotZ **73**, 34.

6 **3) Normzweck** dieser Privilegierg des selbst pflichttberecht Übernehmers ist das öff Interesse an der Erhaltg eines leistgsfäh landw Betriebs in der Hand einer vom Ges begünstigten Person (BGH **98**, 382). Seine Belastg wird nur zur Erhaltg der Wirtschaftlichk u LeistgsFähigk des Landguts vermindert, nicht aber auch zum Erhalt der bish Größe als solche (BGH FamRZ **92**, 172; **83**, 1220). Diese Begünstigg zu Lasten der weichden Erben u der and PflichttBerecht ist mit GG 3 I zu vereinbaren, solange im Einzelfall davon ausgegangen werden kann, daß der Gesetzeszweck auch erreicht wird (BGH **98**, 375; BVerfG **67**, 348 zu
7 § 1376 IV). **Nicht gerechtfertigt** ist die Ertragswertberechng daher, wenn das Landgut nicht als geschlossene Einh fortgeführt wird u nicht mehr lebensfäh ist; od wo ein Betrieb zwar noch bewirtschaftet wird, aber abzusehen ist, daß er binnen kurzem nicht mehr als solcher wird gehalten werden können (BGH FamRZ **92**, 172; s Rn 9). Ferner nicht hinsichtl solcher bes wertvoller Teile des Landguts, die sich aus diesem ohne Gefahr für seine dauernde Lebensfähigk beim Erbfall herauslösen lassen u daher mit ihrem Verkehrswert anzusetzen sind (BGH FamRZ **92**, 172; s auch Weber BWNotZ **92**, 14). Dies betrifft zB Grdstücke, die praktisch baureif sind (BGH **98**, 382); od für eine Auskiesg reife u benötigte Äcker, die unmittelb an ein Kieswerk angrenzen u für die eine Genehmigg zum Abbau bereits erteilt ist (BGH FamRZ **92**, 172). Zu landw genutzem Gelände in Großstadtnähe s Stgt NJW **67**, 2410, zu Bau- u Bauerwartgsland Müller-Feldhammer ZEV **95**, 161. Unerhebl ist, ob der Erbe solch wertvolle Grdst verkaufen will od nicht od damit noch zuwartet, da ihr dauernder Verbleib beim Hof schon wg der Wirtschaftlichk ihrer Veräußerg nicht gewährleistet erscheint (BGH aaO). – Das Ertragswertprinzip gilt nach seinem Zweck auch nur, wenn das Landgut im Alleineigentum einer natürl Person steht od zum Gesamtgut der GüterGemsch (auch der fortgesetzten) gehört (Becker AgrarR **75**, 57; Weber BWNotZ **92**, 14).

8 **4) Als Landgut** versteht die Rspr (Legaldefinition fehlt) eine Besitzg, die eine zum selbständigen u dauernden Betrieb der Landwirtsch geeignete u bestimmte WirtschEinh darstellt u mit den nötigen Wohn- u WirtschGebäuden versehen ist (BGH **98**, 375). Das BestimmgsR obliegt insoweit dem Eigentümer im Rahmen der Verkehrsauffassg (BGH aaO 382). Die Besitzg muß eine ausreichde Größe erreichen (die aber verhältnmäß klein sein kann, BGH NJW-RR **92**, 770) u für den Inhaber eine selbständ Nahrgsquelle darstellen, ohne daß eine sog Ackernahrg (vgl GrdstVG 14) vorliegen muß. Zur Landwirtsch zählt nicht nur Viehzucht u Ackerbau, sond auch Forstwirtsch, Gärtnerei sowie gewerbsmäß Gartenbau (Oldb FamRZ **92**, 726; s auch § 585 I 2; GrdstVG 1 II). – Der Betrieb kann auch nebenberufl geführt werden, wenn er nur zu
9 einem erhebl Teil zum LebensUnterh seines Inhabers beiträgt (BGH **98**, 375). – **Kein** Landgut iS von §§ 2312; 2049 ist also der reine Zuschußbetrieb (Stgt NJW-RR **86**, 822); od der Betrieb, der nicht mehr als

geschlossene Einh fortgeführt wird u nicht mehr lebensfäh ist od zwar noch bewirtschaftet, aber nicht als Landgut gehalten werden kann (BGH **98**, 382; s auch BGH FamRZ **89**, 1277). – Es kommt auf die Verhältn zZ des **Erbfalls** an (BGH NJW **95**, 1352). Zu diesem Zeitpkt muß der Betrieb aber nicht bewirtschaftet sein, 10
sofern nur die geeignete, dh den landwirtsch Betrieb auch in Zukunft ermöglichde Besitzg noch vorhanden ist u die begründete Erwartg besteht, daß der stillgelegte Betrieb dch den Eigentümer od einen Abkömml künft wieder aufgenommen wird (BGH NJW-RR **92**, 770). Ist also eine Fortführg des vorhandenen Betriebs in absehbarer Zeit mögl u auch beabsichtigt, steht es seiner Bewertg als Landgut nicht entgg, wenn seine Bewirtschaftg schon seit Jahren aufgegeben, das Inventar verkauft u die Ländereien verpachtet worden sind (BGH aaO); od wenn der übernehmde Erbe selbst den Betrieb weder wiederaufnehmen kann noch will (BGH aaO), aber zB der überlebde Ehegatte als Erbe das Anwesen einem pflichttberecht Abkömml als WirtschEinh erhalten möchte (BayObLG **88**, 385). Die künft Bewirtschaftg muß der auf den Pflichtt in Anspr genommene Erbe dartun u ggf beweisen (BGH NJW-RR **90**, 68).

2313 *Bedingte, ungewisse oder unsichere Rechte.* **I Bei der Feststellung des Wertes des Nachlasses bleiben Rechte und Verbindlichkeiten, die von einer aufschiebenden Bedingung abhängig sind, außer Ansatz. Rechte und Verbindlichkeiten, die von einer auflösenden Bedingung abhängig sind, kommen als unbedingte in Ansatz. Tritt die Bedingung ein, so hat die der veränderten Rechtslage entsprechende Ausgleichung zu erfolgen.**

II Für ungewisse oder unsichere Rechte sowie für zweifelhafte Verbindlichkeiten gilt das gleiche wie für Rechte und Verbindlichkeiten, die von einer aufschiebenden Bedingung abhängig sind. Der Erbe ist dem Pflichtteilsberechtigten gegenüber verpflichtet, für die Feststellung eines ungewissen und für die Verfolgung eines unsicheren Rechtes zu sorgen, soweit es einer ordnungsmäßigen Verwaltung entspricht.

1) Als erbrechtliche Sonderregelung, die bei Berechng des Zugewinns nicht entspr anwendb ist (BGH 1
87, 367), durchbricht die Vorschr das sonst geltende Stichtagsprinzip (s dazu §§ 2311 I; 1934 b I) hinsichtl der Feststellg des NachlBestands (aber nicht dessen Bewertg, s Rn 4): Ggstände, deren Zugehörigk zum Nachl ungewiß ist, bleiben unberücksichtigt. Erhalten sie nach Eintritt der Bedingg od der Gewißh einen wirtschaftl Wert, erfolgt nachträgl eine der veränderten RLage entspr Ausgleichg (**I** 3). Der PflichttBerecht soll damit vergleichb dem Erben behandelt werden, dem aufschiebd bedingte od zweifelh Rechte regelmäß erst zugute kommen, wenn die Bedingg eingetreten oder die Zweifelhaftigk behoben ist, während aufschiebd bedingte od zweifelh Verbindlichk ihn wirtschaftl erst belasten, wenn die Bedingg eintritt od die Zweifelhaftigk entfallen ist (BGH aaO).

a) Aufschiebend bedingte, ungewisse od **unsichere (I 1; II)** Rechte u Verbindlichk bleiben demnach 2
vorläuf außer Ansatz. Dies betrifft zB Leistgspflichten aus dem Lastenausgleich, soweit sie der Höhe nach noch nicht feststehen (BGH FamRZ **77**, 128). Auch Anspr nach dem VermögensG auf Rückübertragg von Grdst des Erbl in der fr DDR od ersatzw auf Entschädigg (§ 1922 Rn 50), die erst in der Person des Erben begründet wurden (BGH **123**, 76 m krit Anm Dieckmann ZEV **94**, 198; Koblz DtZ **93**, 253; Faßbender DNotZ **94**, 359; Wasmuth DNotZ **92**, 3/16; Dressler DtZ **93**, 229), sofern auf den Erbfall nicht ZGB zur Anwendg kommt (EG 235 § 1; dazu de Leve DtZ **94**, 270; LG Hbg NJW **98**, 2608). Od uU zum Nachl gehörige Nacherbrechte (RG **83**, 253), die sich ja meist nicht genau schätzen lassen. Ferner zweifelh Verbindlichkeiten, dh solche, die zZ des Erbfalls zweifelh waren u zZ der Geltdmachg des Pflichtt noch in voller Höhe zweifelh sind (BGH **3**, 394), zB vom Erben bestrittene, wenn auch schon rhäng NachlSchulden, wobei zweifelh bedeutet, ob sie rechtl bestehen od sie tatsächl verwirkl werden können (dazu Johannsen WM **70**, 113 f; BGH WM **77**, 1410). Soweit nicht mehr zweifelh, sind sie aufzunehmen. – Als unsicherer Wert kann aber nicht ein Handwerksbetrieb erachtet werden (aM Nürnb FamRZ **66**, 512). Gesellsch-Anteile an PersonenGes, deren Wert AbfindgsBeschränkgen bedrohen, sind ebenfalls nicht als unsichere Werte zu erachten (Soergel/Dieckmann Rn 7 mit § 2311 Rn 30).

b) Auflösend bedingte (I 2) Rechte u Verbindlichkeiten sind einstweilen ihrem ganzen Betrage nach zu 3
berücksichtigen. Bestand mit dem Erbl eine einheitl Geschäftsverbindg, bei der die beiderseitigen Fdgen u Verbindlichk ggseitig verrechnet wurden, und sind diese nur teilw sicher u unzweifelh, so muß das RVerhältn als Ganzes behandelt werden u die beiderseitigen Fdgen insow unberücksichtigt bleiben, als die sicheren sich mit etwaigen ungewissen decken (BGH **7**, 134). Bei Bedinggseintritt (rechtskräftiger Feststellg, FdgsEinziehg) hat entsprechende Ausgleichg zu erfolgen, je nachdem, ob sich der NachlWert vermehrt od vermindert. Sicherheitsleistg für den zukünftigen Fall kann von keiner Seite gefordert werden. – **Befristete** Anspr u Verpflichtgen sind nach § 2311 II; InsO 41 II, 46 zu schätzen (BGH FamRZ **79**, 787). – Über Berücksichtigg künft Steuerschulden s Kröger BB **71**, 647; BGH NJW **72**, 1269.

2) Ausgleichung (I 3) ist nachträgl vorzunehmen, wenn die Ungewißh weggefallen ist. Sie hat den 4
PflichttBerecht so zu stellen, wie wenn das ungewisse od zweifelh Recht schon im Zeitpkt des Erbfalls verläßl bestanden hätte (BGH NJW **93**, 2176). Ein enteignetes Grdst in der fr DDR wird also bei Rückübertragg auf den Erben gem VermögensG so behandelt, als ob es schon beim Erbfall nicht enteignet gewesen wäre (Mü DtZ **93**, 153; Celle AgrarR **93**, 118). Für die Bewertg ist § 2311 insow zu beachten, als Werterhöhgen od -mindergen nach dem Erbfall außer Betr bleiben (BGH aaO). Erhält also der Erbe das in der DDR enteignete Grdst des Erbl zurück, ist dessen Wert bei Wiedererlangg des Eigtums zu schätzen u auf den Erbfall unter Berücksichtigg des Kaufkraftschwunds (s § 2325 Rn 19) umzurechnen; erhält der Erbe statt dessen Entschädigg in Geld, kann der ausgezahlte Betrag der PflichttBerechng zugrde gelegt werden, falls bei dessen Bemessg der Kaufkraftschwund seit Erbfall schon berücksichtigt wurde, andernf Umrechng erforderl ist (BGH NJW **93**, 2176 mit abl Anm Dressler NJW **93**, 2519, der als maßgebl Stichtag Inkrafttr des VermG ansieht u Rückrechng auf Erbfall für verfehlt hält).

2314 *Auskunftspflicht des Erben.* **[I] Ist der Pflichtteilsberechtigte nicht Erbe, so hat ihm der Erbe auf Verlangen über den Bestand des Nachlasses Auskunft zu erteilen. Der Pflichtteilsberechtigte kann verlangen, daß er bei der Aufnahme des ihm nach § 260 vorzulegenden Verzeichnisses der Nachlaßgegenstände zugezogen und daß der Wert der Nachlaßgegenstände ermittelt wird. Er kann auch verlangen, daß das Verzeichnis durch die zuständige Behörde oder durch einen zuständigen Beamten oder Notar aufgenommen wird.**

[II] Die Kosten fallen dem Nachlasse zur Last.

1 1) **Der Auskunftsanspruch (I 1)** ist auf die Weitergabe von Wissen gerichtet, das der Verpflichtete hat od sich verschaffen muß (BGH **89**, 24). Er soll dem pflichttberecht **Nichterben** zur Durchsetzg seiner Rechte verhelfen, da es seine Sache ist, sich die notwend Kenntnisse über Bestand u Wert des Nachl auf dem Weg des § 2314 zu verschaffen. Voraussetzg ist nur das PflichttR, nicht auch ein PflichttAnspr, zu dessen Beurteilg die Auskunft erst dienen soll (BGH **28**, 177 mAv Mattern **LM** Nr 3; BGH NJW **81**, 2052). Steht allerd bereits fest, daß der Berecht einen PflichttAnspr nicht geltend machen kann, ist der AuskAnspr nicht gegeben (BGH **28**, 177; s auch Rn 5). Berechtigte PflichttEntziehg hindert das Entstehen des AuskAnspr (Hamm NJW **83**, 1067). – In Erbfällen vor dem 1. 4. 98 (EG 227 I Nr 1) gilt § 2314 entspr für den ErbersatzBerecht ggü dem Erben (§§ 1934 a; b II 1 aF; BGH FamRZ **77**, 388).

2 a) **Auskunftsberechtigt** ist nach dem Wortlaut jeder **Nichterbe** aus dem Personenkreis der §§ 2303, 2309, 2338 a. Dazu gehört der PflichttBerecht, der enterbt ist (§ 2303); od nach § 2306 I 2 ausschlägt; od nur mit einem Vermächtn bedacht ist (§ 2307) ohne Rücks auf dessen Höhe od Ausschlagg (BGH NJW **81**, 2051; Oldbg NJW-RR **93**, 782) od das Feststehen eines RestAnspr (§ 2305); bei ZugewinnGemsch der die Erbsch ausschlagde Eheg (§ 2306 Rn 2). Auskunftsberecht ist auch der neue Gläub bei Abtretg (§§ 2317; 398). Erweiternd wird dem nichterbenden PflichttBerecht auch gg den vom Erbl beschenkten Dritten ein AuskAnspr in entspr Anwendg von **I** 1 zugebilligt (BGH **55**, 378; **89**, 24/27), sofern ihm nicht schon der Erbe Ausk erteilt hat (BGH NJW **85**, 384). Allerdg sollte mit Rücks auf die Kosten (II) die Analogie nicht so weit gehen, daß er dann stets auch alle kostenträcht Rechte aus I 2 od I 3 soll beanspruchen können (Dieckmann NJW **88**, 1809). – Auf sein AuskR kann der Berecht verzichten, u zwar dem Erben ggü formlos,
3 dem Erbl ggü nur in der Form der §§ 2348, 2346 II. – **Keinen** AuskAnspr gg den Beschenkten aus § 2314 hat dagg der pflichttberecht **Erbe,** für den eine analoge Anwendg des auf den NichtE zugeschnittenen umfassenden Anspr aus **I** nicht in Betr kommt. Dafür gewährt ihm die Rspr einen allg AuskAnspr gem **§ 242,** sofern er sich die erforderl Kenntn nicht auf andere ihm zumutbare Weise verschaffen kann u der Beschenkte die Ausk unschwer zu geben vermag (BGH **61**, 180 mAv Johannsen **LM** Nr 8; KG JuS **73**, 514 mAv Reuter; Zweibr OLGZ **73**, 218). – Auch dem pflichttberecht **Miterben,** der zB ErgänzgsPflichtt geltd macht, steht kein Anspr aus § 2314 zu (BGH NJW **93**, 2737). Er kann sich als Gesamthänder jederzeit selbst üb Bestand u Wert des Nachl in Kenntn setzen u dazu ggf Mitwirkg der übr MitE verlangen (BGH NJW **73**, 1876; Lorenz JuS **95**, 569; s auch § 2038 Rn 13), da ihm die Anspr nach §§ 2027, 2028, 2038, 666, 681 zustehen. Auch der **Nacherbe** ist Erbe u kann sich gem §§ 2121, 2122, 2127 informieren; § 2314 steht ihm auch dann nicht zu, wenn seine RStellg auflösend bedingt ist (BGH NJW **81**, 2051). Gg den vom VorE Beschenkten steht dem NachE dagg ein Anspr analog **I** zu (BGH **55**, 378; **58**, 237).

4 b) **Auskunftspflichtig** ist der **Erbe** persönl, mehrere als GesamtSchu; der Erbl kann ihn hiervon nicht befreien. Dies gilt auch dann, wenn daneben eine AuskPfl des NachlVerwalters gem § 2012 I 2 besteht (Celle MDR **60**, 402). Er kann sich nicht nur auf sein eigenes Wissen berufen, sond muß sich darüb hinaus die zur AuskErteilg notwend Kenntn soweit mögl verschaffen (BGH **89**, 24), zB ggü Bank von AuskR gem §§ 675; 666 (§ 1922 Rn 30) Gebr machen (BGH **107**, 104 mAv Kuchinke JZ **90**, 652). – Neben dem Erben kann auch der vom Erbl in den letzten 10 Jahren vor dem Erbfall **Beschenkte** verpflichtet sein, dem pflichttberecht NichtE auf Verlangen Ausk üb den fiktiven Nachl zu erteilen (s Rn 2); nach dem Grdsatz von § 242 auch dem pflichttberecht Erben, sofern er die Ausk unschwer erteilen kann u der Erbe auf sie angewiesen ist (BGH **61**, 180; s Rn 3). – Der vom VorE Beschenkte ist dem NachE auskunftspflichtig (s Rn 3). – Der TV ist nicht auskunftspflichtig (§ 2213 I 3).

5 c) **Verjährung** tritt grdsl erst in 30 Jahren ein (§ 195), da für die Anspr des § 2314 eine bes Bestimmung fehlt. Nachdem sie aber nur HilfsAnspr sind, die der Durchsetzg der PflichttAnspr dienen, muß eine bereits nach 3 Jahren (§ 2332) eintretende Verjährg der HauptAnspr Einfluß auf ihre Geltdmachg haben. Anspr nach § 2314 können dah nicht mehr erhoben werden, wenn wg eingetretener Verjährg des PflichttAnspr ein entspr Informationsbedürfn obj nicht mehr besteht (BGH NJW **85**, 384). Die Darleggs- u Beweislast hierfür kann dem PflichttBerecht aber nur dch Erhebg der Verjährgseinrede entstehen (Dieckmann FamRZ **85**, 589). Im übr ist auch nach Verjährg ein Interesse zB noch gegeben, wenn VermächtnAnspr besteht (Köln NJW-RR **92**, 8).

6 2) **Die Auskunftserteilung** hat so zu erfolgen, wie der Berecht sie verlangt. Ihm gewährt das G verschiedene AuskAnspr, die er neben- u auch nacheinander geltd machen kann (Coing NJW **70**, 732; Sarres ZEV **98**, 4). Er kann sich mit der Vorlage eines vom Erben privat erstellten Verzeichn begnügen (**I** 1; Rn 10), aber auch dessen Aufnahme dch eine Amtsperson verlangen (**I** 3; Rn 11); ferner kann er den Erben das Verzeichn ohne seine Mitwirkg erstellen lassen, aber auch Zuziehg verlangen (**I** 2 Hs 1). – Solange seinem AuskVerlangen nicht entsprochen ist, kann der Berecht die Annahme eines ihm abgebotenen Betrags verweigern. Der Erbe wird dann auch nicht dch dessen Hinterlegg (§ 378) befreit (BGH FamRZ **58**, 23).

7 a) **Der Umfang** der Ausk wird dch den Zweck des Anspr bestimmt, näml die Offenlegg der Berechngsfaktoren (BGH **33**, 374). In der Praxis hat sich der Wortlaut der Vorschr dafür als zu eng erwiesen, so daß die Rspr den Anwendgsbereich des § 2314 nicht nur in persönl Hinsicht (s Rn 2), sond auch bezügl des Umfangs der AuskPflichten ausgeweitet hat: Der Berecht hat nach ständ Rspr (s BGH **89**, 24 mN) Anspr auf Ausk über die beim Erbfall tatsächl vorhandenen NachlGgstände (reale Nachlaßaktiva) u über die NachlVerbindlk (Passiva; BGH **LM** Nr 5; FamRZ **65**, 135); ferner über den sog **fiktiven Nachlaßbestand,** also die ausgleichspflichtigen Zuwendgen des Erbl (§§ 2316 I; 2052; 2055 I; 1934 b III) und seine

Schenkungen innerh seiner letzten 10 Lebensjahre (§ 2325). Auf Verlangen hat sich die Ausk auch auf Pflicht- u Anstandsschenkgen (§ 2330) zu erstrecken sowie auf solche ungeklärten u streit Veräußergen, deren Umstände die Annahme nahelegen, es handle sich (wenigstens zum Teil) um eine Schenkg (BGH **74**, 379; NJW **62**, 245; FamRZ **75**, 87); die Ausk muß sich auf alle VertrBedinggen erstrecken, deren Kenntn wesentl ist für die Beurteilg, ob u in welcher Höhe ein PflichttErgänzgsAnspr (§ 2325) geltd gemacht werden kann (BGH **LM** Nr 5; s auch Coing NJW **70**, 732f; BGH **55**, 378). – Der Erbe hat in entspr Anwendg von **I** den pflichttberecht Abkömml u Eltern auch Ausk zu erteilen, ob der verheiratete Erbl im **Güterstand** der ZugewinnGemsch gelebt u ein ihm zugewandtes Vermächtn angenommen od ausgeschlagen hat (§ 1371), also überh die Umstände anzugeben, die eine bestehde Ungewißh üb die Höhe der PflichttQuote beheben können (Düss NJW **96**, 3156).

b) Das Bestandsverzeichnis (§ 260 I) hat den NachlBestand gem dem AnsprUmfang (s Rn 7) wiedergeben, muß also grdsl ein vollständ u einheitl Verzeichn mit allen Aktiv- u Passivwerten (§ 2311 Rn 1–8) sein, da der Berecht nur so über die Höhe seines ZahlgsAnspr unterrichtet werden kann (BGH **33**, 373; Bremen FamRZ **97**, 1437 (Ls); Brdbg FamRZ **98**, 179). Zum Bestand gehören auch solche Ggstände, an denen der Erbl nur Besitz hatte. – Gehört zum Nachl ein **Unternehmen** od eine Unternehmensbeteiligg u ist die Beurteilg seines Wertes ohne Kenntn insb der Geschäftsunterlagen dem PflichttBerecht nicht mögl, kann er die Vorlage derartiger Unterlagen verlangen wie zB der Bilanzen (dazu Düss NJW-RR **97**, 454), Gewinn- u Verlustrechngen sowie die zugrde liegden Geschäftsbücher u Belege (BGH **LM** § 260 Nr 1; NJW **61**, 601; **75**, 258; 1774 mAv Blunck 2191; Düss aaO). Sein AuskAnspr umfaßt aber die Vorlage von Belegen nicht in der Allgemeinh wie beim RechngsleggsAnspr (s § 259 I). Im Urteil brauchen die vorzulegenden Belege nicht näher bezeichnet zu werden, da der Erbe im VollstreckgsVerf geltend machen kann, daß bestimmte EinzelUrk nicht mehr dem Zweck entspr (Zweibr FamRZ **87**, 1197). – Hinsichtl der Ausk über **Schenkungen** (§ 2325) kann die Vorlage von Unterlagen zur Feststellg des Wertes der fortgegebenen Vermögensteile, nicht aber die Vorlage von Wertfeststellgen (zB Schätzgutachten), die der Erbl od der Erbe hat anfertigen lassen, verlangt werden (BGH FamRZ **65**, 135; Oldbg NJW **74**, 2093). – **Ergänzung** des Verzeichn kann verlangt werden, wenn der Pflichtige einen best Vermögensteil ganz ausließ (RG JW **14**, 348) od aus Rechtsirrtum eine unbestimmte Anzahl von Ggständen nicht aufnahm (BGH **LM** Nr 1 zu § 260). Abgesehen hiervon kann wg sonstiger Mängel ein neues Verzeichn od seine Ergänzg grdsl nicht gefordert werden. Diese Mängel sind vielm im Verfahren zur Abgabe der eidesstattl Vers od im RStreit zu erörtern. – Das schriftl Bestandsverzeichnis ist kein Inventar (§ 2001). Es kann aber auf ein solches verwiesen werden. Der PflichttBerecht kann auch Setzg einer InvFrist beantragen (§ 1994). Wurde das Verzeichn ohne die schon vorher verlangte Zuziehg des PflichttBerecht angefertigt, muß ein neues Verzeichn unter seiner Zuziehg erstellt werden; das gleiche gilt auch dann, wenn das Verlangen auf Zuziehg erst nachträgl gestellt wird, soweit nicht diesem Verlangen die §§ 226, 242 entggstehen (s auch Rn 11).

8 9 10

c) Amtsperson. Das in **I 3** genannte NachlVerzeichn stellt eine UrkHdlg dar, für die nach BundesR die Notare zuständ sind (BNotO 20 I); landesrechtl ist daneben auch die Zuständigk des AmtsG (nicht des NachlG) u zwar des Richters gegeben. PflichttBerecht hat Anspr auf Anwesenh (I 2) bei Aufnahme (KG FamRZ **96**, 767). – Die Aufnahme durch Amtsperson (s § 2002 Rn 2) kann noch nachträgl verlangt werden, selbst wenn sich Berecht zunächst mit einem privaten Verzeichn begnügte, sofern nicht inzw der PflichttAnspr verjährt ist (Köln FamRZ **92**, 1104; Oldbg NJW-RR **93**, 782); er braucht sich also nicht auf das Verfahren zur Abgabe einer eidesstattl Vers verweisen zu lassen (BGH NJW **61**, 602; LG Essen MDR **62**, 575). PflichttBerecht hat aber kein Recht, beim AG od Notar selbst die Aufnahme eines Verzeichn zu verlangen (Stgt BWNotZ **63**, 265). 11

d) Die eidesstattliche Versicherung hat der Pflichtige auf Verlangen über das Verzeichnis nach § 260 II abzugeben, sofern näher erläutert wird, warum das Verzeichn unsorgfält ist (KG JR **49**, 410; auch Zweibr FamRZ **69**, 230). Dies ist aber nicht desh der Fall, weil es erkennb unvollständ ist; vielm liegt dann insow noch gar kein Verzeichn vor, so daß erst noch ergänzde Ausk erreicht werden muß (Oldbg FamRZ **92**, 1104). § 260 II ist auch nicht schon dann gewahrt, wenn der Verpflichtete mangels entspr Aufforderg des Berecht das Verzeichn ohne Zuziehg eines Notars (Beamten) u zunächst ohne Belege einreichte. Das unsorgfält Verzeichn kann vor der Abgabe ergänzt werden, was eine Änderg der Formel für die eV dch das nach ZPO 889 zuständ VollstreckgsG veranlassen kann (vgl § 261 II). Die eV kann, ebso wie die AuskErteilg, in Teilakten über jeweils einen and AuskGgst abgegeben werden; sie muß aber auch dahin gelten, daß die Summe der Teilauskünfte die Ausk im geschuldeten Gesamtumfang darstellt (BGH **LM** Nr 5, FamRZ **62**, 429). – **Verweigerung** der eV führt jedoch (anders als im Fall des Verfahrens nach §§ 1993ff, § 2006 III) keine unbeschränkte Haftg herbei (vgl aber ZPO 888). – Der zur Abgabe **bereite** Erbe kann die eV vor dem AG abgeben (FGG 163). S auch § 261 Rn 28–34. 12

3) Der Wertermittlungsanspruch (I 2) steht selbständ neben dem AuskAnspr des **I** 1 (Coing NJW **83**, 1298). Beide Anspr sind nach ihrem Inhalt deutl auseinanderzuhalten: Der AuskunftsAnspr ist ledigl auf die Weitergabe von Wissen gerichtet, währd die Wertermittlg unabhäng von diesem Wissen eine vorbereitde Mitwirkg anderer Art bezweckt (BGH **89**, 24). Der Wert des Nachl kann allerd erst ermittelt werden, wenn dessen Bestand feststeht (ggf dch erteilte Auskunft). Der Anspr hierauf ist also im Ggsatz zum AuskAnspr vom Wissen u den Wertvorstellgen des Verpflichteten gänzl unabhängig. 13

a) Die Ermittlung des Wertes der NachlGgstände erfolgt dch Gutachten eines unparteiischen Sachverständigen (BGH NJW **89**, 2887), der nicht notwend öff vereidigt zu sein braucht (Düss NJW-RR **97**, 454). Der Erbe, gg den sich der Anspr richtet, muß das Gutachten auf Kosten des Nachl erholen (Rn 21). – **Umfang:** Da dem realen Nachl dessen fiktiver Bestand hinzugerechnet wird (Rn 7), ist er auch verpflichtet, den Wert eines innerhalb der Frist des § 2325 III vom Erbl verschenkten Ggstandes auf Verlangen des PflichttBerecht dch einen unabhängigen Sachverständ ermitteln zu lassen, allerd nicht schon auf den bloßen Verdacht hin, der Erbl habe einen bestimmten Ggstand weggeschenkt, sond nur bei Nachweis der Zugehörigk des betr Ggstands zum fiktiven Nachl. Eine Wertermittlg des fiktiven Nachl od eines seiner Bestandteile kann nicht bejaht werden, wenn nicht die Voraussetzgen des § 2325 erfüllt sind (BGH **89**, 24 mAv Dieckmann 14

FamRZ **84**, 880 u Baumgärtel JR **84**, 198). Bei der Bewertg der zum fiktiven Nachl gehörenden Ggstände ist auf die für eine begehrte PflichttErgänzg maßgebl Stichtage (§ 2325 II 2) abzustellen (BGH **107**, 200 mAv Kuchinke JZ **90**, 652; Brdbg FamRZ **98**, 1265). – Bei mehreren ernstl in Betr kommenden Bewertungsmethoden hat der Sachverständige zur Erfüllg des Anspr alle mögl Werte zu ermitteln u anzugeben, um den Berecht umfassend ins Bild zu setzen (Mü NJW-RR **88**, 390). – Gehört zum Nachl ein **Unternehmen** od eine Beteiligg daran, kann sich der PflichttBerecht üb seinen AuskAnspr (Rn 8) die GeschUnterlagen der letzten 5 Jahre vorlegen u dann die notwend betriebswirtschaftl Unternehmensbewertg selbst vornehmen lassen (Düss aaO). Die Vorlage der Bilanzen u der sonst Belege kann aber eine Wertermittlg vielfach nicht ersetzen, weil mangels vollständ Erschließg der stillen Reserven u der Ertragskraft vom Berecht der Wert nicht berechnet werden kann (BGH **108**, 393). Der Erbe muß desh nicht bloß dulden, daß der Berecht sich eines eigenen Sachverständ bedient (so aber Hamm NJW **69**, 433), sond ist auf dessen Verlangen verpflichtet, selbst das Wertgutachten zu erholen (BGH NJW **75**, 258; Mü NJW **74**, 2094; Schlesw NJW **72**, 586; KG OLGZ **69**, 254).

15 **b) Das Wertgutachten** bereitet wie der AuskAnspr die Dchsetzg des PflichttAnspr nur vor, ist aber nicht schon für alle verbindl. Es hat meist nur die Funktion, das Risiko eines Prozesses üb den Pflicht abschätzen zu können (BGH **107**, 200). Im RStreit wird das Gericht oft ein neues erholen; allerd können dann die Kosten des vom Erben veranlaßten u im RStreit verwerteten Gutachtens (sog Privatgutachtens) als notwendige erstattgsfähig sein (ZPO 91; s Mü Rpfleger **83**, 486). Hat statt des Erben der PflichttBerecht eigenmächtig ein Gutachten erstellen lassen, sind die dafür angefallenen Kosten nicht vom Nachl zu tragen (Karlsr MDR **90**, 341). Zur Bewertg eines KünstlerNachl s Oldbg NJW **99**, 1974).

16 **c) Verlangen** kann die Erholg eines Gutachtens der pflichttberecht Nichterbe, sofern er ein schutzwürd Interesse an der Wertermittlg hat. Dieses ist zu bejahen, wenn er seinen Pflicht nicht berechnen kann, weil die ihm zugängl Tatsachen ihm kein ausreichendes Bild über den Wert der vorhandenen (od verschenkten) Ggstände verschaffen (BGH **89**, 24). Da der Anspr nur eine Hilfe bei der Berechng bezweckt, muß der PflichttBerecht die NachlZugehörigk des zu bewertenden Ggstandes darlegen u beweisen (BGH aaO). – Zur Verjährg des WertermittlgsAnspr s Rn 5.

17 **d) Der vom Erblasser beschenkte Dritte** ist dagg nicht verpflichtet, auf eigene Kosten entspr **I** 2 eine Wertermittlg dch Sachverständigen zu veranlassen, wenn der pflichttberecht Nichterbe dies verlangt, weil er seinen (ergänzenden) PflichttAnspr nicht berechnen kann (BGH **107**, 200). Da der Beschenkte nach der eindeut Regelg des § 2329 mit dem „Erlangten" nur begrenzt u nur für einen exakten Fehlbetrag haftet, kann er darüber hinaus nicht noch mit einer kostenträchtigen WertermittlPfl belastet werden (BGH aaO mAv Dieckmann FamRZ **89**, 857). Dagg will Winkler v Mohrenfels NJW **87**, 2557 einen WertermittlgsAnspr analog § 2314 I 2 stets zubilligen, wenn der pflichttberecht Nichterbe die erforderl Anhaltspunkte für eine Schenkg darlegt. Hiergg krit Dieckmann NJW **88**, 1809 wg Vernachlässigg der Kostenprobleme; zu bejahen sei ein solcher Anspr unter den Voraussetzgen, daß die Zugehörigk des Ggstands zum fiktiven Nachl feststeht u die vorrangige WertermittlgsPfl des Erben nicht eingreift; allerd soll dann der Beschenkte für die Kosten entspr den HaftgsGrds der §§ 2325, 2329 stets nur mit dem Wert des Geschenks haften. – Erst recht
18 ist dem pflichttberecht **Erben** ein WertermittlgsAnspr gg den Beschenkten auf dessen Kosten analog **I** 2 versagt (BGH **108**, 393). Übernimmt er allerd die Kosten selbst, kann ihm gem § 242 ein Anspr auf Ermittlg des Wertes an den maßgebenden Stichtagen (§ 2325 II) gg den Beschenkten einzuräumen sein, weil die RVerhältn zwischen beiden es mit sich bringen, daß der Berecht unverschuldet selbst dann keine Gewißh üb Bestehen u Umfang eines Rechts auf PflichttErgänzg gewinnen kann, wenn er alle pflichttrelevanten Schenkgen kennt (BGH aaO; vgl auch BGH NJW **86**, 127 mAv Dieckmann FamRZ **86**, 258). Dieser Anspr setzt nicht voraus, daß sein mögl ErgänzgsAnspr bereits dem Grde nach feststeht (BGH NJW **93**, 2737 mAv Hohloch JuS **94**, 76).

19 **4) Prozessual** bedarf die AuskPfl keiner näheren Umschreibg im Urteil, da sich Art u Umfang aus dem G ergeben (Hbg FamRZ **88**, 1213). RSchutzinteresse kann sogar fortbestehen, wenn PflichttAnspr währd des RStreits verjährt ist (BGH DRiZ **69**, 282). – Ausk- und PflichttAnspr können dch **Stufenklage** (ZPO 254) verfolgt werden, so daß die Bezifferg des ZahlgsAnspr erst nach teilurteilsweiser Erledigg des Anspr auf Vorlegg des Verzeichn (evtl auch Abgabe der eidesst Vers) zu erfolgen hat. Wird AuskAnspr fallengelassen, weil Kläger dieses Hilfsmittels nicht mehr bedarf, ist ohne ErledigtErkl zum ZahlgsAnspr überzugehen (Düss NJW-RR **96**, 839). Die Möglichk der Stufenklage hindert aber nicht, die einzelnen Stufen zum Ggst gesonderter Klagen zu machen (Zweibr FamRZ **69**, 230). – Unabhäng davon kann PflichttBerecht als NachlGläub vom
20 Erben die Abgabe der eidesst Vers vor dem NachlG aGrd § 2006 verlangen (vgl Zweibr aaO). – Die **Zwangsvollstreckung** wg AuskErteilg u der Vorlegg des Verzeichn erfolgt gem ZPO 888 (Mü NJW **69**, 436; Ffm Rpfleger **77**, 184; Brdbg FamRZ **98**, 179). Gleiches gilt für Wertermittlg dch Zuziehg eines Sachverständ (Ffm OLGZ **87**, 480). Aus dem Urteil kann bezügl aller od auch nur einzelner Auskünfte vollstreckt werden; allerd müssen im VollstrVerfahren die Rechte des Bekl genau gewahrt werden (Hbg FamRZ **88**, 1213). Hinsichtl der Abgabe der eidesst Vers s ZPO 889 II.

21 **5) Die Kosten (II)** des Verzeichnisses, der Wertermittlg u der amtl Aufnahme treffen den Nachl (auch bei einem Ggstand des sog fiktiven Nachl, BGH **89**, 24) und sind NachlVerbindlichk, die rechngsmäßig vom Aktivbestande (§ 2311) abgesetzt werden können und daher im Ergebn sowohl den Erben als auch den PflichttBerecht belasten (BGH **84**, 35). Ist der Nachl wertlos, kann der Erbe die Einholg eines Wertgutachtens verweigern (§ 1990 I; BGH **107**, 200). Mit seinem Eigenvermögen muß der Erbe für die Kosten der Wertermittlg nach dem HaftgsVerständn des BGH (s Rn 17) nicht einstehen, solange er die Möglichk der HaftgsBeschränkg noch hat (Dieckmann FamRZ **89**, 857 in Anm zu BGH; aA Mü NJW **69**, 436). Dieckmann (aaO) gibt zu erwägen, ob dann der selbst pflichttberecht Erbe nicht auch von den Wertermittlgskosten für den „fiktiven" Nachl (s Rn 14) verschont werden sollte. – Der Beschenkte hat nie auf eigene Kosten das Geschenk bewerten zu lassen (s Rn 17). – Die Kosten der Abnahme der eidesstattl Vers (§ 261 III) trägt der AntrSt selbst (s auch § 261 Rn 35).

2315 *Anrechnung von Zuwendungen auf den Pflichtteil.* **I Der Pflichtteilsberechtigte hat sich auf den Pflichtteil anrechnen zu lassen, was ihm von dem Erblasser durch Rechtsgeschäft unter Lebenden mit der Bestimmung zugewendet worden ist, daß es auf den Pflichtteil angerechnet werden soll.**

II Der Wert der Zuwendung wird bei der Bestimmung des Pflichtteils dem Nachlasse hinzugerechnet. Der Wert bestimmt sich nach der Zeit, zu welcher die Zuwendung erfolgt ist.

III Ist der Pflichtteilsberechtigte ein Abkömmling des Erblassers, so findet die Vorschrift des § 2051 Abs. 1 entsprechende Anwendung.

1) Anrechnungspflicht (I). Der PflichttBerecht hat sich diejen lebzeit Zuwendgen auf seinen Pflichtt anrechnen zu lassen, die er vom Erbl mit entspr Zweckbestimmg (Rn 2) erhalten hat. Mit der AusgleichgsPfl der Abkömml (§ 2316) hat diese AnrechngsPfl nichts zu tun. Sie trifft auch Eltern od Eheg u gilt auch ggü familienfremden NachlBeteiligten. – **Zuwendung** ist jede freiw u freigiebige Verschaffg eines Vorteils (Düss ZEV **94**, 173), zB Ausstattgen nach § 1624, vollzogene Schenkgen, SchenkgsVerspr, bezahlte Schulden. Nicht darunter fallen also Zuwendgen aGrd einer Verpflichtg; ferner nicht Zuwendgen an die Ehefrau des Pflichtt-Berecht (Sostmann RhNK **76**, 480, 487). – Sind verschieden hohe Zuwendgen an mehrere Personen anrechngspflichtig, ist bei jedem auch ein verschiedener, näml um die Zuwendg erhöhter NachlBestand zugrunde zu legen. – Die Vorschr hat eine Parallele beim Zugewinnausgleich (§ 1380; s dort Rn 4). – § 2315 gilt entspr, wenn ein bis 1. 4. 98 mögl vorzeit **Erbausgleich** (§ 1934 d aF) nicht zustande gekommen ist, der Vater aber bereits Zahlgen geleistet u diese nicht zurückgefordert hat (EG 227 II). 1

2) Die Anrechnungsbestimmg ist eine einseit empfangsbedürft WillErkl des Erbl, die er ggü dem Empfänger der Zuwendg vor od mit dieser abzugeben hat. Sie muß diesem zugehen u in ihrer Tragweite zu seinem Bewußtsein gebracht werden (BayObLG **59**, 81; Düss ZEV **94**, 173 mAv Baumann), da sie voraussetzt, daß der Annehmende um die seinen Pflichtt beeinflussde Beschaffenh der Zuwendg weiß (Düss aaO mN). Dann braucht sie nicht ausdrückl erfolgt zu sein; als stillschweigde muß sie allerd so eindeut sein, daß sie für den PflichttBerecht vor od bei Zuwendg als solche erkennb ist. Dieser soll abwägen können, ob ihm die Zuwendg eine Verminderg seines späteren Pflichtt wert ist. – Die Anrechngsbestimmg kann auch bedingt getroffen werden (Sostmann aaO 484). – **Nachträgliche** einseit Anrechngsbestimmg des Erbl (zB dch Vfg vTw) ist nicht mögl, es sei denn, daß er sie sich vorbehalten hatte od an Stelle einer berecht PflichttEntziehg (§ 2333) erklärte. Bei Einwilligg des PflichttBerecht kann sie allerd als teilw PflichttVerzicht not beurkundet werden (§§ 2346 II; 2348; dazu Nieder Rn 265 ff). – Die Anrechngsbestimmg darf nicht bloß auf den Erbteil erfolgt sein; in diesem Fall kann die Anordng ihrer Anrechng auf den Pflichtt sich aber durch Auslegg ergeben (Staud/Haas Rn 23). Bestimmg der Anrechng auf den Erbteil beinhaltet aber nicht ohne weiteres auch Anrechng der Zuwendg auf den Pflichtt, sond nur unter bes Umständen (Düss aaO). 2 3

3) Berechnungsmethode (II). Der Wert des Vorempfangs wird dem Nachl hinzugerechnet (fiktiver Nachl), aus der Summe der quotenmäßige Betrag des PflichttBerecht errechnet u von diesem die Zuwendg als bereits empfangen abgezogen. Bei mehreren Anrechngspflichtigen wird nicht für alle ein einheitl fiktiver Nachl gebildet, sond der Anspr jedes Einzelnen individuell aus der Summe von Nachl u seiner Zuwendg errechnet (MüKo/Frank Rn 13), so daß bei unterschiedl Zuwendgen von verschieden hohen Nachl auszugehen ist. – Für die **Bewertung** der Zuwendg ist auf den Ztpkt ihrer Vornahme abzustellen (**II** 2), sofern nicht der Erbl einen geringeren Wert bestimmt hat, da von seinem Willen die Anrechng überhaupt abhängt (**I**); nachträgl Verändergen, die den Wert erhöhen, mindern od ganz beseitigen, bleiben außer Betracht. Jedoch ist zur wirtschaftl Vergleichbark der Kaufkraftschwund des Geldes zu berücksichtigen, indem der Zeitwert auf die Zeit des Erbfalls umgerechnet wird (BGH **65**, 75 mAv Löbbecke NJW **75**, 2292); dazu wird er mit der Preisindexzahl für die Lebenshaltg des Todesjahres multipliziert u dch die entspr Preisindexzahl für das Zuwendgsjahr dividiert (vgl BGH FamRZ **92**, 1071). – **Beispiele:** 4 5

a) Nachl 6000, Söhne A, B u C. Erben sind A u B. Bei 1200 anrechnungspflichtigem Vorempfang ist für den Pflichtt des C zu rechnen: (6000 + 1200) : 6 – 1200 = 0. Er erhält also nichts. 6

b) War C der einzige Sohn und sind als Erben Geschwister des Erbl eingesetzt, erhält C (6000 + 1200) : 2 – 1200 = 2400. Das gleiche gilt, wenn der Enkel E an Stelle seines Vaters C getreten war (vgl auch § 1935).

c) Ist außer Sohn C die Witwe W (mit 400 Vorempfang) pflichtberecht u Erbe ein Nichtverwandter, so erhalten (wenn keine Zugewinngemeinsch bestand od die güterrechtl Lösg nach § 1371 II gewählt wurde): C (6000 + 1200) × 3 : 8 – 1200 = 1500 und W (6000 + 400) : 8 – 400 = 400. Die PflichttLast beträgt also nur 1900, während sie ohne Anrechng 3000 betragen würde. – Bei Zugewinngemeinsch u erbrechtl Lösg (§ 1371 I) erhalten: C (6000 + 1200) : 4 – 1200 = 600 und W (6000 + 400) : 4 – 400 = 1200.

4) Ein eintretender Abkömmling (III, § 2051) muß sich die Zuwendgen anrechnen lassen, die dem Weggefallenen hätten angerechnet werden können, wenn er nicht beweist, daß die AnrechngsPfl des Empfängers nur für dessen Person begründet war. Ob noch andere Abkömmlinge vorhanden sind, ist hier gleichgültig. Für Eltern (und Eheg) gilt **III** nicht, wohl aber § 2309, der ein PflichttR nur insow entstehen läßt, als der Weggefallene nicht schon zu Lebzeiten darauf abgefunden od als er vor dem Erbl verstorben war). 7

2316 *Ausgleichungspflicht.* **I Der Pflichtteil eines Abkömmlings bestimmt sich, wenn mehrere Abkömmlinge vorhanden sind und unter ihnen im Falle der gesetzlichen Erbfolge eine Zuwendung des Erblassers oder Leistungen der in § 2057 a bezeichneten Art zur Ausgleichung zu bringen sein würden, nach demjenigen, was auf den gesetzlichen Erbteil unter Berücksichtigung der Ausgleichungspflichten bei der Teilung entfallen würde. Ein Abkömmling, der durch Erbverzicht von der gesetzlichen Erbfolge ausgeschlossen ist, bleibt bei der Berechnung außer Betracht.**

II Ist der Pflichtteilsberechtigte Erbe und beträgt der Pflichtteil nach Absatz 1 mehr als der Wert des hinterlassenen Erbteils, so kann der Pflichtteilsberechtigte von den Miterben den Mehrbetrag als Pflichtteil verlangen, auch wenn der hinterlassene Erbteil die Hälfte des gesetzlichen Erbteils erreicht oder übersteigt.

III Eine Zuwendung der im § 2050 Abs. 1 bezeichneten Art kann der Erblasser nicht zum Nachteil eines Pflichtteilsberechtigten von der Berücksichtigung ausschließen.

IV Ist eine nach Absatz 1 zu berücksichtigende Zuwendung zugleich nach § 2315 auf den Pflichtteil anzurechnen, so kommt sie auf diesen nur mit der Hälfte des Wertes zur Anrechnung.

1 **1) Bedeutung.** Die Vorschr gilt (im Ggsatz zu § 2315) nur für den pflichttberecht Abkömmlg u bestimmt dessen Quote für den Fall, daß er bei Eintritt der ges Erbfolge neben weiteren Abkömml berufen u dann unter diesen eine Ausgleichg (§§ 2050 ff) vorzunehmen wäre. § 2316 regelt damit, wie sich allg der für den Pflichtt maßgebl ges Erbteil eines Abkömml unter Berücksichtigg der AusgleichgsR u -Pflichten bemißt, § 2315 dagg, welche Zuwendg konkret auf den Pflichtt anzurechnen ist. Er gilt im Ggsatz zu § 2315 sowohl zugunsten als auch zu Lasten des enterbten Abkömml sowie auch für den in Anspr genommenen alleinerbenden, aber selbst pflichttberecht Abkömml (BGH NJW **93**, 1197). Bei dieser abstrakten Ermittlg seines die PflichttQuote bestimmenden Erbteils (dazu § 2310 Rn 1) werden auch die Abkömml gezählt, die von der Erbfolge ausgeschlossen sind, ausgeschlagen haben od für erbunwürdig erkl sind (§ 2310 S 1); auch dch einen vor dem 1. 4. 98 rwirks zustande gekommenen vorzeit Erbausgleich (§ 1934 d aF) ist das nichtehel Kind sowie sein Vater weggefallen (EG 227 I Nr 2). Nur durch Erbverzicht ausgeschiedene Abkömml werden nicht berücksichtigt (**I 2**).

2 **2) Berechnungsmethode.** Grdsl finden die Vorschr über die AusgleichgsPfl im Falle ges Erbfolge (§§ 2050 ff) Anwendg. Der ges Erbteil ist gem §§ 2055–2057 a zu errechnen (s § 2055 Rn 1; § 2057 a Rn 13) u dann zu halbieren. Zuwendgen (§ 2050 Rn 8) erhöhen rechnerisch den Nachl, Leistgen nach § 2057 a sind abzuziehen u mindern ihn. Über die Wertberechng der Zuwendgen u insb die Berücksichtigg des Kaufkraftschwunds des Geldes hierbei s § 2055 Rn 3; § 2315 Rn 4. Namentl gilt auch § 2056 für den Erben (RG **77**, 282). § 2057 (AuskunftsPfl) ist zG des pflichtteilsberecht Abkömmlings entspr anwendbar (RGRK Rn 3). – Der Erbl kann aber die AusgleichgsPfl einer Ausstattg (§ 2050 I) nicht zum Nachteil des PflichttBerecht ausschließen (**III**). Das gleiche gilt auch für die Zuwendgen des § 2050 II, der ledigl eine Ergänzg des § 2050 I bildet (hM; s Staud/Haas Rn 9; Johannsen WM **70**, 117). Ebenso bleiben Zuwendgen, die erst durch letztw Vfg für ausgleichspflichtig erklärt sind, außer Betr, soweit sie zu einer Minderg des Pflichtteils führen würden, wenn dieser nach dem Bestande u Werte des Nachl zuzügl der nach § 2050 I–III sich ergebenden Ausgleichsposten berechnet wird (RG **67**, 306; vgl § 2050 Rn 15, 16).

3 **a) Beispiele bei Zugewinngemeinschaft. – aa):** Ges Erben sind Ehegatte G u die Kinder A, B u C. Der Nachl beträgt 20 000. Die ausgleichspflicht Zuwendgen betragen bei A 2000 u bei B 4000. – Bei der güterrechtl Lösg (§ 1371 II; kleiner Pflichtt, s § 2303 Rn 7) ist für G der ges Erbteil 20 000 : 4 = 5000, Pflichtteil 2500; der Ehegatte wird von der AusglPfl nicht berührt (vgl Rn 1 und § 2050 Rn 6). Für A ist ges Erbteil (15 000 + 2000 + 4000) : 3 = 7000 – 2000 = 5000, Pflichtteil 2500; für B ist ges Erbteil 7000 – 4000 = 3000, Pflichtteil 1500; für C ist ges Erbteil 7000 – 0, Pflichtt 3500. – Bei der erbrechtl Lösg (§ 1371 I; großer Pflichtt, s § 2303 Rn 8) ist für G ges Erbteil 20 000: 2 = 10 000, Pflichtt 5000. Für A ist dann ges Erbteil (10 000 + 2000 + 4000 = 16 000) : 3 = 5333,33 – 2000 = 3333,33; Pflichtt somit 1666,66. Für B ist ges Erbteil 5333,33 (wie bei A) – 4000 = 1333,33; sein Pflichtt somit 666,66. Für **C** ist ges Erbteil 5333,33 (wie bei A), sein
4 Pflichtt 2666,66. – **bb) Variante:** Hätte im gegebenen Beispiel A 11 000 auszugleichen, so würde sich für A, B und C die Berechng bei der güterrechtl Lösg folgendermaßen gestalten: Für A ist ges Erbteil (15 000 + 11 000 + 4000) : 3 = 10 000 – 11 000 = 0; da er mehr empfangen hat als den ges Erbteil, gilt § 2056, so daß A ganz ausscheidet. Für B ist also ges Erbteil (15 000 + 4000) : 2 = 9500 – 4000 = 5500, Pflichtteil 2750; für C ist ges Erbteil (15 000 + 4000) : 2 = 9500 – 0; Pflichtteil 4750. – Bei der erbrechtl Lösg ergibt diese Variante folgende Berechng: Für G ist ges Erbteil 10 000, sein Pflichtt 5000. Für A ist ges Erbteil (10 000 + 11 000 + 4000) : 3 = 8333,33 – 11 000 = 0; sein Pflichtt ist 0. Für B ist ges Erbteil (10 000 + 4000) : 2 = 7000 – 4000 = 3000; sein Pflichtt ist 1500. Für C ist ges Erbteil (10 000 + 4000) : 2 = 7000; sein Pflichtt ist 3500.

5 **b) Beispiel bei Gütertrennung** (Fall des § 1931 IV): Ges Erben sind Ehegatte G u die Kinder A u B. Nachl ist 30 000. Als ausgleichspflicht Zuwendg hat A 5000 erhalten. Für **G** ist ges Erbteil 30 000 : 3 = 10 000, Pflichtt = 5000; der Eheg wird von der AusgleichgsPfl nicht berührt. Für **A** ist ges Erbteil (20 000 + 5000) : 2 = 12 500 – 5000 = 7500, Pflichtt 3750. Für **C** ist ges Erbteil (20 000 + 5000) : 2 = 12 500 – 0; Pflichtt 6250.

6 **c) Ausgleichungspflicht für besondere Leistungen (§ 2057 a)** ist bei Bemessg des Pflichtt von Abkömml zu Gunsten desjenigen Abkömml zu berücksichtigen, der dch Mitarbeit im Haushalt, Beruf od Geschäft des Erbl währd längerer Zeit, dch erhebl Geldleistgen od in anderer Weise in bes Maße dazu beigetragen hat, daß das Vermögen des Erbl erhalten od vermehrt wurde; od der unter Verzicht auf berufl Einkünfte den Erbl währd längerer Zeit gepflegt hat. Es gelten also die oben dargelegten Grdsätze iVm den Regeln des § 2057 a. – **Beispiel:** Nachl 9000, ges Erben die Abkömml A, B u C je zu 1/3. Ausgleichgsbetrag für A 3000, so daß Nachl sich rechnerisch auf 6000 vermindert, die ges Erbteile von A, B u C also 2000 betragen. Dann ist Pflichtt für A (2000 + 3000) : 2 = 2500, Pflichtt für B u C je 2000 : 2 = je 1000. Der ges Erbteil u damit der Pflichtt des überlebenden Eheg wird dch die Ausgleichg nicht berührt; die Höhe seines ges Erbteils (s § 1931) beeinflußt aber die Höhe des ges Erbteils der Abkömml u damit deren Pflichtt.

7 **3) Restanspruch (II).** Auch bei gewillkürter Erbfolge soll dem eingesetzten Erben ein RestAnspr (§ 2305) zustehen, wenn zwar seine Quote nicht kleiner ist als die Hälfte seines ges Erbteils, der Wert seines Erbteils aber nicht die Hälfte des Betrags erreicht, der sich bei ges Erbfolge dch Berücksichtigg der Ausgleichg als Wert ergäbe. Daher gesteht **II** auch ihm unter der Voraussetzg, daß er nach §§ 2305–2307 überh anspruchsberecht ist, den RestAnspr zu, wenn sich ein Mehrbetrag bei Vergrößerg seines Pflichtt als Folge der Hinzurechng der ausgleichspflicht Zuwendgen errechnet (Beisp MüKo/Frank Rn 19). Verjährg § 2332.

4) Zusammentreffen von Ausgleichungs- und Anrechnungspflicht. IV regelt den Fall, daß für die bei Berechng des Erbteils gem **I** zur Ausgleichg zu bringende Zuwendg gleichzeitig auch nach § 2315 Anrechng auf den Pflichtt angeordnet ist. Hier wird zunächst der gesetzl Erbteil nach **I** berechnet. Auf den daraus gewonnenen Pflichtt ist die Zuwendg dann nur noch mit der Hälfte des Wertes in Anrechng zu bringen. Damit wird verhindert, daß die Zuwendg doppelt angerechnet wird (s MüKo/Frank Rn 20). Es kommt nicht darauf an, ob Abkömml allein od neben Eheg pflichttberecht sind (MüKo/Frank Rn 21). 8

2317 *Entstehung und Übertragbarkeit des Pflichtteilsanspruchs.* [I] Der Anspruch auf den Pflichtteil entsteht mit dem Erbfalle.

[II] Der Anspruch ist vererblich und übertragbar.

1) Der Pflichtteilsanspruch in Höhe der Hälfte des Wertes des ges Erbteils (§ 2303 I 2) ist vom PflichttR als solchem zu unterscheiden, dem er entspringt. Er entsteht erst mit dem Erbfall (**I**), also mit dem Tod des Erbl (§ 1922) u richtet sich gg den Erben od die MitE als Schuldner (§ 2303 I 1 mit Rn 10); davor ist keine Sicherg dch Arrest od einstw Vfg mögl, währd das PflichttR bereits Ggstand einer Feststellgsklage sein kann, ebso das PflichttEntziehgsR (Übbl 1 vor § 2303). Bei Anordng einer Nacherbfolge gilt nichts anderes, so daß mit dem Eintritt des Nacherbfalls kein neuer PflichttAnspr entsteht. In den Fällen der §§ 2306; 2307 entsteht er erst mit Ausschlagg der Erbsch, wird dann aber als mit dem Erbfall entstanden behandelt (vgl § 2332 III; str). Bei gemeinsch Test (§ 2269) sind die zwei Erbfälle nach dem erstverstorbenen u nach dem längerlebden Eheg mit jew getrennten PflichttAnspr deutl auseinanderzuhalten (vgl BGH **88**, 102; NJW **83**, 277). – Bei Schenkgen des Erbl kann noch ErgänzgsAnspr hinzukommen (§§ 2325–2331). – Der Anspr entsteht dagg nicht nach Erb- od PflichttVerzicht des PflichttBerecht (§ 2346), wirks PflichttEntziehg (§§ 2333 ff) od einem vor dem 1. 4. 98 rwirks zustande gekommenen vorzeit Erbausgleich zw Vater u nichtehel Kind (EG 227 I Nr 2; § 1934 e aF). – Entspr anzuwenden ist § 2317 in Erbfällen vor dem 1. 4. 98 auf den ErbersatzAnspr (§ 1934 a; b aF; EG 227 I Nr 1), nicht aber ZPO 852. 1

a) Rechtsnatur. Der entstandene PflichttAnspr ist gewöhnl GeldFdg (BGH **28**, 178). Anders als das Vermächtn (§ 2189) kann er nicht ausgeschlagen, sond nur dch formlosen Vertr (§ 397) dem Erben erlassen werden (KG OLGZ **96**, 193). Eltern bedürfen dazu der Genehmigg des FamG (§ 1643 II), Vormund der des VormschG (§ 1822 Nr 2); Ehegatte aber nicht der Zustimmg des and Teils, selbst wenn dieser bei GüterGemsch das Gesamtgut allein verwaltet (§§ 1432 I; 1455 Nr 2). Str ist, ob Erlaß Schenkg ist (s § 517 Rn 2). Der Anspr ist NachlVerbindlk (§ 1967 II), unterliegt aber einigen SonderVorschr (§§ 1972; 1974 II; 1991 IV). Im NachlInsolvVerf ist er nachrangig zu erfüllen (InsO 327 I Nr 1; II). 2

b) Die Höhe des Anspr wird aus dem Reinertrag des Nachl errechnet u dabei der Bestand u Wert des Nachl zum Zeitpkt des Erbfalls zugrde gelegt (§§ 2311 ff; s auch § 1371 Rn 5); der Erbl kann eine abweichde Bewertg nicht willkürl vorschreiben (s § 2311 II 2, aber auch § 2312). Da aber nicht sämtl NachlVerbindlk abgesetzt werden, sond nur die ErblSchulden (§ 2311 Rn 4; 7), kann der Anspr mehr als die Hälfte des ges Erbteils betragen, diesen sogar uU übersteigen (BGH NJW **88**, 137). Ist in Erbfällen vor dem 1. 4. 98 der PflichttAnspr eines ErbersatzBerecht zu ermitteln, ergibt sich dieser nicht einfach dch Halbierg des ErbersatzAnspr, da bei dessen Berechng im Ggsatz zum Pflichtt auch die nachrangigen NachlVerbindlk abgesetzt werden (§ 1934 b aF), um den Anspr gleich dem ges Erbteil zu behandeln. – **Verzinslich** ist die Fdg erst bei Verzug od RHängigk (BGH DRiZ **69**, 281). Verzug tritt dch Mahng auch dann ein, wenn Anspr noch nicht beziffert werden kann (BGH NJW **81**, 1732); od nach nur hilfsw Anmahng neben einem HauptAnspr als MitE (BGH aaO). Üb ZurückbehaltgsR gg Anspr s Dütz NJW **67**, 1107. – **Stundung** kann der Erbe unter den Voraussetzgen des § 2331 verlangen. – Wird der Anspr vom Erben dch Übertragg eines HausGrdst abgegolten, gelten für Gewährleistg wg Sachmängel §§ 493; 477 I (BGH NJW **74**, 363). 3 4 5

2) Gläubiger sind die pflichttberecht Abkömml, Eltern u der Ehegatte, denen ihr ges ErbR dch Vfg vTw entzogen wurde (§ 2303 Rn 5). Hat der Erbl den Nachl dch Schenkgen geschmälert, werden sie zusätzl dch ErgänzgsAnspr geschützt (§§ 2325 ff), Abkömml uU auch noch dch AusgleichsPfl (§ 2316). Sind sie pflichttunwürdig, rechtfert dies nur Anfechtg nach § 2345 II. Richtet sich der PflichttAnspr eines **minderjährigen** Abkömml gg den überlebden Elternteil als AlleinE u ist dieser gleichzeit ges Vertreter des Kindes, kann er dennoch den gg ihn gerichteten Anspr zunächst berechnen u üb die Geltendmachg entscheiden, weil §§ 1629 II, 1795 II, 181 dafür noch nicht eingreifen. Üb die Art der Berechng muß das von ihm beim FamG einzureichde VermögensVerzeichn (§ 1640) Aufschluß geben (s § 1640 Rn 9). Letztl bleibt aber die Geltdmachg u Durchstzg des Anspr dem Kind selbst überlassen, da die VerjährgsFrist (§ 2332) nicht vor seiner Volljährigk in Gang gesetzt wird (§ 204). Sie soll auch nicht vom Ermessen des FamG od vom Willen eines Pflegers abhängen, deren Aufgabe im Normalfall nur ist, bis zur Volljährigk den Anspr im Falle seiner Gefährdg zu sichern (BayObLG **88**, 385). Ohnehin ist eine Pflegerbestellg (§ 1909) grdsl nur erforderl, wenn der überlebende Elternteil den PflichttAnspr des Kindes gefährdet od wenn ihm die Vermögenssorge entzogen ist (BayObLG **63**, 132; **88**, 385). – **Erbschaftssteuern:** SteuerPfl entsteht mit Geltdmachg des Anspr (ErbStG 9 I Nr 1 b). Steuermindernde Vereinbargen schlägt Dressler in NJW **97**, 2848 vor. 6 7

3) Übertragung (II) und Pfändung. Der entstandene PflichttAnspr ist übertragb (§§ 398 ff) u vererbl (**II** geht als lex spec § 400 vor) u gehört vom Zeitpkt des Erbfalls an zum pfändbaren Vermögen des PflichttBerecht. Seine Gläub können gleichwohl den Anspr nicht vor Eintritt der Voraussetzgen von ZPO 852 I zu ihrer Befriedigg verwerten, weil es allein der Entscheidg des PflichttBerecht vorbehalten ist, ob der Anspr gg den Erben dchgesetzt werden soll. Voll der **Pfändung** unterworfen ist der noch nicht abgetretene Anspr dah erst nach RHängigk od vertragl Anerkenng, damit seine Geltdmachg nicht dieser BestimmgsFreih des Berecht entzogen wird (BGH NJW **93**, 2876); Anerkenng erfordert dabei kein Anerkenntn nach § 781, sond nur eine Vereinbarg, die den Willen zur Geltdmachg erkennen läßt (vgl auch § 2332 Rn 10). Bis dahin ist nur eine eingeschränkte Pfändg mögl, die mit Eintritt der Verwertgsvoraussetzgen zum vollwert PfandR führt (BGH 8 9

aaO; dazu Kuchinke NJW **94**, 1769). – **Unterläßt** der Berecht die Geltdmachg, genügt dies, um den Anspr für seine Gläub unerreichb zu machen, weil diese seinen fehlenden Willen zur Realisierg des Vermögenswerts nicht dch GläubAnfechtg (AnfG 3; 7) überwinden können (BGH NJW **97**, 2384). Die für ihren Zugriff dch ZPO 852 I aufgerichtete Schranke gilt selbst dann, wenn der Berecht zum Zweck der GläubBenachteiligg den Erbl dazu bewogen hat, einen anderen als Erben einzusetzen (zB Ehefrau des Schu) u ihm selbst das PflichttR grdlos zu entziehen (BGH aaO; dazu Keim ZEV **98**, 127). Eine Unpfändbark ist nur nach ZPO 766
10 geltd zu machen (RG **93**, 77). Nach dieser neuen Rspr des BGH gehört der Anspr auch im **Insolvenzverfahren** von vornherein zum beschlagsfäh Vermögen; ausgeschlossen ist ledigl noch seine Verwertg (Kuchinke aaO). – Bei Abtretg od der ihr gleichzustellden Verpfändg besteht kein Pfändgsschutz, auch nicht im Falle des § 2307. Aus ZPO 852 folgt auch, daß vor Eintritt der PfändbarkVoraussetzgen der Anspr nicht dch Aufrechng (§ 394 I) seitens des Verpflichteten getilgt werden kann (Staud/Haas Rn 35).

11 **4) Prozessuales.** Streitige PflichttAnspr sind beim ProzeßG geltend zu machen. Gerichtsstand ist wahlweise der des Beklagten (ZPO 12 ff) od der Erbsch (ZPO 27). PflichttBerecht hat alle Tatsachen zu beweisen, von denen Grd u Höhe des Anspr abhängen (BGH **7**, 134). Verletzg der AuskPfl durch Erben (§ 2314) ist allerdings bei Beweiswürdigg zG des Beweispflichtigen zu berücksichtigen. Prozeßkostenvorschuß vom Eheg kann nicht gefordert werden, da Pflichtt- u ErgänzgsAnspr grdsl keine persönl Angelegenh iS von § 1360 a IV sind (Köln NJW-RR **89**, 967; str; s § 1360 a Rn 14). – Teilweise Klageabweisg dch Teilurteil ist nur zulässig, wenn geklärt ist, ob sie wg zu geringer NachlAktiva od wg zu hoher NachlPassiva erfolgt (BGH NJW **64**, 205). – LandwirtschG ist für PflichttAnspr weichender Erben jedenfalls dann zuständ, wenn sie den Hof betreffen (Hamm RdL **64**, 214; LwVG 1 Nr 5).

2318 *Pflichtteilslast bei Vermächtnissen.*

I Der Erbe kann die Erfüllung eines ihm auferlegten Vermächtnisses soweit verweigern, daß die Pflichtteilslast von ihm und dem Vermächtnisnehmer verhältnismäßig getragen wird. Das gleiche gilt von einer Auflage.

II Einem pflichtteilsberechtigten Vermächtnisnehmer gegenüber ist die Kürzung nur soweit zulässig, daß ihm der Pflichtteil verbleibt.

III Ist der Erbe selbst pflichtteilsberechtigt, so kann er wegen der Pflichtteilslast das Vermächtnis und die Auflage soweit kürzen, daß ihm sein eigener Pflichtteil verbleibt.

1 **1) Kürzungsrecht bei Vermächtnis (I).** Der Erbe ist im AußenVerhältn zum PflichttGläub allein Schuldner des Pflichtt (§ 2303 vorbehaltl § 2319; mehrere sind GesamtSchu, § 2058) u muß die gg ihn geltd gemachte PflichttFdg voll erfüllen. Ist er dann noch mit Vermächtn (Auflage) belastet, kann er diese grdsl verhältnismäß kürzen (**I**). Dadch wird die PflichttLast im InnenVerhältn des Erben zu VermächtnNehmern (AuflagenBerecht) teilweise auf diese abgewälzt, näml nach dem Verhältn der Beteiligg am Nachl, es sei denn, daß der Erbl abweichde Anordng getroffen hat (§ 2324) od sich aus §§ 2320–2323 Modifikationen ergeben. Bei mehreren VermächtnNehmern ist der Erbe ggü jedem zur verhältnismäß Kürzg berecht (soweit nicht **II** od § 2189 eingreift), wobei sich das Verhältn aus dem Anteil sämtl Zuwendgen am NachlWert ergibt. Hat der Erbe ein Vermächtn in Unkenntn seines LeistgsverweigergsR voll erfüllt, kann er die erbrachte Leistg in Höhe des Kürzgsbetrags zurückfordern (§ 813 I; KG FamRZ **77**, 267. – Diese interne Aufteilung der PflichttLast ist ein sachgerechter Ausgleich dafür, daß bei der PflichttBerechng Vermächtn (auch die sog ges wie der Dreißigste, § 1969) u Auflagen als nachrangige Fdgen nicht abgezogen werden (§ 2311 Rn 8). – Zu den kürzbaren Vermächtn gehört dagg nicht der Voraus (§ 1932), der bereits bei der PflichttBerechng abgezogen wurde (§ 2311 I 2). – VermächtnNehmer können ggf ihrerseits nach §§ 2188, 2189 kürzen. – Wird dem Erben nachträgl die Erfüllg des PflichttAnspr dch Schenkg erlassen, entfällt dadch das KürzgsR nicht mehr (LG Mü II NJW-RR **89**, 8).

2 **a) Der Kürzungsbetrag,** in dessen Höhe der Erbe zur Leistgsverweigerg berecht ist, ergibt sich dadch, daß der VermächtnNehmer an der PflichttLast mit dem gleichen Prozentsatz wie am Nachl beteiligt ist. Beispiel: Nachl 100 000, Vermächtn 20 000, Pflichtt 25 000; NachlBeteiligg Erbe 80%, VermächtnNehmer 20%; Kürzg des Vermächtn um den Betrag, der 20% vom Pflichtt 25 000 = 5000 entspricht. Andere Berechngsformel ist, daß idR (dh ohne Beeinflussg des Pflichtt dch Anrechngs- od AusgleichsPfl) der Erbe das Vermächtn um den gleichen Prozentsatz kürzen kann, mit dem der PflichttBerecht am Nachl beteiligt ist (im Beispl: PflichttQuote 1/4 = 25%; Kürzg des Vermächtn von 20 000 um 25% = 5000).

3 **b) Erweitertes Kürzungsrecht (III).** Ist der Erbe selbst pflichttberecht, kann er von seinem KürzgsR üb **I** hinaus erweiternd Gebr machen. Er muß es nicht hinnehmen, daß dch das Zusammentreffen von Pflichtt- u VermächtnAnspr ihm nach Erfüllg beider Anspr vom Nachl weniger verbliebe als sein eigener Pflichtt ausmacht, der beim Eheg in ZugewinnGemsch als großer Pflichtt berechnet wird (§ 2303 Rn 8). Diese Ausn von **I** kommt auch MitE zustatten (BGH **95**, 222) u kann vom Erbl nicht abgeändert werden (§ 2324; str; s MüKo/Frank Rn 9). Sie ist aber wenig glückl gefaßt u bedeutet nicht, daß dem Erben stets der Nachl im Wert seines vollen Pflichtt verbleiben muß. **III** verschiebt näml nicht die in § 2306 vorgesehenen Belastgsgrenzen. Da nach § 2306 I 1 bei einem den Pflichtt nicht erreichenden Erbteil Vermächtn u Auflagen ohnehin gestrichen werden, hat sie nur Bedeutg, wenn der beschwerte Erbteil größer als die Hälfte des ges Erbteils war, aber der Erbe es versäumt hat, sich dch Ausschlagg von den Beschwergen zu befreien (§ 2306 I 2; s auch Tank ZEV **98**, 132). Dann muß er näml die dch Annahme der Erbsch übernommenen Vermächtn voll tragen, ggf auch auf Kosten seines Pflichtt. Begrenzt wird seine Belastg dch **III** dann nur, wenn zusätzl noch eine PflichttLast hinzukommt: Da er auch diesen Anspr erfüllen muß, ist ihm nun die Kürzg des Vermächtn (od einer Auflage) gestattet, aber nur um den Betrag, um den andernf die PflichttLast seinen eigenen Pflichtt zusätzlich beeinträchtigen würde. Die AusnRegelg gewährleistet also nicht, daß dem Erben dann der eigene Pflichtt voll verbleibt, sond berecht ihn zu dessen Verteidigg nur wegen der PflichttLast, nicht auch wg der Vermächtn (BGH **95**, 222 mAv Kuchinke JZ **86**, 90). – Zur Abgrenzg von § 2319 ausführl von Olshausen FamRZ **86**, 524.

2) Einschränkung des Kürzungsrechts (II). Ist der VermächtnNehmer selbst pflichttberecht, kann das ihm zugewendete Vermächtn bis zur Höhe seines PflichttAnspr vom Erben nicht gekürzt werden, sond nur hinsichtl des Mehrbetrags. Auch diese Ausn in **II** ist nicht abänderb (§ 2324). Wurde das Vermächtn dem überlebden Eheg zugewendet, errechnet sich die Kürzgsgrenze im Fall der ZugewinnGemsch unter Zugrdelegg des großen Pflichtt, der sich auch auf die and PflichttBerecht auswirkt (§ 2303 Rn 8). Wie bei **III** ist auch hier mit dem geschützten Pflichtt der Betrag gemeint, der dem VermächtnNehmer abzügl der übernommenen Belastgen (§ 2307) entspricht. – Treffen **II** und **III** zusammen, weil sowohl Erbe als auch VermächtnNehmer pflichttberecht sind, geht das PflichttR des Erben u damit **III** vor, der mit seiner umfassenden RPosition auch anderweit (vgl §§ 2319; 2328) ggü VermächtnNehmern privilegiert ist (hM; Schlitt ZEV **98**, 91; aA MüKo/Frank Rn 10). 4

2319 ***Pflichtteilsberechtigter Miterbe.*** **Ist einer von mehreren Erben selbst pflichtteilsberechtigt, so kann er nach der Teilung die Befriedigung eines anderen Pflichtteilsberechtigten soweit verweigern, daß ihm sein eigener Pflichtteil verbleibt. Für den Ausfall haften die übrigen Erben.**

1) Im Außenverhältnis bewahrt § 2319 den pflichttberecht MitE nach der Teilg davor, einem PflichttGläub, der von ihm gem § 2058 Befriedigg verlangt, von seinem Erbteil so viel geben zu müssen, daß ihm selbst weniger als sein eigener Pflichtt verbleibt. Entspr wirkt § 2328 bei der PflichttErgänzg. Bis zur Teilg gewährt § 2059 Schutz (§ 2046). – Der in Anspr genommene MitE hat daher das unabänderl Recht (§ 2324), schon gleich die Leistg des Pflichtteils an den Gläub insow zu verweigern, daß ihm sein eigener Pflichtt bleibt, und den Gläub für seinen Ausfall auf die (od den) anderen MitE zu verweisen. Diese Befugn als Ausfluß seines PflichttR steht auch dem unbeschränkbar Haftenden zu. – Ist der Erbteil des MitE dch Zusammentreffen von PflichttLast u Vermächtn (Auflage) in Gefahr, unter den eigenen Pflichtt vermindert zu werden, kommt § 2318 zur Anwendg (s § 2318 Rn 4; von Olshausen FamRZ **86**, 524). – Bei ZugewinnGemsch berechnet sich der Pflichtt des überlebenden Eheg nach dem großen Pflichtt, der sich auch auf den anderer PflichttBerechtigter auswirkt (§ 2303 Rn 8), es sei denn, daß die Voraussetzgen des § 1371 II, III, gegeben sind. PflichttBerechng bei Gütertrennung s § 2303 Rn 9. 1

2) Für den Ausfall haften dem PflichttBerechtigten die übr MitE (u zwar nach §§ 421, 2058, 426 als GesamtSchu, in den Fällen der §§ 2060, 2061 verhältnismäß); eine andere Anordng hins der Außenhaftg der MitE kann der Erbl nicht treffen (§ 2324; Staud/Haas Rn 11). Daraus folgt für das Innenverhältnis, daß dem pflichttber MitE bei der Auseinandersetzg fremde Pflichtteile nur soweit angerechnet werden dürfen, daß der eigene Pflichtt gewahrt bleibt (Soergel/Dieckmann Rn 4). 2

2320 ***Pflichtteilslast des Ersatzmannes.*** **I Wer an Stelle des Pflichtteilsberechtigten gesetzlicher Erbe wird, hat im Verhältnisse zu Miterben die Pflichtteilslast und, wenn der Pflichtteilsberechtigte ein ihm zugewendetes Vermächtnis annimmt, das Vermächtnis in Höhe des erlangten Vorteils zu tragen.**

II Das gleiche gilt im Zweifel von demjenigen, welchem der Erblasser den Erbteil des Pflichtteilsberechtigten durch Verfügung von Todes wegen zugewendet hat.

1) Normzweck. Nur für das InnenVerhältn der MitE ändert die abändergsfäh (§ 2324) Vorschr die Regel, daß sie die PflichttLast grdsl im Verhältn ihrer Anteile tragen (§§ 2038 II, 748, 2047 I, 2148), indem der Ersatzmann des an sich berufenen MitE allein für die Anspr aufkommen muß, die dem weggefallenen MitE als Pflichtt od Vermächtn zustehen. – Im Verhältn zu VermächtnNehmern wird die Grdregel des § 2318 I dagg dch § 2320 nicht durchbrochen (Olshausen MDR **86**, 89). Auch nach außen verbleibt es bei der Haftg der MitE als GesamtSchu (§§ 2058 ff). Ggü dem PflichttBerecht kann sich der Erbe auf § 2320 u auf § 2321 nicht berufen (RG JW **14**, 594). 1

2) Lastverteilung. – a) Gesetzliche Erbfolge (I). Wer MitE nur dch Wegfall des PflichttBerecht infolge dessen Enterbg (§ 1938), Ausschlagg (§ 2306 I 2) od Erbverzicht unter PflichttVorbehalt (§ 2346 Rn 6) wurde od nur desh einen höheren ges Erbteil erhalten hat, muß als Eintretender die PflichttLast in Höhe des erlangten Vorteils tragen. Gleichgült ist, ob der Erwerber dch die Ausschließg des Berecht erst zur Erbfolge berufen wurde od ob er den Erbteil im Wege der Erhöhg (§ 1935), Anwachsg (§ 2094) od Ersatzberufg (§ 2096) erwarb (RG JW **18**, 768). Der Vorteil des Eintretenden besteht regelm im Wert entw des gewonnenen Erbteils od seiner Steigerg, wenn zB der Ehegatte nun statt mit Abkömml mit den Eltern zusammentrifft u dadch sowohl dch Erbteilserhöhg als auch dch einen größeren Voraus begünstigt wird (Soergel/Dieckmann Rn 4). 2

b) Bei gewillkürter Erbenstellung (II) gilt iZw diese Lastverteilg nach **I** auch, aber nur, wenn der Erbl bewußt u gewollt den PflichttBerecht ersetzt hat, indem er dessen ges Erbteil (nicht einen test) einem Dritten zuwandte (BGH NJW **83**, 2378; str; s Pentz MDR **98**, 1391). Es ist also zunächst die ges Erbquote des PflichttBerecht festzustellen; ist dies der Ehegatte, kann dessen Erbteil bei ZugewinnGemsch je nach erbrechtl od güterrechtl Lösg verschieden sein (s Mauch BWNotZ **92**, 146 mit Bspl). Sodann ist zu ermitteln, wem dieser Erbteil zugewandt wurde. Dieser hat im InnenVerhältn der MitE iZw die PflichttLast in Höhe des erlangten Vorteils zu tragen (dazu Olshausen MDR **86**, 89), wobei die Höhe des Vorteils nach dem Wert zZt des Erbfalls zu bemessen ist (BGH aaO). – **II** ist nur Ausleggsregel, gilt also nur iZw, sofern der Erbl nicht eine and Verteilg dch Vfg vTw angeordnet hat (§ 2324); ein nur hypothet ErblWille reicht dafür allerd nicht aus (von BGH aaO angedeutet, aber offen gelassen). 3

3) Auch die Vermächtnislast soll den Eintretenden treffen, wenn ein Berechtigter ein Verm als Ersatz für Pflichtt angenommen hat (§ 2307) od es ihm trotz dessen wirks Entziehg (§§ 2333 ff) zugewendet war. 4

2321 *Pflichtteilslast bei Vermächtnisausschlagung.* **Schlägt der Pflichtteilsberechtigte ein ihm zugewendetes Vermächtnis aus, so hat im Verhältnisse der Erben und der Vermächtnisnehmer zueinander derjenige, welchem die Ausschlagung zustatten kommt, die Pflichtteilslast in Höhe des erlangten Vorteils zu tragen.**

1 **1) Vermächtnisausschlagung.** Schlägt der PflichttBerecht ein ihm zugewendetes Vermächtn aus, kann er vom Erben den vollen Pflichtt verlangen (§§ 2307 I 1, 2303 I). Für die Verteilg der PflichttLast im Innen-Verhältn wirkt sich die VermächtnAnordng aber weiter aus, sofern der Erbl keine abweichde Bestimmg getroffen hat (§ 2324). Der mit dem Vermächtn Beschwerte, dem der Wegfall des Vermächtn zustatten kommt, ist dann dem mit dem Pflichtt belasteten Erben bis zur Höhe des Vorteils, den er dch die Ausschlagg erlangt hat, zur Deckg der PflichttLast ausgleichspflichtig. – Bei Annahme des Vermächtn dch den PflichttBerecht gilt § 2320 I.

2 **2) Zustatten** kommt der dch die Ausschlagg bewirkte Wegfall des Vermächtn: **a) Dem Erben,** der damit beschwert war. Soweit er allein beschwert war, kann er die Last nicht auf die Miterben, u soweit alle beschwert waren, können sie diese nicht auf die Vermächtn u Auflagen abwälzen (§ 2318). – **b) Dem Vermächtnisnehmer,** soweit dieser beschwert od nach §§ 2158, 2190 eingetreten war. Wird also das UnterVermächtn ausgeschlagen, hat der VermächtnNehmer den Vorteil u der nach außen haftende Erbe ggü diesem ein AbzugsR. Vor Ausschlagg kann der Erbe nicht in entspr Anwendg des § 2307 II durch Fristsetzg die Entscheidg des PflichttBerechtigten herbeiführen.

3 **3) Der erlangte Vorteil** besteht meist (aber nicht immer) in der Höhe des ausgeschlagenen Vermächtn; sicherl dann, wenn der VermächtnWert den des Pflichtteils übersteigt (RG JW **14**, 594) od ihm gleichkommt. Ist das ausgeschlagene Vermächtn geringer als der PflichttBetrag, so ist die Höhe des Vorteils durch Vergleich der RLage vor u nach der Ausschlagg zu ermitteln (Staud/Haas Rn 7). Der VermächtnWert berechnet sich nach der Zeit des Erbfalls, ggf mit Zinsen u Zinseszinsen (RG aaO).

2322 *Kürzung von Vermächtnissen und Auflagen.* **Ist eine von dem Pflichtteilsberechtigten ausgeschlagene Erbschaft oder ein von ihm ausgeschlagenes Vermächtnis mit einem Vermächtnis oder einer Auflage beschwert, so kann derjenige, welchem die Ausschlagung zustatten kommt, das Vermächtnis oder die Auflage soweit kürzen, daß ihm der zur Deckung der Pflichtteilslast erforderliche Betrag verbleibt.**

1 **1) Das Kürzungsrecht** des Nachrückenden im Falle der Ausschlagg der Erbsch od eines Vermächtn dch den PflichttBerecht regelt die Vorschr speziell, so daß die weitergehende Kürzgsmöglichk des § 2318 I zurücktritt (BGH NJW **83**, 2378). Derjenige, dem die Ausschlagg zustatten kommt, kann das Vermächtn nur in dem Maße kürzen, daß die ihn treffende PflichttLast gedeckt ist, weil mutmaßl der Erbl dem Ersatzmann, der erst infolge Ausschlagg Erbe wird, nicht auf Kosten des VermächtnNehmers NachlWerte zukommen lassen will (BGH aaO). Der VermächtnNehmer wird also nur zugunsten des PflichttBerecht, nicht aber des dch die Ausschlagg Begünstigten zurückgesetzt.

2 **2) Durchführung.** Da der Nachberufene als Erbe PflichttLast und Beschwergen zu tragen hat, darf er Vermächtn und Auflagen (§§ 2161; 2192) nur kürzen, wenn der ihm verbleibende Nachl zur Deckg des Pflichtteils erschöpft ist. Bei unteilbarer Leistg hat der VermächtnNehmer einen Ausgleichsbetrag an den Erben zu bezahlen; bei Weigerg des VermächtnNehmers ist ihm nur der verhältnismäß gekürzte Schätzgswert zu entrichten. Geht der VermAnspr auf Bestellg eines Nießbrauchs, hat der Nachberufene nicht die Rechte aus §§ 1089, 1087 (BGH **19**, 309). Vorteile bietet ein solcher ErbschErwerb daher meist nicht, so daß auch der Nachberufene besser ausschlägt. S dazu Johannsen WM **70**, 241 f.

2323 *Nicht pflichtteilsbelasteter Erbe.* **Der Erbe kann die Erfüllung eines Vermächtnisses oder einer Auflage auf Grund des § 2318 Abs. 1 insoweit nicht verweigern, als er die Pflichtteilslast nach den §§ 2320 bis 2322 nicht zu tragen hat.**

1 **Eingeschränkt** ist das LeistgsverweigergsR (§ 2318) des Erben, soweit er nach §§ 2320–2322 die Pflichtt-Last im InnenVerhältn auf MitE od VermächtnNehmer abwälzen od mindern kann. Insow ist er also nicht kürzgsberecht; dies gilt auch für die KürzgsMöglk des § 2318 III (Staud/Haas Rn 3).

2324 *Abweichende Anordnungen des Erblassers.* **Der Erblasser kann durch Verfügung von Todes wegen die Pflichtteilslast im Verhältnisse der Erben zueinander einzelnen Erben auferlegen und von den Vorschriften des § 2318 Abs. 1 und der §§ 2320 bis 2323 abweichende Anordnungen treffen.**

1 **1) Die Umverteilung** der PflichttLasten kann der Erbl abweichd von der ges Regelg dch Test od ErbVertr anordnen, aber nur mit Wirkg für das Innenverhältn zw Erben, VermächtnNehmer u AuflageBegünst. Diese sind dann in dem angeordneten Umfang daran gebunden. Der Erbl kann also die PflichttLast im Verhältn der Erben untereinander (auch im Fall des § 2319 S 2) einzelnen Erben aufbürden (§§ 2046 II, 2189) od das KürzgsR erweitern, beschränken od ganz ausschließen (BGH WM **81**, 335). Im ErbVertr sind solche Anordngen sowohl als einseit (§ 2299) wie auch als vertragsmäß (§ 2278 II) mögl, da die Umverteilg der PflichttLast ein Vermächtn zG der von ihr Entlasteten darstellt. – In Erbfällen vor dem 1. 4. 98 (EG 227 I Nr 1) konnte der Erbl auch die Last zur Tragg des ErbersatzAnspr (§ 1934 a aF) im Verhältn der Erben untereinander entspr § 2324 anderweit regeln.

2) Keine Anordnungsbefugnis hat der Erbl bezügl des eigenen PflichttR des Erben od VermächtnNehmers, da es sich dabei um zwingendes R handelt, in das er nicht eingreifen kann (§§ 2318 II, III; 2319 S 1; vgl § 2318 Rn 3; 4). – Der Erbl kann auch nicht die **Haftung** ggü dem PflichttBerecht (§§ 2058 ff, 2303) ändern; ebsowenig die ErgänzgsPfl (§§ 2325 ff). 2

2325 *Ergänzung des Pflichtteils wegen Schenkungen.* **I Hat der Erblasser einem Dritten eine Schenkung gemacht, so kann der Pflichtteilsberechtigte als Ergänzung des Pflichtteils den Betrag verlangen, um den sich der Pflichtteil erhöht, wenn der verschenkte Gegenstand dem Nachlasse hinzugerechnet wird.**

II Eine verbrauchbare Sache kommt mit dem Werte in Ansatz, den sie zur Zeit der Schenkung hatte. Ein anderer Gegenstand kommt mit dem Werte in Ansatz, den er zur Zeit des Erbfalls hat; hatte er zur Zeit der Schenkung einen geringeren Wert, so wird nur dieser in Ansatz gebracht.

III Die Schenkung bleibt unberücksichtigt, wenn zur Zeit des Erbfalls zehn Jahre seit der Leistung des verschenkten Gegenstandes verstrichen sind; ist die Schenkung an den Ehegatten des Erblassers erfolgt, so beginnt die Frist nicht vor der Auflösung der Ehe.

1) Normzweck. Die den nächsten Verwandten dch das PflichttR garantierte Mindestbeteiligg am Vermögen des Erbl (Übbl 1 v § 2303) könnte dieser unterlaufen, indem er den Nachl dch lebzeit Schenkgen verringert. Für diesen Fall gewährt ihnen das G einen ErgänzgsAnspr gg den Erben, notf sogar gg Beschenkten (§ 2329). Dazu werden die Geschenke der letzten 10 Jahre dem beim Erbfall vorhandenen Nachl hinzugerechnet u aus dem so erhöhten Wert die jew Pflichtt errechnet. Ergibt sich dann eine Differenz zum PflichttBetrag, hat der Berecht insow Anspr auf Ergänzg. Die Anspr nach §§ 2325–2331 sind praktisch der einzige, zudem noch zeitl (§ 2325 III) u inhaltl (§ 2329) begrenzte Schutz der nächsten Angehörigen (in krassen Fällen können auch noch §§ 138, 826 eingreifen, s BGH FamRZ **72**, 255). – Kinder haben nach ihren Eltern zwei getrennte PflichttAnspr; der Begriff „Erblasser" ist daher bei Vorliegen eines gemeinsch Test (§ 2269) beim Tod des Letztversterbenden nicht auf den vorverstorbenen Eheg auszudehnen (BGH **88**, 102), so daß dessen Geschenke dann außer Betr bleiben. – Für analoge Anwendg von § 2325 bei Errichtg einer Stiftg vTw Rawert/Katschinski ZEV **96**, 161. 1

2) Der Ergänzungsanspruch (I) ist ein rechtl selbständ außerordentl PflichttAnspr (BGH **103**, 333), der neben dem ordentl steht u von dessen tatsächl Bestehen unabhängig ist. Gläub ist der PflichttBerecht (**I**), also jeder aus dem Kreis der in § 2303 (u § 2338 a aF) genannten Angehörigen, dessen PflichttR nicht dch § 2309 ausgeschlossen ist. Da ein ordentl PflichttAnspr nicht bestehen muß, steht er dem Berecht auch dann zu, wenn dieser am Nachl als Erbe beteiligt, also nicht dch Vfg vTw von der Erbfolge ausgeschlossen ist (s § 2326) od die Erbsch ausgeschlagen hat (BGH NJW **73**, 995; dazu Steiner MDR **97**, 906). Der Schutzzweck des § 2325 erfaßt allerd nur denjen, der auch schon bei der Schenkg pflichttberecht war (BGH **59**, 210; NJW **97**, 2676 gg das überw Schriftt, vgl MüKo/Frank Rn 6 mN). Keine Ergänzg kann desh verlangen, wer erst nach Schenkg dch Eheschließg, Adoption od sogar Geburt pflichttberecht geworden ist, weil der Berecht seine Erberwartg nur auf die VermögensVerhältn in der Zeit stützen könne, zu der er schon pflichttberecht war (BGH aaO; ablehnd auch Pentz MDR **97**, 717; Otte ZEV **97**, 375; Widtke DNotZ **98**, 85 ff). Zu den Konsequenzen s Bestelmeyer FamRZ **98**, 1152; **99**, 489. 2

a) Rechtsnatur. Der ErgänzgsAnspr wird rechtl entspr dem ordentl PflichttAnspr behandelt bezügl seiner Entstehg (kein Schutz vor dem Erbfall, § 2317 Rn 1) u Übertragbark (§ 2317); der AuskunftsPfl (§ 2314 mit Rn 7), auch üb Anstandsschenkgen gem § 2330 (BGH NJW **62**, 245), wobei ein ergänzgsberecht MitE grdsl keinen AuskunftsAnspr gg andere MitE hat (KG MDR **73**, 500; aM Speckmann NJW **73**, 1870); dem Anspr auf Wertermittlg (BGH **89**, 24; § 2314 Rn 13); der PflichttLast (§§ 2318 ff); Verjährg (§ 2332) u Entziehg (§§ 2333 ff). 3

b) Anspruchsinhalt. Der ErgänzgsAnspr ist eine GeldFdg, also nicht auf eine Anfechtg der Schenkg u auch nicht auf eine wertmäß Beteiligg am Nachl gerichtet, zu dem der geschenkte Ggstand gar nicht gehört (BGH NJW **96**, 1743). Der Berecht kann zur Ergänzg seines PflichttAnspr den Betrag verlangen, um den sich sein Pflichtt dch Hinzurechng aller Schenkgen zum Nachl erhöht, die der Erbl in den letzten zehn Jahren (Ausn bei Eheg, § 2325 III 2; s Rn 23) vor seinem Tode gemacht hat, ausgenommen Pflichtschenkgen (§ 2330). Wurde der PflichttBerecht dch verschiedene Schenkgen nacheinander beeinträchtigt, können sich daraus verschiedene ErgänzgsAnspr ergeben (s auch BGH NJW **88**, 1667). – Auch u gerade bei nicht aktivem Nachl erfolgt PflichttErgänzg, da der ordentl Pflichtt dann gleich Null ist. Der Anspr gg den Erben ist in diesem Fall prakt aber nur dchsetzb, wenn dieser für die NachlVerbindlichk unbeschränkb haftet (§ 2013 Rn 1–4); bei völligem Fehlen bereits eines BruttoNachl u noch nicht unbeschränkter Erbenhaftg entfällt dagg der ErgänzgsAnspr (s § 1990). Dann kommt § 2329 in Betr (s BGH **LM** Nr 2; 6; NJW **74**, 1327; dazu Haegele BWNotZ **72**, 69/71). Ergibt sich auch dch Hinzurechng der Geschenke kein aktiver Nachl, ist für ErgänzgsAnspr kein Raum (auch nicht gg Beschenkten, § 2329), weil die PflichttBerecht dann auch bei unterbliebener Schenkg leer ausgegangen wären (RG JR **27** Nr 1655). 4

c) Berechnung. Zu ermitteln ist, um wieviel sich der ordentl Pflichtt erhöhen würde, wenn der verschenkte Ggst noch zum Nachl gehören würde (**I**). Der damit maßgebl Wert des sog fiktiven Nachl ergibt sich aus der Zusammenrechng von realem Nachl und dem Wert des Geschenks. Daraus wird der erhöhte Pflichtt ermittelt, der sich bei ZugewinnGemsch für alle PflichttBerechtigten nach dem großen Pflichtt des Eheg (§ 2303 Rn 8) bestimmt, es sei denn, daß der Eheg weder Erbe noch VermNehmer ist. – Beispiel: Nachl 12 000, Pflichtt des einzigen Sohnes $1/4$ = 3000; bei Schenkg von 4000 ist fiktiver Nachl 16 000, davon $1/4$ = 4000; Differenz zum Pflichtt gibt ErgänzgsAnspr von 1000. Noch einfacher berechnet sich die Ergänzg vom Geschenk selbst: $1/4$ von 4000 = 1000. 5

d) Schuldner des ErgänzgsAnspr sind die Erben; die GeldFdg ist NachlVerbindlk. Gleichgült ist, ob der Verpflichtete selbst auch pflichttberecht ist od nicht (s § 2328). Bei Versagen richtet sich der Anspr direkt gg 6 den Beschenkten, dann allerd nur auf Herausgabe des Geschenks zwecks Befriedigg wg des fehlden Betrags nach Bereichergsvorschriften (§§ 2328, 2329, BGH **LM** Nr 2); letzteres gilt auch, wenn der PflichttBerecht alleiniger Erbe ist (§ 2329 I 2). War auch der Berecht beschenkt, gilt § 2327.

7 **3) Voraussetzung** des Anspr ist eine **Schenkung** iS der §§ 516, 517 (hM, zB BGH **59**, 132), die der Erbl einem anderen gemacht hat, der Dritter, Erbe, MitE, PflichttBerechtigter sein kann; auf deren Höhe od auf eine etw Benachteiliggsabsicht kommt es nicht an (anders § 2287). Erforderl ist also obj Bereicherg des Empfängers aus dem Vermögen des Erbl u Einigg über Unentgeltlk der Zuwendg. Ob Schenkg vorliegt, richtet sich nach der Zeit der Zuwendg. Darunter können auch belohnende Schenkgen (§ 516 Rn 9) fallen (s
8 BGH WM **77**, 1410; **78**, 905). – **Gemischte** Schenkgen (§ 516 Rn 13) sind nur hinsichtl ihres unentgeltl Teils heranzuziehen. Ob eine teilw unentgeltl Zuwendg vorliegt, hängt vom Wert der auszutauschenden Leistgen ab, den die VertrParteien im Rahmen der VertrFreih selbst bestimmen (BGH **59**, 132; NJW **64**, 1323; **65**, 1526; FamRZ **67**, 214; **74**, 650). Deren Bewertgen zB in einem Versorggs- od ÜbergabeVertr müssen also anerkannt werden, wenn sie auch unter Berücksichtigg eines VerwandtschVerhältnisses noch in einem vernünft Rahmen bleiben. Erst bei auffallend grobem Mißverhältn zw den wirkl Werten von Leistg u Ggleistg ist von teilw unentgeltl Zuwendg auszugehen (BGH **59**, 132; s auch Rn 20). Vertragl vereinbarte Ggleistgen können nachträgl noch erhöht werden (RG **72**, 188; **94**, 157); der Schenker hat vertragl sogar das Recht, das zunächst unentgeltl Gesch dch einseit Erkl nachträgl in ein voll entgeltl umzugestalten, dies sogar dch Vfg vTw (BGH FamRZ **85**, 696). – Bei überhöhten Anstandsschenkgen ist auch nur der Mehrbetrag zu
9 berücksichtigen (BGH FamRZ **81**, 765). – Für rgeschäftl Zuwendgen unter **Ehegatten** gilt im Grdsatz nichts anderes (BGH FamRZ **89**, 732). Allerd erfordert der Schutzzweck des § 2325 eine Überprüfg, ob die Vereinbarg wg Mißverhältn von Leistg u Ggleistg statt nachträgl Korrektur nicht in Wahrheit bloße Vermögensverschiebg ist, weil nach den konkreten Verhältn in der Ehe die zu vergütenden Leistgen nicht über die nach § 1360 zur gemeinsamen Lebensführg beizusteuernden Dienste hinausgingen (BGH aaO). S auch Rn 15; 17. – Ob Schenkgen zu berücksichtigen sind, die ein nach der Wiedervereinigg verstorbener Erbl aus
10 der fr **DDR** dort zwar innerh des 10-Jahres-Zeitraums, aber noch zu einem Zeitpkt gemacht hat, zu dem das damals geltde DDR-ZGB eine Ergänzgsregelg nicht kannte, ist fragl (BGH FamRZ **95**, 420; Rostock ZEV **95**, 333; Kuchinke DtZ **96**, 194 ff; Schübel/Wiedemann JZ **95**, 858; Pentz JZ **99**, 295). Thür OLG OLG-NL **99**, 110 lehnt aus Grden des Vertrauens- u Bestandsschutzes Ergänzg ab, wenn Schenkg vor dem 3. 10. 90 vollzogen war (abl Kummer ZEV **95**, 319). Dagg unterwirft es GrdstSchenkg der Ergänzg, die zeitnah noch vor der Wiedervereinigg gemacht, aber erst danach dch Eintragg vollzogen wurde, hält dann allerd aus BilligkGründen bei der Höhe des Anspr Korrektur dch Anwendg des Niederstwertprinzips (Rn 19) jedenf bei großen zeitl Abstand zw Auflassg u Eintragg für angebracht (OLG-NL **99**, 108).

11 **a) Einzelfälle.** Bei der **Lebensversicherung** können die Prämien unentgeltl Zuwendg sein, dagg nicht die Versichergssumme (vgl BGH FamRZ **76**, 616 mit ablehnder Anm von Harder; Staud/Olshausen Rn 37; Haegele BwNotZ **72**, 71, dort auch über Erichtg einer Stiftg; s auch Wieser MittBayNot **70**, 135, auch über Aufnahme von Kindern od Dritten in Personalgesellsch). – Vereinbart ein Erbl mit seinem Erben dessen
12 **Aufnahme als Gesellschafter** in sein HandelsUntern u wird für beide Gter der neugegründeten OHG das Recht begründet, nach dem Tod des anderen das Gesch zu übernehmen, liegt idR keine einen PflichttErgAnspr auslösde Schenkg vor (and in bes gelagerten Fällen, KG OLGZ **78**, 464); ist neben dem ÜbernahmeR ein Ausschluß jegl Abfindg vereinbart, muß dch Vergleich der beiderseit Leistgen geprüft werden, ob
13 auffalldes, grobes Mißverhalten vorliegt (BGH NJW **81**, 1956). – **Nachfolge bei Personengesellschaften:** Sieht der GesVertr einer OHG, KG beim Tod eines Gters die Fortsetzg unter Ausschluß des Erben vor (§ 1922 Rn 15), liegt keine unentgeltl Zuwendg an die verbleibden Gter vor, wenn bei gleichen Risiken u Chancen für alle Gter eine Fortsetzg ohne Abfindg vereinbart war (BGH **22**, 186/194; KG DNotZ **78**, 109; Düss MDR **77**, 932, str; aM MüKo/Frank Rn 16) od wenn nur ein entgeltl EintrittsR besteht. Ergänzgsbedürftge Schenkg kann dagg vorliegen, wenn GesVertr den AbfindgsAnspr nur für den Fall des Todes einzelner Gter ausschließt od einen Gter entschädgslos zur Übernahme berecht (s BGH JZ **81**, 445). S auch Schmidt FamRZ **74**, 518/521 mN u allg über den PflichttErgAnspr bei Ausscheiden eines Gesellsch dch Tod Haegele
14 BWNotZ **76**, 29. – Ob **Abfindung** für einen Erb- u PflichttVerzicht idR als unentgeltl Leistg des Erbl anzusehen ist, ist bestr (s Soergel/Dieckmann Rn 18; Staud/Olshausen Rn 7 mN). Einers erbringt der Verzichtde keine Ggleistg. Andrers wird er bei Berechng des Pflichtt nicht mehr mitgezählt (§ 2310 S 2), so daß der PflichttBerecht dadch bereits eine Erhöhg seiner Quote erfährt. Insow kann § 2325 nicht mehr zur
15 Anwendg kommen, sollte es aber, soweit § 2310 S 2 keinen Ausgleich bewirkt (MüKo/Frank Rn 14). – Die sog **unbenannte (ehebedingte) Zuwendung** unter Ehegatten (§ 1372 Rn 3) wird im ErbR zur Verhinderg einer Umgehg der erbrechtl SchutzVorschr zum Nachteil von PflichttBerecht, VertrE od NachE bereits bei obj Unentgeltlk wie eine Schenkg behandelt, auch wenn die Ehegatten subj nicht von einer solchen ausgegangen sind (BGH **116**, 167; Köln FamRZ **92**, 480). Obj Unentgeltlk liegt vor, wenn die Leistg eines Ehegatten weder unterhaltsrechtl geschuldet war noch der Alterssicherg od der Vergütg von Diensten diente noch ihr sonst eine dch sie ganz od teilw vergütete konkrete Ggleistg des and Gatten ggüberstand (BGH aaO; dazu Kollhosser NJW **94**, 2313; Langenfeld ZEV **94**, 129; NJW **94**, 2133; Brambring ZEV **96**, 254). – Diese Grdsätze gelten auch für Zuwendgen an den Partner einer **nichtehelichen Lebensgemeinschaft,** innerh der ohnehin kein Unterh geschuldet wird. Bei ihr ist, wenn keine bes Vereinbarg getroffen wurde, grdsl davon auszugehen, daß die zu ihrer Verwirklichg von jedem Partner erbrachten persönl u wirtschaftl Leistgen nicht ggseit abgerechnet, sond ersatzlos erbracht werden, also schuldrechtl nicht ausgleichsfäh sind (Düss; Köln FamRZ **97**, 1110; 1113).

16 **b) Keinen** ErgänzgsAnspr begründet der Umstand, daß ein nichtehel Kind dch einen vor dem 1. 4. 98 rgült zustand gekommenen vorzeit Erbausgleich (§ 1934 d; e aF; EG 227 I Nr 2) mehr erhalten hat als dem PflichttBerecht als Pflichtt verbleibt, wenn der Ausgleichsbetrag dem Vermögen des Erbl hinzugerechnet wird (Damrau FamRZ **69**, 589; Johannsen WM SonderNr 3/**70**, 17; Haegele BWNotZ **72**, 71). – Keine Schenkg ist Erfüllg (Anerkenntn) einer Schuld trotz Verjährg wg § 362 (s § 516 Rn 9 a; § 222 Rn 4). – Abschluß eines **Ehevertrags** stellt idR keine Schenkg dar (Haegele aaO 71 mwH; s Zweibr OLGZ **65**, 304). Dies gilt auch für Begründg einer **Gütergemeinschaft** (s § 2113 Rn 13), selbst wenn dadch der kaum od weniger

Vermögen einbringde Eheg obj eine Bereicherg erfährt, weil es dann bereits an der erforderl Einigg üb die Unentgeltlichk fehlt. Der RGrd einer solchen Bereicherg liegt vielm in dem familienrechtl Vertr; diese ehegüterrechtl causa wird nur dann dch SchenkgsVertr verdrängt, wenn ausnahmsw festgestellt werden kann, daß die GeschAbsichten der Eheleute nicht zwecks Verwirklichg der Ehe auf eine Ordng der beiderseit Vermögen gerichtet war (BGH **116**, 178). Anzeichen dafür können zB sein, daß GüterGemsch noch kurz vor Tod vereinb wurde; daß nach einheitl Plan zunächst GüterGemsch u später and Güterstand vereinb wurde; daß wertvoller Grdbesitz aus dem Vorbehaltsgut des einen Eheg in das des and od ins Gesamtgut verschoben wurde (BGH aaO). Auch kann in einer nachfolgden Auseinandersetzg des Gesamtguts verdeckte Schenkg darin liegen, daß ein Eheg mehr erhält, als ihm nach § 1476 zustand (BGH aaO).

c) Beweisfragen. PflichttBerecht muß Zugehörigk des Ggstands zum fiktiven Nachl u Unentgeltlk 17
darlegen u beweisen (BGH **89**, 26), also daß der Leistg des Erbl keine Ggleistg ggübstand; er trägt Beweislast für beide Werte (BGH **100**, 190); Beweisschwierigk wird Rechng getragen, indem AnsprGegner die Tats für seine Ggleistg dch substant Bestreiten vorzutragen hat (BGH NJW-RR **96**, 705). Bei obj Wertdifferenz ist Bewertg der Leistgen dch die VertrPartner auf Vertretbark zu prüfen (BGH aaO). Bei auffalld grobem MißVerhältn spricht Vermutg für ihre Einigg üb Unentgeltlk (BGH **59**, 132).

4) Bewertung (II). Der Wert des Geschenks ist grdsl mit dem Verkehrswert anzusetzen (s § 2311 Rn 9). 18
Für das von einem MitE übernommene Landgut ist unter den Voraussetzgen des § 2312 allerd nur der Ertragswert maßgebl (BGH NJW **64**, 1323; 1414; s § 2312 Rn 5), sofern es sich nicht nur um einen Bruchteil handelt (BGH **LM** Nr 9; § 2312 Rn 4). Erträgnisse eines geschenkten Ggstands mindern die GgLeistg (Haegele BWNotZ **72**, 70). – Der **Bewertungsstichtag** ist dagg je nach Art des verschenkten Ggstands 19
verschieden: Alle verbrauchbaren Sachen (§ 92) wie zB Geld, Wertpapiere werden stets mit ihrem Wert zum Ztpkt der Schenkg **(II 1)** angesetzt. Zu ihnen zählt auch der schenkgsweise Erlaß einer GeldFdg, der als Hingabe von Geld gilt (RG **80**, 138; BGH **98**, 226 zum Erlaß einer Leibrente mit krit Anm von Frank JR **87**, 243 u Paulus JZ **87**, 153). – Bei nicht verbrauchbaren Ggständen wie zB Grdstück ist von den beiden in Betr kommenden Stichtagen (Erbfall od Schenkgsvollzug) derjen maßgebl, zu dem das Geschenk weniger wert war (**II 2**; Niederstwertprinzip). Zur Feststellg des maßgebl Werts ist Vergleichsberechng vorzunehmen, bei der zunächst der ermittelte Wert bei Vollzug der Schenkg nach den Grdsätzen üb die Berücksichtigg des Kaufkraftschwunds (§ 2315 Rn 5; BGH **65**, 75) auf den Tag des Erbfalls umgerechnet u in dieser Höhe dem ermittelten Wert im Zeitpkt des Erbfalls ggübergestellt wird. Der niedrigere von beiden wird dem Nachl hinzugerechnet. Bei nachträgl Wertsteigergen kommt es auf den Wert an, dessen sich der Erbl im Zeitpkt der Schenkg entäußert hat (BGH **118**, 49). Die Bewertg eines in der fr DDR verschenkten HausGrdstücks kann sich dabei nicht an damals ggf übl Schwarzgeldzahlgen orientieren (BGH FamRZ **95**, 420); jedoch kann im Falle erkennb vorübergehder Preisbegrenzgen den Interessen des PflichttBerecht unter dem Gesichtspkt eines höheren „inneren“ Wertes geholfen werden (BGH aaO; FamRZ **93**, 1048; s aber Rn 10).

a) Bei gemischten Schenkungen ist es zunächst Sache der VertrParteien, Leistg u Ggleistg zu bewerten. 20
Ledigl bei auffallend grobem Mißverhältn zw Leistg u Ggleistg spricht eine tatsächl Vermutg für gewollte unentgeltl Zuwendg (s Rn 8 mN). Dabei ist aber wg der lebzeit VfgsBefugn des Erbl zu berücksichtigen, daß sich dieser zB die Versorgg in gewohnter Umgebg etwas kosten lassen darf, so daß zB ein AltenteilsR nicht rein statistisch zu bewerten ist (Oldbg FamRZ **92**, 1226). Der Wert der für eine GrdstÜbertragg zugesagten Betreuung des Erbl bis zu dessen Lebensende ist regelmäß dch Kapitalisierg der Pflegedienste vom Zeitpkt des VertrSchlusses an nach der statist Lebenserwartg des Erbl zu ermitteln (Oldenbg NJW-RR **97**, 263; FamRZ **98**, 516). Hat der Erbl sich lebenslängl **Nießbrauch** am verschenkten Grdst vorbehalten (od wurde NutzgsR als Ggleistg des Beschenkten od als Auflage an ihn formuliert, BGH NJW-RR **96**, 705) u verblieb so dem Erbl die Nutzg seines Geschenks, ist dieses ledigl in dem Umfang in Ansatz zu bringen, in dem der Wert des weggeschenkten Grdst den Wert der kapitalisierten Nutzg übersteigt (BGH **118**, 49); bei der Kapitalisierg ist auf die konkrete Lebenserwartg des Schenkers abzustellen (Köln FamRZ **97**, 1437). Für die Vergleichsrechng ist der maßgebl Bewertgsstichtag gem **II** 2 zunächst ohne Berücksichtigg des NutzgsR (Nießbr; WohnR, AltenteilsR etc) zu ermitteln. Kommt es danach auf den Wert im Zeitpkt der Schenkg an (die mehr als 10 Jahre zurückliegen kann, s Rn 23), ist nun der hierfür festgestellte Betrag aufzuteilen in den (kapitalisierten) Wert des NutzgsR einers u den verbleibenden Wert des GrdstEigt anders. Nur den so ermittelten Restwert des GrdEigt hat Erbl im Zeitpkt der Schenkg aus seinem Vermögen ausgegliedert (BGH **125**, 395); dieser ist sodann unter Berücksichtigg des Kaufkraftschwunds auf den Todestag des Erbl umzurechnen u in dieser Höhe dem Nachl hinzuzurechnen. War dagg der Wert des Grdst im Zeitpkt des Erbfalls als der niedrigere maßgebl, bleibt das NutzgsR unberücksichtigt (BGH aaO mAv Meyding ZEV **94**, 202). Tritt allerd Erbfall kurz nach Schenkg ein, würde der kapitalisierte Wert des NutzgsR den auf den Schenkgszeitpkt berechneten GrdstWert unverhältnismäß mindern u ist desh nach Oldbg NJW **99**, 734 auch nicht in Abzug zu bringen (abw vom BGH NJW-RR **96**, 705). – Übersichtl Darstellg gibt Reiff ZEV **98**, 241. Kritik an der Rspr üben Soergel/Dieckmann Rn 35 ff; Pentz FamRZ **97**, 724; Reiff FamRZ **91**, 552; **92**, 363, 803; Dingerdissen JZ **93**, 402. S dagg auch Mayer FamRZ **94**, 739; Liedel MittBayNot **92**, 238; Hohloch JuS **93**, 164.

b) Schenkungsversprechen. War die Schenkg beim Erbfall noch nicht vollzogen u befindet sich der 21
Ggstand noch im Nachl, ist dieser ledigl mit NachlVerbindlk auf Erfüllg des Schenkgsversprechens belastet. Gleichwohl soll nach der RSprechg das Niederstwertprinzip gelten (BGH **85**, 274; Brdbg FamRZ **98**, 1265), indem der Wert zum Zeitpkt des Erbfalls dem zum Zeitpkt des Schenkgsversprechens ggübergestellt wird. Schenkg versteht **II** jedoch nur als Schenkgsvollzug u vergleicht nur dann die beiden Werte. Desh kann beim Versprechen nur auf den Erbfall abgestellt u der Anspr auf den Ggstand zu diesem Zeitpkt bewertet werden (MüKo/Frank Rn 21; Soergel/Dieckmann Rn 50), sofern nicht Schenkgsvollzug nach Erbfall berücksichtigt wird (dafür Pentz FamRZ **99**, 830). BGH NJW **93**, 2737 ließ offen, ob er an früh Rspr festhält. – Bei Untergang der Sache erlischt der Anspr ganz. Iü ist es gleichgült, ob der Beschenkte die Sache noch im Besitz od veräußert hat (vgl aber § 2329).

5) Zeitliche Begrenzung (III). Eine Schenkg ist der PflichttErgänzg entzogen, wenn seit Leistg des 22
verschenkten Ggstands bis zum Erbfall 10 Jahre verstrichen sind (**III** Hs 1). Dem liegt die Annahme zugrde,

daß idR dch Zeitablauf die Auswirkgen der Schenkg entfallen od erhebl gemindert sind, zumal der verschenkte Ggst auch in der Hand des Schenkers meist an Wert eingebüßt hätte. Für den Fristbeginn ist allein auf den Zeitpkt der obj Leistg des verschenkten Ggst abzustellen, also auf die auf RÜbertragg gerichtete Vollziehgshandlg, dch die der Erbl als Schenker den Ggst wirkl an den Beschenkten verliert, weil er erst damit das Geschenk auch wirtschaftl aus seinem Vermögen ausgliedert (BGH **98**, 226). Bei mehreren Zuwendgen ist er für jeden verschenkten Ggst gesondert festzustellen (BGH NJW **88**, 138). Die Frist beginnt also bei Schenkg bewegl Sachen mit Vollendg des EigtÜbergangs, bei GrdstSchenkgen mit der Umschreibg im Grundbuch gem § 873 I (BGH **102**, 289; Überprüfg fordert Behmer FamRZ **99**, 1254). Konsequenterweise führt dann im Interesse der RKlarh auch die Sicherg des ÜbereigngsAnspr dch Vormerkg im Grundbuch nicht zu einer Ausnahme (Dieckmann aaO). – Hinausgeschoben wird der Fristbeginn, wenn der Erbl den verschenkten Ggstand aGrd vorbehaltenem dingl R od schuldr Vereinbarg bis zu seinem Tod selbst weiter nutzte. Dann ist die Schenkg unabhäng von ihrem dingl Vollzug ergänzgspflicht, weil er noch nicht den zur Verhinderg von Mißbrauch verlangten spürbaren Vermögensverlust schon so erlitten hat, daß er die Folgen selbst noch 10 Jahre lang zu tragen hatte (BGH NJW **94**, 1791 mAv Meyding ZEV **94**, 202; Draschka Rpfleger **95**, 71; Reiff NJW **95**, 1136; Düss FamRZ **97**, 1114). Gleiches gilt bei Vorbehalt des freien
23 Widerrufs der Schenkg (Mayer FamRZ **94**, 739; Draschka aaO). – **Ausnahme (III Hs 2):** Bei Schenkgen an den **Ehepartner** verschiebt sich der Beginn der 10-Jahres-Frist auf den Zeitpkt der Eheauflösg, weil bis dahin das Geschenk wirtschaftl noch im Vermögen des Schenkers verblieben war u der Erbl die Folgen seiner Schenkg dah nicht wirkl spürte. Trat Eheauflösg dch Tod des Erbl ein, sind daher alle währd der gesamten Ehe von ihm an seinen Eheg gemachten Schenkgen ergänzgspflicht (soweit nicht § 2330 eingreift). Nur wenn die Ehe schon vor dem Erbfall dch Scheidg, Aufhebg od NichtigErkl od Tod des beschenkten Eheg endete u zw Eheauflösg u Erbfall 10 Jahre verstrichen sind, bleiben die ehezeitl Schenkgen des Erbl an seinen früh Eheg unberücksichtigt (MüKo/Frank Rn 26); andernf sind alle einzubeziehen. Die Verfassgsmäßigk dieser unterschiedl Behandlg der Schenkgen unter Eheg ggü unentgeltl Zuwendgen an Dritte wurde erfolglos angezweifelt, da sie weder gg GG 6 I noch gg GG 3 I verstößt (BVerfG NJW **91**, 217 u 1 BvR 1145/79; Celle FamRZ
24 **89**, 1012). – Die AusnRegelg des **III** Hs 2 gilt aber **nicht** für Schenkgen des Erbl vor Eheschließg, auch wenn er später den Beschenkten heiratete (Düss NJW **96**, 3156; Dieckmann FamRZ **95**, 189; v Olshausen FamRZ **95**, 717; Pentz NJW **97**, 2033; aA Zweibr FamRZ **94**, 1494: analoge Anwendg), gleichgült ob nichtehel LebensGemsch zw Schenker u Beschenktem bestand. Zur Rlage bei Wiederheirat nach Scheidg s Dieckmann aaO.

25 **6) Verhältnis der §§ 2325 ff zu § 2316.** Schenkgen an Dritte sind nicht nochmals nach §§ 2325 ff zu berücksichtigen, wenn u soweit sie bereits nach § 2316 bei der Berechng des Pflichtt dem Nachl zugerechnet worden sind (RG JW **37**, 2201; Bührer ZBlFG **15**, 213/226; Sostmann RhNK **76**, 495/507 ff; dagg Sturm/Sturm, Festgabe von Lübtow, 1980, 599). Beispiel zur Berechng des PflichttErgänzungsAnspr für den Fall, daß Erbl ausgleichspflichtige Zuwendgen sowie Schenkgen gemacht hat u keinen nennenswerten Nachl hinterläßt, BGH NJW **65**, 1526 (dazu Keßler DRiZ **66**, 399, Johannsen WM **70**, 234/239; **77**, 306; Sostmann aaO 509 f; § 2056 Rn 1; Sturm/Sturm, FS von Lübtow, 1991, 291 ff).

2326 ***Ergänzung über die Hälfte des gesetzlichen Erbteils.*** **Der Pflichtteilsberechtigte kann die Ergänzung des Pflichtteils auch dann verlangen, wenn ihm die Hälfte des gesetzlichen Erbteils hinterlassen ist. Ist dem Pflichtteilsberechtigten mehr als die Hälfte hinterlassen, so ist der Anspruch ausgeschlossen, soweit der Wert des mehr Hinterlassenen reicht.**

1 **1) Der Ergänzungsanspruch** ist auch dann gegeben, wenn ein Anspr auf den ordentl Pflichtt nach §§ 2303, 2305 überh nicht besteht, sond dem Berecht dch Erbeinsetzg od VermächtnZuwendg die Hälfte des (nicht durch Schenkgen vermehrten) Erbteils u mehr hinterlassen ist (BGH NJW **73**, 995). Sonst könnte der Erbl fast alles wegschenken u seinen Sohn mit der noch verbleibenden Hälfte des Nachl abfinden. Der ErgänzgsAnspr besteht auch dann, wenn der Berecht den zugewandten Erbteil, der mehr als die Hälfte des ges Erbteils beträgt, annimmt (s aber Rn 2); er braucht also nicht auszuschlagen, nur um die Ergänzg zu bekommen. Die §§ 2306 I 2, 2307 kommen hier insow nicht in Betr (s aber Rn 3).

2 **2) Kürzung (Satz 2).** Wurde dem PflichttBerecht mehr als die Hälfte seines ges Erbteils hinterlassen, ist seine PflichttErgänzg als insoweit ausgeschlossen (S 2) um den Wert des mehr Hinterlassenen zu kürzen (BGH WM **89**, 382). Der ges Ausschluß ist ggf vAw zu berücksichtigen (BGH NJW **73**, 995). – Beispiel: Hinterläßt der Erbl 6000 DM u hatte er 7000 verschenkt, hätte der zu $^2/_3$ eingesetzte alleinige Sohn einen Pflichtt von $^1/_2$ = 3000 u dazu wg der Schenkg an sich ErgänzgsAnspr von 3500; da aber sein Erbteil mit 4000 seinen Pflichtt um 1000 übersteigt, kann er Ergänzg nur von 3500 – 1000 = 2500 verlangen.

3 **3) Bei Auferlegung von Beschwerungen u Beschränkungen** (§§ 2306, 2307) ist es häufig praktisch unmögl, diese von dem mehr Hinterlassenen in Abzug zu bringen. Hier wird man dem PflichttBerechtigten aus § 119 ein AnfechtgsR gewähren, wenn er die beschränkte od beschwerte Zuwendg (Erbteil od Vermächtn) in Unkenntn von der Schenkg angenommen hatte (str; vgl MüKo/Frank Rn 2). Eine Hinausschiebg der Ausschlaggsfrist (§ 2306 I 2 Halbs 2) ist aber nicht veranlaßt (Staud/Olshausen Rn 14).

2327 ***Beschenkter Pflichtteilsberechtigter.*** **I Hat der Pflichtteilsberechtigte selbst ein Geschenk von dem Erblasser erhalten, so ist das Geschenk in gleicher Weise wie das dem Dritten gemachte Geschenk dem Nachlasse hinzuzurechnen und zugleich dem Pflichtteilsberechtigten auf die Ergänzung anzurechnen. Ein nach § 2315 anzurechnendes Geschenk ist auf den Gesamtbetrag des Pflichtteils und der Ergänzung anzurechnen.**

II Ist der Pflichtteilsberechtigte ein Abkömmling des Erblassers, so findet die Vorschrift des § 2051 Abs. 1 entsprechende Anwendung.

1) Anrechnungspflichtige Eigengeschenke. Hat der Erbl mehrere Personen beschenkt, darunter auch den ErgänzgsBerecht selbst, kann dieser nicht Ergänzg verlangen, ohne dabei sein eigenes Geschenk einzubringen. Die Schenkgen an ihn sind sogar zeitl unbegrenzt zu berücksichtigen; § 2325 III gilt hier nicht, da der ErgänzgsBerecht dch die Anrechng eines auch länger zurückliegende Geschenks nicht unbillig geschädigt wird (BGH **LM** Nr 1; KG NJW **74**, 2131). Bei Abkömml sind auch Geschenke anzurechnen, die der weggefallene Vorgänger des an seine Stelle getretenen Abkömml erhalten hat (**II** iVm § 2051 I; vgl auch § 2315 III); der Eintretende hat also keinen ErgänzgsAnspr, wenn kein andrer als sein Vorgänger beschenkt worden war. – **Nicht** anrechnen zu lassen braucht sich der ErgänzgsBerecht Geschenke, die sein Eheg vom Erbl erhalten hat, es sei denn, daß in der Zuwendg zugleich ein Geschenk auch an ihn liegt (BGH aaO). Die vom Eheg des Erbl gemachten Geschenke bleiben ohnehin außer Betr, da für die Ergänzg Schenker u Erbl identisch sein müssen. Das Kind braucht sich dah die vom erstverstorbenen Elternteil erhaltenen Geschenke nicht auf seinen ErgänzgsAnspr nach dem Letztverstorbenen anrechnen zu lassen, auch nicht aus BilligkGrden (BGH **88**, 102 mAv Kuchinke JZ **84**, 96; Dieckmann FamRZ **83**, 1104). Es ist also auch bei Vorliegen eines gemeinsch Test (§ 2269) jeweils festzustellen, welcher Ehegatte das Geschenk gemacht hat, weil getrennte Erbfälle vorliegen und damit zwei PflichttAnspr eines Kindes je nach Vater und Mutter bestehen. – Die **Beweislast** für die Behauptg, der Berecht habe selbst vom Erbl Schenkgen erhalten, trifft den Beschenkten (BGH NJW **64**, 1414). 1

2) Beschränkte Anrechnung. Das Eigengeschenk wird nur auf den ErgänzgsAnspr angerechnet u erfaßt idR nicht den ordentl Pflichtt, selbst wenn es die Ergänzg übersteigt. Nur wenn es infolge Anordng des Erbl nach § 2315 anrechngspflicht ist, wird es gem **I** 2 auch auf den ordentl Pflichtt angerechnet, dann allerd mit dem Wert zZ der Schenkg (§ 2315 II 2; bestr; s MüKo/Frank Rn 9). Der Betrag der PflichttErgänzg errechnet sich einfach durch Addition der Schenkgen. Bspl: Pflichtteilsberecht sind die Witwe und der mit 3000 beschenkte Sohn; ein Dritter hat 5000 geschenkt erhalten. Die Witwe erhält, abgesehen von der ZugewinnGemeinsch, (5000 + 3000) : 4 : 2 = 1000; der Sohn 8000 × 3/4 : 2 = 3000 – 3000, somit nichts. Da bei der ZugewinnGemeinsch der ges Erbteil der Witwe 1/2 beträgt (§ 1371 I), steht ihr eine Ergänzg von 2000 zu, wenn sie den großen Pflichtt erhält (§ 2303 Rn 8); der Sohn erhält auch hier nichts. War also das Geschenk höher od gleich der Ergänzg, so muß sich der PflichttBerechtigte mit seinem einfachen Pflichtt begnügen. Dieser verbleibt ihm aber ungeschmälert unbeschadet der §§ 2315, 2316. War das Geschenk geringer, so kann er sich wg der Differenz ggf an den dritten Beschenkten halten (§ 2329). 2

3) Ausgleichungspflichtige Vorausempfänge. Sind Schenkgen zugleich ausgleichgspflichtig u bei Berechng des ordentl Pflichtteil eines Abkömml bereits berücksichtigt (§ 2316), kommen sie für eine Ergänzg nur noch insoweit in Betr, als sie bei der Ausgleichg nicht bereits in Rechng gesetzt worden sind (BGH DNotZ **63**, 113; Oldbg FamRZ **98**, 646). Verlangt der Abkömml, der selbst eine (nicht als Schenkg geltende) Ausstattg erhalten hat, Ergänzg wg eines Geschenks an Dritten, ist zunächst zu ermitteln, wie hoch der ordentl Pflichtt unter Berücksichtigg der AusgleichgsPfl (§ 2316) wäre, wenn der verschenkte Ggst sich noch im Nachl befände. Der Differenzbetrag ergibt den ErgänzgsAnspr. – Wg § 2056 ist bei hohem Vorempfang mögl, daß sich auch bei Hinzurechng des Geschenkgs zum Nachl ein PflichttAnspr nicht ergibt, so daß dann auch Ergänzg nicht in Betr kommt (BGH NJW **65**, 1526). § 2056 greift ein, wenn der Vorempfang des ausgleichgspflicht ges Erben höher ist als dessen ges Erbteil unter Hinzurechnung aller Vorempfänge u Schenkgen (BGH aaO; s § 2056 Rn 1). Wird der „fiktive“ Erbteil von den Vorempfängen übertroffen, sind nach BGH NJW **88**, 821 ausgleichgspflicht Zuwendgen bei der Bestimmg der ergänzgserhebl Erbteile in der Weise zu berücksichtgen, daß der fiktive Nachl um die ausgleichgspflicht Zuwendgen ergänzt u aus diesem „doppelt fiktiven“ Nachl (Dieckmann FamRZ **88**, 712) die ergänzgserhebl Erbteile ermittelt werden; scheidet dabei nach § 2056 S 2 ein Abkömml aus, weil er mit seinem Vorempfang mehr erhalten hat als das, was ihm als Erbteil aus dem doppelt fiktiven Nachl rechnerisch gebührt, erhöhen sich dadch rechnerischer Erbteil u damit auch die rechnerische PflichttQuote der übrigen Abkömml. Mit dieser erhöhten Quote sind sie dann am fiktiven Nachl zu beteiligen. Beim Anspr gg den Beschenkten (§ 2329) muß dieser dann vom Wert des Geschenks mehr opfern, als dies ohne den ausgleichgspflicht Vorempfang der Fall wäre (Dieckmann aaO). 3

2328 *Selbst pflichtteilsberechtigter Erbe.*

Ist der Erbe selbst pflichtteilsberechtigt, so kann er die Ergänzung des Pflichtteils soweit verweigern, daß ihm sein eigener Pflichtteil mit Einschluß dessen verbleibt, was ihm zur Ergänzung des Pflichtteils gebühren würde.

1) Ein Leistungsverweigerungsrecht gewährt das G dem selbst pflichttberecht Erben nur gg den ErgänzgsAnspr (§ 2325), nicht auch gg den PflichttAnspr. Er kann eine geforderte Ergänzg soweit verweigern, daß ihm selbst der eigene Pflichtt einschließl einer ihm etwa gebührenden PflichttErgänzg verbleibt (BGH **85**, 274/286 f). Als Schuldner eines ErgänzgsAnspr soll er davor bewahrt werden, das erlangte Vermögen zunächst auskehren u dann bei and Beschenkten Ersatz suchen zu müssen. Dabei wird bei ZugewinnGemsch der große Pflichtt des Eheg angesetzt (§ 2303 Rn 8; s aber auch § 2319 Rn 1), der sich auch auf die and PflichttBerecht auswirkt. – Neben dieser Einrede kann er sich nach § 1990 auch auf eine Dürftigk des Nachl berufen (BGH WM **89**, 384). Ggü Vermächtn ist Erbe nach § 2318 geschützt. 1

2) Beispiel: Erben Sohn S und Neffe N zu 1/2; Tochter T ist enterbt. Nachlaß 2000, Schenkg an X 4000. Ordentl Pflichtt der T 500, ergänzter 1500. S muß T 500 zahlen, kann aber Ergänzg verweigern u T an N verweisen. Ist S AlleinE, verbleiben ihm nach PflichttZahlg 1500, so daß er Ergänzg auch abwehren und T an Beschenkten X verweisen kann (§ 2329). 2

2329 *Anspruch gegen den Beschenkten.*

I Soweit der Erbe zur Ergänzung des Pflichtteils nicht verpflichtet ist, kann der Pflichtteilsberechtigte von dem Beschenkten die Herausgabe des Geschenkes zum Zwecke der Befriedigung wegen des fehlenden Betrags nach den

Vorschriften über die Herausgabe einer ungerechtfertigten Bereicherung fordern. Ist der Pflichtteilsberechtigte der alleinige Erbe, so steht ihm das gleiche Recht zu.

II Der Beschenkte kann die Herausgabe durch Zahlung des fehlenden Betrags abwenden.

III Unter mehreren Beschenkten haftet der früher Beschenkte nur insoweit, als der später Beschenkte nicht verpflichtet ist.

1 **1) Ergänzungsanspruch.** Der PflichttBerecht, der Ergänzg (§ 2325) verlangen kann, diese aber vom Erben nicht erhält, soll dch einen Anspr gg den vom Erbl Beschenkten vor den Folgen ungerechtfert Nachteile dch Schenkgen des Erbl bewahrt werden. Als AlleinE hat er von vornherein Anspr gg den Beschenkten, wenn der Nachl seinen ergänzten Pflichtt nicht deckt (**I** 2). Entspr gilt für zu kurz gekommene MitE (BGH **80**, 205). Der Beschenkte muß dann dem ErgänzgsBerecht das Geschenk (od was davon noch vorhanden ist) zum Ausgleich eines bestimmten Fehlbetrags nur zur Vfg stellen; dch freiwillige Zahlg kann er den Zugriff in das ihm Zugewendete sogar vollständ abwehren (**II**). – Die beiden ErgänzgsAnspr aus §§ 2325 u 2329 unterscheiden sich nur dch Art u Umfang der Haftg (BGH NJW **74**, 1327). Die Zeitgrenze des § 2325 III gilt auch für den Anspr aus § 2329 (BGH NJW **74**, 2319); s dazu § 2325 Rn 22 u BGH **59**, 290. Zu Geschenken in der fr DDR vor der Wiedervereinigg s § 2325 Rn 10.

2 **2) Subsidiäre Haftung.** Die Haftg des Beschenkten setzt da ein, wo die Zahlgsverpflichtg des Erben aufhört u der Nachl zur Befriedigg der ErgänzgsBerecht nicht ausreicht. Der Erbe haftet nicht, wenn kein Nachl vorhanden od der vorhandene überschuldet ist (BGH NJW **81**, 1446); wenn seine Haftg nach §§ 1975, 1990 (BGH **LM** § 2325 Nr 2; 6) od § 2060 beschränkt ist; wenn er wg Gefährdg des eigenen Pflichtt die Ergänzg nach § 2328 verweigern kann, auch wenn er die Einrede noch nicht erhoben hat (Soe/Dieckmann Rn 7; Pentz MDR **98**, 132; str; aA Zweibr NJW **77**, 1825; MüKo/Frank Rn 3 mN). Der Beschenkte kann dagg nicht schon in Anspr genommen werden, wenn der ErgänzgsBerecht seinen Anspr gg den unbeschränkt haftenden Erben nicht aus rechtl, sond nur aus tatsächl Grden nicht dchsetzen kann, weil dieser zahlgsunfäh ist od aus and persönl Grden nicht belangt werden kann (überw Meing; s BGH NJW **83**, 1485; MüKo/Frank Rn 2; Pentz MDR **98**, 132; aA Staud/Olshausen Rn 8; auch noch 57. Aufl).

3 **3) Schuldner** des Anspr aus § 2329 ist der Beschenkte, ggf seine Erben (BGH **80**, 205). Die Schenkg des Erbl kann auch erst nach dem Erbfall vollzogen sein (BGH **85**, 283). Ist der Beschenkte zugleich Erbe, haftet er zunächst als solcher gem § 2325 u kann dann Anspr auf Vorbehalt (ZPO 780) haben (RG **80**, 136). Erst wenn dies Haftg ausgeschlossen ist (Rn 2), haftet er nach § 2329 (BGH **LM** § 2325 Nr 2). – Ist der Beschenkte selbst pflichttberecht u gebührt ihm selbst ein Pflichtt (einschließl Ergänzg) nach dem Schenker, muß er entspr § 2328 mit der ihm zugewendeten Schenkg so gestellt werden wie dort der pflichttberecht Erbe (BGH **85**, 274). Bei Berücksichtigg dessen, was dem beschenkten PflichttBerecht verbleiben muß, ist auf den Ztpkt der Zwangsvollstreckg abzustellen, damit ein Wertverfall des Geschenks nach dem Erbfall nicht zu Lasten des Beschenkten geht od Wertsteigergen nicht dem PflichttBerecht vorenthalten werden (BGH aaO 287 mit Vorschlag für die Urteilsformel). Beweislast trifft pflichttberecht Kläger (RG LZ **32**, 393).

4 **a) Beschränkt** ist die Haftg des Beschenkten dch **I** in doppelter Weise: Sie ist begrenzt auf das schenkweise Zugewendete (wie im BereichergsR). Das „Erlangte" ist aber (abweichend vom BereichergsR) nur zur Befriedigg wg eines anderweitig errechneten exakten Fehlbetrags herauszugeben (BGH **107**, 200), weil der Anspr nicht auf den GesamtPflichtt od die aus § 2325 errechnete „Ergänzg" geht (BGH **111**, 138). Dieser Fehlbetrag ergibt sich aus der Differenz zwischen der (vom PflichttBerecht nach § 2325 zu beanspruchenden) PflichttErgänzg u demjenigen, zu dessen Leistg der Erbe iS von § 2329 verpflichtet ist (BGH aaO mit teilw krit Anm Dieckmann FamRZ **89**, 857). § 2329 greift desh nicht ein, soweit ein Fehlbetrag dch Anspr nach §§ 2287; 2288 ausgeglichen ist (BGH **111**, 138; aA Muscheler FamRZ **95**, 1361).

5 **b) Von mehreren Beschenkten** haftet in erster Linie der zuletzt Beschenkte (**III;** vgl § 528 II). Als die spätere Schenkg ist von zwei zu versch Ztpkten bindd versprochenen ud danach zu versch Ztpkt vollzogenen Schenkgen die später vollzogene anzusehen, auch wenn sie die früher bindd versprochene Schenkg ist (Hamm NJW **69**, 2148). Ob bei Vollzug der Schenkg erst nach dem Erbfall auch auf den Ztpkt des Vollzugs abgestellt werden kann, zieht BGH **85**, 274 in Zweifel. Der Ergänzgsberechtigte kann Klage auch gg alle Beschenkte auf Leistg, uU gg den früher Beschenkten auf Feststellg, erheben. Der Anspr gg diesen ist weder künftig noch bedingt u der Höhe nach unabhängig von dem tatsächl Ergebnis der ZwVollstr in die dem später Beschenkten zugewendeten Ggstände (BGH NJW **55**, 1185). Die Verpflichtg des später Beschenkten erlischt insb durch Wegfall der Bereicherg (vgl aber §§ 818 IV, 819), nicht durch ZahlgsUnfgk. Die Frist des § 2325 III gilt hier ebenf, auch wenn eine Person mehrf beschenkt wurde (Soergel/Dieckmann Rn 27).

6 **4) Anspruchsinhalt.** Der ErgänzgsAnspr des § 2329 ist nur bei Geldgeschenken od bei bereichergsrechtl Werthaftg auf Zahlg gerichtet. Bei and Geschenken ist er dch Klage auf Duldg der ZwVollstr in den geschenkten Ggst in Höhe des (zu beziffernden) Fehlbetrages entspr §§ 1973 II 1; 1990 I 2 durchzusetzen (BGH **85**, 274/282; **108**, 396; NJW **90**, 2064). – Der Beschenkte hat die Einrede der Entreicherg (§ 818 III). Die Vollstreckg kann er dch Zahlg der Ergänzg abwenden; bei der Abwendgsbefugn ist § 2325 II zu beachten. Wegen der Bereicherg s §§ 818–822. Wegfall der Bereicherg kann auch durch Anfechtg (gem InsO 134; AnfG 3; 4) eintreten. – Gericht hat auf zutreffde Vorgehensweise bes hinzuweisen (Düss FamRZ **96**, 445). – Für die Berechng des Anspr ist ein übergebenes Landgut iZw mit dem Ertragswert anzusetzen (BGH NJW **64**, 1323, aber auch BGH NJW **73**, 995). – **Verjährung** des Anspr s § 2332 II mit Rn 8 ff; sie wird auch dch Klage aus § 2325 gg dieselbe Person unterbrochen (§ 2332 Rn 12).

7 **5) Auskunft.** Der Beschenkte ist dem pflichttberecht NichtE entspr § 2314 I auskunftspflicht, sofern dieser nicht bereits vom Erben Auskunft erhalten hat (BGH **55**, 378; **89**, 24; NJW **85**, 384). Ggü dem pflichttberecht Erben kann eine solche AuskunftsPfl nicht aus § 2314, sond nur aus § 242 abgeleitet werden u setzt dann ein besond Informationsbedürfn voraus (s § 2314 Rn 3). Umgekehrt hat dem Beschenkten der Erbe, der ihn auf Ergänzg in Anspr nimmt, Ausk üb die Geschenke zu geben, die er selbst vom Erbl

empfangen hat (BGH NJW **64**, 1414). – Ein Anspr auf **Wertermittlung** gg den Beschenkten auf dessen Kosten analog § 2314 I 2 besteht nicht, wie nunmehr höchstrichterl geklärt ist (BGH **107**, 200). Übernimmt der Pflichttberecht allerd die Kosten der Wertermittl selbst, kann ein Anspr aus § 242 zu bejahen sein (s § 2314 Rn 18). 8

2330 *Anstandsschenkungen.* **Die Vorschriften der §§ 2325 bis 2329 finden keine Anwendung auf Schenkungen, durch die einer sittlichen Pflicht oder einer auf den Anstand zu nehmenden Rücksicht entsprochen wird.**

1) Ausgenommen von der Ergänzg sind mit Rücks auf den Erbl dessen Pflicht- u Anstandsschenkgen (Rn 2; 3), deren Vorliegen nach obj Kriterien (persönl Beziehgen; Lebensstellg usw) zu beurteilen ist (MüKo/Frank Rn 2 mN). Übersteigen sie das gebotene Maß, sind sie nur hinsichtl des Mehrbetrags ergänzgspflicht (BGH **LM** Nr 2; NJW **81**, 2459; Karlsr OLGZ **90**, 462). Zu unbenannten Zuwendgen unter Eheg s § 2325 Rn 15. – AuskunftsPfl (§ 2314) besteht auch für diese Schenkgen (BGH **LM** § 2314 Nr 5). – Beweislast für Schenkg hat, wer Ergänzg verlangt; daß es sich dann um Anstandsschenkg handelte, der Beschenkte. 1

2) Anstandsschenkungen sind kleinere Zuwendgen wie übl GelegenhGaben zu bestimmten Anlässen (BGH NJW **81**, 111; § 534 Rn 1–3), wobei die örtl od gesellschaftl Verkehrssitte eine Rolle spielt. – Aus **sittlicher Pflicht** ist eine Schenkg geboten, wenn ihr Unterlassen dem Erbl als Verletzg der für ihn bestehenden sittl Pfl zur Last zu legen wäre (BGH NJW **84**, 2939); da allerd auch sittl Pfl ist, den Pflichtt eines Abkömml nicht dch rechtl noch zuläss Maßn auszuhöhlen (BGH **88**, 102), ist Interessenabwägg geboten. Im Ggsatz zu Anstandsschenkgen steht hier auch ein großer Wert der Anwendg von § 2330 nicht entgg (BGH aaO). – Unter sittl Pfl kann zB fallen: Übereigng des halben Familienwohnhauses an unversorgte Ehefrau nach langjähr unbezahlter Mitarbeit im Geschäft (Karlsr OLGZ **90**, 456); die Sicherg des LebensUnterh für den Partner einer nichtehel LebensGemsch (BGH NJW **83**, 674); Unterhaltszahlgen für nahe Verwandte (MüKo/Kolhosser § 534 Rn 4); einzelfallbezogen auch die Zuwendg eines Grdstücks für unbezahlte langjähr Dienste im Haushalt od für unentgeltl Pflege u Versorgg (BGH WM **77**, 1410; **78**, 905); belohnende Zuwendgen für Pflegeleistgen oä dagg nur, wenn besond Umstände wie zB schwere persönl Opfer vorliegen (BGH NJW **86**, 1926). 2 3

2331 *Zuwendungen aus dem Gesamtgut.* **I Eine Zuwendung, die aus dem Gesamtgut der Gütergemeinschaft erfolgt, gilt als von jedem der Ehegatten zur Hälfte gemacht. Die Zuwendung gilt jedoch, wenn sie an einen Abkömmling, der nur von einem der Ehegatten abstammt, oder an eine Person, von der nur einer der Ehegatten abstammt, erfolgt, oder wenn einer der Ehegatten wegen der Zuwendung zu dem Gesamtgut Ersatz zu leisten hat, als von diesem Ehegatten gemacht.**

II Diese Vorschriften sind auf eine Zuwendung aus dem Gesamtgut der fortgesetzten Gütergemeinschaft entsprechend anzuwenden.

Die Vorschrift entspricht § 2054 (s dort sowie Zweibr OLGZ **73**, 222) u gilt für Zuwendgen iS der §§ 2304 ff, 2315, 2316, 2325ff, also sowohl für den ordentl wie für den ErgänzgsPflichtt. 1

2331 a *Stundung des Pflichtteilsanspruchs.* **I Ist der Erbe selbst pflichtteilsberechtigt, so kann er Stundung des Pflichtteilsanspruchs verlangen, wenn die sofortige Erfüllung des gesamten Anspruchs den Erben wegen der Art der Nachlaßgegenstände ungewöhnlich hart treffen, insbesondere wenn sie ihn zur Aufgabe seiner Familienwohnung oder zur Veräußerung eines Wirtschaftsgutes zwingen würde, das für den Erben und seine Familie die wirtschaftliche Lebensgrundlage bildet. Stundung kann nur verlangt werden, soweit sie dem Pflichtteilsberechtigten bei Abwägung der Interessen beider Teile zugemutet werden kann.**

II Für die Entscheidung über eine Stundung ist, wenn der Anspruch nicht bestritten wird, das Nachlaßgericht zuständig. § 1382 Abs. 2 bis 6 gilt entsprechend; an die Stelle des Familiengerichts tritt das Nachlaßgericht.

1) Stundungsverlangen. Die Möglichk einer Stundg des PflichttAnspr dch das Gericht soll der Gefährdg des Nachl bei rücksichtsloser Geltdmachg des Anspr od seiner Durchsetzg im Wege der Zwangsvollstr vorbeugen (die Vereinbarg einer Stundg ist jederzeit zulässig, auch schon vor Entstehg des Anspr im Rahmen des § 312 II; s Klingelhöffer ZEV **98**, 121). Verlangen kann sie nur ein selbst pflichttberecht Erbe (§§ 2303; 2309; nichtehel Kind darf nicht vor 1. 7. 49 geboren sein, § 1924 Rn 10), bei MitE nur die pflichttberecht; ferner NachlPfleger (§§ 1960, 1961), NachlVerwalter (§ 1984) u InsolvenzVerw. Dagg nicht der TV (*arg* aus § 2213 I 3). – Das Begehren ist an den PflichttBerecht zu richten, der seinen Anspr (§ 2317) geltd macht; bei mehreren kann Erbe gg jeden einzelnen Stundg herbeiführen. Bei MitE (zu ihrer Haftg §§ 1967 II; 2058 ff) kommt eine gewährte Stundg nur den pflichttberecht, nicht auch den and zugute. – Stundg ist auch in Form angemessener Ratenzahlg od teilw (Dresden OLG-NL **99**, 167) u auch hinsichtl Zinsen mögl. Sie ist auch unzumutb, wenn vorauszusehen ist, daß der Erbe dch sie nicht in die Lage versetzt wird, sich die Mittel zur Erfüllg des Anspr zu verschaffen. 1

2) Voraussetzungen. Eine Stundg wird dch doppelte Voraussetzgen zur Ausn gemacht, da die sofortige Erfüllg des mit dem Erbfall entstandenen und fälligen PflichttAnspr (§ 2317) die Regel ist: – **a) Ungewöhnliche Härte für den Erben (I 1).** Stundg kann nicht schon gewährt werden, wenn die sofortige Erfüllg den Erben (wie oft) in Schwierigk bringt. Vom Erben muß erwartet werden, daß er sich auch von Ggst trennt, an 2 3

denen er hängt (Familienstück, Kunstwerk), daß er Werte zur Unzeit veräußert, sein sonst Vermögen heranzieht od Kredit auch zu ungünst Bedinggen aufnimmt. Nur wenn sich aus der Art der NachlGgstände eine ungewöhnl Härte ergibt, ist Stundg mögl. Das Ges nennt beispielh Zwang zur Aufgabe der FamilienWohng (Dresden OLG-NL **99**, 167: mitbewohntes Elternhaus) od zur Veräußerg des die LebensGrdlage bildden WirtschGuts (Unternehmen; Mietshaus; Landwirtsch; GesellschAnteil, aus dem Erbe seine hauptsächl Einkünfte bezieht). Ungewöhnl hart würde es den Erben auch treffen, wenn zB dch die sof Erfüllg dem zum Nachl gehör GeschBetr soviel flüss Mittel entzogen werden müßten, daß als unmittelb Folge der Verlust des Betr zu erwarten wäre. Gehören aber zum Nachl mehrere WirtschBetr, so würde die Notwendigk der
4 Veräußerg eines von ihnen nicht in jedem Fall die Stundg des PflichttAnspr rechtfertigen. – **b) Dem Pflichtteilsberechtigten zumutbar (I 2)** muß ferner die Stundg sein, nachdem dieser ohnehin vom Erbl zurückgesetzt worden ist. Dazu ist nach den Umständen des Einzelfalls eine Abwägg der beiderseitgen Interessen vorzunehmen, wobei es nur auf das Verhältn zw Erben u PflichtttBerecht ankommt. Dabei können das Verhalten des Erben (zB Verzögerg der Erfüllg dch einen mit allen Mitteln geführten RStreit) und die Eink- u VermögensVerh des PflichttBerecht berücksicht werden.

5 **3) Miterbengemeinschaft.** Sind mehrere selbst pflichttberecht Erben vorhanden, ist zu beachten, daß bis zur Teilg des Nachl bei beschränkter Erbenhaftg keiner der Erben den PflichttAnspr aus seinem Privatvermögen erfüllen muß u sich die Vollstreckg nur gg den ungeteilten Nachl richten kann (§ 2059 I 1, II; Beispiel bei Damrau FamRZ **69**, 582). Auch wenn nur ein MitE selbst pflichttberecht ist, kann sein Interesse Stundg gebieten, obwohl die übr MitE dch sofortige Erfüllg nicht übermäßig hart getroffen werden.

6 **4) Zur Entscheidung** berufen ist nur bei unstreitigem PflichttAnspr das NachlG (**II**). Dagg kann nur beim ProzeßG Antrag auf Stundg gestellt werden, wenn der PflichttAnspr noch streitig ist u über ihn ein RStreit anhängig wird (§ 1382 V). Über den Antrag entscheidet dieses im Urteil. Liegt ein rechtskr Urteil über den PflichttAnspr vor, ist nachträgl StundgsAntr beim NachlG unzulässig (s aber Rn 8; im übr s § 1934 d Rn 22). § 1382 II–VI gelten entspr (**II**), ferner FGG 83 a mit 53 a.

7 **a) Nachlaßgericht.** Zuständigk örtl FGG 73, funktionell RPfleger (RPflG 3 Nr 2 c). Echtes StreitVerf mit Amtsermittlg (FGG 12). Sonderregelgen in FGG 83 a iVm 53 a. Erforderl ist Antrag eines Berecht (s Rn 1). NachlG soll mit den Beteil mündl verhandeln u darauf hinwirken, daß sie sich über Stundg gütl einigen. **Vergleich** ist zu Prot (nach ZPO 159–165) zu nehmen (FGG 53 a I 2); es sind der Schuldbetrag, die Zins- u Zahlgsbedingg sowie etwa vereinbarte Sichergen aufzunehmen; zweckm ist auch Vereinbg über die Kosten; zur ZwangsVollstr aus Vergleich s FGG 53 a IV. Einstw AO sind mögl (FGG 53 a III). – **Entscheidung** wird erst mit RKraft wirks (FGG 53 a II). NachlG kann Stundg bis zu einem best Ztpkt od Ratenzahlgen (mit Verfallklausel) bewilligen u auf Antr anordnen, daß Erbe Sicherh zu leisten hat (II 2 iVm § 1382 III, IV). Bei Stundg muß es auch üb die Höhe der Verzinsg nach billigem Ermessen u Zinsbeginn befinden (§ 1382 II, IV; BayObLG **80**, 421). Auf Antr des PflichttBerecht kann es zugleich die Verpflichtg des Erben zur Zahlg des unstreit PflichttAnspr aussprechen und damit VollstrTitel schaffen (FGG 53 a II 2, IV). – **Rechtsmittel** ist stets sofort Beschwerde (FGG 60 I Nr 6; RPflG 11). Frist: FGG 22 I.

8 **b) Nachträgliche Aufhebung oder Änderung** (§ 1382 VI). Eine rkräft Stundgsentscheidg (auch des ProzeßG) kann das NachlG auf Antr des Erben od des PflichttBerecht aufheben od ändern, wenn die Verhältn sich nach Entscheidg wesentl geändert haben. Diese Befugn erstreckt sich auch auf gericht Vergleich, wenn nach dessen Abschluß wesentl Änderg der Verhältn eingetreten ist. Für das Verfahren gelten die Grdsätze unter Rn 7. – Wurde im ProzeßVerf kein StundgsAntr gestellt, kann nach rkräft Zuerkenng des PflichttAnspr unter den Voraussetzgen des § 1382 VI beim NachlG Stundg beantragt werden.

2332 ***Verjährung des Pflichtteilsanspruchs.*** **I Der Pflichtteilsanspruch verjährt in drei Jahren von dem Zeitpunkt an, in welchem der Pflichtteilsberechtigte von dem Eintritte des Erbfalls und von der ihn beeinträchtigenden Verfügung Kenntnis erlangt, ohne Rücksicht auf diese Kenntnis in dreißig Jahren von dem Eintritte des Erbfalls an.**

II Der nach § 2329 dem Pflichtteilsberechtigten gegen den Beschenkten zustehende Anspruch verjährt in drei Jahren von dem Eintritte des Erbfalls an.

III Die Verjährung wird nicht dadurch gehemmt, daß die Ansprüche erst nach der Ausschlagung der Erbschaft oder eines Vermächtnisses geltend gemacht werden können.

1 **1) Alle Pflichtteilsansprüche** nach §§ 2303 ff unterliegen der kurzen Verj nach § 2332, also nicht nur der Anspr auf den Pflichtt selbst (§§ 2303; 2338 a) od auf Rest (§§ 2305; 2307), sond auch die auf Ergänzg (§§ 2325; 2329) od Vervollständigg (§ 2316 II). Dagg nicht MängelAnspr bezügl einer Sache, die der Berecht zur Abgeltg seines Pflichtt erhalten hat (BGH NJW **64**, 363; § 477). – Über Verj des AuskunftsAnspr s § 2314 Rn 5; des GewährleistgsAnspr aus einem Vergleich üb den Pflichtt § 493 Rn 1. – Bei der ZugewinnGemeinsch gilt § 2332 entsprechend für die Verj des AusgleichsAnspr (§§ 1378 IV 3; 1390 II). – Dagg gilt § 2332 nicht für die auf den PflichttBruchteil (§ 2304 Rn 1) od PflichttBetrag eingesetzten Erben od VermächtnNehmer bezügl ihrer Anspr auf Auseinandersetzg od das Vermächtn (RG **113**, 237). – Zur Verj nach **DDR**-Recht u ihre Hemmg s BGH DtZ **96**, 207 mAv Thode ZEV **96**, 267.

2 **2) Bei allen Pflichtteilsansprüche gegen den Erben (I)** wird die kurze VerjFrist von 3 Jahren nur bei doppelter Kenntn des PflichttBerecht von Erbfall und beeinträchtigender Vfg in Lauf gesetzt; damit werden diese Anspr vom G gestärkt, da sie ohne solche Kenntn erst 30 Jahre nach dem Erbfall verjähren. Vom Erbfall erlangt er Kenntn, wenn er vom Tod des Ebl erfährt; dies gilt auch bei NErbfolge, so daß beim NErbfall keine neue Frist beginnt. Zur Kenntn von der Vfg s Rn 3–7. Die Verj von Anspr aus § 2313, die auf das VermG gestützt werden, beginnt nicht vor Entstehg dieser Anspr mit Inkrafttreten des VermG am 29. 9. 90 (Oldbg ZEV **96**, 116; Datum offen gelassen von BGH ZEV **96**, 117 mAv Dressler); auf RKraft des jew Restitutionsbescheids ist dagg nicht abzustellen (Düss NJW-RR **98**, 1157). Bei Eintritt entfernterer Abkömml od Eltern

(§ 2309) muß sogar noch Kenntn des Wegfalls od des Entziehgsgrundes (§ 2333) hinzukommen. – Solange dem PflichttBerecht nicht bekannt ist, ob der überlebende Eheg eine Zuwendg angenommen hat, fehlt Kenntn der Höhe seiner PflichttQuote u damit des Ausmaßes der ihn beeinträchtigenden Vfg.

a) Beeinträchtigende Verfügung ist für PflichttAnspr (§§ 2303–2307) die enterbende od beschränkende letztw Vfg (BGH **95**, 76). Ihre Kenntn iS von **I** setzt voraus, daß der PflichttBerecht nicht nur von ihr erfährt (dch Eröffng od auch mündl, BGH **LM** Nr 1), sond auch ihren wesentl Inhalt erkannt hat, dh die Beeinträchtigg seines ges ErbR, ohne daß er diese in vollem Umfang erfassen muß. Eine in die Einzelh gehde Prüfg der Vfg od die fehlerfrei Bestimmg ihrer rechtl Natur ist also nicht erforderl (BGH aaO; NJW **95**, 1157). Ist die bekannte Vfg unwirks (zB mangels Unterschr), wird dies aber von allen Beteiligten verkannt, setzt Kenntn VerjFrist nicht in Lauf (Oldbg MDR **99**, 41). Auch bei wirks u dem Berecht bekannter Vfg kann ihm Kenntn gleichw fehlen, wenn er infolge Tats- od RIrrt davon ausging, die Vfg sei unwirks u entfalte dah für ihn keine beeinträchtigende Wirkg (RG **140**, 75; BGH Rpfl **68**, 183), jedenf wenn seine Bedenken nicht von vornherein von der Hand zu weisen sind (BGH NJW **95**, 1157); ferner, wenn aGr vorhandenen Test nicht feststeht, wer Erbe geworden ist u wen PflichttBerecht in Anspr nehmen muß (Düss FamRZ **98**, 1267). Betrifft der Irrt allerd nicht die Wirksamk der Vfg, sond nur den Umfang der Beeinträchigg, hat er Kenntn, weil ihm bereits die erkannte Beeinträchtigg unabhäng von ihrem Ausmaß hinreichden Anlaß für ein die Verjährg unterbrechdes Handeln gibt (BGH NJW **95**, 1157 mAv Ebenroth/Koos ZEV **95**, 233). 3

b) Für Ergänzungsanspruch gg den Erben (§ 2325) ist zusätzl die das ErblVermögen verkürzende Schenkg Vfg iS von **I** (BGH **103**, 333). Kenntn des Berecht kann dah erst angenommen werden, wenn ihm sowohl die Vfg vTw als auch die unter Lebden bekannt ist; bei Verj des PflichttAnspr sind also nicht notwend auch ErgänzgsAnspr nicht mehr dchsetzb (BGH NJW **95**, 1157). Auch hier entfällt Kenntn bei plausiblem Zweifel an rechtl Wirksamk (BGH **LM** Nr 3). Erfährt der Berecht zunächst nur von Schenkg u erst später von Vfg vTw, beginnt Verj einheitl mit der letzen Kenntn, wenn die beiden beeinträchtigden Vfgen zsammentreffen od die Beeinträchtigg erst dch das Zusammenwirken beider herbeigeführt wird (BGH **95**, 76/80; **LM** Nr 4). Bei umgekehrter zeitl Abfolge beginnt zunächst mit Kenntn der Vfg vTw die Verj des PflichttAnspr zu laufen unabhäng von der des ErgänzgsAnspr, die erst mit späterer Kenntn der Vfg unter Lebden beginnt (BGH **103**, 333; Düss FamRZ **92**, 1223). Hat Erbl den PflichttBerecht dch verschiedene Schenkgen benachteiligt u erfährt dieser davon nacheinander, können sich daraus verschiedene ErgänzgsAnspr mit unterschiedl laufenden VerjFristen ergeben. 4

c) Keine Kenntnis ist bezügl des NachlBestands erforderl; eine sich aus der insow gegebenen Unkenntn ergebde Beeinträchtigg des PflichttR ist unerhebl (BGH FamRZ **77**, 128; RG **104**, 197). Die VerjFrist beginnt also auch dann zu laufen, wenn zum Nachl Fdgen od Verbindlichk gehören, deren Höhe noch nicht feststeht. – Eine **Ausnahme** hiervon ist nur für den Fall zu machen, daß erst dch Gesetz Anspr geschaffen werden, die dem Nachl hinzuzurechnen sind, zB die erst in der Person des Erben entstehenden Lastenausgl-Anspr (s BGH aaO) od Anspr nach dem VermG auf RückÜbertragg von bzw Entschädigg für Grdst des Erbl in der fr DDR (BGH NJW **93**, 2176; Koblz DtZ **93**, 253; Celle AgrarR **93**, 118; dazu auch Dressler DtZ **93**, 229; Casimir DtZ **93**, 234); hier beginnt die Verjährg nicht vor Entstehg des Anspr. 5

d) Sonderfälle. Auch bei **Verwirkungsklauseln** (zB Einsetzg eines PflichttBerecht als Erben unter Verweisg auf den Pflichtt für den Fall der „Anfechtg" der letztw Vfg dch diesen, § 2074 Rn 6) beginnt Verj des PflichttAnspr bereits mit Kenntn der beeinträchtigden Vfg und nicht erst mit Eintritt der Beeinträchtigg. Hat aber zB der Erbl seinen Sohn zum AlleinE eingesetzt u bestimmt, daß er den Nachl an einen Dritten herausgeben muß, wenn er nicht binnen 4 Jahren eine Auflage erfüllt, so wird im Fall der Nichterfüllg u der damit eingetretenen NErbfolge (§ 2074 Rn 10) die Verj des PflichttAnspr des VorE nicht vor diesem Ztpkt beginnen können. – **Lückenhaft** ist die Regelg, wenn der PflichttBerecht kurz nach Kenntn der ihn enterbenden Vfg eine weitere Vfg des Erbl entdeckt, dch die seine Enterbg allem Anschein nach wieder aufgehoben wurde. Erweist sich später, daß die Enterbg doch wirksam ist, hat er bis dahin keinen Anlaß zur weiteren Verfolgg seines PflichttAnspr. In Ausfüllg dieser Lücke hat BGH **95**, 76 entschieden, daß die früh Kenntn entfällt u der bereits abgelaufene Teil der VerjFrist als nicht abgelaufen anzusehen ist (dazu Dieckmann FamRZ **85**, 1124). 6 7

3) Ergänzungsanspruch gegen Beschenkten (**II**; § 2329). Die Verjährg eines bestehden Anspr wird (im Ggsatz zu **I**) vom G im Interesse des Beschenkten dadch erleichtert, daß hier die Frist stets mit dem Erbfall zu laufen beginnt, also auch ohne Kenntn des AnsprBerecht (BGH FamRZ **68**, 150). Dies gilt auch dann, wenn der Beschenkte zugleich (Mit)Erbe ist (BGH NJW **86**, 1610 mAv Sick JR **86**, 111). 8

4) Hemmung der Verjährg tritt nach §§ 202–207 ein. Demnach wird bei Anspr minderj Kinder gg einen Elternteil die Verj nicht vor Eintritt der Volljährigk in Gang gesetzt (§ 204). Ebso wirkt die Stundg des PflichttAnspr gem § 2331a hemmend (§ 202 I). Dagg beginnt die Verj nach **I** auch dann, wenn der Anspr erst von einer Ausschlagg (§ 2306 I 2, § 2307) abhängt **(III).** 9

5) Für Unterbrechung der Verjährg gelten §§ 208 ff. Anerkenntn (§ 208) kann in einem Verhalten des Schu liegen, aus dem sich das Bewußtsein vom Bestehen des Anspr unzweideut ergibt (Düss FamRZ **99**, 1097). Das eines VorE, das er nach Eintritt der Verj ggü einem Abkömml abgibt, wirkt auch gg den NachE (BGH NJW **73**, 1690 mAv Waltjen NJW **73**, 2061). – **Stufenklage** (ZPO 254) unterbricht Verj des unbezifferten Anspr (§ 209 I; BGH NJW **75**, 1409; **92**, 2563; FamRZ **95**, 797), muß aber nach Abschluß einer Stufe auch weiterbetrieben werden (BGH NJW **93**, 2496; Hamm ZEV **98**, 188). Dagg nicht bloße Klage auf Auskunft (Düss FamRZ **99**, 1097), wohl aber möglicherw das Verhalten des Erben ggü einem solchen Verlangen (§ 208; BGH NJW **75**, 1409); zB kann im Einzelfall sich aus Erteilg einer Auskunft üb den NachlBestand ergeben, daß auch der PflichttAnspr als bestehend angesehen wird (BGH WM **87**, 1108; BGH **95**, 76 mAv Dieckmann FamRZ **85**, 1124). – Eine auf § 2325 gestützte **Zahlungsklage** unterbricht auch die Verj des auf § 2329 gegründeten HerausgAnspr gg denselben Verpflichteten (Erben od Erbeserben; BGH NJW **74**, 1327; **107**, 200 mAv Dieckmann FamRZ **89**, 857); die gg den beschenkten Erben gerichtete im geltd gemachten Umfang auch die Verj des PflichttAnspr, wenn Kläger im Verfahren seine Klage entspr umstellt (BGH bei Johannsen WM **77**, 308). – **Keine** Unterbrechg tritt ein, wenn PflichttBerecht die letztw Vfg währd des Laufes der VerjFrist entgg 10 11 12 13 seiner ursprüngl zutreffden Beurteilg später fehls für unwirks hält (BGH aaO; WM **77**, 307). Klage auf Feststellg der PflichttBerechtigg unterbricht nicht Verj des ErgänzgsAnspr (§ 2325), wenn zur Schenkg nichts vorgetragen wurde (BGH NJW **96**, 1743 mAv Ebenroth/Koos ZEV **96**, 224). Klage gg TV u selbst ein von diesem abgegebenes Anerkenntn der PflichttFdg unterbricht nicht (s BGH **51**, 125).

14 **6) Wirkung.** Die Verjährg bewirkt ein LeistgsverweigergsR (§ 222 I; vgl auch §§ 223–225). Die Undurchsetzbark des Anspr erhöht aber nicht die PflichttAnspr der anderen Berecht. – Ist PflichttAnspr nur gg einen Teil der PflichttSchuldner (MitE) verjährt, gilt bei gesamtschuldn Haftg (§ 2058) § 425 II.

2333 *Entziehung des Pflichtteils eines Abkömmlings.* **Der Erblasser kann einem Abkömmlinge den Pflichtteil entziehen:**

1. wenn der Abkömmling dem Erblasser, dem Ehegatten oder einem anderen Abkömmlinge des Erblassers nach dem Leben trachtet;
2. wenn der Abkömmling sich einer vorsätzlichen körperlichen Mißhandlung des Erblassers oder des Ehegatten des Erblassers schuldig macht, im Falle der Mißhandlung des Ehegatten jedoch nur, wenn der Abkömmling von diesem abstammt;
3. wenn der Abkömmling sich eines Verbrechens oder eines schweren vorsätzlichen Vergehens gegen den Erblasser oder dessen Ehegatten schuldig macht;
4. wenn der Abkömmling die ihm dem Erblasser gegenüber gesetzlich obliegende Unterhaltspflicht böswillig verletzt;
5. wenn der Abkömmling einen ehrlosen oder unsittlichen Lebenswandel wider den Willen des Erblassers führt.

1 **1) Die Pflichtteilsentziehung** ermöglicht es dem Erbl, einem pflichtteilsberecht nahen Angehörigen nach Enterbg unter best Voraussetzgen ausnahmsw auch noch die vom G an sich garantierte Mindestbeteiligg am Nachl zu verwehren. Die Berechtigg dazu ist im G dch erschöpfde Aufzählg der Entziehgsgründe abschließd geregelt, u zwar für die Entziehg des Pflicht von Abkömml in § 2333, von Eltern in § 2334 u des Ehegatten in § 2335 u weder ausdehngs- noch analogiefähig (BGH NJW **74**, 1084). Nach BGH **109**, 306 läßt aber das verfassgsrechtl Übermaßverbot eine Entziehg ohne konkrete Abwägg der Vorwürfe gg den Abkömml mit dem Gewicht der PflichttEntziehg nicht zu (hiergg krit Leipold JZ **90**, 700, weil dieses Verbot im ZivilR vom GesGeber zu beachten ist u nicht bei der konkreten RAnwendg).

2 **2) Ausübung.** Der Erbl kann sein unverzichtb (§ 2302) GestaltgsR nur persönl in Form einer Vfg vTw ausüben, in der er den Entziehgsgrund anzugeben hat (§ 2336), dh den konkreten Vorgang, nicht den Straftatbestand (vgl aber BGH NJW **85**, 1554). Dch Verzeichg erlischt das EntziehgsR; die bereits errichtete Vfg vTw wird unwirks (§ 2337). – Der Erbl kann den Pflichtt ganz od nur teilw entziehen. Die Entziehg kann auch nur in Beschränkgen od Beschwergen bestehen, die sonst gem § 2306 I 1 unwirks wären. Zur Wirkg der begründeten Entziehg s § 2336 Rn 4. Sie erfaßt auch die übr PflichttAnspr auf den Rest (§§ 2305; 2307), auf Ergänzg (§§ 2325; 2329) u auf Auskunft (§ 2314). Die Rechte aus § 569a werden dch §§ 2333ff aber nicht berührt. Weitere Auswirkg der Verfehlgen ist, daß sie zum Rücktritt vom ErbVertr (§ 2294) u zur Aufhebg wechselbezügl Vfgen (§ 2271 II) berechtigen. S auch § 1513. – Sein EntziehgsR kann der Erbl dch Klage (ZPO 256) gerichtl feststellen lassen (BGH NJW **74**, 1084; Hbg NJW **88**, 977). Ob umgekehrt eine Feststellgsklage des PflichttBerecht gg den noch lebenden Erbl grdsl unzulässig ist, weil die Entziehg erst nach dem Erbfall rechtl Folgen haben kann, ließ BGH bislang offen, machte aber Ausn (**109**, 306; s auch BGH NJW-RR **90**, 130 zu Hbg aaO, nachdem der klagende Erbl gestorben war; ferner Saarbr NJW **86**, 1182).

3 **3) Abkömmlinge** (§ 1924 Rn 7ff). Die Grde zur Entziehg ihres Pflichtt sind in § 2333 abschließd aufgezählt. Bei Nr 1 bis 4 handelt es sich um Verbrechen im strafrechtl Sinn od schwere vorsätzl Vergehen (idR gg den Erbl od seinen Ehegatten), ohne daß aber die Bestrafg des Täters erforderl ist. Jedoch setzen sie stets Verschulden voraus. Dies gilt auch für Nr 5 (Düss NJW **68**, 944; Hbg NJW **88**, 977). Die Unrechtstatbestände sind auch im Ausland erfüllbar (Ferid GRUR Intern Teil **73**, 472/476).

4 **a) Lebensnachstellung (Nr 1)** setzt ernsten Willen zur Herbeiführg des Todes des Erbl (seines Eheg; eines Abkömml) voraus. Anstiftg, Beihilfe, Versuch od bloße VorbereitgsHandlg genügen.

5 **b) Vorsätzliche körperliche Mißhandlung (Nr 2)** entspricht im Begriff StGB 223. Sie muß kein grober od schwerer körperl Angriff sein, aber sich als schwere Verletzg der dem Erbl geschuldeten familiären Achtg („schwere Pietätsverletzg“) erweisen (BGH **109**, 306 mAv Leipold JZ **90**, 697; Stgt BWNotZ **76**, 92); für diese Bewertg kommt es nicht darauf an, ob sich die Pietätsverletzg im familiären od im geschäftl Bereich ereignete (BGH aaO). Seelische Mißhandlgen fallen nur unter Nr 2, wenn dadch auf die körperl Gesundh des Erbl eingewirkt werden sollte u wurde (BGH FamRZ **77**, 47 mAv Bosch). – Kein Grd liegt vor bei Notwehr (RG JW **13**, 207) od unverschuldeter Notwehrüberschreitg (s Stgt aaO).

6 **c) Verbrechen; vorsätzliche schwere Vergehen (Nr 3)** gem StGB 12 gg Erbl od dessen Eheg müssen in deren RSphäre eingreifen (ohne Rücksicht auf strafrechtl geschütztes RGut) u beurteilen sich jeweils nach den Umständen des Einzelfalls. Verfehlgen gg Eigentum od Vermögen des Erbl können unter Nr 3 fallen, wenn sie nach Natur u Begehgsweise eine grobe Mißachtg des Eltern-Kind-Verhältn u damit eine besond Kränkg des Erbl bedeuten (BGH NJW **74**, 1085). Bei Untreuehandlg (StGB 266 Alt 2) ist ein Handeln mit Einverständn des Erbl nicht pflichtwidr u damit nicht tatbestandsmäßig (BGH NJW-RR **86**, 371). Beleidigg kann uU ausreichen (BGH NJW **74**, 1085), aber nicht schon eine einzelne (RG aaO; Hannover Rpfleger **92**, 253).

7 **d) Unterhaltspflichtverletzung (Nr 4)** ist prakt bedeutgslos. Der bedürftige Erbl, der auf ges Unterh (§ 1606) in Geld (nicht in Betreuung, § 1612) angewiesen ist, wird dem leistgsfäh Abkömml (§ 1603) idR keinen nennenswerten Pflichtt entziehen können.

e) Ehrloser, unsittlicher Lebenswandel (Nr 5), der vom Erbl nicht geduldet u beim Erbfall noch nicht aufgegeben war (§ 2336 IV), ist der problematischste EntziehgsGrd: Der vorwerfbare (verschuldete, s oben) Lebenswandel muß schutzwürd Interessen des Erbl verletzen (BGH **76**, 109: „Familienehre"), ohne daß es dann aber allein od vorrangig auf die sittl Maßstäbe des Erbl ankommen kann. Seine Wertvorstellgen u die Lebensführg seiner Familie sind zwar zu berücksichtigen, jedoch an den obj u allgemeingültigen Wertanschauungen zu messen, weil sonst das PflichttR des Kindes der Disposition des Erbl unterstellt wäre (Hbg NJW **88**, 977; die RevEntscheidg BGH NJW-RR **90**, 130 blieb wg Tod des Klägers auf ProzeßR beschränkt). Angesichts des Wandels der Wertvorstellgen und der Pluralität der Anschauungen sind jedoch allg gült Moralmaßstäbe nur mehr schwer feststellb. Gotthardt FamRZ **87**, 757 will daher zum Schutz des PflichttBerecht vor individuell zu hohen sittl Maßstäben das Unwerturteil an Hand der Grdsätze konkretisieren, die von der Rspr zum sittenwidr Test (s § 138 Rn 50) aufgestellt worden sind. – **Lebenswandel** ist ein dauerndes, auf festgewurzeltem Hang beruhendes Verhalten (RG **168**, 39); einmalige Verfehlgen reichen grdsl nicht aus. Er kann nach BGH **76**, 109 die Familienehre nur verletzen, wenn ein Übergriff in den Interessenkreis des Erbl (zB Beziehg zw Erbl u seinem nichtehel Kind) festzustellen ist (hiergg als zu weitgehend Tiedke JZ **80**, 717; Soergel/Dieckmann Rz 16). Beispiele: Prostitution; gewerbsmäßiges Glücksspiel; im Einzelfall auch weiterhin fortgesetzter Ehebruch (Hamm NJW **83**, 1067 mAv Kanzleiter DNotZ **84**, 22). – Nicht unter Nr 5 fällt Trunksucht, wenn sie auf krankhafter Veranlagg beruht (KG OLG **21**, 344) od der PflichttBerecht vermindert verantwortl ist (Düss NJW **68**, 944; s aber BGH bei Johannsen WM **73**, 543). 8

2334 *Entziehung des Elternpflichtteils.* **Der Erblasser kann dem Vater den Pflichtteil entziehen, wenn dieser sich einer der im § 2333 Nr. 1, 3, 4 bezeichneten Verfehlungen schuldig macht. Das gleiche Recht steht dem Erblasser der Mutter gegenüber zu, wenn diese sich einer solchen Verfehlung schuldig macht.**

1) Elternpflichtteil. Die Entziehgsgründe für den Pflichtt von Eltern (auch des nichtehel Vater) regelt § 2334 abschließd dch Verweisg auf § 2333 Nr 1, 3 u 4 (s dort). Ist einer dieser Grde gegeben, kann nur dem schuldigen Elternteil sein Pflichtt entzogen werden. Verfassgsrechtl Bedenken äußert Bowitz JZ **80**, 304. Straflosigk nach StGB 247 II, 289 IV schützt nicht. – Böswillige Verletzg der UnterhaltsPfl (2333 Nr 4) kann auch bei schweren Fällen der Vernachlässigg der Erziehg od Berufsfortbildg gegeben sein. – Zur **Ausübung** des EntziehgsR s § 2333 Rn 2. 1

2335 *Entziehung des Ehegattenpflichtteils.* **Der Erblasser kann dem Ehegatten den Pflichtteil entziehen:**

1. **wenn der Ehegatte dem Erblasser oder einem Abkömmling des Erblassers nach dem Leben trachtet;**
2. **wenn der Ehegatte sich einer vorsätzlichen körperlichen Mißhandlung des Erblassers schuldig macht;**
3. **wenn der Ehegatte sich eines Verbrechens oder eines schweren vorsätzlichen Vergehens gegen den Erblasser schuldig macht;**
4. **wenn der Ehegatte die ihm dem Erblasser gegenüber gesetzlich obliegende Unterhaltspflicht böswillig verletzt.**

1) Der Ehegattenpflichtteil kann nur in den besond schwerwiegenden Ausnahmefällen der Nr 1–4 entzogen werden. Damit entspricht die Regelg dem Schutzgebot des GG 6 I, ohne daß die dch GG 14 geschützte Testierfreiheit des Erbl übermäßig eingeschränkt wird (BGH NJW **89**, 2054; s auch Einl 4 vor § 1922). Ging das PflichttR bereits als Folge eines Scheidgsverfahrens verloren (§ 1933 mit Rn 8), ist seine Entziehg noch sinnvoll in Bezug auf den UnterhAnspr nach § 1933 S 3, weil dieser auf den fiktiven Pflichtt begrenzt (§ 1586 b I 3 mit Rn 6, 7) u dann folgl „auf Null" gestellt ist (Soergel/Dieckmann Rn 3). – Die dch das 1. EheRG erfolgte Neufassg der Vorschr gilt für alle Erbfälle ab 1. 7. 77 (s Einl 2 v § 1922), für die folgl eine nur nach altem Recht mögl gewesene Entziehg (zB wg Ehebruchs) nicht mehr wirksam werden kann (BGH FamRZ **89**, 609; Karlsr NJW **89**, 109). – Die Regelg ist nicht überzeugend (s MüKo/Frank Rn 2). Verfassgsrechtl Bedenken äußert Bowitz JZ **80**, 304. 1

2) Die Entziehungsgründe für den Pflichtt des Eheg sind in § 2335 abschließd geregelt u nicht ausdehngsfäh (§ 2333 Rn 1). Zur Ausübg des EntziehgsR s § 2333 Rn 2. Dieses besteht nicht, wenn der Erbl das Fehlverhalten seines Ehepartners gebilligt od gleichgült hingenommen hat. Auf den Anspr des überlebenden Eheg auf Ausgleich des Zugewinns (§ 1371 II) wirkt sich die Entziehg seines Pflichtt nicht aus; bei grober Unbilligk kann allerd Erfüllg verweigert werden (§ 1381). – Die Entziehgsgrde entspr im wesentl § 2333 Nr 1–4 (Nr 5 blieb ausgenommen). S daher zunächst § 2333 Rn 3–7. Dazu ergänzend: 2

a) Lebensnachstellung (Nr 1). Abkömml (s § 1924 Rn 7–21) sind auch nichtehel Kinder, sofern Vatersch förml feststeht (§ 1592), sowie angenommene (§§ 1754–1756; 1767 II, 1770), letztere aber bei Volladoption nicht mehr bezügl leibl Verwandter (§ 1755). 3

b) Straftaten (Nr 3) gg den Erbl setzen keine Strafbark od Bestrafg voraus, aber Vorsatz. „Schwer" ist nach den Umständen des Einzelfalls der konkreten Ehe zu entscheiden. S dazu auch den gleichart § 1579 I Nr 2 mit Rn 12 ff. 4

c) Böswillige Unterhaltspflichtverletzung (Nr 4), unterscheidet sich von § 2333 Nr 4 dch das wesentl kompliziertere UnterhR bei Eheg, das bei Zusammenleben wechselseit UnterhPfl dch Geld- od Haushaltsleistgen (§§ 1360, 1360 a) u nach Getrenntleben einseit GeldUnterh nach Bedürftigk vorsieht (§ 1361), so daß **böswillige** Pflichtverletzg schwerer festzustellen ist. Sie erfordert schuldhafte, nach Ausmaß u Dauer erhebl Vernachlässigg der bestehenden Verpflichtg, obwohl der Pflichtige alle tatsächl Voraussetzgen kennt u zu ihrer Erfüllg imstande ist (s Soergel/Dieckmann Rn 11). Die einseit Veränderg der UnterhSituation gg den 5

Willen des Partners (zB dch Auszug; Aufgabe der Erwerbstätigk usw) wird Entziehg kaum rechtfertigen, da sie meist nachvollziehbare Grde hat.

2336 *Form und Grund der Entziehung.* **I Die Entziehung des Pflichtteils erfolgt durch letztwillige Verfügung.**

II Der Grund der Entziehung muß zur Zeit der Errichtung bestehen und in der Verfügung angegeben werden.

III Der Beweis des Grundes liegt demjenigen ob, welcher die Entziehung geltend macht.

IV Im Falle des § 2333 Nr. 5 ist die Entziehung unwirksam, wenn sich der Abkömmling zur Zeit des Erbfalls von dem ehrlosen oder unsittlichen Lebenswandel dauernd abgewendet hat.

1 **1) Formbedürftigkeit.** Die PflichttEntziehg ist eine formbedürft Erkl. Ihre Wirksamk setzt voraus, daß sowohl die Erkl als auch der Grund in einem Test niedergelegt sind. In der letztw Vfg muß die betroffene Person bezeichnet, die Entziehg angeordnet u der Grund hierfür angegeben werden (**I; II;** dazu Nürnb NJW **76**, 2020). Wird zur Begründg ledigl auf eine nicht der TestForm genügende Anlage verwiesen, ist die Form nicht gewahrt (BGH **94**, 36 mAv Kuchinke JZ **85**, 748 u Schubert JR **86**, 26). – Die PflichttEntziehg kann in allen TestFormen u auch in ErbVertr erfolgen, dort aber nur einseit (§§ 2299 I, 2276 II) u nicht mit vertragsmäß Bindg; wohl aber kann eine vertragsmäß Vfg in eine einseitige umgedeutet werden (BGH FamRZ **61**, 437).

2 **2) Der Entziehungsgrund** (§§ 2333–2335) muß zur Zeit der TestErrichtg bestehen (also keine Entziehg od Verzeihg für zukünftige Fälle) u konkret in der Vfg angegeben sein **(II).** Dies braucht nicht in die Einzelheiten zu gehen. Der Erbl muß aber faßbar und unverwechselbar die Tatsachen festlegen. Ist das Test insoweit unvollständ u nicht eindeutig, ist zunächst dch Auslegg zu ermitteln, worauf der Erbl die Entziehg stützen wollte. Das Ergebnis ist dann am Erfordernis des **II** zu messen (BGH **94**, 36 mAv Kuchinke JZ **85**, 748 u Schubert JR **86**, 26). **Formgerecht** ist der Grund nur erklärt, wenn in der Vfg vTw zumindest ein zutreffender Kernsachverhalt angegeben ist, jedenf bei § 2333 Nr 1–4 (BGH aaO; Köln ZEV **98**, 144, auch zu Nr 5). Hinzufügg von später nicht beweisbaren Einzelumständen ist unschädl, wenn sie für den Entziehgswillen des Erbl ohne Bedeutg sind (BGH NJW **64**, 549). Im Fall des § 2333 Nr 5 genügt der Gesetzeswortlaut, zumal der Schuldige ja die Gründe kennt (RG **95**, 27; offengelassen von BGH aaO). – Falsche, irrtüml genannte, nicht erweisl, fehlende Gründe machen die Entziehg **unwirksam** (BGH aaO) und können nicht durch andere (nicht genannte) Gründe ersetzt werden. Ungenügend ist es, wenn Erbl im Test ledigl erklärt, er werde den Grund demnächst niederlegen u dies in einem von ihm nicht unterschriebenen Schriftstück verwirklicht (LG Köln DNotZ **65**, 108). Im Falle von § 2333 Nr 5 muß nach **IV** das Verhalten des Abkömml auch noch zZ des Erbfalls als ehrloser od unsittl Lebenswandel erscheinen (Kanzleiter DNotZ **84**, 22).

3 **3) Die Beweislast (III)** trifft den Erben (bei § 2329 den Beschenkten). Dies gilt nach allg M auch für das Nichtvorliegen von Rechtfertiggs- u Entschuldiggsgründen wie zB einer vom PflichttBerechtigten behaupteten Notwehr (BGH NJW-RR **86**, 371), ohne daß damit schon entschieden ist, ob ZurechngsFähigk zum Grund der Entziehg nach § 2336 Nr 3 gehört od ob die Beweislastregel des § 827 als spez Norm vorgeht (BGH NJW **88**, 823). Auch bei § 2333 Nr 5 gilt dies nicht nur für den äußeren Entziehgstatbestand, sondern auch das Verschulden des PflichttBerecht, zB bei Trunksucht (Düss NJW **68**, 944). – Den **Enterbten** trifft aber die Beweislast hins der Besserg iS von **IV** (LG M-Gladbach, MDR **52**, 750) u Verzeihg (§ 2337). Prozeßrichter im Erbstreit tritt an Stelle des Scheidgsrichters (RG **168**, 35). – Etwas anders verhält es sich beim Rücktritt vom ErbVertr (s § 2294 Rn 2).

4 **4) Wirkung.** Die begründete EntziehgsErkl entfaltet Wirkg nicht schon mit ihrer formgerechten Abgabe, sond trotz des Wortlauts von § 2337 S 2 immer erst im Zeitpkt des Erbfalls (BGH NJW **89**, 2054). Sie umfaßt als minus den Ausschluß von der Erbfolge (§ 1938), so daß im Falle ihrer Unwirksamk nicht mehr als der Pflichtt, aber wenigstens dieser verbleibt. Nur dch wirksame Anfechtg nach § 2078 II kann der Enterbte erreichen, daß er seinen vollen Erbteil erhält (s BayObLG **21**, 331).

2337 *Verzeihung.* **Das Recht zur Entziehung des Pflichtteils erlischt durch Verzeihung. Eine Verfügung, durch die der Erblasser die Entziehung angeordnet hat, wird durch die Verzeihung unwirksam.**

1 **1) Verzeihung** liegt vor, wenn der Erbl zum Ausdruck gebracht hat, daß er die Kränkg, die er dch das in Rede stehende Verhalten erfahren hat, nicht mehr als solche empfindet, wenn also das **Verletzende** der Kränkg als nicht mehr existent betrachtet wird (BGH FamRZ **61**, 437; NJW **84**, 2089 unter Hinweis auf die Mißverständlichk von BGH NJW **74**, 1085; Stgt BWNotZ **76**, 92). Vgl auch §§ 532; 2343. Versöhng ist zur Verzeihg nicht notwend; denkbar ist sogar Versöhng ohne Verzeihg. Der Wegfall des Kränkgsempfindens kann für eine Verzeihg aber dann nicht ausreichen, wenn sich der Gekränkte vom Kränkenden innerl völlig gelöst hat, also Gleichgültigk eingetreten ist. Umgekehrt schließt das Bewußtsein der früheren Kränkg Verzeihg nicht notwend aus: „vergeben, aber nicht vergessen" (BGH NJW **84**, 2089; Staud/Olshausen Rn 22–26; Soergel/Dieckmann Rn 3). – Die Verzeihg kann formlos, auch dch schlüss Handlgen erfolgen (s BayObLG **21**, 330; Köln ZEV **98**, 144) u setzt grdsl Kenntnis der Verfehlgen voraus.

2 **2) Wirkung.** Die Verzeihg macht eine bereits ausgesprochene Entziehg unwirks, aber nur diese. Ein in der Entziehg liegder Erbausschluß (§ 1938 Rn 4) kann daher grdsl nicht allein dch Verzeihg, sond nur dch neue formgült Vfg beseitigt werden (Hamm FamRZ **72**, 660). Wg des Zusammenhangs kann allerd bei entspr Willen des Erbl Verzeihg auch zur Unwirksamk der Enterbg führen (§ 2085). Dies gilt auch dann, wenn Entziehg mangels Grdes von Anfang an unwirks war (BayObLG FGPrax **96**, 65; hM), kann aber nicht ohne

weiteres auf sonst UnwirksamkGrde übertragen werden. – Wurde einem Abkömml der Pflichtt dch gemsch Test entzogen u ihm erst nach dem Tod des Erstverstorbenen nur vom überlebden Eheg verziehen, wirkt sich Verzeihg auch nur auf den Pflichtt nach dem Verzeihden aus. Zu dessen Nachl gehören allerd auch die VermögensGgst, die er von seinem vorverstorbenen Eheg geerbt hat (Hamm MDR **97**, 844 mAv Finzel; s auch § 2269 Rn 12).

2338 *Pflichtteilsbeschränkung in guter Absicht.* **I Hat sich ein Abkömmling in solchem Maße der Verschwendung ergeben oder ist er in solchem Maße überschuldet, daß sein späterer Erwerb erheblich gefährdet wird, so kann der Erblasser das Pflichtteilsrecht des Abkömmlinges durch die Anordnung beschränken, daß nach dem Tode des Abkömmlinges dessen gesetzliche Erben das ihm Hinterlassene oder den ihm gebührenden Pflichtteil als Nacherben oder als Nachvermächtnisnehmer nach dem Verhältnis ihrer gesetzlichen Erbteile erhalten sollen. Der Erblasser kann auch für die Lebenszeit des Abkömmlinges die Verwaltung einem Testamentsvollstrecker übertragen; der Abkömmling hat in einem solchen Falle Anspruch auf den jährlichen Reinertrag.**

II Auf Anordnungen dieser Art finden die Vorschriften des § 2336 Abs. 1 bis 3 entsprechende Anwendung. Die Anordnungen sind unwirksam, wenn zur Zeit des Erbfalls der Abkömmling sich dauernd von dem verschwenderischen Leben abgewendet hat oder die den Grund der Anordnung bildende Überschuldung nicht mehr besteht.

1) Die testamentarische Beschränkung (II 1) des Pflichtteilsrechts eines (auch nichtehel) Abkömml od seines Erbteils (einerlei, ob dieser der Hälfte des gesetzl Erbteils entspricht od größer, RG **85**, 349, od kleiner ist) od der Alleinerbsch od eines Vermächtnisses erfolgt im wohlverstandenen Interesse des Abkömml u nicht zur Strafe (wie die Entziehg; § 2337 gilt daher nicht). Mit dieser AusnRegelg zu § 2306 kann Erbl das Familienvermögen vor der Gefahr des Verlustes dch Verschwendg od Überschuldg schützen (s dazu Baumann ZEV **96**, 121). 1

a) Erbteilsbeschränkung. Ist der dem Abkömml hinterlassene Erbteil **nicht größer als die Hälfte** des ges Erbteils, gelten entgg § 2306 I 1 die angeordneten Beschränkgen; nur so weit sie über das nach § 2338 zulässige Maß hinausgehen, gelten sie als nicht angeordnet. Schlägt er aus, so hat er keinen PflichttAnspr. – **Übersteigt** der beschränkte od beschwerte Anteil den Pflichtteil, bleibt der Berechtigte daran gebunden, wenn er nicht ausschlägt (KG RJA **15**, 194). Schlägt er in diesem Fall aus, erwirbt er zwar den PflichttAnspr; vom Beweis der Tats der Verschwendg oder Überschuldg hängt es aber ab, ob er den Beschrkgen des § 2338 unterliegt od ob er ihn unbeschränkt erhält (RGRK Rn 8). 2

b) Ehegatten u **Eltern** müssen sich ebso wie Abkömml dann Beschränkgen jeder Art, also auch solche nach § 2338, gefallen lassen, wenn der Erbl zur Entziehg ihres Pflichtt berechtigt war (§§ 2333 ff). 3

2) Die möglichen Maßnahmen (I) können jede für sich angeordnet od verbunden werden. – Dch die **Nacherbeneinsetzung** wird der Abkömml sowohl vor sich selbst geschützt (§§ 2111 ff) als auch vor dem Zugriff seiner Gläub (§ 2115); dieser Schutz wird hinsichtl der Nutzgen ergänzt dch ZPO 863. Als NachE u NachVermNehmer müssen alle gesetzl Erben des Abkömml eingesetzt werden, soweit nicht bei einzelnen die Voraussetzgen für eine PflichttEntziehg vorliegen. Der Fiskus ist hier ebso wie in §§ 2104, 2149 nicht ges Erbe (RGRK Rn 4). Ist der Abkömml nicht Erbe, sond hat er nur ein Vermächtn od den Pflichtt erhalten, sind die ges Erben als NachvermächtnNehmer gefährdet, wenn nicht zugl TVstrg angeordnet ist (§ 2211, ZPO 748). Im übrigen wirkt die Beschrkg nur ggü den persönl Gläub (§§ 1967, 2213, ZPO 863). Der Erbl kann aber die Pfändgsbefugn dieser Gläub für den Reinertrag nicht beschränken (§ 137; aM RG LZ **19**, 877; dazu Staud/Olshausen Rn 45, Soergel/Dieckmann Rn 18). – Mit Anordng der **Verwaltung** dch TV (**I** 2) 4
entzieht der Erbl dem Abkömml zu dessen lebenslängl Schutz das VfgsR unter Lebenden (§ 2211), schließt zugleich dessen EigenGläub vom Pfändgszugriff aus (§ 2214) u entzieht diesen die Nutzgen nach Maßgabe von ZPO 863. Dem Abkömml muß jedoch der jährl Reinertrag verbleiben (I 2). Allerd kann der Erbl entgg I 2 auch den Reinertrag der Verwaltg unterstellen (Bremen FamRZ **84**, 213). Der Erbe kann sich dagg zur Wehr setzen (s Rn 2), sich aber auch unterwerfen u damit den Reinertrag dem Zugriff seiner Gläub entziehen. 5

3) Unwirksam (II 2) ist die Anordng (wenn sie nicht etwa nach § 2306 I 2 od § 2307 I 2 wirks ist), soweit sie sich nicht im ges Rahmen hält (zB einzelne ges Erben grdlos ausschließt, vgl aber § 2085), keine Gründe od andere als die im G erschöpfd aufgeführten angibt od unbegründet ist. Sie wird unwirks bei dauernder Besserg od Wegfall der Überschuldg zZ des Erbfalls (**II** 2). Spätere Besserg – falls dies nicht vom Erbl vorgesehen od durch ergänzende Auslegg feststellbar – hilft nicht, eine Grenzziehg war nötig; im Falle der Anordng einer TVstrg kann aber das NachlG beim Wegfall des TV von der ihm übertragenen Bestellg eines neuen TV absehen (KG DFG **42**, 86). Die Unwirksamk, die ohne Anfechtg eintritt, kann vom Abkömml, aber auch von einem Gläub (ZPO 863) geltd gemacht werden. 6

2338 a *aufgehoben mit Wirkg vom 1. 4. 98 dch das ErbGleichG vom 16. 12. 97 (BGBl I 2968). Die Vorschr ergänzte für das PflichttR § 2303 dch die Gleichstellg des ErbersatzAnspr mit dem ges Erbteil. Sie ist in Erbfällen vor dem 1. 4. 98 weiterhin anzuwenden (EG 227 I Nr. 1).*

Sechster Abschnitt. Erbunwürdigkeit

2339 *Erbunwürdigkeitsgründe.* **I Erbunwürdig ist:**

1. wer den Erblasser vorsätzlich und widerrechtlich getötet oder zu töten versucht oder in einen Zustand versetzt hat, infolgedessen der Erblasser bis zu seinem Tode unfähig war, eine Verfügung von Todes wegen zu errichten oder aufzuheben;

2. wer den Erblasser vorsätzlich und widerrechtlich verhindert hat, eine Verfügung von Todes wegen zu errichten oder aufzuheben;

3. wer den Erblasser durch arglistige Täuschung oder widerrechtlich durch Drohung bestimmt hat, eine Verfügung von Todes wegen zu errichten oder aufzuheben;

4. wer sich in Ansehung einer Verfügung des Erblassers von Todes wegen einer Straftat nach den §§ 267, 271 bis 274 des Strafgesetzbuches schuldig gemacht hat.

II Die Erbunwürdigkeit tritt in den Fällen des Absatzes 1 Nr. 3, 4 nicht ein, wenn vor dem Eintritte des Erbfalls die Verfügung, zu deren Errichtung der Erblasser bestimmt oder in Ansehung deren die Straftat begangen worden ist, unwirksam geworden ist, oder die Verfügung, zu deren Aufhebung er bestimmt worden ist, unwirksam geworden sein würde.

1 **1) Die Erbunwürdigkeitsgründe** sind in § 2339 erschöpfd aufgezählt, wobei nicht zw ges u gewillkürt Erbfolge unterschieden wird. Sie führen aber nicht von selbst zum Verlust des ErbR, sond nur üb ein rkräft Urteil (§ 2342 II), das nach dem Erbfall dch Anfechtg des Erbanfalls mittels Klage (§§ 2340; 2341) eines dazu Berecht (§ 2341) herbeizuführen ist u das nur im Verhältn zu einem bestimmten Erbl wirkt; nur im Fall des § 2345 genügt Erkl der Anfechtg. Sie bezwecken, die Verdunklg des wahren ErblWillens dch Handlgen des Unwürdigen abzuwehren u umfassen alle Formen der Beteiligg, also (Mit)Tätersch, Anstiftg u Beihilfe. Bei Verzeihg erlischt das AnfechtgsR (§ 2343). Die Unrechtstatbestände können auch im Ausland erfüllt werden (Ferid GRUR Intern Teil **73**, 474/476).

2 **2) Tötung des Erblassers (Nr 1)** umfaßt die Tatbestände des StGB 211 (Mord) u 212 (Totschlag); ferner die versuchte Tötg (StGB 22; 23), bei der aber dch Rücktritt nicht nur Strafbark (StGB 24), sond auch Erbunwürdigk entfällt. Dagg nicht Tötg auf Verlangen (StGB 216 iVm § 2343). Die Tötg muß vorsätzl u widerrechtl begangen sein; die Absicht, testierunfäh zu machen, ist nicht erforderl. Dah scheiden fahrläss Tötg (StGB 222) ebso aus wie vorsätzl begangene Körperverletzg mit Todesfolge (StGB 227; s aber Rn 4). Beruft sich Täter auf Unzurechngsfähigk, trifft ihn dafür entspr § 827 die Beweislast; nur im Strafprozeß gilt dagg in dubio pro reo (BGH NJW **88**, 822 mAv Hohloch JuS **88**, 819). – Tötg des VorE dch den NachE gehört nicht hierher, da VorE nicht Erbl ist. Zur Ausfüllg der Lücke ist § 162 II sinngem anzuwenden (BGH FamRZ **68**, 518); nach aA sogar direkt (MüKo/Frank Rn 8).

3 **3) Herbeiführung der Testierunfähigkeit (Nr 1)** bis zum Tode ist verwirklicht, wenn Täter den Erbl dauerh in einen Zustand versetzt hat, in dem ein Testieren aus rechtl od tatsächl Grden nicht mehr mögl war. In Betr kommt vor allem die Herbeiführg von Siechtum od Geisteskrankh dch Vergiften od körperl Verstümmelg (StGB 224; 225; 226). Auch hier ist die Absicht, testunfäh zu machen, nicht erforderl; es genügt die vorsätzl Herbeiführg des fragl Zustandes. Versuch (StGB 22, 23) genügt nicht (Staud/Olshausen Rn 27).

4 **4) Verhinderung (Nr 2)** der Errichtg od Aufhebg einer Vfg vTw kann sowohl dch physische Gewalt wie dch Täuschg od Drohg begangen werden. Geschützt wird damit jegl letztw Willensbildg, nicht nur eine wirksame. Sie liegt auch in der arglistigen Bestimmg zur Errichtg eines formungült Test; oder in der Verhinderg eines Widerrufs nach § 2255 dch die Vortäuschg, das Test sei bereits vernichtet worden u somit nicht mehr im Besitz des Bedachten (BGH NJW-RR **90**, 515). Verhinderg dch Unterlassen erfordert allerd RPfl zum Handeln. Bloßer Versuch der Verhinderg genügt nicht. – Vorsatz u Widerrechtlichk sind ebso zu verstehen wie in § 123 (BGH **49**, 155; NJW-RR **90**, 515). – Ein ursächl Zusammenhang muß zw der Handlgstätigk u dem Unterbleiben der beabsichtigten Vfg oder Aufhebg einer solchen bestehen; der Erbl muß also eine derartige Vfg konkret beabsichtigen. – Gelingt es dem Erbl doch noch, zu testieren, kann er dabei dem Täter Pflichtt entziehen (§ 2333 Nr 3 iVm StGB 240; 253).

5 **5) Täuschung und Drohung (Nr 3)** sind nur relevant, wenn sie zur Errichtg od Aufhebg einer wirks Vfg vTw führen (anders als Nr 2). § 123 kann auch in einer Unterlassg, so im Verschweigen der ehel Untreue des den testierden Eheteil bestimmden Gatten liegen (BGH **49**, 155). Da allerd die ehel Untreue nicht einmal zur PflichttEntziehg (§ 2335) ausreicht, darf sie nicht versteckt als genereller UnwürdgkGrund benutzt werden (MüKo/Frank Rn 23). Vor allem Verschweigen einer weit zurückliegden Eheverfehlg ist idR mangels OffenbargsPfl keine Täuschg (Röwer FamRZ **60**, 15). Erbunwürd ist jedoch ein Eheg, der ein fortdauerndes ehewidr Verhältn verschweigt, obwohl er weiß, daß der and Eheg im Vertrauen auf die Beteuerg seiner ehel Treue ein Test zu seinen Gunsten errichtet (BGH **49**, 155; dazu Deubner JuS **68**, 449, Anm v Kreft **LM** Nr 1,
6 Johannsen WM **72**, 1047 f). Versuch genügt auch hier nicht. – Die **Drohung** muß unmittelb auf die Errichtg od Aufhebg einer Vfg vTw gerichtet sein. Ein durch Drohg zustande gekommener Vertr üb die Annahme als Kind reicht dah nicht aus, obwohl er ein ges ErbR begründet (Köln NJW **51**, 158); uU kann aber Abs **I** Nr 2 vorliegen. Hypnose fällt nicht unter Drohg; hier ist das Test nichtig (§ 2229 IV); im übr ist bei Führen der Hand des in Hypnose befindl Erbl auch Nr 4 gegeben. Ebso bei **Anwendung von Gewalt** gg den Willen des Erbl (für Nichtigk MüKo/Frank Rn 21). – Bei Irrtum, Täuschg u Drohg ist auch Anfechtg nach §§ 2078 ff mögl (BGH FamRZ **68**, 153); diese beseitigt aber nicht die Stellg des Erbunwürdigen als ges Erbe (Brox
7 Rn 272). – Bei **Unwirksamkeit** der Vfg vTw vor dem Erbfall tritt Erbunwürdigk nicht ein (**II**). Der späteren

Unwirksamk (durch Widerruf, Vorversterben des Bedachten) muß auch die (zB wg Formmangels bestehende) ursprüngl gleichgestellt werden (hM; aA Staud/Olshausen Rn 56; MüKo/Frank Rn 30; Ravensbg NJW **55**, 795 mAv Bartholomeyczik).

6) Urkundsdelikte (Nr 4). Die UnwürdigkGrde ergeben sich dch Bezugnahme auf StGB 267; 271–274. Auch das Herstellen einer unechten Urk verwirklicht den Tatbestand, obwohl hier nicht „in Ansehg einer Vfg des Erbl" zutrifft (Stgt Rpfleger **56**, 160). Zur Erbunwürdigk führt auch der Versuch der UrkDelikte, wenn er geeignet ist, den ErblWillen tatsächl zu verdunkeln (MüKo/Frank Rn 25). Die Fälschgshandlgen können (im Ggsatz zu Nr 1–3) auch nach dem Tod des Erbl begangen werden. Der Tatbestand entfällt nicht dadch, daß der Erbe dch seine Handlgen den wirkl Willen des Erbl zur Geltg kommen lassen wollte (BGH NJW **70**, 197; Celle NdsRpfl **72**, 238; Johannsen aaO 1048; gg BGH Speckmann JuS **71**, 235). Aufforderg an AlleinE, das Test zu seinem eigenen Nachteil zu vernichten, fällt nicht unter Nr 4 (Dresden OLG-NL **99**, 167). – Bei **Unwirksamkeit** der Vfg vTw vor dem Erbfall tritt Erbunwürdigk nicht ein (**II**; s Rn 7). 8

2340 *Geltendmachung durch Anfechtung.*

I Die Erbunwürdigkeit wird durch Anfechtung des Erbschaftserwerbes geltend gemacht.

II Die Anfechtung ist erst nach dem Anfalle der Erbschaft zulässig. Einem Nacherben gegenüber kann die Anfechtung erfolgen, sobald die Erbschaft dem Vorerben angefallen ist.

III Die Anfechtung kann nur innerhalb der im § 2082 bestimmten Fristen erfolgen.

1) Anfechtung (I). Erbunwürdigk tritt bei Vorliegen eines Grdes (§ 2339) nicht von selbst ein, sond muß dch Anfechtg des ErbschErwerbs geltd gemacht werden. Diese hat ggü einem Erben dch Klageerhebg (§ 2342) binnen Jahresfrist (**III** iVm § 2082 I) zu erfolgen, ggü PflichttBerecht u VermächtnNehmer dch AnfechtgErkl (§ 2345). Die Anfechtg ist erst nach Anfall der Erbsch an den Unwürd (§ 1942) mögl (**II** 1), dann aber auch schon ggü NachE (**II** 2), damit VorE Klarh hat, ob er Vor- od VollE ist. Zu Lebzeiten des Erbl ist auch keine Feststellgsklage zuläss (s § 1922 Rn 5; str). Klage ist gg den Unwürd zu erheben, ggf gg dessen Erben. Macht der AnfechtgsBerecht (§ 2341) geltd, daß alle vor ihm nacheinander Berufenen unwürdig seien, so kann er die Klage sofort gg alle erheben (s MüKo/Frank Rn 2 mwH; str). – Auf Anfechtg kann der Berecht auch verzichten; der Beklagte kann sich auf wirks vertragsmäß Verzicht berufen. 1

2) Die Jahresfrist beginnt nach **III**; § 2082 II mit zuverläss Kenntn des Anfechtgsgrundes, bei TestFälschg also mit Kenntn der Fälschg u der Person des Fälschers. Dies ist der Fall, wenn dem Anfechtenden Klageerhebg zumutbar ist, zB wenn er dch ein von ihm eingeholtes Gutachten eines gerichtl beeidigten Sachverständ Fälschg u Täter kennt (BGH NJW **89**, 3214). Da der Anfechtende sich in gleicher Lage wie der Geschädigte im Fall des § 852 befindet, kann die Rspr zu § 852 bei der Frage nach der Kenntn der Erbunwürdigk herangezogen werden (BGH aaO). Auf bloße Vermutg hin ist ihm Klage noch nicht zuzumuten (Celle NdsRpfl **72**, 238). – Über das AnfechtgsR des Erbunwürdigen nach §§ 2078 ff s § 2080 Rn 6. 2

2341 *Anfechtungsberechtigte.*

Anfechtungsberechtigt ist jeder, dem der Wegfall des Erbunwürdigen, sei es auch nur bei dem Wegfall eines anderen, zustatten kommt.

Anfechtungsberechtigt ist jeder, dem der Wegfall des Unwürd zustatten kommt, sei es auch erst nach dem Wegfall eines weiteren Erben. Ausreichd ist schon ein mittelb Interesse des Näherrückenden (BGH NJW **89**, 3214), der Kreis also weiter gezogen als bei § 2080 I, damit die Erbunwürdigk nicht an der Passivität eines AnfechtgsBerecht scheitert. Bei Unwürdigk des eingesetzten Erben sind es also auch die Abkömml des ges Erben, obwohl die Erbsch immer nur an den Nächstberufenen fällt (§ 2344 II). Der Staat ist als mögl ges Erbe (§ 1936) immer anfechtgsberecht. Sind mehrere berecht, kann jeder sein AnfechtgsR selbständ ausüben. Üb AnfechtsgR bei Ehegatten s § 2080 Rn 5. Anfechten kann auch ein selbst Unwürd, solange er nicht rkräft für erbunwürd erklärt ist (MüKo/Frank Rn 2). – Der angestrebte **Vorteil** muß sich aber auf die Erbenstellg beziehen. Kein AnfechtgsR haben dah VermächtnNehmer, AuflagenBegünst od die Gläub des Nächstberufenen (MüKo/Frank Rn 2). – Bei Tod des Berecht geht sein AnfechtgsR auf seine Erben über, für die aber keine eigene Frist neu beginnt. Rgeschäftl Übertragg od Pfändg des AnfechtgsR ist dagg nicht mögl. 1

2342 *Anfechtungsklage.*

I Die Anfechtung erfolgt durch Erhebung der Anfechtungsklage. Die Klage ist darauf zu richten, daß der Erbe für erbunwürdig erklärt wird.

II Die Wirkung der Anfechtung tritt erst mit der Rechtskraft des Urteils ein.

1) Anfechtungsklage (I). Nur dch rechtzeit Klageerhebg (auch Widerklage) gg den unwürdigen Erben (ggf dessen Erben) binnen der Jahresfrist des § 2340 III kann die Anfechtg erfolgen (s aber § 2345), also nicht nur einredeweise od im ErbSchVerf (BayObLG **73**, 257; Rpfleger **75**, 243) u auch nicht gg ErbschKäufer (§§ 2371; 2385) od den Erbteilserwerber (§ 2033). Die Ausschlagg der Erbsch dch den Unwürd läßt das RSchutzBedürfn für eine solche Klage nicht entfallen (KG FamRZ **89**, 675). Die Wirkg der Anfechtg tritt näml erst mit RKraft des stattgebenden Urteils ein (**II**), das die materielle RLage ändert (§ 2344) u dah für u gg jedermann wirkt. Wg dieser Wirkg liegt Gestaltgsklage, nicht Feststellgsklage vor (hM). Ein klageabweisdes Urteil gestaltet dagg die RLage nicht u wirkt dah nur zw den Parteien. – Zuläss ist Verbindg der Gestaltgsklage mit ErbschKlage (§ 2018), weil prozeßökonom (str), die dann auf Herausgabe erst nach RKraft zu richten ist. Im Fall des § 2339 I Nr 3 kann TestAnfechtg (§§ 2078; 2081) mit entspr Feststellgs- od Leistgsklage neben ihr stehen (BGH FamRZ **68**, 153; BayObLG **73**, 258). 1

2 **2) Verfahren.** Antr geht auf Erkl des Beklagten für erbunwürd. Die sachl Zuständigk richtet sich nach dem Streitwert, der sich nach der Beteiligg des Bekl am Nachl bestimmt (BGH NJW **70**, 197; Nürnb Rpfleger **63**, 219; str, s MüKo/Frank Rn 6 mN); die örtl wahlw nach dem allg Gerichtsstand od dem der Erbsch (ZPO 27). Anerkenntn- u VersäumnUrteil gg Beklagten sind jedenf dann mögl, wenn Benachteiligg Dritter ausgeschlossen ist (KG FamRZ **89**, 675; LG Köln NJW **77**, 1783; Soergel/Damrau Rn 1); dagg u für UntersuchgsGrdsatz weg der mat-rechtl begrenzten VfgsBefugn der Parteien MüKo/Frank Rn 8; v Lübtow II 740; Blomeyer MDR **77**, 674; teilw anders Aachen MDR **87**, 240. – Über Anerkenng ausländ Anfechtgsurteile u Geltendmachg von ErbunwürdigkGrden nach ausländ Recht s Pinckernelle/Spreen DNotZ **67**, 209. – Erhebg der AnfechtgsKl kann Aussetzg des ErbSchVerf rechtfertigen (BayObLG **73**, 257/258). – Währd der Prozeßdauer kann NachlPfleger bestellt werden (§ 1960).

2343 *Verzeihung.* **Die Anfechtung ist ausgeschlossen, wenn der Erblasser dem Erbunwürdigen verziehen hat.**

1 **Verzeihung** (s § 2337 Rn 1; BGH NJW **84**, 2089) ist selbst bei Mordversuch mögl; sie setzt Kenntn des ErbunwürdigkGrd voraus. Wenn der Erbl infolge der Hdlg des Erben später stirbt, ist Verzeihg nur dann anzunehmen, wenn er auch mit der Möglichk rechnete, daß er als Folge der Tat sterben werde; sonst ist idR nur die versuchte, nicht aber die vollendete Tötg verziehen (Halle NJ **58**, 145). Bei nach dem Erbfall begangenen FälschgsHdlgen ist Verzeihg naturgem ausgeschlossen; sie kann nicht durch die Feststellg ersetzt werden, daß der Erbl bei Kenntn verziehen hätte (Stgt Rpfleger **56**, 160).

2344 *Wirkung der Erbunwürdigerklärung.* **I Ist ein Erbe für erbunwürdig erklärt, so gilt der Anfall an ihn als nicht erfolgt.**

II Die Erbschaft fällt demjenigen an, welcher berufen sein würde, wenn der Erbunwürdige zur Zeit des Erbfalls nicht gelebt hätte; der Anfall gilt als mit dem Eintritte des Erbfalls erfolgt.

1 **1) Wirkungen.** Die Erbunwürdigk hat (anders als der Erbverzicht) unmittelb Auswirkg nur auf den Unwürdigen persönl (nicht auch seine Abkömml). Dieser gilt wie bei der Ausschlagg (§ 1953 I, II) rückwirkd als nicht vorhanden (Ausn § 2310 I); er wird aber nicht erbunfähig. Die Erbsch fällt an den, der berufen sein würde, wenn Erbunwürdige Erbfall nicht erlebt hätte (**II**); dies sind die ges Erben, soweit ihnen nicht Anwachsgsberechtigte od ErsatzE vorgehen, zu denen auch die Abkömml des Täters gehören können (§ 2069; Ffm NJW-RR **96**, 261), so daß dann der Unwürdige als ErbesE uU doch noch zum Zuge kommen kann. Bei Erbunwürdigk eines NachE verbleibt die Erbsch idR dem VorE od dessen Erben (§ 2142 Rn 3). –
2 Der Erbunwürdige **haftet** dem Erben nach §§ 2018ff, 819; aber nicht mehr für NachlVerbindlichkeiten, abgesehen von NachlEigenschulden (Staud/Olshausen Rn 8). – Als weitere RWirkgen verliert der Erbunwürd auch die **Ansprüche** nach § 1932, nach § 1969 u etwa bestehenden PflichttAnspr, es sei denn, daß die AnfBerechtigg verschieden ist od aus bes Gründen anzunehmen ist, daß die Anfechtg nach § 2342 ausschließl den ErbschErwerb zum Ggst haben sollte (Staud/Olshausen § 2345 Rn 9). Bei Zugewinngemeinsch erhält jedoch auch der erbunwürd Eheg den AusgleichsAnspr (§ 1371 II), dessen Erfüllg aber bei grober Unbilligk verweigert werden kann (§ 1381 I); Verjährg dieses Anspr beginnt erst mit Kenntn der RKraft (§ 2342 Rn 4) des Urteils (BayObLG NJW-RR **97**, 326).

3 **2) Dritte** werden nicht geschützt, soweit nicht guter Glaube (§§ 932ff, 891ff, 1032, 1207) od § 2366 eingreift. Hat NachlSchuldner an Erbunwürdigen geleistet, wird er unter den Voraussetzgen des § 2367 frei; für eine weitergehde analoge Anwendg von § 407 ist kein Raum (MüKo/Frank Rn 4, str); ist er dem wirkl Erben ggü nicht befreit worden, so haftet ihm der für erbunwürdig Erklärte idR nach § 819 (Staud/Olshausen Rn 21). RGesch zw dem Erbunwürdigen u bösgläub Dritten werden unwirks; eine ZwangsHyp, die zB der Staat wg der Strafprozeßkosten am NachlGrdst bestellen ließ, fällt an den Nächstberufenen (ZPO 868). – Über RFolgen der ErbunwürdigkErkl eines VorE auf ErbteilsVertr mit NachE s BGH WM **68**, 474.

2345 *Vermächtnisunwürdigkeit; Pflichtteilsunwürdigkeit.* **I Hat sich ein Vermächtnisnehmer einer der im § 2339 Abs. 1 bezeichneten Verfehlungen schuldig gemacht, so ist der Anspruch aus dem Vermächtnis anfechtbar. Die Vorschriften der §§ 2082, 2083, des § 2339 Abs. 2 und der §§ 2341, 2343 finden Anwendung.**

II Das gleiche gilt für einen Pflichtteilsanspruch, wenn der Pflichtteilsberechtigte sich einer solchen Verfehlung schuldig gemacht hat.

1 **1) Vermächtnisunwürdigkeit (I)** u ebso **Pflichtteilsunwürdigkeit (II)** treten auch nicht von selbst ein. Die notwend Anfechtg (**I** 1) muß aber nicht dch Klage geltd gemacht werden (§ 2342 ist nicht erwähnt). Vielm genügt formlose Erkl ggü dem Unwürd (§ 143 I; IV S 1), um dessen schuldrechtl Anspr zu beseitigen (§ 142). Dazu berecht ist jeder, dem die Anfechtgswirkg auch nur mittelb zustatten kommt (§ 2343), also auch VermächtnNehmer. – AnfechtgsFrist (§ 2082) beginnt hier mit zuverläss Kenntn vom Vorhandensein des Anfechtgsgrundes. Nach Fristablauf kann die Unwürdigk noch einredeweise geltd gemacht werden (**I** 2
2 iVm § 2083). – Als **anfechtbare Ansprüche** kommen auch die sog ges Vermächtn (§§ 1932; 1969) u nicht vollzogenen Schenkgen vTw (§ 2301 I) in Betr. Zum PflichttAnspr (**II**) gehören auch RestAnspr (§§ 2305; 2307) u ErgänzgsAnspr (§§ 2325; 2329). Unter § 2345 fällt auch der in Erbfällen vor dem 1. 4. 98 bestehde ErbersatzAnspr (§ 1934b II 1 aF; EG 227 I Nr 1). – Ggü Anspr aus vorzeit Erbausgleich (§ 1934d aF; EG 227 I Nr 2) hat nichtehel Vater bei Vorliegen eines ErbunwürdigkGrdes LeistgsverweigergsR, also Einrede
3 (MüKo/Frank Rn 8). – **Anfechtungsgründe** sind die des § 2339. Verzeihg (§ 2343) beseitigt sie (**I** 2). Über

VermächtnUnwürdigk wg widerrechtl Drohg (§ 2339 I Nr 3) s Hbg HansRGZ **34** B 670; über Widerrechtlichk der Drohg aber auch BayObLG **60**, 497. Wg FälschgsHandlgen s Celle NdsRpfl **72**, 238. – Für eine Tat des VermNehmers gg den Erben gilt § 2345 nicht (BGH FamRZ **62**, 257).

2) Wirkung der Anfechtung. Die Anfechtg wg VermUnwürdigk beseitigt rückwirkend den schuldrechtl VermAnspr des Unwürdigen (§ 142 I). Ist ein ErsatzVermNehmer bestimmt (§ 2190), erwirbt dieser den Anspr; ist ein MitVermNehmer vorhanden, dann sind §§ 2158, 2159 anwendb; andernf erlischt das Verm. Für die Rückforderg des zur Befriedigg des VermNehmers vor der Anfechtg Geleisteten gelten §§ 812 I 2, 813, 819 I. – Ist der PflichttAnspr wirks angefochten, so können die in § 2309 genannten entfernteren PflichttBerecht ihrerseits den Pflichtt verlangen. 4

Siebenter Abschnitt. Erbverzicht

Überblick

Schrifttum: Damrau, Der ErbVerz als Mittel zweckmäß Vorsorge für den Todesfall, 1966.

1) Der Erbverzicht ist ein vom Erbl zu seinen Lebzeiten mit seinem Ehegatten od einem Verwandten 1
abgeschlossener erbrechtl Vertrag, in dem der VertrPartner auf den Anfall seines künft ges ErbR verzichtet. Der Verz kann auch nur auf das PflichttR (§ 2346 II) od ein Vermächtn bzw eine letztw Zuwendg (§ 2352) beschränkt werden; dann läßt er den PflichttAnspr od das Vermächtn nicht entstehen bzw die Zuwendg gilt als nicht erfolgt (s § 2346 Rn 8). Der Verz kann schlechthin od zG best Dritter (§ 2350) erklärt u wieder aufgehoben werden (§ 2351). – **a) Verzichtende** können nur Verwandte od der Eheg sein. Jedoch kann auch 2
der künft Eheg auf sein erst dch die Eheschließg entstehdes ErbR schon vorher verzichten, wie sich aus der Erwähng des Verlobten in § 2347 I ergibt; das Adoptivkind schon vor der Annahme (vgl Dittmann Rpfleger **78**, 278; die früh nach § 1767 aF zuläss Vereinbg üb einen Ausschluß des ErbR des Kindes ist kein ErbVerz). Der Fiskus kann auf sein ges ErbR (§ 1936), da nicht ausschlagb (§ 1942 II), auch nicht verzichten (wohl aber auf Zuwendgen, § 2352). – **b) Vertragspartner** ist nur der Erbl. Nur mit ihm u nur zu seinen Lebzeiten 3
kann der VerzVertr rwirks abgeschlossen werden (BGHZ **37**, 319) u nur auf seinen Erbfall bezieht sich der Verz. Ein weitergehder, auch bei and Erbfällen geltder (zB ein für allemal von der Hoferbfolge) ist dem geltden R fremd (Celle RdL **57**, 322; Ffm NJW-RR **96**, 838). Verträge unter künft Erben (§ 312 II) od über eine bereits angefallene Erbsch (soweit nicht § 2033 eingreift) haben nur schuldrechtl Wirkg (RG **98**, 330; s Rn 14). – **c) Bedeutung.** Nachdem der ges Erbe auch grdlos enterbt werden kann, ist prakt am bedeuts der 4
Verz auf den Pflichtt (§ 2346 II), weil erst dieser dem Erbl freie Hand für gewünschte Vermögensdispositionen sowohl unter Lebden als auch dch Vfg vTw verschafft u damit zB die Erhaltg eines Unternehmens od landw Besitzes in einer Hand ermöglicht od die NachlAbwicklg erleichtert. Im übr ist der ErbVerz ein wichtiges Gestaltgsmittel vor allem bei der vorweggenommenen Erbfolge (Einl 6 v § 1922; zur Nachfolgeplang insbes des Einzelkaufmanns s Pühringer BB **89** Beil 6); od bei nichtehel Abkömml, wenn der Vater zB sein Unternehmen von Erb- od PflichttAnspr seines Kindes freihalten will; zur etw vormschgerichtl GenehmiggsPfl s § 2347. Beim Pflichtt kommt er auch den anderen PflichttBerecht zugute (§ 2310 S 2). – Zum IPR s Riering ZEV **98**, 248.

2) Rechtsnatur. Der ErbVerz ist ein abstraktes erbrechtl VfgsGesch, das unmittelb den Verlust des ges 5
ErbR bewirkt u damit auch die ges Erbfolge verändert. RücktrVorbehalt ist (im Ggsatz zum ErbVertr, § 2293) als damit unvereinb dah nicht vorgesehen. Die ges Vorschriften zum ErbVerz sind zwingder Natur. – Der VerzVertr ist ein erbrechtl RGesch unter Lebden u nicht Vfg vTw, auch nicht iS eines negativen ErbVertr, da er keine Vfg des Erbl, sond nur eine des Erbanwärters üb dessen RPosition enthält. Er ist aber kein ggseit Vertr iS der §§ 320 ff, auch wenn er mit Rücks auf eine Ggleistg abgeschlossen wird (s Rn 9; Degenhart Rpfleger **69**, 145); auch kein Vertr zGDr (§ 328), weil er kein Recht eines Dr begründet. Bei Unentgeltlk ist er keine Schenkg (§§ 516; 517), so daß keine GläubAnfechtg nach AnfG mögl ist (s dazu Haegele u Schramm BWNotZ **71**, 39; 162). Bei Unwirksamk infolge Notarfehlers kann auf Festellg einer Haftg bereits zu Lebzeiten des Erbl geklagt werden (BGH NJW **96**, 1062). – **a) Anzuwendendes Vertragsrecht.** Als 6
RGesch unter Lebenden finden auf den VerzVertr grdsl die allg Vorschr über Vertr Anwendg, soweit nicht die erbrechtl Natur des Verz entgegensteht (so kann abw von § 130 II ein VertrAngebot des Erbl nach dessen Tod nicht mehr angenommen werden). Willensmängel beurteilen sich folgl nach §§ 116 ff; eine teilweise Unwirksamk nach § 139 (u nicht nach § 2085). Seine Auslegg erfolgt nach §§ 133, 157, 242, zu denen noch bes Ausleggsregeln in § 2350 kommen. – Eine **Anfechtung** ist für den Verzichtenden nur zu Lebzeiten des Erbl 7
mögl u richtet sich nach §§ 119 ff; nach Eintritt des Erbfalls ist sie aus Grden der RSicherh ausgeschlossen (Kblz NJW-RR **93**, 708; Schlesw ZEV **98**, 28; Pentz MDR **99**, 785; str; aA zB Mankowski ZEV **98**, 33). Motivirrtum ist nicht beachtl (§ 2078 gilt nicht), so daß zB Anfechtg wg veränderter polit Umständ in der fr DDR idR nicht mögl ist (s § 1954 Rn 3; 4). Auch der Umstand, daß der irrtumsfrei erkl Verz nicht erkannte u gewollte Nebenfolgen hat, berecht nicht zur Anfechtg (BGH NJW **97**, 653). Für eine Anfechtg dch den Erbl selbst besteht kein Bedürfn, da er den Ausschluß des Erben jederzeit dch neue Vfg vTw rückgängg machen kann (str; aA Staud/Schotten § 2346 Rn 107; Pentz MDR **99**, 785). Bei argl Täuschg (§ 123) steht dem Verzichtenden dann aber schuldrechtl Anspr auf Wertersatz zu, den er als NachlVerbindlk geltd machen kann (Kblz aaO). – Zuläss ist Verknüpfg mit einer aufschiebden od auflösden **Bedingung,** auch mit einer Befristung (Ffm DNotZ **52**, 488; BayObLG **57**, 292; BGH **37**, 327; BFH **76**, 43): zB der Gültigk eines gleichzeit geschlossenen AbfindgsVertr (Damrau S 92 ff; Rn 12); der fristgemäßen Zahlg der Abfindg. – Bei Wegfall der GeschGrdlage ist Rückabwicklg (§ 242) nach Eintritt des Erbfalls nicht mehr mögl, weil die RSicherh gefestigte Grdlage für Erbfolge verlangt (BGH FamRZ **99**, 375); dies gilt aber nicht auch für AbfindgsVertr als RGrdlage, so daß dann Anspr gg Nachl bestehen können (BGH aaO). – **b) Grundbesitz** 8
in der DDR. Ist NachlSpaltg eingetreten (s 1922 Rn 8) u damit für diesen SonderNachl das DDR-ZGB

maßgebl, ist insow ein vor dem Beitritt erkl ErbVerz unwirks, da ihn das ZGB abgeschafft hat (vgl Bestelmeyer Rpfleger **92**, 321); er bleibt dies auch, wenn der Erbfall erst nach dem 2. 10. 90 eintrat u damit dem ErbR des BGB untersteht (Bestelmeyer aaO; str).

9 **3) Erbverzicht und Abfindung.** Eine GgLeistg (Abfindg) ist für den ErbVerz nicht begriffswesentl, wird aber wohl meist gewährt. Sie kann auch an einen Dritten erfolgen; od in einer Zuwendg vTw bestehen (BayObLG **95**, 29). Ihre Vereinbg steht rechtl selbständ neben dem abstrakten ErbVerz. Sie kann deshalb schuldrechtl nicht zurückgefordert werden, wenn der Verz dch Vorversterben des Verzichtenden überflüss geworden ist (anders bei Unwirksamk od Aufhebg, §§ 2350, 2351), wie umgekehrt auch nicht Aufhebg des Verz, wenn die versprochene Abfindg unterblieb. §§ 320 ff sind auf das aus zwei Verträgen zusammengesetzte Doppelgeschäft nicht anwendbar (Rn 5).

10 **a) Grundgeschäft.** ErbVerz u Abfindg liegt aber regelm ein kausales schuldrechtl RGesch iS der §§ 320 ff zugrunde, das einers die Verpflichtg zur Abgabe der VerzErkl, andrers die Verpflichtg des Erbl zur Leistg der Abfindg enthält, insoweit ggs Vertr ist u dch die beiden selbstd Vollzugsgeschäfte erfüllt wird (hM; BGH NJW **97**, 653). Es ist wie das ErfüllgsGesch formbedürft (§ 2348 Rn 1); ein Formmangel kann allerd dch die formgült Vornahme des ErfüllgsGesch geheilt werden analog § 313 S 2, nicht aber umgekehrt (Staud/Schotten § 2348 Rn 17, 18; abl Kuchinke NJW **83**, 2360; hiergg Damrau NJW **84**, 1163; s auch § 313 Rn 54). – Bei **Nichtleistung** kann jede Partei aGrd des KausalGesch auf Erfüllg klagen; KondiktionsAnspr scheiden dagg aus, schon weil ein RGrund vorhanden ist. Stirbt der Erbl vor Abschluß des VerzVertr, wird die Ggseite von ihrer LeistgsPfl frei (§ 275; BGH **37**, 327); ist die Abfindg schon bezahlt, können die Erben sie zurückfordern (§§ 323 III; 812 ff). Unter den Voraussetzgen von § 326 hat jede Partei ein RücktrR, wobei die Pfl zur Rückgewähr auch Aufhebg des Verzichts gem § 2351 umfaßt (Damrau aaO 127). – Stellt sich nach dem Erbfall heraus, daß der von den VertrParteien angestrebte Zweck nicht erreicht werden kann, kommt Anpassg des AbfindgsVertr nach dem Grds des Wegfalls der GeschGrdlage (§ 242 Rn 130) in Betr (BGH NJW **97**, 653), so daß Anspr gg Nachl bestehen kann; Rückabwicklg des VerzVertr selbst ist nicht mögl (BGH FamRZ **99**, 375; Rn 7). Ggf kann dann auch bei erfülltem AbfindgsVertr Nachabfindg verlangt werden, auch nach Erbfall vom Erben, da er als RNachf des Erbl in Vertr eintrat (BGH aaO).

11 **b) Bei nichtigem Grundgeschäft** werden die NichtigkGrde idR auch den ErbVerz erfassen, so daß dann die ggseit erbrachten Leistgen zurückzugewähren sind (§ 812 I 1). Bleibt allerd der abstrakte ErbVerz trotz nichtigem KausalGesch wirksam, kann zwar Erbl die dann ohne rechtl Grd geleiste Abfindg zurückverlangen. Da aber der Verzichtende nicht auf §§ 320 ff zurückgreifen kann, bereitet für ihn ein Interessenausgleich erhebl rechtl Schwierigkeiten, wenn die Abfindg nicht erbracht wurde u keine rechtl Verknüpfg (s Rn 12; 13) besteht. Eine Anfechtg des ErbVerz (Strohal § 59 V 1) wäre nur wegen Irrtums im Beweggrund analog §§ 2281, 2078 mögl, die aber ges nicht vorgesehen ist. Ein rückwirkdes RücktrittsR entspr § 2295 (Larenz JhJ **81**, 1, 13) ist mit dem abstrakten ErbVerz nicht vereinb u zu verneinen (Damrau S 110 ff). Ein Teil des Schrifttums will dah BereichergsAnspr (§ 812 I 2) bejahen (RGRK/Johannsen Rn 6; MüKo/Strobel Rn 28; Staud/Schotten Rn 182 je zu § 2346), weil dch die vorteilhafte RStellg etwas erlangt sei. Gg Kondiktions-Anspr spricht aber mehr, daß der Verz keine Zuwendg ist, der Erbl also die Verbesserg seiner RStellg nicht „auf Kosten" des Verzichtden erlangt hat; der Begünstigte wiederum hat bis zum Erbfall keine vermögenswerte Anwartsch u danach eine Erbenstellg nicht kr Verzichts, sond kr BerufgsGrd erlangt. Erman/Schlüter (Rn 5 vor § 2346) wollen daher dem Verzichtden den Einwand unzuläss RAusübg (§ 242) ggü demjenigen einräumen, der den Verz geltend macht od nach dem Erbfall sein ErbR bestreitet. § 242 wird damit allerd eine über die rechtl Sonderbeziehg hinausgehde Geltg verschafft (s § 242 Rn 6). Die nach Eintritt des Erbfalls ohnehin nicht mehr mögl Aufhebg des rechtl selbständ Verz ist daher nicht erreichb. Dem Verzichtenden sollte man jedoch Berufg auf Wegfall der GeschGrdlage zubilligen (Soe/Damrau Rn 4). – Bestand die GgLeistg in einem Vermächtn, kann der Bedachte sich nicht deswg vom ErbVerz lösen, weil beim Erbfall der vermachte Ggstd nicht mehr zum Nachl gehörte (BayObLG **95**, 29). Der Verzichtde kann nur Erfüllg des AbfindgsVertr od SchadErs wg Nichterfüllg vom Erbl, von dessen Erben (als NachlVerbindlk) oder dem abfindenden Dritten verlangen (Staud/Ferid/Cieslar Rn 92 vor § 2346).

12 **c) Rechtliche Verknüpfung.** Die VertrParteien können trotz Selbständigk beider RGesch dch Vereinbg einer Bedingg ErbVerz u GgLeistg rechtl voneinander abhäng zu machen, § 158 (s Rn 7). Bedingt kann der ErbVerz dch die Abfindg sein (die Wirksamk des Versprechens od die Leistg) und umgekehrt (sofern die Abfindg zeitlich vor dem Verz erbracht wurde). Die Vereinbg einer Bedingg wird jedoch nicht vermutet. Ist sie nicht ausdrückl erklärt, muß dch Auslegg (Rn 6) ein entspr beidseitiger Wille dem Vertrag selbst zu entnehmen sein, da sonst die Form des § 2348 nicht gewahrt ist. Bei Vorbeh eines RücktrittsR, der nur hinsichtl des AbfindgsVertr zuläss ist, kann ErbVerz als auflösd bedingt dch den Rücktritt vom AbfindgsVertr angesehen werden; ist der Rücktr vereinbargsgem auch noch nach dem Tode des Erbl zuläss, ist der Verzichtde vom Erbfall an aufschiebd bedingter NachE und im ErbSch aufzuführen (BayObLG **57**, 300). – Bei **Eintritt** der Bedingg (zB Nichtzahlg der Abfindg) wird der bedingte Verz wirkgslos; die bedingte Abfindg ist nach VertragsGrdsätzen zurückzugewähren. Die Bedingg kann auch noch nach dem Erbfall eintreten, zB wenn Erbl vor Leistg der Abfindg stirbt; bis dahin besteht Vor- u NErbfolge (MüKo/Strobel Rn 25; Staud/Schotten § 2346 Rn 91; Mayer MittBayNot **85**, 101).

13 **d) Einheitliches Rechtsgeschäft.** Die VertrParteien können die Verträge auch als einheitl Ganzes gestalten, so daß § 139 (nicht § 2085) eingreift, wenn der AbfindgsVertr unwirks ist (nicht aber bei Nichterfüllg; s Celle NdsRpfl **49**, 121; Lange, FS Nottarp, 1961, 125; Damrau S 96 ff; Coing, FS Schwind, 1978, 63/67). Indiz für einen derart Willen, daß beide Geschäfte „miteinander stehen und fallen sollen", kann die Beurkundg von ErbVerz u Abfindgsabrede in derselben Urkunde sein (RGRK § 2348 Rn 3).

14 **4) Ein künftiger Erbe** kann sich dch Vertr zur Ausschlagg der Erbsch verpflichten (s § 2302 Rn 4). – Eine nach dem Erbfall von einem MitE zugunsten eines and MitE abgegebene privatschriftl VerzichtsErklärg kann die Verpflichtg enthalten, den letzteren so zu stellen, als ob er AlleinE wäre, §§ 133, 305 (Köln OLGZ **75**, 1; s iü Staud/Ferid/Cieslar § 2346 Rn 5).

2346 *Wirkung des Erbverzichts.* **I Verwandte sowie der Ehegatte des Erblassers können durch Vertrag mit dem Erblasser auf ihr gesetzliches Erbrecht verzichten. Der Verzichtende ist von der gesetzlichen Erbfolge ausgeschlossen, wie wenn er zur Zeit des Erbfalls nicht mehr lebte; er hat kein Pflichtteilsrecht.**

II Der Verzicht kann auf das Pflichtteilsrecht beschränkt werden.

1) Verzicht der ges Erben (Übbl 2) ist in unterschiedl Umfang mögl. Ggstand eines VerzVertr können 1
sein: das ges ErbR einschl des PflichttR (**I**); das ges ErbR allein; das PflichttR allein (**II**); diese Rechte in beschränkter Form (Rn 2; 6). Zur RNatur des VerzVertr s Übbl 5 ff. Bedinggen (§ 158) u Befristgen sind zuläss (Übbl 7), ebso Vorbehalte (zB des PflichttR, Rn 7). – **a) Beschränkungen** des ErbVerz sind zuläss u 2
wirks. Er kann zB nur auf einen Bruchteil des ges ErbR od auf dessen Verminderg gerichtet sein (und wirkt sich dann entspr auch auf das PflichttR aus); od nur auf das HoferbR nach HöfeO (Oldbg FamRZ **98**, 645). Eine Beschränkg auf reale Teile od bestimmte Gegenstände ist dagg nicht mögl, da mit Universalsukzession unvereinb; Umdeutg in BruchteilsVerz entspr den RGrdsätzen zu § 2087 ist aber mögl, zB bei Beschränkg des Verz auf den „gegenwärtigen NachlBestand" (KG JFG **15**, 98). – **b)** Auch konnte nur auf den früh 3
Erbersatzanspruch entspr **II** verzichtet werden (§ 1934 b II aF); es gelten dann §§ 2347–2351. TeilVerz war auch hier mögl; ebso Vorbeh des PflichttR (BayObLG **75**, 433). Der Verzichtende erwarb dann in den vor dem 1. 4. 98 eingetretenen Erbfällen (EG 227 I Nr 1) den ErsatzAnspr nicht u hatte auch kein hierauf gerichtetes PflichttR. Waren allerd zZ des Erbfalls die Voraussetzgen des § 1934 a nicht gegeben, trat ges Erbfolge nach §§ 1924, 1925 ein. In Erbfällen nach dem 1. 4. 98 ist infolge Beseitigg des ErbersatzAnspr dch das ErbGleichhG ein hierauf beschränkter Verz ggstandslos geworden. Ob er als ErbVerz angesehen werden kann, hängt von den jew Umständen ab; nicht mögl ist dies aber, wenn sich der Verzichtde das ges ErbR vorbehalten hatte.

2) Wirkung. Der formgült (§ 2348) erkl uneingeschränkte ErbVerz ändert als abstraktes VfgsGesch mit 4
VertrAbschluß unmittelb die ges Erbfolge (im Ggsatz zum nur schuldrechtl Vertr nach § 312 II). Der Verzichtende ist von der ges Erbfolge ausgeschlossen, wie wenn er zum Zeitpkt des Erbfalls nicht mehr lebte u hat auch kein PflichttR (**I** 2). Der Erbteil der MitE erhöht sich (§ 1935), ebso das PflichttR and Berecht (§ 2310 S 2; s auch § 2316 I S 2). – Den auf der Erbenstellg beruhden Anspr wird jegl Grdlage entzogen, zB dem früh ErbersatzAnspr; den Anspr des Eheg auf den Voraus (§ 1932) od im Falle des § 1933 auf Unterh (§ 1933 Rn 8; str); bei häusl FamAngehör auf den Dreißigsten (§ 1969); im HöfeR auf (Nach)AbfingsAnspr (HöfeO 12; 13; BGH NJW **97**, 653). – **Sachlich** beschränkt sich die Wirkg des ErbVerz auf den BerufgsGrd. Er hindert also nicht an Erbeinsetzg des Verzichtden dch Vfg vTw (BGH **30**, 267). Er enthält auch nicht notwend Verz auf Zuwendgen (§ 2352) u umgekehrt (§ 2352 Rn 5); allerd kann mit umfassendem Erb- u PflichttVerz „für jetzt u in alle Zukunft" auch ZuwendgsVerz gewollt sein (BGH DNotZ **72**, 500). – **Persönlich** hat der Verz an sich nur Auswirkgen auf den Verzichtenden; ist dieser jedoch Abkömml od Seitenverwandter, erstreckt sich sein Verz auch auf seine Abkömml, sofern nichts anderes bestimmt ist (§ 2349). Verz zu Gunsten eines Anderen (§ 2350) allein macht diesen noch nicht zum Erben, weil es dazu noch eines BerufgsGrdes (G od Vfg vTw) bedarf.

3) Pflichtteilsverzicht (II) ist eine zuläss Beschränkg des Verz auf das PflichttR (Übbl 1 v § 2303; nicht 5
des PflichttAnspr, § 2317), der im Ggsatz zum ErbVerz nicht die ges Erbfolge ändert u nicht das PflichttR and Berecht erhöht. Er kann uU auch stillschweigd erklärt werden u in einem and Gesch enthalten sein, zB in einem ErbVertr mit einem pflichtteilsberecht Abkömml, in dem Ehegatten sich ggseit zu Alleinerben u den Abkömml zum SchlußE einsetzen (BGH **22**, 364 mAv Lübtow JR **57**, 340; BGH NJW **77**, 1728: im gemschaftl Test enthaltener Erb- od PflichttVerz, dazu krit Habermann JuS **79**, 169, s auch § 2348 Rn 3); in einem außerh der Altersgrenzen vereinbarten u desh unwirks vorzeit Erbausgleich (EG 227 Rn 3). Er umfaßt auch den ErgänzgsAnspr (§ 2325). – Nach dem Erbfall kann üb den dann bereits entstandenen PflichttAnspr nur noch mit den Erben ErlaßVertr (§ 397) geschlossen werden (BGH NJW **97**, 521 mit abl Anm Muscheler JZ **97**, 853 u zustimmender von Pentz JZ **98**, 88; KG OLGZ **76**, 193). – **a) Beschränkung** 6
des PflichttVerz ist zuläss, zB auf einen Bruchteil des PflichttR, auf eine feste Summe od eine betragsmäß Obergrenze od nur auf den ErgänzgsAnspr. Auch ein gegenständl beschränkter PflichttVerz ist (anders als beim ErbVerz) in der Weise zulässig, daß bestimmte Ggstände bei der NachlBewertg zum Zwecke der AnsprBerechng (§ 2311) außer Betracht bleiben (Fette NJW **70**, 743; Coing JZ **60**, 209; Cremer RhNK **78**, 169; Jordan Rpfleger **85**, 7; bestr). – Zuläss ist auch die Einräumg der Befugn für den Erbl, dem Verzichtden Beschwergen dch Vermächtn od Auflagen od Beschränkgen dch Anordng einer TVstrg aufzuerlegen, die nach PflichttR nicht mögl wären (s Coing aaO 211). – **b) Der Vorbehalt des Pflichtteilsrechts** ist auch 7
Beschränkg. Er ist zulässig, da der Pflichtt ein Ausfluß des ErbR ist. Darin kann ein Verz auf die Hälfte des ges ErbR liegen; er kann aber auch den Sinn haben, daß dem Verzichtden in jedem Fall nur der PflichttAnspr verbleiben soll (Staud/Schotten Rn 34 ff). – **c) Wirkung.** Der bloße PflichttVerz läßt den Anspr nicht 8
entstehen, aber den ges Erbteil des Verzichtden unberührt. Dem Erbl gibt er die volle TestierFreih (s Übbl 1); darin liegt aber in aller Regel noch keine Ggleistg, die eine Vfg des Erbl (zB GrdstÜberlassg) zu einer entgeltl iS von AnfG 4 macht (BGH **113**, 393; BVerfG NJW **91**, 2695 hat diese Auslegg gebilligt, da sie nicht gg GG 14 verstößt). – Durch Verz auf Bruchteil des Pflichtt wird Anspr unmittelb gemindert. – Eine **Abfindung** (Übbl 9 vor § 2346) ist kein ausgleichspflichtiger Vorempfang, kann bei Übermaß aber 9
Schenkg sein (s § 2325 Rn 14).

4) Zugewinngemeinschaft. Der überlebde Ehegatte kann nach seinem ErbVerz (auch bei einem vor 10
dem 1. 7. 58 vereinbarten) idR den güterrechtl Ausgleich beanspruchen (§ 1371 II mit Rn 12), sofern ihm auch kein Vermächtn zugewendet ist. Hatte er sich das PflichttR vorbehalten (Rn 7), steht ihm daneben der „kleine Pflichtt" zu (§ 1371 II). – Wird Eheg nach PflichttVerz ges **Erbe,** kann er sich nicht auf § 2306 I S 1; § 2318 II; §§ 2319; 2328 berufen u keine Restpflichtteile aus §§ 2305, 2307, 2326 geltd machen. Die güterrechtl Lösg des § 1371 II steht ihm offen, wenn er ausschlägt. Wurde er dagg dch Vfg vTw als Erbe eingesetzt u schlägt er aus, hat er wg seines Verzichts keinen PflichttAnspr (§ 1371 III mit Rn 20).

2347 *Voraussetzungen für Erbverzicht.* **I Zu dem Erbverzicht ist, wenn der Verzichtende unter Vormundschaft steht, die Genehmigung des Vormundschaftsgerichts erforderlich; steht er unter elterlicher Sorge, so gilt das gleiche, sofern nicht der Vertrag unter Ehegatten oder unter Verlobten geschlossen wird. Die Genehmigung des Vormundschaftsgerichts ist auch für den Verzicht durch den Betreuer erforderlich.**

II Der Erblasser kann den Vertrag nur persönlich schließen; ist er in der Geschäftsfähigkeit beschränkt, so bedarf er nicht der Zustimmung seines gesetzlichen Vertreters. Ist der Erblasser geschäftsunfähig, so kann der Vertrag durch den gesetzlichen Vertreter geschlossen werden; die Genehmigung des Vormundschaftsgerichts ist in gleichem Umfange wie nach Absatz 1 erforderlich.

1 **1) Der Verzichtende** kann sich vertreten lassen, andernf der GeschUnfäh sogar einen vorteilhaften ErbVerz nicht abgeben könnte. Ein beschränkt GeschFähiger (§ 106) bedarf der Zustimmg seines ges Vertreters (s auch § 108 III). Die Vorschr regelt die Zulässigk der Vertretg für beide VertrParteien unterschiedl (ebso die Anforderg an GeschFähigk; s Rn 2). Der vom Vormund des Verzichtenden od von seinem Betreuer innerh dessen Aufgabenkreis (§ 1896 II–IV) geschlossene Vertr bedarf nach **I** aber stets noch der vormschger Genehmigg, der von elterl SorgeBerecht dann, wenn es sich nicht um einen Vertr unter Eheg od Verlobten handelt; dies entspr der Regelg für den VertrGegner bei Aufhebg des ErbVertr (§ 2290 III). – Ein Ehegatte bedarf weder als Erbl noch als Verzichtender der Zustimmg des anderen Ehegatten (vgl § 1432 Rn 1; § 1455 Rn 2). Verzicht auf den Gesamtgutsanteil s § 1517. – **Genehmigung** des VormschG (zuständ ist Rpfleger, RPflG 3 Nr 2 a) ist erforderl bei VerzVertr iS der §§ 2346; 2352; auch bei nur teilw ErbVerz (BGH NJW **78**, 1159) u ihrem Sinn entsprechd auch bei schuldrechtl Vertr, dch den der Verzichtde sich zum Abschluß eines VerzVertr verpflichtet. Dagg nicht bei RGesch zw Erbl u seinem minderj Abkömml, das sich ledigl wirtschaftl nachteilig auf den späteren PflichttAnspr des Abkömml auswirken kann (BGH **24**, 372; Johannsen WM **72**, 1049). Genehmigg muß ebso wie die Zustimmg des ges Vertr im Zeitpkt des Erbfalls wirks sein (s dazu §§ 1828, 1829, 1643 III).

2 **2) Der Erblasser** muß den Vertr grdsl persönlich abschließen (gilt auch für ErbVerz im Prozeßvergleich, dazu § 2348 Rn 4). Dies gilt auch für einen Minderjähr, der zur Einwilligg in den Verzicht nicht der Zustimmg seines ges Vertr bedarf (**II** 1 Hs 2; § 107); diese benötigt er nur, falls er Verz wieder aufheben will (s § 2351 Rn 1). Wird der Erbl betreut (§ 1896), kann seine Erkl nicht unter Einwilliggsvorbehalt des Betreuers gestellt werden (§ 1903 II mit Rn 13). – Eine **Ausnahme** gibt es nur für GeschUnfähige (**II** 2), die sonst keinen Verz entggnehmen könnten; ihr ges Vertr benötigt aber gerichtl Genehmigg wie nach **I** (s Rn 1). – Nach Eröffng des InsolvenzVerf über das Vermögen des Verzichtenden kann er noch selbst verzichten. – **II 1 gilt nicht** für schuldrechtl Vertr, dch den sich eine Person ggü dem Erbl verpflichtet, auf ihr Erb- u PflichttR zu verzichten (s Johannsen WM **72**, 1049).

2348 *Form.* **Der Erbverzichtsvertrag bedarf der notariellen Beurkundung.**

1 **1) Notarielle Beurkundung** ist seit 1. 1. 70 die allein zuläss Form. Dabei ist gleichzeitige Anwesenheit hier nicht erforderl (§§ 128, 152). Wird der Verzicht mit einem ErbVertr od Test verbunden, muß auch die hierfür bestimmte Form gewahrt werden; die Formerleichterg des § 2276 II gilt dann nicht entspr (Staud/Schotten Rn 7). Ist der ErbVerz rechtl mit der Abfindgsvereinbarg dch Bedinggen verknüpft, bedarf auch sie der Form des § 2348 (Soergel/Damrau Rn 6). Ein nur dch Auslegg erschlossener, nicht ausdrückl erklärter ErbVerz genügt nicht der in § 2348 vorgeschriebenen Form. – Das dem Verz etwa zugrunde liegende VerpflichtgsGesch bedarf ebenf der not Beurkdg (KG OLGZ **74**, 263; Damrau NJW **84**, 1163; aM Kuchinke
2 NJW **83**, 2358). – Ein **Formverstoß** wird durch § 313 S 2 beim abstrakten Verz nicht geheilt (KG JFG **7**, 133); wohl aber ist Heilg des GrundGesch mögl (Übbl 10 vor § 2346). Doch kann bei Formnichtigk uU Umdeutg in eine letztw Vfg des Erbl (Enterbg od Widerruf) in Frage kommen (s aber Kuchinke NJW **83**, 2360). – Im ErbSchVerf hat das NachlG Wirksamk u Umfang des Verzichts vAw zu prüfen; Verweisg auf Rechtsweg ist unzuläss (BayObLG **81**, 30). – **IPR:** EG 11 (EG 25 Rn 5).

3 **2) Verbindung mit anderem Vertrag.** In einem ErbVertr zw Eheg u einem ihrer Kinder kann ein stillschweigd erklärter PflichttVerz des als SchlußE eingesetzten Kindes enthalten sein (BGH **22**, 364); ebso in einem notariellen gemschaftl Test ein Erb- od PflichttVerz eines der Eheg (BGH NJW **77**, 1728; dazu Johannsen WM **79**, 631; aM Habermann JuS **79**, 169, der Gewicht auf den fehlenden Vertr legt). Erklärt sich ein Abkömml in einem Vertrag, dch den seine Eltern ihr Anwesen auf ihn übertragen, wg seines künft ErbR für abgefunden, liegt darin idR kein ErbVerz (BayObLG **81**, 30); dies gilt bes dann, wenn die Altersversorgg der Eltern wesentl Vertragsbestandteil ist (BayObLG Rpfleger **84**, 191).

4 **3) Prozeßvergleich** (dazu § 127 a Rn 2) wahrt die Form (§ 127 a). Bei Anwaltszwang muß RA prozessual u Erbl persönl (wg § 2347 II) die Erklärgen abgeben (BayObLG **65**, 86); s dazu § 2276 Rn 9. Zum Vergleich im Parteiprozeß s BGH DB **59**, 790.

2349 *Wirkung auf Abkömmlinge.* **Verzichtet ein Abkömmling oder ein Seitenverwandter des Erblassers auf das gesetzliche Erbrecht, so erstreckt sich die Wirkung des Verzichts auf seine Abkömmlinge, sofern nicht ein anderes bestimmt wird.**

1 **1) Auf den ganzen Stamm** soll sich grdsl der Verzicht eines **Abkömmlings** (§ 1924 Rn 7 ff) od eines Seitenverwandten auf sein ges ErbR erstrecken, also auf die vorhandenen wie die künft Abkömml, ohne daß er in deren Namen od Vertretg (§ 2347) erklärt werden müßte (ergänzende Norm). Ist mit dem Erbverzicht ein AbfindgsVertr verbunden, liegt eine vorweggenommene Erbfolge vor, so daß durch die Erstreckg der

Verzichtswirkg auf die Abkömml die Bevorzugg eines Stammes vermieden wird. Die Erstreckg tritt aber grdsl auch ohne Abfindg ein; allerdings wird hierbei wohl meist ein Verzicht zugunsten Dritter (§ 2350) vereinbart werden. Wird der ErbVerz wirks aufgehoben (§ 2351), lebt auch das ErbR der Abkömml wieder auf (Mot V 476; s BGH ZEV **98**, 304). Über den Wortlaut des G hinaus tritt die Erstreckg auch beim Verzicht auf das PflichttR (§ 2346 II) ein (Baumgärtel DNotZ **59**, 65; hM). – Ist bei **altrechtlichen Adoptionen** das ErbR 2 des Kindes im Annahmevertr ausgeschlossen (war nach § 1767 I aF mögl u gilt weiterhin, Art 12 § 1 V AdoptG), erstrecken sich die Wirkgen des Ausschlusses auch auf die Abkömml des Adoptierten, da § 2349 entspr gilt (Hamm Rpfleger **52**, 89; dazu auch Haegele BWNotZ **71**, 41). Eine derart Vorschr ist im AdoptG nicht mehr enthalten. Wg ErbVerz bei Annahme als Kind nach neuem Recht s Übbl 2 v § 2346.

2) Bei abweichender Bestimmung, die ausdrückl im VerzVertr erfolgen muß, gilt § 2349 nicht. Ferner 3 nicht für Personen, die weder Abkömml noch Seitenverwandte sind, also bei Verzicht eines Vorfahren od Eheg (Regler DNotZ **70**, 646; s auch § 2352 Rn 5); wenn der Abkömml trotz des Verzichts letztw bedacht wurde (KG JFG **23**, 255). Auch nicht beim Zuwendgsverzicht (§ 2352 Rn 5).

2350 ***Verzicht zugunsten eines anderen.*** **I Verzichtet jemand zugunsten eines anderen auf das gesetzliche Erbrecht, so ist im Zweifel anzunehmen, daß der Verzicht nur für den Fall gelten soll, daß der andere Erbe wird.**

II Verzichtet ein Abkömmling des Erblassers auf das gesetzliche Erbrecht, so ist im Zweifel anzunehmen, daß der Verzicht nur zugunsten der anderen Abkömmlinge und des Ehegatten des Erblassers gelten soll.

1) Allgemeines. Der ErbVerz in bedingter Form ist zulässig (s Übbl 7 vor § 2346). § 2350 stellt eine 1 Ausleggsregel für zwei Fälle des Verz auf das ges ErbR auf, die nur Platz greift, wenn die Zw nicht überwunden sind. Sie ist nicht anwendb auf den Zuwendgsverzicht, § 2352 (Lübeck SchlHA **59**, 211; aM Blomeyer FamRZ **74**, 421/426) u auch nicht auf den bloßen PflichttVerz (§ 2346 II). Der PflichttVerz nur für den Fall, daß eine bestimmte Person Erbe u deshalb mit Pflichtt belastet wird, ist iü ein gewöhnl, bedingter Verz.

2) Der zugunsten eines anderen erklärte Verzicht auf das ges ErbR **(I)** ist iZw gegenstandslos, wenn der 2 Begünstigte aus welchen Gründen auch immer nicht Erbe wird. Verz ist also auflösend bedingt dch die Erbeneigensch. Der (od die) Begünstigte muß nicht ausdrückl genannt, aber in der Urk hinreichend bestimmt sein. Erbe werden kann er kr G od dch Einsetzg, die meist in einem verbundenen ErbVertr erfolgt; nicht erforderl ist, daß er an Stelle des Verzichtenden Erbe wird. Bei Begünstigg eines ges MitE fällt diesem als Erben iZw der volle Erbteil des Verzichtenden zu (KG DNotZ **42**, 148; hM; aA: nur was ihm zustehen würde, wenn der Verzichtde beim Erbfall nicht gelebt hätte, MüKo/Strobel Rn 9 mN; Blomeyer FamRZ **74**, 426 f). – Die Abkömmlinge des Verzichtenden treten nur dann an dessen Stelle (§ 2069), wenn der Verzicht erkennb zu ihren Gunsten erklärt war (KG JFG **20**, 160; s auch § 2352 Rn 5). – Bei **mehreren** Begünstigten wird der Verzicht erst unwirks, wenn sie alle wegfallen (RG LZ **26**, 1006). – Die Stellg der Nichtbegünstigten verbessert sich nicht; ihnen verbleibt stets die Erbquote, die ihnen auch ohne den Verz zugestanden hat (Oldbg FamRZ **92**, 1226).

3) Erbverzicht eines Abkömmlings (II) auf ges ErbR ist iZw immer relativ iS einer Begünstigg der and 3 Abkömmlinge u des Ehegatten des Erbl. Eine unbeabsichtigte Begünstigg der Verwandten der aufsteigenden od der Seitenlinie od des Staates soll vermieden werden. Verzicht ist also iZw hinfällig, wenn nur Fernerstehende erben würden, dagg wirks, wenn auch nur einer der Begünstigten (erste Ordng, § 1924, auch Stiefelternteil) Erbe wird. Über entspr Anwendg auf Ausschluß des ErbR bei Adoption (§ 1767 aF) s Hamm Rpfleger **52**, 89; § 2349 Rn 2; Staud/Schotten § 2346 Rn 6, 8. – Wegen § 2352 s dort.

2351 ***Aufhebung des Erbverzichts.*** **Auf einen Vertrag, durch den ein Erbverzicht aufgehoben wird, findet die Vorschrift des § 2348 und in Ansehung des Erblassers auch die Vorschrift des § 2347 Abs. 2 Satz 1 erster Halbsatz, Satz 2 Anwendung.**

1) Die vertragsmäßige Aufhebung des Erb- od PflichttVerz (auch des Zuwendgsverzichts, § 2352; 1 Kempten MittBayNot **78**, 63 mAv Büttel; bestr) ist den VertrParteien in Form der not Beurk (§ 2348) jederzeit mögl. Einseit kann ihn der Erbl nicht aufheben, aber den Verrichtenden od dessen Abkömml test bedenken (BGH **30**, 261). Der AufhebgsVertr erfordert weder eine Mitwirkg der Abkömml, auf die sich der Verz gem § 2349 erstreckte, noch die Zustimmg der dch den Verz Begünstigten. Nach dem Tod des Erbl od des Verzichtenden ist er nicht mehr mögl (MüKo/Strobel Rn 2). Hinsichtl des Erbl ist dies ausdrückl dch Verweisg auf § 2347 II 1 bestimmt. Aber auch mit Tod des Verzichtenden muß aus Grden der RKlarh feststehen, daß er u sein Stamm (§ 2349) endgült aus der Erbfolge ausgeschieden sind. Seine Erben können dah mit dem Erbl keinen AufhebgsVertr mehr schließen, da der Erbl nicht befugt ist, die dch § 2310 S 2 bereits kr G eingetretene Begünstigg and PflichttBerecht ohne deren Zustimmg wieder rückgängig zu machen (BGH NJW **98**, 3117 mAv Pentz JZ **99**, 148 u Steiner MDR **98**, 1481; Wüstenberg ZEV **97**, 301). – Ist der Erbl geschäftsunfäh, kann für ihn sein ges Vertreter handeln, bedarf aber gerichtl Genehmigg (§ 2347 II 2). Der minderjähr Erbl muß persönl handeln, benötigt aber zu der (für ihn nachteiligen) Aufhebg die Zustimmg seines ges Vertreters. Für den Verzichtenden, der dch die Aufhebg nur gewinnt, gilt bei Minderjährigk § 107. – Der Erbl wird auch dch Abschluß eines ErbVertr nicht gehindert, einen VerzVertr aufzuheben; die VertrErben müssen dies selbst bei Unentgeltlk des Verz hinnehmen (BGH **77**, 264).

2) Einseitig (insb letztw) läßt sich der Verzicht nicht beseitigen (BGH **30**, 261/267). Der Verzichtende 2 kann zwar bedacht werden. Das ges ErbR (u etw PflichttR) des Nächstberufenen wird aber dadurch nicht berührt. Hat sich zB das PflichttR anderer Personen dch den ErbVerz vergrößert (§ 2310 I 2), kann daran dch einseit Zuwendgen des Erbl nichts geändert werden.

3 **3) Wirkung.** Der AufhebgsVertr beseitigt den Erb-, Pflichtt- od ZuwendgsVerz, als sei er nie erfolgt, stellt also den früheren Zustand wieder her. Der Verzichtde erlangt die RStellg, die er ohne den ErbVerz hatte. Er wird daher nicht Erbe, wenn Erbl inzw anderweit testiert hat, kann dann aber einen Pflichtt wieder beanspruchen. Eine für den Verz geleistete Abfindg kann gem § 812 nur zurückgefordert werden, wenn mit dem ErbVerz auch das zugrde liegde selbständ RGesch (Übbl 10 v § 2346) als causa aufgehoben wurde.

2352 *Verzicht auf Zuwendungen.* **Wer durch Testament als Erbe eingesetzt oder mit einem Vermächtnisse bedacht ist, kann durch Vertrag mit dem Erblasser auf die Zuwendung verzichten. Das gleiche gilt für eine Zuwendung, die in einem Erbvertrag einem Dritten gemacht ist. Die Vorschriften der §§ 2347, 2348 finden Anwendung.**

1 **1) Zuwendungsverzicht.** Jeder Bedachte kann grdsl auf eine erfolgte Zuwendg vTw (nicht auf zukünft, BayObLG Rpfleger **87**, 374) verzichten, hier also auch der Fiskus. Die Zuwendg kann in einem einseit od gemeinsch Test sowie in einem ein- od mehrseit ErbVertr enthalten sein. Allerd stellt § 2352 für die Zulässigk des ZuwendgsVerz hinsichtl Test u ErbVertr unterschiedl Regelgen auf (s Rn 7). – Bedeutg hat Verz auf test Zuwendg angesichts der Widerrufsmöglk (§§ 2253 ff) vor allem dann, wenn der Erbl nachträgl geschäftsunfäh wird (§§ 2229 ff, § 2347 II 2) od die wechselbezügl Vfg (§ 2271 II) dch Tod des and Teils unabänderl geworden od als vertragl nicht mehr aufhebbar (§ 2290) ist (Ffm Rpfleger **97**, 309; Mayer ZEV **96**, 127). –
2 **Form:** VerzVertr bedarf not Beurkundg (**S 3** iVm § 2348); für GeschFähigk u Zulässigk der Stellvertretg gilt § 2347. Zur RNatur s Überbl 5 v § 2346. – **Aufhebung** des VerzVertr nach § 2351 ist mögl.

3 **a) Teilverzicht** ist mögl; Verz ist auch auf ideellen Bruchteil der Erbsch beschränkb (KG JFG **15**, 99, Jackschath RhNK **77**, 117/120 f). – **b) Bedingter Verzicht** zugunsten bestimmter Personen kann vereinbart, aber nicht über § 2350 angenommen werden (s dort Rn 1). Er bewirkt aber noch nicht die Übertragg der RStellg des Verzichtenden auf den Begünstigten (Hamm OLGZ **82**, 272). Die nach § 312 I unwirks Übertragg des in einem gemeinsch Test einem Abkömml zugewendeten Erbteils an seine als MitE berufenen Geschwister zu Lebzeiten des Erbl kann in einen ErbVerz zugunsten der Geschwister umgedeutet werden (§ 140), wenn der Erbl den Erklärgen zugestimmt hat u diese den dafür geltden FormVorschr (§ 2348)
4 genügen (BGH NJW **74**, 43; s auch Blomeyer FamRZ **74**, 421, Johannsen WM **77**, 309). – **c) Auf Vermächtnis** kann ganz od teilw (dazu Coing JZ **60**, 211) verzichtet werden (s Damrau aaO S 88 ff), nicht aber nur auf die sog ges des Voraus (§ 1932) od Dreißigsten (§ 1969).

5 **2) Wirkung.** Der ZuwendgsVerz entkleidet als abstraktes VfgsGesch (Überbl 5 v § 2346) die betreff Vfg vTw im Umfang des Verz ihrer Wirkg, hebt sie aber nicht auf. Der Anfall der Zuwendg unterbleibt, wie wenn der Bedachte den Erbfall nicht erlebt hätte (s § 2346 Rn 4). Jedoch umfaßt er weder grdsl noch notwend auch einen Verz auf das ges ErbR od PflichttR u umgekehrt (RG LZ **19**, 594; Staud/Schotten Rn 53); allerd kann er uU darauf ausgedehnt sein (Ausleggsfrage, Übbl 6 v § 2346; s zB BGH DNotZ **72**, 500; Ffm OLGZ **93**, 201 mAv Winkler MittBayNot **94**, 237). Er läßt dah ein PflichttR des Verzichtden unberührt (im Ggsatz zu § 2346 I 2), auch das nach § 1371 III, u wirkt sich dadch auch auf die Pflichtteilsberechng anderer aus. – Hinsichtl der Erbfolge wirkt der ZuwendgsVerz nur für den Verzichtden u beseitigt
6 nicht auch ein eigenes ErbR seiner **Abkömmlinge**. § 2349 wurde hier absichtl nicht für entspr anwendb erklärt (hM; vgl Ffm Rpfleger **97**, 309; BayObLG NJW-RR **97**, 1027; aA Staud/Schotten Rn 31 ff); eine entspr Erkl als ges Vertreter bedürfte vormschger Genehmigg (§ 2347 I). Die Abkömml des Verzichtenden treten dah an dessen Stelle, wenn sie als ErsatzE berufen sind (Hamm OLGZ **82**, 272; Soe/Damrau Rn 2; Jakschath RhNK **77**, 117). Ihre stillschw Berufg nach § 2069 wird vor allem dann anzunehmen sein, wenn zu ihren Gunsten, nicht aber, wenn gg vollständ Abfindg verzichtet wurde (BGH NJW **74**, 43 mAv Blomeyer FamRZ **74**, 427). Hier wird die ggf ergänzende Auslegg des ErblWillens meist ergeben, daß eine Ersatzberufg nicht für den Fall eines ErbVerz gg volle Abfindg gewollt war (BGH aaO; BayObLG NJW-RR **97**, 1027; Köln FamRZ **90**, 99; Düss DNotZ **74**, 367; MüKo/Strobel Rn 14). Eine solche Auslegg kommt selbst bei ausdrückl Berufg als ErsatzE in Betr (Köln aaO; Erman/Schlüter Rn 3; Mayer ZEV **96**, 127; str); od wenn der einzige Sohn auf seine Einsetzg als SchlußE verzichtet hat (Ffm FamRZ **98**, 57 mit abl Anm Schotten Rpfleger **98**, 113). – Der Verz hindert nicht, daß der Verzichtende vom Erbl in einer späteren Vfg vTw **erneut bedacht** wird (BayObLG Rpfleger **87**, 374).

7 **3) Besonderheiten beim Erbvertrag (S 2).** Verzichten kann hier nur der bedachte Dritte. Zustimmg des ErbVertrPartners ist dafür nicht erforderl. **Dritter** ist, wer weder als Erbl noch als dessen VertrPartner am Abschluß des ErbVertr beteiligt war. Wurde ErbVertr von mehreren bedachten Personen unterzeichnet, kann von diesen auf Zuwendg verzichten, wer nur formal beteiligt war (BayObLG **65**, 188; **74**, 401; s auch Jackschath RhNK **77**, 119; Peter BWNotZ **77**, 113/115). Der einzige VertrPartner kann aber nie als nur formal beteiligt angesehen werden (Hamm DNotZ **77**, 751; Stgt OLGZ **79**, 129). – Die **Parteien** des ErbVertr können auf vertragl Zuwendgen nicht verzichten, sond müssen Vertr nach § 2290 aufheben. Auf einseit Vfgen (§ 2299), die aufgehoben werden können (s § 2299 Rn 2), kann aber auch der VertrPartner als Bedachter verzichten (Staud/Schotten Rn 27).

Achter Abschnitt. Erbschein

Überblick

1 **1) Der Erbschein** ist ein VfgsAusweis des Erben (§ 2353 Rn 1), ohne daß ein solcher stets zwingd benötigt wird (Rn 5). Grdsl ist er aber notwend, wenn der Erbe sich im RVerkehr als solcher ausweisen muß, um den Nachl in Besitz nehmen u darüber verfügen zu können od um ins GBuch eingetragen zu werden (s Rn 8). Für Dritte ist die Person des (der) Erben nicht immer sicher festzustellen, nachdem tatsächl u rechtl Gründe entggstehen können u der Übergang des ErblVermögens sich ohne äußerl sichtb Vorgang von selbst

vollzieht (§ 1922). Sie müssen aber bei RGesch mit der als Erbe auftretenden Person Sicherh üb seine RStellg haben. Daher stellt in allen Erbfällen seit Inkrafttr des BGB (EG 213; BayObLG FamRZ **90**, 101) das NachlG als Akt staatl Fürsorge auf Antr einen ErbSch als Zeugn üb die erbrechtl Verhältn aus (§ 2353), der im RVerkehr Legitimations- u Schutzwirkg entfaltet (s § 2366). – ErbSch werden idR entw für den AlleinE (§ 2353) od bei Erbenmehrh als gemeinsch (§ 2357) üb die gesamte Erbfolge ausgestellt. Mögl sind aber auch: **Teilerbschein,** auf Antr eines MitE auch über das ErbR eines anderen MitE (Mü JFG **23**, 334); ist dieser 2
bereits verstorben, s § 2353 Rn 13. Zum TeilErbSch über Mindesterbteil s § 2353 Rn 3. Hat ein Erbe einen TeilErbSch erhalten u ergibt sich nachträgl, daß er AlleinE ist, so kann er entweder einen weiteren TeilErbSch über das restl Erbe od einen VollErbSch über sein AlleinErbR erhalten (AG Schöneberg Rpfleger **70**, 342). – **Gruppenerbschein** dch äußere Zusammenfassg mehrerer Teilerbscheine, ausgestellt auf Antr aller darin benannten Erben, zB für mehrere zu einem einzelnen Erbstamm gehörende MitE (KGJ **41**, 90; HRR **35** Nr 1321); er ist wenig prakt. – **Gemeinschaftlicher Teilerbschein** für einzelne Erbstämme, auf Antr eines MitE, wenn zB ein MitE ausgewandert ist (s KG JFG **13**, 41; DFG **40**, 26; Mü JFG **15**, 354). – **Vereinigter Erbschein** (Sammelerbschein) dch äußere Zusammenfassg mehrerer Erbscheine bei mehrfachem Erbgang (KGJ **44**, 99). Auch bei mehrfachen Erbgängen dürfen aber die Erbeserben nicht unter Überspringg der Zwischenglieder als Erben genannt werden; vielm sind stets dem rechtl Hergang entspr so viele Zeugnisse auszustellen als Erbfolgen vorliegen. Eine Vereinigg scheidet von vornherein aus, wenn nicht dasselbe NachlG für die Erteilg aller Erbscheine zust ist (BayObLG **51**, 695). – Ggständl beschränkter **Fremdrechtserbschein** (§ 2369).

2) Für Sonderzwecke gibt es bes erbrechtl Zeugn wie das vom NachlG (str) zu erteilende Schuldbuchzeugn (RSchuldbG 16) u das Zeugn üb die fortgesetzte GüterGemeinsch (§ 1507); bis 1. 10. 93 gab es auch noch das HeimstättenfolgeZeugn (s § 1922 Rn 7). Nachweise ggü dem GBAmt s Rn 8. – Das **Hoffolgezeugnis** (HöfeO 18 II) ist ein auf die Hoferbfolge beschränkter ErbSch für einen Hof im Geltgsbereich der norddeutschen HöfeO (dazu EG 64 Rn 6). Es wird vom LandwirtschG erteilt. Das Verfahren richtet sich nach LwVG 1 Nr 5; 14 ff mit den landesrechtl Besonderh, die gem LwVG 20 III in *Niedersachsen* (AGLwVG II) u *NRW* (AGLwVG 2; 3) erlassen wurden. Daneben ist auch ein ErbSch üb den gesamten Nachl od ein auf das **hoffreie Vermögen** beschränkter mögl, den gleichf das LandwirtschG zu erteilen hat (BGH NJW **88**, 2739). – S auch die Regelgen in *Rh-Pf* (HöfeO 30; dazu BGH FamRZ **95**, 34: zuständ ist LandwG), *Bremen* (HöfeO 31) u *BaWü* (AnerbenG 10). 3 4

3) Anderweitige Erbennachweise. Auch wenn im RVerkehr ein ErbSch der sicherste Nachw ist, bedarf 5
der Erbe seiner häufig nicht, da er sein ErbR auch anderweit nachweisen kann. **Banken** können sich beim Tod ihres Kunden gem ihren AGB 5 (s NJW **92**, 3278) mit Vorlage einer beglaub TestAblichtg u Eröffngsprotokoll begnügen, obwohl sie idR ErbSch verlangen müßten, da die Wirksamk des Test bei Eröffng nicht geprüft wird und das Protokoll kein Nachw dafür ist, daß nicht später noch ein weiteres Test gesondert abgeliefert u eröffnet wurde (s § 2260). Ggü **Versicherung** ist der Erbe, der im Versichergsschein als anspruchsberecht für den Fall des Todes des Versichergsnehmers bezeichnet wurde, gleichf nicht auf ErbSch angewiesen (Bremen OLGZ **65**, 170). – Im Streitfall können Erbprätendenten das ErbR statt dch ErbSch od zusätzl im Wege des Zivilprozesses dch Urteil feststellen lassen. Ein solches **Feststellungsurteil** erwächst 6
zwischen ihnen in RKraft, die dem ErbSch nicht innewohnt, da er bei Unrichtigk vAw einzuziehen ist (§ 2361). Ein erteilter ErbSch erleichtert im Prozeß zwar die Beweisführg (s § 2365 Rn 2), bindet den Prozeßrichter aber nicht (BGH **86**, 41; WM **87**, 564; NJW **83**, 277). Der Obsiegende kann seine Herausgabe an das NachlG verlangen (§ 2362) u darauf klagen. Der RStreit kann mangels Vorgreiflichk nicht bis zur Erledigg eines anhängigen ErbSchVerf gem ZPO 148 ausgesetzt werden (KG OLGZ **75**, 355), umgekehrt aber das ErbSchVerf (BayObLG FamRZ **99**, 334). – Entspr gilt für den Streit mehrerer Anwärter auf das Amt des TV u die Erteilg eines TV-Zeugn sowie im Streit zwischen Erbe u TV üb das Amt od das ErbR (BGH NJW-RR **87**, 1090). – Das rkräft Urteil **bindet** das NachlG nur im Umfang seiner RKraftwirkg, also wenn 7
es zwischen allen Beteiligten des ErbSchVerf in RKraft erwachsen ist, diese also auch die Parteien des RStreits waren (BayObLG FamRZ **99**, 334). Dem Unterlegenen kann auch sonst kein ErbSch erteilt werden, weil von ihm sofort dessen Rückgabe verlangt werden könnte (§ 2362), wohl aber einem Dritten. Sofern dem Prozeßrichter unbekannte nachträgl begründete Umstände im ErbSchVerf bekannt werden, die dem Unterlegenen die Einrede arglist Ausnutzg der RKraft gewähren, besteht auch keine Bindg ggü dem Obsiegenden (RG **155**, 55; BGH NJW **51**, 759). S auch Soergel/Damrau § 2360 Rn 4. – Zivilurteil, dch das nur üb präjudizielle RVerhältn od Vorfragen entschieden wurde, bindet NachlG nicht, da diese Fragen nicht von der RKraft erfaßt werden (BayObLG **97**, 357).

4) Zur Grundbuchberichtigung ist die Erbfolge grdsl dch (inländ, KG Rpfleger **97**, 384) ErbSch 8
nachzuweisen (GBO 35), ggf dch ÜberweisgsZeugn nach GBO 36; 37. Auch NachE muß zu seiner Eintragg nach Eintritt des Nacherbfalls neuen ErbSch vorlegen (s § 2139 Rn 6). Andersartige Erbenfeststellgen des NachlG genügen nicht (BayObLG **89**, 8), für die Eintragg des Fiskus auch nicht Feststellgsbeschluß nach 1964 (s dort Rn 2). TV kann nicht unter Vorlage seines Zeugn Erben benennen (Köln Rpfleger **92**, 342). – Das GBA ist an die im vorgelegten ErbSch getroffenen Entscheidgen gebunden u kann nicht noch selbst üb Gültigk od Auslegg einer letztw Vfg nachermitteln. Liegen ihm Hinweise üb dessen Unrichtigk vor, sind sie dem NachlG anzuzeigen. Zieht das NachlG den ErbSch dann gleichwohl nicht ein, trägt es allein die Verantwortg (Horber/Demharter, GBO 35 Rn 26). Bei Einziehg hat GBA stets neuen ErbSch zu verlangen (s auch Ffm Rpfleger **79**, 106). Bei Immobilie in der fr DDR reicht allg ErbSch, der vor Beitritt in einem alten Bundesland erteilt wurde, als ErbNachw nur mit entspr Geltgsvermerk (§ 2353 Rn 7) aus (Brakebusch DtZ **94**, 61 gg BezG Erfurt DtZ **94**, 77). – **a) Ausnahme.** Entbehrl ist ErbSch idR bei Vorlage eines öff Test od 9
eines ErbVertr (GBO 35 I 2). GBA hat dann die darin enthaltenen Vfgen vTw selbständ zu prüfen u auszulegen (BayObLG **82**, 449); dabei muß es ges Ausleggsregeln selbst anwenden, wenn auch NachlG auf diese zurückgreifen müßte, weil von Ermittlgen mangels konkreter Umstände keine zusätzl Erkenntn zu erwarten sind (Stgt OLGZ **92**, 147 mit krit Anm Peißinger Rpfleger **92**, 427; Horber/Demharter GBO 35 Rn 42; str). Die erhöhte Beweiskraft öff Urk hat es zu beachten (ZPO 415; Ffm OLGZ **90**, 288). ErbSch

kann es nur verlangen, wenn Erben nicht zweifelsfrei bezeichnet sind; od tatsächl Zweifel am behaupteten ErbR bestehen, die nur dch weitere Ermittlgen geklärt werden können (BayObLG FamRZ **95**, 899); od das not Test dch ein privatschriftl widerrufen ist (BayObLG FamRZ **93**, 605); od gemeinsch Test Strafklausel enthält (s § 2074 Rn 11); od bei Einsetzg der Kinder als NachE zum Nachweis der bereits bekannten NachE (LG Ffm Rpfleger **84**, 271 mAv Grunsky; s aber auch BayObLG **82**, 449). Dagg nicht wg rechtl schwieriger letztw Vfgen; od wenn das Nichtvorhandensein weiterer Kinder dch eine in öff Urk abgegebene eidesst Versich nachgewiesen wird (Ffm OLGZ **85**, 411; Zweibr OLGZ **85**, 408; Hamm NJW-RR **97**, 646; str). –
10 **b) Kostenbefreiung** gewährt KostO 60 IV bei Berichtigg binnen 2 Jahren seit Erbfall. Beim NachlG ist ein nur für GBuchzwecke beantragter ErbSch gebührenbegünstigt (s KostO 107 III); wird er aber anderweit verwendet, erfolgt Nacherhebg (KostO 107 a).

2353 *Erteilung des Erbscheins.* **Das Nachlaßgericht hat dem Erben auf Antrag ein Zeugnis über sein Erbrecht und, wenn er nur zu einem Teile der Erbschaft berufen ist, über die Größe des Erbteils zu erteilen (Erbschein).**

1 **1) Der Erbschein** ist eine dem RVerkehr dienende amtl Bescheinigg, die bekundet, wer Erbe ist u welchen VfgsBeschränkgen dieser unterliegt. Dem Erben wird damit ein Ausweis üb sein ErbR an die Hand gegeben, der mit bes BeweisKr u öff Glauben ausgestattet ist (§§ 2365–2367) u ihm dah Vfgen üb zur Erbsch gehörde Ggstände u Rechte erleichtert. Er bezeugt das ErbR zZ des Erbfalls. Unberücksichtigt bleiben daher solche späteren Verändergen, die ohne Einfluß auf die eingetretene Erbfolge sind, wie Veräußerg der Erbsch bzw des Erbteils; Tod des Erben nach Annahme. Nur solche Ändergen müssen bereits berücksichtigt werden, die sich zZ seiner Ausstellg übersehen lassen (RG **142**, 172). Den Nachlaß bezeugt er dagg nicht u enthält keine Angaben üb dessen Umfang (s aber Rn 4; 7 zu ggständl beschränkten). Siehe zB Zimmermann ZEV
2 **95**, 275. – Seine **Funktion** ist der Art nach die gleiche wie eine Eintragg im GBuch: Er begründet die widerlegb RVermutg der Richtigk u Vollständigk seines Inhalts für u gg den darin ausgewiesenen Erben (§ 2365) und schützt dch öff Glauben den gutgläub Dritten beim Erwerb vom Erben od bei Leistgen an diesen (§§ 2366; 2367). Verkehrsschutz genießt er allerd nur im GültigkBereich dieser Vorschriften (KG OLGZ **84**, 428). – Der ErbSch ist keine öff Urkunde iS von ZPO 415 ff, da er keine von od vor einer Behörde abgegebene Erkl enthält u auch keine Tatsache bezeugt (sond das ErbR); auch im Wiederaufnahme-Verf ist er, soweit es um das ErbR geht, keine bedeuts Urk iS von ZPO 580 Nr 7 b (BVerwG NJW **65**, 1292). Er ist aber Urk iS von StGB 271; 272 (BGH NJW **64**, 558).

3 **2) Inhalt.** Um seine Funktion zu erfüllen, muß der ErbSch aus sich selbst heraus verständl sein, so daß eine Bezugnahme auf and Urkunden ebso unzuläss ist wie die Aufnahme von Anregungen, Empfehlgen od Zusätzen der Art „mit der Maßgabe, daß . . ." (Schlesw SchlHA **58**, 353). Er muß also den od die Erben möglichst genau bezeichnen sowie den Umfang des Erbrechts u die auf Anordngen des Erbl beruhenden VfgsBeschränkgen des Erben aufzeigen, soweit sich diese zum Zeitpkt der Erteilg nicht schon erledigt haben (s § 2363 Rn 2; § 2364 Rn 1). Dazu sind genau anzugeben: Namen u Todestag des Erbl; die Erben (Geburtsdaten benötigt das GBAmt, s GBVfg 15); ihre Erbteile (Quote, also Bruchteil der Erbsch); VfgsBeschränkgen des Erben, denen er dch ErblAnordng unterworfen ist, wobei nur TVstrg (§ 2364) sowie Nach- u Ersatznacherbfolge (§ 2363) in Frage kommen (s auch § 2365 Rn 1). – **Nicht** angegeben wird der BerufgsGrd als überflüss (BayObLG **73**, 29); seine Aufnahme ist aber unschädl. Ferner nicht Belastungen des Erben mit Vermächtn-, Erbersatz- od PflichttAnspr; Auflagen; ein Auseinandersetzgsverbot (§ 2044); Teilgs-Anordng, da sie nicht sein ErbR als solches betreffen (zum VorausVerm des AlleinVE s § 2363 Rn 6). Auch nicht vermerkt wird ein ges Nießbrauch des Ehegatten nach ausländ Recht (BayObLG **61**, 4: ital R; Greif MDR **65**, 447: schweiz, franz R). – Zu dem besond Inhalt des ErbSch für den VorE s § 2363 Rn 2–7. – Zur Fassg bei Wiederverheiratgsklausel s § 2269 Rn 23 u üb Aufnahme von Verwirkgsklauseln § 2074 Rn 11. – Im **Teilerbschein** für einen MitE wird nur dessen genauer Erbteil angegeben, ggf auch nur als Mindesterbteil, wenn üb den restl Erbteil eine derzeit nicht behebbare Ungewißh besteht (BayObLG **60**, 479; KG JFG **13**, 43), etwa wenn die Vatersch für ein nichtehel Kind noch nicht rkräft festgestellt ist (Firsching DNotZ **70**, 522). TeilErbSch kann von mehreren Erben jeder gesondert erhalten (s Übbl 2); zum gemeinschaftl s § 2357.

4 **3) Besonderheiten. – a) Beschränkungsvermerk.** Vererbt sich der ausländ Grdbesitz eines deutschen Erbl nach dem Recht des Lageortes u erkennt das deutsche KollisionsR dies an (EG 3 III mit Rn 14), tritt NachlSpaltg ein mit der Folge, daß insow ein and Erbstatut gilt als für das inländ Vermögen. Dann besteht für den dch die Aufspaltg entstandenen selbständ NachlTeil im Ausland (EG 25 Rn 9) keine internat Zuständigk eines deutschen Gerichts (Rn 18). Mit Rücks darauf verlangt die Rspr (KG OLGZ **84**, 428; BayOblG NJW-RR **97**, 201; hM), daß insow in einen zu erteilenden allg ErbSch ein einschränkder Geltgsvermerk aufzunehmen ist („Erstreckt sich nicht auf das in Rumänien belegene unbewegl Vermögen"). Sie zwingt damit an sich stets zur Ermittlg ausländ VermögGgstände u dann ausländ Rechts, bei deren Übersehen zur Einziehg (§ 2361 Rn 1). Dieser Aufwand ist unnötig, da prakt bedeutgslos, nachdem der ErbSch nur im Inland wirkt, nur das vom NachlBestand unabhängige ErbR von Personen nach dem BGB bezeugt, sein Geltgsbereich dch G bestimmt wird (Weithase RPfleger **85**, 267) u der BelegenhStaat üb die Anerkenng der bezeugten RNachfolge selbst bestimmt (Schotten Rpfleger **91**, 181; Bestelmeyer Rpfleger **92**, 229 u FamRZ **97**, 164; im Ergebn ebso Trittel DNotZ **92**, 451).

5 **b) Von den Sondererbfolgen** (s § 1922 Rn 7–11) werden nur die in einen Hof (HöfeO 19 II) u bei NachlSpaltg die in Grdvermögen im Beitrittsgebiet (s Rn 7) verlautbart, nicht aber in andere NachlTeile (BayObLG **87**, 149).

6 **c) Gegenständlich beschränkte** ErbSch sind der FremdrechtsErbSch (§ 2369), den auch die fr DDR hinsichtl des dortigen Grdbesitzes kannte (s Rn 8) u der ErbSch üb hoffreies Vermögen (Übbl 4); dazu kam bis 1. 10. 93 noch das HeimstättenfolgeZeugn (Übbl 3). Seit Beitritt der fr DDR kann auch in Erbfällen

mit NachlSpaltg ein auf den SonderNachl im Beitrittsgebiet beschränkter erteilt werden (Rn 7; zur früh Praxis vgl Schotten/Johnen DtZ **91**, 225; 257). Andere gibt es nicht (BGH NJW **76**, 480; Hamm Rpfleger **71**, 219). Ein gleichwohl erteilter ist allerd nicht ungült u in seiner Wirkg nicht beschränkt (BayObLG **52**, 69).

d) Grundvermögen in der DDR eines westdtschen Erbl bildet in Erbfällen vor dem 3. 10. 90 einen rechtl selbständ Nachl (§ 1922 Rn 8), so daß die Erbfolge eigenständ bezeugt werden muß. Gleiches gilt bezügl des übr selbständ NachlTeils. Dies kann gemeins dch DoppelErbSch (§ 2369 Rn 9) od dch zwei sich ergänzde EinzelErbSch geschehen. Die Ausweisg des Erbstatuts empfiehlt sich, da sich nach ihm weitere RFolgen beurteilen (s § 1922 Rn 8; Schotten/Johnen DtZ **91**, 257; Wähler ROW **92**, 103). Beim DoppelErbSch gilt dies jedenf bei unterschiedl, weil nach verschiedenem ErbR ermittelten Erbfolgen; sind beide dagg im Ergebn ident, genügt Vermerk, daß die Erbfolge sowohl in Anwendg des BGB als auch des ZGB bezügl des unbewegl Vermögens iS von RAG 25 II bezeugt wird. – Zuläss ist auch, für das DDR-Grundvermögen einen selbständ, hierauf **beschränkten** ErbSch zu erteilen (allg M, zB KG OLGZ **92**, 279; BayObLG Rpfleger **99**, 76). Seinem Inhalt nach ist dieser kein TeilErbSch iS von § 2353 (er gibt keine Größe eines Erbteils an, Rn 3; aA Berlin FamRZ **92**, 230) u auch kein FremdRErbSch (§ 2369), sond allg ErbSch iS von § 2353; eine Zuständigk des Richters ist desh nicht begründet (s Rn 15). Zur inhaltl Verdeutlichg ist allerd nach dem Muster von § 2369 sowohl die ggständl Beschränkg als auch das auf den TeilNachl angewandte ErbR zu vermerken (KG aaO), also zB „Unter Beschränkg auf die in § 25 II RAG der fr DDR bezeichneten NachlGgstände wird in Anwendg des ZGB der fr DDR bezeugt, daß . . .“. Ist im Einzelfall zweifelh, ob RPosition mit Bezug zu Grdstücken in der DDR (wie zB Anteil an GüterGemsch) iS von RAG 25 II zu qualifizieren ist, ist diese Frage im ErbSchVerf abschließd zu klären, weil von ihr das anzuwendende SachR abhängt (BGH FGPrax **96**, 9). Dies führt zu teilw schwierigen RFragen (Einzelh s Böhringer Rpfleger **99**, 110; § 1922 Rn 8 u 50). Anspr nach VermG fallen jedenf nicht unter RAG 25 II (BGH aaO; KG Rpfleger **96**, 111; EG 25 Rn 23; teilw aA de Leve FamRZ **96**, 201). – Liegt bereits ein vor dem Beitritt erteilter allg ErbSch vor, hat dieser dch den EinigsV keine erweiterte Aussagekraft erhalten. Erweist er sich als ggständl beschränkter, bedarf es entspr Klarstellg, um bei nicht ident Erbfolge der Gefahr einer Benutzg auch für den and NachlTeil vorzubeugen (Adlerstein/Desch DtZ **91**, 193; Wandel BWNotZ **91**, 1; Trittel DNotZ **91**, 237; Bestelmeyer Rpfleger **92**, 229). Dazu muß er aber nicht eingezogen werden, wenn er für den NachlTeil, den er im Wortlaut nicht nennt, die Erbfolge richtig bezeugt. Vielm ist dann insow ausnahmsw **Ergänzung** dch Anbringg eines Geltgsvermerk zuläss („Gilt nur . . .“ od negativ „Gilt nicht . . .“). Zusätzl kann dann noch ein ggständl beschränkter ErbSch für den and NachlTeil mit entspr Geltgsvermerk erteilt werden (BayObLG FamRZ **94**, 723). 7

e) DDR-Erbscheine. Seit dem Beitritt wird nach einem deutschen Erbl stets ein allg ErbSch erteilt, auch wenn der Erbfall bereits vor dem 3. 10. 90 liegt u der Erbl seinen letzten gewöhnl Aufenth in der DDR hatte, so daß sich die Erbfolge nach ZGB beurteilt (EG 235 § 1 I mit Rn 5). Liegt bereits ein vom Staatl Notariat der DDR erteilter ErbSch vor, kann dieser anerkannt werden, wie dies die BRep auch schon vor dem Beitritt (BGH **52**, 145; KG OLGZ **85**, 179) vorbehaltl EG 6 tat; ob er einzuziehen ist, beurteilt sich allein nach § 2361 (s dort Rn 1). Bezeugt er die Erbfolge richtig, aber nur für einen selbständ NachlTeil, kann er ggf dch Ergänzg verdeutlicht werden (Rn 7). – War in der DDR nur ein ggständl beschränkter ErbSch (ZGB 414) für dortige Grdst nach dem ZGB aGrd RAG 25 erteilt worden, weil Erbl in der BRep lebte, kann der ErbSch infolge NachlSpaltg (§ 1922 Rn 8) weiter als Nachweis anerkannt werden, sofern er ausdrückl nur für dieses GrdVermögen Geltg beansprucht. Wird dann für das übr Vermögen zusätzl ein allg ErbSch benötigt, bedarf dieser eines einschränkden Geltgsvermerks. 8

f) Ausländische Erbscheine sind für das deutsche NachlG nicht verbindl. Sie können aber nach FGG 16 a anerkannt werden (s EG 25 Rn 22; EG 19 Rn 15). Dies ist aber nicht allein dem NachlG vorbehalten. Auch ist dafür kein förml Verf vorgesehen (BGH NJW **89**, 2197). Die Anerkenng wird vielm im jeweiligen ErkenntnVerf mitentschieden. Zu ErbSch niederländ Notare u zu and ausländ Zeugn s Pinkernelle/Spreen DNotZ **67**, 215; Firsching StAZ **76**, 153; auch BayObLG **65**, 377. Eine Erbbescheinigg nach schweiz ZGB 559 ist nicht einem ErbSch vergleichb (BayObLG FamRZ **91**, 1337). 9

4) Erteilungsvoraussetzungen sind ein bestimmter Antr, die Annahme der Erbsch (die schon im Antr liegt, § 1943 Rn 2), die Abgabe bestimmter Erkl dch den AntrSteller (§§ 2354; 2355) sowie die Erfüllg bestimmter Förmlichk u Nachweise (§ 2356). ErbSch wird aber nur dem Erben erteilt, auch dem VorE; dem Erbeserben als RNachfolger (s Rn 12); dem NachE erst beim NErbfall (dem VorE dann nicht mehr); dem ErsatzE nur bei Anfall an ihn. Dagg nicht dem ErbschErwerber od and, nur aus bestimmten Gründen AntragsBerecht. – Ist AntrSt nicht Erbe od nur MitE, muß die Annahme aller Erben nachgewiesen werden (§ 2357 Rn 2). – Letztw Vfgen müssen eröffnet sein (§§ 2260; 2300); war Antr schon vor Eröffng gestellt, ist sie nachzuholen (Mü DFG **43**, 147). – Ist Erbe vermißt, muß nachgewiesen sein, daß er den Erbfall noch erlebte bzw für diesen Zeitpkt noch Lebensvermutg nach VerschG 10 bestand (vgl 1923 Rn 4; Karlsr NJW **53**, 1303); hinsichtl mehrerer zu verschied Zeiten für tot erkl Personen s § 1923 Rn 4. 10

a) Der Antrag muß beim NachlG gestellt werden; ein erst beim BeschwG gestellter ist unzuläss u von diesem unbeachtet zu lassen (Brdbg FamRZ **99**, 55; 188), sofern er nicht dem NachlG bei der Abhilfeprüfg (FGG 18) vorgelegen hat. Eine besond Form ist nicht vorgeschrieben. Inhaltl muß er bestimmt sein u das beanspruchte ErbR genau bezeichnen (zum BestimmthErfordern eingehd Hilger BWNotZ **92**, 113); Antr „nach Maßgabe des Test“ genügt idR nicht (BayObLG **67**, 1). Grdsl ist auch anzugeben, ob das ErbR aGrd Ges od Vfg vTw beansprucht wird (BayObLG **73**, 28; NJW-RR **96**, 1160); alternat Angabe ist nur zuläss, wenn bei Zweifeln üb Gültigk der Vfg der Erbe in gleichem Umfang test wie gesetzl berufen erscheint (Hamm OLGZ **67**, 71; BayObLG **74**, 464; Ffm Rpfleger **78**, 17). – Größe der Erbquoten ist genau anzugeben, notf unter Angabe der BerechngsGrdlagen (Ffm FamRZ **98**, 1394); hiervon kann AntrSt allerd absehen bei Gründen, die in der Natur der Sache liegen (Düss DNotZ **78**, 683). – Wurde NErbfolge angeordnet, ist anzugeben, unter welchen Voraussetzgen sie eintritt, wer NachE ist u ob ErsatzNErbfolge angeordnet ist. – Ferner muß aus Antr hervorgehen, ob der ErbSch allg od ggständl beschränkt (s Rn 6; 11

§ 2369) u ob er nur zu beschränktem Gebrauch (s Rn 6) erteilt werden soll. Üb kostengünstigere von mehreren Möglichk muß RPfleger bei NachlVerhandlg belehren (Hamm JurBüro **73**, 1184). – Wg der Beurkundg der regelmäß erforderl eidesst Versicherg (§ 2356 II) wird der Antr meist zu Protokoll des NachlG (FGG 11) od des Notars gestellt. – **aa) Haupt- und Hilfsantrag** mit sachl unterschiedl Inhalten sind zuläss, wenn jeder Antr für sich das damit beanspruchte ErbR bestimmt bezeichnet u dem NachlG die Reihenfolge der Prüfg u Entscheidg angegeben wird (Hamm FamRZ **93**, 111; BayObLG **73**, 30); sachl darf dann HilfsAntr nicht vor dem HauptAntr geprüft werden. In der BeschwInstanz kann HilfsAntr aber nicht erstmals gestellt werden (Köln FamRZ **94**, 591). – **bb) Rücknahme** ist bis zur Erteilg mögl, also auch noch in RMittelinstanz (BayObLG FamRZ **99**, 62); Notar ist dazu nur bei entspr Vollm ermächtigt (LG Düss RhNK **61**, 120). RücknErkl kann auch ggü RBeschwG abgegeben werden (BayObLG FamRZ **91**, 230) u ebso wie die Verpflichtg dazu Inhalt eines Vergl sein (Stgt OLGZ **84**, 131). – **cc) Vertretung** ist zuläss (FGG 13), Vollm kann nachgebracht werden. VertretgsR von Eltern ist Teil ihrer Vermögenssorge (§ 1626 Rn 17), sofern nicht vom Erbl ausgeschlossen (§ 1638; Ffm NJW-RR **97**, 580); Vormund ist nicht nach § 1795 Nr 3 ges ausgeschlossen (BayObLG **61**, 277). Betreuer ist nur bei entspr Wirkgskreis ges Vertreter (§ 1902). ErbSchAnnahme kann im Antr des ges Vertr aber nur liegen, wenn dieser auch dazu befugt ist.

12 **b) Das Antragsrecht** ist von einer bestimmten RStellg abhäng, die der AntrSt nachweisen muß; nur beim Erben genügt schlüss Behauptg, da sein ErbR erst im Verf festgestellt wird. Es kann also nicht jeder, der nur ein rechtl Interesse an Erteilg hat, ErbSch beantragen. Ihrer RStellg nach sind antragsberecht: Jeder Erbe od MitE (§ 2357 I 2), auch für and MitE (s Übbl 2, aber auch Rn 13); der VorE (der NE erst beim NErbfall); Fiskus als ges Erbe nach seiner Feststellg (§ 1964); der Erbeserbe als RNachfolger u dah nur auf den Namen des Erben (Mü JFG **14**, 65); AbwesenhPfleger (§ 1911; s KG JR **67**, 26); – Ferner TV; NachlVerw; NachlInsolvenzVerw, die zur Verwaltg des Nachl ErbSch auf den Namen des Erben benötigen; ebso executor nach amerik R, sofern er für die Verwaltg des inländ Vermögens in Betr kommt (BayObLG **80**, 42; s auch Einf 21 vor § 2197). – Bei ZwangsVersteigerg zwecks Aufhebg der ErbenGemsch der AntrSt für die Erben eines Beteiligten; der MitE für einen and (ZVG 180; 181; 17 I, III; Hamm MDR **60**, 1018). – Gehört die ErbSch zum Gesamtgut, sowohl der erbende Ehegatte als auch der verwaltgsberecht bzw (bei
13 gemeinsch Verwaltg) beide gemeins (BayObLG **58**, 366). – **Nicht** antragsberecht sind dagg: NachE während der VorErbsch (auch nicht auf Namen des VE); NachlPfleger (es sei denn bezügl eines and Nachl, an dem Rechte des Erben wahrzunehmen sind, s BayObLG FamRZ **91**, 230); NachlGläub (zB PflichttBerecht, Köln NJW-RR **94**, 1421) u ErbenGläub, es sei denn nach Maßg von ZPO 792; 896 bei TitelVorlage (BayObLG **73**, 224; Hamm Rpfleger **84**, 273); nur unter dieser Voraussetzg auch Finanzamt (LG Mü I FamRZ **98**, 1067); auch nicht der vom Erben zur Auflassg an sich selbst Bevollmächtigte (Celle JR **48**, 317). Ferner nicht MitE zum Nachweis der Erbfolge nach einem and verstorbenen MitE, es sei denn zur Aufhebg der ErbenGemsch dch ZwangsVersteigerg eines NachlGrdst (BayObLG **94**, 158). – NachlGläub hat jedoch bei bereits erteiltem ErbSch Anspr auf Ausfertigg (FGG 85) sowie Abschr u Einsicht (FGG 78; BayObLG NJW-RR **99**, 805).

14 **5) Verfahren.** Die Erteilg des ErbSch ist nach § 2353 allein dem NachlG vorbehalten. Das BeschwerdeG kann selbst nie erteilen, sond nur NachlG zur Erteilg eines bestimmten ErbSch bindend anweisen (auch ohne förml Zurückverweisg, Karlsr Rpfleger **88**, 315). Das NachlG hat den Sachverhalt vAw zu ermitteln (§ 2358; FGG 12) u dazu alle ErkenntnQuellen auszuschöpfen. Dabei ist es weder an Erkl der Beteiligten üb Wahrheit od Unwahrheit einer Tats noch an die von diesen genannten Beweismittel gebunden (Einzelh s § 2358). – Ohne Antr darf es ErbSch nicht erteilen; ein gleichwohl unzuläss erteilter ist einzuziehen, sofern nicht nachträgl Genehmigg der Erteilg (ggf dch schlüss Verhalten des Erben) erfolgt ist (BayObLG **70**, 106; Stgt Just **79**, 437). – Liegen dem NachlG unterschiedl ErbSchAntr vor, handelt es sich verfahrensrechtl wg ihrer verschiedenen Ziele auch um verschiedene VerfGgstände, obwohl es um die Erbfolge nach demselben Erbl geht (BayObLG NJW-RR **98**, 798).

15 **a) Zuständigkeit.** Die ZuständigkVorschr sind zwingd u gelten unabhäng davon, ob deutsches od ausländ ErbR zur Anwendg kommt (KG OLGZ **69**, 285). Das NachlG hat sie in jeder Lage des Verf vAw zu prüfen.
16 Bei Verstößen ist ErbSch zwar nicht unwirks (FGG 7), aber einzuziehen (§ 2361 Rn 4). – **Sachlich** zuständ ist idR AG (FGG 72) mit landesrechtl Ausn (EG 147; s § 1962 Rn 1). Ausnahmsw kann das LandwG zuständ sein, wenn zum Nachl ein Hof gehört (s Übbl 4 vor § 2353). – **Örtlich** richtet sich Zuständgk grdsl nach letztem Wohnsitz des Erbl (FGG 73 I), der sich nach §§ 7 ff bestimmt; bei Doppelwohnsitz gilt FGG 4. Andernf nach Aufenth (FGG 73 I; § 7 Rn 2), der dch SterbeUrk nachgewiesen wird (Keidel/Winkler FGG 73 Rn 9). Im übr nach FGG 73 II; die früh Notzuständgk für Erbl in der DDR besteht aber nicht mehr (Köln FGPrax **96**, 226 mN; vgl auch § 2361 Rn 8). ErsatzZuständigk für früh deutsche Reichsgebiete nach ZustErgG 7 mit 6 II (s Keidel/Winkler FGG 73 Rn 10). Zu Besonderh bei ausländ Erbl s auch Rn 19. –
17 **Funktionell** zuständ ist grdsl RPfleger (RPflG 3 Nr 2 c). Dem Richter vorbehalten ist Erteilg nur bei Vfg vTw (RPflG 16 I Nr 6), gleichgült ob diese wirks ist (str) od ihre Existenz nur behauptet wird (BayObLG **77**, 59), sowie im Falle des § 2369 (der bei deutsch Erbl nie zu erteilen ist, auch nicht wenn R der fr DDR zu prüfen ist). Seine funktionelle Zuständigk umfaßt dann nicht nur die Erteilg, sond auch das vorausgehende Verf, so daß er BeweisAufn nicht dem RPfleger überlassen kann (Mü OLGZ **80**, 191). Rückübertragg auf
18 RPfleger ist uU mögl (RPflG 16 II). – Die **internationale** Zuständigk des NachlG als Befugn zu hoheitl Betätigg muß in Erbfällen mit **Auslandsberührung** feststehen. Sie ist ges nicht geregelt (Einl 3 vor EG 3) u folgt ohne staatsvertragl Regelg dem Grdsatz des Gleichlaufs von mat R u VerfahrensR, so daß Erbfall deutschem ErbR zumindest teilw unterstehen muß (Einzelh s EG 25 Rn 18–20). Bei deutschen Erbl kann sie dah nur bezügl eines im Ausland belegenen NachlTeils fehlen, sofern NachlSpaltg eingetreten ist u dadch eine Ausn vom Grdsatz des Gesamtstatuts besteht (Rn 4). Dagg steht ein bereits vorhandenes ausländ Zeugn nicht entgg (BayObLG FamRZ **91**, 1237). Bei ausländ Erbl ist sie gegeben, wenn die Erbfolge ausnahmsw deutsch ErbR unterliegt (EG 25 Rn 2; 7–9) od wenn staatsvertragl die Erteilg eines allg ErbSch geregelt ist (EG 25 Rn 4); andernf wird sie nur dch NachlGgstände im Inland begründet (§ 2369) u dann nur für die Erteilg eines hierauf beschränkten besond FremrechtsErbsch (§ 2369 Rn 2).

b) Bei ausländischem Erblasser bestimmt sich die örtl Zuständigk gleichf nach FGG 73 I (BayObLG 19
66, 203; KG FamRZ **61**, 383). Fehlt allerd inländ Wohnsitz od Aufenth, ist die Lage des inländ NachlGgst maßgebl (§ 2369 II; FGG 73 III). Kommt als solcher nur ein **Anspruch** in Betr, ist zuständ: Bei LAG-Anspr 20
das AG, in dessen Bezirk das zuständ Ausgleichsamt seinen Sitz hat (Hamm NJW **73**, 2156; BayObLG FamRZ **91**, 992; **92**, 1352: mehrere AusglÄmter; **93**, 368: mehrere zuständ NachlG); LAG-Anspr gehört aber nicht zum Nachl, wenn das Vermögen des ausländ Erbl nicht mehr zu seinen Lebzeiten von Kriegs- od Vertreibgsschaden betroffen wurde (BGH NJW **72**, 945; Hamm OLGZ **73**, 286; BayObLG **74**, 460). Bei RückerstattgsAnspr das AG des Entziehgsorts (BayObLG **61**, 79; **67**, 5); bei rückerstattgsrechtl ErfüllgsAnspr das AG, in dessen Bezirk die zuständ OberFinDir ihren Sitz hat (Bln RzW **66**, 208). Bei EntschädiggsAnspr nach dem BEG das AG, in dessen Bezirk sich entw die unterste Entschädiggsbehörde (Stgt BWNotZ **63**, 300) od die Feststellgsbehörde befindet (Hamm JMBl NRW **57**, 161). Bei Anspr nach HäftlingshilfeG das AG, in dessen Bezirk die Behörde Sitz hat, die den Anspr als zuständ bearbeitet (BayObLG **91**, 6). Die so begründete Zuständigk dauert fort, wenn ein Bedürfn für eine erweiterte Bezeugg des ErbR (zB gem Rn 7) auftritt (KG OLGZ **93**, 17).

c) Entscheidung. Das NachlG ist an den stets notwend Antr (Rn 10; 11) gebunden u darf dah keinen and 21
als den beantragten ErbSch erteilen, insbes keinen ErbSch mit teilw abweichendem Inhalt. Es kann somit dem Antr nur stattgeben od Erteilg ablehnen; ggf ist dch ZwischenVfg zur Änderg des Antr od zur Beseitigg behebbarer Mängel aufzufordern. Entscheidg ergeht sowohl bei Bewilligg der Erteilg als auch bei Ablehng dch Beschluß, der zu begründen ist, wenn Antr abgelehnt od üb ggsätzl Antr mehrerer Beteil (somit teilw ablehnend) entschieden od nur dem HilfsAntr (Rn 11) entsprochen wird, weil dieser erst nach dem Haupt-Antr sachl geprüft werden darf (Hamm FamRZ **93**, 111). Auch bei notwend Beweiswürdigg od Testauslegg ist Begründg angezeigt; ebso bei Benutzg der Anwachsgsregeln (§ 2094; Schopp MDR **78**, 10). – Den Beteiligten ist zuvor rechtl Gehör zu gewähren (GG 103 I; s § 2360). – RSchutzBedürfn für die Erteilg ist erforderl (BayObLG Rpfleger **99**, 76). Es kann idR nicht verneint werden, weil Erbe keines ErbSch bedürfe. Das NachlG hat grdsl nicht zu prüfen, aus welchem Grd u zu welchem Zweck ErbSch beantragt wird (BayObLG Rpfleger **90**, 512). Ausnahmsw fehlt es aber, wenn ErbSch ohne jedes Bedürfn für eine RFolge begehrt wird (BayObLG FamRZ **86**, 1151); od wenn bereits ein DDR-ErbSch (Rn 8) od ein ausländ ErbSch vorliegt, der anzuerkennen ist (Rn 9), sofern nicht der AntrSt dessen Unrichtigk behauptet (KG OLGZ **85**, 179); od wenn der Ggstd, für den beschränkter ErbSch (Rn 7) begehrt wird, nicht von der NachlSpaltg erfaßt wird (BayObLG Rpfleger **99**, 76). – Ausnahmsw wird dch **Vorbescheid** die Erteilg eines bestimmten, inhaltl 22
genau bezeichneten ErbSch nur angekündigt für den Fall, daß nicht binnen bestimmter Frist Beschwerde eingelegt wird (ggf auch ohne Fristsetzg, KG OLGZ **91**, 144). Gerechtfert ist diese vom G nicht vorgesehene, sond von der Rspr entwickelte bes Zwischenentscheidg (BayObLG FGPrax **98**, 146) nur im Hinbl auf die Publizitätswirkg des ErbSch (§§ 2365–2367) od TV-Zeugn (BayObLG FamRZ **91**, 111), die nicht rückwirkd beseitigt werden kann. Sie ist dah auf diejen Fälle beschränkt, in denen die bes Publizitätswirkg auch eintreten würde u wg schwieriger Sach- u RLage ein Bedürfn für Vorklärg besteht, um Schaden zu vermeiden, der bei Erteilg eines unricht ErbSch (TV-Zeugn) bis zu dessen Einziehg entstehen könnte (BGH **20**, 255; Köln NJW-RR **91**, 1412; Pentz MDR **90**, 586 mwN). Das Vorliegen dieser Ausn beurteilt NachlG nach seinem Ermessen (BayObLG FamRZ **91**, 494). Auch Vorbescheid setzt also ein dch vollständ Ermittlgen entscheidgsreifes Verf voraus (Köln FamRZ **91**, 1356; BayObLG **94**, 73), in dem von den Beteiligten ggsätzl ErbSchAntr gestellt wurden (ggf erst nach Beschw, BayObLG **94**, 73), darunter ein dem angekündigten ErbSch entspr (zumindest aber zu erwartender, BayObLG **63**, 20; str; aA Hamm OLGZ **70**, 117). Verfahrensrechtl ist er aber keine die Instanz abschließde Entscheidg, sond eine bes ZwischenVfg, so daß abweichde Antr damit noch nicht abgewiesen werden. – Unzuläss ist es dagg, eine beabsicht Abweisg des Antr dch Vorbescheid nur anzukündigen (Hamm NJW **74**, 1827; KG Rpfleger **74**, 398; Düss NJW-RR **94**, 906). Jedoch kann NachlG bei widerspr Antr statt Erteilg dch Ablehng des für unbegründet erachteten Antr beschwerdefäh Entscheidg herbeiführen (ggf sogar neben Vorbescheid, BayObLG NJW-RR **91**, 1287). – Materielle **Rechtskraft** kennt das ErbSchVerf nicht, da sich dch Erteilg od Ablehng des ErbSch sachl nicht die Erbfolge verändert (BGH **47**, 58/66), der unricht ErbSch vielm einzuziehen ist (§ 2361). Zur Bindg des NachlG an ein rkräft Feststellgsurteil s Übbl 7; dch Urteil kann auch die Rückgabe des ErbSch an NachlG erzwungen werden (§ 2362 I).

d) Tatsächlich erteilt ist der ErbSch erst mit Aushändigg einer Urschrift od Ausfertigg an einen AntrSt, 23
seinen Bevollmächt od an eine von ihm bestimmte Behörde, zB an das GBAmt zwecks GBuch-Berichtigg (BayObLG **60**, 192; Hamm Rpfleger **94**, 248); dagg nicht schon mit Übersendg nur des BewilliggsBeschl (aA Stgt OLGZ **93**, 383, falls die erteilte Ausfertigg nicht als solche kenntl ist). Keine Erteilg ist die Übersendg einer Abschr an Finanzamt (ErbStDV 12) od Mitteilg an GBAmt nach GBO 83. – **Berichtigung** des erteilten ErbSch od Ergänzg ist dann nur noch zur Beseitigg von offenbaren Unrichtigk (zB Schreibversehen) od von überflüss Zusätzen zuläss (Einzelh s § 2361 Rn 2).

e) Akteneinsicht setzt berecht Interesse voraus (FGG 34; 78; für Behörden gilt allerd GG 35), also ein 24
vernünftiges, dch die Sachlage gerechtfertigtes, das glaubh zu machen ist. Im allg liegt es vor, wenn künft Verhalten des AntrSt dch Kenntn vom Akteninhalt beeinflußt werden kann (BGH NJW-RR **94**, 381; BayObLG **95**, 1), weil er als ges od test Erbe, PflichtBerecht od VermächtnNehmer in Betr kommt (BayObLG Rpfleger **84**, 328; Lübeck Rpfleger **85**, 151) od als NachlGläub gg TV Anspr verfolgen will (BayObLG FamRZ **90**, 1124). – **Umfang:** Bei berecht Interesse ist Akteneinsicht (u Abschrifterteilg) nur insow zu gestatten, als das glaubh gemachte reicht (BayObLG NJW-RR **97**, 771; **98**, 294). Ob es alle in den Akten befindl Urk umfaßt, ist ggü Interesse der Beteiligten an Geheimhaltg abzuwägen; NachlGläub erhält zB keinen Einblick in Scheidgsurteil (BayObLG Rpfleger **97**, 163) u idR auch nicht in Test (rechtl Interesse erforderl, § 2264), wohl aber in das von Erben erstellte NachlVerzeichn (BayObLG FamRZ **90**, 1124; Bayreuth Rpfleger **90**, 258). Das Informationsinteresse Dritter hat regelmäß ggü dem der Beteiligten an Geheimhaltg zurückzustehen (LG Detmold Rpfleger **99**, 26). – Einsicht wird nur auf Geschäftsstelle (wg Gefahr des UrkVerlusts, Köln Rpfleger **83**, 325) gewährt; Anspr auf Einsicht in RA-Kanzlei besteht idR nicht (Ffm Rpfleger **91**, 460; BayObLG **95**, 1).

25 **6) Rechtsmittel** sind Beschw zum LG (FGG 19; RPflG 11) u weitere Beschw als RBeschw zum OLG (FGG 27), in *Bay* zum BayObLG (FGG 199; *bay* AGGVG 11 III). NachlG ist zur Abhilfe befugt (FGG 18), auch wenn es Beschw schon vorgelegt hat (Hamm JMBl NRW **59**, 176). BeschwRücknahme ist formlos bis zum Erlaß der Entscheidg mögl.

26 **a) Statthaft** (FGG 19 I) ist die Beschw gg Ablehng des Antr; gg BewillggsBeschluß, solange Erbsch noch nicht erteilt ist, wobei dch die Erteilg das RMittel nicht erledigt wird (Zweibr OLGZ **84**, 3); gg die erfolgte Erteilg nur mit dem Ziel der Einziehg (u zwar wahlw neben dem EinziehgsAntr an NachlG nach § 2361), aber nicht mehr nach Einziehg; gg Ankündgg der Erteilg (Rn 22) dch Vorbescheid (KG OLGZ **91**, 144; BayObLG **94**, 73), wobei BeschwVerf dch eine ErbSchErteilg ggstandslos wird, prozeßökonom dann aber mit Einziehgsziel fortgesetzt werden kann (Karlsr FamRZ **70**, 255; BayObLG FamRZ **91**, 618); war Vorbescheid unzuläss, ist gleichwohl Beschw zu seiner Beseitigg statthaft (BayObLG **93**, 389; Zimmermann ZEV **95**, 421; aA Hamm FGPrax **95**, 237 mAv Bestelmeyer; Pentz NJW **96**, 2559), jedenf wenn für seinen Erlaß nur der im BeschwVerf nachholbare ErbschAntr fehlt (BayObLG NJW-RR **98**, 727). Ferner auch gg ZwischenVfg (Hamm OLGZ **93**, 11); gg Aussetzg des Verf (aber nicht dch LG als BeschwG, Düss
27 OLGZ **93**, 414; aA BayObLG **66**, 213). – **b) Form:** FGG 21 II; Einlegg bei AG od LG mögl (FGG 21 I). Vertretg ist zulässig (FGG 13); kein Anwaltszwang (für weit Beschw s aber FGG 29 I). – **Frist:** keine.

28 **c) Beschwerdeberechtigt** ist nur, wessen R dch die Entscheidg des NachlG beeinträchtigt ist (FGG 20 I). Dies ist jeder, der geltd macht, daß seine erbrechtl Stellg im ErbSch nach dessen notwend Inhalt nicht od nicht richtig ausgewiesen werde. Das beeinträchtigte R muß dem BeschwFührer jedoch tatsächl zustehen u ist bereits für die Zulässigk nachzuweisen (KG FamRZ **95**, 837). Für diese Prüfg wird die Unrichtigk der angefochtenen Entscheidg iS des BeschwFührers unterstellt. Behauptet dieser zB ein ges ErbR wg Nichtigk des Test, kann also Nichtigk unterstellt werden, nicht aber sein ErbR; desh muß feststehen, daß er dann auch tatsächl den Erbl als ges Erbe beerben würde (Jansen FGG 20 Rn 54). Entbehrl ist der Nachw der RBeeinträchtigg nur, wenn deren Überprüfg mit der Sachprüfg zusammenfällt (BGH MDR **63**, 39); dies richtet sich nach dem jew VerfahrensGgstand. Schlüss Behauptg reicht also aus, wenn die RBeeinträchtigg sich aus Tats ergibt, die mit denjen Tats identisch sind, von denen auch die Begründeth abhängt (KG aaO). Bei Auslandsberührg beurteilt sich die RBeeinträchtigg nach dem dch EG 25 berufenen Erbstatut (BayObLG NJW **88**, 2745). Verwirkg des bestehden BeschwR tritt nicht allein dch längeren Zeitablauf ein (BayObLG NJW-RR **97**, 389; s auch BGH **47**, 58). BeschwBefugn kann jed im Laufe des Verf wegfallen, wenn zB dch AntrRückn die angefochtene Entscheidg ohnehin nicht mehr rückgängig gemacht werden kann (Düss FamRZ **98**, 1268). – Gg **Erteilung** eines ErbSch sind unter diesen Voraussetzgen also beschwberecht: Jeder Erbprätendent, der das bezeugte ErbR selbst beanspr; der im ErbSch ausgewiesene Erbe, wenn er sich nicht (od nicht so) als Erbe betrachtet, auch der AntrSt selbst (KG NJW **60**, 1158); der NachE, wenn seine RStellg nicht ausgewiesen ist, aber nur mit Ziel der Einziehg (BayObLG NJW-RR **97**, 389); ErsatzE dann, wenn seine Anwartsch (§ 2096 Rn 6) sich bereits hinreichd konkretisiert hat, zB nach erfolgter, aber rechtl ungeklärter Ausschlagg (BayObLG ZEV **95**, 256); TV (schon wg seines AntrR) gg Erteilg insges od wg fehldem Vermerk. Dagg nicht NachlGläub (auch VermNehmer, PflichttBerecht; früh ErbersatzBerecht), es sei denn, daß sie VollstrTitel besitzen (BayObLG FamRZ **99**, 817; Hamm Rpfleger **84**, 273 mN); NachlPfleger, wohl aber als Vertr der unbek Erben in NachlVerf, für das er nicht bestellt ist (BayObLG FamRZ **91**, 230). – Gg **Vorbescheid** (Rn 22) steht BeschwR jedem Beteiligten zu, der auch gg Erteilg des angekündigten ErbSch beschwberecht wäre (BayObLG FamRZ **92**, 1205; **95**, 1089; Hamm FamRZ **95**, 1092). Hebt LG ihn auf, kann dagg weit Beschw mit dem Ziel seiner Wiederherstellg nur einlegen, wer den angekündigten ErbSch beantragt hat od
29 hätte beantragen können (BayObLG FGPrax **98**, 146). – Bei **Ablehnung** der ErbSchErteilg ist zusätzl zur RBeeinträchtigg (FGG 20 I) noch Abweisg des Antr erforderl (FGG 20 II). Üb den AntrSt hinaus wird das BeschwR aber erweiternd jedem AntrBerecht zugestanden, der in erster Instanz ErbSchAntr hätte stellen können (hM; zB KG OLGZ **90**, 407; Ffm DtZ **91**, 300), bei gemeinsch ErbSch also jedem MitE, auch wenn er selbst keinen Antr gestellt hat.

30 **d) Entscheidung.** Eine unzuläss Beschw wird vom LG (FGG 19 II) verworfen, eine unbegründete zurückgewiesen. – Bei begründeter Beschw wird die angefochtene Entscheidg aufgehoben u das NachlG angewiesen, einen inhaltl eindeut bezeichneten ErbSch zu erteilen (od einen erteilten ErbSch einzuziehen). Das BeschwG hat näml die seiner sachl Entscheidg entspr Ausführgshandlg dem dafür funktionell allein zuständ NachlG zu überlassen (s Rn 14), das an die Anweisg gebunden ist. Es muß aber in der Sache selbst entscheiden u kann sich nicht darauf beschränken, dem NachlG nur aufzugeben, von seinen Bedenken Abstand zu nehmen u neu zu befinden (BayObLG **64**, 6; Hamm OLGZ **68**, 60). Eine Zurückverweisg der Sache an das NachlG ist nur ausnahmsw bei bes schwerwiegden VerfMängeln mögl, zB bei ganz ungenügder Sachaufklärg (Keidel/Kuntze FGG 25 Rn 7 mwN). Das Verbot der Schlechterstellg des BeschwFührers (reformatio in peius) ist im AntrVerf auf Erteilg zu beachten (Ffm FamRZ **97**, 1572; BayObLG FamRZ **92**, 477; Hamm OLGZ **68**, 332; dagg nicht im AmtsVerf auf Einziehg, BayObLG **94**, 169); diese ergibt sich aber nur aus dem Entscheidgssatz, nicht aus den Gründen (BayObLG **92**, 175). Das BeschwG kann auch nicht üb den Antrag des BeschwFührers hinausgehen; ein neuer ErbSchAntr kann nur wieder beim NachlG als erster Instanz gestellt werden. Dch eine früh Entscheidg im selben Verf, dh bei gleichem ErbSchAntr, hat es sich
31 selbst gebunden (BayObLG **91**, 323; NJW-RR **98**, 798). – Ist ein **Vorbescheid** (Rn 22) angefochten, kann BeschwG diesen aufheben u das NachlG anweisen, den für richtig erachteten ErbSch zu erteilen, sofern ein entspr ErbSchAntrag beim AG bereits gestellt war; aus prozeßökonomischen Grden kann auch noch ein erst im RMittelVerf gestellter berücksicht werden (BayObLG NJW-RR **96**, 7). Verfahrensrechtl unzulässig ist es aber, ErbschAntr endgültig zurückzuweisen (Hamm OLGZ **70**, 117; BayObLG FamRZ **92**, 1102; Ffm FamRZ **98**, 194; s auch Pentz MDR **90**, 586) od dch eigenen Vorbescheid and ErbSch anzukündigen (BayObLG **94**, 73).

2354 *Angaben des gesetzlichen Erben.* **I Wer die Erteilung des Erbscheins als gesetzlicher Erbe beantragt, hat anzugeben:**

1. die Zeit des Todes des Erblassers;
2. das Verhältnis, auf dem sein Erbrecht beruht;
3. ob und welche Personen vorhanden sind oder vorhanden waren, durch die er von der Erbfolge ausgeschlossen oder sein Erbteil gemindert werden würde;
4. ob und welche Verfügungen des Erblassers von Todes wegen vorhanden sind;
5. ob ein Rechtsstreit über sein Erbrecht anhängig ist.

II Ist eine Person weggefallen, durch die der Antragsteller von der Erbfolge ausgeschlossen oder sein Erbteil gemindert werden würde, so hat der Antragsteller anzugeben, in welcher Weise die Person weggefallen ist.

2355 *Angaben des eingesetzten Erben.* **Wer die Erteilung des Erbscheins auf Grund einer Verfügung von Todes wegen beantragt, hat die Verfügung zu bezeichnen, auf der sein Erbrecht beruht, anzugeben, ob und welche sonstigen Verfügungen des Erblassers von Todes wegen vorhanden sind, und die im § 2354 Abs. 1 Nr. 1, 5, Abs. 2 vorgeschriebenen Angaben zu machen.**

1) Notwendige Angaben. Dem AntrSt, der das ErbSchVerf in Gang bringt, sind dch §§ 2354; 2355 MitwirkgsPfl auferlegt; die Richtigk seiner Angaben hat er nach § 2356 nachzuweisen. Bei mehreren Erben ist noch § 2357 III, IV zu beachten. Ohne die ges geforderten Angaben ist ein ErbschAntr (dazu § 2353 Rn 11) unzulässig; dies gilt auch bei bloß pauschaler Bezugn auf die Angaben in einem and Verfahren (Bonn Rpfleger **85**, 29). Eine bes Form für die Angaben ist nicht vorgeschrieben; sie können, sofern sie nicht zweckm in der ErbSchVerhandl gemacht sind (§ 2356 II), auf ZwischenVfg nachgeholt werden. 1

2) Bei gesetzlicher Erbfolge sind die Angaben dch § 2354 vorgeschrieben, deren Nr 1 u 5 sich selbst erkl; zu Vfgen vTw (Nr 4) s Rn 4. – **a) Verhältnis (§ 2354 Nr 2)** ist die Stellg zum Erbl: Verwandtsch, EhelichErkl in Erbfällen vor dem 1. 7. 98 (§ 1723 aF), VaterschFeststellg (§ 1592 Nr 2; 3), Kindesannahme (§§ 1754 ff). Zu den Angaben gehört bei Ehegatten auch der **Güterstand** (§ 2356 II); s dazu Grdz vor § 1363; zum Güterstand von Flüchtlingen s EG 15 Anh II. Der Fiskus hat die Voraussetzg des § 1936 anzugeben. Falls für Erbstatut erforderl (EG 25), ist auch die Staatsangehörigk des Erbl anzugeben, die im ErbSchVerf ggf aber vAw festzustellen ist (BayObLG **65**, 380). **Beruhen** macht idR weitere Darleggen erforderl, zB Wegfall vorgehender Verwandter. Üb Nachweis der Angaben s § 2356 Rn 6. – **b)** Der Wegfall 2
anderer Personen (§ 2354 Nr 3; II) vor od nach dem Erbfall (Köln MDR **59** 585) durch Tod od gem §§ 1933; 1938; 1953; 2344; 2346; muß angegeben werden, mögen sie ges od TestErben sein (s Celle JR **62**, 101; KG OLGZ **75**, 93; Rpfleger **77**, 209 zu Angaben bei fr Verheiratg des Erbl). Bei Angabe der Personen gem Nr 3 ist auch die Erbfolge zw nichtehel Kind u seinem Vater zu beachten. Ein bis 1. 4. 98 rgült zustande gekommener vorzeit Erbausgleich (§§ 1934 d; e aF) wirkt sich auch in späteren Erbfällen aus (EG 227 I Nr 2). Nach Sachlage nicht wahrscheinl Möglichk (Schwangersch, nichtehel Nachkommensch der Witwe) können außer Betr bleiben. – Bedarf NachlGläub eines ErbSch, müssen im Falle ges Erbfolge die nach **I** 3, **II** notwend Angaben idR datenmäß bekannt sein; sonst § 1961 (KG JFG **17**, 106). Über AmtsermittlgsPfl des NachlG bei GläubAntr s Hildesheim MDR **62**, 56; Flensburg Jur Büro **68**, 558. 3

3) Bei gewillkürter Erbfolge muß AntrSt außer dem Todestag des Erbl (§ 2354 I Nr 1), der Erwähng etwaiger ErbRProzesse (§ 2354 I Nr 5) sowie der Art u Weise des Wegfalls anderer (§ 2354 II) auch alle **Verfügungen von Todes wegen** (§ 2354 Nr 4; § 2355) angeben (Test; ErbVertr) ohne Rücks auf ihre Gültigk od ihren Inhalt. Die Vfg, mit der er sein ErbR begründet, hat er zu bezeichnen (§ 2355) und vorzulegen (§ 2356). Weitere Umstände sind vorzutragen, wenn die Vfg vTw nur unter deren Berücksichtigg die Erbfolge ergibt. – Ist die Gültigk einer Vfg vTw streitig, der Erbe aber sowohl nach ihr als auch sonst nach dem G zum gleichen Erbteil berufen, kann er im ErbSchAntr den BerufgsGrd dahingestellt sein lassen (s § 2353 Rn 11; KG JW **28**, 118). 4

2356 *Nachweis der Richtigkeit der Angaben.* **I Der Antragsteller hat die Richtigkeit der in Gemäßheit des § 2354 Abs. 1 Nr. 1, 2, Abs. 2 gemachten Angaben durch öffentliche Urkunden nachzuweisen und im Falle des § 2355 die Urkunde vorzulegen, auf der sein Erbrecht beruht. Sind die Urkunden nicht oder nur mit unverhältnismäßigen Schwierigkeiten zu beschaffen, so genügt die Angabe anderer Beweismittel.**

II Zum Nachweise, daß der Erblasser zur Zeit seines Todes im Güterstand der Zugewinngemeinschaft gelebt hat, und in Ansehung der übrigen nach den §§ 2354, 2355 erforderlichen Angaben hat der Antragsteller vor Gericht oder vor einem Notar an Eides Statt zu versichern, daß ihm nichts bekannt sei, was der Richtigkeit seiner Angaben entgegensteht. Das Nachlaßgericht kann die Versicherung erlassen, wenn es sie für nicht erforderlich erachtet.

III Diese Vorschriften finden keine Anwendung, soweit die Tatsachen bei dem Nachlaßgericht offenkundig sind.

1) Förmliche Nachweise hat der AntrSt hinsichtl seiner notwend Angaben (§§ 2354; 2355) zu erbringen (nicht der Notar als „Behörde“, Ffm OLGZ **87**, 159 mit abl Anm Vetter DNotZ **88**, 137, aber als Bevollm, Ffm NJW-RR **95**, 846). Entbehrl sind diese nur, soweit die Tats offenkund sind (**III**). BewMittel sind öff Urk **(I),** Vorlage der Vfg vTw **(I)** u eidesstattl Vers **(II).** Erleichtergen sind für bestimmte Fälle (I 2; II 2) vorgesehen. Bei mehreren Erben sind § 2357 III 2, IV zu beachten. – **Offenkundig** (**III;** ZPO 291) sind nur solche Tatsachen, die nach allg Erfahrg feststehen od dem NachlG amtl bekannt sind, zB bei Ausschlagg od 1

Anfechtg ggü NachlG od wenn schon ein MitE die Versicherg abgegeben hatte. Hohe Wahrscheinlichk reicht nicht aus; daher ist durch zweite Eheschließg Wegfall (Tod) des ersten Gatten vor der Wiederverheiratg nicht offenkundig, sond durch SterbeUrk nachzuweisen (KG JW **35**, 1885; auch Rpfleger **77**, 209; Soergel/Damrau Rn 24).

2 **a) Öffentliche Urkunden.** Der Begriff entspr ZPO 415; ihm können auch ausländ Urk genügen (bei Zweifel an Echth Legalisation, dazu MüKo/Promberger Rn 17). Sie sind in Urschrift, Ausfertigg od beglaub Abschr beizubringen, auf Verlangen aber (nach Abschr für Akten) wieder zurückzugeben (KG RJA **15**, 283); zur Beweiskraft von Ablichtgen s BayObLG Rpfleger **83**, 354. Statt Vorlage genügt Bezugn, wenn das Gericht (auch and Abteilg) die Urk bereits besitzt od ihren Inhalt in Akten festgehalten hat; dagg ersetzt Verweisg auf Akten eines fremden Gerichts Vorlage trotz Möglk der Beiziehg nicht (MüKo/Promberger Rn 5; aM Köln MDR **59**, 585). Urk aus der DDR bedürfen idR keines EchthBew (vgl aber BGH NJW **79**, 1506 mAv Sachse StAZ **79**, 143). – Für die **Beweiskraft** gelten ZPO 415, 417, 418, 435. – Als wichtigste öff Urk haben
3 **Personenstandsurkunden** (PStG 61 a) dieselbe Beweiskraft wie Personenstandsbücher (PStG 66). Das PStG vom 9. 8. 57 ist die Neufassg des PStG 1937, das seinerseits das PStG 1875 abgelöst hat. Die in PStG 60, 66 angeordnete Beweiskraft kommt auch fast allen seit 1876 gefertigten Auszügen aus Standesregistern zu (Ausn s MüKo/Promberger Rn 20). – Für die Zeit vor dem PStG 1875 kommen in Frage Einträge in Kirchenbüchern, Standes- u Gerichtsregistern; für die Zeit nach dem Inkrafttr dieses Gesetzes Auszüge aus dem StandesReg über Geburten, Heiraten u Sterbefälle (über Beweiskraft s AVO PStG 61). Hins der Beweiskraft der alten FamStammbücher vgl KG JFG **15**, 52, der Geburts-, Heirats- u Todesscheine (§§ 15 a–c PStG 1875 idF v 14. 2. 1924, RGBl 116) KG OLG **46**, 243, Hamm JMBlNRW **64**, 135. Auf jeden Fall können die alten
4 FamStammbücher als „anderes Beweismittel", **I** 2, in Betr kommen. – **Unrichtigkeit:** Im ErbSchVerf kann auch der Beweis der Unrichtigk standesamtl beurkundeter Tatsachen nach PStG 60 geführt werden. Das Gericht muß ernsth Zweifel an der Richtigk standesamtl Urkunden dch eig Ermittlgen u BewErhebgen gem FGG 12 unter Beachtg der Beweisregeln der ZPO 415, 418 iVm PStG 60 I, 66 aufzuklären versuchen, wenn die Erteilg des ErbSch davon abhängig ist, ohne den AntrSt auf das BerichtiggsVerf (PStG 47 ff) verweisen zu können (Hamm MDR **53**, 747, BayObLG **81**, 38 u 173; s auch Sachse StAZ **80**, 179).

5 **b) Todeszeit** des Erblassers (§ 2354 I Nr 1; § 1922 Rn 2) kann außer dch SterbeUrk auch durch Todeserklärgs- od TodeszeitfeststellgsBeschl (VerschG 23, 44) nachgewiesen werden. Die hierdurch begründete Todeszeitvermutg kann jedoch im ErbSchVerf widerlegt werden (BayObLG **53**, 120; Hbg NJW **52**, 147); s auch zur Kommorientenvermutg (VerschG 11) Düss NJW **54**, 1654; JMBl NRW **66**, 141; KG FamRZ **67**, 514; BGH NJW **74**, 699. Ausl Todeserklärgen Deutscher sind grdsl anzuerkennen (LG Mönchen-Gladb DNotZ **72**, 50; bestr, s auch Staud/Coing/Weick EG 9 Rn 109–111). S auch Rn 10. – Wird ErbSch für das RückerstattgsVerf benötigt, gilt die ges Sonderregelg des REG üb Todesvermutg nicht, weil es keinen nur auf RE-Anspr beschränkten ErbSch gibt (BGH **1**, 9; Ffm MDR **52**, 491). Dagg ist nach BEG 181 II auch für die Erteilg des ErbSch die Todesvermutg des BEG 180 ausreichd (LG Hbg JR **57**, 266) u die im EntschädiggsVerf nach BEG 180 II getroffenen TodesZtpktFeststellg für ErbSchErteilg nach BEG 181 maßgebl (Neust RzW **62**, 374; Krohn RzW **64**, 12).

6 **c) Nachweise** zu den Angaben nach § 2354 I Nr 2: **Abstammung** kann nicht dch Geburtsschein im Familienbuch nachgewiesen werden (Mainz Rpfleger **88**, 25). – **Heiratsurkunden** (Heiratsschein) sind nötig für Eheg als ges Erbe des Erstverstorbenen (KG FamRZ **71**, 432: SterbeUrk genügt nicht als Ersatz für HeiratsUrk, soweit das gesetzl ErbR des überlebenden Eheg in Frage steht); nicht auch für Erbfolge nach Mutter, Vater u Geschwistern. Verheiratete Erbinnen haben nur GeburtsUrk vorzulegen, wenn ErbR nicht auf Verheiratg beruht (Mü JFG **21**, 120; Boos NJW **49**, 335; LG Brschw DRZ **49**, 89); bei Zweifeln über die richtige Namensbezeichng Erhebgen vAw (Oldbg DNotZ **56**, 566; aM AG Delmenhorst NJW **56**, 1443). – Zum Nachw der **Auflösung** fr Ehen des Erbl dienen SterbeUrk, ScheidgsUrt (Ausfertigg, Abschr), Auszug
7 aus FamBuch (KG Rpfleger **77**, 209). – Zum Nachw, daß **keine** od keine weiteren **Kinder,** auch keine nichtehel Kinder des Vaters, vorhanden sind, wird das NachlG idR eine eidesstattl Vers zu verlangen haben; die Angaben des AntrStellers zus mit FamBuchAuszügen od -Abschriften reichen idR nicht aus (Neuschwander, BWNotZ **68**, 30). – Öffentl Urk zum Nachw der **nichtehelichen** Verwandtsch zw Vater u Kind sind Ausfertiggen od beglaubigte Abschr der Anerkenng, ZustimmgsErkl (§§ 1600 c, d, e); des Urt eines ProzG od Beschl eines VormschG (§ 1600 n); PersonenstandsUrk gem § 61 a PStG, soweit sie den Randvermerk über die nichtehel Verwandtsch enthalten (§ 29 PStG). – Zu and Nachw s Rn 10.

8 **d) Wegfallnachweise** (§ 2354 II): ErbverzichtsVertr (§ 2348); Urt über Erbunwürdigk (§ 2342); AusschlErkl (§ 1945); vorzeit ErbAusgl (§ 1934 d, e); Scheidg od Aufhebg der Ehe (KG OLGZ **75**, 93, LG Bln Rpfleger **76**, 99). – Zu and Nachw s Rn 10.

9 **2) Verfügung von Todes wegen** ist zum Nachw des test ErbR in Urschrift vorzulegen, sofern sich nicht das angegangene Ger durch früh Ablieferg u Eröffng schon im Besitz der Urschrift befindet (dann Bezugn; s auch § 2260 II). Bei Unauffindbark ist eine vorhandene Fotokopie vorzulegen od and Nachw zu erbringen (BayObLG FamRZ **93**, 117; s § 2255 Rn 12); fehlt nur ein Teil, s § 2255 Rn 11. Bei PrivTest kann über Echtheit Beweis erhoben werden. Eine letztw Vfg muß grdsätzl ihrem vollem Umfang nach feststehen, wenn Rechte aus ihr hergeleitet werden sollen (BayObLG **67**, 206).

10 **3) Andere Beweismittel (I 2)** können als Nachw der nach § 2354 I Nr 1; 2; II erforderl Angaben ausreichen, wenn öff Urk nicht od nur mit unverhältnism Schwierigk od Kosten zu beschaffen sind, zB weil es sich um ältere od ausländ Urk handelt (s BayObLG **51**, 694; Hamm JMBl NRW **64**, 134). In Betr kommen dann Zeugen; eidesst Versicherg Dritter bei undchführbarer Zeugenvernehmg (Düss MDR **61**, 242); Abschriften; FamStammbücher; FamStandszeugnisse. Das Beweismittel muß aber ähnl klare u verläßl Folgergen ermöglichen wie die öff Urk, so daß die Anfordergen an die Beweisführg regelm streng sind wie bei fehlendem Test (KG FamRZ **95**, 837). Schriftproben sind zugelassen, wenn zB bzgl der Echth eines eigenhänd Test Zweifel bestehen od das Test verlorengegangen (KG JW **19**, 586; Oldbg Rpfleger **67**, 416) od aus Kostengründen vernichtet ist (Flensbg JurBüro **76**, 532). Die Abschrift eines privatschriftl Test mag Beweis dafür liefern, daß der Erbl ein entspr Test errichtet hat (s KG OLGZ **75**, 355 zur Vorlage einer Ablichtg);

daraus folgt indes noch nicht mit genügender Sicherh, daß er es auch bis zu seinem Tode aufrechterhalten wollte u aufrechterhalten hat (Oldbg aaO; s zur Beweislast § 2358 Rn 6).

4) Eidesstattliche Versicherung (II 1) üb Nichtvorhandensein weiterer erbbercht Personen u Vfg vTw 11
braucht nur negativ ein Nichtwissen auszudrücken (BayObLG **61**, 23). Nachweis der ZugewinnGemsch ist wg des erhöhten ges Erbteils des überlebenden Eheg (§ 1371 I) notwend, aber durch öff Urk idR nicht zu erbringen; er erübrigt sich, wenn es sich nicht um ges Erbfolge handelt, sond der „gesetzl Erbteil" zugewendet wurde, der Güterstd also im Rahmen des § 2358 ermittelt werden muß (KG FamRZ **61**, 447). Nichtbestehen von Ausschlußgründen (zB kein ScheidgsVerf anhängig, § 1933) braucht ohne konkreten Anlaß nicht ausdrückl angegeben u versichert zu werden (Hamm OLGZ **93**, 11; für rechtens hielt dies dagg Brschw DNotZ **91**, 550 mit abl Anm Promberger). – **a) Abzugeben** ist die eV entw vor Gericht od Notar vom Antragsteller persönl (als solchem auch von TV, KG OLGZ **67**, 249; Nachl- u NachlInsolvVerw; Gläub) od von seinem ges Vertreter (ggf seinem Pfleger, Bonn Rpfleger **85**, 30), bei Minderj über 16 Jahren auch durch diese selbst. Dagg nicht vom gewillkürtem Vertreter (KG OLGZ **67**, 249), auch nicht vom Bevollmächtigten des ges Vertreters (BayObLG **61**, 10). Zum Verf s BeurkG 1 II; 38; dazu Bonn aaO. Zuständ ist jedes AG (Winkler Rpfleger **71**, 346), auch RHilfeG (Ffm Rpfleger **70**, 206; Celle MDR **70**, 930); funktionell Rpfleger (RPflG 3 Nr 1 f; 2 c). – Bei ErbSch für NachE bedarf es nicht unbedingt neuer eV (KGJ **46**, 146). Das NachlG kann die Fassg der Erklärg aber den den tatsächl Verhältn anpassen (Staud/Schilken Rn 41); zur Angabe des Güterstands s Wuppertal RhNK **73**, 265. – **Bezugnahme** auf Schriftstück, in dem die Angaben (§§ 2354, 2355) enthalten sind, ist gem BeurkG 38 mit 9 I zuläss, falls in der Niederschr auf das Schriftstück verwiesen u es dieser beigefügt wird; falls das in Bezug genommene Schriftst eine notarielle Niederschr ist, gelten die Erleichtergen des BeurkG 13 a. Es genügt auch Vorlage einer beglaubigten Abschr der die eV enthaltden notariellen ErbSchVerhandlg (LG Berlin DNotZ **68**, 51, LG Düss RhNK **69**, 725). – **b) Verweigerung** der 12
vom NachlG dch ZwischenVfg verlangten eV ohne rechtfert Grd führt zur Abweisg des Antr (Ffm FGPrax **96**, 190; MüKo/Promberger Rn 1); kann AntrSt dagg and BewMittel (Rn 10) unverschuldet nicht vorlegen, hat NachlG insow vAw zu ermitteln (§ 2358; FGG 12). – Bei **Unrichtigkeit** der eV kann eine neue nur verlangt werden, wenn sie für die Entscheidg wesentl ist (KG DR **43**, 1071; Köln MDR **59**, 585). Gibt AntrSteller im ErbSchVerf eine eV nach §§ 2356 II 1, 2354 I Nr 4 ab, besteht idR kein Bedürfn, ihn auch noch zur Abgabe einer eV nach FGG 83 II anzuhalten (BayObLG **77**, 59). – **c) Erlaß** der eV liegt im pflichtgemäßen Ermessen 13
des NachlG (**II** 2). Wird nach Wegfall der TVstrg die Erteilg eines der veränderten Sachlage entspr ErbSch beantragt, so wird es nur unter bes Umständen einer erneuten eV bedürfen (KG OLGZ **67**, 247). – **d) Be-** 14
schwerde (FGG 19; RPflFG 11) ist gg Anforderg zuläss (KG OLGZ **67**, 248; aM RGRK Rn 15). Unterlassen der Prüfg, ob Erlaß geboten, begründet Gesetzesverletzg nach FGG 27 (Köln MDR **59**, 585). Beschw gg Ablehng des Antr auf Erteilg eines ErbSch ist auch zuläss, wenn NachlG sich über die Befugn zum Erlaß der eV im klaren ist, vom Erlaß aber abgesehen u den Antr deshalb abgelehnt hat, weil der AntrSteller keine eV iS des § 2356 abgegeben hat (Celle NdsRpfl **68**, 131). – **e) Gebühr:** KostO 49; 107 I 2.

2357 *Gemeinschaftlicher Erbschein.* **I Sind mehrere Erben vorhanden, so ist auf Antrag ein gemeinschaftlicher Erbschein zu erteilen. Der Antrag kann von jedem der Erben gestellt werden.**

II In dem Antrage sind die Erben und ihre Erbteile anzugeben.

III Wird der Antrag nicht von allen Erben gestellt, so hat er die Angabe zu enthalten, daß die übrigen Erben die Erbschaft angenommen haben. Die Vorschriften des § 2356 gelten auch für die sich auf die übrigen Erben beziehenden Angaben des Antragstellers.

IV Die Versicherung an Eides Statt ist von allen Erben abzugeben, sofern nicht das Nachlaßgericht die Versicherung eines oder einiger von ihnen für ausreichend erachtet.

1) Besonderheiten. Bei einer ErbenGemsch kann die Erbfolge in den ganzen Nachl dch gemeinsch 1
ErbSch festgestellt werden (zum TeilErbSch s § 2353 Rn 3). – **a) Das Antragsrecht** steht hier jedem Erben zu, sofern er Erteilg an sich beantragt; dagg kann ein MitE ohne Bevollmächtigg nicht beantragen, daß einem and MitE ein gemeinsch ErbSch erteilt wird. Ein gemeinsch TeilErbSch kann auch von einem Erben beantragt werden, der nicht zu dem betreff Stamm gehört (Greiser DFG **36**, 192). – **b) Angaben.** In dem Antr sind sämtl **Erben** u ihre **Erbteile anzugeben** (Haupt- u Hilfsantrag zul; vgl § 2353 Rn 11; kennt AntrSt nicht alle Erben, kann nach § 2358 II geholfen werden). Erbteil ist auch hier Bruchteil des Erbrechts, nicht ein Geldbetrag. Erbteilsangabe fällt nicht unter die eV des § 2356 II. – **c) Erbschaftsannahme** liegt 2
beim antragstellenden Erben idR schon im Antr (§ 1943 Rn 2). Bezügl der übr MitE muß er sie nicht nur behaupten, sond auch beweisen, dh durch eigene Erkl der MitE, Urkunden od eV (§ 2356), bei Verschollenen durch Erkl des AbwesenhPflegers; Voraussetzg ist hierbei entw Bestehen einer Lebensvermutg (VerschG 10) zZ des Erbfalls od Nachweis, daß der Verschollene den Erbfall erlebte (RGRK Rn 7; Oldbg NdsRpfl **52**, 53). Diese BeweisPfl obliegt auch dem nicht erbenden AntrSt (TV, Gläub). – **d) Versicherung an Eides Statt** 3
(IV) kann von allen Miterben verlangt werden, auch wenn sie nicht AntrSt sind (beim gemeinsch TeilErbSch nur von den Stammesangehörigen), wenn das NachlG auf Grd der eingereichten eV des AntrSt die zur Begründg des Antr erforderl Tats noch nicht für festgestellt erachtet (LG Kblz Rpfleger **70**, 170; Wuppt RhNK **77**, 57; KG JFG **12**, 207). Sie kann aber nicht von NachE verlangt werden (KGJ **33** A 98). AntrSt kann Mitwirkg der and nach § 2038 I 2 verlangen. – **e) Beschwerde** (Erinnerg) gem FGG 19, 20 steht gg 4
Ablehng dem AntrSt, aber auch den and MitE zu (s § 2353 Rn 26).

2) Zeitweilig unzulässig ist die Erteilg, wenn die Erbteile wg der zu erwartenden Geburt von Miterben 5
od aus sonstigen Gründen (§ 2043 II) noch unbestimmt sind; hier hilft nur Teilerbschein für die Witwe u auch für die Abkömmlinge, der nach der Geburt einzuziehen ist (KGJ **42**, 128). Ferner, wenn die Feststellg der Vatersch des Erbl (§§ 1592 Nr 3; 1600 d) für ein als ges Erbe in Betr kommendes nichtehel Kind noch nicht abgeschlossen ist, weil der Erbl vorher verstarb u eine Vfg vTw nicht vorhanden ist.

6 **3) Ungeklärte Quoten.** Stehen die MitE als solche fest, stößt aber die Feststellg der Größe einzelner Erbteile auf unüberwindl BewSchwierigk, ist fragl, ob ein vorläuf gemeinsch ErbSch erteilt werden kann, der die noch ungeklärten Quoten offen läßt, um eine Vfg üb den ganzen Nachl zu ermöglichen. BayObLG **62**, 54 hat dies im Einzelfall verneint. Lange/Kuchinke (§ 39 IV 2) erachtet Angabe der Bruchteile für entbehrl, wenn sämtl Erben feststehen (vorläufiger Erbschein). S auch Brox Rn 586; Hamm Rpfleger **69**, 299 (ErbSch mit ungewisser Erbschaftsquote, Angabe eines Mindesterbteils); SchlHOLG SchlHA **78**, 37 (vorläuf ErbSch mit Hinw auf die zu errechnden Quoten) sowie Düss DNotZ **78**, 683.

2358 ***Ermittlungen von Amts wegen.*** **I Das Nachlaßgericht hat unter Benutzung der von dem Antragsteller angegebenen Beweismittel von Amts wegen die zur Feststellung der Tatsachen erforderlichen Ermittlungen zu veranstalten und die geeignet erscheinenden Beweise aufzunehmen.**

II Das Nachlaßgericht kann eine öffentliche Aufforderung zur Anmeldung der anderen Personen zustehenden Erbrechte erlassen; die Art der Bekanntmachung und die Dauer der Anmeldungsfrist bestimmen sich nach den für das Aufgebotsverfahren geltenden Vorschriften.

1 **1) Die Ermittlungspflicht** des NachlG ist durch den ErbSchAntr bedingt u richtet sich stets nach dem Einzelfall. Es ist von Amts wg verpflichtet, die erforderl Ermittlgen dchzuführen u sämtl zur Aufklärg des Sachverhalts notwend Beweise zu erheben (FGG 12), muß aber nicht allen nur denkb Möglk nachgehen (Köln FamRZ **91**, 117). Die Ermittlgen sind soweit auszudehnen, als bei sorgfältiger Überlegg das Vorbringen der Beteil u der festgestellte Sachverh dazu Anlaß geben; sie sind abzuschließen, wenn vollständ aufgeklärt od von weiteren Nachforschgen ein entscheidgserhebl Ergebn nicht mehr zu erwarten ist (BGH **40**, 57; BayObLG **79**, 261 mN). – Die Ermittlgspflicht gilt zunächst für die VerfVorschr, insbes die örtl Zuständigk ohne Rücks auf die Angaben in der SterbeUrk über den Wohns des Erbl (KG Rpfleger **59**, 54).

2 **2) Umfang.** Die ErmittlgsPfl ist nicht uferlos, sond wird dch die jeweiligen TatbestVoraussetzgen des mat Rechts begrenzt (Köln OLGZ **89**, 144). Sie erstreckt sich zunächst auf die **Staatsangehörigkeit** des Erbl; besaß er neben seiner deutschen zugleich eine fremde, wird er als Deutscher behandelt (EG 5 I 2); ist ein Verlust der deutschen nicht feststellb, gilt er bis zum Nachw seiner AusländerEigensch als Deutscher (BayObLG Rpfleger **83**, 315); zur Ausbürgerg deutscher Juden vor dem 8. 5. 45 s Anh 13 zu EG 5. – Bei ausländ Erbl muß sich NachlG die Kenntn des maßgebl **ausländischen Rechts** vAw verschaffen (Einl 34 vor EG 3; Hetger FamRZ **95**, 654; DNotZ **88**, 425). – Sodann auf den **Todeszeitpunkt** des Erbl, soweit exakt notwend (§ 1923 Rn 3). – Auf den **Güterstand** bei Verheirateten (§ 2355 Rn 2). – Auf die erbrechtl Folgen einer **Scheidung** od Aufhebg der ErblEhe od eines nicht beendeten Verf (§§ 1933; 2077) einschließl eines
3 etw Aufrechterhaltgswillen bei Erbeinsetzg dch Test od ErbV (§§ 2077 III; 2268 II; 2279). – Auf das Vorhandensein **nichtehelicher** Abkömml (bzw ihres Vaters) u die Feststellg der Vatersch (§ 1924 Rn 8), zumal deren Übersehen erhebl nachträgl Probleme aufwirft (vgl zB Dresden ZEV **98**, 308 mAv Ann) sowie auf die Beseitigg ihres ges ErbRs dch einen bis 1. 4. 98 rgült zustande gekommenen vorzeit Erbausgleich (§§ 1934 d; e aF; EG 227 I Nr 2). – Auf das Hinzutreten od den Wegfall eines zur ges Erbfolge berufenen Verwandten dch **Annahme als Kind**; kommt das ErbR eines angenommenen Kindes in Betr, auch auf die Wirksamk der Adoption (BGH FamRZ **74**, 645; BayObLG FamRZ **76**, 101).– Auf das Vorhandensein (bei Unauffindbark s § 2255 Rn 12), die Echtheit, Wirksamk u den Sinn einer **Vfg vTw** (nicht aber auf die Person des Test-Fälschers, BayObLG FamRZ **92**, 118). – Auf die **Testierfähigkeit** (s § 2229 Rn 13), wenn Darlegg best Auffälligk Anlaß zu Zw gibt (Hamm FGPrax **97**, 68). – Auf die **Anfechtung** der Annahme, der Ausschlagg od des Test, jedoch grdsl nur auf den geltend gemachten AnfechtgsGrd (BayObLG **62**, 47; **73**, 257; FamRZ **94**, 848). Bei TestAnfechtg ist Verweisg auf den ordentl Rechtsweg unzuläss (KG NJW **63**, 767). – Auf die **Ausschlagung** der Erbsch (Düss MDR **78**, 142), bei NachlSpaltg mit den Besonderh des ZGB. – Auf die **Bindung** des Erbl durch ErbVertr u gemeinsch Test. – Eine Verpflichtg des NachlG, eindeut nur Ersatz-Berecht in Erbfällen vor dem 1. 4. 98 (EG 227 I Nr 1) vAw zu ermitteln, besteht nicht, da sie nur NachlGläub sind.

4 **3) Beweiserhebung** (FGG 12; 15). Der AntrSt hat notwend Erkl abzugeben (§§ 2354; 2355) sowie Nachweise dch öff Urk u eidesst Versich (§ 2356) zu erbringen. Auch die übr am Verf Beteilgten sind gehalten, dch Angabe von Tats u Beweismitteln mitzuwirken (Köln Rpfleger **81**, 65; s auch Rn 7) u können zB TestierFähigk nicht nur pauschal bestreiten (Hamm FGPrax **97**, 68). Dch den AmtsermittlgsGrds ist das NachlG nicht an BewAntr od angebotene BewMittel gebunden (allg M; zB Dresden OLG-NL **99**, 163). Es steht in seinem pflichtgemäß Ermessen u hängt im wesentl von der jew Bedeutg für die Entscheidg ab, ob es sich mit formlosen Ermittlgen begnügt (Freibeweis, FGG 12) od förml BewAufnahme anordnet (Strengbeweis, FGG 15). Das förml BeweisVerf verdient den Vorzug, wenn es um den Nachweis ausschlaggebder Tatsachen geht wie zB Form u Inhalt eines unauffindb Test (BayObLG FamRZ **92**, 1323) od die Testierfähigk (Ffm FamRZ **97**, 1306). Dabei gilt der Grds der Unmittelbark (ZPO 355) nur entspr mit den sich aus der Natur des FGG-Verf ergebden Abweichgen (BayObLG FamRZ **88**, 422). Das Verfahren ist nichtöff, jedoch parteiöffentl (KG NJW **62**, 2114), zumal das FrageR der Beteiligten u Bevollmächt ihre Beiziehg gebietet (BayObLG NJW-RR **96**, 583). Auch bei formlosen Anhörgen ist deren Ergebn den Beteil vor Erlaß einer Entscheig zur Kenntn zu bringen u ihnen Gelegenh zu Stellgnahme zu geben (s § 2360 Rn 2). – Ein
5 **Zeugnisverweigerungsrecht** haben RA, Notar od Steuerberater, die berufl an TestErrichtg mitgewirkt haben; ebso Arzt hinsichtl solcher Tats, die er im Rahmen seiner Behandlg des Erbl aGrd seiner Vertrauensstellg erfahren hat (BGH **91**, 392). GeheimnSchutz u damit SchweigePfl besteht auch nach dem Tod des Erbl fort; in welchem Umfang, ist nach Lage des Falles differenzierend festzustellen. Tats aus seiner höchstpersönl Sphäre, zu denen auch solche üb die Testierfähigk gehören (BGH aaO; BayObLG **86**, 332), unterliegen nicht der Disposition der Erben od nächsten Angehörigen. Nur soweit eine Tats dem vermögensrechtl Bereich zuzuordnen ist, geht mit dem Vermögen (§ 1922) auch die BefreigsBefugn (ZPO 385 II mit 383 I Nr 4, 6) auf den Erben über (Stgt OLGZ **83**, 6; BayObLG **66**, 86). Eine Befreig hängt daher allein vom (auch

konkludent) erkl Willen des Erbl ab; läßt er sich nicht feststellen, von seinem mutmaßl, also ob er unter Berücksichtigg seines wohlverstandenen Interesses u seiner persönl Belange auf Geheimhaltg verzichten würde. Ist ein solcher Wille zweifelh, liegt die Verantwortg beim Geheimnisträger, der aber darzulegen hat, auf welche Belange er Weigerg stützt (BGH aaO), da SchweigePfl nicht Schutz des RA od Arztes dient. Anerkannt ist, daß die Aufklärg von Zweifeln an der Testierfähigk im wohlverstandenen Interesse eines Erbl liegt, der Test errichtet hat (BGH aaO; Ffm FamRZ **97**, 1306; BayObLG FamRZ **91**, 1461), selbst wenn alte Menschen ihre Auffälligk idR nicht vor Gericht erörtert haben wollen (LG Düss NJW **90**, 2337). Geht es um Ermittlg seines wirkl Willens u damit um Tats, deren Offenlegg seinem mutmaßl Willen stets entspr, besteht mangels Konflikt mit berufsbedingter Vertrauensstellg ohnehin keine SchweigePfl (Köln OLGZ **86**, 59; BayObLG FamRZ **91**, 231). – Verstoß gg SchweigePfl führt nicht zu Verwertgsverbot (BayObLG aaO). – Eine formelle **Beweislast** gibt es nicht, abgesehen von den in § 2356 begründeten Ausn (BayObLG **76**, 151/ 6
164). Läßt sich jedoch trotz Ausschöpfg aller ErkenntnQuellen eine Tats nicht feststellen, muß es eine Regel geben, welchen Beteiligten die Unaufklärbark trifft. Die Grdsätze für die Verteilg dieser sog **Feststellungslast** (BayObLG FamRZ **85**, 837; Hamm OLGZ **67**, 69; Ffm Rpfleger **78**, 310) ergeben sich aus dem mat R (auf die Stellg im Verf kommt es nicht an). Danach trägt sie für die das ErbR begründenden Tats derjenige, der das ErbR in Anspr nimmt u für die das ErbR vernichtenden Tats derjenige, dem diese Tats zugute kämen (KG OLGZ **91**, 144). Unter einen das nachgewiesene ErbR beseitigenden AusnTatbestand fallen sowohl Tats, die das zunächst begründete ErbR vernichten (wirks Anfechtg; Ausschlagg; Erbverzicht; Eintritt auflösder Bedingg) als auch solche Tats, die schon vor dem Erbfall die Gültigk des Test betreffen (Testierunfähigk; Existenz eines WiderrufsTest; Bindg an ErbVertr od gemeinsch Test, Stgt Just **67**, 50).

4) Die Beteiligten können die PrüfgsPfl des NachlG nicht dch Anerkenng des ErbR beseitigen. Ihr 7
Nichtbestreiten von Behauptgen befreit das NachlG nicht von seiner Pfl, die unstreit Tats vAw auf ihre Richtigk zu überprüfen (BayObLG **92**, 181). Allerd wird in der Praxis einverständl Erkl aller Beteiligten üb die TestAuslegg bes Gewicht beigelegt. Dies ist legitim, wenn die Interessen Dritter dadch nicht berührt werden (BGH NJW **86**, 1812). Zum formbedürft, aber nur schuldrechtl „AusleggsVertr" s § 2385 Rn 2. – Ein **Vergleich** ist im Verf der fG nur soweit mögl, als die Beteiligten üb den Ggst des Streits verfügen können, also insbes üb Rücknahme von ErbSchAntr od RMittel (BayObLG NJW-RR **97**, 1368); od üb die Aufteilg des Nachl (Stgt OLGZ **84**, 131), ist dann aber kein Vollstreckgstitel iSv ZPO 794 I Nr 1 (BayObLG aaO). Dagg nicht üb den Inhalt des zu erteilenden ErbSch, da die ErbenStellg nur dch G od Vfg vTw begründet werden kann (BayObLG **91**, 1; § 2359 Rn 1). Allerd kann im Zivilprozeß FeststellgsUrteil auf Anerkenntn beruhen (s Übbl 6 vor § 2353). Wird ein zuläss Vergl als unwirks angefochten, ist darüb vom NachlG im ErbSchVerf selbst zu entscheiden (Stgt aaO).

5) Öffentliche Aufforderung (**II;** § 1965 I; ZPO 948–950) liegt im pflichtgemäß Ermessen des NachlG 8
u ist das letzte Mittel, wenn die Beibringg der an sich erforderl urkundl Nachweise (§§ 2354 II; 2356 I 1) dem AntrSt unverhältnismäß Schwierigk bereiten würde (Hamm FGPrax **99**, 27). NachlG kann davon absehen, wenn es keine Zweifel an der Existenz der vorrangig erbberecht Person hat (Ffm Rpfleger **87**, 203). Bei Verschollenh eines Berechtigten ist grdsl TodeserklVerfahren dchzuführen, soweit mögl (Hamm aaO; Frohn Rpfleger **86**, 43; str). – Veranlaßt ist die Aufforderg, wenn der AntrSt selbst nicht weiß, ob er sämtl MitE angegeben hat, od das Vorhandensein Besser- bzw Gleichberechtigter mögl u wahrscheinl ist (dazu Frohn aaO; Bln Rpfleger **94**, 255). Ihr steht nicht entgg, daß NachlG vorher öff Aufforderg iS des § 1965 erlassen hat (KG Rpfleger **70**, 339). – **Wirkung:** Öff Aufforderg soll den Kreis der Erbanwärter begrenzen u dadch die ErbschErteilg ermöglichen, ist also insbes bei Aufenth im Ausland anwendb. Mit ihr ist keine Ausschlußwirkg verbunden. Die nicht angemeldeten Erbrechte sind bis zu deren etwaigen nachträgl Feststellg unberücksichtigt zu lassen (KG JFG **20**, 389; LG Bln DNotZ **51**, 525); die Anmeldg dch AbwesenhPfleger des Vermißten reicht nicht ohne weiteres aus, diesem das ErbR zu erhalten (SchlHOLG SchlHA **65**, 279). – Ablehng der öff Aufforderg ist nicht isoliert anfechtb (LG Ffm Rpfleger **84**, 191).

2359 *Feststellung des Erbrechts.* **Der Erbschein ist nur zu erteilen, wenn das Nachlaßgericht die zur Begründung des Antrags erforderlichen Tatsachen für festgestellt erachtet.**

1) Nach freier Überzeugung entscheidet das NachlG im ErbSchVerf üb das Vorliegen der tatsächl u 1
rechtl Voraussetzgen des Erbrechts, also ohne Bindg an Beweisregeln od an die übereinstimmende TestAuslegg der Beteiligten (BayObLG FamRZ **89**, 99; sog AusleggsVertr haben nur schuldrechtl Wirkg, § 2385 Rn 2) od an Vergleiche (BayObLG **29**, 211; **66**, 236; Stgt OLGZ **84**, 131; dazu auch § 2358 Rn 7). Die Erbenstellg kann nicht dch Anerkenntn od Vergleich, sond nur dch Gesetz, rechtsgült Test od rechtswirks ErbVertr begründet werden. Umgekehrt sind auch die Voraussetzgen, unter denen ein Erbe wegfallen kann, im Gesetz erschöpfend geregelt. Die erlangte Erbenstellg kann nicht mehr nach § 242 angezweifelt werden (BayObLG **65**, 90). Auch die Einrede der unzuläss RAusübg hat im ErbSchVerf keine Geltg.

2) Selbständig hat das NachlG auch üb die Staatsangehörigk des Erbl od üb den Güterstand zu 2
entscheiden (§ 2358 Rn 2). Auch ausgestellte Vertriebenenausweise sind dabei nicht bindend (BayObLG **64**, 291). – Zweifel tatsächl od rechtl Natur hat das NachlG selbständig zu entscheiden, mag dies nun zur Erteilg od Ablehng des Erbscheins führen (s BGH FamRZ **74**, 645). Es hat zB Begründeth eines ScheidgsAntr des Erbl in den Fällen der §§ 1933; 2077 selbst zu beurteilen. Od die Wirksk einer dch Erbl erfolgten Adoption (BGH aaO; BayObLG FamRZ **76**, 101). Bloße **Anfechtbarkeit** einer Vfg vTw hindert die Erteilg nicht; über die Wirksamk einer erfolgten TestAnfechtg ist aber im ErbSchVerf zu befinden (KG NJW **63**, 766); die materielle Beweislast für die Anfechtgsgründe trifft den, der die Anfechtung geltd macht (BayObLG **62**, 299; KG NJW **63**, 766; s § 2358 Rn 6). – Zur Bindung des NachlG an rkräft Urteile üb das ErbR s Übbl 7 vor § 2353.

2360 *Anhörung des Gegners.* **I Ist ein Rechtsstreit über das Erbrecht anhängig, so soll vor der Erteilung des Erbscheins der Gegner des Antragstellers gehört werden.**

II Ist die Verfügung, auf der das Erbrecht beruht, nicht in einer dem Nachlaßgerichte vorliegenden öffentlichen Urkunde enthalten, so soll vor der Erteilung des Erbscheins derjenige über die Gültigkeit der Verfügung gehört werden, welcher im Falle der Unwirksamkeit der Verfügung Erbe sein würde.

III Die Anhörung ist nicht erforderlich, wenn sie untunlich ist.

1 **1) Das rechtliche Gehör** garantiert GG 103 I als unmittelb geltdes VerfassgsR auch im Verf der freiw Gerichtsbark (BVerfG FamRZ **87**, 786). § 2360 hat wg dieser zwingden höherrang Norm keine eigenständ Bedeutg mehr; **I** verpfl aber das NachlG, bei Anhängk eines ErbRStreits (FeststellgsKlage, AnfKlage nach § 2342) den Gegner formell zu beteiligen. Es ist allen (parteifäh) Personen zu gewähren, deren Rechte dch die im Verf ergehende Entscheidg unmittelb beeinträchtigt werden können, also den mat u formell Beteiligten. Diese üben das Recht persönl aus, soweit sie verfahrensfäh sind, andernf dch ihre ges Vertr; fehlt ein solcher, ist er verhindert od besteht ein schwerwiegder InteressenGgsatz (Bochum Rpfleger **94**, 418), ist Pflegerbestellg geboten. Betroffen von der Entscheidg im ErbSchVerf sind bei gewillkürter Erbfolge die ges
2 Erben, iü der verdrängte Erbanwärter, der NachE hinsichtl des NErbenVermerks (§ 2363). – **Verstoß** begründet VerfFehler (auch wenn NachlG kein Verschulden trifft), der aber dch Nachholg im BeschwVerf (nicht im RBeschwVerf) geheilt wird. BeschwG kann jedoch das Verf dann zurückverweisen, wenn die Behebg des VerfMangels dem Verlust einer Tatsacheninstanz gleichkäme. Ein ErbSch ist aber nicht schon wg Verletzg rechtl Gehörs einzuziehen (BGH NJW **63**, 1972).

3 **2) Inhalt.** Der Grdsatz bedeutet zunächst, daß vom NachlG das Vorbringen der Beteiligten, soweit es für die Entscheidg erhebl sein kann, zur Kenntn genommen u in Erwägg gezogen werden muß (BVerfG NJW **83**, 2017 u st Rspr). Dies betrifft jedes Vorbringen, das noch vor Erlaß (dh Hinausgabe) der Entscheidg bei Gericht eingeht, selbst wenn eine gesetzte ErklFrist abgelaufen war (BVerfG NJW **88**, 1963) od die Vorlage an den Richter unverschuldet unterblieben ist (BayObLG **89**, 116). Das Gericht muß sodann den Beteiligten von allen Tats (aus dem Vorbringen anderer, aus formlosen Ermittlgen dch Auskünfte, Akteneinsicht, schriftl Befragg usw) Kenntn geben. Es darf seiner Entscheidg zum Nachteil eines Beteiligten nur solche Tats u BeweisErgebn zugrunde legen, die der Beteiligte in diesem Verfahren zur Kenntn nehmen u zu denen er sich äußern konnte (BVerfG FamRZ **87**, 786). Zieht NachlG Akten eines and Verf bei, muß es dies den Beteiligten mitteilen u ihnen Gelegh zur Einsicht u Stellgnahme geben (BayObLG FamRZ **98**, 1625). Bei förml BeweisAufn muß den Beteiligten ohnehin das Anwesenh- u FrageR ermögl werden (Grds der Parteiöffentlichk). – Außer Kenntn der wesentl Tats müssen die Beteiligten auch Gelegenh erhalten, eigene Anträge, Beweismittel, Einwendgen, Tatsachen u Rechtsmeingen vorbringen zu können. Ausreichend ist idR die Ermöglichg einer schriftl Äußerg innerh angemessen Frist; ein Anspr auf persönl Anhörg folgt aus dem rechtl Gehör nicht notwend, es sei denn, daß VerfVorschr od bes Umstände (Unfähgk zu schriftl Äußerg) dies gebieten. Ob Beteil von dem gebotenen Recht auch Gebrauch macht, ist ihm überlassen.

4 **3) Die Anhörung** der Beteiligten dient sowohl der Gehörgewährg als auch der Sachaufklärg. **II** verschärft die ErmittlgsPfl bei PrivatTest (§§ 2247, 2250, 2251) ggü öff Vfgen vTw (MüKo/Promberger Rn 17). Daß aber auch bei ErbVertr od öff Test die gesetzl Erben rechtl Gehör erhalten müssen, gebietet GG 103 I (Köln NJW **62**, 1729; BayObLG **60**, 432; MüKo/Promberger Rn 11; Soergel/Damrau Rn 5). – Untunlich **(III)** kann allenf noch als „tatsächl unmögl" verstanden werden (Staud/Schilken Rn 16). Dies ist nicht der Fall, wenn zahlreiche od weit entfernt wohnende od schwierig zu ermittelnde Personen als gesetzl Erben in Betracht kommen (BayObLG **60**, 432). – Keine Pflicht besteht zur Anhörg gesetzl Erben, die aus jedem RGrund ausgeschlagen haben.

2361 *Einziehung oder Kraftloserklärung des unrichtigen Erbscheins.* **I Ergibt sich, daß der erteilte Erbschein unrichtig ist, so hat ihn das Nachlaßgericht einzuziehen. Mit der Einziehung wird der Erbschein kraftlos.**

II Kann der Erbschein nicht sofort erlangt werden, so hat ihn das Nachlaßgericht durch Beschluß für kraftlos zu erklären. Der Beschluß ist nach den für die öffentliche Zustellung einer Ladung geltenden Vorschriften der Zivilprozeßordnung bekannt zu machen. Mit dem Ablauf eines Monats nach der letzten Einrückung des Beschlusses in die öffentlichen Blätter wird die Kraftloserklärung wirksam.

III Das Nachlaßgericht kann von Amts wegen über die Richtigkeit eines erteilten Erbscheins Ermittlungen veranstalten.

1 **1) Die Einziehung (I)** u die KraftlosErkl **(II)** sowie das Verlangen auf Herausgabe (§ 2362) dienen der Beseitigg eines wirks erteilten (BayObLG **60**, 501), aber unrichtigen ErbSch. Solange allerd der ErbSch noch nicht ausgehändigt ist, kann nur die Aufhebg des Anordngsbeschlusses erfolgen. Die Einziehg bildet das Ggstück zur Erteilg. Sie läßt die Wirkgen der §§ 2365–2367 entfallen u verhindert so den gutgläub Erwerb vom NichtE (§ 2366 Rn 8). Für die Beseitigg eines unricht ErbSch besteht keine zeitl Grenze, so daß seine Einziehg auch dann noch zuläss ist, wenn seit seiner Erteilg ein langer Zeitraum verstrichen ist, zwischenzeitl keine neuen Tatsachen aufgetreten sind u die der Erteilg zugrundeliegende TestAuslegg denkgesetzl mögl war (BGH **47**, 58; BayObLG NJW-RR **97**, 836 u st Rspr). Der Einziehg kann nicht mit dem Hinweis auf Treu u Glauben entgg getreten werden. – Nur zur Beseitigg von offenbaren Unrichtigk (Schreibfehler; unerhebl Falschbezeichng uä; s § 2353 Rn 23) od von unzulässigen bzw überflüssigen Zusätzen darf statt Einziehg
2 ausnahmsw **Berichtigung** od Ergänzg eines erteilten ErbSch vorgenommen werden, wenn sie den sachl Inhalt des ErbSch unberührt läßt u die zu streichenden Angaben nicht an seinem öff Glauben teilnehmen (KG

OLGZ **66**, 612; Hamm OLGZ **83**, 59; BayObLG FamRZ **89**, 1348). Weitergehende Änderg od Ergänzg ist nicht statth (Ffm Rpfleger **78**, 310/311; Ausn s § 2363 Rn 3). Desh ist zB bei Erledigg einer angegebenen TVstrg der ErbSch nicht zu berichtigen, sond einzuziehen (Hamm OLGZ **83**, 59). – **DDR-**ErbSch (§ 2353 Rn 8) ist gleichfalls nur bei unricht Bezeugg der Erbfolge einzuziehen. Ist er sachl mit einem in der BRD erteilten unvereinb, wird nur der unrichtige von beiden eingezogen. Fehlt bei NachlSpaltg nur einschränkender Geltgsvermerk, ist Ergänzg mögl (§ 2353 Rn 7).

a) Unrichtigkeit (I 1) des erteilten ErbSch liegt vor, wenn die Voraussetzgen für die Erteilg entw schon 3 ursprüngl nicht gegeben waren od nachträgl nicht mehr vorhanden sind. Insbes wenn sich dch erneute Überprüfg die im ErbSch ausgewiesene Erbenstellg nicht ergibt, ist ErbSch unabhäng von der seit Erteilg verstrichenen Zeit einzuziehen (BayObLG **97**, 59). Dies ist zB der Fall bei unrichtiger Angabe der Erben od der Erbteile. Dies kann auf Übersehen von ErbBerecht od Test beruhen, aber auch auf nachträgl and rechtl Beurteilg (Ffm Rpfleger **53**, 37) od and TestAuslegg (BGH **47**, 58; BayObLG NJW-RR **97**, 836); od auf nachträgl Feststellg der Voraussetzgen des § 2306 I 1 mit II (Schlesw NJW **61**, 1929). Ferner auf TestNichtigk wg Geisteskrankh; od wirks Anfechtg; wirks Ausschlagg nach Erteilg; Ausschlagg eines NachE od Wechsel in der Person der angegebenen NachE sowie auf Eintritt der NErbfolge (§ 2363 Rn 8; 9). – Weitere Fälle: Nichtanführg von Beschränkgen (§§ 2363, 2364; Ffm Rpfleger **78**, 310) od Befreiungen (§ 2136). – Fehlender Gültigkeitsvermerk (s § 2353 Rn 4). – Unricht Beschränkg des Geltgsbereichs, zB wg fälschl Annahme von NachlSpaltg (BGH DtZ **96**, 84; s § 2353 Rn 7). – Widersprüchlichk (s KG RJA **17**, 56). – Erledigg der TVstrg (Hamm OLGZ **83**, 59). – Nichtangabe des die Erbfolge bestimmden ausländ Rechts; od unricht Beurteilung des Erbstatuts des Erbl (EG 25), zB dch unricht Beurteilg seiner Staatsangehörigk (s zB BVerfG **23**, 98 zur Beibehaltg der deutsch StAngehörigk polit, rassisch u religiös Verfolgter trotz Entziehg), kann zur Unrichtigk des ErbSch führen (KG Rpfleger **77**, 307). – **Verfahrensfehler** im Erteilgsverfahren nötigen nur 4 in gravierenden Fällen zur Einziehg, zB fehlende Verfahrensvoraussetzg, dann aber selbst wenn ErbSch inhaltl richtig ist (BGH NJW **63**, 1972, KG NJW **63**, 880). Einziehgsgründe sind zB: Erteilg dch örtl unzuständ Gericht (Hamm OLGZ **72**, 352/353; BayObLG Rpfleger **75**, 304, **81**, 112; s Weiß Rpfleger **84**, 389); von BGH Rpfleger **76**, 174 aber verneint, wenn sich die örtl Unzuständigk des tätig gewordenen Gerichts nicht aus einer eindeut Vorschr ergibt. – Erteilg dch einen Beamten des gehobenen Justizdienstes, der nicht mit Rechtspflegeraufgaben betraut war (Ffm NJW **68**, 1289); bei Richtervorbehalt (RPflG 16) gdsl auch bei Erteilg dch funktionell unzuständ RPfleger, es sei denn, daß trotz Vorliegens eines Test ges Erbfolge eingetreten u nur die dann mögl Übertragg (RPflG 16 II) unterblieben ist (BayObLG **77**, 59; Rpfleger **97**, 370). – Bei fehldem RSchutzBedürfn für Erteilg (BayObLG Rpfleger **99**, 76). – Bei Erteilg **ohne Antrag** od 5 auf Antr eines NichtBerecht od abweichd vom Antr eines Berecht ist Einziehg dagg nur geboten, wenn der AntrBerecht die Erteilg nicht nachträgl ausdrückl od stillschw genehmigt hat (BGH NJW **89**, 984; BayObLG **67**, 9, **70**, 109f); s auch Stgt Just **79**, 437 (Nachholg des Antr beim NachlG). – Ebso führen and Verstöße gg Verfahrensregeln wie zB die Verletzg des (nachholbaren) **rechtlichen Gehörs** für sich allein nicht zur Einziehg.

b) Keine Unrichtigkeit des ErbSch tritt ein dch Erbteilsübertragung (§ 2033), Erbschaftsverkauf od bei 6 Wechsel in der Person des TV. Ebso nicht allein deswegen, weil der ErbSch auf die im ErbSchVerf nicht anwendb Todesvermutg des REG gestützt ist (BayObLG **52**, 163). Eine im ErbSchVerf abgegebene falsche eidesstattl Versicherg (§ 2356 II) nötigt für sich allein nicht zur Einziehg des ErbSch (Hamm OLGZ **67**, 74). Die Einziehg des ErbSch kommt auch nicht in Betr, wenn sich nachträgl herausstellt, daß die letzw Vfg, von der das NachlG bei Erteilg ausgegangen ist, aus irgend einem Grd unwirks ist od sein könnte, sich das bezeugte ErbR im selben Umfang aber aus einer anderen letztw Vfg ergibt (Hamm aaO); wenn der ehemals unrichtige ErbSch sich später als richtig erweist (LG Kblz DNotZ **69**, 430).

2) Verfahren. Zur Einleitg des EinziehgsVerf ist kein Antr erforderl. Vielm hat NachlG vAw (**III**; FGG 7 12) zu ermitteln, wenn Zweifel an der Richtigk eines erteilten ErbSch sich amtl ergeben od dch Anregg an das NachlG herangetragen werden. Dies kann auch noch lange nach Erteilg erfolgen (Rn 1). Das NachlG kann auch dann einziehen, wenn der richtige Erbe den ErbSch selbst beantragt u auch nach Kenntn der Unrichtigk nichts gg dessen Fortbestehen unternommen hat (BGH **47**, 58). Anregg zur Einziehg kann mit neuem ErbSchAntr verbunden werden; Antr auf Vornahme einer nicht zuläss Berichtigg (Rn 2) kann als Antr auf Einziehg u Neuerteilg aufgefaßt werden. Die Anhängigk eines für das ErbR vorgreiflichen Gerichtsverfahrens hindert die Einziehg nicht (Bln Rpfleger **71**, 149 mAv Bonnet; Gienke Rpfleger **73**, 52). – Ist aGrd eines gemeinsch Test ErbSch nach dem Längerlebenden zu erteilen, kann dabei nachgeprüft werden, ob der nach dem Erstverstorbenen erteilte ErbSch richtig ist (Ffm Rpfleger **72**, 56). – Auch bei Einziehg eines FremdrechtsErbSch (§ 2369) richten sich die verfahrensrechtl Voraussetzgen nach § 2361 (Hamm NJW **64**, 554). – **Zuständig** ist nur dasjenige NachlG, das den ErbSch erteilt hatte ohne Rücks darauf, ob es internat 8 u örtl zuständ war (BayObLG **77**, 59; Hamm OLGZ **72**, 352; KG Rpfleger **66**, 209), auch wenn Wohnsitzgemeinde inzw dem Bezirk eines and AG zugeordnet wurde (Ffm Rpfleger **81**, 21). Ausn: FGG 73 I gilt, wenn westdtsch NachlG für fr DDR-Erbl seine Erteilgszuständigk nur auf FGG 73 II; III anlog gestützt hatte (KG OLGZ **93**, 15). Für Einziehg eines DDR-ErbSch ist das für den damal Staatl Notariatsbezirk errichtete AG zuständ (s § 1962 Rn 1). – Richter entscheidet, wenn die Voraussetzgen des RPflG 16 I Nr 7 vorliegen.

a) Entscheidung. Das NachlG muß die Sachlage abschließd aufklären u die dazu erforderl Ermittlgen 9 vAw dchführen (FGG 12). Es muß sich in die Lage versetzen, als hätte es den ErbSch erstmals zu erteilen. Dürfte dieser aus tatsächl od rechtl Grden so nicht mehr erteilt werden, hat es ihn einzuziehen (BGH **40**, 54; BayObLG **77**, 59). Bloße Zweifel an der Richtigk rechtfertigen die Einziehg nicht. NachlG muß vielm die Unrichtigk des ErbSch feststellen od zumindest zur Überzeugg kommen, daß der ErbSch jedenfalls so wie geschehen nicht erteilt werden konnte (zur Feststellgslast s § 2358 Rn 6). Dann darf sich NachlG aber auch bei schwieriger Sach- u RLage nicht mit der Ankündigg der Einziehg dch Vorbescheid (§ 2353 Rn 22) begnügen (BayObLG **94**, 169; Brdbg FamRZ **99**, 188), sond hat dch Beschluß die Einziehg anzuordnen. Dieser wird mit der Aufforderg an den (die) Besitzer verbunden, die erteilten Ausfertigungen binnen kurzer Frist bei Meidg von Zwangsgeld (FGG 33) abzuliefern. Eine gewaltsame Wegnahme ist danach mögl. Rechte

Dritter stehen nicht entgg. – Den von einer Einziehg Betroffenen ist vor der Entscheidg rechtl Gehör zu gewähren (GG 103 I). – Unzuläss ist eine vorläuf Einziehg bis zum Abschluß der Ermittlgen, um den erteilten ErbSch vorsorgl aus dem RVerkehr zu ziehen (BGH NJW **63**, 1972; KG NJW **63**, 880; s auch Rn 11); erweist sie sich als voreilig u ErbSch als richtig, hat sie unnöt Kosten u die Gefahr einer Haftg (§ 839) zur Folge.

10 **b) Durchgeführt** ist die Einziehg erst mit Ablieferg der Urschrift u aller erteilten Ausfertigungen (BayObLG **66**, 233; **80**, 72). Erst damit wird der eingezogene ErbSch kraftlos (**I** 2); bei unterlassener od unmöglicher Ablieferg s Rn 13. – Nicht ausreichend ist also ein bloßer Vermerk auf der Urschrift (Oldbg DNotZ **58**, 263). Dieser Vermerk u die Unbrauchbarmachg der Ausfertiggen (ähnl wie beim HypBrief) sind ledigl innerdienstl Bestätiggen der tatsächl erfolgten Einziehg (Keidel DNotZ **58**, 263). Wurde keine Ausfertigg od Urschrift hinausgegeben, zB nur der NachlAkt mit dem ErbSch dem GBA zur Umschreibg zugeleitet worden, genügt Bek der EinziehgsVfg an ErbSchErben (BayObLG **60**, 501). – Verfügg der Rück-
11 gabe des ErbSch zu den Akten durch **einstweilige Anordnung** (zuläss nach FGG 24 III, Köln OLGZ **90**, 303; BayObLG FamRZ **93**, 116) hat nicht die Wirkg der Einziehg, auch wenn dieser zurückgegeben wird.

12 **c) Neuerteilung.** Sind bei Einziehg schon alle Voraussetzgen für die Erteilg eines neuen ErbSch gegeben, kann mit dem Einziehgsbeschluß zugleich dessen Erteilg bewilligt werden (BGH **40**, 54; KG NJW **63**, 766; BayObLG **66**, 233; Ffm Rpfleger **78**, 310). Mit der Aushändigg soll aber zugewartet werden, bis der alte ErbSch abgeliefert od für kraftlos erklärt wurde, weil schon wg des fehlenden Gutglaubensschutzes (s § 2366 Rn 2) zu vermeiden ist, daß Erbscheine widersprechenden Inhalts in Umlauf sind.

13 **3) Kraftloserklärung (II**; vgl § 176 I, ZPO 204) ist geboten, wenn mind eine der Ausfertiggen nicht zu erlangen ist od Erfolglosigk der Einziehg von vorneherein feststeht (BayObLG OLG **40**, 155). Sie erledigt die Einziehg. Gg die durchgeführte findet Beschw nicht statt (FGG 84). Zuläss ist sie allerd mit dem Ziel der Neuerteilg eines gleichlautenden Erbscheins (KG JFG **10**, 79, Halle NJ **49**, 21; aM Oldbg DNotZ **55**, 158 mit abl Anm Keidel); ferner, wenn Beschl ledigl den Beteiligten zugestellt, nicht aber nach **II** 2 auch öffentl bekannt gemacht wurde (BayObLG **58**, 364).

14 **4) Rechtsmittel** gg die Anordnung der Einziehung wie deren Ablehng ist **Beschwerde** (FGG 19; RPflG 11) u weitere Beschw (FGG 27), nach erfolgter Ablieferg od KraftlosErkl aber nur mehr mit dem Ziel, das NachlG zur Erteilg eines neuen gleichlautenden ErbSch anzuweisen, da die durchgeführte Einziehg als solche nicht mehr rückgängig gemacht werden kann (BGH **40**, 54; BayObLG **80**, 72; FamRZ **89**, 550). Wurde bereits neuer ErbSch mit and Inhalt erteilt, muß sich BeschwFührer zugleich gg diesen wenden, da sonst zwei sich widersprechde ErbSch vorlägen (Köln NJW-RR **94**, 1421). Bei Ablehng der Einziehg kann Ziel der Beschw nur sein, das NachlG möge zur Einziehg angewiesen werden; das BeschwG kann nie selbst einziehen (Ffm Rpfleger **73**, 95). Will NachlG der Beschw von sich aus abhelfen (FGG 18), kann es auch nur einen
15 neuen ErbSch mit gleichem Inhalt erteilen. – **Beschwerdeberechtigt** (FGG 20 I) sind bei **Anordnung** der Einziehg alle AntrBerechtigten (s § 2353 Rn 12), also auch TV (Hamm NJW-RR **93**, 461), auch wenn sie die Erteilg des ErbSch nicht beantragt haben (BGH **30**, 220). BeschwR kann nur aus der Entscheidgsformel, nicht aus den Gründen hergeleitet werden (KG OLGZ **66**, 74; s aber auch BayObLG **75**, 62). NachE hat gg Einziehg des dem VorE erteilten ErbSch kein BeschwR (§ 2363 Rn 8). – Bei **Ablehnung** der Einziehg ist es jeder, der das für einen and bescheinigte ErbR selbst in Anspr nimmt (Hamm Rpfleger **86**, 138); auch wer behauptet, zu einer and Quote als der ausgewiesenen beteiligt zu sein (BayObLG **91**, 1); ferner ein TV (Oldbg Rpfleger **65**, 305); NachlGläub, wenn er VollstrTitel besitzt (Hamm Rpfleger **77**, 306); auch der ausgewiesene Erbe, weil er nicht Erbe sei (BGH **30**, 263; BayObLG **77**, 163); der ErsatzNachE, weil der ErbSch des VE unrichtige Angaben über die Nacherbfolge enthalte (BayObLG **60**, 407). Ein zw den Beteiligten geschlossener Vergleich üb bestimmte TestAuslegg hindert sie nicht, die Unrichtigk des ErbSch mit Beschw geltd zu machen (BayObLG **91**, 1). Nicht beteiligt ist aber, wer von der im ErbSch ausgewiesenen Person NachlGgst erworben hat (BayObLG **66**, 49). – **Verwirkung** des BeschwerdeR kommt grdsl nicht in Betr (BayObLG Rpfleger **79**, 333).

2362 ***Herausgabeanspruch des wirklichen Erben.*** **I Der wirkliche Erbe kann vondem Besitzer eines unrichtigen Erbscheins die Herausgabe an das Nachlaßgericht verlangen.**

II Derjenige, welchem ein unrichtiger Erbschein erteilt worden ist, hat dem wirklichen Erben über den Bestand der Erbschaft und über den Verbleib der Erbschaftsgegenstände Auskunft zu erteilen.

1 **1) Herausgabeanspruch.** Der wirkl Erbe (auch der NachE, § 2363 II; der TV, § 2364 II; der unrichtigerw für tot Erklärte, § 2370 II) muß bei unrichtigem ErbSch nicht dessen Einziehg dch NachlG (§ 2361) abwarten, sond kann auch dch eigenes Betreiben den ErbSch aus dem Verkehr ziehen. Dazu gewährt ihm **I** einen matrechtl Anspr auf Herausgabe an das **Nachlaßgericht,** der im Prozeßweg dchgesetzt werden kann. Gegner ist jeder Besitzer, mag er auch nicht als Erbe bezeichnet sein; auch ein MitE bei unrichtiger Erbteilsangabe. Die Ablieferg des ErbSch beim NachlG (nicht schon die Herausgabe an GVz) wirkt dann als Einziehg (§ 2361 I 2). – Beweispflichtig für ErbR u Besitz ist der Kläger. Jedoch gilt die Vermutg des § 2365 für den Gegner nicht, da der Kläger sonst schlechter gestellt wäre als bei dem Amtsverfahren des § 2361 (s auch § 2365 Rn 2). Dem Begehren kann uU eine peremtorische Einrede entgg gehalten werden (Johannsen WM **79**, 636f). – Gerichtsstand der Erbsch (ZPO 27) gilt hier nicht, wenn nicht ErbschKlage verbunden wird (dazu MüKo/Promberger Rn 2). ZwVollstr nach ZPO 883.

2 **2) Auskunft (II,** § 260) kann der wirkl Erbe von jedem verlangen, dem ein unrichtiger ErbSch erteilt wurde, also auch wenn er den ErbSch nicht besitzt od nicht mehr Erbschaftsbesitzer (§ 2027) ist.

2363 *Erbschein für den Vorerben.* **I In dem Erbscheine, der einem Vorerben erteilt wird, ist anzugeben, daß eine Nacherbfolge angeordnet ist, unter welchen Voraussetzungen sie eintritt und wer der Nacherbe ist. Hat der Erblasser den Nacherben auf dasjenige eingesetzt, was von der Erbschaft bei dem Eintritte der Nacherbfolge übrig sein wird, oder hat er bestimmt, daß der Vorerbe zur freien Verfügung über die Erbschaft berechtigt sein soll, so ist auch dies anzugeben.**

II Dem Nacherben steht das im § 2362 Abs. 1 bestimmte Recht zu.

1) Nur dem Vorerben kann nach dem Erbfall bei angeordneter Vor- u NErbfolge ein ErbSch erteilt 1
werden. Nur er wird als Erbe ausgewiesen, weil die NErbfolge bis zum Eintritt des NErbfalls noch nicht bezeugt werden kann, sond nur zur Bekanntmachg der dadch bewirkten VfgsBeschränkg des VorE vermerkt werden muß (s BGH **84**, 196/200). Antragsberecht ist daher auch nur der VorE (Hamm Rpfleger **80**, 347; BayObLG NJW-RR **99**, 805). Der NachE kann erst nach Eintritt des Nacherbfalls ErbSch verlangen (Rn 9, 10).

2) Erbschein des Vorerben. Zusätzl zu den allg Angaben (§ 2353 Rn 3) sind hier noch folgende weitere 2
Angaben aufzunehmen. – **a) Die Anordnung der Nacherbfolge,** ihre Voraussetzgen u der Ztpkt ihres Eintritts (BayObLG **65**, 86). Ist sie auf einen Bruchteil beschränkt, muß Quote angegeben werden. Auch Einsetzg des NachE unter Bedinggen ist zum Ausdruck zu bringen (LG Mannheim MDR **61**, 58). Zu Wiederverheiratgs- u Verwirkgsklauseln s § 2269 Rn 16–19; § 2074 Rn 6–10. Aufzuführen ist auch eine zweite NErbfolge u weitere, sofern dritte od spätere nach § 2109 noch eintreten kann (BayObLG FamRZ **90**, 320). – Nicht mehr angegeben wird die NErbfolge allerd, wenn sie bereits ggstandslos u der VorE somit VollE geworden ist, zB dch Vorversterben des NE; Übertragg des AnwR auf VorE (§ 2108 Rn 8; LG Bln DNotZ **76**, 569); Nichteintritt einer Bedingg (Celle NdsRpfl **55**, 189). – Blieb die in einem vor dem 1. 1. 76 errichteten **DDR**-Test angeordnete NErbfolge gem DDR-EGZGB 8 II wirks (§ 2100 Rn 6), ist sie im ErbSch zu vermerken mit Hinweis, daß VfgsBeschränkgen des VE nicht bestehen (KG DtZ **95**, 419). –
b) Die Nacherben mit mögl genauer Bezeichng, idR namentl (vgl BayObLG **83**, 252), nicht aber die 3
Bruchteile, zu denen sie eingesetzt sind. Sie sind gem § 2358; FGG 12 vAw zu ermitteln (Ffm NJW **53**, 507). Können die NachE zunächst nicht namentl aufgeführt werden (zB im Falle des § 2104), ist möglichst genaue Umschreibg zu wählen (zB „die bei Eintritt der NErbfolge vorhandenen ehel Abkömmlinge des VorE"); werden ihre Namen später festgestellt, ist ausnahmsw Ergänzg zulässig (Planck Anm 2 c). – Sind die Quoten der VE ungewiß, weil der Erbl alle seine Kinder einschließl solcher, die erst nach dem Erbfall ggf noch erzeugt werden, eingesetzt hat, ist die Fassg des ErbSch problemat. S dazu Köln Rpfleger **92**, 391, dessen Vorschlag nicht überzeugt; den Vorzug verdient Eschelbach in Anm dazu. – Hatte zZ der ErbSchErteilg ein NE bereits sein AnwartschR übertragen, sind die damit verbundenen unmittelb mat-rechtl Wirkgen (s § 2108 Rn 8) zu beachten, da andernf der ErbSch unricht ist (Rn 8). Im Ggsatz zu Erbteilskäufer u ErbschErwerber (Übbl 2; 5 vor § 2371) sind daher an Stelle des ursprüngl NE der Erwerber des AnwR sowie die RStellg vorhandener ErsatzNE (§ 2102 Rn 6) aufzunehmen (KG JFG **20**, 21; Bestelmeyer Rpfleger **94**, 189; aA Düss MDR **81**,
143; OLGZ **91**, 134; s auch Rn 8; 10). – **c) Ein Ersatznacherbe**, auch wenn er stillschweigd (§ 2069) 4
eingesetzt ist (RG **142**, 171; BayObLG **60**, 410; Hamm OLGZ **75**, 156; vgl auch GBO 51). – **d) Die** 5
Vererblichkeit der NachEAnwartsch (§ 2108 II 1). In der Praxis wird vielfach allerd nur die Nichtvererblichk angegeben, so daß Fehlen des Vermerks die Vererblichk bezeugt (RG **154**, 330; Köln NJW **55**, 635). –
e) Befreiung des VorE von Beschränkgen (§ 2136 mit Rn 12), die auch dch ein **Vorausvermächtnis** beim 6
alleinigen VorE (§ 2110 II) bewirkt wird (s § 2150 Rn 6), so daß dieses ausnahmsw anzugeben ist (KG JFG **21**, 122; BayObLG **65**, 465): „Das R der NachE erstreckt sich nicht auf folgende Gegenstände: . . .". –
f) Einsetzg des NachE auf den **Überrest** (§ 2137). – **g)** Bestellg eines **Testamentsvollstreckers** für den 7
Nacherben (§ 2222).

3) Unrichtig ist od wird der ErbSch des VE beim Fehlen des vorgeschriebenen Inhalts; dch Eintritt des 8
NErbfalls (§ 2139, Hamm Rpfleger **80**, 347), auch wenn nur einer von mehreren VorE weggefallen ist (KGJ **37**, 135; LG Bln WM **61**, 313; s auch Schmidt BWNotZ **66**, 139; Becher Rpfleger **78**, 87); dch Nichterwähng einzelner NachE; dch unrichtige Bezeichng der NErbfolge (BayObLG **60**, 407); dch Wechsel in der Person des NachE, sei es wg § 2108 II bei seinem Wegfall vor dem NErbfall (BayObLG FamRZ **88**, 542; **99**, 816) od infolge Übertragg der NachERechte auf den VorE (KG JW **38**, 3118; Bln DNotZ **76**, 569; s § 2108 Rn 8). – Der ErbSch ist dann kr GewohnheitsRs jeweils **einzuziehen** (Köln Rpfleger **84**, 102), ohne daß der NachE dadch in seinen Rechten beeinträchtigt wird (Köln aaO; Oldbg DNotZ **58**, 264). Trotz Einziehg wg Eintritts des NErbfolge kann ein RSchutzBedürfn für nochmalige Einziehg mit Wirkg ab Ausstellg bestehen, weil schon die NErbfolge unrichtig aufgeführt war (AG Osterode NdsRpfl **69**, 154).

4) Rechtsstellung des Nacherben. – a) Beim Erbfall kann der NE keinen eigenen ErbSch erhalten 9
(BGH Rpfleger **80**, 182) u auch nicht Erteilg an VE beantragen (BayObLG NJW-RR **99**, 805). Ein dem NE gleichwohl erteilter ist einzuziehen (Mannh MDR **61**, 58). Er kann nur verlangen, daß er im ErbSch des VorE richtig angegeben wird als die Person, zu deren Gunsten der VorE vfgsbeschränkt ist u daß die NErbfolge richtig bezeichnet wird. Andernf kann er Einziehg (§ 2361) verlangen u SchadErsatz geltend machen (RG **139**, 343). Einziehg kann er auch dann anregen, wenn er zu Unrecht als NachE aufgeführt ist (Mannh aaO). Gg Ablehng steht ihm dann BeschwR zu (FGG 20 I). – Eine Einziehg des dem VorE erteilten ErbSch berührt Rechte des NE nicht (BayObLG **61**, 200; Oldbg DNotZ **58**, 263), nachdem er auch nicht dessen Erteilg herbeiführen kann (Hamm Rpfleger **80**, 347). – Der HerausgAnspr (**II;** § 2362 I) steht ihm gg den VorE zu, wenn dessen ErbSch unrichtig iS von **I** ist. – Auskunft verlangen (§ 2362 II) kann er erst ab dem NErbfall (vgl auch § 2130). – UrkNotar, den der VorE auch mit Entggnahme seines ErbSch beauftragte, hat auch ggü dem NachE inhaltl PrüfgsPfl bezügl Übereinstimmg von beantragtem u erteiltem ErbSch (BGH NJW **88**, 63 mAv Bernhard DNotZ **88**, 375); einen unricht erteilten ErbSch darf er VorE nicht aushändigen (BGH aaO). – Vom VE kann er Zustimmg zur GBuch-Berichtigg verlangen, wenn NE-Vermerk nicht eingetragen wurde (§ 894; BayObLG NJW-RR **99**, 805). – **b) Tritt Nacherbfall** ein, kann von da an 10

ErbSch nur noch dem NachE erteilt werden (Ffm FGPrax **98**, 145). Ist von mehreren VorE nur einer verstorben, gilt dies auch hinsichtl der bereits eingetretenen Nacherbfolge (Hamm NJW **74**, 1827; dazu Schmidt BWNotZ **66**, 139, der auch nach Eintritt des Nacherbfalls die Erteilg eines zeitl beschränkten ErbSch für den VE für zuläss erachtet). Hat einer von zwei NachE sein AnwartschR dem and übertragen, kann dieser wg der mat-rechtl Wirkg der Übertragg (§ 2108 Rn 8) als AlleinE ausgewiesen werden (KG JFG **20**, 21; aA Düss OLGZ **91**, 134). – Im ErbSch ist der Ztpkt des Nacherbfalls anzugeben (BayObLG FamRZ **98**, 1332; Stgt DNotZ **79**, 104), nicht aber unbedingt der Name des VorE (KGJ **50**, 85; vgl Hamm JMBl NRW **62**, 63). Eine neue eidesst Versicherg (§ 2356 II) ist nicht unbedingt erforderl (KGJ **46**, 146). Die RNachfolger des VorE haben ein RSchutzbedürfnis hins des Antrags auf Einziehg des dem NachE erteilten ErbSch, wenn dieser zB einen unrichtigen Ztpkt für den Eintritt der Nacherbfolge angibt (Hamm JMBl NRW **62**, 63). – Zur Umschreibg des GBuchs s § 2139 Rn 6.

2364 ***Angabe des Testamentsvollstreckers.*** **[I] Hat der Erblasser einen Testamentsvollstrecker ernannt, so ist die Ernennung in dem Erbschein anzugeben.**

[II] Dem Testamentsvollstrecker steht das im § 2362 Abs. 1 bestimmte Recht zu.

1 **1) Zweck.** Dch die Angabe der TVstrg werden die Vfgsbeschränkg des Erben Dritten bekanntgemacht (vgl GBO 52); auch eine TVstrg für den NachE (§ 2222) ist anzugeben (KGJ **43**, 92). Bei aufschiebender Bedingg wird die TVstrg erst mit deren Eintritt angegeben (KG JFG **10**, 73). Angabe muß auch erfolgen, wenn in den Fällen der §§ 2198, 2200 ein TV noch nicht ernannt ist. Sie erübrigt sich, wenn er abgelehnt hatte u ein Ersatzmann nicht ernannt war od er den Erben nicht beschwert (Backs DFG **40**, 50) od wenn zw Erbfall u ErbSchErteilg die TVstrg weggefallen ist (BayObLG Rpfleger **74**, 345). – Der Name des TV wird im ErbSch nicht angegeben, der Umfang seiner Befugn nur in bes gelagerten Fällen, nachdem der TV selbst sich dch sein Zeugn ausweist (§ 2368).

2 **2) Unrichtig** u damit einzuziehen (§ 2361) ist der ErbSch bei fehlender Angabe der TVstrg (BayObLG FamRZ **77**, 347/349) od wenn der angegebene TV–Vermerk ggstandslos geworden od überholt ist, da er nicht berichtigt werden kann (Hamm OLGZ **83**, 59; Köln FamRZ **93**, 1124). – Ein Wechsel in der Person des TV berührt die Richtigk des ErbSch dagg nicht. – Bei TVstrg auch für DDR-Grdbesitz s KG DtZ **96**, 217; Einf 21 v § 2197. – Zum ggständl beschränkten ErbSch mit TVstrgsKlausel (uU zB bei trustee nach US-
3 Recht) s Ffm DNotZ **72**, 543; H/Winkler Rn 36, 37. – **Herausgabe (II)** kann der TV insbes verlangen, wenn die TVstrg im ErbSch nicht angegeben war. Er kann auch die Erteilg u die Einziehg des ErbSch beantragen u gg Erteilg eines nach seiner Auffassg unricht ErbSch Beschwerde einlegen (Oldbg Rpfleger **65**, 305). Ein **Auskunftsanspruch** (§ 2362 II) steht ihm nach §§ 2205, 2209 zu.

2365 ***Vermutung der Richtigkeit des Erbscheins.*** **Es wird vermutet, daß demjenigen, welcher in dem Erbschein als Erbe bezeichnet ist, das in dem Erbschein angegebene Erbrecht zustehe und daß er nicht durch andere als die angegebenen Anordnungen beschränkt sei.**

1 **1) Rechtsvermutung.** Mit der Aushändigg des ErbSch (s § 2353 Rn 23) ist eine positive u eine negative Vermutg verbunden. Die positive bezieht sich nur auf das bezeugte ErbR u geht nicht dahin, daß der Besitzer der Urk auch der Erbe sei, sond daß dem in der Urk angegebenen Erben das bezeugte ErbR zusteht (MitE der ausgewiesene Erbteil). Negativ wird vermutet, daß andere Beschränkgen als die angegebenen nicht bestehen (VollständigkVermutg); es wird also nicht vermutet, daß angegebene Beschränkgen auch wirkl bestehen (Ffm WM **93**, 803; MüKo/Promberger Rn 12; str). Ist keine Beschränkg aufgeführt (es kommen gem §§ 2363, 2364 nur TVstrg, Nach- u ErsatzNErbfolge in Frage), gilt der Erbe als nicht dch Anordngen des Erbl vfgsbeschränkt. Diese RVermutg endet mit Ablieferg des eingezogenen ErbSch bzw KraftlosErkl od Herausgabe (§§ 2361; 2362). – Sind mehrere einander widerspr ErbSch in Umlauf, heben die Vermutgen einander auf. Soweit also der Widerspr besteht, entfällt für jeden ErbSch die Vermutg seiner Richtigk (BGH **33**, 314; hM). – **Keine Vermutung** besteht dagg für den (oft angegebenen) BerufgsGrd (str; s MüKo/Promberger Rn 7 mH). Ferner wird alles, was von Rechts wg nicht in den ErbSch gehört, auch von der Vermutg nicht gedeckt; dies gilt zB für die Angabe von Vermächtn; Teilgsanordngen; Fortbestehen des Rechts des VorE (vgl dazu § 2140); Erbteils- oder ErbschVerkauf; NachlVerwaltg u NachlInsolvenzVerf. – Der ErbSchE ist noch kein ErbschBesitzer (§ 2018).

2 **2) Rechtswirkungen.** Macht der Inhaber eines ErbSch sein ErbR bzw das Fehlen von Beschränkgen ggü Dritten geltd, muß er im RStreit nur die Voraussetzgen für das Eingreifen der Vermutg beweisen, also ErbSchErteilg u Identität mit dem im ErbSch Genannten. Die Vermutg greift sowohl zu seinem Vorteil als auch zu seinem Nachteil ein u kehrt im RStreit mit Dritten analog ZPO 292 die Beweislast um. Die Vermutg ist bei Eingreifen allerd mit allen Beweismitteln widerlegb, auch solchen, die bei Erteilg des ErbSch bereits vorgelegen haben (Nbg WM **62**, 1200). Neue Tats sind nicht erforderl (RG Warn **42** Nr 25). – Auch im
3 **Steuerverfahren** ist regelmäß von dem im ErbSch bezeugten ErbR auszugehen. Bei gewicht Grden gg dessen Richtigk sind jedoch auch Finanzbehörden (-Gerichte) berecht u verpflichtet, das ErbR (die Erbteile)
4 selbst zu ermitteln (BFH NJW **96**, 2119). – Str ist, ob die Vermutg auch im Streit der **Erbprätendenten** um das ErbR gilt. Dies wird sowohl verneint (Soergel/Damrau Rn 4; Staud/Schilken Rn 25; Baumgärtel/Strieder Rn 9: es gelten allg Beweislastregeln; Prozeßrichter entscheidet unabhäng vom NachlG) wie bejaht (MüKo/Promberger Rn 24) als auch von der jew Parteirolle abhängig gemacht: Als Kläger könne sich ErbSchE auf § 2365 berufen, sein Gegner müsse die Tatsachen für das von ihm beanspruchte ErbR darlegen u beweisen; als Beklagter benötige ErbSchE die Vermutg nicht, da der Kläger bereits nach allg Regeln die Tatsachen für das behauptete ErbR beweisen müsse (RG Warn **13** Nr 300; Hagen NJW **66**, 1660; Erman/Schlüter Rn 4; offen gelassen von BGH **47**, 58). Den Vorzug verdient die Ansicht, daß § 2365 keine Anwendg findet u die Beweislastverteilg nicht von der Parteirolle abhängt. – Geht es im RStreit nur um die

Auslegg eines Test, ist der Prozeßrichter ohnehin nicht an ErbSch gebunden (BGH **47**, 67). – Für den **Grundbuchverkehr** genießt der ErbSch öff Glauben, soweit die dem § 891 entsprechende Vermutg des 5
§ 2365 reicht, falls nicht dem GBA neue UnrichtigkTats bekannt werden (KG JFG **18**, 44; vgl auch Übbl 8 vor § 2353). Der öffentl Glaube des GBuchs geht jedoch dem des ErbSch vor. Dem vom ErbSchErben A erwerbenden B nützt sein guter Glaube an die Richtigk des ErbSch nichts, wenn ein anderer C im GBuch eingetragen war.

2366 ***Öffentlicher Glaube des Erbscheins.*** **Erwirbt jemand von demjenigen, welcher in einem Erbschein als Erbe bezeichnet ist, durch Rechtsgeschäft einen Erbschaftsgegenstand, ein Recht an einem solchen Gegenstand oder die Befreiung von einem zur Erbschaft gehörenden Rechte, so gilt zu seinen Gunsten der Inhalt des Erbscheins, soweit die Vermutung des § 2365 reicht, als richtig, es sei denn, daß er die Unrichtigkeit kennt oder weiß, daß das Nachlaßgericht die Rückgabe des Erbscheins wegen Unrichtigkeit verlangt hat.**

1) Die Verkehrssicherheit, der mit der widerlegbaren Vermutg des § 2365 nicht gedient ist, erfordert, 1
daß der GeschPartner des ErbSchE sich unbedingt auf die Richtigk des Zeugnisses verlassen kann („Richtigk-Funktion"). Der Schutz des § 2366 reicht aber nicht weiter als die Vermutg des § 2365. Der öff Glaube des Erbscheins bezieht sich deshalb nicht auf die Zugehörigk eines Ggstands zum Nachl; das VfgR des Erben; insb nicht darauf, daß ein im ErbSch aufgeführter MitE nicht seinen Anteil veräußert hat (BGH WM **63**, 219). – Er schützt nur den **rechtsgeschäftlichen** Einzelerwerb dch dingl RGesche u dann nur den von **Erbschaftsgegenständen** (Grdstücke, GrdstRechte; bewegl Sachen u Fdgen; auch Ersatzstücke; Mitgliedschafts- u sonstige Rechte, auch wenn sie außerh § 2366 nicht gutgläub erworben werden können, Wiegand JuS **75**, 284). Dagg nicht einen Erwerb dch ZwangsVollstr; dingl unvollzogene Schuldgeschäfte; Erwerb der Erbsch od eines Erbteils (§§ 2371, 2385; 2033; 2030); rgeschftl Gesamtnachfolge; RErwerb kr G.

2) Nur der erteilte (§ 2353 Rn 23) und **in Kraft** befindl ErbSch genießt öff Glauben (nicht der bereits 2
eingezogene od für kraftlos erklärte, § 2361; auch nicht die Ausfertigg eines ledigl die Erteilg anordnenden Beschlusses, BayObLG **60**, 192). Nicht nötig ist, daß er vorgelegt, erwähnt od dem Erwerber auch nur bekannt war (s BGH **33**, 317). Durch einstw Anordng im ErbSchVerf (FGG 24) kann die Gefahr gutgläubigen Dritterwerbs u befreiender Leistg an den ErbSchErben **nicht** ausgeschlossen werden (BGH **40**, 54; Köln OLGZ **90**, 303; BayObLG **62**, 299; aM Lindacher NJW **74**, 20). – Nur der **redliche** Erwerb wird geschützt. 3
Er setzt das Bewußtsein voraus, einen ErbschGgst zu erwerben (Wiegand JuS **75**, 285 f). Kennenmüssen steht der Kenntn nicht gleich. Die Kenntn des Rückgabeverlangens des ErbSch dch das NachlG, der Verurteilg zur Herausgabe (§ 2362 I) od der Anfechtbark des Test (§ 142 II) macht aber bösgläubig. Maßgebder Ztpkt ist die Vollendg des Erwerbs (s BGH WM **71**, 54), anders § 892 II. ErbSchErteilg nach Auflassg, aber vor Eintragg kann also noch gutgläub Erwerb vermitteln (s aber Rn 6). – Bestehen gleichzeitig **mehrere** ErbSch 4
mit widersprüchl Inhalten nebeneinander, entfällt im Umfang des Widerspruchs nach hM für beide ErbSch sowohl die Vermutg der Richtigk (§ 2365) als auch die Wirkg des öff Glaubens, auch wenn dem sich auf einen ErbSch Berufenden der andere ErbSch nicht bekannt war (BGH **33**, 314; **58**, 105). – Entspr gilt bezügl ErbSch u TV-Zeugn (s § 2368 Rn 9). Dies wird als dem Interesse der Sicherh des RVerkehrs bzw dem System des Vertrauensschutzes widersprechend zunehmend kritisiert (Lindacher DNotZ **70**, 99; Klein Rpfleger **84**, 389; Parodi AcP **185**, 362; Herminghausen NJW **86**, 571). – Zur SchadErsPfl bei Erteilg unricht ErbSch s § 839 Rn 146; BGH FamRZ **92**, 427.

3) Erwerb vom Nichtberechtigten. Die §§ 892, 893, 932–936, 1032 S 2, 1207 gelten selbständig neben 5
den §§ 2366, 2367, da der ErbSch dem Dritten nur Gewähr für das ErbR des darin Ausgewiesenen u das Fehlen von nicht angegebenen Beschränkgen des als Erbe Bezeichneten bietet; nicht aber dafür, daß der VfgsGgst zur Erbsch u dem Erben gehört od daß ein im ErbSch angeführter MitE nicht seinen Anteil veräußert hat (BGH WM **63**, 219; s Boehmer, AcP **154**, 61/62; Wiegand JuS **78**, 150).

a) War im Grundbuch der Erbe bereits eingetragen, kommen für den Erwerb ledigl die Vorschriften über 6
den öff Glauben des GBuchs (§§ 891 ff) in Betr. – War noch der **Erblasser** eingetragen, so gelten beide Arten von Vorschr. Der Erwerber ist bezügl des Mangels des VfgsR des Veräußerers durch den ErbSch geschützt (BGH **57**, 341 mAv Mattern **LM** Nr 2; RGRK Rn 12); daneben kommt ihm der öff Glaube des GBuchs insofern zustatten, als das Grdst od das Recht daran als zur Erbsch gehörend gilt (Kuntze JR **72**, 202; Wiegand JuS **75**, 286; § 2367 Rn 1). Andererseits nützt bei Eintragg eines Widerspr dem Erwerber der öff Glaube des Erbscheins nichts, wenn der Erwerber zw Antr u Eintragg bösgläub wird (s Erman/Schlüter Rn 7). Der öff Glaube nach § 2366 wirkt nicht im Verhältn unter MitE, die sich auseinandersetzen wollen (Hamm FamRZ **75**, 510/513 f).

b) Bei Veräußerung beweglicher Sachen wird durch § 2366 der gute Glaube ggü §§ 932 ff erhebl 7
erweitert, da er nur durch positive Kenntn von der Unrichtigk des ErbSch od von der Anordng der Einziehg ausgeschlossen wird. Auch wenn die bewegl Sachen dem wahren Erben abhanden gekommen sind (§ 935), ist der Erwerber nach § 2366 geschützt (s § 857 Rn 2). Gehört die Sache nicht zum Nachl, so muß der Erwerber hins des Eigtums des Erbl gutgläubig sein (s Wiegand JuS **75**, 285); war sie schon als abhanden gekommene beim Erbl, erwirbt der Erwerber trotz Gutgläubigk kein Eigentum (Lange/Kuchinke § 39 VII 3 d).

4) Erlöschen. Die Einziehg des ErbSch, seine wirks Kraftloserklärg od die Herausg des Besitzers an das 8
NachlG (§§ 2361, 2362) bewirken das Erlöschen des Gutglaubenschutzes.

2367 ***Leistung an Erbscheinserben.*** **Die Vorschriften des § 2366 finden entsprechende Anwendung, wenn an denjenigen, welcher in einem Erbschein als Erbe bezeichnet ist, auf Grund eines zur Erbschaft gehörenden Rechtes eine Leistung bewirkt oder wenn zwischen ihm und einem anderen in Ansehung eines solchen Rechtes ein nicht unter die Vorschrift**

des § 2366 fallendes Rechtsgeschäft vorgenommen wird, das eine Verfügung über das Recht enthält.

1 **1) Bei Leistungen an den Erbscheinserben** (§§ 241, 893) wird der gutgläub NachlSchu auch dann befreit, wenn der Empfänger sich nicht als wirkl Erbe erweist od entgg dem ErbSch beschränkt war; Scheinerbe haftet nach § 816 II. Hierher gehören auch einseit Vfgen (Aufrechng, Kündigg; s Hoffmann, Wiegand JuS **68**, 228; **75**, 284; Verzicht fällt unter § 2366). Vfg ist auch die Eintragg einer Vormerkg ins GBuch (BGH **57**, 341 mAv Kuntze JR **72**, 201 u Mattern **LM** § 2366 Nr 2). – Durch bloße Schuldgeschäfte (Vermietg, Verpachtg von NachlGrdst) wird dagg der wahre Erbe nicht verpflichtet, auch nicht durch Prozesse über zur Erbsch gehörende Rechte. Das rkräft Urteil zG des Gutgläubigen wirkt nicht etwa so, als wäre der ScheinE prozeßführgsberechtigt gewesen. Der NachlSchu darf aber die Zahlg nicht bis zur Vorlegg eines ErbSch verweigern, wenn ihm das ErbR sonst ausreichend nachgewiesen wird (MüKo/Promberger § 2365 Rn 2).

2 **2) Gesellschaftsrecht.** § 2367 ist entsprechd anzuwenden, wenn der dch ErbSch ausgewiesene Scheinerbe eines Geschäftsanteils einer GmbH an den Beschlüssen der Gesellschafterversammlg der GmbH mitwirkt (s Däubler Rdsch GmbH **63**, 181; Die Vererbg des GeschAnteils bei der GmbH, 1965, § 10). S hierzu ferner Schreiner NJW **78**, 921, dort auch zur Mitwirkg von Scheinerben bei OHG- od KG-Beschlüssen.

2368 *Testamentsvollstreckerzeugnis.* I **Einem Testamentsvollstrecker hat das Nachlaßgericht auf Antrag ein Zeugnis über die Ernennung zu erteilen. Ist der Testamentsvollstrecker in der Verwaltung des Nachlasses beschränkt oder hat der Erblasser angeordnet, daß der Testamentsvollstrecker in der Eingehung von Verbindlichkeiten für den Nachlaß nicht beschränkt sein soll, so ist dies in dem Zeugnis anzugeben.**

II **Ist die Ernennung nicht in einer dem Nachlaßgerichte vorliegenden öffentlichen Urkunde enthalten, so soll vor der Erteilung des Zeugnisses der Erbe wenn tunlich über die Gültigkeit der Ernennung gehört werden.**

III **Die Vorschriften über den Erbschein finden auf das Zeugnis entsprechende Anwendung; mit der Beendigung des Amtes des Testamentsvollstreckers wird das Zeugnis kraftlos.**

1 **1) Das Testamentsvollstreckerzeugnis** bestätigt, daß der darin Genannte wirks zum TV ernannt ist u daß keine weiteren als die in dem Zeugn angegebenen Beschränkgen od Erweitergen seiner Befugn bestehen (KG NJW **64**, 1905; Hamm OLGZ **77**, 422). Es ist dem ErbSch verwandt, dient aber dem Schutz des öff Glaubens bei den vom TV kr ges Befugnis vorgenommenen Vfgsgeschäften (BayObLG **84**, 225). Der TV kann aber den Beweis seiner Ernenng u Amtsannahme auch durch Vorlegg des Test u der Ausfertigg der AnnahmeErkl führen (RG **100**, 282). – Das Zeugnis wird dch die Bestätigg des NachlG üb die Annahme des Amts (s § 2202 Rn 3) nicht entbehrl (H/Winkler Rn 685). – Für das GBuch gelten GBO 35 II; 52 (s Einf 14 v § 2197); für Schiffsregister SchiffsRegO 41 II. GBA hat im wesentl gleiche PrüfgsPfl wie bei ErbSch (vgl Übbl 8 vor § 2353; H/Winkler Rn 714). – Auch für Anmeldg zum Handelsregister legitimiert das erteilte Zeugn; RegisterG hat kein Recht zur eigenen TestAuslegg (KG OLGZ **91**, 261). – Das Zeugn kann sich auf
2 den ganzen Nachl, aber auch nur auf einen **Bruchteil** (unter Angabe des Erben) beziehen. – Mögl ist auch gemeinsch Zeugn od Teilzeugn od gemeinsch Teilzeugn (Übbl 2 vor § 2353; H/Winkler Rn 694, 698), doch müssen die aus dem Vorhandensein von Mitvollstreckern sich ergebenden Beschränkgen angegeben werden. – Bei TVstrg für Vor- u Nacherbfolge ist ein einheitl Zeugn zu erteilen (BayObLG NJW **59**, 1920). – Das NachlG kann aber kein Zeugn üb die Fortführg eines HandelsGesch erteilen, das TV nur dch Vollmacht des Erben verwaltet (§ 2205 Rn 10), auch nicht in Ergänzg eines TV-Zeugn. Es müßte sofort zurückgefordert werden (BayObLG **69**, 138).

3 **2) Inhalt.** Anzugeben sind der Name des Erbl u des TV (bei mehreren alle), der TV dazu in möglichst genauerer Bezeichng (auch Aufn der Berufsbezeichng ist zweckm, zB RA, Steuerberater; s LG Bln Rpfleger **76**, 182). Ferner die Beschränkgen des TV in der Verwaltg des Nachl (**I** 2). Daraus ergibt sich der allg Grdsatz, daß im Zeugn alle vom Erbl angeordneten Abweichgen von der ges RegelBefugn der übl AbwicklgsVollstrg (§§ 2203–2207) anzugeben sind, soweit sie für den rgesch Verkehr mit Dritten bedeuts sind; insbes gilt dies für Abweichgen von der ges VfgsBefugn (BayObLG **90**, 82). Dies betrifft die Beschränkgen des TV gem §§ 2208–2210, 2222–2224 I 3, zB wenn ihm nur Beaufsichtigg (§ 2208 II) übertragen ist (BayObLG FamRZ **91**, 612). – Anzugeben ist vor allem auch eine **Sonderform** der TVstrg wie die Verwaltgs- od die Dauervollstrg als Abweichg vom Regeltyp (KG OLGZ **91**, 261; BayObLG **92**, 175; Zweibr FamRZ **98**, 581) einschließl eines besond Endzeitpkts (§ 2210 S 2). Bei Dauervollstrg an GesAnteilen (§ 2205 Rn 14) ist TV Zeugn zu erteilen, darin aber die sich aus dem GesR ergebden Beschränkgen seiner Befugn nicht anzugeben, da NachlG die Grenzen seines Kompetenzbereichs nicht zu klären hat (BGH NJW **96**, 1284). Gehört zum Nachl ein Kommanditanteil, kann ein unbeschränktes Zeugn nur erteilt werden, wenn sich die TVstrg darauf erstreckt (Stgt ZIP **88**, 1335; s § 2205 Rn 20). – Nur im InnenVerh wirks Verwaltgsanordngen (§ 2216 II) sind nicht aufzunehmen.

4 **3) Gegenständlich beschränkt** kann das Zeugn werden, wenn der Erbl nach ausländ Recht beerbt wird (**III** iVm § 2369; BayObLG **86**, 466), nachdem sich auch Inhalt u RWirkgen einer TVstrg nach dem Erbstatut richten (BayObLG **90**, 51 mAv Roth IPRax **91**, 322). Die örtl Zuständigk des NachlG ergibt sich aus FGG 73 I, III; die internationale aus § 2368 III iVm § 2369, wobei ihr nicht entggsteht, wenn bereits im Ausland ein ErbSch erteilt worden ist (s BayObLG **65**, 382). Das Verfahren richtet sich stets nach dtschem R als lex fori (BayObLG **65**, 386). – Über Einzelh bei amerikanischem u engl Recht s Staud/Schilken Rn 40 ff; bei österr Recht BGH ZfRV **77**, 153.

5 **4) Erteilungsverfahren.** Gem **III** gelten hierfür die Vorschr üb den ErbSch entspr (s § 2353). **Zuständig** ist NachlG (Richter, RPflG 16 I Nr 6), selbst wenn ein Hof zum Nachl gehört (BGH **58**, 105; bestr). Es prüft

gem §§ 2358 ff die Voraussetzgen der Erteilg, vor allem die Wirksamk der Ernenng u ihren Wegfall nach § 2306; ferner ob etwa die Aufgaben des TV ggstandslos sind (BayObLG **56**, 186; **65**, 389; MDR **78**, 142). Nach wirks gewordener Entlassg kommt eine Ausstellg nicht mehr in Betr (s aber auch Rn 10). Anhörg der TestErben ist vorgeschrieben (GG 103; **II** hat keine selbständ Bedeutg; s § 2360 Rn 1; 3); ist ein ErbSch nicht vorhanden, idR auch der ges Erben (vgl § 2360 Rn 3). – **Antragsberechtigt** ist der TV (**I;** spätestens in der AntrStellg liegt die Annahme des Amts) od ein NachlGläubiger (ZPO 792; 896). Der Erbe als solcher dagg nicht. Für den Inhalt des Antr gelten §§ 2354–2356 entspr. Er muß sich über den Umfang der Befugn des TV aussprechen (Zweibr FamRZ **98,** 581). – **Entscheidung:** Das NachlG kann dem Antr nur entsprechen od 6
ihn ablehnen; ein Zeugn mit abweichenden Inhalt darf es nicht erteilen (s § 2353 Rn 21); andernf ist es einzuziehen (Zweibr OLGZ **88**, 155). Vorbescheid (§ 2353 Rn 22) ist zulässig, allerd nicht bei unbegründetem Antr, der zurückzuweisen ist (Düss NJW-RR **94**, 906). – Im Falle einer aufschiebend bedingt angeordneten TVstrg kann ein Zeugn erst nach Eintritt der Bedingg erteilt werden (KG JFG **10**, 73). – **Rechts-** 7
mittel: Gg Erteilg Beschwerde wie beim ErbSch (§ 2353 Rn 25; BayObLG FamRZ **92**, 1354); wahlweise auch Antr auf Einziehg (KG JW **28**, 1943). Über BeschwBerechtigg s § 2353 Rn 28; Behauptg eines unmittelb beeinträchtigten ErbR reicht aus (BayObLG FamRZ **88**, 1321). Bei TVstrg am Kommanditanteil (§ 2205 Rn 20) hat BeschwR auch ein MitGter, dessen Zustimmg (§ 2205 Rn 21) erforderl ist (Hamm OLGZ **91**, 388). – Gg Verweigerg der Erteilg hat TV BeschwR; nicht aber Erbe als solcher (FGG 20 II). – **Ausfertigung** u Einsicht FGG 85, 78.

5) Beweiskraft. Die entspr Anwendg der ErbSchVorschr **(III)** bezieht auch die §§ 2365–2367 mit ein. 8
Die Vermutung des § 2365 geht hier dahin, daß der als TV im Zeugn Bezeichnete rechtsgültig TV geworden ist u daß ihm das Amt in seinem regelm Umfang zusteht od daß es nicht durch andere als die angegebenen Anordngen beschränkt ist. Nicht vermutet wird aber das Fortbestehen des Amtes über seinen Wegfall hinaus (s Rn 10; RG **83**, 352 u BGH **41**, 23) und auch nicht, daß eine angegebene Beschränkg seiner Befugnisse tatsächl besteht (KG OLGZ **91**, 261/267). Bei Erweiterg seiner Befugnisse besteht nur eine Vermutg für ihr Bestehen, nicht für das Fehlen nicht angegebener. – Der **öffentliche Glaube** (§§ 2366, 2367) reicht soweit 9
wie die Vermutg; er gilt für Verfüggsgeschäfte. Der Dritte kann sich aber nicht darauf verlassen, daß die Ggstände, über die der durch das Zeugn Legitimierte verfügt, wirkl zum Nachl od zu dem der Verwaltg des TV unterliegenden Nachl gehören (s auch § 2211 Rn 8). Der öff Glaube erstreckt sich aber auch auf Verpflichtgsgeschäfte des Legitimierten (MüKo/Promberger Rn 43). Der Scheinvollstrecker kann nach §§ 2206, 2207 NachlVerbindlk eingehen, obwohl er in Wirklichk nicht Vollstrecker od nicht verpflichtungsbefugt ist (Staud/Schilken Rn 12). Der öff Glaube kommt dem Zeugn aber nicht ggü dem Erben zu (BGH **41**, 23). – Ist im ErbSch TVstrg nicht angegeben, steht wg des Widerspr beider Zeugn keinem die Vermutg des § 2365 zur Seite, so daß die Schutzwirkg des § 2366 in dem Umfang entfällt, als sich die Zeugn inhaltl widersprechen (BGH FamRZ **91**, 1111; s auch § 2366 Rn 4).

6) Bei Beendigung des Amts wird das Zeugn **von selbst** kraftlos (**III** Hs 2, im Ggsatz zum ErbSch). 10
Damit werden auch die damit verbundene Vermutg (§ 2365) und gutgläub Erwerb gegenstandslos (s Wiegand JuS **75**, 285). Eine Einziehg erübrigt sich daher u ist unzulässig (allg M). Das NachlG kann jedoch das Zeugnis zu den Akten zurückfordern, um einem mögl Mißbrauch zu begegnen (Köln Rpfleger **86**, 261). Stellt sich nachträgl heraus, daß das Amt doch nicht beendet war, kann es wieder ausgehändigt werden. – **Beendigung** kann eintreten nach §§ 2225–2227, durch Zeitablauf (§ 2210) od bei auflösender Bedingg u Endtermin. Wird allerdings ein Entlassgsbeschluß des NachlG durch das BeschwG aufgehoben, so gilt das Zeugn nicht als kraftlos geworden (BayObLG NJW **59**, 1920; aA Bestelmeyer ZEV **97**, 316). Die vom Erbl selbst verfügten Beschränkgen der Amtsdauer müssen aber im Zeugn angegeben sein, andernf es nicht sofort kraftlos wird (RG **83**, 352). – Auch bei bloß tatsächl Beendigg des Amtes durch Erledigg aller Aufgaben wird das Zeugn von selbst kraftlos (H/Winkler Rn 707); der Erbe od ein nachfolgender TV kann die Herausgabe des Zeugn an das NachlG verlangen (§ 2362 I entspr; für Zulassg von Einziehg u KraftlosErkl auch in diesem Fall Lange/Kuchinke § 39 VIII 5). – TV-Zeugnis kann nach Amtsbeendigg noch erteilt werden, dann allerd nur unter Verlautbarg der Beendigg u ihres Zeitpkts (BayObLG **90**, 51; Stgt DNotZ **81**, 294; KG NJW **64**, 1905; AG Starnberg FamRZ **99**, 743).

7) Durch Einziehung wg Unrichtigk (**III;** § 2361) od KraftlosErkl verliert das erteilte Zeugn noch vor 11
Amtsbeendigg seine Wirkg (s BGH **40**, 54; Köln NJW **62**, 1727). Einziehg erfolgt zB bei inhaltl unricht Angaben (Rn 4); wenn DauerVstrg nicht angegeben ist (BayObLG FamRZ **92**, 1354; Zweibr FamRZ **98**, 581), weil dann das Zeugn unricht zum Ausdr bringt, daß TV die Befugn gem §§ 2203–2206 zustünden, aber auch nur diese (KG OLGZ **91**, 261; H/Winkler Rn 692); nach wirks Anfechtg des die Ernenng enthaltenden Test (Köln FamRZ **93**, 1124). – Im RVerkehr wird daher der GeschGegner eines TV gut daran tun, sich außer dem Zeugn noch eine Bescheinigg des NachlG über Fortdauer des Amts vorlegen zu lassen (vgl H/Winkler Rn 708; gg ein solches Zeugn Bestelmeyer ZEV **97**, 316). – BeschwerdeR gg Einziehg hat TV, nicht aber Erbe (BayObLG FamRZ **95**, 124). Gg Ablehng der Einziehg ist PflichttBerecht nicht beschwberecht (Hamm OLGZ **77**, 422; s auch § 2361 Rn 15). – **Berichtigung** des erteilten Zeugn ist nur entspr ZPO 319 mögl, iü unzulässig (s § 2361 Rn 2).

2369 ***Gegenständlich beschränkter Erbschein bei fremdem Erbrecht.*** **I Gehören zu einer Erbschaft, für die es an einem zur Erteilung des Erbscheins zuständigen deutschen Nachlaßgerichte fehlt, Gegenstände, die sich im Inlande befinden, so kann die Erteilung eines Erbscheins für diese Gegenstände verlangt werden.**

II Ein Gegenstand, für den von einer deutschen Behörde ein zur Eintragung des Berechtigten bestimmtes Buch oder Register geführt wird, gilt als im Inlande befindlich. Ein Anspruch gilt als im Inlande befindlich, wenn für die Klage ein deutsches Gericht zuständig ist.

1 **1) Fremdrechtserbschein.** Der Nachl eines Ausländers unterliegt an sich nicht der Fürsorge des deutsch NachlG. Gehören dazu allerd auch (od nur) Ggstände im Inland, entsteht für einen ErbSch ein Bedürfn zum Schutz des inländ RVerkehr, zur Erleichterg von Vfgen u zur GBuch-Berichtigg. Desh gewährt **I** für diesen Fall der Anwendg ausländ materiellen ErbR dem deutschen NachlG die Befugn zur Erteilg eines sowohl ggständl (auf den Nachl) als auch territorial (auf das Inland) beschränkten besond ErbSch unabhäng davon, ob der Erbl zZ seines Todes im In- od Ausland Wohnsitz bzw Aufenthalt hatte u ob sein HeimatR einen ErbSch kennt. Diese Bedeutg des **I** erschließt sich nur indirekt üb die verfahrensrechtl Formulierg, daß bezügl der Erbschaft ein für die ErbSchErteilg zuständ deutsches NachlG fehlen muß. Dies bezieht sich auf die
2 **internationale Zuständigkeit,** die nach hM dch einen Gleichlauf von materiellem u VerfahrensR hergestellt wird u damit an sich von der Anwendg deutschen ErbR abhängt (s EG 25 Rn 18). Nach diesem Grdsatz bestünde bei ausländ Erbl meist keine Befugn eines deutschen NachlG zur ErbSchErteilg, weil das anzuwendende ErbR idR dch die Staatsangehörigk bestimmt wird (EG 25), es sei denn, daß das ausländ Recht auf das deutsche zurückverweist. Um dem abzuhelfen u bei Anwendg ausländ Rechts die Erteilg eines ErbSch für inländ NachlVermögen unter allen Umständen zu gewährleisten, eröffnet § 2369 als Ausn vom GleichlaufGrdsatz eine internat Zuständigk zur Erteilg eines sog FremdrechtsErbSch.

3 **2) Voraussetzungen** für dessen Erteilg sind die Anwendg ausländ ErbR auf den Erbfall u das Vorhandensein von NachlGgständ im Inland bei Antragstellg (KG OLGZ **75**, 293). Desh ist nach einem deutschen Erbl nie ein ErbSch nach § 2369, sond stets ein gewöhnl EigenrechtsErbSch (§ 2353) zu erteilen (der in Sonderfällen auch ggständl beschränkt sein kann, s § 2353 Rn 6), für den allerd hinsichtl eines im Ausland belegenen
4 NachlTeils bei NachlSpaltg die internat Zuständigk fehlen kann (s § 2353 Rn 5). Dies gilt seit 3. 10. 90 unabhäng davon, wann u wo der deutsche Erbl gestorben ist, wo er zuletzt Wohnsitz od Aufenth hatte u ob noch ErbR der fr DDR zur Anwendg kommt (EG 235 § 1 I) od Grundbesitz im Gebiet der fr DDR in bestimmten Fällen als Sondervermögen zu behandeln ist (BayObLG **92**, 54; Zweibr FamRZ **92**, 1474; s Rn 9). Ferner gilt dies auch, wenn Erbl Deutscher nur iS von GG 116 ohne deutsche Staatsangehörigk war; od Sudetendeutscher (BayObLG **80**, 72), selbst wenn er noch vor od während der Vertreibg gestorben ist u desh nach ausländ R beerbt wurde (BayObLG **67**, 197; 347).

5 **a) Ausländisches Erbrecht** ist auf die Erbfolge nur nach einem zum Zeitpkt des Erbfalls ausländ Erbl anzuwenden (so daß Feststellg seiner Staatsangehörigk zum TodesZeitpkt erforderl ist) u auch bei ihm nur dann, wenn das dch Staatsvertrag od nach EG 25 berufene fremde ErbR (s dazu Siehr IPrax **87**, 4) zur Anwendg kommt, also das IPR des fremden Rechts nicht auf dtsches Recht zurückverweist. Eine **Rückverweisung** wird vom dtsch Recht stets angenommen (EG 4 I 2; einen Überblick zu den rückverweisenden Staaten gibt Soergel/Damrau Rn 13). Sie muß sich nicht auf den ganzen Nachl beziehen, kann also territorial beschränkt sein (nur für den in Deutschl befindl Nachl) od auch ggständl (zB nur für Immobilien). Gilt dann nur für einen Teil des Nachl dtsch Recht, ist insow ein territorial od ggständl beschränkter EigenrechtsErbSch (§ 2353) zu erteilen. Auch darf der ausländ Erbl nicht für sein inländ unbewegl Vermögen dtsches Recht dch Vfg vTw gewählt haben, wie dies EG 25 II gestattet; sogar eine nach seinem HeimatR zulässige weiter-
6 gehende Erbrechtswahl ist nach dtsch IPR beachtl. – Ist der Erbl **Doppelstaater** u besitzt er neben and auch die dtsche Staatsangehörigk, wird er im Inland stets nach dtsch Recht beerbt (EG 5 I 2); soweit darin wg effektiver ausländ Staatsangehörigk ein Wechsel des Erbstatuts liegt, ist dieser nach EG 220 I zu beurteilen (dazu Dörner DNotZ **88**, 67). – **Staatenlose** Erbl werden gem EG 5 II dann nach dtsch Recht beerbt, wenn sie ihren gewöhnl Aufenth (mangels eines solchen ihren Aufenth) zum Zeitpkt des Todes im Inland hatten (s auch EG 5 Anh I). Zum Erbstatut der Flüchtlinge, Vertriebenen, Spätaussiedler u AsylBerecht s EG 5 Anh II. – S dazu Schotten Rpfleger **91**, 181.

7 **b) Inländischer Nachlaß.** Auf dessen Art u Wert kommt es nicht an. Sein Vorhandensein wird dch den ErbSch auch nicht bezeugt (s § 2353 Rn 1). Verfahrensrechtl genügt daher die Angabe des AntrSt, daß solche Ggstände vorhanden sind (BayObLG **95**, 47; Zweibr Rpfleger **94**, 446). Welche Ggstände zum Nachl gehören, bestimmt sich nach der lex rei sitae (KG OLGZ **77**, 457). War es ein Grdst in der fr DDR, tritt an dessen Stelle der RestitutionsAnspr nach VermG (BayObLG **94**, 40; s auch § 1922 Rn 50). Zu Anspr nach dem LAG s § 2353 Rn 20; KG OLGZ **78**, 156; Johannsen WM **77**, 309 f; zu RückerstattgsAnspr s KG RzW **61**, 479; § 2353 Rn 20. – Im Inland befinden sich nach der zwingenden Vorschr des **II** auch solche NachlGgstände, für die von einer dtsch Behörde ein zur Eintragg des Berecht bestimmtes Buch od **Register** geführt wird (GBuch; Handels-, Schiffs-, Musterregister; Patentrolle; Staatsschuldrolle ua). – Für **Ansprüche** ist maßgebl, ob ein dtsch Gericht für die Klage zuständ (ZPO 12–32) wäre; der Anspr muß nicht bereits in der Person des Erbl entstanden, sond kann auch unmittelb dem Erben erwachsen sein (KG JR **63**, 144; aA BayObLG **56**, 121).

8 **c) Nachlaßspaltung.** Das dch StaatsVertr od EG 25 berufene ausländ Recht muß den Nachl nicht einheitl behandeln, sond kann verschiedene Teile des Nachl unterschiedl Recht unterstellen. Vielfach findet sich in fremden ROrdngen zB noch, daß für die RNachfolge in bewegl Vermögen das Personalstatut (Heimat- od Wohnsitz- bzw DomizilR) des Erbl, für die Erbfolge in unbewegl Vermögen BelegenheitsR gilt: zB im angloamerikanisch RKreis (s zum engl Recht BayObLG **84**, 47; zum südafrikanischen Zweibr FamRZ **98**, 263); in Frankreich (s BayObLG NJW-RR **90**, 1033; Lorenz Rpfleger **90**, 167). Zum österr IPR s EG 25 Rn 2. NachlSpaltg tritt auch bei Ausübg der beschränkten Rechtswahl ein (EG 25 II; 4 II; dazu ausführl Dörner
9 DNotZ **88**, 67; Köln NJW-RR **97**, 1091). – **Folge:** Das dtsche IPR folgt mittelb über die Vorschr der Rück- u Weiterverweisg (EG 4 I) einer solchen NachlSpaltg, wenn das zunächst berufene fremde Recht sie selbst praktiziert; ferner auch der Sonderanknüpfg für bestimmte Vermögensteile (EG 3 III). Zum Anwendgsgebiet des jeweiligen Erbstatuts s EG 25 Rn 10 ff. Verweist also das ausländ Recht bezügl bestimmter NachlTeile auf dtsch Recht zurück u unterliegt dann zB nur der inländ Grundbesitz gem EG 4 I 2 dtsch Recht, der inländ bewegl Nachl dagg ausländ Recht, wird für den Grundbesitz ein (ggständl u territorial beschränkter) EigenrechtsErbSch (§ 2353), für den bewegl Nachl ein FremdrechtsErbSch (§ 2369) erteilt (BayObLG **71**, 34; **75**, 86). Diese beiden ErbSch können als DoppelErbSch in einer Urkunde zusammengefaßt werden. Unterliegt dagg kr Rückverweisg der ganze Nachl dtsch Recht, greift § 2369 nicht ein (BayObLG **67**, 1; **72**, 383).

3) Inhalt. Im FremdrechtsErbSch ist zunächst die territoriale u ggständl **Beschränkung** herauszustellen („Unter Beschränkg auf den im Inland befindl Nachl; . . .bewegl Nachl; . . .unbewegl Nachl"), ohne daß aber die im Inland befindl NachlGgstände einzeln aufzuführen sind; auch nicht ein Vermächtn, selbst wenn es nach ausländ Recht dingl Wirkg hat (Köln NJW **83**, 525; BayObLG **74**, 460). Er ist aber nicht ungült, wenn ein einzelner Ggstand aufgeführt ist. Da der ErbSch nach § 2369 sich vom gewöhnl nur dch den Umfang seiner Wirksamk unterscheidet, nicht aber sonst, bezeugt er nicht die Zugehörigk einzelner im ErbSch aufgeführter Vermögensstücke zum Nachl (Soergel/Damrau Rn 7). Sodann ist immer anzugeben, **nach welchem Recht** sich die Erbfolge richtet („. . . wird in Anwendg italienischen Rechts bezeugt"). Fehlt diese Angabe, ist der ErbSch unvollständig u damit als unrichtig einzuziehen (§ 2361; Düss NJW **63**, 2230; KG Rpfleger **77**, 307). – Ferner ist eine nach ausländ R angeordnete TVstrg zu vermerken (BGH NJW **63**, 46; BayObLG **90**, 51 mAv Roth IPRax **91**, 322). RInstitutionen, die das dtsch Recht nicht kennt, sind im FremdrechtsErbsch als solche aufzuführen (Düss aaO betr NoterbR; Köln NJW **83**, 525; Soergel/Damrau Rn 7; Taupitz IPrax **88**, 207 am Bspl des schweiz PflichttR; aA Staud/Schilken Rn 31). 10 11

4) Das Verfahren beurteilt sich stets nach dtsch Recht. Erteilg ist Richter vorbehalten (RPflG 16 I Nr 6). Die internat Zuständigk ergibt sich aus § 2369 selbst (s Rn 2), die örtl aus FGG 73 I; III (s dazu § 2353 Rn 19). – An einen schon vorhandenen ausländ ErbSch nach dem gleichen Erbl u an die von der ausländ Behörde getroffenen Feststellgen des ErbR ist das dtsch NachlG nicht gebunden (BayObLG NJW-RR **91**, 1098; EG 25 Rn 22), es sei denn, daß staatsvertragl mit dem Heimatstaat die Anerkenng des ausländ Zeugnisses vereinbart ist; in diesem Fall kann uU sogar das RSchutzbedürfn für die Erteilg eines nochmaligen ErbSch fehlen (s § 2359 Rn 3). – Die **Staatsangehörigkeit** des Erbl ist von Amts wg festzustellen. – Auch die Kenntn des ausländ **Rechts** muß sich NachlG von Amts wg verschaffen (s Einl 34–36 vor EG 3; zB aus Ferid/Firsching/Lichtenberger, Internat ErbR). – Zur str Frage, wie das für familienrechtl **Vorfragen** (zB Scheidg) maßgebl R zu bestimmen ist, s Hamm NJW-RR **93**, 838; Einl 29 vor EG 3. Zu den güterrechtl Verhältn in gemischt-nationalen Ehen s Hamm FamRZ **93**, 111; EG 15 Rn 17ff. – Als Besonderh bei Anwendg **österreichischen** ErbR hat NachlG die Erfordernisse der Annahme der Erbschaft dch sog Erbserklärg im Abhandlgsverfahren u ErbSchErwerb mittels förml Einantwortg dch ein österr VerlassenschGericht zu beachten (BayObLG **71**, 34; Firsching IPrax **81**, 86; Hoyer IPrax **86**, 345); nur wenn eine VerlassenschAbhandlg in Ö nicht stattfindet, kann das NachlG auf eine Einantwortg verzichten u die Erkl der ErbschAnnahme entggnehmen (BayObLG **95**, 47; Riering/Bachler DNotZ **95**, 580, auch zum öst ErbVertr). Bei inländ Grdst werden die vom öst R berufenen Erben mit Erbfall Eigtümer (Köln NJW-RR **97**, 1091). Die Einantwortgsurkunde kann also im deutschen GBuchVerf nicht als Nachw verwendet werden (Zweibr Rpfleger **90**, 121), zumal sie sich nicht auf inländ Grdbesitz bezieht (Krzywon BWNotZ **89**, 133; dort auch zu and ausländ ErbRZeugn). 12 13 14 15

2370 ***Öffentlicher Glaube bei Todeserklärung.*** **[I] Hat eine Person, die für tot erklärt oder deren Todeszeit nach den Vorschriften des Verschollenheitsgesetzes festgestellt ist, den Zeitpunkt überlebt, der als Zeitpunkt ihres Todes gilt, oder ist sie vor diesem Zeitpunkt gestorben, so gilt derjenige, welcher auf Grund der Todeserklärung oder der Feststellung der Todeszeit Erbe sein würde, in Ansehung der in den §§ 2366, 2367 bezeichneten Rechtsgeschäfte zugunsten des Dritten auch ohne Erteilung eines Erbscheins als Erbe, es sei denn, daß der Dritte die Unrichtigkeit der Todeserklärung oder der Feststellung der Todeszeit kennt oder weiß, daß sie aufgehoben worden sind.**

[II] Ist ein Erbschein erteilt worden, so stehen demjenigen, der für tot erklärt oder dessen Todeszeit nach den Vorschriften des Verschollenheitsgesetzes festgestellt ist, wenn er noch lebt, die im § 2362 bestimmten Rechte zu. Die gleichen Rechte hat eine Person, deren Tod ohne Todeserklärung oder Feststellung der Todeszeit mit Unrecht angenommen worden ist.

1) Todeserklärung (VerschG 29) u TodeszeitErkl (VerschG 40) fingieren über die TodesVermutg (VerschG 9 I) bzw TodeszeitVermutg (VerschG 44 II) hinaus, daß die mit Bezug auf die Erbenstellg vorgenommenen Vfgen desjenigen als wirks gelten, der im Fall des tatsächl Todes des Erbl zu dem (unrichtig) festgestellten Ztpkt Erbe wäre. – Positive **Kenntnis** der Unrichtigk schließt öff Glauben aus. – **Aufhebung** der TodesErkl (TodeszeitFeststellg) läßt Vermutg u öff Glauben entfallen, entgg dem GesWortlaut ohne Rücks auf ihre Kenntn (MüKo/Promberger Rn 5). – Rechtl **Interesse** an einer TodesErkl kann iü auch aus einer RBeziehg hergeleitet werden, die erst nach Eintritt der Verschollenh begründet wurde (BGH **82**, 83). 1

2) Herausgabe- und Auskunftsansprüche gewährt **II** dem fälschl für tot gehaltenen Erbl bei ErbSchErteilg in gleicher Weise wie dem wirkl Erben nach § 2362. Ist der angebl Erbl zu einem späteren Ztpkt gestorben, stehen die Anspr seinem Erben u NachE (§ 2363 II) sowie dem TV (§ 2364 II) zu. 2

Neunter Abschnitt. Erbschaftskauf

Überblick

1) Der Erbschaftskauf ist der schuldr KaufVertr (iS der §§ 433 ff) über die angefallene Erbsch, also die Gesamth des dem Erben zugefallenen NachlVermögens (nicht über das ErbR u nicht über einzelne oder alle Gegenstände). Zum Vertr üb den Nachl eines Lebenden s § 312. – **a) Gegenstand** des Vertr ist also beim AlleinE der Inbegriff des Nachl, beim MitE dessen quotenmäß Anteil (§ 1922 II), beim NachE dessen AnwR (s § 2100 Rn 11). Zuläss ist auch, den Vertr zu beschränken auf den **Bruchteil** einer Erbsch, der kein Erbteil ist, od den Bruchteil eines Erbteils (BGH WM **79**, 592, dazu Neusser RhNK **79**, 143, dort auch üb SichergsProbleme beim ErbtKauf). Der Käufer eines **einzelnen** Ggst aus einer Erbsch ist nur dann als 1

ErbschKäufer anzusehen, wenn er weiß, daß es sich um die ganze od nahezu die ganze Erbsch od den ganzen od nahezu den ganzen Erbteil des Veräußerers handelt, od zumindest die Verhältn kennt, aus denen sich dies
2 ergibt (BGH FamRZ **65**, 267). – **b) Rechtsnatur.** Als schuldrechtl Vertr ändert er nicht die Erbenstellg des Verkäufers, sond verpflichtet diesen zur Übertragg der zur Erbsch gehörenden Gegenstände (bzw des MitEAnteils, des NachEAnwRs). Der AlleinE (u nach Teilg auch der MitE, RG **134**, 299) **erfüllt** den KaufVertr dch Einzelübertragg der verkauften Sachen u Rechte (§ 2374), der MitE dch Übertragg seines Erbteils nach § 2033, der NachE dch Übertragg des AnwR entspr § 2033 (s § 2108 Rn 8); erfolgt zw Verkauf des MitEAnteils u Erfüllg des KaufVertr die Auseinandersetzg des Nachl, tritt an die Stelle des Anspr auf Übertragg des Erbteils der Anspr auf Übertragg der dem Verkäufer bei der Auseinandersetzg zugefallenen
3 NachlGgstände. – **c) Kaufrecht** gilt, soweit nicht die §§ 2371 ff Sonderregelgen enthalten. Es gelten alle Vorschr für KaufVertr, also auch die über Wiederkauf, §§ 497 ff (RG **101**, 192), insbes aber die §§ 320 ff. Rücktr ist daher mögl, zB wg Nichterfüllg der Erbverbindlk dch Übernehmer (Warn **33** Nr 163). Abdingbar (in der Form des § 2371) sind die Vorschr über das Verhältn zw den VertrParteien (§§ 2372–2381), zwingend
4 die Vorschr üb Form (§ 2371) u GläubSchutz (§§ 2382, 2383). – **d) Der Genehmigung** nach GrdstVG 2 II Nr 2 unterliegt die Veräußerg eines Erbanteils an einen anderen als an einen MitE, wenn der Nachl im wesentl aus einem land- od forstwirtschaftl Betrieb besteht. – **e) Bei Ehegatten** fallen der Verkauf einer Erbsch od des Bruchteils einer solchen u die entspr ErfüllgsGesch unter § 1365, wenn sie das ganze Vermögen des Erben im Sinn dieser Vorschr darstellen. S auch § 1822 Nr 1, 10; § 2205 Rn 31.

5 **2) Wirkung.** Der ErbschKauf macht den Käufer nicht zum Erben (keine GesRNachfolge), sond gibt ihm nur den Anspr, wirtschaftl so gestellt zu werden, als ob er an Stelle des Verkäufers Erbe sei. Dafür haftet er
6 neben dem Verkäufer als GesamtSchu für die NachlVerbindlk (§§ 2382, 2383). – **Verfahrensrecht:** Ein dem Erben erteilter ErbSch wird dch den Verkauf nicht unricht. Käufer kann auch ErbSch nicht für sich, sond nur auf den Namen des Erben beantragen. – ZwVollstr gg Käufer aus einem gg Erbl od Verkäufer ergangenen u vor dem Verkauf rkräft gewordenen Urteil wird dch Umschreibg der VollstrKlausel nach ZPO 729 mögl (MüKo/Musielak § 2382 Rn 9)."

2371 *Form.* **Ein Vertrag, durch den der Erbe die ihm angefallene Erbschaft verkauft, bedarf der notariellen Beurkundung.**

1 **1) Verkauf.** Jeder Erbe kann nach dem Erbfall seine Erbsch veräußern, sowohl der AlleinE als auch der MitE, NachE, ErsatzE. Verpfl- u ErfüllgsGesch können in einer Urk zusammengefaßt werden. Es ist Ausleggsfrage, ob bloßer Erbteilsverkauf od zugleich dingl Erbteilsübertragg vorliegt (letzteres ist bei sofortiger KaufprZahlg anzunehmen, RG Warn **15** Nr 264). Das dingl ErfüllgsGesch kann kraft Parteivereinbg von der rechtl Wirksamk des SchuldGrdes abhäng gemacht werden (BGH FamRZ 67, 465). Die Anteilsübertragg kann in uU formlose Erbauseinandersetzg od Auflassg des zum Nachl gehörigen Grdst umgedeutet werden (RG **129**, 123, dazu aber Kipp/Coing § 111 II8). – Überträgt ein MitE seinen Erbanteil an einen Dritten zur Sicherg für ein von diesem gewährtes Darlehen, dessen Höhe etwa dem Wert des Erbteils entspricht, ist das der Übertragg zugrunde liegende schuldrechtl Verhältn in Wirklichk ein ErbschKauf, wenn die Rückzahlg des Darlehens einers u die Rückübertragg des Erbanteils anderers durch die Abmachgen praktisch für immer ausgeschlossen sind (BGH NJW **57**, 1515). – **Sicherung** des bindenden not Angebots eines MitE zum Verkauf u zur Übertragg seines MitEAnteils dch Vormerkg ist nicht mögl, auch wenn der Nachl nur aus einem Grdst besteht (Jahr, Michaelis JuS **63**, 229; 231).

2 **2) Formbedürftigkeit.** Der Verkauf unterliegt not Beurk, um einers den Erben vor übereiltem Abschluß zu warnen, andrers die RVerhältn auch im Interesse der NachlGläub klarzustellen u eindeut Beweis zu ermöglichen. Der Formzwang (§§ 128, 125, 152) erstreckt sich auf alle VertrAbreden, auch Nebenabreden (zB wg der ErbschSteuer, § 2379) u deren Änderg (BGH FamRZ **67**, 465). Nebenabreden, die nicht in der Form des § 2371 vereinb wurden, sind nichtig; ggf ist gem § 139 auch die gesamte Vereinbarg nichtig (BGH aaO; s aber auch BGH WM **69**, 592). Einwand der Nichtigk kann uU durch Einrede der Arglist begegnet werden (§ 125 Rn 16; auch BGH FamRZ 67, 465/469). Keine Einrede der Arglist hat dagg der vorkaufsberecht MitE, wenn der veräußernde MitE u der Käufer sich auf die Formungültigk des Vertrages berufen (RG **170**, 203). Eine nachträgl Änderg od die Aufhebung des noch nicht erfüllten ErbschKaufs ist gleichfalls formbedürftig (Schlesw SchlHA **57**, 181; aM Zarnekow RhNK **69**, 624). – Prozeßvergleich wahrt die Form,
3 § 127 a (s dort). – **b) Keine Heilung.** Dch gleichzeit od nachfolgende Erfüllg wird ein formnichtiger (§ 125) ErbschKauf nicht geheilt (BGH NJW **67**, 1128; str; zum Stand der Meingen, beachtl zum Erbteilskauf, s MüKo/Musielak Rn 8; Keller ZEV **95**, 427). – **c) Gerichtliche Genehmigung** nach §§ 1643; 1822 Nr 1.

2372 *Umfang des Kaufgegenstandes.* **Die Vorteile, welche sich aus dem Wegfall eines Vermächtnisses oder einer Auflage oder aus der Ausgleichungspflicht eines Miterben ergeben, gebühren dem Käufer.**

1 **Vermögenswerte Vorteile,** die sich aus dem nachträgl Wegfall von Vermächtn u Auflage od aus der AusgleichgsPfl bei MitE (§§ 2050 ff, 2376) ergeben, gebühren dem Käufer. Entsprechendes muß für den Wegfall von NachE, TV od einer TeilgsAnordng nach VertrAbschluß gelten. Wegfall vor Kaufabschluß kann
2 Verkäufer zur Anfechtg berecht (§ 119 II). – **Abweichende Vereinbarungen** sind mögl (s Übbl 3).

2373 *Dem Verkäufer verbleibender Anfall.* **Ein Erbteil, der dem Verkäufer nach dem Abschlusse des Kaufes durch Nacherbfolge oder infolge des Wegfalls eines Miterben anfällt, sowie ein dem Verkäufer zugewendetes Vorausvermächtnis ist im Zweifel nicht als mitverkauft anzusehen. Das gleiche gilt von Familienpapieren und Familienbildern.**

Nach der Auslegungsregel des S 1 verbleibt dem Verkäufer der zusätzl Anfall eines ErbR nach Verkauf (§§ 2139, 1935, 2094–2096; anders 2110), da es auf seinem nicht übertragb ErbR beruht. Auch ein Voraus-Vermächtn (§ 2150) u der ihm vergleichb Voraus nach § 1932 gelten iZw als nicht mitverkauft. Rechte u Pflichten aus einer TeilgsAnordng gehen auf den Käufer über (Benk RhNK **79**, 53/57). – Für **Familienpapiere** u -bilder (S 2) gilt dies auch dann, wenn sie erhebl Vermögenswert haben (Staud/Olshausen Rn 4). 1 2

2374 *Herausgabepflicht.* **Der Verkäufer ist verpflichtet, dem Käufer die zur Zeit des Verkaufs vorhandenen Erbschaftsgegenstände mit Einschluß dessen herauszugeben, was er vor dem Verkauf auf Grund eines zur Erbschaft gehörenden Rechtes oder als Ersatz für die Zerstörung, Beschädigung oder Entziehung eines Erbschaftsgegenstandes oder durch ein Rechtsgeschäft erlangt hat, das sich auf die Erbschaft bezog.**

1) Die Herausgabepflicht (s auch § 260) des Verkäufers erstreckt sich bereits nach § 433 I auf die verkauften NachlGgstände, die der AlleinE (der MitE nach Auseinandersetzg) nach den jeweil Vorschr (§§ 929 ff; 873, 925 ff; 398 ff), der MitE bei Verkauf seines Erbteils nach § 2033 I zu übertragen hat (s Übbl 2). Ergänzend regelt § 2374, daß zu den ErbschGegenständen auch die vor Verkauf erlangten Surrogate gehören (ähnl § 2041, s dort), auch vom Verkäufer kraft der Erbenstellg erlangte Ansprüche (RGRK Rn 2). Auch Surrogate sind jedoch nur herauszugeben, wenn sie zZt des Verkaufs noch vorhanden waren. Bei NachlVerwaltg ist Genehmigg des Verwalters erforderl (§ 1984). – Nutzungen s § 2379. – **Guter Glaube** des Käufers wird geschützt, wenn einzelne Sachen nicht dem Erben gehören. Bei Übertragg seitens eines Scheinerben (§§ 2031, 944) kann der ErbschKäufer aber kein Recht auf Kosten des wahren Erben erwerben (s § 2030 Rn 1, § 2366 Rn 1). – § 2374 ist abdingb (s Übbl 3). 1 2

2) Kein Zugewinnausgleich. Verkauft ein Ehegatte die ihm angefallene Erbsch nach seinem verstorbenen Partner, gilt bei ZugewinnGemsch § 1371 I, so daß kein AusgleichsAnspr entstand, auf den sich der Verkauf erstrecken könnte. 3

2375 *Ersatzpflicht.* **I Hat der Verkäufer vor dem Verkauf einen Erbschaftsgegenstand verbraucht, unentgeltlich veräußert oder unentgeltlich belastet, so ist er verpflichtet, dem Käufer den Wert des verbrauchten oder veräußerten Gegenstandes, im Falle der Belastung die Wertminderung zu ersetzen. Die Ersatzpflicht tritt nicht ein, wenn der Käufer den Verbrauch oder die unentgeltliche Verfügung bei dem Abschlusse des Kaufes kennt.**

II Im übrigen kann der Käufer wegen Verschlechterung, Unterganges oder einer aus einem anderen Grunde eingetretenen Unmöglichkeit der Herausgabe eines Erbschaftsgegenstandes nicht Ersatz verlangen.

1) Wertersatz (I 1) hat der Verkäufer zu leisten, wenn er ohne Kenntn des Käufers **(I 2)** vor dem Verkauf einen ErbschGgst verbraucht, veräußert od belastet hat, **ohne** daß dem Nachl dafür ein Gegenwert zugeflossen ist; bei Surrogation greift § 2374 ein. Ab KaufVertr gelten §§ 433 ff. Zu ersetzen ist der obj Wert im Ztpkt des Verbrauchs od der Veräußerg. – Abweichende Vereinbargen sind zuläss (s Übbl 3). 1

2) Freistellung von der Haftung (II) bezieht sich auf die Zeit vor VertrAbschluß u gilt unabhäng von einem Verschulden des Verkäufers. **II** ist wie I abdingbar. 2

2376 *Beschränkte Haftung des Verkäufers.* **I Die Verpflichtung des Verkäufers zur Gewährleistung wegen eines Mangels im Rechte beschränkt sich auf die Haftung dafür, daß ihm das Erbrecht zusteht, daß es nicht durch das Recht eines Nacherben oder durch die Ernennung eines Testamentsvollstreckers beschränkt ist, daß nicht Vermächtnisse, Auflagen, Pflichtteilslasten, Ausgleichungspflichten oder Teilungsanordnungen bestehen und daß nicht unbeschränkte Haftung gegenüber den Nachlaßgläubigern oder einzelnen von ihnen eingetreten ist.**

II Fehler einer zur Erbschaft gehörenden Sache hat der Verkäufer nicht zu vertreten.

Die Gewährleistung des Verkäufers ist beim ErbschKauf eingeschränkt. – **a) Für Rechtsmängel (I)** ist die Haftg auf die aufgezählten Fälle beschränkt, zu denen aber als weitere Belastgen erbr Ursprungs Erbersatz-Anspr in Erbfällen vor dem 1. 4. 98 (§ 1934 a aF; EG 227 I Nr 1) u ZugewAusglAnspr (§ 1371 II, III) hinzukommen (MüKo/Musielak Rn 5). Beim Erbteilskauf haftet Verk auch dafür, daß keine Ausgleichs-Pflichten (§§ 2050 ff) od Teilgsanordngen (§ 2048) bestehen. – Kenntn des Käufers bei KaufAbschluß schließt Haftg aus, § 439 I. – Die Rechte des Käufers bestimmen sich nach §§ 440, 441. – Abweichende Vereinbgen sind mögl (s Übbl 3); § 443 gilt dabei. – Beweislast: § 442. – **b) Für Sachmängel (II)** ist die Haftg ausgeschlossen, allerd nicht bei Arglist des Verkäufers od Zusicherg einer Eigensch (§§ 459 II, 463). 1 2

2377 *Wiederaufleben erloschener Rechtsverhältnisse.* **Die infolge des Erbfalls durch Vereinigung von Recht und Verbindlichkeit oder von Recht und Belastung erloschenen Rechtsverhältnisse gelten im Verhältnisse zwischen dem Käufer und dem Verkäufer als nicht erloschen. Erforderlichen Falles ist ein solches Rechtsverhältnis wiederherzustellen.**

Die Fiktion, daß dch Konfusion od Konsolidation erloschene RVerh (Übbl 4 vor § 362) weiterbestehen, gilt nur im Verhältn zw Verkäufer u Käufer, um Benachteiligg einer VertrPartei zu vermeiden. Diese müssen sich das gewähren, was bei weiterbestehendem RVerhältn verlangt werden kann. Da bei MitE vor Auseinandersetzg keine Vereinigg eintritt, ist § 2377 beim Verkauf eines Erbteils (s Übbl 1) ggstandslos. 1

2378 *Nachlaßverbindlichkeiten.* **I Der Käufer ist dem Verkäufer gegenüber verpflichtet, die Nachlaßverbindlichkeiten zu erfüllen, soweit nicht der Verkäufer nach § 2376 dafür haftet, daß sie nicht bestehen.**

II Hat der Verkäufer vor dem Verkauf eine Nachlaßverbindlichkeit erfüllt, so kann er von dem Käufer Ersatz verlangen.

1 **Im Innenverhältnis** ist der Käufer zur Erfüllg der NachlVerbindlk verpflichtet, soweit nicht der Verkäufer nach § 2376 dafür haftet; bei Kenntn (§ 439 I) ist er demnach ggü dem Verk auch zur Befriedigg von VermächtnAnspr usw verpflichtet. Sonderregelg für bestimmte Lasten enthält § 2379. Die Pflicht kann im
2 Ggsatz zu der Haftg nach außen (§§ 2382, 2383) abbedungen werden. – **Ersatzpflicht (II)** wird wie die Erfüllgspflicht nach I dch § 2376 eingeschränkt.

2379 *Nutzungen, Lasten.* **Dem Verkäufer verbleiben die auf die Zeit vor dem Verkaufe fallenden Nutzungen. Er trägt für diese Zeit die Lasten, mit Einschluß der Zinsen der Nachlaßverbindlichkeiten. Den Käufer treffen jedoch die von der Erbschaft zu entrichtenden Abgaben sowie die außerordentlichen Lasten, welche als auf den Stammwert der Erbschaftsgegenstände gelegt anzusehen sind.**

1 **Bis zum Verkauf** gebühren die seit dem Erbfall angefallenen Nutzgen (vgl § 100) dem Verkäufer, danach dem Käufer (§ 2380 S 2). Bis dahin trägt Verkäufer auch die Lasten (vgl § 103), ausgenommen die von der Erbsch zu entrichtenden Abgaben (zB ErbschSteuer) u die außerordentl Lasten (vgl § 2126), **S 3.** Abweichende Vereinbg ist zuläss (s Übbl 3). – Beim **Erbteilskauf** gilt nicht § 2379, sond § 2038 II 2; die bei Vertrabschluß bereits verteilten Reinerträge behält aber Verkäufer (§ 2038 II 3) u auch solche Jahreserträge, auf die er bereits Anspr erworben hatte (Staud/Olshausen Rn 6; MüKo/Musielak Rn 4).

2380 *Gefahrübergang.* **Der Käufer trägt von dem Abschlusse des Kaufes an die Gefahr des zufälligen Unterganges und einer zufälligen Verschlechterung der Erbschaftsgegenstände. Von diesem Zeitpunkt an gebühren ihm die Nutzungen und trägt er die Lasten.**

1 **Schon mit Kaufabschluß** geht die Gefahr (abweichd von § 446) auf den Käufer über, da Ggstand des ErbschKaufs der Inbegriff des Nachl und nicht ein best EinzelGgstand ist (s Übbl 1). Gleichzeitg verteilen sich Nutzen u Lasten neu (**S 2**); bis dahin gilt § 2379.

2381 *Ersatz von Verwendungen.* **I Der Käufer hat dem Verkäufer die notwendigen Verwendungen zu ersetzen, die der Verkäufer vor dem Verkauf auf die Erbschaft gemacht hat.**

II Für andere vor dem Verkaufe gemachte Aufwendungen hat der Käufer insoweit Ersatz zu leisten, als durch sie der Wert der Erbschaft zur Zeit des Verkaufs erhöht ist.

1 **Notwendige Verwendungen** des Verkäufers (vgl § 994) vor Verkauf hat der Käufer zu ersetzen **(I),** da sie Substanz u Nutzbark der Erbsch erhalten; abweichd von § 994 I 2 gilt dies auch für gewöhnl Erhaltgskosten, die keine Lasten iSd § 2379 sind (str, s MüKo/Musielak Rn 2). Sonstige Verwendgen (vgl §§ 996, 2022) sind VerkRisiko. – Bei Erbteilskauf vor Auseinandersetzg gilt § 2038. – Nach Verkauf gilt § 450. – Abweichende
2 Vereinbgen sind zuläss (s Übbl 3). – **Andere Aufwendungen (II;** s BGH **59**, 328) sind nur zu ersetzen, soweit sie Werterhöhg bewirkten, die beim Verkauf noch besteht.

2382 *Haftung gegenüber Nachlaßgläubigern.* **I Der Käufer haftet von dem Abschlusse des Kaufes an den Nachlaßgläubigern, unbeschadet der Fortdauer der Haftung des Verkäufers. Dies gilt auch von den Verbindlichkeiten, zu deren Erfüllung der Käufer dem Verkäufer gegenüber nach den §§ 2378, 2379 nicht verpflichtet ist.**

II Die Haftung des Käufers den Gläubigern gegenüber kann nicht durch Vereinbarung zwischen dem Käufer und dem Verkäufer ausgeschlossen oder beschränkt werden.

1 **1) Der Käufer** haftet den NachlGläub ab wirks Abschluß (BGH NJW **67**, 1128) des KaufVertr mit dem (wirkl) Erben neben dem Verkäufer (GesamtSchu, §§ 421 ff) wie ein Vermögensübernehmer (§ 419), allerd beschränkb (§ 2383). § 2378 regelt nur das InnenVerh. Bei Verkauf des NachEAnwR tritt die Haftg erst mit dem NachErbfall ein, da auch Verkäufer vorher nicht verpflichtet ist (Heilbronn NJW **56**, 513; s auch Zarnekow RhNK **69**, 620/631 ff; Neusser RhNK **79**, 143). – **Kenntnis** des Käufers von den NachlVerbindlk ist nicht erforderl. Er muß aber wissen, daß es sich bei dem VertrGgstand um die ganze od nahezu ganze Erbsch (od Erbteil) des Verkäufers handelt, od zumindest die Verhältn kennen, aus denen sich dies ergibt (BGH **43**, 174). – **Ausschluß** der Haftg **(II)** kann zw den VertrParteien nicht vereinb werden, wohl aber mit den NachlGläub (auch dch Verkäufer, vgl § 414).

2 **2) Der Umfang** der Käuferhaftg richtet sich nach der des Erben (§ 1967) ohne Rücksicht auf das InnenVerh (§§ 2378, 2376). Sie erstreckt sich daher auf alle NachlVerbindlk (RG **112**, 129), also auch auf Anspr aus Pflichtt, Vermächtn, Auflagen, ZugewAusgl (§ 1371 II, III), auch auf die vom Erben in ordngsmäß Verwaltg des Nachl eingegangenen Verbindlk (NachlErbenschulden, s § 1967 Rn 8). – ZwangsVollstreckg s Übbl 6. –
3 Beim **Erbteilskauf** bestimmt sich die Haftg nach der des MitE nach §§ 2058–2063 (RG **60**, 131); der Käufer muß auch mit der Geltendmachg des VorkaufsR der MitE nach § 2034 rechnen (BGH **LM** Nr 2); dazu auch

§§ 2035, 2036, 2046 I. Der Käufer des Erbteils haftet auch für die Ansprüche eines anderen MitE gg die ErbenGemsch aus einem zw den MitE vor dem Erbteilskauf abgeschlossenen Vertr üb die Auseinandersetzg (BGH **38**, 187). – Die Haftg **erlischt** dch Aufhebg des KaufVertr vor Vollzug u Anzeige an NachlG (§ 2384).

2383 *Beschränkte Haftung des Käufers.* **I Für die Haftung des Käufers gelten die Vorschriften über die Beschränkung der Haftung des Erben. Er haftet unbeschränkt, soweit der Verkäufer zur Zeit des Verkaufs unbeschränkt haftet. Beschränkt sich die Haftung des Käufers auf die Erbschaft, so gelten seine Ansprüche aus dem Kaufe als zur Erbschaft gehörend.**

II Die Errichtung des Inventars durch den Verkäufer oder den Käufer kommt auch dem anderen Teile zustatten, es sei denn, daß dieser unbeschränkt haftet.

1) Haftungsbeschränkung kann der Käufer selbständ für sich herbeiführen, sofern Verkäufer bei Vertr-Abschluß sein BeschränkgsR noch nicht verloren hat (dazu Einf 3 vor § 1967); andernfalls haftet er unbeschränkt (**I 2;** hiergg als Fehlkonstruktion Kipp/Coing § 112 I 3; Lange/Kuchinke § 53 III 2a). Er kann deshalb das Aufgebot gem §§ 1970ff verlangen (ZPO 1000), NachlVerw (§ 1981) u NachlInsolvVerf (InsO 330) beantragen u hat die Einreden der §§ 1990 bis 1992, 2014, 2015; ZPO 782. Verkäufer kann nach § 1981 II noch NachlVerw beantragen analog InsO 330 II. Im NachlInsolvVerf gehören zur Masse nicht nur der Nachl, sond auch die sonstigen Ansprüche aus dem KaufVertr, zB auf Übertragg von ErbschGgständen, Wertvergütg oder Schadensersatz. Bei gleichzeit Insolvenz des Verkäufers hat NachlInsolvVerwalter ein AussondergsR (InsO 47; 81; 82) wg der vom Verkäufer noch nicht übertragenen, aber herauszugebenden (§ 2374) NachlGgstände (vgl Jaeger/Weber KO 233 Rn 16). 1

2) Inventarerrichtung (§§ 1993ff) erhält die Möglk der HaftgsBeschränkg (Vorb 1 vor § 1993) u kommt (abw von I) auch dem VertrPartner zustatten, sofern dieser nicht bereits unbeschränkt haftet (**II**). 2

2384 *Anzeigepflicht des Verkäufers.* **I Der Verkäufer ist den Nachlaßgläubigern gegenüber verpflichtet, den Verkauf der Erbschaft und den Namen des Käufers unverzüglich dem Nachlaßgericht anzuzeigen. Die Anzeige des Verkäufers wird durch die Anzeige des Käufers ersetzt.**

II Das Nachlaßgericht hat die Einsicht der Anzeige jedem zu gestatten, der ein rechtliches Interesse glaubhaft macht.

Anzeigepflicht des Verkäufers dient der Unterrichtg der NachlGläub u entspr der des VorE (§ 2146). Sie umfaßt sowohl den schuldrechtl ErbschKauf als auch die dingl Erbteilsübertragg (Haegele BWNotZ **72**, 6), gilt auch für Erbteilskauf u ist auf VertrAufhebg vor Erfüllg entspr anzuwenden (MüKo/Musielak Rn 2). NachlGericht: § 1962 Rn 1. Gebühr: KostO 112 I Nr 7. – Einsicht **(II)** setzt rechtl (nicht nur berecht) Interesse voraus (s dazu § 2264 Rn 1). – **Pflichtverletzung** begründet bei Verschulden SchadErsAnspr des NachlGl gg Verkäufer (§ 823 II, MüKo/Musielak Rn 3), sofern nicht Anzeige des Käufers (I 2) od unmittelb Information des NachlGläub Kausalität der Unterlassg beseitigt. 1 2

2385 *Anwendung auf ähnliche Verträge.* **I Die Vorschriften über den Erbschaftskauf finden entsprechende Anwendung auf den Kauf einer von dem Verkäufer durch Vertrag erworbenen Erbschaft sowie auf andere Verträge, die auf die Veräußerung einer dem Veräußerer angefallenen oder anderweit von ihm erworbenen Erbschaft gerichtet sind.**

II Im Falle einer Schenkung ist der Schenker nicht verpflichtet, für die vor der Schenkung verbrauchten oder unentgeltlich veräußerten Erbschaftsgegenstände oder für eine vor der Schenkung unentgeltlich vorgenommene Belastung dieser Gegenstände Ersatz zu leisten. Die im § 2376 bestimmte Verpflichtung zur Gewährleistung wegen eines Mangels im Rechte trifft den Schenker nicht; hat der Schenker den Mangel arglistig verschwiegen, so ist er verpflichtet, dem Beschenkten den daraus entstehenden Schaden zu ersetzen.

1) Andere Veräußerungsverträge (vgl dazu ZPO 1000 II; InsO 330 III), auf die §§ 2371ff entspr Anwendg finden (**I**) u die damit insbes dem Formzwang des § 2371 unterliegen, sind Rückkauf; Weiterverkauf; Tausch; Schenkg (Rn 4); Belastg der Erbsch seitens des Erben mit einem Nießbr (§§ 1089, 1068; bestr, aM Staud/Olshausen vor § 2371 Rn 92). – Auch Vertr, durch den ein ErbschVerkauf rückgäng gemacht wird (SchlHOLG SchlHA **57**, 181; str; s § 2371 Rn 2). – Die Verpflichtg zur Hingabe der Erbsch an Zahlgs Statt (Lange/Kuchinke § 45 I 3). – Ein in Vertr üb die Verpflichtg zur Übertragg von Erbanteilen enthaltener Auftrag an den Bevollmächtigten, die Erbanteile an sich selbst zu übertragen (Karlsr BWNotZ **70**, 22). – Für die Haftg gelten §§ 2382, 2383. 1

2) Ähnliche Verträge, die auch unter § 2385 fallen, sind: Außergerichtl Vergleich zw ErbschPrätendenten über die Verteilg der Erbsch ohne Rücks auf den Anfall. – Ein „Auslegungsvertrag", dch den die Beteiligten für ihr Verhältn untereinander verbindl festlegen, wie ein Test auszulegen ist mit der Folge, daß sie schuldrechtl verpflichtet sind, sich so zu stellen, als sei die vereinbarte Auslegg zutreffend (BGH NJW **86**, 1812 mAv Damrau JR **86**, 375u Cieslar DNotZ **87**, 113). Auch Vertr üb die Anerkennung eines zweifelhaften Test (RG **72**, 209; OLG Nürnb WM **58**, 81). Dingl kann dann die Stellg der Beteiligten mittels Erbteilsübertragg (§ 2033) der vereinbarten RLage angenähert werden (BGH aaO). – Vertr, der zum Verzicht auf das NacherbenanwartschR verpflichtet (RG DNotZ **42**, 145; s auch Zarnekow RhNK **69**, 637). – Auch für die Erfüllg eines Vermächtn, das den VermNehmer berecht, den gesamten Nachl (zB ein Unternehmen) gg ein bestimmtes Entgelt zu kaufen, gelten gem § 2385 I (od II) die Bestimmgen üb den ErbschKauf entspr. 2

Der VermNehmer haftet nach §§ 2378, 2382, 2383 für die Verbindlichk des GesamtNachl (Dobroschke DB **67**, 803/805).

3 **3) Nicht** unter § 2385 fallen ErbauseinandersetzgsVertr (§ 2042); Verpflichtg zur Erbausschlagg; SichergsVertr (s aber § 2371 Rn 1). – Die von einem MitE einem Dritten unter Freistellg von § 181 unwiderrufl erteilte Vollm zur Vfg über seinen Erbteil kann nicht in einen ErbschVerkauf umgedeutet werden (BGH WM **60**, 551).

4 **4) Schenkung einer Erbschaft** fällt auch unter § 2385 u ist formbedürft Vertr (§ 2371). Jedoch gelten für sie gem **II** Sonderregeln: Der Schenker hat keine ErsatzPfl nach § 2375 u ist von Gewährleistg wg Rechtsmängeln (§ 2376) frei, ausgenommen bei arglistigem Verschweigen. Der Beschenkte hat im InnenVerhältn alle NachlVerbindlk zu tragen (§ 2378), von denen ihn Schenker bei RückFdg Zug um Zug befreien muß. Im übr gelten die allg SchenkgsVorschr.

Einführungsgesetz zum Bürgerlichen Gesetzbuche

Vom 18. August 1896

(RGBl S 604/BGBl III 400–1) in der ab 1. Oktober 1994 geltenden Neufassung vom 21. September 1994 (BGBl I S 2494, ber 1997 I, S 1061), zuletzt geändert durch das Überweisungsgesetz (ÜG) vom 21. 7. 99 (BGBl I 1642)

– Auszug –

Bearbeiter:

Dr. Bassenge:	*Art 96, 120, 124, 181, 182, 184, 187, 189, 233, 237*
Dr. Brudermüller:	*Art 226, 234 §§ 1–6*
Dr. Diederichsen:	*Art 144, 223, 224, 234 §§ 7–15*
W. Edenhofer:	*Art 64, 227, 235*
Dr. Heinrichs:	*Art 1, 2, 225, 230–232 § 1*
Dr. Heldrich:	*Art 3–46, 220, 236*
H. Sprau:	*Art 99, 228, 232 §§ 6, 7, 9*
Dr. Putzo:	*Art 219, 221, 222, 232 §§ 1 a, 2–5, 8*
Dr. Thomas:	*Art 232 § 10*

Erster Teil. Allgemeine Vorschriften

Erstes Kapitel. Inkrafttreten. Vorbehalt für Landesrecht. Gesetzesbegriff

EG 1 ***Inkrafttreten des BGB; Vorbehalt für Landesrecht.*** **I Das Bürgerliche Gesetzbuch tritt am 1. Januar 1900 gleichzeitig mit einem Gesetz, betreffend Änderungen des Gerichtsverfassungsgesetzes, der Zivilprozeßordnung und der Konkursordnung, einem Gesetz über die Zwangsversteigerung und die Zwangsverwaltung, einer Grundbuchordnung und einem Gesetz über die Angelegenheiten der freiwilligen Gerichtsbarkeit in Kraft.**

II Soweit in dem Bürgerlichen Gesetzbuch oder in diesem Gesetz die Regelung den Landesgesetzen vorbehalten oder bestimmt ist, daß landesgesetzliche Vorschriften unberührt bleiben oder erlassen werden können, bleiben die bestehenden landesgesetzlichen Vorschriften in Kraft und können neue landesgesetzliche Vorschriften erlassen werden.

I regelt das Inkrafttreten des BGB. II war ursprüngl Art 3. Er ist dch das IPRG als Abs 2 an den Art 1 **1**
angefügt worden. Die Vorbeh für das LandesR sind zT dch spätere Reichs- od BundesG überholt. II stellt klar, daß die Vorbeh unabhängig von der gebrauchten Formulierg neben dem Weiterbestehen des geltden LandesR auch die Befugn zum Erlaß neuen LandesR umfassen. Er ist Ausdr eines allg RGedankens, kann also auf spätere Vorbeh zG des LandesR entspr angewandt w (BVerfG **7**, 124 zu BetrVerfG 88).

EG 2 ***Begriff des Gesetzes.*** **Gesetz im Sinne des Bürgerlichen Gesetzbuchs und dieses Gesetzes ist jede Rechtsnorm.**

RNormen iSd Art 2 sind a) Gesetze im formellen Sinn einschl Staatsverträge, b) Rechtsverordnungen, **1**
c) autonome Satzgen u Tarifverträge, d) GewohnhR; keine RNormen sind dagg Handelsbrauch, Verkehrssitte, Vereinssatzgen u AGB (s näher Einl 19 v § 1). EGZPO 12 u EGStPO 7 enthalten eine inhaltl übereinstimmende Vorschr.

Zweites Kapitel. Internationales Privatrecht

(Die Überschriften der Art 3–46 sind amtlich.)

Schrifttum: a) Gesamtdarstellungen: v Bar, IPR Bd I, 1987, Bd II, 1991. – Ferid, IPR, 3. Aufl 1986. – Firsching/v Hoffmann, IPR, 5. Aufl 1997. – Junker, IPR, 1998. – Kegel, IPR, 7. Aufl 1995. – Kropholler, IPR, 3. Aufl 1997. – Kunz, IPR, 4. Aufl 1998. – Lüderitz, IPR, 2. Aufl 1992. – Raape-Sturm, IPR Bd I, 6. Aufl 1977 (nur allg Lehren). – Rauscher, IPR, 1999. – Schlosshauer-Selbach, IPR, 1989. – Schotten, Das IPR in der not Praxis, 1995. – **b) Kommentare:** Erman-Hohloch, Bd II, 9. Aufl 1993. – MüKo-Sonnenberger, Bd 10: EG, 3. Aufl 1998 mit ErgänzgsBd z 3. Aufl (4. Lieferg 1998); Bd 11: Int Handels- u GesellschR, 3. Aufl 1999. – Soergel-Kegel, Bd 10: EG, 12. Aufl 1996. – Staud-Blumenwitz/Hausmann/Sturm/Sturm, Einl zum IPR; Art 3–6 EGBGB, 13. Bearb 1996. – Staud-Großfeld, Internat GesellschR, Neubearbeitg 1998. –

Staud-Stoll, 13. Bearb 1996. Nach Art 12 (Internat SachenR). – Staud-v Bar/Kropholler/Mankowski, 13. Bearb 1996 Art 13–18. – Staud-Henrich/Kropholler/Pirrung, 13. Bearb 1994 Kindschr Übk; Art 19 EGBGB. – Staud-Henrich/Kropholler, 13. Bearb 1996 Art 20–24 EGBGB. – Staud-Dörner, 13. Bearb 1995 Art 25, 26 EGBGB. – Staud-Ebke/Firsching/Hausmann/Hepting/Magnus/Reinhart, 12. Aufl 1998 Art 27–37, Art 10 EGBGB. – Staud- v Hoffmann, 13. Bearbeitg 1998 Art 38. – Staud-Dörner, 13. Bearb 1996 Art 220, 236. – **c) Textsammlung:** Jayme/Hausmann, Internat Priv- u VerfR, 9. Aufl 1998. – **d) Zeitschriften:** RabelsZ (seit 1927), IPRax (seit 1981). – **e) Rechtsprechungssammlungen:** Die dtsche Rspr auf dem Gebiet des IPR, 1926–1934, 1935–1944 (2 Bd), 1945 ff (zuletzt 1996), derzeit bearbeitet v Kropholler. – Schack, Höchstrichterl Rspr zum int Priv- u VerfR, 4. Aufl 1997. – **f) Hilfsmittel bei der Anwendung fremden Rechts:** v Bar, Ausl Priv- u PrivVerfR in dtscher Sprache, 4. Aufl 1998; ders, DeliktsR in Europa, 1994; Bergmann-Ferid, Internat Ehe- u KindschR, 6. Aufl 1983 (bish 134 Liefergen); DNotI, Gutachten z int u ausl PrivR 1993 (1994); Brandhuber-Zeyringer, StA u Ausl (bish 20 Liefergen); Ferid-Firsching-Lichtenberger, Internat ErbR, 1955 ff (bish 40 Liefergen); Drobnig-Ferid-Kegel, Gutachten z internat u ausl PrivR, 1965 ff (zuletzt 1996); Hohloch, Int Scheidgs – u ScheidgsfolgenR, 1998; Kropholler/Krüger/Riering/Samtleben/Siehr, Außereurop IPR-Gesetze, 1999; Riering, IPR-Gesetze in Europa, 1997; Schönhofer-Böhner, Haus- u GrdBes im Ausland, Stand Lieferg 1/1999; Wengler, Gutachten z internat u ausl Fam- u ErbR, 2 Bde 1971.

Einleitung

1) **Begriff und Aufgabe des IPR** 1–4
2) **Quellen des IPR** 5–10
3) **Grundgesetz und IPR** 11, 12
4) **Entstehungsgeschichte der Neuregelung des IPR** 13–16
5) **Grundzüge des geltenden IPR** 17–20
6) **Anknüpfung** 21–24
7) **Gesetzesumgehung** 25, 26
8) **Qualifikation** 27, 28
9) **Vorfragen** 29–31
10) **Angleichung** 32
11) **Anwendung ausländischen Rechts in der Praxis** 33–37

1 **1) Begriff und Aufgabe des IPR. a) Wesen der Kollisionsnormen.** Das IPR best die maßg PrivRO bei **Sachverhalten mit Auslandsberührung** (zB ausl Staatsangehörigk od ausl Wohns eines Beteil, Vornahme eines RGesch oder einer unerl Hdlg im Ausland). Es besteht aus sog Kollisionsnormen, die mit Hilfe best Anknüpfgspunkte das in der Sache anzuwendende Recht bezeichnen, vgl dazu Kegel IPRax **96**, 309. Dabei soll diej RO ausgewählt werden, mit der der Sachverhalt die engste Berührg hat (internatprivr Gerechtigk), vgl dazu Flessner, Interessenjurisprudenz im IPR, 1990, Schurig RabelsZ **95**, 229. Zur Anwendg berufen wird dabei staatl Recht, nicht Traditionen einer Volksgruppe, Köln NJW-RR **94**, 1026 (Roma), and Hamm StAZ **95**, 239 (Kurden). Völkerr Anerkenng des rechtsetzden Staates ist nicht erforderl; entscheidd ist die effektive Geltg einer ROrdng z maßg Ztpkt, vgl dazu Hohloch BerGesVR 34 (1996) 87, ferner Engel Fschr Rothoeft (1994) 87, Busse IPRax **98**, 155 (Staatenabspaltg). Inhalt u Qualität der zur Auswahl stehden Sachnormen bleiben bei der Anknüpfg grdsl unberücks. – Das dtsche IPR ist vom Richter **von Amts wegen anzuwenden,** nicht nur wenn die Part sich darauf berufen, BGH NJW **93**, 2305, **95**, 2097, **96**, 54, **98**, 1396, RIW **99**, 538, aM Flessner RabelsZ **70**, 547, Sturm Fschr Zweigert (1981) 329 (für fakultative Anwendg), vgl dazu Wagner ZEuP **99**, 6. – Die Vorschr des dtschen IPR berufen im allg nicht nur die Sachnormen, sond auch die KollNormen einer ausl RO zur Anwendg (Grds der Gesamtverweisg). Ein abw kollr Standpunkt des betr fremden Rechts wird daher dch Befolgg einer Rück- od Weiterverweisg idR beachtet, vgl dazu Art 4 I. – Die dch eine KollNorm auf einen best Fragenkomplex zur Anwendg berufenen Sachnormen bilden das sog **Sachstatut** (zB Schuldstatut, GüterRStatut, Erbstatut). – Von den Verweisgsregeln des IPR zu unterscheiden sind die **selbstbegrenzten Sachnormen,** deren Tatbestand ihre Anwendbk unmittelb regelt, die also einen kollr u einen matr Bestandt haben. Die faktische Berücksichtigg ausl Vorschr bei der Anwendg inl Rechts, zB bei der Ausfüllg der Begriffe „gute Sitten" od „Treu u Glauben", vgl dazu Art 34 Rn 5, setzt keine kollr Verweisg voraus; zur sog Datum-Theorie vgl Hessler, Sachrechtl Generalklausel u internat FamR, 1985 § 5, Firsching/v Hoffmann IPR § 1 Rn 129.

2 **b) Nationaler Charakter.** Das IPR trifft eine Regelg für internat Sachverhalte, ist aber grdsl **staatliches,** dh von Land zu Land versch Recht. Eine Vereinheitlg des IPR ist in Teilbereichen dch Staatsverträge erfolgt, vgl dazu Rn 6. Eine wichtige Rolle spielt dabei die Haager Konferenz für IPR, vgl dazu Fischer ua RabelsZ **93**, 1–302; zum Einfluß des EG-Rechts vgl Art 3 Rn 9. Bei Vereinheitlg des mat Rechts wird das IPR grdsl überflüss, vgl dazu einschränkd Kropholler RabelsZ **74**, 372; Hartwieg ZHR **74**, 457; Mann Fschr Vischer (1983) 207; über transnat Recht u lex mercatoria vgl Spickhoff RabelsZ **92**, 116; Mertens RabelsZ **92**, 219; Remien RabelsZ **92**, 300; Blaurock ZEuP **93**, 247; Berger IPRax **93**, 281; Schurig FS Großfeld (1999) 1099. Obwohl das IPR zum innerstaatl Recht gehört, ist bei der Anwendg u Fortbildg seiner KollNormen RVergleichg vielf unerläßl, zB für Qualifikation, Rn 27, od Angleichg, Rn 32, vgl Koch RabelsZ **97**, 623. Soweit dch das IPR **ausländisches Recht** berufen wird, setzt seine Verwirklg Kenntnisse des betr fremden Rechts voraus; wichtige Hilfsmittel in der Praxis sind dabei zB Bergmann-Ferid, Internat Ehe- u KindschR u Ferid-Firsching-Lichtenberger, Internat ErbR. Zum KollR im Schiedsverf vgl Solomon RIW **97**, 981.

3 **c) Nachbargebiete.** Währd dch das IPR das in der Sache maßg Recht best wird, erfolgt die Abgrenzg zw der Zustdgk inl u ausl Zivilgerichte dch die Regeln des internat VerfahrensR über die **internationale Zuständigkeit,** BGH (GrZS) **44**, 46. Diese sind vorrangig int Abk zu entnehmen, zB dem MSA (vgl Anh 1 zu Art 24) sowie dem EG-Übk über die gerichtl Zustdgk u die Vollstr gerichtl Entsch in Zivil- u Handelssachen v 27. 9. 68, BGBl **72 II** 774 (vgl Anh zu Art 18 Rn 10); subsidiär gelten die lückenh Vorschr des autonomen dtsch Rechts, zB ZPO 606 a od FGG 35 b, 43 b. Zu unterscheiden ist zw sog **Befolgungsregeln** über die int Zustdgk der **inländischen** Gerichte in Fällen mit AuslBerührg, wie sie auch in den erwähnten Übk enth sind, u sog **Beurteilungsregeln** über die int Zustdgk **ausländischer** Gerichte, die vor allem im

Zushang mit der Anerkenng ausl Entsch anzuwenden sind, zB nach ZPO 328 I Z 1 od FGG 16a Z 1. – Vom IPR z unterscheiden ist auch das **Fremdenrecht,** dh die Gesamth v SonderVorschr des inl mat R für Ausl, zB im AuslG v 9. 7. 90, BGBl 1354, vgl dazu Kloesel/Christ/Häußer, Dtsches AuslR, 3. Aufl 1991 ff; Kanein/Renner, AuslR 6. Aufl 1993; Hailbronner AuslR 1992 ff; Schiedermair/Wollenschläger, Hdb des AuslR der BRepD 1985 ff. Zur fremdenr Sonderstellg der Angeh der Stationiergsstreitkräfte im Bereich des NATO-Truppenstatuts vgl Beitzke Fschr Kegel (1987) 33.

d) Interlokales Privatrecht. Zahlr Staaten besitzen kein einheitl PrivatR, sond zerfallen in versch Teil- 4
rechtsgebiete. Eine solche **territoriale Rechtsspaltung** ist bes häufig bei Bundesstaaten (zB USA, Kanada, Australien, Mexiko), findet sich aber auch sonst (zB Großbritannien, Spanien). Die intern jeweils maßgebl Teilrechtsordnung wird durch die KollNormen des **interlokalen Privatrechts (ILR)** best. Sie haben innerh eines MehrRStaates die gleiche Funktion wie das IPR im Verh mehrerer Staaten zueinander. Verweist das dtsche IPR auf das Recht eines MehrRstaates, so ist die maßg TeilROrdnung grdsl mit dessen ILR zu bestimmen, vgl dazu Art 4 III.

Neben der territorialen findet sich auch eine **personale Rechtsspaltung**, insb in Staaten, die das Personalstatut ihrer Bürger dem Recht der jew ReligionsGemsch unterstellen (so vor allem islam Staaten, zB Indonesien, Pakistan, Ägypten), vgl BGH FamRZ **80**, 237, Stumpf ZRP **99**, 207 (zu den Grenzen der Anwendg dch dtsche Gerichte). Hier wird das anwendb Recht in 1. Linie dch das **interreligiöse Recht** des betr Staates best, vgl dazu näher Art 4 Rn 14. Personale u territoriale RSpaltg können auch zus auftreten, vgl zB Richter, Die RSpaltg im malays FamR, 1978. Zum innerdtschen KollisionsR vgl Anh zu Art 3 u Art 236 Rn 4f.

2) Quellen des deutschen IPR; vgl dazu **Textsammlung** von Jayme/Hausmann, Internat Priv- u 5
VerfR, 9. Aufl 1998. **a) Autonomes deutsches Kollisionsrecht.** Eine Kodifikation des dtschen IPR enth Art 3–46. Weitere Vorschr des dtschen IPR finden sich verstreut in verschiedenen SpezialG, wie zB WechselG 91 ff, ScheckG 60 ff, BörsenG 61, AGBG 12.

b) Staatsverträge. Eine weitere wicht Rechtsquelle sind die **Staatsverträge;** vgl dazu grdsl Kropholler, 6
Internat EinhR (1975), Jayme/Meessen, StaatsVertr zum IPR, 1975, Meyer-Sparenberg, Staatsvertragl KollNormen, 1990. **aa)** Zu den **multilateralen** StaatsVertr gehören vor allem die **Haager Abkommen,** so das EheschlAbk v 12. 6. 02, vgl Anh 2 z Art 13, das VormschAbk v 12. 6. 02, vgl Anh 2 zu Art 24, das MSA v 5. 10. 61, vgl Anh 1 zu Art 24, die UnterhAbk v 24. 10. 56 u 2. 10. 73, vgl Anh 1 u 2 zu Art 18, das TestamentsformAbk v 5. 10. 61, vgl Anh zu Art 26, sowie das KindesentführgsAbk v 25. 10. 80, vgl Anh 3 zu Art 24. Zu einem Rückblick auf 100 Jahre Haager Konferenz vgl Fischer ua RabelsZ **93**, 1–302; zur Fortgeltg bei Staatensukzession Kondring IPRax **96**, 161. Von den übr multinationalen Abk seien etwa das UNÜbk über die RStellg der Staatenlosen v 28. 9. 54 u das Genfer Abk u Protokoll über die RStellg der Flüchtlinge v 28. 7. 51 bzw 31. 1. 67, vgl Anh I u II z Art 5, u das EG-SchuldVertrÜbk v 19. 6. 1980 genannt, vgl Rn 1 vor Art 27. Zur Vereinheitlichg des IPR in der **Europäischen Gemeinschaft** vgl Art 3 Rn 9, ferner Basedow NJW **96**, 1921, Jayme/Kohler IPRax **98**, 417. Neben den multilateralen spielen auch **bilaterale**
StaatsVertr mit einzelnen Staaten eine Rolle, vgl zB Art 17 Rn 4 u Art 25 Rn 4. **bb)** Eine staatsvertragl 7
Regelg, welche innerstaatl in Kraft gesetzt ist, geht dem autonomen dtschen IPR im **Rang** vor, vgl Art 3 II. Bei der **Auslegung** von StaatsVertr kann nicht ohne weiteres die BegrBedeutg des innerstaatl Rechts zugrundegelegt werden, BGH **52**, 216, NJW **76**, 1583; vielm ist eine **einheitliche** Auslegg u Anwendg in den VertrStaaten anzustreben, vgl Art 36. Bei der Auslegg sind desh auch der Wortlaut des Abk in den übr VertrSprachen u seine Bedeutg vor dem Hintergrund der jew fremden ROrdng sowie die RPraxis in den and VertrStaaten z berücksichtigen. Geboten ist also eine autonome Qualifikation der VerweisgsBegriffe auf rechtsvergleichder Grdl unter Berücksichtg der Entstehgsgeschichte u des Zwecks der staatsvertragl Regelg,
vgl dazu unten Rn 28. **cc)** Die Kodifikation des IPR in Art 3–46 hat im Interesse der Überschaubark des 8
dtschen KollR u der Erleichterg seiner Anwendg einige von der BRep ratifizierte multilaterale StaatsVertr in ihrem wesentl Inhalt unmittelb in das EG übern. Dies gilt für das Haager UnterhÜbk v 2. 10. 73 (Art 18), das Haager TestamentsformÜbk v 5. 10. 61 (Art 26) u das EGSchuldVertrÜbk v 19. 6. 80 (Art 27–37). Bei der Anwendg dieser **inkorporierten** staatsvertragl Best sind die in Rn 7 erläuterten Grds zu beachten, vgl dazu unten Rn 21 u 28. Daraus ergeben sich **unterschiedliche Auslegungsregeln** für die einzelnen Teile der Kodifikation des dtschen IPR. Der mit der Inkorporation angestrebte Vorteil der RKlarheit u RVereinfachg geht dadch zT verloren. Dies gilt bes für diej Artikel, die teils staatsvertragl u teils autonomen Charakter haben, zB Art 4 III, 6 u 12, bei deren Anwendg je nach Sachgebiet eine unterschiedl Qualifikationsmethode zu befolgen ist; für einheitl Auslegg Pirrung, Int Priv- u VerfR, 1987 S 110. **Vorfragen** sind im Bereich der KollNormen mit staatsvertragl Charakter grdsl unselbst anzuknüpfen, vgl Rn 30, **Rück- od Weiterverwei-**
sung sind nicht zu beachten, vgl Art 4 Rn 12 u 13. **dd)** Im Ausl geltde StaatsVertr sind bei Rück- od 9
Weiterverweisg z beachten, vgl Kropholler BerGesVR 28 (1988) 109. – Die Anfordergen des **Völkerrechts** an das IPR sind gering, vgl dazu Meessen Fschr Mann (1977) 227, Neuhaus JbIntR **78**, 60, Bleckmann DÖV **79**, 309; sie ergeben sich insbes aus der **Europäischen Menschenrechtskonvention;** das dtsche IPR wird ihnen gerecht, vgl Engel RabelsZ **89**, 3, Ehricke EuGRZ **93**, 113, vBar BerGesVR 33 (1994) 191; zur Durchsetzg der EMRK mH des ordre public s Art 6 Rn 7; zur Vereinbark der Sitztheorie im int GesellschR mit der EMRK s Anh zu Art 12 Rn 2; zum int NamensR Art 10 Rn 1 u 7; zum int ErbR Art 25 Rn 18. Zum **Einfluß des EG-Rechts** Art 3 Rn 9.

c) Recht der DDR. In der früh DDR war das EGBGB dch § 15 Abs 2 I Z 2 EGZGB v 19. 6. 75, GBl I 10
517 mit Wirkg zum 1. 1. 76 aufgeh worden; zum gleichem Ztpkt waren auch die famr KollNormen der §§ 15–25 EGFGB v 20. 12. 65 außer Kraft getreten, § 15 Abs 1 II Z 37 EGZGB. Eine umfassende Neuregelg des IPR brachte das **RechtsanwendungsG** v 5. 12. 75, GBl I 748, zuletzt geändert dch G v. 11. 1. 90, GBl I 10; vgl dazu Komm zum RAG, 1989; Lübchen/Posch, ZivilRVerhältnisse mit Auslandsberührg, 1979; Rudolph/Strohbach, Die rechtl Regelg der intersystemaren WirtschBeziehgen der DDR, 1982. Das RAG wurde in der DDR auch im Verh zur BRep angewandt, vgl Mansel DtZ **90**, 226. Es ist mit dem Beitritt zur BRep gem Art 8 u 9 des EiniggsV v 31. 8. 90 außer Kraft getreten. Damit gilt seit dem 3. 10. 90 einheitl das KollR des EGBGB, vgl dazu Anh zu Art 3 Rn 2f u Art 236 Rn 1. Zur Frage der Fortgeltg der von der

DDR abgeschl StaatsVertr auf dem Gebiet des IPR nach dem Beitritt zur BRep vgl Art 236 Rn 2. Eine matr Regelg für internat WirtschVertr enthielt das G v. 5. 2. 76, GBl I 61, das als G über WirtschVertr an Stelle des VertrG v 25. 3. 82 getreten war, vgl dazu G v 28. 6. 90, GBl I 483. Zum KollR ggü der DDR vgl Anh z Art 3 u Art 236 Rn 4.

11 **3) Grundgesetz und IPR.** Die Bestimmgen des dtschen IPR u eines dch sie im Einzelfall zur Anwendg berufenen ausl Rechts sind am GG z messen, BVerfG **31**, 58, NJW **83**, 1968. Danach ist insb die Auswahl der **kollisionsrechtlichen Anknüpfungspunkte** auf Vereinbk mit den GrdRechten zu prüfen, BVerfG **31**, 73; dies gilt auch für die innerstaatl Anwendg staatsvertragl KollNormen, BGH FamRZ **86**, 1200, **87**, 679.

12 Mit der Neuregelg des IPR dch G v 25. 7. 86, BGBl 1142, sind die früheren verfassgswidr familienr KollNormen, vgl dazu Rn 13, dch verfassgskonforme Anknüpfgen ersetzt worden. Das Problem der Verfmäßigk des dtschen IPR dürfte damit vorerst erledigt sein, vgl dazu BGH NJW **96**, 2097 (betr EG 25). Problematisch ist allerd die Verfassgsmäßigk der ÜbergVorschr in Art 220 III S 1 Z 3, vgl dazu EG 15 Rn 10. Auch bei **Anwendung** eines nach dem dtschen IPR maßg **ausländischen Rechts** sind die dtschen **Grundrechte** nach GG 1 III **zu beachten,** BVerfG **31**, 72. Kollr wird der GrdRSchutz dch die VorbehKlausel des ordre public verwirklicht, Art 6 S 2. Dabei sind andere Maßst anzulegen als bei der RAnwendg in einem reinen InlFall: bei ganz od überwiegd auslandsbezogenen Sachverhalten ist eine differenzierde Anwendg der GrdRe im Rahmen ihrer aus der Verf selbst zu entwickelnden Reichweite geboten, BVerfG **31**, 77, BGH **60**, 78, **63**, 226, FamRZ **93**, 317, vgl dazu Art 6 Rn 7.

13 **4) Entstehungsgeschichte der Neuregelung des IPR. a)** Das EG enthielt in seiner urspr Fassg eine lückenh Regelg des IPR in Art 7–31. Sie war im wesentl auf das int Personen-, Familien- u ErbR beschränkt. Allseitige KollNormen, die das anwendb Recht generell best, waren die Ausn. Vor allem die famr KollNormen bestimmten überw nur den AnwendgsBereich des dtschen Rechts (unvollkommene od eins KollNormen). Die Anknüpfg stellte dabei vielf auf die Staatsangehörigk des Mannes ab, die der übr FamMitglieder wurde nicht ausr berücksichtigt. Zentrale Vorschr des früheren int FamR wurden desh vom BVerfG wg Verstoßes gg Art 3 II GG für nichtig erkl, vgl BVerfG **63**, 181 zu EG 15 aF u BVerfG **68**, 384 z EG 17 I aF. Die Fortgeltg and derartiger Vorschr war umstr, eine gleichhkonforme Neuregelg unerläßl. Auch die fortschreitde Überlagerg des autonomen dtschen KollR dch StaatsVertr erschwerte die prakt Handhabg.

14 **b) Umfassende Reformvorschläge** wurden zuerst vom **Deutschen Rat für IPR** vorgelegt; vgl Vorschläge u Gutachten (jew herausgegeben v Lauterbach) zur Reform des dtschen int EheR (1962), des dtschen int Kindsch-, Vormundsch- u PflegschR (1966), des dtschen int ErbR (1969) u des dtschen int Personen- u SachenR (1972), sowie die überarbeiteten Vorschläge u Gutachten (herausgegeben von Beitzke) zur Reform des dtschen int Personen-, Familien- u ErbR (1981) u die Vorschläge u Gutachten zur Reform des dtschen IPR der außervertragl SchuldVerh (herausgegeben von v Caemmerer, 1983), sowie zur Reform des dtschen int Sachen- u ImmaterialgüterR (herausgegeben von Henrich, 1991). Hinzu kam ein im Auftrag des BMJ erstellter **Gesetzentwurf** von **Kühne** (IPR-GesetzEntwurf, 1980, vgl dazu Baer ZBlJugR **80**, 676, FamRZ **81**, 117, Wengler JR **81**, 268, E. Lorenz ZRP **82**, 148, sowie StellgN des Dtschen Instituts für VormschWesen DAVorm **80**, 585 u des Bundesverbandes der Dtschen Standesbeamten StAZ **81**, 165), ferner ein GegenEntw des **Max-Planck-Instituts** für ausl u int PrivatR RabelsZ **80**, 326, vgl dazu auch Dopffel/Drobnig/Siehr, Reform des dtschen IPR, 1980.

15 **c)** Die **Bundesregierung** leitete dem BT am 20. 10. 83 den **Entwurf eines Gesetzes zur Neuregelung des IPR** (IPRG) mit einer StellgN des BR vom 1. 7. 83 u einer Gegenäußerg der BReg zu (**BT-Drucksache 10/504**). Der Entw hat eine lebhafte **Diskussion** in Wissensch u Praxis ausgelöst, vgl die StellgN des Max- Planck-Instituts für ausl u internat PrivatR RabelsZ **83**, 595; ferner Beitzke DAVorm **83**, 163; StellgN des Bundesverbandes der Dtschen Standesbeamten StAZ **84**, 97; Kühne StAZ **84**, 3; Otto StAZ **84**, 29; Schwimann JuS **84**, 14; Sturm FamRZ **84**, 744; Lausanner Kolloquium über den dtschen u den schweizerischen GesetzEntw zur Neuregelg des IPR, 1984; Henrich in: Internat PrivR, internat WirtschR (1985) 339; Geimer Sonderheft DNotZ **85**, 102; Grasmann Fschr Neumayer (1985) 249.

Unter dem Eindruck dieser Diskussion wurde der RegEntw in den Beratgen des **Rechtsausschusses** des BT in nicht unerhebl Umfang abgeändert (vgl dazu BeschlEmpfehlg u Bericht v 9. 6. 86, BT-Drucks 10/5632) und in dieser Fassg vom BT dch Gesetz vom 25. 7. 86, BGBl 1142, verabschiedet. Zur Entstehg des Gesetzes vgl Böhmer RabelsZ **86**, 647; Pirrung, Int Priv- u VerfR, 1987 S 82; zum Einfluß der Haager Abk Kropholler RabelsZ **93**, 207. Das IPRG ist am 1. 9. 86 in Kr getreten; z ÜbergRegelg vgl Art 220 I–III. Die neuen KollNormen sind inzw bereits mehrfach geändert worden; umfangreiche Ändergen hat das KindRG v 16. 12. 97, BGBl 2942 gebracht (Neufassg v Art 10, 19–23). Eine wesentl **Ergänzung** enth das Gesetz zum IPR für außervertragl SchuldVerhe u für Sachen v 21. 5. 99, BGBl 1026 (Art 38–46), vgl dazu BT-Drucks 14/343, Wagner IPRax **99**, 210, Spickhoff NJW **99**, 2209, Staudinger DB **99**, 1589.

16 **d)** Ebenfalls dch Gesetz v 25. 7. 86 hat der BT die **Vertragsgesetze** zum EG-SchuldVertrÜbk v 19. 6. 80 (BT- Drucks 10/503), BGBl **86** II 809, u zu den beiden Haager Übk v 2. 10. 73 über die Anerkenng u Vollstreckg von UnterhEntscheidgen sowie über das auf UnterhPflichten anzuwendde Recht (BT-Drucks 10/258), BGBl **86** II 825, u das UnterhVollstr-Übk-AusführgsG (BT-Drucks 10/241) verabschiedet (BGBl **86** I 1156). Der kollrechtl Inhalt des EG-SchuldVertrÜbk v 19. 6. 80 (gg eine Empfehlg der EG-Kommission vom 15. 1. 85, IPRax **85**, 178) u des Haager Übk über das auf UnterhPflichten anzuwendde Recht v 2. 10. 73 ist in die Neuregelg des IPR in Art 3–46 eingearbeitet; zur Problematik dieser Inkorporation vgl Max-Planck-Institut RabelsZ **83**, 595, 602; v Hoffmann IPRax **84**, 10; Beitzke RabelsZ **84**, 637; Kohler EuR **84**, 155; Nolte IPRax **85**, 71; Matscher/Siehr/Delbrück, Multilaterale StaatsVertr erga omnes u deren Inkorporation in nationale IPR-Kodifikationen (1986); Meyer-Sparenberg, Staatsvertragl Kollisionsnormen (1990) 47; Kropholler RabelsZ **93**, 213.

17 **5) Grundzüge des geltenden IPR. a)** Die Kodifikation des IPR ist weitgehd abgeschl. Die bish fehlde Regelg des Rechts der außervertragl SchuldVerh u des SachenR dch Gesetz v 21. 5. 99, BGBl 1026 erfolgt, vgl dazu Rn 1 vor Art 38. Bislang nicht berücksichtigt sind allerd die jur Personen u Gesellsch; mit Recht krit

Stoll IPRax **84**, 4, vgl dazu Anh z Art 12; eine Neuregelg ist geplant, vgl BT-Drucks 14/343 S 6. Auch die allg AnknüpfgsRegeln sind lückenh; eine Regelg von Vorfragen, Qualifikation u Angleichg (vgl Rn 27–32) fehlt. **b)** Das geltde IPR beruht im Ggs z EG 7 ff aF auf einem System **allseitiger Kollisionsnormen,** regelt 18
also nicht nur die Anwendbark des dtschen, sond jedes beliebigen ausl Rechts; es geht von der Gleichwertigk u Austauschbark der nationalen PrivatROrdngen aus. **Staatsvertragliche** KollNormen, welche ohne Rücksicht auf Gegenseitigk anzuwend sind, wurden inhaltl in das Gesetz **übernommen,** um der Praxis eine einheitl RGrdl des gesamten kodifizierten KollR zu bieten. Auf diese Weise wurden in das Gesetz inkorporiert das Haager TestamentsformÜbk v 5. 10. 61, das Haager UnterhÜbk v 2. 10. 73 u das EG-Schuld-VertrÜbk v 19. 6. 80. **c)** Bei der Anknüpfg des **Personalstatuts** im Bereich des Personen-, Familien- u ErbR 19
folgt das Gesetz grdsätzl dem **Staatsangehörigkeitsprinzip;** diese Regelg ist mit dem Diskriminierungsverbot in EGV 12 I vereinb, ebso MüKo-Sonnenberger Einl IPR Rn 145, vgl Art 3 Rn 9. Damit werden Grundfragen der persönlichen Existenz der Regelg des Heimatstaates unterstellt, weil die Betroffenen diesem Staat und seinem Recht idR eng verbunden sind; ggü Wohns od gewöhnl Aufenth als Anknüpfgspunkten hat die Staatsangehörigk zudem den Vorteil der Stabilität, der sicheren Feststellbark u des einheitl Charakters. Wo das StaatsangehörigkPrinzip versagt, dh vor allem bei RVerh, an denen mehrere Personen mit versch Staatsangehörigk beteiligt sind, wird auf den **gewöhnlichen Aufenthalt** als **Auffanganknüpfung** abgestellt. Dies gilt insb für allg Ehewirkgen, Güterstand u Ehescheidg (Art 14–17). Dabei schreitet das Gesetz über eine sog **Anknüpfungsleiter** von der Anknüpfg an die gemeins bzw letzte gemeins Staatsangehörigk zur ersatzweisen Anknüpfg an den gemeins bzw letzten gemeins gewöhnl Aufenth u schließl zur Anknüpfg aGrd gemeins engster Verbindg fort (vgl Art 14 I). Für die **primäre** Anknüpfg an den **gewöhnlichen Aufenthalt** des Hauptbeteiligten entscheidet sich das Gesetz im **Unterhaltsrecht** (Art 18 I) u im **Kindschaftsrecht** (Art 19–21). Im ganzen stellt die gesetzl Regelg also einen Kompromiß zw StaatsangehörigkPrinzip u AufenthPrinzip dar, sie wird vor allem im internat KindschR dch das **Günstigkeitsprinzip** ergänzt. Dieses sieht im Interesse gewünschter Erg, insbes der Feststellg der Abstammg, **alternative** Anknüpfgen an versch ROrdngen vor (vgl Art 19 I u 20). **d)** Das Gesetz trägt bei der Bestimmg des anwendb Rechts auch dem 20
Parteiwillen Rechnung. Die Möglichk einer **Rechtswahl** wird nicht nur wie bish für das SchuldVertrR (vgl Art 27), sond auch im NamensR (Art 10), für die allg Ehewirkgen (Art 14 III), die güterrechtl Ehewirkgen (Art 15 II), die RNachfolge vTw (Art 25 II) u bereits entstandene ges SchuldVerhe (Art 42) eröffnet; vgl dazu V. Stoll, Die RWahl im Namens-, Ehe- und ErbR, 1991; Schotten Fschr Schippel (1996) 945. **e)** Die Neuregelg des IPR für außervertragl SchuldVerhe u für Sachen enthält in Art 41 u 46 Ausweichklauseln, die eine v den allg Vorschr abw Anknüpfg nach dem Grds der **wesentlich engeren Verbindung** erlauben; vgl auch bereits Art 28 V u 30 II. Damit ist eine flexible Regelg geschaffen, die den Umst des Einzelf Rechng trägt u eine angemessene Lösg für künftig neu auftretde Probleme ermöglicht.

6) Anknüpfung. a) Allgemeines. Die KollNormen des IPR best das anwendb Recht aGrd typischer 21
Merkmale der zu beurteilden LebensSachverh, die auf eine enge Verbindg zu einer ROrdng hindeuten (**Anknüpfungspunkte** od -momente). Die Auswahl dieser Anknüpfgspunkte hängt mit der Eigenart der von den versch KollNormen erfaßten RBereiche **(Anknüpfungsgegenstände)** zus, zB Lageort einer Sache im int SachenR, Staatsangehörigk einer Pers im int NamensR. Die Anknüpfgspunkte variieren also mit dem AnknüpfgsGgst. Sie können in der **Person** der Beteiligten liegen (zB Staatsangehörigk, gewöhnl Aufenth, Verwaltgssitz einer jur Person), in ihren Willenserklärgen (zB RWahl) od Handlgen (zB AbschlOrt eines RGesch, Gebrauchsort einer Vollm, Tatort einer unerl Hdlg) od in den Eigensch einer **Sache** (zB Lageort eines Grdst). Eine Reihe von KollNormen stellen mehrere Anknüpfgspunkte alternativ nebeneinand, ermöglichen also iS des GünstigkPrinzips eine **Alternativanknüpfung** an versch ROrdngen, zB Art 11 I, 26 I. Soweit es sich bei den Anknüpfungspkten um RBegriffe handelt (zB gewöhnl Aufenth, Tatort), braucht sich deren Bedeutg nach den versch ROrdngen nicht notw zu decken. Ihre **Auslegung** kann grdsätzl nur iS der ROrdng erfolgen, der die betr KollNorm angehört, bei Anwendg des dtschen IPR also nach dtschem Recht, bei Anwendg ausl IPR im Rahmen der Prüfg einer Rück- od Weiterverweisg, Art 4 I, nach dem betr ausl Recht. Dagg sind Anknüpfgspunkte in staatsvertragl KollNormen iS einer einheitl Auslegg in allen VertrStaaten zu qualifizieren, vgl näher Rn 7.

Der wichtigste persönl Anknüpfgspunkt, die **Staatsangehörigkeit** (vgl dazu Art 5 Rn 1), wird internat 22
im wesentl einheitl verstanden; ihr Vorliegen ist stets nach dem Recht des Staates zu beurteilen, um dessen Staatsangehörigk es sich handelt; dabei auftretde **Vorfragen,** zB eheliche Abstammg od Eheschließg, sind also unselbständ anzuknüpfen, vgl Rn 30. Zum Begriff des gewöhnl Aufenth vgl Art 5 Rn 10.

b) Tatsächliche Veränderung der Anknüpfgspunkte. Viele Anknüpfgspunkte sind **wandelbar,** zB 23
dch Wechsel der Staatsangehörigk, Verlegg des gewöhnl Aufenth od Verwaltgssitzes, Verlagerg einer bewegl Sache. Sofern die Anknüpfg nicht auf einen best Ztpkt fixiert ist, zB auf die Staatsangehörigk zZ der Eheschl, Art 13 I, od zZ des Erbf abgestellt wird, Art 25 I, ändert sich das anwendb Recht grdsätzl ex nunc mit der Änderg des maßgebden Anknüpfgspunkts (**Statutenwechsel**), zB das RVerh zw Eltern u Kind mit dem jew gewöhnl Aufenth des Kindes, Art 21. Ob u inwieweit dch Wandel der Anknüpfgspunkte auch ein Statutenwechsel eintritt, hängt also von der Formulierg der einzelnen KollNorm ab. Auch iF eines Statutenwechsels besteht aber iZw ein nach dem früheren Statut entstandenes subj Recht als **wohlerworbenes Recht** weiter, gleichgültg, ob es auch nach dem neuen Statut entstanden wäre, vgl zB BGH **63**, 107 (Ehename), BGH NJW **96**, 2097. Ist ein RVerh (zB Ehe) nach dem bish maßgebden Recht unwirks, nach dem nunm anwendb aber wirks, kommt eine Heilg dch Statutenwechsel in Betr, wenn die Beteiligten faktisch auf die Geltg des neuen Rechts vertraut haben, vgl Kropholler IPR § 27 II.

c) Inhaltsänderung des anwendbaren Rechts. Vom Fall der tatsächl Veränderg des maßg Anknüpfgs- 24
punkts z unterscheiden ist der Eintritt einer **inhaltlichen Änderung** des maßg **Rechts.** Ob altes oder neues Recht maßg ist, beurteilt sich nach den Vorschr des **intertemporalen Rechts.** Dies gilt insb bei Änderg des anzuwendenden **IPR.** Zur **Übergangsregelung** anläßl der **Neuregelung** des dtschen IPR dch Gesetz vom 25. 7. 86, BGBl 1142, vgl Art 220, anläßl der dtschen Vereinigg vgl Art 236. Bei Änderg eines ausländ IPR sind dessen ÜbergVorschr maßg (zB bei Prüfg einer Rückverweisg), bei deren Fehlen ersatzw die allg Regeln des intertemporalen Rechts (zB Grds der Nichtrückwirkg, Bestandsschutz für die unter dem alten Recht

vorgenommenen RGesch, vgl Dörner DNotZ **82**, 56, KG StAZ **88**, 326, Rstk NJ **93**, 563) unter Berücksichtigg der bes Interessenlage im IPR. Bei einer Änderg des anwendb **materiellen Rechts** erstreckt sich die kollr Verweisg auch auf die ÜbergVorschr des Sachstatuts, die über die Anwendbark der früh od späteren Bestimmgen entscheiden.

25 **7) Gesetzesumgehung.** Das IPR eröffnet den Parteien gewisse Möglichk, auf das anwendb Recht Einfl zu nehmen, zB dch RWahl, soweit diese zuläss ist, dch Formenmißbr bei VermGesch, dch Manipulierg von Anknüpfgspunkten (zB Wechsel des gewöhnl Aufenth, Verlegg des Abschl- od Lageorts) od dch Erschleichg der int Zustdgk in einem Staat mit and Koll- u Sachnormen (zB Scheidgsparadiese). Eine ges Regelg dieser Problematik fehlt. Sie kann auch nicht allein mit dem ordre public gelöst werden, wie der Fall des argl Einschleichens in die inl ROrdng zeigt, Schurig Fschr Ferid (1988) 386.

26 Grdsl ist auch die zweckorientierte Herstellg der Tatbestdsmerkmale inl od ausl KollNormen wirks. Dies gilt insbes bei einem StaatsangehörigkWechsel, gleichgültig auf welchen Motiven er beruht, BGH NJW **71**, 2124, Schurig Fschr Ferid (1988) 402. Verlegen die Part den AbschlOrt eines RGesch ins Ausl, um die dtsche FormVorschr zu umgehen, so ist die Gesetzesumgehg wg Art 11 I ebenf grdsl nicht z beanstanden, vgl Art 11 Rn 16. Die Ortsform genügt auch für die Eheschl im Ausl ohne Rücks auf das HeimatR der Verlobten, vgl dazu Art 13 Rn 19, 20. Eine von den Part im Rahmen der Parteiautonomie des int SchuldR getr RWahl ist regelm anzuerkennen; bei einem reinen InlGesch kann aber die Anwendg zwingder Vorschr des dtschen Rechts dch Wahl eines ausl Rechts nicht ausgeschl werden, Art 27 III, vgl ferner Art 29 I u 30 I. Wegen des Schutzes der Verkehrsinteressen wirks ist auch die Verbringg einer bewegl Sache in ein and Land zur Herbeiführg der Anwendbk einer günstigeren lex rei sitae, Ferid IPR Rdz 3–187. Im übr ist bei einer in fraudulöser Absicht vorgen Beeinflussg der AnknüpfgsTats zunächst zu prüfen, ob die jew KollNorm diese überh genügen läßt, zB ob dch Kindesentführg gewöhnl Aufenth begründet werden kann, vgl dazu Anh z Art 24 Rn 12. Wäre die Anknüpfg an sich zu beachten, so kann sie weiter mit Rücks auf den Schutzzweck der umgangenen Sachnormen ausgeschaltet werden, zB wenn ein Erwerbsvorgang nur zZw der Umgehg der dtschen AnfVorschr ins Ausl verlegt wird, BGH **78**, 318.

27 **8) Qualifikation. a) Grundsatz.** Die dtschen KollNormen umschreiben ihren jew Anwendgsbereich (AnknüpfgsGgst) mit Begriffen, die dem dtschen mat Recht entlehnt sind, zB RFähigk, GeschFgk, Form von RGesch, Güterstd, Scheidg, Unterh usw. Die **Auslegung** dieser Begr entsch über Reichweite u Abgrenzg der versch KollNormen. Dabei ist von derj ROrdng auszugehen, welche die jew KollNorm aufgestellt hat; für die Qualifikation maßg ist daher grdsl die **lex fori,** vgl BGH **29**, 139 (Zulassg einer Handschuhehe als FormVorschr), **44**, 124 (FamName der verh Frau als pers Ehewirkg), **47**, 324 (Trenng v Tisch u Bett als Scheidg), FamRZ **93**, 290 (unbenannte Zuwendgen unter Eheg), NJW **93**, 2306 (elterl PflVerletzg), NJW **96**, 54 (GarantieVertr), FamRZ **96**, 604 (Anspr aus VerlöbnBruch), Hamm NJW **70**, 390, Düss FamRZ **75**, 42 (ProzKostenVorschußPfl als Folge der UnterhPfl), FamRZ **93**, 1084, Düss FamRZ **97**, 61 (Schenkg vTw), ebso die überw RLehre, vgl zB Kropholler IPR § 16 I, aM vor allem Wolff IPR 3. Aufl 1954 S 54 ff (für Anwendg der lex causae), Rabel RabelsZ **31**, 241 (für autonome rechtsvergleichde Qualifikation), vgl auch Hartwieg RabelsZ **93**, 607 (verfahrensorientierte Qualifikation). Die grdsätzl Maßgeblichk der lex fori bedeutet jedoch nicht, daß die RBegr der dtschen KollNormen notw mit denen des dtschen mat R übereinstimmen; sie müssen vielm entspr ihrer kollr Funktion oft weit ausgelegt werden, um auch ausl Regelgen zu erfassen, BGH **47**, 336 (insow autonome Qualifikation). Dabei ist auch der matr Gehalt der in Betr kommden ausl Sachnormen zu prüfen, insb dann, wenn ein dem dtschen Recht unbekanntes RInstitut subsumiert („qualifiziert") werden muß, zB die Morgengabe nach islam Recht, vgl dazu Art 13 Rn 9. Insow sind die ausl Sachnormen vom Standpkt des ausl R z würdigen u mit den dtschen RInstituten zu vergleichen, BGH **29**, 139. Entsch ist, ob das ausl RInstitut dem VerweisgsBegr der dtschen KollNorm funktionell adäquat ist; als Prüfstein kann dabei dienen, in welchem systemat ZusHang das dtsche mat Recht die betr Frage regeln würde. Unerhebl ist, ob das ausl Recht selbst das RInstitut an einer and Stelle systemat einordnet, zB die Folgen des VerlöbnBruchs deliktisch, Art 13 Rn 30, od die Verj prozeßr qualif, RG **145**, 126, BGH NJW **60**, 1720, od ein dem dtschen Recht überh unbekanntes RInstitut ausgebildet hat, BGH **55**, 188 (Anerkenng v VerwandtschVerh), BayObLG **99**, 168 (Legitimation dch nachfolgde Eheschl). Zur Qualifikation im intertemporalen Recht Deutsch IPRax **92**, 284.

28 **b) Ausnahmen.** Das Vorliegen einer **Rück-** od **Weiterverweisung** dch ein ausl KollR beurteilt sich nach dieser fremden ROrdng; ihr unterliegt daher auch die Qualifikation, s zB BGH FamRZ **80**, 673, vgl auch oben Rn 21, 22, sofern sie nicht selbst eine Qualifikationsverweisg auf ein and Recht enth, zB bei der Ausfüllg des Begr unbewegl Verm im amerik KollR, vgl dazu Schurig IPRax **90**, 389. Die grdsl Maßgeblichk der lex fori schließt nicht aus, Qualifikationsfragen bei **staatsvertraglichen** KollNormen im Interesse ihrer einheitl Anwendg aGrd der Entstehgsgeschichte u des Zwecks des Abk unter vergleichder Heranziehg der ROrdngen der VertrStaaten zu beantworten, vgl oben Rn 7, 8, Meyer-Sparenberg, Staatsvertragl Kollisionsnormen (1990) 132; zur Auslegg int EinhR ebso BGH NJW **76**, 1583.

29 **9) Vorfragen. a) Grundsatz.** Enth der Tatbestd einer vom dtschen IPR zur Anwendg berufenen Sachnorm einen RBegr, für welchen das dtsche IPR eine spezielle KollNorm bereithält, macht also zB ein ausl Deliktsstatut den SchadErsAnspr vom Eigt des Kl abhäng, so fragt es sich, ob solche präjudiziellen RVerh (Vorfragen) dem für die Hauptfrage (SchadErsAnspr od UnterhAnspr) maßg Recht unterliegen od das für sie maßg Recht gesondert anzuknüpfen ist. Eine gesetzl Regelg dieser Frage fehlt. Grdsätzl ist das für die Vorfrage maßgebde Recht gesondert zu best; dabei ist vom IPR der lex fori, dh von den dtschen KollNormen, auszugehen **(selbständige Anknüpfung),** hM, vgl zB BGH NJW **81**, 1901, Kegel IPR § 9 II, Erman-Hohloch Einl Rn 42. Danach beurteilt sich etwa die Frage der Gültigk einer Ehe (Vorfrage) bei der Entsch über den ErbAnspr des überlebden Eheg (Hauptfrage) nicht nach dem IPR des HeimatR des Erbl als dem nach Art 25 berufenen Erbstatut, sond nach dem von Art 13 od Art 17 berufenen Recht, vgl BGH NJW **81**, 1901, i Erg auch Hamm FamRZ **93**, 607. Diese Lösg gewährleistet die einheitl Beurteilg der Gültigk der Ehe für alle im Inl zu entsch Fälle, wahrt also den **inneren Entscheidungseinklang.** Dagg wollen Wengler RabelsZ **34**, 148, Wolff IPR 3. Aufl 1954 S 80, MüKo-Sonnenberger Einl IPR Rn 499 ff Vorfragen grdsl unter Einschaltg der KollNormen des für die Hauptfrage maßg Rechts beurteilen (sog unselbstd Anknüpfg),

für die Vorfrage nach der Wirksamk der Eheschließg ebso Böhmer Fschr Firsching (1985) 41, im Einzelfall auch BayObLG **90**, 1 (im Hinblick auf GG 6 I, krit Wengler IPRax **91**, 105), vgl dazu Rn 30. Diese Lösg sichert die Übereinstimmg mit dem in der Sache in 1. Linie anwendb Recht, wahrt also den **äußeren Entscheidungseinklang.** Keine „unselbständige" Anknüpfg, sond Verz auf gesonderte Anknüpfg überh ist die Beantwortg von Vorfragen in unmittelb Anwendg der einschläggen Sachnormen des Statuts der Hauptfrage (dh ohne Einschaltg von dessen KollNormen), so etwa bei Mü IPRax **88**, 356. Für eine matr Lösg bei hinkden RVerhen Winkler v Mohrenfels RabelsZ **87**, 20, IPRax **88**, 341. **b) Ausnahmen.** Die **unselbständige Anknüpfung** von Vorfragen nach dem IPR des für die Hauptfrage anwendb Rechts ist ausnahmsw dann geboten, wenn das dtsche IPR für die betr Frage keine eigene KollNorm bereithält, zB numm für die Ehelk eines Kindes, die aber nach ausl ROrdngen vielf weiter von Bedeutg ist, zB für die elterl Sorge od im ErbR. Unselbstd anzuknüpfen sind Vorfragen ferner, wenn der äußere EntschEinklang mit diesem Recht aus bes Grden dem Interesse am inneren EntschEinklang vorgeht. Dies gilt insbes für Vorfragen im **Staatsangehörigkeitsrecht;** Eheschließg, Abstammg, Adoption od Legitimation als Vorauss für den Erwerb od Verlust einer Staatsangehörigk sind daher nach dem IPR des Staates zu beurteilen, um dessen Staatsangehörigk es geht, Kegel IPR § 13 II 4, differenzierd Sturm Fschr Jahr (1993) 501. Unselbstd anzuknüpfen sind im Interesse des EntschEinklangs mit dem nach Art 10 I berufenen Recht grdsätzl auch Vorfragen (zB Abstammg) im Bereich des **Namensrechts,** vgl BGH **90**, 140 (and aber BGH FamRZ **86**, 984), BayObLG StAZ **91**, 192 u Art 10 Rn 2.Auch bei **staatsvertraglichem** KollR ist eine unselbstd Anknüpfg von Vorfragen zur Sicherg des internat EntschEinklangs grdsl geboten, vgl Kropholler, Internat EinhR § 22 IV, Wienke, Zur Anknüpfg der Vorfrage bei internatprivatr Staatsverträgen, 1977, aM Meyer-Sparenberg, Staatsvertragl Kollisionsnormen (1990) 146; dies gilt auch für die in das EG inkorporierten staatsvertragl Best, vgl Rn 8. **c) Substitution.** Soweit im Tatbestd einer anzuwendden Sachnorm RBegriffe verwendet werden, zB Auflassg, not Beurk, entsteht das Problem, ob die betr TatbestdElemente auch im Ausl erfüllt werden können, zB ein dtsches Grdst auch im Ausl aufgelassen, § 925, od ein GeschAnteil an einer dtschen GmbH in der Form v GmbHG 15 III als Wirkgsstatut auch vor einem ausl Notar übertr werden kann. Über die Wirksamk einer solchen Substitution ist dch Auslegg der jew Sachnorm zu entsch; dabei kommt es entsch auf die Gleichwertigk des ausl RVorgangs an, vgl dazu Art 11 Rn 7–9.

30 (margin, at "b) Ausnahmen"); 31 (margin, at "c) Substitution")

10) Angleichung (Anpassung). Dch die unterschiedl Anknüpfgspunkte der einz KollNormen werden oft mehrere ROrdngen in einem Fall nebeneinander zur Anwendg berufen. Dabei kann eine Harmonisierg erforderl werden, wenn diese ROrdngen sich widersprechen (Normenhäufg) od eine Lücke lassen (Normenmangel), so etwa wenn das nach Art 15 maßg GüterRStatut keine güterrechtl, sond nur eine erbrechtl u das nach Art 25 maßg Erbstatut keine erbrechtl, sond nur eine güterrechtl Beteiligg des überl Eheg am Verm des Verst vorsieht, vgl Art 15 Rn 26, od ein AuskAnspr nach dem anwendb Sachstatut prozeßrechtl u nach der für das Verf maßg lex fori matrechtl geregelt ist, vgl Art 15 Rn 25, Art 18 Rn 17. Die notw Harmonisierg der versch RSysteme ist dch **Anpassung** der **Kollisionsnormen** (Einschränkg od Erweiterg des Verweisgsumfangs) oder der **Sachnormen** unter Berücksichtigg der Interessenlage zu erreichen, vgl dazu BGH DtZ **93**, 280, Köln FamRZ **95**, 1200, BayObLG **95**, 376, StAZ **96**, 42. 32

11) Anwendung ausländischen Rechts in der Praxis. a) Das dtsche Gericht hat grdsätzl nur sein **eigenes Verfahrensrecht** anzuwenden, vgl zB BGH NJW-RR **93**, 130, BayObLG FamRZ **95**, 1210; dies gilt insb für das BewVerf, BGH WPM **77**, 793, KG IPRspr **77** Nr 19; die Regelg der BewLast ist aber grdsl dem Sachstatut zu entnehmen, BGH **3**, 342, Kblz RIW **93**, 502, vgl dazu Art 32 III 1, ebso die DarleggsLast, BGH NJW **92**, 3106; für eine alternative Anwendg von lex fori u lex causae in beweisrechtl Fragen Coester-Waltjen, Internat BewR, 1983. Die Maßgeblk der lex fori für das Verf schließt die Anwendg ausl VerfVorschr nicht aus, soweit diese vom Standpkt des dtschen IPR matr zu qualifizieren sind, vgl oben Rn 27 u Art 11 Rn 3, 4. 33

b) Nach dem inl VerfR, insb ZPO 293, FGG 12, ist auch die **Ermittlung ausländischen Rechts** vorzunehmen, vgl dazu Fastrich ZZP **84**, 423, Otto StAZ **94**, 178, IPRax **95**, 299, Sommerlad/Schrey NJW **91**, 1377, Samtleben NJW **92**, 3061, Hetger FamRZ **95**, 654, Kindl ZZP **98**, 182; das Recht der ehem **DDR** hat der Ri aGrd eigener Kenntn anzuwenden, BGH FamRZ **97**, 496. Der dtsche Richter hat die für die Entsch maßg ausl RVorschr **von Amts wegen festzustellen,** BGH NJW **92**, 2029, 3106, FamRZ **94**, 434, NJW-RR **95**, 767, NJW **97**, 324, **98**, 1321, 1396, insow besteht also auch keine BewLast, BGH NJW **82**, 1216, IPRax **83**, 178, Ffm NJWE-FER **99**, 194; dies gilt nicht für BewAngebot bzgl ausl Handelsbrauch (TatsBehauptg), BGH JZ **63**, 167. Zu ermitteln ist der wirkl RZust unter Heranziehg von RLehre u Rspr, BGH NJW **91**, 1419, **92**, 3107, IPRax **94**, 42, WM **97**, 1246, NJW **99**, 1476 (DDR-Recht), BayObLG **95**, 243, Düss NJW-RR **97**, 3, KG NJW **98**, 246, einschränkd Däubler IPRax **92**, 83, Samtleben NJW **92**, 3060; dies schließt eine Fortbildg des ausl Rechts für die von ihm nicht bedachten Fallgestaltgen nicht aus, vgl AG Charl IPRax **83**, 128, Rumpf ebda 114, Jayme/Bissias IPRax **88**, 94, and Hamm IPRspr **93** Nr 20. Verpflichtg zur Ermittlg ausl Rechts gilt auch für die SchlüssigkPrüfg im VersäumnVerf, Küppers NJW **76**, 489 gg Mü ebda; geringere Anfordergen gelten im PKH-Verf, Kln FamRZ **97**, 1087, u im summarischen Verf des Arrests od der einstw Vfg, vgl Ffm NJW **69**, 991, Hbg IPRax **90**, 400 (Glaubhaftmachg genügt), Kblz RIW **93**, 939, Kln IPRspr **93** Nr 3, einschränkd Mankowski/Kerfack IPRax **90**, 372, Sommerlad/Schrey NJW **91**, 1381, Schack IPRax **95**, 160. Der Richter hat bei der Ermittlg ausl Rechts alle ihm zugängl ErkenntnQuellen auszuschöpfen, BGH NJW **91**, 1418 (prakt **Hilfsmittel** v. Bar, Ausl Priv- u PrivVerfR in dtscher Sprache, 1998; ders, DeliktsR in Europa, 1994; Bergmann-Ferid, Internat Ehe- u KindschR; Brandhuber/Zeyringer, StA u Ausländer; DNotI, Gutachten z int u ausl PrivR 1993 (1994); Ferid-Firsching-Lichtenberger, Internat ErbR; Drobnig-Ferid-Kegel, Gutachten zum internat u ausl PrivR; Hohloch, Int Scheidgs- u Scheidgsfolgen R, 1998; Schönhofer-Böhner, Haus- u GrdBes im Ausland (1982 ff); die Part müssen ihn dabei nach Kräften unterstützen, BGH NJW **76**, 1581, vgl dazu Fastrich ZZP **84**, 426; haben sie Zugang zu den entspr Quellen, so müssen sie das ausl Recht idR konkr darstellen, BGH NJW **92**, 2029, 3098; and im FGG-Verf, Kln WM **88**, 1749; zur Zulässigk eines AuflagenBeschl Huzel IPRax **90**, 80. Übereinstimmden PartVortrag über Inhalt des ausl Rechts darf Ger idR als richtig zugrdelegen, BAG AWD **75**, 521, Celle RIW **93**, 587, krit Birk Sammlg ArbE **79**, 125; bei kontroverser Darlegg besteht umfassde ErmittlgsPfl, vgl BGH NJW **92**, 34

2029; iü hängen Umfang u Intensität der ErmittlgsPfl von den Umst des Einzelfalls ab, BGH FamRZ **94**, 434. Auf welche Weise der Richter sich Kenntn v maßg ausl R verschafft, steht in seinem Ermessen, ZPO 293, FGG 12, BGH NJW **95**, 1032, WM **97**, 1247 (evtl auch dch StellgN eines RA od Ri aus dem betr Staat), vgl dazu Küster RIW **98**, 275. In der Praxis ist vor allem die Einholg v RGutachten dch wissensch Institute übl (vgl die Übers zu den in Betr kommenden Sachverständigen in DNotZ **94**, 88); vgl dazu BGH NJW **91**, 1418 (Einholg eines Obergutachtens zur ausl RPraxis, dazu Sommerlad RIW **91**, 856, Kronke IPRax **92**, 303, Samtleben NJW **92**, 3057, Schütze DZWir **97**, 331), BGH WM **97**, 1246, NJW **98**, 2453, BayObLG FamRZ **99**, 101, ferner Otto IPRax **95**, 299, Heldrich Fschr Nakamura (1996) 247; im FGG-Verf darf die Einholg solcher GA nicht von einem Kostenvorschuß abhäng gemacht werden, Mannh IPRspr **76** Nr 1; zu der beweisverfr Behandlg von RAuskünften s BGH IPRspr **74** Nr 1 b, SchlH SchlHA **84**, 16 (Beweisgebühr), zur Kostenerstattg für Privatgutachten Köln AWD **85**, 330, Ffm IPRspr **86** Nr 196, Kblz RIW **96**, 432, Huzel IPRax **90**, 82, zur Ladg des Sachverst zur mdl Verhandlg BGH NJW **91**, 1419, **94**, 2959, Otto IPRax **95**, 305, Fuchs RIW **95**, 807; zur Verpflichtung zur Zuziehg eines Sachverst bei der Auslegg einer fremdsprach Vertragsklausel BGH NJW **87**, 591. Zuziehg dch einen Anwalt erfolgt idR im eigenen Namen, AG Charl NJW-RR **95**, 57; zur Haftg des Anwalts Hamm DZWir **97**, 460, Raiser NJW **91**, 2051, Louven VersR **97**, 1050, Gruber MDR **98**, 1399; zur Einholg u Bewertg von RAuskünften in der not BeurkPraxis s Sturm Fschr Ferid (1978) 428, Schütze DNotZ **92**, 76, zur BelehrgsPfl des Not Düss NJW-RR **95**, 1147.

35 Daneben besteht die Möglk, fremdes Recht nach dem **Europäischen Übereinkommen betreffend Auskünfte über ausländisches Recht** vom 7. 6. 68, BGBl **74** II 937, mit Zusatzprotokoll vom 15. 3. 78, BGBl **87** II 60 u 593 (betr Erstreckg auf StrafR, vgl dazu Geimer NJW **87**, 2131) und dem hierzu ergangenen AusfG vom 5. 7. 74, BGBl I 1433, geändert dch G vom 21. 1. 87, BGBl **87** II 58, zu ermitteln. Das Abk ist für die BRep am 19. 3. 75 in Kraft getreten, vgl Bek v 4. 3. 75, BGBl II 300. Es gilt ferner für Belgien, Bulgarien, Costa Rica, Dänemark, Estland, Finnland, Frankreich (einschl überseeischer Gebiete), Georgien, Griechenland, Island, Italien, Lettland, Liechtenstein, Litauen, Luxemburg, Malta, Niederlande (einschl Aruba), Norwegen, Österreich, Polen, Portugal, Rumänien, Russ Föderation, Schweden, Schweiz, Slowakei, Slowenien, Sowjetunion (ehem), Spanien, Tschechien, Türkei, Ukraine, Ungarn, Vereinigtes Königreich, Weißrußland, Zypern, vgl FundstellenNachw B 1999 S 479, zuletzt ergänzt dch Bek v 13. 7. 99, BGBl II 696. Zur Verpflichtg der Gerichte, eine solche Ausk bei Zweifeln über den Inhalt des anwendb Rechts einzuholen, vgl BGH RIW **83**, 617, NJW-RR **92**, 643. AuskErsuchen (zum Inhalt vgl Art 4 des Übk) sind mit SachverhDarstellg u Übersetzg in die Amtssprache des ersuchten Staates der dtschen Übermittlgsstelle vorzulegen, § 1 AusfG, die das Ersuchen unmittelbar der ausl Empfangsstelle zuleitet. Dtsche Übermittlgsstellen sind für die Gerichte des Bundes der BMJ, für die Gerichte der Länder die von den Landesregiergen best Stellen, § 9 II AusfG. Vgl dazu im einz Wolf NJW **75**, 1583, Otto Fschr Firsching (1985) 220, ders JbItalR **91**, 139, **94**, 233 (auch zu prakt Erfahrgen). Zur Verwertg der Ausk einer ausl Botsch Hamm RIW **94**, 514. Im Verh zu Marokko gilt der Vertr v 29. 10. 1985, BGBl **88** II 1054, in Kraft seit 23. 6. 94, BGBl **94** II 1192.

36 Läßt sich der **Inhalt des anwendbaren Rechts nicht** zweifelsfrei **feststellen,** so ist in erster Linie eine größtmögl Annäherg an den unbekannten tats RZustd zu suchen, Heldrich Fschr Ferid (1978) 216, Wohlgemuth StAZ **81**, 41, Ebke RabelsZ **84**, 337, insb auf die Regelg verwandter ROrdngen aus dem gleichen RKreis abzustellen, Erm-Hohloch Einl Rn 56, vgl zB LG Hbg IPRspr **76** Nr 160; sollte auch dies mißlingen, gilt ersatzw dtsches R, Kegel IPR § 15 V 2, **str;** nach BGH **69**, 387, NJW **82**, 1215 gilt als ErsatzR grdsl dtsches Recht, nur wenn dies äußerst unbefriedigd wäre, das nächstverwandte od wahrscheinl geltde Recht, ähnl Stgt DAVorm **84**, 423, Kln IPRspr **93** Nr 3, Ffm NJWE-FER **99**, 194, zustd Sturm StAZ **78**, 323, Buchholz Fschr Hauß (1978) 27, Flessner, Interessenjurisprudenz im IPR (1990) 129, Sommerlad/Schrey NJW **91**, 1383, krit Heldrich Fschr Ferid (1978) 209, Dilger StAZ **79**, 37, Wengler JR **83**, 221, Hohloch BerGesVR 34 (1996) 119; für kollr Ersatzanknüpfg wie iF von Art 5 II Müller NJW **81**, 481, Kindl ZZP **98**, 200, ähnl Kreuzer NJW **83**, 1943, der hilfsw auch die Anwendg internat EinheitsR vorschlägt. Im Verf nach ZPO 620 wird in der Praxis dtsches Recht auch dann angewandt, wenn das an sich maßg ausl Recht nicht schnell genug festgestellt werden kann, Düss FamRZ **74**, 456, KG IPRax **91**, 60, Mankowski/Kerfack IPRax **90**, 374.

37 **c)** Das vom dtschen Richter angewandte **ausländische Recht** ist grdsl **nicht revisibel,** § 549 I ZPO, vgl BGH NJW **91**, 635, NJW **92**, 2029, RIW **96**, 426, Thode EWiR **90**, 515, Gruber ZRP **92**, 6, Schütze ZVglRWiss **93**, 36, DZWir **97**, 331; dies gilt auch dann, wenn es mit dem dtschen Recht übereinstimmt, BGH IPRspr **80** Nr 3; zur Abgrenzg von revisiblen VerfFehlern bei der Ermittlg ausl Rechts BGH NJW **92**, 2029, 3106, Fastrich ZZP **84**, 435, Hanisch IPRax **93**, 71; nicht revisibel ist auch die Auslegung von ausl AGB, BGH NJW **92**, 1033, **94**, 1409. Seit dem Beitritt revisibel ist aber das Recht der DDR, BGH NJW **93**, 260 u 1858, **94**, 260 u 2685, DtZ **94**, 154 (partielles BundesR). Auch ausl Recht ist revisibel, soweit es sich um eine Vorauss für die Anwendg dtschen Rechts wie iF der Rückverweisg, BGH **LM** EGBGB 27 Nr 3, BGH FamRZ **79**, 474, krit dazu Buchholz Fschr Hauß (1978) 30 (nicht dagg auch der Weiterverweisg, BGH **45**, 351), od der Verbürgg der Gegenseitigk nach ZPO 328 I Nr 5 handelt, BGH **42**, 194, **49**, 50. Auch auf die nicht vollst Anwendg ausl Rechts kann die Rev nicht gestützt werden, BGH NJW **63**, 252, IPRspr **74** Nr 2, and aber wenn der Inhalt des ausl Recht überhaupt nicht, nicht als Ganzes od fehlerh ermittelt wurde, BGH NJW **92**, 3106, BGH **122**, 378, IPRax **95**, 38, NJW **97**, 325. Das RevGer kann das anwendb ausl Recht mangels entspr Feststellgen der BerufgsInst selbst feststellen, BGH NJW **97**, 2234; es kann auch eine dem BerufgsGer unbekannte, BGH **40**, 197, od erst nach Erlaß des BerufgsUrt in Kraft getretene ausl RVorschr anwenden, BGH **36**, 348. Eine überraschde Anwendg ausl Rechts in der BerufsgsInst ohne vorher Hinw an die Part verletzt Anspr auf rechtl Gehör, BGH NJW **76**, 474. Da das ausl Recht im Ggs zum dtschen grdsätzl nicht revisibel ist, kann in der TatsInst (im Ggs z RevInst, BGH NJW **91**, 2214, **97**, 2233) grdsl nicht dahingestellt bleiben, ob ausl oder dtsches Recht anzuwenden ist, BGH NJW **96**, 55, aM Mäsch NJW **96**, 1453; Verstöße sind jedoch unschädl, wenn beide ROrdngen im Erg keine entscheidgserhebl Unterschiede aufweisen, BGH **78**, 321, Kln IPRax **90**, 46. – Im arbgerichtl Verf ist auch ausl Recht revisibel, BAG AWD **75**, 521. – Im Verf der FG kann Ger der weiteren Beschw auch ausl Recht nachprüfen, Ffm NJW-RR **94**, 72; eine Vorlage an den BGH nach FGG 28 II wg Abw, die ausschl die Anwendg ausl Rechts betrifft, ist jedoch unzul, BGH FamRZ **79**, 474.

Erster Abschnitt. Verweisung

Vorbemerkung

Die Gliederg des Gesetzes entspr nicht der Systematik des BGB. Der 1. Abschn „Verweisung" enth einige Grds aus den allg Regeln des IPR (Art 3–6), der 2. bringt KollNormen zum „Recht der natürl Pers u der RGesch", mithin zu Fragen aus dem Allg Teil des BGB (Art 7–12); das gesetzl nicht geregelte Recht der jur Pers ist im Anh zu Art 12 dargestellt. Der folgde 3. Abschn betrifft das „FamilienR" (Art 13–24), der 4. das „ErbR" (Art 25 u 26), der 5. das „SchuldR" (Art 27–42) u der 6. das „SachenR" (Art 43–46). 1

EG 3 *Allgemeine Verweisungsvorschriften.* **I Bei Sachverhalten mit einer Verbindung zum Recht eines ausländischen Staates bestimmen die folgenden Vorschriften, welche Rechtsordnungen anzuwenden sind (Internationales Privatrecht). Verweisungen auf Sachvorschriften beziehen sich auf die Rechtsnormen der maßgebenden Rechtsordnung unter Ausschluß derjenigen des Internationalen Privatrechts.**

II Regelungen in völkerrechtlichen Vereinbarungen gehen, soweit sie unmittelbar anwendbares innerstaatliches Recht geworden sind, den Vorschriften dieses Gesetzes vor. Regelungen in Rechtsakten der Europäischen Gemeinschaften bleiben unberührt.

III Soweit Verweisungen im Dritten und Vierten Abschnitt das Vermögen einer Person dem Recht eines Staates unterstellen, beziehen sie sich nicht auf Gegenstände, die sich nicht in diesem Staat befinden und nach dem Recht des Staates, in dem sie sich befinden, besonderen Vorschriften unterliegen.

1) Allgemeines. Art 3 enth Regelgen unterschiedl Art. Abs 1 beschreibt die Aufgabe des IPR u seiner VerweisgsVorschr (KollNormen); er hat den Charakter einer Definitionsnorm. Abs 2 regelt das Verh zw den KollNormen des EGBGB u StaatsVertr sowie Europäischem GemeinschR. Abs 3 normiert den wichtigen kollrechtl Grds der Näherberechtigg; er schränkt den Verweisgsumfang best KollNormen ein. 1

2) Funktion des IPR (Absatz 1). a) Entspr seiner Aufgabe, Rn 1–4 vor Art 3, best das IPR das anwendb Recht bei SachVerh mit **Auslandsberührung (Satz 1).** Daraus folgt zunächst, daß die KollNormen auf reine InlFälle nicht anzuwenden sind; bei diesen bedarf die Anwendg dtschen Rechts keiner Begründg; krit dazu Jahr RabelzZ **90**, 500. Ein ausreichder AuslBezug liegt aber bei SchuldVertr bereits in der Wahl eines ausl Rechts, vgl Art 27 I u III, aM Kindler RIW **87**, 661. Im übrigen läßt das Gesetz die Art der AuslBeziehg offen; strenge Anforderungen dürfen daran nicht gestellt werden, zu weitgehd Düss RIW **95**, 1025, Hamm FGPrax **99**, 56 (Spätaussiedler). **b)** Gefordert wird aber eine Verbindg zum Recht eines **ausländischen** 2
Staates. Dch Art 3 ff **nicht** direkt geregelt wird daher das **innerdeutsche Kollisionsrecht,** vgl Begründg des Entw BT-Drucks 10/504 S 30 u dazu Anh Rn 3. **c)** Nach Abs 1 S 1 best die kollrechtl VerweisgsVorschr, 3
welche „ROrdnungen" anzuwenden sind. Daß es sich dabei nur um PrivatR handeln dürfe, sagt das Gesetz nicht. Das IPR ist zwar das KollR für das PrivatR. Unter Umst werden aber auch Vorschr des **öffentlichen Rechts** von ihm zur Anwendg berufen, soweit sie vom Verweisgsumfang einer dtschen KollNorm erfaßt werden, dh aus der Sicht des dtschen Rechts, vgl dazu Rn 27 vor Art 3, entspr zu qualifizieren sind, zB GenBedürftigk des ErbschErwerbs JPen, KG DtZ **96**, 151, od HeimfallR des Staates bei einem erblosen Nachl als erbr, vgl Art 25 Rn 10. Ein allg Grds der Nichtanwendg ausl öffentl Rechts besteht nicht, vgl Zweigert Fschr Kieler Inst f internat Recht (1965) 124, Siehr RabelsZ **88**, 75, aM BGH **31**, 367, **64**, 183, grdsl auch Schulze, Das öff Recht im IPR (1972) 206, Kegel/Seidl-Hohenveldern Fschr Ferid (1978) 239; dies zeigt etwa die Anwendg ausl StaatsangehörigkGe, Art 5 Rn 1 od ausl VerkVorschr, Art 40 Rn 8; zum TerritorialitätsGrds im internat EnteigngsR vgl Art 43 Rn 12. Zur Anwendbark v Eingriffsnormen eines ausl Schuldstatuts vgl Art 34 Rn 6. **d)** Verweisgen der KollNormen auf das Recht eines ausl Staates sind grdsätzl 4
Gesamtverweisungen, die auch dessen IPR umfassen u daher auch zu einer Rück- od Weiterverweisg führen können, Art 4 I. Eine Ausn gilt für Verweisgen auf **Sachvorschriften** (zB Art 4 II, 12, 18 I, III, 35 I); diese beziehen sich nach **Satz 2** unmittelb auf die Sachnormen des betr Rechts unter Ausschl seiner KollNormen; eine Rück- od Weiterverweisg kommt hier nicht in Betr. Dies gilt insb iF einer RWahl, Art 4 II, soweit diese zugel ist, zB nach Art 10 II u III, 14 II, III, 15 II, 25 II. SachnormVerweisgen sind ferner dann gegeben, wenn eine KollNorm ausdrückl auf **deutsches** Recht (vgl Art 9 S 2, 10 II S 1 Nr 2, III Nr 2, 13 II, III S 1, 17 I S 2, III S 2, 18 II, V, 23 S 2, 24 I S 2, 25 II) od unmittelb auf Sacherfordernisse des maßg Rechts verweist (vgl zB 11 I, II, IV, V, 14 IV, 15 III, 23 S 1, 24 III). SachnormVerweisgen sind schließl alle für SchuldVertr in Art 27–34 vorgesehenen Anknüpfgen, Art 35 I; Rück- u Weiterverweisgen sind daher hier generell ausgeschl. 5

3) Vorrang von Staatsverträgen (Absatz 2). a) Das dtsche IPR beruht zu einem erhebl Teil auf Staatsverträgen, vgl Rn 6 vor Art 3. Abs 2 **Satz 1** stellt klar, daß diese den Vorrang vor dem in Art 3 ff geregelten autonomen dtschen KollR besitzen. **Voraussetzung** dafür ist, daß die betr Vereinbg **völkerrechtlich** in **Kraft** getreten ist, insb die erforderl Zahl von Ratifikationsurkunden hinterlegt ist, **und** in unmittelb anwendb innerstaatl Recht **transformiert** worden ist; das letztere ist bei den KollNormen in Art 1–21 des EG-SchuldVertrÜbk **nicht** geschehen, vgl Art 1 II des ZustimmgsG vom 25. 7. 86, BGBl II 809. Die Umsetzg in unmittelb anwendb innerstaatl Recht kommt bei solchen VertrBestimmgen nicht in Betr, die nur Rechte u Pflichten der vertragschließden Staaten begründen, zB Art 22–33 des EG-SchuldVertrÜbk v 19. 6. 80, vgl Rn 1 vor Art 27. 6

b) Der Vorrang völkerr Vereinbgen vor dem autonomen dtschen Recht ergibt sich nicht bereits aus dem GG, insb nicht aus dessen Art 25, vgl BVerfG **6**, 363, **41**, 120, Maunz-Dürig Rz 29 (sofern das Abk nicht allg 7

Regeln des VölkerR enth); staatsvertragl KollNormen unterliegen daher bei ihrer innerstaatl Anwendg der Nachprüfg auf ihre Verfassgsmäßigk, BGH FamRZ **86**, 1200, **87**, 679, KG IPRax **87**, 117, Karlsr IPRax **90**, 122; vgl dazu BVerfG NJW **99**, 632 (verfassgskonforme Auslegg), Coester-Waltjen JZ **99**, 463. Die innerstaatl Geltg eines Gesetzes wird also dch einen Verstoß gg völkerr VertrR grdsätzl nicht berührt. Die in innerstaatl Recht transformierten StaatsVertr stehen vielm dem einfachen BundesR gleich, Jayme-Meessen, StaatsVertre zum IPR, 1975 S 25, Staud-Hausmann Rn 13. Ihr Verh zum autonomen BundesR beurteilt sich grdsätzl nach den allg Regeln zum Vorrang des späteren bzw des spezielleren Rechts. Danach geht ein früh StaatsVertr einem späteren autonomen BundesG nicht notw im Rang vor; der in Art 3 II angeordnete unbedingte Vorrang des völkervertragl KollR hat desh nicht nur klarstelldеn, sond teilw **konstitutiven** Charakter, ebso Meyer-Sparenberg, Staatsvertragl KollNormen (1990) 68, aM Begründg BT-Drucks 10/504 S 36. Er beschr sich auf die in Art 3 ff selbst getroffenen Regelgen („Vorschriften dieses Gesetzes"), gilt also zB derzeit nicht für das internat GesellschR.

8 **c)** Dagg bezieht sich der in Abs 2 angeordnete **Vorrang** von Staatsverträgen gerade auch auf die in das EG **inkorporierten** KollNormen staatsvertragl Ursprungs, soweit der betr StaatsVertr unmittelb anwendb innerstaatl Recht gew ist, wie die Haager Übk über das auf UnterhVerpflichtgen ggü Kindern anzuwendde Recht vom 24. 10. 56 u über das auf UnterhPflichten anwendb Recht v 2. 10. 73 im Verh zu Art 18, sowie das Haager Übk über das auf die Form letztw Verfüggen anzuwendde Recht vom 5. 10. 61 im Verh z Art 26, nicht dagg auch das EG-Übk über das auf vertragl SchuldVerh anzuwendde Recht v 19. 6. 80 im Verh z Art 27–37, vgl oben Rn 6. Die staatsvertragl KollNorm hat insow Vorrang vor ihrem Abbild im EG, vgl BGH DAVorm **91**, 674; dies erlangt prakt Bedeutg bei der in Art 4 III vorgesehenen Unteranknüpfg bei MehrRStaaten, vgl dort Rn 16. Sofern der Inh der in das EG eingearbeiteten staatsvertragl KollNormen mit dem Inh des StaatsVertr vollst übereinstimmt, wird aber der Vorrang des StaatsVertr dch die Anwendg der entspr KollNorm des EG **nicht verletzt.** Art 3 Abs 2 gebietet daher nicht, im Geltgsbereich eines StaatsVertr stets dessen KollNormen an Stelle derjenigen des EG anzuwenden, ebso vBar IPR I Rz 203, Schurig JZ **87**, 764, Pirrung IPR S 110, i Erg auch Erm-Hohloch Rn 10, aM Jayme IPRax **86**, 266, Basedow NJW **86**, 2975, Mansel StAZ **86**, 316, Meyer-Sparenberg, Staatsvertragl Kollisionsnormen (1990) 72, Staud-Hausmann Rn 33. Die inkorporierten KollNormen staatsvertragl Ursprungs sind aber im Geltgsbereich des StaatsVertr anders **auszulegen** als die autonomen KollNormen des dtschen Rechts. Währd bei diesen die VerweisgsBegre grdsätzl iS der dtschen ROrdnung als lex fori zu verstehen sind, vgl Rn 27 vor Art 3, ist bei jenen eine einheitl Auslegg anzustreben, bei welcher der Wortlaut des StaatsVertr in den verschiedenen VertrSprachen, die Entstehgsgeschichte u der Zweck des Abk sowie die RPraxis in den übr VertrStaaten zu berücks sind, vgl Rn 7 vor Art 3.

9 **d)** Nach Abs 2 **Satz 2** bleiben Regelgen in **Rechtsakten der Europäischen Gemeinschaften** unberührt, gehen also Art 3 ff vor; vgl LG Ffm NJW-RR **98**, 1589, Junker RIW **98**, 743. Die Vorschr ist erst vom RAusschuß in Anlehnung an Art 20 des EG-SchuldVertrÜbk eingefügt worden, um Aufmerksamk auf spezialgesetzl RSetzg dch GemschOrgane zu lenken, BT-Drucks 10/5632 S 39. Sie betrifft nur unmittelb anwendb KollNormen des GemschR und hat wg des Anwendgsvorrangs von GemschR nur deklaratorischen Charakter. Der EG-Vertrag enth bish keine KollNormen, vgl Sonnenberger ZVglRWiss **96**, 10. Der am 1. 5. 99 in Kraft getretene Vertr v **Amsterdam** v 2. 10. 97, BGBl **98** II 387, **99** II 296, schafft aber in Art 61 lit c EGV nF eine GemeinschZustdgk für die justitielle ZusArb in Zivilsachen, die sich nach Art **65 lit b** EGV nF auch auf Maßn zur Förderg der Vereinbk der in den MitglStaaten geltden KollNormen erstreckt, vgl dazu den Aktionsplan des Rates u der Kommission v 3. 12. 98, IPRax **99**, 288, sowie Rn 2 vor Art 38, ferner Basedow EuZW **97**, 609, Jayme/Kohler IPRax **97**, 385, Sandrock ZVglRWiss **99**, 242. Diese Zustdk steht unter einer **doppelten Einschränkung:** Es muß sich um Maßn handeln, die (1) den freien PersVerk betr, vgl Überschr v Titel IV vor Art 61 EGV u (2) für das reibgslose Funktionieren des Binnenmarktes erforderl sind, Art 65 EGV; in Betr kommt also in 1. Linie das int Personen-, Gesellsch-, Schuld- u SachenR; dagg dürften Rechtsunterschiede im int Fam- u ErbR das reibgslose Funktionieren des Binnenmarktes kaum beeinträchtigen, weitergehd aber Aktionsplan aaO Nr 41 a u c (für Ehesachen, Güterstands- u ErbschSachen). Eine unmittelb anwendb gemschr KollNorm enth Art 2 I EWIV-Verordng (VO 2137/85/EWG), vgl Anh z Art 12 Rn 20, Basedow NJW **96**, 1926, sowie Art 1 VO 295/91/EWG, vgl LG Ffm NJW-RR **98**, 1589. Eine versteckte KollNorm enth zB Art 93 der VO 1408/71/EWG zur Anwendung der Systeme der soz Sicherh auf ArbN u Selbstde sowie deren FamAngehör idF von Anh I der VO 2001/83/EWG, vgl dazu Brödermann/Iversen, Europ GemschR u IPR, 1994, Rn 308 ff. **Nicht** unter S 2 fällt nationales, aGrdv **EG-Richtlinien** harmonisiertes Recht, dessen Verh zu Art 3 ff nach den allg Regeln v Vorrang des späteren bzw spezielleren Gesetzes zu beurteilen wäre; allerd ist bei seiner Auslegg der gemschr Hintergrund z berücksichtigen, vgl Lutter JZ **92**, 593. Nicht rechtzeitig umgesetzte Richtl entfalten keine horizontale Direktwirkg, die nationales KollR verdrängen könnte, s EuGH NJW **94**, 2473, **96**, 1402, BGH NJW **97**, 1700, Heinrichs NJW **95**, 154, vgl dazu Art 6 Rn 8. Zu Art 9 der Time-Sharing-Richtl v 16. 10. 1994 vgl TzWrG 8 Rn 2, zu Art 6 II der EG-Richtl über mißbräuchl Klauseln in VerbrVertren v 4. 5. 93 vgl Art 29 Rn 1 u AGBG 12 Rn 1, zu den aGrd einer EG-Richtl erlassenen Art 7–14 EGVVG vgl Art 37 Rn 1. Nicht unter S 2, sond unter S 1 fallen ferner KollNormen in völkerr Vereinbargen zw den MitglStaaten der EU, auch wenn sie aGrdv **Art 220 EGV** geschl werden. Zur RLage beim EG-Übk v 19. 6. 80 über das auf vertragl SchuldVerhe anwendb Recht vgl Vorbem vor Art 27 Rn 1, zum EG-Übk über die ggseitige Anerkenng von Gesellschaften u jur Pers v 29. 2. 68 vgl Anh zu Art 12 Rn 1. Zum **Einfluß des EG-Rechts** auf das IPR Brödermann/Iversen, Europ GemschR u IPR, 1994, Roth IPRax **94**, 165; RabelsZ **91**, 623, v Hoffmann ZfRV **95**, 45, Basedow RabelsZ **95**, 1, NJW **96**, 1921, Sonnenberger ZVglRWiss **96**, 13, Pfeiffer NJW **97**, 1208, Michaels/Kamann JZ **97**, 601, Krebber ZVglRWiss **98**, 124, Gounalakis/Radke ZVglRWiss **99**, 1. Im Anwendgsbereich des GemschR gebietet Art 10 EGV eine gemschrfreundl bzw **gemeinschaftsrechtskonforme Auslegung** und Anwendg des eig IPR (Brödermann/Iversen Rn 419 ff), insb seiner Generalklauseln wie EG 6 (Brödermann/Iversen Rn 1014 ff, Martiny in: v Bar, Europ GemschR u IPR, 1991, 211) u EG 34 (Roth RabelsZ **91**, 660) bzw des berufenen KollR und SachR eines anderen MitglStaates. Läßt sich ein Widerspruch zum GemschR durch Auslegg nicht vermeiden, kann die nationale Norm im Einzelfall nicht zur Anwendg

gelangen. Ein Verstoß gg Art 12 I EGV bzw spez **Diskriminierungsverbote** kommt bei offener od versteckter Privilegierg von Inl im AnwendgsBereich des EGV in Betr. Die Anknüpfg an die Staatsangehörigk, zB bei der GeschFgk, ist keine Diskriminierg, Brödermann/Iversen Rn 457 f, Jayme/Kohler in: Reichelt (Hrsg) Europ KollR, 1993, 129, Sonnenberger ZVglRWiss **96**, 15, zweifelnd Roth RabelsZ **91**, 644, aA Drobnig RabelsZ **70**, 636, Fischer in: v Bar, Europ GemschR u IPR, 1991, 157, Ultsch MittBayNot **95**, 13 (NachlVerf), vgl auch vor Art 3 Rn 19. Das gleiche gilt für den UbiquitätsGrds im dt int DeliktsR (Art 40 Rn 4), vgl Jayme/Kohler aaO, Sonnenberger aaO 17, aA Roth 645. Die gg Art 12 I EGV verstoßde Privilegierg dtscher Staatsangehöriger in EG 38 aF ist beseitigt, vgl dazu jetzt EG 40 III, der einen gemschr unbedenkl speziellen ordre public-Vorbeh enth. Ein Verstoß gg **Beschränkungsverbote** würde vorliegen, wenn dch zwingde Anknüpfgen bzw Sonderanknüpfgen od dch die Anordng eines Statutenwechsels anläßl grenzüberschreitder Vorgänge die Freih des Waren-, Dienstleistgs-, Kapital- bzw Zahlgsverkehrs od der Niederlassg eingeschränkt wird u der Eingr nicht gemschr gerechtfertigt ist, vgl Roth RabelsZ **91**, 645. Derartige Vorschr enth das EGBGB nicht. Zum int NamensR vgl Art. 10 Rn 1 u 7; zur Vereinbark der Sitztheorie im int GesellschR mit Art 43, 48 EGV vgl Anh nach Art 12 Rn 2 u 5; zur RWahlFreih im int SchuldVertrR vgl Art 27 Rn 1, v Wilmowsky RabelsZ **98**, 1; z Haftg bei WettbewVerstoß Art 40 Rn 11; z ProdHaftg Art 40 Rn 10, Taupitz ZEuP **97**, 986. Zur Frage, ob das Herkunftslandprinzip Ändergen, zB im int MobiliarsachenR, erfordert, Jayme/Kohler aaO 129, Roth RabelsZ **91**, 664, Basedow RabelsZ **95**, 41.

e) Die **Kollision mehrerer Staatsverträge** ist in Art 3 II nicht geregelt, vgl dazu Volken, Konventionskonflikte im IPR, 1977; Majoros RabelsZ **82**, 84. Sofern der Konflikt nicht in den betreffden Verträgen selbst normiert ist, wie etwa in Art 21 des EG-SchuldVertrÜbk v 19. 6. 80 (Vorrang anderer internat Übk) od in Art 34 des Haager KindesentführgsÜbk v 25. 10. 80, ist auf allg Prinzipien zurückzugreifen. Danach wird in 1. Linie eine generelle staatsvertragl Regelg dch eine speziellere verdrängt; in 2. Linie geht, soweit sich die VertrPart decken, in ihrem Verh zueinander das jüngere Abk vor, im übr gilt dasj Abk, dem beide Staaten als VertrPart angehören, vgl Art 30 III u IV des Wiener Übk v 23. 5. 69 über das Recht der Verträge, BGBl **85** II 926. 10

4) Vorrang des Einzelstatuts (Absatz 3). a) Die KollNormen des Fam- u ErbR unterstellen die RVerh 11
einer Pers, zB ihren Güterstd od ihre Beerbg, grdsätzl einer einzigen ROrdng als „Gesamtstatut", ohne dabei auf den Lageort ihrer VermGgst Rücks z nehmen. In sachl Übereinstimmg mit Art 28 aF ordnet Abs 3 den Vorrang eines von diesem Gesamtstatut versch BelegenhStatuts (lex rei sitae) an, soweit dieses für die in seinem Gebiet befindl VermGgste „besondere Vorschriften" aufstellt. Damit wird dem Interesse der Dchsetzbk u Sachnähe Rechng getragen, BGH **131**, 29. Die betr Ggste zu best, obliegt dem Recht des BelegenhStaates, BayObLG **98**, 247. **b)** Diese Regelg bezieht sich auf alle Verweisgen im 3. u 4. Abschnitt, die das **Vermögen** 12
einer Pers einem best Recht unterstellen, insbes also das Ehewirkgsstatut, Art 14, das GüterRStatut, Art 15, das Scheidgsstatut (zB bezügl Hausratsteilg), Art 17, das KindschStatut, Art 21, das VormschStatut, Art 24, u das Erbstatut, Art 25. Die Art der VermGgste ist gleichgültg; der Vorrang des BelegenhStatuts gem Abs 3 gilt nicht nur für Grdst u bewegl Sachen, sond uU auch für Rechte, vgl Piltz FamRZ **79**, 991, Kropholler IPR § 26 II. Eine Abs 3 entspr SonderVorschr enth Art 11 IV für die Form von GrdstVertr. **c) Besondere** 13
Vorschriften des BelegenhStaates sind zunächst Best über **Sondervermögen** (Fideikommisse, Lehen usw), im dtschen Recht zB für Vererbg des GesellschAnteils eines pers haftden Gesellschafters (Sondererbfolge), aM MüKo-Sonnenberger Rn 36, v Oertzen RIW **94**, 819, od für landwirtsch Höfe (SonderNachf des Hoferben), BGH MDR **65**, 818, Oldenbg IPRspr **79** Nr 135, Stöcker WPM **80**, 1134, **nicht** dagg über die GenBedürftigk v RGesch über Grdst, BGH NJW **69**, 369, od über Hausrat u Ehewohng getrennt lebder Eheg, vgl Art 14 Rn 18, aM KG IPRspr **96** Nr 67, od VersorggsAnwartsch, die auch im Hinbl auf §§ 1587 ff nach dtschem Recht kein SonderVerm bilden, aM AG Charl NJW **84**, 2043, Piltz FamRZ **79**, 991, ebensowenig der Grds des numerus clausus der dingl Rechte im dtschen SachenR, dessen Anwendbk der lex rei sitae, nicht aber Abs 3 zu entnehmen ist, aM BayObLG **61**, 4, 19. **d)** Darü hinaus fallen unter Abs 3 aber 14
auch **kollisionsrechtliche Vorschriften,** die eine **Vermögensspaltung** vorsehen, zB dch unterschiedl Anknüpfg für bewegl u unbewegl Verm, vor allem bei Spaltg des GüterRStatuts od der **Nachlaßspaltung,** wenn also zB nach der lex rei sitae für Grdst ein and ErbStatut gilt als für das übr Verm, Art 25 Rn 2, wie in den USA, BGH NJW **93**, 1921, in Frankreich, BayObLG **82**, 288, NJW-RR **90**, 1033, Zweibr OLGZ **85**, 413, od Belgien, Köln FamRZ **92**, 860, sowie in der fr DDR, RAnwendgsG 25 II, vgl KG ROW **86**, 379, BayObLG **98**, 242 u dazu Art 25 Rn 24, zur RLage in Österreich Art 25 Rn 2; von Bedeutg ist dies, wenn die lex rei sitae nicht von den allg dtschen KollNormen als Gesamtstatut z Anwendg berufen wird. Die Erbfolge ist dann für jeden TeilNachl nach den dafür geltden Vorschr gesondert zu beurteilen; zur Haftg für NachlVerbindlichken vgl Art 25 Rn 9, zur Testamentsform Art 26. Die gg die Anwendg v Art 28 aF bei kollr VermSpaltg geltd gemachten Gründe dürften mit der ausdrückl Beibehaltg der Vorschr in Art 3 Abs 3, vgl dazu BT-Drucks 10/504 S 36, erledigt sein, ebso Hanisch ZIP **90**, 1246, aM Solomon IPRax **97**, 81. **Keine** 15
besonderen Vorschren iSv Abs 3 sind gegeben, wenn der BelegenhStaat eine andere Anknüpfg des Gesamtstatuts vorsieht, zB das Erbstatut für den gesamten Nachl mH des Wohns statt mit der Staatsangehörigk des Erblassers best.

Anhang zu Art 3

Innerdeutsches Kollisionsrecht

1) Allgemeines. Die Teilg Dtschlands nach dem Ende des 2. Weltkriegs hatte den Verlust der REinheit 1
zur Folge. In der BRep u in der DDR entwickelten sich höchst unterschiedl ROrdngen. Die Best des anwendb Rechts wurde in Westdeutschland mH „interzonaler" „interlokaler" od „innerdeutscher" KollNormen vorgen, die in entspr Anwendg des IPR entwickelt wurden. In Ostdeutschland wurde das RAG v 5. 12. 75 unmittelb angewandt, vgl Rn 10 vor Art 3. Mit der Vereinigg der beiden dtschen Staaten wurde Deutschland wieder zu einem einheitl RGebiet. Den ersten Schritt zu diesem Ziel bildete der StaatsVertr über die Schaffg einer Währgs-, Wirtsch- u Sozialunion v 18. 5. 90, BGBl II 517 (in Kraft seit 30. 6. 90, BGBl II 700), der eine Vereinh in Teilbereichen des Handels-, Wettbew-, Gesellsch-, Arbeits- u VerbraucherschutzR gebracht hat. Gem Art 8 des **Einigungsvertrages** v 31. 8. 90, BGBl II 885, ist in der früh DDR mit Wirkg

zum 3. 10. 90 grdsl das ges **Bundesrecht** in Kraft getreten; dies gilt insb für das **BGB,** Art 230. Überleitgs-Vorschr enth Art 231 ff; danach bleibt in gewissem Umfang für „Altfälle" das bish Recht anwendb. Ob u inwieweit als bish Recht das Recht der früheren DDR maßg ist, hängt von den Vorschr des innerdtschen KollR ab, vgl dazu Art 236 Rn 4. Auch nach der dtschen Vereinigg bleiben desh KollNormen zur Best der maßg dtschen TeilROrdng erfdl.

2 Mit dem BundesR ist im Beitrittsgebiet auch das im EG geregelte **IPR** am 3. 10. 90 in Kraft getreten. Die Frage der Anwendbark dtschen od ausl Rechts ist also seither ausschließl nach diesen Vorschr zu beantworten. Das RAG der früh DDR v 5. 12. 75, vgl dazu Rn 10 vor Art 3, ist gleichzeitig außer Kraft getreten. Es bleibt aber im IPR nach der **Übergangsregelung** in **Art 236** § 1 auf vor dem Stichtag abgeschl Vorgänge anwendb, vgl dazu näher dort Rn 6 ff.

3 Eine gesetzl Regelg des **interlokalen Privatrechts** für das vereinigte Deutschland fehlt. Art 3 ff sind nicht unmittelb anwendb, vgl Art 3 Rn 3. Die Entwicklg entspr KollNormen wurde in der BRep der RPraxis überlassen, vgl Begr BT-Drucks 10/504 S 30. Diese hat schon bish die Regeln des **IPR** grdsl auch im innerdtschen KollisionsR **entsprechend** angewandt, BGH **40**, 32, **85**, 16, 22 (nicht für Scheidgsfolgen), Mü OLGZ **86**, 188. Die auf dieser Grdl entwickelten Anknüpfgsregeln sind gem Art 8 EiniggsVertr am 3. 10. 90 auch im Beitrittsgebiet in Kraft getreten, BGH **124**, 273, Art 236 Rn 1. Für die Anwendg des gleichzeitig außer Kraft getretenen RAG der DDR v 5. 12. 75 ist auch im Rahmen der Überggsregelg in Art 236 kein Raum mehr, da diese nur für das IPR gilt, vgl dort Rn 1 u 4.

4 **2) Anknüpfung des Personalstatuts.** Die bislang hM stellte bei der Best des anwendb Rechts im Bereich des Pers-, Fam- u ErbR statt auf die Staatsangehörigk auf den **gewöhnlichen Aufenthalt** (zum Begr siehe Art 5 Rn 10) des od der Betroffenen ab, BGH **40**, 32, FamRZ **76**, 612, BGH **91**, 196. Die abw Ansicht, die das dtsche Personalstatut mH der effektiveren dtschen Staatsangehörigk bestimmen wollte, vgl Nachw in 50. Aufl, hat mit dem Untergang der Staatsbürgersch der DDR am 3. 10. 90 ihre Grdl verloren. Im Interesse einheitl Anknüpfgsregeln im innerdtschen KollR kann an ihr auch bei der Beurteilg von Altfällen, deren Tatbestd sich vor der dtschen Vereinigg ereignet hat, nicht länger festgehalten werden, ebso BGH FamRZ **94**, 305, im EinzFall auch BayObLG **93**, 388, and Mansel DtZ **90**, 227. Soweit die Anknüpfg an den gewöhnl Aufenth versagt, wie bei AuslDtschen, od im Einzelfall zu unangemessenen Ergen führt, ist das maßg dtsche Personalstatut analog Art 4 III 2 mH des Prinzips der engsten Verbindg zu bestimmen, vgl Kropholler IPR § 29 III, Beitzke StAZ **90**, 150, Rauscher StAZ **91**, 1, Spickhoff JZ **93**, 343.

EG 4 ***Rück- und Weiterverweisung; Rechtsspaltung.*** **[I]Wird auf das Recht eines anderen Staates verwiesen, so ist auch dessen Internationales Privatrecht anzuwenden, sofern dies nicht dem Sinn der Verweisung widerspricht. Verweist das Recht des anderen Staates auf deutsches Recht zurück, so sind die deutschen Sachvorschriften anzuwenden.**

[II]Soweit die Parteien das Recht eines Staates wählen können, können sie nur auf die Sachvorschriften verweisen.

[III]Wird auf das Recht eines Staates mit mehreren Teilrechtsordnungen verwiesen, ohne die maßgebende zu bezeichnen, so bestimmt das Recht dieses Staates, welche Teilrechtsordnung anzuwenden ist. Fehlt eine solche Regelung, so ist die Teilrechtsordnung anzuwenden, mit welcher der Sachverhalt am engsten verbunden ist.

1 **1) Grundsatz der Gesamtverweisung (Absatz 1). a)** Das IPR ist nationales, von Land zu Land versch Recht; die Anknüpfgspunkte der KollNormen der einz Staaten können voneinander abweichen (zB Staatsangehörigk od Wohns bei der Best des Personalstatuts, vgl Art 5 Rn 1). Das auf einen konkreten Fall anzuwendde Recht kann also variieren je nachdem, wo er zur Entsch gelangt. Daraus ergibt sich das Problem, ob ein abw kollr Standpunkt einer and beteiligten ROrdng bei der Best des maßg Rechts zu berücks ist. Nach Abs 1 S 1 erfaßt die Verweisg der dtschen KollNormen auf ein ausl Recht grdsätzl nicht nur dessen Sachnormen, sond auch seine KollNormen (Gesamtverweisg). Der dtsche Richter hat also im Interesse des äußeren EntschEinklangs grdsätzl auch das IPR der zur Anwendg berufenen fremden ROrdng zu beachten, vgl dazu aber die beachtl rechtspolitische Kritik v Mäsch RabelsZ **97**, 285. Will dieses das dtsche Recht angewandt sehen (**Rückverweisung** oder „renvoi") od erkl es eine dritte ROrdng für maßg (**Weiterverweisung**), so ist dem zu folgen. Die Auslegg (Qualifikation) der fremden KollNormen erfolgt dabei auf der Grdl der betr ausl ROrdng, RG **145**, 85, BGH **24**, 352, NJW **80**, 2016, sofern diese nicht eine Qualifikationsverweisg auf ein and Recht enth, vgl Rn 28 vor Art 3. Das fremde IPR unterliegt aber der Kontrolle des Art 6, wenn dieser auch selten eingreifen wird, vgl dort Rn 9.

2 **b)** Vor allem im angloamerikanischen Recht existieren auf manchen RGebieten, zB im Ehe- u KindschR, keine echten KollNormen iSv VerweisgsVorschr; statt dessen wird ledigl die int Zustdgk („jurisdiction") der eigenen Gerichte geregelt, die ihr eigenes mat Recht als lex fori anwenden. Ist danach die int Zustdgk der Gerichte eines fremden Staates gegeben, so bleibt diesen stillschw die Anwendg ihrer eigenen SachVorschren überlassen. Die darin liegde **versteckte Rückverweisung** bzw Weiterverweisg ist ebenf zu beachten, vgl KG NJW **80**, 535, BayObLG **65**, 245, Bambg FamRZ **79**, 930, Zweibr NJW-RR **99**, 948, krit z Konstruktion Schwimann NJW **76**, 1000; vgl ferner Beitzke RabelsZ **84**, 627; Adam IPRax **87**, 100.

3 **c)** Um ein endloses Hin u Her zu vermeiden, muß die Rück- od Weiterverweisg einmal **abgebrochen** werden. Nach Abs 1 S 2 ist daher die **Rückverweisung** dch das fremde IPR selbst dann unmittelb auf die dtschen **Sachvorschriften** (unter Ausschluß des dtschen IPR, vgl Art 3 I 2) zu beziehen, wenn das fremde IPR an sich ebenf eine Gesamtverweisg ausspricht, also seiners von einer Rückverweisg dch das dtsche IPR ausgehen würde. Bei einer Rückverweisg auf das dtsche Recht bleibt es also entgg dem Interesse am äußeren EntschEinklang in jedem Fall bei der Anwendg der dtschen Sachnormen („Heimwärtsstreben"). Die maßg dtsche TeilROrdng ist soweit erfdl mH des innerdtschen KollR zu best, vgl dazu Anh zu Art 3 u Art 236 Rn 4f. Im Fall einer **Weiterverweisung** bleibt es jedenf dann bei der Anwendg der Sachnormen der

berufenen dritten ROrdng, wenn die Weiterverweisg sich von vornherein nicht als Gesamtverweisg versteht. Geht das vom dtschen IPR berufene fremde IPR dagg ebenf vom Grds der Gesamtverweisg aus, so führt seine Weiterverweisg nach Abs 1 S 1 grdsätzl auch zum IPR des dritten Staates; eine Rück- od Weiterverweisg dch dessen KollNormen ist daher grdsl ebenf anzuerkennen. Führt dies zum dtschen Recht, so wird die **Verweisungskette** hier abgebrochen, Abs 1 S 2, sonst bei derj fremden ROrdng, die erstmals erneut in der Verweisgskette erscheint (Analogie zur Rückverweisg), aM Michaels RabelsZ **97**, 685. **d)** Rück- od Weiter- 4
verweisg waren auch im **innerdeutschen Kollisionsrecht** zu beachten, wenn die KollNormen der BRep auf das Recht der DDR verwiesen u dieses das Recht der BRep oder eines 3. Staats für anwendb erklärte, vgl BGH FamRZ **79**, 793, KG ROW **86**, 379, 162, Mansel DtZ **90**, 232. Seit dem Beitritt der fr DDR zur BRep u dem damit verbundenen Außerkrafttreten des RAG, vgl Art 236 Rn 4, ist das innerdtsche KollR vereinheitlicht. Eine Rück- od Weiterverweisg kommt daher insw nicht mehr in Betr.

2) Ausnahmen (Sachnormverweisung). Der Grds der Gesamtverweisg wird von zahlr Ausn durch- 5
brochen. **a)** Soweit das dtsche IPR **deutsches** Recht für anwendb erklärt, zB Art 9 S 2, 10 II S 1 Nr 2, III Nr 2, 13 II, III S 1, 16, 17 III S 2, 18 II, V, 24 I S 2, bezieht sich dies stets ohne weitere kollr Prüfg unmittelb auf die dtschen SachVorschren. **b)** Bei Verweisg auf ein fremdes Recht ist dessen IPR **nicht** zu beachten, 6
sofern dies dem **Sinn der Verweisung widerspricht,** Abs 1 S 1. Bei dieser erst im Rechtsausschuß eingefügten Einschränkg, vgl BT-Drucks 10/5632 S 39, handelt es sich um eine Ausn vom Prinzip der Gesamtverweisg, die eng auszulegen ist, aM Flessner, Interessenjurisprudenz im IPR (1990) 139, Mäsch RabelZ **97**, 307 (Anwendg bei allen Anknüpfgen, die nicht auf die Staatsangehk abstellen). Maßg sind dabei die rechtspolit Ziele der dtschen Verweisgsnormen. Die Anwendg von Art 4 I S 1 HS 2 kommt danach vor allem bei **alternativen Anknüpfungen** aGrd des GünstigkPrinzips in Betr, vgl Rn 19 vor Art 3, zB Art 19 I 7
S 2 u 3, 20. Soweit dch Rück- od Weiterverweisg der Sinn einer solchen alternativen Anknüpfg, dh das Erreichen eines günstigen Erg (zB Feststellg der Vatersch) verfehlt werden würde, ist sie nicht zu beachten. Im Erg bedeutet dies, daß insoweit dch Rück- od Weiterverweisg das Spektrum der anwendb ROrdngen nur erweitert, nicht aber verengt werden darf; es sind daher jedenf **auch** die Sachnormen der vom dtschen IPR alternativ berufenen ROrdngen zu prüfen; sollte dies zu einem negativen Erg führen, kann jedoch auch hier unbedenkl dch Rück- od Weiterverweisg die Anwendbk weiterer ROrdngen erschlossen werden, zust Kartzke IPRax **88**, 9, Kropholler IPR § 24 II, aM Kühne Fschr Ferid (1988) 258, Rauscher NJW **88**, 2153. Die Beachtg einer Rück- od Weiterverweisg ist nach dem Sinn der Verweisg ferner bei Maßgeblk des Rechts 8
der **gemeinsamen engsten Verbindung,** Art 14 I Nr 3, od einer Anknüpf aGrd einer **wesentlich engeren Verbindung** iR der AusweichKl der Art 41 I u 46 ausgeschl. Diese Anknüpfgen beruhen auf einer Würdigg aller Umst des Einzelfalles, berufen also unabhäng von typisierenden Kriterien wie Staatsangehörigk od gewöhnl Aufenth das für den **konkreten** Fall sachnächste Recht; dch eine Beachtg der KollNormen dieser ROrdng würde die vom dtschen IPR vorgesehene Wertg für den Einzelfall uU verfehlt. Dch die Anknüpfg aGrd der engsten Verbindg werden daher unmittelb die Sachnormen der betr fremden ROrdng für anwendb erkl, ebso Siehr Fschr Ferid (1988) 441, Piltz, Internat ScheidgsR (1988) 58, Staud-Henrich Art 19 Rn 39, Erm-Hohloch Rn 18, Staud-Hausmann Rn 97, grdsl auch Stoll FS Keller (1989) 521, aM v Bar IPR I Rn 622 u II Rn 208, Pirrung IPR S 110, MüKo-Sonnenberger Rn 28, Kropholler IPR § 24 II, Kartzke IPRax **88**, 9, Kühne Fschr Ferid (1988) 262, Ebenroth/Eyles IPRax **89**, 11, für Abwägg im Einzelfall Breuer in Rahm/Künkel Hdb VIII Rz 76. Nach dem Sinn der Verweisg ebenf ausgeschl ist der Renvoi bei denj 9
akzessorischen Anknüpfgen, die einen **Gleichlauf** mit einem best zugrdeliegdn RVerh sichern wollen, wie bei Art 38 I, 39 II, 40 IV u 41 II Nr 1, vgl dazu Rn 3 vor Art 38, ebso bei Art 44 u 45 II; das gleiche gilt bei der akzessorischen Anknüpfg des Deliktsstatuts für ErsAnspr in Zushang mit der Verletzg von VertrPfl, vgl dazu Art 40 Rn 6; dagg ist der Renvoi nach dem Sinn der Verweisg nicht ausgeschl bei den akzessorischen Anknüpfgen im int FamR, Kartzke IPRax **88**, 10, auch soweit sie auf Art 14 I Nr 2 beruhen, da damit kein unbedingter Gleichlauf versch Statute sichergestellt werden soll. Auch bei der Anknüpfg an den Tatort widerspricht die Beachtg einer Rück- od Weiterverweisg nicht dem Sinn der Verweisg, vgl Art 40 Rn 1; zur Beachtlk des Renvoi iR der AusweichKl des Art 41 vgl dort Rn 2. Auch die Anwendg **gleichberechtigungswidriger** ausl **Kollisionsnormen** im Rahmen einer Rück- od Weiterverweisg widerspr nicht notw dem Sinn der dtschen Verweisg, and für einen Sonderfall BGH FamRZ **87**, 681; die Ausschaltg solcher Vorschr kann nur über EG 6 erfolgen, vgl dort Rn 9, wie hier Kartzke IPRax **88**, 11, Schurig IPRax **88**, 93, Ebenroth/Eyles IPRax **89**, 11, abw Kühne Fschr Ferid (1988) 259, Böhmer/Siehr FamR II 1.8.1.3. **c) Ver-** 10
weisungen des dtschen IPR auf **Sachvorschriften** einer best ROrdng, zB Art 11, 12 u 18 schließen nach Art 3 I 2 die Prüfg einer Rück- od Weiterverweisg von vornherein aus; vgl dazu näher Art 3 Rn 5.
d) Derartige Sachnormverweisgen liegen nach **Absatz 2** in allen Fällen einer vom Gesetz zugelassenen 11
Rechtswahl vor, zB bei Art 10 II, III, 14 II u III, 15 II, 25 II, 42. Maßg sind hier nur die SachVorschr des gewählten Rechts unter Ausschl seiner KollNormen; dies gilt auch soweit die getr RWahl sich mittelb kraft akzessorischer Anknüpfg auf and Sachgebiete auswirkt, zB nach Art 15 I, 17 I S 1, Kartzke IPRax **88**, 10, teilw abw Kühne Fschr Ferid (1988) 263. Die Wahl eines KollR ist nicht möglich, aM Schröder IPRax **87**, 92 (im SchuldVertrR). **e)** Aus ähnl Erwäggen ist eine Rück- od Weiterverweisg für den Bereich der **vertragli-** 12
chen Schuldverhältnisse überhaupt ausgeschlossen, Art 35 I. **f)** Auch bei **staatsvertraglichen** KollNor- 13
men ist Rück- od Weiterverweisg grdsl unbeachtl, vgl Kropholler, Internat EinhR § 22 III; v Bar IPR I Rn 212. Dies gilt insb für die in den neueren Haager Konventionen ausgespr Anwendbk des innerstaatl Rechts („loi interne"), vgl zB MSA Art 2–4 u dazu Anh zu Art 24 Rn 16–33, sowie grdsl Graue RabelsZ **93**, 26; desh ist auch bei Art 18, vgl dort Rn 3, u Art 26, vgl dort Rn 2, eine Rück- od Weiterverweisg grdsl ausgeschl. Soweit nach einem StaatsVertr Rück- od Weiterverweisg ausnahmsw zu beachten sind, wird dies zT auf die Fälle ausdr AO beschr, zB Haager EheschlAbk Art 1, vgl Anh z Art 13 Rn 4.

3) Unteranknüpfung bei Mehrrechtsstaaten (Absatz 3). a) Führt eine kollr Verweisg zum Recht 14
eines Staates ohne einheitl PrivatR (MehrRStaat), vgl dazu Rn 4 vor Art 3, so muß die maßg TeilROrdng dch eine Unteranknüpfg best werden. Diese ergibt sich nach Abs 3 S 1 1. HS („ohne die maßgebde zu bezeichnen") unmittelb aus den Anknüpfgspunkten der dtschen VerweisgsVorschr, soweit diese auf einen best Ort abstellen (zB Tatort, Lageort, gewöhnl Aufenth). Hier wird das anzuwendende TeilR bereits dch die

Präzisierg der vom dtschen IPR ausgesprochenen Verweisg direkt best; für eine Befragg des interlokalen PrivatR des betr MehrRStaates ist insow kein Raum, Ferid IPR Rz 2–38, Stoll FS Keller (1989) 515, Ebenroth/Eyles IPRax **89**, 6, aM Rauscher IPRax **87**, 206, der dies entgg dem Wortlaut des Abs 3 S 1 1. HS nur für Sachnormverweisgen, nicht auch für Gesamtverweisgen des dtschen IPR gelten lassen will, Jayme IPRax **89**, 288 (für Anwendg v Abs 1 S 1) u v Bar IPR I Rn 281, der die in Abs 3 S 1 1. HS vorgesehene Präzisierg der Verweisg nur im Rahmen von Abs 3 S 2 anwenden will, ebso Spickhoff JZ **93**, 337. Läßt sich die maßgebde TeilROrdng nicht unmittelb mit einem vom dtschen IPR verwandten räuml Anknüpfgspunkt bestimmen, wie bei der Anknüpfg an die Staatsangehörigk, aGrd gemeins engster Verbindg, aM Spickhoff JZ **93**, 337, od bei einer personalen RSpaltg, so bleibt die erforderl Unteranknüpfg nach Abs 3 S 1 2. HS in zweiter Linie dem interlokalen od interreligiösen PrivatR des betr ausl Gesamtstaates überlassen; zur RLage in den USA vgl Droop Jura **93**, 293, Bungert IPRax **93**, 10, in Jordanien Elwan/Ost IPRax **96**, 389. Vor allem im angloamerikanischen RKreis haben Staaten ohne REinheit jedoch auch kein einheitl ILR entwickelt, sind also auch kollr gespalten. Hier ist nach Abs 3 S 2 das TeilR anwendb, mit welchem der Sachverh am engsten verbunden ist; vgl dazu Spickhoff JZ **93**, 336. Im Bereich des Pers-, Fam- u ErbR entsch danach regelm der gewöhnl bzw letzte gewöhnl Aufenth derj Person in ihrem Heimatstaat, auf welche die dtsche KollNorm abstellt, krit Hay IPRax **88**, 266; im Rahmen v Art 14 I entsch die Verhältn beider Eheg, vgl dazu Stoll FS
15 Keller (1989) 523. **b)** Bei der Prüfg einer **Rück- oder Weiterverweisung** n Abs 1 S 1 kommt es auf die KollNormen der dch Unteranknüpfg nach den eben erläuterten Regeln best TeilROrdng an, wenn der betr MehrRStaat auch kollr im Verh zur Außenwelt gespalten ist, also jedes RGebiet sein eigenes IPR besitzt (zB USA). Verfügt der Gesamtstaat dagg über ein einheitl IPR, so entsch dessen KollNormen (als die für alle TeilROrdngen geltende Regelg) über das Vorliegen einer Rück- od Weiterverweisg nach den oben Anm 1 erläuterten Regeln, zT aM Otto IPRax **94**, 1. Auch bei Unteranknüpfg aGrd engster Verbindg gem Abs 3 S 2 ist die Beachtg einer Rück- od Weiterverweisg nicht ausgeschl, Stoll FS Keller (1989) 521. **c)** Im Bereich der
16 vertragl SchuldVerhe trifft Art 35 II eine **Sonderregelung** der Unteranknüpfg bei MehrRStaaten. Eine mit Abs 3 nicht durchwegs übereinstimmde Regelg enth die in den Haager Abk verwandte interlokalr Formel, vgl dazu Ferid IPR Rz 2–35, 5, Rauscher IPRax **87**, 207, Stoll FS Keller (1989) 518, etwa Art 14 MSA, vgl Anh z Art 24 Rn 48, Art 1 II des Haager TestamentsformÜbk vom 5. 10. 61, vgl Anh z Art 26 Rn 1, u Art 16 des Haager UnterhÜbk vom 2. 10. 73, vgl Anh z Art 18 Rn 6. Die Abweichg dieser Vorschr von Abs 3 erkl sich überwiegd aus der Anknüpfg an die Staatsangehörigk, bei der eine unmittelb Bezeichng der maßg TeilROrdng nicht in Frage kommt, zutr Stoll aaO. Ein sachl Unterschied zu Abs 3 besteht ledigl bei Art 16 Haager UnterhÜbk, aM Stoll aaO; diese Vorschr geht Abs 3 vor, EG 3 II; im Anwendgsbereich des UnterhÜbk ist also das anwendb TeilR allein mit Hilfe des fremden ILR bzw des Grds der engsten Verbindg
17 zu bestimmen. **d)** Soweit das anwendb R durch **Rechtswahl** best wird, richtet sich diese gem Abs 2 unmittelb auf die Sachnormen einer wählbaren TeilROrdng; die Unteranknüpfg ergibt sich also aus dem Parteiwillen, vgl Stoll FS Keller (1989) 526.

EG 5 *Personalstatut.*

[I] Wird auf das Recht des Staates verwiesen, dem eine Person angehört, und gehört sie mehreren Staaten an, so ist das Recht desjenigen dieser Staaten anzuwenden, mit dem die Person am engsten verbunden ist, insbesondere durch ihren gewöhnlichen Aufenthalt oder durch den Verlauf ihres Lebens. Ist die Person auch Deutscher, so geht diese Rechtsstellung vor.

[II] Ist eine Person staatenlos oder kann ihre Staatsangehörigkeit nicht festgestellt werden, so ist das Recht des Staates anzuwenden, in dem sie ihren gewöhnlichen Aufenthalt oder, mangels eines solchen, ihren Aufenthalt hat.

[III] Wird auf das Recht des Staates verwiesen, in dem eine Person ihren Aufenthalt oder ihren gewöhnlichen Aufenthalt hat, und ändert eine nicht voll geschäftsfähige Person den Aufenthalt ohne den Willen des gesetzlichen Vertreters, so führt diese Änderung allein nicht zur Anwendung eines anderen Rechts.

1 **1) Staatsangehörigkeitsprinzip. a)** Das dtsche IPR geht bei der Anknüpfg des Personalstatuts, dh des auf die pers LebensVerhe anwendb Rechts im Bereich des Personen-, Familien- u ErbR, vom StaatsangehörigkGrds aus: Personalstatut ist danach grdsätzl das HeimatR des Betroffenen. Nur wo das StaatsangehörigkPrinzip versagt, wird ersatzw an den gewöhnl Aufenth angeknüpft; vgl dazu Rn 19 vor Art 3. Das StaatsangehörigkPrinzip liegt auch dem IPR der meisten kontinentaleurop ROrdngen zugrunde; dagg wird vor allem im angloamerikan RKreis an den Wohns („domicile") angeknüpft. **b)** Welche Staatsangehörigk jmd besitzt, entsch allein das **Staatsangehörigkeitsrecht** des betr Staates; soweit danach Erwerb od Verlust der Staatsangehörigk von privatr Vorgängen abhängen, zB Eheschließg, ehel Abstammg od Adoption, ist deren Wirksamk daher nach dem IPR des Staates zu beurteilen, um dessen Staatsangehörigk es geht (unselbständ Anknüpfg einer Vorfrage), Rn 30 vor Art 3. Zum geltden dtschen StaatsangehörigkR vgl Anh Rn 6–8; zum ausl StaatsangehörigkR vgl etwa Bergmann-Ferid, Internat Ehe- u KindschR; zum Einfluß des EG-Rechts Zimmermann EuR **95**, 55. **c)** Das StaatsangehörigkPrinzip bedarf einer Ergänzg, wenn eine Person eine mehrf od überhaupt keine Staatsangehörigk besitzt; diese enth Abs 1 u 2. Abs 3 regelt die Beachtlichk eines unfreiwilligen AufenthWechsels, soweit das dtsche IPR auf das AufenthR verweist.

2 **2) Personalstatut von Doppel- oder Mehrstaatern (Absatz 1). a)** Durch Anknüpfg an die Staatsangehörigk kann das Personalstatut allein nicht best werden, wenn der Betroffene mehrere Staatsangehörigken besitzt, zB bei Einbürgerg unter Beibehaltg der bish Staatsangehörigk; zu den kollr Konsequenzen vgl Nomer JZ **93**, 1142, Martiny JZ **93**, 1145, Kiliç StAZ **94**, 77, Dethloff JZ **95**, 64. Handelt es sich dabei **nur** um **ausländische** Staatsangehörigken, so ist für die Anknüpfg nach Abs 1 **Satz 1** diejenige maßg, mit welcher er am engsten verbunden ist. Bei der Feststellg dieser sog **effektiven Staatsangehörigkeit** ist in erster Linie, aber nicht notw allein, auf den gewöhnl Aufenth, vgl dazu Rn 10, zum maßgden Ztpkt abzustellen, sofern sich dieser in einem der **Heimatstaaten** befindet. Daneben sind aber auch and Umst aus dem vergangenen,

gegenwärt u für die Zukunft geplanten Verlauf seines Lebens zu berücksichtigen, zB Inanspruchn staatsbürgerl Rechte u Erfüllg staatsbürgerl Pflichten, kulturelle Prägg, Sprache, wirtschaftl, berufl u private Verbindgen, Zukunftspläne, vgl dazu Mü FamRZ **94**, 634, Mansel, Personalstatut, Staatsangehörigk u Effektivität (1988) § 7 Rn 304, Dörner StAZ **90**, 2. Unter Umst kann daher trotz gewöhnl Aufenth in einem Heimatstaat die Staatsangehörigk eines and die effektive sein. Dabei ist auch der erkl Wille des Betroffenen zu beachten, soweit er den tats Verh nicht offenkundig widerspricht. Bei gewöhnl Aufenth in einem **Drittstaat** kommt es bei der Ermittlg der effektiven Staatsangehörigk auf die sonstigen Umst des Lebensverlaufs an, insb auf die offenkundige Präferenz des Betroffenen, hilfsw die größere Ähnlkeit der Lebensformen des AufenthStaates mit einem der beiden Heimatstaaten, BayObLG **84**, 164, krit Mansel IPRax **85**, 212, and auch Ffm FamRZ **94**, 716; eine schematische Anknüpfg an den letzten gewöhnl Aufenth ist verfehlt, aM Mansel aaO § 7 Rn 380. Zur Problematik der Nichtfeststellbark einer effektiven Staatsangehörigk Ffm FamRZ **94**, 716 (für entspr Anwendg v EG 5 II).

b) Besitzt der Betroffene neben einer ausl **auch** die **deutsche Staatsangehörigkeit** od ist er auch Dtscher 3
iS des GG vgl Anh Rn 6–13, so ist diese RStellg nach Abs 1 **Satz 2** bei der Anknüpfg allein maßg. Dies gilt im Ggs zur früh Rspr, vgl zB BGH **75**, 32, BGH NJW **80**, 2016, **81**, 520, LG Stgt StAZ **94**, 260, selbst dann, wenn die Beziehg zu einem ausl Heimatstaat wesentl enger ist. Das Gesetz stellt insow das Interesse an RKlarh u Praktikabilität über das Interesse an der Maßgeblkeit der sachnäheren ROrdng; für Einzelfallkorrektur Sonnenberger, BerGesVR 29 (1988) 21. **c) Ausnahmen** vom Vorrang der effektiven (S 1) bzw dtschen (S 2) 4
Staatsangehörigk sieht das Gesetz bei den RWahlMöglichk in Art 10 II, III u 14 II vor. Hier wird ausdrückl auch die Anknüpfg an die nicht effektive bzw nicht dtsche von mehreren Staatsangehörigken gestattet. Eine analoge Anwendg dieser AusnVorschr auf die in Art 15 II eröffnete RWahlMöglk ist geboten. Darü hinaus kann eine nicht effektive bzw nicht dtsche Staatsangehörigk in Abweichg von Art 5 I auch bei den im Gesetz vorgesehenen alternativen Anknüpfgen an versch HeimatRe im Interesse günstiger Ergebnisse, insbes bei Art 19 I, 20, berücksichtigt werden, aM Pirrung IPR S 121; vgl dazu für einen Sonderfall Art 26 I Nr 1. Im **internationalen Verfahrensrecht** gilt Art 5 I nicht, BGH **118**, 328. Soweit die (internat) Zustdgk dtscher 5
Ger v der RStellg als Dtscher abhängt, zB nach §§ 606 a I, 640 a II ZPO, §§ 35 b I, 36 II, 43 b I, III, IV FGG, bleibt aber wie bish eine daneben bestehde ausl Staatsangehörigk außer Betr, vgl zB BayObLG FamRZ **97**, 959, aM jetzt KG FamRZ **98**, 440 (krit Henrich IPRax **98**, 248), zum MSA vgl Anh z Art 24 Rn 19.

3) Personalstatut von Staatenlosen (Absatz 2). a) Die Anknüpfg an die Staatsangehörigk versagt bei 6
Personen, die keine Staatsangehörigk besitzen (Staatenlosen). Nach Abs 2 tritt bei diesen ebso wie nach Art 29 aF an die Stelle der Staatsangehörigk ihr **gewöhnlicher Aufenthalt,** vgl dazu Rn 10, bei Fehlen eines solchen ihr schlichter Aufenth, als Anknüpfgspunkt ihres Personalstatuts. Das gleiche gilt bei Personen, deren Staatsangehörigk **nicht festgestellt** werden kann, vgl zB Hamm StAZ **95**, 238, FamRZ **95**, 1603, Zweibr StAZ **96**, 269, ferner AG Neumünster RPfl **87**, 311 mit abl Anm v Deumeland (betr Palästinenser, vgl dazu BVerwG StAZ **94**, 82, KG FamRZ **96**, 546, Mühl-Jäckel Fschr Berge (1989) 43, Börner IPRax **97**, 51, sowie Anh zu Art 5 Rn 2), zB Asylbewerbern, die ihren Paß weggeworfen haben. Ob eine Person staatenlos ist, beurteilt sich nach allen in Betr kommden StaatsangehörigkGesetzen, vgl Rn 1. Der Richter hat die Staatsangehörigk vAw festzustellen, soweit es kollr darauf ankommt, BGH WM **87**, 218. Eine Bindg an Feststellgen ausl Behörden besteht nicht, BGH IPRspr **77** Nr 110. **b)** Abs 2 wird weitgehend dch **vorrangige völker-** 7
vertragliche Regelungen verdrängt. Dies gilt insbes für das New Yorker **Übereinkommen über die Rechtsstellung der Staatenlosen** vom 28. 9. 54, BGBl **76** II 473, vgl Anh Rn 1, 2; nur soweit dieses Abk nicht eingreift, dh insbes bei Palästinaflüchtlingen, die unter der Obhut der UNRWA stehen, ist Abs 2 anzuwenden, vgl Begründg BT-Drucks 10/504 S 41. Ein sachl Widerspr zw beiden Regelgen besteht jedoch nicht, da auch das Abk iS einer Anknüpfg an den gewöhnl Aufenth auszulegen ist, vgl Anh Rn 2. Soweit Staatenlose unter den Anwendgsbereich der **Sonderregelungen** für **Verschleppte und Flüchtlinge** fallen, vgl dazu Anh Rn 3–33, gehen diese dem Abs 2 als SpezialGe ebenf vor. **c)** Personalstatut eines Staatenlosen 8
ist nach Abs 2 in erster Linie das Recht seines gewöhnl Aufenth. **Rück- oder Weiterverweisung** dch die KollNormen dieser ROrdng sind aber nach den allg Grds zu beachten, vgl zB KG IPRax **86**, 41. **d)** Staa- 9
tenlose mit gewöhnl Aufenth im Inl besitzen nach Abs 2 ebso wie nach Art 12 des im Anh Rn 1, 2 abgedruckten Abk **deutsches Personalstatut.** Die Frage, ob sie desh auch als **Deutsche** iS aller derj Kollisionsnormen z behandeln sind, die an diese Rechtsstellung anknüpfen, zB Art 7 II, 13 II, III, 17 I, 18 V, ist nach dem Sinn u Zweck der einz VerweisgsVorschren z beantworten. Die volle Gleichstellg mit Dtschen ist immer dann geboten, wenn die betr KollNorm nicht als Exklusivnorm zG od zum Schutz Dtscher zu verstehen ist.

4) Anknüpfung an den gewöhnlichen Aufenthalt; vgl dazu Baetge, Der gewöhnl Aufenth im IPR, 10
1994. **a)** Der Begr des gewöhnl Aufenth als Auffanganknüpfg des Personalstatuts, vgl Rn 19 vor Art 3, wird vom Gesetz nicht definiert. Gemeint ist der Ort eines nicht nur vorübergehden Verweilens, an dem der Schwerpunkt der Bindgen einer Person insbes in familiärer od berufl Hins, ihr **Daseinsmittelpunkt,** liegt, BGH NJW **75**, 1068, **93**, 2048. Entsch sind also in erster Linie die obj Merkmale der Dauer u Beständigk des Aufenth; der Wille, den AufenthOrt zum Daseinsmittelpunkt zu machen, ist nicht erforderl, BGH NJW **81**, 520, **93**, 2048. Auch einen abgeleiteten gewöhnl Aufenth, zB für Kinder, entspr § 11 gibt es nicht, da allein die tats Verhe entsch, vgl zB LG Kassel StAZ **96**, 118 (Kind einer Asylbewerberin), KG FamRZ **98**, 441; freil werden Kinder idR den gewöhnl Aufenth eines ElternT teilen, vgl zB Brem FamRZ **92**, 963 (Schulort). Der gewöhnl Aufenth ist also ein fakt Wohns, der auch dch zeitweilige Abwesenh bei Rückkehrwillen nicht aufgeh wird (zB Internatsbesuch), BGH NJW **75**, 1068, **93**, 2048, sofern dadch der Schwerpunkt der Bindgen der Pers nicht verändert wird, vgl zB Hamm FamRZ **89**, 1331 (auswärtiger Studienort, vgl dazu Henrich IPRax **90**, 59), NJW **91**, 3101, **92**, 637, Celle FamRZ **91**, 598; dagg begründet zwangsw Verbringen od Verbleiben an einem Ort keinen gewöhnl Aufenth (Strafhaft, Kriegsgefangensch), Kln FamRZ **96**, 946, v Bar IPR I Rn 529, vgl auch Hamm FamRZ **93**, 69, Hbg NJW-RR **93**, 40, str, aM zB Raape-Sturm § 9 A III 4, vgl auch Abs 3 u dazu unten Rn 11; ob Soldaten einen gewöhnl Aufenth am Stationiergsort begründen, hängt von den Umst des EinzFalls ab, insbes von der vorgesehenen Dauer des Aufenth, vgl dazu Zweibr NJW-RR **99**, 948. Ein mehrf gewöhnl Aufenth ist ausgeschl, da der

Daseinsmittelpunkt auf einen einzigen Ort verweist, v Bar IPR I Rn 528, grdsl auch Kropholler IPR § 39 II 6, str, aM BayObLG **80**, 52, **96**, 124, KG FamRZ **87**, 603, Erm-Hohloch Rn 55, Soergel-Kegel Rn 49, Spickhoff IPRax **95**, 189 (Grenzpendler); dagg muß eine Pers nicht notw immer einen gewöhnl Aufenth besitzen, BGH NJW **93**, 2049; z gewöhnl Aufenth auf einem Schiff vgl LG Hbg NJW-RR **95**, 183. Der gewöhnl Aufenth erfordert eine gewisse Eingliederg in die soziale Umwelt, welche dch die tats Dauer des Aufenth indiziert wird; als Faustregel wird in der Praxis häufig von 6 Monaten ausgegangen, Hamm FamRZ **91**, 1347, NJW **92**, 637, Mü FamRZ **81**, 389, Düss FamRZ **95**, 38, Celle FamRZ **91**, 1222, Bamb IPRspr **89** Nr 134, Ffm FamRZ **96**, 1479, zurückhaltder BGH FamRZ **97**, 1070. Ist der Aufenth von vornherein auf längere Dauer angelegt, so kann er aber auch schon mit seinem Beginn als gewöhnl Aufenth angesehen werden, BGH NJW **93**, 2049, Hamm NJW-RR **92**, 711, **97**, 6, Celle FamRZ **93**, 95, Kln FamRZ **95**, 172, Düss FamRZ **99**, 112; insof spielen bei der Feststellg des gewöhnl Aufenth auch subj Merkmale eine Rolle. Der auf Verweilen gerichtete Wille ist aber unbeachtl, wenn der längerfristige Aufenth nach fremdenr Best ersichtl unzul ist, LG Bln DAVorm **78**, 679 (betr offenbar unbegründeten AsylAntr), Karlsr FamRZ **90**, 1351, Memmg DAVorm **91**, 876, Brem FamRZ **92**, 962 (abgelehnter Asyl-Antr), LG Rottw NJW-RR **95**, 967, Kln FamRZ **96**, 946, Kblz FamRZ **98**, 756, aM Spickhoff IPRax **90**, 227; ausgeschl wird dadch jedoch nur die Bejahg eines gewöhnl Aufenth **vor** Abschl der soz Integration. Ist diese unzweifelh gegeben, zB bei Asylbewerbern mit mehrjährigem Aufenth im Inl, so ist der inl gewöhnl Aufenth unabhäng vom voraussichtl Abschl des AsylVerf zu bejahen, LG Kassel StAZ **90**, 170, Hamm NJW **90**, 651, Nürnb FamRZ **89**, 1304, Kblz FamRZ **90**, 536, LG Stgt DAVorm **90**, 887, Kiel DAVorm **91**, 960, Karlsr FamRZ **92**, 317, aM Memmg DAVorm **91**, 876, Soergel-Kegel Rn 47, vgl dazu auch Brem FamRZ **92**, 962, Spickhoff IPRax **90**, 225. Ob die Vorauss eines gewöhnl Aufenth erfüllt sind, ist nach den Verhen zu dem für die Anknüpfg maßg Ztpkt zu beurteilen, bei einer SchutzMaßn nach Art 1 MSA daher im Ztpkt der tatrichterl Entsch, BGH
11 NJW **81**, 520, abl Schlosshauer-Selbach FamRZ **81**, 536. **b)** Nach Abs 2 wird das Personalstatut von Staatenlosen dch Anknüpfg an ihren gewöhnl, ersatzw an ihren schlichten Aufenth best. Darü hinaus wird in zahlr KollNormen des Ehe- u KindschR statt an die Staatsangehörigk an den gewöhnl Aufenth einer Person angeknüpft, vgl Rn 19 vor Art 3. Der gewöhnl Aufenth kann jedenf nicht gg den Willen des Betroffenen begründet werden, vgl Rn 10. Ist er **nicht voll geschäftsfähig,** so kommt es nach **Absatz 3** auf den Willen seines gesetzl Vertreters an. Dies gilt insbes in den Fällen einer **Kindesentführung.** Ob die GeschFgk fehlt, ist dabei nach dem von Art 7 berufenen Recht z beurteilen. Wer der gesetzl Vertr ist, beurteilt sich gem Art 21 nach dem Recht des gewöhnl Aufenth des Kindes; maßg sind dabei die tatsächl Verhe **vor** dem AufenthWechsel, vgl Begründg BT-Drucks 10/504 S 42. Abs 3 stellt klar, daß eine AufenthÄnderg einer nicht voll geschfähigen Person **ohne** (dh nicht notwend gegen) den Willen ihres gesetzl Vertr, bei gesetzl Vertretg dch beide Eltern also ohne den Willen beider Eltern, für sich **allein** keinen Statutenwechsel herbeiführt. Dies entspr der Praxis bei der Anwendg v Art 1 MSA, vgl Anh zu Art 24 Rn 12. Dch die Entführg eines Kindes dch einen nicht od nicht allein sorgeberecht ElternT ohne den Willen des (auch od allein) sorgeberecht anderen ElternT wird also ein neuer gewöhnl Aufenth nicht begründet. Der neue AufenthOrt kann aber bei Hinzutreten weiterer Umst, dh insbes bei fester u dauerhafter Eingliederg in die neue soziale Umwelt, zum gewöhnl Aufenth werden, vgl dazu Art 1 MSA Anh zu Art 24 Rn 12 mwN; dabei kann auch die oben Rn 10 genannte Faustregel für die Begründg eines neuen gewöhnl Aufenth nach 6 Monaten nur als grober Anhaltspunkt dienen, vgl dazu Düss FamRZ **94**, 644, Stgt FamRZ **97**, 52; ands ist aber der entggsthde Wille des Sorgeberecht ein Indiz dafür, daß der neue Aufenth noch nicht auf Dauer angelegt ist, BGH NJW **81**, 520, Düss FamRZ **84**, 194, Hamm NJW **92**, 638, NJW-RR **97**, 6, Celle FamRZ **91**, 1222, vgl auch Bambg NJW-RR **90**, 774, Mansel IPRax **87**, 302. – Die unmittelb prakt
12 Bedeutg von Abs 3 ist gering, da er im **Bereich des MSA nicht** anwendb ist; dort haben sich aber bei der Beurteilg von Kindesentführgen entspr Grdse herausgebildet, vgl dazu Anh zu Art 24 Rn 12. Zur Rückführg vgl **Haager KindesentführgsÜbk** v 25. 10. 80 Anh zu Art 24 Rn 59, insbes dessen Art 12 II (keine Rückgabe bei Einleben in die neue Umgebg). Im übr gilt Abs 3 aber uneingeschränkt bei Anknüpfgen an den gewöhnl Aufenth eines nicht voll geschfähigen Vollj sowie bei Anknüpfgen an den gewöhnl Aufenth eines Mj außerh des sachl od räuml Anwendgsbereichs des MSA.

Anhang zu Art 5

I. Übereinkommen über die Rechtsstellung der Staatenlosen

Vom 28. 9. 1954, BGBl **1976** II 474

Vorbemerkung

1 Art 5 II wird weitg verdrängt dch das Übk über die RStellg der Staatenlosen v 28. 9. 54. Es ist für die BRep am 24. 1. 77 in Kraft getr, vgl Bek v 10. 2. 77, BGBl II 235; zum Kreis der VertrStaaten vgl FundstellenNachw B 1999 S 337, zuletzt ergänzt dch Bek v 16. 8. 99, BGBl II 807. Die RStellg der Staatenlosen sollte ursprüngl zus mit der RStellg der Flüchtlinge in einer Konvention geregelt werden. Das Übk stimmt daher weitgehd mit der Genfer Flüchtlingskonvention überein; auf die Erläutergen hierzu kann verwiesen werden, vgl Anh Rn 19–29.

2 Der Begr des Staatenlosen wird in Art 1 definiert. Der AusnKatalog in Art 1 II entspr im wesentl Art 1 D–F der Flüchtlingskonvention (Anh Rn 19–29), vgl Rn 23. Die Anwendbk des Übk entfällt nach Art 1 II i insb bei Palästinaflüchtlingen, die unter der Obhut der UNRWA stehen; ist dies nicht der Fall, kommt Anwendbk auch bei Palästinensern in Frage, vgl dazu BVerwG InfAuslR **92**, 161, StAZ **93**, 357, **94**, 82, OVG Münster NVwZ **89**, 790, OVG Bln InfAuslR **90**, 76, Börner IPRax **97**, 52. In Art 12 I wird das **Personalstatut** der Staatenlosen, dh alle RVerhe, die nach dtschem IPR dem HeimatR einer Pers unterstellt sind, an den Wohns angeknüpft; die nach dem fr Personalstatut erworbenen Rechte bleiben bestehen, Art 12 II. Diese Regelg entspr Art 12 der Flüchtlingskonvention, vgl dort Rn 29; der Begr des **Wohnsitzes** ist auch hier iS des **gewöhnlichen Aufenthalts** zu verstehen, vgl dazu Rn 27, sowie Begründg BT-Drucks 10/504 S 41. Im

Erg stimmt damit die Anknüpfg des Personalstatuts in Art 12 mit Art 5 II EG bzw Art 29 EG aF überein; ein **Statutenwechsel** für Staatenlose wurde also dch das Inkrafttr des Übk in Dtschland **nicht** bewirkt. Im pers Anwendgsbereich überschneidet sich das Übk weitgehend mit der Genfer Flüchtlingskonvention, da viele Flüchtlinge staatenl sind. Wg der identischen Anknüpfg des Personalstatuts nach beiden Abk braucht aber die Frage ihrer Abgrenzg kollr nicht entsch zu werden.

Art. 1 Definition des Begriffs „Staatenloser". (1) *Im Sinne dieses Übereinkommens ist ein „Staatenloser" eine Person, die kein Staat auf Grund seines Rechtes als Staatsangehörigen ansieht.*

(2) *Dieses Übereinkommen findet keine Anwendung*

i) auf Personen, denen gegenwärtig ein Organ oder eine Organisation der Vereinten Nationen mit Ausnahme des Hohen Flüchtlingskommissars der Vereinten Nationen Schutz oder Beistand gewährt, solange sie diesen Schutz oder Beistand genießen;

ii) auf Personen, denen die zuständigen Behörden des Landes, in dem sie ihren Aufenthalt genommen haben, die Rechte und Pflichten zuerkennen, die mit dem Besitz der Staatsangehörigkeit dieses Landes verknüpft sind;

iii) auf Personen, bei denen aus schwerwiegenden Gründen die Annahme gerechtfertigt ist,

a) daß sie ein Verbrechen gegen den Frieden, ein Kriegsverbrechen oder ein Verbrechen gegen die Menschlichkeit im Sinne der internationalen Übereinkünfte begangen haben, die abgefaßt wurden, um Bestimmungen hinsichtlich derartiger Verbrechen zu treffen;

b) daß sie ein schweres nichtpolitisches Verbrechen außerhalb ihres Aufenthaltslands begangen haben, bevor sie dort Aufnahme fanden;

c) daß sie sich Handlungen zuschulden kommen ließen, die den Zielen und Grundsätzen der Vereinten Nationen zuwiderlaufen.

Art. 12 Personalstatut. (1) *Das Personalstatut eines Staatenlosen bestimmt sich nach den Gesetzen des Landes seines Wohnsitzes oder, wenn er keinen Wohnsitz hat, nach den Gesetzen seines Aufenthaltslands.*

(2) *Die von einem Staatenlosen früher erworbenen, sich aus seinem Personalstatut ergebenden Rechte, insbesondere die aus der Eheschließung, werden von jedem Vertragsstaat vorbehaltlich der nach seinen Gesetzen gegebenenfalls zu erfüllenden Förmlichkeiten geachtet; hierbei wird vorausgesetzt, daß es sich um ein Recht handelt, das nach den Gesetzen dieses Staates anerkannt worden wäre, wenn der Berechtigte nicht staatenlos geworden wäre.*

II. Sonderregelungen für Flüchtlinge, Verschleppte und Vertriebene

Vorbemerkung

Die jüngste Geschichte hat zahll Menschen genötigt, ihre Heimat z verlassen. Der Zustrom von Flüchtlingen hält auch in der Ggwart an. Um die rechtl Lebensumstände dieses PersKreises zu erleichtern, sind seit dem Ende des 2. Weltkriegs eine Reihe von einander teils überschneidden kollr Sonderregelgen getroffen worden, die vor allem eine Neuordng des Personalstatuts betreffen. Diese SonderVorschr haben grdsl **keine Rückwirkung,** führen also zu einer Änderg des Personalstatuts erst vom Ztpkt ihres Inkrafttr an, Soergel-Kegel Rdz 13, 72, str, aM zB Raape-Sturm § 10 A I (für Rückwirkg auf den Ztpkt der Flucht od Wohnsitznahme im Zufluchtsland); eine Besonderh gilt für FamRÄndG Art 9 II Z 5, vgl dazu unten Rn 6–13. Die nach dem früh Personalstatut erworbenen Rechte bleiben grdsl gewahrt, vgl G v 25. 4. 51 § 8 (unten Rn 17, 18) od FlüchtlKonv Art 12 II (unten Rn 19–29). Die **Flucht** dtscher Staatsangehör **aus der DDR** in die BRep war kollr nicht bes geregelt (Ausn: Anh z EG 15 Rn 2); sie führte mit der Begründg des gewöhnl Aufenth in der BRep zu einem **Statutenwechsel,** vgl dazu Anh zu Art 3 Rn 4. Für Flüchtlinge, die unter keine kollr Sonderregelg fallen, zB WirtschFlüchtlinge, die die Vorauss von FlüchtlingsÜbk Art 1 nicht erfüllen od illegale Einwanderer, die einen unbegründeten AsylAntr gestellt haben, gelten die allg Regeln des IPR. Ihre pers RVerhe beurteilen sich also grdsl nach ihrem HeimatR (Anknüpfg an die Staatsangehörigk).

(Randnummern: 3 – Die jüngste Geschichte; 4 – 18) od FlüchtlKonv; 5 – Aufenth in der BRep)

1. Volksdeutsche Flüchtlinge und Vertriebene (Art 9 II Z 5 FamRÄndG iVm Art 116 GG)

Art 9 Abschnitt II Nr 5 FamRÄndG vom 11. 8. 61: [1] *Soweit im deutschen bürgerlichen Recht oder im deutschen Verfahrensrecht die Staatsangehörigkeit einer Person maßgebend ist, stehen den deutschen Staatsangehörigen die Personen gleich, die, ohne die deutsche Staatsangehörigkeit zu besitzen, Deutsche im Sinne des Artikels 116 Abs. 1 des Grundgesetzes sind.* [2] *Rechtskräftige gerichtliche Entscheidungen bleiben unberührt.*

Art 116 GG: [I] *Deutscher im Sinne dieses Grundgesetzes ist vorbehaltlich anderweitiger gesetzlicher Regelung, wer die deutsche Staatsangehörigkeit besitzt oder als Flüchtling oder Vertriebener deutscher Volkszugehörigkeit oder als dessen Ehegatte oder Abkömmling in dem Gebiete des Deutschen Reiches nach dem Stande vom 31. Dezember 1937 Aufnahme gefunden hat.*

[II] *Frühere deutsche Staatsangehörige, denen zwischen dem 30. Januar 1933 und dem 8. Mai 1945 die Staatsangehörigkeit aus politischen, rassischen oder religiösen Gründen entzogen worden ist, und ihre Abkömmlinge sind auf Antrag wieder einzubürgern. Sie gelten als nicht ausgebürgert, sofern sie nach dem 8. Mai 1945 ihren Wohnsitz in Deutschland genommen haben und nicht einen entgegengesetzten Willen zum Ausdruck gebracht haben.*

1) Deutsche Staatsangehörigkeit als Anknüpfungspunkt. a) Das dtsche IPR geht bei der Bestimmg des Personalstatuts vom StaatsangehkPrinzip aus. Dtsche Staatsangeh unterstehen desh in ihren persönl RVerhen grdsätzl dem dtschen Recht, auch wenn sie im Ausl leben. **Erwerb und Verlust der deutschen** 6

Staatsangehörigkeit richten sich in erster Linie nach dem **StaatsangehörigkG vom 22. 7. 13,** RGBl 583. Das Gesetz ist seit seinem Inkrafttr wiederholt geändert worden, zuletzt dch G v 15. 7. 99, BGBl 1618. Hinzu kamen zahlreiche SonderVorschr, die ihre prakt Bedeutg behalten, auch soweit sie inzw außer Kr getreten od ggstandsl gew sind. Über Erwerb u Verlust der Staatsangehk entsch grdsl der RZust zZ der Erf des jew Tatbestd, zB Geburt, Heirat od Adoption. Bei der Beurteilg staatsangehkr Fragen sind daher vielf früh RLagen
7 maßg. **aa)** Gegenwärtig wird die dtsche Staatsangehk **erworben** dch **Geburt**, wenn ein EltT Dtscher ist, § 4 I; Einschr gelten bei Geburt im Ausland, wenn der dtsche EltT dort seinen gewöhnl Aufenth hat, § 4 IV. Ist bei der Geburt nur der Vater Dtscher u wäre z Begründg der Abstammg nach BGB 1592 die Anerkenng oder Feststellg der Vatersch erfdl (weil die Elt nicht verh sind), so ist eine nach den dtschen Gesetzen wirks Anerkenng od Feststellg der Vatersch notw, § 4 I 2; diese kann sich auch aus der Anwendg eines vom dtschen IPR berufenen ausl Rechts od aus einem in Dtschl anzuerkennden VaterschFeststellgsUrt ergeben, vgl BT-Drucks 12/4450 S 36. Für die in der Zeit zw dem 1. 4. 53 u dem 31. 12. 74 geborenen (ehel) Kinder dtscher Mütter bestand nach Art 3 RuStAÄndG v 20. 12. 74, BGBl 3714 die Möglk, die dtsche Staatsangehk dch Erkl zu erwerben; zur Verfassgsmäßigk dieser Regelg VGH BaWü StAZ **87**, 226, OVG NRW StAZ **94**, 14, FamRZ **97**, 1143; zur Einbürgerg bei Fristversäumn BVerwG NJW **90**, 1433 (dazu Gaaz StAZ **90**, 203), Löwer FamRZ **92**, 23. Die Regelg der Einbürgerg nehel Kinder dtscher Väter in § 10 ist aufgehoben; vor dem 1. 7. 93 geborene Kinder eines dtschen Vaters u einer ausl Mutter können die dtsche Staatsangehk nach § 5 unter best Vorauss dch Erklärg vor Vollendg des 23. Lebensj erwerben. Nach der **Reform** des dtschen StaatsangehkR dch das G v 15. 7. 99, BGBl 1618 erwerben auch Kinder **ausländischer Eltern** dch die **Geburt im Inland** unter best zusätzl Vorauss, insbes mind 8jähriger rechtm gewöhnl Aufenth eines EltT im Inl, die dtsche Staatsangehk, § 4 III; bei **Doppelstaatern** ist nach Erreichen der Volljk Entsch für eine der beiden Staatsangehken notw, vgl dazu § 29. Neu eingeführt wurde dch das G v 15. 7. 99 der Erwerb dch Ausstellg der Bescheinigg gem § 15 BVFG für Dtsche iSv GG 116 I, vgl §§ 7 u 40a S 2. Die dtsche Staatsangehk wird ferner bei mj Kindern dch **Adoption** dch einen Dtschen erworben, § 6, vgl dazu Art 22 Rn 16. **Heirat** mit einem Dtschen ist als solche heute **kein** ErwerbsGrd mehr, hat aber Erleichterg der Einbürgerg z Folge, § 9. Zum Erwerb dch **Einbürgerung** vgl §§ 8 ff, 40b (betr erleichterte Einbürgerg v Kindern unter 10 Jahren), ferner VO z Regelg v StaatsangehkFragen v 20. 1. 42, RGBl 40 (betr Einbürgerg ohne dtsche Niederlassg), G zur Regelg von Fragen der Staatsangehk v 22. 2. 55, BGBl 65, G zur Verminderg der Staatenlosigk v 29. 6. 77, BGBl 1101 (betr im Inland geborene Staatenlose) u § 85f AuslG idF des G v 15. 7. 99, BGBl 1618 (betr erleichterte Einbürgerg). Zur RWirksk von Sammeleinbürgergen in den Jahren
8 1938 bis 1945 vgl §§ 1 ff StaatsangehörigkRegelgsG v 22. 2. 55. **bb) Verlust** der dtschen Staatsangehk tritt ein dch Entlassg, §§ 18 ff, Erwerb einer ausl Staatsangehk auf Antr, sofern keine Gen z Beibehaltg der dtschen Staatsangehk erteilt wird, § 25 (zur Verfassgsmäßigk BVerfG NJW **90**, 2193, zur Erstreckg des Verlustgrundes auf mj Kinder BVerwG NJW **87**, 1157), Verzicht bei Mehrstaatern, § 26, dch Adoption dch einen Ausl, § 27, vgl dazu Art 22 Rn 17, sowie bei Doppelstaatern dch freiw Eintr in die Streitkräfte eines ausl Heimatstaates, § 28, u dch Entsch für die ausl Staatsangehk gem § 29. Heirat mit einem Ausl hat seit dem 1. 4. 53 den Verlust der dtschen Staatsangehk auch dann nicht z Folge, wenn damit ein Erwerb der ausl Staatsangehk kr Gesetzes verbunden ist.

9 **b)** Die **DDR** hatte sich eine eigene Staatsangehörigk gegeben, vgl StaatsbürgerG v 20. 2. 67, GBl I 3 mit DVO v 3. 8. 67, GBl II 681, ferner G zur Regelg v Fragen der Staatsbürgersch v 16. 10. 72, GBl I 265, sowie VO zur Fragen der Staatsbürgersch v 21. 6. 82, GBl I 418 (beide betr Ausbürgerg v Republikflüchtlingen) u ÄndG v 29. 1. 90, GBl I 31. Mit dem Beitritt zur BRep dch den EiniggsVertr v 31. 8. 90, BGBl II 885 ist diese Staatsbürgersch untergegangen. Das in der BRep geltde StaatsangehörigkR ist aber stets von einer einheitl dtschen Staatsangehörigk ausgegangen, die auch die Bewohner der DDR umfaßt, vgl BVerfG **36**, 31, **40**, 141, 163. Der Erwerb der Staatsbürgersch der DDR hatte in den Grenzen des ordre public (vgl dazu BVerwG NJW **86**, 1506) auch den Erwerb der gesamtdtschen Staatsangehörigk zur Folge, BVerfG NJW **88**, 1313. Dagg berührte ein Verlust der Staatsbürgersch der DDR den Besitz der gesamtdtschen Staatsangehörigk grdsl nicht, KG NJW **83**, 2324, VGH BaWü ROW **87**, 373, and VG Greifswald StAZ **95**, 109 (Art 1 I Übk über die Verringerg der Mehrstaatigk v 6. 5. 63, BGBl **69** II 1954), krit Silagi ebda.

10 **c)** Die VOen vom 3. 7. 38, RGBl 790, u 30. 6. 39, RGBl 1072, über die dtsche Staatsangehörigk im Lande **Österreich** sind dch das 2. Gesetz zur Regelg v Fragen der Staatsangehörigk v 17. 5. 56 ausdr aufgeh; zum automat Verlust der dtschen u Erwerb der österr Staatsangehörigk mit Wiederherstellg der Republik Österreich am 27. 4. 45 vgl BVerwG DÖV **75**, 533, NJW **90**, 2215. – Dch den dtsch-tschechoslowak Vertr v 11. 12. 73, BGBl II 989 werden Fragen der Staatsangehörigk nicht berührt, Art II Abs 2; **Sudetendeutsche** sind daher weiterhin dtsche StaatsAngeh, BVerfG **43**, 203, BGH **75**, 32, BayObLG **80**, 72. – **Jenseits der Oder-Neiße-Grenze ansässige Deutsche** haben die dtsche Staatsangehörigk auch dann nicht verloren, wenn sie die poln Staatsangehörigk erworben haben, BVerfG **40**, 141, 163, BayObLG **83**, 29, Bay VGH StAZ **87**, 22, Hamm FamRZ **92**, 338, Düss FamRZ **94**, 1262, Alexy NJW **89**, 2851. Dch den dtsch-poln Vertr v 7. 12. 70, BGBl II 362 hat sich hieran nichts geändert, BVerfG NJW **94**, 1402, Meessen JZ **72**, 674, Seeler NJW **78**, 924, Klein DVBl **78**, 876. Bei der Best des Personalstatuts der jens der Oder-Neiße-Grenze wohnden Dtschen entsch nunmehr nach Art 5 I 2 allein ihre dtsche Staatsangehörigk. Der absolute Vorrang der dtschen Staatsangehörigk bei der Anknüpfg des Personalstatuts ist aber gerade bei diesem Personenkreis verfehlt, vgl zB Nürnbg NJW-RR **98**, 2. Zur Frage des Fortbestandes der poln Staatsangehörigk bei Aussiedlern bzw Spätaussiedlern vgl Stoll JBOstR **78** II 183. – Über **Namibia-Deutsche** Steinmann MDR **94**, 1066.

11 **2) Kollisionsrechtliche Gleichstellung volksdeutscher Flüchtlinge und Vertriebener. a)** Nach **Art 116 I GG** sind dtschen Staatsangehörigen gleichgestellt („Deutsche im Sinne des GG" od „Statusdeutsche") Flüchtlinge od Vertriebene (zum Begr vgl BVFG 1f, BVerwG NJW **93**, 2257) dtscher Volkszugehörigk (vgl dazu BVFG 6, VGH BaWü IPRax **91**, 51), die im Gebiet des Deutschen Reichs nach dem Stand vom 31. 12. 37 Aufn gefunden haben, ohne die dtsche Staatsangehörigk zu besitzen. Nach § 40a StAG nF haben alle, die am 1. 8. 99 Dtsche iSv Art 116 I GG waren, an diesem Tag die dtsche Staatsangehk kr Gesetzes erworben; die Gleichstellg mit dtschen Staatsangeh hat damit insow keine Bedeutg mehr. Notw ist eine Aufn im Gebiet der BRep einschl dem der früh DDR; die Gebiete jenseits der Oder-Neiße-Grenze sind nicht

AufnGebiet, BayObLG IPRspr **75** Nr 184. Die Gleichstellg erfaßt auch Eheg (dazu einschränkd BVerwG FamRZ **93**, 51, vgl auch Hamm NJW-RR **93**, 1353) und Abkömmlinge (zum Begriff vgl BVerwG NJW **90**, 2215, FamRZ **93**, 53), auch wenn diese die Voraussetzgen der dtschen Volkszugehörigk nicht erf, vgl dazu BVerwG NJW **89**, 2904, **90**, 1127, Schleser StAZ **97**, 254; dch das AussiedlerAufnG v 28. 6. 90 hat sich hieran nichts geändert, BayObLG FamRZ **93**, 555; der Angehörigenstatus muß aber bereits bei ihrer Aufn vorliegen; erst nach der Aufn geborene Abkömmlinge sind Dtsche iS des GG, wenn sie nach dtschem StaatsangehörigkR die Staatsangehörigk eines ElternT erwerben würden, der Statusdtscher iSv Art 116 I ist, BVerwG **71**, 301. Vertriebene sind auch **Aussiedler** (vgl BVFG 1 II Z 3), sofern sie vor dem 1. 1. 93 das AufnVerf dchlaufen haben, u zwar uU auch dann, wenn sie schon bish im ehemal Reichsgebiet gelebt haben, BVerwG **38**, 224. Nach BVFG 4 III sind Dtsche iSv Art 116 I GG auch **Spätaussiedler** (zum Begr vgl BVFG 4 I u II, 5) sowie ihre Eheg u Abkömmlinge. Zum Erwerb der dtschen Staatsangehk dch Ausstellg der Bescheinigg gem § 15 BVFG vgl jetzt §§ 7 u 40a StAG. **b)** Den Streit um die **kollisionsrechtlichen** 12
Auswirkungen v GG 116 I (dagg BGH NJW **57**, 100, **93**, 2245) hat der GesGeber dch **FamRÄndG vom 11. 8. 61, Art 9 Abschnitt II Ziff 5** beendet; zu der wenig glückl Formulierg vgl Ferid IPR Rz 1–28. Diese Vorschr enth eine bloße **Klarstellung,** die auf den Ztpkt des Inkrafttr v GG 116 I am 24. 5. 49 zurückwirkt, Celle FamRZ **95**, 1228. Dagg hat GG 116 I keine Rückwirkg; die Gleichstellg Volksdtscher mit dtschen Staatsangeh wirkt also ledigl ex nunc für die Zeit ab Aufn, BGH **121**, 314, BayObLG **94**, 298, and Zweibr StAZ **93**, 12. Der von GG 116 I umfaßte PersKreis erwirbt mit der Aufn im ehemal Reichsgebiet, frühestens aber am 24. 5. 49, das dtsche Personalstatut auch soweit er nicht die dtsche Staatsangehörigk besitzt; zum Wechsel des Güterstds siehe G vom 4. 8. 69 in Anh z Art 15 Rn 2. Die kollrechtl Gleichstellg gilt für **sämtliche** KollNormen, die auf die RStellg als **Deutscher** abstellen, zB Art 17 I od 18 V. Sie gilt auch im VerfR. Ggü sonst Vorschr für Flüchtlinge, Verschleppte od Vertriebene enth GG 116 I iVm Art 9 II Z 5 FamRÄndG vom 11. 8. 61 eine **vorrangige Sonderregelung**. Für die Zeit vor Inkrafttr v GG 116 I bzw vor Aufn der betr Pers im ehemal Reichsgebiet bleibt es bei der Anknüpfg an die nichtdtsche Staatsangehörigk bzw bei Staatenlosen an den gewöhnl Aufenth; die Aufn im Inland hat also idR einen Statutenwechsel zur Folge; zu den namentsrechtl Folgen vgl Art 10 Rn 10; zu den güterrechtl Folgen Art 15 Anh II. Seit dem 1. 8. 99 hat die Gleichstellg dch den kr Gesetzes erfolgten Erwerb der dtschen Staatsangehk gem § 40a S 1 StAG ihre Bedeutg verloren.

3) Wiedererwerb der deutschen Staatsangehörigkeit durch Verfolgte. Art 116 II GG regelt den 13
Wiedererwerb der dtschen Staatsangehörigk dch die ausgebürgerten Verfolgten des NS-Regimes u deren Abkömml (einschl Enkel, BVerwG StAZ **94**, 153, Bay VGH StAZ **94**, 48), die infolge der Ausbürgerg eines EltT nicht Dtsche geworden sind, BVerwG StAZ **92**, 211, nicht also auch nehel Kinder eines ehem dtschen Vaters, BVerwG StAZ **84**, 160 (zum fr RZustd), ebsowenig vor dem 1. 4. 53 geborene ehel Kinder einer ausgebürgerten ehemals dtschen Mutter, BVerwG NJW **90**, 2213 gg VG Bln StAZ **87**, 142. Die Ausbürgerg der dtschen Juden dch die 11. VO z ReichsbürgerG v 25. 11. 41, RGBl 772 war von Anfang an nichtig, BVerfG **23**, 98; die Betroffenen haben dadch die dtsche Staatsangehörigk nicht verloren, sofern sie keinen entgegengesetzten Willen z Ausdr gebracht haben, was aus dem Erwerb einer ausl Staatsangehörigk auf Antr vor Inkrafttr des GG nicht notw folgt, BVerfG **8**, 87, BSG VersR **85**, 1065; dennoch werden sie aber vom dtschen Staat so lange nicht als Dtsche betrachtet, als sie sich nicht dch WohnsBegr od Antr auf ihre dtsche Staatsangehörigk berufen; sind sie vor dem 8. 5. 45 gestorben, ist zu prüfen, ob sie ihre dtsche Staatsangehörigk aufgeben wollten; bei Verlust der dtschen Staatsangehörigk dch Erwerb einer fremden Wiedereinbürgerg nach GG 116 II, BVerfG **23**, 98, **54**, 53, BVerwG StAZ **94**, 85 (krit dazu Mann Fschr Coing [1982] 323). Der Wiedererwerb der dtschen Staatsangehörigk ist grdsl auch für die kollrechtl Anknüpfg beachtl; seine Rückwirkg gem GG 116 II läßt aber die Gültigk einer währd des Exils geschl Ehe mit einem Ausl unberührt; als EheschlStatut bleibt das zZt der Heirat anwendb Recht maßg, BGH **27**, 375. Auch das GüterRStatut best sich weiterh nach der Staatsangehörigk zZ der Eheschließg, Düss IPRax **81**, 219.

2. AHKGes 23 über die Rechtsverhältnisse verschleppter Personen und Flüchtlinge

Vom 17. 3. 1950, AHKABl 140 (SaBl 256) idF des ÄndG 48 v 1. 3. 51, AHKABl 808 (SaBl 322)

Schrifttum: Dölle StAZ **50**, 106; Makarov DRZ **50**, 318; Schwenn SJZ **50**, 652; v Stackelberg NJW **50**, 808; s auch Reithmann DNotZ **58**, 512; Brintzinger FamRZ **68**, 1; Lass, Der Flüchtling im dtschen IPR 1995 S. 23.

Vorbemerkung

Das Gesetz will verschleppten Pers u Flüchtlingen (zum Begr vgl Art 10) vor allem die Ordng ihrer 14
FamVerhe ermögl. Ihre pers RVerhe werden daher, ebso wie bei Staatenlosen, dem Recht ihres gewöhnl Aufenth unterstellt, Art 1. Weitere Vorschr betr die prozessuale Gleichstellg mit Dtschen in Ehesachen, Art 3, die Befreig v EheFgkZeugn gem EheG 10, Art 4, u die Heilg nicht wirks zustande gekommener Ehen, Art 6–9. – Das Gesetz hat **keine rückwirkende** Kraft, bewirkte vielm für die Betroffenen mit seinem Inkrafttr am 31. 3. 50 einen Statutenwechsel ex nunc, Freib JZ **52**, 481, BayObLG **59**, 49, **90**, 3, Neustadt StAZ **60**, 289, str, aM zB Raape-Sturm § 10 A I 1; zum Schutz der nach dem früh Personalstatut erworbenen Rechte vgl G v 25. 4. 51 § 8 (unten Rn 17, 18). – Volksdtsche Flüchtlinge u Vertriebene iSv GG 116 I erfaßt das Gesetz nicht; für sie gilt nur die Regelg in GG 116 I iVm FamRÄndG Art 9 II Z 5, vgl dazu oben Rn 11 f. Dagg überschneidet sich sein Anwendgsbereich teilw mit dem weiteren der Genfer Flüchtlingskonvention, vgl dazu unten Rn 19–29; soweit diese eingreift, geht sie als spätere Regelg dem AHKG 23 vor, Raape-Sturm § 10 A II. – Kollr relevant sind folgde Best:

Erster Teil. Allgemeine Vorschriften

Art. 1. *Soweit das Einführungsgesetz zum Bürgerlichen Gesetzbuch bestimmt, daß die Gesetze des Staates, dem eine Person angehört, maßgebend sind, werden die Rechtsverhältnisse einer verschleppten Person oder eines Flüchtlings nach dem Recht des Staates beurteilt, in welchem die Person oder der Flüchtling zu der maßgebenden Zeit den gewöhnlichen Aufenthalt hat oder gehabt hat, oder falls ein gewöhnlicher Aufenthalt fehlt, nach dem Recht des Staates, in welchem die Person oder der Flüchtling sich zu der maßgebenden Zeit befindet oder befunden hat.*

Art. 2. *Artikel 1 findet keine Anwendung auf die in den Artikeln 24 und 25 des Einführungsgesetzes zum Bürgerlichen Gesetzbuch geregelten Gegenstände.*

Dritter Teil. Schlußvorschriften

Art. 10. *Im Sinne dieses Gesetzes bedeutet:*

a) der Ausdruck „verschleppte Personen und Flüchtlinge" Personen, die nicht die deutsche Staatsangehörigkeit besitzen oder deren Staatsangehörigkeit nicht festgestellt werden kann, sofern sie ihren Aufenthalt im Gebiete der Bundesrepublik haben und eine amtliche Bescheinigung darüber besitzen, daß sie der Obhut der internationalen Organisation unterstehen, die von den Vereinten Nationen mit der Betreuung der verschleppten Personen und Flüchtlinge beauftragt ist;

15 **1) Grundsatz.** Ebso wie bei Staatenlosen n Art 5 II tritt auch bei verschleppten Pers u Flüchtlingen nach Art 1 an die Stelle der Staatsangehörigk als Anknüpfgspkt der gewöhnl, hilfsw der schlichte Aufenth zum jew maßg Ztpkt; zum Begr des gewöhnl Aufenth vgl Art 5 Rn 10. Bei gewöhnl Aufenth im Inl besitzen die betroffenen Personen dtsches Personalstatut; zur Anwendbark v KollNormen, die an die RStellg als Dtscher anknüpfen vgl Art 5 Rn 9. Sachl gilt diese Regelg für alle pers RVerhe mit **Ausnahme des Erbrechts,** Art 2 (mit nunm unzutreffender Verweisg auf Art 24 u 25 aF); mit dem Inkrafttr der Genfer Flüchtlingskonvention gilt aber auch für das Erbstatut die Anknüpfg an den Wohns iSv gewöhnl Aufenth, vgl dazu Rn 19–29.

16 **2)** Der **persönliche Geltungsbereich** des Gesetzes best sich nach Art 10. Erfaßt werden nur Pers, die nicht die dtsche Staatsangehörigk besitzen (also auch Staatenlose) od deren Staatsangehörigk rechtl od tats nicht feststellb ist, wobei übermäß Schwierigk der Feststellg genügen. Erfdl ist ferner wenigstens schlichter Aufenth im Bundesgebiet; die Anwendbk des Gesetzes entfällt für den Zeitraum, in welchem der Betreffde sich im Ausl aufhält. Hinzukommen muß schließl der Besitz einer amtl Bescheinigg der zust UN-Hilfsorganisation, dh zunächst der IRO u nach deren Auflösg des Hohen Kommissars der UN für das Flüchtlingswesen; daß diese Bescheinigg behördl verwahrt wird, ist unschädl, Hbg IPRspr **79** Nr 53. Volksdtsche Flüchtlinge u Vertriebene erf diese Voraussetzg nicht; für sie gilt nur GG 116 I iVm FamRÄndG Art 9 II Z 5, vgl dazu oben Rn 11 f. Dagg fallen unter das Gesetz auch Pers, die kr Gesetzes die Staatsangehörigk od Staatenlosigk eines Verschleppten od Flüchtlings iSv Art 10 teilen, ohne selbst dessen Voraussetzgen zu erf, BayObLG **83**, 4.

3. Gesetz über die Rechtsstellung heimatloser Ausländer im Bundesgebiet

Vom 25. 4. 1951, BGBl 269.

Schrifttum: Maßfeller StAZ **51**, 130, 155; Jahn JZ **51**, 326; Makarov ZaöRV **51**/52, 431.

Vorbemerkung

17 Das am 28. 4. 51 in Kraft getretene G ergänzt die Regelg des AHKG 23, indem es den Status sog heimatl Ausl (zum Begr vgl §§ 1, 2, 26) insb dch Gewährg best GrdRe u Gleichbehandlg im prozessualen Bereich der RStellg dtscher Staatsangeh annähert. Es **enthält** eine **kollisionsrechtliche Regelung nur** in **§ 8;** daß heimatl Ausl iS v §§ 1, 2 u 26 aGrd des Ges dtsches Personalstatut besitzen, läßt sich seinen Best nicht entnehmen, aM AG Aachen NJW **70**, 392, Celle FamRZ **87**, 838, ist also ggf mit AHKG 23 Art 1 (Rn 14–16) bzw mit Genfer FlüchtlingsÜbk Art 12 (Rn 19–29) zu begründen, vgl auch BayObLG RPfl **88**, 367. Wg der geringen Bedeutg für das IPR wird auf den Abdr der Best über den pers Geltgsbereich des Gesetzes verzichtet (vgl dazu 39. Aufl); dieser deckt sich weitgehd mit dem des AHKG 23; § 1 II ist neu gefaßt dch Art 4 AuslG v 9. 7. 90, BGBl 1383 (betr abgeleiteter Status v heimatl Ausl).

Kapitel II. Bürgerliches Recht

8. *Hat ein heimatloser Ausländer vor Inkrafttreten dieses Gesetzes nach anderen als den deutschen Vorschriften Rechte erworben, so behält er diese, sofern die Gesetze des Ortes beobachtet sind, an dem das Rechtsgeschäft vorgenommen ist. Dies gilt insbesondere für eine vor Inkrafttreten dieses Gesetzes geschlossene Ehe.*

18 Die Vorschr ist schlecht formuliert. Sie stellt klar, daß die Anknüpfg des Personalstatuts in AHKG 23 Art 1 u damit die Anwendg dtschen Rechts auf verschleppte Pers u Flüchtlinge (dh heimatl Ausl iS des § 8) mit Aufenth im Inl nur solche Tatbestde erfaßt, die nach dem Inkrafttr des AHKG 23 verwirklicht wurden, vgl BayObLG **83**, 3. § 8 ergänzt damit AHKG 23 dch ein Rückwirkgsverbot in Form der Wahrg der nach einem früh Personalstatut erworbenen Rechte, hM, vgl zB Soergel-Kegel Rn 22, aM Brintzinger FamRZ **68**, 6 ff. Diese Regelg entspr den allg Grds über die kollisionsr Tragweite eines Statutenwechsels, vgl Rn 23 vor Art 3; eine ParallelVorschr enthält Genfer Flüchtlingskonvention 12 II.

4. Abkommen über die Rechtsstellung der Flüchtlinge (Genfer Flüchtlingskonvention)

Vom 28. 7. 1951, BGBl **1953** II 559; vgl dazu auch Protokoll v 31. 1. 67, BGBl **1969** II 1294.

Schrifttum: Hailbronner, Die RStellg der de-facto-Flüchtlinge in den EG-Staaten, 1993; Lass, Der Flüchtling im dtschen IPR 1995.

Vorbemerkung

Das Abk ist für die BRep **innerstaatlich** am 24. 12. 53 **in Kraft** getr, G v 1. 9. 53, BGBl II 559 (Art 2), 19
völkerr am 22. 4. 54, Bek v 25. 5. 54, BGBl II 619. Es wird **ergänzt** dch das **Protokoll** v 31. 1. 67, BGBl **69** II 1294, in Kraft seit 5. 11. 69, Bek v 14. 4. 70, BGBl II 194. Zum Kreis der VertrStaaten vgl FundstellenNachw B 1999 S 317 u 471, zuletzt ergänzt dch Bek v 6. 7. 99, BGBl II 659. Die nach dem Abk den Flüchtlingen verliehene RStellg wurde dch spätere **Bundesgesetze** auf **andere Personengruppen** ausgedehnt: Asylberechtigte, AsylVfG 2 u 3 (vgl Rn 30–32) u im Rahmen humanitärer Hilfsaktionen aufgenommene Flüchtlinge, G v 22. 7. 80, BGBl 1057 (vgl Rn 33).

Das Abk enth im wesentl Best des FremdenR, welche die Flüchtlinge in best Bereichen den Angeh ihres 20
WohnsLandes gleichstellen. Von **kollisionsrechtlicher** Bedeutg ist nur **Art 12,** der das WohnsR zum **Personalstatut** der Flüchtlinge best. Der **Begriff des Flüchtlings** wird in Art 1 definiert; eine wicht Erweiterg enth Art I des Prot v 31. 1.67. Ob sich ein Flüchtling im Inl od Ausl aufhält, ist für die Anwendg von Art 12 gleichgült. Dem AHKG 23 geht das Abk als spätere Regelg seit seinem Inkrafttr vor, Raape-Sturm § 10 A II. Zum Verhältn des Abk z dtsch-iranischen NiederlassgsAbk v 17. 2. 29, RGBl **30** II 1006 vgl BVerwG InfAuslR **84**, 312, StAZ **89**, 152, Silagi ebda 272, LG Mü I FamRZ **97**, 1354 (Vorrang der FlüchtlingsKonv).

Art 1. *Definition des Begriffs „Flüchtling"*

A.

Im Sinne dieses Abkommens findet der Ausdruck „Flüchtling" auf jede Person Anwendung:

1. Die in Anwendung der Vereinbarungen vom 12. Mai 1926 und 30. Juni 1928 oder in Anwendung der Abkommen vom 28. Oktober 1933 und 10. Februar 1938 und des Protokolls vom 14. September 1939 oder in Anwendung der Verfassung der Internationalen Flüchtlingsorganisation als Flüchtling gilt.

Die von der Internationalen Flüchtlingsorganisation während der Dauer ihrer Tätigkeit getroffenen Entscheidungen darüber, daß jemand nicht als Flüchtling im Sinne ihres Statuts anzusehen ist, stehen dem Umstand nicht entgegen, daß die Flüchtlingseigenschaft Personen zuerkannt wird, die die Voraussetzungen der Ziffer 2 dieses Artikels erfüllen.

2. Die infolge von Ereignissen, die vor dem 1. Januar 1951 eingetreten sind, und aus der begründeten Furcht vor Verfolgung wegen ihrer Rasse, Religion, Nationalität, Zugehörigkeit zu einer bestimmten sozialen Gruppe oder wegen ihrer politischen Überzeugung sich außerhalb des Landes befindet, dessen Staatsangehörigkeit sie besitzt, und die den Schutz dieses Landes nicht in Anspruch nehmen kann oder wegen dieser Befürchtungen nicht in Anspruch nehmen will; oder die sich als staatenlose infolge solcher Ereignisse außerhalb des Landes befindet, in welchem sie ihren gewöhnlichen Aufenthalt hatte, und nicht dorthin zurückkehren kann oder wegen der erwähnten Befürchtungen nicht dorthin zurückkehren will.

Für den Fall, daß eine Person mehr als eine Staatsangehörigkeit hat, bezieht sich der Ausdruck „das Land, dessen Staatsangehörigkeit sie besitzt" auf jedes der Länder, dessen Staatsangehörigkeit diese Person hat. Als des Schutzes des Landes, dessen Staatsangehörigkeit sie hat, beraubt gilt nicht eine Person, die ohne einen stichhaltigen, auf eine begründete Befürchtung gestützten Grund den Schutz eines der Länder nicht in Anspruch genommen hat, deren Staatsangehörigkeit sie besitzt.

B.

1. Im Sinne dieses Abkommens können die im Artikel 1 Abschnitt A enthaltenen Worte „Ereignisse, die vor dem 1. Januar 1951 eingetreten sind" in dem Sinne verstanden werden, daß es sich entweder um

a) "Ereignisse, die vor dem 1. Januar 1951 in Europa eingetreten sind" oder
b) "Ereignisse, die vor dem 1. Januar 1951 in Europa oder anderswo eingetreten sind"

handelt. Jeder vertragschließende Staat wird zugleich mit der Unterzeichnung, der Ratifikation oder dem Beitritt eine Erklärung abgeben, welche Bedeutung er diesem Ausdruck vom Standpunkt der von ihm auf dieses Abkommen übernommenen Verpflichtungen zu geben beabsichtigt.

2. Jeder vertragschließende Staat, der die Formulierung zu a) angenommen hat, kann jederzeit durch eine an den Generalsekretär der Vereinten Nationen gerichtete Notifikation seine Verpflichtungen durch Annahme der Formulierung b) erweitern.

C.

Eine Person, auf die die Bestimmungen des Absatzes A zutreffen, fällt nicht mehr unter dieses Abkommen,

1. wenn sie sich freiwillig erneut dem Schutz des Landes, dessen Staatsangehörigkeit sie besitzt, unterstellt; oder
2. wenn sie nach dem Verlust ihrer Staatsangehörigkeit diese freiwillig wiedererlangt hat; oder
3. wenn sie eine neue Staatsangehörigkeit erworben hat und den Schutz des Landes, dessen Staatsangehörigkeit sie erworben hat, genießt; oder

4. wenn sie freiwillig in das Land, das sie aus Furcht vor Verfolgung verlassen hat oder außerhalb dessen sie sich befindet, zurückgekehrt ist und sich dort niedergelassen hat; oder

5. wenn sie nach Wegfall der Umstände, auf Grund deren sie als Flüchtling anerkannt worden ist, es nicht mehr ablehnen kann, den Schutz des Landes in Anspruch zu nehmen, dessen Staatsangehörigkeit sie besitzt.
Hierbei wird jedoch unterstellt, daß die Bestimmung dieser Ziffer auf keinen Flüchtling im Sinne der Ziffer 1 des Abschnittes A dieses Artikels Anwendung findet, der sich auf zwingende, auf früheren Verfolgungen beruhende Gründe berufen kann, um die Inanspruchnahme des Schutzes des Landes abzulehnen, dessen Staatsangehörigkeit er besitzt;

6. wenn es sich um eine Person handelt, die keine Staatsangehörigkeit besitzt, falls sie nach Wegfall der Umstände, auf Grund deren sie als Flüchtling anerkannt worden ist, in der Lage ist, in das Land zurückzukehren, in dem sie ihren gewöhnlichen Wohnsitz hat. Dabei wird jedoch unterstellt, daß die Bestimmung dieser Ziffer auf keinen Flüchtling im Sinne der Ziffer 1 des Abschnittes A dieses Artikels Anwendung findet, der sich auf zwingende, auf früheren Verfolgungen beruhende Gründe berufen kann, um die Rückkehr in das Land abzulehnen, in dem er seinen gewöhnlichen Aufenthalt hatte.

D.

Dieses Abkommen findet keine Anwendung auf Personen, die zur Zeit den Schutz oder Beistand einer Organisation oder einer Institution der Vereinten Nationen mit Ausnahme des Hohen Kommissars der Vereinten Nationen für Flüchtlinge genießen.

Ist dieser Schutz oder diese Unterstützung aus irgendeinem Grunde weggefallen, ohne daß das Schicksal dieser Personen endgültig gemäß den hierauf bezüglichen Entschließungen der Generalversammlung der Vereinten Nationen geregelt worden ist, so fallen diese Personen ipso facto unter die Bestimmungen dieses Abkommens.

E.

Dieses Abkommen findet keine Anwendung auf eine Person, die von den zuständigen Behörden des Landes, in dem sie ihren Aufenthalt genommen hat, als eine Person anerkannt wird, welche die Rechte und Pflichten hat, die mit dem Besitz der Staatsangehörigkeit dieses Landes verknüpft sind.

F.

Die Bestimmungen dieses Abkommens finden keine Anwendung auf Personen, in Bezug auf die aus schwerwiegenden Gründen die Annahme gerechtfertigt ist,

a) daß sie ein Verbrechen gegen den Frieden, ein Kriegsverbrechen oder ein Verbrechen gegen die Menschlichkeit im Sinne der internationalen Vertragswerke begangen haben, die ausgearbeitet worden sind, um Bestimmungen bezüglich dieser Verbrechen zu treffen;

b) daß sie ein schweres nichtpolitisches Verbrechen außerhalb des Aufnahmelandes begangen haben, bevor sie dort als Flüchtling aufgenommen wurden;

c) daß sie sich Handlungen zuschulden kommen ließen, die den Zielen und Grundsätzen der Vereinten Nationen zuwiderlaufen.

Art I des Protokolls über die Rechtsstellung der Flüchtlinge v 31. 1. 67, BGBl 69 II 1294

(1) *Die Vertragsstaaten dieses Protokolls verpflichten sich, die Artikel 2 bis 34 des Abkommens auf Flüchtlinge im Sinne der nachstehenden Begriffsbestimmung anzuwenden.*

(2) *Außer für die Anwendung des Absatzes 3 dieses Artikels bezeichnet der Ausdruck „Flüchtling" im Sinne dieses Protokolls jede unter die Begriffsbestimmung des Artikels 1 des Abkommens fallende Person, als seien die Worte „infolge von Ereignissen, die vor dem 1. Januar 1951 eingetreten sind, und . . ." sowie die Worte „. . . infolge solcher Ereignisse" in Artikel I Abschnitt A Absatz 2 nicht enthalten.*

(3) *Dieses Protokoll wird von seinen Vertragsstaaten ohne jede geographische Begrenzung angewendet; jedoch finden die bereits nach Artikel 1 Abschnitt B Absatz 1 Buchstabe a) des Abkommens abgegebenen Erklärungen von Staaten, die schon Vertragsstaaten des Abkommens sind, auch auf Grund dieses Protokolls Anwendung, sofern nicht die Verpflichtungen des betreffenden Staates nach Artikel 1 Abschnitt B Absatz 2 des Abkommens erweitert worden sind.*

21 **1)** Der **persönliche Geltungsbereich** des Abk ergibt sich in erster Linie aus **Art 1 A;** vgl dazu Gutachten des Amtes des Hohen Kommissars der UN für Flüchtlinge RzW **68**, 150. **Ziff 1** verweist auf den Flüchtlingsstatus nach früh Vertr (sog Nansen-Flüchtlinge) bzw nach der Verf der Internat Flüchtlingsorganisation (sog IRO-Flüchtlinge). Die zentrale Vorschr ist **Ziff 2,** ergänzt dch **Protokoll Art I Abs 2.** Nach der ursprüngl geltden Fassg mußte die Flucht auf Ereign im weitesten Sinn zurückgehen, die **vor dem 1. 1. 51** in Europa od anderswo (Art 1 B iVm Erkl der BRep BGBl **53** II 579) eingetreten sind. Art I Abs 2 des Prot v 31. 1. 67 hat diese **zeitliche Schranke beseitigt.** Diese Modifizierg hat klarstelldn Charakter. Schon vorher war Art 1 Z 2 zB auf **Ungarnflüchtlinge** angewandt worden, die ihre Heimat nach dem Aufstand im Oktober 56 verlassen hatten, Stgt FamRZ **62**, 160, JM NRW FamRZ **66**, 637, vgl ferner BayObLG **74**, 95. Art I Abs 2 des Prot hat also die RLage nicht verändert. Zweifelsfrei findet das Abk danach auch auf die neueren Flüchtlingsbeweggen Anwendg, zB aus Afghanistan, Indochina, Iran (zum Verhältn zum dtsch-iranischen NiederlassgsAbk v 17. 2. 29 s Rn 20), sowie dem ehem Jugoslawien. Grd des Exils muß aber stets die
22 **begründete Furcht vor Verfolgung,** insbes aus rass, ethnischen, religiösen od pol Grden sein; bloße Unzufriedenh mit den wirtsch Verh im Heimatland (sog WirtschFlüchtlinge, vgl dazu Hailbronner ZAR **93**, 3) genügt nicht; zum Verh zum Begr des pol Verfolgten iSv GG 16 a I vgl BVerfG **74**, 51, 66, **80**, 315, 345 (Tamilen); Roth ZAR **88**, 164, Weides/Zimmermann DVBl **90**, 410. GG 16 a I ist enger gefaßt, daher grdsl keine Verweisg auf AsylVerf zur Feststellg der Flüchtlingseigensch, VG Düss NVwZ **90**, 102. Die Verfolgg, zB aus pol Grden, kann aber auch in der bloßen Bedrohg der wirtsch Existenz bestehen, Soergel-Kegel Rn 43. Die Verfolgg muß nicht notwend unmittelb v staatl Organen ausgehen; es genügt, daß diese sie nicht

verhindern, BGH MDR **65**, 985, RzW **66**, 367, **67**, 325, **68**, 571. Eine eigentl **Flucht** braucht die Furcht vor Verfolgg nicht ausgelöst zu haben; es genügt, daß einer außerhalb des Heimatstaates befindl Pers die Heimkehr aus den genannten Grden nicht zugemutet werden kann, vgl Bamberg FamRZ **82**, 505. Der Erwerb des Flüchtlingsstatus u der damit verbundene Statutenwechsel, vgl Rn 29, tritt in diesen Fällen in dem Ztpkt ein, in dem der Verzicht auf Rückkehr in den Heimatstaat eindeutig manifestiert wird, zB dch Antr auf Anerkenng als pol Flüchtling, Bamberg aaO, Hamm FamRZ **92**, 1181. Daß der Heimatstaat selbst zu den VertrStaaten gehört, steht der Anwendg des Abk nicht entgg. Gleichgült ist auch, ob sich der Flüchtling innerh eines VertrStaates befindet. Er muß sich aber jedenf außerh seines Heimatstaates aufhalten; schon aus diesem Grd **entfiel** die Anwendg des Abk für **Deutsche** aus **der fr DDR,** die in die BRep geflohen sind. Selbstverständl steht Staatenlosigk der Flüchtlingseigensch nicht entgg, Z 2; für Mehrstaater s Z 2 Abs 2.

2) Ausgeschlossen ist die Anwendg des Abk bei Pers, die von einer Sondereinrichtg der UN (mit Ausn des Hohen Kommissars für Flüchtlinge) betreut werden, **Art 1 D;** dies kommt heute prakt nur mehr bei **Palästinaflüchtlingen** in Frage, die von der UNRWA betreut werden, soweit sie sich im Nahen Osten aufhalten, vgl dazu VG Bln InfAuslR **90**, 81, BVerwG StAZ **93**, 359, Nicolaus/Saramo ZAR **88**, 67. Von der Konvention nicht erfaßt werden ferner Pers, die v den Beh des AufenthLandes den eigenen Staatsangehör gleichgestellt werden, **Art 1 E;** dies gilt insbes für **volksdeutsche Flüchtlinge** iSv GG 116 I, vgl dazu Rn 11 f. Schließl entfällt die Anwendg des Abk bei Schwerverbrechern, vgl näher **Art 1 F.** 23

3) Die **Flüchtlingseigenschaft endet nach Art 1 C** mit der freiw Unterstellg unter den Schutz des Heimatstaats, Z 1, zB dch Beantragg od Verlängerg eines Reisepasses dch die Auslandsvertretg dieses Staates, BGH RzW **66**, 140, Hamm FamRZ **93**, 113, LG Stgt StAZ **92**, 347, vgl dazu aber auch BVerwG StAZ **93**, 219 (zu § 15 AsylVfG), mit der Wiedererlangg der früh od dem Erwerb einer neuen Staatsangehörigkeit, Z 2 u 3, vgl Stgt FamRZ **98**, 1322, mit Rückkehr u Niederlassg im Verfolgsstaat, Z 4, u mit dem Wegfall der Vorauss für die Anerkenng als Flüchtling, vgl dazu näher Z 5 u 6; dies hat erhebl praktische Bedeutg bei Flüchtlingen aus **Osteuropa.** 24

4) Die Definition des Flüchtlingsbegriffs in Art I des Protokolls läßt die Frage offen, ob **Familienangehörige** eines Flüchtlings, die die dort genannten Vorauss nicht erf, ebenf die **Flüchtlingseigenschaft** erh, vgl dazu Jayme IPRax **81**, 74. Jedenf für die kollrechtl Beurteilg besitzen einen solchen **abgeleiteten Flüchtlingsstatus** mj Kinder, die die Staatsangehörigk eines Flüchtlings iS des Abk teilen, BayObLG **99**, 30, AG Schöneberg StAZ **96**, 209, Henrich StAZ **89**, 160, aM Düss StAZ **89**, 282, vgl dazu auch § 1 II HeimatlAuslG v 25. 4. 51 idF des AuslG v 9. 7. 90, VG Darmst InfAuslR **84**, 207, od deshalb staatenl sind, weil der Flüchtling staatenl ist; das gleiche muß für Eheg eines Flüchtlings gelten, soweit sie mit der Heirat kr Gesetzes dessen Staatsangehörigk erwerben od dch die Heirat staatenl werden; bei mehrf Staatsangehörigk des Kindes od Eheg kommt es zu einem abgeleiteten Flüchtlingsstatus u damit zur Maßgeblk des AufenthR, wenn die effektive Staatsangehörigk mit der des Flüchtlings übereinstimmt. – Kr Gesetzes **ausgedehnt** wird der Flüchtlingsstatus auf anerkannte AsylBerecht, Rn 30–32, u Flüchtlinge, die im Rahmen humanitärer Hilfsaktionen aufgen worden sind, Rn 33. 25

5) Ob die Voraussetzgen der FlüchtlingsEigensch gegeben sind, hat das entscheidde Gericht inzident zu **prüfen,** ohne an VerwAkte gebunden z sein, Stgt FamRZ **62**, 160, OGH IPRax **99**, 260 (vgl dazu Wendehorst ebda 277), Soergel-Kegel Rn 34; auch die Anerkenng als pol Flüchtling dch einen and VertrStaat ist rechtl nicht bindd, ist aber ein wichtiges Indiz für die FlüchtlingsEigensch, BVerfG NJW **80**, 516, BVerwG NVwZ **87**, 507. Mit der Anerkenng als AsylBerecht steht auch die Anwendbk des Abk nach AsylVfG 2 I rechtsverbindl fest. Das gleiche gilt im Falle der Aufn iR humanitärer Hilfsaktionen unter den Vorauss v § 1 G v 22. 7. 80, vgl Rn 33. Im übrigen ist eine behördl Anerkenng als Flüchtling nicht Vorauss für die Anwendg des Abk in der zivilgerichtl Praxis; hieran hat sich auch dch § 3 f AsylVfG nF nichts geändert, vgl Rn 31. Flüchtlinge iSv Art 1 A Z 1 sind idR dch Vorlage entspr Ausweise legitimiert (Nansen-Paß, IRO-Ausweis). 26

Art. 12. Personalstatut. (1) *Das Personalstatut jedes Flüchtlings bestimmt sich nach dem Recht des Landes seines Wohnsitzes oder, in Ermangelung eines Wohnsitzes, nach dem Recht seines Aufenthaltslandes.*

(2) *Die von einem Flüchtling vorher erworbenen und sich aus seinem Personalstatut ergebenden Rechte, insbesondere die aus der Eheschließung, werden von jedem vertragschließenden Staat geachtet, gegebenenfalls vorbehaltlich der Formalitäten, die nach dem in diesem Staat geltenden Recht vorgesehen sind. Hierbei wird jedoch unterstellt, daß das betreffende Recht zu demjenigen gehört, das nach den Gesetzen dieses Staates anerkannt worden wäre, wenn die in Betracht kommende Person kein Flüchtling geworden wäre.*

1) Das **Personalstatut** eines Flüchtlings, dh alle RVerh, die nach dtschem IPR grdsl dem HeimatR einer Pers unterstellt sind, unterliegt dem Recht seines Wohns, ersatzw seines Aufenth, **Absatz 1.** Dies gilt abw von AHKG 23 Art 2 auch für die Beerbg eines Flüchtlings (das sog Erbstatut). An die Stelle der Staatsangehörigk als **Anknüpfungspunkt** tritt also bei Flüchtlingen in erster Linie der **Wohnsitz.** Dieser Begr wird im Abk nicht definiert; seine Ausfüllg bleibt der jew lex fori überlassen. Maßg für die Anwendg des Abk im Inl ist desh grdsl der dtsche WohnsBegr. Dies schließt jedoch nicht aus, iR des dtschen IPR einen spezifisch kollr WohnsBegr zu entwickeln, welcher dem in den modernen Konventionen bevorzugten Begr des **gewöhnlichen Aufenthalts** entspricht, ebso Kropholler IPR § 37 II 2, Erm-Hohloch Rn 84, v Bar IPR I Rn 186, and Soergel-Kegel Rn 61, Raape-Sturm § 10 A I 3. Die Anknüpfg an den gewöhnl Aufenth ist zur Herstellg internat EntschGleichh besser geeignet als die WohnsAnknüpfg; zum Begr des gewöhnl Aufenth vgl Art 5 Rn 10. Entsch ist der gewöhnl Aufenth zu dem von der jew KollNorm bezeichneten Ztpkt, zB zZ der Heirat, Art 15, des ScheidgsAntr, Art 17 od der Geburt, Art 20, sofern diese Anknüpfg nicht dem Regelgsziel der Konvention (Schutz vor dem Recht des Verfolgerstaates) widerspricht, Lass 108 f. Flüchtlinge mit gewöhnl Aufenth im Inl besitzen dtsches Personalstatut. Ob sie damit auch Dtschen iS derj KollNormen gleichstehen, die auf diese RStellg abstellen, ist nach Sinn u Zweck der jew Vorschr zu entsch; vgl dazu Hasselmann MDR **86**, 891 u Art 5 Rn 9. Das gleiche gilt für Vorschr über die internat Zustdgk, zB ZPO 606 a I, vgl dazu Mü IPRax **89**, 238 (nein). – **Rück-** od **Weiterverweisung** dch das KollR des WohnsLandes sind grdsl **unbe-** 27 28

achtlich; Art 12 enth eine Sachnormverweisg, Hamm StAZ **91**, 317, **93**, 79. Dies gilt jedoch nur für die allg Anknüpfg des Personalstatuts; soweit das IPR des WohnsLandes best RFragen abw vom dtschen IPR nicht dem Personalstatut sond einem and angeknüpften Sonderstatut unterwirft, zB Beerbg von Grdst der lex rei sitae, ist dies im Interesse der Integration des Flüchtlings in das Recht seines WohnsLandes zu beachten.

29 **2)** Mit dem Erwerb des Flüchtlingsstatus ist also nach dtschen IPR idR ein **Statutenwechsel** verbunden (Übergang v Staatsangehörigk- z Domizilprinzip). Eine RStellg, die nach dem bish vom IPR der lex fori zur Anwendg berufenen Recht erworben wurde, bleibt jedoch auch nach dem neuen Personalstatut des Flüchtlings gewahrt, **Absatz 2 Satz 1** (zB hinsichtl des FamNamens, BayObLG **68**, 7, **71**, 204, Hamm OLGZ **83**, 55, od der Wirksk einer Heirat, OVG RhPf IPRspr **93** Nr 54), soweit nicht der ordre public dieser ROrdng entggsteht, **Absatz 2 Satz 2,** vgl dazu Hamm OLGZ **83**, 56 (nicht bei Unveränderlk des dch Geburt erworbenen FamNamens bei Heirat). Dies gilt auch für die vor Inkrafttr der Flüchtlingskonvention erworbenen Rechte. Das Abk **wirkt** also **nicht zurück,** Bamberg FamRZ **82**, 505, BayObLG **90**, 3, Soergel-Kegel Rn 72.

5. Asylverfahrensgesetz

idF der Bek vom 27. 7. 93, BGBl 1361, geändert dch G v 2. 8. 93, BGBl 1442, v 28. 10. 94, BGBl 3186, v 31. 3. 95, BGBl 430 u v 26. 6. 97, BGBl 1690

Vorbemerkung

30 Eine Erweiterg des Anwendgsbereichs von Art 12 Genfer FlüchtlingsÜbk enthalten §§ 2 u 3 AsylVfG idF v 26. 6. 92, BGBl I 1126. Danach genießen **Asylberechtigte** die RStellg von Flüchtlingen iS des FlüchtlingsÜbk, § 2 I AsylVfG; zum Begr vgl **Art 16 a GG** idF des Gesetzes v 28. 6. 93, BGBl 1002 u dazu Wollenschläger/Schraml JZ **94**, 61. Vom Anwendgsbereich der Regelg ausgen sind nach § 1 II AsylVfG heimatl Ausl iS des G v 25. 4. 51, vgl oben Rn 17, 18, sowie sog Kontingentflüchtlinge iS des G v 22. 7. 80, vgl unten Rn 33. Nicht asylberechtigt sind ferner Ausl, die aus einem EG-Land od einem and Drittstaat einreisen, in dem die Anwendg der Genfer Flüchtlingskonvention u der EMRK sichergestellt ist. Daß dem
31 AsylAntr bereits stattgegeben worden ist, verlangt § 2 I AsylVfG seinem Wortlaut nach nicht. Dennoch ist die Vorschr so zu verstehen, daß sie nur dem **anerkannten** Asylsuchden die RStellg nach der Flüchtlingskonvention verleiht, BGH FamRZ **93**, 48, Hamm StAZ **91**, 317, **93**, 78, Jayme IPRax **84**, 115, vgl auch § 51 III AuslG; gleichgestellt sind Ausl, denen vor dem 3. 10. 90 in der früh DDR Asyl gewährt worden ist, § 2 III AsylVfG, ferner sonstige politische Verfolgte iSv § 3 AsylVfG iVm AuslG 51 I. Zum Erlöschen dieser RStellg vgl §§ 72 u 73 AsylVfG, BVerwG StAZ **93**, 219. Asylbewerber, über deren Antr noch nicht entschieden ist, können jedoch unmittelb die Voraussetzgen von Art 1 A FlüchtlingsÜbk iVm Art I des Prot, vgl oben Rn 19–29, erfüllen, ebso BayObLG **86**, 193, Hamm StAZ **91**, 317, **93**, 78; sofern sie ihren gewöhnl Aufenth im Inl haben (verneinend BSozG DVBl **87**, 1123, InfAuslR **88**, 112, Memmg DAVorm **91**, 873, Brem FamRZ **92**, 962, vgl dazu Art 5 Rn 10), besitzen sie desh dtsches Personalstatut nach Art 12 FlüchtlingsÜbk. § 2 I AsylVfG hat dann insow keine konstitutive Bedeutg. Die Vorschr erübrigt aber jedenf bei den behördl bereits anerkannten AsylBerecht die nochmalige Überprüfg der Flüchtlingseigensch; das gleiche gilt bei einer unanfechtb Feststellg des Vorliegens der Vorauss des Abschiebeverbots gem § 51 I AuslG nach § 3 AsylVfG, vgl Wendehorst IPRax **99**, 277. Eine Bindg der ZivilGer an einen **ablehnenden** Bescheid des zust Bundesamts besteht nicht, vgl Marx/Strate/Pfaff AsylVfG, 2. Aufl 1987 § 3 Rz 26, aM Raape-Sturm § 10 A I 3; dch die Neufassg von § 4 AsylVfG hat sich hieran nichts geändert, da AuslG 51 I mit Art 1 A Nr 2 FlüchtlingsÜbk iVm Art I des Prot v 31. 1. 67 nicht vollst übereinstimmt, vgl aber BVerwG InfAuslR **92**, 207. Auch Asylbewerber, deren Antr abgelehnt worden ist, können also trotzdem die Flüchtlingseigensch iSv Art 1 A FlüchtlingsÜbk besitzen, Soergel-Kegel Rn 87, vgl dazu OVG NRW InfAuslR **88**, 236, BVerwG
32 InfAuslR **91**, 305. – Eheg u mj ledige Kinder eines Asylberechtigten genießen nach § 2 I die RStellg von Flüchtlingen iS des FlüchtlingsÜbk, sofern sie nach § 26 AsylVfG als AsylBerecht anerkannt sind, vgl dazu BVerwG InfAuslR **91**, 313, **93**, 152, OVG Hbg InfAuslR **92**, 267, Hess VGH InfAuslR **92**, 179; hiervon abgesehen können sie auch einen abgeleiteten Flüchtlingsstatus besitzen, vgl oben Rn 25. – Das Günstigk-Prinzip nach § 2 II rechtf uU eine ergänzde Anwendg des HeimatR nach den allg kollrechtl Anknüpfgsregeln, vgl Jayme IPRax **84**, 115, Düss StAZ **89**, 282, aM Lass S 59 f.

Erster Abschnitt. Allgemeine Bestimmungen

§ 1. Geltungsbereich. (1) *Dieses Gesetz gilt für Ausländer, die Schutz als politisch Verfolgte nach Artikel 16 a Abs. 1 des Grundgesetzes oder Schutz vor Abschiebung oder einer sonstigen Rückführung in einen Staat beantragen, in dem ihnen die in § 51 Abs. 1 des Ausländergesetzes bezeichneten Gefahren drohen.*

(2) *Dieses Gesetz gilt nicht*

1. *für heimatlose Ausländer im Sinne des Gesetzes über die Rechtsstellung heimatloser Ausländer im Bundesgebiet in der im Bundesgesetzblatt Teil III, Gliederungsnummer 243–1, veröffentlichten bereinigten Fassung, zuletzt geändert durch Artikel 4 des Gesetzes vom 9. Juli 1990 (BGBl. I S. 1354),*
2. *für Ausländer im Sinne des Gesetzes über Maßnahmen für im Rahmen humanitärer Hilfsaktionen aufgenommene Flüchtlinge vom 22. Juli 1980 (BGBl. I S. 1057), zuletzt geändert durch Artikel 5 des Gesetzes vom 9. Juli 1990 (BGBl. I S. 1354).*

§ 2. Rechtsstellung Asylberechtigter. (1) *Asylberechtigte genießen im Bundesgebiet die Rechtsstellung nach dem Abkommen über die Rechtsstellung der Flüchtlinge vom 28. Juli 1951 (BGBl. 1953 II S. 559).*

(2) *Unberührt bleiben die Vorschriften, die den Asylberechtigten eine günstigere Rechtsstellung einräumen.*

(3) *Ausländer, denen bis zum Wirksamwerden des Beitritts in dem in Artikel 3 des Einigungsvertrages genannten Gebiet Asyl gewährt worden ist, gelten als Asylberechtigte.*

§ 3. Rechtsstellung sonstiger politisch Verfolgter. *Ein Ausländer ist Flüchtling im Sinne des Abkommens über die Rechtsstellung der Flüchtlinge, wenn das Bundesamt oder ein Gericht unanfechtbar festgestellt hat, daß ihm in dem Staat, dessen Staatsangehörigkeit er besitzt oder in dem er als Staatenloser seinen gewöhnlichen Aufenthalt hatte, die in § 51 Abs. 1 des Ausländergesetzes bezeichneten Gefahren drohen.*

§ 4. Verbindlichkeit asylrechtlicher Entscheidungen. *Die Entscheidung über den Asylantrag ist in allen Angelegenheiten verbindlich, in denen die Anerkennung oder das Vorliegen der Voraussetzungen des § 51 Abs. 1 des Ausländergesetzes rechtserheblich ist. Dies gilt nicht für das Auslieferungsverfahren.*

6. Gesetz über Maßnahmen für im Rahmen humanitärer Hilfsaktionen aufgenommene Flüchtlinge

Vom 22. 7. 1980, BGBl I 1057

Schrifttum: Jayme IPRax **81**, 73; Lass, Der Flüchtling im dtschen IPR 1995 S 64.

Vorbemerkung

Die BRep hat in den letzten Jahren iRv humanitären Hilfsaktionen Flüchtlinge aGrd Sichtvermerks der dtschen Auslandsvertretgen od aGrd v ÜbernErkl des BMI aufgenommen, zB aus Südostasien, Chile, Argentinien, Irak u Uganda. Eine Anerkenng als Asylberecht ist mit dieser Aufn nicht verbunden. Um die Eingliederg dieser sog Kontingentflüchtlinge z erleichtern, wird ihnen in § 1 I des Gesetzes v 22. 7. 80, zuletzt geänd dch G v 29. 10. 97 BGBl 2584, die RStellg v Flüchtlingen iS des Genfer FlüchtlingsÜbk verliehen, ohne zuvor das AsylVerf dchlaufen z müssen. Das gleiche gilt für Ausl, die vor Vollendg des 16. LebensJ u vor dem Inkrafttr des G zur Neuregelg des AuslR v 9. 7. 90 am 1. 1. 1991 (vgl dessen Art 15 II) im Rahmen humanitärer Hilfsaktionen ohne AufenthErlaubn in Form des Sichtvermerks u ohne ÜbernErkl des BMI aufgenommen worden sind, § 1 II. Die Aufn eines Flüchtlings unter den genannten Vorauss hat die gleichen Folgen wie die Anerkenng als AsylBerecht nach § 2 AsylVfG; mit ihr ist insbes der **Erwerb des inländischen Personalstatuts** gem FlüchtlingsÜbk Art 12 verbunden; vgl dazu die Erläuterg dort; zur Ausdehng dieser RStellg auf FamAngeh (abgeleiteter Flüchtlingsstatus) s Rn 25, sowie Jayme IPRax **81**, 74. Zum Nachw ihrer RStellg erh die betroffenen Flüchtlinge eine **amtliche Bescheinigung,** § 2, deren Vorlage eine Überprüfg ihres Status erübrigt, vgl dazu VG Mü InfAuslR **97**, 476 (konstitutiver Charakter). Zum Erlöschen der RStellg vgl § 2 a (insb dch Ann od Erneuerg des Nationalpasses) u § 2 b (Widerruf). Das Gesetz ist am 1. 8. 80 in Kr getreten, § 6. Es erfaßt von diesem Ztpkt an den in § 1 umschriebenen PersKreis, besitzt also **keine Rückwirkung** bei bereits früh aufgenommenen Flüchtlingen. Da diese idR ohnehin unter FlüchtlingsÜbk Art 1 iVm Prot Art I fallen, ist mit dem Inkrafttr ein **Statutenwechsel** regelm nicht verbunden. Dagg bewirkt die Aufn als Flüchtling nach dem 1. 8. 80 unter den in § 1 genannten Vorauss den Übergang v Staatsangehörigk- z Domizilprinzip, hat also ebso wie bei unmittelb Anwendg v FlüchtlingsÜbk Art 12 einen Statutenwechsel zur Folge. 33

§ 1. Rechtsstellung. (1) *Wer als Ausländer im Rahmen humanitärer Hilfsaktionen der Bundesrepublik Deutschland auf Grund der Erteilung einer Aufenthaltserlaubnis vor der Einreise in der Form des Sichtvermerks oder auf Grund einer Übernahmeerklärung nach § 33 Abs 1 des Ausländergesetzes im Geltungsbereich dieses Gesetzes aufgenommen worden ist, genießt im Geltungsbereich dieses Gesetzes die Rechtsstellung nach den Artikeln 2 bis 34 des Abkommens über die Rechtsstellung der Flüchtlinge vom 28. Juli 1951 (BGBl. 1953 II S. 559).*

(2) *Auch ohne Aufenthaltserlaubnis oder Übernahmeerklärung genießt die Rechtsstellung nach Absatz 1, wer als Ausländer vor Vollendung des 16. Lebensjahres und vor dem Inkrafttreten des Gesetzes zur Neuregelung des Ausländerrechts im Rahmen humanitärer Hilfsaktionen der Bundesrepublik Deutschland im Geltungsbereich dieses Gesetzes aufgenommen worden ist.*

(3) *Dem Ausländer wird eine unbefristete Aufenthaltserlaubnis erteilt.*

EG 6 ***Öffentliche Ordnung (ordre public).*** **Eine Rechtsnorm eines anderen Staates ist nicht anzuwenden, wenn ihre Anwendung zu einem Ergebnis führt, das mit wesentlichen Grundsätzen des deutschen Rechts offensichtlich unvereinbar ist. Sie ist insbesondere nicht anzuwenden, wenn die Anwendung mit den Grundrechten unvereinbar ist.**

1) Allgemeines. a) Ausgangspkt eines entwickelten IPR ist es, einen RFall nach der ROrdng zu entsch, 1
zu welcher er die engsten Beziehgen hat. Der GesGeber nimmt dabei im Interesse der internatprivatr Gerechtigk, vgl Rn 1 vor Art 3, bewußt Entsch in Kauf, die von den nach dem eig Recht zu fällenden abw. Dch die kollr Verweisg auf fremdes Recht dürfen die inl Ger aber nicht zu Entsch genötigt werden, die iErg grdlegden dtschen RAnschauungen krass widerstreiten. Für solche AusnFälle schließt Art 6 (der in seinem sachl Gehalt Art 30 aF entspr, BGH **104**, 243) zum Schutz der inl öffentl Ordng **(ordre public)** die Anwendg ausl Rechts für den konkreten Sachverhalt aus. Eine solche **Vorbehaltsklausel** findet sich im IPR aller Staaten ebso wie in allen neueren StaatsVertren. Art 6 gilt nur für das KollR; entspr Vorschren enth aber auch das internat VerfahrensR, insbes ZPO 328 I Nr 4, 1059 II Nr 2, FGG 16 a Nr 4, Art 27 Nr 1 EuGVÜ; zum verfahrensr ordre public vgl zB BGH **118**, 320, BayObLG FamRZ **93**, 453. **b)** In Art 6 inkorporiert sind die 2
ordre public-Klauseln der in das EG eingearbeiteten Staatsverträge, vgl Rn 18 vor Art 3. Dies gilt insbes für

Art 7 des Haager TestamentsformÜbk vom 5. 10. 61, vgl dazu Art 26 Rn 1, für Art 16 des EG- Schuld-VertrÜbk vom 19. 6. 80, vgl dazu Rn 1 vor Art 27, u Art 11 I des Haager UnterhÜbk vom 2. 10. 73, vgl dazu Art 18 Rn 1. Bei der Anwendg des Art 6 im staatsvertragl Bereich sind die dafür geltden bes **Auslegungsregeln** zu beachten, vgl Rn 7 f vor Art 3. Auch die staatsvertragl VorbehKlauseln verweisen auf den ordre public des Staates des angerufenen Gerichts. Maßg ist also auch hier die dtsche öffentl Ordng, nicht etwa die and VertrStaaten. Gerade im staatsvertragl Bereich ist aber mit Rücks auf die angestrebte RVereinh
3 von Art 6 besonders zurückhaltd Gebrauch z machen, vgl Hbg GRURInt **98**, 434, **99**, 80. **c)** Durch Art 6 werden ausl RNormen, die dch die dtschen KollNormen für anwendb erkl werden, in seltenen AusnFällen von der Anwendg im Inl **ausgeschlossen;** der ordre public hat also insow nur eine **negative Funktion.** Dagg wird dch Art 6 nicht die unbedingte Anwendg best zwingder Vorschr des dtschen od eines and Rechts gesichert (positive Funktion des ordre public), vgl aber die AusnVorschr des Art 34 im SchuldVertrR. Die im Entw des IPR-Gesetzes ursprüngl vorgesehene **Sonderanknüpfung zwingender Eingriffsnormen** ist in der parlamentar Beratg gestrichen worden; vgl dazu Art 34 Rn 1. Zur Anwendg dtschen Rechts als ErsatzR vgl Rn 13.

4 **2) Voraussetzungen der Anwendung. a)** Die VorbehKlausel des Art 6 ist eine die regelmäß Anknüpfg dchbrechde **Ausnahmevorschrift,** die eng auszulegen ist. Ihre Anwendg setzt voraus, daß das an sich maßg ausl Recht „mit **wesentlichen Grundsätzen** des dtschen Rechts offensichtlich unvereinbar ist“, also im konkreten Fall zu einem Erg führen würde, das den KernBestand der inl ROrdng antasten würde, Begr BT-Drucks 10/504 S 42. In den wesentl Grdsen des dtschen Rechts sind die in Art 30 aF enth Begre der guten Sitten u des Zwecks eines dtschen Gesetzes zusammengefaßt; zum Maßstab der guten Sitten Mankowski RIW **96**, 10. Maßg für den Verstoß gg den ordre public ist daher nach wie vor, „ob das Ergebn der Anwendg des ausl Rechts zu den GrdGedanken der dtschen Regelg u der in ihnen liegden GerechtigkVorstellgen in so starkem Widerspr steht, daß es von uns für untragbar gehalten wird“, BGH **104**, 243, **118**, 330, **123**, 270, vgl auch BVerfG NJW **89**, 1275, weitergehd BGH NJW **79**, 488, der zur Anwendg der VorbehKlausel „die Dchsetzg v Wertvorstellgen des GGebers über die innerstaatl Sozialordng“ genügen läßt. Der AusnCharakter der VorbehKlausel wird in der Formulierg des Art 6 im Anschl an die darin inkorporierten staatsvertragl ordre public-Klauseln nunmehr auch dadch hervorgehoben, daß die Anwendg der ausl RVorschr **„offensichtlich“** (manifestly, manifestement) mit der dtschen öffentl Ordng **unvereinbar** sein muß; der Verstoß gg den ordre public muß also eklatant sein. Als Prüfgsmaßstab sind die RAnschauungen zZ der richterl Entsch maßgebd, RG **114**, 171, BGH **51**, 290; desh schließt die Übereinstimmg ausl Rechts mit dem früheren dtschen RZust einen Verstoß gg den ordre public nicht aus, Jayme, Methoden der Konkretisierg des ordre public im IPR, 1989 S 33. Die Anwendg der VorbehKlausel ist aber grdsätzl nicht schon desh gerechtfertigt, weil das fremde Recht von zwingden dtschen Vorschr abweicht, BGH NJW **92**, 3101. Eine **Sonderanknüpfung** inl zwingder RNormen gilt nach **Art 34** bei **Schuldverträgen.**

5 **b)** Abzustellen ist immer darauf, ob das **Ergebnis** der Anwendg ausl Rechts im **konkreten Fall** in untragb Widerspr zu grdlegden dtschen GerechtigkVorstellgen stünde, vgl zB BGH **118**, 331, Saarbr FamRZ **92**, 849. Voraussetzg dafür ist, daß der Inhalt des anwendb fremden Rechts ermittelt werden kann; ist dies ausgeschl, kommt Anwendg der lex fori als ErsatzR in Betr, vgl Rn 36 vor Art 3, Heldrich Fschr Ferid (1978) 218 (keine Anwendg von Art 6 „auf Verdacht“), and BGH **69**, 387, wo beide Fragen verquickt werden, vgl dazu Jayme StAZ **80**, 304. Wo eine **Anpassung** zur Auflösg von NormWiderspr erfolgen kann, vgl Rn 32 vor Art 3, hat diese Vorrang vor Prüfg des ordre public, Kropholler Fschr Ferid (1978) 288. Art 6 kann im übr nicht nur dann anwendb sein, wenn der pos Gehalt einer ausl Vorschr den dtschen RAnschauungen widerspricht, sond ebso, wenn sich aus dem **Fehlen** einer ges Regelg ein Verstoß gg den dtschen ordre public ergibt, Hann FamRZ **69**, 669.

6 **c)** Bei der Anwendg von Art 6 ist große **Zurückhaltung** geboten. Der dtsche Richter darf sich nicht zum Sittenrichter über fremdes Recht aufwerfen, BayObLG **69**, 70; daß eine Norm im Ursprungsland selbst als reformbedürftig gilt, erleichtert die Heranziehg von Art 6, Jayme, Methoden aaO S 43. Die Anwendg der VorbehKlausel setzt voraus, daß der zu beurteilde Tatbestd eine **genügende Inlandsbeziehung** aufweist; die internat Zustdgk der dtschen Ger genügt allein hierfür nicht, Hamm StAZ **82**, 136. Als Anhaltspkt kann dabei neben dem gewöhnl Aufenth ua die Staatsangehörigk der Beteil dienen, vgl zB BGH **28**, 375. Die jeweils erfdl Intensität der InlBeziehg steht auch in Relation zu dem jew Gehalt der zu prüfden Norm: je krasser der Verstoß gg die dtschen GerechtigkVorstellgen, desto schwächer kann die für die Anwendg von Art 6 notw InlBeziehg sein, vgl auch BGH **118**, 349, Hbg IPRspr **79** Nr 2 A, Oldenb IPRax **81**, 136. Vor allem bei Beurteilg von **Vorfragen** kann die InlBeziehg fehlen, zB bei Feststellg der Abstammg von Kindern aus einer im Ausl nach dem HeimatR der Eheg wirks geschl Mehrehe, LG Ffm FamRZ **76**, 217; dagg würde die Eingehg der polygamen Ehe im Inl gg Art 6 verstoßen.

7 **d)** Ein wesentl Bestandt der dtschen öffentl Ordng sind die GrdRe. Der ordre public dient daher, wie **Satz 2** nunm ausdrückl klarstellt, auch, aber keineswegs nur als **Einbruchstelle der Grundrechte in das IPR,** BGH FamRZ **93**, 317, vgl dazu Rn 11 f vor Art 3. Dies gilt auch im SchuldVertrR, obwohl der in Art 6 eingearbeitete Art 16 des EG-SchuldVertrÜbk diese an sich überflüssige Klarstellg nicht enth. Dem ordre public widerspricht aber nicht jede RAnwendg, die bei einem reinen InlFall grundrechtswidrig wäre, Begr BT-Drucks 10/504 S 44. Entsch ist vielm, ob das jew GrdR für den **konkreten** Sachverhalt Geltg beansprucht, was wesentl von den InlBeziehgen des Einzelfalles abhängt, vgl BGH FamRZ **93**, 317, Coester-Waltjen u Kronke BerGesVR 38 (1998) 9 u 33; keine unnöt Aufoktroyierg des GleichberechtiggsGrds gem GG 3 II bei ausl Staatsangehörigk aller Beteil, BGH **60**, 68. Bei gleichzeitigem Verstoß gg die EMRK genügt aber auch eine schwache InlBeziehg für die Anwendg von Art 6, vgl Ehricke EuGRZ **93**, 117, Fischer Fschr Remmers (1995) 454. Auch soweit der GeltgsAnspr der GrdRechte reicht, verbieten sie die Anwendg ausl Rechts nur dann, wenn es im konkr Fall zu einem verfwidr **Ergebnis** führt, vgl BVerfG NJW **89**, 1275, Saarbr FamRZ **92**, 849, Hamm FamRZ **93**, 114 (abstrakter Verstoß gg GleichberechtiggsGrds reicht nicht aus, abl Lorenz IPRax **93**, 148). Verweist das ausl IPR unter Verletzg von GG 3 II dch Anknüpfg an die Staatsangehörigk des Mannes auf dtsches Recht zurück, so ist dem grdsl zu folgen, weil die Anwendg dtschen

SachR die Ehefr mat idR nicht benachteil. – Unter „Grundrechten" sind nicht nur die des GG, sond auch die der LänderVerfassgen u der menschenr Übk, insbes der EMRK vom 4. 11. 50, zu verstehen, vgl Begründg aaO; ferner v Bar BerGesVR **33** (1994) 207, Matscher Fschr Schwind (1993) 78.

e) Den **ordre public einer ausländischen Rechtsordnung** hat der dtsche Richter nicht zu wahren, außer wenn das Recht, auf das verwiesen wird, die Rück- oder Weiterverweisg verbietet, weil das von seinen KollNormen berufene Recht seinem ordre public widerspricht, vgl AG Duisb StAZ **80**, 335, weitergehd Brüning, Die Beachtlichk des fremden ordre public, 1997. Wg Verstoßes gg ein ausl VerbotsG vgl Art 34 Rn 4, 5; die in Art 34 I des RegEntw vorgesehene begrenzte Anerkenng eines ausl ordre public im Inl ist in der parlamentarischen Beratg gestrichen worden. Dagg können Best von in innerstaatl Recht transformierten **Staatsverträgen** dchaus zum geschützten Kernbestand der dtschen ROrdng gehören, vgl AG Heidenheim IPRspr **96** Nr 111 betr Europ AdoptionsÜbk. Zum Verh von ordre public u EG-Recht vgl BGH **123**, 278, Martiny in: v Bar, Europ GemschR und IPR (1991) 211, Sonnenberger ZVglRWiss **96**, 42, Michaels/ Kamann JZ **97**, 607, Bruns JZ **99**, 279, sowie Art 3 Rn 9; die grdlegden Integrationsnormen des EG-Rechts sind Bestandt des dtschen ordre public, nicht aber die noch nicht umgesetzten EG-Richtlinien, Bungert DNotZ **97**, 347. Für die Anerkenng eines internat ordre public im WirtschaftsR Horn RabelsZ **80**, 423, vgl auch Meessen NJW **81**, 1131, Oeter IPRax **96**, 76. 8

3) Anwendungsbereich. a) Art 6 enthält einen **allgemeinen Grundsatz,** der die gesamte Anwendg ausl Rechts in Deutschland beherrscht, zB auch des **ausländischen Kollisionsrechts** bei Prüfg einer Rück- od Weiterverweisg. Die Ausschaltg gleichberechtiggswidr fremder KollNormen wg Verstoßes gg den dtschen ordre public setzt aber wie immer voraus, daß ihre Anwendg im konkreten Fall zu einem untragb Erg führt, vgl dazu Rn 4, 5; die bloße Verweisg auf MannesR reicht also für die Anwendg von EG 6 nicht aus; erfdl wäre, daß die zur Anwendg berufene ROrdng die Frau mat unerträgl benachteil; prakt kommt dies nur bei Weiterverweisg in Betr, vgl Rn 7. 9
b) In versch KollNormen wird dtsches Recht in best Umfang unbedingt, insbes Art 13 III u 34, od bei Vorliegen gewisser Vorauss ergänzd für anwendb erkl, insbes Art 13 II, 17 III, 18 II, 23, 24 I, AGBG 12 u BörsenG 61. Im Rahmen dieser bes VorbehKlauseln ist für die Anwendg des Art 6 kein Raum, da die dtsche öff Ordng bereits dch die Verweisg auf dtsches Recht gewahrt ist; für AGBG 12 aM Landfermann AWD **77**, 445, Kropholler RabelsZ **78**, 651, Otto, AGB u IPR (1984) 218; wenn die genannten SonderVorschren tatbestandsmäß nicht erfüllt sind, bleibt Art 6 jedoch anwendb. 10
c) Soweit das dtsche IPR auf **Staatsverträgen** beruht, müssen diese selbst einen Vorbeh zG des ordre public enth; nur soweit dieser reicht, kann das zur Anwendg berufene ausl Recht wegen Unvereinbark mit der dtschen öff Ordng im Einzelfall ausgeschl werden, vgl dazu BGH FamRZ **93**, 316, 1053, Saarbr FamRZ **92**, 849, Hamm FamRZ **93**, 111, Oldbg FamRZ **95**, 1590 (sämtl zum dtsch-iran NiederlassgsAbk v 17. 2. 29, vgl dazu Rn 53 Anh z Art 24). Wegen der in Art 6 inkorporierten staatsvertragl ordre public-Klauseln s Rn 2. 11
d) Die VorbehKlausel war auch im **innerdeutschen** KollisionsR zu beachten, vgl BGH NJW **89**, 1352, KG FamRZ **75**, 54. Mit dem EiniggsV v 31. 8. 90 ist aber für die Anwendg von Art 6 grdsl **kein Raum** mehr, vgl dazu BGH **127**, 204, 309, aM Dresd DtZ **93**, 345, Drobnig DtZ **94**, 90, Horn AcP **94**, 195, Lipp OLG-NL **95**, 242, Fischer DtZ **97**, 75, offen lassd KG FGPrax **95**, 158, DtZ **96**, 151, BAG DB **96**, 1831. Soweit er die Weitergeltg des DDR-Rechts vorsieht, müssen dessen Vorschr auch im Rahmen von Art 6 toleriert werden; diese Best wird insow dch den EiniggsV überlagert, vgl Art 3 II 1. Da es sich um eine ggwärtige Anwendg dtschen Rechts dch dtsche Gerichte handelt, muß das fortgeltde DDR-Recht aber mit den grdlegden Wertgen des dtschen Rechts, insbes mit den tragden verfassgsr Wertgen des **Grundgesetzes** in Einklang stehen, vgl BGH **117**, 35 (verfassgskonforme Auslegg), BGH NJW **93**, 2532, BGH **124**, 277, **126**, 91, **127**, 204 („Ausstrahlgswirkgen des verfassgsr Wertewandels auf die intertemporale Anwendg der ROrdng der ehemaligen DDR"), BGH ZEV **95**, 226, Horn DWiR **92**, 46, s aber auch BVerfG DtZ **93**, 309, aM Drobnig DtZ **94**, 90; es wird desh auch von den elementaren RPrinzipien der guten Sitten, Dresd NJ **93**, 228, u von Treu und Glauben überlagert, BGH NJW **93**, 261, 1859, **94**, 1796, DtZ **94**, 340, **97**, 353, deren Geltg im DDR-Recht sich auch aus Leitsatz A I 2 des Gemeins Prot über Leitsätze zum StaatsVertr über die Schaffg einer Währgs-, Wirtsch- u Sozialunion v 18. 5. 90, GBl I 339 ergibt, vgl dazu auch BGH DtZ **93**, 210, **94**, 340, NJW **94**, 656, ZEV **96**, 265 (Berufg auf Formmangel), BGH **126**, 104 (Berufg auf Verj), BGH FamRZ **96**, 163 (Berufg auf Verstoß gg DevisenG); auf diese Weise sind insbes die Grdse über den Wegfall der GeschGrdl zu beachten, BGH NJW **93**, 261, 1859, **94**, 261, 2690, FamRZ **95**, 546, BGH **127**, 217, DtZ **96**, 23 u 46, NJW **96**, 991, NJ **97**, 535, FamRZ **98**, 670, Thür OLG-NL **97**, 52, Naumbg DtZ **97**, 363, einschränkd Dresd FamRZ **94**, 709, DtZ **95**, 24, Mü DtZ **95**, 446, vgl dazu Fischer DtZ **97**, 75, Oetker JZ **93**, 1164, Drobnig DtZ **94**, 90, Leipold JZ **95**, 833, Thode ZEV **96**, 267, Görk, Dtsche Einh u Wegfall der GeschGrdl, 1995; Vorschr, die auf spezifisch sozialistischen Wertgen u Grdsen beruhen, bleiben unberücksichtigt, BGH NJW **93**, 2531, BGH **124**, 277, Oetker JZ **92**, 613, s auch BVerfG DtZ **93**, 309 (Bedeutgswandel), KG ZIP **94**, 1817. 12

4) Folge der Anwendung. Dch Art 6 wird idR ein ausl RSatz im Einzelfall von der Anwendg im Inl ausgeschl; das ausl Recht bleibt jedoch im übr anwendb. Entsteht dch die Ausschaltg der ordre public-widrigen Vorschr eine regelgsbedürftige Lücke, so ist auch diese nach Möglk aus dem anzuwendenden ausl Recht zu schließen, BGH FamRZ **93**, 318, Hamm FamRZ **93**, 115, Düss FamRZ **98**, 1114; finden sich darin keine passenden Vorschren, so ist hilfsw **deutsches** Recht als **Ersatzrecht** anzuwenden; dies gilt insbes bei Anwendg von Art 6 wg Fehlens einer Regelg, vgl Rn 5. 13

5) Einzelfälle aus der gerichtlichen Praxis. Dch die Neufassg der VorbehKlausel in Art 6 ist keine Änderg des sachl RZust ggü Art 30 aF eingetreten. Die früh Rspr, wonach ausl Recht nicht schlechthin wg Verstoßes gg GG 3 II unanwendb sei, BGH **42**, 7, **54**, 132, ist aber dch BVerfG **31**, 58 überholt, vgl dazu Rn 11 f vor Art 3 u zu den erforderl InlBeziehgen oben Rn 7. Mit diesem Vorbeh ist die Aussagekraft der früh Judikatur erhalten geblieben. In der folgden Übersicht heißt ja: Eingreifen von Art 6 (Verstoß gg dtschen ordre public) v Gericht bejaht, nein: Anwendg v Art 6 verneint. 14

a) Allgemeiner Teil des IPR. Beseitigg der **Adelsprädikate** nach ausl Recht, auch wenn sie sich im wesentl gg dtsche Minderh richtet: nein, BVerwG NJW **60**, 452, BayObLG **60**, 418 (Deutsch-Balten), 15

BVerwG StAZ **81**, 277, BayVGH StAZ **89**, 77, Bungert IPRax **94**, 110, vgl aber ErgG z NamensÄndG v 29. 8. 61, BGBl 1621 u dazu Art 10 Rn 10; Ann eines Adelsnamens dch Namensänderg: nein, Hdlbg IPRax **89**, 52; Eintragg ausl Adelsprädikate als solcher in dtsche PStBücher: ja, BayObLG StAZ **91**, 44; beliebige Namensänderg dch einfache Erkl vgl LG Stgt StAZ **92**, 348, Jena StAZ **96**, 174; Fortführg des **Firmennamens** des in der DDR enteigneten Betriebes, falls Unternehmen in BRep vom bisherigen Inh unter dem alten Namen fortgeführt wird: ja, BGH **LM** § 12 Nr 18; Führg eines ungewöhnl Vornamens: nein, Brem StAZ **96**, 86 gg LG Brem ebda 46; fehlde **Rechtsfähigkeit** zum Abschl v AußenhandelsVertr: nein, BGH NJW **98**, 2452; Aufrechterhaltg eines RGesch trotz **Teilnichtigkeit:** nein, Hamm NJW-RR **98**, 1542; **Selbstkontrahierungsrecht** in weiterem Umfang als § 181: nein, RG JW **28**, 2013; Fristunterschiede bei **Verjährung:** nein, RG **151**, 201; Unverjährbark nach schweiz Recht: ja, RG **106**, 82; Eintritt der **Volljährigkeit** mit 9 Jahren: ja, Kln NJWE-FER **97**, 55.

16 **b) Internationales Schuldrecht.** Abweichg von SchutzBest des fr **Abzahlungsgesetzes:** nein, Celle RIW **93**, 588, ja, RG JW **32**, 592, AG Lichtenfels IPRax **90**, 235, aM Lüderitz ebda 218, vgl auch v Hoffmann RabelsZ **74**, 396; **Anpassung** einer Fdg an die **Geldentwertung:** nein, BGH NJW **93**, 1802; Fehlen einer dem § 817 S 2 entspr **bereicherungsrechtlichen** Vorschr: nein, BGH NJW **66**, 730; Inanspruchn eines **Bürgen** gem § 765 nach entschädiggsloser Enteigng seiner Anteile am Hauptschuldner dch ausl Staat, welcher den BürgschGläubiger beherrscht: ja, BGH **104**, 240, krit Sonnenberger EWiR **88**, 675, Behrens IPRax **89**, 217, Schwung RIW **89**, 482; **Devisenbestimmungen** der früh DDR od CSSR: nein, Celle FamRZ **81**, 200, Ffm IPRspr **86** Nr 119, vgl auch BGH NJW **90**, 2198, Stgt NJW **90**, 197; fristloses KündR hins **Dienstvertrag** ohne wicht Grd: nein, BAG AWD **75**, 521; vertragl Verz auf Kündiggsschutz: ja, BAG NJW **79**, 1120; **Direkthaftung** eines Beamten für hoheitl Handeln: nein, BGH **123**, 268, Heß IPRax **94**, 15; Vereinbg eines **Erfolgshonorars** mit ausl Anw: nein, BGH **22**, 162, **44**, 190, NJW **92**, 3101; bei Vereinbg mit einem in EntschSachen zu Vertretg berecht früheren dtschen Anw: ja, BGH **51**, 290; für den dtschen Anw gilt BRAO 49 b II, vgl Art 34 Rn 3; vgl ferner Bendref AnwBl **98**, 309; **Garantie** auf erstes Anfordern dch PrivPers: vgl BGH WM **97**, 1247; zG der Durchsetzg v § 2 I 1 VO z § 34 c **Gewerbeordnung:** ja, Hamm NJW **77**, 1594, vgl dazu Dörner NJW **77**, 2032, Ahrens AWD **77**, 782, Reithmann Fschr Ferid (1988) 368; formloser Kaufvertr über inl od ausl **Grundstück:** nein, RG **63**, 18, RG **121**, 154; Verstoß gg **Haftungsausschluß** der RVO 636, 637: ja, BGH **123**, 275 (krit Basedow IPRax **94**, 85, Haas ZZP **95**, 219, Kubis ZEuP **95**, 860); Abweichg von SchutzBest des **HaustürwiderrufsG:** ja, LG Bambg NJW-RR **90**, 694, Celle RIW **91**, 423, nein, Hamm NJW-RR **89**, 496, LG Düss NJW **91**, 2220, RIW **95**, 416, Düss NJW-RR **95**, 1396, Stade IPRspr **89** Nr 39, Hildesh IPRax **93**, 173, Bielef NJW-RR **99**, 1283, vgl dazu Taupitz BB **90**, 650 u EG 29 Rn 5; pauschale vertragl Haftg des FahrzHalters für **Parkplatzbenutzung:** ja, AG Leverk IPRspr **95** Nr 5; Nichtzulassg des Einw des **Rechtsmißbrauchs** nach ausl Recht: ja, LG Ffm NJW **81**, 56, SozG Stgt FamRZ **92**, 235 (Verwirkg); bei pauschaliertem **Schadensersatz** aGrd von gerichtl Schätzg: nein, BGH **75**, 167; v dtsch Recht in Einzelh abw SchadBerechng: nein, BGH NJW **99**, 3201; bei immat SchadErs: nein, Heilbr RIW **91**, 343; Ersatzfähigk fiktiver Behandlgskosten: nein, BGH **118**, 331; StrafschadErs (punitive damages) von nicht unerhebl Höhe neben Ersatz für mat u immat Schäden: ja, BGH **118**, 312 (betr VollstreckbErkl) mwN, LG Hbg RIW **97**, 65, vgl dazu jetzt **Art 40 III,** ferner Koch NJW **92**, 3073, Schack ZZP **93**, 104, Deutsch JZ **93**, 266, Bungert ZIP **92**, 1707, **93**, 815, Schütze RIW **93**, 139, Koch/Zekoll IPRax **93**, 288, Rosengarten NJW **96**, 1935, Baumbach/Henkel RIW **97**, 727, Griessbach/Cordero RIW **98**, 592, Zekoll/Rahlf JZ **99**, 384, zur KlZustellg Düss NJW **92**, 3110, Mü NJW **92**, 3113, KG OLGZ **94**, 587, BVerfG RIW **94**, 769, **95**, 320, Frank/Diedrich ZIP **94**, 1830, Merkt, Abwehr der Zustellg von punitive damages-Klagen, 1995, Tomuschat IPRax **96**, 84; Verbindlk von **Spielschulden:** ja, MöGladb IPRspr **94** Nr 6, Hamm NJW-RR **97**, 1008; Vereinbg einer **Vertragsstrafe** für den Fall des Unterbleibens einer Eheschl: ja, Waldshut-Tiengen IPRspr **79** Nr 17; zG der Herabsetzg übermäßiger VertrStrafen: ja, Hbg OLG **6**, 231, vgl dazu Rau AWD **78**, 23.

17 **c) Internationales Sachenrecht. Enteignung:** ohne Entschädigg: grdsl ja, BGH **104**, 244 (vgl dazu oben Rn 16), and aber, wenn auf Territorium des enteignenden Staates beschr, BVerfG NJW **91**, 1600 (krit Leisner ebda 1571), NJW **96**, 1671, BVerwG VIZ **98**, 327, aM jetzt KG NJ **99**, 95 (vgl dazu Art 43 Rn 14); die Überprüfg der entschädiggslosen Enteigng dtschen Verm im Ausl währd u nach dem 2. Weltkrieg gem Art 30 aF ist dch AHKG 63 u dch Teil VI Art 3 ÜberleitgsVertr ausgeschl, vgl BGH NJW **57**, 217; zur Frage der Anerkenng völkerrechtswidr Enteigngen vgl Art 43 Rn 14; bei Hinn derart EnteigngsMaßn fremder Staaten im Rahmen dtschen LastenAusgl: nein, BVerwG MDR **79**, 166; Steuerpfändg u Verwertg nach ZwangsvollstrR der DDR: nein, BGH NJW **89**, 1352 (gg KG NJW **88**, 341), vgl dazu Armbrüster/Jopen ROW **89**, 332, Kreuzer IPRax **90**, 365; zG des dtschen **Faustpfandprinzips** (ggü franz RegisterPfandR): nein, BGH **39**, 177; **Schatzregal** eines ausl Staates: nein, Schlesw NJW **89**, 3105; zG der dtschen PublizitätsVorschr über das **Schiffspfandrecht:** nein, BGH NJW **91**, 1418 entgg RG **80**, 129, vgl auch Brem IPRax **92**, 324.

18 **d) Internationales Familienrecht.** Probleme ergeben sich vor allem bei der Anwendg **islamischer** Rechtsordngen, vgl dazu Jones DRiZ **96**, 322; Ehringfeld KJ **96**, 271, ders, Eltern-Kind-Konflikt in AuslFam 1997, Stumpf ZRP **99**, 207.

19 **aa) Verlöbnis.** Versagg des **Kranzgeldanspruchs** für verlassene Braut: ja, BGH **28**, 385, mit Recht aufgegeben dch BGH **62**, 282; Vertragsstrafe bei Scheitern der Eheschl: ja, Bochum FamRZ **90**, 883.

20 **bb) Ehe.** Verneing der Wirksk einer **Stammesehe** zw Dtschem u Nigerianerin: ja, Mü StAZ **93**, 151 (bei langem ZusLeben), Bungert ebda 144, iErg ebso VG Kblz IPRspr **93** Nr 55; Bejahg der Wirksk einer nicht registrierten Stammesehe: nein, Kln StAZ **98**, 148; **Erschleichen** ausl EheschlForm dch verdeckte StellVertr: nein, Karlsr StAZ **94**, 287. Wenn als Grd einer **Eheanfechtung** nur Irrtum über die Identität der Pers zul ist: nein, RG HRR **30**, 1736; **Ehehindernis** der Religionsverschiedenh bei starker Inlandsbeziehg: ja, BGH **56**, 180, Hamm NJW **77**, 1596, vgl auch Kblz NJW-RR **94**, 647; **Ehemündigkeit** einer Frau mit 15 bzw 14 Jahren: nein, KG FamRZ **90**, 46, AG Tüb ZfJ **92**, 48, krit Coester ebda 141; GenErfordernis für Heirat mit Ausl: ja, AG Bad Wildungen StAZ **90**, 170; **Eheverbot** der höheren Weihen: ja, Hamm OLGZ **74**, 103; bei Eheverbot trotz einer im Inl vollz Geschlechtsumwandlg: ja, AG Hbg StAZ **84**, 42; Vertr über **Morgen-**

gabe: ja, LG Kln IPRspr **80** Nr 83 (abwegig); wenn die Ehefr nach dem maßg HeimatR dch Heirat nicht den **Namen** des Mannes erwerben kann: nein, KG NJW **63**, 52, Hbg StAZ **70**, 53, Ffm OLGZ **76**, 286, Hamm StAZ **79**, 170; wenn die Eheg sonst unterschiedl Ehenamen führen: nein, Hamm OLGZ **81**, 187; **gesetzliche Vertretung** der Ehefr dch ihren Mann: ja, LG Bln FamRZ **93**, 198; **Nichtigerklärung** einer lange bestehden Ehe wg Eheschl vor einem örtl unzust StBeamten: nein, Celle NJW **63**, 2235 (abzulehnen); **Unauflöslichkeit** der Ehe: nein, BGH **41**, 147, **42**, 11, Karlsr NJW **73**, 425, Hamm FamRZ **75**, 630, vgl aber auch Rn 21; im Ausland geschlossene **Mehrehe,** die nach dem HeimatR der Eheg gestattet ist: nein, VG Gelsenkirchen FamRZ **75**, 338, LG Ffm FamRZ **76**, 217, BVerwG **71**, 228, BFH DB **86**, 1262, OVG NRW IPRax **85**, 351, Hamm StAZ **86**, 352, SG Düss InfAuslR **96**, 127, implizit auch Düss FamRZ **93**, 189, dahingestellt OVG NW StAZ **97**, 137 (betr erschlichene Einbürgerg), vgl auch Spickhoff JZ **91**, 326, Gaaz StAZ **97**, 142 (Art 6 anwendb, wenn Partner der Erstehe Dtsche), Jayme IPRax **98**, 492; Behandlg im Ausland formgültig geschl Mehrehe als Nichtehe: nein, BGH FamRZ **91**, 303, als gültig u daher zu scheiden: nein, BayObLG **93**, 225.

cc) Ehescheidung. Scheidg bevor die Eheg ein Jahr **getrennt** leben: nein, Hamm FamRZ **97**, 881, ebso bei Ehetrenng Bambg FamRZ **79**, 514; Zuweisg der **Ehewohnung** an den gesch Ehemann: ja, KG FamRZ **89**, 74; Verpflichtg zur NutzgsEntsch: nein, Mü IPRspr **93** Nr 59; Fehlen einer Zuweisgregelg überh: ja, AG Recklingh FamRZ **95**, 677; **Fehlen** einer Regelg zur **Hausratsteilung:** nein, Hamm FamRZ **98**, 1531; **Fortbestand** einer in Dtschland gesch Ehe nach dem HeimatR eines Verl, der in Dtschland eine neue Ehe schließen will: ja, BGH NJW **72**, 1619, **77**, 1014, FamRZ **97**, 544, Hbg IPRspr **77** Nr 54, nein, Mü IPRax **88**, 356 (vgl dazu jetzt Art 13 II); **Privatscheidung/Verstoßung,** vgl dazu Bolz NJW **90**, 620, Lüderitz Fschr Baumgärtel (1990) 337, Spickhoff JZ **91**, 328, Beitzke IPRax **93**, 231; talaq-Scheidg nach islamischem Recht: ja, Ffm IPRax **89**, 237, Stgt FamRZ **97**, 882, Düss FamRZ **98**, 1114 – nein, Stgt NJW **71**, 994, Mü IPRax **89**, 241, Kblz FamRZ **93**, 563, Hamm IPRax **95**, 175, Kln FamRZ **96**, 1147, die mit Recht darauf abstellen, ob im Einzelfall auch Scheidg nach dtschem Recht mögl, ebso BayObLG **98**, 109, Jayme IPRax **89**, 223, Beitzke IPRax **93**, 233, Henrich IPRax **95**, 166, offen gelassen KG NJW-RR **94**, 199; Verstoßg einer dtschen Frau gg ihren Willen dch PrivScheidg im Ausland nach ägypt Recht: ja, BayObLG IPRax **82**, 104; wenn diese einverst ist: nein, Ffm NJW **85**, 1293, Kblz NJW-RR **94**, 647, zust Henrich IPRax **85**, 48, Krzywon StAZ **89**, 104; Verstoßg marokk Frau dch marokk Mann, wenn Ehe gescheitert: nein, JM NRW StAZ **92**, 46, ja: Düss FamRZ **97**, 882, Stgt FamRZ **97**, 882; einverständl thailänd PrivScheidg eines dtschen Mannes mit Wohns im Inl: ja, JM NRW IPRax **82**, 25; einverständl syrische PrivScheidg syr Eheg: nein, BayObLG **98**, 108; Mißbrauch einer Vollm zur Dchführg einer PrivScheidg: ja, BayObLG **77**, 180; (zur Frage der Wirksk von PrivScheidgen vgl Art 17 Rn 35–37, ferner Beule StAZ **79**, 29); **Scheidungsstrafen:** ja, KG JW **38**, 2750, nein: Ffm FamRZ **92**, 1183 (betr Ersatz immat Schad); **Verschuldensgrundsatz** nach ausl ScheidgsR: nein, BGH NJW **82**, 1940, Oldbg FamRZ **90**, 632; fehlder **Versorgungsausgleich**: nein, Ffm FamRZ **83**, 728. 21

dd) Kindschaft. Adoption: generelle Unzulässigk der **Adoption**: ja, AG Hagen IPRax **84**, 279 (zur Unzulässigk bei ReligionsVerschh Otto StAZ **93**, 45), grdsl auch Karlsr FamRZ **98**, 56; Unzulässigk einer Volladoption: nein, Gött FamRZ **81**, 207; Kinderlosigk als Voraussetzg einer Adoption: ja, AG Recklinghausen IPRax **82**, 205, AG Siegen IPRax **93**, 184, AG Heidenheim IPRspr **96** Nr 111, nein: AG Weilheim IPRax **82**, 161, offen gelassen LG Hbg FamRZ **99**, 254; Adoption mit schwacher Wirkg: ja, AG St. Ingbert StAZ **83**, 317, zust Jayme IPRax **84**, 43 (zu weitgehd, wie hier Wohlgemuth ROW **88**, 90, vgl auch BayVGH StAZ **89**, 289); wenn leibl Mutter bei Stiefkindadoption die elterl Sorge verliert: ja, AG Wolfsburg IPRax **84**, 44; bei Entbehrlk der Einwilligg der Mutter: nein, LG Ffm StAZ **95**, 75; Nichtberücksichtigg des Kindeswohls: ja, Hess VGH FamRZ **94**, 956; Fehlen einer der **Ehelicherklärung** auf Antr des Kindes nach §§ 1740 ff aF entspr Regelg: nein, KG FamRZ **87**, 859; Versagg des Status der **Ehelichkeit** des Kindes (bzw nunm der Vatersch des Ehem) einer verh Mutter aGrd der tats Verhältn: nein, BGH FamRZ **86**, 984, vgl auch Hamm StAZ **82**, 136; Begr der (ehel) Abstammg dch Registrierg (türk R): nein, BGH NJW-RR **87**, 147; **Vaterschaftsanfechtung** (EhelichkAnfechtg): Geltendmachg ohne bes Verf: nein, AG Bielefeld FamRZ **63**, 458; Versagg od Einschränkg eines AnfechtgsR des Kindes: nein, KG DAVorm **77**, 525, OLGZ **77**, 452, Düss DAVorm **79**, 142, Ffm StAZ **81**, 112 (dieser Standpkt ist überholt dch BVerfG FamRZ **94**, 881), ja: LG Stgt DAVorm **76**, 146, Mü DAVorm **79**, 859, Nürnb NJW-RR **86**, 301 (bei starker InlBeziehg), vgl dazu Rauscher DAVorm **85**, 619; das Problem hat sich nunm weitgehd erledigt dch Art 20 S 2; kürzere Frist für die Vatersch(Ehelichk)Anf: nein, BGH **75**, 32, Düss FamRZ **73**, 311, Mü DAVorm **84**, 328, Karlsr IPRspr **86** Nr 72, AG Bln-Spandau FamRZ **98**, 1132, mit Recht zweifelnd Hamm IPRax **96**, 423, Mangold ebda 414; Versagg der Hemmg des Fristablaufs: ja, Hamm DAVorm **97**, 811; Unmöglk der **Einbenennung:** nein, AG Hbg FamRZ **71**, 48; Verlangen der **Herausgabe** eines Kindes dch seinen Vater: nein, BGH **54**, 123, **88**, 113, BayObLG **69**, 70, – uU ja, Hamm IPRax **93**, 104 (bei Verletzg des Kindeswohls), vgl dazu Dörner ebda 87; Unzulk einer **Legitimanerkennung** nach islam Recht zu einem scheinehel Kind: nein, AG Flensb StAZ **81**, 199; **Legitimation:** die dtsche Rspr hat die Anwendg des ordre public vielfach bejaht, wenn ein ausl Recht die Legitimation dch nachfolgde Ehe nicht zuließ, vgl Voraufl; mit der Beseitigg der Unterschiede zw ehel u nehel Kindern dch das KindRG v 16. 12. 97, BGBl 2942 hat diese Rspr ihre Grdlage verloren; allerd kann die Ungleichbehandlg ehel u nehel Kinder als solche gg Art 6 verstoßen; wenn **Sorgerecht** für Knaben ab 3., für Mädchen ab 8. LebensJ allein dem Vater zusteht (iran Recht): uU ja, BGH FamRZ **93**, 316 (bei Verletzg des GrdR des Kindes auf Entfaltg seiner Persönlichk), FamRZ **93**, 1054 (nicht wg Benachteiligg der Mutter), vgl dazu Henrich IPRax **93**, 83, Spickhoff JZ **93**, 210, Wolf FamRZ **93**, 874, Berger LM Nr 3, Rauscher JR **94**, 184; and dagg noch Ffm FamRZ **91**, 730, im Einzelfall auch Ffm FamRZ **80**, 79, Celle IPRax **89**, 390 (krit Coester IPRax **91**, 236), FamRZ **90**, 656, Brem FamRZ **92**, 344, Saarbr FamRZ **92**, 848; bei insof fast gleichem irak Recht: ja, KG NJW **68**, 361; bei syr Recht: ja, LG Hann NJW **72**, 1625 (dagg enth die ähnl Regelg des hanefit Rechts in Ägypten nach BGH **54**, 132 als solche keinen Verstoß gg den dtschen ordre public, ebso AG Solingen FamRZ **82**, 738, Stgt DAVorm **86**, 556; ähnl erblickt Saarbrücken NJW **66**, 308 in der Belassg der elterl Sorge beim Vater nach Ehescheidg keinen Anwendgsfall von EG 30 aF; diese Auffassg ist dch BVerfG **31**, 58 überholt, vgl dazu Rn 11 f vor Art 3; Verstoß gg ordre public bei der entspr Regelg des algerischen, jordan od tunes Rechts daher mit Recht bejaht von Ffm IPRspr **81** Nr 110, Karlsr FamRZ **92**,

1465, Düss FamRZ **94**, 644, vgl dazu auch BGH FamRZ **93**, 316, 1053); Verlust des SorgeR der gesch Mutter bei Heirat od Umzug: ja, AG Kerpen FamRZ **97**, 106; **Stichentscheid** des **Vaters** nach türk Recht, ja: BGH DAVorm **92**, 354, AG Eschwege FamRZ **95**, 565, Hamm FamRZ **97**, 6, Karlsr NJW-RR **98**, 583, AG Pankow FamRZ **98**, 1593; Verknüpfg von SorgeRRegelg mit Religionszugehörigk: ja, Hamm FamRZ **90**, 781 (vgl dazu Klinkhardt IPRax **91**, 174); fehlde Möglk der Übertragg des SorgeR auf einen EltT nach EheScheidg: ja, Ffm NJW **98**, 3207; zG der Unverzichtbark des Rechts der Eltern auf pers **Umgang** mit dem
26 Kind: ja, KG DJZ **31**, 365; ausschl Übertragg des AnfR hins rechtskr **Vaterschaftsfeststellung** auf den Staatsanwalt nach dem Recht der DDR: ja, KG FamRZ **75**, 54; Unzulässigk der Feststellg der (nehel) Vatersch nach dem HeimatR des Mannes bei ausl UnterhStatut u geringen Inlandsbeziehgen: nein, BGH **63**, 219; Feststellg eines Zahlvaters: ja, AG Hbg-Wandsbek DAVorm **82**, 706; VaterschFeststellg ohne medizin
27 Abstammgsgutachten: nein, LG Hbg FamRZ **93**, 981; alleiniges Recht des Vaters, den **Vornamen** des Kindes zu bestimmen: nein, LG Wuppt StAZ **73**, 305, AG Essen IPRax **98**, 213; Krüger StAZ **82**, 39; Koppelg der Vornamensgebg mit der kirchl Taufe: ja, LG Kln StAZ **76**, 82; Einschränkgen der Namenswahl dch ausl HeimatR: nein, LG Bln StAZ **83**, 348; Statthaftigkeit eines geschlechtsneutralen Vornamens: nein, Düss StAZ **89**, 280 (zur Anwendg v EG 30 aF bei der Wahl des Vornamens vgl Dörner IPRax **83**, 287).

28 **ee) Unterhalt.** Zulassg eines Verzichts auf **nachehelichen** Unterh: ja, Hamm NJW-RR **99**, 951, auf **Kindesunterhalt** für die Zukunft: ja, Kblz IPRax **86**, 40, Celle FamRZ **91**, 599; Abgeltg aller UnterhAnspr eines ehel Kindes dch Hinterlegg eines Geldbetrages: ja, Kblz NJW-RR **90**, 264; AbfindgsVertr zw Vater u nehel Kind: nein, Paderb DAVorm **93**, 99; Verneing des UnterhAnspr des Kindes gg den Vater oder die Mutter: ja, LG Stgt JW **32**, 1415, Kblz FamRZ **98**, 859, nein, LG Düss MDR **54**, 615 (nicht überzeugd); Herabsetzg des UnterhBedarfs eines Kindes auf die Hälfte: ja, AG Stgt DAVorm **86**, 737; Bejahg der UnterhPflicht des Stiefvaters: ja, LG Düss FamRZ **91**, 581 mit abl Anm v Gottwald; Fehlen einer **Prozeßkostenvorschußpflicht:** nein, Düss FamRZ **78**, 908, AG Düss IPRspr **79** Nr 41; Verpfl zu **rückwirkender** UnterhLeistg: nein, Düss DAVorm **80**, 762; Verneing eines UnterhAnspr der Ehefr nach **Scheidung:** ja, Düss FamRZ **95**, 885, Zweibr FamRZ **97**, 95 (bei Versorgg mj Ki, vgl auch NJWE-FER **99**, 228), **97**, 1404 (bei ErwUnfähigk), Hamm FamRZ **99**, 1142 f (bei Versorgg v Kindern), nein, Ffm FamRZ **81**, 1191, Karlsr FamRZ **89**, 749, 1312, Brem FamRZ **97**, 1403, vgl dazu Griesbeck FamRZ **83**, 961, Henrich IPRax **87**, 123, Schulze IPRax **98**, 350; zeitl Befristg seiner Geltendmachg: nein, Brschw NJW-RR **89**, 1097; UnterhPfl des (ehel) Vaters ohne **Selbstbehalt:** ja, AG Hbg IPRax **86**, 178, nein, Stgt DAVorm **93**, 195; Abhängigmachen des Anspr der Ehefr auf **Trennungsunterhalt** von einem TrenngsUrt: uU ja, LG Darmstadt NJW **62**, 1162, nein, SchlHOLG SchlHA **79**, 38; oder von sehr viel engeren Vorauss als nach § 1361: ja, Oldenb IPRax **81**, 136 (bei starker InlBeziehg), AG Altena IPRax **81**, 182, vgl dazu Griesbeck FamRZ **83**, 961; Verneing von UnterhAnspr des getrennt lebden Ehem: nein, Bremen FamRZ **80**, 570, vgl dazu Kotzur, Kollisionsr Probleme christl-islam Ehen (1988) 151.

29 **ff) Sonstiges.** Verpfl der Ehefr zur **Abtreibung:** ja, Stgt FamRZ **87**, 700; Anerkenng der **Geschlechtsumwandlung** nach ausl Recht: ja, Präs Hamm StAZ **74**, 69 (überholt dch TranssexuellenG v 10. 9. 80, BGBl 1654).

30 **e) Internationales Erbrecht. Benachteiligung weiblicher** gesetzl Erben nach islam Recht: nein, Hamm FamRZ **93**, 111, LG Hbg IPRspr **91** Nr 142, aM Lorenz IPRax **93**, 148, Dörner IPRax **94**, 35; zum ErbausschließgsGrd der Religionsverschh Riering ZEV **98**, 456; **Genehmigungserfordernis** für ErbschErwerb dch JP: nein, Celle ROW **89**, 442, KG FamRZ **96**, 974; ges ErbR der **Lebensgefährtin:** nein, BayObLG NJW **76**, 2076; Versagg des **Pflichtteilsanspruchs:** nein, RG JW **12**, 22, Kln FamRZ **76**, 170, krit Dörner IPRax **94**, 363, Pentz ZEV **98**, 449; Versagg eines vorzeitigen Erbausgleichs: nein, LG Stgt FamRZ **98**, 1627; Schlechterstellg eines naziverfolgten Beteil ggü dtschem ErbR dch Anwendg allgemeinen ausl ErbR in **Rückerstattungsfällen:** nein, Hamm NJW **54**, 1731; **rückwirkende** Anwendg neuen ErbR: nein, BayObLG **81**, 145; Notwendigk der Zust des **Testamentsvollstreckers** zu VerpflGeschäften über NachlGgstände: nein, BGH NJW **63**, 46.

31 **f) Internationales Handels-, Wettbewerbs-, Arbeits- und Wirtschaftsrecht.** Fehlen von dem dtschen Standard entspr **Arbeitsschutzvorschriften:** nein, BGH GRUR **80**, 858 (im Rahmen von § 1 UWG), vgl dazu Katzenberger IPRax **81**, 7; Unfähigk einer JP zum Abschl v **Außenhandelsverträgen**: nein, BGH NJW **98**, 2453, krit Schütze IPRax **99**, 88; Außenhandelsmonopol im Bereich des UrheberR: nein, Hbg GRUR Int **99**, 80; falls ausl Recht den **Differenzeinwand** des § 764 nicht kennt: nein, BGH RIW **91**, 420, NJW-RR **93**, 1520, Ffm NJW-RR **93**, 306 (bei professioneller Spekulation), and noch BGH NJW **79**, 488, **81**, 1898, WPM **87**, 1154, Kln IPRspr **79** Nr 12, Ffm WPM **86**, 701, vgl dazu auch Düss RIW **90**, 401, LG Ffm NJW-RR **92**, 109, Ffm WM **96**, 2109; **Einfuhr-** u **ZollBest:** uU ja, Hbg RIW **94**, 687; **Frauenbeschäftigungsverbot:** nein, LAG Kln IPRspr **82** Nr 40; Anerkenng einer englischen **Handelsgesellschaft** (Limited) mit geringem Haftgskapital: nein, Hbg RIW **88**, 816 (abw LG Hbg IPRspr **86** Nr 17); Ausschl des AusgleichsAnspr des **Handelsvertreters:** nein, BGH NJW **61**, 1061, LG Ffm IPRax **81**, 134, Hepting RIW **89**, 342, Wegen WiB **94**, 256, Stötzel EWS **99**, 212; Fehlen von **Kündigungsschutz** zu Beginn des ArbVerh: nein, BAG DB **90**, 1668, LAG Kln NZA-RR **99**, 118 (allg); unterschiedl KündSchutz versch Gruppen von ArbN: nein, LAG Mü IPRax **92**, 97, vgl dazu Däubler ebda 82; fehlder Bestandsschutz wie nach BGB 613 a: nein, BAG IPRax **94**, 129, LAG Kln RIW **92**, 935; **Mitbestimmungsregelung** anläßl grenzüberschreitder Fusion: nein, BGH AWD **82**, 353, vgl auch Großfeld/Erlinghagen JZ **93**, 222 (zu weitgehd); bei Verstoß gg Vorschr des GWB zur Nichtigk von **Preisbindungsklauseln:** ja, LG Ffm AWD **74**, 629; Abhängigk eines **Provisionsanspruchs** vom Fortbestehen eines ArbeitsVerh: nein, BAG NJW **85**, 2910; unbeschr pers **Reederhaftung:** nein, Hbg RIW **95**, 680, Sieg RIW **96**, 198; Verpfl zu **Schmiergeldzahlung** zur Erlangg eines Löschplatzes in ausl Hafen: nein, Hbg IPRspr **79** Nr 2 A; Nichtigk einer Schmiergeldvereinbarg nach ausl Recht: nein, Hbg NJW **92**, 635; Gründg einer JP nach liechtenstein Recht zZw der **Steuerhinterziehung:** nein, BGH WPM **79**, 692; Verstoß ausl RVorschr gg die zwingden Verpfl des **Verfrachters** n HGB 662: nein, Hbg IPRspr **78** Nr 36 A; Beschränkg der Höchsthaftg des Verfrachters: nein, Hbg VersR **82**, 1097; Verstoß gg Vorschr des **Warenzeichengesetzes** z Bindg der Marke an den GeschBetr: ja, BGH **100**, 26; ausl

Wettbewerbsvorschriften, die auf milderen Maßstäben beruhen als die dtschen: grdsl nein, BGH **35**, 329, Sack GRUR Int **88**, 330; **Zinssatz** v 14% unter Einschluß von Zinseszinsen: nein, Hbg RIW **91**, 152, vgl auch Hbg NJW-RR **92**, 568, Celle RIW **93**, 587.

Zweiter Abschnitt. Recht der natürlichen Personen und der Rechtsgeschäfte

Vorbemerkung

Der 2. Abschn. (Art 7–12) enth eine lückenh Regelg von Rechtsanwendgsproblemen aus dem Allgemei- 1
nen Teil des Bürgerlichen Rechts. Sie beschr sich auf das Recht der natürl Personen u der RGesche. Eine KollNorm über juristische Personen fehlt, vgl dazu Anh z Art 12. Aus dem Bereich der RGeschLehre wird neben der GeschFgk nur die Form behandelt; die weiteren hier auftretden Sachfragen, zB VertrSchluß, Stellvertretg, Willensmängel, sind gesetzl nicht geregelt; sie werden im Rahmen des internat SchuldVertrR angesprochen, vgl dazu Art 31 Rn 3 u Art 32 Rn 3.

EG 7 ***Rechtsfähigkeit und Geschäftsfähigkeit.*** **[I]Die Rechtsfähigkeit und die Geschäftsfähigkeit einer Person unterliegen dem Recht des Staates, dem die Person angehört. Dies gilt auch, soweit die Geschäftsfähigkeit durch Eheschließung erweitert wird.**

[II]Eine einmal erlangte Rechtsfähigkeit oder Geschäftsfähigkeit wird durch Erwerb oder Verlust der Rechtsstellung als Deutscher nicht beeinträchtigt.

1) Allgemeines. a) RFähigk u GeschFähigk natürl Personen sind nach ihrem **Personalstatut,** grdsätzl 1
also nach ihrem HeimatR zu beurteilen, **Absatz 1** S 1, nicht etwa nach dem Wirkgsstatut, nach welchem das betr RVerh im übrigen zu beurteilen ist. Rechts- u GeschFähigk sind also nach dtschem IPR grdsätzl **Vorfragen,** die selbstd anzuknüpfen sind, vgl Rn 29 vor Art 3; eine **Ausnahme** davon gilt aber für die **besonderen** Rechts- u GeschFähigken für best Sachbereiche, zB Erbfähigk, Deliktsfähigk, die nach dem Wirkgsstatut zu beurteilen sind, vgl Rn 2, 3. Zur Anknüpfg bei Mehrstaatern, Staatenlosen, Flüchtlingen vgl Art 5 mit Anh. Rück- u Weiterverweisg dch die Kollisionsnormen des HeimatR sind zu beachten; vgl dazu Art 4 I; im Erg kann dadch statt des HeimatR das WohnsR des Betreffden maßg sein. Zur Anknüpfg des Personalstatuts im innerdtschen KollR vgl Köln DtZ **91**, 28, Karlsr NJW-RR **95**, 1349, ferner Anh zu Art 3 Rn 4 u Art 236 Rn 4 f. **b)** Rechts- u GeschFähigk juristischer Personen sind in Art 7 nicht geregelt; vgl dazu Anh z Art 12 Rn 7, 10. **c)** Eine **Ausnahme** von der grdsätzl Maßgeblichk des HeimatR gilt im Interesse des **Verkehrsschutzes** beim VertrSchluß nach **Art 12**.

2) Anwendungsbereich (Qualifikation). **a) Rechtsfähigkeit.** Nach Art 7 beurteilen sich Beginn u Ende 2
der **Rechtsfähigkeit;** eine Sonderregelg enth Art 9 für die TodesErkl. Die **besonderen** RFähigken, zB Erbfähigk od Fähigk zum Erwerb v Grdsten in einem fremden Staat, sind dagg nach dem Wirkgsstatut zu beurteilen. Die **Parteifähigkeit** beurteilt sich als verfrechtl Frage nach der lex fori, im Inl also wg der Verweisg in ZPO 50 I ebenf nach dem Personalstatut, bei JP also nach dem Recht des tats Verwaltgssitzes, Anh zu Art 12 Rn 2, BGH JZ **97**, 568, NJW **99**, 1871, Düss IPRax **96**, 423, Hamm RIW **97**, 237.
b) Geschäftsfähigkeit. aa) Art 7 regelt ferner die **Voraussetzungen** der vollen od beschr GeschFgk, zB 3
Altersstufen, geistige Gesundh, sowie ihre Erweiterg dch Heirat, Abs 1 **Satz 2** (Heirat macht mündig), währd Beschrkgen der GeschFgk dch Heirat nach Art 14 u 15 u gegebenenf nach Art 6 zu beurteilen sind. Auch die Vorauss einer Erweiterg, AG Moers DAVorm **97**, 925, sowie einer Entziehg od Beschränkg der GeschFgk dch staatl Einzelakt sind nach Abs 1 grdsätzl nach dem **Heimatrecht** (Personalstatut) des Betroffenen zu beurteilen. Eine Entm können dtsche Ger aber auch dann nicht vornehmen, wenn das ausl Personalstatut des Betroffenen dies vorsieht, v Bar IPR II Rn 47; zu Anerkenng ausl Entmen vgl Rn 9. Voraussetzgen u Wirkgen der **Betreuung** sind nach Art 24 z beurt. **Nicht** nach Art 7 sond nach dem jew Wirkgsstatut zu beurteilen sind die **besonderen** GeschFgken, zB DeliktsFgk, EheFgk od TestierFgk, vgl dazu Art 40, 13 u 25; das gleiche gilt für famr Handlgsbefugnisse, zB die gesetzl Vertretg v Kindern dch ihre Eltern (insoweit gelten Art 19 od 20), od Beschrkgen v Eheg zur Eingehg best RGesche, insb VerfüggsBeschrkgen aGrd GüterR (wie n § 1365) od sog InterzessionsBeschrkgen, BGH NJW **77**, 1011 mAv Jochem (ZustErfordern bei Bürgsch), Kühne JZ **77**, 439 (insow gelten Art 14 od 15). Nicht hierher gehört auch eine SonderGeschFgk für die VaterschAnerkenng, abw Siehr StAZ **76**, 356. Zur BörsenterminGeschFgk vgl Art 28 Rn 22, zur Wechsel- u ScheckFgk vgl WechselG 91 u ScheckG 60. – Die **Prozeßfähigkeit** beurteilt sich als verfrechtl Frage nach 4
der lex fori, im Inland also gem ZPO 51 f mittelb nach Art 7, bei natürl Pers also grdsl nach ihrem HeimatR, vgl BGH JZ **56**, 535, KG FamRZ **91**, 1456, bei JP nach ihrem SitzR, vgl LG Zwickau BB **95**, 1664, Düss IPRax **96**, 423; maßgebd sind dabei in erster Linie die bes Vorschr über die ProzeßFgk, in deren Ermangelg über die allg GeschFgk, vgl MüKo-Sonnenberger Einl Rn 413, Soergel-Kegel Rn 9, and fr Aufl; eine AusnRegelg enth ZPO 55; zur prozessr Qualifikation der ProzFührgsBefugn BGH **118**, 315, **125**, 199, LG Hbg RIW **98**, 894, Gottwald IPRax **95**, 157. Entspr Reg gelten für das FGGVerf, vgl BayObLG **63**, 35, u bei der Beurteilg der verwaltgsr HdlgsFähigk nach VwVfG 12, BayObLG DÖV **79**, 62, BVerwG NJW **82**, 539; vgl dazu auch KG OLGZ **82**, 175 (Fürsorgebedürfn zur Einleitg einer ErgänzgsPflegsch nach Art 1 u 2 MSA); zur HdlgsFähigk im AsylVerf vgl AsylVfG 12, im AuslR AuslG 68; zur Vertretg Mj im Verfassgsbeschwerde-Verf BVerfG **72**, 122. **bb) Nicht** nach Art 7 zu beurteilen ist auch die **Notwendigkeit** der GeschFgk. Ob u 5
welcher Grad der GeschFgk zum Abschl eines gültigen RGesch, aber auch zu Rechtshdlgen (Wohns, Besitzerwerb) erforderl ist, entscheidet das Wirkgsstatut, AG Hildesh IPRspr **73** Nr 94, vgl Rn 1. **cc)** Dagg sind die **Folgen mangelnder Geschäftsfähigkeit** nicht nach dem Wirkgsstatut, sond nach Art 7 zu beurt, Baetge IPRax **96**, 185, str, aM Düss NJW-RR **95**, 755, MüKo-Birk Rdz 35, soweit es sich nicht um bes GeschFgken handelt, die auch insow dem dafür berufenen Sonderstatut (Wirkgsstatut) folgen. Das HeimatR best also, ob das Gesch unwirks, schwebd unwirks od anfechtb ist, aber auch, ob u wie der Mangel geheilt

werden kann, zB dch Zust des ges Vertr, uU unter Mitwirkg des VormschG, KG IPRspr **29** Nr 88; die Folgen der Nichtigk eines SchuldVertr, insbes bereichergsr Konsequenzen, beurteilen sich gem Art 32 I Nr 5 nach dem Vertragsstatut. Wer der ges Vertr ist u welche Befugn er hat, insbes ob die von ihm vorgen RGesch für u
6 gg den Vertretenen wirken, richtet sich aber nicht nach Art 7, sond nach Art 21, 22, 24. **c) Geschlechtszugehörigkeit** nach vollz Geschlechtsumwandlg beurteilt sich analog Art 7 I ebenf nach dem Personalstatut,
7 vgl AG Hbg StAZ **84**, 42, LG Stgt StAZ **99**, 15. **d) Kaufmannseigenschaft** beurt sich nach dem Recht am Ort der gewerbl Niederlassg, Ebenroth JZ **88**, 19, aM Erm-Hohloch Rn 11 (Wirkgsstatut), vgl auch van Venrooy, Die Anknüpfg der Kaufmannseigensch im dtschen IPR (1985).

8 **3) Statutenwechsel (Absatz 2).** Rechts- u GeschFgk unterliegen nach Abs 1 dem jew HeimatR (dh Personalstatut) im Ztpkt des RErwerbs bzw der Vorn der Handlg. Eine Ausn hiervon enth Abs 2. Danach wird der bereits erlangte Status der RFgk od der vollen od beschr GeschFgk dch Erwerb od Verlust der RStellg als Dtscher, vgl dazu Anh z Art 5 Rn 6–13, nicht beeinträchtigt. Obwohl Abs 2 dies nur für das dtsche Personalstatut best, um den Eindruck eines Eingr in fremde ROrdngen z vermeiden, vgl BT-Drucks 10/504 S 45, muß das gleiche analog in jedem and Fall eines Wechsels des Personalstatuts gelten, zust Pirrung IPR S 127, differenzierd Erm-Hohloch Rn 22. Eine Abs 2 vergleichb Regelg enth Art 26 V 2 für die TestierFgk.

9 **4) Internationales Verfahrensrecht.** Soweit die GeschFgk dch Gestaltgsakte ausl Ger begründet od erweitert wird, zB VolljErkl od Emanzipation, hängt deren Wirksamk von den Regeln über die Anerkenng ausl Entsch ab, insbes FGG 16 a. Die Anerkenng ausl Entm ist dch die Abschaffg der Entm im dtschen Recht nicht ausgeschl, aM Erm-Hohloch EG 8 Rn 2. Maßg ist FGG 16 a, weil das nunm dtsche Äquivalent der Betreuung im FGG geregelt ist u es sich der Sache nach um eine Maßn der fürsorgden Gerichtsbark handelt, Zöller-Geimer ZPO 328 Rn 90. Vorauss ist danach insb die int Zustdgk des entsch ausl Ger entspr FGG 43 I iVm 35 b. Die Entm eines **Ausländers** in seinem Heimatstaat od im Staat seines gewöhnl Aufenth ist desh weiterhin grdsl anzuerkennen, vgl aber Art 12 Rn 4; die Entm eines **Deutschen** im Staat seines gewöhnl Aufenth dagg nur mit den Wirkgen einer Betreuung nach dtschem Recht in deren weitestreichdem Umfang (insb nach § 1903); die generelle Entziehg der GeschFgk würde insow gg den ordre public verstoßen, FGG 16 a Nr 4. Zur Anerkenng ausl Betreuungsentscheidgen vgl Art 24 Rn 9.

EG 8 Entmündigung *(weggefallen)*

Anhang zu Art 8

Haager Entmündigungsabkommen vom 17. 7. 05

1 Deutschland war seit dem 23. 8. 1912 VertrStaat des Haager EntmAbk, RGBl **12**, 463. Es galt zuletzt nur mehr im Verhältn zu **Italien,** Bek v 14. 2. 55, BGBl II 188. Das Abk ist mit Wirkg zum 23. 8. 92 **gekündigt** worden, Bek v 23. 3. 92, BGBl II 272.

EG 9 *Todeserklärung.* **Die Todeserklärung, die Feststellung des Todes und des Todeszeitpunkts sowie Lebens- und Todesvermutungen unterliegen dem Recht des Staates, dem der Verschollene in dem letzten Zeitpunkt angehörte, in dem er nach den vorhandenen Nachrichten noch gelebt hat. War der Verschollene in diesem Zeitpunkt Angehöriger eines fremden Staates, so kann er nach deutschem Recht für tot erklärt werden, wenn hierfür ein berechtigtes Interesse besteht.**

1 **1) Allgemeines.** Art 9 best das anwendb Recht bei Ungewißh, ob die RFähigk eines Menschen dch den Tod erloschen ist; eine ergänzde Sonderregelg enth VerschÄndG Art 2 § 1 IV. Art 9 tritt an die Stelle von VerschG 12 aF in dessen kollrechtl Gehalt; diese Vorschr regelt in ihrer Neufassg nurmehr die internat Zustdgk. Anknüpfgspkt für die Best des anwendb Rechts ist nach Art 9 grdsl die Staatsangehörigk des Betroffenen; zur Anknüpfg bei Mehrstaatern, Staatenlosen u Flüchtlingen vgl Art 5 mit Anh; zum innerdtschen KollR vgl Anh zu Art 3 Rn 4 u Art 236 Rn 4 f.

2 **2) Maßgeblichkeit des Personalstatuts (Satz 1).** TodesErkl, Feststellg des Todes u des TodesZtpkts sowie Lebens- u Todesvermutgen unterliegen grdsätzl dem HeimatR (dh dem Personalstatut iS des Art 5) des Verschollenen zZ des Eintritts der Verschollenh, nicht dagg dem Recht, dem eine RBeziehg untersteht, an welcher der Verschollene beteiligt ist (Wirkgsstatut), zB die Ehe oder ein Vertr; die selbst Anknüpfg nach Art 9 gilt insbes auch im Verh zum Erbstatut, vgl Art 25 Rn 10. Rück- u Weiterverweisg dch das IPR des HeimatR sind zu beachten, Art 4 I. Das jew Personalstatut gilt grdsätzl auch für Kommorientenvermutgen; bei unterschiedl Staatsangehörigk der Verstorbenen ist das für ihre famrechtl Beziehg maßg Recht entsch, vgl Jayme/Haack ZVglRWiss **85**, 81, für Angleichg MüKo-Birk Rn 47, ähnl Erm-Hohloch Rn 14.

3 **3) Ausnahmen. a)** Soweit die internat Zustdgk der dtschen Ger nach VerschG 12 vorliegt, ist ein Ausl im Inl grdsl gem S 1 nach seinem ausl HeimatR für tot zu erkl, Pirrung IPR S 128. Die TodesErkl eines Ausl ist aber nach **Satz 2** nach **deutschem** Recht vorzunehmen, wenn an der Anwendg dieses Rechts ein **berechtigtes Interesse** besteht. Entsch dafür sind die Umst des Einzelfalles, etwa ob der Verschollene im Inl seinen letzten gewöhnl Aufenth hatte od Verm besaß, ob sein Eheg od and nahe Angeh Dtsche sind od im Inl ihren gewöhnl Aufenth haben od ob die TodesErkl für nach dtschem Recht zu beurteilde RVerhältnisse von Bedeutg ist; ein berecht Interesse an der Anwendg des dtschen VerschR kann sich auch daraus ergeben, daß das HeimatR des Verschollenen die TodesErkl od ein entspr RInstitut nicht kennt. Im Erg wird damit bei Bejahg der internat Zustdgk nach VerschG 12 I Z 2 u II idR auch die Anwendbark des dtschen SachR ermögl; ein striktes Gleichlaufsprinzip besteht jedoch nicht. **b)** Die TodesErkl eines Ausl nach dtschem Recht ermögl unter best Vorauss auch VerschÄndG Art 2 § 1 IV.

4) Internationales Verfahrensrecht. Zur internat Zustdgk der dtschen Ger für TodesErkl vgl VerschG 12; zur Anerkenng ausl TodesErklen u verwandter Entschgen vgl VerschG 12 Rn 4 in 50. Aufl, BGH FamRZ **94**, 498. 4

EG 10 *Name.* ^I **Der Name einer Person unterliegt dem Recht des Staates, dem die Person angehört.**

^II **Ehegatten können bei oder nach der Eheschließung gegenüber dem Standesbeamten ihren künftig zu führenden Namen wählen**

1. nach dem Recht eines Staates, dem einer der Ehegatten angehört, ungeachtet des Artikels 5 Abs. 1, oder

2. nach deutschem Recht, wenn einer von ihnen seinen gewöhnlichen Aufenthalt im Inland hat.

Nach der Eheschließung abgegebene Erklärungen müssen öffentlich beglaubigt werden. Für die Auswirkungen der Wahl auf den Namen eines Kindes ist § 1617 c des Bürgerlichen Gesetzbuchs sinngemäß anzuwenden.

^III **Der Inhaber der Sorge kann gegenüber dem Standesbeamten bestimmen, daß ein Kind den Familiennamen erhalten soll**

1. nach dem Recht eines Staates, dem ein Elternteil angehört, ungeachtet des Artikels 5 Abs. 1,

2. nach deutschem Recht, wenn ein Elternteil seinen gewöhnlichen Aufenthalt im Inland hat, oder

3. nach dem Recht des Staates, dem ein den Namen Erteilender angehört.

Nach der Beurkundung der Geburt abgegebene Erklärungen müssen öffentlich beglaubigt werden.

1) Allgemeines. a) Die Vorschr ist bereits dch das FamNamRG v 16. 12. 93, BGBl 2054 **neu gefaßt** worden; vgl dazu Hepting StAZ **94**, 1; Coester FuR **94**, 1; Henrich IPRax **94**, 174; Bornhofen StAZ **94**, 141. Die Neuregelg hat das int NamensR gestrafft u vereinfacht; Abs 3 u 4 des Art 10 in dessen urspr Fassg sowie die ergänzden namensr Sachnormen in Art 220 IV u V wurden gestrichen. Dch Art 12 des **Kindschaftsrechtsreformgesetzes** v 16. 12. 1997, BGBl 2942 ist Art 10 erneut geändert worden, vgl dazu Henrich StAZ **96**, 357, Sturm Fschr Lüke (1997) 824, Hepting StAZ **98**, 133; die Neuregelg ist am 1. 7. 98 in Kraft getreten (mit Übergangsregelg in Art 224 § 3). Damit ist die unterschiedl Regelg des FamNamens ehel u nehel Kinder entfallen; Abs 3 eröffnet nunm einheitl RWahlmöglken für den FamNamen aller Kinder; der bish Abs 4 ist aufgehoben. **b)** Abs 1 knüpft bei der Beurteilg namensr Fragen in Übereinstimmg mit der früh Praxis, vgl BGH **56**, 193, **73**, 370, NJW **78**, 1107, BayObLG IPRax **87**, 242, grdsl an die **Staatsangehörigkeit des Namensträgers** an; Erwerb, Führg u Verlust des Namens sind also in 1. Linie nach dem HeimatR des Betroffenen (bzw sonst nach dessen Personalstatut, vgl dazu Art 5 mit Anh) zu beurteilen, Abs 1; EG-Recht u EMRK stehen dem nicht entgg, zT aA Benicke/Zimmermann IPRax **95**, 141. Dch diese Anknüpfg wird der Name als Attribut der Persönlichk dem für die persönl RVerhe auch sonst maßg Personalstatut unterstellt. Sie führt zu einer einheitl Beurteilg privatr u öffr Namensfragen, die gleichf dem HeimatR des Namensträgers unterstehen (Ausstellg von Ausweispapieren dch den Heimatstaat). Sie dient damit der RSicherh u RKlarh. Art 10 läßt von der Maßgeblk des HeimatR des Namensträgers daher grdsätzl auch dann **keine Ausnahme** zu, wenn Erwerb od Verlust eines Namens auf einem **familienrechtlichen** Verh beruhen, zB Ehe, Adoption, vgl Rn 9;. Eine ergänzde **Sonderregelung** gilt nach Abs 2 für den Ehenamen u nach Abs 3 für den Kindesnamen. Die **intertemporale** Anwendbark von Art 10 ist in Art 220 I geregelt, vgl dazu dort Rn 5; zur Übergangsregelg für die Neufassg dch das FamNamRG v 16. 12. 93 vgl dessen Art 7 § 5, z Übergangsregelg für die Neufassg dch das KindRG v 16. 12. 97 vgl Art 224 § 3. 1
2 **c)** Bei der Beurteilg von Namensfragen auftretde **Vorfragen,** zB ehel Abstammg od Eintritt einer Legitimation (soweit das anwendb ausl Recht noch darauf abstellt), sind im Interesse des EntschEinklangs mit dem von Art 10 berufenen Recht (dh in 1. Linie dem HeimatR des Namensträgers) ausnahmsw **unselbständig** anzuknüpfen, vgl BGH **90**, 140 (and noch für die Beurteilg der ehel Abstammg BGH FamRZ **86**, 984, vgl dazu Hepting StAZ **98**, 142 u unten Rn 22), BayObLG **86**, 155, FamRZ **90**, 93 (aber offen gelassen bei RWahl), StAZ **91**, 191, KG StAZ **88**, 327 (abl Hepting ebda), Wengler IPRax **87**, 164, Pirrung IPR S 130, Sturm StAZ **90**, 350, aM Düss FamRZ **99**, 328, Massfeller/Hoffmann/Hepting, PStG § 21 Rz 231, Henrich FamRZ **98**, 1406; zur Bindgswirkg des AdoptionsBeschl Karlsr FamRZ **99**, 253, Henrich IPRax **98**, 96 (für unselbst Anknüpfg), vgl ferner Rn 30 vor Art 3; auf diese Weise kann die Übereinstimmg der standesamtl Beurkundgen mit den Eintren in Reisepässen od sonstigen Identitätspapieren gefördert werden. Beruht ein für den Namen maßg ausl Recht auf and Begriffen als das dtsche (keine Unterscheidg von Vorname u FamName, Verwendg von Eigennamen, Zwischennamen), kommt **Anpassung** in Betr, Hamm FamRZ **95**, 1604, BayObLG **98**, 292, vgl Rn 32 vor Art 3.
3 **d) Rück- u Weiterverweisung,** auch aGrdv abw Qualifikation (zB Unterstellg unter Ehewirkgsstatut, Hepting StAZ **94**, 3), sind nach Art 4 I zu beachten, soweit der Name nach Abs 1 unmittelb dem HeimatR (bzw sonst dem Personalstatut) unterstellt wird, BGH FamRZ **99**, 570, BayObLG **96**, 10; dem Sinn der Verweisg widerspricht dies trotz der öff-rechtl Bezüge des NamensR nicht. Dagg bezieht sich die in Abs 2 S 1 Nr 1, Abs 3 Nr 1 u 3 eröffnete kollrechtl Option für ein best ausl NamensR nach Art 4 II unmittelb auf die namensr Sachnormen dieses Rechts unter Ausschluß des IPR; vgl dazu Art 4 Rn 11.
4 **e)** Im **innerdeutschen Kollisionsrecht** wurde bei der Beurteilg von Namensfragen an den gewöhnl Aufenth angeknüpft, AG Ulm StAZ **77**, 50, vgl dazu Anh zu Art 3 Rn 4 u Art 236 Rn 4 f. Zur ÜbergRegelg für ehem DDR-Bürger vgl Art 234 § 3 u § 10.
5 **f)** Für den Namen einer **juristischen Person** gilt Art 10 entspr, vgl Köln DtZ **91**, 28; maßg ist auch für sie das Personalstatut, dh das Recht am Sitz der Hauptverwaltg, vgl Anh z Art 12 Rn 8. Die **Firma** als Handelsname beurt sich nach dem Recht des Sitzes des Untern bzw der betr Zweigniederlassg, gleichgült ob es sich um eine natürl od JP handelt, Kegel IPR § 17 IV 3. Der Firmenschutz unterliegt dem Recht des Staates, in dessen Gebiet er beansprucht wird (Recht des Schutzlandes), Stgt RIW

91, 955; bei dauernder GeschTätigk im Inl Firmenschutz für ausl Untern nach dtschem Recht, BGH **75**, 172, Düss RIW **90**, 404.

6 **2) Grundsatz (Absatz 1). a) Maßgeblichkeit des Personalstatuts.** Der Name einer Pers unterliegt ihrem HeimatR; bei Mehrstaatern entsch die effektive bzw die dtsche Staatsangehörigk, vgl Art 5 I; dies gilt auch bei rückw Erw der Staatsangehörigkeit des Vaters dch nachträgl VaterschFeststellg, aM Hepting StAZ **98**, 136; ggf ist Eintr im PStReg zu berichtigen; bei Staatenlosen, Flüchtlingen usw tritt an Stelle der Staatsangehörigk der gewöhnl Aufenth als Anknüpfgspkt, vgl Art 5 II u Anh z Art 5, zur Namensführg von Aussiedlern
7 Rn 10; zur Beachtg einer Rück- od Weiterverweisg vgl oben Rn 3. **b) Reichweite.** Die Maßgeblichk des Personalstatuts erstreckt sich auf die **Namensführung insgesamt,** dh Familiennamen, Vornamen, sowie Schreibweise, BGH **121**, 311, Zweibr StAZ **93**, 12, Rstk StAZ **94**, 288, KG StAZ **96**, 302; über **Transliteration** vgl Übk v 13. 9. 73, BGBl **76** II 1473, sowie BGH FamRZ **94**, 225, ferner BayObLG **89**, 360, **90**, 221, **94**, 290 (ursprüngl in dtscher Form geführte Namen statusdtscher Aussiedler in dieser Form einzutragen), StAZ **95**, 170, Hamm OLGZ **89**, 411, FamRZ **92**, 1172, StAZ **94**, 81, Karlsr StAZ **93**, 114, Köln StAZ **93**, 214, KG StAZ **96**, 301, Ffm StAZ **96**, 330, C. Böhmer StAZ **90**, 153, Binz StAZ **91**, 333, **93**, 105; eine Transliteration, dch die der Name in seiner Aussprache verfälscht wird, kann gg das Diskriminiergsverbot des Art 43 EGV verstoßen, vgl EuGH StAZ **93**, 256, Streinz ebda 243, Böhmer IPRax **94**, 80, Pintens ZEuP **95**, 92, Benicke/Zimmermann IPRax **95**, 141. Das Personalstatut des Namensträgers entscheidet über Zwischennamen (Vatersnamen), BGH NJW **93**, 2245, Köln NJW **93**, 336, BayObLG **94**, 298, sonstige Eigennamen, KG StAZ **93**, 9, BayObLG StAZ **93**, 387, **96**, 42, BayObLG **98**, 292, AG Hagen FamRZ **95**, 1357, Jena StAZ **96**, 173, Hamm StAZ **98**, 260, die Statthaftigk priv Namenszusätze, AG Trier StAZ **77**, 169, Sonderformen für weibl Familiennamen, Hamm OLGZ **82**, 34, vgl aber auch Hamm StAZ **86**, 10, u das Recht zur Führg eines **Adelsprädikats**, BayObLG **71**, 90 u 204, **89**, 150, StAZ **91**, 43; Adelsabschaffg dch HeimatR ist also auch im Inl zu beachten, BVerwG StAZ **81**, 277, BayVGH StAZ **89**, 77, hM, abw Kegel IPR § 17 IV 2 (für entspr Anwendg des EnteigngsR); vgl dazu auch unten Rn 10. Zur Behandlg von Zwischennamen (Vatersnamen) u Namenszusätzen nach ausl Recht in dtschen PersStBüchern vgl BGH NJW **71**, 1521, BayObLG **98**, 297, Stgt FamRZ **92**, 1457, Cttb StAZ **94**, 194, Hamm StAZ **98**, 259, zur Problematik vgl ferner Karlsr StAZ **90**, 72, Oldbg StAZ **91**, 254 mAv Otte, AG Schöneberg StAZ **92**, 348, KG StAZ **93**, 9, Hamm FamRZ **94**, 631, Rstk StAZ **94**, 288, Gaaz StAZ **89**, 172; zur Behandlg weibl Namensformen nach ausl Recht in dtschen PersStBüchern vgl KG IPRspr **79** Nr 105, Hamm OLGZ **82**, 34, LG Oldbg StAZ **90**, 196, Gaaz aaO 171, Bungert StAZ **90**, 126; zur Behandlg des Zusatzes jr AG Cobg StAZ **90**, 106, AG Bad
8 Kreuznach StAZ **90**, 107. **c) Namensänderung.** Nach dem Personalstatut des Namensträgers beurteilen sich auch die Vorauss einer behördl Namensänderg, Hamm OLGZ **75**, 275, VGH BaWü StAZ **85**, 254, VGH Kass NJW-RR **91**, 70, OVG NRW NJW **92**, 2501, StAZ **94**, 195 mAv Gaaz ebda 386, vgl dazu AllgVerwVorschr v 11. 8. 80, StAZ **80**, 291 sowie RdErl MdI Nds StAZ **81**, 100, u das Übk v 4. 9. 58 über die Änderg v Namen u Vornamen, BGBl **61** II 1055, 1076, **62** II 45, Liste der VertrStaaten in FundstellenNachw B 1999 S 404 (zur Möglk der behördl Abänderg eines nach dtschem Recht gebildeten Ehenamens eines ausl Eheg vgl Henrich FamRZ **86**, 844, ferner OVG Hbg StAZ **85**, 45, sowie BVerwG NJW **86**, 601). Das gleiche gilt für Namensänderg dch Erkl des Namensträgers, Hbg StAZ **80**, 285, Bn StAZ **84**, 343, Hdlbg IPRax **89**, 52, LG Bln StAZ **90**, 20, KG StAZ **97**, 175, Luther StAZ **80**, 61; ausl Behörden od Ger können den FamNamen eines Dtschen nicht wirks ändern, BayObLG StAZ **93**, 388, Hamm StAZ **99**, 40; dagg sind Namensändergen
9 dch die Behörden des Heimatstaates grdsl anzuerkennen, vgl Bremen StAZ **86**, 9. **d) Einfluß familienrechtlicher Verhältnisse.** Nach dem Personalstatut des Namensträgers beurteilen sich Erwerb u Verlust des Namens grdsätzl auch dann, wenn es sich um die Auswirkgen famrechtl Verhe handelt. Art 10 I bricht insow mit der bish verbreiteten Meing, nach welcher der Namen in diesen Fällen nach dem für die betreffde famrechtl Beziehg maßg Recht zu beurteilen war, also zB dem Ehewirkgs-, Scheidgs-, Kindsch- od Adoptionsstatut, vgl zB AG Bln-Schöneberg StAZ **97**, 39, unzutr AG Karlsr StAZ **90**, 264. Eine **Auflockerung** des Grds von der Maßgeblichk des Personalstatuts ergibt sich jedoch für den Ehenamen aus Abs 2, für den
10 Kindesnamen aus Abs 3 u 4. **e) Statutenwechsel.** Bei **Wechsel des Personalstatuts** unterliegt die Namensführg fortan dem jetzt maßg Recht, zB hins Schreibweise, vgl dazu KG StAZ **96**, 302; iZw bleibt aber der bish Name weiter bestehen, der Statutenwechsel läßt also den Namen grdsl unberührt, BGH **63**, 107, BGH FamRZ **83**, 881, BGH **121**, 313, Celle StAZ **81**, 57, Hamm StAZ, **95**, 239, FGPrax **99**, 56, BayObLG **89**, 147 (keine Eindeutschg ungarischer Adelsbezeichng, aM Hbg OLGZ **90**, 29, zust Beitzke StAZ **90**, 138), **91**, 402, **94**, 300, **98**, 296, **99**, 157, LG Bln StAZ **83**, 348 (keine automat Eindeutschg ausl Vornamen bei Einbürgerg), VG Berlin NJW-RR **91**, 262, Zweibr StAZ **93**, 12, KG StAZ **93**, 11; dies gilt nicht, wenn eine behördl NamensÄnd erfolgt, Hamm OLGZ **75**, 275, od sonstige ÄndGrde eintreten, zB weil das neue Personalstatut das Recht zur namensm Anpassg an die Umwelt gewährt, Hbg StAZ **77**, 224, was nach dtschem Recht grdsl nicht der Fall ist, aM AG Hagen FamRZ **95**, 1358 (betr eingebürgerte Asylberecht). Auch **Aussiedler** dtscher Volkszugehörigk behalten grdsl den Namen, den sie vor der Aufn in der BRep geführt haben, BGH **121**, 305, NJW **93**, 2245 (keine rückw Anwendg dtschen NamensR), Hamm StAZ **94**, 79, FGPrax **99**, 56; **§ 94 BVFG** idF des Gesetzes v 21. 12. 92 BGBl 2094 ermöglicht aber die **Anpassung an die deutsche Namensführung** dch Ablegg von Namensbestandteilen, Ann der männl od einer dtschsprachigen Form des FamNamens u Änderg des Vornamens, vgl dazu BGH **121**, 317, NJW **93**, 2245, Hamm StAZ **94**, 79 (keine Rückwirkg), Celle StAZ **94**, 220 (unanwendb bei nach Aufn in BRep geborenem Kind), BayObLG **94**, 290 u 395, **99**, 153, LG Brem StAZ **97**, 237, KG StAZ **98**, 285, Stgt FGPrax **99**, 57, Bornhofen StAZ **93**, 101, Silagi StAZ **99**, 263. Die bish Rspr ist damit überholt, vgl dazu BayObLG **91**, 400 u 406, Hamm StAZ **92**, 112, Celle StAZ **92**, 142, Stgt FamRZ **92**, 1457, Zweibr StAZ **93**, 11, Kln NJW **93**, 336. Statt der Anpassg an die dtsche Namensführg können verh Aussiedler auch nach Abs 2 Nr 1 für ihre Namensführg dtsches Recht wählen, um einen Ehenamen nach § 1355 BGB zu bilden, LG Saarbr StAZ **97**, 306 u AG Nürnb ebda 308, LG Bln IPRspr **96** Nr 15 b, Stgt FGPrax **99**, 54 u 57, BayObLG **99**, 158, aM AG Offenburg StAZ **98**, 379; für Fortgeltg des nach dem fr Personalstatut gewählten Ehenamens iRv § 1355 II, Hamm FGPrax **99**, 56, dagg BayObLG **99**, 159 (Vorlagebeschl). Der **Verlust** eines **Adelsprädikats** nach dem bish HeimatR bleibt also auch nach Erwerb des dtschen Personalstatuts rechtswirks, BayObLG **64**, 377, **71**, 204,

BVerwG StAZ **84**, 103, OVG RhPf StAZ **84**, 105, Bungert StAZ **91**, 275; zur Frage eines Verstoßes gegen Art 6 vgl dort Rn 15; nach § 3a NamensändG idF des ErgG v 29. 8. 61, BGBl 1621, kommt aber uU Namensänderg in Betr, vgl dazu BayVGH StAZ **89**, 77, VGH BaWü StAZ **92**, 380, BVerwG StAZ **94**, 118, Bungert IPRax **94**, 109. Grdsätzl keine Übersetzg ausl Adelsprädikate, vgl BayObLG **89**, 147 (betr ungarischer Adel, hierzu aM Hbg OLGZ **90**, 25, zust Beitzke StAZ **90**, 138, vgl auch Silagi StAZ **92**, 133), BayObLG StAZ **91**, 43; eine Ausn gilt bei DtschBalten, vgl Brem OLGZ **67**, 229, aber auch LG Verden StAZ **90**, 143 (betr untitulierter russischer Adel); auch keine Verdeutschg ausl Adelsbezeichng iW der NamÄnderg BayVGH StAZ **94**, 13. **f) Namensschutz:** Maßg ist das Deliktsstatut, vgl BVerfG DtZ **91**, 27 u Köln ebda, Stgt IPRspr 11
88 Nr 14, Heldrich Fschr für Zajtay (1982) 232, wohl auch Begründg BT-Drucks 10/504 S 46; für Anwendg des Personalstatuts des Namensträgers grdsl noch RG **100**, 182, **117**, 215, BGH **8**, 318.

3) Sonderregelung für die Namensführung von Ehegatten (Absatz 2). a) Grundsatz: aa) Auch die 12
Namensführg von Eheg beurteilt sich nach **Abs 1** grdsätzl nach ihrem jew HeimatR; dabei bleibt eine dch Heirat erworbene Staatsangehörigk für die namensr Folgen der Eheschließg außer Betr, vgl BGH **72**, 163, Hamm StAZ **79**, 147, KG StAZ **97**, 101, BayObLG IPRax **87**, 242; für die namensr Folgen der Ehescheidg gilt in Ermangelg einer RWahl das jew Personalstatut, AG Bln-Schöneberg StAZ **97**, 39. Die alternative Anwendg des Ehewirkgsstatuts im Wege einer Doppelqualifikation ist mit der Neuregelg dch das IPRG 1986 entfallen. Soweit das **gemeinsame** HeimatR wie im romanischen RKreis häufig eine Namensänderg dch Eheschließg nicht kennt, führen die Eheg im Rechtssinn getrennte Familiennamen, was den tats Gebrauch eines Ehenamens als Pseudonym nicht ausschließt. Bei **gemischtnationalen** Ehen ist für den Namen jedes Eheg sein Personalstatut maßg; bei dieser isolierten Betrachtg der Namensführg jedes Eheg bleibt es auch dann, wenn das anwendb mat NamensR beide Eheg erfassen will, aM Hepting StAZ **94**, 3. Führen die Personalstatute der Eheg im konkreten Fall zu unterschiedl namensr Folgen der Eheschließg, so lautet der Name der Eheg entspr verschieden. Die Wahl eines gemeins FamNamens setzt voraus, daß **beide** Eheg nach ihrem Personalstatut ein entspr matr WahlR haben. Bei der grdsätzl Maßgeblichk des Personalstatuts der Eheg bleibt es im Prinzip auch dann, wenn die Eheg von der in Abs 2 eröffneten Möglichk einer RWahl u einer damit verbundenen Namenswahl Gebrauch machen. Diese erstreckt sich nur auf die Befugn, einen best Namen zu führen, einschl der damit zusammenhängden Fragen, vgl dazu Rn 14–17, damit insbes auch auf die Befugn, diesen Namen trotz Auflösg od Nichtigk der Ehe fortzuführen, teilw abw Henrich IPRax **86**, 336, Lüderitz IPRax **87**, 77. Dagg gelten für die Zulässigk einer späteren Namensänderg, vgl dazu LG Hagen IPRax **85**, 294, Henrich ebda 273, die Auswirkgen eines Statutenwechsels u den Namensschutz die oben Rn 8–11 erläuterten allgemeinen Regeln. **bb)** Diese Regeln gelten auch in gemischtnationalen Ehen, an 13
denen ein **Deutscher** beteiligt ist. Der Familienname des dtschen Eheg beurteilt sich grdsätzl nach dtschem Recht, dh nach § 1355. Die Wahl eines Ehenamens n § 1355 II setzt jedoch voraus, daß **beide** Eheg nach dem für sie maßg Recht eine entspr Wahlmöglichk haben. Für den Fall, daß das HeimatR des ausl Partners ein solches BestimmgsR nicht kennt, kommt die Wahl eines Ehenamens nur aGrd einer RWahl gem Abs 2 in Betr. Die ergänzde namensr Sachnorm des Art 220 IV ist dch das FamNamRG gestrichen worden, vgl dazu AG Schöneberg StAZ **96**, 119.

b) Rechtswahl durch beide Ehegatten (Absatz 2). Wie bish haben die Eheg auch nach der Neufassg v 14
Abs 2 die Möglk einer gemeins **Rechtswahl** für ihre Namensführg; vgl dazu Henrich StAZ **96**, 129, krit Hepting StAZ **96**, 5. **aa) Voraussetzungen.** Im Ggs zum bish Recht spielt es für die RWahl **keine** Rolle, ob die Ehe im Inl od im Ausl geschl u ob die Wahl bei od nach der Heirat getroffen wird; auch eine Befristg der späteren RWahl ist nicht vorgesehen. Die Wirksamkeit der RWahl nach Abs 2 setzt ledigl voraus, daß die Eheg die Wahl gemeins treffen u daß sie diese Erkl ggü dem StBeamten abgeben; eine erst nach der Heirat vorgen RWahl bedarf nach II 2 zusätzl der öff Beglaubigg iSv § 129. Die Formerfordernisse der RWahl sind in II selbst normiert; Art 11 ist nicht anwendb, da eine Art 27 IV entspr Vorschr fehlt, aM Hepting StAZ **96**, 7. Daß die Erkl ggü einem dtschen StBeamten abgegeben wird, verlangt II nicht; bei Abgabe im Ausl ist aber funktionelle Gleichwertigk des ausl StBeamten erforderl; das gleiche gilt für die öff Beglaubigg dch einen ausl Notar, vgl Rn 31 vor Art 3. Eine **Übergangsregelg** für die vor dem 1. 4. 1994 geschl Ehen enthält FamNamRG 7 § 5 I. Danach konnten die Eheg noch bis zum 31. 3. 96 dch gemeins öff beglaubigte Erkl ggü dem (ggf auch ausl) StBeamten eine RWahl nach Abs 2 für ihre Namensführg auch dann treffen, wenn die Eheg bereits „Erklärgen auf der Grdl des bish Rechts", also eine gemeins RWahl nach Art 10 II aF, eine einseitige nachträgl RWahl nach Art 10 III aF od eine nachträgl Wahl eines Ehenamens nach Art 220 IV aF od nach Art 10 IV aF getroffen haben; vgl dazu Henrich IPRax **94**, 176, Bornhofen StAZ **94**, 149; für entspr Anwendg bei erster NamensBest aGrd eines bish anwendb ausl HeimatR Kln FamRZ **97**, 942. Die Eheg können von der Möglk einer erneuten RWahl nach der Übergangsregelg in FamNamRG 7 § 5 I auch Gebrauch machen, um eine Namensgestaltg herbeizuführen, die sie schon nach bish geltdem Recht hätten wählen können, Coester FuR **94**, 8. Haben die Eheg bish noch keine RWahl vorgenommen, so gilt das WahlR nach Art 10 II ohne zeitl Befristg, AG Bln-Schöneberg StAZ **96**, 233, Hepting ebda 235 (betr Aussiedler). **bb)** Zur **Wahl gestellt** 15
werden den Eheg ihre beiders **Heimatrechte,** wobei abw von Art 5 I bei mehrf Staatsangehörigk jedes der HeimatRe gewählt werden kann, sowie ggf zusätzl das **deutsche** Recht, sofern einer der Eheg bei Abgabe der Erkl, dh nicht notw auch im Zeitpkt der Eheschließg, aM Hepting StAZ **96**, 5, seinen gewöhnl Aufenth im Inl hat; ein ausl AufenthR ist nicht wählb, aM Sturm StAZ **95**, 259. Die RWahl kann auch zu einem Recht führen, das bereits aGrd obj Anknüpfg nach Abs 1 maßg ist. **cc) Folge** einer wirks RWahl ist, daß die Eheg 16
den FamNamen erhalten, der ihnen nach dem gewählten Recht zukommt. Dabei muß es sich nicht notw um einen gemeins FamNamen handeln. Im Erg können die Eheg dch die von ihnen getroffene RWahl also mittelb auch den von ihnen zu führden FamNamen bestimmen. II spricht desh verkürzd von der Wahl des künftig zu führden Namens. Die Vorschr selbst gewährt aber nur eine kollrechtl, nicht auch eine matrechtl WahlFreih, Hamm FGPrax **99**, 56, BayObLG **99**, 158. Soweit allerdings nach dem gewählten Recht auch matrechtl ein gemeins FamName gewählt werden kann, zB nach § 1355, besitzen die Eheg als Folge der RWahl auch eine namensrechtl Option; beide Erklärgen können miteinand verbunden werden. **dd)** Die v den 17
Eheg getroffene RWahl erstreckt sich nicht automat auch auf die aus der Ehe hervorgehden **Kinder;** insow müssen nach Abs 2 S 3 zusätzl die Vorauss von § 1617 c erfüllt sein, vgl dazu Rn 18.

18 **4) Sonderregelung für den Kindesnamen. a) Grundsatz:** Die Frage, welchen **Familiennamen** ein Kind mit der Geburt erwirbt, ist nach seinem HeimatR bzw sonstigen Personalstatut zu beurteilen, bei (auch) dtscher Staatsangehörigk des Kindes also nach dtschem Recht, Abs 1 iVm Art 5 I 2, mithin nach §§ 1616 ff, vgl LG Mü StAZ **99**, 174; bei nur ausl Staatsangehörigk (zu deren Feststellg Henrich StAZ **89**, 159) entsch das jew fremde Recht. Unabhäng vom Personalstatut des Kindes (dh auch bei ausl Staatsangehörigk) gilt aber nach **Absatz 2 Satz 3** für die Auswirkgen der in II S 1 eröffneten RWahl für die Namensführg von Eheg auf den Kindesnamen **§ 1617 c** entspr, vgl dazu BayObLG StAZ **98**, 284, Sturm StAZ **94**, 372. Eine Änderg des Geburtsnamens des Kindes tritt also dch eine erst nach seiner Geburt von den Eltern getroffene RWahl u deren namensr Auswirkgen nur unter den in § 1617 c zusätzl normierten Vorauss ein (insbes Notwendigk einer Anschlußerklärg des Kindes ggü dem StBeamten, Mitwirkg des ges Vertreters, uU Gen des Vormsch-
19 Ger). Auch die Berechtigg zur Erteilg eines **Vornamens** u ihre Wirksamk sind nach dem Personalstatut des Kindes zu beurteilen, da es unzweckm wäre, versch ROrdngen über die einz Namensbestandteile entsch zu lassen, Hamm StAZ **85**, 131, Düss StAZ **89**, 282, LG Frankth StAZ **90**, 298, AG Mü StAZ **92**, 313, AG Bln-Schöneberg StAZ **97**, 17, 39, KG StAZ **99**, 172, LG Gießen StAZ **99**, 147, AG Dortm StAZ **99**, 149, Jayme IPRax **99**, 50, dahingestellt Karlsr StAZ **89**, 284, Ffm OLGZ **90**, 140, KG OLGZ **91**, 167, BayObLG StAZ **95**, 107, aM AG Duisburg StAZ **87**, 283, MüKo-Birk Rn 26; zur Erteilg eines Vornamens nach türkischem vgl Ffm OLGZ **78**, 411, **90**, 139, IPRax **92**, 51, Düss StAZ **89**, 281, Hess VGH FamRZ **92**, 1100 (Abänderg), nach tunesischem Recht vgl Lübeck StAZ **81**, 146.

20 **b) Rechtswahl durch den Inhaber der elterlichen Sorge (Absatz 3). aa)** Ähnlich wie für die Namensführg von Eheg nach Abs 2 ermöglicht Abs 3 dem Inh der elterl Sorge, im Regelfall also beiden Elt, eine bes RWahl bezügl des FamNamens eines Kindes, vgl BayObLG **97**, 167, ohne dabei zw ehel u nehel Kindern zu unterscheiden; die bish Sonderregelg für den FamNamen nehel Kinder in Abs 4 hat das KindRG v 16. 12. 97 gestrichen. Geht das gewählte ausl Recht noch von dieser Unterscheidg aus, so steht dem Art 6 nicht entgg. Wer Inh der Sorge ist, entscheidet das v Art 21 berufene Recht, Düss FamRZ **99**, 329. Die RWahlmöglk ist an keine Vorauss gebunden; ein bes InlBezug ist nicht erforderl, aM Hepting StAZ **98**, 141; allerd muß der Fall AuslBerührg haben, Art 3 I S 1. Auch die nachträgl RWahl setzt keine Änderg der
21 LebensVerhe od AnknüpfgsTats voraus, aM Hepting aaO 140. Besitzt ein EltT u damit auch das Kind (auch) die dtsche Staatsangehörigk, so kann der Inh der Sorge auch ein **ausländisches** HeimatR eines der beiden EltTe für den FamNamen des Kindes als maßg bestimmen; das gleiche gilt bei Flüchtlingen mit ausl Staatsangehörigk, die dtsches Personalstatut besitzen, Massfeller/Hoffmann/Hepting PStG 21 Rz 260. Die RWahl kann nach Abs 3 S 2 nF auch **nach** der Beurk der Geburt erfolgen; eine Frist ist dafür nicht vorgesehen; da die RWahl dem Inh der Sorge obliegt, muß das Kind aber jedenf noch mj sein. Die Erkl muß von dem Inh der Sorge ggü dem StBeamten abgegeben werden; sie ist im übr an keine Form gebunden, BayObLG StAZ **97**, 175, aM Hepting StAZ **98**, 138; eine Ausn gilt nach **Satz 2** bei Abgabe nach der Beurk der Geburt (öff Beglaubigg). Die RWahl kann auch ggü einem ausl StBeamten erklärt werden, aM MüKo-Birk Rn 96. Eine Übergangsregelg für vor dem 1. 4. 1994 geborene Kinder enthielt FamNamRG Art 7 § 5 II (Möglk der Nachholg einer RWahl bis zum 31. 3. 96), vgl dazu 57. Aufl; sie ist dch den Wegfall der Befristg gem Abs 3
22 S 2 nunm gegenstandslos. **bb)** Zur **Wahl gestellt** werden nach Abs 3 S 1 an Stelle des Personalstatuts des Kindes die HeimatRe beider EltTe (bei Mehrstaatern abweichend v Art 5 I 1 sämtliche), Nr 1, sowie zusätzl das dtsche Recht, wenn ein EltT seinen gewöhnl Aufenth im Inl hat, Nr 2; die Beurteilg der Abstammg des Kindes ist eine nach Art 19 selbstd anzuknüpfde Vorfrage, vgl Hepting StAZ **98**, 138. Im Fall einer Namenserteilg kann nach Nr 3 (unabhängig v den Schranken des Art 5 I) auch ein HeimatR des den Namen Erteilden gewählt w; dies gilt jetzt auch für Kinder, deren Eltern verh sind. Die in Abs 3 eröffneten Wahlmöglken sind **alternativ**; der FamName des Kindes kann sich also nur entw nach seinem Personalstatut od nach einer der in Abs 3 zur Wahl gestellten ROrdngen beurteilen. Die einmal wirks getroffene Wahl ist
23 bindend; ihre Wirksk beurteilt sich nach dtschem Recht; Art 27 IV gilt hier nicht. **cc) Folge** der wirks getroffenen RWahl ist, daß das Kind den FamNamen erhält, der ihm nach dem gewählten Recht zukommt, sei es kr Gesetzes oder sei es kr einer matr zul NamensBest, BayObLG **97**, 167, vgl zB Kln StAZ **95**, 42 (Doppelname spanischen Rechts). Die RWahl gilt nur für den FamNamen des betr Kindes (nicht aber automatisch auch and Kinder, die aus einer Ehe hervorgegangen sind, aM Hepting StAZ **98**, 139); der **Vorname** beurteilt sich nach dem Personalstatut des Kindes, KG StAZ **99**, 172. Das gewählte Recht entscheidet darüber, welchen FamNamen das Kind kr Gesetzes mit der Geburt od als Folge einer VaterschAnerkenng oder nachfolgden Eheschließg seiner Eltern erwirbt; die Abhängigk des Eintritts namensr Folgen von einer Legitimation verstößt nicht gg den ordre public; nach welchem Recht die Legitimation zu beurteilen ist, entscheiden die KollNormen des Namensstatuts (unselbstd Anknüpfg der Vorfrage, vgl oben Rn 2, Hepting StAZ **98**, 144, Henrich StAZ **98**, 5). Das gewählte Recht entscheidet auch über die Einbenenng dch den Muttergatten od die Namenserteilg dch den mit der Mutter nicht verh Vater; dabei ist gleichgült, von welcher Wahlmöglk nach Nr 1–3 der Inh der Sorge Gebr gemacht hat. Umgekehrt beschr sich auch das nach Nr 3 gewählte Recht keineswegs auf die Vorauss einer Namenserteilg, sondern erstreckt sich auch auf den Namenserwerb kr Gesetzes; die Wirksk einer nach Nr 3 getroffenen RWahl setzt die Wirksk einer nach
24 diesem Recht getroffenen Namenserteilg nicht voraus. **dd) Zustimmungserfordernisse** zur AbstammgsErkl oder Namenserteilg unterliegen nach Art 23 **zusätzlich** dem HeimatR bzw Personalstatut des Kindes od statt dessen dem dtschen Recht, soweit es zum Wohl des Kindes erforderl ist, vgl dazu Art 23 Rn 6. Damit werden die Interessen des Kindes bei der Anwendg einer ihm günst ROrdng zusätzl geschützt.

EG 11 *Form von Rechtsgeschäften.*

I Ein Rechtsgeschäft ist formgültig, wenn es die Formerfordernisse des Rechts, das auf das seinen Gegenstand bildende Rechtsverhältnis anzuwenden ist, oder des Rechts des Staates erfüllt, in dem es vorgenommen wird.

II Wird ein Vertrag zwischen Personen geschlossen, die sich in verschiedenen Staaten befinden, so ist er formgültig, wenn er die Formerfordernisse des Rechts, das auf das seinen Gegenstand bildende Rechtsverhältnis anzuwenden ist, oder des Rechts eines dieser Staaten erfüllt.

III Wird der Vertrag durch einen Vertreter geschlossen, so ist bei Anwendung der Absätze 1 und 2 der Staat maßgebend, in dem sich der Vertreter befindet.

IV Verträge, die ein dingliches Recht an einem Grundstück oder ein Recht zur Nutzung eines Grundstücks zum Gegenstand haben, unterliegen den zwingenden Formvorschriften des Staates, in dem das Grundstück belegen ist, sofern diese nach dem Recht dieses Staates ohne Rücksicht auf den Ort des Abschlusses des Vertrages und auf das Recht, dem er unterliegt, anzuwenden sind.

V Ein Rechtsgeschäft, durch das ein Recht an einer Sache begründet oder über ein solches Recht verfügt wird, ist nur formgültig, wenn es die Formerfordernisse des Rechts erfüllt, das auf das seinen Gegenstand bildende Rechtsverhältnis anzuwenden ist.

1) Allgemeines. a) Die Neufassg des Art 11 dch das IPRG 1986 entspr inhaltl weitgehend Art 11 aF; 1
dies gilt insb für die alternative Maßgeblichk v GeschR u OrtsR, Abs 1. In die Neufassg inhaltl eingearbeitet ist **Art 9** des **EG-Schuldvertragsübereinkommens** vom 19. 6. 80, vgl dazu Rn 8 vor Art 3; Abs 1 entspr sachl Art 9 I u IV, Abs 2–4 stimmen im wesentl mit Art 9 II, III u VI überein; Art 9 V entspr EG 29 III. Der Anwendgsbereich des Art 11 erstreckt sich aber auf RechtsGesche aller Art, beschränkt sich also **nicht** auf SchuldVertre. **b) Sondervorschriften** für die Anknüpfg der Form best RechtsGesche gelten für die Eheschließg im Inl, Art 13 III, Verfüggen vTw, Art 26, VerbraucherVertre, Art 29 III (einschließl Time-Sharing-Vertr, vgl § 8 TzWrG Rn 4), sowie für die Form der RWahl, Art 14 IV, 15 III, 27 IV. **c)** Nach der Begründg des RegEntw des IPRG ist in Art 11 auch die Form v Vorgängen nicht geregelt, die sich auf die Verfassg von Gesellschaften u **juristischen Personen** beziehen, BT- Drucks 10/504 S 49. Im Gesetz kommt diese Einschränkg nicht zum Ausdr; dies gilt insbes für die Überschr des 2. Abschn (Recht . . . der RGeschäfte); die Ausn in Art 37 Nr 2 gilt nur für den 1. Unterabschn des 5. Abschn, aM offenbar Goette MittRh NotK **97**, 3; zu einer Änderg der bish Anwendg des Art 11 aF auch auf gesellschr Geschäfte besteht daher keine Veranlassg, aM Lichtenberger DNotZ **86**, 653, Heckschen DB **90**, 161, Schervier NJW **92**, 594, Goette Fschr Boujong (1996) 137, MittRhNotK **97**, 3, wie hier Soergel-Kegel Rn 4, Reuter BB **98**, 118. **d)** Die Beachtg von **Rück- oder Weiterverweisung** ist im ganzen Bereich des Art 11 **ausgeschlossen;** die Vorschr verweist unmittelb auf die Formerfordern in den SachVorschr des maßg Rechts, vgl Art 4 Rn 10 u BT-Drucks 10/504 S 48; soweit bei der Bestimmg des GeschR eine Rück- od Weiterverweisg zu beachten ist (nicht also bei Schuldvertren, Art 35 I), wirkt dies mittelb auf die Anknüpfg der Form zurück, vgl zB Hamm StAZ **91**, 317. **e)** Die Anwendg von Art 6 ggü ausl FormVorschr kommt praktisch kaum in Betr, vgl Ffm DB **81**, 1456. So ist zB auch ein in Dtschland formlos abgeschl KaufVertr über ein ausl Grdst wirks, wenn das GeschR, dh regelm das BelegenhR, eine Form nicht erfordert, RG **63**, 18. **f)** Art 11 gilt entspr auch im dtschen **interlokalen** PrivR, BGH DB **97**, 773, LG Gött StAZ **95**, 216, vgl dazu Anh zu Art 3 Rn 1 f, Art 236 Rn 4, Trunk MittBayNot **90**, 215; für die Formgültigk von KaufVertr über Grdste in der fr DDR, die vor dem 3. 10. 90 von westdtschen Notaren beurk wurden, genügt daher nach Art 11 I die Einhaltg der westdtschen Ortsform, Steiner DtZ **91**, 372, Schotten DNotZ **91**, 779, aM Andrae WR **92**, 177; das Bedürfn nach einer analogen Anwendg von Art 11 IV iVm § 12 III RAG ist bereits mit der Öffng der innerdtschen Grenze entfallen, Steiner aaO, in der Begr abw Schotten aaO; für Formmangel derart Vertr noch BezG Leipzig DtZ **92**, 58, Schäfer-Gölz/Lange DtZ **91**, 292 u **92**, 44, Andrae aaO; vgl dazu Art 231 § 7 idF des 2. VermRÄndG v 14. 7. 92, BGBl 1257, BGH DtZ **93**, 210, ferner Heldrich, Das ILP Dtschlands nach dem EinigsV (1992) 12 f; zur matrechtl Wirksk Schotten/Schmellenkamp DNotZ **92**, 203, Heldrich aaO. **g)** Für den Bew der Echth ausl öff Urk dch **Legalisation** gilt Art 11 nicht, vgl dazu BayObLG DNotZ **93**, 397, Roth IPRax **94**, 86, Bindseil DNotZ **92**, 275.

2) Grundsatz (Absatz 1). a) Alternative Anknüpfung. Die Formgültigk eines RGesch beurteilt sich 2
nach Abs 1 alternativ nach dem dafür inhaltl maßg Recht („das auf das seinen Ggst bildende RVerh anzuwenden ist"), dem sog **Geschäftsrecht** (Wirkungsstatut) od nach dem Recht am Ort der Vornahme, dem sog **Ortsrecht** (Ortsform). Abs 1 enth **kein zwingendes Recht.** Soweit die Part aGrd der im SchuldR herrschden VertrFreih das maßg GeschR selbst best können, vgl Art 27 ff, ist ihnen auch gestattet, die alternative Anwendg des OrtsR od eines and Rechts nach Abs 1 auszuschließen, vgl BGH **57**, 337, od die Geltg des GeschR zG der alleinigen Geltg des OrtsR abzubedingen, MüKo-Spellenberg Rn 31; eine Ausn gilt für die Form v VerbraucherVertren, Art 29 III, u ArbVertren, Art 30 I.

b) Anwendungsbereich. Abs 1 erfaßt RechtsGesche aller Art, also Vertre ebso wie einseitige RGesche, 3
auf allen Gebieten des bürgerl Rechts, vgl aber oben Rn 1. Der Verweisgsumfang der Vorschr bezieht sich auf die **Formerfordernisse** des Gesch- od OrtsR. Was darunter zu verstehen ist, beurteilt sich nach den allg Regeln der Qualifikation, vgl Rn 27 f vor Art 3, grdsätzl nach dtschem Recht, BGH **29**, 137; danach ist insbes auf die typischen Formzwecke (ÜbereilgsSchutz, Beratg, Beweissicherg) abzustellen; im staatsvertragl Anwendgsbereich der Vorschr, dh insb bei SchuldVertren, ist aber auch der Vereinheitlichgszweck zu berücksichtigen u damit eine vergleichde Heranziehg der ROrdngen der übr VertrStaaten, vgl dazu Rn 1 vor Art 27, einschließl der dortigen Handhabung der Vorschr geboten. Danach ist zu entsch, ob eine ausl Best als FormVorschr od als sachlr Vorauss eines RGesch anzusehen ist, welche allein dem Wirkgsstatut zu entnehmen ist. Zur Form gehört daher etwa das Erfordern der religiösen Eheschl, Ffm FamRZ **71**, 179; die Zulässigk einer Handschuhehe, BGH **29**, 137, Hamm StAZ **86**, 134, LG Stgt StAZ **92**, 379, vgl dazu Art 13 Rn 10; das Verbot der Errichtg privatschriftl Testaments im Ausland, BGH NJW **67**, 1177, nicht dagg auch Vorschr über die zu verwendde Vertragssprache, die wegen ihres Schutzzwecks allein dem VertrStatut zu entnehmen sind, aM Downes/Heiss ZVglRWiss **99**, 41, Freitag IPRax **99**, 146; zum Ausschluß des OrtsR bei verbraucherschützden FormVorschr vgl Art 29 Rn 8, Downes/Heiss IPRax **99**, 137. Die Frage, auf welche Weise
ein RGesch im Prozeß **bewiesen** werden kann, beurteilt sich grdsätzl nach der lex fori, BGH **LM** Nr 2; 4
anders wenn eine ausl BeweisVorschr als FormVorschr zu qualifizieren ist, zB Unklagbk v KaufVertr über mehr als 500 $ bei mangelnder Beurk u Nichtvorliegen einer Teilleistg nach amerikan Recht, aM Donath IPRax **94**, 333, vgl auch Oldbg RIW **96**, 66; Ausschl des ZeugenBew bei Gesch v mehr als 5000 frs nach frz Recht, cc 1341 iVm Dekret Nr 80–533 vom 15. 7. 80, aM BGH JZ **55**, 702 mit abl Anm v Gamillscheg, v

Marschall Fschr Beitzke (1979) 625; BeweismittelVorschr des ital Rechts über Urk- u ZeugenBew, LG Mannh NJW **71**, 2129, nicht dagg auch Vorschren über Untauglk v Zeugen aus pers Grden, KG IPRspr **77** Nr 19; bei SchuldVertren sind für den Nachw eines RGesch innerh der Grenzen der lex fori auch die Beweismittel des Formstatuts zugel, **Art 32 III 2,** vgl dort Rn 9. Zur Form iwS gehören auch die **Zuständigkeit** v Behörden u UrkPersonen (insb Notaren) zur Vornahme einer Beurk, vgl Zweibr StAZ **79**, 242, Stgt FamRZ **90**, 560, u das dabei zu beachtde **Verfahren;** die Hoheitsbefugn eines dtschen Notars ist auf das dtsche Staatsgebiet beschr, BGH NJW **98**, 2830.

5 **c) Geschäftsrecht. aa)** Die Einhaltg der Formerfordernisse des GeschR (Wirkgsstatuts) ist für die Formgültigk grdsätzl ausreichd; eine Ausn gilt für die Eheschließg im Inl nach Art 13 III 1. Abgrenzg v FormVorschren u sachl-rechtl Vorschren vgl oben Rn 3, ist dabei im Erg ohne Bedeutg, da auch die letzteren grdsätzl dem GeschR zu entnehmen sind. Welches Recht für das betreffde RGesch inhaltl maßg ist, beurteilt sich nach den dafür geltden Anknüpfgsregeln, bei der Eheschließg also nach Art 13, bei einem EheVertr nach Art 15, bei einem SchuldVertr nach Art 27 ff; sind danach wie bei Art 13 I mehrere ROrdngen maßg, so bilden diese in kumulativer Anwendg die Formerfordernisse des GeschR. Soweit bei SchuldVertren das GeschR dch den Parteiwillen best wird, ist die Wirksamk der RWahl unabhängig v der Formgültigk des matr
6 Vertr nach dem gewählten Recht, BGH **73**, 391. Ist daher der **Verkauf** eines **ausländischen Grundstücks** vertragl dem dtschen Recht unterstellt, so kommt bei der Anwendg des GeschR auch **§ 313** zur Anwendg, BGH **52**, 239, **53**, 194, **57**, 337, NJW **72**, 715, BGH **73**, 391, Düss NJW **81**, 529, Mü NJW-RR **89**, 665; bei Nichtbeachtg dieser Form besteht Heilgsmöglk entspr § 313 S 2 dch EigtÜbertragg nach dem R des Lageorts, auch wenn dieses weder Auflassg noch Eintragg ins GrdBuch kennt, Mü OLGZ **74**, 19, od die RegEintr in das Belieben der Part stellt, BGH **73**, 391 (krit dazu Löber NJW **80**, 496), abw (für Notwendigkeit der RegEintr) Köln OLGZ **77**, 201 (aufgehoben dch BGH **73**, 391), LG Hbg IPRspr **78** Nr 14; Düss NJW **81**, 529 lehnt Heilg nach § 313 S 2 bei privatschriftl Kauf einer span EigtWohng wg unvollständ Erfüllg nach dem Recht des Lageorts ab. Zur Beachtg der zwingden FormVorschr der lex rei sitae vgl aber unten Rn 20.

7 **bb)** Soll die Form des Wirkgsstatuts dch eine **Beurkundung** außerh seines räuml Geltgsbereichs **im Ausland** erfüllt werden, so ist dafür **Gleichwertigkeit** der UrkPers u des BeurkdgsVorgangs erforderl, BGH **80**, 76 (krit dazu Geimer DNotZ **81**, 406), Hbg IPRspr **79** Nr 40, Düss RIW **89**, 225, Mü RIW **98**, 148, Winkler NJW **72**, 985, Mann ZHR **74**, 453 ff, Bokelmann NJW **75**, 1626, Kropholler ZHR **76**, 405, Wolfsteiner DNotZ **78**, 532, aM Brambring NJW **75**, 1255, der statt auf die Gleichwertigk auf den Zweck der dtschen Vorschr, dh des BGB 128 abstellen will, Schervier NJW **92**, 595, der zusätzl Haftg des ausl Notars entspr BNotO verlangt; zur Frage der Gleichwertigk allg Basedow RabelsZ **91**, 428, Reithmann DNotZ **95**, 362, des spanischen Notars Löber RIW **89**, 94, des amerik notary public AG Karlsr DAVorm **90**, 391, MüKo-Spellenberg Rn 48 f, des kanad notary public Zweibr FGPRax **99**, 86, des österr Notars LG Kiel DB **97**, 1223, des schweiz Notars AG Fürth MittBayNot **91**, 30, LG Nürnb NJW **92**, 633, LG Augsb NJW-RR **97**, 420, krit Schervier NJW **92**, 596 („Farce"), Mü RIW **98**, 147; zum **konsularischen** BeurkWesen Bindseil DNotZ **93**, 5. Davon unabhäng kann sich aber selbstverständl die Formgültigk der ausl Beurk auch aus der
8 Einhaltg der Ortsform ergeben; vgl dazu unten Rn 11–17. Bei Maßgeblk des dtschen Rechts als Wirkgsstatut wird die Gleichwertigk einer ausl Beurk wg unzureichder jur Beratg vielf verneint bei **gesellschaftsrechtlichen Geschäften,** vor allem bei Übertragg v Geschäftsanteilen nach GmbHG 15 III u IV, so LG Mü DNotZ **76**, 501, zust Schmidt DB **76**, 2202, dahingestellt BayObLG NJW **78**, 500, differenzierd Wolfsteiner DNotZ **78**, 532, od Fusion od SatzgsÄndergsBeschl einer GmbH mit Sitz in der BRep, Hamm NJW **74**, 1057, Karlsr AWD **79**, 567, AG Kln RIW **89**, 990, DB **90**, 171, LG Augsb NJW-RR **97**, 420 mAv Zimmer WiB **96**, 1168, ebso Schmidt DB **74**, 1216, Winkler NJW **74**, 1032, ders Rpfleger **78**, 44, Hommelhoff DNotZ **89** Sonderheft 110, Schervier NJW **92**, 595, Goette Fschr Boujong (1996) 139, MittRhNotK **97**, 4. Dem ist BGH **80**, 76 (krit dazu Geimer DNotZ **81**, 406, Firsching IPRax **83**, 79, Goette MittRhNotK **97**, 1), ebso BGH RIW **89**, 649, mit Recht entgegengetreten, da die Prüfgs- u Belehrgsfunktion der not Beurk verzichtb ist u dieser Verz auch konkludent erkl werden kann (insb dch Zuziehg eines ausl Notars, vgl Düss RIW **88**, 226); auch sonst besteht kein Grd, die Gleichwertigk ausl Beurk bei gesellschaftsr Gesch generell zu verneinen, zutr LG Stgt IPRspr **76** Nr 5 A, Kln WM **88**, 1750, LG Kln RIW **89**, 990 (abl Heckschen RPfl **90**, 122, DB **90**, 161), LG Kiel DB **97**, 1223 (gg AG Kiel MittBayNot **97**, 116), Bungert AG **95**, 29, Kallmeyer GmbHR **96**, 911 (für VerschmelzgsVertr), Reuter BB **98**, 116, Sick/Schwarz NZG **98**, 540, einschränkd Hbg NJW-RR **93**, 1317 (krit v Bar/Grothe IPRax **94**, 270); zur Kostenfolge bei vorausgehender Beurk dch ausl Notar,
9 Düss RIW **90**, 500 gg Krfld ebda 501. Dagg kann ein **deutsches Grundstück** nur vor einem dtschen Not aufgelassen werden, Köln OLGZ **72**, 321, KG DNotZ **87**, 44, Bausback DNotZ **96**, 254, aM Mann NJW **55**, 1177; zu den Kosten der Auflassg nach vorangegangener Beurk des GrdGesch im Ausl Düss DNotZ **91**, 410, Stgt ebda 411, Zweibr DNotZ **97**, 245 mAv Riering, Hamm NJW-RR **99**, 77; nach KonsG 12 Z 1 sind zur Entggnahme der Auflassg auch dtsche Konsularbeamte befugt; zur UnterschrBeglaubigg einer Vollm BayObLG DNotZ **93**, 397 u dazu Roth IPRax **94**, 87.

10 **cc)** Ist die vom GeschR erforderte **Form verletzt,** so fragt sich zunächst, ob wenigstens die Ortsform eingehalten ist, vgl Rn 11–17; ist auch das nicht der Fall, so richten sich die Folgen nach dem milderen Recht; denn Zweck der alternativen Anknüpfg in Art 11 I ist, das RGesch möglichst bestehen zu lassen.

11 **d) Ortsrecht. aa)** Gleichrang neben dem GeschR ist auch die Einhaltg der Formerfordernisse des OrtsR für die Formgültigk grdsätzl ausr; **Ausnahmen** von der Maßgeblk der Ortsform ergeben sich aus Abs 4 u 5, vgl dazu Rn 20–22. Die Beobachtg der Ortsform ist also auch dann ausr, wenn das Wirkgsstatut sie nicht genügen läßt, BGH NJW **67**, 1177. Für **Schuldverträge kann** die Maßgeblk der Ortsform **ausgeschlossen** werden, BGH **57**, 337, dagg Jayme NJW **72**, 1618, Frank BWNotZ **78**, 95, vgl oben Rn 2. Bei der alleinigen Maßgeblk des GeschR bleibt es ferner auch dann, wenn das Recht des VornOrts ein derartiges RGesch überh **nicht kennt,** RG **160**, 225, KG FamRZ **93**, 1363, Bokelmann NJW **72**, 1731, ders NJW **75**, 1625, Lorenz IPRax **94**, 196, also eine Ortsform nicht bereith. Dies ist aber nicht schon dann der Fall, wenn die jur Ausgestaltgen des RGesch in der nach dem AbschlOrt u dem Wirkgsstatut zur Anwendg kommden Form

sich, wie sehr häufig, nicht völlig decken. Die Übereinstimmg in den wesentl geschtypischen Merkmalen genügt, Begründg BT-Drucks 10/504 S 49, Düss RIW **88**, 226.

bb) Im übr genügt die Einhaltg der Ortsform grdsätzl bei **allen Rechtsgeschäften,** also zB auch beim VaterschAnerk, AG Karlsr DAVorm **90**, 391, bei der Einwilligg z Adoption, KG FamRZ **93**, 1363, der Eheschl (für die Eheschl von Ausl im Inl gilt zusätzl Art 13 III 2), EheVertren sowie der Verpflichtg zur **Veräußerung eines inländischen Grundstücks,** BayObLG DNotZ **78**, 58; daher kann im Ausl, wenn es das Recht des AbschlOrtes zuläßt, auch ein forml KaufVertr über ein in Dtschland gelegenes Grdst abgeschl werden, RG **121**, 154, KG OLG **44**, 152; zur Auflassg dtscher Grdst vgl Rn 9 u 22. Auch die Formgültk der Beurk **gesellschaftsrechtlicher Vorgänge** beurteilt sich nicht ausschl nach dem Personalstatut der JP als dem Wirkgsstatut; die Einhaltg der **Ortsform genügt,** BayObLG NJW **78**, 500, Ffm Betr **81**, 1456, Stgt NJW **81**, 1176 (VorlBeschl, vgl dazu zust BGH **80**, 76), Düss RIW **89**, 225, Mü RIW **98**, 148, wohl auch Mü RIW **93**, 504 (dazu Bungert DZWir **93**, 494), ebso Bokelmann NJW **72**, 1729, Müller-Gindullis RabelsZ **74**, 643, Mann ZHR **74**, 452, Bernstein ZHR **76**, 414, Wiedemann GesellschR I § 14 IV 2, MüKo-Spellenberg Rdz 92, Merkt Fschr Sandrock (1995) 156, Reuter BB **98**, 116, Sick/Schwarz NZG **98**, 540, sehr str, **aM** Hamm NJW **74**, 1057, Karlsr AWD **79**, 567, AG Kln RIW **89**, 991 (zust Heckschen EWIR **90**, 55), DB **90**, 171, AG Fürth MittBayNot **91**, 30, LG Augsb NJW-RR **97**, 420, LG Kiel DB **97**, 1223, Winkler NJW **72**, 981, ders NJW **74**, 1032, ders Rpfleger **78**, 44, Brambring NJW **75**, 1255, Wolfsteiner DNotZ **78**, 532, Großfeld/Berndt RIW **96**, 630, Firsching IPRax **83**, 80, Lichtenberger DNotZ **86**, 653, Schervier NJW **92**, 593, Ebenroth/Wilken JZ **91**, 1064, für eintraggspfl VerfassgsAkte auch Kropholler ZHR **76**, 402, Hachenburg-Behrens GmbHG Einl Rn 162, Scholz-Westermann GmbHG Einl Rn 94, Bredthauer BB **86**, 1864, Heckschen DB **90**, 161, Goette Fschr Boujong (1996) 137, MittRhNotK **97**, 3, van Randenborgh GmbHR **96**, 909, Wolff ZIP **95**, 1491, Geyrhalter ZIP **99**, 652. Vgl dazu auch Rn 1. Daher ist insb auch die Beurk von GesellschBeschl dch einen ausl Not unter Beobachtg der Ortsform grdsätzl wirks, sofern nach dem Personalstatut der gesellschr Vorgang nicht im Inl stattfinden muß, wie nach allerd umstr Ans die Hauptversammlg der AG, vgl Hbg NJW-RR **93**, 1317 (krit v Bar/Grothe IPRax **94**, 269, Bungert AG **95**, 26), aM MüKo-Spellenberg Rn 45 c; zur Gesellschafterversammlg der GmbH vgl Düss RIW **89**, 226, Scholz-K. Schmidt GmbHG § 48 Rn 6 ff.

12 (bb) · 13 (Beurk gesellschaftsrechtlicher Vorgänge)

cc) Die **Gleichwertigkeit** der UrkPers u des BeurkVorgangs aus der Sicht des GeschR ist bei der Einhaltg der Ortsform **entbehrlich** (and wenn etwa die Form des dtschen Rechts als Wirkgsstatut beachtet werden soll, vgl dazu oben Rn 7–9), Bokelmann NJW **72**, 1731, ders NJW **75**, 1625, teilw aM Rothoeft Fschr Esser (1975) 113, offenb mißverstanden v AG Hbg IPRspr **80** Nr 193. 14

dd) Maßg sind die Formerfordernisse des **Vornahmeorts.** Für deren Einhaltg spricht auch bei Zuziehg eines Notars kein Erfahrgssatz, aM Wiesbaden RPfl **88**, 17, Zweibr FGPrax **99**, 86. VornOrt ist bei einseit RGeschen der Ort, an dem die Erkl abgegeben wird, da die Empfangsbedürftigk nicht zur Form gehört, KG HRR **31**, 1051, MüKo-Spellenberg Rn 64; bei VertrAbschl unter Abwesenden grdsätzl der Ort, an dem die Ann erkl wird, RG **62**, 381; befinden sich die VertrSchließden beim VertrSchluß in verschiedenen Staaten, so genügt nach Abs 2 jedoch die Einhaltg der Form eines dieser Staaten, bei VertrSchluß dch einen StellVertr ist VornOrt der AufenthOrt des Vertr, Abs 3. – Die Dauer des Aufenth am VornOrt ist belanglos. Da der Gesetzgeber selbst die Ortsform genügen läßt, kommt eine Nichtanerkenng dieser Form wg **Gesetzesumgehung** auch dann nicht in Betr, wenn der AbschlOrt gerade wg der Formerleichterg, vgl Ffm OLGZ **67**, 377, od um Kosten zu ersparen, ins Ausland verlegt worden ist, RG **62**, 381, Stgt Rpfl **82**, 137, Düss RIW **89**, 225, ebso Müller-Gindullis RabelsZ **74**, 644, Maier-Reimer BB **74**, 1234, grdsl auch Kropholler ZHR **76**, 399, Bredthauer BB **86**, 1864, aM Reithmann DNotZ **56**, 476, Winkler NJW **72**, 984, **74**, 1033, Wolfsteiner DNotZ **78**, 536, Geimer DNotZ **81**, 410; vgl auch Rn 26 vor Art 3. 15 · 16

ee) Sind die Formerfordernisse am VornOrt nicht eingehalten, so beurteilen sich die RFolgen für die Formgültigk des RGesch zunächst nach dem jew OrtsR; ist das Gesch danach nichtig, so bleibt es gleichwohl gültig, wenn es bei einem DistanzVertr iSv Abs 2 der Ortsform des and Staates genügt od wenn es der Form des GeschR entspr. Sind die Formerfordernisse sowohl des VornOrts (bzw der VornOrte, Abs 2) als auch des GeschR verletzt, so beurteilt sich die Frage der Formgültigk nach dem milderen Recht, vgl oben Rn 10. 17

3) Distanzverträge (Absatz 2). Eine Ergänzg bezügl der maßg Ortsform enth Abs 2 für DistanzVertr, bei deren Abschl sich die Part in verschied Staaten befinden. Hier genügt für die Formgültigk des Vertr neben der Einhaltg der Formerfordern des GeschR, vgl Rn 5–10, die der Formerfordern derj Staaten, in welchen sich die VertrSchließden aufhalten, vgl dazu Rn 15–17; zur Anwendbk auf BürgschVertr BGH NJW **93**, 1128. 18

4) Vertragsschluß durch Stellvertreter (Absatz 3). Bei VertrSchluß dch einen StellVertr wird die einzuhaltde Ortsform iSv Abs 1 u 2 dch den AufenthOrt des Vertreters, nicht denjenigen des Vertretenen, best. Dies gilt auch bei einem BürgschVertr, BGH NJW **93**, 1128, od einer Handschuhehe, vgl oben Rn 3. 19

5) Grundstücksverträge (Absatz 4). In Abweichg v Abs 1–3 unterliegen SchuldVertre über ein dingl Recht an einem Grdst od ein Recht zur GrdstNutzg den zwingden FormVorschren des Staates der belegenen Sache, wenn diese ohne Rücks auf den AbschlOrt u das maßg GeschR Anwendg fordern, vgl zB Brdbg RIW **97**, 425. Ob die jew lex rei sitae ausschl Geltg beansprucht, ist dem betr fremden Recht zu entnehmen. Das dtsche Recht erhebt für schuldrechtl Vertre über inl Grdste diesen Anspruch nicht, vgl Rn 12, Begründg BT-Drucks 10/504 S 49, krit Reithmann Fschr Ferid (1988) 371 (wg Belehrg bei Bauherrnmodellen), Lichtenberger FS Hagen (1999) 153; zur Auflassg dtscher Grdste vgl dagg Rn 9. Bei Fehlen zwingder FormVorschr des BelegenhR gilt Abs 1, vgl dazu Mankowski RIW **95**, 1037. Abs 4 bezieht sich **nicht** auf GrdstVertre mit **dinglicher** Wirkg; insow gilt Abs 5. Zur analogen Anwendg im dtschen ILP vgl Rn 1. 20

6) Sachenrechtliche Rechtsgeschäfte (Absatz 5). In sachl Übereinstimmg mit Art 11 II aF sieht Abs 5 die ausschließl Maßgeblk der Formerfordern des GeschR bei dingl RGeschen vor; prakt bedeutet dies, daß bei solchen Geschäften über die Formgültigk die lex rei sitae entsch, vgl Art 43; die Einhaltg der Ortsform genügt dafür nicht. Abs 5 gilt für bewegl Sachen u Grdste. Die Vorschr bezieht sich jedoch nur auf 21

Verfüggen, nicht auch auf die schuldr VerpflichtgsGesche, die diesen zugrundeliegen; dies gilt auch dann, wenn ein bes sachenrechtl VollzugsGesch zur Bewirkg des EigtÜbergangs nicht erfdl ist (roman Rechte), Köln OLGZ **77**, 201, Küppers DNotZ **73**, 666, aM Soergel- Kegel Rn 16. Nicht hierher gehört auch die Erteilg einer Vollm, Stgt MDR **81**, 405, aM Ludwig NJW **83**, 495 (für die unwiderrufl AuflVollm). Für die
22 **Auflassung** eines **deutschen** Grdst gilt nach Abs 5 ausschließl die vom dtschen Recht vorgeschriebene Form, dh § 925; danach ist die Auflassg vor einem ausl Notar nicht wirks, vgl Rn 9. Auf die Übertragg eines Erbteils ist Abs 5 auch nicht entspr anzuwenden, aM Ludwig NJW **83**, 496, ebsowenig auf Übertragg von GeschAntl, zweifelnd Meyer-Sparenberg WiB **95**, 852, od auf Satzgsänderg einer GmbH, Düss RIW **89**, 225, str, vgl Rn 13.

EG 12 *Schutz des anderen Vertragsteils.* **Wird ein Vertrag zwischen Personen geschlossen, die sich in demselben Staat befinden, so kann sich eine natürliche Person, die nach den Sachvorschriften des Rechts dieses Staates rechts-, geschäfts- und handlungsfähig wäre, nur dann auf ihre aus den Sachvorschriften des Rechts eines anderen Staates abgeleitete Rechts-, Geschäfts- und Handlungsunfähigkeit berufen, wenn der andere Vertragsteil bei Vertragsabschluß diese Rechts-, Geschäfts- und Handlungsunfähigkeit kannte oder kennen mußte. Dies gilt nicht für familienrechtliche und erbrechtliche Rechtsgeschäfte sowie für Verfügungen über ein in einem anderen Staat belegenes Grundstück.**

Schrifttum: Fischer, Verkehrsschutz im internat VertragsR, 1990; Schotten DNotZ **94**, 670; Lipp RabelsZ **99**, 107.

1 **1) Allgemeines.** Rechts-, Geschäfts- u HdlgsFähigk beurteilen sich nach Art 7 I nach dem Personalstatut des Betroffenen. Art 12 enth eine **Ausnahme** von dieser Regel im Interesse des **Verkehrsschutzes.** Satz 1 entspr inhaltl **Art 11 des EG-Schuldvertragsübereinkommens** vom 19. 6. 80, vgl dazu Rn 8 vor Art 3. Satz 2 übernimmt die bisher in Art 7 III 2 aF getroffene Regelg. Die noch im RegEntw in Art 12 II vorgesehene analoge Anwendg auf die fehlde Vertretgsmacht eines Elternteils, Vormunds od Pflegers ist im Rechtsausschuß gestrichen worden. Eine Art 12 ergänzde Sonderregelg für das ehel GüterR enth Art 16.

2 **2) Grundsatz (Satz 1).** Art 12 schützt das Vertrauen auf eine nach dem Recht des AbschlOrtes bestehde Rechts-, Geschäfts- u HdlgsFähigk (zum Begr vgl Art 7 Rn 2–5) einer natürl Person, deren Personalstatut einem and Recht unterliegt; zur entspr Anwendg auf ausl JP vgl BGH NJW **98**, 2452 u Anh zu Art 12 Rn 7. **a) Voraussetzung** ist (1) ein VertrSchluß zw Pers, die sich im selben Staat befinden (ein eins RGesch genügt nicht, aM Lichtenberger DNotZ **86**, 652); bei VertrSchl dch StellVertr gilt Art 11 III entspr, Liessem NJW **89**, 501, aM Schotten DNotZ **94**, 671; (2) eine nach dem Recht des AbschlOrtes bestehde Rechts-, Geschäfts- u HdlgsFähigk eines VertrSchließden, die nach seinem Personalstatut nicht besteht und (3) eine nicht auf Fahrlässigk beruhde Unkenntn des VertrGegners v dieser fehlden Rechts-, Geschäfts- u HdlgsFähigk, vgl BGH NJW **98**, 2453; die bloße Kenntn des VertrGegners, daß er es mit einem Ausl zu tun hatte, rechtfertigt den Vorwurf der fahrläss Unkenntn grdsl nicht, vgl dazu Liessem NJW **89**, 501, Schotten DNotZ
3 **94**, 672; zur Beweislast Wolfsteiner DNotZ **87**, 82. **b)** Sind diese Vorauss erf, so kann sich der nach seinem Personalstatut Rechts-, Geschäfts- od HdlgsUnfähige nicht auf die daraus resultierden Folgen für die Wirksamk des Vertrages berufen, bei VertrSchluß eines 18-jährigen Ausl in der BRep also nicht auf eine nach seinem HeimatR noch nicht eingetretene Volljährigk einschl ihrer RFolgen, vgl dazu Hepting FamRZ **75**, 452. Der Vertr ist also wirks, wenn er bei Abschl dch einen Inl wirks wäre. Bei Kenntn od fahrl Unkenntn des VertrPart von der mangelnden Rechts-, Gesch- od HdlgsFähigk beurt sich dagg die Wirksamk des Vertrages
4 nach dem an sich maßg ausl Recht, and Liessem aaO 501. **c)** Art 12 gilt grdsätzl auch bei einer **Entmündigung** eines Ausl dch seinen Heimatstaat, soweit sie im Inl anzuerkennen ist, vgl Art 7 Rn 9; sie hat unter den genannten Vorauss, vgl Rn 2, nur die Wirkgen der Betreuung nach dtschem Recht in deren weitestreichdem Umfang (insb nach § 1903), vgl dazu Fischer aaO 129.

5 **d)** Art 12 S 1 gilt nicht nur wie Art 7 I für die Rechts- u GeschFähigk, sond ausdrückl auch für die allg **Handlungsfähigkeit.** Trotz der Streichg des Abs 2 des RegEntw, vgl Rn 1, ist der Grds desh auch auf **familienrechtliche Handlungsbeschränkungen** anzuwenden, wie den Umfang der gesetzl Vertretgsmacht der Eltern, des Vormundes od Pflegers, vgl BT-Drucks 10/5632 S 40 f, Erm-Hohloch Rn 11, od Beschränkgen v Eheg bei der Eingehg best RGesche, zB Verfüggsbeschränkgen, LG Aurich FamRZ **90**, 776, od Interzessionsbeschränkgen, Hanisch IPRax **87**, 51; zur Anwendg v § 1357 bei InlGeschen vgl Art 16.

6 **3) Ausnahme (Satz 2).** Die Anwendg des in S 1 vorgesehenen VerkSchutzes ist wegen der abw Interessenlage ausgeschl bei familien- u erbrechtl RGeschen, zB Verlöbnis, EheVertr, Kindesannahme, unrichtig AG Korbach StAZ **81**, 203, vgl dazu v Mangoldt ebda, Errichtg od Aufhebg einer Verfügg vTw, Erbausschlagg, Erbverzicht. Das gleiche gilt für Verfüggen über ein in einem and Staat belegenes Grdst; der Begr der Verfügg ist dabei nach dtschem Recht z qualifizieren, da es sich um eine Vorschr des autonomen dtschen IPR handelt, vgl Rn 1; VerpflichtgsGesche, wie GrdstKauf, -miete od -pacht fallen nicht darunter. Soweit S 2 eingreift, hat es bei der selbständ Anknüpfg der Vorfrage nach Art 7 I sein Bewenden; Rechts-, Geschäfts- u HdlgsFähigk beurteilen sich also ausschließl nach dem Personalstatut der VertrPart.

Anhang zu Art 12

Juristische Personen und Gesellschaften

Abgekürzt zitierte **Literatur:** Behrens, Die GmbH im int u europ Recht, 2. Aufl (1997); MüKo-Kindler/Ebenroth, Bd 11 3. Aufl (1999) Int GesellschR; Scholz, GmbHG, 8. Aufl Bd I (1993); Staud-Großfeld, Internat GesellschR, Neubearbeitung 1998; Großfeld, Int u Europäisches UnternehmensR, 2. Aufl 1995; Wiedemann, GesellschR Bd I (1980); Zimmer, Internat GesellschR 1996.

1 **1) Allgemeines.** Die Neuregelg des IPR dch das IPRG 1986 enth keine KollNorm über **juristische Personen,** vgl Rn 17 vor Art 3; vom Anwendgsbereich der Art 27 ff werden Fragen betr das GesellschR, das VereinsR u das Recht der JP ausdrückl ausgen, Art 37 Nr 2. Motiv dieser Enthaltsamk war ua das von der BRep bereits ratifizierte, aber noch nicht in Kraft getretene EG-Übk über die ggseitige Anerkenng von Gesellschaften u JP vom 29. 2. 68, BGBl 72 II 369, vgl dazu Rn 21. Die Best der RO, die für die RVerh der JP maßg ist (dh ihr **Personalstatut**), bleibt daher weiterhin Rspr u RLehre überlassen. Auf die Anknüpfgspkte für das Personalstatut natürl Pers, wie Staatsangehörigk, Wohns od gewöhnl Aufenth, kann dabei nicht zurückgegriffen werden. In Betr kommt vor allem die Unterstellg unter diej RO, nach der die JP gegründet worden ist **(Gründungstheorie)** od die Anwendg der ROrdng, in deren Bereich ihr Sitz liegt **(Sitztheorie).** Die Gründgstheorie ist im anglo-amerikanischen RKreis herrschd. Sie läßt dem PartWillen Spielraum u birgt das Risiko der Manipulation; im EG-Bereich wird dieses Risiko dch die Anerkenngspflicht nach Art 43 u 48 EG-Vertr potenziert, vgl dazu anschaulich EuGH NJW **99**, 2027 (Centros) u dazu Rn 2 u 21. Demggü beruft die Sitztheorie die ROrdng zur Anwendg, in deren Geltgsgebiet der Schwerpkt der tats geschäftl Aktivitäten der JP liegt. Sie hat den Vorzug der Sachnähe u erleichtert die wirks Kontrolle dch den hauptbeteil Staat. Im dtschen IPR wurde bish überw die Sitztheorie vertreten; sie beherrscht bis heute die Rspr. In der Literatur hat dagg neuerd die Gründgstheorie in versch Varianten erhebl Einfl gewonnen. Zur Vereinbk der Sitztheorie mit dem EG-Recht Rn 2 u 5.

2 **2) Personalstatut juristischer Personen. a)** Anknüpfgspkt für das Personalstatut der JP ist der **tatsächliche Sitz der Hauptverwaltung,** BGH **53**, 181, 183, **78**, 318, 334, BGH **97**, 269, NJW **95**, 1032, **96**, 55, st Rspr, vgl zB noch BayObLG **92**, 113, Düss RIW **95**, 509, Hamm RIW **95**, 153, **97**, 237, 875, Mü WiB **95**, 884, KG RIW **97**, 599, Brem RIW **98**, 65; ebso die hM im Schrifttum, vgl zB Staud-Großfeld Rn 72; Erm-Hohloch Art 37 Rn 25; MüKo-Kindler Rn 312 ff; grdsl auch Soergel-Lüderitz Anh Art 10 Rn 8 (aber primäre Maßgeblk des Rechts, unter dem die JP im RVerk auftritt); **abweichend** (für Gründgstheorie) neuerdings Ffm RIW **99**, 783 (wenn im Ausl tätige JP keinen tats Verwaltgssitz hat), sowie Beitzke ZHR **64**, 1, Behrens GmbH IPR 20, Ansay Fschr Ferid (1978) 3, Neumayer ZVglRWiss **84**, 139, Knobbe-Keuk ZHR **90**, 325 u grdsl auch Grasmann, System des internat GesellschR, 1970 (der unterschiedl Behandlg von Außen- u InnenVerh verlangt); für grdsl Anwendg des Gründgsstatuts, das aber in best Umfang vom Sitzstatut verdrängt wird (Überlagergstheorie) Sandrock RabelsZ **78**, 227, RIW **89**, 249, 505, Bungert AG **95**, 491, ähnl Teipel Fschr Sandrock (1995) 125; für eine vermittelnde Lösg auch Wiedemann Fschr Kegel (1977) 194, der nach Fallgruppen unterscheidet, ähnl Zimmer, Internat GesellschR 437, Haas DB **97**, 1501. Die Sitztheorie ist mit dem **europäischen Gemeinschaftsrecht,** insb der Niederlassgsfreih von Gesellsch gem Art 43 u 48 EGV **vereinbar,** vgl EuGH NJW **89**, 2186 (Daily Mail), Hamm RIW **97**, 874, BayObLG **98**, 198, Staud-Großfeld Rn 122, Sonnenberger ZVglRWiss **96**, 21, aM Sandrock RIW **89**, 508, Knobbe-Keuk ZHR **90**, 325, Schümann EuZW **94**, 269, Bungert AG **95**, 496, Blaurock ZEuP **98**, 482. Dch EuGH NJW **99**, 2027 (Centros) hat sich hieran nichts geändert, da diese Entsch nur die Niederlassgsfreih einer nach dänischem IPR (das der Gründgstheorie folgt) wirks gegründeten AuslGesellsch betr, also entspr der Vorlagefrage des dänischen Ger von der Wirksk dieser Gründg bereits ausgeht, ohne den Mitgliedstaaten die Wahl eines best Anknüpfgspunkts für das GesellschStatut vorzuschreiben, zutr Kindler NJW **99**, 1993, Ebke JZ **99**, 660, grdsl auch Roth ZIP **99**, 861, Lange DNotZ **99**, 606, Sonnenberger/Großerichter RIW **99**, 721, Bungert DB **99**, 1841, aM Sandrock BB **99**, 1341, Geyrhalter EWS **99**, 202, Freitag EuZW **99**, 267, Sedemund/ Hausmann BB **99**, 810, Meilicke DB **99**, 627, Risse MDR **99**, 753, Neye EuGH EWiR Art 52 EGV 1/**99**, 259, Höfling DB **99**, 1206, Kieninger ZGR **99**, 724, Behrens IPRax **99**, 323, vgl dazu auch Mü ZIP **99**, 1559, ferner LG Mü ZIP **99**, 1680 sowie Rn 1 u 21. Auch die EMRK steht der Sitztheorie nicht entgg, ebso S. Schmidt DWiR **92**, 451, Bungert EWS **93**, 17, Engel ZEuP **93**, 152, Großfeld/Boin JZ **93**, 370, Ebenroth/Auer JZ **93**, 376, v Bar BerGesVR **33** (1994) 200, aM Meilicke, BB **95** Beil 9.

3 Maßg ist das Recht am effektiven VerwSitz, von dem aus die JP tats gelenkt wird, dh am **Schwerpunkt des körperschaftlichen Lebens,** wo die grdlegden Entsch der UnternLeitg effektiv in laufde GeschFührgsakte umgesetzt werden, BGH **97**, 272. Dabei sind die Umst des Einzelfalles zu berücksichtigen, zB Sitz der Generaldirektion, Taggsort von Vorstd, AufsRat u HauptVers, Ort der GeschLeitg; die bloße nominelle Festsetzg eines VerwSitzes in der Satzg (Briefkastengesellsch) ist unerhebl, vgl BayObLG **85**, 280; ledigl sekundäre Verwaltgstätigk, zB Buchhaltg, Steuerangelegenh, sind nicht ausreichd, LG Essen NJW **95**, 1500; iZw befindet sich aber der effektive VerwSitz einer jur Pers in dem Staat, nach dessen Recht sie erkennb organisiert ist, Mü NJW **86**, 2197, LG Rottweil IPRax **86**, 110, von der Seipen ebda 93, Hamm RIW **95**, 154 (jedenf im GB-Verf), Bungert DB **95**, 963, IPRax **98**, 345, ähnl Oldbg NJW **90**, 1422, dahingestellt Ffm NJW **90**, 2205, abl Ebenroth/Bippus JZ **88**, 681. Zur Beweislast Großfeld/Piesbergen Fschr Mestmäcker (1996) 881, Mankowski ZHR **99**, 143; z Umfang der registerger Prüfg Thümmel DZWir **97**, 335. Der effektive VerwSitz ist für jede einz JP selbstd zu best; auch wenn sie als TochterG in einen **Konzern** eingebunden ist, kann sie einen von der MutterG versch Sitz haben, Ebenroth JZ **88**, 23; für die RVerhe zw der herrschden u der abhäng Gesellsch gilt das Statut der letzteren, Wiedemann GesellschR I § 14 III, Zimmer IPRax **98**, 188. – Die gleichen Grdse galten auch im **innerdeutschen** KollisionsR. Zur Anwendg gelangte auch hier das Recht des Ortes, an dem die Verwaltg tats geführt wurde, vgl BPatG IPRspr **88** Nr 14, **90** Nr 26; zur Weitergeltg dieses Grds vgl BGH **128**, 44 u Art 236 Rn 4. Eine **Übergangsregelung** für Vereine u Stiftgen, die nach dem Recht der DDR gegründet wurden, enth Art 231 §§ 2–4. Zu den bei einer Enteigng der JP auftauchenden Fragen vgl Art 43 Rn 13.

4 **b) Ausnahmen.** Rück- od Weiterverweisg (vor allem wenn Sitzstaat der Gründgstheorie folgt) sind zu beachten, Art 4 I, Hbg RIW **88**, 816, Ffm NJW **90**, 2204, Hamm RIW **97**, 875, Ebenroth/Eyles IPRax **89**, 9, einschränkd Soergel-Lüderitz Anh Art 10 Rn 76. Die Anwendg ausl SitzR kann nach Art 6 ausgeschl sein; die Abs, unter Ausnutzg der GesellschForm Steuern zu sparen, genügt dafür nicht, BGH WPM **79**, 692. – Nach §§ 23, 80 S 2 kann BMI einem Verein od einer Stiftg mit Sitz im Ausl die RFgk in Anwendg dtschen Rechts verleihen, zB dtschen Schulvereinen im Ausl. – **Sitzverlegung** in ein anderes Land hat 5
einen **Statutenwechsel** zur Folge, BGH **97**, 269, Hamm RIW **97**, 875; die JP besteht aber unter Wahrg ihrer Identität fort, wenn dies nach dem Recht sowohl des alten wie des neuen Sitzes statth ist, BGH **97**,

269, Ffm NJW **90**, 2204, Zweibr DB **90**, 1660 (dazu Großfeld/König IPRax **91**, 380), Thür OLG DB **98**, 1178, Behrens RIW **86**, 590, Kösters NZG **98**, 243. Ist dies nicht der Fall (wie bei Sitzverlegg in die BRep), kommt nur Auflösg u Neugründg in Betr, vgl BGH **97**, 269, Nürnb AWD **85**, 494, BayObLG **92**, 113, aM Wessel/Ziegenhain GmbHR **88**, 427, Großfeld/König RIW **92**, 436, Berg GmbHR **97**, 1136, Mankowski WiB **97**, 1243, Bechtel IPRax **98**, 349, vgl auch Kronke ZGR **94**, 26 (grenzüberschreitde Umwandlg), Bellingwout RIW **97**, 550; diese Regelg ist mit Art 43 u 48 EGV vereinb, EuGH NJW **89**, 2186 (Daily Mail), BayObLG **92**, 113, aM Thönnes DB **93**, 1021, Bechtel IPRax **98**, 348, Kruse EWS **99**, 444, Kieninger ZGR **99**, 746, zur Problematik Staud-Großfeld Rn 657 f, Behrens IPRax **99**, 329, Sonnenberger/Großerichter RIW **99**, 730, vgl dazu Rn 2; zum Einfl von StaatsVertr Steiger RIW **99**, 169. Die EG-Kommission hat nunm einen RichtlVorentw z Verlegg des GesellschSitzes innerh der EU vorgelegt, vgl ZIP **97**, 1721 u dazu Marco, Neye, Schmidt, Priester, Heinze ZGR **99**, 3 ff. Besonderh galten bei Rückwanderg dtscher Gesellsch aus abgetrennten Gebieten, vgl RG **107**, 94, OLG **43**, 201, BGH **25**, 134. Zu den RProblemen der Spaltgesellsch bei Enteigng im Sitzstaat vgl Art 43 Rn 13. Zur Beurteilg transnationaler Unternehmen Großfeld ZGR **87**, 504; Ebenroth JZ **88**, 75; Kaiser RIW **88**, 589; Ebenroth/Wilken ZVglRWiss **91**, 235; zur privatr RFähigk internat Organisationen Kunz-Hallstein GRUR Int **87**, 819, 824; Ebenroth JZ **88**, 83, Ebenroth/Fuhrmann JZ **89**, 211; Mann ZHR **88**, 311.

6 **3) Anwendungsgebiet des Personalstatuts.** Das Recht des Verwaltgssitzes entsch über das Vorhandensein einer JP, dh zunächst ihre **Gründung** (einschl RLage der GründgsGesellsch u Haftg ihrer Gter, KG NJW **89**, 3100, während der GründgsVorvertr nach dem Schuldstatut zu beurt ist, Kaligin DB **85**, 1453); eine nach ausl Recht gegründete JP, die ihren Verwaltgssitz im Inl hat, ist desh nicht wirks errichtet, LG Marbg NJW-RR **93**, 222, vgl auch BFH IPRax **93**, 249 (dazu Großfeld/Luttermann ebda 229); zu den Folgeproblemen Eidenmüller/Rehm ZGR **97**, 89, Müller ZIP **97**, 1049; das gleiche gilt idR umgekehrt bei Gründg nach dtschem Recht u Verwaltgssitz im Ausl, Großfeld/König RIW **92**, 433, Kösters NZG **98**, 242, mit Recht krit
7 Wenckstern FS Drobnig (1998) 465. Nach dem Personalstatut beurt sich Beginn u Umfang der **Rechtsfähigkeit** im allg, BGH **128**, 44, KG NJW **89**, 3100, Oldbg NJW **90**, 1422, Ffm NJW **90**, 2204 (dazu Großfeld/König IPRax **91**, 379), BFH IPRspr **93** Nr 22 A, vgl auch Rn 18; zur ParteiFgk vgl Art 7 Rn 2; zur bes RFähigk zum Erwerb einer Beteiligg an einer inl Gesellsch vgl BayObLG **86**, 61 (dazu Ebke ZGR **87**, 265, Schmidt-Hermesdorf RIW **90**, 707), sowie Saarbr JZ **89**, 904 (dazu Ebenroth/Hopp ebda 883, Ebenroth/Auer DNotZ **90**, 139, Großfeld/Strotmann IPRax **90**, 298, Kronke RIW **90**, 799, Großfeld/König RIW **92**, 437), LG Stgt RIW **93**, 850, KG RIW **97**, 599 (dazu Bungert IPRax **98**, 339); zur Erteilg der steuerl UnbedenklkBescheinigg bei inl GrdstGesch Braun RIW **95**, 499, Ralle WiB **96**, 207. Bei Beschrkg der RFgk auf den satzgsmäß Zw, zB nach der engl ultra vires-Lehre, ist inl GeschVerk entspr Art 12 z schützen, vgl BGH NJW **98**, 2452 (Unfähigk z Abschl v Außenhandelsvetr), Bausback DNotZ **96**, 259 (betr Erwerb inl Grdste),
8 abw Soergel- Lüderitz Anh Art 10 Rn 20. Nach dem Personalstatut beurteilen sich weiter der **Name** der JP,
9 BayObLG **86**, 61 (zum Namensschutz Art 10 Rn 5) sowie die **körperschaftliche Verfassung** einschl der **Mitbestimmung** der ArbNehmer in den GesellschOrganen, vgl Däubler RabelsZ **75**, 444, Birk AWD **75**, 589, Müffelmann BB **77**, 628, Lutter Fschr Zweigert (1981) 256; daher grdsl keine Anwendg der dtschen MitBestVorschr auf unselbstd inl Zweigniederlassg eines ausl Unternehmens, aM Ebenroth/Sura ZHR **80**, 619, wohl aber auf die in einen ausl Konzern eingebundene rechtl selbstd InlGesellsch, Lutter Fschr Zweigert (1981) 262. Die dtschen MitBestVorschr beanspruchen grdsl keine Anwendg im Ausl, vgl LAG Berlin AWD **77**, 1302, LG Düss DB **79**, 1451 (kein WahlR der ArbN ausl TochterGft zum AufsR der dtschen Konzernspitze), LG Stgt RIW **93**, 849, Duden ZHR **77**, 182, Pipkorn ZHR **77**, 339, Bellstedt BB **77**, 1326, Ebenroth/Sura ZHR **80**, 610, Lutter Fschr Zweigert (1981) 260; eine Ausn gilt nach BPersVG 90 für die Dienststellen der BRep im Ausland; ebso bei AuslMitArb eines EntwicklgsHilfeUntern, LG Ffm DB **82**, 1312, vgl dazu Richardi IPRax **83**, 217; zur Berücksichtigg der dtschen MitBestVorschr bei der Unterstellg einer dtschen Gesellsch unter ein ausl Untern im Rahmen eines BeherrschgsVertr vgl Bernstein/Koch ZHR **79**, 522, Ebenroth/Sura ZHR **80**, 620, Kronke IPRax **95**, 377. Das Personalstatut gilt ferner für die
10 **Geschäftsführung,** insb Bestellg u Abberufg v GeschFührern u die **Vertretungsmacht** der **Organe,** vgl BGH **40**, 197 (aber auch Gesichtspkt der AnscheinsVollm z berücksichtigen, BGH aaO 204), BGH NJW **92**, 618 u 628, DNotZ **94**, 487, BGH **128**, 44, Hamm RIW **94**, 514, LG Hbg WM **92**, 1602, Düss RIW **95**, 325 (dazu Großfeld/Wilde IPRax **95**, 374), AG Duisbg RIW **96**, 329, vgl auch Köln RIW **92**, 147, währd für die Vertretgsmacht sonst MitArb das jew VollmStatut gilt, vgl dazu Anh zu Art 32; zur Bestellg v Ausländern als GeschFührer einer dtschen GmbH Wachter ZIP **99**, 1577. Das Personalstatut der Gesellsch regelt auch die
11 **Haftung** der Organe, LG Marbg NJW-RR **93**, 222, u der Gter, insb aGrd Dchgriffshaftg, BGH IPRspr **56/57** Nr 34, BGH **78**, 318, 334, KG NJW **89**, 3100, Düss RIW **95**, 508, Ulmer JZ **99**, 665, sowie umgekehrt den Durchgriff gg die JP weg Schulden der Gter, BGH NJW **92**, 2030, NJW-RR **95**, 767, vgl dazu Hanisch ZIP **81**, 575, Bernstein Fschr Zweigert (1981) 37, Khadjavi-Gontard/Hausmann AWD **83**, 1; dagg beurteilen sich die Vorauss einer Zurechng delikt Verhaltens Dritter nach dem Deliktsstatut, Kln NZG **98**, 350 u Art 40 Rn 16; zum HaftgsDurchgriff auf die MutterG vgl Behrens RabelsZ **82**, 308, 341, Lorenz IPRax **83**, 85 (grdsl maßgebd Statut der abhängigen Gesellsch), ferner Fischer IPRax **89**, 215; zum HaftgsDurchgriff bei Staatsunternehmen auf den Staat vgl v Hoffmann, BerGesVR 25 (1984) 69. Das gleiche gilt für Form u RWirksk
12 der **Satzung** u ihrer Abändergen sowie die rechtl Folgen dieser Abändergen, RG **73**, 367 (Formerfordern der Satzgsänderg einer GmbH mit Sitz in der BRep ist aber bei Vornahme im Ausl nicht ausschließl nach dtschem Recht zu beurteilen; Beobachtg der Ortsform gem Art 11 I genügt, vgl dazu Art 11 Rn 13, str), Fassg u Anf
13 eines **Beschlusses** der Mitgliederversammlg, Brdbg NJW-RR **99**, 544, Zulässigk u Wirkgen v Stimmbindgs-Vertr, Kaligin DB **85**, 1453. Das GesellschStatut best über Erwerb u Verlust der Mitgliedsch, BGH NJW **94**,
14 940, insbes die Vererblichk der GesellschStellg, vgl dazu v Oertzen IPRax **94**, 73, u die Vorauss der **Übertragung** von AnteilsRen, Karlsr IPRspr **83** Nr 20, Celle WPM **84**, 500, einschl des Verbots des Rückerwerbs eigener Aktien, Spickhoff BB **97**, 2593, währd für das schuldr GrdGesch grdsl das VertrStatut gilt, vgl dazu Art 27 u 28 II (soweit die ÜbertraggsPfl nicht gesellschaftsr Ursprungs ist, Scholz- Westermann GmbHG Einl Rn 119) u über die Form EG 11 entsch; dies gilt auch für die Form der Übertr von GmbH-Anteilen, die bei Vorn im Ausl gem Art 11 I alternativ nach GmbHG 15 III als Wirkgsstatut u dem Recht des VornOrtes zu

beurteilen ist, BayObLG NJW **78**, 500, Ffm DB **81**, 1456, Maier-Reimer BB **74**, 1230, Behrens GmbH IPR 58, Bernstein ZHR **76**, 414; aM Großfeld/Berndt RIW **96**, 630, Winkler NJW **72**, 982, Rpfleger **78**, 44, Schervier NJW **92**, 598, Ebenroth/Wilken JZ **91**, 1065, vgl dazu EG 11 Rn 13; zur Anwendbk von GmbHG 15 IV auf ausl GmbH vgl Celle DNotZ **93**, 625 (ja), Mü RIW **93**, 504 (nein), Bungert DZWir **93**, 494, Depping GmbHR **94**, 386, Merkt ZIP **94**, 1417. Zur Anwendbk des GesellschStatuts auf Treuhandvereinbargen Geyrhalter ZIP **99**, 647; über kapitalersetzde GesellscherDarlehen vgl Schücking ZIP **94**, 1156. Die Zulässigk des Erwerbs von AnteilsR dch eine JP an einer and Gesellsch ist nach den Personalstatuten beider Gesellschen zu beurteilen, BayObLG **86**, 61; nach dtschem Recht kann sich eine ausl KapitalGesellsch als Komplementär an einer KG beteiligen, BayObLG aaO; Saarbr JZ **89**, 904, LG Stgt RIW **93**, 850, aM Großfeld/Johannemann IPRax **94**, 271, vgl auch Rn 7. Nach dem Personalstatut beurteilt sich auch die **15**
Umstrukturierung, vgl Kronke ZGR **94**, 31, Großfeld AG **96**, 302, Kallmeyer ZIP **96**, 535, sowie die **Beendigung** der RFgk, BGH **51**, 27, also auch deren Entziehg, RG **129**, 98; jedoch ist bis zur Beendigg der Liquidation des inl Vermögens vom Fortbestand einer ausl JP auszugehen, die nach ihrem Personalstatut die RFgk verloren hat, Stgt NJW **74**, 1627. Das Personalstatut der abhäng Gesellsch (nicht das des herrschden Untern) entsch grdsl auch über Vorauss u RFolgen **grenzüberschreitender Beherrschungsverträge,** Ffm **16**
EWiR **88**, 587, differenzierd Kronke ZGR **89**, 473, Rundshagen/Strunk RIW **95**, 666, Lange IPRax **98**, 438, für Maßgeblk des VertrStatuts Neumayer ZVglRWiss **84**, 149, für kumulative Anwendg beider Personalstatute Einsele ZGR **96**, 40; insow findet das WeisgsR des herrschden ausl Untern bei den inl MitBestVorschr seine Grenze; für Unzulässigk derart Vertr Ebenroth JZ **88**, 77. Zur grenzüberschreitden Ausgliederg Ebenroth/Offenloch RIW **97**, 1. Eine **Enteignung** dch den Sitzstaat erfaßt grdsl nicht auch das im Ausl belegene **17**
Verm, BGH **25**, 127, stRspr. Hat die enteignete JP Verm im Inl, so besteht sie selbst, die Vertretgsmacht ihrer Organe u die Mitgliedsch an ihr in der BRep weiter, BGH **43**, 51; vgl dazu näher Art 43 Rn 13. Eine Enteigng des AuslVerm ist auch nicht auf dem Umweg der Enteigng aller od nahezu aller MitgliedschRe mögl, BGH **32**, 256. Wg des **ILR,** insb der Enteigngen in der früh DDR Art 43 Rn 15.

4) Anerkennung ausländischer juristischer Personen. Die Frage, ob eine JP besteht u rechtsfäh ist, dh **18**
als solche „anzuerkennen" ist, beurteilt sich nach ihrem Personalstatut, befindet sich der effektive VerwSitz im Inl also nach dtschem Recht, auch wenn die Gründg im Ausl nach ausl Recht erfolgt ist, KG NJW **89**, 3100, Oldbg NJW **90**, 1422, Düss RIW **95**, 508; fehlt danach einer KapitalG die RFgk, haften die Gesellschafter analog HGB 128 und die Handelnden analog GmbHG 11 II bzw AktG 41 I 2, Düss RIW **95**, 509, Fischer IPRax **91**, 100, Eidenmüller/Rehm ZGR **97**, 99, aM Müller ZIP **97**, 1053, Kösters NZG **98**, 246, für analoge Anwendg von § 179 LG Stgt IPRax **91**, 118, vgl auch Bogler DB **91**, 850. Ausl JP, die nach ihrem Personalstatut wirks gegründet sind, besitzen die RFgk auch im Inl, ohne daß es dafür einer bes Anerkenng bedarf, BayObLG **86**, 61 (vgl dazu Großfeld IPRax **86**, 351, Ebke ZGR **87**, 245, Schmidt-Hermesdorf RIW **90** 707), Saarbr JZ **89**, 904 (auch zur bes RFähigk zur Beteiligg an dtscher KG, vgl dazu Ebenroth/Hopp ebda 883, Ebenroth/Auer DNotZ **90**, 139), Düss RIW **93**, 325, st Praxis; diese ergibt sich vielm aus der Anwendg der einschläg Vorschr des allg GesellschStatuts, Behrens ZGR **78**, 510, Staud-Großfeld Rn 167 f, dh des Rechts des VerwSitzes, vgl oben Rn 2, 3; zum **EG-Recht** vgl Rn 21. Das gleiche gilt auch für ausl JP öffr Charakters; zu deren Immunität vgl Baumbach/Lauterbach ZPO § 20 GVG Anm 2. Über int öff Unternehmen Engel RabelsZ **95**, 495. – Die Anerkenng der JP schließt fremdenr Beschrkgen der GeschTätigk nicht aus, vgl dazu **19**
Bungert, Das Recht ausl KapitalG auf Gleichbehandlg im dtschen u US-amerikanischen Recht, 1994.

5) Entspr Reg gelten auch für **handelsrechtliche Gesellschaften ohne Rechtsfähigkeit,** zB OHG od **20**
KG, BGH NJW **67**, 36, Ffm IPRax **86**, 373, Düss RIW **95**, 53, vgl auch KG NJW **89**, 3100, Oldbg NJW **90**, 1422 (engl private company mit Sitz im Inl), sowie allg für **Personenvereinigungen** mit eigener Organisation, die nach ihrem Personalstatut **nicht rechtsfähig** sind, insb nichtrechtsfäh Vereine od Partnerschaften. Auch die RVerhe solcher Vereiniggen sind nach ihrem Personalstatut, dh der RO an ihrem Sitz zu beurteilen, Staud-Großfeld Rdz 747, Ebenroth JZ **88**, 23; dies gilt insb für die Haftg der Gesellsch u grdsl auch der Gter, RG **124**, 146, BGH **LM** HGB 105 Nr 7, LG Hbg IPRspr **76** Nr 210, KG NJW **89**, 3101, u zwar auch dann, wenn für die Fdg ein and Recht maßg ist. Im allg gilt die ROrdng des Sitzstaates auch für das InnenVerh der Gter, RG JW **11**, 718. Wg Gesellsch des bürgerl Rechts ohne eig Organisation (GelegenhGesellsch) vgl Art 28 Rn 19; zu Joint Ventures vgl Göthel RIW **99**, 566 (bei Projektgesellsch mit eigener Organisation SitzR). Für die Europ Wirtsch Interessenvereinigg enth Art 2 I der VO Nr 2137/85/EWG v 25. 7. 85, ABl Nr L 199/1 eine Sonderregelg.

6) Staatsverträge und EG-Recht. Die Anerkenng jur Personen u anderer Handelsgesellschaften ist vielf **21**
staatsvertragl sichergestellt; vgl dazu Soergel-Lüderitz Anh Art 10 Rn 12, Steiger RIW **99**, 169. Eine einschlägige KollNorm enth zB Art XXV Abs 5 des dtsch-amerik Vertrags v 29. 10. 54, BGBl **56** II 487 (Anerkenng der RFähigk nach GründgsR), vgl dazu Zweibr NJW **87**, 2168, Düss RIW **95**, 510, NJW-RR **95**, 1184, RIW **96**, 859, BayObLG **98**, 332, Ebenroth/Kemner/Willburger ZIP **95**, 972, Großfeld/Erlinghagen JZ **93**, 224, Bungert, WM **95**, 2125, RIW **99**, 111, Berndt JZ **96**, 187, Ulmer IPRax **96**, 100; z dtsch-span NiederlassgsVertr v 23. 4. 70 Krupski ZVglRWiss **97**, 421. Aus Art 43 u 48 **EG-Vertrag** ergibt sich die Verpflichtg zur Anerkenng der in einem anderen Mitgliedstaat wirks gegründeten Gesellsch, insbes auch deren Recht zur Gründg einer **Zweigniederlassung,** EuGH NJW **99**, 2027 (Centros), vgl dazu Rn 2; in Dtschland beurteilt sich die Wirksk der Gründg nach dem von der Sitztheorie berufenen Recht, vgl Staud-Großfeld Rn 164, zu deren Vereinbk mit dem EG-Vertr vgl Rn 2; ist die Gründg danach unwirks, kommt Eintragg einer Zweigniederlassg nicht in Betr, BayObLG **98**, 195, Krause RPfl **99**, 263, Kindler NJW **99**, 1998, aM Kieninger ZGR **99**, 745 (wenn es sich tats um die Hauptniederlassg handelt), Behrens IPRax **99**, 324. Dagg würde die Anwendg der Gründgstheorie die Verpflichtg zur Anerkenng ausl Briefkastengründgen zur Folge haben, vgl EuGH NJW **99**, 2027 (Centros); die Entsch belegt die Notwendigk der Beibehaltg der Sitztheorie. Das ÜbK üb die gegenseitige Anerkenng von Gesellsch u jur Personen der EWG-Staaten v 29. 2. 68 u das zugehör G v 18. 5. 72, BGBl II 369, sowie das G v 14. 8. 72, BGBl II 857 z Protokoll v 3. 6. 71 betr die Auslegg des ÜbK sind noch nicht in Kraft getreten; vgl dazu Ebenroth/Sura RabelsZ **79**, 319, sowie ZIP **86**, 677, Ebenroth/Auer DNotZ **90**, 151, Knobbe-Keuk ZHR **90**, 329, Großfeld/König RIW **92**, 435. Zur Vereinbk der Sitztheorie mit der EMRK s Rn 2.

Dritter Abschnitt. Familienrecht

Vorbemerkung

1 Auf der Neuregelg des internat FamR in Art 13–24 liegt neben der des internat SchuldVertrR der Schwerpkt der Reform dch das IPRG 1986. Von grdlegder Bedeutg ist dabei Art 14, der über seinen unmittelb Anwendgsbereich der persönl Ehewirkgen hinaus eine GrdsKollisionsnorm für die RBeziehgen zw Eheg untereinand u zum geringen Teil auch zu ihren Kindern enth (vgl die Verweisgen in 15 I, 17 I, 19 I 3 u 22). Auf diese Weise wird ein **einheitliches Familienstatut** geschaffen, das freil im einz nicht ohne Modifikationen bei der Anknüpfg der Einzelstatuten dchgehalten wird. Die Regelg geht vom Vorrang der Staatsangehörigk als Anknüpfgspkt aus, die dch den gewöhnl Aufenth als Auffanganknüpfg ergänzt wird. Eine wesentl Änderg ggü dem bish RZustand bringt die Zulassg einer **Rechtswahl** dch die **Ehegatten,** vgl Art 14 II u III, 15 II, die aber auf deren RBeziehgen beschr bleibt u keine Auswirkgen auf den Status eines Kindes hat, vgl die Einschränkg der Verweisg auf Art 14 I in Art 19 I 3, 22 S 2. Damit soll es den Beteiligten angesichts der Vielfalt der in Betr kommden Interessen ermögl werden, selbst ein für ihre Bedürfn geeignetes Recht zu best. Die RWahl wird allerdings in der GrdsKollisionsnorm des Art 14 auf die HeimatRe der Eheg beschränkt; für das ehel GüterR werden zusätzl die ROrdngen ihres gewöhnl Aufenth u für Grdste ihres Lageorts z Wahl gestellt.

Schrifttum: Andrae, Internat FamR, 1999.

EG 13 *Eheschließung.* [I]**Die Voraussetzungen der Eheschließung unterliegen für jeden Verlobten dem Recht des Staates, dem er angehört.**

[II]**Fehlt danach eine Voraussetzung, so ist insoweit deutsches Recht anzuwenden, wenn**
1. ein Verlobter seinen gewöhnlichen Aufenthalt im Inland hat oder Deutscher ist,
2. die Verlobten die zumutbaren Schritte zur Erfüllung der Voraussetzung unternommen haben und
3. es mit der Eheschließungsfreiheit unvereinbar ist, die Eheschließung zu versagen; insbesondere steht die frühere Ehe eines Verlobten nicht entgegen, wenn ihr Bestand durch eine hier erlassene oder anerkannte Entscheidung beseitigt oder der Ehegatte des Verlobten für tot erklärt ist.

[III]**Eine Ehe kann im Inland nur in der hier vorgeschriebenen Form geschlossen werden. Eine Ehe zwischen Verlobten, von denen keiner Deutscher ist, kann jedoch vor einer von der Regierung des Staates, dem einer der Verlobten angehört, ordnungsgemäß ermächtigten Person in der nach dem Recht dieses Staates vorgeschriebenen Form geschlossen werden; eine beglaubigte Abschrift der Eintragung der so geschlossenen Ehe in das Standesregister, das von der dazu ordnungsgemäß ermächtigten Person geführt wird, erbringt vollen Beweis der Eheschließung.**

1 **1) Allgemeines. a)** Art 13 regelt die mat **Voraussetzungen** einer Eheschl einschl der Folgen ihres Fehlens sowie die **Form** einer Eheschl im **Inland.** Soweit dabei in Abs 1 das **Heimatrecht** der Verlobten für anwendb erkl wird, sind **Rück- oder Weiterverweisung** zu beachten, Art 4 I, vgl zB Hamm StAZ **91**, 317; zur Anknüpfg bei Mehrstaatern, Staatenlosen, Flüchtlingen vgl Art 5 mit Anh. Art 13 galt entspr auch im innerdtschen KollisionsR; dabei wurde an den gewöhnl Aufenth der Verlobten angeknüpft, vgl dazu Anh zu Art 3 Rn 4 u Art 236 Rn 4 f, Hohage, Dtsch-dtsches EheR u EheKollR, 1996. Über **staatsvertragliche**
2 **Sonderregelungen,** die nach Art 3 II 1 Art 13 vorgehen, vgl Anh. **b)** Abs 2 enth eine spezielle VorbehKlausel aus ordre public-Erwäggen zG des dtschen Rechts, in deren Anwendgsbereich der Rückgr auf Art 6 überflüss ist, vgl dort Rn 10. Sind die Vorauss des Abs 2 nicht erf, so kann die Anwendg fremden Rechts auch dch **Art 6** ausgeschl sein, vgl dort Rn 20 u unten Rn 16. Bei hinreichd starker InlBeziehg mit Art 6 unvereinb ist das Eheverbot der Religionsverschiedenh, BGH **56**, 180, Hamm FamRZ **77**, 323, Verbot der Heirat vor Erfüllg der Wehrpfl, vgl Düss StAZ **80**, 308, die Verhängg von Scheidgsstrafen, KG JW **38**, 2750, vgl aber Ffm FamRZ **92**, 1183, od das Eheverbot der höheren Weihen, Hamm StAZ **74**, 66; nicht dagg Anerkenng der Geschlechtsumwandlg dch operativen Eingriff nach ausl HeimatR, aM Präs Hamm StAZ **74**, 69 (überholt dch TranssexuellenG v 10. 9. 80, BGBl 1654). Nach Neuhaus Fschr Schwind (1978) 236 soll auch eine nachträgl Heilg einer wg Formmangels nichtigen Ehe in AusnFällen auf Art 6 gestützt werden
3 können, vgl dazu Rn 4. **c) Die Form** der Eheschl im **Inland** ist nunmehr, von staatsvertragl Sonderregelgen abgesehen, **vollständig** in Abs 3 geregelt; der frühere § 15 a EheG ist weitgehend in diese Vorschr übernommen. Für Eheschl im Ausl gilt Art 11 I, vgl zB Karlsr StAZ **94**, 286. **d)** Art 13 gilt nach dem für die Qualifikation maßgebden Begriff der Ehe im dtschen Recht, vgl Rn 27 vor Art 3, **nicht** für die Begründg einer **eheähnlichen** (zB gleichgeschlechtl) **Lebensgemeinschaft;** dies gilt auch dann, wenn diese nach dem Personalstatut der Partner mit spezifischen RWirkgen ausgestattet ist, aM MüKo-Schwimann Rn 6, Soergel-Schurig Rn 7, Hausmann/Hohloch-Martiny, Das Recht der nehel LebensGemsch 1999 S 567, Andrae, Int FamR Rn 812, Jayme IPRax **90**, 197; das auf die Verpfl der Part anwendb Recht ist nach Art 27 f zu best, i Erg wie hier Erm-Hohloch Rn 13 vor Art 13; RWahl ist daher unbeschr zulässig; bei der ersatzw Anknüpfg aGrd engster Verbindg gem Art 28 sind auch gemeins Staatsangehörigk u gemeins gewöhnl Aufenth in einzelfallangemessener Würdigg zu berücksichtigen. Die entspr Anwendg v Art 13 müßte die der Art 14–17 nach sich ziehen; dies würde idR Normenmangel mit Anpassgsproblemen zur Folge haben, vgl Rn 32 vor Art 3. Zur vermögensr Auseinandersetzg bei Beendigg vgl Art 17 Rn 14. Über Verlöbnis vgl Rn 30.

4 **2) Grundsatz (Absatz 1). a) Maßgeblichkeit des Personalstatuts der Verlobten. aa)** Abs 1 unterstellt die mat **Gültigkeitsvoraussetzungen** einer Eheschl bei jedem Verl seinem HeimatR (bzw Personalstatut, vgl Art 5 mit Anh) im Ztpkt der Heirat. Anknüpfgspunkt für das EheschlStatut ist also die Staatsange-

hörigk der Verlobten unmittelb **vor** der Heirat; eine erst dch Heirat erworbene Staatsangehörigk bleibt außer Betr. Das EheschlStatut ist **unwandelbar,** dahingestellt BGH IPRspr **71** Nr 123, vgl auch Kblz IPRspr **73** Nr 33, **78** Nr 44, **88** Nr 62 (religiöse Eheschl jüd Auswanderer); dies gilt auch bei Eheschl dch einen ausgebürgerten Dtschen vor rückwirkdem Wiedererwerb der dtschen Staatsangehörigk gem GG 116 II 2, vgl BGH **27**, 375. Haben die Eheg aber nach der Eheschl ein and Personalstatut erworben u ist die Ehe nach ihrem neuen Personalstatut trotz der Verletzg des HeimatR eines Eheg zZ der Eheschl gültig, so kommt es zu einer Heilg dch Statutenwechsel, vgl KG FamRZ **86**, 680, Kblz IPRspr **88** Nr 62, Mü StAZ **93**, 152 (dazu Bungert ebda 145), ebso Bayer/Knörzer/Wandt FamRZ **83**, 773, einschränkd MüKo-Coester Rn 94, aM Soergel-Schurig Rn 34, Henrich FamRZ **87**, 950; für weitergehde Möglk der Heilg unwirks Eheschl dch Statutenwechsel Siehr, GedächtnSchr f Ehrenzweig (1976) 163f; vgl auch BGH FamRZ **97**, 543. **bb)** Für 5
jeden Verl ist also nach seinem HeimatR zZ der Heirat z prüfen, ob in seiner Pers alle Vorauss für das wirks Zustandekommen einer Ehe vorliegen. Jeder Verl muß den Vorschr seines HeimatR genügen, um in einer rechtsgült Ehe zu leben; diese Regelg ist mit GG 6 I vereinb, obwohl sie uU die EheschlFreih eines Dtschen bei Heirat mit einem Ausl über das bei einer Heirat mit einem Dtschen bestehde Maß einschränkt, vgl BVerfG **31**, 58, NJW **83**, 511, BT-Drucks 10/504 S 52 (auch im Hinbl auf Abs 2). Nach dem Personalstatut jedes Verl ist insb über das Vorliegen v Ehehindern in seiner Pers zu entsch. UU gestattet das anzuwendde R aber nur die Eheschl mit einem Partner, in dessen Pers best Vorauss erf bzw nicht erf sind **(zweiseitige Ehehindernisse);** dann sind auch solche Ausstrahlgen des Personalstatuts des einen Verl auf die Pers des and zu beachten. Ob ein zweis Ehehindern vorliegt, ist eine Frage der Auslegg des jew Personalstatuts. Beispiele aus dem dtschen Recht § 1306 (vgl zB AG Paderborn StAZ **86**, 45, Hbg StAZ **88**, 132), §§ 1307, 1308.

b) Anwendungsgebiet. aa) Zu den mat **Voraussetzungen** der Eheschl iSv Abs 1 gehören **Ehemündigkeit** (soweit zusätzl GeschFgk verlangt wird, beurteilt sich diese nach Art 7 I), Kln NJWE-FER **99**, 140, Erfordern der **Zustimmung** Dritter, Ffm MDR **51**, 299 (ob ein Verl minderj ist, ist dabei wiederum nach Art 7 I zu entsch), beiders **Erleben** der Eheschließg, Karlsr StAZ **90**, 335 (aM Beitzke IPRax **91**, 228), Einfluß von **Willensmängeln,** LG Hbg FamRZ **74**, 96, AG Lüdensch NJW-RR **98**, 866, Vorliegen von **Ehehindernissen,** insb der **Doppelehe;** dabei ist das gült Bestehen einer and Ehe eine Vorfrage, die selbständ anzuknüpfen, dh nach den HeimatRen der daran beteiligten Gatten zu beurteilen ist, vgl BGH FamRZ **97**, 543, Kblz IPRax **96**, 278, Nürnbg NJW-RR **98**, 4, BayObLG FamRZ **99**, 440 (verkürzt), aM Mü IPRax **88**, 356 (krit Winkler v Mohrenfels ebda 341, zust dagg Hausmann in: JbItalR 2 [1989] 25), Schwimann StAZ **88**, 37. Ist danach die frühere Ehe wirks geschl, hängt die Wirksk ihrer späteren Auflösg, insb dch **Scheidung,** 7
von deren Gültigk ab; handelt es sich um ein **deutsches** ScheidgsUrt, das nach dem HeimatR eines der beiden Verl nicht anerkannt wird, so steht die frühere (geschiedene) Ehe der neuen Heirat unter den Vorauss v Abs 2 nicht entgg, vgl dort Nr 3; die früh heftig umstr Frage, vgl BGH FamRZ **97**, 543, ist dch diese Vorschr nunm gesetzl geregelt; handelt es sich um ein **ausländisches** ScheidgsUrt, so kommt es auf dessen **Anerkennung** im Inl nach Art 7 § 1 FamRÄndG bzw ZPO 328 an, Abs 2 Nr 3; ist die Feststellg des Vorliegens der Anerkenngsvorauss erfolgt, so ist das ausl ScheidgsUrteil in seinen RWirkgen dem dtschen gleichgestellt; ist die Feststellg noch nicht herbeigeführt worden, so ist das Verf zur Befreiung von der Beibringg des Ehefähigk-Zeugn auszusetzen, bis die Feststellg getroffen ist; wird das Nichtvorliegen der Anerkenngsvorauss festgestellt, so hat das ausl ScheidgsUrt im Inl keine Wirkg u ist die Ehe daher als fortbestehd anzusehen, Nürnbg NJW-RR **98**, 4 (aber bei intakter bigamischer Ehe uU Unzulässigk der AufhebgsKl, vgl dazu jetzt auch § 1315 II Nr 1), abw LG Hbg IPRspr **76** Nr 32 (das die Wirksk der Scheidg nach dem v EG 13 berufenen R beurteilt, ebso Hausmann, Kollisionsr Schranken v ScheidgsUrt (1980) § 30); die bigamische Zweitehe kann aber uU trotzdem den Schutz von GG 6 I genießen, Nürnbg NJW-RR **98**, 5. Dch bloße Scheidg (Trenng) v Tisch u Bett wird die Ehe dem Bande nach nicht aufgelöst, RG **151**, 313, Karlsr NJW **73**, 425; zur Wirksk v Privatscheidgen vgl Art 17 Rn 35–37. Unter Art 13 I fallen ferner die **übrigen Ehehindernisse,** zB der 8
Verwandtsch od Schwägersch, des Ehebruchs od der Ann als Kind, ebso das Ehehindern der Wartezeit, vgl dazu Scholl StAZ **74**, 169, u des Auseinandersetzgszeugn, KG FamRZ **61**, 477, AG Moers DAVorm **92**, 967; die Reform des dtschen EheschlR dch G v 4. 5. 98 hat an der Qualifikation nichts geändert. Zur Anerkenng einer Geschlechtsumwandlg Art 7 Rn 6. Ehehindernisse aus rassischen Gründen, Verbot der Eheschl mit fremden Staatsangehörigen sind bei entspr InlBeziehg nach Art 6 unbeachtl, vgl Wähler StAZ **89**, 182, Jayme IPRax **90**, 311; dies gilt auch, soweit eine solche Eheschl einer bes Gen bedarf, AG Bad Wildungen StAZ **90**, 170, ebso Ferid StAZ **54**, 19, vgl auch EMRK Art 14; es trifft aber dann nicht zu, wenn AuslandsR nur Genehmigg bei Ausländerehen seiner Beamten u Offiziere fordert (früh Iran), KG NJW **61**, 2209, Wähler StAZ **89**, 186. Auch Eheverbote aus rel Grden, vgl dazu Elwan IPRax **86**, 124 (Iran), sind bei genügd intensiver InlBeziehg wg Art 6 unbeachtl, BGH **56**, 180, Hamm FamRZ **77**, 323, Krüger StAZ **84**, 337. Auch das Erfordern einer **Morgengabe** ist nach Art 13 zu beurteilen, soweit davon die Wirksk der Ehe- 9
schließg abhängt, vgl dazu Köln IPRspr **82** Nr 43, Düss FamRZ **93**, 188, AG Wzbg FamRZ **98**, 1591, Krüger FamRZ **77**, 114, Heldrich IPRax **83**, 64, Heßler IPRax **88**, 95; soweit die Brautgabe noch nicht geleistet ist, gilt für den Anspr vor Eingehg der Ehe das Verlöbnisstatut, vgl Rn 30, LG Bochum FamRZ **90**, 883, währd des Bestehens der Ehe Art 14, im Zushg mit einer Scheidg Art 18 IV, KG FamRZ **88**, 296, Celle FamRZ **98**, 374, Düss FamRZ **98**, 623, ferner KG FamRZ **80**, 470 (zur unterhaltssichernden Funktion der Brautgabe), Hamm FamRZ **81**, 875 (betr Hausratsteilg), FamRZ **91**, 1320 (dtsch-iran NiederlassgsAbk, vgl Art 14 Rn 5), offengelassen in BGH NJW **99**, 575, sowie im Zushg mit dem Tod des Mannes Art 25, Heldrich IPRax **83**, 64; für güterr Qualifikation des Anspr auf Morgengabe nach Ehescheidg Brem FamRZ **80**, 606, Köln IPRax **83**, 73, NJW-RR **94**, 200 (betr Anspr auf Rückg), ähnl MüKo-Siehr EG 15 Rdz 97; grdsl für einheitl Anknüpfg Rauscher DEuFamR **99**, 194; die Qualifikation der Morgengabe bleibt offen in BGH FamRZ **87**, 463 (vgl dazu Heßler IPRax **88**, 95), ferner LG Kln IPRspr **80** Nr 83, Hbg IPRax **83**, 76, Zweibr IPRax **84**, 329, Hamm FamRZ **88**, 516, **91**, 1319, Mü IPRspr **85** Nr 67, Ffm FamRZ **96**, 1479.

bb) Die Zulässigk des Auftretens eines Boten od Stellvertr in der Erklärg bei der Eheschl **(Handschuhehe),** vgl dazu Jacobs StAZ **92**, 5, dh das Erfordern der pers u gleichzeitigen Anwesenh beider Verlobter, ist nach dem für die **Form** maßg Recht zu beurteilen, hM, vgl BGH **29**, 137, Karlsr StAZ **94**, 286; für Stellvertrg im Willen (dch Auswahl des Partners) gilt dagg Art 13 I, Soergel-Schurig Rn 80, Firsching/ 10 v Hoffmann § 8 Rn 8, vgl auch Begr BT-Drucks 10/504 S 52. Das Formstatut entscheidet auch über die Folgen eines Formfehlers, Karlsr aaO. Als VornOrt ist dabei der Ort der Heiratszeremonie anzusehen. Für die von einem Dtschen dch einen StellVertr in der Erkl vor einem ausl EheschlOrgan mit einem Ausl geschl Ehe ist also auch dann die ausl Ortsform maßg, wenn die entspr Vollm in Dtschland erteilt worden ist, BGH **29**, 137, Bremen FamRZ **75**, 209 (dazu Dieckmann StAZ **76**, 33), LG Stgt StAZ **92**, 380, Rauscher StAZ **85**, 102, aM LG Hbg StAZ **55**, 61.

11 **cc)** Abs 1 regelt nicht nur die sachl Vorauss einer Eheschl, sond auch die **Folgen** ihres Nichtvorliegens, Hbg StAZ **88**, 132, Mü IPRax **88**, 354, BayObLG **93**, 224, sowie die Mögl einer Heilg etwa dch Zeitablauf od Bestätigg. Das jeweilige HeimatR entsch also, ob eine Nichtehe vorliegt, es also keines gerichtl Ausspruchs der Nichtigk bedarf, Hbg StAZ **88**, 134, Karlsr StAZ **94**, 287, ob die Ehe nichtig ist oder nur ein die Wirksamk der Ehe nicht berührendes Eheverbot vorliegt, RG **120**, 37, sowie ob der Staatsanwalt ein selbstd KlageR hat, vgl zB AG Hdlbg IPRax **86**, 165, Karlsr IPRax **86**, 166u dazu Heßler ebda 146. Die **Nichtigkeit** kann jeder Eheg geltd machen, gleichgült ob die Gründe in seinem oder dem HeimatR des and liegen, RG **136**, 142. Nach dem HeimatR jedes Verl beurteilt sich auch, ob die Ehe **aufhebbar** od anfechtb ist, insb die Bedeutg von Willensmängeln, LG Hbg FamRZ **74**, 96, AG Lüdensch NJW-RR **98**, 866. Behandelt das fremde Recht Aufhebgs- als Scheidgsgründe, so werden auch diese RFolgen einer fehlerh Ehe
12 v Art 13, nicht v Art 17 erfaßt, Soergel- Schurig Rn 3. Das nach Abs 1 in Betr kommde Recht regelt ferner, ob von einem Eheverbot **Befreiung** gewährt werden kann, RG JW **35**, 1403, u deren Wirkg. Eine ausschl Zustdgk der HeimatBeh des betr Verl ist nicht anzuerkennen. Die Befreiung kann also auch von einem dtschen Ger erteilt werden, falls dieses internat zust ist, zB nach FGG 43 I, 35b, vgl AG Bad Wildungen StAZ **90**, 169 (aufgeh dch LG Kass ebda); einschränkd (bei unaufschiebb Fürsorgebedürfn) Hamm NJW **69**, 373,
13 ebso Kremer StAZ **90**, 171. Auch UnterhAnspr der Scheinehegatten, vgl Art 18 IV, u die **vermögensrechtlichen Wirkungen** einer Nichtehe od nichtigen Ehe sind nach dem Recht zu beurteilen, das über die Gültigk der Ehe entsch, AG Düss IPRspr **95** Nr 64. Auch die RStellg der aus einer ungültigen Ehe hervorgegangenen **Kinder** beurteilt sich grdsl nach dem EheschlStatut, Soergel-Schurig Rn 109, Erm-Hohloch Rn 38; die Beseitigg der Unterschiede zw ehel u nehel Kindern dch das KindRG v 16. 12. 97 hat hieran nichts geändert, da ausl ROrdngen noch an dieser Unterscheidg festhalten; für die Beurteilg der Abstammg
14 gelten Art 19 I u 20. Bei Verschiedenh der Wirkgen eines Eheverbots od des Fehlens einer sachl Ehevorauss in den in Betr kommden Rechten **entscheidet** das **ärgere Recht,** BGH FamRZ **91**, 303, Hbg StAZ **87**, 311, **88**, 134, **89**, 195, Düss FamRZ **92**, 815, BayObLG **93**, 224, Nürnbg NJW-RR **98**, 5, Henrich FamRZ **87**, 950. Sind die Folgen nach beiden Rechten ihrem sachl Gehalt nach gleich, wenden LG Hbg IPRspr **75** Nr 38, Düss FamRZ **92**, 816 (krit Henrich IPRax **93**, 236) das Recht des „verletzten" (getäuschten) Eheg an; ein solcher ist aber uU gar nicht vorh; auch besteht kein Bedürfn, hier vom Grds der kumulativen Anwendg abzugehen; dies gilt auch für RFolgen des Verstoßes, zB UnterhAnspr od RStellg v Kindern, aM Düss aaO.

15 **3) Ausnahmsweise Anwendung deutschen Rechts (Absatz 2).** Ist nach den gem Abs 1 zur Anwendg berufenen ROrdngen eine mat Vorauss für eine wirks Eheschl nicht gegeben, so kann sie nach Abs 2 dch partielle Anwendg des dtschen Rechts erfüllt werden. Dabei handelt es sich um eine dem Schutz der grundgesetzl verbürgten EheschlFreih diende bes VorbehKlausel, vgl dazu Rn 2, KG FamRZ **99**, 1129, Sturm
16 Fschr Lorenz (1991) 597. **a) Voraussetzung** ihrer Anwendg ist neben dem Fehlen einer EheschlVoraussetzg nach einem od beiden Personalstatuten der Verlobten, (1) daß wenigstens ein Verl zZ der Heirat seinen gewöhnl Aufenth im Inl hat od Dtscher iSv GG 116 I ist, vgl dazu Anh zu Art 5 Rn 6–13 (entspr Anwendg bei Staatenlosen u Flüchtlingen mit dtschem Personalstatut, vgl dazu Art 5 Rn 9u Anh zu Art 5 Rn 27, ist unbedenkl, ebso Schwimann StAZ **88**, 36), also ein ausr InlBezug vorliegt; (2) daß die Verl das ihnen Zumutbare getan haben, um das Ehehindern zu beheben, zB die Anerkenng eines ScheidgsUrt dch den Heimatstaat od ersatzw eine Zweitscheidg im Heimatstaat betrieben haben od bei dessen Beh Befreiung v einem Ehehindern beantragt haben, wenn diese Schritte nicht von vornherein aussichtslos sind, BGH FamRZ **97**, 544, Celle StAZ **88**, 261, ferner Kln StAZ **89**, 260, KG FamRZ **94**, 1414, **und** (3) die Versagg der Heirat mit dem GrdR der EheschlFreih gem GG 6 I unvereinb wäre, zB bei Verbot der Ehe mit Ausländern, nicht aber bei beabsichtigter Scheinehe, vgl Celle StAZ **88**, 261. Die Vorauss (1)–(3) müssen **kumulativ** erfüllt sein; liegen sie nicht vor, so kommt die Ausschaltg des Ehehindern nur über Art 6 in Betr; prakt bleibt aber für die Anwendg des allg ordre public-Vorbeh neben Abs 2 nur geringer Spielraum, da dessen Nr 1 den auch für Art 6 erfdl InlBezug, vgl dort Rn 6, konkretisiert u dessen Nr 3 den „wesentl Grds" des dtschen Rechts
17 nennt, mit welchem die Versagg der Heirat in Konflikt geraten kann, zT and Schwimann StAZ **88**, 38. **b)** Das Fehlen einer EheschlVoraussetzg kann sich insb daraus ergeben, daß das HeimatR (bzw Personalstatut) eines od beider Verl eine früher geschl Ehe als fortbestehd ansieht, obwohl sie inzw dch (gerichtl) **Entscheidung** beseitigt worden ist, od der Eheg des betreffden Verl für tot erkl worden ist, vgl Rn 6, 7. Handelt es sich um eine rechtskräftige **deutsche** gerichtl Entscheidg, dch welche die Ehe für nichtig erkl, aufgeh od gesch, od ihr Nichtbestehen festgestellt worden ist, od eine dtsche TodesErkl (bzw gerichtl Feststellg der Todeszeit, vgl Begr BT-Drucks 10/504 S 53), die nach dem HeimatR eines Verl nicht anerkannt wird, so ist nach Nr 3 **Halbsatz 2** ein **Verstoß** gg das GrdR der **Eheschließungsfreiheit** stets gegeben (was aber die Prüfg der Vorauss gem Nr 1 und Nr 2 nicht erübrigt, vgl Kln StAZ **89**, 260); eine im Inl vollz Privatscheidg genügt dafür nicht, Art 17 II. Handelt es sich um eine im Ausl ergangene Entsch dieser Art, die nach dem HeimatR eines Verl nicht anerkannt wird, so liegt Unvereinbk mit der EheschlFreih vor, wenn die betreffde Entsch im Inl nach den dafür geltden Vorschren, insb Art 7 § 1 FamRÄndG, ZPO 328 sowie FGG 16a, anerkannt wird. Wird sie danach hier nicht anerkannt, so entfaltet sie im Inl keine Wirkgen; es bleibt also bei der sich aus Abs 1 ergebden RFolge, sofern sie nicht im konkreten Fall gg Art 6 verstößt.

18 **c)** Sind die Vorauss des Abs 2 Nr 1–3 erf, so ist hins des nach dem EheschlStatut gem Abs 1 fehlden GültigkErfordern partiell **deutsches Recht** anzuwenden, also zu prüfen, ob der Ehe auch nach dtschem Recht ein entspr Ehehindern entggsteht; dabei beurteilt sich die Wirksk der Auflösg einer früh Ehe nach den zu Rn 17 genannten Regeln. Besteht nach dtschem Recht kein Ehehindern, so ist die Eheschl nach Abs 2 wirks, sofern die übr mat GültigkVorauss nach dem Personalstatut der Verl (Abs 1) vorliegen.

4) Formstatut. a) Bei Heirat im Ausland; über Eheschließgsformen vgl Sturm StAZ **95**, 343. **aa)** Die Form der Eheschl beurteilt sich **grundsätzlich** nach **Art 11 I**; alternativ maßg ist also das GeschR (Wirkgsstatut), dh das Personalstatut beider Verl, Abs 1, od das Recht des Ortes, an dem die Eheschl vollz wurde; zur entspr Anwendg im dtschen ILP LG Gött StAZ **95**, 216. Ob nach dem Ortsrecht die Form des HeimatR des Verl zur Wirksamk einer Eheschl nicht ausreicht (zB HeimatR verlangt kirchl Trauung, währd das OrtsR die Eheschl vor dem StBeamten fordert), ist für die Anerkenng in Dtschland unerhebl, da die Gültigk dann aus dem HeimatR folgt. Umgekehrt genügt die **Ortsform** auch dann, wenn das HeimatR diese für eine wirks Eheschl nicht ausreichen läßt, zB bei Nevada-Ehen dtscher Touristen, Jayme StAZ **82**, 208 (auch zur Möglk der Aufhebg). Ein Dtscher kann im Ausl also eine gült Ehe auch kirchl schließen, vorausgesetzt, daß das der Ortsform entspricht (zB in Kalifornien, Hamm NJW **88**, 3097, Jordanien, AG Brem StAZ **91**, 232, Sudan, Böhmer StAZ **92**, 116, nicht aber in Thailand, LG Hbg StAZ **77**, 342, od Belgien, AG Kassel StAZ **98**, 181), aber auch wenn das Gesetz des EheschlOrtes die kirchl Eheschl nur fakultativ gestattet. Da Art 11 I ausdr die Ortsform zuläßt, kann der Gesichtspkt der Gesetzesumgehg für die FormVorschr nicht durchgreifen, hM. Dch die Anerkenng der Ortsform ist eine Berufg auf Art 6 insow ausgeschl, Celle MDR **58**, 101 (ägypt Recht). Als in Dtschland wirks Eheschl eines Dtschen ist mithin auch anerkannt worden die common-law-Ehe des nordam Rechts (Eheschl nudo consensu), RG **138**, 214, KG FamRZ **93**, 59, AG Stgt IPRspr **96** Nr 64, die registrierte Sowjetehe, RG JW **31**, 1334, wohl auch die fakt Ehe, RG **157**, 257; über eheähnl LebensGemsch vgl Rn 3; zur Registrierg sog Imam-Ehen nach türk Recht AG Fbg FamRZ **91**, 1304, Zweibr NJW-RR **97**, 1227; vgl ferner Düss FamRZ **92**, 1078 (Libanon), **93**, 187 u 1083 (Marokko, dazu Kotzur IPRax **93**, 305, Börner StAZ **93**, 377), Brem FamRZ **92**, 1083 (Ghana), Mü StAZ **93**, 151 u Bungert ebda 140 (nigerian Stammesehe), BayObLG FamRZ **99**, 440 (Zaire). Eine Frage der Form ist grdsl auch die Zulässigk einer Handschuhehe, vgl Rn 10, einer Heirat dch Anmeldg bei der zust Beh per Post, vgl AG Tüb IPRax **89**, 397, Erforderlk eines EhefähigkZeugn, AG Crailsh IPRax **93**, 256, sowie eines Aufgebots, BayObLG StAZ **96**, 300 (einschließl Heiratslizenz), ebso die Zustdgk des StBeamten, Celle NJW **63**, 2235, od Geistlichen, KG FamRZ **99**, 1130. Wahlw nach dem Personalstatut beider Verl od nach dem OrtsR ist auch zu beurteilen, welche Folgen sich an die Verletzg seiner FormVorschr für die Gültigk der Ehe knüpfen, RG **133**, 161, Brem FamRZ **75**, 209 (unwirks Vollm bei Handschuhehe), Dieckmann StAZ **76**, 40; ist sowohl die Ortsform wie die Form des Wirkgsstatuts verletzt, beurteilen sich die Folgen nach dem **milderen** Recht, vgl Art 11 Rn 10. **bb)** Bei **Eheschließung von Deutschen im Ausland** besteht neben der Heirat entspr der Ortsform gem EG 11 I 2 in den vom Auswärt Amt im Benehmen mit dem BMI bes bezeichneten KonsBezirken auch die Möglk der Eheschl **vor dem deutschen Konsularbeamten;** Vorauss dafür ist, daß mind einer der Verl Dtscher u keiner von ihnen Angeh des Empfangsstaates ist, § 8 I KonsG v 11. 9. 74, BGBl 2317, vgl dazu Ausf-Vorschr v 4. 12. 98, StAZ **99**, 213. Verzeichn der in Betr kommden KonsBezirke in RdErl des Auswärt Amts v 1. 2. 90, StAZ **90**, 151, zuletzt geändert dch RdErl v 14. 4. 93, StAZ **93**, 231. Der KonsBeamte gilt nach § 8 I KonsG als StBeamter iSd EheG, des PStG u der dazu ergangenen Ausf-Vorschr. Aufgeb, Prüfg der Ehefgk, Vornahme u Beurk der Eheschl u die Ausstellg v PersStUrk hierü beurt sich nach diesen Vorschr. 19 20

b) Bei Heirat im Inland (Absatz 3). aa) Eine Ausn von der alternativen Maßgeblk von GeschR u OrtsR gem Art 11 I gilt für die Form einer im Inl geschl Ehe. Sie **muß** nach Abs 3 S 1 den FormVorschren des dtschen OrtsR genügen, also grdsätzl (vgl aber S 2) vor dem dtschen StBeamten in gehöriger Form geschl sein, §§ 1310 I, 1311; die Einhaltg der Form des EheschlStatuts nach Abs 1, also des Personalstatuts beider Verl, genügt nicht. Ist die vom dtschen Recht geforderte Form nicht eingehalten, so liegt je nach der Art des Verstoßes eine Nichtehe bzw (nunm) Aufhebbark vor, vgl dazu BSozG FamRZ **81**, 767, KG FamRZ **93**, 60, Kln NJWE-FER **99**, 140, die aber bei Wirksk nach dem HeimatR der Verl dennoch den Schutz v GG 6 I genießen kann, BVerfG NJW **83**, 511 (zur berecht Kritik an der Begründg dieser Entscheidg s Müller-Freienfels JZ **83**, 230, v Bar NJW **83**, 1930, Bayer/Knörzer/Wandt FamRZ **83**, 770, zust dagg Bosch FamRZ **83**, 253, Samtleben RabelsZ **88**, 490) gg BSozG aaO (betr Anspr auf Witwenrente), vgl auch BSozG IPRspr **89** Nr 82, ebso Karlsr FamRZ **83**, 757 (betr KindesUnterh), LSG Hbg FamRZ **86**, 994 (Witwenrente), Kln StAZ **93**, 257, BayObLG StAZ **94**, 379, KG FGPrax **96**, 59 (Anerkenng des FamStands), and BFH NJWE-FER **98**, 212 (keine ZusVeranlagg); für Heilg bei langjähr ehel LebensGemsch bereits Hbg FamRZ **81**, 356, vgl dazu aber Köln IPRax **85**, 352. **§ 1310 III** sieht nunm die **Heilung** einer formungült Ehe unter gewissen Vorauss (best Handlgen des StBeamten u mind 10 jährige, bei früh Tod eines Partners mind 5 jährige, LebensGemsch) ausdr vor, vgl dazu Bosch FamRZ **97**, 139; Vorauss der Anwendbk dieser Vorschr ist aber, daß beide Part dtsches Personalstatut besitzen od dtsches Recht kr Rückverweisg anwendb ist, Bosch FamRZ **97**, 139; zur ges Problematik Hepting IPRax **94**, 355, StAZ **96**, 261. Die ausschließl Maßgeblk des dtschen OrtsR schließt aber die Anerkenng einer ausl Entsch nicht notw aus, dch die das Bestehen einer Ehe festgestellt wird, die unter Verletzg der dtschen FormVorschren im Inl geschl worden ist, vgl dazu Bayer/Knörzer/Wandt FamRZ **83**, 774; das gleiche gilt umgekehrt für die Anerkenng eines ausl Urt, das eine nach dtschem Recht formgültig im Inl geschl Ehe für nichtig erkl, aM KG FamRZ **76**, 353, krit dazu Görgens StAZ **77**, 79. 21

bb) Abs 3 S 1 gilt für Inländer wie für Ausl; letztere sollen dem StBeamten ein **Ehefähigkeitszeugnis** vorlegen, sofern sie hins der Vorauss der Eheschl ausl Recht unterliegen, § 1309 I; dies ist nicht der Fall bei Staatenlosen, Asylberechtigten u Flüchtlingen mit gewöhnl Aufenth im Inl, vgl Anh zu Art 5, sowie bei Anwendbk dtschen Rechts kr Rückverweisg, insow aM Hepting FamRZ **98**, 718. Trotz Vorlage eines EhefähigkZeugnisses hat der Standesbeamte die Pflicht, den Ledigenstand des ausl Verl selbstd nachzuprüfen, vgl dazu Böhmer StAZ **86**, 273. Zur Ablehng der Befreig v EhefähgkZeugn u der Mitwirkg an einer Eheschl **bei beabsichtigter Scheinehe** zum Zweck des Erwerbs der AufenthErlaubn vgl LG Limbg StAZ **94**, 10, LG Mü NJW-RR **94**, 835, Ffm StAZ **95**, 139, Düss StAZ **96**, 138, Hbg StAZ **96**, 139, Celle StAZ **96**, 366, FamRZ **98**, 1108, Jena StAZ **98**, 177, Spellenberg IPRax **92**, 233, Kartzke, Scheinehen zur Erlangg aufenthrechtl Vorteile, 1990 S 96 f, Hepting StAZ **96**, 260; zur Versagg des EhefähigkZeugnisses bei einer im Ausl geplanten Scheinehe AG Bonn IPRax **84**, 42. **§ 1314 II Nr 5** idF des EheschlRG v 4. 5. 98, BGBl 833, enth nunm für Scheinehen zZw der AufenthErlaubn einen AufhebgsGrd; der StBeamte muß nach **§ 1310 I 2** 22 seine Mitwirkg bei offenkund beabsichtigter Scheinehe verweigern, vgl dazu Düss FamRZ **99**, 225, Wolf FamRZ **98**, 1477, Henrich FS Rolland (1999) 167. Vorauss der Anwendbk dieser Vorschr ist aber, daß eine der Part dtsches Personalstatut hat od dtsches Recht kr Rückverweisg auf sie anwendb ist, Hepting FamRZ **98**, 721.

23 **cc)** Abs 3 S 1 gilt grdsl auch, wenn die Gültigk der in Dtschland geschl Ehe als **Vorfrage** zu beurteilen ist, vgl Bayer/Knörzer/Wandt FamRZ **83**, 772, zB bei Befreiung vom EhefähigkZeugn, KG FamRZ **76**, 353 (vgl dazu Görgens StAZ **77**, 79), bei Entsch über UnterhAnspr eines Eheg nach Art 18, vgl Hamm FamRZ **82**, 166, od über die Abstammg, Art 19 I.

24 **dd)** Haben die Ehel im Inl entspr Abs 3 die Ehe formgültig vor dem StBeamten geschl, macht aber das HeimatR eines von ihnen die Gültigk von der religiösen Trauung abhäng, so liegt eine Ehe mit beschr Wirkgskreis **(hinkende Ehe)** vor, RG **105**, 365; so früh bei nur standesamtl Eheschl eines kath Spaniers, LG Bln JR **55**, 60, ebso früh bei nur standesamtl Eheschl eines orthodoxen Griechen, BayObLG **63**, 265, Stgt FamRZ **80**, 783. Eine solche Ehe ist aber in den dtschen PersStBüchern entspr den dtschen Gesetzen einzutragen, BayObLG **63**, 269. Demgem richtet sich dann die Möglichk einer Aufhebg, Mü IPRspr **50**/51 Nr 59, ebso der Scheidg einer solchen Ehe nur nach dtschem Recht, da die Scheidgsmöglichk im Heimatland mangels Anerkenng der Eheschl entfällt, Nachw bei Art 17 Rn 10, vgl auch RG JW **26**, 375, KG FamRZ
25 **76**, 353; für die Ehewirkgen gilt das von Art 14 berufene Recht, vgl dort Rn 17. Umgekehrt ist es auch denkb, daß eine in Dtschland nur kirchl geschl Ehe, mithin also nach Abs 3 iVm § 1310 I eine Nichtehe, vgl zB BSozG FamRZ **78**, 240, **81**, 767 (die allerd trotzdem den Schutz v GG 6 I genießen kann, BVerfG NJW **83**, 511, Karlsr FamRZ **83**, 757, vgl oben Rn 21), außerh der dtschen Grenzen als gült angesehen wird. Haben die Eheg unter Verletzg v Abs 3 in Dtschland in rel Form geheiratet u erwerben sie später beide die Staatsangehörigk eines Landes, nach dessen Recht die Ehe gült ist, so wird der Formmangel nach dtschem IPR geheilt, Kblz IPRspr **75** Nr 39, Staud–v Bar Rdz 248, aM mit beachtl Grden Bayer/Knörzer/Wandt FamRZ **83**, 773, Böhmer Fschr Firsching (1985) 41; der bloße gemeins Aufenth in einem solchen Land läßt die Heilg nicht eintreten, BSozG FamRZ **78**, 240, vgl auch Rn 4.

26 **5) Besondere Formvorschrift bei Eheschließung von Ausländern im Inland (Absatz 3 Satz 2). a)** Die ausschließl Maßgeblk der dtschen FormVorschren gilt bei Eheschl im Inl nach Abs 3 S 1 unabhäng von der Staatsangehörigk der Verl, also insb auch dann, wenn beide Ausl sind; auch für die Angehörigen der Stationiergsstreitkräfte im Bundesgebiet gilt keine Ausn, BSozG FamRZ **59**, 278, Breidenbach StAZ **85**, 22. S 2 ergänzt aber die anzuwendden dtschen Vorschren um eine bes **Sachnorm** für Eheschl von Verlobten, von denen keiner Dtscher ist. Die Regelg entspr inhaltl dem früh EheG 15 a I, der dch das IPRG 1986 aufgehoben worden ist. Sie ermögl Ausl die Eheschl vor einer von der Reg des Heimatstaates ordngsgem ermächtigten Trauungsperson in der nach dem Recht dieses Staates vorgeschr Form. Über staatsvertragl Sonderregelgen, die nach Art 3 II 1 vorgehen, vgl Anh.

27 **b) Voraussetzung** einer nach Abs 3 S 2 wirks geschl Ehe ist zunächst, **aa)** daß **keiner** der Verl (sei es nur auch, vgl Art 5 I 2) **Deutscher** iSv GG 116 I ist, vgl dazu Anh z Art 5 Rn 6–13; beide müssen also Ausl gleich welcher Staatsangehörigk od einer Ausl, der and Staatenloser sein; sind beide staatenlos, so fehlt es an den Vorauss zu Rn 28. Ist an der in der Form des Abs 3 S 2 geschl Ehe ein Dtscher beteiligt, so liegt eine
28 Nichtehe iSv EheG 11 vor, Celle FamRZ **65**, 43, abw LG Kleve FamRZ **64**, 365. **bb)** Die Ehe muß ferner vor einer von der **Regierung** des Heimatstaates eines Verl **ordnungsgemäß ermächtigten Person** geschl werden, vgl dazu Hepting StAZ **87**, 154. In Betr kommen dafür in 1. Linie diplomatische od konsularische Vertr des Heimatstaates (vgl dazu Art 5 lit f) des Wiener Übk üb konsular Beziehgen vom 24. 4. 1963, BGBl **69** II 1587, **71** II 1285), aber auch Militärgeistl od Truppenoffiziere der Stationiergsstreitkräfte, vgl Hamm OLGZ **86**, 135 (betr belgische Offiziere), krit Beitzke Fschr Kegel (1987) 54, ders IPRax **87**, 17; eine Benenng best Personen ist nicht erforderl, Henrich FamRZ **86**, 842. Das Vorliegen dieser Ermächtigg ist nach dem **staatlichen** Recht des Entsendestaates z beurteilen; eine bloße Mitwirkgsbefugn nach kirchl Recht genügt dafür nicht. Daher **keine** ausreichde Ermächtigg eines Geistlichen der römisch-kathol Kirche aGrd seiner kirchl Trauungsbefugn, Celle FamRZ **64**, 209, BayObLG FamRZ **66**, 147 (jew betr Heirat kathol Spanier vor dtschem kathol Pfarrer), vgl dazu Jayme Fschr Ferid (1988) 203, ders in: JbItalR 2 (1989) 13 (betr Heirat von Italienern), ebsowenig eines griech-orthodoxen Priesters zur Trauung griech Staatsangehöriger, BGH **43**, 213, LG Brem StAZ **76**, 172, Ffm OLGZ **78**, 2, BayObLG **94**, 230, sofern sie nicht von der jew Reg (dch Verbalnote) ggü der BRep als ermächtigt benannt worden sind, BGH **43**, 213 (keine Rückwirkg), Kln FamRZ **81**, 868; zur Frage der Ermächtigg eines Shia Shariat-Priesters Kln StAZ **81**, 326, eines alger Mufti AG Bonn StAZ **82**, 249. Daß die TrauungsPers die Staatsangehörigk des ermächtigden Staates besitzt, ist nicht erfdl; sie kann auch Dtscher sein. Bei Zweifeln über das Vorliegen einer Ermächtigg ist Anfrage beim Bundesverwaltgsamt in Kln, hilfsw auch bei der diplomat od konsular Vertretg des Heimatstaates geboten. Fehlt die Ermächtigg, so ist die Ehe in Dtschland eine Nichtehe, vgl Kln FamRZ **81**, 868, die aber trotzdem den Schutz von GG 6 I genießen kann, BayObLG **94**, 232 (Eintragg im Sterbebuch); zum Anspr auf Witwenrente BSozG FamRZ **78**, 587 (ebso schon LSozG BaWü StAZ **78**, 335), vgl dazu auch BVerfG NJW **83**, 511, Rauscher NJW **83**, 2474, NJW **84**, 1014, Wengler IPRax **84**, 68, Müller-Freienfels, Sozialversichergs-, Familien- u IPR u das BVerfG, 1984. **cc)** Mind einer der Verl muß die Staatsangehörigk des Landes besitzen, dessen Reg die TrauungsPers ermächtigt hat. **dd)** Die Eheschl muß in der vom Recht des ermächtigden Staates vorgeschr Form erfolgen; dieses best auch über die RFolgen v Formfehlern. Im übr liegt bei Fehlen der in Rn 27, 28 genannten Voraussetzgen eine Nichtehe vor, § 1310 I 1.

29 **c)** Der **Beweis** einer solchen Eheschl kann nach Abs 3 S 2 2. HS dch eine beglaubigte Abschr der Eintragg der Ehe in das von der ermächtigten Pers geführte StandesReg erbracht werden; bei Vorlage darf StBeamter keine weiteren Ermittlgen anstellen, BayObLG **88**, 91. Die Eintragg in ein solches Register ist aber für die Wirksk der Eheschl nicht erfdl, BayObLG **88**, 86, VG Stgt InfAuslR **91**, 224, and wohl BGH **43**, 226; sie hat keine konstitutive Bedeutg, BGH aaO, Kln StAZ **81**, 868; sie kann deshalb bei Fehlen einer der in b aufgeführten Vorauss die Ehe nicht nachträgl heilen, vgl Kln aaO.

6) Verlöbnis. Auf die Eingehg eines Verlöbn ist Art 13 I entspr anzuwenden, BGH **28**, 375, LG Bochum FamRZ **90**, 882, LG Esn FamRZ **90**, 884, LG Krfld StAZ **90**, 336 und Krüger ebda 314, LG Bln FamRZ **93**, 198 (zum türk R). Das Verlöbn kommt also nur dann gült zustande, wenn es den Erfordern des HeimatR der Verl genügt. Die GeschFgk richtet sich nach Art 7, die Form nach Art 11. Die **Wirkungen des Verlöbnisbruchs** als solche (dh soweit sie nicht deliktisch zu qualifizieren sind, vgl dazu Art 40 Rn 6, BGH FamRZ **96**, 601), insb Verpfl zur Rückg v Geschenken u SchadErsPfl, sind nach dem Recht des Verpfl zu beurteilen, BGH **28**, 379, FamRZ **96**, 604 (krit dazu Gottwald JZ **97**, 93; Mankowski IPRax **97**, 178), Düss FamRZ **83**, 1229 (krit dazu Fudickar IPRax **84**, 253), Zweibr FamRZ **86**, 354, KG FamRZ **90**, 45, Düss FamRZ **92**, 1295, Henrich FamRZ **86**, 842, str, aM Köln NJW-RR **94**, 1026 (Art 28 II), ähnl Staud–v Bar Anh z EG 13 Rdz 14 (Recht des AnsprStellers), Soergel-Schurig vor EG 13 Rn 17 (Grds des schwächeren Rechts), Erm-Hohloch Rn 7 vor Art 13 (gemeins UmweltR), Mankowski IPRax **97**, 178 (Art 14 analog); zum türk Recht Rumpf FamRZ **94**, 571. Ob das HeimatR den Anspr als bes Folge des VerlöbnBruchs oder zB als Deliktsfolge ansieht, ist unerhebl. Für Anspr aus unerl Hdlg, die über den Rahmen der dch das dtsche Recht gegebenen VerlöbnAnspr weit hinausgehen, gilt die Einschränkg des Art 40 III. Rück- u Weiterverweisg sind zu beachten, Art 4 I, vgl BGH **28**, 380. Die Anwendg ausl Rechts kann dch Art 6 eingeschränkt werden, insb wenn dieses einen Zwang zur Eheschl unmittelb oder mittelb zuläßt, nicht aber schon deshalb, weil das ausl Recht weitergehende Anspr als §§ 1298 ff überh zuläßt oder solche Anspr überh ablehnt, Düss NJW **67**, 2121 (Kranzgeld), aM noch BGH **28**, 385, aufgegeben in BGH **62**, 282. – Zur Begr einer **eheähnlichen Lebensgemeinschaft** vgl Rn 3. 30

Anhang zu Art 13

1) Konsularverträge. Bes Vorschriften über die Eheschl enthält der KonsularVertr mit der Türkei v 28. 5. 1929, RGBl 30 II 748, wieder in Kraft, Bek v 29. 5. 52, BGBl II 608, Art 18, vgl dazu BayObLG **88**, 86, Bornhofen StAZ **81**, 269, das Abk mit Japan betr Erteilg standesamtl Befugnisse v 27. 6. 57, BAnz v 11. 9. 57 u StAZ **57**, 314, vgl dazu Sakurada StAZ **75**, 85 u mit der früh UdSSR, Art 23 KonsVertr v 25. 4. 58, BGBl **59** II 232, 469. Die in diesen Verträgen den Konsuln übertragenen Befugnisse zur Vornahme von Eheschl können, soweit die Ggseitigk gegeben ist, auch Konsuln and Länder haben, wenn die Handelsverträge mit diesen Ländern die Meistbegünstiggsklausel enthalten. 1

2) Abk z Regelg des Geltgsbereichs der Gesetze auf dem Gebiet der Eheschl **(Haager Eheschließungsabkommen)** v 12. 6. 02, RGBl **04**, 221. 2

a) Allgemeines. Das Abk ist für Deutschland in Kraft getreten am 1. 8. 04; es gilt jetzt nur noch im Verh z **Italien,** Bek v 14. 2. 55, BGBl II 188, vgl Jayme in: JbItalR 2 (1989) 13, ferner KG FamRZ **99**, 1130. Die früh DDR hat das Abk mit Wirkg v 19. 1. 58 wieder angewandt; das Abk war aber im Verh der beiden dtschen Staaten unanwendb, Bek v 25. 6. 76, BGBl II 1349; vgl dazu auch Art 236 Rn 2. – Das neue Haager Abk über die Schließg u Anerkenng der Gültigk von Ehen v 14. 3. 78, welches zw den VertrStaaten aSt des Haager EheschlAbk v 1902 treten soll, ist noch nicht in Kraft getreten; vgl dazu Kegel IPR § 20 IV 5, Böhmer StAZ **77**, 185, v Bar RabelsZ **93**, 63.

b) Anwendungsgebiet. Das Abk findet nur auf Ehen Anwendg, die **(a)** zeitl nach dem Inkrafttr, RG JW **12**, 642, **(b)** räuml im europ Gebiet der VertrStaaten, Art 9 u **(c)** persönl unter Beteiligg mindestens eines Angeh eines VertrStaates geschl werden, Art 8 I, vgl dazu BGH FamRZ **97**, 543; daß einer der Eheschließden Dtscher ist, während der andere keinem VertrStaat angehört, ist also grdsl ausreichd, AG Memmingen IPRax **83**, 300 (Formgültigk einer konsularischen Ehe), aM Soergel-Schurig EG 13 Rn 142, Müller-Freienfels, Fschr Ficker (1967) 308 ff; jedoch wird dch das Abk kein Staat zur Anwendg eines Rechts verpflichtet, das nicht dasjenige eines VertrStaates ist, Art 8 II. **Soweit das Abkommen eingreift, tritt es an Stelle von EG 13 u 11 I.** 3

c) Kurze Erläuterung. EG 6 kann im Rahmen des Abk nur Anwendg finden, soweit es dieses ausdr zuläßt, vgl Art 2, 3 II, Hamm FamRZ **74**, 457. Mit den sich aus dem Abk ergebenden Ausn sind also die Ehen, die dem Abk unterstehen, Rn 3, u ihm entsprechen, auch in jedem and VertrStaat anzuerkennen. Sachlichrechtl bestimmt sich wie in EG 13 I, dort Rn 4–14, das Recht zur Eingehg der Ehe in Ansehg eines jeden der Verl nach dem HeimatR. Diese Regelg bezieht sich auch auf WillMängel. Eine Verweisg des HeimatR auf ein anderes ist nur zu beachten, wenn sie ausdr geschieht, Art 1. Dem nach Art 1 anzuwendden HeimatR sind ferner die Folgen einer fehlerh Ehe zu entnehmen, KG JW **36**, 1949. Wg der sachlrechtl Vorschr im übr vgl Art 2 u 3, EhefähigkZeugn Art 4, der formellen Voraussetzgen Art 5–7; zur Auslegg des Art 5 II vgl Stgt FamRZ **76**, 359. An EG 13 III ändert das Abk nichts. 4

d) Auszug aus der amtlichen Übersetzung des Abkommens (offizieller Text franz): 5

Art 1. Recht zur Eingehung der Ehe. *Das Recht zur Eingehung der Ehe bestimmt sich in Ansehung eines jeden der Verlobten nach dem Gesetze des Staates, dem er angehört (Gesetz des Heimatstaats), soweit nicht eine Vorschrift dieses Gesetzes ausdrücklich auf ein anderes Gesetz verweist.*

Art. 2. Ehehindernisse. *Das Gesetz des Ortes der Eheschließung kann die Ehe von Ausländern untersagen, wenn sie verstoßen würde gegen seine Vorschriften über*

1. die Grade der Verwandtschaft und Schwägerschaft, für die ein absolutes Eheverbot besteht;

2. das absolute Verbot der Eheschließung zwischen den des Ehebruchs Schuldigen, wenn auf Grund dieses Ehebruchs die Ehe eines von ihnen aufgelöst worden ist;

3. das absolute Verbot der Eheschließung zwischen Personen, die wegen gemeinsamer Nachstellung nach dem Leben des Ehegatten eines von ihnen verurteilt worden sind.

Ist die Ehe ungeachtet eines der vorstehend aufgeführten Verbote geschlossen, so kann sie nicht als nichtig behandelt werden, falls sie nach dem im Artikel 1 bezeichneten Gesetze gültig ist.

Unbeschadet der Bestimmungen des Artikel 6 Abs. 1 dieses Abkommens ist kein Vertragsstaat verpflichtet, eine Ehe schließen zu lassen, die mit Rücksicht auf eine vormalige Ehe oder auf ein Hindernis religiöser Natur gegen seine Gesetze verstoßen würde. Die Verletzung eines derartigen Ehehindernisses kann jedoch die Nichtigkeit der Ehe in einem anderen Lande als in dem, wo die Ehe geschlossen wurde, nicht zur Folge haben.

Art. 3. Ehehindernisse religiöser Natur. *Das Gesetz des Ortes der Eheschließung kann ungeachtet der Verbote des im Artikel 1 bezeichneten Gesetzes die Ehe von Ausländern gestatten, wenn diese Verbote ausschließlich auf Gründen religiöser Natur beruhen.*

Die anderen Staaten sind berechtigt, einer unter solchen Umständen geschlossenen Ehe die Anerkennung als einer gültigen Ehe zu versagen.

Art. 4. Ehefähigkeitszeugnis. *Die Ausländer müssen zum Zwecke ihrer Eheschließung nachweisen, daß sie den Bedingungen genügen, die nach dem im Artikel 1 bezeichneten Gesetz erforderlich sind.*

Dieser Nachweis kann durch ein Zeugnis der diplomatischen oder konsularischen Vertreter des Staates, dem die Verlobten angehören, oder durch irgendein anderes Beweismittel geführt werden, je nachdem die Staatsverträge oder die Behörden des Landes, in welchem die Ehe geschlossen wird, den Nachweis als genügend anerkennen.

Art. 5. Form der Eheschließung. *In Ansehung der Form ist die Ehe überall als gültig anzuerkennen, wenn die Eheschließung dem Gesetze des Landes, in welchem sie erfolgt ist, entspricht.*

Doch brauchen die Länder, deren Gesetzgebung eine religiöse Trauung vorschreibt, die von ihren Angehörigen unter Nichtbeachtung dieser Vorschrift im Ausland eingegangenen Ehen nicht als gültig anzuerkennen.

Die Vorschriften des Gesetzes des Heimatstaats über das Aufgebot müssen beachtet werden; doch kann das Unterlassen dieses Aufgebots die Nichtigkeit der Ehe nur in dem Lande zur Folge haben, dessen Gesetz übertreten worden ist.

Eine beglaubigte Abschrift der Eheschließungsurkunde ist den Behörden des Heimatlandes eines jeden der Ehegatten zu übersenden.

Art. 6. Diplomatische und konsularische Ehe. *In Ansehung der Form ist die Ehe überall als gültig anzuerkennen, wenn sie vor einem diplomatischen oder konsularischen Vertreter gemäß seiner Gesetzgebung geschlossen wird, vorausgesetzt, daß keiner der Verlobten dem Staate, wo die Ehe geschlossen wird, angehört und dieser Staat der Eheschließung nicht widerspricht. Ein solcher Widerspruch kann nicht erhoben werden, wenn es sich um eine Ehe handelt, die mit Rücksicht auf eine vormalige Ehe oder ein Hindernis religiöser Natur gegen seine Gesetze verstoßen würde.*

Der Vorbehalt des Artikel 5 Abs. 2 findet auf die diplomatischen oder konsularischen Eheschließungen Anwendung.

Art. 7. Nichtbeachtung der Ortsform. *Eine Ehe, die in dem Lande, in welchem sie geschlossen wurde, in Ansehung der Form nichtig ist, kann gleichwohl in den anderen Ländern als gültig anerkannt werden, wenn die durch das Gesetz des Heimatstaats eines jeden der Verlobten vorgeschriebene Form beobachtet worden ist.*

Art. 8. Anwendungsgebiet in persönlicher Beziehung. *Dieses Abkommen findet nur auf solche Ehen Anwendung, welche im Gebiete der Vertragsstaaten zwischen Personen geschlossen sind, von denen mindestens eine Angehöriger eines dieser Staaten ist.*

Kein Staat verpflichtet sich durch dieses Abkommen zur Anwendung eines Gesetzes, welches nicht dasjenige eines Vertragsstaats ist.

6 **3) CIEC-Übereinkommen zur Erleichterung der Eheschließung im Ausland** v 10. 9. 1964, BGBl **69** II 451.

a) Allgemeines. ZustimmgsG der BRep v 3. 3. 69, BGBl II 445, 588, in Kraft seit 25. 7. 69, Bek v 22. 9. 69, BGBl II 2054. Vertragsstaaten Niederlande u Türkei, Bek v 22. 9. 69, BGBl II 2054, Spanien, Bek v 26. 1. 77, BGBl II 105, sowie Griechenland, Bek v 11. 6. 87, BGBl II 364.

7 **b) Kurze Erläuterung.** Die BRep hat Titel I des Übk, der die Befreiung ausl Verlobter von Ehehindernissen ihres HeimatR dch Behörden des EheschlStaates vorsieht, von der Geltg ausgeschl. Bei Eheschl gem der Ortsform in einem VertrStaat sind dessen Vorschr auch für die Form des Aufgebots ausschl maßgebd, Art 4. Ist in einem VertrStaat religiöse Eheschl vorgeschrieben, so kann statt dieser unter best Voraussetzgen gem Art 5 die Trauung von einem diplomat od konsular Vertreter der and VertrStaaten vorgen w; da heute alle VertrStaaten zumindestens fakultativ die Zivilehe eingeführt haben, ist diese Regelg gegenstandsl. Auf den Abdruck des Textes des Übk wird daher verzichtet; vgl dazu 50. Aufl, Jayme/Hausmann Nr 21.

EG 14 *Allgemeine Ehewirkungen.*

I Die allgemeinen Wirkungen der Ehe unterliegen

1. **dem Recht des Staates, dem beide Ehegatten angehören oder während der Ehe zuletzt angehörten, wenn einer von ihnen diesem Staat noch angehört, sonst**
2. **dem Recht des Staates, in dem beide Ehegatten ihren gewöhnlichen Aufenthalt haben oder während der Ehe zuletzt hatten, wenn einer von ihnen dort noch seinen gewöhnlichen Aufenthalt hat, hilfsweise**
3. **dem Recht des Staates, mit dem die Ehegatten auf andere Weise gemeinsam am engsten verbunden sind.**

II Gehört ein Ehegatte mehreren Staaten an, so können die Ehegatten ungeachtet des Artikels 5 Abs. 1 das Recht eines dieser Staaten wählen, falls ihm auch der andere Ehegatte angehört.

III Ehegatten können das Recht des Staates wählen, dem ein Ehegatte angehört, wenn die Voraussetzungen des Absatzes 1 Nr. 1 nicht vorliegen und

1. kein Ehegatte dem Staat angehört, in dem beide Ehegatten ihren gewöhnlichen Aufenthalt haben, oder

2. die Ehegatten ihren gewöhnlichen Aufenthalt nicht in demselben Staat haben.

Die Wirkungen der Rechtswahl enden, wenn die Ehegatten eine gemeinsame Staatsangehörigkeit erlangen.

IV Die Rechtswahl muß notariell beurkundet werden. Wird sie nicht im Inland vorgenommen, so genügt es, wenn sie den Formerfordernissen für einen Ehevertrag nach dem gewählten Recht oder am Ort der Rechtswahl entspricht.

1) Allgemeines. a) Art 14 best das für die allg Ehewirkgen, dh mit Ausn vor allem der güterr Beziehgen u 1
der Scheidgsfolgen, anwendb Recht. Über diesen unmittelb Anwendgsbereich hinaus strahlt die Vorschr als **Grundsatzkollisionsnorm** auf die Anknüpfg and Teilbereiche des Ehe- u KindschR aus, die das EG dch Verweisg auf Art 14 geregelt hat, insb das GüterRStatut, Art 15 I, das Scheidgsstatut, Art 17 I, das Abstammgs-Statut, Art 19 I 3 u das Adoptionsstatut, Art 22. In dieser mittelb Anwendg auf die Verhe in einer Ehe überh einschl der Abstammg v Kindern führt Art 14 in gewissem Umfang zu einem einheitl **Familienstatut.** Die Vorschr ist daher für das internat Ehe- u teilw auch KindschR von allg Bedeutg. Für die Wirkgen **nichtehelicher Lebensgemeinschaften** gilt Art 14 nicht, vgl Art 13 Rn 3, aM MüKo-Siehr Rn 140, v Bar IPR II Rn 122, Soergel-Schurig Vor Art 13 Rn 30; diese beurteilen sich grdsl nach dem maßg VertrStatut, i Erg ebso Erm-Hohloch Rn 13 vor Art 13; RWahl ist daher unbeschr zulässig, Art 27, bei der ersatzw Anknüpfg aGrd engster Verbindg, Art 28, sind auch gemeins Staatsangehörigk u gemeins gewöhnl Aufenth zu berücksichtigen. **b)** HauptanknüpfgsPkt für das Ehewirkgsstatut ist die **Staatsangehörigkeit** der Eheg; bei Mehr- 2
staatern vgl Art 5 Rn 2–5, bei Staatenl Art 5 Rn 6–9 u Anh z Art 5 Rn 1, 2, bei Flüchtlingen Anh z Art 5 Rn 3–33. **c) Rück- und Weiterverweisung** sind grdsätzl zu beachten, Art 4 I; dies gilt auch, soweit in 3
Art 14 I Nr 2 an den gewöhnl Aufenth angeknüpft wird, **nicht** aber bei Maßgeblk des Rechts der gemeins engsten Verbindg, Art 14 I Nr 3, da hier die Prüfg einer Rück- od Weiterverweisg nach dessen IPR dem Sinn der Verweisg widerspr würde, vgl Art 4 Rn 8; auch Art 14 IV 2 enth Sachnormverweisgen, vgl Art 4 Rn 11. Soweit das Ehewirkgsstatut dch RWahl best wird, Art 14 II u III, sind Rück- od Weiterverweisg überh ausgeschl, Art 4 II. Zum Vorrang des BelegenhStatuts s Art 3 III u dort Rn 11–15. **d)** Art 14 galt entspr 4
auch im **innerdeutschen Kollisionsrecht;** an Stelle der Staatsangehörigk der Eheg wurde dabei auf den gewöhnl Aufenth abgestellt, vgl BGH FamRZ **61**, 261, bei unterschiedl gewöhnl Aufenth auf den letzten gemeins gewöhnl Aufenth, vgl KG FamRZ **58**, 464, BSozG FamRZ **77**, 251; vgl dazu nunmehr Anh z Art 3 Rn 4, Art 236 Rn 4f, sowie Art 234 § 3, Jayme IPRax **91**, 11. **e)** Eine **staatsvertragliche** Sonderregelg 5
enthielt das Haager Ehewirkgsabkommen; es ist aber von der BRep zum 23. 8. 87 gekündigt worden, vgl dazu Anh z Art 15 Rn 1. Weiter in Kraft ist dagg das dtsch-iran NiederlassgsAbk v 17. 2. 29, RGBl **30** II 1006, BGBl **55** II 829, das in Art 8 III eine vorrangige Kollisionsnorm für das ges FamR enth, vgl dazu Celle FamRZ **90**, 656 (WohngsZuweisg bei Getrenntleben), Coester IPRax **91**, 236; Schotten/Wittkowski FamRZ **95**, 264, Finger FuR **99**, 58, 158 u 215.

2) Grundsatzanknüpfung (Absatz 1). a) Das Gesetz best das Ehewirkgsstatut in Abs 1 in erster Linie 6
dch objektive Anknüpfgspkte in Form einer Anknüpfgsleiter; dabei wird primär auf die Staatsangehörigk der Eheg, ersatzw auf ihren gewöhnl Aufenth u hilfsw auf ihre gemeins engste Beziehg zu einer ROrdng abgestellt. Diese Anknüpfgspkte sind zeitl nicht fixiert; zur Anwendg auf die allg Ehewirkgen gelangt grdsätzl das **jeweilige** Heimat- bzw AufenthR. Das Ehewirkgsstatut ist also **wandelbar.** Dagg wird bei der mittelb Verwendg der Anknüpfgsleiter des Abs 1 in and famrechtl Teilbereichen überw auf das Ehewirkgsstatut zu einem best Ztpkt abgestellt, etwa der Eheschl, Art 15 I, 21 I, der RHängigk, Art 17 I, der Geburt des Kindes, Art 19 I 3 od der Vornahme einer Adoption, Art 22. Dort wird das betr Statut also unwandelb festgeschrieben. **b)** Als Ehewirkgsstatut ist nach Abs 1 **Nr 1** vorbehaltl einer Rück- od Weiterverweisg in erster Linie das 7
derzeitige **gemeinsame HeimatR** der Eheg berufen. Bei Mehrstaatern ist dabei nur diejenige Staatsangehörigk zu berücks, mit welcher der betr Eheg am engsten verbunden ist, Art 5 I 1; eine erst dch Heirat erworbene zusätzl Staatsangehörigk wird diese Vorauss zu Beginn der Ehe meist nicht erfüllen. Besitzt ein Eheg neben einer ausl Staatsangehörigk auch die dtsche, so kommt bei der Anwendg v Nr 1 nur diese in Betr, Art 5 I 2. Die Anknüpfg an die derzeitige gemeins ausl Staatsangehörigk versagt also, wenn diese für einen Eheg nicht effektiv ist od er auch Dtscher iSv GG 116 I ist, vgl Hamm FamRZ **90**, 54; die Eheg können aber ein nach Nr 1 nicht anwendb gemeins HeimatR dch RWahl zum Ehewirkgsstatut best, vgl Abs 2 u dazu unten Rn 12. Haben die Eheg währd der Ehe zunächst eine gemeins Staatsangehörigk besessen, die gem Art 5 I bei der Anknüpfg zu berücks ist, hat aber ein Eheg diese Staatsangehörigk später verloren, währd der and sie beibehalten hat, so gilt das **frühere gemeinsame HeimatR** nach Nr 1 im Interesse der Kontinuität als Ehewirkgsstatut so lange weiter, wie der and Eheg diese Staatsangehörigk beibehält. Bei Staatenl od Flüchtlingen ist an Stelle der Staatsangehörigk ihr dch den gewöhnl Aufenth best Personalstatut maßg, vgl Art 5 II u Anh z Art 5, Hamm StAZ **93**, 78. **c)** Versagt die Anknüpfg an die gemeins bzw letzte gemeins 8
Staatsangehörigk nach den in Rn 7 dargestellten Regeln, etwa weil die Eheg währd der Ehe niemals eine gemeins Staatsangehörigk besaßen od beide eine gemeins Staatsangehörigk später verloren haben, so ist nach Abs 1 **Nr 2** als Ehewirkgsstatut vorbehaltl einer Rück- od Weiterverweisg das Recht des Staates berufen, in dem **beide** Eheg derzeit ihren **gewöhnlichen Aufenthalt** haben; daß dieser innerhalb des betr Staates am selben Ort liegt, ist nicht erfdl; zum Begr des gewöhnl Aufenth vgl Art 5 Rn 10, 11. Haben die Eheg ihren gewöhnl Aufenth derzeit in versch Staaten, so ist ersatzw ihr beiders **letzter gewöhnlicher Aufenthalt** im selben Staat maßg, solange ein Eheg seinen gewöhnl Aufenth in diesem Staat ununterbrochen beibehält („noch . . . hat"), BGH NJW **93**, 2048. **d)** Versagt auch die Anknüpfg an den gemeins bzw letzten gemeins 9
gewöhnl Aufenth nach den in Rn 8 dargestellten Regeln, so ist nach Abs 1 **Nr 3** als Ehewirkgsstatut das Recht des Staates berufen, mit dem die Eheg auf andere Weise **gemeinsam** am **engsten verbunden** sind;

die Beachtg einer Rück- od Weiterverweisg ist dabei ausgeschl, da sie dem Sinn einer solchen **generalklauselartigen** Anknüpfg an die stärkste Beziehg widerspr würde, die auf einer umfassden Würdigg aller Umst des Einzelfalls beruht, vgl Art 4 Rn 8 u oben Rn 3. Als Anhaltspkte für die engste Verbundenh war im RegEntw beispielh auf „den Verlauf der ehel Lebensgemeinsch" od auf „den Ort der Eheschl" hingewiesen worden. Der RAusschuß hat diese Beispiele aus gutem Grd gestrichen, da sie teils neue Zweifel aufwerfen würden (Verlauf der Lebensgemeinsch), teils für die Anknüpfg des Ehewirkgsstatuts u ihre Ausstrahlgen auf and Bereiche des internat FamilienR, vgl Rn 1, zu schwach sind (Heiratsort). Zu prüfen ist also in jedem
10 **Einzelfall,** zu welchem Staat u damit zu welcher ROrdng beide Eheg gemeins die stärkste Beziehg besitzen, vgl dazu BGH NJW **93**, 2049, Celle FamRZ **98**, 686. Dabei können auch Staatsangehörigk u gewöhnl Aufenth berücks werden, soweit sie nicht bereits nach Abs 1 Nr 1 u Nr 2 zu einer Anknüpfg führen, also etwa letzte gemeins Staatsangehörigk od letzter gemeins gewöhnl Aufenth in einem Staat, die keiner der Eheg beibehalten hat, sofern die Verbindgen zu diesem Staat weiter gepflegt werden u nicht ganz abgerissen sind. In Betr kommen aber vor allem auch gemeins soziale Bindgen der Eheg an einen Staat dch Herkunft (im weiteren Sinne), Kultur, Sprache od berufl Tätigk, ferner gemeins (nicht nur ganz vorübergehder) Aufenth der Eheg in einem Staat, gemeins Zugehörigk zu einem rel Recht, vgl MüKo-Siehr Rn 37, u schließl gemeins objektiv feststellb Zukunftspläne der Eheg, zB beabsichtigter Erwerb einer gemeins Staatsangehörigk dch Einbürgerg od beabsichtigte Begründg eines gemeins gewöhnl Aufenth in einem Staat, insb als erster ehel Wohns, Kln FamRZ **98**, 1590 (selbst wenn diese Abs nicht verwirklicht wurde). Als Nothelfer kann auch der Ort der Eheschl berücks werden, sofern er dch and Indizien verstärkt wird u nicht rein zufäll Charakter hat, vgl zB BGH NJW **93**, 2049. Sollten alle and Indizien versagen, wäre notf auf die gemeins Verbindg zum Gerichtsstaat abzustellen, ähnl MüKo-Siehr Rn 38, Spickhoff JZ **93**, 341. Der generalklauselartige Auffang-Tatbestd des Abs 1 Nr 3 besitzt bes Bedeutg bei der Anknüpfg des GüterRStatuts gem Art 15 I, da dort wegen der Fixierg auf den Ztpkt der Eheschl die vergangenhbezogenen Stufen der Anknüpfgsleiter (letzte gemeins Staatsangehörigk, letzter gemeins gewöhnl Aufenth) nicht eingreifen können; gerade hier wird es vielfach auch auf die gemeins Zukunftspläne der Eheg entsch ankommen.

11 **3) Berücksichtigung einer Rechtswahl (Absatz 2–4).** Art 14 ermöglicht es den Eheg, innerh best Grenzen, das Ehewirkgsstatut dch RWahl zu best, die auch auf die mittelb Anwendg dieses Statuts im GüterR u ScheidgsR ausstrahlt, vgl Art 15 I u 17 I, jedoch keine Auswirkgen auf den Status von Kindern hat, vgl Art 19 I 3. Die Wirkgen der RWahl treten erst dann ein, wenn die Vorauss ihrer Zulässigk erf sind, vgl dazu Rn 12, 13; die RWahl kann aber vorsorgl auch schon zu einem **früheren Zeitpunkt** vorgen werden, insb dch Verl vor der Eheschl od dch Eheg vor dem geplanten Erwerb einer and Staatsangehörigk.

12 **a) Wahl eines gemeinsamen Heimatrechts.** Zur Wahl gestellt ist den Eheg nach **Absatz 2** ein gemeins HeimatR, das nicht bereits gesetzl Ehewirkgsstatut nach Abs 1 Nr 1 geworden ist, weil ein Eheg neben der gemeins ausl Staatsangehörigk die dtsche Staatsangehörigk, Art 5 I 2, od eine weitere ausl Staatsangehörigk besitzt, zu der eine stärkere Beziehg besteht, Art 5 I 1, vgl dazu Rn 7. Für Zulässigk einer RWahl zG eines gemeins HeimatR, das bereits gesetzl Ehewirkgsstatut ist Kühne IPRax **87**, 70 (Zweck: Ausschl einer Rückverweisg nach Art 4 II), dagg mit Recht Lichtenberger Fschr Ferid (1988) 273.

13 **b) Wahl des Heimatrechts eines Ehegatten.** Die Eheg können nach **Absatz 3** auch das HeimatR eines von ihnen als Ehewirkgsstatut wählen, **sofern nicht** bereits nach Abs 1 Nr 1 ein **gemeinsames** bzw letztes gemeins **Heimatrecht** kraft Gesetzes maßg ist. Zweck dieser RWahlBefugn ist es, unangemessene Erg zu vermeiden, zu welchen die ersatzw eingreifde Anknüpfg an den gewöhnl Aufenth gem Abs 1 Nr 2 führen könnte. Das Gesetz macht desh die RWahl neben dem Nichtvorliegen der Voraussetzgen von Abs 1 Nr 1 **alternativ** von folgden zusätzl **Voraussetzungen** abhängig: (1) **kein** Eheg besitzt die Staatsangehörigk des Staates, in dem beide ihren gewöhnl Aufenth haben, die Verbindg z diesem Staat ist also relativ schwach, währd umgekehrt die Beziehg zu einem der beiden HeimatRe verhältnismäß eng sein kann, zB bei gemeins gewöhnl Aufenth von Europäern versch Nationalität in einem Entwicklgsland; **oder** (2) die Eheg haben ihren gewöhnl Aufenth in **verschiedenen** Staaten, so daß allenfalls die relativ schwache Anknüpfg an ihren früh gemeins gewöhnl Aufenth in Frage kommt. Zur Wahl gestellt wird den Eheg nur das HeimatR eines von ihnen. Ob bei **mehrfacher** Staatsangehörigk **jedes** beteiligte HeimatR od nur das Recht des Staates gewählt werden kann, welches nach der allg Anknüpfgsregel für Mehrstaater gem Art 5 I maßg ist, läßt das Gesetz offen; ein Umkehrschluß aus Abs 2, wo die RWahl im Ggs zu Abs 3 ausdrückl „ungeachtet des Art 5 I" eröffnet wird, ist nicht angezeigt, da Abs 2 speziell die RWahl bei mehrf Staatsangehörigk regelt; nach dem Zweck des Abs 3, die Interessen der Betroffenen zu berücks, ist die Wahl jedes beteiligten HeimatR statthaft, zust Lichtenberger Fschr Ferid (1988) 273, Soergel-Schurig Rn 22, aM Kühne IPRax **87**, 71, Wegmann NJW **87**, 1741, Pirrung IPR S 143, v Bar IPR II Rn 200. Für die Wahl eines den Eheg gemeins HeimatR, welches nicht die Vorauss von Abs 1 Nr 1 erfüllt, vgl dazu Rn 7, gilt die Sonderregelg des Abs 2, ebso Kühne IPRax **87**, 71.

14 **c) Form der Rechtswahl (Absatz 4).** Eine nach Abs 2 od Abs 3 im Inl getroffene RWahl bedarf im Interesse der RKlarh u der jur Beratg nach dem Vorbild des EheVertr im mat dtschen Recht, § 1410, der not Beurkundg, vgl dazu Wegmann NJW **87**, 1741; wird diese Form nicht eingehalten, ist die RWahl nichtig, vgl Düss FamRZ **95**, 932. Bei Vorn im Ausl genügt die Einhaltg der Formerfordern für einen EheVertr nach dem gewählten, dh von den Parteien als Ehewirkgsstatut vereinbarten Recht od nach dem OrtsR; vgl dazu BayObLG **98**, 108, Lichtenberger Fschr Ferid (1988) 270. Das wirks Zustandekommen der RWahl beurteilt sich iü nach der lex fori, Börner IPRax **95**, 313.

15 **d) Erlöschen der Rechtswahl. aa)** Die nach Abs 3 getroffene RWahl verliert nach Abs 3 S 2 ihre Wirkg, wenn die Eheg eine **gemeinsame Staatsangehörigkeit** erlangen. Daß die gemeins Staatsangehörigk die Vorauss für eine gesetzl Anknüpfg nach Abs 1 Nr 1 erfüllt, dh bei einem Mehrstaater auch nach Art 5 I die maßg ist, vgl dazu Rn 7, verlangt das Gesetz nicht, aM Kühne IPRax **87**, 72; mit dem Erwerb einer gemeins Staatsangehörigk, der selbstverständl nicht gleichzeitig erfolgen muß, tritt in jedem Fall eine neue Interessenlage ein, welche die Grdlage der früher getroffenen RWahl verändert. Diese tritt damit nach Satz 2 automatisch außer Kraft; das Ehewirkgsstatut best sich ex nunc nach den gesetzl Anknüpfgsregeln, dh insb

nach Abs 1 Nr 1, soweit dessen Vorauss vorliegen, ersatzw nach Nr 2 u 3; damit wird ex nunc auch eine Rück- od Weiterverweisg nach Art 4 I beachtl, abw Kühne IPRax **87**, 72. Bei einer nach Abs 2 getroffenen RWahl gilt diese Regelg nicht, da bei ihr schon im Ztpkt ihrer Vorn eine gemeins Staatsangehörigk der Eheg vorliegen muß; für analoge Anwendg des Abs 3 S 2 dagg Kühne aaO. **bb)** Die im RegEntw vorgesehene 16
Aufhebung der RWahl dch die Eheg (für den Fall des späteren Verlustes der Staatsangehörigk des gewählten Rechts) ist im RAusschuß gestrichen worden; dennoch ist die Aufhebg einer bereits getroffenen RWahl jederzeit mögl, Kühne IPRax **87**, 72, Wegmann NJW **87**, 1742, Lichtenberger Fschr Ferid (1988) 274; es gilt dann ex nunc die gesetzl Regelanknüpfg nach Abs 1. Die Eheg können auch jederzeit unter den Voraussetzgen v Abs 2 u 3 eine **neue** RWahl treffen, dch welche die frühere ersetzt wird.

4) Anwendungsbereich (Qualifikation). a) Art 14 regelt unmittelb nur das auf die **allgemeinen** 17
Wirkungen der Ehe anzuwendde Recht. Dieser Begr ist nach den allg Regeln der Qualifikation, vgl Rn 27 vor Art 3, nach dtschem Recht zu verstehen; er umfaßt etwa die in §§ 1353–1362 geregelten Sachbereiche, dh alle RBeziehgen, die auf der **Ehe als solcher** beruhen u weder zum GüterR gehören, vgl dazu Art 15, noch Scheidgsfolge sind, vgl dazu Art 17. Die **Vorfrage** des Bestehens einer Ehe ist nach den einschläg KollNormen des dtschen IPR selbstd anzuknüpfen, vgl Rn 29 vor Art 3. Ist eine im Inl nach Art 13 III formgült geschl Zivilehe nach dem HeimatR eines Eheg eine Nichtehe, so best sich die Wirkgen einer solchen hinkden Ehe nach dem von Art 14 berufenen Recht, KG NJW **63**, 51, Staud–v Bar Rdz 52, str, dahingestellt in BGH **78**, 292. – Auch die persönl Nachwirkgen aus einer bereits geschiedenen Ehe fallen unter Art 14, BGH FamRZ **84**, 465 (AuskunftsAnspr). – Die RBeziehgen der Partner einer **nichtehelichen Lebensgemeinschaft** beurteilen sich nach dem maßg Schuldstatut (VertrStatut, Deliktsstatut etc), vgl Rn 1, str.

b) Im einzelnen fallen unter Art 14 demnach das Recht, die **Herstellung** der **ehelichen** Lebensgemeinsch 18
zu verlangen od zu verweigern, BGH NJW **76**, 1028, auch wenn die Klage der Vorbereitg einer Scheidgsklage dient, RG **147**, 385, damit auch die Berechtigg zum Getrenntleben, MüKo-Siehr Rn 82, aM Mü FamRZ **86**, 807; läßt anwendb Recht das Herstellgsverlangen nicht zu, verstößt dies nicht notwend gegen Art 6; dagg würde einer Durchsetzg des Anspr etwa iW mittelb od unmittelb Zwangs wegen ZPO 888 II Art 6 entggstehen. Unter Art 14 fällt auch die beiders Verpflichtg der Eheg, sich bei der Verfolgg von RAngelegenhen zu unterstützen, zB dch **Auskunft,** BGH FamRZ **84**, 465 (auch als Nachwirkg einer gesch Ehe); für den AuskAnspr im Zusammenhang mit güterr Auseinandersetzg gilt jedoch Art 15, vgl dort Rn 25, mit UnterhAnspr nach Ehescheidg Art 18 IV, vgl Art 17 Rn 17. Zu den allg Ehewirkgen gehören ferner Verpfl zur Unterlassg v Ehestörgen, Hamm NJW-RR **98**, 1542, sowie **Entscheidungs- und Eingriffsrechte** eines Gatten, zB WohnsBest, KündiggsR; bei gleichheitswidr Befugn des Ehem kann Art 6 eingreifen. Nach Art 14 ist auch der ges Wohns der Ehefr zu beurteilen, KG FamRZ **58**, 464 (interlokal). Die **Schlüsselgewalt** fällt ebenfalls unter Art 14; dies gilt insb für ihren Umfang u die Möglk ihrer Einschränkg (Zustdgk u Verfahren hierbei beurteilen sich nach der lex fori); im Verh zu gutgl Dritten gilt aber bei InlandsGeschen § 1357 sinngemäß, falls dieser günstiger ist als das fremde Recht, Art 16 II, vgl Celle IPRax **93**, 96, Jayme ebda 80; allg Vertretgsmacht der Eheg ist grdsätzl nach Art 14 zu beurteilen, sofern sie nicht Folge eines best Güterstandes ist, die von Art 15 erfaßt wird. Art 14 gilt auch für Zuweisg von **Hausrat** u **Ehewohnung** währd bestehder Ehe, Stgt FamRZ **90**, 1354, **98**, 1322, ebso Ffm FamRZ **89**, 84, **94**, 633 (aber bei Normenmangel lex fori), 716, Hamm FamRZ **90**, 54, KG FamRZ **91**, 1190, Celle FamRZ **99**, 443, v Bar IPR II Rn 190, Soergel-Schurig Rn 50, **sehr str,** aM KG IPRspr **96** Nr 67 (Art 3 III), Karlsr IPRax **85**, 106 (bei Eilbedürftigk lex fori), Hamm FamRZ **89**, 621, IPRax **90**, 186, FamRZ **93**, 191, Kblz NJW-RR **91**, 522, Düss NJW **90**, 3091, Ffm FamRZ **91**, 1190, Karlsr FamRZ **93**, 1464, AG Kerpen FamRZ **97**, 893, Weber IPRax **90**, 95, Brudermüller FamRZ **99**, 204 (sämtl für Anwendg von Art 18, vgl dagg überzeugd Stgt FamRZ **90**, 1356 u Celle FamRZ **99**, 443), offen gelassen bei Celle FamRZ **91**, 440, Kln FamRZ **96**, 1220; im ScheidgsVerf gilt Art 17, vgl dort Rn 17. Nach Art 14 beurteilt sich auch der Anspr auf eine noch nicht geleistete **Morgengabe** währd des Bestehens der Ehe, vgl Art 13 Rn 9. Das gleiche gilt vorbehaltl des Art 16 II für **Eigentumsvermutungen** zw den Ehegatten od im Verhältn zu ihren Gläubigern, sofern sie, wie nach § 1362, unabhäng vom jew Güterstd bestehen (andernf gilt Art 15, zB bei Vermutg der Zugehörigk zum Gesamtgut, § 1416 Anm 2 aE). Die in manchen ROrdngen vorgesehene **Legalhypothek** am Vermögen des and Eheg ist ebenf als allg Ehewirkg iSv Art 14 zu qualifizieren; ihre Wirksamk setzt aber Verträglk mit der lex rei sitae voraus, was nach dtschem Recht zu verneinen ist. Auch das **Verbot** best **Rechtsgeschäfte** unter Eheg, zB Kauf, Schenkg, od mit Dritten, zB Bürgsch (abw BGH NJW **77**, 1011) fällt unter Art 14, ebso MüKo-Siehr Rn 91; Verkehrsinteressen werden aber nach Art 12 geschützt, vgl dort Rn 5, vgl dazu auch Art 16 Rn 3. Dagg fällt das Verbot von **Gesellschaftsverträgen** unter Eheg regelm unter Art 15, vgl dort Rn 25. Beschränkgen der **Geschäftsfähigkeit** eines Eheg sind als Folge der Ehe als solcher ebenf nach Art 14, nicht nach Art 7 zu beurteilen, vgl dort Rn 3; bei hinreichder InlBeziehg wird Art 6 eingreifen; im übrigen Schutz des rechtsgeschäftl Verkehrs nach Art 12. Dagg fällt die Erweiterg der GeschFgk dch Heirat unter Art 7 I 2.

c) Nicht nach Art 14 zu beurteilen sind die Auswirkgen der Ehe auf den **Namen** der Eheg; insow gilt 19
Art 10; die alternative Anwendg des Ehewirkgsstatuts ist damit entfallen, vgl dazu Art 10 Rn 12, 13. Für den **Unterhalt** insb von getrennt lebden Eheg gilt Art 18 u damit das Recht des gewöhnl Aufenth des UnterhBerechtigten; dies gilt insb auch für **Prozeßkostenvorschußpflicht,** die nach § 1360a IV Ausfluß der UnterhPflicht u daher nicht als allg Ehewirkg zu qualifizieren ist, so grdsl auch MüKo-Siehr Rn 103, vgl auch Art 18 Rn 17. Dch die Sonderregelg des Ehenamens u des ehel Unterh ist der unmittelb Anwendgsbereich des Art 14 im Vergl mit dem fr RZustand stark reduziert worden. Für den Versorggsausgleich gilt Art 17, vgl dort Rn 19–26.

EG 15 *Güterstand.* [I]Die güterrechtlichen Wirkungen der Ehe unterliegen dem bei der Eheschließung für die allgemeinen Wirkungen der Ehe maßgebenden Recht.

[II]Die Ehegatten können für die güterrechtlichen Wirkungen ihrer Ehe wählen

1. das Recht des Staates, dem einer von ihnen angehört,
2. das Recht des Staates, in dem einer von ihnen seinen gewöhnlichen Aufenthalt hat, oder
3. für unbewegliches Vermögen das Recht des Lageorts.

III Artikel 14 Abs. 4 gilt entsprechend.

IV Die Vorschriften des Gesetzes über den ehelichen Güterstand von Vertriebenen und Flüchtlingen bleiben unberührt.

1 **1) Allgemeines. a) Gleichlauf von Güterrechtsstatut und Ehewirkungsstatut.** Art 15 I unterstellt die güterrechtl Wirkgen der Ehe im Interesse einer einheitl Anknüpfg aller RBeziehgen zw den Eheg u im Verh zu ihren Kindern (Familienstatut) dem von der GrdsKollisionsnorm des Art 14 berufenen Recht, vgl dort Rn 1. Dies gilt auch, soweit das Ehewirkgsstatut nach Art 14 II u III von den Eheg vor der Eheschl dch RWahl best wird. Zusätzl ermöglicht Art 15 II den Eheg auch eine auf ihre güterrechtl Beziehgen beschr
2 RWahl. – Soweit bei der Anknüpfg des Ehewirkgsstatuts gem Art 14 **Rück- oder Weiterverweisung** zu beachten sind (nicht also insb bei der Anknüpfg aGrd gemeins engster Verbindg), vgl dazu dort Rn 3, gilt dies mittelb auch für die Anknüpfg des GüterRStatuts, vgl zB Kblz NJW-RR **94**, 648; soweit das GüterRStatut mittelb gem Art 14 II u III od unmittelb, Art 15 II, dch RWahl best wird, sind Rück- od Weiterverweisg überhaupt ausgeschl, Art 4 II, wie hier Kartzke IPRax **88**, 10, teilw aM Kühne IPRax **87**, 73, Fschr Ferid (1988) 264, Rauscher NJW **88**, 2154. – Zum Vorrang des **Belegenheitsstatuts** s Art 3 III u dort Rn 11–15. – Im **innerdeutschen** KollisionsR, vgl dazu Wassermann FamRZ **90**, 333, Rauscher DNotZ **91**, 209, Henrich IPRax **91**, 14, Bosch FamRZ **91**, 1002, sowie Anh zu Art 3 u Art 236 Rn 4f, galt Art 15 entspr; dabei war auf den gewöhnl Aufenth der Eheg im Ztpkt der Heirat abzustellen, vgl BGH **40**, 32, Brem FamRZ **60**, 158, Wassermann FamRZ **90**, 335; die Anknüpfg an den jew gewöhnl Aufenth (Wandelbark), so Hamm FamRZ **63**, 253, Heldrich FamRZ **59**, 49, Schurig JZ **85**, 562, hatte sich nicht durchgesetzt. Dch Gesetz v 4. 8. 69, BGBl 1067 wurde desh der Güterstd von DDR-Flüchtl od von daher Zugezogenen mit Wirkg v 1. 10. 69 ausdrückl auf den in der BRep geltden Güterstd umgestellt, soweit ein Eheg dem nicht fristgerecht widersprochen hat, vgl dazu Anh Rn 2; an der Geltg dieses Gesetzes hat sich dch das IPRG 1986 nichts geändert, Art 15 IV; auch dch den EiniggsV v 31. 8. 90, BGBl II 889 ist seine Geltg nicht berührt worden. Allein nach diesen Regeln ist zu beurt, ob in einer Ehe dtscher Staatsangeh am 3. 10. 90 das ehel GüterR des BGB od des FGB maßg war; im letzteren Fall gilt die ÜbergRegelg in Art **234 § 4**, vgl zuletzt BGH NJW **99**, 2520. Eine Weiteranwendg des RAG der DDR bei der Best des dtschen GüterRStatuts scheidet aus, da dieses Gesetz am 3. 10. 90 außer Kraft getreten ist u Art 236 nur für das IPR gilt, vgl dazu Art 236 Rn 1 u 4f. – Eine **staatsvertragliche** Sonderregelg enthielt das Haager EhewirkgsAbk; es ist von der BRep zum 23. 8. 87 gekündigt worden, vgl dazu Anh Rn 1.

3 **b) Unwandelbarkeit des Güterrechtsstatuts.** Art 15 I stellt bei der Anknüpfg des GüterRStatuts auf die Verhe **bei der Eheschließung** ab; als GüterRStatut grdsätzl maßg ist das **in diesem Zeitpunkt** zur Anwendg gelangde Ehewirkgsstatut. Eine spätere Veränderg der für die Anknüpfg des Ehewirkgsstatuts maßg Verhe, zB Staatsangehörigk- od AufenthWechsel, spätere RWahl, ist für die gesetzl Anknüpfg des GüterRStatuts unerhebl, dieses ist also, von der Möglk der besond güterr RWahl gem Abs 2 abgesehen, **unwandelbar.** Die matrechtl Weiterentwicklg des so fixierten GüterRStatuts ist jedoch selbstverständl zu beachten; aus der Unwandelbk des Statuts folgt keine Unwandelbk des Güterstands; die Verweisg des Art 15 bezieht sich auch auf die intertemporalen Vorschren des maßg fremden GüterR, Stgt NJW **58**, 1972. Dies gilt auch, wenn die Beziehgen zum Heimatstaat dch Emigration, Flucht od Vertreibg abgerissen sind; die für diesen Fall früh vertretene matrechtl Fixierg des anwendb GüterR auf seinen Zust im Ztpkt des Abbruchs der Beziehgen zum alten Heimatstaat (**Versteinerung** des Güterstandes), vgl BayObLG **59**, 89, **61**, 123, Hamm NJW **77**, 1591, Wuppt IPRspr **87** Nr 54, ebso im Verh zur früh DDR BGH **40**, 32, BGH FamRZ **76**, 612, Brem FamRZ **60**, 158, führt zur Anwendg antiquierter RSätze, die den Interessen der Part nicht gerecht werden, ebso MüKo-Siehr Rn 65, grdsätzl auch Staud–v Bar Rdz 44, offen gelassen bei Düss FamRZ **79**, 160. Bei **deutschen Flüchtlingen** ist der UnwandelbkGrds dch das Gesetz vom 4. 8. 69, vgl dazu Abs 4 u Anh Rn 2 durchbrochen.

4 **c) Einheitlichkeit des Güterrechtsstatuts.** Das GüterRStatut gilt grdsätzl für alle VermögensGgste der Eheg, gleichgült wo sie sich befinden. Eine **Spaltung** des anwendb GüterR kann sich aber ausnahmsw aus dem Vorrang des Einzelstatuts gem Art 3 III ergeben, vgl dort Rn 11–15, insb bei kollrechtl Spaltg des GüterRStatuts für bewegl u unbewegl Sachen, BayObLG **71**, 34, vgl auch KG NJW **73**, 428 (güterrechtl Vereinbg rechtsgesch Veräußergsverbots inl VermGgste unterliegt § 137); ferner aus der in Abs 2 Nr 3 eröffneten RWahl zG der lex rei sitae für unbewegl Vermögen.

5 **d) Anwendbarkeit auf früher geschlossene Ehen (Art 220 Absatz 3);** vgl dazu S. Lorenz, Das intertemporale int EhegüterR nach Art 220 III EG u die Folgen eines Statutenwechsels, 1991.

6 **aa) Bei Heirat vor dem 1. 4. 53.** Art 15 I aF hatte in seiner gewohnhrechtl Fortbildg zu einer allseit KollNorm die güterrechtl Verhe dem HeimatR des Ehem zZ der Eheschl unterstellt. Das BVerfG hat diese Regelg dch Beschl vom 22. 2. 83, BGBl 525, NJW **83**, 1968 wegen Verstoßes gg GG 3 II für nichtig erkl; sie war damit gem GG 117 I am 1. 4. 53 außer Kraft getreten. Für die **vor** dem 1. 4. 53 geschl Ehen bleibt es bei der Anwendg des aus Art 15 aF entwickelten allg Grds; die am 1. 4. 53 eingetretene Änderg des KollR hat wegen der Unwandelbk des GüterRStatuts keinen Einfluß auf die damals bereits bestehden Ehen, vgl Art 220 III S 6, BayObLG StAZ **98**, 208; insow bleibt es also bei der grdsl Maßgeblk des HeimatR des Mannes; die Eheg können jedoch nach Art 220 III S 6 eine RWahl gem Art 15 II treffen. Diese Regelg ist verfassgsr unbedenkl, zweifelnd Schurig IPRax **88**, 89.

7 **bb) Bei Heirat nach dem 31. 3. 53 und vor dem 9. 4. 83.** Die RPraxis ist bis zum Beschl des BVerfG vom 22. 2. 83, BGBl 525, aus Grden der RSicherh u des Vertrauensschutzes überw von der Fortgeltg der aus EG 15 entwickelten KollNorm ausgegangen, vgl insb BGH NJW **80**, 2643, BGH NJW **82**, 1937. Das BVerfG hat diese Auffassg abgelehnt, NJW **83**, 1970, mit Recht krit dazu Lichtenberger DNotZ **83**, 394,

Henrich IPRax **83**, 209. Damit ist für die nach dem 31. 3. 53 geschl Ehen rückw eine neue Lage entstanden. Das IPRG 1986 trägt dem dch eine komplizierte **Übergangsregelung** in **Art 220 III** S 1–4 Rechng. Danach sind bei der Beurteilg der güterr Wirkgen von Ehen, die **nach** dem 31. 3. 53 (dh dem Inkrafttreten von GG 3 II) und **vor** dem 9. 4. 83 (dh dem Bekanntwerden des Beschl des BVerfG vom 22. 2. 83) geschl wurden, zwei versch Zeiträume zu unterscheiden: **Ab** dem 9. 4. 83 gilt die Anknüpfgsregelg des Art 15 nF, Art 220 III S 2 (mit einer Modifikation gem S 3); **bis** zu diesem Ztpkt gilt für die betr Ehen die bes Anknüpfgsregelg des Art 220 III S 1, welche dem Gesichtspkt des Vertrauensschutzes in die sZt faktisch bestehde RLage Rechng trägt, vgl BGH FamRZ **87**, 680.

(1) Die güterr Wirkgen solcher Ehen unterliegen danach **bis zum 9. 4. 83** in erster Linie (vorbehaltl einer 8
Rück- od Weiterverweisg, Art 4 I) dem **gemeinsamen Heimatrecht** der Eheg zZ der Eheschl, S 1 **Nr 1;** der bloß beabsicht Erwerb der Staatsangehörigk des and Eheg zu einem späteren Ztpkt genügt dafür nicht, BGH FamRZ **87**, 681, aM Schurig IPRax **88**, 90; bei Doppelstaatern gilt Art 5 I, insb dessen S 2, vgl BGH FamRZ **86**, 1203, **87**, 681, Karlsr IPRax **90**, 123, Lichtenberger MittBayNot **87**, 258, aM Jayme IPRax **87**, 96, **90**, 103, Soergel-Schurig Art 220 Rn 41, MüKo-Siehr Rn 158 (maßg nur effektive Staatsangehörigk). (2) 9
In Ermangelg einer gemeins (effektiven) Staatsangehörigk entsch in zweiter Linie das Recht, dem **beide** Eheg dch formfreie ausdrückl od stillschw RWahl sich **unterstellt** haben od von dessen Anwendg sie ohne einen entspr Willensakt tats **gemeinsam ausgegangen** sind, insb nach dem sie einen EheVertr geschl haben, S 1 **Nr 2;** Rück- od Weiterverweisg dch dieses „gewählte" Recht sind nicht zu beachten, Art 4 II. Obwohl das bis zum 9. 4. 83 faktisch praktizierte KollR eine derartige wirkl od fingierte Wahl des GüterRStatuts nicht kannte, verstößt diese Regelg nicht etwa gg das verfassgsr Rückwirkgsverbot, da sie die gemeins Vorstellgen der Part legalisiert, sich also nicht über deren Vertrauen in die Fortgeltg einer best RLage hinwegsetzt, BGH FamRZ **87**, 680 (bestätigt dch BVerfG FamRZ **88**, 920), Stgt FamRZ **91**, 709, aM Rauscher NJW **87**, 533, IPRax **88**, 348. Die Grenzen zw einer formlosen konkludenten RWahl u einer bloßen faktischen Hinnahme der gedachten Maßgeblichk einer ROrdng (iS einer fingierten RWahl, vgl BGH FamRZ **88**, 41) sind fließend; bei der Ermittlg der Vorstellgen der Part sind alle Umst des Einzelfalls zu berücksichtigen, zB gewöhnl Aufenth u Erwerbstätigk der Eheg, Ort der Heirat, Belegenh ihres Vermögens, Erklen ggü Beh od Ger, evtl auch Orientierg an der seinerzeitigen RPraxis, die von der Weitergeltg des Art 15 I aF ausging, vgl dazu BGH FamRZ **93**, 292, Ffm FamRZ **87**, 1147, KG IPRax **88**, 106, Karlsr IPRax **90**, 123, Kln FamRZ **96**, 1480. Ausreichd ist, daß die Eheg nach ihren gesamten LebensUmst unbewußt wie selbstverständl von der Maßgeblichk der ihnen nächstliegden ROrdng ausgegangen sind, vgl Ffm FamRZ **87**, 1147, KG IPRax **88**, 107, Düss FamRZ **95**, 1588, NJWE-FER **96**, 25, Puttfarken RIW **87**, 840, krit Schurig IPRax **88**, 91, Dörr NJW **89**, 1964, MüKo-Siehr Rn 160. Stets muß es sich aber um eine gemeins Vorstellg beid Eheg handeln, Karlsr IPRax **90**, 123 u dazu Jayme ebda 102. Haben sich die Vorstellgen der Part im Verlauf der Ehe **geändert,** so entsch das Recht, dem die Eheg sich vor dem 9. 4. 83 **zuletzt** gemeins unterstellt haben od von welchem sie zuletzt übereinstimmd ausgegangen sind, BGH FamRZ **88**, 41, **93**, 292, Karlsr IPRax **90**, 123.
(3) Kommt auch eine wirkl od fingierte RWahl nach Nr 2 nicht in Betr, so gilt in dritter Linie das 10
Heimatrecht des Ehemannes zZ der Eheschl, S 1 **Nr 3.** Diese Auffanganknüpfg sanktioniert im Interesse der RSicherheit in den von Nr 1 od Nr 2 nicht erfaßten Fällen für eine ÜbergZeit den damals faktisch praktizierten RZustand; sie entspr rechtsstaatl GrdSätzen u ist desh **verfassungsmäßig,** BGH FamRZ **86**, 1202 (bei weiter Auslegg von Nr 2), BGH FamRZ **87**, 680, Lichtenberger DNotZ **87**, 297, Sonnenberger Fschr Ferid (1988) 460, insow offen gelassen Karlsr IPRax **90**, 124, aM Basedow NJW **86**, 2974, Rauscher NJW **87**, 534, Puttfarken RIW **87**, 838, MüKo-Siehr Rn 173, Schurig IPRax **88**, 93, Winkler v Mohrenfels IPRax **95**, 384, grdsl auch Henrich IPRax **87**, 94, **88**, 367; vgl dazu die berecht Kritik v Lüderitz FS Rwiss Fakultät Kln (1988) 275.

Auch die in der Zeit nach dem 31. 3. 53 u vor dem 9. 4. 83 geschl Ehen sind aber **ab dem 9. 4. 83** in 11
ihren güterrechtl Wirkgen nach Art 15 nF zu beurteilen, Art 220 III **Satz 2;** zur Verfassgsmäßigk dieser Differenzierg BGH FamRZ **87**, 680 (bestätigt dch BVerfG FamRZ **88**, 920), Karlsr IPRax **90**, 124, Stgt FamRZ **91**, 709, aM Rauscher NJW **87**, 534. Hieraus ergibt sich idR kein Statutenwechsel, soweit für die Ehe bish nach Art 220 III S 1 Nr 1 das gemeins HeimatR der Eheg zZ der Heirat galt, Art 15 I iVm Art 14 I Nr 1 (and bei Nichtanwendg v Art 5 I 2, vgl Rn 8, MüKo-Siehr Rn 178). Das gleiche gilt, soweit für die betreffde Ehe bish das von den Eheg dch wirkl od fingierte RWahl best GüterR nach Art 220 III S 1 Nr 2 maßg war; die bish RWahl behält unter den Voraussetzgen des Art 15 II, Lichtenberger DNotZ **87**, 300, insow aM Henrich IPRax **87**, 93, weiterhin ihre Gültigk; dabei kann von der Einhaltg der Form des Art 15 III iVm Art 14 IV abgesehen werden, BT-Drucks 10/5632 S 46, BGH FamRZ **86**, 1202, Karlsr IPRax **90**, 123, ebso Jayme IPRax **87**, 96, Lichtenberger DNotZ **87**, 299 u jetzt auch Henrich IPRax **87**, 93; dies gilt auch für den Fall, daß die Part von der Anwendg eines best Rechts ledigl „ausgegangen" sind, also keine echte RWahl getroffen haben, BGH FamRZ **87**, 681, **88**, 41, **93**, 291, **98**, 906, Düss FamRZ **95**, 1588, selbst wenn auf diese Weise iErg das HeimatR des Mannes über den 8. 4. 83 hinaus fortgilt, BGH FamRZ **87**, 681, aM Henrich IPRax **87**, 95, MüKo-Siehr Rn 183, vgl auch BFH NJW-RR **98**, 1041. Verfassgsr Bedenken gg die Fortgeltg der wirkl od fingierten RWahl, vgl dazu Schurig IPRax **88**, 92, Siehr Fschr Ferid (1988) 440, Winkler v Mohrenfels IPRax **95**, 383, sind nicht durchgreifd, da sie Vorstellgen der Part
übernimmt, die sich zumeist unabhäng von jur Beratg gebildet haben. Dagg wird bei bish Maßgeblk des 12
HeimatR des Mannes gem Art 220 III S 1 Nr 3 in der betreffden Ehe am 9. 4. 83 in Anwendg v Art 15 I nF regelm ein **Statutenwechsel** eintreten; dabei ist für die Anknüpfg von den Verh der Eheg am 9. 4. 83 auszugehen, Art 220 III **Satz 3,** also von der gemeins Staatsangehörigk (unter Beachtg von Art 5 I, BGH FamRZ **87**, 681), dem gemeins gewöhnl Aufenth od hilfsw der gemeins engsten Verbindg an diesem **Stichtag,** BGH FamRZ **93**, 291, Henrich FamRZ **86**, 848. Für güterrechtsrelevante Vorgänge, zB Scheidg, Tod eines Eheg, die vor dem 9. 4. 83 eintreten, gilt dann in der betr Ehe das bish GüterRStatut, für güterrechtsrelevante Vorgänge nach diesem Ztpkt das neue nach Art 15 I iVm Art 14 best GüterRStatut, vgl
Karlsr IPRax **90**, 123. Das jeweils maßg GüterR erfaßt das **gesamte** (beim Eintritt des Vorgangs vorh) 13
Vermögen der Eheg, BGH FamRZ **86**, 1202, **87**, 680 (keine güterr Aufspaltg in zwei Vermögensmassen), krit Dörner IPRax **94**, 34. Mit dem Eintritt des Statutenwechsels wird auch nicht notwend eine AuseinandS des

am Stichtag vorh Vermögens erfdl, BGH FamRZ **87**, 680, Hamm FamRZ **93**, 115, aM Rauscher NJW **87**, 532, IPRax **88**, 347, Lichtenberger DNotZ **87**, 302, Schurig IPRax **88**, 93, Winkler v Mohrenfels IPRax **95**, 383, wohl auch v Bar JZ **87**, 756. Galt zB in der betr Ehe bis zum 8. 4. 83 der ges Güterstd der ZugewinnGemsch nach dtschem Recht, nach diesem Ztpkt Gütertrenng nach ausl Recht u wird die Ehe nunm gesch, so kommt ein ZugewinnAusgl nicht in Frage; die Umwandlg in den neuen gesetzl Güterstd erfolgt kraft Gesetz u löst desh keinen ZugewinnAusgl aus (§ 1372 wäre unanwendb) u zZ der Scheidg der Ehe gilt bereits Gütertrenng. Galt dagg umgekehrt zunächst Gütertrenng u seit dem 9. 4. 83 ZugewinnGemsch, so erfaßt der ZugewinnAusgl bei einer nunm erfolgden Scheidg das ges Verm der Eheg auch soweit es unter der Herrsch des früh ges Güterstands der Gütertrenng erworben wurde (AnfangsVerm wäre das Verm zZ des Eintritts des früheren gesetzl Güterstds, welcher in den Güterstd der ZugewinnGemsch umgewandelt worden ist, aM Lichtenberger MittBayNot **87**, 258: Berechng des AnfangsVerm zum 9. 4. 83, ebso Rauscher IPRax **88**, 348). Galt in der Ehe vor dem 9. 4. 83 der ges Güterstd der GüterGemsch nach ausl Recht, währd seit dem 9. 4. 83 Gütertrenng (mit od ohne ZugewinnAusgl) gilt, so verwandelt sich das bish GesamthandsEigt der
14 Eheg am Stichtag automat in MitEigt nach Brucht, was ggf eine GB-Berichtigg erfdl macht. Allerd sieht Art 220 III **Satz 4** ausdr eine Regelg für den Fall vor, daß sich „allein aus dem Wechsel des anzuwendd Rechts" zum Ablauf des 8. 4. 83 „Anspr wegen der Beendigg des früheren Güterstds ergeben würden"; solche Anspr gelten bis zum Inkrafttr des IPRG am 1. 9. 86 als gestundet; die Frist für eine Verjährg derartiger Anspre kann also erst an diesem Tag zu laufen beginnen. Diese Regelg bezieht sich jedoch nur auf Ehen, die in der Zeit zwischen dem 8. 4. 83 u dem 1. 9. 86 geschl worden sind u für die sich erst aGrd von Art 220 III S 2 u S 5 rückw ein güterr Anspr ergeben hat, BGH FamRZ **87**, 680, aM Rauscher IPRax **88**, 347.

15 **cc) Bei Heirat ab dem 9. 4. 83** ist Art 15 nF unbeschränkt anwendb, Art 220 III S 5. Das GüterRStatut ist in diesen Ehen vom Tag der Eheschl an (ggf also auch rückw auf die Zeit vor Inkrafttreten des IPRG am 1. 9. 86) nach den jetzt geltden Regeln (dh in Anwendg v Art 14 nF) zu best; gg rückw Anwendg von Art 5 I 2 Schurig IPRax **88**, 89.

16 **2) Grundsatzanknüpfung (Absatz 1).** Das ehel GüterR unterliegt nach Abs 1 grdsl dem für die allg Ehewirkgen bei der Eingehg der Ehe maßg Recht, dh dem in diesem Ztpkt nach Art 14 zur Anwendg berufenen Recht. Dabei sind sämtl Anknüpfgen des Art 14 einschließl der darin eröffneten RWahlmöglichken zu berücksichtigen; wegen des Abstellens auf den Ztpkt der Eheschl können aber jew die vergangenhbezogenen Stufen der Anknüpfgsleiter in Art 14 I Nr 1 u 2 (früh gemeins Staatsangehörigk u früh gemeins gewöhnl Aufenth) nicht eingreifen, vgl BT-Drucks 10/5632 S 41. Im einz ergeben sich daraus folgde
17 Konsequenzen: **a)** Das ehel GüterR ist in erster Linie nach dem **gemeinsamen Heimatrecht** der Eheg zZ der Eheschl zu beurteilen, Abs 1 iVm Art 14 I Nr 1; bei Mehrstaatern ist dabei nur die in Art 5 I bezeichnete (dh die effektivere bzw die dtsche) Staatsangehörigk zu berücksichtigen; bei Staatenl od Flüchtlingen ist an Stelle der Staatsangehörigk ihr dch den gewöhnl Aufenth best Personalstatut maßg, vgl Art 5 II u Anh zu Art 5; die Anknüpfg an eine früh gemeins Staatsangehörigk kommt wegen des Abstellens auf den Ztpkt der Heirat nicht in Betr; aus dem gleichen Grd ist eine erst dch Heirat erworbene Staatsangehörigk nicht zu
18 berücksichtigen. **b)** Besitzen die Eheg bei ihrer Heirat keine gemeins (nach Art 5 I zu berücksichtigde) Staatsangehörigk, so kommt in zweiter Linie das GüterR des Staates zur Anwendg, in dem **beide** Eheg zZ der Heirat ihren **gewöhnlichen Aufenthalt,** zum Begriff vgl Art 5 Rn 10, 11, haben (der sich selbstverständl nicht am selben Ort befinden muß), Abs 1 iVm Art 14 I Nr 2; die Anknüpfg an einen früh gewöhnl Aufenth im selben Staat kommt wegen des Abstellens auf den Ztpkt der Heirat nicht in Betr. Daß einer der Eheg auch die Staatsangehörigk des Staates des beiders gewöhnl Aufenth besitzt, ist nach Art 14 I Nr 2 nicht erfdl. Ein erst im Anschluß an die Heirat begründeter gemeins gewöhnl Aufenth im selben Staat genügt für die Anknüpfg des GüterRStatuts nach Abs 1 iVm Art 14 I Nr 2 nicht, vgl Begr BT-Drucks 10/504 S 58, spielt
19 aber bei der Auffanganknüpfg nach Art 14 I Nr 3, dazu Rn 19, eine Rolle. **c)** Besitzen die Eheg zZ der Heirat weder eine gemeins (nach Art 5 I z berücksichtigde) Staatsangehörigk noch einen gewöhnl Aufenth im selben Staat, so beurteilen sich ihre güterr Verhe in dritter Linie nach dem Recht des Staates, mit dem sie **zu diesem Zeitpunkt** auf and Weise **gemeinsam am engsten verbunden** sind, Abs 1 iVm Art 14 I Nr 3, vgl dazu dort Rn 9, 10. Dabei sind sämtl Umst des Einzelfalls zZ der Heirat zu berücksichtigen, insb gemeins soziale Bindungen der Eheg an einen Staat dch Herkunft, Kultur, Sprache od berufl Tätigk, gemeins schlichter Aufenth in einem Staat, sofern er nicht ganz vorübergehder Natur ist, Ort der Eheschl, sofern er nicht ganz zufäll gewählt ist u vor allem gemeins objektiv feststellb **Zukunftspläne,** insb die beabsichtigte Begr eines gemeins gewöhnl Aufenth in einem best Staat im Anschl an die Heirat (erster ehelicher Wohns) od uU auch
20 erst z einem späteren Ztpkt, selbst wenn diese Abs nicht verwirklicht wurde. **d)** Haben die Eheg bereits vor der Heirat das Ehewirkgsstatut unter den Voraussetzgen des Art 14 II–IV, vgl dort Rn 11–16, wirks gewählt, so ist diese **Rechtswahl** nach Abs 1 mittelb auch für das GüterRStatut maßg. Sie geht der gesetzl Anknüpfg des GüterRStatuts gem Abs 1 iVm Art 14 I vor.

21 **3) Bestimmung des Güterrechtsstatuts durch unmittelbare Rechtswahl (Absatz 2 und 3).** Vgl dazu Mankowski/Osthaus DNotZ **97**, 10, Schotten DNotZ **99**, 326. **a)** Das Gesetz gestattet den Part in Abs 2 auch unabhäng von der Anknüpfg des Ehewirkgsstatuts eine bes auf die güterrechtl Wirkgen ihrer Ehe beschr RWahl. Damit soll den Eheg insb die Möglk gegeben werden, das GüterRStatut ihren veränderten Lebens- u VermögensVerhen anzupassen. Die RWahl ist an **keine Voraussetzungen** geknüpft; ledigl aus dem Kreis der zur Wahl gestellten ROrdngen ergeben sich Einschränkgen. Auch **deutsche** Eheg können desh ihre güterr Beziehgen einem ausl Recht unterstellen, sofern einer von ihnen in dem betr Staat seinen gewöhnl Aufenth hat (Abs 2 Nr 2) od dort unbewegl Verm besitzt (Abs 2 Nr 3). Auch der **Zeitpunkt** der RWahl ist nicht fixiert; sie kann als vorgezogene RWahl bereits vor der Heirat (aber erst mit Wirkg ab dieser) od zu einem belieb Ztpkt währd der Ehe (mit Wirkg ex nunc) vorgen werden; dies gilt nach Art 220 III S 6 insb auch für Ehen, die vor Inkrafttreten des GleichberechtiggsGrds am 1. 4. 53 geschl worden sind, vgl dazu Rn 6. Daraus folgt zugleich, daß die Eheg eine einmal getroffene RWahl mit Wirkg für die Zukunft jederzeit aufheben od ändern können; dann gilt fortan das gesetzl od ein vereinbartes and GüterRStatut, das grdsl auch über die Abwicklg u Überleitg des bish Güterstandes best, aM Wegmann NJW **87**, 1744 (Abwicklg nach dem

bish GüterRStatut); die Eheg können aber bei der von ihnen vorgenommenen RWahl auch ausdr das bereits vorh Verm dem neuen GüterRStatut unterstellen, vgl dazu Begr BT-Drucks 10/504 S 58. Für Zulassg einer rückw RWahl Mankowski/Osthaus DNotZ **97**, 20, dagg zutr Schotten DNotZ **99**, 327. **b)** Zur **Wahl** 22
freigestellt sind den Eheg als GüterRStatut (1) ihre jew **Heimatrechte,** Abs 2 Nr 1; bei mehrf Staatsangehörigk ist ebso wie nach Art 14 III die Wahl **jedes** beteiligten (nicht nur eines nach Art 5 I z berücksichtigden) HeimatR statth, vgl dazu Art 14 Rn 13, ebso MüKo-Siehr Rn 28, aM Lichtenberger DNotZ **86**, 659, Johannsen/Henrich, EheR Art 15 Rz 10; (2) das **Recht** des Staates des **gewöhnlichen Aufenthalts,** zum Begr vgl Art 5 Rn 10, 11, mind eines der Eheg u (3) hins ihres **unbeweglichen** Vermögens auch das Recht des **Lageortes;** dabei ist der Begr des unbewegl Verm iS des dtschen Rechts zu verstehen, was eine autonome Qualifikation nicht ausschließt, vgl Rn 27 vor Art 3, Böhringer BWNotZ **87**, 109, Lichtenberger Fschr Ferid (1988) 284, MüKo-Siehr Rn 32, aM Kühne IPRax **87**, 73, Soergel-Schurig Rn 22 (für Qualifikation nach dem Recht des Lageortes); er umfaßt Grdste samt ihren Bestandt nebst Zubehör, sowie Wohngs- bzw StockwerksEigt u ErbbauRe, vgl Übbl vor § 90 Rn 3, ferner die sonst beschr dingl Rechte an Grdsten, Jayme IPRax **86**, 270, Lichtenberger DNotZ **86**, 659, MüKo-Siehr Rn 33, nicht dagg auch bloße Fordergen, aM Wegmann NJW **87**, 1743, od GesellschAnteile, Röll MittBayNot **89**, 3; dch diese erst im RAusschuß eingefügte zusätzl Wahlmöglk sollen insb die beim Erwerb **deutscher** Grdste durch **ausländische** Eheg sonst auftretden prakt Probleme gemindert werden, vgl BT-Drucks 10/5632 S 42; sie bezieht sich aber selbstverständl auch auf ausl GrdBes dtscher od ausl Eheg; dabei muß nicht notw das gesamte in dem betreffden Staat belegene unbewegl Verm dem Recht des Lageorts unterstellt werden; die RWahl kann also auch auf ein **einzelnes** Grdst beschr werden, um für die übr im selben Staat belegenen Grdste ein and GüterRStatut gelten zu lassen, LG Mainz NJW-RR **94**, 73, Henrich FamRZ **86**, 847, Lichtenberger DNotZ **86**, 659, **87**, 300, Erm-Hohloch Rn 29, Soergel-Schurig Rn 21, Mankowski FamRZ **94**, 1457, aM Kühne IPRax **87**, 73, Langenfeld FamRZ **87**, 13, Wegmann NJW **87**, 1743, Schotten DNotZ **94**, 566. Währd die in Abs 2 Nr 1 u 2 eröffnete RWahl die gesamten güterrechtl Beziehgen der Eheg betrifft, beschr sich die RWahl nach Abs 2 Nr 3 in ihren Wirkgen auf das von ihr erfaßte unbewegl Verm, führt also idR z einer **Spaltung des Güterrechtsstatuts,** vgl oben Rn 4. Jede Vermögensmasse der Eheg ist dann nach den dafür maßg güterrechtl Vorschren gesondert zu beurteilen; so können etwa bezügl der einen VerfüggsBeschrkgen bestehen, bezügl der and nicht, bezügl der einen kann bei Beendigg des Güterstd ein ZugewinnAusgl erfdl werden, bezügl der and nicht. **c)** Für die **Form** der RWahl gilt nach Abs 3 Art 14 IV entspr, vgl dazu dort 23
Rn 14. Die RWahl muß im Interesse der RKlarh ausdr erfolgen; aus der RWahl für den GrdstKaufVertr ergibt sich keine ehegüterr RWahl, LG Augsburg MittBayNot **95**, 233, ebsowenig aus der Vereinbarg einer Morgengabe, Ffm FamRZ **96**, 1478.

4) Anwendungsbereich. a) Art 15 best das maßg Recht für die Sonderordng des Vermögens der Eheg 24
währd u aGrd der Ehe. Die **Vorfrage** des Bestehens einer Ehe ist selbstd anzuknüpfen, vgl Rn 29 vor Art 3, hins der Formgültigk einer im Inland geschl Ehe insb nach Art 13 III, vgl Stgt FamRZ **78**, 507 (Nichtanerkenng der Gültigk der Ehe nach dem anwendb GüterRStatut ist unerhebl). Der **inländische Rechts- und Geschäftsverkehr** wird nach **Art 16** in best Umfang dch Anwendg dtschen Rechts geschützt. Für die vermögensr Folgen nehel LebensGemsch gilt Art 15 nicht, aM Andrae, Internat FamR 1999 S 394, MüKo-Siehr Rn 201; diese beurt sich nach dem maßg Vertr- od GesellschStatut bzw die dingl RLage nach dem BelegenhStatut.

b) Der Begr der güterrechtl Wirkgen der Ehe ist iS des dtschen Rechts zu **qualifizieren,** vgl Rn 27 vor 25
Art 3. Hierunter fallen alle RSätze, die eine Sonderordng für das Vermögen der Eheg währd der Ehe schaffen, von ihr absehen (Gütertrenng) od nach Auflösg der Ehe für ihre Abwicklg sorgen, BT-Drucks 10/504 S 57, Hamm FamRZ **92**, 965. Schuldrechtl RGeschäfte, die das GüterRStatut nicht erfaßt, zB Arbeitsverträge unter Eheg, unterliegen ihrem Schuldstatut, BGH FamRZ **93**, 290 (unbenannte Zuwendgen unter Eheg), aM Winkler v Mohrenfels IPRax **95**, 379. Vorauss u Wirkgen sachenrechtl RGeschäfte unterliegen grdsl der lex rei sitae, zB Erwerb von AlleinEigt od MitEigt dch Eheg, Köln NJW-RR **94**, 200, aM LG Bln FamRZ **93**, 198 (betr Hochzeitsgeschenke), vgl auch LG Tüb NJW-RR **92**, 1096; das GüterRStatut best jedoch, ob der betr Ggst einem bes güterrechtl Regime unterworfen ist, zB einer ErrungenschGemsch, Hamm FamRZ **99**, 300. Art 15 erfaßt sowohl das gesetzl wie das vertragl GüterR. Im **einzelnen** ist nach Art 15 zu beurteilen, welcher von den mehreren Güterstden einer ROrdng maßg ist, seine Wirkgen, insb, welche Gütermassen zu unterscheiden sind u zu welcher ein VermGgst eines Eheg gehört, zB ob Erwerb unter Lebden ins Gesamtgut, Oldbg RPfleger **91**, 412, BayObLG **92**, 85, Erwerb vTw ins VorbehGut fällt, ferner die Verwaltg u Nutznießg des Verm, Kln NJW-RR **98**, 865, Celle IPRax **99**, 113 (Mitberechtigg an Bankkonto), ErwerbsBeschrkgen (zB im Zusammenhang mit Auflassgsvormerkg, vgl dazu BayObLG DNotZ **86**, 487, Rauscher RPfl **86**, 119 gegen Amann ebda 117) od VfgsBeschrkgen inf des Güterstds, vgl §§ 1365, 1369, BayObLG JZ **54**, 441, die auch im inl GBVerk zu beachten sind, vgl dazu Lichtenberger MittBayNot **86**, 111, wobei für eingetr RInh die Vermutg des § 891 spricht, KG NJW **73**, 428, and Köln OLGZ **72**, 171; zur PrüfgsPfl des GBA, ob ausl GüterR anwendb ist BayObLG **92**, 85, Hamm NJW-RR **96**, 530. Nach Art 15 zu beurteilen ist auch ein GesellschVerbot zw Eheleuten, RG **163**, 367, MüKo- Siehr Rn 104, vgl dazu Art 14 Rn 18 (dagg beurt sich GesellschVertr zw Eheg im übr grdsl nach dem GesellschStatut, bei Fehlen einer körperschähnl Organisation nach dem Schuldstatut, aM Stgt NJW **58**, 1972); Art 15 regelt auch die dingl Berechtigg an GesellschAnt bei in GüterGemsch lebden Eheg, Riering IPRax **98**, 322, ferner die vom Güterstd abhäng Haftg eines Eheg für Verbindlichk des and, BGH FamRZ **98**, 906, MüKo-Siehr Rn 77, einschl der AusglPfl der Eheg untereinander, LG Hbg IPRspr **77** Nr 65; Art 15 regelt ferner die Auseinandersetzg, auch aGrd einer Scheidg, einschl einer **Auskunftspflicht** der Eheg, vgl BGH FamRZ **86**, 1200, Karlsr FamRZ **95**, 740, Kln NJW-RR **98**, 865; sieht das GüterRStatut keinen AuskunftsAnspr vor, weil es insow im Ggs zur dtschen lex fori vom AmtsermittlgsGrds ausgeht, so ist der Anspr dch Anpassg zu ergänzen, Ffm NJW-RR **91**, 583, Karlsr FamRZ **95**, 740. Nach Art 15 beurt sich auch Verpflichtg zur Rückzahlg einer Mitgift, vgl Karlsr IPRax **88**, 294. Dagg beurteilt sich der Anspr auf Herausg des pers Eigent gg den and Eheg iF der Scheidg grdsl nach der lex rei sitae, Art 43 Rn 4, ebso Köln NJW-RR **94**, 200, vgl auch Hamm FamRZ **93**, 212; für scheidgsrechtl Sonderregelgen, zB Hausratsteilg, gilt das Scheidgsstatut, str, vgl dazu Art 17 Rn 17. Der VersorggsAusgl ist

als Scheidgsfolge nach Art 17 zu beurteilen, vgl dort Rn 19–26, BGH NJW **93**, 2049. Der Anspr auf die nach islam Rechten vorgesehene Morgengabe ist wegen seiner unterhsichernden Funktion als pers Ehewirkg iSv Art 14 bzw als Scheidgsfolge iSv Art 17 iVm Art 18 IV zu qualifizieren, vgl näher Art 13 Rn 9, aM (GüterRStatut) Bremen FamRZ **80**, 606, MüKo-Siehr Rdz 97, wohl auch Köln NJW-RR **94**, 200 (betr Anspr auf Rückg), LG Ffm IPRspr **87** Nr 52.

26 **c)** Nach dem GüterRStatut ist insb der **Zugewinnausgleich** zu beurteilen, vgl zB Düss FamRZ **95**, 1203; das gilt auch, wenn die AusgleichsFdg mit dem Tod eines Eheg entsteht, wie nach § 1371 II, BayObLG **80**, 276, od der Zugewinnausgleich pauschaliert dch eine **Erhöhung des gesetzlichen Erbteils** erfolgt, wie nach **§ 1371 I,** Karlsr NJW **90**, 1421, Hamm IPRspr **95** Nr 119, LG Mosbach ZEV **98**, 489, Soergel-Schurig Rn 40, Staud–v Bar Rdz 101 f, Clausnitzer MittRhNotK **87**, 15, Erm-Hohloch Rn 37, Dörner IPRax **94**, 34, aM (erbrechtl Qualifikation) Raape IPR S 336. Dagg wollen Düss IPRspr **87** Nr 105, Ferid IPR Rdz 8–130, MüKo-Siehr Rn 114, MüKo-Birk Art 25 Rn 158, Schotten/Johnen DtZ **91**, 259 die Erhöhg des ges Erbteils nach § 1371 I grdsl nur gelten lassen, wenn dtsches Recht auch als Erbstatut maßg ist; bei Zustreffen des dtschen GüterRStatuts mit einem ausl Erbstatut sei der ZugewinnAusgl nach § 1371 II dchzuführen. Indessen wird damit ohne Grund auf die praktikable erbrechtl Lösg des § 1371 I verzichtet; Vorauss der Erhöhg des ges Erbteils ist allerd, daß dieser eine echte Erbquote ist, die nicht bereits einen güterr Ausgleich bewirken soll, Dörner IPRax **94**, 34, ähnl Clausnitzer MittRhNotK **87**, 17, der Gleichwertigk des ausl mit dem dtschen ErbR fordert. Führt die Anwendg unterschiedl Güter- u ErbR zu unbilligen Ergebnissen, indem sie den überlebden Eheg schlechter (Normenmangel) od besser (Normenhäufg) stellt als er bei vollständ Anwendg jeder der beteiligten ROrdngen stehen würde, so ist seine Beteiligg am Nachl dch **Angleichung** so zu korrigieren, daß er mind bzw höchstens das erhält, was ihm nach jedem der beiden Rechte für sich betrachtet zustünde, LG Mosbach ZEV **98**, 490, Staud-v Bar Rn 111, Schurig IPRax **90**, 391, aM Kropholler IPR § 34 IV; zum Normwiderspruch zw Güter- u Erbstatut ferner Clausnitzer ZRP **86**, 254, IPRax **87**, 102.
27 – Ob u unter welchen Vorauss dem überl Eheg ein Pflichtteil zusteht, entscheidet allein das Erbstatut; ist dieses ein ausl Recht, so bleiben § 1371 II HS 2 u III insoweit außer Betr; ob daneben ein ZugewinnAusgl stattfindet, entsch dagg das GüterRStatut, ggf also § 1371 II HS 1. – Die Erhöhg des EhegErbteils nach
28 **§ 1931 IV** bei **Gütertrennung** ist dagg erbrechtl zu qualifizieren, Ferid IPR Rdz 8–134, Erm-Hohloch Rn 38, Staud-v Bar Rdz 107, grdsl auch Jayme Fschr Ferid (1978) 221, aM Soergel-Schurig Rn 41; die Anwendg des § 1931 IV bei ausl GüterRStatut setzt jedoch voraus, daß die ausl Gütertrenng derjen des BGB
29 entspr, Jayme aaO. – Wird ein **Erbvertrag** zus mit einem EheVertr geschl, so bleibt für jenen das Erbstatut maßg, LG Mü I FamRZ **78**, 364, BayObLG **81**, 178, str, aM Staud-v Bar Rdz 97, vgl auch Henrich Fschr Schippel (1996) 905.

30 **d)** Das GüterRStatut best auch über Zulässigk, GültigkVoraussetzgen u mögl Inhalt eines **Ehevertrages,** zB ob ein EheVertr auch nach der Heirat geschl od abgeändert werden darf, hM, aM Grundmann FamRZ **84**, 447 (Ehewirkgsstatut), ob eine ger Gen od eine bes GeschFgk erfdl ist u welche Form als GeschR, Art 11 I, gewahrt werden muß. Bei **deutschem** GüterRStatut ergeben sich Schranken der VertrFreih aus **§ 1409,** vgl dazu Anm dort.

Anhang zu Art 15

I. Staatsverträge

1 Als Staatsvertr auf dem Gebiet der pers Ehewirkgen u des GüterR kam früh das Haager Abk v 17. 7. 05 betr den Geltgsbereich der Gesetze in Ansehg der Wirkgen der Ehe auf die Rechte u Pflichten der Eheg in ihren pers Beziehgen u auf das Verm der Ehegatten in Betr, RGBl **12**, 453 u 475 **(Haager Ehewirkungsabkommen).** Es galt zuletzt nur noch im Verh zu Italien, Bek v 14. 2. 55, BGBl II 188. Die BRep hat das Abk mit Wirkg zum 23. 8. 87 **gekündigt,** Bek vom 26. 2. 86, BGBl II 505. **Art 2 I** des Abk unterstellte die güterr Wirkgen der Ehe dem HeimatR des Ehem zZ der Eheschl; diese Regelg war wg Verstoßes gg GG 3 II ebso wie Art 15 I aF **verfassungswidrig,** BGH FamRZ **86**, 1200, **87**, 679, **88**, 40, KG IPRax **87**, 117, Ffm FamRZ **87**, 1147, Karlsr IPRax **90**, 122, vgl dazu Art 3 Rn 7. Für ÜbergFragen, die sich aus der Verfassgswidrigk des Art 2 I des Abk ergeben, gilt **Art 220 III** entspr, BGH aaO, BT-Drucks 10/5632 S 46, Ultsch MittBayNot **94**, 279, Stoll JZ **99**, 207, vgl dazu Art 15 Rn 5–15.

II. Gesetz über den ehelichen Güterstand von Vertriebenen und Flüchtlingen

Vom 4. 8. 1969, BGBl I 1067

Schrifttum: Herz DNotZ **70**, 134; Firsching FamRZ **70**, 452; Silagi IPRax **82**, 100; Henrich IPRax **83**, 25; P. Wassermann FamRZ **90**, 333.

Vorbemerkung

2 Die Grdse der Unwandelbk u die bish vielf vertretene Versteinerg des GüterRStatuts nach Art 15 I, vgl dort Rn 3, führen bei Flüchtlingen, die ihr Verm in der alten Heimat zurückgelassen u im Zufluchtsland von vorne angefangen haben, zu unbefriedigden Erg. Auch wenn ihre pers RVerhe grdsl dem Recht ihres AufenthLandes unterstellt werden, vgl näher Anh z Art 5 Rn 3–33, bleibt für den ehel Güterstd uU in versteinerter Form das alte HeimatR maßg, mit dem die Ehel nichts mehr verbindet. Häufig gehen die Betroffenen irrtüml davon aus, daß auch für ihre güterr Bez das AufenthR gelte. Dies kann namentl im Erbfall (Unanwendbk v § 1371 I 1) zu unliebs Überraschgen führen. Vor allem bei **deutschen Flüchtlingen,** die seit dem Ende des 2. Weltkriegs im Gebiet der BRep Aufn gefunden haben, entsprach die volle rechtl Integration in die neue Heimat einer selbstverständl Erwartg. Die Rspr ist aber auch bei DDR-Flüchtlingen von der Unwandelbk des GüterRStatuts ausgegangen, vgl Art 15 Rn 3. Aus diesem Grd ist dch Gesetz v 4. 8. 69 **§ 1** I 1 für Vertriebene u Sowjetzonenflüchtlinge iSv §§ 1, 3 u 4 BVFG mit Wirkg v 1. 10. 69, § 7, dh

ohne Rückwirkung, Hamm NJW **77**, 1591, aM Sonnenberger Fschr Ferid (1988) 458, das ehel GüterR der BRep, dh des Güterstd der ZugewGemsch, eingeführt worden. Das gleiche gilt für dtsche Eheg, die aus der früh sowjetischen Besatzgszone „zugezogen" sind, § 1 I 2. Diese Regelg gilt auch für **Übersiedler,** die nach Öffng der innerdtschen Grenze am 9. 11. 89 u vor Herstellung der staatl Einh Dtschlands am 3. 10. 90 ihren gewöhnl Aufenth in die BRep verlegt haben, vgl dazu Wassermann FamRZ **90**, 341. **Voraussetzung** dieser Überleitg nach § 1 ist, daß **beide** Eheg zum Ztpkt des Inkrafttr ihren gewöhnl Aufenth in der BRep hatten. Wurde diese Voraussetzg erst zu einem späteren Ztpkt erf, zB dch gemeins Flucht aus der DDR od dch Übersiedlg des zunächst dort allein zurückgebliebenen Eheg, so gilt für die Eheg das GüterR der BRep vom Beginn des 4. Monats ihres beiders gewöhnl Aufenth in der BRep an, **§ 3**; das bis dahin entstandene Verm der Eheg bleibt als SonderVerm GesHandsEigt der Part, Brdbg DtZ **97**, 204. Die Überleitg setzt ferner voraus, daß die Eheg bish in einem **gesetzlichen** (dh nicht auch: in einem ehevertragl vereinb) Güterstd gelebt haben, der außerh der BRep galt od gilt. Das ist auch bei Ehel der Fall, die in der DDR oder Ost-Bln nach dem 6. 10. 49 geheiratet haben, da in der DDR ab 7. 10. 49 (Ost-Bln dch VO v 12. 10. 50) Gütertrenng, ab 1. 4. 66 aGrd des FamGB (§ 15) ErrungenschGemsch gesetzl Güterstd war. Dagg ist diese Voraussetzg nicht erf, wenn sich ein als dtsches PartikularR geltder ges Güterstd nach dem österr ABGB dch GG 3 II, 117 I in den Güterstd der Gütertrenng verwandelt hat, BGH FamRZ **76**, 612 (Sudetendtsche) od wenn kraft Rückverweisg dch das RAG der fr DDR das GüterR der BRep anwendb war, aM Wassermann FamRZ **90**, 337. Die **Überleitung** greift **nicht** ein, wenn der bish Güterstd rechtzeit im GüterRReg eines AG der BRep **eingetragen** worden ist, §§ 1 II u 2, od einer der Eheg sie dch not beurk Erkl, § 4 I, ggü einem AmtsGer **abgelehnt** hat, §§ 2 u 3. Die Geltg des G v 4. 8. 69 ist dch die Neufassg des Art 15 ausdr unberührt geblieben, Abs 4.

§ 1. [Überleitung (Personenkreis, Wirkung)] *I Für Ehegatten, die Vertriebene oder Sowjetzonenflüchtlinge sind (§§ 1, 3 und 4 des Bundesvertriebenengesetzes), beide ihren gewöhnlichen Aufenthalt im Geltungsbereich dieses Gesetzes haben und im gesetzlichen Güterstand eines außerhalb des Geltungsbereichs dieses Gesetzes maßgebenden Rechts leben, gilt vom Inkrafttreten dieses Gesetzes an das eheliche Güterrecht des Bürgerlichen Gesetzbuchs. Das gleiche gilt für Ehegatten, die aus der sowjetischen Besatzungszone Deutschlands oder dem sowjetisch besetzten Sektor von Berlin zugezogen sind, sofern sie im Zeitpunkt des Zuzugs deutsche Staatsangehörige waren oder, ohne die deutsche Staatsangehörigkeit zu besitzen, als Deutsche im Sinne des Artikels 116 Abs. 1 des Grundgesetzes Aufnahme gefunden haben.*

II Die Vorschriften des Absatzes 1 gelten nicht, wenn im Zeitpunkt des Inkrafttretens der bisherige Güterstand im Güterrechtsregister eines Amtsgerichts im Geltungsbereich dieses Gesetzes eingetragen ist.

III Für die Berechnung des Zugewinns gilt, wenn die in Absatz 1 genannten Voraussetzungen für die Überleitung des gesetzlichen Güterstandes in das Güterrecht des Bürgerlichen Gesetzbuchs bereits damals vorlagen, als Anfangsvermögen das Vermögen, das einem Ehegatten am 1. Juli 1958 gehörte. Liegen die Voraussetzungen erst seit einem späteren Zeitpunkt vor, so gilt als Anfangsvermögen das Vermögen, das einem Ehegatten in diesem Zeitpunkt gehörte. Soweit es in den §§ 1374, 1376 des Bürgerlichen Gesetzbuchs auf den Zeitpunkt des Eintritts des Güterstandes ankommt, sind diese Vorschriften sinngemäß anzuwenden.

§ 2. [Ablehnung der Überleitung] *I Jeder Ehegatte kann, sofern nicht vorher ein Ehevertrag geschlossen worden oder die Ehe aufgelöst ist, bis zum 31. Dezember 1970 dem Amtsgericht gegenüber erklären, daß für die Ehe der bisherige gesetzliche Güterstand fortgelten solle. § 1411 des Bürgerlichen Gesetzbuchs gilt entsprechend.*

II Wird die Erklärung vor dem für die Überleitung in das Güterrecht des Bürgerlichen Gesetzbuchs vorgesehenen Zeitpunkt abgegeben, so findet die Überleitung nicht statt.

III Wird die Erklärung nach dem Zeitpunkt der Überleitung des Güterstandes abgegeben, so gilt die Überleitung als nicht erfolgt. Aus der Wiederherstellung des ursprünglichen Güterstandes können die Ehegatten untereinander und gegenüber einem Dritten Einwendungen gegen ein Rechtsgeschäft, das nach der Überleitung zwischen den Ehegatten oder zwischen einem von ihnen und dem Dritten vorgenommen worden ist, nicht herleiten.

§ 3. [Späterer Eintritt der Voraussetzungen] *Tritt von den in § 1 Abs. 1 genannten Voraussetzungen für die Überleitung des Güterstandes die Voraussetzung, daß beide Ehegatten ihren gewöhnlichen Aufenthalt im Geltungsbereich dieses Gesetzes haben, erst nach dem Inkrafttreten des Gesetzes ein, so gilt für sie das Güterrecht des Bürgerlichen Gesetzbuchs vom Anfang des nach Eintritt dieser Voraussetzung folgenden vierten Monats an. § 1 Abs. 2, 3 Satz 2, 3 ist entsprechend anzuwenden. Die Vorschriften des § 2 gelten mit der Maßgabe, daß die Erklärung binnen Jahresfrist nach dem Zeitpunkt der Überleitung abgegeben werden kann.*

§ 4. [Verfahren] *I Für die Entgegennahme der in den §§ 2, 3 vorgesehenen Erklärung ist jedes Amtsgericht zuständig. Die Erklärung muß notariell beurkundet werden.*

II Haben die Ehegatten die Erklärung nicht gemeinsam abgegeben, so hat das Amtsgericht sie dem anderen Ehegatten nach den für Zustellungen von Amts wegen geltenden Vorschriften der Zivilprozeßordnung bekanntzumachen. Für die Zustellung werden Auslagen nach § 137 Nr. 2 der Kostenordnung nicht erhoben.

III Wird mit der Erklärung ein Antrag auf Eintragung in das Güterrechtsregister verbunden, so hat das Amtsgericht den Antrag mit der Erklärung an das Registergericht weiterzuleiten.

IV Der auf Grund der Erklärung fortgeltende gesetzliche Güterstand ist, wenn einer der Ehegatten dies beantragt, in das Güterrechtsregister einzutragen. Wird der Antrag nur von einem der Ehegatten gestellt, so soll das Registergericht vor der Eintragung den anderen Ehegatten hören. Besteht nach Lage des Falles begründeter Anlaß zu Zweifeln an der Richtigkeit der Angaben über den bestehenden Güterstand, so hat das Registergericht die erforderlichen Ermittlungen vorzunehmen.

§ 5. [Geschäftswert] *Für die Beurkundung der Erklärung nach § 2 Abs. 1, für die Aufnahme der Anmeldung zum Güterrechtsregister und für die Eintragung in das Güterrechtsregister beträgt der Geschäftswert 3000 Deutsche Mark.*

§ 6. [Berlinklausel] Dieses Gesetz gilt nach Maßgabe des § 13 des Dritten Überleitungsgesetzes vom 4. Januar 1952 (Bundesgesetzbl. I S. 1) auch im Land Berlin.

§ 7. [Inkrafttreten] Dieses Gesetz tritt am 1. Oktober 1969 in Kraft; die §§ 2, 4 und 5 treten jedoch am Tage nach der Verkündung in Kraft.*

* Verkündung: 5. 8. 1969.

EG 16 *Schutz Dritter.* **I Unterliegen die güterrechtlichen Wirkungen einer Ehe dem Recht eines anderen Staates und hat einer der Ehegatten seinen gewöhnlichen Aufenthalt im Inland oder betreibt er hier ein Gewerbe, so ist § 1412 des Bürgerlichen Gesetzbuchs entsprechend anzuwenden; der fremde gesetzliche Güterstand steht einem vertragsmäßigen gleich.**

II Auf im Inland vorgenommene Rechtsgeschäfte ist § 1357, auf hier befindliche bewegliche Sachen § 1362, auf ein hier betriebenes Erwerbsgeschäft sind die §§ 1431 und 1456 des Bürgerlichen Gesetzbuchs sinngemäß anzuwenden, soweit diese Vorschriften für gutgläubige Dritte günstiger sind als das fremde Recht.

1 **1) Allgemeines.** Art 16 erkl zum Schutz des inl RVerk best Vorschr des dtschen EheR auch dann für anwendb, wenn die Eheg nach Art 14 u 15 einem ausl Ehewirkgs- od GüterRStatut unterworfen sind. Die Regelg entspr inhaltl Art 16 aF. Eine weitere SchutzVorschr zG der Verkehrsinteressen enth Art 12; zum Verh der beiden Vorschr Liessem NJW **89**, 500.

2 **2) Wirkung eines fremden Güterstandes gegenüber Dritten (Absatz 1).** Vgl dazu Schotten DNotZ **94**, 674. Gilt für die güterrechtl Wirkgen einer Ehe gem Art 15 fremdes Recht, so können sich die Eheg nach Abs 1 entspr § 1412 ggü Dritten bei einem RGesch od im RStreit auf ihren fremden gesetzl od vertragl Güterstd nur dann berufen, wenn dieser im dtschen GüterRRegister eingetragen ist **oder** der Dritte ihn kennt, dh positiv weiß, daß ein best ausl Güterstd zur Anwendg kommt; bloße Kenntn von der Anwendbark ausl GüterR genügt nicht, aM Liessem NJW **89**, 500, Schotten DNotZ **94**, 677. Zur örtl u internat Zustdgk des RegGer vgl § 1558 I. **Voraussetzung** der entspr Anwendg des § 1412 ist neben der Maßgeblk eines fremden GüterRStatuts (einschließl des Rechts der fr DDR), daß wenigstens einer der Eheg seinen gewöhnl Aufenth, zum Begr vgl Art 5 Rn 10, 11, im Inl hat od im Inl ein Gewerbe betreibt. Aus Art 16 I folgt, daß Dritte bei fehlder Eintragg darauf vertrauen können, daß Eheg im dtschen gesetzl Güterstd leben, sofern einer von ihnen sich gewöhnl im Inl aufhält, vgl zB LG Aur FamRZ **90**, 776 u dazu Roth IPRax **91**, 320. Zum Schutz des RVerkehrs bei der Überleitg des ges Güterstdes der DDR vgl Art 234 § 4 II u dazu Rauscher DNotZ **91**, 232.

3 **3) Zusätzlicher Schutz des inländischen Rechts- und Geschäftsverkehrs (Absatz 2). a)** Bei Vorliegen eines ausr InlBezugs werden **gutgläubige** Dritte, welche die Maßgeblk fremden Rechts als Ehewirkgs- bzw GüterRStatuts weder kennen noch infolge grober Fahrlässigk nicht kennen, zusätzl im Rahmen von Abs 2 dch Anwendg best Vorschren des dtschen FamR geschützt. Allg Voraussetzg dafür ist, daß diese Vorschren dem Dr günstiger sind als ein nach Art 14 od Art 15 an sich maßg ausl Recht. Entsch sind dabei die Umst des Einzelfalls, zB ob sich der Dr auf die Gültigk od Ungültigk eines RGesch beruft. Im InnenVerh der Eheg bleibt es bei der Anwendg des ausl Rechts. **b)** Im einz handelt es sich um die Regelg der **Schlüsselgewalt** gem § 1357 (einschl deren Beschrkgen od Ausschließg u ihrer Aufhebg), sofern das betr RGesch im Inl vorgen wird, vgl zB BGH NJW **92**, 909, Celle IPRax **93**, 96, Jayme ebda 80; Anwesenh eines VertrPart bzw dessen StellVertr im Inl ist ausr, Art 11 II u III entspr; ferner um die **Eigentumsvermutungen** gem § 1362 bei im Inl befindl bewegl Sachen sowie um die **Zustimmungserfordernisse** seitens des and Eheg beim selbstd Betrieb eines **Erwerbsgeschäfts** im Inl gem §§ 1431, 1456; dieser Schutz entfällt, wenn der Dr schon dch Abs 1 iVm § 1412 geschützt wird; §§ 1431, 1456 greifen also nur ein, wenn der fremde Güterstd im GüterRReg eingetragen od dem Dr bekannt ist, Reithmann-Martiny-Hausmann, Internat VertrR Rz 1089. **c)** Eine **analoge** Anwendg des Abs 2 ist nicht ausgeschl; sie kommt etwa bei Beschränkgen von Eheg hins des Abschl best RGesche, zB einer Bürgsch, nach dem an sich maßg fremden Recht in Betr, vgl Begr BT-Drucks 10/504 S 59.

EG 17 *Scheidung.* **I Die Scheidung unterliegt dem Recht, das im Zeitpunkt des Eintritts der Rechtshängigkeit des Scheidungsantrags für die allgemeinen Wirkungen der Ehe maßgebend ist. Kann die Ehe hiernach nicht geschieden werden, so unterliegt die Scheidung dem deutschen Recht, wenn der die Scheidung begehrende Ehegatte in diesem Zeitpunkt Deutscher ist oder dies bei der Eheschließung war.**

II Eine Ehe kann im Inland nur durch ein Gericht geschieden werden.

III Der Versorgungsausgleich unterliegt dem nach Absatz 1 Satz 1 anzuwendenden Recht; er ist nur durchzuführen, wenn ihn das Recht eines der Staaten kennt, denen die Ehegatten im Zeitpunkt des Eintritts der Rechtshängigkeit des Scheidungsantrags angehören. Kann ein Versorgungsausgleich danach nicht stattfinden, so ist er auf Antrag eines Ehegatten nach deutschem Recht durchzuführen,

1. wenn der andere Ehegatte in der Ehezeit eine inländische Versorgungsanwartschaft erworben hat oder
2. wenn die allgemeinen Wirkungen der Ehe während eines Teils der Ehezeit einem Recht unterlagen, das den Versorgungsausgleich kennt,

soweit seine Durchführung im Hinblick auf die beiderseitigen wirtschaftlichen Verhältnisse auch während der nicht im Inland verbrachten Zeit der Billigkeit nicht widerspricht.

1) Allgemeines. a) Art 17 I unterstellt Vorauss u Folgen einer Ehescheidg im Interesse einer einheitl Anknüpfg aller RBeziehgen zw den Eheg u im Verh zu ihren Kindern (FamStatut) dem von der GrdsKollNorm des Art 14 zur Anwendg berufenen Recht, vgl dort Rn 1. Die einheitl Anknüpfg von allg Ehewirkgen u Ehescheidg ist auch wegen des inhaltl Zusammenhangs der aus der Ehe erwachsden Pflichten mit den scheidgsrechtl Folgen ihrer Verletzg zweckmäßig. 1

b) Soweit bei der Anknüpfg des Ehewirkgsstatuts gem Art 14 **Rück- oder Weiterverweisung** zu beachten sind (**nicht** also insb bei der Anknüpfg aGrd gemeins engster Verbindg, Art 14 I Nr 3, u bei der Bestimmg des anwendb Rechts dch RWahl, Art 14 II u III), vgl Art 14 Rn 3, gilt dies mittelb auch für die Anknüpfg des Scheidgsstatuts; maßgebd ist dabei die ausl KollNorm für die Ehescheidg, vgl Karlsr NJW-RR **90**, 777, Henrich FamRZ **86**, 850. Die Rückverweisg kommt insb bei Staaten mit Domizilprinzip in Betr, also zB bei England, Hamm NJW **91**, 3101, Irland, Kln IPRax **89**, 297, AG Minden IPRax **92**, 108, USA, Zweibr NJW-RR **99**, 948, vgl dazu Hay IPRax **88**, 265, Bungert IPRax **93**, 10, Dänemark u Island, SchlH SchlHA **82**, 27, Peru, AG Hbg NJW-RR **86**, 374, Argentinien, AG Fbg u AG Bonn IPRax **89**, 108, AG Detm IPRax **90**, 415, in gemischtnat Ehen auch bei Polen, Stgt FamRZ **79**, 1022, Frankreich, BGH NJW **82**, 1940 u Österreich, Mü FamRZ **86**, 806. Die Rückverweisg kann auf den VersorggsAusgl grdsl auch dann erstreckt werden, wenn dem betr ausl Recht dieses RInstitut nicht bekannt ist, Stgt FamRZ **86**, 687, Hamm IPRax **91**, 197, aM Bambg FamRZ **79**, 930, Oldenbg FamRZ **84**, 715, AG Hbg NJW-RR **86**, 374, vgl auch AG Landstuhl IPRax **85**, 231; zum Ausschl von Rück- od Weiterverweisg bei Abs 3 S 1 HS 2 vgl Rn 20. – Zum Vorrang des **Belegenheitsstatuts** s Art 3 III u dort Rn 11–15. **c)** Für die Anwendg des **ordre public** 3
ist seit dem Wegfall der bes VorbehKlausel des Art 17 IV aF etwas mehr Raum, vgl dazu Art 6 Rn 21, Dopffel FamRZ **87**, 1213, Bolz NJW **90**, 620; mit Art 6 unvereinb ist insb eine PrivScheidg Dtscher im Ausl, vgl dazu Rn 35; eine gewisse „Entlastung" der allg VorbehKlausel wird aber dch die regelwidr Anwendg dtschen Rechts nach Art 17 I 2 u III 2 bewirkt, Basedow NJW **86**, 2975. **d)** Eine **staatsvertragliche Kollisions-** 4
norm (Maßgeblk des HeimatR) enth das dtsch-iran NiederlassgsAbk v 17. 2. 29, RGBl **30** II 1002, noch in Kraft, vgl Bek v 15. 8. 55, BGBl II 829, dessen Art 8 III iVm Z I Abs 3 des Schlußprotokolls auch für Scheidgssachen gilt, in der BRep also, wenn beide Eheg iran Personalstatut haben,vgl dazu BGH FamRZ **90**, 33 (nicht wenn ein Eheg Flüchtling mit dtschem Personalstatut), KG NJW-RR **94**, 199, Düss FamRZ **98**, 1114, ferner Mü IPRax **89**, 240, Ffm OLGZ **89**, 283, Oldbg FamRZ **95**, 1590, Schotten/Wittkowski FamRZ **95**, 264 sowie Art 6 Rn 11. Über staatsvertragl Bindgen dch Anerkennungs- u VollstrAbk vgl Rn 30. Dem Haager EhescheidgsAbk v 12. 6. 02 gehört Dtschland seit dem 1. 6. 34 als VertrStaat nicht mehr an, RGBl. **34** II 26. **e)** Im **innerdeutschen** KollisionsR galt Art 17 entspr, vgl dazu näher Rn 38, 39. 5

f) Die am 1. 9. 86 in Kr getretene **Neuregelung** des Scheidgsstatuts war auf die zu diesem Ztpkt bereits rechtshäng Scheidgsverfahren nach **Art 220 Absatz 1** ohne Einfluß, da das Scheidgsstatut gem Art 17 I 1 unwandelb angeknüpft wird, vgl Rn 7, es sich also aus der Sicht des neuen IPR u der von ihm getroffenen ÜbergRegelg kollisionsr um einen „abgeschl Tatbestd" handelt, BGH FamRZ **87**, 793, **90**, 32 u 386, **91**, 421, **93**, 177, **94**, 884, NJW **90**, 638, **90**, 2195, **91**, 3088,vgl dazu Art 220 Rn 2, 3; war der ScheidgsAntrag bereits vor dem 1. 9. 86 zugestellt worden, so best sich das Scheidgsstatut nach den bish verfassgskonform weiterentwickelten KollNormen, BGH FamRZ **87**, 794, **90**, 386, vgl dazu 45. Aufl Art 17 Anm 2; dies gilt insb auch für den VersorggsAusgl, BGH NJW **90**, 638, **91**, 3088, FamRZ **90**, 386, **92**, 295, **93**, 416, **94**, 885; bei einer vor Inkrafttreten des IPRG 1986 bereits rechtskräft gesch Ehe kommt daher selbstverständl auch keine nachträgl Durchf eines VersorggsAusgl aGrd v Art 17 III nF in Frage, BGH NJW **90**, 638, **91**, 3088, FamRZ **93**, 416, **94**, 885. Zur nachträgl Abänderg einer Entscheidg Rn 26 aE. 6

2) Regelmäßige Anknüpfung des Scheidungsstatuts (Absatz 1 Satz 1). a) Die Scheidg unterliegt nach Abs 1 dem Recht, das im **Zeitpunkt** des Eintritts der **RHängigk** des ScheidgsAntr, in Dtschland also im Ztpkt der Zustellg der AntrSchrift, ZPO 261, gem Art 14 für die betr Ehe als Ehewirkgsstatut maßg ist. Wird die Scheidg im Ausl durchgeführt, so kommt es auf den Ztpkt derjenigen Maßn an, welche der RHängigk des Antr funktionell vergleichb ist, bei der PrivScheidg also auf den Ztpkt, in dem der Scheidgsgegner mit der Scheidg erstmals förml befaßt wird, Begr BT-Drucks 10/504 S 60, BGH NJW **90**, 2195, Celle FamRZ **98**, 686, vgl auch BayObLG NJW-RR **94**, 772. Verändern sich die für die Anknüpfg des Ehewirkgsstatuts gem Art 14 maßg Umst nach diesem Ztpkt, so ist dies für das Scheidgsstatut ohne Bedeutg; dieses ist also währd des ScheidgsVerf **nicht** mehr **wandelbar,** Hamm FamRZ **95**, 933, aM Kln FamRZ **96**, 947, vgl aber Rn 6. **b)** Für die Anknüpfg des Scheidgsstatuts sind sämtl Anknüpfgen des Ehewirkgsstatuts 8
einschl der in Art 14 II u III eröffneten Möglken einer RWahl zu berücksichtigen; das für die allg Ehewirkgen gewählte Recht ist auch für die Scheidg maßg. Im einz ergeben sich aus der Verweisg des Art 17 I auf Art 14 folgde Konsequenzen: **aa)** Die Scheidg unterliegt in erster Linie dem **gemeinsamen Heimatrecht** der Eheg zum maßg Ztpkt, Abs 1 S 1 iVm Art 14 I Nr 1; bei Mehrstaatern ist dabei nur die in Art 5 I bezeichnete (dh die effektivere bzw die dtsche) Staatsangehörigk zu berücksichtigen, BGH FamRZ **94**, 435, Stgt FamRZ **89**, 760, Mü FamRZ **94**, 634, BayObLG NJW-RR **94**, 772, Düss FamRZ **94**, 1262, Hamm FamRZ **97**, 1229. Bei Staatenlosen od Flüchtlingen ist an Stelle der Staatsangehörigk ihr dch den gewöhnl Aufenth best Personalstatut maßg, vgl Art 5 II u Anh z Art 5, Karlsr FamRZ **91**, 83, **96**, 1147, Hamm FamRZ **92**, 1181, Celle FamRZ **98**, 757, AG Weilburg NJW-RR **99**, 1383; bei Fehlen eines derzeitigen gemeins HeimatR in dem genannten Sinn entscheidet subsidiär, vgl BGH FamRZ **94**, 435, das **letzte** gemeins HeimatR (bzw Personalstatut), sofern ein Eheg dem betr Staat noch angehört (bzw als Staatenloser od Flüchtling sich dort noch gewöhnl aufhält); auch bei dieser Hilfsanknüpfg ist Art 5 mit Anh zu beachten, Karlsr FamRZ **96**, 1147. **bb)** Besitzen die Eheg zum maßg Ztpkt keine gemeins (nach Art 5 I z berücksichtigde) Staatsangehörigk (bzw bei Staatenlosen od Flüchtlingen kein gemeins Personalstatut) u haben sie auch früher keine gemeins (nach Art 5 I z berücksichtigde) Staatsangehörigk (bzw bei Staatenlosen od Flüchtlingen kein gemeins Personalstatut) besessen od diese beide verloren, so unterliegt die Scheidg nach Abs 1 S 1 iVm Art 14 I Nr 2 in zweiter Linie dem **Recht** des Staates, in dem **beide** Eheg zZ der RHängigk des ScheidgsAntr ihren **gewöhnlichen Aufenthalt** haben, z Begr vgl Art 5 Rn 10, 11; haben die Eheg zu diesem Ztpkt ihren gewöhnl Aufenth in versch Staaten, so ist hilfsw das Recht des Staates maßg, in dem **beide** Eheg zuletzt ihren gewöhnl Aufenth hatten, sofern er v einem Eheg beibehalten worden ist, krit hierzu v Bar IPRax **94**, 102;

daß ein Eheg auch die Staatsangehörigk dieses AufenthLandes besitzt oder besaß, verlangt Abs 1 iVm Art 14 I Nr 2 nicht. **cc)** Versagt auch die Anknüpfg an den gewöhnl Aufenth, so unterliegt die Scheidg in dritter Linie dem **Recht** des Staates, dem die Eheg zum maßg Ztpkt auf and Weise **gemeinsam am engsten verbunden** sind, Abs 1 S 1 iVm Art 14 I Nr 3. Dabei sind sämtl Umst des Einzelfalls zu berücksichtigen, vgl dazu Art 14 Rn 10. **dd)** Haben die Eheg bereits vor RHängigk des ScheidgsAntr das Ehewirkgsstatut unter den Vorauss des Art 14 II–IV wirks gewählt, so ist diese **Rechtswahl** mittelb auch für das Scheidgsstatut maßg. Sie geht der gesetzl Anknüpfg des Scheidgsstatuts gem Abs 1 S 1 iVm Art 14 I vor; die Wirksamk der RWahl beurteilt sich nach der RLage zZ der Vereinbg, BayObLG NJW-RR **94**, 772.

9 **3) Regelwidrige Anwendung deutschen Rechts. a)** Ist die Scheidg nach dem v Abs 1 S 1 iVm Art 14 zur Anwendg berufenen Recht **nicht möglich,** so unterliegt die Scheidg nach **Absatz 1 Satz 2** dem dtschen Recht, wenn der die Scheidg begehrde Eheg bei Eintritt der RHängigk des ScheidgsAntr Dtscher iSv GG 116 I ist (späterer Erwerb der dtschen Staatsangehörigk genügt nicht, aM Lüderitz IPRax **87**, 76, Kersting FamRZ **92**, 275) od es bei der Eheschl war; die entspr Anwendg bei Staatenlosen od Flüchtlingen mit dtschem Personalstatut, vgl dazu Art 5 Rn 9 u Anh zu Art 5 Rn 27, ist statth, Kln FamRZ **96**, 947. Die regelwidr Anwendg des dtschen ScheidgsR setzt voraus, daß die Scheidg nach dem an sich maßg Scheidgsstatut wenigstens **derzeit** nicht mögl ist, zB weil eine längere Trenngsfrist als nach § 1566 vorgesehen noch nicht abgelaufen ist; daß das maßg Recht eine Scheidg überhaupt nicht zuläßt, verlangt Abs 1 S 2 nicht, Celle FamRZ **87**, 160, Kln FamRZ **96**, 947, Henrich FamRZ **86**, 850, Jayme IPRax **86**, 267, **87**, 168, Dopffel FamRZ **87**, 1213, aM Kln IPRax **89**, 310, AG Hbg FamRZ **98**, 1590 (betr ital Recht). Die Undurchführbk der Scheidg nach dem gem Abs 1 S 1 anwendb Recht muß festgestellt werden; entscheidd ist dabei der Ztpkt der letzten mdl Verhandlg, aM Kersting FamRZ **92**, 274 (RHängigk); eine entspr Anwendg von Abs 1 S 2 kommt aber in Betr, wenn sich der Inhalt des maßg Rechts nicht ermitteln läßt, aM Kersting aaO 271. Die subsidiäre Geltg des dtschen Rechts kann im Ggs zum fr RZustand, vgl 45. Aufl Anm 2 d, nicht allein damit begründet werden, daß der die Scheidg begehrde Eheg Dtscher ist od war. Sind die Vorauss des Abs 1 S 2 erf, so ist auf die Scheidg grdsl nicht nur hins der ScheidgsGrde, sond auch hins der Scheidgsfolgen, dtsches Recht
10 anzuwenden; eine Ausn gilt aber für den VersorggsAusgl, vgl Rn 19. **b)** Die Scheidg einer **Ehe mit auf Deutschland beschränktem Wirkungskreis** (hinkde Ehe, vgl dazu Art 13 Rn 24) erfolgt nach dtschem Recht, soweit sie nach dem maßg Scheidgsstatut nicht als Ehe angesehen wird, Stgt FamRZ **80**, 783 (das allerd die Scheidgsfolge des VersorggsAusgl ausnimmt), Kblz NJW-RR **94**, 647, Hamm StAZ **94**, 221, vgl ferner BT-Drucks 10/504 S 60, dahingestellt BGH DAVorm **82**, 925; abw Soergel-Schurig Rn 34, Johannsen/Henrich, EheR Art 17 Rz 34, Galster StAZ **88**, 160; zu den unterhr Folgen Rn 17; wird die Ehe später auch von dem als Scheidgsstatut maßg Recht als wirks angesehen, so bleibt es bei der Anwendg seiner Vorschr, AG Hbg-Altona IPRspr **82** Nr 72.

11 **4) Besonderheiten für das inländische Scheidungsverfahren nach ausländischem Recht (Absatz 2). a)** Das Verf richtet sich nach der lex fori; dies gilt auch für die Notwendigk eines **Antrags** u die Zulässigk eines gemeins Antr der Eheg, Henrich Fschr Bosch (1976) 413 ff. In der Sache ist grdsl das nach den oben erläuterten Anknüpfgsregeln, vgl Rn 7, 8, best Scheidgsstatut maßg. Danach ist zunächst zu prüfen, ob die Scheidg der Ehe dem Bande nach überh zul ist; Unzulässigk verstößt nicht etwa gg den ordre public, Hamm FamRZ **75**, 630 (ggf kann aber Abs 1 S 2 eingreifen), and wenn nur dem Mann, nicht der Frau ein ScheidgsR gegeben ist, vgl Art 6 Rn 21. Nach dem gleichen Recht beurteilen sich ferner die ScheidgsGrde u deren Entkräftg, zB dch Verzeihg oder Verwirkg, vgl Ffm FamRZ **78**, 510; enger gefaßte ScheidgsGrde als im dtschen Recht begründen grdsl nicht Anwendg v Art 6; ggf kann aber Abs 1 S 2 eingreifen. Das ausl
12 Scheidgsstatut kann die Scheidg auch v keinerlei Grden abhängig machen, KG JW **36**, 3579. **b)** Nach Abs 2 kann eine Ehe im Inl aber auch bei Maßgeblk ausl ScheidgsR im Interesse der RKlarh u zur Wahrg der Interessen mittelb Beteiligter, insb der Kinder, nur dch **gerichtliches Urteil** gesch werden. Eine im **Inland** mit od ohne Mitwirkg einer fremden Beh (zB auch in einer ausl Botsch) vollz **Privatscheidung** ist daher auch dann **unwirksam,** wenn sie den Vorauss eines fremden Scheidgsstatuts genügt (zB bei rechtsgeschäftl Scheidg nach islamischem, vgl Wiedensohler StAZ **91**, 40, od jüdischem Recht, vgl dazu BGH FamRZ **94**, 435, KG FamRZ **94**, 839), BGH **82**, 45, Stgt IPRax **88**, 172; das gleiche gilt für eine InlScheidg dch ein geistl Ger, vgl AG Hbg StAZ **81**, 83, JM BaWü IPRax **90**, 51 (vgl dazu Jayme ebda 32), Krzywon StAZ **89**, 105. Die Unwirksk tritt auch dann ein, wenn bei einem mehraktigen Geschehen der konstitutive **Teilakt,** dh die eheauflösde RHandlg im Inl vorgen wird, vgl Düss FamRZ **74**, 528, Beule IPRax **88**, 151; die Abgabe der VerstoßgsErkl (talaq) im Inl ist dafür ausr, auch wenn sie einer Registrierg im Heimatstaat bedarf, BayObLG FamRZ **85**, 75, Düss IPRax **86**, 305, Stgt IPRax **88**, 172, vgl dazu auch unten Rn 35–37. Unwirks ist eine im Inl vollz PrivScheidg nach Abs 2 insb auch dann, wenn an ihr **nur Ausländer** beteil sind u deren HeimatR die Scheidg anerkennt, vgl schon BGH **82**, 34; die Ehe kann daher grdsl v einem dtschen Ger „erneut" gesch werden, vgl zB LG Hbg IPRspr **77** Nr 66; Nichtanerkenng des dtschen Urt dch den Heimatstaat, der die PrivScheidg als wirks ansieht, steht der internat Zustdgk trotz ZPO 606 a I Nr 4 nicht entgg, vgl BGH **82**, 34, 50, Stgt IPRax **88**, 172, Beitzke IPRax **93**, 232. Die Unwirksk einer ganz od teilw im Inl vollz PrivScheidg ist entspr FamRÄndG Art 7 § 1 in dem danach vorgesehenen Verf festzustellen, wenn bei der Scheidg eine ausl Beh mitgewirkt hat, BGH **82**, 34, BayObLG FamRZ **85**, 1258, aM Bolz NJW **90**, 620; die Unwirksk einer reinen PrivScheidg ohne behördl Mitwirkg ist ohne förml Verf v den mit der Sache befaßten Ger oder Beh inzidenter festzustellen.

13 **5) Anwendungsbereich. a)** Art 17 setzt den wirks Bestand einer **Ehe** voraus; die Aufhebg od Anfechtg der Ehe wg Mängeln, die zZ der Eheschl vorlagen, beurteilt sich nach Art 13. Die **Vorfrage** des Bestehens der Ehe ist selbstd anzuknüpfen, Rn 29 vor Art 3, die Wirksk der Eheschl zB nach Art 11, 13; zur Scheidg einer hinkden Ehe nach dtschem Recht vgl Rn 10; zur Scheidg türk Imam-Ehen Zweibr NJW-RR **97**, 1227; die Wirksk eines ausl ScheidgsUrt hängt v dessen Anerkenng im Inl ab, vgl dazu Rn 29–37, BGH FamRZ **83**, 357; ein inl ScheidgsVerf ist zur Klärg dieser Frage ggf auszusetzen, BGH FamRZ **82**, 1203, Kln FamRZ **98**, 1303, dazu Basedow IPRax **83**, 278, Bürgle IPRax **83**, 281, **84**, 84, vgl Rn 31. Für die Auflösg
14 von **eheähnlichen Gemeinschaften** gelten die Vorschr des jew Schuldstatuts (zB für BereichergsAnspr,

vertragl UnterhAnspr, Widerruf v Schenkgen), GesellschStatuts od Deliktsstatuts, vgl dazu Art 13 Rn 3, ebso Erm-Hohloch Rn 13 vor Art 13, sehr str, aM v Bar IPR II Rn 122 (für famrechtl Qualifikation u damit Anwendbark des (letzten) gemeins HeimatR, ersatzw des Rechts am (letzten) gemeins gewöhnl Aufenth), ebso Striewe IPRax **83**, 248, MüKo-Winkler v Mohrenfels Rn 84, Kropholler IPR § 46 V, Soergel-Schurig Vor Art 13 Rn 30, offenlassd Zweibr NJW-RR **93**, 1478; soweit das als Schuldstatut maßg Recht spezifische famr Ansprüche vorsieht, ist ggf Anpassg erfdl, vgl Rn 32 vor Art 3. – Dagg gilt Art 17 nicht nur für die Scheidg, sond auch für **andere Arten** der **Eheauflösung** ex nunc, zB dch Tod, TodesErkl, Wiederheirat 15
nach TodesErkl, Religionswechsel, Kln IPRspr **82** Nr 43. Art 17 gilt ferner entspr für die Lockerg des Ehebandes dch **Trenng v Tisch u Bett,** BGH **47**, 324, BGH FamRZ **87**, 793, Stgt NJW-RR **89**, 261, FamRZ **97**, 879, Hamm FamRZ **90**, 61, auch in Form der gerichtl Bestätigg einer einverständl Trenng, Karlsr FamRZ **91**, 1309; auf sie kann auch in Dtschland in Anwendg ausl Rechts dch Urt, Abs 2, erkannt werden, BGH **47**, 324 (dazu Heldrich JZ **67**, 675, Jayme RabelsZ **68**, 323), Düss FamRZ **81**, 146, Kblz FamRZ **80**, 713, SchlH DAVorm **82**, 709, Karlsr IPRax **82**, 75, aA RG **167**, 193 u fr allg M; die Dchführg eines VA setzt aber die Scheidg der Ehe voraus, BGH FamRZ **94**, 826. Zust für das EhetrenngsVerf ist das FamG, AG Offenbach FamRZ **78**, 509, unzutr AG Darmst FamRZ **77**, 649; ZPO 606 a ist anzuwenden, BGH FamRZ **87**, 793, Düss FamRZ **81**, 146, Stgt NJW-RR **89**, 261, Karlsr FamRZ **91**, 1309; ZPO 623 (EntschVerbund) ist entspr anwendb, Ffm FamRZ **94**, 715, Karlsr FamRZ **91**, 1309, **99**, 455, aM Kblz FamRZ **80**, 713, Bremen IPRax **85**, 46, Ffm NJW-RR **95**, 140 u fr Aufl.

b) Nach dem v Art 17 I berufenen Scheidgsstatut beurteilen sich die **Voraussetzungen** der Scheidg, also 16
insb Scheidgs- u ggf EhetrenngsGrde, einschl Schuldvorauss, BGH NJW **82**, 1940, vgl Rn 18, Verstoßg, vgl AG Esslingen IPRax **93**, 250, Beitzke ebda 233 sowie Art 6 Rn 21, Trenngsfristen, Statthaftigk einer einverständl Scheidg, Bedeutg eines Widerspr, Düss FamRZ **92**, 946; dagg ist die Berechtigg zum Getrenntleben währd der Ehe nach Art 14 zu beurteilen, vgl dort Rn 18; Notwendigk eines Sühneversuchs ist regelm prozr zu qualif, also nach der lex fori zu beurteilen, vgl Bambg IPRspr **79** Nr 61, Johannsen/Henrich, EheR Art 17 Rz 38. Dem Scheidgsstatut unterliegen ferner grdsl auch die **Wirkungen** der Scheidg, insb die Auflösg bzw 17
Lockerg des Ehebandes; die Möglk der **Wiederverheiratung** ist aber nach Art 13 zu beurteilen, vgl dort Rn 6, 7. Art 17 regelt mittelb über Art 18 IV S 1, vgl dazu näher dort Rn 12, auch die **Unterhaltspflichten,** einschl eines AuskunftsAnspr, Düss FamRZ **81**, 42, KG NJW-RR **86**, 306, sowie die **Abänderung** einer bereits getroffenen Entsch über den EhegUnterh, Art 18 IV S 1; der UnterhAnspr bei einer nur nach dtschem Recht gültigen u nach diesem wieder gesch hinkden Ehe, vgl Rn 10, richtet sich also nach dtschem Recht; nach Art 17 ist grdsl auch die Schadensersatzpflicht des schuldigen Eheg zu beurteilen, vgl AG Karlsr FamRZ **88**, 837, Ffm FamRZ **92**, 1182 (auch zu Art 6, vgl dort Rn 21), Stgt FamRZ **93**, 974, sofern sie nicht unterhrechtl Charakter hat, Stgt FamRZ **93**, 975 (Art 18 IV); zu den sozialversr Auswirkgen eines dtschen ScheidgsUrt BSG NJWE-FER **99**, 255. Art 17 gilt auch für den Anspr auf eine noch nicht geleistete **Morgengabe** im Zusammenhang mit der Scheidg der Ehe, vgl Art 13 Rn 9, ebso für den **Widerruf von Schenkungen** aus Anlaß der Scheidg, vgl dazu eingehd Kühne FamRZ **69**, 375; für den Widerruf aus schenkgsr Gründen (zB grober Undank) gilt daneben das Schenkgsstatut. Über den Anspr auf Herausgabe des pers Eigentums iZshg mit einer Scheidg entscheidet die lex rei sitae, Hamm FamRZ **93**, 212, Kln NJW-RR **94**, 200; soweit er als Scheidgsnebenfolge gesondert geregelt ist, gilt Art 17, str, für Art 15 Hamm FamRZ **92**, 963, **94**, 1259, offen gelassen Kln FamRZ **94**, 1476. Dagg sind die **namensrechtlichen** Scheidgsfolgen nach Art 10, vgl dort Rn 12, AG Duisbg StAZ **91**, 256, die **güterrechtlichen** (insb ZugewinnAusgl) nach Art 15 zu beurteilen, vgl dort Rn 25 f; die Zuteilg v **Hausrat** u **Ehewohnung** beurteilt sich aber grdsl nach Art 17, vgl Hamm FamRZ **93**, 212, **98**, 1531, Ffm FamRZ **89**, 77, Stgt FamRZ **90**, 1355, **97**, 1086, Düss FamRZ **93**, 576, Karlsr FamRZ **97**, 33, str, aM KG FamRZ **89**, 74 (Recht des Lageorts), Hamm FamRZ **89**, 621, **92**, 191 (Art 15 bzw Art 18), offengelassen in Köln NJW-RR **89**, 646, Karlsr NJW-RR **99**, 730; Vorauss u Wirkgen des EigtErwerbs kr richterl Gestaltg unterliegen jedoch der lex rei sitae, vgl Jayme IPRax **81**, 50; bei Eilbedürftigk einstweil Anordng nach HausrVO § 13 IV, Ffm FamRZ **80**, 174; für Zuweisg von Hausrat u Ehewohng währd des Getrenntlebens der Eheg gilt Art 14, vgl dort Rn 18. Für die Verteilg des **Sorgerechts** für die gemeins **Kinder** gilt Art **21**, vgl dazu (noch zu Art 19 II aF) Düss FamRZ **94**, 644, Stgt FamRZ **97**, 958, AG Einbeck FamRZ **91**, 590, Dörner IPRax **91**, 173, Soergel-Kegel EG 19 Rn 58, Pirrung IPR S 149, **str,** für Anwendg v Art 17 Begr BT-Drucks 10/504 S 60, Ffm FamRZ **90**, 783, Hamm FamRZ **90**, 781, Karlsr FamRZ **92**, 1466; eine vorrangige staatsvertragl Sonderregelg enthält das MSA, vgl Anh z Art 24 Rn 5.

c) Ob ein **Schuldausspruch** zu erfolgen hat, ist ebenf nach dem Scheidgsstatut zu beurteilen, BGH NJW 18
82, 1940, FamRZ **87**, 793, Karlsr NJW-RR **90**, 778, Düss FamRZ **94**, 1261, Zweibr FamRZ **97**, 431, da es sich um eine sachlr Frage handelt. Ein SchuldAusspr kommt deshalb auch nach der Reform des dtschen ScheidgsR dch das 1. EheRG v 14. 6. 76, BGBl 1421, noch in Betr, wenn das in der Sache maßg ausl Scheidgsstatut es ausdrückl vorsieht, Düss FamRZ **78**, 418, Mü NJW **78**, 1117, Hamm FamRZ **78**, 511, NJW **78**, 2452, Bambg FamRZ **79**, 514, Ffm FamRZ **79**, 587 (betr MitschuldAntr) u 813, Karls FamRZ **80**, 682, SchlH DAVorm **82**, 709. Eine nach dem ScheidgsStatut gebotene Schuldfeststellg kann trotz der Beseitigg der Verschuldensscheidg im dtschen Recht **auch im Tenor** eines dtschen ScheidgsUrt erscheinen u braucht nicht ledigl in dessen Gründen ausgewiesen zu werden, BGH FamRZ **87**, 795, Hamm FamRZ **89**, 625, Celle FamRZ **89**, 623, Karlsr NJW-RR **90**, 778, FamRZ **95**, 738, Zweibr FamRZ **97**, 431, and noch BGH NJW **82**, 1940 (nach der lex fori zu beurt VerfFrage).

6) Sonderregelung für den Versorgungsausgleich (Absatz 3). Vgl dazu Wagner, VA mit AuslBerührg, 1996. **a) Grundsätzliche Maßgeblichkeit des Scheidungsstatuts.** Auch der VA unterliegt als 19
Scheidgsfolge grdsl dem als Scheidgsstatut berufenen Ehewirkgsstatut gem Art 14, Abs 3 **Satz 1 Halbsatz 1,** vgl dazu Rn 7, 8; bei der Maßgeblk des von Art 14 berufenen Rechts bleibt es auch bei der regelwidr Anwendg dtschen Rechts als Scheidgsstatut gem Abs 1 S 2, vgl Abs 3 S 1, AG Mainz NJW-RR **90**, 780, Jayme IPRax **87**, 168, Lüderitz IPRax **87**, 78, unzutr Karlsr IPRax **90**, 52 (krit Jayme ebda 33). Auch die Wirksk eines vertragl Ausschl des VA (zur Form vgl Art 11) ist nach dem als Scheidgsstatut maßgebden Ehewirkgsstatut zu beurteilen; da dieses bei VertrSchluß nicht immer vorhersehb ist, genügt aber Wirksk auch nach derj ROrdng, die zum damaligen Ztpkt für die Scheidg maßg gewesen wäre, aM Soergel-Schurig

Rn 131; die güterrechtl Wirkgen einer solchen Vereinbg, zB Eintritt der Gütertrenng n § 1414 S 2, unterliegen dem GüterRStatut. Ist ausl Recht Scheidgsstatut, so ist der VA dchzuführen, wenn das betr Recht dies vorsieht, vgl dazu Reinhard, ROrdngen mit VA iS des Art 17 III EG, 1995; zur Verfmk dieser Regelg BVerfG IPRspr **90** Nr 93. Nach dtschem Recht ist der VA nach Abs 1 iVm Art 14, vgl dazu oben Rn 8, dchzuführen, wenn entweder (1) beide Eheg zum maßg Ztpkt, vgl Rn 7, wenigstens auch die dtsche Staatsangehörigk besitzen oder zuletzt besessen haben (sofern einer noch Dtscher ist), Abs 1 iVm Art 14 I Nr 1; od (2) beide Eheg keine gemeins (nach Art 5 I zu berücksichtigde) Staatsangehörigk (bzw Personalstatut) besitzen od besessen haben od diese beide verloren haben und beide ihren gewöhnl Aufenth im Inl haben oder währd der Ehe zuletzt gehabt haben (sofern einer der Eheg hier noch lebt), Abs 1 iVm Art 14 I Nr 2; od (3) bei Nichtvorliegen der Vorauss des Art 14 I Nr 1 u 2 zum maßg Ztpkt dem dtschen Recht auf and Weise gemeins am engsten verbunden sind, Abs 1 iVm Art 14 I Nr 3; od (4) unter den Vorauss des Art 14 III dtsches Recht als Ehewirkgsstatut u damit nach Abs 1 auch als Scheidgsstatut gewählt haben, vgl zB Ffm NJW-RR **90**, 582.

20 **b) Einschränkung durch zusätzliche Anwendung des Heimatrechts.** Ein nach dem ausl od dtschen Scheidgsstatut an sich dchzuführder VA ist nach Abs 3 **Satz 1 Halbsatz 2** ausgeschl, wenn ihn das Recht keines der Staaten kennt, denen die Eheg im Ztpkt der RHängigk des ScheidgsAntr angehören; bei Mehrstaatern ist nur das in Art 5 I bezeichnete HeimatR zu berücksichtigen; bei Staatenlosen u Flüchtlingen tritt an Stelle ihres HeimatR das dch den gewöhnl Aufenth best Personalstatut, Art 5 II u Anh z Art 5. Die Durchf eines vom Scheidgsstatut vorgesehenen VA setzt also **zusätzlich** voraus, daß ihn mind das HeimatR **eines** Eheg kennt, soweit dieses nicht ohnehin als Scheidgsstatut berufen ist (dann erübrigt sich die in HS 2 vorgeschriebene Überprüfg); dabei kommt es allein auf das mat Recht des Heimatstaates an, Rück- od Weiterverweisg sind also insow nicht zu beachten, vgl AG Hdlbg IPRax **90**, 126, Samtleben IPRax **87**, 98, Kartzke IPRax **88**, 13, aM Lüderitz IPRax **87**, 80, offengelassen v Kblz FamRZ **91**, 1324. Ausreichd ist, daß das betr HeimatR einen VA im Grds kennt, vgl dazu Lüderitz IPRax **87**, 79, Rausch NJW **94**, 2124; daß seine Ausgestaltg im einz derj des Scheidgsstatuts (dh idR der §§ 1587 ff) entspr, verlangt HS 2 nicht. Zweck dieser Zusatzanforderg dch ggf alternative Anwendg der HeimatRe ist es, den Eheg vor allem bei Anwendg des AufenthR als Scheidgsstatut Überraschgen zu ersparen, die sich aus der den meisten ROrdngen unbekannten Einrichtg eines VA ergeben können. Auf welche Weise das Scheidgsstatut bestimmt worden ist, ist aber für die Anwendg von HS 2 gleichgült, abw Kartzke IPRax **88**, 13. Ist die Voraussetzg des HS 2 erfüllt, so richtet sich die Durchf des VA allein nach dem Scheidgsstatut, aM Lüderitz IPRax **87**, 79 (für kumulative Anwendg von HS 1 u 2). PraktBedeutg hat die in HS 2 vorgesehene Einschränkg vor allem bei der Scheidg v Ausländern verschiedener Staatsangehörigk mit gewöhnl Aufenth im Inl; zu den prakt Problemen bei ihrer Anwendg E. Lorenz FamRZ **87**, 649; zur Unanwendbark in „Altfällen" BGH FamRZ **90**, 386.

21 **c) Regelwidrige Durchführung nach deutschem Recht. aa)** In einem vor einem dtschen FamGer anhäng ScheidgsVerf kommt es daher grdsl nicht zu einem VA, wenn dieser bereits dem Scheidgsstatut unbekannt ist (S 1 HS 1) od zwar dem Scheidgsstatut bekannt, den HeimatRen (Personalstatuten) der Eheg aber unbekannt ist (S 1 HS 2). Die Versagg des VA kann jedoch unbillig sein, weil sie einem Eheg (häufig der Frau) einen Anspruch gegen den and vorenthält, der ihm unter vergleichb Umst bei einem reinen InlFall selbstverständl zustünde. Die erst in den Beratgen des RAusschusses entworfene Sonderregelg des Abs 3 **Satz 2** ermögl daher ausnahmsw die Durchf eines VA nach **deutschem** Recht, obwohl dieses nicht Scheidgsstatut ist oder zwar als Scheidgsstatut an sich maßg ist, die Anwendg der §§ 1587 ff aber an S 1 HS 2 scheitert; zur Verfmk BVerfG IPRspr **90** Nr 93, Düss FamRZ **93**, 434; es handelt sich um eine spezielle
22 VorbehKl, vgl Art 6 Rn 10, Oldbg FamRZ **95**, 1590 (gilt auch für in Dtschland lebde Iraner). **bb) Voraussetzung** dieser regelwidr Anwendg der dtschen Vorschren über den VA ist, (1) daß ein VA nach S 1 an sich **nicht möglich** ist, vgl dazu Rn 21, wobei es nicht ausreicht, daß er nach Art u Umfang hinter dem dtschen Recht zurückbleibt, aM Düss FamRZ **93**, 434, Lüderitz IPRax **87**, 79 (keine Ausschaltg für ein Linsengericht), Johannsen/Henrich, EheR Art 17 Rz 60, MüKo-Winkler v Mohrenfels Rn 197, (2) daß ein Eheg die Durchführg eines VA **beantragt,** vgl dazu Hamm FamRZ **89**, 1191, **91**, 204, Mü FamRZ **90**, 186, Schleswig FamRZ **91**, 96 (nicht notw im VerbundVerf, vgl Düss FamRZ **99**, 1210, Schulz FamRZ **91**, 98) u (3) daß entweder der and Eheg in der Ehezeit, dh bis zur Zustellg des ScheidgsAntr, BGH FamRZ **94**, 825 (auch bei vorausgegangener Ehetrenng), Kblz FamRZ **91**, 1324, eine **inländische Versorgungsanwartschaft** erworben hat **(Nr 1)** od **Ehewirkungsstatut** (FamStatut) gem Art 14, vgl dort Rn 6–16, wenigstens währd eines Teils der Ehezeit eine ROrdng war, welche den VA kennt **(Nr 2);** für analoge Anwendg von Nr 1 bei Erwerb ausl VersorggsAnwartschen in einem Staat, dessen Recht den VA kennt, E. Lorenz FamRZ **87**, 653, MüKo-Winkler v Mohrenfels Rn 205. Die Vorauss (1)–(3) müssen kumulativ erfüllt sein; dabei genügt bei (3) das Vorliegen einer der beiden Alternativen. Der VA beschr sich auf die inl bzw währd der Maßgeblichk des betr
23 Ehewirkgsstatuts erworbenen Anwartschaften. **cc)** Auch bei Vorliegen der genannten Vorauss ist der VA nach der **Billigkeitsklausel** am Ende des Satz 2 eingeschränkt od ausgeschl, soweit seine Durchf im Hinblick auf die beiders wirtschaftl Verhe auch währd der nicht im Inl verbrachten Zeit nicht angemessen wäre. Ob die Durchf der Billigk widerspricht, hat das Ger unter Berücksichtigg der Umst des Einzelfalls zu prüfen, ohne dabei auf die in der BilligkKlausel genannten Anhaltspkte (wirtschaftl Verhe, AufenthDauer im Inl) beschr zu sein; die Frage der Schuld an der Zerrüttg der Ehe spielt dabei jedoch grdsl keine Rolle, Celle FamRZ **91**, 205. In Betr kommt die Einschränkg od der Ausschluß des VA etwa dann, wenn nur ein Eheg eine inl Altersversorgg aufgebaut hat, die zum Ausgl herangezogen werden kann, währd der and VermWerte im Ausl besitzt, die für einen VA nicht in Betr kommen od nicht zu ermitteln sind, BT-Drucks 10/5632 S 42, krit dazu Lüderitz IPRax **87**, 79. Aus der negativen Formulierg („soweit nicht widerspricht") ergibt sich, daß der VA bei Vorliegen der in Rn 22 genannten Vorauss grdsl durchgeführt werden muß, sofern dies wegen der bes Umst des Einzelfalls nicht **ausnahmsweise** unbillig wäre, vgl dazu BGH FamRZ **94**, 825, Karlsr FamRZ **89**, 399, Ffm FamRZ **90**, 417, Celle FamRZ **91**, 205, Düss FamRZ **93**, 434, Hamm FamRZ **94**, 578, Kblz
24 NJW-RR **98**, 170. **dd)** Sind die Vorauss der Sonderregelg nach Abs 3 S 2 erfüllt, so ist der VA (beschr auf die inl bzw währd der Maßgeblichk des betr Ehewirkgsstatuts erworbenen Versorggsanwartschaften, vgl Rn 22) nach dtschem Recht, dh nach §§ 1587 ff, durchzuführen; dabei ist matrechtl auch die Härteklausel des § 1587 c zu berücksichtigen, BGH FamRZ **94**, 827, vgl dazu E. Lorenz FamRZ **87**, 650.

d) Praktische Durchführung eines Versorgungsausgleichs. aa) Daß der AusglBerecht seinen Wohns im Ausl hat, schließt die Durchf eines VA nicht aus, BGH FamRZ **83**, 264, NJW **86**, 1932, Karls FamRZ **98**, 1029. Auch Art 3 III ist nicht anwendb, str, vgl dort Rn 13. **Ausländische Versorgungsanwartschaften** können v dtschen Gerichten weder dch Splitting noch dch Quasisplitting, § 1587 b I u II, aufgeteilt werden, BGH NJW **89**, 1997, Bamberg FamRZ **86**, 691, Stgt FamRZ **89**, 761, Hamm NJW-RR **89**, 584; insow bleibt grdsl nur der schuldrechtl VA, vgl VAHRG § 2 u § 3 a ff, BGH NJW **89**, 1997, Stgt FamRZ **89**, 761, Hamm NJW-RR **89**, 584, Nürnb NJW-RR **99**, 803, vgl ferner BGH FamRZ **82**, 473, AG Landstuhl FamRZ **94**, 838, NJW-RR **98**, 1541; beim öffrechtl VA bleibt es aber dann, wenn die inl Anwartsch des einen Eheg höher sind als die ausl des and Eheg u diese nur als Rechngsposten zu berücks sind, Wagner IPRax **99**, 96. Zur prakt Durchf Rahm/Paetzold Hdb VIII Rdz 1071 ff (eingehend), Johannsen/Henrich, EheR Art 17 Rz 71; vgl ferner Bambg FamRZ **80**, 62 (schwed RentenVers), AG Kaufbeuren FamRZ **82**, 76 (österr PensionsAnw), AG Hbg FamRZ **82**, 717, Stgt FamRZ **89**, 760 (frz SozialVers), Karlsr IPRax **82**, 245, KG FamRZ **90**, 1257 (schweiz RentenAnw), Kln FamRZ **86**, 689 (ital VersorggsAnw), AG Hdlbg IPRax **90**, 126, AG Landstuhl FamRZ **94**, 837, NJW-RR **98**, 1541, Gümpel FamRZ **90**, 226, Reinhard ebda 1194 und Gümpel FamRZ **91**, 138 (amerik social security), Celle FamRZ **94**, 1463 (niederl RentenAnw); zu Polen vgl BGH NJW **89**, 1997, Karlsr FamRZ **89**, 399, Hamm FamRZ **94**, 578; zum innerdtschen KollisionsR vgl Rn 38–41. **bb)** Bei einer im Inl anzuerkenndn AuslScheidg kann dtsches Ger einen **nachträglichen Versorgungsausgleich** dchführen, wenn dafür nach dtschem IPR das dtsche Recht maßg ist, vgl BGH NJW **93**, 2047, FamRZ **93**, 176, NJW-RR **94**, 322,Stgt FamRZ **91**, 1068; zur internat Zustdgk der dtschen Ger vgl Rahm/Paetzold Hdb VIII Rdz 855 ff. Auch die **Abänderg** einer Entscheidg über den VA gem § 10 a VAHRG setzt die Anwendbk dtschen Rechts für den VA voraus, Hamm FamRZ **92**, 827.

25 (d) … 26 (bb)

27 **7) Internationales Verfahrensrecht. a) Internationale Zuständigkeit. aa)** Die internat Zustdgk der dtschen Ger in Ehes ist in dem dch das IPRG 1986 neu gefaßten ZPO 606 a geregelt; die Neuregelg erfaßte auch die im Ztpkt ihres Inkrafttretens bereits anhäng Verf, BGH FamRZ **87**, 580, NJW **88**, 636, **90**, 638, FamRZ **90**, 386. Der Beschl des BVerfG vom 3. 12. 85, BGBl **86** I 242 = NJW **86**, 658 zur teilw Unvereinbk des früheren ZPO 606 b mit GG 3 II hatte den letzten Anstoß zur Verabschiedg des ReformGes gegeben. Die dtsche internat Zustdgk zur Scheidg einer Ehe ist nach ZPO 606 a I gegeben, wenn im Ztpkt der Verkündg der Entsch alternativ (1) **ein** Eheg (wenigstens auch) Dtscher ist od bei der Heirat war, od (2) **beide** Eheg ihren gewöhnl Aufenth im Inland haben, od (3) ein Eheg Staatenloser mit gewöhnl Aufenth im Inland (dh mit dtschem Personalstatut, Art 5 II) ist; dem muß ein Flüchtling mit dtschem Personalstatut gleichstehen, vgl dazu Anh z Art 5 Rn 27–33, BGH FamRZ **90**, 33, KG NJW-RR **94**, 199 (offen gelassen ob Nr 1 od Nr 3), Celle FamRZ **89**, 623 (für Anwendg v Nr 1), Kilian IPRax **95**, 9 od (4) wenigstens **ein** Eheg seinen gewöhnl Aufenth im Inland hat, es sei denn, daß die zu fällde Entsch **offensichtlich** nach keinem der HeimatRe der Eheg anerkannt werden wird; bei Mehrstaatern genügt die Anerkenng in einem der beteiligten Heimatstaaten; Art 5 I gilt hier nicht, aM MüKo-Winkler v Mohrenfels Rn 257 a, Henrich FamRZ **86**, 849, Spellenberg IPRax **88**, 5. Damit ist das bish nach ZPO 606 b Nr 1 bestehde **Anerkennungserfordernis** bei reinen Ausländerehen **erheblich eingeschränkt** worden; es entfällt überhaupt bei gewöhnl Aufenth beider Eheg im Inland; besitzt nur ein Eheg seinen gewöhnl Aufenth im Inland, so ist die dtsche internat Zustdgk im Interesse der Vermeidg einer hinkden Scheidg nur dann zu verneinen, wenn mit der Anerkenng des Urt **offensichtlich,** dh schon ohne intensive Nachforschgen, BT-Drucks 10/5632 S 47 in keinem der beteiligten Heimatstaaten zu rechnen ist, vgl dazu Ffm FamRZ **92**, 700, Hamm FamRZ **92**, 822, IPRax **94**, 305 (Iran), Stgt FamRZ **97**, 1161, Kln FamRZ **98**, 1304 (Bosnien), Zweibr FamRZ **98**, 380 (Vietnam), Ffm FamRZ **98**, 917 (Italien). Selbst eine geringe Wahrscheinlk der Anerkenng würde also zur Bejahg der internat Zustdgk genügen; diese ist nur dann zu verneinen, wenn aus den jedermann zugängl Erläutergsbüchern die Nichtanerkenng klar ersichtl ist, Hamm IPRax **87**, 250, vgl aber auch Dopffel FamRZ **87**, 1210, Spellenberg IPRax **88**, 6. Auf die Dokumentation der Rspr zur Frage der voraussichtl Anerkenng wird wegen der verhältnismäß geringen prakt Bedeutg verzichtet, vgl dazu die Länderberichte bei Staud-Spellenberg Rn 249. Auch bei Vorliegen der Vorauss des ZPO 606 a I 1 entfällt die internat Zustdgk, wenn das Scheidgsstatut eine dem dtschen Recht **wesensfremde** gerichtl Tätigk erfordert, KG FamRZ **94**, 839 (Rabbinatsscheidg). **bb)** Die 28
dch ZPO 606 a I 1 begründete internat Zustdgk ist gem S 2 **nicht ausschließlich,** schließt also die Anerkenng einer ausl Ehescheidg nicht schlechth aus; vgl dazu Rn 29–37. § 606 a I gilt wg des **Verbundprinzips,** ZPO 623, soweit keine staatsvertragl Sonderregelg besteht (zB MSA, EuGVÜ), auch für die **Folgesachen,** vgl Jayme IPRax **84**, 121, zB das Verf über den VersorggsAusgl, BGH FamRZ **94**, 828, die Übertragg der elterl Sorge, soweit eine solche Regelg iRv ZPO 623 II u III nF noch im VerbundVerf zu treffen ist u soweit nicht Art 1 MSA eingreift, vgl aus der fr Rspr zB Hamm FamRZ **94**, 773, od die Zuweisg der Ehewohng, Mü FRES **80** Nr 0413; bei Anhängigk des ScheidgsVerf im Ausl können dtsche Gerichte aber trotzdem über die Folgesachen entsch (keine internat Verbundunzuständigk), Düss IPRax **83**, 129, Ffm FamRZ **90**, 747. Im EhetrenngsVerf gilt das Verbundprinzip entspr, vgl Rn 15.

b) Anerkennung ausländischer Scheidungen. Das AnerkenngsVerf ist in **FamRÄndG Art 7 § 1** 29
geregelt, vgl dazu Rn 31–34; die Anerkenngsvorauss ergeben sich aus ZPO 328 iVm ZPO 606 a, soweit keine staatsvertragl Regelg besteht; diese geht dem autonomen innerstaatl Recht vor, BayObLG FamRZ **90**, 897. Dch die Neufassg von ZPO 606 a wurde die Anerkenng wesentl erleichtert. Die Vorauss der Anerkenng sind aber grdsl nach den zZ des Erlasses der ausl Entscheidg geltden Vorschr zu beurteilen, BGH NJW **90**, 2195, KG OLGZ **88**, 172, NJW **88**, 649; für Prüfg der Anerkenngsfähigk nach den Vorschr im Ztpkt der Anerkenng, wenn diese dadch erleichtert wird BayObLG **87**, 439, krit dazu Geimer NJW **88**, 2180. Die Anerkenng eines ausl ScheidgsUrt verleiht diesem keine weitergehden Wirkgen als nach dem Recht des Gerichtsstaats, Hamm FamRZ **93**, 215, sie schließt eine nachträgl Abänderg im Inland gem ZPO 328 nicht aus, vgl Ffm IPRax **81**, 136, ferner BGH FamRZ **83**, 806.

aa) Staatsverträge. Staatsvertragliche Bindgen bestehen dch das dtsch-schweiz Anerk- u VollstrAbk 30
(Art 3) v 2. 11. 29, RGBl **30** II 1066, vgl dazu BGH NJW **86**, 1440, FamRZ **87**, 580, Düss FamRZ **94**, 1480; das dtsch-ital Abk in Zivil- u Handelssachen (Art 1, 3, 4) v 9. 3. 36, RGBl **37** II 145, wieder in Kraft seit 1. 10. 52, BGBl II 986, vgl dazu BayObLG FamRZ **90**, 897, **93**, 452, Karlsr FamRZ **91**, 839, Celle

FamRZ **93**, 1216; das dtsch-belg Abk in Zivil- u Handelssachen (Art 1, 2, 4) v 30. 6. 58, BGBl **59** II 766, in Kraft seit 27. 1. 61, BGBl **60** II 2408, vgl dazu Celle FamRZ **93**, 439; das dtsch-brit Abk (Art 1 VIII, 3, 4 I c, Unterzeichngsprotokoll) v 14. 7. 60, BGBl **61** II 302, in Kraft seit 15. 7. 61, BGBl II 1025; das dtsch-griech Anerkenngs- u VollstrAbk (Art 2–4) v 4. 11. 61, BGBl **63** II 110, in Kraft seit 18. 9. 63, BGBl II 1278, vgl dazu Pouliadis IPRax **85**, 357, Ffm FamRZ **97**, 96; das dtsch-tunes Abk (Art 27–30, 32) v 19. 7. 66, BGBl **69** II 890, in Kraft seit 13. 3. 70, BGBl II 125; das dtsch-spanische Abk v 14. 11. 83, BGBl **87** II 34, in Kraft seit 18. 4. 88, BGBl II 375. Text der Abk auszugsw in Baumb-Lauterbach ZPO SchlußAnh V B. Der dtsch-österr Anerkenngs- u VollstrVertr v 6. 6. 59, BGBl **60** II 1246, Art 14 I Z 1, sowie der dtsch-niederländ Anerkenngs- u VollstrVertr v 30. 8. 62, BGBl **65** II 27, Art 1 III b, nehmen Ehesachen aus. Auch das Übk der Europ Gemsch über die gerichtl Zustdgk u die Vollstreckg gerichtl Entsch in Zivil- u Handelssachen v 27. 9. 68, BGBl **72** II 774, erstreckt sich nicht auf Scheidgssachen (Art 1 II Z 1), vgl BGH NJW-RR **92**, 642; dies gilt nicht für die im Rahmen eines Scheidgsverf erlassenen einstw UnterhAnordngen od die in einem ScheidgsUrt getr UnterhRegelg, EuGH NJW **80**, 1218, Ffm IPRax **81**, 136. Zu dem noch nicht in Kraft getretenen EU-Übk üb die Zstdgk u die Anerkenng u Vollstreckg v Entsch in Ehesachen v 28. 5. 98 Hau FamRZ **99**, 484.

31 **bb) Autonomes Recht.** Das AnerkenngsVerf richtet sich bei **Scheidung Deutscher im Ausland** nach FamRÄndG Art 7 § 1 idF dch 1. EheRG v 14. 6. 76, BGBl 1421, Art 11 Z 5, vgl dazu Baumb-Lauterbach ZPO § 328 Rn 49. Anerkenngsfäh sind nur Entsch, dch die nach dem Recht des GerStaates die Ehe aufgelöst worden ist, BayObLG **77**, 71 (betr fehlde Registrierg des ScheidgsUrt); die Entsch muß also formell rechtskräft sein, BayObLG FamRZ **90**, 897, **98**, 1305. Zur Anerkenng v PrivScheidgen vgl unten Rn 35–37. Ein ausl EhetrenngsUrt ohne Auflösg des Ehebandes ist grdsl anerkenngsfähig, BayObLG FamRZ **90**, 897, jedoch selbstverständl nicht als Ehescheidg, Hbg IPRspr **83** Nr 184. Die Entsch ergeht auf Antr, der nicht fristgebunden ist, BayObLG FamRZ **79**, 1014; zur Möglk einer Verwirkg vgl Düss IPRspr **77** Nr 162; zur Antragsberechtigg Krzywon IPRax **88**, 349. Bei WiederAufn der ehel Gemeinsch kann Antr rechtsmißbräuchl sein, JM BaWü FamRZ **79**, 811. Die Anerkenng hängt von der Feststellg des Vorliegens ihrer Vorauss dch die LJustVerw ab, die grdsl auf den Eintritt der RKr der Entsch zurückwirkt, BGH NJW **83**, 515, BayObLG **76**, 149, **77**, 183, Hamm NJW-RR **92**, 710; and bei später erfolgder Milderung der Anerkenngs-Vorauss, BayObLG **87**, 439, vgl auch JM BaWü FamRZ **95**, 1412. Die Anerkenng umfaßt auch den SchuldAusspr, BGH FamRZ **76**, 614, aM Krzywon StAZ **89**, 96. Stellt sich die Anerkenng in einem gerichtl Verf als Vorfrage, erfolgt Aussetzg nach ZPO 148, vgl BGH FamRZ **82**, 1203, Karlsr FamRZ **91**, 92. Die Entsch ist für Gerichte u VerwBehörden bindd, vgl dazu BGH **82**, 39, FamRZ **83**, 358; zur Antragsberechtigg Koblenz IPRax **88**, 359, Krzywon ebda 350. Für die Anerkenng der nicht unmittelb auf dem Scheidgsausspruch beruhden **Nebenfolgen,** zB Regelg der UnterhPfl ggü gemeinschl Kind, ist Dchführg des Verf nach FamRÄndG Art 7 § 1 grdsl nicht erfdl, Karlsr DAVorm **81**, 165, Mü DAVorm **82**, 490, vgl auch KG FamRZ
32 **94**, 759, Geimer ZZP **90**, 486; zur Anerkenng ausl SorgeRRegelg s Art 21 Rn 8. Die Anerkenng hängt sachl vom Vorliegen der **Voraussetzungen** des **ZPO 328** ab; sie ist also ua dann zu versagen, wenn die Ger des UrtStaates im Ztpkt des Erlasses der anzuerkennden Entsch, vgl dazu BayObLG FamRZ **90**, 1265, **91**, 585, nach den dtschen Beurteilgsregeln keine internat Zustdgk besaßen, ZPO 328 I Z 1, zB weil keiner der Eheg seinen gewöhnl Aufenth iS des dtschen R im UrtStaat hatte, BayObLG FamRZ **90**, 650, od weil eine ausschl internat Zustdgk der dtschen Ger besteht, BayObLG **80**, 52; dch ZPO 606 a I S 1 wird eine solche aber nicht begründet, S 2. Bei der nach ZPO 328 I Nr 1 gebotenen spiegelbildl Anwendg der dtschen ZustdgkVorschren wird ZPO 606 a I S 1 dch II stark eingeschränkt; zur Bedeutg dieser Vorschr BayObLG FamRZ **92**, 585. Zur Anerkenng von Scheinscheidgen vgl JM NRW IPRax **86**, 167, BayObLG FamRZ **93**, 451, Schmidt-Räntsch ebda 148; zu Mexiko-Scheidgen Sachsen Gessaphe StAZ **92**, 334. Zur Möglk einer Verwirkg der
33 Berufg auf AnerkenngsVersaggsGrde JM BaWü FamRZ **95**, 1411. – Bei **Scheidung von Ausländern im Heimatstaat** hängt die Anerkenng gerichtl Entscheidgen nicht von der Feststellg dch die Landesjustizverwaltg ab, Art 7 § 1 I S 3 FamRÄndG; ein freiw eingeleitetes AnerkenngsVerf ist jedoch zul, BGH **112**, 127, ebso schon Ffm NJW-RR **90**, 778, offen gelassen BayObLG FamRZ **90**, 898. Das FeststellgsVerf gem Art 7 § 1 FamRÄndG ist zwingd geboten, wenn einer der gesch Eheg auch die dtsche Staatsangehörigk hatte, JM NRW IPRax **86**, 167, JM BaWü IPRax **90**, 51, BayObLG FamRZ **90**, 898, od wenn Zweifel bestehen, ob beide Eheg zZ des Urteils die Staatsangehörigk des Urteilsstaates besessen haben, Hbg IPRspr **82** Nr 181, bei Mehrstaatern entsch entspr Art 5 I S 1 die gemeins effektive Staatsangehörigk. Die Anerkenngsvorauss beurteilen sich auch hier nach ZPO 328, vgl dazu oben; dies gilt auch für Anerkenng ausl gerichtl Scheidgsfolgenregelg nach wirks PrivScheidg, vgl Rn 35–37, AG Hbg IPRax **86**, 114. Zur Anerkenng v
34 PrivScheidg vgl Rn 36, v DelibationsUrt für kirchl Urte Jayme IPRax **90**, 32. – Bei **Scheidung von Ausländern in einem Drittstaat** gilt für das AnerkenngsVerf FamRÄndG Art 7 § 1, vgl zB BayObLG **73**, 251. Die Anerkenngsvorauss ergeben sich aus ZPO 328. Die Anerkenng hängt nach ZPO 328 I Z 1 zunächst davon ab, ob die Ger des UrtStaats nach den dtschen Beurteilgsregeln über die internat Zustdgk zust waren, Bürgle NJW **74**, 2163, Otto StAZ **75**, 183, einschränkd Geimer NJW **74**, 1026, ders NJW **75**, 1079. Dabei ist die Anerkenng der Entsch im Heimatstaat der Eheg nicht erfdl, aM Ffm OLGZ **89**, 406, kann aber die sonst fehlde internat Zustdgk des ausl Ger ersetzen, vgl ZPO 606 a II.

35 **cc) Wirksamkeit von Privatscheidungen.** Das nach Art 17 zur Anwendg berufene Scheidgsstatut entsch grdsl auch darüber, wie eine Scheidg zustandekommt, etwa nur dch gerichtl Urt wie nach § 1564 S 1 od auf sonst Weise, zB dch priv RGesch (Überg eines Scheidebriefes, Verstoßg) od dch religiöse Zeremonie (Rabbinatsscheidg, dazu Scheftelowitz FamRZ **95**, 593, Henrich IPRax **95**, 86), BGH FamRZ **94**, 435, KG FamRZ **94**, 839. Eine **im Ausland** ohne Mitwirkg staatl Ger **vollzogene Privatscheidung** ist daher grdsl auch im Inl anzuerkennen, sofern die Vorauss des nach Art 17 maßg Rechts eingehalten sind, BGH NJW **90**, 2194, FamRZ **94**, 435, Ffm NJW-RR **90**, 778, Celle IPRspr **89** Nr 225 b, BayObLG **98**, 106, **nicht** daher auch, wenn danach dtsches Recht anzuwenden war, BGH NJW **90**, 2194, BayObLG NJW-RR **94**, 771, Celle FamRZ **98**, 686, 757, bei Beteiligg eines Dtschen kann Art 6 eingreifen, vgl dazu BayObLG **77**, 180, IPRax **82**, 104, JM NRW IPRax **82**, 25, Ffm NJW **85**, 1293, Henrich IPRax **85**, 48, nicht dagg bei
36 PrivScheidg v Ausländern im Heimatstaat, vgl JM NRW IPRspr **83** Nr 2, BayObLG **98**, 108. Über die

Anerkenng einer **im Ausland** vollzogenen PrivScheidg ist im **Verfahren** nach FamRÄndG Art 7 § 1 zu entsch, sofern dabei eine ausl Beh zB dch Registrierg mitgewirkt hat, BGH **82**, 34, NJW **90**, 2195, BayObLG NJW-RR **94**, 771, Celle FamRZ **98**, 686, 757, vgl auch Hamm IPRax **89**, 107, NJW-RR **92**, 710, JM NRW StAZ **92**, 46. Vorauss der Anerkenng ist aber, daß die Ehe zweifelsfrei geschieden, BayObLG **82**, 259, u jedenf der konstitutive RAkt der Scheidg im Ausl vollzogen wurde, Düss FamRZ **74**, 528 (Vollz des wesentl Teils im Ausl genügt), KG StAZ **84**, 309 (Beglaubigg der Unterschr unter der VerstoßgsErkl im Inl zuläss), vgl dazu Rn 12; Anerkenng wirkt auf den Ztpkt der RWirksk der Eheauflösg zurück, Hamm NJW-RR **92**, 710. Die Wirksk einer reinen PrivScheidg, die ohne jede behördl Mitwirkg vollzogen wurde, ist ohne förml AnerkenngsVerf inzidenter zu beurteilen, Hamm IPRax **89**, 107, str, aM Otto FamRZ **76**, 279, Richter JR **87**, 102, Krzywon StAZ **89**, 94, Lüderitz Fschr Baumgärtel (1990) 340; auch eine Feststellgsklage ist zuläss, AG Hbg IPRspr **82** Nr 66 A. Die Vorauss der „Anerkenng" ergeben sich in beiden Fällen aus dem v Art 17 zur Anwendg berufenen ausl Recht (vorbehaltl Art 6), nicht aus ZPO 328, BGH NJW **90**, 2194, FamRZ **94**, 435, Ffm OLGZ **89**, 282, NJW-RR **90**, 778, JM NRW StAZ **92**, 47.

Eine im **Inland** mit od ohne Mitwirkg einer fremden Beh (zB auch in einer ausl Botschaft) **vollzogene** 37
Privatscheidung ist auch dann unwirks, wenn sie den Voraussetzgen eines ausl Scheidgsstatuts genügt, Abs 2, vgl Rn 12.

8) Innerdeutsches Kollisionsrecht. a) Im innerdtschen KollisionsR war Art 17 entspr anzuwenden, 38
Hbg FamRZ **83**, 512, AG Charl FamRZ **91**, 335, **aM** BGH **85**, 22, **91**, 191 (weil EG 17 den Besonderh des Verh zw beiden dtschen Staaten nicht genügend Rechng trage), SchlHOLG IPRax **84**, 210, i Erg auch Düss FamRZ **81**, 270. An Stelle der Staatsangehörigk wurde in der Praxis an den gewöhnl Aufenth angeknüpft, 39
Mü FamRZ **80**, 374, AG Charl FamRZ **91**, 336; vgl dazu Anh zu Art 3 Rn 4. Seit dem Inkrafttr des BGB in der früh DDR am 3. 10. 90 stellt sich das Problem der Anknüpfg des Scheidgsstatuts grdsl nur mehr für „Altfälle", dh ScheidgsVerf, die an dem genannten Stichtag bereits rechtskr abgeschlossen waren. Bei diesen kann es kollr nur um die Beurteilg der **Scheidungsfolgen,** insb Unterh u VA gehen. Das darauf anwendb Recht ist in entspr Anwendg v Art 17 aF bzw Art 17 u 18 nF zu best; zur intertemporalen Anwendg vgl Rn 6 u Art 220 Rn 4 u 7. Im Ggs zum IPR ist aber die Rspr im innerdtschen KollisionsR bish von der **Wandelbarkeit** des Scheidgsfolgenstatuts ausgegangen. Angeknüpft wurde also grdsl an den **jeweiligen** gemeins gewöhnl Aufenth beider Eheg, BGH **85**, 25, i Erg auch Düss FamRZ **81**, 270, vgl ferner Ffm FamRZ **83**, 188 mAv Henrich IPRax **83**, 245 (jeweils betr nachehel Unterh), ersatzw an den letzten gemeins gewöhnl Aufenth, wenn ein Eheg diesen beibehalten hat, BGH **91**, 196, FamRZ **91**, 421, **92**, 295 (betr VA), BSG DtZ **92**, 95 (nachehel Unterh), vgl auch BGH FamRZ **93**, 44. Solange ein Eheg den letzten gemeins gewöhnl Aufenth in der früh DDR beibehielt, kam desh ein VA nach dem maßg Recht der DDR nicht in Betr, BGH **91**, 197, BGH FamRZ **94**, 884, KG IPRspr **84** Nr 71, Ffm FamRZ **91**, 1323, **93**, 1097, vgl dazu aber die beachtl Kritik bei v Bar IPRax **85**, 22; erst vom Ztpkt der Übersiedlg auch des and Eheg in die BRep war der VA nachträgl mit Wirkg für die Zukunft dchzuführen, BGH **91**, 197.

Mit der Neufassg des EG dch das IPRG v 25. 7. 86, BGBl 1142 hat sich die RLage auch im innerdtschen 40
KollisionsR geändert. Für den nachehel **Unterhalt** galt nunm entspr Art 18 IV das im ScheidgsUrt tats angewandte Scheidgsstatut, vgl Art 18 Rn 12, BGH FamRZ **94**, 161, **95**, 1346, Hamm FamRZ **94**, 707, Naumbg OLG-NL **97**, 141; hatte der UnterhVerpfl seinen gewöhnl Aufenth in der BRep, nach dem Gebietsstand vor dem Beitritt der DDR, so galt entspr Art 18 V das Recht der BRep als UnterhStatut, vgl Art 18 Rn 21, BGH FamRZ **94**, 160, 563 u 824, **95**, 473, Köln FamRZ **94**, 708, Hamm FamRZ **94**, 707, aM KG FamRZ **93**, 568, Dieckmann FamRZ **94**, 1076, Siehr IPRax **94**, 360. Nach diesen Regeln ist das UnterhStatut gem Art 220 II seit dem 1. 9. 86 auch in Ehen zu best, die vor diesem Ztpkt geschieden wurden, vgl Art 18 Rn 6 u 220 Rn 7. Das Statut wandelte sich seither bereits dch die Verlegg des gewöhnl Aufenth allein des **Verpflichteten** in die BRep, BGH FamRZ **94**, 160, 824 u 1582; zur Verfmk dieser Regelg BVerfG FamRZ **94**, 1453; dies galt erst recht, wenn beide Eheg dorthin übersiedelten, Köln FamRZ **94**, 708. Dch den EiniggsV v 31. 8. 90, BGBl II 889, hat sich hieran nichts geändert, BGH FamRZ **94**, 161, ebso Düss FamRZ **92**, 573, Hamm FamRZ **94**, 707, Köln FamRZ **94**, 708, Brudermüller FamRZ **94**, 1025, aM Jayme/Stankewitsch IPRax **93**, 162. Die genannten KollNormen sind der Bestimmg des „bisherigen Rechts" iS der ÜbergRegelg in Art 234 § 5 vorgeschaltet, vgl dazu BGH FamRZ **93**, 44, **94**, 161, 824, 1583, KG FamRZ **93**, 568, Hamm FamRZ **94**, 707, Karlsr FamRZ **97**, 370, sowie Art 236 Rn 4. UnterhAnspre eines gesch Eheg, die danach bish nach dem Recht der BRep zu beurteilen waren, beurteilen sich weiterhin nach diesem Recht. Allerdings kommt seit dem Beitritt der DDR zur BRep die entspr Anwendg von Art 18 V im innerdtschen KollisionsR nicht mehr in Betr, da der Begr „Inland" seither insow seine Unterscheidgskraft verloren hat, ebso BGH FamRZ **94**, 161, aM Dieckmann FamRZ **94**, 1077. Zur Anwendg der Vorschr des BGB über den nachehel Unterh entspr Art 18 V kommt es also nur, wenn der Verpfl bereits im Ztpkt des Beitritts am 3. 10. 90 seinen gewöhnl Aufenth im Inl hatte, ebso Lauterbach NJ **97**, 519; iü bleibt es bei der Anwendg der GrdRegel des Art 18 IV, dh der Maßgeblichk des tats angewandten Scheidgsstatuts, Art 234 § 5. Zur Abänderg von Entsch der DDR-Gerichte über nachehel Unterh BGH FamRZ **93**, 43, **94**, 562, **95**, 544, KG FamRZ **93**, 567, Düss FamRZ **94**, 1344, Graba DtZ **93**, 39, FamRZ **93**, 392, Stankewitsch IPRax **94**, 103, Brudermüller FamRZ **94**, 1025, **95**, 915, Leipold JZ **95**, 833, Fritsche/Lingelbach NJ **95**, 398.

Auch für die Beurteilg eines **Versorgungsausgleichs** hat sich dch die Neufassg des EG dch das IPRG v 41
25. 7. 86, BGBl 1142 im innerdtschen KollisionsR eine Änderg der RLage ergeben. Sie bleibt aber gem Art 220 I auf Scheidgen ohne Einfl, die bereits **vor** dem 1. 9. 86 rechtshängig waren, vgl Rn 6 u Art 220 Rn 4. Hier ist weiterhin von Art **17 aF** auszugehen u damit auch von den oben Rn 39 erläuterten Regeln, BGH FamRZ **91**, 421, **92**, 295, **94**, 884, krit dazu Jayme IPRax **91**, 252. Bei Übersiedlg beider Eheg in die BRep bleibt also ein nachträgl VA mit Wirkg für die Zukunft weiterhin mögl. Seit der Herstellg der staatl Einheit Dtschlands am 3. 10. 90 ist aber eine Übersiedlg aus der DDR in die BRep im Rechtssinn ausgeschlossen, so iErg auch BGH FamRZ **94**, 884, Ffm FamRZ **93**, 1097. Die Durchf eines nachträgl VA bei einer nach dem Recht der DDR gesch Ehe kommt daher nur bei Übersiedlg beider Eheg vor diesem Stichtag in Frage, BGH FamRZ **94**, 884. Wurde der ScheidgsAntr **nach** dem 1. 9. 86 rechtshängig, so ist von Art **17 nF** auszugehen, vgl zB Celle FamRZ **91**, 714. Bei Maßgeblichk des Rechts der früh DDR als

Scheidgsstatut ist ein (nachträgl, vgl dazu Mü FamRZ **90**, 186) VA also nur unter den Voraussetzgen von Art 17 III 2 statthaft, Celle FamRZ **91**, 715, Mansel DtZ **90**, 228, Adlerstein/Wagenitz FamRZ **90**, 1306, Henrich FamRZ **91**, 877, teilw aM AG Charl FamRZ **91**, 1069 (Antr entbehrl), Ffm FamRZ **91**, 1323 (gg analoge Anwendg v Abs 3 S 2), vgl auch BGH FamRZ **94**, 884.

Allerd gilt bei ScheidgsUrt, die im Gebiet der früh DDR vor dem 1. 1. 92 ergangen sind, gem **Art 234 § 6** S 1 das Recht des VA nicht; bei ScheidgsUrt nach diesem Stichtag ist seine Durchf eingeschränkt, S 2; vgl dazu Adlerstein/Wagenitz aaO 1304. Diese Regelg ist jedoch nur als Ausn zu dem grdsl Inkrafttr des BGB in den beigetretenen Gebieten am 3. 10. 90 zu verstehen. Soweit der VA kollr schon bish nach dem BGB dchzuführen war, hat es dabei sein Bewenden, BGH FamRZ **92**, 295, **94**, 884; auch die Wirksamk eines nach diesem Recht bereits dchgeführten VA bleibt selbstverständl unberührt.

42 **b)** Die früh DDR war nicht Inl iS v ZPO 606 I 2; für Zustdgk der Gerichte der BRep genügte also hiesiger gewöhnl Aufenth eines Eheg, BGH **7**, 218, NJW **56**, 1031, FamRZ **84**, 674. – **Scheidungsurteile der DDR** waren grdsl in der BRep wirks, ohne daß es eines förml AnerkenngsVerf gem Art 7 § 1 FamRÄndG bedurfte, vgl zB BGH **85**, 18. Zu den Auswirkgen des **Einigungsvertrages** auf die Anerkenng v DDR-Scheidgen BGH NJW **99**, 493, ferner Hamm FamRZ **97**, 1215, AG Bautzen FamRZ **94**, 1388 mAv Bosch, v AuslScheidgen Leible FamRZ **91**, 1245.

EG 18

Unterhalt. **I Auf Unterhaltspflichten sind die Sachvorschriften des am jeweiligen gewöhnlichen Aufenthalt des Unterhaltsberechtigten geltenden Rechts anzuwenden. Kann der Berechtigte nach diesem Recht vom Verpflichteten keinen Unterhalt erhalten, so sind die Sachvorschriften des Rechts des Staates anzuwenden, dem sie gemeinsam angehören.**

II Kann der Berechtigte nach dem gemäß Absatz 1 Satz 1 oder 2 anzuwendenden Recht vom Verpflichteten keinen Unterhalt erhalten, so ist deutsches Recht anzuwenden.

III Bei Unterhaltspflichten zwischen Verwandten in der Seitenlinie oder Verschwägerten kann der Verpflichtete dem Anspruch des Berechtigten entgegenhalten, daß nach den Sachvorschriften des Rechts des Staates, dem sie gemeinsam angehören, oder, mangels einer gemeinsamen Staatsangehörigkeit, des am gewöhnlichen Aufenthalt des Verpflichteten geltenden Rechts eine solche Pflicht nicht besteht.

IV Wenn eine Ehescheidung hier ausgesprochen oder anerkannt worden ist, so ist für die Unterhaltspflichten zwischen den geschiedenen Ehegatten und die Änderung von Entscheidungen über diese Pflichten das auf die Ehescheidung angewandte Recht maßgebend. Dies gilt auch im Fall einer Trennung ohne Auflösung des Ehebandes und im Fall einer für nichtig oder als ungültig erklärten Ehe.

V Deutsches Recht ist anzuwenden, wenn sowohl der Berechtigte als auch der Verpflichtete Deutsche sind und der Verpflichtete seinen gewöhnlichen Aufenthalt im Inland hat.

VI Das auf eine Unterhaltspflicht anzuwendende Recht bestimmt insbesondere,

1. ob, in welchem Ausmaß und von wem der Berechtigte Unterhalt verlangen kann,
2. wer zur Einleitung des Unterhaltsverfahrens berechtigt ist und welche Fristen für die Einleitung gelten,
3. das Ausmaß der Erstattungspflicht des Unterhaltsverpflichteten, wenn eine öffentliche Aufgaben wahrnehmende Einrichtung den ihr nach dem Recht, dem sie untersteht, zustehenden Erstattungsanspruch für die Leistungen geltend macht, die sie dem Berechtigten erbracht hat.

VII Bei der Bemessung des Unterhaltsbetrags sind die Bedürfnisse des Berechtigten und die wirtschaftlichen Verhältnisse des Unterhaltsverpflichteten zu berücksichtigen, selbst wenn das anzuwendende Recht etwas anderes bestimmt.

1 **1) Allgemeines. a)** Zugleich mit der Verabschiedg des IPRG hat der BT dch G vom 25. 7. 86, BGBl II 825, neben dem Haager Übk über die Anerkenng u Vollstreckg v UnterhEntschen vom 2. 10. 73, vgl dazu Anh Rn 9, auch dem **Haager Übereinkommen über das auf Unterhaltspflichten anwendbare Recht** (UntPflÜbk) vom 2. 10. 73 zugestimmt, vgl dazu Denkschr BR-Drucks 10/258 S 24 u Anh Rn 4–6. Das Abk ist für die BRep am 1. 4. 87 in Kraft getreten, Bek v 26. 3. 87, BGBl II 225 (mit Vorbeh aus Art 15). Es ersetzt nach Art 18 im Verh zu den and VertrStaaten das alte Haager Übk über das auf UnterhPflichten ggü **Kindern** anwendb Recht vom 24. 10. 56, vgl dazu Anh Rn 1–3; im Ggs zu diesem Abk ist es nach Art 3 unter Verzicht auf das GegenseitigkErfordern ohne Beschrkg des PersKreises auch bei gewöhnl Aufenth des Berecht in einem NichtVertrStaat anwendb (loi uniforme). Mit dem Inkrafttr des UntPflÜbk für die BRep ist daher für eine autonome kollrechtl Regelg des Unterh kein Raum mehr; die kollr Vorschr des UntPflÜbk, dh dessen Art 4–10 u 11 II, sind desh im Interesse der Übersichtlk des geltden dtschen IPR, vgl dazu Rn 18 vor
2 Art 3, mit geringen Abweichgen unmittelb in den **Wortlaut** des Art 18 **eingestellt.** Trotz des Vorrangs der staatsvertragl Regelg vor dem autonomen dtschen KollR gem Art 3 II 1 **genügt** desh grdsl die Anwendg des **Art 18** bei der Bestimmg des UnterhStatuts, vgl Art 3 Rn 8, zust Pirrung IPR S 155, Kartzke NJW **88**, 105, i Erg wie hier auch BGH NJW **91**, 2213, BayObLG **87**, 444; die Vorschr hat, obgleich in das IPRG aufgen, **staatsvertraglichen Charakter;** der Rückgr auf die entspr Regelg des UntPflÜbk ist damit zwar keineswegs ausgeschl, vgl Denkschrift BT-Drucks 10/258 S 27, jedoch **überflüssig,** vgl dazu zB Dortm NJW-RR **90**, 12, Bambg NJW-RR **90**, 198, Hamm FamRZ **96**, 952, LG Kiel FamRZ **96**, 48, Erman-Hohloch Rn 2, aM Hamm FamRZ **92**, 1428, **98**, 25, KG FamRZ **91**, 808, Hbg FamRZ **90**, 794, **93**, 101, Karlsr FamRZ **90**, 1351, **92**, 58 (and Karlsr FamRZ **92**, 316), Kblz FamRZ **93**, 1428, **95**, 1439, Saarbr FamRZ **94**, 579, MüKo-Siehr Rn 1, Hausmann IPRax **90**, 383; eine Ausn gilt bei der Unteranknüpfg in MehrRStaaten gem Art 16 UntPflÜbk, vgl dazu Art 4 Rn 16. Das gleiche gilt für die Regelg des alten Haager Übk über das auf UnterhPflten ggü Kindern anwendb Recht vom 24. 10. 56, die im Verh zu denjenigen Staaten weitergilt, die nicht zu den VertrPartnern des neuen UntPflÜbk gehören, vgl dazu Anh Rn 1; zwar besitzt auch das alte

Übk vom 24. 10. 56 gem Art 3 II 1 Vorrang vor dem autonomen dtschen IPR; die Regelg des Art 18 steht jedoch nicht in Widerspr zu den Vorschren des alten Übk einschl des in dessen Art 2 eröffneten Vorbeh, von welchem die BRep bei der Ratifizierg Gebrauch gemacht hat, vgl dazu Anh Rn 2; auch insoweit ist deshalb die Beschränkg auf die Anwendg des Art 18 unbedenkl, vgl Art 3 Rn 8. Bei der **Auslegung** des Art 18 gelten jedoch zT and Regeln als bei der Anwendg des autonomen dtschen IPR; bei ihr ist der staatsvertragl Charakter der Vorschr zu berücksichtigen, vgl Rn 7 f vor Art 3.

b) Art 18 enth eine **umfassende** Anknüpfgsregelg für famrechtl UnterhPflten, die bish verstreut in versch 3
einz KollNormen sowie dem erwähnten alten Haager Übk vom 24. 10. 56 enthalten war. Dabei wird entspr dem staatsvertragl Hintergrd der allg Anknüpfgsregel jeweils auf **Sachvorschriften** od dtsches Recht als lex fori verwiesen; die Beachtg einer **Rück- oder Weiterverweisung** dch das IPR des zur Anwendg berufenen Rechts scheidet aus, Art 3 I 2, vgl dazu Art 4 Rn 5–13; iRv Abs 4 wird aber das UnterhStatut mittelb dch das Scheidgsstatut best; soweit bei diesem eine Rück- od Weiterverweisg zu beachten ist, Art 17 Rn 2, wirkt sich dies i Erg auch hier aus; auch dch Abs 4 werden aber nur die Sachnormen des ScheidgsStatuts berufen, BGH NJW **91**, 439. Der Vorbeh des **ordre public** gilt grdsl auch bei der Anwendg v Art 18, vgl Art 4 des Übk vom 24. 10. 56, abgedruckt Anh Rn 3, u Art 11 UntPflÜbk, abgedruckt Anh Rn 6; wegen der weitgehden Sicherstellg des UnterhBerecht dch Vorbehalte zG der Anwendg dtschen Rechts, Abs 2 u 5, sowie der dch Abs 7 zwingend vorgeschr Berücksichtigg der Bedürfn des Berecht u der wirtsch Verhe des Verpfl wird aber für die Anwendg v Art 6 kaum ein Bedürfn bestehen, vgl aber BGH NJW **91**, 2213 (betr Härtefall bei GeschiedenenUnterh). Zur Anwendg von Art 18 im **innerdeutschen** KollR vgl Rn 21.
c) Eine ggü Art 18 u den beiden Haager Übk vom 24. 10. 56 u 2. 10. 73 vorrangige **staatsvertragliche** 4
Sonderregelung, vgl dazu Art 3 Rn 10, enth das dtsch-iranische NiederlassgsAbk vom 17. 2. 29, RGBl **30** II 1006 (noch in Kraft, vgl Bek vom 15. 8. 55, BGBl II 829); UnterhAnspr iran Kinder gegen einen iran EltT unterliegen daher weiterhin iran Recht, vgl BGH FamRZ **86**, 345, Schotten/Wittkowski FamRZ **95**, 268; bei versch Personalstatut der Beteiligten entfällt die Anwendbk des dtsch-iran Abk, BGH FamRZ **90**, 33, Bremen IPRax **85**, 296 (bei Doppelstaatern entsch die effektive Staatsangehörigk).

d) Der Erleichterg der Geltendmachg von UnterhAnspr im Ausl, insb in den Staaten des angloamerikan 5
RKreises, dient das **Auslandsunterhaltsgesetz** vom 19. 12. 86, BGBl 2563, das am 1. 1. 87 in Kraft getreten ist. Vgl dazu Bach FamRZ **96**, 1250. Das Gesetz regelt die Zusammenarbeit mit ausl Ger u Beh ähnl wie das UNÜbk über die Geltendmachg von UnterhAnspr im Ausl, vgl dazu Anh Rn 7. Es enth keine kollr od matr Regelg. Zur Verbürgg der Gegenseitigk nach AUG § 1 II vgl die Übersicht in FamRZ **90**, 1329 und zuletzt Bek v 7. 1. 97, BGBl I 155. Zu den versch Abk über die Durchsetzg v UnterhAnspren u -entscheidgen vgl Anh Rn 7–10. Zur **Anerkennung** ausl UnterhEntsch vgl Anh Rn 8–10; soweit keine staatsvertragl Regelg besteht, gelten die allg Vorschr, insbes ZPO 328, vgl zB Hamm FamRZ **93**, 189 u 339, **94**, 759; Düss FamRZ **93**, 347; zur Abänderg ausl UnterhEntsch vgl Rn 12 u 17.

e) Die Neuregelg in Art 18 gilt gem **Art 220 II**, vgl dort Rn 7, für alle **nach dem 1. 9. 86** fällig 6
gewordenen UnterhAnspr, vgl dazu BGH FamRZ **91**, 926, **93**, 178, Düss FamRZ **92**, 573, u damit auch für die Abänderg einer vor dem 1. 9. 86 erlassenen UnterhEntsch, vgl Kartzke NJW **88**, 107. Die intertemporale Regelg in Art 12 UntPflÜbk, vgl Anh Rn 4–6, stimmt (zeitl versetzt zum 1. 4. 87) mit diesen Grdsen überein. Art 220 II gilt auch für den ScheidgsUnterh, BGH FamRZ **91**, 926 (dazu Henrich IPRax **92**, 85), FamRZ **93**, 178; wg Abs 4 kam es aber insow am 1. 9. 86 nicht zu einem Statutenwechsel.

2) Grundsätzliche Anknüpfung des Unterhaltsstatuts (Absätze 1 und 2). Art 18 verfolgt bei der 7
Bestimmg des UnterhStatuts das Ziel, eine dem UnterhBerecht günstige ROrdng zu berufen. Die Anknüpfg nimmt desh entgg den GrdPrinzipien des IPR, vgl Rn 1 vor Art 3, auch auf den Inhalt der in Betr kommden Sachnormen Rücks. Die so entstandene abgestufte Regelg entspr Art 4–6 UntPflÜbk; allerd wird dabei an Stelle der von Art 6 UntPflÜbk berufenen lex fori in Abs 2 dtsches Recht gesetzt, vgl dazu Böhmer JA **86**, 238; dies ist jedoch bei der Anwendg des Übk im Inl unbedenkl; die GrdsAnknüpfg des UnterhStatuts ist auch mit dem alten Übk vom 24. 10. 56 in dessen sachl AnwendgsBereich vereinb, vgl dessen Art 1 I u II, 3.
a) Grundsatz. UnterhAnspre sind nach **Absatz 1 Satz 1** grdsl nach dem mat Recht am jew **gewöhnlichen** 8
Aufenthalt, zum Begr vgl Art 5 Rn 10, 11, des UnterhBerecht zu beurteilen. Das Statut ist **wandelbar;** mit Verlegg des gewöhnl Aufenth in einen and Staat unterliegt die UnterhPflicht ex nunc einem and Recht, vgl dazu Düss FamRZ **95**, 37; eine unter dem bish Statut wirks getroffene UnterhVereinbarg, zB iZshg mit einer Abfindg, behält aber grdsl ihre Gültigk, Hamm FamRZ **98**, 1532, MüKo-Siehr Art 18 Anh I Rn 232; eine Ausn gilt jedoch für die Vereinbarg über den nachehel Unterh, die nach dem tats angewandten Scheidgsstatut zu beurteilen ist, vgl Rn 12, aM Staud-v Bar/Mankowski Art 18 Anh I Rn 269, welches erst bei Eintritt der RHängigk des ScheidgsAntr bestimmt werden kann. Eine Ausn von der primären Anknüpfg an den gewöhnl Aufenth des Berecht gilt nach Abs 5, vgl Rn 13. **b) Durchbrechung.** Gewährt das Recht seines jew 9
gewöhnl Aufenth (ggf also auch das dtsche Recht, Kln IPRspr **90** Nr 107) dem UnterhBerecht keinen UnterhAnspr, so ist die UnterhPflicht **nach Absatz 1 Satz 2** subsidiär nach dem mat **gemeinsamen Heimatrecht** der Part zu beurteilen; ob ein solches vorhanden ist, beurteilt sich bei Mehrstaatern nach Art 5 I (ausschl Berücksichtigg der effektiven bzw dtschen Staatsangehörigk). Vorauss der subsidiären Anwendg eines gemeins HeimatR ist, daß der UnterhBerecht nach dem Recht an seinem gewöhnl Aufenth vom Verpfl überh **keinen** Unterh erhält, Hamm FamRZ **99**, 889, etwa wg Ablaufs einer Klagefrist gegen den nehel Vater, vgl Karlsr DAVorm **79**, 537; daß ein Anspr gegen eine and Pers besteht, zB die Mutter, ist dabei unerhebl. Dagg ist für die Anwendg v S 2 **nicht** ausr, daß das UnterhStatut gem Abs 1 S 1 dem Berecht gegen den Verpfl Anspre wg mangelnd Bedürftigk verweigert, Hamm FamRZ **98**, 25, od nur in geringerer Höhe od mit kürzerer Laufzeit einräumt als das gemeins HeimatR, Karlsr FamRZ **90**, 1352, Hamm NJW-RR **92**, 711, zB zwar Unterh, aber keinen Prozeßkostenvorschuß, KG FamRZ **88**, 169, zust v Bar IPRax **88**, 222; Korrekturmöglk nach Abs 7 bleibt jedoch unberührt, BGH NJW **91**, 2214, Hamm NJW-RR **92**, 711 u Rn 20. Ist die Vorauss der Anwendbk v S 2 erfüllt, so ist der Anspr in vollem Umfang, dh nach Grd u Höhe nach dem gemeins HeimatR zu beurteilen, vgl Rn 16, 17. **c) Ersatzweise Heranziehung deutschen** 10
Rechts. Gewährt das Recht des jew gewöhnl Aufenth dem Berecht überh keinen UnterhAnspr, vgl dazu

Rn 9 (also nicht etwa nur in geringerer Höhe, Hamm NJW-RR **92**, 711 od weil die AnsprVorauss, zB LeistgsFähigk des Verpfl, im konkreten Fall nicht erfüllt sind, Oldbg NdsRPfl **96**, 176), u ist ein gemeins HeimatR der Part nicht vorhanden od versagt auch dieses den Anspr, so ist die UnterhPflicht in letzter Linie nach dtschem Recht zu beurteilen, **Absatz 2.** Gewährt auch dieses keinen Anspr, so hat es damit sein Bewenden. Ist der Anspr nach dtschem Recht begründet, so entsch dieses auch über seinen Umfang, vgl Rn 16, 17. Für den nachehel Unterh enth Abs 4 eine vorrangige SonderRegelg, vgl Rn 12.

11 **3) Ausnahmen. a) Einschränkung bei entfernter Beziehung (Absatz 3).** Die Anknüpfg des UnterhStatuts nach Abs 1 u 2 berücksichtigt vor allem die Verhe des Berecht, der dch Verlegg seines gewöhnl Aufenth das anwendb Recht grdsl frei manipulieren kann, vgl Rn 25 f vor Art 3. Dies erscheint unbillig bei ihrer Art nach ungewöhnl UnterhPflichten, die nur relativ wenige ROrdngen aufstellen. Aus diesem Grd gewährt Abs 3 dem v einem **Verwandten in der Seitenlinie** od einem **Verschwägerten** in Anspr genommenen UnterhSchuldner eine Einr, vgl MüKo-Siehr Anh I Rn 148, gegen die nach dem UnterhStatut gem Abs 1 an sich bestehde UnterhPflicht, wenn das gemeins HeimatR der Part (bei Mehrstaatern vgl Art 5 I) od in dessen Ermangelg das Recht am gewöhnl Aufenth des Verpfl eine solche Pfl nicht kennt. – Diese Regelg entspr Art 7 UntPflÜbk; sie ist auch mit dem alten Übk vom 24. 10. 56 in dessen auf Kinder unter 21 Jahre beschr AnwendgsBereich vereinb, vgl dessen Art 5 I u zur Anerkenng einer UnterhPflicht eines Verschwägerten dessen Art 4.

12 **b) Maßgeblichkeit des tatsächlichen Eheauflösungsstatuts (Absatz 4).** Die UnterhPflicht zw gesch Eheg (also nur der NachscheidgsUnterh, Hamm NJW-RR **92**, 711) unterliegt nach Abs 4 dem auf die Ehescheidg angewandten Recht, dh demjenigen Recht, nach welchem die Ehe tats gesch worden ist, BGH FamRZ **87**, 682 (auch zur Verfassgsmäßigk dieser Regelg), BGH NJW **91**, 2213, FamRZ **93**, 790, bei Scheidg im Inl also dem gem Art 17 zugrundegelegten Scheidgsstatut, bei einer im Inl anzuerkenndn AuslScheidg, vgl Art 17 Rn 29–36 u 42, dem vom ausl Ger angewandten Recht, vgl BGH NJW **91**, 2213, Oldbg FamRZ **88**, 170, Kln FamRZ **88**, 1177, Saarbr FamRZ **94**, 579, Hamm FamRZ **94**, 582, **95**, 886 (förml AnerkenngsVerf nicht erforderl), Düss FamRZ **95**, 885, Zweibr FamRZ **97**, 94, das nicht notw dem v Art 17 berufenen zu entsprechen braucht. Das gleiche gilt bei einer Ehetrenng ohne Auflösg des Ehebandes, Düss IPRspr **93** Nr 84, Karlsr FamRZ **99**, 606, bei NichtigErkl od Aufhebg der Ehe. Das tats angewandte Scheidgsstatut entscheidet auch über die Wirksk einer vor der Scheidg geschl Vereinbarg über den nachehel Unterh, vgl Rn 8. Die UnterhAnspr **getrennt** lebder Eheg beurt sich nach Abs 1 u 2, Hamm NJW-RR **92**, 711, Karlsr FamRZ **92**, 58. Eine auch ggü Abs 4 vorrangige Sonderregelg enth Abs 5, vgl Rn 13. Versagt das Scheidgsstatut den UnterhAnspr, so kann nicht auf Abs 2 zurückgegriffen werden, BGH NJW **91**, 2213, Karlsr FamRZ **89**, 748, Mü IPRspr **93** Nr 88, Zweibr FamRZ **97**, 1404, uU kommt aber ein Verstoß gg den ordre public in Betr, vgl dazu BGH aaO, Boele-Woelki IPRax **98**, 494 sowie oben Rn 3. Dem tats Eheauflösgsstatut unterliegt nach Abs 4 S 1 auch die **Änderung** einer **Entscheidung** über die UnterhPfl. Die Abänderg ausl UnterhTitel ist völkerrechtl zul, BGH FamRZ **83**, 806, Hbg DAVorm **85**, 509; sie unterliegt nach Abs 4 sachl dem vom ErstGer angewandten Eheauflösgsstatut; vgl dazu auch Rn 16, 17. Zur Abänderg von DDR-Entsch BGH FamRZ **93**, 43, **94**, 372, 562, **95**, 544, KG FamRZ **93**, 567, Hamm FamRZ **93**, 1477, Düss FamRZ **94**, 1344, Karlsr FamRZ **95**, 937, Brdbg FamRZ **97**, 1342, Graba DtZ **93**, 39, Stankewitsch IPRax **94**, 103, Brudermüller FamRZ **95**, 915 sowie Art 17 Rn 40; zur Verfassgsmk dieser Regelg BVerfG FamRZ **94**, 751, Dresd FamRZ **94**, 710. – Abs 4 entspr Art 8 UnterhPflÜbk; das alte Übk v 24. 10. 56 ist sachl nicht einschlägig.

13 **c) Anwendung deutschen Rechts bei starkem Inlandsbezug (Absatz 5).** Eine Ausn von der Anwendg des Rechts am gewöhnl Aufenth des Berecht od der Maßgeblk des Eheauflösgsstatuts gem Abs 4, vgl BGH NJW **91**, 2213, Henrich IPRax **92**, 86 gilt nach Abs 5, wenn beide Part Dtsche iSv GG 116 I sind **und** der Verpfl seinen gewöhnl Aufenth im Inl hat (bloßer Wohns genügt nicht, Stgt IPRspr **87** Nr 76); die Gleichstellg von Staatenlosen u Flüchtlingen mit dtschem Personalstatut ist unbedenkl, vgl Karlsr FamRZ **91**, 1449, Hamm FamRZ **94**, 575, Art 5 Rn 9 u Anh z Art 5 Rn 27. Bei so weitgehdem InlBezug gilt nach Abs 5 **deutsches** Recht auch dann, wenn der Berecht seinen gewöhnl Aufenth im Ausl hat u UnterhStatut nach Abs 1 S 1 desh an sich ausl Recht wäre, vgl zB Hamm NJW-RR **94**, 331, Düss FamRZ **94**, 112, Mü FamRZ **98**, 503, od die Ehe nach ausl Recht gesch worden ist, Düss FamRZ **92**, 953, Hamm FamRZ **94**, 575. – Die Regelg entspr Art 15 UntPflÜbk; die BRep hat einen entspr Vorbeh bei der Ratifizierg des Abk erkl, vgl Bek v 26. 3. 87, BGBl II 225; die Regelg ist auch mit dem alten Übk vom 24. 10. 56 vereinb, vgl dessen Art 2 u dazu Art 1 a des ZustG v 24. 10. 56 idF des ErgG v 2. 6. 72, BGBl II 589.

14 **4) Anwendungsbereich. a)** Bei der Beurteilg einer UnterhPflicht auftretde Vorfragen, zB Gültigk einer Ehe, (ehel od nehel) Abstammg, Zustandekommen einer Adoption, sind wg des staatsvertragl Charakters des Art 18 ausnahmsw **unselbständig** anzuknüpfen, vgl Rn 30 vor Art 3, dh nach dem vom IPR des UnterhStatuts zur Anwendg berufenen Recht zu beurteilen, ebso LG Dortm NJW-RR **90**, 12, Ffm FamRZ **98**, 1431, Strunk FamRZ **91**, 654, aM Piltz, Int ScheidsR (1988) 118 (Beurteilg nach dem mat UnterhStatut), differenziert Johannsen/Henrich, EheR Art 18 Rz 18–23, MüKo-Siehr Anh I Rn 242, Müller StAZ **89**, 304. Dies gilt insb bei der **Feststellung der Vaterschaft** im Zusammenhang mit der Beurteilg des UnterhAnspr eines Kindes, vgl BGH NJW **76**, 1028. Ist **deutsches** Recht nach Abs 1, 2 od 5 UnterhStatut, so beurteilt sich die VaterschFeststellg also nach dem v **Art 19 I** bezeichneten Recht. Danach wird alternativ neben dem Recht des gewöhnl Aufenth des Kindes auch das HeimatR beider EltTe sowie uU zusätzl das Ehewirkgsstatut gem Art 14 I berufen, also im Interesse des Kindes im Erg auch eine VaterschFeststellg nach dtschem Recht ermöglicht, die Sperrwirkg des § 1600 d IV somit überwunden; die akzessorische Anknüpfg der VaterschFeststellg bei dtschem UnterhStatut ist damit überflüssig geworden, zust Strunk FamRZ **91**, 654.

15 **b) Sachlich** best Art 18 das auf **Unterhaltspflichten** aller Art anwendb Recht; zur Qualifikation Hausmann IPRax **90**, 382, Jayme Fschr v Overbeck (1990) 529. **aa)** Wie sich aus Art 1 UntPflÜbk ergibt, sind damit nur UnterhPflichten gemeint, die sich aus Beziehgen der Familie, Verwandtsch, Ehe od Schwägersch ergeben, einschl der UnterhPfl ggü einem (nehel) Kind, vgl Begr BT-Drucks 10/504 S 63, sowie der aus Schwangersch, Geburt u Kindesbetreug erwachsden UnterhPfl des Vaters ggü der mit ihm nicht verh Mutter,

vgl § 1615 k III, MüKo-Siehr Art 18 Anh I Rn 43, u umgekehrt der Mutter ggü dem Vater (BetreugsUnterh, vgl § 1615 k V), nicht aber auch UnterhAnspr bei Beendigg einer nehel LebensGemsch, vgl Jayme Fschr Overbeck (1990) 535, Erm-Hohloch Rn 26, aM Henrich FamRZ **86**, 843, MüKo-Siehr Anh I Rn 38. Nicht hierher gehören ferner etwa güterr AusglLeistgen, Karlsr FamRZ **89**, 748, zust Jayme aaO 540, abl Hausmann IPRax **90**, 382, ebsowenig UnterhZahlgen aGrd deliktischer od vertragl Schadensersatzpflicht, wohl aber das Bestehen einer famrechtl UnterhPfl als Vorfrage eines deliktischen SchadensersatzAnspr wg entgangenen Unterh, vgl dazu Art 40 Rn 18; daß ein UnterhAnspr selbst als SchadensersatzAnspr konstruiert ist, steht der Anwendg v Art 18 ebenf nicht entgg, Stgt FamRZ **93**, 975, AG Hbg FamRZ **89**, 749 u 752 (Geschiedenen-Unterh nach türk Recht); zu UnterhAnspr gg den Nachlaß Art 25 Rn 10.

bb) Das nach Art 18 zu bestimmde UnterhStatut entsch nach **Absatz 6 Nr 1** über das **Bestehen** des 16
Anspr, also insb Beginn und Beendigg einschl Altersgrenze, Hamm FamRZ **99**, 889, sowie Verj u Verwirkg, Erlöschen dch Tod des Berecht od Verpfl, Art 25 Rn 17, Leistgsfähigk des Verpfl, Hamm FamRZ **90**, 1137, UnterhVerzicht, Karlsr FamRZ **92**, 317; zu den Auswirkgen eines Statutenwechsels vgl Rn 8. Das UnterhStatut regelt ferner das **Ausmaß** des Unterh, also Art (zB NaturalUnterh, vgl BGH NJW **92**, 974) u Höhe der UnterhLeistgen, was eine faktische Berücksichtigg der LebensVerh im Land des gemeins gewöhnl Aufenth der Part nicht ausschließt, vgl Düss NJW-RR **97**, 388. Das UnterhStatut bestimmt auch die Währg, in der zu zahlen ist (Erfüllg daher grdsl in der Währg am gewöhnl Aufenth des Berecht, sofern dem Verpfl die Zahlg in dieser Währg nicht unmögl od dem Berecht wg der an seinem gewöhnl Aufenth herrschden Inflation, Rottw DAVorm **88**, 195, od der für ihn geltden DevisenVorschr unzumutb ist, vgl BGH FamRZ **87**, 370 (keine Erfüllg dch einen im AufenthStaat des Berecht lebenden Dritten in dortiger Währg), **87**, 682, NJW **90**, 2198, FamRZ **92**, 1063. Für den UnterhBedarf maßg ist allein der Binnenwert der Währg, nicht die Wechselkursentwicklg, Hamm FamRZ **94**, 763. Leben UnterhBerecht u UnterhPflichtiger in Ländern mit unterschiedl Lebensstandard, so ist der UnterhBedarf zwar grdsl nach den tats Verhen am AufenthOrt des Berecht zu best, vgl zB BGH FamRZ **87**, 683, Hamm FamRZ **89**, 626, darü hinaus jedoch, soweit das UnterhStatut es gestattet, auch eine gewisse Teilhabe an den besseren Lebensbedinggen am AufenthOrt des Verpfl zu gewähren, st Rspr, vgl zB Düss FamRZ **89**, 98, Hamm FamRZ **89**, 1334, **91**, 105, Bambg NJW-RR **90**, 198, Karlsr FamRZ **91**, 602, Schlesw IPRspr **91** Nr 102, Nürnb FamRZ **97**, 1355, Kblz FamRZ **98**, 1533, and bei EhegUnterh, wenn die ehel LebensGemsch nur im Ausl bestand, Hamm FamRZ **89**, 626, Kblz FamRZ **93**, 1428 u 1442. Zur Berechng der UnterhAnspr in **Polen** lebder Kinder vgl zuletzt Hamm FamRZ **94**, 763, 773, 774, KG FamRZ **94**, 759, Kblz FamRZ **95**, 1439, Nürnbg FamRZ **97**, 1355 (dazu Schwolow FuR **97**, 322), AG Kerpen FamRZ **97**, 436, zur UnterhPfl des in Polen lebenden Vaters ggü dem im Inl lebenden Kind Hamm FamRZ **90**, 1137; zum TrenngsUnterh der in Polen lebden Ehefrau Kln FamRZ **99**, 93; zum UnterhBedarf des in **Bulgarien** lebden Kindes Kblz FamRZ **98**, 1532, Buseva FamRZ **97**, 264, in **Chile,** Brem DAVorm **99**, 244, **Serbien,** Stgt FamRZ **99**, 888, **Slowenien,** Hann FamRZ **98**, 858, **Tschechien,** Mü FamRZ **98**, 857, Karlsr FamRZ **98**, 1531, in der **Türkei** Zweibr FamRZ **99**, 33, in **Ungarn** AG Stgt IPRspr **90** Nr 98. Bei der Bemessg der Höhe des Unterh eines im Inl lebden UnterhBerecht können trotz Anwendbk ausl UnterhR auch die dtschen UnterhTabellen berücksichtigt werden, vgl Düss NJW-RR **97**, 388; praktisch spielt dies wg der grdsl Anknüpfg der UnterhPflicht an den gewöhnl Aufenth nach Abs 1 u der ergänzden Anwendg des dtschen Rechts nach Abs 2 u 5 nur bei UnterhAnspren nach Eheauflösg eine Rolle, die nach Abs 4 nach dem tats angewandten Eheauflösgsstatut zu beurteilen sind, vgl Rn 12. Das UnterhStatut
best auch über einen **Auskunftsanspruch** sowie die **Prozeßkostenvorschußpflicht** als Ausfluß der Un- 17
terhPfl, BGH FamRZ **94**, 558, Kln FamRZ **95**, 680, LG Kiel FamRZ **96**, 48, etwa bei Getrenntleben der Eheg od iZshg mit einer Ehescheidg, KG FamRZ **88**, 167, Stgt IPRax **90**, 113 (bei Fehlen eines matr Anspr Anpassg, vgl dazu Hamm FamRZ **93**, 69, Morweiser IPRax **92**, 65, Eidenmüller ebda 356), aM Karlsr Just **86**, 48, IPRax **87**, 38 (Anwendg der lex fori); zur Qualifikation der Morgengabe vgl Art 13 Rn 9, zur Zuteilg von **Hausrat u Ehewohnung** vgl Art 14 Rn 18 u 17 Rn 17. Auch die **Person** des UnterhSchuldners ist nach dem UnterhStatut zu best; zur Anknüpfg der Vorfrage der (ehel od nehel) Abstammg vgl oben Rn 14. Das von Art 18 berufene Recht entsch auch über die sachr Vorauss einer **Abänderung** einer **Unterhaltsentscheidung** aGrd von Verändergen in der Lage des Berecht od Verpfl, vgl Denkschrift BT-Drucks 10/258 S 65, BGH NJW-RR **87**, 770, Kblz NJW **90**, 426, Karlsr FamRZ **90**, 314, KG FamRZ **93**, 978, Dresd FamRZ **94**, 709, Hamm FamRZ **95**, 883, Kartzke NJW **88**, 105, **str,** and Karlsr FamRZ **89**, 1210, Saarbr IPRax **89**, 396, Düss FamRZ **89**, 1335, Mü NJW-RR **90**, 649, Leipold Fschr Nagel, 1987 S 189, Baumann IPRax **90**, 31, **94**, 438, Stankewitsch IPRax **94**, 103, offen gelassen BGH FamRZ **92**, 1062, Karlsr FamRZ **89**, 1310, Celle FamRZ **93**, 104, KG FamRZ **94**, 760, AG Kerpen FamRZ **97**, 436; auch Art u Ausmaß der Abänderg unterliegen dem UnterhStatut, KG FamRZ **93**, 978, Kartzke NJW **88**, 107; vgl dazu auch Spellenberg IPRax **84**, 304, Henrich IPRax **88**, 21, **89**, 53 (zu Kln ebda); dies gilt auch für die Anwendbk v ZPO 323 III (Abänderg nur für die Zukunft), vgl Hamm DAVorm **92**, 362, Gottwald FamRZ **92**, 86 u 1376, für prozeßr Qualifikation Düss FamRZ **93**, 348, Hamm FamRZ **93**, 1477, vgl dazu auch BGH FamRZ **93**, 43, Bambg NJW-RR **98**, 364, Karlsr FamRZ **99**, 310; für das AbändergsVerf gilt dtsches Recht als lex fori, Hamm FamRZ **91**, 718; zur Anerkenng des ausl Urt als ZulässigkVorauss Hamm FamRZ **93**, 189; zur
Sonderregelg nach Abs 4 bei Ehescheidg vgl Rn 12. **cc)** Nach **Absatz 6 Nr 2** regelt das UnterhStatut auch 18
die KlageBerechtigg einschl der **Vertretung** eines Kindes im Verfahren, vgl dazu BGH FamRZ **90**, 1107, NJW **92**, 974, Stgt FamRZ **91**, 595, **99**, 313 (vgl aber auch FamRZ **99**, 887), Hamm FamRZ **93**, 190, **96**, 952, KG FamRZ **98**, 378, Rauscher StAZ **87**, 130, Heldrich IPRax **89**, 347, für alternative Anknüpfg LG Bln FamRZ **91**, 104, MüKo-Siehr Anh I Rn 291, Kropholler IPR § 47 II 5 c, Beitzke IPRax **90**, 172, sowie etwaige Klagefristen; zur Verj vgl Rn 16. **dd)** Das UnterhStatut entsch nach **Absatz 6 Nr 3** ferner über eine **Erstattungspflicht** des UnterhSchuldners ggü einer in Vorleistg getretenen öffentl Einrichtg, zB einer Gemeinde, Köln IPRspr **91** Nr 100 b, UnterhVorschußkasse od Jugend- u Sozialbehörde sowie gemeinwirtschl betriebenen Krankenhäusern, Brückner IPRax **92**, 367, Wandt VersR **92**, 616. **Ob** der betr Einrichtg überhaupt ein ErstattgsAnspr zusteht, sei es aus originärem Recht od aus gesetzl FdgsÜbergang, regelt die für sie geltde ROrdng, nach der sie tätig geworden ist. Ledigl das **Ausmaß** der ErstattgsPfl des UnterhSchuldners unterliegt dem UnterhStatut; auf einen etwa kraft Gesetz übergegangenen Anspr ist also weiterh das vor dem

19 AnsprÜbergang maßg Recht anzuwenden; dies gilt auch für die Verj, aM Wandt ZVglRWiss **87**, 296. **c)** Die Regelg des Abs 6 entspr inhaltl Art 9 u 10 UnterhPflichtÜbk, sowie Art 1 I u III des alten Übk vom 24. 10. 56.

20 **5) Ergänzende Sachnorm zur Bemessung des Unterhalts (Absatz 7).** Unabhäng von dem zur Anwendg berufenen UnterhStatut sind bei der Bemessg des UnterhBetrags nach Abs 7, der Art 11 II UntPflÜbk entspricht, in jedem Fall die Bedürfnisse des Berecht u die wirtschaftl Verhe des Verpfl zu berücksichtigen. Die Vorschr ist eine Konkretisierg des ordre public-Vorbeh, vgl Celle FamRZ **90**, 1391, Karlsr FamRZ **99**, 310 u steht desh auch mit Art 4 des alten Übk vom 24. 10. 56 in Einklang. Abs 7 enth eine **Sachnorm** mit internat zwingdem Charakter, die nicht anzuwenden ist, wenn das maßg UnterhStatut **beide** Gesichtspkte in irgendeiner Art berücksichtigt, vgl Kln FamRZ **95**, 1582, **96**, 490; die praktische Bedeutg der Regelg ist demnach sehr gering; weitergehd BGH NJW **91**, 2214, Hamm NJW-RR **92**, 711 (Korrektur bis zur Gewährg angemessenen Unterh), Karlsr FamRZ **90**, 313 (Selbstbehalt wie im Aufenth-Staat), vgl auch Hamm FamRZ **89**, 1084, 1086, SozG Stgt FamRZ **92**, 235, Henrich IPRax **92**, 86.

21 **6) Innerdeutsches Kollisionsrecht. a)** Mit dem Inkrafttr des BGB in der früh DDR, vgl Anh zu Art 3 Rn 1, haben sich die kollr Probleme weitgehd erledigt. Zum nachehel Unterh vgl Art 17 Rn 40. **b)** Art 18 galt ebso wie das UntPflÜbk u das alte Übk vom 24. 10. 56 auch im Verh zur früh DDR, vgl zB Hamm FamRZ **94**, 656, Jena OLG-NL **96**, 138; Art 17 UntPflÜbk steht nicht entgg. Wg der GrdsAnknüpfg an den gewöhnl Aufenth des UnterhBerecht, Abs 1 S 1, bereitete die Bestimmg des UnterhStatuts grdsl keine Schwierigk; hieraus ergab sich auch dessen Wandelbk, vgl LG Kln FamRZ **92**, 851, Strunk FamRZ **91**, 655; die Anwendg eines gemeins HeimatR nach Abs 1 S 2 u Abs 3 setzte voraus, daß die Beteiligten dasselbe dtsche Personalstatut besaßen; zu dessen Bestimmg vgl Anh z Art 3 Rn 4; bei Anwendg v Abs 5 genügte es, wenn beide Dtsche iSv GG 116 I waren u der Verpfl seinen gewöhnl Aufenth in der BRep hatte, BGH FamRZ **94**, 160, 563 u 824, Köln FamRZ **94**, 708, Hamm FamRZ **94**, 707, aM KG FamRZ **93**, 568, Dieckmann FamRZ **94**, 1076, Siehr IPRax **94**, 360. Zur Abänderg von DDR-Entsch vgl Rn 12 u 17. **c)** Das auf die Vorfrage der **Vaterschaftsfeststellung** anwendb Recht war bish entspr Art 20 I (jetzt 19 I) zu best; für die akzessorische Anknüpfg an das UnterhStatut, vgl dazu 45. Aufl Art 21 Anm 7, besteht kein Bedürfnis, vgl Rn 14. Eine ÜberggsRegelg enth Art 234 § 7.

Anhang zu Art 18

1 **1) Haager Übereinkommen über das auf Unterhaltsverpflichtungen gegenüber Kindern anzuwendende Recht** v 24. 10. 56, BGBl **61** II 1012, nebst ErgG v 2. 6. 72, BGBl II 589 (Art 1 a).

a) Allgemeines. Das Übk ist für Dtschland am 1. 1. 62 in Kraft getreten, Bek v 27. 12. 61, BGBl **62** II 16; es gilt heute im Verh zu Belgien, Frankreich, Liechtenstein, Niederlande, Österreich, vgl Fundstellen-Nachw B 1999 S 350. Das Übk ist nunm weitgehd dch das **Haager Übereinkommen über das auf Unterhaltspflichten anwendbare Recht** vom 2. 10. 73, BGBl **86** II 837, ersetzt worden; eine Kündigg ist aber derzeit nicht beabsichtigt, vgl Denkschrift BT-Drucks 10/258 S 28. Das Übk steht in seinem auf UnterhAnspre von Kindern beschr Anwendgsbereich inhaltl mit **EG 18** im Einklang; mit der Anwendg v EG 18 wird also zugleich den Bestimmgen des Übk entsprochen, ohne daß dessen Vorrang, Art 3 II 1, vgl dort Rn 8, dadurch verletzt wird. Auf eine gesonderte Kommentierg wird desh verzichtet. Zum Verh zum dtsch-iran NiederlassgsAbk vom 17. 2. 29 vgl EG 18 Rn 4.

2 **b) Anwendungsbereich.** Das Übk regelt das anwendb Recht auf dem Gebiet der UnterhPfl, enthält also **nur** eine **kollisionsrechtliche,** nicht auch eine zustdgkrechtl Regelg, vgl Düss FamRZ **79**, 313, Nürnbg FRES **80** Nr 0511. Es gilt sachl nur für **Unterhaltsansprüche** v **Kindern**, zum Begr s Art 1 IV. In **persönlicher** Hins ist das Übk auf Kinder anwendb, die ihren gewöhnl Aufenth in einem **Vertragsstaat** haben, Art 6 iVm Art 1 I (eine Ausn kann sich aus Art 2 ergeben, vgl dazu Art 1 a des dtschen ZustG, abgedr unten Rn 3); gleichgült ist dabei, ob der Heimatstaat des Kindes od des UnterhSchu zu den VertrStaaten gehören, BGH FamRZ **73**, 185, NJW **75**, 1068, VersR **78**, 346, SchlHOLG SchlHA **79**, 39, Karlsr DAVorm **79**, 444, KG DAVorm **80**, 660, unzutr AG Mainz DAVorm **90**, 560.

3 **c) Wortlaut des Abkommens** (in der amtl dtschen Übersetzg des frz Originaltextes) ohne Art 7–10 u 12.

Art. 1. (1) *Ob, in welchem Ausmaß und von wem ein Kind Unterhalt verlangen kann, bestimmt sich nach dem Recht des Staates, in dem das Kind seinen gewöhnlichen Aufenthalt hat.*

(2) *Wechselt das Kind seinen gewöhnlichen Aufenthalt, so wird vom Zeitpunkt des Aufenthaltswechsels an das Recht des Staates angewendet, in dem das Kind seinen neuen gewöhnlichen Aufenthalt hat.*

(3) *Das in den Absätzen 1 und 2 bezeichnete Recht gilt auch für die Frage, wer die Unterhaltsklage erheben kann und welche Fristen für die Klageerhebung gelten.*

(4) *„Kind" im Sinne dieses Übereinkommens ist jedes eheliche, uneheliche oder an Kindes Statt angenommene Kind, das unverheiratet ist und das 21. Lebensjahr noch nicht vollendet hat.*

Art. 2. Abweichend von den Bestimmungen des Artikels 1 kann jeder Vertragsstaat sein eigenes Recht für anwendbar erklären,

a) wenn der Unterhaltsanspruch vor einer Behörde dieses Staates erhoben wird,

b) wenn die Person, gegen die der Anspruch erhoben wird, und das Kind die Staatsangehörigkeit dieses Staates besitzen und

c) wenn die Person, gegen die der Anspruch erhoben wird, ihren gewöhnlichen Aufenthalt in diesem Staate hat.

Art. 3. *Versagt das Recht des Staates, in dem das Kind seinen gewöhnlichen Aufenthalt hat, ihm jeden Anspruch auf Unterhalt, so findet entgegen den vorstehenden Bestimmungen das Recht Anwendung, das nach den innerstaatlichen Kollisionsnormen der angerufenen Behörde maßgebend ist.*

Art. 4. *Von der Anwendung des in diesem Übereinkommen für anwendbar erklärten Rechts kann nur abgesehen werden, wenn seine Anwendung mit der öffentlichen Ordnung des Staates, dem die angerufene Behörde angehört, offensichtlich unvereinbar ist.*

Art. 5. (1) *Dieses Übereinkommen findet auf die unterhaltsrechtlichen Beziehungen zwischen Verwandten in der Seitenlinie keine Anwendung.*

(2) *Das Übereinkommen regelt das Kollisionsrecht nur auf dem Gebiet der Unterhaltspflicht. Der Frage der sonstigen familienrechtlichen Beziehungen zwischen Schuldner und Gläubiger und der Frage der Abstammung kann durch Entscheidungen, die auf Grund dieses Übereinkommens ergehen, nicht vorgegriffen werden.*

Art. 6. *Dieses Übereinkommen findet nur auf die Fälle Anwendung, in denen das in Artikel 1 bezeichnete Recht das Recht eines Vertragsstaates ist.*

Art. 7–10. (nicht abgedruckt)

Art. 11. *Jeder Vertragsstaat kann sich bei Unterzeichnung oder Ratifizierung dieses Übereinkommens oder bei seinem Beitritt vorbehalten, es nicht auf die an Kindes Statt angenommenen Kinder anzuwenden.*

d) Deutsches Zustimmungsgesetz vom 24. 10. 56 idF des ErgänzgsG vom 2. 6. 72, BGBl II 589.

Art. 1 a. *Auf Unterhaltsansprüche deutscher Kinder findet deutsches Recht Anwendung, wenn die Voraussetzungen des Artikel 2 des Übereinkommens vorliegen.*

2) Haager Übereinkommen über das auf Unterhaltspflichten anwendbare Recht v 2. 10. 73, BGBl 4
86 II 837; vgl dazu Denkschrift BT-Drucks 10/258 S 24.

a) Allgemeines. Das Übk ist für die **Bundesrepublik** am **1. 4. 1987** in Kraft getreten, Bek v 26. 3. 87, BGBl II 225; es gilt ferner für Frankreich, Italien, Japan, Luxemburg, Niederlande, Polen, Portugal, Schweiz, Spanien, Türkei, vgl FundstellenNachw B 1999 S 537. Es ersetzt gem Art 18 I im Verh der VertrStaaten das bish Haager Übk vom 24. 10. 56, vgl dazu Anh Rn 1–3.

b) Anwendungsbereich. Das Übk regelt umfassend das auf famr UnterhPflichten anwendb Recht, beschr 5
sich also nicht auf die UnterhAnspr v Kindern, Art 1. Es enth nur eine kollr, nicht auch eine zustdgkr Regelg, Art 2 I. Das Übk gilt nach Art 3 nicht nur im Verh zu den VertrStaaten, sond best das UnterhStatut unabhängig davon, ob es sich um das Recht eines VertrStaates od eines NichtVertrStaates handelt (loi uniforme). Wg seines allseitigen GeltgsAnspr läßt es desh für ein **abweichendes autonomes** KollisionsR auf dem Gebiet der UnterhPflicht **keinen** Raum. Die kollr Vorschren des Übk, dh dessen Art 4–10 u 11 II, sind deshalb unmittelb in den Wortlaut des EG 18 eingearbeitet, vgl dort Rn 1, 2. Mit der Anwendg des EG 18 wird daher zugleich die kollr Regelg des Übk angewandt; auf eine gesonderte Erläuterg seiner Vorschr wird desh verzichtet.

c) Wortlaut des Abkommens (in der amtl dtschen Übersetzg) ohne Art 20–23, 24 II–27. 6

Kapitel I. Anwendungsbereich des Übereinkommens

Art. 1. *Dieses Übereinkommen ist auf Unterhaltspflichten anzuwenden, die sich aus Beziehungen der Familie, Verwandtschaft, Ehe oder Schwägerschaft ergeben, einschließlich der Unterhaltspflicht gegenüber einem nichtehelichen Kind.*

Art. 2. *Dieses Übereinkommen regelt das Kollisionsrecht nur auf dem Gebiet der Unterhaltspflicht.*

Die in Anwendung dieses Übereinkommens ergangenen Entscheidungen greifen dem Bestehen einer der in Artikel 1 genannten Beziehungen nicht vor.

Art. 3. *Das von diesem Übereinkommen bestimmte Recht ist unabhängig vom Erfordernis der Gegenseitigkeit anzuwenden, auch wenn es das Recht eines Nichtvertragsstaats ist.*

Kapitel II. Anzuwendendes Recht

Art. 4. *Für die in Artikel 1 genannten Unterhaltspflichten ist das am gewöhnlichen Aufenthalt des Unterhaltsberechtigten geltende innerstaatliche Recht maßgebend.*

Wechselt der Unterhaltsberechtigte seinen gewöhnlichen Aufenthalt, so ist vom Zeitpunkt des Aufenthaltswechsels an das innerstaatliche Recht des neuen gewöhnlichen Aufenthalts anzuwenden.

Art. 5. *Kann der Berechtigte nach dem in Artikel 4 vorgesehenen Recht vom Verpflichteten keinen Unterhalt erhalten, so ist das Recht des Staates, dem sie gemeinsam angehören, anzuwenden.*

Art. 6. *Kann der Berechtigte nach den in den Artikeln 4 und 5 vorgesehenen Rechten vom Verpflichteten keinen Unterhalt erhalten, so ist das innerstaatliche Recht der angerufenen Behörde anzuwenden.*

Art. 7. Bei Unterhaltspflichten zwischen Verwandten in der Seitenlinie oder Verschwägerten kann der Verpflichtete dem Anspruch des Berechtigten entgegenhalten, daß nach dem Recht des Staates, dem sie gemeinsam angehören, oder, mangels einer gemeinsamen Staatsangehörigkeit, nach dem innerstaatlichen Recht am gewöhnlichen Aufenthalt des Verpflichteten eine solche Pflicht nicht besteht.

Art. 8. Abweichend von den Artikeln 4 bis 6 ist in einem Vertragsstaat, in dem eine Ehescheidung ausgesprochen oder anerkannt worden ist, für die Unterhaltspflichten zwischen den geschiedenen Ehegatten und die Änderung von Entscheidungen über diese Pflichten das auf die Ehescheidung angewandte Recht maßgebend.

Absatz 1 ist auch im Fall einer Trennung ohne Auflösung des Ehebandes und im Fall einer für nichtig oder als ungültig erklärten Ehe anzuwenden.

Art. 9. Für das Recht einer öffentliche Aufgaben wahrnehmenden Einrichtung auf Erstattung der dem Unterhaltsberechtigten erbrachten Leistungen ist das Recht maßgebend, dem die Einrichtung untersteht.

Art. 10. Das auf eine Unterhaltspflicht anzuwendende Recht bestimmt insbesondere,
1. ob, in welchem Ausmaß und von wem der Berechtigte Unterhalt verlangen kann;
2. wer zur Einleitung des Unterhaltsverfahrens berechtigt ist und welche Fristen für die Einleitung gelten;
3. das Ausmaß der Erstattungspflicht des Unterhaltsverpflichteten, wenn eine öffentliche Aufgaben wahrnehmende Einrichtung die Erstattung der dem Berechtigten erbrachten Leistungen verlangt.

Art. 11. Von der Anwendung des durch dieses Übereinkommen bestimmten Rechtes darf nur abgesehen werden, wenn sie mit der öffentlichen Ordnung offensichtlich unvereinbar ist.

Jedoch sind bei der Bemessung des Unterhaltsbetrags die Bedürfnisse des Berechtigten und die wirtschaftlichen Verhältnisse des Unterhaltsverpflichteten zu berücksichtigen, selbst wenn das anzuwendende Recht etwas anderes bestimmt.

Kapitel III. Verschiedene Bestimmungen

Art. 12. Dieses Übereinkommen ist nicht auf Unterhalt anzuwenden, der in einem Vertragsstaat für eine vor dem Inkrafttreten des Übereinkommens in diesem Staat liegende Zeit verlangt wird.

Art. 13. Jeder Vertragsstaat kann sich gemäß Artikel 24 das Recht vorbehalten, dieses Übereinkommen nur anzuwenden auf Unterhaltspflichten
1. zwischen Ehegatten und zwischen früheren Ehegatten;
2. gegenüber einer Person, die das einundzwanzigste Lebensjahr noch nicht vollendet hat und unverheiratet ist.

Art. 14. Jeder Vertragsstaat kann sich gemäß Artikel 24 das Recht vorbehalten, dieses Übereinkommen nicht anzuwenden auf Unterhaltspflichten
1. zwischen Verwandten in der Seitenlinie;
2. zwischen Verschwägerten;
3. zwischen geschiedenen oder ohne Auflösung des Ehebandes getrennten Ehegatten oder zwischen Ehegatten, deren Ehe für nichtig oder als ungültig erklärt worden ist, wenn das Erkenntnis auf Scheidung, Trennung, Nichtigkeit oder Ungültigkeit der Ehe in einem Versäumnisverfahren in einem Staat ergangen ist, in dem die säumige Partei nicht ihren gewöhnlichen Aufenthalt hatte.

Art. 15. Jeder Vertragsstaat kann gemäß Artikel 24 einen Vorbehalt machen, daß seine Behörden sein innerstaatliches Recht anwenden werden, wenn sowohl der Berechtigte als auch der Verpflichtete Staatsangehörige dieses Staates sind und der Verpflichtete dort seinen gewöhnlichen Aufenthalt hat.

Art. 16. Kommt das Recht eines Staates mit zwei oder mehr Rechtsordnungen mit räumlicher oder personeller Anwendung auf dem Gebiet der Unterhaltspflicht in Betracht – beispielsweise, wenn auf das Recht des gewöhnlichen Aufenthalts des Berechtigten oder des Verpflichteten oder auf das Recht des Staates, dem sie gemeinsam angehören, verwiesen wird –, so ist die Rechtsordnung anzuwenden, die durch die in diesem Staat geltenden Vorschriften bestimmt wird, oder mangels solcher Vorschriften die Rechtsordnung, zu der die Beteiligten die engsten Bindungen haben.

Art. 17. Ein Vertragsstaat, in dem verschiedene Gebietseinheiten ihre eigenen Rechtsvorschriften über die Unterhaltspflicht haben, ist nicht verpflichtet, dieses Übereinkommen auf Kollisionsfälle anzuwenden, die nur seine Gebietseinheiten betreffen.

Art. 18. Dieses Übereinkommen ersetzt in den Beziehungen zwischen den Staaten, die Vertragsparteien sind, das Haager Übereinkommen vom 24. Oktober 1956 über das auf Unterhaltsverpflichtungen gegenüber Kindern anzuwendende Recht.

Jedoch ist Absatz 1 nicht auf einen Staat anzuwenden, der durch einen Vorbehalt nach Artikel 13 die Anwendung dieses Übereinkommens auf Unterhaltspflichten gegenüber Personen ausgeschlossen hat, die das einundzwanzigste Lebensjahr noch nicht vollendet haben und unverheiratet sind.

Art. 19. Dieses Übereinkommen berührt nicht andere internationale Übereinkünfte, deren Vertragspartei ein Vertragsstaat des Übereinkommens ist oder wird und die Bestimmungen über die durch dieses Übereinkommen geregelten Angelegenheiten enthalten.

Kapitel IV. Schlußbestimmungen

Art. 24. Jeder Staat kann spätestens bei der Ratifikation, der Annahme, der Genehmigung oder dem Beitritt einen oder mehrere der in den Artikeln 13 bis 15 vorgesehenen Vorbehalte machen. Andere Vorbehalte sind nicht zulässig.

3) Weitere multilaterale Abkommen über die Durchsetzung von Unterhaltsansprüchen. a) UN-Übk über die **Geltendmachung von Unterhaltsansprüchen im Ausland** v 20. 6. 56, BGBl **59** II 149. Es ist ein RechtshilfeAbk mit dem Zweck, die Geltdmachg von UnterhAnspr mHv Übermittlgs- u Empfangsstellen zu erleichtern; keine Gewährg von Prozeßkostenhilfe, Ffm FamRZ **87**, 302, aM Zweibr DAVorm **99**, 307. Dies kann auch aGrd von Titeln geschehen, die nicht im Staat des Verpflichteten erwirkt sind, Art 5. Auf UnterhAnspr für mj Kinder ist das Übk nicht beschränkt. Text u Erläut bei Baumb-Lauterbach, ZPO im Anh zu GVG 168. Das Übk gilt nicht im Verh zu den USA; vgl dazu jetzt AuslandsUnterhG vom 19. 12. 86, Art 18 Rn 5. 7

b) Haager Übereinkommen über die Anerkennung und Vollstreckung von Entscheidungen auf dem Gebiet der Unterhaltspflicht gegenüber Kindern v 15. 4. 58, BGBl **61** II 1005, ist für die BRep am 1. 1. 62 in Kraft getreten; vgl dazu AusführgsG v 18. 7. 61, BGBl 1033. Das Übk gilt ferner für Belgien, Dänemark, Finnland, Frankreich, Italien, Liechtenstein, Niederlande, Norwegen, Österreich, Portugal, Schweden, Schweiz, Slowakei, Spanien, Suriname, Tschechische Republik, Tschechoslowakei (ehem), Türkei, Ungarn, vgl FundstellenNachw B 1999 S 400. Es dient der Erleichterg der Vollstr von Entsch internat oder innerstaatl Charakters, die den UnterhAnspr eines ehel, nehel od an Kindes Statt angen Kindes zum Ggst haben, sofern es unverh ist u das 21. LebensJ noch nicht vollendet hat, umfaßt also die gleichen Anspr wie das in Rn 1 genannte Haager Übk. Im Verh zur fr DDR galt das Abk nicht, vgl Düss FamRZ **79**, 313. Die internat Zustdgk der dtschen Gerichte in UnterhSachen wird dch das Abk unmittelb nicht geregelt, abw BGH NJW **85**, 552, vgl dazu richtig Henrich IPRax **85**, 207 8

c) Haager Übereinkommen über die Anerkennung und Vollstreckung von Unterhaltsentscheidungen v 2. 10. 73, BGBl **86** II 826; vgl dazu Anerkenngs- u VollstreckgsAusführgsG v 30. 5. 88, BGBl 662, sowie Baumann, Die Anerkenng u Vollstreckg ausl Entscheidgen in UnterhSachen, 1989, Galster IPRax **90**, 146, Bytomski FamRZ **97**, 986 (Polen). Das Übk ist für die BRep am 1. 4. 87 in Kraft getreten, Bek v 16. 3. 87, BGBl 944. Es gilt ferner für Dänemark, Estland, Finnland, Frankreich, Italien, Luxemburg, Niederlande, Norwegen, Polen, Portugal, Schweden, Schweiz, Slowakei, Spanien, Tschechische Republik, ehemalige Tschechoslowakei, Türkei, Vereinigtes Königreich, vgl FundstellenNachw B 1999 S 537 sowie Bek v 11. 3. 98, BGBl II 684. Das Übk betrifft UnterhEntsch v Ger od VerwBeh (einschl Vergleiche) aGrd famr UnterhPfl, beschr sich also im Ggs zu dem zu b genannten Übk nicht auf die UnterhPfl ggü Kindern. Es ersetzt nach Art 29 im Verh zw den VertrPart das Übk vom 15. 4. 58; eine Kündigg dieses Übk ist derzeit nicht beabsichtigt, vgl Denkschrift BT-Drucks 10/258 S 28. 9

d) Das **Übereinkommen** der Europ Gemsch über die **gerichtliche Zuständigkeit und die Vollstrekkung gerichtlicher Entscheidungen in Zivil- und Handelssachen** v 27. 9. 68, BGBl **72** II 774, das am 1. 2. 73 zw den 6 ursprüngl EWG-Staaten in Kraft getreten ist, betr auch die internat Zustdgk für UnterhKlagen, vgl insb Art 5 Nr 2 u zB KG FamRZ **98**, 378, 564, sowie die Anerkenng u Vollstreckg v UnterhTiteln, vgl Hamm FamRZ **93**, 214, Geimer IPRax **92**, 5. IdF des 1. BeitrittsÜbk v 9. 10. 78 (BGBl **83** II 803) ist das EuGVÜ am 1. 11. 86 zw den 6 ursprüngl EWG-Staaten u Dänemark (Bek v 14. 11. 86, BGBl II 1020), am 1. 1. 1987 im Verh zu Großbritannien (Bek v 12. 12. 86, BGBl II 1146) sowie am 1. 6. 88 auch im Verh zu Irland (Bek v 20. 6. 88, BGBl II 610) in Kraft getreten; zu der mit dem 1. BeitrittsÜbk zushängenden Revision des EuGVÜ vgl Kohler IPRax **87**, 201, Jayme FS Keller (1989) 452 (zur Neufassg v Art 5 Nr 2). Seit dem 1. 4. 89 gilt das EuGVÜ idF des 2. BeitrittsÜbk v 25. 10. 82 (BGBl **88** II 454) zw den 6 ursprüngl EWG-Staaten, Dänemark, Irland u Griechenland (Bek v 15. 2. 89, BGBl II 214), seit 1. 10. 89 auch Großbritannien, Bek v 24. 8. 89, BGBl II 752; zum Beitritt Spaniens u Portugals vgl 3. BeitrittsÜbk v 26. 5. 89 (BGBl **94** II 519), das für die BRep am 1. 12. 94 Kraft getreten ist, vgl Bek v 25. 10. 94 BGBl II 3707 mit Übersicht über den Stand der Ratifikation, ferner zuletzt Bek v 29. 1. 98 BGBl II 230. Zum Beitritt v Finnland, Österreich, Schweden vgl 4. BeitrittsÜbk v 29. 11. 96 (BGBl **98** II 1411), das für die BRep am 1. 1. 99 in Kraft getreten ist, vgl Bek v. 3. 12. 98, BGBl **99** II 419 mit Übersicht über den Stand der Ratifikation, ferner zuletzt Bek v 13. 7. 99, BGBl II 697, vgl dazu Wagner RIW **98**, 590. Das EG/EFTA ParallelÜbk von Lugano v 16. 9. 88 BGBl **94** II 2660 ist für die BRep am 1. 3. 95 in Kraft getreten, vgl Bek v 8. 2. 95 BGBl II 221; es gilt ferner für Belgien, Dänemark, Finnland, Frankreich, Griechenland, Irland, Island, Italien, Luxemburg, Niederlande, Norwegen, Österreich, Portugal, Schweden, Schweiz, Spanien, Vereinigtes Königreich, vgl FundstellenNachw B 1999 S 606. Texte der versch Übk bei Jayme/Hausmann Nr 72–77. 10

4) Übereinkommen über die Erweiterung der Zuständigkeit der Behörden, vor denen nichteheliche Kinder anerkannt werden können v 14. 9. 61. Das Übk ist für die BRep aGrd des ZustG v 15. 1. 65, BGBl II 17, am 24. 7. 65 in Kraft getr. Es gilt derzeit im Verhältn zu Belgien, Frankreich, Griechenland, Italien, Niederlande, Portugal, Schweiz, Spanien, Türkei, vgl FundstellenNachw B 1998 S 419. Es handelt sich um ein bloßes ZustdgkAbk ohne unmittelb kollr Bedeutg. Da das Recht aller VertrStaaten nunm die „Anerkenng mit Standesfolge" vorsieht, ist das Übk derzeit ohne prakt Bedeutg. 11

EG 19

Abstammung. **[I]Die Abstammung eines Kindes unterliegt dem Recht des Staates, in dem das Kind seinen gewöhnlichen Aufenthalt hat. Sie kann im Verhältnis zu jedem Elternteil auch nach dem Recht des Staates bestimmt werden, dem dieser Elternteil angehört. Ist die Mutter verheiratet, so kann die Abstammung ferner nach dem Recht bestimmt werden, dem die allgemeinen Wirkungen ihrer Ehe bei der Geburt nach Artikel 14 Abs. 1 unterliegen; ist die Ehe vorher durch Tod aufgelöst worden, so ist der Zeitpunkt der Auflösung maßgebend.**

II Sind die Eltern nicht miteinander verheiratet, so unterliegen Verpflichtungen des Vaters gegenüber der Mutter auf Grund der Schwangerschaft dem Recht des Staates, in dem die Mutter ihren gewöhnlichen Aufenthalt hat.

1 **1) Allgemeines. a)** Das int KindschR ist dch das KindRG v 16. 12. 97, BGBl 2942 mit Wirkg z 1. 7. 98 reformiert worden; vgl dazu Henrich StAZ **98**, 1, FamRZ **98**, 1401; z ÜbergangsR vgl f). Die unterschiedl Regelg der ehel u der nehel Kindsch in Art 19 u 20 aF ist damit entfallen, die bes KollNorm für die Legitimation nehel Kinder in Art 21 gestrichen; vgl dazu Rn 8. Abs 1 regelt nunm einheitl die Anknüpfg der Abstammg v Kindern, gleichgült, ob deren Mutter zZ der Geburt verh war od nicht (Ausn aber in Abs 1 S 3); die Vorschr tritt also an die Stelle v Art 19 I u 20 I aF; sie erfaßt aber nur die Begründg der Abstammg, nicht auch deren Beseitigg, vgl dazu Art 20. Dagg regelt Art 19 nF nicht mehr das RVerh zw dem Kind u seinen Eltern, vgl dazu jetzt Art 21. **b)** Einen Fremdkörper in dieser Regelg bildet Abs 2, der nicht den Status des Kindes, sond die Verpfl des Vaters ggü der Mutter regelt, sofern diese nicht verh sind; vgl dazu bish Art 20 I 2
2 aF. **c) Rück- und Weiterverweisung** sind zu beachten, sofern dies nicht dem Sinn der Verweisg widerspr, nicht also bei der Anknüpfg nach Abs 1 S 3 iVm Art 14 I Nr 3, str, vgl Art 4 Rn 8; Einschränkgen bestehen bei den in Abs 1 S 2 u 3 vorgesehenen **alternativen** Anknüpfgen, bei welchen der Kreis der anwendb ROrdngen dch Rück- od Weiterverweisg nur erweitert, nicht aber verengt werden darf, vgl dazu Art 4 Rn 7, ebso MüKo-Klinkhardt Rn 20; nach dem Sinn der Verweisg **nicht** ausgeschlossen ist eine Rück- od Weiterverweisg bei den Anknüpfgen an den gewöhnl Aufenth des Kindes, Abs 1 S 1, od seiner Mutter, Abs 2, aM
3 MüKo-Klinkhardt Rn 18 u 61. **d)** Eine gem Art 3 II vorrangige **staatsvertragliche Regelung** enthält das **CIEC-Übereinkommen über die Feststellung der mütterlichen Abstammung nichtehelicher Kinder** v 12. 9. 62, BGBl **65** II 23 im Verh zu dessen VertrStaaten (Griechenland, Luxemburg, Niederlande, Schweiz, Spanien, Türkei), vgl FundstellenNachw B 1999 S 437; nach Art 1 des Übk gilt die mütterl Abstammg eines Kindes dch die Eintragg einer Frau als seine Mutter als festgestellt, ein nach dem Abstammgsstatut etwa erforderl MutterschAnerk ist damit entbehrl, MüKo-Klinkhardt Rn 9. **e)** Zum **innerdeutschen Kollisionsrecht** vgl BGH NJW **99**, 1862 u 57. Aufl Art 19 Rn 17 u Art 20 Rn 2. **f) Übergangsrecht.** Nach Art 224 § 1 richtet sich die Vatersch eines vor dem 1. 7. 98 geborenen Kindes nach den bish Vorschr, einschl der KollNormen; insoweit gelten also weiterh Art 19 I u 20 I aF, vgl dazu 57. Aufl.

4 **2) Abstammungsstatut (Absatz 1). a) Grundsatzanknüpfung.** Die Abstammg eines Kindes unterliegt nach S 1 dem Recht seines jew **gewöhnlichen Aufenthalts**; zum Begr vgl Art 5 Rn 10 u 11; dieser ist grdsl unabhäng v dem seiner Eltern. Das Statut ist dch Verlegg des gewöhnl Aufenth **wandelbar**; uU kann damit ex nunc eine Abstammg festgestellt werden, die nach dem früh AufenthR nicht bestand; umgekehrt kann eine bish bestehde Abstammg dch Verlegg des gewöhnl Aufenth (zB in ein islam Land) entfallen, sofern nicht die alternativen Zusatzanknüpfgen zu einem and Ergebn führen; vgl dazu Henrich StAZ **98**, 2. Befindet sich der gewöhnl Aufenth des Kindes im Inl, so ermöglicht S 1 also die Feststellg der Abstammg des Kindes v beiden
5 Eltern nach §§ 1591 ff. **b) Zusatzanknüpfungen.** Im Verh zu jedem EltT kann die Abstammg nach S 2 zusätzl auch nach dessen HeimatR best werden; zur Anknüpfg bei Mehrstaatern, Staatenlosen, Flüchtlingen u Asylberechtigten vgl Art 5 mit Anh. Das Statut ist mit Wechsel der Staatsangehörigk bzw des gewöhnl Aufenth wandelb, vgl dazu Rn 4. Ist die Mutter zZ der Geburt verh, kann die Abstammg gem S 3 auch nach dem gesetzl Ehewirkgsstatut des Art 14 Abs 1 zu diesem Ztpkt (bzw zZ eines vorherigen Ablebens des and Eheg) bestimmt werden; insoweit gilt alternativ auch die bish GrdsAnknüpfg des Art 19 I 1 u 3 aF weiter (FamStatut). Im Ggs zu den Anknüpfgen nach S 1 u 2, ist die Anknüpfg des FamStatuts nach S 3 unwandelb (Fixierg auf Geburt bzw Tod). Vorauss für die Anwendg v S 3 ist das Bestehen einer Ehe der Mutter, das als Vorfrage selbstd anzuknüpfen ist, vgl dazu Art 13; eine eheähnl Lebensgemeinsch genügt nicht, aM MüKo-Klinkhardt Rn 41. Anwendb ist gem Art 14 I Nr 1 in erster Linie das gemeins HeimatR (bzw bei Staatenlosen u Flüchtlingen das gemeins Personalstatut) der Eheg zum maßg Ztpkt, in dessen Ermangelg das letzte gemeins HeimatR (bzw Personalstatut), sofern es von einem der Eheg beibehalten worden ist; bei Mehrstaatern ist dabei nur die in Art 5 I bezeichnete (dh effektivere bzw dtsche) Staatsangehörigk zu berücksichtigen. In zweiter Linie entsch gem Art 14 I Nr 2 das Recht des Staates, in dem beide Eheg zum maßg Ztpkt ihren gewöhnl Aufenth, zum Begr vgl Art 5 Rn 10, 11, haben bzw bei dessen Fehlen zuletzt gehabt haben, sofern einer der Eheg diesen gewöhnl Aufenth beibehalten hat. Bei Versagen auch dieser Anknüpfg beurteilt sich die Abstammg nach Art 14 I Nr 3 in dritter Linie nach dem Recht des Staates, dem die Eheg zum maßg Ztpkt auf and Weise gemeins am engsten verbunden sind, vgl dazu Art 14 Rn 9, 10. Ein v den Eheg dch **Rechtswahl** gem Art 14 II–IV best Ehewirkgstatut ist bei der Anknüpfg der Abstammg nicht zu berücksichtigen.

6 **c) Konkurrenz.** Die Abstammg eines Kindes kann alternativ nach einer der in Betr kommden ROrdngen festgestellt werden. Das Gesetz läßt offen, welches Recht anwendb ist, wenn die versch Abstammgsstatute zu unterschiedl Ergebn führen, zB die Vatersch versch Pers ergeben; vgl dazu Henrich FamRZ **98**, 1402, Gaaz StAZ **98**, 249. Maßgebd ist hier zunächst diej ROrdng, nach der eine Abstammg zuerst wirks festgestellt worden ist, zB dch Anerkenng der Vatersch; bei gerichtl Feststellg ist Anerkenng der Entsch nach den dafür maßg Regeln, zB ZPO 328, erforderl. Die Anwendg einer and ROrdng kommt erst in Betr, wenn die bereits vorliegde wirks Feststellg der Abstammg dch Anfechtg beseitigt worden ist, vgl dazu Art 20; die Best des nunm maßg Abstammgsstatuts erfolgt auch hier nach dem PrioritätsGrds. Soweit dieser versagt, zB weil nach den in Frage kommden Statuten versch Pers bereits zZ der Geburt als Väter gelten, obliegt die Wahl des maßg Abstammgsstatuts dem Kind (bzw seinem gesetzl Vertr, idR also seiner Mutter), in dessen Interesse die alternativen Anknüpfgen bestehen. Für Anwendg des dem Kind günstigeren Rechts Henrich FamRZ **98**, 1402.

7 **d) Anwendungsbereich.** (1) Abs 1 beruft das auf die Abstammg eines Kindes anwendb Recht, ohne zw ehel u nehel Kindsch zu unterscheiden. Beruht das Abstammgsstatut noch auf dieser Unterscheidg, zB dch VaterschVermutg bei Kindern einer verh Frau, so ist dem zu folgen; Art 6 steht nicht entgg; die Vorfrage einer wirks Ehe der Mutter ist dabei selbstd anzuknüpfen, vgl Rn 29 vor Art 3. Dem Abstammgsstatut sind weiter

zu entnehmen die Notwendigk u Vorauss einer Vatersch- od MutterschAnerkenng, vgl dazu Rn 3, od einer gerichtl Feststellg, Beiwohngs- u VaterschVermutgen, Empfängniszeit sowie die RWirkgen eines Legitimanerkenntnis nach islam Recht, MüKo-Klinkhardt Rn 23, soweit sie die Abstammg vom Vater begründen, nicht dagg auch die RFolgen einer Verheiratg der Mutter mit dem Vater für den Status des Kindes, da deren Eintritt die Vatersch schon voraussetzt. Unter Abs 1 fallen ferner auch ZustErfordern zu einer AbstammgsErkl, wobei zusätzl Art 23 zu beachten ist, vgl dort Rn 4. Bei AbstammgsErkl u ZustErfordern auftretde Vorfragen, zB Form, Geschäftsfähigk od ges Vertretg, sind selbstd anzuknüpfen, vgl Rn 29 vor Art 3. (2) Die genannten Regeln gelten auch für die Zusatzanknüpfg mH des Ehewirkgsstatuts gem S 3 iVm Art 14 I, die sich nicht auf die Frage beschr, ob das Kind dch seine Geburt in der Ehe die Mutter u deren Ehem zu Eltern bekommen hat, aM MüKo-Klinkhardt Rn 22; in der Sache würde dies auf den Status der Ehelk hinauslaufen, den das KindRG v 16. 12. 97 auch im dtschen IPR beseitigt hat. Das FamStatut ist also ggf auch für die Frage maßg, ob ein nicht mit der Mutter verh Dritter die Vatersch rechtswirks anerkennen kann. (3) Nicht nach Abs 1 zu beurteilen ist dagg, ob u unter welchen Vorauss eine rechtswirks begründete Abstammg beseitigt werden kann, insbes dch Anfechtg; insow gilt Art 20.

e) Für die ehel Abstammg **(Ehelichkeit)** eines Kindes enth das dtsche IPR seit der Reform dch das KindRG v 16. 12. 97 **keine** KollNorm mehr. Soweit ausl ROrdngen an die Ehelk eines Kindes RFolgen knüpfen, zB im KindschR, UnterhR od ErbR, ist die für die Beurteilg der Ehelk maßg ROrdng auch mH der KollNormen des jew Sachstatuts (zB Unterhaltsstatuts od Erbstatuts) zu best (unselbstd Anknüpfg einer **Vorfrage**, vgl Rn 30 vor Art 3), ebso Hepting StAZ **99**, 97, Henrich IPRax **99**, 115, aM Sturm StAZ **98**, 313. Dagg ist die Gültigk der Ehe der Elt eine selbstd nach Art 11 u 13 anzuknüpfde Vorfrage; zu den dabei auftretden Problemen (hinkde Ehen, Auflösg dch Scheidg), vgl 57. Aufl Art 19 Rn 6. Eine nach ausl Recht erfolgte **Legitimation** dch nachfolgde Eheschl ist als PersStÄnderg iSv PStG 30 beizuschreiben, BayObLG **99**, 163, AG Heilbronn IPRax **99**, 114, Hepting StAZ **99**, 98, aM Kln NJWE-FER **99**, 265; dabei ist ihre Wirksamk nach dem Personalstatut des Kindes zu beurteilen, and BayObLG **99**, 168 (primär Personalstatut des Vaters), Hepting StAZ **99**, 101. 8

3) Verpflichtungen des Vaters gegenüber der Mutter (Absatz 2). Aus der Schwangersch erwachsde Anspre der Mutter gg den mit ihr nicht verh Vater unterliegen dem Recht ihres jew gewöhnl Aufenth, Abs 2; das Statut ist mit Verlegg des gewöhnl Aufenth ex nunc (also ohne Rückwirkg) wandelb, vgl MüKo-Klinkhardt Rn 61. In Betr kommt insbes die Erstattg der Kosten von Schwangersch u Geburt; für Unterhaltsleistgen vor u nach der Geburt sowie BetreuungsUnterh gelten allein die staatsvertragl Anknüpfgsregeln des Art 18, vgl dort Rn 15, aM MüKo-Klinkhardt Rn 62, der Abs 2 anwenden will, was gg den Vorrang der staatsvertragl Regelg, Art 3 II, verstößt, vgl dazu Art 18 Rn 2. Wegen der grdsl Maßgeblk des Rechts am gewöhnl Aufenth des Berechtigten führt Art 18 I 1 idR zum gleichen Ergebn wie Abs 2; Abweichgen bei der Best des UnterhStatuts können sich aber aus der Unbeachtlichk einer Rück- od Weiterverweisg, Art 18 Rn 2, sowie aus den bes Anknüpfgsregeln in Art 18 I 2, II u V ergeben. Über etwaige delikt ErsAnspr der Mutter entsch das Deliktstatut, vgl dazu Art 40; zu den Anspr aus Verlöbn vgl Art 13 Rn 30. 9

4) Internationales Verfahrensrecht. Die int Zustdgk für eine Klage auf Feststellg des Bestehens od Nichtbestehens eines Eltern-Kindes-Verh einschl der Feststellg der Wirksk od Unwirksk einer VaterschAnerkenng ist in **ZPO 640 a II** geregelt; ausr ist, daß eine Part Dtscher iSv GG 116 I ist od ihren gewöhnl Aufenth im Inl hat. Diese Zustdgk ist nicht ausschließl; z Anerkenng ausl Entsch vgl ZPO 328, sowie zB Hamm DAVorm **93**, 104. 10

EG 20 ***Anfechtung der Abstammung.*** **Die Abstammung kann nach jedem Recht angefochten werden, aus dem sich ihre Voraussetzungen ergeben. Das Kind kann die Abstammung in jedem Fall nach dem Recht des Staates anfechten, in dem es seinen gewöhnlichen Aufenthalt hat.**

1) Allgemeines. a) Die Vorschr ist dch das **KindRG** v 16. 12. 97 **neu** gefaßt worden; sie ist am 1. 7. 98 in Kraft getreten; seither gilt sie auch für die Anfechtg der Abstammg v Kindern, die vor dem 1. 7. 98 geboren sind, Art 224 § 1 II. Die unterschiedl Regelg der Anfechtg der Ehelk in Art 19 I 4 aF u der Anfechtg der Anerkenng der nehel Vatersch in Art 20 I aF ist beseitigt. Art 20 regelt nunm einheitl die Anfechtg des StatusVerh der Abstammg, gleichgült ob es sich um innerh oder außerh einer Ehe geborene Kinder handelt. Unterscheidet das v Art 20 berufene Anfechtgsstatut noch zw ehel u nehel Kindern, so ist dem zu folgen; Art 6 steht nicht entgg; die Vorfrage der Ehelk ist unselbstd anzuknüpfen, Art 19 Rn 8 (and die Wirksk der Ehe). **b)** Art 20 S 1 verweist auf die nach Art 19 I berufenen Abstammgsstatute; zu der Beachtlk einer Rück- od Weiterverweisg bei deren Best vgl Art 19 Rn 2. **Rück-** u **Weiterverweisung** sind auch bei der Anknüpfg an den gewöhnl Aufenth des Kindes gem Art 20 S 2 zu beachten; allerd darf der Kreis der anwendb ROrdngen dadch nur erweitert werden, Art 4 Rn 7; die Anwendg des AufenthR kann also nicht ausgeschl werden. **c)** Zum innerdtschen KollR vgl BGH NJW **99**, 1862 u 57. Aufl Art 19 Rn 17 u Art 20 Rn 2. 1

2) Anwendbares Recht. a) Grundsatzanknüpfung. Die Anfechtg der Abstammg unterliegt nach S 1 jeder ROrdng, nach welcher sie im Einzelfall begründet ist, also nicht nur derj, nach welcher sie tats festgestellt wurde. Kommen danach mehrere ROrdngen zur Anwendg, so kann die Anfechtg nach Wahl des Anfechtden auf **eine** davon gestützt werden (keine kumulative Anwendg), vgl Stgt FamRZ **99**, 610, MüKo-Klinkhardt Rn 3. Wegen der Best der in Betr kommden Abstammgsstatute vgl Art 19 Rn 4–6. **b) Zusatzanknüpfung.** Nur das Kind kann seine Abstammg zusätzl auch nach dem Recht seines jew gewöhnl Aufenth anfechten; vgl dazu Art 5 Rn 10 u 11; das Statut ist wandelb. Diese Regelg entspr Art 19 I 4 aF; sie dient dem Interesse des Kindes an der Klärg seiner Abstammg. Vorauss der Anwendg des AufenthR ist nicht, daß die Anfechtg nach den von S 1 berufenen ROrdngen nicht mögl wäre („in jedem Fall"). Das AnfR nach dem AufenthR besteht auch dann, wenn nach diesem Recht keine Abstammungsvermutg besteht, die Abstammg sich aber aus einer and v Art 19 I berufenen ROrdng ergibt, Henrich FamRZ **98**, 1403. 2

3 **3) Anwendungsbereich.** Unter Art 20 fallen Anfechtgsgründe u -fristen (einschließl Hemmg u Unterbrechg, Hamm FamRZ **98**, 1133), Kreis der Anfechtgsberechtigten (zB auch Staatsanwalt), Geltendmachg der Anfechtg (zB Notwk einer Klage). Unterschiedl Regelg für ehel u nehel Kinder nach dem maßg Recht ist zu beachten, vgl Rn 1. Die gesetzl Vertretg des Kindes beurteilt sich idR nach Art 21.

4 **4) Internationales Verfahrensrecht.** Vgl Art 19 Rn 10.

EG 21 *Wirkungen des Eltern-Kind-Verhältnisses.* **Das Rechtsverhältnis zwischen einem Kind und seinen Eltern unterliegt dem Recht des Staates, in dem das Kind seinen gewöhnlichen Aufenthalt hat.**

1 **1) Allgemeines. a)** Art 21 ist dch das **KindRG** v 16. 12. 97, BGBl 2942 **neu** gefaßt worden; die bish Vorschr zur Anknüpfg der Legitimation ist ersatzlos gestrichen worden, vgl dazu Art 19 Rn 1 u 7. Die Neuregelg beruht auf der Beseitigg der Unterschiede in der RStellg ehel u nehel Kinder. Art 21 regelt nunm einheitl das RVerh zw einem Kind u seinen Eltern; die Vorschr tritt an die Stelle der gespaltenen Anknüpfg in Art 19 II u 20 II aF. Die einheitl Anknüpfg an den jew gewöhnl Aufenth des Kindes bringt eine erhebl Vereinfachg; sie beruft diej ROrdng, in deren Bereich das Bedürfn zum Handeln auftritt; zugleich wird damit die weitgehde Übereinstimmg mit dem UnterhStatut, Art 18 I, u dem MSA hergestellt. **b) Rück-** od **Weiterverweisung** dch das AufenthR sind zu beachten, Art 4 I; dem Sinn der Verweisg auf das Recht des gewöhnl Aufenth widerspricht dies nicht, aM MüKo-Klinkhardt Rn 4; dieses mag gute Gründe haben, die in seinem Gebiet lebdn Ausl zB deren HeimatR zu unterstellen (Länder der 3. Welt). Zum Vorrang des
2 BelegenhStatuts vgl Art 3 III u dort Rn 11–15. **c) Staatsvertragliche** Regelgen, die Art 21 nach Art 3 II vorgehen, enth vor allem das Haager **Minderjährigenschutzabkommen**, vgl dazu Anh zu Art 24 Rn 1–54. Das Haager Übk über die **zivilrechtlichen Aspekte internationaler Kindesentführung** v 25. 10. 80, BGBl **90** II 206, in Kraft seit 1. 12. 90, vgl Bek v 11. 12. 90, BGBl **91** II 329, vgl dazu Anh zu Art 24 Rn 59, ist ein RechtshilfeÜbk mit einheitl Verf- und SachVorschr über die Rückführg entführter od zurückgehaltener Kinder; es regelt weder das SorgeR selbst noch das auf eine SorgeREntscheidg anwendb Recht; eine kollr Regelg enthält Art 3 I betr Definition der Widerrechtlichk des Verbringens oder Zurückhaltens (Verweisg auf das nach dem Recht des AufenthStaates unter Einschluß von dessen KollNormen bestehde SorgeR). Das Europ Übk über die Anerkenng u Vollstreckg von Entscheidgen über das SorgeR für Kinder u die Wiederherstellg des Sorgeverhältnisses v 20. 5. 80, BGBl **90** II 220, ist für Deutschland am 1. 2. 91 in Kraft getreten, vgl Bek v 19. 12. 90, BGBl **91** II 392 sowie Anh zu Art 24 Rn 93; es ist ein RHilfeÜbk auf dem Gebiet des Anerkenngs- und VollstreckgsR u enthält keine Regelg des auf das SorgeR anwendb Rechts. Zu beiden Übk vgl AusführgsG v 5. 4. 90, BGBl 701, sowie Mansel NJW **90**, 2176, Baer ZRP **90**, 209. **d)** Übergangsrecht. Die Neuregelg ist am 1. 7. 98 in Kraft getreten; an diesem Stichtag kam es desh uU zu einem **Statutenwechsel** für das RVerh zw Kind u Eltern, vgl insbes Art 19 II 1 aF, der auf das Ehewirkgsstatut verwies. **e)** Zum **innerdeutschen Kollisionsrecht** vgl 57. Aufl Art 19 Rn 17 u Art 20 Rn 2. Die ges Amtspflegsch des JA ist dch das BeistandschG v 4. 12. 97, BGBl 2846 mit Wirkg z 1. 7. 98 beseitigt worden, vgl Rn 5; Art 230 I ist desh gestrichen.

3 **2) Anwendbares Recht.** Maßg ist das Recht am jew gewöhnl Aufenth des Kindes; zum Begr vgl Art 5 Rn 10 u 11; dieser ist grdsl unabhängig v dem seiner Eltern. Das Statut ist dch Verlegg des gewöhnl Aufenth ex nunc **wandelbar**, was natürl nicht ausschließt, daß Umst, die sich unter der Geltg des bish Rechts ereignet haben, zB Mißbrauch des SorgeR, ihre Bedeutg behalten. Z Anerkenng gerichtl Entsch des bish AufenthStaates vgl Rn 8.

4 **3) Anwendungsbereich. a)** Die Vorschr regelt die RBeziehgen zw dem Kind u beiden Eltern; ob diese verh sind, ist für die Anwendg ohne Bedeutg. Die Vorfrage der Abstammg ist selbstd anzuknüpfen nach Art 19 I u 20. Art 21 gilt auch für adoptierte Kinder, sofern das Adoptionsstatut keine Sonderregelg enth; die
5 Vorfrage des wirks Zustandekommens der Adoption beurteilt sich nach Art 22. **b)** Sachl regelt Art 21 den ges Bereich der **elterlichen Sorge**; hierzu gehören insbes Person des Sorgeberechtigten, Auswirkgen der Heirat der Eltern auf das SorgeR, Wirksk einer Sorgeerklärg, Inhalt u Umfang des SorgeR, zB gesetzl Vertretgsmacht der Eltern u deren Beschrkgen, insbes GenBedürftigk v RGesch, vgl Stgt NJW-RR **96**, 1288, Recht zur AufenthBest u damit auch WohnsBest, BGH FamRZ **90**, 1225, zweifelnd BGH FamRZ **93**, 47, Entsch über religiöse Erziehg, UmgangsR, Ausübg des SorgeR u Regelg v Meingsverschiedenhen zw den Eltern, Ausk-Anspr des and EltT, Ruhen, Entziehg u Verwirkg der elterl Sorge, Regelg der elterl Sorge iZshg mit einer Scheidg, Art 17 Rn 17, MüKo-Klinkhardt Rn 9, Henrich FamRZ **98**, 1404, soweit nicht das MSA eingreift, Rn 6, Haftg des Kindes für Verbindlken aus der Ausübg der Sorge u Haftg der Eltern wg Verletzg famr Pfl, BGH NJW **93**, 2306. Die Amtspflegsch des JA, vgl dazu 57. Aufl Art 20 Rn 11, ist dch das BeistandschG v 4. 12. 97, BGBl 2846, mit Wirkg z 1. 7. 98 (ÜbergRegelg in Art 223) abgeschafft worden. Die an ihre Stelle getretene **Beistandschaft** des JA auf Antr eines EltT, § 1712 f, gilt nach Art 21 auch für ausl Kinder, die ihren gewöhnl Aufenth im Inl haben; sie endet mit der Verlegg des gewöhnl Aufenth ins Ausl, § 1717; vgl dazu Baer DAVorm **98**, 491; eine vorrangige Sonderregelg enth Art 13 ZusatzAbk zum Nato-Truppenstatut, vgl dazu Zweibr FamRZ **90**, 91, Karlsr FamRZ **93**, 848; Beitzke IPRax **90**, 170 (jew noch zur Amtspflegsch); dagg steht das dtsch-österr VormschAbk, vgl Anh zu Art 24 Rn 59, der auf Antr eintretden Beistandsch, die
6 die elterl Sorge nicht einschränkt, § 1716, nicht entgg. **c) Nicht** anwendb ist Art 21 auf den **Namen** des Kindes, vgl dazu Art 10 Rn 18–24; dies gilt auch für die Berechtigg zur Erteilg des **Vornamens**, vgl dort Rn 19. Für den **Unterhalt** des Kindes gilt nur Art 18; für das **Erbrecht** Art 25 u 26. **d)** Eine **vorrangige** staatsvertragl **Regelung** enth das **MSA**, vgl dazu Art 24 Rn 1–53; soweit das Recht am gewöhnl Aufenth des Kindes Maßn vorsieht, die im Einzelfall von Beh od Ger zum Schutz eines Mj getroffen werden können, vgl dazu Anh zu Art 24 Rn 13, beurteilen sich diese iR von dessen pers GeltgsBer **nur** nach den Vorschr des MSA; dies gilt insbes für SorgeRRegelg bei Scheidg der Eltern od Entsch über die Herausg des Kindes an den and EltT, soweit nicht das Haager KindesentführgsÜbk v 25. 10. 80 eingreift, vgl dazu Anh zu Art 24

Rn 53 u 59 ff. Art 3 MSA ist aber **keine** selbstd KollNorm, die Art 21 ausschaltet, BGH **111**, 199, vgl Anh zu Art 24 Rn 20.

4) Internationales Verfahrensrecht. a) Die internat Zustdgk der dtschen **Familien-** und **Vormundschaftsgerichte** best sich in erster Linie nach den Vorschren des MSA, vgl Anh zu Art 24 Rn 1–53, Hüßtege ZfJ **94**, 253, od eines and StaatsVertr, zB des Haager Übk über die zivilr Aspekte int Kindesentführg v 25. 10. 80, oben Rn 2, vgl dazu Siehr StAZ **90**, 331, od des dtsch-österr VormschAbk, Anh zu Art 24 Rn 94. Soweit eine staatsvertragl Regelg fehlt, gilt **FGG 35 b** iVm FGG 43 I, danach ist ausr, daß das Kind Dtscher ist, vgl dazu Art 5 Rn 5, od seinen gewöhnl Aufenth im Inland hat od der Fürsorge dch ein dtsches Ger bedarf, vgl dazu KG FamRZ **98**, 442, Düss FamRZ **99**, 669; diese Zustdgk ist nicht ausschl, FGG 35 b III, vgl dazu BGH FamRZ **90**, 392 mAv Henrich, ferner BGH FamRZ **93**, 307, Hamm FamRZ **92**, 208 u 338, IPRax **93**, 106 (betr FGG 36), AG Weinh IPRax **94**, 371 mAv Jayme ebda 354, Dörner IPRax **93**, 86. Die internat Zustdgk für die SorgeRRegelg iR eines ScheidgsVerf folgt aus dem Verbundprinzip, vgl dazu Art 17 Rn 28. 7
c) Die **Anerkennung** ausl **Akte** der **freiwilligen Gerichtsbarkeit**, zB SorgeRRegelgen od Entschen über die Herausgabe eines Kindes an einen EltT, vgl BGH FamRZ **83**, 1008, ist in **FGG 16 a** geregelt, vgl dazu BGH FamRZ **89**, 378, Hamm FamRZ **87**, 506, BayVGH StAZ **89**, 289, Kblz NJW **89**, 2203, KG DAVorm **91**, 206, Mü FamRZ **93**, 350, VG Kblz FamRZ **93**, 987; im Anwendgsbereich des MSA sind nur dessen Vorschr maßg, Brem FamRZ **97**, 107; für die Anerkenng ausl SorgeREntscheidgen gilt zusätzl das Europ Übk v 20. 5. 80, oben Rn 2, vgl dessen Art 7 u 19 sowie Anh zu Art 24 Rn 93. Ein besond AnerkenngsVerf ist in FGG 16 a nicht vorgesehen; bei SorgeRRegelg im Zushang mit einem ausl ScheidgsUrt ist aber vorher Durchf des Verf nach FamRÄndG Art 7 § 1 erfdl, soweit es sich nicht um eine HeimatstaatsEntsch handelt, BGH **64**, 19, Ffm OLGZ **77**, 141, SchlH SchlHA **78**, 54, Zweibr IPRspr **94** Nr 188, Coester IPRax **96**, 25. **Voraussetzungen** der Anerkenng sind: (1) internat Zustdgk des ausl Ger (bzw Behörde) in spiegelbildl Anwendg dtschen Rechts, (2) Gewährg des rechtl Gehörs, (3) keine Unvereinbark mit einer bereits vorliegden gültigen Entsch (zur Anwendbark auf einstw AO Hbg ZfJ **88**, 94) od mit inl RHängigk u (4) Vereinbk mit dem dtschen ordre public, insb den GrdRen (dabei entsch der Ztpkt der Anerkenng, BGH FamRZ **89**, 381). Die Anwendg des aus dtscher Sicht „richtigen" Rechts setzt die Anerkenng im Inland nicht voraus, ebsowenig die Anerkenng auch in demjenigen Staat, dessen Recht nach Art 21 maßg ist. Auch die Abänderbk der Entsch schließt ihre Anerkenng nicht aus, vgl BGH **88**, 123, Karlsr FamRZ **84**, 819. Mit der Anerkenng entfaltet die Entsch im Inland grdsl die Wirkg, die ihr der EntschStaat beilegt. Eine **Abänderung** einer anerkenngsfähigen ausl SorgeREntsch dch dtsches VormschG ist zuläss, soweit internat Zustdgk besteht u Abänderg nach dem v dtschen IPR berufenen SachR statth ist, vgl dazu BGH **64**, 19, BGH IPRax **87**, 317, KG OLGZ **75**, 119, Hamm IPRspr **80** Nr 96, IPRax **93**, 106, Karlsr FamRZ **95**, 563. 8 9

EG 22 *Annahme als Kind.* **Die Annahme als Kind unterliegt dem Recht des Staates, dem der Annehmende bei der Annahme angehört. Die Annahme durch einen oder beide Ehegatten unterliegt dem Recht, das nach Artikel 14 Abs. 1 für die allgemeinen Wirkungen der Ehe maßgebend ist.**

1) Allgemeines. a) Art 22 regelt die Anknüpfg der Adoption u vergleichb REinrichtgen, dch die eine Eltern-Kind-Beziehg od sonstige VerwandtschBeziehg begründet wird, zB PflegeKindsch, Annahme an Enkels od an Bruders Statt. Für die erfdl Zustimmg des Adoptivkindes u eines Dr enth Art 23 zusätzl eine Sonderanknüpfg; die **Vorfrage,** ob das Kind mj ist, ist selbst nach Art 7 anzuknüpfen, BayObLG FamRZ **96**, 183, StAZ **96**, 171. **b) Rück- und Weiterverweisung** sind nach Art 4 I zu beachten, sofern dies nicht dem Sinn der Verweisg widerspr, nicht also bei der Anknüpfg der EhegAdoption aGrd engster Verbindg nach S 2 iVm Art 14 I Nr 3. Maßg sind die ausl KollNormen über Adoption; dies gilt auch im Rahmen der akzessorischen Anknüpfg nach S 2, LG Hbg FamRZ **99**, 254, Dörner StAZ **90**, 5. Zu einer versteckten Rückverweisg kann es insb bei einer Verweisg auf angloamerikan Recht kommen, welches auf die „jurisdiction" des Domizilstaates abstellt, vgl Art 4 Rn 2, ferner BayObLG **68**, 331, KG FamRZ **60**, 245 (USA), LG Freibg DAVorm **77**, 60 (Kanada), KG OLGZ **83**, 129 (England), AG Hdlbg IPRax **92**, 327, Otto StAZ **93**, 44 (Indien), aM Wengler NJW **59**, 127, Beitzke RabelsZ **73**, 380, **84**, 627. **c)** Im **innerdeutschen** KollisionsR war Art 22 entspr anzuwenden, vgl AG Ahrensburg IPRspr **89** Nr 150; soweit auf das HeimatR verwiesen wird, entschied das jew dtsche Personalstatut; zu dessen Best vgl Anh zu Art 3 Rn 4. Eine ÜberggsRegelg für Adoptionen, die vor Inkrafttr des BGB in der früh DDR am 3. 10. 90 nach deren Recht vorgen wurden, enth Art 234 § 13. **d)** Über die Bemühgen um staatsvertragl Regelgen vgl Pirrung RabelsZ **93**, 142; Marx StAZ **93**, 1, **95**, 315; Busch DAVorm **97**, 659. Das Europ Übk über die Adoption von Kindern v 24. 4. 67, BGBl **80** II 1093 enth eine matr Regelg; es ist dch das AdoptionsG v 2. 7. 76, BGBl I 1749 in dtsches Recht umgesetzt worden, vgl Pirrung aaO 143. 1 2

2) Grundsatz. a) Die Ann als Kind unterliegt nach **Satz 1** dem HeimatR des Annehmden im Ztpkt der Ann, dh der Erf der letzten für ihre Wirksk erfdl Vorauss; das so best Adoptionsstatut ist **unwandelbar;** zur Anknüpfg bei Mehrstaatern, Staatenlosen u Flüchtlingen vgl Art 5 mit Anh. **b)** Das Personalstatut des Annehmden zZ der Ann regelt die **Voraussetzungen** der Adoption (bzw der adoptionsähnl Einrichtg), insb Altersgrenzen u Altersunterschiede, Erfordern der Kinderlosigk, AG Siegen IPRax **93**, 184 (Verstoß gg Art 6, vgl dort Rn 22) od des Verheiratetseins, Hamm FamRZ **94**, 658, Vorauss u Wirkgen einer Irrtumsanfechtg, sowie die Rückgängigmachg u **Aufhebung** einer Adoption, vgl BayObLG FamRZ **90**, 1392, ZfJ **92**, 442, Hamm FamRZ **96**, 435. Bei dtschem Adoptionsstatut sind §§ 1759 ff auch dann maßg, wenn es sich um eine im Ausl vorgen u im Inl anzuerkennde Adoption handelt. Soll eine fr Adoption im Zushang mit einer neuen aufgeh werden, so entscheidet darü das neue Adoptionsstatut, Jayme IPRax **81**, 182. Nach dem Adoptionsstatut zu beurteilen ist auch die Art u Weise des **Zustandekommens** einer Adoption, insb ob dazu ein Vertr od ein GerBeschl erfdl ist, BayObLG StAZ **90**, 70, welche Pers dabei mitwirken, welche Erkl sie abgeben müssen, BayObLG FamRZ **89**, 1337 (insow gilt aber zusätzl Art 23, zur Form vgl Art 11 I, KG FamRZ **93**, 1363 u dazu Lorenz IPRax **94**, 193) u welche Folgen diese haben, LG Kass FamRZ **93**, 235 mit abl Anm v 3 4 5

Henrich (Auswirkgen der Einwilligg auf die elterl Sorge), ob die Einwilligg des Kindes der Gen des VormschGer bedarf (wie nach § 1746 I 4), schließl auch, ob u unter welchen Vorauss diese Erkl ausnahmsw entbehrl sind od ersetzt werden können, BayObLG FamRZ **88**, 868, LG Bielef FamRZ **89**, 1338, AG Plettenbg IPRax **94**, 219, Karlsr ZfJ **99**, 311. Die ges Vertretg des Kindes beurteilt sich nach den dafür maßgebden KollNormen, insbes EG 21, 24 I bzw nach den Regeln über die Anerkenng ausl Entsch, insbes FGG 16 a, vgl dazu Hohnerlein IPRax **94**, 198. Seit dem Übergang des dtschen AdoptionsR v Vertrags- zum **Dekretsystem** bereitet die Vorn v Adoptionen nach ausl Rechten, die ein GerDekret erfordern, keine Schwierigk mehr. Folgt das ausl Adoptionsstatut dem VertrSystem, so hat das dtsche VormschG nach Prüfg des wirks Zustandekommens des Vertr (auf der GrdLage des fremden Rechts, ggf unter Beachtg der Einwilliggserfordern nach Art 23) dennoch die Ann auf Antr, BayObLG **82**, 318, dch **Beschluß** auszusprechen; § 1752 I hat insow auch verfahrensr Charakter, BayObLG **97**, 88, aM MüKo-Klinkhardt Rn 20. Nach dem
6 Adoptionsstatut beurteilen sich weiter die statuslösden u statusbegründden **Wirkungen,** insb ob die bish VerwandtschVerh erlöschen u das angen Kind einem Kind des Annehmden in jeder Hins gleichsteht, also eine Volladoption eintritt, vgl Klinkhardt IPRax **87**, 158; dies gilt insbes für die mit der Adoption verbundenen **erbrechtlichen** Konsequenzen im Verh zur natürl Familie u zur Adoptivfamilie: dem Adoptionsstatut ist zu entnehmen, ob es zw Erbl u Adoptivkind zu einer so starken RBeziehg kommt, wie sie das Erbstatut für die gesetzl Erbf voraussetzt, BGH FamRZ **89**, 379, vgl ferner Müller NJW **85**, 2056, str, für grdsl Maßgeblichk des Erbstatuts noch KG FamRZ **83**, 98, grdsl auch **88**, 434 (and wenn Adoptionsstatut gesetzl ErbR versagt, krit Gottwald ebda), LG Bln IPRspr **88** Nr 131, Beitzke IPRax **90**, 37, vgl dazu EG 25 Rn 17. Wird das angenommene Kind einem eigenen gleichgestellt, so gilt für das RVerh zu den AdoptivElt, v den unmittelb Statuswirkgen der Adoption abgesehen, das KindschStatut gem Art 21, also das Recht am jew gewöhnl Aufenth des Kindes; die Anknüpfg der Folgen der Adoption im Eltern-Kind-Verhältn ist also wandelb. Die namensr Wirkgen der Adoption beurteilen sich nach dem uU dch die Adoption veränderten, vgl Rn 16, Personalstatut des Kindes, Art 10 Rn 9, LG Gießen IPRspr **95** Nr 13, aM AG Detm IPRax **90**, 254 (für Art 22), vgl auch Karlsr FamRZ **99**, 253 (Gestaltgswirkg des AdoptionsBeschl).

7 **3) Sonderregelung bei Ehegattenadoptionen. a)** Die Adoption dch einen Eheg oder gemeins dch beide Eheg unterliegt im Interesse der FamilienEinh nach **Satz 2** dem gesetzl Ehewirkgsstatut zZ ihrer Vorn. Zur Anwendg gelangt also nach Art 14 I Nr 1 in 1. Linie das gemeins HeimatR (bzw bei Staatenl u Flüchtlingen das gemeins Personalstatut) der Eheg zu diesem Ztpkt, in dessen Ermangelg das letzte gemeins HeimatR (bzw Personalstatut), sofern es von einem der Eheg beibehalten worden ist; bei Mehrstaatern ist dabei nur die in Art 5I bezeichnete (dh effektivere bzw dtsche) Staatsangehörigk zu berücksichtigen. In 2. Linie ist als Adoptionsstatut gem Art 14 I Nr 2 das Recht des Staates berufen, in dem beide Eheg zZ der Adoption ihren gewöhnl Aufenth haben, zum Begr vgl Art 5 Rn 10, 11, bzw bei dessen Fehlen zuletzt gehabt haben, sofern einer der Eheg diesen gewöhnl Aufenth beibehalten hat. Bei Versagen auch dieser Anknüpfg beurteilt sich die EhegAdoption nach S 2 iVm Art 14 I Nr 3 in 3. Linie nach dem Recht des Staates, dem die Eheg zum maßg Ztpkt auf and Weise gemeins am engsten verbunden sind, vgl dazu Art 14 Rn 9, 10. Ein v den Eheg dch **Rechtswahl** gem Art 14 II–IV best Ehewirkgsstatut ist bei der Anknüpfg
8 des Adoptionsstatuts nach S 2 **nicht** zu berücksichtigen. **b)** Für den **Anwendungsbereich** des Adoptionsstatuts gelten grdsl keine Besonderheiten, vgl dazu Rn 4–6. Zu den Vorauss der Adoption, welche nach dem v S 2 berufenen Recht zu beurteilen sind, gehört auch die Frage, ob Eheg grdsl nur gemeinschaftl adoptieren können u welche Ausn hiervon ggf bei einer Stiefkindadoption gelten (wie nach § 1741 II). Die Folgen der Adoption in der Eltern-Kind-Beziehg unterliegen nunm auch bei der EhegAdoption einheitl dem Recht am gewöhnl Aufenth des Kindes, Art 21; die Verweisg auf das Ehewirkgsstatut in Art 19 II 1 aF ist aufgeh.

9 **4) Internationales Verfahrensrecht. a)** Die **internationale Zuständigkeit** der dtschen Gerichte in Adoptionsangelegenh ist nach **FGG 43 b I** gegeben, wenn der Annehmde, einer der annehmden Eheg od das Kind entweder Dtscher iSv GG 116 I ist od seinen gewöhnl Aufenth im Inl hat; voraussichtl Anerkenng einer im Inl vollz Adoption in dem Staat, dessen Recht als Adoptionsstatut maßg ist, ist nicht erfdl, vgl dazu Ordelheide DAVorm **87**, 589; bei RückkehrAbs aller Beteil in den betr Staat kann die mit Sicherh zu erwartde Nichtanerkenng aber das RSchutzbedürfn entfallen lassen. Die in FGG 43 b I begründete internat Zustdgk der dtschen Ger ist nicht ausschl; dies gilt auch für die Adoption eines dtschen Kindes. Das Problem der sog wesenseigenen Zustdgk, wenn ein ausl Adoptionsstatut eine weitergehde Prüfg verlangt als § 1754 II aF, hat sich dch die Reform des AdoptionsR dch Ges vom 2. 7. 76 erledigt, vgl § 1741. Folgt das maßg fremde Adoptionsstatut dem sog VertrSystem, verlangt aber eine gerichtl Bestätigg des AdoptionsVertr, so kann das zust dtsche Ger in analoger Anwendg der für den Beschl iSv § 1752 I geltden VerfVorschren in FGG 56 d, 56 e u 56 f auch die Bestätigg vornehmen, vgl BT-Drucks 10/504 S 105 u BT-Drucks 10/5632 S 44. Zur
10 Vornahme einer Minderadoption dch dtsche Gerichte Wohlgemuth ROW **88**, 90. **b)** Bei der **Anerkennung** einer im **Ausland** vorgen Adoption, vgl dazu Hepting StAZ **86**, 305, Klinkhardt IPRax **87**, 157, Wandel BWNotZ **92**, 17, ist zu unterscheiden, ob es sich um ein bloßes RGesch (wie nach dem reinen VertrSystem) handelt, od ob die Adoption dch einen gerichtl od behördl Staatsakt vollz wurde (wie insb nach dem
11 Dekretsystem). **aa)** Die Wirksk einer im Ausl dch **Rechtsgeschäft** vorgen Adoption setzt die Einhaltg der WirkskVorauss des nach Art 22 zur Anwendg berufenen Rechts voraus, zB Tüb StAZ **92**, 217; bei dtschem Adoptionsstatut ist eine solche Adoption also unwirks, § 1752, wie hier Hepting StAZ **86**, 307, vgl auch LG Bln StAZ **86**, 70, aM Beitzke, Einbindg fremder Normen in das dtsche PersonenstandsR (1985) 6, Sturm StAZ **87**, 181; das im Ausl vorgen RGesch kann aber ggf die nach dtschem Recht vorgeschriebenen Einwilliggen enth. Eine im Inl dch RGesch vorgen Adoption ist wg des auch verfahrensr Charakters des § 1752, vgl oben Rn 5, auch dann unwirks, wenn das nach Art 22 zur Anwendg berufene Recht auf dem VertrSystem beruht; zur Wirksk im dtschen RBereich ist ein entspr Beschl des VormschG erfdl, der auch den
12 Charakter einer Bestätigg des AdoptionsVertr haben kann, vgl oben Rn 9. **bb)** Stellt die im Ausl vollz Adoption eine **ausländische Entscheidung** eines Ger od einer Behörde dar, wie im Fall eines Adoptionsdekrets od einer gerichtl Bestätigg des AdoptionsVertr, so hängt ihre Anerkenng v der Erf der Vorauss des **FGG 16 a** ab; vgl dazu Art 21 Rn 8, Hess VGH FamRZ **94**, 956, LG Ffm StAZ **95**, 74, AG Schwandorf

IPRax **95**, 252, Düss FamRZ **96**, 700; ein förmliches **Anerkennungsverfahren** wie bei ausl ScheidgsUrt nach FamRÄndG Art 7 § 1, vgl Art 17 Rn 31–34, ist nicht vorgesehen, vgl dazu BGH FamRZ **89**, 378, krit Schurig IPRax **86**, 221, bei Eintraggen in das FamBuch kann der StBeamte in Zweifelsfällen nach PStG 45 II die Entsch des Ger einholen. Die Anerkenng setzt insb die internat Zustdgk der Ger (bzw Behörden) des ausl **13**
Staates aGrd spiegelbildl Anwendg der entspr dtschen Vorschren zZ der ausl Entscheidg bzw, soweit diese anerkenngsfreundlicher, zZ der Anerkenng voraus, also FGG 16 a Nr 1 iVm 43 b I; ausr ist also, daß der Annehmde, einer der annehmden Eheg od das Kind zZ der Adoption entweder die Staatsangehörigk des EntschStaates besitzt od seinen gewöhnl Aufenth in diesem Staat hat. Erfdl ist ua ferner, daß die Anerkenng der Entsch nicht gegen den dtschen ordre public verstößt, FGG 16 a Nr 4, zB ausschl dem Zweck dient, dem Kind die AufenthBerechtigg im Inl zu verschaffen, vgl BVerwG StAZ **87**, 20; unter dem Blickwinkel des ordre public ist vorbehaltl des FGG 16 a Nr 2 auch zu prüfen, ob das ausl AdoptionsVerf rechtsstaatl Grdsen entspr, vgl auch Zweibr StAZ **85**, 132, BVerwG StAZ **87**, 20, zB Zust der leibl Eltern od des Eheg des Annehmden vorliegt, abw LG Nürnb IPRax **87**, 179, Klinkhardt ebda 161, AG Rottweil FamRZ **91**, 229. Dagg setzt die Anerkenng **nicht** voraus, daß die Adoption nach dem v Art 22 berufenen Adoptionsstatut vorgen wurde; dies gilt auch dann, wenn danach dtsches Recht anzuwenden war, AG Karlsr StAZ **90**, 265, AG Bonn StAZ **92**, 41; jedoch ist eine unter Verletzg v Art 23 im Ausland vollz Adoption eines dtschen Kindes nach FGG 16 a Nr 4 nicht anzuerkennen, vgl dazu Düss FamRZ **96**, 700, aM LG Offenbg StAZ **88**, 355, LG Bln DAVorm **90**, 816 (krit dazu Beitzke StAZ **90**, 68), LG Ffm IPRax **95**, 44, Klinkhardt IPRax **97**, 414; die versäumte Einwilligg des Kindes od deren vormschgerichtl Gen kann jedoch nachgeholt werden, vgl BayObLG **57**, 25, Celle NJW **65**, 44, Jayme StAZ **76**, 4, Beitzke StAZ **90**, 69. Die Anerkenng erstreckt die **14**
im ausl Adoptionsdekret ausgesprochenen Wirkgen auf das Inl, BayVGH StAZ **89**, 289; daher keine Transformation ausl schwacher Adoption in dtsche Volladoption, AG Schöneberg IPRax **83**, 190, AG St. Ingbert StAZ **83**, 317, Zweibr StAZ **85**, 132, Hepting StAZ **86**, 308; eine solche Adoption verstößt auch nicht gg den dtschen ordre public, Zweibr StAZ **85**, 132, Klinkhardt IPRax **87**, 158, aM AG St. Ingbert aaO, zust Jayme IPRax **84**, 43, ebsowenig eine ausl Volladoption, die vor der Reform des dtschen AdoptionsR dch das G vom 2. 7. 76 vorgenommen wurde, BGH FamRZ **89**, 380. **cc)** Ist zweifelh, ob die Vorauss der Anerkenng **15**
einer im Ausl vorgen Adoption erfüllt sind, so kann die Adoption mit Wirkung ex nunc **im Inland wiederholt** werden, LG Köln NJW **83**, 1982, Ravbg StAZ **84**, 39, AG Ibbenbüren IPRax **84**, 221, AG Hagen IPRax **84**, 279, AG Höxter IPRax **87**, 124, AG Schwandorf IPRax **95**, 252, Kln IPRax **97**, 128, Klinkhardt IPRax **95**, 238; das gleiche gilt, wenn an die Stelle einer ausl schwachen Adoption eine dtsche Volladoption gesetzt werden soll, LG Stgt StAZ **89**, 316 (vgl dazu Hohnerlein IPRax **90**, 312), Ffm NJW-RR **92**, 777 (erneute Einwilligg der leibl Eltern erforderl, aM Zenger FamRZ **93**, 595).

5) Adoption als Vorfrage im deutschen Staatsangehörigkeitsrecht; vgl dazu v Mangoldt StAZ **81**, **16**
313, **85**, 301, Hepting StAZ **86**, 310, Hecker StAZ **88**, 98. **a)** Nach RuStAG 6 erwirbt ein Kind, das im Ztpkt des AnnahmeAntr, BayVGH FamRZ **99**, 91, das 18. LebensJ noch nicht vollendet hat, mit einer nach dtschem Recht wirks Adoption dch einen Dtschen die dtsche Staatsangehörigk; bei gemeinschaftl Annahme dch ein Ehepaar genügt die dtsche Staatsangehörigk eines Eheg; Ausspruch nach § 1772 genügt nicht, OVG Hbg FamRZ **97**, 1146. Daß die Adoption selbst nach dtschem Recht vorgen wird, verlangt RuStAG 6 nicht; es genügt, daß es sich um eine Volladoption handelt, vgl Hepting StAZ **86**, 310, Klinkhardt IPRax **87**, 159, die nach dem v Art 22 berufenen Adoptionsstatut wirks ist bzw gem FGG 16 a anzuerkennen ist, BayVGH StAZ **89**, 287, VG Mü StAZ **92**, 351, vgl auch VGH BaWü StAZ **92**, 147 sowie oben Rn 10–15.

b) Ein Dtscher gleich welchen Lebensalters **verliert** dch wirks (nicht also bei Fehlen der nach Art 23 erfdl **17**
Einwilligg, vgl Rn 13) Adoption dch einen Ausl die dtsche Staatsangehörigk, sofern er dadch die Staatsangehörigk des Annehmden erwirbt; der Verlust tritt nicht ein, wenn der Angenommene mit einem dtschen EltT verwandt bleibt, RuStAG 27; diese Vorauss ist auch bei gemeinschaftl Annahme dch einen ausl u einen dtschen Eheg erfüllt, vgl Begr des RegEntw BT-Drucks 7/3061 S 67.

EG 23 *Zustimmung.* **Die Erforderlichkeit und die Erteilung der Zustimmung des Kindes und einer Person, zu der das Kind in einem familienrechtlichen Verhältnis steht, zu einer Abstammungserklärung, Namenserteilung oder Annahme als Kind unterliegen zusätzlich dem Recht des Staates, dem das Kind angehört. Soweit es zum Wohl des Kindes erforderlich ist, ist statt dessen das deutsche Recht anzuwenden.**

1) Allgemeines. a) Art 23 ist dch das KindRG v 16. 12. 97, BGBl 2942 geändert worden (Streichg v **1**
Legitimation). Die Vorschr enth eine **ergänzende** kollr **Sonderregelung** für best RVorgänge, die den Status eines (auch vollj) Kindes verändern (VaterschAnerkenntn, Adoption) od eine solche Veränderg zumind vorspiegeln (Einbenenng). Wg der großen Bedeutg, die derartige **statusverändernde** Vorgänge für das Kind als Hauptbetroffenen haben, werden die **Zustimmungserfordernisse** zusätzl auch dem HeimatR des Kindes (S 1) od, wenn dies dem Interesse des Kindes besser entspr, stattdessen auch dem dtschen Recht unterstellt (S 2). Art 23 ist eine Weiterentwicklg der in EG 22 II aF getroffenen Regelg zu einer allseitigen KollNorm mit erweitertem Anwendgsbereich. Sie läßt die Anknüpfgen unberührt, welche die für die betr RVorgänge anzuwendden KollNormen der Art 10 I u III, 19 I u 22 verwenden. Die Vorauss der Einbenenng, Abstammgs-Erkl od Adoption sind also dem jew Namens-, Abstammgs- od Adoptionsstatut zu entnehmen; dies gilt **auch** für die ZustErfordernisse in der Pers des Kindes od eines Dritten. Art 23 beruft aber für diese ZustErfordernisse **zusätzlich** auch das HeimatR des Kindes (bzw das dtsche Recht); diese ROrdngen sind also insow **kumulativ** neben dem an sich maßg GrdStatut der Art 10 I u III, 19 I u 22 anzuwenden. Durch diese Kumulation v ZustErfordernissen sollen die Interessen des Kindes wenigstens in ihrem Kernbereich geschützt werden, auch wenn das für die Statusänderg maßg famr GrdStatut im übr dch elternbezogene Anknüpfgen best wird. Die Vorschr gilt nur für ZustErfordernisse, nicht auch für die Statthaftigk des RVorggs selbst, krit dazu Jayme NJW **89**, 3070. Die Zusatzanknüpfg in Art 23 S 1 läuft leer, wenn das HeimatR des Kindes im konkreten Fall mit dem für die Statusänderg geltden Statut zusfällt. Dagg behält die in S 2 vorgesehene

2 Anwendg dtschen Rechts auch in diesem Fall ihre Bedeutg, vgl dazu Rn 6. **b)** Art 23 S 1 ist wg seines Schutzzwecks als Sachnormverweisg, vgl Art 3 Rn 5, zu verstehen; **Rück-** und **Weiterverweisung** dch das HeimatR des Kindes sind daher gem Art 3 I 2 **nicht** zu beachten, BayObLG FamRZ **88**, 868, LG Bielef FamRZ **89**, 1338, ebso Kropholler IPR § 49 IV 2, aM AG Siegen IPRax **92**, 259, Staud-Henrich Rz 6, Jayme IPRax **89**, 157, **90**, 310, v Bar IPR II Rn 323, Otto StAZ **93**, 45, Hohnerlein IPRax **94**, 197. Bei Mehrstaatern, Staatenlosen u Flüchtlingen gilt Art 5 mit Anhang. **c)** Im **innerdeutschen** KollisionsR galt bish Art 23 entspr; an Stelle des HeimatR war das jew dtsche Personalstatut des Kindes maßg, AG Ahrensburg IPRspr **89** Nr 150; zu dessen Bestimmg vgl Anh zu Art 3 Rn 4. Dtsches Recht iSv Art 23 S 2 war schon bish nur das Recht der BRep.

3 **2) Grundsatz. a)** Art 23 **Satz 1** beruft das HeimatR (Personalstatut) des Kindes bei Statusverändergen ergänzend zur Anwendg für die Notwendigk u die Erteilg der **Zustimmung** (Einwilligg od Genehmigg) des Kindes od eines Dritten, zu welchem es in einem famr Verh steht, insb eines EltT; dabei ist auf die Staatsangehörigk des Kindes im Ztpkt der Erteilg der Zustimmg abzustellen; eine dch die Statusveränderg erworbene Staatsangehörigk bleibt außer Betr, Ffm FamRZ **97**, 243. Hierher gehören neben der Erfdlk überh auch die WirkskVorauss der Zust (soweit sie nicht, wie die GeschFgk od Form, vgl dazu Stgt FamRZ **90**, 560, als Vorfragen selbstd anzuknüpfen sind) einschl ihrer Ersetzbk u ggf ihrer gerichtl od behördl GenBedürftigk, sowie des Ztpkts, in welchem diese Vorauss vorliegen müssen. Verlangt das HeimatR (Personalstatut) des Kindes die Mitwirkg seines gesetzl Vertr, so ist auch dies zu beachten; wer der gesetzl Vertr ist, ist eine nach Art 21 u 24 I selbstd anzuknüpfde Vorfrage, aM Stgt StAZ **97**, 105, Staud-Henrich Rz 10; Zust eines EltT als gesetzl Vertr schließt die pers Zust dieses EltT ein, Ffm StAZ **89**, 115. Nach dem HeimatR (Personalstatut) des Kindes beurteilen sich auch die RFolgen des Fehlens od eines Mangels der Zust, vgl LG Nürnb IPRax **87**, 180. Ist danach die betr Statusveränderg unwirks, so hat es damit sein Bewenden, auch wenn sie nach dem im übr berufenen GrdStatut (Namens-, Abstammgs- od Adoptionsstatut) an sich wirks zustandegekommen
4 wäre. **b)** Art 23 betrifft **Abstammungserklärungen,** dh v allem das VaterschAnerkenntn, vgl Stgt FamRZ **90**, 560, aber auch das MutterschAnerkenntn, deren Wirksk im übr kumulativ nach dem v Art 19 I berufenen Recht zu beurteilen ist, vgl dort Rn 4–6 u zu den ZustErfordern nach ausl Recht Deinert DAVorm **91**, 365; ferner **Namenserteilungen,** insb dch Einbenenng eines Kindes dch den Ehemann der Mutter, aber auch dch den Vater (z anwendb Namensstatut vgl Art 10 Rn 18–23); sowie **Adoption** (zum anwendb Recht vgl
5 Art 22 Rn 3–8); für analoge Anwendg bei Aufhebg einer Adoption Jayme IPRax **88**, 251. **c)** Ist das Kind **Dtscher** iSv GG 116 I od besitzt es sonst dtsches Personalstatut, so sind für die Zust zur **Vaterschaftsanerkennung** also neben den Vorauss des nach Art 19 I berufenen Abstammgsstatuts etwa auch §§ 1595 II–1598 anzuwenden, für die Zust zur **Einbenennung** neben den Vorauss des v Art 10 I u III berufenen Rechts auch § 1618. Ebenso gelten für die Zust zur **Adoption** neben dem v Art 22 berufenen Recht auch §§ 1746, 1747 u 1750 (dabei ist insb auch das Erfordern der vormschgerichtl Gen gem § 1746 I 4 zu beachten; es entfällt bei dtschem Adoptionsstatut; die Gen kann dch ein ausl Adoptionsdekret ersetzt werden, wenn dieses nach Prüfg des Kindeswohls ergangen ist u auch insow die Vorauss für eine Anerkenng vorliegen, BGH FamRZ **89**, 380, weitergehend LG Bln DAVorm **90**, 811).

6 **3) Ausnahme;** vgl dazu Sturm StAZ **97**, 261. Nach **Satz 2** sind die ZustErfordernisse ausnahmsw statt nach dem HeimatR (Personalstatut) des Kindes nach **deutschem** Recht, vgl dazu Rn 5, zu beurteilen, soweit es zum Wohl des Kindes erfdl ist; dies gilt im gesamten Anwendgsbereich von S 1, Ffm FamRZ **97**, 241 (VaterschAnerk). Die Heranziehg dtschen Rechts kommt aber insbes bei **Inlandsadoptionen** v AuslKindern aus der 3. Welt (etwa auch in Form der Wiederholg einer Auslandsadoption, deren AnerkenngsFgk zweifelh ist, vgl Art 22 Rn 15) in Betr, wenn die ZustErfordernisse des HeimatR nicht od nicht in angemessener Zeit od nur mit unverhältnismäßig großen Schwierigkeiten geklärt od erfüllt werden können, vgl dazu LG Kass StAZ **92**, 309, BayObLG **94**, 332, Kln FamRZ **99**, 889, dabei ist insb an die Entbehrlichk nach § 1747 IV, MüKo-Klinkhardt Rn 43, od die Ersetzg der Einwilligg eines EltT nach § 1748 zu denken, BayObLG **94**, 336. Vorauss für die Anwendg der einschlägigen dtschen Vorschren ist aber, daß dies zum **Wohl des Kindes** erfdl ist, also zur Abwendg ernsth Nachteile, Ffm FamRZ **97**, 243, DAVorm **98**, 472, insb um ihm die Eingliederg in eine Pflegefamilie zu ermögl, in deren Obhut es sich bereits befindet, vgl dazu BayObLG FamRZ **88**, 870, BayObLG **94**, 332, AG Lahnstein FamRZ **94**, 1350, AG Tüb StAZ **98**, 182. Bei der Prüfg des Vorliegens dieser Vorauss sind strenge Maßstäbe anzulegen; S 2 ist eine AusnVorschr, die eng auszulegen ist, Celle StAZ **89**, 9, BayObLG **94**, 337, Ffm FamRZ **97**, 243, and AG Lahnstein FamRZ **94**, 1350. Im übr kommt die Anwendg dieser Vorschr jedoch auch dann in Frage, wenn das HeimatR (Personalstatut) des Kindes mit dem für die Statusänderg maßg familienr GrdStatut zusfällt, vgl dazu Rn 1.

EG 24

Vormundschaft, Betreuung und Pflegschaft. [I] **Die Entstehung, die Änderung und das Ende der Vormundschaft, Betreuung und Pflegschaft sowie der Inhalt der gesetzlichen Vormundschaft und Pflegschaft unterliegen dem Recht des Staates, dem der Mündel, Betreute oder Pflegling angehört. Für einen Angehörigen eines fremden Staates, der seinen gewöhnlichen Aufenthalt oder, mangels eines solchen, seinen Aufenthalt im Inland hat, kann ein Betreuer nach deutschem Recht bestellt werden.**

[II] **Ist eine Pflegschaft erforderlich, weil nicht feststeht, wer an einer Angelegenheit beteiligt ist, oder weil ein Beteiligter sich in einem anderen Staat befindet, so ist das Recht anzuwenden, das für die Angelegenheit maßgebend ist.**

[III] **Vorläufige Maßregeln sowie der Inhalt der Betreuung und der angeordneten Vormundschaft und Pflegschaft unterliegen dem Recht des anordnenden Staates.**

Schrifttum: Nitzinger, Das BetreuungsR im IPR, 1998.

1 **1) Allgemeines. a)** Im Ggs z EG 23 aF, der unmittelb nur die internat Zustdgk der dtschen VormschGe in Vormsch- u PflegschSachen betraf, vgl dazu Rn 8, best Art 24 das auf Vormsch, Betreuung und Pflegsch

anwendb Recht. Die Vorschr ist dch das BtG v 12. 9. 90, BGBl 2002, neu gefaßt worden; damit wird insb dem Wegfall der Entmündigg und der damit zusammenhängden Streichg von Art 8 Rechng getragen. **b)** Soweit Art 24 auf das HeimatR des Schützlings verweist, Abs 1 S 1, sind **Rück- und Weiterverweisung** gem Art 4 I zu beachten; mittelb kann eine Rück- od Weiterverweisg auch bei der Anwendg des für die Sache maßg Rechts eine Rolle spielen, Abs 2. Auch der Vorrang des Einzelstatuts gem Art 3 III ist zu beachten, vgl dort Rn 12–15. **c)** Art 24 galt entspr auch im **innerdeutschen** KollisionsR; an Stelle seines HeimatR war das dtsche Personalstatut des Schützlings maßg; zu dessen Bestimmg vgl Anh zu Art 3 Rn 4; unter dem dtschen Recht iSv Abs 1 S 2 war nur das Recht der BRep zu verstehen. Zur Überleitg der zZ des Beitritts in der früh DDR bestehden Vormschen u Pflegschen vgl Art 234 § 14 u § 15. **d)** Art 24 wird in weitem 2
Umfang dch **staatsvertragliche** Sonderregelgen verdrängt. Zu beachten sind insb das **deutsch- österreichische Vormundschaftsabkommen,** das **Haager Abkommen zur Regelung der Vormundschaft über Minderjährige** u das **Haager Minderjährigenschutzabkommen,** vgl Anh. Da die Anordng einer Vormsch, Betreuung od Pflegsch SchutzMaßn iS des zuletzt genannten Übk sind, vgl Anh Rn 13, **entfällt** insow die **Anwendbarkeit** v Art 24 bei Minderjährigen mit **gewöhnlichem Aufenthalt** im **Inland.** Der Anwendgsbereich der Vorschr beschr sich daher im wesentl auf die Vormsch, Betreug u Pflegsch über Volljährige, sowie auf die kraft Ges eintretde Vormsch u Pflegsch über Minderjährige, soweit diese nicht nach Art 21 zu beurt sind, vgl Rn 5.

2) Anknüpfung. a) Nach **Absatz 1 Satz 1** unterliegen die Vorauss des Eintritts, der Inhalt, die Änderg u 3
das Ende (insb Beendiggsgründe u Aufhebg) einer Vormsch, Betreuung od Pflegsch dem HeimatR des Schützlings; zur Anknüpfg bei Mehrstaatern, Staatenl u Flüchtlingen vgl Art 5 mit Anh; zur Ermittlgspfl bei konkreten Anhaltspkten für eine ausl Staatsangehörigk des Betroffenen vgl BayObLG IPRax **85,** 354. Diese Regelg gilt neben der gerichtl Bestellg eines Betreuers grdsl für Vormschen u Pflegschen aller Art, gleichgült, ob sie auf Anordng beruhen od kraft Gesetzes eintreten, nicht dagg auch für öffr Maßn wie die früh FürsErziehg, vgl Hamm ZBlJR **65,** 111; im Verh zu Österreich ist hier das Abk über Fürs u JWPflege vom 17. 1. 66, BGBl **69** II 2 nebst DurchfVereinbarg vom 25. 10. 68, BGBl **69** II 1285 zu beachten; beides in Kr seit 1. 1. 70, Bek vom 11. 8. 69, BGBl II 1550. **b)** Im einz ergeben sich aber bei den versch Arten der in 4
Frage kommden RInstitute gewisse Besonderheiten: **aa)** Eine **angeordnete** Vormsch, Betreuung od Pflegsch unterliegt in Entstehg, Änderg u Beendigg nach Abs 1 S 1 dem HeimatR (Personalstatut) des Schützlings, soweit keine staatsvertragl Sonderregelg eingreift, vgl Rn 2; eine **Ausnahme** gilt nach Abs 1 **Satz 2** im Falle eines Ausl mit gewöhnl Aufenth im Inl, der infolge psychischer Krankh od körperl, geistiger od seelischer Behinderg seine Angelegenh ganz od teilw nicht besorgen kann. Für ihn kann das VormschGer einen **Betreuer nach deutschem Recht,** dh nach §§ 1896 ff bestellen. Der **Inhalt** der Betreuung u der angeordneten Vormsch od Pflegsch, dh insb Qualifikation, Auswahl u Bestellg des Vormunds, Betreuers od Pflegers, seine Pflichten u Befugnisse, insb die Reichweite eines EinwilliggsVorbeh u der Umfang seiner Vertretgsmacht, sowie seine Kontrolle dch das VormschGer, zB Erfordernis der Gen zur EhelkAnfechtg, LG Bln StAZ **80,** 23 (keine SchutzMaßn iS des MSA, vgl Anh Rn 14), unterliegt nach **Absatz 3** dem Recht des anordnenden Staates, bei Anordng im Inl also dtschem Recht, sonst der jew fremden lex fori. **bb)** Eine **kraft** 5
Gesetzes eintretde Vormsch od Pflegsch unterliegt dagg in vollem Umfang dem HeimatR (Personalstatut) des Schützlings gem Abs 1 S 1; dies gilt auch für die ges AmtsVormsch des JA nach § 1791 c, nicht dagg auch für die auf Antr eintretde Beistandsch des JA gem § 1712, die nach Art 21 dem Recht des gewöhnl Aufenth des Kindes unterliegt, vgl dort Rn 5. **c)** Ist für einen **unbekannten** od wg **Auslandsaufenthalts** an der 6
Besorgg seiner Angelegenheiten verhinderten Beteil eine Pflegsch zu bestellen (wie n §§ 1911 II, 1913), so unterliegt diese nach **Absatz 2** dem für die betr Angelegenh maßg Recht, zB Erbstatut. **d)** Für **vorläufige** 7
Maßregeln, zB Hinterlegg v Geld u Wertpapieren, Inventarerrichtg, gilt nach **Absatz 3** ausschl das Recht des anordnenden Staates; Vormsch u Pflegsch sind keine vorläuf Maßregeln, AG Moers DAVorm **91,** 965; dies gilt auch für die vorl Vormsch, vgl Hamm FamRZ **73,** 326, BayObLG IPRspr **71** Nr 112; für sie gelten die Regeln in Rn 4.

3) Internationales Verfahrensrecht. a) Die **internationale Zuständigkeit** für Verrichtgen, die eine 8
Vormsch od Pflegsch betreffen, ist in **FGG 35 b** geregelt; danach sind die dtschen Ger zust, wenn der Schützling entw Dtscher ist od seinen gewöhnl Aufenth im Inl hat (Abs 1), unabh v diesen Vorauss ferner auch insow als der Schützling der Fürs dch ein dtsches Ger bedarf (Abs 2); diese Zustdgken sind nicht ausschl (Abs 3). **b)** Die **Anerkennung** einer im Ausl erfolgten Anordng od Aufhebg einer Vormsch, Betreuung od 9
Pflegsch ist nach FGG 16 a zu beurteilen, vgl dazu Art 21 Rn 8.

Anhang zu Art 24

(Staatsverträge)

1) Übereinkommen über die Zuständigkeit der Behörden und das anzuwendende Recht auf dem Gebiet des Schutzes von Minderjährigen v 5. 10. 61, BGBl 71 II 217 (MSA).

a) Vorbemerkungen

aa) Allgemeines. Das Abk ist für die BRep am 17. 9. 71 in Kraft getreten, Bek v 11. 10. 71, BGBl II 1
1150. Es gilt ferner für Frankreich, Italien, Luxemburg, Niederlande, Österreich, Polen, Portugal, Schweiz, Spanien, Türkei, vgl FundStNachw B 1999 S 433. Die Neuregelg dch das IPRG vom 25. 7. 86, BGBl 1142, hat die Geltg des Übk nicht berührt; im Ggs zu and multilateralen StaatsVertren, vgl dazu Rn 8 u 18 vor Art 3, wurden seine Vorschren auch nicht in das EG eingearbeitet. Zur **Reform** des MSA Kropholler RabelsZ **94,** 1, Siehr FamRZ **96,** 1047, RabelsZ **98,** 464, Sturm IPRax **97,** 10, Roth/Döring FuR **99,** 195, Pirrung Fschr Rolland (1999) 277.

bb) Anwendungsbereich. Das Übk gilt **sachlich** für Maßn zum Schutz der Pers u des Verm v Mj; zum 2
Begr derart Maßn vgl Rn 13, 14. In **persönlicher** Hins ist das Übk auf Mj (zum Begr Art 12 mit Anm)

anwendb, die ihren gewöhnl Aufenth, vgl dazu Rn 10–12, in einem VertrStaat haben, Art 13; ob der Heimatstaat des Mj zu den VertrStaaten gehört, ist gleichgült, da die BRep einen Vorbeh nach Art 13 III nicht erkl hat; das Übk war desh auch im Verh zur DDR anwendb, Rn 47. **Zeitlich** ist das Übk auf die nach seinem Inkrafttr getroffenen Maßn anzuwenden, Art 17 I; es war aber auch noch in der RBeschwInst zu berücksicht, BGH **60**, 68, BayObLG **72**, 292. Die Best des Übk gehen nach Art 3 II 1 den allg Vorschr des EG vor; vor allem EG 21 u 24 sind teilw dch das Übk ersetzt. Zum Verh zu and StaatsVertren s MSA 18 mit Rn 52, 53.

3 **cc) Grundregeln.** Das Übk trifft eine Regelg der internat Zustdgk u des anwendb Rechts auf dem Gebiet des MjSchutzes. Dabei geht es vom sog **Gleichlaufsgrundsatz** aus: sachl maßg ist das innerstaatl Recht der zust Ger od Beh, Art 2. Eine wesentl Einschränkg der Anwendbk der lex fori ergibt sich aber aus der in Art 3 vorgesehenen Anerkenng ges GewVerhe. Da die internat Zustdgk nach Art 1 in erster Linie den Beh des AufenthStaates zukommt, ist grdsl das **Recht des gewöhnlichen Aufenthalts** des Mj maßg, also nicht sein HeimatR wie nach EG 24 u Haager VormschAbk Art 1; dieser Grds gilt auch für Maßn aGrd der Gefährdgs- od EilZustdgk nach Art 8 u 9, vgl Erläut dort. Eine **Ausnahme** zG der Anwendbk des HeimatR des Mj
4 schafft Art 3. – **Rück-** od **Weiterverweisung** sind im Anwendgsbereich des Übk **nicht** zu beachten, da seine Vorschr unmittelb auf das innerstaatl Recht verweisen, Zweibr FamRZ **74**, 153, Karlsr NJW **76**, 485, vgl Rn 22. **Vorfragen,** die nicht in unmittelb Zushang mit dem sachl Anwendgsbereich des Übk stehen, zB Bestehen einer Adoption, Abstammg des Kindes, sind selbstd anzuknüpfen, Zweibr aaO, Stgt FamRZ **76**, 359, NJW **80**, 1229; iü ist im Interesse des internat EntschEinklangs unselbstd Anknüpfg geboten, vgl Rn 30 vor Art 3; dies gilt zB für die Vorfrage nach dem Bestehen elterl Sorge bei Anwendg v Art 3, Karlsr NJW **76**, 485, dahingestellt bei KG OLGZ **76**, 281. Soweit das Übk auf die Staatsangehörigk des Kindes abstellt, zB Art 3, 4, 12, entsch bei **Mehrstaatern** grdsl die effektivere Staatsangehörigk, EG 5 I 1, wenn eine der Staatsangehörigken die dtsche ist, entsch nur diese, EG 5 I 2, str, vgl Rn 19. Ist der Heimatstaat ein Mehrrechtsstaat, gilt Art 14 MSA. Zum Vorbeh des ordre public s Art 16 MSA.

5 **b) Text des Übereinkommens** (in der amtl dtschen Übersetzg des frz Originaltextes) mit **Erläuterungen:**

1 ***[Internationale Zuständigkeit]*** **Die Behörden, seien es Gerichte oder Verwaltungsbehörden, des Staates, in dem ein Minderjähriger seinen gewöhnlichen Aufenthalt hat, sind, vorbehaltlich der Bestimmungen der Artikel 3, 4 und 5 Absatz 3, dafür zuständig, Maßnahmen zum Schutz der Person und des Vermögens des Minderjährigen zu treffen.**

6 **1) Allgemeines.** Die Vorschr begründet die **internationale Zuständigkeit** der Ger od VerwaltgsBeh des **Aufenthaltsstaates** eines Mj für best SchutzMaßn. In Betr kommen in Dtschland vor allem das VormschG, das FamG u das JA; zur örtl Zustdgk s zB FGG 36 ff, 43, ZPO 606, 621 II. Die Zustdgk ist nicht ausschließl, schließt also die Anerkenng einer Entsch des Heimatstaats des Mj nicht aus, selbst wenn dieser kein VertrStaat
7 ist, KG OLGZ **75**, 172, BGH FamRZ **79**, 577. Zur Beachtg ausl RHängigk Roth IPRax **94**, 19. Die Zustdgk der Beh des AufenthStaates **entfällt** bei Bestehen eines **gesetzlichen Gewaltverhältnisses** iS des **Art 3,** soweit darin keine ausfüllgsfäh Lücke, vgl Rn 24–26, u soweit keine Kompetenz wg ernstl Gefährdg des Mj nach Art 8 od kr EilZustdgk in dringden Fällen nach Art 9 besteht (sog HeimatRTheorie), BGH **60**, 68, FamRZ **84**, 686, Zweibr FamRZ **75**, 172, Stgt FamRZ **76**, 359, BayObLG IPRspr **78** Nr 87, **79** Nr 85, KG OLGZ **79**, 183, Düss FamRZ **80**, 728, Hbg DAVorm **83**, 151, Kln FamRZ **91**, 362, **strittig,** aM Stgt NJW **85**, 566, Ferid IPR Rdz 8–231, Staud-Kropholler Rn 208, Henrich Fschr f Schwind (1978) 82, MüKo-Siehr Rn 110, die die internat Zustdgk des AufenthStaates auch bei Bestehen eines ges GewVerh nach dem HeimatR des Mj bejahen, soweit trotz Anerkenng dieses RVerh nach dem AufenthR ein Bedürfn nach
8 einer SchutzMaßn besteht (sog Anerkenngstheorie). Die HeimatBeh des Mj können das im AufenthStaat anhäng Verf an sich ziehen, wenn das Wohl des Kindes ihrer Auffassg nach das erfordert, Art 1 iVm **Art 4;** damit entfällt die Zustdgk des AufenthStaates, vgl Rn 32; bei Verlegg seines gewöhnl Aufenth vom Heimatstaat in einen and VertrStaat bleiben die HeimatBeh für die Durchf der bish Maßn solange zust, bis die Beh des neuen AufenthStaates das Verf übernehmen, Art 1 iVm **Art 5 III,** vgl Rn 35. – Die Vorauss der internat Zustdgk sind grdsl nach den Verh zZ des Eintr der RHängigk zu beurteilen, BGH FamRZ **94**, 828; jedoch
9 läßt **Aufenthaltswechsel** währd eines anhäng Verf zunächst gegebene internat Zustdgk entfallen u begründet neue, Hamm FamRZ **89**, 1110, **91**, 1346, Stgt FamRZ **89**, 1111, Kln MDR **99**, 1199, aM KG NJW **74**, 424, Mü FamRZ **81**, 390; aber keine Aufhebg der SchutzMaßn eines TatsGer in der BeschwInst, wenn die internat Zustdgk bei Erl der AO noch gegeben u erst später dch AufenthWechsel weggefallen ist, BayObLG **76**, 25, vgl auch Hbg IPRax **86**, 386. Bei Verlegg des gewöhnl Aufenth in einen NichtVertrStaat entfällt die Anwendbk des Abk, vgl Rn 34. Dagg kann Begründg des gewöhnl Aufenth im Inl, Hamm FamRZ **88**, 864, od Erwerb der dtschen Staatsangehörigk dch den Mj u Entfallen eines bish bestehden ges GewVerh nach dem fr HeimatR die dtsche internat Zustdgk noch in der BeschwInst begründen, BayObLG FamRZ **76**, 49, Düss NJW **76**, 1596. – Zum anwendb Recht s Art 2; zum Begr des Mj Art 12.

10 **2) Gewöhnlicher Aufenthalt.** Die Zustdgk ist an den gewöhnl Aufenth des Mj geknüpft; dieser ist grdsl ebso zu verstehen wie im autonomen dtschen KollR, vgl dazu EG 5 Rn 10, 11, mithin als der Ort des tats Mittelpunktes der Lebensführg des Mj, des Schwerpunkts seiner soz Bindgen, insb in familiärer u schulischer bzw berufl Hins, BGH NJW **75**, 1068, **81**, 520 („Daseinsmittelpunkt"), BayObLG **73**, 345, Hamm NJW **92**, 637; ein dahingehder Wille ist nicht erforderl („faktischer Wohns"), BGH NJW **81**, 520, FamRZ **97**, 1070, ist aber immerhin ein Indiz für Begründg eines neuen gewöhnl Aufenth, vgl Hamm NJW **92**, 638 (Rückkehrverweigerg des Kindes); auch der entggstehde Wille des Mj od eines EltT ist grdsl unbeachtl, Hbg FamRZ **72**, 514, LG Zweibr FamRZ **74**, 140, Kleve FamRZ **77**, 335, BayObLG DAVorm **84**, 931, Düss FamRZ **94**, 108; jedoch wird dch zwangsw Unterbringg als solche, zB Strafhaft, gewöhnl Aufenth nicht begründet. Zeitweil Unterbrechgen beenden den gewöhnl Aufenth nicht, wenn der Schwerpunkt der Bindgen der Pers dadch nicht verändert wird, vgl dazu Stgt NJW **83**, 1981, Hamm NJW **92**, 637, Karlsr

NJW-RR **94**, 1420, Düss FamRZ **98**, 1318. Gewöhnl Aufenth erfordert eine gewisse Eingliederg in die soz Umwelt; als Indiz kann dabei die tats Dauer des Aufenth dienen (als Faustregel werden häuf etwa 6 Mo genannt, Hamm NJW **74**, 1053, Ffm IPRspr **74** Nr 93, Stgt NJW **78**, 1746, Mü FamRZ **81**, 389, Düss FamRZ **84**, 194, Kln FamRZ **91**, 364, zurückhaltder BGH FamRZ **97**, 1070), die im Ztpkt der richterl Entsch zu beurteilen ist, BGH NJW **81**, 520, Hamm NJW **92**, 637, abl Schlosshauer-Selbach FamRZ **81**, 536; ist der Aufenth von vornherein auf längere Dauer angelegt, so kann er aber auch schon mit seinem Beginn als gewöhnl Aufenth angesehen werden, BGH NJW **81**, 520, Bambg IPRspr **83** Nr 86, Hbg IPRax **86**, 386, **87**, 319, Hamm FamRZ **88**, 1198, IPRax **93**, 105, Celle FamRZ **93**, 95; dies gilt nicht, wenn ein längerfrist Aufenth nach fremdenr Best ersichtl unzul ist, LG Bln DAVorm **78**, 679 (betr offenb unbegründeten Asylantrag), vgl dazu Art 5 Rn 10, sowie AG Duisbg ZfJ **89**, 433, AG Moers DAVorm **91**, 963, offengelassen von Duisbg DAVorm **89**, 719. Zum Problem des Aufenth bei Internatsbesuch BGH NJW **75**, 1068. Dch **Kindesentführung** als solche wird der gewöhnl Aufenth nicht verändert, vgl auch ParallelVorschr in EG 5 III; da der Begr des gewöhnl Aufenth fakt, nicht rechtl geprägt ist, schließt eine Verlegg des gewöhnl Aufenth gg den Willen des Sorgeberecht jedoch nicht aus, daß der neue AufenthOrt des Kindes dch Eingliederg in die soz Umwelt zum gewöhnl Aufenth wird, BGH NJW **81**, 520, BayObLG **81**, 246, DAVorm **84**, 931, Düss FamRZ **84**, 194, Ffm IPRax **86**, 384, Hbg ZfJ **88**, 94, Hamm NJW **92**, 637, Kblz NJW **89**, 2201, Celle FamRZ **91**, 1222, Karlsr FamRZ **93**, 97, Mü FamRZ **93**, 349, vgl dazu BVerfG NJW **99**, 633; an die Begr des neuen gewöhnl Aufenth sind jedoch strenge Anfordergen zu stellen, Hamm FamRZ **89**, 1110 (dazu Henrich ebda 1325), NJW **92**, 637, IPRax **93**, 105 (dazu Dörner ebda 85), NJW-RR **97**, 6, Bambg NJW-RR **90**, 775, Stgt FamRZ **97**, 52 (neuer gewöhnl Aufenth nicht vor Ablauf 1 Jahres seit der Entführg, analog Art 12 I HKiEntfÜ, vgl Rn 76), Düss NJW **98**, 3207; insb ist der entggstehde Wille des Sorgeberecht ein Indiz dafür, daß der neue Aufenth noch nicht auf Dauer angelegt ist, BGH NJW **81**, 520, Bambg FamRZ **96**, 1225, Düss FamRZ **84**, 194, Celle FamRZ **91**, 1222, Hamm NJW-RR **97**, 6, AG Würzbg FamRZ **98**, 1319. Einheitl Verf- u SachVorschr über die **Rückführung** entführter Kinder enth das **Haager Übereinkommen über die zivilrechtlichen Aspekte internationaler Kindesentführung** v 25. 10. 80, BGBl 90 II 206, vgl dazu Rn 59; die Möglk, die Rückführg nach diesem Übk dchzusetzen, ist bei der Prüfg eines gewöhnl Aufenth zu berücksichtigen, Bambg FamRZ **96**, 1225, Karlsr NJW-RR **99**, 1383. Zusätzl kommt das Europ Übk über die Anerkenng u Vollstr v Entschen über das SorgeR u die Wiederherstellg des SorgeVerh v 20. 5. 80, BGBl 90 II 220 in Betr; vgl dazu Rn 93. Eine Übertragg der in diesen Übk vorgesehenen Zeitgrenzen auf die Begründg eines neuen gewöhnl Aufenth iSv Art 1 MSA nach Kindesentführg erwägt Hamm IPRax **93**, 105, ablehnd Dörner ebda 85, vgl auch Stgt FamRZ **97**, 52.

11 12

3) Schutzmaßnahmen. Die Zustdgk erstreckt sich auf Maßn zum Schutz der Pers u des Verm des Mj, die dch behördl od gerichtl Einzelakt zum Schutz eines best Kindes getroffen werden können. Der Begr ist weit zu fassen; er umfaßt alle Maßn, die im Interesse des Kindes erfdl sind, BGH **60**, 68, u umschließt sowohl privr wie öffr Maßn, nicht aber auch kr Ges eintretde RFolgen. In Betr kommen insb Entsch nach § 1632 über die Herausg des Kindes v and Elternteil, Karlsr NJW **76**, 485, Düss FamRZ **80**, 728, Stgt NJW **85**, 566, od v einem Dritten, Zweibr OLGZ **81**, 146, BayObLG **90**, 245, Hbg NJW-RR **90**, 1289, Hamm FamRZ **98**, 447; über die Umgangsregelg, § 1684 f, Karlsr FamRZ **96**, 424, Bambg FamRZ **97**, 1412, Hamm NJWE-FER **98**, 56, Stgt FamRZ **98**, 1321; Maßregeln nach §§ 1666–1667, BayObLG FamRZ **91**, 1219, **93**, 230, **97**, 955 (Entziehg des AufenthBestR), Stgt FamRZ **80**, 1152, Ffm FamRZ **97**, 571 (AO der Herausg eines Reisepasses); Übertr der elterl Sorge bei Scheidg, § 1671, ZPO 623 II Nr 1, BGH **60**, 68, BayObLG **74**, 106, **78**, 115, KG FamRZ **74**, 144, u ihre Abänderg, § 1696, BayObLG IPRspr **78** Nr 87, **79** Nr 85 (auch in Abänd ausl SorgeREntsch, BGH IPRax **87**, 317, Karlsr FamRZ **95**, 563, Hamm FamRZ **97**, 1295) od bei Getrenntleben, § 1671 f, BGH NJW **81**, 520, FamRZ **84**, 686, BayObLG **74**, 126, Hamm FamRZ **88**, 864, KG FamRZ **77**, 475 (hier ist aber stets zu prüfen, ob nach dem HeimatR des Mj das SorgeR kr Gesetzes auf einen EltT übergeht, Art 3); einstw AOen gem ZPO 620, SchlH SchlHA **78**, 54, Karlsr FamRZ **79**, 840, Düss FamRZ **84**, 194 (auch bei entggstehder einstw AO eines ausl Gerichts); Feststellg des Ruhens der elterl Sorge nach § 1674, BayObLG FamRZ **92**, 1348, Kln DAVorm **91**, 507 (and bei § 1673, BayObLG **76**, 198, da ledigl deklaratorische Bedeutg); AO einer Vormsch od Pflegsch u Bestellg eines Vormds od Pflegers, § 1697, vgl BayObLG FamRZ **92**, 1348, **93**, 464, Entlassg eines Vormds, §§ 1886 ff, BayObLG **90**, 245, FamRZ **92**, 1348, AO einer ErgPflegsch, § 1909, BayObLG **78**, 251, KG OLGZ **82**, 175, LG Stgt DAVorm **87**, 147, u Bestellg eines ErgPflegers; Entscheidg über religiöse Kindererziehg, vgl dazu Henrich Fschr f Kegel, 1987 S 197; ErzHilfen nach SGB VIII 27 ff u vorl Unterbringg nach SGB VIII 42 f; famger Gen zur Unterbringg eines Kindes nach § 1631 b, AG Glückstadt FamRZ **80**, 824 mit Anm v Kropholler; ausl Maßn, VG Ffm IPRspr **94** Nr 109 (Abschiebeverbot). 13

Keine Schutzmaßnahmen sind dagg grdsl Einzelmaßn zur Überwachg v Eltern od zur Durchf einer Vormsch od Pflegsch (insow best sich anwendb Recht u internat Zustdgk nach den allg Regeln, zB EG 21, 24 u FGG 35 b, 43 I), so die vormschger Gen v RGesch, deren Erforderlk u Vorauss nur dem für die ges Vertretgsmacht (zB elterl Sorge) maßg Statut (zB EG 21), nicht aber der von Art 2 MSA berufenen lex fori zu entnehmen sind, sehr str, wie hier Henrich, Internat FamR § 7 II, Siehr DAVorm **73**, 263, Jaspersen FamRZ **96**, 396, aM BayObLG IPRspr **85** Nr 87, Stöcker DAVorm **75**, 507, Siehr IPRax **82**, 90, MüKo-Siehr Rn 57, Staud-Kropholler Rn 85, Soergel-Kegel Rn 23; ferner nicht famger Befreiung v Erfordern der Ehemündigk, § 1303 II, Zuweisg der Ehewohng an die Mutter, MüKo-Siehr Rn 93, aM Karlsr IPRax **85**, 106, vgl dazu Henrich ebda 89, Geltendmachg eines SchadErsAnspr gg die Eltern, BGH NJW **93**, 2306. Ebsowenig gehört hierher die auf Antr kraft Gesetzes (dh nicht dch behördl od gerichtl Einzelakt) eintretde Beistandsch des JA, § 1712, so zur früh Amtspflegsch des JA schon BayObLG **78**, 325, **88**, 76, LG Saarbr DAVorm **81**, 411, vgl dazu auch BGH **111**, 206. Keine Schutzmaßn sind ferner AO der NachlPflegsch bei mj Erben, § 1960, Klärg v Abstammgsfragen, Hamm ZfJ **98**, 475, insbes Entsch über die Anfechtg der Vatersch, vgl KG OLGZ **77**, 452,Ausspr der Adopt, § 1752 I u Ersetzg der Einwilligg eines EltT dabei, § 1748, Berichtigg des Namenseintrags, LG Bochum IPRspr **76** Nr 85 A, Gen zur Entlassg eines Mj aus der dtschen u zum Erwerb einer ausl Staatsangehörigkeit (RuStAG 19, 25), Art 3 ZustimmgsG, KG FamRZ **80**, 625. 14

4) Benachrichtigungspflicht ggü Beh des Heimatstaates n Art 11. 15

2 *[Anwendung des Aufenthaltsrechts]* **Die nach Artikel 1 zuständigen Behörden haben die nach ihrem innerstaatlichen Recht vorgesehenen Maßnahmen zu treffen.**

Dieses Recht bestimmt die Voraussetzungen für die Anordnung, die Änderung und die Beendigung dieser Maßnahmen. Es regelt auch deren Wirkungen sowohl im Verhältnis zwischen dem Minderjährigen und den Personen oder den Einrichtungen, denen er anvertraut ist, als auch im Verhältnis zu Dritten.

16 **1)** Sachl maßg ist das innerstaatl R der nach Art 1 zust Beh **(Gleichlaufsgrundsatz),** dh prakt das AufenthR. Die lex fori best über die **Voraussetzungen** einer SchutzMaßn, zB über die Zulässigk von Gewaltanwendg gg das sich der Herausgabe widersetzde Kind, BayObLG **85**, 145 (das dabei zu Recht auch die **Grundrechte** des grundrechtsmünd **Kindes** nach dem dtschen AufenthR beachtet, ebso LG Hbg IPRax **98**, 491, krit dazu Knöpfel FamRZ **85**, 1211, Schütz FamRZ **86**, 528, zust dagg Wieser FamRZ **90**, 696), vgl dazu auch Rn 23, 24, 39 u 50; sie entsch ferner über die **Wirkungen,** u zwar sowohl im InnenVerh, zB Haftg des Vormds ggü Mj, als auch im Verh zu Dr, zB Vertretgsmacht des Vormds od Notwendigk einer vormschger Gen, II, Staud-Kropholler Rn 265.

17 **2)** Sieht das innerstaatl R des AufenthStaates **keine Schutzmaßnahme** vor, da es v einem kr Gesetzes eintretden RZust ausgeht, zB der elterl Sorge der Mutter, so hat eine SchutzMaßn grdsl zu unterbleiben. Eine Ausn gilt, wenn das Kind nach dem maßg KindschStatut, vgl dazu Rn 20, ohne SorgeBerecht, insb ohne gesetzl Vertr, ist. Da EG 21 nunm ebenf auf das v Art 2 berufene Recht verweist, ist eine solche Diskrepanz allerd nur iF einer nur nach Art 21 zu beachtden Rück- od Weiterverweisg denkb, vgl dort Rn 1 u oben Rn 4. Der dtsche Richter hat dann in Anpassg des dtschen SachR den nach dtschem Recht kraft Gesetzes bestehden Zustand dch eine entspr AO herzustellen, zB dem überlebden EltT nach dem Tod des and die elterl Sorge zu übertr; vgl dazu Hamm NJW **78**, 1749, BayObLG FamRZ **83**, 948, Oldbg DAVorm **80**, 62, Sturm NJW **75**, 2125, Oberloskamp ZfJ **85**, 225, and Jayme StAZ **76**, 199, der zum automat Eintritt des dtschen GewaltVerh dch unselbstd Anknüpfg einer Vorfrage im Rahmen von Art 2 II gelangt, im Erg ebso Kropholler IPRax **84**, 81; gg die Gleichsetzg eines gesetzl GewaltVerh mit einer SchutzMaßn auch Karlsr NJW **76**, 485. Sollte das HeimatR des Kindes in Übereinstimmg mit dem Recht des AufenthStaates ein gesetzl GewaltVerh vorsehen, so wäre dies trotz Art 3 nicht zu beachten, da das Kind wg Fehlens eines SorgeBerecht nach dem KindschStatut in seiner Pers od in seinem Verm ernstl gefährdet ist, Art 8, vgl dazu Heldrich Fschr Ferid (1988) 140. – Zur Anknüpfg v Vorfragen vgl oben Rn 4.

3 *[Nach Heimatrecht bestehende Gewaltverhältnisse]* **Ein Gewaltverhältnis, das nach dem innerstaatlichen Recht des Staates, dem der Minderjährige angehört, kraft Gesetzes besteht, ist in allen Vertragsstaaten anzuerkennen.**

18 **1) Allgemeines. a)** Die Vorschr begründet eine Verpfl aller VertrStaaten zur Anerkenng v **Gewaltverhältnissen,** die nach dem HeimatR des Mj **kraft Gesetzes** bestehen, zB elterl Sorge, AmtsVormsch. Es muß sich dabei um eine RBeziehg handeln, die sich ohne gerichtl od behördl Eingreifen unmittelb ex lege aus der ROrdng des Heimatstaates ergibt. Die Pflicht zur Anerkenng erstreckt sich auch auf die den Inh des ges GewVerh konkretisierden ausl RVorstellgen, LG Bln FamRZ **83**, 943, vgl dazu John FamRZ **83**, 1274. In Durchbrechg des GleichlaufsGrds wird das für die Beurteilg des Bestehens eines solchen RVerh anwendb Recht dch **Anknüpfung** an die **Staatsangehörigkeit** best. Die Staatsangehörigk des Mj ist festzustellen (Ausn: Art 8, vgl Rn 39, 40); die dabei auftretden Vorfragen sind nach dem IPR des Staates selbstd anzuknüpfen, um dessen Staatsangehörigk es geht, Stgt FamRZ **76**, 359, vgl Art 5 Rn 1; die Feststellg der Staatsangehörigk ist allenf dann entbehrl, wenn nach allen in Betr kommden HeimatRen kein ges GewVerh besteht,
19 BayObLG IPRspr **76** Nr 70. Eine bes Regelg für die Anknüpfg bei **Mehrstaatern** enth das MSA nicht, für analoge Anwendg von Art 14 aber Mü IPRax **88**, 32, zust Mansel ebda 22; insow gelten ergänzd die Vorschren des autonomen dtschen KollisionsR; maßg ist also grdsl nach EG 5 I 1 diejenige Staatsangehörigk, mit welcher der Mj am engsten verbunden ist; dabei kommt es nur auf die Verhe des Kindes, nur mittelb auch die seiner Eltern an, Mansel IPRax **85**, 210 (keine abgeleitete Effektivität); sollte eine effektivere Staatsangehörigk nicht festzustellen sein, so sind die beteiligten HeimatRe kumulativ anzuwenden, Mü IPRax **88**, 32, Mansel ebda 23; besitzt der Mj **auch** die **deutsche** Staatsangehörigk, so entsch nach EG 5 I 2 nur diese, vgl dazu BGH FamRZ **97**, 1071, Hamm NJW **92**, 638, BayObLG **90**, 247, Düss FamRZ **94**, 109 (iErg), Stgt FamRZ **97**, 1353, aM Mansel IPRax **88**, 23, Jayme IPRax **89**, 107. Bei Staatenlosen, Flüchtlingen usw ist auf das dch den gewöhnl Aufenth best Personalstatut, s EG 5 mit Anh, abzustellen, BayObLG **74**, 95, 345, LG Mü FamRZ **97**, 1354. Bei einem StaatsangehörigkWechsel entsch das neue HeimatR; das Statut ist also wandelb; StaatsangehörigkWechsel ist auch in der BeschwInst zu berücksicht, BGH NJW **81**, 520. Bei MehrRStaaten ist die maßg TeilROrdng nach Art 14 zu best.

20 **b)** Das HeimatR des Mj wird v Art 3 nur bei der Beurteilg der Vorfrage zur Anwendg berufen, ob die internat Zustdgk des AufenthStaates zur Anordng einer Schutzmaßn nach Art 1 dch ein ges GewVerh eingeschränkt wird. Art 3 ist also **keine selbständige Kollisionsnorm,** die auch unabhäng v einer Schutzmaßn das Bestehen eines ges GewVerh, insb der elterl Sorge, dem HeimatR des Betr unterstellt, BGH **111**, 205, zust Sturm IPRax **91**, 231, ebso BayObLG **90**, 248 u hM in der Rspr, weitere Nachw zu dieser bish sehr umstr Frage in 50. Aufl; insow bleiben die autonomen Kollisionsnormen des EG maßgebd, insb EG 21, vgl
21 dort Rn 4. Die Beschrkg des AnwendgsBer v Art 3 auf die Vornahme von SchutzMaßn hat eine **gespaltene** kollisionsr Beurteilg gesetzl GewaltVerhe zur Folge. Solange **keine** SchutzMaßn getroffen werden soll, ist über Bestehen u Umfang etwa der elterl Sorge nach dem von EG 21 berufenen Recht am gewöhnl Aufenth des Kindes zu entsch. Erst wenn sich aGrd der Umst des Einzelfalles das Bedürfn nach einer SchutzMaßn ergibt, zB anläßl Ehescheidg, ist das MSA anzuwenden. Spanngen zw dem von EG 21 berufenen KindschStatut u dem von Art 3 berufenen HeimatR lassen sich mit Hilfe von Art 8 I lösen, vgl Rn 39, BGH **111**, 211, sowie Heldrich Fschr Ferid (1988) 137.

c) Die Verpfl zur Anerkenng eines ges GewVerh besteht **unabhängig** davon, ob der **Heimatstaat** des Mj zu den **Vertragsstaaten** gehört, Hamm NJW **78**, 1747, Düss FamRZ **79**, 1066, **80**, 728, aM Ferid-Böhmer IPR Rdz 8–240; and bei Anwendg des Art 5 III, vgl Rn 34, 35. Die AnerkenngsPfl reicht nur soweit, als das HeimatR des Mj sie fordert; **Rück- od Weiterverweisung** dch das HeimatR sind im Rahmen v Art 3 wg des klaren Wortlauts der Vorschr (nach dem „innerstaatl" Recht des Heimatstaates) jedoch nicht zu beachten, ebso Kropholler NJW **72**, 371, MüKo-Siehr Rdz 166, Jayme JR **73**, 181 f, Henrich Fschr f Schwind (1978) 79, 85, aM Ferid-Böhmer IPR Rdz 8–239, vgl auch AG Hbg DAVorm **74**, 684 u oben Rn 4; zur Anknüpfg v **Vorfragen** vgl ebda. – Die nach Art 3 gebotene Anwendg des ausl HeimatR steht unter dem Vorbeh des **ordre public,** Art 16; insow auch GeltgsAnspr der dtschen **Grundrechte** zu berücksichtigen, vgl dazu BGH **60**, 68, Wuppermann FamRZ **74**, 419, ferner oben Rn 16 u unten Rn 24, 39, 50. Verstößt die ges Regelg des GewVerh nach dem HeimatR des Mj offensichtl gg die dtsche öff Ordng, so entfällt die AnerkenngsPfl nach Art 3; die dtschen Beh des AufenthLandes sind dann nach Art 1 zust u wenden nach Art 2 dtsches Recht an, Zweibr FamRZ **75**, 172. Ein solcher Verstoß ist aber nicht bei jeder mit dem Grds des GG 3 II unvereinb Ausgestaltg des ausl HeimatR gegeben, es kommt entsch auf die InlBeziehgen des Falles an, BGH **60**, 68, vgl auch LG Nürnb FamRZ **73**, 380, Celle IPRax **89**, 391 u EG 6 Rn 7. 22 23

2) Einschränkung der Zuständigkeit des Aufenthaltsstaates. a) Die internat Zustdgk der Beh des AufenthStaates nach Art 1 steht unter dem Vorbeh der Verpfl zur Anerkenng ges GewVerhe nach Art 3. Hierin liegt eine wesentl Einschränkg der AufenthZustdgk u der Maßgeblk des AufenthR. Soweit die AnerkenngsPfl reicht, entfällt die dch Art 1 begründete Zustdgk, str, vgl Rn 7. Eingr nach AufenthR in kr Gesetzes bestehdes GewVerh nach ausl R können die Ger des AufenthStaates nur bei ernstl Gefährdg nach Art 8 u in dringden Fällen nach Art 9 vornehmen, BGH NJW **73**, 417, BayObLG FamRZ **93**, 464, Hamm NJW **75**, 1083, Ffm IPRax **82**, 22, krit dazu Schurig FamRZ **75**, 459. Ist das Kind nach dem vom IPR des AufenthStaates berufenen Recht, vgl dazu oben Rn 20, 21, ohne gesetzl Vertr, währd das von Art 3 berufene HeimatR ein umfassdes gesetzl GewaltVerh vorsieht, so liegt ernstl Gefährdg iSv Art 8 vor; die Bestellg eines gesetzl Vertr nach AufenthR scheitert also nicht an Art 3, vgl Heldrich Fschr Ferid (1988) 137. KG NJW **85**, 68 hält weitergehde Eingriffe für denkbar, wenn das gesetzl GewaltVerh die Freiheit des Mj unzumutb einschränkt, vgl dazu Wengler IPRax **85**, 334; zur Lösg derartiger Konflikte zw Eltern u Kind sind aber im Rahmen v Art 2 auch die inl GrdRechte des Kindes aus GG 1 I u 2 I zu beachten, vgl BayObLG FamRZ **85**, 737, krit dazu Knöpfel FamRZ **85**, 1211, Schütz FamRZ **86**, 528, vgl dazu auch Wieser FamRZ **90**, 693. 24

b) Ein Eingr in das gesetzl GewaltVerh liegt jedoch nur vor, wenn das ausl HeimatR des Mj eine solche Maßn nicht zuläßt, BGH FamRZ **97**, 1071; zum Begr des Eingr vgl Zweibr FamRZ **72**, 649, Kropholler NJW **72**, 371. Läßt das HeimatR innerh eines an sich bestehden GewVerh gerichtl od behördl Eingr zu, zB Regelg der Ausübg der elterl Sorge nach Scheidg, enthält es also eine **regelungsfähige Lücke,** so entfällt in diesem Umfang die AnerkenngsPfl nach Art 3 u tritt die grdsl Zustdgk des AufenthStaates zur Vorn v SchutzMaßn nach seinem eig Recht gem Art 1 u 2 wieder in Kraft, BGH FamRZ **84**, 686, Hamm IPRspr **78** Nr 90, Düss FamRZ **80**, 728, so im Erg auch Schurig FamRZ **75**, 459, Rahm/Paetzold Hdb VIII Rdz 453 ff, Jayme IPRax **85**, 23, abl Ahrens FamRZ **76**, 305. Das ausl HeimatR des Mj best dabei nur den äußeren Rahmen, innerh dessen **Schutzmaßnahmen nach Aufenthaltsrecht** zu treffen sind; dagg sind diese Maßn dch die Ger des AufenthStaates nicht selbst nach dem ausl HeimatR vorzunehmen, Rahm/Paetzold Hdb VIII Rn 456, and LG Nürnb FamRZ **73**, 380. 25

c) Besteht nach dem dtschen Recht als AufenthR ein ges GewVerh (zB der mit dem Vater nicht verh Mutter, § 1626 a II), währd das ausl HeimatR des Mj ein ges GewVerh überh nicht vorsieht od innerh eines solchen GewVerh eine Ausübgsregelg zuläßt, so hat eine SchutzMaßn gem Art 1 u 2 grdsl zu unterbleiben; eine Ausn gilt aber, wenn auch das vom autonomen dtschen IPR (insb EG 21) berufene KindschStatut ein solches GewaltVerh überh nicht oder nur in beschr Umfang vorsieht; der dtsche Ri hat dann den nach dtschem Recht kr Gesetzes bestehden RZust in Anpassg seines SachR dch eine entspr AO herzustellen, vgl dazu Rn 17. 26

3) Einzelfälle. Die folgde Übersicht ist ledigl eine Dokumentation der Rspr; sie entspricht nicht notw der heutigen RLage. Die Unterscheidg zw ehel u nehel Kindern wird vorerst beibehalten, da es sich um Hinw auf den ausl RZustand handelt. **a)** Ein nach Art 3 anzuerkenndes **gesetzliches Gewaltverhältnis** wurde in der Rspr **bejaht zB aa)** bei **ehelichen** Kindern währd des **Bestehens der Ehe** nach **belgischem,** BayObLG **74**, 491 (Änderg der RLage dch G v 27. 4. 87), nach bish **iranischem,** Ffm FamRZ **80**, 79, nach früh, BayObLG **74**, 126, u ggwärt geltdem **italienischem** Recht, Düss FamRZ **79**, 1066, vgl aber auch BayObLG DAVorm **83**, 78, Hamm FamRZ **92**, 1335, Karlsr FamRZ **93**, 97 (Ausübgsregelg statth), ebso nach **marokkanischem,** Kblz IPRspr **79** Nr 89 (Regelg der PersSorge statth), **südkoreanischem,** KG IPRax **85**, 110, BayObLG FamRZ **93**, 464 (auch nach dem Tod eines EltT) u **nach türkischem Recht,** BGH DAVorm **92**, 353, AG Moers DAVorm **91**, 964, Kln FamRZ **91**, 364, Hamm NJW-RR **97**, 6 (Stichentscheid des Vaters nach Art 16 nicht zu beachten), jedoch vorbehaltlich Ausübungsregelung, Kln FamRZ **91**, 364, Kblz FamRZ **90**, 553, Ffm FamRZ **92**, 463, Mü FamRZ **92**, 343, vgl dazu ferner Coester-Waltjen ZfJ **90**, 644, Zemen IPRax **92**, 121, sowie **nach Elternscheidung** nach **ägyptischem,** BayObLG **74**, 322, Zweibr FamRZ **75**, 172, Stgt DAVorm **86**, 556, grdsl auch nach **französischem** (aber Ausübgsregelg mögl), AG Hameln FamRZ **73**, 662, vgl auch LG Saarbr DAVorm **77**, 214, nach **griechischem** (überholt dch Neufassg u Art 1513 ZGB), Hamm FamRZ **72**, 381, Stgt FamRZ **76**, 359, Ffm FamRZ **79**, 743, IPRax **82**, 22, Stgt NJW **80**, 1229, **83**, 1981, im Grds nicht abw Düss FamRZ **80**, 728, 729, nach bish **iranischem** Recht hins der VermSorge, BGH **60**, 68, BayObLG **74**, 355 (nicht auch hins der PersSorge, AG Hbg IPRspr **74** Nr 90), vorbehaltl Ausübgsregelg auch nach dem fr **italienschen** Recht, KG NJW **74**, 423, Hamm NJW **74**, 1053, dch das ReformG v 19. 5. 75 hat sich hieran nichts geändert, Düss FamRZ **79**, 1066, Ffm FamRZ **94**, 716, Stgt FamRZ **97**, 1352, Saarbr FamRZ **97**, 1353 (z Ausübgsregelg bei Ehetrenng), sowie nach fr **österreichischem** Recht, BayObLG **74**, 106, Stgt NJW **76**, 483, Ffm OLGZ **77**, 416 (nach § 177 ABGB nF erfolgt nunm idR Zuteilg der elterl Gew dch das Gericht) u geltdem **polnischen Recht,** Ffm FamRZ **94**, 716; **bb) bei nichtehelichen** 27 28

Kindern nach **englischem,** KG DAVorm **74**, 283, Darmst DAVorm **89**, 524, **französischem,** Karlsr FamRZ **89**, 896, **griechischem,** Hamm IPRspr **78** Nr 90 (Änderg des Art 1915 ZGB dch G v 18. 2. 83), ehem **jugoslawischem**, Osnabr ZBlJugR **74**, 446, Traunst DAVorm **84**, 732, KG OLGZ **87**, 145 u **philippinischem** Recht, Darmst DAVorm **89**, 434.

29 **b) Kein** bzw kein unbeschränktes ges GewVerh wurde dagg angenommen **aa) bei ehelichen** Kindern währd **des Bestehens** der Ehe der Eltern nach **australischem,** BayObLG DAVorm **80**, 758, **gambischem,** Ffm FamRZ **95**, 564, **ghanaisch-englischem,** Hbg FamRZ **83**, 1271, **griechischem,** Bambg IPRspr **83** Nr 86, **spanischem,** AG Hbg IPRspr **74** Nr 84 (überholt dch Neufassg v Art 154, 156 span CC), **tunesischem** Recht, BGH FamRZ **84**, 686, vgl dazu Jayme IPRax **85**, 23, bei einem Kind in AdoptionsPfl auch nach **jugoslawischem** Recht, LG Stgt DAVorm **79**, 867, **nach Elternscheidung** nach dem Recht v **Angola,** Celle FamRZ **82**, 813, BGH **89**, 325, nach **belgischem,** AG Cloppenburg IPRspr **73** Nr 58, **indonesischem,** Hbg IPRspr **83** Nr 153, nach bish **iranischem** Recht hins der PersSorge, KG OLGZ **79**, 187, nach **israelischem** staatl Recht, Hann IPRspr **73** Nr 60, nach vormals **jugoslawischem,** BGH FamRZ **94**, 828, ferner AG Ingolstadt DAVorm **75**, 270, Mü IPRspr **79** Nr 97, AG Bremervörde IPRspr **81** Nr 87, Karlsr FamRZ **84**, 57, **mongolischem,** AG Wunsiedel FamRZ **96**, 350, **peruanischem,** AG Hbg NJW-RR **86**, 374, **polnischem,** Schlesw NJW-RR **94**, 586, **schweizerischem** Recht, Hamm NJW **92**, 638 (auch nicht bei Tod des EltT, dem die elterl Gew zugeteilt wird, Karlsr NJW **76**, 485), ehem **sowjetrussischem,** BGH **89**, 325 Celle FamRZ **82**, 813, **türkischem,** KG OLGZ **75**, 119, Ffm FamRZ **80**, 730, BayObLG FamRZ **97**, 955, vgl auch Karlsr FamRZ **91**, 363, nach **tunesischem** Recht, BGH FamRZ **84**, 686, IPRax **87**, 317, nach dem Recht des Staates Georgia **(USA)** hins der VermSorge, AG Ingolstadt DAVorm **75**, 120, zum amerik Recht vgl auch Wiesb FamRZ **77**, 60, nach **venezolanischem** Recht, Karlsr FamRZ
30 **95**, 562 u nach **weißrussischem** Recht, Stgt FamRZ **97**, 1353; **bb) bei nichtehelichen** Kindern nach **griechischem,** LG Stgt DAVorm **75**, 485 (überholt dch Neufassg v Art 1915 ZGB), **schweizerischem,** Hann DAVorm **73**, 499 (überholt dch Neufassg v Art 298 ZGB), sowie nach **türkischem** Recht, AG Brem ZBlJugR **73**, 445, BayObLG StAZ **78**, 208, FamRZ **83**, 948, Oldenbg DAVorm **80**, 62, Stgt IPRspr **88** Nr 96.

4 ***[Eingreifen der Heimatbehörden]*** **Sind die Behörden des Staates, dem der Minderjährige angehört, der Auffassung, daß das Wohl des Minderjährigen es erfordert, so können sie nach ihrem innerstaatlichen Recht zum Schutz der Person oder des Vermögens des Minderjährigen Maßnahmen treffen, nachdem sie die Behörden des Staates verständigt haben, in dem der Minderjährige seinen gewöhnlichen Aufenthalt hat.**

Dieses Recht bestimmt die Voraussetzungen für die Anordnung, die Änderung und die Beendigung dieser Maßnahmen. Es regelt auch deren Wirkungen sowohl im Verhältnis zwischen dem Minderjährigen und den Personen oder den Einrichtungen, denen er anvertraut ist, als auch im Verhältnis zu Dritten.

Für die Durchführung der getroffenen Maßnahmen haben die Behörden des Staates zu sorgen, dem der Minderjährige angehört.

Die nach den Absätzen 1 bis 3 getroffenen Maßnahmen treten an die Stelle von Maßnahmen, welche die Behörden des Staates getroffen haben, in dem der Minderjährige seinen gewöhnlichen Aufenthalt hat.

31 **1) Allgemeines.** Die Vorschr begründet eine konkurrierde Zustdgk der Beh des Heimatstaats zu SchutzMaßn iS v Art 1, falls sie dies im Kindeswohl für erfdl halten, etwa weil die AufenthBeh zu SchutzMaßn nicht bereit od in der Lage sind od weil die HeimatBeh rascher u sachnäher handeln können, Stgt FamRZ **97**, 52, vgl auch Karlsr FamRZ **94**, 643, NJW-RR **94**, 1420. Es handelt sich um eine AusnRegelg, die zurückhaltd anzuwenden ist, BGH NJW **92**, 637, FamRZ **97**, 1071, Hamm FamRZ **91**, 1467, Celle FamRZ **93**, 96; die bloße Anhängigk eines ScheidgsVerf im Heimatstaat, in dessen Rahmen auch eine SorgeRRegelg zu treffen ist, reicht zur Begr der HeimatZustdgk nach Art 4 I nicht aus, Celle FamRZ **93**, 96, Düss FamRZ **93**, 1109, für großzügigere Anwendg von Art 4 dagg BayObLG **78**, 113, Hüßtege IPRax **96**, 107. Bei Doppelstaatern begründet nur die effektive Staatsangehörigk die Zustdgk nach Art 4, Rauscher IPRax **85**, 214, aM Beitzke IPRax **84**, 313, MüKo-Siehr Rn 205, Hüßtege IPRax **96**, 106; besitzt das Kind auch die dtsche Staatsangehörigk, so ist nach EG 5 I 2 nur diese maßg, BGH FamRZ **97**, 1071, Hamm NJW **92**, 637, FamRZ **92**, 338, Stgt FamRZ **97**, 1353, LG Mü FamRZ **98**, 1323; and österr OGH IPRax **92**, 177, Mottl ebda 179. Die HeimatZustdgk gilt nur zG v VertrStaaten, Art 13 II; ggü NichtVertrStaaten gilt allein AufenthZustdgk gem Art 1, vgl Hamm FamRZ **92**, 338, IPRax **93**, 105, Dörner ebda 85. Umgekehrt gilt auch die Pfl zur Verständigg der Beh des AufenthStaates nach I nur ggü einem VertrStaat, Staud-Kropholler Rn 365. Vorherige Erf der VerständiggsPfl ist Vorauss der Zustdgk nach Art 4 I, vgl KG NJW **74**, 425, BayObLG **76**, 31, LG Mü FamRZ **98**, 1323, Hüßtege IPRax **96**, 105, dahingestellt Stgt NJW **78**, 1746, Celle FamRZ **93**, 96, aM Düss FamRZ **93**, 1109 (nachholbar). – Sachl maßg ist auch hier die lex fori, II. Zur Durchf vgl III u Art 6 I mit Rn 36; zur Zustdgk für die Mitteilgen nach I s ZustG Art 2. Die v den HeimatBeh getroffenen Maßn ersetzen automatisch bereits getroffene SchutzMaßn des AufenthStaates, sofern die Vorauss nach Abs 1 erf sind, insb die dort vorgesehene Mitteilg erfolgt ist, Abs 4. Zum Inkraftbleiben der Maßn des Heimatstaates bei AufenthWechsel Art 5 III u dazu Karlsr NJW-RR **94**, 1420.

32 **2) Verhältnis zu Art 1.** Die AufenthZustdgk nach Art 1 steht unter dem Vorbeh der HeimatZustdgk nach Art 4. Sie entfällt also, soweit die HeimatBeh SchutzMaßn gem Art 4 getroffen hat; daher auch keine Zustdgk zur Abänderg od Aufhebg solcher Maßn; Ausn: Art 8 u 9.

33 **3) Benachrichtigungspflicht** ggü den Beh des gewöhnl AufenthLandes nach Art 11 wird idR dch die nach I erfdl vorherige Verständigg erf.

5 *[Verlegung des Aufenthalts in einen anderen Vertragsstaat]* **Wird der gewöhnliche Aufenthalt eines Minderjährigen aus einem Vertragsstaat in einen anderen verlegt, so bleiben die von den Behörden des Staates des früheren gewöhnlichen Aufenthalts getroffenen Maßnahmen so lange in Kraft, bis die Behörden des neuen gewöhnlichen Aufenthalts sie aufheben oder ersetzen.**

Die von den Behörden des Staates des früheren gewöhnlichen Aufenthalts getroffenen Maßnahmen dürfen erst nach vorheriger Verständigung dieser Behörden aufgehoben oder ersetzt werden.

Wird der gewöhnliche Aufenthalt eines Minderjährigen, der unter dem Schutz der Behörden des Staates gestanden hat, dem er angehört, verlegt, so bleiben die von diesen nach ihrem innerstaatlichen Recht getroffenen Maßnahmen im Staate des neuen gewöhnlichen Aufenthaltes in Kraft.

Mit der Verlegg des gewöhnl Aufenth, zum Begr Rn 10–12, v einem VertrStaat in einen anderen ist auch **34** ein Wechsel der internat Zustdgk des AufenthStaates nach Art 1 verbunden; zu den Konsequenzen für ein schwebdes Verf s Rn 9. Nach Art 5 I bleiben aber die v **früheren Aufenthaltsstaat** getroffenen SchutzMaßn (daher nicht auch eine Beistandsch des JA, vgl Art 21 Rn 5, z Amtspflegsch ebso LG Saarbr DAVorm **81**, 411) vorläuf in Kraft; dies gilt auch für wirks erstinstanzl Entschen vor abschließder tatrichterl Behandlg des Falles, Hbg IPRax **86**, 386, differenzierd Henrich ebda 366; sie dürfen erst nach Verständigg seiner Beh aufgeh od ersetzt (dh auch abgeändert, Mü FamRZ **97**, 107) werden, II; zur Zustdgk für diese Mitteilg s ZustG Art 2. – Mit der Verlegg des gewöhnl Aufenth in einen NichtVertrStaat entfällt die Anwendbk des Übk, Art 13 I, vgl Hbg IPRax **87**, 319, Celle FamRZ **91**, 1222, Augsb FamRZ **96**, 1033, KG FamRZ **98**, 441. – Auch SchutzMaßn des **Heimatstaats,** sei es aGrd v Art 1 od sei es aGrd v Art 4, überdauern in ihrer Wirksk den **35** AufenthWechsel, III. Vorauss dafür ist selbstverständl, daß der Heimatstaat zu den VertrStaaten gehört, Hamm NJW **75**, 1083, u daß der Aufenth in einen and VertrStaat verlegt wird, BayObLG **76**, 25, Stgt FamRZ **97**, 1352. Die AufenthZustdgk steht nach Art 1 unter dem Vorbeh des Fortbestandes solcher Maßn; vgl dazu Rn 32 entspr; ihre Aufhebg od Abänderg kommt grdsl nur aGrd v Art 8 u 9 in Frage, Hamm NJW **75**, 1083, BayObLG **81**, 246. Gebietet das Recht des neuen AufenthStaates zwingd den Erl einer neuen widerspr SchutzMaßn, so ist eine Aufhebg der bish Maßn dch den Heimatstaat einvernehml zu erwirken, vgl Greif-Bartovics DAVorm **80**, 520.

6 *[Übertragung der Durchführung von Maßnahmen]* **Die Behörden des Staates, dem der Minderjährige angehört, können im Einvernehmen mit den Behörden des Staates, in dem er seinen gewöhnlichen Aufenthalt hat oder Vermögen besitzt, diesen die Durchführung der getroffenen Maßnahmen übertragen.**

Die gleiche Befugnis haben die Behörden des Staates, in dem der Minderjährige seinen gewöhnlichen Aufenthalt hat, gegenüber den Behörden des Staates, in dem der Minderjährige Vermögen besitzt.

Grdsl haben die Beh des Heimatstaates die v ihnen getroffenen SchutzMaßn selbst dchzuführen, Art 4 III. **36** Art 6 I begründet die Möglk einer ZustdgkÜbertr im Einvernehmen zw ersuchden u ersuchten Beh. Eine entspr Möglk besteht für den AufenthStaat, II.

7 *[Anerkennung der Maßnahmen, nicht ohne weiteres bei Vollstreckung]* **Die Maßnahmen, welche die nach den vorstehenden Artikeln zuständigen Behörden getroffen haben, sind in allen Vertragsstaaten anzuerkennen. Erfordern diese Maßnahmen jedoch Vollstreckungshandlungen in einem anderen Staat als in dem, in welchem sie getroffen worden sind, so bestimmen sich ihre Anerkennung und ihre Vollstreckung entweder nach dem innerstaatlichen Recht des Staates, in dem die Vollstreckung beantragt wird, oder nach zwischenstaatlichen Übereinkünften.**

Vorauss der **Anerkennungspflicht** ist die Einhaltg der ZustdgkVorschr des Übk. Nach dem Wortlaut der **37** Best („nach den vorstehden Artikeln") besteht keine AnerkennungsPfl für Maßn aGrd v Art 9; insow entsch die allg Anerkennungsregeln, Ffm FamRZ **92**, 463, vgl zB EG 21 Rn 8, aM Staud-Kropholler Rn 481, Müko-Siehr Rn 334; zur Anerkenng v Maßn nach Art 8 vgl dessen II. Die AnerkenngsPfl gilt auch für VerwBeh, vgl OVG RhPf IPRspr **94** Nr 106, VGH Mannh NJW **97**, 270, Bälz/Zumbansen ZAR **99**, 37 (Nachzug ausl Kinder); zur Anerkenng vormschgerichtl Gen vgl Schwimann FamRZ **78**, 306. Bei Anerkenng v SchutzMaßn in einem ScheidgsUrt ist Verf nach FamRÄndG Art 7 § 1 dchzuführen, soweit es sich nicht um eine HeimatstaatEntsch handelt, BGH **64**, 19, Zweibr IPRspr **94** Nr 188, Siehr IPRax **82**, 90; vgl dazu EG 17 Rn 31–34 u EG 21 Rn 8; zur Anerkenng u Vollstreckg ausl Umgangsregelgen vgl Dörner IPRax **87**, 155. Die AnerkenngsPfl steht unter dem Vorbeh des ordre public, Art 16. Eine unter Verletzg der Anerkennungspflicht getr abw Entsch eines später angegangenen Ger eines and VertrStaates ist nicht anerkenngsfäh, Ffm FamRZ **92**, 463. Für die Anerkenng v ger Entsch eines Heimatstaates, der nicht (od noch nicht, vgl Art 17) VertrStaat ist, gilt Art 7 S 1 nicht, OVG Brem IPRspr **94** Nr 107, vgl Art 13 II; auch insow gelten die allg Reg, BGH FamRZ **79**, 577, Beitzke IPRax **84**, 313, vgl auch Rn 6; zur Anerkenng ausl Akte der FG s EG 21 Rn 8 u 9. – Für die **Vollstreckung** v SchutzMaßn in einem and Staat trifft das Übk keine Regelg; **38** insow gilt das jew innerstaatl Recht bzw bes StaatsVertr, S 2, vgl BGH FamRZ **77**, 126, DAVorm **83**, 840, BayObLG **81**, 246, vgl dazu BayVerfGH IPRax **82**, 110, Hüßtege ebda 95; für die Vollstr von SorgeREntsch gilt seit 1. 2. 91 in dessen räuml, pers u sachl Anwendgsbereich das Europ Übk über die Anerkenng u Vollstr von Entschen über das SorgeR für Kinder u die Wiederherstellg des SorgeVerh v 20. 5. 80, BGBl 90 II 220, vgl dazu Rn 93.

8 *[Maßnahmen des Aufenthaltsstaates bei Gefährdung des Minderjährigen]* **Die Artikel 3, 4 und 5 Absatz 3 schließen nicht aus, daß die Behörden des Staates, in dem der Minderjährige seinen gewöhnlichen Aufenthalt hat, Maßnahmen zum Schutz des Minderjährigen treffen, soweit er in seiner Person oder in seinem Vermögen ernstlich gefährdet ist.**

Die Behörden der anderen Vertragsstaaten sind nicht verpflichtet, diese Maßnahmen anzuerkennen.

39 **1) a)** Die Einschränkgen der AufenthZustdgk nach Art 1 aGrd v Art 3, 4 u 5 III gelten nicht bei **ernstlicher Gefährdung** des Kindeswohls, die schnelles Handeln erfordert, MüKo-Siehr Rn 306; eine solche liegt idR vor, wenn die Voraussetzgen der §§ 1666–1667 erf sind, BGH **60**, 68, BayObLG FamRZ **90**, 780, **91**, 218, 1219, **93**, 230, 465 (auch zur Abwehr drohder Gefährdg), **94**, 914, **99**, 178 u 179, KG OLGZ **86**, 324, Kln FamRZ **91**, 364, **99**, 890, Hamm FamRZ **98**, 447, Düss FamRZ **98**, 1318; zur Entziehg des SorgeR bei geplanter Rückführg eines GastArbKindes in die Türkei vgl Celle InfAuslR **84**, 291, Düss NJW **85**, 1291, KG NJW **85**, 68, vgl dazu ferner BayObLG FamRZ **85**, 737, **97**, 954, Wengler IPRax **85**, 334, bei geplanter Rückführg in den Iran Celle IPRax **89**, 390, nach Pakistan LG Hbg IPRax **98**, 490, vgl ferner auch oben Rn 16, 23 u 24; ernstl Gefährdg des Kindeswohls idR ferner gegeben bei vorläuf od einstw AOen in einem Verf nach §§ 1671, 1672 od 1696, BayObLG **75**, 291, Hbg DAVorm **83**, 151, Karlsr IPRspr **86** Nr 83, sowie bei Feststellg des Ruhens der elterl Sorge nach § 1674, BayObLG **74**, 491, Duisbg DAVorm **89**, 719, Kln FamRZ **92**, 1093. Art 8 ist ferner anzuwend, wenn das Kind nach dem von EG 21 berufenen Recht ohne gesetzl Vertr ist, währd das von Art 3 berufene HeimatR ein umfassdes gesetzl GewaltVerh vorsieht, vgl Rn 20, 21 u 26, aM MüKo-Siehr Rn 307, Rauscher DAVorm **88**, 760, Kropholler IPRax **88**, 286, Dörner IPRax **89**, 33. Bei Vorliegen einer ernstl Gefährdg kann notf auf die Feststellg der Staatsangehörigk des Kindes u eines nach dem HeimatR bestehden ges GewVerh iS des Art 3 verzichtet werden, BayObLG **75**, 291, KG
40 FamRZ **77**, 475, Ffm FRES **79** Nr 0014. **b)** Die SchutzMaßn aGrd der GefährdgsZustdgk nach Art 8 sind nach der lex fori zu treffen, BayObLG FamRZ **91**, 218, **93**, 230, NJW-RR **97**, 1299, Hamm FamRZ **98**, 447; sie können endgült Art sein, zB Zuweisg der elterl Sorge, Hbg FamRZ **83**, 1271, Celle ZBlJugR **84**, 96. Eine AnerkenngsPfl der übr VertrStaaten besteht nicht, II.

41 **2) Benachrichtigungspflicht** ggü Beh des Heimatstaats n Art 11.

9 *[Eilzuständigkeit]* **In allen dringenden Fällen haben die Behörden jedes Vertragsstaates, in dessen Hoheitsgebiet sich der Minderjährige oder ihm gehörendes Vermögen befindet, die notwendigen Schutzmaßnahmen zu treffen.**

Die nach Absatz 1 getroffenen Maßnahmen treten, soweit sie keine endgültigen Wirkungen hervorgebracht haben, außer Kraft, sobald die nach diesem Übereinkommen zuständigen Behörden die durch die Umstände gebotenen Maßnahmen getroffen haben.

42 **1)** Die Vorschr begründet die internat Zustdgk der Beh im Staat eines auch nur vorübergehd **einfachen Aufenthalts** des Mj od des Lageortes seines Verm für die in **dringenden Fällen** notw SchutzMaßn, zB bei Eilmaßn nach § 1666, LG Bln FamRZ **82**, 841; diese Vorauss ist nicht erf, falls die Beh am gewöhnl AufenthOrt ohne ernsth Gefährdg des Mj rechtzeit v ihrer RegelZustdgk nach Art 1 Gebrauch machen kann, vgl Düss IPRspr **74** Nr 93, LG Mü FamRZ **98**, 1323; befindet sich der gewöhnl Aufenth des Mj nicht in einem VertrStaat, so entfällt die Anwendbk des Übk, Hamm FamRZ **92**, 209. Die Beh des gewöhnl AufenthLandes können eine Maßn ebenf auf Art 9 stützen, zB bei Eingr in ein ges GewVerh iS v Art 3, vgl Rn 24–26. Die EilMaßn ist nach der lex fori z treffen, BayObLG StAZ **77**, 137, LG Bln FamRZ **82**, 841, abw Kegel IPR § 20 VIII 4, der das jew IPR des VertrStaates einschalten will, für fakultative Anwendg des HeimatR des Mj Böhmer/Siehr Rn 9. Die Maßn ist auf das unbdgt Erforderl zu beschränken; sie tritt regelm außer Kraft, wenn die nach Art 1 od Art 4 zust Beh gehandelt haben, II, vgl BayObLG IPRspr **76** Nr 69.

43 **2) Benachrichtigungspflicht** ggü Beh des Heimatstaates u des gewöhnl AufenthStaates nach Art. 11.

10 *[Meinungsaustausch mit den Behörden des anderen Vertragsstaates]* **Um die Fortdauer der dem Minderjährigen zuteil gewordenen Betreuung zu sichern, haben die Behörden eines Vertragsstaates nach Möglichkeit Maßnahmen erst dann zu treffen, nachdem sie einen Meinungsaustausch mit den Behörden der anderen Vertragsstaaten gepflogen haben, deren Entscheidungen noch wirksam sind.**

44 Die Vorschr hat empfehlden Charakter („nach Möglichkeit"); ein Unterbleiben des MeingsAustausches berührt die Wirksk der getroffenen Maßn nicht. Zur Durchf vgl ZustG Art 2; unmittelb BehVerk ist statth, Staud-Kropholler Rn 494.

11 *[Anzeige an die Behörden des Heimatstaates]* **Die Behörden, die auf Grund dieses Übereinkommens Maßnahmen getroffen haben, haben dies unverzüglich den Behörden des Staates, dem der Minderjährige angehört, und gegebenenfalls den Behörden des Staates seines gewöhnlichen Aufenthalts mitzuteilen.**

Jeder Vertragsstaat bezeichnet die Behörden, welche die in Absatz 1 erwähnten Mitteilungen unmittelbar geben und empfangen können. Er notifiziert diese Bezeichnung dem Ministerium für Auswärtige Angelegenheiten der Niederlande.

45 Die Vorschr begründet eine BenachrichtiggsPfl, deren Verletzg die Wirksk der Maßn jedoch nicht berührt, Staud-Kropholler Rn 499. Unmittelb BehVerk, II; zur Zustdgk der dtschen Ger u Beh ZustG Art 2; zur

Zustdgk der Beh and VertrStaaten für den Empfang der Mitteilgen s Staud-Kropholler Rn 503 sowie die Ändergen und Ergänzgen BAnz 1993 Nr 233 (Polen), 1995 Nr 30 (Frankreich, Spanien), Nr 93 (Italien), Nr 227 (Portugal).

12 ***[Begriff des Minderjährigen]*** **Als „Minderjähriger" im Sinne dieses Übereinkommens ist anzusehen, wer sowohl nach dem innerstaatlichen Recht des Staates, dem er angehört, als auch nach dem innerstaatlichen Recht des Staates seines gewöhnlichen Aufenthalts minderjährig ist.**

Der pers Anwendgsbereich des Übk beschränkt sich auf **Minderjährige,** vgl oben Rn 2. Die Mjk muß sowohl nach dem HeimatR als auch nach dem Recht des gewöhnl Aufenth gegeben sein. Rück- od Weiterverweisg sind hier wie stets unbeachtl; bei Mehrstaatern entsch die effektivere bzw dtsche Staatsangehörigk, vgl EG 5 I u dazu Rn 19, aM MüKo-Siehr Rn 404, der Mjk nach allen HeimatRen fordert. Die Anwendbk des Übk entfällt bei VolljErkl od Emanzipation, nicht dagg bei beschr voller GeschFgk nach §§ 112, 113. **46**

13 ***[Anwendungsgebiet]*** **Dieses Übereinkommen ist auf alle Minderjährigen anzuwenden, die ihren gewöhnlichen Aufenthalt in einem der Vertragsstaaten haben.**

Die Zuständigkeiten, die nach diesem Übereinkommen den Behörden des Staates zukommen, dem der Minderjährige angehört, bleiben jedoch den Vertragsstaaten vorbehalten.

Jeder Vertragsstaat kann sich vorbehalten, die Anwendung dieses Übereinkommens auf Minderjährige zu beschränken, die einem der Vertragsstaaten angehören.

Die Anwendbk des Übk setzt den gewöhnl Aufenth des Mj in einem VertrStaat voraus; bei dessen Fehlen gelten die allg Regeln über die internat Zustdgk der dtschen Ger, Bamberg NJW **82**, 527, Hamm FamRZ **92**, 209, vgl zB EG 21 Rn 7, sowie über das anzuwendde Recht, insb EG 21. Dagg ist unerhebl, ob der Mj auch die Staatsangehörigk dieses, Düss FamRZ **79**, 75, od überh eines VertrStaates besitzt, BGH **60**, 68, FamRZ **79**, 577, NJW **81**, 520, Hamm NJW **78**, 1747. Die BRep hat v dem Vorbeh nach III keinen Gebrauch gemacht. Das Übk ist daher für die dtschen Beh auf jeden Mj mit gewöhnl Aufenth im Inl (bzw einem and VertrStaat) anwendb; es galt daher auch für einen Mj aus der früh DDR, der seinen gewöhnl Aufenth in der BRep hatte, Kleve FamRZ **77**, 335, vgl dazu Andrae IPRax **92**, 117. – Die Zustdgk der HeimatBeh aGrd des Art 4 u damit auch die Einschränkg der AufenthZustdgk nach Art 1 gilt jedoch nur für VertrStaaten, II. **47**

14 ***[Uneinheitlichkeit des Heimatrechts des Minderjährigen]*** **Stellt das innerstaatliche Recht des Staates, dem der Minderjährige angehört, keine einheitliche Rechtsordnung dar, so sind im Sinne dieses Übereinkommens als „innerstaatliches Recht des Staates, dem der Minderjährige angehört" und als „Behörden des Staates, dem der Minderjährige angehört" das Recht und die Behörden zu verstehen, die durch die im betreffenden Staat geltenden Vorschriften und, mangels solcher Vorschriften, durch die engste Bindung bestimmt werden, die der Minderjährige mit einer der Rechtsordnungen dieses Staates hat.**

Die Vorschr regelt die Unteranknüpfg bei Verweisgen auf **Mehrrechtsstaaten,** vgl auch EG 4 III u dort Rn 14–17. Sie ist praktisch v Bedeutg vor allem für die in Art 3 u 12 vorgeschriebene Anwendg des HeimatR des Mj. Das maßg TeilRGebiet wird in 1. Linie dch das einheitl ILP des betr Gesamtstaats best; bei dessen Fehlen entsch die engste Bindg, dh regelm der gewöhnl Aufenth. – Art 14 galt bish entspr auch im **Verhältnis zur DDR** für die Best der anwendb dtschen TeilROrdng, Betz FamRZ **77**, 337, aM Böhmer/Siehr Rdz 2. Eine AnknüpfgsRegelg für Mehrstaater läßt sich der Vorschr nicht entnehmen, aM Mü IPRax **88**, 32, zust Mansel ebda 22. **48**

15 ***[Vorbehalt zugunsten der Ehegerichte]*** **Jeder Vertragsstaat, dessen Behörden dazu berufen sind, über ein Begehren auf Nichtigerklärung, Auflösung oder Lockerung des zwischen den Eltern eines Minderjährigen bestehenden Ehebandes zu entscheiden, kann sich die Zuständigkeit dieser Behörden für Maßnahmen zum Schutz der Person oder des Vermögens des Minderjährigen vorbehalten.**

Die Behörden der anderen Vertragsstaaten sind nicht verpflichtet, diese Maßnahmen anzuerkennen.

Die BRep hat einen entspr Vorbeh nicht erkl; für dtsche Ger daher nur bei Prüfg der Anerkenng ausl Maßn v Bedeutg, vgl dazu BGH FamRZ **77**, 126, ferner Jayme FS Keller (1989) 455. Die ScheidgsZustdgk nach Art 15 greift nur ein, wenn keine AufenthZustdgk nach Art 1 u keine HeimatZustdgk nach Art 4 besteht, Staud-Kropholler Rn 554, str. Eine SchutzMaßn, die von einem AufenthStaat getroffen wurde, der einen Vorbeh nach Art 15 I erklärt hat, ist desh als in Anwendg v Art 1 erfolgt anzusehen u genießt in and VertrStaaten Bestandsschutz zB nach Art 5 I, vgl KG NJW **80**, 1226, od Art 7; abw Staud-Kropholler Rn 563, der auf die RGrdLage abstellt, welche der AufenthStaat gewählt hat, wie hier Siehr IPRax **82**, 89. Über die Anerkenng einer nach Art 15 I getroffenen Maßn entsch die Regeln des allg VerfR, vgl dazu EG 21 Rn 8 u 9. **49**

16 ***[Ordre public]*** **Die Bestimmungen dieses Übereinkommens dürfen in den Vertragsstaaten nur dann unbeachtet bleiben, wenn ihre Anwendung mit der öffentlichen Ordnung offensichtlich unvereinbar ist.**

50 Die Vorschr enth den Vorbeh des ordre public; sie entspr inhaltl EG 6, dem sie als Spezialregelg vorgeht, KG IPRspr **81** Nr 91. Die sprachl Fassg ist mißglückt; selbstverständl ist der ordre public nicht gg die Vorschr des Übk als solche anwendb, insow abweg Zweibr FamRZ **75**, 172; an der VorbehKlausel zu messen ist nur das Erg der RAnwendg im Einzelfall. Praktische Bedeutg besitzt Art 16 vor allem bei der Prüfg von ges GewVerhen iR v Art 3, vgl Rn 18–23, zB wenn danach ein Stichentscheid des Vaters gilt, BGH DAVorm **92**, 354, Hamm NJW-RR **97**, 6, Mü FamRZ **97**, 107, Karlsr NJW-RR **98**, 583, wobei allerd zunächst Art 8 zu prüfen ist, vgl Kln FamRZ **91**, 362 (mit abl Anm v Henrich) u 363; daneben auch bei der Anerkenng ausl SchutzMaßn, Art 7. Die Vorschr muß sehr zurückhaltd angewandt werden („offensichtlich unvereinbar"); dies gilt auch für die Aktualisierg der **Grundrechte,** als deren Einfallstor auch Art 16 anzusehen ist, BGH **60**, 68; entsch ist, ob das GrdR für den konkreten Sachverh unter Berücksichtigg der Gleichstellg and Staaten u der Eigenständigk ihrer ROrdngen Geltg beansprucht, BGH aaO (zB nicht wenn alle Beteil Ausl mit gleicher Staatsangehörigk sind), ebso KG IPRax **85**, 110, Celle IPRax **89**, 391; vgl auch EG 6 Rn 7; Wolf FamRZ **93**, 877.

17 *[Zeitpunkt der Anwendung]* **Dieses Übereinkommen ist nur auf Maßnahmen anzuwenden, die nach seinem Inkrafttreten getroffen worden sind.**

Gewaltverhältnisse, die nach dem innerstaatlichen Recht des Staates, dem der Minderjährige angehört, kraft Gesetzes bestehen, sind vom Inkrafttreten des Übereinkommens an anzuerkennen.

51 Die Vorschr regelt den zeitl Anwendgsbereich des Übk; vgl dazu oben Rn 1, 2. Bei der Vorn einer SchutzMaßn kommt es auf das Inkrafttr für denj Staat an, dessen Beh tätig werden sollen; bei der Anerkenng einer v einem and Staat getroffenen Maßn ist zusätzl Inkrafttr für den anerkennden Staat erforderl. Die BRep ist also aGrd des MSA nicht zur Anerkenng v vor dem 17. 9. 71 getroffenen Maßn verpflichtet, Staud-Kropholler Rn 578, aM KG FamRZ **74**, 146.

18 *[Inkrafttreten]* **Dieses Übereinkommen tritt im Verhältnis der Vertragsstaaten zueinander an die Stelle des am 12. Juni 1902 im Haag unterzeichneten Abkommens zur Regelung der Vormundschaft über Minderjährige.**

Es läßt die Bestimmungen anderer zwischenstaatlicher Übereinkünfte unberührt, die im Zeitpunkt seines Inkrafttretens zwischen den Vertragsstaaten gelten.

52 Die Vorschr regelt das Verh des Übk zu and StaatsVertr. Nach Abs 1 wird das Haager **Vormundschaftsabkommen** v 12. 6. 02, vgl unten Rn 55–58, im Verh der VertrStaaten aufgeh, nicht also auch im Verh zu Belgien. Das Übk läßt nach II auch **andere zwischenstaatliche Übereinkünfte** „zw den VertrStaaten" unberührt; dies gilt insb für das **deutsch-österreichische Vormundschaftsabkommen** v 15. 2. 27, Ferid-Böhmer IPR Rdz 8–227, vgl dazu auch BayObLG **81**, 246 (keine Anwendg bei dtsch-österr Doppelstaatern),
53 AG Kamen DAVorm **83**, 157 u unten Rn 94. Wie der maßg frz Text ergibt, ist die dtsche Übersetzg insow zu eng. Das Übk berührt Abk der VertrStaaten mit Drittländern ebenf nicht, Kropholler NJW **72**, 371. Dies gilt insb für das **deutsch-iranische Niederlassungsabkommen** v 17. 2. 29, RGBl **30** II 1006, noch in Kraft, vgl Bek v 15. 8. 55, BGBl II 829, vgl dazu BGH **60**, 68, welches in Art 8 III eine kollrechtl (nicht aber auch eine zuständigkrechtl) Regelg enth, BGH FamRZ **93**, 316, DAVorm **93**, 574, BayObLG **87**, 205, Celle IPRax **89**, 390 (dazu Siehr ebda 373), FamRZ **90**, 656 u 1131, Ffm FamRZ **91**, 731, Brem FamRZ **92**, 343, Saarbr FamRZ **92**, 848, Krüger FamRZ **73**, 5, Dilger FamRZ **73**, 530, Böhmer/Siehr Rdz 26, Jayme IPRax **88**, 367, Coester IPRax **91**, 236, Schotten/Wittkowski FamRZ **95**, 268; die Anwendbk dieser Regelg entfällt, wenn die (ggf: effektive) Staatsangehörigk eines Beteil nicht die iran ist, KG OLGZ **79**, 187, Brem IPRax **85**, 296. Ein Vorrang des MSA läßt sich auch nicht aus dem in Art 8 III S 2 des dtsch-iran NiederlassgsAbk enth Vorbeh ableiten, wie hier mit eingehder Begr Krüger FamRZ **73**, 6, ebso nunm Staud-Kropholler Rn 590. Auch das Europäische Fürsorgeabkommen v 11. 12. 53, BGBl **56** II 563 bleibt unberührt, VG Bln DAVorm **84**, 720, Oberloskamp ZfJ **85**, 275. Soweit das MSA in seinem sachl Anwendgsbereich sich mit dem des **Haager Kindesentführungsübereinkommens** v 25. 10. 80 überschneidet, dh bei der Regelg der int Zustdgk für die Anordng einer Rückführg sowie bei der Beurteilg der Widerrechtlichk einer Entführg, geht das letztere Übk vor, vgl dessen Art 34 S 1 u dazu unten Rn 61, AG Würzbg FamRZ **98**, 1320, Siehr StAZ **90**, 331, Mansel NJW **90**, 2176. Das Europ Übk über die Anerkenng u Vollstreckg von Entschen über das SorgeR für Kinder u die Wiederherstellg des SorgeVerh v 20. 5. 80, vgl dazu unten Rn 93, liegt außerh des sachl Anwendgsbereichs des MSA, vgl Siehr aaO 333.

(Art 19–25 nicht abgedruckt)

54 **c) Deutsches Zustimmungsgesetz** v 30. 4. 71, BGBl II 217.

Art. 1 (nicht abgedruckt)

Art. 2. [Ausführungsbestimmungen] *[I] Für die in Artikel 4 Abs. 1, Artikel 5 Abs. 2, Artikel 10 und Artikel 11 Abs. 1 des Übereinkommens vorgesehenen Mitteilungen sind die deutschen Gerichte und Behörden zuständig, bei denen ein Verfahren nach dem Übereinkommen anhängig ist oder, in den Fällen des Artikels 5 Abs. 2, zur Zeit des Aufenthaltswechsels des Minderjährigen anhängig war.*

[II] Ist ein Verfahren im Geltungsbereich dieses Gesetzes nicht anhängig, so ist für den Empfang der Mitteilungen nach Artikel 4 Abs. 1 und Artikel 11 Abs. 1 das Jugendamt zuständig, in dessen Bezirk der Minderjährige seinen gewöhnlichen Aufenthalt hat. Für den Empfang der Mitteilungen, die nach Artikel 11 Abs. 1 des Übereinkommens an die Behörden des Staates zu richten sind, dem der Minderjährige angehört, ist, wenn im Geltungsbereich dieses Gesetzes weder ein Verfahren anhängig ist noch der Minderjährige seinen gewöhnlichen Aufenthalt hat, das Landesjugendamt Berlin zuständig.

III Die Mitteilungen können unmittelbar gegeben und empfangen werden.

IV Die in den anderen Vertragsstaaten für die Mitteilungen nach dem Übereinkommen zuständigen Behörden sind im Bundesanzeiger bekanntzugeben.

Art. 3. [Keine Einwirkung auf RuStAG] *Die Vorschriften der §§ 19, 25 Abs. 1 des Reichs- und Staatsangehörigkeitsgesetzes vom 22. Juli 1913 (Reichsgesetzbl. S. 583), zuletzt geändert durch das Gesetz zur Änderung des Reichs- und Staatsangehörigkeitsgesetzes vom 8. September 1969 (Bundesgesetzbl. I S. 1581), bleiben unberührt.*

(Art 4 u 5 nicht abgedruckt)

2) Haager Abkommen zur Regelung der Vormundschaft über Minderjährige v 12. 6. 02, RGBl **04**, 240. 55

a) Allgemeines. Für Dtschland in Kraft getreten am 31. 7. 04. Mit Inkrafttreten des **MSA** ist das VormschAbk **im Verhältnis der Vertragsstaaten** zueinander **nicht mehr anzuwenden,** Art 18 I MSA. Das VormschAbk gilt deshalb heute nur noch im Verhältn zu **Belgien,** Bek v 14. 2. 55, BGBl II 188. Italien ist mit Wirkg z 23. 4. 95 dem MSA beigetreten.

b) Anwendungsbereich. Das Abk findet, soweit es sich nicht um vorl Maßregeln, Art 7, od die Benachrichtigg von der in Aussicht genommenen Einleitg der Vormsch handelt, Art 8, in persönl Hinsicht nur auf die Vormsch über Mj Anwendg, die Angeh eines VertrStaats sind u ihren gewöhnl Aufenth im Gebiet eines dieser Staaten haben, Art 9. Nicht anwendb ist es bei Staatenlosen. Sachl behandelt es nur die Vormsch über Mj, ist also nicht anwendb auf Pflegsch, Vormsch für Vollj (vgl insof HaagerEntmAbk Art 8, 10), Sorgerechtsverteilg zw getr lebden od gesch Eltern, Hamm FamRZ **92**, 1335, Knöpfel FamRZ **59**, 483, sowie sonstige Maßnahmen, die das 4. Buch des BGB dem FamGer od dem VormschG überträgt, KGJ **45**, 18. 56

c) Kurze Erläuterung. Der **Staatsangehörigkeitsgrundsatz** ist scharf durchgeführt; demgem bestimmt sich die Vormsch nach dem HeimatR des Mj, Art 1. An dessen Stelle tritt allerd für den Fall, daß danach eine Vormsch nicht angeordnet w kann od eine Übern dch den diplomat od konsular Vertreter des Heimatstaates nicht erfolgt, Art 2, für die Anordng u Führg der Vormsch das Recht des AufenthStaates, wenn von dessen Behörden die Vormsch angeordnet w, Art 3. Auch dann richten sich aber Grund u Dauer der Vormsch nach dem HeimatR des Mj, Art 5. Stets bleibt also zu prüfen, ob das HeimatR den Mj etwa unter elterl Sorge stehen läßt od eine gesetzl Vormsch vorsieht, so daß die Anordng einer Vormsch nicht mehr in Betr kommt. Für die Anordng vorl Maßregeln, insb in dringden Fällen, trifft Art 7 eine Sonderregelg. 57

d) Amtliche Übersetzung des Abkommens (Originaltext französisch): 58

Art. 1. Staatsangehörigkeitsgrundsatz. *Die Vormundschaft über einen Minderjährigen bestimmt sich nach dem Gesetze des Staates, dem er angehört (Gesetz des Heimatstaats).*

Art. 2. Übernahme der Fürsorge durch den diplomatischen oder konsularischen Vertreter. *Sieht das Gesetz des Heimatstaates für den Fall, daß der Minderjährige seinen gewöhnlichen Aufenthalt im Auslande hat, die Anordnung einer Vormundschaft im Heimatlande nicht vor, so kann der von dem Heimatstaate des Minderjährigen ermächtigte diplomatische oder konsularische Vertreter gemäß dem Gesetze dieses Staates die Fürsorge übernehmen, sofern der Staat, in dessen Gebiete der Minderjährige seinen gewöhnlichen Aufenthalt hat, dem nicht widerspricht.*

Art. 3. Hilfsweise Aufenthaltsrecht maßgebend. *Falls eine Vormundschaft gemäß den Bestimmungen des Artikel 1 oder des Artikel 2 nicht angeordnet ist oder nicht angeordnet werden kann, so ist für die Anordnung und die Führung der Vormundschaft über einen Minderjährigen, der seinen gewöhnlichen Aufenthalt im Auslande hat, das Gesetz des Aufenthaltsorts maßgebend.*

Art. 4. Spätere Vormundschaftsanordnung durch den Heimatstaat. *Ist die Vormundschaft gemäß der Bestimmung des Artikel 3 angeordnet, so kann gleichwohl eine neue Vormundschaft auf Grund des Artikel 1 oder des Artikel 2 angeordnet werden.*

Hiervon ist der Regierung des Staates, in welchem die Vormundschaft zuerst angeordnet wurde, sobald wie möglich Nachricht zu geben. Diese Regierung hat davon entweder die Behörde, welche die Vormundschaft angeordnet hat, oder in Ermangelung einer solchen Behörde den Vormund selbst zu benachrichtigen.

In dem Falle, den dieser Artikel vorsieht, bestimmt sich der Zeitpunkt, in welchem die ältere Vormundschaft endigt, nach der Gesetzgebung des Staates, in dessen Gebiete diese Vormundschaft angeordnet war.

Art. 5. Zeitpunkt und Gründe für Beginn und Beendigung der Vormundschaft. *In allen Fällen bestimmen sich der Zeitpunkt und die Gründe für den Beginn sowie für die Beendigung der Vormundschaft nach dem Gesetze des Heimatstaats des Minderjährigen.*

Art. 6. Umfang der vormundschaftlichen Verwaltung. *Die vormundschaftliche Verwaltung erstreckt sich auf die Person sowie auf das gesamte Vermögen des Minderjährigen, gleichviel an welchem Orte sich die Vermögensgegenstände befinden.*

Von dieser Regel sind Ausnahmen zulässig in Ansehung solcher Grundstücke, welche nach dem Gesetze der belegenen Sache einer besonderen Güterordnung unterliegen.

Art. 7. Vorläufige Maßregel. *Solange die Vormundschaft nicht angeordnet ist, sowie in allen dringenden Fällen können die zuständigen Ortsbehörden die Maßregeln treffen, die zum Schutze der Person und der Interessen eines minderjährigen Ausländers erforderlich sind.*

Art. 8. Gegenseitige Mitteilungspflicht. Liegt Anlaß vor, für einen minderjährigen Ausländer die Vormundschaft anzuordnen, so haben die Behörden des Staates, in dessen Gebiet er sich befindet, von dem Sachverhalte, sobald dieser ihnen bekannt wird, die Behörden des Staates zu benachrichtigen, dem der Minderjährige angehört.

Die in solcher Art benachrichtigten Behörden sollen den Behörden, die ihnen die Mitteilung gemacht haben, sobald wie möglich Kenntnis geben, ob die Vormundschaft angeordnet ist oder angeordnet werden wird.

Art. 9. Persönliches und räumliches Anwendungsgebiet. Dieses Abkommen findet nur Anwendung auf die Vormundschaft über Minderjährige, die Angehörige eines der Vertragsstaaten sind und ihren gewöhnlichen Aufenthalt im Gebiete eines dieser Staaten haben.

Die Artikel 7 und 8 dieses Abkommens finden jedoch auf alle Minderjährige Anwendung, die Angehörige eines Vertragsstaats sind.

59 **3) Haager Übereinkommen über die zivilrechtlichen Aspekte internationaler Kindesentführung v 25. 10. 80,** BGBl 90 II 206.

Schrifttum: MüKo-Siehr, 3. Aufl (1998) Art 19 Anh II; Soergel-Kegel Vor Art 19 Rn 102; Staud-Pirrung Vorbem D zu Art 19 Rn 627; Böhmer/Siehr, Das ges FamR II, 14. Lieferg 1995; Mansel NJW **90**, 2176; Hüßtege IPRax **92**, 369; Pirrung RabelsZ **93**, 124; Bruch FamRZ **93**, 745; Jorzik, Das neue zivilrechtl KindesentführgsR 1995, FPR **96**, 56; Kropholler RabelsZ **96**, 485; Baetge IPRax **96**, 62; Klein IPRax **97**, 106; Bach FamRZ **97**, 1051; Krüger MDR **98**, 694; Lowe/Perry FamRZ **98**, 1073; Finger ZfJ **99**, 15; Bruch DEuFamR **99**, 40.

a) Allgemeines. Das Übk ist für Deutschland am 1. 12. 90 in Kraft getreten, Bek v 11. 12. 90, BGBl **91** II 329. Es gilt ferner für Argentinien, Australien, Bahamas, Belgien, Belize, Bosnien-Herzegowina, Burkina Faso, Chile, Dänemark, Ecuador, Finnland, Frankreich, Georgien, Griechenland, Honduras, Irland, Island, Israel, Italien, Jugoslawien (ehem), Kanada, Kolumbien, Kroatien, Luxemburg, Mauritius, Mexico, Monaco, Neuseeland, Niederlande, Norwegen, Österreich, Panama, Polen, Portugal, Rumänien, Schweden, Schweiz, Simbabwe, Slowenien, Spanien, St. Kitts u Nevis, Südafrika, Tschechien, Turkmenistan, Ungarn, Venezuela, Vereinigtes Königreich, Vereinigte Staaten, Weißrußland, Zypern, vgl FundstellenNachw B 1999 S 578, sowie zuletzt Bek v 28. 7. 99, BGBl II 732. AusführgsVorschren enth das SorgeRÜbkAG v 5. 4. 90, BGBl 701 zuletzt geänd dch G v 13. 4. 99 BGBl 702 (Bestimmg des Generalbundesanwalts als zentrale Behörde, § 1; Zustdgk der FamGe, § 5; Anwendbark des FGG, § 6).

60 **b) Anwendungsbereich.** Das Übk gilt nur zw den VertrStaaten. Es gilt in **persönlicher** Hins für Kinder, die das 16. Lebensjahr noch nicht vollendet haben, die unmittelb vor der Verletzg des SorgeR od des UmgangsR ihren gewöhnl Aufenth in einem VertrStaat (Herkunftsstaat, Ursprungsstaat) hatten, Art 4, u die sich derzeit in einem and VertrStaat befinden, Art 1. Es muß sich also um eine **internationale** „Entführg" handeln; auf reine InlFälle ist das Übk nicht anwendbar, Karlsr FamRZ **99**, 951, für analoge Anwendg dagg Gutdeutsch/Rieck FamRZ **98**, 1488; weitergehd auch AG Groß-Gerau NJW-RR **95**, 1222, das dem Übk eine allg RIdee entnehmen will. In **sachlicher** Hins regelt es vor allem die Rückg von widerr in einen VertrStaat (Zufluchtsstaat, ersuchter Staat) verbrachten od dort zurückgehaltenen Kindern, Art 8 ff, daneben auch die faktische Respektierg eines SorgeR und die Verwirklichg eines UmgangsR, Art 21. Zum **zeitlichen** Anwendgsbereich vgl Art 35 u dazu Karlsr FamRZ **92**, 847, Hüßtege IPRax **92**, 370.

61 **c) Grundregeln.** Primärer Zweck des Übk ist die rasche Rückführg von widerr, dh unter Verletzg eines faktisch ausgeübten SorgeR iSv Art 5 lit a, entführten od zurückgehaltenen Kindern u damit die Wiederherstellg des status quo, die eine Entsch über das SorgeR nicht vorwegnehmen soll, vgl Art 21, Celle FamRZ **95**, 955 (Parallele zu Besitzschutz), AG Würzbg FamRZ **98**, 1320. Leitgedanke des Übk ist das **Kindeswohl,** vgl Präambel, verbunden mit der schnellen Reaktion auf widerrechtl Selbsthilfe, MüKo-Siehr Rn 2, Klein IPRax **97**, 107; mit dieser sollen zugleich Entführgen generalpräventiv verhindert werden; kritisch zur Praxis dtscher Gerichte Lowe/Perry FamRZ **98**, 1073. Im ZusSpiel v Rückführg als Regelfall gem Art 12 u Ausn gem Art 13 u 20 gewährleistet das Übk die v GG gebotene Beachtg des Kindeswohls u ist desh **verfassungsmäßig,** BVerfG NJW **99**, 632, vgl ferner die Kammerbeschlüsse RabelsZ **96**, 483, FamRZ **96**, 405, NJW **96**, 1403 u 3145, FamRZ **97**, 1269, 1470, NJW **99**, 2173, FamRZ **99**, 1053 u dazu Niemeyer FuR **99**, 362, vgl auch Rn 79 u 86. Die Regelg des SorgeR selbst ist nicht Ggst des Übk, BVerfG FamRZ **97**, 1270, Ffm FamRZ **94**, 1340; insoweit gelten das MSA bzw EG 21. Das Übk ist vielm in 1. Linie ein RHilfeÜbk mit einheitl Verf- und SachVorschr. Es regelt aber auch die int Zustdgk der Ger od Beh im Zufluchtsstaat für Maßn iZshg mit einer solchen Rückführg, vgl Siehr StAZ **90**, 331. Vorauss solcher Maßn ist die **Widerrechtlichkeit** der Entführg, die von rechtl (Art 3 I lit a) u tats Kriterien (Art 3 I lit b) abhängt. Art 3 I lit a enth eine fragmentarische kollrechtl Regelg für die Beurteilg der Widerrechtlichk (Gesamtverweisg auf das Recht des Herkunftsstaates), vgl Rn 65. Insow überschneidet sich das Übk mit dem MSA; es geht dessen Regelg vor, Art 34 S 1, vgl dazu oben Rn 53. Bei der **Auslegung** des Übk ist ein einheitl BegrVerständn in allen VertrStaaten anzustreben; auszugehen ist von der Zielsetzg, Art 1; die RPraxis in den übr VertrStaaten ist zu berücksichtigen, vgl dazu etwa Kropholler RabelsZ **96**, 491. Verbindl ist die englische u frz Originalversion des Übk, Staud-Pirrung Rn 621. Einen eingeschränkten **ordre public**-Vorbeh enth Art 20.

62 **d) Text des Übereinkommens** in der amtl dtschen Übersetzg **(Auszug)**

Kapitel I. Anwendungsbereich des Übereinkommens

1 **Ziel dieses Übereinkommens ist es,**

a) die sofortige Rückgabe widerrechtlich in einen Vertragsstaat verbrachter oder dort zurückgehaltener Kinder sicherzustellen und

b) zu gewährleisten, daß das in einem Vertragsstaat bestehende Sorgerecht und Recht zum persönlichen Umgang in den anderen Vertragsstaaten tatsächlich beachtet wird.

Das Übk verfolgt zwei versch Ziele. **a)** Im Vordergr steht die sofort **Rückgabe** widerr entführter od zurückgehaltener Kinder, lit a. Vorauss dafür ist, daß sich das Kind derzeit in einem VertrStaat (Zufluchtstaat) befindet u unmittelb vor seiner Entführg oder Zurückhaltg seinen gewöhnl Aufenth in einem and VertrStaat (Herkunftstaat) hatte, Art 4. Zu den Begr des widerr Verbringens od Zurückhaltens vgl Rn 65 u 66. Die sofortige Rückg erfordert das schnellste Verf, das die ROrdng des Zufluchtstaates für derartige Antr vorsieht, vgl Art 2. Zu den Vorauss der RückgAO vgl Art 8–20. **b)** Daneben will das Übk die **tatsächliche Beachtung** des in einem VertrStaat bestehden SorgeR oder UmgangsR in allen and VertrStaaten sicherstellen, lit b; zu diesen Begr vgl Art 5. Dch einen AufenthWechsel des Kindes soll also die RStellg des Sorge- od Umgangsberechtigten nicht verschlechtert werden. Zur Sicherg des UmgangsR vgl Art 21. 63

2 **Die Vertragsstaaten treffen alle geeigneten Maßnahmen, um in ihrem Hoheitsgebiet die Ziele des Übereinkommens zu verwirklichen. Zu diesem Zweck wenden sie ihre schnellstmöglichen Verfahren an.**

Die VertrStaaten haben das schnellste geeignete Verf ihrer nationalen ROrdng anzuwenden; die Einführg neuer Verf ist nicht vorgeschr, MüKo-Siehr Rn 21. Für Dtschland vgl SorgeR ÜbkAG v 5. 4. 90, BGBl 701, zuletzt geänd dch G v 13. 4. 99 BGBl 702. 64

3 **Das Verbringen oder Zurückhalten eines Kindes gilt als widerrechtlich, wenn**

a) dadurch das Sorgerecht verletzt wird, das einer Person, Behörde oder sonstigen Stelle allein oder gemeinsam nach dem Recht des Staates zusteht, in dem das Kind unmittelbar vor dem Verbringen oder Zurückhalten seinen gewöhnlichen Aufenthalt hatte, und

b) dieses Recht im Zeitpunkt des Verbringens oder Zurückhaltens allein oder gemeinsam tatsächlich ausgeübt wurde oder ausgeübt worden wäre, falls das Verbringen oder Zurückhalten nicht stattgefunden hätte.

Das unter Buchstabe a genannte Sorgerecht kann insbesondere kraft Gesetzes, aufgrund einer gerichtlichen oder behördlichen Entscheidung oder aufgrund einer nach dem Recht des betreffenden Staates wirksamen Vereinbarung bestehen.

1) Die Vorsch enth eine Legaldefinition der **Widerrechtlichkeit** des Verbringens oder Zurückhaltens, welche die Vorauss für eine AO nach Art 12 ist. **a)** Erforderl ist zunächst die Verletzg eines nach dem Recht des Herkunftsstaates **bestehenden** SorgeR, Abs 1 lit a, das dem Verletzten auch gemeins mit dem Entführer zustehen kann **(Mitsorgerecht),** vgl BVerfG FamRZ **97**, 1269, Hamm FamRZ **99**, 948. Zum Begriff des SorgeR Art 5 lit a; es kann krG, aGrdv gerichtl od berhördl Entsch oder einer nach diesem Recht wirks Vereinbarg bestehen, Abs 2; tats Betreug reicht nicht aus, Ffm IPRspr **96** Nr 190. Maßg ist das v KollR des Herkunftsstaats berufene Recht (Gesamtverweisg), bei Entführg aus Dtschland also das gem EG 21 best KindschStatut, vgl dazu AG Bielef FamRZ **92**, 467, AG Hbg-Altona IPRax **92**, 390, LG Augsb FamRZ **96**, 1033, Karlsr NJWE-FER **99**, 179, Staud-Pirrung Rn 639; bei einem SorgeR kr gerichtl od behördl Entsch ist deren Erlaß od deren Anerkenng im Herkunftsstaat erforderl, MüKo-Siehr Rn 26. Der Nachw einer SorgeRVerletzg nach dem maßg ausl Recht kann dch eine WiderrechtlkBescheinigg nach Art 15 erbracht werden. **b)** Das SorgeR muß ferner **tatsächlich ausgeübt** worden sein, Abs 1 lit b; bei einer Trenng der Eltern, erfüllt diese Vorauss idR nur der EltT, bei dem das Kind wohnt, Düss FamRZ **94**, 181 (Ausübg eines UmgangsR genügt nicht), KG FamRZ **96**, 692, OGH IPRax **99**, 178 (dazu Holl ebda 185), weitergehd Stgt FamRZ **96**, 689, AG Mannh FamRZ **97**, 1101. **c)** Beide Vorauss müssen im Ztpkt des Verbringens od Zurückhaltens vorliegen; späterer Erlaß einer SorgeREntsch genügt nicht, OGH aaO, vgl Rn 66. 65

2) Widerr Verbringen oder Zurückhalten bezeichnen einmaliges Verhalten, keinen Dauerzustand, vgl Art 12 I, Karlsr FamRZ **92**, 848, Staud-Pirrung Rn 635. Widerr **Zurückhalten** liegt insbes vor, wenn das Kind nach zunächst rechtm Aufenth nicht herausgegeben wird, vgl Karls FamRZ **92**, 1213, DAVorm **98**, 253, Düss FamRZ **94**, 182, Zweibr FamRZ **97**, 108, Ffm FamRZ **97**, 1100, Bach FamRZ **97**, 1055. Erforderl dafür ist eine Veränderg der **tatsächlichen** Situation, zB Beendigg des Urlaubs. Ein ursprüngl rechtm Verbringen wird also nicht schon desh zu einem widerr Zurückhalten, weil dieses gg eine später erl gerichtl oder behördl Entsch verstößt, die nach dem von Art 3 I lit a berufenen Recht anzuerkennen ist, Karlsr FamRZ **92**, 1213, DAVorm **98**, 253, Düss FamRZ **94**, 182. Dch Anrufg der Gerichte des derzeitigen AufenthStaates zZw der Verhinderg der Herausg wird widerr Zurückhalten nicht ausgeschl, Staud-Pirrung Rn 635. 66

4 **Das Übereinkommen wird auf jedes Kind angewendet, das unmittelbar vor einer Verletzung des Sorgerechts oder des Rechts zum persönlichen Umgang seinen gewöhnlichen Aufenthalt in einem Vertragsstaat hatte. Das Übereinkommen wird nicht mehr angewendet, sobald das Kind das 16. Lebensjahr vollendet hat.**

1) Die Vorschr regelt den pers Anwendgsbereich des Übk, vgl dazu Rn 60. Der Begriff des gewöhnl Aufenth entspricht dem der übrigen Haager Übk, insbes des MSA, vgl dazu oben Rn 10 u 11, sowie Düss FamRZ **99**, 112; Art 12 II (Prüfg des Einlebens in die neue Umgebg erst nach Ablauf 1 Jahres) ändert hieran nichts, vgl BVerfG NJW **99**, 633, Staud-Pirrung Rn 647; die Faustregel einer 6-monatigen Verweildauer 67 kann also auch hier angewandt werden, vgl aber Stgt FamRZ **97**, 52 u dazu Rn 12. Entscheidd ist die Sicht des Kindes, nicht seiner Elt, Hamm FamRZ **99**, 948.

68 **2)** Die Anwendbk des Übk entfällt mit der Vollendg des 16. Lebensjahres des Kindes; ein vorher eingeleitetes Verf endet automatisch mit diesem Ztpkt, Staud-Pirrung Rn 648.

5 Im Sinn dieses Übereinkommens umfaßt

a) Das „Sorgerecht" die Sorge für die Person des Kindes und insbesondere das Recht, den Aufenthalt des Kindes zu bestimmen;

b) das „Recht zum persönlichen Umgang" das Recht, das Kind für eine begrenzte Zeit an einen anderen Ort als seinen gewöhnlichen Aufenthaltsort zu bringen.

69 Die Vorschr enth eine autonome Definition zentraler Begr des Übk. SorgeR bezieht sich nur auf die PersSorge, zB AufenthBestimmg, Erziehg, Ausbildg, Umgang mit Dr, vgl BVerfG FamRZ **97**, 1269; der Bereich der VermSorge fällt nicht unter das Abk. Der Umgangsberechtigte darf das Kind vorübergehd von seinem gewöhnl Aufenth auch grenzüberschreitd entfernen; das UmgangsR geht also über ein BesuchsR hinaus.

Kapitel II. Zentrale Behörden

6 Jeder Vertragsstaat bestimmt eine zentrale Behörde, welche die ihr durch dieses Übereinkommen übertragenen Aufgaben wahrnimmt.

Einem Bundesstaat, einem Staat mit mehreren Rechtssystemen oder einem Staat, der aus autonomen Gebietskörperschaften besteht, steht es frei, mehrere zentrale Behörden zu bestimmen und deren räumliche Zuständigkeit festzulegen. Macht ein Staat von dieser Möglichkeit Gebrauch, so bestimmt er die zentrale Behörde, an welche die Anträge zur Übermittlung an die zuständige zentrale Behörde in diesem Staat gerichtet werden können.

70 Die jew zentrale Beh ist in der Bek zu dem betr VertrStaat im BGBl II angegeben, vgl dazu Fundstellen-Nachw B 1999 S 578 u dazu zuletzt Bek v 22. 6. 99, BGBl II 552; zur ges Liste vgl Staud-Pirrung Rn 654. Zentrale Beh in Dtschland ist der Generalbundesanwalt, § 1 SorgeRÜbkAG v. 5. 4. 90.

7 Die zentralen Behörden arbeiten zusammen und fördern die Zusammenarbeit der zuständigen Behörden ihrer Staaten, um die sofortige Rückgabe von Kindern sicherzustellen und auch die anderen Ziele dieses Übereinkommens zu verwirklichen.

Insbesondere treffen sie unmittelbar oder mit Hilfe anderer alle geeigneten Maßnahmen, um

a) den Aufenthaltsort eines widerrechtlich verbrachten oder zurückgehaltenen Kindes ausfindig zu machen;

b) weitere Gefahren von dem Kind oder Nachteile von den betroffenen Parteien abzuwenden, indem sie vorläufige Maßnahmen treffen oder veranlassen;

c) die freiwillige Rückgabe des Kindes sicherzustellen oder eine gütliche Regelung der Angelegenheit herbeizuführen;

d) soweit zweckdienlich Auskünfte über die soziale Lage des Kindes auszutauschen;

e) im Zusammenhang mit der Anwendung des Übereinkommens allgemeine Auskünfte über das Recht ihrer Staaten zu erteilen;

f) ein gerichtliches oder behördliches Verfahren einzuleiten oder die Einleitung eines solchen Verfahrens zu erleichtern, um die Rückgabe des Kindes zu erwirken sowie gegebenenfalls die Durchführung oder die wirksame Ausübung des Rechts zum persönlichen Umgang zu gewährleisten;

g) soweit erforderlich die Bewilligung von Prozeßkosten- und Beratungshilfe, einschließlich der Beiordnung eines Rechtsanwalts, zu veranlassen oder zu erleichtern;

h) durch etwa notwendige und geeignete behördliche Vorkehrungen die sichere Rückgabe des Kindes zu gewährleisten;

i) einander über die Wirkungsweise des Übereinkommens zu unterrichten und Hindernisse, die seiner Anwendung entgegenstehen, soweit wie möglich auszuräumen.

71 Die Vorschr beschreibt die Aufgaben der zentralen Beh bei der Anwendg des Übk; diese arbeiten unmittelb (dh ohne Vermittlg and Stellen) zus.

Kapitel III. Rückgabe von Kindern

8 Macht eine Person, Behörde oder sonstige Stelle geltend, ein Kind sei unter Verletzung des Sorgerechts verbracht oder zurückgehalten worden, so kann sie sich entweder an die für den gewöhnlichen Aufenthalt des Kindes zuständige zentrale Behörde oder an die zentrale Behörde eines anderen Vertragsstaats wenden, um mit deren Unterstützung die Rückgabe des Kindes sicherzustellen.

Der Antrag muß enthalten

a) Angaben über die Identität des Antragstellers, des Kindes und der Person, die das Kind angeblich verbracht oder zurückgehalten hat;

b) das Geburtsdatum des Kindes, soweit es festgestellt werden kann;

c) die Gründe, die der Antragsteller für seinen Anspruch auf Rückgabe des Kindes geltend macht;

d) alle verfügbaren Angaben über den Aufenthaltsort des Kindes und die Identität der Person, bei der sich das Kind vermutlich befindet.

Der Antrag kann wie folgt ergänzt oder es können ihm folgende Anlagen beigefügt werden:

e) eine beglaubigte Ausfertigung einer für die Sache erheblichen Entscheidung oder Vereinbarung;

f) eine Bescheinigung oder eidesstattliche Erklärung (Affidavit) über die einschlägigen Rechtsvorschriften des betreffenden Staates; sie muß von der zentralen Behörde oder einer sonstigen zuständigen Behörde des Staates, in dem sich das Kind gewöhnlich aufhält, oder von einer dazu befugten Person ausgehen;

g) jedes sonstige für die Sache erhebliche Schriftstück.

Die Vorschr regelt die formalen Vorauss der Geltendmachg eines RückgAnspr, vgl Abs 2 lit c, wg widerr Verbringens od Zurückhaltens eines Kindes iSv Art 3. Zur Sprache vgl Art 24 (Originalsprache mit Übersetzg). 72

9 **Hat die zentrale Behörde, bei der ein Antrag nach Artikel 8 eingeht, Grund zu der Annahme, daß sich das Kind in einem anderen Vertragsstaat befindet, so übermittelt sie den Antrag unmittelbar und unverzüglich der zentralen Behörde dieses Staates; sie unterrichtet davon die ersuchende zentrale Behörde oder gegebenenfalls den Antragsteller.**

Befindet sich das Kind in keinem VertrStaat, ist der Antr zurückzuweisen, Art 27. 73

10 **Die zentrale Behörde des Staates, in dem sich das Kind befindet, trifft oder veranlaßt alle geeigneten Maßnahmen, um die freiwillige Rückgabe des Kindes zu bewirken.**

Anzustreben ist in 1. Linie eine gütl Lösg; sie ist der RückgAO nach Art 12 vorzuziehen. 74

11 **In Verfahren auf Rückgabe von Kindern haben die Gerichte oder Verwaltungsbehörden eines jeden Vertragsstaats mit der gebotenen Eile zu handeln.**

Hat das Gericht oder die Verwaltungsbehörde, die mit der Sache befaßt sind, nicht innerhalb von sechs Wochen nach Eingang des Antrags eine Entscheidung getroffen, so kann der Antragsteller oder die zentrale Behörde des ersuchten Staates von sich aus oder auf Begehren der zentralen Behörde des ersuchenden Staates eine Darstellung der Gründe für die Verzögerung verlangen. Hat die zentrale Behörde des ersuchten Staates die Antwort erhalten, so übermittelt sie diese der zentralen Behörde des ersuchenden Staates oder gegebenenfalls dem Antragsteller.

Zu den Grundzielen des Übk gehört die schnelle Reaktion auf die widerr Selbsthilfe im Interesse des Kindes, Rn 61; desh strebt es die **sofortige** Rückg, Art 1 lit a), Art 12 I, im schnellstmögl Verf, Art 2, an. Der Verwirklichg dieser Grdse dient auch Art 11. Das dtsche Recht sucht in § 8 SorgeRÜbkAG v 5. 4. 90 diesen Anfordergen zu entsprechen. Die gebotene Eile wirkt sich auch auf die Ermittlg des nach Art 3 zu beachtden fremden Rechts aus, Staud-Pirrung Rn 674; vgl dazu auch Art 14. 75

12 **Ist ein Kind im Sinn des Artikels 3 widerrechtlich verbracht oder zurückgehalten worden und ist bei Eingang des Antrags bei dem Gericht oder der Verwaltungsbehörde des Vertragsstaats, in dem sich das Kind befindet, eine Frist von weniger als einem Jahr seit dem Verbringen oder Zurückhalten verstrichen, so ordnet das zuständige Gericht oder die zuständige Verwaltungsbehörde die sofortige Rückgabe des Kindes an.**

Ist der Antrag erst nach Ablauf der in Absatz 1 bezeichneten Jahresfrist eingegangen, so ordnet das Gericht oder die Verwaltungsbehörde die Rückgabe des Kindes ebenfalls an, sofern nicht erwiesen ist, daß das Kind sich in seine neue Umgebung eingelebt hat.

Hat das Gericht oder die Verwaltungsbehörde des ersuchten Staates Grund zu der Annahme, daß das Kind in einen anderen Staat verbracht worden ist, so kann das Verfahren ausgesetzt oder der Antrag auf Rückgabe des Kindes abgelehnt werden.

1) Die Vorschr regelt die Vorauss einer RückgAO bei widerr Verbringen od Zurückhalten eines Kindes iSv Art 3; sie gehört zu den zentralen Best des Übk. **a)** Erforderl ist zunächst die Verletzg eines bestehden u tats ausgeübten SorgeR, Art 3 Abs 1, insbes des AufenthBestR iSv Art 5 lit a; bei bloßer Verletzg des UmgangsR iSv Art 5 lit b kann nur die Gewährg des pers Kontakts nach Art 21 verlangt werden. Die Gerichte od Beh im Zufluchtstaat können die Vorlage einer WiderrechtlkBescheinigg seitens des Herkunftsstaats verlangen, Art 15; in Dtschland ist hierfür jetzt einheitl das FamGer zust, SorgeRÜbkAG 10 iVm 5 u 6. **b)** Die **sofortige** Rückg des Kindes ist nach Abs 1 anzuordnen, wenn das widerr Verbringen od Zurückhalten, das als einmaliger Eingr zu verstehen ist, Karlsr IPRax **92**, 386, FamRZ **92**, 1213, bei Eingang des Antr beim zust Ger (bzw Beh) noch kein Jahr zurückliegt; zur Problematik des FrBeginns vgl KG FamRZ **96**, 692, des FrEndes KG FamRZ **97**, 1099. Eingang bei der Zentralen Beh wahrt diese Frist nicht, Bambg FamRZ **95**, 305, Hamm FamRZ **98**, 385, AG Würzbg FamRZ **98**, 1320. **c)** Die Rückg ist grdsl auch nach Verstreichen der Jahresfrist anzuordnen, sofern das Kind sich nicht erweisl in seine neue Umgebg **eingelebt** hat, Abs 2, dh in das neue familiäre, soziale u kulturelle Umfeld voll integriert hat, vgl dazu Kblz FamRZ **94**, 183, Bambg FamRZ **95**, 306, Düss FamRZ **99**, 113, Karlsr NJWE-FER **99**, 179; ob dies zutrifft, ist vAw festzustellen, Bach FamRZ **97**, 1055. Bei fristgerechtem Eingang des Antr ist Einleben in die neue Umgebg nicht zu prüfen, Stgt FamRZ **96**, 689. Hat der Entführer dch Verschleiern des AufenthOrts des Kindes den 76

Fristablauf herbeigeführt, sind an den Nachw des Einlebens bes strenge Anfordergen zu stellen, Staud-Pirrung Rn 678. **d)** Eine RückgabeAO nach Abs 1 od 2 entfällt, wenn eine der in Art 13 geregelten Ausn vorliegt. **e)** Die AO setzt voraus, daß sich das Kind noch im ersuchten Staat aufhält; gewöhnl Aufenth ist dafür nicht erforderl. Befindet sich das Kind inzw in einem and Staat, so kommt Aussetzg od Ablehng des Antr in Frage, Abs 3; vgl dazu Rn 73.

77 **2)** Die Zuständigk zum Erl der RückgabeAO beurteilt sich nach dem Recht des ersuchten Staates. In Dtschland ist nach § 5 u 6 SorgeRÜbkAG v 5. 4. 90 das FamGer zust, das im FGG-Verf entscheidet, BayObLG **96**, 113. Die Entscheidg kann nicht als einstw Anordng getroffen werden, Zweibr FamRZ **99**, 106 (auch zur Abgrenzg zur Herausgabe).

13 **Ungeachtet des Artikels 12 ist das Gericht oder die Verwaltungsbehörde des ersuchten Staates nicht verpflichtet, die Rückgabe des Kindes anzuordnen, wenn die Person, Behörde oder sonstige Stelle, die sich der Rückgabe des Kindes widersetzt, nachweist,**

a) daß die Person, Behörde oder sonstige Stelle, der die Sorge für die Person des Kindes zustand, das Sorgerecht zur Zeit des Verbringens oder Zurückhaltens tatsächlich nicht ausgeübt, dem Verbringen oder Zurückhalten zugestimmt oder dieses nachträglich genehmigt hat oder

b) daß die Rückgabe mit der schwerwiegenden Gefahr eines körperlichen oder seelischen Schadens für das Kind verbunden ist oder das Kind auf andere Weise in eine unzumutbare Lage bringt.

Das Gericht oder die Verwaltungsbehörde kann es ferner ablehnen, die Rückgabe des Kindes anzuordnen, wenn festgestellt wird, daß sich das Kind der Rückgabe widersetzt und daß es ein Alter und eine Reife erreicht hat, angesichts deren es angebracht erscheint, seine Meinung zu berücksichtigen.

Bei Würdigung der in diesem Artikel genannten Umstände hat das Gericht oder die Verwaltungsbehörde die Auskünfte über die soziale Lage des Kindes zu berücksichtigen, die von der zentralen Behörde oder einer anderen zuständigen Behörde des Staates des gewöhnlichen Aufenthalts des Kindes erteilt worden sind.

78 **1)** Trotz Vorliegens der Vorauss einer RückgAO nach Art 12 kann die Rückg abgelehnt werden, wenn einer der AusnTatbestde in Art 13 erfüllt ist. Ob das zust Ger (bzw Beh) trotzdem die Rückg anordnet, steht in seinem Ermessen, vgl Abs 2 u 3, einschränkd Staud-Pirrung Rn 687. Art 13 läuft der Grundtendenz des Übk zuwider, rechtsw Entführg ungesäumt rückgängig zu machen; er ist desh zurückhaltend anzuwenden, Düss FamRZ **94**, 186, Mü FamRZ **94**, 1339, Ffm FamRZ **94**, 1340, Hamm FamRZ **99**, 949; die restriktive Anwendg der Vorschr ist verfassgsrechtl nicht zu beanstanden, BVerfG NJW **99**, 632. Die Beweislast für das Vorliegen eines der AusnTatbestde trägt der AntrGegner, vgl Kropholler RabelsZ **96**, 501.

79 **2) a)** Die RückgPfl entfällt bei tats Nichtausübg des SorgeR zZ des Verbringens od Zurückhaltens, vgl dazu Rn 65 u 66, sowie bei vorherigem od nachträgl Einverständn des SorgeBerecht, Abs 1 lit a. In beiden Fällen sind an sich schon die AnsprVorauss des Art 3 I nicht erfüllt; die praktische Bedeutg der Regelg liegt in der Umkehrg der Beweislast, vgl KG FamRZ **96**, 692; diese ist verfr unbedenkl, BVerfG NJW **96**, 3145, Niemeyer FuR **97**, 53. **b)** Die Rückg braucht ferner nicht angeordnet zu werden, wenn sie mit der schwerwiegenden **Gefahr** eines körperl od seelischen **Schadens** für das Kind verbunden ist od es sonst in eine unzumutbare Lage bringt, Abs 1 lit b; die Beweislast trägt der Entführer, KG FamRZ **97**, 1099, Ffm FamRZ **97**, 1100. Die Vorschr ist eng auszulegen, da sie sonst geeignet ist, das Hauptziel des Übk zu durchkreuzen, Düss FamRZ **94**, 186, Mü FamRZ **94**, 1339, Ffm FamRZ **96**, 691, KG FamRZ **97**, 1099, Hamm FamRZ **99**, 949, Kropholler RabelsZ **96**, 490. Die restriktive Anwendg ist verfassgsr nicht zu beanstanden; nur ungewöhnl schwerwiegde Beeinträchtiggen des Kindeswohls stehen einer Rückführg entgg, BVerfG NJW **99**, 632. Bloße Belange des Kindeswohls, die bei einer SorgeRRegelg zu prüfen sind, genügen nicht, vgl Art 16 u 19, Mü aaO, Bambg FamRZ **94**, 182, Ffm FamRZ **94**, 1339, Celle FamRZ **95**, 955, Hbg FamRZ **96**, 685 mit abl Anm v Diedrich, KG FamRZ **97**, 1099, einschränkd Ffm FamRZ **96**, 691; ebsowenig die unvermeidb negativen Folgen einer AufenthÄnderg als solcher, Hamm RabelsZ **96**, 479. Nicht ausreichd ist auch die Gefahr der Trenng v dem Entführer, zB der Mutter, Hamm RabelsZ **96**, 479, vgl dazu BVerfG NJW **99**, 632, Nürnbg IPRax **95**, 118, KG FamRZ **97**, 1099, Hamm FamRZ **99**, 949, Bruch FamRZ **93**, 750, Baetge IPRax **95**, 63, str, aM LG Kaisersl NJW-RR **95**, 775, Ffm FamRZ **96**, 690, wohl auch Mü FamRZ **98**, 386; bei kleinen Kindern setzt dies allerd voraus, daß der Mutter die gemeins Rückkehr zumutb ist, Kropholler RabelsZ **96**, 496, ähnl MüKo-Siehr Rn 61 a. Erforderl ist eine schwerwiegde Gefahr für das Kind, nicht ausreichd eine Gefahr für die Mutter, BVerfG FamRZ **97**, 1270 (Strafverfolgg im Herkunftsstaat), vgl auch Kblz FamRZ **93**, 98. Beispiele: Gefahr der Mißhandlg od des sexuellen Mißbrauchs, unzureichde Lebensbedinggen, fehlde Betreung, Bedrohg dch Kampfhandlgen im Herkunftsstaat, Trenng von Geschwistern. Im Sonderfall **gegenläufiger Rückführungsanträge** ist eine nähere mat Prüfg des Kindeswohls verfassgsr geboten, BVerfG NJW **99**, 633 (PflBestllg erfdl), NJW **99**, 2175 (KammerBeschl), vgl dazu Coester-Waltjen JZ **99**, 463, Hohloch DEuFamR **99**, 73. **c)** Die Rückg kann ferner abgelehnt werden, wenn ein urteilsfähiges **Kind** sich ihr aus freien Stücken **widersetzt**, Abs 2, dh ernsthaft u unbeeinflußt dch den entführden EltT, Brdbg NJW-RR **97**, 902; eine Altersgrenze besteht nicht, entscheidd ist die Reife des Kindes zur selbstd Beurteilung der Rückführg, vgl dazu Celle FamRZ **95**, 955, LG Kaisersl NJW-RR **95**, 775, Ffm FamRZ **96**, 689, Brdbg NJW-RR **97**, 902, KG FamRZ **97**, 1100, BVerfG FamRZ **99**, 1054 (Kammerbeschl); das Mindestalter wird im allg bei etwa 8 Jahren liegen, vgl Hamm FamRZ **99**, 949, Düss FamRZ **99**, 949, ferner Baetge/Papathoma-Baetge IPRax **96**, 295, Bach FamRZ **97**, 1057.

14 **Haben die Gerichte oder Verwaltungsbehörden des ersuchten Staates festzustellen, ob ein widerrechtliches Verbringen oder Zurückhalten im Sinn des Artikels 3 vorliegt, so können sie das im Staat des gewöhnlichen Aufenthalts des Kindes geltende Recht und die gerichtlichen**

oder behördlichen Entscheidungen, gleichviel ob sie dort förmlich anerkannt sind oder nicht, unmittelbar berücksichtigen; dabei brauchen sie die besonderen Verfahren zum Nachweis dieses Rechts oder zur Anerkennung ausländischer Entscheidungen, die sonst einzuhalten wären, nicht zu beachten.

Die Vorschr erleichtert den Nachw fremden Rechts; sie ist insow in Dtschland ohne Bedeutg. Eine weitere **80**
Erleichterg bringt Art 15. Auch bei der Berücksichtigg ausl Entscheidgen, vgl dazu Rn 65, ist kein förml Verf einzuhalten; dies gilt insbes für die Anerkenng einer ausl SorgeREntsch iZshg mit einem ScheidgsUrt; FamRÄndG Art 7 § 1 gilt hier nicht, vgl dazu EG 21 Rn 8.

15 Bevor die Gerichte oder Verwaltungsbehörden eines Vertragsstaats die Rückgabe des Kindes anordnen, können sie vom Antragsteller die Vorlage einer Entscheidung oder sonstigen Bescheinigung der Behörden des Staates des gewöhnlichen Aufenthalts des Kindes verlangen, aus der hervorgeht, daß das Verbringen oder Zurückhalten widerrechtlich im Sinn des Artikels 3 war, sofern in dem betreffenden Staat eine derartige Entscheidung oder Bescheinigung erwirkt werden kann. Die zentralen Behörden der Vertragsstaaten haben den Antragsteller beim Erwirken einer derartigen Entscheidung oder Bescheinigung soweit wie möglich zu unterstützen.

Die Vorschr erleichtert dem Ger (bzw Beh) des ersuchten Staates die Feststellg, ob eine Verletzg eines nach **81**
dem Recht des Herkunftsstaats bestehden SorgeR vorliegt, Art 3 I lit a, vgl Rn 65; eine Bindg an die vorgelegte WiderrechtlkBescheinigg besteht nicht, Staud-Pirrung Rn 691, aM KG FamRZ **97**, 1098. Zur Zstdgk dtscher Ger zur Ausstellg einer solchen Bescheinigg vgl § 10 SorgeRÜbkAG v 5. 4. 90, BayObLG **96**, 113; zum RSchutzBedürfn Zweibr FamRZ **99**, 950.

16 Ist den Gerichten oder Verwaltungsbehörden des Vertragsstaats, in den das Kind verbracht oder in dem es zurückgehalten wurde, das widerrechtliche Verbringen oder Zurückhalten des Kindes im Sinn des Artikels 3 mitgeteilt worden, so dürfen sie eine Sachentscheidung über das Sorgerecht erst treffen, wenn entschieden ist, daß das Kind aufgrund dieses Übereinkommens nicht zurückzugeben ist, oder wenn innerhalb angemessener Frist nach der Mitteilung kein Antrag nach dem Übereinkommen gestellt wird.

Die Vorschrift bewirkt die Unterbrechg eines anhängigen SorgeRVerf bis zur rechtskr Entsch über den **82**
RückgAntr gem Art 8 bzw bis zum Ablauf einer angemessenen Fr zur Stellg eines solchen Antr. Vorauss dafür ist eine forml Mitteilg vom widerr Verbringen od Zurückhalten an das mit dem SorgeRVerf befaßte Ger (bzw Beh); Antr an zentrale Beh gem Art 8 ist nicht erfdl, aM AG Würzbg FamRZ **98**, 1320.

17 Der Umstand, daß eine Entscheidung über das Sorgerecht im ersuchten Staat ergangen oder dort anerkennbar ist, stellt für sich genommen keinen Grund dar, die Rückgabe eines Kindes nach Maßgabe dieses Übereinkommens abzulehnen; die Gerichte oder Verwaltungsbehörden des ersuchten Staates können jedoch bei der Anwendung des Übereinkommens die Entscheidungsgründe berücksichtigen.

Allein eine bereits vorliegde SorgeREntsch des ersuchten Staats berechtigt nicht dazu, die beantragte **83**
Rückg des Kindes abzulehnen; dies gilt auch dann, wenn die SorgeREntsch des Herkunftsstaats, welche die Widerrechtlk iSv Art 3 I lit a begründet, zeitl nach der Entsch des Zufluchtstaats erlassen wird, Staud-Pirrung Rn 695; Art 34 S 2 bleibt unberührt.

18 Die Gerichte oder Verwaltungsbehörden werden durch die Bestimmungen dieses Kapitels nicht daran gehindert, jederzeit die Rückgabe des Kindes anzuordnen.

Das Übk begründet bei Vorliegen best Vorauss die Pflicht eines VertrStaates zur Rückg eines entführten **84**
Kindes; sein **Recht**, die Rückg auch dann anzuordnen, wenn diese Vorauss nicht erfüllt sind, bleibt unberührt. Die Vorschr ist in Dtschland ohne Bedeutg, MüKo-Siehr Rn 66.

19 Eine aufgrund dieses Übereinkommens getroffene Entscheidung über die Rückgabe des Kindes ist nicht als Entscheidung über das Sorgerecht anzusehen.

Eine nach dem Übk erl RückgAO soll ledigl den Zustd vor der Entführg wiederherstellen (Parallele zum **85**
Besitzschutz). Sie präjudiziert od ersetzt nicht die SorgeREntsch, die nach Rückführg im Herkunftsstaat zu treffen ist.

20 Die Rückgabe des Kindes nach Artikel 12 kann abgelehnt werden, wenn sie nach den im ersuchten Staat geltenden Grundwerten über den Schutz der Menschenrechte und Grundfreiheiten unzulässig ist.

Die Vorschr enth einen **ordre public**-Vorbeh zG der Grundwerte über den Schutz der **Menschenrechte** **86**
u **Grundfreiheiten** im ersuchten Staat; der Rückgr auf die allg Vorbeh-Klauseln in EG 6, vgl dort Rn 11, od FGG 16a Nr 4 ist ausgeschl, Staud-Pirrung Rn 698. Die Best ist eng auszulegen, Kblz FamRZ **93**, 98; sie erfaßt nur flagrante Verletzgen der EMRK od der dtschen Grundrechte, zB bei rechtsstaatswidr Verh im

Herkunftsstaat, vgl Staud-Pirrung aaO, Ffm FamRZ **94**, 1340 (v vornherein ausgeschl bei beantragter Rückführg in die USA, vgl aber Ffm FamRZ **96**, 691). Das BVerfG hat die Rückführg eines Kleinkindes zu seinem Vater in den USA dch einstw AO wg mögl Gefährdg des Kindeswohls u damit der GrdRe aus GG 1 u 2 zunächst untersagt, BVerfG FamRZ **95**, 663, die VerfBeschw selbst aber nicht zur Entsch angenommen, BVerfG FamRZ **96**, 277 = RabelsZ **96**, 483; vgl ferner BVerfG IPRax **95**, 118, FamRZ **96**, 405 u 479, NJW **96**, 3145. GG 16 II steht einer Rückführg nicht entgg, Hamm RabelsZ **96**, 479, BVerfG RabelsZ **96**, 484, NJW **96**, 3145, Klein IPRax **97**, 109.

Kapitel IV. Recht zum persönlichen Umgang

21 Der Antrag auf Durchführung oder wirksame Ausübung des Rechts zum persönlichen Umgang kann in derselben Weise an die zentrale Behörde eines Vertragsstaats gerichtet werden wie ein Antrag auf Rückgabe des Kindes.

Die zentralen Behörden haben aufgrund der in Artikel 7 genannten Verpflichtung zur Zusammenarbeit die ungestörte Ausübung des Rechts zum persönlichen Umgang sowie die Erfüllung aller Bedingungen zu fördern, denen die Ausübung dieses Rechts unterliegt. Die zentralen Behörden unternehmen Schritte, um soweit wie möglich alle Hindernisse auszuräumen, die der Ausübung dieses Rechts entgegenstehen.

Die zentralen Behörden können unmittelbar oder mit Hilfe anderer die Einleitung eines Verfahrens vorbereiten oder unterstützen mit dem Ziel, das Recht zum persönlichen Umgang durchzuführen oder zu schützen und zu gewährleisten, daß die Bedingungen, von denen die Ausübung dieses Rechts abhängen kann, beachtet werden.

87 Die Vorschr dient der Verwirklg des zweiten Hauptziels des Übk, der Sicherstellg der tats Beachtg eines UmgangsR, vgl Rn 63. Für das Verf gelten Art 8 f entspr, Abs 1; auch der erstmalige Erlaß einer UmgangsRegelg gehört hierher, Staud-Pirrung Rn 699. Ob ein UmgangsR besteht, ist nach dem Recht des Herkunftsstaates zu beurteilen (kollr Gesamtverweisg; Art 3 I lit a gilt entspr, Staud-Pirrung Rn 700). Die int Zustdgk dtscher Ger zur Neuregelg des Umgangs ergibt sich bei gewöhnl Aufenth des Kindes aus Art 1 MSA, vgl Rn 10, nicht aus analoger Anwendg von Art 21, aM Bambg FamRZ **99**, 953.

Kaptiel V. Allgemeine Bestimmungen

31 Bestehen in einem Staat auf dem Gebiet des Sorgerechts für Kinder zwei oder mehr Rechtssysteme, die in verschiedenen Gebietseinheiten gelten, so ist

a) eine Verweisung auf den gewöhnlichen Aufenthalt in diesem Staat als Verweisung auf den gewöhnlichen Aufenthalt in einer Gebietseinheit dieses Staates zu verstehen;

b) eine Verweisung auf das Recht des Staates des gewöhnlichen Aufenthalts als Verweisung auf das Recht der Gebietseinheit dieses Staates zu verstehen, in der das Kind seinen gewöhnlichen Aufenthalt hat.

88 Die Vorschr regelt die Unteranknüpfg, wenn im Herkunftsstaat, vgl Art 3 I lit a, 4, 13 III, 14, 15, keine REinheit besteht (zB USA, Australien, Kanada). Maßgebd ist jeweils diejenige TeilROrdng, in deren Gebiet das Kind seinen gewöhnl Aufenth hat.

32 Bestehen in einem Staat auf dem Gebiet des Sorgerechts für Kinder zwei oder mehr Rechtssysteme, die für verschiedene Personenkreise gelten, so ist eine Verweisung auf das Recht dieses Staates als Verweisung auf das Rechtssystem zu verstehen, das sich aus der Rechtsordnung dieses Staates ergibt.

89 Bei personaler RSpaltg, vgl dazu Rn 4 vor EG 3, best das interpersonale Recht des betr Herkunftsstaates die maßg TeilROrdng.

33 Ein Staat, in dem verschiedene Gebietseinheiten ihre eigenen Rechtsvorschriften auf dem Gebiet des Sorgerechts für Kinder haben, ist nicht verpflichtet, dieses Übereinkommen anzuwenden, wenn ein Staat mit einheitlichem Rechtssystem dazu nicht verpflichtet wäre.

90 Das Übk ist innerh eines MehrRStaates, dh im Verh seiner TeilROrdngen untereinander, unanwendb.

34 Dieses Übereinkommen geht im Rahmen seines sachlichen Anwendungsbereichs dem Übereinkommen vom 5. Oktober 1961 über die Zuständigkeit der Behörden und das anzuwendende Recht auf dem Gebiet des Schutzes von Minderjährigen vor, soweit die Staaten Vertragsparteien beider Übereinkommen sind. Im übrigen beschränkt dieses Übereinkommen weder die Anwendung anderer internationaler Übereinkünfte, die zwischen dem Ursprungsstaat und dem ersuchten Staat in Kraft sind, noch die Anwendung des nichtvertraglichen Rechts des ersuchten Staates, wenn dadurch die Rückgabe eines widerrechtlich verbrachten oder zurückgehaltenen Kindes erwirkt oder die Durchführung des Rechts zum persönlichen Umgang bezweckt werden soll.

91 Die Vorschr regelt die Kollision mit and StaatsVertren. Ggü dem MSA ist das Übk in seinem sachl AnwendgsBereich vorrangig, S 1; dies gilt insbes für RückgabeAO gem Art 12 u UmgangsRegelg gem Art 21, die zugleich Schutzmaßn iS des MSA sind; für die Frage des Bestehens eines ges SorgeR bzw

UmgangsR ist insow nur auf Art 3 I lit a abzustellen, vgl dazu Rn 65 u 87. Eine im Herkunftsstaat erl SorgRRegelg, welche die Widerrechtlk eines Verbringens oder Zurückhaltens begründet, kann aber selbstverständl auf dem MSA beruhen. Iü hat ein AntrSt die Wahl, sich an Stelle des Übk auf and StaatsVertre, zB das Europäische Übk v 20. 5. 80, Rn 93 od auf das autonome Recht des ersuchten Staates zu berufen, vgl dazu Art 18.

35 **Dieses Übereinkommen findet zwischen den Vertragsstaaten nur auf ein widerrechtliches Verbringen oder Zurückhalten Anwendung, das sich nach seinem Inkrafttreten in diesen Staaten ereignet hat.**

Ist eine Erklärung nach Artikel 39 oder 40 abgegeben worden, so ist die in Absatz 1 des vorliegenden Artikels enthaltene Verweisung auf einen Vertragsstaat als Verweisung auf die Gebietseinheit oder die Gebietseinheiten zu verstehen, auf die das Übereinkommen angewendet wird.

Die Anwendbk des Übk setzt in zeitl Hins voraus, daß das widerr Verbringen od Zurückhalten, das jeweils **92**
als einmaliger Eingr zu verstehen ist, Karls FamRZ **92**, 848, vgl Rn 66, nach Inkrafttr in beiden beteiligten Staaten stattgefunden hat, Abs 1, weitergehd Böhmer/Siehr Rn 96. Abs 2 betrifft den zeitl Anwendgsbereich des Übk bei Staatenverbindgen u MehrRStaaten.

(Art. 36–45 nicht abgedruckt)

4) Europäisches Übereinkommen über die Anerkennung und Vollstreckung von Entscheidungen **93**
über das Sorgerecht für Kinder und die Wiederherstellung des Sorgeverhältnisses v 20. 5. 80, BGBl **90** II 220; für Deutschland in Kraft seit 1. 2. 91, Bek v 19. 12. 90, BGBl **91** II 392; vgl dazu SorgeRÜbkAG v 5. 4. 90, BGBl 701 zuletzt geänd dch G v 13. 4. 99 BGBl 702. Weitere VertrStaaten: Belgien, Dänemark, Finnland, Frankreich, Griechenland, Irland, Island, Italien, Liechtenstein, Luxemburg, Niederlande, Norwegen, Österreich, Polen, Portugal, Schweden, Schweiz, Spanien, Vereinigtes Königreich, Zypern, vgl FundstellenNachw B 1999 S 573, sowie zuletzt Bek v 9. 6. 99 BGBl II 492. Das Übk gilt für Kinder unter 16 Jahren, vgl näher Art 1 lit a, u regelt vor allem die Anerkenng u Vollstreckg von SorgeREntschen u UmgangsRegelgen, vgl dazu BGH FamRZ **98**, 1507, Mü FamRZ **92**, 1213, Zweibr IPRspr **94** Nr 188, Brem FamRZ **97**, 107, Brschw IPRax **97**, 191, Kblz FamRZ **98**, 966, Celle FamRZ **98**, 110, Karlsr FamRZ **99**, 946, Pirrung IPRax **97**, 182; es beschr sich nicht auf Entführgsfälle, enth aber SonderVorschr im Fall des unzul Verbringens eines Kindes, vgl Art 8 ff u dazu Ffm FamRZ **95**, 1372, u überschneidet sich insof mit dem Haager EntführgsÜbk v 25. 10. 80. Die beiden Übk gelten nebeneinander, vgl Art 34 des Haager Übk u Art 19 des Europ Übk; nach § 12 SorgeRÜbkAG ist aber in Deutschland „zunächst" das Haager EntführgsÜbk anzuwenden, sofern der ASt nicht ausdrückl die Anwendg des Europ Übk wünscht; vgl dazu Siehr StAZ **90**, 333.

5) Bilaterale Abk mit **Österreich.** Im Verh zu Österreich ist das **deutsch-österreichische Vormund-** **94**
schaftsabkommen v 5. 2. 1927 wieder anwendb, Bek vom 21. 10. 59, BGBl II 1250 (betr nur Vormsch selbst, nicht die Tätigk des VormschG in FamSachen); letzteres w dch das in EG 24 Rn 3 genannte Abk über Fürs u JWPflege nicht berührt, es geht dem MSA vor, vgl dessen Art 18 II, AG Kamen DAVorm **83**, 157, LG Paderb ZfJ **88**, 98, Karlsr FamRZ **89**, 898, zweifelnd LG Graz DAVorm **82**, 845.

6) Konsularverträge. Nach Art 5 lit h des Wiener Abk über konsular Beziehgen v 24. 4. 63, BGBl **69** II **95**
1587, für die BRep in Kr getreten am 7. 10. 71, BGBl II 1285, gehört zu den konsular Aufgaben die Wahrg der Interessen mj u and nicht voll geschfähiger Angehöriger des Entsendestaates, insb wenn für sie eine Vormsch od Pflegsch erfdl ist; diese Aufgabe beschr sich auf die Interessenwahrnehmg u besteht nur im Rahmen der ROrdng des Empfangsstaates. Darü hinaus finden sich bes Bestimmgen über **konsularische Befugnisse** in Vormsch- u PflegschSachen in KonsularVertr u über Meistbegünstiggsklauseln auch in HandelsVertr; vgl dazu Soergel-Kegel EG 24 Rn 75.

Vierter Abschnitt. Erbrecht

Vorbemerkung

Art 25 u 26 regeln das internat ErbR. Das Erbstatut wird grdsl dch die Staatsangehörigk des Erbl best, **1**
Art 25 I. Die kasuistischen Durchbrechgen dieser GrdsAnknüpfg, die in EG 24 II aF u EG 25 S 2 aF vorgesehen waren, hat das IPRG 1986 nicht übernommen. Dagg hat es den Grds der NachlEinheit dch die Möglichk einer RWahl für im Inland belegenes unbewegl Verm teilw preisgegeben, Art 25 II. Für die TestForm werden in Art 26 die Vorschren des Haager Übk über das auf die Form letztwilliger Verfüggen anzuwendende Recht v 5. 10. 1961, BGBl **65** II 1145, übern; vgl dazu Rn 8 u 18 vor Art 3.

EG 25 ***Rechtsnachfolge von Todes wegen.*** **I Die Rechtsnachfolge von Todes wegen unterliegt dem Recht des Staates, dem der Erblasser im Zeitpunkt seines Todes angehörte.**

II Der Erblasser kann für im Inland belegenes unbewegliches Vermögen in der Form einer Verfügung von Todes wegen deutsches Recht wählen.

1) Allgemeines. a) Abs 1 enth die GrdsAnknüpfg des Erbstatuts; Abs 2 sieht hiervon eine Ausn dch **1**
Einräumg einer begrenzten RWahl vor. Ergänzde Sonderregeln für Verfüggen vTw enth Art 26. Erbstatut für den ges Nachl **(Nachlaßeinheit)** ist grdsl das **Heimatrecht** des Erblassers zZ seines Todes; zur Anknüpfg bei Mehrstaatern, Staatenlosen u Flüchtlingen vgl Art 5 mit Anh. Über steuerr Aspekte Martiny IStR **98**, 56.
b) Rück- oder Weiterverweisung dch die KollNormen des HeimatR (Personalstatut) des Erblassers sind **2**

nach Art 4 I zu beachten. So entsch kr Rück- od Weiterverweisg das Recht des letzten **Wohnsitzes** des Erbl nach dem Recht der Schweiz, BGH FamRZ **61**, 364 (zur ggwärt RLage Lorenz DNotZ **93**, 148), für den **beweglichen** Nachl auch nach dem Recht von Belgien, Kln FamRZ **92**, 861, BayObLG **95**, 366, Frankreich, vgl BayObLG NJW-RR **90**, 1033, Riering ZEV **94**, 226, Großbritannien, BayObLG **82**, 336, Zweibr Rpfleger **95**, 466, Indien, AG Groß-Gerau IPRspr **91** Nr 151, sowie USA, vgl Firsching, Dtsch-Amerikan Erbfälle, 1965, währd für die Erbf hins des **unbeweglichen** Nachl nach dem IPR dieser Länder das Recht des Lageortes gilt **(Nachlaßspaltung),** Kln FamRZ **92**, 861, LG Mü I FamRZ **98**, 1068 (Belgien), BayObLG NJW-RR **90**, 1033 (Frankreich), BayObLG **82**, 336, FamRZ **88**, 1100 (Großbritannien), BayObLG FamRZ **97**, 318 (Rumänien), Zweibr FamRZ **98**, 263 (Südafrika), BGH NJW **93**, 1921, BayObLG **74**, 223, **75**, 86, **80**, 42, RPfl **84**, 66, Karlsr NJW **90**, 1420, Brdbg FamRZ **98**, 986 (USA), dazu Schurig IPRax **90**, 389, Otte IPRax **93**, 142; dem Prinzip der NachlSpaltg folgt nur eingeschränkt weiterhin auch das österr IPR: ledigl der Eigentumserwerb an NachlGrdsten im Erbgang (modus) richtet sich nach der lex rei sitae, währd die Berufg zum Erben (titulus) auch insow dem allg Erbstatut unterliegt, Kln FamRZ **97**, 1176, S. Lorenz IPRax **90**, 206, zu weitgehd BayObLG **82**, 245, LG Kassel NJWE-FER **97**, 63, v Bar IPR I Rn 535, II Rn 365; zum fr RZust BGH **50**, 63, KG OLGZ **77**, 309, BayObLG **71**, 34, **75**, 153, vgl dazu auch BGH NJW **80**, 2016; zu dtsch-österr Erbfällen Hoyer IPRax **86**, 345, Riering/Bachler DNotZ **95**, 580, v Oertzen/Mondl ZEV **97**, 240. Zu Italien vgl S. Lorenz IPRax **90**, 82, Bortloff RIW **97**, 920 zu den Niederlanden vgl Schmellenkamp MittRhNotK **97**, 245, zu Griechenland Karlsr FamRZ **90**, 1398. Die Rückverweisg kann sich auch aus einer abw RWahl dch den Erbl ergeben, soweit diese nach seinem HeimatR zul ist. Bei der in Abs 2 eröffneten
3 RWahl können selbstverständl nur die dtschen Sachvorschren gewählt werden, Art 4 II. **c)** Sieht das IPR am Lageort v NachlGgstden eine unterschiedl Anknüpfg für die Erbfolge in bewegl u unbewegl Verm vor, so besitzen diese **besonderen** Vorschren des **Belegenheitsstaates** nach Art 3 III **Vorrang** vor der Anknüpfg des Erbstatuts nach Abs 1, vgl dazu Art 3 Rn 14, v Oertzen/Seidenfus ZEV **96**, 210, aM Solomon IPRax **97**, 81; es kommt dann ebenf zu einer **Nachlaßspaltung.** Für WP-Depots bestehen solche Vorschr regelm nicht, vgl Gottwald/Stangl ZEV **97**, 217.

4 **d)** Eine **staatsvertragliche** Sonderregelung enth das Haager Übk über das auf die Form letztw Verfüggen anwendb Recht v 5. 10. 1961, vgl Anh z Art 26, dessen Inhalt in Art 26 eingearbeitet ist. Als Sonderregelg zu beachten sind ferner das dtsch-iran NiederlassgsAbk v 17. 2. 29, RGBl **30** II 1006, wieder in Kraft, vgl Bek v 15. 8. 55, BGBl II 829, das in Art 8 III für die Erbf ebso wie grdsl nach Abs 1 die Anwendg des HeimatR vorsieht, vgl dazu Hamm FamRZ **93**, 111, Schotten/Wittkowski FamRZ **95**, 268, Birmanns IPRax **96**, 320, der dtsch-türkische KonsularVertr v 28. 5. 29, RGBl **30** II 758 (Anlage zu Art 20), wieder in Kraft gem Bek v 29. 5. 52, BGBl II 608 (grdsl HeimatR, für Grdst lex rei sitae, vgl dazu Dörner ZEV **96**, 90, zu den Befugn der Konsuln LG Augsbg u Mü ebda 215, Reinhart BWNotZ **87**, 98, zur Anwendg bei Doppelstaatern AG Bad Hombg IPRspr **77** Nr 103), ferner der dtsch-amerikanische Freundsch-, Handels- u KonsularVertr v 29. 10. 54, BGBl **56** II 488, nebst Protokoll, BGBl **56** II 502 (Art 9 Z 3: Inländerbehandlg bei der Erbf) u der dtsch-sowj KonsularVertr v 25. 4. 58, BGBl **59** II 232, dessen Art 28 III die Erbf in das unbewegl Verm der lex rei sitae unterstellt, vgl Hamm OLGZ **73**, 388. Zum Entwurf eines Haager Abk über die internat Abwicklg v Nachl, abgedr in RabelsZ **75**, 104, vgl Lipstein RabelsZ **75**, 29; zum Haager Übk über das auf die RNachfolge vTw anzuwendde Recht v 1. 8. 89 vgl van Loon MittRhNotK **89**, 9, Kunz ZRP **90**, 212, Brandi, Das Haager Abk v 1989 über das auf die Erbfolge anzuwendde Recht, 1996, Schmellenkamp
5 MittRhNotK **97**, 245. **e)** Zum innerdtschen KollR vgl Rn 23, 24.

6 **2) Bestimmung des Erbstatuts. a) Grundsatz (Absatz 1).** Nach Abs 1 unterliegt die RNachf vTw dem HeimatR (Personalstatut) des Erbl zZ seines Todes; dieses Erbstatut gilt grdsl für den gesamten Nachl unabh v Art u Lage der einz NachlGgst (NachlEinheit); Ausn können sich aber aus einer partiellen Rück- od Weiterverweisg, Rn 2, od aus abweichden Anknüpfgsregeln des BelegenhStaates ergeben, Rn 3. Wohns od gewöhnl Aufenth des Erbl sind für die Anknüpfg des Erbstatuts grdsl belanglos; Ausn gelten bei Staatenl u Flüchtlingen, vgl Art 5 mit Anh, sowie iF einer Rück- od Weiterverweisg auf den Domizilstaat, vgl Rn 2.

7 **b) Rechtswahl (Absatz 2),** vgl dazu Riering ZEV **95**, 404, Mankowski/Osthaus DNotZ **97**, 10. Eine RWahl ist bei der Bestimmg des Erbstatuts grdsl unbeachtl, vgl BayObLG **94**, 48; auch aus der matrechtl Testierfreih ergibt sich keine Befugn zur testamentarischen Bestimmg des Erbstatuts, vgl BGH NJW **72**, 1001; Verweisg auf eine best ROrdng als Ausleggshilfe eines Testaments ist jedoch statth, vgl BGH NJW **72**, 1001, Dopffel DNotZ **76**, 347. Nach dem erst im RAusschuß eingefügten Abs 2 kann der Erbl aber nunm für im **Inland** belegenes unbewegl Vermögen in der Form einer Verfügg vTw **deutsches** Recht wählen; der Inhalt der Verfügg kann sich auf die isolierte RWahl beschr. Dabei ist der Begr des unbewegl Vermögens iS des dtschen Rechts z verstehen, vgl Rn 27 vor Art 3; er umfaßt Grdst samt ihren Bestandten nebst Zubeh, sowie Wohngs- bzw StockwerksEigt u ErbbauRe, vgl Überblick vor § 90 Rn 3, ferner die sonstigen beschr dingl Rechte an Grdsten, Jayme IPRax **86**, 270, vgl dazu Krzywon BWNotZ **86**, 154, **87**, 4, nicht aber auch GesellschAnteile od Miterbenanteile, Reinhart BWNotZ **87**, 101, Tiedemann RabelsZ **91**, 36, aM Dörner DNotZ **88**, 95, Pünder MittRhNotK **89**, 4, od Anspre aus Grdstkauf, -miete od -pacht, wie hier MüKo-Birk Rn 67, aM Dörner aaO 96, Pünder aaO. Die RWahl ist nur für das in der BRep belegene unbewegl Vermögen u nur zG des dtschen Rechts zugelassen; bei Wahl dtschen Rechts für das **gesamte** Verm ist Aufrechterhaltg für inl GrdBesitz statth, Tiedemann RabelsZ **91**, 24. Sofern der Erbl nicht ohnehin nach Abs 1 evtl iVm einer Rückverweisung nach dtschem Recht beerbt wird, hat die Wahl des dtschen Rechts eine kollrechtl **Nachlaßspaltung** zur Folge; der im Inl belegene GrdBesitz wird nach einem and Recht vererbt als der übrige Nachl (sofern es nicht auch für diesen noch nach Art 3 III od 4 I z einer NachlSpaltg
8 kommt, vgl oben Rn 6). Die RWahl kann ebso wie bei Art 15 II Nr 3, vgl dort Rn 22, auch auf ein **einzelnes** hier belegenes Grdst beschr werden, währd für das übrige im Inl belegene unbewegl Vermögen das HeimatR des Erbl in Geltg belassen wird, Lichtenberger DNotZ **86**, 665, Ferid IPR Rz 9–12, 12, Siehr IPRax **87**, 7, Pirrung IPR S 171, Reinhart BWNotZ **87**, 102, Dörner DNotZ **88**, 86, aM Kühne IPRax **87**, 73; vgl dazu auch Art 15 Rn 22. Die RWahl muß nicht ausdr erfolgen, LG Hbg IPRspr **91** Nr 142 (Orientierg am dtschen R bei TestAbfassg genügt). Für die Beurteilg der Formgültigk gilt Art 26, wie hier MüKo-Birk Rn 36, abw Dörner DNotZ **88**, 87, für das Zustandekommen iü dtsches Recht, Tiedemann

RabelsZ **91**, 26. Der Erbl kann die RWahl jederzeit in Form einer VvTw widerrufen, auch wenn sie in einem ErbVertr getroffen wurde, ebso Dörner DNotZ **88**, 91, aM Lichtenberger DNotZ **86**, 665, Siehr IPRax **87**, 7, MüKo-Birk Rn 59; der Widerruf läßt aber Gültigk u Bindgswirkg einer früher errichteten VvTw nach dem bish gewählten Recht unberührt, Art 26 V 1, zust Kühne IPRax **87**, 74, Dörner DNotZ **88**, 88.

c) Nachlaßspaltung. Auch das neue dtsche IPR behandelt den Nachl im Ggs zu vielen ausl KollRechten 9
ebso wie im mat dtschen ErbR als geschl Einheit. Dennoch kann es aGrd staatsvertragl Sonderregelg, vgl Rn 4, abw Anknüpfgsregeln des BelegenhStaates, Art 3 III, partieller Rück- od Weiterverweisg, Art 4 I, od aGrd beschr RWahl, Art 25 II, zu einer unterschiedl erbr Behandlg einz NachlTeile kommen (NachlSpaltg). Der durch Aufspaltg entstandene Nachlaßteil ist grdsl als selbstd Nachl anzusehen, dh nach dem jew maßg Erbstatut so abzuhandeln, als ob er der gesamte Nachl wäre, BGH **24**, 355, BayObLG **95**, 88, FGPrax **95**, 115, FamRZ **96**, 766, Zweibr FamRZ **98**, 264; selbstd Erbeinsetzg für jeden TeilNachl ist desh mögl, BayObLG FamRZ **97**, 392 (iZw aber für den GesamtNachl gewollt, Hamm FamRZ **98**, 121, iErg ebso KG FamRZ **96**, 1574) u nicht als Einsetzg zu einem Bruchteil mit Teilgsanordng aufzufassen, Karlsr JFG **7**, 139; für jeden NachlTeil nach dem für ihn geltden Recht selbstd sind auch die Wirksk einer Erbausschlagg, sowie Auslegg u Gültigk eines Testaments zu beurteilen, vgl BayObLG **80**, 42, **95**, 89, KG FamRZ **95**, 762, Kartzke IPRax **99**, 98 u Rn 23; iZw wird der Testierwille des Erbl aber auf den GesamtNachl gerichtet sein, vgl dazu Hohloch ZEV **97**, 472. Dasselbe Test kann also für den einen Teil wirks, für den and unwirks sein, für den einen kann gesetzl, für den and gewillk Erbf eintreten, BayObLG **95**, 89. Auch das Bestehen von PflichttAnspr, Hbg DtZ **93**, 28 u die Haftg für NachlVerbindlk ist für jeden TeilNachl nach dem dafür maßg Erbstatut selbstd zu prüfen; haftet danach jeder Nachl, so kann der Gläub wählen, gg welchen er vorgehen will; der in Anspr genommenen NachlMasse ist das Geleistete im Verh des Wertes der NachlTeile zu ersetzen, differenzierd Dörner DNotZ **88**, 106. Für den ausl Recht unterliegden NachlTeil besteht grdsl keine internat Zustdgk der dtschen NachlGer, BayObLG FamRZ **97**, 319, Zweibr FamRZ **98**, 263, vgl Rn 18 f. Vgl dazu Kopp, Probleme der NachlAbwicklg bei kollr NachlSpaltg, 1997; Derstadt, Die Notwk der Anpassg bei NachlSpaltg im int ErbR, 1998. – Der dtschen ErbschSteuer können auch Nachl unterliegen, die nach ausl Erbstatut abzuwickeln sind, vgl dazu BFH IPRspr **77** Nr 102.

3) Anwendungsgebiet des Erbstatuts. a) Qualifikation. aa) Nach dem Erbstatut, Rn 6–9, werden 10
grdsätzl alle erbr Fragen beurteilt, also Eintritt u Ztpkt eines Erbfalls (aber Eintritt des Todes sowie Kommorientenvermutg nach Personalstatut, bei unterschiedl Staatsangehörigk der Verst Familienstatut, vgl dazu Jayme/Haack ZVglRWiss **85**, 81, aM Dörner IPRax **94**, 365, für Todesvermutg gilt Art 9), Erbfähigk (vgl aber auch Rn 16) u Berufg zum Erben, insb der **Kreis der gesetzlichen Erben** u ihre Erbquoten, zB das ges ErbR des Eheg (zur Abgrenzg v Erb- u GüterRStatut Art 15 Rn 26–29), des nehel Kindes, BayObLG **93**, 385, auch in der Form des fr ErbersatzAnspr od Anspr auf vorzeit ErbAusgl, BGH **96**, 262 (maßg hypothet Erbstatut zZ der Durchführg), BGH NJW **96**, 2096, and Hbg NJW-RR **96**, 203, Michaels IPRax **98**, 192; dch die Streichg der §§ 1934 a–1934 e dch das ErbGleichG v 16. 12. 97, BGBl 2968 hat sich die Qualifikation solcher Anspr nicht geändert. Dem Erbstatut unterliegen auch das Vorliegen eines erbenl Nachl, u das ges ErbR des Fiskus gleich welcher Form; ist dieses nach dem ausl Erbstatut als öffr Aneigngs-(Heimfalls-)R ausgestaltet, so wirkt es aber grdsl nur territorial begrenzt, ist also im Inl nicht zu beachten, vgl KG OLGZ **85**, 280, Stgt IPRax **87**, 125; für den inl Nachl gilt dann aGrd TeilrückVerweisg insow § 1936 u damit ges ErbR des dtschen Fiskus, Bungert MDR **91**, 716, ZfRV **91**, 241. Das Erbstatut ist maßg für das **Pflichtteilsrecht,** BGH NJW **93**, 1921, Hbg DtZ **93**, 28, Klingelhöffer ZEV **96**, 258, auch in Form eines mat NotErbR od eines PflichttErgänzgsAnspr (selbst wenn er sich gg Dritte richtet, vgl RG **58**, 128), einschl Verj des Anspr, BGH FamRZ **96**, 727, ebso sein Erlaß, sowie PflichttVerzicht, BGH NJW **97**, 521. UnterhAnspr sind dagg auch dann nach Art 18 zu beurteilen, wenn sie sich gg den Nachl richten u ein fehldes ErbR ausgleichen; bei Normenmangel od -häufg Anpassg, Rn 32 vor Art 3, für erbrechtl Qualifikation Henrich Fschr Gernhuber 1993 S 667.

Das Erbstatut entscheidet über die mit dem **Erwerb der Erbschaft** zushängden Fragen, insb Universalsukzession od Sondererbfolge (zB an GesellschAnteilen, vgl dazu v Oertzen IPRax **94**, 73), Einschaltg eines Treuhänders (wie im angloamerik Recht), Vonselbsterwerb od Erfordern einer Einantwortg (nach österr Recht), vgl BayObLG **95**, 47, LG Kln IPRspr **90** Nr 147, Bungert IPRax **92**, 227, Ann u Ausschlagg (einschl Auslegg, Frist, EmpfBedürftigk, Widerruf), LG Saarbr ZfJ **91**, 604, BayObLG **94**, 49, NJW-RR **98**, 798 (dazu auch Rn 17), sowie deren Anfechtg, BayObLG **94**, 53. Das Erbstatut regelt ferner Erbunwürdigk, Ferid Fschr Beitzke (1979) 482 u Erbverzicht, erbr ErwerbsBeschrkgen v JPen, vgl dazu Celle ROW **89**, 442, KG FamRZ **96**, 974, Naumbg FGPrax **96**, 149, den Umfang des Nachlasses, BGH NJW **59**, 1317, vgl aber S. Lorenz NJW **95**, 176, Rn 17, Gestaltg der ErbenGemsch (Gesamthands- oder BruchteilsGemsch) u deren RVerhe, BGH FamRZ **97**, 548, AusgleichsPfl, Erbenhaftg, BGH **9**, 154, ErbschAnspr, Nürnb OLGZ **81**, 115, LG Hbg ROW **85**, 172, Ans IPRspr **89** Nr 163 (auch seine Abtr, KG IPRspr **72** Nr 6), AusgleichsAnspr nach HöfeO 13, Oldenbg IPRspr **79** Nr 135, sowie die ErbAuseinandS, BGH NJW **59**, 1317, BGH **87**, 19, u den ErbschKauf.

bb) Nach dem Erbstatut beurteilen sich grdsl die Vorauss u Wirkgen der **Verfügungen von Todes** 11
wegen, insb der statth Inhalt des Test, zB hins der Möglk v Erbeinsetzg od VermächtnAO, BayObLG **74**, 460; ein Vindikationslegat an inl Grdst nach ausl Erbstatut ist nach dem insow als lex rei sitae maßgebden dtschen Recht als Damnationslegat zu behandeln, vgl Art 3 Rn 14, BGH NJW **95**, 59, BayObLG **95**, 376, Birk ZEV **95**, 285, Dörner IPRax **96**, 26, Gröschler JZ **96**, 1030, Nishitani IPRax **98**, 74, aM Hamm IPRspr **93** Nr 114, auch keine Aufn in dtschen ErbSch, Köln NJW **83**, 525, BayObLG **74**, 466, vgl dazu Hamm IPRspr **89** Nr 162 b, aM van Venrooy ZVglRWiss **86**, 205. Das Erbstatut gilt für die Zulässigk v Vor- u Nacherbsch, Celle FamRZ **57**, 273, die Errichtg eines Testamentary Trust, vgl dazu Siemers/Müller ZEV **98**, 206, od die AO der TestVollstreckg, BayObLG **86**, 475, insb ihre RWirkgen, BayObLG **90**, 51, BFH IPRspr **88** Nr 134 (RStellg eines executor), Hdlbg IPRax **92**, 171, die Befugn zur Ernenng u Entlassg des TestVollstr, Hamm OLGZ **73**, 289 u Umfang seiner RStellg, BGH NJW **63**, 46,KG DtZ **95**, 448, LG Mü I FamRZ **98**, 1068; praktische Hinw für die Gestaltg v Test mit AuslBerührg bei v Oertzen ZEV **95**, 167. Das Erbstatut ist auch
für die **Testamentsauslegung,** BGH WPM **76**, 811, Köln NJW **86**, 2199, BayObLG **86**, 473, RPfl **88**, 366, 12

sowie die TestAnf maßg, BGH FamRZ **77**, 786; bei der Ermittlg des ErblWillens können aber auch RGrdse einer and ROrdng berücksicht werden, unter deren Einfluß der Erbl bei der TestErrichtg stand **(Handeln unter falschem Recht),** BayObLG **80**, 42, LG Mü I IPRax **98**, 117, vgl Firsching IPRax **82**, 98,zB über die Funktion eines TestVollstr, vgl LG Hbg IPRspr **80** Nr 190, **94** Nr 130. Auch die Möglichk der **Umdeutung** einer unwirks Verfügg vTw beurteilt sich nach dem Erbstatut, Jena FamRZ **94**, 787; zur Umdeutg der Anordng einer nach dem Erbstatut unzulässigen Vor- u Nacherbsch vgl Veelken RabelsZ **85**, 1; zur Qualifikation einer testamentarischen joint tenancy vgl Czermak ZVglRWiss **88**, 72. Verbot letztw Verfüggen zG v Heimträgern ist nicht erbr zu qualifizieren, Oldenbg FGPrax **99**, 111, Mankowski FamRZ **99**, 1313.

13 **cc)** Nach dem Erbstatut beurteilen sich grdsl auch der Widerruf eines Test, Hdlbg IPRax **92**, 171 sowie die **Zulässigkeit** der Errichtg einer best Art von Verfüggen vTw u deren **Bindungswirkung;** dies gilt insb für **gemeinschaftliche Testamente** u **Erbverträge,** BayObLG **95**, 51; bei versch Erbstatuten der Eheg bzw der VertrSchließden müssen sie den GültigkAnfordergen beider Erbstatute entspr, insbes also nach beiden Erbstatuten zul sein, sofern sie nicht nur Verfüggen eines der Beteil enth; die Bindgswirkg beurteilt sich für jeden Eheg nach dem für ihn maßgebden Erbstatut, Zweibr NJW-RR **92**, 588, aM Pfeiffer FamRZ **93**, 1276, Erm-Hohloch Rn 31, Riering ZEV **94**, 226 (sämtl für Kumulation der Erbstatute). Das Erbstatut gilt auch für Zulässigk u Verzichtswirkg eines **Erbverzichts**, vgl dazu Riering ZEV **98**, 248, Böhmer ebda 251, sowie für Zulässigk u Bindgswirkg v **Testierverträgen,** abw van Venrooy JZ **85**, 609 (grdsl für schuldr Qualifikation), deren Wirksk grdsl auch nicht gg Art 6 verstößt, MüKo-Birk Art 26 Rn 153. Im Falle eines **Statutenwechsels** gelangt nach **Art 26 V** jedoch nicht das tats Erbstatut, dh das HeimatR (Personalstatut) des Erbl zZ seines Todes, sond das **hypothetische Erbstatut** zZ der Errichtg zur Anwendg, vgl näher Art 26 Rn 7, 8.
14 Für die **Form** gilt Art 26 I–IV. Sofern das Verbot der Errichtg eines gemschaftl Testaments in dem nach Abs 1 berufenen Erbstatut als Formerfordern zu qualifizieren ist, wie im franz od niederl Recht, vgl Riering ZEV **94**, 227, Riering/Marck ZEV **95**, 90, ist ein solches Testament also gültig, wenn es den Anfordergen eines der nach Art 26 I berufenen Rechte genügt, abw Düss NJW **63**, 2227, Hamm NJW **64**, 553. Ist das Verbot dagg matr Art, wie nach ital Recht, so ist das gemschaftl Test nichtig, BayObLG **57**, 376, Ffm IPRax **86**, 111, Rehm MittBayNot **94**, 277, teilw aM Neuhaus/Gündisch RabelsZ **56**, 563. Ähnl Fragen treten bei einem gemschaftl Test v Schweizern in Dtschland auf, vgl BayObLG IPRspr **75** Nr 114 (Umdeutg in Einzeltestament); zur Problematik gemschaftl Testamente im dtsch-engl RVerkehr vgl Dopffel DNotZ **76**, 335, sowie allg Umstätter DNotZ **84**, 532. Entspr Regeln gelten für den ErbVertr.

15 **dd) Schenkungen von Todes wegen** unterliegen dem Erbstatut, soweit sie beim Tod des Schenkers noch nicht vollz sind (andernf Schenkgsstatut, vgl dazu Art 28 Rn 10), BGH NJW **59**, 1317, Winkler v Mohrenfels IPRax **91**, 239, S. Lorenz ZEV **96**, 407; die Frage, ob u wann die Schenkg vollz ist, entsch das für den RÜbergang, zB EigtÜbertragg od Abtretg, maßg Statut, vgl Düss FamRZ **97**, 61, Henrich Fschr Firsching (1985) 118; zu der umstr Qualifikationsfrage (lex fori, Erbstatut od Schenkgsstatut) vgl Henrich aaO, ders Fschr Lorenz (1991) 379, offengelassen bei BGH **87**, 19, Düss FamRZ **97**, 61.

16 **b) Vorfragen.** Die **Erbfähigkeit** des zur Erbsch Berufenen, zB der Leibesfrucht, beurteilt sich grdsl ebenf nach dem Erbstatut; soweit danach RFähigk erfdl ist, handelt es sich um eine selbstd anzuknüpfde Vorfrage, maßg ist also das HeimatR bzw bei JP das Recht des Sitzes, vgl Art 7 I u Anh z Art 12 Rn 2–5, str, für unselbstd Anknüpfg Ebke RabelsZ **84**, 320. Über die **Testierfähigkeit** entsch Art 7 I, soweit sie von der GeschFgk abhäng gemacht ist; soweit es sich um eine bes, nur auf das Testieren abgestellte Fähigk handelt, Art 25, aM MüKo-Birk Art 26 Rn 13 (stets Erbstatut), van Venrooy JR **88**, 485 (stets Art 7 I); ebso wie die GeschFgk nach Art 7 II wird auch die einmal erlangte TestierFgk dch Erwerb od Verlust der RStellg als Dtscher iSv GG 116 I u entspr in jedem and Fall eines Wechsels des Personalstatuts nicht beeinträchtigt,
17 Art 26 V 2, vgl dort Rn 9. Ob eine Pers die zur **Berufung erhebliche Rechtsstellung** hat, zB Ehefr, ehel od nehel Kind od dch Adoption einem ehel Kind in jed Hins gleichgestellt ist, richtet sich nach dem dafür in Betr kommden Statut, also Art 13, 19 I, 20, 22, BayObLG **80**, 72, Düss FamRZ **96**, 699, **98**, 1629, Müller NJW **85**, 2059, vgl Art 22 Rn 6, für unselbst Anknüpfg Oldbg IPRspr **87** Nr 107; selbstd anzuknüpfen ist also insb die Vorfrage des gültigen Bestehens einer Ehe, BGH NJW **81**, 1900, grdsl auch Hamm FamRZ **93**, 607 mAv Haas; nach Art 17 I ist zu beurteilen, ob ein Eheg als schuld an der Scheidg anzusehen wäre, sofern davon sein ErbR abhängt, BayObLG **80**, 276 (bei Zustreffen v dtschem Scheidgsstatut mit ausl Erbstatut, das auf die Schuldfrage abstellt, kann Anpassg erfdl sein, vgl dazu Firsching IPRax **81**, 86 u Coester IPRax **82**, 206). Bei einer im Ausl vorgen Adoption, die im Inl anzuerk ist, vgl dazu Art 22 Rn 10, entsch das auf die Adoption tats angewandte Recht über den erbr Status des Kindes, Düss FamRZ **98**, 1629, Klinkhardt IPRax **99**, 356. Welche **Gegenstände zum Nachlaß** gehören, ist ebenf eine selbstd anzuknüpfde Vorfrage, BGH BB **69**, 197 (Bankguthaben), Kln OLGZ **75**, 1 (VersichergsAnspr), KG DNotZ **77**, 749 (lex rei sitae für TrHdEigt); über die Vererblichk von GesellschAnteilen u die Zulässigk einer TestVollstreckg an diesen entscheidet desh das GesellschStatut, vgl dazu v Oertzen IPRax **94**, 73, RIW **94**, 818. Ob ein UnterhAnspr mit dem Tod des Berecht od Verpfl erlischt, entsch das UnterhStatut, vgl BayObLG **95**, 51, Staud-Dörner Rn 132. Selbstd anzuknüpfen ist auch die ges Vertretgsmacht bei Erbausschlagg, LG Saarbr ZfJ **91**, 604. Für die Beurteilg der **Formgültigkeit** einer Verfügg vTw gilt Art 26.

18 **4) Internationales Verfahrensrecht.** Schrifttum: Firsching-Graf, NachlR, 7. Aufl (1994) 107 ff; Berenbrok, Internat NachlAbwicklg (1989). **a)** Das IPRG 1986 hat auf eine Neuregelg der **internationalen Zuständigkeit** in NachlAngelegenh wg Fehlens eines zwingden Bedürfnisses u wg der bestehden Zweifel bei den GrdsFragen verzichtet, Begr BT-Drucks 10/504 S 92. Die internat Zustdgk der dtschen NachlGere setzt nach der bish stRspr bei Fehlen einer staatsvertragl ZustdgkRegelg grdsl voraus, daß dtsches ErbR anzuwenden ist **(Gleichlaufsgrundsatz),** BayObLG **76**, 151, **95**, 49, KG OLGZ **77**, 309, Brdbg FamRZ **98**, 986, Zweibr FamRZ **98**, 263; dch das Inkrafttr des IPRG 1986 hat sich hieran nichts geändert, BayObLG **86**, 469, NJW-RR **91**, 1099, FamRZ **94**, 331. Die internat Zustdgk ist damit abhäng v dem nach dtschem IPR zu bestimmden HerrschBereich des dtschen mat Rechts, wobei Rückverweisg u NachlSpaltg zu beachten sind, vgl oben Rn 6–9. Eine Ausnahme gilt für vorl sichernde Maßn u Erteilg v ggstdl beschr Erbscheinen u TestVollstrZeugnissen, §§ 2369, 2368 III. Diese Praxis ist im Schriftt auf zunehmde **Kritik** gestoßen, vgl

Heldrich, Internat Zustdgk u anwendb Recht, 1969 § 10 IV, Kegel IPR § 21 IV, Wiethölter in: Vorschläge u Gutachten zur Reform des dtschen internat ErbR (1969) 141, Berenbrok S 248, Rehm MittBayNot **94**, 275, Ultsch MittBayNot **95**, 6. Danach soll die dtsche internat Zustdgk in NachlSachen bei Vorliegen einer örtl Zustdgk, FGG 73, grdsl auch bei Anwendbk ausl Rechts bestehen, sofern dieses mit dem inl VerfR verträgl ist, also keine wesensfremde Tätigk erfordert, Soergel-Schurig Rn 49. Die Rspr hat sich dieser Auffassg angenähert, soweit Ablehng der internat Zstdgk zu RVerweigerg führen würde, BayObLG **65**, 423 (Mitwirkg bei ErbschAnn u InvErrichtg nach ital Recht, dazu Heldrich NJW **67**, 417, Neuhaus NJW **67**, 1167), LG Hagen FamRZ **97**, 645 (ErbAusschlagg); Hamm OLGZ **73**, 289 (interlokal) u Ffm OLGZ **77**, 180 lassen Durchbrechg des GleichlaufsGrds auch aus Grden des FürsBedürfn od der NotZustdgk zu (Entlassg eines Testvollstr), ähnl BayObLG **94**, 50 (Entggn einer AusschlaggsErkl nach ausl R wirks analog FGG 7), krit dazu S. Lorenz ZEV **94**, 148; SchlHOLG SchlHA **78**, 37 leitet (allerd bei Anwendg v EG 25 S 2 aF) internat Zustdgk schlechthin aus der örtl Zustdgk ab; für weitgehde Aufgabe des GleichlaufsGrds unter Hinw auf EMRK 6 I u EGV 6 auch Ultsch aaO. Ohne Einschränkg zuläss sind **vorläufige sichernde Maßregeln,** da 19
es der internat Übg entspricht, daß die inl Gerichte im BedürfnFalle bei der Sicherg des inl Nachl eines Ausländers mitzuwirken haben, KGJ **53**, 79. Demgem ist in diesem weiteren Rahmen NachlPflegsch nach § 1960, BayObLG **82**, 288 (vgl dazu Firsching IPRax **83**, 83), aber auch § 1961 mögl, KG JW **34**, 909, Mü JFG **16**, 98, selbst wenn das ausl Recht sie nicht kennt; die Vertretgsbefugn hängt auch nicht davon ab, ob der NachlPfl zweck- u pflichtm handelt, BGH **49**, 1; hierher gehört auch die TestEröffng, sofern der Sichergs-zweck die Eröffng verlangt. Die dtsche internat Zustdgk zur Erteilg eines ggstdl beschr **Erbscheins** in 20
Anwendg ausl Rechts (FremdRErbSch) ergibt sich aus § 2369; Korrektur des Erbstatuts gem Art 6 ist darin zu vermerken, Lorenz IPRax **93**, 150; z Entggn einer Ausschlagg BayObLG NJW-RR **98**, 800, Lorenz ZEV **98**, 474. Ein allg ErbSch nach § 2353 wird nach der bish Praxis nur erteilt, wenn dtsches ErbR anwendb ist (EigenRErbSch). Soweit nach Art 3 III, 4 I od 25 II NachlSpaltg eintritt, vgl Rn 9, ist für den dtschem Recht unterliegden NachlTeil ein allg ErbSch nach § 2353 auszustellen, BayObLG FamRZ **97**, 319, vgl dazu Hohloch ZEV **97**, 469; die eingeschr Geltg eines solchen EigenRErbSch ist in ihm zu vermerken, BayObLG **67**, 8 u 430. Nach einer im Schriftt vertr Auffassg soll dagg die Ausstellg eines allg ErbSch gem § 2353 unabhäng von der Anwendbk dtschen Rechts erfolgen, Soergel-Schurig Rn 64. Bei Beerbg **Deutscher** nach ausl Recht wird auch nach ggwärt Praxis der NachlGe allg ErbSch nach § 2353 erteilt, BayObLG **61**, 176, **67**, 197 (Sudetendtsche, die vor od währd der Vertreibg gestorben sind), vgl auch BayObLG **64**, 292; ähnl Zweibr OLGZ **85**, 413 (bei im Ausl belegenem GrdBes eines dtschen Erbl, der nach Art 3 III nach dem Recht des Lageortes vererbt wird, wenn die Gefahr einer RVerweigerg besteht; vgl dazu Witz/Bopp IPRax **87**, 83). Für das **Testamentsvollstreckerzeugnis** gelten die genannten Grdse entspr, vgl § 2368 III u dazu 21
§ 2369 Anm 5, abw LG Hbg IPRspr **80** Nr 190; zum FremdRZeugn nach § 1507 vgl Dörner DNotZ **80**, 662.

b) Für die **Anerkennung** eines von einem ausl Ger erteilten ErbSch gilt grdsl FGG 16 a; vgl dazu 22
Kaufhold ZEV **97**, 401, sowie Art 21 Rn 8, ferner Geimer Fschr Ferid (1988) 117 (grdsl keine Anerkenng wg fehlder RKraftwirkg), Krzywon BWNotZ **89**, 133; zur österr Einantwortg vgl Zweibr RPfl **90**, 121, LG Kln MittRhNotK **90**, 285, Bungert IPRax **92**, 225, zur schweiz Erbbescheinigg BayObLG NJW-RR **91**, 1098, Kaufhold ZEV **97**, 403. Trotz Vorliegens der Anerkenngsvorauss besteht aber bei internat Zustdgk auch der dtschen NachlGer zur Erteilg eines ErbSch **keine Bindung** an einen bereits im Ausl erteilten ErbSch, BayObLG **65**, 377, NJW-RR **91**, 1099; das gleiche gilt, wenn der ausl ErbSch inhaltl nicht der nach den dtschen KollNormen gegebenen RLage entspr, KG IPRspr **73** Nr 105. Ob ein anerkenngsfähiger ausl ErbSch die TatbestdsVorauss einer dtschen Vorschr erfüllt, hängt von deren Auslegg ab, KG NJW-RR **97**, 1095 (verneint für GBO 35, krit dazu Kaufhold ZEV **97**, 402); vgl dazu Rn 31 vor Art 3.

5) Innerdeutsches Kollisionsrecht; vgl dazu Andrae NJ **98**, 113 u 175, Schlüter/Fegeler FamRZ **98**, 23
1337, Märker ZEV **99**, 245. **a)** Dch das ErbGleichG v 16. 12. 97, BGBl 2968 ist die REinh in Dtschland mit Wirkg z 1. 4. 98 auch auf dem Gebiet des ErbR hergestellt worden. Die erbr **Gleichstellung ehelicher und nichtehelicher Kinder** nach dem ZGB der DDR hatte bis zu diesem Ztpkt nur iR der Übergangsvorschr des Art 235 § 1 II zG von nehel Kindern gegolten, die vor dem 3. 10. 90 geboren sind. Desh stellte sich insow bei **Erbfällen nach dem Beitritt** der DDR am 3. 10. 90 auch weiterhin die Frage des anwendb Erbstatuts; dabei war an den gewöhnl Aufenth des Erbl am 3. 10. 90 anzuknüpfen, LG Bln FamRZ **92**, 1105, Kln FamRZ **93**, 484 u weitere Nachw in 57. Aufl; nur wenn der Erbl im Ztpkt des Beitritts in der früh DDR lebte od schon damals ein dort belegenes Grdst besaß, Art 3 III iVm RAG 25 II, galten also schon vor dem 1. 4. 98 für das ges Erb- u PflichttR die Vorschr üb das ErbR des ehel Kindes; Geburtsort u gewöhnl Aufenth des Kindes waren dabei gleichgült. Nach der ÜbergangsBest in Art 225 I sind die Vorschr über das ErbR des nehel Kindes (§§ 1934 a–1934 e, 2338 a aF) weiter anzuwenden, wenn der Erbl vor dem 1. 4. 98 gestorben ist od vor diesem Ztpkt eine wirks Regelg über den vorzeitigen Erbausgleich getroffen worden ist. In diesem zeitl Rahmen behalten also auch die genannten Regeln zur Anknüpfg des Erbstatuts bei Erbfällen mit Beteiligg nehel Kinder ihre Bedeutg.

b) Im übr ergeben sich kollr Probleme grdsl nur mehr in **Erbfällen**, die **vor** dem **3. 10. 90** eingetreten 24
sind. Ob für diese gem Art 235 § 1 I statt des BGB das ZGB der fr DDR anzuwend ist, best sich nach den bish Regeln des dtschen interlokalen PrivatR, die nunm einheitl gelten, Art 236 Rn 1 u 4, BGH **124**, 270 (mAv Thode JZ **94**, 472 u Dörner IPRax **95**, 89), Erf FamRZ **94**, 465. Im Verh zur DDR galt Art 25 entspr; vgl dazu im einz Dörner DNotZ **77**, 324, Kringe NJW **83**, 2292, Wähler Fschr Mampel (1983) 191, Wohlgemuth ROW **85**, 162. Als Erbstatut maßgebd ist also bei Altfällen grdsl das Recht am letzten gewöhnl Aufenth des Erblassers, BGH **124**, 273, vgl ferner BayObLG **92**, 64, Jena FamRZ **94**, 787, Hamm FamRZ **95**, 759, KG FamRZ **96**, 974, Brdbg FamRZ **97**, 1024, 1030, FamRZ **99**, 190, Naumbg OLG-NL **99**, 107.

Eine **Ausnahme** gilt aber für in der fr DDR belegene **Grundstücke,** bei welchen auch das bish interlokale PrivatR in der BRep seit dem Inkrafttr des RAG der fr DDR am 1. 1. 76 gem Art 3 III iVm § 25 II RAG zur Anwendg des ErbR der DDR gelangt ist, vgl Art 3 Rn 14; an dieser RLage hat sich mit dem Inkrafttr des BGB u des EGBGB in ganz Deutschland nichts geändert; zur Auslegg v § 25 II RAG vgl BayObLG **95**, 85,

98, 245 u Dresd MittRhNotK 97, 267 (nicht ausr Anteil an ungeteilter ErbGemsch mit Grdst in DDR, aM Oldbg MittRhNotK 98, 133, Andrae NJ 99, 148), Solomon IPRax 95, 28, Märker ZEV 99, 246. Bei Erbfällen in der Zeit zw dem 1. 1. 76 u dem 3. 10. 90 ist die Erbfolge in ein in der fr DDR belegenes Grdst also auch dann nach dem ZGB zu beurteilen, wenn der Erbl seinen letzten gewöhnl Aufenth im alten Bundesgebiet hatte **(Nachlaßspaltung)**, stRspr, BGH FamRZ **95**, 481, BGH **131**, 26, BayObLG FamRZ **97**, 391, KG FamRZ **96**, 570, 1573, **98**, 125, Zweibr FamRZ **92**, 1474, Hbg DtZ **93**, 28, Köln OLGZ **94**, 336, Hamm FamRZ **98**, 122, Karlsr DtZ **95**, 338, Thür OLG-NL **97**, 16, vgl dazu BVerfG DtZ **93**, 209 (unzul VorlageBeschl); dagg kommt es nicht zur NachlSpaltg, wenn der Erbf vor Inkrafttr des RAG am 1. 1. 76 eintrat, Ffm FamRZ **93**, 857, BayObLG **94**, 47, FamRZ **94**, 848, KG DtZ **96**, 213,Thür OLG-NL **97**, 154, trotzdem erörtert in BGH NJW **93**, 2177. Jeder TeilNachl ist nach dem für ihn maßg dtschen ErbR zu beurteilen, zB das Bestehen von PflichtAnspren, Hbg DtZ **93**, 28, die Wirksk einer Erbausschlagg u ihrer Anf, BGH NJW **98**, 227 (vor westdtschem NachlGer erklärte Ausschlagg für DDR-Recht unterliegden TeilNachl unwirks), BayObLG **95**, 79, Bn Rpfleger **91**, 508, KG FamRZ **92**, 612, 1478, ZEV **97**, 155, Dresd OLG-NL **96**, 139,vgl auch Bln NJW **91**, 1238; das gleiche gilt für TestAnf, vgl dazu BGH **124**, 270, KG FamRZ **96**, 571 (and bei Wohns des Erbl in der BRep, vgl RAG 26), TestAuslegg, Köln OLGZ **94**, 336, KG FamRZ **96**, 125, BayObLG FamRZ **96**, 766, Hamm FamRZ **96**, 1577, abw Oldbg DtZ **92**, 290, AO v VE- u NEFolge, KG FamRZ **96**, 1574, u TVollstreckg, KG FGPrax **95**, 158, v Morgen/Götting DtZ **94**, 199, ebso für Erbteilübertragg, vgl dazu Bultmann NJ **94**, 5 u HerausgAnspr gg den ErbschBesitzer, Brdbg ZEV **97**, 158. Die Bindgswirkg eines gftl Test od ErbVertr beurteilt sich nach dem zZ der Errichtg maßg Erbstatut, Art 26 V, KG FamRZ **98**, 124. Zur NachlSpaltg gem Art 3 III iVm § 25 II RAG kommt es auch, wenn das NachlGrdst im Ztpkt des Erbf unter vorl Verwaltg gestellt war, LG Karlsr DtZ **94**, 318, KG ZEV **97**, 156. Zur Vererbg v BodenreformGrdsten BGH ZEV **99**, 275.

Dagg entstand der Anspr auf Rückübertragg enteigneter Grdste od Gebäude in der fr DDR nach § 3 I VermG im Ztpkt des Inkrafttr des VermG am 29. 9. 90 originär in der Pers des an diesem Stichtag Berecht iSv § 2 I VermG, dh ggf des RNachfolgers des v der Enteigng ursprüngl Betroffenen, BGH **131**, 28, vgl ferner BGH **123**, 81, Kblz DtZ **93**, 254, BayObLG FamRZ **96**, 189; da der RNachfolger diesen Anspr nicht vom Erbl geerbt hat, er vielmehr gar nicht in dessen Nachl fällt, BG Erfurt NJ **93**, 373, Limmer ZEV **94**, 31, aM Hamm MittBayNot **95**, 222 (Ersatzsurrogation), Fischer VIZ **97**, 569, kommt die Anwendg v § 25 II RAG insow nicht in Betr, BGH **131**, 28, BayOblG FamRZ **97**, 391, KG FamRZ **96**, 1573, Düss NJW **98**, 2608, Heldrich, Das ILP Dtschlands nach dem EinigsV (1992) 21, Staud-Dörner Rn 901, iErg auch schon BGH **123**, 81 (Anwendg von BGB 2313 auf Anspre aus dem VermG wg GrdVerm in der fr DDR, einschränkd dazu LG Hbg NJW **98**, 2608, vgl auch Kln NJW **98**, 240), Celle DtZ **92**, 355, Oldbg NdsRpfl **92**, 180, Hamm FamRZ **95**, 758, 1092, LG Hbg FamRZ **95**, 833, aM S. Lorenz DStR **93**, 1226, ZEV **95**, 436, Bestelmeyer FamRZ **94**, 610, FGPrax **96**, 11, Dieckmann ZEV **94**, 199, Solomon IPRax **97**, 24, de Leve FamRZ **96**, 201, Kuchinke DtZ **96**, 195, Rauscher JR **96**, 283, vgl auch BayObLG **94**, 45, FamRZ **96**, 189 (NachlGgst iSv § 2369), KG FamRZ **96**, 570, Rehm ZEV **96**, 207; auf die Qualifikation des schuldr Rückübertraggs-Anspr als „anderes Recht" an Grdsten od Gebäuden iSv § 25 II RAG kommt es dabei nicht an (gg eine solche Qualifikation mit Recht BGH **131**, 28, Celle DtZ **92**, 355, Oldbg NdsRpfl **92**, 180, Hamm FamRZ **95**, 758, 1092, Schotten/Johnen aaO, Faßbender DNotZ **94**, 362, Bader DtZ **94**, 22, aM TVrittel DNotZ **92**, 452, de Leve FamRZ **96**, 202, Kuchinke DtZ **96**, 196, vgl auch ZVweibr FamRZ **92**, 1475, KG ZEV **94**, 314). Die ggt Ans, die bei der Best des RNachfolgers RAG 25 II heranzieht, insbes das Erbstatut fiktiv so bestimmt, als ob die Enteigng nicht erfolgt wäre, unterstellt die Erbfolge rückw dem ZGB der DDR, obwohl dieses im Ztpkt des Erbf aus der Sicht keiner der beiden dtschen ROrdngen maßgebd war. Für die Beurteilg der Formgültigk u Bindgswirkg v VVerfüggen vVTVw gilt Art 26, vgl Rstk ZEV **95**, 334.

25 c) **Verfahrensrecht**; vgl dazu Fritsche NJ **98**, 290. Feste Regeln für die Anknüpfg der **interlokalen Zuständigkeit** der NachlGe der BRep hatten sich nicht herausgebildet; KG OLGZ **76**, 167 wendet GleichlaufsGrds, vgl Rn 18–21, entspr an, mit Recht abl Hamm OLGZ **73**, 289, das auf FürsBedürfn abstellt, Kuchinke Fschr v d Heydte 1011 ff; für Anknüpfg an letzten Wohns Karlsr FamRZ **90**, 894; BGH **65**, 311, FamRZ **77**, 786, läßt die Frage dahingestellt. Bei Erbl mit letztem Wohns in der DDR u NachlGgsten in der BRep wurde in entspr Anwendg v FGG 73 III ein ggständl beschr ErbSch dch jedes Ger der BRep, in dessen Bez sich NachlGgstde befinden, erteilt, vgl BGH **52**, 123, insow dch BGH **65**, 311 nicht in Frage gestellt, LG Berlin ROW **83**, 86, KG ROW **86**, 379, vgl auch FamRZ **93**, 489, offengelassen in BayObLG Rpfleger **79**, 104; seit dem 3. 10. 90 kommt dies nicht mehr in Betr, BayObLG **92**, 54, KG OLGZ **92**, 291, Kln FGPrax **96**, 227, vgl auch Schotten/Johnen DtZ **91**, 260, Graf DtZ **91**, 371, außer zur Erweiterg des bereits erteilten ErbSch, KG OLGZ **93**, 17 od zur Erteilg weiterer Ausfertiggen, OLGZ **93**, 293. Bei NachlSpaltg gem Art 3 III iVm § 25 II RAG kann ein auf das v § 25 II RAG erfaßte Verm beschr ErbSch erteilt werden, KG FamRZ **92**, 612, Zweibr FamRZ **92**, 1475, Hamm FamRZ **95**, 758, BayObLG **98**, 245, vgl dazu Trittel DNotZ **92**, 451, Bestelmeyer Rpfleger **92**, 231, für grdsl Geltg eines vor dem 3. 10. 90 dch westdtsches NachlG erteilten allg ErbSch Erf DtZ **94**, 77, abl Brakebusch ebda 61; bei Maßgeblk des Rechts der DDR für den ges Nachl allg ErbSch gem § 2353, LG Hbg FamRZ **92**, 1476. Zur Anerkenng von in der früh DDR ausgestellten ErbSch Schotten/Johnen aaO; Dörner IPRax **91**, 394.

EG 26 *Verfügungen von Todes wegen.*

[I] Eine letztwillige Verfügung ist, auch wenn sie von mehreren Personen in derselben Urkunde errichtet wird, hinsichtlich ihrer Form gültig, wenn diese den Formerfordernissen entspricht

1. **des Rechts eines Staates, dem der Erblasser ungeachtet des Artikels 5 Abs. 1 im Zeitpunkt, in dem er letztwillig verfügt hat, oder im Zeitpunkt seines Todes angehörte,**
2. **des Rechts des Ortes, an dem der Erblasser letztwillig verfügt hat,**
3. **des Rechts eines Ortes, an dem der Erblasser im Zeitpunkt, in dem er letztwillig verfügt hat, oder im Zeitpunkt seines Todes seinen Wohnsitz oder gewöhnlichen Aufenthalt hatte,**
4. **des Rechts des Ortes, an dem sich unbewegliches Vermögen befindet, soweit es sich um dieses handelt, oder**

5. des Rechts, das auf die Rechtsnachfolge von Todes wegen anzuwenden ist oder im Zeitpunkt der Verfügung anzuwenden wäre.

Ob der Erblasser an einem bestimmten Ort einen Wohnsitz hatte, regelt das an diesem Ort geltende Recht.

II Absatz 1 ist auch auf letztwillige Verfügungen anzuwenden, durch die eine frühere letztwillige Verfügung widerrufen wird. Der Widerruf ist hinsichtlich seiner Form auch dann gültig, wenn diese einer der Rechtsordnungen entspricht, nach denen die widerrufene letztwillige Verfügung gemäß Absatz 1 gültig war.

III Die Vorschriften, welche die für letztwillige Verfügungen zugelassenen Formen mit Beziehung auf das Alter, die Staatsangehörigkeit oder andere persönliche Eigenschaften des Erblassers beschränken, werden als zur Form gehörend angesehen. Das gleiche gilt für Eigenschaften, welche die für die Gültigkeit einer letztwilligen Verfügung erforderlichen Zeugen besitzen müssen.

IV Die Absätze 1 bis 3 gelten für andere Verfügungen von Todes wegen entsprechend.

V Im übrigen unterliegen die Gültigkeit der Errichtung einer Verfügung von Todes wegen und die Bindung an sie dem Recht, das im Zeitpunkt der Verfügung auf die Rechtsnachfolge von Todes wegen anzuwenden wäre. Die einmal erlangte Testierfähigkeit wird durch Erwerb oder Verlust der Rechtsstellung als Deutscher nicht beeinträchtigt.

1) Allgemeines. a) Art 26 Abs 1–3 übernimmt im Interesse der Übersichtlk des geltden dtschen IPR, vgl dazu Rn 8 und 18 vor Art 3, den wesentl kollr Inhalt des für die BRep am 1. 1. 1966 in Kraft getretenen **Haager Übereinkommens** über das auf die Form letztw Verfüggen anzuwendende Recht v 5. 10. 61, BGBl **65** II 1145, **66** II 11. Zum Kreis der übr VertrStaaten vgl Beilage z BGBl FundstellenNachw B 1999 S 433. Da das Übk nach Art 6 **allseitig** anzuwenden ist, auch wenn die Beteil keinem VertrStaat angehören u das maßgebl Recht nicht das eines VertrStaates ist (loi uniforme), läßt es für eine autonome Regelg des internat Rechts der Testamentsform im dtschen Recht keinen Raum. Trotz des Vorrangs der staatsvertragl Regelg gem Art 3 II 1 **genügt** die Anwendg des **Art 26** bei der Beurteilg der Testamentsform, soweit dieser nicht v den Vorschren des Haager Übk abweicht; **Art 26 Abs 1–3** hat ebso wie Art 18 trotz seines Standorts im EGBGB **staatsvertragl** Charakter; der Rückgr auf die entspr Anknüpfgsregeln im Haager Übk, vgl Anh, ist damit grdsl überflüss, im Erg ebso Soergel-Schurig Rn 3, Pirrung IPR S 110 u 172, aM MüKo-Birk Rn 2, Jayme IPRax **86**, 266, Mansel StAZ **86**, 316, Basedow NJW **86**, 2975, Siehr IPRax **87**, 6, Reinhart BWNotZ **87**, 98. In Art 26 **nicht** aufgenommen wurde die in Art 1 II des Übk vorgesehene Unteranknüpfg bei MehrRStaaten, die mit EG 4 III nicht ganz übereinstimmt, vgl dazu dort Rn 16, ebsowenig der ordre public-Vorbeh in Art 7, der EG 6 entspr. Von den in Art 3 des Übk vorbehaltenen weiteren Anknüpfgen hat der Gesetzgeber dch Einfügg v Abs 1 Nr 5 Gebr gemacht. Eine **Abweichung** vom Haager Übk stellen die Abs 4 u 5 dar. **Absatz 4** dehnt die Anknüpfgsregeln der Abs 1–3 (u damit das Haager Übk) auf and Arten v Verfüggen vTw, insb ErbVertr, aus; das Haager Übk steht dem nicht entgg. **Absatz 5** trifft eine kollr Regelg für die Auswirkgen eines Statutenwechsels auf die Gültigk u Bindgswirkg v Verfüggen vTw, die sachl z Bestimmg des Erbstatuts gehört u ihren Platz daher besser in Art 25 gefunden hätte; diese Sonderregelg hat mit der Form letztw Verfüggen u damit mit dem Inhalt des Haager Übk ebenf nichts z tun. **b)** Die Beachtg 2
einer **Rück- oder Weiterverweisung** ist im Anwendgsbereich v Abs 1–4 grdsl ausgeschl, weil damit unmittelb auf die sachrechtl Formerfordernisse der betr ROrdng verwiesen wird; eine Ausn gilt aber mittelb für die Anknüpfg in Abs 1 Nr 5, die sicherstellen soll, daß auch die Erfüllg der Formerfordernisse eines dch Rück- od Weiterverweisg berufenen Erbstatuts ausr ist, vgl BT-Drucks 10/5632 S 44. Auch bei der Bestimmg des hypothet Erbstatuts gem Abs 5 S 1, vgl dazu Art 25 Rn 13, u des für die TestierFgk maßg Rechts, vgl Art 25 Rn 16, sind Rück- od Weiterverweisg nach Art 4 I z beachten.

2) Anknüpfung des Formstatuts (Abs 1–4). a) Grundsatz. Nach Abs 1 ist die Form einer Verfügg 3
vTw im Interesse ihrer Gültigk **alternativ** nach einer Reihe v ROrdngen z beurteilen; diese Regelg stimmt inhaltl mit Art 1 I u III u Art 4 des Haager Übk überein; das in Abs 1 Nr 5 zusätzl zur Verfügg gestellte Formstatut wird v Art 3 des Haager Übk gedeckt. Die jeweils zur Anwendg berufene ROrdng entsch grdsl über die Gültigk des ganzen Testaments in Bezug auf den gesamten Nachl; eine auf den unbewegl Nachl beschr Formgültigk kann sich aber aus der Anknüpfg an das Recht des Lageorts nach Abs 1 Nr 4 ergeben; auch bei der Prüfg der Formgültigk nach dem tats od hypothet Erbstatut nach Abs 1 Nr 5 können im Falle einer NachlSpaltg, vgl Art 25 Rn 9, unterschiedl Erg für die verschiedenen TeilNachl herauskommen.

b) Anknüpfungen. Die Formgültigk einer Verfügg vTw kann sich **nach Absatz 1** im einz alternativ 4
ergeben aus: (1) dem HeimatR des Erbl (bzw bei gemschaftl Testamenten: eines der beiden Testierden) im Ztpkt der Verfügg **oder** im Ztpkt seines Todes; bei Mehrstaatern kommen sämtl HeimatRe in Betr („ungeachtet des Art 5 Abs 1"); bei MehrRStaaten gilt Art 1 II Haager Übk an Stelle von EG 4 III, vgl dort Rn 16; (2) dem Recht am Ort der Errichtg der Verfügg, vgl dazu Art 11 Rn 15, 16; (3) dem Recht am Wohns **oder** gewöhnl Aufenth des Erbl im Ztpkt der Verfügg **oder** im Ztpkt seines Todes; der Begr des Wohns best sich nach den an diesem Ort geltden Vorschren; zur Begr des gewöhnl Aufenth vgl Art 5 Rn 10, 11; (4) dem Recht des Lageorts hins unbewegl Vermögens, S 2; der Begr des unbewegl Vermögens ist nach der lex rei sitae z beurt; das Recht des Lageorts entsch nur über die Formgültigk hins des in seinem Gebiet befindl unbewegl Vermögens; hins des übr Nachl kann die Beurteilg der Formgültigk nach dem dafür gem Abs 1 Nr 1–3 u 5 maßg Recht z abw Erg führen; (5) dem tats Erbstatut od dem hypothet Erbstatut im Ztpkt der Errichtg, z dessen Bestimmg vgl Art 25 Rn 6–9; insow sind auch Art 3 III u 4 I zu beachten. **Sämtliche** nach Nr 1–5 in Betr kommden ROrdngen sind nur bei einem im EndErg ungült Testament durchzuprüfen; Formgültigk nach einem der anwendb Rechte ist grdsl ausr (sofern sie sich nicht wie bei Nr 4 u uU auch bei Nr 5 auf einen NachlTeil beschr); im übr werden die in Nr 1–5 verwendeten Anknüpfgen häuf zum selben Recht führen.

5 **c) Anwendungsbereich. aa)** Art 26 regelt über das Haager Übk hinausgehd die Form v **Verfügungen von Todes wegen** aller Art, also Testamente, gemschaftl Testamente, vgl Abs 1, u ErbVertre, **Absatz 4;** das gleiche gilt für Schenkgen vTw, soweit diese nach dem Erbstatut z beurt sind, vgl Art 25 Rn 15, u danach der Form einer Verfügg vTw bedürfen (wie n § 2301 I); die Form and erbrechtl RGesch, zB Annahme u Ausschlagg der Erbsch, Testiervereinbg, Erbverzicht od ErbschKauf regelt Art 11. Die Anknüpfgsregelg des Abs 1 gilt nach **Absatz 2** auch für den **Widerruf** einer letztw Verfügg (dh nur einer einseit Verfügg vTw, vgl § 1937, nicht auch eines ErbVertr) dch eine neue letztw Verfügg (dh nicht auch dch sonstige Handlgen od Tats, zB Vernichtg der Urkunde, Rücknahme aus amtl Verwahrg, Eheauflösg, deren Vorauss u Wirkgen nach dem Erbstatut z beurteilen sind). Die Formgültigk eines solchen WiderrufsTest od späteren widersprechden Test kann sich aber zusätzl auch aus einem der Formstatute ergeben, nach denen das widerrufene Test gem Abs 1 gült war, Abs 2 S 2. Enth das widerrufde Test aber auch eine **neue** letztw Verfügg, so beurteilt sich
6 deren Formgültigk allein nach Abs 1. **bb)** Art 26 betr nur die **Formerfordernisse** einer Verfügg vTw; die Ausfüllg dieses Begr bleibt dem jeweils berufenen Recht überlassen; uU kann danach auch ein mündl Test formgült sein, LG Mü IPRax **99**, 182, vgl dazu Art 10 des Haager Übk im Anh; die Frage des Nachw einer ernstl WillensErkl beurteilt sich aber nach der für das Verf geltden lex fori, Ffm OLGZ **77**, 385. Eine ergänzde Legaldefinition des Begr der Formerfordern im Hinbl auf best Regelgen enth **Absatz 3. Nicht** darunter fallen Best über die **Testierfähigkeit** als solche, deren Vorliegen grdsl nach dem Erbstatut z beurteilen ist, vgl dazu EG 25 Rn 16. Abs 3 bezieht sich nur auf Regelgen, welche Einschränkgen der zul TestFormen aGrd v Alter, Staatsangehörigk od and pers Eigensch des Erbl vorsehen, zB ein Verbot des eigenhänd Test für Mj, § 2247 IV; ob die betr ROrdng dies als Formfrage ansieht, ist gleichgült. Auch die RFolgen einer Verletzg solcher Vorschr fallen unter den Anwendgsbereich von Art 26. Ein dtscher Mj, der über 16 Jahre ist, kann also trotz §§ 2233 I, 2247 IV auch privatschriftl od dch verschlossene Schrift ein Test gült errichten, wenn das der Ortsform zZ der Errichtg entspricht. – Als Formfrage behandelt Abs 3 auch die pers Qualifikationen der v einer TestForm geforderten **Zeugen,** zB §§ 26 f BeurkG. Hierher gehören auch Vorschr, nach denen ein Zeuge nicht im Test bedacht od zum TestVollstr ernannt werden darf, ebso Soergel-Schurig Rn 21.

7 **3) Statutenwechsel (Absatz 5). a)** Zwischen der Errichtg einer Verfügg vTw u dem Erbfall liegt häufig ein längerer Zeitraum, in welchem sich die für die Anknüpfg des Erbstatuts nach Art 25 maßg Umst (Staatsangehörigk des Erbl, bzw bei Staatenl u Flüchtlingen sein gewöhnl Aufenth, im Falle einer Rück- od Weiterverweisg auf den Domizilstaat auch Wohns des Erbl, vgl Art 25 Rn 2, im Falle einer NachlSpaltg, vgl Art 25 Rn 9, auch Erwerb v unbewegl Verm an einem best Lageort) ändern können. Der Erbl kann also im Ztpkt der Errichtg einer Verfügg nicht immer vorhersehen, nach welchem Recht er beerbt wird. Um ihm dennoch die Errichtg einer bestandskräft Verfügg mit den beabsichtigten RWirkgen z ermögl, sind Gültigk u Bindgswirkg einer Verfügg vTw (Test, gemschaftl Test, ErbVertr) nach Abs 5 **Satz 1** nach dem im Ztpkt ihrer Errichtg maßg Erbstatut z beurteilen, dh nach dem Recht, das für die Erbfolge anzuwenden wäre, wenn der Erbfall im Ztpkt der Verfügg eingetreten wäre; zur Anwendbk im innerdtschen KollR KG FamRZ **98**, 124. Diese Regeln gelten entspr auch für Zulässigk u Verzichtswirkg eines Erbverzichts, Hamm NJW-RR **96**, 906, Hbg NJW-RR **96**, 204, sowie für Gültigk u Bindgswirkg v TestierVertren (Erbstatut des Verpflichteten zZ des VertrSchlusses, Scheuermann, Statutenwechsel im int ErbR (1969) 111), u für die Wirksamk u die RFolgen
8 des vorzeit Erbausgleichs, BGH **96**, 269 f, vgl dazu Art 25 Rn 10. Unter **Gültigkeit** sind sämtl Wirksamk-Vorauss der ganzen Verfügg od einz in ihr getroffener Anordngen z verstehen, welche nach dem Erbstatut z beurteilen sind, vgl Art 25 Rn 10–15, insb die Zulässigk der Errichtg v gemschaftl Test u ErbVertren, soweit es sich nicht um eine Formfrage handelt, vgl dazu Art 25 Rn 14; für die **Formgültigkeit** der Verfügg gelten allein die oben Anm 2 dargestellten Anknüpfgsregeln, die einem etwaigen Statutenwechsel ebenf Rechng tragen, vgl zB Abs 1 Nr 1 u 3. Abs 5 S 1 dient dem Bestandsschutz einer zunächst gültig errichteten Verfügg vTw; ob eine nach dem sZt maßg fiktiven Erbstatut zunächst **ungültige** Verfügg dch Veränderg der für die Anknüpfg maßg Umst später wirks gew ist, best sich nach dem von Art 25 berufenen Recht; daher kann auch eine vor dem 1. 9. 86 getroffene RWahl wirks sein, wenn der Erbfall nach diesem Ztpkt eingetreten ist, vgl LG Hbg IPRspr **91** Nr 142, Reinhart BWNotZ **87**, 104, Pünder MittRhNotK **89**, 6. Unter **Bindungswirkung** sind die Zulässigk u die Vorauss eines Widerrufs (z dessen Form vgl Rn 5) od einer Aufhebg der Verfügg z verstehen; die Möglk einer Anfechtg wg eines Willensmangels ist nach dem tats maßg Erbstatut z
9 beurteilen. **b)** Unabh davon, ob der Erblasser bereits eine Verfügg vTw errichtet hat od nicht, wird der Status der einmal erlangten **Testierfähigkeit** nach Abs 5 **Satz 2** dch den Erwerb od Verlust der Rechtsstellg als Dtscher iSv GG 116 I nicht beeinträchtigt. Diese Regelg entspr Art 7 II hins der GeschFgk. Hier wie dort muß das gleiche analog in jedem and Fall eines Wechsels des Personalstatuts gelten, vgl Art 7 Rn 8, aM Siehr IPRax **87**, 6. Die einmal erlangte TestierFgk geht also nicht allein desh wieder verloren, weil der Erblasser ein neues Personalstatut erwirbt, welches and Anfordergen an die TestierFgk stellt; sie kann aber selbstverständl dch davon unabhängige and Umst in der Pers des Erbl, insb geistige Gebrechen, verlorengehen.

Anhang zu Art 26

1 **Übereinkommen über das auf die Form letztwilliger Verfügungen anzuwendende Recht**

Vom 5. 10. 1961, BGBl **65** II 1145

Auszug

Art. 1. [Anknüpfung] *[1]Eine letztwillige Verfügung ist hinsichtlich ihrer Form gültig, wenn diese dem innerstaatlichen Recht entspricht:*

a) des Ortes, an dem der Erblasser letztwillig verfügt hat, oder

b) eines Staates, dessen Staatsangehörigkeit der Erblasser im Zeitpunkt, in dem er letztwillig verfügt hat, oder im Zeitpunkt seines Todes besessen hat, oder

c) eines Ortes, an dem der Erblasser im Zeitpunkt, in dem er letztwillig verfügt hat, oder im Zeitpunkt seines Todes seinen Wohnsitz gehabt hat, oder

d) des Ortes, an dem der Erblasser im Zeitpunkt, in dem er letztwillig verfügt hat, oder im Zeitpunkt seines Todes seinen gewöhnlichen Aufenthalt gehabt hat, oder

e) soweit es sich um unbewegliches Vermögen handelt, des Ortes, an dem sich dieses befindet.

II Ist die Rechtsordnung, die auf Grund der Staatsangehörigkeit anzuwenden ist, nicht vereinheitlicht, so wird für den Bereich dieses Übereinkommens das anzuwendende Recht durch die innerhalb dieser Rechtsordnung geltenden Vorschriften, mangels solcher Vorschriften durch die engste Bindung bestimmt, die der Erblasser zu einer der Teilrechtsordnungen gehabt hat, aus denen sich die Rechtsordnung zusammensetzt.

III Die Frage, ob der Erblasser an einem bestimmten Ort einen Wohnsitz gehabt hat, wird durch das an diesem Orte geltende Recht geregelt.

Art. 2. [Widerruf letztwilliger Verfügungen] *I Artikel 1 ist auch auf letztwillige Verfügungen anzuwenden, durch die eine frühere letztwillige Verfügung widerrufen wird.*

II Der Widerruf ist hinsichtlich seiner Form auch dann gültig, wenn diese einer der Rechtsordnungen entspricht, nach denen die widerrufene letztwillige Verfügung gemäß Artikel 1 gültig gewesen ist.

Art. 3. [Bestehende Formvorschriften der Vertragsstaaten] *Dieses Übereinkommen berührt bestehende oder künftige Vorschriften der Vertragsstaaten nicht, wodurch letztwillige Verfügungen anerkannt werden, die der Form nach entsprechend einer in den vorangehenden Artikeln nicht vorgesehenen Rechtsordnung errichtet worden sind.*

Art. 4. [Anwendung auf gemeinschaftliche Testamente] *Dieses Übereinkommen ist auch auf die Form letztwilliger Verfügungen anzuwenden, die zwei oder mehrere Personen in derselben Urkunde errichtet haben.*

Art. 5. [Zur Form gehörig] *Für den Bereich dieses Übereinkommens werden die Vorschriften, welche die für letztwillige Verfügungen zugelassenen Formen mit Beziehung auf das Alter, die Staatsangehörigkeit oder andere persönliche Eigenschaften des Erblassers beschränken, als zur Form gehörend angesehen. Das gleiche gilt für Eigenschaften, welche die für die Gültigkeit einer letztwilligen Verfügung erforderlichen Zeugen besitzen müssen.*

Art. 6. [Allseitige Anwendung des Übereinkommens] *Die Anwendung der in diesem Übereinkommen aufgestellten Regeln über das anzuwendende Recht hängt nicht von der Gegenseitigkeit ab. Das Übereinkommen ist auch dann anzuwenden, wenn die Beteiligten nicht Staatsangehörige eines Vertragsstaates sind oder das auf Grund der vorangehenden Artikel anzuwendende Recht nicht das eines Vertragsstaates ist.*

Art. 7. [Ordre public-Klausel] *Die Anwendung eines durch dieses Übereinkommen für maßgebend erklärten Rechtes darf nur abgelehnt werden, wenn sie mit der öffentlichen Ordnung offensichtlich unvereinbar ist.*

Art. 8. [Intertemporale Regelung] *Dieses Übereinkommen ist in allen Fällen anzuwenden, in denen der Erblasser nach dem Inkrafttreten des Übereinkommens gestorben ist.*

Art. 9. [Vorbehalt bezüglich der Bestimmung des Wohnsitzrechtes] *Jeder Vertragsstaat kann sich, abweichend von Artikel 1 Abs. 3, das Recht vorbehalten, den Ort, an dem der Erblasser seinen Wohnsitz gehabt hat, nach dem am Gerichtsort geltenden Rechte zu bestimmen.*

Art. 10. [Vorbehalt bezüglich mündlicher Testamente] *Jeder Vertragsstaat kann sich das Recht vorbehalten, letztwillige Verfügungen nicht anzuerkennen, die einer seiner Staatsangehörigen, der keine andere Staatsangehörigkeit besaß, ausgenommen den Fall außergewöhnlicher Umstände, in mündlicher Form errichtet hat.*

Art. 11. [Vorbehalt bezüglich bestimmter Formen] *I Jeder Vertragsstaat kann sich das Recht vorbehalten, bestimmte Formen im Ausland errichteter letztwilliger Verfügungen auf Grund der einschlägigen Vorschriften seines Rechtes nicht anzuerkennen, wenn sämtliche der folgenden Voraussetzungen erfüllt sind:*

a) Die letztwillige Verfügung ist hinsichtlich ihrer Form nur nach einem Rechte gültig, das ausschließlich auf Grund des Ortes anzuwenden ist, an dem der Erblasser sie errichtet hat,

b) der Erblasser war Staatsangehöriger des Staates, der den Vorbehalt erklärt hat,

c) der Erblasser hatte in diesem Staate einen Wohnsitz oder seinen gewöhnlichen Aufenthalt und

d) der Erblasser ist in einem anderen Staate gestorben als in dem, wo er letztwillig verfügt hatte.

II Dieser Vorbehalt ist nur für das Vermögen wirksam, das sich in dem Staate befindet, der den Vorbehalt erklärt hat.

Art. 12. [Vorbehalt bezüglich Anordnungen nicht erbrechtlicher Art] *Jeder Vertragsstaat kann sich das Recht vorbehalten, die Anwendung dieses Übereinkommens auf Anordnungen in einer letztwilligen Verfügung auszuschließen, die nach seinem Rechte nicht erbrechtlicher Art sind.*

Art. 13. [Zeitlicher Vorbehalt] *Jeder Vertragsstaat kann sich, abweichend von Artikel 8, das Recht vorbehalten, dieses Übereinkommen nur auf letztwillige Verfügungen anzuwenden, die nach dessen Inkrafttreten errichtet worden sind.*

Fünfter Abschnitt. Schuldrecht

Erster Unterabschnitt. Vertragliche Schuldverhältnisse

Vorbemerkung

1 **Schrifttum:** Reithmann/Martiny, Int VertragsR, 5. Aufl 1996. Zugleich mit der Verabschiedg des IPRG hat der Bundestag dch G v 25. 7. 86, BGBl II 809, dem EG-Übk v 19. 6. 80 über das auf vertragl SchuldVerhe anwendb Recht zugestimmt (BGBl **86** II 810), vgl dazu BT- Drucks 10/503 mit Denkschrift z Übk u Bericht v Giuliano u Lagarde. Das Übk ist für Deutschland am 1. 4. 91 in Kraft getreten, Bek v 12. 7. 91, BGBl II 871, vgl dazu Martiny ZEuP **93**, 298, **95**, 67, **97**, 107, **99**, 246; weitere VertrPart sind Belgien, Dänemark, Finnland, Frankreich, Griechenland, Irland, Italien, Luxemburg, Niederlande, Österreich, Portugal, Schweden, Spanien u das Vereinigte Königreich, FundstNachw B 1999 S 575 u Bek v 3. 12. 98, BGBl **99** II 7; auf eine Dokumentation des Ratifikationsstandes der versch BeitrÜbk wird hier verzichtet, vgl zuletzt Bek v 8. 4. 99 BGBl II 383 u v 16. 6. 99 BGBl II 503; zum Beitr Österreichs vgl Rudisch RabelsZ **99**, 70. Das Übk schafft in seinen Art 1–21 einheitl **Kollisionsregeln** für vertragl SchuldVerhe, die **allseitig** gelten sollen u daher in ihrem sachl Anwendgsbereich keinen Raum für abw Vorschren des autonomen dtschen IPR lassen. Das IPRG 1986 hat deshalb entgg einer Empfehlg der EG-Kommission v 15. 1. 85, IPRax **85**, 178, die einheitl Koll-Regeln des Übk im Interesse der Überschaubk des geltden dtschen IPR u der Verhinderg einer RZersplitterg mit gewissen Anpassgen in Art 27–37 EGBGB eingestellt, vgl dazu Rn 18 vor Art 3, krit zu dieser Eingliederg StellgN des Max-Planck-Instituts RabelsZ **83**, 665, v Hoffmann IPRax **84**, 10, Beitzke RabelsZ **84**, 637, Nolte IPRax **85**, 71; vgl dazu sorgfält abwägd Sandrock RIW **86**, 841, Pirrung in: v Bar, Europ GemschR u IPR (1991) 21. Die über das SchuldVertrR hinausgreifden einheitl KollReg des EG-Übk sind in der Formulierg der entspr allg dtschen KollNormen berücksichtigt worden, vgl insb Art 3 I 1, 6 S 1, 11 I–IV u 12 S 1. Auch nach dem völkerrechtl Inkrafttr des Übk kann sich aber ein Konflikt mit den in das EGBGB eingearbeiteten KollNormen nicht ergeben, da Art 1 II des ZustG v 25. 7. 86 die in Art 1–21 des EG-Übk enthaltenen einheitl KollReg ausdrückl v der unmittelb **innerstaatlichen** Anwendg **ausgenommen** hat; diese besitzen daher auch nicht gem Art 3 II 1 den Vorrang vor dem autonomen dtschen IPR, vgl Art 3 Rn 6; für § 12 AGBG aM Grundmann IPRax **92**, 3; z Verh z selbstbegrenzten Sachnormen Mankowski IPRax **95**, 230. Im Ggs zum Haager Übk über das auf UnterhPflichten anwendb Recht v 2. 10. 73, Anh 2 z Art 18, u zum Haager Übk über das auf die Form letztw Verfüggen anzuwendde Recht v 5. 10. 61, Anh z Art 26, ist bei der innerstaatl RAnwendg der Rückgr auf die kollr Vorschren des EG-SchuldVertrÜbk nicht nur überflüssig, sond **ausgeschlossen.** Auf den Abdruck des Übk wird deshalb verzichtet. Bei der **Auslegung** u Anwendg der Art 27–37 ist aber deren staatsvertragl Hintergrd zu berücksichtigen, dh insb die mit dem EG-SchuldVertrÜbk angestrebte **Rechtsvereinheitlichung** zu fördern, vgl dazu Rn 8 vor Art 3; darauf weist **Art 36** (in Anlehng an Art 18 des EG-Übk) ausdrückl hin. Die BRep hat die beiden Ausleggsprotokolle v 19. 12. 88 (betr Zstdgk des EuGH) ratifiziert, G v 16. 11. 95, BGBl II 914; sie sind noch nicht in Kraft getreten.

EG 27 ***Freie Rechtswahl.*** **I Der Vertrag unterliegt dem von den Parteien gewählten Recht. Die Rechtswahl muß ausdrücklich sein oder sich mit hinreichender Sicherheit aus den Bestimmungen des Vertrages oder aus den Umständen des Falles ergeben. Die Parteien können die Rechtswahl für den ganzen Vertrag oder nur für einen Teil treffen.**

II Die Parteien können jederzeit vereinbaren, daß der Vertrag einem anderen Recht unterliegen soll als dem, das zuvor auf Grund einer früheren Rechtswahl oder auf Grund anderer Vorschriften dieses Unterabschnitts für ihn maßgebend war. Die Formgültigkeit des Vertrages nach Artikel 11 und Rechte Dritter werden durch eine Änderung der Bestimmung des anzuwendenden Rechts nach Vertragsabschluß nicht berührt.

III Ist der sonstige Sachverhalt im Zeitpunkt der Rechtswahl nur mit einem Staat verbunden, so kann die Wahl des Rechts eines anderen Staates – auch wenn sie durch die Vereinbarung der Zuständigkeit eines Gerichts eines anderen Staates ergänzt ist – die Bestimmungen nicht berühren, von denen nach dem Recht jenes Staates durch Vertrag nicht abgewichen werden kann (zwingende Bestimmungen).

IV Auf das Zustandekommen und die Wirksamkeit der Einigung der Parteien über das anzuwendende Recht sind die Artikel 11, 12 und 29 Abs. 3 und Artikel 31 anzuwenden.

1 **1) Allgemeines. a)** Art 27 entspr Art 3 des EG-Übk, vgl Rn 1 vor Art 27. Abs 1 kodifiziert den bish gewohnheitsrechtl geltden Grds der **Parteiautonomie**; zu deren Gewährleistg im EG-Vertr v Wilmowsky RabelsZ **98**, 1. Danach können die Part das für einen SchuldVertr maßg Recht (das VertrStatut) dch RWahl selbst best; zum Anwendgsbereich des VertrStatuts vgl Art 31 u 32. Die RWahl wird dch einen **kollisionsrechtlichen Verweisungsvertrag** vorgen, dessen Zustandekommen Abs 4 regelt; zu den logischen Einwänden gg diese Konstruktion vgl Mincke IPRax **85**, 313, Stoll Fschr Heini (1995) 433. Von der kollr ist die matr Verweisg zu unterscheiden, dch welche Vorschr einer best ROrdng zum VertrInh gemacht werden. Sie ist nur insow wirks, als die kollr maßgebde ROrdng es gestattet, dh ihre Vorschr dispositiv sind, Kegel IPR § 18 I 1 c.

2 **b)** Die RWahl bezieht sich nur auf die **Sachvorschriften** des gewählten Rechts, vgl Art 4 II, für Zulässigk auch einer KollRWahl Schröder IPRax **87**, 92, vgl dazu Pirrung IPR S 184, W. Lorenz IPRax **87**, 276; die Beachtg einer Rück- od Weiterverweisg ist ausgeschl, Art 35 I; zur Unteranknüpfg in MehrRStaaten vgl Art 35 II. Im **innerdeutschen** KollisionsR galt Art 27 entspr, vgl BGH NJW **95**, 319, Schotten/Schmellenkamp DNotZ **92**, 207, Fischer IPRax **95**, 161. War das Recht der BRep VertrStatut, so waren DDR-

Gesetze nicht dch § 134 geschützt, BGH **69**, 295 (Fluchthilfe), **128**, 53, Naumbg NJ **94**, 176, konnten aber tats Unmöglichk der Leistg begründen, vgl Schulze ROW **78**, 162. Mit dem Inkrafttr des BGB im Beitrittsgebiet am 3. 10. 90, vgl Anh zu Art 3 Rn 1, hat sich die Frage des anzuwendden dtschen SchuldVertragsR erledigt. In Altfällen ist das anwendb Recht einheitl entspr Art 27 ff zu bestimmen, vgl Art 236 Rn 1 u 4, vgl dazu auch BGH NJW-RR **92**, 855, NJW **93**, 260, DtZ **93**, 58, WM **95**, 1422, DtZ **96**, 51, **97**, 200, Rstk OLG-NL **94**, 14, Naumbg NJ **94**, 176. Soweit für vor dem Stichtag entstandene SchuldVerhe das Recht der früh DDR maßg war, sieht **Art 232** §§ 1–10 eine **Übergangsregelung** vor. Für neue, sich nicht aus der inneren Entwicklg des SchuldVerh ergebde Umst gilt das BGB, BGH **123**, 63, NJW-RR **97**, 690; zur Anwendbk der Maßstäbe von Treu u Glauben u der guten Sitten Art 6 Rn 12.

2) Rechtswahl. a) Grundsatz. Die Part sind nach **Absatz 1 Satz 1** in ihrer RWahl grdsl **frei,** vgl 3
Mankowski RIW **94**, 422 (keine InhKontrolle); sie können den Vertr wirks auch einem Recht unterstellen, zu dem er sonst keine Beziehgen aufweist, zB einem neutralen Recht, vgl dazu E. Lorenz RIW **87**, 569, Sandrock RIW **94**, 385; auch ein reines InlGesch kann einem ausl Recht unterstellt werden, ebso Meyer-Sparenberg RIW **89**, 347, MüKo-Martiny Rn 17, Staud-Magnus Rn 115, aM Kindler RIW **87**, 661, was aber faktisch kaum vorkommen wird. Einschränkgen der RWahlfreih bestehen aber nach Abs 3, vgl dazu Rn 4, sowie bei **Verbraucherverträgen,** Art 29 I, u **Arbeitsverträgen,** Art 30 I; eine analoge Anwendg dieser Vorschr auf and Fälle ist wg ihres AusnCharakters nicht statth, vgl Hamm NJW-RR **89**, 496, aM E. Lorenz RIW **87**, 572; ergänzd ist AGBG 12 z beachten; dagg kann die RWahl nicht an Art 6 gemessen werden, aM LG Bln NJW-RR **95**, 754. Eine Entnationalisierg des Vertr dch Abwahl aller nationalen Rechte ist nicht mögl, aM E. Lorenz RIW **87**, 573; zur Wahl außerstaatl Rechts Siehr FS Keller (1989) 500, MüKo-Martiny Rn 26, Kappus IPRax **93**, 137 (lex mercatoria), Michaels RabelsZ **98**, 580 (allg VertrRPrinzipien).

b) Geltung zwingender Vorschriften. Unabh von der v den Part getroffenen RWahl gelten aber kr 4
Sonderanknüpfung nach **Art 34** in jedem Fall die zwingden Vorschren des **deutschen** Rechts, die den Sachverhalt ohne Rücks auf das VertrStatut regeln, vgl dort Anm 2. Nach **Absatz 3** gelten zusätzl auch die zwingden Vorschren einer **anderen** ROrdng, wenn der Sachverhalt, abgesehen v der RWahl u ggf einer flankierden GerStandsvereinbarg, **nur** z dieser ROrdng Beziehgen aufweist, vgl dazu BGH **123**, 384, sowie zB LG Hbg RIW **90**, 1020, nicht also bei VertrAbschl im Bereich des gewählten Rechts, vgl Celle RIW **91**, 421, Stade IPRspr **89** Nr 39, LG Kblz IPRspr **89** Nr 43, Hildesh IPRax **93**, 174, Taupitz BB **90**, 648, aM Ffm NJW-RR **89**, 1019, LG Hbg NJW-RR **90**, 696; rein zufällige Beziehgen zu einer ROrdng sind jedoch unschädl, vgl Schurig RabelsZ **90**, 223. Aus dieser Sonderregelg ergibt sich mittelb eine Einschränkg der RWahlfreih; die **zwingenden** Vorschren des Staates, in dem alle and Elemente des Sachverhalts liegen, **müssen** ohne Rücks auf das v den Part gewählte VertrStatut weiterh angewandt werden; im übr hat es aber bei der Maßgeblk des gewählten Rechts einschl seiner zwingden Vorschren sein Bewenden. Abs 3 gilt keineswegs nur für reine InlVerträge, mißverständl E. Lorenz RIW **87**, 574. Bei einem **Konflikt** zw den versch auf einen Vertr zur Anwendg kommden zwingden Vorschren gehen die des dtschen Rechts nach Art 34 allen übr vor; im Konflikt zw den zwingden Vorschren des „normalen" VertrStatuts, Abs 3, u des gewählten VertrStatuts setzen sich nach Abs 3 die ersteren dch. Vgl zum ganzen Art 34 Rn 4–6.

c) Zustandekommen. aa) Die RWahl braucht **nicht ausdrücklich,** zB dch RWahlklausel in AGB, vgl 5
dazu Meyer-Sparenberg RIW **89**, 347, getroffen z werden; sie kann nach **Absatz 1 Satz 2** auch konkludent erklärt werden, sofern sich ein entspr **realer** Parteiwille mit hinreichder Sicherh aus den Bestimmgen des Vertr od den Umst des Falles ergibt, vgl dazu BAG NJW **96**, 741, Spellenberg IPRax **90**, 296, Stoll Fschr Heini (1995) 429; die Kriterien der früh Rspr zur Ermittlg des sog hypothetischen Parteiwillens dürfen dabei nicht unbesehen übern werden, Thode ZfBR **89**, 45. Bei Fehlen hinreichder Anhaltspkte für eine schlüssige
RWahl ist das VertrStatut nach Art 28 z best. **Indizien** für eine **konkludente** RWahl sind zB VertrAbschl zw 6
im Inl ansässigen Part in dtscher Sprache im Inl, BGH RIW **97**, 426, Düss NJW-RR **91**, 55, die Vereinbg eines einheitl GerStands, BGH AWD **76**, 447, Hbg RIW **86**, 462, Ffm RIW **98**, 477 (nicht aber ein formularmäß GerStandsvermerk auf einer Rechng, BGH **LM** Art 7 ff Nr 33), od eines einheitl ErfOrts (bes wenn er vom tats Leistgsort abweicht), Kln RIW **95**, 970, die Vereinbg eines institutionellen SchiedsGer mit ständ Sitz, vgl zB BGH AWD **70**, 31, Hbg AWD **79**, 482, Hamm IPRspr **93** Nr 30, SchiedsGer Hbg NJW **96**, 3230, RIW **99**, 395, die Vereinbg der Geltg von AGB einer Partei, BGH AWD **76**, 447, RIW **99**, 537 (VOB), Hbg RIW **91**, 62, Hamm IPRspr **94** Nr 140, einschränkd Meyer-Sparenberg RIW **89**, 348, die Verwendg v Formularen, die auf einer ROrdng aufbauen, BGH NJW **97**, 399, Karlsr AWD **79**, 642 (and wenn ihr Gebr wie im SeefrachtVerk internat übl ist, Hbg MDR **54**, 422, **55**, 109), Bezugn auf RVorschr in VertrUrkunde, BGH NJW-RR **96**, 1034, Kln RIW **93**, 415 (insb bei not Beurk), Düss IPRspr **96**, Nr 121, einschränkd LG Hbg RIW **93**, 145; Vereinbarg der Auslegg des Vertr nach ausl Recht, LG Mü IPRax **84**, 318 (krit dazu Schröder IPRax **85**, 131, der ausdrückl RWahl annimmt), Orientierg des VertrInhalts an den bes Bedürfn der einen Part (Angeh der Stationierungsstreitkräfte), Zweibr AWD **83**, 454, od an den Gepflogenheiten des gemeins Heimatlandes, Köln NJW-RR **94**, 200 (Brautgeschenke). Ein Indiz für eine
nachträgl RWahl, vgl dazu unten Rn 10, ist ferner das **Verhalten** der **Parteien im Prozeß,** insb die beiderseit 7
Behandlg der Sache nach ausl, BGH NJW-RR **90**, 249, Celle RIW **90**, 322, Hamm RIW **99**, 788, od nach dtschem Recht, BGH NJW **91**, 1293, RIW **92**, 586, NJW **92**, 909, 1380, FamRZ **93**, 290, NJW **94**, 187, RIW **95**, 412, NJW **99**, 951, Kln RIW **94**, 971, Hamm RIW **95**, 682, Saarbr WM **98**, 836, Düss NJW-RR **98**, 1716; irrtüml Anführen deutscher Vorschr reicht dafür nicht aus, LG Hbg AWD **77**, 787, Köln NJW **87**, 1151; vielmehr müssen beide Parteien das ErklBewußtsein für eine RWahl haben, BGH NJW **91**, 1293 (rügel Hinnahme der UrtBegr im BerufgsVerf genügt), Köln RIW **93**, 1025, Mü RIW **96**, 330, vgl auch BGH NJW **93**, 1126 (dazu Ullmann NJW **95**, 1140), Karlsr MDR **99**, 1471, ferner Schack NJW **84**, 2736, IPRax **96**, 248, Sandrock RIW **86**, 848, Thode ZfBR **89**, 45, sowie W. Lorenz IPRax **87**, 273, Straub IPRax **95**, 433; sind die Part dch Anwälte vertreten, so hängt die Wirksk einer solchen stillschw RWahl auch v deren Vertretgsmacht ab, vgl dazu Schack NJW **84**, 2739, Mansel ZVglRWiss **87**, 13. Auch eine enge Verknüpfg zweier RGesch kann ein Indiz für eine stillschw RWahl zG des Statuts des HauptVertr sein, vgl zB BGH IPRspr **56**/57 Nr 55, LG Hbg IPRspr **73** Nr 9. Hingg genügt die Sprache eines Vertr allein nicht, BGH **19**, 110, LG Hbg RIW **99**, 391, ebsowenig AbschlOrt u Sprache, LG Hbg RIW **93**, 145, weitergehd BGH NJW

98, 1321 (krit Dörner LM nach Art 38 EG Nr 3), LG Aachen IPRspr **93** Nr 141; ähnl Vorsicht ist bei der Währg geboten, vgl dazu zB BGH NJW-RR **90**, 183, LG Limbg NJW **90**, 2206, Ffm NJW-RR **93**, 183,
8 Hamm RIW **93**, 940, Kln RIW **94**, 970, LG Hbg RIW **99**, 391. **bb)** Im übr unterliegen das **Zustandekommen** u die **Wirksamkeit** der RWahlvereinbarg dem v den Part gewählten Recht, **Absatz 4** iVm Art 31 I, nicht also etwa der lex fori; dies gilt insb für RWahlklauseln in AGB, vgl dazu BGH **123**, 383, NJW **94**, 2700, **97**, 1698, ferner Saarbr NJW **92**, 988, Hildesh IPRax **93**, 173, KG MDR **98**, 760, Sieg RIW **97**, 815, unzutr AG Langenfeld NJW-RR **98**, 1524; dabei sind auch die Sonderanknüpfgen gem Art 29 I u AGBG 12 z berücksicht; für die Kriterien einer konkludenten RWahl gilt dies nicht; diese sind in Abs 1 S 2 selbst geregelt, zust Jayme Fschr Lorenz (1991) 438; dies gilt auch für die dabei auftretden Ausleggsfragen, E. Lorenz RIW **92**, 697. Bei der Prüfg des Zustandekommens der Willenseinigg, dh des Vorliegens eines entspr Konsenses ist nach Abs 4 iVm Art 31 II **neben** dem VertrStatut **auch** das Recht am gewöhnl Aufenth einer Part anzuwenden, wenn diese sich darauf beruft, daß sie dem Vertr nicht zugestimmt habe u es nach den Umst des Falles unbillig wäre, die RWirkgen ihres Verhaltens (insb die Bedeutg ihres Schweigens als Zustimmg, vgl dazu Sandrock RIW **86**, 849) allein nach dem VertrStatut z beurteilen; das Recht des gewöhnl Aufenth ist dann insow als zusätzl Vorauss für das Zustandekommen einer RWahl z berücksichtigen. Die **Form** der RWahl beurteilt sich nach Art 11 (bei Verbraucherverträgen mit den Einschränkgen des Art 29 III); die Vereinbarg bedarf also nicht notw der Form des abgeschl Vertr, vgl BGH **57**, 337, **73**, 391, DB **97**, 773 (verkürzt, vgl Spickhoff IPRax **98**, 464). Der PartWille kann auch zur Maßgeblk einer ROrdng führen, nach der der matr Vertr formnicht wäre, BGH NJW **69**, 1760, Nürnb NJW-RR **97**, 1484, Marsch, Favor Negotii (1976) 57; dies ist auch bei Kenntn der Part v NichtigkGrd nicht ausgeschl, wenn sie auf die Einhaltg der Verpfl vertraut haben, BGH **53**, 189, **73**, 391; die Wirksk der RWahl ist also unabhängig v der Wirksk des matr Vertr, BGH JZ **63**, 167, Meyer-Sparenberg RIW **89**, 349. Bei kollidierden wirks RWahlklauseln in AGB kommt RWahl nicht zustande, Tiedemann IPRax **91**, 426, vgl auch Baumert RIW **97**, 808. Die GeschFgk der Part beurteilt sich nach Art 7 mit den Einschränkgen des Art 12 zG des Verkehrsschutzes, Abs 4, vgl Hamm NJW-RR **96**, 1144.

9 **d) Spaltung des Vertragsstatuts.** Die Part können nach **Absatz 1 Satz 3** die RWahl auch auf einen **Teil** des Vertr beschr (zur Bestimmg des VertrStatuts im übr vgl Art 28) od für versch Teile des Vertr eine jeweils unterschiedl RWahl treffen, zB über formelles Zustandekommen des Vertr einers u über seine mat Wirksamk ands, Aurich AWD **74**, 282, Hamm NJW-RR **96**, 1145, Frank BWNotZ **78**, 95, Lichtenberger Fschr Hagen (1999) 149 (GrdstKauf), vgl dazu auch BGH NJW-RR **90**, 249; auch eine v der GerStandsregelg abw RWahl ist selbstverständl mögl, vgl Hbg AWD **74**, 278. Dagg gestattet Abs 1 S 3 nicht, die jew Pflichten der VertrPart versch Recht zu unterstellen, Jayme Fschr Kegel, 1987 S 263, and W. Lorenz IPRax **87**, 272,
10 MüKo-Martiny Rn 56. **e) Nachträgliche Rechtswahl.** Die RWahl braucht nicht notw bei VertrSchluß getroffen z werden; sie kann nach **Absatz 2** auch z einem **späteren** Ztpkt vorgenommen werden; auch kann eine bereits getroffene RWahl jederzeit dch eine neue ersetzt werden, vgl zB BGH NJW **91**, 1293, Hamm RIW **93**, 940. Im innerdtschen KollisionsR konnte eine solche nachträgl Abänderg des VertrStatuts, vgl zB BGH NJW-RR **92**, 855, nicht schon aus Verstoß des Vertr gg DDR-Vorschr u Übersiedlg aller Beteiligten in die BRep gefolgert werden, aM KG IPRspr **79** Nr 13 A, vgl auch LG Bln u KG IPRspr **80** Nr 15. Soweit sich aus der späteren RWahl ein Wechsel des VertrStatuts ergibt, wirkt dieser im Zweifel ex tunc, aM Ffm IPRax **92**, 317, W. Lorenz IPRax **87**, 273 u Voraufl, wie hier Lüderitz FS Keller (1989) 462, Siehr ebda 496, Reinhart IPRax **95**, 367, Stadler Jura **97**, 509; er läßt aber eine nach dem alten Statut gem Art 11 bestehde Formgültigk des Vertr u die nach dem bish maßg Recht begründeten Rechte Dritter (zB bei Bürgsch od echtem Vertr zG Dr) unberührt, Abs 2 **Satz 2**; vgl dazu Möllenhoff, Nachträgl RWahl u Rechte Dritter, 1993, sowie Art 42 Rn 1.

EG 28 *Mangels Rechtswahl anzuwendendes Recht.*

I Soweit das auf den Vertrag anzuwendende Recht nicht nach Artikel 27 vereinbart worden ist, unterliegt der Vertrag dem Recht des Staates, mit dem er die engsten Verbindungen aufweist. Läßt sich jedoch ein Teil des Vertrages von dem Rest des Vertrages trennen und weist dieser Teil eine engere Verbindung mit einem anderen Staat auf, so kann auf ihn ausnahmsweise das Recht dieses anderen Staates angewandt werden.

II Es wird vermutet, daß der Vertrag die engsten Verbindungen mit dem Staat aufweist, in dem die Partei, welche die charakteristische Leistung zu erbringen hat, im Zeitpunkt des Vertragsabschlusses ihren gewöhnlichen Aufenthalt oder, wenn es sich um eine Gesellschaft, einen Verein oder eine juristische Person handelt, ihre Hauptverwaltung hat. Ist der Vertrag jedoch in Ausübung einer beruflichen oder gewerblichen Tätigkeit dieser Partei geschlossen worden, so wird vermutet, daß er die engsten Verbindungen zu dem Staat aufweist, in dem sich deren Hauptniederlassung befindet oder in dem, wenn die Leistung nach dem Vertrag von einer anderen als der Hauptniederlassung zu erbringen ist, sich die andere Niederlassung befindet. Dieser Absatz ist nicht anzuwenden, wenn sich die charakteristische Leistung nicht bestimmen läßt.

III Soweit der Vertrag ein dingliches Recht an einem Grundstück oder ein Recht zur Nutzung eines Grundstücks zum Gegenstand hat, wird vermutet, daß er die engsten Verbindungen zu dem Staat aufweist, in dem das Grundstück belegen ist.

IV Bei Güterbeförderungsverträgen wird vermutet, daß sie mit dem Staat die engsten Verbindungen aufweisen, in dem der Beförderer im Zeitpunkt des Vertragsabschlusses seine Hauptniederlassung hat, sofern sich in diesem Staat auch der Verladeort oder der Entladeort oder die Hauptniederlassung des Absenders befindet. Als Güterbeförderungsverträge gelten für die Anwendung dieses Absatzes auch Charterverträge für eine einzige Reise und andere Verträge, die in der Hauptsache der Güterbeförderung dienen.

V Die Vermutungen nach den Absätzen 2, 3 und 4 gelten nicht, wenn sich aus der Gesamtheit der Umstände ergibt, daß der Vertrag engere Verbindungen mit einem anderen Staat aufweist.

1) Allgemeines. a) Art 28 entspr Art 4 des EG-Übk, vgl Rn 1 vor Art 27. Die Vorschr best das anwendb 1
Recht (VertrStatut), wenn die Part **keine** wirks ausdrückl od stillschw **Rechtswahl** nach Art 27 getroffen haben; zum Anwendgsbereich des VertrStatuts vgl Art 31 u 32. Allg Anknüpfungskriterium ist nach der Generalklausel des Abs 1 die **engste Verbindung** des Vertr z einem best Staat. Der Begr der engsten Verbindg wird in den folgden Absätzen 2–4 nach best Merkmalen (insb Erbringg der charakteristischen Leistg, Abs 2) od für best VertrTypen (insb Grdst- u GüterbefördergsVertre, Abs 3 u 4) **konkretisiert;** zur Bewlast Hepting Fschr Lorenz (1991) 393. Grdsl gilt die in Art 28 getroffene Anknüpfungsregelg für SchuldVertre **aller** Art; das Gesetz hat auf die Aufstellg bes Kollisionsnormen für die Vielzahl v VertrTypen verzichtet. Eine **Sonderregelung** gilt jedoch nach Art 29 II für VerbraucherVertre u nach Art 30 II für ArbeitsVertre. Zur Möglichk eines Statutenwechsels bei Veränderg der anknüpfgsrelevanten Umst Lüderitz FS Keller (1989) 459. **b)** Auch bei der Anknüpfg v SchuldVertren aGrd engster Verbindg sind nur die **Sachnormen** des VertrStatuts zur Anwendg berufen; eine Rück-od Weiterverweisg ist nach Art 35 I ausgeschl; für die erfdl Unteranknüpfg bei MehrRStaaten gilt Art 35 II. Im **innerdeutschen** KollisionsR war Art 28 entspr anzuwenden, vgl dazu Art 27 Rn 2 u 10.

2) Grundsatzanknüpfung. a) Bei Fehlen einer v den Part getroffenen RWahl unterliegt der Vertr nach 2
der Generalklausel des **Absatz 1 Satz 1** dem Recht des Staates, mit dem er die **engsten Verbindungen** aufweist, in dem er also bei Würdigg aller Umst des Einzelfalls seinen räuml **Schwerpunkt** hat. Die Grenzen zw dieser objektiven Anknüpfg u den Indizien für eine konkludente RWahl, vgl dazu Art 27 Rn 5–7, sind fließend. Der Inhalt der zur Auswahl stehden Sachnormen ist auch hier bei der Anknüpfg nicht z berücksicht, vgl Rn 1 vor Art 3; daher keine Bevorzugg derj ROrdnung, nach welcher der Vertr wirks wäre, aM Marsch, Favor Negotii (1976) 77 f. Das aGrd engster Verbindg best VertrStatut ist regelm für den **gesamten** Vertr maßg. Bei Abtrennbk eines VertrTeils mit eigenem vom Rest des Vertr abw Schwerpkt kann ausnahmsw auf diesen VertrTeil ein bes abgespaltenes VertrStatut angewandt werden, **Satz 2.** – Vorbehaltl des Abs 2, vgl dazu Rn 3, 4, ist ein **Anhaltspunkt** für die engste Verbindg eines Vertr z einem best Staat etwa die gemeins Staatsangehörigk der Part, BGH WPM **77**, 793 (and bei gemeins gewöhnl Aufenth im Ausl – Gastarbeiter –, LG Hbg IPRspr **73** Nr 16, Düss FamRZ **83**, 1229, vgl dazu Bendref MDR **80**, 639), Belegenh eines VermWerts, der VertrGgstd ist, LG Stgt IPRax **96**, 140, uU auch AbschlOrt des Vertr u VertrSprache; bei Vertren mit dem Staat od and öffr Körpersch besteht iZw die engste Verbindg zum Recht des betr Staates, vgl Kblz IPRspr **74** Nr 1 a, Kegel IPR § 18 I 1 c, aM KG IPRax **98**, 283, v Hoffmann, Berichte der dtschen Gesellsch f VölkerR 25 (1984) 57.

b) Der wichtigste Anhaltspkt für die engsten Verbindgen eines Vertr mit einem Staat ist nach **Absatz 2** die 3
Erbringg der **charakteristischen Leistung,** dh derj Leistg, welche dem betr VertrTyp seine Eigenart verleiht u seine Unterscheidg v and VertrTypen ermögl, beim Kauf zB die Lieferg der Sache, bei der Miete die Überlassg der Mietsache, beim DienstVertr die ArbLeistg, beim WerkVertr die Herstellg des Werkes, beim VerwahrgsVertr die Leistg des Verwahrers usw. Läßt sich für den jew Vertr eine solche charakteristische Leistg ausmachen (was zB beim Tausch, uU auch bei atypischen Vertren Schwierigk bereitet), so wird **vermutet,** daß der Vertr die engsten Verbindgen z demjenigen Recht besitzt, dem der Schuldner dieser charakteristischen Leistung zZ des VertrSchlusses unterworfen ist, bei einer natürl Pers also dem Recht an ihrem gewöhnl Aufenth, bei einer Gesellsch od JP dem Recht an ihrer Hauptverwaltg, Abs 2 S 1, BGH **109**, 36. Wird der Vertr in Ausübg einer **beruflichen** od **gewerblichen** Tätigk des Schuldners der charakteristischen Leistg 4
geschl, so ist im Zweifel kr engster Verbindg das Recht am Ort ihrer Hauptniederlassung od, falls die Leistg v einer and Niederlassg z erbringen ist, am Ort dieser and Niederlassg maßg, Abs 2 S 2; dies gilt auch bei VertrSchluß im Internet, Mankowski RabelsZ **99**, 220, Sandrock ZVglRWiss **99**, 236. Bei Vorliegen einer charakteristischen Leistg treten and Anhaltspkte für die engste Verbindg, vgl Rn 2, hinter der für den Regelfall in Abs 2 aufgestellten Vermutg zurück, sofern sich nicht ausnahmsw aus der Gesamth der Umst ergibt, daß der Vertr engere Verbindgen mit einem and Staat aufweist, Abs 5, vgl dazu LG Aach RIW **90**, 491, Stgt NJW-RR **90**, 1082, KG IPRspr **94** Nr 21, Otto IPRax **96**, 22. Läßt sich eine charakteristische Leistg nicht bestimmen, so bewendet es bei der Anknüpfg gem Abs 1 S 1, vgl Abs 2 S 3, aM Dortm IPRax **89**, 51, wo auf Art 32 II abgestellt wird, krit Jayme ebda.

3) Sonderregelung für Grundstücksverträge und Güterbeförderungsverträge (Abs 3 u 4). 5
a) SchuldVertre, die ein dingl Recht an einem **Grundstück** (zB Kauf, Schenkg) od ein Recht zur Nutzg eines Grdst (zB Miete, Pacht) zum Ggst haben, unterliegen bei Fehlen einer RWahl nach der Vermutg des **Absatzes 3** kraft engster Verbindg dem Recht am Lageort des Grdst, vgl zB BGH NJW-RR **96**, 1034, Ffm NJW-RR **93**, 183, KG IPRax **98**, 283, Düss NJW-RR **98**, 1159, sofern sich nicht aus der Gesamth der Umst ergibt, daß der Vertr engere Verbindgen mit einem and Staat aufweist, Abs 5, wie zB bei Bereitstellg von Ferienwohngen im Ausl dch inl Reiseunternehmen, BGH **109**, 36, vgl auch BGH **119**, 158, Hamm NJW-RR **96**, 1144, KG IPRspr **94** Nr 21, ebso W. Lorenz IPRax **90**, 294, krit dazu Lindacher BB **90**, 661; insow enth aber Art 29 in seinem tatbestandl Anwendgsbereich eine vorrangige Sonderregelg, Lindacher IPRax **93**, 229, vgl Art 29 Rn 2 u 3. Unter Abs 3 fallen auch Time-Sharing-Vertre über ausl Immobilien, vgl auch TzWrG § 8 Rn 1; dabei ist für die Anknüpfg des VerpflGesch unerhebl, ob die Nutzg des Grdst auf schuldr, gesellschr od dingl Grdlage erfolgen soll, vgl Ffm RIW **95**, 1033, Mankowski RIW **95**, 365; der dingl Vollzug unterliegt dem Recht des Lageorts, Art 43 Rn 3; für einen etwaigen Vereinsbeitritt gilt das GesellschStatut, Anh zu Art 12 Rn 13; vgl dazu auch § 8 TzWrG Rn 1 u 4. Bei KaufVertren über ausl Grdste, die im Inl zw dtschen Part abgeschl werden, wird häufig bereits konkludent die Geltg dtschen Rechts vereinbart sein, vgl BGH **52**, 239, **53**, 189, **73**, 391, Köln OLGZ **77**, 201, Mü NJW-RR **89**, 665, Ffm RIW **95**, 1033, Nürnb NJW-RR **97**, 1484; dies kommt auch bei Vertren über Grdst in der früh DDR in Betr, vgl dazu BGH DtZ **93**, 210, Brdbg OLG-NL **98**, 155, Schotten/Schmellenkamp DNotZ **92**, 208 sowie Art 11 Rn 1; ebso bei Übertragg v GeschAntl einer ausl GmbH unter Dtschen, Celle NJW-RR **92**, 1126. Zur Beurteilg v KaufVertr über span Immobilien vgl BGH **73**, 391, Köln AWD **75**, 350, OLGZ **77**, 201, Düss NJW **81**, 529, Celle RIW **88**, 137, Mü NJW-RR **89**, 663, Hbg IPRspr **89** Nr 38, Ffm IPRax **92**, 314, Bungert RIW **90**, 461, IPRax **92**, 296, Reckhorn-Hengemühle ZVglRWiss **91**, 155, v Sachsen Gessaphe RIW **91**, 299. Für

dingliche RGesche, die in Erfüllg eines solchen Vertr geschl werden, gilt stets die lex rei sitae, vgl Art 43
6 Rn 3. **b) Güterbeförderungsverträge** (einschl CharterVertre für eine einzige Reise) unterliegen bei Fehlen einer RWahl aGrd der Vermutg des **Absatz 4** kraft engster Verbindg dem Recht der Hauptniederlassg des Beförderers im Ztpkt des VertrSchlusses, **sofern** sich im gleichen Staat (aber nicht notw am gleichen Ort) auch der Verladeort od der Entladeort od die Hauptniederlassg des Absenders befindet, vgl dazu BGH RIW **95**, 411, Düss TranspR **95**, 350, Brschw TranspR **96**, 387, Kln VersR **99**, 640, Fischer TranspR **96**, 416; liegen diese zusätzl Vorauss nicht vor, zB bei Güterbeförderg dch eine Reederei in einem Billigflaggenstaat, so ist das VertrStatut nach Abs 1 mit Hilfe der engsten Verbindgen z best, vgl Mü NJW-RR **98**, 550, **nicht** dagg auch mit Hilfe der Vermutg nach Abs 2, deren Anwendbark dch die Sonderregelg in Abs 4 ausgeschl wird, vgl Begr BT- Drucks 10/504 S 79, Mankowski TranspR **93**, 224, aM Ffm NJW-RR **93**, 809, wohl auch Brem VersR **96**, 868. Auch bei Vorliegen aller Vorauss für das Eingreifen der Vermutg nach Abs 4 S 1 bleibt es ferner bei der Best des anwendb VertrStatuts nach der Generalklausel des Abs 1, wenn sich aus der Gesamth der Umst ergibt, daß der Vertr engere Verbindgen mit einem and Staat aufweist, Abs 5. Die Anwendbk v Abs 4 setzt nicht voraus, daß der Beförderer die Beförderg der Güter selbst durchführt; es genügt, daß er sich zur Beförderg verpflichtet, diese aber v einem Dritten durchführen läßt, vgl Bericht BT-Drucks 10/503 S 54; die Vorschr gilt desh auch für den **Speditionsvertrag,** Hbg IPRspr **89** Nr 62. Die Frage nach dem Schuldstatut stellt sich nur, soweit das Übk über den BefördergsVertr im internat Straßengüterverk (**CMR**) v 19. 5. 56, BGBl **61** II 1119, für die BRep in Kr seit 5. 2. 62, BGBl **62** II 12, nicht eingreift, vgl Hamm IPRspr **93** Nr 47; das dch das Übk geschaffene EinhR geht im Rahmen seines Geltgsbereichs, vgl dazu CMR Art 1, dem IPR vor, Art 3 II, vgl Reithmann/Martiny-van Dieken Rn 1170 f. Zur Anknüpfg multimodaler TransportVertr vgl Basedow Fschr Herber (1999) 31. Für Vertre über **Personenbeförderung** gilt Abs 4 nicht; sie beurteilen sich allein nach Abs 1 u 2 sowie ggf Abs 5; Art 29 gilt dafür nicht, vgl dessen Abs 4 Nr 1.

4) Einzelne Vertragstypen

7 **a) Warenkauf. aa)** Maßg ist nunm in 1. Linie das mat EinhR des **UN-Übereinkommens über Verträge über den internationalen Warenkauf** v 11. 4. 80, BGBl **89** II 588 (berichtigt BGBl **90** II 1699), das für die BRep Deutschland am 1. 1. 91 in Kraft getreten ist, Bek v 23. 10. 90, BGBl II 1477; weitere VertrStaaten sind: Ägypten, Argentinien, Australien, Belgien, Bosnien-Herzegowina, Bulgarien, Burundi, Chile, China, Dänemark, Ecuador, Estland, Finnland, Frankreich, Griechenland, Georgien, Guinea, Irak, Italien, ehem Jugoslawien, Kanada, Kirgisistan, Kroatien, Kuba, Lesotho, Lettland, Litauen, Luxemburg, Mexiko, Moldau, Mongolei, Neuseeland, Niederlande, Norwegen, Österreich, Peru, Polen, Rumänien, Russische Föderation, Sambia, Schweden, Schweiz, Singapur, Slowakei, Slowenien, ehem Sowjetunion, Spanien, Syrien, Tschechische Republik, ehem Tschechoslowakei, Uganda, Ukraine, Ungarn, Uruguay, Usbekistan, USA, Weißrußland, Fundstellennachw B 1998 S 554, zuletzt ergänzt dch Bek v 12. 8. 99, BGBl II 795. Die Anwendbark des Übk ist ua dann gegeben, wenn die Regeln des IPR zur Anwendg des Rechts eines VertrStaates führen, Art 1 I lit b, Düss RIW **93**, 325, Kln RIW **94**, 972, zB dch Wahl dtschen Rechts, BGH NJW **97**, 3310, **99**, 1260. Insow behalten die Regeln des IPR ihre Bedeutg; das gleiche gilt, wenn die Part gem Art 6 die Anwendg des Übk ausschließen; auch für die Ausfüllg von Lücken ist das anwendb R nach den Regeln des IPR der lex fori z best, Art 7 II, vgl zB Hamm RIW **96**, 690 (Aufrechng, vgl aber Magnus LM CISG Nr 4), WiB **96**, 857 (Abtretg), ferner Kappus RIW **90**, 788, Stoll IPRax **93**, 75, Diedrich RIW **95**, 353, Schmid, Das ZusSpiel v Einheitl UN-KaufR u nationalem Recht, 1996; für konkurrierde deliktische Anspr gilt das Deliktsstatut, vgl BGH IPRax **96**, 124, aM Huber ebda 91. Die Einheitl Ge über den int Kauf bewegl Sachen u den Abschl von int KaufVertren über bewegl Sachen v 17. 7. 73, BGBl II 885, sind am 1. 1. 91 außer Kraft getreten, vgl Bek v 30. 10. 90, BGBl II 1482 u v 12. 12. 90, BGBl I 2894 und 2895; zur Anwendg auf vorher geschl Kaufvertre BGH NJW **92**, 620, 2428, NJW-RR **92**, 886, Kblz RIW **92**, 60, SchlH RIW **92**, 583 (dazu Stoll IPRax **93**, 75), Kln RIW **92**, 1021, **93**, 143, Piltz IPRax **94**, 191. **Hilfsmittel** bei Anwendg ausl Rechts: v Westphalen, Hdb des KaufVertrR in den EG-Staaten 1992.

8 **bb)** Bei Fehlen einer RWahl ist im übr nach Abs 2 S 1 idR das Recht am gewöhnl Aufenth bzw der Hauptverwaltg des **Verkäufers** maßg; erfolgt der VertrSchluß im Rahmen der gewerbl Tätigk des Verkäufers, so entsch das Recht am Ort seiner Hauptniederlassg bzw Zweigniederlassg, Abs 2 S 2, vgl dazu zB BGH NJW **97**, 2322, Karlsr NJW-RR **93**, 568, 1316, KG RIW **94**, 683, Düss RIW **96**, 959, Kln NJW-RR **97**, 183, Hamm RIW **97**, 154; zum Auktionskauf vgl Düss NJW **91**, 1492, Siehr IPRax **92**, 220; zum Praxisverkauf Hamm WiB **95**, 266 mAv vd Seipen. Bei **Verbraucherverträgen** gilt eine Sonderregelg nach Art 29. Die hilfsw Anknüpfg an den Erfüllgsort u die damit verbundene Aufspaltg des Vertr, vgl 45. Aufl Vorbem 6 a bb vor EG 12, ist aufgegeben. Bei mehreren Verkäufern mit Sitz in versch Staaten Anknüpfg aGrd der engsten Verbindg, vgl Dörner JR **87**, 201. Zum Grdst-Kauf vgl Rn 5. Zum SoftwareüberlassgsVertr Klimek/Sieber ZUM **98**, 902. Zum UnternKauf Ebenroth/Wilken ZVglRWiss **91**, 241, Merkt ZVglRWiss **94**, 353, RIW **95**, 533, Fschr Sandrock (1995) 135, Meyer-Sparenberg WiB **95**, 849, Triebel RIW **98**, 6, Picot/Land DB **98**, 1601, Dürig RIW **99**, 746.

9 **b) Tausch.** Das anwendb Recht ist grdsl aGrd der engsten Verbindg nach Abs 1 z best; Abs 2 scheidet aus, da keine charakteristische Leistg gegeben, Abs 2 S 3. Beim GrdstTausch Schwerpkt iZw beim beurkundden Notar, LG Amberg IPRax **82**, 29, vgl auch Jayme IPRax **84**, 53. Abs 3 ist nicht anwendb, da kein Vertr über dingl Recht **an** einem Grdst.

10 **c) Schenkung.** Bei Grdst grdsl Recht des Lageorts nach Abs 3, bei bewegl Sachen Recht am gewöhnl Aufenth des Schenkers, Abs 2 S 1, vgl Düss FamRZ **83**, 1229, Köln NJW-RR **94**, 1026 (Brautgeld), Ffm GRUR **98**, 142; bei Schenkg vTw vgl Art 25 Rn 15.

11 **d) Miete, Pacht.** Bei GrdstMiete u-pacht gilt idR nach Abs 3 das Recht des Lageortes, sofern der Vertr nach der Gesamth der Umst nicht engere Verbindgen mit einem and Staat aufweist (zB bei MietVertr zw Inländern über Ferienwohng im Ausl), vgl dazu BGH **109**, 36, **119**, 157, Düss NJW-RR **98**, 1159, Lorenz IPRax **90**, 294 sowie oben Rn 5; über Parkplatz AG Delmenhorst IPRspr **94** Nr 45. Bei bewegl Sachen gilt nach Abs 2 das Recht am gewöhnl Aufenth bzw der Hauptverwaltg des Vermieters, bei gewerbl Vermietg das Recht seiner (Haupt-)Niederlassg. Für den LeasingVertr gilt mangels RWahl das Recht des Leasinggebers,

Hövel Betr **91**, 1032, Knebel RIW **92**, 538, soweit nicht Art 29 einschlägig ist. Für den FranchiseVertr gilt grdsl das Recht am Sitz des Franchisegebers, vgl Bräutigam WiB **97**, 899.

12 **e) Darlehen.** Charakteristische Leistg iSv Abs 2 erbringt der DarlGeber; vgl dazu LG Hbg NJW-RR **95**, 183, Düss NJW-RR **95**, 756, **98**, 1146; bei Bankdarl ist nach Abs 2 S 2 das Recht der (Haupt-)Niederlassung der Bank maßg, sofern nicht Art 29 II eingreift (VerbraucherVertr); vgl dazu Rosenau RIW **92**, 879. Bei Realkredit Anknüpfg an den Lageort des belasteten Grdst, MüKo-Martiny Rn 134 a; dies gilt auch für ein damit zushängdes abstr SchuldAnerk od -Verspr, vgl Geimer IPRax **99**, 153; vgl auch Art 43 Rn 4.

13 **f) Dienstvertrag.** Charakteristische Leistg iSv Abs 2 erbringt der Dienstverpfl, BGH **128**, 48; bei freiberufl Dienstleistg, ist deshalb idR Recht an der Niederlassg (Praxis) des Dienstverpfl maßg, Abs 2 S 2, sofern nicht die Sonderregelg des Art 29 II für VerbrVertre eingreift, vgl dazu auch Art 29 IV Nr 2. Zur Anknüpfg des ArztVertr an den Praxisort vgl Hübner/Linden VersR **98**, 793, Stumpf MedR **98**, 546, des Notar- od AnwaltVertr an den Ort der Kanzlei vgl Zuck NJW **87**, 3033, Raiser NJW **91**, 2057, Henssler JZ **94**, 185, Heß NJW **99**, 2485 (bei Einbeziehg in RVerfolgg im Ausl dch ausl Großkanzlei Anknüpfg an den Ort der RVerfolgg gem Abs 5; z Unverbindlk eines Erfolgshonorars vgl Art 6 Rn 16 u Art 34 Rn 3); zur Anknüpfg des ArchitektenVertr an den Ort des Büros vgl Klautern NJW **88**, 652, Wenner RIW **98**, 173. Die gleichen Grdse gelten für den GeschBesorggsVertr, BGH DtZ **96**, 51. Über Nutzg v Online-Diensten im Internet vgl Müller-Hengstenberg NJW **96**, 1781; z ManagementVertr Weimar/Grote RIW **98**, 272. Für **Arbeitsverträge** gilt Art 30.

14 **g) Werkvertrag.** Bei Fehlen einer RWahl entsch nach Abs 2 grdsl die charakteristische Leistg; diese wird vom Untern erbracht, SchlH IPRax **93**, 95, Nürnbg IPRspr **93** Nr 31, Hamm IPRax **95**, 106, LG Bln IPRax **96**, 416; maßg ist daher idR das Recht am Ort seiner (Haupt-) Niederlassg, Abs 2 S 2; dies gilt auch für den WerkliefergsVertr, Ffm NJW **92**, 634, Düss RIW **93**, 845, für den ReiseveranstaltgsVertr, vgl BGH NJW **96**, 54, für den GeschBesorggsVertr, BGH DtZ **96**, 51, sowie für die Anknüpfg des SubUnternVertr, vgl dazu Vetter NJW **87**, 2124, ZVglRWiss **88**, 248, aM Jayme Fschr Pleyer, 1986 S 377. Die Anknüpfg an die Niederlassg des WerkUntern gilt auch für BauVertre, BGH NJW **99**, 2443, Hamm NJW-RR **96**, 1144, Thode ZfBR **89**, 47, Kartzke ZfBR **94**, 4, W. Lorenz IPRax **95**, 331; die Baustelle begründet keine engere Verbindg iSv Abs 5, BGH NJW **99**, 2443. Das gleiche gilt für PersonenbefördergsVertre, zB in der Passagierschiffahrt, vgl Basedow IPRax **87**, 341, od für den LuftbefördergsVertr, vgl dazu AG Ffm NJW-RR **96**, 1336, Ffm IPRax **98**, 36; Art 29 gilt nicht, vgl dessen Abs 4 Nr 1; bei ausl Schuldstatut ist AGBG 12 z beachten. Zur Haftg bei internat Luftbeförderg vgl § 51 LuftVG, der auf das Warschauer Abk verweist; zu dessen Ersetzg vgl EuZW **99**, 386; vgl ferner Kadletz IPRax **98**, 9; für § 50 LuftVG (VersZwang) gilt eine v Statut des BefördergsVertr unabh Sonderanknüpfg, BGH VersR **80**, 129; zur akzessor Anknüpfg delikt ErsAnspr s Art 40 Rn 6. Für **Güterbeförderung** gilt Abs 4, vgl dazu Rn 6. Bei ReiseveranstaltgsVertren ist die Sonderregelg für VerbrVertre gem Art 29 z beachten, Art 29 IV S 2, vgl dazu Ebenroth/Fischer/Sorek ZVglRWiss **89**, 136, Tonner, ReiseR in Europa (1992) 215.

15 **h) Handelsvertretervertrag, Vertragshändlervertrag;** vgl dazu Kindler RIW **90**, 363, Wegen WiB **94**, 255, Müller-Feldhammer RIW **94**, 928, Hermes RIW **99**, 84. In Ermangelg einer RWahl, vgl dazu zB BGH NJW **98**, 1861, entscheidet die charakteristische Leistg; sie erbringt der HandelsVertr bzw VertrHändler; maßg ist desh nach Abs 2 S 2 idR das Recht am Ort ihrer Niederlassg, vgl BGH NJW **93**, 2754, **95**, 319, DtZ **96**, 57, Kblz RIW **96**, 152, Düss RIW **96**, 959, Stgt NJWE-WettbR **98**, 46, IPRax **99**, 103, sofern sich nicht aus der Gesamth der Umst ergibt, daß der Vertr engere Verbindgen mit einem and Staat aufweist, Abs 5; das gleiche gilt für den Vertr mit dem Handelsmakler, vgl Düss RIW **97**, 780. Für die Einzelliefergen des HandelsVertr bzw VertrHändler gilt das dafür maßg VertrStatut, zB Kauf, Düss RIW **96**, 959.

16 **i) Auftrag.** Charakteristische Leistg iSv Abs 2 erbringt der Beauftr; maßg ist daher idR das Recht an seinem gewöhnl Aufenth, Abs 2 S 1, Hamm RIW **94**, 515, NJW-RR **97**, 1008; dies gilt auch für den GeschBesorggsVertr, BGH DtZ **96**, 51. Für Anspr aus **Geschäftsführung ohne Auftrag** gilt grdsl das Recht des GeschFührgsOrts, **Art 39 I**; bei FremdGeschFührg iR eines zw den Part bestehden RVerh ist idR das Statut dieses RVerh maßgebd, vgl Art 41 II Nr 1, BGH NJW **98**, 1322 (MiteigentümerVerh); zum Rückgr eines Drittleistden vgl Art 39 II.

17 **j) Verwahrung.** Charakteristische Leistg iSv Abs 2 erbringt der Verwahrer; sofern kein VerbrVertr nach Art 29 I u II vorliegt, ist daher idR Recht am Sitz des Verwahrers maßg, LG Aachen RIW **99**, 304 (Termingeldkonto). Die charakteristische Leistg beim **Treuhandvertrag** erbringt der Treunehmer, vgl Hamm RIW **94**, 516.

18 **k) Beherbergungsvertrag.** Charakteristische Leistg iSv Abs 2 erbringt der Gastwirt; maßg ist daher idR Recht seiner Niederlassg. Bei BeherbgsVertren mit ausl Hotels gilt Art 29 nicht, vgl dessen Abs 4 Nr 2.

19 **l) Gesellschaft.** Bei GelegenhGesellsch ohne körperschaftl Organisation wird das anwendb Recht meist dch zumindest konkludente RWahl best; bei deren Fehlen ist das VertrStatut nach Abs 1 aGrd der engsten Verbindg z best; Abs 2 scheidet aus, Ffm RIW **98**, 808. Diese Grdse gelten insbes für Konsortialverträge von Banken, vgl Schücking WM **96**, 285; bei GrdstGesellschen gilt nach Abs 3 die lex rei sitae. Über JP u HandelsGesellsch vgl Anh z Art 12 Rn 2–5 u 20; Art 27 ff gelten für sie nicht, Art 37 Nr 2.

20 **m) Bürgschaft.** Das BürgschStatut ist unabh vom Statut der Hauptschuld anzuknüpfen; maßg ist in erster Linie die v den Part getroffene RWahl, Art 27, vgl Düss NJW **90**, 640; bei deren Fehlen ist nach Abs 2 S 1 idR das Recht am gewöhnl Aufenth des Bürgen maßg, da dieser die für den Vertr charakteristische Leistg erbringt, BGH NJW **93**, 1126, **99**, 2373 (iErg), Ffm RIW **95**, 1033, Saarbr WM **98**, 2466; bei Bankgarantie gilt nach Abs 2 S 2 idR das Recht der Niederlassg der Bank, vgl BGH NJW **96**, 2570 (vgl dazu Ahrens IPRax **98**, 93), Mülbert ZIP **85**, 1113, Heldrich Fschr Kegel, 1987 S 184, Mäsch NJW **96**, 1455; über Garantiezusage iRv Scheckinkasso Grundmann IPRax **97**, 34. Die gleichen Grdse gelten auch bei ProzBürgsch, aM Fuchs RIW **96**, 288 (lex fori) u PatronatsErkl, vgl dazu Ffm IPRspr **79** Nr 10, Jander/Hess RIW **95**, 735. Das BürgschStatut entsch vor allem, ob der Bü zu leisten hat (Art der Haftg, Einr der VorausKl, Wirkg der Tilgg der Hauptschuld auf die BürgschSchuld), BGH NJW **77**, 1011, währd das Recht, dem die

Hauptschuld untersteht, besagt, was der Bü zu leisten hat. Zur Form vgl Art 11 u dort Rn 18 u 19. Erfordern der Zust des Eheg für die BürgschErkl unterliegt nicht dem BürgschStatut sond dem Ehewirkgsstatut, Art 14, od dem GüterRStatut, Art 15, so mit Recht Kühne JZ **77**, 439, Jochem NJW **77**, 1012 gg BGH ebda. Über Schuldbeitritt vgl EG 33 Rn 4.

21 **n) Bank- und Börsengeschäfte. aa)** Die Beziehgen zw Bank und Kunden unterliegen idR dem Recht am Sitz der kontoführden Bank; dies folgt bei dtschen Banken aus der RWahl gem Nr 26 I AGB-Banken, vgl BGH NJW **87**, 1825, die mit AGBG 9 vereinbar ist, Canaris BankVertrR, 2. Aufl Rdz 2721; hat der Kunde seinen gewöhnl Aufenth im Ausl, so gilt für das Vorliegen seiner Zust gem Art 27 IV iVm 31 II zusätzl dessen AufenthR, vgl EG 31 Rn 4, 5, Heldrich Fschr Kegel, 1987 S 184. In Ermangelg einer wirks RWahl führt die obj Anknüpfg aGrd engster Verbindg nach Art 28 I u II ebenf zum Recht an der Niederlassg der Bank, da diese die charakteristische Leistg erbringt, vgl zB Köln RIW **93**, 1025, Mü RIW **96**, 330, Düss RIW **96**, 155, LG Aachen RIW **99**, 304, Kaiser EuZW **91**, 84, Berger DZWir **97**, 426. Im Verk zw mehreren Banken gilt mangels RWahl gem Art 28 I u II das Recht der Part, welche die charakteristische bankm Leistg erbringt, vgl BGH **108**, 362, Pleyer/Wallach RIW **88**, 174, im grenzüberschreitden ÜberweisgsVerk also für jedes Glied der Überweisgskette das Recht der beauftragten Bank, Einsele AcP **98**, 165, für die Rückgarantie das Recht der garantierden Erstbank, Kln RIW **92**, 145, Heldrich aaO 189, das auch über den Einwand des RMißbr entscheidet, Schefold IPRax **95**, 119, für Anlagen auf dem Eurogeldmarkt das Recht der kontoführden Bank, Fuchs ZVglRWiss **96**, 297. Zu AkkreditivGeschen vgl v Bar ZHR **88**, 38, Schütze RIW **88**, 343, W. Lorenz Fschr Steindorff (1990) 405; für das RVerh zw Begünstigtem u Akkreditivbank gilt mangels RWahl das Recht am Sitz dieser Bank, Ffm RIW **92**, 316, Thorn IPRax **96**, 259, Schefold IPRax **96**, 348, Eschmann RIW **96**, 914, abw Ffm WM **88**, 254, Kln ZIP **94**, 1791 (Recht am Sitz der inl Zahlstelle), krit dazu Schefold IPRax **90**, 21, **96**, 351, Thorn aaO; vgl auch Kblz RIW **89**, 815. Der ForfaitiergsVertr mit einer Bank unterliegt in Ermangelg einer RWahl dem Recht am gewöhnl Aufenth des Forfaitisten, da dieser die charakteristische Leistg erbringt, Hakenberg RIW **98**, 909, aM Staud-Magnus Rn 540. Zu den leitden Gesichtspkten für eine RWahl bei internat KreditVertren Harries Fschr Heinsius (1991) 205; zu grenzüberschreitden WertPTrans-
22 aktionen Einsele, WertPR als SchuldR (1995) 392. **bb)** Bei Börsengeschäften, insb Termingeschäften, gilt mangels RWahl kraft obj Anknüpfg gem Art 28 I das Recht des Börsenplatzes, Roth IPRax **87**, 149. Aus einem ausl Recht unterliegden BörsenterminGesch können aber nach der **besonderen Vorbehaltsklausel** in der Neufassg des **§ 61 BörsG** keine weitergehenden Anspre als nach dtschem Recht geltend gemacht werden, wenn (1) das Gesch für den in Anspr Genommenen mangels BörsenterminGeschFgk nach § 53 BörsG nicht verbindl ist, (2) dieser seinen gewöhnl Aufenth zZ des GeschAbschl im Inl hat **und** (3) im Inl die für den Abschl des Gesch erfdl WillensErkl abgegeben hat. Liegen diese nach dtschem Recht zu beurteilden Vorauss vor, so kann der Schu insb auch den Differenzeinwand nach § 764 erheben, sofern das ausl Recht diesen Einwand nicht gewährt; des Rückgriffs auf Art 6 bedarf es nicht mehr, vgl dazu BGH NJW **98**, 2358, Ffm IPRspr **96** Nr 10, Horn ZIP **90**, 15, Samtleben NJW **90**, 2670, IPRax **92**, 362, Hartung ZIP **91**, 1185; zur Rückforderg der geleisteten Sicherh BGH WPM **87**, 1155, Ffm IPRspr **88** Nr 30, Düss WM **89**, 55, Triebel/Peglow ZIP **87**, 613; zur SchadErsPfl eines Anlberaters wg VertrVerl bei Abwicklg eines Börsentermingeschäfts BAG NJW **86**, 2663, BGH WPM **87**, 1156, zur Haftg ausl Brokers für unseriösen Vermittler Düss WM **89**, 45, BGH WM **90**, 462. Die Vereinbarg der ausschl Zustdgk ausl Ger ist unwirks, wenn diese den Termineinwand zum Nachteil einer dtschen Partei nicht beachten würden, BGH NJW **84**, 2037, NJW **87**, 3194, Ffm NJW-RR **93**, 306; das gleiche gilt für die Vereinbg eines ausl SchiedsGer iVm einer RWahl, BGH IPRax **89**, 163, Kln EWiR **98**, 455, vgl dazu auch Düss RIW **90**, 403.

EG 29 *Verbraucherverträge.*

I Bei Verträgen über die Lieferung beweglicher Sachen oder die Erbringung von Dienstleistungen zu einem Zweck, der nicht der beruflichen oder gewerblichen Tätigkeit des Berechtigten (Verbrauchers) zugerechnet werden kann, sowie bei Verträgen zur Finanzierung eines solchen Geschäfts darf eine Rechtswahl der Parteien nicht dazu führen, daß dem Verbraucher der durch die zwingenden Bestimmungen des Rechts des Staates, in dem er seinen gewöhnlichen Aufenthalt hat, gewährte Schutz entzogen wird,

1. wenn dem Vertragsabschluß ein ausdrückliches Angebot oder eine Werbung in diesem Staat vorausgegangen ist und wenn der Verbraucher in diesem Staat die zum Abschluß des Vertrages erforderlichen Rechtshandlungen vorgenommen hat,

2. wenn der Vertragspartner des Verbrauchers oder sein Vertreter die Bestellung des Verbrauchers in diesem Staat entgegengenommen hat oder

3. wenn der Vertrag den Verkauf von Waren betrifft und der Verbraucher von diesem Staat in einen anderen Staat gereist ist und dort seine Bestellung aufgegeben hat, sofern diese Reise vom Verkäufer mit dem Ziel herbeigeführt worden ist, den Verbraucher zum Vertragsabschluß zu veranlassen.

II Mangels einer Rechtswahl unterliegen Verbraucherverträge, die unter den in Absatz 1 bezeichneten Umständen zustande gekommen sind, dem Recht des Staates, in dem der Verbraucher seinen gewöhnlichen Aufenthalt hat.

III Auf Verbraucherverträge, die unter den in Absatz 1 bezeichneten Umständen geschlossen worden sind, ist Artikel 11 Abs. 1 bis 3 nicht anzuwenden. Die Form dieser Verträge unterliegt dem Recht des Staates, in dem der Verbraucher seinen gewöhnlichen Aufenthalt hat.

IV Die vorstehenden Absätze gelten nicht für

1. Beförderungsverträge,

2. Verträge über die Erbringung von Dienstleistungen, wenn die dem Verbraucher geschuldeten Dienstleistungen ausschließlich in einem anderen als dem Staat erbracht werden müssen, in dem der Verbraucher seinen gewöhnlichen Aufenthalt hat.

Sie gelten jedoch für Reiseverträge, die für einen Pauschalpreis kombinierte Beförderungs- und Unterbringungsleistungen vorsehen.

1) Allgemeines. a) Art 29 Abs 1, 2 u 4 entspr Art 5 des EG-Übk, Abs 3 entspr Art 9 V des EG-Übk, vgl Rn 1 vor Art 27. Die Vorschr enth eine **Sonderregelung** für VerbraucherVertre, welche im Interesse der schwächeren Partei die in Art 27 eröffnete RWahlfreih einschr, Abs 1, vgl Art 27 Rn 3, u bei Fehlen einer RWahl eine v Art 28 abweichde objektive Anknüpfg an den gewöhnl Aufenth des Verbr vorsieht, Abs 2. Zur Vereinbark dieser Regelg mit Art 6 II der EG-Richtl über mißbräuchl Klauseln in VerbrVertren v 5. 4. 93 vgl Eckert WM **93**, 1077, Niebling WiB **94**, 864, Baumert EWS **95**, 57, Jayme Fschr Trinkner (1995) 575; bei der Umsetzg der Richtl dch das G v 19. 7. 96, BGBl 1013, ist die Vorschr unberührt geblieben, vgl dazu Heinrichs NJW **96**, 2195, Sonnenberger ZEuP **96**, 390, Imping WiB **97**, 338; zu Art 9 der EG-Time-Sharing-Richtl v 26. 10. 94 vgl nunm TzWrG 8, der eine EG 29 ergänzde Sonderregelg enth; zu Art 7 II der EG-Richtl über den Verbrauchsgüterkauf v 7. 7. 99 NJW **99**, 2421 vgl Staudenmayer ebda 2397, Ehmann/Rust JZ **99**, 861. Zu Art 12 II der EG-Fernabsatz-Richtl v 20. 5. 97 NJW **98**, 212 vgl Kronke RIW **96**, 985, Mankowski RabelsZ **99**, 256, Gruber DB **99**, 1440, Borges ZIP **99**, 572, Thorn IPRax **99**, 5; ihre Umsetzg soll in dem geplanten FernabsatzG erfolgen (ReferentenEntw BMJ Stand 31. 5. 99); danach soll als **neue** KollNorm **Art 29 a** eingefügt werden, der auch § 12 AGBG und § 8 TzWrG ersetzen soll, vgl dazu Freitag/Leible ZIP **99**, 1296; zur Reform vgl ferner Fischer Fschr Großfeld (1999) 277. Derzeit gilt neben Art 29 ergänzd auch AGBG 12; nur soweit sich die tatbestdsm Vorauss beider Vorschr decken, geht AGBG 12 als SpezialG vor, vgl dort Rn 4, aM Mankowski BB **99**, 1225; zum Verh zu Art 34 vgl dort Rn 3. **b)** Soweit Art 29 das anwendb Recht selbst best, ist die Beachtg einer Rück- od Weiterverweisg, wie im ges UnterAbschn, ausgeschl, Art 35 I; zur Unteranknüpfg in MehrRStaaten vgl Art 35 II. Im innerdtschen KollisionsR galt Art 29 entspr. 1

2) Begriff des Verbrauchervertrages (Abs 1 u 4). Art 29 trifft eine kollr Sonderregelg für VerbrVertre; zum Begr Reinhart Fschr Trinkner (1995) 657, Junker IPRax **98**, 68, Faber ZEuP **98**, 854. **a)** Darunter fallen nach Abs 1 Vertre über die **Lieferung** bewegl **Sachen** (dh Warenkauf, nicht auch Kauf v WertPen, BGH **123**, 387, LG Darmst IPRax **95**, 320, ebensowenig Miete, vgl E. Lorenz RIW **87**, 576, wohl aber Leasing, Reithmann/Martiny Rn 719); ferner Vertre über die Erbringg v **Dienstleistungen** aller Art, dh tätigkbezogene Leistgen an einen Verbr aGrd v DienstVerhen (ohne ArbVerhe), Werk- u WerkliefergsVerhen sowie GeschBesorggsVerhen, BGH **123**, 380, zB trhd Erwerb von KommanditAntl, BGH **123**, 386, Tätigk als Broker bei BörsenterminGeschen, Düss RIW **94**, 420, WM **95**, 1349, RIW **96**, 683 (krit Aden RIW **97**, 723), IPRax **97**, 117, od als Versicherer, soweit nicht Art 37 Nr 4 eingreift, vgl Basedow NJW **91**, 788; schließl auch Vertre zur **Finanzierung** solcher Gesche, insb beim Kreditkauf, nicht aber beim normalen VerbrDarl, vgl dazu v Hoffmann IPrax **89**, 269, Bülow EuZW **93**, 435. Dagg erf **Time-Sharing-**Vertr regelm **nicht** die Vorauss eines VerbrVertr iSv Abs 1, da sie keine als HauptPfl ausgestaltete Dienstleistgskomponente enth, BGH NJW **97**, 1698, Mäsch DNotZ **97**, 206, vgl ferner Celle RIW **96**, 964, Mankowski RIW **95**, 367 sowie EG 28 Rn 5 u TzWrG 8 Rn 1. **Ausgenommen** sind nach **Absatz 4 Satz 1** ferner sämtl **Beförderungsverträge,** vgl dazu Art 28 Rn 6 u 14, sowie Vertre über **Dienstleistungen,** die ausschl in einem **anderen** Staat erbracht werden müssen als demj, in welchem der Berecht seinen gewöhnl Aufenth hat, zB bei BeherberggsVertren mit ausl Hotels, AG Bernkastel IPRax **94**, 141, od UnterrichtsVertren, die im Ausl erf werden sollen, etwa Ski- od Segelkurs; insow kommt jedoch AGBG 12 in Betr. **Nicht** unter diese AusnRegelg fallen Vertre über die **Finanzierung** von Vertren über Dienstleistgen, BGH **123**, 387, krit W. Lorenz IPRax **94**, 430, Vereinbgen mit ausl Terminbrokern, die auch im Inl tätig werden, Düss RIW **94**, 421, sowie FerienhausVertre mit inl Reiseveranstaltern, deren Leistg zu einem erhebl Teil im Inl erbracht wird, Lindacher BB **90**, 661 zu BGH **109**, 29, vgl auch BGH **119**, 158 u dazu Lindacher IPRax **93**, 229, ferner Art 28 Rn 5; and bei Vertren mit ausl gewerbl Ferienhausanbietern, Kartzke NJW **94**, 825; über Time-Sharing-Vertr mit ausl Anbietern vgl Rn 5 u § 8 TzWrG Rn 1. Dementspr fallen auch Vertre über **Pauschalreisen** nach Abs 4 S 2 uneingeschr unter den Begr des VerbrVertr, sofern dessen zusätzl Vorauss erf sind, vgl zB Kstz NJW-RR **93**, 639. 2

b) Liefer-, Dienstleistgs- u zugehörige FinanziergsVertre der genannten Art sind jedoch nur dann VerbrVertre iSd Art 29, wenn der Zweck der Lieferg od Dienstleistg überh nicht od nur zum geringeren Teil, vgl Begr BT-Drucks 10/504 S 79, der (selbst ausgeübten, vgl E. Lorenz RIW **87**, 576) berufl od gewerbl Tätigk des **Berechtigten,** dh des Verbr, zugerechnet werden kann, vgl Abs 1. Bei der Zurechng der Leistg zum berufl/gewerbl od zum priv Lebensbereich entsch die dem Schuldner obj erkennb Umste des Gesch, nicht der innere Wille des LeistgsEmpf, vgl Begr aaO; zur Anwendg auf WarenterminGesch vgl BGH WPM **87**, 1154. Für das Vorliegen eines VerbrVertr belangl ist, ob der **Schuldner** die Leistg im Rahmen einer berufl od gewerbl Tätigk od als PrivPers erbringen soll; Art 29 gilt grdsl auch bei reinen PrivGeschen zw Nichtgewerbetreibden, zB beim Verk eines gebrauchten Pkw v Priv an Priv, ebso MüKo-Martiny Rn 7, Erm-Hohloch Rn 22, aM E. Lorenz RIW **87**, 576, W. Lorenz IPRax **94**, 429. 3

3) Einschränkung der freien Rechtswahl (Absatz 1). a) Grdsl können die Part auch bei einem VerbrVertr das VertrStatut dch ausdrückl od konkludente RWahl frei best, Art 27 I, vgl zB Mü NJW-RR **91**, 123 (zum Zustandekommen einer wirks RWahl vgl Art 27 Rn 5–8), wobei aber die Sonderanknüpfg zwingder Vorschren des „normalen“ VertrStatuts nach Art 27 III sowie des dtschen Rechts nach Art 34 z beachten ist, vgl dazu Art 27 Rn 4. Unabh davon stellt Abs 1 darü hinaus bei Vorliegen best Vorauss zusätzl auch die Anwendg der zwingden Vorschren zum Schutz des **Verbrauchers** nach dem an seinem **gewöhnlichen Aufenthalt** geltden Recht sicher, wenn das VertrStatut im konkreten Fall dahinter zurückbleibt, vgl dazu E. Lorenz RIW **87**, 577, Schurig RabelsZ **90**, 225. 4

b) Diese Sonderanknüpfg zwingder VerbrSchutzVorschr ist nach Abs 1 vom Vorliegen best **Alternativen** abhängig. Erforderl ist dafür nach Abs 1 **Nr 1,** daß dem VertrSchluß ein ausdrückl Angebot od eine Werbg im AufenthStaat des Verbr auf Initiative seines VertrPartners vorausgegangen ist, vgl dazu BGH **123**, 389 **und** derVerbr dort auch die zum Abschl des Vertr erfdl RHandlgen, zB dch Ann des Angebots, vorgen hat; bei VertrSchluß dch einen Vertr gilt Art 11 III entspr. Die Werbg kann zB dch Zeitgsanzeige od Fernsehwerbg erfolgen; zu Teleshopping vgl Wagner WM **95**, 1129. Ausr ist auch das Angebot auf einer Website im **Internet,** vgl Mankowski RabelsZ **99**, 234, Gruber DB **99**, 1437, Sandrock ZVglRWiss **99**, 238, Taupitz/Kritter JuS **99**, 844, einschränkd Mehrings CR **98**, 619, Borges ZIP **99**, 569, Härting, internetR 5

(1999) Rn 10; als weltweit wirkdes Medium richtet sich das Internet auch an den AufenthStaat des Verbr. Die Ann erfolgt in diesem Staat, wenn der Verbr dort die elektronische Eingabe vornimmt; Ferneinwahl in den häusl Rechner aus dem Ausl genügt nicht, da bei dieser Sachlage kein schutzwürdiges Vertrauen in die Anwendbk der VerbrSchutzVorschr am gewöhnl AufenthOrt besteht, aM Mankowski RabelsZ **99**, 250, Borges ZIP **99**, 570; die Beweislast für das Vorliegen dieser Ausn trägt der VertrPartner des Verbr. Eine Sonderanknüpfg erfolgt nach Abs 1 **Nr 2** ferner auch dann, wenn der VertrPartner des Verbr od sein Vertr (gleich ob mit od ohne Vertretgsmacht, BGH **123**, 390) auch ohne vorherige Werbg od ein ausdr Angebot in diesem Staat die Bestellg des Verbr im Staat v dessen gewöhnl Aufenth entggenommen hat, zB auf einer Messe; erforderl ist physische Präsenz im AufenthStaat, VertrSchl im Internet genügt nicht, Gruber DB **99**, 1437, and Mehrings CR **98**, 620. Entsch ist dabei der Ort der EntggNahme, dh des Zugangs der Bestellg, nicht der Ann dch Zusendg einer AuftrBestätigg, BGH NJW **97**, 1698, aM Ffm NJW-RR **89**, 1019, LG Hbg NJW-RR **90**, 696, IPRax **90**, 241, i Erg auch Lüderitz ebda 219, and auch Waldenberger BB **96**, 2371 (betr Teleshopping). Zu einer Sonderanknüpfg kommt es nach Abs 1 **Nr 3** schließlich auch dann, wenn der Verbr bei einem Warenkauf die Bestellg auf einer vom Verk z diesem Zweck herbeigeführten Reise (Kaffeefahrt) im Ausl aufgegeben hat, sofern der Verbr die Reise vom Staat seines gewöhnl Aufenth aus angetreten hat; für Reisen aus Drittstaaten bleibt es bei der Anwendg v Art 27 u 28, Düss NJW-RR **95**, 1396. Die Alternativen von Nr 1 u Nr 2 betreffen einen VertrAbschl, der ganz od zum Teil im AufenthStaat des Verbr erfolgte, aus dessen Sicht also ein InlGesch darstellt, bei welchem er den Schutz seines AufenthR erwarten darf, BGH NJW **97**, 1698; die Alternative von Nr 3 betr VertrAbschle, die zwar ihren Schwerpkt im Ausl haben, bei welchen der Verk die AuslReise des Verbr jedoch selbst z diesem Zweck veranlaßt, dh zumindest organisiert hat, vgl MüKo-Martiny Rn 24 (bloßes Ausnutzen der von einem and veranstalteten Reise für VerkZwecke genügt nicht, zutr LG Hbg RIW **99**, 392, zu weitgehd LG Limbg NJW **90**, 2206).

Bei der Auslegg v Abs 1 ist Art 36 zu beachten, vgl BGH **123**, 384, NJW **97**, 1699; bei Nichtvorliegen der Vorauss einer der drei Alternativen **analoge** Anwendg daher grdsl **nicht** statth, vgl BGH NJW **97**, 1699, Hamm NJW-RR **89**, 496 (vgl dazu BGH **113**, 11), Hildesh IPRax **93**, 174, LG Hbg RIW **99**, 392, Bielef NJW-RR **99**, 1283, Mankowski RIW **98**, 288; dies gilt insb für KaufVertre dtscher Verbr mit ausl Verk im Ausl (Gran Canaria), die nach Rückkehr von inl Lieferanten erf werden sollen, Hamm aaO, AG Lichtenfels IPRax **90**, 236, LG Düss NJW **91**, 2220, grdsl auch Celle RIW **91**, 421, Taupitz BB **90**, 648, Mankowski IPRax **91**, 305, RIW **93**, 457, ebso für schuldr Time-Sharing-Vertr mit ausl Anbietern, soweit sie überh von Art 29 erfaßt werden, vgl dazu BGH NJW **97**, 1697, Mankowski RIW **95**, 364, **98**, 287, Ebke IPRax **98**, 263. Im Ggs dazu wurde in der Praxis bish auf vielfältige Weise versucht, trotz Wahl eines ausl Rechts dtsche VerbrSchutzVorschr anzuwenden; für analoge Anwendg v Nr 2 zB Ffm NJW-RR **89**, 1019 (vgl dazu BGH **112**, 204), LG Hbg IPRax **90**, 241, NJW-RR **90**, 696; für analoge Anwendg v Nr 3 zB Stgt NJW-RR **90**, 1083 (vgl dazu BGH NJW-RR **92**, 1068); vgl dazu ferner LG Würzbg NJW-RR **88**, 1324, Kstz NJW-RR **92**, 1332 (für Art 28), LG Bambg NJW-RR **90**, 694 (für Art 6), AG Bremerhaven EuZW **90**, 294, LG Wiesb MDR **91**, 156, Celle RIW **91**, 421, Hildesh IPRax **93**, 173 (unmittelb Anwendg v EG-Richtlinie, dazu Jayme IPRax **90**, 220, Langenfeld IPRax **93**, 155, Michaels/Kamann JZ **97**, 605); Kohte EuZW **90**, 151, Ebke in: vBar, Europ GemschR u IPR (1991) 97, Coester-Waltjen Fschr Lorenz (1991) 315 (für Anwendg der Grdse über GUmgehg); auch die Wirksk der RWahl wurde zT mit unzutr Grden verneint, vgl dazu Rn 6. Die zu diesen Fragen entstandene RUnsicherh ist mit der Entsch des BGH NJW **97**, 1697 beseitigt, vgl dazu Ebke IPRax **98**, 263, Mankowski RIW **98**, 287. Eine Sonderanknüpfg des dtschen HausTWG gem Art 34 bleibt grdsl vorbehalten, vgl dort Rn 3; sie scheidet aber aus, wenn die Anwendg von Art 29 nur daran scheitert, daß der VertrPartner des Verbr nicht in dessen AufenthStaat in der in Abs 1 Nr 1 u 2 beschriebenen Weise tätig wurde, BGH **123**, 390 (insow Vorrang v Art 29 vor Art 34), vgl dazu Art 34 Rn 3, Junker IPRax **98**, 69, Mankowski RIW **98**, 289.

6 **c)** Erf ein VerbrVertr iSv Anm 2 die Vorauss einer der in Abs 1 aufgezählten Alternativen, so unterliegt der Vertr den zwingden Vorschren zum Schutz des Verbr nach dem Recht seines gewöhnl Aufenth, zB dem HausTWG; im übr bleibt es bei der Anwendg des v den Part gewählten Rechts; dies gilt insb für die Wirksk der RWahl selbst, die nach Art 27 IV iVm Art 31 I, v ihrer Formgültigk abgesehen (vgl dazu Art 27 IV iVm 29 III) nach dem gewählten Recht z beurteilen ist; das Recht am gewöhnl Aufenth des Verbr ist dabei jedoch bei der Prüfg des Vorliegens seiner ZustErkl im Rahmen v Art 31 II z berücksichtigen (dies gilt jedoch nur für das Vorliegen der Zust des Kunden, etwa dch Schweigen, nicht auch für die Wirksamk u Bindgswirkg der RWahl, vgl dazu BGH NJW **97**, 1700, zutr Taupitz BB **90**, 643, Erman- Hohloch Rn 18, zu weitgehd Ffm NJW-RR **89**, 1018, LG Hbg NJW- RR **90**, 696, IPRax **90**, 240, LG Stgt NJW-RR **90**, 1394, RIW **96**, 425, LG Aachen NJW **91**, 2221, Düss RIW **94**, 420, LG Gießen NJW **95**, 406, LG Kblz NJW-RR **95**, 1335, LG Rottw NJW-RR **96**, 1401, Klingsporn WM **94**, 1097, vgl dazu Art 31 Rn 5). **d)** Hat der Verbr seinen gewöhnl Aufenth im **Inland,** so kommen über die Sonderanknüpfg gem Abs 1 also etwa die zwingden Vorschr der §§ 651 a ff, AG Waldshut-Tiengen NJW-RR **88**, 953, Kartzke NJW **94**, 825, des HausTWG, des VerbrKrG od des AGBG zur Anwendg, Düss WM **95**, 1351, IPRax **97**, 117, Wagner WM **95**, 1136 (Teleshopping); liegen zusätzl auch die Voraussetzgen v AGBG 12 vor, so führt nunm auch diese Vorschr zur unmittelb Anwendg der Best des AGBG; da die tatbestdsm Vorauss v Art 29 u AGBG 12 nicht identisch sind, gelten beide Vorschr grdsl nebeneinander, vgl dazu oben Rn 1 u AGBG 12 Rn 4.

7 **4) Ersatzanknüpfung bei fehlender Rechtswahl (Absatz 2).** Haben die Part v der Möglk einer RWahl gem Art 27 keinen Gebrauch gemacht od ist die v ihnen getroffene RWahl nach dem dafür maßg Recht (Art 27 IV iVm Art 31 bzw 29 III) unwirks, so unterliegt ein VerbrVertr bei Vorliegen einer der in Abs 1 genannten Alternativen, vgl Rn 5, in Abweichg v Art 28 nicht dem Recht des Staates, mit dem er die engsten Verbindgen aufweist, sond dem Recht des Staates, in dem der **Verbraucher** seinen **gewöhnlichen Aufenthalt** hat; **Absatz 2.** Nach diesem Recht als **Vertragsstatut** beurteilen sich alle mit Abschl, Wirksk, Inhalt u Abwicklg des Vertr zushängden Fragen, vgl dazu Art 31 u 32; diesem Recht ist insb auch der dem Verbr gewährte Schutz z entnehmen. Hat der Verbr seinen gewöhnl Aufenth im Ausl, ist also VertrStatut ein ausl Recht, so kommt daneben eine Sonderanknüpfg zwingder Vorschren des dtschen Rechts gem Art 34 in Betr; diese haben ggf den Vorrang auch vor den zwingden Vorschr des VertrStatuts.

5) Sonderanknüpfung der Formgültigkeit (Absatz 3). Die Formgültigkeit eines VerbrVertr ist bei 8
Vorliegen einer der in Abs 1 genannten Alternativen, vgl Rn 5, nach Abs 3 in Abweichg v Art 11 I–III **ausschließlich** nach dem Recht am gewöhnl Aufenth des Verbr z beurteilen. Dies gilt auch für die Formgültigk einer auf einen VerbrVertr bezogenen RWahl, Art 27 IV.

EG 30 *Arbeitsverträge und Arbeitsverhältnisse von Einzelpersonen.*

I Bei Arbeitsverträgen und Arbeitsverhältnissen darf die Rechtswahl der Parteien nicht dazu führen, daß dem Arbeitnehmer der Schutz entzogen wird, der ihm durch die zwingenden Bestimmungen des Rechts gewährt wird, das nach Absatz 2 mangels einer Rechtswahl anzuwenden wäre.

II Mangels einer Rechtswahl unterliegen Arbeitsverträge und Arbeitsverhältnisse dem Recht des Staates,

1. in dem der Arbeitnehmer in Erfüllung des Vertrages gewöhnlich seine Arbeit verrichtet, selbst wenn er vorübergehend in einen anderen Staat entsandt ist, oder

2. in dem sich die Niederlassung befindet, die den Arbeitnehmer eingestellt hat, sofern dieser seine Arbeit gewöhnlich nicht in ein und demselben Staat verrichtet,

es sei denn, daß sich aus der Gesamtheit der Umstände ergibt, daß der Arbeitsvertrag oder das Arbeitsverhältnis engere Verbindungen zu einem anderen Staat aufweist; in diesem Fall ist das Recht dieses anderen Staates anzuwenden.

1) Allgemeines. a) Art 30 entspr Art 6 des EG-Übk, vgl Rn 1 vor Art 27. Die Neufassg des EG in der 1
Bek v 21. 9. 94, BGBl 2494 enthielt einen **Druckfehler;** die AusnKl in Abs 2, vgl dazu Rn 8, wurde ohne Absatz an Abs 2 Nr 2 angeschlossen (in diesem Sinn mißverstanden v LAG Kln NZA-RR **99**, 118); der GesText wurde inzw **berichtigt** dch Bek v 5. 5. 97, BGBl 1061. Art 30 enth eine Sonderregelg für ArbVertr im Interesse der schwächeren Part; sie schränkt in Abs 1 die in Art 27 gewährte RWahlfreih ein, vgl dort Rn 3; bei Fehlen einer RWahl sieht sie eine v Art 28 abw obj Anknüpfg vor. **b)** Die Beachtg einer Rück- od Weiterverweisg ist, wie im ges UnterAbschn, ausgeschl, Art 35 I; zur Unteranknüpfg in MehrRStaaten vgl Art 35 II. Im innerdtschen KollR galt Art 30 entspr. Zu Sonderregelgen im StaatsVertr v 18. 5. 90 über die Schaffg einer Währgs-, Wirtsch- u Sozialunion vgl Mansel DtZ **90**, 231. Zum interlokalen TarifR Kempen ArbuR **91**, 129.

2) Anwendungsbereich. a) Art 30 betr **Arbeitsverträge,** dh DienstVertre zw ArbG u ArbN, die eine 2
abhängige, weisgsgebundene Tätigk zum Ggst haben; bei Vertren über Dienstleistgen in wirtschaftl u sozialer Selbstdgk u Unabhängigk gilt Art 30 nicht, vgl dazu Art 28 Rn 13; zur Qualifikation Mankowski BB **97**, 465. Art 30 gilt auch für **Arbeitsverhältnisse,** dh auch für nichtige, aber in Vollzug gesetzte ArbVertre u für faktische ArbVerhe ohne vertragl Grdlage, vgl Bericht BT-Drucks 10/503 S 58. **b)** Das von den Part gewählte 3
od dch obj Anknüpfg nach Art 30 II maßg ArbeitsVertrStatut regelt vorbehaltl der Sonderanknüpfg zwingder Besten, vgl dazu Rn 4–6 sowie Art 34, grdsl alle mit Begründg, Inhalt, Erf u Beendigg eines ArbVerh zushängden Fragen, vgl Art 31 u 32, also insb LohnzahlgsPfl, Hohloch RIW **87**, 353 (einschl Mehrarbeitsvergütg), vgl auch LAG Hamm IPRspr **89** Nr 68, Erstattg v Umzugskosten, BAG NJW **96**, 741, Urlaub, Schadensersatzpflicht, VertrÜbern bei BetrÜbergang, BAG IPRax **94**, 126, LAG Hbg IPRspr **89** Nr 70, LAG Kln RIW **92**, 933, privatr Kündiggsschutz, vgl BAG NJW **87**, 211, IPRspr **85** Nr 49, **88** Nr 51, **94** Nr 64, LAG Ffm RIW **88**, 59, Wollenschläger/Frölich ArbuR **90**, 314 (nicht aber auch dessen Überlagerg dch öffentlr Vorschr, BAG NJW **87**, 2767), nachvertragl Wettbewerbsverbote, vgl dazu Fischer DB **99**, 1702, ArbNErfindgen u betriebl Altersversorgg, Däubler RIW **87**, 254, Junker IPRax **93**, 6, aM Eichenhofer IPRax **92**, 76 (VertrStatut selbstd zu bestimmen), vgl auch Schwerdtner ZfA **87**, 163. Zum internat BetrVerfR vgl E. Lorenz Fschr W. Lorenz (1991) 441, Birk Fschr Trinkner (1995) 461; dtsches BetrVerfR gilt nach dem Territorialitätsprinzip nur für die im Inl gelegenen Betr, BAG NJW **87**, 2766, DB **90**, 992, NZA **97**, 493 (sofern keine Ausstrahlg eines inl Betr bei vorübergehder AuslBeschäftigg vorliegt), für inl Betr ausl Untern daher auch dann, wenn das ArbVerh ausl Recht unterstellt worden ist, BAG NJW **78**, 1124; zum AnwendgsBereich des MitbestimmgsG LG Stgt RIW **93**, 851, Schmidt-Hermesdorf RIW **88**, 943, Heinze ZGR **99**, 58. Das auf TarifVertre anwendb TarifVertrStatut können die Part dch ausdr od konkludente RWahl bestimmen, Art 27; in Ermangelg einer RWahl ist dasj Recht maßgebd, zu dem die engste Verbindg besteht, Art 28 I 1, insbes in dessen Bereich der TarifVertr seinen räuml Schwerpkt hat bzw ein davon abw gemeins HeimatR der Part, Junker IPRax **94**, 21, vgl auch BAG MDR **92**, 270 (betr tarifvertragl DchführgsPfl im Ausl), Wimmer IPRax **95**, 211. Ob ein TarifVertr überh auf ein einz ArbVerh einwirkt, hängt v dem dafür maßgebden ArbVertrStatut ab, zu dessen Vorschr auch die Tarifnormen gehören, Junker aaO 24 im Anschl an BAG NJW **77**, 2039; die Beschrkg des räuml u pers GeltgsBereichs eines TarifVertr ist dabei als matr Regelg zu beachten; vgl aber auch die Sonderanknüpfg für allgverbindl erkl TarifVertr des Baugewerbes nach § 1 I AEntG v 26. 2. 96, BGBl 227, dazu Art 34 Rn 3, Düss RIW **98**, 888, Junker RdA **98**, 44, ferner Hanau NJW **96**, 1369, Borgmann IPRax **96**, 315, ZAR **96**, 119, Deinert RdA **96**, 339, Franzen DZWiR **96**, 89, Hickl NZA **97**, 513 u ArbGer Wiesb DB **98**, 888 (VorlBeschl); z EG-EntsendeRichtl Franzen ZEuP **97**, 1055, Mayer BB **99**, 842, Birk RdA **99**, 17. Zur kollr Beurteilg von ArbKämpfen vgl Hergenröder, Der ArbKampf mit Auslandsberührg, 1987, Birk IPRax **87**, 16, von ArbVerhen mit int Organisationen Elwan/Ost IPRax **95**, 1, vgl dazu auch BAG IPRax **95**, 33 u Seidl-Hohenveldern ebda 14 (betr LeihArbN).

3) Einschränkung der Rechtswahl (Absatz 1). a) Die Part können grdsl auch bei einem ArbVertr od 4
ArbVerh gem Art 27 I das anzuwendde Recht ausdrückl od konkludent wählen, vgl zB BAG NZA **98**, 995 (auch nachträgl im Prozeß, vgl BAG NJW-RR **88**, 483), wobei aber die Sonderanknüpfg zG zwingder Vorschren dtschen Rechts, Art 34, sowie zG der zwingden Vorschren des „normalen" VertrStatuts gem Art 27 III z beachten ist, vgl dazu Junker IPRax **89**, 72; Bezugnahme auf dtsches SozialVersR reicht nicht, Junker IPRax **90**, 305 gg ArbG Düss ebda 330. Auch eine TeilRWahl ist zulässig, Art 27 I 3, zB hins des Kündiggsschutzes, vgl dazu BAG MDR **98**, 543, aM Krebber IPRax **99**, 165; zur Zulässigk einer formularm

RWahl Mook DB **87**, 2252, Birk RdA **89**, 203. Die Vereinbg ausl Rechts setzt keine AuslBerührg voraus, vgl Art 27 Rn 3, aM Schmidt-Hermesdorf RIW **88**, 939; gewählt werden kann auch ein neutrales Recht, zu dem die Part keine Beziehgen haben, E. Lorenz RdA **89**, 221. Unabhängig davon versagt Abs 1 einer v den Part getroffenen RWahl insoweit die Wirksk, als dadch dem ArbN der Schutz entzogen wird, den ihm die zwingden Vorschren der ROrdng gewähren, die ohne die RWahl maßg gewesen wäre. Mit dieser Regelg soll verhindert werden, daß dch eine RWahlKl im ArbVertr die an sich maßg zwingden arbeitsr SchutzVorschr umgangen werden; der AusgleichsAnspr des HandelsVertr gehört nicht hierher, vgl dazu Klima RIW **87**, 796. Welches Recht bei Fehlen einer RWahl an sich maßg ist, regelt Abs 2 einschl der AusnKl in HS 2, BAG DB **90**, 1666, vgl dazu Rn 7, 8; neben der dort vorgesehenen obj Anknüpfg besteht für eine ergänzde Sonderanknüpfg zG der zwingden Vorschren des „normalen" VertrStatuts gem Art 27 III kein Bedürfnis, da sie zu
5 keinem and Recht führen kann. **b)** Ob dem ArbN dch das gewählte Recht der **Schutz** der zwingden arbeitsrechtl Best des nach Abs 2 maßg Rechts **entzogen** wird, ist dch Vergleich der beiden ROrdngen z ermitteln; dabei ist jeweils auf die **Ergebnisse** abzustellen, zu denen diese Rechte in dem betr Teilbereich, zB Kündiggsschutz, im Einzelfall gelangen; vgl dazu BAG IPRax **94**, 126, Reithmann/Martiny Rn 1344, Schurig RabelsZ **90**, 225, Eser BB **94**, 1992. Soweit das gewählte Recht mit seinen zwingden Vorschren den ArbN im Erg genauso od besser schützt als das bei Fehlen einer RWahl berufene Recht, hat es bei der Anwendg jener Vorschren sein Bewenden; soweit es hinter dem Schutz des nach Abs 2 maßg Rechts zurückbleibt, finden stattdessen die dem ArbN günstigeren zwingden Vorschren dieser ROrdng Anwendg. Auf diese Weise kann ein ArbVerh uU einem Mosaik zwingder SchutzVorschr versch staatl Herkunft unterliegen, zB den Kündiggsfristen des gewählten Rechts u der Lohnfortzahlg im KrankhFall nach dem an sich maßg Recht,
6 einschränkd Hohloch RIW **87**, 358. **c) Zwingende** Bestimmgen, die nach Abs 1 dch RWahl nicht ausgeschaltet werden können, finden sich verstreut im ges ArbR. In Betr kommen etwa der Gleichbehandlgs Grds, aM Bittner NZA **93**, 166, Vorschren über ArbNErfindg, Sack Fschr Steindorff (1990) 1343, über Kündiggsschutz, BAG IPRspr **94** Nr 64, MDR **98**, 543, LAG Kln RIW **92**, 934, VertrÜbern bei BetrÜbergang (§ 613 a), BAG IPRax **94**, 126, JugendArbSchutz, Mutterschutz, ArbZeit. Dabei ist gleichgült, ob sie dem priv od öffentl Recht angehören; sie können auch in einem TarifVertr enth sein, dem die Part unterworfen sind, vgl Bericht BT-Drucks 10/503 S 57.

7 **4) Bestimmung des Arbeitsvertragsstatuts bei fehlender Rechtswahl (Absatz 2). a)** Haben die Part v der Möglk einer RWahl gem Art 27 **keinen** Gebrauch gemacht (was angesichts der mit der RWahl verbundenen Probleme dringend anzuraten ist, vgl Rn 5) od ist die v ihnen getroffene RWahl nach dem dafür maßg Recht (Art 27 IV iVm Art 31) unwirks, so ist aGrd obj Anknüpfg nach **Absatz 2 Nr 1** grdsl das Recht des Staates maßg, in dem der ArbN in Erf des Vertr (od des ArbVerh, vgl Anm 2) **gewöhnlich** seine Arb verrichtet, dh das **Recht** des normalen **Arbeitsortes,** also des tats Mittelpunkts seiner Berufstätigk, EuGH IPRax **99**, 365 (zu Art 5 Nr 1 EuGVÜ), abl Mankowski ebda 332; dies gilt insbes für im Inl beschäftigte ausl ArbN eines dtschen ArbG, vgl zB ArbGer Wesel IPRspr **95** Nr 58, Weth/Kerwer RdA **98**, 236 (Grenzgänger). Bei TeleArb entscheidet der Standort des PC, Mankowski DB **99**, 1856; bei Einsatz an wechselnden Orten innerh eines Staates ist ArbOrt das Gebiet, in dem die ArbLeistg überwiegd erbracht wird, BAG IPRax **94**, 127 (betr fliegdes Personal); bei Hochseeschiffen kommt diese Anknüpfg nicht in Betr, zutr Puttfarken RIW **95**, 623, iErg auch Lagoni JZ **95**, 502. Bei der Anwendg dieses Rechts bleibt es auch dann, wenn der ArbN vorübergehd, dh nicht endgültig, E. Lorenz RdA **89**, 223, Junker/Wichmann NZA **96**, 506, weitergehd Kraushaar BB **89**, 2124 (kürzer als 2–3 Jahre), vgl auch BAG IPRax **94**, 127, in einen and Staat entsandt wird, zB auf eine ausl Montagebaustelle; Vorschr des Rechts am ArbOrt über ArbSicherh, ArbZeit od Feiertage sind aber entspr Art 32 II zu berücksichtigen, vgl Däubler RIW **87**, 251, E. Lorenz RdA **89**, 224; bei einer auf Dauer angelegten Versetzg an einen Arbeitsort in einem and Staat kommt es zu einem Statutenwechsel, vgl Schmidt-Hermesdorf RIW **88**, 940, einschränkd Eser RIW **92**, 5. Bei der Anknüpfg an den normalen ArbOrt nach Abs 2 Nr 1 bleibt es auch dann, wenn der ArbN einen erhebl Teil seiner ArbZeit auf AuslReisen verbringt, jedoch im Anschl daran zum tats Mittelpunkt seiner Berufstätigk zurückkehrt, EuGH aaO. Läßt sich ein solcher tats Mittelpunkt nicht feststellen, verrichtet der ArbN seine Arb also gewöhnl in versch Staaten u nicht in ein u demselben Staat, so ist nach **Absatz 2 Nr 2** grdsl das Recht der **Niederlassung** des ArbG maßg, die den ArbN eingestellt hat, vgl dazu LAG Brem RIW **96**, 1038; diese Regel gilt grdsl auch für das fliegde Personal v LuftfahrtUnternehmen u für die Besatzg v Hochseeschiffen, ebso Erman-Hohloch Rn 19; die primäre Anknüpfg an die Nationalität des Flugzeugs, vgl LAG Bln RIW **75**, 303, od an die Flagge des Schiffes, vgl BAG NJW **79**, 1791, ist damit hinfällig, da sie im Zeitalter der Billigflaggen kein taugl Indiz für die Bestimmg des sachnächsten Rechts ist, ebso BVerfG **92**, 39 für sog Zweitregisterschiffe, BAG NZA **95**, 1192, Lagoni JZ **95**, 502, Puttfarken RIW **95**, 623, Ebenroth/Fischer/Sorek ZVglRWiss **89**, 138, Eser RIW **92**, 2, Magnus IPRax **94**, 180, aM Däubler RIW **87**, 251, E. Lorenz RdA **89**, 224, Mankowski RabelsZ **89**, 504, IPRax **96**, 406, grdsl auch Drobnig BerGesVR **31** (1990), 60, Basedow ebda 82, offen gelassen BAG DB **90**, 1666, LAG Hbg IPRspr **96** Nr 50 a; eine wichtige Klarstellg hierzu bringt § 21 IV FlaggenrechtsG idF der Bek v 26. 10. 94, BGBl 3141 (ArbVerhe nicht im Inl lebder BesatzgsMitgl unterliegen nicht schon desh dtschem Recht, weil in Int SeeschiffahrtsReg eingetragenes Schiff die Bundesflagge führt; die Vorschr ermögl insb den Abschl von TarVerträgen für Seeleute mit ausl Wohns nach deren HeimatR; die Geltg des dtschen SozialVersR bleibt aber unberührt; zur Verfmk dieser Regelg BVerfG **92**, 26, Lagoni JZ **95**, 499, Puttfarken RIW **95**, 617, Tomuschat IPRax **96**, 85; zur Vereinbk mit dem EWG-V EuGH IPRax **94**, 199, Magnus ebda 178). Die Anwendg der AusnKl der engeren Verbindg nach der Gesamth der Umst bleibt jedoch selbstverständl vorbehalten, vgl BAG NZA **95**, 1192 u Rn 8; sie führt bei Zweitregisterschiffen idR zur Anwendg des HeimatR der ausl Seeleute, zutr Lagoni JZ **95**, 503, iErg auch BAG NZA **95**, 1191, Puttfarken RIW **95**, 624, die allerd die AusnKl in Abs 2 als Regelanknüpfg verstehen, dagg zutr Mankowski IPRax **96**, 406, Spickhoff NJW **99**, 2210. Eine Überprüfg des fremden Rechts am Maßstab des Art 6 bleibt unberührt, vgl BVerfG **92**, 41, Lagoni JZ **95**, 503, Puttfarken RIW **95**, 625, Mankowski IPRax **96**, 409; ebso Sonderanknüpfg dtscher EingrNormen gem Art 34, Lagoni aaO, Wimmer IPRax **95**,
8 210, einschränkd Mankowski aaO 408. **b)** Die in Abs 2 Nr 1 u 2 vorgesehenen Anknüpfgen an den ArbOrt bzw die AnstellgsNiederlassg sind allerdings **keine starren Regeln.** Sofern sich aus der Gesamth der Umst

(zB ArbOrt, Sitz des ArbG, Wohns des ArbN, Statsangehörigk der Part, Beschäftigg eines Ausl im öff Dienst seines Heimatstaats, daneben auch VertrSprache u-währg, AbschlOrt, Registrierg von Schiff od Flugzeug, Altersversorgg u Krankenkasse, vgl dazu BAG IPRax **94**, 127, NZA **95**, 1192, LAG Kln RIW **92**, 934, LAG Hbg IPRspr **96** Nr 50 a, LAG Brem RIW **97**, 1040, LAG Bln NZA-RR **98**, 555) ergibt, daß der Vertr engere Verbindgen z einem and Staat aufweist, ist nach der **Ausnahmeklausel** in Abs 2 an Stelle des Rechts des ArbOrtes bzw der Anstellgsniederlassg das Recht jenes and Staates maßg, vgl BAG DB **90**, 1667, IPRax **94**, 127 (Recht der USA für US-Bürger im Dienst einer amerikanischen FlugGesellsch, and aber BAG ZIP **96**, 2033), NZA **95**, 1191, ArbG Klautern IPRax **88**, 250, LAG Düss RIW **92**, 402, LAG Brem RIW **96**, 1040, LAG Hbg IPRspr **96** Nr 50 a, LAG Bln NZA-RR **98**, 555, Mankowski IPRax **94**, 92, zB das dtsche Recht für dtsche Ortskräfte dtscher Auslandsvertretgen, vgl BAG **AP** IPR (ArbR) Nr 6, NZA **97**, 493 (keine Geltg des dtschen MitBestR), vgl dazu auch BAG MDR **98**, 543, Junker RdA **98**, 45, od dtscher Fernsehanstalten, vgl LAG RhPf IPRspr **81** Nr 44; ebso bei nicht nur vorübergehder Entsendg dtscher ArbN zu einer ausl Zweigstelle od TochterGesellsch ihres ArbG, Däubler RIW **87**, 252. Die AusnKl gilt selbstverständl im ges Bereich von Abs 2, vgl oben Rn 1.

EG 31 ***Einigung und materielle Wirksamkeit.*** **[I]Das Zustandekommen und die Wirksamkeit des Vertrages oder einer seiner Bestimmungen beurteilen sich nach dem Recht, das anzuwenden wäre, wenn der Vertrag oder die Bestimmung wirksam wäre.**

[II]Ergibt sich jedoch aus den Umständen, daß es nicht gerechtfertigt wäre, die Wirkung des Verhaltens einer Partei nach dem in Absatz 1 bezeichneten Recht zu bestimmen, so kann sich diese Partei für die Behauptung, sie habe dem Vertrag nicht zugestimmt, auf das Recht des Staates ihres gewöhnlichen Aufenthaltsorts berufen.

1) Allgemeines. Art 31 entspr Art 8 des EG-Übk, vgl Rn 1 vor Art 27. Die Vorschr regelt das Zustande- 1
kommen u die mat Wirksk eines SchuldVertr od einer seiner Best, zB die Unterwerfg unter AGB; sie gilt nach Art 27 IV auch für eine für diesen HauptVertr geschl **Rechtswahlvereinbarung,** gleichgültig ob sie innerh des HauptVertr (als eine seiner Bestimmgen) od isoliert geschl wird, vgl dazu Art 27 Rn 8. Für die **Form** des Vertr gilt Art 11 u ggf Art 29 III; dies gilt auch für die Form der RWahlVereinbarg, Art 27 IV. Die GeschFgk der Part beurteilt sich nach Art 7.

2) Grundsatz (Absatz 1). a) Das Zustandekommen der erfdl Willenseinigg u ihre mat WirkskVoraussetz- 2
gen beurteilen sich nach Abs 1 grdsl nach dem für den **Hauptvertrag** maßg **Vertragsstatut,** das nach Art 27–30 z best ist; internat zwingde Vorschren des dtschen Rechts iSv Art 34 gehen aber einem ausl VertrStatut vor; im Fall einer RWahl ist auch die Sonderanknüpfg zG zwingder Vorschren des an sich maßg Rechts gem Art 27 III, 29 I u 30 I z beachten, sofern diese Vorschr überh das Zustandekommen u die mat Wirksk des Vertr betreffen. Für die Verbindlk v AGB gilt bei ausl VertrStatut ergänzd AGBG 12, vgl dazu auch Art 29 Rn 6. **b)** Das Zustandekommen u die Wirksk des Vertr od seiner Bestimmgen iSv Abs 1 3
betreffen etwa Vorschren über die Vorauss des VertrSchl dch Angeb u Ann, über Dissens, Bedinggen, Willensmängel u deren Folgen, Handeln im eigenen od fremden Namen, Hbg TranspR **96**, 40, Eintritt der Nichtigk wg Gesetzes- od Sittenverstoß od wg anfängl Unmöglk (für die Folgen der Nichtigk, insb die Erstattg einer erbrachten Leistg gilt das VertrStatut gem Art 32 I Nr 5), Folgen der Teilnichtigk, Hamm RIW **95**, 682, Möglk einer Umdeutg, ebso die Änderg od Aufhebg des Vertr dch actus contrarius, Hbg IPRax **99**, 170 (nicht aber die Ersetzg dch neuen Vertr, die nach dessen VertrStatut zu beurteilen ist). Auch die Einbeziehg v **AGB** u deren Wirksk gehört hierher, vgl zB Karlsr NJW-RR **93**, 568, Duisbg RIW **96**, 775; bei der Best des anwendb Rechts ist Art 29 bes z beachten; bei Maßgeblk ausl Rechts gilt ergänzd AGBG 12. Verbindlk v AGB setzt nach deutschem R grdsl nicht voraus, daß Kunde die Sprache versteht, in der sie abgefaßt sind, BGH NJW **95**, 190, aM Kblz RIW **92**, 1021; Verschaffg der Möglk der Kenntnisn in zumutb Weise nach AGBG 2 I Nr 2 erfordert nicht Übersetzg, vgl dort Rn 15, BGH **87**, 114 (krit dazu Schubert JR **83**, 459), abw MüKo-Martiny Rn 37 ff; dies gilt nicht, wenn die VertrVerhandlgen in fremder Sprache geführt worden sind, Hbg NJW **80**, 1232, Stgt IPRax **88**, 293, Schwarz ebda 278; zur Verbindlk v AGB, die nicht in der VertrSprache abgefaßt sind, vgl BGH NJW **96**, 1819, mAv Kaum WiB **96**, 875, Mü NJW **74**, 2181, Ffm EWiR § 2 AGBG 1/**87**, 631, AG Kehl NJW-RR **96**, 565, Jayme ZHR **78**, 110, Schütze DB **78**, 2305; zur Bedeutg der VertrSprache allg Beckmann AWD **81**, 79, Reithmann/Martiny Rn 207. Über VertrSchl im Internet vgl Mehrings CR **98**, 613, Mankowski RabelsZ **99**, 203 sowie Art 29 Rn 5.

3) Ergänzende Sonderanknüpfung für das Zustandekommen der Einigung (Absatz 2). a) Nach 4
dem Statut des HauptVertr beurt sich grdsl auch die Frage, ob die Part sich überh über den Abschl des Vertr geeinigt haben, vgl Rn 3. Nach Abs 2 kann sich aber jede Part für den Einwand, sie habe dem Vertr nicht zugestimmt, auf die Vorschr des Rechts an ihrem gewöhnl Aufenth berufen. **Voraussetzung** dieser ergänzden Sonderanknüpfg für den zum VertrSchl erfdl Konsens ist, (1) daß das v Art 27–30 best VertrStatut ein and Recht ist als das des gewöhnl Aufenth der betr Part, (2) daß der Vertr nach dem VertrStatut sowie den ggf kr Sonderanknüpfg z beachtden weiteren Vorschren, vgl Rn 2, wirks geschl ist, **und** (3) daß es nach den ges Umst des Einzelf, insb den bish Gepflogenh der Part, unbillig wäre, das Vorliegen einer Zust der betr Part ausschl an dem ihr fremden VertrStatut z messen, vgl Kln RIW **96**, 778. Sind diese Vorauss erf, so ist bei der Prüfg des VertrSchlusses neben dem VertrStatut iS eines zusätzl AusschlußGrds auch das Recht am gewöhnl Aufenth derj Part z berücksicht, die das Zustandekommen der Einigg bestreitet; daß diese Part sich ausdrückl auf ihr AufenthR beruft, ist für die Anwendg dieses Rechts nicht erfdl; es genügt, daß sie den Vertr für sich nicht gelten lassen will. Ist der Vertr bereits nach dem VertrStatut **nicht** wirks geschl, so besteht für die Anwendg v Abs 2 kein Bedürfnis; die Anwendg des AufenthR kann insb nicht z dem Erg führen, daß der Vertr in Widerspr z dem für ihn maßg VertrStatut zustandegekommen sei, vgl Bericht BT-Drucks 10/503
S 60. **b)** Praktische Bedeutg hat Abs 2 vor allem für die Entsch, ob das bloße **Schweigen** einer Part, etwa auf 5
ein kaufm BestätSchreiben od bei der Bezugn der and Part auf ihre AGB, als Zust z werten ist, BGH NJW **97**, 1700, Hamm RIW **94**, 1047, LG Kln DtZ **95**, 452, vgl auch Mankowski RIW **96**, 1001, Thorn IPRax **97**,

104 (Einbeziehg überraschder Kl in AGB); Abs 2 gilt aber darü hinaus auch für die Wirkgen eines aktiven Verhaltens einer Part auf den VertrSchl, insb für die Bedeutg v Willensmängeln, str, aM Erman-Hohloch Rn 15; zur Bedeutg für die Anknüpfg der RScheinhaftg vgl Fischer IPRax **89**, 216. **c)** Die ergänzde Anwendg des AufenthR nach Abs 2 bezieht sich nur auf die Frage, ob zw den Part der zum VertrSchluß erfdl Konsens besteht, nicht auch auf Bestehen eines Widerrufs-, Rücktr- od KündiggR, BGH NJW **97**, 1700, Erman-Hohloch Rn 15, Mäsch IPRax **95**, 372, Mankowski RIW **96**, 382, Baumert RIW **97**, 808, aM noch Ffm NJW-RR **89**, 1018, LG Aachen NJW **91**, 2221, LG Gießen NJW **95**, 406, LG Stgt RIW **96**, 425, LG Kblz NJW-RR **95**,1335, LG Rottw NJW-RR **96**, 1401, LG Dortm IPRspr **96** Nr 28, vgl dazu Art 29 Rn 6 u Art 34 Rn 3; im übr bleibt es bei der Maßgeblk des VertrStatuts nach Abs 1 u ggf der Sonderanknüpfg zG zwingder Vorschren des dtschen Rechts, Art 34, od des an sich maßg Rechts, Art 27 III, 29 I u 30 I.

EG 32 ***Geltungsbereich des auf den Vertrag anzuwendenden Rechts.*** **[I]Das nach den Artikeln 27 bis 30 und nach Artikel 33 Abs. 1 und 2 auf einen Vertrag anzuwendende Recht ist insbesondere maßgebend für**

1. seine Auslegung,
2. die Erfüllung der durch ihn begründeten Verpflichtungen,
3. die Folgen der vollständigen oder teilweisen Nichterfüllung dieser Verpflichtungen einschließlich der Schadensbemessung, soweit sie nach Rechtsvorschriften erfolgt, innerhalb der durch das deutsche Verfahrensrecht gezogenen Grenzen,
4. die verschiedenen Arten des Erlöschens der Verpflichtungen sowie die Verjährung und die Rechtsverluste, die sich aus dem Ablauf einer Frist ergeben,
5. die Folgen der Nichtigkeit des Vertrages.

[II]In bezug auf die Art und Weise der Erfüllung und die vom Gläubiger im Fall mangelhafter Erfüllung zu treffenden Maßnahmen ist das Recht des Staates, in dem die Erfüllung erfolgt, zu berücksichtigen.

[III]Das für den Vertrag maßgebende Recht ist insoweit anzuwenden, als es für vertragliche Schuldverhältnisse gesetzliche Vermutungen aufstellt oder die Beweislast verteilt. Zum Beweis eines Rechtsgeschäfts sind alle Beweismittel des deutschen Verfahrensrechts und, sofern dieses nicht entgegensteht, eines der nach Artikel 11 und 29 Abs. 3 maßgeblichen Rechte, nach denen das Rechtsgeschäft formgültig ist, zulässig.

1 **1) Allgemeines. a)** Art 32 entspr den Art 10 u 14 des EG-Übk, vgl Rn 1 vor Art 27. Die Vorschr best den Anwendgsbereich des für einen SchuldVertr als VertrStatut maßg Rechts; die Anknüpfg dieses VertrStatuts selbst ergibt sich aus Art 27–30, sowie im Fall einer Zession aus Art 33 I u II. Regelm unterliegt der Vertr einem einheitl VertrStatut; eine **Vertragsspaltung** kann sich ausnahmsw aus einer entspr RWahl, Art 27 I S 3, vgl dort Rn 9, od gespaltener obj Anknüpfg, Art 28 I S 2, vgl dort Rn 2, ergeben; dann entsch das jew VertrStatut nur über den seiner Herrsch unterworfenen Teilkomplex des Vertr. Das VertrStatut wird ggf überlagert durch eine Sonderanknüpfg zG **zwingender** Vorschren des dtschen Rechts, Art 34, od des an sich maßg Rechts, Art 27 III, 29 I u 30 I; diese setzen sich auch in dem v Art 32 umschriebenen Anwendgsbereich des VertrStatuts als vorrangige Sonderregelg dch. **b)** Im Art 32 **nicht** geregelt ist das **Zustandekommen** u die mat Wirksk eines SchuldVertr; insow gilt Art 31, bzw hins der GeschFgk Art 7, hins der Form Art 11 u ggf Art 29 III. **c)** Anzuwenden ist das VertrStatut in seiner jew Gestalt; GesÄndergen nach VertrSchl sind also iR der intertemporalen Vorschr des betr Rechts z beachten, RG JW **28**, 1447. Die Part können aber grdsl die Anwendg des gewählten Rechts in seinem Zust zZ der RWahl vereinbaren (VersteinergsKl), Sandrock, Fschr Riesenfeld (1983) 211.

2 **2) Anwendungsbereich des Vertragsstatuts. a)** Nach dem VertrStatut beurteilen sich Inhalt u Umfang der Rechte u Pflichten der Part sowie ihre Erf u NichtErf u deren Konsequenzen. Eine **beispielhafte**
3 Aufzählg einz nach dem VertrStatut z beurt Fragen enth **Absatz 1. aa)** Das für den Vertr maßg Recht entsch über seine **Auslegung, Nr 1,** vgl BGH NJW-RR **90**, 249 (früh R), Mü RIW **90**, 585, NJWE-WettbR **96**, 181 (zur Auslegg v AGB Wolf ZHR **89**, 300); dies schließt nicht aus, daß dabei auch RVorstellgen aus der Sprache berücksichtigt werden, in der der Vertr abgefaßt ist, vgl Hbg GRUR Int **90**, 388, VersR **96**, 229, einschränkd Mü IPRspr **93** Nr 48, vgl auch Gruber DZWir **97**, 353; für die Berücksichtigg v Willensmängeln u die Möglk einer Umdeutg gilt Art 31, vgl dort Rn 3 u 5. Zur Auslegg von RWahlklauseln E. Lorenz RIW
4 **92**, 697 u Art 27 Rn 8. **bb)** Nach dem VertrStatut beurteilt sich ferner der Inhalt der beiders Verpfl u deren **Erfüllung, Nr 2,** zB Grds von Treu u Glauben, Zeit u Ort der Leistg, Zulässigk v Teilleistgen, Leistg dch Dritte, aber auch Einbeziehg Dritter in den Vertr, Soergel–v Hoffmann Rn 27, Mankowski IPRax **96**, 428; soweit die Erf ein **Rechtsgeschäft** voraussetzt, gelten für dieses die dafür maßg Vorschr, zB der lex rei sitae für die Übereigng einer Sache; die GeschFgk der Part beurt sich nach Art 7; die Form des ErfGesch nach Art 11. Für die **Art und Weise** der Erfüllg, zB Feiertagsregelg, u die vom Gläubiger bei mangelh Erf z treffden Maßn, zB Untersuchgs- u Rügepflicht, Aufbewahrungsfrist, schreibt **Absatz 2** die „Berücksichtigg" der am ErfOrt geltden Vorschr vor; das VertrStatut ist also um diese Vorschr z **ergänzen,** soweit sich aus ihnen
5 Einschränkgen od Erweitergen der die Part iZshg mit der Erf treffden Pflichten ergeben. **cc)** Das VertrStatut regelt weiter die Folgen der vollst od teilw **Nichterfüllung, Nr 3,** insb Vorauss u Folgen v **Leistungsstörungen,** zB des Verzugs (einschl Erfordern v Mahng u Fristsetzg), Kln RIW **93**, 415, **96**, 779; über die Höhe der Verzugszinsen entsch aber das Recht der geschuldeten Währg, Grunsky Fschr Merz (1992) 152, Berger RabelsZ **97**, 326, aM LG Ffm RIW **94**, 780, Kln RIW **96**, 779, Gruber MDR **94**, 759, DZWir **96**, 170, vgl dazu Königer, Die Best der ges Zinshöhe nach dem dtschen IPR, 1997. Das VertrStatut regelt die Unmöglk (soweit kein NichtigkGrd, vgl Art 31 Rn 3), positive VertrVerletzg, vgl BGH **123**, 207, LG Stgt IPRax **93**, 109, VerschBegr, Haftg für ErfGehilfen, Einrede des nichterf Vertr, ges RücktrR u SchadErsPfl, vgl Hamm FamRZ **94**, 1259, einschl der Schadensbemessg (jedoch innerh der dch das dtsche VerfahrensR als lex fori gezogenen Grenzen, insb ZPO 287, vgl dazu Rn 33 vor Art 3), Vertragsstrafen u Schadenspauscha-

liergen, Berger RIW **99**, 402, sowie Wegfall der GeschGrdl, Reithmann/Martiny Rn 246, vgl dazu Art 6 Rn 12 (betr ILP). **dd)** Das VertrStatut regelt nach Abs 1 **Nr 4** ferner die versch Arten des **Erlöschens** der Verpfl der Part, zB dch vertragl RücktrR od Kündigg, BGH FamRZ **97**, 548, dch ErlaßVertr, Hamm RIW **99**, 622, ferner dch ErfSurrogate, vor allem die **Aufrechnung,** deren Wirkg also nach dem Statut der Forderg z beurteilen ist, gg die aufgerechnet wird, BGH NJW **94**, 1416, Kblz RIW **92**, 61, **93**, 937, Düss RIW **95**, 55, Stgt RIW **96**, 944, Mü RIW **98**, 560 (dies gilt entspr auch für ZurückbehaltgsR, Reithmann/Martiny Rn 259); vgl dazu Kannengießer, Die Aufrechng im int Priv- u VerfR, 1998. Zur Aufrechng bei währgsversch Fdgen, vgl Gruber MDR **92**, 121, Vorpeil RIW **93**, 529; vom Standpkt des dtschen IPR ist die Aufrechng auch dann matr z qualifizieren, wenn sie nach dem VertrStatut prozeßr geregelt ist, wie im angloamerikan Recht, vgl Rn 27 vor Art 3; z Qualifikation v AufrechngsVerb Gebauer IPRax **98**, 79. Nach dem VertrStatut ist nach Abs 1 Nr 4 ferner z beurt der RVerlust dch Fristablauf u die **Verjährung** einer vertragl Forderg, insb die maßg VerjFrist, deren Hemmg od Unterbrechg, vgl dazu Otte IPRax **93**, 209, etwa dch KlErhebg (bei dtschem Schuldstatut hängt Unterbrechg der Verj dch eine im Ausl erhobene Kl v der zu erwartden Anerkenng des ausl Urt ab, RG **129**, 385, 389, Degdf IPRax **83**, 125, Duisbg IPRspr **85** Nr 43, aM Schack AWD **81**, 301, Frank IPRax **83**, 108, Geimer IPRax **84**, 83, Linke Fschr Nagel (1987) 209, vgl dazu auch LG Hbg EWiR § 477 BGB 1/**99**, 345 (Mankowski); das gleiche gilt umgekehrt für die Unterbrechg dch eine im Inl erhobene Kl bei ausl Schuldstatut, abw Schack aaO; bei der Kl gleichgestellten ProzHdlgen wie nach § 209 II hängt die UnterbrechgsWirkg von der Gleichwertigk ab, Köln AWD **80**, 877, Düss RIW **89**, 743, Looschelders IPRax **98**, 300). Ist die Verj nach dem VertrStatut prozeßr geregelt, wie im angloamerikan Recht, so ist sie im dtschen Verfahren aGrd matr Qualifikation, vgl Rn 27 vor Art 3, dennoch z beachten, BGH NJW **60**, 1720. Dem VertrStatut unterliegt auch die **Verwirkung** einer vertragl Fdg, vgl Ffm RIW **82**, 914, für Berücksichtigg auch des UmweltR Will RabelsZ **78**, 211. Über Restschuldbefreig im InsolvenzVerf entsch das Insolvenzstatut, vgl dazu Ehricke RabelsZ **98**, 726. **ee)** Nach dem VertrStatut sind schließl nach Abs 1 **Nr 5** auch die **Folgen** der **Nichtigkeit** des Vertr z beurt, dh insb die Rückgewähr der erbrachten Leistgen; dabei ist gleichgült, ob die Folgen der Nichtigk vertragl od außervertragl Art sind, vgl Begründg BT-Drucks 10/504 S 82; auch die Rückabwicklg aGrd **Leistungskondiktion** gehört also hierher, BGH DtZ **95**, 253, Kln NJW-RR **94**, 1026, Hamm FamRZ **94**, 1260, Ffm WM **96**, 2109, LG Aachen RIW **99**, 304, vgl BT-Drucks 14/343 u Art 38 Rn 2.

(Randnummern: 6 bei „Erlöschens“, 7 bei „ee)“)

8 **b)** Nach dem Statut des angebahnten Vertr beurt sich entspr Art 31 I u 32 I Nr 3 u 5 grdsl auch die Haftg aus **culpa in contrahendo,** vgl BGH NJW **87**, 1141, Ffm IPRax **86**, 377, Staud-Hausmann Rn 120, aM Dörner JR **87**, 203 (für analoge Anwendg von Art 31 II), and auch Hbg IPRspr **88** Nr 34, sowie Bernstein RabelsZ **77**, 281, der zw Verletzg v Aufklärgs–u BeratgsPfl (VertrStatut) u v Obhuts–u ErhaltgsPfl (Deliktsstatut) unterscheidet, zust Stoll Fschr Ferid (1988) 505, Kreuzer IPRax **88**, 17, Staud-vHoffmann Art 38 Rn 105, Scheffler IPRax **95**, 20, ähnl Fischer JZ **91**, 168; für Anwendg des Deliktsstatuts im Einzelfall auch Ffm IPRax **86**, 378, Mü WPM **83**, 1094, sowie Canaris Fschr Larenz (1983) 109, Grundmann RabelsZ **90**, 310, Mankowski RIW **94**, 424, vgl dazu aber Art 40 Rn 6. Die Eigenhaftg eines vertragsfremden Dritten aus c. i. c. unterliegt dem Recht seines gewöhnl Aufenth, Dörner JR **87**, 202, Reithmann/Martiny Rz 263, aM Ffm IPRax **86**, 378, Kreuzer IPRax **88**, 20 (für Deliktsstatut), krit dazu Ahrens ebda 359 (auch insow VertrStatut), Fischer JZ **91**, 174.

9 **3) Beweisfragen (Absatz 3). a)** Auch für gesetzl Vermutgen sowie für die Verteilg der BewLast ist entspr den allg Grdsen des internat VerfR, vgl Rn 33 vor Art 3, das VertrStatut maßg, Abs 3 S 1; allerd muß es sich dabei um matr BewReg handeln, die das VertrStatut speziell für vertragl SchuldVerhe aufstellt, Kln RIW **96**, 779; BewVorschr verfr Art, zB ob nichtbestr Vorbringen als zugestanden gilt, sind allein der lex fori z entnehmen, vgl Bericht BT-Drucks 10/503 S 68. **b)** Welche **Beweismittel** für den Nachweis eines RGesch zugel sind, zB welche Anfordergen an den Urkunden-od Zeugenbeweis zu stellen sind, ist grdsl nach **deutschem** Recht als der für das Verf maßg **lex fori** zu beurt. Darü hinaus sind nach Abs 3 S 2 auch die BewMittel einer der nach Art 11 u Art 29 III als **Formstatut** berufenen ROrdngen zuläss, sofern das RGesch nach diesem Recht formgült ist u das dtsche BewVerfR der Zulassg des betr BewMittels nicht entggsteht, wie etwa bei der Vernehmg einer Part als Zeuge. Die alternative Anwendg der BewReg des Formstatuts soll den Part die Beweisbk des Vertr nach dem Recht ermöglichen, dessen FormVorschr sie beim VertrSchl eingehalten haben.

10 **4) Währungsstatut.** Das VertrStatut best grdsl auch, in welcher Währg geschuldet wird, vgl BGH FamRZ **87**, 370 (einschl DevisenVorschr), Hamm FamRZ **91**, 1321, Maier-Reimer NJW **85**, 2055, Remien RabelsZ **89**, 248; eine auf die Währg beschr abw RWahl ist auch nachträgl statth, vgl Art 27 Rn 9, ferner Hamm FamRZ **91**, 1321. Sofern es das danach maßg Recht zuläßt, kann aber selbstverständl Zahlg in einer and Währg als der des VertrStatuts vereinb werden, vgl Grunsky Fschr Lorenz (1991) 149. Die betr Währg unterliegt dem für sie maßg WährgsR; dies gilt grdsl auch für eine Währgsumstellg od eine Aufwertg, vgl RG **118**, 370, aM Mann SchweizJbIntR **80**, 102; ein neues Währgsstatut ist aber z ermitteln, wenn das alte Währgsstatut einen grdlegden WährgsEingr vornimmt u die Beteil zum Ztpkt dieses Eingr jede Beziehg z dem betr Land verloren haben, BGH **43**, 162, abl Mann JZ **65**, 450. Zur Einführg des Euro Wisskirchen DB **98**, 809, Clausius NJW **98**, 3148.

Anhang zu Art 32

Vollmacht

1 **1) Grundsatz.** Das für die Vollm maßg Recht ist gesetzl nicht geregelt, vgl Art 37 Nr 3. Die Vollm ist im Interesse des VerkSchutzes **selbständig anzuknüpfen,** unterliegt also nicht automat dem Recht des v Vertr vorgen RGesch (GeschStatut); als VollmStatut maßg ist vielm grdsl das Recht des Landes, in dem das Gesch vorgen werden soll, also des **Wirkungslandes,** BGH NJW **90**, 3088, DNotZ **94**, 487, BGH **128**, 47, BayObLG **87**, 367, Mü NJW-RR **89**, 664, Schäfer RIW **96**, 189, **aM** Kegel IPR § 17 V 2 a, Ebenroth JZ **83**, 821, Dorsel MittRhNotK **97**, 9 (grdsl Anknüpfg an gewöhnl Aufenth des Vollmachtgebers), Ferid IPR

Rdz 5–147 ff, Luther RabelsZ **74**, 421 (kumulative Anwendg des Rechts des Wirkgslandes u des AufenthR des VollmGebers), MüKo-Spellenberg Vor Art 11 Rn 229 (Anwendg des GeschStatuts), Soergel-Lüderitz Anh zu Art 10 Rn 101 (Anwendg des R, unter dem der Vertr auftritt); für begrenzte Zulassg einer RWahl Reithmann/Martiny-Hausmann Rn 1722. Die Verweisg auf das Recht des Wirkgslandes ist gem Art 4 I Sachnormverweisg. Bei einer famr DauerVollm von Eheg entscheidet deren gewöhnl Aufenth, BGH NJW-
2 RR **90**, 250. Bei **kaufmännischen Bevollmächtigten,** zB HandelsVertr, mit fester Niederlassg ist VollmStatut das Recht der Niederlassg, BGH JZ **63**, 168, NJW **90**, 3088, LG Hbg AWD **78**, 124, Bielef IPRax **90**, 315, auch wenn sie in einem and Land tätig werden, Reithmann/Martiny-Hausmann Rn 1732, str, aM zB Steding ZVglRWiss **87**, 45, Sandrock/Müller, Hdb Abschn D Rdz 31 (Gebrauchsort), Ebenroth JZ **83**, 821 (Niederlassg des Vertretenen); bei Fehlen einer festen Niederlassg entsch dagg das Recht des Gebrauchsortes, str, abw zB Klinke AWD **78**, 642, der auf die Initiative zum VertrSchl abstellt. Die organschl Vertretgsm der GeschFührer einer Gesellsch beurteilt sich nach dem Recht am Sitz ihrer Hauptverwaltg, BGH NJW **92**, 618, Mü NJWE-WettbR **96**, 181, vgl Anh zu Art 12 Rn 10. Bei GrdstVfgen gilt das Recht der belegenen Sache, RG **149**, 93. Erteilg u Umfang der ProzVollm unterliegen der lex fori, BGH NJW **90**, 3088. Die Vollm des Kapitäns beurteilt sich nach dem Recht der Flagge, Raape IPR § 46 IV; zur Konnossementsausstellg Mankowski TranspR **91**, 258.

3 **2) Reichweite:** Das Recht des Wirkgslandes entsch als VollmStatut über das Bestehen, insb die wirks Erteilg einer Vollm, BGH NJW **82**, 2733, Kblz RIW **96**, 152, Kln NJW-RR **96**, 411. Das VollmStatut gilt ferner für Auslegg u Umfang einer Vollm, Zulässigk des Selbstkontrahierens, BGH NJW **92**, 618, Kblz RIW **96**, 152, u die Beendigg der Vertretgsmacht, zB dch Widerruf, Staud-Firsching Rdz 243 vor EG 12. Duldgs- u AnscheinsVollm beurteilen sich grdsl nach dem Recht des Ortes, wo Vertrauen geweckt, also der RSchein gesetzt worden ist, vgl BGH **43**, 27 (dazu Kropholler NJW **65**, 1641), Reithmann/Martiny-Hausmann Rn 1763, also dem Recht des tats Wirkgslandes, dahingestellt BGH NJW-RR **90**, 250, aM Leible IPRax **98**, 260; der Vertretene kann sich aber analog Art 31 II auf das Recht an seinem gewöhnl Aufenth berufen, wenn dieses eine RScheinhaftg nicht vorsieht u er mit der Anwendg eines and Rechts nicht rechnen mußte, vgl Fischer IPRax **89**, 216 (z Koblenz IPRax **89**, 232). Bei Vertretg ohne Vertretgsmacht gilt für die RWirkgen für den Vertretenen, insb dessen GenR das GeschStatut, BGH NJW **92**, 619, BGH **128**, 48, KG IPRax **98**, 283, v Bar JZ **92**, 582, Leible IPRax **98**, 259, für die Haftg des vollmachtl Vertr dagg das VollmStatut, Hbg VersR **87**, 1216, Steding ZVglRWiss **87**, 47, Fischer IPRax **96**, 335, str, aM zB Sandrock/Müller, Hdb Abschn D Rdz 87 (Geschäftsstatut), offenlassd Karlsr MDR **99**, 1471. Die Zulässigk der Stellvertretg beurteilt sich nach dem GeschStatut. Über die Form entsch Art 11, also alternativ das VollmStatut od die Ortsform, Stgt MDR **81**, 405, Mü NJW-RR **89**, 663 (AuflVollm, vgl dazu Spellenberg IPRax **90**, 295), SchlHOLG SchlHA **62**, 173 (ErbteilsÜbertr); die Einhaltg der Ortsform genügt auch dann, wenn die Vollm wg ihrer inhaltl Reichweite od der Gebundenh des VollmGebers nach dem Recht des Wirkgslandes einer and Form bedarf, Stgt MDR **81**, 405, aM Ludwig NJW **83**, 495. – Zum Entw einer Haager Konvention über das auf die Stellvertretg anwendb Recht vgl Müller-Freienfels RabelsZ **79**, 80, Basedow RabelsZ **81**, 196.

EG 33 *Übertragung der Forderung. Gesetzlicher Forderungsübergang.* **[I]Bei Abtretung einer Forderung ist für die Verpflichtungen zwischen dem bisherigen und dem neuen Gläubiger das Recht maßgebend, dem der Vertrag zwischen ihnen unterliegt.**

[II]Das Recht, dem die übertragene Forderung unterliegt, bestimmt ihre Übertragbarkeit, das Verhältnis zwischen neuem Gläubiger und Schuldner, die Voraussetzungen, unter denen die Übertragung dem Schuldner entgegengehalten werden kann, und die befreiende Wirkung einer Leistung durch den Schuldner.

[III]Hat ein Dritter die Verpflichtung, den Gläubiger einer Forderung zu befriedigen, so bestimmt das für die Verpflichtung des Dritten maßgebende Recht, ob er die Forderung des Gläubigers gegen den Schuldner gemäß dem für deren Beziehungen maßgebenden Recht ganz oder zu einem Teil geltend zu machen berechtigt ist. Dies gilt auch, wenn mehrere Personen dieselbe Forderung zu erfüllen haben und der Gläubiger von einer dieser Personen befriedigt worden ist.

1 **1)** Art 33 best das anwendb Recht im Falle einer **Zession;** vgl dazu Bette WM **97**, 797, Basedow ZEuP **97**, 615, Kieninger RabelsZ **98**, 678. Abs 1 u 2 regeln die **rechtsgeschäftliche** Fordergsabtretg; sie entspr Art 12 des EG-Übk; Abs 3 regelt den **gesetzlichen** Forderungsübergang; er entspr Art 13 des EG-Übk, vgl dazu Rn 1 vor Art 27.

2 **2) Forderungsabtretung (Absatz 1 u 2). a)** Bei der rechtsgeschäftl Übertragg einer Fdg unterliegt die kausale VertrBeziehg zw dem alten u dem neuen Gl, insb die daraus erwachsden Verpfl, dem für diesen Vertr maßg VertrStatut, Abs 1; z dessen Best vgl Art 27 u 28, uU auch 29 u 30; dies gilt insbes für die einer Sichergszession zugrundeliegde SichergsAbrede, Koziol DZWir **93**, 356. Für den Übertraggsvorgang selbst, insb die Abtr als VerfüggsGesch (soweit ein solches nach dem anwendb Recht überh vorgesehen ist), gilt diese Regelg nicht, aM Einsele ZVglRWiss **91**, 1. **b)** Vielmehr sind die Vorauss einer wirks Abtretg, insb die Übertragbk der Forderg, Düss RIW **95**, 509, Bette WM **94**, 1913, einschränkd Wandt NZV **93**, 56, sowie die Art u Weise ihrer Vornahme (mit Ausn der Form, für die Art 11 gilt), etwa die Notwendigk einer SchuBenachrichtigg, vgl Hamm RIW **97**, 154, aM Koziol DZWir **93**, 356 (FormErfordern), Einfl von Mängeln des KausalGesch (AbstraktionsGrds), BGH NJW **91**, 1414 (krit dazu Ebenroth EWIR **91**, 161, v Bar IPRax **92**, 20), sowie das RVerh zw dem neuen Gl u dem Schu, Stgt RIW **91**, 160, u die Frage, an wen unter welchen Umsten der Schu mit befreiender Wirkg leisten kann, schließl auch das RangVerh konkurrierder Abtretgen, BGH RIW **90**, 670, NJW **99**, 940 (krit Kieninger JZ **99**, 405), nach dem Recht der **abgetretenen Forderung** zu beurteilen, Abs 2, dh nach dem Schuldstatut des RVerh, dem diese Fdg entstammt, bei einer vertragl Fdg also dem betr VertrStatut (zB Kauf, Darlehen), bei einer kr Ges entstandenen Fdg dem für ihre Entstehg maßg Recht (zB Deliktsstatut), vgl auch BGH **104**, 149, **108**, 362, NJW **88**, 3095,

RIW **90**, 670, Karlsr RIW **93**, 505, Hbg NJW-RR **93**, 40, Kblz RIW **96**, 152, Hamm RIW **99**, 786, v Bar RabelsZ **89**, 469, v Hoffmann/Höpping IPRax **93**, 302, Peltzer RIW **97**, 893, aM Kieninger RabelsZ **98**, 678 (NiederlassgR des Zedenten zZtPkt der Abtretg); insow haben Alt- u NeuGl also nicht die Möglichk einer RWahl, vgl dazu Kln NJW **87**, 1151. Die gleichen Grdse gelten für EinziehgsErmächtigg, BGH **125**, 205, sowie eine Subrogation, vgl dazu Sonnenberger IPRax **87**, 222. Zum Unidroit-Übk über das int Factoring v 28. 5. 88 vgl G v 25. 2. 98, BGBl II 172 u Bek v 31. 8. 98, BGBl II 2375 (in Kraft seit 1. 12. 98), Hakenberg RIW **98**, 909, Weller RIW **99**, 161.

3) Gesetzlicher Forderungsübergang (Absatz 3). Der Eintritt eines gesetzl FdgsÜbergangs bei Verpfl eines Dr zur Befriedigg des Gl, zB als Bürge od Versicherer, beurteilt sich nach Abs 3 S 1 nach dem Recht, auf dem die Verpfl des Dr beruht, zB dem für den BürgschVertr od VersichergsVertr maßg VertrStatut, vgl BGH NJW **98**, 3205; dieses Recht entsch auch über die Höhe des FdgsÜbergangs, Wandt ZVglRWiss **87**, 281; für analoge Anwendg auf VermÜbergang gem BetrAVG 9 III Eichenhofer IPRax **92**, 78; Abs 3 ist unanwendb bei ges EigtÜbergang, Schack IPRax **95**, 159 gg Kblz ebda 171. Dagg entscheidet das für die übergegangene Fdg maßg FdgsStatut, welche Anspr der Dr als neuer Gl gg den Schu geltd machen kann, zB ob die Fdg verjährt ist. Ob die übergegangene Fdg vertragl od ges Ursprungs ist, ist für die Anwendg v Abs 3 S 1 (in systemwidr Abweichg v Art 13 I des EG-Übk, vgl dazu v Bar RabelsZ **89**, 481) gleichgültig, ebso, ob die Verpfl des Dr ggü dem Gl od ggü dem Schu besteht, aM Wandt ZVglRWiss **87**, 290. Die gleichen Regeln gelten nach Abs 3 S 2 bei Befriedigg des Gl dch einen v mehreren **Gesamtschuldnern,** welche dieselbe (dh dem gleichen Recht unterliegde, Wandt ZVglRWiss **87**, 293, aM Reithmann/Martiny Rn 321, v Bar aaO 484) Fdg zu erf haben; der Rückgr des leistden Schu gg einen MitSchu unterliegt dem Schuldstatut des Leistden im AußenVerh zum Gläub. Für den Rückgr eines freiw Drittleistden gilt das Statut der getilgten Fdg, Art 39 II; eine Ausn gilt für die Erstattgspflicht des UnterhSchuldn nach Art 18 VI Nr 3, vgl dort Rn 18. 3

4) Schuldübernahme, Schuldbeitritt, Schuldanerkenntnis. Das auf eine SchuldÜbern anwendb Recht ist gesetzl nicht geregelt. Die Vorauss einer wirks befreienden SchuldÜbern, dh die Ersetzg des alten Schu dch einen neuen, sind nach dem für die übernommene Schuld maßg Recht (VertrStatut, Deliktsstatut usw) z beurt, vgl RG JW **32**, 3810, aM Girsberger ZVglRWiss **89**, 37, v Bar IPRax **91**, 199. Die kausale Vereinbarg zw dem Übernehmer u dem Gl bzw zw dem Übernehmer u dem alten Schu unterliegt dem dafür maßg bes VertrStatut. Die Verpfl des Beitretenden aus kumulativer SchuldÜbern unterliegt dem gewählten Recht, Kln RIW **98**, 148, ersatzw dem Recht seines gewöhnl Aufenth bzw Niederlassg, MüKo-Martiny Rn 37, vgl ferner Kblz RIW **92**, 491, Rstk TranspR **97**, 115, Fischer IPRax **89**, 217. Ein SchuldAnerk unterliegt in Ermangelg einer RWahl dem Statut der betr Fdg, Mü RIW **97**, 508, Hamm RIW **99**, 786; bei abstr SchuldAnerk in Zushang mit GrundschuldBestellg gilt das Recht am Lageort des Grdst, vgl Art 28 Rn 12. Die Haftg bei **Vermögensübernahme** unterliegt im Interesse einer einheitl Anknüpfg dem Recht am Lageort des Verm, vgl MüKo-Martiny Rn 42 (bei Belegenh in mehreren Ländern ggf HaftgsBeschrkg auf Obj im Gebiet des anordnden Staates), aM Kblz IPRax **89**, 175 (Fdgstatut), Schnelle RIW **97**, 281 (Anwendg des für den ÜbertrVorgang maßg Rechts); vgl dazu auch Tiedemann, Die Haftg aus VermÜbern im Int R, 1995. Die Haftg aus **Unternehmensfortführung** beurteilt sich nach dem Recht am Sitz des Unternehmens, MüKo-Martiny Rn 44, Schnelle RIW **97**, 284, Merkt/Dunckel RIW **96**, 533, zT abw Busch/Müller ZVglRWiss **95**, 157 (zusätzl Berücksichtigg des Statuts der betr Fdg), Ebenroth/Offenloch RIW **97**, 8 (Wohns des Veräußerers). 4

EG 34 ***Zwingende Vorschriften.*** **Dieser Unterabschnitt berührt nicht die Anwendung der Bestimmungen des deutschen Rechts, die ohne Rücksicht auf das auf den Vertrag anzuwendende Recht den Sachverhalt zwingend regeln.**

1) Allgemeines. a) Art 34 regelt einen Ausschnitt aus dem Problemkreis der Sonderanknüpfg zwingder Vorschr wirtsch- od sozialpolitischen Gehalts (sog **Eingriffsnormen**), zB Ausfuhrverbote, Preis- u Devisen-Vorschr, KartellBest, Mieter- u VerbrSchutzVorschr. Die Best entspr in ihrer nunmehrigen Fassg Art 7 II des EG-Übk, vgl dazu Rn 1 vor Art 27. Die noch im RegEntw vorgesehene Übern auch des **Art 7 I** des **EG-Übereinkommens** ist in der parlamentarischen Beratg des IPRG 1986 aGrd des entspr Vorbeh in Art 22 I des EG-Übk gestrichen worden; Art 7 I ermöglicht eine weitgehd in das Erm des Richters gestellte Anwendg der internat zwingden RVorschr einer **jeden ROrdng,** zu welcher der Sachverh eine enge Verbindg aufweist; diese weite Regelg birgt die Gefahr einer erhebl RUnsicherh u führt im Erg zur Wahrg des ordre public einer ausl ROrdng, vgl dazu Art 6 Rn 8; der Bundesrat hat dagg mit Recht Einwände erhoben, BT-Drucks 10/504 S 100, denen sich der RAusschuß des Bundestages angeschlossen hat, BT-Drucks 10/5632 S 45; krit dazu v Westphalen ZIP **86**, 1504, Däubler RIW **87**, 256, Lehmann ZRP **87**, 319, Hentzen RIW **88**, 509; vgl dazu auch Rn 5. **b)** Eine Sonderanknüpfg zwingder Vorschr einer ROrdng, die nicht VertrStatut ist, ergibt sich im Falle einer RWahl ferner aus Art 27 III, vgl dort Rn 4, Art 29 I, vgl dort Rn 4–6, u Art 30 I, vgl dort Rn 4–6. 1
c) Für das **Devisenrecht** gilt eine Sonderregelg gem Art VIII Abschn 2 b des Abk über den Internat Währgsfond (Abk v Bretton Woods) BGBl **52** II 637 (Unklagbk v Vertr, die gg DevisenBest eines and Mitgliedstaates verstoßen), dazu BGH WM **91**, 1009, RIW **92**, 144, NJW **93**, 1072 u 1076, **94**, 390 (dazu Ebenroth ua IPRax **94**, 276, RIW **94**, 269), RIW **94**, 327 (dazu Fuchs IPRax **95**, 82, **97**, 426), Mü NJW-RR **89**, 1139 (dazu Ebke JZ **91**, 335, **92**, 784, Mann JZ **91**, 614), Hbg IPRax **93**, 170 (dazu Ebenroth/Woggon ebda 151, Ebke RIW **93**, 613), Köln RIW **93**, 938. **d)** Zur Entwicklg eines eigenständ **Wirtschaftskollisionsrechts** vgl Drobnig RabelsZ **88**, 1, Basedow RabelsZ **88**, 8, Siehr RabelsZ **88**, 41, Mestmäcker RabelsZ **88**, 205 u Diskussionsberichte ebda 256, Veelken, Interessenabwägg im WirtschKollisionsR, 1988, Schnyder, WirtschKollisionsR, 1990. Zur Anwendg von EingrNormen im schiedsgerichtl Verf vgl Drobnig Fschr Kegel, 1987 S 95, Schnyder RabelsZ **95**, 293, Berger ZVglRWiss **98**, 316. **e)** Über internat **Kulturgüterschutz** vgl Siehr Fschr Trinkner (1995) 703, ZVglRWiss **96**, 170; Dolzer/Jayme/Mußgnug, RFragen des int Kulturgüterschutzes, 1994; Jayme ZVglRWiss **96**, 158, ferner Art 43 Rn 2. 2

3 **2) Sonderanknüpfung zwingender deutscher Vorschriften.** Unabh von dem für einen SchuldVertr nach Art 27–30 geltden VertrStatut sind nach Art 34 in jedem Fall die vertragl nicht abdingb Vorschr des dtschen Rechts anzuwenden, die den Sachverhalt ohne Rücks auf das auf den Vertr anzuwendde Recht **international zwingend** regeln. Die Vorschr bezieht sich nur auf „diesen Unterabschnitt" (Art 27 ff), mithin nicht auf Art 11, BGH NJW **93**, 1128. Sie ist eng auszulegen, Mann NJW **88**, 3075. Erforderl ist ein internat Geltgswille, der einer Norm auch dch Auslegg entnommen werden kann; generelle Kriterien lassen sich dafür nicht aufstellen. Art 34 ist eine **Generalklausel,** die fallw zu konkretisieren ist, aM Sonnenberger Fschr Fikentscher (1998) 287. Dabei spielt ähnl wie beim ordre public neben dem GerechtigkGehalt der betr Vorschr auch der **Inlandsbezug** des zu entscheidenden Falls eine Rolle, der umso stärker sein muß, je schwächer das Gewicht der dch die EingrNorm geschützten öff Interessen ist, Kohte EuZW **90**, 153, aM Mankowski RIW **98**, 290. Die bloße Unabdingbk nach dtsch mat Recht genügt nicht, LAG Düss RIW **92**, 402, LAG Kln RIW **92**, 935, and v Hoffmann IPRax **89**, 266 für zwingde Vorschr des SonderPrivR. Daher können über Art 34 **nicht** etwa BGB **138** u **242** angewandt werden, BGH NJW **97**, 1700, aM LG Detm NJW **94**, 3301, LG Bln NJW-RR **95**, 754, LG Duisb NJW-RR **95**, 883, LG Tüb NJW-RR **95**, 1142 (jeweils betr Time-Sharing-Vertr); ihre Dchsetzg ggü dem an sich maßg ausl Recht kann nur über Art 6 erfolgen, vgl dazu Mankowski RIW **96**, 8, Jayme IPRax **95**, 236, Rauscher EuZW **96**, 652, Baumert RIW **97**, 810. In Betr kommen dagg sowohl privatr wie auch öffr Vorschr, BAG DB **90**, 1668, IPRax **94**, 128, die im öffentl (insbes sozial- od wirtschpol) Interesse u sei es auch nur zum Schutz der sozial schwächeren VertrPart in SchuldVerhe eingreifen, zB Vorschr des AußenwirtschR, BGH RIW **81**, 194, Remien RabelsZ **90**, 463, EmbargoBest, Oeter IPRax **96**, 77, des DevisenbewirtschgsR, BGH NJW **95**, 320 (innerdtsch), GewO 34 c u MaBV 12, Reithmann Fschr Ferid (1988) 368, die Anwendg des GWB auf im Ausland veranlaßte WettbewBeschrkgen nach § 130 II, insb den Zusammenschluß zweier ausl Unternehmen nach ausl Recht, BGH **74**, 322, vgl auch KG AWD **81**, 403 u 406, Karlsr AWD **81**, 124, KG WPM **84**, 1195, sowie § 1 I AEntG, vgl dazu Junker/Wichmann NZA **96**, 505, Borgmann IPRax **96**, 318, Junker RdA **98**, 44 u Art 30 Rn 3. Wegen ihrer bes sozialpolitischen Bedeutg gehören dazu grdsl auch Vorschr des **Verbraucherschutzes,** soweit Art 29 dafür nicht eine in sich geschlossene Sonderregelg enth, BGH **123**, 391; der Rückgr auf Art 34 bleibt also vorbehalten, wo sich Art 29 „als lückenh erweist", BGH aaO, zB bei von dieser Vorschr nicht erfaßten VertrTypen, wie Miete od VerbrKredit, Roth RIW **94**, 278, Fschr Reichert-Facilides (1995) 35, Fischer JZ **94**, 370, W. Lorenz IPRax **94**, 431; notw ist aber jedenf das Vorliegen des in Art 29 I Nr 1–3 geforderten InlBezugs, da sonst die Sonderanknüpfg von geringeren Vorauss abhängen würde, wenn es sich nicht um einen VerbrVertr iSv Art 29 handelt, BGH NJW **97**, 1699 (krit Mankowski RIW **98**, 289), Celle RIW **96**, 964; für Anwendbk von Art 34 auf dem Gebiet des VerbrSchutzes auch Reich NJW **94**, 2129 (der dies allerd ohne Rücks auf int Dchsetzgswillen generell für die Aktualisierg der GrdRe dch die zivilr Generalklauseln gelten läßt), Hallwachs/Lane NJW **96**, 3247, Jayme IPRax **97**, 151, abl Staud-Magnus Rn 71, Schlosser Fschr Steindorff (1990) 1387, Mankowski RIW **93**, 460, **98**, 290, Ebke IPRax **98**, 268. Für eine Sonderanknüpfg gem Art 34 in Betr kommen daher etwa das dtsche WohnraummietR, vgl Begr BT-Drucks 10/504 S 84, sowie das **HaustürwiderrufsG,** soweit die vorrangige Sonderregelg des Art 29 dafür Raum läßt, BGH **123**, 391, zB bei unter den Bedinggen von HausTWG 1 abgeschl Immobiliengeschäften, Hallwachs/Lane NJW **96**, 3247, für Anwendg v Art 34 auch LG Bln NJW-RR **95**, 754, LG Weid NJW-RR **96**, 438, Celle RIW **96**, 964, LG Dresd NZM **98**, 826, v Hoffmann IPRax **89**, 268, zust Jayme IPRax **90**, 222, Erm-Hohloch Rn 15, Mäsch IPRax **95**, 374, grdsl auch Kohte EuZW **90**, 154 (bei starkem InlBezug), Langenfeld IPRax **93**, 156, Klingsporn WM **94**, 1098, aM Hamm NJW-RR **89**, 496, Stade IPRspr **89** Nr 39, Kblz IPRspr **89** Nr 43, LG Hbg NJW-RR **90**, 696, Celle RIW **91**, 422, LG Düss RIW **95**, 416, Bielef NJW-RR **99**, 1283, Taupitz BB **90**, 649, Lüderitz IPRax **90**, 218, Coester-Waltjen Fschr Lorenz (1991) 313, Junker IPRax **93**, 9, Mankowski RIW **93**, 462, **95**, 368, **98**, 290, DZWir **96**, 273, Beise NJW **95**, 1725, Ebke IPRax **98**, 268, Dörner LM Art 29 EGBGB Nr 3/4, vgl dazu Art 29 Rn 5 u TzWrG 8. Eine Sonderanknüpfg kommt ferner in Betr für das VerbrKrG, vgl BGH ZIP **99**, 104, Bülow EuZW **93**, 436, sowie für BGB 609 a, v Hoffmann aaO 271, die Unzulässigk eines Erfolgshonorars nach BRAO 49 b II, vgl Heß NJW **99**, 2485, die HOAI, vgl Wenner RIW **98**, 176, sowie AnlegerschutzVorschr, Hopt Fschr Lorenz (1991) 422; zu den Befördergsbedinggen des GüKMT BGH IPRax **95**, 248, Mankowski ebda 230. Dagg gehören **nicht** hierher das dtsche MitbestR, aM Großfeld/Erlinghagen JZ **93**, 222, Großfeld/Johannemann IPRax **94**, 272, der arbrechtl GleichbehandlgsGrds, Junker IPRax **94**, 26, aM Bittner NZA **93**, 165, das KSchG, BAG DB **90**, 1668, zust Magnus IPRax **91**, 385, zweifelnd Birk RdA **89**, 207, sowie Bestandsschutz nach BGB 613 a, BAG IPRax **94**, 128 (vgl dazu Mankowski ebda 94, Franzen AR-Blattei Internat ArbR 920 Nr 3, Wimmer IPRax **95**, 210), LAG Kln RIW **92**, 935, Busch/Müller ZVglRWiss **95**, 183, u § 1 SeemannsG, BAG NZA **95**, 1193, ebsowenig BGB 313, Kln RIW **93**, 415, vgl dazu Art 11 Rn 12.

Vorschr der in Art 34 genannten Art gehen den für den Vertr im übr geltden Best eines ausl Rechts vor, gleichgült, ob diese kraft RWahl gem Art 27, od kraft obj Anknüpfg, Art 28, 29 II u 30 II berufen sind; sie setzen sich als vorrangige Sonderregelg auch ggü zwingden Best eines fremden Rechts durch, die ebenf unabh vom VertrStatut kraft Sonderanknüpfg gem Art 27 III, 29 I u 30 I anwendb sind, aM Magnus IPRax **90**, 145.

4 **3) Allgemeine Grundsätze zur Anwendung zwingender Vorschriften wirtschafts- oder sozialpolitischer Art (Eingriffsnormen). a)** Ist **deutsches** Recht kr RWahl VertrStatut, so kommt eine Anwendg zwingder Vorschr eines **ausländischen** Rechts nur unter den Vorauss der Art 27 III, 29 I u 30 I in Betr; bei Maßgeblk dtschen Rechts kr obj Anknüpfg gem Art 28, 29 II u 30 II scheidet die Anwendg zwingder Vorschr eines fremden Rechts aus, aM Schurig RabelsZ **90**, 235, Remien RabelsZ **90**, 464; eine Ausn gilt für ausl DevisenVorschr nach Art VIII des Abk v Bretton Woods, vgl Rn 2, weitergehd Rauscher Fschr Lorenz (1991) 479; zur unmittelb innerstaatl Geltg der EG-VOen betr Irak-Embargo vgl BGH NJW **94**, 858, Bittner RIW
5 **94**, 505, Herdegen JZ **94**, 729. Anstelle einer unmittelb Anwendg kommt aber bei entspr tats Beziehgen zu einer ausl ROrdng stets eine **faktische Berücksichtigung** ihrer Eingriffsnormen in Betr. Dies gilt allerd nicht im Rahmen v § 134, RG **108**, 241, BGH **59**, 85, **69**, 295, **128**, 53 (betr DDR-Gesetz), Düss WPM **77**, 546, Hbg RIW **94**, 687, aM Schurig RabelsZ **90**, 240, wohl aber über **§ 138,** BGH **59**, 85, **69**, 295, **128**, 53, vgl auch BGH **94**, 268 (Sittenwidrigk des Verstoßes gg ausl StrafVorschr betr Zahlg von Schmiergeldern), BGH

NJW **91**, 634, **93**, 195 (Anwendg von § 826 bei Verletzg ausl EmbargoBest) u dazu Junker JZ **91**, 699; auch können solche Gesetze z einer tats ursprüngl od nachträgl **Unmöglichkeit** der Leistg, RG **91**, 260, vgl Remien RabelsZ **90**, 469, z Wegfall der GeschGrdlage, vgl BGH NJW **84**, 1746 (dazu Baum RabelsZ **89**, 152), od zum fakt Ausschl best Erfüllgsweisen führen, zB dch ausl DevisenVorschr, vgl dazu Celle FamRZ **81**, 200, Hildebrand ROW **81**, 123 (die insow unzutr die Vereinbk der devisenr Best der DDR mit Art 6 prüfen); zur Einbeziehg ausl Rechts als „datum" bei der Anwendg dtscher Generalklauseln Mülbert IPRax **86**, 140, Martiny IPRax **87**, 280, Junker JZ **91**, 702, vgl auch Zimmer IPRax **93**, 66. Statt der bloßen Berücksichtigg ausl EingriffsGe auf der Ebene des anwendb SachR wird im Schrifttum vielf deren unm Anwendg dch kollr **Sonderanknüpfung** vertreten; für eine solche Bereitsch zu int Rücksn dch Schließg einer „Regelgslücke" in Art 34 zB MüKo-Martiny Rn 46, Kropholler IPR § 52 IX 4, Brüning, Die Beachtlk des fremden ordre public, 1997, Schurig RabelsZ **90**, 234, Schiffer IPRax **91**, 84, ZVglRWiss **91**, 390, Leible ZVglRWiss **98**, 299. Der Begr der Eingriffsnormen („Regelgen des ausl WirtschR, die nach ihrem Geltgswillen – vornehml als Veräußergsverbote od VerfüggsBeschr – in den Bereich des inl VertrStatuts hineinwirken", BGH NJW **98**, 2453) ist aber relativ unscharf; mit der Sonderanknüpfg ist also erhebl RUnsicherh verbunden.

b) Ist **ausländisches** Recht kr RWahl od obj Anknüpfg VertrStatut, so sind auch dessen Eingriffsnormen 6
anzuwenden, soweit sie nicht gg den dtschen ordre public verstoßen, Art 6, Mann Fschr Wahl (1973) 139, Stoll Fschr Kegel (1987) 628, sehr str, aM zB Kropholler IPR § 52 IX (für kollr Sonderanknüpfg aGrd enger Verbindg), Soergel–v Hoffmann Rn 89, Schurig RabelsZ **90**, 244, Remien RabelsZ **90**, 462, vgl ferner Schäfer Fschr Sandrock (1995) 37, Busse ZVglRWiss **96**, 386. Auch ein allg Grds der Nichtanwendg ausl öff Rechts (Territorialitätsprinzip) besteht nicht, vgl dazu Art 3 Rn 4. Trotz der Maßgeblk ausl Rechts setzen sich aber aGrd Sonderanknüpfg nach Art 34 die internat zwingden Vorschr des **deutschen** Rechts dch; auch AGBG 12 kommt in Betr, vgl aber Art 29 Rn 6. Beruht die Maßgeblk des betr ausl Rechts auf einer RWahl, so sind außerdem aGrd Sonderanknüpfg gem Art 27 III, 29 I u 30 I unter den dort genannten Voraussetzgen zwingde Vorschr des dtschen (zB des AGBG, vgl Ffm NJW-RR **89**, 1018, Wolf ZHR **89**, 317) od eines ausl Rechts anzuwenden. Im übr können EingrNormen eines dritten Staates auch im Rahmen der Sachnormen des ausl VertrStatuts faktisch berücksichtigt werden, vgl dazu Rn 4, 5. Im **Konfliktsfall** setzen sich die nach Art 34 od AGBG 12 berufenen zwingden **deutschen** Vorschr ggü den zwingden Vorschr eines ausl VertrStatuts **und** ggü den kr Sonderanknüpfg gem Art 27 III, 29 I u 30 I zur Anwendg gelangden zwingden Vorschr eines ausl Rechts dch; die kr Sonderanknüpfg gem Art 27 III, 29 I u 30 I berufenen zwingden Vorschr des dtschen od eines ausl Rechts besitzen den Vorrang auch vor den zwingden Vorschr des ausl VertrStatuts.

EG 35 *Rück- und Weiterverweisung. Rechtsspaltung.*

I Unter dem nach diesem Unterabschnitt anzuwendenden Recht eines Staates sind die in diesem Staat geltenden Sachvorschriften zu verstehen.

II Umfaßt ein Staat mehrere Gebietseinheiten, von denen jede für vertragliche Schuldverhältnisse ihre eigenen Rechtsvorschriften hat, so gilt für die Bestimmung des nach diesem Unterabschnitt anzuwendenden Rechts jede Gebietseinheit als Staat.

1) Allgemeines. Abs 1 entspr Art 15 des EG-Übk, Abs 2 entspr Art 19 I des EG-Übk, vgl dazu Rn 1 vor 1
Art 27.

2) Rück- oder Weiterverweisung sind nach Abs 1 für den Bereich der vertragl SchuldVerhe insges 2
ausgeschlossen, gleichgültig ob das VertrStatut dch RWahl (insow übereinstimmd mit Art 4 II), aM wohl Rauscher NJW **88**, 2153, od dch obj Anknüpfg best wird (insow abw v Art 4 I).

3) Verweisungen auf Mehrrechtsstaaten beziehen sich ohne Einschaltg des interlokalen Rechts des 3
Gesamtstaats (insow abw v Art 4 III) unmittelb auf die betr TeilROrdng, vgl dazu Art 4 Rn 14–17. Für das dtsche ILP gilt diese Regelg nicht, vgl Jayme/Kohler IPRax **90**, 360.

EG 36 *Einheitliche Auslegung.*

Bei der Auslegung und Anwendung der für vertragliche Schuldverhältnisse geltenden Vorschriften dieses Kapitels ist zu berücksichtigen, daß die ihnen zugrunde liegenden Regelungen des Übereinkommens vom 19. Juni 1980 über das auf vertragliche Schuldverhältnisse anzuwendende Recht (BGBl. 1986 II S. 809) in den Vertragsstaaten einheitlich ausgelegt und angewandt werden sollen.

Art 36 beruht auf Art 18 des EG-Übk, vgl Rn 1 vor Art 27, ferner Junker RabelsZ **91**, 674, Reinhart 1
RIW **94**, 445. Die Vorschr will die **einheitliche** Auslegg der Kollisionsnormen für vertragl SchuldVerhe in den VertrStaaten des EG-Übk sicherstellen, vgl dazu Rn 8 vor Art 3 u Rn 1 vor Art 27. Bei der Auslegg der Art 27–37 ist daher neben dem Wortlaut des EG-Übk in den Sprachen der übr VertrStaaten vor allem auch der Bericht über die Entstehg u Zielsetzg des Übk v Giuliano u Lagarde, vgl BT-Drucks 10/503 S 33, z beachten, vgl BGH **123**, 384. Auch die gerichtl Praxis bei der Anwendg der einheitl KollNormen in den and VertrStaaten ist z berücksichtigen; vgl dazu Thode ZfBR **89**, 43, Magnus IPRax **91**, 384, Reinhart RIW **94**, 450, u die Kritik von Däubler RIW **87**, 249, Weber IPRax **88**, 82; das Gebot einheitl Auslegg gilt grdsl auch für die Sonderanknüpfg zwingder Vorschr gem Art 27 III, 29 I, 30 I u 34, vgl dazu Junker IPRax **89**, 74 gg Weber aaO 84, wie hier auch Meyer-Sparenberg, Staatsvertragl Kollisionsnormen (1990) 179. Eine analoge Anwendg v Art 27 ff ist nur zul, wenn sie übereinstimmden Wertgen aller VertrStaaten entspr, BGH NJW **97**, 1699, aM Klingsporn RIW **94**, 1100, vgl dazu Art 29 Rn 5. Das Gebot des Art 36 strahlt auch auf die Auslegg nationaler Vorschr aus, die v den einheitl KollNormen des EG-Übk abweichen, BAG DB **90**, 1668, Magnus IPRax **91**, 411 (z § 1 SeemG). Der **Europäische Gerichtshof** besitzt zZ noch keine Zuständigk z Entsch v Ausleggsfragen des EG-Übk, vgl BGH **123**, 385; Ausleggsprotokolle nach dem Vorbild des Protokolls v 3. 6. 71 betr die Auslegg des EuGVÜ, vgl Baumbach/Lauterbach, ZPO SchlußAnh V C 3, sind noch nicht ratifiziert, vgl dazu AblEG v 20. 2. 89, Nr L 48, Soergel–v Hoffmann Rn 15.

EG 37 ***Ausnahmen.*** **Die Vorschriften dieses Unterabschnitts sind nicht anzuwenden auf**

1. Verpflichtungen aus Wechseln, Schecks und anderen Inhaber- oder Orderpapieren, sofern die Verpflichtungen aus diesen anderen Wertpapieren aus deren Handelbarkeit entstehen;

2. Fragen betreffend das Gesellschaftsrecht, das Vereinsrecht und das Recht der juristischen Personen, wie zum Beispiel die Errichtung, die Rechts- und Handlungsfähigkeit, die innere Verfassung und die Auflösung von Gesellschaften, Vereinen und juristischen Personen sowie die persönliche gesetzliche Haftung der Gesellschafter und der Organe für die Schulden der Gesellschaft, des Vereins oder der juristischen Person;

3. die Frage, ob ein Vertreter die Person, für deren Rechnung er zu handeln vorgibt, Dritten gegenüber verpflichten kann, oder ob das Organ einer Gesellschaft, eines Vereins oder einer juristischen Person diese Gesellschaft, diesen Verein oder diese juristische Person gegenüber Dritten verpflichten kann;

4. Versicherungsverträge, die in dem Geltungsbereich des Vertrages zur Gründung der Europäischen Wirtschaftsgemeinschaft oder des Abkommens über den Europäischen Wirtschaftsraum belegene Risiken decken, mit Ausnahme von Rückversicherungsverträgen. Ist zu entscheiden, ob ein Risiko in diesem Gebiet belegen ist, so wendet das Gericht sein Recht an.

1 Art 37, geändert dch G v 21. 7. 94, BGBl 1630, nimmt in Anlehng an Art 1 II–IV des EG-Übk best Sachgebiete aus dem Anwendgsbereich der KollNormen für vertragl SchuldVerhe in Art 27 ff aus; insow gelten grdsl die bish Anknüpfgsregeln, Jayme IPRax **86**, 266, ggf unter Heranziehg der allg RGedanken der Neuregelg, insbes des Grds der Parteiautonomie, vgl BGH NJW **87**, 1145 (Beurteilg einer RWahlKl entspr EG 27 IV), BGH NJW **94**, 187 (wirks Abbedingg v WG 93 I), Mankowski TransportR **88**, 413 (betr Konnossement). Dazu gehören (1) **wertpapierrechtliche** Verpflichtgen, Nr 1, dh alle schuldr Verpflichtgen aus dem Wertpapier, die im Interesse seiner Verkehrsfähigk bes ausgestaltet sind, BGH NJW **87**, 1145 (betr Orderkonnossement), BGH NJW **94**, 187 (Wechsel), Hamm NJW-RR **92**, 499, vgl dazu v Bar Fschr Lorenz (1991) 284, nicht auch die Verpfl aus dem zugrundeliegden Vertr, and Basedow IPRax **87**, 340 betr SeefrachtVertr, (2) ferner die RVerhe v Vereinen, Gesellschen u **juristischen Personen,** Nr 2, vgl dazu Anh z Art 12 u Art 28 Rn 19 (betr GelegenhGesellsch); nicht hierher gehören SchuldVertr, die sich auf eine Gesellsch beziehen, zB Unternehmenskauf; (3) die **Vertretungsmacht** von StellVertr einer natürl Pers u Organen einer Gesellsch od jur Pers, Nr 3, vgl dazu Anh z Art 12 Rn 10 u Anh z Art 32 Rn 3, währd für die vertragl Beziehgen der Beteil (zB DienstVertr) die Anknüpfgsregeln der Art 27 ff gelten; (4) ferner **Versicherungsverträge** zur Abdeckg v Risiken im räuml Geltgsbereich des EWGV od des EWRÜbk mit Ausn v RückVersichergsVertren, Nr 4, vgl dazu **Art 7–14 EGVVG** idF des G v 28. 6. 90, BGBl 1249, sowie des G v 21. 7. 94, BGBl 1630, vgl dazu Dörner, Int VersVertrR, 1997 mwN, Mankowski VersR **99**, 923; für Risiken außerh der EG od des EWR u RückVersVertre gelten Art 27 ff, vgl dazu BGH NJW **99**, 951, Basedow NJW **91**, 788, E. Lorenz ZVersWiss **91**, 125.

Zweiter Unterabschnitt. Außervertragliche Schuldverhältnisse

Vorbemerkung

1 Überraschd schnell hat der BT mit dem Gesetz z IPR für außervertragl SchuldVerhe u für Sachen v 21. 5. 99, BGBl 1026, die noch fehlde Teilkodifikation des dtschen KollR beschlossen, vgl dazu BT-Drucks 14/343 u zu den parlamentarischen Beratgen Wagner IPRax **99**, 210. Offen geblieben ist damit nur noch eine Regelg für JP u Gesellsch, vgl dazu Anh z Art 12 Rn 1, sowie die Stellvertretg, vgl dazu Anh z Art 32 Rn 1. Das IPR-G v 21. 5. 99 ist am 1. 6. 99 in Kraft getreten; es enth **keine Übergangsregelung**. Da das neue Recht im wesentl die in der Praxis schon bish befolgten Anknüpfgsregeln fixiert, erschien eine intertemporale Vorschr entbehrl. Bei Abweichgen v bish geltden RZustd ist die anwendb kollr Regelg analog Art 220 I u 236 § 1 zu best: Wenn das maßg Recht im konkr Fall bereits vor dem 1. 6. 99 unwandelb feststand, wie bei der ErsPfl aus einem VerkUnfall vor diesem Ztpkt, bleibt es bei dieser Anknüpfg, vgl BT-Drucks 14/343 S 7, Spickhoff NJW **99**, 2210; ein Statutenwechsel kommt nur bei Wandelbk der Anknüpfg in Betr, zB bei sukzessiven Eingriffen in ein geschütztes Interesse, die ab dem 1. 6. 99 ex nunc nach Art 38 II zu beurteilen sind. Zur **Vorgeschichte** des ReformG vgl BT-Drucks 14/343 S 6; der Entw geht inhaltl von den Vorschlägen des Dtschen Rats für IPR aus, vgl dazu Vorschläge u Gutachten z Reform des dtschen IPR der außervertragl SchuldVerhe, vorgelegt von v Caemmerer, 1983.

2 Das ReformG beruht im Ggs zu den für vertragl SchuldVerhe geltden Vorschr der Art 27–37 **nicht** auf **staatsvertraglicher** Grdlage; es enth vielm **autonomes** dtsches Recht. Der VorEntw eines EWG-Übk über das auf vertragl **und** außervertragl SchuldVerhe anwendb Recht von 1972 ist im weiteren Verlauf der Verhandlgen auf das SchuldVertrR beschränkt worden; zum Römischen EWG-Übk v 19. 6. 80 über das auf vertragl SchuldVerhe anzuwendde Recht (Rom I) vgl Rn 1 vor Art 27. Nunm ist auch ein EU-Übk über das auf außervertragl SchuldVerhe anwendb Recht (Rom II) in Vorbereitg, vgl den Entw in IPRax **99**, 286 u dazu Jayme ebda 298, ferner Wagner IPRax **98**, 438. Art 65 lit b EGV idF des am 1. 5. 99 in Kraft getretenen Vertr v Amsterdam schafft dafür eine Zustgk der EU; nach dem Aktionsplan des Rates u der Kommission z Umsetzg der Best des Vertr v Amsterdam soll binnen zwei Jahren nach Inkrafttr dieses Vertr ein Rechtsakt betr das auf die außervertragl SchuldVerhe anzuwendde Recht erstellt werden, vgl Teil II B II abgedr in IPRax **99**, 289, ferner EG 3 Rn 9.

3 Das ReformG verzichtet auf ein ausdifferenziertes Anknüpfgssystem mit Detailregelgen u beschränkt sich auf „einen Kernbestand" intprivr Grdse, vgl BT-Drucks 14/343 S 1. Einen Überblick über seinen wesentl Inh bieten Wagner IPRax **98**, 429; Spickhoff NJW **99**, 2209, Staudinger DB **99**, 1589. Für das außervertragl SchuldR enth es kollr Regelgen z BereichergsR, Art 38, z GoA, Art 39, u z DeliktsR, Art 40; die speziellen Anknüpfgsregeln werden dch gemeins geltde allg Best modifiziert, Art 41 (Abweichg bei wesentl engerer Verbindg) bzw ergänzt, Art 42 (Zulässigk einer nachträgl RWahl). **Rück-** u **Weiterverweisung** sind grdsl zu

beachten, Art 4 I, soweit das anwendb Recht nicht dch RWahl best wurde, Art 42 iVm Art 4 II. Nach dem Sinn der Verweisg ist die Beachtg eines Renvoi gem Art 4 I ferner **ausgeschlossen** bei den in Art 38 I, 39 II, 40 IV u 41 II Nr 1 vorgesehenen **akzessorischen** Anknüpfgen, die einen Gleichlauf zw den außervertragl Anspr u dem zugrdeliegden RVerh sichern wollen; dieser Gleichlauf darf dch die isolierte Berücksichtigg eines Renvoi für die außervertragl Anspr nicht dchbrochen werden, vgl dazu BT-Drucks 14/343 S 8 u Art 4 Rn 9. Der Ausschluß des Renvoi gilt desh insbes für die akzessorische Anknüpfg des Deliktsstatuts für ErsAnspr, die in sachl Zushang mit der Verletzg v VertrPfl stehen, zB bei ArztVertr od BefördergsVertr, vgl dazu Art 40 Rn 6; zur Beachtlk eines Renvoi iR der AusweichKl des Art 41, vgl dort Rn 2.

EG 38 ***Ungerechtfertigte Bereicherung.*** **I Bereicherungsansprüche wegen erbrachter Leistung unterliegen dem Recht, das auf das Rechtsverhältnis anzuwenden ist, auf das die Leistung bezogen ist.**

II Ansprüche wegen Bereicherung durch Eingriff in ein geschütztes Interesse unterliegen dem Recht des Staates, in dem der Eingriff geschehen ist.

III In sonstigen Fällen unterliegen Ansprüche aus ungerechtfertigter Bereicherung dem Recht des Staates, in dem die Bereicherung eingetreten ist.

1) Allgemeines. a) Die Vorschr versucht, die unterschiedl Fallgruppen einer ungerechtf Bereicherg mit 3 1
versch Anknüpfgen einzufangen: **(1)** Die **Leistungskondiktion** wird akzessorisch dem Recht der zugrdeliegden Leistgsbeziehg unterstellt, Abs 1; **(2)** für **Eingriffskondiktionen** gilt das Recht am EingrOrt, Abs 2; **(3)** für Kondiktionen in **sonstiger Weise** gilt das Recht am Ort des BerEintritts, Abs 3. Die Part können aber abw v diesen Regeln das auf ihre Anspr anwendb Recht auch dch nachträgl **Rechtswahl** best, vgl dazu Art 42, die grdsl auf den Ztpkt der Entstehg der Anspr zurückwirkt, vgl Art 42 Rn 1; eine vorab vorgen RWahl ist unwirks, krit Busse RIW **99**, 19. Bei Vorliegen einer **wesentlich engeren Verbindung** mit dem Recht eines and Staates ist nach der **Ausweichklausel** in Art 41 dieses Recht maßgebl. – **b)** Die Regelg strebt damit primär einen **Gleichlauf** mit dem auf parallele RBeziehgen anwendb Recht an: für die Leistgskondiktion mit dem VertrStatut u für die EingrKondiktion mit dem Deliktsstatut, vgl BT-Drucks 14/343 S 8 f. Die Ausweichklausel des Art 41 schafft aber ein gewisses Maß an **Flexibilität**, um den Umst des Einzf Rechng zu tragen, wo dies geboten erscheint. – **c) Rück-** od **Weiterverweisung** sind grdsl zu befolgen, Art 4 I, nicht aber bei der akzessorischen Anknüpfg der Leistgskondiktion an das zugrde liegde SchuldVerh, da dies dem Sinn der Verweisg widersprechen würde, vgl Vorbem Rn 3; soweit es sich um einen (nichtigen) SchuldVertr handelt, folgt dies bereits aus Art 35 I iVm Art 32 I Nr 5, vgl dazu dort Rn 7. Unbeachtl ist der Renvoi ferner bei nachträgl RWahl, Art 42 iVm Art 4 II; zur AusweichKl des Art 41 vgl dort Rn 2. Dagg ist der Renvoi iRv Abs 2 u 3 zu beachten, auch soweit damit der Gleichlauf mit dem Deliktsstatut aufgehoben wird, da die Anknüpfg an den EingrOrt ohnehin mit der alternativen Anknüpfg an den Handlgs- u Erfolgsort nicht vollst übereinstimmt, vgl Wagner IPRax **99**, 210.

2) Leistungskondiktion (Abs 1). **a)** Die Rückforderg einer rechtsgrdlos erbrachten Leistg ist nach dem 2
für den RGrd maßg Schuldstatut zu beurteilen; handelt es sich um eine vermeintl LeistgsPfl, ist für die Anknüpfg das Zustdekommen eines entspr RVerh zu unterstellen. Die akzessorische Anknüpfg der Leistgskondiktion an das Statut der vermeintl Schuld entspr der schon bish hM, vgl zB BGH DtZ **95**, 253, Mü RIW **98**, 559. Bei einem unwirks SchuldVertr folgt die Maßgeblk des VertrStatuts für die Rückabwicklg erbrachter Leistgen bereits aus **Art 32 I Nr 5**, vgl dort Rn 7; diese Vorschr geht insow auch Art 38 I als Spezialregelg vor, Spickhoff NJW **99**, 2211, aM Busse RIW **99**, 18; eine Verdrängg des VertrStatuts nach der Ausweichklausel des Art 41 kommt dah insow nicht in Betr; auch die Beachtg eines Renvoi ist insow nach Art 35 I ausgeschl, vgl Rn 1. – **b)** Eine Regelg für **Mehrpersonenverhältnisse** (DreiecksVerhe) fehlt. Für die Rückabwicklg maßg ist grdsl diej RBeziehg, auf welche aus der Sicht des Empf geleistet wurde, für die Rückfdg der Leistg des Bürgen gg den Gl also das BürgschStatut, Busse RIW **99**, 20. In Anweisgsfällen gilt für die Rückfdg des Angewiesenen gg den Anweisden das Statut des DeckgsVerh, für die Rückfdg des Anweisden gg den ZuwendgsEmpf dasj des Valuta Verh; auch ein Direktanspr des Angewiesenen gg den ZuwendgsEmpf, insbes bei Doppelmangel, unterliegt dem Statut des ValutaVerh, vgl Busse RIW **99**, 20, aM BGH NJW **87**, 185, Erman-Hohloch Rn 3 vor Art 38. RegreßAnspr des Leistden gg einen and Schu unterliegen grdsl dem Statut des zw ihnen bestehden RVerh, zB Auftr, Bürgsch. Zum Regress unter Gesamtschuldnern vgl Art 33 Rn 3. Zum Regress des NichtSchu gg den Schu vgl Art 39 II.

3) Eingriffskondiktion (Abs 2). **a)** Der BerAnspr wg Eingr in ein rechtl geschütztes Interesse unterliegt 3
der ROrdng des Staates, in dem der Eingr erfolgt ist; damit wird Gleichlauf mit dem Deliktsstatut ermöglicht, vgl BT-Drucks 14/343 S 9, Wagner IPRax **99**, 210; bei Auseinanderfallen v Handlgs- u Erfolgsort RWahl analog Art 40 I. Bei Eingr in dingl Rechte an einer **Sache**, insbes dch Verfügg eines Nichtberecht, BesEntziehg, Nutzg, Verwendg, Verbr, Verbindg, Vermischg, Verarbeitg, unterliegt der BerAusgleich damit dem Recht des **Lageorts** z maßg Ztpkt; dies entspr dem schon bish geltden RZstd, vgl Voraufl Rn 3 vor Art 38, Erman-Hohloch Rn 3 vor Art 38. Die Neuregelg erfaßt aber auch Eingr in **geschützte Interessen** jedweder Art, insbes das PersR; gerade hier erweist sich der Gleichlauf mit dem Deliktsstatut als vorteilh. Bei Eingr in die FdgsZustdgk, zB dch Einziehg einer fremden Fdg, ist ein EingrOrt häufig nicht einf zu best, vgl dazu Schlechtriem IPRax **95**, 68; gelingt die Lokalisierg nicht, ist auf die Ausweichklausel des Art 41 u damit auf die engste Verbindg abzustellen, Wagner IPRax **98**, 432; sie kann auch zum Statut der getilgten Fdg führen, vgl dazu BGH NJW **99**, 940. – **b)** Vorbehalten bleibt in jedem Fall eine abw nachträgl RWahl, Art 42 sowie die Anwendg des Rechts einer **wesentlich engeren Verbindung**, Art 41, insbes bei gewöhnl Aufenth aller Beteiligten in demselben Staat im Ztpkt des Eingr, der allerd idR mit dem EingrOrt identisch sein wird. Für Eingr in **Immaterialgüterrechte**, insbes Patente, Gebr- u GeschmMuster, Marken od UrhRe, gilt Art 38 II **nicht**, vgl BT-Drucks 14/343 S 9, Wagner IPRax **98**, 437; insow entscheidet weiterh das Recht des Schutzlandes, vgl dazu Art 40 Rn 13.

4 **4) Sonstige rechtsgrundlose Vermögensverschiebungen** (Abs 3). Die Vorschr enth einen AuffangTatbestd für die von Abs 1 u 2 nicht erfaßten Fälle des BerAusgleichs, zB Rückfdg abgeirrter Leistgen. Maßg ist das Recht am Ort des BerEintr, zB der Lageort eines Grdst bei Wertsteigergen dch aufgedrängte Ber, die keinen Eingr iSv Abs 2 darstellen od der AufenthOrt des Empf, dem irrtüml die für einen and best Leistg erbracht worden ist.

5 **5) Anwendungsbereich.** Das BerStatut entsch über alle mit dem BerAnspr zushängde Fragen, insbes Entstehg u Umfang des Anspr, zB Erstreckg auf Nutzgen, Surrogate, Wertersatz, Einfl des Wegfalls der Ber, Saldierg v einander ggüberstehden BerAnspren, Haftgsverschärfg. Eine **Kappungsgrenze** für exorbitante BerAnspr insbes aus EingrKondiktion ist **nicht** vorgesehen; Art 40 III gilt hier nicht, aM Busse RIW **99**, 20; ggf ist Art 6 anzuwenden. Art 38 gilt nicht für die Gläubigeranfechtg außerh des InsolvenzVerf; maßg ist dafür grdsl das Statut des anzufechtden Erwerbsvorgangs, vgl BGH JZ **97**, 569, allgemeiner BGH NJW **99**, 1396; zur Insolvenzanfechtg vgl EGInsO 102 II, BGH JZ **97**, 569, Gottwald/Pfaller IPRax **98**, 170, Sonnentag IPRax **98**, 330.

EG 39 *Geschäftsführung ohne Auftrag.*

I Gesetzliche Ansprüche aus der Besorgung eines fremden Geschäfts unterliegen dem Recht des Staates, in dem das Geschäft vorgenommen worden ist.

II Ansprüche aus der Tilgung einer fremden Verbindlichkeit unterliegen dem Recht, das auf die Verbindlichkeit anzuwenden ist.

1 **1) Grundregel. a)** Anspr aus GoA unterliegen grdsl dem Recht des GeschFührgsOrts, Abs 1, also zB dem Recht am Ort der Hilfeleistg. Diese Anknüpfg entspr der schon bish hM, vgl 58. Aufl Art 28 Rn 16. Sie sichert einen gewissen Gleichlauf mit dem Statut der EingrKondiktion gem Art 38 II u dem Deliktsstatut gem Art 40 I. Konkurrierde Anspr aus GoA, ungerechtf Ber u Delikt unterliegen aber keineswegs notw demselben Recht. – **b)** Rück- od Weiterverweisg sind grdsl zu beachten, Art 4 I. Eine nachträgl RWahl ist zulässig, Art 42. Bei FremdGeschFührg iR eines zw den Part bestehden RVerh ist eine akzessorische Anknüpfg an dessen Statut als wesentl engere Verbindg iS der AusweichKl des Art 41 II Nr 1 geboten, vgl dazu BGH NJW **98**, 1322 (MiteigentümerVerh); das gleiche kommt bei gewöhnl Aufenth der Beteiligten zZ der GeschFührg im selben Staat in Betr, Art 41 II Nr 2; zum Ausschluss des Renvoi vgl Vorbem Rn 3 u Art 4 Rn 9. – **c)** Bei Hilfeleistg auf hoher See ist das anwendb Recht unter Berücksichtgg aller Umste des Einzelfalls mH der AusweichKl nach Art 41 zu best, vgl dazu BT-Drucks 14/343 S 9. – **d)** Das v Art 39 I berufene Recht entscheidet über Vorauss u Inh sämtl Anspr, die aus GoA entstehen können, insbes Unterscheidg zw den versch Arten der GoA, Pfl z Herausgabe des Erlangten, AufwendgsErs, SchadErs, Haftgsmaßstab. Auf das gleiche Ziel gerichtete Anspr aus ungerechtf Ber od unerl Hdlg unterliegen nicht notw dem gleichen Recht; die Anwendg der AusweichKl gem Art 41 bleibt jedoch vorbehalten, vgl BT-Drucks 14/343 S 9.

2 **Tilgung fremder Schuld.** Nach der Sonderregelg in Abs 2 gilt für den RegressAnspr des Leistden bei Tilgg einer fremden Verbindlk deren Schuldstatut, bei einer schuldvertragl LeistgsPfl also das v Art 27 ff best Recht. Die Regelg bezieht sich nach der systematischen Stellg der Vorschr nur auf den AufwendgsErsAnspr aus GoA, nicht dagg auch auf einen entspr BerAnspr; zu dessen Anknüpfg vgl Art 38 Rn 2. Eine Sonderregelg gilt auch für den ErstattgsAnspr gg den UnterhSchu gem Art 18 VI Nr 3, vgl dort Rn 18.

EG 40 *Unerlaubte Handlung.*

I Ansprüche aus unerlaubter Handlung unterliegen dem Recht des Staates, in dem der Ersatzpflichtige gehandelt hat. Der Verletzte kann verlangen, daß anstelle dieses Rechts das Recht des Staates angewandt wird, in dem der Erfolg eingetreten ist. Das Bestimmungsrecht kann nur im ersten Rechtszug bis zum Ende des frühen ersten Termins oder dem Ende des schriftlichen Vorverfahrens ausgeübt werden.

II Hatten der Ersatzpflichtige und der Verletzte zur Zeit des Haftungsereignisses ihren gewöhnlichen Aufenthalt in demselben Staat, so ist das Recht dieses Staates anzuwenden. Handelt es sich um Gesellschaften, Vereine oder juristische Personen, so steht dem gewöhnlichen Aufenthalt der Ort gleich, an dem sich die Hauptverwaltung oder, wenn eine Niederlassung beteiligt ist, an dem sich diese befindet.

III Ansprüche, die dem Recht eines anderen Staates unterliegen, können nicht geltend gemacht werden, soweit sie

1. wesentlich weiter gehen als zur angemessenen Entschädigung des Verletzten erforderlich,
2. offensichtlich anderen Zwecken als einer angemessenen Entschädigung des Verletzten dienen oder
3. haftungsrechtlichen Regelungen eines für die Bundesrepublik Deutschland verbindlichen Übereinkommens widersprechen.

IV Der Verletzte kann seinen Anspruch unmittelbar gegen einen Versicherer des Ersatzpflichtigen geltend machen, wenn das auf die unerlaubte Handlung anzuwendende Recht oder das Recht, dem der Versicherungsvertrag unterliegt, dies vorsieht.

1 **1) Allgemeines. a)** Das int DeliktsR war bish nur dch die spezielle ordre public-Kl des Art 38 aF (Haftgsbegrenzg zG dtscher StaatsAngeh) u dch die VO über die RAnwendg bei Schädiggen dtscher StaatsAngeh außerh des Reichsgebiets v 7. 12. 42 normiert; die letztere ist dch Art 4 des G z IPR für außervertragl SchuldVerhe u für Sachen v 21. 5. 99, BGBl 1026, mit Wirkg z 1. 6. 99 **aufgehoben** worden, die erstere ist in der allg Regelg des Art 40 III aufgegangen, die nunm auch in Einklang mit dem Diskriminiergsverbot des Art 12 EGV steht, vgl dazu Art 3 Rn 9. – **b)** Die Neuregelg in Art 40 geht weiterh v **Tatortgrundsatz** aus, Abs 1, u kodifiziert damit den schon bish gewohnhr geltden Zustd. Diese Regelg gilt als **Generalklausel** für

den ges Bereich des DeliktsR einschl der Gefährdgshaftg, BT-Drucks 14/343 S 11; bes Anknüpfgsregeln für einzelne Deliktstypen sind nicht vorgesehen. Die Tatortregel wird aber dch die **vorrangige Sonderanknüpfung** an den **gemeinsamen gewöhnlichen Aufenthalt** der Beteil verdrängt, Wagner IPRax **98**, 433. Auch die AusweichKl der wesentl engeren Verbindg, Art 41, u eine nachträgl RWahl, Art 42, können zu Abweichgen v Tatortgrds führen. – **c) Rück-** u **Weiterverweisung** sind grdsl zu befolgen, Art 4 I, sofern das Deliktsstatut nicht ausnw akzessorisch an ein parallel maßg VertrStatut anzuknüpfen ist, vgl dazu Rn 6 u Vorbem vor Art 38 Rn 3; z AusweichKl des Art 41 vgl dort Rn 2; ausgeschl ist ein Renvoi bei nachträgl RWahl, Art 4 II; praktisch spielt ein Renvoi vor allem im Verh z Staaten eine Rolle, die das Haager Abk über das auf StraßenVerkUnfälle anwendb Recht ratifiziert haben, zB ehem Jugoslawien u Österreich (uU Anknüpfg an das Recht des Zulassgsstaats), vgl dazu Wandt IPRax **92**, 259, Lorenz RabelsZ **93**, 177. – **d) Staatsvertragliche Sonderregelungen** 2
gehen Art 40 vor, Art 3 II; vgl etwa das Int Übk von 1992 über die zivr Haftg für Ölverschmutzgsschäden idF des Protokolls v 27. 11. 92, das für Dtschland am 30. 5. 96 in Kraft getreten ist, vgl G v 25.7.94, BGBl II 1150 u Bek v 23. 4. 96, BGBl II 670 (Liste der VertrStaaten in FundstellenNachw B 1999 S 495, zuletzt ergänzt dch Bek v 22. 2. 99, BGBl II 289). Art 40 III Nr 3 enth einen zusätzl Vorbeh zG haftgsr Regelgen in Übk, die für die BRep verbindl sind, vgl dazu Rn 20. Das Haager Übk über das auf StraßenVerkUnfälle anwendb Recht v 4.5.71 ist bish nicht ratifiziert, vgl dazu Beitzke RabelsZ **69**, 204, Stoll FS Kegel (1977) 123; das gleiche gilt für das Haager Übk über das auf Produktenhaftpfl anwendb Recht v 2. 10. 73, vgl dazu Lorenz RabelsZ **93**, 195, Siehr FS Reichert-Facilides (1995) 111. – **e) Hilfsmittel** bei der Anwendg ausl DeliktsR: Neidhart, Unfall im Ausl, 4. Aufl 1995; v Bar, DeliktsR in Europa, 1994; ferner Schwarz NJW **91**, 2058. – **f)** Zum **innerdeutschen Kollisionsrecht** vgl 58. Aufl Rn 29.

2) Tatortregel. a) Vorauss, Inh u Umfang v Anspr aus unerl Hdlg iwS, einschl Gefährdgshaftg, sind nach 3
dem Recht des Staates zu beurteilen, in welchem der haftgsbegründde Tatbestd verwirklicht wurde (lex loci delicti commissi). Ob ein Geschehen als unerl Hdlg zu **qualifizieren** ist, entscheidet das dtsche Recht, BGH FamRZ **96**, 604, vgl Rn 27 vor Art 3. Liegen HdlgsOrt u Erfolgsort in versch Staaten (grenzüberschreitde Delikte), so entscheidet primär das Recht des **Handlungsortes**, Abs 1 S 1, an welchem die für den Eintritt der RGutsverletzg maßg Ursache gesetzt wurde, bei Pressedelikten also der Erscheingsort, BGH NJW **96**, 1128; bloße Vorbereitgshdlgen bleiben außer Betr. Geht die RGutsVerletzg auf das ZusWirken mehrerer Ursachen zurück, die in versch Staaten gesetzt wurden, führt die Anknüpfg an den Hdlgsort zu mehreren alternativ anwendb Deliktsstatuten, zw denen der Verletzte wählen kann, Abs 1 S 2 analog. Bei Unterlassgsdelikten entscheidet der Ort, an welchem der Schädiger nach dem dort geltden Recht hätte handeln müssen, str, aM Erman-Hohloch Art 38 Rn 18, der die entspr RPfl dem Recht des Verletzgsorts entnimmt. Bei Gefährdgshaftg ist an den Ort des schadenstiftden Ereign anzuknüpfen, BGH **23**, 65. – **b)** Der Verletzte kann bei grenzüber- 4
schreitden Delikten anstelle des Rechts am HdlgsOrt auch das Recht des **Erfolgsortes** wählen, Abs 1 S 2 (Ubiquitätsprinzip). Erfolgsort ist der Ort des Eintritts der RGutsVerletzg, dh der tatbestdsm Deliktsvollendg, zB Körper- od GesundhVerletzg. Bei Pressedelikten entscheidet jeder Verbreitgsort, BGH NJW **96**, 1128, dessen Recht aber nur für den im jew Verbreitgsgebiet entstandenen Schaden anwendb ist (Mosaiksystem), ebso MüKo-Kreuzer Art 38 Rn 216, aM Wagner RabelsZ **98**, 277; für den Anspr auf Unterlassg u Gegendarstellg gilt im Interesse einheitl Beurteilg zum Schutz der Pressefreih ausschl das Recht des HandlgsOrts (Erscheings-Orts), and BGH NJW **96**, 1128, **99**, 2894. Erfolgsort bei reinen VermSchäden ist der Lageort des Verm, Spickhoff NJW **99**, 2213. Der Ort des Eintritts weiterer Schäden ist nicht zu berücksichtigen. Zw mehreren Erfolgsorten in versch Staaten WahlR des Verl, Abs 1 S 2 analog. – **c)** Das WahlR muß bei RHängigk des Anspr im ersten RZug u spätestens bis zum Ende des frühen ersten Termins (ZPO 275) od dem Ende des schriftl VorVerf (ZPO 276) ausgeübt werden, Abs 1 S 3; vor RHängigk kann die Wahl ohne zeitl Begrenzg erfolgen. Es handelt sich um eine empfangsbedürftige WillErkl, für die keine Form vorgeschr ist; konkludente Erkl genügt, zB dch Berufg auf das Recht des Erfolgsorts in der KlSchrift; die einmal ausgeübte Wahl ist im Interesse des ErklGegners unwiderrufl, aM Lorenz NJW **99**, 2217, wie hier v Hein NJW **99**, 3175; die nachträgl gemeins RWahl der Part gem Art 42 bleibt jedoch zul, z Abgrenzg vgl Lorenz aaO. Die RWahl gilt für alle Anspr aus demselben SchadEreign; eine TeilRWahl ist unzul, v Hein NJW **99**, 3175. Das Gericht ist nicht verpflichtet, vAw auf das WahlR hinzuweisen, BT-Drucks 14/343 S 11; wird es aber erkennb übersehen od für unerhebl gehalten, muß das Ger der Part Gelegenh zur Äußerg geben, vgl ZPO 278 III. – **d)** Macht der Verletzte v seinem WahlR nicht od nicht rechtzeitig Gebr, bleibt es bei der ausschl Anwendg des Rechts des HdlgsOrts. Der Richter hat also nicht mehr das dem Verletzten günstigere Recht vAw zu ermitteln; der bish vorgesehene **Günstigkeitsvergleich** ist **entfallen**; zu den Vor- u Nachteilen vgl Wagner IPRax **98**, 433.

3) Ausnahmen vom Tatortprinzip. Die Anknüpfg an den Tatort wurde in der RPraxis bish dch ein 5
verwirrdes „System" von Ausn u GgAusn dchbrochen, die erhebl RUnsicherh bei der Feststellg des Deliktsstatuts vor allem bei VerkUnfällen zur Folge hatten; zu dieser sog Auflockerg des Deliktsstatuts vgl 58. Aufl Art 38 Rn 6 ff. Die Neuregelg dch das G v 21.5.99, BGBl 1026 bringt gerade in dieser Hins einen wesentl Gewinn an RKlarh u eine erhebl Vereinfachg für die RPraxis.

a) Sonderanknüpfung an den gemeinsamen gewöhnlichen Aufenthalt, Abs 2. Das TatortR kommt von vornherein nicht z Anwendg, wenn Schädiger u Geschädigter zZ des haftgsbegründden Geschehens ihren gewöhnl Aufenth in demselben Staat hatten; maßg ist in diesem Fall das Recht ihres gemeins gewöhnl Aufenth, Abs 2 S 1, zB dtsches Recht bei VerkUnfällen im Ausl, an denen ausschl im Inl lebde Pers beteiligt sind, gleichgültig ob sie die dtsche od eine ausl Staatsangehk besitzen; dtsches Recht gilt also auch bei VerkUnfällen in Dtschland lebder Gastarbeiter in deren Heimatstaat. Die in der bish Praxis anerkannte Dchbrechg des TatortGrds bei gemeins dtscher od ausl **Staatsangehörigkeit** der Beteil ist damit **entfallen**, vgl dazu 58. Aufl Art 38 Rn 7 f; z Aufhebg der RAnwendgsVO v 7.12.42 vgl Rn 1. Bei Gesellsch, Vereinen od JP tritt anstelle des gewöhnl Aufenth der Sitz der Hauptverwaltg bzw Niederlassg, Abs 2 S 2. Mit dieser Sonderanknüpfg ist eine einfache u klare Ausn v Tatortprinzip geschaffen, die den dtschen Gerichten in vielen Fällen die Anwendg dtschen Rechts ermöglicht. Im Ggs zu GoA u ungerechtf Ber wird im int DeliktsR die Regelanknüpfg in Art 40 I also nach Abs 2 von vornherein u nicht nur über die AusweichKl in Art 41 II Nr 2 dch das gemeins AufenthR verdrängt, vgl BT-Drucks 14/343 S 12. Die Anknüpfg an den gemeins gewöhnl Aufenth nach Abs 2 muß auch nicht mehr dch zusätzl Indizien, wie schon zuvor bestehde soziale Kontakte der Beteil od Benützg v im AufenthStaat zugelassenen u versicherten Kfz, gerechtf werden, auf welche in der Rspr früh abgehoben wurde, vgl dazu 58. Aufl Art 38 Rn 9. Umgekehrt entfällt die Sonderanknüpfg nach Abs 2 schon dann, wenn zZ des haftgsbegründden Geschehens die Beteil ihren gewöhnl Aufenth in versch Staaten hatten; daß sie zZ der Schadensregulierg ihren gemeins gewöhnl Aufenth in demselben Staat besitzen, ist nicht ausr. Zum Vorrang der AusweichKl einer wesentl engeren Verbindg gem Art 41 vgl Rn 6; sie kann im Einzelfall auch zur Anwendg des TatortR an Stelle des AufenthR führen.

6 **b) Wesentlich engere Verbindung, Art 41.** Die Anknüpfg an den vorrangigen gemeins gewöhnl Aufenth nach Abs 2 od an den Tatort nach Abs 1 entfällt, wenn der SchadFall nach der **Gesamtheit der Umstände** des EinzFalls eine wesentl engere Verbindg mit dem Recht eines and Staates aufweist, Art 41 I. Allg Richtlinien dafür lassen sich nicht aufstellen. Eine solche Verbindg kann sich aber nach dem **Regelbeispiel** in Art 41 II Nr 1 insbes aus einer bes rechtl od tats Beziehg zw den Beteil iZshg mit dem SchuldVerh ergeben; das Regelbeispiel in Art 41 II Nr 2 wird dch die vorrangige Sonderanknüpfg in Art 40 II ersetzt, vgl Rn 5. **(1)** Eine **rechtliche** Beziehg dieser Art kommt insbes bei Delikten in engem sachl Zushang mit der Erf eines VertrVerh, zB ArztVertr, Arbeits- od BefördergsVertr in Betr; bloße GelegenhDelikte genügen dafür nicht. Art 41 II Nr 1 ermöglicht also insbes eine **akzessorische** Anknüpfg des Deliktsstatuts an das jew **Vertragsstatut**, um eine einheitl Beurteilg aller Anspr zu erreichen, die aus der Verletzg gleich gelagerter VerhaltensPflen entspringen; auf diese Weise kann auch der Gleichlauf zw Deliktsstatut u Statut der **positiven Vertragsverletzung** sowie der **culpa in contrahendo** hergestellt werden, die ebenf dem VertrStatut unterliegen, vgl Art 32 Rn 5 u 8, aM Erman-Hohloch Art 38 Rn 34. Die rechtl Beziehg braucht aber nicht notw in einem SchuldVerh zu bestehen; es kann sich auch um eine famr Verbindg handeln, soweit der ErsAnspr in der Verletzg spezifischer famr VerhaltensPfl wurzelt, nicht also bei SchadErsAnspr aus VerkUnfall, BGH **119**, 145, ebsowenig bei deliktischen ErsAnspr aus Verlöbn, BGH FamRZ **96**, 604, aM Mankowski IPRax **97**, 181, vgl dazu Art 13 Rn 30. **(2)** Eine **tatsächliche** Beziehg der Beteil, die eine wesentl engere Verbindg iSv Art 41 begründet, kann insbes bei gemeins angetretenen Geschäfts- od UrlReisen sowie bei GefälligkFahrten bestehen. In Abweichg v Art 40 I kommt hier etwa eine Anknüpfg an den Ausgangspkt der Reise bzw Fahrt od an den Sitz des Reiseveranstalters in Betr, falls die Beziehg zum Tatort eher zufällig erscheint u ein gemeins gewöhnl Aufenth der Beteil iSv Art 40 II nicht besteht.

7 **c) Nachträgliche Rechtswahl, Art 42.** In Abweichg v der Anknüpfg des Deliktsstatuts gem Art 40 u 41 können die Part das anwendb Recht auch nach der Entstehg des deliktischen SchuldVerh dch gemeins RWahl best, Art 42; die Vereinbarg kann ausdr od konkludent geschlossen werden, zB auch dch unwidersprochenen PartVortrag im Proz.

8 **4) Praktisch bedeutsame Fallgestaltungen. a) Verkehrsunfälle. (1)** Maßg ist grdsl das Recht des **Unfallortes**, Abs 1. Bei VerkUnfall im **Inland** gilt also grdsl dtsches Recht; haben die Beteil ihren gemeins gewöhnl Aufenth im Ausl, entscheidet ihr AufenthR, Abs 2. Zum Begr des gewöhnl Aufenth vgl Art 5 Rn 10 u 11; in Dtschland lebde Gastarbeiter u deren FamAngeh haben ihren gewöhnl Aufenth im Inl, vgl zB BGH **119**, 146, ebso die Angeh der Stationiergsstreitkräfte, vgl Hbg NJW-RR **93**, 40, and Hdlbg IPRax **92**, 97 (bei PersVerletzg). Das dtsche Recht des Unfallorts od das ausl AufenthR wird dch eine and Anknüpfg verdrängt, wenn eine wesentl engere Verbindg zum Recht eines (and) ausl Staates besteht, zB dch einen schon vorher bestehden rechtl od sozialen Kontakt der Beteil, Art 41 II Nr 1, vgl dazu Rn 6; gemeins Staatsangehörigk der Beteil od die Registrierg der am Unfall beteiligten Kfze im gleichen Staat genügt dafür nicht, sie könnte allenf als ein Indiz im Verein mit mehreren and Indizien eine wesentl engere Verbindg zum Recht des Heimatstaates od des Zulassgsstaates begründen. **(2)** Bei VerkUnfall im **Ausland** beurteilen sich ErsAnspr nach dem Recht des Unfallortes, Abs 1, sofern die Beteil nicht ihren gemeins gewöhnl Aufenth in einem and Staat haben, Abs 2; bei gewöhnl Aufenth der Beteil im Inl gilt also dtsches Recht selbst dann, wenn sich der Unfall im Heimatstaat der Beteil ereignet, zB währd des Heimaturlaubs v Gastarbeitern. Besteht eine wesentl engere Verbindg zum Recht eines and Staates, zB bei Unfall eines Omnibusses eines dtschen Reiseveranstalters im Ausl, so kommt dieses (hier: dtsche) Recht z Anwendg, Art 41; zur Rolle der Registrierg unfallbeteil Kfz vgl oben (1). **(3)** Die örtl **Verkehrsvorschriften** sind unabhängig von der Anknüpfg des Deliktsstatuts stets dem Recht des Unfallorts zu entnehmen, BGH NJW-RR **96**, 732; ob ein VerkVerstoß den Vorwurf grober Fahrlk begründet, entscheidet dagg das Deliktsstatut, BGH VersR **78**, 541, ebso ob die Vorauss eines mitw Versch gegeben sind (zB bei Nichtanlegen des SicherhGurts), vgl dazu Karlsr VersR **85**, 788, v Bar JZ **85**, 967. Der DirektAnspr des Geschädigten gg die HaftpflVers des Schädigers beurteilt sich alternativ nach dem Deliktsstatut od dem VersVertrStatut, Abs 4. **(4)** ErsPfl bei **Skiunfällen** beurteilt sich grdsl nach dem Recht am Unfallort, Abs 1; eine Ausn gilt nach Abs 2 bei gewöhnl Aufenth der Beteil im selben Staat; die Verhaltensregeln sind stets dem Recht am Unfallort zu entnehmen, vgl zB Düss VersR **90**, 111.

9 **b)** Bei Delikten an **Bord eines Schiffes** ist zu unterscheiden: Befindet sich das Schiff in dtschen od ausl **Hoheitsgewässern** ist Tatort iSv Abs 1 der betr Staat. Dessen Recht entscheidet dann grdsl auch über die ErsAnspr bei Schiffszusammenstoß; das Recht der Flagge bleibt außer Betr, vgl BGH **3**, 321, VersR **62**, 514, IPRax **81**, 99; bei Sitz der beteiligten Reedereien im gleichen Staat gilt Abs 2 S 2. Vorrangig zu befolgen sind aber die Vorschr des Int Übk z einheitl Feststellg v Regeln über den ZusStoß v Schiffen v 23. 9. 1910, RGBl **13**, 57 (Liste der VertrStaaten in FundstellenNachw B (1999) S 207), vgl BGH VersR **76**, 681, IPRax **81**, 99. Befindet sich das Schiff **auf hoher See** ist TatortR das Recht des **Flaggenstaates**; bei Schiffszusstoß ist jedes der beteiligten Schiffe Hdlgs- u Erfolgsort (sofern wie idR an beiden Schiffen Schäden entstehen); die ErsPfl beurteilt sich also primär nach dem FlaggenR des in Anspr Genommenen Abs 1 S 1, wahlw auch nach dem FlaggenR des AnsprStellers, Abs 1 S 2, vgl dazu auch RG **138**, 246, BT-Drucks 14/343 S 11; die ErsPfl beurteilt sich auch hier vorrangig nach dem Übk v 23. 9. 1910. Zur zivilr Haftg für Ölverschmutzgsschäden nach dem Int Übk idF v 27. 11. 92 vgl Rn 1.

c) Deliktische ErsAnspr aus **internationaler Luftbeförderung** unterliegen idR kr akzessorischer Anknüpfg dem maßg VertrStatut, Art 41 II Nr 1; vgl dazu Art 28 Rn 14. Bei Delikten währd des Fluges sowie bei GefälligkBeförderg gilt das Recht des Hoheitszeichens des Flugzeugs als TatortR iSv Abs 1, vgl dazu auch BGH **76**, 32. Über Weltraumhaftg vgl Stoffel NJW **91**, 2181.

d) Zur Haftg bei **grenzüberschreitenden Immissionen** vgl Art 44, der auf die Tatortregel verweist.

e) Produzentenhaftung. Zum Haager Übk v 2. 10. 73 vgl Rn 2; zu den kollr Auswirkgen der Umsetzg der EG-ProdukthaftgsRichtl v 25. 7. 85 vgl Sack VersR **88**, 440, Hohloch FS Keller (1989) 433, Mayer DAR **91**, 81; z Verh z UN-KaufR vgl Otto MDR **92**, 537, Huber IPRax **96**, 91, **97**, 22, Schmid RIW **96**, 904, EG 28 Rn 7. Eine spezielle KollNorm existiert nicht; die BReg ist einer entspr Prüfbitte des BR bei der Beratg des IPR-G v 21. 5. 99 nicht gefolgt, vgl dazu Wagner IPRax **99**, 210. Soweit vertragl Beziehgen zw Produzent u Geschäd bestehen, gilt idR kr akzessorischer Anknüpfg das VertrStatut auch für deliktische Anspr, Art 41 II Nr 1; außerh solcher Beziehgen gilt für Benutzerschäden ebso wie für Schäden Dritter primär das Recht des Hdlgsortes, Abs 1 S 1, dh ggf alternativ des Orts der Herstellg od des Inverkehrbringens; der Geschädigte kann stattdessen auch das Recht des Erfolgsorts wählen, Abs 1 S 2, dh des Unfallorts; die bish häufig vertretene Anknüpfg an den Marktort, vgl dazu zuletzt Kullmann NJW **99**, 102, kann im Einzelfall auf Art 41 II Nr 1 gestützt werden, vgl dort Rn 4. Zur Vollstreckg v US-Urt vgl Bungert ZIP **93**, 815 u Art 6 Rn 16 (StrafSchadErs). 10

f) Auch für die ErsPfl bei **Wettbewerbsverstößen** gilt grdsl die Tatortregel, Abs 1, vgl BGH NJW-RR **94**, 729, **95**, 810. Als Hdlgsort hat die Rspr bish den **Marktort** angesehen, wo die wettbewerbl Interessen der Konkurrenten aufeinander treffen, vgl BGH **113**, 15, NJW **98**, 1228 u 2532, Kln NJWE-WettbR **99**, 194; hieran ist auch nach der Reform dch das G v 21. 5. 99 festzuhalten; die Anknüpfg an den Marktort ist auch mit der WarenVerkFreih gem EGV 28, 30 vereinb, Firsching/v Hoffmann § 1 Rn 107, vgl dazu Martiny FS Drobnig (1999) 397. Für den Wettbewerb eines inl Untern auf einem ausl Markt gilt desh grdsl das Recht des ausl Marktes, auch wenn die WettbewHdlg v Inl gesteuert wird; eine allg Verpfl inl Untern, ihren im Ausl stattfinddn Wettbew im Verh zu inl od ausl Mitbewerbern nach dtschem WettbewR auszurichten, besteht nicht, BGH **40**, 391, **113**, 15; das gemeins dtsche SitzR gilt aber nach Abs 2 S 2, wenn sich der Wettbew auf dem AuslMarkt ausschl zw Untern mit Sitz im Inl abspielt od die WettbewHdlg sich gezielt gg inl Mitbewerber richtet, vgl BGH **40**, 397, IPRax **89**, 384; haben beide dtsche Untern eine Niederlassg am ausl Marktort, von der aus der Wettbew stattfindet, so gilt dagg auch nach Abs 2 S 2 iErg das Recht des Marktorts. 11

g) Delikte im Internet sind primär ebenf nach der Tatortregel zu beurteilen, Abs 1; vgl dazu zuletzt eingehd Mankowski RabelsZ **99**, 256, v Hinden, PersVerletzgen im Internet (1999), ferner KG NJW **97**, 3321, LG Düss NJW-RR **98**, 979, Spindler NJW **97**, 3198. Der Hdlgsort liegt dort, wo die betr Information in das Netz eingespeichert wird (sog Uploading), nicht dagg auch am Standort des Servers, den der Einspeisde gar nicht kennen muß, aM LG Düss NJW-RR **98**, 979; der Ort der Konzeption des Angebots bleibt als Vorbereitgshdlg außer Betr, aM Mankowski aaO 262. Der Erfolgsort liegt überall dort, wo ein Nutzer das Angebot abruft, vgl LG Düss NJW-RR **98**, 979; der Einspeisde muß sich desh grdsl auf globale Haftgsrisiken einstellen, einschränkd dazu Mankowski aaO 274, der dem Geschädigten nur die Liquidation des im Staat des Erfolgsorts entstandenen Schadens nach dem dortigen Recht gestatten will (sog Mosaiksystem), ebso Rüßmann K&R **98**, 422. Zu WettbewVerstößen bei Online-Diensten, die auf den dtschen Markt zielen Dieselhorst ZUM **98**, 293. Der Ort der wettbewerbl InteressenKoll liegt bei Werbg im Internet überall dort, wo die Website bestgem abgerufen werden kann, Ffm EWiR § 1 UWG 7/**99**, 471; krit z Marktortanknüpfg bei Marketing im Internet mit beachtl Grden Dethloff NJW **98**, 1596. 12

h) ErsAnspr wg Verletzg v **Immaterialgüterrechten** sind **nicht** nach dem Deliktsstatut zu beurteilen; maßg ist weiterh das Recht des Staates, für dessen Gebiet der Verletzte Schutz in Anspr nimmt (Recht des **Schutzlandes**), vgl BT-Drucks 14/343 S 10, ferner BGH **118**, 398, **126**, 255, NJW **98**, 1396 sowie Art 38 Rn 3; zu Kennzeichenkonflikt im Internet Bettinger/Thum GRUR Int **99**, 669. 13

i) Anspr aus Verletzg des **allgemeinen Persönlichkeitsrechts** beurteilen sich nach dem Deliktsstatut; dies gilt nicht nur für ErsAnspr, sond grdsl auch für UnterlAnspr, BGH NJW **96**, 1128, sowie Beseitiggs- u WiderrufsAnspr, BT-Drucks 14/343 S 10. Zur Anknüpfg v **Pressedelikten** vgl Rn 3 u 4; zum GegendarstellgsAnspr Stadler JZ **94**, 642, Looschelders ZVglRWiss **96**, 80. Erfolgsort ist idR der gewöhnl AufenthOrt des Verletzten, Mankowski RabelsZ **99**, 274. Das Deliktsstatut entscheidet auch über Bestehen u Inh eines PersR, Wagner JZ **93**, 1034; der Erwerb eines als PersR geschützten Namens ist als Vorfrage selbstd nach Art 10 anzuknüpfen, BT-Drucks 14/343 S 10. Zum **Datenschutz** s Bergmann, Grenzüberschreitder Datenschutz (1985) 245 (Anknüpfg an den Ort der Datenverarbeitg), aM Koch RDV **91**, 110 (Wohns des Betroffenen), Ellger, Der Datenschutz im grenzüberschreitden DatenVerk (1990) 582, Bothe/Kilian, RFragen grenzüberschreitder Datenflüsse (1992) 385, vgl auch Knauth WM **90**, 209. Über **Organtransplantation** vgl Weber/Lejeune NJW **94**, 2396. 14

j) Amtshaftung: Für die Haftg des Staates u and öffr Körperschaften bei pflichtwidr Verhalten hoheitl Natur gilt das Recht des **Amtsstaates**, LG Rstk NJ **95**, 490, Kln NJW **99**, 1556, Schurig JZ **82**, 385; Art 40 f sind insow unanwendb, BT-Drucks 14/343 S 10. Das gleiche gilt für die pers Haftg eines Amtsträgers, sowie die privative HaftgsÜbern wie nach GG 34, Schurig JZ **82**, 389. Zu den fremdenr Beschrkgen der dtschen Staatshaftg ggü Ausl vgl § 839 Rn 5. Über Delikte v Angeh der Stationiergsstreitkräfte vgl MüKo-Kreuzer Art 38 Rn 280, sowie § 16 SKAufG v 20. 7. 95, BGBl II 554 u Art 2 des G v 9.7.98, BGBl II 1338. 15

5) Anwendungsbereich des Deliktsstatuts. a) Nach dem Deliktsstatut beurteilen sich die **Voraussetzungen** einer Haftg aus unerl Hdlg nach Tatbestd, Kausalität, RWidrigk u Versch (insb also auch Deliktsfgk u notw VerschGrad). Die z beachtden Verhaltensnormen, insb des StraßenVerkR sind jedoch auch dann dem Recht des Hdlgsorts zu entnehmen, wenn dieses ausnahmsw nicht Deliktsstatut ist, vgl Rn 8; dies gilt nicht für GurtanlegePfl als Voraussetzg mitw Versch. Das Deliktsstatut regelt ferner das Einstehen für Verrichtgsgehilfen, BAG **15**, 79, od für aufsichtsbedürft Pers, Stoll FS Lipstein (1980) 268, sowie die Deliktshaftg v JPen, Kln NZG **98**, 350; dies gilt auch für die Haftg v JPen des öff Rechts aus Teiln am PrivRVerk. Nicht nach Art 40 zu beurteilen ist dagg die **Staatshaftung** bei pflichtwidr Verhalten hoheitl Natur; für sie gilt stets das Recht des Amtsstaates, auch wenn die AmtsPflVerl im Ausl begangen wurde, vgl Rn 15. Für die allg Deliktshaftg des Staates u seiner Bediensteten aus Teiln am PrivatRVerk gilt dagg das TatortR, dh das jew Deliktsstatut. Das Deliktsstatut entsch auch über das Bestehen einer **Gefährdungshaftung**, vgl Rn 1, u deren Voraussetzgen, zB Haltereigensch, LG Mü I IPRax **84**, 101, Mansel VersR **84**, 102. 16

17 **b)** Nach dem Deliktsstatut beurteilen sich sämtl RFolgen einer unerl Hdlg, insbes Art u Umfang einer SchadErsPfl, Beseitigg, Gegendarstellg, Unterlassg, BGH **131**, 335, NJW **98**, 2142, sowie Auskunft; zu Pressedelikten vgl Rn 4. Danach richten sich auch der Anspr auf punitive damages (vgl aber Abs 3 u Art 6 Rn 16) sowie auf Schmerzensgeld, Celle IPRax **82**, 203 (bei der Bemessg der **Höhe des Schmerzensgelds** sind aber die Richtsätze am gewöhnl Aufenth des Verletzten zu berücksichtigen, Mü VersR **84**, 745, vgl dazu auch BGH **93**, 218, **119**, 142, v Bar JZ **85**, 968), wie auch die Berücksichtigg mitw Versch, sowie die Vorteilsausgleichg, Celle VersR **67**, 164. Das gleiche gilt für die Vorauss einer wirks Abtretg einer deliktischen Fdg, vgl Art 33 Rn 2; über den Eintritt eines ges FdgsÜbergangs vgl Art 33 Rn 3.

18 **c)** Nach dem Deliktsstatut beurteilt sich ferner die Pers des ErsBerecht, sowie die Vererblk des Anspr des Verletzten, MüKo-Kreuzer Art 38 Rn 288. Die **Vorfrage** des Bestehens von UnterhAnspr gg den Getöteten od der Verpfl zur Tragg der BeerdiggsKosten ist jedoch selbstd anzuknüpfen, vgl BGH NJW **76**, 1588, NJW-RR **87**, 147, Celle VersR **80**, 169 (Anpassg, wenn das nach Art 18 maßg Recht UnterhAnspr verneint, jedoch den Angehör SchadErsAnspr aus eigenem Recht gewährt), Mü NJW-RR **91**, 925, Köln FamRZ **95**, 1200 (DienstleistgsPfl). Das Deliktsstatut regelt auch die Verj, BGH WM **78**, 733. Die Frage, ob der ErsAnspr auch gg die Erben des Verpfl geltd gemacht werden kann, beurt sich nach dem Erbstatut, aM MüKo-Kreuzer Art 38 Rn 288.

19 **6) Haftungsbeschränkung durch besondere Vorbehaltsklausel, Abs 3. a)** Das Deliktsstatut entscheidet grdsl auch über den **Umfang** einer SchadErsPfl, vgl Rn 17; ggü exorbitanten Anspr nach ausl TatortR waren dtsche StaatsAngeh früher dch Art 38 aF geschützt, vgl dazu Rn 1; außerdem wurde in der Praxis in gewissem Umfang die allg VorbehKl des Art 6 angewandt, vgl dort Rn 16. Das G z IPR für außervertragl SchuldVerh u für Sachen v 21. 5. 99, BGBl 1026, hat in Art 40 Abs 3 zur Abwehr exzessiver Anspr eine **neue spezielle Vorbehaltsklausel** eingefügt; als Ausfluß des ordre public-Gedankens ist von ihr **zurückhaltend** Gebr zu machen; nur gravierde Widersprüche zu den GrdVorstellgen des dtschen Rechts rechtfertigen ihre Anwendg, Wagner IPRax **98**, 433, BT-Drucks 14/343 S 12 (and bei Nr 3); auch eine ausr InlBeziehg des Falls muß gegeben sein, vgl Spickhoff NJW **99**, 2213 u Art 6 Rn 6.

20 **b)** Die Vorschr dient zwar primär der **Begrenzung** der Höhe deliktischer SchadErsAnspr, vgl BT-Drucks 14/343 S 12; uU schließt sie aber auch anstößige Haftgstatbestände dem **Grunde nach** von der Anwendg im Inl aus, vgl insbes Nr 2, aM Spickhoff NJW **99**, 2213, der insoweit auf Art 6 abstellt.

c) Voraussetzung des Eingreifens v Abs 3 ist zunächst, daß ausl Recht nach den Regeln v Art 40 I, II, 41 od 42 als Deliktsstatut maßg ist. Dieses Recht muß v den grdlegden Wertgen des dtschen DeliktsR z Nachteil des Schädigers erhebl abweichen; die Staatsangehörigk des Schädigers ist dabei im Ggs zu Art 38 aF ohne Bedeutg. Die Abweichg kann alternativ in 3 versch Formen auftreten: **(1) Wesentlich** höherer SchadErs als zur angemessenen Entschädigg des Verl erforderl ist, **Nr 1**; in Betr kommt dies zB bei mehrf SchadErs („multiple damages") nach US-Recht, aber auch bei Einbeziehg der Anwaltshonorare in die ErsLeistg od bei Schmerzensgeld in exorbitanter Höhe, vgl BT-Drucks 14/343 S 12. **(2)** Gewährg eines Anspr zu **offensichtlich** and Zwecken als einer angemessenen Entschädigg des Verl, **Nr 2**; in Betr kommt dies zB bei reinem StrafSchadErs („punitive damages") nach US-Recht; allerd sind auch dem dtschen Recht präventive u poenale Funktionen der SchadErsPfl nicht gänzl fremd, vgl Staudinger DB **99**, 1592. **(3)** Gewährg eines Anspr, der haftgsr Best eines für die BRep verbindl **Staatsvertrages** widerspricht, **Nr 3**; in Betr kommt dies ggü dem DeliktsR eines ausl Staates, der im Ggs zur BRep ein best völkerr Übk **nicht** ratifiziert hat u sich desh einer darin vorgesehenen HaftgsBeschrkg nicht angepaßt hat; bei dieser Konstellation folgt der Vorrang der staatsvertragl Regelg wg fehlder Ggseitigk nicht schon aus Art 3 II, aM Spickhoff NJW **99**, 2213. In Frage kommen zB das Int Übk über die zivr Haftg für Ölverschmutzgsschäden idF v 27. 11. 92, vgl dazu Rn 2, od das Int Übk z einheitl Feststellg v Regeln über den ZusStoß v Schiffen v 23. 9. 1910, vgl dazu Rn 9, ferner Haftgskanalisierg in atomr Übk, vgl BT-Drucks 14/343 S 13; es muß sich aber jedenf um einen Anspr auf dem v jew Übk geregelten Sachgebiet handeln, zB aus Ölverschmutzg.

21 **d) Rechtsfolge** der speziellen VorbehKl ist der Ausschluß des überschießden Teils des ErsAnspr, wobei die Kappgsgrenze über dem Höchstsatz des dtschen Rechts liegen muß („soweit . . . wesentl weiter gehen"), Nr 1, od der gänzl Ausschluß des sachfremden Zwecken dienden Anspr od AnsprTeils, Nr 2 od die Dchsetzg v HaftgsBeschrkgen in völkerr Übk ggü dem geltd gemachten Anspr, Nr 3, wobei insow keine gravierde Abweichg v dtschen Recht vorliegen muß, vgl Rn 19. Die Anerkenng eines ausl Urt, in welchem ein dtscher Schädiger zu weitergehden Leistgen als nach dtschem Recht verurteilt wird, ist dch Abs 3 ebsowenig ausgeschl wie dch Art 38 aF, vgl dazu BGH **118**, 329, **123**, 271 u Art 6 Rn 16.

e) Im **Vergleich** mit Art **38 aF** bringt die Haftgsbeschränkg nach Abs 3 einen bedeutden **Fortschritt**. Die Einbeziehg in den Schutzbereich der Vorschr hängt nicht mehr von der dtschen Staatsangehörigk des Haftpflichtigen ab; damit sind auch die EG-rechtl Bedenken hinfällig geworden, aM Staudinger DB **99**, 1591. Die Vorauss des Haftgsprivilegs sind wesentl restriktiver geregelt. Es muß sich um eine **wesentliche** Überschreitg der für eine angemessene Entschädigg notw ErsLeistg, Nr 1 od um eine **offensichtliche** Verfehlg des Entschädiggszwecks handeln, Nr 2; daß der gleiche Anspr im gleichen Umfang auch nach dtschem Recht begründet wäre, verlangt Abs 3 nicht; für die Anwendg nicht ausreichd wäre zB der Eintritt der Verj nach dtschem Recht, vgl dazu noch BGH FamRZ **78**, 492. Eine gewisse Erweiterg des Schutzbereichs der Vorschr bringt nur Nr 3, die nach Art 38 aF nicht genügt hätte.

22 **7) Direktanspruch gegen Haftpflichtversicherer, Abs 4.** Der unmittelb Anspr des Geschädigten gg den HaftpflVers des Schädigers wurde in der Rspr wg seiner überwiegd deliktsr Natur bish nach dem Deliktsstatut beurteilt, BGH **57**, 265. Der DirektAnspr gg den dtschen Versicherer eines im Inl zugelassenen Kfz war desh bei Unfall im Ausl grdsl nach dem Recht des Unfallortes zu beurteilen, BGH **119**, 139. Im Interesse einer erleichterten u beschleunigten SchadAbwicklg sieht Abs 4 nunm eine **alternative** Anwendg des Deliktsstatuts **oder** des VersVertrStatuts vor. Damit wird der Anwendgsbereich von § 3 PflVersG erhebl ausgeweitet. Da es sich um akzessorische Anknüpfgen handelt, ist die Beachtg eines Renvoi insow ausgeschl, Art 4 Rn 9.

EG 41 ***Wesentlich engere Verbindung.*** **I Besteht mit dem Recht eines Staates eine wesentlich engere Verbindung als mit dem Recht, das nach den Artikeln 38 bis 40 Abs. 2 maßgebend wäre, so ist jenes Recht anzuwenden.**

II Eine wesentlich engere Verbindung kann sich insbesondere ergeben

1. aus einer besonderen rechtlichen oder tatsächlichen Beziehung zwischen den Beteiligten im Zusammenhang mit dem Schuldverhältnis oder

2. in den Fällen des Artikels 38 Abs. 2 und 3 und des Artikels 39 aus dem gewöhnlichen Aufenthalt der Beteiligten in demselben Staat im Zeitpunkt des rechtserheblichen Geschehens; Artikel 40 Abs. 2 Satz 2 gilt entsprechend.

1) Allgemeines. a) Die Neuregelg des IPR für außervertragl SchuldVerhe u für Sachen dch das G v 21. 5. 99, BGBl 1026, beruht auf einem flexiblen System konkreter Anknüpfgsregeln u weit gefaßter Ausweichklauseln, die eine für jeden Einzelfall zufriedenstelldе Lösg erlauben u eine sachgerechte Beurteilg neu auftretder Probleme ermöglichen. Art 41 schafft eine einheitl AusnKl für den Unterabschnitt der außervertragl SchuldVerhe. Im Bereich der vertragl SchuldVerhe ist die Vorschr nicht anwendb, da dies dem staatsvertragl Vereinhlgszweck (Art 36) widersprechen würde; vgl aber dazu die parallele Regelg in Art 28 V. Für das int SachenR vgl Art 46. – **b)** Der Anwendgsbereich der AusnKl beschränkt sich auf die Anknüpfgen in Art 38 bis 40 II; ausgen sind also insbes die HaftgsBeschrkg in Art 40 III u die alternative Anknüpfg des DirektAnspr in Art 40 IV, ferner auch die Best des anwendb Statuts dch nachträgl RWahl in Art 42. Auch innerh des verbleibden Anwendgsbereichs ist die AusnKl nicht gleichm anwendb; bei der akzessorischen Anknüpfg der Leistgskondiktion nach Art 38 I scheidet ihre Anwendg idR aus, vgl BT-Drucks 14/343 S 13, Wagner IPRax **98**, 434, sowie die Ausgrenzg aus der AufenthAnknüpfg in Abs 2 Nr 2; bei der Best des Deliktsstatuts ist das Regelbeispiel in Abs 2 Nr 2 als vorrangige Sonderanknüpfg in Art 40 II integriert, vgl dort Rn 5 u die Ausgrenzg in Abs 2 Nr 2. – **c) Rück-** u **Weiterverweisung** sind zu beachten, sofern dies nicht dem Sinn der 2
Verweisg widerspricht, Art 4 I. **Nicht** zu befolgen ist ein Renvoi desh bei der Best des anwendb Rechts mH der **Generalklausel** in Abs 1, die auf einer Würdigg sämtl Umste des Einzelfalls beruht u damit unter Verzicht auf typisierde Kriterien das für den konkreten Fall sachnächste Recht beruft, vgl Rn 3; die Beachtg einer Rück- od Weiterverweisg dch die KollNormen dieser ROrdng würde dem Sinn dieser nach Einzelfall-Gerechtigk strebden Regelg widersprechen, vgl Art 4 Rn 8. Ausgeschl ist ein Renvoi nach dem Sinn der Verweisg ferner bei der **akzessorischen** Anknüpfg an eine zugrdeliegde RBeziehg nach Abs 2 Nr 1, vgl Art 4 Rn 9 u Vorbem vor Art 38 Rn 3. Im übrigen ist der Renvoi zu befolgen; dies gilt insbes für die typisierde Anknüpfg an den gemeins gewöhnl Aufenth.

2) Generalklausel, Abs 1. Die Vorschr gestattet die Abweichg v den typisierden Anknüpfgsregeln in 3
Art 38, 39 u 40 I u II zG eines and Rechts, mit dem der zu beurteilde SachVerh eine **wesentlich engere Verbindung** aufweist. Entscheidd sind die ges Umste des Einzelfalls; allg Regeln lassen sich dafür naturgem nicht aufstellen. Es handelt sich aber um eine **Ausnahmebestimmung**, von der im Interesse der Berechenbk der RAnwendg zurückhaltder Gebr zu machen ist. Vorauss für die Anwendg der AusweichKl ist also jedenf, daß die Anknüpfgsregeln der Art 38–40 II im konkreten Fall eine ROrdng berufen, zu der nur vordergründige Beziehgen bestehen; es muß also ein Bedürfn für die Suche nach einem sachnäheren Recht erkennb sein. Bei dessen Auffindg besteht **keine Bindung** an die beiden Beispiele in Abs 2. Die GeneralKl des Abs 2 erlaubt eine davon unabhängige **Gesamtschau** des Falles, um auf dieser Grdlage eine **wesentlich** überzeugdere Anknüpfg vorzunehmen. Dabei ist mH einer Interessenabwägg die ROrdng zu bestimmen, in welcher der betr Sachverh seinen **Schwerpunkt** hat. Zum Ausschluß des Renvoi vgl Rn 2.

3) Regelbeispiele, Abs 2. Beispielh („insbes") werden in Abs 2 zwei Fallkonstellationen genannt, aus 4
denen sich eine wesentl engere Verbindg ergeben **kann** (nicht muß). – **a) Nr 1** ermöglicht eine akzessorische Anknüpfg an eine bes Beziehg zw den Beteil, die bei der Entstehg des gesetzl SchuldVerh aus ungerechtf Ber, GoA od unerl Hdlg bereits existiert u mit diesem SchuldVerh in Zushang steht. Dabei kann es sich um eine tats (zB Reisegesellsch) od rechtl Beziehg handeln. Der Rückgriff auf die zw den Beteil bestehden **tatsächlichen** Beziehgen ermöglicht eine einheitl Anknüpfg u Abwicklg sog **Massenschäden**, zB bei Massenkarambolagen im StraßenVerk od Eisenbahnunglück, vgl dazu Wagner IPRax **99**, 211; in Betr kommt evtl auch eine Anwendg des Rechts am Marktort für die **Produkthaftung** (Begründg tats Beziehg dch Werbg). Eine engere Verbindg kann aber auch aus einer **rechtlichen** Beziehg der Part erwachsen. Vor allem die akzessorische Anknüpfg an ein zw den Beteil bereits bestehdes SchuldVerh ist hier von Bedeutg; für die Anknüpfg der Leistgskondiktion ist sie in die Regelanknüpfg nach Art 38 I integriert, so daß hier für die Anwendg v Abs 2 Nr 1 kein Bedarf besteht; iü ist die vorrangige Sonderregelg in Art 32 I Nr 5 zu beachten, vgl dazu Art 38 Rn 2. Für die EingriffsKondiktion, Art 38 II, u die sonstigen rechtsgrdl VermVerschiebgen, Art 38 III, kann die akzessorische Anknüpfg an ein paralleles VertrVerh od bereits bestehde soziale Kontakte jedoch ggf praktische Bedeutg besitzen, vgl BT-Drucks 14/343 S 13. Das gleiche gilt für GoA, sofern zw GeschFührer u GeschHerrn im Ztpkt der GeschFührg eine Sonderverbindg besteht, zB Aufwendgen des ArbN für die Beschaffg v ArbGerät od ArbMaterial iR eines ArbVerh, Verwendgen des Verwahrers iR eines VerwahrgsVertr od Aufwendgen des Schädigers z SchadMinderg iR eines SchuldVerh aus unerl Hdlg, BT-Drucks 14/343 S 13. Zur akzessorischen Anknüpfg des Deliktsstatuts Art 40 Rn 6. Zum Ausschluß des Renvoi vgl Rn 2. – **b)** Nach **Nr 2** kann sich eine wesentl engere Verbindg auch aus dem gemeins **gewöhnl** 5
Aufenthalt der Beteil im Ztpkt des rechtserhebl Geschehens ergeben. Zum Begr des gewöhnl Aufenth vgl Art 5 Rn 10; bei JPen, Vereinen od Gesellsch entscheidet der Sitz der Hauptverwaltg bzw Niederlassg, Nr 2 HS 2 iVm Art 40 II S 2. Für die LeistgsKondiktion nach Art 38 I ist die Anknüpfg an den gemeins gewöhnl Aufenth ausgeschl, vgl dazu Art 38 Rn 2. Auch für die Best des Deliktsstatuts kommt Abs 2 Nr 2 nicht zur Anwendg, da Art 40 II insow bereits eine Sonderanknüpfg vorsieht. Im Ergebn verbleibt also für die Anwendg dieses Regelbeispiels nur die Dchbrechg der Anknüpfgen nach Art 38 II u III sowie Art 39. Zur Beachtg des Renvoi vgl Rn 2.

EG 42 ***Rechtswahl.*** **Nach Eintritt des Ereignisses, durch das ein außervertragliches Schuldverhältnis entstanden ist, können die Parteien das Recht wählen, dem es unterliegen soll. Rechte Dritter bleiben unberührt.**

1 **1) Parteiautonomie.** Im Einklang mit einem Grundprinzip des dtschen IPR, vgl dazu Rn 20 vor Art 3, ermöglicht Art 42 S 1 den Part die Best des anwendb Rechts dch RWahl. Die für die vertragl SchuldVerhe geltde Parteiautonomie, vgl Art 27, wird damit auch für die in Art 38–41 normierten gesetzl SchuldVerhe aus ungerechtf Ber, GoA u unerl Hdlg übernommen. – **a) Voraussetzungen (1)** Die RWahl setzt eine entspr **Vereinbarung** der Part voraus, die an keine Form gebunden ist u desh auch stillschw geschlossen werden kann, zB dch Berufg der einen Part auf die Vorschr einer best ROrdng im Proz, welcher die and Part nicht widerspricht. Erforderl ist aber jedenf ein entspr ErklBewußtsein; beide Part müssen wissen, daß eine Wahlmöglk überh besteht, vgl Art 27 Rn 7; irrtüml Anführen best RVorschr genügt dafür nicht, vgl BGH NJW **91**, 1293. **(2)** Die RWahl kann erst **nach** Entstehg des gesetzl SchuldVerh vorgen werden; eine vorsorgl im voraus geschl Vereinbarg ist unwirks. Soweit eine akzessorische Anknüpfg an ein zugrde liegdes VertrStatut erfolgt, vgl Art 38 I u 41 II Nr 1, ist die für dieses im voraus getr RWahl selbstverständl mittelb auch für das gesetzl SchuldVerh maßg. **(3)** Die RWahl ist **unteilbar**; eine Art 27 I 3 entspr Regelg fehlt. Eine Beschrkg auf einzelne Aspekte der RBeziehg wäre nicht sachgerecht, da gesetzl SchuldVerhe eine organische Einh bilden. **(4)** Das wirks **Zustandekommen** der RWahl ist nach der lex fori zu beurteilen; eine Art 27 IV iVm Art 31 entspr Regelg fehlt. – **b) Rechtsfolgen. (1)** Eine von den Part wirks getroffene RWahl setzt die obj Anknüpfgen der Art 38–41 außer Kraft. Daraus ergibt sich ggf ein **Statutenwechsel**, der auf den Ztpkt der Entstehg des SchuldVerh **zurückwirkt**. Der Vorrang der wirks vorgen RWahl gilt insbes auch ggü der AusweichKl des Art 41. **(2)** Die Part können eine RWahl aGrd der in Art 42 anerkannten Parteiautonomie dch eine abw neue Vereinbarg **ändern**; iZw wirkt eine solche Vereinbarg ebenf ex tunc.

2 **2) Rechte Dritter**, S 2. Die Möglk einer nachträgl RWahl u ihrer Abänderg kann die Interessen Dritter berühren, zB i Zshg mit einer bereits erfolgten FdgsAbtretg, deren WirksVorauss dem FdgsStatut zu entnehmen sind, vgl Art 33 Rn 2. Art 42 S 2 stellt desh klar, daß eine nachträgl RWahl bereits entstandene Rechte Dritter nicht beeinträchtigt. Die Vorschr entspricht der parallelen Regelg in Art 27 II S 2. Die Wirkgen der nachträgl RWahl werden damit auf die Part des gesetzl SchuldVerh beschränkt.

Sechster Abschnitt. Sachenrecht

Vorbemerkung

1 **a)** Dch das IPR-G für außervertragl SchuldVerh u für Sachen v 21.5.99, BGBl 1026, wurde in das kollr Kapitel des EGBGB ein **neuer** 6. Abschnitt eingefügt, der dem int SachenR gewidmet ist. Zur Entstehgsgeschichte u zur Frage der ÜbergangsRegelg vgl Rn 1 vor Art 38. Ebenso wie bei Art 38–42 handelt es sich auch in diesem Abschnitt um **autonomes** dtsches Recht ohne staatsvertragl Hintergrund. Eine Vereinhlg des int SachenR innerh der EU ist vorerst nicht zu erwarten, BT-Drucks 14/343 S 6. – **b)** Die sachenr KollNormen in Art 43–46 sind relativ **differenziert**. Der Grundregel der lex rei sitae u ihren Ausn in Art 43 folgen SpezialBest für GrdstImmissionen, Art 44, u Transportmittel, Art 45, nicht dagg auch für Transportgüter, vgl BT-Drucks 14/343 S 14. Eine Art 42 entspr AusweichKl in Art 46 verleiht diesem Anknüpfgssystem diej Flexibilität, die interessengerechte Lösgen atypischer Einzelfälle ermöglicht. – **c) Rück-** u **Weiterverweisung** sind grdsl zu beachten, Art 4 I, vgl BT-Drucks 14/343 S 15. Eine Ausn gilt aber für die Anknüpfg aGrd einer wesentl engeren Verbindg, vgl Art 4 Rn 8. – **d)** Die Möglk einer **Rechtswahl** wird **nicht** eröffnet, da ein v den Part gewähltes Recht für Dritte nicht erkennb ist. Der Ausschluß der RWahl beruht auf einer bewußten Entsch des GesGebers, vgl BT-Drucks 14/343 S 16, Wagner IPRax **98**, 435.

EG 43 ***Rechte an einer Sache.*** **[I]Rechte an einer Sache unterliegen dem Recht des Staates, in dem sich die Sache befindet.**

[II]Gelangt eine Sache, an der Rechte begründet sind, in einen anderen Staat, so können diese Rechte nicht im Widerspruch zu der Rechtsordnung dieses Staates ausgeübt werden.

[III]Ist ein Recht an einer Sache, die in das Inland gelangt, nicht schon vorher erworben worden, so sind für einen solchen Erwerb im Inland Vorgänge in einem anderen Staat wie inländische zu berücksichtigen.

1 **1) Grundsatzanknüpfung, Abs 1. a)** Die dingl RLage v Sachen ist nach dem **Recht des Lageorts** (lex rei sitae) zu beurteilen, Abs 1; dies entspricht der schon bish gewohnhr geltden Anknüpfg. Dieser Grds gilt für Grdste u für bewegl Sachen. Der Begr der Sache ist iS des dtschen Rechts zu qualifizieren, vgl Rn 27 vor Art 3 u dazu § 90 BGB. Bei **Wertpapieren** entscheidet das Recht des Lageorts über das Recht **am** Papier (WertRSachstatut), währd das verbriefte Recht **aus** dem Papier seinem jeweiligen RStatut unterliegt, zB FdgsStatut od GesellschStatut (WertPRStatut), vgl BGH **108**, 356. – **b)** Rück- od Weiterverweisg dch das Recht des Lageorts, zB aGrd abw Rwahl, sind zu beachten, Art 4 I; wg der universalen Geltg der lex rei sitae kommt dies praktisch aber kaum in Betr. Soweit in ausl KollNormen eine unterschiedl Anknüpfg für bewegl u unbewegl Sachen vorgesehen ist, ist die Qualifikation dieser Begr nach dem ausl Recht vorzunehmen, vgl Rn 28 vor
2 Art 3. – **c)** Eine abw **Rechtswahl** ist nach dtschem IPR mit Rücks auf die VerkSicherh **nicht** zul, vgl Rn 1 vor Art 43, Wagner IPRax **98**, 435. – **d)** Eine **Sonderregelung** gilt für Luft-, Wasser- u Schienenfahrzeuge, Art 45. Für Sachen **auf dem Transport** (res in transita) gilt dies **nicht**; insow bleibt es bei der Maßgeblk des Rechts des Lageorts, soweit keine wesentl engere Verbindg zum Recht eines and Staates (zB des BestLandes) besteht, Art 46, vgl dazu BT-Drucks 14/343 S 14. Auch für pers GebrGgstde, zB private PKW, gelten keine Besonderh. Das gleiche gilt für **Kulturgüter**, vgl dazu BT-Drucks 14/343 S 15, ferner Jayme ZVglRWiss **96**, 167, Siehr FS Trinkner (1995) 703; die EG-Richtl v 15. 3. 93 über die Rückg v unrechtm aus dem Hoheits-

gebiet eines MitglStaates verbrachten Kulturgütern, die in Art 12 eine abw KollNorm enth, ist in der BRep noch nicht umgesetzt worden, vgl dazu Wagner IPRax **98**, 435; ebsowenig das Unidroit-Übk v 24. 6. 95 über gestohlene od rechtsw ausgeführte Kulturgüter vgl dazu Heuer NJW **99**, 2562. Zu den kollr Problemen geraubter Kunstwerke Müller-Katzenburg NJW **99**, 2554. – **e)** Auch im **innerdeutschen** KollR war die lex rei sitae anzuwenden, BGH NJW **89**, 1352, KG NJW **88**, 341. Zur Wirksk v Enteigngen vgl Rn 15.

2) Anwendungsbereich. Das Recht des Lageorts gilt für den ges Bereich des SachenR, also insbes für Entstehg, Änderg, Übergang, Untergang u Inh dingl Rechte. – **a)** Im einzelnen ist also nach der lex rei sitae zu beurteilen, ob ein **Gegenstand** überh selbstd Obj eines dingl Rechts sein kann od als wesentl Bestandt sonderrunfäh ist, ferner ob es sich um eine bewegl od unbewegl Sache (Grdst) handelt, sowie über den Begr des Zubehörs, insbes iZshg mit der Frage einer dingl Haftg. – **b)** Das Recht des Lageorts entscheidet auch, **welche** dingl **Rechte** überh an einer Sache bestehen können, zB Miteigt, BGH NJW **98**, 1322 (einschl des sachenr GemschVerh, vgl dazu Stoll IPRax **99**, 29), WohngsEigt, dingl NutzgsRe an Immobilien aGrd v Time-Sharing-Vertr, vgl dazu TzWrG 8 Rn 4, sowie allg über den Katalog dingl Rechte (numerus clausus-Grds). – **c)** Nach dem Recht des Lageorts beurteilen sich die Vorauss v **Entstehung** u **Untergang** dingl Rechte, insbes des **Eigentums**, zB EigtErwerb kr Ges, etwa dch Ersitzg, Fund, Aneigng, Vermischg, Verbindg, Verarbeitg. Die lex rei sitae entscheidet über die **Übertragung** dingl Rechte, insbes über die WirkskVorauss einer **Übereignung**, BGH NJW **96**, 2234, etwa Abstrakth des VerfüggsGesch, vgl BGH IPRspr **80** Nr 3, Celle IPRax **91**, 115, Einfl v Mängeln des KausalGesch, Notwendigk einer bes Einigg, sowie der Übergabe od ihrer Surrogate (wobei die zugrdeliegden schuldr Vorgänge nach dem Schuldstatut zu beurteilen sind, Schleswig IPRspr **89** Nr 77), damit auch über die Zulässigk u Vorauss v EigtVorbeh u SichergsÜbereigng, ferner über die Möglk des Erwerbs einer Sache v NichtBerecht, KG NJW **88**, 341, Kblz RIW **93**, 503, LG Hbg RIW **98**, 892 (für gestohlene Sachen aM Mansel IPRax **88**, 268), sowie über ein LösgsR des gutgl Käufers, BGH **100**, 324, vgl dazu Siehr ZVglRWiss **84**, 100, Stoll IPRax **87**, 357, schließl auch über EigtVermutg zG des Besitzers einer bewegl Sache, BGH NJW **60**, 774, **94**, 940, **96**, 2234. Die gleichen Regeln gelten für die **beschränkten dinglichen Rechte**. Das Recht des Lageorts entscheidet zB über die Entstehg gesetzl PfandRe od die Bestellg rechtsgeschäftl PfandRe, zB Hypothek. Das Statut der gesicherten Fdg ist auch bei akzessorischer Ausgestaltg des dingl Rechts für dessen kollr Anknüpfg unerhebl, str, vgl dazu Kartzke ZfBR **93**, 205, aM anscheind Düss VersR **77**, 1047; eine Ausn gilt nach Art 45 II für die gesetzl SichergsRe an Schiffen, vgl dort Rn 3. Umgekehrt bleibt die lex rei sitae ohne Bedeutg für die einem GrdPfandR zugrdeliegde Fdg, die nach ihrem FdgsStatut zu beurteilen ist, vgl BGH NJW **51**, 400; für den SichergsVertr als KausalGesch einer GrdPfdRBestellg kommt aber Anknüpfg an den Lageort des belasteten Grdst gem Art 28 III in Betr, Geimer IPRax **99**, 153, Staud-Magnus Art 28 Rn 493. – **d)** Nach der lex rei sitae ist auch der **Inhalt** dingl Rechte zu beurteilen, insbes die Anspr aus Eigt u Besitz, BGH **108**, 355, NJW **98**, 1321, Kblz RIW **92**, 1020, Spickhoff NJW **99**, 2214, zB der HerausgabeAnspr einschl der Möglk von Verj u Verwirkg (aM Stoll JZ **95**, 786: RVerfolgg außerh des BelegenhStaates nach der lex fori), ferner der SchadErsAnspr aus dem Eigentümer-Besitzer-Verh, vgl BGH **108**, 355, aM Ffm WM **95**, 52 (Deliktsstatut). Für GrdstImmissionen enth Art 44 eine Sonderregelg. – **e) Vorfragen** sind selbstd anzuknüpfen, Rn 29 vor Art 3. Dies gilt insbes für die Wirksk des Kausalgeschäfts, auch wenn sie nach dem Recht des Lageorts für die Wirksk des dingl RÜbergangs v Bedeutg ist; wenn dieses eine Trenng v Verpfl- u VerfüggsGesch überh nicht vorsieht, ist der Vertr aus der Sicht des dtschen IPR in einen verpflichtden u einen dingl Teil aufzuspalten, die ihren eigenen Statuten unterliegen, Erman-Hohloch Anh nach Art 38 Rn 14. Für die GeschFgk der Part bei dingl RGesch gelten Art 7 u 12 S 2. Soweit famr u erbr Vorgänge Auswirkgen auf die dingl RLage haben, gilt das dafür maßg Statut, zB Art 15, 21 u 25; eine Ausn gilt aber nach Art 3 III. – **f)** Über die **Form** eines RGesch, dch das ein Recht an einer Sache begründet od über ein solches Recht verfügt wird, entscheidet das Recht des Lageortes, Art 11 V; dies gilt nicht nur für Grdste, sond weiterh auch für bewegl Sachen, BT-Drucks 14/343 S 15. 3

4

3) Statutenwechsel, Abs 2. **a)** Wird eine bewegl Sache aus dem Machtbereich einer ROrdng in den einer anderen verbracht, kommt es bezügl der dingl RLage zu einem Statutenwechsel; ob die Veränderg des Lageorts rechtm od rechtsw ist, ist dabei unerhebl, Düss NVersZ **99**, 39. Die dingl Rechte an dieser Sache in ihrer v der bish lex rei sitae empfangenen sachenr Prägg bestehen aber im Rahmen der neuen lex rei sitae weiter; diese ROrdng entscheidet fortan über den Inhalt der Rechte u Pfl, die sich aus der dingl RLage an der Sache ergeben, BGH **100**, 326, RIW **91**, 517, KG NJW **88**, 341, Schlesw NJW **89**, 3105, Kln IPRax **90**, 46, Hbg VersR **91**, 604, Ffm IPRspr **93** Nr 50; zur Unzulk einer RWahl vgl Rn 1. Vorauss für die Anerkenng der bereits wirks entstandenen Rechte an der Sache ist aber ihre Verträglk mit der sachenr GrdStruktur des neuen BelegenhStaates, zB dem geschlossenen Katalog dingl Rechte nach dtschem SachenR. In Übereinstimmg mit den bish geltden Regeln sieht Abs 2 daher ausdr vor, daß die bestehden dingl Rechte nicht im **Widerspruch** zum neuen **Belegenheitsrecht** ausgeübt werden können. Ein derartiger Widerspr besteht **nicht** bei der Verbringg einer mit einem besitzl PfdR belasteten Sache (frz RegPfdR an Kfz) ins Inl wg der Einschränkgen des FaustPfdPrinzips in der dtschen REntwicklg, BGH **39**, 173, vgl dazu, Hartwieg RabelsZ **93**, 624, ebsowenig bei Möglk des freihändigen Verk eines FaustPfds, Ffm IPRspr **93** Nr 50, od bei einem nur relativ wirks EigtVorbeh nach ital Recht, BGH **45**, 97, vgl dazu Hartwieg aaO 627, beim LösgsR des gutgl Käufers nach schweiz Recht, BGH **100**, 326 (aber Untergang dch Weiterveräußerg im Inl nach dtscher lex rei sitae), vgl Siehr ZVglRWiss **84**, 110, Stoll IPRax **87**, 359, od bei der Autohypothek nach ital Recht, BGH RIW **91**, 517 (wie SichergsEigt zu behandeln, vgl dazu Kreuzer IPRax **93**, 159), wohl aber angebl bei der Verbringg eines in Dtschland dch Besitzkonstitut wirks sichgsübereigneten PKW nach Österreich, OGH IPRax **85**, 165, vgl dazu die Kritik v Rauscher AWD **85**, 265, Martiny IPRax **85**, 168, Schwind FS Kegel (1987) 599. Zur Anerkenng ausl UnternehmenspfandRe vgl Hübner FS Pleyer (1986) 41, Wenckstern RabelsZ **92**, 624. 5

b) War ein **abgeschlossener** Tatbestd nach der bish lex rei sitae zur Begr eines dingl Rechts nicht ausreichd (zB gutgl Erwerb einer gestohlenen Sache), so gelangt dieses auch dch Verbringg der Sache in das Gebiet einer and ROrdng, die den Erwerb zulassen würde, nicht von selbst zur Entstehg. War umgekehrt das dingl Recht im bish BelegenhStaat bereits entstanden, zB EigtErwerb dch Ersitzg, so bleibt es bestehen, auch wenn die neue lex rei sitae dafür weitere Vorauss aufstellen würde, zB eine längere ErsitzgsFr verlangt. Ist der Tatbestd einer RÄnderg noch **nicht abgeschlossen,** zB bei Wechsel des BelegenhStaates währd des Laufs der 6

ErsitzgsFr, so entsch über die dingl RLage allein die neue lex rei sitae, vgl LG Hbg IPRspr **96** Nr 55, insbes darüber, ob die bereits verstrichene Besitzzeit auf den Lauf der nunm maßg Frist anzurechnen ist; bei Verbringg ins Inl gilt Abs 3.

7 **c)** Wird beim internat **Versendungskauf** nach dem Recht des Absendelandes bereits dch die Versendg Eigt übertr, so hat der Käufer schon damit Eigt erworben, auch wenn das nach dem Recht des Empfangsstaates erst mit der Überg der Fall ist. Wird umgekehrt aus einem Land versandt, nach dessen Recht die Übereigng eine Überg voraussetzt, so geht das Eigt erst mit der Überquerg der Grenze zu einem BestLand über, nach dessen Recht das Eigt bereits mit der Versendg übergeht, vgl KG NJW **88**, 341, MüKo-Kreuzer
8 Nach Art 38 Anh I Rn 72. – Vorauss u dingl Wirkgen eines **Eigentumsvorbehalts** im Rahmen eines internat Versendgskaufes beurteilen sich vom Grenzübertritt im BestLand an nach dessen Vorschr, bis zu diesem Ztpkt gilt das Recht des Absendestaates, Kblz RIW **89**, 384, Hamm NJW-RR **90**, 489. Ist der EigtVorbeh nur nach der ROrdng des BestLandes zul, so ist die Vereinbg des EigtVorbeh iZw auf das Recht des BestLandes z beziehen; der EigtVorbeh erlangt dann mit Grenzübertritt im BestLand Wirksk nach diesem Recht, vgl BGH **45**, 95 (wonach diese RWirkg erst mit Eintreffen beim Käufer entsteht; dies könnte im konkreten Fall allenfalls damit begründet werden, daß wg der sachenr Vorprägg dch das früh BelegenhStatut eine Rückübereigng dch den Käufer erfdl ist, vgl BGH aaO 101, LG Hbg IPRspr **78** Nr 42; vgl dazu auch Hamm NJW-RR **90**, 489, Kblz RIW **92**, 1020, Behr AWD **78**, 495). Die Wirksamk eines verlängerten EigtVorbeh dch SichergsAbtretg richtet sich nach dem VertrStatut, das für die RBeziehgen zw VorbehVerk u VorbehKäufer gilt, abw LG Hbg IPRspr **80** Nr 53, MüKo-Kreuzer Nach Art 38 Anh I Rn 93 (Recht am Sitz des VorbehKäufers).

9 **d)** Für **Sachen**, die sich **im Transport** befinden (res in transitu) od Reisegepäck gilt keine Sonderregelg, vgl Rn 2. Grdsl maßg ist auch für sie das Recht des Lageorts, dh insbes auch eines bloßen Dchgangslandes, zB für die Entstehg ges PfandRe od örtl VollstrMaßn. Die Anknüpfg für Transport**mittel** gem Art 45 gilt hier nicht. Auch eine abw RWahl ist nicht statth, vgl Rn 2. Die Anwendg des Rechts des Absende- od BestLandes kommt nur in Betr, wenn zu diesen im Einzelfall eine wesentl engere Verbindg iSv Art 46 besteht.

10 **4) Verbringung einer beweglichen Sache ins Inland**, Abs 3. Aus der Sicht des dtschen IPR regelgsbedürft sind vor allem die Probleme, die sich aus einem Statutenwechsel dch Verbringg einer bewegl Sache ins Inl ergeben. Abs 3 sieht desh für diesen Fall eine Sonderregelg vor, zur Begr vgl BT-Drucks 14/343 S 16. **a)** War ein dingl Recht an einer Sache nach dem Recht des bish Lageorts bereits **entstanden**, so bleibt es grdsl auch nach der Verbringg nach Dtschland mit der von der früh lex rei sitae empfangenen sachenr Prägg bestehen, vgl Rn 5, erhält aber fortan den im dtschen SachenR vorgesehenen Inh. Ein in Italien mündl vereinbarter EigtVorbeh, der nach dem ital c. c. nur zw den Part wirkt, entfaltet daher mit der Verbringg der Sache in die BRep absolute Wirkg nach den einschlägigen Grdsen des dtschen SachenR, vgl BGH **45**, 95. Abs 3 stellt klar, daß bei der Beurteilg des Bestehens eines dingl Rechts iR der dtschen SachenROrdng auch tats Vorgänge zu berücksichtigen sind, die unter der Herrsch einer ausl lex rei sitae eingetreten sind, zB Vereinbarg eines relativen EigtVorbeh, vgl Wagner IPRax **98**, 435; dieses Ergebn folgt aber bereits aus Abs 1 u 2.

11 **b)** War dagg ein dingl Recht bei Grenzübertritt nach der bish lex rei sitae noch **nicht entstanden**, kann seine Entstehg nur aus den nunm anwendb Vorschr des dtschen SachenR begründet werden. Inwieweit dabei auch **im Ausland** verwirklichte Tatbestände zu berücksichtigen sind, wäre an sich dch Auslegg der einschlägigen Best des BGB, zB §§ 929 ff od 937 ff zu beanworten. Abs 3 ordnet eine solche Berücksichtigg nunm **generell** an. Da diese Berücksichtigg ausl Tatbestde weitgehd auf tatsächl Ebene liegt, erscheint die Einordng dieser Sonderregelg als **einseitige Kollisionsnorm**, so BT-Drucks 14/343 S 16, zweifelh, aM Staudinger DB **99**, 1594. Im einzelnen folgt aus Abs 3 etwa, daß eine im Ausl verstrichene Besitzzeit auf den Lauf der Ersitzgsfrist nach § 937 anzurechnen ist od daß eine im Ausl geschl Einigg über den EigtÜbergang, die nicht widerrufen wurde, mit der Erlangg des Bes od eines BesSurrogats dch den Erwerber im Inl zu einem EigtErwerb nach §§ 929 f führt. Zu den allg RFragen beim grenzüberschreitden Versendgskauf vgl Rn 7 u 8.

12 **5) Enteignung. a)** Eine im **Ausland** erfolgte Enteigng ist zwar grdsl als wirks anzuerkennen, sie entfaltet aber keine Wirkgen über die Staatsgrenzen hinaus u ergreift nur Verm, das zum Ztpkt der Enteigng der GebietsHoh des enteigndn Staates unterliegt **(Territorialitätsprinzip),** BVerfG NJW **91**, 1600, BGH **25**, 134, **32**, 99, 256, **39**, 220, LG Hbg AWD **73**, 163, LG Braunschw DtZ **90**, 215, Hbg IPRspr **89** Nr 25, Einsele RabelsZ **87**, 614, einschränkd Coing WPM **82**, 378 (nur bei entschädiggsloser Konfiskation); für differenziertere AnerkenngsVorauss MüKo-Kreuzer Nach Art 38 Anh III Rn 16 ff. Für die Belegenh einer Fdg ist der Wohns des Schu maßg, BGH **5**, 35, **25**, 139, eine hyp gesicherte Fdg kann aber auch am Ort des belasteten Grdst belegen sein, BGH **LM** EG 7 ff (Enteigng) Nr 23 (typ Realkredit). Die Beschlagn der Fdg eines dtschen Gl gg ausländ Schu führt nicht zum Erlöschen der Fdg gg inländ Bürgen, BGH **31**, 168, **32**, 97. Auch ein MitSchu wird dch enteigngsbedgt Verlust der RückgrMöglk nicht ohne weiteres frei, BGH MDR **58**, 88. Bestehen bei der Enteigng einer Fdg greifb Anhaltspkte für eine Gefahr doppelter Inanspruchn des inländ Schu, kann diesem ein LeistgsVerweigergsR aus § 242 zustehen, BGH **23**, 337, **25**, 152, NJW **53**, 861,
13 MDR **55**, 404. Eine Enteigng des Schu befreit diesen nicht von seinen Verbindlk, BGH DB **62**, 768, Hilfe allenf über § 242 (Wegf der GeschGrdl, VertrHilfe) mögl, Soergel-v Hoffmann Anh III zu Art 38 Rn 30 f. Eine JP, die in ihrem Heimatstaat enteignet wird, besteht in der BRep hins des hier belegenen Verm als selbstd JP nach dtschem Recht in Form einer sog Rest- od **Spaltgesellschaft** (zu den Begr vgl BGH **33**, 199) fort, BGH **20**, 4, **25**, 134, **33**, 199, **43**, 55, WPM **84**, 1372, NJW-RR **90**, 167, DtZ **91**, 95, NJW-RR **92**, 168 (einen RsprÜberblick gibt Wiedemann FS Beitzke (1979) 811)), vgl ferner Ebenroth JZ **88**, 86, Einsele RabelsZ **87**, 603; krit Koppensteiner, Berichte der dtschen Gesellsch für VölkerR 13 (1974) 65, Czapski AWD **75**, 697, Flume FS Mann (1977) 143, Herdegen ZGR **91**, 550, einschränkd Coing WPM **82**, 378 (grdsl nur bei entschädiggsloser Enteigng). Sie kann auch solche VermWerte beanspr, die erst nach der Enteigng in die BRep gelangt sind, LG Hbg AWD **74**, 411, abl Meessen AWD **73**, 177. Macht der enteignde Staat eine gg die enteignete Gesellsch begründete Fdg nunmehr gg die SpaltG geltd, so kann dies rechtsmißbräuchl sein, BGH **56**, 66. Auch die Enteigng aller od fast aller MitglschRe an einer JP od die Absetzg

ihrer Organe dch HohAkt wirkt nicht über den Enteignerstaat hinaus, BGH **25**, 134, **32**, 256 m Anm Seidl-Hohenveldern JZ **60**, 705, BAG AP IPR Nr 2, dazu auch Beitzke JZ **56**, 673, Hahn FS Beitzke (1979) 491; eine SpaltG entsteht jedoch nur, wenn der enteignde Staat so viele MitglschRe besitzt, daß er das Untern vermögens- u verwaltgsm beherrscht, BGH WPM **71**, 1502; dies ist nicht der Fall, wenn nahezu die Hälfte der Anteile im PrivBes bleiben, BGH AWD **77**, 779, krit dazu Teich AWD **78**, 11, Hahn FS Beitzke (1979) 498. Bei völliger Enteigng geht Sitz im Enteigngsstaat verloren, zur Neubegründg eines inländ Sitzes ist konstitutiver Akt (zB Beschl der zust Organe) erforderl, BGH **29**, 328, **33**, 204, BGH **LM** UWG 16 Nr 40 a, NJW-RR **90**, 167; Rechte der Mitgl aber überall dort belegen, wo Gesellsch Verm besitzt, vgl BGH **20**, 13, LG Hbg AWD **74**, 410, Serick JZ **56**, 200. Auch die Beschlagn von in dtscher Hand befindl JP im Ausland in u nach dem 2. Weltkrieg erstreckt sich nicht auf inl VermWerte, sofern eine solche Erstreckg nicht dch AO der BesatzgsBeh od StaatsVertr erfolgt ist, BGH **25**, 127, BGH **LM** ÜberleitVertr Nr 3, WPM **76**, 1268, ferner Kuhn WPM **56**, 2. Dch Art 3 des VI. Teils des ÜberleitVertr, vgl dazu BGH **25**, 127, **32**, 170, LG Kln IPRax **96**, 419, Kln IPRspr **96** Nr 123 b, u Art 1 I (a), 2 I (a) AHKG 63, BGH **62**, 340, dazu Seidl-Hohenveldern JZ **75**, 80, wird die nachträgl Wirksk v Beschlagn, die bis zum Inkrafttr der Best noch nicht vollzogen waren, jedoch nicht begründet. Zur Haftg des enteignden Staates für die Verbindlk des betr Untern vgl Mann FS Zweigert (1981) 275. Eine entschädiggslose Enteigng verstößt bei Vorliegen der erfdl InlBeziehg gg den dtschen **ordre public,** Art 6 S 2 iVm GG 14, BGH **104**, 244 (vgl dazu Art 6 Rn 17), KG NJW **88**, 14
343, vgl dazu Einsele RabelsZ **87**, 618; ausr InlBeziehg aber zu verneinen, wenn die Enteigng nur Objekte im Gebiet des enteignden Staates betrifft, BVerfG NJW **91**, 1600, krit dazu Leisner ebda 1571, and KG NJW **88**, 343. Dagg genügt nach LG u OLG Brem AWD **59**, 105, 207 (indones Tabakstreit) u LG Hbg AWD **73**, 163 (chilen Kupferstreit) Völkerrechtswidrigk nicht, um Verstoß gg ordre public zu bejahen, Vorauss ist vielm auch eine enge Beziehg zu dtschen Interessen, vgl zur letzten Entsch Meessen AWD **73**, 177 u **74**, 494, Wuppermann AWD **73**, 505, Fickel AWD **74**, 69 u 584, krit Seidl-Hohenveldern AWD **74**, 421, ders FS Kegel (1977) 265, Behrens RabelsZ **73**, 428. Zur völkerrechtswidr Enteigng Mann NJW **61**, 705 u FS Duden (1977) 287, Wehser JZ **74**, 117, Doehring IPRax **98**, 465 (der Art 6 generell anwendet).

b) Diese Regeln galten auch im **innerdeutschen** KollisionsR; vgl dazu Armbrüster/Jopen ROW **89**, 332. 15
Zum Grds, daß Enteigngen u Beschlagn in der früh DDR nicht über ihr Territorium hinaus wirkten, BGH **5**, 37, **20**, 4 (betr Enteigng v MitglschRen an einer GmbH), **23**, 336, **31**, 168, LG Braunschw DtZ **90**, 214, vgl dazu auch Art 6 GrdVertr v 21. 12. 72 u dazu Drobnig RabelsZ **73**, 493; zur Frage des Verstoßes einer entschädiggslosen Enteigng gg den ordre public, vgl BVerfG NJW **91**, 1600, **96**, 1671, ferner BGH NJW **89**, 1352 (u dazu BVerfG NJW **92**, 1816) gg KG NJW **88**, 341 (vgl dazu Kreuzer IPRax **90**, 365), LG Braunschw DtZ **90**, 215, vgl auch Art 6 Rn 17; bei Enteigngen zZw des Mauerbaus wird dieser Verstoß bejaht, KG NJ **99**, 95. Die gleichen Grds galten auch für Eingr, die zwar nicht als Enteigng bezeichnet wurden, nach Tendenz u Wirkg aber einer solchen gleichzuachten waren, BGH **LM** RTAG Nr 1, BGH NJW **89**, 1353, KG NJW **88**, 341, Armbrüster/Jopen ROW **89**, 333, ebso für öffr VfgBeschrkgen (zB devisenr Art), die ledigl staatl Interessen dienten, BGH **31**, 367, aA Ffm NJW **72**, 398 m krit Anm Kohler, sowie Hirschberg ROW **72**, 55. Mit der Herstellg der staatl Einheit Dtschlands am 3. 10. 90 haben sich die Probleme der **extraterritorialen** Wirkg von Enteigngsmaßnahmen in der früh DDR erledigt. Umstr ist aber die Wirksamk dieser Maßn selbst; vgl dazu EiniggsVertr v 31. 8. 90 Art 41 u Anl III, sowie EALG v 27. 9. 94, BGBl 2624 u VermG v 23. 9. 90 idF der Bek v 21. 12. 98, BGBl 4026 nebst AnmeldeVO v 11. 7. 90, GBl (DDR) 718 idF der Bek v 11. 10. 90, BGBl 2162, geändert dch 2. VermRÄndG v 14. 7. 92, BGBl 1268 u dazu Motsch VIZ **99**, 441. Zum Ausschl der Rückabwicklg v Enteigngen auf besatzgshoheitl Grdl BVerfG NJW **91**, 1597 (dazu Leisner ebda 1569), KG DtZ **91**, 298, Märker VIZ **99**, 460; zur Wiederbelebg v dch Enteigng untergegangenen JPen vgl Drobnig FS Großfeld (1999) 161.

EG 44 *Grundstücksimmissionen.* **Für Ansprüche aus beeinträchtigenden Einwirkungen, die von einem Grundstück ausgehen, gilt Artikel 40 Abs. 1 entsprechend.**

1) Allgemeines. a) Die Vorschr regelt die Anknüpfg von Anspr, die auf GrdstImmissionen beruhen. Der 1
Begr „beeinträchtigde Einwirkgen, die von einem Grdst ausgehen" ist zwar in Anlehng an § 906 I gebildet u desh grdsl in diesem Sinn zu qualifizieren, vgl Rn 27 vor Art 3; wg des Fehlens der dort genannten Beispiele kann der Anwendgsbereich v Art 44 aber weiter gefaßt werden; auch sog Grobimmissionen, sowie negative u immaterielle Einwirkgen fallen darunter. Die Vorschr erfaßt vor allem grenzüberschreitde Immissionen in Form von Lärm, Entziehg v Licht u Luft, Luftverschmutzung, Geruchsbelästigg, Hitze, Funkenflug, Verunreinigg von Gewässern, Zuführg od Ableitg von Wasser, Entziehg v Grundwasser, Erschüttergen, radioaktive Strahlg, Erregern v Krankh, Beeinträchtigg des Empfangs v Rundfunk u Fernsehen, evtl auch Beeinträchtigg des ästhetischen od sittl Empfindens, zB dch Schrottplatz od BordellBetr. Allerdings muß es sich dabei um Einwirkgen handeln, die von einem **Grundstück** ausgehen. Art 44 enth eine Regelg des int NachbarR, vgl BT-Drucks 14/343 S 16. Eine mobile Störgsquelle genügt nicht; insow kommt nur die unmittelb Anwendg v EG 40 in Betr, zB bei gesundhschädl Lärmbelästigg. Dagg braucht sich die Beeinträchtigg nicht auf die Nutzg oder den Wert eines Grdst zu beziehen; dingl Berechtigg des Verl ist nicht erforderl, Wagner IPRax **98**, 435. In welcher Form die Beeinträchtigg sich manifestiert, ist gleichgült; in Betr kommt zB auch eine Störg der Gesundh od des seelischen Wohlbefindens. – **b)** Anspr aus derartigen beeinträchtigden Einwirkgen unter- 2
liegen nach Art 44 dem v Art 40 I berufenen **Tatortrecht**; die regelw Anknüpfgen des Deliktsstatuts gem Art 40 II, 41 u 42 bleiben außer Betr. Eine von der Tatortregel abw Anknüpfg ermöglicht aber die **Ausnahmeklausel** in Art 46, wenn im Einzelfall eine wesentl engere Verbindg zu einer and ROrdng besteht. Rück- u Weiterverweisg sind nur iR der Anknüpfg des Deliktsstatuts gem Art 40 I zu beachten, vgl Art 4 Rn 8 u 9. – **c)** Maßgebd ist also in erster Linie das Recht des Hdlgsortes, der idR mit dem Lageort des Grdst identisch sein wird. Der Verletzte kann aber stattdessen auch für das Recht des Erfolgsorts optieren, Art 40 I S 2; zum Begr des Erfolgsorts u zur Ausübg des WahlR vgl Art 40 Rn 4. Das TatortR gilt kraft der Verweisg in Art 44 für **sämtliche** Anspr, die auf GrdstImmissionen beruhen, also nicht nur SchadErsAnspr, sondern auch Anspr auf Beseitigg u Unterlassg. Für die Geltdmachg eines SchadErsAnspr gelten Art 40 III u IV entspr. – **d)** Die

einheitl Anknüpfg der deliktischen, nachbarrechtl u dem Eigt- od BesSchutz dienden Anspr aus grenzüberschreitden Immissionen vermeidet Anpassgs- u Qualifikationsprobleme. Sie stellt zudem die Anwendg des gleichen Rechts für alle Pers sicher, die dch die gleiche Immission verletzt werden, BT-Drucks 14/343 S 16.

3 **2)** Art 44 enth damit auch eine einheitl kollr Regelg für einen Teilbereich des **grenzüberschreitenden Umweltschutzes**, vgl dazu zuletzt Wandt VersR **98**, 529, Wolfrum/Langenfeld, Umweltschutz dch int HaftgsR (1999) 382. Ob eine im Ausl erteilte behördl Gen den Anspr ausschließen kann, entscheidet das TatortR, vgl Wandt VersR **98**, 537; zur Entschädigg bei staatsvertragl gestatteten grenzüberschreitden Immissionen vgl auch BGH **87**, 321. Zur Haftg ggü Dritten auf dem Gebiet der Kernenergie vgl Pariser Übk v 29. 7. 60 mit ZusatzÜbk v 31. 1. 63, jeweils nebst ZusatzProt v 28. 1. 64, BGBl **76** II 310 (Liste der VertrStaaten FundstellenNachw B 1999 S 418), sowie Prot v 16. 11. 82 zur Änderg des Übk v 29. 7. 60 bzw 31. 1. 63, BGBl **85** II 690, für die BRep in Kraft seit 7. 10. 88, Bek v 18. 1. 89, BGBl II 144 bzw seit 1. 8. 91, Bek v 7. 7. 95, BGBl II 657. Zur Haftg bei grenzüberschreitden Schäden aus Kernreaktorunfällen nach dem früh RZustd vgl noch AG Bonn NJW **88**, 1393, LG Bonn NJW **89**, 1225, Pelzer NJW **86**, 1664, Rest VersR **86**, 609 u 933, Kühne NJW **86**, 2139, Gornig JZ **86**, 979, Mansel IPRax **87**, 214, Gündling IPRax **88**, 338; bei Chemieunfällen Rest VersR **87** A 6, Ladeur NJW **87**, 1236. Zu den AbwehrAnspr dtscher Anlieger eines ausl Flughafens vgl LG Traunst u OLG Mü IPRspr **76** Nr 29, BGH DVBl **79**, 226, Waldshut-Tiengen UPR **83**, 14 u dazu ferner BVerfG **72**, 66.

EG 45 *Transportmittel.* **[I]Rechte an Luft-, Wasser- und Schienenfahrzeugen unterliegen dem Recht des Herkunftsstaats. Das ist**

1. bei Luftfahrzeugen der Staat ihrer Staatszugehörigkeit,
2. bei Wasserfahrzeugen der Staat der Registereintragung, sonst des Heimathafens oder des Heimatorts,
3. bei Schienenfahrzeugen der Staat der Zulassung.

[II]Die Entstehung gesetzlicher Sicherungsrechte an diesen Fahrzeugen unterliegt dem Recht, das auf die zu sichernde Forderung anzuwenden ist. Für die Rangfolge mehrerer Sicherungsrechte gilt Artikel 43 Abs 1.

1 **1) Allgemeines. a)** Die Vorschr enth eine SonderRegelg für die kollr Beurteilg der dingl RLage an Luft-, Wasser- u Schienenfahrzeugen, bei welchen wg des häuf wechselnden Lageorts die Anwendg der lex rei sitae nicht praktikabel ist. Zur Anwendg berufen wird stattdessen grdsl das Recht des **Herkunftsstaates.** Rück- u Weiterverweisg sind zu beachten, Art 4 I; bei der akzessorischen Anknüpfg nach Abs 2 S 1 gilt dies nicht, vgl Art 4 Rn 9. Bei wesentl engerer Verbindg zu einer and ROrdng ist diese maßg, Art 46. – **b)** Für **Kraftfahrzeuge** aller Art, insbes für LKW u Omnibusse, die im grenzüberschreitden Verk eingesetzt werden, gilt **keine** Sonderregelg, vgl BT-Drucks 14/343 S 17; insoweit bleibt es beim Recht des Lageorts, aM Spickhoff NJW **99**, 2214.

2 **2) Anknüpfung. a)** Bei **Luftfahrzeugen** aller Art, insbes Flugzeug, Zeppelin, Ballon, ist das Recht ihrer Staatszugehörigk anwendb, Abs 1 S 2 **Nr 1**, dh des Staates, in dem sie registriert sind; vgl dazu Art 17 des Übk v 7.12.44 über die int Zivilluftfahrt, BGBl **56** II 411, sowie §§ 103 ff G über Rechte an Luftfahrzeugen v 26. 2. 59, BGBl 57, 223; zu dem zgrdeliegden Übk v 19. 6. 48 über die int Anerkenng v Rechten an Luftfahrzeugen, vgl BGH NJW **92**, 363. – **b)** Bei **Wasserfahrzeugen** ist Herkunftsstaat nach Abs 1 S 2 **Nr 2** in erster Linie der Staat der Registereintragg; dementspr richten sich Erwerb u Verlust des Eigt an See- u Binnenschiffen, die in einem dtschen SchiffsReg eingetragen sind, nach dtschem Recht, SchiffsRG 1 II, sonst nach dem Recht des ausl RegStaates. Bei Eintragg eines Schiffes in versch Registern, entscheidet dasj, in dem dingl Re eingetragen werden, BT-Drucks 14/343 S 17. Bei nicht registrierten Schiffen, zB Sport- u Vergnüggsbooten, gilt das Recht des Heimathafens od Heimatorts, so auch BGH NJW **95**, 2098. Für Schiffsbauwerke, die noch keine Schiffe sind, gilt das Recht des Lageorts, Art 43 I. – **c)** Bei **Schienenfahrzeugen** ist Herkunftsstaat der Staat der Zulassg, Abs 1 S 2 **Nr 3**; anwendb ist also idR das Recht am Sitz des betr Eisenbahnunternehmens, vgl BT-Drucks 14/343 S 17.

3 **3) Sonderanknüpfung gesetzlicher Sicherungsrechte,** Abs 2. **a)** Für die **Entstehung** ges SichergsRe an Luft-, Wasser- u Schienenfahrzeugen gilt an Stelle des Rechts des Herkunftsstaates nach Abs 2 **Satz 1** das Statut der zu sichernden Fdg. Diese akzessorische Anknüpfg dingl SichergsRe stellt eine systemwidr Ausn im dtschen int SachenR dar, vgl Art 43 Rn 4. Sie hat ihren Grd in der matr Akzessorietät dieser Rechte u in ihrer Entstehg kr Ges ohne besitzm Legitimation, vgl BT-Drucks 14/343 S 18. Die praktische Bedeutg dieser Regelg beschränkt sich im wesentl auf **Schiffsgläubigerrechte**, vgl Wagner IPRax **98**, 436, kritisch zu dieser Anknüpfg Puttfarken RabelsZ **98**, 787; für diese entspricht die Anwendg des Schuldstatuts der gesicherten Fdg der bish Rspr der hanseatischen OLG, vgl zuletzt Hbg RIW **90**, 225, Brem IPRspr **94** Nr 60. Für Luftfahrzeuge gilt eine gem Art 3 II vorrangige Sonderregelg in dem Übk v 19. 6. 48 über die int Anerkenng v Rechten an Luftfahrzeugen, BGBl **59** II 129; zum Kreis der VertrStaaten vgl FundstNachw B 1999 S 287; vgl dazu auch LuftfzRG 103 f. Eine entspr staatsvertragl Regelg der Anknüpfg v SchiffsglRen existiert derzeit
4 nicht, vgl dazu Wagner IPRax **98**, 436. – **b)** Die Anknüpfg an das Statut der gesicherten Fdg gewährleistet eine einheitl Beurteilg v Fdg u Sichergsmittel, die auch einen etwaigen Flaggenwechsel überdauert; sie ermöglicht jedem Gl die rasche Beurteilg seiner eigenen RLage. Über die **Rangfolge** versch SichergsRe entscheidet nach Abs 2 **Satz 2** der jew **Lageort** des Schiffes, Art 43 I; liegt das Schiff in dtschen Gewässern, gilt also insow dtsches Recht; iErg führt diese Anknüpfg regelm zur Anwendg der lex fori, vgl BT-Drucks 14/343 S 18, sofern nicht ausnw die AusweichKl einer wesentl engeren Verbindg anzuwenden ist, Art 46.

EG 46 *Wesentlich engere Verbindung.* **Besteht mit dem Recht eines Staates eine wesentlich engere Verbindung als mit dem Recht, das nach den Artikeln 43 bis 45 maßgebend wäre, so ist jenes Recht anzuwenden.**

1) Allgemeines. Die Neuregelg des int SachenR dch das IPR-G v 21. 5. 99, BGBl 1026, vermeidet starre Anknüpfgsregeln, die keiner Ausn zugängl sind. Ebenso wie in Art 41 für den Bereich der ges SchuldVerhe ermöglicht auch Art 46 die Anwendg einer ROrdng mit welcher eine **wesentlich engere Verbindung** besteht als mit dem v den „normalen" KollNormen der Art 43–45 berufenen Recht. Die **Ausweichklausel** gilt im **gesamten** Bereich des int SachenR, also auch bei den Sonderanknüpfgen der Art 44 u 45, vgl Wagner IPRax **98**, 437. 1

2) Voraussetzungen. a) Die Formulierg des Art 46 entspricht der des Art 41. Eine einfache Übertragg der dort geltden Grdse wäre aber nicht sachgerecht. Die Anknüpfgen des int SachenR müssen in bes Weise auch die Interessen des allg RVerkehrs berücksichtigen; das für die dingl RLage maßg Recht muß also nicht nur für die unmittelb betroffenen Part, sondern auch für Dritte einfach u zuverläss zu ermitteln sein. Von der AusweichKl des Art 46 ist desh noch **zurückhaltender** Gebr zu machen als von der des Art 41. Nur wenn die allg Anknüpfgsregeln „zur Anwendg extrem sachferner Rechtsordngen" führen, empfiehlt sich eine Korrektur des Ergebn mH dieser Vorschr, vgl dazu BT-Drucks 14/343 S 18 f. – **b)** Wann dies in Betr kommt, läßt sich nicht in präzise Formeln kleiden. Entscheidd sind sämtl Umste des Einzelfalls; dabei ist insbes auch zu prüfen, ob VerkInteressen Dritter zG der bes Interessen der Part ausnw hintangestellt werden dürfen. Ist dies der Fall, könnte mH der AusweichKl auch eine v den Part getroffene RWahl als Indiz für das Vorliegen einer wesentl engeren Verbindg gewertet werden, vgl dazu BT-Drucks 14/343 S 19 (mit Wirkg nur inter partes), Staudinger DB **99**, 1594. Dabei wird es sich aber um eine seltene Ausn handeln; die grdsl Entscheidg des GesGebers **gegen** die Zulassg einer RWahl im int SachenR darf auf diesem Weg nicht umgangen werden. 2 3

Zweiter Teil. Verhältnis des Bürgerlichen Gesetzbuchs zu den Reichsgesetzen

(nicht abgedruckt)

Dritter Teil. Verhältnis des Bürgerlichen Gesetzbuchs zu den Landesgesetzen

1) Die privatrechtlichen Vorschriften der Landesgesetze sind am 1. 1. 1900 außer Kraft getreten, soweit nicht im BGB od in den Art 56–152 EG ein and bestimmt ist (Art 55). Die meisten Vorbeh in den Art 56 ff sind aufgehoben od prakt überholt. Prakt Bedeutg haben im wesentl nur noch die nachfolgd abgedruckten u knapp kommentierten Art 64, 96, 99, 120 u 124. Vgl zu den übrigen Vorschr die 55. Aufl u den Text im Schönfelder Nr 21. 1

2) Zur Anpassg an das BGB haben die Länder **Ausführungsgesetze** erlassen. Diese sind 2
1. Baden-Württemberg: AGBGB v 26. 11. 74 GVBl 498 zuletzt geändert dch G v 30. 11. 87 GVBl 534. – **2. Bayern:** AGBGB v 20. 9. 82 BayRS 400–1-J. – **3. Berlin:** *Pr*AGBGB 20. 9. 99 GS 176 zuletzt geändert dch Art VI G v 26. 1. 93 GVBl 40. – **4. Bremen:** AGBGB v 18. 7. 99 Slg 400-a-1. – **5. Hamburg:** AGBGB idF v 1. 7. 58 GVBl 195. – **6. Hessen:** AGBGB v 18. 12. 84 GVBl 344. – **7. Niedersachsen:** AGBGB v 4. 3. 71 GVBl 73 idF v 14. 7. 72 GVBl 387. – **8. Nordrhein-Westfalen:** *Pr*AGBGB v 20. 9. 99 GS 176. – **9. Rheinland-Pfalz:** AGBGB v 18. 11. 76 GVBl 259. – **10. Saarland:** *Pr*AGBGB v 20. 9. 99 GS 176. – **11. Schleswig-Holstein:** AGBGB v 27. 9. 74 GVBl 357.

In der DDR sind die AGBGB der Länder dch das EGZGB aufgehoben worden. Da EinigsV 8, EG Art 230 nur BRecht betreffen, sind die AGBGB in den neuen BLändern nicht wieder in Kraft getreten (Wilke DNotZ **96**, 294, MüKo/Säcker Rn 3, aA Dehner DtZ **91**, 108, Janke DtZ **92**, 311/314).

EG 64 *Anerbenrecht.* **I Unberührt bleiben die landesgesetzlichen Vorschriften über das Anerbenrecht in Ansehung landwirtschaftlicher und forstwirtschaftlicher Grundstücke nebst deren Zubehör.**

II Die Landesgesetze können das Recht des Erblassers, über das dem Anerbenrecht unterliegende Grundstück von Todes wegen zu verfügen, nicht beschränken.

1) Bedeutung des Vorbehalts. Bestehen bleiben **(I)** soll das in den Ländern historisch, aber uneinheitl gewachsene bäuerl ErbR, dessen Ziel es ist, daß ein landwirtschaftl Hof nebst Zubehör u Bestandteilen zur Erhaltg der wirtschaftl Einheit stets nur einem Erben (dem Anerben) zufällt. AnerbenR ist dabei weit zu verstehen u umfaßt jede rechtl Ausgestaltg der Hofnachfolge, also sowohl die unmittelbare dch Sondererbfolge außerhalb des BGB (HöfeR im engeren Sinne) als auch die mittelbare dch ein ÜbernahmeR ggü den MitE im Rahmen der Erbteilg (HöfeR im weiteren Sinn; s § 1922 Rn 9). Die Landesrechte können aber nicht mehr das Recht des Erbl zur Vfg vTw über das dem AnerbenR unterliegende Grdst beschränken **(II).** Der Vorbehalt wird also dch die Gewährleistg der **Testierfreiheit** (dazu § 1937 Rn 3) wesentl eingeschränkt. Deshalb kann ungeachtet einer landesrechtl Hoferbenordng der Erbl gleichwohl den ungeteilten Übergang des Hofes ausschließen (str), aber auch nur einen anderen als den gesetzl Anwärter zum Hoferben bestimmen (Staud/Promberger/Schreiber Rn 34 ff). Der Landesgesetzgeber kann aber nach eigenem Ermessen bestimmen, ob, unter welchen Voraussetzgen, nach welcher Berechngsart u in welcher Höhe etwas auszugleichen ist, wobei allerd GG 3 zu beachten ist. 1 2

2) Rechtsentwicklung. In der Zeit von 1933 bis 24. 4. 47 wurden die AnerbenRe der Länder dch das RErbhofG vom 29. 9. 33 (RGBl I 685) u die dazu erlassenen VOen (mit geringen Ausn) außer Kraft gesetzt u zwangsweise für alle „Erbhöfe" im ganzen Reichsgebiet ein einheitl AnerbenR eingeführt, das die Testier- 3

Freih des Erbl weitgehend beseitigte u die Rechte der weichenden Erben zugunsten des Hoferben stark
4 einschränkte. Durch **Kontrollratsgesetz Nr 45** vom 20. 2. 47 (KRABl 256; abgedruckt bei Ferid/Firsching „Dtschl" Texte B I Nr 10) wurde die gesamte Erbhofgesetzgebg aufgehoben (Art I) u die am 1. 1. 33 geltenden LandesRe wieder in Kraft gesetzt, soweit sie nicht gesetzl Vorschr des Kontrollrats widersprachen (Art II, III); nur auf die bei Inkrafttreten am 24. 4. 47 bereits geregelten Nachlässe ist das RErbhofG noch anzuwenden (Art. XII II KRG Nr. 45; s dazu Rostock AgrarR **93**, 254; Brdbg FamRZ **98**, 1619). Von der gleichzeit den Zonenbefehlshabern erteilten Ermächtigg, Abändergs- u Durchführgsbestimmgen zu erlassen, wurde nur in der *brit Zone* Gebr gemacht, indem dch MRVO Nr 84 vom 24. 4. 47 dort eine *HöfeO* eingeführt wurde (VOBl BRZ 33). Zur REntwicklg in der fr DDR s Rn 8. – Das KRG 45 hat in der BRD
5 seine Wirksamk (mit Ausn der ÜbergangsVorschr in Art XII 2) am 1. 1. 62 aGrd des **GrdstVG** verloren; die Fortgeltg der aGrd KRG 45 II wieder in Kraft gesetzten Vorschr blieb jedoch unberührt (GrdstVG 39 III). Für das Gebiet der DDR ist es am 20. 9. 55 dch RegiergsErkl der UDSSR außer Kr getreten; damit war auch die Aufhebg etwa noch fortgeltden AnerbenR verbunden (Thür OLG OLG-NL **97**, 153).

6 **3) Die Höfeordnung** der *brit Zone* (Rn 5) gilt seit 1. 7. 76 auf der Grdlage des 2. G zur Änderg der HöfeO (BGBl 76 I 881) in den Ländern **Hamburg, Niedersachsen, Schleswig-Holstein** und **Nordrhein-Westfalen** als partielles BundesR (GG 72 II Nr 3), wobei die Zuständigk des Bundes aus GG 74 Nr 1 hergeleitet wurde. Nach den ÜbergangsVorschr (Art 3 §§ 1–5) gilt diese Neufassg in allen Erbfällen ab 1. 7. 76, auch wenn Vereinbargen od letztw Vfgen davor erfolgt sind (BGH NJW **94**, 3167). Es handelt sich um ein fakultatives HöfeR. Danach unterliegen der Sondererbfolge (s § 1922 Rn 9) alle Höfe, sofern sie einen WirtschWert von 20 000 DM aufwärts haben (§ 1). Eine landwirtsch od forstwirtsch Besitzg von weniger als 20 000 DM, mind jed 10 000 DM WirtschWert wird Hof, wenn der Eigtümer erklärt, daß sie Hof sein soll u der Hofvermerk im GrdBuch eingetragen wird (§ 1 I, III, VI, VII; HöfeVfO 2 ff). Die HofErkl ist RGesch unter Lebenden u keine Vfg vTw (BGH AgrarR **76**, 350). Eine partielle HofErkl in dem Sinn, daß einzelne Grdst ausgenommen werden können, ist nicht mögl (BGH **106**, 245; bestr). Eine Höferolle gibt es nicht. Über Bestandteile des Hofes s § 2 (dazu Nordalm, AgrarR **77**, 108), über Hofzubehör § 3. – **Verlust** der Hofeigensch tritt dch „negative" HofErkl (die auch für alle RNachfolger wirkt, BGH **118**, 356; NJW-RR **99**, 945) u Löschg des Hofvermerks im GBuch ein (§ 1 IV–VII); die Erkl ist vom Eigtümer abzugeben, aber schon beachtl, wenn alle als RNachfolger in Betr kommenden Personen sie in gebotener Form (§ 4 II) abgeben (BGH NJW-RR **98**, 361); berecht ist auch der VorE als AlleinEigtümer ohne Zustimmg des NachE, selbst wenn er erst dch Erwerb des Anteils eines MitE AlleinEigt erworben hat (BGH FamRZ **91**, 1289). Er führt zum Ausschluß der Sondererbfolge, auch wenn zuvor der Eigentümer den HofE bindend bestimmt hatte (BGH FamRZ **88**, 497; NJW **88**, 710 mAv Otte 672 u Kroeschell JR **89**, 418). Welche Rechte sich für den Begünstigten dann ergeben, hängt von der Art der jeweils eingegangenen Bindg ab (ÜbergabeVertr od -VorVertr; ErbV; vgl BGH aaO).

7 **4) Landesrechtliche Sonderregelungen,** die mit GG 14 vereinb u dah verfassgsgem sind (BVerfG **15**, 139), gibt es nur in 4 der übr Bundesländer, näml in **Bremen** (HöfeG), **Hessen** (Hess LandgüterO), **Rheinland-Pfalz** (HöfeO) u **Baden-Württemberg** (dort jeweils eigene für die Landesteile der früh Länder Baden, Württ-Baden u Württ-Hohenzollern; zu letzteren s Sick ZEV **94**, 242; BGH NJW **94**, 3221; beide
8 württemb AnerbenRe treten am 31. 12. 2000 aGr 3. RBerG außer Kr, GVBl **97**, 29). – Dagg ist **kein** landwirtschaftl ErbR in *Bayern* (dazu Mü Rpfleger **81**, 103), *Berlin* u im *Saarland* eingeführt worden; in *Bay* ist aber eine Anerbensitte in Form der lebzeit Hofübergabe weit verbreitet (vgl Kreuzer AgrarR **90** Beilage II; BVerfG NJW **95**, 2977). Auch in den neuen Bundesländern gelten derzeit grdsl keine AnerbenRe, weil die fr DDR aGr ihrer Verfassg vom 7. 10. 49 auf ihrem Gebiet AnerbenG der Länder als ggstandslos betrachtet (Celle VIZ **96**, 53; Jena OLG-NL **97**, 153; Adlerstein/Desch DtZ **91**, 193/200) u bestimmte AnerbenR dch EGZGB 15 II später noch ausdrückl aufgehoben hat; in *MecklVP* auch noch dch AufhebgsG vom 24. 8. 51 (RegBl **51**, 84; dazu Rostock Neue Justiz **93**, 563; AG Pinnebg DtZ **92**, 300). Zweifelh kann somit allenf die Geltg nicht ausdrückl aufgehobener LandesR sein (betrifft Brandenbg u den früh schles Teil von Sachsen; s Lange/Wulff/Lüdtke-Handjery, HöfeO, 9. Aufl S 590; Brdbg FamRZ **98**, 1622; Bendel AgrarR **91**, 1).

EG 96 *Altenteilsverträge.* **Unberührt bleiben die landesgesetzlichen Vorschriften über einen mit der Überlassung eines Grundstücks in Verbindung stehenden Leibgedings-, Leibzuchts-, Altenteils- oder Auszugsvertrag, soweit sie das sich aus dem Vertrag ergebende Schuldverhältnis für den Fall regeln, daß nicht besondere Vereinbarungen getroffen werden.**

1 **1)** Das **Altenteil** usw ist gesetzl nicht definiert; der Begriff wird zB in EG 96, GBO 49, EGZVG 9, ZPO 850 b, GVG 23 Nr 2 g vorausgesetzt. **Einzelheiten** (vgl auch Wolf MittBayNot **94**, 117; Weyland RhNK **97**, 15 zu 3.1): – **a)** Es ist ein vertragl od dch letztwill Vfg (RG JW **35**, 3040) zugewandter **Inbegriff von Nutzungen u Leistungen** an einen Berecht (der nicht VertrPart sein muß; BGH NJW **62**, 2249) iVm einem Nachrücken des Verpflichteten dch GrdstÜbern in eine die Existenz zumind teilw begründde WirtschEinh (BGH NJW-RR **89**, 451; Zweibr NJW-RR **94**, 209). Eine einzige Nutzg/Leistg (zB WohngsR) kann
2 ausreichen (Hamm Rpfleger **86**, 270; LG Frankth Rpfleger **89**, 324). – **b)** Die Nutzgen/Leistgen müssen der langfrist **persönlichen Versorgung** des Berecht dienen (Hamm Rpfleger **86**, 270). Dafür ist die dch die (nicht notw verwandtsch) Beziehgen der Beteil geprägte soziale Motivation maßg (BGH RdL **81**, 163; BayObLG **93**, 192; Schlesw Rpfle er **80**, 348; Köln DNotZ **90**, 513; LG Kiel SchlHA **86**, 87). Kein Altenteil idR bei ggseit Vertr mit beiderseits gleichwert Leistgen (BGH DNotZ **82**, 45; NJW-RR **89**, 451; Köln RPfleger **92**, 431); zB Verrentg des wertangem GrdstKaufpr im Ggs zu Leistg entspr dem Bedarf (KG MDR **60**, 234). Versorggszweck fehlt auch, wenn dem Berecht die eigenwirtsch Tätigk gesichert werden soll; zB
3 TotalNießbr am GrdVermögen des Verpflichteten (BayObLG **75**, 132). – **c)** Die Versorgg muß nicht us einem Grdst (bzw MitEAnt; Düss JMBl NRW **61**, 232) zu gewähren sein (BayObLG **93**, 192), aber eine **Verknüpfung des Berechtigten mit dem Grundstück** bezwecken (Hamm Rpfleger **86**, 270; BayObLG **94**, 12). Daran fehlt es, wenn Nießbr alleiniges Recht u nicht nur Bestandt (Hamm OLGZ **69**, 380; BayObLG **75**,

132). Grdst kann städtisch sein (BGH DNotZ **82**, 45; Köln RPfleger **92**, 431). – **d) Überlassung des** 4
Grundstücks an Verpflichteten nicht notw (RG **162**, 52); vgl aber Rn 5. – **e)** Rein **schuldrechtliches Altenteil** ohn dingl Sicherg (vgl Rn 6) mögl (BGH **53**, 41; BayObLG **75**, 132). – **f) Änderung** wg Wegfalls der GeschGrdLage vgl § 1105 Rn 10. Künd aus wicht Grd: BayObLG **93**, 192. Umwandlg von Natural- in Geldleistg bei Umzug in Alten/Pflegeheim: Hamm DNotZ **99**, 719.

2) Der **Schuldrechtliche Altenteilsvertrag** unterliegt der VertrFreih. Das LandesR kann ergänzde 5
schuldrechtl Bestimmgen für den Fall vorsehen, daß das Grdst dem Verpflichteten überlassen wird. – **Landesrecht:** *BaWü:* AGBGB 6–17; *Bay:* AGBGB 7–23; *Bln* PrAGBGB 15; *Brem:* AGBGB 27; *Hbg:* keine Vorschr; *Hess:* AGBGB 4–18; *Nds:* AGBGB 5–17; *NRW* PrAGBGB 15, lippAGBGB 23; *RhPf:* AGBGB 2–18; *Saarl:* AGJuG 6 ff; *SchlH:* AGBGB 1–12. Vgl auch HöfeO 14 II.

3) Die **dingliche Sicherung** unterliegt nur dem BGB (dazu Nieder BWNotZ **75**, 3); es gibt kein einheitl 6
dingl AltenteilsR. So kann zB ein NutzgsR am Garten dch Nießbr (BayObLG **75**, 132), ein Anspr auf Geldrente u Versorgg dch Reallast (Ffm OLGZ **72**, 175), ein WohngsR dch Dbk nach BGB 1090–1092 od 1093 od Reallast (vgl Übbl 3 vor BGB 1105; Böhringer BWNotZ **87**, 129) u ein Anspr auf Geldabfindg dch GrdPfdR (KGJ **53**, 166) gesichert werden. – **a)** Im **Grundbuch** können nach GBO 49 in Erweiterg von 7
BGB 874 die dingl Rechte (auch wenn nur eins bestellt) als Altenteil usw zufassd eingetr werden, wenn zu ihrer näheren Bezeichng auf die hinreichd bestimmte (Zweibr MittBayNot **96**, 211) EintrBew Bezug gen wird. Die zusgefaßten EinzelRe können unterschiedl Rang haben (LG Traunst MittBayNot **80**, 65). Für mehrere Berecht (dazu Meder BWNotZ **82**, 36) als GesamtGläub eintragb (BayObLG **75**, 191); Angabe des GemschVerh gem BGB 874 genügt (BGH **73**, 211). Bei Eintr auf mehreren Grdst ausreichd u erforderl, daß EintrBew ergibt, welche EinzelRe auf welchen Grdst lasten (Hamm DNotZ **76**, 229). Ein Altenteil, das einheitl für mehrere in ihm zusgefaßte Rechte auf mehreren Grdst eingetr werden soll, darf bzgl der in ihm enthaltenen Dbk nicht für solche Grdst bewilligt werden, auf denen sich keine für die Benutzg infrage kommden Einrichtgen befinden (Hamm DNotZ **76**, 229; für WohngsR vgl BGB 1093 Rn 6). Erleichterg der Löschg gem GBO 23, 24 (vgl dazu BayObLG Rpfleger **83**, 308); Rückstände iSv GBO 23 hier auch bei WohngsR mögl, wenn zB LandesR (vgl Rn 5) bei Wegzug Geldrente gibt (Gantzer MittBayNot **72**, 6) od bei NutzgsR an Garten u PflegePfl (LG Bremen DNotZ **70**, 109; LG Köln RhNK **82**, 15). – **b)** In der 8
Zwangsversteigerung erlöschen eingetr Altenteile usw nicht (EGZVG 9; dazu Hagena BWNotZ **75**, 73; Drischler Rpfleger **83**, 229); maßg ist nicht wörtl Bezeichng als Altenteil usw, sond sachl Inhalt von Eintr u EintrBew (Hamm Rpfleger **86**, 270). Erlöschen uU als VerstBdgg beantragb (dazu Hagena Rpfleger **75**, 73).

EG 99 *Sparkassen.* **Unberührt bleiben die landesgesetzlichen Vorschriften über die öffentlichen Sparkassen, unbeschadet der Vorschriften des § 808 des Bürgerlichen Gesetzbuchs und der Vorschriften des Bürgerlichen Gesetzbuchs über die Anlegung von Mündelgeld.**

Die öffrechtl Grds des Kredit- u SparkWesens sind im auch für öffentl Spark geltden KWG geregelt. Es 1
unterstellt alle KreditInst, dh auch die Spark der staatl Aufs des BAufsAmtes für das Kreditwesen (§ 6), läßt aber eine etwa bestehde and staatl Aufs unberührt (§ 52). Landesrechtl Vorschr bleiben nur insow zul, als sie dem KWG nicht entggstehen (§ 62). Die Bezeichng „Sparkasse" dürfen nur öffrechtl Spark führen, die eine Erlaubn des BAufsAmts erh haben, sowie and Untern, die bei Inkrafttr des KWG eine solche Bezeichng nach den bish Vorschr geführt haben (§ 40 I; zu unterscheiden von Bauspark, Spar- u DarlKassen, s § 40 II). – Was als öff Spark iS des Art 99 anzusehen ist, bestimmt sich nach LandesR (RGZ **117**, 261; s die SparkG der Länder). Es handelt sich um öffrechtl Spark (meist öffrechtl Anstalten) od priv, aber als öffentl anerk Spark (s KWG 10 I Nr 4). Für sie kann das LandesR iR des Art 99 u des KWG das priv u öffentl SparkR regeln. Bevorzugg ggü and KreditInst bedarf wg GG 3 I einer sachl Rechtfertigg (BVerfG NJW **83**, 2811: verneint für GBEinsicht). Im PrivR schließt Art 99 Abw ggü BGB 808 (betr insb die SparkBücher, § 808 Rn 6 ff; zum Aufgeb s EG 102 II), u BGB 1807 ff (Anlegg von Mündelgeld) aus; zum landesrechtl Vorbeh des § 1807 I Nr 5 dort Rn 7.

EG 120 *Unschädlichkeitszeugnis.* **I Unberührt bleiben die landesgesetzlichen Vorschriften, nach welchen im Falle der Veräußerung eines Teiles eines Grundstücks dieser Teil von den Belastungen des Grundstücks befreit wird, wenn von der zuständigen Behörde festgestellt wird, daß die Rechtsänderung für die Berechtigten unschädlich ist.**

II Unberührt bleiben die landesgesetzlichen Vorschriften, nach welchen unter der gleichen Voraussetzung:

1. im Falle der Teilung eines mit einer Reallast belasteten Grundstücks die Reallast auf die einzelnen Teile des Grundstücks verteilt wird;
2. im Falle der Aufhebung eines dem jeweiligen Eigentümer eines Grundstücks an einem anderen Grundstück zustehenden Rechts die Zustimmung derjenigen nicht erforderlich ist, zu deren Gunsten das Grundstück des Berechtigten belastet ist;
3. in den Fällen des § 1128 des Bürgerlichen Gesetzbuchs und des Artikel 52 dieses Gesetzes der dem Eigentümer zustehende Entschädigungsanspruch von dem einem Dritten an dem Anspruch zustehenden Recht befreit wird.

1) I deckt auch die Erteilg von UnschädlkZeugn, wenn eines von mehreren gesamtbelasteten Grdst 1
veräußert wird (BGH **18**, 296). – Gilt auch bei ErbbR (BayObLG **62**, 396; LG Lüb SchlHA **65**, 216); auch bei MitEigtAnteilen (BayObLG **65**, 466) u WohngsEigt (BayObLG NJW-RR **88**, 592 [Einräumg von SondernutzgsR]; BayObLG WuM **93**, 689 [Umwandlg von GemschE in SE]). Belastgen iSv I sind: Überbau- u Notwegrenten, GrdPfdRe, Dbk, Reallasten u Vormkgen für diese Rechte; nicht aber ErbbR, VfgsBeschrkg (LG Ffm Rpfleger **86**, 473), AuflVormkg. Formeller Vorbeh: GBO 117.

2 **2) Landesgesetze:** *BaWü* AGBGB 22–28. – *Bay* UnschädlichkZeugnG (BayRS 403–2-J); dazu BayObLG MittBayNot **81**, 136. – *Brdbg* G v 8. 1. 96 (GVBl 2) – *Brem* AGBGB 23. – *Hbg* AGBGB 35–42. – *Hess* G v 14. 11. 57 (GVBl 145). – *Nds* G idF v 7. 6. 90 (GVBl 155). – *NRW* G v 29. 3. 66 (GV 136). – *RhPf* G v 24. 3. 65 (GVBl 53), zuletzt geändert dch AGBGB 26. – *Saarl* G v 25. 1. 67 (ABl 206). *Sachs* G v 12. 12. 97 (GVBl 638) §§ 37–45; dazu Thomas/Schlüter VIZ **98**, 183. – *SAnh* G v 4. 2. 93 (GVBl 40). – *SchlH* AGBGB 14, 15. – *Thür* G v 3. 1. 94 (GVBl 10).

EG 124

Nachbarrecht, Eigentumsbeschränkungen. **Unberührt bleiben die landesgesetzlichen Vorschriften, welche das Eigentum an Grundstücken zugunsten der Nachbarn noch anderen als den im Bürgerlichen Gesetzbuch bestimmten Beschränkungen unterwerfen. Dies gilt insbesondere auch von den Vorschriften, nach welchen Anlagen sowie Bäume und Sträucher nur in einem bestimmten Abstand von der Grenze gehalten werden dürfen.**

Schrifttum: Dehner, NachbR in der BRep (ohne Bay) 7. Aufl 1991. – Vgl weiter zu Rn 2.

1 **1) Allgemeines.** Das LandesR kann nur weitere Beschrkgen des Eigt od MitEigt (BGH **29**, 376) einführen, nicht aber das BGB ändern. Beseitiggs Anspr der LNachbRG schließen daher Anspr aus BGB 823 II bei gleichzeit Verletzg von SchutzG nicht aus (BGH **66**, 354); Geltdmachg kann entspr § 1004 Rn 38 RMißbr sein (BGH DB **77**, 908).

2 **2) Landesrecht. – a) Nachbarrechtsgesetze:** *BaWü* idF v 8. 1. 96 (GBl 54). Schrift: Vetter/Karremann/Kahl, 17. Aufl 1996; Pelka, 16. Aufl 1993. – *Bay* AGBGB v 20. 9. 82 (BayRS 400-1-J) Art 43–54. Schriftt: Bayer/Lindner/Grziwotz, 2. Aufl 1994; Meisner/Ring/Götz, 7. Aufl 1986; Stadler, 5. Aufl 1991. – *Bln* G v 28. 9. 73 (GVBl 1654). Schriftt: Kayer, 1998 – *Brdbg* G v 28. 6. 96 (GVBl 226); Schriftt: Postier, 2. Aufl 1998. – *Brem* AGBGB 24. – *Hess* G v 24. 9. 62 (GVBl 417). Schriftt: Hodes/Dehner, 4. Aufl 1986; Hoof/Keil, 17. Aufl 1997. – *MecklVP* s Dehner DtZ **91**, 108; Janke DtZ **92**, 311. – *Nds* G v 31. 3. 67 (GVBl 91), letztes ÄndG v 19. 9. 89 (GVBl 345). Schriftt: Hoof, 9. Aufl 1997; Lehmann, 3. Aufl 1978; Pardey, 1999. – *NRW* G v 15. 4. 69 (GV 190). Schriftt: Dröschel/Glaser, 5. Aufl 1984; Schäfer, 11. Aufl 1997. – *RhPf* G v 15. 6. 70 (GVBl 198). Schriftt: Bauer/Schlick, 5. Aufl 1998. – *Saarl* G v 28. 2. 73 (AmtsBl 210). Schriftt: wie RhPf. – *Sachs* G v 11. 11. 97 (GVBl 582). Schriftt: Schäfer, 1998; Thomas/Schlüter, 1998. – *SAnh* G v 13. 11. 97 (GVBl 958). Schriftt: Eidam, 1998; Fruhner, 1998; Pardey, 1998. – *SchlH* G v 24. 2. 71 (GVBl 54) zuletzt geändert dch G v 19. 11. 82 (GVOBl 256). Schriftt: Bassenge/Olivet, 10. Aufl 1996. – *Thür* G v 22. 12. 92 (GVBl Nr 31). Schriftt: Bauer/Hülbusch/Rottmüller, 3. Aufl 1997; Schäfer, 1995;
3 Stollwerk, 1998. – **b) Waldgesetze** (§ 903 Rn 32) enthalten zT Vorschr über WaldnotwegR (vgl § 917 Rn 1). – **c) Wassergesetze** (EG 65 Rn 3) enthalten zT Vorschr über Veränderg u Aufn wild abließdn Wassers (zB *BaWü* 81; *Bay* 63; *NRW* 78; *RhPf* 82, *SchlH* 60, 61).

4 **3) Regelungsgegenstände** der NachbRG (Rn 2) **Nachbarwand** (§ 921 Rn 5): – **Grenzwand** (§ 921 Anm 3). – **Hammerschlags- u Leiterrecht** (*BaWü, Bln, Brdbg, Hess, Nds, NRW, RhPf, Saarl, Sachs, SAnh, SchlH, Thür*). – **Licht- u Fensterrecht** (*BaWü, Bay, Brdbg, Hess, Nds, NRW, RhPf, Saarl, Sachs, SAnh, SchlH*). – **Bodenerhöhungen** (*BaWü, Bln, Brdbg, Nds, NRW, RhPf, Saarl, Sachs, SAnh, SchlH, Thür*). – **Aufschichtungen** an der Grenze (*BaWü, NRW, Sachs*). – **Niederschlagswasser** (*BaWü, Brdbg, Hess, Nds, NRW, RhPf, Saarl, Sachs, SAnh, SchlH, Thür*). – **Grundwasser** (*Hess, Nds, Sanj, SchlH*). – **Wild abfließender Wasser** (*Brdbg, Hess, Nds, Saarl, SAnh;* vgl auch Rn 3). – **Einfriedigung** (*BaWü, Bln, Brdbg, Hess, Nds, NRW, RhPf, Saarl, Sachs, SAnh, SchlH, Thür*). – **Grenzabstand von Pflanzen** (*BaWü, Bay, Bln, Brdbg, Hess, Nds, NRW, RhPf, Saarl, Sachs, SAnh, SchlH, Thür*) u **Gebäuden** (*BaWü, Nds, NRW, SchlH*). – **Duldung von Versorgungsleitungen** (§ 917 Rn 1). – **Befestigung von Schornsteinen u Lüftungsleitungen** (*BaWü, Bln, Brdbg, Hess, Nds, NRW, RhPf, Saarl, Sachs, SAnh, SchlH, Thür*) u **Antennen** (*Bln, NRW, RhPf, Saarl, SchlH, Thür*) am NachbGbde. – **Anwende-/Trepp-/Schwengelrecht** (*BaWü* AGBGB 50, *Bay* [53], *Hess* [vgl 16 I], *Nds* [vgl 31 I], *NRW* [vgl 36 II]); für *Brem* vgl OVG Brem NVwZ- RR **90**, 62.

EG 144

Vereinsbeistandschaft. **Die Landesgesetze können bestimmen, daß das Jugendamt die Beistandschaft mit Zustimmung des Elternteils auf einen rechtsfähigen Verein übertragen kann, dem dazu eine Erlaubnis nach § 54 des Achten Buches Sozialgesetzbuch erteilt worden ist.**

1 Nach der auf Drängen einzelner Länder dch Art 3 Nr 1 BeistandschG eingefügte Vorschr kann dch LaGes bestimmt werden, daß das JA die Beistandsch auf einen rechtsfäh Verein übertragen kann, wenn diesem hierzu eine Erlaubn nach SGB VIII 54 erteilt wurde (BT-Drucks 13/8509 S 17; vgl FamRefK/Sonnenfeld S 671). Damit soll regionalen Besonderheiten Rechng getragen w. Die Übertragg erfolgt durch das JA ohne Einschaltg des Ger. Es muß aber das Einverständn des AntrStellers vorliegen.

Vierter Teil. Übergangsvorschriften

Überblick

1 **1)** Der Vierte Teil (Art 153–218) regelt die **Überleitung** der bis zum 31. 12. 1899 geltden privatrechtl LandesGes in das Recht des BGB. Die meisten Vorschr dieses Teils sind dch Zeitablauf ggstandslos geworden. Unmittelb Bedeutg haben im wesentl nur noch die nachfolgd abgedruckten u knapp kommentierten Art 181, 182, 184, 187 u 189. Vgl zu den übrigen Vorschr die 55. Aufl u den Text im Schönfelder Nr 21.

2 **2)** Einzelne Vorschr der Art 153 ff, vor allem die Art 169 (Verjährg), 170 (Schuldverhältnisse) u 213 (Erbrechtl Verhältnisse), sind noch mittelb von Bedeutg. Sie sind Ausdr von **allgemeinen Rechtsgedanken**

u entspr anwendb, wenn neue Vorschr des VerjR, SchuldR od ErbR ohne ÜbergangsVorschr erlassen w. Vgl dazu Einf 19 v § 194 BGB, Einf 29 v § 241 BGB u Einf 1 v § 1922 BGB.

EG 181 *Inhalt des Eigentums.*

[I]Auf das zur Zeit des Inkrafttretens des Bürgerlichen Gesetzbuchs bestehende Eigentum finden von dieser Zeit an die Vorschriften des Bürgerlichen Gesetzbuchs Anwendung.

[II]Steht zur Zeit des Inkrafttretens des Bürgerlichen Gesetzbuchs das Eigentum an einer Sache mehreren nicht nach Bruchteilen zu oder ist zu dieser Zeit ein Sondereigentum an stehenden Erzeugnissen eines Grundstücks, insbesondere an Bäumen, begründet, so bleiben diese Rechte bestehen.

1) I. Der Inhalt des Eigentums ist nach neuem Recht zu beurteilen. GemeinschEigt an Giebelmauer nach *Code civil* 653 *(mitoyenneté)* jetzt MitEigt nach Bruchteilen (BGH **27**, 197). Über das Eigt an öff Wegen nach *Code civil* vgl (RG **131**, 267). Zum Inhalt des Eigtums gehört auch die Duldg eines Überbaus, so daß die §§ 912 ff auch dann anzuwenden sind, wenn vor 1900 übergebaut ist (RG **169**, 172). 1

2) II hält nur besond RVerhältn aufrecht, nicht aber RBildgen aGrd der allg Vorschr der bish Gesetze wie zB das güterrechtl od erbrechtl GesamtEigt (KGJ **28** B 92; **33**, 227). ZB Realgemeinden, EG 164; Körpersch-Waldgen iS v *bay* ForstG 1852 Art 18 (BayObLG **71**, 125); *bad* gemeins Einfahrten u Hofräume (Karlsr BadRPrax **33**, 2). KellerEigt nach *Code civil* ist jetzt StockwerksEigt, ErbbR od Dbk (KG JW **33**, 1334); über *Nürnb* KellerR GrdDbk vgl BayObLG **67**, 397; **69**, 284, über KellerR nach *gemeinem Recht* vgl BayObLG NJW-RR **91**, 1426; *bad* KellerR ist GrdDbk od StockwerksEigt (Karlsr Just **80**, 46; NJW-RR **87**, 138, dazu Thümmel BWNotZ **87**, 76). 2

EG 182 *Stockwerkseigentum.*

Das zur Zeit des Inkrafttretens des Bürgerlichen Gesetzbuchs bestehende Stockwerkseigentum bleibt bestehen. Das Rechtsverhältnis der Beteiligten untereinander bestimmt sich nach den bisherigen Gesetzen.

Neues StockwerksEigt kann nicht begründet werden; über altes vgl Thümmel JZ **80**, 125 u BWNotZ **80**, 97 *(Württ)*, **84**, 5 *(Baden)*; Hammer BWNotZ **67**, 20; EG 181 Anm 2 aE. Zur Überleitg in WohngsEigt vgl Zipperer BWNotZ **85**, 49. – *BaWü* AGBGB 36 ff; *Bay* AGBGB 62. 1

EG 184 *Inhalt beschränkter dinglicher Rechte.*

Rechte, mit denen eine Sache oder ein Recht zur Zeit des Inkrafttretens des Bürgerlichen Gesetzbuchs belastet ist, bleiben mit dem sich aus den bisherigen Gesetzen ergebenden Inhalt und Rang bestehen, soweit sich nicht aus den Artikeln 192 bis 195 ein anderes ergibt. Von dem Inkrafttreten des Bürgerlichen Gesetzbuchs an gelten jedoch für ein Erbbaurecht die Vorschriften des § 1017, für eine Grunddienstbarkeit die Vorschriften der §§ 1020 bis 1028 des Bürgerlichen Gesetzbuchs.

1) Allgemeines. Art 184 gilt für beschr dingl Rechte einschl AnwR (RG **72**, 269) u dingl wirkder VfgsBeschrkgen (RG **132**, 145), die am 1. 1. 1900 bestanden; bei späterer Entstehg gilt EG 189 I. 1

2) Einzelheiten. – a) Der **Fortbestand** des Rechts **(S 1)** erfordert nicht die späte GBEintr. Eintr iW der GBBerichtigg (aGrd Bewilligg od UnrichtigkNachw) zul u zur Vermeidg des RVerlustes inf gutgl lastenfreien Erwerb (Ausn: EG 187 für GrdDbk) zweckmäß (BayObLG **62**, 341). Über Aufhebg vgl EG 189 Anm 2. – 2
b) Entstehung u Auslegg des BestellgsGesch (BayObLG **70**, 226) richten sich nach altem Recht; wer sich auf Entstehg nichteingetr AltR beruft, muß sie beweisen (BayObLG **89**, 203). Die Entstehg kann beruhen auf RGesch (BGH NJW **64**, 2016; BayObLG **70**, 226), Ersitzg (BGH **LM** Code civil Nr 5; PrALR Nr 6; BWNotZ **63**, 301; BayObLG **96**, 286; Oldbg RdL **55**, 307; Hamm NJW-RR **87**, 137; LG Osnabr RdL **57**, 305; LG Stgt BWNotZ **79**, 68; LG Meing OLG-NL **94**, 115) od unvordenkl Verjährg (BayObLG **62**, 70; **94**, 129 [139]; Mü AgrarR **72**, 54; Rpfleger **84**, 461; LG Stgt aaO; LG Meing aaO); letztere gilt aber nicht im Anwendgsbereich von BGB 900 II (BGH NJW **90**, 2555). **– c)** Der **Inhalt** des Rechts **(S 2)** richtet sich 3
weiter nach altem Recht; (BayObLG **96**, 286). Für GrdDbk (nicht bpDbk), die auch solche iS der BGB sind (BayObLG **62**, 351), gelten BGB 1020–1028 (S 2) 912 ff (BGH **LM** Code civil Nr 5); für ErbbR gilt BGB 1017 iVm ErbbRVO 35, 36, 38 (S 2). – Gesetzl Inhaltsänderg ab 1. 1. 1900 zu beachten; zB einer Dbk inf BedürfnÄnderg gem BGB 1018 Rn 9 (BayObLG **96**, 286; Karlsr OLGZ **78**, 81). Für Inhaltsänderg dch RGesch gilt EG 189 I. **– d)** Der **Rang** des Rechts **(S 2)** richtet sich weiter nach altem Recht. BGB 879 gilt 4
auch nach GBAnlegg nicht (BayObLG **59**, 478). Gutgl Erwerb des Vorrangs vorbehaltl EG 187 mögl (RG **77**, 1); daher Eintr zweckmäß (vgl Rn 2). 5

EG 187 *Grunddienstbarkeiten.*

[I]Eine Grunddienstbarkeit, die zu der Zeit besteht, zu welcher das Grundbuch als angelegt anzusehen ist, bedarf zur Erhaltung der Wirksamkeit gegenüber dem öffentlichen Glauben des Grundbuchs nicht der Eintragung. Die Eintragung hat jedoch zu erfolgen, wenn sie von dem Berechtigten oder von dem Eigentümer des belasteten Grundstücks verlangt wird; die Kosten sind von demjenigen zu tragen und vorzuschießen, welcher die Eintragung verlangt.

[II]Durch Landesgesetz kann bestimmt werden, daß die bestehenden Grunddienstbarkeiten oder einzelne Arten zur Erhaltung der Wirksamkeit gegenüber dem öffentlichen Glauben des Grundbuchs bei der Anlegung des Grundbuchs oder später in das Grundbuch eingetragen werden müssen. Die Bestimmung kann auf einzelne Grundbuchbezirke beschränkt werden.

1 **1)** Art 187 gilt nur für GrdDbk, die auch solche iS des BGB (BayObLG **86**, 89) u die in dem Ztpkt bestanden, in dem das GB als angelegt anzusehen (EG 186); sie können gem EG 189 I nach dem 1. 1. 1900 entstanden sein.

2 **2)** Nach **I 1** (vorbehaltl II) kein lastenfreier Erwerb (BGB 891 ff) des belasteten Grdst bei nie erfolgter Eintr der GrdDbk (BGH **104**, 139); BGB 891 gelten aber ggü unricht Eintr od Löschg nach Eintr (BGH aaO). – Eintr nach **I 2** ist GBBerichtigg; sie erfolgt auf Bewilligg (notf BGB 894) od UnrichtigkNachw gem GBO 22 I, 29 (BayObLG NJW-RR **97**, 466) u ist gem BGB 899 sicherb (Kiel OLG **4**, 292). Anspr entspr BGB unverjährb (LG Osnabr RdL **57**, 305).

3 **3)** Soweit Bestimmg nach **II** ergangen, führt NichtEintr nicht zum Erlöschen, sond ermöglicht nur lastenfreien Erwerb nach BGB 891 ff. – Eintr notw gem *BaWü* AGBGB 31 (dazu Stgt NJW-RR **98**, 308), *Brem* AGBGB 37; nicht in *Bay* u *Hess,* da in ÜbergangsG 10 (aufgeh dch *Bay* AGBGB 80 II Nr 2) 44 bzw AGBGB 141 II vorgesehene VO bisher nicht ergangen, u nicht in den übr Ländern. – Über Erlöschen vgl *Bay* AGBGB 57, *Hbg* AGBGB 44.

EG 189 ***Erwerb und Verlust von Grundstücksrechten.*** **I Der Erwerb und Verlust des Eigentums sowie die Begründung, Übertragung, Belastung und Aufhebung eines anderen Rechtes an einem Grundstück oder eines Rechtes an einem solchen Recht erfolgen auch nach dem Inkrafttreten des Bürgerlichen Gesetzbuchs nach den bisherigen Gesetzen, bis das Grundbuch als angelegt anzusehen ist. Das gleiche gilt von der Änderung des Inhalts und des Ranges der Rechte. Ein nach den Vorschriften des Bürgerlichen Gesetzbuchs unzulässiges Recht kann nach dem Inkrafttreten des Bürgerlichen Gesetzbuchs nicht mehr begründet werden.**

II Ist zu der Zeit, zu welcher das Grundbuch als angelegt anzusehen ist, der Besitzer als der Berechtigte im Grundbuch eingetragen, so finden auf eine zu dieser Zeit noch nicht vollendete, nach § 900 des Bürgerlichen Gesetzbuchs zulässige Ersitzung die Vorschriften des Artikels 169 entsprechende Anwendung.

III Die Aufhebung eines Rechts, mit dem ein Grundstück oder ein Recht an einem Grundstück zu der Zeit belastet ist, zu welcher das Grundbuch als angelegt anzusehen ist, erfolgt auch nach dieser Zeit nach den bisherigen Gesetzen, bis das Recht in das Grundbuch eingetragen wird.

1 **1) I** betrifft RVorgänge in der Zeit zw 1. 1. 1900 u dem Ztpkt, in dem GB als angelegt anzusehen (vgl EG 186); bei späteren RVorgängen gilt neues Recht (Ausn: III), so daß Eintr notw. – Ersitzg u unvordenk. Verj von Rechten iSv I 3 mußte vor dem 1. 1. 1900 beendet sein (BayObLG **62**, 341).

2 **2) Aufhebung. – a) Nicht eingetragene Rechte** stets nach altem Recht (I 1, III), um Eintr zwecks nachfolgder Löschg zu vermeiden, bzw nach gem Art 218 erlassenen LandesR (zB *Bay*AGBG 57; vgl BayObLG **92**, 224; **96**, 286); Vormkg zur Sicherg eines AufhebgsAnspr erfordert VorEintr des Rechts (LG Regb Rpfleger **76**, 361). Gilt für Aufhebg dch RGesch sowie alle and Erlöschensgründe (BGH NJW **88**, 2037; BayObLG **88**, 102). III erfaßt auch ZusTreffen von Recht u Eigt in einer Pers (RG Warn **16**, 19; LG Hdlbg BWNotZ **85**, 91). – **b) Eingetragene Rechte** (auch gem EG 187 I 2) nach neuem Recht.

Fünfter Teil. Übergangsvorschriften aus Anlaß jüngerer Änderungen des Bürgerlichen Gesetzbuchs und dieses Einführungsgesetzes

EG 219 ***Übergangsvorschrift zum Gesetz vom 8. November 1985 zur Neuordnung des landwirtschaftlichen Pachtrechts.*** *(Abgedruckt bis zu 58. und kommentiert bis zur 51. Auflage)*

EG 220 ***Übergangsvorschrift zum Gesetz vom 25. Juli 1986 zur Neuregelung des Internationalen Privatrechts.*** **I Auf vor dem 1. September 1986 abgeschlossene Vorgänge bleibt das bisherige Internationale Privatrecht anwendbar.**

II Die Wirkungen familienrechtlicher Rechtsverhältnisse unterliegen von dem in Absatz 1 genannten Tag an den Vorschriften des Zweiten Kapitels des Ersten Teils.

III Die güterrechtlichen Wirkungen von Ehen, die nach dem 31. März 1953 und vor dem 9. April 1983 geschlossen worden sind, unterliegen bis zum 8. April 1983

1. dem Recht des Staates, dem beide Ehegatten bei der Eheschließung angehörten, sonst
2. dem Recht, dem die Ehegatten sich unterstellt haben oder von dessen Anwendung sie ausgegangen sind, insbesondere nach dem sie einen Ehevertrag geschlossen haben, hilfsweise
3. dem Recht des Staates, dem der Ehemann bei der Eheschließung angehörte.

Für die Zeit nach dem 8. April 1983 ist Artikel 15 anzuwenden. Dabei tritt für Ehen, auf die vorher Satz 1 Nr. 3 anzuwenden war, an die Stelle des Zeitpunkts der Eheschließung der 9. April 1983. Soweit sich allein aus einem Wechsel des anzuwendenden Rechts zum Ablauf des 8. April 1983 Ansprüche wegen der Beendigung des früheren Güterstands ergeben würden, gelten sie bis zu dem in Absatz 1 genannten Tag als gestundet. Auf die güterrechtlichen Wirkungen von Ehen, die nach dem 8. April 1983 geschlossen worden sind, ist Artikel 15 anzuwenden. Die güterrechtlichen Wirkungen von Ehen, die vor dem 1. April 1953 geschlossen worden sind, bleiben unberührt; die Ehegatten können jedoch eine Rechtswahl nach Artikel 15 Abs. 2 und 3 treffen.

1) Allgemeines. Die Vorschr trifft eine **Übergangsregelung** anläßl der Reform des dtschen Internat PrivR dch das am 1. 9. 86 in Kr getretene IPRG v 25. 7. 86, BGBl 1142. Die bish in Abs 4 u 5 enth **Sachnormen** zum dtschen internat NamensR, die der GesGeber offenb als VerlegenhLösg an dieser Stelle „geparkt" hatte, sind dch das FamNamRG v 16. 12. 93, BGBl 2054 mit Wirkg z 1. 4. 94 gestrichen worden, vgl dazu Art 10 Rn 1. Zur Übergangsregelg für die dch das **Kindschaftsreformgesetz** v 16. 12. 97, BGBl 2942 neu gefaßten KollNormen vgl Art 224 sowie Art 10 Rn 1, Art 19 Rn 3, Art 20 Rn 1, Art 21 Rn 2. Zur fehlden Übergangsregelg im G z IPR für außervertragl SchuldVerhe u für Sachen v 21. 5. 99, BGBl 1026, vgl Rn 1 vor Art 38. 1

2) Übergangsvorschriften (Absatz 1–3). – a) Vor dem Inkrafttr des IPRG am 1. 9. 86 **abgeschlossene Vorgänge** sind nach **Absatz 1** weiterh nach den KollNormen des bish dtschen IPR in ihrer verfassungskonformen Weiterentw z beurteilen; z diesen vgl 45. Aufl. Der Begr des abgeschl Vorgangs ist dch Auslegg des Abs 1 zu präzisieren. Maßg ist also das BegrVerständn des **neuen** dtschen IPR, welches über die intertemporale Anwendbark seiner Vorschren selbst entscheidet. Da es sich um eine ÜbergangsRegelg für das KollR (nicht etwa für das mat Recht) handelt, ist der Begr **kollisionsrechtlich,** nicht sachr zu verstehen, Hohloch JuS **89**, 84, aM Hepting StAZ **87**, 189, IPRax **88**, 153, Rauscher IPRax **87**, 138, **89**, 224, Kaum IPRax **87**, 285, Dörner IPRax **88**, 224, DNotZ **88**, 69, Staud-Dörner Rn 13, v Sachsen Gessaphe IPRax **91**, 107. Ein matr Verständn würde die Best desj Rechts voraussetzen, nach welchem ein Vorgang als abgeschlossen gelten kann, impliziert also bereits die Entsch für das intertemporal anwendb KollR, die mH des Begr erst getroffen werden soll. Aus kollr Sicht ist ein Vorgang abgeschlossen, für den das anzuwendde SachR bereits abschließd best, dh unwandelb fixiert worden ist, BGH NJW **93**, 2306, **94**, 2360, zB das EheschlStatut mit dem Ztpkt der Heirat od das Erbstatut mit dem Eintritt des Erbfalls. 2
Vor dem 1. 9. 86 „abgeschlossene Vorgänge", für welche nach Art 220 I weiterhin altes IPR gilt, sind deshalb alle **unwandelbar angeknüpften** RVerhältnisse, deren AnknüpfgsTatbestd sich vor diesem Stichtag verwirklicht hat, vgl Begr BT-Drucks 10/504 S 85, BGH FamRZ **87**, 583, **87**, 793, **90**, 34, NJW-RR **91**, 386, FamRZ **97**, 543, BayObLG **86**, 470, KG FamRZ **87**, 860, vgl auch Hamm FamRZ **88**, 317, StAZ **90**, 261, Hohloch JuS **89**, 84. Dabei ist über die Unwandelbark der Anknüpfg aGrd der Wertgen des neuen IPR zu entsch, da dieses bei der Best seines zeitl Anwendgsbereichs hierauf abstellt, mithin auch selbst entscheidet, in welchen Fällen es das Vertrauen der Beteil auf eine best RLage schützen will, vgl zB BGH NJW-RR **91**, 386, aM Kaum IPRax **87**, 284, Dörner IPRax **88**, 225, DNotZ **88**, 70. Die sachl Unterschiede zw neuem u altem IPR in der Frage der Unwandelbark von Anknüpfgen sind jedoch gering; die Wahl des neuen od des alten IPR als Ausggspunkt für die Beurteilg der Unwandelbark ist also idR nicht entscheidgserhebl. 3

b) Im einzelnen gilt danach **altes** IPR für die Beurteilg der RFolgen eines vor dem 1. 9. 86 eingegangenen Verlöbn, LG Bochum FamRZ **90**, 882, der Wirksamk einer vor dem 1. 9. 86 geschl **Ehe,** Art 13, BGH FamRZ **97**, 543, Hamm StAZ **86**, 353, Hbg StAZ **87**, 311, Mü IPRax **88**, 356, Düss FamRZ **93**, 188, BayObLG **94**, 230, für Vorauss u Folgen einer **Ehescheidung,** wenn die RHängigk des ScheidgsAntr vor dem 1. 9. 86 eingetreten ist, Art 17 I, vgl dort Rn 6, ebso BGH FamRZ **87**, 793, **90**, 32, NJW **90**, 638 u FamRZ **90**, 386 (auch für VersorggsAusgl), NJW **90**, 2195 (bei PrivScheidg Ztpkt erstmaliger Befassg des Scheidgsgegners maßgebl), NJW **91**, 3088, FamRZ **92**, 295, **93**, 177 u 416, **94**, 884 (interlokal), Zweibr FamRZ **88**, 624, Mü IPRax **89**, 243 (aber nicht für Art 17 III S 2), Hamm IPRax **91**, 197, Basedow NJW **86**, 2973, aM Celle FamRZ **87**, 159 (das die Scheidg als „Wirkg eines familienr RVerh" – offenb der Ehe – auffaßt u Abs 2 anwendet, ebso Hamm FamRZ **89**, 992, dagg BGH FamRZ **93**, 417), Karlsr FamRZ **88**, 296, Mü IPRax **89**, 238 u 242 (für regelwidr Durchf eines VersAusgl, krit dazu Rauscher ebda 224), zweifelnd auch Hamm FamRZ **92**, 828 (betr AbändergsVerf), abl ferner Rauscher IPRax **87**, 138, Hepting IPRax **88**, 153, Dörner/Kötters IPRax **91**, 39, vgl auch Dörr NJW **89**, 493, u für die **Abstammung** eines vor diesem Stichtag geborenen nichtehel Kindes, vgl die GrdsAnknüpfg in Art 20 I aF, ebso BGH FamRZ **87**, 583, NJW-RR **89**, 707, BayObLG **88**, 11, Karlsr FamRZ **91**, 1339, Oldbg DAVorm **93**, 838, Brdbg FamRZ **96**, 369, Hamm IPRspr **94**, Nr 113; dies gilt insbes auch für die VaterschAnerkenng u deren Anfechtg, vgl Düss FamRZ **94**, 382, aM KG FamRZ **94**, 986, Beitzke ZfJ **87**, 478 (für VaterschFeststellg nach neuem IPR ab dessen Inkrafttreten); das gleiche gilt für die Anf der Ehelichk eines vor dem 1. 9. 86 geborenen Kindes, BGH NJW-RR **91**, 386, BGH NJW **94**, 2360, Hamm IPRax **96**, 422, and AG Rottweil FamRZ **90**, 1030, Stgt FamRZ **93**, 471. Für die **Legitimation** dch nachfolgde Ehe gilt altes IPR, wenn Anerkenng u Eheschl vor dem 1. 9. 86 erfolgt sind, vgl Art 21 I aF, ebso Zweibr StAZ **87**, 225, LG Bln FamRZ **88**, 208, BayObLG **90**, 1, **95**, 241, StAZ **96**, 82, LG Freibg IPRspr **87** Nr 92, Düss FamRZ **94**, 383, Henrich StAZ **88**, 33, IPRax **90**, 33, abw AG Düss IPRax **87**, 188, das auf Feststellg nach PStG 30 abstellt, dagg zu Recht Henrich ebda; für die Legitimation in and Weise ist auf den Ztpkt des endgült Vollzugs des für sie maßg RVorgangs abzustellen, Art 21 II, zB den Ausspruch der vormschgerichtl Verfügg bei einer EhelichErkl, KG FamRZ **87**, 860 (krit dazu Dörner IPRax **88**, 224), od das Vorliegen aller erfdl Einwilliggen, LG Bln FamRZ **88**, 209 (Legitimanerkenng nach islam Recht), vgl auch Henrich StAZ **88**, 34, IPRax **89**, 397 (zu AG Bn ebda); für eine Aufspaltg des Legitimationsstatuts dagg Hamm FamRZ **88**, 318, **91**, 221 im Anschl an Hepting StAZ **87**, 192, ebso KG StAZ **94**, 192, offen gelassen bei KG DAVorm **90**, 1158. Altes IPR gilt ferner für die Beurteilg des Zustandekommens u der Statuswirkgen einer vor dem 1. 9. 86 dchgeführten **Adoption,** Art 22, vgl dazu Wohlgemuth ROW **88**, 87, Beitzke IPRax **90**, 37; soweit die Adoption dch Beschl erfolgt, ist dieser maßg, nicht etwa der Ztpkt der AntrStellg, vgl AG Höxter IPRax **87**, 124, zweifelnd Jayme IPRax **87**, 188. Das gleiche gilt für die Entstehg einer **Vormundschaft** od Pflegsch vor diesem Zeitpunkt, Art 24 (im Ggs z ihrem Inhalt, ihrer Änderg u Beendigg) sowie für vor dem 1. 9. 86 eingetretene **Erbfälle,** BGH FamRZ **89**, 379 (and für AusglAnspr gem § 2313 BGH NJW **93**, 2177, krit Solomon IPRax **95**, 29), NJW **95**, 58, BayObLG **86**, 470, **94**, 46, KG FamRZ **88**, 434, Dörner DNotZ **88**, 80; zur Wirksamk einer vor dem 1. 9. 86 getroffenen RWahl vgl Art 26 Rn 8. Auch die Best des ursprüngl VertrStatuts bei einem aus der Sicht des dtschen Rechts, vgl Sandrock RIW **86**, 854, vor dem 1. 9. 86 abgeschl **Schuldvertrag** ist nach den bish Anknüpfgsregeln z treffen, BGH NJW-RR **90**, 249, NJW **92**, 619, **96**, 2569, Kblz RIW **87**, 630, RIW **89**, 816, Bambg RIW **89**, 221, Rottw IPRax **89**, 45, Karlsr NJW-RR **89**, 367, Mü RIW **96**, 155, Celle RIW **90**, 321, LG Kln IPRax **89**, 292, Hamm RIW **91**, 155, Nürnbg IPRspr **94** Nr 61; dies gilt auch bei 4

DauerschuldVerhen, die über den 1. 9. 86 hinaus wirks sind, Kblz RIW **93**, 935, Sandrock aaO, offen gelassen BGH NJW **93**, 2754, str, aM Reithmann/Martiny Rn 187; altes IPR gilt insbes auch für vor dem 1. 9. 86 geschl ArbVertre, vgl dazu Hönsch NZA **88**, 119, E. Lorenz RdA **89**, 228, **aM** BAG IPRax **94**, 123 (krit dazu Mankowski ebda 88, Franzen AR-Blattei IntArbR 920 Nr 3), ebso schon LAG Hbg IPRspr **88** Nr 52 b, LAG Kln RIW **92**, 933, Däubler RIW **87**, 256, Sonnenberger Fschr Ferid (1988) 457, vgl dazu Junker IPRax
5 **90**, 305; die Möglk einer nach diesem Zeitpkt getroffenen abw RWahl ergibt sich aus Art 27 II. **c)** Erwerb u Verlust eines **Familiennamens** sind nach dem bish IPR z beurt, wenn sie auf einem famr Vorgang, zB Eheschl, Geburt, Adoption, beruhen, der vor dem 1. 9. 86 eingetreten ist, BGH NJW **91**, 1417, **93**, 2245, StAZ **93**, 191, ferner BayObLG **94**, 298, Bay VGH StAZ **87**, 24, KG StAZ **96**, 302, Kln StAZ **88**, 296, Hamm StAZ **90**, 261 (krit dazu v Mangoldt ebda 246), Zweibr StAZ **93**, 12, für weitergehde Anwendg des neuen IPR Grasmann StAZ **89**, 129; eine spätere **Änderung** des FamNamens aGrd neuer Umst ist dagg nach Art 10 sowie ggf noch nach den am 1. 4. 94 außer Kraft getretenen namensr Sachnormen in Art 220 Abs 4 u 5 z beurt, vgl dazu Art 10 Rn 1 (für Einbenenng offen gelassen von BayObLG ZfJ **89**, 432); bei einer vor dem 1. 9. 86 geschl Ehe konnte die Erkl zur Best des Ehenamens gem Art 220 Abs 4 S 2 nachträgl in öffentl beglaubigter Form ggü dem Standesbeamten abgegeben werden, vgl Hepting StAZ **87**, 195, Bonn StAZ **88**, 328, LG Bln StAZ **89**, 315, Stgt StAZ **90**, 19. Zur Übergangsregelg anläßl der Neufassg v Art 10 dch das FamNamRG v 16. 12. 93, BGBl 2054 vgl dessen Art 7 § 5 u dazu Art 10 Rn 14 u 21; zur Übergangsregelg
6 anläßl der Neufassg v Art 10 dch das KindRG v 16. 12. 97, BGBl 2942 vgl Art 224 § 3. **d)** Gem Art 15 I wird auch das **Güterrechtsstatut,** v der Möglk der bes güterrechtl RWahl gem Art 15 II abgesehen, unwandelb angeknüpft, vgl Art 15 Rn 3. Wg der bes Probleme, die sich aus der Entsch des BVerfG zur Nichtigk des Art 15 I aF ergeben haben, sieht **Absatz 3** eine bes Überggsregelg für die güterr Wirkgen v Ehen vor, die vor dem Inkrafttreten des IPRG am 1. 9. 86 geschl wurden, vgl dazu die Erläuterg bei Art 15 Rn 5–15.

7 **c)** Im übr unterliegen die **Wirkungen** famr RVerhe **nach Absatz 2** vom Inkrafttr des IPRG am 1. 9. 86 an den neuen Vorschr. Dies gilt zB für die allg Ehewirkgen gem Art 14, vgl BGH FamRZ **87**, 464 (betr Morgengabe), Bestehen u Ausmaß einer UnterhPflicht gem Art 18 hins der nach diesem Ztpkt fällig gew Anspre, BGH FamRZ **87**, 682, **91**, 926, **93**, 178, Karlsr FamRZ **87**, 1149, KG FamRZ **88**, 167, Oldbg FamRZ **88**, 170, Hamm FamRZ **89**, 1085, Brschw NJW-RR **89**, 1097, Köln IPRspr **91** Nr 100 b, Düss FamRZ **92**, 573, sowie das Eltern-Kind-Verh gem Art 19 II u 20 II, bzw nunm Art 21, vgl KG OLGZ **87**, 148, BayObLG **88**, 13, Hbg DAVorm **88**, 928; v diesem Ztpkt an beurt sich insb die elterl Sorge für ein nehel Kind nach dem Recht am gewöhnl Aufenth des Kindes; zu den sich daraus ergebden Konsequenzen vgl
8 57. Aufl Art 20 Rn 10–12. **f)** Der nach dem früher maßgebl Recht bereits erlangte **Status** der Rechts-, Gesch- od TestierFgk wird dch die am 1. 9. 86 in Kr getretene Neuregelg des IPR nicht berührt, Art 7 II u 26 V S 2 entspr, vgl Begr BT-Drucks 10/504 S 85; das IPRG hat aber die bisherigen Anknüpfgsregeln im wesentl beibehalten.

EG 221, 222

(Durch Zeitablauf erledigt. Betrafen Künd eines ArbVerh, die vor dem 1. 7. 90 bzw dem 15. 10. 93 zugegangen waren.)

EG 223

Übergangsvorschrift zum Beistandschaftsgesetz vom 4. Dezember 1997. **I Bestehende gesetzliche Amtspflegschaften nach den §§ 1706 bis 1710 des Bürgerlichen Gesetzbuchs werden am 1. Juli 1998 zu Beistandschaften nach den §§ 1712 bis 1717 des Bürgerlichen Gesetzbuchs. Der bisherige Amtspfleger wird Beistand. Der Aufgabenkreis des Beistands entspricht dem bisherigen Aufgabenkreis; vom 1. Januar 1999 an fallen andere als die in § 1712 Abs. 1 des Bürgerlichen Gesetzbuchs bezeichneten Aufgaben weg. Dies gilt nicht für die Abwicklung laufender erbrechtlicher Verfahren nach § 1706 Nr. 3 des Bürgerlichen Gesetzbuchs.**

II Soweit dem Jugendamt als Beistand Aufgaben nach § 1690 Abs. 1 des Bürgerlichen Gesetzbuchs übertragen wurden, werden diese Beistandschaften am 1. Juli 1998 zu Beistandschaften nach den §§ 1712 bis 1717 des Bürgerlichen Gesetzbuchs. Absatz 1 Satz 3 gilt entsprechend. Andere Beistandschaften des Jugendamts enden am 1. Juli 1998.

III Soweit anderen Beiständen als Jugendämtern Aufgaben nach § 1690 Abs. 1 des Bürgerlichen Gesetzbuchs übertragen wurden, werden diese Beistandschaften am 1. Juli 1998 zu Beistandschaften nach den §§ 1712 bis 1717 des Bürgerlichen Gesetzbuchs. Absatz 1 Satz 3 Halbsatz 1 gilt entsprechend. Diese Beistandschaften enden am 1. Januar 1999.

1 **1)** Eingefügt dch Art 3 Nr 2 BeistandschG. Die Vorschr regelt die Überleitg der bei Inkrafttr des BeistandschG am 1. 7. 98 bestehden gesetzl Amtspflegschaften der §§ 1706–1710 aF u der allg Beistandschaften der §§ 1685, 1690 aF in Beistandschaften neuen Rechts. Vgl zur Geschichte der gesetzl AmtsPflegsch für nehel Kinder zunächst Einf 2 u 10 v § 1712 BGB. Die Überschr der Bestimmg ist Bestandteil der ges Regelg. Übergangsvorschriften waren sowohl bei den bish ges Amtspflegschaften als auch bei den Beistandschaften des bish Rechts notw. Außerdem bedurfte es zeitl begrenzter ÜberggsVorschr in den Fällen, in denen andere Personen als das JA zum Beistand bestellt worden waren od in denen das VormschGer dem JA Aufgaben übertr hatte, die nach neuem Recht nicht mehr Ggstand einer Beistandsch sein können (vgl BT-Drucks 13/892 S 47). Vgl iü bereits Einf 11 v § 1712 BGB.

2 **2) Gesetzliche Amtspflegschaft, I.**

3 **a) Jugendamt.** Die am 1. 7. 98 bestehden ges Amtsplegschaften nach den §§ 1706–1710 aF werden zu eben diesem ÜberggsZtpkt (vgl Einf 10 v § 1712) von Gesetzes wegen zu **Beistandschaften neuen Rechts,** also zu solchen nach den §§ 1712–1717 BGB, **I 1**. Der Amtspfleger wird Beistand. Soweit dies das JA ist (vgl § 1709 aF), bleibt es damit Vertreter des Kindes (§ 1716 Rn 8). Der **Aufgabenkreis** des Beistands entspricht dem bish Aufgabenkreis, **I 2 Halbs 1**. Das ist unproblemat, soweit sich die Aufgabenkreise, wie bei der

Feststellg der Vatersch u der Geltendmachg von UnterhaltsAnspr, ohnehin decken. Soweit es um Aufgabenkreise geht, die n dem neuen BeistandschR entfallen, hält der GesGeber dagg eine untersch Übergangsregelg parat. Für and als die für die neue Beistandsch mögl Aufgabenkreise ist eine Abwicklgsfrist bis zum 31. 12. 98 vorgesehen; vom 1. 1. 99 an fallen diese Aufgaben dann weg, **I 2 Halbs 2**. Das betr Amtspflegschaften zur Feststellg od Änderg des Eltern-Kind Verhältnisses u den Familiennamen des Kindes betr Verfahren (§ 1706 Nr 1 aF). Amtspflegschaften mit dem Aufgabenkreis der Regelg von Erb- u Pflichtteilsrechten des Kindes (§ 1706 Nr 3 aF) können zwar als Beistandschaften neuen Rechts nicht mehr neu begrdet w, sind aber zu Ende zu führen, u zwar ohne zeitl Begrenzg, **I 3**.

b) Vormundschaftspflegschaft. Nach § 1710 aF konnte ein bish Vormund Pfleger nach § 1706 aF w. 4
Das betraf natürl Pers wie VormundschVereine. Für sie gilt Art 223 III analog. Sie werden also 6 Mo nach Inkrafttr des BeistandschG als Beistandschaften fortgeführt u enden mit Ausn der erbrechtl Verfahren zum 1. 1. 99. Die erbr Verfahren enden mit ihrer Erledigg bzw dch einen beim VormschGer zu stellenden Antr der Mu (vgl FamRefK/Sonnenfeld 6 f mit weit Einzelh).

3) Beistandschaften alten Rechts (§§ 1685–1692 aF). Diese Vorschr sind dch Art 1 Nr 3 BeistandschG 5
aufgeh. Die ÜberleitgsRegelg differenziert: **a) Bloße Unterstützungsbeistandschaften ohne Vertre-** 6
tungsmacht gem § 1685 aF sind mit dem 1. 7. 98 beendet, **II 3**. Das ergibt sich aus dem Wegfall ihrer RechtsGrdlage dch Aufhebung der §§ 1685 ff dch Art 1 Nr 3 BeistandschG (vgl BT-Drucks 13/892 S 31). –
b) Beistandschaften des Jugendamts mit dem Aufgabenkreis der Geltdmachg von UnterhAnspr u der 7
Vermögenssorge (§ 1690 I aF) sind am 1. 7. 98 zu Beistandschaften neuen Rechts nach den §§ 1712–1717 gew, **II 1**. Die die elterl Sorge insoweit verdrängde ges Vertretgsmacht der §§ 1690 II 1, 1915, 1793, 1794 aF wurde damit zur konkurrierenden **Vertretungsmacht** iS § 1716 Rn 8. Der alleinsorgeberecht Elternteil kann jederzeit nach § 1715 I 1 dch schriftl Verlangen die Beistandsch beendigen. Soweit die alte Beistandsch den Aufgabenkreis VermSorge umfaßt, endet sie zum 1. 1. 99, **II 2** iVm I 3. Laufende Prozesse sind vom ges Vertreter des Ki fortzuführen. Zu Recht weist FamRefK/Sonnenfeld Rn 10 auf die damit für das Ki uU verbundenen Nachteile hin, weil in Angelegenheiten der VermSorge keine Beratg dch das JA stattfindet
(SGB VIII 18). – **c) Andere Beistände,** denen Aufgaben nach § 1690 I aF übertragen worden waren, sind 8
am 1. 7. 98 mit dems Aufgabenkreis zu Beistandschaften neuen Rechts geworden, **III 1 und 2**. Diese
Beistandsch enden aber zum 1. 1. 99, **III 3**. – **d) Beistandschaften im neuen Bundesgebiet** gab es nach 9
dem 3. 10. 90, da die Amtspflegsch der §§ 1706 ff aF von der Überleitg ausgenommen worden war (vgl EG 234 § 1 Rn 3), ausschl in Form der freiw Beistandsch nach den §§ 1685 ff aF. Es gilt desh das in Rn 5–8 Gesagte entspr (vgl iü Wesche, RPfleger **95**, 243).

4) Verfahren: Vgl FamRefK/Sonnenfeld 14 ff. 10

Artikel 224. Übergangsvorschrift zum Kindschaftsrechtsreformgesetz vom 16. Dezember 1997

Die Vorschr enthalten ledigl die ÜberggsVorschr, soweit sie das mat Recht, also das BGB betreffen. Vgl zu den verfahrensrechtl ÜberggsVorschr, also denj zur Behandlg von Verf, die am 1. 7. 98 noch nicht abgeschl sind: Einf 72 ff v § 1626.

EG 224 § 1 *Abstammung.* [I] **Die Vaterschaft hinsichtlich eines vor dem 1. Juli 1998 geborenen Kindes richtet sich nach den bisherigen Vorschriften.**

[II] **Die Anfechtung der Ehelichkeit und die Anfechtung der Anerkennung der Vaterschaft richten sich nach den neuen Vorschriften über die Anfechtung der Vaterschaft.**

[III] **§ 1599 Abs. 2 des Bürgerlichen Gesetzbuchs ist entsprechend anzuwenden auf Kinder, die vor dem in Absatz 1 genannten Tag geboren wurden.**

[IV] **War dem Kind vor dem in Absatz 1 genannten Tag die Anfechtung verwehrt, weil ein gesetzlich vorausgesetzter Anfechtungstatbestand nicht vorlag, oder hat es vorher von seinem Anfechtungsrecht keinen Gebrauch gemacht, weil es vor Vollendung des zwanzigsten Lebensjahres die dafür erforderlichen Kenntnisse nicht hatte, so beginnt für das Kind an dem in Absatz 1 genannten Tag eine zweijährige Frist für die Anfechtung der Vaterschaft. Ist eine Anfechtungsklage wegen Fristversäumnis oder wegen Fehlens eines gesetzlichen Anfechtungstatbestandes abgewiesen worden, so steht die Rechtskraft dieser Entscheidung einer erneuten Klage nicht entgegen.**

[V] **Der Beschwerde des Kindes, dem nach neuem Recht eine Beschwerde zusteht, steht die Wirksamkeit einer Verfügung, durch die das Vormundschaftsgericht die Vaterschaft nach den bisher geltenden Vorschriften festgestellt hat, nicht entgegen. Die Beschwerdefrist beginnt frühestens am 1. Juli 1998.**

1) Vgl zunächst Einf 4 v § 1589. Die dch Art 12 Nr 4 KindRG eingeführte Vorschr regelt, welche 1
abstammgsrechtl Bestimmgen hins VaterschZuordng u VaterschAnf für vor dem 1. 7. 98 geborene Ki gilt. Soweit sich materiellrechtl die Anf der Anerkenng der Vatersch nach den §§ 1599 ff nF richtet, liegt darin ledigl eine verfassgsrechtl unbedenkl unechte Rückwirkg (BGH NJW **99**, 1862). Zur Fortführg von VaterschVerf, die am 1. 7. 98 anhäng waren, vgl Einf 36 v § 1626.

2) Am 1. 7. 98 schon geklärte Vaterschaften, I. Soweit sie dch Anerk od gerichtl festgestellt sind, 2
bleiben sie bestehen unabhäng davon, daß sie dch VaterschAnf nach wie vor noch wieder beseit w können.

Entsprechdes gilt für vor dem 1. 7. 98 erfolgte VaterschAusschlüsse. Unerhebl ist auch, daß nach dem früh Recht die ehel od nehel Abstammg u nicht wie jetzt lediglich die Vatersch festgestellt wurde (BT-Drucks 13/4899 S 138). War das Ki nach der aF „nehel" u hatte bis zum 1. 7. 98 kein Mann die Vatersch anerk bzw war niemand als Va festgestellt w, richtet sich die VaterschFeststellg ausschließl nach neuem Recht. Das gilt insb für die KlBerechtigg (§ 1600 e).

3 **3) Anerkennung der Vaterschaft.** Wurde die Vatersch vor dem 1. 7. 98 anerk, ist die Anerk aber noch nicht wirks geworden, so ist für die weiteren Vorauss der Wirksamk das früh Recht maßgebd (BT-Drucks 13/4899 S 138). Erfdl ist also gem §§ 1600 c I, 1600 d II aF die Zust des Ki u nicht nach § 1595 I nF die der Mu. Vor dem 1. 7. 98 abgegebene AnerkErkl sind ggf nach § 1600 e III aF spätestens am 31. 12. 98 wirkgslos geworden; die Vatersch kann nunm aber jederZt nach neuem Recht erneut anerk w.

4/5 **4) Anfechtung der Vaterschaft, II. a)** Soll nach dem Inkrafttr des KindRG eine nach dem bish Recht begründete Vatersch (also gleichgült, ob sie auf Anerk beruht od gerichtl festgestellt w ist) angefochten w, so sind dafür die neuen Vorschr maßg. Das gilt insb für den Kreis der AnfBerecht (vgl § 1600 Rn 1), für die verkürzte EmpfängnZt nach § 1593 S 1 nF sowie für die AnfFr, so daß eine nach § 1600 h I aF am 1. 7. 98 bereits abgelaufene einjähr AnfFr dch die 2-J-Fr von § 1600 b auch zG des ScheinVa neu eröffn w (Kln
6 FamRZ **99**, 800). – **b) Erweiterte Vaterschaftsanfechtung durch das volljährige Kind, IV.** Die Vorschr betr diej Ki, denen bish die Klärg ihrer Abstammg verwehrt war, u erweitert den AnwendgsBereich der neuen AnfFr für vollj Ki (§ 1600 b III; dort Rn 20 ff) auf die Zt vor Inkrafttr des KindRG. Damit wird der Fdg des BVerfG Rechng getragen, die AnfBerechtigg des vollj Ki so auszugestalten, daß sie nicht dch kenntnisunabhäng Fr leerläuft od dch die Elt unterlaufen w kann (vgl BVerfG NJW **89**, 891; **94**, 2475). In Übergangsfällen wird das AnfR des Ki daher für zwei FallGr dch **Beginn einer neuen Anfechtungsfrist von 2 Jahren ab**
7 **1. 7. 98** erweitert, **IV 1**. Sie endet am 30. 6. 2000. Die 2-J-Fr steht dem Ki einmal zu bei **aa) Fehlen eines gesetzlichen Anfechtungsgrunds** nach dem bish Recht, wenn also die AnfBefugn erst dch das KindRG geschaffen w ist, bspw wenn die Ehe der Elt nicht gesch war, weil der ScheinVa keinen unsittl Lebenswandel
8 geführt hatte usw (vgl § 1596 I aF); ferner iF der **bb) fehlenden Kenntnis vom Anfechtungsgrund** für Ki, denen die Klärg ihrer Abstammg nach bish Recht verwehrt war, weil das Ki innerh der 2-J-Fr des § 1598 aF von Umstden, die gg die Vatersch des früh Ehem seiner Mu sprachen, keine Kenntn erlangt hatte, nach Erlangg der Kenntn aber die kenntnisunabhäng 2-J-Fr von § 1598 II aF bereits abgelaufen war. Erlangt das Ki von den die Anf begründden Umst einer vor dem 1. 7. 98 begründeten Vatersch überh erst nach dem 1. 7. 98
9 Kenntn, gilt unmittelb § 1600 b V. – Selbst wenn die AnfKl des Ki wg FrVersäumn od Fehlens eines AnfTatbestd nach alten Recht abgewiesen wurde, steht die Rechtskr dieser Entsch einer erneuten Kl des Ki nach **IV 2** nicht entgg.

10 **5) Wechsel der gesetzlichen Vaterschaft ohne vorherige Vaterschaftsanfechtung, III.** Vgl zunächst § 1599 Rn 9. Das KindRG hat § 1599 II wg der inneren Richtigk dieser Best auch auf die ÜbergangsRegelg erstreckt u läßt desh in Fällen, in denen ein Ki, das vor dem 1. 7. 98, aber nach Anhängigk des ScheidgsVerf seiner Mu geboren w, sofern dieses Verf am 1. 7. 98 noch anhäng od die Scheidg noch nicht länger als 1 J rechtskr ist, bei Anerk der Vatersch dch einen Dr gesetzl als Ki dieses Mannes gelten. Für die Anerk selbst ist wiederum die dafür maßgebl ÜberggsRegelg zu beachten (vgl o Rn 3).

11 **6) Beschwerde des Kindes gegen die Vaterschaftsfeststellung nach dem Tod eines Mannes, V.** Es handelt sich um die übergangsrechtl Ergänzg zu FGG 55 b III, da nach dem früh Recht dem Ki gg die VaterschFeststellg kein BeschwR zustand (vgl 58. Aufl). Beginn der BeschwFr: frühestens 1. 7. 98 (FamRefK/Wax 10).

EG 224 § 2 *Elterliche Sorge.*

[I]Ist ein Kind auf Antrag des Vaters für ehelich erklärt worden, so ist dies als Entscheidung gemäß § 1672 Abs. 1 des Bürgerlichen Gesetzbuchs anzusehen. Hat die Mutter in die Ehelicherklärung eingewilligt, so bleibt der Vater dem Kind und dessen Abkömmlingen vor der Mutter und den mütterlichen Verwandten zur Gewährung des Unterhalts verpflichtet, sofern nicht die Sorge wieder der Mutter übertragen wird.

[II]Ist ein Kind auf seinen Antrag nach dem Tod der Mutter für ehelich erklärt worden, so ist dies als Entscheidung gemäß § 1680 Abs. 2 Satz 2 des Bürgerlichen Gesetzbuchs anzusehen.

1 **1) Elterliche Sorge, I 1.** Die §§ 1626 ff gelten ab 1. 7. 98 in der nF. Die ÜbergangsRegelg von § 2 beschrkt sich prakt auf wenige Einzelh der früh EhelErkl (§§ 1723 ff aF). Dch EhelErkl erlangte das nehel Ki auch seinem Va ggü die Stellg eines ehel Ki. Die vom BVerfG NJW **91**, 1944 bei ZusLeben der nicht miteinand verh Elt für verfassgswidr erkl alleinige Sorge des Va als Folge der EhelErkl auf seinen Antr behandelt die ÜberggsRegelg nunm als Zuweisg der Alleinsorge nach § 1672 I. Die gemeins Sorge der Elt kann damit jederZt dch Heirat der Elt begründet w (§ 1626 a I Nr 2), ohne Heirat dagg nur nach entsprechder KiWohlPrüfg dch Entsch des FamG (§ 1672 II), nicht dagg dch SorgeErkl der Elt gem § 1626 a I Nr 1 (was den bei Verwerfg von § 1738 I aF dch BVerfG NJW **91**, 1944 aufgestellten verfassgsrechtl Anfdgen genügen dürfte). Die Wiederherstellg der Alleinsorge der Mu erfolgt über die §§ 1672 II 2, 1696 bzw über § 1666.

2 **2) Nachrangige Unterhaltspflicht der Mutter, I 2.** Das KindRG hat aus Grden des Vertrauensschutzes in der ÜberggsRegelg an der entsprechden Regelg von § 1739 aF festgehalten (BT-Drucks 13/4899 S 139). Hatte die Mu in die EhelErkl nicht eingewill (vgl § 1726 I 1 aF), so bleibt es beim unterhrechtl Gleichrang von Va u Mu gem § 1606 III 1.

3 **3) Ehelicherklärung nach dem Tode der Mutter, II.** Die ÜberggsRegelg behandelt diesen Fall von § 1740 a aF als solchen von § 1680 II 2 nF.

EG 224 § 3 *Name des Kindes.*

[I]Führt ein vor dem 1. Juli 1998 geborenes Kind einen Geburtsnamen, so behält es diesen Geburtsnamen. § 1617 a Abs. 2 und die §§ 1617 b, 1617 c und 1618 des Bürgerlichen Gesetzbuchs bleiben unberührt.

II § 1617 Abs. 1 und § 1617 c des Bürgerlichen Gesetzbuchs gelten für ein nach dem 31. März 1994 geborenes Kind auch dann, wenn ein vor dem 1. April 1994 geborenes Kind derselben Eltern einen aus den Namen der Eltern zusammengesetzten Geburtsnamen führt.

III In den Fällen des Absatzes 2 können die Eltern durch Erklärung gegenüber dem Standesbeamten auch den zusammengesetzten Namen, den das vor dem 1. April 1994 geborene Kind als Geburtsnamen führt, zum Geburtsnamen ihres nach dem 31. März 1994 geborenen Kindes bestimmen. Die Bestimmung muß für alle gemeinsamen Kinder wirksam sein; § 1617 Abs. 1 Satz 2 und 3 sowie § 1617 c Abs. 1 des Bürgerlichen Gesetzbuchs gelten entsprechend.

IV Ist in den Fällen des Absatzes 2 für das nach dem 31. März 1994 geborene Kind bei Inkrafttreten dieser Vorschriften ein Name in ein deutsches Personenstandsbuch eingetragen, so behält das Kind den eingetragenen Namen als Geburtsnamen. Die Eltern können jedoch binnen eines Jahres nach dem Inkrafttreten dieser Vorschrift den Geburtsnamen des vor dem 1. April 1994 geborenen Kindes zum Geburtsnamen auch des nach dem 31. März 1994 geborenen Kindes bestimmen. Absatz 3 Satz 2 gilt entsprechend.

V Ist für ein Kind bei Inkrafttreten dieser Vorschrift ein aus den Namen der Eltern zusammengesetzter Name als Geburtsname in ein deutsches Personenstandsbuch eingetragen, so können die Eltern durch Erklärung gegenüber dem Standesbeamten den Namen, den der Vater oder den die Mutter zum Zeitpunkt der Erklärung führt, zum Geburtsnamen dieses Kindes bestimmen. Absatz 3 Satz 2 gilt entsprechend. Haben die Eltern bereits den Namen des Vaters oder den Namen der Mutter zum Geburtsnamen eines ihrer gemeinsamen Kinder bestimmt, so kann auch für die anderen gemeinsamen Kinder nur dieser Name bestimmt werden.

VI Die Absätze 3 bis 5 gelten nicht, wenn mehrere vor dem 1. April 1994 geborene Kinder derselben Eltern unterschiedliche Geburtsnamen führen.

1) Grundsatz, I 1: Das Ki behält einen vor dem 1. 7. 98 erhaltenen Geburtsnamen. Das gilt auch nach Scheidg der Mu vom Stiefvater des nehel Ki u Rückgängigmachg der Einbenenng vor Inkrafttr des KindRG (Zweibr StAZ **99**, 115) u grdsl auch für einen vor Inkrafttr des FamNamRG zum GeburtsNa aus den Na der Elt zus-gesetzten DoppelNa (*arg* Art 224 § 3 V 1). **I 2** hält aber den nach dem Grdsatz von I 1 übergeleiteten bish GeburtsNa für nachträgl begründete NaÄndergen, die das Ges im einz aufzählt, offen u sieht in den II–VI zahlreiche **Ausnahmen** von dem Grdsatz des I 1 vor; diese sollen **Namensverschiedenheiten unter den Geschwistern** vermeiden od beseit (BT-Drucks 13/8511 S 80), bedürfen bis auf den Fall des nachträgl NaWechsels der Elt bei einem noch nicht 5jähr Ki aber sämtl entsprechder Erkl ggü dem StBeamten. 1

2) Doppelnamen, II–VI. Ein vor dem 1. 4. 94 geborenes Ki konnte währd einer ÜberggsZt einen aus den FamNa beider Elt gebildeten DoppelNa erteilt bekommen (Einf 5 v § 1616). Die Vorschr beziehen sich auf die Elt; bei alleiniger Sorge eines EltT ggf analoge Anwendg der §§ 1617 a II 2 u 1618 S 3 u 4 (vgl 58. Aufl Rn 2). 2

a) Namensneubestimmung bei Geschwistern, II. Der DoppelNa des ältesten Ki teilt sich trotz des Grdsatzes der NaEinheitlk unter Geschw (§ 1617 I 3) nicht automat später geborenen Geschw mit. Der GeburtsNa des zuerst nachgeborenen Ki richtet sich vielm bei NaVerschiedenh der Elt, als ob es sich um deren 1. Ki handelt, nach § 1617 I u unterliegt in der Folge ggf den gewöhnl Ändergen iRv § 1617 c. Geschw können auf diese Weise unterschiedl GeburtsNa haben. Anderers lassen sich unterschiedl GeburtsNa mit Hilfe von § 1617 c auch wieder vereinheitl. 3

b) Übertragung des Doppelnamens auf Geschwister, III. Die ÜberggsRegelg zum KindRG dchbricht die vom BVerfG ggf nur als vorl gedachte DoppelNaRegelg (BVerfG NJW **91**, 1602) u gibt den Elt die Möglk, den in der ÜberggsZt zuläss DoppelNa nun auch auf nach dem 31. 3. 94 geborene Ki zu übertr (zur Kritik: 58. Aufl Rn 13). Die Übertr des DoppelNa erfolgt nicht automat, sond setzt immer entsprechde Erkl beider EltT voraus. Die Reihenfolge der NaBestandteile darf dabei nicht verändert w. Haben die Elt bei ihrer Erkl mehrere weitere Ki, so ist der DoppelNa des 1. Ki für alle maßgebl, ohne daß es darauf ankommt, ob sie vor dem 1. 4. 94 od nach dem 31. 3. 94 geboren sind. Die Erkl können zugl mit der Anmeldg der Geburt beim StA abgegeben w (PStG 16, 21 I Nr 3); erfolgen sie danach, bedürfen sie der öff Beglaubigg (§ 1617 I 2). Für die Anschließg der Ki an die spätere Wahl des EheNa gilt wieder § 1617 c I. – Nach **IV** war die Übertr des DoppelNa eines vor dem 1. 4. 94 geborenen Ki auf ein nach dem 31. 3. 94 geb Ki bis zum 30. 6. 99 **befristet**, wenn dessen Na in ein dtsches PersStBuch eingetragen war. Wurde die Fr versäumt, bleibt es bei dem im PersStBuch eingetr Na. Da der eingetr Na für nach dem 31. 3. 94 geb Ki nur ein einf Na sein konnte, bleibt es bei der NaUngleichh der Geschw. Die NaAngleichg nach III ist aber unbefristet mögl, wenn das Ki im Ausl geb ist u eine Eintr in einem dtschen PersStBuch noch nicht erfolgte. 4 5

c) Änderung des Doppelnamen, V. Hatten die Elt entsprechd der ÜberggsRegelg des BVerfG (Einf 5 v § 1616) im dtschen PersStBuch den aus ihren Na gebildeten DoppelNa eintr lassen, haben sie nunm die Möglk, wie nach § 1617 I für ein nach dem 31. 3. 98 geb Ki auch wieder nur einen einf Na zu best, der dann allerd wie nach § 1617 I 3 auch für alle weiteren Geschw gilt (vgl Rn 4). Die BestimmgsBefugn ist iGgs zu IV 2 nicht befristet, jedoch dann, wenn die Elt bereits bei einem and gemeins Ki eine Best nach § 1617 I getroffen haben, auf diesen Na beschrkt, V 3. 6

d) Verlust der Verfügungsbefugnis über den Doppelnamen, VI. Trägt von zwei vor dem 1. 4. 94 geb Ki eines den DoppelNa, ein weiteres jedoch denj nur eines EltT, so haben sich die Elt damit auf den einf Na festgelegt u die Möglk sowohl zur Ausdehng des DoppelNa auf die Geschw als auch des Wechsels zum einf Na bei dem Ki mit dem DoppelNa verloren. Ledigl wenn sämtl vor dem 1. 4. 94 geb Ki übereinstimmd den DoppelNa tragen, haben die Elt nach III 1 u VI 1 wiederum die Wahl zw der Einheitlk des DoppelNa od des einf Na für alle Ki. 7

EG 225 ***Überleitungsvorschrift zum Wohnraummodernisierungssicherungsgesetz.*** **Artikel 231 § 8 Abs. 2 ist nicht anzuwenden, wenn vor dem 24. Juli 1997 über den**

Bestand des Vertrages ein rechtskräftiges Urteil ergangen oder eine wirksame Vereinbarung geschlossen worden ist. Artikel 233 § 2 Abs. 2, § 11 Abs. 3 Satz 5 und Abs. 4 Satz 3 und §§ 13 und 14 sowie Artikel 237 § 1 gelten nicht, soweit am 24. Juli 1997 in Ansehung der dort bezeichneten Rechtsverhältnisse ein rechtskräftiges Urteil ergangen oder eine Einigung der Beteiligten erfolgt ist.

1 Das WoMoSiG hat in den 6. Teil des EG weitere Vorschr eingefügt, dch die Mängel von RGesch od ErwerbsVorgängen aus der Zeit vor dem 3. 10. 90 geheilt w (vgl bei den einz Vorschr). Diese Vorschr sind nicht anzuwenden, soweit über den Bestand des Vertr od in Ansehg des zu beurteilden RVerh ein rechtskr Urt ergangen od eine wirks Vereinbg (Einigg) getroffen worden ist. Vereinbg kann ein Vergl, wenn es an einem ggs Nachgeben fehlt, aber auch ein deklarator Anerkenntn sein (BGH ZEV **98**, 478). Beschl fallen nicht unter Art 225, soweit sie nicht ausnw in mat RKraft erwachsen. Bei rkräft Urt ist die Heilg auch dann ausgeschl, wenn der Vertr od das RVerh für die Entsch nur ein vorgreifl RVerh war, sich die mat RKraft also nicht auf die Beurteilg des Vertr od RVerh erstreckt. Das Urt muß vor dem 24. 7. 97 rkräft, die Vereinbg vor diesem Stichtag wirks geworden sein.

EG 226 ***Überleitungsvorschrift zum Gesetz vom 4. Mai 1998 zur Neuordnung des Eheschließungsrechts.*** **[I]Die Aufhebung einer vor dem 1. Juli 1998 geschlossenen Ehe ist ausgeschlossen, wenn die Ehe nach dem bis dahin geltenden Recht nicht hätte aufgehoben oder für nichtig erklärt werden können.**

[II]Ist vor dem 1. Juli 1998 die Nichtigkeits- oder Aufhebungsklage erhoben worden, so bleibt für die Voraussetzungen und Folgen der Nichtigkeit oder Aufhebung sowie für das Verfahren das bis dahin geltende Recht maßgebend.

[III]Im übrigen finden auf die vor dem 1. Juli 1998 geschlossenen Ehen die Vorschriften in ihrer ab dem 1. Juli 1998 geltenden Fassung Anwendung.

1 1) EG 226 wurde dch Art 15 EheschlRG eingefügt und regelt die Überleitg des neuen EheR auf die vor dem Inkrafttr des EheschlRG geschl Ehen, also die übergangsrechtl Fragen, die sich mit Wirkung vom 1. 7. 98 aus der Aufhebg des EheG (Art 14 Nr 1 EheschlRG) und der Neufassg des Eheschl- und EheaufhebgsR in den §§ 1303 ff BGB ergeben. Auch diese Best sind zur Erleichterg ihrer Auffindbark in das EGBGB eingestellt (vgl BT-Drucks 13/4898 S 27).

2 **2) Grundsatz: Geltung des neuen Rechts auch für Altehen, III.** Auf die vor dem 1. 7. 98 geschl Ehen finden die Vorschr in ihrer ab dem 1. 7. 98 geltenden Fassg der §§ 1303 ff BGB Anwendg. Daraus folgt, daß es nach dem 1. 7. 98 keine NichtigErkl von Ehen mehr gibt (Ausn Rn 4). Eine entspr Kl ist als unzul abzuweisen, so daß der Kl nicht gehindert ist, trotz Abweisg der Kl wg des geltd gemachten NichtigkGrdes nunm Aufhebg der Ehe nach §§ 1313 ff BGB zu verl. Auch für die Aufhebg der Ehe gilt in Vorauss u Folgen grds das neue Recht.

3 **3) Einschränkung der Aufhebbarkeit von Altehen, I.** Aus Gründen des Vertrauensschutzes folgt, daß eine nach bish Recht mangelfreie Ehe nicht nachträgl aufhebb gestellt w kann. Desh best I, daß abweichd von dem Grds in Rn 2 eine vor dem 1. 7. 98 geschl Ehe nur dann aufgeh w kann, wenn sie schon nach dem bish R, unter dem sie geschl w ist, für nichtig erkl werden konnte od aufhebb war (BT-Drucks 13/4898 S 27 f). Dies wird namentl prakt in Fällen, in denen eine Ehe unter Verstoß gg die EhemündigkErfordern geschl wurde. Hat ein Eheunmündiger die Ehe ohne Zust des Ger geschl, ist sie nach neuem R aufhebb (vgl § 1314 Rn 2), war es aber nicht nach dem EheG. Sie kann desh auch nicht nach neuem R aufgeh werden. Entspr sind auch vor dem 1. 7. 98 geschl Scheinehen im Ggs zu danach geschl Scheinehen aufhebgsfest (FamRefK/Wax 7; vgl iü § 1314 Rn 14). Die weite Fassg von I schließt zugl aus, daß nach altem R bereits abgelaufene **Aufhebungsfristen** aGrd von Verschiebgen des FrBeginns nach § 1317 BGB rückwirkd als noch nicht abgelaufen anzusehen sind (vgl BT-Drucks 13/4898 S 28). Ist also eine AntragsFr nach den alten Best des EheG abgelaufen, dann beginnt nicht etwa eine neue Fr nach § 1317 BGB nF nur desh zu laufen, weil das EheG vom EheschlRG aufgeh worden ist. Etwas and gilt ledigl, wenn innerh der alten Fr rechtzeitig Ehenichtigk- od AufhebgsKl erhoben w war (vgl Rn 4).

4 **3) Rechtshängige Ehenichtigkeits- und Eheaufhebungsklagen, II.** Die Vorschr stellt sicher, daß bei Inkrafttr des Ges bereits lfde Verf nach bish R weitergef und entsch w. Damit wird insb vermieden, daß die hier ggf beteiligte Staatsanwaltsch währd des lfden Verf dch die jetzt zust VerwBeh ersetzt w muß (BT-Drucks 13/4898 S 28). Die Geltg des bis zum 1. 7. 98 maßg früh R bis zum Abschl der Verf bezieht sich sowohl auf das mat wie auf das VerfR. Vorauss ist, daß die Ehenichtigk- od EheaufhebgsKl bereits vor dem 1. 7. 98 zugestellt worden ist. Die Einreichg der Kl vor dem Stichtag reicht nicht aus, weil ZPO 270 III hier nicht entspr anwendb ist (BGH **111**, 329). Auch die Folgen der Eheaufhebg u der Ehenichtigk best sich nach bish R. Das gilt insb für die SicherhLeistg bei vorzeitigem ZugewAusgl gem § 1398 BGB bzw Dr ggü gem § 1390 IV BGB, ferner für den Ausschl des EhegErbR gem § 1933 BGB sowie für die Unwirksamk letztwilliger Vfg dch Eheauflösg gem § 2077 BGB (vgl FamRefK/Wax 6).

EG 227 ***Übergangsvorschrift zum Gesetz zur erbrechtlichen Gleichstellung nichtehelicher Kinder vom 16. Dezember 1997.*** **[I]Die bis zum 1. April 1998 geltenden Vorschriften über das Erbrecht des nichtehelichen Kindes sind weiter anzuwenden, wenn vor diesem Zeitpunkt**

1. der Erblasser gestorben ist oder
2. über den Erbausgleich eine wirksame Vereinbarung getroffen oder der Erbausgleich durch rechtskräftiges Urteil zuerkannt worden ist.

II Ist ein Erbausgleich nicht zustande gekommen, so gelten für Zahlungen, die der Vater dem Kinde im Hinblick auf den Erbausgleich geleistet und nicht zurückgefordert hat, die Vorschriften des § 2050 Abs. 1, des § 2051 Abs. 1 und des § 2315 des Bürgerlichen Gesetzbuchs entsprechend.

1) Die volle erbrechtliche Gleichstellung der seit 1. 7. 49 geborenen nichtehel Kinder mit ehel gilt in allen seit 1. 4. 98 eingetretenen Erbfällen aGrd des an diesem Tag in Kr getretenen ErbGleichG (BGBl 97 I 2968), das sie dch Streichg der Sonderregelgen üb den ErbersatzAnspr (§§ 1934 a; b) hergestellt hat, ohne dabei auch die vom NEhelG gezogene Altersgrenze zu beseitigen (§ 1924 Rn 10). Dabei wurde eine Rückwirkg ausgeschlossen entsprechd dem allg Grds, daß RÄndergen im ErbR aus Grden der RSicherh Erbfälle nicht erfassen, die bei Inkrafttreten des neuen R bereits eingetreten sind (Einl 2 v § 1922). War also der Erbl am 1. 4. 98 bereits verstorben, bestimmt sich die erbrechtl Berechtigg nichtehel Kinder u ihrer Väter weiterhin nach bish Recht (I Nr 1), zu dem seit 3. 10. 90 auch EG 235 § 1 II gehört. 1

2) Vorzeitigen Erbausgleich (I Nr 2) konnte nach den vom NEhelG am 1. 7. 70 eingeführten u bis 1. 4. 98 geltden §§ 1934 d; e nur ein nichtehel Kind u dieses nur zw dem 21. u 27. Geburtstag von seinem Vater verlangen. Rgültig kam er dch not beurkundete Vereinbarg od dch rkräft LeistgsUrteil zustande (§ 1934 d). Das ErbGleichG hat das RInstitut dch ersatzlose Streichg der Vorschriften beseitigt. Es behandelt aber einen bis 1. 4. 98 rgült zustande gekommenen vorzeit ErbAusgl als abgeschlossenen Sachverhalt, auf den auch in späteren Erbfällen früh R anzuwenden ist (**I** Nr 2), so daß seine RWirkgen (§ 1934 e; Rn 3) auch künft zu beachten sind. Dafür muß ein Urteil noch vor dem 1. 4. 98 rkräft geworden sein; war dies nicht mehr mögl (zB inf Tod des Vaters vor Ablauf der RMittelfrist), erledigte sich am 1. 4. 98 das anhängige Verf in der Hauptsache ohne Sachentscheidg (Celle RdL **99**, 38). Seitdem ist nur noch Erbverzicht gg Abfindg mögl (§ 2346). – Die Regelg ist verfassgsgem. Da der GesGeber dch die KindschR-Reform die völl Gleichstellg nichtehel Kinder mit ehel herbeigeführt hat, ist es verfassgsrechtl nicht zu beanstanden, wenn er sich dabei dafür entschieden hat, die RGleichh (GG 3 I) im ErbR dch Streichg der seinerzeit als Ausgleich für ein Lebensdefizit nichtehel Kinder gedachten §§ 1934 d; e herzustellen statt das RInstitut allen Kindern zu eröffnen (s auch Celle aaO). Dem nichtehel Kind wurde dch die Regelg auch kein subj R auf Geltdmachg des vorzeit Erbausgleichs entzogen (Düss FamRZ **99**, 1309). 2

a) Wirkung. Ein bis 1. 4. 98 rwirks zustande gekommener ErbAusgl beseitigt auf Dauer alle auf der nichtehel Verwandtsch beruhenden ges Erbrechtswirkgen (§ 1934 e). Die ges Erbfolge ist in allen nachfolgenden Erbfällen so zu ermitteln, wie wenn das Kind u seine Abkömml beim Tod des Vaters bzw der Vater u dessen Verwandte beim Tod des Kindes den Erbfall nicht erlebt hätten. Dch ihr Ausscheiden aus der ges Erbfolge erloschen auch PlichttRe oder Erbersatzberechtiggen nach früh R. Unberührt bleiben dagg Erbeinsetzgen dch Vfg vTw, selbst wenn diese vor dem ErbAusgl erfolgt waren. – Ob dch not beurkundeten **Aufhebgsvertrag** zw Vater u Kind diese Wirkgen rückwirkd beseitigt u die früh erbrechtl Beziehgen wieder hergestellt werden können, ist str, aber wohl zu bejahen (aA MüKo/Leipold § 1934 d Rn 28 mN). – **Unwirksamkeit** des vorzeit ErbAusgl läßt seine RFolgen nicht eintreten. Unwirks sein kann eine abgeschlossene Vereinbarg nach den allg Vorschr zB wg GeschUnfähigk (§ 105); wirks Anfechtg (§§ 119; 123; 142), die allerd nach Eintritt des Erbfalls nicht mehr mögl ist (Schlesw ZEV **98**, 28 mit abl Anm Mankowski); Ausübg eines vorbehaltenen RücktrittsR od Eintritt einer Beding. Ferner ist sie es bei Abschluß außerh der vom G gezogenen Altergrenzen jedenf dann, wenn das Kind dabei noch nicht 21 Jahre alt war (MüKo/Leipold Rn 13). Ein rkräft Urteil wird dagg nur dch Aufhebg im WiederaufnahmeVerf (ZPO 578 ff) wirkgslos. – Ausführl kommentiert sind die §§ 1934 d; e zuletzt in der 57. Auflage. 3 4

b) Rückforderung und Anrechnung (II). Zahlgen, die der Vater im Hinblick auf einen beabsichtigten, aber nicht wirks zustande gekommenen vorzeit ErbAusgl an sein nichtehel Kind geleistet hat, kann er mangels RGrd zurückfordern (§ 812). Unterließ der Vater die RückFdg, knüpft **II** an sein Verhalten (wie bish § 1934 d IV 3) die RFolge, daß nach seinem Tod die Leistg nicht mehr rückforderb, sond dem Kind (seinen Abkömml) nur anzurechnen ist (Rauscher ZEV **98**, 41/46; str). Dies geschieht bei ges Erbfolge des Kindes nach den Vorschr üb die Ausgleichg von Ausstattgen zw Abkömml (§§ 2050 I; 2051), bei seinem Pflichtt-Anspr nach § 2315. 5

EG 228 *Übergangsvorschrift zum Überweisungsgesetz.*

I Die §§ 675 a bis 676 g des Bürgerlichen Gesetzbuchs gelten nicht für Überweisungen, Übertragungs- und Zahlungsverträge, mit deren Abwicklung vor dem 14. August 1999 begonnen wurde.

II Die §§ 675 a bis 676 g gelten nicht für inländische Überweisungen und Überweisungen in andere als die in § 676 a Abs. 2 Satz 2 Nr. 1 des Bürgerlichen Gesetzbuchs bezeichneten Länder, mit deren Abwicklung vor dem 1. Januar 2002 begonnen wurde. Für diese Überweisungen gelten die bis dahin geltenden Vorschriften und Grundsätze.

III Die §§ 676 a bis 676 g gelten nicht für inländische Überweisungen im Rahmen des Rentenzahlungsverfahrens der Rentenversicherungsträger und vergleichbare inländische Überweisungen anderer Sozialversicherungsträger.

IV Die §§ 676 a bis 676 g des Bürgerlichen Gesetzbuchs lassen Vorschriften aus völkerrechtlichen Verträgen, insbesondere aus dem Postgiroübereinkommen und dem Postanweisungsübereinkommen unberührt.

1) Allgemeines. Die Vorschr ist dch Art 2 ÜberweisgsG (ÜG) v 21. 7. 1999 (BGBl 1642) eingefügt w u enthält zT ÜbergRegelgen zu §§ 675 a ff BGB (I, II), zT auf Dauer angelegte Einschränkgen des sachl AnwendgsBer dieser Vorschr (III). **IV** enthält ledigl einen klarstelldеn Hinw auf den Vorrang einschläg völkerrechtl Vereinbgen iR des Weltpostvereins, näml des Postgiroübereinkommens (BGBl 1986 II 351) u des Postanweisungsübereinkommens (BGBI 1986 II 334). 1

2 **2) Übergangsregelung bei Inkrafttreten, I.** Die neuen Vorschr des BGB zu Überw (§ 676a–c), ZahlgsVertr (§§ 676d, e) u ÜbertrVertr (§ 676) gelten einschl der InformationsPfl (§ 676a) nicht für GeschVorgänge, mit deren Abwicklg, dh nach außen erkennb werdder DchFührg, vor dem 14. 8. 99 begonnen wurde. Zum GiroVertr s § 676f Rn 2.

3 **3) Übergangsfrist für Überweisungen, II.** Im Hinbl auf die gesetzl AusfFr in § 676a II BGB u die dadch erfdl technischen Umstellgen gewährt II den KrInst eine AnpassgsFr. Für Überw u die damit in ZusHang stehden Vorgänge im Deckgs- (ÜberwVertr, §§ 676a–c), Interbanken- (ZahlgsVertr, §§ 676d, e), u InkassoVerh (Gutschr auf dem EmpfKto iR des GiroVertr, §§ 676f, g) sowie die InformationsPfl für Entgelte etc (§ 675a) gelten die bish Vorschr u Grds (§ 676f BGB Rn 31ff) fort, aber nur für Überw, mit deren Abwicklg bis spät 31. 12. 2001 begonnen wird. Die neuen Vorschr gelten jedoch wg der UmsetzgsPfl hins der Überw- u ZahlgsSichgsRichtl (Einf 2 v § 675) bereits für alle grenzüberschreitden Überw in Länder der EG u des Europ WirtschRaums (§ 676a Rn 3), nach dem Wortlaut unabhäng davon auf welche Währg sie lauten.

4 **4) Überweisungen von Sozialversicherungsträgern, III.** Generell von der Anwendg der §§ 676a–g BGB ausgenommen sind inländ Überw (§ 676a Rn 3) der RentenVersTräger (Begr SGB I § 23 II) iR des RentenzahlgsVerf sowie vergleichb InlÜberw and SozVersTräger (Begr SGB I §§ 18ff). Für sie passen wg ihres Umfangs u ihrer Infrastruktur die allg ÜberwRegeln nicht (BT-Drs 14/745). Auf AuslÜberw (§ 676a Rn 3) erstreckt sich diese Ausn nicht.

Sechster Teil
Inkrafttreten und Übergangsrecht aus Anlaß der Einführung des Bürgerlichen Gesetzbuchs und dieses Einführungsgesetzes in dem in Artikel 3 des Einigungsvertrages genannten Gebiet

(Die Überschriften der Art 230–237 sind amtlich)

EG 230 *Inkrafttreten.* **Das Bürgerliche Gesetzbuch und dieses Einführungsgesetz treten für das in Artikel 3 des Einigungsvertrages genannte Gebiet am Tage des Wirksamwerdens des Beitritts nach Maßgabe der folgenden Übergangsvorschriften in Kraft.**

1 **1) Fassung.** Neugefaßt dch das BeistandschaftsGes; es hat den fr I, der zuletzt nur noch die §§ 1706–1710 von der Einf in der fr DDR ausnahm, aufgehoben u dch Art 223 ersetzt. RegelgsGgst des Art 230 ist jetzt nur noch das Inkrafttreten des BGB u des EG in den neuen BLändern.

2 **2)** Dch den **Beitritt** der DDR zum GG ist am 3. 10. 90 das Recht der BRep im Gebiet der fr DDR in Kraft getreten (EinigsV Art 8). Zu dem übergeleiteten Recht gehören auch die von Rspr u Lehre herausgebildeten ungeschriebenen RGrds. Das WirtschR u das wirtschnahe PrivR der BRep hatte die DDR bereits zum 1. 7. 90 dch den Vertr über die Schaffg einer Währgs-, Wirtsch- u SozialUnion u das InKrG (DDR-Schönfelder Nr 1 u 1 a) übernommen; damit war auch der gewohnheitsrechtl Grds des HandelsR über das Schweigen auf kaufm BestätigsSchr in der DDR in Kraft getreten (aA LG Köln DtZ **95**, 452). Einige der für die Wiedereinführg des BGB u des IPR notw Übergangsvorschr hat der EinigsV als neuen sechsten Teil in das EGBGB eingefügt. Weitere für die Vereinheitlichg des PrivR wichtige Vorschr sind in SonderGes enthalten, so im DM-BilanzG, LwAnpG, GrdBBereiniggsGes, BodensondergsGes, ErholNutzG, MeAnlG, VermG u VermZuordngsG (alle im DDR-Schönfelder). Dch die Einfügg der §§ 11ff in Art 233 EG (Abwicklg der Bodenreform), des Art 237 (Bestandsschutz, Ausschlußfrist), das SachenRBerG (Schnabel NJW **99**, 2465) u das SchuldRAnpG (Messerschmidt NJW **94**, 2648) ist der Proz der RAngleichg im wesentl abgeschlossen, bis zur vollst Umsetzg der Überleitgs- u AnpassgsVorschr dch Verw u Rspr werden aber noch viele Jahre vergehen. Die Art 230ff gelten als Teil des EGBGB nicht nur in den neuen BLändern, sondern im **gesamten Bundesgebiet.**

3 **3)** Art 230ff betreffen ausschließl RVerhältn, auf die vor dem 3. 10. 90 das Recht der DDR anwendb war (BGH **121**, 385, **124**, 272, **128**, 323, KG DtZ **96**, 213). Ob das zutrifft, entscheidet bei Sachverhalten mit Berührg zu beiden ROrdngen das **innerdeutsche Kollisionsrecht**/interlokale R (Anh zu Art 3). Dessen Spaltg ist überwunden. Mit dem Inkrafttr des EG in der fr DDR ist grdsl auch dessen analoge Anwendg im innerdtsche KollisionsR in ganz Dtschland verbindl (Art 236 Rn 4f). Soweit nach Kollisions- u ÜbergangsR das Recht der fr DDR anwendb ist, stellt es gem EinigsV 9 IV 2 **partielles Bundesrecht** dar (BGH **120**, 15, NJW **94**, 2685).

4 **4)** Soweit Recht der fr DDR weiterhin anwendb ist, gelten für seine **Auslegung** nicht mehr die Grds sozialistischer Gesetzlichk u Parteilichk, sond die AusleggsGrds des sozialen RStaats (s Oetker JZ **92**, 608, Drobnig DtZ **94**, 86, LAG Bln BB **92**, 638, MüKo/Hinz Rn 7). Es ist auch nur noch im Rahmen der Wertentscheidgen des GG verbindl (s BGH **117**, 39, **123**, 68). Das ergibt sich aus dem VerfGrdsGes vom 17. 6. 90 (BGH **118**, 42) u aus Art 4 u 2 des StaatsV vom 18. 5. 90 (BGH **124**, 277, Oetker aaO S 612, EG 6 Rn 12). Soweit es sich um RNormen handelt, die nicht dch Gedanken sozialistischer Gesetzlichk geprägt sind, ist aber nach dem VertrauensGrds vom bisherigen Normenverständn auszugehen (BGH **124**, 277, NJW **94**, 1793, **96**, 991, **98**, 2603). In diesem Normenbereich können auch die RiL des Plenums des fr OG der DDR weiter herangezogen w (BGH **123**, 68, s aber zum UnterhR BGH **117**, 38).

Artikel 231.
Erstes Buch. Allgemeiner Teil des Bürgerlichen Gesetzbuchs

EG 231 § 1
(Vom Abdruck wird abgesehen. Die dch die Vorschr aufrechterhaltenen Entmündiggen sind zu Betreuungen übergeleitet worden. Vgl Einf v § 1896).

EG 231 § 2
Vereine. **I Rechtsfähige Vereinigungen, die nach dem Gesetz über Vereinigungen – Vereinigungsgesetz – vom 21. Februar 1990 (GBl. I Nr. 10 S. 75), geändert durch das Gesetz vom 22. Juni 1990 (GBl. I Nr. 37 S. 470, Nr. 39 S. 546), vor dem Wirksamwerden des Beitritts entstanden sind, bestehen fort.**

II Auf sie sind ab dem Tag des Wirksamwerdens des Beitritts die §§ 21 bis 79 des Bürgerlichen Gesetzbuchs anzuwenden.

III Die in Absatz 1 genannten Vereinigungen führen ab dem Wirksamwerden des Beitritts die Bezeichnung „eingetragener Verein".

IV Auf nicht rechtsfähige Vereinigungen im Sinn des Gesetzes über Vereinigungen – Vereinigungsgesetz – vom 21. Februar 1990 findet ab dem Tag des Wirksamwerdens des Beitritts § 54 des Bürgerlichen Gesetzbuchs Anwendung.

1) Allgemeines. Das ZivilR der DDR kannte zuletzt vier körperschaftl od gesellschaftsrechtl Zusammenschlüsse: die rechtsf Vereinigg (Rn 2f), die nichtrechtsf Vereinigg (Rn 5), die BürgerGemeinsch u seit dem 1. 7. 90, der Übern der BGB 705–740 (InkrG 17), die GbR. Für die seit dem 1. 7. 90 gegründeten GbR gelten weiter die BGB 705ff. Die BürgerGemeinsch fällt unter die allg ÜberleitgsVorschr des Art 232 § 1. Auf sie sind weiterhin ZGB 266–273 anzuwenden (Uebler/Albrecht DtZ **91**, 400). Eine Umwandlg in eine GbR ist mögl. Der Ändergsvertrag muß gem ZGB 267 II schriftlich abgeschlossen w, bedarf aber nicht mehr der Registrierg. Bei Vereinen, die vor dem 3. 10. 90 rechtsw im Vereinsregister gelöscht worden sind, ist eine Wiedereintragg im Wege der Amtslöschg nicht ausgeschlossen (Tietje DtZ **94**, 138). 1

2) Rechtsfähige Vereinigungen. – **a)** Ihre RGrdl war ursprüngl die VereiniggVO v. 6. 11. 75 (GBl 723). Sie erlangten RFähigk dch staatl Anerkenng, auf die kein RAnspr bestand. Das am 21. 2. 90 in Kraft getretene VereinG hat den Grds der Vereiniggsfreih verwirklicht. Die RFähigk wurde nunmehr dch gerichtl Registrierg erworben, u bei Erf der gesetzl Voraussetzgen bestand ein Anspr auf Eintragg. Die Altvereine mußten sich gem VereinG 22, 25 bis zum 21. 8. 90 im Vereiniggsregister eintragen lassen. Zur Erhaltg der RFgk genügt der EintraggsAntr; daß die Eintragg nicht bis zum 21. 8. 90 vollzogen worden ist, ist unschädl (Christoph DtZ **91**, 237). Vereiniggen, die keinen EintraggsAntr gestellt haben, haben ihre RFähigk verloren, bestehen aber als nichtrechtsf Vereine (Rn 5) fort. 2

b) Seit dem 3. 10. 90 gilt für alle rechtsf Vereiniggen das **Vereinsrecht des BGB.** Der Name der Vereinigg erhält den Zusatz „eingetragener Verein", III iVm BGB 65. Hinsichtl der Haftg der Vereine für ihre Organe enthält § 4 eine SonderüberleitgsVorschr. 3

c) And als Art 163 verweist Art 231 § 2 auch auf die Vorschr des BGB über die **Vereinsgründung.** Die am 3. 10. 90 anhäng EintraggsAntr waren daher nach neuem Sach- u VerfR weiterzuführen (§ 1 Rn 3, aA Nissel DtZ **91**, 240). Zu berücksichtigen ist aber, daß nach § 4 VereinG der DDR RFähigk bereits dch **Registrierung** erworben wurde. Darunter war die Vfg des Ri zu verstehen, daß der Verein im Register einzutragen sei; vom Vollzug im Register war der Erwerb der RFähigk nicht abhäng (Staud-Rauscher Rn 36, AG Köpenick VIZ **98**, 38, 41). Verf, in dem die RegistriergsVfg vor dem 3. 10. 90 erlassen worden ist, sind daher nach fr Recht zu Ende zu führen. 4

3) Nichtrechtsfähige Vereinigungen konnten in der DDR erst seit dem 21. 2. 90, dem Inkrafttreten des VereinG, gebildet werden. Für sie gelten seit dem 3. 10. 90 die Vorschr des BGB 54, dh in Wahrh die RGrds, die Rspr u Lehre im Wege der RFortbildg für den nichtrechtsf Verein herausgebildet haben. 5

EG 231 § 3
(Vom Abdruck wird abgesehen. Die Vorschr erhält die in der fr DDR bestehden Stiftgen aufrecht und unterstellt sie den BGB 80ff. Zum StiftgsR der neuen BLänder s Einf 20 vor § 80 BGB).

EG 231 § 4
Haftung juristischer Personen für ihre Organe. **Die §§ 31 und 89 des Bürgerlichen Gesetzbuchs sind nur auf solche Handlungen anzuwenden, die am Tag des Wirksamwerdens des Beitritts oder danach begangen werden.**

1) Allgemeines. Die Vorschr ergänzt §§ 2 u 3. Sie betrifft aber nicht nur Vereiniggen u Stiftgen, sondern hat den gleichen umfassden Anwendgsbereich wie BGB 31 u 89. Sie gilt für alle jur Pers (BGB 31 Rn 3), bei Handeln im priv RVerk auch für alle staatl Einrichtgen (BGB 89 Rn 1). Sie ist trotz der zu engen amtl Überschr auch auf nichtrechtsf Vereiniggen (§ 2 Rn 5) anzuwenden (Staud-Rauscher Rn 4). Unter sie fallen neben den seit der Wende gegründeten GmbHs u AGs alle weiteren vom Recht der DDR als jur Pers anerkannte Organisationen (s Göhring-Posch I S 106ff). 1

2) Bisheriges Recht. Das ZGB enthielt hins der Haftg jur Pers für ihre Organe keine SonderVorschr. Alle jur Pers fielen unter den in ZGB 11 I–III weit gefaßten Begriff des Betr (KommZGB 11 Anm 3), bei Teiln am ZivilRVerk auch alle staatl Einrichtgen (DDR-StHaftgG 1 III). Die Organhaftg war Teil der für Betr bestehden umfassden Mitarbeiterhaftg (ZGB 331, 93); sie galt sowohl für den vertragl als auch für den 2 außervertragl Bereich (Göhring-Posch I S 195) u erstreckte sich auf alle Schäden, die der Mitarbeiter in Erf ihm obliegder betriebl Aufg verursacht hatte (ZGB 331). Erst das am 21. 2. 90 in Kraft getretene VereinG hat in § 8 II eine dem BGB nachgebildete Organhaftg eingeführt u in § 17 eine dem BGB 54 S 2 ähnl HandelndenHaftg. Beide Vorschr haben aber wg ihrer kurzen Geltgsdauer kaum prakt Bedeutg erlangt.

3 **3) Anwendung neuen Rechts.** Sie setzt voraus, daß die Handlg nach dem 2. 10. 90 begangen worden ist. Maßgebd ist nicht der Eintritt des Schadens, sondern die Vornahme der pflichtwidr Hdlg. Bestand bei einer pflwidr Unterl sowohl vor als auch nach dem Stichtag die Möglichk, den Schaden abzuwenden, kann der Geschädigte zw der Anwendg neuen u alten Rechts wählen (str). Erstreckt sich das pflichtwidr Tun auf die Zeit vor u nach dem Stichtag, ist entscheidd, welche Teilhdlg für den Schaden ursächl war. Läßt sich nicht aufklären, ob die pflichtwidr Hdlg vor od nach dem Stichtag begangen worden ist, gilt nach der Fassg der Vorschr („nur . . . anzuwenden") altes Recht (aA Staud-Rauscher Rn 8).

EG 231 § 5 *Sachen.*

[I]Nicht zu den Bestandteilen eines Grundstücks gehören Gebäude, Baulichkeiten, Anlagen, Anpflanzungen oder Einrichtungen, die gemäß dem am Tag vor dem Wirksamwerden des Beitritts geltenden Recht vom Grundstückseigentum unabhängiges Eigentum sind. Das gleiche gilt, wenn solche Gegenstände am Tag des Wirksamwerdens des Beitritts oder danach errichtet oder angebracht werden, soweit dies aufgrund eines vor dem Wirksamwerden des Beitritts begründeten Nutzungsrechts an dem Grundstück oder Nutzungsrechts nach den §§ 312 bis 315 des Zivilgesetzbuchs der Deutschen Demokratischen Republik zulässig ist.

[II]Das Nutzungsrecht an dem Grundstück und die erwähnten Anlagen, Anpflanzungen oder Einrichtungen gelten als wesentliche Bestandteile des Gebäudes. Artikel 233 § 4 Abs. 3 und 5 bleibt unberührt.

[III]Das Gebäudeeigentum nach den Absätzen 1 und 2 erlischt, wenn nach dem 31. Dezember 1999 das Eigentum am Grundstück übertragen wird, es sei denn, daß das Nutzungsrecht oder das selbständige Gebäudeeigentum nach Artikel 233 § 2b Abs. 2 Satz 3 im Grundbuch des veräußerten Grundstücks eingetragen ist oder dem Erwerber das nicht eingetragene Recht bekannt war. Dem Inhaber des Gebäudeeigentums steht gegen den Veräußerer ein Anspruch auf Ersatz des Wertes zu, den das Gebäudeeigentum im Zeitpunkt seines Erlöschens hatte; an dem Gebäudeeigentum begründete Grundpfandrechte werden Pfandrechte an diesem Anspruch.

[IV]Wird nach dem 31. Dezember 1999 das Grundstück mit einem dinglichen Recht belastet oder ein solches Recht erworben, so gilt für den Inhaber des Rechts das Gebäude als Bestandteil des Grundstücks. Absatz 3 Satz 1 ist entsprechend anzuwenden.

[V]Ist ein Gebäude auf mehreren Grundstücken errichtet, gelten die Absätze 3 und 4 nur in Ansehung des Grundstücks, auf dem sich der überwiegende Teil des Gebäudes befindet. Für den Erwerber des Grundstücks gelten in Ansehung des auf dem anderen Grundstück befindlichen Teils des Gebäudes die Vorschriften über den zu duldenden Überbau sinngemäß.

1 **1) Allgemeines – a) Fassung.** Das RegVBG hat die III–V angefügt; das EFG vom 20. 12. 96 (BGBl I S 2028) hat in III u IV das Datum „31. 12. 96" in „31. 12. 99" geändert (Rn 6). – **b)** ZGB 467 unterteilt den **Sachbegriff** abweichd vom BGB in beweg1 Ggst, Grdst u Gebäude. Zwar bestimmt ZGB 295 ebso wie BGB 94, daß sich das Eigtum am Grdst grdsl auch auf Gebäude u Anlagen erstreckt; dieser Grds wurde aber dch zahlreiche Ausn (Rn 2) dchbrochen. § 5 läßt das SonderEigtum an Grdst u Anlagen bestehen. Nach III–V kann es es aber ab 1. 1. 2000 dch gutgläub lastenfreien Erwerb des Grdst erlöschen (Rn 6). Um das SonderEigtum u das ihm zugrde liegende NutzgsR in die SachenROrdng der BRep zu integrieren, hat der Nutzer nach dem **SachenRBerG** das Recht, vom GrdstEigtümer die Bestellg eines ErbbR od den Erwerb des Grdst zu verlangen. Das vom Nutzer zu zahlde Entgelt ist grdsl nach dem halben VerkWert des Grdst zu berechnen. Nutzer u damit erwerbsberecht sind nach SachenRBerG aber auch Pers, denen kein SonderEigtum zusteht.

2 **2) Sondereigentum an Gebäuden. – a)** Nach dem in den neuen BLändern geltden Recht bestand in folgden Fällen ein vom Grdst unabhäng Eigtum an Gebäuden, Baulichk, Anlagen u Einrichtgen: **(1)** NutzgsR an volkseigenen Grdst zum Bau eines Eigenheims oder ähnl (ZGB 287–290); Voraussetzg ist eine staatl Nutzgsverleihg (vgl dazu Wilhelms VIZ **96**, 431), eine bloße Anerkenng in der sozialen Wirklichk genügt nicht (BGH **121**, 349, BVerwG ZIP **95**, 595), uU aber ein Vertr gem ZGB 312 (KommZGB 287 Anm 1.3.). Zu einem vorübergehden Zweck errichtete Baustelleneinrichtgen fallen nicht unter die Regelg (LG Bln VIZ **98**, 522). **(2)** NutzgsR an genossenschaftl Grdst zum Bau eines Eigenheims od ähnl (ZGB 291–294): begründet dch Zuweisg. **(3)** Verleihg eines NutzgsR an Genossensch für den Bau von Gebäuden auf volkseigenen Grdst (NutzgsRG 4 IV). **(4)** NutzgsR zum Bau eines Wochenendhauses od ähnl (ZGB 296); begründet dch Vertr gem ZGB 312 (Gößmann WM **91**, 1861). **(5)** Von VEB oder staatl Einrichtgen auf vertragl genutzten Grdst errichtete Gebäude od Anlagen (ZGB 459). **(6)** Dch LPG errichtete Häuser, Gebäude u Anlagen sowie Anpflanzgen (LPGG 27) u in die LPG eingebrachte Gebäude (BGH **120**, 357). Selbstd GebäudeEigt konnte auch zwischenbetriebl Einrichtgen der LPG zustehen (Brdbg FGPrax **95**, 183). Das selbstd AnpflanzgsEigt der LPGs hat das SchuldRÄndG zum 1. 1. 95 aufgeh (Messerschmidt NJW **94**,
2 a 2651). **(7)** Beim Verkauf volkseigener Gebäude gem VerkaufsG vom 7. 3. 90. – **b)** Das GebäudeEigt entstand kr Ges mit der Errichtg des Gebäudes (MüKo/Holch Rn 17). Um- u Ausbauten stehen, auch wenn sie einen beträchtl Umfang haben, der Errichtg nicht gleich (Brdbg OLG-NL **94**, 210). Im Fall (4) waren auf die Baulichk die für bewegl Sachen geltden Vorschr anzuwenden (ZGB 296 I 2), ähnl wie nach BGB für Scheinbestandt (BGB 95 Rn 1). In allen anderen Fällen galten für das selbständ Eigtum an Gebäuden u Anlagen die Vorschr über Grdst (ZGB 295 II). In den Fällen (5) u (6), letzterer erweitert dch Art 233 § 2b, handelt es sich um GebäudeEigtum **ohne Nutzungsrecht** (vgl dazu Art 233 §§ 8 u 2b). Das Gebäude, für das ein bes GrdBuchblatt anzulegen war, konnte gem ZGB 452 mit Hyp belastet werden. Bei seiner

Veräußerung ging gem ZGB 289 II, 293 III zugl das NutzgsR auf den Erwerber über. Wer SonderEigt beansprucht, trägt für die das SE begründden Umst die BewLast (BGH DtZ **95**, 366).

3) Überleitung. – a) Das selbständ Eigentum an Gebäuden u Anlagen **bleibt bestehen;** für seinen Inh 3
gilt Art 233 § 2. BGB 94 findet keine Anwendg, I S 1. Das NutzgsR, die Anlagen u das Gebäude werden dch II zu einer untrennb Einh zusgefaßt (ähnl ErbbRVO 12), Hauptsache ist (and ErbbRVO 12) nicht das NutzgsR, sond das Gebäude (BGH DtZ **96**, 141). Der dch das 2. VermRÄndG eingefügte II 2 stellt klar, daß das NutzgsR trotz seiner BestandtEigensch bei Untergang des Gebäudes nicht erlischt (Art 233 § 4 III) u daß die Möglichk der Aufhebg (Art 233 § 4 V) unberührt bleibt. – **b)** Gebäude u Einrichtgen, die **nach dem** 4
Stichtag aufgrd eines fr begründeten NutzgsR (Rn 2) errichtet w, werden gleichf Eigtum des Nutzgsberecht, I 2 (Brdbg FamRZ **99**, 1071). – **c)** Für Vfgen über das Eigtum am Gebäude gilt Art 233 § 4 I, die Aufrecht- 5
erhaltg des NutzgsR regelt Art 232 § 4 u 233 § 3, das Recht zum Besitz Art 233 § 2 a.

4) Erlöschen des Gebäudeeigentums (III). – a) Art 233 §§ 4 II 1 u 5 II 1, nach denen ein nicht im 6
GrdB eingetragenes NutzgsR u MitbenutzgsR auch ggü einem gutgl Erwerber wirks bleibt, gelten nach ihrer nF dch das EFG (Rn 1) bis zum 31. 12. 99 (s bei Art 233 §§ 4 u 5). III stellt klar, daß sich der öffentl Glaube des GrdB ab 1. 1. 2000 (s Rn 1) auch ggü dem GebäudeEigt dchsetzt. Es bleibt bei Übertraggen des Eigt am Grdst nur bestehen, wenn es im GrdB eingetragen (Art 233 §§ 2 c I u 4 I 2 u 3) od dem Erwerber bekannt ist; grob fahrl Unkenntn ist unschädl. Zur Sichg nicht eingetr Rechte s Flick/Keller DtZ **96**, 330, Böhringer VIZ **99**, 569. Mit dem Erlöschen des GebäudeEigt wird das Gebäude gem BGB 94, 93 wesentl Bestandt des Grdst. – **b) Anspruch auf Wertersatz. – aa)** Der Anspr des GebäudeEigtümers auf WertErs (III 2) richtet sich ausschließl gg den Veräußerer. Anspr gg den Erwerber bestehen nicht; sie können auch nicht aus fahrl EigtVerletzg (§ 823) od § 812 hergeleitet w. – **bb) Umfang.** Maßgebd ist der VerkWert, den das GebäudeEigt im Ztpkt des Erlöschens hatte. Dieser Wert wird häufig, aber nicht notw, mit dem Wertzuwachs des Grdst übereinstimmen. – **cc)** Die am Gebäude bestehden **Grundpfandrechte** werden kr Ges zu PfandR an dem WertErsAnspr. BGB 1279 ff finden Anwendg. Der Erwerber kann gem BGB 1281 nur an den fr GebäudeEigtümer u den PfandGläub gemeins leisten, jedoch ist zu seinen Gunsten BGB 407 entspr anwendb.

5) Belastung des Grundstücks (IV). Wird an dem mit einem GebäudeEigt belasteten Grdst nach dem 7
31. 12. 1999 ein beschr dingl Recht bestellt, erstreckt sich dieses auch auf das GebäudeEigt; es geht den am GebäudeEigt bestehden Belastgen im Rang vor. And ist es nur, wenn das GebäudeEigt als Belastg im GrdstGrdB eingetragen ist od der Erwerber es kennt. Ein WertErsAnspr besteht nicht. Das Erlöschen des beschr dingl Rechts dch guten Glauben beim Erwerb des GebäudeEigt verhindert Art 233 § 2 c III (s dort).

6) Gebäudeeigentum auf mehreren Grundstücken (V). In diesem Fall gelten III u IV nur für Vfgen 8
über das Grdst, auf dem sich der überwiegde Teil des Gebäudes befindet. Dieses StammGrdst ist – and als iF des Überbaus (BGH **110**, 298) – ausschließl nach obj Kriterien (Größe u Bedeutg der Gebäudeteile) zu bestimmen. Hinsichtl der Gebäudeteile auf and Grdst hat der Erwerber die iF eines rechtmäß Überbaus bestehden Rechte u Pflten: Er wird Eigtümer des Überbaus (s BGH **110**, 298), der Nachbar muß den Überbau dulden u hat gem BGB 912 II, 913 einen Anspr auf Überbaurente. Der WertErsAnspr gg den Veräußerer (Rn 2) richtet sich nach dem Wert des gesamten Gebäudes. Der Erwerber eines Grdst, auf dem sich ein untergeordneter Teil des Gebäudes befindet, muß das GebäudeEigt gg sich gelten lassen. Er ist ebso wie der Erwerber eines Grdst mit einem rechtmäß Überbau auf Anspr gg den Verkäufer beschränkt.

EG 231 § 6

Verjährung. **I Die Vorschriften des Bürgerlichen Gesetzbuchs über die Verjährung finden auf die am Tag des Wirksamwerdens des Beitritts bestehenden und noch nicht verjährten Ansprüche Anwendung. Der Beginn, die Hemmung und die Unterbrechung der Verjährung bestimmen sich jedoch für den Zeitraum vor dem Wirksamwerden des Beitritts nach den bislang für das in Artikel 3 des Einigungsvertrages genannte Gebiet geltenden Rechtsvorschriften.**

II Ist die Verjährungsfrist nach dem Bürgerlichen Gesetzbuch kürzer als nach den Rechtsvorschriften, die bislang für das in Artikel 3 des Einigungsvertrages genannte Gebiet galten, so wird die kürzere Frist von dem Tag des Wirksamwerdens des Beitritts an berechnet. Läuft jedoch die in den Rechtsvorschriften, die bislang für das in Artikel 3 des Einigungsvertrages genannte Gebiet galten, bestimmte längere Frist früher als die im Bürgerlichen Gesetzbuch bestimmte kürzere Frist ab, so ist die Verjährung mit dem Ablauf der längeren Frist vollendet.

III Die Absätze 1 und 2 sind entsprechend auf Fristen anzuwenden, die für die Geltendmachung, den Erwerb oder den Verlust eines Rechts maßgebend sind.

1) Allgemeines. § 6 entspr der Regelg, die EG 169 für das Inkrafttreten des BGB getroffen hat u die als 1
Ausdr eines allg RGedankens anerkannt ist (Übbl 19 v § 194). Neu ist der für AusschlFr angefügte III. In einer Vielzahl von Fällen sind die Fr nach ZGB u BGB gleich lang, so daß sich abgesehen vom VerjBeginn nichts ändert (HptBeispiel: 2JahresFr für VertrAnspr gem ZGB 474 I Nr 2, soweit jetzt BGB 196 gilt). Häufig tritt aber auch eine Verlängerg der VerjFr ein, währd Abkürzgen die Ausn sind.

2) Überleitung. – a) Auf am 3. 10. 90 **bereits verjährte** Anspr findet ausschließl das ZGB Anwendg 2
(KG OLGZ **93**, 408 zu III). Die Verj ist weiter vAw zu berücksichtigen (Eckert JR **94**, 333, Staud-Rauscher Rn 47). ZGB 472, der die Wirkg der Verj regelt, ist keine prozessuale, sond eine materiellrechtl Norm (BGH **126**, 103, Heinrichs EWiR **93**, 1187, aA BGH **122**, 309, obiter dictum). Das Ger kann auch weiterhin für den verj Anspr RSchutz gewähren (BGH **126**, 102, **135**, 158, Naumbg NJW **98**, 237, Brdbg NZV **98**, 70), die Voraussetzgen von ZGB 472 II sind aber einschränkd auszulegen (BGH **126**, 103, ZIP **97**, 903). Die Vorschr kann anwendb sein, wenn der Schu die nicht rechtzeit Geltdmachg des Anspr dch sein Verhalten, etwa dch die Erteilg falscher Informationen, mitveranlaßt hat (BGH ZIP **97**, 905, Jena OLGNL **94**, 149, 151). Daß die Geltdmachg eines Anspr vor dem zuständ DDR-Ger zu Nachteilen für den Gläub führen

konnte, begründete keine Hemmg der Verj (BGH DtZ **96**, 208). Sie ist erst recht ausgeschlossen, wenn der Gläub seinen Anspr vor einem westdtschen Ger hätte geltd machen können (BGH ZIP **97**, 903).

3 **b)** Für die am Stichtag **noch nicht verjährten** Anspr bestimmt das **Recht des BGB** die Länge der VerjFr u die Wirkg der Verj. Beginn, Unterbrechg u Hemmg der Verj richtet sich bis zum 2. 10. 90 nach ZGB (475–478), danach nach BGB (BGH VIZ **99**, 620). Gleichgestellt sind nach DDR-Recht zu beurteilde Anspr, die nach dem 3. 10. 90 entstanden sind (BGH **129**, 282). Das für die Fälligk maßgebde Recht bestimmt dagg nicht § 6, sond Art 232 § 1 (BGH DtZ **96**, 342). Bei einem am 2. 9. 90 abgeschl KaufVertr beginnt die Verj gem ZGB 475 Nr 3 am 1. 10. 90, bei einem am 3. 10. 90 abgeschl, nunmehr unter BGB 196 I Nr 1 fallden Vertr gem BGB 201 am 31. 12. 90, 24 Uhr. Ein am 2. 10. 90 abgegebenes mdl Anerkenntnis hat auf die Verj keinen Einfluß (ZGB 476 I Nr 1), eine am 3. 10. 90 abgegebene entspr Erkl unterbricht die Verj (BGB 208). Die in einer Vielzahl von Fällen eintretde, zT erhebl Verlängerg der VerjFr nimmt das Ges in Kauf. Für SchmerzGAnspr mit vertragl Grdl gilt die VerjFr des § 852, nicht die des § 195 (Naumbg NJW **98**, 237).

4 **c) Kürzere Verjährungsfrist.** Soweit die VerjFr des BGB kürzer sind als die des ZGB, könnte I dazu führen, daß die nunmehr maßgebde VerjFr am 3. 10. 90 bereits abgelaufen ist. Um den Gläub hiervor zu schützen, legt II fest, daß die kürzere Fr erst am 3. 10. 90 zu laufen beginnt. Die VerjFr des alten Rechts bleibt aber maßgebd, falls sie vor der kürzeren Fr des BGB endet. Die prakt Bedeutg von II ist gering, da die VerjFr des BGB idR gleich lang oder länger sind als die des ZGB.

5 **3) Ausschlußfristen (III):** I u II finden auf die am Stichtag laufenden AusschlußFr entspr Anwendg. Das gilt etwa für die AnfFr gem ZGB 70 II, die ErsitzgsFr gem ZGB 32 II (BGH **132**, 255), die Fr für die TestAnf gem ZGB 374 II 2 (BGH **124**, 275) u die Fr für die Anf der ErbschAusschlagg gem ZGB 405 II 2 (KG OLGZ **93**, 408). War die AusschlFr am 3. 10. 90 noch nicht abgelaufen u fehlt im Recht der BRep eine entspr Fr (Bsp: AGB-DDR 265), kann der Anspr nicht mehr verfallen, sond nur noch verjähren (BAG DB **97**, 1523). Das gilt auch für Anspr aus Garantien, für die nach DDR-Recht eine Kombination von Ausschl- u VerjFr maßgebd war (BGH **138**, 24).

EG 231 § 7 *Beurkundungen und Beglaubigungen.*

[I]Eine vor dem Wirksamwerden des Beitritts erfolgte notarielle Beurkundung oder Beglaubigung ist nicht deshalb unwirksam, weil die erforderliche Beurkundung oder Beglaubigung von einem Notar vorgenommen wurde, der nicht in dem in Artikel 3 des Einigungsvertrages genannten Gebiet berufen oder bestellt war, sofern dieser im Geltungsbereich des Grundgesetzes bestellt war.

[II]Absatz 1 gilt nicht, soweit eine rechtskräftige Entscheidung entgegensteht.

[III]Ein Vertrag, durch den sich der Beteiligte eines nach Absatz 1 wirksamen Rechtsgeschäfts vor Inkrafttreten des Zweiten Vermögensrechtsänderungsgesetzes gegenüber einem anderen Beteiligten zu weitergehenden Leistungen verpflichtet oder auf Rechte verzichtet hat, weil dieser die Nichtigkeit dieses Rechtsgeschäfts geltend gemacht hat, ist insoweit unwirksam, als die durch den Vertrag begründeten Rechte und Pflichten der Beteiligten von den Vereinbarungen in dem nach Absatz 1 wirksamen Rechtsgeschäft abweichen.

[IV]Eine Veräußerung nach den §§ 17 bis 19 des Gesetzes über die Gründung und Tätigkeit privater Unternehmen und über Unternehmensbeteiligungen vom 7. März 1990 (GBl. I Nr. 17 S. 141), die ohne die in § 19 Abs. 5 Satz 2 dieses Gesetzes geforderte notarielle Beurkundung der Umwandlungserklärung erfolgt ist, wird ihrem ganzen Inhalt nach gültig, wenn die gegründete Gesellschaft in das Register eingetragen ist.

1 **1) Allgemeines.** § 7 I–III eingefügt dch das 2. VermRÄndG vom 14. 7. 92 (BGBl I 1257). Vor dem 3. 10. 90 sind in zahlreichen Fällen von West-Notaren Vertr über Grdst in der DDR beurkundet worden. Die Formgültigk dieser Vertr war str (Heldrich, Interlokales PrivR nach dem EinigsV, 1992, 13). Der Art 1 u 2 BeurkÄndG nachgebildete § 7 heilt den etwaigen Formmangel. Er will die RUnsicherh über die Gültigk des Vertr beseitigen (BT-Drs 227/92 S 233) u schützt zugleich das Vertrauen der Part auf die Wirksamk des Vertr. Der dch das RegVBG angefügte IV sieht eine entspr Heilg für UmwandlgsErkl vor (Rn 6). Die Vorschr ist – auch mit der Erweiterg dch das RegVBG – verfassgsrechtl unbedenkl (BGH DtZ **93**, 210).

2 **2) Anwendungsbereich und Voraussetzungen.** § 7 gilt für alle RGesch aus der Zeit vor dem 3. 10. 90, auf die gem RAG 12 die FormVorschr des DDR-Rechts anwendb waren u für die diese eine öff Beurk od Beglaubigg vorsahen. Prakt Bedeutg hat die Vorschr vor allem für Vertr über Grdst in der DDR, für die nach RAG 12 III, ZGB 297, 67 zwingd ohne eine § 313 S 2 entspr Heilgsmöglichk die Beurk dch einen DDR-Notar erforderl war. Dagg besteht für die ErbschAusschlagg kein Heilgsbedarf, da für ihre Formwirksamk die Wahrg der Ortsform ausreicht (Karlsr DtZ **95**, 338, Brakebusch Rpfleger **94**, 234). Voraussetzg der Heilg ist eine nach dem Recht der BRep ordngsmäß Beurk.

3 **3) Rechtsfolge.** Das RGesch ist trotz des Formmangels wirks. Die Heilg ist vAw zu beachten u wirkt ex tunc (BGH DtZ **93**, 210). Sie läßt and UnwirksamkGrde unberührt (Böhringer VIZ **95**, 626); wenn sich der Verkäufer auf das Fehlen einer unbedingten u unbefristeten Erkl über den EigtÜbergang (ZGB 297) beruft, kann aber § 242 entggstehen (BGH DtZ **93**, 210).

4 **4)** Die **Rechtskraft** gerichtl Entsch hat nach II vor einer Heilg den Vorrang. Die RKraft reicht aber nur so weit, als über den dch Kl od WiderKl erhobenen Anspr entschieden ist (ZPO 322); sie erstreckt sich nicht auf die Beurteilg vorgreifl RVerh (Th-P ZPO 322 Anm 6 b). Ist die Klage auf Aufl rkräft abgewiesen, kann sich der Erwerber ggü der HerausgKl des Veräußerers auf I berufen. Ist die ZahlgsKl des Veräußerers wg des Formmangels rkräft abgewiesen, kann der Erwerber wg der Heilg Lieferg verlangen, wg des Verbots widersprüchl Verhaltens aber nur Zug um Zug gg Zahlg des vereinbarten Entgelts.

5 **5) III** erfaßt alle Vertr, dch die sich eine Part ggü der and wg der von dieser geltd gemachten Formunwirksamk zu **Mehrleistungen** verpflichtet od auf Rechte verzichtet hat. Er beruht auf dem RGedanken des § 779. Der ZweitVertr ist, sow er vom ErstVertr abweicht, unwirks, u zwar mit Wirkg ex tunc (Rn 3). Enthält der ZweitVertr noch weitere Abreden, gilt § 139. Die RückFdg erbrachter Leistgen richtet sich nach § 812. Hat der Käufer die Kosten des ZweitVertr übernommen, ist die Kostenregelg auch dann unwirks, wenn sie inhaltl mit der des ErstVertr übereinstimmt; die Kosten der überflüss ZweitVertr haben die Part je zur Hälfte aufzubringen (s Dietlein DNotZ **80**, 221 zu BeurkÄndG 2).

6 **6) Umwandlungserklärungen (IV).** – **a)** Nach den §§ 17–19 UnternehmensG v 7. 3. 90 (DDR-Schönfelder Nr 100), dch EinigsV 8 aufgehoben, konnten v 8. 3.–2. 10. 90 in VolksEigt übergeleitete Betr, PrivBetr u ProduktionsGenossensch auf Antrag fr Berecht in PersGesellsch, EinzelUntern od and Untern-Formen umgewandelt w. Dogmat handelte es sich um sog **übertragende Umwandlungen**. Die Umwandlg wurde vollzogen dch eine **Umwandlungserklärung,** die nach UnternehmensG 19 II 2 der notariellen Beurk bedurfte. Diese fehlt häufig, zB deshalb, weil den Beteiligten der Unterschied zw Beurk u Beglaubigg nicht bekannt war. Auch in diesen Fällen sind idR die Umwandlgen im Handels/GenossenschReg eingetragen worden; soweit zum UnternehmensVerm Grdst gehörten, sind anschließd Eintraggen im GrdB erfolgt.
7 – **b)** Welche **Folgen** der Formmangel nach der RegEintragg hatte, war zweifelh. Das UmwandlgsR kennt den Grds, daß die RegEintragg Formmängel heilt (s BGH DtZ **96**, 239 u jetzt UmwG 20 I Nr 4, 131 I Nr 4). Fragl war, ob dieser Grds auch auf Umwandlgsfälle nach UmwandlgsG 17 ff anzuwenden ist. IV beseitigt die insoweit bestehde RUnsicherh u heilt den etwaigen **Formmangel.** Voraussetzg für die Heilg ist eine, abgesehen von der fehlden Beurk, wirks UmwandlgsErkl u die Eintragg der Umwandlg im Register. Aus IV ergibt sich zugl iW eines Umkehrschlusses, daß sich die heilde Wirkg der RegEintragg auf den Formmangel beschränkt. Auf Umwandlgen nach der UmwandlVO (DDR-Schönfelder Nr 95) ist IV weder
8 direkt noch analog anwendb (MüKo/Busche Rn 13). – **c) Rechtsfolge.** Die dch die Umwandlg bewirkte Übertragg von Sachen u Rechten auf den neuen UnternTräger („Veräußerg") ist trotz des Formmangels wirks. Die Heilg wirkt auf den Ztpkt der RegEintragg zurück, läßt aber and UnwirksamkGrde unberührt. – **d)** Auf Heilgen nach IV sind **II und III entsprechend anwendbar** (MüKo/Busche Rn 16). Daß in IV eine ausdr Klarstellg fehlt, ist offenb ein Redaktionsversehen (Staud-Rauscher Rn 33). Prakt Bedeutg werden II u III allerd auch im Anwendgsbereich von IV kaum erlangen.

EG 231 § 8 *Vollmachtsurkunden staatlicher Organe, Falschbezeichnung von Kommunen.*

[I]Eine von den in den §§ 2 und 3 der Siegelordnung der Deutschen Demokratischen Republik vom 29. November 1966 (GBl. 1967 II Nr. 9 S. 49) und in § 1 der Siegelordnung der Deutschen Demokratischen Republik vom 16. Juli 1981 (GBl. I Nr. 25 S. 309) bezeichneten staatlichen Organen erteilte Vollmachtsurkunde ist wirksam, wenn die Urkunde vom vertretungsberechtigten Leiter des Organs oder einer von diesem nach den genannten Bestimmungen ermächtigten Person unterzeichnet und mit einem ordnungsgemäßen Dienstsiegel versehen worden ist. Die Beglaubigung der Vollmacht nach § 57 Abs. 2 Satz 2 des Zivilgesetzbuchs der Deutschen Demokratischen Republik wird durch die Unterzeichnung und Siegelung der Urkunde ersetzt.

[II]Rechtsgeschäfte und Rechtshandlungen, die der Vertreter einer Kommune zwischen dem 17. Mai 1990 und dem 3. Oktober 1990 namens des früheren Rates der betreffenden Kommune mit Vertretungsmacht vorgenommen hat, gelten als Rechtsgeschäfte und Rechtshandlungen der Kommune, die an die Stelle des früheren Rates der Kommune getreten ist. Die Vertretungsmacht des Vertreters der Kommune wird widerleglich vermutet, wenn die Kommune innerhalb eines Monats von dem Eingang einer Anzeige des Grundbuchamts von einer beabsichtigten Eintragung an keinen Widerspruch erhebt. Der Widerspruch der Kommune ist nur zu beachten, wenn er darauf gestützt wird, daß

1. **die für den früheren Rat handelnde Person als gesetzlicher Vertreter oder dessen Stellvertreter nach § 81 Satz 2 oder 3 des Gesetzes über die örtlichen Volksvertretungen vom 4. Juli 1985 (GBl. I Nr. 18 S. 213) auftrat, nachdem eine andere Person nach der Kommunalverfassung vom 17. Mai 1990 (GBl. I Nr. 28 S. 255) zum vertretungsbefugten Bürgermeister oder Landrat gewählt worden war und ihr Amt angetreten hatte,**
2. **eine rechtsgeschäftlich erteilte Vollmacht widerrufen worden oder durch Zeitablauf erloschen war,**
3. **die Gebietskörperschaft innerhalb von 2 Monaten nach Kenntnis des von einer Person abgeschlossenen Rechtsgeschäftes, die zum Zeitpunkt des Abschlusses Mitarbeiter der Verwaltung war, gegenüber dem Käufer erklärt hat, das im einzelnen bezeichnete Rechtsgeschäft nicht erfüllen zu wollen, oder**
4. **das Rechtsgeschäft von einer Person abgeschlossen wurde, die nicht oder nicht mehr Mitarbeiter der Kommunalverwaltung war.**

1 **1) Allgemeines.** § 8 gehört zu der immer länger werdden Kette von Vorschr, die vor dem 3. 10. 90 vorgenommene unwirks od in ihrer Wirksamk zweifelh RGesch heilen (Art 232 § 1 Rn 6 a). I, iKr seit dem 1. 10. 94 wurde eingefügt dch das SachenRÄndG, II, iKr seit dem 24. 7. 97, dch das WoMoSiG.

2 **2) Vollmachtsurkunden staatlicher Organe (I).** – **a)** Nach dem ZGB (§ 57 II iVm §§ 67, 295 II 2, 297 I 2) bedurfte der Vertreter, der bei einem Vertr über die Veräußerg eines Grdst od Gebäudes auftreten sollte, einer notariell beurk od beglaubigten Vollm (KG DtZ **93**, 30). Abweichd von dieser gesetzl Regelg sind beim Verkauf von staatl od volkseigenen Grdst od Gebäuden für die staatl Organe idR Mitarbeiter aufgetreten, die ledigl eine nach der SiegelO der DDR hergestellte privatschriftl Vollm hatten. Grdl für diese Praxis war GrdBVerfO 2 II 2, wonach einseitige Erkl staatl Organe u volkseigener Kreditinstitute vom Leiter

unterschrieben u mit einem Dienstsiegel versehen sein mußten. Außerdem wurde aus dem Staatsverständnis der DDR abgeleitet, daß die Wirksamk der Erkl von Staatsorganen nicht von einer Beglaubigg dch das staatl Notariat abhängig gemacht werden konnte (s Göhring NJ **92**, 412). Das KG (aaO) ist dieser Beurteilg nicht gefolgt u hat die aGrd von privatschriftl Vollm geschlossenen Vertr für nichtig erklärt. Währd die amtl Begründg (BT-Drs 12/7425 S 90) dieser RAnsicht widerspricht u in § 8 ledigl eine klarstelldе Vorschr sieht, folgt der BGH dem KG (Beschl v. 17. 12. 92 – V ZR 18/92; NJW **95**, 2709). Soweit der VollmMangel Bestandt des vermögensrechtl UnrechtsTatbestd ist, ist ein Formmangel der Vollm u sogar ihr Fehlen aber
3 unabhäng von § 8 unschädl (BGH aaO, LG Neuruppin NJW **96**, 1761, Art 232 § 1 Rn 6 a). – **b)** I ist entgg der amtl Begründg eine sich an § 7 anschließde **Heilungsvorschrift** bei zweifelh RLage (Staud-Rauscher Rn 7). § 7 Rn 2 ff gelten entspr. Die Vorschr ist verfassgsrechtl unbedenkl (BVerfG VIZ **99**, 86). Die Heilg tritt nur ein, wenn die Vorschr der SiegelO (GBl-DDR 1967 II 49) eingehalten worden sind u die Vollm von der zuständ staatl Stelle erteilt worden ist (Schnabel DtZ **97**, 345). And UnwirksamkGrde bleiben unberührt. § 7 II u III (dort Rn 3 u 4) sind nach den Grds der verfassgskonformen Auslegg entspr anzuwenden; sie werden bei § 8 aber ebso wie bei § 7 kaum praktische Bedeutg erlangen.

4 **3) Falschbezeichnung von Kommunen (II). – a) Entstehungsgeschichte.** Nach der Wende sind aGrd des VerkaufsG (sog ModrowG, DDR-Schönfelder Nr 16) zahlreiche volkseig Gebäude u Grdst an Bürger der DDR verkauft worden, häuf zu Pr, die nur einen Bruchteil ihres heut Wertes ausmachen. Auch nach dem Inkrafttr der KommunalVerf der DDR am 17. 5. 90 sind in diesen Fällen idR für den Verkäufer die als jP organisierten, am 17. 5. 90 aber untergegangenen örtl Räte aufgetreten. In zwei Urt (VIZ **96**, 272, 342) hat der BGH derart Vertr für nichtig erklärt, weil am VertrSchl eine nicht mehr existierde jP mitgewirkt habe u die DDR beim Verkauf nicht ordngsgem vertreten gewesen sei. Im Anschl an diese Urt kam es in zahlreichen Fällen zur Eintragg von AmtsWiderspr im GrdB. In der Lit wurde die Ans vertreten, die vom BGH für nichtig erklärten Vertr seien in Wahrh doch wirks, da die Falschbezeichng einer Part nach dem allg RGrds *falsa demonstratio non nocet* unschädl sei (Schmidt-Räntsch VIZ **97**, 454). Zugl wurde die Schaffg einer HeilgsVorschr gefordert (DtZ **97**, 48, 116). Diese wurde in das WoMoSiG eingefügt (BTDrs 13/7275 u 7568)
5 u erhielt ihre endgült Fassg dch den Vermittlgsausschuß (BTDrs 13/7957). – **b) Inhalt. – aa)** RGesch u RHdlgen, die von Vertretern einer Kommune zw dem 17. 5. u 3. 10. 90 namens des fr Rates der betreffden Kommune vorgenommen worden sind, sind **der Kommune zuzurechnen,** die an die Stelle des fr Rates der Kommune getreten ist. Dabei sind unter Kommunen entspr dem Sprachgebrauch der KommunalVerf u des KommunalVermG der DDR auch Kreise zu verstehen (s Nr 1 „Landrat"). Die Vorschr will in erster Linie GrdstVerkäufe aGrd des ModrowG erfassen. Nach ihrem Wortlaut gilt sie aber für alle RGesch u RHdlgen. Auf RGesch, die – wie etwa die Künd von Miet- u PachtVertr – die RStellg des and Teils verschlechtern,
6 sollte II aber nicht angewandt w (teleologische Reduktion). – **bb)** Das RGesch (die RHdlg) ist nur wirks, wenn der Vertreter zur Vertretg der Kommune berecht war. Die **Vertretungsmacht** wird bei GrdstGesch widerlegl vermutet, wenn die Kommune binnen eines Mo von dem Eingang einer Anzeige des GrdBAmtes über eine beabsichtigte Eintragg an keinen Widerspr erhebt. Der Widerspr der Kommune kann nur auf die in den Nrn 1–4 angeführten Grde gestützt w (Böhringer VIZ **97**, 619). In Erweiterg von Nr 4 kann die Gem ihren Widerspr auch damit begründen, daß der Handelnde keine Vertretgsmacht hatte od die Vertretgsmacht überschritten hat (s Heidemann VIZ **98**, 122). Auch wenn die Kommune nicht widerspricht, kann jeder, dessen RStellg dch das RGesch berührt w, den Nachw erbringen, daß die Vertretgsmacht nicht bestanden hat.
7 RGesch (RHdlgen) außerh des GrdstVerk betrifft die Vermutg nicht. – **cc)** And UnwirksamkGrde bleiben unberührt, etwa das Fehlen der staatl Gen nach der GrdstVerkO (BGH VIZ **99**, 418). Dagg bedurfte der Vertr nicht der Gen nach DDR-KommVerf 49 III b (BGH aaO). Soweit ModrowVertr unter Verstoß gg elementare HaushaltsVorschr geschlossen worden sind, können sie wg **Sittenwidrigkeit** nichtig sein (BGH DtZ **95**, 169, Schnabel u Floren VIZ **98**, 113, 119, einschränkd BGH VIZ **99**, 418). Ab 1. 10. 98 greift aber die weitere HeilgsVorschr des Art 237 § 2 I ein (s dort). II ist **nicht anzuwenden,** wenn über den Bestand des Vertr ein
8 rechtskr Urt ergangen od eine wirks Vereinbg geschlossen worden ist (Art 225). – **dd)** Auch II ist **verfassungsrechtlich** unbedenkl (BGH VIZ **99**, 418; vgl auch BVerfG VIZ **99**, 86, der zwar nur zu I Stellg nimmt, dessen Erwägen aber auf II ebso zutreffen).

EG 231 § 9 ***Heilung unwirksamer Vermögensübertragungen.*** **[I]Sollte das ehemals volkseigene Vermögen oder ein Teil des ehemals volkseigenen Vermögens, das einem Betrieb der kommunalen Wohnungswirtschaft zur selbständigen Nutzung und Bewirtschaftung übertragen war, im Wege der Umwandlung nach den in Absatz 2 Nr. 2 genannten Umwandlungsvorschriften oder im Zusammenhang mit einer Sachgründung auf eine neue Kapitalgesellschaft übergehen und ist der Übergang deswegen nicht wirksam geworden, weil für einen solchen Vermögensübergang eine rechtliche Voraussetzung fehlte, kann der Vermögensübergang durch Zuordnungsbescheid nachgeholt werden. Eine aus dem Zuordnungsbescheid nach dieser Vorschrift begünstigte Kapitalgesellschaft kann ungeachtet von Fehlern bei der Umwandlung oder Sachgründung als Inhaberin eines Rechts an einem Grundstück oder an einem solchen Recht in das Grundbuch eingetragen werden, wenn sie im Handelsregister eingetragen ist.**

[II]Im Sinne des Absatzes 1 Satz 1 sind:

1. Betriebe der kommunalen Wohnungswirtschaft:
a) ehemals volkseigene Betriebe Kommunale Wohnungsverwaltung,
b) ehemals volkseigene Betriebe Gebäudewirtschaft oder
c) aus solchen Betrieben hervorgegangene kommunale Regie- oder Eigenbetriebe;

2. Umwandlungsvorschriften:
a) die Verordnung zur Umwandlung von volkseigenen Kombinaten, Betrieben und Einrichtungen in Kapitalgesellschaften vom 1. März 1990 (GBl. I Nr. 14 S. 107),
b) das Treuhandgesetz,

c) das Gesetz über die Umwandlung volkseigener Wohnungswirtschaftsbetriebe in gemeinnützige Wohnungsbaugesellschaften und zur Übertragung des Grundeigentums an die Wohnungsgenossenschaften vom 22. Juli 1990 (GBl. I Nr. 49 S. 901) oder

d) das Umwandlungsgesetz in der Fassung der Bekanntmachung vom 6. November 1969 (BGBl. I S. 2081).

III Durch einen solchen Bescheid kann auch ein durch die Umwandlung eines der in Absatz 1 Satz 1 bezeichneten Unternehmen eingetretener Übergang ehemals volkseigenen Vermögens geändert werden.

IV Ein Bescheid nach den Absätzen 1 und 3 bedarf des Einvernehmens der Beteiligten. Das Einvernehmen kann durch den Zuordnungsbescheid ersetzt werden, wenn es rechtsmißbräuchlich verweigert wird. Die Ersetzung des Einvernehmens kann nur zusammen mit dem Zuordnungsbescheid vor dem Verwaltungsgericht angefochten werden. § 6 des Vermögenszuordnungsgesetzes gilt sinngemäß.

V Die in Absatz 1 bezeichneten Kapitalgesellschaften gelten auch schon vor Erteilung der Zuordnungsbescheide als ermächtigt, alle Rechte aus dem ehemals volkseigenen Vermögen, das auf sie übergehen sollte, oder aus Rechtsgeschäften in bezug auf dieses Vermögen unter Einschluß von Kündigungs- und anderen Gestaltungsrechten im eigenen Namen und auf eigene Rechnung geltend zu machen. Sollte ein ehemals volkseigener Vermögenswert auf mehrere Gesellschaften der in Absatz 1 bezeichneten Art übergehen, gelten die betreffenden Gesellschaften als Gesamtgläubiger. Wird eine Zuordnung nach Maßgabe der Absätze 3 und 4 geändert, gilt Satz 2 sinngemäß. Die Gesellschaft, die den Vermögenswert auf Grund der Umwandlung oder Sachgründung in Besitz hat, gilt als zur Verwaltung beauftragt. Im übrigen gilt § 8 Abs. 3 des Vermögenszuordnungsgesetzes entsprechend. Ansprüche nach dem Vermögensgesetz und rechtskräftige Urteile bleiben unberührt.

1) Allgemeines. Eingefügt dch VermRAnpG 3 Nr 1. Das volkseigene WoVerm ist, teils aGrd des KVG 1
(DDR-Schönfelder Nr 47), teils dch EinigsV 22 IV, in das Eigt der Kommunen übergegangen. In Erf der ihnen auferlegten Verpfl, den WoBestand auf Gesellsch des PrivR zu übertragen, haben die Gem ihre Betr der kommunalen WoWirtsch in KapitalGesellsch umgewandelt od die Wo bei Sachgründgen auf neugegründete Gesellsch übertragen. Für die bei den Umwandlgen u Sachgründgen vielfach unterlaufenen Fehler schafft § 9 eine Heilgsmöglichk (MüKo/Busche Rn 2). Die Heilg der sachen- u gesellschaftsr Mängel tritt hier nicht kr Ges ein, sond erfordert den Erlaß eines Zuordngsbescheids. Dadch wird eine privatr RMaterie systemw in das öffR verlagert (MüKo aaO). Für die Umwandlg von LPGs enthält LwAnpG 34 III eine entspr HeilgsVorschr (BGH DtZ **96**, 239, BB **99**, 1450).

2) Voraussetzungen der Heilung. – a) Es muß sich um fr volkseig Verm handeln, das einem Betrieb der 2
kommunalen Wohnungswirtschaft zur selbstd Nutzg od Bewirtschaftg übertragen war. Welche Betr hierunter fallen, ist in II Nr 1 legal definiert. – **b)** Die VermÜbertragg muß im Wege einer **Umwandlung** 3
nach den in II Nr 2 genannten Vorschr (DDR-Schönfelder Nr 95, 96 u 123) od einer **Sachgründung** nach GmbHG 5 IV od AktG 27 auf eine **Kapitalgesellschaft** (GmbH, AG) erfolgt sein. Ist ein volkseigener WohngsbauBetr gem WohnUmwG 3 III (s II 2 c) in eine Genossensch umgewandelt worden, ist § 9 unanwendb. Er kann auch auf Umwandlgen nach and als den in II Nr 2 angeführten Vorschr weder direkt noch analog angewendet w. – **c)** Voraussetzg ist weiter, daß die GmbH od AG in dem für sie zust **Handels-** 4
register eingetragen ist (I 2). Haben die Mängel der Umwandlg od Gründg dazu geführt, daß das RegisterGer die Eintragg verweigert od wieder gelöscht hat, findet keine Heilg statt. – **d)** Erforderl ist der Erlaß eines 5
Zuordnungsbescheids. Zust ist gem VZOG 1 I Nr 2 (DDR-Schönfelder Nr 45) der OFPr. Das übergehende Verm ist im Bescheid im einzelnen zu bezeichnen. Der OFPr ist befugt, den eingetretenen VermÜbergang zu ändern, III (Rn 8); das gilt, obwohl im GesText nicht bes erwähnt, erst recht für den ledigl in Aussicht genommenen, noch nicht wirks VermÜbergang. Der Bescheid bedarf, auch iF des III, des Einvernehmens der **Beteiligten** (IV), ist also ein mitwirkgsbedürftiger VerwAkt. Beteiligte sind die KapitalGesellsch, der bisherige RTräger, gem EinigsV 22 IV, VZOG 8 I a idR die Gem, and Berecht u Pers, die nach dem VermG od and RVorschr Anspr auf Rückübertragg geltd machen. Fehlendes Einvernehmen ist wg RMißbrauchs (IV 2) unschädlich, wenn das vom Beteiligten beanspruchte Recht offensichtl nicht besteht od wenn die Übertragg seine Interessen nicht nachteilig berührt.

3) Rechtsfolgen. – a) Die VermÜbertragg wird, auch hinsichtl etwaiger Passiva, mit Wirkg ex nunc 6
wirksam, sobald der Zuordngsbescheid unanfechtb geworden ist. Daß bislang „eine rechtl Voraussetzg" (I 1 aE) fehlte, spielt keine Rolle mehr. Obwohl das Ges die Einzahl verwendet, werden auch mehrere Mängel geheilt, etwa iF der VO v 1. 3. 90 (II Nr 2 a) das Fehlen der not Beurk der UmwandlgsErkl, des Gründgsberichts u der Gründgsprüfg. Bei schwerwiegden Mängeln wird die Heilg idR daran scheitern, daß die Eintragg im Handelsregister (Rn 4) nicht erfolgt ist od die Beteiligten das Einverständn verweigern (Rn 5). –
b) Liegen die Voraussetzgen gem Rn 2–5 vor, werden neben den Fehlern der VermÜbertragg auch **Mängel** 7
der **Umwandlung** u der **Sachgründung** selbst geheilt, *arg* I 2 (Rstk OLG-NL **97**, 247). Das aGrd des Zuordngsbescheids um Eintragg ersuchte GBA kann nicht geltd machen, die GmbH od AG sei wg Fehler der Umwandlg od Gründg trotz Eintragg im Handelsregister nicht wirks entstanden.

4) Änderung der Vermögenszuteilung (III). Den neuen Gesellsch sind gelegentl Grdst mitübertragen 8
worden, die nicht der WoVersorgg dienen. Hier ermöglicht III eine Rückgängigmachg der Übertragg. Im spiegelbildl Fall, daß ein Grdst od Gebäude mit wohnwirtschaftl Nutzg versehentl nicht mitübertragen worden ist, ist nicht III, sond VZOG 7 V Grdl einer etwaigen Korrektur (Keller VIZ **96**, 19).

5) Verwaltungsbefugnisse (V). Soweit die Voraussetzgen der Rn 2–4 vorliegen, hat die KapitalGesellsch 9
bereits vor dem Erlaß des Zuordngsbescheids die in V umschriebene RStellg. Sie betrifft das fr volkseigene

Verm, das auf die Gesellsch übergehen sollte u das sie aGrd der Umwandlg od Sachgründg in Besitz hat. Trotz der mißverständl Bezugnahme auf die GesGläubigersch (§ 428) u auf VZOG 8 III begründet V nicht das Recht, das Verm ganz od teilw zu veräußern od zu belasten. Eingeräumt werden ledigl VerwBefugnisse (MüKo/Busche Rn 24). Die Gesellsch darf Künd- u and GestaltgsR, die sich auf das Verm beziehen, ausüben. Sie ist auch befugt, alle Rechte, die zum Verm gehören od sich aus RGesch mit Bezug auf das Verm ergeben, im eig Namen gerichtl geltd zu machen. Soweit Antr gem VermG 30 vorliegen, gelten für die Befugn der Gesellsch die Beschränkgen des VermG (DDR-Schönfelder Nr 70), insb seines § 3 III (V 5). Selbstverständl bleiben auch die sich aus rechtskr Urt ergebden Beschränkgen der RStellg der Gesellsch unberührt (V 5).

10 **6) Rechtsmittel.** Gg den Erlaß od die Ablehng eines Zuordngsbescheids steht nach VZOG 6 der VerwR-Weg offen (vgl IV 3). Die ordentl Ger sind, abgesehen vom kaum denkb Fall der Nichtigk, nicht befugt, den Zuordngsbescheid zu überprüfen (MüKo/Busche Rn 26, aA Dresden ZIP **95**, 401).

Artikel 232. Zweites Buch. Recht der Schuldverhältnisse

EG 232 § 1 ***Allgemeine Bestimmungen für Schuldverhältnisse.*** **Für ein Schuldverhältnis, das vor dem Wirksamwerden des Beitritts entstanden ist, bleibt das bisherige für das in Artikel 3 des Einigungsvertrages genannte Gebiet geltende Recht maßgebend.**

1 **1) Allgemeines.** § 1 entspr der Regelg, die EG 170 für das Inkrafttreten des BGB getroffen hat u die seit langem als Ausdr eines allg RGedankens anerkannt ist (BGH **10**, 394, **44**, 194, Einl 29 v § 241); er gilt auch für SchuldVerh, die außerhalb des BGB geregelt sind, etwa für VersVertr. Zu berücksichtigen ist aber, daß §§ 2–10 den § 1 einschränken u wichtige DauerVertr ab 3. 10. 90 dem BGB unterstellen.

2 **2) Voraussetzung** für die weitere Anwendg des bisherigen Rechts ist, daß sich der gesamte EntstehgsTatbestd unter seiner Geltg verwirklicht hat (RG **76**, 397, BAG DtZ **96**, 188). – **a)** Bei **Verträgen** kommt es auf das Wirksamw der Annahme an, idR also auf den Ztpkt des Zugangs, in den Fällen von ZGB 65 auf den der Abgabe. Wird ein vor dem Stichtag gemachtes Angebot nach dem 2. 10. 90 angenommen, gilt das neue Recht (MüKo/Heinrichs Rn 6, Staud-Rauscher Rn 47, aA Amtl Begründg BT-Drs 11/7817 S 38); and ist es nur, wenn sich ein auf die Anwendg alten Rechts gerichteter ausdrückl oder konkludent geäußerte PartWille feststellen läßt. Für bedingte od betagte RGesch bleibt das bisherige Recht auch dann maßgebd, wenn die Bdgg od Befristg erst nach dem Stichtag eintritt (BGH ZIP **97**, 341, MüKo/Heinrichs Rn 6).

3 **b) Gesetzliche Schuldverhältnisse.** Für Anspr aus unerlaubter Hdlg enthält § 10 eine Sonderregel. Auch für Anspr aus c. i. c. (ZGB 92 II) ist auf den Ztpkt der Vornahme der pflichtwidr Hdlg abzustellen (MüKo/Heinrichs Rn 7). Beim Handeln ohne Auftr (ZGB 276) kommt es auf den Beginn des Handelns an (Rstk VIZ **97**, 433), beim Anspr aus ZGB 356 auf den Ztpkt, in dem der Schu den Vorteil ohne RGrd erlangt hat (BGH NJW **96**, 991, Brdbg OLG-NL **95**, 157), für die Rechte des Finders (ZGB 359 f) auf den Ztpkt des Fundes.

4 **3)** Das **weiter anzuwendende Recht** ist idR das ZGB, bei WirtschVertr aus der Zeit vor dem 30. 6. 90 das **VertrG** (BGH **120**, 17, **127**, 315, Brdbg OLG-NL **96**, 50) u bei WirtschVertr aus der Zeit vom 1. 7.–2. 10. 90 das GW (BGH ZIP **95**, 2019). Im AufhebgsG vom 28. 7. 90 (GBlDDR I 484) fehlt zwar für das VertrG eine entspr ÜberleitgsVorschr, es gilt aber der allg RGrds, daß Inhalt u Wirkg eines SchuldVerh nach dem Recht zu beurteilen sind, das zZ der Verwirklichg seines EntstehgsTatbestd maßgebd war (BGH **120**, 16, **121**, 385). Das VertrG ist aber nur noch anwendb, soweit es mit den Prinzipien der sozialen Marktwirtsch vereinb ist; die auf der Verletzg planwirtschaftl Regelgen beruhden VertrStrafAnspr sind nicht mehr dchsetzb (BGH **LM** Nr 2 u 4). Für die vielf notw Anpassg der Vertr an die veränderten Verhältn sind DM-BilanzG 32 u die Grds über den Wegfall der GeschGrdl maßgebd (§ 242 Rn 152 a).

5 **4)** Liegen die Voraussetzgen von Rn 2 od 3 vor, gilt das bisherige Recht grdsl für das **Schuldverhältnis im ganzen.** – **a)** Die **Wirksamkeit** von Vertr u einseit RGesch (ZGB 48 II) beurteilt sich nach dem zZ ihrer Vornahme geltden Recht: – **aa)** Das **ZGB** entscheidet daher über Hdlgsfähigk (ZGB 49 ff), ordngsmäß Vertretg (ZGB 53 ff), Dissens (ZGB 63 II u III), FormErfordern (ZGB 66 ff), Gesetz- u Sittenwidrigk (ZGB 68 I Nr 1 u 2), Erfordern behördl Gen (ZGB 68 I Nr 4) u Willensmängel (BGH DtZ **96**, 112). Bei nicht empfangsbedürft WillErkl kommt es auf den Ztpkt der Abgabe an, bei empfangsbedürft auf den des Zugangs. NichtigkGrd kann auch bei Vertr kurz vor der Wende das Fehlen einer nach fr Recht erforderl Gen sein (BGH DtZ **93**, 55, Gewerberaummiete). War über die Erteilg der Gen am 3. 10. 90 noch nicht entschieden, ist der schwebd unwirks Vertr aber ggf dch den Wegfall des GenErfordern vollwirks geworden (MüKo/Heinrichs Rn 12). Bei Anwendg von ZGB 68 I Nr 2 ist zu berücksichtigen, daß er dch die Einführg demokratisch-rechtsstaatl Grds u die Übern der sozialen MarktWirtsch einen Bedeutgswandel erfahren hat. Er ist wie BGB 138 auszulegen (BGH **118**, 42, Art 230 Rn 4). Nicht der Verstoß gg die Grds der sozialistischen
5 a Moral begründet Nichtigk, sond der gg die **guten Sitten,** verstanden iS einer freiheitl Rechts- u WirtschOrdng (KG DtZ **91**, 246). Ein mit BGB § 312 unvereinb ErbschVertr verstößt, wenn keine Ausbeutg des Leichtsinns od ähnl vorliegt, nicht gg ZGB 68 I Nr 2 (BGH DNotZ **97**, 122). Auch die GrdstSchenkg an Angeh, um die Pfl zur Übereigng an die LPG zu unterlaufen, war nicht sittenw (BGH ZIP **95**, 1456, geht bei der Auslegg des ZGB 68 I Nr 2 vom Normverständn der DDR aus). Dagg können Vertr über die Veräußerg von volkseig Liegensch kurz vor der Wende sittenw sein (BGH DtZ **95**, 169, BezG Potsdam DtZ **94**, 33). Das gilt auch für die sog Modrow-Vertr (§ 8 Rn 7). Bei einem Verkauf zum Stoppreis kann der Verstoß gg ZGB 68 aber nicht aus einem Mißverhältn zw Leistg u GgLeistg hergeleitet w (BGH NJW **96**, 991). Gesetz- od sittenw Vertr über die Veräußerg von Grdst können aber am 1. 8. 98 aGrd des Art 237 § 2 I wirks w (vgl dort).

bb) Die Anwendg des DDR-Rechts wird zum Teil dch **Neuregelungen** verdrängt. **(1) Formmängel** begründen keine Nichtigk, soweit die HeilgsVorschr des Art 231 §§ 7 ff anwendb sind (s dort). Eine Heilg kann sich aber auch aus dem Grds von Treu u Glauben ergeben, so wenn der von den Part gewollte GrdstKaufVertr zum Schein als SchenkgsVertr abgeschlossen worden ist (BGH **124**, 324) od die Part einen höheren als den beurk Preis vereinb haben (BGH VIZ **99**, 613). Ist bei einer Schenkg eine Rückschenkg nicht mitbeurkundet worden, wird aber nur die Schenkg wirks (BGH DtZ **94**, 297). Bei einem zur Umgehg von DevisenVorschr abgeschlossenen TrHandVertr kann sich der TrHänder, der in Kenntn des GesVerstoßes eine Vergütg angenommen hat, nicht auf die Nichtigk berufen (BGH DNotZ **97**, 122). Weitere **Heilungsvorschriften** enthalten Art 231 §§ 8 u 9 u Art 237 §§ 1 u 2. **(2)** Soweit die **Restitutionsregelung des VermG** anwendb ist, können aus einer Drohg od Täuschg seit dem 3. 10. 90 keine Rechte mehr hergeleitet w (BGH **118**, 37, BVerfG NJW **97**, 447, Tropf WM **94**, 89, Motsch VIZ **97**, 385). Leidet der unter staatl Zwang zustande gekommene Vertr an einem zusätzl Mangel, kann ein privatrechtl RückfordergsAnspr bestehen, für den der ordentl RWeg gegeben ist (BGH **120**, 198, 204, aA Sendler NJW **95**, 1797). Es bleibt aber beim Vorrang des VermG, wenn der zusätzl Mangel bei wertder Beurteilg in einem engen inneren Zushang mit dem vom VermG erfaßten staatl Unrecht steht u Bestandt des vermögensrechtl UnrechtsTatbestd ist (BGH **130**, 237, Jena OLG-NL **96**, 82, Tropf DtZ **96**, 2), so bei Veräußerg dch eine unzuständ staatl Stelle u ohne formwirks Vollm (BGH aaO), bei Veräußerg dch einen rechtsw bestellten staatl Verw in Verletzg von Vorschr des DDR-Rechts (BGH DtZ **96**, 79), bei Beurk des Verkaufs des Übersiedlers als Schenkg (BGH **122**, 207, NJW **93**, 2530), bei Beurk dch einen möglweise ausgeschl Notar (BGH DtZ **97**, 122). Ein **nicht** in den Unrechtstatbestd **einbezogener Mangel** kann dagg anzunehmen sein, wenn ein Mitgl einer ErbenGemeinsch ein NachlGrdst ohne entspr Vollm auch im Namen der übrigen Erben verkauft hat (BGH VIZ **97**, 345) u wohl auch, wenn der beurkundde Notar bei der Beurk nicht anwesd war (BGH **120**, 201), idR aber nicht bei rechtl Mängeln von VerwalterGesch (BVerwG NJW **95**, 1506, Tropf DtZ **96**, 4). BGH **120**, 204, **125**, 125 u DtZ **94**, 345 sind dch die neue, sich dem BVerwG annähernde Rspr des BGH wohl überholt. Der Eigentümer, der bei seiner Ausreise aus der DDR einen verdeckten TrHandVertr abgeschlossen hat, wird aber dch das VermG nicht daran gehindert, seine Rechte vor den ZivGer geltd zu machen (BGH DNotZ **97**, 137, DtZ **97**, 356, aA BVerwG NJW **95**, 1506). Er ist idR Eigtümer geblieben, da die Nichtigk des KausalGesch nach dem Recht der DDR den Eigtumsübergang auf den Erwerber verhinderte (BGH aaO). 6 6 a 6 b

b) Auch für den **Inhalt der Verpflichtung,** Ort u Zeit der Leistg (BGH DtZ **96**, 342), Voraussetzgen u RFolgen von Leistgsstörgen (BGH NJW **98**, 1701, 1704), die Grde für das Erlöschen des SchuldVerhältn, Voraussetzgen u RFolgen der VertrBeendigg (BGH ZIP **95**, 1120), den Rücktr (Brdbg VIZ **97**, 52), die Regeln über Gläub- u SchuMehrh u das Bestehen von Einwendgen od Einr, so die Einr des ZbR (BGH DtZ **96**, 141), ist weiter das bisherige Recht maßgebd. Weiterhin anwendb ist auch die Regelg des AufwendgsErs in VertrG 79 (BGH **121**, 386). Auch über die Abtretbark von Fdgen entscheidet das bisherige Recht (BGH **44**, 194). Für seine Anwendg gelten aber Schranken: – **aa)** Das **BGB** ist anzuwenden, soweit es sich um neue, von außen an das SchuldVerh herantretde, sich nicht aus seiner inneren Entwicklg ergebde Umst handelt (BGH **123**, 63). Beispiele sind etwa Folgen der Aufhebg der TrHandVerw (BGH aaO), ÜberleitgsVertr (Brdbg DtZ **96**, 325), SchuldAnerkenntn (Dresden DtZ **94**, 32, Rstk OLG-NL **96**, 6), Form u Wirkg von Gläub- od SchuWechsel (BGH VIZ **97**, 378 läßt offen) od eines Schuldbeitritts (KG VersR **99**, 345), Voraussetzgen u RFolgen des ErfGesch (BGH **130**, 76, 83), das Bestehen eines AufrVerbots (BGH ZIP **95**, 1202). – **bb)** Die RNachf in die **Verbindlichkeiten der DDR** u der öff RTräger im Beitrittsgebiet regeln EinigsV 21 ff u 13 ff (BGH **128**, 393/399, Brdbg NJW **99**, 2530). Der zum 1. 1. 99 aufgehobene § 419 war nicht einschläg, da er auf Vermögensübertraggen mit öffrechtl Grdl nicht anwendb war (BGH **128**, 147 allgM); auch die von der Rspr nach dem 2. Weltkrieg entwickelten Grds der **Funktionsnachfolge** sind nicht anwendb (BGH **128**, 140, **127**, 295, 304, Brdbg DtZ **96**, 325). Für die Verbindlichk aus den vom Rat der Kreise abgeschlossenen LandpachtVertr haften weder die neuen Kreise noch die Länder (BGH **127**, 285, 297). Auch die Verbindlichk der Räte der Bezirke sind grdsl nicht auf die neuen Länder übergegangen (BGH DtZ **95**, 368), ebsowenig die Verbindlichk der Bauakademie der DDR (BGH ZIP **96**, 194). Für die von den sowjetischen Streitkräften verursachten Schäden besteht keine Haftg der BRep (BGH **128**, 140). – **cc)** Nach Ansicht des BGH richtet sich auch der Anspr auf FälligkZinsen nach neuem Recht (BGH DtZ **93**, 59, 211). **Zinsschäden** der Banken können nach den zum Recht der BRep entwickelten Grds der abstrakten Schadensberechng ermittelt w (BGH NJW **95**, 1954). – **dd)** Anzuwenden auf Altverträge sind auch **§ 242 und die aus ihm abgeleiteten Rechtsinstitute** (BGH **120**, 22, **121**, 391, **124**, 324). Dem Grds von Treu u Glauben ist ebso wie beim Inkrafttreten des BGB (RG **144**, 380) reformatorischer Charakter u sofortige Wirksamk zuzuerkennen (KG DtZ **93**, 359, Brdbg OLG-NL **97**, 265, MüKo/Heinrichs Rn 22, Staud-Rauscher Rn 60). Anzuwenden sind daher auch die Grds über den Wegfall der GeschGrdl. Vgl dazu u zur VertrAnpassg nach DM-BilanzG 32 § 242 Rn 152 a ff. 7 8 9 10

EG 232 § 1 a *Überlassungsverträge.* **Ein vor dem 3. Oktober 1990 geschlossener Vertrag, durch den ein bisher staatlich verwaltetes (§ 1 Abs. 4 des Vermögensgesetzes) Grundstück durch den staatlichen Verwalter oder die von ihm beauftragte Stelle gegen Leistung eines Geldbetrages für das Grundstück sowie etwa aufstehende Gebäude und gegen Übernahme der öffentlichen Lasten einem anderen zur Nutzung überlassen wurde (Überlassungsvertrag), ist wirksam.**

1) Allgemeines. § 1 a ist eingefügt dch Art 13 Nr 2 a RegVBG v 20. 12. 93 (BGBl 2182); iKr seit 25. 12. 93. **a) Begriff** des ÜblassgsVertr. Er ist dch § 1 a legal definiert, ein VertrTyp eigener Art, der dem SchuldR zugeordnet ist u für den § 305 gilt. Er ist formfrei (BT-Dr 12/5553) u betrifft staatl verwaltete, nicht enteignete Grdst, die im Eigt von Pers standen, welche die DDR verlassen hatten (vgl Art 233 § 2 a Rn 5). Diese Grdst wurden dem Nutzer gg Übern der Instandhaltg u der Lasten langfr überl. Die Vertr wurden seit 1960 bis zum Inkrafttr des ZGB (1. 1. 76) abgeschl. **b) Zweck.** Dch § 1 a soll die RLage klargestellt w, nachdem in der Rspr die ÜblassgsVertr verschiedentl für unzuläss u nichtig gehalten w, was aus keinem rechtl Grd angen w kann; denn es stand weder das BGB noch das ZGB entgg (BT-Dr 12/5553 S 128). **c) Anwend-** 1 2 3 4

bar ist § 1 a auf alle ÜblassgsVertr, auch solche, welche die Nutzg v Bodenflächen zur Erholg (sog Datschen) betr u für die § 4 IV gilt.

5 **2) Wirkung.** Die Wirksk eines ÜblassgsVertr kann wg seiner RNatur nicht in Frage gestellt werden u ist für alle Beteiligten bindd (vgl Rn 3). Der ÜblassgsVertr konnte nicht vor dem 31. 12. 94 aufgehoben od geänd w (Art 233 § 2 a Rn 10). ÜblassgsVertr unterfielen bis zum 31. 12. 94 dem § 1 als DauerschuldVerh. Vereinb der Part üb den VertrInh (zB Dauer, KündVorauss, Entschäd) sind wirks u gehen vor (§ 6 II SchuldRAnpG; BGH NZM **99**, 312; zu Einzelfragen Schmidt-Räntsch ZIP **96**, 728 [732]).

6 **3) Schuldrechtliche Anpassung** v ÜblassgsVertr dch § 1 I Nr 2 SchuldRAnpG, iKr seit 1. 1. 95. Bis dahin galt üb Art 232 § 1 DDR-R fort (zu prakt wicht Einzelh Horst DWW **95**, 198). Davon ausgen sind dch § 2 I Nr 2 SchuldRAnpG solche ÜblassgsVertr aGrd deren der Nutzer ein Eigenheim errichtet od größere baul Investitionen vorgen hat. Für diese gilt das SachenRBereiniggsG. Zur Abgrenzg: BGH NZM
7 **99**, 312; Schmidt-Räntsch ZIP **96**, 728. **a) Vertragsart.** ÜblassgsVertr sind gem § 6 SchuldRAnpG bei Überlassg zu WoZwecken stets MietVertr (§ 34 SchuldRAnpG), Miet- od PVertr, je nach Inhalt bei gewerbl u and Zwecken (§ 42 I SchuldRAnpG). Das gilt aber nur, wenn kein Eigenheim errichtet u keine
8 Investitionen (§ 12 II SachenRBerG) vorgen wurden (§ 2 I Nr 2 SchuldRAnpG). **b) Entgelt.** Kein Anspr für die Zt v 3. 10. 90–31. 12. 94. Verfrechtl nicht zu beanstanden (BVerfG DtZ **95**, 360). Bei WoRaum galt v 1. 1.–10. 6. 95 die preisgebundene Miete und § 11 MHG aF (§ 35 SchuldRAnpG aF). Seit 11. 6. 95 gelten die §§ 12–17 MHG nach Maßg des § 11 MHG nF (§ 35 SchuldRAnpG idF des MÜbLG v 6. 6. 95,
9 BGBl 748). Bei gewerbl u and bezweckter Miete gilt die ortsübl Vergütg (§ 42 III SchuldRAnpG). **c) Bestandsschutz.** Ord Künd war bei allen ÜblassgsVertr bis 31. 12. 95 ausgeschl (§§ 38 I, 42 II SchuldRAnpG), ledigl bei Überlassg zu WoZwecken ist sie bis 31. 12. 2000 nur bei Eigenbedarf zugel (§ 38 II SchuldRAnpG), bei erhebl, bis 20. 7. 93 begonnenen BauMaßn verlängert bis 31. 12. 2010 (§ 39 Schuld-
10 RAnpG). Vorher erkl Künd sind unwirks (§ 7 SchuldRAnpG). **d) Gebäudeerrichtung** (od gleichwert baul Investition). Die sachenrechtl Abwicklg ist im SachenRBereiniggsG geregelt. An der Anwendg der §§ 34–42 SchuldRAnpG ändert das nichts. Bei Beendigg des Vertr gelten §§ 11–17 SchuldRAnpG mit Vorschr für Entschädigg.

EG 232 § 2 *Miete.*

I Mietverhältnisse aufgrund von Verträgen, die vor dem Wirksamwerden des Beitritts geschlossen worden sind, richten sich von diesem Zeitpunkt an nach den Vorschriften des Bürgerlichen Gesetzbuchs, soweit nicht in den folgenden Absätzen etwas anderes bestimmt ist.

II Auf berechtigte Interessen im Sinne des § 564 b Abs. 2 Nr. 3 des Bürgerlichen Gesetzbuchs kann der Vermieter sich nicht berufen.

III Auf berechtigte Interessen im Sinne des § 564 b Abs. 2 Nr. 2 Satz 1 des Bürgerlichen Gesetzbuchs (Eigenbedarf) kann der Vermieter sich erst nach dem 31. Dezember 1995 berufen. Dies gilt nicht,

1. **wenn die Räume dem Vermieter durch nicht zu rechtfertigende Zwangsmaßnahmen oder durch Machtmißbrauch, Korruption, Nötigung oder Täuschung seitens staatlicher Stellen oder Dritter entzogen worden sind,**
2. **wenn der Mieter bei Abschluß des Vertrages nicht redlich im Sinne des § 4 Abs. 3 des Vermögensgesetzes gewesen ist oder**
3. **wenn der Ausschluß des Kündigungsrechts dem Vermieter angesichts seines Wohnbedarfs und seiner sonstigen berechtigten Interessen auch unter Würdigung der Interessen des Mieters nicht zugemutet werden kann.**

Vor dem 1. Januar 1996 kann der Vermieter ein Mietverhältnis nach § 564 b Abs. 4 Satz 1 des Bürgerlichen Gesetzbuchs nur in den Fällen des Satzes 2 Nr. 1 oder 2 oder dann kündigen, wenn ihm die Fortsetzung des Mietverhältnisses wegen seines Wohn- oder Instandsetzungsbedarfs oder sonstiger Interessen nicht zugemutet werden kann.

IV In den Fällen des Absatzes 3 kann der Mieter der Kündigung widersprechen und vom Vermieter die Fortsetzung des Mietverhältnisses verlangen, wenn die vertragsmäßige Beendigung des Mietverhältnisses für den Mieter oder seine Familie eine Härte bedeuten würde, die auch unter Würdigung der berechtigten Interessen des Vermieters nicht zu rechtfertigen ist. Eine Härte liegt auch vor, wenn angemessener Ersatzwohnraum zu zumutbaren Bedingungen nicht beschafft werden kann. § 556 a Abs. 1 Satz 3, Abs. 2, 3, 5 bis 7 und § 564 a Abs. 2 des Bürgerlichen Gesetzbuchs sowie § 93 b Abs. 1 bis 3, § 308 a Abs. 1 Satz 1 und § 708 Nr. 7 der Zivilprozeßordnung, § 16 Abs. 3 und 4 des Gerichtskostengesetzes sind anzuwenden.

V–VII *(nicht mehr abgedruckt, weil durch Zeitablauf gegenstandslos geworden oder weggefallen; vgl 57. Aufl).*

1 **1) Allgemeines.** GesÄnderg: Abs III u IV sind in geänd Fassg iKr seit 1. 1. 93 aGrd des G zur Verlängerg
2 der WarteFr in dem in Art 3 des EinigsVertr genannten Gebiet v 21. 12. 92 (BGBl I 2117). **a) Geltung des BGB. aa) Altverträge** sind solche MietVertr, die vor dem 3. 10. 90 abgeschl w. Für diese gilt seitdem das BGB mit Ausn derjen Vorschr, deren GMaterie dch Abs II–VII speziell geregelt worden ist (vgl Abs I). Die Regelg für AltVertr gilt entspr für RVerh, die aus einer wirks WoZuweisg entstanden sind (KrG Potsdam WuM **92**, 533). Zu den Besonderh bei Garagen: Horst DWW **94**, 135. **bb) Neuverträge** sind alle MietVertr, die seit dem 3. 10. 90 abgeschl w sind. Für diese gilt allein und ausnahmsl das BGB u nicht EG 232 § 2.
3 **b) Anwendbarkeit des BGB.** Sie wirkt nicht auf die Zt vor dem 3. 10. 90 zurück. Für die bis dahin abgeschl Vorgänge gelten das ZGB u das GW (BGH NZM **99**, 178). Für die Miethöhe bei WoRaum gelten §§ 11–17
4 MHG. **c) Rückübertragung** v Eigt aGrd des VermG. Der Eintritt in das MietVerh richtet sich nicht nach
5 § 571, sond ist dch die §§ 16, 17 VermG speziell geregelt. **d) Beendigung** des MietVerh v AltVertr (Rn 2)

ist nach demjen R zu behandeln, das am Tag des Wirkswerdens des beendenden RGesch noch (ZGB, GW) od bereits (BGB) gegolten hat. Für die Künd gilt § 130. Insb sind einvernehml AufhebgsVertr seit 3. 10. 90 mögl (vgl § 564 Rn 1). **e) Miethöhe.** Es gilt nunmehr das VglMietenSystem (mit der übergweisen Regelg 6
der §§ 11–17 MHG). Für den fr RZustd vgl 57. Aufl. **f) Gebäudeerrichtung** dch den Mieter bis 2. 10. 90 7
aGrd des MietVertr mit einer and Pers als dem GrdstEigt u mit Billigg staatl Stellen (§ 1 I Nr 3 SchuldRAnpG). Es gilt seit 1. 1. 95 das SchuldRAnpG (Art 1 des SchuldRÄndG vom 21. 9. 94 BGBl 2538). Der GrdstEigt ist in den MietVertr eingetreten (§ 8 SchuldRAnpG). Es gilt die SoRegelg der §§ 43–54 SchuldRAnpG bei MietVertr für gewerbl Zwecke u solche des Wohnens mit Vorschr üb das Entgelt (§§ 47, 51 SchuldRAnpG) u KündSchutzFr (§§ 49, 52 SchuldRAnpG) sowie VorkaufsR (§ 57 SchuldRAnpG). Eine zw 3. 10. 90 u 31. 12. 94 erkl Künd ist nach Maßg des § 7 SchuldRAnpG unwirks.

2) Kündigung von Wohnraummietverhältnissen. Es gilt grdsätzl das gesamte MietR des BGB, insb die 8
KündFr (§ 565 II, III) u auch § 564 b, soweit die Abs II–IV nicht als SpezialRegelg vorgehen (Abs I; Rn 2).
a) Inhalt. Die Künd zur wirtsch Verwertg (§ 564 b II Nr 3) ist dauernd u unbefr ausgeschl (Abs II), die 9
EigenbedarfsKünd (§ 564 b II Nr 2 S 1) war es bis 1. 1. 96 mit best Ausn (Abs III, IV) u dem Mieter ist ein dem § 556 a (SozKlausel) nachgebildetes WidersprR eingeräumt. **b) Besonderheiten.** Eheg sind nach dem 10
3. 10. 90 automat Mietmieter geblieben, so daß auch dem nicht im MietVertr aufgeführten Eheg gekünd werden muß (Hartmann ZMR **92**, 279 [282]) od der MietVertr mit ihm aufgeh wird (Rn 4; § 564 Rn 1). MischmietVerh sind nach den Grds der Einf 72–74 vor § 535 zu behandeln, bei untrennb vermieteten Räumen also nur nach BGB, wenn der gewerbl Zweck übwiegt. Vor dem 3. 10. 90 vereinb kürzere KündFr bleiben, soweit sie zuläss sind (§ 565 Rn 20) bestehen (KG WuM **98**, 147 mwN; bestr).

3) Eigenbedarfskündigung (Abs III S 1 u 2). **a) Grundsatz** (S 1). Für die Künd ist § 564 b anzuwenden. 11
Es war nur die ord Künd (§ 565) v WoRaum iS von § 564 b Rn 8 wg EigBedarfs (§ 564 b II Nr 2) bei verlängerter WarteFr ausgeschl bis 31. 12. 95, soweit nicht die Ausn des S 2 Nr 1–3 zutreffen. Der Verm konnte seinen EigBedarf nicht in einem KündSchreiben geltdmachen, das vor dem 31. 12. 95 zugegangen (§ 130; vgl § 564 b III) ist. Die KündFr (§ 565 II) mußte eingehalten w. Die unmittelb Anwendg des § 556 a (SozKl) entfällt, weil bei Widerspr des Mieters gg die Künd dch Abs IV (Rn 15) die Interessenabwägg (allerd fast gleich) geregelt ist. **b) Ausnahmen** (S 2). Es konnte vor Ablauf der WarteFr das MietVerh unter 12
Anwendg v § 564 b (insb auch dessen Abs III) schon vor dem 31. 12. 95 aus EigBedarf (§ 564 b II Nr 2) mit der Fr des § 565 II gekünd w, wenn einer der Tatbestde der Nr 1–3 vorlag. Vgl hierzu 56. Aufl Rn 13–16.

4) Zweifamilienhäuser (Abs III S 3). Auch diese Vorschr gilt nur für Künd vor dem 1. 1. 96. Zu 13
AnwendgsBer u Vorauss: 56. Aufl Rn 17, 18. Der Verm konnte das MietVerh schon vor dem 1. 1. 96 ord künd, ohne ein Interesse iS des § 564 b II zu haben (§ 564 b I, IV S 1). Stellt sich bei einer vor dem 1. 1. 96 zugegangenen Künd heraus, daß die Vorauss des Abs III S 3 nicht vorliegen od werden sie bestritten u im Proz nicht bewiesen, so ist die Künd grdsätzl unwirks, kann aber nach Abs III S 2 Nr 3 zuläss sein, wenn dieser Grd im KündSchreiben aufgeführt od sonst gem § 564 b III zu berücks ist. Dem Mieter ist in allen Fällen ein WidersprR gem Abs IV eingeräumt (Rn 14–18).

5) Sozialklausel (Abs IV). Die direkte Anwendg des § 556 a ist ausgeschl dch die SoRegelg des Abs IV. 14
Dieser ist dem § 556 a I S 1 u 2 angepaßt u ist die gesamte rechtl Regelg des § 556 a nebst dem zugehör ProzR dch Abs IV S 3 für anwendb erkl. **a) Anwendbar** ist Abs IV in allen Fällen des Abs III S 2 u 3 bei 15
Künd, die vor dem 1. 1. 96 ausgespr w. Im Fall des Abs III S 2 Nr 3 findet also nochmals eine InteressenAbwägg statt, nunmehr nach Abs IV S 1 u 2 nur dann, wenn der Mieter der Künd wirks widerspr hat (§ 556 a V, VI). Auf die Möglk des Widerspr soll der Verm den Mieter hinweisen (Abs IV S 3, § 564 a II; dort Rn 11). **b) Widerspruch und Fortsetzungsverlangen.** Diese entsprechen in ihren Vorauss, in Wirksamk u 16
in der Wirkg dem § 556 a I S 1, V, VI (dort Rn 9–13). Bei Künd wg Unzumutbk ihres Ausschl (Abs III S 2 Nr 3) wird bei unveränderten Verh die auf die Fortsetzg des MietVerh bezogene InteressenAbwägg idR zu keinem and Ergebn führen. Bei rechtswidr Entziehg u unredl Mieter (Abs III S 2 Nr 1 u 2), sowie bei ZweiFamHäusern (Abs III S 3) wird erstmals eine InteressenAbwägg vorgenommen. Hier kann im Einzelfall die (konkret festzustellde) für den Mieter bestehende u nicht zu rechtfertigde Härte die Interessen des Verm überwiegen (wie § 556 a Rn 14–19), **c) Wirkung** (üb Abs IV S 3, § 556 a II, III, V–VII). Greift der 17
FortsetzgAnspr dch, ist das MietVerh zu verlängern (wie § 556 a Rn 20) oder der VertrInhalt zu ändern (wie § 556 a Rn 21). Andfalls wirkt die Künd wie § 556 a Rn 8. Die Regelg ist unabdingb (§ 556 a VII).
d) Prozessuales (üb Abs IV S 3). Für ProzKosten (§ 93 b I–III ZPO, § 16 III, IV GKG), SachAntr (§ 308 a I 18
S 1 ZPO) u vorläuf Vollstrbk (§ 708 Nr 7 ZPO) gelten die für § 556 a vorgesehenen Vorschr (dort Rn 27, 28, 30).

EG 232 § 3

Pacht. **I Pachtverhältnisse aufgrund von Verträgen, die vor dem Wirksamwerden des Beitritts geschlossen worden sind, richten sich von diesem Zeitpunkt an nach den §§ 581 bis 597 des Bürgerlichen Gesetzbuchs.**

II Die §§ 51 und 52 des Landwirtschaftsanpassungsgesetzes vom 29. Juni 1990 (GBl. Teil I Nr. 42 S. 642) bleiben unberührt.

1) Pachtverhältnisse (Abs I). **a) Anwendungsbereich.** Das ZGB hatte PachtVertr nicht vorgesehen. Die 1
verliehenen od zugewiesenen NutzgsRe (ZGB 287, 291) sind dingl u in Art 233 § 4 II geregelt, die Nutzg v Bodenflächen zur Erholg (sog Datschen, ZGB 312) in § 4, solche in Kleingartenanlagen (ZGB 315) in § 20 a BKleingG (vgl § 4 III). Abs I gilt aber (unabhäng v II) inf der seit 1. 7. 90 gewährleisteten VertrFreih (StVertr Leitsätze A II 2 u Art 2 I S 2) für alle seitdem abgeschl PVertr. Auch vorher abgeschl PVertr zw Privaten stand das ZGB nicht im Wege (Brdbg OLG-NL **94**, 208). Die rechtl Behandlg für die Zt bis 3. 10. 90 ist ähnl VertrTypen des ZGB zu entnehmen (Brdbg aaO). Auch die sog KreisPVertr fallen als pachtähnl RVerh unter § 3 (BGH DtZ **95**, 88). **b) Voraussetzung:** wirksamer, gem ZGB 60–66 vor dem Stichtag zustdegekommener Vertr. **c) Wirkung.** Die §§ 581–597 gelten unmittelb für die PVerh ab Stichtag. Art 232 § 2 Rn 1–3 gilt 2

3 entspr. § 596 III gilt bei sog KreisPVertr nicht iVerh Eigt zu LPG (BGH DtZ **95**, 88). **d) Schuldrechtsanpassung** trat bei PachtVerh ein, die nicht mit dem GrdstEigt abgeschl u bei denen das Grdst v Pächter bebaut w (§ 1 I Nr 3 SchuldRAnpG), wenn nicht das SachenRBereiniggsG gilt (§ 2 I Nr 3 SchuldRAnpG). Der GrdstEigt ist seit 1. 1. 95 in den PVertr eingetreten (§ 8 SchuldRAnpG). KündFr, Entgelt, EigtErwerb, Entschädigg u VorkaufsR sind im SchuldRAnpG geregelt.

4 **2) Landpacht** (Abs II). Die vorgesehene Umwandlg der NutzgsVerh in PVerh (§ 51 LdwschAnpG) u die vorl kündb Bodennutzg (§ 52 II LdwschAnpG) sollen auch dch die BGB-Vorschr nicht berührt w. Soweit PVertr üb land- u fortwirtsch NutzgsFlächen vor dem 3. 10. 90 abgeschl wurden, galten die §§ 581– 597 von diesem Tag an (§ 52 I LdwschAnpG; vgl Rn 1).

EG 232 § 4 *Nutzung von Bodenflächen zur Erholung.*

I Nutzungsverhältnisse nach den §§ 312 bis 315 des Zivilgesetzbuchs der Deutschen Demokratischen Republik aufgrund von Verträgen, die vor dem Wirksamwerden des Beitritts geschlossen worden sind, richten sich weiterhin nach den genannten Vorschriften des Zivilgesetzbuchs. Abweichende Regelungen bleiben einem besonderen Gesetz vorbehalten.

II Die Bundesregierung wird ermächtigt, durch Rechtsverordnung mit Zustimmung des Bundesrates Vorschriften über eine angemessene Gestaltung der Nutzungsentgelte zu erlassen. Angemessen sind Entgelte bis zur Höhe des ortsüblichen Pachtzinses für Grundstücke, die auch hinsichtlich der Art und des Umfangs der Bebauung in vergleichbarer Weise genutzt werden. In der Rechtsverordnung können Bestimmungen über die Ermittlung des ortsüblichen Pachtzinses, über das Verfahren der Entgelterhöhung sowie über die Kündigung im Fall der Erhöhung getroffen werden.

III Für Nutzungsverhältnisse innerhalb von Kleingartenanlagen bleibt die Anwendung des Bundeskleingartengesetzes vom 28. Februar 1983 (BGBl. I S. 210) mit den in Anlage I Kapitel XIV Abschnitt II Nr. 4 zum Einigungsvertrag enthaltenen Ergänzungen unberührt.

IV Die Absätze 1 bis 3 gelten auch für vor dem 1. Januar 1976 geschlossene Verträge, durch die land- oder forstwirtschaftlich nicht genutzte Bodenflächen Bürgern zum Zwecke der nicht gewerblichen kleingärtnerischen Nutzung, Erholung und Freizeitgestaltung überlassen wurden.

1 **1) Nutzungsverhältnisse** (zu untersch v den ÜberlassgsVertr, § 1 a). Das ZGB hat für die Nutzg v Grdst dch Üblassg in den §§ 284–294 u v §§ 312–315 verschiedene Arten u NutzgVerh vorgesehen. Für die dingl ausgestalteten NutzgsRe (§§ 287–294 ZGB) gilt die sachenrechtl Regelg des Art 233 § 4 u das ErholNutzG (Art 2 des SchuldRÄndG). Schuldrechtl ausgestaltet u dch das SchuldRAnpG geregelt sind die schuldrechtl NutzgsVerh. Sie umfassen nicht nur die in Art 232 § 4 umschriebenen NutzgsVerh, sond solche verschiedenster Art, auch diejen, welche auf NutzgsVertr beruhen, die mit einer and Pers als dem GrdstEigt abgeschl sind (§ 1 I Nr 1 u 3 SchuldRAnpG). § 4 gilt auch für Miet- u PachtVertr aus der Zeit vor dem 1. 1. 76 (Rstk VIZ **96**, 48). Diese bestanden als NutzgsVerh iS der §§ 312 ff ZGB fort (§ 2 II S 1 EGZGB). NutzgsVertr sind gem § 6 I SchuldRAnpG, je nach ihrem Inhalt (GebrÜblassg mit od ohne Fruchtziehg), entweder als Miet- od PVertr zu behandeln. Wg der seit 3. 10. 90 geltden VertrFreih gehen seitdem getroffene Vereinbg der Part vor (§ 6 II SchuldRAnpG). Für die fortbestehden NutzgsVerh gilt seit 1. 1. 95 das SchuldRAnpG mit seinen §§ 6–28 u löst die ÜbergRegelg (Rn 2–5) ab. Art 232 § 4 umfaßt nur einen best Teil der NutzgVerh (Rn 3).

2 **2) Übergangsregelung** des § 4 für alle NutzgsVerh, die vor dem 3. 10. 90 begrdet u gem § 312 ZGB abgeschl od den § 312 ff ZGB unterstellt w. Dazu gehören auch Miet- u PVertr, die vor dem 1. 1. 76 abgeschl w (Rstk VIZ **96**, 48). Das ist dch Abs IV klargestellt. Alle diese Vertr blieben üb den 3. 10. 90 hinaus mit dem bisher Inhalt nach Maßg des Vertr-Moratoriums (§ 4 a) bestehen (Abs I). Für Grdste innerh v KleingartenAnl (vgl Einf 11–18 v § 581 BGB) gilt zusätzl § 20 a BKleingG (Anl I Kap XIV Abschn 11 Nr 4 EinigsV). Das ist
3 in Abs III klargestellt (Rn 3; vgl BGH NJW **93**, 859). **a) Anwendungsbereich:** Vertr, in denen land- und forstwirtsch nicht genutzte Bodenflächen zur KleingartenNutzg, Erholg u FreiZtGestaltg üblassen w (§ 312 I ZGB). Sie müssen vor dem 3. 10. 90 begrdet worden sein (Abs I S 1). Sie können seitdem nicht mehr nach
4 diesen Vorschr begrdet w. **b) Wirkung:** Die RVerh richteten sich bis zur Anpassg (Rn 6 ff) nach §§ 312 ff ZGB. Das ist verfassgsgem (BVerfG DtZ **93**, 309). Zur Künd u den RFolgen bei Beendigg des RVerh im einzelnen: Grüneberg/Wendtland DtZ **93**, 101 [103]). Seit 1. 1. 95 sind die RVerh dch das SchuldRAnpG
5 geregelt (Rn 6 ff). **c) Nutzungsentgelt** (Abs II). Es wird dch die VO v 22. 7. 93 (BGBl 1339), idF der ÄndVO v 24. 7. 97 (BGBl 1920) geregelt (vgl Rn 10 u Grün DtZ **97**, 306). Vereinbgen zw Üblassdem u Nutzer bleiben wirks u sind zuläss (§ 2 I, II VO). Die Entgelte konnten dch einseit schriftl Erkl (§ 6 I VO) schrittw bis zum ortsübl Entgelt erhöht w (§ 3 VO), von da an gilt § 20 III SchuldRAnpG. Der Nutzer konnte bei Erhöhg mit bes Fr künd (§ 8 VO).

6 **3) Schuldrechtliche Anpassung** der Vertr üb die Nutzg v Grdst als Kleingarten zur Erholg- u Freizeitgestaltg (zu prakt wicht Einzelh Horst DWW **95**, 198) ist dch das SchuldRAnpG geschehen; iKr seit 1. 1. 95.
7 Das entspr dem gesetzl Vorbeh in Abs I S 2. **a) Anwendungsbereich.** Die v Art 232 § 4 umfaßten Vertr (Rn 3) werden dch § 1 I Nr 1 in das SchuldRAnpG einbezogen, soweit sie nicht der SachenRBereinigg unterfallen (§ 2 I Nr 1 SchuldRAnpG) wie die sog unechten Datschen üb § 2 I Nr 2 a) u b) SachenRBerG (vgl Schmidt-Räntsch ZIP **96**, 728). Zu Besonderh bei Garagen: Horst DWW **96**, 151. **b) Wirkung.** Der NutzgsVertr wird als Miet- od PVertr behandelt (§ 6 I SchuldRAnpG), je nach Inhalt, ob außer GebrÜblassg auch Fruchtziehg vereinb war od nicht. Wg der insow eingetretenen VertrFreih gehen die seit dem 3. 10. 90
8 getroffenen Vereinbgen der Part vor (§ 6 II SchuldRAnpG). **c) Schriftform** des Vertr (§ 312 I S 2 ZGB) ist
9 auch für die Vergangenh dch § 19 I SchuldRAnpG beseit. **d) Bestandsschutz** (hierzu Köhler VIZ **97**, 193). Künd, die seit 3. 10. 90 ausgesprochen wurden, sind nach Maßg von § 7 SchuldRAnpG unwirks. Für die Zeit vom 25. 12. 93 bis 31. 12. 94 waren Künd mit Ausn der gem § 554 (ZahlgsVerz) dch § 4 a ausgeschl (§ 7 III SchuldRAnpG). Die KündSchutzFr (§ 23 I SchuldRAnpG) verlängert den BestdsSchutz grdsätzl bis

31. 12. 99 mit Ausn bis 31. 12. 2004 u weiteren Ausn bis 31. 12. 2014 (§ 23 II, III SchuldRAnpG). Die Künd ist zu Lebzeiten des Nutzers ausgeschl, wenn dieser am 3. 10. 90 das 60. Lebensj vollendet hatte (§ 23 V SchuldRAnpG). Außerord Künd bleibt mögl (Schmidt-Räntsch ZIP **96**, 728 [731]). Weitere So-Regelgen bestehen für bewohnte Gbde u errichtete Eigenheime (§§ 24, 25 SchuldRAnpG). **e) Entgelt** 10
(Rn 5). Es gilt (auch für unentgeltl NutzgsVertr) die NutzgsEntgeltVO (Rn 5) weiter (§ 20 SchuldRAnpG). Zu Einzelh u Zweifelsfragen: Köhler VIZ **97**, 193; Schmidt-Räntsch ZIP **96**, 728. Zur ÄndVO: Zimmermann VIZ **97**, 575. **f) Verliehenes Nutzungsrecht** (§ 287 ZGB) zur Errichtg eines Wochenendhauses od 11
Gebdes zu and persönl Zwecken, das nicht der SachenRBereinigg unterfällt. Dafür gilt nicht das SchuldRAnpG, sond das ErholNutzG, welches den Anspr auf ein ErbbauR für 30 J vorsieht. **g) Vorkaufsrecht** des 12
Nutzers: § 57 SchuldRAnpG.

EG 232 § 4 a *Vertrags-Moratorium.* *(wegen Zeitablauf nicht mehr abgedruckt; siehe 57. Aufl)*

EG 232 § 5 *Arbeitsverhältnisse.* **Für am Tag des Wirksamwerdens des Beitritts bestehende Arbeitsverhältnisse gelten unbeschadet des Artikels 230 von dieser Zeit an die Vorschriften des Bürgerlichen Gesetzbuchs.**

II § 613 a des Bürgerlichen Gesetzbuches ist in dem in Artikel 3 des Einigungsvertrages vom 31. August 1990 (BGBl. 1990 II S. 885) genannten Gebiet vom Tage des Inkrafttretens dieses Gesetzes bis zum 31. Dezember 1998 mit folgenden Maßgaben anzuwenden:

1. Innerhalb des bezeichneten Zeitraums ist auf eine Betriebsübertragung im Gesamtvollstreckungsverfahren § 613 a des Bürgerlichen Gesetzbuchs nicht anzuwenden.
2. Anstelle des Absatzes 4 Satz 2 gilt folgende Vorschrift:

„Satz 1 läßt das Recht zur Kündigung aus wirtschaftlichen, technischen oder organisatorischen Gründen, die Änderungen im Bereich der Beschäftigung mit sich bringen, unberührt."

1) Allgemeines. Galt bis 31. 12. 98 idF des Art 32 Nr 3 EGInsO v 5. 10. 94 (BGBl 2911); inKr seit 1
19. 10. 94 (Art 110 III EGInsO). Seit 1. 1. 99 gilt § 128 InsO. **a) Geltung des BGB.** Dch Abs I wird nur die Geltg des BGB seit dem 3. 10. 90, insb die der §§ 611–630 angeordnet. Dies war neben Art 230 u 232 § 1 für das ArbVerh als DauerschuldVerh notw. **b) Ausnahmen.** Bis 31. 12. 98 war § 613 a bei BetrÜbTragg 2
im GesVollstrVerf nicht anzuwenden (Abs II Nr 1) u es galt an Stelle v § 613 a IV S 2 die Fassg v Abs II Nr 2 (hierzu Rn 11), um die Sanierg personell übbesetzter Untern zur Privatisierg zu erleichtern. Zum Reformbedarf Link AuA **97**, 383.

2) Anwendungsbereich (Abs I). **a) Grundsatz.** § 5 gilt für alle ArbVerh (Einf 5 vor § 611), die vor dem 3
3. 10. 90 im Gebiet der fr DDR dch ArbVertr, Berufg od Wahl (DDR-ArbGB 38) begrdet w sind. Für ArbVerh, die noch vor dem Stichtag beendet w, ist allein das R der fr DDR (insb das ArbGB) anzuwenden u zwar von allen deutschen Ger. Für ArbVerh, die seit dem 3. 10. 90 begrdet w sind, gilt das BGB u das sonst R der BRep mit den Maßg u Änd, die der EinigsVertr in den Anl I u II Kap III u VIII best (Rn 6). **b) Betroffene Arbeitsverhältnisse.** Von der gem EinigsV abgeänd Geltg des BGB (Rn 6) werden diejen 4
ArbVerh erfaßt, bei denen die ArbLeistg einem ArbG mit Sitz im Beitrittsgebiet geschuldet u bei dem dort gewöhnl die Arb verrichtet w (wie Art 30 II Nr 1). Das gilt für alle Untern im Beitrittsgebiet (BAG NZA **98**, 640). **c) Nicht betroffene Arbeitsverhältnisse.** Das sind solche, die bisher im Gebiet der BRep begrdet 5
worden sind u zu erf waren, sofern die ArbLeistg vorübgehd im Gebiet der fr DDR zu erbringen ist. Der Begr vorübgehd ist aus der gesamten Dauer des ArbVerh abzuleiten, sodaß auch ZtRäume v mehreren J darunterfallen können.

3) Geltendes Arbeitsrecht (vgl Rn 3) ist das, was dch § 5 u in Kap VIII der Anl I u II des EinigsV als 6
BundesR best ist. Es weicht in einer Reihe von Einzelheiten der ArbROrdng von dem ArbR ab, das im ursprüngl Gebiet der BRep weitergilt u dch den EinigsV nicht geänd ist. Hervorzuheben ist im Bereich des ArbVertrRs: **a) Vergütung im Krankheitsfall.** Seit 1. 6. 94 gilt das EFZG (Art 53, 68 IV PflegeVG). 7
b) Kündigungsfrist. § 622 nF mit Ausn für den öffD gilt seit 15. 10. 93 (vgl § 622 Rn 1 u EG 222).
c) Kündigungsschutz. Das KSchG gilt seit 1. 7. 90 mit geringfüg Abweichgen u mit einer SoRegelg für 8
den öffD (Anl I Kap XIX Sachg A Abschn III Nr 1 Abs IV EinigsV; hierzu Preis/Stoffels RdA **96**, 210 [217]). Weiter gilt der KündSchutz für Kämpfer gegen den u Verfolgte des Faschismus in DDR-ArbGB 58 I Buchst a nach Maßg von Anl II Kap VIII Sachg A Abschn III Nr 1 Buchst b EinigsV. Wg Alters der Betroffenen prakt ggstdsl. **d) Außerordentliche Kündigung.** Es gilt § 626. Für den öffD besteht eine 9
SoRegelg (Anl I Kap XIX Sachg A Abschn III Nr 1 Abs V EinigsV; Lansnicker/Schwirtzek DtZ **93**, 106). Sie ist verfassgsgem (BVerfG NJW **97**, 2305). Die Fr des § 626 II gilt nicht (BAG DtZ **93**, 125). Dch Hinauszögern der Künd bei Kenntn des KündGrds kann das KündR entfallen (BAG NZA **95**, 169).
e) Altersversorgung. Das BetrAVG ist am 1. 1. 92 iKr getreten; dessen §§ 26–30 sind nicht anzuwenden 10
(Anl I Kap VIII Sachg A Abschn III Nr 16 Buchst a u c EinigsV). **f) Betriebsübergang** (Abs II), auch der v 11
BetrT (wie § 613 a) u Rückg (Worzella DtZ **92**, 306). § 613 a war in den neuen BLändern (Richardi NZA **91**, 289), bis zum 31. 12. 98 (vgl Rn 1) nicht anzuwenden (vgl Rn 2), wenn die BetrÜbertragg im GesVollstrVerf erfolgt (Abs II Nr 1). Anstelle von § 613 a IV S 2 galt dessen Fassg in Abs II S 2 (hierzu § 613 a Rn 31).

EG 232 § 6 *Verträge über wiederkehrende Dienstleistungen.* **Für am Tag des Wirksamwerdens des Beitritts bestehende Pflege- und Wartungsverträge und Verträge über wiederkehrende persönliche Dienstleistungen gelten von dieser Zeit an die Vorschriften des Bürgerlichen Gesetzbuchs.**

1 **1) Anwendungsbereich.** Erfaßt sind nur Vertr (auch unentgeltl, Staud/Rauscher Rn 8, str) über best wiederkehrde Leistgen, dh der Schu hat sich in einem einheitl Vertr zur Erbringg wiederholter, meist gleichart Leistgen für eine längere Zeitdauer verpflichtet. Zum **Pflege- und Wartungsvertrag** enthielt das R der DDR für sie (and als das BGB) bes Regelgen (ZGB 176 unmittelb, vgl ZGB 164, für Vertr zw Bürgern u Betrieben, entspr bei Vertr von Bürgern untereinand, Staud/Rauscher Rn 3; GW 61 ff für Vertr zw Kaufleuten u Untern, Betrieben u gleichgestellten WirtschSubj). Er verpflichtet den Untern, die im Vertr bezeichneten Geräte u Anlagen so zu pflegen und zu warten, daß ihre GebrFähigk erhalten wird (ZGB 176). Zum Vertr über **wiederkehrende persönliche Dienstleistungen** s die Definition in ZGB 197; bish Regelg ZGB 197 ff, GW 98 ff. Erfaßt werden auch vergleichb aGrd der VertrFreih vor dem 3. 10. 90 geschl Vertr (Bsp BGH DtZ **95**, 250).

2 **2) Anzuwendendes Recht – a) Am 3. 10. 90 bereits beendete Verträge.** Für die Abwicklg gilt das R der früh DDR (s Rn 1). – **b) Am 3. 10. 90 bestehende Verträge.** Ihr wirks Zustandekommen richtet sich nach dem R der früh DDR (BGH DtZ **95**, 250). Für die Durchf seit 3. 10. 90 u die Beendigg gelten abw von EG 232 § 1 die einschläg Vorschr des BundesR, insb: für Pflege- u WartgsVertr idR (s Einf 12, 20 v § 631) BGB 631 ff ausnahmsw auch 611 ff; für Vertr über unentgeltl zu erbringde wiederkehrde DLeistgen BGB 662 ff; für entgeltl DLeistgen, soweit auf selbstd Tätigk wirtsch An gerichtet, BGB 675, iü BGB 611 ff; für Ehe- u PartnerschVermittlg s BGB 653–656 (s Erläut zu § 656). – **c) Seit 3. 10. 90 abgeschlossene Verträge.** Sie unterliegen vollst dem geltden R, insb den erwähnten Vorsch des BGB.

EG 232 § 7 *Kontoverträge und Sparkontoverträge.*

Vom Abdruck wird abgesehen. Die Vorschr ermächtigt die Kreditinstitute zur Umstellg von am 3. 10. 90 bestehden KontoVertr auf das BGB u auf allg verwendete AGB dch einseit Erklärg. S die Erl in der 58. Aufl, ferner Dresd WM **99**, 316.

EG 232 § 8 *Kreditverträge.*

Auf Kreditverträge, die nach dem 30. Juni 1990 abgeschlossen worden sind, ist § 609 a des Bürgerlichen Gesetzbuchs anzuwenden.

1 **Allgemeines.** Grdsätzl richten sich gem § 1 die vor dem 3. 10. 90 abgeschl KreditVertr nach dem ZGB 241–243 (EG 232 § 1), sodaß § 609 a ohne § 8 für die zw 1. 7. u 2. 10. 90 abgeschl Vertr nicht gelten würde.
2 **Anwendbar** ist § 8 nur für KreditVertr (ZGB 241), also wenn ein KreditInst (nicht eine PrivPers) dem Kreditnehmer einen GeldBetr zur Vfg gestellt hat. Der VertrAbschl muß seit 1. 7. 90 stattgefunden haben. Für die vorherigen KredVertr verbleibt es bei EG 232 § 1 u dem ZinsAnpassgG Art 2 (BGBl **91**, I 1314), wonach
3 der Zins einseit angepaßt w kann (hierzu Schubert WM **92**, 45). **Wirkung.** Daß dem Kreditnehmer (DarlSchu) das KündR des § 609 a (frühestens seit 3. 10. 90) zusteht, wird dch § 8 nur klargestellt; denn § 609 a gilt für alle Arten v DarlVertr (dort Rn 2) u umfaßt daher auch alle KreditVertr.

EG 232 § 9 *Bruchteilsgemeinschaften.*

Auf eine am Tag des Wirksamwerdens des Beitritts bestehende Gemeinschaft nach Bruchteilen finden von dieser Zeit an die Vorschriften des Bürgerlichen Gesetzbuchs Anwendung.

1 **Anwendbar** ist § 7 auf (Brucht-)Gemsch betr anteil Eigt an Sachen (ZGB 34 I) od die anteil Inhabersch von Rechten (ZGB 34 III), nicht auf das GesamtEigt (ZGB 42; zB von Miterben, dafür 235 § 1, od Mietern, dafür 232 § 2); Bsp: Dresd OLG-NL **95**, 203 (MitEigt an Gebäude). **Anzuwenden** ist für die Abwicklg von Gemsch, die am 3. 10. 90 bereits beendet waren, das R der früh DDR (ZGB 34–41, 433 I; Staud/Rauscher Rn 5, str). Für am 3. 10. 90 bestehde Gemsch gelten ab diesem Ztpkt BGB 741–758, 1008–1011; für nach dem 3. 10. 90 entstandene Gemsch von Anfang an nur die genannten Vorschr des BGB.

EG 232 § 10 *Unerlaubte Handlungen.*

Die Bestimmungen der §§ 823 bis 853 des Bürgerlichen Gesetzbuchs sind nur auf Handlungen anzuwenden, die am Tag des Wirksamwerdens des Beitritts oder danach begangen werden.

1 **1) Seit dem 3. 10. 90 begangene unerlaubte Handlungen.** Es gelten uneingeschränkt BGB 823 bis 852. Dabei ist maßg, daß nach dem Stichtag der Tatbestd der VerlHdlg erfüllt bzw das SchutzG (BGB 823 II) verletzt wurde, gleichgült wann ein Schad eingetreten u wann der Verl von der Hdlg u dem Schad Kenntn erlangt hat (BGH NJW **94**, 2684). Bei Dauerhdlgen, zB laufde Einleitg von Abwasser in einen Fluß, kommt es darauf an, ob sie über den Stichtag hinaus andauern. Bei wiederholter Hdlg ist auf die Beendigg der jeweil EinzHdlg abzustellen, weil es im ZivR keine natürl HdlgsEinh od fortges Hdlg gibt. Besteht die VerlHdlg in einem pflichtwidr Unterl, kommt es darauf an, daß die unterl Hdlg pflichtgem nach dem Stichtag hätte vorgen werden müssen. Läßt sich nicht klären, ob die unerl Hdlg vor od seit dem Stichtag begangen wurde, gilt altes Recht (Art 231 § 4 Rn 3).

2 **2) Vor dem 3. 10. 90 begangene unerlaubte Handlungen.** Auf Hdlgen bis einschl 2. 10. 90, die einen der Tatbestde BGB 823 ff erfüllen, u für die daran geknüpften RFolgen sind die einschläg Best ZGB/DDR 327 ff weiter so auszulegen u anzuwenden, wie es von den DDR-Ger geschehen wäre (BGH **123**, 65, **127**, 254). Die Anz einer geplanten „Republikflucht" kann als solche grdsätzl keine SchadErsPfl des Anzeigden begründen, wenn er sich auf die Erf seiner AnzPfl beschränkt hat u davon ausgegangen ist, daß die DDR-Behörden gg den Angezeigten kein den Rahmen der damals geltden rechtl Vorschr sprengdes WillkürVerf dchführen werden; and kann es sein, wenn sich der AnzErstatter darühinaus den Organen der Staatssicherh als Lockspitzel zur Vfg gestellt hat (BGH **127**, 254, Märker DtZ **95**, 37). § 330 ZGB/DDR kann grdsl nicht als Grdl eines SchadErsAnspr herangezogen werden, dch den ein Geschäd die vermögensr Wirkgen einer arglist erschlichenen rkräft Entsch eines DDR-Ger rückgäng machen will (BGH FamRZ **95**, 284). Für ErsAnspr

von GrdstEigtümern in der fr DDR wegen StationiergsSchäd vor dem 3. 10. 90 haftet die BRepublik nicht (BGH VersR **95**, 593). Bedeutg des Stichtags Rn 1.

3) Staatshaftung. – a) Seit dem 3. 10. 90 begangene Amtspflichtverletzungen in den ostdtschen Ländern beurt sich nach BGB 839, GG 34. Daneben gilt in AnsprKonkurrenz (Jena OLG-NL **99**, 7) für den Ers von Schäd, die ein MitArb od Beauftragter eines staatl od kommunalen Organs einer natürl oder jurist Pers rechtswidr zugefügt hat, in MecklVP u Thür das DDR-StaatsHaftgsG v 12. 5. 69 (GBl I S 34), geändert dch das G v 14. 12. 88 (GBl I S 329) idF der Anl II Kap III Sachgebiet B Abschn III Nr 1 zum EinigsV (BGBl 90 II S 1168), in SachsAnh u Brdbg mit Ändergen (SAnh GVBl **92**, S 655, Brdbg GVBl **93**, I S 198, 202) weiter als Landesrecht; in Bln (GVBl **95**, S 607) u Sachsen (§ 2 I RBereiniggsG v 17. 4. 98, GVBl S 151) ist es aufgeh. Eingehd Luhmann NJW **98**, 3001. Keine Staatshaftg für Notare in eigener Praxis (BGB 839 Rn 113). – **b) Vor dem 3. 10. 90 begangene rechtswidrige Handlungen** staatl od kommunaler Mitarb oder Beauftragter in der DDR beurt sich nach dem DDR-StaatsHaftgsG (Rädler DtZ **93**, 296) in der zur Zeit der rwidr Hdlg geltden Fassg (BGH NJW **94**, 2684). 3

Artikel 233. Drittes Buch. Sachenrecht
Erster Abschnitt. Allgemeine Vorschriften

EG 233 § 1 *Besitz.* **Auf ein am Tag des Wirksamwerdens des Beitritts bestehendes Besitzverhältnis finden von dieser Zeit an die Vorschriften des Bürgerlichen Gesetzbuchs Anwendung.**

1) Allgemeines. Die Art 180 nachgebildete Vorschr gilt für alle vor dem 3. 10. 90 bestehden BesVerhältn an bewegl u unbewegl Sachen u für alle BesArten (mittelb/unmittelb; rechtmäß/unrechtmäß; Allein-/Mit-/TeilBes). – **a) Besitzbegriff.** Die Frage, ob ein am 3. 10. 90 gegebener Sachverhalt Besitz (u welche BesArt) ist, beurteilt sich nach dem BGB; dem BGB nicht bekannte BesVerhältn erlöschen. – **b) Besitzerwerb/-verlust.** Die Frage, ob vor dem 3. 10. 90 Bes begründet (zB dch BesMittlgsVerhältn nach ZGB 100 III 1) od verloren wurde, beurteilt sich nach fr DDR-Recht. Das ZGB enthält dazu keine allg Vorschr, kennt aber EigtümerBes (zB ZGB 19 II, 24) u NichtEigtümerBes (zB ZGB 19 I, 33 III). Ist der Erblasser vor dem 3. 10. 90 gestorben, so ist BGB 857 nicht anwendb. 1

2) Überleitung. – a) Rechtsfolgen des vor dem 3. 10. 90 begründeten u an diesem bestehden Bes beurteilen sich nach BGB; zB die EigtVermutg nach BGB 1006 (RG **55**, 52) u der Anspr aus BGB 1007 (Kläger muß noch am 3. 10. 90 Bes gehabt haben). SchadErs- u BereichergsAnspr wg BesEntziehg, die vor dem 3. 10. 90 erfolgte, beurteilen sich nach ZGB (Art 232 § 1). – **b) Besitzschutz.** Ein am 3. 10. 90 bestehder Bes genießt gg nach dem 2. 10. 90 erfolgter BesEntziehg/Störg BesSchutz nach BGB. Die RFolgen einer vor dem 3. 10. 90 erfolgten BesEntziehg richten sich nach fr DDR-Recht (vgl RG **50,** 8), das aber keine BGB 861 entspr Vorschr kennt; bei einer über den 2. 10. 90 fortdauernden BesStörg besteht BesSchutz nach BGB 862 (LG Bln ZMR **91**, 108), wobei die AusschlFr nach BGB 864 mit der Störg begonnen hat. 2

EG 233 § 2 *Inhalt des Eigentums.* **I Auf das am Tag des Wirksamwerdens des Beitritts bestehende Eigentum an Sachen finden von dieser Zeit an die Vorschriften des Bürgerlichen Gesetzbuchs Anwendung, soweit nicht in den nachstehenden Vorschriften etwas anderes bestimmt ist.**

II Bei ehemals volkseigenen Grundstücken wird unwiderleglich vermutet, daß in der Zeit vom 15. März 1990 bis zum Ablauf des 2. Oktober 1990 die als Rechtsträger eingetragene staatliche Stelle und diejenige Stelle, die deren Aufgaben bei Vornahme der Verfügung wahrgenommen hat, und in der Zeit vom 3. Oktober 1990 bis zum 24. Dezember 1993 die in § 8 des Vermögenszuordnungsgesetzes in der seit dem 25. Dezember 1993 geltenden Fassung bezeichneten Stellen zur Verfügung über das Grundstück befugt waren. § 878 des Bürgerlichen Gesetzbuchs gilt auch für den Fortfall der Verfügungsbefugnis sinngemäß. Die vorstehenden Sätze lassen Verbote, über ehemals volkseigene Grundstücke zu verfügen, namentlich nach § 68 des Zivilgesetzbuchs und der Zweiten, Dritten und Vierten Durchführungsverordnung zum Treuhandgesetz unberührt. Wem bisheriges Volkseigentum zusteht, richtet sich nach den Vorschriften über die Abwicklung des Volkseigentums.

III Ist der Eigentümer eines Grundstücks oder sein Aufenthalt nicht festzustellen und besteht ein Bedürfnis, die Vertretung des Eigentümers sicherzustellen, so bestellt der Landkreis oder die kreisfreie Stadt, in dessen oder deren Gebiet sich das Grundstück befindet, auf Antrag der Gemeinde oder eines anderen, der ein berechtigtes Interesse daran hat, einen gesetzlichen Vertreter. Im Falle einer Gemeinschaft wird ein Mitglied der Gemeinschaft zum gesetzlichen Vertreter bestellt. Der Vertreter ist von den Beschränkungen des § 181 des Bürgerlichen Gesetzbuchs befreit. § 16 Abs. 3 und 4 des Verwaltungsverfahrensgesetzes findet entsprechende Anwendung. Der Vertreter wird auf Antrag des Eigentümers abberufen. Diese Vorschrift tritt in ihrem räumlichen Anwendungsbereich und für die Dauer ihrer Geltung an die Stelle des § 119 des Flurbereinigungsgesetzes auch, soweit auf diese Bestimmung in anderen Gesetzen verwiesen wird. § 11 b des Vermögensgesetzes bleibt unberührt.

Vorbem: II idF des Art 2 I Nr 3 a WoModSiG v 17. 7. 1997 (BGBl I 1823).

1 **1) Allgemeines.** Die Art 181 I nachgebildete Vorschr gilt für Eigt an bewegl u unbewegl Sachen (nicht aber für Eigt an Rechten u Fdgen iSv ZGB 23) u für alle EigtArten (sozialist Eigt, persönl Eigt, PrivatEigt). Die SonderVorschr für das GesamtEigt (ZGB 42) werden von dieser Überleitg nicht betroffen. – **a) Eigentumsbegriff.** Die Frage, ob am 3. 10. 90 Eigt vorliegt, beurteilt sich nach dem BGB. Maßg ist, ob der Inhalt eines RVerhältn an einer Sache iS des BGB nach fr DDR-Recht es als Eigt iS des BGB erscheinen läßt. Das ist für alle EigtArten gegeben, da RInhalt trotz vielf Beschrkgen die Bes-, Nutzgs- u VfgsBefugn war (ZGB 19, 24). – **b) Wesentliche Bestandteile.** Das vor dem 3. 10. 90 bestehde selbständ Eigt an einer Sache, die nach dem BGB wesentl Bestandt einer anderen Sache ist, ist am 3. 10. 90 erloschen (RG **56**, 243), soweit Art 231 § 5 nicht die BestandtEigensch verneint. Da Anpflanzgen nicht unter BGB 95 I 2 fallen, ist selbständ Eigt an
2 ihnen nach ZGB 288 IV, 292 III erloschen. – **c) Eigentumserwerb/ -verlust.** Die Frage, ob vor dem 3. 10. 90 Eigt erworben oder verloren (zB dch Verzicht; BGH DtZ **96**, 208) wurde, beurteilt sich nach fr DDR-Recht; ob nach dem 2. 10. 90 Eigt erworben od verloren wurde, beurteilt sich vorbeh §§ 4 I, 7 I nach BGB (bei Grdst iVm GrdstVerkVO). Waren vor dem 3. 10. 90 alle Erwerbsvoraussetzgen nach fr DDR-Recht erfüllt (zB SchenkgsVertr nach ZGB 25, 282 u Überg/ÜbergErs nach ZGB 26 I), so bleibt der Erwerber Eigtümer, auch wenn eine Erwerbsvoraussetzg nach BGB (Einigg) fehlt. Stellt das fr DDR-Recht weitergehde Erfordern als das BGB auf (zB KaufprZahlg nach ZGB 139 III), so trat am 3. 10. 90 kein EigtErwerb ein, wenn zuvor nur die BGB-Voraussetzgen erfüllt waren (vgl RG JW **00**, 889; aA Naumbg MDR **98**, 1347). Tritt ein Teil der bish Erwerbsvoraussetzgen nach dem 2. 10. 90 ein (zB KaufprZahlg nach ZGB 139 III, aufschiebde Bdgg, behördl Gen), so gilt BGB.

3 **2) Überleitung (I).** Der EigtInhalt beurteilt sich ab 3. 10. 90 nach BGB 903–1011, soweit keine Abweichg vorgesehen. Erweitergen u Beschrkgen der EigtümerRe, die das BGB nicht kennt, entfallen ab 3. 10. 90, soweit sie nicht nach Art 9 EinigsV als LandesNachbR fortgelten, weil sie nach Art 1 II, 124 dem LandesR überlassen (zB ZGB 317). – **a) Eigentumsinhalt** ist die Gesamth der Rechte u Pflichten ggü Dritten. Aus dem Eigt fließde (dingl) Anspr (zB BGB 894 [Brdbg OLG-NL **95**, 153], 915, 985 [Brdbg DtZ **97**, 163; Naumbg OLG-NL **98**, 182], 1004 [Brdbg OLG-NL **97**, 14]) sowie EigtBeschrkgen dch DuldgsPfl (zB BGB 904, 906, 912 ff) sind auch gegeben, wenn die sie begründden Tats (zB Überbau, BesEntziehg, EigtBeeinträchtigg) schon vor dem 3. 10. 90 vorlagen (LG Meing OLG-NL **96**, 281) od die Rechte/Pfl gerichtl geltd gemacht wurden (RG **65**, 73); Renten nach BGB 913, 917 II können aber erst ab 3. 10. 90 beansprucht werden. – **b)** Bei **schuldrechtlichen Ansprüchen** (zB BGB 906 II 2, 987 ff, 994 ff) gilt nach Art 232 § 1 fr DDR-Recht (zB ZGB 33, 329), soweit die ansprbegründden Tats (zB Beschädigg/Nutzg der Sache, Vornahme der Verwendg) vor dem 3. 10. 90 eintrat (Dresd VIZ **99**, 556), bei Fortwirkgen gilt nach dem 2. 10. 90 BGB (zB AusglAnspr nach BGB 906 II 2 für Beeinträchtigg ab 3. 10. 90).

4 **3) Volkseigentum (II) – a) Rechtsinhaber** war der Staat (BGH WM **95**, 990; KG VIZ **97**, 696). VolksEigt konnte aber dch Übereigng in persönl od PrivEigt umgewandelt werden (insb Grdst u Gbde nach dem VerkaufsG). Die am 2. 10. 90 bestehde RInhabersch ist auf diej jur Pers übergegangen, denen das früh VolksEigt nach den ZuordngsVorschr von EinigsV 21, 22 u späterer Gesetze (zB WoGenVermG, VZOG 1 a IV) angefallen ist (Naumbg VIZ **97**, 233). Die Anspr auf Übertragg früh VolksEigt regeln SondernG (**II 4**, zB EinigsV 41 iVm VermG, KVG). Sichg von RückÜbertrAnspr nach VermG 3 I nicht dch Vormkg od Widerspr, sond dch gerichtl VfgsVerbot (KG DtZ **91**, 298; LG Mgdbg VIZ **94**, 678). UnterlAnspr bzgl baul
5 Veränderg, die über VermG 3 III hinausgeht (vgl BGH NJ **94**, 415). – **b) Verfügungsbefugt** war der RTräger (ZGB 19, 20; RtrAO v 7. 7. 69 [GBl II 433; geändert GBl I 74, 489]); der Erwerb zu VolksEigt erforderte die Einsetzg eines RTrägers (Brdbg VIZ **95**, 667). Über VeräußergsBefugn der Gemeinde vgl BGH NJW **99**, 2526. Zur Ersitzg dch den RTräger vgl BGH ZflR **97**, 532. Die VfgsBefugn des RTrägers erlosch mit Ablauf des 2. 10. 90 (BGH VIZ **99**, 161) u ging auf die gesetzl bezeichneten Stellen (vgl VZOG 8 I) über. Die Vermutg für die VfgsBefugn (**II 1**) deckt fehlde RTrägersch (unricht GBEintr) u das Überschreiten der Kompetenz (sofern nicht gg ein Verbot iSv **II 3** [nach BVerwG VIZ **99**, 534 auch 2.–4. DVO z TreuhandG] verstoßen wurde) ab; sie setzt wirks begründetes VolksEigt voraus (BGH aaO) u gilt nicht für nichtstaatl RTräger (zB LPG). Nach dem GZweck (Bestandsschutz) genügt rein tats AufgWahrnehmg für den RTräger. Die Anwendbark von BGB 878 (**II 2**) entspricht BGB 878 Rn 11.

6 **4) Vertreterbestellung (III).** Das Grdst muß auf dem Gebiet der früh DDR liegen. Das Bedürfn kann auf öff- od privatrechtl Gebiet liegen. Gerichte u Behörden sind an die Bestellg gebunden u prüfen nicht deren Voraussetzgen. Trotz Bestellg kann der Eigtümer wirks RGesch abschließen (bei widerspr RGesch gilt § 10 Rn 3). Der Bestellte ist zur AmtsÜbern nicht verpfl. Anspr auf AufwendgsErs/Vergütg gg die bestellde Behörde (VwVfG 16 III). BGB 1773 ff, 1915 anwendb (VwVfG 16 IV). Gen von RGesch (Jena OLG-NL **96**, 183) u Abberufg nur dch die bestellde Behörde. – Weitere Aufgaben: SachenRBerG 17 III.

EG 233 § 2 a

Moratorium. [I] **Als zum Besitz eines in dem in Artikel 3 des Einigungsvertrages genannten Gebiet belegenen Grundstücks berechtigt gelten unbeschadet bestehender Nutzungsrechte und günstigerer Vereinbarungen und Regelungen:**

a) wer das Grundstück bis zum Ablauf des 2. Oktober 1990 aufgrund einer bestandskräftigen Baugenehmigung oder sonst entsprechend den Rechtsvorschriften mit Billigung staatlicher oder gesellschaftlicher Organe mit Gebäuden oder Anlagen bebaut oder zu bebauen begonnen hat und bei Inkrafttreten dieser Vorschrift selbst nutzt,

b) Genossenschaften und ehemals volkseigene Betriebe der Wohnungswirtschaft, denen vor dem 3. Oktober 1990 aufgrund einer bestandskräftigen Baugenehmigung oder sonst entsprechend den Rechtsvorschriften mit Billigung staatlicher oder gesellschaftlicher Organe errichtete Gebäude und dazugehörige Grundstücksflächen und -teilflächen zur Nutzung sowie selbständigen Bewirtschaftung und Verwaltung übertragen worden waren und von diesen oder ihren Rechtsnachfolgern genutzt werden,

c) wer über ein bei Abschluß des Vertrages bereits mit einem Wohnhaus bebautes Grundstück, das bis dahin unter staatlicher oder treuhänderischer Verwaltung gestanden hat, einen Überlassungsvertrag geschlossen hat, sowie diejenigen, die mit diesem einen gemeinsamen Hausstand führen,

d) wer ein auf einem Grundstück errichtetes Gebäude gekauft oder den Kauf beantragt hat.

Das Recht nach Satz 1 besteht bis zur Bereinigung der genannten Rechtsverhältnisse durch besonderes Gesetz längstens bis zum Ablauf des 31. Dezember 1994; die Frist kann durch Rechtsverordnung des Bundesministers der Justiz einmal verlängert werden. In den in § 3 Abs. 3 und den §§ 4 und 121 des Sachenrechtsbereinigungsgesetzes bezeichneten Fällen besteht das in Satz 1 bezeichnete Recht zum Besitz bis zur Bereinigung dieser Rechtsverhältnisse nach jenem Gesetz fort. Erfolgte die Nutzung bisher unentgeltlich, kann der Grundstückseigentümer vom 1. Januar 1995 an vom Nutzer ein Entgelt bis zur Höhe des nach dem Sachenrechtsbereinigungsgesetz zu zahlenden Erbbauzinses verlangen, wenn ein Verfahren zur Bodenneuordnung nach dem Bodensonderungsgesetz eingeleitet wird, er ein notarielles Vermittlungsverfahren nach den §§ 87 bis 102 des Sachenrechtsbereinigungsgesetzes oder ein Bodenordnungsverfahren nach dem 8. Abschnitt des Landwirtschaftsanpassungsgesetzes beantragt oder sich in den Verfahren auf eine Verhandlung zur Begründung dinglicher Rechte oder eine Übereignung eingelassen hat. Vertragliche oder gesetzliche Regelungen, die ein abweichendes Nutzungsentgelt oder einen früheren Beginn der Zahlungspflicht begründen, bleiben unberührt. Umfang und Inhalt des Rechts bestimmen sich im übrigen nach der bisherigen Ausübung. In den Fällen der in der Anlage II Kapitel II Sachgebiet A Abschnitt III des Einigungsvertrages vom 31. August 1990 (BGBl. 1990 II S. 885, 1150) aufgeführten Maßgaben kann das Recht nach Satz 1 allein von der Treuhandanstalt geltend gemacht werden.

II Das Recht zum Besitz nach Absatz 1 wird durch eine Übertragung oder einen Übergang des Eigentums oder eine sonstige Verfügung über das Grundstück nicht berührt. Das Recht kann übertragen werden; die Übertragung ist gegenüber dem Grundstückseigentümer nur wirksam, wenn sie diesem vom Veräußerer angezeigt wird.

III Während des in Absatz 1 Satz 2 genannten Zeitraums kann Ersatz für gezogene Nutzungen oder vorgenommene Verwendungen nur auf einvernehmlicher Grundlage verlangt werden. Der Eigentümer eines Grundstücks ist während der Dauer des Rechts zum Besitz nach Absatz 1 verpflichtet, das Grundstück nicht mit Rechten zu belasten, es sei denn, er ist zu deren Bestellung gesetzlich oder aufgrund der Entscheidung einer Behörde verpflichtet.

IV Bis zu dem in Absatz 1 Satz 2 genannten Zeitpunkt findet auf Überlassungsverträge unbeschadet des Artikels 232 § 1 der § 78 des Zivilgesetzbuchs der Deutschen Demokratischen Republik keine Anwendung.

V Das Vermögensgesetz, die in der Anlage II Kapitel II Sachgebiet A Abschnitt III des Einigungsvertrages aufgeführten Maßgaben sowie Verfahren nach dem 8. Abschnitt des Landwirtschaftsanpassungsgesetzes bleiben unberührt.

VI Bestehende Rechte des gemäß Absatz 1 Berechtigten werden nicht berührt. In Ansehung der Nutzung des Grundstücks getroffene Vereinbarungen bleiben außer in den Fällen des Absatzes 1 Satz 1 Buchstabe c unberührt. Sie sind in allen Fällen auch weiterhin möglich. Das Recht nach Absatz 1 kann ohne Einhaltung einer Frist durch einseitige Erklärung des Grundeigentümers beendet werden, wenn

a) der Nutzer
aa) im Sinne der §§ 20a und 20b des Parteiengesetzes der Deutschen Demokratischen Republik eine Massenorganisation, eine Partei, eine ihr verbundene Organisation oder eine juristische Person ist und die treuhänderische Verwaltung über den betreffenden Vermögenswert beendet worden ist oder
bb) dem Bereich der Kommerziellen Koordinierung zuzuordnen ist oder

b) die Rechtsverhältnisse des Nutzers an dem fraglichen Grund und Boden Gegenstand eines gerichtlichen Strafverfahrens gegen den Nutzer sind oder

c) es sich um ein ehemals volkseigenes Grundstück handelt und seine Nutzung am 2. Oktober 1990 auf einer Rechtsträgerschaft beruhte, es sei denn, der Nutzer ist eine landwirtschaftliche Produktionsgenossenschaft, ein ehemals volkseigener Betrieb der Wohnungswirtschaft, eine Arbeiter-Wohnungsbaugenossenschaft oder eine gemeinnützige Wohnungsgenossenschaft oder deren jeweiliger Rechtsnachfolger.

In den Fällen des Satzes 4 Buchstabe a und c ist § 1000 des Bürgerlichen Gesetzbuchs nicht anzuwenden. Das Recht zum Besitz nach dieser Vorschrift erlischt, wenn eine Vereinbarung nach den Sätzen 2 und 3 durch den Nutzer gekündigt wird.

VII Die vorstehenden Regelungen gelten nicht für Nutzungen zur Erholung, Freizeitgestaltung oder zu ähnlichen persönlichen Bedürfnissen einschließlich der Nutzung innerhalb von Kleingartenanlagen. Ein Miet- oder Pachtvertrag ist nicht als Überlassungsvertrag anzusehen.

VIII Für die Zeit bis zum Ablauf des 31. Dezember 1994 ist der nach Absatz 1 Berechtigte gegenüber dem Grundstückseigentümer sowie sonstigen dinglichen Berechtigten zur Herausgabe von Nutzungen nicht verpflichtet, es sei denn, daß die Beteiligten andere Abreden getroffen haben. Ist ein in Absatz 1 Satz 1 Buchstabe d bezeichneter Kaufvertrag unwirksam oder sind die Verhandlungen auf Abschluß des beantragten Kaufvertrages gescheitert, so ist der Nutzer von der Erlangung der Kenntnis der Unwirksamkeit des Vertrages oder der Ablehnung des Vertragsschlusses an nach § 987 des Bürgerlichen Gesetzbuchs zur Herausgabe von Nutzungen verpflichtet.

IX Für die Zeit vom 1. Januar 1995 bis zum 30. September 2001 kann der Grundstückseigentümer von der öffentlichen Körperschaft, die das Grundstück zur Erfüllung ihrer öffentlichen Aufgaben nutzt oder im Falle der Widmung zum Gemeingebrauch für das Gebäude oder die Anlage unterhaltungspflichtig ist, nur ein Entgelt in Höhe von jährlich 0,8 vom Hundert des Bodenwerts eines in gleicher Lage belegenen unbebauten Grundstücks sowie die Freistellung von den Lasten des Grundstücks verlangen. Der Bodenwert ist nach den Bodenrichtwerten zu bestimmen; § 19 Abs. 5 des Sachenrechtsbereinigungsgesetzes gilt entsprechend. Der Anspruch aus Satz 1 entsteht von dem Zeitpunkt an, in dem der Grundstückseigentümer ihn gegenüber der Körperschaft schriftlich geltend macht. Abweichende vertragliche Vereinbarungen bleiben unberührt.

Vorbemerkung: VIII 1 verfassgswidr, soweit gesetzl Anspr nicht vorgesehen (BVerfG VIZ **98**, 559); zur Aussetzg von Proz vgl Naumbg VIZ **99**, 559. IX idF des Art 6 Nr 1 VermRBerG v 20. 10. 98 (BGBl I 3180).

1 **1) Allgemeines.** § 2 a diente zunächst der vorläuf Sicherg des RVerh zw GrdstNutzern u GrdstEigtümern dch Einführg eines vorläuf BesR. Seit 1. 1. 95 besteht es nur noch in den in SachenRBerG 3 III, 4, 121 genannten Fällen in dem Umfang, in dem nach dem SachenRBerG EigtÜbertr/Belastg verlangt werden kann, selbst wenn vorher ein BesR aus § 2 a nicht bestand od gem VI 4 beendet wurde (BGH ZflR **97**, 540), bis zur Bereinigg dieser RVerh über diesen Ztpkt hinaus fort (I 3), sofern es nicht vorher nach SachenRBerG 79 III 2 erlischt.

2 **2) Besitzberechtigte (I 1).** Die Beschrkg der GeltdmachgsBefugn in **I 4** ist weitgehd bedeutgslos ge-
3 worden. – **a) Rechtmäßige Bebauer.** Die Bebauung muß der BauGen entspr (Dresd VIZ **98**, 638) u vor dem 3. 10. 90 begonnen haben (Beginn der Erdarbeiten genügt). Sie muß damaligem DDR-Recht über baurechtl Zulässigk entspr u iF fehlder BauGen (Brdbg VIZ **95**, 51) mit Billigg staatl (zB Standortbestätigg des Ministerrats; Naumbg OLG-NL **94**, 84) oder gesellschaftl (zB Partei, FDGB) Organe erfolgt sein; längere Duldg reicht (Rstk OLG-NL **95**, 41), nicht aber behördeninterne Prüfg (Dresd VIZ **94**, 489). Über Anlagen u Gbde vgl BauO-DDR v 20. 7. 90 (GBl I 929) 2, I, II u BVerwG VIZ **97**, 645 (Gewächshaus). Normale Erhaltgs/ModernisiergsMaßn reichen nicht (BGH ZflR **98**, 85; vgl auch BVerwG VIZ **98**, 570). Der Bebauer muß das Gbde/Anlage am 22. 7. 92 selbst nutzen; auch dch Vermietg (BGH DtZ **95**, 360). Bebauung dch GesRVorgänger reicht (BGH aaO). Erstreckg auf benutzgsnotw unbebaute Grdst einer Anlage (KG VIZ **96**,
4 480). – **b) Genossenschaften** (nicht notw der WohngsWirtsch [BGH NJW **98**, 1713]), VEB der Wohnungswirtschaft. Die Gbde müssen rechtmäß errichtet worden sein (Rn 3) u vor dem 3. 10. 90 den Genossensch usw mit dazugehör Flächen (zB Zufahrten, Grünanlagen, Plätze, Wege) zur Nutzg u selbstd Bewirtsch/Verwaltg übertr worden sein. Erfaßt wird auch selbstd GbdeEigt, für das keine RGrdLage in Form eines NutzgsR mehr besteht (zB GbdeEigt gem LPG-G 27 nach Aufhebg von LPG-G 18). Die Genossensch usw od ihre RNachf (die dann eigenes BesR haben) müssen das Gbde (auch dch Vermietg; BGH DtZ **96**, 19) nutzen (Mitfinanzierg reicht nicht; BVerwG VIZ **95**, 354); diese müssen das Gbde nicht selbst errichtet haben (Naumbg VIZ **97**, 233). Nicht erfaßt wird die Übertr des Grdst als ganzem zur Nutzg (Dresd VIZ **99**, 556). –
5 **c) Überlassungsnehmer.** Dch ÜberlassgsVertr wurden staatl od trhd verwaltete Grdst von Pers, die die DDR verlassen hatten (vgl § 6 VO v 17. 7. 52; GBl I S 615), Bürgern zur Nutzg dch Eigenheimbau bzw Nutzg bereits errichteter Häuser überlassen (Brdbg VIZ **98**, 635). Das ZGB kannte nicht den Begr des Überlassgs-Vertr; man verstand darunter Vertr, die auf Übertr des GrdstEigt gerichtet waren (Rhode, BodenR 1989, 10.5.1.3); in I geht es aber gerade nicht um EigtErwerb an Grdst. Das Grdst muß bei VertrAbschl mit einem Wohnhaus bebaut gewesen sein. BesBerecht sind neben dem Überlassgsnehmer (Part des ÜberlassgsVertr) auch
6 die jeweil (nicht nur im Ztpkt des VertrAbschl) HausstandsMitgl (zB auch Lebensgefährten). – **d) Gebäudekäufer.** Das ErwerbsGesch muß vor dem 3. 10. 90 geschl worden sein (Naumbg VIZ **97**, 233) u nach DDR-Recht wirks gewesen sein (BGH **125**, 125 [134]). Erfaßt werden Eigenheime aus VolksEigt (BGH VIZ **96**, 520); vgl VerkaufsG). Es genügt auch die rechtl ungesicherte Zuweisg eines Bauplatzes dch den Vorstand einer Gemeinde/LPG, der dann mit staatl Krediten gefördert bebaut wurde (BT-Drucks 12/2480 S 78).

7 **3) Besitzrecht;** ges BesR iSv BGB 986. Es schließt HerausgAnspr aus Eigt (BGB 985) u Bes (BGB 1007) aus, nicht aus BGB 556 (BGH VIZ **98**, 579). – **a) Inhalt und Umfang (I 6)** bestimmen sich nach der bish Nutzg; zuläss daher iFv I 1 a Fertigstellg der Bebauung (BGH **121**, 347). Diese ist auf das GrdstAnlage zu beziehen (BT-Drucks 12/2480 S 78). Soweit die bish GbdeNutzg auch eine Nutzg von GrdstFlächen umfaßt (zB Garten eines Wohnhauses), wird auch diese umfaßt (BGH DtZ **96**, 19). BesR an NebenGbde inf Errichtg erstreckt sich nicht auf HauptGbde (BGH ZflR **98**, 95). Nach der bish Nutzg bestimmt sich auch die Mitbenutzg dch Dritte (zB Eheg des Erbauers/Käufers), die damit ebenf vor HerausAnspr geschützt sind. –
8 **b) Belastungsverbot (III 2).** Es gilt für beschr dingl Rechte aller Art. Verstoß macht die Belastg nicht
9 unwirks; ggf SchadErsAnspr des BesBerecht; vgl jetzt auch SachenRBerG 36 I 2 Nr 1, 63. – **d) Rechtsnachfolge (II).** Das BesR besteht ggü dem (auch gutgl) Erwerber (dch RGesch od krG/Staatsakt) des Eigt od eines beschr dingl Rechts am Grdst. Die ÜbertrAnzeige ist formfreie empfangsbedürft WillErkl; Veräußerer kann Erwerber od Dritten zur Anzeige bevollmächtigen od Anzeige eines NichtBevollm genehmigen.

10 **4) Überlassungsverträge (IV)** bzgl eines Grdst (vgl Rn 5) können bis zu dem in I 2 genannten Ztpkt nicht nach ZGB 78 geändert od aufgehoben werden. Iü bestimmt sich das auf die anwendb Recht weiter nach Art 232 § 1.

11 **5) Vermögensrechtliche Verfahren (V)** werden weitergeführt. Die Aufhebg der staatl/trhd Verwaltg eines unter I 1 fallden Grdst ist weiterhin mögl u berührt die Anwendg von § 2 a nicht.

12 **6) Sonstige Nutzungsrechte, Aufhebung des Besitzrechts (VI). – a)** Am 22. 7. 92 bestehde gesetzl NutzgsR des nach I BesBerecht bestehen neben dem ges BesR mit ihrem bish Inhalt fort (**VI 1**). Auch NutzgsVereinbgen, die im Verh zw Eigtümer u Nutzer wirken, bestehen fort, soweit die Nutzg nicht gem I 1 lit c erlangt ist (**VI 2**); künft NutzgsVereinbgen sind in allen Fällen des I 1 (auch lit c) mögl (**VI 3**). Nach LG

Bln DtZ **93**, 284 NutzgsEntgelt auch aus c. i. c. mögl. Kündigt der Nutzer eine Vereinbg nach S 2, 3 (od Eigtümer wg vertrwidr Verhaltens, BGH VIZ **98**, 579), so erlischt auch das BesR nach I **(VI 6)**. – **b)** Der Eigtümer kann ein BesR aus I (nicht ein daneben bestehdes NutzgsR iSv VI 1) der in **VI 4** genannten Nutzer dch einseit empfangsbedürft WillErkl mit sofortiger Wirkg beenden (BGH ZflR **97**, 540: Kein LösgsR nach lit c, wenn BereiniggsAnspr nach SachenRBerG besteht). IFv lit b genügt ein staatsanwaltschaftl ErmittlgsVerf nicht; das StrafVerf (zB Nötigg, Bestechg, Untreue) darf noch nicht abgeschlossen sein („sind"). IFv lit a und c kein ZbR des Nutzers wg Verwendgen aus BGB 1000 (**VI 5**); iFv lit b Ausschl nach BGB 1000 S 2 mögl. 13

7) Unanwendbarkeit (VII). I–VI gelten nicht für die in **S 1** genannten Nutzgen (vgl ZGB 296, 312), zu denen jetzt auch die Nutzg in Kleingartenanlagen zählt (BGH NJW **93**, 859 dch S 1 idF Art 13 Nr 3 b bb RegVBG überholt) u finden keine Anwendg auf NutzgsVerh an Grdst, die nach dem 2. 10. 90 dch Vereinbgen der Beteil verbindl geregelt worden sind (Art 14 IV 3 2. VermRÄndG v 14. 7. 92, BGBl I S 1257) od dch Aufhebg von LPG 18 entfallen sind (BGH WM **94**, 119: Wochenendhaus auf Grdst für Erholgszweck). Vertragslose Nutzgen sind daher ungeschützt (Naumbg NJ **94**, 227; Brdbg OLG-NL **94**, 178). Miet/PachtVertr sind keine ÜberlassgVertr iSv I 1 lit c, IV (**S 2**). 14

8) Nutzungs-/Verwendungsersatz nach BGB 812 ff, 987 ff, ZGB 33, 356, 357 kann währd des BesR nach I 2 (einschl der Fortgeltg nach I 3) mangels vertragl Reglg nicht verlangt werden (**III 1** [BGH DtZ **95**, 360; Jena OLG-NL **96**, 84]); unerhebl, ob ab 1. 1. 95 Anspr aus SachenRBerG 12 besteht (BGH VIZ **97**, 294). Nach **VIII 1** nF braucht der BesBerecht nach I mangels vertragl Regelg Nutzgen, die er bis zum 31. 12. 94 gezogen hat, nicht herauszugeben (über VerfWidrigk vgl Vorbem); Ausn nach III 2 (Verweisg auf BGB 987 erfaßt auch II; der Hinweis auf BGB 987 I, 990 I 2 in BT-Drucks 12/7425 S 92 bezieht sich auf die Beendigg des Vertrauensschutzes). VIII 2 auch anwendb, wenn man BesR aus I in diesem Fall mit BGH NJW **94**, 1283 verneint. 15

9) Nutzungsentgelt ab 1. 1. 95. – a) Vorbehaltl abw vertragl od gesetzl Regelgen wird in den Fällen des I 3 unter den Voraussetzgen des **I 4** ein Nutzgsentgelt ab 1. 1. 1995 bis zur BestandsKr des Sondergsbescheides (Wotzel/Schwarze NJ **98**, 629; str) geschuldet, dessen Höhe sich nach SachenRBerG 43 bestimmt (Fälligk entspr SachenRBerG 44). – **b)** Die in **IX** genannten Fälle sind von der SachenRBereinigg ausgen (SachenRBerG 2 I Nr 4), sie soll dch bes Gesetz erfolgen. Fehlt ein Bodenrichtwert, so ist der VerkWert iSv BauGB 194 maßg. Fortbestand des BesR aus I bis 30. 9. 2001 (BGH VIZ **96**, 520; KG DtZ **96**, 244). 16

EG 233 § 2 b *Gebäudeeigentum ohne dingliches Nutzungsrecht.*

I In den Fällen des § 2 a Abs. 1 Satz 1 Buchstabe a und b sind Gebäude und Anlagen landwirtschaftlicher Produktionsgenossenschaften sowie Gebäude und Anlagen von Arbeiter-Wohnungsbaugenossenschaften und von gemeinnützigen Wohnungsgenossenschaften auf ehemals volkseigenen Grundstücken, auch soweit dies nicht gesetzlich bestimmt ist, unabhängig vom Eigentum am Grundstück Eigentum des Nutzers. Ein beschränkt dingliches Recht am Grundstück besteht nur, wenn dies besonders begründet worden ist. Dies gilt auch für Rechtsnachfolger der in Satz 1 bezeichneten Genossenschaften.

II Für Gebäudeeigentum, das nach Absatz 1 entsteht oder nach § 27 des Gesetzes über die landwirtschaftlichen Produktionsgenossenschaften vom 2. Juli 1982 (GBl. I Nr. 25 S. 443), das zuletzt durch das Gesetz über die Änderung oder Aufhebung von Gesetzen der Deutschen Demokratischen Republik vom 28. Juni 1990 (GBl. I Nr. 38 S. 483) geändert worden ist, entstanden ist, ist auf Antrag des Nutzers ein Gebäudegrundbuchblatt anzulegen. Für die Anlegung und Führung des Gebäudegrundbuchblatts sind die vor dem Wirksamwerden des Beitritts geltenden sowie später erlassene Vorschriften entsprechend anzuwenden. Ist das Gebäudeeigentum nicht gemäß § 2 c Abs. 1 wie eine Belastung im Grundbuch des betroffenen Grundstücks eingetragen, so ist diese Eintragung vor Anlegung des Gebäudegrundbuchblatts von Amts wegen vorzunehmen.

III Ob Gebäudeeigentum entstanden ist und wem es zusteht, wird durch Bescheid des Präsidenten der Oberfinanzdirektion festgestellt, in dessen Bezirk das Gebäude liegt. Das Vermögenszuordnungsgesetz ist anzuwenden. Den Grundbuchämtern bleibt es unbenommen, Gebäudeeigentum und seinen Inhaber nach Maßgabe der Bestimmungen des Grundbuchrechts festzustellen; ein Antrag nach den Sätzen 1 und 2 darf nicht von der vorherigen Befassung der Grundbuchämter abhängig gemacht werden. Im Antrag an den Präsidenten der Oberfinanzdirektion oder an das Grundbuchamt hat der Antragsteller zu versichern, daß bei keiner anderen Stelle ein vergleichbarer Antrag anhängig oder ein Antrag nach Satz 1 abschlägig beschieden worden ist.

IV § 4 Abs. 1, 3 Satz 1 bis 3 und Abs. 6 ist entsprechend anzuwenden.

V Ist ein Gebäude nach Absatz 1 vor Inkrafttreten dieser Vorschrift zur Sicherung übereignet worden, so kann der Sicherungsgeber die Rückübertragung Zug um Zug gegen Bestellung eines Grundpfandrechts an dem Gebäudeeigentum verlangen. Bestellte Pfandrechte sind in Grundpfandrechte an dem Gebäudeeigentum zu überführen.

VI Eine bis zum Ablauf des 21. Juli 1992 vorgenommene Übereignung des nach § 27 des Gesetzes über die landwirtschaftlichen Produktionsgenossenschaften oder nach § 459 Abs. 1 Satz 1 des Zivilgesetzbuchs der Deutschen Demokratischen Republik entstandenen selbständigen Gebäudeeigentums ist nicht deshalb unwirksam, weil sie nicht nach den für die Übereignung von Grundstücken geltenden Vorschriften des Bürgerlichen Gesetzbuchs vorgenommen worden ist. Gleiches gilt für das Rechtsgeschäft, mit dem die Verpflichtung zur Übertragung und zum Erwerb begründet worden ist. Die Sätze 1 und 2 sind nicht anzuwenden, soweit eine rechtskräftige Entscheidung entgegensteht.

1 **1) Selbständiges Gebäudeeigentum. – a) Erwerb (I).** Sofern ihnen ein BesR nach § 2a I 1 lit a od b als Nutzer (wie § 2a Rn 3; VG Weimar VIZ **95**, 728) zusteht, erwerben die genannten Genossensch (nicht andere; Jena OLG-NL **96**, 56; **97**, 83), einschl ihrer zwischenbetriebl Einrichtgen (Brdbg OLG-NL **95**, 201) u ihre RNachf mit Inkrafttreten von § 2b Eigt an den Gbden/Anlagen (**S 1, 3**); auch wenn hier schon ein GbdeEigt ohne NutzgsR am Grdst (zB LPGG 27 nach Aufhebg von LPGG 18) bestand, gilt § 2b. Die Gbde/Anlagen (zum Begriff vgl BVerwG VIZ **98**, 567) der LPG müssen abw von denen der and Genossensch nicht auf ehem VolksEigt errichtet sein. Der EigtErwerb nach I 1 erstreckt sich nicht auf das Grdst u begründet kein
2 dingl NutzgsR an ihm (**S 2**). – **b) Gebäudegrundbuch (II).** Für die Anlegg u Führg gilt jetzt die GGV (vgl aber dort § 2; vgl auch BMJ VIZ **97**, 630). Nachw des GbdeEigt dch Bescheid nach Rn 3 (GGV 4 II) od gem GBO 29 (Brdbg OLG-NL **95**, 201; KG FGPrax **96**, 12; Jena Rpfleger **97**, 104). Die Anlegg ist nicht konstitutiv für den EigtErwerb nach I. Ist ein GbdeGBBl vor dem 25. 12. 1993 angelegt worden, so wird das GbdeEigt auf Antr als GrdstBelastg im GrdstGB eingetr (§ 2c I 1); wird es später angelegt, so ist eine noch
3 nicht erfolgte Eintragg als GrdstBelastg vAw nachzuholen (vgl GGV 6). – **c) Feststellungsverfahren (III).** Das FeststellgsVerf dch den OFDPräs nach dem VZOG ist dem des GBA nach der GBO nicht nachrang (III 3 Halbs 2). Es ist nicht vorgreifl für Klagen aus BGB 894, 985 od auf EigtFeststellg (Dresd VIZ **95**, 114). Die Rechtmäßigk eines bestandskräft Bescheides des OFDPräs hat das GBA nicht zu prüfen (VZOG 3 II).

4 **2) Einzelfragen. – a) Übereignung/Belastung (IV, § 4 I)** des selbstd GbdeEigt nach BGB 873, 925 dch Aufl/Einigg u Eintragg im GbdeGB (KG OLG-NL **95**, 77). Gesamtbelastg mit Grdst mögl. – **b) Untergang des Gebäudes (IV, § 4 III 1, 2).** Es bleibt ein AnwR auf GbdeEigt bestehen, das zur Errichtg eines neuen (gleichart) Gbdes berechtigt u an diesem zu GbdeEigt erstarkt; die bish Belastgen des GbdeEigt setzen sich daran fort. – **c) Grundstücknutzung (IV, § 4 III 3).** Das selbstd GbdeEigt berechtigt zur Benutzg des Grdst im zweckmäß ortsübl Umfang (BGH DtZ **96**, 19). Dieses NutzgsR tritt neben das BesR aus § 2a I. –
5 **d) Aufhebung (IV, § 4 V)** des selbstd GbdeEigt bei Eintragg im GbdeGB nach BGB 875 u bei NichtEintr dch not beurk Erkl ggü dem GBA; BGB 876 gilt in beiden Fällen. Zust des GrdstEigtümers nicht notw. Das Gbde wird (idR wesentl) GrdstBestandt; Belastgen des GbdeEigt erlöschen (Berecht ist dagg dch BGB 876 geschützt; vgl § 4 Rn 9). Unerhebl ist, ob die Aufhebg im ZusHang damit erfolgt, daß der Nutzer das GrdstEigt od ein ErbbR od der GrdstEigtümer bzw ErbbBerecht das GbdeEigt erwirbt (so IV idF RegVBG). – **e) Eigentumsvereinigung.** Erwirbt der GrdstEigtümer od ErbbBerecht das selbstd GbdeEigt od umgekehrt, so erlischt das GbdeEigt dadch nicht. Vgl jetzt SachenRBerG 78 I. – **f) Teilung:** Böhringer DtZ **96**, 290.

6 **3) Mobiliarsicherheiten (V)** an GbdeEigt konnten bestellt werden (zB SichgEigt; vgl BezG Dresd Rpfleger **91**, 493). Künft gilt GrdstSachenR (V, § 4 I). Die MobiliarSicherh wandeln sich nicht krG in GrdPfdR um, sond es besteht (auch iFv S 2) ein schuldrechtl Anspr auf Austausch gg ein GrdPfdR.

7 **4) Übergangsrecht für Eigentumserwerb (VI).** Wurde vor dem InkrTreten des 2. VermRÄndG ein in selbstd GbdeEigt iSv VI 1 stehdes Gbde dch formlosen Vertr veräußert und nach BGB 929ff übereignet, so sind diese RGesch nicht unwirks, weil möglichw (was zweifelh ist) für sie BGB 313, 873, 925 galten (BGH DtZ **95**, 169). Andere Mängel des ErwerbsGesch werden nicht geheilt.

EG 233 § 2 c *Grundbucheintragung.* **I Selbständiges Gebäudeeigentum nach § 2b ist auf Antrag (§ 13 Abs. 2 der Grundbuchordnung) im Grundbuch wie eine Belastung des betroffenen Grundstücks einzutragen. Ist für das Gebäudeeigentum ein Gebäudegrundbuchblatt nicht vorhanden, so wird es bei der Eintragung in das Grundbuch von Amts wegen angelegt.**

II Zur Sicherung etwaiger Ansprüche aus dem Sachenrechtsbereinigungsgesetz ist auf Antrag des Nutzers ein Vermerk in der Zweiten Abteilung des Grundbuchs für das betroffene Grundstück einzutragen, wenn ein Besitzrecht nach § 2a besteht. In den in § 121 Abs. 1 und 2 des Sachenrechtsbereinigungsgesetzes genannten Fällen kann die Eintragung des Vermerks auch gegenüber dem Verfügungsberechtigten mit Wirkung gegenüber dem Berechtigten erfolgen, solange das Rückübertragungsverfahren nach dem Vermögensgesetz nicht unanfechtbar abgeschlossen ist. Der Vermerk hat die Wirkung einer Vormerkung zur Sicherung dieser Ansprüche. § 885 des Bürgerlichen Gesetzbuchs ist entsprechend anzuwenden.

III Der Erwerb selbständigen Gebäudeeigentums sowie dinglicher Rechte am Gebäude der in § 2b bezeichneten Art aufgrund der Vorschriften über den öffentlichen Glauben des Grundbuchs ist nur möglich, wenn das Gebäudeeigentum auch bei dem belasteten Grundstück eingetragen ist.

1 **1)** Art 231 § 5 III 1 ermöglicht ab 1. 1. 97 das Erlöschen des nicht im GrdstGB wie eine Belastg eingetr GbdeEigt dch gutgl lastenfreien Erwerb des GrdstEigt. Um dies zu verhindern, bedarf es der Eintragg des GbdeEigt wie eine Belastg im GrdstGB. Wird das GbdeGB erst angelegt, so erfolgt diese Eintragg vAw vor seiner Anlegg (§ 2b II 3). Ist ein GbdeGB schon angelegt, so erfolgt die Eintragg im GrdstGB auf Antr des Grdst- od GbdeEigtümers (**I 1** [GBO I 2 statt GBO II]; auch noch nach dem 31. 12. 96, wenn GbdeEigt noch nicht erloschen. Ist ein GbdeGB noch nicht angelegt u wird (nur) die Eintragg nach I 1 im GrdstGB beantragt, so wird das GbdeGB abw von § 2b II 2 vAw angelegt (**I 2**).

2 **2)** Das SachenRBerG räumt Nutzern (§ 9) einen Anspr auf Bestellg eines ErbbR (§ 32) bzw WohngsErbbR (§ 40) od Ankauf von Grdst- (§ 61) bzw WohngsEigt (§ 67) ein. Zur Sicherg dieser Anspr (§ 111; EGZVG 9a) kann auf Antr des Nutzers (u gem GBO 13 I 2 auch des GrdstEigtümers), der ein BesR nach § 2a hat (daher nicht iFv § 2 VII; LG Bln NJ **97**, 488), ein Vermerk in Abt II des GrdstGB eingetr werden (vgl dazu GGV 7), der diese Anspr entspr BGB 883ff sichert (**II**). Der Vermerk heilt auch Formverstöße bei der Verpfl zur Übertragg dieser Anspr (§ 13 III Nr 2). Solange das WahlR (14, 15) nicht ausgeübt ist, sichert der Vermerk alle in Betracht kommden Anspr. Eintragg aGrd EintrBew des GrdstEigtümers od einstwVfg

(BGB 885; vgl KG Rpfleger **98**, 239 u LG Schwerin Rpfleger **98**, 283; aA Jena FGPrax **99**, 129: Nachw gem GGV 4 genügt), die Glaubhaftmachg (ZPO 294) des BesR nicht aber der AnsprGefährdg (BGB 885 I 2) erfordert. Entspr anwendb ist II auf Vermerk nach § 92 V (§ 92 VI 2).

3) III macht den gutgl Erwerb von GbdeEigt an Gbden iSv § 2b u beschr dingl Rechten an solchen Gbden davon abhäng, daß das GbdeEigt wie eine Belastg im GrdstGB eingetr ist (vgl §§ 2b II 3, 2c I 1). Das soll verhindern, daß eine nach Art 231 § 5 IV entstandene Mitbelastg des Gbdes, die aus dem GbdeGB nicht ersichtl ist, dch gutgl Erwerb des GbdeEigt od eines beschr dingl Rechts am Gbde erlischt bzw einen Rangverlust erleidet (BT-Drucks 12/5553 S 126). Da sich Belastgen des Gbdes aus dem GrdstGB ergeben, ist auch dieses das nach BGB 892, 893 maßg GB für das GbdeEigt (and zB für Belastgen von ErbbR, ErbbRVO 14). 3

EG 233 § 3 *Inhalt und Rang beschränkter dinglicher Rechte.*

[I]Rechte, mit denen eine Sache oder ein Recht am Ende des Tages vor dem Wirksamwerden des Beitritts belastet ist, bleiben mit dem sich aus dem bisherigen Recht ergebenden Inhalt und Rang bestehen, soweit sich nicht aus den nachstehenden Vorschriften ein anderes ergibt. § 5 Abs. 2 Satz 2 und Abs. 3 des Gesetzes über die Verleihung von Nutzungsrechten an volkseigenen Grundstücken vom 14. Dezember 1970 (GBl. I Nr. 24 S. 372 – Nutzungsrechtsgesetz) sowie § 289 Abs. 2 und 3 und § 293 Abs. 1 Satz 2 des Zivilgesetzbuchs der Deutschen Demokratischen Republik sind nicht mehr anzuwenden. Satz 2 gilt entsprechend für die Bestimmungen des Nutzungsrechtsgesetzes und des Zivilgesetzbuchs über den Entzug eines Nutzungsrechts.

[II]Die Aufhebung eines Rechts, mit dem ein Grundstück oder ein Recht an einem Grundstück belastet ist, richtet sich nach den bisherigen Vorschriften, wenn das Recht der Eintragung in das Grundbuch nicht bedurfte und nicht eingetragen ist.

[III]Die Anpassung des vom Grundstückseigentum unabhängigen Eigentums am Gebäude und des in § 4 Abs. 2 bezeichneten Nutzungsrechts an das Bürgerliche Gesetzbuch und seine Nebengesetze und an die veränderten Verhältnisse sowie die Begründung von Rechten zur Absicherung der in § 2a bezeichneten Bebauungen erfolgen nach Maßgabe des Sachenrechtsbereinigungsgesetzes. Eine Anpassung im übrigen bleibt vorbehalten.

[IV]Auf Vorkaufsrechte, die nach den Vorschriften des Zivilgesetzbuchs der Deutschen Demokratischen Republik bestellt wurden, sind vom 1. Oktober 1994 an die Bestimmungen des Bürgerlichen Gesetzbuchs nach den §§ 1094 bis 1104 anzuwenden.

1 **1) Allgemeines.** Die Art 184, 189 III nachgebildete Vorschr gilt für beschr dingl Rechte an bewegl u unbewgl Sachen u Rechten (zB Fdgen). Erfaßt werden Rechte, die nach fr DDR-Recht begründet wurden, sowie Rechte, die nach EGZGB 5, 6 übergeleitet wurden; für gesetzl EigtBeschrkgen gilt § 2. Abweichgen enthalten §§ 4 II, 5, 6, 9. – **a) Beschränkte dingliche Rechte** nach fr DDR-Recht. Grdst konnten mit NutzgsR (ZGB 287–290, 291–294), VorkR (ZGB 306–309), MitbenutzgsR (ZGB 321, 322) u Hyp (ZGB 452–457; GrdstVollstrVO) belastet sein. Gbde in selbständ Eigt konnten nach ZGB 288 IV, 292 III gem ZGB 295 II, GrdstVollstrVO 1 III mit VorkR u Hyp belastet sein. Bewegl Sachen u Fdgen konnten mit PfdR (ZGB 443–449; GW 234ff; DDR-ZPO 87) belastet sein. – **b) Rechtserwerb/-verlust.** Die Frage, ob ein 2
Recht am Ende des 2. 10. 90 besteht, u die Auslegg des BestellgsGesch beurteilen sich nach fr DDR-Recht (BGH VIZ **98**, 170). Soweit das Recht ohne GBEintr (zB ZGB 287, 291, 322) od Überg (ZGB 448) entstehen konnte, sind nachträgl GBEintr (iW der GBBerichtigg) bzw Überg für den Fortbestand nicht notw. Für eingetr Rechte gilt BGB 891; wer sich auf nicht eingetr Rechte beruft, muß die Entstehg beweisen.

2) Überleitung. – a) Rechtsinhalt ist die Gesamth der Rechte u Pfl im Verhältn zw Eigtümer u RInhaber. Er richtet sich nach fr DDR-Recht, soweit dieses nicht nach I 2, 3 nicht mehr anwendb od IV, § 4ff Abweichgen vorsehen; dieses begrenzt auch den Umfang der Inhaltsänderg, für deren Dchführg BGB 877 gilt (ggf ist erst GBEintr herbeizuführen). Soll ein Recht einen nur nach BGB mögl Inhalt erhalten, muß es neu bestellt werden. – **b) Rang.** Er richtet sich nach fr DDR-Recht; dieses enthält nur in ZGB 453 II, 456 III (vgl dazu § 6 Rn 5) materielle RangVorschr (vgl aber GrdstVollstrVO 12, 13), währd das GBVerfR (GDO, GVO) den Rang überhaupt nicht behandelt. Für Rangänderg gilt a) entspr. 3

3) Einzelfragen. – a) Übertragung. Die Übertragbark gehört zum RInhalt u richtet sich daher nach fr DDR-Recht (zB ZGB 306 I 4; vgl jetzt aber IV); NutzgsRe nach ZGB 287, 291, VerkaufsG 4 II sind nicht selbständ übertragb, sond folgen dem GbdeEigt (ZGB 289, 293, VerkaufsG 6 II). Für das ÜbertraggsGesch gilt BGB; gutgl Erwerb wird auch dch vor dem 3. 10. 90 eingetr Widerspr ausgeschl. – **b) Erlöschen.** Die im fr DDR-Recht für einz Rechte vorgesehenen ErlöschensGrd (zB ZGB 307 II, 322 III, 454 II 1) gehören zum RInhalt u gelten daher fort (Brdbg VIZ **99**, 359). – **c) Aufhebung** führt nicht aus Grd des RInhalts zum 5
Erlöschen u richtet sich daher ab 3. 10. 90 nach BGB 875. Ausn in **II** für nicht eingetr nicht eintragsbedürft Rechte (vgl Rn 2), die nach fr DDR-Recht u damit ohne vorh Eintragg aufgehoben werden. – **d) Schutz des guten Glaubens.** Er richtet sich bei Erwerbsvorgängen nach dem 2. 10. 90 nach BGB. Im GB nicht eingetr Rechte erlöschen bzw erleiden einen Rangverlust (vorbeh § 4 II, 5 II); besitzlose PfdRe (ZGB 448) können nach BGB 936 erlöschen. 4

4) Anpassung. – a) III. Die in **S 1** genannten RInstitute des fr DDR-Rechts werden dch SachenRBerG 1 I Nr 1, 3ff in der Weise angepaßt, daß wahlw (§§ 14, 15) ein Anspr auf Bestellg eines ErbbR/WohngsErbbR (§§ 32, 40) od Ankauf des GrdstEigt/WohngsEigt (§§ 61, 67) geltd gemacht werden kann. Mit ErbbRBestellg erlöschen GbdeEigt u NutzgsR (§ 59); nach Erwerb des GrdstEigt ist das nicht mehr veräußerb/belastb GbdeEigt aufzuheben (§ 78), währd das NutzgsR als Recht an eigener Sache fortbesteht, aber nicht mehr übertragb ist. **S 2** behält die Anpassg vor, falls es zu ErbbRBestellg/GrdstAnkauf nicht kommt. In den Fällen SachenRBerG 2 I Nr 1 erfolgt die Anpassg des NutzgsR nach SchuldRÄndG Art 2. – 6

b) IV. Für Inhalt u Ausübg des VorkR nach ZGB 306 gelten ab 1. 10. 94 BGB 1094–1104, so daß ZGB 306 I 4, 307–309 nicht mehr anwendb sind (zu diesen vgl KG NJ **94**, 372). Das VorkR muß nach fr DDR-Recht wirks bestellt worden sein.

EG 233 § 4 ***Sondervorschriften für dingliche Nutzungsrechte und Gebäudeeigentum.*** **[I]Für das Gebäudeeigentum nach § 288 Abs. 4 oder § 292 Abs. 3 des Zivilgesetzbuchs der Deutschen Demokratischen Republik gelten von dem Wirksamwerden des Beitritts an die sich auf Grundstücke beziehenden Vorschriften des Bürgerlichen Gesetzbuchs mit Ausnahme der §§ 927 und 928 entsprechend. Vor der Anlegung eines Gebäudegrundbuchblatts ist das dem Gebäudeeigentum zugrundeliegende Nutzungsrecht von Amts wegen im Grundbuch des belasteten Grundstücks einzutragen. Der Erwerb eines selbständigen Gebäudeeigentums oder eines dinglichen Rechts am Gebäude der in Satz 1 genannten Art aufgrund der Vorschriften über den öffentlichen Glauben des Grundbuchs ist nur möglich, wenn auch das zugrundeliegende Nutzungsrecht bei dem belasteten Grundstück eingetragen ist.**

[II]Ein Nutzungsrecht nach den §§ 287 bis 294 des Zivilgesetzbuchs der Deutschen Demokratischen Republik, das nicht im Grundbuch des belasteten Grundstücks eingetragen ist, wird durch die Vorschriften des Bürgerlichen Gesetzbuchs über den öffentlichen Glauben des Grundbuchs nicht beeinträchtigt, wenn ein aufgrund des Nutzungsrechts zulässiges Eigenheim oder sonstiges Gebäude in dem für den öffentlichen Glauben maßgebenden Zeitpunkt ganz oder teilweise errichtet ist und der dem Erwerb zugrundeliegende Eintragungsantrag vor dem 1. Januar 2000 gestellt worden ist. Der Erwerber des Eigentums oder eines sonstigen Rechts an dem belasteten Grundstück kann in diesem Fall die Aufhebung oder Änderung des Nutzungsrechts gegen Ausgleich der dem Nutzungsberechtigten dadurch entstehenden Vermögensnachteile verlangen, wenn das Nutzungsrecht für ihn mit Nachteilen verbunden ist, welche erheblich größer sind als der dem Nutzungsberechtigten durch die Aufhebung oder Änderung seines Rechts entstehende Schaden; dies gilt nicht, wenn er beim Erwerb des Eigentums oder sonstigen Rechts in dem für den öffentlichen Glauben des Grundbuchs maßgeblichen Zeitpunkt das Vorhandensein des Nutzungsrechts kannte.

[III]Der Untergang des Gebäudes läßt den Bestand des Nutzungsrechts unberührt. Aufgrund des Nutzungsrechts kann ein neues Gebäude errichtet werden; Belastungen des Gebäudeeigentums setzen sich an dem Nutzungsrecht und dem neu errichteten Gebäude fort. Ist ein Nutzungsrecht nur auf die Gebäudegrundfläche verliehen worden, so umfaßt das Nutzungsrecht auch die Nutzung des Grundstücks in dem für Gebäude der errichteten Art zweckentsprechenden ortsüblichen Umfang, bei Eigenheimen nicht mehr als eine Fläche von 500 qm. Auf Antrag ist das Grundbuch entsprechend zu berichtigen. Absatz 2 gilt entsprechend.

[IV]Besteht am Gebäude selbständiges Eigentum nach § 288 Abs. 4 und § 292 Abs. 3 des Zivilgesetzbuchs der Deutschen Demokratischen Republik, so bleibt bei bis zum Ablauf des 31. Dezember 1999 angeordneten Zwangsversteigerungen ein nach jenem Recht begründetes Nutzungsrecht am Grundstück bei dessen Versteigerung auch dann bestehen, wenn es bei der Feststellung des geringsten Gebots nicht berücksichtigt ist.

[V]War der Nutzer beim Erwerb des Nutzungsrechts unredlich im Sinne des § 4 des Vermögensgesetzes, kann der Grundstückseigentümer die Aufhebung des Nutzungsrechts durch gerichtliche Entscheidung verlangen. Der Anspruch nach Satz 1 ist ausgeschlossen, wenn er nicht bis zum 31. Dezember 1999 rechtshängig geworden ist. Ein Klageantrag auf Aufhebung ist unzulässig, wenn der Grundstückseigentümer zu einem Antrag auf Aufhebung des Nutzungsrechts durch Bescheid des Amtes zur Regelung offener Vermögensfragen berechtigt oder berechtigt gewesen ist. Mit der Aufhebung des Nutzungsrechts erlischt das Eigentum am Gebäude nach § 288 Abs. 4 und § 292 Abs. 3 des Zivilgesetzbuchs der Deutschen Demokratischen Republik. Das Gebäude wird Bestandteil des Grundstücks. Der Nutzer kann für Gebäude, Anlagen und Anpflanzungen, mit denen er das Grundstück ausgestattet hat, Ersatz verlangen, soweit der Wert des Grundstücks hierdurch noch zu dem Zeitpunkt der Aufhebung des Nutzungsrechts erhöht ist. Grundpfandrechte an einem aufgrund des Nutzungsrechts errichteten Gebäude setzen sich am Wertersatzanspruch des Nutzers gegen den Grundstückseigentümer fort. § 16 Abs. 3 Satz 5 des Vermögensgesetzes ist entsprechend anzuwenden.

[VI]Auf die Aufhebung eines Nutzungsrechts nach § 287 oder § 291 des Zivilgesetzbuchs der Deutschen Demokratischen Republik finden die §§ 875 und 876 des Bürgerlichen Gesetzbuchs Anwendung. Ist das Nutzungsrecht nicht im Grundbuch eingetragen, so reicht die notariell beurkundete Erklärung des Berechtigten, daß er das Recht aufgebe, aus, wenn die Erklärung bei dem Grundbuchamt eingereicht wird. Mit der Aufhebung des Nutzungsrechts erlischt das Gebäudeeigentum nach § 288 Abs. 4 oder § 292 Abs. 3 des Zivilgesetzbuchs der Deutschen Demokratischen Republik; das Gebäude wird Bestandteil des Grundstücks.

[VII]Die Absätze 1 bis 5 gelten entsprechend, soweit aufgrund anderer Rechtsvorschriften Gebäudeeigentum, für das ein Gebäudegrundbuchblatt anzulegen ist, in Verbindung mit einem Nutzungsrecht an dem betroffenen Grundstück besteht.

Vorbem: § 4 II 1, IV, V 2 idF des Art 1 I Nr 2 EFG v 27. 12. 1996 (BGBl I 2028)

1 **1) Gebäudeeigentum (I). – a) Allgemeines.** In Ausübg eines NutzgsR nach ZGB 287, 291 vor dem 3. 10. 90 errichtete Gbde wurden nach ZGB 288 IV (vgl auch NutzgsG 4 IV 1), 292 III (vgl auch EigenhVO 4 I) Eigt des NutzgsBerecht. Dieses ggü dem GrdstEigt selbständ GbdeEigt bleibt bestehen (Art 231 § 5 I 1). Nach dem 2. 10. 90 agrd eines vor dem 3. 10. 90 begründeten NutzgsR errichtete Gbde werden ebenf

selbständ Eigt des NutzgsBercht (Art 231 § 5 I 2). – **b) Verfügungen** über dieses GbdeEigt richten sich ab 3. 10. 90 (vgl aber § 7) nach den Vorschr des BGB für die Vfgen über GrdstEigt, wobei die notw GBEintr auf dem GbdeGBBl (vgl NutzgsG 4 III, EigenhVO 4 II 2) vorzunehmen sind (EinigsV Anl I Kap III Sachgebiet B Abschnitt III Nr 1 d); das GbdeEigt wird als grdstgleiches Recht (Übbl 3 vor BGB 873) behandelt. Da das NutzgsR wesentl GbdeBestandt ist (Art 231 § 5 II), erfassen Vfgen über das GbdeEigt auch das NutzgsR. – **aa)** Für die **Übereignung** gelten BGB 873, 925; Gen nach GVO 2, 23 erforderl. – **bb)** Für **Belastungen** gelten BGB 873 ff. Es können nur noch die nach BGB zuläss GrdstR bestellt werden; ErbbR begriffl nicht mögl. Gesamtbelastg mit Grdst mögl (vgl Jena FGPrax **97**, 208 [GesZwHyp]). – **cc) BGB 927, 928** sind nicht anwendb; auch die entspr Vorschr des fr DDR-Rechts nicht. – **dd) Umwandlung in Wohnungseigentum** nicht mögl, da kein GrdstMitEigtAnt vorhanden (Jena FGPrax **96**, 17; Hügel DtZ **96**, 66; aA Heinze DtZ **95**, 195). – **ee) Teilung:** Böhringer DtZ **96**, 290. – **ff) Vereinigung** von GbdeEigt u des mit ihm belasteten Grdst nicht mögl. Auch nicht **Zuschreibung** des GbdeEigt zum belasteten Grdst (Jena Rpfleger **98**, 195) u umgekehrt (BGB 890 Rn 2; aA LG Mühlh Rpfleger **98**, 196; LG Dresd Rpfleger **99**, 271).

2 and 3 margin: 2 (line 1), 3 (line 7)

2) Erlöschen des Gebäudeeigentums. Art 231 § 5 III 1 ermöglicht ab 1. 1. 97 das Erlöschen des nutzgsrechtsbewehrten GbdeEigt dch lastenfreien Erwerb des GrdstEigt. Um dies zu verhindern, bedarf es der Eintragg des NutzgsR im GrdstGB. Wird das GbdeGB erst angelegt, so erfolgt diese Eintragg vAw vor seiner Anlegg **(I 2);** ist ein GbdeGB schon angelegt, muß das NutzgsR iW der GBBerichtigg eingetr werden. Zur Eintragg vgl GGV 5. – **I 3** macht den gutgl Erwerb des nutzgsrechtsbewehrten GbdeEigt u eines beschr dingl Rechts an solchen Gbden davon abhäng, daß das zugrdeliegde NutzgsR im GrdstGB eingetr ist; vgl dazu § 2 c Rn 3. 3a

3) Nutzungsrechte nach ZGB 287, 291 (II–IV, VI). – a) Allgemeines. Diese NutzgsRe bedurften zur Entstehg nicht der GBEintr (GBEintr ist deklaratorisch); sie bestehen nach dem 2. 10. 90 ohne GBEintr fort (§ 3 Rn 2) u könnten daher ab 3. 10. 90 dch gutgl Erwerb des GrdstEigt od eines GrdstR nach BGB 892 erlöschen bzw einen Rangverlust erleiden. – **b) Schutz.** Erlöschen/Rangverlust nach BGB 892 ist ausgeschl, wenn zu dem nach BGB 892 II maßg Ztpkt (vgl dazu BGB 892 Rn 23 ff) ein nach dem Inhalt des NutzgsR zuläss Gbde ganz od teilw errichtet ist u der EintrAntr bzgl des NutzgsR vor dem 1. 1. 2000 gestellt ist u (auch auf ZwVfg od Beschw) zu dessen Eintragg führt **(II 1);** der Ztpkt der Eintragg des NutzgsR ist unerhebl. Ein in Bezug auf das NutzgsR gutgl lastenfreier Erwerb scheidet also immer aus, wenn der erfolgreiche EintrAntr für das NutzgsR vor dem 1. 1. 2000 gestellt ist. Kannte der Erwerber das NutzgsR zu dem nach BGB 892 II maßg Ztpkt nicht (grob fahrl Unkenntn schadet nicht) u ist der EintrAntr rechtzeit gestellt, so hat der Erwerber ein AblösgsR **(II 2). – c) Räumlicher Umfang.** Er bestimmt sich nach der Verleihg/Zuweisg. Beschränkt diese das NutzgsR auf die GbdeGrdFläche, so erweitert **III 3** das NutzgsR auf GrdstFlächen; bei Eigenheimen (vgl dazu § 1 DB/EigenhVO v 18. 8. 87, GBl I 215) sind 500 m2 nur Obergrenze, die nach Ortsüblichk unterschritten werden kann. Das NutzgsR berecht nicht zur Errichtg weiterer Gbde; iü muß die Nutzg dem GbdeZweck entspr u ortsübl sein. Bei eingetr NutzgsR ist die Erweiterg auf Antr des NutzgsBerecht od Eigtümers (GBO 13 II) in das GB einzutragen **(III 4);** der konkrete Umfang ist aber nur eintragb, wenn er gemäß GBO 29 nachgewiesen od gem BoSoG 3 festgestellt. Bei nicht eingetr NutzgsR Schutz vor Erlöschen/Rangverlust dch gutgl Erwerb entspr II **(III 5). – d) Untergang des Gebäudes** (Art u Ursache gleichgült). NutzgsR besteht (auch im Umfang von III 3) fort **(III 1),** Belastgen des GbdeEigt setzen sich an ihm fort **(III 2 Halbs 2).** Das neue Gbde **(III 2 Halbs 1)** muß sich in den Grenzen des fortbestehden NutzgsR halten u kann den räuml/örtl Umfang nach III 3 nicht erweitern; das neue Gbde wird Eigt des NutzgsBerecht, Belastgen des alten Gbdes setzen sich an ihm fort **(III 2 Halbs 2).** – **e) Grundstückszwangsversteigerung (IV).** Die Vorschr entspr ErbbRVO 25. Sie gilt für NutzgsR nach ZGB 287, 291 u nur, wenn GbdeEigt des NutzgsBerecht nach ZGB 288 IV, 292 III besteht (nicht also zB, wenn Eigt dch Untergang des Gbdes ohne Neuerrichtg erloschen). Der Grd der Nichtberücksichtigg ist gleichgült. Der Schutz nicht eingetr NutzgsR vor den Wirkgen des Zuschlags des Grdst in der ZwVerst wird bis zum 31. 12. 99 zeitl begrenzt. Er entfällt, wenn die ZwVerst nach diesem Ztpkt (auch vom RMittelGer nach vorh Zurückweisg des AnordngsAntr dch das VollstrGer) angeordnet wird. – **f) Rechtsgeschäftliche Aufhebung.** Sie richtet sich jetzt nach BGB 875 (ggf iVm 878), 876 **(VI 1);** zustimmen müssen insb DrittBerecht am erlöschden GbdeEigt, da sich deren Rechte nicht am Grdst fortsetzen (Jena Rpfleger **98**, 195), nicht der GrdstEigtümer. Nicht eingetr NutzgsRe erlöschen mit Eingang der beurk AufgabeErkl beim GBA **(VI 2).** Mit dem Erlöschen des GbdeEigt **(VI 3)** erlöschen auch seine Belastgen; das Gbde wird idR wesentl GrdstBestandt (BGB 94). – **g) Grundstückserwerb** dch NutzgsBerecht läßt NutzgsR u GbdeEigt nicht untergehen (LG NBrdbg NJ **94**, 321; aA LG Schwerin DNotZ **93**, 512).

4) Gerichtliche Aufhebung des Nutzungsrechts (V). Auf Klage vor dem ZivilGer, die bis 31. 12. 99 rhäng iSv ZPO 261 geworden sein muß, wird das NutzgsR auf Antr des GrdstEigtümers aufgeh, wenn der NutzgsBerecht bei RErwerb unredl iSv Verm 4 III war (vgl dazu BGH **118**, 34 [42]; BVerwG VIZ **94**, 239, 350; VG Bln VIZ **94**, 34). Unzulässigk der Klage nach S 3 insb bei ehemals staatl verwalteten Grdst. GrdPfdRGläub am Gbde müssen der Aufhebg nicht zustimmen (Schutz iRv S 7). Das rgestaltde Urt ermöglicht GBBerichtigg nach GBO 22. In S 4–8 werden die RFolgen der Aufhebg entspr VermG 16 III 2–4 geregelt. GrdPfdR am Gbde setzen sich nur am Anspr nach S 6 u nicht am Grdst fort. Bei einem selbst genutzten Wohnhaus wird der NutzgsBerecht entspr VermG 16 III 5 geschützt (Erlöschen des NutzgsR erst 6 Monate nach RKraft des Urt). 11

5) Andere Vorschriften (VII); zB VerkaufsG 4, NutzgG 5; vgl Graf Lambsdorff/Stuth VIZ **92**, 348; Kassebohn VIZ **93**, 425; Wilhelms VIZ **94**, 332. 12

EG 233 § 5

Mitbenutzungsrechte. **[I]Mitbenutzungsrechte im Sinn des § 321 Abs. 1 bis 3 und des § 322 des Zivilgesetzbuchs der Deutschen Demokratischen Republik gelten als Rechte an dem belasteten Grundstück, soweit ihre Begründung der Zustimmung des Eigentümers dieses Grundstücks bedurfte.**

II Soweit die in Absatz 1 bezeichneten Rechte nach den am Tag vor dem Wirksamwerden des Beitritts geltenden Rechtsvorschriften gegenüber einem Erwerber des belasteten Grundstücks oder eines Rechts an diesem Grundstück auch dann wirksam bleiben, wenn sie nicht im Grundbuch eingetragen sind, behalten sie ihre Wirksamkeit auch gegenüber den Vorschriften des Bürgerlichen Gesetzbuchs über den öffentlichen Glauben des Grundbuchs, wenn der dem Erwerb zugrundeliegende Eintragungsantrag vor dem 1. Januar 2000 gestellt worden ist. Der Erwerber des Eigentums oder eines sonstigen Rechts an dem belasteten Grundstück kann in diesem Fall jedoch die Aufhebung oder Änderung des Mitbenutzungsrechts gegen Ausgleich der dem Berechtigten dadurch entstehenden Vermögensnachteile verlangen, wenn das Mitbenutzungsrecht für ihn mit Nachteilen verbunden ist, welche erheblich größer sind als der durch die Aufhebung oder Änderung dieses Rechts dem Berechtigten entstehende Schaden; dies gilt nicht, wenn derjenige, der die Aufhebung oder Änderung des Mitbenutzungsrechts verlangt, beim Erwerb des Eigentums oder sonstigen Rechts an dem belasteten Grundstück in dem für den öffentlichen Glauben des Grundbuchs maßgeblichen Zeitpunkt das Vorhandensein des Mitbenutzungsrechts kannte. In der Zwangsversteigerung des Grundstücks ist bei bis zum Ablauf des 31. Dezember 1999 angeordneten Zwangsversteigerungen auf die in Absatz 1 bezeichneten Rechte § 9 des Einführungsgesetzes zu dem Gesetz über die Zwangsversteigerung und die Zwangsverwaltung in der im Bundesgesetzblatt Teil III, Gliederungsnummer 310–13, veröffentlichten bereinigten Fassung, zuletzt geändert durch Artikel 7 Abs. 24 des Gesetzes vom 17. Dezember 1990 (BGBl. I S. 2847), entsprechend anzuwenden.

III Ein nach Absatz 1 als Recht an einem Grundstück geltendes Mitbenutzungsrecht kann in das Grundbuch auch dann eingetragen werden, wenn es nach den am Tag vor dem Wirksamwerden des Beitritts geltenden Vorschriften nicht eintragungsfähig war. Bei Eintragung eines solchen Rechts ist der Zeitpunkt der Entstehung des Rechts zu vermerken, wenn der Antragsteller diesen in der nach der Grundbuchordnung für die Eintragung vorgesehenen Form nachweist. Kann der Entstehungszeitpunkt nicht nachgewiesen werden, so ist der Vorrang vor anderen Rechten zu vermerken, wenn dieser von den Betroffenen bewilligt wird.

IV Durch Landesgesetz kann bestimmt werden, daß ein Mitbenutzungsrecht der in Absatz 1 bezeichneten Art mit dem Inhalt in das Grundbuch einzutragen ist, der dem seit dem 3. Oktober 1990 geltenden Recht entspricht oder am ehesten entspricht. Ist die Verpflichtung zur Eintragung durch rechtskräftige Entscheidung festgestellt, so kann das Recht auch in den Fällen des Satzes 1 mit seinem festgestellten Inhalt eingetragen werden.

Vorbem: § 5 II 1 und 3 idF des Art 1 I Nr 2 EFG v 27. 12. 1996 (BGBl I 2028)

1 **1) Allgemeines.** Das fr DDR-Recht kannte keine GrdDbk od bpDbk. ZGB 321, 322 enthielten ein mit schuld- u sachenrechtl Elementen ausgestaltetes MitbenutzgsR; sein Inhalt konnte nicht ein WohnR sein (Dresd OLG-NL **95**, 39). Vor dem 3. 10. 90 entstandenes MitbenutzgsR wird in ein beschr dingl Recht übergeleitet; nach dem 2. 10. 90 kann ein derart MitbenutzgsR nicht mehr bestellt werden. Für vor dem 1. 1. 76 begründete Dbk (zB WegeR; vgl OG NJ **90**, 225) galt das BGB weiter (vgl EGZGB 6).

2 **2) Geltungsbereich** (EigtümerZust). Die Begründg eines Rechts zur Mitbenutzg (dazu gehört auch das Unterl von Hdlgen dch den NutzgsBerecht des betroffenen Grdst) bedurfte der Vereinbg zw dem NutzgsBerecht des betroffenen Grdst u dem Mitbenutzgsinteressenten (ZGB 321 I 1). Die VertrPart sind idR GrdstNutzer iSv ZGB 286; aber auch bloße Mieter (KommZGB 321 Anm 1.1); unmittelb Nachbarsch nicht notw (KommZGB aaO). War der Eigtümer der NutzgsBerecht des betroffenen Grdst, so bedurfte es stets seiner in der Vereinbg liegden Zust. Stand das NutzgsR an dem betroffenen Grdst einem Dritten zu (zB nach ZGB 287, 291, 312), so bedurfte die Vereinbg einer dauernden Mitbenutzg (zB WegeR) stets (ZGB 321 I 3) u die einer vorübergehden Mitbenutzg (zB einmalige Gerüstaufstellg) nur bei Beeinträchtigg seiner Rechte (ZGB 321 I 4) der Zust des Eigtümers.

3 **3) Grundstücksrecht.** Ein vor dem 3. 10. 90 entstandenes MitbenutzgsR nach Rn 2 gilt ab 3. 10. 90 als beschr dingl Recht **(I)**, auf das BGB 873ff anwendb sind, währd für den RInhalt (zB Übergang auf RNachf des NutzgsBerecht nach ZGB 322 II, Erlöschen nach ZGB 322 III, Unkündbark nach ZGB 81 [vgl KommZGB 322 Anm 3.1]) weiter das ZGB gilt (§ 3 Rn 3). Dies gilt auch, wenn das Recht nicht im GB
4 eingetr ist; zur Entstehg war GBEintr nicht erforderl (vgl ZGB 322). – **Eintragungsfähig** war bish nur das Wege- u ÜberfahrtR (ZGB 322 I 1). Nunmehr sind alle MitbenutzgsRe nach Rn 2 eintraggsfäh **(III 1).** Einzutragen ist der konkrete RInhalt, wie er zB dch Vereinbg nach ZGB 321 I bestimmt worden ist. Das LandesR kann bestimmen, daß das Recht mit einem dem BGB entspr Inhalt (idR GrdDbk, bpDbk) einzutragen ist (**IV 1**); dann ist ein and Inhalt nur noch eintraggsfäh, wenn die Verpfl zu einer solchen Eintragg rkräft festgestellt ist (**IV 2**). Kann der AntrSt den EntstehgsZtpkt gem GBO 29 nachweisen, so ist dieser zu vermerken (**III 2**); sonst ist ein Vorrang vor and Rechten zu vermerken, wenn die Inh dieser Rechte (u DrittBerecht an ihnen) ihn bewilligen (**III 3**). III 2, 3 gilt auch, wenn das Recht schon gem III 1 eingetragen. Die Eintragg richtet sich künft nach GBO, wobei ein Anspr auf die EintrBew des Eigtümers nur besteht, wenn die Eintragg mit ihm vereinbart ist (die RFolge der GBEintr nach § 322 II kann ohne Vereinbg nicht aufgezwungen werden).

5 **4) Schutz der Mitbenutzungsrechte. – a) Erlöschen/Rangverlust** nach BGB 892 ist ausgeschl, wenn das MitbenutzgsR nach Rn 2 nach fr DDR-Recht auch ohne GBEintr ggü einem Erwerber des Grdst od eines GrdstR wirks blieb u der EintrAntr bzgl des MitbenutzgsR vor dem 1. 1. 2000 gestellt ist u (auch auf ZwVfg od Beschw) zu dessen Eintragg führt (**II 1**); der Ztpkt der Eintragg des MitbenutzgsR ist unerhebl. Ein in Bezug auf das MitbenutzgsR gutgl lastenfreier Erwerb scheidet also immer aus, wenn der erfolgreiche EintrAntr für das MitbenutzgsR vor dem 1. 1. 2000 gestellt ist. Die Wirksamk ggü einem Erwerber bestand, denn bei Übereigng des betroffenen Grdst gingen mangels abw Vereinbg mit dem Berecht Verpfl aus zur

Mitbenutzg berechtigden Vertr (KommZGB 297 Anm. 2.2) auch ohne GBEintr auf den Erwerber über (ZGB 297 II) u Rangverlust nicht eintraggsfäh GrdstRe bei rgeschäftl Bestellg eines weiteren Rechts sahen das ZGB u §§ 7, 9 GDO nicht vor, Für eintraggsfäh aber nicht eintraggsbedürft u auch nicht eingetr GrdstR ist die Anwendg von BGB 892 streitg (vgl MüKo/Wacke § 892 Rn 9ff Staud/Gursky § 892 Rn 23); ein Rangverlust des nicht eingetr WegeR trotz Eintraggsfähigk nach ZGB 322 I dürfte aber entspr ZGB 297 II zu verneinen sein, zumal die GBEintr eine auf die RNachf des NutzgsBerecht beschr Wirkg hat (vgl auch KommZGB 322 Anm 1.2). – **b) Ablösungsrecht (II 2)** des Erwerbers, wenn er das MitbenutzgsR zu dem 6
nach BGB 892 II maßg Ztpkt nicht kannte (grob fahrl Unkenntn genügt nicht). – **c) Zwangsversteigerung** 7
(II 3). Die Anwendbark von ZVG 9 bedeutet, daß vorbehaltl abw LandesR ein ohne GBEintr gg Dritte wirks MitbenutzgsR in der ZwVerst bestehen bleibt, auch wenn es nicht im geringsten Gebot berücksichtigt ist; auf Verlangen des Inh eines vor- od gleichrang Rechts, das beim Fortbestehen beeinträchtigt würde (mindere Befriedigg), ist das Erlöschen als VerstBdgg anzuordnen. Der Schutz nicht eingetr MitbenutzgsR vor den Wirkgen des Zuschlags des Grdst in der ZwVerst wird bis zum 31. 12. 99 zeitl begrenzt. Er entfällt, wenn die ZwVerst nach diesem Ztpkt (auch vom RMittelGer nach vorh Zurückweisg des AnordngsAntr durch das VollstrGer) angeordnet wird. – **d) Sicherung und Eintragung:** Böhringer Rpfleger **97**, 244.

EG 233 § 6 *Hypotheken.*

[I]Für die Übertragung von Hypothekenforderungen nach dem Zivilgesetzbuch der Deutschen Demokratischen Republik, die am Tag des Wirksamwerdens des Beitritts bestehen, gelten die Vorschriften des Bürgerlichen Gesetzbuchs, welche bei der Übertragung von Sicherungshypotheken anzuwenden sind, entsprechend. Das gleiche gilt für die Aufhebung solcher Hypotheken mit der Maßgabe, daß § 1183 des Bürgerlichen Gesetzbuchs und § 27 der Grundbuchordnung nicht anzuwenden sind. Die Regelungen des Bürgerlichen Gesetzbuchs über den Verzicht auf eine Hypothek sind bei solchen Hypotheken nicht anzuwenden.

[II]Die Übertragung von Hypotheken, Grundschulden und Rentenschulden aus der Zeit vor Inkrafttreten des Zivilgesetzbuchs der Deutschen Demokratischen Republik und die sonstigen Verfügungen über solche Rechte richten sich nach den entsprechenden Vorschriften des Bürgerlichen Gesetzbuchs.

1) Allgemeines; vgl auch Welter WM **91**, 1189; Beckers WM **91**, 1701 (AufbauHyp) u DNotZ **93**, 364; 1
Janke NJ **91**, 29 (gutgl Erwerb vor 3. 10. 90). Eine Fdg konnte nach ZGB 442 I an unbewegl Sachen nur dch eine Hyp iSv ZGB 452ff gesichert werden. Diese ist streng akzessorisch, denn sie besteht (= entsteht) nur in Höhe der gesicherten Fdg einschl Zinsen/NebenFdg (ZGB 454 I) u erlischt mit dieser (ZGB 454 II), ohne daß insoweit eine (dem ZGB fremde) EigtümerGrdSch entsteht, u kann daher ohne sie nicht erworben werden (BGH WM **95**, 150); Abweichg gilt für die dch das 1. ZivRÄndG eingeführte u BGB 1190 nachgebildete HöchstBetrHyp (ZGB 454a). Für Überleitg einer vor dem 3. 10. 90 od nach Maßg von § 7 II danach entstandenen Hyp enthält § 6 eine SonderVorschr neben § 3. Über GrdPfdR aus der Zeit vor dem 1. 1. 76 vgl Rn 6.

2) ZGB-Hypotheken (I). – a) Übertragung: bish in ZGB 454 III geregelt (das GenErfordern nach 2
GrdstVerkVO 2 I h ist dch § 2 Nr 1 des 1 ZivRÄndG entfallen). Da das ZGB keine BriefHyp kennt u dem Grds der strengen Akzessorietät folgt (Rn 1), ähnelt die ZGB-Hyp der BGB-SichgsHyp. Für die Übertragg der gesicherten Fdg gelten daher ab 3. 10. 90 (vgl aber § 7 II) die BGB-Vorschr für die SichgsHyp **(I 1).** Die Übertragg der gesicherten Fdg erfolgt nach BGB 1154 III, mit der Fdg geht die Hyp über (BGB 1153 I). Wichtig ist der Ausschl von BGB 1138 dch BGB 1185 II: bei Nichtvalutierg erwirbt ein Gutgläubiger weder Fdg noch Hyp u Einreden gg die Fdg wirken auch bei Gutgläubigk ggü der Hyp (vgl BGB 1184 Rn 2). Dies gilt auch für die HöchstBetrHyp nach ZGB 454a (vgl BGB 1190 III). – **b) Aufhebung;** bish in ZGB 311 als 3
Verzicht geregelt. Die HypAufhebg richtet sich ab 3. 10. 90 (vgl aber § 7 II) nach BGB 875 (§ 3 Rn 4). Eine EigtümerZust ist weder materiell- (BGB 1183) noch verfrechtl (GBO 27) erforderl **(I 2),** da agrd des fortgeltden RInhalts nach ZGB (§ 3 Rn 3) eine EigtümerGrdSch nicht entsteht. – **c) Verzicht;** bish im ZGB 4
als Aufhebg geregelt (vgl Rn 3). BGB 1168 ist nicht anwendb **(I 3),** weil die Entstehg einer EigtümerGrdSch ausgeschl werden soll; damit ist auch BGB 1169 nicht anwendb. Mögl bleibt die Aufhebg der Hyp (Rn 3) u der zum Erlöschen der Hyp führde Erlaß der gesicherten Fdg (ZGB 454 II gilt gem § 3 als RInhalt fort). –
d) Sonstiges. Gem § 3 bleibt die Hyp mit ihrem RInhalt u Rang bestehen; der Vorrang der AufbauHyp 5
(ZGB 456 III) besteht nach Maßg v 1. ZivRÄndG 1, 3 fort. Daher besteht kein ges LöschgsAnspr aus BGB 1179a (wg Nichtentstehens einer EigtümerGrdSch auch nicht bedeuts). Wg des Erlöschens der Hyp bei Erlöschen der gesicherten Fdg findet kein HypÜbergang nach BGB 1164 statt. Keine Umwandlg einer ZGB-Hyp in ein BGB-GrdPfdR; Aufhebg u Neubestellg (ggf mit Rangverlust) erforderl.

3) Alte Grundpfandrechte (II). Auf GrdPfdRe aus der Zeit vor dem 1. 1. 76 blieb das BGB anwendb 6
(EGZGB 6 I). RAusübg u Vfgen richteten sich jedoch nach ZGB (EGZGB 6 II); nunmehr gilt ab 3. 10. 90 auch insoweit wieder das BGB (die Wirksamk von Vfg vor diesem Ztpkt beurteilt sich nach Maßg von § 7 II nach ZGB).

EG 233 § 7 *Am Tag des Wirksamwerdens des Beitritts schwebende Rechtsänderungen.*

[I]Die Übertragung des Eigentums an einem Grundstück richtet sich statt nach den Vorschriften des Bürgerlichen Gesetzbuchs nach den am Tag vor dem Wirksamwerden des Beitritts geltenden Rechtsvorschriften, wenn der Antrag auf Eintragung in das Grundbuch vor dem Wirksamwerden des Beitritts gestellt worden ist. Dies gilt entsprechend für das Gebäudeeigentum. Wurde bei einem Vertrag, der vor dem 3. Oktober 1990 beurkundet worden ist, der Antrag nach diesem Zeitpunkt gestellt, so ist eine gesonderte Auflassung nicht erforderlich, wenn die am 2. Oktober 1990 geltenden Vorschriften des Zivilgesetzbuchs der Deutschen Demokratischen Republik über den Eigentumsübergang eingehalten worden sind.

II Ein Recht nach den am Tag vor dem Wirksamwerden des Beitritts geltenden Vorschriften kann nach diesem Tage gemäß diesen Vorschriften noch begründet werden, wenn hierzu die Eintragung in das Grundbuch erforderlich ist und diese beim Grundbuchamt vor dem Wirksamwerden des Beitritts beantragt worden ist. Auf ein solches Recht ist § 3 Abs. 1 und 2 entsprechend anzuwenden. Ist die Eintragung einer Verfügung über ein Recht der in Satz 1 bezeichneten Art vor dem Wirksamwerden des Beitritts beim Grundbuchamt beantragt worden, so sind auf die Verfügung die am Tag vor dem Wirksamwerden des Beitritts geltenden Vorschriften anzuwenden.

1 Die Vorschr hat keine prakt Bedeutg mehr, da die EintrAntr inzw erledigt sind; auf die 56. Aufl wird daher verwiesen.

EG 233 § 8 *Rechtsverhältnisse nach § 459 des Zivilgesetzbuchs.*

Soweit Rechtsverhältnisse und Ansprüche aufgrund des früheren § 459 des Zivilgesetzbuchs der Deutschen Demokratischen Republik und der dazu ergangenen Ausführungsvorschriften am Ende des Tages vor dem Wirksamwerden des Beitritts bestehen, bleiben sie vorbehaltlich des § 2 und der im Sachenrechtsbereinigungsgesetz getroffenen Bestimmungen unberührt. Soweit Gebäudeeigentum besteht, sind die §§ 2b und 2c entsprechend anzuwenden.

1 **1) Allgemeines.** Nach ZGB 459 I, III, IV konnten VEB, stattl Organe/Einrichtgen, sozialist Genossensch u gesellschaftl Organisationen dch vertragl zuläss Baumaßn auf vertragl genutzten Grdst (vgl dazu Brdbg VIZ **95**, 51; LG Ffo NJ **94**, 275) Eigt an Gbden (vgl Volhard VIZ **93**, 481) u Anlagen bzw einen MitEigtAnt an Grdst lastenfrei erwerben (RVerhältn); vgl auch ZGB 459 V iVm § 27 LPG-G v 2. 7. 82 (GBl I 443). Nach ZGB 459 II konnte jeder VertrPartner verlangen, daß die sich aus den Baumaßn ergebden Rechte u Pfl festgelegt werden u die RÄnderg (deklaratorisch) im GB eingetr wird (Anspr).

2 **2) Überleitung.** Nach ZGB 459 wirks begründetes GbdeEigt nicht dch Aufhebg dieser Vorschr (G v 22. 7. 90, GBl-DDR I 903) erloschen (VG Bln VIZ **96**, 417). – **a)** Der **Eigentumsinhalt** richtet sich künft nach BGB (§ 2 I), für VolksEigt nach ZGB 459 I gilt § 2 II. – **b)** Für **Gebäudeeigentum** nach ZGB 459 I 1 gelten die Vorschr über das nichtnutzgsrechtbewehrte GbdeEigt (§§ 2b, 2c) entspr (über § 2b III 2 vgl Gruber Rpfleger **98**, 508); zum Nachw für seine Eintragg vgl GGV 4 III. Die Anpassg an das BGB u seine NebenG erfolgt nach SachenRBerG 1 I Nr 1 b, 3 ff (Ausn in SachenRBerG 2 I S 2, 3). – **c) Grundstücksmiteigentum** wird angepaßt nach SachenRBerG 113–115. – **d) Anlageneigentum** wird angepaßt nach SchuldRÄndG Art 4.

EG 233 § 9 *Rangbestimmung.*

I Das Rangverhältnis der in § 3 Abs. 1 bezeichneten Rechte an Grundstücken bestimmt sich nach dem Zeitpunkt der Eintragung in das Grundbuch, soweit sich nicht im folgenden etwas anderes ergibt.

II Bei Rechten an Grundstücken, die nicht der Eintragung in das Grundbuch bedürfen und nicht eingetragen sind, bestimmt sich der Rang nach dem Zeitpunkt der Entstehung des Rechts, im Falle des § 5 Abs. 3 Satz 2 und 3 nach dem eingetragenen Vermerk.

III Der Vorrang von Aufbauhypotheken gemäß § 456 Abs. 3 des Zivilgesetzbuchs der Deutschen Demokratischen Republik in Verbindung mit § 3 des Gesetzes zur Änderung und Ergänzung des Zivilgesetzbuchs der Deutschen Demokratischen Republik vom 28. Juni 1990 (GBl. I Nr. 39 S. 524) bleibt unberührt. Der Vorrang kann für Zinsänderungen bis zu einem Gesamtumfang von 13 vom Hundert in Anspruch genommen werden. Die Stundungswirkung der Aufbauhypotheken gemäß § 458 des Zivilgesetzbuchs der Deutschen Demokratischen Republik in Verbindung mit § 3 des Gesetzes zur Änderung und Ergänzung des Zivilgesetzbuchs der Deutschen Demokratischen Republik vom 28. Juni 1990 (GBl. I Nr. 39 S. 524) entfällt. Diese Bestimmungen gelten für Aufbaugrundschulden entsprechend.

1 **1) Allgemeines.** § 9 erfaßt beschr dingl Rechte, mit denen ein Grdst am 2. 10. 90 belastet war (vgl § 3 Rn 1). Diese blieben nach § 3 I mit dem Rang bestehen, den sie nach fr DDR-Recht hatten; materielle RangVorschr enthielten zur ZGB 453 II, 456 III. § 9 ist eine abw Regelg iSv § 3 I.

2 **2) Beschränkte dingliche Rechte** (ohne AufbauHyp). – a) Bei **eingetragenen Rechten (I),** auch wenn Eintragg nicht erforderl (zB ZGB 322), bestimmt sich der Rang nach dem EintrZtpkt. Da gleichzeit Eintragg mehrerer Rechte nicht anzunehmen, ergibt sich aus gleichem EintrDatum kein Gleichrang, sond
3 Reihenfolge maßg. – **b)** Bei **nichteingetragenen Rechten (II),** die auch zur Entstehg nicht der Eintragg bedurften (zB ZGB 287, 291), bestimmt sich der Rang nach dem EntstehgsZtpkt. Wird ein MitbenutzgsR nach ZGB 321, 322 nach § 5 III erst nach dem 2. 10. 90 eingetr mit einem Vermerk über den EntstehgsZtpkt od über den Vorrang nach § 5 III 2, 3, so ist ohne Rücks auf den wahren EntstehgsZtpkt der Inhalt des Vermerks maßg.

4 **3) Aufbauhypothek,** die vor dem 1. 7. 90 begründet wurde (vgl 1. ZivRÄndG § 1 Anlage 1 Nr 12, § 3) hat nach § 3 I, ZGB 456 III Vorrang vor and Hyp u nach § 3 I, ZGB 458 Stundgswirkg für and Hyp. Der Vorrang vor and Hyp bleibt bestehen (**III 1**), währd für den Rang zu and Rechten einschl AufbauHyp (denn hier begründete ZGB 456 III keinen Vorrang) I u II gelten. Die Zinsen (nicht and Nebenleistgen) können bis auf insgesamt 13% ohne Zustimmg nachrang Berecht erhöht werden (**III 2**). Die Stundgswirkg entfällt (**III 3**).

EG 233 § 10 *Vertretungsbefugnis für Personenzusammenschlüsse alten Rechts.*

I Steht ein dingliches Recht an einem Grundstück einem Personenzusammenschluß zu, dessen Mitglieder nicht namentlich im Grundbuch aufgeführt sind, ist die Ge-

meinde, in der das Grundstück liegt, vorbehaltlich einer anderweitigen landesgesetzlichen Regelung gesetzliche Vertreterin des Personenzusammenschlusses und dessen Mitglieder in Ansehung des Gemeinschaftsgegenstandes. Erstreckt sich das Grundstück auf verschiedene Gemeindebezirke, ermächtigt die Flurneuordnungsbehörde (§ 53 Abs. 4 des Landwirtschaftsanpassungsgesetzes) eine der Gemeinden zur Vertretung des Personenzusammenschlusses.

II Im Rahmen der gesetzlichen Vertretung des Personenzusammenschlusses ist die Gemeinde zur Verfügung über das Grundstück befugt. Verfügungsbeschränkungen, die sich aus den Bestimmungen ergeben, denen der Personenzusammenschluß unterliegt, stehen einer Verfügung durch die Gemeinde nicht entgegen. Die Gemeinde übt die Vertretung des Personenzusammenschlusses so aus, wie es dem mutmaßlichen Willen der Mitglieder unter Berücksichtigung der Interessen der Allgemeinheit entspricht. Hinsichtlich eines Veräußerungserlöses gelten die §§ 666 und 667 des Bürgerlichen Gesetzbuchs entsprechend.

III Die Rechte der Organe des Personenzusammenschlusses bleiben unberührt.

IV Die Vertretungsbefugnis der Gemeinde endet, wenn sie durch Bescheid der Flurneuordnungsbehörde aufgehoben wird und eine Ausfertigung hiervon zu den Grundakten des betroffenen Grundstücks gelangt. Die Aufhebung der Vertretungsbefugnis kann von jedem Mitglied des Personenzusammenschlusses beantragt werden. Die Flurneuordnungsbehörde hat dem Antrag zu entsprechen, wenn die anderweitige Vertretung des Personenzusammenschlusses sichergestellt ist.

V Die Absätze 1 bis 4 gelten entsprechend, wenn im Grundbuch das Grundstück ohne Angabe eines Eigentümers als öffentliches bezeichnet wird.

1) Allgemeines. In den in Art 3 EinigsV genannten Gebieten bestehen noch altrechtl PersZusSchlüsse, 1
denen als GesHdsGemsch Rechte an Grdst zustehen. Diese PersZusSchlüsse sind idR nicht handlgsfäh, weil keine vertretgsberecht Pers mehr leben u die Mitgl nicht bekannt sind.

2) Vertretungsbefugnis. – a) Voraussetzungen. Ein dingl Recht (Eigt od beschr dingl Recht) an einem 2
Grdst muß einem PersZusSchluß zustehen, dessen Mitgl nicht namentl im GB angefürt sind (**I 1**), od ein Grdst ist in Abt I des GB ohne EigtümerAngabe als „öffentl Weg/Graben/Gewässer" oä bezeichnet (**V**). – **b) Gesetzliche Vertretungsmacht** hat die in I 1, 2 bezeichnete Gemeinde für den PersZusSchluß u dessen Mitgl; sie besteht krG ohne bes Anordng. Sie bezieht sich auf alle RGesch, die den GemschGgst betreffen (**I 1**), u berechtigt zu Vfgen über das Grdst (**II 1**), sofern dieses GemschGgst od iFv V. **II 3** begründet nur eine Verpfl im InnenVerh, ohne die Vertretgsmacht nach außen einzuschränken. AuftrGeber iSv BGB 666, 667 ist der Vertretene. Keine Befreiung vom Verbot des BGB 181. – **c) Verfügungsbeschränkungen** aus dem Recht des PersZusSchlusses gelten für Vfgen der Gemeinde nicht (**II 2**); zB TeilgsVerbot für MitEigt u TrenngsVerbot von Eigt an nutzgsberecht Grdst. – **d) Vertretungsmacht der Organe** bleibt unberührt (**III**). 3
Widerspr VerpflGesch der Gemeinde u des Organs sind beide wirks, bei VfgsGesch das zeitl frühere. – **e) Ende der Vertretungsmacht** mit Eingang des AufhebgsBescheids beim GBA (**IV 1**); auch wenn die Voraussetzungen von IV 3 nicht vorlagen (Bescheid muß aufgehoben werden).

Zweiter Abschnitt. Abwicklung der Bodenreform

EG 233 § 11 *Grundsatz.* **I Eigentümer eines Grundstücks, das im Grundbuch als Grundstück aus der Bodenreform gekennzeichnet ist oder war, ist der aus einem bestätigten Übergabe-Übernahme-Protokoll oder einer Entscheidung über einen Besitzwechsel nach der (Ersten) Verordnung über die Durchführung des Besitzwechsels bei Bodenreformgrundstücken vom 7. August 1975 (GBl. I Nr. 35 S. 629) in der Fassung der Zweiten Verordnung über die Durchführung des Besitzwechsels bei Bodenreformgrundstücken vom 7. Januar 1988 (GBl. I Nr. 3 S. 25) Begünstigte, wenn vor dem Ablauf des 2. Oktober 1990 bei dem Grundbuchamt ein nicht erledigtes Ersuchen oder ein nicht erledigter Antrag auf Vornahme der Eintragung eingegangen ist. Grundstücke aus der Bodenreform, die in Volkseigentum überführt worden sind, sind nach der Dritten Durchführungsverordnung zum Treuhandgesetz vom 29. August 1990 (GBl. I Nr. 57 S. 1333) zu behandeln, wenn vor dem Ablauf des 2. Oktober 1990 ein Ersuchen oder ein Antrag auf Eintragung als Eigentum des Volkes bei dem Grundbuchamt eingegangen ist.**

II Das Eigentum an einem anderen als den in Absatz 1 bezeichneten Grundstücken, das im Grundbuch als Grundstück aus der Bodenreform gekennzeichnet ist oder war, wird mit dem Inkrafttreten dieser Vorschriften übertragen,

1. wenn bei Ablauf des 15. März 1990 eine noch lebende natürliche Person als Eigentümer eingetragen war, dieser Person,

2. wenn bei Ablauf des 15. März 1990 eine verstorbene natürliche Person als Eigentümer eingetragen war oder die in Nummer 1 genannte Person nach dem 15. März 1990 verstorben ist, derjenigen Person, die sein Erbe ist, oder einer Gemeinschaft, die aus den Erben des zuletzt im Grundbuch eingetragenen Eigentümers gebildet wird.

Auf die Gemeinschaft sind die Vorschriften des Fünfzehnten Titels des Zweiten Buchs des Bürgerlichen Gesetzbuchs anzuwenden, die Bruchteile bestimmen sich jedoch nach den Erbteilen, sofern nicht die Teilhaber übereinstimmend eine andere Aufteilung der Bruchteile bewilligen.

III Der nach § 12 Berechtigte kann von demjenigen, dem das Eigentum an einem Grundstück aus der Bodenreform nach Absatz 2 übertragen worden ist, Zug um Zug gegen Übernahme der Verbindlichkeiten nach § 15 Abs. 1 Satz 2 die unentgeltliche Auflassung des Grundstücks verlangen. Die Übertragung ist gebührenfrei. Jeder Beteiligte trägt seine Auslagen selbst; die Kosten

einer Beurkundung von Rechtsgeschäften, zu denen der Eigentümer nach Satz 1 verpflichtet ist, trägt der Berechtigte. Als Ersatz für die Auflassung kann der Berechtigte auch Zahlung des Verkehrswertes des Grundstücks verlangen; maßgeblich ist der Zeitpunkt des Verlangens. Der Anspruch nach Satz 4 kann nur geltend gemacht werden, wenn der Eigentümer zur Zahlung aufgefordert worden ist und nicht innerhalb von 2 Wochen von dem Eingang der Zahlungsaufforderung an darauf bestanden hat, den Anspruch durch Auflassung des Grundstücks erfüllen zu können.

IV Auf den Anspruch nach Absatz 3 sind die Vorschriften des Bürgerlichen Gesetzbuchs über Schuldverhältnisse anzuwenden. Der Eigentümer nach Absatz 2 gilt bis zum Zeitpunkt der Übereignung aufgrund eines Anspruchs nach Absatz 3 dem Berechtigten gegenüber als mit der Verwaltung des Grundstücks beauftragt. Für Klagen nach den Absätzen 3, 4 und 6 ist das Gericht ausschließlich zuständig, in dessen Bezirk das Grundstück ganz oder überwiegend liegt.

V Ist die in Absatz 1 Satz 1 oder in Absatz 2 Satz 1 bezeichnete Person in dem maßgeblichen Zeitpunkt verheiratet und unterlag die Ehe vor dem Wirksamwerden des Beitritts dem gesetzlichen Güterstand der Eigentums- und Vermögensgemeinschaft des Familiengesetzbuchs der Deutschen Demokratischen Republik, so sind diese Person und ihr Ehegatte zu gleichen Bruchteilen Eigentümer, wenn der Ehegatte den 22. Juli 1992 erlebt hat. Maßgeblich ist

1. in den Fällen des Absatzes 1 Satz 1 der Zeitpunkt der Bestätigung des Übergabe-Übernahme-Protokolls oder der Entscheidung,
2. in den Fällen des Absatzes 2 Satz 1 Nr. 1 und 2 Fall 2 der Ablauf des 15. März 1990 und
3. in den Fällen des Absatzes 2 Nr. 2 Fall 1 der Tod der als Eigentümer eingetragenen Person.

Vorbem: III 5, IV 3 idF des Art 2 Nr 3 b WoModSiG v 17. 7. 1997 (BGBl I 1823)

1 **1) Allgemeines. – a) Bodenreformgrundstücke.** Agrd nahezu inhaltsgl BRefVO der Länder der fr SBZ wurden bestimmte landw Grdst enteignet u in den „staatl Bodenfonds" eingebracht (zur Wirksamk dieser Enteigng nach dem 2. 10. 90 vgl BVerfG DtZ **93**, 275). Aus dem Bodenfonds erhielt ein bestimmter PersKreis dch Hoheitsakt Landzuteilgen (sog „Neubauernstelle"). Die Neubauern wurden als Eigtümer (nicht konstitutiv) im GB eingetr u das Grdst dort als BRefGrdst gekennzeichnet (für §§ 11 ff bindd; BGH DtZ **97**, 58); kein Eigt iS des BGB (BGH DtZ **96**, 176). Nach Art VI BRefVO bestand eine in Abt II des GB eingetr umfassde VfgsBeschrkg (insb Veräußergs- u BelastgsVerbot). Diese VfgsBeschrkg u die BesWechselVO (Rn 2) wurden dch G v 6. 3. 90 (GBl I 134) mit Wirkg vom 16. 3. 90 aufgeh; dadch keine Heilg früherer Vfgen (BGH DtZ
2 **94**, 347). – **b) Übertragung unter Lebenden** war nach den BesWechselVO (BWVO) v 21. 6. 51 (GBl I 629) u 23. 8. 56 (GBl I 685) bzw nach deren Aufhebg dch die BWVO v 7. 8. 75 (GBl I 629) idF v 7. 1. 88 (GBl I 25) nur dch Hoheitsakt mögl. Die Übertragg erfolgte außerh des GB (BezG Dresd NJ **92**, 172; KrG
3 Rstk-Stadt VIZ **92**, 195), die (berichtigde) GBEintr unterblieb vielf. – **c)** Str, ob **Vererbung** nicht mögl (BVerfG VIZ **96**, 576; BGH DtZ **96**, 176) od mögl (BGH VIZ **99**, 157 dazu Grün VIZ **99**, 313) war.

4 **2) Gültigkeit von Besitzwechseln und Rückführungen (I).** I behandelt BesWechsel/Rückführgen, die vor dem 16. 3. 90 außerh des GB wirks geworden sind, als gült (dh der Begünstigte hat mit ProtBestätigg/Entscheidg Eigt erworben), sofern der Antr bzw das Ersuchen auf (berichtigde) GBEintr vor dem 3. 10. 90 bei der zum damaligen Ztpkt das GB führden Behörde (vgl GBO 144 I Nr 1) eingegangen ist; kein ÜbereignsAnspr nach Rn 8. War eine GBEintr aGrd Antr/Ersuchen vor dem 16. 3. 90 erfolgt (erledigter Antr/Ersuchen), so gilt II (LG NRupp NJ **94**, 468). §§ 11 ff gelten nicht, wenn BRefVermerk vor dem 16. 3. 90
5 gelöscht war. – **a) Besitzwechsel (S 1).** Das Grdst muß im GB als BRefGrdst gekennzeichnet sein od (auch vor Anlegg eines neuen Blattes) gewesen sein. Es kann sich um einen freiw BesWechsel (zB II 2 I, 4 I 2 BWVO 75/88) auch mit einem aufgezwungenen Erwerber (zB § 2 III BWVO 75/88) od um einen erzwungenen BesWechsel (zB § 9 BWVO 75/88) handeln; der BesWechsel muß etwaigen nach § 11 BWVO 75/88 erlassenen Vorschr entspr haben. S 1 gilt auch bei BesWechseln für TeilGrdst (zB § I BWVO 75/88). –
6 **b) Rückführung (S 2)** in VolksEigt (Bodenfonds). Das Grdst muß trotz des von S 1 abw Wortlauts im GB als BRefGrdst gekennzeichnet sein od gewesen sein. Es kann sich um eine freiw (zB § BWVO 75/88) od erzwungene (zB §§ 4 V, 9 BWVO 75/88) Rückführg handeln; sie muß etwaigen nach § 11 BWVO 75/88 erlassenen Vorschr entspr haben. S 2 gilt auch bei Rückführg von TeilGrdst (zB § 3 I 2 BWVO 75/88). Diese Grdst werden nach Maßg der 3. DVO/TreuhG von der TrhdAnstalt verwaltet u bei NichtÜbertr in das Eigt der Länder/Kommunen privatisiert.

7 **3) Gesetzliche Eigentumszuweisung (II)** bei BRefGrdst, die als solche im GB gekennzeichnet sind od waren u für die die Voraussetzgen von I nicht erfüllt sind. Diese Grdst wurden am 22. 7. 92 krG unbeschr Eigt der in Nr 1 u 2 bezeichneten Pers; ohne Rücks darauf, ob sie es schon vorher erworben hatten. Ob sie Eigtümer bleiben, richtet sich nach III. – **a) Nr. 1.** Die am 15. 3. 90 eingetr natürl Pers muß am 22. 7. 92 noch gelebt haben. Bei späterem Tod gilt allg ErbR. – **b) Nr. 2.** Fall 1 betrifft am 15. 3. 90 noch eingetr aber zu diesem Ztpkt schon verstorbene natürl Pers (Alterbfälle). Fall 2 betrifft den Fall, daß eine am 15. 3. 90 eingetr natürl Pers danach u vor dem 22. 7. 92 verstorben ist (Neuerbfälle; vgl BGH VIZ **98**, 387). Erben iSv Nr 2 sind die tats (nicht die gesetzl) Erben, sofern sie am 22. 7. 92 gelebt haben (BGH aaO). Mehrere Erben bilden in Ansehg des Eigt keine ErbenGemsch sond eine BruchtGemsch nach BGB 741 ff, wobei die Brucht den Erbteilen entspr (vgl auch Jena OLG-NL **95**, 79), sofern nicht (dch Aufl) and Brucht vereinbart sind; über den Ant kann verfügt werden. Das nach II erworbene Eigt ist vererbl.

8 **4) Übereignungsanspruch (III, IV). – a) Inhalt.** Berecht nach § 12 hat gg Erwerber des Eigt iW des II (BGH DtZ **96**, 241) u V (Keller MittBayNot **93**, 71) einen schuldr Anspr auf unentgeltl Übereigng des Grdst (**III 1**); nicht verfassgswidr (BVerfG DtZ **96**, 14). Auf diesen Anspr sind BGB 241–432 anzuwenden (**IV 1**); danach regeln sich zB Abtretg, Verzug, SchadErs bei ErfUnvermögen (vgl BGH VIZ **99**, 157; Brdbg OLG-NL **99**, 25 [kopfteil Haftg bei Veräußerg dch mehrere Eigtümer]). Iü gelten im Verhältn zw Eigtümer u Berecht ab AnsprEntstehg (nicht erst ab Geltdmachg) BGB 662–676 (**IV 2**); Voraussetzg ist aber, daß die

Übereigng in Erfüllg des Anspr aus III 1 erfolgt. – **b) Durchführung** der Übereigng nach BGB 873, 925; MitEigtümer müssen das Grdst gem BGB 747 S 2 übertragen (BGH ZflR **97**, 729). Für GBEintr keine Gebühr nach KostO 60 (**III 2**). Kosten für AuflBeurk trägt im InnenVerh der Berecht (**III 3**); im AußenVerh zum Notar gelten KostO 2 Nr 1, 5. – **c) Zurückbehaltungsrecht** des Eigtümers (**III 1,** BGB 273). Entgg dem Wortlaut von III 1 handelt § 15 I 2 von ErsVerpfl u § 15 I 1 von Verbindlichk, die beide nach § 15 I 3 zu übernehmen sind, so daß wg der gesamten ÜbernPfl aus § 15 I 3 das ZbR besteht (BGH ZflR **97**, 729). Die Übern muß nicht befreiend sein (zB wenn Gläub nicht genehmigt; BGB 425 III). 9 10

5) Zahlungsanspruch. Der Berecht hat primär einen AuflAnspr (BGH DtZ **97**, 193), von dessen Bestand der des ZahlgsAnspr abhängt (BGH VIZ **99**, 157). Als Ers für die Aufl kann er auch Zahlg nach Maßg von **III 4** verlangen. Die Geltdmachg des ZahlgsAnspr (zB auch dch Aufrechng) setzt aber voraus, daß der Eigtümer nicht auf dessen („den Anspr") Erf dch Aufl nach Maßg von **III 5** besteht. Da nicht mehr ein annahmefäh Angebot in der Form von BGB 313 (wie bei III 5 aF) erforderl, sond das bloße Bestehen auf Erf dch Aufl die Geltdmachg des ZahlgsAnspr hindert, kann das ZahlgsVerlangen noch nicht zum Verlust des AuflAnspr führen. Gibt der Eigtümer die zur EigtÜbertr notw Erklärgen trotz seines Bestehens auf Erf dch Aufl nicht ab, kann u muß der Berecht auf ErklAbgabe klagen. Hat der Eigtümer nicht rechtzeit auf Erf dch Aufl bestanden, kann der Berecht gleichwohl statt des ZahlgsAnspr den AuflAnspr geltd machen (vgl. Jena OLG-NL **96**, 80; Brdbg OLG-NL **97**, 30; aA Celle VIZ **96**, 104 [alle zu III 5 aF]). – Die Erkl des Berecht/Eigtümers nach III 5 sind formfrei. FrBeginn für Eigtümer mit Zugang der ZahlgsAufforderg (BewLast: Berecht), für die Zahlgsverlangen nach III 4 genügt, u FrWahrg dch Zugang des Bestehens auf Erf dch Aufl beim Berecht (BewLast: Eigtümer). BGB 818 III nicht anwendb (Jena OLG-NL **96**, 103). 11

6) Zuständigkeit (IV 3); Abs 6 gibt es nicht, denn Art 3 Nr 2d cc EntwNutzSchG (BT-Drucks 13/2022 S 5) ist nicht Gesetz geworden (vgl auch BT-Drucks 13/7957). „Überwiegd" bezieht sich auf die Fläche des GBGrdst. Für die am 24. 7. 97 rhäng Klagen verbleibt es bei der bish Zuständigk. 12

7) Ehegattenmiteigentum (V) zu 1/2. – **a)** Wenn derj, der dch ProtBestätigg/Entscheidg unter den Voraussetzgen des **I 1** Eigtümer geworden ist, in diesem Ztpkt im Güterstand des FGB 13 verheiratet war u der Eheg am 22. 7. 92 lebte. – **b)** Wenn derj, der bei Ablauf des 15. 3. 90 eingetr war u am 22. 7. 92 noch lebte (**II 1 Nr 1),** bei Ablauf des 15. 3. 90 im Güterstand des FGB 13 verheiratet war u der Eheg am 22. 7. 92 lebte. – **c)** Wenn derj, der bei Ablauf des 15. 3. 90 als Eigtümer eingetr aber schon verstorben war (**II 1 Nr 2 Fall 1),** bei seinem Tod im Güterstand nach FGB 13 verheiratet war (daher nicht bei Gütertrenng; Brdb FGPrax **96**, 168) u der Eheg am 22. 7. 92 lebte. – **d)** Wenn derj, der am 15. 3. 90 lebte u als Eigtümer eingetr war, aber danach verstorben ist (**II 1 Nr 2 Fall 2),** bei Ablauf des 15. 3. 90 im Güterstand nach FGB 13 verheiratet war u der Eheg am 22. 7. 92 lebte. – **e) Einzelheiten.** In allen Fällen der Rn 12 ist es unerhebl, ob die Ehe nach dem nach V 2 maßg Ztpkt geschieden wurde u die Eheg eine neue Ehe eingingen. Der Eheg hat den 22. 7. 92 auch dann erlebt, wenn er an diesem Tag gestorben ist. Ist der nach V MitEigt erwerbde Eheg am 22. 7. 92 od danach gestorben, so hat er seinen MitEigtAnt nach allg ErbR vererbt. Zur Bedeutg im GBVerf u ggü BGB 891 vgl Rstk EWiR § 891 BGB 1/**94**, 657. 13 14

EG 233 § 12 *Berechtigter.*

[I] Berechtigter ist in den Fällen des § 11 Abs. 2 Satz 1 Nr. 1 und Nr. 2 Fall 2 in nachfolgender Reihenfolge:

1. diejenige Person, der das Grundstück oder der Grundstücksteil nach den Vorschriften über die Bodenreform oder den Besitzwechsel bei Grundstücken aus der Bodenreform förmlich zugewiesen oder übergeben worden ist, auch wenn der Besitzwechsel nicht im Grundbuch eingetragen worden ist,

2. diejenige Person, die das Grundstück oder den Grundstücksteil auf Veranlassung einer staatlichen Stelle oder mit deren ausdrücklicher Billigung wie ein Eigentümer in Besitz genommen, den Besitzwechsel beantragt hat und zuteilungsfähig ist, sofern es sich um Häuser und die dazu gehörenden Gärten handelt.

[II] Berechtigter ist in den Fällen des § 11 Abs. 2 Satz 1 Nr. 2 Fall 1 in nachfolgender Reihenfolge:

1. bei nicht im wesentlichen gewerblich genutzten, zum Ablauf des 15. März 1990 noch vorhandenen Häusern und den dazugehörenden Gärten

a) diejenige Person, der das Grundstück oder der Grundstücksteil, auf dem sie sich befinden, nach den Vorschriften über die Bodenreform oder den Besitzwechsel bei Grundstücken aus der Bodenreform förmlich zugewiesen oder übergeben worden ist, auch wenn der Besitzwechsel nicht im Grundbuch eingetragen worden ist,

b) diejenige Person, die das Grundstück oder den Grundstücksteil, auf dem sie sich befinden, auf Veranlassung einer staatlichen Stelle oder mit deren ausdrücklicher Billigung wie ein Eigentümer in Besitz genommen, den Besitzwechsel beantragt hat und zuteilungsfähig ist,

c) der Erbe des zuletzt im Grundbuch aufgrund einer Entscheidung nach den Vorschriften über die Bodenreform oder über die Durchführung des Besitzwechsels eingetragenen Eigentümers, der das Haus am Ende des 15. März 1990 bewohnte,

d) abweichend von den Vorschriften der Dritten Durchführungsverordnung zum Treuhandgesetz vom 29. August 1990 (GBl. I Nr. 57 S. 1333) der Fiskus des Landes, in dem das Hausgrundstück liegt, wenn dieses am 15. März 1990 weder zu Wohnzwecken noch zu gewerblichen Zwecken genutzt wurde;

2. bei für die Land- oder Forstwirtschaft genutzten Grundstücken (Schlägen)

a) diejenige Person, der das Grundstück oder der Grundstücksteil nach den Vorschriften über die Bodenreform oder den Besitzwechsel bei Grundstücken aus der Bodenreform förmlich zugewiesen oder übergeben worden ist, auch wenn der Besitzwechsel nicht im Grundbuch eingetragen worden ist,

b) der Erbe des zuletzt im Grundbuch aufgrund einer Entscheidung nach den Vorschriften über die Bodenreform oder über die Durchführung des Besitzwechsels eingetragenen Eigentümers, der zuteilungsfähig ist,

c) abweichend von den Vorschriften der Dritten Durchführungsverordnung zum Treuhandgesetz der Fiskus des Landes, in dem das Grundstück liegt.

III Zuteilungsfähig im Sinne der Absätze 1 und 2 ist, wer bei Ablauf des 15. März 1990 in dem in Artikel 3 des Einigungsvertrages genannten Gebiet in der Land-, Forst- oder Nahrungsgüterwirtschaft tätig war oder wer vor Ablauf des 15. März 1990 in dem in Artikel 3 des Einigungsvertrages genannten Gebiet in der Land-, Forst- oder Nahrungsgüterwirtschaft insgesamt mindestens zehn Jahre lang tätig war und im Anschluß an diese Tätigkeit keiner anderen Erwerbstätigkeit nachgegangen ist und einer solchen voraussichtlich auf Dauer nicht nachgehen wird.

IV Erfüllen mehrere Personen die in den Absätzen 1 und 2 genannten Voraussetzungen, so sind sie zu gleichen Teilen berechtigt. Ist der nach Absatz 1 Nr. 1 oder Absatz 2 Nr. 1 Buchstabe a und b oder Nr. 2 Buchstabe a Berechtigte verheiratet und unterlag die Ehe vor dem Wirksamwerden des Beitritts dem gesetzlichen Güterstand der Eigentums- und Vermögensgemeinschaft des Familiengesetzbuchs der Deutschen Demokratischen Republik, so ist der Ehegatte zu einem gleichen Anteil berechtigt.

V Wenn Ansprüche nach den Absätzen 1 und 2 nicht bestehen, ist der Eigentümer nach § 11 verpflichtet, einem Mitnutzer im Umfang seiner Mitnutzung Miteigentum einzuräumen. Mitnutzer ist, wem in einem Wohnzwecken dienenden Gebäude auf einem Grundstück aus der Bodenreform Wohnraum zur selbständigen, gleichberechtigten und nicht nur vorübergehenden Nutzung zugewiesen wurde. Für den Mitnutzer gilt Absatz 4 sinngemäß. Der Anspruch besteht nicht, wenn die Einräumung von Miteigentum für den Eigentümer eine insbesondere unter Berücksichtigung der räumlichen Verhältnisse und dem Umfang der bisherigen Nutzung unbillige Härte bedeuten würde.

1 **1) Allgemeines.** § 12 bezeichnet die Inh des ÜbereigngsAnspr aus § 11 III. Die Berecht stehen in einer Rangfolge; ein nachrang Berecht kommt nur zum Zuge, wenn ein vorrang Berecht nicht vorhanden ist (BGH VIZ **96**, 523), nicht auch, wenn dieser seinen Anspr nicht geltd macht.

2 **2) Berechtigter bei Eigentum nach § 11 II 1 Nr 1 und Nr 2 Fall 2 (I). – a) Nr 1** erfaßt BRefGrdst aller Art (Hauswirtsch iSv II Nr 1 u Schläge iSv II Nr 2). Die Berechtigg erfordert eine förml Zuweisg dch eine ZuweisgsEntscheidg od ein bestätigtes BesWechselProt der zuständ Organe nach den damals dafür geltden Vorschr (BRefVO [§ 11 Rn 1] bei Zuweisg nach den Vorschr über die BRef und BWVO [§ 11
3 Rn 2] bei Zuweisg nach den Vorschr über den BesWechsel). – **b) Nr 2** erfaßt BRefGrdst unter Beschrkg auf sog Hauswirtsch. Für die Berechtigg genügt auch eine fakt (bei förml gilt Nr 1) Zuweisg, die voraussetzt: EigenBes entspr BGB 872 auf Veranlassg od mit (nicht nur stillschw) Billigg einer (nicht notw zuständ) staatl Stelle (Partei od LPG reichen nicht), BesWechselAntr (dieser u nicht eine Maßn der Wohraumlenkg muß GrdLage der Zuweisg gewesen sein) u Zuteilgsfähigk iSv III (Rn 6). Der EigenBes muß fortbestehen, braucht aber kein unmittelbarer zu sein.

4 **3) Berechtigter bei Eigentum nach § 11 II 1 Nr 2 Fall 1 (II).** Erfaßt werden nur Alterbfälle (§ 11 II 1 Nr 2 Fall 1), währd für Neuerbfälle (§ 11 II 1 Nr 2 Fall 2) I gilt (vgl auch BMJ VIZ **93**, 152 vor Neufassg dch Art 13 Nr 3j RegVBG). – **a) Nr 1** erfaßt sog Hauswirtsch, wenn auf dem Grdst nicht im wesentl gewerbl genutzte Häuser bei Ablauf des 15. 3. 90 noch vorhanden waren (BGH DtZ **96**, 176). Unbebautes Grdst wird erfaßt, wenn es als GartenGrdst mit WohnhausGrdst wirtsch Einh bildet (BGH VIZ **98**, 384). Die Berechtigg bezieht sich nur auf die GbdeAnlage u den Hausgarten (BGH aaO). Berecht sind: An erster Stelle Begünstigte einer förml Zuweisg (Nr 1 a; vgl Rn 2). An zweiter Stelle der Eigenbesitzer agrd fakt Zuweisg (vgl Rn 3), sofern er zuteilgsfäh iSv III (vgl Rn 6) ist (Nr 1 b). An dritter Stelle derjenige, der das Haus am Ende des 15. 3. 90 bewohnte (dafür genügt BesErgreifg u Instandsetzgsbeginn zwecks späteren Bezugs [BGH NZM **99**, 775], nicht aber kurzfrist Aufenth vor dem 15. 3. 90 [BGH VIZ **99**, 616]) u tats (nicht nur gesetzl) Erbe desjenigen ist, der zuletzt im GB agrd einer förml Zuweisg (vgl Rn 2) als Eigtümer eingetr ist (Nr 1 c); and Erben können von ihm keinen Ausgl verlangen. Zum Umfang der Berechtigg vgl BGH VIZ **98**, 634 (die zur Benutzg des Wohnhauses zuzügl NebenGbden u als Hausgarten genutzte Fläche). Nr 1 d soll in der Praxis
5 aufgetretene Zweifelsfälle (zB bei langjähr Nutzg dch nicht mehr bestehde öff Dienststelle) klären. – **b) Nr 2** erfaßt als Auffangtatbestd alle (auch nicht land-/fortwirtsch genutzte) Grdst, für die Nr 1 nicht zur EigtZuweisg führt (BGH VIZ **96**, 345; **99**, 157). Berecht sind: An erster Stelle der Begünstigte einer förml Zuweisg (Nr 2 a; Dresd OLG-NL **96**, 128; vgl Rn 2), der am 22. 7. 92 gelebt hat (Naumbg VIZ **95**, 472). An zweiter Stelle des tats Erbe derjenigen, der zuletzt im GB agrd einer förml Zuweisg (vgl Rn 2) als Eigtümer eingetr ist, sofern er zuteilgsfäh iSv III (vgl Rn 6) ist (Nr 2 b). An dritter Stelle der Landesfiskus (Nr 2 c); Auffangtatbestd innerh Nr 2 (nach Düss VIZ **99**, 361 auch zu Nr 1).

6 **4) Zuteilungsfähigkeit (III)** iSv I Nr 2, II Nr 1 b, 2 b (vgl Ponzer ZflR **97**, 189 zu II 3); Tätigk in der Land/Forst/Nahrgsgüterwirtsch erfordert Zuordng des Betr zum Bereich des DDR-MfLFN (BGH NJW **98**, 224). Sie hat iR des Bestehens eines Anspr aus § 11 III bei sog Kleinstfläche keine Bedeutg (BGH VIZ **97**, 296). Die Tätigkeit muß bei Ablauf des 15. 3. 90 auf dem Gebiet der fr DDR ausgeübt worden sein (Naumbg OLG-NL **95**, 2); Urlaub/Krankh zu diesem Ztpkt unschädl. Die Art der Tätigk (zB LPG-Mitgl, Arbeiter, Angestellter) ist gleichgült (BGH VIZ **96**, 523); sie braucht nicht in örtl ZusHang mit dem zu übereignden Grdst ausgeübt worden zu sein (Brdbg VIZ **97**, 542). Nebentätigk od gelegentl Aushilfe reicht nicht (Brdbg aaO). Bei Schlägen (II Nr 2) muß der Erbe am 15. 3. 90 einer LPG angehört haben od zumind einen ZuweisgsAntr mit erklärter Beitrittsbereitsch gestellt haben (BGH NJW **98**, 224); die Tätigk in der LPG muß nicht landwirtsch Art sein (BGH ZflR **97**, 729). Der Kreis der zuteilgsfäh Pers wird unter best Voraussetzgen auf Pers erweitert, die bei Ablauf des 15. 3. 90 nicht mehr die genannte Tätigk in der fr DDR ausgeübt haben.

Damit sollen vor allem (bei Ablauf des 15. 3. 90 in der fr DDR lebde) Rentner erfaßt werden, die langjähr in der Landwirtsch usw tätig waren. Zur Anwendg bei Freikauf mit Übersiedlg in die BRep vgl Jena OLG-NL **96**, 80. „Insgesamt" bedeutet, daß die Tätigk nicht zushängd ausgeübt sein muß. Gem BGB 242 keine Berufg auf Fehlen, wenn dies auf Unrechtsmaßn beruht (BGH DtZ **97**, 121).

5) Mehrheit von Berechtigten, Ehegatten (IV). – a) Mehreren Berecht innerhalb derselben Rangklasse steht der ÜbereigngsAnspr aus § 11 III 1 (u etwaige FolgeAnspr zB bei NichtErf) in BruchtGemsch zu gleichen Teilen zu (**S 1**); auch Miterben iFv II Nr 1 c, 2 b bei unterschiedl Quote. Ihnen ist das Grdst zu MitEigt zu gleichen Teilen zu übereignen. Die AuseinandS richtet sich nach BGB 749–758. – **b)** Der Eheg eines iSv **S 2** Berecht ist zu 1/2 mitberecht an dem ÜbereigngsAnspr aus § 11 III 1 (u etwaigen FolgeAnspr), wenn für die Ehe vor dem 3. 10. 90 der Güterstd nach FGB 13 ff galt. Die Ehe muß am Ende des 2. 10. 90 u am 22. 7. 92 (Entstehen des Anspr) bestanden haben. 7

6) Mitnutzer von Wohnraum (V). – a) Voraussetzung. S 1 ist mißverständl, denn I u II begründen keinen Anspr, sond bestimmen nur den Berecht des Anspr aus § 11 III 1. Gemeint ist, daß ein Anspr aus § 11 III 1 eines nach I od II Berecht nicht besteht (darunter fällt nicht das Erlöschen dch Erlaß); vom Mitnutzer zu beweisen. – **b) Berechtigt** ist ein Mitnutzer (**S 2**). Die Mitnutzg erfordert nach Schutzzwck der Vorschr eigenes Bewohnen der Räume (nicht bloße Vermietg). Die Zuweisg muß förml od fakt entspr II Nr 1 a, 1 b erfolgt sein (BGH DtZ **94**, 347). Zuteilgsfähigk iSv von III ist nicht erforderl (BGH aaO). Bei mehreren Mitnutzern desselben Wohnraums u verheirateten Mitnutzern gilt IV sinngem (**S 3**). – **c) Verpflichtet** ist der Eigtümer ISv § 11 I u II (S 1) ggf iVm § 11 V, obwohl nur bei einem Eigtümer iSv § 11 II ÜbereigngsAnspr eines nach I od II Berecht bestehen können. „Eigtümer nach § 11" beschreibt Eigtümer iS dieser Vorschr (vgl zB §§ 13 I, 15 I. II). – **d) Anspruchsinhalt. S 1** begründet einen selbstd Anspr u modifiziert nicht nur den aus § 11 III 1; „nach § 11" bezieht sich auf „Eigtümer" (vgl Rn 10), denn bei einer Verweisg auf den Anspr würde es heißen „nach § 11 III 1 verpflichtet" (vgl § 14). Daraus folgt, daß § 13 III 2, 3 IV, nicht anwendb sind. Die MitEigtQuote des Mitnutzers berechnet sich nach dem Verhältn der beiderseit Nutzflächen an Wohnräumen, sonstigen Räumen u unbebauten GrdstFlächen (sind zB dem Mitnutzer 100 m2 Wohnraum zugewiesen u nutzt der Eigtümer 100 m^2 Wohnraum u 400 m^2 Garten, so lautet die Quote 1/6 zu 5/6). Innerh der MitEigtümerGemsch (BGB 741 ff) wirkt die Zuweisg wie eine Benutzgsregelg. – **e) Anspruchsausschluß (S 4)** insb bei sehr hohen Investitionen des Eigtümers od wenn Mitnutzer nur sehr kleinen MitEigtAnt erhalten würde. – **f) Anspruchssicherung.** Nicht nach § 13 I, da der Mitnutzer kein Berecht iSv § 13 II ist. Selbstd Sichg mögl (vgl § 13 Rn 1).

8 (beside "6) Mitnutzer von Wohnraum"), 9 (beside "Mitnutzer zu beweisen"), 10 (beside "mehreren Mitnutzern"), 11 (beside "dieser Vorschr"), 12 (beside "gsregelg.")

EG 233 § 13 *Verfügungen des Eigentümers.*

Wird vor dem 3. Oktober 2000 die Berichtigung des Grundbuchs zugunsten desjenigen beantragt, der nach § 11 Abs. 2 Eigentümer ist, so übersendet das Grundbuchamt dem Fiskus des Landes, in dem das Grundstück liegt, eine Nachricht hiervon. Das gilt auch für Verfügungen, deren Eintragung dieser Eigentümer vor dem 3. Oktober 2000 beantragt oder beantragen läßt.

Vorbem: § 13 idF des Art 2 I Nr 3 c WoModSiG v 17. 7. 1997 (BGBl I 1823)

1) Die ges EigtZuweisg nach § 11 II ist nicht endgült, denn es kann ein EigtÜbertrAnspr nach § 11 III bestehen. Soweit dieser Anspr dem Fiskus als Berecht nach § 12 zusteht, kann der Fiskus sich gg Vfgen des Eigtümers dch eine Vormkg nach § 13 a schützen. Zum BenachrichtiggsVerf vgl Böhringer Rpfleger **98**, 1. 1

2) Ab 24. 7. 1997 kann eine Vormkg nach § 13 aF selbst bei vorher eingegangenem Widerspr nicht mehr eingetr werden. Für das Löschen/Erlöschen einer vorher nach § 13 aF eingetr Vormrkg gilt § 13 aF nicht mehr (aA Böhringer Rpfleger **98**, 1), denn das WoModSiG regelt dies nicht u hebt § 13 aF auch insoweit auf; man wird aber annehmen können, daß jedenf eine nicht für den Fiskus eingetr Vormkg (vgl § 13 a) nur unter einer auflösden Bdgg iSv § 13 a V aF entstanden ist, die auch jetzt noch eintreten kann. 2

EG 233 § 13 a *Vormerkung zugunsten des Fiskus.*

Auf Ersuchen des Fiskus trägt das Grundbuchamt eine Vormerkung zur Sicherung von dessen Anspruch nach § 11 Abs. 3 ein. Die Vormerkung ist von Amts wegen zu löschen, wenn das Ersuchen durch das zuständige Verwaltungsgericht aufgehoben wird.

§ 13 a ermöglicht eine Vormkg zG des Landesfiskus ohne EintrBew des Eigtümers iSv § 11 II bzw sie ersetzde einstw Vfg. 1

EG 233 § 14 *Verjährung.*

Die Ansprüche nach den §§ 11 und 16 verjähren mit dem Ablauf des 2. Oktober 2000. Ist für einen Auflassungsanspruch eine Vormerkung nach § 13 in der bis zum 24. Juli 1997 geltenden Fassung eingetragen, verjährt der gesicherte Auflassungsanspruch innerhalb von 6 Monaten von der Eintragung der Vormerkung.

Vorbem: § 14 idF des Art 2 I Nr 3 d WoModSiG v 17. 7. 1997 (BGBl I 1823)

Gilt jetzt abw von § 14 aF (vgl dazu BGH DtZ **97**, 193; Naumbg OLG-NL **95**, 159; Brdbg VIZ **98**, 686) für alle Anspr aus §§ 11–16. Für die Löschg der Vormkg nach Verj des gesicherten Anspr gilt BGB 886. 1

EG 233 § 15 *Verbindlichkeiten.*

I Auf den Eigentümer nach § 11 Abs. 2 gehen mit Inkrafttreten dieser Vorschriften Verbindlichkeiten über, soweit sie für Maßnahmen an dem Grundstück begründet worden sind. Sind solche Verbindlichkeiten von einem anderen als dem Eigentümer getilgt worden, so ist der Eigentümer diesem zum Ersatz verpflichtet, soweit die Mittel aus der Verbindlichkeit für das Grundstück verwendet worden sind.

Der Berechtigte hat die in Satz 1 bezeichneten Verbindlichkeiten und Verpflichtungen zu übernehmen.

II Der Eigentümer nach § 11 Abs. 2 ist zur Aufgabe des Eigentums nach Maßgabe des § 928 Abs. 1 des Bürgerlichen Gesetzbuchs berechtigt. Er kann die Erfüllung auf ihn gemäß Absatz 1 übergegangener Verbindlichkeiten von dem Wirksamwerden des Verzichts an bis zu ihrem Übergang nach Absatz 3 verweigern. Die Erklärung des Eigentümers bedarf der Zustimmung der Gemeinde, in der das Grundstück belegen ist, die sie nur zu erteilen hat, wenn ihr ein nach § 12 Berechtigter nicht bekannt ist.

III Das Recht zur Aneignung steht im Fall des Absatzes 2 in dieser Reihenfolge dem nach § 12 Berechtigten, dem Fiskus des Landes, in dem das Grundstück liegt, und dem Gläubiger von Verbindlichkeiten nach Absatz 1 zu. Die Verbindlichkeiten gehen auf den nach § 12 Berechtigten oder den Fiskus des Landes, in dem das Grundstück liegt, über, wenn sie von ihren Aneignungsrechten Gebrauch machen. Der Gläubiger kann den nach § 12 Berechtigten und den Fiskus des Landes, in dem das Grundstück liegt, zum Verzicht auf ihr Aneignungsrecht auffordern. Der Verzicht gilt als erklärt, wenn innerhalb von drei Monaten ab Zugang eine Äußerung nicht erfolgt. Ist er wirksam, entfallen Ansprüche nach § 12. Ist der Verzicht erklärt oder gilt er als erklärt, so können andere Aneignungsberechtigte mit ihren Rechten im Wege des Aufgebotsverfahrens ausgeschlossen werden, wenn ein Jahr seit dem Verzicht verstrichen ist. Mit dem Erlaß des Ausschlußurteils wird der beantragende Aneignungsberechtigte Eigentümer. Mehrere Gläubiger können ihre Rechte nur gemeinsam ausüben.

1 **1) Allgemeines.** BRefGrdst konnten nicht belastet werden (vgl § 11 Rn 1). Die für die Bewirtschaftg notw Kredite wurden als Personalkredite vergeben u begründeten dingl nicht gesicherte schuldrechtl RückzahlgsVerpfl. Nur diese betrifft § 15 (BGH ZflR **98**, 296).

2 **2) Übergang/nahme von Verbindlichkeiten, Ersatzpflicht (I). – a) Übergang (S 1).** Die Verbindlichk müssen für Maßn an dem Grdst (Maßn der GrdstBewirtschaftg wie zB Bodenverbesserg, GbdeErrichtg/Erhaltg, Anschaffg/Erhaltg von Geräten für die GrdstBewirtschaftg) begründet worden sein; tats Verwendg dafür abw von § 2 nicht erforderl. Übergang auf denjenigen, der nach § 11 II am 22. 7. 92 GrdstEigt erwirbt;
3 bish Schuldn wird frei. – **b) Ersatzpflicht (2).** Am 22. 7. 92 bereits getilgte Verbindlichk iSv S 1 können nicht mehr übergehen. Sind die Mittel aus der Verbindlichk tats für Maßn an dem Grdst iSv S 1 verwendet worden u ist die Verbindlichk vor dem 22. 7. 92 getilgt worden (auch dch Aufrechng), so ist der Eigtümer
4 nach § 11 II dem Tilgden zum Ers verpfl. – **c) Übernahmepflicht (S 3).** Nur wenn der Berecht nach § 12 Übereigng des Grdst nach § 11 III 1 verlangt, muß er die auf den Eigtümer nach S 1 übergegangenen Verbindlichk übernehmen; gilt trotz des Hinweises auf S 1 auch für die ErsPfl aus S 2, denn sonst ginge das Wort „Verpfl“ ins Leere. Zur Sichg der ÜbernPfl vgl § 11 Rn 10.

5 **3) Eigentumsaufgabe (II).** Der Eigtümer nach § 11 II kann das GrdstEigt nach BGB 928 I aufgeben (**S 1**); wg dieser Berechtigg kein SchadErs wg Verletzg der Verpfl aus § 11 III 1. Die VerzErkl des Eigtümers bedarf der Zustimmg der Gemeinde (**S 3**); VerzEintr ohne Zustimmg macht das GB unricht. Die ZustErkl ist materiellrechtl formfrei, verfrechtl gilt GBO 29 III; das GBA hat nicht zu prüfen, ob die Gemeinde die Zustimmg erteilen durfte. Der Verzicht (EigtAufg) wird mit der GBEintr wirks (BGB 928 I); die Haftg für die nach I 1 übergegangenen Verbindlichk besteht bis zum Übergang auf den Aneignden fort (vgl III 2), der bish Eigtümer hat aber ein dch Einrede geltd zu machdes LeistgsverweigergsR (**S 2**). S 2 gilt nach seinem Wortlaut nicht für die ErsPfl aus I 2 (keine übergegangene Verbindlichk), aber entspr Anwendg geboten, zumal I 3 auch beide gleichstellt u nur auf I 1 verweist.

6 **4) Aneignungsrecht (III)** bzgl des nach II aufgegebenen Eigt. – **a) Aneignungsberechtigt** sind die in
7 **S 1** Genannten in der dortigen Reihenfolge; die Berecht nach § 12 in der dortigen Reihenfolge. – **b) Berechtigte nach § 12, Fiskus (S 2).** GebrMachen vom AneigngsR bedeutet EigtErwerb dch Ausübg des AneigngsR. Für den EigtErwerb dch diese Berecht gilt S 7 nicht, denn S 3–8 gelten nur für die Aneigng dch den Gläub. EigtErwerb dch AneigngsErkl in der From von GBO 29, EintrAntr u GBEintr (BGB 928 Rn 4); dabei ist in der Form von GBO 29 nachzuweisen (idR schwer mögl), daß ein vorrang AneigngsR nicht besteht; Eintr unter Verletzg vorrang AneigngsR bewirkt keinen EigtErwerb. Mit EigtErwerb gehen Verbindlichk auf den Aneignden über u die Haftg nach I erlischt; S 2 gilt auch für ErsVerpfl aus I 2 (vgl Rn 4, 5). –
8 **c) Gläubiger der Verbindlichkeit nach I 1** (S 3–8); gilt auch für Gläub einer ErsVerpfl nach I 2 (vgl Rn 4, 5, 7). Er kann in einem AufforidergsVerf den Untergang der vorrang AneigngsRe herbeiführen. Hat ein vorrang AneigngsBerecht den Verzicht erklärt od gilt er nach S 4 als erklärt, so kann der Gläub ein AufgebotsVerf nach ZPO 946 ff betreiben, für das ZPO 978–981 entspr gelten (sonst fehlte es schon an einer Zuständigk vgl ZPO 946 II). Das AusschlUrt darf erst ein Jahr nach der VerzErkl bzw dem FrAblauf nach S 4 ergehen; VerfEinleitg schon früher mögl. Mehrere Gläub (**S 8**) erwerben MitEigt im Verhältn ihrer Anspr. S 5 geht ins Leere, weil § 12 keine Anspr begründet, sond Berecht für den Anspr aus § 11 III 1 u das AneigngsR aus III 1 bestimmt. Mit EigtErwerb erlöschen die Anspr des Gläub (Vereinigg von Schuld u Fdg).

EG 233 § 16 *Verhältnis zu anderen Vorschriften, Übergangsvorschriften.*

I Die Vorschriften dieses Abschnitts lassen die Bestimmungen des Vermögensgesetzes sowie andere Vorschriften unberührt, nach denen die Aufhebung staatlicher Entscheidungen oder von Verzichtserklärungen oder die Rückübertragung von Vermögenswerten verlangt werden kann. Durch die Vorschriften dieses Abschnitts, insbesondere § 12 Abs. 2 Nr. 2 Buchstabe c, werden ferner nicht berührt die Vorschriften der Dritten Durchführungsverordnung zum Treuhandgesetz sowie Ansprüche nach Artikel 21 Abs. 3 und nach Artikel 22 Abs. 1 Satz 7 des Einigungsvertrages. Über die endgültige Aufteilung des Vermögens nach § 12 Abs. 2 Nr. 2 Buchstabe c wird durch besonderes Bundesgesetz entschieden.

II Der durch Erbschein oder durch eine andere öffentliche oder öffentlich beglaubigte Urkunde ausgewiesene Erbe des zuletzt eingetragenen Eigentümers eines Grundstücks aus der Bodenreform, das als solches im Grundbuch gekennzeichnet ist, gilt als zur Vornahme von Verfügungen befugt, zu deren Vornahme er sich vor dem Inkrafttreten dieses Abschnitts verpflichtet hat, wenn vor diesem Zeitpunkt die Eintragung der Verfügung erfolgt oder die Eintragung einer Vormerkung zur Sicherung dieses Anspruchs oder die Eintragung dieser Verfügung beantragt worden ist. Der in § 11 bestimmte Anspruch richtet sich in diesem Falle gegen den Erben; dessen Haftung beschränkt sich auf die in dem Vertrag zu seinen Gunsten vereinbarten Leistungen. Die Bestimmungen dieses Absatzes gelten sinngemäß, wenn der Erwerber im Grundbuch eingetragen ist oder wenn der Erwerb von der in § 11 Abs. 2 Satz 1 Nr. 1 bezeichneten Person erfolgt.

III Ein Vermerk über die Beschränkungen des Eigentümers nach den Vorschriften über die Bodenreform kann von Amts wegen gelöscht werden.

1) Verhältnis zu anderen Vorschriften (I). Die §§ 11 ff enthalten eine rein sachenrechtl Abwicklgsregelg, die die in I genannten SonderVorschr u damit die endgült Zuordng der BRefGrdst unberührt läßt. 1

2) Verfügungsbefugnis (II). Ohne Rücks auf die materielle Berechtigg gilt der gem S 1 (auch die Urk müssen nach ihrer BewKraft die Erbenstellg bezeugen) als Erbe des zuletzt eingetr Eigtümers eines BRefGrdst Legitimierte als zu Vfgen über das Grdst (Veräußerg, Belastg) befugt, zu denen er sich vor dem 22. 7. 92 rwirks verpfl hat, wenn vor dem 22. 7. 92 entweder die RÄnderg im GB eingetr od ihre GBEintr beantragt worden ist od wenn vor dem 22. 7. 92 die Eintragg einer Vormkg zur Sichg des RÄndergsAnspr beantragt worden ist (erst recht reicht die Eintragg der Vormkg vor dem 22. 7. 92); wg der AntrStellg beim GBA vgl § 7. Seine Vfg ist wirks (Brdbg VIZ **98**, 686). Der Anspr des nach § 12 Berecht aus § 11 III richtet sich gg den nach S 1 VfgsBefugten (nicht gg den Eigtümer nach § 11 II) u geht auf Abtretg des KaufprAnspr bzw nach dessen Erfüllg auf KaufprHerausg bzw ErsLeistg bei zu vertretder Nichtherausgebbark (BGH VIZ **98**, 150; **99** 176). II 3 erweitert die vereinfachte Regelg des II 2 auf einen Erwerb, der dch GBEintr bereits vollzogen ist, sowie auf den Erwerb von einer Pers, die als Eigtümer eingetr war u selbst verfügt hat (hier braucht der Erwerb nach Maßg von II 1 noch nicht dch Eintr vollzogen zu sein). 2

3) Löschung der Verfügungsbeschränkung (III). Das AmtslöschgsVerf ist kostenfrei (KostO 70). Schon vor dem 22. 7. 92 wurden BRefVermerke vielf gelöscht (vgl Böhringer VIZ **92**, 179). Bei Neuanlage von GB ist der gelöschte Vermerk wg § 13 zu übertragen. 3

Artikel 234. Viertes Buch. Familienrecht

Einführung

Geltungsumfang und Inkrafttreten: Art 230. Zum FamR in der ehem DDR: Grandke DtZ **90**, 321. 1
Die **Überleitungsregelung** stellt die Rechtseinheit auf dem Gebiet des FamR entspr dem Beitrittsprinzip dadch her, daß die famrechtl Verh der fr DDR in das FamR der BRep übergeleitet w (Art 234 § 1). Art 234 §§ 2–15 enth Ausn, inhaltl u zeitl Modifikationen usw (vgl 50. Aufl). 2

EG 234 § 1 *Grundsatz.* **Das Vierte Buch des Bürgerlichen Gesetzbuchs gilt für alle familienrechtlichen Verhältnisse, die am Tag des Wirksamwerdens des Beitritts bestehen, soweit im folgenden nichts anderes bestimmt ist.**

1) Geltungsbereich. a) Vorrang des interlokalen Kollisionsrechts (Nachw: 55. Aufl). Der AnwendgsBereich des iü im ges BGebiet geltden Art 234 §§ 1–15 hängt davon ab, daß nach interlok KollisionsR (Anh III zu Art 3) die TeilROrdng der neuen Verh anzuwenden gew wäre. Fälle, die zum Ztpkt des WirksWerdens des Beitritts dagg nach dem bish BRecht zu entsch gew wären, bleiben diesem auch weiterhin unterstellt. Die Tats der Scheidg im Gebiet der fr DDR reicht für die Anwendg v Art 234 also nicht. Zur Fortdauer des ScheidgsStatuts: BGH FamRZ **92**, 295. 1

b) Art 234 gilt für alle **familienrechtlichen Verhältnisse** gleichgült, ob sie dch Abstammg, Eheschl od sonst dch Vertr od krGes zustande gekommen od aufgeh w sind, u unabhäng von den in der fr DDR mit der Ehe u Fam verfolgten polit Zielsetzgen. Die RInstitute des FamR im BGB u FGB haben sich nicht so weit voneinand entfernt, daß es zu Qualifikationsproblemen kommen könnte; im großen u ganzen beschränken sich die Unterschiede hier auf die Ausdrucksw (elt Sorge u ErziehgsR; Ann als Kind u Ann an Kindes Statt usw). 2

c) Dem Ggst nach beschränkt Art 234 § 1 die Überleitg auf das **Vierte Buch des BGB.** Doch sind auch das **EheG** (Art 234 § 2 Rn 2), die **BarwertVO** (Anh I zu Art 234 § 6) sowie das **VAHRG** (Anh II zu Art 234 § 6) übergeleitet worden, so daß auch diese Vorschr ggf mit entspr Modifikationen ab 3. 10. 90 im Bereich der fr DDR gelten. Ausdr von der Überleitg ausgenommen wurden die **RegelunterhaltsVO** (vgl Art 234 § 9 Rn 1) sowie die **Amtspflegschaft** der §§ 1706–1710 BGB aF, die aber mit Wirkg vom 1. 7. 98 dch Art 1 Nr 3 BeistandschG insges aufgeh und dch das RInst der freiw Beistandsch ersetzt worden ist (vgl Einf 1 ff v § 1712). Entspr wurde dch Art 3 Nr 3 BeistandschG der Art 230 neu gefaßt. Das neue BeistandschR der §§ 1712 ff gilt als nach dem 3. 10. 90 geschaffenes R auch im Beitrittsgebiet. Es handelt sich nicht um ein Problem der Überleitg. Keine ausdr ÜbergRegelg findet sich zur **HausratsVO** (vgl Art 234 § 4 Rn 18). 3

d) Das ÜberleitsgR gilt in sämtl RGebieten, in denen es auf famrechtl Verh ankommt, insb also auch im **öffentlichen Recht** u im **Strafrecht.** Soweit das **Familiengesetzbuch (FGB) der DDR** vom 20. 12. 65 (GBl I 1966 Nr 1 S 1) fortgilt, ist zu beachten, daß dies dch das **1. FamRÄndG** vom 20. 7. 90 (GBl I S 1036), das am 1. 10. 90 in Kr getreten ist, geänd u ergänzt wurde (vgl Eberhardt FamRZ **90**, 917). 4

5 **2) Stichtagsprinzip:** Bis zum Tag des WirksWerdens des Beitr galt für famrechtl Verh das R der fr DDR (Rn 4); mit dem Beitritt gilt das R der BRep. Dies bedeutet: auf in der fr DDR vor dem Beitritt begründete u fortbestehde FamRVerh, insb also auch auf Ehen aus der fr DDR, die üb den 3. 10. 90 hinaus bestehen u somit erst nach dem Stichtag aufgelöst w, sei es dch den Tod eines Eheg, sei es dch Scheidg, **gelten vom 3. 10. 90 an die Vorschriften des Vierten Buchs des BGB** (vgl Rn 3). Dagg ist **keine Rückwirkung** des neuen Rs vorgesehen (BT-Drucks 11/7817 S 42), so daß abgeschlossene famrecht Verh nicht unter dem Gesichtspkt wieder aufgerollt w können, daß sie unter der Geltg des BGB anders hätten entschieden w müssen. **DDR-Ehescheidungen** bis zum 2. 10. 90 werden anerk (Bosch FamRZ **91**, 1382). Bei rechtskr Feststellg der Unwirksamk kann nach dem 3. 10. 90 Scheidg der Ehe begehrt w (Hamm FamRZ **97**, 1215; vgl AG Bautzen FamRZ **94**, 1388 mA Bosch). Vor dem Beitritt geb Ki können gem § 1600n **Vaterschaftsklage** auch dann erheben, wenn die JFr von FGB 56 II vor dem 3. 10. 90 verstrichen ist (BGH NJW **97**, 2053). Im **Unterhaltsrecht** gelten: §§ 1361, 1569 ff für Scheidgen nach dem 30. 9. 90 (EG 234 § 5 Rn 1), 1601 ff, 1615a ff, auch hins der Anspr einer ne Mutter, obw diese im FGB nicht vorgesehen waren (Maurer DtZ **93**, 130). Eine v der DDR angeordn u wieder aufgeh **Abwesenheitspflegschaft** kann nicht nachträgl mit Rückwirkg aufgeh w (LG Bln FamRZ **92**, 223). Doch gilt auch das Stichtagsprinzip nur, **soweit nichts anderes bestimmt ist,** dh, soweit Art 234 §§ 2–15 bzw die übr ÜberleitgsRegelgen davon keine Ausn
6 machen. Dabei bezeichnet das EinigsVG diesen Stichtag dchgängig als **Tag des Wirksamwerdens des Beitritts;** gemeint ist damit immer der **3. 10. 90.** Soweit an diesen Stichtag der Lauf von **Jahresfristen** geknüpft war (vgl Art 234 §§ 3 I 1 u 3 Nr 2, 4 II 1 usw), endeten diese jew am 2. 10. Vgl zur Berechng 55. Aufl.

EG 234 § 2 *Verlöbnis.* **Die Vorschriften über das Verlöbnis gelten nicht für Verlöbnisse, die vor dem Wirksamwerden des Beitritts geschlossen worden sind.**

1 Die vor dem 3. 10. 90 in der DDR eingegangenen Verlöbn brachten nach FGB 5 III 2 ledigl den Willen zur ernsth EhePrüfg zum Ausdr; sie hatten keinerlei RFolgen u begründeten insb keine Anspr. Ausn: Legitimation v VerlobgsKi gem Art 234 § 12. Für Verlobgen nach dem 2. 10. 90 gelten BGB 1297 ff automat, so daß bei Vorliegen der tatbestandl Vorauss Anspr auf Aufw- u SchadErs sowie die Verpfl zur Rückgabe der Geschenke entstehen.

2 **Überleitung des EheG:** Vgl 54. Aufl. Für bis einschl 2. 10. 90 in der DDR geschl bzw für nichtig erkl Ehen gilt das bish R weiter.

EG 234 § 3 *Wirkungen der Ehe im allgemeinen.* **[I]Ehegatten, die vor dem Wirksamwerden des Beitritts die Ehe geschlossen haben und nach dem zur Zeit der Eheschließung geltenden Recht eine dem § 1355 Abs. 2 Satz 1 des Bürgerlichen Gesetzbuchs entsprechende Wahl nicht treffen konnten, können bis zum Ablauf eines Jahres nach Wirksamwerden des Beitritts erklären, daß sie den Geburtsnamen des Mannes oder der Frau als Ehenamen führen wollen. Dies gilt nicht, wenn die Ehe aufgelöst oder für nichtig erklärt ist. Hat ein Ehegatte vor dem Wirksamwerden des Beitritts seinen zur Zeit der Eheschließung geführten Namen dem Ehenamen hinzugefügt, so**

1. entfällt der hinzugefügte Name, wenn die Ehegatten gemäß Satz 1 erklären, den Geburtsnamen dieses Ehegatten als Ehenamen führen zu wollen;

2. kann der Ehegatte bis zum Ablauf von zwei Jahren nach Wirksamwerden des Beitritts erklären, anstelle des hinzugefügten Namens nunmehr seinen Geburtsnamen voranstellen zu wollen.

§ 1355 Abs. 3 des Bürgerlichen Gesetzbuchs gilt nicht für einen Ehegatten, dessen zur Zeit der Eheschließung geführter Name Ehename geworden ist.

[II]Eine Namensänderung nach Absatz 1 Satz 1 erstreckt sich auf den Geburtsnamen eines Abkömmlings, welcher das 14. Lebensjahr vollendet hat, nur dann, wenn er sich der Namensänderung seiner Eltern durch Erklärung anschließt. Ein in der Geschäftsfähigkeit beschränkter Abkömmling kann die Erklärung nur selbst abgeben; er bedarf hierzu der Zustimmung seines gesetzlichen Vertreters. Ist der frühere Geburtsname zum Ehenamen eines Abkömmlings geworden, so erstreckt sich die Namensänderung nach Absatz 1 Satz 1 auf den Ehenamen nur dann, wenn die Ehegatten die Erklärung nach Absatz 2 Satz 1 gemeinsam abgeben. Die Erklärungen nach Absatz 2 Satz 1 und 3 sind innerhalb eines Jahres abzugeben; die Frist beginnt mit der Abgabe der Erklärung nach Absatz 1.

[III]Die Erklärungen nach den Absätzen 1 und 2 bedürfen der öffentlichen Beglaubigung. Sie sind dem für ihre Entgegennahme zuständigen Standesbeamten zu übersenden. Die Erklärungen können auch von den Standesbeamten beglaubigt oder beurkundet werden.

[IV]Zur Entgegennahme der Erklärung über die Änderung des Ehenamens ist der Standesbeamte zuständig, der das Familienbuch der Ehegatten führt; wird ein Familienbuch nicht geführt, so ist der Standesbeamte zuständig, der das Heiratsbuch führt. Der Standesbeamte nimmt aufgrund der Erklärung die Eintragung in das von ihm geführte Personenstandsbuch vor.

[V]Zur Entgegennahme der Erklärung über die Änderung des Geburtsnamens ist der Standesbeamte zuständig, der das Geburtenbuch führt; er nimmt aufgrund der Erklärung die Eintragung in das Geburtenbuch vor.

[VI]Haben die Ehegatten die Ehe außerhalb des Geltungsbereichs dieses Gesetzes geschlossen und wird ein Familienbuch nicht geführt, so ist der Standesbeamte des Standesamts I in Berlin zuständig. Er erteilt, falls er kein Personenstandsbuch führt, in das aufgrund der Erklärung eine Eintragung vorzunehmen wäre, dem Erklärenden und den weiter von der Erklärung Betroffenen eine Bescheinigung über die Entgegennahme und die Wirkungen der Erklärung. Gleiches

gilt, wenn die Geburt des Abkömmlings nicht im Geltungsbereich dieses Gesetzes beurkundet ist.

VII Der Bundesminister des Innern wird ermächtigt, im Benehmen mit dem Bundesminister der Justiz und mit Zustimmung des Bundesrates zur Durchführung dieses Gesetzes Verwaltungsvorschriften über die nähere Behandlung der Erklärungen und die Mitteilungspflichten der Standesbeamten zu erlassen.

Die Vorschr zur Beibehaltg u Änd des **Ehenamens** u des **Begleitnamens** sowie zur Erstreckg der NamÄnd auf **Abkömmlinge** sind weitgehd dch Ablauf der Fr erled u iü auch dch das **FamNamRG** mit seinen neuen WahlMöglkten (vgl BGB 1355, 1616 ff) überholt. Vgl 53. Aufl. Hat ein Ki den Namen seines Stiefvaters erh (FGB 65), erlangt es bei Wiederheirat seiner leibl Elt nicht automat deren EheNa (LG Schwerin StAZ **94**, 152). 1

EG 234 § 4 *Eheliches Güterrecht.* **I Haben die Ehegatten am Tag des Wirksamwerdens des Beitritts im gesetzlichen Güterstand der Eigentums- und Vermögensgemeinschaft des Familiengesetzbuchs der Deutschen Demokratischen Republik gelebt, so gelten, soweit die Ehegatten nichts anderes vereinbart haben, von diesem Zeitpunkt an die Vorschriften über den gesetzlichen Güterstand der Zugewinngemeinschaft.**

II Jeder Ehegatte kann, sofern nicht vorher ein Ehevertrag geschlossen oder die Ehe geschieden worden ist, bis zum Ablauf von zwei Jahren nach Wirksamwerden des Beitritts dem Kreisgericht gegenüber erklären, daß für die Ehe der bisherige gesetzliche Güterstand fortgelten solle. § 1411 des Bürgerlichen Gesetzbuchs gilt entsprechend. Wird die Erklärung abgegeben, so gilt die Überleitung als nicht erfolgt. Aus der Wiederherstellung des ursprünglichen Güterstandes können die Ehegatten untereinander und gegenüber einem Dritten Einwendungen gegen ein Rechtsgeschäft, das nach der Überleitung zwischen den Ehegatten oder zwischen einem von ihnen und dem Dritten vorgenommen worden ist, nicht herleiten.

III Für die Entgegennahme der Erklärung nach Absatz 2 ist jedes Kreisgericht zuständig. Die Erklärung muß notariell beurkundet werden. Haben die Ehegatten die Erklärung nicht gemeinsam abgegeben, so hat das Kreisgericht sie dem anderen Ehegatten nach den für Zustellungen von Amts wegen geltenden Vorschriften der Zivilprozeßordnung bekanntzumachen. Für die Zustellung werden Auslagen nach § 137 Nr. 2 der Kostenordnung nicht erhoben. Wird mit der Erklärung ein Antrag auf Eintragung in das Güterrechtsregister verbunden, so hat das Kreisgericht den Antrag mit der Erklärung an das Registergericht weiterzuleiten. Der aufgrund der Erklärung fortgeltende gesetzliche Güterstand ist, wenn einer der Ehegatten dies beantragt, in das Güterrechtsregister einzutragen. Wird der Antrag nur von einem der Ehegatten gestellt, so soll das Registergericht vor der Eintragung den anderen Ehegatten hören. Für das gerichtliche Verfahren gelten die Vorschriften des Gesetzes über die Angelegenheiten der freiwilligen Gerichtsbarkeit.

IV In den Fällen des Absatzes 1 gilt für die Auseinandersetzung des bis zum Wirksamwerden des Beitritts erworbenen gemeinschaftlichen Eigentums und Vermögens § 39 des Familiengesetzbuchs der Deutschen Demokratischen Republik sinngemäß.

V Für Ehegatten, die vor dem Wirksamwerden des Beitritts geschieden worden sind, bleibt für die Auseinandersetzung des gemeinschaftlichen Eigentums und Vermögens und für die Entscheidung über die Ehewohnung das bisherige Recht maßgebend.

VI Für die Beurkundung der Erklärung nach Absatz 2 und der Anmeldung zum Güterrechtsregister sowie für die Eintragung in das Güterrechtsregister beträgt der Geschäftswert 5000 Deutsche Mark.

1) Lit: Otto, Das EheGütR nach dem EinigsV, Überleitg u Fortbestd der Eigt- u VermGemsch, 1994; zur Bedeutg des SachenRBer- u SchuldRAnpG iR der VermAuseinandS: van Dieken FuR **95**, 183. – **a) Zweck** der Regelgen von Art 234 §§ 4, 4a: In der BRep u in der DDR galten unterschiedl Güterstde (Rn 4 ff). Desh bedurfte es einer Regelg, welcher Güterstd für die Ehel der neuen BLänder nach dem Beitritt maßg sein soll. Der EinigsV sah dafür in § 4 ein aus ges Automatik u Option gemischtes System vor. Dch das RegVBG (vgl BGB 55 a Rn 1) wurde mit Wirkg v 25. 12. 93 die Vorschr des § 4 a eingefügt, deren Zw vornehml in der Anpassg der Eigt- u VermGemsch der fr DDR an die dogmat Strukturen des BGB liegt. – **b) Geltungsbereich.** Zum Vorrang des interlokalen PrivR, dh welche Ehen von der ÜbergRegelg überh betroffen sind: Art 234 § 1 Rn 1. Bei Übersiedlg aus der Zt vor dem 3. 10. 90: Wassermann FamRZ **90**, 333; Bosch FamRZ **91**, 1009. Zum Hausr: Rn 18. – **c) Verjährung** von AuseinandSAnspr aus FGB 39: Hammermüller u Eberhardt FamRZ **94**, 285 u 676; des ZugewAusglAnspr: § 1378 Rn 11. 1

2) Die konkurrierenden gesetzlichen Güterstände: 2

a) Zugewinngemeinschaft ist der in BGB 1363–1390 geregelte ges Güterstd des BGB (vgl 53. Aufl Rn 9). Sie verbindet die Gütertrenng (BGB 1363 II 1, 1364 ff) währd der Ehe mit einer AusglVerpfl (BGB 1378 I) desj Eheg, der bei Scheidg (BGB 1363 II 2) rechnerisch den höh Zugew erzielt hat (BGB 1373–1376). Zur Berechng des Kaufkraftschwunds: § 1376 Rn 13. 3

b) Eigentums- und Vermögensgemeinschaft (EVermGemsch; Lit: E. Münch, Die EVermGemsch 1993; Lipp FamRZ **94**, 945; **95**, 65; **96**, 1117) war der alleinige ges Güterstd in der fr DDR (FGB 13–16). Es handelte sich um eine ErrGemsch mit dingl Aufteilg der VermGgste u entspr AusglZahlgen bei Scheidg der Ehe (FGB 39–40) bzw bei vorzeit Aufhebg der VermGemsch (FGB 41). Auch vor dem Inkrafttr des FGB (1. 4. 66) erworbene Ggste wurden anteilsloses GesEigt der Eheg, wenn sie dch Arb erwirtsch waren. Nach FGB 13 I fielen kr Ges alle von einem od beiden Eheg währd der Ehe dch Arb od aus ArbEink bzw diesen 4 gleichgestellten Eink erworbenen Sachen u Rechte in das gemeins Eigt der Eheg in Form eines GesamthandsEigt. Bei Beendigg der Ehe wurde dieses gemschaftl Eigt dch Einigg der Eheg od dch RiSpruch grdsl real geteilt, wobei iFd Zuweisg v AlleinEigt an einen Eheg zum Ausgl f den and Eheg eine WertErstattg in Geld in Betr kam. Der ges Güterstd kannte neben dem gemeins Verm der Eheg auch das AlleinEigt eines jeden Eheg (sog Sondergut, FGB 13 II), zu dem insb die vor der Heirat od währd der Ehe (zB dch Geschenk od Erbsch) erworbenen Ggste gehörten. Bei wesentl Beitrag eines Eheg (auch in Form der HaushFührg u KiErz) zur Mehrg od bl Erhaltg dieses AlleinVerm konnte ihm das Ger nach Erm bei Beendigg der Ehe einen Anteil hieran zusprechen, u zwar bis zur Hälfte des bei Eheende vorh AlleinVerm (FGB 40 I, II). Vgl Rn 15.

5 a) Als **Vermögensgegenstände** kommen nur solche in Betr, die von einem od beid Eheg vor dem 3. 10. 90 dch Arb od aus dem ArbEink erworben w u gem FGB 13 I ggf auch nur gutgl (BGH ZIP **96**, 688) gemeins Verm der Eheg gew sind. Darunter fallen dem Ggst nach Sachen u Anwartsch (KG FamRZ **95**, 42, wobei allerd VorkaufsR mit best KaufPr den VeräußVertr nichtig sein lassen), auch Sparkonten, MitglR in einem Gartenlaubenverein uä, wobei das Surrogationsprinzip der DDR zu berücks ist (BGH FamRZ **94**, 504/6). Eine NeubauernWirtsch aGrd Bodenreform begründete gemschaftl Eigt (Oldbg FamRZ **96**, 1412). An einem vor dem 3. 10. 90 u vor Eingehg der Ehe zu AlleinEigt erworbenen Grdst erwarb der Eheg auch dann nicht ow eine Mitberechtigg, wenn die zukünft SchwiegerElt den GrdstErwerb mitfinanziert h (Brdbg NJW **98**, 246).

6 b) Die **Aufteilung** erfolgt nicht nach ZVG 180 (vgl § 1372 Rn 9), sond ausschl nach FGB 39 I (Brdbg FamRZ **95**, 1429) unter Berücks der ges Vorgaben nach bill Erm; entspr Antr der Part binden den Ri nicht (BGH FamRZ **92**, 531). Der Antr war nach ZPO/DDR VerfAntr, so daß die Bezifferg nachgeholt w kann (vgl BezG Ffo FamRZ **93**, 1102). Das Ger kann auf Antr ungleichmäß Antle am gemschaftl Eigt u Verm festlegen (FGB 39 II 1). Ohne Antr bleibt es bei gl Antlen. Kommt eine Einigg üb den Überg des Ggst in das AlleinEigt nicht zustde, erfolgt der RÜberg mit der Rechtskr der güterrechtl Entsch (vgl FGB 39 III 1) bzw mit Ablauf von 1 J hins derj Sachen, die jeder der Eheg in seinem Bes hat (FGB 39 III 2). Die Zuweisg des vorher gemschaftl GrdstEigt an einen Eheg allein (FGB 39 II 3) kann im Hinbl auf GG 14 problemat sein (vgl BGH FamRZ **91**, 794). Die Zuweisg einz Ggste in das AlleinEigt kommt nur bei ihrer Natur nach unteilb Ggst in Betr u setzt ferner voraus, daß SachGrde der Begr von MitEigt entggstehen (BGH FamRZ **92**, 531). Auch dann darf keiner der Eheg willkürl bevorzugt w, sond es müssen für die konkr Zuweisg eines Hauses trift Grde sprechen (BGH **117**, 35; FamRZ **92**, 923).

7 c) **Erstattungszahlung:** Bei Übertr eines Ggst zum AlleinEigt ist gem FGB 39 I 3 gleichzeit eine Verpfl zur angem Erstattg des anteil Werts ggü dem and Eheg festzusetzen u deren Erf (dch SichergsHyp oä) zu sichern (BGH **117**, 35; FamRZ **92**, 531 u 923). Bei der Ermittlg des inneren Werts eines Grdst ist der Preis zu ermitteln, der zu erzielen gewesen wäre, wenn die HöchstPrBest nicht gegolten hätten (KG FamRZ **96**, 668). Der HalbteilgsGrds von FGB 39 I 1, in den sämtl VermGgste einzubeziehen sind (KG FamRZ **92**, 1430), läßt sich hins der AusglZahlgen nur dann verwirkl, wenn alle der AuseinandS unterliegden Sachen zur selben Zt bewertet w (BezG Cottbus FamRZ **93**, 966). Zu den versch BewertgsZtpkten: Rn 14. Ist nicht gewährleistet, daß der ErstattgsBetr iH der Hälfte des VerkWerts aufgebracht w kann, kommt nur die Begr hälft BruchtEigt in Betr (KG FamRZ **92**, 563).

8 d) Im Rahmen der gem V fortgeltden EVermGemsch gilt auch FGB 40 weiter (BGH **117**, 35/38; FamRZ **93**, 1048: Verf nach ZPO, nicht FGG). Der AnwendgsBereich des auf Geld gerichteten schuldrechtl **Ausgleichsanspruchs** erstreckt sich auf alle Sachen u VermRechte, die einem Eheg bei Beendigg der Ehe allein gehörten (FGB 13 II). Die Entlastg des and Eheg dch Übern aller häusl Verpfl kann einen AusglAnspr rechtf (Brdbg FamRZ **96**, 670). Vgl Rn 13, 15.

9 **3) Anwendbares Recht. a) Bei Scheidungen vor dem 3. 10. 90 (V)** gelten für die vermrechtl AuseinandS ausschließl die Vorschr von FGB 39 ff. Maßg ist die **Rechtskraft der Scheidung** (BezG Erf FamRZ **94**, 703; JH/Jaeger Rn 2; Schwab VII Rn 287; wohl auch BGH NJW **92**, 821; aA Diederichsen 58. Aufl mwN). Ob das AuseinandSVerf (Rn 6 ff) schon anhäng war, ist unerhebl. Auch wenn die Scheidg uU lange Jahre vor dem Beitr erfolgte, besteht die noch nicht abgewickelte EVermGemsch nach FGB 13 I fort (aA BezG Erf aaO) u wird – im Extremfall wiederum J nach dem Beitr – ausschließl nach FGB 39 ff auseinandergesetzt (Peters FamRZ **94**, 673). Das gemschaftl Eigt der Eheg hat sich nicht in BruchteilsEigt verwandelt (Brdbg FamRZ **96**, 667).

10 **b) Bei am 3. 10. 90 bestehenden Ehen** – dh ggf auch bei zu diesem Ztpkt ohne ScheidgsAusspr noch lfden ScheidgsVerf (§ 1384 kann keine Vorwirkg entfalten, aA Rstk FamRZ **97**, 1158) – ist zu unterscheiden:

11 **aa) Automatischer Güterstandswechsel, I.** Mit Wirkg ab 3. 10. 90 trat das ehel GüterR des BGB auch in den BeitrittsLändern in Kr (EinigsV Art 8, EGBGB Art 230, 234 § 1). Bestehde Ehen, für die zu diesem Ztpkt der DDR-Güterstd der Eigt- u VermGemsch galt, wurden von Ges wg (BT-Drucks 11/7817 S 43) in den ges Güterstd der ZugewGemsch (Rn 3) übergeleitet, sofern die Eheg nichts and vereinb (Rn 14) u auch keine FortgeltgsErkl abgegeben h (vgl Rn 12); in diesen letztgenannten Fällen galt die Überleitg als nicht erfolgt. Da die automat Überführg in den neuen Güterstd ohne Rückwirkg eintritt, gelten die Regelgen der ZugewGemsch erst für das ab dem 3. 10. 90 erworbene Verm; keine rückwirkde Ausdehng des ZugewAusgl auf das ab Ehebeginn angesammelte GesVerm. Aus dem bish anteilsl gemschaftl Eigt wird **Bruchteilseigentum** (Art 234 § 4 a Rn 2 ff; grdsl auch Lipp FamRZ **95**, 67). Die EVermGemsch wird aber auch in diesem Fall insow fortgeschrieben, als bei einer späteren Scheidg für die AuseinandS des bis zum 3. 10. 90 erworbenen gemschaftl Verm die AuseinandSRegelg des FGB sinngem weitergilt, IV (zur Problematik Rn 12). Eine Befristg ist hierf nicht vorgesehen (krit dazu Peters FamRZ **94**, 674). Die Fortdauer des FGB-Güterstd gilt auch bei Verlegg des Wohns bereits vor dem 3. 10. 90 (vgl Brdbg FamRZ **97**, 1015). Vgl zur Dchführg der güterrechtl AuseinandS Rn 13 ff. Den Eheg bleibt es aber unbenommen, ihr bis einschl 2. 10. 90 erworbenes Verm auch ohne ZugewAusgl isoliert nach FGB 39 ff auseinandzusetzen (KG FamRZ **91**, 1442).

12 **bb) Kein Wechsel** in die ZugewGemsch erfolgt in folgden Fällen:

(1) Wenn die Eheg vor dem 3. 10. 90 etwas **anderes vereinbart** haben (vgl auch Rn 19). Zur Feststellg der Wirksamk einer gerichtl Einigg üb die vorzeit VermAuseinandS ist zu prüfen, ob der für den sog republikflücht Eheg eingesetzte staatl Treuhänder die Rechte des Eheg in einem Verf nach FGB 41 überh wahrnehmen durfte (BGH FamRZ **93**, 673). Zur **Geschäftsgrundlage** für solche Abreden: Drexl DtZ **93**, 197. (2) Innerhalb der ZweiJFr des Art 234 § 4 II bestand eine **Optionsmöglichkeit** für die Beibehaltung des DDR-Güterstands aGrd einer **Fortgeltungserklärung** (II, III). Ausf 53. Aufl Rn 24–37; Brudermüller/Wagenitz FamRZ **90**, 1294. In diesen Fällen finden die Vorschr üb das von beid Eheg verwaltete GesGut Anwendg (Art 234 § 4a Rn 5). Für die Auflösg der EVermGemsch gelten ausschließl FGB 39 ff (vgl Rn 6 ff u 15). Haben die Eheg von der Option keinen Gebr gem, können sie GemschEigt nur in der Form des BruchtEigt begr (LG Halle FamRZ **95**, 43).

4) Vermögensausgleich nach Überleitung in den BGB-Güterstand, I, IV. Der fr DDR-Güterstd hat sich nicht folgenlos aufgelöst. Mangels FortgeltgsErkl od and Vereinbg der Eheg (Rn 12) ist str, wie das am 3. 10. 90 vorh Verm der Eheg güterrechtl zu behandeln ist. Problemat ist die bei Beendigg der Ehe erfdl werdende Abwicklg des fr Güterstds u die Behandlg des bish wirtsch Erfolgs der Ehe vor allem dann, wenn er einers im gemschaftl, ands im AlleinVerm eines Eheg seinen Niederschlag gefunden hat (vgl Pawlowski/Lipp FamRZ **92**, 377/380). Im Hinbl darauf, daß der GesGeber eine sof AuseindS v den Eheg nicht ausdr verl hat, wird vertreten, daß die FGB 39 unterliegde Eigt- u VermGemsch sich zwar in eine LiquidationsGemsch gewandelt habe, als solche in gesamthänderischer, anteilsloser Verbundenh aber – zumindest bis zum 24. 12. 93 (vgl Art 234 § 4a) – fortbestehe (vgl Diederichsen 58. Aufl mwN; Lipp FamRZ **95**, 65; Wassermann IPRax **92**, 257). Zur Vermeidg einer zusätzl Aufspaltg des Verm ist eine pragmat Lösg vorzuziehen, wonach gem dem HalbteilgsGrds des FGB 39 **sogleich am 3. 10. 90** an allen Ggsten u VermWerten des in der Ehe erworbenen gemschaftl Verm eine BruchtGemsch mit je hälftigen Antlen eingetreten ist, sofern die Eheg nicht and optiert h (so Rstk FamRZ **97**, 1158; BezG Ffo FamRZ **93**, 1205/6; BezG Erf FamRZ **94**, 703/4; Bosch FamRZ **91**, 1001/5; Henrich IPRax **91**, 14/17; JH/Jaeger Rn 5). Wie aus Art 234 § 4 IV hervorgeht, wollte der GesGeber jedenf keinen ersatzl Wegfall der Aufteilg des bish erworbenen gemschaftl Verm. Der BGH (NJW **99**, 2520 mN) hat klargestellt, daß einem Eheg, der im ges Güterstd der DDR gelebt u nach dem Beitritt keine FortgeltgsErkl (Rn 12) abgegeben hat, bei Scheidg der Ehe nach dem Beitritt wg seines Beitrags zur Wertsteigerg od -erhaltg des dem and Eheg allein gehörden Verm ein – auch gesondert einklagbarer – AusglAnspr gem FGB 40 zustehen kann (aA Jena FamRZ **97**, 1014; Rauscher DNotZ **91**, 209/216). Dieser Wert zählt nach der Überleitg in den ges Güterstd zum AnfangsVerm dieses Eheg u mindert dabei zugleich das AnfangsVerm des verpfl Eheg. Die Antle an der BruchtGemsch gehören ebenfalls zum AnfangsVerm jedes Eheg per 3. 10. 90, wobei die Vermutg des BGB1377 III gilt. Die VermLage der Eheg zZtpkt des 3. 10. 90 best sich nach dem alten Güterstd, nach dessen R sich auch seine Abwicklg richtet. Bei FGB 39, 40 kommt nur eine sinngemäße Anwendg auf ÜberleitgsFälle in Betr. 13

5) Bewertungszeitpunkte. Für diejen Ehen, die vor dem Beitritt gesch worden sind u für die gem V insges das bish R zur VermAuseinandS maßg bleibt, kommt es für die Wertermittlg auf den Ztpkt der Rechtskr der Scheidg (vgl Rn 9) an (vgl BGH FamRZ **93**, 1048). Für Ehen, die am 3. 10. 90 noch bestanden haben u mangels FortgeltgsErkl ab diesem Ztpkt dem ZugewAusgl unterliegen, ist der AusglAnspr gem FGB 40 wertmäßig auf diesen Stichtag begrenzt (BGH NJW **99**, 2520 gg VorInst Dresd FamRZ **98**, 1360). Dafür spricht, daß dadch eine etw Überschneidg mit der Teilhabe an Wertsteigergen des Verm des and Eheg vermieden w. 14

6) Bemessung: a) Für die Bemessg der **Erstattungszahlung** nach FGB 39 I 3 (Rn 7) ist zu unterscheiden: Für die Höhe der ErstattgsZahlg kommt es bei einem Grdst auf dessen Wert zZtpkt der AuseinandS, nicht der Scheidg an (BezG Cottbus FamRZ **91**, 710). Auch bereits vor dem 3. 10. 90 vollzogene Übertr v HausGrdsten sind daran zu messen (BGH FamRZ **92**, 923). Im Rahmen einer umfassden AuseinandS u damit Bewertg sämtl gemschaftl VermGgste entscheiden unabhäng von der schon fr eingetretenen Rechtskr der Scheidg die WertVerh am Schluß der mdl Vdlg der letzten TatsInst (BGH **117**, 61; KG FamRZ **92**, 563). Bei einer schrittw VermAuseinandS empfiehlt sich folgde Unterscheidg: (1) Erfolgt die Zuteilg eines einz VermGgst iZshg mit der Beendigg der Ehe, die übr VermAuseinandS aber erst später, so entsch für die Bewertg grdsl der Ztpkt der Rechtskr der ZuteilgsEntsch als derj Ztpkt, zu dem nach FGB 39 III 1 der Eheg Allein-Eigtümer der ihm zugeteilten Sachen w (KG FamRZ **92**, 1430/2; AG Charl FamRZ **91**, 848). Insb verbleibt es bei dem iR der Zuweisg eines Grdst an einen Eheg zu AlleinEigt diesem auferlegten ErstattgsBetr dann, wenn insow rechtskr entsch ist (BezG Erf FamRZ **93**, 968). (2) Wird dagg bei Übertragg eines einz VermGgst zu AlleinEigt dessen Ausgleichg ausdr od konkludent der endgült VermAuseinandS vorbehalten, so ist für die Bemessg der ErstattgsZahlg auf den Ztpkt abzustellen, in dem sich die letzte Übertr zu AlleinEigt vollzogen hat (BGH FamRZ **94**, 692). Der Ztpkt des letzten Teilakts der ggständl VermTeilg ist auch dann maßg, wenn der erstattgsberecht Eheg das Eigenheim aGrd eines ihm eingeräumten VorkaufsR erworben h (BGH FamRZ **95**, 866). Hat ein Eheg gemsch Verm, das bei Beendigg der Ehe noch vorh war u der gerichtl Teilg unterlag, verschenkt, so ist er dem and Eheg insow schaderspflicht, wobei für die Bemessg des Schad der Schluß der mdl Vhdlg der letzten TatsInst im VermAuseinandSVerf maßg ist (KG FamRZ **92**, 1429). **b)** Groben Unbilligk dch zwztl Wertverändergen (Wertsteigerg von Grdsten, Entwertg von Hausr usw) kann entspr HausrVO 8 III 2 (zB dch Berücks von Nutzgen) Rechn getr w (BGH FamRZ **94**, 504/5). **c)** Höchstgrenze des **Ausgleichsanspruchs** nach FGB 40 ist nicht die Hälfte eines Wertzuwachses, sond die Hälfte des Werts des bei Beendigg der Ehe vorhand Verm, an dessen Mehrg od Erhaltg der ausglberecht Eheg beteil war (BGH FamRZ **94**, 1049). Für die Bemessg dieses Anspr ist auf den Wert des AlleinVerm per 3. 10. 90 abzustellen. Vgl iü Rn 13. 15

7) Verfahrensrecht. Der AuskAnspr (BGB 1379) erstreckt sich auch auf die vor dem 3. 10. 90 erworbenen VermGgste, soweit diese Ggste an einem später eintretden Stichtag iSv BGB 1384, 1387 zum EndVerm des betreffden Eheg gehören. Die dem eigtl ZugewAusgl vorgeschaltete VermAuseinandS nach dem FGB erfolgt analog der StufenKl (vgl BGH NJW **99**, 2520/2 zur Frage der Erledigg des AuskAnspr iR der StufenKl) zus mit dem eigtl ZugewAusgl im VerbundVerf. Der AufteilgsAntr zu FGB 39 ist ledigl VerfAntr (Brdbg FamRZ **97**, 1015). 16

17 **5) Vereinbarungen** zw den Eheg sind auf jeder Stufe des Verf mögl. – **a) FGB.** Die Eheg können bereits von sich aus die Quoten bei der Verteilg des gemschaftl Eigt u Verm and als hälft festlegen (vgl FGB 39 I 2) u ggf and Vereinbgen üb die zZt der DDR zwingden Regelgen treffen. Unzul ist es jedoch, wenn die Fr für die Erkl der Beibehaltg des ges Güterstd der DDR verstrichen ist (II 1), zu diesem dch EheVertr zurückzukehren (BGB 1409). Vgl iü Rn 15 sowie Art 234 § 4 a Rn 4. SeinerZt zuläss vertragl Vereinbgen der Ehel üb ihre Eigt- u VermVerh aus der Zt der DDR bleiben wirks (BGH FamRZ **92**, 537). – **b) BGB.** Auch iR des ZugewAusgl stehen den Eheg Vereinbgen offen (vgl BGB 1408 ff; 1369 Rn 4; 1372 Rn 12; 1374 Rn 4; 1375 Rn 1; 1376 Rn 1). Das gilt auch für die ZugewGemsch nach Überleitg aus dem Güterstd der fr DDR.

18 **6) Ehewohnung und Hausrat.** Es gelten unmittelb BGB 1361 a, 1361 b, 1362 u die HausrVO. Zur Problematik der Überleitg der HausrVO vgl 57. Aufl Rn 24.

EG 234 § 4 a *Gemeinschaftliches Eigentum.*

Haben die Ehegatten keine Erklärung nach § 4 Abs. 2 Satz 1 abgegeben, so wird gemeinschaftliches Eigentum von Ehegatten Eigentum zu gleichen Bruchteilen. Für Grundstücke und grundstücksgleiche Rechte können die Ehegatten andere Anteile bestimmen. Die Bestimmung ist binnen sechs Monaten nach Inkrafttreten dieser Vorschrift möglich und erfolgt mit dem Antrag auf Berichtigung des Grundbuchs. Dieser und die Bestimmung bedürfen nicht der in § 29 der Grundbuchordnung bestimmten Form. Das Wahlrecht nach Satz 2 erlischt, unbeschadet des Satzes 3 im übrigen, wenn die Zwangsversteigerung oder Zwangsverwaltung des Grundstücks oder grundstücksgleichen Rechts angeordnet oder wenn bei dem Grundbuchamt die Eintragung einer Zwangshypothek beantragt wird.

II Haben die Ehegatten eine Erklärung nach § 4 Abs. 2 Satz 1 abgegeben, so finden auf das bestehende und künftige gemeinschaftliche Eigentum die Vorschriften über das durch beide Ehegatten verwaltete Gesamtgut einer Gütergemeinschaft entsprechende Anwendung. Für die Auflösung dieser Gemeinschaft im Falle der Scheidung sind jedoch die Vorschriften des Familiengesetzbuchs der Deutschen Demokratischen Repulik nach Maßgabe des § 4 anzuwenden.

III Es wird widerleglich vermutet, daß gemeinschaftliches Eigentum von Ehegatten nach dem Familiengesetzbuch der Deutschen Demokratischen Republik Bruchteilseigentum zu ein halb Anteilen ist, sofern sich nicht aus dem Grundbuch andere Bruchteile ergeben oder aus dem Güterrechtsregister ergibt, daß eine Erklärung nach § 4 Abs. 2 und 3 abgegeben oder Gütergemeinschaft vereinbart worden ist.

1 **1)** Vgl Art 234 § 4 Rn 1. Lit: Grandke NJ **94**, 258. Die Vorschr des § 4 a unterscheidet zw Eheg, die jetzt im ges Güterstd der ZugewGemsch leben, u solchen, die sich für die Weitergeltg der bish Regelg entsch haben. Die Vorschr stellt keine authent Interpretation dar, so daß bis zum Inkrafttr des RegVBG am 25. 12. 93 auch iFv I 1 anteilsl GemschEigt bestand (LG Stendal ZIP **94**, 993).

2 **2)** Für **Ehegatten,** die jetzt **im Güterstand der Zugewinngemeinschaft** leben (Art 234 § 4 Rn 11), wird das bish anteillose gemschaftl Eigt v Ges wg zu **Eigentum nach Bruchteilen, I 1,** weil diese EigtForm im ges Güterstd der ZugewGemsch die am meisten verbreitete EigtForm ist (BT-Drucks 12/5553 S 135). Es gelten BGB 741 ff, 1008 ff. I 1 wird GB-techn dch § 14 GBBerG (= Art 2 RegVBG) ergänzt, weil I 1 in vielen Fällen zu einer dauerh Unrichtigk der GrdBücher führen kann; denn die BruchtGemsch entsteht dch § 4 a u damit außerh des GB mit der Folge, daß zB ein Gläub, dem ein Anspr gg einen der Eheg zusteht, nicht in den Antl des and Eheg am Grdst vollstr kann, sofern die Eheg nicht den Antr auf Berichtigg des BeteiliggsVerh gestellt h. Üb die BerichtiggsMöglk des Gläub nach GBO 14 hinaus erkennt § 14 GBBerG das
3 Bedürfn nach einer Berichtigg des GB vAw an (BT-Drucks 12/6228 S 80 f zu § 13 alt). **a)** Bei **beweglichen Sachen** entsteht immer **hälftiges Bruchteilseigentum,** weil eine and Lösg hier techn prakt nicht realisierb
4 ist. **b)** Bei **Grundstücken und** grdstgl Rechten, die nach dem ZGB 295 II auch als SonderEigt an **Gebäuden** bestehen konnten, k die Eheg **binnen sechs Monaten** dch gemeins Erkl auch **andere Anteile** best, **I 2–4.** Wurde keine abweichde Verteilg angegeben, sind die Eheg auch hier ow MitEigtümer zur Hälfte gew. Das WahlR nach S 2 ist ohneh erloschen, wenn die ZwVerst od ZwVerwaltg des Grdst od grdstgl Rechts angeordn bzw die Eintr einer ZwHyp beantr w war, **S 5,** weil die Ausübg des WahlR in der ZwVollstr zu Mißbr führen konnte, die verhindert w sollten (BR in BT-Drucks 12/5553 S 199 f). Vgl iü Rn 6. Die Einfügg der ZwHyp geht auf SachenRÄndG (BGBl I 1994, S 2457) zurück u dient ausschließl der Klarstellg (BT-Drucks 12/7425 S 93).

5 **3)** Für Eheg, die **für den bisherigen Güterstand optiert** haben (Art 234 § 4 Rn 12), bleibt es weiterh beim **gemeinschaftlichen Eigentum** der Eheg, auf das aber die Vorschr üb die Verwaltg des Gesamtguts einer **Gütergemeinschaft mit Verwaltungsrecht beider Ehegatten** Anwendg finden (§§ 1450–1470). Zu den AnwendgsProbl vgl Peters FamRZ **94**, 674 (III): Umfang des gemschaftl Eigt, Verwaltg, Haftg des gemschaftl Verm (vgl BGB 1450 Rn 7; zur GesZwVollstr: Wenzel FuR **92**, 212) u AuseinandS.

6 **4) Gesetzliche Vermutung halbteiligen Bruchteilseigentums, III.** Mit ihr soll erreicht w, daß Dr stets davon ausgehen k, daß gemschaftl Eigt entspr dem prakt Regelfall als BruchtEigt zu hälft Antlen besteht. Sie hat auch Vorrang ggü BGB 891. Das GBA kann desh zur Eintr der BruchtGemsch nicht von den Eheg den Nachw verl, sie hätten keine Option nach § 4 II abgegeben (Peters DtZ **94**, 399; and noch LG Chem DtZ **94**, 288). Vielm reichen gem GBBerG 14 S 2 zur Umschreibg der VermGemsch in BruchtEigt grdsl übereinstimmde Erkl beid Eheg od auch die Vermutg v § 4 a III. Entspr würde es einen überflüss Umweg bedeuten, vor der TeilgsVerst die Berichtigg des GB zu verlangen (aA Halle FamRZ **95**, 675). Die Vermutg erlaubt auch bei einem „in ehel VermGemsch" stehden Grdst die Belastg eines MiteigAnteils mit einer ZwHyp (LG NBrdbg DtZ **95**, 420). Die Vermutg ist widerlegb (ZPO 292) dch das GüterRReg od dch die Eintr and

Bruchteile im GB, wodch ein fakt Zwang zur Umschreibg des GB u zur Anmeldg abweichder Güterstde beim GüterRReg entsteht (BT-Drucks 12/6228 S 100).

EG 234 § 5 ***Unterhalt des geschiedenen Ehegatten.*** **Für den Unterhaltsanspruch eines Ehegatten, dessen Ehe vor dem Wirksamwerden des Beitritts geschieden worden ist, bleibt das bisherige Recht maßgebend. Unterhaltsvereinbarungen bleiben unberührt.**

1) Stichtagsprinzip, S 1 (Art 234 § 1 Rn 5). Entsch ist auch hier (vgl Art 234 § 4 Rn 9 mN zur Streitfrage) der Ztpkt der Rechtskr des ScheidgsUrt. Das Stichtagsprinzip weist nicht einf die Scheidgen vor dem 3. 10. 90 ins FGB u diej danach ins BGB; was „bisher R" bedeutet, entsch sich vielm nach dem insow vorrang interlokalen KollisionsR (BGH FamRZ **94**, 1582; Art 234 § 1 Rn 1) einschl der analogen Anwendg von Art 18 V nF (BGH **124**, 57). Dies führt zu einer weiteren **a) Differenzierung** (Lit: Dieckmann FamRZ **94**, 1073; Brudermüller FamRZ **94**, 1022). **aa)** Sind beide Eheg (Kln FamRZ **94**, 708) od zumind der unterhpfl gesch Eheg vor dem 3. 10. 90 aus der fr DDR **in die BRD übergesiedelt,** so richtet sich der Anspr auf nachehel Unterh nach EheG 58 ff bzw BGB 1569 ff (BGH **124**, 57; FamRZ **94**, 824 u 1582; Düss FamRZ **92**, 573). Dieser Wandel des UnterhStatuts ist dch den EinigsVertr nicht berührt w (BGH **124**, 57). Die nach EheG 58 aF erfdl, im ScheidgsUrt der DDR fehlde Klärg der Schuldfrage ist ggf iR des UnterhVerf nachzuholen (BGH FamRZ **94**, 824). Für BGB 1578 I sind die DDR-Eink der Eheg auf die entspr Verh in der BRep iZtpkt der Scheidg zu projizieren (BGH FamRZ **95**, 473). **bb)** Für Eheg, die vor dem 3. 10. 90 **in der DDR geschieden worden und bis dahin auch dort geblieben sind,** gelten FGB 29–33 auch für die FolgeZt weiter (BT-Drucks 11/7817 S 44). **cc)** Für diej DDR-Ehen, die nach dem 3. 10. 90 gesch w, gelten nach dem Grds von Art 234 § 1 unmittelb BGB 1569–1586 b. Vgl Rn 4. 1 2 3

b) Die Beibehaltg des fr DDR-Rechts für die AltScheidgen ist **verfassungsrechtlich** nicht unbedenkl (vgl BGH **128**, 320/26; Dieckmann, FS Lange 1992, 805), u zwar im Hinbl auf den GleichhSatz angesichts der erhebl mat Unterschiede zw FGB u BGB gerade in diesem Bereich; für den staatl Schutz von Ehe u Fam vor allem im Hinbl auf die Änderg der WirtschVerfassg (Eberhardt FamRZ **90**, 919). Die grdsl Begrenzg von UnterhAnspr auf 2 J war erträgl nur in einer zentral gelenkten Wirtsch mit gesicherter Bt von Ki u Vollbeschäftigg auch von Müttern unter Erhaltg selbst unprodukt ArbPlätze im Interesse der Fam („geschützte Brigaden"). Auch die NeuFassg von FGB 29, 31 dch das 1. FamRÄndG (Art 234 § 1 Rn 4) beschränkt Anspr wg KiBt nach wie vor im Grds auf 2 J nach Rechtskr der Scheidg u macht die Fortdauer der UnterhVerpfl von der Zumutbark abhäng. Ob umgek für die Belastg mit erhebl höheren UnterhLasten als bish die Berufg auf die auch schon in FGB 29 angelegte nachehel Solidarität ausr (so Adlerstein/Wagenitz FamRZ **90**, 1302), erscheint ebenf zweifelh. 4

c) Umfang der Fortgeltung des DDR-Unterhaltsrechts (Lit: Maurer DtZ **93**, 131) bezieht sich **aa)** auf das mat UnterhR von FGB 29–32 idF des 1. FamRÄndG (and wohl Dieckmann aaO S 808), das iü auch für die Anwendg des SozR maßgd sein k (BSG DtZ **92**, 94 GeschiedWwenRente). Da FGB 29 I Nr 4 einen UnterhAnspr nur bei dch die Ehe begr Bedürftigk vorsah, reichen die beitrbdgten wirtsch Entwicklgen zur Begr eines UnterhAnspr nicht aus (KG FamRZ **92**, 329; AG Detmold FamRZ **92**, 1441 u NJW-RR **93**, 967; aA KG FamRZ **93**, 567). Auch der dem BGB im nachehel UnterhR fremde ges Überg des UnterhAnspr auf Verwandte, die für den UnterhSchu eingesprungen sind (FGB 21 II), gilt fort. Bei Anwendbark des DDR-Rechts sind die UnterhAnspr des geschied u des neuen Eheg gleichrang (BGH FamRZ **93**, 43). Der SelbstBeh kann an den jew SozHilfesätzen orientiert w (BGH aaO). Die HeraufSetzg des Unterh ist nach FGB 33 zul (Naumbg OLG-NL **97**, 141). **bb) Abänderungsklage** gem ZPO 323 (BGH FamRZ **93**, 43; Graba u Maurer DtZ **93**, 39 u 130; Brudermüller FamRZ **95**, 915). Abändgen für im Gebiet der fr DDR verbliebene Gesch sind auch üb die Einschränkgen von FGB 33 hinaus mögl (BGH **128**, 320; krit Dieckmann FamRZ **95**, 548), ggf auch bei UnterhVereinbgen zw den Eheg (Rn 6). **cc)** Von der Fortgeltg nicht erfaßt wird dagg die die **Ehewohnung** betr Vorschr des FGB 34; insow gilt Art 234 § 4 (dort Rn 18); HausrVO 3 ff gelten für Altscheidgen trotz des unterhrechtl Bezugs der EheWo. Die Verteilg von **Hausrat** richtet sich ggf auch nach Art 234 § 4 Rn 5 f u 18. 5

2) Unterhaltsvereinbarungen, S. 2, die Eheg miteinand geschl haben, bleiben in Geltg; sie haben auch nach dem DDR-UnterhR Vorrang vor der ges Regelg. Doch ist dabei zu beachten, daß UnterhVereinbgen iZshg mit der Scheidg nur wirks sind, wenn sie im ScheidgsVerf getroffen wurden (FGB 30 III). Eine vor dem 3. 10. 90 getroffene UnterhVereinbg außerh des ScheidgsVerf ist daher unwirks (BezG Cottbus FamRZ **91**, 836). FGB 30 III gilt jedoch nur bis zum 3. 10. 90, so daß die Eheg danach wirks Vereinbgen üb die UnterhPfl treffen können. Ein **Unterhaltsverzicht** des UnterhBerecht vor dem 3. 10. 90 ist wirks, wie sich daraus ergibt, daß auf FGB 21 I in FGB 32 I nicht Bezug gen ist. Mit Rücks auf die WirtschVerh in der fr DDR wird man den UnterhVerz auch nicht als sittenwidr ansehen k, wenn nach der Umstellg der WirtschOrdng der verzichtde Ehep auf SozHilfe angewiesen ist; dagg sind spätere UnterhVerzVereinbgen uU gem BGB 138 nichtig (vgl BGB 1585 c Rn 8). Das **Erhöhungsverbot** von FGB 33 S 2 kommt nicht zum Tragen, wenn die Vorauss für die Erhöhg der UnterhRente bereits zum Ztpkt der Scheidg voraussehb waren u der UnterhBer an der finanz Entwicklg beteiligt war (AG Tempelhof-Kreuzbg FamRZ **95**, 1154). Für die **Abänderung von Unterhaltsvereinbarungen,** die vor dem 3. 10. 90 getroffen w sind, gilt grdsl FGB 33 fort (Dresd FamRZ **94**, 708). Eine Abändg zG des UnterhSchu kommt danach nur dch GerEntsch in Frage, währd der freiw volle od teilw Verz des Berecht auf seine Anspr nach wie vor dch ErlaßVertr mögl ist. Entgg FGG 33 S 2 ist eine Erhöhg der UnterhRente mögl wg Umst, die sich aus dem beitrittsbdgten Übergang zur Marktwirtsch ergeben (BGH **128**, 320; abl zuR Dieckmann FamRZ **95**, 549 f) unter Hinw auf das 1. FamRÄndG v 20. 7. 90 u Art 234 § 5. Iü gelten bei Übersiedlg in die BRep vor dem Beitritt (entspr den Grds in Rn 3) auch für eine gerichtl ScheidgsUnterhEinigg BGB 1569 ff u für die Abändg die **Geschäftsgrundlage** (BGH FamRZ **94**, 562), ohne daß der VertrauensGrds entggstünde (BVerfG FamRZ **94**, 1453). Für nach dem 3. 10. 90 getroffene UnterhVereinbgen gelten dagg BGB 242 Rn 111; 1585 c insb Rn 19 ff. 6 7 8

EG 234 § 6 *Versorgungsausgleich.* **Für Ehegatten, die vor dem grundsätzlichen Inkrafttreten der versicherungs- und rentenrechtlichen Vorschriften des Sechsten Buches Sozialgesetzbuch – Gesetzliche Rentenversicherung – in dem in Artikel 3 des Einigungsvertrages genannten Gebiet geschieden worden sind oder geschieden werden, gilt das Recht des Versorgungsausgleichs nicht. Wird die Ehe nach diesem Zeitpunkt geschieden, findet der Versorgungsausgleich insoweit nicht statt, als das auszugleichende Anrecht Gegenstand oder Grundlage einer vor dem Wirksamwerden des Beitritts geschlossenen wirksamen Vereinbarung oder gerichtlichen Entscheidung über die Vermögensverteilung war.**

1 **1) Inhalt** (Lit: Klattenhoff, Einiggsbdgte Neuregelgen des VA, 1993): Die Vorschr betr den bürgerlrechtl VA u seine Modifikationen (vgl §§ 1587–1587 p; VAÜG 1–5; ALG 98 VII, 99 II u III, AbgG 25 a). Er gilt entspr EinigsV Art 8 grdsl auch für Ehen, die vor seinem WirksWerden im Beitrittsgebiet (EinigsV Art 3) geschl worden sind (Adlerstein/Wagenitz FamRZ **90**, 1304). Doch macht Art 234 § 6 von diesem Grds f ÜbergFälle sowohl eine zeitl als auch eine ggständl Ausn.

2 **2) Geltung: a)** Dem Recht der DDR war ein VA unbekannt; scheidgsspezif Alters- u InvaliditätsSichergen bestanden mRücks auf die hohe ErwerbsBeteiligg auch der Frauen u der darauf beruhden soz Sicherg sowie der allg MindestsichergsElemente in der SozVers der DDR grdsl nicht. Währd das FamR des BGB gem EinigsV Art 18 u EGBGB Art 234 § 1 im Beitrittsgebiet im allg am 3. 10. 90 in Kr getreten ist, ist der VA erst nach einer AnpassgsFr in den neuen BLändern u im OstT v Berlin wirks gew. Bis zum Ablauf dieser Anpassgs- u UmstellgsFr bestand im BeitrGebiet ein autonomes u eigenständ Strukturprinzipien folgdes System soz Sicherh. Erst mit dem Ablauf dieser Fr u dem allg Inkrafttr des RRG 1992 wurde die strukturelle Angleichg der VersSysteme im wiedervereinigten Dtschland – allerd auf der Grdl jew bes wirtsch Bezugsgrößen – abgeschl (BGH FamRZ **94**, 160 u 884; Klattenhoff DAngVers **90**, 435/8; Bürgel/Klattenhoff FuR **93**, 131). Der Ztpkt der Beendigg der UmstellgsFr ist der des allg Inkrafttr der vers- u rentenrechtl Vorschr des SGB VI am **1. 1. 92** (RRG 1992 Art 85 I; RÜG Art 42 I).

3 **b)** Der territoriale Bezug zum Beitrittsgebiet in Art 234 § 6 S 1 stellt keine Vbdg z Ort der Scheidg, sond zum (allg) Inkrafttr des SGB VI her. Die AusschlWirkg der Regelg erstreckt sich also nicht einfach auf Ehen, die im BeitrGebiet gesch w sind; ihre Reichweite beurteilt sich vielm nach dem interlokalen KollisionsR. Dies folgt aus dem **intertemporalen Charakter** der Norm, die als ÜberleitgsVorschr Fragen regeln soll, die sich aus dem WirksWerden des VA-Rechts für fr VA-rechtlich irrelevante Sachverhalte ergeben. Hieraus folgt eine funktionsadäquate Einschränkg der sachl Reichweite: Die Norm erfaßt nur solche Fälle, in denen nicht schon bereits vor 1992 ein VA dchzuführen war (AG Charl FamRZ **91**, 335; BT-Drucks 11/7817 S 37). Art 234 § 6 S 1 hat daher wg des Bezugs zur ROrdng des BeitrGebiets eine kollisionsrechtl Beurteilg zur Vorauss (BGH FamRZ **92**, 295; **91**, 421; Celle FamRZ **91**, 714; AG Charl FamRZ **91**, 335 u 713; ausf Adlerstein/Wagenitz FamRZ **90**, 1305 f; Mansel DtZ **91**, 126; Eichenhofer FuR **91**, 281). Entsch ist nicht, welches Ger die Ehe gesch hat, sond nach welchem R dies zu geschehen hatte (Ffm FamRZ **93**, 1096). Hinsichtl der Best des VA-Statuts ist auf die am **2. 10. 1990** gegebenen rechtl u tats Verh abzustellen (BGH FamRZ **94**, 884; ebso BGH FamRZ **94**, 160 zum UnterhR). Dch die Fixierg auf die unmittelb vor dem Beitritt gegebenen Verh w verhindert, daß die Eheg dch nach dem 2. 10. 90 eingetretene Verändergen in den VA „hineinwachsen“ (vgl Mansel IPRax **90**, 288 u DtZ **91**, 126; Jayme/Stankewitsch IPRax **93**, 163).

4 **c)** Zur Anwendg der **kollisionsrechtlechtlichen** Regelgen hat der BGH klargestellt, daß es für abgeschl Vorgänge entspr Art 236 § 1 beim bish R bleibt, wobei auf die RHängigk des ScheidgsAntr abzustellen ist (was sich ggf nach dem R des BeitrGebiets als lex fori beurteilt, vgl AG Charl FamRZ **91**, 335). Kollisionsrechtl ist – trotz gewisser, aus dem Vertrauensschutzgedanken abgeleiteter Bedenken (vgl hierzu auch BVerfG FamRZ **94**, 1453, diese Bedenken allerd verneinend) – immer das an das IPR des EGBGB angelehnte
5 interlokale KollisionsR des fr Bundesgebiets (BGH FamRZ **94**, 304 u 884), nie aber das RAG der DDR. Nach dem bis zum 1. 9. 86 geltden R des fr BGebiets beurteilten sich die ScheidgsFolgen grdsl nach dem ScheidgsStatut. Die zur Best des sachnächsten HeimatR typ Anknüpfg an die Staatsangehörigk schied iF, in denen wenigstens ein Eheg sowohl die Staatsangehörigk der DDR besaß als auch Deutscher iS von GG Art 116 war, aus. Kollisionsrechtl wurde daher auf den gewöhnl Aufenth als AnknüpfgsMerkmal f die Bestimmg des HeimatR abgestellt (AG Charl aaO). Bei danach ermittelten unterschiedl HeimatRen war das letzte gemeins HeimatR maßg, sofern sich noch ein Eheg im GeltgsBereich dieses HeimatR aufhielt. Der VA war in dt/dt Kollisionsfällen vor dem 1. 9. 86 zugelassen, sofern die Eheg iZtpkt des Eintritts der RHängigk des ScheidgsAntr ihren letzten gemeins gewöhnl Aufenth im fr BGebiet hatten. Er war nicht dchzuführen, wenn sie den letzten gemeins gewöhnl Aufenth in der DDR hatten, sol einer der Eheg in der DDR blieb. Der VA war jedoch mit Wirkg für die Zukunft nachzuholen, wenn auch der and Eheg seinen gewöhnl
6 Aufenth in der BRep Dtschland begründete (BGH FamRZ **84**, 674; **91**, 421; **92**, 295). Für nach dem 31. 8. 86 rhäng gew Scheidgen (EGBGB Art 220 I analog) sind die Regelgen des interlokalen KollisionsR maßg, wie sie sich aus einer entspr Anwendg des IPR ergeben (Celle FamRZ **91**, 714; AG Charl FamRZ **91**, 1069; Henrich FamRZ **91** 875 f). Danach gilt hinsichtl des VA Art 17 III 1 iVm Art 14 mit der Maßg, daß an die Stelle der Staatsangehörigk der gewöhnl Aufenth tritt. In entspr Anwendg der VA-spezif Sonderkollisionsnorm des Art 17 III S 2 ist ein VA vor allem auch dann mögl, wenn zwar die Scheidg u die sonst ScheidgsFolgen nach dem R der DDR zu beurteilen sind, einer der Eheg jedoch ein inl Anrecht erworben hat (AG Charl FamRZ **91**, 1069; aA Ffm FamRZ **91**, 1323). Als inl Anrecht ist ein solches zu verstehen, das vor dem 3. 10. 90 in einem VersSystem der alten BLänder erworben worden ist (Celle FamRZ **91**, 714) u am 2. 10. 90 noch bestand; näher AG Charl FamRZ **91**, 335.

7 **d) Scheidung.** Hinsichtl der Prüfg der StichtagsVorauss ist str, ob es auf den ScheidgsAusspruch (so Diederichsen 58.Aufl; Adlerstein/Wagenitz FamRZ **90**, 1304; ebso Celle FamRZ **91**, 714) od auf den Ztpkt des Eintritts der Rechtskr des ScheidgsUrt ankommt (vgl § 234 § 4 Rn 9 mwN zur Streitfrage).

e) Rechtsfolgen. Art 234 § 6 S 1 nimmt den VA vom sofort Inkrafttr des FamR aus. Nach DDR-Recht 8
ausgesprochene, nach den Regeln der ZPO wirks Ehescheidgen bleiben grdsl wirks (EinigsV Art 18 I 1; vgl BGH NJW **99**, 493) u begründen damit Vertrauensschutz. Sie sollen daher ebso wie die währd der ÜbergZt im Beitrittsgebiet in Anwendg des BGB ausgesprochenen Scheidgen nicht rückw dem VA unterstellt w; was früh intertemporalen ÜberleitgsR entspr (vgl 1. EheRG Art 12 Nr 3 III) u vornehml auf verfrechtl, aus dem RStaatsprinzip abgeleiteten Überleggen beruht (vgl BT-Drucks 13/6469 S 4). Die betroffenen Eheg sind auch von Anspr auf HinterbliebenenVers nach ihrem früh Partner ausgeschl (SGB VI 243a S 1), was verfrechtl unbedenklich sein soll (BSG SozR 3–2600 § 243a Nr 2 = NJ **97**, 555 mkritAnm Lauterbach). Die Erwartg der Part des EinigsV, den Betroffenen werde nach Maßg der spezialges VersRegelgen eine HinterblVers zu erbringen sein (BT-Drucks 11/7817 S 44), ist trotz des Bedürfn nach einem sozrechtl Ausgl ehebdgter VersNachteile auch in Altfällen (vgl Bürgel/Klattenhoff FuR **93**, 127) unerfüllt geblieben. Auf Ehen, die nach dem 1. 1. 92 gesch w, findet der VA grdsl Anwendg, u zwar auch dann, wenn diese vor dem Beitritt geschl worden sind. Eine längere TrenngsZt unter der Geltg früh R kann nach Maßg von § 1587c Nr 1 zur Herabsetzg des VA führen (Jena FamRZ **97**, 751).

3) Relativer Ausschluß des VA für einzelne Versorgungsansrechte, S. 2. 9

a) Grundsatz. Die dem VA unterfallden Anrechte best sich nach § 1587 I. Art 234 § 6 S 2 regelt aus 10
Grden des Vertrauensschutzes u unter Berücks der Belange des AusglBer Ausn von der Dchführg des VA für die ihm seit 1992 unterfallden Anrechte aus dem Beitrittsgebiet. Die Regelg schließt den VA insow aus, als das auszugleichde Anrecht Ggst od Grdl einer vor dem 3. 10. 90 geschl wirks Vereinbg od gerichtl Entsch üb die VermTeilg war. Hierbei ist insb an einen auf die Zt nach der Trenng zielden InteressenAusgl – nicht notw an eine gleichgewicht Verteilg – hinsichtl eines Altersvorsorgewertes (insb LebVers) zu denken, der Ggst od Grdl der Regelg der ScheidgsFolgen war.

b) Vereinbarungen üb VersAnrechte konnten die Eheg nach DDR-Recht gem den (dch 1. FamRÄndG 11
geänd) FGB 14, 14a, 15 bei fortbestehdem Güterstd, aber auch nach dessen vorzeit Aufhebg treffen (FGB 41 II). Dagg kommen wg des Stichtags 3. 10. 90 sämtl dch das ÜbergR eröffneten Möglichkten für VermVereinbgen (vgl Art 234 § 4 Rn 12) nicht in Betr; sie können aber, ihre Wirksamk vorausgesetzt, als solche außerh der ÜbergRegelg den VA insges ausschl (BGB 1408 II 1, 1414 S 2) od das einz VersAnrecht unmittelb dem VA entziehen, etwa dch die Künd od die wirks Übertr einer LebVers (vgl aber § 1587c Nr 2 und VAHRG 10d). Unterhrechtl Regelgen dürften im allg wg FGB 30 III idF bis zum 30. 9. 90 unbeachtl sein (BT-Drucks 11/7817 S 44); iü gg Wegf der GeschGrdl (Klattenhoff DAngVers **90**, 439; vgl allg Drexl DtZ **93**, 197). **c) Stichtag:** Die Vereinbg muß vor dem 3. 10. 90 geschl w sein. Der Stichtag erkl sich aus 12
dem mit dem Beitr veränd Vertrauensschutz (Adlerstein/Wagenitz FamRZ **90**, 1306), da sich die Beteiligten nach dem Beitritt auf die sich wandelnde RLage einrichten konnten. **d) Wirksamkeit:** Schließl muß die 13
Vereinbg wirks sein. Mit der im Ges gebrauchten Formulierg soll dem Umst Rechng getragen w, daß die Berufg auf den Wegf der GeschGrdl grdsl ausgeschl ist, wenn es der GesGeber bei der Verbindlichk vor der Neuregelg getroffener Vereinbgen beläßt (BGH NJW **58**, 1540). Die ÜberleitgsRegelg soll die fr Vereinbg aber nicht uneingeschränkt aufrechterhalten; die Disposition soll mRücks auf die grdlegden rechtl u tats Verändergen den Bedürfnissen des wirtsch schwächeren Eheg iF entggkommen, in denen das Erg der vertragl Vereinbg unter Berücks der WertEntsch des neuen R evident unbill ist u denen iR der VertrAnpassg nicht begegnet w kann. Hierbei ist allerd ein strenger Maßst anzulegen. Erweist sich das Festhalten an der fr Regelg als unzumutb u ist deswg ein VA dchzuführen, so bieten die Härteklauseln der §§ 1587c Nr 1, 1587h Nr 1 die Möglichk, dem Vertrauen des ausglpfl Eheg, der sich auf die fr Vereinbg verlassen hatte, dch eine Herabsetzg des VA Rechng zu tragen.

e) Gerichtliche Entscheidungen üb VersAnrechte sind, da es in S 2 nur um Ehen geht, die nach dem 14
31. 12. 91 gesch w, nur iR einer vorzeit Aufhebg der Eigt- u VermGemsch (FGB 41) mögl.

f) Rechtsfolge: Soweit üb einz VersAnrechte bereits gerichtl entsch od eine entspr Vereinbg zw den Eheg 15
getroffen w, findet der VA insow nicht statt. Das betr Anrecht wird bei einem nach dem 31. 12. 91 stattfindden VA überh nicht berücks, auch wenn sich bei einer Einbeziehg die Rolle von VABerecht u -Verpfl vertauschte. Die Nichtberücks hängt ferner ausschließl von der Wirksamk der Vereinbg (vgl Rn 13), nicht davon ab, ob dadch insges ein auch unter versrechtl Gesichtspkten ausgewogener Ausgl stattgefunden hat. Die Anrechte sind dann auch nicht hilfsw güterr auszugleichen.

g) Das **Wirksamwerden** des VA in den neuen BL u im OstT v Berlin wird vom Ges zur Überleitg des VA 16
auf das Beitrittsgebiet (**VAÜG**) – Art 31 RÜG vom 25. 7. 91 (BGBl I S 1606) – flankiert, das insb der bes Dynamik im Beitrittsgebiet erworbener Anrechte Rechng tragen soll (vgl Hahne FamRZ **91**, 1392; Klattenhoff DAngVers **91**, 352). Zum VAÜG ausf 58. Aufl Anh IV zu Art. 234 § 6.

4) Überleitungsbestimmungen. Gem Art 8 u 11 des EinigsV Anl I Kap III Sachgebiet B Abschn III 17
Nr 12 u 13 gilt Art 234 § 6 entspr, so daß iRv BGB 1587ff bei der Bewertg v VersAnrechten die **BarwertVO** (Anh II zu BGB 1587a) zu berücks sowie das **VAHRG** (Anh III zu BGB 1587b) anzuwenden ist (s 58. Aufl, Anh I u II zu Art 234 § 6).

EG 234 § 7 *Abstammung.*

[I] Entscheidungen, die vor dem Wirksamwerden des Beitritts ergangen sind und feststellen, daß der Ehemann der Mutter nicht der Vater des Kindes ist, wer der Vater des Kindes ist oder daß eine Anerkennung der Vaterschaft unwirksam ist, bleiben unberührt. Dasselbe gilt für eine Anerkennung der Vaterschaft, die nach dem 31. März 1966 und vor dem Wirksamwerden des Beitritts wirksam geworden ist.

[II] Die Fristen für Klagen, durch welche die Ehelichkeit eines Kindes oder die Anerkennung der Vaterschaft angefochten wird, beginnen nicht vor dem Wirksamwerden des Beitritts, wenn der Anfechtungsberechtigte nach dem bisher geltenden Recht nicht klageberechtigt war.

III Ist vor dem Wirksamwerden des Beitritts die Vaterschaft angefochten oder Klage auf Feststellung der Unwirksamkeit einer Anerkennung der Vaterschaft erhoben und über die Klagen nicht vor dem Wirksamwerden des Beitritts rechtskräftig entschieden worden, so wird der Zeitraum von der Klageerhebung bis zum Wirksamwerden des Beitritts in die in Absatz 2 genannten Fristen nicht eingerechnet, wenn die Klage aufgrund des Inkrafttretens des Bürgerlichen Gesetzbuchs nicht mehr von dem Kläger erhoben oder nicht mehr gegen den Beklagten gerichtet werden kann.

IV Andere als die in Absatz 1 genannten Entscheidungen und Erklärungen, die nach dem bisherigen Recht die Wirkung einer Vaterschaftsfeststellung haben, stehen einer Anerkennung der Vaterschaft im Sinne des Absatzes 1 Satz 2 gleich.

1 **1)** Die Vorschr enth die dch den Beitritt erfdl ÜberleitgsBestimmgen für gerichtl Entscheidgen u AnerkenngsErkl zur Vatersch in der früh DDR. Sie werden jetzt überlagert dch das Inkrafttr des KindRG, dch welches die Unterschiede zw dem AbstammgsR der DDR u demj der BuRep, zB dch Abschaffg des famrechtl Status der Nichtehelk, nachträgl verringert w sind. Vgl für die beiden ÜberggsRegelgen betr den Beitritt: ausführl 58. Aufl; vgl zum KindRG matrechtl: EG Art 224 § 1; verfahrensrechtl: Einf 36 v § 1626. Vor dem Wirksamwerden des Beitr im früh DDR-Gebiet geborene nehel Ki behalten ggf unebh von der JahresFr v FGB 56 II das Recht nach BGB, auf Feststellg der Vatersch zu klagen (BGH **135**, 209).

2 **2)** Es bleiben vor dem 3. 10. 90 in der DDR getroffene **positive oder negative Vaterschaftsfeststellungen wirksam, I 1.** Das gilt für die Feststellg, daß der Ehem der Mu nicht der Va des Ki ist (FGB 63 I), wer der Va des Ki ist (FGB 54, 56 ff), wofür die Verurt zur Zahlg v Unterh an ein nehel Ki ausr (Düss NJWE-FER **99**, 192), sowie, daß ein VaterschAnerk unwirks ist (FGB 59), schließl auch für die Abweisg einer VaterschFeststellgsKl bzw einer AnfKl (Brdbg FamRZ **95**, 503). Doch ist einem StatusUrt aus der Zt der DDR die Anerk zu versagen, wenn die Entsch gg den **ordre public** der BuRep verstößt (BGH NJW **97**, 2051). Desh keine Anerk bei schweren VerfVerstößen wie Verletzg des Anspr auf rechtl Gehör od bei Unterlassg serolog Begutachtg (AG Hbg-Wandsbek DtZ **91**, 307; aA Düss FamRZ **96**, 176), es sei denn es liegt ein Verzicht vor (Brdbg FamRZ **95**, 503). An die Stelle der Aufhebg der VaterschFeststellg dch den StaatsAnw (FGB 60) tritt das WiederaufnVerf (Adlerstein/Wagenitz FamRZ **90**, 1170). Wirks bleiben nur vor
3 dem Beitritt ergangene Entscheidgen; auf den Eintritt der Rechtskr vor dem 3. 10. 90 kommt es nicht an (Brdbg FamRZ **96**, 369). Wirks bleiben auch die nach FGB 55–57 vor dem JugHilfeOrgan od im lfden VaterschProz zu Prot des Ger bis zum 3. 10. 90 abgegebenen **Vaterschaftsanerkennungen, I 2.** Nach dem Beitritt galten zunächst unmittelb BGB 1600a ff aF u gelten nunm die §§ 1594 ff nF. Vor dem Inkrafttr des FGB am 1. 4. 66 getroffene gerichtl VaterschFeststellgen wie abgegebene VaterschAnerkErkl bleiben ebenf
4 wirks, **IV.** Die Vorschr ist nicht verfassgswidr (BVerfG-Ka FamRZ **95**, 411). Die Anfechtg übergeleiteter VaterschAnerk u gerichtl VaterschFeststellg richteten sich nach dem Beitritt nach BGB 1600f ff, seit dem 1. 7. 98 gelten BGB 1599 ff, ZPO 640 ff nF. Dabei ist darauf zu achten, daß GerichtsEntsch dch die Neufassg des AbstammgsR zT obsolet geworden sind. So steht der Mu jetzt iGgs zu BGH DtZ **92**, 149 ein eig Recht zur VaterschAnf zu (vgl auch BGH DtZ **92**, 387).

5 **3) Klagefrist, II u. III.** Sie soll dem KlBerecht nach Erlangg der Kenntn von der falschen AbstammgsZuordng des Ki eine best Zt zur Überlegg einräumen, ob er die rechtl geltde Abstammg änd will od nicht. II betr dabei die Fr für Pers, die erst dch den Beitritt überh anfechtgsberecht geworden sind, III den FrLauf für Pers, die dch den Beitritt ihre Aktiv- od Passivlegitimation verloren haben (vgl ausführl 58. Aufl Rn 11 ff). Soweit die Vorschr heute noch relevant werden, ist zu beachten, daß mit dem Inkrafttr des KindRG ab 1. 7. 98 iR einer einheitl VaterschAnf (vgl § 1599 Rn 1) der Kreis sowohl der AnfBerecht als auch die AnfFr ggü den §§ 1591 ff aF geändert w sind (vgl §§ 1600, 1600b nF).

EG 234 §§ 8, 9

(Aufgeh dch Art. 4 Abs. 9 KindUG mit Wirkung vom 1. 7. 1998. Die Übergangsregelung befindet sich in Art. 5 § 1 KindUG.) (Vgl insoweit Einf. Rn. 86 vor § 1601.)

EG 234 § 10

Rechtsverhältnis zwischen den Eltern und dem Kind im allgemeinen. **Der Familienname eines vor dem Wirksamwerden des Beitritts geborenen Kindes bestimmt sich in Ansehung der bis zum Wirksamwerden des Beitritts eingetretenen namensrechtlichen Folgen nach dem bisherigen Recht.**

1 **1) Grundsatz.** Entgg der weit gefaßten Überschr enth die Vorschr ledigl eine **Übergangsregelung zum Familiennamen des Kindes.** Es gilt das **Stichtagsprinzip** (Art 234 § 1 Rn 5). Der FamName eines nach dem Wirksamwerden des Beitr geborenen Ki best sich nach dem BGB. Für vor dem Stichtag geborene Ki bleibt es bei der bish Regelg; die Überleitg bewirkt also keine unmittelb Änderg bereits geführter FamNamen. Doch richten sich Umstde, die nach dem Stichtag eintreten u namensrechtsrelevant sind, ebenf nach neuem Recht (BT-Drucks 11/7817 S 45).

2 **2) Einzelheiten. a)** Folgde Ki behalten ihren Namen auch unter der Herrsch des neuen Rechts: wenn sie **bis zum Wirksamwerden des Beitritts** gem FGB 7 I 2, 64 I den gemeins FamNamen ihrer miteinand verh Elt erh haben; deren Elt bei der Geburt des Ki nicht miteinand verh waren u die desh gem FGB 64 II den FamNamen ihrer Mutter führen; die inf v ErziehgsRÜbertraggen nach FGB 48, 45 II 2 u III 2 sowie 47 III bzw inf der Ann eines and FamNamens dch den ErzBerecht gem FGB 65 ebenf den Namen geändert haben bzw die inf Ann an Ki Statt od Wiederaufhebg der Adoption Namensändergen erfahren haben (FGB
3 71, 78 II). Keine WiederAnn des urspr Geburtsnamens (Adlerstein/Wagenitz FamRZ **90**, 1174). – **b)** Für **Namenserwerbsvorgänge nach der Rechtsvereinheitlichung** gelten BGB 1616–1618; 1720, 1737, 1740f, 1740g; 1757, 1765. Außerd gilt NÄG 3, wonach bei Vorliegen eines wichtigen Grdes der **Name im**

Verwaltungswege geändert w kann (vgl BGB 1616 Rn 5); dieser ÄndergsMöglk stehen auch Namensvorgänge offen, die vor der Rechtsvereinheitlichg in der fr DDR abgeschl waren.

EG 234 § 11

Elterliche Sorge. **I Die elterliche Sorge für ein Kind steht demjenigen zu, dem das Erziehungsrecht am Tag vor dem Wirksamwerden des Beitritts nach dem bisherigen Recht zustand. Stand das Erziehungsrecht am Tag vor dem Wirksamwerden des Beitritts dem Vater eines nichtehelichen Kindes oder einem anderen als der Mutter oder dem Vater des Kindes zu, so hat dieser lediglich die Rechtsstellung eines Vormunds.**

II Entscheidungen, Feststellungen oder Maßnahmen, die das Gericht oder eine Verwaltungsbehörde vor dem Wirksamwerden des Beitritts in Angelegenheiten der elterlichen Sorge getroffen hat, bleiben unberührt. Für die Änderung solcher Entscheidungen, Feststellungen oder Maßnahmen gelten § 1674 Abs. 2 und § 1696 des Bürgerlichen Gesetzbuchs entsprechend.

III Hat das Gericht vor dem Wirksamwerden des Beitritts im Scheidungsurteil über das elterliche Erziehungsrecht nicht entschieden oder angeordnet, daß die Ehegatten das elterliche Erziehungsrecht bis zur Dauer eines Jahres nicht ausüben dürfen, gilt § 1671 des Bürgerlichen Gesetzbuchs entsprechend.

IV Ist ein Kind durch seine Eltern oder mit deren Einverständnis in einer Weise untergebracht, die mit Freiheitsentziehung verbunden ist, so gelten für die Unterbringung vom Wirksamwerden des Beitritts an die Vorschriften des Bürgerlichen Gesetzbuchs. Die Eltern haben alsbald nach dem Wirksamwerden des Beitritts um die gerichtliche Genehmigung der Unterbringung nachzusuchen. Die Unterbringung ist spätestens nach Ablauf von 6 Monaten nach dem Wirksamwerden des Beitritts zu beenden, wenn das Gericht sie nicht vorher genehmigt hat.

Wg Einzelh vgl 55. Aufl. Das ErziehgsR von FGB 42 ff ist mit dem Wirksamw des Beitr (Art 234 § 1 1
Rn 5) ab 3. 10. 90 zur elterl Sorge (BGB 1626 ff) geworden, weil sich die R- und PflStellgen beider RInstitute im wesentl entspr (BT-Drucks 11/7817 S 45). Der bish ErziehgsBer wurde zum SorgeBer, **I 1.** Da BGB 1706–1710 nicht übergeleitet w sind (Art 230 I), erhielten außerh der Ehe geborene Ki keinen Amtspfleger (Bosch FamRZ **91**, 752). Das gilt auch bei einem AufenthWechsel aus dem BeitrGeb in die alten BuLä (Maurer DtZ **93**, 133; aA Lück FamRZ **92**, 886). Andere ErziehgsBer als Mu od Va eines ehel Ki (also nehel Va, Großelt, Stiefelt) wurden zu bloßen Vormdern, **I 2:** BGB 1773–1895. Vor dem Wirksamw des Beitr nach DDR-R getroffene Sorgemaßn bleiben wirks, **II 1.** Einzelh: 55. Aufl Rn 6 ff. Für die Änderg solcher Maßn gelten BGB 1674 II, 1696 entspr, **II 2.** Hatte das ScheidgsGer der DDR die Entsch über das elterl ErziehgsR ausgesetzt (FGB 25, 26), erfolgt eine SorgeRRegelung jetzt ggf nach BGB 1671, **III.** Für 2
eine mit FreihEntziehg verbund Unterbringg des Ki benötigten die Elt entspr BGB 1631 b die Gen des VormschG, ohne die die Unterbringg zu beenden war, **IV.** Zur Überprüfg strafr Unterbringg: BezG Dresd DtZ **93**, 31; zum RMittelschutz bei möglicherw fälschl strafr Einordng der Unterbringg: BVerfG DtZ **93**, 53.

EG 234 § 12

Legitimation nichtehelicher Kinder. **Die Frist nach § 1740 e Abs. 1 Satz 1 des Bürgerlichen Gesetzbuchs beginnt nicht vor dem Wirksamwerden des Beitritts.**

Am 3. 10. 90 (Art 234 § 1 Rn 5) haben die außerh einer Ehe geborenen Ki die RStellg von nehel Ki 1
erhalten und damit auch die Möglk nachträgl Legitimation (BGB 1719 ff). Nach dem Tod des Va kann das Ki den Antr auf EhelErkl nur binnen JahresFr stellen (BGB 1740 e I); Art 234 § 12 stellte sicher, daß dem Ki auch dann eine Frist von 1 J zur Verfügg stand, wenn die Vorauss für die EhelErkl bereits vor dem Beitr erfüllt waren.

EG 234 § 13

Annahme als Kind. **I Für Annahmeverhältnisse, die vor dem Wirksamwerden des Beitritts begründet worden sind, gelten § 1755 Abs. 1 Satz 2, die §§ 1756 und 1760 Abs. 2 Buchstabe e, § 1762 Abs. 2 und die §§ 1767 bis 1772 des Bürgerlichen Gesetzbuchs nicht. § 1766 des Bürgerlichen Gesetzbuchs gilt nicht, wenn die Ehe vor dem Wirksamwerden des Beitritts geschlossen worden ist.**

II Vor dem Wirksamwerden des Beitritts ergangene Entscheidungen des Gerichts, durch die ein Annahmeverhältnis aufgehoben worden ist, bleiben unberührt. Dasselbe gilt für Entscheidungen eines staatlichen Organs, durch die ein Annahmeverhältnis aufgehoben worden ist und die vor dem Wirksamwerden des Beitritts wirksam geworden sind.

III Ist ein Annahmeverhältnis vor dem Wirksamwerden des Beitritts ohne die Einwilligung des Kindes oder eines Elternteils begründet worden, so kann es aus diesem Grund nur aufgehoben werden, wenn die Einwilligung nach dem bisherigen Recht erforderlich war.

IV Ist ein Annahmeverhältnis vor dem Wirksamwerden des Beitritts begründet worden und war die Einwilligung eines Elternteils nach dem bisherigen Recht nicht erforderlich, weil

1. dieser Elternteil zur Abgabe einer Erklärung für eine nicht absehbare Zeit außerstande war,
2. diesem Elternteil das Erziehungsrecht entzogen war oder
3. der Aufenthalt dieses Elternteils nicht ermittelt werden konnte,

so kann das Annahmeverhältnis gleichwohl auf Antrag dieses Elternteils aufgehoben werden. § 1761 des Bürgerlichen Gesetzbuchs gilt entsprechend.

V Ist ein Annahmeverhältnis vor dem Wirksamwerden des Beitritts begründet worden und ist die Einwilligung eines Elternteils ersetzt worden, so gilt Absatz 4 entsprechend.

VI Ein Antrag auf Aufhebung eines vor dem Wirksamwerden des Beitritts begründeten Annahmeverhältnisses kann nur bis zum Ablauf von drei Jahren nach dem Wirksamwerden des Beitritts gestellt werden. Für die Entgegennahme des Antrags ist jedes Vormundschaftsgericht zuständig.

VII Ist über die Klage eines leiblichen Elternteils auf Aufhebung eines Annahmeverhältnisses am Tag des Wirksamwerdens des Beitritts noch nicht rechtskräftig entschieden worden, so gilt die Klage als Antrag auf Aufhebung des Annahmeverhältnisses. § 1762 Abs. 3 des Bürgerlichen Gesetzbuchs gilt nicht.

1 Wg Einzelh vgl 55. Aufl. Ab 3. 10. 90 (Art 234 § 1 Rn 5) sind auf die nach FGB 66 ff begründeten AnnVerhältn grdsl BGB 1741 ff anzuwenden, **I 1,** mit Ausn vor allem solcher Vorschr, deren Anwendg dazu führen würde, daß bereits erloschene RBeziehgen wieder aufleben (BT-Drucks 11/7817 S 46). Das betrifft RentenAnspr des Ki (BGB 1755 Rn 4); VerwandtschVerh: FGB 73 statt BGB 1756; die Möglk zur Aufhebg des AnnVerhältn bei Erteilg der Einwilligg der Elt in die Adoption, bevor das Ki 8 Wo alt war (FGB 69, 74 statt BGB 1760 II e); ebenso hins der Fristen nach BGB 1762 II; ferner die Vorschr der dem FGB unbek VolljAnn (BGB 1767–1772) sowie die automat Aufhebg des AnnVerh iF der Eheschließg zw Annehmden und Ki (BGB 1766), **I 2.** Wirks Aufhebgen des AnnVerh vor dem 3. 10. 90 bleiben bestehen, **II.** Die Wirkgen der Aufhebg bestimmen sich für die Zeit nach dem 3. 10. 90 nach BGB 1764, nicht FGB 78. Zum FamNamen: Art 234 § 10 Rn 2. **III–VI** betr die Aufhebg übergeleiteter AnnVerhältn aGrd von EinwilliggsMängeln (Rn 12–21 der 55. Aufl). Der Aufhebgsantr konnte bis zum 2. 10. 93 gestellt w. Zum 3. 10. 90 anhäng AufhebgsVerf werden als solche nach BGB 1760 fortgeführt, ohne daß es einer erneuten AntrStellg bedurft hätte (BT-Drucks 11/7817 S 46), **VII.**

EG 234 § 14 *Vormundschaft.* **I Ab dem Wirksamwerden des Beitritts gelten für die bestehenden Vormundschaften und vorläufigen Vormundschaften die Vorschriften des Bürgerlichen Gesetzbuchs.**

II Bisherige Bestellungen von Vormündern bleiben wirksam. Sind Ehegatten nach § 90 Abs. 1 des Familiengesetzbuchs der Deutschen Demokratischen Republik gemeinsam zu Vormündern bestellt, so gilt bei Verhinderung eines Mitvormunds § 1678 Absatz 1 1. Halbsatz des Bürgerlichen Gesetzbuchs entsprechend.

III Führt das Jugendamt oder das Staatliche Notariat selbst eine Vormundschaft, so wird diese als bestellte Amtsvormundschaft fortgeführt (§§ 1791 b, 1897 Satz 1 des Bürgerlichen Gesetzbuchs).

IV Die Vorschriften des Bürgerlichen Gesetzbuchs über die Anlegung von Mündelgeld sind erst ab 1. Januar 1992 anzuwenden.

V Für Ansprüche des Vormunds auf Vergütungen für die Zeit bis zum Wirksamwerden des Beitritts sowie auf Ersatz für Aufwendungen, die er in dieser Zeit gemacht hat, gilt das bisherige Recht.

VI § 11 Abs. 4 gilt entsprechend.

1 Wg Einzelh vgl 55. Aufl. Die am 3. 10. 90 gem FGB 88 ff, 98 ff, ZGB 460 bestehenden Vormsch sind in solche nach BGB 1773–1908 aF übergeleitet, ggf am 1. 1. 92 in Betreugen umgewandelt w, **I.** Bestellgen von Vormdern blieben wirks, auch wenn sie nach BGB nicht mögl gewesen wären, **II 1,** also insb die über BGB 1775 hinausgehde gemeins Bestellg von Eheg für in die Fam aufgen Ki (FGB 90 I 1: jetzt BGB 1797); bei tats Verhinderg eines von ihnen: BGB 1678 I 1. Halbs entspr, **II 2.** Bei rechtl Verhinderg: Bestellg eines Pfl. Soweit Organe der DDR die Vormsch selbst führen konnten (FGB 89 III), wird sie als bestellte Amtsvormsch bzw BehördBt fortgesetzt (BGB 1791 b, 1900 IV), **III.** Für die Anlegg von Mündelgeld bzw Geld des Betreuten gelten ab 1. 1. 92 BGB 1805 ff, 1908 i I 1, **IV.** Für Vergütg und AufwendgsErs des Vormds gelten für die Zeit bis zum 3. 10. 90 FGB 94 III u IV, 100; für die Zeit danach: BGB 1835–1836 a (nF ab 1. 1. 92), **V.** Für Unterbringgen gilt Art 234 § 11 entspr (dort Rn 2), **VI.**

EG 234 § 15 *Pflegschaft.* **I Am Tag des Wirksamwerdens des Beitritts werden die bestehenden Pflegschaften zu den entsprechenden Pflegschaften nach dem Bürgerlichen Gesetzbuch. Der Wirkungskreis entspricht dem bisher festgelegten Wirkungskreis.**

II § 14 Abs. 2 bis 6 gilt entsprechend.

1 Wg Einzelh 55. Aufl. Am 3. 10. 90 wurden die in der DDR bestehden Pflegsch (FGB 104 ff) in die entspr Pflegsch von BGB 1909 ff übergeleitet, **I 1 u 2.** An die Stelle der GebrechlichkPflegsch von FGB 105 II ist nunmehr die Bt (BGB 1896 ff) getreten. Eine aufgeh Pflegsch kann nicht nochmals aufgeh od ihre Unwirksamk vAa festgestellt w (Brdbg OLG-NL **94,** 253). Zur rückw Aufhebg einer AbwesenhPflegsch: Art 234 § 1 Rn 5. War die AO-Beh auch nicht einmal im Ansatz bemüht, den damal gesetzl Erfordern zu entspr od war der AufenthOrt des Abwesden sogar bekannt (LG Erf OLG-NL **94,** 255), so kann die für einen in den alten BuLä wohnh Eigtümer angeordnete AbwesenhPflegsch nichtig s (BezG Erf DtZ **93,** 92). Vgl jedoch zum Vorrang von VermG 1 III: BGH FamRZ **97,** 494 sowie EG 232 § 1 Rn 6 ff. Es gilt ab 3. 10. 90 Vormsch- bzw BtR: BGB 1915 I, 1896 ff; iü hins der Pers des Pfl, Anlegg von Geld, Vergütg u AufwendgsErs sowie Unterbringg: Art 234 § 14 II–VI, **II.**

Artikel 235
Fünftes Buch. Erbrecht

EG 235 § 1 *Erbrechtliche Verhältnisse.* **[I]Für die erbrechtlichen Verhältnisse bleibt das bisherige Recht maßgebend, wenn der Erblasser vor dem Wirksamwerden des Beitritts gestorben ist.**

[II]Ist der Erblasser nach dem Wirksamwerden des Beitritts verstorben, so gelten in Ansehung eines nichtehelichen Kindes, das vor dem Beitritt geboren ist, die für die erbrechtlichen Verhältnisse eines ehelichen Kindes geltenden Vorschriften.

1) Ausnahme von der Rechtseinheit (II). In allen seit dem Beitritt der DDR eingetretenen Erbfällen, 1
dh ab 3. 10. 1990 gilt einheitl das ErbR des BGB (EG 230) mit der Maßgab, daß für die Beurteilg der WirksamkVoraussetzgen aller in der DDR vor dem Beitritt errichteten Vfgen vTw (nicht ihres Inhalts) aus Grden der RSicherh u des Vertrauensschutzes das früh Recht weiterh maßgebl ist (EG 235 § 2). Von der damit herbeigeführten REinheit wurde nur eine Ausnahme für **nichteheliche Kinder** angeordnet (**II**). Diese hat allerd in Erbfällen seit dem 1. 4. 98 wg der seitdem allg hergestellten erbrechtl Gleichstellg dch das ErbGleichG (§ 1924 Rn 9) nur noch eingeschränkte Bedeutg (s Rn 3), war aber für die Übergangszeit bis dahin gerechtfert (vgl BVerfG NJW **96**, 1884). – **a) Der Anwendungsbereich** des dch das ErbGleichG neu 2
gefaßten, aber inhaltl nicht geänderten **II** ergibt sich aus seinem Zweck, beitrittsbedingte RNachteile zu vermeiden. Ist der Erbfall erst nach dem 3. 10. 90 eingetreten u damit dem BGB unterstellt, soll dem vor dem Beitritt geborenen nichtehel Kind des Erbl dessen dch das bessere ErbR der DDR (ZGB 365 I; s Einl 5 vor § 1922) begründete Erberwartg erhalten bleiben. **II** setzt also voraus, daß es ohne den Beitritt zur Erbfolge des Kindes nach dem ZGB gekommen wäre. Dazu wird auf das fiktive Erbstatut des Vaters vor dem Beitritt abgestellt. Hatte dieser am 2. 10. 1990 seinen gewöhnl Aufenthalt in der fr DDR, wäre bei seinem gedachten Tod zu diesem Zeitpkt Erbstatut das ZGB gewesen. Wäre beim späteren tatsächl Erbfall bis 1. 4. 98 sein nichtehel Kind nur wg des RWechsels zum BGB auf den ErbersatzAnspr verwiesen (§ 1934 a aF) od wäre es wg seiner Geburt vor dem 1. 7. 49 dch das NEhelG von der Erbfolge ausgeschlossen, ordnet **II** zur Abwendg dieses beitrittsbedingten RNachteils seine erbrechtl Gleichstellg mit ehel Kindern an. Hätte sich dagg die Erbfolge auch schon bei der gedachten Zurückverlegg des Erbfalls vor den Beitritt ganz od teilw nach BGB bestimmt, greift **II** nicht ein (Köln OLGZ **93**, 487). Eine Wohnsitzverlegg nach dem Beitritt dch den Vater hat also nicht die Wirkg eines Statutenwechsels, sond ist bedeutgslos. – **b) Das Kind** muß nur vor 3
dem 3. 10. 90 geboren sein u die Vatersch muß feststehen (§ 1924 Rn 8; zur Feststellg nach DDR-Recht s Dresden NJW **98**, 2609; Wagenitz FamRZ **90**, 1169). Auf seinen Geburtsort od Aufenthalt kommt es dagg nie an (Brdbg FamRZ **97**, 1031; Neubrdbg Rpfleger **95**, 214). Dch **II** werden auch die vor dem 1. 7. 49 geborenen Kinder begünstigt, weil in seinem Anwendgsbereich Art 12 § 10 II NEhelG nicht gilt u das DDR-Recht eine solche Altersgrenze nicht kannte (MüKo/Leipold Rn 60). Seine Neufassg dient insow auch der Klarstellg, weil **II** andernf dch das ErbGleichG entbehrl geworden wäre; tatsächl hat er aber hinsichtl der vor dem 1. 7. 49 Geborenen auch noch in Erbfällen nach dem 1. 4. 98 Bedeutg, weil das ErbGleichG die Altersgrenze des NEhelG unberührt ließ (§ 1924 Rn 10). Die vollständ REinheit ist somit dch das ErbGleichG (gg den Antrag des BRats) nicht hergestellt worden. – Nicht unter **II** fällt dagg der am 3. 10. 90 erst Erzeugte, da der Schutzzweck des § 1923 II, daß der nasciturus ohne die Fiktion leer ausginge, hier nicht notwend ist (aA Adlerstein/Desch DtZ **91**, 193; Köster Rpfleger **92**, 369). – **c) Ausnahme nichtehelicher** 4
Vater. Sein ErbR u das väterl Verwandter nach seinem zw dem 3. 10. 90 u dem 1. 4. 98 verstorbenen od einem vor dem 1. 7. 49 geborenen nichtehel Kind wird üb **II** folgericht auch nach dem ErbR ehel Väter beurteilt, wenn er am 2. 10. 90 seine gewöhnl Aufenth in der DDR hatte. Die Anknüpfg an seinen Aufenth statt an den des Kindes ist geboten, damit ErbR u Beerbg des Kindes sich nach dem gleichen Statut beurteilen (Staud/Rauscher Rn 125; MüKo/Leipold Rn 63).

2) Erbfälle vor dem 3. 10. 1990 (I). In Altfällen bleibt aus Grden des Vertrauensschutzes das zum 5
Zeitpkt des jeweil Erbfalls geltde ErbR maßgebl, weil diese als abgeschlossene Vorgänge nicht nachträgl and rechtl Regelgen unterstellt werden sollten (s Einl 2 v § 1922). Welches ErbR dies ist, regelt **I** als rein intertemporale Norm allerd nicht; vielm setzt er eine Zuordng des erbrechtl Verhältn zu einer der beiden deutschen Teilrechtsordngen bereits voraus. Erforderl ist somit eine interlokale Vorprüfg. Bei dieser wird das maßgebl ErbR dch die interlokalen Kollisionsregeln bestimmt, die bereits vor dem Beitritt in der BRep gegolten haben (Anh zu EG 3) u deren Fortgeltg als einziges interlokales PrivatR der EinigsV voraussetzt (BGH **124**, 270; DtZ **96**, 84). Im ErbR gilt demnach einheitl im gesamten Bundesgebiet die Regel, daß sich die RNachfolge vTw nach einem deutsch Erbl nach den Bestimmgen derjenigen TeilROrdng richtet, deren räuml Geltgsbereich der Erbl dch seinen gewöhnlichen Aufenthalt angehörte (BGH **124**, 270; **128**, 41; EG 25 Rn 23 u EG 5 Rn 10). Dies betrifft die erbrechtl Verhältn im weitesten Sinne, also alle Verhältn, die mit Anfall u Erwerb einer Erbsch in Zusammenhang stehen (KG FamRZ **98**, 124; OLG-NL **97**, 12: auch GenVorbeh für Erbfähigk jur Pers); zum PflichttR Faßbender DNotZ **94**, 359. – Gilt auf diese Weise das ErbR der fr **DDR**, ist zu beachten, daß je nach Zeitpkt des Erbffalls (vor od nach dem 1. 1. 76) unterschiedl R zur Anwendg kommt, wobei dieses im Grds weiterh so anzuwenden ist, wie es früh in der DDR gehandhabt wurde (s Einl 5 v § 1922). – Zu den Fällen innerdeutscher **Nachlaßspaltung** bei Erbfällen zw 1. 1. 76 u 3. 10. 90 wg Grundvermögens eines westdeutsch Erbl in der fr DDR s § 1922 Rn 8.

EG 235 § 2 *Verfügungen von Todes wegen.* **Die Errichtung oder Aufhebung einer Verfügung von Todes wegen vor dem Wirksamwerden des Beitritts wird nach dem bisherigen Recht beurteilt, auch wenn der Erblasser nach dem Wirksamwerden des**

Beitritts stirbt. Dies gilt auch für die Bindung des Erblassers bei einem gemeinschaftlichen Testament, sofern das Testament vor dem Wirksamwerden des Beitritts errichtet worden ist.

1 **1) Anwendungsbereich.** Hatte ein Erbl seinen gewöhnl Aufenth in der fr DDR u dort eine rgült Vfg vTw errichtet od aufgehoben, tritt der Erbfall aber erst nach dem 2. 10. 90 ein, ist das dann geltende Erbstatut (BGB) nicht mehr mit dem früh Errichtgsstatut (ZGB) identisch. Im Hinblick hierauf werden aus Grden des Vertrauensschutzes GültigkFragen einer vor dem Beitritt in der DDR errichteten Vfg vTw unter der genannten interlokalen Voraussetzg auch in Erbfällen seit dem 3. 10. 90 nach DDR-ErbR beurteilt. Dies bezieht sich auf Form u Fähigk zur Errichtg bzw Aufhebg eines Test (Rn 3). – Inhalt, Auslegg u mat-rechtl Wirkg der Vfg v Tw beurteilen sich dagg nach dem beim Erbfall geltenden BGB. Dies gilt nach überw Meing auch für die Voraussetzgen einer TestAnfechtg (Brdbg FamRZ **98**, 59; Staud/Rauscher Rn 14; MüKo/Leipold Rn 14), währd eine Mindermeing S 2 anwendet, wenn der AnfGrd noch währd der Geltg des früh R entstanden ist (de Leve Rpfleger **94**, 233; Lange/Kuchinke § 36 I 3 b). – Eine entspr Regelg galt in der fr DDR, wenn Test vor Inkrafttreten des ZGB errichtet war, Erbfall aber erst danach eintrat (EGZGB 8 II; BGH FamRZ **94**, 304; Jena FamRZ **95**, 446).

2 **2) Verfügung von Todes wegen (S 1).** Von Bedeutg ist S 1 vor allem für die unter der Geltg des ZGB (1. 1. 76–2. 10. 90) errichteten Vfgen vTw, für früh insow, als sie von den ÜbergangsVorschr des EGZGB betroffen wurden (s Einl 5 vor § 1922). Der ErbVertr wurde mit Inkrafttreten des ZGB abgeschafft (früh blieben aber grdsl wirks, EGZGB 2 II; 8 II). Testieren konnte nur der volljähr (dh 18-jähr) u handlgsfäh Bürger persönl (ZGB 370; 49 ff) in Form not Beurkundg od eigenhänd schriftl Erkl (ZGB 383 I). Ehegatten konnten auch gemeinschaftl (ZGB 388) in beiden Formen, sogar in einer erleichterten testieren (ZGB 391).
3 Das NotTest vor 2 Zeugen (ZGB 383; 386) war nur zeitl befristet gültig. – **Aufhebung** des Test konnte jederzeit dch neues widersprechdes Test (dazu KG FamRZ **98**, 124), dch Vernichtg od Rücknahme aus amtl Verwahrg erfolgen (ZGB 387 iVm NotG 24). Gemeinsch Test wurden bei Scheidg od NichtigErkl der Ehe insgesamt unwirks (ZGB 392 III); ferner dch Aufhebg (ZGB 393) od Widerruf (ZGB 392), der auch als einseit dch not beurk Erkl mögl war (ZGB 392 II).

4 **3) Bindung (S 2)** an ein gemeinsch Test beurteilt sich nach dem Errichtgsstatut. Hatten also Ehegatten ihren gewöhnl Aufenth vor dem 3. 10. 90 in der DDR u dort ein gemeinsch Test errichtet (ZGB 388), werden sie bei Eintritt des Erbfalls nach dem 3. 10. 90 trotz nunmehriger Anwendg des BGB auf die Erbfolge (EG 230) in ihrem Vertrauen auf eine mit Errichtg eingetretene Bindgswirkg dch S 2 geschützt, soweit diese im Erbstatut (BGB) abweichd geregelt ist (bei Test vor dem 1. 1. 76 war dies noch nicht der Fall, § 1922 Rn 5; Brdbg FamRZ **97**, 1030). Bei gemeinsch Test westdeutscher Eheg bestimmt sie sich in Erbfällen zw dem 1. 1. 76 u dem 3. 10. 90 auch dann nach BGB als Errichtgsstatut, wenn für Grdbesitz in der DDR als rechtl selbständ NachlTeil (§ 1922 Rn 8) Erbstatut das ZGB ist (KG FamRZ **98**, 124). – Nach ZGB waren gemeinsch testierende Eheg gleichf nicht an freier Vfg unter Lebenden (ZGB 390 II 1) gehindert, sondern auch nur erbrechtl an die getroffenen letztw Vfgen gebunden (BGH NJW **95**, 1087 mAv Leipold ZEV **95**, 222), bei denen allerd nicht zw einseit u wechselbezügl unterschieden wurde (ZGB 390 I). Die eingetretene Bindg, deren Umfang sich nach der früh RPraxis im Beitrittsgebiet beurteilt (BGH **124**, 270), bewirkte die Nichtigk abweichender letztw Vfgen des Überlebenden (ZGB 390 II 2), es sei denn, daß sich die Eheleute dch Vorbehalt im gemeinsch Test ggseit hierzu ermächtigt hatten (ZGB 390 I 2). S dazu
5 Pfeiffer FamRZ **93**, 1266. – **Beseitigung** der Bindg zur Wiedererlangg der TestierFreih war nach ZGB verschiedentl mögl: Zu Lebzeiten beider Ehegatten dch Aufhebg od Widerruf (s Rn 3). Nach dem Tod eines Ehegatten vom Überlebenden dch Erkl ggü dem Notariat entw vor Annahme der Erbsch dch Widerruf der eigenen Vfgen u gleichzeit Ausschlagg der Erbsch (ZGB 392 IV; RFolgen waren nicht näher geregelt; er behielt aber Pflichtt); od noch nach Annahme dch Aufhebg der eigenen Vfgen u Herausgabe des seinen ges Erbteil übersteigenden Nachl an den SchlußE bzw dessen RNachfolger (ZGB 393); dazu auch Trilsch-Eckardt ZEV **95**, 217), wodch er zwar die Bindg, aber nicht mehr seine Erbenstellg beseitigen konnte. Auch für die Beseitigg der Bindg gilt nach S 2 das bish R, so daß sich auch nach dem 2. 10. 90 Zulässigk u Art eines Widerrufs nach ZGB beurteilen (Limmer ZEV **94**, 290), nicht aber auch die Anfechtg des gemsch Test (Limmer aaO).

Artikel 236
Einführungsgesetz – Internationales Privatrecht

EG 236 § 1 *Abgeschlossene Vorgänge.* **Auf vor dem Wirksamwerden des Beitritts abgeschlossene Vorgänge bleibt das bisherige Internationale Privatrecht anwendbar.**

EG 236 § 2 *Wirkungen familienrechtlicher Rechtsverhältnisse.* **Die Wirkungen familienrechtlicher Rechtsverhältnisse unterliegen von dem Wirksamwerden des Beitritts an den Vorschriften des Zweiten Kapitels des Ersten Teils.**

EG 236 § 3 *Güterstand.* **Die güterrechtlichen Wirkungen von Ehen, die vor dem Wirksamwerden des Beitritts geschlossen worden sind, unterliegen von diesem Tag an dem Artikel 15; dabei tritt an die Stelle des Zeitpunkts der Eheschließung der Tag des Wirksamwerdens des Beitritts. Soweit sich allein aus einem Wechsel des anzuwendenden Rechts nach Satz 1 Ansprüche wegen der Beendigung des früheren Güterstandes ergeben würden, gelten sie bis zum Ablauf von zwei Jahren nach Wirksamwerden des Beitritts als gestundet.**

1) Allgemeines. a) Gemäß Art 8 EinigsV ist im Gebiet der fr DDR am 3. 10. 90 BundesR in Kraft getreten, „soweit dch diesen Vertr, insb dessen Anlage I, nichts and best wird". Bestandt der Anl I ist der neu gefaßte Art 230 II (jetzt Art 230), der das Inkrafttr von BGB u **EGBGB** im Beitrittsgebiet „nach Maßg der folgden ÜberggsVorschren" anordnet. Diese Art 231 bis 236 unterstellen die darin aufgeführten RVerhe in gewissem Umfang dem bislang im Beitrittsgebiet geltden Recht der DDR. Die Weiteranwendg dieses Rechts muß also in Art 231 bis 236 eröffnet werden; anderenf ist gem Art 8 EiniggsV BundesR anzuwenden. Zu diesem rechnen nicht nur die gesetzl Vorschr, sondern auch deren Interpretation u Fortbildg in der Rspr einschl ihrer analogen Anwendg auf gesetzl nicht geregelte Materien, vgl Art 230 Rn 1. Damit gelten seit dem 3. 10. 90 **in ganz Deutschland einheitlich** das in Art 3 ff teilkodifizierte KollR u die in Rspr u Lehre zur Ausfüllg seiner Lücken entwickelten Grdse. Eine Anwendg des RAG der DDR v 5. 12. 75, GBl I 748, vgl dazu Rn 10 vor Art 3, kommt nur in Betr, soweit sie in der ÜberggsVorschr des Art 236 vorgesehen ist. Diese beschr sich nach ihrem Wortlaut auf das **„internationale Privatrecht"**, als dessen Anwendgsfall in der fr DDR allerd auch das innerdtsche KollR angesehen wurde (Anwendg des RAG). Nach dem für die Auslegg des EGBGB maßg RVerständnis der BRep war aber das dtsche interlokale PrivatR (innerdtsches KollR) vom IPR zu unterscheiden, vgl Art 3 I 1; dessen Regeln wurden zur Best des anwendb dtschen Rechts nur analog u zT modifiziert angewandt. Art 236 regelt daher nur, in welchem Umfang das RAG bei der Best des anwendb Rechts in Fällen mit **Auslandsbeziehung** weiter anzuwenden ist; ebso Mansel JR **90**, 447; auch eine analoge Anwendg dieser Vorschr im dtschen interlokalen PrivatR kommt nicht in Betr, vgl dazu Rn 4. **b)** Eine ggü dem RAG vorrangige Sonderregelg des IPR, vgl RAG 2 II, war in den von der fr DDR abgeschl **Staatsverträgen** enthalten, vgl Übersicht bei RAG Komm-Lübchen (1989) S 106. Mit dem Untergg der fr DDR sind grdsl auch die von ihr übern völkervertragl Verpfl erloschen, vgl BMJ DtZ **92**, 241, Heldrich/Eidenmüller öJBl **91**, 276, Böhmer StAZ **91**, 62, Herber MDR **93**, 106, str, für teilw Fortgeltg zB v Hoffmann IPRax **91**, 9, Drobnig DtT **91**, 76 (Vermutg des Fortbestehens), Siehr RabelsZ **91**, 251 (Fortgeltg v AnerkenngsVorschr in RHilfeVertr), Leible FamRZ **91**, 1252, Thorn IPRax **93**, 215 (betr UN-VerjKonvention), noch weitergehd Dannemann DtZ **91**, 130. Allerd sieht Art 12 EiniggsV Verhandlgen mit den VertrPartnern der fr DDR vor, um Fortgeltg, Anpassg od Erlöschen dieser StaatsVertr zu regeln bzw festzustellen; vgl dazu Denkschrift zum EinigsV BT-Drucks 11/7760 S 362; das RSchicksal dieser Vertr ist aber bis zur Klärg der Haltg des vereinten Deutschlands „in der Schwebe", vgl Begründung zu Art 3 VertragsG v 23. 9. 90, BGBl II 885, BT-Drucks 11/7760 S. V, ferner Böhmer in Jayme/Furtak, Der Weg zur dtschen REinheit (1991) 37, Müller ebda 43. Inzw hat die BReg nach entspr Konsultationen in zahlr Bek das Erlöschen derartiger Staatsvertr am 3. 10. 90 festgestellt, vgl zuletzt Bek v 5. 8. 98, BGBl II 2596. **c)** Die von der BRep abgeschlossenen StaatsVertr mit KollR Inhalt, vgl dazu Rn 6 vor Art 3, erstrecken sich gem Art 11 EinigsV auch auf das Gebiet der fr DDR, vgl österr OGH IPRax **92**, 105 (betr MSA) u dazu Andrae ebda 118; ihre Fortgeltg wird dch den Beitritt grdsl nicht berührt (Grds der bewegl Vertragsgrenzen).

1

2

3

2) Interlokales Privatrecht. a) Die in Art 231–235 vorgesehene Fortgeltg des Rechts der DDR setzt voraus, daß dieses Recht für den konkreten Sachverh kollr maßg ist, BGH NJW **93**, 1858, FamRZ **93**, 44, DtZ **96**, 51, BayObLG **93**, 386. Die Anwendbark des Rechts der BRep bzw der fr DDR wird dch das innerdtsche KollR (dtsches ILP) geregelt. Da die fr DDR aus der Sicht der BRep nicht Ausl war, wurden in der BRep bish die Regeln des IPR in EG 3 ff **entsprechend** angewandt, um die maßg dtsche ROrdnung zu bestimmen; in der fr DDR wurde das RAG unmittelbar angewandt; vgl dazu Anh zu Art 3 Rn 3. Diese Regeln konnten im Einzelfall zu unterschiedl Ergebn führen; das innerdtsche KollR war also bis zum 3. 10. 90 **gespalten.** Mit dem Inkrafttr des EG im Gebiet der fr DDR ist nunm grdsl auch dessen analoge Anwendg im innerdtschen KollR in ganz Deutschland verbindl, BGH **124**, 270, **127**, 370, **128**, 43, **131**, 26, Thode JZ **94**, 472, vgl Rn 1. Für die Anwendg der KollNormen des **RAG** ist insow nach dem 3. 10. 90 auch bei der Beurteilg von Altfällen **kein Raum** mehr, BGH **124**, 273, ebso **128**, 43; die zu dieser Frage entstandene Kontroverse, vgl Nachw in 53. Aufl, ist mit der Entsch des BGH beigelegt, vgl aber Dörner IPRax **95**, 89, JuS **95**, 771, Fischer IPRax **95**, 161; zu den Besonderh bei der Erbfolge in NachlGrdste in der fr DDR vgl unten u Art 25 Rn 24. Eine Fortgeltg des RAG ergibt sich für das innerdtsche KollisionsR auch nicht aus Art 236, da diese Vorschr nur für das IPR gilt, Heldrich, Das ILP Dtschlands nach dem EiniggsV (1992) 16. Eine **analoge** Anwendg v Art 236 im dtschen ILP kommt **nicht** in Betr, da hierfür kein Bedürfn besteht, ebso Soergel-Schurig Rn 8, Lorenz ZEV **94**, 313, Hartmann RabelsZ **97**, 476, Spickhoff IPRax **98**, 463, aM BGH NJW **93**, 2177, BayObLG **91**, 107, LG Mü FamRZ **91**, 1489, LG Bln NJW **91**, 1239, DtZ **91**, 444, **92**, 30, Ffm OLGZ **92**, 38, Bn DtZ **92**, 57 (sämtl im Zushg mit RAG 25 II, vgl dazu unten), ferner Staud-Dörner Rn 84, Fschr Lorenz (1991) 331, Stoll ebda 585, Pirrung RabelsZ **91**, 236, Schotten/Schmellenkamp DNotZ **92**, 203, Jayme/Stankewitsch IPRax **93**, 162, vgl auch BGH NJW-RR **92**, 855, NJW **93**, 2177, Ffm OLGZ **93**, 461. Gem Art 8 EiniggsV gelten die bish Anknüpfgsregeln des dtschen ILP nunm einheitl in ganz Deutschland. Die entspr Anwendg des Art 236 würde somit nicht zur Schließg einer Lücke, sondern nur zu einer partiellen Verdrängg dieser Grdse u damit zum Nebeneinander zweier verschiedener Anknüpfgssysteme, dh zur RZersplitterg führen. Nur ein einheitl innerdtsches KollR kann aber gewährleisten, daß die Gerichte in allen Teilen Deutschlands bei der Entscheidg von RFällen zu gleichen Ergebn gelangen; die Beibehaltg eines gespaltenen innerdtschen KollR würde den Ausgang des Verf von der Auswahl eines von mehreren örtl zust dtschen Gerichten abhängig machen (forum shopping). Sie würde zudem zu einer unterschiedl kollr Beurteilg von Alt- und Neufällen führen, da bei letzteren unzweifelh von den einheitl Regeln des innerdtschen KollR analog Art 3 ff auszugehen ist, vgl dazu Drobnig RabelsZ **91**, 280 (Gefahr eines Statutenwechsels). Die rückw Ersetzg der KollisionsReg des RAG dch die des EGBGB darf allerd nicht zu Erg führen, die von der bish nach beiden dtschen Anknüpfgssystemen übereinstimmd bestehden RLage abweichen, Heldrich aaO 20, vgl auch BGH **124**, 274 (Vermeidg v Eingr in bereits entstandene Rechte), Kropholler IPR § 29 III, Dörner IPRax **95**, 90; im Interesse des **Vertrauensschutzes,** vgl dazu Dörner Fschr Lorenz (1991) 327, Schurig ebda 520, Stoll ebda 587, Drobnig RabelsZ **91**, 281, Hartmann RabelsZ **97**, 454, ist desh die **Erbfolge** in NachlGrdste in der fr DDR bei Erbfällen, die zw dem 1. 1. 76 u dem 3. 10. 90 eingetreten sind weiterhin analog Art 3 III iVm **§ 25 II**

4

5 **RAG** nach dem Recht der DDR zu beurteilen, vgl Art 25 Rn 24 mwN. **b)** Soweit in Art 231–236 die Weiteranwendg des bish (dh in der fr DDR geltenden) Rechts vorgesehen ist, setzt dies daher die Anwendbark des Rechts der fr DDR nach den aus Art 3ff abzuleitenden Regeln des innerdtschen KollR voraus. Soweit in diesen Vorschr an die Staatsangehörigk angeknüpft wird, ist auf den gewöhnl Aufenth, ersatzw die engste Verbindg der betr Person im maßg Zeitpkt abzustellen, BGH **124**, 273, vgl dazu Anh zu Art 3 Rn 4. Daher bleibt es insb auch bei der Wandelbark des Scheidgsfolgenstatuts bei in der fr DDR gesch Ehen nach den bish maßg Grdsen, vgl dazu Art 17 Rn 39ff, sowie Erläut in BT-Drucks 11/7817 S 37, BGH FamRZ **92**, 295. Bei der Anknüpfg des Erbstatuts ist auf den gewöhnl Aufenth des Erbl zZ des Erbfalls abzustellen; eine Ausn galt für das gesetzl Erb- u PflichtteilsR nehel Kinder (gewöhnl Aufenth des Erbl am 3. 10. 90) sowie für die Erbfolge hins von Grdsten, die in der fr DDR belegen sind (Anwendg des ZGB, wenn der Erbfall zw dem 1. 1. 76u dem 3. 10. 90 eingetreten ist); vgl dazu Art 25 Rn 23.

6 **3) Bedeutung des Art 236. a) Voraussetzung** für die Anwendbark der Vorschr ist zunächst ein **Auslandsbezug** des Falles. Bei reinen Inlandssachverhalten, die ledigl Beziehgen zum Gebiet des vereinten Deutschlands aufweisen, ist die maßg dtsche ROrdng (dh die eventuelle Weiteranwendg des Rechts der fr DDR) allein nach den Regeln des innerdtschen KollR zu bestimmen, vgl Rn 4 und 5. Bei Vorliegen eines Auslandsbezugs bestimmt sich das anwendb Recht in 1. Linie nach den nunmehr **einheitlich** geltenden Regeln des dtschen IPR gem **Art 3 ff,** einschl der dazugeh intertemporalen Regelg in Art 220, vgl Rn 1. Ist danach dtsches Recht anwendb, so ist ggf eine Unteranknüpfg nach den einheitl Regeln des innerdtschen
7 KollR vorzunehmen. **b)** Art 236 ordnet in eng begrenztem Umfang die **ausnahmsweise** Weiteranwendg des IPR der fr DDR im RAG an; über die Fortgeltg von StaatsVertr vgl Rn 2. Die Weiteranwendg des RAG kommt aber auch bei Vorliegen der in Art 236 normierten Vorauss **nur** in Betracht, wenn der Sachverhalt aGrd einer Vorprüfg nach den insow fortentwickelten einheitl Regeln des innerdtschen KollR nach dem Recht der fr DDR zu beurteilen ist, dh seine Binnenbezüge, zB Staatsangehörigk od gewöhnl Aufenth eines der Beteiligten, auf das Gebiet der fr DDR verweisen, ähnl Rauscher DtZ **91**, 21 (Anwendg des Prinzips der engsten Verbindg), vgl auch Mansel JR **90**, 448. Ist dies nicht der Fall, so bleibt es bei der Anwendg der Art 3ff. Ist dagg nach den vorgeschalteten Regeln des innerdtschen KollR das Recht der fr DDR maßg, so erstreckt sich dies unter den in Art 236 genannten zusätzl Vorauss auch auf das RAG. Nach diesem ist dann zu entscheiden, ob der Fall nach dem mat Recht der fr DDR (soweit dieses intertemporal gem Art 231–235 fortgilt) od nach ausl Recht zu beurteilen ist.

8 **4) Einzelheiten. a)** In diesem eng begrenzten Rahmen ist das RAG gem **§ 1** weiter anwendb nur auf vor dem 3. 10. 90 **abgeschlossene Vorgänge.** Diese Regelg entspricht sachl Art 220 I; hier wie dort sind damit alle **unwandelbar angeknüpften** RVerhältnisse gemeint, deren AnknüpfgsTatbestd sich vor diesem Stichtag verwirklicht hat, BayObLG **94**, 47, Stankewitsch IPRax **94**, 109, aM BGH NJW **93**, 2177, Staud-Dörner Rn 26 (für matr Interpretation); wann eine unwandelb Anknüpfg vorliegt, beurteilt sich nach dem neuen IPR, vgl BGH FamRZ **90**, 34, dh nach Art 3ff, vgl dazu näher Art 220 Rn 2–5. Handelt es sich um einen
9 noch nicht abgeschlossenen Vorgang, so gilt uneingeschränkt das neue einheitl IPR gem Art 3ff. **b)** Dieses gilt gem **§ 2** uneingeschränkt ferner vom 3. 10. 90 an für die Wirkgen famr RVerhältnisse. Diese Regelg
10 entspricht sachl Art 220 II; zur Bedeutg vgl näher dort Rn 7u 8. **c)** Die güterrechtl Wirkgen von Ehen, die **vor** dem 3. 10. 90 geschlossen worden sind, unterliegen gem § 1 bis zum Ablauf des 2. 10. 90 RAG 19, gem **§ 3** dagg ab dem 3. 10. 90 EG 15; dabei ist für die Anknüpfg des GüterRStatuts von den Verh der Eheg am 3. 10. 90 auszugehen, also von der gemeins Staatsangehörigk (unter Beachtg von Art 5 I) an diesem Stichtag (an welchem die Staatsbürgerschaft der fr DDR bereits erloschen war), ersatzw von ihrem gemeins gewöhnl Aufenth bzw ihrer gemeins engsten Verbindg zu diesem Zeitpkt. Aus der nunmehrigen Anwendg von Art 15 kann sich für die betr Ehen ein **Statutenwechsel** ergeben; zu den daraus folgenden Konsequenzen vgl Art 15 Rn 13, Rauscher DtZ **91**, 21. Zur Stundg etwaiger Ansprüche wegen der Beendigg des fr Güterstands vgl § 3 S 2; danach ist die Verjährg bis zum Ablauf des 3. 10. 92 gehemmt, kann also erst am folgenden Tag zu laufen beginnen. Die güterrechtl Wirkgen von Ehen, die **nach** dem 3. 10. 90 geschlossen wurden, unterliegen von Anfang an der Anknüpfungsregelg in Art 15.

Artikel 237
Bestandsschutz, Ausschlußfrist

Vorbem: Eingefügt durch Art. 2 I Nr 4 WoModSiG v 17. 7. 1997 (BGBl I 1823)

EG 237 § 1 *Bestandsschutz.* **[I]Fehler bei dem Ankauf, der Enteignung oder der sonstigen Überführung eines Grundstücks oder selbständigen Gebäudeeigentums in Volkseigentum sind nur zu beachten, wenn das Grundstück oder selbständige Gebäudeeigentum nach den allgemeinen Rechtsvorschriften, Verfahrensgrundsätzen und der ordnungsgemäßen Verwaltungspraxis, die im Zeitpunkt der Überführung in Volkseigentum hierfür maßgeblich waren (§ 4 Abs. 3 Buchstabe a Halbsatz 1 des Vermögensgesetzes), nicht wirksam in Volkseigentum hätte überführt werden können oder wenn die mögliche Überführung in Volkseigentum mit rechtsstaatlichen Grundsätzen schlechthin unvereinbar war. Mit rechtsstaatlichen Grundsätzen schlechthin unvereinbar sind Maßnahmen, die in schwerwiegender Weise gegen die Prinzipien der Gerechtigkeit, der Rechtssicherheit oder der Verhältnismäßigkeit verstoßen oder Willkürakte im Einzelfall dargestellt haben.**

[II]Ist die Überführung in Volkseigentum nach Maßgabe von Absatz 1 unwirksam, stehen dem Nutzer des Grundstücks die in Kapitel 2 in Verbindung mit § 2 des Sachenrechtsbereinigungsgesetzes bestimmten Ansprüche zu, wenn die dort oder die in den nachfolgenden Sätzen bestimmten Voraussetzungen gegeben sind. Eine bauliche Maßnahme ist auch dann anzunehmen, wenn

der Nutzer ein auf dem Grundstück befindliches Ein- oder Zweifamilienhaus nach den Vorschriften über den Verkauf volkseigener Gebäude gekauft hat oder das Grundstück durch den früheren Rechtsträger, einen Zuordnungsempfänger oder dessen Rechtsnachfolger der gewerblichen Nutzung zugeführt oder in eine Unternehmenseinheit einbezogen worden ist. Es genügt abweichend von § 8 des Sachenrechtsbereinigungsgesetzes, wenn die bauliche Maßnahme bis zu dem Tag, an dem eine Klage auf Herausgabe des Grundstücks oder auf Bewilligung der Grundbuchberichtigung rechtshängig geworden ist, spätestens bis zum 24. Juli 1997, vorgenommen oder begonnen worden ist.

III Für Sachverhalte, die einen Tatbestand des § 1 des Vermögensgesetzes erfüllen, gelten die vorstehenden Absätze nicht; hier gilt das Vermögensgesetz.

1) Allgemeines. Obwohl Mängel bei der vertragl Überführg in VolksEigt mit der GBBerichtiggsKl od bei der Enteigng mit RBehelfen geltd gemacht werden konnten, wurde davon prakt kein Gebr gemacht. Die dadch fakt anerkannte Überführg in VolksEigt wird iRv I ohne Verstoß gg GG (BVerfG VIZ **98**, 507) rechtl anerkannt. 1

2) Geltungsbereich. – a) Überführung in Volkseigentum; nicht aus VolksEigt. Erfaßt wird die Gesamth der Akte, aGrd derer in der DDR Grdst/GbdeEigt in VolksEigt übernommen wurden. Als „sonstige" Überführg ist zB eine Überführg dch fehlerh Buchg aGrd Fiskuserbschein anzusehen (vgl BT-Drucks 13/7275 S 41; BGH VIZ **98**, 519; Dresd VIZ **98**, 330; aA 57. Aufl). Unerhebl ist, ob das Grdst/Gbde alleiniger Ggst der Überführg od VermTeil eines insgesamt überführten Untern war. – **b) VermG.** Im AnwendgsBereich des VermG gelten I u II für fehlerh Überführgen in VolksEigt nicht; es gilt nur das VermG (III; vgl auch BVerfG VIZ **97**, 31; Czub VIZ **97**, 561 zu III). Nicht unter das VermG fallen zB Enteigngen nach dem AufbauG, BaulandG, BergG od VerteidiggsG der DDR. VermG mit III gilt aber, wenn eine solche Enteigng nur vorgeschoben war u tats einer unlauteren Machensch iSv VermG 1 III diente (vgl BGH VIZ **95**, 646). 2 3

3) Wirksamkeit der Überführung in Volkseigentum (I); vgl auch Czub VIZ **97**, 561 zu IV. – **a) Voraussetzungen.** Die Überführg muß nach dem im Ztpkt der Überführg maßg DDR-Recht sachl-inhaltl mögl gewesen sein, braucht aber nicht im einzelnen korrekt abgelaufen zu sein (BGH VIZ **99**, 99 [Formfehler]). Dabei ist das geschriebene Recht nach den in der DDR allg übl Ausleggs- u AnwendgsGrds (zB nach den Erfordern der WirtschPläne) zu beurteilen; als verbindl gehandhabte Verwaltgsanweisgen können Abw vom geschriebenen Recht enthalten haben. Ordngsmäß Verwaltgspraxis ist der DDR-übl Verwaltgsstandard (BT-Drucks 13/7275 S 42); danach können zB die unterbliebene Bek der EnteignsEntscheidg (BT-Drucks 13/7275 S 41; LG Dresd DtZ **97**, 393; vgl aber BGH VIZ **95**, 646 [enger Zushang mit Machensch nach VermG 1 III mögl]) od vermeidb Mängel bei VertrAbschl (BGH VIZ **98**, 94) unschädl sein. Die VerwGer-Rspr zu VermG 4 III lit a Halbs 1 erfordert, daß die Abweichg vom DDR-Recht (zB von Anweisg 30/58; § 1 II VO v 11. 12. 68 [GBl II 69, 1]; §§ 9 III, 17 ff VO v 16. 10. 85 [GBl I 301]) bei obj Betrachtg die Absicht erkennen läßt, den Erwerbsvorgang gezielt zu beeinflussen (BVerwG VIZ **95**, 288/292/352). In jedem Fall aber Unwirksamk bei krasser Unvereinbark mit rechtsstaatl Grds iSv I 2 (gleicher Begr in VwRehaG 1 II idF der Bek v 1. 7. 97; BGBl I 1620); zB bei entschädiggsloser Enteigng, Überführg in VolksEigt dch FiskusErbsch od Vertr ohne VertrWillen (Schmidt-Räntsch VIZ **97**, 449 [452]). – **b) Rechtsfolgen.** Die Überführg ist zivilrechtl wirks, so daß Anspr des früh Eigtümers aus BGB 894, 985, 987 ff nicht bestehen. Die Wirksamk nachfolgder Vfgen (Veräußerg, Begründg von NutzgsR) wird dch nach I unbeachtl Mängel der Überführg in VolksEigt nicht berührt (BGH VIZ **99**, 99). 4 5

4) Unwirksame Überführung in Volkseigentum (II); vgl auch Czub VIZ **97**, 561 zu V. Sie begründet Anspr des Nutzers nach SachenRBerG 3–111, soweit diese nicht nach SachenRBer 2 unanwendb sind **(II 1)**; es müssen alle dort genannten Voraussetzgen vorliegen. Dabei stellt **II 2** Halbs 1 den Käufer, der ein volkseigenes Eigenheim nach dem G vom 7. 3. 90 (GBl I 157) gekauft hat, einem Nutzer iSv SachenRBerG gleich (bei unwirks Überführg in VolksEigt könnte auch der KaufVertr unwirks sein) u Halbs 2 bestimmt, daß die dort genannten Maßn an einem Grdst, an dem VolksEigt nicht wirks begründet wurde, auch Anspr nach dem SachenRBerG auslösen, wenn die Anlage auf dem Grdst (zB Industrieanlage, Lagerplatz) nicht als baul Anlage im techn Sinn angesehen werden kann (BT-Drucks 13/7275 S 42). **II 3** erweitert den zeitl Geltgsbereich von SachenRBerG 8 Nr 3 Halbs 2. 6

EG 237 § 2

Ausschlußfrist. **I Wer als Eigentümer eines Grundstücks oder Gebäudes im Grundbuch eingetragen ist, ohne daß er das Eigentum erlangt hat, erwirbt das Eigentum, wenn die Eintragung vor dem 3. Oktober 1990 erfolgt ist und sie bis zum Ablauf des 30. September 1998 nicht durch eine rechtshängige Klage des wirklichen Eigentümers oder einen beim Grundbuchamt eingereichten und durch eine Bewilligung des eingetragenen Eigentümers oder die einstweilige Verfügung eines Gerichts begründeten Antrag auf Eintragung eines Widerspruchs angegriffen worden ist. Zwischenzeitliche Verfügungen über das Grundstück bleiben unberührt. Wird der Widerspruch gelöscht, ist die rechtzeitige Erhebung der Klage erforderlich. Gegen die unverschuldete Versäumung der Frist kann Wiedereinsetzung in den vorigen Stand nach den §§ 233 bis 238 der Zivilprozeßordnung gewährt werden.**

II Ist im Grundbuch oder im Bestandsblatt (§ 105 Abs. 1 Nr. 5 der Grundbuchverfügung) eines Grundstücks oder Gebäudes als Eigentümer Eigentum des Volkes eingetragen, ohne daß Volkseigentum entstanden ist, so erwirbt die nach den Vorschriften über die Abwicklung des Volkseigentums berechtigte juristische Person des öffentlichen oder des Privatrechts das Eigentum, wenn die Eintragung vor dem 3. Oktober 1990 erfolgt ist und sie bis zum Ablauf des 30. September 1998 nicht durch eine rechtshängige Klage des wirklichen Eigentümers oder einen beim Grundbuchamt eingereichten und durch eine Bewilligung des eingetragenen Eigentümers oder des Verfügungsbe-

fugten (§ 8 des Vermögenszuordnungsgesetzes) oder die einstweilige Verfügung eines Gerichts begründeten Antrag auf Eintragung eines Widerspruchs angegriffen worden ist. Die Klage oder der Antrag auf Erlaß einer einstweiligen Verfügung kann, wenn ein Zuordnungsbescheid noch nicht erlassen ist, auch gegen den Verfügungsbefugten gerichtet werden. Absatz 1 Satz 2 und 3 gilt entsprechend.

III Ein Amtswiderspruch steht einem Widerspruch nach den Absätzen 1 und 2 gleich.

IV Die Vorschriften über die Abwicklung des Volkseigentums sowie Ansprüche nach dem Vermögensgesetz und nach Artikel 233 §§ 11 bis 16 bleiben unberührt. Ist am 24. Juli 1997 ein Verfahren nach dem Vermögensgesetz anhängig oder schweben zu diesem Zeitpunkt Verhandlungen zwischen dem Verfügungsberechtigten und einem früheren Eigentümer des Grundstücks, so treten die in den Absätzen 1 bis 3 bezeichneten Wirkungen erst nach Ablauf eines Monats nach Beendigung des Verfahrens oder dem Abbruch der Verhandlungen, frühestens jedoch am 1. Oktober 1998 ein.

V Die vorstehenden Absätze finden keine Anwendung, wenn die Betroffenen vor dem 24. Juli 1997 etwas Abweichendes vereinbart haben oder zwischen ihnen abweichende Urteile ergangen sind.

1 **1) Allgemeines.** Die Vorschr will die oft zweifelh u nicht mit dem GB übereinstimmden EigtVerh bereinigen. I 1 und II 1 haben materiellrechtl Wirkg („erwirbt das Eigt"), soweit das Eigt nicht schon vorher erworben wurde; über verfrechtl Wirkg vgl Rn 8. Anspr auf Übertragg des erworbenen Eigt nach dem ZuordngsR für VolksEigt, dem VermG u EG 233 §§ 11 ff bleiben unberührt **(IV 1).**

2 **2) Erwerber. – a) Kein Eigentum des Volkes eingetragen (I 1);** bedeuts zB bei Erwerb von Grdst/Gbde unerlaubt Ausgereister (vgl BGH NJW **94**, 1283; VIZ **94**, 539). Bei Ablauf des 2. 10. 90 als Eigtümer Eingetragener (bzw sein GesRNachf) erwirbt krG; Art 233 § 7 gilt nicht. Er muß noch bei Ablauf des 30. 9. 98 eingetr sein u erwirbt zu diesem Ztpkt. Das Unberührtbleiben von zwzeitl Vfgen (I 2) erfordert deren dingl Wirksamk (Rn 11); daher schadet die Eintr eines zwzeitl Erwerbers nicht, wenn sein Erwerb unwirks. –
3 **b) Eigentum des Volkes eingetragen (II 1)** bei Ablauf des 2. 10. 90; über unwirks Überführg in VolksEigt vgl § 1 Rn 4. AbwicklgsBerecht erwirbt; diese ergeben sich insb aus EinigsV 21, 22; KVG; VZDG; WoGenVermG.

4 **3) Erwerbshindernisse. – a) Rechtshängigkeit einer Klage** iSv ZPO 253 I, 261, 270 ZPO vor dem 1. 10. 98, die das Eigt zum StreitGgst hat (GBBerichtigg od EigtFeststellg; nicht aber nur Herausg). Kläger muß der wirkl Eigtümer sein (darüber wird in dem RStreit entschieden). Bekl muß im iF von I der Eingetr sein; iFv II der eingetr AbwicklgsBerecht u vor Erlaß eines Zuordngsbescheides auch der VfgsBerecht iSv VZOG 8 **(II 2).** Ist vor dem 1. 10. 98 rkräft entschieden, dann ist keine erwerbshindernde Klage mehr rhäng u das Urt schließt den Erwerb nach I, II aus (V). Wird ihr danach stattgeben, so verbleibt es dabei, daß kein EigtErwerb nach I 1 bzw II 1 erfolgte (zw den Part steht aber das Eigt des Klägers fest); wird sie danach abgewiesen, weil Kläger nicht Eigtümer, dann war keine Klage des wirkl Eigtümers rhäng. Bei KlRückn gilt ZPO 269 III 1 Halbs 1 (Klage gilt als nicht rhäng gewesen).
5 **b) Eingang eines Antrags auf Widerspruchseintragung** (GBO 13) gg die EigtümerEintr beim GBA (vgl dazu Düss Rpfleger **97**, 259) vor dem 1. 10. 98; gleich steht ein zu diesem Ztpkt eingetr (nicht bloß angeregter) AmtsWider nach GBO 53 (III). AntrSt muß ein AntrBerecht iSv GBO 13 I 2 sein (iFv ZPO 941 auch vertr dch das ProzGer). EintrBew/einstw Vfg (BGB 899 II) müssen aus RSicherhGrden auch bis zu diesem Ztpkt vorgelegt sein (vgl BT-Drucks 13/7275 S 33/34); and auf ZwVfg (GBO 18) behebb EintrHindern später behebb. – Wird der Widerspr vor dem 1. 10. 98 gelöscht, so muß der EigtErwerb dch Klage nach Rn 4 verhindert werden **(I 3, II 3).** Wird der Widerspr nach dem 30. 9. 98 gelöscht, so kann das nur auf einer EintrBew des Begünstigen (GBO 22), einer Aufhebg der einstw Vfg (GBO 25) od einer Beschw gg den AmtsWiderspr (BayObLG **86**, 294) beruhen; in keinem dieser Fälle wird mit RKraftwirkg über das Eigt entschieden (zur einstw Vfg vgl Th-P Vorb 2 vor § 916). Ist der EigtErwerb nicht auch nach Rn 4 gehindert, so wird in der Löschg der Eintritt einer aufschiebden Bdgg für den Erwerb zu sehen sein.

6 **4) Wiedereinsetzung** (I 4; iFv II nicht anwendb erklärt) nach ZPO 233–238. Da der EigtErwerb dch eine rechtzeit Proz/VerfHdlg gehindert wird u die Wiedereinsetzg die Rechtzeitigk einer solchen Hdlg fingiert, bestimmt I 4 auch eine Fr für die AngriffsHdlgen (vgl aber Rn 10), deren Versämg führt wg ihrer materiellrechtl Wirkg zur Abweisg als unbegründet (BayObLG NJW-RR **90**, 210; vgl aber Th-P Vorb 33 vor
7 § 253). – **a) Klage** (Rn 4). Die Wiedereinsetzg bewirkt den rückwirkden (wie bei BGB 142 I) Fortfall des EigtErwerbs nach I 1 (iü gilt Rn 5); bei Versagg war die Klage bei Ablauf des 30. 9. 98 nicht rhäng. Weil I 4 selbstd (nicht nur Halbs von I 3), gilt er nicht nur iFv I 3, zumal iF von I 3 die Verspätg idR verschuldet ist,
8 weil der eingetr Widerspr die KlErhebg nicht gehindert hat. – **b) Eintragungsantrag** (Rn 5). Hier ist I 4 wohl nicht anwendb, denn für das AntrVerf auf GBEintr paßt eine Wiedereinsetzg nach ZPO 233 ff (zB BewAufn nach ZPO über Verschulden bei FrVersämg) nicht. Dann besteht aber auch keine AntrFr. Es ist auch sachgerecht, den eingetretenen EigtErwerb nur noch dch eine Klage mit dem Eigt als StreitGgst angreifen zu können.

9 **5) Fristhemmung (IV 2).** In den dort genannten Fällen tritt der EigtErwerb erst einen Monat nach bestandskräft Abschluß des Verf nach dem VermG (Unanfechtbark des Bescheides od RKraft des VerwGerUrt) bzw dem Abbruch der Verhandlg zw Eingetragenem bzw VfgsBerecht u früh Eigtümer (vgl BGB 852 Rn 19) ein, wenn nicht vorher AngriffsHdlgen iSv Rn 4, 6 erfolgt sind; bei VerfAbschluß bzw VerhandlgsAbbruch im Sept 98 endet die Fr am entspr Tag im Okt 98 (aA BT-Drucks 13/7275 S. 34: 30. 9. 98).

10 **6) Zwischenzeitliche Verfügungen (I 2, II 3);** gilt entgg Wortlaut auch für GbdeEigt. Die Vfg muß vor dem EigtErwerb nach I 1, II 1 dch gutgl Erwerb dingl wirks geworden sein. Verhinderb dch Widerspr (BGB 899) od RHängigkVermerk (BGB 899 Rn 9).

7) Vorrang von Vereinbarungen und Urteilen. – a) Abweichende Vereinbarung zw dem, der nach I 1, II 2 erwerben würde (bzw vfgsberecht ist) u dem wirkl Eigtümer muß vor dem 24. 7. 97 rwirks getroffen sein. Soll der wirkl Eigtümer durch sie sein Eigt verlieren, kann das schon dch bloße Aufl zum EigtErwerb geführt haben (BGB 873 Rn 2). – **b) Abweichendes Urteil** muß vor dem 1. 10. 98 rkräft geworden sein. Bei Urt auf GBBerichtgg, die noch nicht vollzogen, od auf EigtFeststellg zG des wirkl Eigtümers tritt kein Erwerb nach I, II ein, ohne daß AngriffsHdlg nach Rn 4 vorliegt od nach Rn 6 vorgen werden muß.

11

12

Gesetz zur Regelung des Rechts der Allgemeinen Geschäftsbedingungen (AGB-Gesetz)

Vom 9. Dezember 1976 (BGBl I S 3317), zuletzt geändert durch das Überweisungsgesetz (ÜG) vom 21. Juli 99 (BGBl I 1642)

Bearbeiter der §§ 1–11 und §§ 13–30: Professor Dr. Heinrichs, Präsident des Oberlandesgerichts Bremen i. R., des § 12: Professor Dr. Heldrich

Schrifttum: – **a) Kommentare:** Erman-Hefermehl 9. Aufl 1993. – Löwe/Graf v Westphalen/Trinkner 2. Aufl Bd II (§§ 10–30) 1983, III (Einzelklauseln) 1985, im übrigen noch 1. Aufl 1977. – MüKo/Kötz/Basedow/Gerlach 3. Aufl 1993. – Ulmer/Brandner/Hensen 8. Aufl 1997. – Soergel-Stein 12. Aufl 1991. – Staudinger/Coester/Coester-Waltjen/Schlosser 13. Bearbeitg 1998. – Thamm/Pilger 1. Aufl 1998. – Wolf/Horn/Lindacher 4. Aufl 1999 – **b) Sonstiges:** Graf v Westphalen, VertrR u Klauselwerke, Stand Juli 1998.

Einführung

1 **1) Entstehung und Bedeutung der AGB.** Dem BGB liegt unausgesprochen die Vorstellg zugrde, daß der VertrInh von den Part gemeins in rgeschäftl PrivAutonomie best wird u daß ergänzd das ausgewogene GesRecht gilt. Diese Vorstellg hat mit der „RichtigkGewähr" des Vertr keine Schwierigk. Sie entspr aber schon bei Inkrafttreten des BGB nicht mehr der Wirklichk. Die Massenproduktion u der Massenkonsum von standardisierten Waren u Dienstleistgen führt zur Aufstellg u gleichförm Anwendg von AGB. Diese verdrängen als „selbstgeschaffenes Recht der Wirtsch" (Großmann-Doerth) weitgehd das dispositive GesRecht; der VertrInh wird nicht mehr von den VertrPart gemeins u dem Ges festgelegt, sond im wesentl allein vom AGB-
2 Verwder. Dieser verfolgt vor allem folgde Ziele: – **a) Rationalisierung.** Die Verwendg von AGB vereinfacht den GeschAblauf. Die AGB berücksichtigen die Besonderh der angebotenen Leistg u klären Zweifelsfragen, die bei Anwendg des GesRecht auftreten können. Der Zeitbedarf, der beim Aushandeln aller Einzelfragen des Vertr entstehen würde, wird erhebl gesenkt, die „Transaktionskosten" deutl vermindert. – **b) Lückenausfüllung.** Im BGB nicht geregelte, für den R- u WirtschVerk wicht VertrTypen (GiroVertr, Leasing, Factoring, AutomatenaufstellVertr, BauträgerVertr) w dch AGB entwickelt u ausgestaltet. – **c) Rechtsfortbildung.** Unzweckmäß Regelgen des BGB werden in AGB dch Neuregelgen fortentwickelt, so etwa das GewlR des
3 KaufVertr dch Einf eines NachbessergsAnspr. – **d) Risikoabwälzung.** Sie wird der wichtigste Zweck der Verwendg von AGB. Prakt alle AGB sind von dem Bestreben geprägt, die Rechte der Untern zu stärken u die des Kunden zu schmälern. Trotz dieser unausgewogenen Risikoverteilg hat der Verwder idR keine Schwierigk, seine AGB zum VertrInh zu machen. Der Kunde akzeptiert die AGB, meist ohne von ihrem Inh Kenntn zu nehmen. Er erkennt ihre Tragweite u Bedeutg nicht od scheut die Mühe u Kosten, die mit dem Aushandeln von Ändergen verbunden wären (Lektüre der AGB, Einholg von Rechtsrat, Formulierg von GgVorschlägen). Der **Wettbewerb** ist nicht in der Lage, für angem AGB zu sorgen, „Marktversagen". Der Kunde orientiert sich am Preis u der Qualität des Angebots, nicht aber an der für ihn undchschaub „Qualität" der AGB.

4 **2) Inhalt und Schutzzweck des AGB-Gesetzes.** – **a) Inhalt.** Eine sozialstaatl Ordng (GG 20 u 28) muß auch für Vertr, die unter Verwendg von AGB geschlossen werden, ein ausr Maß an VertrGerechtigk sicherstellen. Nachdem der GesGeber die Erfüllg dieses SchutzAuftr zunächst der Rspr überlassen hatte, hat er dch das am 1. 4. 1977 in Kraft getretene AGBG die zum Schutz gg mißbräuchl AGB notw Maßnahmen getroffen. Zur Entstehgsgeschichte s Hensen FS Heinrichs, 1998, 335. Das AGBG hat das allg Vertr- u SchuldR derart einschneidd geändert wie kein and Ges seit Inkrafttr des BGB. Sein **Schwerpunkt** sind die Vorschr über die **Inhaltskontrolle.** Sie bestehen aus einer Generalklausel (§ 9) und einem Katalog verbotener AGB (§§ 10, 11, 12). Diese Regelgen und ihre Anwendg und Fortbildg dch die Rspr haben die InhKontrolle zu einem der wichtigsten RInstitute des VertrR gemacht. Der Schutz vor mißbräuchl AGB wird dch die Vorschr über die EinbezKontrolle (§§ 2, 3), den Vorrang der IndVereinbg (§ 4), die UnklarhRegel (§ 5) u die
5 Verbandsklage (§§ 13 ff) abgerundet. – **b) Schutzzweck.** Das AGBG will verhindern, daß der AGB-Verwder, der die VertrGestaltgsFreih allein in Anspr nimmt, den and Teil unter Abbedingg des dispositiven Rechts unangemessen benachteiligt (BGH **51**, 53, **70**, 310, **126**, 332). Sieht man vom neuen § 24 a zunächst ab, ist das AGBG kein VerbrSchutzG im techn Sinne. Es schützt nicht den Verbr im Verhältn zum Untern, sond den Verwdgsgegner im Verhältn zum Verwder. Wie § 24 zeigt, werden auch Untern gg die Verwdg von mißbräuchl AGB geschützt. Umgekehrt kann Verwder auch ein Verbr sein. Der entscheidde Grd für das Eingreifen des GesGebers ist, daß bei der Verwdg von AGB eine VertrPart das Recht zur Bestimmg des VertrInh unter Ausschluß des and Teils für sich allein in Anspr nimmt (Locher JuS **97**, 389, Ul/Br/He Rn 28). Das AGBG ist zugl ein wirtschrechtl Ges, das Nachteile abwenden soll, die dem WirtschVerk dch den nicht funktionierenden KonditionenWettbew drohen (Rn 3).

6 **3) Änderungen des AGB-Gesetzes.** Zur Umsetzg der EG-RiL 93/13 hat das ÄndG 1996 § 24 a in das AGBG eingefügt u § 12 neugefaßt. Währd die Änd des § 12 eine nur marginale Korrektur darstellt (vgl bei § 12), werden Inhalt und Schutzzweck des AGBG dch § 24 a grdlegd verändert (Heinrichs NJW **96**, 2190). In VerbrVertr unterliegen nunmehr auch Dritt- u EinzelVertrKlauseln einer InhKontrolle (Einzelh bei § 24 a). § 24 a will in Übereinstimmung mit der EG-RiL den Verbr in seiner „rollenspezifischen Unterlegenh" (Hommelhoff) schützen u ein „hohes Schutzniveau" des VerbrSchutzes (EGV 100 a III, 129 I) gewährleisten. Damit ist der **Verbraucherschutz** neben dem bisherigen Zweck (Rn 5) zum zweiten tragden Schutzprinzip

des AGBG geworden. Da das Gesetz jetzt auch für VertrBdggen gilt, die begriffl keine AGB sind, trifft sein Name nicht mehr zu. Korrekt, aber zu umständl wäre die Bezeichng „Gesetz über AGB u Klauseln in VerbrVertr". Das ÜberweisgsG hat in das AGBG systemwidr eine Regelg über ein OmbudsmannVerf in Überweisgssachen eingefügt (§ 29).

4) Anwendungsbereich. Das AGBG hat seit dem ÄndergsGes 1996 u dem HRefG drei Anwendgsbereiche von unterschiedl Schutzintensität: – **a) Verbraucherverträge.** Bei Vertr zw Untern u Verbr, dem Hauptanwendungsgebiet des AGBG, erstreckt sich sein Schutz nach § 24 a auch auf Dritt- u EinzelVertrKlauseln. Das AGBG ist insoweit das TransformationsGes zur RiL über mißbräuchl Klauseln in VerbrVertr u muß daher richtlinienkonform ausgelegt werden (Einzelh bei § 24 a). – **b) Verwendung von AGB gegenüber Unternehmern.** Untern schützt das AGBG nur mit Einschränkgen. Bezieht sich der Vertr auf die gewerbl od selbständ berufl Tätigk des Untern finden AGBG 2, 10, 11 u 12 nach § 24 keine Anwendg (Einzelh bei § 24). – **c) Allgemeiner Anwendungsbereich.** Wenn AGB verwandt werden, ist idR der den Schutz für Verbr erweiternde § 24 a oder der den Schutz für Untern abschwächde § 24 anwendb. Für den allgemeinen Anwendgsbereich, in dem das AGBG ohne Modifikationen dch SonderVorschr anzuwenden ist, bleiben nur die Fälle, in denen ein Verbr AGB ggü einem and Verbr verwendet. Die Verwendg von AGB ggü Freiberuflern, die bisher zum allg Anwendgsbereich des AGBG gehörte, fällt seit dem 1. 7. 98 unter den dch das HRefG neugefaßten § 24, der nicht mehr auf den Kaufm, sond den Untern abstellt. 7 8 9

Erster Abschnitt. Sachlich-rechtliche Vorschriften

1. Unterabschnitt. Allgemeine Vorschriften

AGBG 1 *Begriffsbestimmung.* **I Allgemeine Geschäftsbedingungen sind alle für eine Vielzahl von Verträgen vorformulierten Vertragsbedingungen, die eine Vertragspartei (Verwender) der anderen Vertragspartei bei Abschluß eines Vertrages stellt. Gleichgültig ist, ob die Bestimmungen einen äußerlich gesonderten Bestandteil des Vertrages bilden oder in die Vertragsurkunde selbst aufgenommen werden, welchen Umfang sie haben, in welcher Schriftart sie verfaßt sind und welche Form der Vertrag hat.**

II Allgemeine Geschäftsbedingungen liegen nicht vor, soweit die Vertragsbedingungen zwischen den Vertragsparteien im einzelnen ausgehandelt sind.

1) Allgemeines: Die in I enthaltene BegrBest legt den Anwendgsbereich des Ges fest. Dieser wird seit dem 25. 7. 96 dch § 24 a wesentl erweitert. Die SchutzVorschr des AGBG gelten nunmehr in VerbrVertr auch für Klauseln, die nur einmal verwandt werden sollen u solche, die auf Vorschlag eines Dr VertrInh geworden sind. Eingeschränkt wird der sachl u persönl Anwendgsbereich dch §§ 23 u 24. Die Geltg der AGB beruht auf vertragl Einbeziehg (§ 2). Ihre Verwendg ist Teil der PrivAutonomie des Verwders (Canaris FS Steindorff, 1990, S 548, aA E. Schmidt JZ **87**, 994). Obwohl AGB die gesellschaftl Funktion von Ges übernehmen sollen u auch übernehmen, sind sie **keine Rechtsnormen**, da dem AGB-Verwder keine RSetzgsbefugn zusteht (BGH **9**, 3, **17**, 2, Ul/Br/He Einl 22 ff). Es widerspricht auch der Konzeption des AGBG, sie als fertig bereit liegde ROrdng zu qualifizieren (so aber BGH **127**, 281, **129**, 327, 349 für die ADSp u AGNB, dagg treffd Löwe ZIP **95**, 1273). Umgekehrt gilt, daß RNormen keine AGB sind. Ist die Benutzg von Unternehmgen der **öffentlichen Hand** od von priv Unternehmen dch Gesetz, VO od Satzg geregelt, liegen begriffl keine AGB vor. Auch die SchutzVorschr der §§ 9 ff finden keine Anwendg (Vorbem 4 vor § 8). Uneingeschr anwendb ist das Ges dagg auf behördl genehmigte AGB, *arg* § 16 (BGH **86**, 291), insb also auch auf nach fr Recht genehmigte AVB (BGH **83**, 172, Vorbem 21 v § 8), auch solche von öffr Versicherern (BGH NJW **90**, 2686). Der Anwendg des Ges steht auch nicht entgg, daß die AGB auf der Empfehlg eines Ministeriums beruhen (KG VIZ **98**, 408) od der Empfehlg einer internationalen Organisation u in einer Vielzahl von Ländern einheitl angewandt w (BGH **86**, 288). 1

2) Begriff der AGB (I S 1). – **a)** Es muß sich um **Vertragsbedingungen** handeln, dh um Regelgen, die den VertrInh gestalten sollen. Bloße Bitten sind daher grdsl keine AGB (BGH **124**, 45, im Ergebn korrigiert dch BGH **133**, 184); and ist es aber, wenn der Text beim Dchschnittskunden den Eindruck hervorruft, der Verweder wolle vertragl Rechte und Pflten begründen (BGH **133**, 184). Nicht erforderl ist, daß die Klausel wirkl VertrInh w; § 1 erfaßt auch Regelgen, die unwirks sind od deren Einbez typw an § 2 scheitert (s BGH **99**, 381). – **aa) Art** u RNatur des Vertr sind gleichgült. Hauptanwendgsbereich der AGB sind ggs SchuldVertr. Erfaßt werden aber auch: vorvertragl Beziehgen zw Verwder u Kunden (BGH NJW **96**, 2574 = **LM** Nr 26 mAv Heinrichs); TeilnBdggen für Gewinnspiele (Karlsr NJW-RR **88**, 303); der Inh von AuftrBestätiggen (BGH **99**, 381) od AbfindgsErkl (BGH NJW **85**, 970); GenußscheinBdggen (BGH **119**, 312); SatzgsBest von ZusatzVersorggen (Hamm NJW-RR **95**, 1527); Vertr des **Sachenrechts** (BayObLG **79**, 439); die Bestimmg des Sichergszwecks einer GrdSch (BGH **99**, 205); Regelgen verfahrens- od vollstrecksrechtl Inh, wie die Unterwerfg unter die ZwVollstr (BGH NJW **87**, 907). Keine AGB sind Gesundheitsanfragen (Brem VersR **96**, 317). Auch geschäftsplanmäß Erkl des Versicherers sind keine VertrBdggen (BGH **105**, 151) u daher auch keine AGB(BGH **128**, 54, krit Schünemann JuS **95**, 1062), jedoch kann es bei einer ausdr Verweisg auf eine veröffentlichte drittschützde geschäftsplanmäß Erkl and liegen (BGH aaO). Auch auf TeilgsErkl gem WEG 8 u Gemeinsch-Ordngen (WEG 10) ist das AGBG nicht anwendb, Grdl der InhKontrolle ist § 242 (WEG 10 Rn 2). Das gilt ebenso für sportl Regelwerke, auch soweit sie das Verhältn zu NichtMitgl bestimmen (BGH **128**, 101). Auch auf Vertr des Arb-, Erb-, Fam- u GesellschR findet das AGBG keine Anwendg, § 23 I. – **bb) Inhalt** der VertrBdgg können Regelgen jegl Art sein. Unter § 1 fallen auch Bestimmgen über die HauptleistgsPfl (Düss WM **84**, 83), so etwa HonorarVereinbgen mit Ärzten (BGH **115**, 394). Erfaßt werden auch Regelgen über den **Vertragsschluß** (BGH **104**, 99, LG Mü NJW-RR **92**, 244, Ul/Br/He Rn 13) u die vorformulierte Erkl des Kunden, daß er der Geltg der AGB zustimme (aA BGH 2 2 a 3

NJW **82**, 1388). Da der Vertr GeltgsGrd der AGB ist, kann sein Zustandekommen zwar nicht wirks dch AGB geregelt w (KG NJW **81**, 2822); auch Regelgen, die typw unwirks sind, erfüllen aber den AGB-Begriff
4 (Rn 2). – **cc) Einseitige Rechtsgeschäfte des Kunden,** die auf einer Vorformulierg des Verwenders beruhen, fallen gleichf unter § 1 (BGH **98**, 28), u zwar auch dann, wenn sie nicht unmittelb den Vertr betreffen, sond nur im ZusHang mit den vertragl Beziehgen stehen (BGH NJW **99**, 1864). Das zeigen §§ 10 Nr 1 u 11 Nr 15, die vom Verwder vorformulierte KundenErkl betreffen od miterfassen, u rechtfertigt sich aus dem Schutzzweck des AGBG: Der Verwder, der eine einseitige Erkl des Kunden vorformuliert, greift in dessen rgeschäftl GestaltgsFreih sogar noch stärker ein als bei der Vorformulierg der VertrBdggen. Das AGBG gilt daher für Vollm u Ermächtiggen (BGH aaO), EintrBewilliggen (BayObLG NJW **80**, 2818); Überweisgsformulare (BGH **98**, 28), Entbindgen von der SchweigePfl (Hollmann NJW **78**, 2332, **79**, 1923), Einwilliggen in Operationen (Gounalakis NJW **90**, 753), Einverständn mit Telefonwerbg (BGH NJW **99**, 1864) od zur Weitergabe von Daten (§ 9 Rn 75), Erkl über die ärztl Aufkl (Gounalakis aaO, Jungbecker MedR **90**, 173), Quittgen u Bestätiggen (§ 11 Rn 92), immer vorausgesetzt, es handelt sich um vom Verwder vorformulierte Erkl des Verwdsgegners. Auch Ermächtiggen zur Vornahme einer tats Hdlg (Sektion) fallen
4 a unter § 1 (BGH NJW **90**, 2314). – **dd) Einseitige Rechtsgeschäfte des Verwenders** fallen nicht unter § 1, da der Verwder hier nicht fremde, sond ausschließl eig rgeschäftl Gestaltgsmacht in Anspr nimmt (Ul/Br/He Rn 18, Staud/Schlosser Rn 8, Werber MDR **92**, 729, Fricke VersR **93**, 402). And ist es im Anwendgsbereich des § 24 a (dort Rn 7). Die Festlegg des VollmUmfangs soll nach BGH (NJW **99**, 1683, § 9 Rn 143 a) auch dann eine VertrBdgg iSd § 1 sein, wenn der Verwder eine gesetzl ausgestaltete Vollm, etwa die des VersAgenten, einschränkt. Das ist mit dem Schutzzweck des § 1 unvereinb (Einf 5 v § 1) u überzeugt nicht. Grdl für eine etwaige InhKontrolle kann neben § 24 a nur § 242 sein. Ob die Erkl des Gter einer GbR, er wolle nur die GbR verpflichten, als Ausübg eig Gestaltgsmacht kontrollfrei ist (so Kögel DB **95**, 2205, Arnold BB **96**, 601) od als Angebot zur Vereinbg einer Haftgsbeschränkg unter § 1 AGBG fällt (so Heil MittRhNotK **98**, 348), hängt davon ab, wie man die HaftgsVerf der GbR konzeptionell beurteilt (Heil aaO, Ulmer ZIP **99**, 554, Reiff ZIP **99**, 1329; vgl dazu § 714 Rn 4).

5 **b) Vorformuliert** sind die VertrBdggen, wenn sie für eine mehrfache Verwendg schriftl aufgezeichnet od in sonst Weise (Programm eines Schreibautomaten, Tonband) fixiert sind (s M. Wolf FS Brandner, 1996, S 299). Auch ein „Speichern im Kopf des Verwders" ist ausr; die mit Wiederholgsabsicht hand- od maschinenschriftl in den Formulartext eingefügte Regelg ist eine AGB (BGH **115**, 391/394, NJW **88**, 410,), auch wenn die Einfügg gelegentl unterbleibt (BGH NJW **99**, 2180) u sprachl unterschiedl gefaßt w (Düss NZG **98**, 353, Dresd BB **99**, 228).

6 **c)** Die VertrBdggen müssen für eine **Vielzahl** von Vertr aufgestellt worden sein; der für einen best Vertr ausgearbeitete Text fällt nicht unter § 1 (BGH NJW-RR **88**, 57), wohl aber unter § 24 a (s dort). Nicht erforderl ist eine „unbest" Vielzahl von Verwendgsfällen. AGB sind auch die für eine best Zahl von Kauf- od Mietobjekten entworfenen VertrBdggen. Die untere Grenze liegt bei 3–5 Verwendgen (BGH NJW **81**, 2344, **98**, 2286), das Ges gilt aber bereits im 1. Verwendgsfall (Ul/Br/He Rn 24). Das für den Abschluß eines GeneralbauVertr entwickelte Formular fällt nicht unter § 1, auch wenn es aGrd eines nachträgl Entschlusses für ein weiters Obj verwandt u mehreren Bietern übersandt w (BGH NJW **97**, 135). Benutzt eine VertrPart die von einem and vorformulierten Bdggen (zB VOB, MietVertrFormular), ergibt sich deren abstrakt-genereller Charakter bereits aus der Zweckbestimmg des Aufstellers; es ist nicht erforderl, daß die Partei selbst eine mehrfache Verwendg plant (BGH NJW **91**, 843). Verwder ist daher auch, wer ohne Wiederholgsabsicht ein gebräuchl VertrMuster ganz od teilw benutzt (Heinrichs NJW **77**, 1506). Gleichgült ist, ob die Verwendg im geschäftl od nichtgeschäftl Bereich erfolgt. Verändert der Verwder die AGB im Einzelfall zu seinen Gunsten, ist das AGBG nach seinem Schutzzweck entspr anwendb (Michalski/Römermann ZIP **93**, 1434).

7 **d)** Der Verwder muß dem and VertrPartn die Bdggen **„stellen". – aa)** Dieses Merkmal ist erf, wenn eine Part die Einbez der vorformulierten Bdggen in den Vertr verlangt, also ein konkretes EinbezAngebot macht (BGH **130**, 57, Düss BB **97**, 754, Ul/Br/He Rn 26). Ein wirtschaftl od intellektuelles Übergewicht braucht nicht zu bestehen; Verwder kann auch der wirtschaftl Schwächere sein (Ul/Br/He Rn 8; aA LG Köln NJW-RR **87**, 1001). Das „Stellen" entfällt nicht schon dann, wenn der Kunde zw verschiedenen Regelgsalternativen wählen kann (Rn 9) oder der Formulartext die Aufforderg zu Ändergen od Streichgen enthält (BGH
8 NJW **87**, 2011). – **bb)** Die Bdggen müssen von einer **Vertragspartei** gestellt worden sein. Werden sie von einem Dr (Notar) vorgeschlagen, ist I nicht erfüllt, bei VerbrVertr kann aber § 24 a AGBG anwendb sein (dort Rn 8 u 12). And liegt es, wenn der **Notar** im Auftr einer Part ein VertrFormular, etwa einen BauträgerVertr od ein Formular für den Verkauf von EigtWo, entwickelt hat (BGH **118**, 229, 238; NJW **85**, 2477, Köln NJW-RR **88**, 1459). Auch wenn der für eine mehrfache Verwendg vorgesehene Vertr vom Hausnotar entworfen worden ist, ist das Handeln des Notars dem AuftrG zuzurechnen (Ul/Br/He Rn 32 a). Für eine solche Zurechng spricht bei einem notariellen Vertr, der *offensichtl* nur die Interessen einer Part berücksichtigt, eine tatsächl Vermutg (BGH **118**, 239). Dagg wird die dch eine Klausel begünstigte Part nicht dadch zum Verwder, daß sie sich die Klausel währd der VertrAbwicklg „zunutzemacht" (BGH **130**, 50, 57, NJW **84**, 2094, and noch BGH **74**, 204, 211). Das TatbestdsMerkmal „Stellen" setzt nach dem Schutzzweck des AGBG (Einf Rn 5) voraus, daß der Verwder selbst od dch seine HilfsPers unter Ausschluß des and Teils einseit rgeschäftl Gestaltgsmacht in Anspr nimmt; es kann nicht dch inhaltl Kriterien ersetzt w (BGH **130**, 57, Hamm NJW-RR **99**, 999). Formelh GewLAusschlüsse, die auf Vorschlag des Notars in den Vertrag über neu errichtete Häuser od EigtWo aufgenommen worden sind, unterliegen aber nach der Rspr des BGH auf der Grdl des § 242 einer InhKontrolle (Vorbem 6 v § 8). Beim **Bauherrenmodell** werden die VertrBdggen iZw vom Bauträger (Initiator) gestellt (BGH NJW **92**, 2162): Er kann bei einer Verflechtg mit dem TrHänder auch dann Verwder sein, wenn dieser die VertrMuster (ohne Beteiligg der Bauherren) entworfen hat (BGH **126**, 332). Die von einem Untern ständ verwandten AGB sind diesem auch dann zuzurechnen, wenn sie ein VertrPartner im „vorauseilendem Gehorsam" in sein VertrAngebot aufgenommen hat (BGH NJW **97**, 2043).

9 **e) Regelungsalternativen, Leerräume.** Auch wenn der Kunde zw mehreren vorformulierten Regelgen wählen kann, handelt es sich um AGB (BGH NJW **92**, 503, **96**, 1676), etwa bei der Wahl zw einer fünf- od zehnjährigen Laufzeit (BGH NJW **96**, 1676, NJW-RR **97**, 1000) od zw der Einbeziehg eines best Risikos in

die Vers od dessen Ausschluß (Hbg VersR **98**, 92, aA Mü VersR **98**, 93). Klauseln mit ausfüllgsbedürftigen Leerräumen sind AGB, wenn es um unselbst Ergänzgen, wie etwa die Einfügg von Namen od der Bezeichng des VertrObjektes geht (BGH **99**, 205, **118**, 238, NJW **98**, 2815). Wenn die Einfügg den Regelgsgehalt mitbestimmt (Bsp: Festlegg der Laufzeit), ist dagg zu unterscheiden. Kann der Kunde die freie Stelle nach seiner freien Entscheidg ausfüllen, ohne daß vom Verwender vorformulierte Entscheidgsvorschläge hinzugefügt sind, ist dieser Formularteil idR keine AGB (BGH NJW **98**, 1066). And ist es, wenn die Mitarbeiter des Verwders die Lücke in einer Vielzahl von Fällen in einem best Sinne ausfüllen (BGH NJW **98**, 2815, **99**, 2180) od darauf hinwirken, daß der and Teil den Text ohne individuelles Aushandeln entspr ergänzt (BGH NJW **98**, 1066). Bei einer Kombination von mehreren zur Wahl stehenden vorformulierten Regelgsalternativen mit einem Leerraum, der individuell ausgefüllt werden kann, handelt es sich um AGB, wenn die vorformulierten Alternativen im VorderGrd stehen u die and Wahlmöglichk überlagern (BGH NJW **96**, 1676, NJW-RR **97**, 1000, aA Leverenz NJW **97**, 421).

f) Verlangen beide Vertragsparteien unabhäng voneinand die Einbez ders AGB (Bsp: VOB), ist das AGBG unanwendb (Ul/Br/He Rn 29, Wo/Ho/Li Rn 29; aA Staud/Schlosser Rn 28). Sein Wortlaut trifft nicht zu, weil es RBeziehgen zw einem Verwder u einer and VertrPart betrifft, nicht aber RBeziehgen zw zwei Verwdern. Sein Zweck trifft nicht zu, weil keine der Part in die VertrGestaltgsFreih der and eingreift. Der Untern, der ständig best AGB verwendet, muß sich diese auch dann als Verwder zurechnen lassen, wenn der and Teil die AGB mit Rücksicht auf diese Praxis von vornherein in sein Angebot aufnimmt (BGH NJW **97**, 2043). 10

3) Der (sachl überflüssige) **I S 2** bringt zum Begr der AGB ergänzde **Klarstellungen;** er soll Zw über den Anwendgsbereich des Ges ausräumen. – **a)** Unerhebl ist, ob die Bdggen einen gesonderten Bestandt des Vertr bilden od in den VertrText eingearbeitet sind. Soweit **Formularverträge** die Merkmale von I 1 erf, stehen sie daher AGB in jeder Hins gleich. – **b)** Gleichgült ist der **Umfang** des Klauselwerks. Auch einz Klauseln (Freizeichng, EigtVorb), etwa ein Stempelaufdruck (LG Stgt AGBE I Nr 13), eine GerStKlausel im Briefkopf (BGH **101**, 273) od die Übern einer Mithaftg (BGH **104**, 236), sind unter den Voraussetzgen von I 1 AGB. Mögl ist auch, daß in einem individuell gestalteten Vertr eine einz Klausel AGB ist (BGH **75**, 21). – **c)** Unerhebl ist auch die verwandte **Schriftart** (Druck, Maschine, Handschrift). VertrBdggen, die für jeden VertrSchl dch Schreibautomat, Schreibmaschine od von Hand neu geschrieben w, sind AGB, sofern sie inhaltl unverändert verwandt w (Rn 5). – **d)** Gleichgült ist auch die Form des Vertr. Das Ges gilt daher auch für **notariell beurkundete** Vertr, soweit diese AGB enthalten (FormularVertr) od in Bezug nehmen (BGH **74**, 209, NJW **84**, 172, zur Abgrenzg s Rn 8). Es trägt damit der Erfahrg Rechng, daß auch der Inh von not beurk Vertr vielf allein von der marktstärkeren Part best w u ausschließl auf deren Interessen Rücks nimmt. Das AGBG iVm BNotO 14 II, BeurkG 4 begründet eine notarielle InhKontrolle von FormularVertr. Der Notar muß seine Amtstätigk versagen, wenn ein FormularVertr unwirks Klauseln enthält (Heinrichs NJW **77**, 1507, **95**, 158); bei Zw hat er die Beteiligten umfassd zu belehren (BeurkG 17). 11 12 13 14

4) Sow die VertrBdggen zw den Part im einz ausgehandelt sind, also eine **Individualvereinbarung** vorliegt, ist das Ges unanwendb. Kollektives Aushandeln auf Verbandsebene rechtf die Anwendg des § 1 II nicht (s BGH NJW **82**, 1821 zur ADSp u BGH **86**, 141 zur VOB), ist aber im Rahmen der Angemessenh-Prüfg zu berücksichtigen (§ 9 Rn 11). – **a)** Für eine IndVereinbg genügt nicht, daß der and Teil über Bedeutg u Tragweite der vorformulierten Klauseln **belehrt** worden ist (BGH **74**, 209, NJW **84**, 171, **92**, 2759, allg M). Unerhebl auch eine vom Kunden bes unterschriebene Erkl, der VertrInh sei in allen Einzelh ausgehandelt; sie kann wirkl Aushandeln nicht ersetzen (BGH NJW **77**, 432, 624) u ist gem § 11 Nr 15 b unwirks (BGH **99**, 378). Für eine IndVereinbg genügt es nicht, daß der Formulartext zu Ändergen od Streichgen auffordert (BGH **98**, 28, NJW **87**, 2011), daß der Kunde zw versch vorformulierten Bdggen wählen kann od daß einige Lücken im Formular (Pr, Laufzeit) individuell auszufüllen sind (Rn 5). – **b)** Der Verwder muß zu Vhdlgen über den VertrInh bereit sein. Seine **Verhandlungsbereitschaft** muß dem Kunden ggü unzweideut erklärt w u ernsth sein (BGH NJW **77**, 624). Letzteres kann vielf nach seinem Verhalten bei fr VertrSchl beurteilt w. Wer angebl immer vhdlgsbereit ist, tatsächl aber nie etwas ändert, kann sich idR nicht auf § 1 II berufen. – **c)** § 1 II ist nur anwendb, wenn es nach der Erkl der VhdlgsBereitsch zu einem wirkl **Aushandeln** gekommen ist. Aushandeln bedeutet mehr als bloßes Verhandeln (BGH NJW **91**, 1679). Der Verwder muß den gesetzesfremden Kerngehalt seiner AGB inhaltl ernsth zur Disposition stellen u dem and Teil Gestaltgs-Freih zur Wahrg eig Interessen einräumen; der Kunde muß die reale Möglichk erhalten, den Inh der VertrBdggen zu beeinflussen (BGH **85**, 308, **104**, 236, NJW **92**, 1107, 2760, NJW-RR **93**, 504, **96**, 787). Zu berücksichtigen sind alle Umst des Einzelfalls, vor allem die intellektuellen Fähigk u die berufl Position der Vhdlgspartner sowie das Bestehen od Fehlen eines wirtschaftl Machtgefälles (Rabe NJW **87**, 1980). Bei einer VertrStrafenKlausel ist nicht erforderl, daß der Verwder die Regelg *von Grd auf* zur Disposition stellt; es genügt, wenn er den *gesetzesfremden* Gehalt der Klausel, etwa die Verschuldens-unabhängigk der Strafe, zum Ggst des Aushandels macht (BGH NJW **98**, 3488). Eine Klausel über eine erfolgsunabhängige Maklerprovision w idR noch nicht dadch zur IndVereinbg, daß der Makler die Höhe der Provision zur Disposition gestellt hat (BGH NJW **91**, 1679). Im kaufm Verk kann ein Aushandeln uU auch dann zu bejahen sein, wenn der Verwder eine best Klausel zur condicio sine qua non erklärt (BGH NJW **92**, 2285, Rabe aaO, aA Schuhmann JZ **98**, 127). Sind AGB bei einem fr VertrSchl individuell vereinb worden, aber inhaltl unverändert geblieben, so reicht das bei einer erneuten Verwendg nicht für eine Bejahg von § 1 II aus (BGH NJW **79**, 367). IdR schlägt sich das Aushandeln in Änd des vorformulierten Textes nieder. Auch wenn der **Text unverändert** bleibt, kann aber ausnweise § 1 II anwendb sein, wenn der and Teil nach gründl Erörterg von der Sachgerechtigk der Regelg überzeugt w (s BGH **84**, 111, NJW-RR **87**, 145, NJW **91**, 1679, **92**, 2285, **98**, 2600, Staud/Schlosser Rn 36 ff). Bsp: gg § 11 Nr 10 verstoßender HaftgsAusschl bei Verkauf aus InsMasse (str, für eine teleologische Reduktion Kanzleiter DNotZ **87**, 662). – **d)** Ein Aushandeln **einzelner Vertragsbedingungen** ändert grdsl nichts daran, daß die übr AGB bleiben (BGH **97**, 215, *arg* „soweit"). Der formularmäß Ausschl des KündR aus § 649 wird daher dch das Aushandeln einer vertragl Laufzeit nicht zur IndVereinbg (BGH WM **82**, 872). Eine von der TrHand ständ verwandte Verzugsschadensregelg bleibt auch dann eine 15 16 17 18 19

AGB, wenn der Kernbereich des Vertr im einzelnen ausgehandelt worden ist (BGH ZIP **96**, 1997). Das Aushandeln kann sich auch auf den Teil einer Klausel beschränken (BGH NJW **83**, 1603, **98**, 3488). Mögl auch, daß AGB dch Vhdlgen nach VertrSchl **nachträglich** IndVereinbgen w (s Hamm NJW **81**, 1049, BauR **94**, 375).

20 **5) Beweislast:** Wer sich auf den Schutz des Ges beruft, muß im Streitfall beweisen, daß die zum VertrBestandt gemachten Klauseln AGB iSv § 1 I sind (BGH **118**, 238). Das ist prima facie anzunehmen, wenn ein gedrucktes od sonst vervielfältigtes Klauselwerk od Muster des and Teils verwandt worden ist (BGH aaO, Ffm NJW-RR **90**, 282). Macht der Verwder geltd, seine AGB seien im konkr Fall nicht bloß einbez, sond ausgehandelt worden (§ 1 II), trifft ihn die BewLast (BGH **83**, 58, NJW **98**, 2600). Das gilt auch bei einem notariell beurkundeten Vertr (Heinrichs NJW **77**, 1509). Wg des Schutzzwecks des Ges sind an diesen Bew strenge Anfordergen zu stellen. Er kann keinesf dch schriftl Bestätiggen des Kunden erbracht w, die Bdggen seien im einz ausgehandelt w (BGH NJW **77**, 624). Sind in dem vorformulierten Text nachträgl Änd eingefügt worden, so ist das jedoch ein Indiz dafür, daß insow eine IndVereinbg vorliegt (BGH NJW **92**, 2285, Brdbg VIZ **97**, 377).

AGBG 2 *Einbeziehung in den Vertrag.* **I Allgemeine Geschäftsbedingungen werden nur dann Bestandteil eines Vertrages, wenn der Verwender bei Vertragsabschluß**

1. die andere Vertragspartei ausdrücklich oder, wenn ein ausdrücklicher Hinweis wegen der Art des Vertragsabschlusses nur unter unverhältnismäßigen Schwierigkeiten möglich ist, durch deutlich sichtbaren Aushang am Ort des Vertragsabschlusses auf sie hinweist und

2. der anderen Vertragspartei die Möglichkeit verschafft, in zumutbarer Weise von ihrem Inhalt Kenntnis zu nehmen,

und wenn die andere Vertragspartei mit ihrer Geltung einverstanden ist.

II Die Vertragsparteien können für eine bestimmte Art von Rechtsgeschäften die Geltung bestimmter Allgemeiner Geschäftsbedingungen unter Beachtung der in Absatz 1 bezeichneten Erfordernisse im voraus vereinbaren.

1 **1) Allgemeines. – a)** Zur Einbez von AGB in den EinzVertr bedarf es einer vertragl Abrede. Deren
Eigenart besteht darin, daß die AGB nicht inhaltl ausgehandelt w, sond ledigl ihre Geltg vereinb w, sog Geltgs-
od **Einbeziehungsvereinbarung** (§ 1 Rn 7). Sie ist kein bes RGesch, sond Teil des jeweiligen Vertr, der
sich iF der Verwdg von AGB aus dem individuell ausgehandelten VertrKern u den global einbez AGB zussetzt.
2 – **b)** Die fr Rspr bejahte eine EinbezVereinbg bereits dann, wenn der Kunde vom Vorhandensein der AGB
wußte od bei Anwendg gehöriger Sorgf hätte wissen müssen u wenn für ihn erkennb war, daß der Untern
den Vertr nur unter Einbez seiner AGB abschl wollte (BGH **3**, 203, **18**, 99, stRspr, sog Wissenmüssen-
Formel). In Abkehr von dieser Rspr will § 2 sicherstellen, daß die Einbez von AGB vom **rechtsgeschäft-
lichen Vertragswillen** beider Part getragen w. Da sich die Vereinbg nur auf die Geltg der AGB bezieht, fehlt
ihr die klassische VertrFunktion der „RichtigkGewähr" u der „Legitimation dch Verf" (Schmidt ZIP **87**,
1506). Gleichwohl fällt sie ebso wie die vertragl RWahl im IPR (EG 27) unter die VertrKategorie. Fehlt eines
3 der EinbezErfordern, gilt der Vertr ohne die AGB (§ 6 I). – **c)** § 2 ist eine SonderVorschr zu §§ 133, 157;
nur wenn seine Förmlichk eingehalten w, liegt eine wirks Einbez vor (BGH NJW-RR **87**, 113). § 2 ist
4 **zwingendes Recht,** jedoch kann der Kunde auf die Einhaltg von I Nr 2 verzichten (Rn 12). – **d) Anwen-
dungsbereich.** § 2 gilt auch für ÄndergsVereinbgen (Rn 19) u die Einbeziehg von AGB in einseit RGesch u
gesetzl SchuldVerh. Er ist auch anzuwenden, wenn bei der Begebg eines **Wertpapiers** AGB einbezogen w
sollen (s Ffm WM **93**, 2089 Bdggen von InhSchuldVerschreibgen). Bei der Weiterbegebg von Inh- u
Orderpapieren bedarf es keiner Einbeziehg, da sich der bei der erstmaligen Begebg festgelegte Inh nicht ändert
(Ul/Br/He Rn 14, Joussen WM **95**, 1860). Unanwendb ist § 2 bei Verwdg von AGB ggü Untern u jur Pers
des öffR (§ 24 u unten Rn 22 ff). Sonderregelgen bestehen auch für AVB (Rn 18 a), für behördl gen od
erlassene Bdggen von VerkUntern (§ 23 II Nr 1) u für AGB von Bausparkassen u KapitalanlageGesellsch
(§ 23 III, s dort). – **e)** Die **Beweislast** für die Erf der EinbezVoraussetzgen trifft denjenigen, der sich auf die
AGB beruft, idR also den Verwder (Ul/Br/He Rn 66).

5 **2)** Der Verwder muß **ausdrücklich** darauf **hinweisen,** daß der Vertr unter Zugrundelegg seiner AGB
abgeschlossen w soll, I Nr 1. – **a)** Der **Hinweis** kann schriftl od mdl erfolgen (BGH NJW **83**, 817). Er ist auch
dann erforderl, wenn das VertrAngebot vom Verwendgsgegner ausgeht (BGH NJW **88**, 2108). IdR ist er in
dem von Verwder vorformulierten AntrFormular enthalten, muß aber wg der geforderten Ausdrücklichk so
angeordnet u gestaltet sein, daß er von einem Dchschnittskunden auch bei flüchtiger Betrachtg nicht übersehen
werden kann (BGH NJW-RR **87**, 113). Nicht ausr ist ein versteckter od mißverständl Hinw (Düss VersR **82**,
872, Nürnbg BB **90**, 1999) od der bloße Abdruck der AGB auf der VertrRückseite od in einem Katalog (LG
Münst VersR **80**, 100, LG Bln MDR **80**, 404, aA Mü NJW-RR **99**, 1358/1361). Der Hinw muß klar
erkennen lassen, welche Klauseln VertrInh w sollen (Nürnbg WM **90**, 1371). Die Bezugn auf „umseit" AGB
erfaßt nicht die von den AGB räuml abgesetzte Vorbem (BGH NJW **87**, 2432) od den Teil der AGB, der auf
einem bes, nicht mitausgehändigten Blatt abgedruckt ist (Ffm NJW **89**, 1096). Auch bei einem fernmündl
VertrSchl ist ein ausdr Hinw zwingd erforderl. Er ist auch dann unentbehrl, wenn die Verwendg von AGB
verkehrs- od branchenübl ist. Ein Hinweis in Deutsch genügt auch ggü Ausländern, wenn die Vhdlgssprache
6 Deutsch ist (Rn 15). – **b)** Der Hinw muß bei **Vertragsschluß** gegeben w, dh im ZusHang mit den Erkl, die
zum Abschl des konkreten Vertr geführt haben. Hinw bei fr Gesch genügen auch bei einer laufden GeschVer-
bindg nicht (BGH NJW-RR **87**, 113). Der Hinw auf einen vor dem Zustandekommen des Vertr zu ziehenden
Parkschein kann ausr sein (LG Köln VersR **83**, 69, LG Ffm NJW-RR **88**, 955), auch die Übergabe der AGB
mit der Rechng an der Kasse (Hamm NJW-RR **98**, 199). Nicht genügd ist dagg der Abdruck auf einer
Eintrittskarte, einem Fahrschein, Flugticket od ähnl, weil sie erst nach dem VertrSchl ausgehändigt w (Ul/
Br/He Rn 34, Wo/Ho/Li Rn 16, str); im übrigen läßt sich in diesen Fällen idR auch nicht das erforderl

Einverständn des Kunden feststellen (BGH NJW **84**, 802). Auch der Hinw in der AuftrBestätigg ist uU zu spät (Rn 16), erst recht der Hinw in einem Lieferschein, einer Empfangsbestätigg od einer Quittg. – **c) Aushang.** 7
Ist ein ausdr Hinw wg der Art des VertrSchl nur unter unverhältnismäß Schwierigk mögl, genügt ausnw ein deutl sichtb Aushang. Hauptanwendgsfall sind die konkludent geschl MassenVertr, bei denen ein Hinw schon wg des Fehlens eines persönl Kontakts unmögl ist. Beispiele sind die Benutzg automat Schließfächer u Kleiderablagen, die Parkhausbenutzg (LG Ffm NJW-RR **88**, 955), der Erwerb von Waren od Eintrittskarten aus Automaten sowie Befördergs- u ähnl Vertr, die konkludent dch Inanspruchn der Leistg zustandekommen. Die Ausn gilt darüber hinaus auch für sonst Gesch des MassenVerk, bei denen ein ausdr Hinw an sich mögl wäre, aber eine unverhältnismäß u im Grd überflüss Erschwerg der Massenabfertigg darstellen würde (BGH NJW **85**, 850, str), so etwa bei Vertr mit Kinos, Theatern, Sportveranstaltern, Lottoannahmestellen, Kfz-Waschanlagen (Hbg DAR **84**, 260) u Chemischreiniggen (Schmidt VersR **78**, 594), aber auch bei Versteigergen (BGH NJW **85**, 850). In Selbstbediengsläden u Kaufhäusern genügt ein Aushang, vorausgesetzt, er ist deutl sichtb angebracht u es handelt sich um einen einfachen, leicht verständl Text (s v Westphalen NJW **94**, 367). Der Aushang muß so angeordnet w, daß er nicht übersehen w kann; dem Kunden ist nicht zuzumuten, die Wände nach ausgehängten AGB abzusuchen. Bei einem Schließfach genügt ein Hinweis an zentraler Stelle, ein Schild an jedem Fach ist nicht erforderl (LG Essen VersR **95**, 1198). Der Aushang muß sich am **Ort des Vertragsschlusses** befinden; der Ort einer ErfHdlg (Hotelzimmer) reicht nicht (Staud/Schlosser Rn 22). Er kann sich darauf beschr, auf die AGB hinzuweisen, ohne ihren Inh mitzuteilen, sofern dem I Nr 2 anderweit genügt ist (Ul/Br/He Rn 42; Wo/Ho/Li Rn 21, str). Ausr daher Schild: „Für alle Vertr gelten unsere AGB. Diese liegen für Sie an der Kasse zur Einsicht bereit". – **d)** Auf **Formularverträge** will der BGH I Nr 1 (u 8
Nr 2) nicht anwenden (BGH NJW **95**, 190). Dem ist mit einer Einschränkg zuzustimmen: Nach Nr 2 ist mangelnde Transparenz ein Einbeziehgshindern (Rn 14). Das Transparenzgebot muß aber im § 2 ebso wie im § 9 in gleicher Weise für AGB im technischen Sinn u für FormularVertr gelten.

3) Der Verwder muß dem Kunden die **Möglichkeit** verschaffen, in zumutb Weise vom **Inhalt der AGB** 9
Kenntnis zu nehmen, I Nr 2. – **a)** Diese Obliegenh besteht auch bei gebräuchl od veröffentlichten AGB, so etwa, wenn die VOB/B in einen Vertr mit einer PrivPers einbezogen werden soll (BGH **109**, 195, NJW **94**, 2547). Handelt es sich um einen VertrPart, der berufl häuf mit dem VertrMuster zu tun hat (Bsp: Bauhandwerker u VOB), od tritt für die Part ein mit den Bdggen Vertrauter auf (Bsp: Architekt u VOB), darf der Verwder aber davon ausgehen, daß dieser sich selbst ow die notw Kenntn verschaffen kann (BGH **86**, 138, **105**, 292, Köln NJW-RR **94**, 1501). Das gilt aber nicht, wenn der Architekt des Verwders auch für den Kunden tät ist (Hamm NJW-RR **93**, 27). Nicht ausr ist der Hinweis, die AGB könnten im Buchhandel erworben werden. Bei einem VertrSchl unter Anwesden muß der Verwder die AGB vorlegen od die Vorlage anbieten (s LG Ansbach NJW-RR **90**, 564). Bei einem ausdr Hinw (Rn 5) genügt aber auch, daß die AGB zur Einsicht aushängen od ausliegen. Bei bes umfangreichen AGB kann der Kunde mit Rücks auf das ZumutbarkErfordern Aushändigg verlangen (Hbg VersR **89**, 202). Bei einem VertrSchl unter Abwesden kann I Nr 2 idR nur dch Übersendg der AGB genügt w. Die Aufforderg, sie im GeschLokal des Verwders einzusehen, genügt nicht (Düss BauR **96**, 712), ebsowenig das Angebot, die AGB kostenlos zu übersenden (BGH NJW-RR **99**, 1246). Nicht ausr ist auch die Aushändigg eines Auszuges aus den AGB (BGH NJW-RR **91**, 727). Für Vorverkaufs- u AnnStellen hat I Nr 2 die Folge, daß sie die AGB sämtl Untern vorrät haben müssen, deren Wk- od Dienstleistg sie vermitteln (vgl Giemulla/Schmidt NJW **99**, 1057 zur Einbeziehg von ABB in LuftbefördergsVertr). Wird bei den VertrVhdlgen statt der geltden AGB eine fr Fassg vorgelegt, wird letztere VertrInh (Nürnbg NJW-RR **93**, 1245). Der Verwder muß sich aber uU nach den Grds der c. i. c. so behandeln lassen, als wäre die nF VertrInh geworden (BGH NJW **82**, 926). Bei **Weiterverweisungen** auf and Klauselwerke müssen die Obliegenh des I Nr 2 auch hins dieser erf w (BGH **86**, 138, Ffm NJW **84**, 1626). Der Wirksamk der Weiterverweisg steht nicht entgg, daß einz der in Bezug genommenen Bdggen unwirks 10
sind (BGH **111**, 393). Wenn **Regelungen außerh des AGBG** dem Verwder eine über I Nr 2 hinausgehde InformationsPfl auferlegen (Bsp: InfVORV 3 III, Anh nach BGB 651 l), ist die Erf dieser Pfl nicht Voraussetzg für eine wirks Einbeziehg (Führich NJW **94**, 2451).

b) Problemat ist die Einhaltg von I Nr 2 beim **fernmündlichen Vertragsschluß.** Der Verwder ist idR 11
außerstande, dem Kunden vor dem fernmdl VertrSchl die Möglichk zu verschaffen, vom Inh der AGB Kenntn zu nehmen. Das Vorlesen der AGB ist keine praktikable Lösg. Das Angebot des Verwders, die AGB zu übersenden, genügt den Anfordergen von I Nr 2 nicht, da es die Möglichk der Kenntnisnahme erst nach VertrSchl eröffnet. Unproblemat sind daher allein die Fälle, in denen die AGB dem Kunden währd der VorVhdlgen od bei einem fr Gesch übermittelt worden sind. Auch sonst sind die Part aber in der Lage, fernmdl einen Vertr unter sofort Einbez von AGB abzuschließen. Der Kunde kann dch IndVereinbg (nicht dch formularmäß Erkl) auf die Einhaltg von I Nr 2 verzichten (Mü AGBE II § 9 Nr 23, Ul/Br/He Rn 49, Eckert DB **94**, 720, str, aA AG Krefeld NJW-RR **97**, 245, Müller MDR **97**, 609). Der Kunde braucht die Möglichk, vom Inh der AGB Kenntn zu nehmen, nicht auszunutzen. Die insow bestehde EntschFreih muß die Befugn mitumfassen, den Verwder von der Obliegenh des I Nr 2 freizustellen. Es wäre widersinn, die Obliegenh zur KenntnVerschaffg auch ggü einem Kunden zu bejahen, der erklärtermaßen vom Inh der AGB keine Kenntn nehmen will. Bei VertrAngeboten mittels **Bildschirmtext** genügt die Einblendg von AGB nur, 12
wenn sie dem Kunden eine krit Prüfg der Bdggen ermöglicht (LG Freibg NJW-RR **92**, 1018, Köln NJW-RR **98**, 1277: Text von 7 Seiten mit 15 Nr noch zumutb). Der Hinw, die AGB könnten auf einer and Btx-Seite unentgelt abgerufen w, ist ausr, wenn es sich um einen kurzen Text handelt u für die richt Bedieng eine verständl Information gegeben w (LG Bielefeld NJW-RR **92**, 955, Ul/Br/He Rn 49 a). Bei Abschlüssen im **Internet** können auch umfangreiche AGB wirks einbezogen w, wenn der Kunde die Möglichk hat, sie kostenlos zu kopieren (Mehrings BB **98**, 2373, Löhning NJW **97**, 1688, Ernst JuS **97**, 777). Mögl ist bei DistanzGesch auch ein **dreiaktiger Abschluß:** KundenAntr ohne (wirks) EinbezKlausel; „Annahme" des Verwders unter Hinw u Beifügg seiner AGB (neuer Antr gem § 150 II); konkludente Annahme des Kunden (Derleder/Pallas ZIP **99**, 1285).

c) Der Kunde muß in **zumutbarer Weise** von dem Inh der AGB Kenntn nehmen können. Dazu gehört 13
auch, daß die AGB für einen Dchschnittskunden mühelos lesb sind (BGH NJW **83**, 2773, NJW-RR **86**,

1311, Saarbr NJW-RR **88**, 858, Thamm/Detzer BB **89**, 1133), ferner ein Mindestmaß an Übersichtlk u ein im Verhältn zur Bedeutg des Gesch vertretb Umfang. Die auf eine and VertrGestaltg zugeschnittenen AGB können wg I Nr 2 nicht VertrInh werden (BGH ZIP **81**, 1220); die Feststellg, welche Klausel gilt u welche nicht, setzt ein rechtl *know how* voraus, das der Dchschnittskunde nicht besitzt. Der Verwder genügt seinen Obliegenheiten, wenn er seine Vorkehrgen auf den Durchschnittskunden abstellt. Er braucht für Analphabeten keine Tonbandkassetten vorrät zu halten (Karlsr VersR **83**, 169 läßt offen) u für Blinde keine AGB in Blindenschrift (vgl auch Rn 15).

14 **d)** Aus I Nr 2 ergibt sich, daß AGB für den Kunden **verständlich** sein müssen (Wo/Ho/Li Rn 27). Die Vorschr enthält damit ein **Transparenzgebot** (Schlesw NJW **95**, 2858), das jetzt auch in Art 5 der EG-RiL 93/13 eine Grdl hat (§ 24 a Rn 23) u zugl Maßstab der InhKontrolle nach § 9 ist (§ 9 Rn 15). Die Einbeziehg einer Klausel, die in ihrem Kernbereich unklar od für einen Durchschnittskunden unverständl ist, scheitert bereits an I Nr 2; für § 5 bleibt nur Raum, wenn die im Grds verständl Klausel sich in Einzelpunkten als mehrdeutig erweist. Bsp unwirks Klauseln: Klausel, der Mieter habe „die Nebenkosten" zu tragen (Düss MDR **91**, 964), Regelg der Verj dch einen Verweis auf BRAO 51 (Düss NJW-RR **97**, 1150); Bestimmg, daß die VOB u das BGB anzuwenden seien u „bei unterschiedl Auffassgen das dem Bauherrn günstigere gelte" (BGH NJW **86**, 924), Klausel, daß für „nicht ausdr geregelte Fragen" die VOB gelte (Stgt NJW-RR **88**, 787), Klausel, daß sich die Verj nach VOB u BGB richte (Celle NJW-RR **97**, 82), Klausel „§ 537 (§ 568) ist unanwendb" (Nürnbg NJW **77**, 1402, Schlesw NJW **95**, 2858). Verzugszinsklausel, die auf den Diskontsatz (jetzt Basiszinssatz) verweisen, sind aber wohl mit dem Transparenzgebot vereinb, *arg* VerbrKrG 11 I (s Casper NJW **97**, 240, aA Müller NJW **96**, 1520). Werden die VertrVhdlgen in dtsch Sprache geführt, ist der Verwder
15 bei einem in der BRep geschl, dtsch Recht unterstehden Vertr idR nicht verpfl, für **Ausländer** Übersetzgen der AGB bereit zu halten (BGH **87**, 115, Staud/Schlosser Rn 28 a: keine Obliegenh, sich der Sprache des Verbrauchers zu bedienen, AG Langenfeld NJW-RR **98**, 1524). Bei Vertr von erhebl wirtschaftl Tragweite kann aber eine Verpfl zu Erläutergen u Hinw bestehen (§ 24 a Rn 23). Liegen zweisprachige, inhaltl voneinand abweichde AGB-Fassgen vor, werden im kaufm Verk iZw die in der Vhdlgssprache abgefaßten AGB VertrInh (BGH NJW **96**, 1819).

16 **4) Einverständnis** des Kunden. – **a)** Es ist eine notw EinbezVoraussetzg. Das Einverständn kann, soweit für die Vertr keine FormVorschr bestehen, auch schlüss erklärt w; es ist idR zu bejahen, wenn es nach vorheriger Erf von I Nr 1 u 2 zum VertrSchl kommt. Das gilt auch für die in den AGB eines Einkaufszentrums vorgesehenen Maßn der Taschenkontrolle, sofern hierauf in einem nicht zu übersehden Aushang deutl hingewiesen w (Ffm NJW-RR **93**, 790). Nimmt der Verwder erstmals in der **Auftragsbestätigung** (§ 148 Rn 12) auf beigefügte AGB Bezug, so bedeutet das Schweigen des Kunden idR keine Zust (BGH **18**, 212, **61**, 287, NJW **88**, 2106, Köln NJW-RR **94**, 1430). Das gilt auch für den erstmals in der AuftrBestätigg erwähnten verlängerten EigtVorbeh (Köln BB **94**, 741, s aber zum einf EigtVorbeh Rn 28). Auch die Entggn der Leistg drückt im nichtkaufm Verk idR kein wirkl rgeschäftl Einverständn (Rn 2) mit den erst in der AuftrBestätigg mitgeteilten AGB aus; sie kann daher im Anwendgsbereich des § 2 nur ausnw als Einverständn gewertet w. Die Fälle, in denen die Rspr ein Einverständn bejaht hat (BGH **61**, 287, NJW **63**, 1248, **95**, 1672), betr den kaufm Verk. Sind am Kinderspielplatz (Köln VersR **70**, 577), Trimm-Dich-Pfad (Karlsr VersR **75**, 381) od in einer Reithalle (BGH NJW-RR **88**, 657) Schilder mit HaftgsAusschlKlauseln angebracht, so
17 bedeutet Schweigen idR gleichf Ablehng. – **b)** Die Einbez setzt weiter voraus, daß zw Verwder u Kunden ein **wirksamer Vertrag** zustande gekommen ist (Staud/Schlosser Rn 39). Auch bei einem Dissens über die Einbeziehg der AGB kommt der Vertr grdsl nicht zustande; and aber, wenn die Part den Vertr trotz des Dissenses einverständl dchführen (§ 6 Rn 4). Die AGB können den VertrSchl nicht abw vom Ges regeln, da der Vertr der GeltgsGrd der AGB ist (KG NJW **81**, 2822). Scheitert der VertrSchl, richten sich die RBeziehgen der Part nach den gesetzl Vorschr; mögl ist es aber auch, die Geltg der AGB schon für die Phase der VertrAnbahng zu vereinbaren (Celle NJW-RR **86**, 833: LottoGesellsch).

18 **5) Sonderformen der Einbeziehung.** – **a)** Im voraus getroffene EinbezAbreden (II), sog **Rahmenvereinbarungen** (BGH NJW-RR **87**, 112), müssen den Anfordergen von I (Rn 5–17) genügen. Sie sind nur wirks, wenn die Art der betroffenen RGesch best bezeichnet ist. Die wiederholte Einbez im Rahmen einer ständ GeschVerbindg genügt nicht. Erforderl ist ein über die Einbez im Einzelfall hinausgehder Wille (BGH NJW-RR **87**, 112). Vereinbgen gem II werden vor allem von **Banken** geschlossen. Unzul sind aber Verein-
18 a bgen, daß AGB in ihrer jeweiligen Fassg gelten sollen (allgM). – **b)** Für den **Versicherungsvertrag** enthält VVG 5 a, der den für neue AVB leerlaufdn 23 III ersetzt (s dort), eine dogmat schwer einzuordnde SonderVorschr (vgl dazu vor allem Lorenz VersR **95**, 615, **97**, 773, Dörner/Hoffmann NJW **96**, 153, Schirmer VersR **96**, 1045, Reiff VersR **97**, 267). Liegen die EinbeziehgsVoraussetzgen nicht vor, weil dem VersN bei AntrStellg weder die VertrBdggen noch die VerbrInformation (VAG 10 a) vorgelegt worden sind, werden die AVB (nachträg) VertrInh, wenn der VersN nicht binnen 2 Wo nach Übersendg der Unterlagen widerspricht. Bis zur Gen dch NichtWiderspr besteht wohl kein RumpfVertr (so Dörner/Hoffmann, LG Essen VersR **97**,
19 993), sond ein schwebd unwirks Vertr od eine verträhnl Sonderbeziehg (so Lorenz u Schirmer). – **c)** Obwohl vom Ges nicht bes erwähnt, ist auch die nachträgl Einbez von AGB dch **Änderungsvereinbarung** mögl. Für sie gilt I sinngem (BGH NJW **83**, 817, **84**, 1112), jedoch kann das Einverständn des Kunden idR nur bei entspr ausdr Erkl angen w (KG NJW-RR **94**, 1265). Werden dem Kunden nach VertrSchl AGB zugängl gemacht (dch Aufdruck auf Rechngen, Warenbegleitpapieren, Lieferscheinen usw), so kann aus seinem Schweigen nicht auf Abschl einer ÄndergsVereinbg geschl w (RG **133**, 338, Zweibr OLGZ **68**, 389, LG Karlsr BB **96**, 1581), ebsowenig aus Entggn der ihm ohnehin gebührden Leistg. Auch wenn der Kunde die nachträgl übersandten AGB unterzeichnet, liegt darin nicht in jedem Fall eine stillschw EinbezVereinbg (KG MDR **81**, 933, LG Gießen NJW-RR **96**, 630). Hat der Verwder bei einem fernmdl VertrSchl (Rn 12) auf seine AGB hingewiesen u diese anschließd unverzügl übersandt, bedeutet ein Schweigen des Kunden dagg idR Zust mit der Einbez der AGB. Eine wirks Einbez kann sich auch daraus ergeben, daß sich beide anwaltl vertretene Part im RStreit auf die Geltg der VOB berufen (s Düss NJW-RR **96**, 1422, and BGH BB **99**, 1998, der abw v Einf 17 vor § 116 ein ErklBewußtsein verlangt). Wird der **Vertrag** unter Aufrechterhaltg

seiner Identität **geändert** od erweitert, bedarf es keiner neuen EinbezVereinbg. – **d) Neufassungen von AGB** werden VertrInh, wenn sie unter Wahrg von I in den Vertr einbezogen w. Der Verwder muß dem Kunden die nF unter drucktechnischer Hervorhebg der Ändergen übermitteln (Ul/Br/He Rn 64). Setzt der Kunde danach das VertrVerhältn ohne Widerspr fort, erkärt er konkludent sein Einverständn (Ul/Br/He Rn 65). Die AGB können die Einbez von nF dch Ver-wendg einer ErklFiktion (§ 10 Nr 5) erleichtern. Bei einer angem WidersprFr, einem unmißverständl Hinw auf die Bedeutg des Schweigens u Beifügg der neugefaßten AGB werden die nF nach Ablauf der WidersprFr VertrInh. Widerspricht der Kunde, steht dem Verwder kein KündR aus wicht Grd zu (Köln NJW **96**, 1065). Klauseln, die den Verwder zur **Änderung der AGB** ohne Einverständn des Kunden berecht, sind nur wirks, wenn sie das Recht zur Anpassg der Bdggen auf das nachträgl Entstehen von Äquivalenzstörgen u Regelgslücken beschränken u inhaltl so bestimmt sind, daß sie dem Transparenzgebot genügen (s BGH **136,** 394, NJW **99,** 1865). Hat der Verwder seine AGB zG des Kunden geändert, muß er Altkunden bei Vhdlgen über VertrVerlängergen hierauf hinweisen; geschieht das nicht, muß er sich uU qua c. i. c. so behandeln lassen als wäre die nF VertrInh (BGH NJW **82**, 926). Nach der Sonderregelg des TKV 28 (fr 9) werden geänderte AGB ohne Zustimmg des Kunden VertrInh, dieser hat aber ein KündR (BGH NJW **98**, 3188, Grote BB **98,** 1117). – **e)** Kommt der Vertr aGrd einer entspr Vollm des Kunden dch ein **Insichgeschäft** des Verwders zustande, ist die Einbeziehg von AGB nach dem Schutzzweck des § 2 nur wirks, wenn der Verwder die Obliegenh des § 2 vor dem VertrSchl ggü dem VollmGeb erfüllt hat (BGH DB **84**, 2294 läßt offen).

20 (line 1); 21 (at "– e)")

6) Auf die Verwendg von AGB ggü **Unternehmern** findet § 2 keine Anwendg (§ 24 Nr 1). Auch im Verk zw Untern gelten AGB aber nur dann, wenn sie dch rechtsgeschäftl Einbeziehg VertrBestandt geworden sind (BGH **117,** 190/194, Dresd NJW-RR **99,** 846). Die sog Wissenmüssenformel aus der Zeit vor 1977 (Rn 2) wendet die Rspr mit Recht nicht mehr an. Entscheidd ist, ob sich die vertragl Einigg der Part auch auf die Einbez der AGB des einen Teils erstreckt. Das ist, soweit erforderl, dch Auslegg (§§ 133, 157, HGB 346) festzustellen. – **a)** Unproblemat ist die **ausdrückliche** Einbez. Sie ist auch dann wirks, wenn die AGB dem für den VertrSchl maßgebl Schreiben nicht beigefügt waren, u der Kunde den Inh der AGB nicht kennt (BGH **1**, 86, **33**, 219, NJW **76**, 1887, vgl aber Rn 26). **Rahmenvereinbarungen** können abw von § 2 II auch auf die jeweilige AGB-Fassg abstellen; der Verwder muß den and Teil aber unverzügl über Neufassgen seiner AGB informieren (MüKo/Kötz Rn 27). 22 23

b) Für die Einbez dch **schlüssiges Verhalten** ist erforderl, daß der Verwder erkennb auf seine AGB verweist u der VertrPartner ihrer Geltg nicht widerspricht (BGH **117**, 194). Auch der Widerspruch kann konkludent erklärt w, etwa dch eine Bezugn auf eigene AGB (Rn 27). Die Verweisg muß das Klauselwerk klar u unzweideut bezeichnen, damit der and Teil in der Lage ist, sich vom Inh der AGB Kenntn zu verschaffen (BGH **102**, 304). Sie muß grdsl währd der Verhandlg über den konkr Vertr erfolgen. Der Hinw bei fr Gesch, auf fr Rechngen od in fr Korrespondenz genügt nicht. Das gilt auch dann, wenn die beim fr Gesch in Bezug genommenen AGB formularmäß auch für künft Vertr Geltg beanspruchen (BGH **117**, 190/192). Nicht ausr ist auch der Hinw auf Schriftstücken, die nach VertrSchl eingehen (Rn 19), jedoch kann es bei AuftrBestätiggen and liegen (Rn 25). Bei ständ GeschVerbindg, die eine gewisse Häufigk von Vertr voraussetzt (BGH DB **73**, 1393, Hbg NJW **80**, 1233), können AGB, auch ausländ (Köln VersR **94**, 1496), dch wiederholte, auch für den flücht Leser ow erkennb Hinw in Rechngen od ähnl zum VertrBestandt w (BGH **42**, 55, NJW-RR **91**, 571, Fischer BB **95**, 2491, aA Karlsr NJW-RR **93**, 568), nicht aber dch Hinw auf der Rücks der Rechng (Hbg ZIP **84**, 1241, Köln VersR **98**, 464), auch nicht dch Hinw in Lieferscheinen, da diese den für die Vertretg des GeschPart zust Pers idR nicht bekannt w (BGH NJW **78**, 2243). 24

c) Bestätigungsschreiben sind wg ihrer rechtserzeugden Wirkg (§ 148 Rn 19) ein ausr EinbezTatbestd (Staud/Schlosser Rn 76, Ul/Br/He Rn 87). Verweisen sie auf AGB, so w diese mangels Widerspr auch dann VertrInh, wenn sie nicht Ggst der VertrVhdlgen (BGH NJW **78**, 2244) od nicht beigefügt waren (BGH **7**, 190, **18**, 216). Auch hier gilt aber der Grds, daß erhebl Abw vom mdl Vereinbarten nicht gedeckt sind (§ 148 Rn 16). Das ergibt sich auch aus dem Vorrang der IndVereinbg (§ 4). Abdruck auf der Rücks od bloße Beifügg der AGB ist nicht ausr (RG JW **25**, 779, Düss NJW **65**, 762). Nimmt der Verwder erstmals in der **Auftragsbestätigung** auf seine AGB Bezug, können diese im kaufm Verk, wenn der and Teil keine Abwehrklausel verwendet (Rn 27), dch widersprlose Entggn der Leistg VertrInh w (BGH **61**, 287, NJW **95**, 1672, oben Rn 16). 25

d) Auch im Verk zw Untern gilt der Grds, daß der Verwder dem and Teil ermöglichen muß, vom Inh der AGB in **zumutbarer Weise Kenntnis** zu nehmen (BGH **102**, 304). Zwar brauchen die AGB dem für den VertrSchl maßgebl Schreiben nicht beigefügt zu w (BGH NJW **76**, 1886, **82**, 1750); der Hinweis, daß die AGB auf Wunsch übersandt w, genügt (Düss VersR **96**, 1394). Der and Teil hat aber, sow es sich nicht um gebräuchl, leicht zugängl Klauselwerke handelt, einen Anspr auf Überlassg od Einsicht in die AGB. Übersendet der Verwder die AGB trotz Aufforderg nicht, kann er sich gem § 242 (Verwirkg dch pflichtwidr Verhalten) nicht mehr auf die AGB berufen (Hamm DB **83**, 2619). Die AGB müssen für den Dchschnittskunden verständl sein (Rn 14). Kaum lesb u drucktechn verwirrd angeordnete AGB w nicht VertrBestandt (BGH WM **78**, 978, 979, Hamm NJW-RR **88**, 944). Das gilt auch für KonnossementsBdggen (§ 9 Rn 98). 26

e) Verweisen beide Part auf ihre **widersprechenden** AGB, hielt die fr Rspr idR die letzte Verweisg für entscheidd, da der and Teil diese dch Erbringg der Leistg od Empfangn der GgLeistg stillschw gebilligt habe (BGH **LM** § 150 Nr 3 u 6, sog Theorie des letzten Wortes). Diese Ans vermag nicht zu überzeugen, da den Part auch bei Dchführg des Vertr nicht unterstellt w kann, daß sie mit den AGB des and Teils einverstanden sind. Das gilt insbes dann, wenn beide Teile Abwehrklauseln verwenden (BGH NJW **85**, 1839, **91**, 1606). IdR ist anzunehmen, daß die AGB beider Teile nur insow VertrBestandt w, als sie übereinstimmen (sog Prinzip der Kongruenzgeltg), iü liegt an sich Dissens (§§ 154, 155) vor; dieser hindert aber nach dem RGedanken des § 6 die Wirksamk des Vertr nicht, sofern die Part einverständl mit der Dchführg des Vertr beginnen (Ul/Br/He Rn 98 ff, ebso die neuere Rspr BGH **61**, 282, NJW **85**, 1839, **91**, 1606, Karlsr VersR **90**, 1283). Bes gilt für den einfachen **Eigentumsvorbehalt:** Da der EigtÜbergang dch einseit Erkl ausgeschl w kann u bei der Auslegg der Erkl des Verkäufers der GesInh seiner AGB berücksichtigt w muß, setzt sich der 27 28

EigtVorbeh grdsl auch dann dch, wenn die VerkäuferAGB wg Kollision mit den AGB des Käufers nicht Bestandt des schuldrechtl Vertr w (BGH **104**, 137, Ul/Br/He Rn 107). Der erweiterte u verlängerte EigtVorbeh wird dagg bei einer Abwehrklausel in den Käufer-AGB nicht VertrInh (BGH NJW **85**, 1839, NJW-RR **86**, 984, **91**, 357), es sei denn, daß die KäuferAGB ihn erkennb akzeptieren (Düss NJW-RR **97**, 946). Er kann auch gem Rn 25 VertrInh w. Scheitert die Einbeziehg, ist auch die Ermächtigg zur Weiterveräußerg unwirks (BGH NJW-RR **86**, 1379, v Lambsdorff ZIP **87**, 1370).

29 **f)** Im Verk zw Untern können AGB ohne bes Hinw VertrInh w, sofern die Verwendg von AGB **branchenüblich** ist. Das wird anerkannt für AGB der Banken (BGH NJW **71**, 2127, WM **73**, 636, Hamm WM **84**, 1602), KonnossementsBdggen (Rabe TranspR **85**, 87), kommunale HafenBetr (BGH **LM** AGB Nr 21 a), FlughafenUntern (Karlsr VersR **71**, 159) u die ADSp (BGH **96**, 138, NJW **85**, 2412, NJW-RR **96**, 1313). Dieser Rspr ist wg der starken VerkGeltg der in Frage stehden AGB auch nach Inkrafttreten der AGBG weiterhin zuzustimmen. Sie gilt aber nicht für and branchenübl Regelgen wie etwa die Bdggen der Textilveredelgsindustrie (BGH NJW-RR **92**, 626) od der Hbger LagergsBdggen (Hbg EWiR **97**, 895). Eine
30 Sonderstellg haben die zu **Handelsbrauch** erstarkten AGB. Sie w im kaufm Verk, ohne daß es einer Einbez bedarf, gem § 346 HGB VertrInh. Als Handelsbrauch anerkannt sind die ADSp (Ul/Br/He Rn 91) u die Tegernseer Gebräuche im Holzhandel (BGH NJW-RR **87**, 94, Kblz BB **88**, 1138), wohl auch die ERA (LG Ffm WM **96**, 153), nicht aber die ADSp (Hamm VersR **94**, 1374). Mögl ist auch, daß eine **einzelne Klausel** in einer Branche Handelsbrauch darstellt, etwa eine Schiedsabrede (BGH NJW **93**, 1798). In Branchen, in denen die Lieferg unter EigtVorbeh die Regel ist, gilt das auch für den einf EigtVorbeh (Ul/Br/He Rn 105, sehr str, aA BGH NJW **85**, 1840), so in der Textilbranche (LG Marbg NJW-RR **93**, 1505), aber wohl noch nicht in der Lebensmittelbranche (Hamm NJW-RR **93**, 1445).

31 **g)** Bei **Verträgen mit Auslandsberührung** ist zunächst zu prüfen, ob der Vertr dtschem Recht untersteht (EG 27 ff). Ist das der Fall, gelten für die Einbez grdsl die allg Regeln; erforderl ist ein für den ausl VertrPartner verständl Hinw auf die AGB (Kronke NJW **77**, 992). Er muß in der Vhdlgssprache od in einer Weltsprache erfolgen (s Hbg NJW **80**, 1233, Hamm NJW **83**, 524); ist das CISG anzuwenden, gilt dessen Art 14 (s dazu Piltz NJW **96**, 2770). GerStandsVereinbgen müssen, soweit einschläg, den Voraussetzgen des EuGVÜ 17 (EuGH NJW **77**, 494, EuZW **99**, 441, BGH NJW **94**, 2699, **96**, 1819) entspr, SchiedsGerVereinbg ggf Art 2 II UN-Übereinkommen (Mü NJW-RR **96**, 1532).

AGBG 3 *Überraschende Klauseln.* **Bestimmungen in Allgemeinen Geschäftsbedingungen, die nach den Umständen, insbesondere nach dem äußeren Erscheinungsbild des Vertrags, so ungewöhnlich sind, daß der Vertragspartner des Verwenders mit ihnen nicht zu rechnen braucht, werden nicht Vertragsbestandteil.**

1 **1) Allgemeines.** Die EinbezAbrede (§ 2), dch die die vom Verwder gestellten AGB ohne Aushandeln global VertrBestandt w, kann auf der RFolgenseite einer IndVereinbg nicht gleichgestellt w. Der Kunde muß darauf vertrauen dürfen, daß sich die AGB im Rahmen dessen halten, was bei Würdigg aller Umst bei Vertr dieser Art zu erwarten ist. Gehen AGB über diese Grenzen hinaus, w sie als überraschde Klauseln von der Einbez nicht erfaßt u nicht VertrInhalt. § 3 enthält damit eine **negative Einbeziehungsvoraussetzung.** § 3 u §§ 9–11 sind nebeneinand anwendb (Vorbem 19 v § 8, str). § 3 gilt auch im Anwendgsbereich des § 24 u für AGB, die gem § 8 der InhKontrolle entzogen sind (BGH NJW **90**, 577).

2 **2) Voraussetzungen. – a)** Es muß sich um eine obj **ungewöhnliche** Klausel handeln. Ob das der Fall ist, ist nach den GesUmst zu beurteilen. Die Ungewöhnlichk kann sich aus der Unvereinbark mit dem Leitbild des Vertr (BGH **121**, 113) od der Höhe des Entgelts (Hbg VersR **79**, 134), einem Widerspr zum Verlauf der VertrVhdlgen (BGH NJW **92**, 1236) od zur Werbg des Verwders (BGH **61**, 275), einer erhebl Abweichg vom dispositiven Recht (BGH NJW **92**, 1236) od von den übl VertrBdggen, aber auch aus der Unvereinbark mit dem äußeren Erscheingsbild des Vertr (BGH **101**, 33) ergeben. Es genügt nicht, daß die Klausel unbillig ist (Karlsr VersR **80**, 432); umgekehrt ist nicht ausgeschlossen, daß eine Klausel, die mit § 9 (noch) vereinb ist, gg § 3 verstößt.

3 **b)** Zu dem empirischen Tatbestdsmerkmal „ungewöhnl" muß als zweite normative Voraussetzg hinzukommen, daß der and Teil mit der Klausel **„nicht zu rechnen braucht"** (Staud/Schlosser Rn 13). Zw den Erwartgen des Verwendgsgegners u dem KlauselInh muß eine Diskrepanz bestehen (BGH **84**, 113); der Klausel muß ein Überrumpelgs- od Übertölpelgseffekt innewohnen (BGH **100**, 85, NJW **90**, 577). Dabei ist ähnl wie bei der Auslegg (§ 5 Rn 7) ein dch subj Umst überlagerter genereller Maßstab anzuwenden. Ob die Klausel überraschd ist, beurteilt sich idR nach den ErkenntnMöglichk des typw zu erwartden Dchschnittskunden (BGH **101**, 33, NJW **85**, 851, **95**, 2638). § 3 ist daher unanwendb, wenn eine ow zu verstehde Klausel drucktechn so angeordnet ist, daß eine KenntnNahme dch den Kunden zu erwarten ist (BGH **47**, 210, NJW **81**, 118). Das Ergebn der obj Beurteilg kann aber in beide Richtgen dch konkrete Umst modifiziert w. Eine generell nicht überraschde Klausel kann unter § 3 fallen, wenn sie nach dem Verlauf der VertrVerhdlgen keinesfalls zu erwarten war (BGH NJW **87**, 2011). Umgekehrt entfällt eine Anwendg von § 3, wenn der Verwendgsgegner die Klausel kennt od mit ihr rechnen muß (Ul/Br/He Rn 23). Kenntn kann aber angesichts des geringen rechtl „know how" typ Kunden nicht ow deshalb angenommen w, weil er die AGB dchgesehen hat (BGH NJW **78**, 1520). Eine bes unterschriebene FormularErkl ist idR nicht ausreichd, um das Überraschgsmoment auszuschließen, erforderl ist grdsl ein individueller Hinw (BGH **131**, 55, ZIP **97**, 1538). Bei not Vertr kommt eine Berufg auf § 3 wg BeurkG 13, 17 idR nicht in Frage (BGH **114**, 340); and ist es aber, wenn in der not Niederschrift auf eine nicht verlesene Urk Bezug genommen w (BGH **75**, 21, NJW **89**, 2131).

4 **c) Einzelfälle** (ja = überraschd; nein = nicht überraschd). Wg der Überschneidgen mit der InhKontrolle s auch § 9 Rn 50 ff). – **aa) Allgemeines.** Zusicherg des Verwendgsgegners, er sei Kaufm, ja (BGH **84**, 113). AufwendgsErs bei Scheitern der VertrVhdlgen auch ohne Verschulden des Verwendgsgegners, ja (Celle VersR **84**, 69). GerStand ohne Bezug zum Hauptsitz u zur Niederlassg des Verwders, ja (LG Konstanz BB **83**, 1372).

Ausl GerStand, wenn materiell dtsches Recht anzuwenden ist, ja (Düss NJW-RR **88**, 1261). Anwendg ausl Rechts auf ein RVerhältn mit engster Verbindg zum dtschen Recht, ja (s Düss ZIP **94**, 289). Abtretgsverbote, nein (BGH NJW **81**, 117). Schriftformklauseln, nein (Ul/Br/He Rn 16; § 9 Rn 128). AusschlFr unter falscher od mißverständl Überschrift, ja (BAG NJW **96**, 2117); SchuldmitÜbern dch Erteilg einer Einziehgsermächtigg, ja (LG Mö-Gladb NJW-RR **98**, 1359). Verpfl zur Zahlg einer Maklerprovision in einer Vereinbg mit der Überschrift „Kauf- u VerkaufsVerpfl", ja (Hamm NJW-RR **97**, 370). – **bb) Kaufverträge.** 5 Befugn des Verwders, neben dem PauschalPr Aufschließgskosten zu berechnen, ja (BGH NJW **84**, 171, Stgt NJW-RR **98,** 1715). Verzinsg des KaufPr seit einem vor dem VertrSchl liegden Ztpkt, ja (BGH NJW **86**, 1805). Klausel in einem Time-Sharing-Vertr, daß nicht der Erwerber, sond ein TrHänder in das GB eingetragen w, ja (BGH **130**, 150, NJW-RR **96**, 1034). WiederkaufsR der Gem zum fr Kaufpr bei Nichtbebauung, nein (Kblz MDR **95**, 1110), abw wohl ja, wenn es auch noch nach 20 Jahren ausgeübt w kann (Hamm NJW **96**, 2104, aA Albrecht DNotZ **96**, 546). Fixklausel in EinkaufsBdggen, ja (BGH **110**, 96). GehaltsAbtrKlausel in KreditkaufVertr, ja (Hamm BB **83**, 1305). Verpflichtg für Leergut neben dem „Pfand" Miete zu bezahlen, ja (LG Köln MDR **87**, 627). VorleistgsPfl des Ersteigerers in der Auktion, nein (BGH NJW **85**, 851). Einf u verlängerter EigtVorbeh, nein (Ul/Br/He Rn 33). SelbstbeliefergsVorbeh beim Handelskauf, nein (BGH **92**, 397). Aushöhlg der Herstellergarantie dch erhebl Einschränkgen, ja (Hamm MDR **84**, 53; Schünemann NJW **88**, 1946). – **cc) Mietverträge, Leasingverträge.** GehaltsAbtrklauseln, ja 6 (LG Lübeck NJW **85**, 2985). Zimmertemperatur von 18 Grad als vertrgem Erf bei WoMiete, ja (LG Heidelbg WuM **82**, 2). Verpflichtg des gewerbl Mieters zur Zahlg einer monatl Werbeabgabe, uU ja (Düss MDR **93**, 1078). Regelg, daß jede „technologische Anpassg" der gemieteten EDV-Anlage die Mietzeit um 72 Mo verlängert, ja (Köln NJW **94**, 1483). Mithaftg des Fahrers bei Anmietg eines Kfz für die Firma, ja (Naumbg NJW-RR **97**, 49). Recht des LeasG, den auf Teilamortisation angelegten Vertr bei vorzeit Beendigg auf Vollamortisationsbasis abzurechnen, ja (Karlsr NJW-RR **86**, 1112; Oldenbg NJW-RR **87**, 1003). Weiterhaftg des ErstLeasN iF einer VertrÜbern, ja (v Westphalen NJW **97**, 2907). – **dd) Dienstverträge, Kranken-** 7 **häuser.** Verpfl des Handelsvertreters zum Kostenersatz für die Überlassg von Adressen, ja (Saarbr NJW-RR **97**, 99). Recht zur Berechng des Höchsthonorars ohne Rücks auf die Schwierigk der Angelegenh, ja (Düss VersR **84**, 370). Überwälzg des Kostenrisikos, wenn der SozVersTräger nicht eintritt, ja (Brem NJW **91**, 2354). Formularmäß Spaltg des KrankenhausVertr dahin, daß der Krankenhausträger nicht Schu der ärztl Leistgen ist, ja (BGH **121**, 113). Freizeichng des Krankenhausträgers von der Haftg für Verschulden des Arztes, nein, wenn über die Leistgen des Krankenhauses u des Arztes getrennte Vertr geschlossen werden u der bes unterschriebene Haftgsausschl klar u unmißverständl ist (Kblz NJW **98**, 1359). Einwilligg, daß Operation statt dch den Chefarzt dch einen Assistenzarzt dchgeführt w kann, ja (Karlsr NJW **87**, 1489, Düss NJW **95**, 2421). – **ee) Werkverträge.** VergütgsPfl für Kostenanschläge, ja (BGH NJW **82**, 765). Wiederholgsklausel bei befristetem AnzeigenAuftr, ja (BGH NJW **89**, 2255, vgl aber auch den and liegden Fall LG Mü NJW-RR **94**, 307). Ausschl der GewLR bei geringfügigen Abw bei DruckAuftr, nein (s Hamm NJW-RR **96**, 1530). Verlängerg der 2jähr VOB-Verj auf 5 Jahre, nein (BGH NJW-RR **87**, 852). – **ff) Kreditverträge.** Über- 8 nahme einer Bearbeitsggebühr od von Schätzkosten bei Nichtzustandekommen des Vertr, ja (Köln ZIP **80**, 981; LG Stgt NJW-RR **92**, 380). NichtabnahmeEntsch grdsl nein (BGH NJW **98**, 683), aber ja, wenn die GesFinanzierg scheitert, weil ein konzernmäß verbundenes Kreditinstitut die in Aussicht gestellte Restfinanzierg nicht übernimmt (BGH aaO); BierbezugsPfl auch bei NichtAbnahme des Darl, ja (BGH NJW **78**, 1519). Ggseit Bevollmächtigg mehrerer KreditNeh zur Aufnahme weiterer Kredite, ja (BGH NJW **91**, 924). Befugn zur KreditAufn in KontenVollm, nein (Oldbg NJW-RR **96**, 1201). – **gg) Bürgschaften, Sicherungverträge**. Ausdehng der für einen Kredit übernommenen Bürgsch auf alle ggwärt u künft Fdgen des KreditG, ja (BGH **126**, 176, s näher § 765 Rn 20). Eine entspr Erweitergsklausel ist auch bei einem Schuldbeitritt (BGH **131**, 55) u einer Verpfändg unwirks (LG Bonn NJW-RR **97**, 184). Erstreckg der Bürgsch iF der Nichtigk der Hauptverbindlichk auf den Anspr aus § 812, nein (BGH NJW **92**, 1235). Haftg des Bürgen für Zinsen u Kosten, nein (BGH WM **84**, 199; LG Stgt WM **93**, 1181), and aber bei HöchstbetragsBürgsch (Nürnbg NJW **91**, 235). Klausel für AusfallBürgsch, nach der ein Ausfall als festgestellt gilt, wenn ein dem Bü angezeigter Rückstand 6 Mo nach der Anzeige noch offen ist, ja (BGH NJW **98**, 2138). Zur Anwendg von § 3 auf **Grundschulden** s § 1191 Rn 39. Unterwerfg unter die ZwVollstr, nein (BGH NJW **87**, 906). Begründg einer persönl Haftg des Eigtümers, der nicht zugl persönl Schu ist, ja (s BGH **114**, 13). Erstreckg der SichgÜbereigng von Eigt einer ärztl Gemeinschpraxis auf Anspr, die sich ausschließl gg einen einz Arzt richten, ja (Oldenbg WM **93**, 2162). – **hh) Maklerverträge.** ProvZusage für FolgeGesch, ja (BGH **60**, 234). 9 ProvRegelg in ObjektNachw, ja (Hamm NJW-RR **88**, 687). Mindestprovision von 9000 DM, ja (KG MDR **94**, 985). – **ii) Versicherungsverträge.** Regelg, wonach die HausratVers nicht eintritt, wenn der Dieb dch Einbruch in die von den Eltern bewohnte EinliegerWo in die versicherte Wo gelangt, ja (Saarbr NJW-RR **94**, 539). Wegfall des Krankentagegeldes nach 3monat ArbLosigk, ja (LG Brem NJW **85**, 868). Minderg der VersSumme wg fr Zahlgen, ja (BGH NJW **85**, 971). In AbfindgsErkl aufgenommener Verzicht zGDr, ja (BGH NJW **85**, 970). Beschränkgen des VersSchutzes in der ReisegepäckVers für die Nachtzeit, nein (Mü NJW **83**, 53). Ausschluß des VersSchutzes für best RGebiete in den AVB der RSchutzVers, nein (Hamm NJW-RR **94**, 1506).

4) Die **Beweislast** obliegt dem, der sich auf § 3 beruft, idR also dem Kunden. Behauptet der Verwder, er 10 habe auf eine Klausel bes hingewiesen, so ist er hierfür bewpflichtig (BGH **83**, 60, **109**, 203, NJW **92**, 1823).

AGBG 4 *Vorrang der Individualabrede.* **Individuelle Vertragsabreden haben Vorrang vor Allgemeinen Geschäftsbedingungen.**

AGBG 5 *Unklarheitenregel.* **Zweifel bei der Auslegung Allgemeiner Geschäftsbedingungen gehen zu Lasten des Verwenders.**

1 **1) Allgemeines:** Die **Auslegung** von AGB richtet sich grdsl nach den für RGesch geltden allg Regeln der §§ 133, 157. Auch bei Anwendg der §§ 133, 157 können AGB aber nicht schemat mit IndVereinbgen gleichgestellt w; Rspr u Lehre haben daher für AGB bes, deren Eigenart berücksichtigde Ausleggsregeln herausgebildet (Rn 2–12). Das Ges übernimmt zwei dieser Grds in §§ 4 u 5 u läßt die übr von der Rspr entwickelten Ausleggsregeln unberührt (Staud/Schlosser Rn 1).

2 **2) Vorrang der Individualabrede (§ 4).** Er war schon im fr Recht allg anerkannt (BGH VersR **82**, 490) u ist Ausdr des funktionellen RangVerh zw IndVereinbg u AGB (Zoller JZ **91**, 850, str). AGB sollen als vorformulierte generelle Regeln (als Ers des abbedungenen dispositiven R) die von den Part getroffene IndAbrede ausfüllen u ergänzen. Sie dürfen aber die im EinzFall ausgehandelten Vereinbgen nicht zunichte machen od aushöhlen. Diese können sich aus mdl Abreden, aber auch aus handschriftl od maschinenschriftl Einfüggen (BGH NJW **87**, 2011) od einem BestätiggsSchr ergeben (BGH NJW-RR **95**, 179). Mögl ist auch, daß sie konkludent getroffen w (BGH NJW **86**, 1807). Der Vorrang gilt auch zG des Verwders (Zoller JZ **91**, 853); seine Verletzg ist ein UnwirksamkGrd (Zoller aaO).

3 **a)** Klauseln, die in **direktem Widerspruch** zur IndVereinbg stehen, sind unwirks. Bei Eröffng eines Und-Kontos kann sich die Bank nicht formularmäß die Befugn zur Zahlg an einen Gläub vorbehalten (Köln NJW-RR **90**, 1007). Bestellt Kunde ausdr eine ganz best Ware, w die zG des Verwders vorgesehene formularmäß Ersetzgsbefugn nicht VertrInhalt (BGH NJW **70**, 992 u § 10 Nr 4). Behandeln die Part zwei Konten als Einh, ist Trenngsklausel in AGB unbeachtl (BGH **LM** HGB 355 Nr 3 Bl 2 R). Soll AuftrG zum DirektVerk des Grdst berecht bleiben, ist AlleinAuftrKlausel in MaklerAGB ggstlos (BGH **49**, 87). Wird der Zeitcharterer individualvertragl als Verfrachter bestimmt, ist die Benenng des Reeders als Verfrachter in den KonnossementsBdggen unwirks (BGH NJW-RR **90**, 613).

4 **b)** Auch bei einem nur **mittelbaren Widerspruch** hat die IndAbrede Vorrang (Karlsr VersR **84**, 830). Vertragl Zusichergen von best Eigensch können daher nicht dch formularmäß GewlAusschlKlauseln zunichte gemacht w (BGH **50**, 206 u § 11 Nr 11), die Vereinbg einer best Lieferzeit nicht dch eine Klausel, wonach Liefertermine unverbindl seien (BGH WM **84**, 1317, Stgt ZIP **81**, 976), eine PrVereinbg nicht dch Klausel, wonach zusätzl MWSt zu entrichten ist (Ul/Br/He Rn 19), eine Festpreisabrede nicht dch eine in AGB enthaltene Lohngleitklausel (Celle NJW **66**, 507) od dch einen in den AGB in Bezug genommenen Kostenanschlag (Nürnb MDR **77**, 137). Eine spezielle Haftgsregelg im IndVertr hat Vorrang vor der HaftgsBeschrkg gem ADSp (BGH VersR **77**, 516); die Abrede über Behandlg in der 3. Pflegeklasse zum übl Pflegesatz geht formularmäß Klausel über LiquidationsR des Klinikchefs vor (LG Saarbr NJW **77**, 1496). Gibt Kunde Scheck ausdr nur zum Einzug u zur Gutschr, kann Bank aGrd ihrer AGB nicht Eigt an dem Scheck beanspruchen (aA BGH **69**, 29). Hat die Bank einen Kredit dch Übereigng eines Kfz sichern lassen, kann sie nicht aufgrund einer formularmäß Klausel ein PfandR am Kontoguthaben ihres Kunden beanspruchen (aA Mü WM **82**, 550). Unzul ist es auch, wenn den von den Part abgegebenen WillErkl dch AGB eine Bedeutg beigelegt w, die sich in Widerspr zu dem geäußerten Willen setzt. Wer als Vertreter eines and auftritt, also nicht sich, sond den Vertretenen verpfl will, kann daher nicht dch AGB mit einer persönl Haftg belastet w; § 11 Nr 14 hat nur klarstelldе Bedeutg. Formularmäß Klauseln können der tatsächl erteilten BankAusk nicht den Charakter einer solchen nehmen (BGH **49**, 171).

5 **c) Schriftformklauseln** gibt es in unterschiedl Ausgestaltg (Teske, Schriftformklauseln in AGB, 1990). Soweit sie für Nebenabreden u VertrÄndergen konstitutiv die Einhaltg der Schriftform fordern, verstoßen sie gg § 4; formularmäß Klauseln können die höherrang individuelle Abrede nicht außer Kraft setzen (BGH NJW **86**, 3132, NJW-RR **95**, 179, Karlsr NJW **81**, 406, str, aA BGH NJW **80**, 235). Entspr gilt für Bestätiggsklauseln, die die Wirksamk mdl Abreden von einer schriftl Bestätigg abhäng machen (Teske
6 S 407 ff). Mit § 4 vereinb sind dagg personenbezogene Bestätiggsvorbehalte u **Vollständigkeitsklauseln;** sie können aber gg § 9 (dort Rn 128) verstoßen. Die mit § 4 unvereinb Klauseltypen (Schriftformklausel ieS u allg Bestätiggsklausel) sind zugl auch gem § 9 unwirks (dort Rn 128).

7 **3) Auslegung.** AGB sind trotz ihres abstrakt-generellen Charakters keine RNormen, sondern VertrBdggen (allgM). Für ihre Auslegg gelten daher grdsl die allg Regeln der §§ 133, 157 (Wo/Ho/Li Rn 6, Staud/Schlosser Rn 18, str, die hM geht vom Grds obj Auslegg aus, Ul/Br/He Rn 13). Legen die Part der Klausel übereinstimmd eine von ihrem obj Sinn abweichde Bedeutg bei, ist diese maßgebd (BGH **113**, 259, NJW **95**, 1496); durfte der Verwendgsgegner die Regelg aufgrd bes Umst des Einzelfalles abweichd von ihrem obj ErklWert verstehen, ist sein Verständn maßgebd. Die Besonderh bei einem VertrSchluß unter Einbeziehg von AGB besteht aber darin, daß typw einzelfallbezogene, ausleggsrelevante Umst fehlen (Wo/Ho/Li Rn 6). Trifft das zu, gilt der Grds **objektiver Auslegung;** er ist ggü der Auslegg unter Berücksichtigg individueller VertrSchlußUmst dogmat nachrang, aber prakt die Regel: Die AGB sind ausgehd von den VerständnMöglichk eines rechtl nicht vorgebildeten Dchschnittskunden **einheitlich** so auszulegen, wie sie von verständ u redl VertrPart unter Abwägg der Interessen der normalerw beteil Kreise verstanden w (BGH **7**, 368, **77**, 118, **79**, 119, NJW **92**, 2629, NJW-RR **96**, 857, hM, stRspr). Ausleggsmittel, die sich dem typw an Gesch dieser Art beteil Dchschnittskunden verschließen, dürfen (and als bei der Auslegg von RNormen) nicht herangezogen w (BGH **60**, 177, NJW-RR **96**, 857). Bei der Auslegg von AVB ist entscheidd, wie sie ein dchschnittlicher VersN ohne versichergsrechtl Spezialkenntn bei verständ Würdigg, aufmerks Dchsicht u Berücksichtigg des erkennb SinnZushanges verstehen muß (BGH NJW **93**, 2369). And als bei der Auslegg unter Berücksichtigg individueller Umst kommt es nicht auf das Ergebn im EinzelFall, sond darauf an, daß das AusleggsErgebn als allg Lösg des stets wiederkehrden InteressenGgs angem ist (BGH **60**, 377/380, NJW **99**, 1711/1714). In AGB verwendete RBegr sind idR entspr ihrer jur Fachbedeutg zu verstehen (BGH **5**, 367, Stgt VersR **83**, 745, aA Roth WM **91**, 2130); das gilt auch, wenn in einen FormularVertr eine Vorschr aus einer EU-Freistellgsregelg übernommen w (Ulmer/Schäfer ZIP **94**, 756); iü kommt es auf den allg Sprachgebrauch an, bei FachBegr außerh des allg Sprachgebrauchs auf die fachwissenschaftl Bedeutung (MüKo/Kötz Rn 3).

8 **4) Unklarheitenregel (§ 5). – a)** Die schon im fr Recht allg anerkannte UnklarhRegel (BGH **5**, 115, **62**, 89) beruht auf dem Gedanken, daß es Sache des Verwders ist, sich klar u unmißverständl auszudrücken. § 5

gilt auch für kollektiv ausgehandelte sowie behördl empfohlene od genehmigte AGB (Wo/Ho/Li Rn 26). Sie ist auch im kaufm Verkehr anwendb (BGH NJW-RR **88**, 114) u kann auf formularmäß ArbVertrBdggen analog angewendet w (BAG DB **92**, 384). Für ihre Anwendg genügt nicht, daß Streit über die Auslegg besteht. Voraussetzg ist vielm, daß nach Ausschöpfg der in Betracht kommden Ausleggsmethoden ein nicht behebb Zw bleibt u mindestens zwei Ausleggen rechtl vertretb sind (BGH **112**, 68, NJW **92**, 1098, **97**, 3434, dazu krit Schlechtriem, FS Heinrichs, 1998, 503). Wenn die Klausel bei obj Auslegg einen eindeut Inh aufweist, ist für eine Anwendg von § 5 kein Raum (BGH NJW **93**, 658). Die fr geübte Praxis, die Unklarh-Regel als ein Mittel verdeckter InhKontr einzusetzen, ist nicht mehr zu rechtf. So kann etwa die Klausel „gekauft wie besichtigt u unter Ausschl jeder Gewährleistg" nicht als unklar, sond allenf gem §§ 9 ff beanstandet w (BGH **74**, 385). Ist die Klausel nicht nur in den Randzonen, sond in ihrem Kernbereich unklar, ist sie sowohl nach § 9 (dort Rn 15) als auch gem § 2 I Nr 2 **unwirksam** (§ 2 Rn 14, im Ergebn auch BGH NJW **85**, 53, 56, der zu Unrecht § 5 als UnwirksamkGrd ansieht). – **b)** Die dem and Teil **günstigste** 9
Auslegung kann in doppelter Weise ermittelt werden. – **aa)** Im **Verbandsprozeß** (AGBG 13) ist die UnklarhRegel **umgekehrt** anzuwenden. Soweit mehrere Ausleggsalternativen verbleiben, ist von der Auslegg auszugehen, die zur Unwirksamk der Klausel führt. Maßgebd ist also die scheinb **kundenfeindlichste** Auslegg, denn sie ist in Wahrh die ihm günstigere (s BGH **95**, 353, **104**, 88, **108**, 56, **119**, 172, NJW **99**, 276, stRspr). Völlig fernliegde Ausleggsmöglichk, von denen Störgen des RVerk ernstl nicht zu besorgen sind, rechtfertigen aber kein Klauselverbot (BGH NJW **93**, 1135, **94**, 1799, Vorbem 10 v § 8). Ein GewährleistgsAusschluß für Fehler dch mangelh Bedieng erfaßt daher auch in Anwendg des § 5 nicht Anspr wg Mängel der BediengsAnleitg, unricht Beratg od vertragl Zusicherg (BGH NJW **94**, 657); die Klausel „zahlb sofort netto ohne Abzug" schließt GgAnspr u ZbR des Kunden nicht aus (Celle NJW-RR **93**, 1334). Eine feste Laufzeitregelg darf nicht dahin ausgelegt w, daß neben der ordentl Künd auch die aus wicht Grd ausgeschlossen sein soll (BGH NJW **93**, 1133); sie kann aber bei einem Ehe- u PartnerschVermittlgsVertr den Eindruck erwecken, sie wolle das KündR aus § 627 ausschließen u daher unwirks sein (BGH NJW **99**, 276). – **bb)** Soweit die Unwirksamk der Klausel die RStellg des Kunden verbessern würde, ist die UnklarhRegel auch im **Individualprozeß** zunächst umgekehrt anzuwenden, dh es ist zu prüfen, ob die Klausel bei scheinb kundenfeindlichster Auslegg wg Verstoßes gg ein Klauselverbot unwirks ist (Schlesw ZIP **95**, 762, Mü NJW-RR **98**, 393, in der Tendenz auch BGH NJW **92**, 1099, **94**, 1799). Entgg der fr hM besteht kein Anlaß, das Abstellen auf die kundenfeindlichste Auslegg auf den VerbandsProz zu beschränken. Die Berücksichtigg dieses Ansatzes auch im IndProz entspr dem Schutzzweck des § 5 u vermeidet unterschiedl Ausleggsergebn im Verbands- u IndProz (Wo/Ho/Li Rn 33, Ul/Br/He Rn 31, v Olshausen ZHR **151**, 639, str). Erweist sich die Klausel im ersten Ausleggsschritt als wirks, ist die UnklarhRegel „direkt" anzuwenden, dh es gilt die **kundenfreundlichste** Auslegung. – **c)** Einzelne **Anwendungsfälle:** Klausel „Verkäufer sichert zu, daß das 10
Kfz, *soweit ihm bekannt*, eine GesFahrleistg von x km ausweist", ist als vertragl Zusicherg aufzufassen (BGH NJW **98**, 2207 für den Verkauf dch einen Händler, aA bei einem Kauf von privat Köln NJW **99**, 2601, Zweibr NJW **99**, 585, LG Heilbronn NJW-RR **99**, 775). Hinweis auf ein nicht bestehdes gesetzl WiderrufsR (BGH NJW **82**, 2314); Sicherg künft Fdgen „aus jedem RGrd" (BGH **101**, 34); Erstreckg der Vorauszahlgs-Bürgsch eines Kreditinstituts auf AufwendgsErsAnspr des Käufers (BGH NJW **99**, 1105); Unklarh, ob die Stellg einer Sicherh VertrPfl od aufschiebde Bdgg ist (BGH NJW-RR **97**, 304); Regelg von „Nebenkosten" in einem MietVertr (Düss NJW-RR **91**, 1354); unklare Leistgsbeschreibg in AVB (BGH NJW **86**, 431); Unklarh über den VerschMaßstab (BGH NJW **95**, 56); Anknüpfg einer Haftgsfreizeichng an einen nicht bestehden VersSchutz (Hamm NJW-RR **97**, 1215); Unklarh, ob Schwangersch ein „Grd fehlder Gesundh" ist (Brem NJW-RR **95**, 1179); widersprüchl Angaben über den Umfang des VersSchutzes (BGH NJW-RR **95**, 1303) od über den ErklEmpfänger (Brdbg OLG-NL **97**, 1, Widerspr zw VersSchein u Merkblatt); Mietgarantie beim Bauherrnmodell (Celle NJW-RR **88**, 119); Ausschl des ZbR erfaßt nicht MindergsR (Düss NJW-RR **99**, 953).– **d)** Eine **ergänzende Auslegung** ist auch bei AGB mögl (BGH **54**, 115, **92**, 363, **103**, 11
234, **119**, 325), zG des Verwders aber wg seiner Formuliergsverantwortg nur ausnw. Ist eine Lücke dch NichtEinbez od Unwirksamk von AGB entstanden, gilt § 6, der nur in AusnFällen Raum für eine ergänzde Auslegg läßt (§ 6 Rn 6). Diese hat auf die Interessen beider Part Rücks zu nehmen. Unzul ist eine ergänzde Auslegg, die unbill Klauseln soweit entschärft, daß sie der InhKontrolle gerade noch standhalten (BGH **62**, 89, **72**, 208, Vorbem 9 v § 8). Unvereinb mit § 5 ist auch eine **analoge** Anwendg von AGB-Klauseln, etwa der VOB/B, zG des Verwders (BGH NJW-RR **98**, 235).

5) Prinzip der dem Kunden günstigsten Auslegung. Einschrkgen von gesetzl normierten Rechten 12
sind iZw eng auszulegen (Wo/Ho/Li Rn 37). Dieser sog RestriktionsGrds u die UnklarhRegel ergänzen sich zu dem Prinzip, daß iZw die dem Kunden günstigere Auslegg der Vorzug zu geben ist (Schlesw WM **85**, 86). Das ist insbes bei der Auslegg von Freizeichngsklauseln anerkannt (§ 276 Rn 58), gilt aber auch sonst, so etwa für versichergsvertragl AusschlKlauseln (BGH AGBE V Nr 8).

6) Revisibilität. Die Auslegg von AGB ist in der RevInstanz voll nachprüfb, sofern ihr Anwendgsbereich 13
über den Bezirk eines OLG hinausreicht (BGH **22**, 112, **47**, 220, **98**, 258, stRspr). Das gilt ebso, wenn die zu beurteilde Klausel mit denen in and OLG-Bezirken übereinstimmt (BGH NJW **74**, 1136, **85**, 1220), nicht aber für ausl AGB (BGH **49**, 362, **112**, 210, NJW **93**, 1334).

AGBG 6

Rechtsfolgen bei Nichteinbeziehung und Unwirksamkeit. **I Sind Allgemeine Geschäftsbedingungen ganz oder teilweise nicht Vertragsbestandteil geworden oder unwirksam, so bleibt der Vertrag im übrigen wirksam.**

II Soweit die Bestimmungen nicht Vertragsbestandteil geworden oder unwirksam sind, richtet sich der Inhalt des Vertrages nach den gesetzlichen Vorschriften.

III Der Vertrag ist unwirksam, wenn das Festhalten an ihm auch unter Berücksichtigung der nach Absatz 2 vorgesehenen Änderung eine unzumutbare Härte für eine Vertragspartei darstellen würde.

1 **1) Allgemeines.** Nach § 139 hat die Nichtigk eines Teils eines RGesch die GesNichtigk zur Folge, wenn nicht ausnw anzunehmen ist, daß es auch ohne den nichtigen Teil vorgen worden wäre. Diese Regel paßt für AGB nicht. Sie berücksichtigt das Schutzbedürfn des Kunden nicht, der idR an Aufrechterhaltg des Vertr interessiert ist, nach § 139 aber bereits bei Unwirksamk einer einz Klausel die Rückgängigmachg des Vertr befürchten müßte. § 6 best daher, daß der Vertr wirks bleibt, wenn AGB ganz od teilw nicht VertrBestandt geworden od unwirks sind.

2 **2) Wirksamkeit des Vertrages.** Sie bleibt in zwei Fallgruppen unberührt: – **a) Nichteinbeziehung** der AGB. Dabei ist gleichgült, ob die EinbezVereinbg nicht zustande kommt (§ 2), dch § 3 beschr w od unwirks ist. I ist daher auch bei formnicht EinbezVereinbg anwendb. Ist eine AGB-Klausel wg des Vorrangs der IndVereinbg (§ 4) ohne Wirkg, ist § 6 unanwendb. Es gilt die IndVereinbg mit dem sie ergänzden dispositiven
3 Recht. – **b) Unwirksamkeit** der AGB. Sie ergibt sich idR aus §§ 9–11 u betrifft grdsl die **Klausel im ganzen,** nicht nur den gg das Klauselverbot verstoßden Teil (Einf 9 v § 8). Der Grds der Aufrechterhaltg des Vertr gilt auch dann, wenn die Nichtigk auf § 134 od and Vorschr beruht (BGH **129**, 306) od sich aus einer Anf ergibt (Vorbem 20 vor § 8). Der Vertr bleibt auch dann wirks, wenn sich die Unwirksamk (NichtEinbez)
4 auf **alle Klauseln** erstreckt. – **c)** Besteht über die Einbez der AGB **offener Dissens,** ist der Vertr dagg unwirks, auch wenn sich die Part über den individuellen VertrKern vollst geeinigt haben (Wo/Ho/Li Rn 8, Ul/Br/He Rn 5 u 8); in einem solchen Fall ist I vielleicht seinem Wortlaut nach nicht aber dem Sinn nach erf. Der Dissens ist aber den sonst NichtEinbezFällen gleichzustellen, wenn die Part den Vertr gleichwohl dchführen (§ 2 Rn 27).

5 **3) Ergänzung des Vertragsinhalts** (II). – **a)** Sow AGB nicht VertrBestandt gew od unwirks sind, richtet sich der Inh des Vertr nach den gesetzl Vorschr. Das bedeutet idR, daß anstelle der unwirks (nichteinbez) Klauseln das dispositive Recht tritt, vielf in der Weise, daß die Klausel ersatzlos entfällt (s BGH NJW **85**, 852, **96**, 1408). Bei einem Kredit mit einer unwirks (intransparenten) Zinsregelg, tritt an deren Stelle der gesetzl Zinssatz (Celle NJW-RR **95**, 1133). Zu den gesetzl Vorschr iSd II gehören auch die von Rspr u Lehre herausgebildeten ungeschriebenen RGrds (s BGH NJW **96**, 2093, 2788). An die Stelle der unwirks ermessensabhäng Freigaberegelg tritt daher bei **revolvierenden** Sicherh der sich aus dem fiduziarischen Charakter der SichgAbrede ergebde ermessensunabhäng FreigabeAnspr des SichgG (BGH GrZS NJW **98**,
6 671/673, NJW **98,** 2206). – **b)** Fehlen für eine VertrErgänzg geeignete Vorschr od RGrds u ist die ersatzlose Streichg der Klausel keine interessengerechte Lösg, ist die Lücke dch **ergänzende Vertragsauslegung** zu schließen (BGH **90**, 69/75; **117**, 92/98; **120**, 108/122; **137,** 153/157, stRspr). An die Stelle der Klausel tritt die Regelg, die die Part bei sachgerechter Abwägg der beiderseit Interessen gewählt hätten, wenn ihnen die Unwirksamk der AGB bewußt gewesen wäre (BGH aaO). Es ist nicht Sinn u Zweck des § 6, dem Kunden dch den ersatzlosen Wegfall von Klauseln Vorteil zu verschaffen, die das VertrGefüge völlig einseit zu seinen Gunsten verschieben (BGH **137,** 153/157). Die formularmäß auf alle bestehden u künft Verbindlichk des HauptSchu ausgedehnte, gg §§ 9, 3 verstoßde **Bürgschaft** bleibt daher hinsichtl der Fdgen wirks, die Anlaß zur Übernahme der Haftg waren (BGH aaO, NJW **99**, 3195). Entspr gilt, wenn die formularmäß Ausdehng der GrdSchZweckErkl überraschd iSd § 3 ist (BGH **131**, 55/60). Weitere Fälle einer ergänzden VertrAuslegg, die aber nur im Individual- u nicht im VerbandsProz zul ist (Ul/Br/He Rn 36): Unwirks KündAusschluß in einem Unterrichts- od InternatsVertr (BGH **120**, 122, NJW **85**, 2585); unwirks GarantieErkl (BGH NJW **88**, 1728); unwirks Vergütgsregelg (Düss NJW-RR **87**, 49); unwirks PrAnpassgsklausel in MietVertr über Fernmeldeanlagen (BGH NJW **90**, 116); unwirks Regelg der Abschlußzahlg in einem LeasingVertr (BGH **82**, 131); unwirks od nicht einbezogene AVB (BGH **117**, 99, Hamm NJW-RR **95**, 412, Dörner/Hoffmann NJW **96**, 155); Ausschluß der DarlRückFdg bei Existenzgefährdg (BGH NJW **97**, 257). Dch ergänzde VertrAuslegg war auch die dch die NichtigErkl der Tagespreisklausel im KfzNeuwagenGesch entstandene Regelgslücke zu schließen, u zwar iS eines ErhöhgsR des Verwders u eines RücktrittsR des Kunden (BGH **90**, 78, NJW **85**, 621). Ist die eine FestPrVereinbg ergänzde Erhöhgsklausel unwirks, verbleibt es aber grdsl beim FestPr (BGH **94**, 342). Auch wenn die Freizeichngsklausel für einen Gefahrentrainingskurs unwirks ist, gilt das dispositive Recht (BGH **96**, 26, Karlsr DB **89**, 2065). Ist die formularmäß Entgeltsregelg nicht wirks
7 einbezogen, wird das ortsübl od angem Entgelt geschuldet (Hamm BB **86**, 1465). – **c)** Sog **salvatorische** Klauseln, wonach iF der Unwirksamk nicht das dispositive Recht, sond eine Regelg maßgebd sein soll, deren wirtschaftl Erfolg dem der unwirks sow wie mögl entspr, sind wg Verstoßes gg II nichtig (Celle WM **94**, 893, KG NJW **98**, 829, Ul/Br/He Rn 38); sie sind auch mit dem Transparenzgebot unvereinb (s BGH NJW-RR **96**, 786). Gleichf unwirks sind ErsatzAGB, die bei Unwirksamk der ErstRegelg hilfsw gelten sollen (Mü NJW-RR **88**, 796, aA Michalski/Römermann NJW **94**, 886, offen BGH NJW **90**, 718). **Anpassungsklauseln**, nach denen der Verwder unwirks Regelgen dch nF ersetzen darf, sind nur wirks, wenn sie Voraussetzgen u Inh der Ändergsbefugn klar bestimmen (s BGH NJW **99,** 1865).

8 **4) Gesamtnichtigkeit** tritt ein, wenn das Festhalten an dem gem II geänderten Vertr für eine der VertrPart eine unzumutb Härte darstellen würde (III). III ist auch im Hinblick auf Art 6 II EG-RiL 93/13 eng auszulegen (Heinrichs NJW **96**, 2195). Abzustellen ist nicht auf den Ztpkt des VertrSchl sond auf den der Geltdmachg von Anspr aus dem Vertr (BGH **130**, 115, NJW **96**, 2094). Unabhäng von III tritt GesNichtigk ein, wenn nach Wegfall der AGB, etwa der Leistgsbeschreibg, ein weder dch dispositives Recht noch dch ergänzde VertrAuslegg sinnvoll aufzufüllder VertrRest verbleibt (BGH **130**, 155, 156). – **a)** Auf seiten des **Verwenders** führt die Unwirksamk (NichtEinbez) der AGB dchweg zu einer Verschlechterg seiner RStellg. Das ist aber sein Risiko u rechtf grdsl nicht die Anwendg von III (Ffm NJW-RR **95**, 283). Auch wenn die Einbeziehg von AVB scheitert, tritt iZw keine GesNichtigk ein (BGH NJW **82**, 824). Für den Verwder kann eine unbill Härte idR nur dann angen w, wenn dch den Wegfall der AGB das VertrGleichgewicht grdlegd
9 gestört wird (BGH NJW-RR **96**, 1009). – **b)** Für den **Kunden** bedeutet die Nichtanwendbark der AGB prakt immer eine Verbesserg seiner RPosition. Eine unbill Härte kann sich aber daraus ergeben, daß der nach Wegfall der AGB maßgebde VertrInh aus der Sicht des Kunden unklar ist u Ungewißh u Streit über die beiderseit Rechte u Pflten droht (KG MDR **98**, 760). Das kann zutr, wenn bei einem gesetzl nicht geregelten VertrTyp alle od die Mehrzahl der AGB entfallen (BGH NJW **83**, 160, **85**, 53: AutomatenaufstellVertr; Köln

NJW **94**, 59, KG MDR **98**, 760: Intransparenz eines Time-Sharing-Vertr). – **c)** Enthalten die nichteinbez 10
AGB die Festlegg des **Entgelts** od die Leistgsbeschreibg (§ 8), kann die Lücke uU dch Abstellen auf das übl
od angem Entgelt (den entspr Leistgsumfang) geschl w (§§ 157, 315, 316). Ist das nicht mögl, tritt GesNich-
tigk ein. – **d)** Ist der Vertr gem § 6 III nichtig, steht dem Kunden idR ein **Schadensersatzanspruch** wg
c. i. c. zu (Vorbem 15 vor § 8).

AGBG 7 *Umgehungsverbot.* **Dieses Gesetz findet auch Anwendung, wenn seine Vorschriften durch anderweitige Gestaltungen umgangen werden.**

1) Allgemeines. Obwohl SchutzVorschr zG des wirtschaftl Schwächeren vielf Umgehgsversuchen ausge- 1
setzt sind, gibt es im bürgerl Recht keinen geschriebenen allg Grds, der derart Versuchen entggwirkt (vgl aber
§ 134 Rn 28 f). Der GesGeber hat daher (abw vom RegEntw) im § 7 ausdr ein Umgehgsverbot aufgen. Aus
ihm ergibt sich zugl, daß die Vorschr des Ges **zwingendes Recht** sind.

2) Anwendungsbereich. Wg der weiten Fassg des Ges, insbes der §§ 1 u 9, u seines Schutzzweckes kann 2
UmgehgsVersuchen idR schon dch Auslegg begegnet w. Diese hat den Vorrang vor einer Anwendg des § 7.
Eine Umgehg ist zu bejahen, wenn eine vom Ges verbotene Regelg bei gleicher Interessenlage dch eine and
rechtl Gestaltg erreicht w soll, die obj nur den Sinn haben kann, dem gesetzl Verbot zu entgehen (Stgt
AGBE II Nr 1). Es genügt das Vorliegen der obj Voraussetzgen, eine UmgehgsAbs ist nicht erforderlich (Ul/
Br/He Rn 5). Gleichgült ist, ob der UmgehgsVersuch das Ges im ganzen betrifft od ein einz Verbot. Eine
Umgehg kann vorliegen, wenn ein GroßBetr seine Abnehmer veranlaßt, ihm die von ihm selbst entworfenen
AGB „zu stellen". Sie ist auch dch Benutzg von Gestaltgsmöglichk des Vereins- od GesellschR (Ausn in
§ 23 I) denkb (Warenabsatz auf gesellschr Grdlage). Die Umgehg einz Vorschr kommt insb bei den Klausel-
verboten der §§ 10, 11 in Betracht, so etwa bei § 11 Nr 2 a (BGH NJW **85**, 852, ZIP **86**, 831, aA wg der
Auffangfunktion des § 9 Ul/Br/He Rn 7). Dagg hat § 7 bei den §§ 1–6 u 13 kaum einen eig Anwendgsbe-
reich (BGH NJW **91**, 39).

2. Unterabschnitt. Unwirksame Klauseln

Vorbemerkung

1) Allgemeines. Für AGB u vorformulierte Klauseln in VerbrVertr sind strengere InhSchranken notw als 1
die allg Grenzen der VertrFreih (§§ 134, 138), weil der Verwder für die vorformulierten Regelgen unter
Ausschluß des Verwdgsgegners allein die Freih inhaltl Gestaltg in Anspr nimmt (Einf 2 ff v § 1). Das AGBG
sieht daher zum Schutz des and Teils einen Katalog verbotener Klauseln vor (§§ 10, 11). Eine kasuistische
Regelg dieser Art ist notw lückenh. Der Verbotskatalog w daher dch eine Generalklausel (§ 9) ergänzt. Sie
bildet das Kernstück des Ges: Sie legt den Maßstab der InhKontrolle fest u ist zugl allg Auffangtatbestd. Für
die **Reihenfolge der Prüfung** gilt, daß zunächst die Verbote des § 11 (keine Wertgsmöglichk) heranzuzie-
hen sind, dann die des § 10 (mit Wertgsmöglichk), dann § 9 II, u erst zuletzt § 9 I. Die InhKontrolle setzt
begriffl voraus, daß die AGB VertrInh geworden sind. Die §§ 2–4 ff sind daher vor den §§ 9 ff zu prüfen, der
Richter kann aber die mit §§ 2 ff zushängden Fragen offen lassen u die Klausel gem §§ 9 ff für unwirks
erklären (Rn 19).

2) Anwendungsbereich. – **a)** Der InhKontrolle unterliegen AGB (§ 1) u vorformulierte Klauseln in 2
VerbrVertr, auch wenn sie keine AGB iSd § 1 sind (§ 24 a). – **b) Ausnahmen** vom sachl Anwendgsbereich 3
des § 1 ergeben sich aus §§ 8 u 23 (vgl dort). Werden AGB ggü **Unternehmern** od ggü jur Pers des öffR
verwandt, ist nach § 24 allein die Generalklausel des § 9 Grdl der InhKontrolle (§ 9 Rn 32 ff). – **c) Unan-** 4
wendbar sind die §§ 9 ff, soweit vertragl od verträhnl SchuldVerh dch **Rechtsnormen** (Ges, VO, Satzg)
geregelt sind. RSätze, auch rangniedere, sind begriffl keine AGB (§ 1 Rn 1). Eine InhKontrolle ist daher
nicht statth ggü den als VO erlassenen AVersorgB (BGH **100**, 1, 8), ABefördB für den LinienVerk vom
27. 2. 1970, BGBl I S 230 (VO gem PersBefördG 58 I Nr 3, Loh BB **70**, 1017 u § 23 Rn 79). Bei
Anstalten u Betr der **öffentlichen Hand** ist zu unterscheiden: Ist ihre Benutzg öffr ausgestaltet, wie 5
vielfach die Benutzg öff Bibliotheken (OVG Brem NJW **98**, 3583), ist das AGBG grdsl unanwendb; da die
für das RVerh maßgebden Bdggen dem Grds der Erforderlichk und Verhältnismäßigk genügen müssen
(BGH **61**, 13), können aber Schutzregelgen des AGBG als allg RGrds herangezogen w, so insbes § 11
Nr 7 u das Verbot geltgserhaltder Reduktion (Heintzen NVwZ **92**, 857). Kommt das BenutzgsVerhältn
nicht dch VerwAkt, sond dch einen öffr Vertr zustande (Einf 35 vor § 305), gelten über VwVfG 62 die
Vorschr des AGBG entspr (Stober DÖV **77**, 398, aA OVG Münster NJW **89**, 1880, BGH NJW **95**, 2289
läßt offen). Handelt es sich um privrechtl ausgestaltete BenutzgsVerh, ist das AGBG grdsl anwendb. And ist
es, wenn das BenutzgsVerh dch VO od Satzg geregelt ist, jedoch kann auch hier bei der Prüfg der
Erforderlichk u Verhältnismäßigk auf die Regelgen des AGBG zurückgegriffen w. Für die InhKontrolle
städtebaulicher Vertr enthält BauGB 11 eine Sonderregelg (Grziwotz NJW **97**, 237, Busse DNotZ **98**,
486). – **d)** Freizeichngsklauseln in **notariellen Verträgen** unterliegen nach der Rspr des BGH (VII. ZS) 6
einer InhKontrolle auf der Grdl des § 242 (BGH **101**, 350, 355; **108**, 164, 168; NJW **84**, 2094, **88**, 135).
Diese von einem Teil der Lit heftig kritisierte Rspr (Medicus, Zur InhKontrolle notarieller Vertr; 1989;
Habersack AcP **189**, 416) hat wg ihres engen Anwendgsbereichs u der Berücksichtigg in der notariellen
Praxis kaum noch prakt Bedeutg (Heinrichs RWS-Forum ImmobilienR 1998, S 218). – **aa)** Die InhKon-
trolle betrifft ausschließl Vertr über den Erwerb **neu errichteter** Häuser od EigtWo (BGH **101**, 350; NJW
84, 2094). Dabei ist der Begriff „neu" ebso abzugrenzen wie in § 11 Nr 10 AGBG. Gleichgestellt sind
Vertr über den Erwerb einer EigtWo, die dch Umwandlg aus einem Altbau entstanden ist (BGH **108**, 164;
NJW **88**, 1972). Kontrollfrei sind Vertr über den Erwerb von Altbauten ohne HerstellgsVerpfl (BGH **98**,
100, 107; **108**, 156, 163). – **bb)** Der InhKontrolle unterliegen ausschließl Klauseln, die die **Gewähr-**
leistung für Sachmängel ganz od teilw ausschließen (BGH **101**, 350, **108**, 164), vielleicht auch Regelgen
von ähnl einschneiddder Bedeutg (Schlosser DNotZ **90**, 367), nicht aber Klauseln über Fälligkeitszinsen

(BGH NJW **91**, 843) od eine VertrStrafe iF des Verzuges (aA KG NJW-RR **89**, 1363). – **cc)** Voraussetzg ist, daß die GewL **formelhaft** ausgeschlossen worden ist (BGH **101**, 350, **108**, 164). Die Klausel ist wirks, wenn der Notar dem Erwerber in einer für diesen verständl Sprache die RFolgen des GewLAusschlusses deutl vor Augen geführt u ihm die Gefahr bewußt gemacht hat, daß ihm bei etwaigen Mängeln keinerlei Anspr gg den Veräußerer zustehen (BGH **108**, 364, 370). Die BewLast für die Belehrg trägt, wer sich auf die Klausel beruft; der Notar kann die Belehrg aber in der Urk beweiskräft dokumentieren (BGH aaO). – **dd)** Die Grds gelten auch, wenn der Veräußerer ein **Verbraucher** ist (s BGH **74**, 204). Sie sind daher dch § 24a wohl nicht überholt.

7 **3) Rechtsfolgen.** – **a)** Verstößt eine Klausel gg § 9 od eines der Verbote der §§ 10, 11, ist die Klausel unwirks, der Vertr iü dagg grdsl wirks (§ 6). **Unwirksamkeit** iSd §§ 9ff ist Nichtigk (Übbl 27 v § 104) u nicht etwa relative Unwirksamk (Neuhof NJW **94**, 1763); sie ist vAw zu beachten. Zu ihrer Heilg bedarf es entspr § 141 einer Bestätigg dch eine IndVereinbg (BGH NJW **85**, 58). Das Versprechen, den Anspr aus der unwirks Klausel zu erfüllen, genügt nicht (BGH WM **82**, 113). Begünstigt die unwirks Klausel im Einzelfall den Kunden (Pauschalierg der ersparten Aufwendgen des Architekten auf 40%), kann sich der Verwder angebl nicht auf die Unwirksamk der Regelg berufen (BGH NJW-RR **98**, 594, vgl aber Rn 18). Auch das
8 **Grundbuchamt** muß die Nichtigk beachten (Celle Rpfleger **79**, 261, LG Stgt JZ **77**, 760, Schmid BB **79**, 1639, Staud/Coester Rn 16; im Ergebn auch BayObLG NJW **80**, 2818; aA Hamm OLGZ **80**, 92, offen gelassen v BGH NJW **80**, 1625, Karlsr Rpfleger **87**, 412). Eine PrüfgsPfl besteht aber nur im Rahmen der allg VerfGrds der GBO, dh nur dann, wenn sich anhand der eingereichten Unterlagen der Verdacht aufdrängt, die in einer EintrBewilligg in bezug genommenen AGB könnten unwirks sein (s BayObLG, Schmid u Staud aaO), u wenn der Verstoß zur teilw GrdbUnrichtigk od zur inhaltl Unzulässigk der Eintragg führt (Köln NJW-RR **89**, 780).

9 **b)** Verstößt der Inhalt einer AGB-Klausel teilw gg die §§ 9ff, so ist die Klausel grdsl **im ganzen unwirksam.** Das gilt für den Individual- u den VerbandsProz in gleicher Weise. Eine **geltungserhaltende Reduktion** ist unzul (BGH **86**, 297, **114**, 342, **120**, 122, NJW **93**, 1135, **96**, 1407, stRspr, aA Hager JZ **96**, 175), u zwar auch im kaufm Verk (BGH **92**, 315, NJW **93**, 1787; Einschränkgen Rn 10ff). Die GesUnwirksamk der Klausel ergibt sich aus dem Schutzzweck des AGBG. Dieses wertet die Verwendg von verbotswidr Klauseln als eine obj zur Täuschg geeignete Störg des RVerk (§ 13 Rn 1), u zwar vor allem deshalb, weil es der rechtsunkund Verwendgsgegner idR nicht auf einen Proz ankommen läßt, sond eine VertrAbwicklg nach Maßg der AGB einschließl der unwirks Klauseln hinnimmt. Ein solches Verhalten darf die ROrdng nicht dadch risikolos machen u fördern, daß sie eine verbotswidr Klausel dch Reduktion auf das gesetzl gerade noch zul od angem Maß teilw aufrechterhält. Bes liegt es aber, wenn AGB für unterschiedl VertrTypen od ggü verschiedenen Kundenkreisen verwandt w. Hier kann sich die Unwirksk ohne Verletzg des Verbots geltgserhaltder Reduktion auf die Verwendg in best Vertr od ggü best Kunden, zB Verbrauchern, beschränken (BGH **110**, 244, § 9 Rn 8).

10 **c)** Eine Klausel, die nur in **untypischen,** vom Verwder nicht bedachten od nicht für regelgsbedürft gehaltenen **Ausnahmefällen** gg das AGBG verstößt, ist wirks. Grdl der Aufrechterhaltg ist nicht eine Einschränkg des Verbots geltgserhaltder Reduktion, da schon die am Sinn u Zweck orientierte Auslegg ergibt, daß diese Sondersituationen von der Klausel nicht erfaßt w (BGH NJW **93**, 658, Ul/Br/He § 6 Rn 15). Handelsübl Klauseln mit einem allg anerkannten eingeschränkten Anwendgsbereich sind wg des scheinb zu weit reichden Wortlauts nicht unwirks. Bsp sind etwa der SelbstbeliefergsVorbeh in HandelskaufVertr (BGH **92**, 398) u die Landschadensklausel im SeefrachtR (BGH NJW-RR **97**, 1255). Ein GewLAusschluß ist wirks, auch wenn die Aufrechterhaltg der Haftg für zugesicherte Eigensch nicht bes erwähnt w (BGH NJW **93**, 658). Eine feste Laufzeitregelg braucht das KündR aus wicht Grd nicht ausdr aufrechtzuerhalten, wohl aber das aus § 627 (§ 5 Rn 9). Bei einer Klausel, die, bezogen auf den Regelfall, nicht gg § 9 verstößt, ist eine Klarstellg zweckmäß, daß sie nicht gilt, wenn ausnw der Verwder die Störg zu vertreten hat; eine solche ausdr Einschränkg ist aber nicht in jedem Fall WirksamkVoraussetzg (BGH NJW **83,** 1492, Celle BB **84,** 808: Schadenspauschale; and aber BGH NJW **83,** 1321: RücktrKlausel).

11 **d)** Enthält die Klausel neben der unwirks auch inhaltl unbedenkl, aus sich heraus verständl sprachl u inhaltl **teilbare** Bestimmgen, bleiben diese auch dann wirks, wenn sie den gleichen Sachkomplex betreffen (BGH **107**, 190, **108**, 12, NJW **98**, 2284, **99**, 1108, stRspr). Voraussetzg für die Zerlegg ist, daß die unwirks Bestimmg einf weggestrichen w kann, sog „blue-pencil test" (BayObLG **97**, 159, LG Brem NJW-RR **89**, 1080). Teilb sind daher die Festlegg von FrLänge u FrBeginn (BGH NJW **88**, 2106, Düss NJW-RR **94**, 1298); die Vollm zur Abgabe u Entggn von WillErkl (BGH NJW **97**, 3437); die Festlegg der VertrLaufzeit u eine Regelg über eine vorzeit VertrLösg gg Zahlg einer Abstandssumme (BGH NJW **93**, 1135); Regelg der Abnahme u Ausschluß der fiktiven Abnahme (BGH NJW **97**, 394); Klauseln über Schönh- u Kleinreparaturen (BayObLG NJW-RR **97**, 1371); Gefahrtraggsregelgen für den Fall der Beschädigg u des Untergangs (BGH NJW **98**, 2284). Ist die Nichteinhaltg von versch AusführgsFr mit VertrStrafe bedroht, liegen trennb Regelgen vor (BGH NJW **99,** 1108). Dagg kann eine zu lange Fr nicht abgekürzt w
12 (BGH NJW **84**, 2817); eine aufeinand abgestimmte FrRegelg ist bei Unangemessenh einer Fr im ganzen unwirks (BayObLG NJW-RR **87**, 1299), ebso die Nachnahmeklausel, wenn sie neben dem AufrAusschluß zugl eine Kostenüberwälzg enthält (BGH NJW **98**, 3119). Ist die Abkürzg der Gewährleistg auf die 2-JahresFr der VOB/B unwirks, besteht auch die Möglichk zur Verlängerg der Verj dch schriftl Mängelanzeige nur innerhalb der 2-JahresFr (Hamm NJW-RR **93**, 718). Soll nach der Klausel eine Abtr Zug-um-Zug gg eine Leistg des Kunden erfolgen, erstreckt sich die Unwirksamk der GgLeistgsPfl auch auf die Abtr (BGH NJW **84**, 2688); dagg soll ein „unwiderrufl" ÜberweisgsAuftr als widerrufl bestehen bleiben können (BGH NJW **84**, 2817). Die unwirks Klausel, die den Mieter zur Entferng von Dübeleinsätzen verpflichtet, kann nicht für solche Dübel aufrechterhalten w, die der Mieter in Überschreitg des vertragsmäß Gebrauchs angebracht hat (BGH NJW **93**, 1062). Die KündRegelg ist nicht desh unwirks, weil die Folgenregelg unangem ist (BGH NJW **88**, 200), der Ausschl der Aufr nicht desh, weil der Ausschl des ZbR gg § 11 Nr 2 verstößt (BGH ZIP **89**, 784), der Haftgsausschluß für einfache Fahrlässigk nicht desh, weil der für

grobe wg § 11 Nr 7 unwirks ist (Sonnenschein NJW **80**, 1720). Verstößt die für beide Part getroffene Regelg nur im Verhältn zum Verwendgsgegner gg das AGBG (Bsp: VertrStrafe), bleibt sie im übrigen gült (Ul/Br/He § 6 Rn 16).

e) Das **Verbot geltungserhaltender Reduktion** (Rn 9) bedarf aus Grden des Vertrauensschutzes einer **Einschränkung.** Klauseln, die die Haftg des Bü od SichgG auf alle ggwärt u künft Verbindlichk des Haupt-Schu ausdehnen, verstoßen nach neuerer Rspr des BGH gg §§ 3 u 9 (BGH **137**, 153, § 9 Rn 72 u 89). Das SichgR wird aber hinsichtl der Verbindlichk aufrechterhalten, die Anlaß zur Übern der Haftg waren, auch wenn eine sprachl Abtrenng dieses Regelgsteils nicht mögl ist (BGH aaO, § 6 Rn 6). Der BGH verweist mit Recht darauf, daß es nicht Sinn des AGBG ist, dem Kunden dch den Wegfall von Klauseln Vorteile zu verschaffen, die den VertrInh völlig einseit zu seinen Gunsten verschieben (BGH aaO). Dieser Ansatz der Rspr sollte zu einem **allgemeinen Rechtsgrundsatz** erweitert werden: Wird eine im Ztpkt der Verwendg dem Stand der Rspr entspr Klausel im Zuge weiterer Perfektionierg der InhKontrolle für unwirks erklärt, muß der angem Teil der Regelg aus Grden des Vertrauensschutzes auch dann aufrechterhalten w, wenn die Klausel sprachl nicht teilb ist (ähnl Staud/Schlosser § 6 Rn 17 a f). Aus Grden des Vertrauenschutzes ist es auch vertretb, Regelgen der ADSp u der AGNB, die teilw gg das AGBG verstoßen, iü aufrechtzuerhalten (BGH **127**, 281, **129**, 327, 349), wenn auch die Begründg des BGH, die ADSp u AGNB seien „fertig bereitliegde ROrdngen", nicht zu überzeugen vermag (Löwe ZIP **95**, 1273, Koller EWiR **95**, 835). 13

f) Salvatorische Klauseln, die der Verwder seinen AGB hinzufügt („SchadErsAnspr sind ausgeschl, soweit dies gesetzl zul ist"), verstoßen gg das VerständlichkGebot des § 2 (dort Rn 14) u ändern an der Totalnichtigk der verbotswidr Klausel nichts (BGH **93**, 48, NJW **91**, 2632, **93**, 1062, **96**, 1408). Eine salvatorische Klausel ist aber unbedenkl, wenn sie vorsorgl einer Regelg hinzugefügt wird, die im Ztpkt der Verwendg dem Stand der Judikatur entspr (Rn 13). Der beim Verkauf gebrauchter Sachen grdsl zul völl GewLAusschluß ist daher auch dann wirks, wenn er dch einen einschränkden Zusatz („soweit der Verkäufer nicht gesetzl zwingd haftet od etwas and vereinbart ist") ergänzt w (BGH NJW **93**, 658). 14

g) Die Verwendg von unzul Klauseln begründet gem § 13 einen **Unterlassungsanspruch.** Sie verstößt zugl gg die bei VertrVerhandlgen bestehde Pfl zur ggs Rücksichtn u Loyalität; u verpflichtet daher nach den Grds über c. i. c. zum **Schadensersatz** (BGH NJW **84**, 2816, **94**, 2754, § 276 Rn 77). Der SchadErsAnspr tritt (abgesehen vom Fall des § 6 III) neben den ErfAnspr. Er kann auf Ers von RBeratgskosten od auf RückFdg von Leistgen aGrd unwirks Klauseln gerichtet sein (dann Konkurrenz mit Anspr aus § 812). 15

4) Verhältnis zu anderen Vorschriften. – a) Wie die eigenständ Regelg der UnwirksamkFolgen in § 6 zeigt, enthalten die §§ 9 ff keine ges Verbote iSv **§ 134.** Verstößt eine Klausel zugl gg § 134, bestehen beide UnwirksamkGrde nebeneinand (s BGH **87**, 197), prakt w aber der Prüfg nach § 134 der Vorrang einzuräumen sein. – **b)** Die WirksamkSchranke des **§ 138** liegt erhebl höher als die des § 9 (BGH ZIP **96**, 961). Sittenwidrigk erfordert eine grobe Interessenverletzg von erhebl Stärke (BGH aaO, Wo/Ho/Li § 9 Rn 16) u idR subj Vorwerfbark (§ 138 Rn 8). Dagg setzt § 9 obj (nur) eine gg Treu u Glauben verstoßde unangem Benachteiligg voraus u hat kein subj Tatbestdsmerkmal. § 9 ist im Rahmen seines Schutzzwecks ggü § 138 *lex specialis* (aA Ul/Br/He § 9 Rn 32). Eine Anwendg des § 138 kommt idR nur in Betr, wenn die IndVereinbg sittenw ist, ferner dann, wenn die AGB nicht wg Benachteiligg des Kunden, sond aus sonst Grden (Benachteiligg Dr, § 9 Rn 7, Förderg der Unzucht) anstöß ist (MüKo/Kötz Rn 7). Bei einem MißVerh von Leistg u GgLeistg kann aber die Verwendg von unangem AGB den Ausschlag für eine Bejahg des § 138 I geben (BGH **80**, 171, NJW **83**, 160). – **c)** Auch ggü **§ 242** sind die §§ 9 ff die spezielleren Vorschr. Sie legen ggü § 242 abschließd fest, unter welchen Voraussetzgen AGB unwirks sind. Für die Frage, ob die Berufg auf eine gült Klausel wg der EinzelfallUmst gg Treu u Glauben verstößt (**„Ausübungskontrolle"**), ist dagg weiter § 242 die maßgebde Norm (BGH **105**, 88, NJW-RR **86**, 272), insbes dann, wenn der Verwder sich auf die Unwirksamk einer Klausel beruft, die sich im Einzelfall zG des Kunden auswirkt (Bernuth BB **99**, 1284 zu BGH NJW-RR **98**, 594). Außerdem bleibt § 242 in den RGebieten Grdl der richterl InhKontrolle von formularmäß Klauseln, für die das AGBG gem § 23 I nicht gilt. – **d)** Die InhKontrolle setzt voraus, daß die AGB VertrBestandt gew sind. Scheitert die Einbez bereits an **AGBG 2, 3 oder 4,** sind die §§ 9 ff daher unanwendb. Der Ri kann jedoch die Frage der Einbez offen lassen u die Klausel gem §§ 9 ff für unwirks erklären. – **e)** Vor Prüfg der Unwirksamk gem §§ 9 ff muß der Inhalt der Klausel dch **Auslegung** (§ 157) ermittelt w. Ergibt diese, daß eine Klausel entgg dem ersten Anschein keine unangem Benachteiligg enthält, sind die §§ 9 ff unanwendb. Doch dürfen Klauseln, die nach ihrem Wortlaut u Zweck unzul sind, nicht dch Auslegg so weit gemildert w, daß sie gerade noch tragb sind (§§ 4, 5 Rn 11). – **f)** Bei argl Täuschg über den Inh der AGB w das **Anfechtungsrecht** (§ 123) dch die Sonderregeln der §§ 9 ff nicht berührt (s Laas JZ **97**, 67). Anf kann auf die EinbezVereinbg beschr w (vgl zur TeilAnf § 142 Rn 1) u läßt dann gem § 6 den Vertr iü bestehen. Hat sich der Kunde über die Einbez od den Inh der AGB geirrt, kann er gem § 119 anfechten (Loewenheim AcP **180**, 433, aA E. Schmidt JuS **87**, 932), muß jedoch iF des Irrt über den Inh der AGB nachweisen, daß er insow best Vorstellgen hatte (§ 119 Rn 9). Das AnfR des Verwders wg versehentl Nichteinbeziehg seiner AGB w dagg dch den Zweck der §§ 2 u 6 ausgeschl (aA Loewenheim aaO). 16 17 18 19 20

5) Kontrolle durch Verwaltungsbehörden. – a) Einige AGB bedürfen einer **Genehmigung** dch eine VerwBeh, so etwa AGB der Bausparkassen, KapitalanlageGesellsch, HypBanken u Schiffspfandbriefbanken (§ 16 Rn 1), Bdggen gemeinnütz WoBauUntern (BGH NJW **83**, 1324, WoGemeinnützigkG 7), u Bdggen des FluglinienVerk (LuftVG). Prüfgsmaßstab für diese GenVerf ist auch das AGBG (BVerwG NJW **98**, 3216). Die Erteilg od Nichterteilg der Gen ist aber privatrechtl unerhebl. Auch nicht genehmigte AGB können wirks in einen Vertr einbezogen w; umgekehrt können die ZivilGer Klauseln in genehmigten AGB als unwirks beanstanden (allgM, *arg* § 16). – **b) Konditionenkartelle** (GWB 2) u **Konditionenempfehlungen** (GWB 22 II Nr 2) unterliegen keiner GenPfl, sind aber der KartellBeh zu melden, die iF des Mißbrauchs einschreiten kann (GWB 12, 22 VI). Kontrollmaßstab ist das AGBG in der Auslegg dch die höchstrichterl Rspr. Ist die RFrage noch nicht obergerichtl geklärt, entfällt aber ein mißbräuchl Verhalten, wenn sich die Empfehlg auf seriöse, interessenmäß nicht gebundene Ans im Schriftt stützen kann. Läßt die KartellBeh die AGB unbeanstandet, so ist das für die richterl InhKontrolle nicht einmal ein Indiz für die Vereinbark der AGB mit 21 22 dem AGBG (Hamm ZIP **80**, 1102, Ul/Br/He Rn 43, str). Seit der Aufhebg der GenPfl unterliegen AVB nach VAG 81 einer MißbrAufs, die sich auf Verstöße gg das AGBG erstreckt (BVerwG NJW **98**, 3216, Hoffmann, VerbrSchutz im dtschen PrivVersR, 1998, S 247).

AGBG 8 ***Schranken der Inhaltskontrolle.*** **Die §§ 9 bis 11 gelten nur für Bestimmungen in Allgemeinen Geschäftsbedingungen, durch die von Rechtsvorschriften abweichende oder diese ergänzende Regelungen vereinbart werden.**

1 **1) Allgemeines.** – **a)** AGB, die den LeistgsInh od das zu zahlde Entgelt festlegen, müssen von einer Anwendg der §§ 9 ff ausgenommen w, da das AGBG eine gerichtl Kontrolle von Leistgsangeboten u Preisen nicht ermöglichen will u (aus verfassgsrechtl Grden) wohl auch nicht darf. Die richterl Kontr von AGB muß außerdem dort ihre Grenze finden, wo AGB ledigl den Inh der einschläg gesetzl Vorschr wiederholen. § 8 beschr die InhKontr daher auf Klauseln, die von RVorschr abweichen od diese ergänzde Regelgen enthalten. Bei Klauseln, die der InhKontrolle entzogen sind, bleibt dem Kunden jedoch der Schutz der §§ 3 u 4. Auch der Schutz des § 2 wird dch § 8 nicht eingeschränkt. Verstöße gg das **Transparenzgebot** (§ 9 Rn 15) begründen auch bei Klauseln, die das Preis/Leistgsverhältn betreffen, Unwirksamk, da § 8 nach seinem Zweck nur die AngemessenhKontrolle, nicht aber eine Verständlichk- u Transparenzprüfg ausschließt (Celle NJW-RR **95**, 1133, Wo/Ho/Li § 9 AGBG Rn 143 u wohl auch BGH **106**, 46, NJW **99**, 2276). Zu dieser Auslegg zwingt bei VerbrVertr auch Art 4 II der EG-RiL 93/13, wonach Leistgsbeschreibgen u PrKlauseln stets klar u verständl abgefaßt sein müssen. Das UmsetzgsG hat diese Regelg zwar nicht ausdr übernommen, sie ist aber
1 a iW richtlinienkonformer Auslegg zu berücksichtigen (§ 24 a Rn 23). – **b)** Die EG-RiL 93/13 enthält in Art 4 II eine ParallelVorschr zu § 8. Es ist überwiegd wahrscheinl, daß diese Vorschr den Bereich der kontrollfäh Klauseln ggü der dtschen GerPraxis *nicht* ausweitet. Dch Vorlage an den **EuGH** sollte aber geklärt w, ob die Pfl zur richtlinienkonformen Auslegg zur Änderg der bisherigen Rspr zwingt (Ulmer BB **98**, 1864, Brandner MDR **99**, 6 gg BGH NJW-RR **98**, 1661, vgl auch niederländ Hoge Raad EuZP **99**, 732).

2 **2) Fallgruppen.** Der InhKontr entzogen sind: – **a) Leistungsbeschreibungen,** die den Ggst der Hauptleistg unmittelb festlegen (BGH **100**, 173, NJW **93**, 2369). – **aa)** Beispiele sind Baubeschreibgen, Kataloge, Prospekte, VOB/C, DIN- u and techn Normen, ZuteilgsBdggen der Bausparkasse, Festlegg des Umfangs der WartgsLeistg (Mü BB **90**, Beil 10 S 9), Recht des Krankenhausträgers, eine Wahlleistg abzulehnen (BGH NJW **90**, 762). **Garantieregelungen,** dch die der Verwder Pflten übernimmt, die über das disposit Recht hinausgehen, unterliegen grdsl nicht der InhKontrolle (Nürnbg NJW **97**, 2186); sie sind aber kontrollfäh, wenn sie den Eindruck erwecken, unabhäng von der Garantie bestehde vertragl Rechte des Verwendgsgegners würden eingeschränkt (BGH **104**, 82) od soweit sie Beschränkgen des Garantieumfangs vorsehen, die mit den berecht Erwartgen des Verbrauchers unvereinb sind (BGH NJW-RR **91**, 1013). Nach § 9 II Nr 2 gilt allg, daß Klauseln der InhKontrolle unterliegen, wenn sie das eigentl HauptleistgsVerspr einschränken, verändern od aushöhlen (BGH **100**, 173). Kontrollfäh sind auch **Laufzeitregelungen** (BGH **127**, 41, NJW **97**, 1849), sowie SichgZweckErkl bei Bürgsch (BGH **130**, 31, **132**, 9 gg die fr Rspr) u bei SchuldMitÜbern (BGH NJW
3 **96**, 249), nicht aber bei GrdSch (BGH NJW **97**, 2677, Schmitz-Valckenberg DNotZ **98**, 581). – **bb) AVB. Risikobeschreibungen** sind nicht kontrollfäh, soweit sie den Typ des VersVertr konstituieren u den Kernbereich des versicherten Risikos festlegen (Hbg VersR **98**, 627, Kieninger VersR **98**, 1071). Sie unterliegen dagg der InhKontrolle, wenn sie das DeckgsVersprechen einschränken, verändern, ausgestalten od modifizieren (BGH **120**, 223, **127**, 35/41, NJW **99**, 2279). Das trifft zu in der KrankenVers für die WissenschKlausel (BGH **123**, 83), in der ReisekrankenVers für den Deckgsausschluß für „akut behandlgsbedürftige" Krankh (BGH NJW **93**, 1134), in der privaten ArbLosenVers für die Abgrenzg des Begriffs „unfreiwillige ArbLosigk" (BGH NJW **99**, 2279) u in der TransportVers für die DTV-Maschinenklausel (BGH **120**, 223).

4 **b) Preisvereinbarungen** unterliegen nicht der InhKontrolle, soweit sie Art und Umfang der Vergütg **unmittelbar** regeln (BGH **106**, 46, **116**, 119, NJW **99**, 864). Der InhKontrolle unterworfen sind dagg Abreden, vom BGH fr PrNebenabreden genannt, die sich zwar mittelb auf den Preis auswirken, an deren Stelle aber, wenn eine wirks vertragl Regelg fehlt, disposit GesR treten kann (BGH **106**, 46, **124**, 256). Die von der Lit (vgl vor allem Canaris WM **96**, 237, Meder NJW **96**, 1849, Joost ZIP **96**, 1685, Horn WM **97**, Sonderbeil 1, and Krüger WM **99**, 1402) wg zu weiter Ausdehng der InhKontrolle kritisierten Ergebn der
5 BGH-Rspr lassen sich wie folgt systematisieren: – **aa)** Als kontrollfäh **Preisnebenabreden** hat die Rspr anerkannt: FälligkKlauseln (BGH **81**, 242), Vorleistgsklauseln (Düss NJW-RR **95**, 1015), Wertstellgsklauseln (BGB **106**, 263), Tilgsverrechngsklauseln (BGH **106**, 46), Klauseln über Zusatzboni (BGH NJW **94**, 1064) od Rabatte (Kblz DB **88**, 1692), Überwälzg von Reparaturkosten auf den Mieter (BGH **108**, 4), PrBerechngsklauseln, wonach Zahlgen nach Maßg eines fiktiven Verbrauchs zu leisten sind (BGH **93**, 358), PrÄndergsklauseln (BGH **93**, 255, NJW **94**, 1062, *arg* § 11 Nr 1), Klauseln über die Bestimmg des Entgelts dch eine VertrPart od Dr (BGH **81**, 236, **82**, 26, Stgt NJW **80**, 1584), Klauseln über VerzZinsen (*arg* § 11 Nr 5) u über die Verzinsg von RückzahlgsAnspr (BGH NJW **93**, 1129 läßt offen). – **bb)** Besteht eine **gesetzliche Vergütungsregelung** (zB HOAI, GOÄ, BRAO) unterliegen ausnahmsw auch Abreden, die unmittelb die Höhe der
5 a Vergütg festlegen, der InhKontrolle (BGH **81**, 232, **115**, 395, NJW **98**, 1786/1789, 3567). – **cc)** Klauseln, die **Entgelte für Neben- und Zusatzleistungen** regeln, sind grdsl **kontrollfrei**. Dies gilt etwa für die Festsetzg von Entgelten für die Anfahrt (BGH **116**, 119), die Gestellg eines Gerätewagens (BGH NJW-RR **93**, 431), bei einem Bauvorhaben für den Verbrauch von Strom u Wasser (BGH BB **99**, 2052), den Abschluß eines VertriebsVertr (BGH NJW-RR **93**, 375), die Inanspruchn der Geldausgabeautomaten der Banken (BGH NJW **96**, 2032), den AuslEinsatz einer Kreditkarte (BGH **137**, 27), das Ausstellen eines neuen Sparbuchs (BGH NJW-RR **98**, 1661), die Klärg von Kontenbeweggen (LG Flensbg WM **98**, 1721), die Festsetzg einer Wildschadenspauschale im Vertr über die Erteilg einer JagdErlaubn (BGH NJW **99**, 125), die Einbeziehg des Aufn- u Entlassgstags in einen Pflegekostentarif (BGH NJW **99**, 864). In **drei Fallgruppen**
5 b unterliegen Zusatzentgelte aber der **Inhaltskontrolle:** – **(1)** Kontrollfäh sind Klauseln, die EntgeltsPflten in Abweichung von **gesetzlichen Regelungen** od von **Grundgedanken des dispositiven Rechts** begrün-

den, so die Klausel, daß für die Erteilg einer Löschgsbewilligg (BGH **114**, 333, Abweichg von § 369) od für Ein- u Auszahlgen am Bankschalter (BGH **124**, 254, Abweichg von § 362) ein Entgelt zu zahlen ist. Postenpreisklauseln für Girokonten, die auch für Ein- u Auszahlgen am Bankschalter gelten, unterliegen gleichf der InhKontrolle (BGH **133**, 10), ebso Entgeltsfestsetzgen für die Bearbeitg von FreistellgsAuftr u von Pfändgs- u ÜberweisgsBeschl, da sie Aufwendgen für eine Leistg abwälzen, die die Bank in Erf eig gesetzl Pflten zu erbringen hat (BGH **136**, 261, NJW **99**, 2276, Marbg BB **99**, 1190). Wird die Einlösg von Schecks, die Ausführg von Überweisgen, DauerAuftr od LastschriftAuftr abgelehnt, handelt die Bank ausschließl im eig Interesse; eine solche Tätigk kann nach den Grds des GeschBesorggsR nicht Grdl einer Entgeltsfestsetzg sein (BGH NJW **98**, 308, 456), bei schuldh fehlder Deckg aber einer SchadErsPfl. **(2)** Kontrollfäh sind Klauseln, 5 c
die eine gg den **Inhalt des Vertrages** verstoßde EntgeltsPfl begründen, etwa die Verpfl zur Zahlg von Erschließgskosten neben einem FestPr (BGH NJW **84**, 171). Ob Entgeltsfestsetzgen für Nebenleistgen der Kreditinstitute der InhKontrolle unterliegen, hängt daher, soweit Rn 5 b nicht einschläg ist, davon ab, ob die Nebenleistg nach dem VertrInh dch die Grundgebühr mitabgegolten ist od nicht. Diese Auslegg führt idR zu dem Ergebn, daß der VertrInh die Festsetzg von Zusatzentgelten nicht ausschließt (Rn 5 a). **(3)** Wird für eine 5 d
Zusatzleistg, die der Kunde möglw in Zukunft in Anspr nimmt, **antizipiert** ein Entgelt festgesetzt, so soll diese Festsetzg nach fr, inzw aber wohl überholter Rspr kontrollfäh sein, so etwa Klauseln über Stundgszinsen u -gebühren (BGH **95**, 370) u Vergütgsregelgen für Überziehgskredite (BGH **118**, 127).

c) Mit normativen Regelungen übereinstimmende AGB („deklaratorische Klauseln") unterliegen 6
nicht der InhKontrolle (BGH NJW **91**, 1754), so etwa AVB der LebensVers, die mit Vorschr des VVG übereinstimmen (LG Hbg u Stgt VersR **98**, 877, 1406). Die InhKontrolle wäre leerlaufd, weil an die Stelle der unwirks Klausel gem § 6 die inhaltsgleichen gesetzl Vorschr treten würden. Soweit der Verwder im Rahmen seiner Abschlußfreih ohne Verletzg des Diskriminiergsverbots best Abnehmer von seinen Leistgen ausschließt, findet keine InhKontrolle statt (BGH NJW **90**, 762). Zul ist die InhKontrolle, wenn die korrespondierde gesetzl Vorschr unwirks ist (BGH NJW **88**, 2951). – **aa) Rechtsvorschriften** iSd § 8 sind 7
alle Ges im mat Sinne, also auch VO u Satzgen. Erfaßt werden auch ungeschriebene RGrds u RichterR (BGH **121**, 18). Auch eine ministerielle ArbAnweisg, die die Funktion einer VO hat, kann iSd § 8 einer RVorschr gleichstehen (BGH VIZ **99**, 237, Anweisg zu DM-BilanzG 16 II). – **bb)** Ein **Abweichen** liegt vor, wenn der Regelgsgehalt der AGB mit dem Inh der einschläg RVorschr nicht übereinstimmt (Zoller BB **87**, 421). Werden dch AGB die für einen and VertrTyp od eine and Fallgestaltg geltden gesetzl Vorschr für anwendb erklärt, so besteht keine Regelgsidentität. Bsp: Sachmängelhaftg nach KaufR bei WkVertr (BGH **65**, 359), Anwendg des § 367 auf *pro rata* mitgeteilgte Kreditgebühren (BGH **91**, 57). Klauseln in EinkaufsBdggen, die den EigtVorbeh ausschließen, betreffen eine Frage, die das Ges der privatautonomen Gestaltg überläßt, für sie gelten daher die §§ 9 ff (BGH **78**, 307). – **cc) Rechtsergänzende** AGB liegen vor, 8
wenn der Verwder die in gesetzl Vorschr (Bsp: VVG 6, 40 II 3, 89 II, 174 IV, 176 IV, aber auch §§ 276 II, 278 S 2, HypBkG 20 II) eröffneten Gestaltgsmöglichk nutzt. Sie werden nach Wortlaut u Sinn des § 8 nicht von der InhKontrolle ausgenommen (BGH **100**, 179, **106**, 45, vgl aber § 9 Rn 21). Auch Regelgen über die VertrDauer unterliegen daher der InhKontrolle (Rn 2). Die InhKontrolle ist aber ausgeschlossen, wenn die zGrde liegde gesetzl Vorschr nach ihrem Sinn u Zweck als **Erlaubnisnorm** gewertet w muß (Wo/Ho/Li Rn 27). Das trifft zu auf die Haftgsregelgen in BRAO 51 a, StBerG 67 a u WPO 54 a, die auch mit der EG-Richtlinie 93/13 vereinbar sind (Reiff AnwBl **97**, 3, Stobbe AnwBl **97**, 16, in der Tendenz wohl auch BGH NJW **98**, 1864, 1866, aber wohl nicht für HGB 449 II 2 Nr. 1 (Ramming VersR **99**, 1177/1184).

AGBG 9 *Generalklausel.*

I Bestimmungen in Allgemeinen Geschäftsbedingungen sind unwirksam, wenn sie den Vertragspartner des Verwenders entgegen den Geboten von Treu und Glauben unangemessen benachteiligen.

II Eine unangemessene Benachteiligung ist im Zweifel anzunehmen, wenn eine Bestimmung

1. mit wesentlichen Grundgedanken der gesetzlichen Regelung, von der abgewichen wird, nicht zu vereinbaren ist, oder

2. wesentliche Rechte oder Pflichten, die sich aus der Natur des Vertrages ergeben, so einschränkt, daß die Erreichung des Vertragszwecks gefährdet ist.

1) Allgemeines. Vgl zunächst Vorbem v § 8. – **a)** Die **Generalklausel** des § 9 I legt den grundlegden 1
Wertmaßstab für die richterl InhKontrolle von AGB fest. § 9 II versucht, die Generalklausel zu **konkretisieren,** indem er typ rechtl Kriterien angibt, die idR die Unwirksamk der Klausel begründen. Er bringt aber im Ergebn keinen großen Gewinn an inhaltl Bestimmth, da seine beiden Tatbestd wenig klare Konturen haben (Rn 17 u 25). Auch die Klauselverbote der §§ 10 u 11 sind Konkretisiergen des § 9, wobei einz Verbote an § 9 II, and unmittelb an § 9 I anknüpfen. Sie haben einen höheren BestimmthGrad u sind ggü § 9 verselbständigt. Ein Verstoß gg §§ 10 od 11 macht die Klausel auch dann unwirks, wenn die Voraussetzgen des § 9 nicht erfüllt sind (BayObLG BB **80**, 285). Rtechnisch ist § 9 **Auffangtatbestand,** der erst nach den §§ 10 u 11 zu prüfen ist (Vorbem 1 v § 8). Stellt man auf Wertgsgesichtspunkte u die Bedeutg für die Praxis ab, ist § 9 dagg das **Kernstück des AGBG.** Das Schwergewicht der Entscheidgspraxis liegt bei dieser Vorschr; von den zum AGBG veröffentlichten Entsch behandeln mehr als 2/3 Probleme des § 9. Fällt eine Klausel in den Regelgsbereich der **§§ 10 od 11,** u ist sie nach diesen Vorschr nicht zu beanstanden, kann sie aus bes, von den Verboten der §§ 10 u 11 nicht erfaßten Grden nach § 9 unwirks sein; die InhKontrolle nach der Generalklausel darf aber nicht zu einer Umgehg der in §§ 10 u 11 zum Ausdr kommden Regelgsabsicht des Ges führen (BGH NJW **97**, 739). Vgl zu § 11 Nr 1 BGH **82**, 23, NJW **80**, 2518, zu § 11 Nr 7 Ul/Br/He Rn 150, zu § 11 Nr 12 BGH **120**, 114 u NJW **97**, 739. – **b) Maßgebender Beurteilungszeitpunkt.** Bei 2
der Beurteilg, ob eine Klausel gg § 9 verstößt, ist, ebso wie bei Prüfg der Sittenwidrigk (§ 138 Rn 9), auf die Verhältn im Ztpkt des VertrSchlusses abzustellen (Medicus NJW **95**, 2580). Das ist im Art 4 I der EG-RiL 93/13 für VerbrVertr ausdr festgelegt, gilt aber allg. Eine nachträgl Änderg tats Umst kann die Anwendg des § 242 rechtf (Einwand des RMißbr, Wegfall der GeschGrdl), sie kann aber nicht dazu führen, die Klausel gem

§ 9 für unwirks zu erklären. Auch ein Bewertgswandel kann eine nach den zZ des VertrSchlusses geltden Maßstäben wirks Klausel nicht nachträgl unwirks machen (Medicus aaO, BGH **132**, 12 läßt offen). Handelt es sich nicht um eine grdlegde Änderg der Bewertgsmaßst, sond nur um seine weitere Perfektionierg der Kontrolle, gelten die neuen Grds dagg auch für fr abgeschlossene Vertr (s BGH NJW **83**, 2692, NJW **98**, 3708, BVerfG NJW **84**, 2345). Die unwirks Klausel fällt aber nicht ersatzlos weg, sond wird, soweit sie mit
3 § 9 vereinb ist, aufrechterhalten (Vorb 13 v § 8). – **c) Gegenstand der Inhaltskontrolle** ist der ggf dch Auslegg zu ermittelnde obj Inh der Klausel. Eine unangem Klausel kann nicht deshalb aufrechterhalten w, weil der Verwder von ihr nur in dem Umfang Gebrauch machen will, der rechtl unbedenkl wäre (BGH **82**,
4 182, NJW **83**, 161). – **d) Genereller Prüfungsmaßstab.** Auszugehen ist von einer überindividuellen – generalisierden Betrachtg (BGH **22**, 80, **105**, 31, **110**, 244, NJW **96**, 2156, Wo/Ho/Li Rn 51). Das gilt sicher für den VerbandsProz, ist aber auch im IndProz nicht and. Da der rechtfertigde Grd der InhKontrolle ihr (das dispositive Recht verdrängder) abstrakt-genereller Charakter ist, muß auch ihr Maßstab grdsl überindividuell ausgerichtet sein. Abzuwägen sind die Interessen des Verwders ggü den der typw beteiligten Kunden. Werden AGB ggü versch Kundenkreisen verwandt, kann die rechtl Bewertg unterschiedl ausfallen. So kann etwa eine Klausel, die im kaufm Verk unbedenkl ist, bei einem Vertr mit einem Verbraucher gg § 9 verstoßen (Rn 8). Bei **Verbraucherverträgen** sind aGrd von § 24a auch konkret individuelle Umst bei der InhKontrolle
5 mitzuberücksichtigen (§ 24a Rn 15). – **e)** Ob eine Klausel gg § 9 verstößt, ist eine **revisible** RFrage, keine Tatfrage (Ul/Br/He Rn 56). Die **Beweislast** spielt in der Praxis der InhKontrolle eine untergeordnete Rolle, da idR allein rechtl Wertgen, nicht aber tatsächl Umst str sind (BGH NJW **85**, 2587). Ist sie ausnw doch relevant, gelten die allg Grds: Wer geltd macht, eine Klausel sei gem § 9 I unwirks, trägt dafür die BewLast (BGH NJW **96**, 388). In den Fällen des § 9 II wird dagg die unangem Benachteiligg vermutet („iZw"). Wer sich auf diese Vermutg beruft, muß deren Voraussetzgen beweisen; alsdann ist es Sache des and (idR des Verwders), die Vermutg zu entkräften (Ul/Br/He Rn 162).

6 **2) Verbot unangemessener Benachteiligung (I).** – **a)** Die EG-RiL 93/13 hat für den Maßstab der InhKontrolle eine in der Formulierg, aber kaum in der Sache abweichde Generalklausel gewählt. Nach Art 3 I RiL ist eine VertrKlausel mißbräuchl, wenn sie entgg dem Gebot von Treu u Glauben zum Nachteil des Verbrauchers ein erhebl u ungerechtfertigtes Mißverhältn der vertragl Rechte u Pflten verursacht. Diese Regelg muß als **europarechtliche Grundlage** des § 9 bei seiner Anwendg auf VerbrVertr mitberücksichtigt
7 werden (§ 24a Rn 18). – **b) Unangemessene Benachteiligung.** Auszugehen ist von den Vorschr des dispositiven Rechts, die ohne die Klausel gelten würden (BGH NJW **94**, 1070). Eine nach Treu u Glauben unangem Benachteiligg setzt voraus, daß die Abweichg vom dispositiven Recht **Nachteile von einigem Gewicht** begründet (Hamm NJW **81**, 1050). Die unangem Benachteiligg wird aber nicht dadch ausgeschl, daß die zu beanstandende Gebührenregelg den einzelnen Kunden nicht sehr erhebl belastet (BGH NJW **94**, 318). Dabei ist im VerbandsProz auch zu berücksichtigen, daß dieses nicht dem Schutz des einzelnen Kunden, sond des RVerk dient (BGH aaO). – **c)** § 9 bezweckt den **Schutz des Vertragspartners** („Kunden"), zugl aber auch den etwaigen RNachfolger (BGH NJW **90**, 2686, aA Dörner NJW **91**, 409). Dagg ist eine InhKontrolle zG des Verwders unzul (BGH NJW **87**, 837, **98**, 2280). Auch die Benachteiligg Dr erfüllt die Voraussetzgen des § 9 nicht (BGH NJW **82**, 180, Naumbg NJW-RR **98**, 1585, hM, aA Habersack VertrFreih u Drittinteressen, 1992), es sei denn, daß sie mittelb auch den Kunden trifft (Verhinderg weiterer KreditAufn, Ausschl der Schutzwirkg zum Nachteil von Nahestehden). Der Begünstigte kann dagg ein vom Verwder versch Dr sein (BGH **104**, 93, NJW **84**, 2816).

8 **d)** Auch eine erhebl Benachteiligg ist zul, sofern sie nicht **unangemessen** ist. Zur Beurteilg bedarf es einer umfassden Würdigg, in die die Interessen beider Part u die Anschauungen der beteil VerkKreise einzubeziehen sind. Auszugehen ist von Ggst, Zweck u **Eigenart des Vertrages** (BGH NJW **86**, 2102, NJW **87**, 2576). Die zu überprüfde Klausel ist vor dem HinterGrd des ges Vertr auszulegen u zu bewerten (BGH **106**, 263, **136**, 27/30). Unterschiedl Fallgestaltgen (gebrauchte/nicht gebrauchte Sachen; renovierte/nicht renovierte Wo) u unterschiedl Kundenkreis (Verbraucher/Untern) können bei gleichem Klauseltext zu unterschiedl Ergebn führen (BGH aaO). Die Unwirksamk kann sich auf best GeschTypen od die Verwendg der AGB ggü Verbrauchern beschränken (BGH **110**, 244, Ul/Br/He Rn 52). Zu berücksichtigen sind auch Rationalisiergsinteressen des Verwders u sein Interesse an einer Vereinfachg von ArbAbläufen (BGH NJW **81**, 118, **96**, 988), wenn diese auch ggü höherrang Interessen des Kunden zurücktreten müssen (BGH NJW **93**, 2444). Ein zu berücksichtigder Umst kann auch darin liegen, daß der Verwder kollektive GesInteressen wahrzunehmen hat (Wo/Ho/Li Rn 110, aA MüKo/Kötz Rn 11), etwa als Versicherer, Bausparkasse od VersorggsUntern (BGH **64**, 355). Soweit es sich um versicherb Schäden handelt, kann der Verwder eine Freizeichng aber grdsl nicht
9 mit dem Interesse seiner Kunden an einem niedrigen Preisniveau rechtf (Rn 13). – **e)** Bei der Angemessenh-Prüfg ist der **gesamte Vertragsinhalt** einschließl der IndVereinbg zu berücksichtigen (BGH **106**, 263, **116**, 4, NJW **93**, 532). Die Benachteiligg dch eine für sich allein gesehen noch hinnehmb Klausel kann dch eine and derart verstärkt w, daß beide unwirks sind (BGH NJW **83**, 160, **95**, 254). Umgekehrt können die dch eine Klausel begründeten Nachteile dch Vorteile and VertrBestimmgen **ausgeglichen** werden. Dabei ist jedoch zu
10 unterscheiden: – **aa)** Eine Kompensation von Vor- u Nachteilen ist grdsl nur dann zul, wenn es sich um sachl **zusammengehörende Regelungen** handelt, die zueinander in einem WechselVerhältn stehen (Ul/Br/He Rn 81, Staud/Coester Rn 91, in der Sache ebso BGH **82**, 240, **101**, 366, NJW **91**, 1888). Diese Wechselbeziehg ist gegeben bei einer umfassden SortimentsPfl einerseits u einem RemissionsR ands (BGH aaO), bei einem PrErhöhgsR einerseits u einem RücktrR ands (BGH **90**, 78, bei Vereinbg der Kostenmiete u der Regelg der SchönhReparaturen (BayObLG NJW-RR **87**, 1300). Dagg kann die Unangemessenh einer Freizeichngsklausel nicht etwa dch eine kurze AusschlFr für den VergütgsAnspr des Verwders gerechtf werden.
11 – **bb)** Besonders liegt es bei **kollektiv ausgehandelten,** von den beteiligten Kreisen als ausgewogen anerkannten AGB, wie die VOB u die ADSp (BGH **86**, 141, **127**, 281). Hier ist, wenn die kollektiv ausgehandelten AGB als Ganzes ohne ins Gewicht fallende Ändergen einbezogen worden sind (Rn 140), auf eine Gesamtbilanz der beiderseit Interessen abzustellen; die Nachteile einer Einzelklausel können dch die Vorteile and nicht kongruenter VertrBestimmgen kompensiert w (BGH **86**, 141, Staud/Coester Rn 91). Dieses Privileg gilt aber nur für die Prüfg gem § 9, nicht für die Verbote der §§ 10f. Es setzt Aushandeln u allg Anerkenng voraus; eine

bloße Beteiligg der MarktGgSeite genügt nicht (BGH **100**, 314 zu den KfzReparaturBdggen, BGH **113**, 57 zu den BVB). – **cc)** Bei **Verbraucherverträgen** sind nach § 24a Nr 3 auch die „den VertrSchl begleitden Umst" zu berücksichtigen (§ 24a Rn 15). Im Anwendgsbereich von § 24a gilt auch wohl der Grds, daß formularmäß Regelgen die Vertrpart grdsl **gleichbehandeln** müssen (§ 24a Rn 25).

f) Obwohl § 9 die **Verkehrssitte** nicht ausdr erwähnt, ist auch sie im Rahmen der InteressenAbwägg zu 12
berücksichtigen (BGH **92**, 368, **108**, 6, NJW **87**, 2576). Eine mißbräuchl VerkÜbg schließt aber die Unangemessenh nicht aus (BGH **91**, 319, **106**, 267, Hamm NJW-RR **90**, 570). Soweit **Standesrichtlinien** SchutzVorschr zG von Mandanten enthalten, sind sie idR als rechtl Minimum des Drittschutzes zu werten. Haftgsbeschränkgen, die im Widerspr zu den einschlägigen Standesrichtlinien stehen, sind daher gem § 9 I unwirks (Hbg NJW **68**, 303, v Hoyningen-Huene Rn 197). – **g) Preisargument.** Die geringe Höhe des Entgelts ist 13
grdsl keine Rechtfertigg für unangem AGB (BGH **22**, 98, **77**, 131, **120**, 226, Mü NJW-RR **93**, 737). Das Preisargument verdient schon deshalb keine Anerkenng, weil der angem Preis nicht feststellb u der angebl PreisVort idR nicht zu quantifizieren ist. Außerdem stehen die dem einz Kunden drohden Nachteile dchweg außer Verhältn zu dem geringfüg PreisVort. Auf dem Gebiet der Elektrizitätsversorgg darf das Preisargument aber bei der Beurteilg der Angemessenh von Freizeichngen berücksichtigt w (BGH NJW **98**, 1640, 1644). Bes liegt es in den Fällen der **Tarifwahl,** in denen der Kunde zw billigem Preis bei reduzierter Haftg u einem höheren Preis bei voller Haftg od vollem Versichergsschutz wählen kann. Eine derartige VertrGestaltg ist mit § 9 vereinb, wenn die Alternative mit voller Haftg wirks angeboten w u nicht übermäß verteuert ist (BGH **77**, 134, Staud/Coester Rn 97). – **h) Versicherbarkeit.** Bei der AngemessenhPrüfg von Haftgsregelgen ist 14
von wesentl Bedeutg, ob das Risiko besser vom Verwder oder vom Kunden unter VersSchutz gebracht werden kann (BGH **103**, 326, **114**, 246, Sieg BB **93**, 149). Kann der Verwder das Risiko dch Abschluß einer HaftPflVers abdecken u besteht beim Kunden üblicherw kein VersSchutz, ist die Freizeichng idR unangem (Rn 43). Umgekehrt kann eine Freizeichng von Vermögensschäden, die typw beim Kunden unter VersSchutz stehen, nicht zu beanstanden sein (Rn 43).

i) Transparenzgebot. Eine unangem Benachteiligg kann sich auch aus der Unklarh od Undurchschau- 15
bark der Regelg ergeben (BGH **104**, 92, **106**, 47, 264, **108**, 57, **115**, 185, BVerwG NJW **98**, 3708, BAG NJW **94**, 213). Trotz krit u ablehnder Stimmen in der Lit (52. Aufl) ist das Transparenzgebot ein tragdes Prinzip des AGBG u der EG-RiL 93/13 (§ 24a Rn 22). Es findet im AGBG im § 2 I Nr 2 (dort Rn 14), im § 3, in der UnklarhRegel des § 5 u in einigen Klauselverboten der §§ 10 u 11 (zB § 10 Nr 1, 2 u 3, § 11 Nr 10b) seinen Ausdruck. Es ist zugl Maßstab der InhKontrolle. – **aa)** Das Transparenzgebot verpflichtet den 16
Verwder, seine AGB so zu gestalten, daß der **rechtsunkundige Durchschnittsbürger** in der Lage ist, die ihn benachteiligde Wirkg einer Klausel ohne Einholg von RRat zu erkennen (BGH **106**, 49, NJW **99**, 2279). Weitergehde Kenntn u VerständnMöglichk des konkreten VertrPart ändern nach der bish Rspr an der Verletzg des Transparenzgebots u der Unwirksamk der Klausel nichts (BGH **106**, 49, **116**, 4, NJW **95**, 2286). Das bedarf aber, soweit es um IndProz über VerbrVertr geht, einer Korrektur. Zu den nach § 24a Nr 3 bei der InhKontrolle zu berücksichtigden **Begleitumständen** gehören auch die Kenntn u Fähigk des konkreten VertrPartners (§ 24a Rn 17). Ist eine Klausel für den typ Kunden intransparent, für die konkrete VertrPartei, etwa einen Kaufm od Juristen, aber verständl, kann ihre Unwirksamk im IndProz nicht mehr aus einer Verletzg des Transparenzgebotes hergleitet w. – **bb)** Die Transparenzanfordergen dürfen **nicht überspannt** w 16a
(BGH **112**, 119, NJW **93**, 2054). Die Verpfl, den KlauselInh klar u verständl zu formulieren, besteht nur im Rahmen des *Möglichen* (BGH NJW **98**, 3114, 3116). Das Transparenzgebot will den Verwder nicht zwingen, jede AGB gleichsam mit einem Kommentar zu versehen (BGH **112**, 119). Aus ihm ergibt sich auch keine Verpfl, die sich aus dem Ges od ungeschriebenen RGrds ergebden Rechte u Pflten ausdr zu regeln od den VertrPart insoweit zu belehren (BGH NJW **96**, 2093). Der Verwder darf aus der GesSprache grdsl unbest RBegriffe übernehmen, so etwa den Begriff „wicht Grd" od „Fehlschlagen der Nachbesserg" (BGH NJW **94**, 1004), nicht aber die dem Laien unverständl Begriffe „Wandlg" u „Minderg" (BGH NJW **82**, 333, *arg* § 11 Nr 10b), u auch gg die Verwendg des ZumutbarkKriteriums in ÄndergsVorbeh (§ 10 Nr 4) hat der BGH Bedenken (BGH **86**, 295). Verweisen AGB wg der Regelg von Einzelh auf eine Anlage, so ist das Transparenzgebot nicht verletzt, sofern die GesRegelg verständl ist (BGH NJW **96**, 2374). Das Transparenzgebot verpflichtet auch nicht zur Offenlegg der Kalkulation, die einem im Vertr angegebenen Wert zugrde liegt (BGH NJW **97**, 3166). – **cc)** Bei der Beurteilg, ob eine Regelg dem Transparenzgebot genügt, ist – and als 16b
im WettbewR – nicht auf den flüchtigen Betrachter, sond auf den aufmerks u **sorgfältigen Teilnehmer am Wirtschaftsverkehr** abzustellen. Das Transparenzgebot ist daher nicht verletzt, wenn bei einem Kaufvertr über eine Buchreihe die Bezugsdauer dch Muliplikation ermittelt w kann (BGH NJW **93**, 2054), wenn der DarlN abweichd von BGB 608 eine Zinsen u Tilgg enthaltde gleichbleibde Jahresleistg in vierteljährl Teilbeträgen zu entrichten hat (BGH NJW **93**, 3261), wenn das Verständn eines Time-Sharing-Vertr über ein Obj in Spanien wg der Besonderh ausl Rechts etwas mehr Mühe bereitet (BGH ZIP **99**, 103), od wenn Einschränkgen der Verpfl zur Vornahme von SchönhReparaturen erst nach näherer Befassg mit nachfolgden Regelgen deutl w (BGH NJW **98**, 3114, 3116). Die Formulierg „nach Maßg der Liefermöglichk" in einer Selbstbeliefergsklausel verstößt nicht gg § 9 (BGH **124**, 361) u sogar eine unnötige Wirrnis im Klauseltext ist unschädl, wenn sich der KlauselInh mit der gebotenen Aufmerksamk erschließen läßt (BGH NJW-RR **95**, 749). Es ist auch mit dem Transparenzgebot vereinb, daß der Kartenausgeber in seinen AGB wg der Höhe der von den Kunden geschuldeten Entgelte auf ein PrVerzeichn verweist (BGH NJW **98**, 383). – **dd)** Eine gg das 16c
Transparenzgebot verstoßde Klausel ist **unwirksam** (BGH **106**, 49, 259, NJW **96**, 1408, AGB-Klauselwerke/ v Westphalen „Transparenzgebot" Rn 12). Nicht erforderl ist, daß die Klausel zusätzl auch inhaltl unangem ist od für den Verwendgsgegner die Gefahr einer inhaltl Benachteiligg begründet. Die Abrechngsklausel in einem LeasVertr, die ohne weitere Erläutergen auf die „vorschüss Rentenbarwertformel" verweist, hat der BGH wg fehlder Transparenz für unwirks erklärt, obwohl er ausdr anerkennt, daß die Klausel zu sachgerechten Ergebn führt (BGH NJW **96**, 455).

ee) Beim Transparenzgebot lassen sich verschiedene **Einzelausprägungen** unterscheiden, vor allem das 16d
VerständlichkGebot, das BestimmthGebot u das Täuschgsverbot (Heinrichs FS Trinkner 1995, 166). Die nachfolgde Aufzählg von Einzelfällen ist wg der Vielzahl einschlägiger Entsch notw unvollständ. Vgl auch § 2

Rn 14 u zum VersR Basedow VersR **99**, 1045. **(1)** Verletzg des **Verständlichkeitsgebots:** Haftgsausschl für den dch eine SchadensVers gedeckten Schaden (BGH NJW **96**, 1407), Haftgsausschl „soweit gesetzl zul" (BGH aaO). Unverständl Abrechngsklausel in einem LeasVertr (BGH **97**, 73, NJW **96**, 455). Unverständl Regelg über die Nichtübertragbark einer Mietbürgsch (BGH **115**, 185). Unklare Regelg der Bindgsdauer (Stgt NJW-RR **92**, 888). Unterscheidg von Willens- u WissensErkl (BVerwG NJW **98**, 3219). Ausschl des VersSchutzes der ArblosenVers für „personenbedingte" Künd (BGH NJW **99**, 2279). Undchschaub Regelg über den Umfang der HeizPfl (BGH NJW **91**, 1753), die Höhe des ärztl Honorars (LG Bln NJW **91**, 1555) od die Neuordng der RSchutzVers (Mü NJW-RR **96**, 434). Unklares Nebeneinand von „Bes Bdggen" u „SonderBdggen" (Ffm NJW-RR **95**, 283). Unklare Skontoregelg (BGH **131**, 392). LohnAbtrKlausel, die den Umfang der Abtr u die Voraussetzgen der Verwertgsbefugn nicht verständl festlegt (BGH **108**, 105). Verpfl zur Zahlg eines betragsmäß nicht festgelegten Zusatzentgelts für den Jahreswagen, wenn der ArbN binnen eines Jahres nach Lieferg fristlos entlassen w (BAG NJW **94**, 213, krit Nicolae ZIP **95**, 362). Klausel über eine
16 e nachschüss TilggsVerrechng (Rn 88). **(2)** Verletzg des **Bestimmtheitsgebots:** PrErhöhgsklauseln ohne Konkretisierg der Voraussetzgen u des zul Umfangs der PrErhöhg (BGH NJW **80**, 2518, **86**, 3135, § 11 Rn 7). Befugn des Versicherers, Prämien, Tarife u Bdggen der VersVertr abzuändern (BGH **136**, 394, NJW **99**, 1865). GebietsÄndVorbeh in VertrHändlerVertr (BGH **89**, 210, **93**, 52). Fehlde tatbestandl Konkretisierg bei
16 f LeistgsBestR (BGH **82**, 26, NJW **94**, 1063, Rn 106). **(3)** Verletzg des **Täuschungsverbots:** Klausel, die vortäuscht, der Kunde verliere iF einer Nichtbenachrichtigg des Reiseveranstalters auch dann alle Rechte, wenn die Benachrichtigg nicht mögl od nicht zumutb ist (BGH **119**, 170). Klausel, die eine umfassde Haftg des Verwendgsgegners vortäuscht (BGH **119**, 168). Regelg in einem BarterVertr, die den Eindruck erweckt, das Guthaben werde spätestens 12 Mo nach Ausscheiden ausgezahlt, währd sich tatsächl bei regelmäß Ablauf kaum jemals ein zur Befriedigg des Ausgeschiedenen ausr Guthaben ansammeln kann (BGH NJW **99**, 635). Time-Sharing-Vertr, der vorspiegelt, der Erwerber erlange eine gesicherte dingl RStellg, währd in Wahrh nur schuldrechtl Anspr begründet w (Jena OLG-NL **95**, 127).

17 **3) II Nr 1. – a)** Die beiden Tatbestde des § 9 II sollen den § 9 I inhaltl konkretisieren. Sie stellen **gesetzliche Regelbeispiele** einer unangem Benachteiligg dar (Becker, Die Auslegg des § 9 II AGBG, 1986, S 47). Die dch § 9 II begründete Vermutg der Unwirksamk ist aber widerlegl („iZw"). Sie entfällt, wenn eine
18 GesWürdigg aller Umst ergibt, daß die Klausel den Kunden nicht unangem benachteiligt. – **b)** II Nr 1 knüpft an den von der Rspr entwickelten Grds an, daß den Vorschr des dispositiven Rechts bei der InhKontrolle von AGB eine **Ordnungs- und Leitbildfunktion** zukommt (BGH **41**, 154, **54**, 110, **89**, 211). Grdl für die rechtl
19 Prüfg ist aber nicht mehr diese Rspr, sond der Tatbestd des II Nr 1. – **c)** Das Merkmal **gesetzliche Regelung** erfaßt alle Ges im mat Sinn, also auch GewohnhR u VO. Unter II Nr 1 fallen auch die von Rspr u Lehre dch Analogie u RFortbildg herausgebildeten RGrds (BGH **89**, 211, **100**, 163, **121**, 18) u Vorschr des EG-Rechts (Wo/Ho/Li Rn 66). Nicht einbezogen ist dagg das zwingde Recht (Staud/Coester Rn 170, aA BGH **87**, 17, NJW **83**, 1322). Seine Verbindlichk ggü AGB u IndVereinbg ergibt sich bereits aus § 134. Nr II 1 hat ausschließl die Funktion, auch Normen des dispositiven Rechts einer Änderg dch AGB zu entziehen.
20 – **d) Wesentlicher Grundgedanke** der gesetzl Regelg. Die Rspr unterscheidet zw frei abänderb Zweckmäßigk Regeln einerseits u formularmäß nicht abdingb GerechtigkGeboten ands (BGH **41**, 154, **54**, 110, **89**, 211, **115**, 42). Die Lit kritisiert diese Unterscheidg, verwendet aber eine in der Sache prakt übereinstimmde Abgrenzg. Entscheidd ist danach, ob die abbedungene Norm des dispositiven Rechts einem wesentl **Schutzbedürfnis** des VertrPart dient (Ul/Br/He Rn 124, Wo/Ho/Li Rn 72). Damit zeigt sich zugl, daß die Formulierg des RegEntw, die von „wesentl Grds" sprach, präziser war. Unabdingb sind nicht hinter dem dispositiven Recht stehde Grdgedanken, sond die im dispositiven Recht enthaltenen wichtigen Schutzvorschriften.

21 **e) Unvereinbarkeit.** Nicht jede, sond nur die mit den wesentl GrdGedanken nicht zu vereinbarde Abweichg erfüllt die Voraussetzgen des II Nr 1. Erforderl ist daher, daß in die rechtl geschützten Interessen des VertrPartners in nicht unerhebl Maß eingegriffen w. Bei gesetzl **ausdrücklich zugelassenen Änderungen**, etwa in den neuen §§ 676 ff, ergibt sich aus der Fassg des Ges, daß der formale Umst der Abweichg allein noch nicht eine unangem Benachteiligg indiziert (BT-Drs 14/1301 S 45). Diese muß vielmehr am Maßst des I festgestellt w. Die im RegEntw des ÜberweisgsGes (BT-Drs 14/745) vorgesehene Ergänzg des II Nr 1 ist daher vom BTag mit Recht als überflüss nicht übernommen worden (krit zum Vorschlag der BReg
22 Löwe ZIP **99**, 830). – **f) Einzelfälle.** Bei **Maklerverträgen** sind gem II Nr 1 alle Klauseln unwirks, die einen erfolgsunabhäng ProvAnspr begründen sollen (BGH **88**, 370, **99**, 382, Mü NJW-RR **97**, 1146), so Hinzuziehgsklauseln (BGH **88**, 371, NJW **85**, 2478), AlleinAuftrKlauseln (BGH **60**, 377, NJW **91**, 1679), VorkenntnKlauseln (BGH NJW **71**, 1135, DB **76**, 1711), Gleichstellg des Erwerbs in der ZwVerst mit dem Abschluß eines KaufVertr (BGH **119**, 32), Fälligk der Prov bei Abschluß des (uU noch schwebd unwirks) KaufVertr (Hamm NJW-RR **96**, 1526), ProvPfl für FolgeGesch (BGH **60**, 243); Klauseln über den Ers von Aufwendgen sind nur zul, soweit sie auf den bei dem konkreten Gesch entstandenen Aufwand abstellen (BGH
23 **99**, 383, Stg NJW-RR **96**, 822). Als wesentl GrdGedanken hat die Rspr weiter **anerkannt: Allgemeiner Teil:** Vorschr über Willensmängel (BGH NJW **83**, 1671), Zugangsbedürftigk der AnnErkl (Hamm NJW-RR **86**, 928), eine zur Dchsetzg des Anspr typw ausr Dauer der VerjFr (BGH **97**, 24). **Allgemeines Schuldrecht:** § 242 (BGH **83**, 307), Grds über den Wegfall der GeschGrdl (BGH NJW **93**, 2738), Grds der VortAusgl (BGH **54**, 109, Karlsr NJW-RR **88**, 372), § 254 (BGH NJW **87**, 2821, Hbg NJW-RR **89**, 882), § 275 (Saarbr WM **81**, 1212), haftgsrechtl Verschuldensprinzip (BGH **115**, 42), § 285 (BGH NJW **89**, 1674), Haftg für anfängl Unvermögen (Ffm BB **84**, 300), Abhängigk von Leistg u GgLeistg, §§ 320 ff (BGH **82**, 127, **96**, 109, NJW **91**, 1749), auch im Verhältn von DarlFdg u Zins (Brem NJW **91**, 1837, Hammen DB **91**, 953, Wilk DB **91**, 1207, str), Kernbereich des § 321 (BGH NJW **85**, 1221), Verbot, Rücktr u SchadErs zu kumulieren (Hamm NJW-RR **87**, 313), NachFrSetzg in § 326 (BGH NJW **87**, 2506), Anrechng der VertrStrafe auf den SchadErsAnspr (BGH **63**, 256, NJW **85**, 56). **Besonderes Schuldrecht.** § 476 a (BGH NJW **96**, 390), § 536 (BGH **108**, 6), § 554 (BGH NJW **87**, 2506), KündR aus wicht Grd (BGH NJW **91**, 1829) u aus § 627 (BGH **106**, 627, Kblz NJW **90**, 3153, BB **93**, 2183), § 649 (BGH **92**, 249, ZIP **99**, 1600), AnzeigePfl gem § 777 I (Köln NJW **85**, 2723), § 818 (BGH **102**, 47). Dagg hat die Rspr einen Verstoß gg II

Nr 1 **verneint:** Überwälzg der SchönhReparaturen auf den Mieter (BGH **92**, 368), Abbedingg der Rechte aus §§ 776 u 770 (BGH **95**, 357); Abbedingen des § 568 (Hamm NJW **83**, 826). Weitere Einzelfälle s Rn 50–150. 24

4) II Nr 2. Verhältnis zu I s Rn 17. – **a) Bedeutung.** Währd nach II Nr 1 die Grdgedanken des disposit Rechts Prüfgsmaßstab sind, stellt II Nr 2 auf die Natur des Vertr ab. Er erfaßt damit die Vertr, für die eine gesetzl Regelg im dispositiven Recht fehlt (Einf 11 ff v § 305). Darin erschöpft sich seine Bedeutg aber nicht. II Nr 2 knüpft an die Rspr an, die formularmäß Aushöhlg von KardinalPfl für unzul erklärt hat (BGH **50**, 206, **72**, 208, NJW **73**, 1878). Er erstreckt sich wie diese Rspr auch auf die im dispositiven Recht normierten Vertr (Ul/Br/He Rn 131, Wo/Ho/Li Rn 82 f). Er ist insow eine Konkretisierg von II Nr 1. Klauseln, die wesentl Rechte od Pflten in einem den VertrZweck gefährdden Umfang einschränken, verstoßen bei gesetzl normierten Vertr zugl auch gg wesentl Grdgedanken des dispositiven Rechts. Diesen Sonderfall hat der GesGeber in II Nr 2 aus prakt Grden tatbestandl verselbständigt. – **b) Natur des Vertrages.** Sie wird dch den Zweck u Inhalt des Vertr bestimmt, bei normierten Vertr zugl dch die wesentl gesetzl Schutznormen. Bei nicht normierten Vertr ist von dem dch die VerkAuffassg geprägten Leitbild des Vertr auszugehen. Die verkehrsübl VertrGestaltg ist aber nur insow maßgebd, als sie mit den GrdWerten der ROrdng übereinstimmt. Soweit einschläg Normen fehlen, muß der Ri auf die vertragstyp GerechtigkErwartgen des redl GeschVerk abstellen u für den VertrTyp ein normatives Leitbild herausarbeiten (Staud/Coester Rn 204). 25 26

c) Wesentliche Rechte oder Pflichten. Der Begriff knüpft an den der KardinalPflten (Rn 25) an (RegEntw S 28). Er ist aber weiter u umfaßt auch GestaltgsR. Wesentl Rechte u Pfl sind bei ggs Vertr vor allem die, die zueinand im GgseitigkVerhältn stehen (Einf 16 v § 320). Erfaßt w aber auch NebenPflten, die für den Schutz des Kunden von grdlegder Bedeutg sind (BGH NJW **85**, 915, Wo/Ho/Li Rn 89). II Nr 2 betrifft vor allem die Pflten, deren Erf die ordngsmäß Dchführg des Vertr überhaupt erst ermöglicht, auf deren Erf der VertrPart daher **vertraut** u auch vertrauen darf (BGH **103**, 324, NJW **85**, 3017, NJW-RR **86**, 272, **93**, 561). – **d)** Die Einschränkg der Rechte u Pflten muß den **Vertragszweck gefährden** (BGH **103**, 324, NJW **93**, 335). Eine Zweckvereitelg ist nicht erforderl. Außerh des eigentl VertrZweckes liegde Interessen (Obhut über eingebrachte Sachen beim KrankenhausVertr) werden vom Schutz des II Nr 2 nicht erfaßt (BGH NJW **90**, 764). – **e) Einzelfälle. – aa)** II Nr 2 ist vor allem für die InhKontrolle von **Freizeichnungsklauseln** (Rn 36) von Bedeutg. Aus ihr ergibt sich der Grds, daß bei der Verletzg von **Kardinalpflichten** („wesentl VertrPflten") die Haftg für (einf) Fahrlässigk idR nicht ausgeschl werden darf (BGH **89**, 367, **93**, 48, NJW **93**, 335, NJW-RR **93**, 561). Ursprüngl hat die Rspr das Freizeichngsverbot auf die grdlegde Organisation der betriebl Arbeitsabläufe u die Schaffg der wesentl Voraussetzgen für eine ordngsmäß VertrErf beschränkt (BGH **49**, 363, **71**, 228 uö). Später hat sie den Schutz des II Nr 2 auch auf NebenPflten (BGH NJW **85**, 914) u auf AusführgsVerschulden (BGH **89**, 368) erstreckt, zeigt aber gelegentl in der Anwendg des II Nr 2 wieder eine Tendenz zur Restriktion (BGH **103**, 316, **108**, 351, NJW **90**, 764, **98**, 1640, 1642). Die Grenzen des II Nr 2 sind dadch fast unkalkulierb geworden (Heinrichs BankRTag **90**, 113). Im Ergebn ist es so, daß Freizeichngsklauseln für einfache Fahrlässigk auch im kaufm Verk idR unwirks sind (v Westphalen DB **97**, 1805). Die Rspr hat als **unwirksam** angesehen: HaftgsAusschl für Konstruktionsfehler (BGH NJW **71**, 1797); für unsachgem Einfüllen von Heizöl (BGH NJW **71**, 1036); für die grdlegden SorgfPflten eines HafenBetr (BGH NJW-RR **98**, 1426, Köln VersR **99**, 914); für sicherheitstechn Mängel einer Entsorggsanlage (BGH NJW-RR **96**, 783); für grdlegde Mängel der betriebl Organisation (BGH NJW **73**, 2154); Organisationsverschulden eines Kaufhauses bei der Beaufsichtigg von in Obhut genommenen Kindern (Hbg MDR **98**, 470); für grdlegde Mängel bei der Verlegg von Versorggsleitgen (BGH **71**, 228); für die Fahr- u Ladgstüchtigk im SchiffsR (BGH **49**, 363, **71**, 179, WM **95**, 1059); für die HptPfl des WkUntern (Saarbr NJW-RR **95**, 118); für die Pfl des FrachtFü, den Werttransport (Geldbomben) schadensfrei dchzuführen (Mü NJW-RR **94**, 742); für die Organisations- u BewachgsPfl des Parkplatzbetreibers (Köln NJW-RR **94**, 25); für die Eigng des Lagerraums (BGH VersR **79**, 902) u die sachgem Behandlg von Kühlgut (BGH **89**, 363); für die ordngsgem Erf bei einem VeredelgsVertr (BGH NJW **85**, 3017); für sorgfält Handeln des Tierarztes (Stgt VersR **92**, 979); für die Pfl der Bank zur ordngsmäß Ausführg des ÜberweisgsAuftr (LG Essen NJW- RR **86**, 139) u zur ordngsmäß Verbuchg (BGH NJW **91**, 2563); für Plangsfehler, wenn der Verwder als Fachfirma Vertrauen in Anspr genommen hat (BGH NJW-RR **86**, 272); für die sachgrechte Beratg dch ein Forschgslaboratorium für Bau- u Werkstoffkunde (BGH NJW **93**, 335); für die Pfl des Verkäufers zur fristgerechten Lieferg (BGH NJW **94**, 1063, Köln NJW-RR **98**, 1275); für die Pfl, die Güter nur an den legitimierten Inh des Konnossements (Lagerscheins) auszuliefern (BGH VersR **74**, 590, Rabe TranspR **87**, 126); für Verzögergen beim Scheckinkasso (BGH NJW-RR **88**, 561); für grdlegde InformationsPflten der Auskunfteien (Ffm BB **84**, 145), Banken (Oldbg WM **87**, 837) od Reiseveranstalter (BGH NJW **85**, 1165); für die Vermittlgstätigk des Reisebüros (Mü NJW-RR **87**, 494), für die Haftg des Sachverständigen (Hübner NJW **88**, 443). Als **wirksam** hat die Rspr angesehen: Haftgsausschluß für leichte Fahrlässigk bei der Echtheitsprüfg von Dokumenten (BGH **108**, 351) u hinsichtl der Obhut über die vom Patienten ins Krankenhaus eingebrachten Sachen (BGH NJW **90**, 764); eine der AVBEltV entspr Haftgsbeschränkg der Energieversorger ggü Sonderabnehmern (BGH **138**, 118); im kaufm Verkehr den Haftgsausschluß der Werften für grobes Verschulden einf ErfGeh (BGH **103**, 316). Zu Haftgsbegrenzgen Rn 45 ff. – **bb)** Gg II Nr 2 verstößt außerdem: bei ÜberweisgsAuftr der Vorrang der KontenNr vor dem Empfängernamen (Ffm NJW **83**, 1682) u die sog Fakultativklausel (BGH NJW **86**, 2429); Auferlegg einer über § 254 hinausgehden SchadMindergPfl (Ffm NJW-RR **86**, 1172); Aushöhlg einer Mieteroption (Hbg NJW **91**, 1489). Weitere Einzelfälle s Rn 50–150. 27 28 29 30 31

5) Verwendung von AGB gegenüber Unternehmern. – a) § 9 gilt auch für die Verwendg von AGB ggü Untern, jur Pers des öffR u öffr Sondervermögen, vgl § 24, der seit der nF dch das HRefG nicht mehr auf den Kaufm, sond auf den Untern abstellt. § 9 ist in diesem Bereich **alleinige Grundlage** der InhKontrolle, da die Klauselverbote der §§ 10 u 11 nach § 24 S 1 insow unanwendb sind. Sie können aber über § 9 im Verk zw Untern zu beachten sein; dabei ist auf die geltden Gewohnh u Gebräuche angem Rücks zu nehmen (§ 24 S 2). – **b) Maßstäbe der Angemessenheit.** Auch im Verk zw Untern ist bei der InhKontrolle nicht auf die Schutzbedürftigk im Einzelfall, sond auf eine überindividuelle – generalisierde Betrachtg 32 33

abzustellen (MüKo/Kötz Rn 20). Zu berücksichtigen ist, daß der geschäftserfahrene Untern nicht in gleichem Maß schutzbedürft ist wie der Verbraucher. Besonderh können sich auch daraus ergeben, daß der Untern Gesch der betreffden Art häufiger abschließt. Er ist daher mit den Risiken des Gesch vielf besser vertraut u zu einer entspr Vorsorge in der Lage. Mit dem Ges unvereinb ist aber die Ans (so Ohlendorf-v Hertel, Kontrolle von AGB im kaufm GeschVerk, 1988), daß im Verk zw Untern nur „erhebl" u „offensichtl" Verstöße zu beanstanden seien. Unterschiedl Interessenlagen u GeschErfahrg können zu Untergruppiergen führen, deren jeweilige Besonderh angem zu berücksichtigen sind (zB Hersteller, Groß- u Einzelhändler). Bei der Beurteilg etwa von Pauschaliergsklausel od AufrVerboten kann auch das gemeins Interesse an einer raschen Abwicklg des Vertr von Bedeutg sein. Für Handelsbräuche gilt Rn 12 entspr. Sie sind, soweit sie gg Treu u Glauben verstoßen, unbeachtl (BGH **91**, 319). Eine InhKontrolle ist aber ausgeschl, wenn eine Regelg nicht als AGB, sond gem HGB 346 als Handelsbrauch den VertrInh bestimmt (BGH NJW-RR **87**, 94). Werden AGB ggü Untern u Verbrauchern in identischer Fassg verwandt, kann ihre Verwendg ggü Kaufleuten unbedenkl sein,
34 die ggü Verbrauchern aber gg § 9 verstoßen (Rn 8). – **c) Berücksichtigung der §§ 10 und 11.** Die Klauselverbote des § 10 sind idR auf den Verk zw Untern übertragb, weil in ihren Wertgsspielräumen die kaufm Besonderh berücksichtigt w können (MüKo/Kötz Rn 18; Ul/Br/He § 24 Rn 22, aA Lutz AGB-Kontrolle im HandelsVerk, 1991, S 19). Dagg ist bei den Verboten des § 11 eine derart pauschale Lösg nicht mögl; der Verstoß gg § 11 ist aber ein Indiz für die Unwirksamk der Klausel auch im Verk zw Untern (BGH **90**, 278, **103**, 328, NJW **84**, 1750, **96**, 389, aA Lutz aaO insbes S 32ff). Zu berücksichtigen ist, daß § 9 II auch im Verk zw Untern gilt. Formularmäß Beschrkgen von wesentl SchutzVorschr sind idR unzul, ebso die den VertrZweck gefährdde Beschrkg von wesentl Rechten od Pflten. Die Verbote des § 11, die Konkretisier-
35 gen des § 9 II Nr 1 u 2 sind, sind daher auch im Verk zw Untern zu beachten (s BGH **90**, 278). Wg der bes Gegebenh des Verk zw Untern sind aber die Interessen der Beteiligten eigenständ zu beurteilen (s BGH **103**, 326f). Aus den Verhältn des Verk zw Untern kann sich ergeben, daß RGedanken od Rechte, die bei VerbraucherGesch wesentl sind, im Verk zw Untern einen and Stellenwert haben. Überdies kann der Verwder dartun, daß im Ergebn keine unangem Benachteiligg des and Teils vorliegt. Handelt es sich um Einzelhändler, die ggü ihren Abnehmern den Verboten des § 11 unterliegen, sind die Voraussetzgen des § 9 eher zu bejahen als bei VertrPartnern, die die ihnen formularmäß angelasteten Risiken ebso formularmäß auf ihre Abnehmer abwälzen können. Vgl im übrigen bei §§ 10 u 11. Dort wird jeweils auch (kurz) zur Anwendg im Verk zw Untern Stellg genommen.

36 **6) Freizeichnungsklauseln. – a)** Sie bilden in fast allen AGB einen RegelgsSchwerpunkt. Kontrollmaßstab sind die Verbote des § 11 Nr 7–11, daneben aber auch die Generalklausel des § 9. Dabei ist zu unter-
37 scheiden: – **aa) Haftungsausschluß:** Er betrifft den AnsprGrd u hindert die Entstehg des Anspr. Beispiele sind die Abbedingg best Anspr od der Ausschl der Haftg für best Pflten, Schuldarten od Pers. Wird nicht die ErsPfl des Verwders, sond dch Beschränkg des PflUmfangs bereits eine Voraussetzg des Anspr abbedungen, handelt es sich um einen sog verhüllten HaftgsAusschl; für diese gelten die gleichen WirksamkSchranken wie
38 für eine normale AusschlKlausel (BGH NJW **83**, 1322). – **bb) Haftungsbegrenzung:** Sie beschränkt den Umfang der Haftg u läßt die Entstehg des Anspr dem Grunde nach unberührt. Beispiele sind summenmäß Haftgsbeschränkgen, Haftgsbegrenzgen auf Pers- od Sachschäden, Abbedingen der Haftg für entgangenen Gewinn, nicht vorhersehb Schäden od Mangelfolgeschäden. Zur Haftgsbegrenzg gehören auch Klauseln, dch
39 die der Verwder seine Haftg subsidiär ausgestaltet od zeitl beschränkt. – **cc) Gegenstand** der Freizeichng können SchadErsAnspr des Verwdgsgegners jeglicher Art sein. Die AnsprGrdl (Unmöglichk, Verzug, pVV, Gewährleistg) ist gleichgült. Anspr aus c. i. c. sind idR bereits entstanden, wenn die AGB VertrInh w. Soweit sich die Freizeichngsklausel auf c. i. c. bezieht, enthält sie daher idR einen Verzicht u ist schon aus diesem Grd unwirks (Kblz NJW-RR **93**, 1080). **Deliktische Ansprüche** des Verwdgsgegners können ausgeschl oder beschränkt w, soweit für den konkurrierden vertragl Anspr gleichf eine Freizeichng zul ist (BGH NJW **79**, 2148, VersR **85**, 595). Die in § 651 h I für den ReiseVertr vorgesehene Freizeichngsmöglichk gilt aber nur für vertragl Anspr (BGH **100**, 180). Freizeichngsfest sind Anspr Dr, etwa von Angeh, ArbN, Mietern od Abnehmern. Sie können nur insoweit abbedungen werden, als sie auf der **Schutzwirkung** des Vertr zw Verwder u Verwdgsgegner beruhen (BGH **56**, 272; § 328 Rn 20). Zur **Auslegung** von Freizeichngsklauseln u ihrer **Wirkung zugunsten Dritter** s § 276 Rn 58f.

40 **b) Haftungsausschlußverbote des § 11.** Der Ausschl der Haftg ist gem § 11 unwirks: – **aa)** bei **grobem Verschulden** des Verwders od eines ErfGeh, gleichgült, welche AnsprGrdl im Einzelfall in Betracht kommt, § 11 Nr 7 (dort Rn 34ff); – **bb)** bei Fehlen einer **zugesicherten Eigenschaft,** § 11 Nr 11 (dort Rn 73ff); – **cc)** bei **Verzug** des Verwders od von diesem zu vertretder **Unmöglichkeit,** § 11 Nr 8 (dort Rn 42).

41 **c) Haftungsausschlußverbote aus § 9** (AGB-Klauselwerke/v Westphalen: Freizeichngsklauseln). Nach der Rspr des BGH verstoßen Haftgsausschlüsse für **einfache Fahrlässigkeit** auch im Verk zw Untern häuf gg § 9 (v Westphalen DB **97**, 1805). Sie sind unwirks, – **aa)** wenn es um die Verletzg von **Kardinalpflichten**
42 (wesentl VertrPflten) geht (Rn 29ff); – **bb)** wenn der Verwder als Fachmann od sonst in bes Weise **Vertrauen** für sich in Anspr genommen hat (BGH NJW-RR **86**, 272) od kraft seines Berufes eine **qualifizierte Vertrauensstellung** einnimmt. Beispiele sind Ärzte u der TrHänder beim Bauherrnmodell (Celle NJW **86**,
43 260); für RAnw, StBerater u WirtschPrüfer gelten berufsrechtl Sonderregelgen (§ 8 Rn 8). – **cc)** soweit es um die Verletzg von **Gesundheit** od Leben des Verwendgsgegners geht (Stgt NJW- RR **88**, 1082, v Westphalen NJW **90**, 91, § 9 II Nr 1, s auch § 24a Rn 26). And liegt es, wenn auf seiten des Verwdgsgegners eine Risikoübernahme bejaht w kann (Kblz VersR **93**, 1164, Hamm NZV **98**, 283) motorsportl Veranstaltg); – **dd)** soweit der Verwder gesetzl od standesrechtl eine **Haftpflichtversicherung** abschließen muß od eine solche übl ist (Hbg DAR **84**, 260, KG NJW-RR **91**, 699, Kfz-Waschanlage, Staud/Coester Rn 341). And kann es trotz Üblichk der HaftPflVers liegen, wenn das Risiko typweise beim and Teil unter VersSchutz steht (s BGH **33**, 220, **103**, 326, Schiff; Karlsr VersR **71**, 159, Flugzeug; and aber BGH NJW-RR **98, **1426,
44 Transportgut); – **ee)** wenn der Haftgsausschl aus **sonstigen Gründen** eine unangemessene Benachteiligg des Verwdgsgegners darstellt. Das kann anzunehmen sein, wenn der VertrGgst dem Verwder anvertraut ist u der Verwdgsgegner keine eigenen Vorsorgemöglichk hat (Hbg DAR **84**, 260, Kfz-Waschanlage) od wenn es sich

um ein allein vom Verwder zu beherrschdes Risiko handelt (BGH NJW **85**, 915, Tankschecksystem). Besteht für WertGgst eine sichere u zumutb Aufbewahrgsmöglk, kann der Krankenhausträger die Haftg für den Verlust nicht hinterlegter Ggst ausschließen (BGH NJW **90**, 763).

d) Rechtswirksamkeitsgrenzen von Haftungsbegrenzungsklauseln. Im Anwendgsbereich des § 11 Nr 7 u 11 sind neben Haftgsausschlüssen auch Haftgsbegrenzgen jegl Art unwirks (§ 11 Rn 37 u 74). Unbedenkl sind Haftgsbegrenzgen, soweit der Verwder seine Haftg sogar ausschließen könnte od das Ges sie **ausdrücklich zuläßt,** wie in BRAO 51 a I Nr 4, StBerG 67 a, WPO 54 a u PartGG 8 III (§ 8 Rn 8). Für die verbleibden unter Rn 40 (dort cc) u Rn 41 ff fallden Sachverhalte, in denen Haftgsausschlüsse unzul, Haftgsbegrenzgen aber mögl sind, lassen sich nur beschränkt allg Regeln festlegen: – **aa) Nicht vorhersehbare** Schäden können bei vermögensrechtl Gesch von der Haftg ausgenommen w (AGB-Klauselwerke/v Westphalen: Freizeichngsklauseln Rn 74, *arg* CISG 74). – **bb) Summenmäßige Haftungsbegrenzungen** sind zul, wenn sie in einem angem Verhältn zum vertragstyp Schadensrisiko stehen (BGH NJW **93**, 335). Das ist nicht der Fall, wenn in einem Vertr über wertmäß nicht begrenzte SicherhTransporte die Haftgssumme auf 100 000 DM beschränkt ist (Mü NJW-RR **94**, 742). Bei Vermögensschäden dch Versorggsstörgen sind Haftgsbegrenzgen wg der Leitbildfunktion des AVBEltV 6 aber ausnw auch dann hinnehmb, wenn sie das typ Schadensrisiko nicht abdecken (BGH NJW **98**, 1640, 1644). Unwirks sind Regelgen, die als Haftgshöchstsumme ein Mehrfaches des vom Verwendgsgegner zu zahlden Entgelts vorsehen (BGH **77**, 130, Chemischreiniger; **89**, 368, Kaltlagerg). Derartige Regelgen können aber ausnahmsw wirks sein, wenn der Verwder auf die Notwendigk einer Versicherg hinweist u diese zu angem Bdggen anbietet (BGH **77**, 133). – **cc) Haftungsbegrenzungen** auf die Leistgen der **Betriebshaftpflichtversicherung** sind grdsl zul, wenn folgde Voraussetzgen erfüllt sind: (1) Die Deckgssumme muß das vertragstyp Schadensrisiko abdecken. (2) Soweit der Versicherer leistgsfrei ist (Selbstbehalt, Serienschaden, Jahresmaximierg, Risikoausschlüsse usw), muß der Verwder mit eig ErsLeistgen eintreten. (3) Die Regelg muß dem TransparenzErfordern (Rn 15) genügen. Vgl Fuchs BB **92**, 1224, Staud/Coester Rn 349, str.
45
46
47
48

49 **e) Formulierung.** Umfassde Freizeichngsklauseln, die auch die Haftg für grobes Verschulden (§ 11 Nr 7) od für das Fehlen zugesicherter Eigensch (§ 11 Nr 11) ausschließen, sind wg des Verbots geltgserhaltder Reduktion **im ganzen unwirksam** (BGH **86**, 297, NJW **99**, 1031 Vorbem 9 v § 8). Entspr gilt, wenn die Freizeichngsklausel die sich aus § 9 ergebden WirksamkSchranken (Rn 41 ff) nicht berücksichtigt (BGH **93**, 48, NJW **91**, 2563, **93**, 335, NJW-RR **98**, 1426).

7) Einzelne Klauselwerke, einzelne Klausel- und Vertragstypen. Die nachfolgde ZusStellg faßt ohne Anspr auf Vollständigk Rspr u Literatur zur InhKontrolle für best AGB, best Klausel- u VertrTypen zusammen, berücksichtigt aber nicht die in §§ 10 u 11 enthaltenen Klauselverbote. Vgl auch v Westphalen, AGB-Klauselwerke, Stand Juli 1998 u die Jahresberichte in der NJW, zuletzt NJW **99,** 1596. – **a)** Der in einer **Abfindungsvereinbarung** enthaltene formularmäß Verzicht eines HIV infizierten Bluters auf Anspr gg Dr verstößt nicht gg das AGBG (LG Heidelbg u Konstanz VersR **95**, 575 ff). – Ein formularmäß **abstraktes Schuldanerkenntnis** verstößt nicht gg § 11 Nr 15 (s dort). Es ist, wenn, wie bei der Gewährg von Bankkrediten, ein berecht Interesse vorliegt, auch mit § 9 vereinb (BGH **99**, 282). – **Abtretungsklauseln** s Rn 107 LohnAbtr u Rn 120 RAnw. – **Abtretungsverbote** in AGB sind wg des berecht Interesses des Verwders an der Vereinfachg der VertrAbwicklg grdsl wirks (s § 399 Rn 9). Auch die Begründg einer Pfl zur Anzeige der Abtr ist mit dem AGBG vereinb (Hamm VersR **97**, 729). – **Abwehrklauseln** („Für den Vertr gelten ausschließl unsere AGB; and Bdggen werden nicht VertrInh, auch wenn wir ihnen nicht ausdr widersprechen"). Sie sind zul u verhindern im kaufm Verk die Einbez der gegnerischen AGB (BGH NJW **85**, 1839, **91**, 1606, NJW-RR **86**, 984), ausgenommen aber den einf EigtVorbeh des and Teils (§ 2 Rn 28). –**ADSp.** Sie sind in Anpassg an das neue TransportR (HGB 407 ff) für Vertr ab 1.7.98 neugefaßt worden. Die ADSp 98 gilt nur für Vertr mit Untern (§ 24). Vgl zur nF, die den Ergebn der Rspr Rechng trägt u allenfalls marginalen Bedenken ausgesetzt ist Wo/Ho/Li A 54 ff u Heuer TranspR **98,** 333. Zur ADSp 78 s 58. Aufl. **Anpassungsklauseln:** Vgl § 2 Rn 20 – **Anzahlungsklauseln:** Der Verwder kann aufgrd der auch für ihn geltden AbschlußFreih den VertrSchluß von einer Anzahlg abhäng machen; eine InhKontrolle findet insow nicht statt (Teichmann JZ **85**, 321). Wenn die Anzahlg aufgrd des Vertr zu leisten ist, ist die Klausel dagg nur im Rahmen des § 9 zul (s § 11 Rn 11 f).
50
51
52
53
54

Anzeigenverträge. Unwirks sind: Klausel, daß der Verlag die aGrd von Chiffreanzeigen eingegangene Angebote öffnen u Werbg von der Weiterleitg ausschließen darf (BGH NJW **92**, 1451). Auftr, die für 1 Jahr vereinb worden sind, können nicht formularmäß bei nicht rechtzeit Künd verlängert w (BGH NJW **89**, 2255). Zu mehr als 10 unwirks Klauseln vgl AG Köpenick NJW **96**, 1005. – **Arbeitskampfklauseln.** Leistgsstörgen dch einen rechtmäß ArbKampf hat der Schu grdsl nicht zu vertreten (§ 278 Rn 8). Entspr Freizeichngsklauseln bestätigen daher nur die ohnehin bestehde RLage. Soweit eine Haftg in Frage kommt (rechtsw ArbKampf; Übern-, Vorsorge- od Abwendgsverschulden), kann sich der Verwder freizeichnen, sofern er die Schranken des § 11 Nr 7 u 8 beachtet (AGB-Klauselwerke/v Westphalen VertrR Rn 15). Auch der Grds des § 323, daß mit der LeistgsPfl des Verwders zugl die EntgeltsPfl des and Teils entfällt, kann nicht dch AGB geändert w (Schmidt NJW **79**, 15, 19, Zeitgsabonnement). Als vorübergehde Leistgsstörg rechtfertigt der ArbKampf idR kein RücktrR des Verwders, § 10 Nr 3 (BGH NJW **85**, 857). **Architektenverträge.** Der EAV 93 (BAnz 94 Nr 152) enthält ebso wie seine Vorgänger eine Reihe von Vorschr, die gg das AGBG verstoßen (Mundorf DWW **99**, 5), so vor allem die auch für die Verletzg von KardinalPflten geltde Haftgsbeschränkg auf grobes Verschulden, die Reduzierg des Pfltenprogramms des Arch, die Regelg des VerjBeginns u die 40%-Klausel für den Fall der vorzeit Künd (Wo/Ho/Li § 23 Rn 309 ff; Ul/Br/He Anh §§ 9–11 Rn 112 ff). Die BArchKammer hat daher die Anmeldg des EAV 93 als Konditionenempfehlg zurückgenommen. Vom AuftrG vorformulierte AGB, die zum Nachteil des Arch von der HOAI abweichen, sind unwirks (BGH **81**, 232). Ärzte, auch ärztl Honorar, s Krankenhaus. – Aufrechngsverbote s § 11 Nr 3.
55
56

Automatenaufstellverträge: Wirks sind: längere Laufzeit, uU bis zu 10 Jahren (BGH NJW **83**, 161, **85**, 55), ohne DarlGewährg aber nur bis zu 3 Jahren (AGB-Klauselwerke/v Westphalen Rn 9); Ausschließlichk Bindg (Ul/Br/He § 11 Anh Rn 141); AustauschR (BGH NJW **85**, 55). Unwirks: NachfKlausel, wenn 57

sie einem Pächter auferlegt w, der hins des Nachfolgers kein BestimmgsR hat (BGH WM **79**, 918); soweit sie auch für den Fall einer unverschuldeten BetrAufg gilt (BGH NJW **83**, 160, **85**, 54) od die Mithaftg des fr BetrInhabers vorsieht (BGH NJW **85**, 54); die Befugn, die Rechte u Pflten aus dem Vertr ohne Zustimmg des Wirts auf einen Dr zu übertragen (BGH NJW **85**, 54, 56); Erweitergsklauseln (BGH NJW **82**, 1693, **83**, 160); KündFr von 2 Jahren (BGH aaO); Fiktion, daß die Aufstellg eines neuen Geräts auf Wunsch des Wirts hins der Laufzeit als Neuabschluß gilt (BGH NJW **85**, 55); Rentabilitäts- u Abräumklauseln (BGH aaO); Überwälzg der Instandsetzgskosten auf den Wirt (BGH NJW **83**, 162); Abwälzg der KaskoVersPfl auf den Gastwirt (Brschw VersR **90**, 426); Einnahmegarantie des Wirts (Hbg NJW **83**, 1502); Schadenspauschale von 70% des Bruttoerlöses (BGH NJW **83**, 159); überhöhte od schuldunabhäng VertrStrafe (BGH NJW-RR **90**,
58 1077, Celle NJW-RR **88**, 947). – **Autowaschanlagen:** Ein Vorsatz u grobe Fahrlässigk mitumfassder HaftgsAusschl ist gem § 11 Nr 7 im ganzen unwirks (Düss BB **80**, 388, § 11 Rn 37). Aber auch bei leichter Fahrlässigk ist ein völliger Haftgsausschluß gem § 9 II Nr 2 unzul (Staud/Coing Rn 320), ebso ein auf Lackschäden, Scheibenwischer od ähnl Einrichtgen beschränkte Freizeichng (Hbg DAR **84**, 422, KG NJW-RR **91**, 699, LG Bayreuth NJW **82**, 1766, LG Essen NJW-RR **87**, 949, LG Mü DAR **87**, 386, Padeck VersR **89**, 552, str, aA Karlsr NJW-RR **86**, 153, differenzierd Bambg NJW **84**, 929). Unwirks ist auch der Haftgsausschluß bei unterl Schadensmeldg (KG u AGB-Klauselwerke/v Westphalen Rn 7).

59 **b)** Die AGB der **Banken** u Sparkassen gelten ab 1. 1. 93 in einer erhebl kundenfreundlicheren u übersichtlicheren Fassg. Vgl Horn (Hrsg), ABG-Banken, 1993. Gößmann/Wagner/Wieduwilt/Weber, AGB-Banken, 1993. Wo/Ho/Li § 23 Rn 620–792. AGB-Klauselwerke/v Westphalen: Banken- u Sparkassen-AGB. Nach beiden AGB haften die Kreditinstitute – vorbehaltl der für einz GeschBereiche geltden SonderBdggen – auch für einf Fahrlässigk (Banken Nr 3, Sparkassen Nr 17). Die wesentl gekürzten u übersichtl gegliederten Banken-AGB begegnen auch iü kaum Bedenken. Die Klausel über Entgelte u Zinsen berücksichtigt die von der Rspr entwickelten RGrds (BGH **118**, 126, Düss NJW **91**, 2429). Die Sparkassen-AGB, deutl weniger kundenfreundl als die der Banken, enthalten dagg weiterhin unwirks od zumindest bedenkl Klauseln, so die Substitutionsklausel, Nr 17 II, die Abwälzg der Nachteile aus einer nicht erkennb GeschUnfähigk des Vertreters des Kunden, Nr 4 II u die KündRegelg des Nr 17 II (v Westphalen aaO). Wirks ist dagg Nr 5, nach der die Bank nach dem Tod des Kunden auf die Vorlage eines Erbscheins verzichten und unter best Voraussetzgen (Vorlage des Test u der Niederschrift über die EröffngsVerhdlg) Vfgen eines Erbprätendenten als gült behandeln darf (Celle NJW **98**, 82). Aus der Rspr zu
60 **Sonderbedingungen** (ja = unwirks, nein = wirks): – **aa) Giroverkehr.** Wertstellg einen Tag nach Einzahlg, ja (BGH **106**, 264), einen ArbTag nach Überweisg, ja (BGH **135**, 316), u zwar auch im kaufm Verkehr (BGH NJW **97**, 3168), drei od fünf ArbTage nach Buchg bei DM- od Fremdwährgsschecks auf and Banken, nein (BGH aaO). Ausschluß des WiderrufsR bei Überweisgen, ja (BGH NJW **84**, 2816). Fakultativklauseln bei Überweisgen, ja (BGH **98**, 29). Vorrang der Kontennummer vor dem Empfängernamen, ja im beleggebundenen ÜberweisgsVerk (BGH **108**, 391, NJW **91**, 2308), nein im beleglosen
61 (FinG BaWü WM **93**, 1282). – **bb) Kreditverträge.** NichtAbnEntsch, nein (BGH NJW **85**, 1832, **90**, 981), jedoch erst nach Abmahng (Köln ZIP **99**, 355) u nur in den Grenzen von § 11 Nr 5 (s dort). Freies KündR der Banken, ja (Ul/Br/He § 11 Anh Rn 284), aber uU nein bei Kontokorrentkredit (Köln WM **99**, 100). Verpfl, das Gehaltskonto bei der kreditgebden Bank zu führen, ja (Hbg WM **96**, 105). Belastg mit Bearbeitgsgebühren od Schätzkosten bei Nichtzustandekommen eines Vertr, ja (Celle VersR **84**, 68, LG Stgt DB **91**, 1323). Klausel, daß die Zahlg an einen TrHänder auf Gefahr des DarlN erfolgt u iF des Verlusts seine RückzahlgsPfl begründet, ja (BGH NJW **98**, 3200). Vgl auch Rn 88 GrdPfdR u § 11 Rn 9. –
62 **cc) ec-Bedingungen.** Die Banken haben ihre ec-Bdggen wg der Einführg der Geldkarte zum 1. 10. 96 ein weiteres Mal neugefaßt (s AGB-Klauselwerke/Pfeiffer: ec-Bdggen, Gößmann WM **98**, 1264). Nach der neuen Haftgsregelg hat der Kunde, der einen Mißbrauch leicht fahrlässig ermöglicht, höchstens 10% des Schadens zu tragen, nur bei grober Fahrlässigk haftet er in Anlehng an KG NJW **92**, 1051 voll. In zwei Fällen soll der Kunde entsprechd dem Gedanken der Risikobeherrschg schuldunabhäng zum SchadErs verpflichtet sein, bei nicht garantierten Schecks im kaufm Bereich (Wand ZIP **96**, 214) u bei mißbräuchl Verwendg der Geldkarte (Pfeiffer NJW **97**, 1039). Da der BGH die in den ScheckBdggen 1989 vorgesehene schuldunabhäng Haftg auch für den kaufm Verk verworfen hat (BGH **135**, 116, VersR **98**, 368), sind beide Regelgen wohl kaum zu halten, wenn auch bei Geldkarten ihr „Guthaben-Charakter" möglw eine Überwälzg des Verlustrisikos rechtfertigen könnte (s Pfeiffer aaO, aA Schön AcP **198**, 428). Nach den seit dem 1. 1. 95 geltden neuen ec-Bdggen der Sparkassen (Text ZIP **95**, 252) muß der Kunde den Schaden aus der mißbräuchl Verwendg von Karte u Vordrucken allein tragen, wenn beide gemeins in einem Kfz aufbewahrt wurden, im übr bleibt es bei dem Grds, daß die Sparkasse bei einem Verlust von Karte u Vordrucken Schäden bis zu einem Betrag von 6000 DM übernimmt (Harbeke ZIP **95**, 250). Die Klausel, daß die Inkassobank die VorbehGutschrift rückgäng machen darf, wenn sie den Betrag nicht erhält, ist wirks (BGH **135**, 307). Unwirks sind dagg: Haftgsausschluß für Verzögergen beim Scheckeinzug (BGH NJW-RR **88**, 561). Abbedingen der Pfl zur Beachtg einer Schecksperre (BGH **104**, 380). Einschränkgen der Verpfl,
63 die Echtheit des Schecks zu überprüfen (LG Ffm NJW-RR **97**, 941). – **dd) Vergütungsregelungen** (vgl § 8 Rn 5b). Für die Erteilg einer Löschgsbewilligg darf die Bank kein Entgelt fordern (BGH **114**, 333), auch nicht für Ein- u Auszahlgen am Bankschalter, da der Bankkunde bei Ein- u die Bank bei Auszahlgen eine Geldschuld dch Barzahlg erfüllt u für die Erf einer Schuld nach dem Grundgedanken der BGB 362 ff weder der Gläub noch der Schu die Zahlg eines zusätzl Entgelts verlangen kann (BGH **124**, 254). Postenpreisklauseln, die auch Einzahlgen am Bankschalter erfassen, sind wirks, wenn dem Kunden zur pauschalierten Freistellg der Barzahlgen 5 Freiposten je Mo gewährt w (BGH **133**, 10). Für Abhebgen per Automat kann die Bank dagg ein Entgelt festsetzen (BGH NJW **96**, 2032), ebso für Währgsumrechngen (BGH **137**, 27), die Ausstellg neuer Sparbücher (BGH NJW-RR **98**, 1661) u für die Erteilg von BankAusk an Dr (Nürnbg NJW-RR **97**, 302), nicht aber für die Bearbeitg von FreistellgsAntr (BGH **136**, 261), von Pfändgen (BGH NJW **99**, 2276), Verpfändgsanzeigen (Nürnbg NJW-RR **97**, 302) u für die Nichtausführg von Überweisgen, DauerAuftr u Lastschriften (BGH **137**, 43, krit Rohe NJW **98**, 1284). Die überwiegde AG-Praxis gestatten den Kreditinstituten aber, für die *Benachrichtigg* über die Nichteinlösg ein Entgelt zu

fordern (AG Buxtehude, Haßfurt, Aue u Lennestadt WM **99,** 270 ff, 640 f, aA LG Mü WM **99**, 1662, weil auch der am Fehlen der Deckg schuldlose Kunde belastet wird). – **ee) Sonstiges.** Unwirks ist die in den AGB von Direktbanken vorgesehene Freistellg von allen Verpfl zur Beratg (LG Köln ZIP **97**, 1328) u die formularmäß Gestattg der Datenweitergabe u der Telefonwerbg dch Kooperationspartner der Bank (BGH NJW **99**, 1864).

Baubetreuer ist, wer gewerbsmäß Bauvorhaben im fremden Namen u für fremde Rechng wirtschaftl vorbereitet od dchführt (BGH NJW **81**, 757, § 675 Rn 20). Auch wenn ein FestPr vereinbart worden ist, ist die dem Betreuer ohne eine summenmäß Begrenzg erteilte Vollm wirks (BGH **67**, 336, **76**, 94, Mü NJW **84**, 63). Unwirks sind dagg: Abweichgen von der MaBV (Ul/Br/He § 11 Anh Rn 190); Beschrkg der Haftg auf nachweisl schuldh verursachte Schäden (BGH NJW-RR **90**, 856); Abkürzg der VerjFr des § 638 (§ 11 Nr 10 f); § 23 II Nr 5 ist unanwendb, weil er die Übernahme der VOB im ganzen voraussetzt (BGH NJW **87**, 2374). Weitere **unwirksame** Klauseln: ÄndergsVorbeh, die über den Rahmen des § 10 Nr 4 hinausgehen; höhere Pauschalen für den Anspr aus § 649 als 5%, soweit die Künd vor dem Beginn der Betreuungstätigk erfolgt (Ul/Br/He § 11 Anh Rn 192); Verpflichtg zur Zahlg einer Finanziergsprovision u eines Entgelts für eine Mietgarantie, obwohl die Finanzierg und die Garantie nicht in Anspr genommen w (BGH NJW **84**, 2163); Haftgsausschluß des Betreuers (TrHänders) für einf Fahrlässigk (Vollhardt BB **82**, 2142); VergütgsAnspr des Betreuers für eine vorbereitde Tätigk (aA LG Stgt AGBE II Nr 29, s aber BGH NJW **82**, 765 zum Kostenvoranschlag). – **Bauherrenmodell** s AGB-Klauselwerke/Schäfer, Bauherrenmodell. Eine Klausel, wonach der TrHänder nur subsidiär haftet, ist unwirks (BGH NJW-RR **91**, 1120). Verj der Anspr gg den TrHänder s Rn 136. – **Bausparkassen:** Die Regelg, daß Habenzinsen erst vom 1. des folgden od übernächsten Mo zu zahlen sind, ist wirks (BGH NJW **91**, 2560, aA Brüggemeier/Friele ZBB **92**, 141). Zur nachschüss TilggsVerrechng s Rn 90. Zu weiteren Klauseln s BGH, u Brüggemeier/Friele aaO. – **Bauträger** ist, wer ein Bauvorhaben im eig Namen für eig od fremde Rechng vorbereitet od dchführt (BGH NJW **81**, 757, § 675 Rn 21). Die GewlRegelg muß den Anfordergen des § 11 Nr 10 entspr (s dort). Die Übernahme des § 13 VOB/B einschließl der 2 jährigen VerjFr ist unzul (§ 11 Rn 71, str). Unwirks sind weiter: Abweichgen von der MaBV; Vollm, wonach der Bauträger im Namen des Baukunden Auftr vergeben darf (Nürnb NJW **82**, 2326, and beim Baubetreuer, s Rn 64); Erhöhg des vereinbarten FestPr dch versteckte Überwälzg von „Aufschließgskosten“ (BGH NJW **84**, 171); Überwälzg der Kosten einer gem MaBV zu erbringden Sicherh auf den Erwerber (LG Brem NJW-RR **94**, 476).

64

65

66

Bauverträge: Vgl auch Rn 140 (VOB/B), Rn 146 (WerkVertr) u BGH NJW-RR **97**, 1513 (Auflistg von 31 unwirks Klauseln). **Unwirksam:** RechngsPrüfgsFr von 3 Mo (Mü NJW-RR **90**, 1358) od ZahlgsFr von 1 Mo für den Besteller (Mü NJW-RR **89**, 276). Zinssatz von 4% für Überzahlgen (BGH **102**, 47), and bei einem RückzahlgsAnspr mit vertragl Grdl (BGH NJW **93**, 1128, krit Greiffenhagen NJW **94**, 711). Ausschluß des VergütgsAnspr, wenn der StundenNachw nicht binnen 1 Wo vorgelegt w (Düss NJW-RR **97**, 1069). Ausschluß aller Rechte wg eines Preis- od KalkulationsIrrt (BGH NJW **83**, 1671). Unangem Hinausschieben des Ztpkts der Abnahme od Zahlg (BGH **107**, 75, **131**, 92, NJW **97**, 394, KG MDR **99**, 863). Aufmaß nicht nach tats Leistg, sond einem abstrakten Maß (Karlsr NJW-RR **89**, 52). Fällig von 5% der Vergütg od mehr erst 60 Mo nach Abn (Hamm NJW-RR **88**, 726, Mü NJW-RR **96**, 534). Ein nur dch Bürgsch auf erstes Anfordern ablösb SichgEinbehalt von 5% für 5 Jahre (BGH **136**, 27), and angebl bei Beschränkg auf 1 Jahr (Hbg NJW-RR **97**, 1040); WegnahmeR bei Zahlgsverzug für eingebaute u in das Eigt des Bestellers übergegangene Sachen (Brdbg MDR **98**, 401). VertrStrafe für die Nichteinhaltg von Fertigstellgstermine, auch wenn der Untern die Verzögerg nicht zu vertreten hat (Hamm NJW-RR **97**, 1042); Ausschlußwirkg der Schlußrechng, ohne daß die VOB im ganzen übernommen wird (BGH **107**, 208). Verpflichtg, zunächst nur einen der mehr als 40 Bauherrn als TeilSchu in Anspr zu nehmen (BGH **92**, 15; MusterProzKlausel). FreistellgVerpfl hins aller gg den AuftrG geltd gemachter Anspr (Ffm AGBE V Nr 39). Überbürdg der Verantwortg für die vom AuftrG gefertigten Pläne (Mü NJW-RR **86**, 382). Schuldunabhäng Haftg der Handw für Baustellenschäden (Düss AGBE III Nr 16 S 215). Vorhaltg des Gerüsts bis zum Abschluß der Arbeiten and Untern (Mü NJW-RR **86**, 382, **87**, 662). Festsetzg eines verbrauchsunabhäng Entgelts für Baustrom, Bauwasser u die Beseitigg von Bauschutt (Stgt BB **98**, 502). Belastg mit Kosten für nicht geschuldete Leistgen in einem UmlageVerf (Hamm NJW-RR 97, 1042, Stgt NJW-RR **98**, 312). Recht des AuftrG, den Preis nach Wegfall von Positionen des Leistgsverzeichn nach billigem Ermessen neu festzusetzen (Ffm NJW-RR 98, 311). Überbürdg von ReiniggsPflten hins and Gewerke (Mü NJW-RR **87**, 661). **Wirksam:** Kombination der VerjFr des BGB mit der Unterbrechgsregelg der VOB (BGH **107**, 75). Ausschluß des PreisanpassgsR nach VOB/B 2 II Nr 3 (BGH NJW **93**, 2738). In einem **Subunternehmervertrag** (Schlünder NJW **95**, 1058, Kraus NJW **97**, 223) sind Klauseln unwirks, die für nachträgl Abreden die Schriftform vorschreiben, die Fällig des WkLohns auf 2 Mo nach Prüfg der Schlußrechng hinausschieben u den SubUntern schuldunabhäng zur Termineinhaltg verpflichten (Karlsr NJW-RR **93**, 1435). Dagg kann der VerjBeginn für GewLAnspr gg den SubUntern bis zum Beginn der Verj gg den HauptUntern hinausgeschoben w (s Schlünder aaO S 1060).

67

68

Bewachungsverträge: Klauseln, die die Haftg des Bewachers ohne Differenzierg nach dem Verschuldensgrad u den in Betracht kommden PersKreis ausschließen od summenmäß begrenzen, sind auch im kaufm Verk unwirks (BGH NJW **99**, 1031). BewachV 7, der zum Abschluß einer HaftPflVersicherg verpflichtet, räumt dem Verwder keine über die §§ 9 ff hinausgehde Möglichk der Freizeichng ein (BGH aaO). Eine Regelg, nach der der Anspr erlischt, wenn er nicht unverzügl schriftl angezeigt w, ist unwirks (BGH aaO). Die Überlassg eines Parkplatzes in einer Hotelgarage kann als MietVertr ohne BewachgsPfl ausgestaltet w (LG Köln VersR **83**, 69). **Bierlieferungsverträge:** Wird die Laufzeit, wie idR, dch IndVereinbg festgelegt, liegt die zul Höchstdauer bei 15 Jahren (§ 138 Rn 81). Bei formularmäß Festleggen ist wg § 24 nicht § 11 Nr 12, sond § 9 PrüfgsMaßstab. Dabei kommt der VO Nr 1984/83 der EG-Kommission vom 22. 6. 83 (ABl L 173/5 ff) Leitbildfunktion zu. Die in der VO festgesetzten Laufzeiten von 10 Jahren (Art 8 I d) bzw 5 Jahren (Art 8 I c) dürfen daher formularmäß nicht überschritten w (Staud/Coester Rn 439). Wirks sind: AusschließlichkBindg u die Sicherg dieser Bindg dch eine VertrStrafe (BGH WM **80**, 1309); Tagespreisklauseln (Hbg AGBE IV Nr 92 S 432); höheres Entgelt bei Unterschreitg des angenommenen Jahresbezugs (BGH NJW **90**, 569); Nachfolgeklauseln (Celle NJW-RR **99**, 1143); unwirks: Weiterbestehen der AbnVerpflichtg, obwohl die Brauerei das zur Vfg gestellte Inventar wg Zahlgsverzugs zurückgenommen hat (BGH NJW **85**, 2693);

69

70

Begründg einer AbnVerpflichtg, auch wenn das Darl nicht in Anspr genommen wird (BGH NJW **78**, 1519); Befugn, sämtl Rechte u Pflten auf eine and Brauerei zu übertragen (BGH NJW **98**, 2286). – In AGB für
71 **Breitbandkabelanschlüsse** ist die Festlegg einer Laufzeit von 12 Jahren wirks (BGH NJW **93**, 1133, Köln NJW-RR **97**, 751). Unwirks sind dagg PrErhöhgsklauseln ohne eine konkrete Beschränkg nach Grd u Höhe, Recht zum jederzeit Betreten des Grdst, Verpflichtg das Kabel nach VertrEnde weitere 5 Jahre zu dulden
72 (Kblz NJW-RR **94**, 689, zugl auch zu weiteren Klauseln). – **Bürgschaft:** Die formulargemäß Ausdehng der BüHaftg über die Fdg hinaus, die Anlaß der Verbürgg war, ist unwirks (BGH **130**, 19, **132**, 6, s näher § 765 Rn 20); zur Teilaufrechterhaltg der Klausel s § 6 Rn 6. **Wirksam** sind: Haftg für den Anspr aus § 812 bei Nichtigk des Darl (BGH NJW **92**, 1235); Abbedingg der Rechte aus §§ 776 u 770 (BGH **95**, 357, **78**, 141, NJW-RR **91**, 818, NJW **95**, 1888). Regelg, daß mehrere Höchstbetragsbürgsch nebeneinand gelten (Düss NJW-RR **89**, 1397). Hinausschiebg des FdgÜbergangs bis zur vollen Befriedigg des Gläub, sofern sich die
73 Bürgsch auf die GesVerbindlichk des Schu bezieht (BGH **92**, 382, NJW **87**, 375). **Unwirksam:** Aufhebg od Einschränkg der Akzessorietät der Bürgsch (BGH **95**, 356, NJW **93**, 1918); Ausgestaltg als Bürgsch auf erstes Anfordern (BGH NJW-RR **90**, 1266, NJW **98**, 2598); Abbedingg der Rechte des Bü aus §§ 768, 770, sofern die Einr od die GgFdg des HauptSchu unbestritten od rechtskr festgestellt ist (BGH NJW **81**, 762); Abbedingen der AnzeigePfl des § 777 I (Köln NJW **85**, 2723, Tiedtke DB **90**, 411, aA Hamm NJW **90**, 54); Verpflichtg des Bü zur SicherhLeistg (BGH **92**, 299) od Begründg von SichergR gg den Bü vor Fälligk seiner Schuld (BGH NJW **91**, 100); Verzicht des Bü auf die dem HauptSchu zustehde Einr der Verj (Walther NJW **94**, 2377); Umgestaltg der Bürgsch in eine Garantie (LG Köln NJW **83**, 892); Undchschaub Regelg über die Unübertragbark der Bürgsch (BGH **115**, 185); Klausel für AusfallBürgsch, nach der ein Ausfall 6 Mo nach Anzeige des Rückstands als festgestellt gilt (BGH NJW **98**, 2138).

74 **c) Chemischreiniger.** Unwirks ist die Haftgsbegrenzg auf das Fünfzehnfache des Entgelts, da eine sachgerechte Relation zur Schadenshöhe fehlt (Köln ZIP **81**, 1104, NJW-RR **98**, 997, aA KG VersR **78**, 1170). Sie ist aber dann wirks, wenn der Reiniger auf die Notwendigk einer Versicherg hinweist u diese zu angem Bdggen anbietet (BGH **77**, 133). Unwirks ist auch die Klausel, daß der Verwder nach Ablauf eines Jahres wie ein Eigtümer über die nicht abgeholte Sache verfügen darf (Köln aaO).

75 **d) Darlehen.** Unwirks: Ein jederzeit KündR des DarlG ohne wicht Grd (LAG Hamm ZIP **93**, 1254). Vgl auch Rn 61 u 88. – **Datenschutz** (s Bergmann/Möhrle/Herb DatenschutzR § 4 Rn 35 ff): Die fr Fassg der Schufa-Klausel war unwirks (BGH **95**, 362); dagg ist die nF unbedenkl (Dannemann/Stange ZIP **86**, 488, Weber WM **86**, 845). Unwirks ist die uneingeschränkte Einwilligg zur Datenspeicherg u Weitergabe in einem Leasing-Vertr (Karlsr MDR **96**, 1230), MobilfunkVertr (Düss NJW-RR **97**, 374, Schlesw NJW-RR **98**, 54), Kreditkarten- od BankVertr (BGH NJW **99**, 1864); ebso die Einwilligg zur Veröffentlichg eines Bildes u der Personaldaten bei einem Gewinnspiel (Karlsr NJW-RR **88**, 302). – **Dienstverträge.** Die Regelg in einem BeraterVertr, wonach der AuftrG iF der Künd vor Ablauf der vertragl Mindestdauer analog BGB 649, 615 zur Vergütg der nicht mehr erbrachten Dienste verpflichtet ist, ist wirks (BGH NJW **94**, 1069). Unwirks ist eine Regelg, nach der der DienstN sein Honorar nur erhält, wenn der von ihm betreute Kunde zahlt (BGH NJW-RR **96**, 1009).

76 **e) EDV-Verträge:** Unwirks: Kumulierg eines RücktrR mit einem SchadErsAnspr (BGH **113**, 60); Verpflichtg, Software nur auf Hardware des Verwders zu benutzen (Ffm NJW **91**, 2160); CPU-Klausel (Ffm NJW-RR **95**, 182, AGB-Klauselwerke/Hoeren HardwareVertr Rn 18, str); Regelg in einem EDV-MietVertr, daß jede „technologische Anpassg" die Mietzeit um 72 Mo verlängert (Köln NJW **94**, 1483); Erfordern einer
77 Zustimmg des Lieferanten zur Weiterveräußerg (Brem BB **98**, Beil 4 S 4). – **Ehe- und Partnerschaftsvermittlung:** Die Ausgestaltg als DienstVertr mit erfolgsunabhäng VergütgsPfl ist wirks (BGH **87**, 313). Bedenkl ist aber die Beschränkg der Leistg auf die einmalige Herstellg eines Adressendepots (LG Hildesheim FamRZ **89**, 387). Das KündR des Kunden aus §§ 627, 626 kann nicht abbedungen w (BGH **106**, 341, NJW **99,** 276), ebsowenig das bei einem EhemaklerVertr bestehde WiderrufsR (Karlsr OLGZ **79**, 68). Laufzeitregelgen (§ 11 Rn 76 ff), die das KündR aus § 627 nicht ausdr aufrechterhalten, sind unwirks (BGH NJW **99,** 276). Für die Rückabwicklg gilt § 10 Nr 7. Zurückzuerstatten ist neben den vorausgezahlten MoBeiträgen auch ein Teil des Grd- od AufnBeitrags, da der Verwder die Vorlauf- u Allgemeinkosten nur *pro rata temporis* ansetzen darf (BGH NJW **91**, 2763, Nürnbg NJW-RR **97**, 1556). Formularmäß Einwilliggen zur Datenweitergabe an and Institute sind unwirks (Düss NJW-RR **95**, 369), ebso die zur Datenübermittlg an Interessenten, wenn sie auch vertraul höchstpersönl Informationen betrifft (Düss aaO). Zul ist eine zG des Vermittlers wirkde Laufzeitbegrenzg auf 6 Mo, auch wenn der Vertr auf den Abruf von 20 PartnerschVorschlägen angelegt ist (LG Hbg NJW-RR **93**, 759); ebso die allg übl Vorleistgsklausel (BGH **87**, 318) u die Klausel, daß der Ehemakler erst nach Zahlg des Entgelts tätig zu werden braucht (BGH NJW **86**, 928). Wird die Ausarbeitg eines Partnerschaftsvorschlages scheinb zum Ggst eines WkVertr gemacht, handelt es sich dagg um eine gem § 9 I unzul VertrGestaltg (Hbg NJW **86**, 325, aA Peters NJW **86**, 2681, s § 656 Rn 8). –
78 **Eigentumsvorbehalt:** Der einfache EV (§ 455 Rn 13) ist als das angem Sichergsmittel des WarenkreditG grdsl unbedenkl (allgM). Er setzt sich idR auch ggü Abwehrklauseln des Käufers dch (§ 2 Rn 28), gibt dem Verkäufer jedoch nicht das Recht, die Sache vor Ablauf der NachFr des § 326 herauszuverlangen (BGH **54**, 214). Eine solche Befugn kann aber dch eine entspr ausdr Klausel begründet w (Schlesw NJW-RR **88**, 1460, Wo/Ho/Li Rn E 27). Der erweiterte EV („KontokorrentVorbeh" § 455 Rn 18) ist im kaufm Verkehr grdsl zul (BGH **94**, 111, **98**, 307, NJW **94**, 1154). Dagg ist er im Verhältn zum Letztverbraucher gem § 9 unwirks (Ffm NJW **81**, 130, Kblz NJW-RR **89**, 1460). Unwirks ist auch der gg § 455 II verstoßde sog KonzernVor-
79 beh (§ 455 Rn 19). Der **verlängerte** EV (§ 455 Rn 17) wird ausschließl im kaufm Verk verwendet u ist dort grdsl zul (BGH **94**, 111). Er muß aber dem Erfordern der Bestimmbark genügen (§ 398 Rn 17). Zum Problem der Übersicherg bei revolvierden Sicherh s Rn 129. Die Verpflichtg zur Weiterleitg des EigtVorbeh ist bei einem Verkauf an einen Weiterverkäufer jedenfalls dann unwirks, wenn er mit einem Kontokorrent-Vorbeh kombiniert w (BGH NJW **91**, 2286). Zum Konflikt mit der Globalzession s § 398 Rn 24.

80 **Einbeziehungsklauseln:** Klauseln, dch die der Verwder auf seine AGB hinweist, entsprechen dem § 2 u sind daher zul (KG ZIP **82**, 188). Sie können im Verf gem §§ 13 ff nicht mit der Begründg angegriffen w, der Hinw erfolge erst nach VertrSchl (BGH NJW **83**, 2026). Der Zusatz, die AGB würden auf Wunsch übersandt, erweckt den unricht Anschein, der Verwder erfülle hierdch seine Obliegenh aus § 2, u ist daher unzul (LG

Ffm NJW-RR **92**, 443). Die formularmäß Erkl des Kunden, er anerkenne die AGB, ist unbedenkl, *arg* § 2 (BGH NJW **82**, 1388). Sie verstößt aber gg § 11 Nr 15 b, wenn der Kunde zugl (zu Unrecht) bescheinigt, er habe von den AGB Kenntn genommen (Hbg DB **84**, 2504) od die Möglichk zur zumutb Kenntnisn gehabt (BGH NJW **90**, 765). Wird in einer Klausel die Geltg von AGB unabhäng vom Vorliegen der Voraussetzgen des § 2 postuliert, ist sie gem § 9 II Nr 1 unwirks (Bunte AGB- Handbuch S 59 f). – **Einkaufsbedingungen** 81
(AGB-Klauselwerke/v Westphalen, VertrR S 65). **Unwirksam:** Schuldunabhäng SchadErsPfl außerh des Anwendgsbereichs der §§ 463, 480 II (Wo/Ho/Li Rn E 73). Klausel, daß alle BeschaffenhAngaben zugesicherte Eigensch sind (Schmidt NJW **91**, 147). GarantieVerspr des Kunden zG des Verwders (BGH NJW **88**, 2537). RücktrR des Käufers bei Nichtgefallen (BGH NJW **97**, 2043). Fixklausel für alle LieferVerpfl (BGH **110**, 96). Abbedingg der §§ 377, 378 HGB für offene Mängel (BGH NJW **91**, 2634, str für QualitätssichergsVereinbgen, Rn 119). Meistbegünstiggsklausel, die dem Käufer sämtl günstigeren Konditionen and Abnehmer einräumt (BGH **80**, 43). SelbstnachbessergsR des Käufers (Schmid DB **87**, 2623); Unterbrechg der Verj mit jeder Nachbesserg (Ul/Br/He § 11 Anh 298). Verlängerg der VerjFr des § 477 auf 3 Jahre (BGH **110**, 92), jedoch kann eine Verlängerg bis zu 2 Jahren hinnehmb sein (BGH aaO). Verpfl zur Übertragg von SchutzR u zur Übereigng des zur Herstellg verwandten Werkzeugs (Wellenhofer-Klein BB **99**, 1121). Vgl auch Karlsr (Urt v 20. 8. 99, 15 U 43/98): 24 Klauseln der EinkaufsBdggen der Bauhausgruppe unwirks. **Wirksam**: AbtrVerbote (§ 399 Rn 9); Ausschl des EigtVorbeh in den AGB eines Supermarktes (BGH NJW **81**, 281). – **Erbbaurecht:** Kaufzwangklauseln können gg § 9 I verstoßen (ErbbRVO 2 Rn 4). – **Erfüllungs-** 82
ortklauseln sind im nichtkaufm Verk für die Bestimmg des GerStands ohne Bedeutg (ZPO 29 II). Materiellrechtl verstoßen sie gg § 269 u sind daher unwirks (Kblz NJW-RR **89**, 1460). Da iF der Wandlg ErfOrt der Ort ist, an dem sich die Sache vertrgem befindet (§ 269 Rn 15), können dem Käufer nicht formularmäß die Kosten der Rücksendg auferlegt w (Stgt MDR **99**, 469). Im kaufm Verk kann der Käufer das Transport-Risiko (§ 447) nicht auf den Verkäufer überwälzen, wenn er diesen verpflichtet, den Transport mit einem best Spediteur dchzuführen (Ffm NJW-RR **95**, 439); iü gilt Rn 87 entspr.

f) Fahrschulen. Text BAnz **93**, 2683. Der Vertr mit der Fahrschule ist ein DirektunterrichtsVertr. Es gilt 84
daher Rn 133. – **Fitness-Verträge** (Dittrich VuR **99**, 25). Unwirks sind: Formularmäß Erkl über den 85
GesundhZustand des Kunden (BGH NJW-RR **89**, 817, Stgt NJW-RR **88**, 1082). Haftgsbeschränkgen auf Vors u grobe Fahrlässigk (Stgt aaO, Hamm NJW-RR **92**, 242, Mü NJW-RR **95**, 1467). Haftgsausschluß für mitgebrachte Sachen (Düss NJW-RR **92**, 55). Recht des Betreibers zur Leistgsänderg (Hamm NJW-RR **92**, 445). Verpflichtg zur Weiterentrichtg des Entgelts, obwohl der Kunde die Einricht nicht nutzen kann (BGH NJW **97**, 193, 195). Ausschluß des KündR aus wicht Grd (Mü NJW-RR **95**, 1467, AG Langen NJW-RR **95**, 823). UU Laufzeit-, Künd- u VertrVerlängergsregelgen (§ 11 Rn 78 ff) u Regelgen über Mahngebühren (§ 11 Rn 24). Gesamtfälligk des Entgelts kann bei Verzug mit 2 MoBeiträgen begründet w (Celle NJW-RR **95**, 370), nicht aber bei Verzug mit einem Beitrag (Mü NJW-RR **95**, 1467). – **Flugbeförderungsbedin-** 86
gungen. Unwirks sind: Vollständiger Ausschluß der Haftg für Verspätgsschäden, § 11 Nr 7 u 8 (BGH NJW **83**, 1324); Recht zur einseitigen Änderg des Flugplans, § 10 Nr 4 (BGH aaO); zur Absage von Flügen, § 10 Nr 3 (BGH aaO); Haftgsausschluß für Schäden dch eine vom Luftfrachtführer zur Vfg gestellte Unterkunft, § 11 Nr 7 (BGH aaO); Beweislastklausel zum Nachteil des Fluggastes, § 11 Nr 15 (BGH aaO); Verpflichtg zur Zahlg des vollen Flugpreises bei Rücktritt nach „Anmeldeschluß", § 10 Nr 7 (BGH NJW **85**, 633). Wirks: Recht der Fluggesellsch, die Beförderg von verspätet eintreffden Fluggästen abzulehnen (Düss NJW-RR **93**, 823). – **Franchiseverträge:** AGB-Klauselwerke/v Westphalen, Franchising. –

g) Garantiebedingungen sind unwirks, soweit sie Beschränkgen des Garantieumfangs vorsehen, die mit 87
den berecht Erwartgen des Verbrauchers unvereinb sind (s BGH NJW-RR **91**, 1013). – **Genußscheinbedingungen** s BGH **119**, 312. – **Gerichtsstandklauseln:** Sie verstoßen im nichtkaufm Verk gg ZPO 38, 689 II u sind daher unwirks (Düss NJW-RR **95**, 440). Im Verk zw Vollkaufleuten sind GerStandsKlauseln grdsl zul (Hbg VersR **86**, 808, 1023, Karlsr NJW **96**, 2041, Ffm NJW-RR **99**, 604, wohl auch BGH NJW **96**, 3013). Die Klausel ist im kaufm Verk auch wirks, wenn sie zugl ggü Verbr verwandt w (Ffm MDR **98**, 664, Vollkommer MDR **97**, 231, aA LG Karlsr NJW-RR **97**, 56). GerStandsKlauseln verstoßen aber gg § 9, wenn für Verwder u Gegner ein gemeins GerStand besteht (Köln ZIP **89**, 1068), wenn ein GerStand best wird, der weder mit dem VertrInh noch mit dem GeschSitz des Verwders in ZusHang steht (LG Konstanz BB **83**, 1372). Unvereinb mit § 9 ist die Regelg, daß das AG am Sitz des Verwenders auch für landgerichtl Streitwerte zuständ ist (Heinrichs NJW **97**, 1415, aA LG Frankenthal NJW **97**, 203). Die Zustdgk eines ausl Ger kann nach dem RGedanken des fr § 10 Nr 8 nur bei einem anerkennenswerten Interesse des Verwders begründet w (Landfermann BB/AWD **77**, 448). – **Gläubigerverzug:** Unwirks: Übergang der PrGefahr auf den Käufer „mit Ablauf des vereinbarten Liefertermins", § 9 II Nr 1 iVm § 294, 299 (BGH NJW **85**, 323). –
Grundpfandrechte: Wirks: KündR iF eines Eigtümerwechsels (BGH **76**, 372, BayObLG DNotZ **81**, 128), 88
Unterwerfg unter die ZwVollstr (BGH NJW **87**, 906); Verpflichtg zur Abgabe einer UnterwerfgsErkl (BGH NJW **91**, 2560); Begründg einer persönl Haftg, die aber iZw nicht zu einer Verdoppelg der Haftgssumme führt (Hamm NJW-RR **91**, 819); formularmäß Schuldanerkenntn (§ 11 Rn 91); Erstreckg des Sichergzwecks auf künft Fdgen (BGH **100**, 84, NJW **91**, 3142). AbtrVerbot für GrdSchRückgewährAnspr, zumindest wenn die GrdSch von einem Dr bestellt worden ist (BGH NJW **90**, 1601). Unwirks: Klausel, wonach die GrdSchuld eines Dr zur Sicherg weiterer Kredite in Anspr genommen werden kann (§ 1191 Rn 39); Begründg einer persönl Haftg des Dr (BGH **114**, 13, Oldbg NJW-RR **90**, 1523); Ausschluß des ÜbertraggsAnspr bei Nichtentstehg der persönl Fdg (BGH **106**, 375); Zugangsfiktion für KündErkl, § 10 Nr 6 (BayObLG NJW **80**, 2818); Entgelt von 30 DM für die Erteilg einer Löschgsbewilligg (BGH **114**, 333); Recht des Verwders, Zahlgen nach seinem Ermessen abw von § 366 zu verrechnen (BGH NJW **99**, 2043); uU Verzugszinsklauseln (§ 11 Rn 23). Die nachträgl **Tilgungsverrechnung,** insbes bei AnnuitätenDarl, 90
verstößt gg das Äquivalenzprinzip (Brem NJW **91**, 1837). Sie enthält aber keine unangem Benachteiligg, wenn der Kunde auf ihre zinssteigernde Wirkg unzweideut hingewiesen worden ist (BGH **106**, 47, **116**, 2, stRspr), etwa dch rechtzeit Information über die Effektivverzinsg (BGH NJW **92**, 1098); andf ist sie wg Verletzg des Transparenzgebotes unwirks (BGH **106**, 47, Rn 15). Unwirks Klauseln: BGH **112**, 117, **116**, 3, NJW **92**, 1098, 1108, **97**, 1068. Mit dem Transparenzgebot vereinb ist trotz der Abweichg von BGB 608 die

Regelg, daß der DarlN eine Zinsen u Tilgg umfassde gleichbleibde Jahresleistg in vierteljährl Teilbeträgen zu zahlen hat (BGH NJW **93**, 3261). Bei Bausparkassen hält der BGH eine nachschüss Tilgsverrechng für zul (BGH NJW **91**, 2561, aA AG Münster NJW **99**, 2050). Die etwaige Neuberechng der Zinsen hat unter taggenauer Berücksichtigg des Tilgsanteils aller Raten nach der bankübl linearen, unterjährige Zinzeszinsen nicht berücksichtigden Methode zu erfolgen (BGH NJW **95**, 2286).

91 **h) Haftungserweiterungen:** Der Grds, daß der Schu nur haftet, wenn er den Schaden zu vertreten hat, ist ein wesentl Grundgedanke des bürgerl Rechts. Die formularmäß Begründg einer schuldunabhängigen Haftg ist daher gem § 9 II Nr 1 unwirks (BGH **114**, 242, **119**, 168). Das gilt insbes für Haftgsklauseln in Einkaufsbedinggen (Rn 81), in FormularmietVertr (Rn 110), in ReiseVertr (BGH **119**, 168), in AGB für den Scheck-Verk (BGH NJW **97**, 1700, 2237) u für Kreditkarten (BGH **114**, 242). Unwirks ist auch die Abbedingg von gesetzl Haftgsmildergen, etwa des § 300. Im Verhältn zu Untern kann es ausnw aus bes Grden zuläss sein, eine
92 auf dem Prinzip der **Risikobeherrschung** beruhde schuldunabhäng Haftg des Verwdgsgegners zu begründen (s BGH **72**, 178, **LM** § 138 (Bb) Nr 1), nicht aber ggü Verbrauchern (BGH **114**, 242). Die Klausel in einer Altschuldenregelg, daß alle Vergünstiggen (Rangrücktritt, Teilerlaß) bei einem Verstoß gg übernommene Verpfl
93 schuldunabhäng entfallen, ist mit § 9 II Nr 1 unvereinb (KG VIZ **98**, 408). – **Handelsvertreterverträge:** Wirks: Entgelt für die Einräumg eines AlleinvertriebsR (BGH NJW-RR **93**, 376); VertrStrafe für mißbräuchl Nutzg von Kundenanschriften (BGH NJW **93**, 1787). Unwirks; Laufzeitregelg, die eine Beendigg des Vertr gg den Willen des Prinzipals ausschließt (Mü NJW-RR **97**, 1057); Entgelt für Ausbildg od VertrAbschluß, wenn ihr keine GgLeistg des Verwders ggü steht (Hamm NJW-RR **90**, 567, LG MöGladb NJW-RR **91**, 1207); Verpfl zum KostenErs für die Überlassg von Adressen (Saarbr NJW-RR **97**, 99); intransparentes Verbot der Tätigk für ein and Untern, das nach dem gleichen „Verkaufssystem" arbeitet (Mü NJW-RR **95**, 292); bindde Festlegg eines vom Vertreter zu erzielden Mindestumsatzes (AGB-Klauselwerke/v Westphalen Rn 19); Wegfall der ProvisionsPfl für währd der VertrZeit geschlossene Vertr, die 6 Mo nach VertrEnde noch nicht ausgeführt worden sind (BGH NJW **98**, 629); Einschränkg des ZbR des Vertreters (BGH **129**, 186). Wirks: Regelg, daß der Vertreter iF
93 a der Künd von der Weiterführg der Gesch entbunden w kann (BGH aaO). – **Heimverträge** (Gaiser NJW **99**, 2311). Wirks: Verpflichtg zur Fortentrichtg des Entgelts bis zu einem Mo nach dem Tod des Bewohners (LG Hildesheim NJW-RR **92**, 1276); Regelg, daß der Bewohner iF eines Krankenhausaufenthalts 75% des Pflegesatzes weiterzuentrichten hat (Hamm NJW-RR **94**, 888); keine Reduktion des Entgelts bei Abwesenh bis zu 2 Tagen (Nürnbg NJW-RR **98**, 780, Düss VuR **99**, 279), volles Entgelt für den Tag des Ein- u Auszugs (s BGH NJW **99**, 864). Unwirks: Verpflichtg zur Vorausentrichtg der Vergütg für die gesamte VertrZeit ohne ausr Sicherstellg der Anspr des Kunden (Zweibr NJW-RR **98**, 1753); Haftg des Bewohners für Schäden, die von Gästen verursacht worden sind, soweit die Grenzen des § 278 überschritten w (Ul/Br/He § 11 Anh Rn 421); Begründg eines schuldunabhäng KündR zG des Betreibers s BGH NJW **89**, 1674 (Zahlgsrückstand) u LG Düss NJW-RR **91**, 697 (Störg der Heimordng); Regelg, die dem Betreiber eine betreuerähnl Stellg einräumt (KG NJW **98**, 829, LG Düss aaO); Recht der Heimleitg zur Verlegg des Bewohners bei „betriebl Anlaß" od „Bedarf" (KG NJW **98**, 829, LG Düss NJW-RR **91**, 696). Zu PrErhöhgsklauseln s BGH NJW **95**, 2923.

94 **i) Inkassoverträge:** Unwirks: Verpflichtg zur Zahlg einer leistgsunabhäng Vorabvergütg (LG Bonn NJW-RR **98**, 1743). Vgl auch AGB/Klauselwerke/v Westphalen, InkassoBdggen u zu **Internet-Provider-Verträgen** Spindler BB **99**, 2037.

95 **k) Kabelanschlußverträge:** Unwirks Laufzeit von 20 Jahren (BGH NJW **97**, 3022). – **Kaufverträge:** EinkaufsBdggen s Rn 81. – **aa) Allgemeines.** Die GewlRegelg der §§ 459 ff ist nur in den Grenzen des § 11 Nr 10 abänderb (s dort). Die RMängelhaftg ist Ausdr eines wesentl GrdGedankens des bürgerl Rechts (§ 9 II Nr 1) u daher grdsl formularmäß Ändergen entzogen. Im kaufm Verk kann jedoch, soweit es um die Verletzg von PatentR geht, eine HaftgsBeschrkg auf Vors u grobe Fahrlässigk vertretb sein (s Link BB **83**, 1885). Auch für die Erweiterg der Verzugshaftg des Käufers setzt das AGBG enge Grenzen (Keim DNotZ **99**, 612). Zum Vorbeh der Selbstbelieferg s § 10 Rn 18. Der Käufer kann verpflichtet w, Transportschäden in einer TatbestdAufn feststellen zu lassen (BGH NJW-RR **87**, 742). Für die Pflten aus der VerpackV ist eine mit dem Zweck der Regelg im Einklang stehde Ausgestaltg dch AGB nicht ausgeschlossen (Flanderka BB **92**, 1577). Wird für die verkaufte Sache ganz od teilw eine **Garantie** übernommen, sind Regelgen, die die Garantie weitgehd aushöhlen unwirks (BGH NJW-RR **91**, 1014). Eine Verpfl, Taschenkontrollen zu dulden, kann nur bei einem konkreten Diebstahlsverdacht begründet werden (BGH NJW **96**, 2574). Unwirks: Formularmäß VorleistgsPfl des Käufers (BGH NJW **99**, 2180). Verpflichtg des Käufers zum AufwendgsErs, auch wenn der Verkäufer den Rücktr zu vertreten hat (Düss MDR **98**, 1405). Teilliefergsklausel ohne Einschränkg dch ein ZumutbarkKriterium (Stgt NJW-RR **95**, 116). Klausel, die den Abschluß einer TransportVers beim Versendgskauf in das Belieben des Verkäufers stellt (Stgt aaO). Bei Bauplatzverkäufen im sog **Einheimischen-Modell** sind Regelgen über ein WiederkaufsR der Gem, eine BauPfl u eine Verhinderg von spekulativen Weiterverkäufen grdsl wirks (Mü NJW **98**, 1962, LG Karlsr DNotZ **98**, 483, LG Traunstein NJW-RR **99**, 891). Sie können aber gg § 9 verstoßen, wenn sie dem Erwerber übermäß Beschränkgen auferlegen (Hamm NJW **96**, 2104). BauGB 11 begründet für städtebaul Vertr mit § 9 übereinstimmende InhSchranken („angemessen"), ist aber wohl keine § 9 verdrängde SonderRegelg (str, s BayVerfGH DNotZ **99**, 639, VGH Mü NVwZ **99**, 1008). Der **Auktionator** kann formularmäß bestimmen, daß der Einlieferer von Kunstwerken für
96 etwaige Mängel nach KaufR haftet (Zweibr NJW **98**, 1409). – **bb) Gebrauchtwagen.** Text der Konditionenempfehlg s BAnz **91** Nr 172. Wirks sind: BindgsFr von 10 Tagen für das VertrAngebot des Käufers, § 10 Nr 1 (Eggert BB **80**, 1827); Verzugszinsen von 2% über Bundesbankdiskont/Basiszinssatz, § 11 Nr 5 (BGH NJW **82**, 331); Pauschalierg des NichtErfSchadens auf 15% (§ 11 Rn 23); EigtVorbeh einschließl RücknKlausel (Rn 78). Auch die GewlRegelg, nach der Nachbesserg nach Maßg eines schriftl Zustandsbericht geschuldet w, ist wirks (Wo/Ho/Li Rn G 69 ff), da sogar ein völliger Haftgsausschluß zul wäre (§ 11 Rn 72). Unwirks ist dagg die Schriftformklausel für einen verbindl Liefertermin u für EigenschZusichergen (Rn 128). Zur
97 InhKontrolle von AGB über einen GebrauchtwagenvermittlgsAuftr s Stgt NJW-RR **88**, 891. – **cc) Neuwagen.** Text der Konditionenempfehlg s BAnz **91** Nr 133 Die fr in den AGB vorgesehene Tagespreisklausel ist unwirks (BGH **82**, 24, § 11 Rn 8). Dagg sind wirks:Verzugszinsen von 2% über dem Bundesbankdiskont/ Basiszinssatz (BGH NJW **82**, 331); Schriftformklausel für verbindl Liefertermine (BGH aaO); „unechte"

NachFr (§ 10 Rn 6)) von 6 Wo (BGH aaO); Dreijahresgarantie nur bei Wartg in einer autorisierten Werkstatt (Nürnbg NJW **97**, 2186); Pauschalierg des NichtErfSchadens auf 15% (§ 11 Rn 23); nicht aber ein RückkaufR in den ersten 12 Mo zu einem erhebl unter dem MarktPr liegden Preis (Köln NJW-RR **93**, 824). – **dd) Möbel:** Unwirks: Klausel, wonach Teillieferg en zul sind (Hamm NJW-RR **87**, 316, zugl zu 18 weiteren Klauseln), SelbstbeliefergsVorbeh ohne konkr DeckgsGesch (Kblz NJW-RR **93**, 1078), Haftgsbeschränkg auf Vors u grobe Fahrlässigk (Kblz aaO), SchadErsPfl des Kunden bei verspäteter Abnahme von 1% des Kaufpreises (Kblz aaO), WertmindergsEntsch von 100% bei Rückgabe von Bettwäsche, Matratzen, Gardinen u Dekorationsstoffen (Kblz aaO, zugl zu 12 weiteren Klauseln), Klausel, daß über den Auftr hinausgehde Arbeiten zu angem Preisen in Rechng gestellt w (Ffm BB **94**, 1170, zugl zu 4 weiteren Klauseln); Haftg des Käufers für die Zugänglichk der Wo bei Freihauslieferg (Kblz NJW-RR **97**, 436). Vgl ferner BGH NJW **85**, 320. – **Konnossemente:** Zu den Anfordergen an die drucktechnische Gestaltg s BGH NJW **83**, 2772, NJW-RR **86**, 98
1311, Mü NJW-RR **89**, 805, Rabe TransportR **85**, 83; zur InhKontrolle: Brem VersR **86**, 680, Rabe TranspR **87**, 128, Fischer-Zernin VersR **86**, 418. – **Kostenvoranschlag:** Die formularmäßß Begründg einer VergütgsPfl 99
ist unwirks (BGH NJW **82**, 765). Unbedenkl ist dagg die Kostenübernahme in einer besonders unterzeichneten Erkl (KG ZIP **82**, 1333). Das dem Kunden bei Überschreitg des Anschlags zustehde KündR aus § 650 kann nicht abbedungen w, ebsowenig sein SchadErsAnspr aus pVV (Ul/Br/He § 11 Anh 449).

Krankenhausverträge, Ärzte. Konditionenempfehlg BAnz **86** Nr 415 u dazu Düss NJW-RR **88**, 885, 100
BGH NJW **90**, 763. Wirks sind: Haftgsausschluß für einf Fahrlässigk hins der Obhut über eingebrachte Sachen des Patienten (BGH aaO). Eigentumsübergang hins zurückgelassener u trotz Aufforderg binnen 12 Wo nicht abgeholter Sachen(BGH aaO). HonorarAnspr für einen fest vereinbarten, vom Patienten aber nicht eingehaltenen Termin (AG Brem NJW-RR **96**, 819). **Unwirksam** sind: Haftgsfreizeichngen für einf Fahrlässigk, soweit es um SorgfAnfordergen für Gesundh u Leben geht, § 9 II Nr 2 (Stgt NJW **79**, 2355, aA Deutsch NJW **83**, 1353 für kosmetische Operationen), aber auch für Schäden dch Reinigg od Desinfektion (BGH NJW **90**, 765). NachzahlgsPfl wg einer erst nach Beendigg der Behandlg genehmigten rückwirkden Pflegesatzerhöhg(BGH **105**, 160). Überschreitg des **Honorarrahmens** der GOÄ od GOZ (BGH **115**, 395), 101
insbes, wenn nur ein Rahmen bestimmt u dem Arzt die Festsetzg des Honorars überlassen wird (BGH NJW **98**, 1789), and wenn möglw der Kunde den Multiplikator selbst bestimmt hat (LG Düss NJW-RR **99**, 1046). Hilfsw Kostenübernahme dch Kassenpatienten (Köln VersR **87**, 792). Formularmäß Kostenübern dch den „AntrSteller“, der den Patienten eingeliefert h (LG Düss NJW **95**, 3062). KündR ohne wicht Grd u Bindg an eine unbekannte Hausordng (Stgt NJW-RR **88**, 891). Erklärg des Patienten, er sei umfassd u ordngsmäß aufgeklärt worden, § 11 Nr 15 (Wo/Ho/Li K 30). Verzicht auf das Recht zur Einsichtn in die Krankenunterlagen, § 9 II Nr 2; Einwilliggen in die Obduktion (LG Mainz VersR **88**, 725, Giesen JR **91**, 203, aA BGH NJW **90**, 2315). Vgl auch § 3 Rn 7.

Kreditkarten: (ja = unwirks, nein = wirks). Vertr mit **Karteninhaber** (Kunden): Ausschl des WiderrufsR 102
u des EinwendgsDchgriffs, nein (Schlesw WM **91**, 453, AG Ffm WM **94**, 1660, Taupitz NJW **96**, 218, Bitter BB **97**, 480, AGB-Klauselwerke/Pfeiffer Rn 67; aA möglw Karlsr NJW-RR **91**, 237), bei einem schweren u ow beweisb Mangel des ValutaVerh muß der Ausgeber den Widerruf aber beachten (Taupitz u Bitter aaO). Abwälzg des Risikos der Verfälschg von Belastgsbelegen dch Bedienstete des VertrUntern auf Kunden, ja (BGH **91**, 224). Schuldunabhäng Haftg des Kunden für den Mißbrauch der Karte, ja (BGH **114**, 242). Die schuldunabhäng Haftg bis zu einer niedrigen Höchstgrenze (100 DM) ist aber wirks, wenn die Haftgsbegrenzg auch für verschuldetes Abhandenkommen gilt (Taupitz, Bitter aaO). Haftg bei nicht rechtzeit Diebstahlsanzeige, nein (Hbg WM **86**, 353); sie muß aber auch bei verspäteter Anzeige mit deren Eingang beim Aussteller enden (Bambg NJW **93**, 2814). Zusatzentgelt für den AuslEinsatz der Karte od Barabhebgen, nein (BGH **137**, 27, LG Heilbronn NJW-RR **95**, 1987). Mithaftg des ArbN bei Verwendg der Firmenkarte, nein (Mü NJW-RR **88**, 1076, Ffm NJW-RR **89**, 1523, aA LG Brem ebda 1522). Mithaftg des ZusatzkartenInh für von ihm getätigte Belastgen, nein (Köln WM **93**, 369, LG Mü NJW-RR **92**, 1019, Taupitz aaO). Recht des Ausgebers zur Künd ohne wicht Grd, ja (BGH **125**, 343). Überziehgsgebühren, wenn der dem Kunden mitgeteilte Saldo nicht innerh der in den AGB festgelegten Fr ausgeglichen wird, ja (BGH aaO). ZinsPfl bei Überschreitg eines Zahlgstermins, die vor diesem Termin beginnen soll, ja (BGH aaO). Vertr mit **Vertragsunternehmer:** EinstandsPfl des VertrUntern für den Bestand der Fdg, nein (BGH NJW **90**, 2880). RückFdgsR des Ausgebers bei Mängeln des ValutaVerhältn, grdsl nein (str, s Bitter ZBB **96**, 117). Regelg, daß der Untern das Risiko eines Drittmißbrauchs auch dann tragen soll, wenn er allen SorgfPflten nachgekommen ist, ja (Taupitz NJW **96**, 221). Beschränkg der EintrittsPfl dch ein Limit u Pfl zur Deckgsnachfrage bei Überschreitg dieses Limits, nein (Ffm NJW-RR **91**, 1465).

l) Lagergeschäft: Unwirks sind auch nach der Neuregelg der Haftg dch HGB 475: Freizeichng für das 104
Abhandenkommen od die Beschädigg von Lagergut, §§ 11 Nr 7 u 8, 9 II Nr 2 (KG VersR **82**, 372, Hbg VersR **82**, 1104); Beweislastregelgen, wonach der Einlagerer die Beweislast für Umstände aus dem Bereich des Lagerhalters trägt, § 11 Nr 15 (KG aaO). – Verpfl zur Zahlg im **Lastschriftverfahren:** Wirks Verpfl zur Erteilg einer Einziehgsermächtigg (BGH NJW **96**, 988, Nürnbg NJW-RR **95**, 1144), unwirks die Verpfl zur Zahlg im AbbuchgsVerf (Kblz NJW-RR **94**, 689). – **Leasingverträge:** Die Probleme des AGBG sind in der 105
Einf 27 ff vor § 535 mitberücksichtigt. – Ein **Leistungsbestimmungsrecht** kann sich der Verwder nur 106
vorbehalten, wenn dafür ein berechtigtes Interesse besteht. Eine Befugn zur einseit Änderg wesentl VertrBdggen (Gebiet des VertrHändlers) kann nur dann formularmäß begründet w, wenn schwerwiegde Grde dies rechtfertigen (BGH **89**, 211). Erforderl ist weiter, daß die Voraussetzgen u der Umfang des LeistgsbestimmgsR hinreichd tatbestandl konkretisiert sind (BGH **82**, 26, **93**, 47, NJW **94**, 1063). Vgl zu **Preisänderungsklauseln** (Zinsändergsklauseln) § 11 Rn 9. Im kaufm Verk können LeistgsbestimmgsR (ÄndergsVorbeh) ausnweise auch ohne eine Konkretisierg zul sein, vorausgesetzt, daß die berecht Belange des and Teils ausr gewahrt sind. Das kann anzunehmen sein, wenn die Part im wesentl gleichgerichtete Interessen vertreten (BGH **93**, 259) od wenn die PrÄnderg auf den am Markt dchgesetzten Pr beschränkt w (BGH **92**, 203). Vgl zu Schiedsgutachten Rn 127. – **Leistungsverweigerungsrechte** s § 11 Rn 11 ff. – **Lohn- u Gehaltsabtretun-** 107
gen in den Bedinggen eines KreditkaufVertr verstoßen gg § 3, zugl aber auch gg § 9, da idR der EigtVorbeh zur Sicherg des Verkäufers ausr (Karlsr NJW **81**, 405, Hamm BB **83**, 1307). Entspr gilt für AbtrKlauseln in

MietVertr (LG Lübeck NJW **85**, 2958), LeasVertr (Celle NJW-RR **94**, 562) u in Bürgsch (SozG Düss NJW-RR **89**, 756). In KreditVertr sind AbtrKlauseln grdsl zul; sie müssen aber dem BestimmthErfordern genügen (BGH **108**, 98/104). Die Rspr, daß fehlde Vorkehrgen gg eine Übersichg u unangem Verwertgsregelgen die Abtr *im ganzen* unwirks machen (BGH aaO u NJW **92**, 2626) sind dch BGH GrZS **137**, 212 wohl überholt (Rn 129). Die Abtr ist aber ungült, wenn sie zu Lasten eines Schuldmitübernehmers erfolgen soll (Ffm WM **87**, 131) od wenn der Kredit dch eine SichgÜbereigng od in sonst Weise ausr gesichert ist (Ffm NJW **86**,
108 2712). – **Lotto- u Toto-Teilnahmebedingungen:** AusschlFr von 3 Mo für die Geltdmachg von Anspr sind zul (Celle NJW-RR **86**, 833), beim Rennquintett (Pferdewette) eine Fr von 13 Wo (BGH NJW **91**, 1745).

109 **m) Maklerverträge:** Unwirks: Alle Klauseln, die einen erfolgsunabhäng ProvAnspr begründen sollen (Rn 22); Klauseln über den Ers von Aufwendgen ohne Bezug zu dem im konkreten Fall entstandenen Aufwand (aaO); unkündb Maklerbindg für Vermietgen bei Kauf einer FerienWo (BGH NJW **86**, 1173). Zum
110 Leitbild s § 652. – **Mietverträge.** Ja = unwirks; nein = wirks. – **aa) Allgemeines.** Verpflichtg zur monatl Vorauszahlg der Miete, nein (BGH **127**, 249), and aber iVm einer AufrBeschränkg (BGH aaO). Verpflichtg, die Miete im LastschriftVerf zu zahlen, s Rn 104. Ausschluß der schuldunabhäng Haftg aus § 538, nein (BGH NJW-RR **91**, 74, **93**, 519). Begründg einer schuldunabhäng Haftg des Mieters, ja (BGH NJW **92**, 1762, LG Hbg NJW-RR **99,** 663), auch wenn sie auf Schäden begrenzt w, „die üblicherw versichert w können" (BGH aaO). Begründg einer über die Grenzen des § 278 hinausgehden Haftg des Mieters für Dr, ja (BGH NJW **91**, 1752), einer GesHaftg der Mieter bei Verstopfg der Kanalisation od bei sonst Schäden ungeklärter Ursache, ja (Hamm NJW **82**, 2005). Schriftform für die Erlaubn gem § 549, ja (BGH NJW **91**, 1751). Freie Widerruflichk der Erlaubn zur Untervermietg, ja (BGH NJW **87**, 1692). Abbedingen des § 568, nein (BGH aaO). Recht zur Büchereinsicht bei Umsatzmiete ohne konkreten Anlaß, ja (Emde WuM **96**, 740). SchuldMitÜbern des alten Mieters für den in den Vertr eintretden neuen, ja (Düss NJW-RR **94**, 1015). Zusicherg des
111 Mieters, er habe keine eidesstattl Vers abgegeben, ja (KG MDR **99**, 923). – **bb) Wohnraummiete.** Abwälzg der **Schönheitsreparaturen** auf den Mieter, grdsl nein (BGH **92**, 367, **101**, 261, **105**, 77, NJW **98**, 3114, näher § 536 Rn 12). Verpflichtg zur Dchführg von **Kleinreparaturen,** ja (BGH **118**, 194). Wirks ist aber die Überwälzg der Kosten, wenn sie auf die Teile der Mietsache beschränkt w, die häufig dem Zugriff des Mieters ausgesetzt sind, u wenn eine Jahreshöchstgrenze festgelegt ist (BGH **108**, 7, NJW **91**, 1752); diese darf eine Monatsmiete nicht übersteigen (Hbg NJW-RR **91**, 1168). Beteiligg an den Kosten größerer Reparaturen u Neuanschaffgen, ja (BGH aaO, Ffm NJW-RR **98**, 368). – Freies BestimmgsR des Vermieters über den Umleggsmaßstab für Nebenkosten, ja (BGH NJW **93**, 1062). EntgeltsPfl des Mieters für die Führg des Kautionskontos, ja (LG Mü NJW-RR **98**, 417). Zusätzl Belastg mit einer Verwalterpauschale, ja (LG Brschw NJW-RR **91**, 1230, WoM **96**, 283). Ausschluß der Vermieterhaftg für die verspätete Überlassg der Wo, ja
112 (Mü NJW-RR **89**, 1499). Totales Verbot der **Tierhaltung,** ja (BGH NJW **93**, 1062), mit Ausn für Zierfische u Ziervögel, nein (AG Essen NJW-RR **96**, 139). Verbot der Haltg von Hunden u Katzen, angebl ja (AG Köln NJW-RR **95**, 1416). Rauchverbot, ja (aA Brötel JuS **93**, 681). Einschränkg der HeizPfl des Vermieters uU ja (BGH NJW **91**, 1753; Ffm NJW-RR **92**, 397). Überwälzg der Gehwegreinigg auf den Erdgeschoßmieter, nein (Ffm NJW **89**, 41; LG Marburg NJW-RR **90**, 1484). Umfassdes Zutrittsrecht des Vermieters, ja (Mü NJW-RR **89**, 1499). Verlängerg der KündFr auf 6 Mo, nein (Zweibr NJW-RR **90**, 148). Gesamtwirkg der von einem Mieter ausgesprochenen Künd, ja (LG Bln MDR **83**, 757). VollmKlauseln s Rn 143. KünR des Vermieters allein wg der Garage bei einheitl Vertr über Wo u Garage, ja (AG Menden ZMR **99**, 263). Verpflichtg, bei Mietende Dübeleinsätze u Bohrlöcher zu beseitigen, ja (BGH NJW **93**, 1063). Verpflichtg, den Teppichboden bei Mietende dch Fachfirma reinigen zu lassen, ja (LG Stgt NJW-RR **89**, 1170). Aufwandspauschale bei vorzeitiger Aufhebg des Vertr auf Wunsch des Mieters, nein (Hbg NJW-RR **90**, 909). –
113 **cc) Geschäftsräume.** Überwälzg des Risikos des Fehlens einer behördl Gen auf den Mieter, ja (BGH NJW **88**, 2664, NJW-RR **93**, 519, Köln VersR **95**, 840). Überwälzg der InstandhaltgsPfl auf den Mieter, ja (Dresd NJW-RR **97**, 395). Verpfl des Mieters zum Abschl von VersVertr zur Sichg des MietObj, idR nein (Haase WiB **97**, 1074), Rechtzeitigkeitsklausel, die auf den Eingang der Miete auf dem Vermieterkonto abstellt, nein (BGH NJW **98**, 2664). Ausschluß des Konkurrenzschutzes des Mieters, nein (Hbg NJW-RR **87**, 403; Düss BB **92**, 1889). BetrPfl des Mieters, nein (Düss NJW-RR **99**, 305). Überwälzg der ZweckentfremdgsAbgabe, nein (KG NJW **96**, 1224). KündRegelg bei Zahlgsverzug des Mieters, die vom Leitbild des § 554 erhebl abweicht, ja (BGH NJW **87**, 2506). Ausschluß des SonderKündR des BGB 549 I 2, ja (BGH **130**, 50). Regelg, die einen Teil 30 Jahre bindet, dem and aber ein 6-monatiges KündR einräumt, ja (Hbg NJW-RR **92**, 75). Ausschluß der ipso-jure-Wirkg der Minderg u Verweis des Mieters auf § 812, nein (BGH **91**, 383,
114 NJW-RR **93**, 519, Hamm NJW-RR **98**, 1020). – **dd) Werbeflächen, Messestände, Schrankfächer usw.** Längere Laufzeit als 3 Jahre bei Werbeflächen, ja (LG Ffm NJW-RR **89**, 888). Laufzeitverlängerg um 3 Jahre bei NichtKünd, ja (Ffm NJW-RR **89**, 176, aA LG Gießen NJW-RR **90**, 567). Laufzeit von 30 Jahren bei Vertr über das Aufstellen von Werbetafeln, ja (s Celle NdsRpfl **90**, 10, aA Hamm NJW-RR **92**, 270); völliger Ausschluß des ordentl KündR, ja (LG Kassel NJW-RR **95**, 269). Recht auf Zuweisg eines and Platzes bei Miete eines Messestandes, ja (Köln NJW-RR **90**, 1232). BetrPfl für den Mieter eines Marktstandes, nein (BGH NJW-RR **92**, 1033). HaftgsAusschl für einfache Fahrlässigk bei Schrankfach-Miete, nein (Kblz NJW-RR **97**, 331). An das Kostendeckgsprinzip gebundenes Recht zur Mieterhöhg, nein (Köln NJW-RR **90**,
115 401). Vorauszahlgsklausel in Tennisplatz-MietVertr, nein (Düss NJW-RR **99**, 1437). – **ee) Kraftfahrzeuge.** Ausschluß der Vermieterhaftg auch für grobes Verschulden u die Verletzg von Kardinalpflten, ja (Hbg NJW-RR **89**, 881, Ul/Br/He § 11 Anh Rn 513). Verpflichtg des Mieters, den Vermieter von allen Anspr Dr freizustellen, ja (Ffm DB **82**, 948). Hinausschieben des Beginns der VerjFr des § 558, ja (BGH NJW **84**, 289, **86**, 1609, Karlsr NJW-RR **92**, 244). Verpflichtg, währd der Reparaturzeit die volle Miete weiter zu entrichten, wohl nein (Zweibr VersR **81**, 962). Formularmäß Bestätigg der gefahrenen Km, ja (Hbg NJW-RR **89**, 882). Ist gg Zahlg eines zusätzl Entgelts zG des Mieters eine Haftgsfreistellg vereinbart worden, muß
116 diese dem **Leitbild der Kaskoversicherung** entsprechen (BGH **70**, 309, NJW **81**, 1211, Düss BB **97**, 702). Der Ausschluß der Haftgsfreistellg bei Überlassg der Pkw-Führg an einen Dr (BGH NJW **81**, 1211) od bei Nichtbeachtg der Dchfahrtshöhe einer Unterführg (Köln OLGZ **82**, 371) sind daher unwirks, ebso ein HaftgsVorbeh für einf Fahrlässigk des Fahrers (BGH NJW **82**, 987) u für das Fehlen einer einjährigen

Fahrpraxis des Fahrzeuglenkers (Hamm NJW-RR **92**, 1275). Wirks sind dagg die sog Führerscheinklausel (BGH NJW **84**, 290) u die Klausel, daß der Verzicht auf eine polizeil UnfallAufn zum Wegfall der Haftgsfreistellg führt (BGH NJW **82**, 167, Stgt VersR **88**, 98). – **ff) Technische Anlagen.** Überwälzg der gewöhnl 117
Erhaltgskosten bei Miete einer Baumaschine, nein (Saarbr NJW-RR **97**, 248). Pauschalierg des NichtErfSchadens auf 50% der ausstehden Entgelte bei Vertr über Fernsprechnebenanlage, nein (§ 11 Rn 23). Laufzeit von 10 Jahren, nein (BGH NJW **85**, 2328, Karlsr NJW-RR **94**, 953, Düss BB **97**, 1439, aA LG MöGladbach NJW-RR **97**, 1082, Löwe NJW **95**, 1726), von 12 Jahren beim Breitbandkabelanschluß, nein (BGH NJW **93**, 1133), aber 10 Jahre ja bei Vertrag über Anrufbeantworter im nichtkaufm Verk (LG Hildesheim NJW-RR **89**, 56, Löwe aaO, aA Strauß NJW **95**, 697). PrAnpassgsklausel, die eine Gewinnausweitg ermöglicht, ja (BGH NJW **90**, 116, ZIP **92**, 626, Köln VersR **95**, 796, § 11 Rn 8). – **gg) Wäsche.** Verpfl zur Übernahme iF der Künd zum Zeitwert u Festsetzg des Zeitwerts auf mindestens 50% des Widerbeschaffgswertes, ja (Celle NJW-RR **98**, 998). – AGB von **Mobilfunkbetreibern.** Unwirks: RücktrR des Betreibers bei Zw an der 117 a
Kreditwürdigk des Kunden (Düss NJW-RR **97**, 374). Recht des Betreibers, die RufNr des Kunden aus technischen od betriebl Grden zu ändern (Schlesw NJW-RR **98**, 54). Ausschluß von Einwendgen, wenn sie nicht binnen 1 Mo geltd gemacht worden sind (Schlesw aaO, aA Köln WiB **97**, 1316). Völlige Haftgsfreistellg des Betreibers im ZusHang mit Leistgen ausl Betreiber (Düss aaO). Abkürzg der VerjFr für SchadErsAnspr gg den Betreiber auf 2 od 3 Jahre (Düss u Schlesw aaO).

p) Parkplatz s Rn 69 „BewachgsVertr". – **Pfandrechte:** Einf 9 ff v § 1204. – **Postdienst-AGB.** Es gelten 118
die in allen Postdienststellen ausliegden AGB. Deren krit Überprüfg dch Rspr u Lit steht noch aus. Vgl aber BGH NJW **95**, 875 u H. M. Schmid, PostbefördergsVertr u AGBG, 1995, ferner zu den Bdggen des Postzeitgsdienstes BGH NJW **96**, 2374. – **Preisänderungsklauseln** s § 11 Rn 2 ff. – **Qualitätssicherungsver-** 119
einbarungen. Die Abbedingg der HGB 377, 378 ist – ebso wie in EinkaufsBedinggen Rn 81 – grdsl unwirks (D. Schmidt NJW **91**, 150; Grunewald NJW **95**, 1778; sehr str, aA Steinmann BB **93**, 873), jedoch ist eine zeitl Streckg des Untersuchgszeitraums zul (Schmidt aaO). Unwirks ist auch – ebso wie in EinkaufsBedinggen – die Qualifizierg aller BeschaffenhAngaben zu zugesicherten Eigensch (Schmidt S 147 Steckler WiB **97**, 1067) u die Auferlegg einer übermäß DokumentationsPfl (von Westphalen Rn 24), wirks die Begründg eines angem begrenzten Überwachgs- u ZutrittsR des Verwder (Schmidt S 150; von Westphalen Rn 24 u 26).

r) Rechtsanwälte: Die Zulässigk von vertragl Haftgsbegrenzgen wird nunmehr dch BRAO 51 a nF 120
geregelt. Haftgsbeschränkgen, die die Grenzen des BRAO 51 a einhalten, sind auch nach dem AGBG nicht zu beanstanden (§ 8 Rn 8). Unwirks sind: Abkürzg der ohnehin recht kurzen 3jährigen VerjFr des § 51 b BRAO auf 2 Jahre (Bunte NJW **81**, 2660); Abkürzg der AufbewahrgsFr des BRAO 50 auf 1 Jahr (LG Kblz BB **87**, 1490); AbtrKlausel in VollmUrk (OVG Münst NJW **87**, 3029). – **Rechtsverfolgungskosten:** Die 121
Belastg mit Kosten der RVerfolgg, für deren Ers weder das materielle Recht noch die Vorschr der ZPO eine RGrdlage bieten, ist gem § 9 II Nr 1 unwirks (BGH NJW **85**, 324, LG Verden NJW-RR **87**, 430). Unbedenkl ist aber die Abwälzg der Kosten einer DrittwiderspruchsKl, soweit diese zur Verteidigg des Sichergs- od VorbehEigt des Verwders notw war (BGH NJW **93**, 657). – **Reiseverträge** (AGB-Klausel- 122
werke/Kappus: Reise u HotelaufnBdggen). Die Verbandsklage (§ 13) ist auch zul, wenn die Klausel bereits wg Verstoßes gg die §§ 651 a ff unwirks ist (BGH **87**, 197, **119**, 166). Der Veranstalter, auch der Anbieter von FerienWo, der die zu erbringden Leistgen als eig offeriert hat, kann sich nicht auf eine Vermittlerklausel berufen, §§ 651 a II, 9 II Nr 1 (BGH **119**, 166). Unwirks nach dem AGBG sind: Preisändergsklauseln (§ 11 Rn 5), für die jetzt aber auch die Schranken des § 651 a III u IV nF gelten, Vorbeh zum Rücktr od zur LeistgsÄnderg, soweit sie die Beschrkgen des § 10 Nr 3 und 4 nicht beachten (s dort); Beschränkg des Leistgsumfangs dch Verweis auf Landesüblichk (BGH **100**, 173); die Fiktion, daß eine Umbuchg als Rücktr verbunden mit einem neuen VertrAngebot aufzufassen ist, § 10 Nr 5 (BGH **119**, 169); Haftgsausschluß für die Verletzg der Pfl, den Reisden ungefragt über die Einreisebestimmgen des Ziellandes zu unterrichten (BGH NJW **85**, 1165; LG Ffm NJW-RR **87**, 175); HaftgsAusschluß des Anbieters von FerienWo für Verpfl des WoEigtümers (BGH **119**, 166); Haftgsbeschränkg auf den gezahlten Preis (BGH **119**, 167); GewLAusschluß für Mängel, die nicht unmittelb dem Obj anhaften (BGH **119**, 172); Begründg einer schuldunabhäng Haftg des Reisden (BGH **119**, 168); unrichtige Darstellg der Obliegenh des Reisden beim Auftreten von Mängeln u Nichterreichbark der örtl Reiseleitg (BGH **119**, 170, NJW **93**, 263); AbtrVerbot bei ausschließl AnsprBerechtigg des Anmelders (BGH **108**, 55); Regelg, daß Mängelanzeigen u Abhilfeverlangen bei Fehlen einer örtl Reiseleitg nur an die Zentrale zu richten sind (BGH aaO); Klausel, daß die für die FerienWo gestellte Kaution erst 2 Wo nach Abreise zu erstatten ist (BGH **109**, 37); in einer Rückzahlgsquittg enthaltener umfassder Verzicht auf GewlAnspr (LG Ffm NJW **83**, 234), Klauseln, die die Empfangszuständigk des Reisebüros für AnsprAnmeldgen, RücktrErkl u ähnl ausschließen od beschränken (LG Ffm NJW-RR **87**, 745, Mü NJW-RR **87**, 493, aA LG Kleve NJW **99**, 1117), HaftgsAusschl od Beschränkgen, die die Schranken des § 651 h nicht einhalten (Düss NJW-RR **87**, 888, Mü aaO). Dagg sind grdsl **wirksam:** Begründg einer 123
VorleistgsPfl des Reisden, jedoch nur in den Schranken des § 651 k nF (§ 11 Rn 12), HaftgsBeschrkgen auf den dreifachen Reisepreis in den Grenzen des § 651 h, jedoch darf die Haftg für delikt Anspr nicht beschränkt w (BGH **100**, 182, Tempel NJW **96**, 1627); Entschädiggsregelgen für den Fall des Rücktr gem § 651 i II u III (dort Rn 4), Ausdehng der 6monatigen VerjFr des § 651 g II auf alle vertragl Anspr (LG Ffm NJW **82**, 1538, aA Mü NJW-RR **87**, 493). – **Reparaturverträge** (AGB-Klauselwerke/v Westphalen: ReparaturVertr). 124
Unwirks sind: Vorleistgsklauseln, idR auch Verpflichtgen zur Leistg von Abschlagszahlgen, § 9 II Nr 1 iVm § 641 (Ul/Br/He § 11 Anh 601); ZahlgsPfl für eine erfolglose Fehlersuche, § 9 II Nr 1 iVm § 631 (Ul/Br/He aaO); Erweiterg des Auftr auf Arbeiten, die der Handw für notw hält (BGH **101**, 311, Köln NJW **86**, 2579); GewlRegelgen, soweit sie mit § 11 Nr 10 unvereinb sind (s dort); Haftgsausschluß für einf Fahrlässigk, § 9 II Nr 1 u 2 (Ul/Br/He aaO Rn 602). Wirks sind dagg: Vereinbg einer Vergütg nach Zeit (Stgt NJW-RR **91**, 252); Haftgsbegrenzgen für einf Fahrlässigk, soweit sie in einem angem Verhältn zum vertragstyp Schadensrisiko stehen (Wo/Ho/Li R 139), AusschlußFr für die Beanstandg von Rechngen (Wo/Ho/Li R 129). Vgl auch bei „Kostenvoranschlag", „PfandR", „WerkVertr" u „WartgsVertr". – **Rücktrittsrecht** des 125
Verwendgsgegners iF der Schlecht- od NichtErf: Unwirks ist die Befristg auf 1 Wo u das Erfordern einer schriftl RücktrErkl (Köln DB **88**, 1488), ebso ein freies RücktrR des Verwders (BGH NJW **97**, 2044).

126 **s) Schiedsvereinbarungen** bedürfen bei Beteiligg eines Verbr der Form des ZPO 1031 V. Sie können wg der inhaltl Ausgestaltg (§ 24 a Rn 43) od wg der Umst ihres Zustandekommens (§ 24 a Nr 3) gg § 9 verstoßen. Im Verk zw Untern sind Schiedsklauseln wg des gemeins Interesses an einer raschen Streiterledigg idR mit § 9 AGBG vereinb (Schwab-Walter 4. Aufl S 44). Sie sind aber unwirks, wenn sie Teil eines vorformulierten VertrWerkes sind, das in wesentl Pkten gg das AGBG verstößt (BGH **115**, 325, krit Schumann NJW **92**, 2065) od wenn sie dem Verwder bei der Besetzg des SchiedsGer ein Übergewicht einräumt (Düss NJW **96**, 400), wenn sie für den Verwder ein WahlR zw Schieds- u StaatsGer vorsieht u dieses auch
127 noch ausgeübt w kann, nachdem der and Teil das StaatsGer angerufen hat (BGH NJW **99**, 282). – **Schiedsgutachten** (§ 317 Rn 4) können dazu beitragen, bestehden Streit zu vereinfachen u seine Beilegg zu beschleunigen. Schiedsgutachtenklauseln verstoßen nicht gg § 11 Nr 15, aus § 9 ergeben sich aber folgde Anfordergen: (1) die Unparteilichk des Schiedsgutachters muß sichergestellt sein, entweder dch Auswahl einer auch aus der Sicht des Verwendgsgegners vertrauenswürd Stelle od dch Einräumg eines AblehngsR (Naumbg VIZ **98**, 412, 415, ähnl Ul/Br/He § 11 Anh 620, AGB-Klauselwerke/v Westphalen Rn 12); (2) im SchiedsgutachtenVerf muß ein Anspr auf rechtl Gehör bestehen (LG Ffm NJW-RR **88**, 1133, Wo/Ho/Li § 9 Anh Rn S 24, aA Ffm DB **87**, 2195); (3) das Recht, das Schiedsgutachten wg offenb Unrichtigk anzufechten (§ 319 Rn 3 ff), darf nicht eingeschränkt w (BGH **101**, 317, Köln NJW **86**, 2580); (4) Die Nachteile, die dem Kunden aus einem möglicherw unrichtigen Gutachten entstehen können, dürfen nicht unverhältnismäß sein (BGH **115**, 331). Bei Häusern ist die Feststellg od Nichtfeststellg von Mängeln mit so erhebl Risiken verbunden, daß eine Schiedsgutachtenklausel unwirks ist (BGH **115**, 331, Düss BauR **95**, 559). Die Klausel, wonach ein Gebrauchtwagen zum DAT-SchätzPr – x% in Zahlg genommen w, ist nur wirks, wenn der Kunde darüber aufgeklärt w, daß die DAT nicht den VerkWert, sond den HändlereinkaufsPr ermittelt (s BGH NJW **83**, 1854). – **Schlüsseldienst:** Die Regelg, daß der Verwder bei Nichtabholg nach angem Fr leistgsfrei w, ist wirks (BGH NJW **92**, 1628), ebso eine BindgsFr von 5 Jahren, wenn es allein um den Ers verlorener Schlüssel geht (KG NJW-RR **94**, 1267).

128 **Schriftformklauseln:** Soweit sie für Nebenabreden u VertrÄndergen konstitutiv die Einhaltg der Schriftform fordern, verstoßen sie gg § 4 (dort Rn 5), sind aber zugl auch gem § 9 unwirks (Karlsr NJW **81**, 406, Hamm NJW-RR **94**, 631, Ul/Br/He § 11 Anh 634, Teske Schriftformklauseln in AGB, 1990, str); das gilt auch für Klauseln, nach denen eine Vergütg für eine Zusatzleistg eine schriftl Vereinbg voraussetzt (Karlsr NJW-RR **93**, 1435). Dem entspr im wesentl die Rspr des BGH (NJW **82**, 1389, **83**, 1853, **85**, 321, **86**, 1809), der aber fallbezogen Ausn zuläßt (BGH NJW **80**, 235, **82**, 333); soweit die Klausel entgg § 125 Rn 14 für VertrÄndergen die Einhaltg der Schriftform vorschreibt, ist sie auch nach der Rspr des BGH auf jeden Fall unwirks (BGH NJW **91**, 1751, 2559, **95**, 1488). **Bestätigungsklauseln,** die die Wirksamk mdl Abreden von einer schriftl Bestätigg abhängig machen, sind gleichf wg unangem Benachteiligg des Verwendgsgegners unwirks (Ul/Br/He aaO, Teske aaO S 279 ff). Dagg sind **personenbezogene** Bestätiggsvorbehalte an sich zul, soweit sie Zusagen betreffen, die ohne Vertretgsmacht abgegeben worden sind. Sie erfassen idR aber auch Zusagen, für die nach HGB (50 ff) od nach den Grds der Duldgs- od AnschVollm Vertretgsmacht besteht, u sind dann wg des Verbots geltgserhaltder Reduktion im ganzen unwirks (s BGH NJW **82**, 1390, AGB-Klauselwerke/v Westphalen Rn 29). **Vollständigkeitsklauseln** sind wirks, soweit sie ledigl die Vermutg der Vollständigk u Richtigk der Urk wiederholen (BGH **79**, 287, **93**, 60, NJW **85**, 2331); sie verstoßen dagg gg §§ 4, 9 u 11 Nr 15, soweit sie eine unwiderlegb Vermutg begründen sollen (Wo/Ho/Li § 9 S 50). – Das formularmäß **Schuldanerkenntnis** zG eines VerkBetr kann gg § 9 verstoßen (Karlsr NJW **91**, 112).

129 **Sicherungsübertragungen:** Es ist mit § 9 vereinb, daß die SichgÜbereigng (SichgAbtr) nicht auflösd bedingt ausgestaltet w (BGH NJW **84**, 1184). Der GrZS des BGH hat die Rspr des VII., VIII., IX., u XI. ZS (vgl 57. Aufl), daß die Bestellg von **revolvierenden Sicherheiten** nur wirks sei, wenn die formularmäß Regelg dem SichgG iF einer nachträgl Übersichg einen FreigabeAnspr einräume u diesen angemessen ausgestalte, aufgegeben (BGH **137,** 212). Nach den Grds des GrZS hat der SichgG bei revolvierden Sicherh iF nachträgl Übersichg einen ermessensunabhäng FreigabeAnspr. Das gilt auch dann, wenn der SichgVertr keine od nur eine ermessensabhäng FreigabeRegelg enthält. Formularmäß Regelgen, die den FreigabeAnspr des SichgG einschränken od ausschließen, sind unwirks, der Vertr im übrigen bleibt aber wirks (so jetzt auch XI. ZS BGH **138**, 367 u VIII. ZS NJW-RR **98**, 1132). Enthält der Vertr keine od eine unangemessen hohe Deckgsgrenze, so beträgt diese unter Berücksichtigg der Kosten der Verwaltg u Verwertg der Sicherh, bezogen auf den realisierb Wert des SichgGutes, 110% der gesicherten Fdgen. Allgemein gült Maßstäbe für die Bewertg der SichgGgstde lassen sich im voraus weder bei der SichgÜbereigng noch bei der Globalzession festlegen. Die Grenze für das Entstehen eines FreigabeAnspr liegt nach dem RGedanken des § 237 S 1 idR bei 150% des Schätzwertes des SichgGutes. Die 150% enthalten auch die Kosten, die dch den Zuschlag von 10% auf die Deckgsgrenze erfaßt werden sollen. Die Kosten rechtfertigen daher keinen Zuschlag auf die
130 150%. – **Sportcenter** s Fitness-Center. – **Steuerberater:** Haftgsregelgen, die StBerG 67 a entspr, sind nicht zu beanstanden (§ 8 Rn 8). Das KündR aus § 627 kann nicht abbedungen w (Kblz NJW **90**, 3153). Auch Abkürzgen der ohnehin recht kurzen 3jährigen VerjFr des § 68 StBerG sind nicht zul (Rn 136).

131 **t) Telekom.** Es gilt die aGrd des TKG 41 erlassene TKV, sie unterliegt als Ges im mat Sinn nicht den Schranken des AGBG (Schulz NJW **99,** 765). – **Treuhandanstalt.** Währd die von den Erwerbern übernommenen ArbPlatzzusagen u InvestitionsVerpfl idR individuell ausgehandelt worden sind (Düss VIZ **97**, 437), sind die beim Verkauf von Untern u Grdst verwandten formularmäß Klauseln (GewLAusschl, Verzugsregelgen, VertrStrafen, Nachbewertg, Mehrerlösabführg) AGB (s BGH ZIP **96**, 1997, NJW **98**, 2600). Sie verstoßen aber wg der von der TrHand (jetzt BvS) wahrzunehmden AllgInteressen idR nicht gg § 9 (s Wächter/Kaiser/Krause WM **92**, 293, Messerschmidt WiB **94**, 337, Hormann VIZ **94**, 5, aA Kiethe NZG **99**, 919 u öfter). Das gilt insbes für den GewLAusschluß (LG Bln ZIP **94**, 1320), Nachbewertgsklauseln (Rstk OLG-NL **99,** 123, str) u Mehrerlösklauseln (Arenz/Boz Ali VIZ **97**, 395). Verschuldensunabhäng VertrStrafen für die NichtErf von Investitions- u ArbPlatzZusagen verstoßen nicht gg § 9 (s BGH NJW **99**, 2662, Hamm DtZ **96**, 351, aA Rstk OLG-NL **99**, 38). Die Strafhöhe ist, auch wenn für beide PflVerletzgen Strafen zu entrichten sind, nicht unverhältnismäß, wenn sie an den Umfang der geschuldeten Leistg anknüpfen u dch ihn begrenzt w (BGH NJW **98**, 2600, **99,** 2662). Unangem Schadenspauschaliergen (BGH ZIP **96**, 1997),

Klauseln über FälligkZinsen (BGH NJW **98**, 991, Blank DNotZ **98**, 345), übermäß hohe VertrStrafen sind aber unwirks (Brdbg VIZ **96**, 735, Düss VIZ **97**, 437), ebso gg die BRAGO verstoßde standardisierte Vergütsregelgen für Liquidatoren (BGH NJW **98,** 3567). Ist eine Nachbewertgsklausel unwirks (kein RücktrR bei übermäß NachFdg, keine ErstattgsPfl bei Wertminderg), ist sie iW ergänzder VertrAuslegg dch eine angemessene Regelg zu ersetzen (Rstk OLG-NL **96**, 241, aA Naumbg VIZ **98**, 412).

u) Unterrichtsverträge. – aa) Für den **Fernunterricht** gilt das den Teilnehmer umfassd schützde Fern- 132
USchG (Einf 22 ff v § 611), das weder dch IndVereinbg noch dch AGB zum Nachteil des Teilnehmers geändert w kann. Die AGB-InhKontrolle hat daher nur geringe prakt Bedeutg. – **bb)** Beim **Direktunterricht** ist eine 133
VorleistgsPfl des Schülers unwirks, §§ 614 BGB, 9 II 1 (Ffm OLGZ **93**, 247, Celle NJW-RR **95**, 1465, Wienands MDR **96**, 661). PrÄndergsKlauseln sind unwirks, wenn der Erhöhgsbetrag bereits bei VertrSchl in den Pr hätte einkalkuliert w können (Dörner NJW **79**, 248). Außerdem gelten die Grds von BGH NJW **85**, 856: Die Klausel muß die Voraussetzgen u das Ausmaß der PrÄnderg konkret bezeichnen u dem Schüler für den Fall der Erhöhg ein KündR einräumen. Währd der Schulferien ist der Schüler nicht zur Fortentrichtg des Entgelts verpflichtet (Ffm OLGZ **93**, 247). Das KündR aus wichtigem Grd (§ 626) kann nicht abbedungen w. Entspr gilt für das KündR aus § 627, dessen Voraussetzgen beim Direktunterrichtsvertrag aber idR nicht erfüllt sind (BGH **90**, 281, Celle NJW **81**, 2762, Köln NJW **83**, 1002). Das ordentl KündR kann dch Bestimmg einer festen **Laufzeit** ausgeschlossen w. FernUSchG 5, der ein unabdingb KündR erstmals zum 1. Halbjahrschluß 134
vorsieht, ist weder direkt noch entspr anwendb (BGH **90**, 284). Andererseits steht § 11 Nr 12 a der Anwendg von § 9 auf kürzere als 2 jährige Laufzeiten nicht entgg (BGH **120**, 113, and aber BGH NJW **97**, 739 zu FitnessVertr). Bei Vollzeitunterricht wird die zul Höchstlaufzeit bei 1 Jahr liegen (AGB-Klauselwerke/v Westphalen Rn 27, in der Tendenz auch BGH **90**, 285), bei einer Ausbildg zum Tänzer, Musikdarsteller u Tanzlehrer ist eine Bindg von 21 Mo zu lang (BGH **120**, 108), bei einer Ausbildg zur Krankengymnastin eine Bindg von 2 Jahren od 21 Mo (KG NJW-RR **89**, 1075, MDR **94**, 348), bei einer Heilpraktikerausbildg eine Bindg von 20 od 24 Mo (Karlsr AGBE V Nr 82, Köln MDR **98,** 1212, LG Bln NJW-RR **86**, 989, **89**, 765, LG Hbg NJW-RR **91**, 373, LG Braunschw MDR **95**, 894, aA Mü NJW-RR **90**, 1016); dagg soll bei einer Ausbildg zum Psychotherapeuten eine Laufzeit von 20 Mo zul sein (AG Krefeld NJW-RR **95**, 55); die etwa entstehde Regelgslücke ist dch ergänzde Auslegg zu schließen (§ 6 Rn 6), vielfach dahin, daß ein KündR zum Ende des Schuljahres od Semesters begründet w (BGH **120**, 122). Bei InternatsVertr muß jeweils zum Ende des Schulhalbjahres eine KündMöglichk bestehen (BGH NJW **85**, 2586, Celle NJW-RR **95**, 1465), bei Schulgs-Vertr zur PersönlichkEntwicklg bereits nach 4 Mo (Celle OLGZ **93**, 367). Klausel, die für die VertrBeendigg trotz Erreichen des erstrebten Abschl eine Künd verlangt, ist unwirks (LG Bonn NJW-RR **99**, 1361).

v) Verjährung: Die **Verlängerung** der VerjFr des § 558 ist nach § 225 unwirks, dagg sind mittelb 135
Verlängergen dch Hinausschieben der Fälligk auch dch AGB nicht ausgeschl (BGH NJW **84**, 290). Sie sind aber nur wirks, wenn sie auf die berecht Belange des Mieters Rücks nehmen. Unwirks sind daher: Klauseln, die den VerjBeginn vom Ermessen des Vermieters abhäng machen u nicht gewährleisten, daß der Mieter Kenntn vom Beginn der Verj u deren Ablauf erlangt (BGH NJW **86**, 1609); Hinausschieben der Fälligk ohne zeitl Begrenzg bis der Vermieter Gelegenh hatte, die Ermittlgsakten einzusehen (BGH NJW **94**, 1788, Karlsr NJW-RR **92**, 244). Die Verlängerg der GewLFr für Flachdächer auf 10 Jahre ist wirks (BGH NJW **96**, 2155). Unwirks ist die Regelg, daß die VerjFr des § 638 durch jede Mängelrüge neu in Lauf gesetzt w (Düss NJW-RR **98**, 1028) u die Verlängerg der Fr des § 477 auf 3 Jahre (BGH **110**, 92). **Abkürzungen** der VerjFr müssen auf die berecht GläubInteressen Rücks nehmen. Die übermäß lange VerjFr des § 195 kann, abgesehen vom Fall der Argl, angem verkürzt w, zB für Sparbriefe auf 6 Jahre ab Fälligk (Hamm BB **99,** 1404), für VergütgsAnspr der freien Mitarbeiter der Rundfunkanstalten auf 3 Jahre (BGH **LM** (Cb) Nr 5 Bl 5). Dagg ist die Abkürzg der Fr des § 477 od des § 638 auch im kaufm Verk unwirks (BGH **90**, 273, NJW **99,** 2434). Die VerjFr für den tarifl NachFdgsAnspr des GüterVerkUntern kann auf 6, nicht aber auf 3 Mo abgekürzt w (BGH **104**, 294), die für Anspr aus dem GiroVertr auf 2 Jahre (BGH NJW-RR **88**, 561), die Fr des HGB 88 auf 6 Mo, wenn beide Part gleichbehandelt w u der VerjBeginn kenntnisabhäng ausgestaltet w (BGH NJW-RR **91**, 35). Ist der VerjBeginn kenntnisunabhäng, ist dagg auch eine Fr von einem Jahr zu kurz (BGH NJW **96**, 2099, Mü NJW-RR **96**, 991). Unbedenkl ist es, die VerjFr für konkurrierde od korrespondierde vertragl Anspr zu vereinheitlichen, etwa dch Erstreckg des § 638 auf Anspr aus pVV. Die VerjFr für **Schadensersatz-** 136
ansprüche aus Delikt (§ 852) darf weder direkt noch mittelb abgekürzt w (§ 9 II Nr 1 u 2), auch nicht die Fr des § 196 (Düss NJW-RR **88**, 147). Die VerjFr für vertragl SchadErsAnspr muß so bemessen sein, daß die berecht Belange des Geschädigten gewahrt sind. Unwirks daher die Abkürzg der VerjFr für SchadErsAnspr der Gesellschter einer PublikumsKG auf einen Zeitraum von weniger als 5 Jahren (BGH **64**, 244), für SchadErs-Anspr gg den Mobilfunkbetreiber auf 2 od 3 Jahre (Schlesw NJW-RR **98**, 54, Düss NJW-RR **97**, 374) u Abkürzg der VerjFr des BRAO 51 b (Rn 120) od des StBerG 68 (BGH **97**, 25, NJW **90**, 2465, NJW-RR **91**, 599). Für Anspr gg den TrHänder einer BauherrenGemsch muß die VerjFr mindestens 3 Jahre betragen (BGH NJW-RR **91**, 1123, **92**, 532). Die VerjFr für Anspr gg den Frachtführer kann seit der Reform des TransportR nur noch dch IndVereinbg abgekürzt od verlängert w (HGB 439 IV). – **Verkehrsbetriebe:** Wirks: Daten- 137
verarbeitgsklausel u Forderg einer Einzugsermächtigg für Jahresabonnements (Celle VRS **76** Nr 99).

Versicherungsbedingungen. Auch die AVB von öffr Versicherern unterliegen der InhKontrolle (BGH 138
111, 297). Risikobeschreibgen sind aber nur mit den sich aus § 8 ergebden Beschrkgen kontrollfähig (§ 8 Rn 3). Wenn § 9 anzuwenden ist, ist zur Konkretisierg der PrüfgsMaßstäbe in erster Linie auf das VVG abzustellen. Soweit das VVG keine Vorschr enthält, ist gem § 9 II Nr 2 auf den Zweck des VersVertr, notf auf § 242 zurückzugreifen (Bach/Geiger VersR **93**, 659, Schirmer DAR **93**, 321). Einzelfälle: Bdggsanpassgsklausel in der RSchutzVers s BGH NJW **99,** 1865; Bdggen der ArblosenVers s BGH NJW **99,** 2279; weitere Einzelfälle s NJW **99,** 1608. Vgl iü 57. Aufl, Präve VersBdggen u AGBG, 1998 u die VVG-Kommentare. – **Vertragshändler:** Unwirks: Ausschluß der Pfl zum Rückkauf des Ersatzteillagers iF einer Künd des Händlers 139
u für Teile, die älter als 3 Jahre sind (BGH **128**, 67); and aber iF einer unberecht Künd des Händlers (Mü NJW-RR **98,** 1563); Festlegg eines zu geringen Rückkaufswerts (Mü BB **96**, 1685). Zu den MusterVertr von Ford u Opel s BGH **89**, 206, **93**, 29; zu denen von Peugeot BGH NJW-RR **88**, 1077, von Daihatsu BGH **124**, 351, zur Bemessg der ordentl KündFr s BGH NJW-RR **95**, 1260, LG Stgt NJW-RR **99**, 329. –

Verzichtsklauseln, die vor allem in vorgedruckten Quittgen enthalten sein können, sind gem §§ 3 u 9 unwirks (LG Ffm NJW **83**, 234). Mindestvoraussetzg für einen zul Verzicht ist eine ausdr u gesonderte Erkl des Kunden. Der in einer AbfindgsErkl enthaltene Verzicht ist unwirks, soweit er Anspr gg Dr betrifft (BGH NJW **85**, 970, VersR **86**, 468).

140 Die **VOB/B** erfüllt alle Merkmale des AGB-Begriffs (allgM). Auch § 23 II Nr 5 geht davon aus, daß die Vorschr der VOB/B AGB sind. Verwder kann sowohl der AuftrN als auch der AuftrG sein; verlangen beide die Einbeziehg der VOB/B ist das AGBG unanwendb (§ 1 Rn 10, str). Die in der VOB/B vorgesehenen ErklFiktionen (§§ 12 Nr 5 u 15 Nr 3 S 5) u die Abkürzg der GewlFr auf 2 Jahre (§ 13 Nr 4) sind gem § 23 II Nr 5 einer InhKontrolle entzogen, sofern die VOB/B **als Ganzes** ohne ins Gewicht fallde Einschränkgen einbezogen worden ist (BGH **96**, 133, § 11 Rn 71). Die übrigen Vorschr der VOB/B halten richterl InhKontrolle stand. Sie verstoßen nicht gg die Klauselverbote der §§ 10 u 11: Die Pauschalierg des Verzugsschadens in VOB 16 Nr 5 III 2 ist mit § 11 Nr 5 vereinb (Ul/Br/He § 11 Anh 913). Der Anspr auf Abschlagszahlgen (VOB/B 16 Nr 1) mildert ledigl die VorleistgsPfl des AuftrN u ist daher auch gem § 11 Nr 2 unbedenkl (BGH NJW **85**, 852). Die ursprüngl gg VOB/B 6 Nr 6 wg § 11 Nr 7 u 8 b bestehden Bedenken sind dch die Neufassg der VOB/B von 1979 ausgeräumt worden. Zweifelh ist jedoch, ob VOB/B 13 Nr 7 mit § 11 Nr 11 vereinb ist (s Nürnb NJW-RR **86**, 1347). Die übr Regelgen der VOB könnten,
141 wenn überhaupt, nur gem § 9 beanstandet w. Bei der **Inhaltskontrolle nach § 9** ist aber zu berücksichtigen, daß die VOB eine kollektiv ausgehandelte u im ganzen ausgewogene Regelg ist. Das schließt es aus, einz ihrer Vorschr gem § 9 für unwirks zu erklären (BGH **86**, 141, NJW-RR **91**, 535, 727, stRspr). And ist es, wenn die VOB/B nicht als ganzes vereinb, sond ihre Ausgewogenh dch Zusatzabreden in ihrem Kernbereich verändert w (BGH **101**, 357, NJW **95**, 526, stRspr). Bei der dann notw **isolierten Inhaltskontrolle** sind unwirks: § 16 Nr 3 II 1 (BGH **101**, 357, **138**, 176). § 16 Nr 6 S 1 (BGH **111**, 397). § 2 Nr 8 I 1 (BGH **113**, 322). Auch bei einer isolierten InhKontrolle wirks sind dagg: VOB/B §§ 1 Nr 4 S 1, 2 Nr 5 S 1 u 18 Nr 4 (BGH **131**, 392 u bei einer interessengerecht Auslegg § 2 Nr 6 I S 2 (BGH **133**, 44) sowie im kaufm Verk
141 a § 10 Nr 2 II (BGH NJW **99**, 942). Ein Eingriff in den **Kernbereich** der VOB ist nach der Rspr vor allem in folgden Fällen zu bejahen: Recht des AuftrG, den Leistgsumfang zu verringern od den Vertr zu kündigen, u Beschränkg des VergütgsAnspr des AuftrN auf die bereits erbrachten Leistgen (BGH NJW **88**, 55, NJW-RR **90**, 156). Ausgestaltg des EinhPr als FestPr (BGH NJW **99**, 942). Recht des HauptUntern, vom Vertr mit dem SubUntern zurückzutreten u dessen Anspr auf die bereits erbrachten Leistgen zu beschränken, wenn der AuftrG die Arbeiten einstellt (BGH NJW **95**, 526). Beschränkg des Anspr auf Abschlagzahlgen auf 70% od 90% der erbrachten Leistgen (BGH **111**, 394, **113**, 315, Köln NJW-RR **95**, 1401). Wesentl Verschlechterg des VOB/B 2 zum Nachteil des AuftrN (BGH NJW-RR **91**, 534). Abnahme von längst beendeten Arbeiten erst im Rahmen einer GesSchlußAbnahme, Aufrechterhaltg von GewLAnspr wg Mängel, die vor der Abnahme erkannt worden sind, trotz Fehlens eines Vorbeh (BGH NJW-RR **91**, 1238, NJW **95**, 527). Verlängerg
142 der VerjFr für GewLAnspr auf 5 Jahre (Mü NJW-RR **95**, 1301). **Zusatzregelungen** zur VOB/B können unwirks sein, so die Klausel, daß zusätzl Leistg entgg VOB/B 2 Nr 6 nur bei schriftl Vereinbg zu vergüten sind (Düss BauR **89**, 335), die Klausel, daß der SicherhEinbehalt nicht auf Sperrkonto eingezahlt zu werden braucht (KG BauR **89**, 207) u die Regelg, daß die nicht in die Schlußrechng aufgenommenen Fdgsbeträge (sofort) erlöschen (BGH **107**, 208). Zu den sonstigen AGB im Bauwesen s Rn 67. – **VOL:** Der VOB/B 16 Nr 5 III 2 nachgebildete § 17 Nr 5 ist wirks (Querfeld BB **85**, 490, aA Wahl BB **84**, 644). Bedenkl sind dagg:
143 § 7 Nr 2 u 3; § 10 u § 17 (s näher Johannson BB **81**, 210, Ul/Br/He § 11 Anh 915). – **Vollmachtklauseln:** Die Klausel in einem FormularMietVertr, nach der sich Mitmieter ggs zur Entggn von Künd u and einseit WillErkl bevollmächtigen, ist wirks (BGH **136**, 314), nicht aber die ggs Bevollmächtigg zur Abgabe von WillErkl (Nürnbg NJW **88**, 1220, Ffm NJW-RR **92**, 396). Unwirks ist auch die Klausel in den AVB für RestschuldVers, daß der Rücktr auch ggü der Bank erklärt w darf (KG NJW-RR **92**, 860). Der Baubetreuer kann sich formularmäß eine unbegrenzte Vollm ausbedingen (BGH **67**, 336, Rn 64), nicht aber der im eig Namen tätige Bauträger (Nürnbg NJW **82**, 2326). Geht es dem Verwder ledigl darum, sich einen zusätzl Schu zu verschaffen, ist die VollmKlausel unwirks, so etwa die Vollm, dch die sich die AntrSt od KontenInh ggs zur weiteren KreditAufn bevollmächtigen (BGH **108**, 103, NJW **91**, 924, aA für das Girokonto Oldenbg NJW-RR **96**, 1201). Entspr gilt, wenn die VollmKlausel in einem RatenkreditVertr § 425 II unterläuft (BGH **108**, 99). Unwirks ist auch die unbeschränkte ggs Bevollmächtigg in einem BausparVertr (KG NJW-RR **90**, 553). Die TeilgsErkl kann die Vertretg auf Eheg, den Verwalter u and Eigtümer beschränken (BGH DNotZ **88**, 24). Sie kann auch vorsehen, daß nicht erschienene WoEigtümer dch den Verw vertreten w (Ffm OLGZ **86**, 45), **Beschränkungen** einer vom **Unternehmer** erteilten **Vollmacht** sind grdsl kontrollfrei (§ 1 Rn 4 a). And aber im Anwendgsbereich des § 24 a (dort Rn 7), nach der Rspr des BGH angebl auch dann, wenn der Verwder eine gesetzl ausgestaltete Vollm einschränkt (BGH NJW **99**, 1633). Die Vollm, die dem Angestellten des Verwders gem HGB 56 zusteht, kann nach dieser Rspr nicht formularmäß abbedungen w (BGH NJW **82**, 1390, Stgt BB **84**, 2218), ebsowenig die Duldgs- od AnschVollm, wohl aber die InkassoVollm, arg HGB 55 III (Hamm ZIP **82**, 590). Die EmpfangsVollm des VersAgenten für die bei Abschluß des Vertr abgegebenen Mitteilgen kann nicht ausgeschl w (BGH **116**, 387). Wirks ist aber die Klausel, daß *spätere* Mitteilgen, die das LebensVersVerhältn betreffen, dem Versicherer schriftl zugehen müssen (BGH NJW **99**, 1633). –
144 **Vorfälligkeitsklauseln,** wonach das RatenzahlgsR bei Zahlgsverzug des Kunden entfällt, haben keinen VertrStrafCharakter; Grdl der InhKontrolle ist vielm § 9 (BGH **95**, 372). Sie ist nur wirks, wenn der Eintritt der Fälligk auf schwerwiegde VertrVerletzgen beschränkt w (BGH aaO, Düss BB **97**, 699). Aus der Fassg der Klausel muß sich ergeben, daß sie unanwendb ist, wenn der Schu den Rückstand nicht zu vertreten hat (BGH NJW **85**, 1705, 2330). Das gilt auch im kaufm Verk (BGH **96**, 191). Soweit das VerbrKrG anwendb ist, muß die Klausel dessen § 12 entsprechen, bei and Vertr können auch Regelgen zul sein, die diesem strengen Standard nicht voll genügen (s BGH NJW **85**, 324). – **Vorleistungspflicht** s § 11 Rn 11.

145 **w) Wartungsverträge:** Die in DauerWartgsVertr enthaltenen PrÄndergsklauseln fallen nicht unter § 11 Nr 1, müssen aber den Anfordergen von BGH NJW **85**, 856 entspr: Die Klausel muß die Voraussetzgen u das Ausmaß der PrErhöhg konkret angeben u dem Kunden für den Fall der Erhöhg ein KündR einräumen (Celle AGBE V Nr 153). Beschränkgen des WartgsUmfangs können wirks sein (Mü BB **90**, Beil 10, S 9).

Wirks ist auch die Klausel „Fahrtzeit = Arbeitszeit", da die im Interesse des Kunden für die Fahrt aufgewandte Zeit gleich hohe Kosten verursacht wie die Arbeitszeit (BGH NJW **92**, 688, Thamm DB **85**, 375, aA BGH **91**, 316) Unwirks sind dagg: Klausel „Angefangene Stunden werden als volle berechnet" (Wo/Ho/Li W 12, aA Ffm AGBE IV Nr 123 S 488); VorauszahlgsPfl für ein ganzes Jahr (Mü OLGZ **91**, 358); Verfall des geleisteten u nicht verbrauchten Vorschusses bei Nichtverlängerg des Abonnements (LG Ffm NJW-RR **99**, 284); Laufzeit von 10 Jahren nur bei einer veralteten Telekommunikationsanlage (BGH NJW-RR **97**, 942), nicht bei einer neuwert (LG Bln NJW-RR **99**, 1436). Das BestimmgsR, ob Neu- od Austauschteile eingebaut w, kann nicht formularmäß auf den Untern übertragen w (Ffm aaO). Die GewLRegelg muß § 11 Nr 10 entspr. – **Werkverträge:** Vgl Rn 56 „ArchitektenVertr", Rn 67 „BauVertr", 146
Rn 99 „Kostenvoranschlag", Rn 124 „ReparaturVertr" u Rn 145 „WartgsVertr". Unwirks sind: Formularmäß Begründg einer VergütgsPfl für Kostenvoranschläge (BGH NJW **82**, 765) od für sonst Vorarbeiten (BKartA AGBE III Nr 98), es sei denn, daß der Kunde die VergütgsPfl in einer bes unterschriebenen Erkl ausdr übernimmt (KG aaO Nr 99); Klausel, daß Zusagen über die Fertigstellg von Reparaturarbeiten nur bei schriftl Bestätigg verbindl sind (BGH NJW **82**, 1389); Abbedingen des VergütgsAnspr aus § 649 S 2 (BGH **92**, 249), etwa dch die Regelg, daß der AuftrG einz Positionen des Angebots zurückziehen darf (Düss NJW-RR **92**, 216); zul ist aber eine ErsAuftrKlausel (Kblz NJW-RR **92**, 851). Unwirks ist der Ausschluß des Anspr aus § 642 (BGH NJW-RR **90**, 157); Abbedingen des Anspr aus § 648 ohne anderweit Sicherstellg des Untern (BGH **91**, 143); § 648a hat insoweit keine Änderg gebracht (Karlsr NJW-RR **97**, 658); Änd des § 645 (Köln OLGZ **75**, 323); Haftgsbeschränkg auf Vors u grobe Fahrlässigk (Mü NJW-RR **90**, 1358); HaftgsAusschl für Mangelfolgeschäden bei Verletzg einer KardinalPfl (BGH NJW-RR **96**, 783, Rn 30); Hinausschieben des VerjBeginns bis zur „mängelfreien" Abnahme (Karlsr BB **83**, 727) od bis zur Abnahme dch einen Dr (Mü AGBE IV Nr 23 S 275); drückde Bdggen in SubUnternVertr (Mü NJW-RR **87**, 662); Nichtherausg von bes berechneten Lithographien (Köln NJW-RR **89**, 1274). Dagg sind wirks: Verlängerg der VerjFr für verdeckte Mängel auf 30 Jahre (LG Hanau NJW-RR **87**, 1104); Klausel, wonach der Besteller die Kosten eines Spezialwerkzeugs zu tragen hat, dieses aber Eigtum des Unternehmers w (Köln NJW-RR **94**, 53). Klausel, daß der Rechngsbetrag sofort ohne Abzug zu zahlen ist, da sie weder die Aufr noch GewlAnspr ausschließt (Celle NJW-RR **93**, 1334). Zu HaftgsAusschl in WerftBdggen s BGH **103**, 316, NJW-RR **89**, 955. – **Wirtschaftsprüfer.** Haftgsbeschränkgen, die WirtschPrüfO 54a nF entspr, 148
unterliegen nicht der InhKontrolle (§ 8 Rn 8). Unwirks sind: Nr 9 III AAB, der die 5jährige VerjFr des § 51a WPO dch eine AusschlFr von 6 Monaten ab Kenntn vom Schaden wesentl verkürzt (s BGH **97**, 26); Nr 2 III AAB, soweit er die Pfl, Buchfälschgen u Unregelmäßigk aufzudecken, von einem ausdr Auftr abhäng macht (AGB-Klauselwerke/Schäfer WirtschPrüfer Rn 12); Nr 2 IV AAB, soweit er den Prüfer auch bei DauerVertr von der Pfl freistellt, auf nachträgl Ändergen der RLage hinzuweisen (Schäfer Rn 18). – **Wohnungseigentumsgemeinschaft** s WEG 10 Rn 2.

z) Zeitungen und Zeitschriften: Der Großhändler kann in seinen AGB bestimmen, daß der Händler 150
das volle vom Verwder festgelegte Sortiment zu führen hat, jedoch muß dem Einzelhändler ein RemissionsR zustehen (BGH **82**, 240). Im AbonnementsVertr sind PrErhöhgsklauseln nur wirks, wenn sie Voraussetzgen u Ausmaß der Erhöhg konkret bestimmen u dem Kunden ein KündR einräumen (BGH NJW **80**, 2518, **86**, 3134). Unzul ist die Klausel, daß die Vergütg auch zu zahlen ist, wenn die Zeitg wg höherer Gewalt nicht geliefert w (Schmidt NJW **79**, 19). Bei Vertr mit Zeitschriftenzusteller kann die Mindestlaufzeit auf 1 Jahr festgelegt w (BGH NJW-RR **90**, 1075). – **Zinsänderungsklauseln** s § 11 Rn 9. – **Zufallshaftung** s Rn 91. – **Zurückbehaltungsrecht:** Ausschluß s § 11 Rn 13; Erweiterg s § 11 Rn 63.

AGBG 10 *Klauselverbote mit Wertungsmöglichkeit.* **In Allgemeinen Geschäftsbedingungen ist insbesondere unwirksam**

1. (Annahme- und Leistungsfrist)
eine Bestimmung, durch die sich der Verwender unangemessen lange oder nicht hinreichend bestimmte Fristen für die Annahme oder Ablehnung eines Angebots oder die Erbringung einer Leistung vorbehält;

2. (Nachfrist)
eine Bestimmung, durch die sich der Verwender für die von ihm zu bewirkende Leistung entgegen § 326 Abs. 1 des Bürgerlichen Gesetzbuchs eine unangemessen lange oder nicht hinreichend bestimmte Nachfrist vorbehält;

3. (Rücktrittsvorbehalt)
die Vereinbarung eines Rechts des Verwenders, sich ohne sachlich gerechtfertigten und im Vertrag angegebenen Grund von seiner Leistungspflicht zu lösen; dies gilt nicht für Dauerschuldverhältnisse;

4. (Änderungsvorbehalt)
die Vereinbarung eines Rechts des Verwenders, die versprochene Leistung zu ändern oder von ihr abzuweichen, wenn nicht die Vereinbarung der Änderung oder Abweichung unter Berücksichtigung der Interessen des Verwenders für den anderen Vertragsteil zumutbar ist;

5. (Fingierte Erklärungen)
eine Bestimmung, wonach eine Erklärung des Vertragspartners des Verwenders bei Vornahme oder Unterlassung einer bestimmten Handlung als von ihm abgegeben oder nicht abgegeben gilt, es sei denn, daß
a) dem Vertragspartner eine angemessene Frist zur Abgabe einer ausdrücklichen Erklärung eingeräumt ist und
b) der Verwender sich verpflichtet, den Vertragspartner bei Beginn der Frist auf die vorgesehene Bedeutung seines Verhaltens besonders hinzuweisen;

6. (Fiktion des Zugangs)
eine Bestimmung, die vorsieht, daß eine Erklärung des Verwenders von besonderer Bedeutung dem anderen Vertragsteil als zugegangen gilt;

7. (Abwicklung von Verträgen)
eine Bestimmung, nach der der Verwender für den Fall, daß eine Vertragspartei vom Vertrage zurücktritt oder den Vertrag kündigt,
a) eine unangemessen hohe Vergütung für die Nutzung oder den Gebrauch einer Sache oder eines Rechts oder für erbrachte Leistungen oder
b) einen unangemessen hohen Ersatz von Aufwendungen verlangen kann.

1 **Vorbemerkung:** Vgl zunächst Vorbem vor § 8 u § 9 Rn 1–5. Für die Verbote des § 10 ist kennzeichnd, daß sie unbest RBegr verwenden, die Feststellg der Unwirksamk also eine richterl Wertg erfordert. Sie sind idR Konkretisiergen des § 9 I, einz Verbote knüpfen aber auch an die in § 9 II enthaltenen RGedanken an. Anwendg im Verk zw Untern: § 9 Rn 32 ff u bei den einz Klauselverboten.

2 **1) Annahme- und Leistungsfrist (Nr 1).** – **a)** Nr 1 soll gewährleisten, daß der Kunde dch die formularmäß Ausgestaltg der Fr zur Ann des VertrAngebots (1. Halbs) u der LeistgsFr (2. Halbs) nicht unangem benachteiligt w. Sie gilt für **Verträge aller Art,** Halbs 1 ggf auch für dingl Vertr. Dogmat stellen Klauseln über die Dauer der AnnFr keine VertrBdggen dar, da der Vertr vor Ann rechtl noch nicht existiert. Es handelt sich vielmehr um VertrAbschlKlauseln, die das Ges aber hinsichtl der InhKontrolle den eigentl VertrBdggen gleichstellt (§ 1 Rn 3).

3 **b) Annahmefrist:** Nr 1 gilt nur, wenn die AnnFr abweichd vom dispositiven § 148 vom Verwder als AntrEmpfänger gesetzt w. Die FrBestimmg dch den Verwder als Antragden wird von Nr 1 nicht erfaßt (Walchshöfer WM **86**, 1042). Die Vorschr ist entspr anwendb, wenn das Zustandekommen des Vertr von einer aufschiebden Bdgg abhäng gemacht w (Karlsr NJW-RR **95**, 504), etwa von einer Bestätigg des Zulieferers des
4 Verwders (Wo/Ho/Li Rn 8). – **aa) Unangemessene Länge.** Welche Fr angem ist, ist nach Inh u wirtschaftl Bedeutg des Vertr unter Berücksichtigg der beiderseit Interessen u der VerkAnschauung zu entscheiden. Bei AlltagsGesch ist die HöchstFr 14 Tage (Naumbg MDR **98**, 854), im Kfz-NeuGesch 4 Wo (BGH **109**, 362), and aber wenn das Kfz bei der Verkäuferin bereitsteht u nichts mehr zu klären ist (Ffm NJW-RR **98**, 566), bei DarlAntr 1 Mo (BGH NJW **88**, 2106), im MöbelVersandHandel 1 Mo (Celle AGBE I Nr 4), ebso bei Fenstern u Rolläden (LG Trier AGBE II Nr 8) u bei Lebensversichergen 6 Wo (Hamm NJW-RR **86**, 388). Bei LeasingVertr sind 2 Mo zu lang (Hamm NJW-RR **86**, 928), dagg sollen bei der Ausschreibg von BauLeistgen dch eine Gemeinde 2 Mo u 6 Tage noch zul sein (BGH **116**, 149). Bei einem Rückkaufsangebot des Erwerbers im sog Einheimischen-Modell ist eine BindgsFr von 20 Jahren nicht unangem (Mü NJW **98**,
5 1962, § 9 Rn 95). – **bb) Bestimmtheitsgebot.** Ein Dchschnittskunde muß ohne Schwierigk u ohne rechtl Beratg feststellen können, wann die Bindg an sein Angebot endet (s BGH NJW **85**, 856 zur LeistgsFr). Das BestimmthErfordern bezieht sich auf den Beginn u die Dauer der Fr, außerdem aber auch auf etwaige VerlängergsTatbestde. Unzul sind Klauseln, die den FrBeginn von Ereign außerh der KenntnSphäre des Kunden abhäng machen, etwa vom Eingang von Erkl beim Verwder od von Hdlgen des Verwders (BGH NJW **88**, 2106, Hamm NJW-RR **92**, 1075, Naumbg MDR **98**, 854), Bsp Rn 8.

6 **c) Leistungsfrist.** Die Vorschr soll verhindern, daß der Verwder den Schutz des § 11 Nr 8 (RücktrR u SchadErsAnspr bei Verzug) unterläuft (BGH **92**, 28). Sie gilt für Leistgen jeder Art. Miterfaßt sind daher auch FrRegelgen hins der AbnPfl (§ 640) des Verwders (BGH **107**, 78, NJW **97**, 394) u die Fr, wonach der Versicherer die Zahlg wg eines gg den VersN anhäng ErmittlgsVerf aufschieben darf (Magnussen MDR **94**, 1160). LeistgsFr, die mit VVG 11 I übereinstimmen, unterliegen aber nach § 8 nicht der InhKontrolle. Unter Nr 1 fallen auch Klauseln, die im Anschluß an einen unverbindl Liefertermin eine (der Fr des § 326 vorgeschaltete) „unechte" NachFr vorsehen (BGH NJW **82**, 333, **83**, 1320) od die beim Eintritt bestimmter Ereign (höhere Gewalt, ArbKampf) die LeistgFr verlängern (Stgt NJW **81**, 1105, aA Karlsr AGBE II Nr 5). –
7 **aa) Unangemessene Länge:** Entscheidd sind die Umst des Einzelfalls, insbes die Art der zu erbringden Leistg u die VerkAnschauung. Bei der Abwägg sind die Interessen beider Part zu berücksichtigen. Im Kfz-NeuGesch ist eine Fr von 6 Wo zul (BGH NJW **82**, 333). Bei Möbeln sind 3 Wo unbedenkl (Bambg AGBE IV Nr 4), dagg sind 6 Wo zu lang (Hamm NJW-RR **87**, 315), erst recht 3 Mo (BGH NJW **83**, 1321). Bei Fertighäusern darf sich der Verwder nicht das Recht vorbehalten, den fest zugesagten Liefertermin nach
8 freiem Belieben um 6 Wo zu verlängern (BGH **92**, 28). – **bb) Bestimmtheitsgebot:** Der Kunde muß (ebso wie bei Rn 5) in der Lage sein, das FrEnde selbst zu bestimmen od zu errechnen (BGH NJW **85**, 856, **89**, 1603). Unzul sind daher Klauseln, die auf die für die Nachbesserg erforderl (LG Köln NJW-RR **93**, 437) od die branchenübl Fr abstellen (Köln BB **82**, 638) od die den FrBeginn von einem Ereign im Bereich des Verwders abhäng machen (BGH NJW **85**, 856), etwa von einer Bestätigg des Verwders (BGH aaO) od vom Eingang des Aufmaßes (Stgt NJW **81**, 1105). Unzul sind aber auch Klauseln, wonach die individuell festgelegte Lieferzeit unverbindl od nur bei Liefermöglichk des Verwders verbindl ist (Saarbr BB **79**, 1064, Kblz WM **83**, 1274), Klauseln, die den FrBeginn vom Ende der WiderRFr abhäng machen (Kblz NJW-RR **93**, 1081), Regelgen, wonach sich der Verwder um die Einhaltg des Liefertermins nur „bemühen will" (Oldenbg NJW-RR **92**, 1528), die Best, die eine hins ihres Endes ungewisse NachFr vorsieht (Hamm OLGZ **84**, 125) od ohne nähere Konkretisierg bei nicht zu vertretden Leistgshindern einen Leistgsaufschub zuläßt (Stgt NJW **81**, 1105, Karlsr BB **83**, 726). Wirks sind dagg „ca-Fristen".

9 **d)** Im **Verkehr zwischen Unternehmern** müssen sich AGB über Ann- u LeistgsFr gleichf im Rahmen des Angem halten (§§ 9 I, 24). Übl Handelsklauseln, die dem Kunden eine sichere Berechng der Leistgszeit erschweren (zB Vorbehalt rechtzeit Selbstbelieferg), dürfen aber weiter verwandt w (Lutz, AGB-Kontrolle im HandelsVerk, 1991, S 53).

10 **2) Nachfrist (Nr 2).** – **a)** Nr 2 soll – ebso wie Nr 1 – verhindern, daß der Verwder dch unangem lange Fr den Schutz des § 11 Nr 8 aushöhlt. Sie gilt nur, wenn die Dauer der NachFr abweichd vom § 326 dch den Verwder als Schu festgelegt w. Auf die Fr der §§ 634, 651 c III, 651 e II, 283 ist Nr 2 entspr anwendb. Erfaßt werden aber nur echte NachFr; die in AGB vielfach vorgeschalteten unechten NachFr fallen unter Nr 1
11 (Rn 6). – **b) Unangemessene Länge:** Ausgangspkt der Prüfg ist die NachFr, die ohne die Klausel maßgebd wäre (§ 326 Rn 16). Diese darf im Zuge der Vereinheitlichg überschritten w; zul sind aber ledigl maßvolle

Abw. Keinesfalls darf die für Sonderfälle (GroßAuftr, Zulieferg aus dem Ausl) gerade noch vertretb Fr generell festgelegt w (BGH NJW **85**, 323, 857). Die Höchstgrenze liegt bei übl VerbraucherGesch bei 2 Wo (Wo/Ho/Li Rn 10, wohl auch BGH NJW **85**, 323); wenn eine unechte NachFr (Rn 6) vorgeschaltet war, ist sie noch kürzer. 4 Wo sind beim Kauf von Möbeln od einer Einbauküche zu lang (BGH NJW **85**, 323, LG Hildesheim NdsRpfl **93**, 154), ebso 6 Wo bei der Lieferg von Fenstern (BGH NJW **85**, 857), Fassadenverkleidgen (Stgt NJW-RR **88**, 788) od Rolläden (Schlesw AGBE III § 9 Nr 100 S 461); bei Lieferg einer Zaunanlage sollen 4 Wo dagg zul sein (Ffm DB **81**, 884), im KfzGesch sogar eine (unechte) NachFr von
6 Wo (BGH NJW **82**, 333). – **c) Bestimmtheitsgebot:** Es gelten die gleichen Kriterien wie bei Nr 1. Der 12
Kunde muß in der Lage sein, das FrEnde zu errechnen (Rn 5 u 8). – **d)** Nr 2 kann gem §§ 9 II Nr 1, 24 S 2 auch im **Verkehr zwischen Unternehmern** angewandt w (Lutz, wie Rn 9, S 56, allgM).

3) Rücktrittsvorbehalt (Nr 3). – **a)** Nr 3 soll gewährleisten, daß der RGrds *„pacta sunt servanda"* auch 13
ggü dem Verwder dchgesetzt w. Sie gilt (vorbehaltl Rn 19) für **Verträge jeder Art.** Der dem BGB unbekannte Begriff „LösgsR" ist im umfassden Sinn zu verstehen (Mü BB **84**, 1387). Unter ihn fallen Rücktr-, Künd-, Widerr- u AnfR. Nr 3 ist aber auch anwendb, wenn die Klausel als aufschiebde Bdgg ausgestaltet od sonst ein *ipso-facto*-Wegfall der LeistgsPfl des Verwders vorgesehen ist (Wo/Ho/Li Rn 6). Auch LösgsR, die sich auf einen Teil des Vertr beschränken, werden erfaßt (Düss AGBE III § 9 Nr 16
S 208). In Nr 3 sind 1 c u 1 f des Anhangs der EG-RiL mitenthalten (§ 24 a Rn 28 u 31). – **b)** Der LösgsGrd 14
muß in den AGB **angegeben** w, u zwar so **konkret,** daß der Dchschnittskunde beurteilen kann, wann der Verwder sich vom Vertr lösen darf (BGH NJW **83**, 1321). Die Formulierg „wenn die Umst es erfordern" genügt daher nicht (BGH NJW **83**, 1325, Kblz NJW-RR **89**, 1459), ebsowenig ein Abstellen auf „BetrStörgen" (BGH NJW **83**, 1321), einen „zwingden Grd" (Köln NJW-RR **98**, 926), eine „zu geringe Beteiligg" (LG Bln AGBE II Nr 40 a) od auf „Erkrankgen" (Hamm BB **83**, 1306). Das BestimmthGebot darf aber nicht überspannt w. Die RBegriffe Unmöglichk, Verzug u pVV dürfen verwandt w, ebso höhere Gewalt, Streik u
Naturkatastrophen (Kblz NJW-RR **89**, 1459). – **c) Sachlich gerechtfertigter Grund:** Der Rücktr muß 15
dch ein überwiegdes, zumindest aber dch ein anerkennenswertes Interesse des Verwders gerechtf sein (BGH **99**, 193). Er darf sich nicht auf Umst erstrecken, die schon bei VertrSchl erkennb waren (BGH aaO). – **aa)** RücktrGrd kann ein vertrwidr **Verhalten des Kunden** sein. Die Voraussetzgen des gesetzl RücktrR brauchen nicht vorzuliegen. Abweichgen zG des Verwders sind aber nur zul, soweit sie dch überwiegde Interessen des Verwders gerechtfertigt w u § 11 Nr 4 nicht entggsteht. Der Rücktr kann für den Fall vorbehalten w, daß der Kunde seine SorgfPflten hins der unter EigtVorbeh gelieferten Ware verletzt (BGH NJW **85**, 325). Der bloße Verdacht einer PflVerletzg reicht dagg nicht aus (Hamm BB **79**, 1425), ebsowenig
eine falsche SelbstAusk, wenn sie weniger bedeuts Pkte betrifft (BGH NJW **85**, 325, 2271). – **bb)** Falsche 16
Angaben über die **Kreditwürdigkeit** des Kunden sind ein zul RücktrGrd (BGH NJW **85**, 325). Ein RücktrR kann aber auch für den Fall obj fehlder Kreditwürdigk vorgesehen w (Kblz ZIP **81**, 510, aA Karlsr WRP **81**, 477, Hamm BB **83**, 1306), vorausgesetzt der LeistgsAnspr des Verwders ist gefährdet (s BGH NJW **91**, 104). Nicht zul ist das Abstellen auf eine ungünst KreditAusk od and bloße VerdachtsGrde. Dagg kann ein VollstrVersuch ein RücktrGrd sein, sofern der EntgeltsAnspr des Verwders erhebl gefährdet erscheint
(BGH NJW **84**, 872, Düss WM **84**, 1134). – **cc)** Auch **Leistungshindernisse** im Bereich des Verwders 17
können einen RücktrGrd darstellen. Unwirks sind aber Klauseln, die die Bindg des Verwders ganz od zu weitgehd einschränken, wie die Klausel „freibleibend" (§ 9 Rn 86) od „Liefergsmöglichk vorbehalten" (Stgt ZIP **81**, 875, str, s BGH **124**, 359). Vorratsklauseln sind nur zul, wenn individualvertragl eine beschränkte
Gattgsschuld (§ 243 Rn 3) vereinbart worden ist (Wo/Ho/Li Rn 23). Zul ist dagg der Vorbeh der **Selbst-** 18
belieferung; das LösgsR muß aber im nichtkaufm Verk ausdr auf den Fall beschränkt w, daß der Verwder ein konkretes DeckgsGesch abgeschlossen hat u von den Part dieses Vertr im Stich gelassen w (BGH **92**, 397, NJW **83**, 1321, **85**, 857); Verkaufs- u EinkaufsVertr müssen kongruent sein (BGH DB **95**, 1557). Wirks sind höhere Gewaltklauseln, grdsl auch Regelgen, die auf nicht vorhersehb, dch zumutb Aufwendgen nicht zu überwindde LeistgsHindern abstellen. Die Klausel muß aber klarstellen, daß ein vom Verwder zu vertretdes Hindern nicht zum Rücktr berecht (BGH NJW **83**, 1321, Kblz WM **83**, 1272). Eine AGB, wonach der Verwder bei BetrStörgen ohne Rücksicht auf die Entstehgsursache zurücktreten kann, ist daher unwirks (BGH u Kblz aaO). Unzul sind auch Klauseln, die bei vorübergehden Leistgsstörgen ein RücktrR begründen (BGH NJW **85**, 857, Kblz NJW-RR **89**, 1459). Das gilt bei Vertr ohne Fix-Charakter vor allem für
Arbeitskampfklauseln (BGH aaO). – **d)** Nr 3 gilt nicht für **Dauerschuldverhältnisse** (Einl 17 ff vor 19
§ 241), einen Begriff, den das AGBG erstmals in die GesSprache übernommen hat. Unter DauerschuldVerh fallen auch SukzessivliefergsVertr, soweit sie als BezugsVertr ausgestaltet sind (Einf 27 v § 305), nicht aber RatenliefergsVertr über eine von vornherein fest bestimmte Liefermenge (Ul/Br/He Rn 17, str). –
e) Rechtsfolge. Das Verbot geltgserhaltder Reduktion (Vorbem 9 v § 8) gilt auch hier. Klauseln, die notw 20
Einschrkgen nicht enthalten, sind im ganzen unwirks (s BGH NJW **85**, 857, 2271). Ist von mehreren in der Klausel angeführten Grden nur einer unzul, tritt aber ledigl Teilunwirksamk ein, sofern die Klausel sachl u
sprachl teilb ist (BGH NJW **85**, 325). – **f)** Nr 3 kann gem §§ 9 II Nr 1, 24 S 2 grdsl auch im **Verkehr** 21
zwischen Unternehmern angewandt w (Köln NJW-RR **98**, 926). Der Begriff „sachl gerechtfertigter Grd" ist aber unter Berücksichtigg der kaufm Gepflogenh weiter auszulegen als bei VerbraucherGesch. Auch das Erfordern der konkreten Angabe des LösgsGrdes ist großzügiger zu handhaben (s zum SelbstbeliefergsVorbeh BGH **92**, 398, **124**, 361).

4) Änderungsvorbehalt (Nr 4). – **a)** Nr 4 ergänzt Nr 3. Er begrenzt die Möglichk des Verwders, die 22
versprochene Leistg zu ändern od von ihr abzuweichen. Nr 4 gilt für **Verträge jeder Art,** and als Nr 3 auch für DauerschuldVerh. Gleichgült ist die Art der geschuldeten Leistg. Auch Geldschulden u Nebenpflten werden erfaßt. Nr 4 ist auch anwendb, wenn der ÄndergsVorbeh Leistgsmodalitäten, wie Ort u Zeit der Leistg, betrifft (Hamm NJW-RR **92**, 445, str) od wenn der DarlG sich die Befugn vorbehält, die Auszahlg eines Teilbetrages zurückzustellen (Ffm VersR **90**, 527). Vorbeh zur Änderg von AGB werden von Nr 4 nur erfaßt, soweit sie die beiderseit Leistgen betreffen (BGH NJW **99**, 1865), sie verstoßen aber idR gg § 9 (§ 2 Rn 20). Das Verbot der Nr 4 gilt auch für **verdeckte** ÄndergsVorbeh, die in IrrtKlauseln, GewlAusschl od in der Fiktion, die Abweichg gelte nicht als Mangel, enthalten sein können (Bambg AGBE IV Nr 4).

23 – **b)** Die Klausel ist nur wirks, wenn die Änderg unter Berücksichtigg der Interessen des Verwders für den Kunden **zumutbar** ist. Diese Voraussetzg ist im Hinbl auf 1 k des Anhangs der EG-RiL nur erfüllt, wenn für die Änderg ein trift Grd vorliegt (§ 24 a Rn 36). Unzul sind ÄndergsVorbeh, die das ZumutbarkKriterium ersatzlos wegfallen lassen, wie der Vorbeh, den Fahrplan jederzeit zu ändern (BGH **86**, 294), der Vorbeh, dem Mieter einer Messestandfläche einen and Platz zuzuweisen (Köln NJW-RR **90**, 1232), die Klausel, daß der Verwder Unterrichtsstunden „aus sonst Grden" absagen od verlegen kann (LG Mü NJW-RR **99,** 60), das Recht, TLeistgen zu erbringen (Stgt NJW-RR **95**, 116), die sog Fakultativklausel im GiroVerk (BGH **98**, 28, Canaris ZIP **86**, 1021); die Vertreterklausel in einem Vertr über eine Chefarztbehandlg, wenn der Vertretgsfall voraussehb ist (Hamm NJW **95**, 794, Düss Vers **96**, 637, Kubis NJW **89**, 1515); die Befugn zur Änd der FlugGesellsch im ReiseVertr (Schmid NJW **96**, 1641), aber auch die AGB, wonach der Verwder nicht ausdr in Auftr gegebene Arbeiten zusätzl ausführen u berechnen darf (BGH **101**, 311). Der Vorbeh kleinerer Ändergen ist unzul (Ffm DB **81**, 884), insbes dann, wenn die Abweichg auch bei zugesicherter Eigensch zul sein soll (BGH NJW-RR **89**, 626). Dagg ist die Verwendg des Zumut-
24 barkKriteriums unbedenkl (Lö/vW/Tr Rn 31, aA BGH **86**, 295); ebso das Abstellen auf **handelsübliche** Abweichgen (BGH NJW **87**, 1886, aA Ffm BB **88**, 1489). Unwirks sind AGB, die die ZumutbarkPrüfg dadch einengen, daß sie ausschließl auf die Nichtbeeinträchtigg des „Bauwerts" (Schlesw AGBE II Nr 45) od der „Gebrauchsfähigk" (Bambg aaO) abstellen. Klauseln, nach denen statt des bestellten das NachfModell geliefert w darf, sind unzul, da Modelländergen nicht in jedem Fall eine Verbesserg darstellen (Kblz ZIP **81**, 509). Die **Beweislast** für die Zumutbark der Änderg trägt nach der Fassg der Vorschr („wenn nicht") der
25 Verwder. – **c)** Nr 4 ist gem §§ 9 II Nr 1, 24 S 2 grdsl auch im Verk zw **Unternehmern** anzuwenden (MüKo/Basedow Rn 52). ÄndergsVorbeh sind zul, soweit es sich um handelsübl Mengen- od Qualitätstoleranzen handelt. Sie sind auch bei DauerrechtsVerh, wie zB VertrhändlerVertr, zur Anpassg an sich ändernde Verhältn notw, müssen sich aber auch dort im Rahmen des Angem halten (BGH **89**, 206, **93**, 47). Unwirks sind Regelgen, die dem Verwder das Recht geben, die Handelsspanne des VertrHändlers, Rabatte u Boni frei abzuändern (BGH **124**, 362).

26 **5) Fingierte Erklärungen (Nr 5).** – **a)** Nr 5 beruht auf § 9 II Nr 1. Der Grds, daß Schweigen idR keine WillErkl ist (Einf 7 v § 116), gehört zu den wesentl Prinzipien des PrivR u ist daher dch AGB nur in engen Grenzen änderb. Nr 5 betrifft ausschließl fingierte Erkl des Kunden. Eig Schweigen darf der Verwder stets als Zust fingieren (Düss MDR **78**, 144). Nr 5 gilt nur für Erkl im Rahmen der **Vertragsdurchführung** (Kblz NJW **89**, 2951). Wie Schweigen im Stadium des VertrSchl zu werten ist, etwa das Schweigen auf ein Angebot od eine AuftrBestätigg des Verwders, ist dch AGB nicht regelb. **Tatsachenfiktionen** fallen nicht unter Nr 5, sond unter § 11 Nr 15. Das gilt, wie sich aus § 11 Nr 15 b ergibt, auch für TatsBestätiggen. Nr 5 erfaßt daher ausschließl **Erklärungen von materiell-rechtlicher Bedeutung** (Wo/Ho/Li Rn 10). Gleichgült ist, ob die Erkl fingiert od unwiderlegl vermutet w. Da die Abn (§ 640) ein RGesch ist, fallen AbnFiktionen – im Ggs zu AnnFiktionen (§ 363) – unter Nr 5 (BGH NJW **84**, 726). Auf die fingierte Erkl sind die Vorschr über die GeschFgk u **Willensmängel** entspr anwendb (Einl 12 v § 116). Von Nr 5 nicht erfaßt werden VOB/B 16 Nr 3 II, da der Ausschluß der NachFdg nicht auf einer fingierten Erkl beruht (BGH NJW **88**, 57) u Nr 10 AGB der Sparkassen aF, da die Nichtbeanstandg der Tagesauszüge eine rein tasächl Erkl ist (BGH **73**, 209). –
27 **b) Wirksamkeitsvoraussetzungen nach Nr 5: – aa) Angemessene Erklärungsfrist.** Was angem ist, richtet sich nach den Umst des Einzelfalles. Da das Schreiben dem Kunden ohne seine Veranlassg zugeht u die ErklWirkg allein den Interessen des Verwders dient, ist die Fr geräumig zu bemessen. Die untere Grenze liegt bei 1–2 Wo; bei Zinsanpassgen ist eine Fr von 2 Wo zu kurz (LG Dortm NJW-RR **86**, 1170). AGB, die eine sofortige od unverzügl Erkl verlangen, sind unwirks. Dagg ist eine Fr von 1 Mo für die Gen einer Kontokorrentabrechng ausr (LG Ffm VersR **98, **1238).– **bb)** Der Verwder muß sich in der Klausel verpflichten, den Kunden auf die **Bedeutung** seines Verhaltens **besonders hinzuweisen.** Der Hinw muß auch tatsächl erfolgen, wobei der Zugang grdsl vom Verwder zu beweisen ist (Rn 32 f). Er muß in einer Form geschehen, die unter normalen Umst Kenntnisnahme verbürgt (BGH NJW **85**, 617, 619). Erfolgt der Hinw ohne eine entspr Verpflichtg in den AGB, wird die Fiktion nicht wirks (Lö/vW/Tr Rn 17, BGH aaO läßt
28 offen). Ausnahmsweise kann aber eine konkludente Zustimmg des Kunden anzunehmen sein. – **c)** Eine Klausel, die den Anfordergen der Rn 27 genügt, ist gem **§ 9** nur wirks, wenn an der Verwendg der ErklFiktion ein **berechtigtes Interesse** besteht (Düss NJW-RR **88**, 886), das sich vor allem aus den organisatorischen Bedürfn des MassenVerk ergeben kann. Regelgen, die auf dem Weg des § 10 Nr 5 die Einbeziehg von AGB-Neufassgen ermöglichen sollen, sind zul (§ 2 Rn 20), Klauseln, die iF der Unwirksamk einer Klausel eine Anpassg vorsehen, gleichf, sie werden aber idR gg § 6 II verstoßen (Matusche-Beckmann NJW **98**, 112). Eine Klausel, die Schweigen auf ein VertrAngebot als Ann fingiert, ist unwirksam (AG Bergisch Gladbach NJW-RR **88**, 956 u Rn 26), wirks ist aber die Regelg, daß vom Patienten zurückgelassene Sachen nach erfolgloser Aufforderg zur Abholg in das Eigt des Krankenhausträgers übergehen (BGH NJW **90**, 764). Auch aus den Klauselverboten des § 11 ergeben sich Schranken. So kann etwa wg § 11 Nr 10 kein Verzicht
29 auf GewLAnspr fingiert w. – **d) Einzelfälle:** Unwirks: Fiktion, daß die vom Kunden beantragte Umbuchg als Rücktr u neues VertrAngebot aufzufassen ist (BGH **119**, 169). Fiktion eines Fdgs- od EinwendgsVerzichts (Karlsr AGBGE III 194 u 200; Schlesw NJW-RR **98**, 54). Fiktion einer VertrVerlängerg, wenn auf Wunsch des Wirts ein neuer Automat aufgestellt w (BGH NJW **85**, 55). Regelg, daß die Inanspruchnahme eines Neukaufzuschusses dch den VersN zur Einbeziehg der neuen Sache in den VersVertr führt (BGH NJW **95**,
30 2710, Prölss VersR **96**, 1435). – **e)** Auf die ErklFiktionen der **VOB** findet Nr 5 nach § 23 II Nr 5 keine Anwendg. Der RAusschuß des BT wollte damit die AbnFiktion des § 12 Nr 5 II VOB/B privilegieren. Die Freistellg erfaßt aber auch die vom BT übersehenen Fiktionen der §§ 12 Nr 5 I (Abn) u 15 Nr 3 S 5 (Anerkenng von Stundenzettel) VOB/B (Lö/vW/Tr § 23 II Nr 5 Rn 4, str). Voraussetzg für die Anwendg von § 23 II Nr 5 auf ErklFiktionen ist, daß die VOB/B als ganzes VertrBestandt ist; Ändergen od Ein-
31 schränkgen der VOB-Regelgen können dazu führen, daß § 23 II Nr 5 unanwendb w (§ 11 Rn 71). – **f)** Im **Verkehr zwischen Unternehmern** bleiben die Grds über das Schweigen auf ein kaufm Bestätiggsschreiben (§ 148 Rn 8) unberührt, ebso die Regel, daß Schweigen als Zustimmg gewertet werden darf, wenn nach Treu u Glauben eine RPfl zum Widerspr bestand (Einf 10 v § 116). Auf formularmäß Fiktionsklauseln ist

Nr 5 auch im HandelsVerk grdsl anzuwenden (BGH **101**, 365, Ausschluß von NachFdgen bei vorbehaltloser Annahme der Schlußzahlg, str, s Lutz, wie Rn 9, S 80). Die HinwObliegenh gemäß Nr 5 b kann aber uU entfallen, wenn die Fiktion an ein Verhalten des Kunden anknüpft u ein berecht Interesse an rascher Herbeiführg klarer Verhältn besteht.

6) Fiktion des Zugangs (Nr 6). – **a)** Nach § 11 Nr 15 sind die Grds der BewLastVerteilg jeder formularmäß Änderg entzogen. Da die BewLast für den Zugang einer WillErkl beim Absender liegt (§ 130 Rn 21), würde aus § 11 Nr 15 an sich folgen, daß dch AGB für das Zugangserfordern keine BewErleichtergen geschaffen w können. Nr 6 enthält aber insow eine Sonderregelg. Sie betrifft ausschließl Zugangsfiktionen; für ErklFiktionen gilt Nr 5, für sonst TatsFiktionen § 11 Nr 15. Sie erfaßt aber auch den Verzicht auf den Zugang, uU auch die Begründg einer EmpfVollm (BGH NJW **89**, 2383), die Bestellg zum Empfangsboten (KG NJW-RR **92**, 861) u die Begründg einer widerlegl Vermutg (Kanzleiter DNotZ **88**, 498). Die Klausel darf im Rahmen des Angemessenen auch den Ztpkt des Zugangs festlegen. Den Bew der Absendg hat auf jeden Fall der Verwder zu erbringen (Stübing NJW **78**, 1611). Die **Absendungsvermutung** ist nicht als Minus ggü der Zugangsfiktion zul, sond verstößt gg § 11 Nr 15 (Ul/Br/He Rn 8). – **b)** Das Verbot gilt für **Erklärungen von besonderer Bedeutung.** Unter diesen Begriff fallen alle Erkl, die für den Empfänger mit nachteiligen RFolgen verbunden sind (Ul/Br/He Rn 7). Zugangsfiktionen sind daher unzul für Künd (BayObLG NJW **80**, 2818), Mahng (Stgt BB **79**, 909, Hbg VersR **81**, 125), Fr- u NachFrSetzgen, Gen (LG Kblz DNotZ **88**, 496, str), Hinw gem Nr 5 (str), Androhg des Pfandverkaufs (LG Stgt AGBE I Nr 56). Tagesauszüge der Banken sind Erkl ohne bes Bedeutg (s BGH **73**, 209); die mit einem Angebot auf Abschl eines FeststellgsVertr verbundenen Rechngsabschlüsse haben dagg bes Bedeutg (BGH NJW **85**, 2699, Oldenbg NJW **92**, 1840). Der Anwendgsbereich für Zugangsfiktionen ist danach außerordentl begrenzt; die Freistellg betrifft im Ergebn ledigl Anzeigen u Mitteilg, die sich auf die RStellg des Empfängers nicht nachteilig auswirken. – **c)** Für den **Verkehr zwischen Unternehmern** ist Nr 6 – ebso wie § 11 Nr 15 – gem §§ 9, 24 S 2 zu übernehmen (Hbg WM **86**, 385, Lutz, wie Rn 9, S 84).

32 (at "6) Fiktion"); 33 (at "– b) Das Verbot")

7) Abwicklung von Verträgen (Nr 7). – **a)** Nach § 11 Nr 5 ist die Pauschalierg von Anspr auf SchadErs u WertErs nur in bestimmten Grenzen zul. Nr 7 bringt eine entspr Regelg für die im Fall des Rücktr od der Künd bestehden Anspr. Gleichgült ist, wer die Künd od den Rücktr erklärt hat. Nr 7 gilt für die Anfechtg, die Wandlg u den Widerr entspr (Wo/Ho/Li Rn 9). Sie ist auch dann anwendb, wenn die AGB für das LösgsR eine and Bezeichng (Annullierg, Stornierg) verwenden. Dagg gilt nicht Nr 7, sond § 9, wenn die Klausel einen AufwendgsErsAnspr ohne gesetzl Grdl vorsieht, etwa für den Fall einer einverständl VertrAufhebg (Hbg NJW-RR **90**. 909). Nr 7 betrifft Anspr auf: – **aa)** Vergütg für die Nutzg od den Gebrauch einer Sache od eines Rechts (Köln NJW-RR **86**, 1435), etwa aus § 347 (Hamm NJW-RR **87**, 314); – **bb)** Vergütg für erbrachte Leistgen; – **cc)** Ers von Aufwendgen. Unter Nr 7 fallen auch die Anspr aus § 628, aus § 649 (BGH NJW **83**, 1492, **85**, 632, Kblz NJW-RR **92**, 851) u aus § 645 (BGH NJW **85**, 633). Die Vorschr ist damit im Ergebn auf **alle Entgeltsansprüche** anzuwenden, die dem Verwder nach gesetzl od vertragl Regelg bei vorzeit Beendigg des Vertr zustehen (LG Köln NJW-RR **87**, 1531). Ausgenommen sind SchadErsAnspr u VertrStrafen (einschließl Verfallklauseln), für die § 11 Nr 5 u 6 gelten (Köln NJW-RR **86**, 1435). Als ein unter § 11 Nr 5 fallder SchadErsAnspr wird überwiegd der Anspr aus § 651 i II angesehen (§ 11 Rn 21). Zweifel, ob § 11 Nr 5 od § 10 Nr 7 anwendb ist, können idR offenbleiben, da die Anwendg beider Vorschr dchweg zu identischen Ergebn führt (Ul/Br/He Rn 5). 34

b) Die Pauschalierg ist unwirks, wenn die **Pauschale unangemessen** hoch ist. – **aa)** Ausgangspkt für die Prüfg ist der Betrag, der kr Ges geschuldet worden wäre (BGH NJW **91**, 2763). Bei der Beurteilg ist nicht auf die besonderen Umst des Einzelfalls, sond auf die typ Sachlage abzustellen (BGH NJW **83**, 1492). Auf die sich hieraus ergebde Unwirksamk kann sich der Verwder aber angebl nicht berufen, wenn das Abstellen auf die Pauschale für den Kunden günstiger ist als die dem Ges entspr Abrechng (BGH NJW-RR **98,** 594, Vorbem 3 vor § 8). Analog § 11 Nr 5 b muß dem Kunden der **Gegenbeweis** offenstehen, daß der im konkreten Fall angemessene Betrag wesentl niedriger ist als die Pauschale (BGH NJW **85**, 632, 634, **94**, 1067, **97**, 260, allgM). Die Klausel ist unwirks, wenn sie dch ihre Fassg den Eindruck einer endgült, einen GgBeweis ausschließden Festlegg erweckt (§ 11 Rn 26). Dagg begründet es keine Unwirksamk, wenn die Klausel keine Ausn für den Fall vorsieht, daß der Verwder die Beendigg des VertrVerhältn zu vertreten hat (BGH NJW **83,** 1492, Vorbem 10 vor § 8). Anspr aus der Rückabwicklg eines VerbrKrVertr sind dch den zwingden VerbrKrG 13 II der Höhe nach abschließd bestimmt; Pauschaliergen sind daher unzul. – **bb) Einzelfälle** (ja = wirks; nein = unwirks): Aufrechterhaltg der vollen ZahlgsPfl bei vorzeitiger Beendigg eines Ehemäkler- od PartnerschVertr nein (BGH **87**, 319, Nürnbg NJW-RR **97**, 1556, § 9 Rn 76); ebso bei Rücktr von Flugreise (BGH NJW **85**, 633) od Künd eines FahrschulVertr (AG Freibg NJW-RR **97**, 1248); Nichtrückzahlg der bei Übernahme einer Agentur zu zahlden Vergütg iF vorzeit Künd nein (Kblz NJW **87**, 74); 5% der AuftrSumme bei Künd eines BauVertr vor Baubeginn ja (BGH **87**, 120, Hamm NJW-RR **92**, 22); 10% ja (Düss NJW-RR **95**, 1392, aA LG Bln BB **96**, 2062), 18% offen (BGH NJW **85**, 632, NJW-RR **95**, 749); Pauschale von 40% für die ersparten Aufwendgen des **Architekten** od Plangsbüros bei Anspr aus § 649 nein (BGH NJW **97**, 259, **99,** 418); Klausel, nach der anderweit Erwerb den Anspr aus § 649 nicht mindert, nein (BGH NJW-RR **98**, 1391); Bearbeitsgebühr von 3% bei NichtAbn eines Darl nein (Hamm NJW **83**, 1503); Aufwandspauschale von 1 Monatsmiete bei vorzeit Aufhebg des MietVertr ja (Hbg NJW-RR **90**, 909); Auflösgspauschale von 3 MoBeiträgen bei WartgsVertr ja (Celle BB **84**, 808); Bearbeitgsgebühr von 695 DM bei einem Time-Sharing-Vertr nein (AG Schleiden NJW-RR **95**, 1322); sofortige Zahlg aller weiteren Raten bei vorzeitiger Beendigg eines LeasingVertr u Anrechng des anderweit Erlöses aus der Wiederverwendg der Leasingsache nur zu 90% nein (BGH **82**, 126, NJW **82**, 1747), Nutzgsentschädigg von 0,12 DM je gefahrenem Pkw-km, ja (BGH NJW **94**, 1067), Bemessg der Nutzgsentschädigg nach Staffelbeträgen (zB bis 300 km 1000 DM, ab 301 km 2500 DM), nein (BGH NJW **94**, 1068), Staffelg der Kosten für die Schätzg eines Beleihgsobjektes nach der Höhe des Kredites, nein (LG Dortm NJW-RR **94**, 305). Weitere Rspr in § 11 Rn 23. – **cc)** Für die **Beweislast** gilt § 11 Rn 25 entspr. Der Verwder muß im Streitfall die BemessgsGrdl der Pauschale (übl Sätze, Kalkulation) darlegen u beweisen

(aA BGH NJW **91**, 2763, 2764, aber ohne plausible Begründg für die Abweichg von BGH **67**, 312); alsdann steht dem Kunden der GgBew offen, daß der im konkreten Fall angem Betrag geringer war. –
38 **c)** Nr 7 gilt ebso wie die ParallelVorschr des § 11 Nr 5 gem §§ 9, 24 S 2 auch im **Verkehr zwischen Unternehmern** (Wo/Ho/Li Rn 24, § 11 Rn 27).

AGBG 11 *Klauselverbote ohne Wertungsmöglichkeit.* In Allgemeinen Geschäftsbedingungen ist unwirksam

1. (Kurzfristige Preiserhöhungen)
eine Bestimmung, welche die Erhöhung des Entgelts für Waren oder Leistungen vorsieht, die innerhalb von vier Monaten nach Vertragsabschluß geliefert oder erbracht werden sollen; dies gilt nicht bei Waren oder Leistungen, die im Rahmen von Dauerschuldverhältnissen geliefert oder erbracht werden;

2. (Leistungsverweigerungsrechte)
eine Bestimmung, durch die
a) das Leistungsverweigerungsrecht, das dem Vertragspartner des Verwenders nach § 320 des Bürgerlichen G%setzbuchs zusteht, ausgeschlossen oder eingeschränkt wird, oder
b) ein dem Vertragspartner des Verwenders zustehendes Zurückbehaltungsrecht, soweit es auf demselben Vertragsverhältnis beruht,
ausgeschlossen oder eingeschränkt, insbesondere von der Anerkennung von Mängeln durch den Verwender abhängig gemacht wird;

3. (Aufrechnungsverbot)
eine Bestimmung, durch die dem Vertragspartner des Verwenders die Befugnis genommen wird, mit einer unbestrittenen oder rechtskräftig festgestellten Forderung aufzurechnen;

4. (Mahnung, Fristsetzung)
eine Bestimmung, durch die der Verwender von der gesetzlichen Obliegenheit freigestellt wird, den andere. Vertragsteil zu mahnen oder ihm eine Nachfrist zu setze.;

5. (Pauschalierung von Schadensersatzansprüchen)
die Vereinbarung eines pauschalierten Anspruchs des Verwenders auf Schadensersatz oder Ersatz einer Wertminderung, wenn
a) die Pauschale den in den geregelten Fällen nach dem gewöhnlichen Lauf der Dinge zu erwartenden Schaden oder die gewöhnlich eintretende Wertminderung übersteigt, oder
b) dem anderen Vertragsteil der Nachweis abgeschnitten wird, ein Schaden oder eine Wertminderung sei überhaupt nicht entstanden oder wesentlich niedriger als die Pauschale;

6. (Vertragsstrafe)
eine Bestimmung, durch die dem Verwender für den Fall der Nichtabnahme oder verspäteten Abnahme der Leistung, des Zahlungsverzugs oder für den Fall, daß der andere Vertragsteil sich vom Vertrag löst, Zahlung einer Vertragsstrafe versprochen wird;

7. (Haftung bei grobem Verschulden)
ein Ausschluß oder eine Begrenzung der Haftung für einen Schaden, der auf einer grob fahrlässigen Vertragsverletzung des Verwenders oder auf einer vorsätzlichen oder grob fahrlässigen Vertragsverletzung eines gesetzlichen Vertreters oder Erfüllungsgehilfen des Verwenders beruht; dies gilt auch für Schäden aus der Verletzung von Pflichten bei den Vertragsverhandlungen;

8. (Verzug, Unmöglichkeit)
eine Bestimmung, durch die für den Fall des Leistungsverzugs des Verwenders oder der von ihm zu vertretenden Unmöglichkeit der Leistung
a) das Recht des anderen Vertragsteils, sich vom Vertrag zu lösen, ausgeschlossen oder eingeschränkt oder
b) das Recht des anderen Vertragsteils, Schadensersatz zu verlangen, ausgeschlossen oder entgegen Nummer 7 eingeschränkt wird;

9. (Teilverzug, Teilunmöglichkeit)
eine Bestimmung, die für den Fall des teilweisen Leistungsverzugs des Verwenders oder bei von ihm zu vertretender teilweiser Unmöglichkeit der Leistung das Recht der anderen Vertragspartei ausschließt, Schadensersatz wegen Nichterfüllung der ganzen Verbindlichkeit zu verlangen oder von dem ganzen Vertrag zurückzutreten, wenn die teilweise Erfüllung des Vertrages für ihn kein Interesse hat;

10. (Gewährleistung)
eine Bestimmung, durch die bei Verträgen über Lieferungen neu hergestellter Sachen und Leistungen
a) (Ausschluß und Verweisung auf Dritte)
die Gewährleistungsansprüche gegen den Verwender einschließlich etwaiger Nachbesserungs- und Ersatzlieferungsansprüche insgesamt oder bezüglich einzelner Teile ausgeschlossen, auf die Einräumung von Ansprüchen gegen Dritte beschränkt oder von der vorherigen gerichtlichen Inanspruchnahme Dritter abhängig gemacht werden;
b) (Beschränkung auf Nachbesserung)
die Gewährleistungsansprüche gegen den Verwender insgesamt oder bezüglich einzelner Teile auf ein Recht auf Nachbesserung oder Ersatzlieferung beschränkt werden, sofern dem anderen Vertragsteil nicht ausdrücklich das Recht vorbehalten wird, bei Fehlschlagen der Nachbesserung oder Ersatzlieferung Herabsetzung der Vergütung oder, wenn nicht eine Bauleistung Gegenstand der Gewährleistung ist, nach seiner Wahl Rückgängigmachung des Vertrags zu verlangen;

c) (Aufwendungen bei Nachbesserung)
die Verpflichtung des gewährleistungspflichtigen Verwenders ausgeschlossen oder beschränkt wird, die Aufwendungen zu tragen, die zum Zweck der Nachbesserung erforderlich werden, insbesondere Transport-, Wege-, Arbeits- und Materialkosten;
d) (Vorenthalten der Mängelbeseitigung)
der Verwender die Beseitigung eines Mangels oder die Ersatzlieferung einer mangelfreien Sache von der vorherigen Zahlung des vollständigen Entgelts oder eines unter Berücksichtigung des Mangels unverhältnismäßig hohen Teils des Entgelts abhängig macht;
e) (Ausschlußfrist für Mängelanzeige)
der Verwender dem anderen Vertragsteil für die Anzeige nicht offensichtlicher Mängel eine Ausschlußfrist setzt, die kürzer ist als die Verjährungsfrist für den gesetzlichen Gewährleistungsanspruch;
f) (Verkürzung von Gewährleistungsfristen)
die gesetzlichen Gewährleistungsfristen verkürzt werden;

11. (Haftung für zugesicherte Eigenschaften)
eine Bestimmung, durch die bei einem Kauf-, Werk- oder Werklieferungsvertrag Schadensersatzansprüche gegen den Verwender nach den §§ 463, 480 Abs. 2, § 635 des Bürgerlichen Gesetzbuchs wegen Fehlens zugesicherter Eigenschaften ausgeschlossen oder eingeschränkt werden;

12. (Laufzeit bei Dauerschuldverhältnissen)
bei einem Vertragsverhältnis, das die regelmäßige Lieferung von Waren oder die regelmäßige Erbringung von Dienst- oder Werkleistungen durch den Verwender zum Gegenstand hat,
a) eine den anderen Vertragsteil länger als zwei Jahre bindende Laufzeit des Vertrags,
b) eine den anderen Vertragsteil bindende stillschweigende Verlängerung des Vertragsverhältnisses um jeweils mehr als ein Jahr oder
c) zu Lasten des anderen Vertragsteils eine längere Kündigungsfrist als drei Monate vor Ablauf der zunächst vorgesehenen oder stillschweigend verlängerten Vertragsdauer;

13. (Wechsel des Vertragspartners)
eine Bestimmung, wonach bei Kauf-, Dienst- oder Werkverträgen ein Dritter an Stelle des Verwenders in die sich aus dem Vertrag ergebenden Rechte und Pflichten eintritt oder eintreten kann, es sei denn, in der Bestimmung wird
a) der Dritte namentlich bezeichnet, oder
b) dem anderen Vertragsteil das Recht eingeräumt, sich vom Vertrag zu lösen;

14. (Haftung des Abschlußvertreters)
eine Bestimmung, durch die der Verwender einem Vertreter, der den Vertrag für den anderen Vertragsteil abschließt,
a) ohne hierauf gerichtete ausdrückliche und gesonderte Erklärung eine eigene Haftung oder Einstandspflicht oder
b) im Falle vollmachtsloser Vertretung eine über § 179 des Bürgerlichen Gesetzbuchs hinausgehende Haftung
auferlegt;

15. (Beweislast)
eine Bestimmung, durch die der Verwender die Beweislast zum Nachteil des anderen Vertragsteils ändert, insbesondere indem er
a) diesem die Beweislast für Umstände auferlegt, die im Verantwortungsbereich des Verwenders liegen;
b) den anderen Vertragsteil bestimmte Tatsachen bestätigen läßt.
Buchstabe b gilt nicht für gesondert unterschriebene Empfangsbekenntnisse;

16. (Form von Anzeigen und Erklärungen)
eine Bestimmung, durch die Anzeigen oder Erklärungen, die dem Verwender oder einem Dritten gegenüber abzugeben sind, an eine strengere Form als die Schriftform oder an besondere Zugangserfordernisse gebunden werden.

Vorbemerkung: Vgl zunächst Vorbem vor § 8 u § 9 Rn 1–5. Die in § 11 zusgefaßten Klauselverbote 1
sollen sich von denen des § 10 dadch unterscheiden, daß sie keine unbest RBegriffe verwenden, die Klausel also unabhäng von einer richterl Wertg unwirks ist (vgl aber Nr 5 b „wesentl" u 10 d „unverhältnismäß"). Die Verbote stellen in ihrer Mehrzahl Konkretisiergen der in § 9 II enthaltenen RGedanken dar, dh sie betreffen Klauseln, die mit wesentl GrdGedanken der PrivROrdng nicht zu vereinbaren sind od auf eine Aushöhlg von KardinalPflten od -Rechten hinauslaufen. ZT geht es auch darum, vor überraschden Klauseln zu schützen (§ 3) od den Vorrang der IndVereinbg (§ 4) zu sichern (Nr 1, 11, 13 u 14). Anwendg im Verk zw Untern: § 9 Rn 32 ff u bei den einz Klauselverboten.

1) Kurzfristige Preiserhöhungen (Nr 1). – a) Das Verbot knüpft an die Formulierg des § 1 I u V der 2
PrAngabenVO an. – **aa)** Nr 1 erfaßt (vorbehaltl Rn 5) **alle entgeltlichen Verträge.** Das Wort „Ware" ist neben dem umfassden Begriff „Leistg" entbehrl. Die Vorschr ist auch anwendb, wenn der Pr nicht betragsmäß festgelegt ist, sond die taxmäß od übl Vergütg geschuldet w (Ul/Br/He Rn 4). Auf Tagespreisklauseln („VerkaufsPr ist der am Liefertag gült ListenPr") ist Nr 1 nach seinem Schutzzweck entspr anzuwenden (Rn 8). –
bb) Die Vorschr setzt voraus, daß die Leistg innerhalb von **vier Monaten nach Vertragsschluß** erbracht w 3
soll. Die Vereinbg eines festen Liefertermins ist nicht erforderl. Nr 1 ist auch dann anwendb, wenn die Leistgszeit vertragl nicht bestimmt u die Leistg daher gem § 271 sofort fällig ist. Die Fr rechnet ab Zustandekommen des Vertr (Einl 4 v § 145), das Datum der Unterzeichng des VertrAngebots ist nicht entscheidd (Ffm DB **81**, 884). Die tatsächl spätere Leistg macht die Klausel nicht wirks; der Verwder kann sich aber für den Fall ein ErhöhgsR vorbehalten, daß die Leistg aus Grden, die der Kunde zu vertreten hat, erst

nach Ablauf der 4-MonatsFr erfolgen kann (Wo/Ho/Li Rn 16). Wird die Erhöhgsklausel unterschiedslos für Vertr mit kürzerer u längerer Lieferzeit als 4 Monate verwandt, muß sie im Verf gem § 13 insges untersagt w
4 (BGH NJW **85**, 856). – **cc)** Nr 1 verbietet **Erhöhungsklauseln jeder Art.** Sie erfaßt auch ÄndergsVorbeh, die auf Kosten- od Lohnerhöhgen im Bereich des Verwders abstellen (BGH NJW **85**, 856). Auch eine PrAnpassg iF der Erhöhg der MwSt ist untersagt, da diese zum Entgelt iSd Nr 1 gehört (BGH **77**, 82, allgM). Eine Klausel, wonach der Pr „zuzügl MwSt" zu zahlen ist, ist gem § 7 als Umgehg der Nr 1 nichtig (BGH NJW **81**, 979). Verboten sind auch verdeckte Erhöhgsklauseln, so etwa IrrtKlauseln, soweit sie dem Verwder weitergehde Befugn als die gesetzl einräumen. Behält sich der Verwder ein RücktrR vor, gilt § 10 Nr 3. – **dd)** Für **Reiseverträge** gelten zusätzl die SchutzVorschr des § 651 a III u IV (s dort).

5 **b)** Das Verbot gilt nicht für **Dauerschuldverhältnisse,** ein Begriff, den das AGBG erstmals in die GesSprache übernommen hat (s bereits § 10 Nr 3). DauerschuldVerh (Einf Rn 17 v § 241) iSd § 11 Nr 1 sind auch AbonnementsVertr (BGH NJW **80**, 2518), SukzessivliefergsVertr (BGH NJW-RR **86**, 212), sonstige BezugsVertr (BGH **93**, 258, Einf 27 v § 305) u Darl (Köln ZIP **99**, 21). Miet- u VersVertr werden vom Verbot des Nr 1 nur erfaßt, wenn sie auf eine Abwicklg in kurzer Zeit angelegt sind (Miete eines Hotelzimmers od eines Kfz, Vers für einen einz Transport, s Hansen VersR **88**, 1112). Zur GenPfl für WertSichgKlausel s § 245 Rn 25ff. Vgl auch MHRG 10, 10 a.

6 **c)** Für den **Verkehr zwischen Unternehmern** kann das starre Verbot der Nr 1 nicht übernommen w (Wolf ZIP **87**, 344). Umsatzsteuergleitklauseln sind daher im kaufm Bereich grdsl zul (Ul/Br/He Rn 16).

7 **d)** Für **Preisanpassungsklauseln** u **Preisvorbehalte,** die nicht in den Anwendgsbereich des § 11 Nr 1 fallen, ist die **Generalklausel** des § 9 Prüfgsmaßstab (Paulusch RWS-Forum 2, 1987, S 55, R. Wiedemann PrÄndergsVorbeh, 1991, Reifner JZ **95**, 868). 1 l u 1 g des Anhangs zur EG-RiL bringen insoweit nichts Neues (§ 24 a Rn 37 u 35). – **aa)** In Vertr mit **Verbrauchern** sind an die Ausgewogenh u Klarh der Erhöhgsklausel strenge Anfordergen zu stellen. Klauseln, die dem Verwder eine PrErhöhg nach freiem Belieben gestatten, sind unwirks (BGH **82**, 24, NJW **83**, 1604, **85**, 856); die Möglichk, die PrÄnderg im Einzelfall gem § 315 III überprüfen zu lassen, steht der Anwendg von § 9 nicht entgg (BGH NJW **80**, 2518). Die Klausel muß Grd u Umfang der Erhöhg konkret festlegen (BGH aaO, NJW **86**, 3135, Düss BB **97**, 699), ist das nicht mögl, muß dem and Teil bei einer PrErhöhg, die deutl stärker ist als der Anstieg der Lebenshaltgskosten, ein Recht zur VertrAuflösg zustehen (BGH **90**, 69, NJW **86**, 3135). Ein Muster, wie eine zul Erhöhgsklausel gestaltet w kann, enthält jetzt § 651 a III. Die im Kfz-Neuwagengeschäft bei längeren LieferFr
8 fr übl **Tagespreisklausel** verstieß gg das AGBG (BGH **82**, 24, § 6 Rn 6). Sie ist nur wirks, wenn die PrErhöhg sich in den Grenzen billigen Ermessens hält u der Kunde zum Rücktr berecht ist, falls der ListenPr deutl stärker steigt als die Lebenshaltgskosten (BGH **90**, 78, NJW **85**, 622). Den Kunden muß bei Sinken der Kosten spiegelbildl ein Anspr auf PrHerabsetzg zustehen (Hamm NJW-RR **87**, 1141). Unvereinb mit § 9 ist die Erhöhgsklausel, wenn sie keine nachvollziehb Begrenzg enthält u eine Ausweitg des Gewinns zuläßt (BGH NJW **90**, 116, Köln NJW-RR **95**, 758), wenn der in einem BauVertr vereinbarte FestPr bei Überschreiten des Fertigstellgstermins auf den ListenPr erhöht w darf (BGH **94**, 338), wenn die Klausel auf die Erhöhg der Kostenansätze einer nicht offen gelegten Kalkulation abstellt (Düss DB **82**, 537, Celle BB **84**, 808), wenn sie die PrErhöhg vom Belieben eines Dr (Herstellers) abhängig macht (Düss WM **84**, 1135), insb dann, wenn der Dr zur selben Firmengruppe gehört wie der Verwder (BGH NJW **86**, 3135), wenn der Erhöhgsbetrag bereits bei VertrSchl in den Pr hätte einkalkuliert w können (LG Ffm BB **84**, 942, Dörner NJW **79**, 248). Der Grds, daß die Ändergskriterien konkret bezeichnet u die Interessen des and Teils angemessen berücksichtigt w müssen, gilt auch für WartgsVertr (BGH NJW-RR **88**, 821) u für EnergieliefergsVertr (Ebel DB **82**, 2607, Kunth/Wollburg BB **85**, 230). In SukzessivliefergsVertr können Klauseln, die eine PrErhöhg im Rahmen der Kostensteigerg gestatten, ausnw zul sein (BGH NJW-RR **86**, 211, einschränkd BGH NJW **86**, 3135). Unbedenkl sind **Zinsklauseln,** die eine Anpassg an kapitalmarktbedingte
9 Ändergen der Refinanziergskonditionen ermöglichen, sofern sie bei Sinken des Zinsniveaus zur Herabsetzg verpfl (BGH **97**, 212, Köln BB **98**, 1916). Entspr gilt für Erhöhgsklauseln in LeasingVertr (Ffm NJW **86**, 1355, Hamm NJW-RR **86**, 929). Die ÄndergsVoraussetzgen müssen aber in den AGB ausformuliert sein, eine einschränkde geltgserhaltde Auslegg ist auch hier unzul (Ffm aaO, LG Köln MDR **86**, 1029, Reifner JZ **95**, 872, aA BGH aaO). Darf die Bank die Zinsen für eine neue Festzinsperiode einseit festlegen, muß dem Kunden ein KündR zustehen (BGH NJW **89**, 1797). Zul sind auch **Beitragsanpassungsklauseln** in VersVertr, sofern die ÄndergsVoraussetzgen konkret festgelegt u inhaltl angem sind (BGH **119**, 59, Hamm NJW-RR **93**, 1501, Celle VersR **93**, 1343).

10 **bb)** In Vertr mit **Unternehmern** können PrErhöhgsklauseln auch dann zul sein, wenn die Erhöhgskriterien nicht angegeben sind u dem Kunden für den Fall einer erhebl PrSteigerg kein LösgsR eingeräumt ist, sofern seine Interessen in and Weise ausr gewahrt w (BGH **92**, 203, **93**, 256), etwa dadch, daß die Gemeinde als Betreiber einer Großmarkthalle bei Mieterhöhgen an das Kostendeckgsprinzip gebunden ist (Köln NJW-RR **90**, 401). Bei der nach § 9 erforderl umfassden Würdigg sind vor allem die Art des VertrVerh u die VertrDauer zu berücksichtigen (BGH aaO). Für die Zulässigk der Klausel kann sprechen, daß die Part im wesentl gleichgerichtete Interessen vertreten (BGH **93**, 259) od daß die PrErhöhg auf den am Markt dchgesetzten Pr beschränkt w (BGH **92**, 203).

11 **2) Leistungsverweigerungsrechte (Nr 2).** – **a)** Das Ges geht davon aus, daß §§ 273, 320 RGrds von erhebl GerechtigkWert enthalten (ebso 1 o des Anhangs zur EG-RiL, s § 24 a Rn 40). Es bestimmt daher, daß **§ 320** jeder Änderg od Einschrkg dch AGB entzogen ist. Eine unzul Beschrkg liegt auch vor, wenn das LeistgVR auf die voraussichtl Nachbessergskosten begrenzt od von einer schriftl Anzeige od einem Anerkenntn abhängig gemacht w. Unberührt bleiben die sich aus dem Ges ergebden Beschrkgen, so etwa der Grds, daß Fdg u GgFdg zueinand im GgseitigkVerh stehen müssen (§ 320 Rn 3). Es gilt auch weiter der Grds, daß das LeistgVR gem § 320 I 1 letzter Halbs tatbestandl nicht gegeben ist, wenn für den Kunden eine
11 a VorleistgsPfl besteht (BGH NJW **85**, 851, hM). Wird dch AGB eine **Vorleistungspflicht** begründet, ist nicht § 11 Nr 2 a, sond § 9 Grdl der InhKontrolle (BGH **100**, 161, hM, s aber auch Nr 10 d). Vorleistgsklauseln sind zul, wenn für sie ein sachl berecht Grd gegeben ist u keine überwiegden Belange des Kunden

entggstehen. Das ist der Fall bei Eintrittskarten, Nachnahmesendgen, Briefmarkenauktionen (BGH NJW **85**, 851), MietVertr (Zoller BB **92**, 1751), beim EhemäklerVertr (BGH **87**, 318), uU bei Erschließgskosten (Hamm NJW-RR **92**, 22), nicht aber bei KaufVertr, etwa über Kaminbausätze (Stgt BB **87**, 2395) od Möbel od Elektrogeräte (Dresd OLG-NL **98**, 193). Die Unangemessenh kann sich auch aus dem Umfang der VorleistgsPfl ergeben, so wenn bei einem WartgsVertr od einem Vertr über die Teilnahme an einem Wirtsch-Informationsdienst ein Jahresentgelt im voraus zu entrichten ist (Mü OLGZ **91**, 356, LG Aachen NJW-RR **94**, 60) od bei einem SchneebeseitiggsVertr ein Halbjahresentgelt (KG NJW-RR **94**, 1266). Auch bei Vertr über die Benutzg einer Tennishalle (Düss MDR **99**, 735) u bei HeimVertr (§ 9 Rn 93 a) ist eine Verpfl zu übermäß Vorauszahlgen unwirks. Für den **Reisevertrag** gilt jetzt § 651 k (s dort). Beim BauVertr sind 12
Abschlagszahlgen nach Maßg des Baufortschritts zul, da sie keine VorleistgsPfl des Bestellers begründen, sond ledigl die des Untern mildern (BGH NJW **85**, 852). Unzul ist dagg die Verpflichtg zu übermäß hohen Abschlagszahlgen (Hamm NJW-RR **89**, 275, Schlesw BauR **94**, 513), bei einem Vertr über den Einbau von Fenstern etwa die Regelg, daß 95% des Entgelts bei Anlieferg der Fenster zu zahlen sind (Köln NJW-RR **92**, 1048), od eine Klausel, wonach der Besteller den WkLohn od Abschlagszahlgen ohne Rücks auf etwaige Mängel zu zahlen od dch eine Zahlgsgarantie od Hinterlegg sicherzustellen hat (BGH NJW **85**, 852, **86**, 3200, **92**, 2163, **93**, 3264, Blank DNotZ **97**, 298). Unwirks ist auch die Regelg, die iF einer Fehllieferg eine Schecksperre untersagt (BGH NJW **85**, 857). Hat der AuftrG eine Bankgarantie zu stellen, die den Untern ohne Rücks auf GgAnspr zu Abhebgen berecht, ist die Regelg gem §§ 7, 11 Nr 2 unwirks (BGH NJW-RR **86**, 959). Regelgen, die mit der MaBV übereinstimmen, sind dagg auch nach dem AGBG nicht zu beanstanden (s BGH NJW **86**, 3201, Blank DNotZ **96**, 501).

b) § 273 kann, sow der GgAnspr auf demselben rechtl Verhältn beruht, dch AGB weder ausgeschl noch 13
eingeschränkt w (Nr 2 b). Als unzul Einschrkg wird im Ges überflüssigerw die Klausel ausdr angeführt, die das ZbR von der Anerkenng dch den Verwder abhäng macht. Der Käufer kann beim Rücktr vom Eigenheim-bewerberVertr trotz entggstehder AGB Zug um Zug gg Räumg die Erstattg seiner Eigenleistgen verlangen (BGH **63**, 238). Das ZbR steht nur insow zur Disposition, als es sich um GgAnspr handelt, die zwar aus demselben LebensVerh iSd § 273, aber nicht aus demselben VertrVerh stammen (§ 273 Rn 9 f).

c) Im GeschVerk zw **Unternehmern** ist die formularmäß Abbedingg der §§ 273, 320 grdsl zul (BGH 14
115, 327), ebso die Abbedingg des § 478 (Stgt NJW-RR **92**, 118). Der Verwder kann aber aus der AusschlKlausel keine Rechte herleiten, wenn er für seine mangelh Leistg bereits den Teil des Entgelts erhalten hat, der dem Wert seiner Leistg entspr (s BGH **48**, 264, NJW **70**, 386), wenn er selbst im Verhältn zu seinem SubUntern einen Teil der Vergütg zurückhält (BGH NJW **78**, 634) od wenn der GgAnspr, auf den das LeistgsVR gestützt w, unbestritten, rkräft festgestellt od entscheidgsreif ist (BGH **92**, 316, **115**, 327, Düss NJW-RR **95**, 850). In MietVertr ist das Erfordern, die Zb einen Mo vor Fälligk anzukündigen, aber auch in diesem Fall wirks (Hbg NJW-RR **98**, 586).

3) Aufrechnungsverbot (Nr 3). – a) Das formularmäß AufrVerbot ist unwirks, soweit es unbestr od 15
rkräft festgestellte GgFdgen betrifft. Zulässig ist auch die Aufr mit bestr, aber entscheidgsreifen GgFdgen (BGH WM **78**, 620, Düss NJW-RR **97**, 757, LG Hanau NJW-RR **99**, 1142). Ggü einer nicht substantiiert begründeten GgFdg kann sich der Verwder aber unter Verzicht auf eine spezifizierte Stellgnahme auf das AufrVerbot berufen (BGH NJW **86**, 1757). Nr 3 erfaßt auch Klauseln, die die Aufr zwar nicht ausdr, aber der Sache nach ausschließen, wie etwa Nachnahmeklauseln (BGH NJW **98**, 3119). Unwirks ist auch eine AGB, die die Zulässigk der Aufr auf vom Verwder anerkannte Fdgen beschr (BGH NJW **94**, 657). Ein Verstoß gg Nr 3 führt zur Gesamtnichtigk der Klausel (BGH **92**, 316, NJW-RR **86**, 1281). Läßt die Klausel die Aufr mit unbestr GgFdgen zu, kann sie aber iZw dahin ausgelegt w, daß auch die Aufr mit rkräft festgestellter GgFdg statthaft sein soll (BGH **107**, 189), das gilt ebso umgekehrt, wenn die Klausel nur die Aufr mit rkräft festgestellten GgAnspr gestattet (BGH NJW-RR **93**, 520). Wird die Aufr von einer vorherigen Anzeige (1 Mo vor Fälligk) abhängig gemacht, ist Nr 3 nicht anwendb (BGH NJW **95**, 255, Hamm MDR **97**, 926), bei einer unangem langen Fr ist aber § 9 verletzt. – **b)** Das AufrVerbot tritt zurück, wenn es wg **Insolvenz,** 16
Vermögensverfalls od aus sonst Grden die Dchsetzg der GgFdg des Kunden vereiteln würde (BGH NJW **75**, 442, **84**, 357, § 387 Rn 17). Die Klausel kann idR in diesem Sinn einschränkd ausgelegt w (BGH aaO, aA offenbar BGH **92**, 314), so daß sie im übrigen wirks bleibt. Die nach §§ 639 I, 479, 390 S 2 zuläss Aufr mit einer **verjährten** Fdg kann nicht ausgeschl w (Hamm NJW-RR **93**, 1082). – **c)** Sieht man von den Rn 15 u 17
16 behandelten Sonderfällen ab, führt die Regelg in Nr 2 u 3 bei **konnexen Gegenforderungen** zu abwegigen Ergebn. Bei GgAnspr, die nicht auf Geld gerichtet sind, steht dem Kunden ein dch AGB nicht entziehb LeistgVR zu (Rn 13). Bei GgAnspr auf Geld ist die LeistgV als Aufr zu werten (§ 273 Rn 14), deren formularmäß Ausschluß Nr 3 nur für prakt seltene Sonderfälle untersagt. Diese unterschiedl Behandlg von Geld- u SachleistgsFdgen des Verwdgsgegners kann – entgg RegEntw S 29 – nicht überzeugen u widerspricht auch der Wertg der Nr 1 b des Anhangs der EG-RiL (§ 24 a Rn 27). Die Aufr ist kein auf bloßen ZweckmäßigkErwäggen beruhdes RInstitut; sie hat vielm zugleich eine Sichergs- u VollstrFunktion („PfandR an eig Schuld", § 387 Rn 1), der in Zeiten häufiger Insolvenzen bes Bedeutg zukommt. Nicht überzeugd ist auch der Hinw, daß der Schu wg seiner vom AufrVerbot betroffenen Fdg ja Widerklage erheben könne, da diese Möglichk beim Ausschl des LeistgVR gleichf besteht. Das AufrVerbot muß daher bei konnexen GgFdgen gem der Wertg in Nr 2 zumindest dann zurücktreten, wenn es sich um einen GgAnspr handelt, der aus einer zur LeistgV berecht SachleistgsFdg hervorgegangen ist (Düss NJW-RR **97**, 628, Ul/Br/He Rn 7, MüKo/Basedow Rn 27, LG Mü NJW-RR **90**, 30, and BGH NJW-RR **89**, 481, widersprüchl Wo/Ho/Li, s einers § 11 Nr 2 Rn 24 u anders RiL-Anh Rn 27). Das trifft insbes für Anspr aus §§ 633 III, 635 u 250 zu. – **d)** Als konkretisierte Ausformg von § 9 II Nr 1 gilt Nr 3 auch im **Verkehr zwischen Unternehmern** (BGH **92**, 316, NJW **84**, 2405).

4) Mahnung, Fristsetzung (Nr 4). – a) Dch Nr 4 wird der Grds, daß Verzug erst nach Mahng eintritt, 18
einer Änderg dch AGB entzogen. Außerdem werden die Vorschr klauselfest, die GläubR von der Setzg einer NachFr abhäng machen. Erfaßt wird insoweit vor allem § 326 I, außerdem aber auch §§ 250, 283, 634 (Wo/Ho/Li Rn 10). Dagg kann das Erfordern einer Ablehngsandrohg dch AGB abbedungen w (Ffm NJW **82**,

2564, Zweibr WM **96**, 623, ferner BGH **67**, 102 zum fr Recht). Unberührt bleiben die gesetzl Ausn vom Erfordern der Mahng u FrSetzg. Sie können in den AGB wiederholt, dürfen aber nicht erweitert w (BGH NJW **95**, 1488). Das Verbot erfaßt auch Klauseln, die zwar Mahng u FrSetzg nicht ausdr für entbehrl erklären, deren RFolgen (RücktrR, SchadErsAnspr, Verzinsg) aber *ipso facto* eintreten lassen (BGH **102**, 45, NJW **83**,
19 1322, **85**, 324, **98**, 852). – **b)** Das Erfordern der Mahng kann auch im **Verkehr zwischen Unternehmern** grdsl nicht abbedungen w (Lö/vW/Tr Rn 23, str). Entspr gilt für das Erfordern der NachFrSetzg (BGH **110**, 97, NJW **86**, 843). Klauseln, wonach der Schu bei Überschreitg des Zahlgsziels auch ohne Mahng bankübl Zinsen zu zahlen hat, sind aber wirks (BGH NJW-RR **91**, 997 zu ADSp, Karlsr NJW-RR **87**, 498).

20 **5) Pauschalierung von Schadensersatzansprüchen (Nr 5). – a) Allgemeines.** Nr 5 betrifft Schadenspauschalen, Nr 6 VertrStrafen; zur Abgrenzg vgl § 276 Rn 55. Im Anhang der EG-RiL ist Nr 1 e die entspr SchutzVorschr (§ 24 a Rn 30). Nr 5 erklärt Pauschaliergsklauseln grdsl für zul, legt aber fest, daß die Klausel inhaltl best Anfordergen genügen muß (Rn 22 u 26). Eine ähnl Regelg enthält § 10 Nr 7. Für die
21 Abgrenzg gilt: Unter Nr 5 fallen **Schadensersatzansprüche** aller Art, insb die aus §§ 326 u 286 (Ul/Br/He Rn 10 f; Lö/vW/Tr Rn 9 ff), nicht aber die Pauschalierg des Anspr aus § 818 I (BGH **102**, 45). Auf die Rückabwicklg iF der Künd u des Rücktr ist dagg § 10 Nr 7 anzuwenden. Soweit die Künd od der Rücktr (nach § 276 Rn 127 od gem vertragl Abrede) eine SchadErsPfl begründet, gilt aber Nr 5. Anwendgsfälle der Nr 5 sind daher auch der Anspr des LeasingG auf SchadErs bei vorzeit Künd (Gerth/Panner BB **84**, 813) u der Anspr des Reiseveranstalters aus § 651 i (BGH NJW-RR **90**, 115, Ffm NJW **82**, 2199, LG Hbg NJW **98**, 3281). Nr 5 erfaßt außerdem Anspr auf Ersatz einer **Wertminderung.** Darunter fallen MindergsAnspr gem §§ 462, 472, 634 I 3 (Wo/Ho/Li Rn 11, str). Beim Anspr aus VerbrKrG 13 II besteht keine Pauschaliergsmöglichk, da seine Höhe dch zwingdes Recht abschließd festgelegt ist (BGH NJW **85**, 326). Der Verwder kann sich trotz der Pauschalierg den Nachw eines höheren Schadens vorbehalten (BGH NJW **82**, 2317, Köln NJW-RR **86**, 1435, Hamm NJW-RR **87**, 312).

22 **b) Höhe der Pauschale. – aa)** Die Pauschale darf den nach dem **gewöhnlichen Lauf der Dinge** zu erwartden Schaden (Wertminderg) nicht übersteigen. Dieser § 252 S 2 nachgebildete Grds erfordert eine generalisierde Betrachtg. Abzustellen ist auf den branchentyp Dchschnittsgewinn (BGH NJW **82**, 331). Die Pauschale ist iZw brutto zu verstehen, umfaßt also die MwSt (Brschw BB **79**, 856). Sie muß sich am Schadensbegriff des BGB ausrichten. Die Einbez von nicht ersetzb Positionen, wie etwa Vorsorge- u Bearbeitgskosten (Vorbem 43 vor § 249 u § 249 Rn 23), macht die Klausel daher unwirks. Eine überhöhte Pauschale bleibt auch dann im ganzen unwirks, wenn der Verwder sie im Einzelfall auf eine angem Höhe
23 reduzieren will (Ffm NJW **82**, 2564). – **bb) Einzelfälle** (ja = wirks; nein = unwirks), s auch § 10 Rn 36: 15% im Kfz-NeuGesch ja (BGH NJW **82**, 2316, Celle NJW-RR **96**, 50, Düss NZV **98**, 159); 20% im Gebrauchtwagenhandel, nein (Köln NJW-RR **93**, 1405, LG Oldenbg BB **98**, 1280: BGH NJW **70**, 32 überholt); 15% im GebrauchtwagenGesch des Neuwagenhändlers, nein (Köln aaO, LG Hbg NJW-RR **97**, 560); 25% bei Kauf fabrikneuer Möbel ja (BGH NJW **70**, 2017, **85**, 322); 30% im Möbelversandhandel ja (Ffm NJW **82**, 2564); 35% im Möbelhandel nein (LG Bln AGBE I Nr 27); monatl Lagergebühr von 2% des Kaufpreises bei Möbelkauf nein (Karlsr BB **81**, 1168); 30% bei Vertr über den Einbau neuer Fenster ja (Brschw BB **79**, 856); 40% bei WkVertr nein (Reich NJW **78**, 1570, s § 10 Rn 36 zum Architekten); einheitl Stornopauschale für den Rücktr bei unterschiedl Reisetypen nein (LG Hbg NJW **98**, 3281); 50% der Restmiete bei Fernsprechnebenstellenanlage ja (s BGH **67**, 317, NJW **85**, 2328, NJW-RR **88**, 1491, KG MDR **97**, 1019); 3% der AuftrSumme bei kartellrechtsw Preisabsprachen in der Baubranche ja (BGH **131**, 356); Weiterzahlg des Mietzinses bei verspäteter Rückg des Kfz od bei Rückg in beschädigtem Zustand nein, da Mietwagen typw höchstens $^2/_3$ der Zeit vermietet sind (Saarbr NJW-RR **91**, 313, Ul/Br/He Rn 29); Neupreis od 80% des Neupreises für nicht zurückgegebenes Leergut, nein (Karlsr u Köln NJW-RR **88**, 371,
24 373, Brschw NJW-RR **96**, 566); **Mahngebühr** von 5 DM ja (Hbg DB **84**, 2504, Köln WM **87**, 1550, aA Ffm WM **85**, 938, Karlsr ZIP **85**, 607: 2,50 DM, Hamm NJW-RR **92**, 242), jedoch muß klargestellt w, daß für die Erstmahng keine ZahlgsPfl besteht (BGH NJW **85**, 324); 2 od 3% für den Nichtabruf eines Darl ja (BGH NJW **85**, 1832, NJW-RR **89**, 947), das gilt insbes auch für HypoBanken (BGH NJW **90**, 981), je nach den Umst des Falles können auch 4 $^1/_2$ od 5% zul sein (BGH NJW-RR **86**, 468; Düss NJW-RR **91**, 442, krit Reifner NJW **95**, 90); VorfälligkEntschädigg von jährl 1% des fäll DarlBetrages, wenn die Bank mit einer Nettozinsmarge von 0,63% arbeitet od wenn keine Abzinsg vorgesehen ist, nein (BGH NJW **98**, 592, NJW-RR **99**, 842); 5% über Bundesbankdiskont (jetzt Basiszinssatz), für **Verzugszinsen,** ja für LeasG (BGH NJW **95**, 954, 955), ja für Kreditinstitute, die Kredite an Verbr od Gewerbetreibde ausgeben (BGH **115**, 273, NJW **95**, 1954), zur Vereinbark mit dem Transparenzgebot s § 2 Rn 14; nein für Realkredite (BGH NJW **92**, 1621), nein für die Elektrobranche (Hbg WM **92**, 446) u für Kreditkartenausgeber (Hbg NJW **91**, 2841), 1,5% je Mo nein (BGH NJW **96**, 2650); 6% über Bundesbankdiskont (jetzt Basiszinssatz) nein (BGH NJW **84**, 2941); 12% Zinsen angebl ja (Hamm NJW-RR **87**, 312); Zinsaufschlag von 1% iF des Verzuges ja (BGH NJW **83**, 1542); Pauschale von 2% iF der Künd wg Verzuges ja (BayObLG DB **81**, 1615). Für **Verbraucherkreditverträge** gilt VerbrKrG 11 I, der eine höhere Pauschale als 5% über Basiszinssatz ausschließt (s § 246
25 Rn 10). – **cc) Beweislast.** Der Vorschlag der ArbGruppe beim BMJ (1. Teilbericht S 70) legte unzweideut dem Verwder die BewLast auf. Die Ges gewordene Fassg ist weniger eindeut, aber ebso zu verstehen (BGH **67**, 319, MüKo/Basedow Rn 67). Der Verwder muß daher nachweisen, daß seine Pauschale dem typ Schadensumfang entspr.

26 **c)** Die Klausel darf den **Nachweis** nicht abschneiden, der **Schaden** (die Wertminderg) sei überhaupt nicht entstanden od **wesentlich niedriger** (Nr 5 b). Nicht erforderl ist, daß die Klausel den GgBeweis ausdr für zul erklärt (BGH NJW **82**, 2316, **85**, 321). Nr 5 b erfaßt aber andseits nicht nur Klauseln, die den GgBeweis *expressis verbis* verbieten. Es genügt, wenn die Klausel für den rechtsungewandten Kunden den Eindruck einer endgült, einen GgBeweis ausschließden Festlegg erweckt (BGH NJW **82**, 2317, **83**, 1322). Das trifft zu, wenn die Klausel bestimmt, daß die Pauschale „auf jeden Fall" „mindestens" od „wenigstens" zu zahlen ist (BGH NJW **82**, 2317, **85**, 632, **88**, 1374) od wenn die Pauschale als „Abstandssumme" (Ffm OLGZ **85**, 92), als Pauschalentschädigg (Hamm NJW-RR **95**, 624) od als Entgelt für eine Dienstleistg (BGH **137**, 43/48) bezeichnet w. Auch die Formulierg „ist mit x% zu verzinsen" ist mit Nr 5 b unvereinb (BGH NJW **84**, 2941,

ZIP **96**, 1997), ebso die Bestätigg des Kunden, daß iF der NichtErf ein best Betrag als SchadErs zu zahlen ist (Kblz NJW-RR **94**, 59) sowie die Formuliergen „dem Verwder steht zu" (AG Brem NJW-RR **99**, 61), die Kosten betragen" (BGH NJW **85**, 634) u „ist zu zahlen" (Oldbg NJW-RR **87**, 1004), die aber im kaufm Verk unbedenkl sein soll (BGH **131**, 356). Mit Nr 5 b vereinb sind nach der Rspr: „wird ein Aufschlag von x% erhoben" (BGH NJW **85**, 321); „wird mit . . . berechnet" (aaO 324, BGH WM **86**, 1467, aA LG Brem NJW-RR **93**, 1403); „ist eine Entschädigg von 2% zu entrichten" (Hamm NJW-RR **86**, 273); „kann x% ohne Nachw als Entschädigg fordern" (BGH NJW **82**, 2317); „sind max x DM zu zahlen" (Zweibr VuR **99**, 269). Der Verstoß gg Nr 5 b macht die Klausel im ganzen unwirks (BGH NJW **85**, 632). Beweispflichtig für den geringeren Schaden ist der Kunde (Kblz NJW-RR **93**, 1080, Wo/Ho/Li Rn 21). Das nach der Überschrift „ohne Wertgsmöglichk" systemwidr Merkmal „wesentl" ist idR bei Abweichgen von etwa 10% erfüllt (MüKo/Basedow Rn 74), bei niedrigen Pauschalen (zB für Mahnkosten) ist eine höhere Abweichg erforderl, bei hohen kann eine geringere genügen. Der Nachw einer anderweit Verwertg des VertrGgst schließt den Anspr auf die Pauschale für entgangenen Gewinn nicht aus, wenn der Verwder den neuen Kunden ohnehin hätte beliefern können (BGH **126**, 309). Hat der Verkäufer dem Kunden einen Sondernachl auf den ListenPr eingeräumt, ist dieser von der Pauschale abzusetzen (Celle NJW-RR **96**, 50).

d) Gem §§ 9, 24 S 2 ist Nr 5 grdsl auch im Verk zw **Unternehmern** anzuwenden (BGH **67**, 312, **113**, 27
61, NJW **94**, 1068). Das gilt auch für das in Nr 5 b enthaltene Verbot (BGH NJW **84**, 2941, **94**, 1068).

6) Vertragsstrafe (Nr 6). – a) Allgemeines. Das Ges wertet VertrStrafklauseln mit Recht als eine idR 28
unangem Benachteiligg (§ 9 I), da sie dem Kunden erhebl Nachteile aufbürdet (LeistgsPfl ohne Schadens-Nachw, Herabsetzg gem § 343 mit erhebl Kostenrisiko), ohne dch ein überwiegdes Interesse des Verwders gerechtfertigt zu sein. Seine Belange werden idR dch die Festlegg von Schadenspauschalen (Nr 5) hinr gewahrt. Im Ggs zu dem im 1. TBericht (S 71) vorgeschlagenen völl Verbot bringt Nr 6 eine kasuistische Verbotsnorm, die (leider) weder an die Systematik der §§ 341 ff noch an die des Rechts der Leistgsstörgen anknüpft. Nr 6 gilt natürl auch dann, wenn die AGB die VertrStrafe als Abstand, Reueprovision od ähnl bezeichnen. Auf selbständ Strafgedinge ist Nr 6 entspr anwendb (Wo/Ho/Li Rn 6), ebso auf das Reugeld (Wo/Ho/Li Rn 8, aA KG NJW-RR **89**, 1077) u Verfallklauseln (s BGH NJW-RR **93**, 464), jedoch stützt die Rspr die InhKontrolle bei VorfälligkKlauseln auf § 9 (dort Rn 144). Abgrenzg zur Schadenspauschale § 276 Rn 55. Gilt eine gg Nr 6 verstoßde Klausel für beide Teile, beschränkt sich die Nichtigk gem § 6 auf das StrafVerspr des Kunden (Wo/Ho/Li Rn 21, aA Feiber NJW **80**, 1148).

b) Fallgruppen unzulässiger Strafklauseln. Nr 6 geht vom Normalfall aus, daß der Kunde eine **Geld-** 29
leistung u der Verwder eine Sachleistg zu erbringen hat. Für diese Fallgestaltg begründet sie für die meisten denkb VertrVerletzgen ein VertrStrafVerbot: – **aa) Nichtabnahme** od verspätete Abnahme. Nr 6 erfaßt alle Fälle, in denen der Kunde die Leistg nicht od verspätet annimmt. Die Grde für die Nichtabnahme sind
gleichgültig. – **bb) Zahlungsverzug,** dh Verzug mit einer Geldschuld. Das Verbot gilt erst recht, wenn die 30
Strafe statt auf Verzug auf Nichtzahlg abstellt. Hat der Schu unabhäng von der Dauer der Überziehg einen best Betrag als Überziehgsgebühr zu zahlen, handelt es sich um eine unzul VertrStrafKlausel (BGH NJW **94**, 1532). Unwirks ist auch eine Regelg, nach der allg bei „Nichteinhaltg des Vertr" eine VertrStrafe zu zahlen ist (Hbg NJW-RR **88**, 651). Die VertrStrafe für **Schwarzfahrer** beruht auf gesetzl Vorschr (EVO 12, VO v 20. 2. 70, s Trittel BB **80**, 497, aA Daleki MDR **87**, 891) u wird daher von Nr 6 nicht erfaßt. Nr 6 ist aber auch deshalb unanwendb, weil Grd für die Strafe nicht der Zahlgsverzug, sond der Versuch ist, die Befördergsleistg zu erschleichen (Ul/Br/He Rn 11, Weth JuS **98**, 800). Ist die Strafe für die Nichtrückg eines Ggst zu entrichten,
ist Nr 6 gleichf unanwendb (LG Lünebg NJW **88**, 2476). – **cc) Lösung vom Vertrag.** Erfaßt werden alle 31
Fälle, in denen sich der Kunde ausdr (dch Rücktr, Künd od Widerruf) od konkludent (etwa dch Abschluß eines neuen Vertr) vom Vertr lossagt. Nr 6 ist auch anwendb, wenn der SubUntern den HauptUntern aus dem VertrVerhältn herausdrängt u selbst die Betreuung des Kunden übernimmt (BGH NJW-RR **98**, 1595). – **dd)** Schuldet der Kunde eine **Sachleistung** (Bsp: EinkaufsBdggen, AGB von Bauherrn) sind StrafKlauseln nach Nr 6 nur verboten, wenn sie an die Lösg vom Vertr od die Nichtannahme des Entgelts (!) anknüpfen. Auch für den SachleistgsSchu müssen aber über § 9 die Wertgen der Nr 6 berücksichtigt w. StrafKlauseln sind daher unwirks, soweit der Verwder seine Interessen dch Schadenspauschalen hinreichd wahren kann; sie sind idR auch dann unangem, wenn dem Schu ledigl einf Fahrlässigk zur Last fällt (Ul/Br/He Rn 14).

c) Auf den Verk zw **Unternehmern** kann die auf den Schutz des Verbrauchers zugeschnittene Nr 6 nicht 32
übertragen werden (hM). Strafklauseln sind aber gem **§ 9** unwirks, wenn sie den Schu unangem benachteiligen. **Unwirksam** sind: übermäß StrafVerspr für die Verzögerg von Bauleistgen (§ 343 Rn 4); übermäß StrafVerspr in Vertr der TrHand (§ 9 Rn 131) od in VertrHändlerVertr für den Fall der NichtErf nachvertragl Pflten (BGH NJW **97**, 3233); StrafVerspr für den Fall einer einverständl VertrAufhebg (BGH NJW **85**, 57); StrafVerspr für verbotene PrAbsprachen, wenn der GesBetrag der Strafen ein Vielfaches des Submissionsschadens erreicht od die Strafe auch bei Nichtvergabe eines Auftr gefordert w kann (BGH **105**, 30, Ffm NJW-RR **86**, 895); StrafVerspr für den Fall erfolgloser Vhdlgen über eine PrAbsprache (Ffm ZIP **91**, 1171); 20 000 DM für die Nichtrückgabe eines Dokuments (Brschw NJW-RR **96**, 1316); 10 000 od 30 000 DM für jeden Fall der ZuwiderHdlg bei VertrVerhältn mit geringer Gewinnerwartg (BGH ZIP **98**, 1159, Mü NZG **98**, 113); das zwanzigfache Entgelt für jede vertragsw Nutzg von Adressenmaterial (Mü NJW-RR **93**, 1334); 3000 DM für jede Verletzg eines AutomatenAufstellVertr (Celle NJW-RR **88**, 947); 5000 od 3000 DM für eine den Verwder nur geringfüg beeinträchtigde VertrVerletzg (BGH DB **90**, 1323, Celle NdsRpfl **89**, 214). **Wirksam** sind dagg 250 DM für jede zurückgehaltene Kundenanschrift (BGH NJW **93**, 1786). Differenz zw Händlereinstandspreis u PrEmpfehlg bei Veräußerg an nicht autorisierten Wiederverkäufer (Mü BB **97**, 2399).

d) Das **Verschuldenserfordernis** kann nur dann formularmäß abbedungen w, wenn bei dem betreffden 33
VertrTyp gewichtige Grde für eine schuldunabhängige Haftg sprechen (BGH **72**, 178, NJW-RR **91**, 1013, NJW **97**, 135). Diese Voraussetzg ist bei BauVertr nicht erfüllt (BGH NJW **98**, 3488, Düss NJW-RR **97**, 1378, 1380), ebsowenig bei PrBindgsVertr im Buchhandel (AG B'haven NJW-RR **86**, 276) u bei AutomatenaufstellVertr (LG Aachen NJW-RR **87**, 948), wohl aber beim Verkauf von Untern dch die TrHand für den

Fall der Nichteinhaltg von ArbPlatzGarantien od Investitionszusagen (§ 9 Rn 131). **Nebenabreden** zu Straf-Klauseln sind gem § 9 II 1 unwirks, soweit sie den §§ 339 ff widersprechen. § 340, wonach die verwirkte Strafe auf den SchadErsAnspr wg NichtErf anzurechnen ist, ist klauselfest (BGH **63**, 256, NJW **85**, 56), u zwar auch für HandelsvertreterVertr (BGH NJW **92**, 1096). Auch die „Einrede des FortsetzgsZushangs" kann nicht dch AGB abbedungen w (BGH **121**, 19), es sei denn, daß eine solche Regelg ausnw dch ein schutzwürd Interesse des Verwders gerechtfertigt w (BGH NJW **93**, 1786). § 341 III, wonach die VertrStrafe bei Annahme der Erf vorbehalten werden muß, darf dch AGB gemildert w (BGH **72**, 224), sein völliger Ausschluß ist aber unwirks (BGH **85**, 310, Mü BB **84**, 1387).

34 **7) Haftung bei grobem Verschulden (Nr 7).** – **a)** Die in den Nr 7–11 enthaltenen, sachl zusgehörden Klauselverbote beschränken die Zulässigk von Freizeichngsklauseln. Sie sollen die Rechte des Kunden bei **Nicht- und Schlechterfüllung** sichern; ergänzd gilt auch in diesem Bereich die Generalklausel (§ 9
35 Rn 36 ff). – **b)** Nr 7 gilt für **Verträge jeder Art.** Sie ist auch auf unentgeltl Vertr anzuwenden, bei denen allerdings die Verwendg von AGB selten ist. Geschützt werden alle vertragl SchadErsAnspr, gleichgült, ob sie auf Unmöglichk, Verzug od pVV beruhen. Auch SchadErsAnspr aus dem GewlR, zB §§ 538, 635 BGB, § 13 Nr 7 VOB/B, werden miterfaßt (Ul/Br/He Rn 9, hM), ebso die Anspr von Dr, soweit sie in den Schutzbereich des Vertr einbezogen sind (Düss WM **82**, 575). Der Schutz der Nr 7 erstreckt sich ausdr auch auf Anspr aus c. i. c.; iü scheitert der HaftgsAusschl für Anspr aus c. i. c. idR auch deshalb, weil sie bereits entstanden sind, wenn der Vertr unter Einbez der AGB zustande kommt (Ziegler BB **90**, 2345). Auf **deliktische Ansprüche** ist Nr 7 entspr anzuwenden (BGH **100**, 184, NJW **95**, 1489). Geschützt ist aber nur der Anspr gg den Verwder; der Anspr gg den ErfGeh kann in den Grenzen des § 9 dch eine Haftgsfreistellg zGDr (§ 276
36 Rn 60) abbedungen w (MüKo/Basedow Rn 99, aA BGH **96**, 25). – **c) Voraussetzungen und Ausnahmen.** Der Begriff des Vorsatzes u der groben Fahrlässigk stimmen mit denen des BGB überein (§ 276 Rn 10 u § 277 Rn 2). Der Vorsatz des Schu wird nicht bes erwähnt, weil insow § 276 II gilt. Die Begriffe „gesetzl Vertreter" u „ErfGeh" sind ebso zu verstehen wie im § 278 (s dort). Gleichgült ist, ob als ErfGeh ein ArbN des Verwders od ein selbst Untern tätig geworden ist. Bei einer Kette von ErfGeh gilt das Verbot der Nr 7 für die ganze Kette. Soweit sich der Verwder gem §§ 675, 664 I S 2 das Recht der **Substitution** vorbehalten hat, ist Nr 7 unanwendb. Die jetzt in den Banken-AGB 3 II enthaltene Substitutionsklausel ist wirks; dagg bestehen gg Sparkassen-AGB 19 II Bedenken, weil der Sparkasse bei der Frage, ob der Auftr dch einen ErfGeh od einen Substituten ausgeführt w soll, ein ErmSpielraum verbleibt (v Westphalen BB **93**, 9). Nach § 23 II Nr 3 u 4 findet Nr 7 auf genehmigte BefördergsBdggen u LotterieVertr keine Anwendg. –
37 **d) Verboten** ist nicht nur der HaftgsAusschl, sond auch jede **Haftungsbegrenzung.** Unzul sind daher Beschränkgen der Höhe des Anspr od der Ausschluß bestimmter Schäden (BGH NJW **87**, 2820), etwa mittelb, indirekter od nicht vorhersehb, jedoch gilt für ReiseVertr die SonderVorschr des § 651 h (Ffm NJW **86**, 1621). Eine unzul Haftgsbegrenzg liegt auch vor, wenn die VerjFr abgekürzt (Düss NJW-RR **95**, 440) od die Haftg dch eine Subsidiaritätsklausel eingeschränkt wird (s BGH WM **89**, 1521, Canaris JZ **87**, 1003). Nr 7 gilt nach ihrem Schutzzweck grdsl auch dann, wenn die Klausel nicht die ErsPfl, sond die SorgfPfl u damit die Voraussetzg des SchadErsAnspr abbedingt (§ 9 Rn 37). And ist es aber, wenn die scheinb abbedungene Pfl nach der RNatur des Vertr ohnehin nicht besteht (Hamm NJW-RR **89**, 668). Der Verstoß gg Nr 7 macht die Freizeichngsklausel **im ganzen unwirksam** (BGH **86**, 296, **96**, 25). Etwas and gilt nur dann, wenn der wirks u der unwirks Teil der Klausel inhaltl u sprachl von einand trennb sind (Vorbem 11 v § 8). –
38 **e) Verkehr zwischen Unternehmern.** Der BGH hat vor dem Inkrafttreten des AGBG aus §§ 242, 315 ein Freizeichngsverbot für grobes Verschulden des Verwders, seiner gesetzl Vertreter u leitden Angestellten hergeleitet, Haftgsausschlüsse für „einfache" ErfGeh dagg anerkannt (BGH **20**, 164, **38**, 183, **70**, 364). Ein Teil der Rspr u Lit hält an diesem Grds für den kaufm Bereich weiter fest (Hbg VersR **85**, 57, Brem VersR **87**, 773, Lutz AGB-Kontrolle im HandelsVerk S 124). Dagg will die hM das Freizeichngsverbot der Nr 7 über §§ 24 S 2, 9 grdsl auch im kaufm Verk anwenden (Ffm NJW **83**, 1681, Mü BB **93**, 1753, Köln BB **93**, 2044, Hamm NJW-RR **96**, 969, Wo/Ho/Li Rn 48). Der BGH hat die Streitfrage bisher offen gelassen (BGH **93**, 48, **95**, 182), er hat aber entschieden, daß sich der Verwder nicht vom groben Verschulden einf ErfGeh
39 freizeichnen kann, soweit es sich um die Verletzg von **Kardinalpflichten** handelt (BGH **89**, 367, NJW **85**, 915, § 9 Rn 30). Die besseren Argumente sprechen für die grdsl Anwendg der Nr 7 auch im kaufm Verk. Der Verwder, der den Nutzen aus dem Einsatz von ErfGeh hat, muß auch das damit verbundene Risiko tragen u darf sich bei groben Fehlleistgen seiner Gehilfen nicht hinter Freizeichngsklauseln zurückziehen. Bei der entsprechden Anwendg der Nr 7 im kaufm Bereich sind aber zwei Einschrkgen zu machen: – **aa) Haftungsbegrenzungen** auf den typweise bei Gesch der fragl Art entstehden Schaden sind zul (BGH NJW **93**, 335, Lö/vW/Tr Rn 46). – **bb) Branchentypische Freizeichnungen,** die allseits gebilligt u anerkannt w, sind wirks. Bsp: ADSp (BGH NJW **86**, 1435, WM **88**, 1202); HaftgsAusschl der Werften für grobes Verschulden einf ErfGehilfen (BGH **103**, 320), nicht aber für leitde Angestellte (BGH NJW-RR **89**, 954); Haftgsbeschränkgen der Stromversorger (BGH NJW **98**, 1640).

40 **8) Verzug, Unmöglichkeit (Nr 8).** – **a)** Die Vorschr sichert dem Kunden iF des Verzuges des Verwders od einer von diesem zu vertretden Unmöglichk einen dch AGB nicht abdingb Bestand an Rechten. Sie gilt für **Verträge jeder Art**. Unter Verzug ist nur der SchuVerzug zu verstehen, nicht der AnnVerzug. Unter den Begriff der nachträgl Unmöglichk fallen die nachträgl obj Unmöglichk u das nachträgl Unvermögen. Nr 8 erfaßt aber auch die Haftg für anfängl Unvermögen (Wo/Ho/Li Rn 5 s § 306 Rn 9 f). Der Zweck der Nr 8, den Verwder zur ordngsmäß VertrErf anzuhalten, rechtfertigt es, Nr 8 a analog auch auf die **positive Vertragsverletzung** anzuwenden (Wolf NJW **80**, 2436, ähnl Ul/Br/He Rn 11). Dagg ist Nr 8 b nicht auf die pVV anwendb. Die komplexen SchadErs- u Freizeichngsprobleme, die bei den einz Fallgruppen der pVV bestehen, lassen sich nur mit der Generalklausel, nicht aber mit Nr 8 b sachgerecht lösen (MüKo/Basedow
41 Rn 118, Lö/vW/Tr Rn 14, aA Oldenbg NJW-RR **92**, 1527). – **b)** Das **Recht, sich vom Vertrag zu lösen** (Nr 8 a), darf weder ausgeschlossen noch eingeschränkt werden. Unzul sind daher auch Befristgen (BGH NJW-RR **89**, 625) od die Auferlegg von Abstandszahlgen. Bei dem LösgsR kann es sich je nach dem VertrTyp um ein Rücktr-, Künd-, od WiderrufsR handeln. Es kann je nach der Art der Leistgsstörg auf §§ 325, 326, 440 od den für die pVV geltden Grds beruhen. Die LösgsR aus §§ 361, 636, 671 u den RGrds

über die Künd von DauerschuldVerh sind mitgeschützt, soweit sie wg einer Leistgsstörg ausgeübt w sollen. – **c) Anspruch auf Schadensersatz (Nr 8 b):** Nr 8 b erfaßt nicht nur SchadErsAnspr wg NichtErf, sondern 42
alle SchadErsAnspr (Staud/Coester-Waltjen Rn 9), auch den Anspr auf Ers von Verspätgsschaden aus § 286 (BGH **86**, 292). Da bei grobem Verschulden Nr 7 anwendb ist, geht es in Nr 8 b im Ergebn um einf Fahrlässigk u sonst Vertretenmüssen. Der SchadErsAnspr darf **nicht ausgeschlossen** w. Unzul ist daher auch ein stillschw Ausschl dch Beschrkg auf ein RücktrR (LG Bln AGBE III Nr 35) od dch Abbedingg der AnsprVoraussetzgen (Kblz WM **83**, 1272). **Einschränkungen** sind dagg, vorbehaltl Nr 7, zul, etwa dch Festlegg einer Haftgshöchstsumme od den Ausschluß entfernterer Schäden. Der verbleibde Umfang der ErsPfl muß aber in einem vertretb Verh zur Schadenshöhe stehen (Stgt NJW **81**, 1106). Eine weitgehde Aushöhlg der ErsPfl, etwa die Beschränkg auf Zinsnachteile, od eine nur symbol Entschädigg („1 DM") sind unzul. Eine Klausel, wonach bei einf Fahrlk kein SchadErs zu leisten ist, ist keine zul Einschränkg, sond ein unzul TeilAusschl der SchadErsPfl (BGH NJW-RR **89**, 626). – **d)** Im **Verkehr zwischen Unternehmern** ist 43
Nr 8 a gem §§ 24 S 2, 9 entspr anwendb (Lö/vW/Tr Rn 34, allgM). Dagg kann die SchadErsPfl für einf Fahrlässigk (Nr 8 b) im kaufm Bereich grdsl abbedungen w (Wo/Ho/Li Rn 22), es sei denn, daß es sich um die Verletzg von KardinalPflten handelt (§ 9 Rn 27).

9) Teilverzug und Teilunmöglichkeit (Nr 9). – **a)** Die Vorschr ergänzt Nr 8. Nach §§ 325 I S 2, 44
326 I S 3 kann der Gläub bei Teilunmöglichk (Teilverzug) vom **ganzen Vertrag** zurücktreten od SchadErs wg NichtErf des ganzen Vertr verlangen, wenn die TeilErf für ihn kein Interesse hat. Ähnl gilt gem § 280 II für nicht ggs Vertr. Diese Rechte dürfen dch AGB nicht ausgeschl w. Einschrkgen sind an Nr 8 zu messen; sie sind daher hinsichtl des Rücktr unzul, hinsichtl des SchadErs in den Grenzen von Rn 42 zul (Ul/Br/He Rn 6). Unwirks ist daher eine Klausel, wonach der Möbelkäufer bei teilw Nichtbelieferg nur hinsichtl der nicht gelieferten Ggst vom Vertr zurücktreten darf (BGH NJW **83**, 1322). Klausel über die Pfl zur Annahme werden von Nr 9 nicht erfaßt. Aus ihnen kann der Verwder aber keine Rechte mehr herleiten, wenn feststeht, daß die Restleistg nicht mehr erbracht werden kann u die TeilErf für den Kunden ohne Interesse ist. – **b)** Der 45
Grds, daß die TeilErf der NichtErf gleichsteht, wenn der Gläub an der Teilleistg kein Interesse hat, ist ein wesentl RGedanke des PrivR, wenn seine prakt Bedeutg auch nicht sehr groß ist. Nr 9 ist daher gem §§ 9, 24 S 2 auch im Verk zw **Unternehmern** anzuwenden (Wo/Ho/Li Rn 15).

10) Gewährleistung (Nr 10). Allgemeines. – **aa)** Die aus zahlreichen EinzVerboten bestehde Vorschr 46
soll den Kunden vor einer Aushöhlg gesetzl od vertragl GewlAnspr schützen u sicherstellen, daß das Äquivalenzverhältn von Leistg u GgLeistg auch bei mangelh Leistg des Verwders dchgesetzt werden kann. Der RegEntw (BT-Drs 7/3119) wollte Nr 10 auf Kauf-, Wk- u WkLiefergsVertr über neu hergestellte Sachen beschr. Der BT hat ihren **Anwendungsbereich** dch eine (sprachl nachläss) Neuformulierg des Einleitgssatzes erweitert. Die zweite Alternative „Vertr über Leistgen" erfaßt alle WerkVertr, auch solche, die nicht die Herstellg einer neuen Sache zum Ggst haben. Scheinb einbezogen werden auch Miet- u PachtVertr; dabei handelt es sich aber um ein Redaktionsversehen: Nach der Entstehgsgeschichte ist Nr 10 auf Gebrauchsüberlassgs Vertr nicht anzuwenden (BGH **94**, 186, Ul/Br/He Rn 3). – **bb)** Bei LiefergsVertr gilt Nr 10 nur, wenn 47
eine **neu hergestellte Sache** VertrGgst ist. Der Begriff der Sache ist umfassder zu verstehen als der in § 90. Unter ihn fallen alle VermögensGgst, für die in direkter od entspr Anwendg der §§ 459 ff GewlR bestehen können. Einbezogen sind daher auch „Software" u „know-how" (Ul/Br/He § 11 Anh 273, s auch BGH **102**, 139), nicht aber Fdgen u Rechte. „Neu hergestellt" sind auch pflanzl Produkte (Gemüse, Obst), nicht aber Tiere (Bsp: junge Dackel), auch wenn sie bald nach der Geburt verkauft w (aA BGH NJW-RR **86**, 52, LG Aschaffenburg NJW **90**, 915), auch nicht neu erschlossene Bauplätze (LG Ravensburg NJW-RR **92**, 1277). Welche Sachen **neu** sind, richtet sich nach dem Schutzzweck der Vorschr u den Anschauungen des redl Verk. Ausstellgsstücke sind idR neu iSd Nr 10 (Düss NJW-RR **91**, 1464). Der Käufer eines **Pkw**, der bereits einen Tag für einen and Halter zugelassen war, wird dch Nr 10 geschützt (LG Augsbg DAR **98,** 217). Ein erhebl PrNachlaß kann aber dafür sprechen, daß die Part die Sache nicht mehr als neu angesehen haben (LG Gießen NJW-RR **92**, 186). Auch ein „grau" reimportierter Pkw, der als „gebrauchter Pkw ohne Garantie" gekauft worden ist, ist nicht mehr neu iSd Nr 10 (Mü NJW-RR **98,** 1595). Die Veräußerg von Häusern u **Eigentumswohnungen** an den Ersterwerber fällt auch dann unter Nr 10, wenn sie kurzfristig leergestanden haben od vermietet waren (s BGH NJW **82**, 2243, **85**, 1551, Klumpp NJW **93**, 372); die Eigensch „neu" entfällt beim Leerstehen spätestens nach 5, bei andweit Benutzg spätestens nach 2 Jahren (Klumpp aaO). Der Anwendg von Nr 10 steht auch nicht entgg, daß das GemschEigt schon von and Erwerbern benutzt worden ist (Brambring NJW **87**, 102). EigtWo, die dch umfassde Renovierg in einem Altbau geschaffen worden sind, können „neu" iSd Nr 10 sein, wenn der Veräußerer HerstellgsPflten übernimmt, die einer Neuherstellg vergleichb sind (BGH **108**, 162, LG Landshut NJW **93**, 407). Das kann anzunehmen sein, wenn der Veräußerer das Objekt als „Neubau hinter einer historischen Fassade" bezeichnet (BGH **100**, 397). Ist die Wo nicht neu, gilt Nr 10 für die Renovierg („Vertr über Leistg"), falls diese ein abtrennb TeilGgst des Vertr ist (Hbg BauR **97**, 835, Kanzleiter DNotZ **87**, 668, aA Brambring NJW **87**, 103), nicht aber wenn der RVorgänger des Verkäufers die Renovierg vorgenommen hat (Celle NJW-RR **96**, 1416). Ist die verkaufte Sache zT neu, zT gebraucht (Gebrauchtwagen mit neuem Motor u Reifen), ist Nr 10 auf die Neuteile anzuwenden (MüKo/Basedow Rn 135). Auch **Sonderangebote** zu einem ermäßigten Pr u **Schlußverkaufsware** fallen unter Nr 10 (Düss NJW-RR **97**, 1147, Muscheler BB **86**, 2283). Für sie kann aber das UmtauschR wg Nichtgefallen ausgeschl w (Muscheler aaO). – **cc)** Auf die vom Hersteller, Verkäufer od 48
Untern übernommene selbstd **Garantie** (§ 477 Rn 21, Vorbem 9 v § 633) ist Nr 10 nicht anzuwenden. Sie sind unbedenkl, wenn dem Kunden neben den Rechten aus der GarantieUrk die gesetzl GewlR zustehen. Sie verstoßen aber gg § 9, wenn die GarantieBdggen die gesetzl GewlR ausschließen od für den rechtl ungewandten Kunden den Eindruck eines Ausschl erwecken (BGH **79**, 119, **104**, 92). In diesem Fall muß die Garantie den Anfordergen der Nr 10 genügen. – **dd)** Trotz der weiten Fassg des Einleitgssatzes („Vertr über 49
Leistgen") fallen **Mietverträge** nicht unter Nr 10 (Rn 46). Auch auf **Leasingverträge** ist Nr 10 nicht anwendbar. Der LeasingG darf seine eig GewlPfl abbedingen u dafür dem LeasingN seine GewlR gg den Hersteller abtreten (BGH **81**, 298, **94**, 186, **114**, 61). Die kaufrechtl Anspr gg den Hersteller müssen grdsl dem Standard der Nr 10 genügen (Einzelh Einf 40 ff v § 535).

50 **a) Ausschluß und Verweisung auf Dritte (a).** – **aa)** Unzul ist der **völlige Ausschluß** von GewLAnspr, auch ein bedingter Ausschl, etwa für den Fall der Vornahme von Nachbessergsarbeiten dch einen Dr (Karlsr AGBE IV Nr 66), der Veränderg der Sache (LG Bln AGBE I Nr 87) od der Beschädigg od des Eingriffs eines Dr (BGH NJW **80**, 832). Der Verwder kann die GewL grdsl auch nicht davon abhäng machen, daß die Ware in der **Originalverpackung** zurückgegeben w (Drygala NJW **93**, 359). Auch bei Sonderangeboten kann die
51 GewL nicht ausgeschlossen w (Düss NJW-RR **97**, 1147). – **bb)** Die **Beschränkung** der GewL auf Wandlg unter Ausschluß der Minderg verstößt nicht gg a) (Mü NJW **94**, 1661, in der Tendenz auch BGH NJW-RR **90**, 1141). Unwirks ist dagg die Beschränkg auf Minderg unter Ausschluß der Wandlg. Wie sich aus b) ergibt, kann dem Käufer, dem eine unbrauchb Sache geliefert worden ist, das Recht auf Rückgängigmachg des Vertr
52 nicht dch AGB entzogen w (MüKo/Basedow Rn 142). – **cc)** Unwirks sind Klauseln, dch die der Verwder die eig Haftg ausschließt u den Kunden auf **Ansprüche gegen Dritte** verweist. Der Verwder kann seinem Kunden dch Abtr od Vertr zG Dr Anspr gg Dr verschaffen, etwa Rechte aus einer Herstellergarantie (Rn 48);
53 seine Eigenhaftg bleibt aber unberührt. – **dd)** Unzul sind Subsidiaritätsklauseln, die die Haftg des Verwders von der vorherigen **gerichtlichen** Inanspruchn Dr abhäng machen. Entspr gilt für Klauseln, die dem Kunden die Einleitg eines SchiedsGerVerf vorschreiben. Dagg kann der Kunde verpflichtet w, sich zunächst außergerichtl an den Dr zu halten; die Klausel ist aber unwirks, wenn sie dch ihre Fassg den Eindruck hervorruft, idR hafte der Verwder erst nach einem RStreit gg den Dr (BGH NJW **95**, 1675, **98**, 904). Sie verstößt auch dann gg a) wenn sie das Wiederaufleben der Haftg des Verwders (scheinb) auf bes AusnTatbestde (Verj, Insolvenz, GeschAufg des Dr) beschränkt (BGH aaO, Düss NJW-RR **97**, 660). Läßt der Kunde den Anspr gg den Dr schuldh verjähren, verliert er zugl seinen Anspr gg den Verwder (BGH NJW- RR **91**, 342). Dieser kann hieraus aber nur Rechte herleiten, wenn er den Kunden bei der Dchsetzg der Anspr hinr unterstützt (BGH NJW-RR **89**, 467). Wenn der Dr trotz Aufforderg nicht in angem Fr leistet, kann der Kunde den Verwder in Anspr nehmen. Zu einer nochmaligen Aufforderg des Dr ist der Kunde nur verpflichtet, wenn der Verwder ihm Informationen übermittelt, die den Dr voraussichtl zu einer Änderg seines Verhaltens veranlassen. Eine Aufforderg ist **entbehrlich,** wenn der Dr die Leistg ernsth u endgült verweigert hat, offensichtl nicht leistgsfäh od unter der vom Verwder angegebenen Anschrift nicht zu erreichen ist (Ul/Br/He Rn 20). Die Verj des Anspr gg den Verwder beginnt erst, wenn die Gewährleistg dch den Dr ausscheidet (BGH NJW **81**, 2343). –
54 **ee)** Die Klauselverbote der Nr 10 a gelten auch, wenn sich die Freizeichng auf **einzelne Teile** beschränkt. Hierunter sind nicht nur reale Teile der Leistg zu verstehen; erfaßt werden auch Freizeichngsklauseln für bestimmte Arten od Ursachen von Mängeln (Karlsr ZIP **83**, 1091). Unzul ist daher die Beschrkg der Gewl auf Mängel, deren Beseitigg der Verwder von einem Dr verlangen kann (BGH **67**, 101), auf Schäden, für die handelsübl Garantie übernommen wird (Karlsr AGBE I Nr 83), auf Mängel, die auf einem Verschulden des
55 Verwders beruhen (Ul/Br/He Rn 14) od die im AbnProtokoll festgehalten worden sind. – **ff)** Das Verbot, die GewlAnspr voll auszuschließen (Rn 50) u das Verbot des Ausschlusses der Wandlg (Rn 51), sind auch im **Verkehr zw Unternehmern** anzuwenden (s BGH **62**, 254, **65**, 363, NJW **91**, 2632, NJW-RR **93**, 561). Entspr gilt für das Verbot, die Eigenhaftg dch die Einräumg von Anspr gg Dr zu ersetzen. Dritthaftgsklauseln sind auch bei RGesch zw Untern nur wirks, wenn sie ausdr eine subsidiäre Eigenhaftg des Verwders vorsehen (Lö/vW/Tr Rn 47, Staud/Coester-Waltjen Rn 39). Unbedenkl ist allerdings, die vorhergehde gerichtl Inanspruchn des Dr zu verlangen (Ul/Br/He Rn Rn 27), etwa entstehde, beim Dr nicht beitreibbare Kosten hat der Verwder zu ersetzen (BGH **92**, 123).

56 **b) Beschränkung auf Nachbesserung (b).** – **aa)** Gleichgült ist, ob der NachbessergsAnspr auf Ges (§ 633 II) od auf Vertr beruht. Bei Fehlschlagen der Nachbesserg kann der Kunde, statt die gesetzl GewlR geltd zu machen, auch den NachbessergsAnspr dchsetzen od gem § 633 III AufwendgsErs od einen Vorschuß verlangen (BGH NJW **91**, 1883, **92**, 3297). Legen die AGB fest, daß der Verwder den Schaden dch
57 Naturalrestitution zu beseitigen hat, ist b) unanwendb, es gilt § 250 (Hamm NJW-RR **92**, 467). – **bb) Fehlgeschlagen** ist die Nachbesserg (ErsLieferg), wenn sie unmögl ist (BGH NJW **94**, 1005), ernsth u endgült verweigert w (BGH **93**, 62), unzumutb verzögert w (BGH aaO) od vergebl versucht worden ist (BGH NJW **94**, 1005), aber auch dann, wenn sie dem Kunden wg der Häufg von Mängeln nicht zuzumuten ist (BGH **93**, 63, Köln NJW-RR **92**, 1147). Macht der Verwder die Nachbesserg von der Unterzeichng eines Reparatur-Auftr abhäng, so steht das einer Verweigerg gleich (Köln NJW-RR **86**, 151). Die Verzögerg ist unzumutb, wenn der Verwder trotz Aufforderg nicht in angem Fr nachgebessert hat. Was angem ist, ist im Einzelfall unter Abwägg der beiderseit Interessen zu entscheiden (LG Köln NJW-RR **93**, 437). Sind die Mängel einer Einbauküche 2 Mo nach Lieferg nicht behoben, ist die Nachbesserg fehlgeschlagen (Kblz NJW-RR **92**, 761). Aufforderg ohne FrSetzg od mit zu kurzer Fr setzt angem Fr in Lauf, eine Ablehngsandrohg ist nicht erforderl (Nürnbg OLGZ **83**, 78, Ul/Br/He Rn 47). Wieviele **Nachbesserungsversuche** der Kunde gestatten muß, hängt von der Art des Mangels u einer Abwägg der beiderseit Interessen ab (Karlsr DAR **77**, 323). Nur ein Versuch, wenn sich der Verwder als unzuverläss erwiesen hat, wenn der Kunde dringd auf die Benutzg der Sache angewiesen ist, wenn er den gekauften neuen Pkw od Computer für 6 Wo zur Nachbesserg zur Vfg gestellt hat (Hbg VersR **83**, 741, AG Mannh NJW-RR **97**, 560) od wenn eine Einsendg an den Verwder erforderl ist (Ul/Br/He Rn 39). Sonst sind idR zwei Versuche zumutb (Nürnbg DAR **80**, 345, Ffm DB **81**, 637, Köln NJW **87**, 2520, Kblz VRS **84**, 211), bei aufwend, technisch komplizierten Geräten uU auch mehr. Eine formularmäß Festlegg, daß der Kunde drei Nachbessergen zu gestatten hat, ist unwirks (BGH NJW **98**, 677). Die BewLast für das Fehlschlagen der Nachbesserg trägt der Kunde (BGH NJW-RR **90**, 888). –
58 **cc)** Die Klausel muß dem Kunden das Recht auf Wandlg u Minderg **ausdrücklich vorbehalten.** Sie muß den Inh der Nr 10 b vollständ u richtig wiedergeben. Der Verwder braucht die denkb Fälle des Fehlschlagens der Nachbesserg nicht im einz aufzulisten (BGH NJW **94**, 1005). Bringt er einen solchen Katalog, muß dieser aber vollständ sein (BGH NJW **98**, 679). Trifft das nicht zu od ist die verwandte generelle Formulierg zu eng, ist die Klausel im ganzen unwirks (BGH **93**, 62, NJW **94**, 1005, **96**, 2506, Bambg DAR **99**, 359). Wie sich aus dem Wortlaut von Nr 10 b ergibt, muß der Vorbehalt statt der Begriffe Wandlg u Minderg dem Kunden verständl Umschreibgen benutzen, wie Rückgängigmachg des Vertr od Herabsetzg des Pr (BGH NJW **82**,
59 333, 2380, jetzt allgM). – **dd)** Dem Kunden muß ein Recht auf **Wandlung od Minderung** vorbehalten sein. Bei Vertr über Bauleistgen läßt das Ges wg der dch Wandlg entstehden Schwierigk die Beschränkg auf

Minderg ausdr zu. Bauleistgen (VOB/A § 1) sind Arbeiten, dch die ein Bauwerk (§ 638 Rn 9 ff) geschaffen, erhalten od geändert w (BGH NJW **73**, 368). Der BauträgerVertr ist kein Vertr über Bauleistgen (Köln NJW **86**, 330, Kblz NJW-RR **95**, 1104, Hamm NJW-RR **98**, 1031, wohl auch BGH **101**, 378). – **ee)** Nr 10 b gilt 60
über §§ 24 S 2, 9 auch im Verk zw **Unternehmern** (BGH **93**, 62, NJW **93**, 2438, **94**, 1005, WM **95**, 1456). Der endgült Ausschluß von Wandlg u Minderg ist auch dann unwirks, wenn dem Kunden ein RücktrR eingeräumt ist (BGH NJW **91**, 2632). Es ist ein ausdr Vorbeh von Wandlg u Minderg erforderl, jedoch brauchen diese Begriffe nicht erläutert zu werden (Ul/Br/He Rn 58).

c) Aufwendungen bei Nachbesserung (c). – **aa)** Die Kosten der Nachbesserg treffen beim KaufVertr 61
den Verkäufer (§ 476 a) u beim WkVertr den Untern (§ 633 II 2). Diese dch das AGBG in das BGB eingefügten dispositiven Vorschr macht Nr 10 c im Rahmen seines Anwendgsbereichs (Rn 46 ff) „klauselfest". §§ 476 a, 633 II 2 sind jeder Einschrkg od Änderg dch AGB entzogen. Die in § 476 a S 2 vorgesehene Ausn von der Verpflichtg zur Kostentragg gelten auch für Nr 10 c. Das AGBG will § 476 a nicht erweitern, sond nur dessen Abbedingg untersagen. Wg der Einzelh s die Erläutergen zu § 476 a. Wird mit dem Verwder für die Zeit ab Lieferg ein formularmäß WartgsVertr abgeschl, muß das Entgelt so bemessen w, daß es Nachbessergskosten nicht mitumfaßt (Buse DB **79**, 1214). Auf die vom Hersteller, Verkäufer od Untern übernommene selbstd **Garantie** (Rn 48) ist Nr 10 c nicht anzuwenden, wenn dem Kunden neben den Rechten aus der Garantie die gesetzl GewlR zustehen (Reinel NJW **80**, 1610, Kornmeier NJW **82**, 793). – **bb)** Nr 10 c gilt gem §§ 24 S 2, 9 grdsl auch für Gesch zw **Unternehmern** 62
(BGH NJW **81**, 1510). Hat der Händler nachgebessert, steht ihm gg den Hersteller (Lieferanten) ein ErstattgsAnspr zu. Der Hersteller kann diesen Anspr auch dann nicht ausschließen, wenn er die Fr des § 477 auf ein od zwei Jahre verlängert u iF unbegründeter Reklamationen auf ErsAnspr verzichtet (BGH NJW **96**, 389). Der Anspr kann aber unter Ausschl von Gewinn pauschaliert w (Nickel NJW **81**, 1490, v Westphalen NJW **80**, 2227).

d) Vorenthalten der Mängelbeseitigung (d). – **aa)** Nr 10 d betrifft Klauseln, die das LeistgVR des 63
Verwders erweitern; das umgekehrte Problem der Beschrkg des LeistgVR des Kunden ist in § 11 Nr 2 geregelt. Nr 10 d verbietet die formularmäß Begründg von **Vorleistungspflichten,** soweit von ihnen die Mängelbeseitigg oder ErsLieferg abhäng gemacht w. Sie gilt für Kauf- u WkVertr, nicht aber für MietVertr (Rn 49). Gleichgült ist, ob der Anspr des Kunden auf Vertr od Ges (§§ 633 II, 480 I) beruht u ob er als ErfAnspr od als GewlAnspr ausgestaltet ist. Die VorleistgsPfl muß **gerade** die Nachbesserg od ErsLieferg betreffen. Hat der Kunde das gesamte Entgelt vorzuleisten, ist Nr 10 d unanwendb (Ul/Br/He Rn 63, vgl aber Rn 11 f). – **bb)** Die Klausel darf die Mängelbeseitigg nicht davon abhäng machen, daß das Entgelt vollst 64
od zu einem unter Berücksichtigg des Mangels **unverhältnismäßig** hohen Teil entrichtet w. Nr 10 d verwendet damit ein nach der Überschrift des § 11 („ohne Wertgsmöglichk") systemwidr Kriterium. Obergrenze für die Teilleistg, die die Klausel dem Kunden auferlegen darf, ist der Wert der mangelh Leistg. Sofern der Sichergszweck dies erfordert, muß die Klausel dem Kunden eine weitergehde Einbehaltg gestatten (s § 320 Rn 10). Ist die Leistg für den Kunden wertlos, darf ihm keinerlei ZahlgsPfl auferlegt w. – **cc)** Anstelle 65
der **unwirksamen** Klausel treten gem § 6 die §§ 273, 320. Hat der Verwder nachgebessert, kann er die Herausg der nunmehr vertragsgem Sache („Zug um Zug") von der Entrichtg des vollen Entgelts abhäng machen. – **dd)** Nr 10 d ist gem §§ 24 S 2, 9 auch im Verk zw **Unternehmern** anzuwenden (Ul/Br/He Rn 68).

e) Ausschlußfrist für Mängelanzeige (e). Dch AGB können für die Anzeige von Mängeln AusschlFr 66
bestimmt w. Dabei ist jedoch zw offensichtl u nicht offensichtl Mängeln zu unterscheiden: – **aa)** Auf **offensichtliche** Mängel ist Nr 10 e nicht anzuwenden. Offensichtl ist ein Mangel, wenn er so offen zutage liegt, daß er auch dem nicht fachkund Dchschnittskunden ohne bes Aufmerksamk auffällt (Ul/Br/He Rn 71). Bloße Erkennbark (HGB 377 II) od Sichtbark reicht nicht aus (Stgt BB **79**, 908, Karlsr AGBE I Nr 107). Ein nicht offensichtl Mangel wird nicht dadch offensichtl, daß ihn der Kunde **erkannt** hat (Köln NJW **86**, 2581, aA Marly NJW **88**, 1184). Klauseln, die für die RügePfl unterschiedslos auf das Erkennen od die Feststellg des Mangels abstellen, sind unwirks (BGH NJW **85**, 858, Köln aaO). Die RügeFr beginnt mit Lieferg (v Westphalen EWiR **97**, 865); eine entspr ausdr Regelg ist nicht erforderl (aA Zweibr ebda). Angem ist idR eine der WiderrFr des VerbrKrG u des HWiG entspr Regelg, also eine Fr von 1 Wo, bezogen auf die Absendg der Anzeige (BGH NJW **98**, 3119). Das Erfordern einer unverzügl Rüge ist unzul (LG Köln NJW **86**, 69). – **bb)** Für **nicht offensichtliche** Mängel darf die RügeFr nicht 67
kürzer sein als die gesetzl VerjFr (§§ 477, 638). Auch Verlängergen der Verj dch Hemmg u Unterbrechg sind bei der Dauer der AusschlFr zu berücksichtigen. Die Befristg der GewlR hat daher neben der VerjRegelg kaum prakt Bedeutg; der Unterschied besteht ledigl darin, daß der Ablauf der AusschlFr vAw, die Verj aber nur auf Einr zu berücksichtigen ist. Klauseln, die unterschiedslos offensichtl u nicht offensichtl Mängel erfassen, dürfen keine kürzeren RügeFr als die gesetzl VerjFr vorsehen (Stgt AGBE I Nr 106). Für den ReiseVertr gilt die SonderVorschr des § 651 g I. – **cc)** Nr 10 e ist auf RGesch zw 68
Unternehmern nicht anzuwenden. Der PrüfgsMaßst ergibt sich insow aus § 9 II Nr 1 iVm HGB 377, 378. Klausel, wonach auch verborgene Mängel bei Ablieferg od innerh von 3 Tagen zu rügen sind, sind unwirks (BGH NJW-RR **86**, 52, NJW **92**, 576).

f) Verkürzung von Gewährleistungsfristen (f). – **aa)** Nr 10 f soll sicherstellen, daß dem Kunden zur 69
Geltdmachg seines GewlAnspr hinr Zeit bleibt. Sie verbietet daher, die gesetzl GewlFr formularmäß abzukürzen. Unter „gesetzl GewlFr" sind die VerjFr für GewlAnspr zu verstehen, dh die §§ 477, 638. Das Verbot gilt für **alle Ansprüche,** die unter §§ 477, 638 fallen (s dort). Soweit SchadErsAnspr wg Mangelfolgeschäden der 30-jährigen Verj des § 195 unterliegen, ist Nr 10 f dagg unanwendb (BGH WM **85**, 202, Mü VersR **96**, 731). Zur Anwendg auf GarantieAnspr s Rn 48. – **bb)** Nr 10 f verbietet **Abkürzungen** 70
jeder Art, auch Regelgen, die die GewL nach einer best Fahrleistg ausschließen (BGH **122**, 245). Unzul sind auch mittelb Verschlechtergen wie die Vorverlegg des VerjBeginns (BGH NJW-RR **87**, 145), die Nichtberücksichtigg von Hemmgs- od UnterbrechgsTatbeständen (s BGH NJW **81**, 867, **92**, 1236) od die Best, daß für WkVertr die VerjVorschr des KaufR gelten sollen (BGH **74**, 269). Da für **offensichtliche** Mängel eine AusschlFr bestimmt werden kann (Nr 10 e), ist für sie auch eine Abkürzg der Verj mögl *(arg a*

71 *maiore ad minus).* – **cc)** Eine Ausn von Nr 10f enthält § 23 II Nr 5. Auf **Bauleistungen,** für die die Geltg der VOB vereinb worden ist, findet Nr 10f nach § 23 II 5 keine Anwendg. § 23 II 5 ist aber, soweit er die Abkürzg der BGB-Verj auf 2 Jahre zuläßt, mit der EG-RiL 93/13 unvereinb u daher auf VerbrVertr nicht mehr anzuwenden (Quack BauR **97**, 24, Heinrichs NJW **97**, 1414, RWS-Forum ImmobilienR 1998, S 218, Kraus BauR **98**, 1126, Wo/Ho/Li § 23 Rn 248). § 23 II Nr 5 setzt iü voraus, daß die VOB/B als ganzes ohne ins Gewicht fallde Einschränkgen übernommen worden ist (BGH **96**, 133, **100**, 391, s näher § 9 Rn 141). Das ist bei BauträgerVertr nicht mögl, so daß auf sie § 23 II Nr 5 unanwendb ist (BGH **96**, 129, NJW **87**, 2373, Wo/Ho/Li § 23 Rn 301, Brambring NJW **87**, 97, Mehrings NJW **98**, 3457, Rn 59). Auch Architekten-, Statiker- u Ingenieurleistgen fallen nicht unter § 23 II Nr 5 (BGH **101**, 378, NJW **92**, 2759). Zul ist die isolierte Vereinbg der GewL nach VOB/B einschließl der 2jähr Verj, wenn der Bauherr Verwder ist (BGH **99**, 160). – **dd)** Nr 10f gilt über § 9 grdsl auch im Verk zw **Unternehmern** (BGH **90**, 277, **122**, 245, Ffm NJW-RR **94**, 530). Eine Klausel, die für den Fall der Be- od Verarbeitg alle GewLAnspr ausschließt, ist unwirks (BGH NJW **96**, 1538).

72 **g)** Beim Verkauf **gebrauchter Sachen** ist ein GewlAusschl grdsl zul (hM, aA Peters JZ **91**, 385). Nr 10 enthält insow kein Klauselverbot; auch § 9 steht dem GewlAusschl idR nicht entgg. Die §§ 459ff können daher beim Verkauf eines Hauses od einer EigtWo formularmäß abbedungen w (s BGH **98**, 108, **108**, 163, Celle NJW-RR **96**, 1416, stRspr). Entspr gilt für Vertr über **Gebrauchtwagen,** u zwar auch bei wesentl, die Fahrtüchtigk ausschließden Mängeln (BGH **74**, 389, NJW **84**, 1452, krit Mehnle DAR **86**, 102). Die Belange des Kunden werden dch eine käuferfreundl Anwendg der ArglVorschr (§§ 123, 476, s dort) u eine großzüg Bejahg von EigenschZusichergen (§ 459 Rn 17ff) gewahrt. Die Fälle, in denen die Verkäuferhaftg trotz des GewLAusschlusses unberührt bleibt, brauchen in der Ausschlußklausel nicht im einzelnen aufgeführt zu werden (BGH NJW **93**, 658). Im Anwendungsbereich des § 24a bedarf die schrankenlose Zulassg von GewLAuschl aber einer Überprüfg, da „ungebührl" Einschränkungen der GewLR des Verbr der Wertg des Anh zur EG-RiL Nr 1b widersprechen (§ 24a Rn 27). Auch im **Kunsthandel** u im Handel mit Antiquitäten, insb bei Auktionen, ist ein formularmäß GewlAusschl wirks (BGH NJW **80**, 1619, Düss NJW-RR **93**, 1522, Hamm NJW **94**, 1967). Der Versteigerer kann sich aber nicht auf den GewlAusschl berufen, wenn er seine PrüfgsPfl verletzt hat (BGH, Düss u Hamm aaO). Zusätzl ist zu verlangen, daß der Auktionator dem Erwerber seine etwaigen Anspr gg den Einlieferer u Sachverst abtritt (AGB-Klauselwerke/Kappus AuktionsBdggen Rn 35).

73 **11) Haftung für zugesicherte Eigenschaften (Nr 11).** – **a)** Nr 11 schützt das **Vertrauen** des Kunden in die ihm gegebenen EigenschZusichergen. Die Rechte, die sich aus einer solchen Zusicherg ergeben, können nicht dch formularmäß Freizeichngen beschränkt w (so schon BGH **50**, 207). Nr 11 gilt für Kauf-, Wk- u WkLiefergsVertr; auf MietVertr (§ 538) u GarantieVertr ist sie entspr anwendb (Wo/Ho/Li Rn 2), ebso auf den ReiseVertr (Schmid NJW **96**, 1642, BGH **100**, 175 läßt offen). Eine Sonder-Vorschr enthält SaatgutVG 33 II (Dehmer DB **84**, 1663). Zur Frage, wann eine **Eigenschaftszusiche-**
74 **rung** vorliegt s § 459 Rn 17ff. – **b)** Der **Schadensersatzanspruch** aus §§ 463, 480 II, 635, 538 darf, soweit er auf der vertragl Zusicherg beruht, weder ausgeschlossen noch eingeschränkt w (Jaeger MDR **92**, 98). Auch Haftgsbegrenzgen für Mangelfolgeschäden sind unzul, soweit §§ 463, 480 II, 635, 538 AnsprGrdl ist; sie sind dagg mit der Einschrkg aus Nr 7 zul, soweit die ErsPfl auf pVV beruht (MüKo/Basedow Rn 202). Zur Abgrenzg der Anspr aus §§ 463, 635 u pVV s § 463 Rn 15 u Vorbem 22ff v § 633. Nr 11 ist auch dann verletzt, wenn der Verwder sich eine ÄndBefugn vorbehält (BGH NJW-RR **89**, 626) od wenn er nicht den ErsAnspr, sond die Verbindlichk seiner Zusicherg ausschließt (Hamm BB **83**, 21, Hbg NJW-RR **87**, 121, Wagner DB **91**, 2325). Ist der GewLAusschluß nach Rn 72 zulässig, braucht in die Klausel nicht ausdr aufgenommen zu werden, daß die Haftg für zugesicherte Eigensch unberührt bleibt (BGH NJW **93**, 658). Die sonst GewlAnspr des Kunden, insb die Anspr auf Nachbesserg,
75 Wandlg u Minderg, werden dch Nr 11 nicht geschützt. – **c)** Nr 11 ist von derart grdlegder Bedeutg, daß es gem §§ 9, 24 S 2 auch im Verk zw **Unternehmern** anwendb ist (BGH **93**, 342, Düss NJW-RR **97**, 186). Bei der Bejahg einer konkludenten Zusicherg sind im kaufm Bereich aber strengere Anfordergen zu stellen als bei VerbraucherGesch.

76 **12) Laufzeit bei Dauerschuldverhältnissen (Nr 12).** – **a)** Nr 12 ist entgg ihrer Überschrift auf typ DauerSchuldVerh (Einl 17 v § 241), wie Miete, Pacht, Leasing, Franchising u AutomatenaufstellVertr, nicht anzuwenden (s BGH NJW **85**, 2328, **93**, 1134). MietVertr über Werbeflächen fallen auch dann nicht unter Nr 12, wenn der Vermieter die Herstellg des Werbeschildes übernommen hat (LG Bln NJW-RR **98**, 733). Nr 12 erfaßt nur **Kauf-, Werk- und Dienstverträge,** sofern diese auf **regelmäßige Erbringung** von Leistgen gerichtet sind. Der zeitl Abstand zw den einzelnen Leistgen u der Leistgsumfang kann unterschiedl sein. Nicht erfaßt werden aber Vertr, in denen Leistgen nur nach dem Zufallsprinzip zu
76a erbringen sind, wie etwa der Ersatz verlorener Schlüssel (KG NJW-RR **94**, 1267). – **aa) Lieferung von Waren.** Die Waren (Begriff s § 196 Rn 9) müssen period zu liefern sein. Bsp sind Zeitgs- od Zeitschriftenabonnements, Mitgliedsch in Buch- od Schallplattenclubs, Vertr über die Lieferg von Werbematerial (BGH **84**, 113), an sich auch SukzessivliefergsVertr (Stgt NJW-RR **92**, 888) u BierliefergsVertr (Ffm
76b NJW-RR **88**, 177), s aber § 24. – **bb) Dienstleistungen.** Bsp sind vor allem UnterrichtsVertr (Köln NJW **83**, 1002, Ffm NJW-RR **87**, 439), Vertr mit Ehevermittlgsinstituten, uU auch Vertr über Mietwäsche (LG Offenbg NJW-RR **99**, 495) u zw WoEigtümer u Verw (KG NJW-RR **89**, 839), Schlankh-Kurse, SteuerberatgsVertr, TrainingsVertr (LG Hbg DB **87**, 1483), PflegeVertr, Vertr über die Gestellg eines Meßgeräts u die Abrechng von Heizkosten (AG Mainz NJW-RR **98**, 732), nicht aber der MakleralleinAuftr, da er nicht auf regelmäß zu erbringde Dienste gerichtet ist (BGH BB **81**, 756). Auf Sportstudio- u FitnessVertr ist Nr 12 analog anzuwenden (BGH NJW **97**, 739). – **cc) Werkleistungen.** Erfaßt werden insb WartgsVertr u Vertr über die Fenster- od Gehwegreinigg. Unter Nr 12 fallen aber auch
77 GeschBesorggsVertr, wie etwa der GiroVertr. – **dd) Ausgenommen von Nr 12** sind Vertr über die Lieferg von Elektrizität u Gas (§ 23 II Nr 2), vorausgesetzt, sie stimmen mit den AVB überein (Martinek BB **89**, 1283), Arb- u GesellschVertr (§ 23 I), letztere aber nicht, soweit es um Dienstleistgen außerh des

eigentl GesellschZwecks geht (BGH NJW-RR **92**, 379), ferner die in § 23 II Nr 6 angeführten Vertr: **(1)** Vertr über die Lieferg als zusgehör verkaufter Sachen. Der Begriff entspricht VerbrKrG 2 Nr 1 u ist im AGBG ebso auszulegen wie im VerbrKrG (s dort). Er umfaßt daher auch Buchreihen, sofern diese nach obj Kriterien od dem PartWillen eine Einh bilden (BGH NJW **93**, 2053). **(2)** VersVertr. Die ausdr Freistellg dient ledigl der Klarstellg (BVerfG NJW **86**, 243). VersVertr fallen bereits tatbestandl nicht unter Nr 12. **(3)** Vertr mit urheberrechtl VerwertgsGesellsch. Für diesen dch Ges v 9. 5. 64 geregelten Vertr passen die strikten Verbote der Nr 12 nicht. – **ee) Generalklausel.** Klauseln, die in den Anwendgsbereich 78
von Nr 12 fallen, können nur aus bes, von Nr 12 nicht erfaßten Grden nach § 9 unwirks sein (BGH **100**, 373, NJW **97**, 739). Solche bes Grde liegen bei Zeitgs- u Zeitschriftenabonnements u bei Buchclubs nicht vor (BGH **100**, 373, aA zT die InstanzGer); sie sind auch bei Sportstudio- u FitnessVertr nicht ersichtl (s BGH NJW **97**, 739, betrifft nur 12 b, bejaht aber im Ergebn die ausschließl Geltg aller drei Laufzeitregelgen der Nr 12). Auch auf Sportstudio- u FitnessVertr sind die Regelgen der Nr 12 daher ohne Modifikationen dch § 9 anzuwenden (BGH aaO, Heinrichs EWiR **97**, 241, aA zT die InstanzGer). In der PartnerschVermittlg sind Laufzeitregelgen wg des unabdingb KündR aus § 627 (BGH **106**, 346) leerlaufd, sie können aber gem § 9 Rn 16 a unwirks sein, weil sie dieses KündR scheinb ausschließen. Zu UnterrichtsVertr vgl Rn 133.

b) Laufzeit des Vertrages (Nr 12 a). Unzul ist eine erstmalige Laufzeit von **mehr als 2 Jahren.** Die 79
Frist beginnt mit dem Abschluß des Vertr (BGH **122**, 63). Eine Probezeit, währd der der Kunde ein KündR hat, rechnet jedoch nicht mit (BGH **120**, 113). Nr 12 gilt auch dann, wenn der Kunde dch entspr Ankreuzen eine kürzere Laufzeit als 2 Jahre hätte wählen können (§ 2 Rn 5 u 7). Das Verbot erfaßt auch Klauseln, die den Anschein einer zu langen Bindg hervorrufen (Ffm NJW-RR **89**, 958).

c) Nr 12 b und c. – aa) Verlängerung des Vertrages. Nr 12 b gilt nicht nur, wenn die VertrVerlängerg 80
ipso jure eintritt, sond auch dann, wenn sie von einer entspr Erkl des Verwders abhängt. Die Ger sind nicht berecht, die Regelg der Nr 12 b unter Berufg auf § 9 zu korrigieren (BGH NJW **97**, 739). – **bb) Kündi-** 81
gungsfrist. Nr 12 c gilt auch, wenn die Klausel statt der Künd einen Widerspr gg die VertrVerlängerg fordert. Er entspr dem Anh zur EG-RiL Nr 1 h (§ 24 a Rn 33). Gleichgült ist, ob die Künd die erste od die stillschw verlängerte Laufzeit betrifft. Ein Verstoß gg Nr 12 c liegt auch dann vor, wenn zwar die Fr von 3 Mo beachtet, die Künd aber nur für 4 od noch weniger Termine im Jahr zugelassen w (AG Hbg NJW-RR **98**, 1593, aA AG Gütersloh MDR **84**, 404). Haben die Part eine Erstlaufzeit von 6 Mo vereinb, verstößt eine KündFr von 3 Mo gg § 9 (LG Hbg DB **87**, 1482). Das KündR aus **wichtigem Grund** (Einl 18 v § 241) kann dch AGB nicht ausgeschl w, § 9 II 1 (BGH NJW **86**, 3134, Hamm NJW-RR **92**, 243). Zul Laufzeitregelgen brauchen aber nicht ausdr darauf hinzuweisen, daß das KündR aus wichtigem Grd unberührt bleibt (BGH NJW **93**, 1135). Zur Form der Künd s Nr 16.

d) Rechtsfolgen. Die gg Nr 12 verstoßde Klausel ist im ganzen unwirks; an die Stelle der zu langen Fr 82
tritt nicht etwa die gerade noch zul HöchstFr (BGH **84**, 115, Vorbem 9 v § 8). Die Lücke wird bei DienstVertr gem § 6 II dch §§ 620 II, 621 geschlossen. Beim Kauf- u WkVertr fehlen entspr Vorschr. Die Lücke muß daher iW ergänzder VertrAuslegg geschl w (§ 6 Rn 6). Dabei können die übl Fr, soweit sie sich im Rahmen des Angemessenen halten, einen Anhalt bieten (Ul/Br/He Rn 17); in geeigneten Fällen kann aber auch auf §§ 620 II, 621 rekurriert w.

e) Auch im Verk zw **Unternehmern** (§§ 9, 24 S 2) sind formularmäß Laufzeitregelgen nur im Rahmen 83
des Angem zul, wobei auf die Gebräuche u Gewohnh des HandelsVerk Rücks zu nehmen ist. Die auf den Schutz des Verbrauchers zugeschnittene Nr 12 kann für RGesch zw Untern nicht übernommen w (allgM). Bei WartgsVertr für Telefonanlagen ist eine Laufzeit von 10 Jahren zul (Stgt NJW-RR **94**, 952).

13) Wechsel des Vertragspartners (Nr 13). – a) Nr 13 soll verhindern, daß dem Kunden ein neuer 84
unbekannter VertrPartner aufgezwungen w kann. Sie gilt für Kauf-, Dienst- u WkVertr jeder Art. Auf MietVertr ist Nr 13 dagg weder direkt noch entspr anwendb (*arg* § 571). Auch LeasingVertr fallen nicht unter das Verbot (Lö/vW/Tr Rn 8). Im Anwendgsbereich des § 24 a wird der Verbr aber jetzt bei Vertr jeder Art auf der Grdl von § 9 iVm dem Anh zur EG-RiL Nr 1 p bei VertrÜbertragg geschützt (§ 24 a Rn 41). – **b)** Nr 13 betrifft die Übertragg des Vertr im ganzen, also die **Vertragsübernahme** (§ 398 85
Rn 38). Sie ist auf die SchuldÜbern (§§ 414 ff) entspr anzuwenden (Ul/Br/He Rn 5), nicht aber auf die Abtr (§ 398), da diese keine Zust des Schu voraussetzt. Der Dr muß an die Stelle des Verwders treten. Die Hinzuziehg von ErfGeh wird von Nr 13 nicht erfaßt. Ändergen in der RPersönlichk des Verwders (Umwandlg) fallen nach Wortlaut („Dritter") u Zweck nicht unter das Verbot, wenn die Identität gewahrt bleibt. – **c)** Der **Wechsel** ist **zulässig,** wenn alternativ folgde Voraussetzgen erfüllt sind: – **aa)** Der Dr muß 86
mit **Namen** u **Anschrift** in den AGB angegeben sein (BGH NJW **80**, 2518). – **bb)** Dem Kunden muß ein **Recht zur Lösung vom Vertrag** eingeräumt w, u zwar zur sofort Beendigg des Vertr (LG Köln NJW-RR **87**, 886). Dieses Künd- od RücktrR braucht nur in dem Fall zu bestehen, daß der Verwder von der Übertraggsmöglichk Gebrauch macht (Ul/Br/He Rn 9). An die Ausübg des Rechts dürfen keine Nachteile geknüpft sein. – **d)** Im Verk zw **Unternehmern** (§§ 9, 24 S 2) ist darauf abzustellen, ob der Wechsel des VertrPartners berecht Interessen des and Teils beeinträchtigt. Das ist idR zu bejahen, vor allem dann, wenn es auf Zuverlässigk u Solvenz des Partners ankommt (BGH NJW **85**, 54; AutomatenaufstellVertr) od wenn mit dem PartWechsel eine Änderg der VertrDchführg verbunden ist (BGH **LM** § 242 Bc Nr 23; BierliefergsVertr).

14) Haftung des Abschlußvertreters (Nr 14). – a) Wer als **Vertreter** eines and eine WillErkl abgibt, 87
will nicht sich, sond den Vertretenen verpfl. AGB, die eine Mithaftg des Vertreters vorsehen, sind daher idR schon wg Verstoßes gg §§ 3 u 4 unwirks (LG Düss NJW **95**, 3063). Nr 14 hat demggü im wesentl nur **klarstellende** Bedeutg. Er gilt sowohl für den rgeschäftl als auch für den gesetzl Vertreter. – **b)** Eine 88
Mithaftung des Vertreters kann wirks begründet w: – **aa)** Durch eine entspr ausdr u **gesonderte Erklärung,** Nr 14 a. Einer völl Trenng dieser Erkl vom VertrFormular bedarf es nicht (BGH **104**, 237, Köln ZIP **95**, 46). Auch eine drucktechn Hervorhebg od eine bes EinbezVereinbg ist nicht erforderl (BGH aaO). Für den Vertreter muß aber auf den ersten Blick erkennb sein, daß er eine Eigenhaftg übernimmt (Köln NJW-RR

99, 733). Aus dem Schutzzweck der Norm, nicht aus ihrem Wortlaut ergibt sich als weiteres Erfordern eine bes Unterschr unter der Erkl (Ffm NJW **86**, 1943, str). Eine Unterschrift auf der Vorder- u eine HaftgsErkl auf der Rückseite begründen keine Haftg (Koblz ZIP **98**, 1670). – **bb)** Durch ein **Handeln im eigenen Namen.** Wenn der Vertreter zugl als „Mitkäufer" oder „Mitmieter" auftritt, ergibt sich seine Mithaftg aus allg RGrds. Nr 14 ist in diesem Fall nicht anwendb (BGH **104**, 98). Eine formularmäß Klausel, daß der Vertreter zugl auch im eig Namen abschließe, kann aber an §§ 3, 5 scheitern (BGH aaO). Wer einen Notfallpatienten (kein Angeh) in das Krankenhaus einliefert, will den Umst nach keine eig Verpflichtg eingehen (LG Düss
89 NJW **95**, 3063). – **c) 14 b** spricht vom vollmachtlosen Vertreter, meint aber in Wahrh alle Vertreter ohne Vertretgsmacht. Er besagt etwas Selbstverständl: Eine weitergehde als die gesetzl Haftg (§ 179) kann nur dch eine IndVereinbg zw Verwder u dem Vertreter ohne Vertretgsmacht begründet w. – **d)** Als Ausprägg des § 4 gilt Nr 14 auch im Verk zw **Unternehmern** (MüKo/Basedow Rn 232).

90 **15) Beweislast (Nr 15). – a)** Nr 15 geht davon aus, daß die Beweislastregeln nicht auf bloßen ZweckmäßigkErwäggen beruhen, sond Ausdr von sachlogisch bedingten **Gerechtigkeitsgeboten** sind. Sie enthält daher ein **allgemeines Verbot** von Beweislaständergen zum Nachteil des Kunden. Die SonderVorschr der Nr 15 a hat ggü diesem generellen Verbot keine eigenständ Bedeutg. Sie erweitert die **Beweislastverteilung nach Verantwortungsbereichen** (§ 282 Rn 8) nicht etwa zu einem allg RPrinzip, sond schützt diese nur in
91 dem von Ges u Rspr anerkannten Umfang (Lö/vW/Tr Rn 24). – **b) Umfang des Verbots.** Nr 15 verbietet jegliche Änderg der Beweislast zum Nachteil des Kunden, gleichgült ob es sich um gesetzl od richterrechtl Beweislastregeln handelt. Geschützt wird auch die Vermutg der Vollständigk u Richtigk von Urk; die fr Regelg der Sparkassen, daß die internen Eintraggen in den GeschBüchern den Vorrang vor den Eintraggen in den Sparbüchern haben, war daher unwirks (AG Hbg NJW **87**, 2022). Verboten sind auch Erschwergen der Beweisführg dch Beweismittelbeschränkg od Änderg der Grds über den Beweis des ersten Anscheins (BGH NJW **88**, 258). Zul sind dagg formularmäß abstrakte Schuldanerkenntn, da das Ges die Verwendg dieses RInstituts nicht verbieten will (BGH **99**, 282, **114**, 12, Hahn ZIP **96**, 1233). Das gilt entspr für die **Unterwerfung** unter die **Zwangsvollstreckung.** Unwirks wg Verstoßes gg die MaBV sind aber die mit einem Nachweisverzicht verbundenen Unterwerfgsklauseln zG eines Bauträgers (BGH NJW **99**, 22, § 134 Rn 16, fr sehr str). Nr 15 bedarf im übrigen einer teleolog **Reduktion:** Soweit der Verwder für best Umst jede Haftg ausschl kann (Bsp: Haftg für einf Fahrlk von ErfGeh), darf er auch das weniger Belastde tun u seine Haftg unter Umkehr der Beweislast aufrechterhalten (Staud/Coester-Waltjen Rn 7). Sonderregelgen bestehen für SchadErs- u Wertmindergspauschalen (§ 11 Nr 5) u Zugangsfiktionen (§ 10 Nr 6), dagg nicht für AVB.

92 **c) Tatsachenbestätigungen (Nr 15 b).** Sie sind nach dem Schutzzweck der Nr 15 b nicht nur in dem prakt seltenen Fall unzul, daß sie die Beweislast umkehren, sond auch dann, wenn sie die Beweislast faktisch zum Nachteil des Kunden verschieben (BGH **99**, 379, Stgt NJW-RR **86**, 275, **87**, 143). Unwirks sind daher: die Erkl, die VertrBdggen seien im einzelnen ausgehandelt worden (BGH u Stgt aaO); der Verwendgsgegner habe die AGB gelesen u verstanden (BGH NJW **96**, 1819); er habe die Sache in einwandfreiem Zustand übernommen (Kblz NJW **95**, 3392); die Bestätigg, der Vertr sei ins Polnische übersetzt u nicht im Übergangswohnheim abgeschl worden (Kblz NJW-RR **94**, 58); die Erkl, der Verwendgsgegner sei über das WiderrufsR nach dem HausTWG belehrt worden (Kblz aaO); er habe genaue Kenntn von der Baustelle (Ffm NJW-RR **86**, 246); er habe eine Dchschrift des Vertr, der AGB od eine Belehrg über sein WiderrufsR erhalten (BGH **100**, 381, NJW **88**, 2106, **91**, 1753); der Vertr sei aGrd vorhergehder Bestellg zustande gekommen (Zweibr NJW-RR **92**, 565); er bestätige die Richtigk aller Maßangaben (BGH NJW **86**, 2574); er habe das Obj besichtigt (LG Ffm NJW **88**, 499); Erkl über den GesundhZustand (BGH NJW-RR **89**, 817), er habe die GebührenOrdng erhalten (Düss NJW-RR **98**, 1348). Dagg unterliegt die formularmäß Bestätigg der Einbeziehgsvoraussetzgen nicht der InhKontrolle (BGH NJW **82**, 1388). Die Klausel, daß Nebenabreden nicht getroffen worden seien, kann als sog VollständigkKlausel wirks sein (§ 9 Rn 128). Nr 15 b erfaßt auch formularmäß **Tatsachenfiktionen** (Ul/Br/He Rn 17): Wenn widerlegl TatsBestätiggen unzul sind, muß das
93 „erst recht" für unwiderlegl gelten. – **d)** Wirks sind dagg gesondert unterschriebene **Empfangsbekenntnisse** (Quittg, § 368). Eine bes Urk ist nicht erforderl. Das Empfangsbekenntn muß aber vom übrigen VertrText deutl abgesetzt sein (Hbg ZIP **86**, 1260). Die Unterschrift darf sich nur auf das Empfangsbekenntn beziehen u muß den Anfordergen von § 126 Rn 5 ff genügen (BGH **100**, 382, NJW **93**, 67); das zus mit der WiderRBelehrg nach HausTWG 2 I 3 unterschriebene Empfangsbekenntn ist unwirks (BGH NJW **93**, 2868). Wird mehr bestätigt als der bloße Empfang, verstößt die Bestätigg gg Nr 15 b (Kblz NJW **95**, 3392 u die Bsp in Rn 92). – **e)** Das Verbot von Beweislastklauseln ist gem § 9 II Nr 1, 24 S 2 grdsl auch im Verk zw **Unternehmern** anzuwenden (Thamm BB **96**, 653). Das gilt vor allem für den dch Nr 15 a geschützten Grds (BGH **101**, 184, NJW **96**, 1538).

94 **16) Form von Anzeigen und Erklärungen (Nr 16). – a)** Nr 16 soll verhindern, daß dem Kunden bei Ausübg seiner Rechte dch übersteigerte Form- od Zugangserfordern RNachteile entstehen. Sie betrifft ausschließl Anzeigen u Erkl des Kunden, nicht dagg vertragl Abreden od Erkl des Verwders. Gleichgült ist, ob es sich um geschäftsähnl Hdlgen (Übbl 6 v § 104) od um ein einseit RGesch (Anf, Rücktr, Künd) handelt. Aus Nr 16 ergibt sich, daß das Schriftformerfordern für einseit Erkl des Kunden wie Rücktr od Künd (BGH NJW-RR **89**, 626), aber auch für Mitteilgen des VersN an den Versicherer (BGH NJW **99**, 1633) mit dem
95 AGB-Gesetz vereinb ist. – **b)** Der Verwder darf keine strengere **Form** als die Schriftform (§§ 126, 127) vorschreiben. Er ist daher nicht berecht, die Benutzg seiner Formulare zur WirksamkVoraussetzg für die Erkl zu machen (Mü NJW-RR **87**, 664, Ul/Br/He Rn 5) od eine telegrafische od fernschriftl Erkl zu verlangen. –
96 **c)** Unzul sind auch Klauseln, die besondere, von der gesetzl Regelg (§ 130) abweichde **Zugangserfordernisse** festlegen. Der Verwder kann daher weder die Übermittlg dch eingeschriebenen Brief (BGH NJW **85**, 2587) noch die Ablieferg gg Quittg vorschreiben (LG Mü AGBE I Nr 141 u 143). RegelgsGgst von Nr 16 ist aber nicht die Ausgestaltg von EmpfangsVollm; es verstößt daher nicht gg Nr 16, wenn der Versicherer die Vollm seiner Agenten für die Entggnahme schriftl Mitteilgen, die das VersVerhältn betreffen, ausschließt
97 (BGH NJW **99**, 1633). – **d)** Auf RGesch zw **Unternehmern** ist Nr 16 auch nicht entspr anwendb (Alisch JZ **82**, 708, Ul/Br/He Rn 11, hM).

Zweiter Abschnitt. Kollisionsrecht

AGBG 12 ***Internationaler Geltungsbereich.*** **Unterliegt ein Vertrag ausländischem Recht, so sind die Vorschriften dieses Gesetzes gleichwohl anzuwenden, wenn der Vertrag einen engen Zusammenhang mit dem Gebiet der Bundesrepublik Deutschland aufweist. Ein enger Zusammenhang ist insbesondere anzunehmen, wenn**

1. **der Vertrag auf Grund eines öffentlichen Angebots, einer öffentlichen Werbung oder einer ähnlichen im Geltungsbereich dieses Gesetzes entfalteten geschäftlichen Tätigkeit des Verwenders zustandekommt und**
2. **der andere Vertragsteil bei Abgabe seiner auf den Vertragsschluß gerichteten Erklärung seinen Wohnsitz oder gewöhnlichen Aufenthalt im Geltungsbereich dieses Gesetzes hat und seine Willenserklärung im Geltungsbereich dieses Gesetzes abgibt.**

1) Allgemeines. a) Die Vorschr ist dch das Gesetz zur Änderg des AGBG v 19. 7. 96, BGBl 1013 neu 1
gefaßt worden; die Neuregelg ist am 25. 7. 96 in Kr getreten. Damit ist der GGeber der Verpflichtg zur Umsetzg der **EG-Richtlinie** über mißbräuchl Klauseln in VerbrVertr v 5. 4. 93 nachgekommen. Gem Art 6 II der Richtl müssen die MitglStaaten die erforderl Maßn treffen, damit der Verbr den dch die Richtl gewährten Schutz nicht verliert, wenn das Recht eines Drittlandes als das auf den Vertr anzuwendde Recht gewählt wird u der Vertr einen engen Zushang mit dem Gebiet der Mitglstaaten aufweist. § 12 stellt desh unter best Vorauss die Anwendbk des AGBG sicher, auch wenn VertrStatut ein ausl Recht ist. Dabei ist gleichgültig, ob ausl Recht kr RWahl od kr obj Anknüpfg maßg ist; insow geht § 12 über die Anfordergen der Richtl hinaus. Auch beschr sich § 12 **nicht** auf die Anwendbk des Rechts eines **Drittlandes,** sondern unterwirft jedes ausl VertrStatut, also auch das eines EG-MitglStaats, der zusätzl Anwendg des AGBG, vgl dazu Eckert ZIP **96**, 1241, Sonnenberger ZEuP **96**, 396, FS Fikentscher (1998) 294, v Westphalen BB **96**, 2105, für teleologische Reduktion auf das Recht v Drittstaaten MüKo/Basedow Rn 4, Staudinger VersR **99**, 409. Ledigl insof bleibt § 12 hinter den Anfordergen der Richtl zurück, als er einen engen Zushang des Vertr mit dem Gebiet der **Bundesrepublik** verlangt, vgl dazu Borges ZIP **99**, 573, Freitag/Leible ZIP **99**, 1297; zur Reform vgl d). Es bleibt den übr MitglStaaten überlassen, bei Vorliegen eines engen Zushangs mit ihrem Gebiet richtlkonform die Dchsetzg ihres Rechts zu sichern. Solange die Richtl noch nicht überall umgesetzt worden ist, ist aber ein flächendeckder VerbrSchutz, der dem Standard der Richtl entspricht, nicht gewährleistet. Auch sind die verbraucherschützden Vorschr einer ausl ROrdng, die nicht VertrStatut ist, im Inl grds nicht anwendb, vgl EG 34 Rn 1. Sofern das im EinzFall maßgebde Recht keinen richtlkonformen Schutz gewährt, sind die dtschen VerbrSchutzVorschr insbes des AGBG, auch außerh des tatbestdsm Anwendungsbereichs von EG 29 u § 12 ggf dch Sonderanknüpfg gem EG 34 anzuwenden, vgl dort Rn 3, Heinrichs NJW **96**, 2195. **b)** Im **Vergleich** mit der **bisherigen** Fassg hat die 2
Neufassg von § 12 dessen Anwendgsbereich **erweitert.** Ausreichd für die Anwendg der Vorschr des AGBG bei ausl VertrStatut ist nunm ein enger Zushang mit dem Gebiet der BRep; die wesentl konkreteren Vorauss in § 12 Nr 1 u 2 sind zwar im Wortlaut unverändert geblieben, bilden aber nur noch ein **Beispiel** für einen solchen engen Zushang. Ands sind die Vorschr des AGBG jetzt unmittelb anzuwenden; die bish vorgesehene ergänzde Berücksichtigg zur Sicherg eines Mindestschutzes ist damit entfallen. Im Ggs zum bish Recht gilt § 12 nunm ferner auch für VertrBdggen, die nur einmal verwandt werden sollen, § 24 a Nr. 2. **c)** § 12 sichert die Einhaltg des AGBG im Interesse des VerbrSchutzes, entspricht also dem **ordre** 3
public in seiner positiven Funktion, EG 6 Rn 3. Für die Anwendg von EG 6 ist im tatbestdsm Anwendungsbereich dieser bes **Vorbehaltsklausel** desh kein Raum, str, vgl EG 6 Rn 10. Liegen die Vorauss von § 12 nicht vor u ist auch EG 29 nicht erf, kommt aber Sonderanknüpfg des AGBG bei ausl VertrStatut gem **EG 34** in Betr, vgl Rn 1. **d)** Bei der geplanten **Reform** des int VerbrVertrR soll AGBG 12 dch den neuen **Art 29 a** EGBGB ersetzt werden, vgl dazu EG 29 Rn 1; die ergänzde Anwendg des AGBG ist danach vorgesehen, wenn der Vertr einen engen Zushang mit dem Gebiet eines Mitgliedstaates der EU od eines VertrStaates des EWR aufweist.

2) Verhältnis zu EG 29. Die Sonderanknüpfg zwingder Vorschr des VerbrSchutzes ist auch in EG 29 I 4
vorgesehen; darunter fallen grdsl auch die zwingden Best des AGBG, vgl dort Rn 6. Allerd beschr sich EG 29 I auf Vertr über die Lieferg bewegl Sachen od die Erbringg von Dienstleistgen, währd § 12 für Vertr aller Art gilt. Dagg beschr sich EG 29 I nicht auf das **deutsche** VerbrSchutzR, sondern beruft das Recht des jew gewöhnl Aufenth des Verbr. Ands sind die Vorauss der Anwendg dieses Rechts in EG 29 I Nr 1–3 wesentl genauer definiert als in § 12 nF; dabei deckt sich zwar EG 29 I Nr 1 weitgehd mit dem Beispiel eines engen Zushangs in § 12 Nr 1 u 2. Die in EG 29 I Nr 2 u 3 beschriebenen Fälle, vgl dazu dort Rn 5, werden dagg von § 12 nur erfaßt, soweit darin ein enger Zushang mit dem Gebiet der BRep gesehen werden kann; dies ist aber jedenf bei EG 29 I Nr 3, evtl auch bei Nr 2, nicht notw immer der Fall. Insow verbleibt EG 29 ein kleiner von § 12 nicht erfaßter Anwendgsbereich. § 12 enth also keine erschöpfde Regelg einer vom Schuldstatut unabh Anwendg des AGBG; dieses wird vielm ergänzd auch von EG 29 u EG 34, vgl oben Rn 1, zur Anwendg berufen. Nur soweit sich die tatbestdsm Vorauss von § 12 u EG 29 decken, geht also erstere Vorschr der letzteren als SpezialG vor, vgl Staudinger VersR **99**, 406, aM Mankowski BB **99**, 1225, der AGBG 12 für subsidiär hält, ähnl Rühl RIW **99**, 321, vgl auch Eckert ZIP **96**, 1240, Heinrichs NJW **96**, 2195, Sonnenberger ZEuP **96**, 390; iü gelten beide Vorschr nebeneinander.

3) Voraussetzungen. a) § 12 gilt für alle Vertr im sachl Anwendungsbereich des AGBG, § 23, also zB 5
auch für Auto- od Ferienhausmiete u Grdstkauf sowie die in EG 29 IV ausgen Vertr, vgl dort Rn 2; § 12 geht also weit über EG 29 hinaus. Die Regelg bezieht sich auch auf vorformulierte VertrBdggen, die nur zur einmaligen Verwendg best sind, § 24 a Nr 2. **b)** Der betr Vertr muß ausl Recht unterliegen, sei es aGrdv

ausdr od stillschw RWahl, EG 27, oder kr obj Anknüpfg, EG 28f.; auch insow geht § 12 über EG 29 hinaus, der eine RWahl voraussetzt. Ob es sich um das Recht eines EG-MitglStaates oder eines Drittlandes handelt, ist gleichgültig, vgl Rn 1. § 12 setzt zwar die Maßgeblichk ausl Rechts voraus, ist aber gem EG 31 I auch auf das Zustandekommen einer RWahlklausel anwendb, vgl Meyer-Sparenberg RIW **89**, 350, zustd Rauscher ZZP **91**, 315. **c)** Der Vertr muß einen **engen Zusammenhang** mit dem Gebiet der BRep aufweisen; dabei kann auf die zu EG 28 I entwickelten Kriterien zurückgegriffen werden, Heinrichs NJW **96**, 2195. Ob der erforderl enge Zushang besteht, ist aGrd einer Gesamtwürdigg aller Umst des EinzFalls zu entsch. Anhaltspunkte sind etwa dtsche Staatsangehörigk oder inl gewöhnl Aufenth des Verbr u inl Firmensitz bzw inl Niederlassg des Verwenders, AbschlOrt des Vertr, VertrSprache, ErfOrt der beiders Leistgen, Belegenh des VertrGgst.

6 **d)** Als **Beispiel** für engen Zushang hat § 12 S 2 nF die bish Vorauss für die Anwendg der Vorschr im Wortlaut beibehalten. Ein enger Zushang ist nach S 2 Nr 1 u 2 insbes anzunehmen, wenn **kumulativ** (1) der Vertr zustandekommt aGrd (dh kausal bedingt) eines öff Angebots, einer öff Werbg od einer ähnl geschäftl Aktivität des Verwenders im Inl **und** (2) der Kunde bei VertrAbschl seinen Wohns od gewöhnl Aufenth (zum Begr Art 5 Rn 10) im Inl hat u seine WillensErkl im Inl abgibt. Diese Vorauss sind **nicht** erfüllt, wenn ein im Inl wohnh Verbr bei einem Untern mit Sitz im Ausl eine Leistg bestellt, ohne dch inl Werbg dazu veranlaßt worden zu sein, ebensowenig bei VertrAbschl im Ausl, selbst wenn er dch Werbg im Inl vorbereitet od die AuslReise vom Untern organisiert worden ist, vgl Begr zu RegEntw zu § 12 aF BT-Drucks 7/3919 S 41, Hamm NJW-RR **89**, 497. Auch bei Nichtvorliegen der Vorauss von § 12 S 2 Nr 1 u 2 kann aber selbstverständl der für die Anwendg von § 12 S 1 notw enge Zushang bejaht werden, zB wenn der Vertr von einem dtschen Anbieter mit einem dtschen Verbr bei einer Werbeveranstaltg in einem Drittland geschl wird, BT-Drucks 13/2713 S 6, od der dtsche Verbr ohne vorhergehde inl Werbg bei einem ausl Versandhaus Waren bestellt, vgl Imping WiB **97**, 338. Zum Vertrschl im Internet Gruber DB **99**, 1439.

7 **e)** Ggü **Kaufleuten** u JPers des öff Rechts ist § 12 unanwendb; dch die Neufassg hat sich hieran nichts geändert; die Kaufmannseigensch beurteilt sich dabei nach HGB, abw Hübner NJW **80**, 2606; zu ausl HandelsVertr Hepting RIW **89**, 340.

8 **4) Rechtsfolge. a)** Die Vorschr des AGBG sind in Fällen mit AuslBerührg jedenf dann anzuwenden, wenn der Vertr dtschem Recht untersteht. Kr der das internat SchuldR beherrschden Privatautonomie steht es den Part jedoch grdsl frei, das anwendb Recht dch ausdr od stillschw RWahl zu best, EG 27 I; bei Fehlen einer RWahl ist das maßg Recht aGrd obj Anknüpfungskriterien (engste Verbindg, charakteristische Leistg, gewöhnl Aufenth des Verbr usw) zu ermitteln; vgl EG 28f. Dch zweckdienl RWahl od Beeinflussg der obj Anknüpfungsmerkmale können desh auch unliebs zwingde Vorschr des dtschen Rechts zG einer den Interessen einer Part besser entspr ROrdng ausgeschaltet werden. Die Gefahr unlauterer Manipulationen ist gerade bei der Verwendg von AGB wg der wirtschaftl u intellektuellen Überlegenh des Verwenders nicht gering. Aus diesem Grd schreibt § 12 die Anwendg des AGBG auch bei Geltg ausl Schuldstatuts vor, wenn ein enger InlBezug vorliegt; eine § 12 aF entspr Regelg enthielt FernUSG 11, der dch Art 2 des G zum IPR für außervertragl SchuldVerhe u für Sachen v 21. 5. 99, BGBl 1026, aufgeh worden ist. Flugbeförderungsbedinggen, die ledigl das Warschauer Abk wiederholen, sind der AGB-Inhaltskontrolle zB nach § 12 wg des Vorrangs des ratifizierten StaatsVertrR entzogen, Lindacher IPRax **84**, 301; dies gilt auch ggü dem aGrd einer EG-Richtl geänderten Recht; zur Anwendbk v § 12 auf die Allg Befördergsbedinggen in LuftbefördergsVertren vgl Giemulla/Schmid NJW
9 **99**, 1057. **b)** Sind die Vorauss für die Anwendg von § 12 erfüllt, so sind die Vorschr des AGBG gleichwohl **anzuwenden**; die in § 12 aF vorgesehene ergänzde Berücksichtgg ist also dch die unmittelb Anwendg des AGBG ersetzt. Dessen Vorschr sind bei ausl VertrStatut direkt zu befolgen. Der nach § 12 aF gebotene Vergl der mat Lösgen, zu welchen das dtsch Recht u das ausl VertrStatut im konkr Fall gelangen, ist damit entfallen. Allerd sind auch die einschlägigen Best des ausl VertrStatuts vollst zu ermitteln. Ergibt sich dabei, daß sie im Erg dem Verbr einen noch weitergehden Schutz gewähren als das AGBG, so bleibt insow das ausl Recht maßg, da § 12 zu einer Verbesserg, nicht zu einer Verschlechterg der RStellg des Verbr führen soll, Heinrichs NJW **96**, 2195. Im Erg sichert § 12 also weiterhin die Einhaltg der Best des AGBG als eines Mindeststandards, hinter dem das maßg fremde Recht nicht zurückbleiben darf.

Dritter Abschnitt. Verfahren

Vorbemerkung

1 **Zweck und Rechtsnatur der AGB-Kontrollklage:** Der Unterl- u WiderrAnspr des § 13 soll gewährleisten, daß der RVerk von unwirks AGB freigehalten w (BGH **92**, 26, NJW **83**, 1853, **90**, 318). Er dient damit vor allem dem Schutz des Verbrauchers. Obwohl AGB keine RNormen sind (§ 1 Rn 1), hat das in §§ 13ff geregelte Verf Übereinstimmgen mit der abstr Normenkontrolle (E. Schmidt NJW **89**, 1192). Auch im Verf gem §§ 13ff geht es darum, eine abstrakt-generelle Regelg losgelöst von einem Einzelfall auf ihre Vereinbark mit einer (ranghöheren) Norm zu überprüfen. Die Entsch lautet aber nicht auf Feststellg der Unwirksamk der AGB, sond auf Unterlassg od Widerr. Der Anspr ist dem entspr wettbewr Anspr nachgebildet. Wie dieser ist er kein rein proz RBehelf, sond ein den Verbänden im öff Interesse zugewiesener matrechtl Anspr iS des § 241, arg § 13 IV (BGH NJW-RR **90**, 887, Staud/Schlosser § 13 Rn 4). Die GgAns, es handele sich in Wahrh um eine privrechtl Kontrollkompetenz (so od ähnl E. Schmidt aaO, Gilles ZZP **98**, 1), berücksichtigt nicht, daß eine Kontrollkompetenz auch dch Zuweisg von Anspr begründet w kann. Dch die §§ 13ff hat das dtsche Recht den Auftr des Art 7 **EG-RiL 93/13** antizipiert erfüllt; zu Ändergen der VerfVorschr od deren Anwendg gibt die RiL keinen Anlaß (Wo/Ho/Li Rn 13, aA Micklitz ZIP **98**, 937).

AGBG 13 ***Unterlassungs- und Widerrufsanspruch.*** **^I Wer in Allgemeinen Geschäftsbedingungen Bestimmungen, die nach §§ 9 bis 11 dieses Gesetzes unwirksam sind, verwendet oder für den rechtsgeschäftlichen Verkehr empfiehlt, kann auf Unterlassung und im Fall des Empfehlens auch auf Widerruf in Anspruch genommen werden.**

^II Die Ansprüche auf Unterlassung und auf Widerruf können nur geltend gemacht werden

1. von rechtsfähigen Verbänden, zu deren satzungsgemäßen Aufgaben es gehört, die Interessen der Verbraucher durch Aufklärung und Beratung wahrzunehmen, wenn sie in diesem Aufgabenbereich tätige Verbände oder mindestens fünfundsiebzig natürliche Personen als Mitglieder haben,

2. von rechtsfähigen Verbänden zur Förderung gewerblicher Interessen oder

3. von den Industrie- und Handelskammern oder den Handwerkskammern.

^III Die in Absatz 2 Nr. 1 bezeichneten Verbände können Ansprüche auf Unterlassung und auf Widerruf nicht geltend machen, wenn Allgemeine Geschäftsbedingungen gegenüber einem Unternehmer (§ 24 Satz 1 Nr. 1) verwendet werden oder wenn Allgemeine Geschäftsbedingungen zur ausschließlichen Verwendung zwischen Unternehmern empfohlen werden.

^IV Die Ansprüche nach Absatz 1 verjähren in zwei Jahren von dem Zeitpunkt an, in welchem der Anspruchsberechtigte von der Verwendung oder Empfehlung der unwirksamen Allgemeinen Geschäftsbedingungen Kenntnis erlangt hat, ohne Rücksicht auf diese Kenntnis in vier Jahren von der jeweiligen Verwendung oder Empfehlung an.

1) Allgemeines: Der Anspr aus § 13 richtet sich gg die von der Verwendg od Empfehlg unwirks Klauseln 1
ausgehde **Störung des Rechtsverkehrs** (Vorbem 1). Formularmäß Klauseln aus dem Bereich des Arb-, Erb-, Fam- u GesellschR (§ 23 I) sowie die unter § 8 fallden Klauseln können nicht zum Ggst einer Kl gem § 13 gemacht w. Alle übr AGB können dagg mit der Klage aus § 13 angegriffen w; auch formularmäß Regelgen der EinbezVoraussetzgen (§ 1 Rn 3) u handschriftl Einfüggen in Leerstellen, soweit sie den AGB-Begriff erfüllen (BGH NJW **99,** 2180). §§ 23 II, 24 schließen die Klage nicht aus, beschr aber uU den Prüfgsmaßstab. Wird ein Anspr auf die Verletzg mehrerer Klauselverbote gestützt, handelt es sich gleichwohl um einen **einheitlichen Streitgegenstand** u Anspr (BGH NJW **93**, 2053). Dringt der Verband mit der Klage voll dch, ist daher für eine TeilAbweisg auch dann kein Raum, wenn das Ger nur einen der geltd gemachten Klauselverstöße bejaht (BGH aaO).

2) Unterlassungsanspruch gegen den Verwender: Er setzt voraus: – **a) Verwendung** von AGB. Nicht 2
erforderl ist, daß die AGB (§ 1) bereits in einen Vertr einbez worden sind. Es genügt, daß sie mit Wiederholgsabsicht in den rechtsgeschäftl Verk gebracht worden sind (BGH **101**, 275). Ausr ist daher die Bezugn od der Abdruck in einem Angebot od einer Aufforderg zur Abgabe eines Angebots, der Abdruck im Kopf eines GeschBriefes (BGH **101**, 273), der Abdruck auf Rechngen (LG Mü BB **79**, 1787) od die RVerteidigg mit AGB, die nicht VertrInh geworden sind (BGH NJW **81**, 1511). Ein UnterlAnspr besteht auch schon dann, wenn eine baldige Verwendg ernstl droht (Saarbr AGBE V § 9 Nr 36). Zul ist bei VerbrVertr auch eine Klage gg sog Drittklauseln (§ 24a Rn 10), nicht aber gg EinzelVertrKlauseln, die gem § 24 Nr 2 der InhKontrolle unterliegen (§ 24a Rn 14). – **b)** Die AGB müssen **unwirksame Bestimmungen** enthalten. Bei der Prüfg 3
ist die **Unklarheitenregel** „umgekehrt" anzuwenden; iZw ist von der zur Unwirksamk führden kundenfeindlichsten Auslegg auszugehen (§ 5 Rn 9, allgM), teilw unwirks Klauseln stehen völl unwirks gleich (allgM, Vorbem 9v § 8). Nach dem GesWortlaut besteht der UnterlAnspr nur, wenn die Unwirksamk auf den §§ 9–11 beruht. Der Zweck des Ges, Störgen des RVerk dch die Verwdg unwirks Klauseln entggzuwirken u die Kunden vor mißbräuchl AGB zu schützen, rechtf aber eine erweiternde Auslegg: Ein UnterlAnspr ist auch gegeben, wenn die Klausel gg ein **gesetzliches Verbot** (§ 134) od gg eine FormVorschr (§ 125) 4
verstößt, sofern die verletzte Norm die gleiche Schutzrichtg hat wie die §§ 9ff (BGH NJW **83**, 1322, **95**, 1554). Die Zulässigk der Kl läßt sich in diesen Fällen auch damit begründen, daß die Klausel zugl gg AGBG 9 verstößt (Vorbem 16v § 8). Auch wenn das VerständlichkGebot des § 2 verletzt ist, ist die Verbandsklage zul (Stgt NJW **81**, 1106, Hamm NJW-RR **87**, 313, Schäfer, Das Transparenzgebot im Recht der AGB, 1992), ebso bei Verletzg des **Transparenzgebots** (BGH **106**, 264, **116**, 3, NJW **92**, 181, 1109, § 9 Rn 15). Auch wenn der Verwder behauptet, er habe die intransparente Klausel im Einzelfall dch Zusatzinformationen dchschaub gemacht, ist ein uneingeschränktes Klauselverbot auszusprechen (BGH **116**, 3, aA Lindacher NJW **97**, 2741, s aber § 17 Rn 3). Ein Verstoß gg § 3 od § 4 kann mit der Klage aus § 13 geltd gemacht w, wenn er sich unabhäng von den Umst des Einzelfalls aus einer abstrakt generellen Betrachtg ergibt (Stgt NJW **81**, 1106, Hamm NJW-RR **86**, 930, aA BGH NJW-RR **87**, 45); idR liegt zugl auch eine Verletzg des § 9 vor (BGH **92**, 26). **Einzelfälle:** Mit der Verbandsklage können gerügt werden: Verstöße gg ZPO 38ff (BGH **86**, 284, **101**, 273), gg § 537 III (BGH **118**, 198), gg §§ 550a, 552, 554 (BGH NJW **89**, 1674), gg § 225 (Stgt BB **82**, 1753), gg §§ 651a ff (BGH **87**, 197, **119**, 166), gg HGB 88a (BGH NJW **95**, 1554), gg HGB 89b (BGH NJW **85**, 630). Dagg kann die Unangemessenh der Klausel nicht aus der Abweichg von einer fr getroffenen vertragl Abrede hergeleitet w (BGH NJW **82**, 765).

c) Passivlegitimiert ist der Verwder, dh derjenige, in dessen Namen der dch AGB vorformulierte Vertr 5
geschl w soll. Bei einer GmbH iGr muß sich die Klage daher gg diese u nicht gg den GeschFü richten (Stgt NJW-RR **96**, 1209). Der Anspr besteht auch dann, wenn die AGB dch einen Angest od sonst Vertreter in den Verk gebracht worden sind (BGH **88**, 370). Zwar fehlt eine dem UWG 13 II entspr Vorschr. Für UnterlAnspr ist aber auch sonst anerkannt, daß sich der GeschInh die Hdlgen seiner HilfsPers als mittelb Störer zurechnen lassen muß (§ 1004 Rn 17). Verwder iSv § 13 kann auch der Vermittler (Vertreter) sein, sofern er den vermittelten Vertr AGB zGrde legt u dies auch in seinem Interesse geschieht (BGH **81**, 230). Bsp sind der ledigl vermittelnde Gebrauchtwagenhändler, der Architekt (aA Karlsr BB **83**, 726: Empfehler), das eine Ausschreibg dchführde IngBüro (Ffm NJW-RR **86**, 245), der im Namen der Bauherrn auftretde Baubetreuer. Wer, ohne VertrPart zu sein, in die VertrAbwicklg eingeschaltet ist u dch sie begünstigt w, ist

6 dagg kein Verwder (BGH **112**, 215). – **d) Inhalt des Anspruchs.** Bei einer inhaltl nicht teilb Klausel muß sich der Anspr gg die vom Verwder benutzte Klauselfassg richten (BGH NJW **95**, 1489). Der Verwder hat alle Hdlgen zu unterlassen, die als Verwendg der unwirks Klausel aufzufassen sind (Rn 2). Bei der Abwicklg von bereits geschlossenen Vertr darf er sich nicht mehr auf die Klausel berufen (BGH NJW **81**, 1511, Ffm NJW **89**, 2265, str); die UnterlKlage kann sich daher auch ausschließl gg eine in AltVertr verwandte Klausel richten (BGH **127**, 37). Auf vor dem 1. 4. 77 geschlossene AltVertr kann § 13 aber auch dann nicht angewandt w, wenn sich der Verwder heute auf eine unwirks VertrKlausel beruft (BGH NJW **97**, 1068). Der Gedanke des **Vertrauensschutzes** (Medicus NJW **95**, 2577, Neuhof ZIP **95**, 883, krit Löwe BB **95**, 1810) ist im Rahmen von § 9 Rn 2u in engen Grenzen wohl auch auf der Grdl des § 242 (§ 21 Rn 6) zu berücksichtigen. Bei **ergänzungsbedürftigen** Klauseln ist zu unterscheiden: Sind die in Betracht kommden Ausfüllmöglichk nicht vorgegeben, ist die Klausel einschränkgslos zu verbieten, auch wenn eine der denkb Ergänzgen zur Wirksamk führt (BGH **122**, 69). Enthält die Klausel Vorgaben für die Ausfüllg u begründen nur einige die Unwirksamk, ist das Verbot entspr zu beschränken (BGH NJW **92**, 503). Das Ger ist nicht befugt, dem
7 Verwder eine AufbrauchFr einzuräumen (BGH NJW **80**, 2518). – **e) Wiederholungsgefahr:** Sie ist ungeschriebenes Tatbestandsmerkmal (BGH **81**, 225), aber keine ProzVoraussetzg, sond Element des mat-rechtl Anspr (§ 1004 Rn 29, str). Sie ist gegeben, wenn eine Wiederholg ernsth u greifb zu besorgen ist. Da die AGB in einer Vielzahl von Fällen verwandt w sollen (§ 1), streitet für eine Wiederholgsgefahr idR eine tatsächl Vermutg (BGH **81**, 225, **119**, 165). Es ist Sache des Verwders, diese Vermutg zu entkräften. Seine Zusage, die unwirks Klausel nicht mehr zu verwenden, ist nicht ausr (BGH NJW **83**, 2026), insb dann nicht, wenn er die Ans vertritt, die Einwendgen gg die Wirksamk der Klausel seien an sich unberecht (BGH NJW **82**, 179), od wenn er eine AufbrauchFr beansprucht (BGH NJW **82**, 2311). Ausgeräumt ist die Wiederholgsgefahr dagg, wenn der Verwder eine ernsth UnterlErkl abgibt u sich bereit erkl, die UnterlPfl dch ein VertrStrafVersprechen zu sichern (Mü BB **81**, 74, Düss DB **81**, 1663, Bunte DB **80**, 484). Wird in der Abmahng eine übersetzte VertrStrafe gefordert, muß der Verwder einen angem Betr anbieten (BGH NJW **83**, 942). Ob die ggü einem and Verband abgegebene UnterlErkl die Wiederholgsgefahr allg beseitigt, hängt davon ab, ob der Gläub bereit u geeignet erscheint, die UnterlVerpfl notfalls auch zwangsweise dchzusetzen (BGH NJW **83**, 1060, WRP **87**, 557). Da das Verbot auch für AltVertr gilt (Rn 6), genügt der Druck neuer u die Vernichtg der alten AGB nicht (s Zweibr NJW-RR **94**, 1364). Dagg kann eine GesÄnd uU die Wieder-
8 holgsgefahr beseitigen (Ffm NJW **89**, 2434). – **f) Rechtsschutzbedürfnis:** Die UnterlKlage ist keine Kl auf künft Leistg (§ 259), sond richtet sich auf eine ggwärt geschuldete Leistg (§ 1004 Rn 28). Das RSchutzbedürfn bedarf daher idR keiner bes Darlegg (BGH NJW-RR **90**, 887). Es fehlt, wenn sich das Ziel auf einem einfacheren od billigeren Weg erreichen läßt (Vollstreckg aus einem bereits vorliegden Titel). IdR besteht kein RSchutzInteresse, wenn sich der Verwder einer gg ihn erlassenen einstw Vfg vorbehaltlos unterworfen hat (BGH DB **64**, 259).

9 **3) Ansprüche gegen den Empfehler. – a)** Um den RVerk umfassd vor Störgen zu schützen, gibt das Ges einen UnterlAnspr auch gg den, der unwirks AGB für den rgeschäftl Verk **empfiehlt.** Als Empfehler kommen vor allem Verbände aller Art in Betracht. Empfehler ist aber auch der Verkäufer von AGB-Formularen, der Herausgeber einer Zeitschr, die AGB als ein Bsp mögl VertrGestaltg vorstellt (LG Düss AGBE I Nr 36), der Verfasser von Formularbüchern (Ul/Br/He Rn 19), nicht aber der Verleger (MüKo/Gerlach Rn 46). Auch Körpersch des öffR können Empfehler sein. Dagg sind Meingsäußergen im rwissenschaftl Schriftt keine „Empfehlgen für den rgeschäftl Verk" (Wo/Ho/Li Rn 63). Der RA, der einen Verwder intern beraten hat, fällt gleichf nicht unter § 13 (Ul/Br/He Rn 22); die Empfehlg muß sich an mehr als einen mögl Verwder richten (BGH **112**, 209). Wg der weiteren Voraussetzgen des UnterlAnspr gilt Rn 2 ff entspr. –
10 **b)** Neben dem UnterlAnspr kann gg den Empfehler auch ein **Widerrufsanspruch** gegeben sein. Er ist ein BeseitiggsAnspr, wie er auch im § 1004 (dort Rn 22 ff), bei Störg delikt geschützter R u RGüter (Einf 26 ff vor § 823) u im WettbewR anerkannt ist. Er setzt neben der Empfehlg unwirks AGB voraus: – **aa)** Es muß ein **fortdauernder Störungszustand** entstanden sein (Einf 27 vor § 823). Dieser ist bei schriftl Empfehlgen idR bis zur Rückn zu bejahen. Er kann entfallen, wenn der Verband von seiner fr Erkl unzweideut abgerückt ist od wenn das Formularbuch inzw in berichtigter Aufl erschienen ist. – **bb)** Der Widerr muß **notwendig und geeignet** sein, den Störgszustand zu beseitigen (MüKo/Gerlach Rn 49). Diese Voraussetzg ist idR gegeben. Sie kann entfallen, wenn die Unwirksamk der Klausel dch and Veröffentlichgen in der Branche bereits allg bekannt ist od wenn der Empfehler aGrd der Kl eines and Verbands bereits widerrufen hat. – **cc) Art des Widerrufs:** Sie ist im Urt zu bestimmen (§ 17 Nr 4). Da der Widerr der *„actus contrarius"* zur Empfehlg ist, ist er an den gleichen PersKreis zu richten u ebso vorzunehmen wie diese (Bsp: Schreiben an VerbandsMitgl, Veröffentlichg in Zeitg). Vollstr gem ZPO 888.

11 **4) Klagbefugnis (II u III):** Das Ges erkennt nur Verbänden ein KlagR zu, nicht dagg dem Kunden od Mitbewerber. Für Mitbewerber kann sich jedoch uU aus UWG 1 ein UnterlAnspr ergeben (Stgt BB **87**, 2394, Bernreuther WRP **94**, 856); der Kunde kann unter den Voraussetzgen des ZPO 256 auf Feststellg der
12 Unwirksamk einer Klausel klagen. Nach II u III sind klagberecht: – **a) Verbraucherverbände** (II Nr 1). – **aa)** Der Verband muß **rechtsfähig** sein, dh er muß im VereinsReg eingetragen sein (BGB 21). – **bb)** Er muß satzgsgem **Interessen der Verbraucher** wahrnehmen. Dabei muß es sich um allg Verbraucherinteressen handeln. Ein Verband, der ledigl Interessen seiner Mitgl vertritt, hat kein KlagR. Die Verbraucherinteressen müssen dch **Aufklärung und Beratung** wahrgenommen w, etwa dch Vorträge, Verbreitg von Schriften, Einrichtg von Beratgsstellen. Es genügt nicht, daß der Verband nur aufklärt od nur berät, er muß in beiden Bereichen tät sein (Ul/Br/ He Rn 37). Nicht erforderl ist aber, daß er individuelle Beratgen dchführt (Ffm NJW-RR **92**, 396). Der Schutz von Verbraucherinteressen braucht nicht die einzige Aufg des Vereins zu sein; ands darf es sich aber auch nicht um eine untergeordnete NebenAufg handeln (BGH NJW **86**, 1613). Hausfrauenverbände, Gewerksch u ähnl, die neben ihren eigentl Aufgaben auch Verbraucherinteressen mitvertreten, fallen nicht unter II Nr 1. Der Verband kann sich auf die Vertretg best Interessen, etwa von Mietern od KreditN, beschr (BGH NJW **93**, 1061) od in der Satzg räuml Beschränkgen vorsehen; dann ist auch sein KlagR entspr eingeschr (BGH NJW **83**, 1320). Die satzgsgem Aufg muß der Verband auch **tatsächlich wahrnehmen** (BGH NJW **86**, 1613). Er muß die für eine Aufklärgs- u Beratgstätigk erforderl personellen u

sachl Voraussetzgen besitzen u muß idR eine eig GeschStelle haben (BGH **126**, 148). – **cc)** Mindestens 2 Verbraucherverbände od 75 natürl Pers müssen **Mitglieder** des Verbandes sein. Der Dach- u die MitglVerbände können auf verschiedenen Gebieten des Verbraucherschutzes tät sein (BGH NJW **86**, 1613). – **dd)** Das 13
Ger muß **von Amts wegen prüfen,** ob der Verband klagberecht ist (Wo/Ho/Li Rn 21, aA Staud/Schlosser Rn 10). Es handelt sich um eine unverzichtb ProzVoraussetzg, die im Ztpkt der letzten mdl Vhdlg vorliegen muß (BGH NJW **72**, 1988). IdR w sich die Prüfg auf die Satzg u eine vom Vorstand vorzulegde Mitgliederliste beschr können. Bestehen Anhaltspkte dafür, daß die satzgsmäß Aufg in Wahrh nicht erf (sond nur Proz geführt) w, ist aber weitere Aufkl nöt. Die BewLast für die Voraussetzgen des II Nr 1 trägt der Verband. – **ee)** III beschr das KlagR der Verbraucherverbände auf den **nichtkaufmännischen Verkehr**. Sein 1998 inf eines Redaktionsversehens nicht vom Kaufm auf den Unternehmer umgestellter Text ist dch das ÜberwG ab 14.8.99 an die nF des § 24 angepaßt worden. Betrifft die Verwendg von AGB od die Empfehlg ausschließl Vertr, die von Untern zum Betr ihres Gewerbes od im Rahmen ihrer freiberufl Tätigk abgeschl w, sind nur die in Nr 2 u 3 genannten Verbände klageberecht.

b) Verbände zur Förderung gewerblicher Interessen (II Nr 2). – **aa)** Der Verband muß **rechtsfähig,** bei privrechtl Organisation also im VereinsReg eingetragen sein. Die einschränkde nF des UWG 13 II Nr 2 ist auf die Klagbefugn nach dem AGBG weder direkt noch analog anwendb (BGH NJW **98**, 454). – **bb)** Der Verband muß die Aufg h, **gewerbliche Interessen** zu fördern. Eine entspr ausdr satzgsmäß Festlegg ist (and als iFv II Nr 1) nicht erforderl. Es genügt, wenn die Satzg erkennen läßt, daß der Verband auch der Förderg gewerbl Zwecke dienen soll (BGH GRUR **65**, 485) u diese Tätigk auch tatsächl ausgeübt w (BGH WM **90**, 365). Auch Verbände zur Wahrg landwirtschaftl Interessen fallen unter II Nr 2 (BGH WM **99,** 425), ebso landwirtschaftl ErzeugerGemeinsch (Celle NJW-RR **99**, 1439). Daß der Verband von Wettbewerbern des Bekl finanziert w, schließt seine KlBefugn nicht aus (Düss DB **88**, 1593). Die Förderg gewerbl Zwecke braucht nicht dch Aufklärg u Beratg zu geschehen; and als iFv II Nr 1 kann die Verfolgg von Verstößen gg das UWG u das AGBG das HaupttätigkFeld des Verbandes sein. Daß dem Verband Gewerbetreibde als Mitgl angehören, w vom Ges nicht gefordert (BGH GRUR **65**, 485). Der Verband muß aber wirkl den Zweck haben, gewerbl Interessen zu fördern u nicht etwa den, Beschäftiggsmöglichk für RA zu schaffen (BGH GRUR **89**, 918). – **cc)** Die Verwendg od Empfehlg der unwirks Klauseln muß in den 15
satzungsmäßigen Interessenbereich des Verbandes eingreifen. Das ist weit auszulegen. Das KlagR entfällt nur dann, wenn die VerletzgsHdlg zu den Aufg des Verbandes keinerlei Beziehg h (BGH GRUR **71**, 586). Daß der Verband mit seiner Klage im wesentl nur die Interessen eines Mitbewerbers od Kunden wahrnimmt, ist unschädl. – **dd)** Unter II Nr 2 fallen auch **öffentlich-rechtliche Verbände** (BGH **81**, 230), 16
insbes die von II Nr 3 nicht erfaßten Kammern, wie zB Architektenkammern (BGH aaO), Innungen (Düss AGBE III § 9 Nr 16) u RA- u Ärztekammern. – **ee)** Auch die Voraussetzgen des II Nr 2 sind vAw zu prüfen (Rn 13).

c) Industrie- und Handelskammern (Ges vom 18. 12. 56, BGBl I 926) u **Handwerkskammern** 17
(HandwO 90 ff). Die VerletzgsHdlg (Verwendg od Empfehlg unwirks Klauseln) muß zu dem AufgBereich der Körpersch in Beziehg stehen, wobei (entspr Rn 15) eine weite Auslegg geboten ist. Zul sind insb Kl gg Mitgl, gg Mitbewerber von Mitgl u gg Untern, die ggü Mitgl AGB verwenden.

d) Wg ders Verwdg (Empfehlg) von unwirks Klauseln können mehreren Verbänden Anspr auf Unterl 18
(Widerr) zustehen (Lindacher ZZP **103**, 407). Diese sind rechtl selbstd u von einand unabhäng. **Mehrere Verbände** können nebeneinander **klagen;** dem steht weder die Einr der RHängigk noch (nach Abschl des ErstProz) die der Rechtskr entgg (BGH GRUR **60**, 379). Eine rechtskr Verurteilg kann aber die Wiederholgsgefahr od das RSchutzinteresse für eine weitere Klage ausschließen (BGH NJW **83**, 1060).

5) Verjährung (IV). – **a) Anwendungsbereich:** Die VerjRegelg gilt für den Unterl- u WiderrAnspr 19
gem I, nicht aber für die Rechte, die dem Kunden wg der Verwendg unwirks Klauseln zustehen. – **b)** Die 20
zweijähr VerjFr beginnt, wenn der Berecht von der Verwendg (Empfehlg) **Kenntnis** erlangt hat. Erforderl ist Kenntn des gesetzl Vertreters des Verbandes, die Kenntn von Mitgl od Angest reicht nicht aus (Wo/Ho/Li Rn 76), jedoch muß sich der Verband gem §§ 166, 242 die Kenntn des mit der Tatermittlg Beauftragten anrechnen lassen (BGH NJW **68**, 988, § 166 Rn 6). Bei GesVertretg genügt Kenntn eines GesVertreters. Der Berecht muß in der Lage sein, Klage zu erheben. Er muß daher von der Verwdg (Empfehlg) der unwirks Klausel u der Pers des Verwders (Empfehlers) Kenntn haben. Hinsichtl der UnwirksamkGrde genügt Kenntn der tatsächl Umst, nicht erforderl ist, daß der Berecht die TatUmst richt rechtl würdigt. – **c)** Die vierjähr Verj beginnt mit der **Verwendung** (Empfehlg). Dabei sind die Vorver- 21
handlgen u der spätere VertrSchl als Einh anzusehen. Kommt es zum VertrSchl, beginnt die Verj daher mit der Einbez der AGB in den Vertr. Bei der Empfehlg kommt es auf den Zugang bei den Empfängern an.
– **d)** Werden die unwirks AGB erneut verwendet (empfohlen), entsteht ein **neuer Anspruch;** die VerjFr 22
beginnt erneut zu laufen. Die Verj des fr Anspr schließt die Geltdmachg des neuen nicht aus (BGH NJW **73**, 2285). – **e)** Der Anspr aus § 13 unterliegt wg des öffentl Interesses an seiner Dchsetzg nicht der 23
Verwirkung (BGH NJW **95**, 1488).

AGBG 14

Zuständigkeit. **I Für Klagen nach § 13 dieses Gesetzes ist das Landgericht ausschließlich zuständig, in dessen Bezirk der Beklagte seine gewerbliche Niederlassung oder in Ermangelung einer solchen seinen Wohnsitz hat. Hat der Beklagte im Inland weder eine gewerbliche Niederlassung noch einen Wohnsitz, so ist das Gericht des inländischen Aufenthaltsorts zuständig, in Ermangelung eines solchen das Gericht, in dessen Bezirk die nach §§ 9 bis 11 dieses Gesetzes unwirksamen Bestimmungen in Allgemeinen Geschäftsbedingungen verwendet wurden.**

II Die Landesregierungen werden ermächtigt, zur sachdienlichen Förderung oder schnelleren Erledigung der Verfahren durch Rechtsverordnung einem Landgericht für die Bezirke mehrerer Landgerichte Rechtsstreitigkeiten nach diesem Gesetz zuzuweisen. Die Landesregierungen können die Ermächtigung durch Rechtsverordnung auf die Landesjustizverwaltungen übertragen.

III Die Parteien können sich vor den nach Absatz 2 bestimmten Gerichten auch durch Rechtsanwälte vertreten lassen, die bei dem Gericht zugelassen sind, vor das der Rechtsstreit ohne die Regelung nach Absatz 2 gehören würde.

IV Die Mehrkosten, die einer Partei dadurch erwachsen, daß sie sich nach Absatz 3 durch einen nicht beim Prozeßgericht zugelassenen Rechtsanwalt vertreten läßt, sind nicht zu erstatten.

1 **1) Allgemeines:** § 14 enthält für die sachl u örtl Zustdgk eine Sonderregelg. – **a) Anwendungsbereich:** Die ZustdgkRegelg gilt für Unterl- u WiderrKl gem § 13. Sie erfaßt auch einstw VfgVerf (ZPO 937, vgl § 15 Rn 6) u Streitigk über Abmahnkosten (§ 15 Rn 5). Für RStreitigk zw Kunden u Verwder gelten die allg
2 ZustdgkRegeln. – **b) Ausschließliche Zuständigkeit.** Sowohl die sachl als auch die örtl Zustdgk ist eine ausschl. GerStandVereinbgen sind daher unwirks (ZPO 40 II). Die Unzustdgk ist vAw zu beachten. Im höheren RZug gelten aber für die sachl Zustdgk ZPO 529 II, 566 u für die örtl ZPO 512 a, 549 II.

3 **2) Sachliche Zuständigkeit:** Die LG sind ohne Rücks auf den Wert des StreitGgst zust. Da eine GVG 95 I Nr 5, UWG 27 I entspr Vorschr fehlt, sind die Zivilkammern zust u nicht die KfH. Das gilt auch dann, wenn es um die Verwendg von AGB im kaufm Verk geht, gem § 24 S 2 also die im HandelsVerk geltden Gewohnh u Gebräuche angem zu berücksichtigen sind (Ul/Br/He Rn 8).

4 **3) Örtliche Zuständigkeit:** Zust ist das Ger der gewerbl Niederlassg des Bekl; hilfsw kommt es für den GerStand auf den Wohns des Bekl, seinen Aufenth od die Verwendg der AGB an. Aus der örtl Zustdgk ergibt sich zugl auch die **internationale Zuständigkeit** der dtsch Ger. Im Verh zu den VertrStaaten des EuGVÜ sind dessen Vorschr zu beachten (BGH **109**, 32). Danach ist das Abstellen auf die gewerbl Niederlassg (Art 5 Nr 5), auf den Wohns (Art 2 I) u den Verwendgsort (Art 5 Nr 3) unbedenkl. Ggü Pers, die in einem and VertrStaat ihren Wohns h, ist der GerStand des Aufenth gem EuGVÜ Art 2 I unanwendb (MüKo/Gerlach
5 Rn 8). EuGVÜ 16 findet auf die AGB-Kontroll-Klage keine Anwendg (BGH **109**, 32). – **a) Gewerbliche Niederlassung:** Erforderl ist ein auf die Erzielg dauernder Einn gerichteter GeschBetr. Hierunter fallen auch landwirtsch Betr, gewerbsmäß Vermieter, privwirtschaftl betriebene Lehreinrichtgen, Sanatorien, nicht dagg Angeh freier Berufe; in Zweifelsfällen kann die Rspr zum GewerbeBetr iSd § 196 (dort Rn 12 f) Anhaltspkte geben, obwohl sie von einer and Problemstellg ausgeht. Nöt ist eine Niederlassg. Der Begriff ist ebso auszulegen wie in ZPO 21 (Stgt AGBE I Nr 1). – **aa)** Das Gesch muß an dem Ort, zumindest für einen TBereich, seinen Mittelpkt h. – **bb)** Es muß eine im wesentl selbstd, zu eigenem VertrSchl berecht Leitg h (BGH ZIP **87**, 1167). – **cc)** Es muß über entspr äußere Einrichtgen verfügen. – **dd)** Die Beziehg zu dem Ort muß auf eine gewisse Dauer angelegt sein (bei ZPO 21 str). Wer den RSchein hervorruft, er habe an einem Ort eine gewerbl Niederlassg, ist hieran gebunden (BGH ZIP **87**, 1167). Bestehen mehrere Niederlassgen, kommt es darauf an, von welcher die Verwendg (Empfehlg) der AGB ausgegangen ist. Trifft diese Voraussetzg
6 auf mehrere Niederlassgen zu, hat der Kläger das WahlR gem ZPO 35. – **b) Wohnsitz:** Er ist den BGB 7–11 zu entnehmen. – **c) Aufenthalt** (ZPO 16): Auch ein vorübergehder od unfreiwilliger Aufenth genügt. Entscheidd ist der Ztpkt der KlagErhebg (ZPO 253 I, 261 II Nr 2). Ein späterer Wechsel schadet nicht. –
7 **d) Verwendung** der AGB. Sie ist nur dann maßgebd, wenn der Verwder (Empfehler) im Inland weder eine gewerbl Niederl noch Wohns od Aufenth h. Verwendet worden sind AGB überall dort, wo sie bei der Anbahng von geschäftl Kontakt, bei VertrVerhandlgen, VertrAbschl od der Dchführung des Vertr in Bezug genommen, vorgelegt od sonst zum Ggst des rgeschäftl Verk gemacht worden sind (§ 13 Rn 2). Unter mehreren Verwendgsorten hat der Kläger die Wahl (ZPO 35). Bei Klagen gg den Empfehler kommt es auf den Ort der Empfehlg an (im Ges versehentl nicht ausdr erwähnt); darunter ist sowohl der Ort der Abgabe als auch des Zugangs der Empfehlg zu verstehen.

8 **4) Konzentration bei einem Landgericht** (II–IV). – **a)** Die Zustdgk kann dch VO der LRegierg (LJustizVerw) bei einem LG für den Bezirk mehrerer LG konzentriert w. Von der Vorschr haben die Länder Bay, Hess, MecklVP, NRW u Sachsen Gebrauch gemacht (vgl Wo/Ho/Li Rn 17). Die Zustdgk kann auf LG
9 eines and OLG ausgedehnt w, nicht aber auf das Gebiet eines and Landes. – **b) III** tritt in den alten BLändern am 31. 12. 99 mit Wegfall des Lokalisationsprinzips **außer Kraft** (Ges vom 2. 9. 94, BGBl I 2278). In den neuen BLändern ist er schon jetzt leerlaufd, weil das BVerfG die befristete Einf des LokalisationsGrds für verfassungsw erklärt hat (BVerfG NJW **96**, 1882). **IV** beschränkt die ErstattgsPfl, wenn sich die Part dch einen auswärt RA vertreten lassen. Eine ErstattgsPfl kommt aber insow in Betracht, als sie die Kosten einer andf notw Informationsreise der Part zu ihrem beim ProzGer zugelassenen RA nicht übersteigen (Wo/Ho/Li Rn 18).

AGBG 15 *Verfahren.* **I Auf das Verfahren sind die Vorschriften der Zivilprozeßordnung anzuwenden, soweit sich aus diesem Gesetz nicht etwas anderes ergibt.**

II Der Klageantrag muß auch enthalten:

1. den Wortlaut der beanstandeten Bestimmungen in Allgemeinen Geschäftsbedingungen;
2. die Bezeichnung der Art der Rechtsgeschäfte, für die die Bestimmungen beanstandet werden.

1 **1) Allgemeines:** Die in § 13 I begründeten Rechte sind privrechtl ausgestaltete Unterl- u WiderrAnspr. Es versteht sich daher von selbst, daß auf das Verf die Vorschr der ZPO (u das GVG) anzuwenden sind, sow das AGBG keine Sonderregelgen enthält. Für das VerbandsklageVerf gelten die Dispositions- u die Vhdlgsmaxime (Lindacher ZZP **103**, 406, MüKo/Gerlach Rn 2, aA E. Schmidt NJW **89**, 1196 uö). I hat nur klarstellde Bedeutg. II bringt ergänzde Best zum KlAntr.

2 **2) Klagantrag:** II ergänzt ZPO 253 II Nr 2, wonach die Klage einen best Antr enthalten muß. Die Vorschr gilt sowohl für die Unterl- als auch für die WiderrKlage. – **a)** Der KlAntr muß den Wortlaut der
3 beanstandeten Klausel anführen. – **b)** Er muß den **Umfang des erstrebten Verwendungsverbots** (WiderrGebots) best bezeichnen. Dieses (teils aus ZPO 253 II Nr 2, teils aus § 15 II Nr 2 abzuleitde) Er-

fordern bedeutet: – **aa)** Der Antr muß angeben, ob das Verwendgsverbot (WiderrGebot) nur für den **nichtkaufmännischen Verkehr** od auch für den Verk zw Untern (§ 24) gelten soll. – **bb)** Er muß die **Art der Rechtsgeschäfte** bezeichnen, für die das Verwendgsverbot (WiderrGebot) ergehen soll. Damit w dem Gedanken Rechng getragen, daß dieselbe Klausel bei einer best VertrArt unwirks, bei einer and aber wirks sein kann. Wie die Substantiierg zu erfolgen hat, hängt von den Umst des EinzFalles ab. Sie kann auf den rechtl VertrTyp abstellen, uU aber auch auf best Produkte od Leistgen. Ist die Klausel nur für HaustürGesch zu beanstanden, darf sie nicht allg verboten w (BGH NJW **93**, 1134). – **cc)** Bei einer **teilweise unwirksamen** Klausel ist zu unterscheiden: Ist die Klausel unteilb, muß sich die Klage gg die Klausel im ganzen, in der vom Verwder benutzten Fassg wenden (BGH NJW **95**, 1488), ist die Klausel teilb (Vorbem 11 v § 8), muß der Antr zur Vermeidg einer TAbweisg auf den unwirks Teil beschränkt w (Heinrichs EWiR **95**, 523). Handelt es sich um eine **ergänzungsbedürftige Klausel,** gilt § 13 Rn 6. –
c) Entspr der Antr nicht den vorstehenden Erfordern, muß das Ger auf eine sachdienl Fassg des Antr 4
hinwirken (ZPO 139). Werden die Mängel gleichwohl nicht behoben, ist die Klage als unzul abzuweisen. – **d)** Wird der KlAntr nachträgl auf ein and Klauselverbot gestützt, so ist das keine **Klagänderung,** sond fällt unter ZPO 264 Nr 1 (§ 13 Rn 1).

3) Abmahnung: Sie ist für den Kläger ein Gebot des eig Interesses. Die hierdch entstehenden Kosten kann 5
er nach den Grds der GoA vom Verwder (Empfehler) ersetzt verlangen (Nürnbg OLGZ **80**, 219, Bunte DB **80**, 482 u zum UWG BGH **52**, 393), AnwKosten aber nur, wenn wg der Schwierigk der Sache die Beauftragg eines Anw erforderl war (Wo/Ho/Li § 13 Rn 106; BGH NJW **84**, 2525 zu UWG). Unterbleibt die Abmahng, kann der Bekl die Kostenlast – ebso wie im WettbewerbsProz – idR dch ein sofort Anerkenntn abwenden, ZPO 93 (s Stgt AGBE V § 13 Nr 5). Bei einer zuweit gehden Abmahng gelten die zur Mahng entwickelten Grds (§ 284 Rn 19) entspr (aA Mü AGBE I Nr 3, das die Abmahng für unwirks hält). Ist die in der UnterlErkl vorgesehene VertrStrafe übersetzt, muß der Verwder einen angem Betrag anbieten (BGH NJW **83**, 942). Enthält das vorformulierte StrafVerspr einen Verzicht auf die Einr des FortsetzgsZusHanges, ist es insow unwirks (BGH **121**, 19). Ohne vorher Abmahng besteht Voranlassg zur KlErhebg, wenn der Kläger berecht Grd zu der Ann hatte, er w seinen Anspr ohne gerichtl Hilfe nicht dchsetzen können u wenn ihm die dch die Abmahng eintretde Verzögerg nicht zugemutet w kann (MüKo/Gerlach Rn 13), so etwa bei einem schweren vorsätzl Verstoß (Hamm BB **76**, 1191).

4) Einstweilige Verfügung: Eine dem UWG 25 entspr SonderVorschr fehlt. Es gelten daher die allg Best 6
der ZPO 935, 940. Deren Voraussetzgen sind hins des WiderrAnspr idR nicht erf. Dagg sind einstw Vfgen zur DchSetzg von UnterlAnspr grdsl zul (KG OLGZ **80**, 400, Hbg NJW **81**, 2420, Düss u Ffm NJW **89**, 1487, 1489, aA Düss NJW **78**, 2512). Eines Rückgriffs auf die insoweit unergiebige RiL 93/13 bedarf es nicht (s Ul/Br/He Rn 11, aA Micklitz ZIP **98**, 943). Erforderl ist: – **a) Verfügungsanspruch** (IndividualAnspr). Er ergibt sich aus § 13. Der AntrSt muß glaubh machen, daß der AntrGeg unwirks AGB verwendet
(empfiehlt). – **b) Verfügungsgrund.** Er ist gegeben, wenn eine Veränderg des bestehden Zustands die 7
Vereitelg od wesentl Erschwerg der RVerwirklichg befürchten läßt (ZPO 935) od wenn es zur Sicherg des RFriedens dringd erforderl erscheint, ein streitiges RVerh einstw zu regeln (ZPO 940). Diese Voraussetzg ist bei Anspr aus AGBG 13 nicht *ipso facto* erf (Ffm NJW **89**, 1489, aA Marly NJW **89**, 1472). Wird glaubh gemacht, daß der AntrGeg unwirks AGB verwendet u handelt es sich um Verstöße von einigem Gewicht, trifft aber sowohl ZPO 935 als auch ZPO 940 zu (Ffm aaO, enger Düss NJW **89**, 1487). Ausgeschlossen ist das VfgsVerf, wenn der AntrSt trotz Kenntnis des Verstoßes längere Zeit untätig geblieben ist od die DchFührg des Verf verzögert h (MüKo/Gerlach Rn 28).

5) Feststellungsklage: Hat ein Verband dch Erkl ggü der Öffentlichk od dch Abmahng best Klauseln als 8
unwirks beanstandet, kann der Verwder (Empfehler) berecht sein, gem ZPO 256 FeststellgsKl zu erheben. Ein Feststellgsinteresse ist gegeben, wenn dch die Berühmg eine den GeschBetr des Verwders störde Unsicherh über die Wirksamk der AGB entstanden ist (Ul/Br/He Rn 26). Das RVerh, dessen Nichtbestehen festzustellen ist, ist der Anspr aus § 13. Der Antr kann aber abgekürzt auf Feststellg der Wirksamk der str Klauseln gerichtet w. Auf die Feststellgsklage – das Spiegelbild der Klage gem § 13 – sind die Vorschr der §§ 13ff analog anzuwenden (Wo/Ho/Li Rn § 13 Rn 146, MüKo/Gerlach Rn10, hM, aA 58. Aufl).

6) Streitwert. Er ist gem ZPO 3 nach **billigem Ermessen** festzusetzen, darf aber, um das Kostenrisiko 9
der Verbände im Rahmen des Vertretbaren zu halten, 500000 DM nicht übersteigen (GKG 12 I 2). Wertbestimmd ist das Interesse der Allgemeinh an der Beseitigg der gesetzwidr AGB-Bestimmg (BGH NJW-RR **91,** 179, **98,** 1465). In der Praxis hat sich bei Klagen gg den Verwder ein Regelstreitwert von 3000–5000 DM je Klausel eingependelt (Ffm NJW-RR **94,** 60), bei Klagen gg den Empfehler kommt ein Wert von 10000 DM je Klausel in Betracht (BGH NJW-RR **98,** 1465). Bei Klauseln von untergeordneter Bedeutg u geringer Anwendgshäufigk scheidet eine höhere Bewertg aus (BGH aaO).

AGBG 16 *Anhörung.* **Das Gericht hat vor der Entscheidung über eine Klage nach § 13 zu hören**

1. die zuständige Aufsichtsbehörde für das Versicherungswesen, wenn Gegenstand der Klage Bestimmungen in Allgemeinen Geschäftsbedingungen sind, oder

2. das Bundesaufsichtsamt für das Kreditwesen, wenn Gegenstand der Klage Bestimmungen in Allgemeinen Geschäftsbedingungen sind, die das Bundesaufsichtsamt für das Kreditwesen nach Maßgabe des Gesetzes über Bausparkassen, des Gesetzes über Kapitalanlagegesellschaften, des Hypothekenbankgesetzes oder des Gesetzes über Schiffspfandbriefbanken zu genehmigen hat.

1) Allgemeines: Nr 1 geänd dch Ges vom 21. 7. 94 (BGBl 1624). Aus der Vorschr ergibt sich, daß auch 1
die mit behördl Gen erlassenen AGB der InhKontrolle unterliegen (§ 1 Rn 1). Sie soll sicherstellen, daß die AufsBeh in dem gerichtl Verf ihren Standpkt darlegen kann. § 16 ist eine abschließde Regelg (Wo/Ho/Li Rn 11). Sie erfaßt nur folgde AGB: – **a)** AVB, obwohl das Ges vom 21. 7. 94 das GenErfordern für AVB

aufgeh hat. – **b)** AGB der Bausparkassen (BausparkassenG v 16. 11. 1972 – BGBl 2097 – §§ 5, 8, 9), AGB der KapitalanlageGesellsch (Ges über KapitalanlageGesellsch idF vom 14. 1. 1970 – BGBl 127 – § 15), AGB der HypBanken (HypBankenG vom 5. 2. 1963 – BGBl I S 81 – § 15), AGB der Schiffspfandbriefbanken (SchiffsbankenG idF vom 8. 5. 1963 – BGBl 301 – § 15), die nach den angeführten Ges der Gen des BAufsAmtes für das Kreditwesen bedürfen. Zur AGB-Kontrolle dch VerwBeh s Vorbem 21 v § 8.

2 **2)** Das Ger hat die zust Beh **zu hören.** Das bedeutet: – **a)** Die Beh muß dch abschriftl Übersendg der Klage, der KlBeantwortg u aller sonst wesentl Schriftsätze über den Ggst des Verf unterrichtet u über den ersten Termin informiert w. Spätere Termine brauchen nur auf ausdr Wunsch mitgeteilt zu werden. – **b)** Die Beh hat das Recht, sich schriftl u dch Vortrag in der mdl Verhandlg zur Sache zu äußern. – **c)** Nach Abschl der Inst ist der Beh eine Ausfertigg der Entsch zu übersenden. – **d)** Im nächsten RZug ist die Beh erneut zu hören (aA Staud/Schlosser Rn 6). – **e)** Einstw Vfgen können ohne vorherige Anhörg der Beh ergehen. Sie ist aber nachträgl zu unterrichten, in geeigneten Fällen (Anberaumg eines VerhandlgsTermins) auch vorher.

AGBG 17 *Urteilsformel.* **Erachtet das Gericht die Klage für begründet, so enthält die Urteilsformel auch:**

1. die beanstandeten Bestimmungen der Allgemeinen Geschäftsbedingungen im Wortlaut;
2. die Bezeichnung der Art der Rechtsgeschäfte, für die die den Unterlassungsanspruch begründenden Bestimmungen der Allgemeinen Geschäftsbedingungen nicht verwendet werden dürfen;
3. das Gebot, die Verwendung inhaltsgleicher Bestimmungen in Allgemeinen Geschäftsbedingungen zu unterlassen;
4. für den Fall der Verurteilung zum Widerruf das Gebot, das Urteil in gleicher Weise bekanntzugeben, wie die Empfehlung verbreitet wurde.

1 **1) Allgemeines:** Die Vorschr enthält keine abschließde Regelg („auch"). Ergänzd gilt ZPO 313 I Nr 4.

2 **2) Inhalt der Urteilsformel:** Sie enthält neben der Entsch über die Kosten u die vorläuf Vollstreckbark: – **a)** Den Wortlaut der unwirks Klausel u ein in seinem Umfang best bezeichnetes **Verwendungsverbot** (Nr 1 u 2). Insow gelten die Ausführgen zum KlAntr (§ 15 Rn 3) entspr. Eine AufbrauchFr, wie sie im WettbewR übl ist u wie sie jetzt auch das Ges zur DchFührg der EG-RiL über Pauschalreisen in Art 3
3 vorsieht, darf dem Verwder nicht zugebilligt w (BGH **86**, 299, NJW **80**, 2518). – **b)** Das Gebot, die Verwendg od die Empfehlg (vom Ges versehentl nicht erwähnt) **inhaltsgleicher Klauseln** zu unterlassen (Nr 3). Es ist vAw in die UrtFormel aufzunehmen. Es soll gewährleisten, daß die ZwVollstr (ZPO 890) auch bei Verwendg umformulierter, aber sachl übereinstimmder Klauseln mögl ist. Es hat aber im Ergebn nur klarstellde Bedeutg. Nach der Rspr (BGH **5**, 193, NJW-RR **90**, 1142, Hamm NJW-RR **91**, 183, sog „Kerntheorie") kann sich der Verletzer dch eine Änderg der Verletzgsform allg nicht dem VerbotsUrt entziehen, sofern die VerletzgsHdlg in ihrem Kern unverändert bleibt. Ein Verstoß gg das Verwendgsgebot ist es auch, wenn sich der Verwder bei Abwicklg eines fr geschlossenen Vertr auf die verbotene Klausel beruft (BGH NJW **81**, 1511 zu § 21). War **Intransparenz** der UnwirksamGrd, kann der Verwder aber geltd machen, daß er diese beim fr Vertr dch mündl od schriftl Informationen ausgeräumt hatte (BGH **116**, 5, § 9
4 Rn 16). – **c)** Bei WiderrUrt das Gebot, das Urt in gleicher Weise **bekannt zu geben,** wie die Empfehlg verbreitet wurde (Nr 4). Auch dieses Gebot ist vAw zu erlassen. Es muß die Art der Bekanntmachg konkret festlegen. Wie die Empfehlg verbreitet worden ist, hat das Gericht gem ZPO 139 aufzuklären. Vgl iü § 13 Rn 10. – **d)** Die Androhg von Ordngsgeld od Ordngshaft (ZPO 890 II), dies aber nur bei einem entspr Antr des Klägers.

5 **3)** Für Beschlüsse im einstw VfgsVerf gilt § 17 entspr. Auch die Formulierg von Verwendgsverboten in gerichtl Vergl sollte sich an § 17 anlehnen.

AGBG 18 *Veröffentlichungsbefugnis.* **Wird der Klage stattgegeben, so kann dem Kläger auf Antrag die Befugnis zugesprochen werden, die Urteilsformel mit der Bezeichnung des verurteilten Verwenders oder Empfehlers auf Kosten des Beklagten im Bundesanzeiger, im übrigen auf eigene Kosten bekanntzumachen. Das Gericht kann die Befugnis zeitlich begrenzen.**

1 Das Ger kann den Kläger ermächtigen, die UrtFormel u die PartBezeichng des Bekl öffentl bekanntzumachen. Die Vorschr gilt auch für Urt, die der Klage nur zT stattgeben, nicht aber im einstw VfgVerf (Ul/Br/He Rn 3, str). Die Entsch ist im Urt zu treffen, nicht in einem bes Beschl. Sie erfolgt nach pflmäß Ermessen. Das Ger hat abzuwägen, ob die Veröffentlichg zur Beseitigg der eingetretenen Störg (§ 13 Rn 1) erforderl ist
2 (BGH NJW **92**, 1452). Die UWG 23 II nachgebildete, wenig zweckmäß Vorschr unterscheidet: – **a) Bekanntmachung im Bundesanzeiger.** Die Kosten gehen zu Lasten des Beklagten. Sie können gem ZPO 788 beigetrieben w. Da der BAnz von KlauselVerwder kaum u von Kunden überh nicht gelesen w, ist diese Art der Bekanntmachg nur von geringem Nutzen. Sie kommt daher in der Praxis kaum vor (s zB BGH BB
3 **97**, 1862). – **b) Sonstige Bekanntmachung** (insb in Tageszeitg). Sie kann sachgerecht sein, um das Publikum zu unterrichten u irrige Vorstellgen zu beseitigen. Sie w aber dadch entwertet, daß der Kl die
4 Kosten tragen muß. – **c)** Das Ger kann die Befugn **zeitlich begrenzen** (S 2). – **d)** Die Veröffentlichg auf Kosten des Bekl setzt nicht voraus, daß das Urt rechtskr ist; es genügt **vorläufige Vollstreckbarkeit** (Wo/Ho/Li Rn 12, str). Das gilt für die Veröffentlichg auf Kosten des Klägers entspr, obwohl diese an sich keine Vollstreckg iSd ZPO 704 ff ist (MüKo/Gerlach Rn 2). Wird das Urt aufgeh od abgeändert, hat der Beklagte gem ZPO 717 II Anspr auf eine berichtigde Bekanntmachg.

AGBG 19 ***Einwendung bei abweichender Entscheidung.*** **Der Verwender, dem die Verwendung einer Bestimmung untersagt worden ist, kann im Wege der Klage nach § 767 ZPO einwenden, daß nachträglich eine Entscheidung des Bundesgerichtshofs oder des Gemeinsamen Senats der Obersten Gerichtshöfe des Bundes ergangen ist, welche die Verwendung dieser Bestimmung für dieselbe Art von Rechtsgeschäften nicht untersagt, und daß die Zwangsvollstreckung aus dem Urteil gegen ihn in unzumutbarer Weise seinen Geschäftsbetrieb beeinträchtigen würde.**

1) Allgemeines: Von dem allg anerkannten RGrds, daß eine spätere Änderg der Rspr weder eine Klage aus ZPO 767, noch aus ZPO 323, noch eine RestitutionsKl rechtf, macht § 19 eine Ausn. Die Vorschr soll ein Korrelat zu § 21 sein, wonach dem UnterlUrt uU auch im RStreit zw Kunden u Verwder Bindgswirkg zukommt. Wg ihres AusnCharakters u des ihr zGrde liegden eingeschr gesetzgeb Zweckes ist § 19 iZw eng auszulegen. Die Vorschr war im GesGebgsVerf lebh umstr. Ihre prakt Bedeutg ist denkb gering u tendiert gg Null. Ob es sich um ein WiederAufnVerf eig Art, eine bes VollstrGgKl oder eine FeststellgsKl handelt, ist str (Ul/Br/He Rn 3f, MüKo/Gerlach Rn 2), für die Praxis aber ohne Interesse. 1

2) Voraussetzungen der Klage. – a) Klageberechtigt ist allein der Verwder. Ein entspr KlagR für den (von § 21 nicht betroffenen) Empfehler besteht nicht (Ul/Br/He Rn 5). – **b)** Gg den Verwder muß ein **Unterlassungsurteil** gem §§ 17, 13 vorliegen. VersäumnUrt u AnerkUrt genügen. Gem ZPO 795, 767 w auch einstw Vfgen u gerichtl Vergl, soweit sie Verwendgsverbote gem §§ 17, 13 enthalten, einzubez sein, obwohl ihnen die Bindgswirkg des § 21 nicht zukommt (str). Hat der Verwder außergerichtl eine Unterl-Verpfl übernommen, steht ihm unter den Voraussetzgen des § 19 ein KündR aus wicht Grd zu (Einf 18 v § 241). Für Urt aus RStreitigk zw Kunden u Verwder gilt § 19 nicht. – **c) Nachträglich abweichende Entscheidung. – aa)** Sie muß der BGH od der GmS-OGB erlassen h. – **bb)** Die Entsch muß die Verwendg einer entspr Klausel „nicht untersagt" h. Es muß sich also an sich um eine Entsch in einem Verf gem § 13 handeln. Bei abw höchstrichterl Entsch in einem IndProz kann § 19 aber entspr angewandt w (MüKo/Gerlach Rn 15, str). Die Entsch muß eine EndEntsch sein. Beschlüsse im ProzKostenhilfeVerf od gem ZPO 91 a reichen nicht aus. – **cc)** Die Entsch muß eine entspr Klausel u dieselbe Art von RGesch betreffen. Wörtl Übereinstimmg ist nicht erforderl. Entscheidd ist, ob beide Klauseln in ihrem für die WirksamkPrüfg wesentl „Kern" (§ 17 Rn 3) übereinstimmen; ebso ist auch die vom Ges geforderte Übereinstimmg des Anwendgsbereichs („dieselbe Art von RGesch") zu verstehen. – **dd)** Die Entsch muß nachträgl ergangen sein. Maßgebd ist insow ZPO 767 II. Danach muß die höchstrichterl Entsch nach Schluß der mdl Verhandlg im ErstProz verkündet worden sein, bei Beendigg des ErstProz dch VU nach Ablauf der EinsprFr. Auf den Ztpkt der Kenntniserlangg kommt es nicht an (str). – **d)** Die Vollstr des Verbots muß den GeschBetr des Verwders **unzumutbar beeinträchtigen.** Das ist idR anzunehmen, wenn Mitbewerber die Klausel benutzen u sich daraus für den Verwder Nachteile im Wettbewerb ergeben. Hat der Verwder keinen GeschBetr (§ 1 Rn 6), kommt es darauf an, ob er in seiner WirtschFü unzumutb beeinträchtigt w. – **e)** Im übr sind die allg Regeln des ZPO 767 anzuwenden. 2 3 4 5

AGBG 20 ***Register.*** **Das Gericht teilt dem Bundeskartellamt von Amts wegen mit**

1. Klagen, die nach § 13 oder nach § 19 anhängig werden,
2. Urteile, die im Verfahren nach § 13 oder nach § 19 ergehen, sobald sie rechtskräftig sind,
3. die sonstige Erledigung der Klage.

II **Das Bundeskartellamt führt über die nach Absatz 1 eingehenden Mitteilungen ein Register.**

III **Die Eintragung ist nach zwanzig Jahren seit dem Schluß des Jahres zu löschen, in dem die Eintragung in das Register erfolgt ist. Die Löschung erfolgt durch Eintragung eines Löschungsvermerks; mit der Löschung der Eintragung einer Klage ist die Löschung der Eintragung ihrer sonstigen Erledigung (Absatz 1 Nr. 3) zu verbinden.**

IV **Über eine bestehende Eintragung ist jedermann auf Antrag Auskunft zu erteilen. Die Auskunft enthält folgende Angaben:**

1. für Klagen nach Absatz 1 Nr. 1
a) die beklagte Partei,
b) das angerufene Gericht samt Geschäftsnummer,
c) den Klageantrag;
2. für Urteile nach Absatz 1 Nr. 2
a) die verurteilte Partei,
b) das entscheidende Gericht samt Geschäftsnummer,
c) die Urteilsformel;
3. für die sonstige Erledigung nach Absatz 1 Nr. 3 die Art der Erledigung.

1) Allgemeines: Das in § 20 vorgesehene Register ist überflüss; die Aufhebg der Vorschr im Zuge der Deregulierg erwünscht. Ihr Ziel, eine umfassde u zuverläss Informationsquelle zu schaffen, wird schon wg der Art der RegisterFü u der Unvollständigk der gesammelten Informationen nicht erreicht (Bunte AcP **181**, 57). Das drückt sich auch in der geringen Akzeptanz des Registers aus (1995 28 u 1996 18 Anfragen). Interessenten suchen u finden die erforderl Informationen in den jur Veröffentlichgen. Für einstw Vfgen sieht das Ges keine MitteilgsPfl vor. Sie ist aber nach dem Zweck des Ges zu bejahen (KG OLGZ **80**, 394). 1

2) Auskunftsanspruch: Er steht jedermann zu. Ein berecht Interesse braucht nicht dargelegt zu werden. Die AuskPfl beschr sich auf den Inh der Eintr. Der AuskAntr soll Name u Anschrift des Verwders u den Wortlaut der AGB-Best enthalten; zul sind aber auch Globalanfragen, zB über alle eingetragenen Entsch einer 2 best Branche od eines best Ger (Wo/Ho/Li Rn 9).UrtAbschr darf das Amt nicht übersenden. Der Berecht muß sich insow gem ZPO 299 II an den zust GerPräsidenten wenden. Soweit das BKartAmt über Ausk-Ersuchen gem IV entscheidet, ist es als JustizBeh iSd EGGVG 23 anzusehen. Zul RBehelf daher der Antr auf gerichtl Entsch (KG OLGZ **80**, 394). Die Ausk ist gem GWB 80 II 2 Nr 3 gebührenpflicht (Ul/Br/He Rn 14).

AGBG 21 *Wirkungen des Urteils.* **Handelt der verurteilte Verwender dem Unterlassungsgebot zuwider, so ist die Bestimmung in den Allgemeinen Geschäftsbedingungen als unwirksam anzusehen, soweit sich der betroffene Vertragsteil auf die Wirkung des Unterlassungsurteils beruft. Er kann sich jedoch auf die Wirkung des Unterlassungsurteils nicht berufen, wenn der verurteilte Verwender gegen das Urteil die Klage nach § 19 erheben könnte.**

1 **1) Allgemeines:** In RStreitigk, für die die PartMaxime gilt, erwachsen Urt nur für die ProzPart u ihre RNachfolger in RKraft. Wenn ein Verwder eine verbotene Klausel weiter benutzt, kann der Verband den Verwder gem ZPO 890 zur Befolgg des Verbots anhalten. Dagg kann der Kunde im Proz mit dem Verwder aus dem Urt im UnterlProz nach allg prozeßr Grds keine Rechte herleiten. Dieses Ergebn ist mit den Erfordern eines wirks Schutzes vor mißbräuchl AGB unvereinb. § 21 räumt dem Kunden daher die Befugn ein, sich auf das UnterlUrt zu berufen. Geschieht dies, muß das Ger des IndProz ohne eig Sachprüfg von der Unwirksamk der Klausel ausgehen. Ist umgekehrt im VerbandsProz die Klage mit der Begr abgewiesen worden, die Klausel sei wirks, so bindet diese Entsch das Ger des IndProz nicht. Da der Kunde am Verf nicht beteiligt war, wäre eine Bindg zu seinen Lasten mit GG 103 unvereinb.

2 **2) Rechtsnatur:** Die in § 21 geregelte UrtWirkg ist ein bes ausgestalteter Fall der RKraftErstreckg (MüKo/Gerlach Rn 5, hM). – **a)** Das Urt im UnterlProz ist nicht vAw zu beachten, sond nur, wenn sich der Kunde darauf beruft. Es handelt sich somit um eine **Einrede.** Sie fällt nicht unter ZPO 282 III u kann bis
3 zum Schluß der mdl Verhandlg geltd gemacht w. – **b)** Die Einr knüpft nicht an das UnterlGebot an, sond an ein tragdes Element des Urt, näml die in den Grden getroffene Feststellg, die Klausel sei unwirks. Diese Feststellg w aber von der RKraft des UnterlUrt miterfaßt (MüKo aaO). Dch die Erhebg der Einr w die RKraft dieser Entscheidg auf den IndProz erstreckt. Bei einer RNachf auf Seiten des Verwders ist ZPO 325 entspr anwendb.

4 **3) Voraussetzungen der Einrede. – a)** Es muß ein **Unterlassungsurteil** (§§ 13, 17) vorliegen. Ein Versäumn- od AnerkUrt reicht, eine einstw Vfg od ein Vergl nicht. Auch wenn die einstw Vfg dch Urt bestätigt w ist, bleibt § 21 unanwendb. Die in einem summar Verf erlassene Entsch kann in einem auf volle Sachprüfg angelegten RStreit keine Bindgswirkg haben (Düss NJW **78**, 2512, MüKo/Gerlach Rn 6). Bei
5 Vergl läßt sich eine dem § 21 entspr Wirkg dch eine Ausgestaltg als Vertr zGDr (§ 328) erreichen. – **b)** Das Urt muß **rechtskräftig** sein. Zwar w das im Ges nicht ausdr gesagt, ergibt sich aber aus der Entstehgsgeschichte (BT-Drs 7/5422 S 13) u daraus, daß es sich dogmat um einen Fall der RKraftErstreckg handelt. –
6 **c)** Der Verwder muß dem Urt (nach Eintr der RKraft) **zuwider gehandelt** h. Er muß also gleiche od inhgleiche Klauseln verwandt haben (§ 17 Rn 3). Es genügt, wenn er sich bei Abwicklg eines fr abgeschlossenen Vertr auf eine verbotene Klausel beruft (BGH NJW **81**, 1511), jedoch kann der Anwendg des UnterlUrt auf AltVertr der Gedanke des Vertrauensschutzes entggstehen (LG Ffm BB **88**, 1557, LG Bln DB
7 **88**, 2045, krit Löwe BB **88**, 1833). – **d)** Die Einr entfällt, wenn die Voraussetzgen für eine **Klage gem § 19** erf sind. KlErhebg ist nicht erforderl. Das Bestehen des KlRecht kann als GgEinr (Wo/Ho/Li Rn 13) geltd gemacht w, ist also nicht vAwg zu berücksichtigen (str).

AGBG 22 (Betraf den Streitwert. Aufgehoben dch das KostenRÄndG 1994 Art 9 Nr 4 (BGBl 1325. Vgl jetzt § 15 Rn 9.)

Vierter Abschnitt. Anwendungsbereich

Vorbemerkung

1 Der grdsl Anwendgsbereich des Ges wird entgg der AbschnÜberschr nicht dch die §§ 23 ff, sond dch die Definition des AGB-Begriffs in § 1 festgelegt. § 23 bringt Beschrkgen des sachl Geltgsbereichs, § 24 des persönl. Nach § 24 a findet das AGBG bei VerbrVertr auch auf VertrBdggen Anwendg, die keine AGB sind.

AGBG 23 *Sachlicher Anwendungsbereich.* **I Dieses Gesetz findet keine Anwendung bei Verträgen auf dem Gebiet des Arbeits-, Erb-, Familien- und Gesellschaftsrechts.**

II Keine Anwendung finden ferner

1. § 2 für die mit Genehmigung der zuständigen Verkehrsbehörde oder auf Grund von internationalen Übereinkommen erlassenen Tarife und Ausführungsbestimmungen der Eisenbahnen und die nach Maßgabe des Personenbeförderungsgesetzes genehmigten Beförderungsbedingungen der Straßenbahnen, Obusse und Kraftfahrzeuge im Linienverkehr;

1 a. § 2 für die Allgemeinen Geschäftsbedingungen und Entgelte der Anbieter von Telekommunikationsdienstleistungen über das Angebot von Telekommunikationsdienstleistungen für die Öffentlichkeit nach dem Telekommunikationsgesetz, sofern sie in ihrem Wortlaut im Amtsblatt der Regulierungsbehörde veröffentlicht worden sind und bei den Geschäftsstellen der Anbieter zur Einsichtnahme bereitgehalten werden;

1b. § 2 für die Allgemeinen Geschäftsbedingungen der Deutschen Post AG für Leistungen im Rahmen des Beförderungsvorbehalts nach dem Postgesetz, sofern sie in ihrem Wortlaut im Amtsblatt der Regulierungsbehörde veröffentlicht worden sind und bei den Geschäftsstellen der Deutschen Post AG zur Einsichtnahme bereitgehalten werden;

2. die §§ 10 und 11 für Verträge der Elektrizitäts- und der Gasversorgungsunternehmen über die Versorgung von Sonderabnehmern mit elektrischer Energie und mit Gas aus dem Versorgungsnetz, soweit die Versorgungsbedingungen nicht zum Nachteil der Abnehmer von den auf Grund des § 7 des Energiewirtschaftsgesetzes erlassenen Allgemeinen Bedingungen für die Versorgung mit elektrischer Arbeit aus dem Niederspannungsnetz der Elektrizitätsversorgungsunternehmen und Allgemeinen Bedingungen für die Versorgung mit Gas aus dem Versorgungsnetz der Gasversorgungsunternehmen abweichen;

3. § 11 Nr. 7 und 8 für die nach Maßgabe des Personenbeförderungsgesetzes genehmigten Beförderungsbedingungen und Tarifvorschriften der Straßenbahnen, Obusse und Kraftfahrzeuge im Linienverkehr, soweit sie nicht zum Nachteil des Fahrgastes von der Verordnung über die Allgemeinen Beförderungsbedingungen für den Straßenbahn- und Obusverkehr sowie den Linienverkehr mit Kraftfahrzeugen vom 27. Februar 1970 abweichen;

4. § 11 Nr. 7 für staatlich genehmigte Lotterieverträge oder Ausspielverträge;

5. § 10 Nr. 5 und § 11 Nr. 10 Buchstabe f für Leistungen, für die die Verdingungsordnung für Bauleistungen (VOB) Vertragsgrundlage ist;

6. § 11 Nr. 12 für Verträge über die Lieferung als zusammengehörig verkaufter Sachen, für Versicherungsverträge sowie für Verträge zwischen den Inhabern urheberrechtlicher Rechte und Ansprüche und Verwertungsgesellschaften im Sinne des Gesetzes über die Wahrnehmung von Urheberrechten und verwandten Schutzrechten.

III Ein Bausparvertrag, ein Versicherungsvertrag sowie das Rechtsverhältnis zwischen einer Kapitalanlagegesellschaft und einem Anteilinhaber unterliegen den von der zuständigen Behörde genehmigten Allgemeinen Geschäftsbedingungen der Bausparkasse, des Versicherers sowie der Kapitalanlagegesellschaft auch dann, wenn die in § 2 Abs. 1 Nr. 1 und 2 bezeichneten Erfordernisse nicht eingehalten sind.

1) Bereichsausnahmen (I). Sie betreffen folgde RGebiete: **a) Arbeitsrecht:** Trotz des Schutzes dch 1
zwingde gesetzl Vorschr u kollektive Vereinbgen besteht auch im ArbR ein Bedürfn für eine richterl Kontrolle der einseit vom ArbG festgesetzten ArbBdggen; die Rspr hat daher iW der RFortbildg Grds über eine richterl **Billigkeitskontrolle** bei gestörter VertrParität herausgebildet (BAG **22**, 194, NJW **71**, 1149, Preis, VertrGestaltg im ArbR, 1993, S 180ff). Eine gesetzl Absicherg dieser Rspr wäre erwünscht, ist aber im AGBG nicht vorgesehen. Die im Wege richterl RFortbildg herausgebildeten Grds sind weiter anzuwenden Dabei können im EinzFall über §§ 242, 315 auch Grds des AGBG herangezogen w, so etwa § 3 (s BAG NJW **96**, 2117; vgl auch BAG NJW **98**, 1732; läßt offen, ob §§ 242, 315 od das AGBG Grdl der InhKontrolle),§ 5 (Preis aaO S 263) u § 11 Nr 15 (Preis aaO S 462), nicht aber § 11 Nr 6 (BAG NJW **85**, 92, Preis aaO S 471). Die Ausn gilt für ArbVertr jeder Art (Einf 5 vor § 611), nicht aber für selbstd Handelsvertreter (Nürnb NJW-RR **86**, 782) u nicht für Kauf-, Miet- od DarlVertr mit ArbN (BAG NJW **94**, 213,). Bei arbeitnehmerähnl Pers (ArbGG 5 I S 1) sind die auf die Zustdgk der ordentl Ger abgestellten Vorschr der §§ 13ff unanwendb (Staud/Schlosser Rn 7, offen gelassen von BGH **LM** AGBG Nr 35). Grdsl anwendb sind dagg die mat-rechtl Vorschr des AGBG (Preis aaO S 250ff). Bei TarifVertr u BetrVereinbgen ist ledigl eine RKontrolle zul (v Hoyningen-Huene BB **92**, 1640). Auf DienstVertr mit selbstd Tätigen erstreckt sich § 23 I nicht. – **b) Familien- und Erbrecht:** Sow hier 2
ausnw FormularVertr benutzt w, besteht für eine Anwendg des Ges kein Bedürfn. Die Freistellg betrifft auch den ErbschKauf (§ 2371, vgl Ul/Br/He Rn 14, str) u Vertr über einen vorzeit ErbAusgl (§ 312 II), die bei mehreren Betroffenen gelegentl standardisiert w. Vertr des FamR sind nur solche, die famrechtl RBeziehgen regeln (§§ 1372, 1408, 1585c, 1587o), nicht dagg schuldrechtl Vertr zw Eheg od Verwandten od Vertr zw Part einer nichtehel LebensGemeinsch (Ul/Br/He Rn 17). – **c) Gesellschaftsrecht:** Es 3
umfaßt das Recht der Handels-Gesellsch einschl der stillen Gesellsch (BGH **127**, 182, krit H. Schmidt ZHR **159**, 734) das GenossenschR, auch soweit es um korporationsrechtl Austausch- u BenutzgsVerh zw Genossensch u Mitgl geht (BGH **103**, 219), das Recht der GbR u das VereinsR (s BGH **128**, 93). Auf den Erwerb einer gesellschaftsrechtl Beteiligg ohne unternehmerische Befugn zur VermAnl ist das AGBG aber wg der EG-RiL 93/13 anwendb (KG WM **99**, 325, Oldbg NZG **99**, 896, Heinrichs NJW **98**, 1462, aA Drygalla ZIP **97**, 968). Nicht freigestellt sind auch Vereinbgen über die Ausübg von GterR (DepotstimmR), GenußrechtsBdggen (BGH **119**, 312), SatzgsBest u AVB, die das VersVerhältn zw dem VersVerein auf GgSeitigk u seinen Mitgl regeln (BGH **136**, 394) sowie SatzgsBest eines Verbandes, die RBeziehgen zu Dr regeln (BGH **LM** § 25 Nr 10, Heermann NZG **99**, 325/328). Auch soweit die Gesellsch den Gtern außerhalb des eigentl GesellschZwecks Dienstleistgen anbietet, ist das AGBG anwendb (BGH NJW-RR **92**, 379). Werden gesellschr Gestaltgen zur Umgehg des Ges benutzt, ist § 7 anzuwenden. Im VereinsR unterliegt die Satzg gem §§ 242, 315 einer richterl InhKontr (§ 25 Rn 9). Entspr gilt für formularmäß Regelgen bei einer sog PublikumsKG (BGH **64**, 238, **84**, 13, **102**, 177, **104**, 53) u bei der PublikumsGmbH (LG Münst NJW-RR **96**, 676). Zur InhKontrolle von GesellschVertr vgl Coester-Waltjen AcP **190**, 8, Wo/Ho/Li Rn 82.

2) Einzelausnahmen (II und III). – a) Nr 1: Die angeführten Tarife u BefördergsBdggen sind keine 4
RNormen, w aber gem AEG 12 VI, 39 VII PersBefG öff bekannt gemacht. Für sie kann daher auf eine förml Einbez verzichtet w (s BGH NJW **81**, 569). Auch nach § 157 bedeutet die Inanspruchn von BefördergsLeistgen Einverständn mit den maßgebden Bdggen. Hins der EVO u der VO vom 27. 2. 1970 ist eine Einbez schon deshalb nicht erforderl, weil sie RNormen sind (§ 1 Rn 1). – **b) Nr 1a** neugefaßt u 5
Nr 1b eingefügt dch Ges v 17. 12. 97 Art 2 XI (BGBl I 3108). Die AGB u etwaige nF werden auch ohne EinbezVereinbg VertrInh (BGH NJW **96**, 2374). Die von der Telekom zum 1. 1. 96 vorgenommene

Tarifänderg ist entgg den in der Lit erhobenen Bedenken (Michalski ZIP **96**, 1329) wirks (BGH NJW **98**,
3188, Mü NJW **97**, 3246). Wenn die AGB trotz der erforderl organisator Maßn in einz GeschStellen nicht
6 zur Einsicht bereit liegen, ist das unschädl (BGH aaO). Ändergen der AGB s § 2 Rn 20. – **c) Nr 2:** Die
VersorggsBdggen unterliegen als RNormen gleichfalls keiner InhKontrolle, können aber aGrd des richterl
PrüfgsR auf Einhaltg der Ermächtigg u damit auf ihre Angemessenh überprüft w. Ggü Sonderabnehmern
gelten die VersorggsBdggen dagg nur kr Einbez, unterliegen also der InhKontrolle. Um diese nicht besser zu
stellen als die Tarifabnehmer, best Nr 2, daß die VersorggsBdggen auch bei vertragl Einbez von den
Verboten der §§ 10 u 11 freigestellt sind. Eine AVBEltV 6 entspr Haftgsregelg (Haftgsausschl für grobes
Verschulden von leitden Angest bei VermSchäden dch Versorggsstörgen; Haftgsbegrenzgen auf 5000 DM
7 bei grober Fahrlässigk eines Organs) ist wirks (BGH NJW **98**, 1640). – **d) Nr 3:** Die VO vom 27. 2. 1970
(BGBl 230), die dch eine summenmäß Haftgsbegrenzg von § 11 Nr 7 u 8 (Haftg bei grobem Versch, Verz u
Unmöglichk) abw, fällt als VO gem PersBefördG 58 I Nr 3 nicht unter das Ges (vgl Loh BB **70**, 1017).
Nr 3 ermöglicht aus Grden der Gleichbehandlg, daß privatrechtl gestaltete Bdggen die Regelg der VO
übernehmen. Sie ist auf die AGB von LuftVerkUntern weder direkt noch entspr anwendb (BGH NJW **83**,
8 1324). – **e) Nr 4:** Bei staatl gen Lotterie- od AusspielVertr (§ 763) kann die Haftg für grobes Versch entgg
§ 11 Nr 7 ausgeschl w, da andf die Gefahr eines kollusiven Zuswirkens zw Kunden u einem Angest (ErfGeh)
des Verwders bestehen würde. Der Wortlaut der AusnVorschr reicht weiter als der in der Entstehgsge-
schichte hervorgehobene Zweck. Dem ist dch Anwendg des § 9 Rechng zu tragen. Der HaftgsAusschl gilt
bei Lotto u Toto für die Zeit ab Einreichg des Spielscheins, auch wenn der Vertr nach den maßgebden AGB
9 überwiegd erst später zustande kommt (Celle NJW-RR **86**, 833, Ul/Br/He Rn 42). – **f) Nr 5:** Die VOB
(B) w hins ihrer „Fiktionen" u ihrer VerjRegelg (§ 11 Nr 10 f) vom Ges freigestellt; vgl § 10 Rn 30 u § 11
Rn 71. Zu den Bedenken, die sich aus der EG-RiL 93/13 gg die Wirksamk dieser Vorschr ergeben, s § 11
Rn 71. Im übr findet das AGBG auf die VOB Anwendg (§ 9 Rn 140). – **g) Nr 6:** Sie gestattet, daß bei
Verk zusgehöriger Sachen, VersVertr u Vertr mit Inh von UrhR formularmäß weitergehde zeitl Bindgen
begründet w, als § 11 Nr 12 für sonst DauerSchuldVerh zuläßt (dort Rn 77). Die Vorschr ist, auch soweit
10 sie VersVertr betrifft, verfassgsrechtl unbedenkl (BVerfG NJW **86**, 243). – **h) III:** Auch bei Vertr mit
Bausparkassen (BauspG 1 I), Versicherern (VVG 1) u KapitalanlageGesellsch (KAGG) gelten für die Einbez
von AGB an sich die Erfordern des § 2. § 2 ist hier aber im Anwendgsbereich von III lex imperfecta.
Behördl genehmigte AGB w auch dann VertrInh, wenn der Verwder die Obliegenh des § 2 nicht erf (Düss VersR **96**, 750, AG Mü NJW-RR **98,** 204). III hat im wesentl nur klarstellde Bedeutg: Da bes gesetzl Vorschr fehlen, würde auch über § 6 II iVm §§ 157, 242 die Lücke dch Heranziehg der genehmigten AGB zu schließen sein. Auf nicht genehmigte AGB ist III auch nicht entspr anwendb (BGH NJW **82**, 824). Da das GenErfordern für AVB am 29. 7. 94 entfallen ist, gelten für die Einbez von später erlassenen AVB § 2 u VVG 5 a (§ 2 Rn 18 a), nicht aber § 23 III.

AGBG 24 *Persönlicher Anwendungsbereich.* **Die Vorschriften der §§ 2, 10, 11 und 12 finden keine Anwendung auf Allgemeine Geschäftsbedingungen,**

1. die gegenüber einer Person verwendet werden, die bei Abschluß des Vertrages in Ausübung ihrer gewerblichen oder selbständigen beruflichen Tätigkeit handelt (Unternehmer);

2. die gegenüber einer juristischen Person des öffentlichen Rechts oder einem öffentlich-rechtlichen Sondervermögen verwendet werden.

§ 9 ist in den Fällen des Satzes 1 auch insoweit anzuwenden, als dies zur Unwirksamkeit von in den §§ 10 und 11 genannten Vertragsbestimmungen führt; auf die im Handelsverkehr geltenden Gewohnheiten und Gebräuche ist angemessen Rücksicht zu nehmen.

1 **1) Allgemeines.** Das HRefG hat § 24 S 1 Nr 1 ab 1. 7. 98 neugefaßt. Die Vorschr hat die europarechtl Konzeption übernommen u stellt nicht mehr auf den Kaufm, sond den Untern ab. Die nF gilt für Vertr, die nach dem 30. 6. 98 geschlossen worden sind (Einf 30 v § 241). Der Begriff des Untern ist nunmehr eine zentrale Kategorie des AGBG. Werden AGB ggü einem Untern verwendet, gilt der den Schutz des AGBG abschwächde § 24. Schließt der Untern einen Vertr mit einem Verbr, gilt der den Schutz des AGBG erweiternde § 24 a.

2 **2)** Werden AGB ggü Untern, jur Pers des öffR od öffr Sondervermögen verwendet, gilt das AGBG nur mit zwei **Einschränkungen:** – **a)** Zur **Einbeziehung** von AGB in den Vertr genügt jede auch stillschw erklärte Willensübereinstimmg. Die Erfordern des § 2 brauchen nicht erf zu sein (§ 2 Rn 22 ff). – **b)** Für die **Inhaltskontrolle** ist allein § 9 mit der Ergänzg in § 24 S 2 maßgebd; die Klauselverbote der §§ 10 ff gelten nicht (§ 9 Rn 32 ff). Das Gebot, auf die im HandelsVerk geltden Gewohnh u Gebräuche angem Rücks zu nehmen, ist nicht anzuwenden, wenn AGB ggü einem Untern verwendet w, der nicht Kaufmann iSd HGB ist.

3 **3)** § 24 betrifft: – **a) Unternehmer** ist jede natürl od jur Pers od Gesellsch, die am Markt planmäß u dauerhaft Leistgen gg ein Entgelt anbietet (K. Schmidt HandelsR § 9 IV). Auch Freiberufler, Handwerker u Landwirte sind Untern, ebso Kleingewerbetreibde, die nicht im Handelsregister eingetragen sind. Auf die Absicht einer Gewinnerzielg kommt es nicht an (Ul/Br/He § 24 a Rn 16, Faber ZEuP **98,** 854/869, aA Wo/Ho/Li Rn 6 a). Unter den UnternBegriff fallen daher auch Einrichtgen des öffR (gemeindl EigenBetr, Schwimmbäder usw), die gg ein Entgelt Leistgen für den Bürger erbringen; etwas and gilt nur dann, wenn die Leistgsbeziehg ausschließl öff-rechtl organisiert ist (Vorbem 5 v § 8). Auch die nebenberufl unternehmerische Tätigk fällt unter §§ 24 u 24 a. Die Verwaltg u Anlage eig Vermögens (Anlage von Geld in Miethäusern, Wertpapieren usw) erfüllt dagg nicht den UnternBegriff (Pfeiffer NJW **99,** 169/172). Das gilt aber nur, soweit der Eigtümer Leistgen *nachfragt.* Bietet er (etwa als Vermieter) im Wettbew mit and planmäß Leistgen gg ein Entgelt an, ist er Untern (aA Staud/Schlosser § 24 a Rn 29). Nach dem RGedanken des HGB 344 sind RGesch eines Untern iZw dem unternehmerischen Bereich zuzuordnen (Faber aaO S 866,

Wo/Ho/Li § 24 a Rn 23; aA Pfeiffer aaO S 173). Eingeschlossen sind auch Hilfs- u NebenGesch, ungewöhnl Vertr, vorbereitde u abwickelnde Gesch. Für den Fall des *dual use* gilt § 24 a Rn 6 entspr. – **b) Juristische Personen des öffentlichen Rechts.** Erfaßt werden Gebietskörpersch, Hochschulen, Rundfunkanstalten, SozVersTräger, ReligionsGesellsch, öffr Kammern, die BvS sowie Anstalten u Stiftgen des öffR (Vorbem 1 v § 89). – **c) Sondervermögen des öffentlichen Rechts:** Zur Bundesbahn u Bundespost s Vorbem 2 v § 89. 4

AGBG 24 a

Verbraucherverträge. **Bei Verträgen zwischen einem Unternehmer und einer natürlichen Person, die den Vertrag zu einem Zweck abschließt, der weder einer gewerblichen noch einer selbständigen beruflichen Tätigkeit zugerechnet werden kann (Verbraucher), sind die Vorschriften dieses Gesetzes mit folgenden Maßgaben anzuwenden:**

1. Allgemeine Geschäftsbedingungen gelten als vom Unternehmer gestellt, es sei denn, daß sie durch den Verbraucher in den Vertrag eingeführt wurden;

2. die §§ 5, 6 und 8 bis 12 sind auf vorformulierte Vertragsbedingungen auch dann anzuwenden, wenn diese nur zur einmaligen Verwendung bestimmt sind und soweit der Verbraucher auf Grund der Vorformulierung auf ihren Inhalt keinen Einfluß nehmen konnte;

3. bei der Beurteilung der unangemessenen Benachteiligung nach § 9 sind auch die den Vertragsabschluß begleitenden Umstände zu berücksichtigen.

Schrifttum: Heinrichs NJW **96**, 2190; Eckert ZIP **96**, 1238; Braunfels DNotZ **97**, 356; Ulmer Karlsr Forum **97**, 9 (VersSchriften 3), FS Heinrichs, 1998, S 555.

1) Allgemeines. – **a)** Eingefügt dch Ges v 19. 7. 96 (BGBl 1013), in Kraft seit dem 25. 7. 96. Dch 1
Einfügg des § 24 a u Änderg des § 12 hat die BRep die **EG-Richtlinie über mißbräuchliche Klauseln in Verbraucherverträgen 93/13** (NJW **93**, 1838 = EuZW **93**, 352) umgesetzt. Währd die Änd des § 12 nur geringe prakt Bedeutg hat (vgl dort), werden Inh u Schutzzweck des AGBG dch § 24 a grundlegd verändert. In VerbrVertr unterliegen nunmehr auch DrittBdggen u EinzelVertrKlauseln einer InhKontrolle; bei ihr sind in VerbrVertr auch konkret-individuelle Umst zu berücksichtigen. Dch § 24 a ist der **Verbraucherschutz** ein tragder Schutzgedanke des AGBG geworden (Einf 5 v § 1). – **b)** Die RiL begründete für das AGBG **keinen** 2
über die Einfügg des § 24 a u die nF des § 12 **hinausgehenden Änderungsbedarf** (vgl dazu Heinrichs NJW **93**, 1817, Ulmer EuZW **93**, 337, Damm JZ **94**, 161, Eckert WM **93**, 1070, 55. Aufl Anh nach § 30 AGBG Rn 5). Fast alle in der RiL vorgesehenen Schutzregelgen sind im AGBG bereits enthalten; ein Teil der SchutzVorschr des AGBG, insbes die §§ 2, 3 u 4 sowie zahlreiche Klauselverbote der §§ 10 u 11, gehen über den Inh der RiL hinaus, sind aber dch RiL 8 gedeckt, der den MitglStaaten den Erlaß strengerer Bestimmgen gestattet. Kleinere Divergenzen, oft bestehen sie nur scheinb, lassen sich dch richtlinienkonforme Auslegg ausräumen (Rn 19). – **c)** Die BRep hat die RiL in Verletzg des Art 10 statt zum 31. 12. 94 erst zum 25. 7. 3
96, also mit einer **Verspätung** von rund 1½ Jahren, **umgesetzt.** Da der wesentl Inh der RiL schon mit Wirkg ab 1. 1. 95 dch richtlinienkonforme Auslegg des AGBG u des § 242 übernommen werden konnte (Heinrichs NJW **95**, 153; 55. Aufl Anh nach § 30 AGBG Rn 10 ff; Wo/Ho/Li Rn 14; wohl auch BGH **130**, 58, Schlesw NJW **95**, 2858, Düss u Ffm NJW-RR **97**, 372. 1485), begründet die verspätete Umsetzg aber keine SchadErsAnspr (s dazu § 839 Rn 19 b). – **d) Zeitlicher Anwendungsbereich.** § 24 a gilt nach dem 4
RGedanken von EGBGB 170, AGBG 28 I für Vertr, die nach dem 24. 7. 96 geschlossen worden sind. Ebso zu behandeln sind aber die Vertr aus der Zeit nach dem 30. 12. 94, da die Regelgen des § 24 a seit dem 1. 1. 95 dch richtlinienkonforme Auslegg übernommen w konnten (Rn 3).

2) Verbraucherverträge. § 24 a gilt für Vertr zw einem Untern u einem Verbr. Die Vorschr übernimmt 5
mit einer geringfügigen Modifikation (Rn 6) die Abgrenzg der RiL 1 I, 2 lit b u c (ähnl VerbrKrG 1, EGBGB 29 u ZPO 1031 V). – **a) Unternehmer.** Der Begriff ist in § 24 a ebso abzugrenzen wie in § 24. Vgl dort Rn 3. – **b) Verbraucher** sind ausschließl natürl Pers; Idealvereine u gemeinnütz Stiftgen werden als jur Pers 6
dch § 24 a nicht geschützt. Es muß sich um einen zu priv Zwecken geschlossenen Vertr handeln, der nicht einer gewerbl oder selbstd berufl Tätigkeit der VertrPart zugerechnet werden kann. Dabei gilt hier ebso wie in § 24, daß von Untern geschlossene Vertr nach HGB 344 iZw dem UnternBereich zuzuordnen sind (§ 24 Rn 3). Kein Verbr ist der sich für die GmbH verbürgde GmbH-GeschFü (Bülow ZIP **99**, 1616, and BGH **133**, 71 zum VerbrKrG). Zu priv Sphäre gehören dagg Urlaub, Freizeit, Sport, GesundhVorsorge u ähnl VorsorgeMaßn (Unfall- u LebensVers), aber auch die Verw u Anlage von Verm (§ 23 Rn 3), bei ArbN auch Vertr mit Bezug zur berufl Tätigk, wie der Kauf von ArbKleidg od eines Pkws für die Fahrt zur Arbeit. Über die Zuordng eines Vertr zum priv od unternehmerischen Bereich entscheidet nicht der innere Wille des Handelnden. maßgebd ist der dch Auslegg zu ermittelnde VertrInh, in die erfdlf die BegleitUmst einzubeziehen sind. Soll der VertrGgst, etwa der Pkw eines Freiberuflers sowohl im priv als auch im berufl Bereich eingesetzt w, ist entscheidd, welche Benutzg überwiegt (Ulmer Karlsr Forum **97**, 18; Wo/Ho/Li Rn 23, VerbrKrG § 1 Rn 4; aA einers Pfeiffer NJW **99**,169/173: bei *dual use iZw* keine Anwendg des AGBG, ands v Westphalen BB **96**, 2101: bei *dual use* Anwendg des AGBG). Abzustellen ist auf eine Beurteilg ex ante. Bleiben Zw, ist § 24 a nicht anzuwenden; wer sich auf den Schutz einer Norm beruft, trägt die BewLast dafür, daß deren Voraussetzgen vorliegen (§ 1 Rn 20). – **c)** § 24 a gilt für **alle Verträge** zw Untern u Verbr; die in 7
der RiL vorgesehene Beschränkg auf Vertr über Güter u Dienstleistgen hat das dtsche Recht in Anwendg von RiL 8 nicht übernommen. § 1 Rn 2 ff gilt entspr. Nach § 24 a unterliegen aber auch einseitige RGesch des Untern, etwa Beschränkgen der von ihm erteilten Vollm, der InhKontrolle, da sie auf das VertrVerhältn einwirken (Heinrichs NJW **96**, 2194, Jena ZIP **99**, 1554). Der für die abweichde Beurteilg bei § 1 (dort Rn 5) entscheidde Gesichtspkt, daß der Untern hier nur eig rgeschäftl Gestaltgsmacht in Anspr nimmt, spielt im Anwendgsbereich von § 24 a keine Rolle (Rn 39). Die BereichsAusn des § 23 I stehen, wie sich auch aus dem ErwäggsGrd 10 ergibt, mit der RiL im Einklang, die BereichsAusn für GesellschR jedoch mit der Einschränkg gem § 23 Rn 3.

8 **3) Nr 1: Verzicht auf das Tatbestandsmerkmal „Stellen", Drittbedingungen. – a)** Nach Nr 1 gelten für eine Vielzahl von Verwendgen vorformulierte VertrBdggen in VerbrVertr als vom Untern **gestellt,** es sei denn, daß sie vom Verbr in den Vertr eingeführt worden sind. Dem Untern sind die in seinem Betr ständ verwandten vertragl Regelgen auch dann zuzurechnen, wenn sie jeweils handschriftl in eine Leerstelle des Vertr eingefügt w (BGH NJW **99,** 2180**).** Nr 1 istgrdsl auch dann anwendb, wenn die formularmäß Regelg nicht auf Verlangen des Untern, sond auf Vorschlag eines Dr, etwa eines Notars od Maklers, VertrInh geworden sind (BGH aaO, Staud/Schlosser Rn 39, Wo/Ho/Li Rn 27; RegEntw BT-Dr 13/2713, S 7, Kaufhold DNotZ **98,** 261). Das Ges folgt damit der richt Auffassung, daß die MitglStaaten nach Wortlaut u Schutzzweck der RiL verpflichtet sind, in die InhKontrolle auch sog DrittBdggen einzubeziehen (näher Heinrichs NJW **95,** 157 mwN). Das „Vielzahl"-Kriterium des § 1 (dort Rn 6) ist erfüllt, wenn der Notar eine VertrBdgg seiner Mustersammlg entnimmt (Brambring FS Heinrichs 1998, 39/46, Staud/Schlosser Rn 41, aA Ulmer FS Heinrichs, 1998, 555/560). Dch die Ausdehng der InhKontrolle auf von ihm vorgeschlagene Klauseln wird die Stellg des Notars im Ergebnis nicht geschwächt, sond gestärkt. Der Notar wird in den Kreis der Institutionen einbezogen, die sicherzustellen haben, daß der RVerk von mißbräuchl formular-
9 mäß VertrBdggen freigehalten w (Heinrichs NJW **95,** 157). – **b) Schranken.** Die formularmäß Regelgen sind dem Untern nicht zuzurechnen, wenn der Verbr sie in den Vertr eingeführt hat, so etwa, wenn dem VertrSchluß auf Vorschlag des Verbr ein MietVertrFormular od das ADAC-Formular für den Autokauf zugrde gelegt worden ist (RegEntw aaO). Entspr gilt, wenn die VertrBdggen im Auftr des Verbr von einem RAnw od Notar vorformuliert worden sind (Bunte DB **96,** 1391). Das AGBG ist gem § 1 II auch dann unanwendb, wenn die Part die VertrBdggen im einzelnen ausgehandelt haben. Dazu genügt aber die meist nur theoretische Möglichk einer Einflußn des Verbr nicht (mißverständl der Bericht des BT-RAusschusses BT-Dr 13/4699 S 5, s Heinrichs NJW **96,** 2192, Bunte DB **96,** 1391). Eine IndVereinbg liegt vor, wenn der Untern den gesetzesfremden Kerngehalt der Regelgen ernsth zur Disposition stellt u der Verbr die reale Möglichk hat, den Inh der VertrBdggen zu beeinflussen u zu verändern (§ 1 Rn 18 mNachw). Die Ausdehng der InhKontrolle auf DrittBdggen rechtfertigt es (entgg Braunfels DNotZ **97,** 356, 380) nicht, die Anfordergen an das Vorliegen einer IndAbrede abzusenken(s Wo/Ho/Li Rn 33). Die **Beweislast** dafür, daß es sich um eine vom Verbr
10 eingeführte Klausel od um eine IndVereinbg handelt, trägt der Untern (s § 1 Rn 20). – **c) Rechtsfolgen.** Unter Nr 1 fallde Bdggen stehen AGB in jeder Beziehg gleich. Neben den mat-rechtl SchutzVorschr finden auch die §§ 13 ff Anwendg (BGH NJW **99,** 2180). Der Anspr aus § 13 richtet sich gg den Untern als fiktiven Verwder.

11 **4) Einzelvertragsklausel (Nr 2).** Nach Nr 2 sind die wesentl SchutzVorschr des AGBG auf vorformulierte VertrBdggen auch dann anzuwenden, wenn diese nur zur einmaligen Verwdg bestimmt sind. Die Vorschr erfüllt damit die sich aus RiL 2 a) u 3 I ergebde Pfl, den Schutz vor mißbräuchl Klauseln auch auf
12 VertrBdggen auszudehnen, die nur einmal verwandt w sollen. – **a) Drittklauseln.** Für die Anwendg von Nr 2 ist gleichgült, ob die vorformulierte Klausel auf Vorschlag des Untern od eines Dr in den Vertr einbezogen worden ist (Staud/Schlosser Rn 47, Wo/Ho/Li Rn 35, Bunte DB **96,** 1392, Klaas FS Brandner, 1996, S 257, Braunfels DNotZ **97,** 356, aA Ulmer FS Heinrichs 1998 S 567). Das Merkmal „Stellen", ohnehin gemeinschaftsrechtl unzul (Heinrichs NJW **95,** 157), kommt im Text der Nr 2 nicht vor. Es gilt aber die AusnRegelg der Nr 1 entspr: Der Verbr wird nicht geschützt, wenn die für den Einzelfall vorformulierte
13 Klausel auf seinen Vorschlag in den Vertr einbezogen worden ist. – **b) Individualabreden.** Nr 2 ist unanwendb, soweit die Part eine IndVereinbg getroffen haben. Die Vorschr verweist insoweit nicht auf den AusnTatbestd des § 1 II, sond macht den Schutz des Verbr in Anlehng an RiL 3 II davon abhäng, daß er auf den Inh der VertrBdggen keinen Einfluß nehmen konnte. Das begründet aber in der Sache keinen Unterschied (Wo/Ho/Li Rn 36, Brandner AnwBl **94,** 339, ähnl v Westphalen BB **96,** 2102, aA Ul/Br/He Rn 47, Coester-Waltjen FS Medicus 1999, 63/69, Kaufhold DNotZ **98,** 263). Die Situation fehlden Aushandelns u das Fehlen einer realen Möglichk, den VertrInh zur Dchsetzg eig Interessen zu verändern, ergibt sich typw bereits aus der Vorformulierg. And als bei DrittBdggen (Nr 1) muß der Verbr nach der Fassg der Nr 2 bei EinzelVertrKlauseln aber **beweisen,** daß er nicht die Möglichk einer Einflußn hatte. Er kann sich aber, insb bei umfangreichen u komplizierten Texten, vielfach auf den Bew des ersten Ansch berufen. Auch hier ist zu berücksichtigen, daß der typ Verbr nicht das erforderl rechtl „know how" hat, um ihn benachteiligde VertrKlauseln zu durchschauen u zweckentspr Ändergen dchzusetzen. Er ist, wenn ihm ein vorformulierter Text für einen EinzelVertr vorgelegt wird, in ders Situation wie bei Einbeziehg eines Textes, der mehrfach
14 verwandt werden soll (aA Albrecht DNotZ **97,** 276). – **c) Rechtsfolgen.** In der Aufzählg der Vorschr. die auf EinzelVertrKlauseln anzuwenden sind, fehlen die §§ 2 u 3. Das ist dch eine richtlinienkonforme Auslegg der Nr 2 zu korrigieren. Das Transparenzgebot der RiL (4 II u 5 S 1) gilt auch für EinzelVertrKlauseln. Grdl für das Transparenzgebot ist nach dtschem Recht neben § 9 auch § 2 Nr 2 (dort Rn 14). Aus ihm ergibt sich, daß vorformulierte Klauseln nur dann VertrInh werden, wenn sie für den Verbr verständl sind; dieser Grds muß ebso wie § 3 auch für EinzelVertrKlauseln gelten. Der Schutz des Verbr vor unverständl od überraschden Klauseln darf nicht davon abhängen, ob der gg das Transparenzgebot verstoßde Text einmal od dreimal verwandt werden soll. Bei einem Konflikt zw einer vorformulierten Klausel u einer IndVereinbg hat letztere schon aGrd von § 157 den Vorrang, obwohl Nr 2 nicht auf § 4 verweist (v Westphalen BB **96,** 2104). Unbedenkl u mit RiL 7 II vereinb ist dagg die Entsch der Nr 2, gg EinzelVertrKlauseln keine Verbandsklage zuzulassen.

15 **5) Inhaltskontrolle. – a) Berücksichtigung der den Vertragsschluß begleitenden Umstände (Nr 3). – aa)** Nr 3 bestimmt in Umsetzg von RiL 4 I, daß bei der Beurteilg, ob eine Klausel den Verbr unangem benachteiligt, *auch* die den VertrSchl begleitenden Umst zu berücksichtigen sind. Aus Wortlaut u amtl Begründg der Vorschr (BT-Dr 13/2713 S 7 f) ergibt sich, daß der GesGeber an der grdsl Konzeption der InhKontrolle nach dem AGBG festhält: Auszugehen ist von einer generellen überindividuellen Betrachtg; abzuwägen sind die Interessen des Untern ggü denj, der typw beteiligten Verbr (§ 9 Rn 4). Bei VerbrVertr wird dieser Prüfgsmaßstab aber ergänzt dch die Berücksichtigg von **konkreten individuellen** Umst. Diese Kombinationslösg verstößt nicht gg GemeinschR (Heinrichs NJW **96,** 2193, Staud/Schlosser Rn 5, aA Schmidt-Salzer JZ **95,** 223). Die RiL enthält in ihrem Anhang (Rn 24) einen Katalog von Klauseln, die

unabhäng vom übrigen VertrInh u den den VertrSchl begleitden Umst für unwirks erklärt werden können; sie sieht im Art 7 II zugl ein Verf vor, in dem Klauseln ohne Bezug zu einem bestimmten Vertr u damit notw nach abstrakten-überindividuellen Kriterien einer InhKontrolle unterworfen werden. Die RiL berücksichtigt damit beide Kontrollansätze u überläßt die dogmatische u rprakt Feinabstimmg dem Recht der MitglStaaten (EGV 189 III). Besonderes gilt aber für **Einzelvertragsklauseln** (Rn 11). Da sie nur für eine einmalige Verwendg best sind, sind sie bei der InhKontrolle nach den Umst des Einzelfalles *konkret-individuell* zu überprüfen (Michalski DB **99,** 677).– **bb) Anwendungsbereich.** Nr 3 gilt nur für die InhKontrolle im IndProz; im VerbandsKlVerf muß es der Natur der Sache nach bei einem abstrakten-überindividuellen KontrollMaßstab bleiben (Heinrichs NJW **96**, 2194). Nr 3 gilt vor allem für die InhKontrolle nach § 9. Auch bei Anwendg der unbest RBegriffe des § 10 können BegleitUmst mitberücksichtigt werden, nicht aber iRv § 11. – **cc) Zu berücksichtigende Umstände.** Die für RiL 4 I u damit auch für Nr 3 maßgebden Motive ergeben sich aus dem zweiten Teil des 16. ErwäggsGrdes. Danach kann sich die UmstandsPrüfg in beide Richtgen auswirken. Sie kann Bedenken gg eine Klausel so verstärken, daß diese der InhKontrolle nicht standhält; sie kann Bedenken aber auch so abschwächen, daß eine Anwendg des § 9 entfällt (Ul/Br/He Rn 18, Staud/Schlosser Rn 55, Wo/Ho/Li Rn 53, aA Michalski DB **99,** 677). Für die Unwirksamk kann sprechen: die Ausnutzg einer Überrumpelgssituation od geschäftl Unerfahrenh; dagg: das Fehlen der „rollenspezifischen Unterlegenh“, etwa bei einem geschäftserfahrenen Kunden. Ist eine Regelg für den typ Verbr intransparent, für einen Kaufm od Juristen aber verständl, kann dieser die Unwirksamk der Klausel wohl nicht mehr aus einer Verletzg des Transparenzgebots herleiten. 16 17

b) AGBG 9 und Art 3 RiL, die als Generalklauseln die Maßstäbe der InhKontrolle festlegen, sind inhaltl weitgehd deckgsgleich. Dem Wortlaut nach („unangem Benachteiligg“ gg „erhebl u ungerechtfertigtes Mißverhältn der vertragl Rechte u Pflten“) ist § 9 sogar die strengere Norm. Auslegg u Anwendg von Generalklauseln werden aber nicht nur dch ihren Wortlaut u Zweck, sond vor allem dch die Rspr des letztinstanzl Ger bestimmt. Und hier besteht zw dem AGBG u der RiL ein grundlegder Unterschied: Höchste Ausleggsinstanz für das AGBG ist der BGH, für die autonom auszulegde RiL dagg der EuGH. Wg der Verpflichtg zur richtlinienkonformen Auslegg muß bei der InhKontrolle von VerbrVertr künft auch der Inh der RiL mitberücksichtigt werden. Dabei ergeben sich schwierige und erst wenig diskutierte Fragen (Rn 21). 18

6) Mitwirkung des EuGH bei der Auslegung des AGBG. – a) Gibt es bei Anwendg des AGBG auf VerbrVertr zwei Ausleggsalternativen kann wg der Verpflichtg zur **richtlinienkonformen Auslegung** die Einholg einer Vorabentscheidg des EuGH notw sein, EGV 234 (fr 177) (EuGH Slg I **90**, 4135, NJW **84**, 2021, **94**, 2473, Brechmann, Die richtlinienkonforme Auslegung, 1994). Eine VorlagePfl besteht, wenn die Entscheidg im konkreten Fall nicht mit RMittel angegriffen werden kann u die Auslegg der RiL entscheidgserhebl ist (EuGH NJW **64**, 2371, **83**, 2751). InstanzGer haben nach EGV 234 II das Recht, aber nicht die Pfl zur Einholg einer Vorabentscheidg. Der EuGH muß angerufen w, wenn das Ger eine zweifelh Ausleggsfrage zu Lasten des Verbr entscheiden will. Dagg ist bei einer Entscheidg zG des Verbr eine Kollision mit der RiL u eine VorlagePfl idR ausgeschlossen, da RiL 8 strengere VerbrSchutzStandards der MitglStaaten ausdr zuläßt. Kann die mögl Abweichg nicht dch richtlinienkonforme Auslegg ausgeräumt w, besteht aber auch bei einer beabsichtigten Entscheidg zG des Verbr eine VorlagePfl, so etwa, wenn § 23 II Nr 5 wg Verstoßes gg die RiL nicht angewendet werden soll (§ 11 Rn 71). Eine Beteiligg des EuGH kommt vor allem bei Zw über den Anwendgsbereich des § 24 a u bei Problemen der InhKontrolle in Betracht. Dagg lassen sich die Divergenzen bei § 6 (dort Rn 8) u bei der BereichsAusn für GesellschR (§ 23 Rn 4) ohne Anrufg des EuGH dch Auslegg ausgleichen. – **b) Anwendungsbereich des § 24 a.** Letztinstanzl gerichtl Entscheidgen, die den Anwendgsbereich des § 24 a einschränkd interpretieren wollen, sind erst zulässig, nachdem der EuGH bestätigt hat, daß die beabsichtigte Auslegg nicht gg RiL verstößt, so etwa, wenn das Ger sich bei Auslegg des Verbr- od UnternBegriffs für eine restriktive Ausleggsalternative entscheiden will. Entspr gilt, wenn es die Ansicht übernehmen will, § 24 a gelte nicht für die vom **Notar** vorgeschlagenen Klauseln (Rn 8 u 12) od der Schutz des § 24 a entfalle entgg Rn 13 bereits dann, wenn die vorformulierte Klausel dem juristisch nicht vorgebildeten Verbr rechtzeit vor dem BeurkTermin zugeleitet worden ist (Heinrichs NJW **98**, 1454). Einer Klärg dch den EuGH bedarf wohl auch, ob die Schranken der InhKontrolle nach RiL Art 4 II kongruent sind mit denen des § 8 in der Auslegg des BGH (Ulmer BB **98**, 1865). – **c) Inhaltskontrolle.** Ein Ger, das eine Klausel als wirks ansehen will, die möglw gg ein Verbot des RiL-Anhangs verstoßen könnte, muß eine Vorabentscheidg des EuGH einholen (Rn 25). Dagg besteht keine Verpfl zur Vorlage an den EuGH, wenn die InhKontrolle allein auf der Grdl der Generalklausel dchzuführen ist u die Ausstrahlgswirkg des Klauselanhangs od and europarechtl Normen keine Rolle spielt (Staud/Schlosser Rn 57, Heinrichs NJW **96**, 2196, **98**, 1454, aA Ulmer Karlsr Forum **97**, 39, Staud/Coester § 9 Rn 58). InhKontrolle erschöpft sich entgg der offenb von der GgAnsicht vertretenen Konzeption nicht in der Auslegg u Anwendg der Generalklausel, sond bezieht die Gesamth der ROrdng in die Prüfg ein. Auszugehen ist immer von der Frage, welche Regelg des nationalen Rechts ohne die zu überprüfde Klausel gelten würde (§ 9 Rn 7). Auch für die anschließde Prüfg, ob die Abweichg vom dispositiven Recht eine unangem Benachteiligg darstellt od ein erhebl u ungerechtf MißVerhältn begründet, ergeben sich die Bewertgskriterien idR nicht aus der Generalklausel, sond aus der Gesamtheit der ROrdng. Soweit es um Normen u **Wertungskriterien des innerstaatlichen Rechts** geht, hat der EuGH aber keine Prüfgs- u Entscheidgskompetenz (EuGH Slg **82**, 1063). 19 20 21

7) Das Transparenzgebot des Gemeinschaftsrechts. Das Transparenzgebot der RiL (4 II u 5 I) ist mit dem des dtschen Rechts weitgehd deckgsgleich (Heinrichs FS Trinkner, 1995, 102 ff); eine bes Umsetzg war daher nicht erforderl (Heinrichs aaO, aA Staudinger WM **99**, 1546). Der EuGH stellt im WettbewR auf den krit u sorgf Verbr ab (EuGH NJW **95**, 3243 – Mars, vgl auch die Nachw bei Fezer WRP **95**, 671). Dieser Maßstab gilt ebenso für die Anfordergen an das Transparenzgebot (Anwendg der acte-clair-Doktrin, vgl EuGH NJW **83**, 1257). Da die dtsche Rspr an die Aufmerksamk u Sorgf des Verbr sicher keine höheren Anfordergen stellt, ändert sich insoweit nichts. Ob im Einzelfall eine Klausel hinreichd transparent ist, fällt in den Bereich der Subsumtion u unterliegt daher nicht der Beurteilg des EuGH (EuGH Slg **82**, 1331). Das 22

23 GemeinschR leitet aus dem Transparenzgebot umfangreiche **Informationspflichten** ab. Soweit die verletzte InformationsPfl disposit Recht betrifft, das unabhäng von einer vertragl Einbeziehg VertrInh wird, kommt als RFolge eine SchadErsPfl des Untern wg c.i.c. in Betracht. Bei VerbrVertr kann an dem Grds, daß bei in dtscher Sprache geführten Vhdlgen Erläutergen u Hinw in der **Muttersprache** des Verbr nicht erforderl sind (BGH **87**, 114), wohl nicht uneingeschränkt festgehalten werden. Zwar kann nicht verlangt werden, daß jeder Untern von seinen VertrBdggen ein Dutzd Übersetzgen vorrät hat. Bei wichtigen Vertr von erhebl Tragweite kann sich aber aus dem Transparenzgebot eine InformationsPfl des Untern ergeben (Reich NJW **95**, 1860, Heinrichs NJW **96**, 2197). Auch hier ist die angem RFolge eine SchadErsPfl des Untern u nicht die NichtEinbez. Vgl aber auch EuGH EuZW **99**, 464, wonach mitgliedstaatl Regelgen, die Mitteilgen in der Gebietssprache verlangen, ein dch das Informationsbedürfn des Verbr nicht gerechtfertigtes Handelshindern (EGV 28) darstellen können.

24 **8) Anhang der Richtlinie (Klauseln gem Art 3 III RiL):**

1. *Klauseln, die darauf abzielen oder zur Folge haben, daß*

a) *die gesetzliche Haftung des Gewerbetreibenden ausgeschlossen oder eingeschränkt wird, wenn der Verbraucher aufgrund einer Handlung oder Unterlassung des Gewerbetreibenden sein Leben verliert oder einen Körperschaden erleidet;*

b) *die Ansprüche des Verbrauchers gegenüber dem Gewerbetreibenden oder einer anderen Partei, einschließlich der Möglichkeit, eine Verbindlichkeit gegenüber dem Gewerbetreibenden durch eine etwaige Forderung gegen ihn auszugleichen, ausgeschlossen oder ungebührlich eingeschränkt werden, wenn der Gewerbetreibende eine der vertraglichen Verpflichtungen ganz oder teilweise nicht erfüllt oder mangelhaft erfüllt;*

c) *Der Verbraucher eine verbindliche Verpflichtung eingeht, während der Gewerbetreibende die Erbringung der Leistungen an eine Bedingung knüpft, deren Eintritt nur von ihm abhängt;*

d) *es dem Gewerbetreibenden gestattet wird, vom Verbraucher gezahlte Beträge einzubehalten, wenn dieser darauf verzichtet, den Vertrag abzuschließen oder zu erfüllen, ohne daß für den Verbraucher ein Anspruch auf eine Entschädigung in entsprechender Höhe seitens des Gewerbetreibenden vorgesehen wird, wenn dieser selbst es unterläßt;*

e) *dem Verbraucher, der seinen Verpflichtungen nicht nachkommt, ein unverhältnismäßig hoher Entschädigungsbetrag auferlegt wird;*

f) *es dem Gewerbetreibenden gestattet wird, nach freiem Ermessen den Vertrag zu kündigen, wenn das gleiche Recht nicht auch dem Verbraucher eingeräumt wird, und es dem Gewerbetreibenden für den Fall, daß er selbst den Vertrag kündigt, gestattet wird, die Beträge einzubehalten, die für von ihm noch nicht erbrachte Leistungen gezahlt wurden;*

g) *es dem Gewerbetreibenden – außer bei Vorliegen schwerwiegender Gründe – gestattet ist, einen unbefristeten Vertrag ohne angemessene Frist zu kündigen;*

h) *ein befristeter Vertrag automatisch verlängert wird, wenn der Verbraucher sich nicht gegenteilig geäußert hat und als Termin für diese Äußerung des Willens des Verbrauchers, den Vertrag nicht zu verlängern, ein vom Ablaufzeitpunkt des Vertrages ungebührlich weit entferntes Datum festgelegt wurde;*

i) *die Zustimmung des Verbrauchers zu Klauseln unwiderlegbar festgestellt wird, von denen er vor Vertragsabschluß nicht tatsächlich Kenntnis nehmen konnte;*

j) *der Gewerbetreibende die Vertragsklauseln einseitig ohne triftigen und im Vertrag aufgeführten Grund ändern kann;*

k) *der Gewerbetreibende die Merkmale des zu liefernden Erzeugnisses oder der zu erbringenden Dienstleistung einseitig ohne triftigen Grund ändern kann;*

l) *der Verkäufer einer Ware oder der Erbringer einer Dienstleistung den Preis zum Zeitpunkt der Lieferung festsetzen oder erhöhen kann, ohne daß der Verbraucher in beiden Fällen ein entsprechendes Recht hat, vom Vertrag zurückzutreten, wenn der Endpreis im Verhältnis zu dem Preis, der bei Vertragsabschluß vereinbart wurde, zu hoch ist;*

m) *dem Gewerbetreibenden das Recht eingeräumt ist zu bestimmen, ob die gelieferte Ware oder erbrachte Dienstleistung den Vertragsbestimmungen entspricht, oder ihm das ausschließliche Recht zugestanden wird, die Auslegung einer Vertragsklausel vorzunehmen;*

n) *die Verpflichtung des Gewerbetreibenden zur Einhaltung der von seinen Vertretern eingegangenen Verpflichtungen eingeschränkt wird oder diese Verpflichtung von der Einhaltung einer besonderen Formvorschrift abhängig gemacht wird;*

o) *der Verbraucher allen seinen Verpflichtungen nachkommen muß, obwohl der Gewerbetreibende seine Verpflichtungen nicht erfüllt;*

p) *die Möglichkeit vorgesehen wird, daß der Vertrag ohne Zustimmung des Verbrauchers vom Gewerbetreibenden abgetreten wird, wenn dies möglicherweise eine Verringerung der Sicherheiten für den Verbraucher bewirkt;*

q) *dem Verbraucher die Möglichkeit, Rechtsbehelfe bei Gericht einzulegen oder sonstige Beschwerdemittel zu ergreifen, genommen oder erschwert wird, und zwar insbesondere dadurch, daß er ausschließlich auf ein nicht unter die rechtlichen Bestimmungen fallendes Schiedsgerichtsverfahren verwiesen wird, die ihm zur Verfügung stehenden Beweismittel ungebührlich eingeschränkt werden oder ihm die Beweislast auferlegt wird, die nach dem geltenden Recht einer anderen Vertragspartei obläge.*

2. *Tragweite der Buchstaben g, j und l*

a) *Buchstabe g steht Klauseln nicht entgegen, durch die sich der Erbringer von Finanzdienstleistungen das Recht vorbehält, einen unbefristeten Vertrag einseitig und – bei Vorliegen eines triftigen Grundes – fristlos zu kündigen, sofern der Gewerbetreibende die Pflicht hat, die andere Vertragspartei oder die anderen Vertragsparteien alsbald davon zu unterrichten.*

b) *Buchstabe j steht Klauseln nicht entgegen, durch die sich der Erbringer von Finanzdienstleistungen das Recht vorbehält, den von dem Verbraucher oder an den Verbraucher zu zahlenden Zinssatz oder die Höhe anderer Kosten für Finanzdienstleistungen in begründeten Fällen ohne Vorankündigung zu ändern, sofern der Gewerbetreibende die Pflicht hat, die andere Vertragspartei oder die anderen Vertragsparteien unverzüglich davon zu unterrichten, und es dieser oder diesen freisteht, den Vertrag alsbald zu kündigen.*

Buchstabe j steht ferner Klauseln nicht entgegen, durch die sich der Gewerbetreibende das Recht vorbehält, einseitig die Bedingungen eines unbefristeten Vertrages zu ändern, sofern es ihm obliegt, den Verbraucher hiervon rechtzeitig in Kenntnis zu setzen, und es diesem freisteht, den Vertrag zu kündigen.

c) *Die Buchstaben g, j und l finden keine Anwendung auf*

– *Geschäfte mit Wertpapieren, Finanzpapieren und anderen Erzeugnissen oder Dienstleistungen, bei denen der Preis von den Veränderungen einer Notierung oder eines Börsenindex oder von Kursschwankungen auf dem Kapitalmarkt abhängt, auf die der Gewerbetreibende keinen Einfluß hat;*

– *Verträge zum Kauf oder Verkauf von Fremdwährungen, Reiseschecks oder internationalen Postanweisungen in Fremdwährung.*

d) *Buchstabe l steht Preisindexierungsklauseln nicht entgegen, wenn diese rechtmäßig sind und der Modus der Preisänderung darin ausdrücklich beschrieben wird.*

Vorbemerkung: Die lange str Frage, welche rechtl Qualität der Anhang haben sollte, ist erst unmittelb vor dem Erlaß der RiL entschieden worden. Dchgesetzt hat sich der dtsche Standpkt, daß der Anhang einen bloßen Hinweis darstellen u für die MitglStaaten nicht bindd sein sollte (Heinrichs NJW **93**, 1821). Die in diesem Sinn abgeschwächte Formulierg des Art 3 III RiL soll aber nur die Pfl der GesGeber der MitglStaaten ausschließen, den Katalog des RiLAnhangs zu übernehmen. Dagg müssen die Ger der MitglStaaten davon ausgehen, daß der RiL-Anhang eine **bindende Konkretisierung** des Art 3 RiL ist (Wo/Ho/Li RiL-Anh Rn 1). Ein Ger, das die bindde Wirkg verneinen od eine möglw gg den Anhang verstoßde Klausel für wirks erklären will, muß die Sache dem EuGH vorlegen (Rn 21, Heinrichs FS Reich, 1997, 534). Für das dtsche AGB-Recht hat der RiL-Anhang aber nur geringe praktische Bedeutg. Die Mehrzahl der im Anhang aufgelisteten Klauselverbote sind bereits in AGBG 9 ff enthalten (s Rn 26, 27, 29, 30, 33, 34, 37, 38, 40, zT 42). Alle and können auf der Grdl des § 9 od § 10 übernommen werden (s Rn 31, 32, 35, 36, 39, 41, zT 42), ohne daß es eines VorlageVerf nach EGV 234 (fr 177) bedarf (Heinrichs FS Reich, 1997, S 527). Einen ggü dem AGBG grdlegd neuen Gesichtspkt enthalten nur die Nr 1 c, 1 d u 1 f. Sie gehen davon aus, daß formularmäß Regelgen beide VertrTeile grdsl **gleichbehandeln** müssen. Für einen solchen Grds spricht auch der engl Text, der für „Mißverhältn" das Wort „imbalance" verwendet. Vielleicht setzt sich daher in der Rspr zu § 24 a der Grds dch, daß VertrStrafen, Schadenspauschalen, RücktrR od Haftgsbeschränkgen nur wirks sind, wenn sie beide Part gleich behandeln od wenn für eine Regelg nur zG des Untern ein trift Grd vorliegt. 25

a) Haftung für Körperschäden (Nr 1 a). Nach § 9 II Nr 1 darf die Haftg für die Verletzg von Gesundh od Leben nicht ausgeschlossen w (§ 9 Rn 43). Nr 1 a bestärkt diese Auslegg des AGBG. 26

b) Haftung für die Nicht- oder Schlechterfüllung vertraglicher Pflichten (Nr 1 b). Nr 1 b betrifft Anspr des Verbr aus Leistgsstörgen u GewL. Das AGBG schützt diese Anspr dch § 11 Nr 7, 8, 10 u 11 u § 9 II Nr 1 u 2. Bei Leistgsstörgen sind ledigl Klauseln wirks, die die Haftg für leichte Fahrlässigk bei der Verletzg unwesentl Pflten ausschließen. Das ist keine „ungebührl Einschränkg" u daher mit Nr 1 b vereinb (Wo/Ho/Li Rn 28). Nr 1 b könnte aber ein Anlaß sein, den Grds, daß GewLAusschl beim Kauf gebrauchter Sachen ohne Einschränkgen zul sind (§ 11 Rn 72), zu überprüfen. Das Recht des Verbr, mit den unter Nr 1 b fallden Anspr aufzurechnen, darf nach Nr 1 b nicht ausgeschlossen w (Heinrichs, wie Rn 25, S 547). Das bestärkt die seit 1977 im Palandt vertretene Auffassg, daß § 11 Nr 3 einer Korrektur bedarf (§ 11 Rn 17). 27

c) Einseitige Bindung (Nr 1 c). Klauseln, die unter Nr 1 c fallen, verstoßen gg § 10 Nr 3, der ein umfassenderes u strengeres Verbot enthält. Für das dtsche Recht ist Nr 1 c bedeutgslos. 28

d) Einseitige Verfallklausel (Nr 1 d). Regelgen, die dem Untern bei einem VertrBruch des Verbr gestatten, die geleisteten Zahlgen ohne Rücks auf deren Höhe einzubehalten, verstoßen gg § 10 Nr 7 u 11 Nr 5. Nr 1 d geht davon aus, daß vorformulierte VertrBdggen Untern u Verbr gleichzubehandeln haben (Rn 25); iü bringt er für das AGBG nichts Neues. 29

e) Unverhältnismäßige Entschädigungen (Nr 1 e). Nr 1 e ist für das dtsche Recht bedeutgslos. SchadErsAnspr, die unverhältnismäß hoch sind, verstoßen gg § 11 Nr 5, entspr VertrStrafen sind mit § 11 Nr 6 u § 9 unvereinb (Wo/Ho/Li Rn 75). 30

f) Einseitige Kündigungsvorteile (Nr 1 f). Auch Nr 1 f geht vom Grds der Gleichbehandlg von Untern u Verbr aus, iü bringt er für das AGBG nichts Neues. Klauseln, die für den Untern ein freies KündR begründen, verstoßen gg § 10 Nr 3 (dort Rn 13). Für Klauseln über die Einbehaltg von geleistetn Zahlgen gilt Rn 29 entspr. 31

g) Kündigungsfristen (Nr 1 g). Nr 1 g verbietet Klauseln, die für die ordentl Künd eines unbefristeten Vertr eine unangem kurze Fr vorsehen. Die §§ 10 u 11 enthalten kein entspr Verbot. Die unter Nr 1 g fallden Klauseln sind aber, soweit nicht die Vorbeh der Nr 2 a u c eingreifen, gem § 9 unwirks. 32

h) Vertragsverlängerungen (Nr 1 h). Nr 1 h betrifft ebso wie § 11 Nr 12 c die Fr, die der Verbr einzuhalten hat, wenn er sich dch Künd od Widerspr gg eine VertrVerlängerg wenden will. Nach Nr 1 h darf diese Fr nicht „ungebührl" lang sein, nach § 11 Nr 12 c nicht länger als 3 Mo. Die Fr von 3 Mo ist eine sinnvolle, richtlinienkonforme Konkretisierg des in Nr 1 h enthaltenen unbest RBegriffs. Nr 1 h bringt daher für das AGBG nichts Neues (Wo/Ho/Li Rn 114). 33

i) Zustimmungsfiktion (Nr 1 i). Auch Nr 1 i ist für das AGBG bedeutgslos. Daß die Zustimmg zu einer Klausel, von der der Verbr vor VertrSchl keine Kenntn nehmen konnte, nicht formularmäß fingiert werden kann, ergibt sich aus § 2, der den Verbr umfassder schützt als Nr 1 i. 34

j) Einseitige Vertragsänderungen (Nr 1 j). Für Leistgsändergen enthält Nr 1 k eine SonderVorschr, für PrErhöhgen Nr 1 l. Nr 1 j gilt mit den Einschränkgen dch Nr 2 b u c nur für Klauseln, die nicht unter Nr 1 k u l fallen. Nr 1 j bringt für das AGBG nichts Neues. Daß ein Vertr nicht einseit ohne trift u im Vertr angeführten Grd geändert werden kann, ergibt sich aus § 9 II Nr 1. Zu PrErhöhgsKlauseln, die in unklarer Abgrenzg zu Nr 1 l zT unter Nr 1 j fallen (arg Nr 2 b), vgl Rn 37. 35

k) Einseitige Leistungsänderungen (Nr 1 k). Nr 1 k betrifft ebso wie § 10 Nr 4 Klauseln, in denen sich der Untern das Recht vorbehält, die Leistg einseit zu ändern. Der ÄndergsVorbeh ist nach Nr 1 k nur zul, wenn ein trift Grd besteht, nach § 10 Nr 4 hängt seine Wirksamk davon ab, daß die Änderg zumutbar ist. 36

Die Wertg der Nr 1 k kann zusätzl in den § 10 Nr 4 übernommen werden: Eine Leistgsänderg ist dem Verbr nur zumutb, wenn für sie ein trift Grd besteht (Wo/Ho/Li Rn 145).

37 **l) Einseitige Preiserhöhungen (Nr 1 l).** Nr 1 l betrifft, wie sich aus der engl u franz Fassg der Vorschr ergibt, in unklarer Abgrenzg zu Nr 1 j (Rn 35) auch PrErhöhgen, die sich auf einen Ztpkt nach Lieferg beziehen. Der Schutz des Verbr besteht ledigl darin, daß ihm ein RücktrR zustehen muß. Nr 1 l u ihre Einschränkg dch Nr 2 a u c ist damit für das AGBG ohne Bedeutg. Der nach dem AGBG insoweit bestehde Schutzstandard (§ 11 Rn 1–10) ist wesentl höher als der der Nr 1 l.

38 **m) Befugnis über die Ordnungsmäßigkeit der Leistung und die Auslegung des Vertrages verbindlich zu entscheiden (Nr 1 m).** Klauseln, die dem Untern eine der in Nr 1 m entspr Bestimmgs- od Ausleggskompetenz zuweisen, sind in der dtschen AGB-Praxis unbekannt. Sie wären auch ohne Rekurs auf Nr 1 m mit § 9 II Nr 1 offensichtl unvereinb.

39 **n) Einschränkung der Vertretungsmacht (Nr 1 n).** Der erste Teil der Vorschr, daß der Untern die von seinem Vertreter eingegangenen Verpfl nicht einschränken kann, versteht sich nach dem AGBG von selbst (§ 9 II Nr 1 iVm § 164). Ihr zweiter Teil, daß die Verpflichtg nicht von der Einhaltg einer bes Form abhäng gemacht werden darf, zeigt, daß im Anwendgsbereich von § 24 a and als in dem von § 1 auch Regelgen der InhKontrolle unterliegen, für die der Untern ausschließl eig rgeschäftl Gestaltgsmacht in Anspr nimmt (§ 1 Rn 5). Beschränkgen einer vom Untern erteilten Vollm, die den Verbr unangem benachteiligen, sind daher unwirks, so etwa iF von HGB 56 od VVG 43 ff (.

40 **o) Einseitige Pflichterfüllung (Nr 1 o).** Unter Nr 1 o fallen Klauseln, die die Einr des nichterf Vertr od das ZbR des Verbr ausschließen. Das AGBG schützt den Verbr insoweit bereits dch § 11 Nr 2. Auch wenn man mit Wo/Ho/Li (Rn 194) annimmt, daß Nr 1 o zugl das RücktrR schützen will, bringt die Vorschr für das AGBG nichts Neues. Das RücktrR des Verbr wird dch AGBG 11 Nr 8 u 9 II Nr 1 ausr gesichert.

41 **p) Vertragsübernahme (Nr 1 p).** Nr 1 p unterwirft Klauseln über eine VertrÜbertragg strengeren Einschränkgen als § 11 Nr 13. Währd § 11 Nr 13 nur für Kauf-, Dienst- od WkVertr gilt, erfaßt Nr 1 p Vertr jeder Art. Außerdem ist die Klausel nach Nr 1 p unwirks, wenn die VertrÜbern möglw eine Verringerg der Sicherh für den Verbr bewirkt. Die in Nr 1 p vorgesehene Erweiterg des Schutzes gg die VertrÜbern hat keine große prakt Bedeutg, sie kann aber auf der Grdl des § 9 übernommen w (Heinrichs, wie Rn 25, S 551).

42 **q) Beschränkungen des Rechtsschutzes (Nr 1 q).** Nr 1 q enthält drei Klauselverbote: – **aa)** Das Recht des Verbr, gerichtl RSchutz in Anspr zu nehmen, darf nicht eingeschränkt w. Klauseln, die hiergg verstoßen,
43 kommen in der dtschen AGB-Praxis nicht vor. Sie wären auch offensichtl mit § 9 unvereinb. – **bb)** Schiedsklauseln sind unwirks, wenn der Verbr „auf ein nicht unter die rechtl Bestimmgen falldes SchiedsGerVerf verwiesen w". Da alle Schiedsverf unter ZPO 1025 ff fallen, ist dunkel, was darunter zu verstehen ist. Offenb will Nr 1 q wesentl, die RStellg des Verbr verschlechternde Abweichgen von den ZPO 1025 ff verbieten.
44 Derart Regelgen benachteiligen in der Tat den Verbr unangem u verstoßen gg § 9. – **cc)** Klauseln, die die BewLast zum Nachteil des Verbr verändern od dch die dem Verbr zur Vfg stehde BewMittel ungebührl beschränkt w, sind unzul. Das entspr, auch soweit es um BewMittelBeschränkgen geht, § 11 Nr 15 (dort Rn 91), bringt also für das AGBG nichts Neues.

Fünfter Abschnitt. Schluß- und Übergangsvorschriften

AGBG 25, 26 *(Betr Änderung des BGB u des EnergieWG)*

AGBG 27

(Neugefaßt zum 14. 8. 99 dch das ÜberweisgsG vom 21. 7. 99 [BGBl I 1642]. Die Vorschrift – Grdl für den Erlaß der AVBFernwärmeV und AVBWasserV – ermächtigt jetzt auch zur Regelg der Bdggen für die Entsorgg von Abwasser. Zuständig ist weiter das Bundesministerium für Wirtschaft und Technologie; erforderlich ist aber neben der Zustimmung des BRates jetzt auch das Einvernehmen des BMJ.)

AGBG 28

Übergangsvorschrift. **I Dieses Gesetz gilt vorbehaltlich des Absatzes 2 nicht für Verträge, die vor seinem Inkrafttreten geschlossen worden sind.**

II § 9 gilt auch für vor Inkrafttreten dieses Gesetzes abgeschlossene Verträge über die regelmäßige Lieferung von Waren, die regelmäßige Erbringung von Dienst- oder Werkleistungen sowie die Gebrauchsüberlassung von Sachen, soweit diese Verträge noch nicht abgewickelt sind.

III Auf Verträge über die Versorgung mit Wasser und Fernwärme sind die Vorschriften dieses Gesetzes erst drei Jahre nach seinem Inkrafttreten anzuwenden.

IV Rechtsverordnungen, die auf Grund von § 27 in seiner vor dem 14. 8. 1999 geltenden Fassung erlassen worden sind, können nach Maßgabe von § 27 in seiner seitdem geltenden Fassung geändert oder aufgehoben werden.

1 **1)** Das nach § 30 am 1. 4. 1977 in Kr getretene Ges gilt grdsl nur für Vertr, die nach dem 31. 3. 1977 abgeschl w. Entscheidd ist, ob die AnnErkl vor od nach dem 1. 4. 1977 0 Uhr zugegangen ist (BGH NJW **86**, 711). Auf fr zustandegek Vertr w das AGBG anwendbar, wenn ein dch Künd od Zeitablauf beendeter Vertr fortgesetzt w (Ffm NJW **87**, 1650), wenn dch ÄndVereinbg der sachl od zeitl Anwendgsbereich des Vertr erweitert w (BGH NJW **85**, 971) od wenn abgeänderte AGB in den Vertr einbezogen werden (Ul/Br/He Rn 2). Dagg genügt nicht, daß ein Vertr infolge Nichtausübg des KündR um eine weitere Periode fortgesetzt das Entgelt aGrd einer entspr VertrKlausel an die veränderten Verhältn angepaßt (Ffm NJW **87**, 1650) od eine neue VersPolice ausgestellt w (Hbg VersR **90**, 36).

2) II trifft für best **Dauerschuldverhältnisse** eine Sonderregelg. Für sie gilt die Generalklausel des § 9 (nicht die §§ 10 u 11) auch dann, wenn der Vertr vor dem 1. 4. 1977 abgeschl worden ist. Die Vorschr verstößt nicht gg das verfassgsrechtl Rückwirkgsverbot, da sie ausschließl Rechte u Pflichten betrifft, die nach dem 31. 3. 1977 entstehen (BGH **91**, 385, Fall unechter Rückwirkg). Sie hat folgden Anwendgsbereich: – **a)** Vertr über regelm Warenliefergen, Dienst- u WkLeistgen. Der Begr ist aus § 11 Nr 12 entnommen u genau so auszulegen wie dort (§ 11 Rn 76). VersVertr fallen nicht unter ihn (Ul/Br/He Rn 6, str, offengelassen von BGH **83**, 173), wohl aber MaklerdienstVertr (BGH NJW **86**, 1173) u Vertr über die Versorgg mit Elektr, Gas, Fernwärme u Wasser (BGH **93**, 360). – **b)** Vertr über die Gebrauchsüberlassg von Sachen (nicht Rechte). Das sind Miete, einschließl des LeasingVertr (BGH **81**, 302), Pacht u Leihe, nicht dagg das Darl (offen gelassen von BGH NJW **85**, 618). 2 3 4

3) Der dch das ÜberweisgsG angefügte **IV** stellt klar, daß für Ändergen der AVBFernwärmeV u AVBWasserV, die aGrd der § 27 aF erlassen worden sind, die nF des § 27 maßgebd ist; erforderl ist daher eine Mitwirkg des BMJ. 5

AGBG 29 *Kundenbeschwerden*

I Bei Streitigkeiten aus der Anwendung der §§ 675 a bis 676 g des Bürgerlichen Gesetzbuches können die Beteiligten unbeschadet ihres Rechts, die Gerichte anzurufen, eine Schlichtungsstelle anrufen, die bei der Deutschen Bundesbank einzurichten ist. Die Deutsche Bundesbank kann mehrere Schlichtungsstellen einrichten. Sie bestimmt, bei welcher ihrer Dienststellen die Schlichtungsstellen eingerichtet werden.

II Das Bundesministerium der Justiz regelt durch Rechtsverordnung die näheren Einzelheiten des Verfahrens der nach Absatz 1 einzurichtenden Stellen nach folgenden Grundsätzen:

1. Durch die Unabhängigkeit der Einrichtung muß unparteiisches Handeln sichergestellt sein.
2. Die Verfahrensregeln müssen für Interessierte zugänglich sein.
3. Die Beteiligten müssen Tatsachen und Bewertungen vorbringen können, und sie müssen rechtliches Gehör erhalten.
4. Das Verfahren muß auf die Verwirklichung des Rechts ausgerichtet sein.

Die Rechtsverordnung soll bis zum Ablauf des 31. Oktober 1999 erlassen werden. Sie regelt in Anlehnung an § 51 des Gesetzes über das Kreditwesen auch die Pflicht der Kreditinstitute, sich an den Kosten des Verfahrens zu beteiligen.

III Das Bundesministerium der Justiz wird ermächtigt, im Einvernehmen mit den Bundesministerien der Finanzen und für Wirtschaft und Technologie mit Zustimmung des Bundesrates die Streitschlichtungsaufgabe nach Absatz 1 auf eine oder mehrere geeignete Stellen zu übertragen, wenn die Aufgabe dort zweckmäßiger erledigt werden kann.

1) Allgemeines. Eingefügt dch das ÜberweisgsG. § 29 erfüllt die Verpfl aus Art 10 ÜberweisgsRiL (ABlEG **97** Nr L 43 S 25), geht aber ebso wie die Neuregelg im BGB über die Vorgaben der RiL hinaus. Er betrifft nicht nur grenzüberschreitde Überw, sond alle Streitigk aus der Anwendg der §§ 675 a–676 g u damit auch Streitigk über inländ Überw, Informationen über Entgelte u Auslagen der Geschäftsbesorgg (§ 675 a), ÜbertraggsVertr (§ 676), ZahlgsVertr (§ 676 d) u Bareinzahlgen auf GiroVertr (§ 676 f). Für inländ Überw u Überw in Staaten, die weder zur EU noch zum Europäischen WirtschRaum gehören, gilt § 29 aber ebso wie die mat-rechtl Neuregelg erst ab 1. 1. 2002, EG 228 (s dort). Die Einordng der Vorschr in das AGBG ist wenig überzeugd, da es in den Streitigk idR *nicht* um Probleme des AGB-Rechts geht, sie ist aber vertretb, da sich ein and geeigneter Regelgsstandort nicht anbot. 1

2) Verfahren (II). Das BMJ hat es inzw dch VO geregelt (s Anh nach § 30) u dabei die Grds des II berücksichtigt. Die Regelg genügt der Empfehlg der EG vom 30.3.98 über Einrichtgen, die für die außergerichtl Beilegg von VerbrStreitigk zuständ sind (ABlEG Nr L 155 S 31). § 1 verpflichtet die BBank, die Dienststellen, bei denen sie Schlichtgsstellen einrichtet, nebst Anschrift im BAnz bekanntzugeben. Schlichter kann nur ein Bediensteter der Bundesbank w, im BankR erfahrenen Richter a. D. unverständlweise nicht. § 2 regelt die Beteiligg der Kreditinstitute u VerbrVerbände an der Bestellg u sichert die Unabhängigk der Schlichter. Nach § 3 wird die Schlichtg in best Fällen (RHängigk, Erledigg dch Vergl, Versagg von PKH, Verj usw) abgelehnt. § 4 regelt das SchlichtgsVerf, § 5 den Schlichtgsvorschlag. Eine mdl Vhdlg u eine über UrkEinsicht hinausgehde BewAufnahme sind nicht vorgesehen. Die Part haben sich binnen eines Mo dazu zu erklären, ob sie den nicht bindden Vorschlag annehmen wollen od nicht; iF einer Annahme kommt der Vergl – abweichd von BGB 145 ff – bereits dch die beiderseit Erkl ggü der Schlichtgsstelle zustande. Nach § 6 ist das Verf kostenfrei, Kosten der Part u ihrer RA sind nur zu erstatten, soweit der Vorschlag (Vergl) dies vorsieht. § 6 II regelt die Beteiligg der Kreditinstitute an den Kosten der BBank. 2

3) Übertragung auf andere Stellen. III ermöglicht eine Übertragg der SchlichtgsAufg auf and Stellen. Im Bankenbereich liegt eine Übertragg auf den in der Praxis bewährten Ombudsmann der dtschen Banken nahe (VerfO in ZBB **98,** 59, Erfahrgsbericht in BankRTag 1998, 210), die im RegEntw (BR-Drs 163/99) auch vorgesehen war. Eine Privatisierg der Schlichtg ist aber wg der gesetzl Voraussetzgen (*„zweckmäßiger"*) u der Bedenken der VerbrVerbände unwahrscheinl. 3

AGBG 30 *Inkrafttreten.* *(nicht abgedruckt. Das Gesetz ist am 1. 4. 77 in Kraft getreten.)*

Anhang zu §§ 29, 30

Verordnung über das Verfahren der Schlichtungsstellen für Überweisungen

(SchlichtVerfVO vom 27. 10. 99 (BGBl I 2068), in Kraft seit 30. 10. 99)

SchlichtVerfVO 1 ***Einrichtung der Schlichtungsstellen, Tätigkeitsbericht.*** **I Die Deutsche Bundesbank macht im Bundesanzeiger bekannt, bei welcher ihrer Dienststellen Schlichtungsstellen nach § 29 des AGB-Gesetzes eingerichtet sind. Werden mehrere Stellen eingerichtet, ist auch mitzuteilen, welche Stelle für welche Schlichtungsangelegenheit zuständig ist. Die Anschrift der Stellen sind anzugeben.**

II Jede Schlichtungsstelle ist mit einem oder mehreren Schlichtern zu besetzen, die aus dem Kreis der Bediensteten der Deutschen Bundesbank berufen werden, zum Richteramt oder zum höheren Bankdienst befähigt sind und allein tätig werden. Für jeden Schlichter ist ein Schlichter als Vertretung zu bestellen. Werden in einer Schlichtungsstelle mehrere Schlichter eingesetzt, ist mindestens vor jedem Geschäftsjahr die Geschäftsverteilung festzulegen. Eine Änderung der Geschäftsverteilung ist während des Geschäftsjahres nur aus besonderem Grund zulässig.

III Jede Schlichtungsstelle hat eine Geschäftsstelle.

IV Die Schlichtungstelle veröffentlicht einmal im Jahr einen Tätigkeitsbericht

SchlichtVerfVO 2 ***Auswahl und Unabhängigkeit der Schlichter*** **I Die Schlichter werden von der zuständigen Stelle der Deutschen Bundesbank bestellt. Vor ihrer Bestellung teilt die Deutsche Bundesbank den Verbänden der an dem Verfahren teilnehmenden Kreditinstitute (§ 675 a Abs. 1 und 3 des Bürgerlichen Gesetzbuchs) und der Arbeitsgemeinschaft der Verbraucherverbände die Namen und den beruflichen Werdegang der als Schlichter vorgesehenen Personen mit. Wenn innerhalb von zwei Monaten schriftlich keine Tatsachen vorgetragen werden, welche die Qualifikation und Unparteilichkeit des vorgesehenen Schlichters in Frage stellen, werden diese für die Dauer von drei Jahren zu Schlichtern bestellt. Ihre Bestellung kann wiederholt werden.**

II Die Schlichter sind in dieser Eigenschaft unabhängig und an Weisungen nicht gebunden. Sie können durch die zuständige Stelle der Deutschen Bundesbank von ihrem Amt nur abberufen werden, wenn Tatsachen vorliegen, die eine unabhängige Erledigung der Schlichtertätigkeit nicht mehr erwarten lassen, wenn der Schlichter nicht nur vorübergehend an der Wahrnehmung seines Amts gehindert ist oder wenn ein vergleichbar wichtiger Grund gegeben ist.

III Ein Schlichter darf nicht in Streitfällen tätig werden, an deren Abwicklung er selbst beteiligt war. Hierüber entscheidet seine Vertretung.

IV Der Schlichter ist zur Verschwiegenheit verpflichtet.

SchlichtVerfVO 3 ***Ablehnung einer Schlichtung.*** **Der Schlichter lehnt die Schlichtung durch eine schriftliche Mitteilung an den Beschwerdeführer ab, wenn**

1. **der Beschwerdegegenstand bereits bei einem Gericht anhängig ist, in der Vergangenheit anhängig war oder von dem Beschwerdeführer während des Schlichtungsverfahrens anhängig gemacht wird,**
2. **die Streitigkeit durch außergerichtlichen Vergleich beigelegt ist,**
3. **ein Antrag auf Prozesskostenhilfe abgewiesen worden ist, weil die beabsichtigte Rechtsverfolgung keine Aussicht auf Erfolg bietet,**
4. **die Angelegenheit bereits Gegenstand eines Schlichtungsvorschlags oder eines Schlichtungsverfahrens einer Schlichtungsstelle nach § 29 des AGB-Gesetzes oder einer anderen Gütestelle, die Streitbeilegung betreibt, ist oder**
5. **der Anspruch bei Erhebung der Kundenbeschwerde bereits verjährt war und der Beschwerdegegner sich auf Verjährung beruft.**

Der Schlichter soll die Schlichtung ablehnen, wenn die Schlichtung die Klärung einer grundsätzlichen Rechtsfrage beeinträchtigen würde.

SchlichtVerfVO 4 ***Erhebung und Behandlung der Kundenbeschwerde.*** **I Die Kundenbeschwerde ist schriftlich unter kurzer Schilderung des Sachverhalts und unter Beifügung der zum Verständnis der Beschwerde erforderlichen Unterlagen zu erheben. Der Beschwerdeführer hat zu versichern, dass er in der Streitigkeit noch kein Gericht, keine Streitschlichtungsstelle und keine Gütestelle, die Streitbeilegung betreibt, angerufen und auch keinen außergerichtlichen Vergleich mit dem Beschwerdegegner abgeschlossen hat. Der Beschwerdeführer kann sich im Verfahren vertreten lassen.**

II Die Geschäftsstelle der Schlichtungsstelle bestätigt dem Antragsteller den Eingang seiner Kundenbeschwerde und leitet sie den beteiligten Kreditinstituten zur Stellungnahme zu, die sich innerhalb eines Monats ab Zugang zu der Kundenbeschwerde äußern müssen; die Frist kann um einen Monat verlängert werden. Die eingehenden Stellungnahmen werden dem Beschwerdeführer durch die Geschäftsstelle mit der Anheimgabe zugeleitet, sich innerhalb eines Monats ab Zugang dazu zu äußern, wenn der Beschwerdegegner der Kundenbeschwerde nicht abhelfen will. Müsste

eine Ablehnungsmitteilung nach § 3 ergehen oder fehlen Unterlagen oder Ausführungen, weist die Geschäftsstelle den Beschwerdeführer hierauf hin und gibt ihm in geeigneten Fällen Gelegenheit, den Mangel innerhalb eines Monats abzustellen.

III Die Geschäftsstelle legt den Vorgang nach Ablauf der in Absatz 2 bezeichneten Fristen dem zuständigen Schlichter vor, sofern der Beschwerdegegner der Kundenbeschwerde nicht abhilft oder sich diese nicht in sonstiger Weise erledigt.

SchlichtVerfVO 5

Schlichtungsvorschlag. **I Wenn der Schlichter eine weitere Aufklärung des Sach- und Streitstandes für geboten hält, kann er eine ergänzende Stellungnahme oder Auskunft der Beteiligten einholen. Eine Beweisaufnahme führt er nicht durch, es sei denn, der Beweis kann durch die Vorlage von Urkunden angetreten werden.**

II Der Schlichter unterbreitet nach Lage der Akten einen schriftlichen Schlichtungsvorschlag. Der Schlichtungsvorschlag besteht aus dem Vorschlag, wie der Streit der Beteiligten auf Grund der Rechtslage und unter Berücksichtigung von Treu und Glauben angemessen beigelegt werden kann, und einer Begründung, in welcher der Vorschlag kurz und verständlich erläutert wird.

III Der Schlichtungsvorschlag kann innerhalb von sechs Wochen ab Zugang durch eine schriftliche Mitteilung an die Geschäftsstelle der Schlichtungsstelle angenommen werden. Die beteiligten sind hierauf sowie darauf hinzuweisen, dass sie zur Annahme nicht verpflichtet und bei Nichtannahme berechtigt sind, die Gerichte anzurufen. Nach Ablauf der Frist teilt die Geschäftsstelle den Beteiligten das Ergebnis unter Angabe der Beteiligten und des Verfahrensgegenstands mit. Mit dieser Mitteilung ist das Verfahren bei der Schlichtungsstelle beendet.

SchlichtVerfVO 6

Kosten des Verfahrens und der Schlichtungsstelle. **I Das Verfahren vor der Schlichtungsstelle ist kostenfrei. Auslagen werden nicht erstattet. Der Schlichtungsvorschlag kann einen Vorschlag zur Übernahme von Kosten enthalten, wenn dies zur angemessenen Beilegung des Streits der Beteiligten geboten erscheint.**

II Die Kosten der Schlichtungsstelle werden nach einer noch zu treffenden Regelung durch die Deutsche Bundesbank eingezogen.

III Absatz 2 gilt nicht für Kreditinstitute, für welche die Schlichtung auf Grund einer Rechtsverordnug nach § 29 Abs. 3 des AGB-Gesetzes durch eine andere Stelle erfolgt.

SchlichtVerfVO 7

Inkrafttreten, Übergangsregelung. **I Diese Verordnung tritt am Tage nach ihrer Verkündung in Kraft.**

II Die bisher in der Schlichtungsstelle bei der Deutschen Bundesbank tätigen Schlichter bleiben bis zu ihrer Wiederbestellung nach dieser Verordnung oder der Bestellung neuer Schlichter im Amt.

Verbraucherkreditgesetz

(Art. 1 des Gesetzes über Verbraucherkredite, zur Änderung der Zivilprozeßordnung und anderer Gesetze)

Vom 17. Dezember 1990 (BGBl I S 2840), zuletzt geändert durch das Gesetz über die Veräußerung von Teilzeitnutzungsrechten an Wohngebäuden (Teilzeit-Wohnrechtgesetz – TzWrG) vom 20. Dezember 1996 (BGBl I S 2154)

Bearbeiter: Prof. Dr. Putzo, Vizepräsident des Bayerischen Obersten Landesgerichts i. R.

Einführung

1) Schrifttum: Münstermann/Hannes [MH], Komm 1991. – MK/Ulmer/Habersack, Komm 3. Aufl 1995. – Bülow [Bü], Komm 3. Aufl 1998. – v. Westphalen/Emmerich/v. Rottenburg [WER], Komm 2. Aufl, 1996. – Bruchner/Ott/Wagner-Wieduweit [BOW], Komm 2. Aufl 1995. – Vortmann, Komm 1991. – Lwowski/Peters/Gößmann, VerbrKrG 2. Aufl 1994.

1 **2) Grundlagen.** Das G beruht auf der EG-RiL vom 22. 6. 86 (Art 100 EGVertr), so daß auch InstanzGer gem Art 234 EGVertr zwecks Auslegg zur VorabEntsch der RFrage dem EuGH vorlegen dürfen. **a) Inhalt.** Das am 1. 1. 91 iKr getretene G regelt den gesamten VerbrKred u schafft nur wenige Ausn (§ 3). Die AbzGesch sind einbezogen, sodaß das AbzG mit dem 31. 12. 90 außer Kraft trat u nur noch für die bis dahin abgeschl AbzGesch anzuwenden ist (Art 9 I). Der VerbrSchutz wird insb bewirkt dch FormVorschr u Aufklärg (Unterrichtg) des Verbr (§ 4), dch günstigere VertrBedinggen, wenn dagg verstoßen w (§ 6), dch ein WiderrR (§ 7), EinwendgsDchgriff bei Drittfinanzierg (§ 9), Unwirksk v EinwendgsVerzicht, Wechsel- u Scheckverbot (§ 10), ZinsBeschränkgen u TilgsAnrechngsGebote (§ 11), Künd- u RücktrBeschränkgen (§§ 12, 13) sowie dch ein unabdingb R zur vorzeit Zahlg bei AbzGesch (§ 14). Auch der KredVermittlgsVertr wird besond geregelt, der Schriftform unterworfen u mit AufklärgsPfl versehen (§ 15). Die Vergütg wird vom Erfolg abhäng gemacht u bei der Umschuldg beschr (§ 16); Nebenentgelte werden verboten (§ 17). Außerdem wurden mehrere Ge geänd, darunter § 609a BGB (Art 2), § 5 HausTWG (Art 3) u § 13a UWG
2 (Art 5). **b) Weiterer Verbraucherschutz** besteht seit 24. 7. 96 dch das G zur Änd des AGBG (BGBl 1013),
3 insb dch § 12 u § 24a AGBG (vgl dort u Heinrichs NJW **96**, 2189). **c) Internationale Anwendung.** Sie gewinnt insb dch das Internetshopping zunehmd an Bedeutg. Die rechtl Anknüpfg richtet sich nach Art 27–29, 34 (hierzu Borges ZIP **99**, 565).

Artikel 1. Verbraucherkreditgesetz (VerbrKrG)

Erster Abschnitt. Anwendungsbereich

VerbrKrG 1 *Anwendungsbereich.* **I Dieses Gesetz gilt für Kreditverträge und Kreditvermittlungsverträge zwischen einer Person, die in Ausübung ihrer gewerblichen oder beruflichen Tätigkeit einen Kredit gewährt (Kreditgeber) oder vermittelt oder nachweist (Kreditvermittler), und einer natürlichen Person, es sei denn, daß der Kredit nach dem Inhalt des Vertrages für ihre bereits ausgeübte gewerbliche oder selbständige berufliche Tätigkeit bestimmt ist (Verbraucher).**

II Kreditvertrag ist ein Vertrag, durch den ein Kreditgeber einem Verbraucher einen entgeltlichen Kredit in Form eines Darlehens, eines Zahlungsaufschubs oder einer sonstigen Finanzierungshilfe gewährt oder zu gewähren verspricht.

III Kreditvermittlungsvertrag ist ein Vertrag, nach dem ein Kreditvermittler es unternimmt, einem Verbraucher gegen Entgelt einen Kredit zu vermitteln oder ihm die Gelegenheit zum Abschluß eines Kreditvertrages nachzuweisen.

1 **1) Persönlicher Anwendungsbereich** (Abs I). Es müssen sowohl der KredG (Rn 2) od KredVerm (Rn 3) einers und der KredN (Rn 4) anderers darunterfallen u einen KredVertr (Abs II; Rn 5) od KredVerm-
2 Vertr (Abs III; Rn 8) geschl haben. International gilt Art 29 EGBGB. **a) Kreditgeber** ist, in Abs I legal definiert, eine (auch jur) Pers, die Kredite in gewerbl od berufl Tätk (auch erstmalige, hM) gewährt, wobei § 344 HGB gilt. Das sind insb auch Warenhäuser u Einzelkaufleute, die ihre Waren auch auf Raten vertreiben. GewinnErzielgsAbs ist nicht erforderl (hM). Dient der Kred einem Gesch, das nicht zum gewöhnl Umsatz des KredG gehört, ist das VerbrKrG nicht anwendb, zB Verk einer gebr Druckmaschine auf Raten dch einen DruckereiBetrInh (Düss NJW-RR **96**, 759). Auf priv Gesch eines KredG ist das G nicht anwendb. Keine
3 KredG sind die Pfandleiher; für diese gilt die PfandleiherVO als lex specialis (MH 14). **b) Kreditvermittler:**
4 grdsätzl wie Rn 2; statt Gewährg vermittelt er od weist nach (Rn 9). **c) Verbraucher** muß der KredN sein. **aa) Begriff.** Das ist stets eine natürl Pers, die für priv Zwecke (jede Art von Lebensbedarf, insb auch für FreiZt, Sport), aber auch für Anlage u Verwaltg ihres Verm (vgl MK/Ulmer 20) einen Kredit aufnimmt. Bei BGB-Gesellsch mögl (Martis MDR **98**, 1189 mwN). ArbN sind auch dann vom G geschützt, wenn sie den Kredit für berufl Zwecke aufnehmen, weil die Tätigk nicht selbständ ist. Kredite für gewerbl u freiberufl Zwecke sind grdsätzl ausgen, so daß in diesem Fall insb Handwerker, Kaufleute, Landwirte, Ärzte zwar bei

Kred für priv Zwecke geschützt w, nicht aber bei solchen für die gewerbl u berufl Tätigk (maßgebder ZtPkt: VertrAbschluß gem § 151, Düss MDR **97**, 721). Ausgenommen sind davon Kredite, die zur Aufn der gewerbl od freiberufl Tätigk (ExistenzGründg) gewährt w (§ 3 I Nr 2). Das folgt aus der Einschränkg „bereits ausgeübte". Der jeweil Zweck des Kredits ist dem VertrInhalt (ggf dch Auslegg) zu entnehmen; er muß nicht ausdrückl in die Urk aufgen sein (MK/Ulmer 21). Priv Nebenzweck genügt nicht für das ganze Gesch (Naumb NJW-RR **98**, 1351). Ergibt sich ein Mischfall (zB teils priv, teils berufl Zweck der kreditfinanz Kaufsache) u ist der Kred nach dem Zweck nicht teilb, so ist auf den übwiegden Zweck abzustellen (hM; Martis MDR **98**, 1189 mwN). **bb) Rechtsnachfolge** dch Abtretg (§ 398), befreide SchuldÜbern (§ 414), **4a**
VertrÜbern (Rn 10) od Erbfolge (§ 1922) ist problemat, wenn der RNachf die Eigsch eines KredG od Verbr nicht erf. Die RFolgen sind unterschiedl (Bülow ZIP **97**, 400). Grdsätzl bleibt der VerbrSchutz erhalten (Ulmer/Masuch JZ **97**, 654). **d) Beweislast** für die Tats, welche zur Unanwendbk des VerbrKrG führen, trägt **4b**
grdsätzl der KredG. Das G ist iZw anwendb (Bülow NJW **98**, 3454).

2) Kreditvertrag (Abs II). Dem wird der Schuldbeitritt (3 vor § 414) zu einem KredVertr gleichgestellt **5**
(BGH **133**, 71 u NJW **97**, 654 sowie 3169; vgl Rn 10), wobei neben dem Beitretden (zB GeschF einer GmbH, BGH NJW **97**, 1443; krit Kurz NJW **97**, 1828) nicht auch der KredN Verbr sein muß (hM; BGH **133**, 71 u NJW **97**, 654). Die Bürgsch ist kein KreditVertr (hM; BGH NJW **98**, 1939 mwN; krit Auer ZBB **99**, 161 [166]), ebensowen ein AvalKredVertr (Köln ZIP **99**, 307). Eine analoge Anwendg ist ausgeschl, jedenf dann, wenn der dadch gesicherte Kred für eine gewerbl od selbständ berufl Tätigk best ist od unter § 3 fällt (BGH aaO mwN; aA Sölter NJW **98**, 2192 mwN). **a) Entgeltlich** muß der Vertr sein: jede Art v GgLeistg, sogar ganz geringfüg (Köln ZIP **94**, 776). Es ist gleichgült, ob das Entgelt in Zinsen, einmaliger Vergütg, TeilZahlgsAufschlag, auch als Gebühr (ähnl verschleiernde Bezeichngen) od eingerechnet in die RückZahlgs-Raten bezahlt w muß, indem zB der TZahlgsPr höher ist als der BarzahlgsPr. Im Einzelfall kann auch ein ZahlgsAufschub gg die Übern v VglsKosten entgeltl sein (hM; Martis MDR **98**, 1189 [1194] mwN). Nicht entgeltl sind KredKartenGesch (hM). **b) Vertragsarten. aa) Darlehen** (§ 607 BGB) u dadch finanzierte **6**
Vertr, rückzahlb in Raten od auf einmal, ÜbZiehgs- u and Kontokorrentkredite. **bb) Zahlungsaufschub** ist gegeben, wenn die vereinb LeistgsZt zG des Verbr von dispositivem R abweicht, wobei die RatenZahlgsPfl bedingt sein kann (Karlsr WM **98**, 2156). ZahlgsAufschub liegt vor bei allen TZahlgsGesch (KaufVertr od WerkliefergsVertr üb bewegl Sache), ggf verbunden mit WerkLeistg sowie TZahlgsAbrede (dh mind 2 Raten nach Überg der Sache), aber auch and Vertr, zB üb ein Werk (§ 631 BGB), GrdstGesch (Grziwotz MDR **97**, 432) od DLeistgen, zB Ehe- u PartnerschVermittlg, auch KredKartenVertr (Metz NJW **91**, 2804 [2811]); Unterr(Ausbildgs)Vertr (Köln DB **95**, 2466 mwN). Handelt es sich jedoch um ein DauerSchuVerh (zB Fernunterricht; Bülow NJW **93**, 2837), insb DVertr, bei dem die GgLeistg üb die LaufZt des Vertr verteilt ist, gilt § 1 grdsätzl nicht (BGH NJW-RR **96**, 1266), sond nur dann, wenn ein ZahlgsAufschub v mehr als 3 Mo üb die Fällk hinaus eingeräumt od gestundet w (hM; BGH NJW **96**, 457; MK/Ulmer 73, 74; krit Thüsing JR **99**, 273; aA LG Gött NJW-RR **93**, 181), insb ein von § 2 II S 2–4 FernUSG abweichder ZahlgsAufschub gewährt (Bülow aaO). Dasselbe gilt für den DirektUnterr (Fischer MDR **94**, 1063 mwN). Auch ein FranchiseVertr (Einf 22 v § 581) kann darunterfallen (LG Bln NJW-RR **94**, 692; vgl § 2 Rn 6). Es liegt jedoch kein KredAngebot vor, wenn anstelle der vorgesehenen RatenZahlg auf einmal bezahlt w kann, auch wenn die Summe der Raten höher ist als die einmal Vorauszahlg (BGH NJW **96**, 457). **cc) Sonstige** **7**
Finanzierungshilfen. Darunter fällt der MietKauf (22 vor § 535; MH 75). LeasVertr fallen unter den Begr, wenn sie darauf angelegt sind, dem LeasN den Gebr der Sache auf unbest od begrenzte Dauer zu verschaffen u iR der GgLeistg dem LeasG das eingesetzte Kap einschließl des kalkulierten Gewinns zurückgewährt werden soll (BGH NJW **96**, 2034 mwN). Darunter fallen Voll- u TAmortisationsVertr (BGH aaO), nicht das OperatingLeas (29 v § 535; hM; Scherer/Mayer BB **98**, 2169 mwN). Für das meistens vorliegde FinanzLeas ist § 3 (dort Rn 7) anzuwenden. **c) Abschluß.** KredVertr ist bereits der VerpflVertr (vgl Einf 1, 2 vor § 607), also **8**
auch der VorVertr. Ohne vorausgehden VerpflVertr ist KredVertr das kredgewährde RGesch, zB der TZahlgs-Kauf.

3) Kreditvermittlungsvertrag (Abs III). Begriff des KredVermittlers: Rn 3. Es gelten die §§ 15–17. **9**
VertrInhalt: umfaßt bereits die Verpfl für das Tätigwerden des KredVerm („unternimmt"). **a) Vermitteln** ist bewußtes Herbeiführen der AbschlBereitsch des KredG (vgl § 652 Rn 13). Nachw ist das Aufzeigen einer hinreichend best Möglk zum Abschl eines KredVertr (Rn 5–7) mit dem Zweck unmittelb VertrVerhdlg (vgl § 652 Rn 11). **b) Entgelt:** wie Rn 5. **c) Kreditvermittler** iS des Abs II ist der Handels- u Zivilmakler (2 vor § 652; MK/Ulmer 76), nicht der HandelsVertr.

4) Vertragsübernahme (vgl Rn 4 a). Zum Begr: § 398 Rn 38. Findet sie dch einen dreiseit Vertr statt, ist **10**
das VerbrKrG anwendb, wenn der Übern Verbr ist (BGH NJW **99**, 2664). Die Fdgen u Verbindlk eines unter § 1 fallenden Vertr sind abtretb (§ 398) u übernehmb (§ 414); folgl auch der gesamte Vertr (Bülow WM **95**, 2089). Zur BelehrgsPfl des Notars: Volmer WM **99**, 209. Für Schuldbeitritt (Übbl 2 vor § 414) vgl Rn 5. Stehen die neuen VertrPart außerh des AnwendgsBer (Rn 1–4), so ist bei den RFolgen zu differenzieren (Bülow aaO). Umstr ist, ob ein bestehdes WiderrR (§ 7) auf einen Dr (§ 414) übgeht, der nicht Verbr (Rn 4) ist (verneind BGH NJW **96**, 2094; krit Volmer aaO).

VerbrKrG 2 ***Lieferung in Teilleistungen oder wiederkehrenden Leistungen.*** **Die Vorschriften des § 4 Abs. 1 Satz 1 und Abs. 3, des § 7 Abs. 1, 2 und 4 und des § 8 gelten entsprechend, wenn die Willenserklärung des Verbrauchers auf den Abschluß eines Vertrages gerichtet ist, der**

1. die Lieferung mehrerer als zusammengehörend verkaufter Sachen in Teilleistungen zum Gegenstand hat und bei dem das Entgelt für die Gesamtheit der Sachen in Teilleistungen zu entrichten ist;
2. die regelmäßige Lieferung von Sachen gleicher Art zum Gegenstand hat;
3. die Verpflichtung zum wiederkehrenden Erwerb oder Bezug von Sachen zum Gegenstand hat.

1 **1) Allgemeines.** Die Vorschr ist nahezu wörtl dem § 1 c AbzG nachgebildet. Die angegebene ältere Rspr bezieht sich auf § 1 c AbzG. **a) Zweck.** Der Verbr, der bei wiederkehrden Liefergen od in TLeistgen zu liefernden Sachen dch die BezugsBindg wie ein KredN üb längere Zt belastet w, soll wie ein KredN dch
2 ÜbleggsFr zum Widerr geschützt w. **b) Unabdingbarkeit** u UmgehgsVerbot für § 4 I S 1, III, § 7 I, II u IV sowie § 8 besteht aGrd v § 18. **c) Kreditgeschäfte** iS des § 1 II sind diese Vertr nicht; daher gelten die angegebenen Vorschr des VerbrKrG nur entspr od and als die §§ 4, 7 u 8 überh nicht. Liegt zugleich ein KredVertr (§ 1 II) vor od ist das Gesch damit verbunden, gilt das VerbrKrG insges (allgM; LG Mannh NJW-
3 RR **96**, 118 mwN). **d) Anwendungsbereich.** Er ist in Nr 1–3 abschließd geregelt. § 3 I Nr 2 ist auch nicht entspr anwendb (BGH NJW **95**, 722). Die Anwendg v § 2 umfaßt prakt nur TZahlgsGesch (§ 1 Rn 6). Für die vor dem 1. 1. 91 geschl Vertr gilt das AbzG üb dessen § 1 c in entspr Anwendg v Art 9 (Einf 2 vor § 1; BGH **128**, 156). Wurde eine unter diese Vorschr fallde Verpfl nach dem 1. 1. 91 übern, sind dafür § 2 Nr 3, § 7 anwendb (BGH **129**, 371). § 7 III ist auf Vertr iS des § 2 unanwendb (vgl Rn 8). Ein schwebd unwirks Gesch wird nicht dch die Übern bei fehlder WiderrMöglk wirks (BGH aaO).

4 **2) Voraussetzungen.** Sie sind auf die WillErkl des Käufers (VertrAngebot od -Ann) bezogen. **a) Teilleistungen (Nr 1):** Verk v Sachgesamth, deren BestdT sukzess geliefert w, wobei das jeweils auf die TLieferg entfallde (Teil)Entgelt bei (vor od nach) der Lieferg des betr Teils zu zahlen ist. Gilt nicht für WerkVertr. Bsp: Buchreihen (BGH NJW **76**, 1354); mehrbänd Sammelwerk (insb Lexikon) fällt idR unter Nr 1; BausatzVertr für den Eigenbau eines WoHauses, wenn Lieferg u Bezahlg des Entgelts in TeilBetr erfolgt (BGH **78**, 375);
5 aus Buch, Box u Cassetten bestehder Sprachkurs (BGH NJW-RR **90**, 1011). **b) Gleichartige Sachen (Nr 2).** Umfaßt den KaufVertr üb eine regelm (dh in best ZtAbschn od innerh best ZtRäume) zu erbringde Lieferg von Sachen in festliegder Menge od Mindestmenge, zB Kaffee, Kindernährmittel, Eispulver, Zeitgs- u Zeitschriftenabonnement (BGH NJW **87**, 124), aber nicht bei einem einmonat Probeabonnement (BGH NJW **90**, 1046). Die KleinKredGrenze des § 3 I Nr 1 gilt auch nicht analog (LG Mü I MDR **98**, 149; bestr). Es muß eine WillErkl (Kaufentschl) auf Abschl eines einzigen Gesch vorliegen (BGH **67**, 389 [Aussteuersortiment]). Ob Nr 2 auch bei einmal Zahlg gilt od ob auch das Entgelt in TLeistgen erbracht w muß, ist umstr (vgl BGH NJW **90**, 1046 mwN). Das im voraus bezahlte JAbonnement einer Zeitschr fällt nicht darunter (BGH NJW-RR **90**, 562), wohl aber die Bestellg auf sog Orderkarte (BGH NJW **90**, 3144). Nach dem GWortlaut ist auf die BezugsVerbindlk, nicht auf einen Kred abzustellen; die Möglk jederzt zu
6 künd steht nicht entgg (BGH aaO). **c) Wiederkehrender Bezug (Nr 3).** Ist auf RahmenVertr zugeschnitten, bei denen nicht eine von vornherein festliegde Lieferg best Sachen vereinb wird od Bestellg zur Lieferg mit AblehngsR (Ffm NJW-RR **90**, 1080 für § 1 c AbzG), sond bei denen Erwerbs- u BestellPfl bestehen (kaufvertr Charakter, Martinek ZIP **86**, 1440); zB sog BuchGemsch. Die Anwendg auf Bier-LiefergsVertr ist zu bejahen (BGH **109**, 314 für § 1 c AbzG; Köln BB **96**, 2061). Ebso auf FranchiseVertr (22 vor § 581), soweit er den Warenbezug betrifft (BGH **128**, 156). Dies kommt aber nur für ExistenzGründgs-Kred in Betr (§ 3 Rn 3; Hamm NJW **92**, 3179 mwN; bestr). Es empfiehlt sich die WiderrBelehrg prakt bei Kred für jede Gaststätteneröffng (Reiter BB **91**, 2322). Nicht unter Nr 3 fallen leitgsgebundene Versorggs-Vertr für Strom, Gas u Wasser (hM).

7 **3) Wirkung** der Verweisung. **a) Schriftform** (§ 4 I S 1; Ausn: Versandhandel, § 8): wie § 4 Rn 1–3. Sie erstreckt sich auf den ganzen Vertr, bei Nr 3 nur auf den RahmenVertr. Bei Formmangel gilt nicht § 6, sond § 125 S 1 (Martis MDR **98**, 1149 [1154]). **b) Aushändigung** einer Abschr der VertrUrk (§ 4 III, dort Rn
8 17). Folge bei Verstoß: § 7 S 2 u 3. **c) Widerrufsrecht** (Ausn: Versandhandel, § 8). Es gelten die Vorschr üb das Wirksamwerden (§ 7 I S 1), FrWahrg, FrBeginn, Belehrg u Erlöschen (§ 7 II). Abs III gilt nicht (allgM; BGH NJW **95**, 2290). Der Widerr führt mit (teilw) dchgeführtem Vertr bei Nr 1 u 2 zur Rückabwicklg der gesamten Leistgen, bei Nr 3 nur zum Wegfall der zukünft Verpfl (hM; MK/Ulmer 36–39 mwN). Wird ein v vollmachtl Vertreter abgeschl Vertr genehm, beginnt die JFr des § 7 II S 3 erst mit Gen (BGH aaO).
9 **d) Versandhandelsprivileg:** § 8, näml ein formfreier Vertr u kein WiderrR, wenn RückgR eingeräumt w.
10 **e) Ausnahmen** v der Anwendg des § 2. Soweit die Vorauss des § 3 I Nr 1–3 erf sind, ist auch § 2 nicht anzuwenden (MK/Ulmer 9; aA Karlsr NJW-RR **93**, 635: VerbrKrG anwendb).

VerbrKrG 3

Ausnahmen der Anwendbarkeit. **[I]Dieses Gesetz findet keine Anwendung auf Kreditverträge und auf Verträge über die Vermittlung oder den Nachweis von Kreditverträgen,**

1. **bei denen der auszuzahlende Kreditbetrag (Nettokreditbetrag) oder Barzahlungspreis vierhundert Deutsche Mark nicht übersteigt;**
2. **wenn der Kredit für die Aufnahme einer gewerblichen oder selbständigen beruflichen Tätigkeit bestimmt ist und der Nettokreditbetrag oder Barzahlungspreis 100 000 Deutsche Mark übersteigt;**
3. **durch die dem Verbraucher ein Zahlungsaufschub von nicht mehr als drei Monaten eingeräumt wird;**
4. **die ein Arbeitgeber mit seinem Arbeitnehmer zu Zinsen abschließt, die unter den marktüblichen Sätzen liegen;**
5. **die im Rahmen der Förderung des Wohnungswesens und des Städtebaus auf Grund öffentlich-rechtlicher Bewilligungsbescheide oder auf Grund von Zuwendungen aus öffentlichen Haushalten unmittelbar zwischen der die Fördermittel vergebenden öffentlich-rechtlichen Anstalt und dem Verbraucher zu Zinssätzen abgeschlossen werden, die unter den marktüblichen Sätzen liegen.**

[II]Keine Anwendung finden ferner

1. **§ 4 Abs. 1 Satz 4 und 5, § 6, § 13 Abs. 3 und § 14 auf Finanzierungsleasingverträge;**
2. **§ 4 Abs. 1 Satz 4 Nr. 1 Buchstabe b und die §§ 7, 9 und 11 bis 13 auf Kreditverträge, nach denen der Kredit von der Sicherung durch ein Grundpfandrecht abhängig gemacht und zu für**

grundpfandrechtlich abgesicherte Kredite und deren Zwischenfinanzierung üblichen Bedingungen gewährt wird; der Sicherung durch ein Grundpfandrecht steht es gleich, wenn von einer solchen Sicherung gemäß § 7 Abs. 3 bis 5 des Gesetzes über Bausparkassen abgesehen wird;

3. die §§ 4 bis 7 und 9 Abs. 2 auf Kreditverträge, die in ein nach den Vorschriften der Zivilprozeßordnung errichtetes gerichtliches Protokoll aufgenommen oder notariell beurkundet sind, wenn das Protokoll oder die notarielle Urkunde den Jahreszins, die bei Abschluß des Vertrages in Rechnung gestellten Kosten des Kredits sowie die Voraussetzungen enthält, unter denen der Jahreszins oder die Kosten geändert werden können;

4. § 9 auf Kreditverträge, die der Finanzierung des Erwerbs von Wertpapieren, Devisen oder Edelmetallen dienen.

1) Unbeschränkte Ausnahmen (Abs I) sind vorgesehen, weil in diesen Fällen eine wesentl Gefährdg 1
der VerbrInteressen nicht zu befürchten ist. Gilt für Kred- u KredVermVertr (§ 1 Rn 5, 8). **a) Kleinkredite** 2
(Nr 1). Nettokreditbetrag: § 4 I S 2 Nr 1 a (dort Rn 6). Die Summe der TZahlgsRaten ist unerhebl.
b) Existenzgründungskredite (Nr 2) sind vom G nur dann ausgen (vgl § 1 Rn 4), wenn sie 3
100 000 DM übersteigen. Abs I Nr 2 ist auf die unter § 2 fallden Vertr auch nicht analog anwendb (BGH **128**, 156), wohl aber auf einen Schuldbeitritt (vgl § 1 Rn 5), ausgen die Bestellg eines kredsicherden GrdPfdR (BGH NJW **97**, 1442). Das VerbrKrG gilt nicht für HandelsGesellsch (§ 1 Rn 4) u nur für die Erstgründg, nicht für die Änd od Erweiterg (Martis MDR **98**, 1189) einer bereits aufgen unternehm Tätk, wobei es jedenf bei FranchiseVertr auf den Ztpkt des VertrAbschl, nicht auf den der Erf ankommt (BGH **128**, 156). Die Aufn eines weiteren Gewerbes od einer freiberufl Tätk steht nicht entgg, wenn das schon bisher betriebene Gewerbe od die freiberufl Tätk damit nicht in Zushang steht (BGH aaO; bestr). Eine früher ausgeübte u aufgegebene Tätk steht nicht entgg, auch nicht in der selben Branche (Köln NJW-RR **95**, 816; Celle NJW-RR **96**, 120). Auch diese Vorauss der Ausn ist wegen der Umkehr der BewL („es sei denn") ggf v KredG od -vermittler zu beweisen (MK/Ulmer 12); nochmals umgekehrte BewL bei Kaufleuten (Scholz DB **91**, 215; aA Reinicke/Tiedtke ZIP **92**, 217). Zu Vor- u EinmannGmbH vgl Vortmann ZIP **92**, 229. Kauf von GesellschAnteilen nur, wenn auch unternehmer Funktionen übern w soll u nur für die Aufn, nicht für die Ausübg. Aufgen ist die Tätigk, wenn sie tats ausgeübt w (Scholz aaO; bestr), mit GeschEröffng od plangemäßem LeistgsAngebot, im Einzelfall mit VorbereitgsHandlg mögl (Vortmann aaO). NettoKredBetr u BarzahlgsPr: wie Nr 1. Wird ein einheitl bewilligter GroßKred aufgeteilt, um 100 000 DM zu unterschreiten, so steht § 18 S 2 entgg. Jedenf ist das VerbrKrG anzuwenden. Bei mehreren Kred desselben KredG ist auf den Kred, der 100 000 DM nicht übschreitet, das G anwendb (Vortmann ZIP **92**, 229). Ohne Zushang gewährte Kredite versch KredG werden nicht zusgerechnet (MH
147). **c) Kurzzeitiger Zahlungsaufschub (Nr 3).** Die 3 Mo sind von der Fällk des BarzahlgsPr (§ 4 I 4
S 4 Nr 2 a), idR § 271 BGB, bis zur vereinb Fällk des (ggf restl) Betrags zu berechnen. Wird die Barzahlgs-Fällk dch Vereinbg hinausgeschoben, steht § 18 S 2 entgg. Zahlgsaufschub: § 1 Rn 6. Bei KredKartenVertr gilt das G daher nur, wenn das ZahlgsZiel in der GesLaufZt (LG Mannh NJW-RR **96**, 118) um mehr als 3 Mo hinausgeschoben ist u dafür Zins od eine and Vergütg geschuldet w, sog Debit- od Chargekarte (Metz NJW **91**, 2803 [2811]). Das G gilt insb nicht, wenn im Verhältn KredKartenOrgan zu KredKarten-Inh dessen Bankkonto monatl belastet w (Seifert DB **91**, 329). Auch auf 3-Mo-Wechsel ist das G nicht
anwendb (Müller WM **91**, 1781). **d) Arbeitgeberkredite (Nr 4).** Begriff: § 611 Rn 92. Umfaßt alle 5
KredVertr (§ 1 Rn 5–7), nicht nur GeldDarl. Für die MarktÜblk ist auf den Ztpkt der DarlHingabe abzustellen. Der Schutzzweck des G trifft nicht zu, weil diese Kred idR zu bes günst Bedinggen gewährt u nicht öff angeboten w. **e) Förderkredite (Nr 5).** Die nachträgl Einfügg hat nur klarstellde Bedeutg; daher ist kein Umkehrschluß zuläss (Bülow NJW **93**, 1617). Erfaßt wird nicht nur die Bauförderg, sond insb auch die Existenzgründg (Drescher WM **93**, 1445).

2) Weitere Ausnahmen (Abs II). Es sind nur die aufgeführten Vorschr unanwendb, teilw schon wegen 6
der Art des Gesch. Die Anwendg der and Vorschr bleibt unberührt. **a) Finanzierungsleasing (Nr 1).** 7
Hier sind darunter zu verstehen: LeasVertr mit Verbr, bei denen der LeasN dem LeasG Amortisation schuldet (BGH NJW **96**, 2033 mwN). Darunter fällt bei Kfz auch das Leas mit km-Abrechng, wenn der LeasN bei Rückg einen Kfz-MinderW ausgleichen muß (hM; BGH aaO u NJW **98**, 1637 mwN; aA v. Westphalen NZM **98**, 607). Unanwendb sind: § 4 I S 4 u 5; § 6 (RFolgen u Formmängel) insges, aber Heilg analog § 7 II S 3 für mögl gehalten v Martis MDR **98**, 1189 [1197]; § 13 III (RücktrFiktion); § 14 (vorzeit Zahlg). Diese Vorschr passen für das FinLeas nicht. Dch Umkehrschluß folgt, daß die übr Vorschr für das FinLeas gelten (Peters WM **92**, 1797). Für die sonst LeasVertr gilt das G nicht (vgl § 1 Rn 7). Das
widerspr nicht der EG-RiL (Ffm NJW-RR **99**, 494 mwN; aA v. Westphalen NJW **93**, 3225). **b) Real-** 8
kredite (Nr 2). GrdPfdR: Hyp, GrdSch u RentenSch, auch wenn sie nicht voll werthalt gesichert sind (vgl Brschw WM **98**, 1223; Hamm WM **98**, 1230; Bruchner WM **99**, 825). Für entspr Anwendg auf Anteile an geschl Immobilienfonds: Früh ZIP **99**, 701). Zum Maß der Abhängigk: Bülow ZfIR **98**, 181. Es sind nur diejen Vorschr ausgen, die für den RealKred nicht passen, insb WiderrR, GeschVerbindg, VerzZ (hierfür § 287 ZPO), GesFällk, Rücktr des KredG, so daß dem KredN vor allem der auf Information gerichtete VerbrSchutz verbleibt. Der GesamtBetr ist inf der Verweisg auf § 4 I S 4 Nr 1 b nicht anzugeben.
Die ZwFinanzierg, die idR nicht dch GrdPfdR gesichert w, ist ausdrückl einbezogen. **c) Beurkundete** 9
Kreditverträge (Nr 3). Gedacht ist in erster Linie an den ProzVgl (§ 794 I Nr 1 ZPO). NotUrk: §§ 8 ff BeurkG. JahresZ ist der vereinb ZSatz pro J. KredKosten sind laufzeitunabhäng Aufwendgen (wie § 4 Rn 7), zB RestSchuVers (MH 181). Wirkg: Insb entfallen die Form- u AbschlVorschr sowie das WiderrR
(§§ 4–7). **d) Effektenkredite (Nr 4).** Nur das Darl kann widerr w (§ 7), währd das SpekulationsGesch auf 10
alle Fälle wirks bleibt. Das sollte auch für nichtverbriefte Optionen gelten (Drescher WM **93**, 1445). Für Vertr, die vor dem 1. 5. 93 abgeschl w, vgl § 9 Rn 2.

Zweiter Abschnitt. Kreditvertrag

VerbrKrG 4 *Schriftform; erforderliche Angaben.* **[I]Der Kreditvertrag bedarf der schriftlichen Form. Der Form ist genügt, wenn Antrag und Annahme durch die Vertragsparteien jeweils getrennt schriftlich erklärt werden. Die Erklärung des Kreditgebers bedarf keiner Unterzeichnung, wenn sie mit Hilfe einer automatischen Einrichtung erstellt wird. Die vom Verbraucher zu unterzeichnende Erklärung muß angeben**

1. bei Kreditverträgen im allgemeinen
a) den Nettokreditbetrag, gegebenenfalls die Höchstgrenze des Kredits;
b) den Gesamtbetrag aller vom Verbraucher zur Tilgung des Kredits sowie zur Zahlung der Zinsen und sonstigen Kosten zu entrichtenden Teilzahlungen, wenn der Gesamtbetrag bei Abschluß des Kreditvertrags für die gesamte Laufzeit der Höhe nach feststeht. Ferner ist bei Krediten mit veränderlichen Bedingungen, die in Teilzahlungen getilgt werden, ein Gesamtbetrag auf der Grundlage der bei Abschluß des Vertrags maßgeblichen Kreditbedingungen anzugeben. Kein Gesamtbetrag ist anzugeben bei Krediten, bei denen die Inanspruchnahme bis zu einer Höchstgrenze freigestellt ist;
c) die Art und Weise der Rückzahlung des Kredits oder, wenn eine Vereinbarung hierüber nicht vorgesehen ist, die Regelung der Vertragsbeendigung;
d) den Zinssatz und alle sonstigen Kosten des Kredits, die, soweit ihre Höhe bekannt ist, im einzelnen zu bezeichnen, im übrigen dem Grunde nach anzugeben sind, einschließlich etwaiger vom Verbraucher zu tragender Vermittlungskosten;
e) den effektiven Jahreszins oder, wenn eine Änderung des Zinssatzes oder anderer preisbestimmender Faktoren vorbehalten ist, den anfänglichen effektiven Jahreszins; zusammen mit dem anfänglichen effektiven Jahreszins ist auch anzugeben, unter welchen Voraussetzungen preisbestimmende Faktoren geändert werden können und auf welchen Zeitraum Belastungen, die sich aus einer nicht vollständigen Auszahlung oder aus einem Zuschlag zu dem Kreditbetrag ergeben, bei der Berechnung des effektiven Jahreszinses verrechnet werden;
f) die Kosten einer Restschuld- oder sonstigen Versicherung, die im Zusammenhang mit dem Kreditvertrag abgeschlossen wird;
g) zu bestellende Sicherheiten;

2. bei Kreditverträgen, die die Lieferung einer bestimmten Sache oder die Erbringung einer bestimmten anderen Leistung gegen Teilzahlungen zum Gegenstand haben,
a) den Barzahlungspreis;
b) den Teilzahlungspreis (Gesamtbetrag von Anzahlung und allen vom Verbraucher zu entrichtenden Teilzahlungen einschließlich Zinsen und sonstiger Kosten);
c) Betrag, Zahl und Fälligkeit der einzelnen Teilzahlungen;
d) den effektiven Jahreszins;
e) die Kosten einer Versicherung, die im Zusammenhang mit dem Kreditvertrag abgeschlossen wird;
f) die Vereinbarung eines Eigentumsvorbehalts oder einer anderen zu bestellenden Sicherheit.

Der Angabe eines Barzahlungspreises und eines effektiven Jahreszinses bedarf es nicht, wenn der Kreditgeber nur gegen Teilzahlungen Sachen liefert oder Leistungen erbringt.

[II]Effektiver Jahreszins ist die in einem Vomhundertsatz des Nettokreditbetrages oder des Barzahlungspreises anzugebende Gesamtbelastung pro Jahr. Die Berechnung des effektiven und des anfänglichen effektiven Jahreszinses richtet sich nach § 4 der Verordnung zur Regelung der Preisangaben.

[III]Der Kreditgeber hat dem Verbraucher eine Abschrift der Vertragserklärungen auszuhändigen.

1 **1) Allgemeines zur Schriftform. a) Begriff.** Es gilt grdsätzl § 126 BGB. Diese Vorschr wird dch Abs I
2 S 2 u 3 abgeänd (vgl Rn 4). **b) Anwendbar** auf alle KredVertr (§ 1 II) im AnwendgsBer (§ 1 Rn 1–7) mit den Ausn des § 3 I u II Nr 1–3, des ÜbZiehgsKred (§ 5 I S 1) u des Versandhandels (§ 8 I), auch nicht für Grdst (Bülow ZfIR **98**, 181). Abs I gilt analog für Schuldbeitritt (vgl § 1 Rn 5; BGH NJW **97**, 3169 mwN). Für KredVermVertr (§ 1 III) gilt § 15. Für Änd v KredVertr, die vor dem 1. 1. 91 (Inkrafttr) abgeschl w, gilt § 4 nur, wenn ein neues KapNutzgsR eingeräumt w (BGH NJW **95**, 527); voll anwendb bei Übern des Vertr
3 (§ 1 Rn 10; BGH NJW **99**, 2664. **c) Unabdingbarkeit** besteht wg § 18 S 1. **d) Rechtsfolgen von**
3 a **Formmängeln:** Nichtigk (§ 6 I) od heilbare (schwebde) Unwirksk (§ 6 II, III). **e) Mitverpflichtung** v Eheg bei KredVertr, die nicht unter § 1357 I 2 fallen, u v and FamAngeh kann blanko nicht wirks erkl werden. Zur Vertretg: Rn 3 b. Bei Gesch des tägl Lebens (§ 1357 I 2) liegt ges StellVertretg vor, die den and Eheg ohne weiteres mitberecht u mitverpfl, so daß es auf seine Unterschr nicht ankommt (Schanbacher NJW
3 b **94**, 2335 mwN; bestr). **f) Vertretung.** Die unwiderrufl Vollm bedarf (entgg § 167 II) der Form des § 4 (§ 167 Rn 2; Rösler NJW **99**, 1150 mwN) u muß den MindestInh v Abs I Nr 1 aufweisen (Mü NJW **99**, 2196; umstr). Bei Formmangel ist RFolge Nichtigk (§ 6 I).

4 **2) Besonderheiten der Schriftform** (Abs I S 2–4). Dch die Einfügg v Abs I S 2 u 3 sowie Änd v Abs I S 4 Hs 1 (vgl Rn 1) ist aus prakt Grden die Schriftform ggü § 126 II erleichtert. Es können Antrag u Ann (§§ 145 ff) in getrennt unterzeichneten Urk (§ 126 I) erkl w, müssen aber gem § 130 zugehen. Das Erfordern eigenhänd Unterschr (§ 126 I) entfällt, wenn die (gesamte) Erkl dch automat Einrichtgen (EDV) erstellt w (wie § 8 MHG). Zugang ledigl per Telefax genügt nicht (BGH NJW **97**, 3169); ebsowen die Übermittlg bei Teleshopping u Internet (Köhler NJW **98**, 185; Borges ZIP **99**, 130 mwN; bestr).

3) Allgemeine Kreditverträge (Abs I S 4 Nr 1) sind alle KredVertr, die nicht TZahlGesch (Rn 15) sind. 5
Dazu gehören insb KredKartenVertr, wenn sie unter das G fallen (vgl § 3 Rn 4; Seibert DB **91**, 429). Notw Inhalt der v Verbr zu unterzeichnden Erkl (Rn 4): **a) Nettokreditbetrag** (lit a) ist der zur Auszahlg gelangde 6
Betr, also ggf unter Abzug eines Disagios. Höchstgrenze ist der Betr, üb den hinaus gem Vereinbg nicht kreditiert w. **b) Gesamtbetrag** (lit b) ist aGrd derjen Leistgen zu berechnen, die bei vertrgem Erf insges zu 7
erbringen sind. Sonstige Kosten: Rn 11. Für die aF (vgl Rn 1) war bei AbschnFinanziergen u bei variablem ZSatz die Angabe des GesBetr nicht mögl (LG Schwer WM **94**, 1286); LG Bonn NJW **95**, 2996). Seit 1. 5. 93 (vgl Rn 1) gilt die NeuFassg ohne Rückwirg (LG Bonn aaO). Sie hat klarstellden Charakter (Peters WM **94**, 1405 [1411]). Danach ist zu untersch: **aa) Feststehender** GesBetr (S 1) gilt für alle RatenKred mit festen VertrBedinggen, insb gleichbleibdem ZSatz u fester LaufZt, wenn also insb die EinzelBetr bereits bei VertrSchl feststehen. **bb) Fiktiver** GesBetr (S 2) ist bei KredGesch, bei denen der Kred vertrgem dch TZahlgen 8
zurückgeführt w soll, anzugeben, wenn die VertrBedinggen sich veränd können, insb in TeilBetr valutiert w, der ZSatz variabel od die LaufZt ungewiß ist. Hier ist der GesBetr aGrd der sog Anfangskonditionen zu errechnen, auch bei AbschnFinanzierg (hierzu Peters WM **94**, 1405). Auf die Möglk, daß sich die anfängl Belastg, die Höhe der Raten od die Zahl u Dauer der Raten ändern kann, müßte ausdrückl hingewiesen w. **cc) Entbehrlicher** GesBetr (S 3). Das gilt für Rahmen- u KontokorrentKred; weitere Fälle bei Drescher 9
WM **93**, 1445. Hier ist die Angabe eines GesBetr nicht mögl. **c) Rückzahlung** des Kred (lit c). Ist TeilZahlg 10
vereinb, sind Betr, Anzahl (Karlsr WM **99**, 222 mwN) u Fällk der Raten (auch v Mindestraten) anzugeben. VertrBeendigg: Befristg (nach Datum od bestimmb), Künd (mit Fr), Rücktr, einvernehml Aufhebg; diese Angaben sind insb bei KontokorrentKred zu machen. **d) Zinssatz und Kosten** (lit d). ZSatz: der vereinb pro 11
J. Kosten: alle sonstigen Aufwendgen, die der KredN vereinbgem bei planmäß Abwicklg (BGH NJW **98**, 602) für den Kred zu tragen hat, insb Vermittlgs- u BearbeitgsGebühren, Spesen, Provisionen, nicht eine VorfällkEntsch (§ 609 a Rn 3; BGH aaO). Kann die Höhe des einzelnen Betr bei VertrAbschl nicht in Geld angegeben w, weil er noch nicht feststeht, so ist der Grd anzugeben (Stichwort genügt). **e) Effektiver** 12
Jahreszins (lit e). Begriff: Abs II (Rn 20). Soll dem KredN den PrVergl ermögl. Bei KredVertr mit Vorbehalt der Änd v ZSatz od sonstiger Konditionen ist der bei VertrBeginn geltde effektive JZ ist auf jeden Fall anzugeben, außerdem die Vorauss aller vorbehaltenen Änd, so genau wie bei PrAnpassgsKl (§ 11 Rn 7 AGBG). Dies ist auf die sog SelbstbediengsKred zugeschnitten, zB Scheck-, Dispositions-, Ideal- od Dauer-Kred. Gilt nicht, wenn währd der LaufZt des Vertr der variable ZSatz in einen festen Zins umgewandelt w (Hbg NJW-RR **94**, 1011). **f) Versicherungskosten** (lit f), insb RestschuldVers. Diese Kosten gehen in den 13
effektiven JZ nicht ein u müssen daher angegeben w, mind berechenb sein, wenn sie bei VertrSchl noch nicht beziffert w können. Es ist auf den Zushang mit dem Kredit abzustellen (im einzelnen Hemmerle/v. Rottenburg WM **93**, 181). Bei Kfz fallen HaftPfl u Kasko nicht darunter. **g) Sicherheiten** (lit g), insb SichergsÜber- 14
eigng u GehaltsAbtretg; gilt nur, falls Sicherh vereinb u bestellt w. Dies muß nicht in der Urk geschehen. Es genügt die best Bezeichng od der pauschale Hinw auf ihr Bestehenbleiben, wenn die Sicherh bereits bestellt sind.

4) Teilzahlungsgeschäfte (Abs I S 4 Nr 2). Nur für diese Art v KredVertr (§ 1 Rn 6) gilt die Vorschr. Sie 15
sind hier legal definiert. Zur BewL Bülow NJW **98**, 3454. Die Vorschr ist entspr anwendb, wenn statt TZahlg der GesBetr später auf einmal bezahlt w muß (Reinicke/Tiedtke ZIP **92**, 217). Kein TeilzGesch ist der finanzierte Kauf, für den § 9 od Abs I S 4 Nr 1 (Rn 5–14) gilt. Auch nicht ein RahmenKredVertr zum fortlaufden Bezug v Waren. Notwend Inhalt der VertrErkl, die der Verbr unterzeichnet: **a) Barzahlungspreis** 16
(lit a). Er ist als Summe anzugeben. Die MWSt muß enthalten sein (BGH **62**, 42 für § 1 a AbzG). Es ist der sog ListenPr (der übl Pr bei BarzahlgsGesch) anzugeben. Ein sonst gewährter BarzahlgsRabatt muß nicht abgezogen w (Knütel JR **85**, 353 mwN für § 1 a AbzG). Entbehrl ist er nur gem S 3 bei ausschließl TZahlgsVerkäufern, aber ledigl solchen, die nur liefern (nicht herstellen) od (D- bzw Werk-)Leistgen erbringen. Der TZahlgsVerk muß dann ausschließl u für einen längeren ZtRaum vorgen w. **b) Teilzahlungspreis** (lit b). Er 17
ist legal definiert. Es ist die Summe mit MWSt anzugeben, soweit der KredG dazu in der Lage ist. Der TZahlgsPr muß berechnet, nicht nur berechenb sein (Hamm NJW-RR **89**, 379 für § 1 a AbzG). Anzahlg: der erste, vor Überg fäll, auf den Pr anzurechnende GeldBetr, bar od verrechnet (zB bei InzahlgN). Zinsen: nach planmäß LaufZt zu errechnen. Sonstige Kosten: wie Rn 11. Nicht: Verpackg, Porto od Fracht. Insges muß der TZahlgsPr dem Betr entspr, den der KredN bei ordngsgem Erf des Vertr tats bezahlen muß. **c) Teilzahlungs-** 18
plan (lit c). Betrag: Er ist in Geld, nicht in BruchT des TZahlgsPr anzugeben. Zahl: iZw ohne eine Anzahlg. Fällk: Sie muß sich auf einen nach dem Kalender od nach ihm bestimmb Tag beziehen. **d) Effektiver** **Jahreszins** (lit d). Begriff: Abs II (Rn 20). Entbehrl nur gem S 3 (wie Rn 16). **e) Versicherungskosten** (lit 19
e): wie Rn 13. **f) Sicherheiten** (lit f). EigtVorbeh: § 455 Rn 12–22. And Sicherh: wie Rn 14.

5) Sonstiges. a) Begriff des effektiven Jahreszinses (Abs II) ist legal definiert in S 1. NettoKredBetr: 20
Rn 6. BarzahlgsPr: Rn 16. Gesamtbelastg: die pro J anfallden Zn u alle sonst Kosten (Abs I S 4 Nr 1 d, Rn 11), sowie die der Vers (lit f, Rn 19). Berechng (S 2): § 4 PAngV v 14. 3. 85 (BGBl 580) idF der ÄndVO v 3. 4. 92 (BGBl 846). **b) Aushändigung** (Abs III) einer Abschr beider VertrErkl. Sie können in einer einz Urk zugefaßt sein, Abs III gilt für Abs I Nr 1 u 2. Die Abschr muß den danach erforderl Inhalt haben.

VerbrKrG 5

Überziehungskredit. **[I]Die Bestimmungen des § 4 gelten nicht für Kreditverträge, bei denen ein Kreditinstitut einem Verbraucher das Recht einräumt, sein laufendes Konto in bestimmter Höhe zu überziehen, wenn außer den Zinsen für den in Anspruch genommenen Kredit keine weiteren Kosten in Rechnung gestellt werden und die Zinsen nicht in kürzeren Perioden als drei Monaten belastet werden. Das Kreditinstitut hat den Verbraucher vor der Inanspruchnahme eines solchen Kredits zu unterrichten über**

1. die Höchstgrenze des Kredits;
2. den zum Zeitpunkt der Unterrichtung geltenden Jahreszins;
3. die Bedingungen, unter denen der Zinssatz geändert werden kann;
4. die Regelung der Vertragsbeendigung.

Die Vertragsbedingungen der Nummern 1 bis 4 sind dem Verbraucher spätestens nach der ersten Inanspruchnahme des Kredits schriftlich zu bestätigen. Ferner ist der Verbraucher während der Inanspruchnahme des Kredits über jede Änderung des Jahreszinses zu unterrichten. Die Bestätigung nach Satz 3 und die Unterrichtung nach Satz 4 können auch in Form eines Ausdrucks auf einem Kontoauszug erfolgen.

II Duldet das Kreditinstitut die Überziehung eines laufenden Kontos und wird das Konto länger als drei Monate überzogen, so hat das Kreditinstitut den Verbraucher über den Jahreszins, die Kosten sowie die diesbezüglichen Änderungen zu unterrichten; dies kann in Form eines Ausdrucks auf einem Kontoauszug erfolgen.

1 1) **Allgemeines.** Der ÜbzKred ist eine weit verbreitete, sehr flexible KredArt, die nicht dch hierbei schwer
zu erfüllde FormVorschr behindert w soll. **a) Begriff** des ÜbzKred: Das laufde Konto eines Verbr (§ 1 Rn 4)
2 weist inf Abhebg od Belastg einen Sollsaldo auf. **b) Wirkung.** Die UnterrPfl (Rn 7 u 11) tritt an die Stelle
der FormVorschr des § 4. Wird die UnterrPfl hinsichtl Inhalt, Ztpkt od Form verletzt, sieht das G keine
RFolgen vor. Es kann ein SchadErsAnspr aus pVV (§ 276 Rn 113) entstehen. Die Wirksk von Vertr u
3 VertrÄnd w dadch nicht berührt. **c) Beweislast** für ÜbzKred, Unterrichtg (Rn 7, 13) u Bestätigg (Rn 10)
trägt das KredInst.

4 2) **Vereinbarter Überziehungskredit** (Abs I). **a) Voraussetzungen** (S 1): **aa) Persönlich.** KredG muß
ein KredInstitut, nicht notw iSv § 1 KWG sein (MK/Ulmer 5), KredN ein Verbr (§ 1 Rn 4). **bb) Laufendes
Konto:** Damit ist jedes Kontokorrentkonto iS v § 355 HGB gemeint. Unerhebl ist, daß der Verbr seinen
5 ZahlgsVerk auch od später üb ein and Konto leitet (MK/Ulmer 13). **cc) Kreditvertrag** (§ 1 II), der darauf
gerichtet ist, daß der KredN (Verbr, Bankkunde) Anspr darauf hat, von seinem Konto bis zu einer festgelegten
(vereinb od vom KredG best u dem KredN bekannten) Höhe des Sollsaldos (best od bestimmb Betr, zB 2
MoGehälter) zu überweisen od abzuheben ohne eine Vereinbg, den Kred in best Weise zurückzuführen
6 (KredRahmen). Bankübl KredRahmen sind 3 NettoMoGehälter (Köln WM **99**, 1003). **dd) Entgelt** für den
ÜbzKred dürfen nur die vereinb Zinsen sein (alle laufztabhäng Entgelte, gleichgült wie benannt), keine sonst
Kosten, außer den sog KontoFührgsGebühren; andfalls gelten § 4 I, § 6. **ee) Belastungsperiode.** Die Zinsen
dürfen zwar nach ZZahlen pro Tag berechnet, aber dem Konto nicht früher als alle drei Mo belastet w. Damit
7 kommt der vereinb JZ dem EffektivZ (§ 4 Rn 8) sehr nahe. **b) Unterrichtungspflicht** (S 2 u 4). Sie tritt an
die Stelle der FormVorschr (§ 4). **aa) Inhalt** bei InAnsprN. **Nr 1:** GeldBetr od bestimmb Höhe (zB MoGe-
8 halt). **Nr 2:** § 4 I S 4 Nr 1 d (nomineller JZ). **Nr 3:** ÄndBedinggen sind so genau anzugeben wie die Vorauss
bei § 4 I S 4 Nr 1 e; auch dch AGB mögl, insb dch ZAnpassgsKl (vgl MK/Ulmer 21). **Nr 4:** wie § 4 I S 4
Nr 1 c (dort Rn 10). Die Beendigg kann sich auf die gesamte GeschVerbindg od nur auf den KredRahmen
beziehen (MK/Ulmer 22). **bb) Besonderer Anlaß** (S 4): Mitzuteilen ist jede Änd des JZ (§ 4 I S 4 Nr 1 d),
9 aber nur, wenn dies währd der Inanspruchn (wie Rn 11) geschieht. **cc) Zeitpunkt** (S 2): Vor Inanspruchn
bedeutet vor der ersten ÜbZiehg. Währd der Inanspruchn: Dies ist prakt nur so zu realisieren, daß die
Unterrichtg aller KontenInh mit ÜbZiehgsLimit erfolgt (MH 275). Es kann auch nachträgl unterrichtet w.
dd) Form: bis zur ÜbZiehg nicht vorgeschr, daher insb dch AGB u Aushang in den zugängl GeschRäumen
10 zuläss. Ab ÜbZiehg ist schriftl Bestätigg (wie Rn 10) vorgeschr. **ee) Schriftliche Bestätigung** (S 3 u 5): also
keine Schriftform des § 126 (MK/Ulmer 25). Zweckmäß bei VertrAbschl, aber noch rechtzeit, wenn (angemessen kurze Zeit) nach der ersten ÜbZiehg geschehen. Zwischenzeitl Habensaldo begründet keine neue UnterrPfl.

11 3) **Geduldete Überziehung** (Abs II). **a) Anwendbar** auf einvernehml ÜbZiehg (wenn kein KredRah-
men eingeräumt od dieser übzogen ist), zB dch Barauszahlg, u auf eine vom Verbr eigenmächt vorgen
12 ÜbZiehg (ohne Willen des KredInstituts), zB ungedeckter EC-Scheck. **b) Rechtsfolgen.** Bei einvernehml
ÜbZiehg, die sich im bankübl Rahmen hält (bis zu 10% üb den KredUmfang v 3 NettoMoGehältern [Rn 5];
Köln WM **99**, 1003), kommt eine vertr KredGewährg zustde, bei der für die Unterrichtg nicht Abs I, sond
nur Abs II gilt. Bei eigenmächt ÜbZiehg wird dch den Verbr der GiroVertr verletzt; er ist dafür schaderspfl
13 (MK/Ulmer 31). **c) Unterrichtungspflicht** (ggü Abs I stark eingeschr). **aa) Voraussetzung.** Ein Sollsaldo
14 muß ununterbrochen 3 Mo, gleichgült in welcher Höhe, bestanden haben. **bb) Inhalt:** JZ (§ 4 I S 4 Nr 1 d),
Kosten (§ 4 I S 4 Nr 1 d u f) u (nachfolgd) deren Änd, u zwar jede (ggf wiederholt), wobei nur der neue
ZSatz od Betr, nicht der Umfang anzugeben ist. Dem Wortlaut zufolge ist auch eine Ermäßigg mitzuteilen.
15 **cc) Form** (Hs 2): Ersichtl geht der GGeber von schriftl Mitt aus (wie Rn 9). Der Ausdruck muß den
vorgeschr Inhalt (Rn 14) abdecken.

VerbrKrG 6

Rechtsfolgen von Formmängeln. **I Der Kreditvertrag ist nichtig, wenn die Schriftform insgesamt nicht eingehalten ist oder wenn eine der in § 4 Abs. 1 Satz 4 Nr. 1 Buchstabe a bis f und Nr. 2 Buchstabe a bis e vorgeschriebenen Angaben fehlt.**

II Ungeachtet eines Mangels nach Absatz 1 wird der Kreditvertrag in den Fällen des § 4 Abs. 1 Satz 4 Nr. 1 gültig, soweit der Verbraucher das Darlehen empfängt oder den Kredit in Anspruch nimmt. Jedoch ermäßigt sich der dem Kreditvertrag zugrunde gelegte Zinssatz (§ 4 Abs. 1 Satz 4 Nr. 1 Buchstabe d) auf den gesetzlichen Zinssatz, wenn seine Angabe, die Angabe des effektiven oder anfänglichen effektiven Jahreszinses oder die Angabe des Gesamtbetrages nach Buchstabe b fehlt. Nicht angegebene Kosten werden vom Verbraucher nicht geschuldet. Vereinbarte Teilzahlungen sind unter Berücksichtigung der verminderten Zinsen oder Kosten neu zu berechnen. Ist nicht angegeben, unter welchen Voraussetzungen preisbestimmende Faktoren geändert werden können, so entfällt die Möglichkeit, diese zum Nachteil des Verbrauchers zu ändern. Sicherheiten können bei fehlenden Angaben hierüber nicht gefordert werden; dies gilt nicht, wenn der Nettokreditbetrag 100 000 Deutsche Mark übersteigt.

III Ungeachtet eines Mangels nach Absatz 1 wird der Kreditvertrag in den Fällen des § 4 Abs. 1 Satz 4 Nr. 2 gültig, wenn dem Verbraucher die Sache übergeben oder die Leistung erbracht wird. Jedoch ist der Barzahlungspreis höchstens mit dem gesetzlichen Zinssatz zu verzinsen, wenn die Angabe des Teilzahlungspreises oder des effektiven Jahreszinses fehlt. Ist ein Barzahlungspreis nicht genannt, so gilt im Zweifel der Marktpreis als Barzahlungspreis. Die Bestellung von Sicherheiten kann bei fehlenden Angaben hierüber nicht gefordert werden.

IV Ist der effektive oder der anfängliche effektive Jahreszins zu niedrig angegeben, so vermindert sich in den Fällen des § 4 Abs. 1 Satz 4 Nr. 1 der dem Kreditvertrag zugrunde gelegte Zinssatz, in den Fällen des § 4 Abs. 1 Satz 4 Nr. 2 der Teilzahlungspreis um den Vomhundertsatz, um den der effektive oder anfängliche effektive Jahreszins zu niedrig angegeben ist.

1) Nichtigkeit (Abs I) des KredVertr (§ 1 II) ist die zwingde RFolge, wenn die Schriftform (§ 4 I S 1) 1
unbeachtet geblieben ist od (auch nur) eine der in § 4 I S 4 ausdrückl verlangten Mindestangaben im schriftl Vertr fehlt. § 126 gilt, insb dessen Abs II S 1 (BGH NJW **97**, 1443). § 6 ist SonderVorschr zu § 125 S 1 BGB, aber auch zu § 139 (MK/Ulmer 14), notw wg der bes RFolgen der Abs II–IV. Wird das Darl ausbezahlt od der Kred in and Weise in Anspr gen (insb dch Lieferg der Sache, Entggn des Werks od der De, vgl § 1 Rn 6), so wird der KredVertr voll wirks. Er kommt aber im Interesse des VerbrSchutzes mit solchen Bedinggen zustde, die aGrd v Abs II–IV für den Verbr günst sind. Bis dahin können aGrd des formnicht KredVertr keinerlei Leistgen beanspr w.

2) Heilung bei allgemeinen Kreditverträgen (Abs II), also nur solchen, die unter § 4 I S 4 Nr 1 2
fallen. Für den Schuldbeitritt (Übbl 2 vor § 414; vgl § 1 Rn 5) gilt das nicht (BGH NJW **97**, 654). **a) Voraussetzungen** (S 1). Empf des Darl: wie § 607 Rn 6, 7; erfordert eine LeistgsHdlg des KredG. Wirkt bei MitHaftg inf Schuldbeitritts nicht ggü dem, der den Kred nicht empf hat (Karlsr WM **99**, 222); bei Unwirksk wg Formmangel der Vollm (§ 4 Rn 3b) muß der Vertretene am ErfGesch mitwirken (Mü NJW **99**, 2196). Inanspruchn: setzt eine Disposition des Verbr voraus u kommt für alle solchen KredVertr in Betr (§ 1 II), bei denen kein Darl gewährt w, insb dch Entggn der Sache beim Leas, einlösgspflicht Scheckbegebg u beim KredKartenVertr. **b) Wirkung.** Der KredVertr wird voll wirks („gültig") mit 3
abweichdem Inhalt, je nach dem, welche Angabe entgg § 4 I S 4 Nr 1 unterl w. Der Verbr behält jedenf den Kred üb die volle LaufZt. And Mängel (insb §§ 119, 123, 134 u 138) bleiben davon unberührt. **aa) Zinssatz** (S 2). Der JZ (§ 4 I S 4 Nr 1 d) ermäß sich auf 4 % (§ 246 BGB). 5 % sind bei Existenz- 4
GründgsDarl denkb (§§ 352, 355 I HGB), wenn die Angaben gem § 4 I S 4 Nr 1 d u e (JZ, effektiver JZ, auch des anfängl) fehlen oder diejen gem lit b (GesBetr). **bb) Kosten** (S 3). Sind sie nicht gem § 4 I 5
S 4 Nr 1 d u f angegeben, schuldet sie der Verbr nicht. **cc) Neuberechnung** der TZahlgen (S 4) muß der KredG vornehmen, entspr § 4 I S 4 Nr 1 b. **dd) Ausschluß einseitiger Änderung** (S 5). Entspr die Angabe nicht dem § 4 I S 4 Nr 1 e, können die preisbest Faktoren nicht zum Nachteil des Verbr geänd w. **ee) Sicherheiten** (S 6). Gemeint sind die des § 4 I S 4 Nr 1 g. Der KredG kann sie nicht verlangen, 6
wenn er entgg § 4 I S 4 Nr 1 b, d, e, f irgendeine Angabe nicht gemacht hat. Unanwendb bei GroßKred (S 6 Hs 2).

3) Heilung bei Teilzahlungsgeschäften (Abs III). Anwendb wie § 4 Rn 15. **a) Voraussetzungen** 7
(S 1). Kenntn des Fommangels ist unerhebl. **aa) Lieferung einer Sache.** Sie muß übergeben sein. 8
Überg: grdsätzl wie § 433 Rn 7, soweit darin eine einverständl Mitwirkg des Käufers (Kunden) vorausgesetzt w, weil der Kaufentschl nach außen bestätigt w muß. Dies ist wg der RFolge des VertrSchlusses erforderl. Überg ist erst vollzogen, wenn der Kunde seinen BesWillen (auch schlüss) äußert. Es steht ihm frei, die Übern zu verweigern, weil der Vertr noch nicht wirks ist (BGH NJW **77**, 1632 für § 1 a AbzG). Nicht genügt: BesMittlgsVerh (§ 930) od Abtretg des HerausgAnspr gem § 931 (umstr; vgl MK/Ulmer 34). Bei teilb Sachen, mehreren Sachen od SachGesh muß für die Wirksk des Vertr restlos übgeben sein. Ist nur teilw übgeben, kann wg ähnl Interessenlage § 469 S 2 entspr angewendet w. **bb) Erbrachte Leistung.** Ist eine Werk- od DLeistg geschuldet (§ 1 Rn 6), muß sie erbracht sein, dh der KredG muß erfüllt haben (§ 362 BGB). Es wird (wie für Rn 8) eine Mitwirkg des KredN bei Überg wie bei Erfüllg vorausgesetzt. **b) Wirkung:** wie Rn 3. Sie ist jedoch auf die Angaben gem § 4 I S 4 9
Nr 2 zu beziehen. **aa) Zinssatz** (S 2): Der BarzahlgsPr (§ 4 I S 4 Nr 2 a) muß nur mit 4 % (§ 246 BGB) verzinst w, wenn Angaben gem § 4 I S 4 Nr 2 b u d fehlen. **bb) Barzahlungspreis** (S 3). Als 10
solcher zu verzinsen ist er, wenn er entgg § 4 I S 4 Nr 2 a nicht angegeben ist. Es gilt iZw der MarktPr (§ 453) als BarZahlgsPr. Dies ist auch im Fall des § 4 I S 5 (ausschließl TZahlgsVerk) anzuwenden (MK/Ulmer 38 a). S 3 gilt auch dann, wenn der KredG nachträgl, auf den Ztpkt des VertrAbschl bezogen, einen BarZahlgsPr errechnet (BGH NJW **79**, 758 für § 1 a AbzG). Ein vom Hersteller empfohlener RichtPr kann als BarZahlgsPr gelten. Ist kein solcher Preis zu ermitteln, wird vom TZahlgsPr der übl TZahlgsZuschlag abgezogen. Ist eine Anzahlg geleistet, muß vom errechneten BarzahlgsPr selbstverstdl nur der kreditierte Teil verzinst w. Es änd sich nicht die LaufZt, sond die Höhe der TZahlgen (MH 316). **cc) Sicherheiten** (S 4): Der KredG kann sie nicht verlangen, wenn die Angaben entgg § 4 I S 4 11
Nr 2 a, b u d fehlen.

4) Falsche Angaben (Abs IV). Bei Versch (§§ 276, 278) führen sie in allen Fällen zu SchadErs (§ 276 12
Rn 123), bei Argl zur Anf (§ 123). Die zu niedr Angabe ist kein Formmangel wie bei Abs I–III. Abs IV bewirkt keine Nichtigk, sond eine VertrÄnd krG wie Abs II S 2–5 u III S 2–4. **a) Voraussetzung** ist in allen 13
Fällen die zu niedr (v der tats Belastg abweichde) Angabe des (anfängl) effektiven JZ (§ 4 Rn 8 u 14), Abweichgen bis 0,05% sind tolerabel (LG Stgt NJW **93**, 208). **b) Wirkung.** Verhältnmäß Minderg des JZ bei 14
allg KredVertr (§ 4 I S 4 Nr 1 d, dort Rn 11) u des TZahlgsPr bei TZahlgsGesch (§ 4 I S 4 Nr 2 b), aber weder unter den gesetzl ZSatz (§ 246) noch unter den BarZahlgsPr (entspr Abs III S 3; MK/Ulmer 45). Bei variablem ZSatz ist die ZAnpassg auf Basis des verminderten NominalZ vorzunehmen (BT-Dr 11/5462 S 21). Neuberechnung ist Aufgabe des KredG.

VerbrKrG 7 *Widerrufsrecht.* **[I]Die auf den Abschluß eines Kreditvertrages gerichtete Willenserklärung des Verbrauchers wird erst wirksam, wenn der Verbraucher sie nicht binnen einer Frist von einer Woche schriftlich widerruft.**

[II]Zur Wahrung der Frist genügt die rechtzeitige Absendung des Widerrufs. Der Lauf der Frist beginnt erst, wenn dem Verbraucher eine drucktechnisch deutlich gestaltete und vom Verbraucher gesondert zu unterschreibende Belehrung über die Bestimmung nach Satz 1, sein Recht zum Widerruf, dessen Wegfall nach Absatz 3 sowie Namen und Anschrift des Widerrufsempfängers ausgehändigt worden ist. Wird der Verbraucher nicht nach Satz 2 belehrt, so erlischt das Widerrufsrecht erst nach beiderseits vollständiger Erbringung der Leistung, spätestens jedoch ein Jahr nach Abgabe der auf den Abschluß des Kreditvertrages gerichteten Willenserklärung des Verbrauchers.

[III]Hat der Verbraucher in den Fällen des § 4 Abs. 1 Satz 4 Nr. 1 das Darlehen empfangen, gilt der Widerruf als nicht erfolgt, wenn er das Darlehen nicht binnen zweier Wochen entweder nach Erklärung des Widerrufs oder nach Auszahlung des Darlehens zurückzahlt.

[IV]Auf den Widerruf findet im übrigen § 3 des Gesetzes über den Widerruf von Haustürgeschäften und ähnlichen Geschäften Anwendung.

[V]Die Absätze 1 bis 4 finden keine Anwendung auf die in § 5 Abs. 1 Satz 1 genannten Kreditverträge, wenn der Verbraucher nach dem Kreditvertrag den Kredit jederzeit ohne Einhaltung einer Kündigungsfrist und ohne zusätzliche Kosten zurückzahlen kann. Sie finden ferner keine Anwendung, wenn der Kreditvertrag der Finanzierung des Erwerbs eines Teilzeitnutzungsrechtes an einem Wohngebäude dient und mit dem Erwerbsvertrag eine wirtschaftliche Einheit bildet.

1 **1) Allgemeines.** Abs V S 2 ist angefügt seit 1. 1. 97 dch § 10 II TzWrG. **a) Inhalt und Zweck.** Die Regelg ist mit Unterschieden dem § 1 b I AbzG u dem § 1 I HausTWG nachgebildet (vgl Teske NJW **91**, 2792). Sie ist unabdingb (§ 18). Der Verbr soll wg der wirtsch Bedeutg u Tragweite des Gesch, auch wg der schwier VertrMaterie vor Übereilg geschützt w u eine befr Möglk erhalten, sich v Vertr zu lösen.
2 **b) Anwendbar** auf alle KredVertr (§ 1 II), insb auch den FranchiseVertr des Existenzgründers (§ 2 Rn 6; Böhner NJW **92**, 3135); auch BankDarl, die nicht grundbuchrechtl gesichert sind (v. Heymann NJW **99**, 1577 [1581]). nicht auf den FernUnterrVertr, da das WiderrR des § 4 FernUSG gilt (§ 9 FernUSG), u bei TeilZtWohnR (Abs V S 2; § 10 II TzWrG). Auf die Teil- u WiederkehrLeistgsVertr des § 2 sind die Abs I, II u IV entspr anwendb. § 7 gilt bei einem Schuldbeitritt auch für den beitretden Verbr (BGH NJW **94**, 1726; vgl § 1 Rn 5), aber nicht für den Eheg bei Gesch des tägl Lebens (§ 1357 I S 2), der ohne weiteres mitverpfl w (Schanbacher NJW **94**, 2335 mwN; bestr). Auf den ÜbZiehgsKred gem § 5 sind wg Abs V S 1 die Abs I–IV nicht anwendb, wenn der ÜbZiehgsKred v Verbr (Bankkunden) vereinbgem jederzt fr- u kostenl zurückgezahlt w kann, insb dch RückFührg des Sollsaldos. Hier wird der Widerr prakt dch die
3 Zahlg mit gleicher Wirkg ersetzt. **c) Wirkung.** Der KredVertr (§ 1 II) ist auch bei formgerechtem Abschl (§ 4 I) zunächst schwebd unwirks (hM; BGH **129**, 371) wie bei den hier nicht unmittelb anwendb § 108 I, § 158 I, § 177 I BGB (BGH **119**, 283 u NJW **96**, 2368). Nur wenn der Widerr bis zum FrAblauf (1 Wo, spät 1 J) unterbleibt, wird der Vertr ex nunc u nicht rückwirkd (vgl Abs I) wirks, weil die WillErkl des Verbr nicht eher wirks w. Solange die reguläre WiderrFr läuft, bestehen folgericht auch keine ErfAnspr währd des Laufs der WochenFr (hM; MK/Ulmer 21; aA Pfeiffer/Dauck NJW **97**, 30). Der KredG, der nicht ordngsgem belehrt hat (Abs II S 1), kann sich aber wg entspr Anwendg des § 162 ggü dem ErfAnspr des Verbr nicht auf die Unwirksk berufen (hM; MK/Ulmer 11; Heinrichs Fs Medicus S 177 [181] mwN). Unter best Vorauss wird ein Verzicht auf das WiderrR für wirks gehalten v Krämer ZIP **97**, 93. Das dürfte mit § 18 nicht vereinb sein (Heinrichs aaO). Der LeasG kann bei Künd (44 vor § 535) auch nicht SchadErs verlangen (BGH NJW **96**, 2367). Ist nicht od nicht ordngsgem belehrt ü läuft die WoFr deshalb noch nicht (Abs II S 2; sog JFr des S 3), kann der KredN in Kenntn des WiderrRs den ErfAnspr geltd machen u den bislang schwebd unwirks Vertr einseit zur Wirksk verhelfen (MK/Ulmer 21 mwN). Wenn der Widerr endgült unterbleibt, soll für die Zt bis zum Wirkswerden des Vertr bei gegebenem Kred der MarktZ analog § 3 III HausTWG verlangt w können (Ollmann WM **92**, 2005 [2009]).

4 **2) Widerrufsrecht** des Verbr. Übbl Martis MDR **98**, 1260. Es ist ein auf Verhinderg des VertrAbschl gerichtetes GestaltgsR (wie § 1 Rn 12 HausTWG; hM; Krämer ZIP **97**, 93 mwN; Gernhuber WM **98**, 1797); aA BGH **131**, 82 für § 1 HausTWG: Einwendg; Hadding Fs Brandner 207 [211]: ges RücktrR). Zu den RFolgen für § 767 ZPO: Martis aaO. **a) Entstehung:** sobald die auf den VertrAbschl gerichtete WillErkl
5 des Verbr abgegeben ist (Abs I), gleichgült ob formwirks od nicht. **b) Ausübung** des Widerr wie bei § 2 Rn 1 HausTWG. Inhalt u Form: entspr § 2 Rn 2, 3 HausTWG. Fr: 1 Wo ab Belehrg (Abs II S 2) od 1 J ab WillErkl des Verbr (Rn 9; Abs II S 3); Berechng: §§ 187 I, 188, 193 BGB.

6 **3) Fristwahrung** (Abs II). S 1 ist ganz, S 2 zT dem § 2 I S 1 u 2 HausTWG nachgebildet. Für S 1 wird auf § 2 Rn 5 HausTWG verwiesen. **a) Fristbeginn bei Belehrung** (S 2): sobald diese mind in Kopie (Schlesw WM **97**, 1986) ausgehänd ist. Form, Unterschr u Datum: wie § 2 Rn 6, 8, 9 HausTWG. Die Unterschr muß nicht auf dem beim Vertr bleibden Expl erfolgen (BGH NJW **98**, 2438). Inhalt: grdsätzl wie § 2 Rn 7 HausTWG; also auch Belehrg üb den Beginn der WiderrFr (hM; BGH **121**, 52). Sie muß unmißverständl u darf nicht widersprüchl sein (Kblz NJW-RR **98**, 1525). Bei verbundenen Gesch gilt zusätzl § 9 II S 2 (dort Rn 7). Außerdem muß üb den Wegfall des WiderrR gem Abs III belehrt w, also nicht beim LeasVertr (Zahn DB **91**, 687). Ztpkt: nicht bei KredGewährg; beim KredKartenVertr bei Abschl des RahmenVertr (aA Metz NJW **91**, 2803 [2812]); beim SchuldBeitr (§ 1 Rn 5) für künft KredVertr ZtPkt der Beitritts-
7 Erkl (BGH NJW **96**, 2865). BewL für Belehrg: KredG. **b) Rechtsfolgen fehlender Belehrung** (S 3). Gilt, wenn die Belehrg unterblieben, unvollständ od wg and wesentl Mängel (Form od Inhalt) unwirks ist. Das
8 WiderrR erlischt (rechtsvernichtde Einwendg, wie Übbl 1 vor § 362): **aa)** Mit der beiders (v KredG u KredN) vollständ erbrachten Leistg (wie § 2 Rn 4 HausTWG). Es kann also bis zur letzten ErfHdlg (zB der

allerletzten TZahlgsRate) widerr w, solange die JFr (Rn 9) läuft. **bb)** Spätestens, auch wenn die Leistgen nicht erbracht sind, mit Ablauf der JFr. Berechng gem § 187 I, § 188 I BGB. Abgabe: § 130 Rn 4. WillErkl auf Abschl des KredVertr (§ 1 II): Diese kann Antr (§ 145 BGB) od Ann (§ 148 Rn 1, § 151 Rn 1) sein. Allein die WillErKl des Verbr ist maßgebd. 9

4) Unterbleibensfiktion (Abs III). **a) Anwendbar** nur für allgem KredVertr (§ 4 I S 4 Nr 1; dort Rn 5), auch wenn der Kred nicht als Darl bezeichnet ist. Nicht anwendb auf and Arten v VerbrKred, insb langsfr LieferVertr iS des § 2 (BGH NJW **95**, 2290). TZahlgsGesch, ZahlgsAufschub u LeasVertr (MK/Ulmer 48); auch nicht analog (Reinking/Nießen ZIP **91**, 634 [637]). **b) Voraussetzungen: aa) Empfang.** Der KredN muß den Kred empf haben (wie § 607 Rn 6, 7). Das trifft auch zu bei TeilAuszahlg (MK/Ulmer 45), wenn an einen Dr (§ 362 II BGB) geleistet od gegen einen AltKred aufgerechnet w (BT-Dr 11/5462 S 22; aA MK/ Ulmer 44). **bb) Rückzahlung** ist die Erf des RückerstattungsAnspr (§ 607 Rn 19), und zwar des Netto-KredBetr (§ 4 S 1 Nr 1 a). Ist das Darl unter Abzug des Disagios ausbezahlt worden, ist nur der empf Betr zurückzuzahlen (Abs IV; § 3 I S 1 HausTWG). Das bloße Stehenlassen auf dem Konto genügt nicht. Abs III gilt nicht, wenn nach Zugang (§ 130) des Widerr das Darl ausbezahlt w. **cc) Rechtzeitigkeit** der Rückzahlg. Die 2-WoFr (§§ 187 I, 188 II BGB) läuft wahlw. Erkl des Widerr (Rn 4) ist Abgabe, nicht Zugang (§ 130 Rn 4). Auszahlg: Aushändigg v Geld od Gutschr auf dem Konto. Kommt es auf die Rechtzeitk der Rückzahlg an, muß auf § 270 Rn 6 abgestellt w. Üb die RückzahlgsPfl muß gem Abs II S 2 belehrt w (Rn 6). **c) Wirkung.** Wird nicht zurückgezahlt (Rn 12), so wird fingiert, daß der erkl Widerr nicht erfolgt sei (umstr; aA Widerr ist unwirks: MK/Ulmer 52; auflösd bedingt gem § 158 II: BOW/Bruchner 42), sodaß der KredVertr voll wirks weiterbesteht. Jeder Widerr gem § 7 ist daher bis zur Rückzahlg od fruchtl FrAblauf schwebd unwirks (wie § 158 I od § 177 I BGB). 10 11 12 13 14

5) Rechtsfolgen des Widerrufs (Abs IV): wie § 3 HausTWG, so daß die dort Anm entspr gelten. Bei FranchVertr (Einf 22 vor § 581) erfaßt der Widerr nur die kreditrechtl u kreditähnl Teile des Vertr (BGH **128**, 156). Bei finanz WertPSpekulationskäufen (§ 9) hat der Kunde bei Rückg der WertP der Bank auch den eingetretenen KursVerl zu ers (Claussen NJW **93**, 564). Bei Künd des FinLeasVertr wg ZahlgsVerz vor Ablauf der WiderrFr besteht kein SchadErsAnspr des LeasG (BGH NJW **96**, 2367). 15

VerbrKrG 8

Sondervorschrift für Versandhandel. **I Hat ein Kreditvertrag die Lieferung einer Sache oder die Erbringung einer anderen Leistung zum Gegenstand und gibt der Verbraucher das auf den Vertragsschluß gerichtete Angebot aufgrund eines Verkaufsprospektes ab, aus dem die in § 4 Abs. 1 Satz 4 Nr. 2 Buchstabe a bis e bezeichneten Angaben mit Ausnahme des Betrages der einzelnen Teilzahlungen ersichtlich sind, so findet § 4 keine Anwendung, wenn der Verbraucher den Verkaufsprospekt in Abwesenheit der anderen Vertragspartei eingehend zur Kenntnis nehmen konnte.**

II Räumt in den Fällen des Absatzes 1 der Kreditgeber dem Verbraucher das uneingeschränkte Recht ein, die Sache innerhalb einer Woche nach Erhalt zurückzugeben, so entfällt das Widerrufsrecht nach § 7. Das Rückgaberecht wird durch den Verbraucher durch Rücksendung der Sache, bei nicht postpaketversandfähigen Sachen durch schriftliches Rücknahmeverlangen ausgeübt. Rücksendung und Rücknahme erfolgen auf Kosten und Gefahr des Kreditgebers. Zur Wahrung der Frist genügt die rechtzeitige Absendung der Sache oder des Rücknahmeverlangens. Der Lauf der Frist beginnt nur, wenn entweder der Verkaufsprospekt und das Bestellformular oder eine dem Verbraucher ausgehändigte besondere Urkunde eine drucktechnisch deutlich gestaltete Belehrung des Verbrauchers über das Rückgaberecht enthalten. Im übrigen finden § 2 Abs. 1 Satz 4 und § 3 des Gesetzes über den Widerruf von Haustürgeschäften und ähnlichen Geschäften Anwendung.

1) Allgemeines. Das Versandhandelsprivileg bestand schon in § 1 a IV, § 1 b III, V AbzG u gilt auch in § 5 III S 2 HausTWG. **a) Zweck.** Mit Rücks auf den ArbAblauf beim Versandhandel entfällt die Form des § 4, weil sonst der KredG nach Eingang der Bestellg dem Verbr das schriftl VertrAngebot senden müßte u die Ware erst nach Rücklauf des unterzeichneten Vertr abschicken könnte. **b) Anwendbar** ist Abs I auf alle TeilzahlgsGesch (§ 4 I S 4 Nr 2; dort Rn 15) üb 400 DM (§ 3 I Nr 1), die der Kunde aGrd eines VerkProspekts (Katalog) bestellt hat. Die Anwendg auf Teleshopping u Internet ist abzulehnen (Borges ZIP **99**, 130 mwN; bestr). Abs II gilt nur für TZahlgsVerk, nicht für D- u WerkLeistgen. 1 2

2) Formfreiheit des Kreditvertrages (Abs I). **a) Voraussetzungen: aa)** Das Angebot (§ 145 BGB) zum KredVertr muß v Verbr ausgehen. Das ist die (auch mdl u telefon) Bestellg v Ware od Leistg auf TZahlg. **bb)** Ursächlk: Das Angebot (aa) muß aGrd VerkProspekts (Katalog) geschehen, der (fast) alle Angaben ersehen läßt, die § 4 I S 4 Nr 2 a–e fordert. **cc)** Inhalt des Angebots: Bar- u TZahlgsPr, Zahl u Fällk (nicht den Betr) der einzelnen Raten u den effektiven JZ (vgl § 4 Rn 15). Ersichtl: mühelos zu ersehen u lesb gestaltet, nicht notw drucktechn hervorgehoben (BGH NJW- RR **90**, 757 für § 1 a IV AbzG). Es ist zuläss, daß TZahlgsPr, effektive Zahl u Fälligk der Raten nach einem best Pr od PrGruppen zusgefaßt dargestellt w, sodaß der Kunde den Untersch von Bar- u TZahlgsPr u die Dauer der RatenzahlgsPfl für den Einzelfall einfach erkennen kann (zum TZahlgsModell „Zahl nach Wahl" BGH NJW-RR **89**, 1306 für § 1 a AbzG). **dd)** Eingehde KenntnN muß mögl gewesen, nicht notw erfolgt sein. Entscheidd ist, daß der KredG od sein Vertr (nicht der SammelBest) nicht anwesend war, als die Möglk zur KenntnN bestand. **b) Wirkung.** Sind die Vorauss (Rn 3) erfüllt, so ist die gesamte FormVorschr des § 4 unanwendb, demnach auch § 6. Fehlt eine Vorauss, so unterfällt der Vertr den §§ 4, 6. Bei Unrichtigk wesentl von Abs I geforderter Angaben ist § 8 unanwendb (MK/Ulmer 22). 3 4 5

3) Rückgaberecht (Abs II). Nur anwendbar, soweit auch die Vorauss des Abs I (Rn 3, 4) erf sind u Ggstd des TeilzGesch (§ 4 Rn 11) die Lieferg einer Sache ist. Belehrg: Rn 10. **a) Einräumung** (S 1) eines uneingeschr (vorauss- u kostenl) RückgR entspr dem WiderrR (§ 7 Rn 4). Dieses ist ein GestaltgsR, das als ein bes vertr RücktrR den KaufVertr in ein RückabwicklgsSchuldVerh verwandelt (MK/Ulmer 24: vgl 6 7

Rn 12). Die Einräumg muß spätestens geschehen mit Ann der Bestellg bei ÜbSendg der Ware, zweckmäß
8 dch Erkl auf der Rechng od in der BelehrgsUrk (S 5; Rn 10). **b) Wirkung.** Das WiderrR des § 7 entfällt u wird dch das RückgR ersetzt. **c) Ausübung** (S 2) grdsätzl nur dch Rücksendg der Sache. In diesem Fall bedarf es weiter keiner Erklärg des Verbr. RFolgen: Rn 15. Nur wenn die Sache nicht dch Postpaket versandt w kann (üb 20 kg), genügt ein schriftl (nicht notw in der Form des § 126 BGB; BOW/Ott 27) erkl
9 RücknVerl. **d) Kosten und Gefahr** (S 3) v Rücksendg od Rückn dch den KredG treffen diesen. Kosten: alle
10 insb für Versand u Lagerg. Gefahr: für Verlust, Beschädigg od Verschlechterg. **e) Fristwahrung** (S 4): wie § 7 II (dort Rn 6–9). Die Fr dauert eine Wo. Berechng: § 187 I, § 188 II BGB. **f) Fristbeginn** (S 5) nur dch eine Belehrg, die den Anfdgen des S 5 entspr. Drucktechn hervorgehoben: sie muß unübersehb hervortreten (BGH NJW-RR **90,** 368 mwN für § 1 b AbzG), entw in VerkProspekt (Katalog) u BestellForml od in gesond u ausgehänd Urk. Eine Unterschr ist im Ggsatz zu § 2 I S 3 HausTWG nicht vorgeschr (BOW/Ott 23).
11 **g) Erlöschen** des RückgR bei fehlender Belehrg (S 6). Es gilt § 2 I S 4 HausTWG, somit 1 Mo (Berechng
12 §§ 187 I, 188 II BGB) ab beiders vollständ erbrachter Leistgen (wie § 7 Rn 8). **h) Rechtsfolgen der Rückgabe** (S 6). Der KaufVertr verwandelt sich wie beim Rücktr (§ 346) in ein AbwicklgsSchuldVerh (MK/Ulmer 30; vgl Rn 7), das nach § 3 HausTWG zu behandeln ist. **i) Beweislast.** Verbr für rechtzeit Ausübg des RückgR; KredG für die Vorauss des Abs I, die Belehrg u den FrBeginn (Rn 10; MK/Ulmer 33).

VerbrKrG 9

Verbundene Geschäfte. **I Ein Kaufvertrag bildet ein mit dem Kreditvertrag verbundenes Geschäft, wenn der Kredit der Finanzierung des Kaufpreises dient und beide Verträge als wirtschaftliche Einheit anzusehen sind. Eine wirtschaftliche Einheit ist insbesondere anzunehmen, wenn der Kreditgeber sich bei der Vorbereitung oder dem Abschluß des Kreditvertrages der Mitwirkung des Verkäufers bedient.**

II Die auf den Abschluß des verbundenen Kaufvertrags gerichtete Willenserklärung des Verbrauchers wird erst wirksam, wenn der Verbraucher seine auf den Abschluß des Kreditvertrages gerichtete Willenserklärung nicht gemäß § 7 Abs. 1 widerruft. Die nach § 7 Abs. 2 Satz 2 erforderliche Belehrung über das Widerrufsrecht hat den Hinweis zu enthalten, daß im Falle des Widerrufs auch der verbundene Kaufvertrag nicht wirksam zustande kommt. § 7 Abs. 3 findet keine Anwendung. Ist der Nettokreditbetrag dem Verkäufer bereits zugeflossen, so tritt der Kreditgeber im Verhältnis zum Verbraucher hinsichtlich der Rechtsfolgen des Widerrufs (§ 7 Abs. 4) in die Rechte und Pflichten des Verkäufers aus dem Kaufvertrag ein.

III Der Verbraucher kann die Rückzahlung des Kredits verweigern, soweit Einwendungen aus dem verbundenen Kaufvertrag ihn gegenüber dem Verkäufer zur Verweigerung seiner Leistung berechtigen würden. Dies gilt nicht, wenn der finanzierte Kaufpreis vierhundert Deutsche Mark nicht überschreitet sowie bei Einwendungen, die auf einer zwischen dem Verkäufer und dem Verbraucher nach Abschluß des Kreditvertrages vereinbarten Vertragsänderung beruhen. Beruht die Einwendung des Verbrauchers auf einem Mangel der gelieferten Sache und verlangt der Verbraucher aufgrund vertraglicher oder gesetzlicher Bestimmungen Nachbesserung oder Ersatzlieferung, so kann er die Rückzahlung des Kredits erst verweigern, wenn die Nachbesserung oder Ersatzlieferung fehlgeschlagen ist.

IV Die Absätze 1 bis 3 gelten entsprechend für Kredite, die zur Finanzierung des Entgelts für eine andere Leistung als die Lieferung einer Sache gewährt werden.

1 **1) Allgemeines.** Übbl: Martis MDR **99**, 65. Es werden die sog drittfinanz Gesch in das G einbezogen und dem Schutzbedürfn des KredN entspr bes geregelt. Das betrifft insb den finanz Kauf. Ein solcher liegt vor, wenn der sogleich an den Verk gezahlte KaufPr dch ein KredGesch des Käufers mit dem KredG finanz w. **a) Zweck.** Der Verbr soll davor geschützt w, den Kred auch dann in voller Höhe zurückzahlen zu müssen, wenn der VertrPart des Kauf- od Werk(D)LeistgsGesch seine Leistg nicht od nicht vertrgem erbringt. Dieser Schutz wird dch den EinwendgsDchgriff (Abs III, Rn 10–13) bewirkt. Der Verbr soll nicht schlechter gestellt
2 w, als wenn ihm ein einz VertrPart ggü stünde. **b) Anwendbar** ist § 9, wenn ein KredVertr mit einem Kauf (§ 433 BGB) od einem Werk(D)LeistgsGesch (Abs IV) so zushängt, wie es Abs I (Rn 5) voraussetzt. Das ist auch dann gegeben, wenn KredG u Verk ident sind (MK/Habersack 37). § 9 ist auch anwendb bei drittfinanz UnterrVertr (Fischer MDR **94**, 1063 mwN) u bei Ehe- u PartnerschVermittlg (Compensis/Reiserer BB **91**, 2457). Die Anwendg auf FinLeasVertr, wofür selbstverständl Abs I erf sein muß, ist umstr u noch nicht endgült geklärt. Für direkte Anwendg v Abs II u III: Canaris ZIP **93**, 401. Für entspr Anwendg v Abs II: hM; Rstk OLG-NL **96**, 145; Reinicke/Tiedtke ZIP **92**, 217 [228] mwN; Peters WM **92**, 1797 [1805]; differenzierd: MH 470; aA Lieb WM **91**, 1533; BOW 151 mwN: nur Abs III entspr. Nicht bei UniversalKredKarten (MH 469; Metz NJW **91**, 2803 [2812]), wohl aber bei KundenKredKarten anwendb (Seibert DB **91**, 429). Die Anwendg auf KredVertr u WertPKauf ist umstr (vgl Vortmann NJW **92**, 1865; BOW/Ott 161, 162); bejahd mit akzeptabler Lösg der RisikoVerteilg Claussen NJW **93**, 564; vgl § 7 Rn 5). Abzulehnen bei BankDarl u Immobilienkauf v Dr (Hamm WM **99**, 1056). Zu bejahen bei Darl für Erwerb eines Anteils an geschl Immobilienfonds (Karlsr NJW-RR **99**, 124; v. Heymann NJW **99**, 1577 [1581]). Handelt es sich um einen GrdstKauf, ist dessen Widerr ausgeschl, aber EinwendgsDchgriff (Abs III) mögl (Bülow ZfIR **98**, 181). Bei
3 (drittfinanz) FernUnterrVertr ist § 9 II FernUSG entspr anwendb. **c) Verhältnis Verkäufer zu Kreditgeber.** Sie können ident sein (Rn 2). Meistens ist das nicht der Fall. Ihr Verhältn zueinander wird vom VerbrKredG nicht geregelt, ist im einzelnen umstr (vgl BGH NJW **93**, 1913 mwN) u hängt von deren vertragl Beziehgen zueinander ab. Hat der Verk die SchuldMitübern erkl (vgl Vorbem 3 vor § 414), haftet er dem KredG im Falle
3 a des Widerr auf die DarlRückzahlg mit marktübl Verzinsg (BGH aaO). **d) Abwicklung unwirksam gewordener Verträge** ist im G nicht vollständ geregelt. Schrifttt: Lebek, Rückabwicklg u Regreß bei verbundenen Gesch, 1996. Es muß untersch werden: **(1)** Widerr des Kauf- od WerkVertr: Abs II S 4; Rn 10. **(2)** EinwendgsDchgriff: Abs III; Rn 11. **(3)** Beseitigg (insb Wandelg) des Kauf- od WerkVertr nach erbrachter Leistg (Rn 15).

2) Begriff des verbundenen Gesch (Abs I). Er geht auf die Rspr des BGH zurück. Danach muß die Verbindg so eng sein, daß sich die beiden Vertr als Teilstücke einer rechtl od wenigstens wirtsch-tats Einh eng ergänzen. Dafür sind 2 Vorauss erforderl: **a) Kreditzweck.** Der Kred muß zu dem Zweck gewährt w, daß der KaufPr (od die sonst Vergütg, Abs IV) beglichen w; gleichgült, ob unmittelb v KredG (Regelfall) od dadch, daß das Geld erst dem KredN (Verbr, § 1 Rn 4) gutgeschrieben od ausbezahlt wird, der KredN jedenf üb das Darl nicht frei verfügen kann (MH 469). Es genügt, wenn sich der Zweck aus den Umst ergibt (LG Lpzg NZM **99**, 723 mwN). Die zeitl Reihenfolge der Vertr ist unerhebl (MK/Habersack 15). **b) Wirtschaftliche Einheit** beider Vertr (KaufVertr od Werk-, DLeistgsGesch u KredVertr) dch ZusWirken v KredG u Verkäufer (BOW/Ott 49–53). Anzusehen aus der Sicht u Stellg des Verbr, ob ihm Verk u DarlG gemeins als VertrPart ggüstehen (Köln ZIP **95**, 21). Das ist naheliegd bei teilw Namens- od FirmenGleichh (LG Brschw NJW **94**, 2701) u insb gegeben, wenn sich der LeasG die Übern des KaufVertr vorbehält (Rstk OLG-NL **96**, 145). Ein ZusWirken ist nicht notw; es genügt, wenn die Vertr aufeinander Bezug nehmen (Köln aaO). Beim FinLeas ist die wirtsch Einh dann nicht gegeben, wenn der LeasN unabhäng v LeasVertr den Lieferanten selbst wählt (vgl Canaris ZIP **93**, 401 [411]). S 2: Unwiderlegb vermutet wird diese Einh, wenn der Verk (WerkUntern od DLeistgsBetr) bei Vorbereitg od Abschl des KredVertr (§ 1 II) im Auftr des od wenigstens im Einvern mit dem KredG mitwirkt, u zwar dch arbeitsteil ZusWirken (MK/Habersack 23). Hierfür genügt, dem Verbr den KredVertr in der Weise anzudienen, daß dieser sich an den KredG zum Abschl des KredVertr wendet.

4 5 6

3) Rechtsfolgen (Abs II). Sind die Vertr wirtsch verbunden, sind sie zwar rechtl selbständ (nicht einheitl, 7
Einf 16 vor § 305). Rechtl verbunden sind sie nach Maßg des § 9 dch die auflösde Bedingg, daß der eine Vertr hinfäll w, wenn der and nicht zustdekommt (LG Gieß NJW-RR **97**, 1081; MüKo/Habersack 81). Es gilt die Form (§ 4 I) auch für den KaufVertr. Außerdem: **a) Wirksamwerden** der WillErkl des Verbr (S 1) u zwar derjen, die auf den Kauf-, Werk- od DLeistgsVertr gerichtet ist, wird daran geknüpft, daß der KredVertr nicht widerr w (§ 7 I). Damit wird der Bestand der beiden Vertr unlösb miteinander verknüpft. Bevor nicht der KredVertr dch Unterl des Widerr wirks wird, kann es auch das zu finanz Gesch nicht w. Damit werden die Nachteile beseit, die dem Verbr daraus erwachsen, daß er zwei verschiedene Pers als VertrPart hat. Für den Widerr gelten die allg Regeln des § 7. Nur die auf den KredVertr gerichtete WillErkl kann widerr w (BGH **131**, 66 mwN). Maßgebder ZtPkt: Zugang (§ 130; BGH aaO). Die Wirkg des Widerr erstreckt sich auf das finanz Gesch. Zur RLage bei Unterbleiben des Widerr: Ollmann WM **92**, 2005 [2010]. **b) Belehrung** (S 2). 8
Sie ist vom KredG gem § 7 II S 2 vorzun (dort Rn 6). Sie muß, um vollständ zu sein, zusätzl den Hinweis auf die RFolge des S 1 enthalten, näml darauf, daß auch der verbundene Vertr unwirks w (Düss NJW **93**, 741). Damit soll der Verbr darü aufgeklärt w, daß er auch nicht an den KaufVertr gebunden ist, wenn er den KredVertr widerruft (BOW/Ott 63). **c) Unterbleibensfiktion** des § 7 III (dort Rn 10–14) gilt nicht (S 3). 9
Die andauernde Wirksk des Widerr ist nicht davon abhäng, daß das Darl zurückbezahlt w. Hierbei ist zu berücks, daß beim verbundenen Gesch das Darl in aller Regel nicht an den Verbr ausbezahlt, sond dch Zahlg od Verrechng an den Verk, Werk- od DLeistgsUntern gewährt w. **d) Eintritt** in den Vertr (S 4). **aa)** Vorauss: 10
Der bloße NettoKredBetr (§ 4 I S 4 Nr 1 a, dort Rn 6) muß dem VertrPart des Verbr „bereits" (dh bei Zugang [§ 130] des Widerr; BGH **131**, 66) zugeflossen sein, dh schon ausbezahlt, gutgeschrieben od verrechnet, insb dch Scheckeinlösg (BGH aaO), als der Verbr den Widerr erkl hat. **bb)** Wirkg: Der KredG tritt nicht bei, sond anstelle des Verk (Werk- od DLeistsUntern) in das AbwicklgsVerh ein (hM: BGH aaO mwN). Er schuldet alle Leistgen, die sich aus § 7 IV (dort Rn 5) ergeben, aber nicht SchadErs, wenn der Anspr sich nur gg den Verk richtet (MK/Habersack 54). Der KredG ist im Verh zum Verbr auch Inhaber aller Re. Sein Verh zum Verkäufer (Werk- od DLeistgsUntern) richtet sich nach den zu ihm bestehden rechtl Beziehgen.

4) Einwendungsdurchgriff (Abs III) ist ein aus § 242 abgeleiteter allg Grds bei verbundenen Vertr 11
(Vorbem 18 vor § 305), für Verbr in Abs III spez geregelt (Canaris ZIP **93**, 401 [412]). Lit: U. Franz, Der EinwendgsDchgriff gem § 9 III VerbrKrG, 1996. **a) Anwendbar** nur im GeltgsBereich des VerbrKrG, wenn Abs I erf ist (Rn 4–6) u sich der Verbr auf die Einwendg dem KredG ggüb beruft (BOW/Ott 113); bei allen verbundenen Vertr mit Ausn von BagatellKred bis 400 DM entspr dem § 3 I Nr 1 (S 2). Dies gilt auch, wenn ein höherer KredRahmen dch mehrere Kred unter 400 DM ausgenutzt w. Nicht für solche Einwendgen (Rn 12), die nach KredVertrAbschl dch eine VertrÄnd (§ 305 BGB) vereinb w (S 2); dies schützt den KredG vor Belastgen, mit denen er nicht zu rechnen brauchte. Wandelg od Minderg sind keine VertrÄnd. **b) Ein-** 12
wendungen (S 1): alle rechtshindernden, -vernichtenden u -hemmenden, die dem Verbr gg den Verk, D- od WerkUntern zustehen (ie Martis MDR **99**, 65 [69]), zB Unwirksk des Vertr wg Widerr gem § 7 inf unwirks Belehrg (vgl Düss NJW-RR **95**, 747), auch § 656 I S 1 (Compensis/Reiserer BB **91**, 2457). **c) Einschrän-** 13
kung (S 3). **aa)** Gilt nur bei Kauf (§ 433) od WerkliefergsVertr (§ 651), weil Lieferg einer Sache vorausgesetzt w. **bb)** Vorauss: Die Einwendg muß auf einem Sachmangel (§§ 459, 633, 651) beruhen. Der Verbr muß Nachbesserg (§ 462 Rn 4, § 633 I S 1) od Nachlieferg (§ 462 Rn 7, § 480 I S 1) verlangen u darf sich nicht auf die LeistgsVerweigerg beschr (Reinking/Nießen ZIP **91**, 634 [636]). **cc)** Rückzahlg kann erst verweigert w (Rn 14), wenn Nachbesserg od Nachlieferg nach FrAblauf (§ 634 I, II, vgl § 462 Rn 6, 7) fehlgeschlagen ist (unterblieben od nicht vertrgem, insb mangelh). Bis dahin müssen alle Leistgen aus dem KredVertr v Verbr erbracht w. **d) Wirkung** (S 1). LeistgsVerweigergsR des Verbr ggü dem KredG, aber kein RückFdgsR 14
(Canaris ZIP **93**, 401 [409] mwN; aA LG Brschw NJW **94**, 2701). Das LeistgsVerweigergsR besteht im selben Umfang, wie der KredN ggü dem Verk od WerkUntern Einwendgen (Rn 12) hat; zB muß der Kred im Umfang des MindergsBetr (§ 472) nicht zurückbezahlt w. Das bezieht sich auch auf einen entspr Anteil an Zinsen. Das LeistgsVerweigergsR muß als aufschiebde Einr ggü dem KredG geltd gemacht w (§ 273 Rn 19; § 320 Rn 13). Entgg dem Wortlaut muß die Einwendg gg den Verk od WerkUntern kein LeistgVerweigergsR sein; es ist jede Einwendg geeignet.

5) Rückabwicklung der Vertr nach Lieferg (vgl Rn 3 a) od Leistg u KredAuszahlg (insb dch Wandelg). 15
Sie ist in § 9, abgesehen v Abs II S 4 (Rn 10) nicht geregelt, sond nach Kauf- od WerkVertrR sowie allg SchuldR (insb §§ 812 ff) vorzunehmen. **a) Ergebnis.** Als solches ist unzweifelh (Vollkommer FS Henckel 16
S 843): **(1)** Der Verk od WerkUntern erhält die gelieferte Sache zurück (§ 467 S 1, § 634 IV, § 346 S 1) od

den Wert der geleisteten Arb od Dienste vergütet sowie den NutzgsWert der üblassenen Sache (§ 346 S 2). **(2)** Der Verbr (Käufer od Besteller) erhält die geleistete Anzahlg zurück (§ 467 S 1, § 346 S 1) sowie die (an den KredG) gezahlten KredRaten. **(3)** Der KredG erhält den ausbezahlten NettoKred, aber nicht v Verbr, sond v Verk od WerkUntern (hM; BGH NJW **96**, 3414 mwN). **(4)** Der Verbr erhält die in den KredRaten enthaltenen Zins- u Kostenanteile zurück od wird davon freigestellt (Düss BB **96**, 1905; Vollkommer FS Henckel S 893 [900]; aA LG Hagen MDR **94**, 251). **(5)** Die Rückabwicklg ist am einfachsten, wenn hins der aus dem Darl entstandenen Anspr der Verk (WerkUntern) ggü dem Verbr in die Gläub- u SchuStellg des
17 KredG eintritt (Vollkommer aaO). **b) Rückforderungsdurchgriff** (hinsichtl der DarlRaten) als Anspr gg den KredG. Ob ein solcher besteht, ist umstr (vgl BOW/Ott 128; dafür Vollkommer FS Merz S 595). Das RVerh zw Verk od WerkUntern u KredG richtet sich nach deren Vereinbg (Rn 10 aE), ggf im RahmenVertr.

VerbrKrG 10 *Einwendungsverzicht; Wechselverbot; Scheckbeschränkung.*

I Eine Vereinbarung, durch die der Verbraucher auf das Recht verzichtet, Einwendungen, die ihm gegenüber dem Kreditgeber zustehen, gemäß § 404 des Bürgerlichen Gesetzbuchs einem Abtretungsgläubiger entgegenzusetzen oder eine ihm gegen den Kreditgeber zustehende Forderung gemäß § 406 des Bürgerlichen Gesetzbuchs auch dem Abtretungsgläubiger gegenüber aufzurechnen, ist unwirksam.

II Der Verbraucher darf nicht verpflichtet werden, für die Ansprüche des Kreditgebers aus dem Kreditvertrag eine Wechselverbindlichkeit einzugehen. Der Kreditgeber darf vom Verbraucher zur Sicherung seiner Ansprüche aus dem Kreditvertrag einen Scheck nicht entgegennehmen. Der Verbraucher kann vom Kreditgeber jederzeit die Herausgabe eines Wechsels oder Schecks, der entgegen Satz 1 oder 2 begeben worden ist, verlangen. Der Kreditgeber haftet für jeden Schaden, der dem Verbraucher aus einer solchen Wechsel- oder Scheckbegebung entsteht.

1 **1) Einwendungsverzicht** ist unwirks (Abs I). **a) Zweck.** § 404 u § 406 sind abdingb. Davon wird häuf Gebr gemacht, weil die Fdg dann unter günstigeren Bedinggen abgetreten w kann. Der Verbr soll davor geschützt w, daß er seinerseits an den Zessionar zahlen muß, meistens bevor er seine Re aus den Einwendgen
2 u GgFdgen dchsetzen kann. **b) Anwendbar:** alle KredVertr (§ 1 II), auf die das G anzuwenden ist, also nicht auf die gem § 3 ausgen u auch nicht auf Bürgsch u Garantien Dr (MH 550; aA MK/Habersack 9). **c) Vereinbarung:** im KredVertr od gesond (§ 305) gem § 404 Rn 7 u § 387 Rn 14 zw KredG u KredN.
3 Einwendgen: alle (wie § 9 Rn 12). Aufrechnung: § 387. **d) Wirkung.** § 404 u § 406 sind zG des KredN (Verbr) voll anwendb. Alle Einwendgen, die er gg den KredG hat, kann er auch gg den AbtretungsGläub (Zessionar) erheben u mit der Fdg gg den KredG auch gg den AbtretgsGläub aufrechnen.

4 **2) Wechsel und Scheck** (Abs II). **a) Zweck.** Es soll vermieden werden, daß der Verbr aus Wechsel od Scheck im UrkProz in Anspr gen w, ohne wg § 598 ZPO die Einwendgen aus dem GrdGesch (KredVertr, § 1 II) mit der Begrdg entggsetzen zu können, daß ihm diese Einwendgen ggü Dr abgeschnitten seien (Art 17
5 WG) u daß er seine RückgrAnspr nur noch erschwert dchsetzen könne (Müller WM **91**, 1781). **b) Anwendbar:** wie Rn 2. **c) Verpflichtungsverbot** (S 1): betrifft jede Art, insb als Aussteller u Akzeptant. Anspr des KredG: alle, die sich aus dem KredVertr (§ 1 II) gg den KredN ergeben, insb Rückzahlg, Raten.
6 Verstoßfolge: Rn 7. **d) Schecks** (S 2) dürfen grdsätzl weiterhin begeben w; der Verbr (KredN) soll damit seine ZahlgsPfl erf können. Nur zur Sicherg (vgl § 4 I S 4 Nr 1 g) dürfen Schecks nicht verwendet w.
7 Verstoßfolge: wie Rn 6. **e) Herausgabeanspruch** (S 3). Wird gg S 1 od 2 verstoßen, so sind nur das VerpflGesch u die Sichergsabrede nichtig (§ 134 BGB); die Wechsel- u ScheckVerbindlichk ist wirks (BT-Dr 11/5462 S 25). Daher war es notw, gg den KredG einen HerausgAnspr auf Wechsel od Schecks zu schaffen,
8 damit der KredN dem Umlauf der WertP u dem EinwendgsAusschl entggwirken kann. **f) Schadenersatzanspruch** (S 4). Vorauss: Wechsel od Scheck müssen verbotswidr (S 1 od 2) begeben w sein. Zum Schad gelten die allg Vorschr (§§ 249 ff). **g) Auswirkung auf das Kreditgeschäft** bei Verstoß gg Abs II. Hierauf ist § 139 anzuwenden, so daß es idR wirks bleibt (Müller WM **91**, 1781 [1787]).

VerbrKrG 11 *Verzugszinsen; Anrechnung von Teilleistungen.*

I Soweit der Verbraucher mit Zahlungen, die er aufgrund des Kreditvertrages schuldet, in Verzug kommt, ist der geschuldete Betrag mit fünf vom Hundert über dem jeweiligen Diskontsatz der Deutschen Bundesbank zu verzinsen, wenn nicht im Einzelfall der Kreditgeber einen höheren oder der Verbraucher einen niedrigeren Schaden nachweist.

II Nach Eintritt des Verzugs anfallende Zinsen sind auf einem gesonderten Konto zu verbuchen und dürfen nicht in ein Kontokorrent mit dem geschuldeten Betrag oder anderen Forderungen des Kreditgebers eingestellt werden. Hinsichtlich dieser Zinsen gilt § 289 Satz 2 des Bürgerlichen Gesetzbuchs mit der Maßgabe, daß der Kreditgeber Schadensersatz nur bis zur Höhe des gesetzlichen Zinssatzes verlangen kann.

III Zahlungen des Verbrauchers, die zur Tilgung der gesamten fälligen Schuld nicht ausreichen, werden abweichend von § 367 Abs. 1 des Bürgerlichen Gesetzbuchs zunächst auf die Kosten der Rechtsverfolgung, dann auf den übrigen geschuldeten Betrag (Absatz 1) und zuletzt auf die Zinsen (Absatz 2) angerechnet. Der Kreditgeber darf Teilzahlungen nicht zurückweisen. Auf die Ansprüche auf Zinsen finden die §§ 197 und 218 Abs. 2 des Bürgerlichen Gesetzbuchs keine Anwendung. Die Sätze 1 bis 3 sind nicht anzuwenden, soweit Zahlungen auf Vollstreckungstitel geleistet werden, deren Hauptforderung auf Zinsen lautet.

1 **1) Verzugszinsen** (Abs I, II). **a) Zweck.** Es soll vermieden w, daß VerbrHaush in eine v selbst steigde, immer tiefere Verschuldg geraten. Andseits soll den Interessen der KredInst dadch Rechng getragen w, daß für den tats entstandenen VerzSchad Ausgl gewährt w. Außerdem soll der SchadNachw erleichtert w

(Ungewitter JZ **94**, 701 [707] mwN). **b) Anwendbar:** auf alle wirks KredVertr iS des § 1, nicht beschr auf 2
BankDarl (hM; MK/Habersack 6; aA 57. Aufl). Für entspr Anwendg des § 11 auf unwirks KredVertr: MK/
Habersack 7. Auch keine entspr Anwendg auf RealKred gem § 3 II Nr 2 (BGH NJW-RR **99**, 1274). Abs I
gilt für alle Zahlgen, die der Verbr aus dem KredVertr (§ 1 II) schuldet, auch wenn der Vertr vor dem 1. 1.
91 geschl w (BGH **115**, 268), Abs II nur für Zinsen, die nach u dch VerzEintritt (§ 284) entstanden
(angefallen) sind. Unanwendb ist § 11 auf VerzSchäd eines KredInst, die nicht auf einem KredVertr beruhen
(Dresd BB **98**, 2229). **c) Zinssatz** (Abs I). Damit sollen die RefinanzKosten u der VerwAufwand abgedeckt 3
w. Der vereinb ZSatz darf auf diese fäll Betr nicht angewendet w, sond bis zur GesamtfällStellg (§ 12) nur
auf die vertrgem noch nicht fäll Raten. Der BB-Diskontsatz ist seit 1. 1. 99 ersetzt dch den Basiszinssatz
aGrd des Diskontsatz-ÜberleitungsG (Art 1 EuroG v 9. 6. 98, BGBl 1242) Höhe: Anh zu § 246. **d) Scha-** 4
den (Abs I). Hierzu allg Ungewitter JZ **94**, 701. Damit werden die §§ 286, 288 II, 289 S 2 berücksicht.
Der höhere Schad kann entgangener Gewinn bei unterbliebener NeuKredVergabe sein, muß aber konkret
(„im Einzelfall") bewiesen w. § 287 ZPO gilt insoweit nicht. Der Nachw eines niedrigeren Schad darf nicht
dch BewErleichtergen begünst w (Ungewitter JZ **94**, 701 [707]). Die Abgrenzg zum ZBegr ist problemat
(Münzberg WM **91**, 170). Wird pauschalierter SchadErs verlangt, kann nicht zusätzl konkreter VerzSchad
gefordert w (LG Stgt NJW **93**, 208). **e) Berechnung** (Abs II S 1). Damit wird sichergestellt, daß das 5
ZinsesZVerbot (§ 289 S 1) eingehalten w. Die VerzZ dürfen daher auch nicht gem § 355 HGB period in
ein Kontokorrent eingestellt w. Der KredG muß für den Verbr mehrere Unterkonten, mind ein eigenes
VerzZKonto führen. **f) Verzugsschaden** (Abs II S 2). Er kann über § 289 S 2, § 286 verlangt w (im Proz 6
Schätzg gem § 287 ZPO), aber nur in Höhe von 4 % JZ (§ 246). Das läuft auf einen beschr ZinsesZ hinaus
(Reifner NJW **92**, 337).

2) Anrechnung von Teilleistungen (Abs III). Unanwendb auf sog isolierte ZTitel (Rn 10). **a) Tilgung** 7
(S 1). Ist im Ggsatz zu § 367 wg § 18 S 2 zwingd zG des Verbr. S 1 gilt auch, wenn ein Teil der Hauptschuld 8
nebst VerzSchad tituliert w (MK/Habersack 46). Die Kosten der RVerfolgg entspr den Kosten iS des § 367
(dort Rn 3). Die Hintanstellg der VerzugsZ ist für den Verbr wg des geringeren ZSatzes u der vorrang Tilg
der (höher verzinsl) Hauptschuld günst. **b) Teilzahlungen** (S 2): Die Regelg änd § 266 ab u berecht den
Verbr zur TLeistg (MK/Habersack 37). **c) Verjährungsfrist** (S 3). Soweit sie dch §§ 197, 218 II auf 4 J 9
verkürzt ist, wird diese Regelg für die VerzZ aufgeh, weil auch die Tilgg hinausgeschoben ist u der KredG
nicht alleine wg der VerzZ die VerjährgsUnterbrechg betreiben soll. **d) Isolierte Zinstitel** (S 4). Das sind 10
solche, die ausschließl auf ZSchuld iS des Abs I beruhen. Bei diesen gelten S 1–3 nicht, so daß die allg
TilggsVerrechngsRegel anzuwenden ist (§ 367 I BGB). Umstr ist die entspr Anwendg auf gemischte aus
Haupts u Zinsen bestehende Titel (vgl Braun WM **91**, 1325). Für Verbot isolierter ZTitel, solange noch die
Haupts offen ist: Bülow WM **92**, 1009.

VerbrKrG 12

Gesamtfälligstellung bei Teilzahlungskrediten. **[I]Der Kreditgeber kann bei einem Kredit, der in Teilzahlungen zu tilgen ist, den Kreditvertrag wegen Zahlungsverzugs des Verbrauchers nur kündigen, wenn**

1. der Verbraucher mit mindestens zwei aufeinanderfolgenden Teilzahlungen ganz oder teilweise und mindestens zehn vom Hundert, bei einer Laufzeit des Kreditvertrages über drei Jahre mit fünf vom Hundert des Nennbetrages des Kredits oder des Teilzahlungspreises in Verzug ist und

2. der Kreditgeber dem Verbraucher erfolglos eine zweiwöchige Frist zur Zahlung des rückständigen Betrags mit der Erklärung gesetzt hat, daß er bei Nichtzahlung innerhalb der Frist die gesamte Restschuld verlange.

Der Kreditgeber soll dem Verbraucher spätestens mit der Fristsetzung ein Gespräch über die Möglichkeiten einer einverständlichen Regelung anbieten.

[II]Kündigt der Kreditgeber den Kreditvertrag, so vermindert sich die Restschuld um die Zinsen und sonstigen laufzeitabhängigen Kosten des Kredits, die bei staffelmäßiger Berechnung auf die Zeit nach Wirksamwerden der Kündigung entfallen.

1) Kreditkündigung. Eine vereinb VerfallKl darf für den Verbr nicht ungünst sein als die §§ 12, 13. 1
a) Anwendbar bei allen TZahlgsKred. Das können allg KredVertr od TeilZGesch sein (§ 4 Rn 5 u 15), insb
auch sog VersDarl (Scholz DB **91**, 215 [218]). Die Tilgg v Darl od Entgelt (insb KaufPr) muß hier begriffl in
mind 3 TZahlgen fäll sein. Die Anwendg auf FinLeas ist dch § 3 II Nr 1 nicht ausgeschl; insb bei Kfz-
Leasing mit km-Abrechng (Melsheimer MDR **97**, 522 mwN), nach Celle NJW-RR **97**, 1144 auch, wenn v
mehreren LeasN nur einer Verbr ist. § 12 gilt nur bei ZahlgsVerz; and KündGrde aus wicht Grd bleiben
unberührt (Hamm NJR-RR **98**, 1672). Anwendb auch bei Schuldbeitritt (vgl § 1 Rn 5; Karlsr NJW-RR
98, 1438; Hamm aaO). **b) Voraussetzungen** (S 1). Die KredVertr haben regelmäß eine best LaufZt u 2
können daher nicht gem § 609 I gekünd w. Abs I setzt daher ein vereinb KündR wg ZahlgsVerz voraus od
eine außerord Künd (§ 609 Rn 13). Abs I setzt kumulativ voraus (sog qualifizierter Verz): **aa) Nr 1. Raten-** 3
verzug. TZahlgen: das sind die einzelnen Raten des KredN. § 366 gilt nicht. Aufeinanderfolgd: Zahlt der
KredN absichtl wiederholt jede 2. Rate voll, wird dies üb § 242 wie aufeinanderfolgd angesehen (BOW 12).
Prozentsatz: die 5% od 10% beziehen sich auf den GesBetr des Rückstds. KredNennBetr: nicht notw der
ausbezahlte Betr, sond derjen, auf den der Kred lautet. Beim LeasVertr ist es die Summe der Raten zuzügl
einer Anzahlg (Reinicke/Tiedtke ZIP **92**, 217 [226] mwN; hierzu krit bei den häuf PrivatLeasVertr v PKW
Müller-Sarnowski BB **94**, 446); zweifelh, ob einschließl Zinsen u sonst Kosten (vgl Scholz BB **94**, 805).
TZahlgsPr: § 4 I S 4 Nr 2b. Verzug: §§ 284, 285, 279. **bb) Nr 2. Nachfristsetzung.** Keine Form vorge- 4
schrieben. Die 2-Wo-Fr kann nur verlängert, nicht verkürzt w (§ 18 S 1). FrSetzg: wie § 326 Rn 15.
Androhg: muß auf die Rest- od GesamtFällk bezogen u mit der FrSetzg verbunden sein, somit wie § 326
Rn 14. **c) Wirkung.** Zahlt der Verbr rechtzeit, so läuft der Kred weiter. Z- od SchadErsAnspr (§ 11) 5
bleiben unberührt. Erst wenn die Fr versäumt ist, steht es dem KredG frei zu künd (BGH NJW **96**, 2033;

LG Bonn NJW-RR **98**, 779 mwN); jedoch nur innerh angemessener Zt (MK/Habersack 21). Die verspätete
6 Zahlg steht dem nicht entgg. **d) Gesprächsangebot** (S 2). Ist keine WirksamkVorauss für NachFrSetzg od
Künd (allgM). Es kann schon mit der Mahng erfolgen. Als einverständl Möglk (§ 305) kommen vor allem
Stundg od Änd der Ratenhöhe in Betr.

7 **2) Restschuldverminderung** (Abs II). Mit der Künd wird die Restschuld sofort fäll; jedoch vermin-
8 dert gem Abs II. **a) Anwendbar:** wie Abs I (Rn 1). **b) Voraussetzung** ist die Künd des Kred dch den
9 KredG. **c) Wirkung.** Es ist zu untersch: **aa) Restschuld** ist der zZ des Zugangs (§ 130) der Künd dem
KredG aGrd des KredVertr zu zahlde Betr ohne die künft, voraus berechneten Zinsen; denn die laufzeit-
abhäng Kosten u die VertrZ, die auf die Zt nach GesFällStellg entfallen, dürfen in die Neuberechng nicht
aufgen w. Eine gestaffelte Abrechng der Zinsen ist vorzunehmen. Eine sog vereinfachte ZStaffelmethode
genügt nicht (LG Stgt NJW **93**, 208). Das Disagio gehört zu den laufzeitabhäng Kosten (MK/Habersack
25). Einm, laufzeitunabhäng Leistgen bleiben unberücksicht. Wirkswerden der Künd: der Tag, an dem
aGrd der Künd die Rückzahlg fäll w (§ 609 Rn 12). Die Verminderg tritt krG ein. Die Berechng beim
10 FinLeas ist umstr (hierzu Peters WM **92**, 1797 [1805]). :**bb) Kreditierter Vertrag** (insb KaufVertr). Er
wird von der Künd nicht berührt, weil nicht zugelassen w kann, daß der Verbr den KredBetr zurückzahlen
muß, ohne die Leistg (insb Sache) behalten zu dürfen. Rückg der Leistg erfolgt nur üb § 13 (Denkhaus/
Zirkel JR **94**, 397).

VerbrKrG 13 *Rücktritt des Kreditgebers.*

I Der Kreditgeber kann von einem Kreditvertrag, der die Lieferung einer Sache oder die Erbringung einer anderen Leistung gegen Teilzahlungen zum Gegenstand hat, wegen Zahlungsverzugs des Verbrauchers nur unter den in § 12 Abs. 1 bezeichneten Voraussetzungen zurücktreten.

II Auf den Rücktritt finden die für das vertragsmäßige Rücktrittsrecht geltenden Vorschriften der §§ 346 bis 354 und 356 des Bürgerlichen Gesetzbuchs entsprechende Anwendung. Der Verbraucher hat dem Kreditgeber auch die infolge des Vertrages gemachten Aufwendungen zu ersetzen. Bei der Bemessung der Vergütung von Nutzungen einer zurückzugewährenden Sache ist auf die inzwischen eingetretene Wertminderung Rücksicht zu nehmen.

III Nimmt der Kreditgeber die aufgrund des Kreditvertrages gelieferte Sache wieder an sich, gilt dies als Ausübung des Rücktrittsrechts, es sei denn, der Kreditgeber einigt sich mit dem Verbraucher, diesem den gewöhnlichen Verkaufswert der Sache im Zeitpunkt der Wegnahme zu vergüten. Satz 1 gilt auch dann, wenn ein Vertrag über die Lieferung einer Sache mit einem Kreditvertrag zu einer wirtschaftlichen Einheit verbunden ist (§ 9 Abs. 1) und der Kreditgeber die Sache an sich nimmt; im Falle des Rücktritts bestimmt sich das Rechtsverhältnis zwischen dem Kreditgeber und dem Verbraucher nach Absatz 2.

1 **1) Rücktrittsrecht** (Abs 1). **a) Zweck.** Für das TeilZGesch soll neben der Künd dem KredG wie bisher
der Rücktr offenstehen. Der Rücktr soll aber an die strengeren Vorauss des § 12 I geknüpft w. **b) Anwend-
bar** aGrd des Wortlauts v Abs I nur auf TeilZGesch (§ 4 Rn 15) u Rücktr wg ZahlgsVerz (Rn 2). Bei allg
2 KredVertr (§ 4 Rn 5) ist Künd mögl. **c) Voraussetzungen** des Rücktr: Das RücktrR muß vertragl (§ 346)
od ges gegeben sein u auf ZahlgsVerz beruhen. Es gelten zusätzl die Vorauss des § 12 I (dort Rn 2–4), also
3 auch die zweiwö NachFr. **d) Wirkung.** And RücktrRe, insb das des § 455 sind dch § 13 (Spezialregelg)
ausgeschl, nicht aber das aus § 242 (MH 747). Ein Rücktr wg ZahlgsVerz, der ohne die Vorauss des § 12 I
erkl w, ist unwirks. Künd gem § 12 steht neben Rücktr zur Wahl (BOW/Bruchner 14). RückFdg der Kaufs
ist nur üb § 13 mögl (Denkhaus/Zirkel JR **94**, 397).

4 **2) Abwicklungsverhältnis** (Abs II). Die Vorschr gilt auch im Verh v KredG u Verbr bei einem gem § 9
verbundenen Gesch (Abs III S 2 Hs 2). Die Anspr auf AufwendgsErs, NutzgsVergütg u SchadErs sind insges u
für sich dch das ErfInteresse begrenzt (MK/Habersack 35 mwN). **a) Rücktrittsrecht** des BGB (§§ 346–354,
5 356) gilt entspr (S 1). **b) Aufwendungsersatz** (S 2). Dieser Anspr ist dem KredG üb die Re aus §§ 346 ff
hinaus eingeräumt. **aa) Aufwendungen** sind freiwill Auslagen u Aufopferg v VermWerten (vgl § 256 Rn 1).
Sie müssen dch den KredVertr verursacht worden („infolge") u dürfen nicht überflüss od unangebracht sein.
Erstattgsfäh sind: Verpackg, Fracht, Porto, Mahnkosten; Provision, wenn sie nicht zu den allg GeschUnkosten
gehört u v KredG nicht zurückverlangt w kann (MK/Habersack 21); VersPrämien, die spez für dieses
KredGesch gezahlt w. Grdsätzl nicht zu erstatten sind: MWSt, die der KredG zurückerhält; FinanziergsKosten
(umstr); Kosten einer Ausk u die eines WeiterVerk. **bb) Ersatz.** Der Anspr ist auf Geld gerichtet (§ 256 Rn
2), nicht auf NaturalHerstellg, weil § 249 nicht gilt. Besteht die Aufwendg nicht in Geld, ist der Betr zu
zahlen, der zZ der Zahlg (im Proz zZ der letzten mdl Vhdlg) erforderl ist, um die Aufwendg auszugleichen.
6 **c) Nutzungsvergütung** (S 3). Setzt § 346 S 2 voraus u schreibt die Berücksichtigg des Wertverlusts vor. Gilt
nur bei Sachen. Der Anspr ist stets auf Geld gerichtet u dch das vertr ErfInteresse begrenzt (hM). **aa) Zeit-
raum:** von der Überg der Sache bis zum Zugang (§ 130) der RücktrErkl (§ 349). Von da an bis zur Rückn
ist aGrd v § 346 S 2, § 347 S 2, § 987 nur Vergütg für den tats Gebr zu leisten. **bb) Überlassungswert.** Das
ist der Wert der Nutzgen (§ 100), also insb der GebrVorteile, ohne Rücks darauf, ob sie tats gezogen w, die
Sache gebraucht w od nicht. Maßgebd ist also der obj Verkehrswert (hM). Auch bei Sachen, die vielfach
vermietet od verpachtet w, ist das nicht der übl Miet- od PachtZ, sond die lineare WertMinderg (BGH NJW
91, 2484 für § 347). Abzuziehen ist der ErhaltsgsAufwand (§ 536), wenn er v KredN getragen w (BGH **44**,
237 für § 2 AbzG), u Minderg od Wegfall der MietZPfl wg Sachmangel (BGH NJW **72**, 581 für § 2 AbzG).
Bei and Sachen ist der Wert der GebrÜberlassg zu ermitteln od zu schätzen (BGH **19**, 330 für § 2 AbzG).
Dabei sind KapEinsatz, anteil GeschUnkosten, RisikoAusgl u angem UnternGewinn zugrdezulegen, aber
7 grdsätzl keine FinanziergsKosten (hM; vgl MK/Habersack 23). **d) Wertminderung.** Zu berücksicht ist die
inzw tats eingetretene (nicht die kalkulierte), u zwar die zw Überg u Rückg (BGH **19**, 330 [336] für § 2
AbzG). Zu ermitteln ist sie aus der gewöhnl, vertr vorausgesetzten Abnutzg u dem Verlust der Neuheit. Ob

auch der Wertverlust dch Veraltg, insb inf ModellÄnd, berücksicht w muß, ist umstr (MK/Habersack 31 mwN). Nicht berücksicht w: allg PrRückgang u VeräußergsVerlust bei WeiterVerk; verschuldete Beschädiggen, die unter SchadErs (§ 823 I) fallen.

3) Fingierter Rücktritt (Abs III). **a) Zweck.** Der Verbr soll davor geschützt w, den Bes der Sache zu 8
verlieren u weiter das Entgelt zu schulden. **b) Anwendbar** nur bei KredVertr (§ 1 II) üb Lieferg v Sachen; 9
daher nur Kauf od WerkLiefergsVertr (§§ 433, 651). Auch bei verbundenem Vertr iS v § 9 I; wenn der KredG die Sache an sich nimmt (S 2), auch wenn er zuvor den DarlVertr gekünd hat (Karlsr NJW-RR **98**, 1437). **c) Voraussetzung** ist (S 1), daß der KredG die Sache an sich genommen hat u das Bestehen eines 10
RücktrR (Rn 11). Ansichnehmen bedeutet, daß der KredG dem KredN die Nutzg der Sache entzieht u diese in ihrem wirtsch Wert sich zuführt. Ie gilt: **aa) Besitzverschaffung** gem § 854 ist der Regelfall. Mittelb Besitz (§ 868) genügt, wenn der KredN auf Verlangen des KredG die Sache an einen Dr herausgibt, der dem KredG den Bes vermittelt. **bb) Wertverschaffung** genügt nur dann, wenn sie allein dch den KredG erfolgt, insb dch Weiterveräußerg an einen Dr (BGH NJW **89**, 163 für § 5 AbzG), auch auf Rechng des KredN zur Begleichg der KaufPrSchuld, wenn der KredG die VerkBedinggen best (Celle NJW-RR **87**, 821 für § 5 AbzG). **cc) Herausgabeklagen** begrden nicht die Fiktion des S 1 (bestr; aA MK/Habersack 51), stellen aber eine schlüss RücktrErkl gem § 349 dar. **dd) Pfändung** der Kaufsache gem §§ 808, 809 ZPO bewirkt noch nicht die Fiktion (hM für § 5 AbzG), wohl aber die Wegn (MK/Habersack 56), spätestens die Verwertg (§§ 814, 825 ZPO) im Auftrag des KredG (Karlsr NJW-RR **98**, 1437). **d) Wirkung.** Die Fiktion des S 1 11
bewirkt nur die RücktrErkl. Darühinaus muß auch noch ein RücktrR gem Abs I (Rn 2) bestehen (hM; Oldbg NJW-RR **96**, 564 mwN; Köln WM **98**, 331). **e) Ausschluß der Fiktion** (S 1) ist als Ausn (BewLast: 12
Verbr) nur mögl dch die Einigg (gem § 305) zw KredG u Verbr, daß der gewöhnl VerkWert (wie § 813 I S 1 ZPO, Stgt NJW-RR **96**, 563 mwN) zZt der Wegn (BesVerlust des Verbr) vergütet w (bezahlt od verrechnet). Diese Einigg kann jederzeit, auch schon im KredVertr erfolgen (MK/Habersack 61). Sie muß nicht auf einen best Betr lauten. RFolge: Der Kauf- (WerkLiefergs-) Vertr bleibt aufrechterhalten. Die KaufPrFdg wird mit den bislang bezahlten Raten u dem (zu schätzden) gewöhnl VerkWert verrechnet. Dieser Ausschl der Fiktion ist auch bei verbundenem Vertr mögl (S 2 Hs 1). Das RVerh zw KredG u Verbr richtet sich beim Rücktr nach dem eines gewöhnl TeilZGesch (Abs III S 2 Hs 2).

VerbrKrG 14

Vorzeitige Zahlung. **Erfüllt der Verbraucher vorzeitig seine Verbindlichkeiten aus einem Kreditvertrag, der die Lieferung einer Sache oder die Erbringung einer anderen Leistung gegen Teilzahlungen zum Gegenstand hat, so vermindert sich der Teilzahlungspreis um die Zinsen und sonstigen laufzeitabhängigen Kosten, die bei staffelmäßiger Berechnung auf die Zeit nach der vorzeitigen Erfüllung entfallen. Ist bei einem Kreditvertrag ein Barzahlungspreis gemäß § 4 Abs. 1 Satz 5 nicht anzugeben, so ist der gesetzliche Zinssatz zugrundezulegen. Zinsen und sonstige laufzeitabhängige Kosten kann der Kreditgeber jedoch für die ersten neun Monate der ursprünglich vorgesehenen Laufzeit auch dann verlangen, wenn der Verbraucher seine Verbindlichkeiten vor Ablauf dieses Zeitraums erfüllt.**

Anwendbar ist S 1 nur auf KredVertr, die TeilZGesch darstellen (§ 4 I S 4 Nr 2; dort Rn 15); denn für 1
die allg KredVertr (§ 4 I S 4 Nr 1; dort Rn 5) gilt bereits § 609 a I Nr 2 (vgl MK/Habersack 4). S 2 ist nur bei ausschließl TZahlgsVerk (§ 4 I S 5) anzuwenden. **Voraussetzung** ist die vorzeit u tats eingetretene Erf 2
gem § 271 II u § 362 I, auch dch Dr (§ 267 I; MK/Habersack 7). Hierzu ist der Verbr üb § 18 S 1 unabdingb berecht, aber nicht zur teilw Erf (MK/Habersack 8). Er darf aber nur den ges noch offenen Betr leisten; für TeilLeistgen gilt § 14 nicht. **Wirkung.** Der TZahlgsPr (§ 4 I S 4 Nr 2 b; dort Rn 17) vermindert sich krG. 3
Die KredKosten der ersten 9 Mo stehen aber dem KredG immer zu (S 3). Zinsen: Gemeint sind die im TZahlgsPr enthaltenen; sie sind staffelmäß zu berechnen. Kosten: laufztabhäng sind insb die der Vers gem § 4 I S 4 Nr 2 e. **Abzinsung** geschieht grdsätzl nach dem vereinb ZSatz. Nur bei ausschließl TZahlgsVerkäu- 4
fern (S 2, § 4 I S 5) ist der gesetzl ZSatz anzuwenden, weil sich der im TZahlgsPr enthaltene Zins nur schwer ermitteln läßt (vgl auch MK/Habersack 13). **Neun-Monats-Grenze** (S 3). Sie erschien dem GesG zur 5
Gleichbehdlg mit allg KredVertr wg § 609 a I Nr 2 geboten. Dort wird nicht nur die Künd, sond auch die vorzeit Erf vorausgesetzt (§ 609 a Rn 17).

Dritter Abschnitt. Kreditvermittlungsvertrag

VerbrKrG 15

Schriftform. ^I **Der Kreditvermittlungsvertrag bedarf der schriftlichen Form. In der Vertragsurkunde ist insbesondere die Vergütung des Kreditvermittlers in einem Vomhundertsatz des Darlehensbetrags anzugeben; hat der Kreditvermittler auch mit dem Kreditgeber eine Vergütung vereinbart, so ist auch diese anzugeben. Die Vertragsurkunde darf nicht mit dem Antrag auf Hingabe des Darlehens verbunden werden. Der Kreditvermittler hat dem Verbraucher eine Abschrift der Urkunde auszuhändigen.**

^II **Ein Kreditvermittlungsvertrag, der den Anforderungen des Absatzes 1 Satz 1 bis 3 nicht genügt, ist nichtig.**

Begriff des KredVermittlgsVertr: § 1 III. **Zweck.** Die dch die KredVerm bewirkte Verteuerg (bis zu 7% 1
übl) soll dem Verbr deutl gemacht werden. **Schriftform** (Abs I S 1): § 126. **Verbindungsverbot** (Abs 1 S 3) 2
besteht mit der Urk, die den KredVertrAntr des Verbr (§ 4 I S 1) enthält, um auch äußerl erkennb zu machen, daß die beiden Vertr rechtl getrennt sind. **Inhalt** (Abs 1 S 2). Die VertrUrk muß wg der Schriftform den ges 3
VertrInhalt aufweisen (§ 126 Rn 3); das gilt auch für nachträgl Änd (MK/Habersack 7). Darühinaus muß die Vergütg, die der KredVerm v Verbr erhält, in Prozent auch dann angegeben w, wenn sie als GeldBetr vereinb ist (Hs 1). Keinesf darf der Prozentsatz in Gebühren, Kosten od Provision aufgesplittert w. Eine Vergütg, die

mit dem KredG vereinb ist, muß nicht in Prozent angegeben w (Hs 2). Sie muß sich auf den vermittelten Vertr beziehen. Ein sog offenes od verdecktes Packing (VergütgsVereinbg zw KredG u KredVerm) ist grdsätzl offenzulegen (MK/Habersack 13; BOW/Bruchner 8). Nur sonstige, vom KredG allg gewährte Vergütgen od solche, die dem sog Schaltersatz eingerechnet sind u ihn nicht erhöhen müssen nicht angegeben w (Scholz
4 DB **91**, 215 [219]). **Aushändigung** einer Abschr (Abs 1 S 4) soll die Information des Verbr sicherstellen
5 (entspr § 4 III), ist NebenPfl, aber nicht WirkskVorauss (Abs II). **Nichtigkeit** des gesamten Vertr (Abs II), wenn ein Formmangel (entspr § 125 S 1) od Inhaltsmangel (Abs I S 2) gegeben ist od gg das VerbindgsVerbot (Abs I S 3) verstoßen wurde (BOW/Bruchner 11).

VerbrKrG 16

Vergütung. **Der Verbraucher ist zur Zahlung der Vergütung nur verpflichtet, wenn infolge der Vermittlung oder des Nachweises des Kreditvermittlers das Darlehen an den Verbraucher geleistet wird und ein Widerruf des Verbrauchers nach § 7 Abs. 1 nicht mehr möglich ist. Soweit das Darlehen mit Wissen des Kreditvermittlers der vorzeitigen Ablösung eines anderen Kredits (Umschuldung) dient, entsteht ein Anspruch auf die Vergütung nur, wenn sich der effektive Jahreszins oder der anfängliche effektive Jahreszins nicht erhöht; bei der Berechnung des effektiven oder des anfänglichen effektiven Jahreszinses für den abzulösenden Kredit bleiben etwaige Vermittlungskosten außer Betracht.**

1 **1) Zahlungspflicht** (S 1). **a) Zweck.** Der GrdSatz des Erfolgshonorars (§ 652 I BGB) wird verschärft. Die bloße DarlZusage ist meist an Bedinggen geknüpft u die KredGewährg noch ungewiß; daher wird auf
2 diese abgestellt. **b) Voraussetzungen** der Entstehg des gem § 15 vereinb VergütgsAnspr (Prov) sind: **aa)** Abschl des vom Verbr gewünschten (wirks) KredVertr zw Verbr u KredG (§ 1 II), formgerecht gem § 4 u vermittelt dch Herbeiführen od Nachw (§ 1 Rn 8). **bb)** KredGewährg aGrd des vermittelten KredVertr; das erfordert die Ursächlk der KredVermittlg (BOW/Bruchner 2). Geleistet ist der Kred dch Empf des Darl od Inanspruchn des Kred gem § 6 II S 1 (dort Rn 2). **cc)** Rechtl Unmöglk des Widerr gem § 7 I. Solange die WiderrFr nicht abgelaufen ist (vgl § 7 II S 2 u 3), muß daher der Verbr die KredVermVergütg nicht zahlen.
3 **c) Unabdingbarkeit** (§ 18 S 1) erstreckt sich auch darauf, daß die KredGewährg aus Grden in der Pers des KredN nicht zustdekommt (Köln ZIP **93**, 1541). Wg § 18 S 1 ist auch eine VorausZahlgsVereinbg der VermittlerVergütg unwirks (Hamm WM **95**, 1353).

4 **2) Umschuldung** (S 2). **a) Zweck:** das sog UmschuldgsKarussell zurückzudrängen. **b) Begriff.** Umschuldg ist die vorzeit Ablösg eines and Kred dch ein neues Darl. **c) Anwendbar** ist S 2 nur bei Umschuldgen. Daß zugleich der Kred aufgestockt w, steht nicht entgg („soweit"). Außerdem muß der KredVerm Kenntn („mit Wissen") davon haben, daß der zu vermittelnde Kred zur Umschuldg verwendet w soll. Diese Kenntn
5 muß er nicht dch den Verbr erlangt haben. **d) Voraussetzung** (S 2 Hs 1) des VergütgsAnspr für die Umschuldg (nicht die KredAufstockg) ist zusätzl zu denen des S 1 (Rn 2; MK/Habersack 22): Der (anfängl) effektive JZ (§ 4 I S 4 Nr 1 e, dort Rn 8) des NeuKred darf nicht höher sein als der des abzulösden Kred. Die VermVergütg soll also nur dann verdient sein, wenn der UmschuldgsKred keine ungünst Konditionen aufweist. Sollen mehrere Kred abgelöst w, so ist der effektive JZ jeweils gesondert zu vergleichen (BOW/
6 Bruchner 15); ggf entsteht der VergütgsAnspr nur hinsichtl einzelner AltKred. **e) Berechnung** (S 2 Hs 2): Der KredVerm soll nicht besser gestellt w, als wenn er bei Umschuldg eines nichtvermittelten Kred mitwirkt.

VerbrKrG 17

Nebenentgelte. **Der Kreditvermittler darf für Leistungen, die mit der Vermittlung des Darlehens oder dem Nachweis der Gelegenheit zum Abschluß eines Darlehensvertrags zusammenhängen, außer der Vergütung nach § 16 Satz 1 ein Entgelt nicht vereinbaren. Jedoch kann vereinbart werden, daß dem Kreditvermittler entstandene, erforderliche Auslagen zu erstatten sind.**

1 **Kreditvermittler:** § 1 Rn 3, 8. **Entgelt** iS v § 17 sind insb BearbeitgsPauschalen, Schreibgebühren. Die Bezeichng ist gleichgült. Wesentl ist, daß das Entgelt auch geschuldet sein soll, wenn der KredVertr nicht zustdekommt. **Rechtsfolge** der verbotswidr Vereinbg ist TeilNichtigk gem §§ 134, 139. Für GesNichtigk:
2 MK/Habersack 4. **Zulässige Auslagenerstattung** (S 2) kann vereinb w, auch wenn der KredVertr nicht zustdekommt od die DarlSumme nicht ausbezahlt w. Schriftform gem § 15 I S 1 (dort Rn 2). Keine Auslagen sind ArbAufwd u Kost für Fahrten zum Kunden (Karlsr NJW-RR **96**, 1452). BewL dafür, daß die Auslagen (entspr den Aufwendgen, § 256 Rn 1), zB das WertGA eines SV (Köln ZIP **93**, 1541) erforderl waren u tats entstanden sind, trägt der KredVerm (Karlsr aaO). Keine Pauschalierg (BOW/Bruchner 2), insb nicht im voraus (Karlsr aaO).

Vierter Abschnitt. Allgemeine und Schlußvorschriften

VerbrKrG 18

Unabdingbarkeit; Umgehungsverbot. **Eine von den Vorschriften dieses Gesetzes zum Nachteil des Verbrauchers abweichende Vereinbarung ist unwirksam. Dieses Gesetz ist auch anzuwenden, wenn seine Vorschriften durch anderweitige Gestaltungen umgangen werden.**

1 **Unabdingbarkeit** (S 1): entspr dem § 5 III S 1 HausTWG (vgl dort Rn 7). Bezieht sich auf das ges G. Insb darf das WiderrR des § 7 nicht ausgeschl od erschwert w. Das gilt insb für den vorherigen Verz auf Widerr. Für die Zulässk des nachfolgden Verz in Kenntn des bestehden WiderrR u in der Abs, den Vertr wirks zu machen: Fuchs AcP **197**, 113 [155]; Krämer ZIP **97**, 93; aA Bülow ZIP **98**, 945. Günstiger für den
2 Verbr u daher zuläss wäre eine längere WiderrFr (BOW/Bruchner 1). **Umgehungsverbot** (S 2). Entspr dem

§ 6 AbzG; jedoch ist dch den umfassden AnwendgsBereich (§§ 1–3) die Masse der früheren UmgehgsGesch nunmehr unmittelb erfaßt, insb der LeasVertr mit ErwerbsR (MH 868; aA Zahn DB **91**, 2171: Umgehg). Es kommt insb in Betr: Aufspaltg eines wirtschaftl einheitl KredVertr desselben KredG in sog BagatellVertr (§ 3 I Nr 1) od TeilKred bei § 3 I Nr 2, KettenKred mit LaufZt unter 3 Mo (§ 3 I Nr 3). Bei DauerSchuVerh eine ggü der angebotenen GesVergütg erhöhte RatenZahlg (LG Saarbr MDR **94**, 1086; vgl § 1 Rn 6). KredAufn für priv Zwecke üb die Ein-Mann-GmbH (vgl § 1 I). UmgehgsAbs ist nicht erforderl (BOW/Bruchner 5).

Artikel 2–8

[betr Änderung des BGB, HausTWG, FernUSG, UWG, der ZPO, des WohngsVermittlgsG u der GewO; vgl Einf 2]

Artikel 9. Übergangsvorschriften

I Auf Kreditverträge, die vor dem Inkrafttreten dieses Gesetzes geschlossen worden sind, ist weiterhin das bisherige Recht mit Ausnahme der §§ 6 a und 6 b des Gesetzes betreffend die Abzahlungsgeschäfte (ausschließlicher Gerichtsstand) anzuwenden.

II Auf Darlehen, die der Schuldner noch vor dem Inkrafttreten dieses Gesetzes gekündigt hat, ist § 609 a des Bürgerlichen Gesetzbuchs in seiner bisherigen Fassung weiterhin anzuwenden.

III Für das Mahnverfahren gelten die bisherigen Vorschriften, wenn der Antrag auf Erlaß des Mahnbescheids vor dem Inkrafttreten der Änderung eingereicht worden ist.

Anwendung bisherigen Rechts (Abs I). Maßgebd ist, daß der Vertr spätestens am 31. 12. 90 gem § 151 BGB zustdegekommen ist. Anzuwenden sind bei AbzGesch alle Vorschr des AbzG (Ausn §§ 6 a, 6 b), die Regeln üb den finanz Kauf (Anh zu § 6 AbzG; 50. Aufl), bei Darl die §§ 607–610. Würde der vor dem 1. 1. 91 abgeschl Vertr dem VerbrKrG unterfallen, ist auch auf ihn der § 11 I (5% Zins) anzuwenden (BGH **115**, 268). AltVertr üb SukzessivLieferg (§ 1 c AbzG) können weiter nach AbzG widerrufen werden (BGH **119**, 283). Das alte R gilt auch weiter, wenn der Vertr ohne ein neues KapNutzgsR geänd wird (BGH NJW **98**, 60). Ist der AltVertr jedoch von einem Dr nach dem 31. 12. 90 übern w, gelten insb § 2 Nr 3, § 7 VerbrKrG (BGH **129**, 371) u die Schriftform des § 4 (BGH NJW **99**, 2664). Die JFr des § 7 II S 3 VerbrKrG (so Reiter BB **91**, 2322) ist nicht anzuwenden (BGH aaO). 1

Artikel 10 *Inkrafttreten am 1. 1. 91; Aufhebung des Abzahlungsgesetzes ab 1. 1. 91*

Gesetz über den Widerruf von Haustürgeschäften und ähnlichen Geschäften

Vom 16. Januar 1986 (BGBl I S 122), zuletzt geändert durch das Gesetz über die Veräußerung von Teilzeitnutzungsrechten an Wohngebäuden (Teilzeit-Wohnrechtegesetz – TzWrG) vom 20. Dezember 1996 (BGBl I S 2154)

Bearbeiter: Prof. Dr. Putzo, Vizepräsident des Bayerischen Obersten Landesgerichts i. R.

Einleitung

1 **1) Schrifttum:** Klauss/Ose VerbrKredGesch Komm 2. Aufl 1988. – MK/Ulmer 3. Aufl 1995. – Soergel/Wolf 12. Aufl 1988. – Werner/Machunsky, HausTWG, Komm, 1990.

2 **2) Allgemeines. a) Zweck.** Das G dient dem VerbrSchutz gg die mit dem sog Direktvertrieb verbundenen Gefahren. Die Kunden sollen sich von Vertr lösen können, die inf einer Überrumpelg auf einem übereilten Entschl beruhen (vgl BGH NJW **92**, 1889 mwN) u ihnen Leistgen verschaffen, für die oft kein echter Bedarf besteht u deren Entgelt ihren finanziellen Mitteln nicht entspricht. Vor allem sollen soz schwächere PersKreise geschützt werden, näml solche mit geringer GeschGewandth, die als Kunden bei der GeschAnbahng überraschd beeinflußt w, dabei ohne ausreichde Überlegg, gedrängt u beeinträcht in der EntschFreih Vertr abschließen, oft mit bedrückden finanziellen Folgen. **b) Auslegung** des G. Dabei ist die EG-RiL v 20. 12. 85 (85/577) betr VerbrSchutz ergänzd heranzuziehen (BGH NJW **94**, 2759; grdsätzl Roth ZIP **96**, 1285). Vorlage an den EuGH zur VorabEntsch gem Art 234 EG-Vertr ist auch dch InstanzGer zuläss. **c) Internationale Rechtsgeschäfte.** Bei hinreichdem Inlandsbezug ist Art 34 EG anzuwenden, so daß die Wahl ausländ Rs nicht wirks ist (Art 34 EG Rn 3; LG Dresd NZM **98**, 825).

3 **3) Vertragsparteien. a) Kunde** (legal definiert, § 1 I) ist derjen, der zu einer WillErkl best wird, die ihn dch Abschl eines Vertr zu einer entgeltl Leistg verpfl, sofern einer der in § 1 I Nr 1–3 aufgeführten äußeren Umstde erfüllt ist. Kunde kann nur eine natürl Pers sein (Teske BB **88**, 869). Nur Kunden iS des G (idR Verbr) gehören zum geschützten PersKreis. Handelt für ihn ein Vertr, so kommt es auf diesen für die Situation des § 1 I an (BGH NJW-RR **91**, 1074). § 1357 (Schlüsselgewalt) ist anwendb, so daß auch der and Eheg VertrPart w (Cebulla/Pützhoven FamRZ **96**, 1124). Die Abs, eine steuerl Vergünstigg zu erlangen, steht nicht
4 entgg (BGH NJW **96**, 3416). **b) Andere Vertragspartei** (vgl § 1 I, § 5 III, § 6 Nr 1) ist stets der VertrPartner des Kunden (Rn 3), bei Handeln dch Vertreter (§ 164 I) die vertretene Partei, insb auch GmbH, KG, Verein.

5 **4) Vertrag über eine entgeltliche Leistung.** Das ist idR (aber nicht notw) ein ggseit Vertr. Entgelt: Die Bezeichng ist gleichgült; insb Preis, Honorar, Beitr, Gebühr (MK/Ulmer 8). Der Rahmen ist bewußt weit gesteckt. **a) Typische Fälle:** KaufVertr (§ 433), soweit kein VerbrKrGesch vorliegt (vgl § 5 II u Rn 8); Werk- u WerkliefergsVertr (§§ 631, 651); GeschBesorggsVertr (§ 675; Köln NJW-RR **89**, 1339), auch als gemischter Vertr (BGH NJW **95**, 324 [Schlüssel-FundD]); PartnerschVermittlg (Stgt NJW-RR **90**, 1136); FranchVertr (Einf 22 vor § 581); MaklerVertr (§ 652); ReiseVertr (§ 651 a); Miete bewegl Sachen (§ 535), Pacht (§ 581 I) u Leasing (Einf 28 vor § 535); BausparVertr; sog Bauherren- u Erwerbermodelle (Gallois BB **90**, 2062); Vertr über LeitgsRe für Wasser-, Energie- u WärmeVersorgg; Beitritt zu einer Gesellsch (BGH NJW **96**, 3414), zu einem Verein (vgl Rn 7 a), der eine GgseitigkPfl übnimmt (Mü
6 NJW **96**, 263 [FlugRettgsD]). Zweifelh ist, ob TauschVertr (§ 515) darunterfallen. **b) Bürgschaft** (§ 765) war nach der anfängl Rspr des BGH (**113**, 287 u NJW **91**, 2905) nicht als entgeltl Vertr angesehen w. Inf der Krit im Schriftt (Klingsporn NJW **91**, 2229; Schanbacher NJW **91**, 3263; Probst JR **92**, 133; Wassermann JuS **92**, 908) tendierte die neuere Rspr des BGH (NJW **93**, 1595; dagg krit Wenzel NJW **93**, 2781) dahin, die Bürgsch als entgeltl anzusehen (auch Köln NJW-RR **94**, 1538); jedenf dann, wenn der Kunde in der Erwartg bürgt, ihm od einem best Dr entstehe daraus irgendein Vorteil (zust Klingsporn WM **93**, 829; vgl auch Fuchs-Wissmann WiB **94**, 147). Der BGH (NJW **96**, 930) hat dem EuGH vorgelegt (vgl Rn 2 aE; Pfeifer NJW **96**, 3297). Dieser wendet das HausTWG an, wenn der Bürge und der Hauptschuldner Verbr od Kunden iS des § 1 I sind (EuGH NJW **98**, 1295; hierzu krit Pfeiffer ZiP **98**, 1136; Reinicke/Tiedtke DB **98**, 2001; Auer ZBB **99**, 161). Nach neuer Rspr lehnt BGH NJW **98**, 2356 die Anwendg auf Bürgsch ab, wenn die Hauptschuld iR der Erwerbstätk eingegangen ist od der Hauptschuldner sich (auch als Verbraucher) nicht iR eines HausTGesch verpfl hat. Für Anwendg auch dann, wenn der Hauptschuldner nicht dem Schutz des HausTWG genießt: Reinicke/Tiedtke ZIP **98**, 893, Lorenz NJW **98**, 2937. **c) Sicherungsgeschäfte.** BGH NJW **96**, 55 sieht auch die Verpfl zur Bestellg einer SichergsGrdSch als Vertr üb eine entgeltl Leistg an (ebso Hamm WM **99**, 73; dagg Krit Auer ZBB **99**, 161 [165]). Die bloße GrdSchuldBestellg ist nicht entgeltl (Kblz NJW-RR **99**,
7 1178). **d) Miete und Pacht** v Immobilien (bewegl Sachen vgl Rn 5) fällt nicht darunter. Das gilt insb für Wohngen (Drygala NJW **94**, 3260 mwN; aA MK/Ulmer § 1 Rn 11 mwN), weil v Zweck (Rn 2) des VerbrSchutzes nicht erfaßt (Drygala aaO), u zwar WoMietVertr generell (LG Ffm NJW-RR **89**, 824; aA LG Brschw WuM **91**, 671; LG Karlsr NJW-RR **92**, 973 für NeuAbschl u umfangreiche VertrÄnd; LG Hdlbg WuM **93**, 397 für Mietaufhebg), jedenf Vertr üb MietErhöhg für die Wohng (LG Hbg WuM **88**, 169; de Riese ZMR **94**, 449; aA die übwiegde Meing; Kblz NJW **94**, 1418; LG Zweibr NZM **99**,
7 a 306; Michaelis WuM **89**, 2). **e) Vereinsmitgliedschaft** ist idR kein Vertr üb eine entgeltl Leistg (hM; Karlsr NJW **91**, 433), wohl aber dann, wenn sie eine GgseitkPfl des Vereins begrdet (vgl Rn 5 aE). **f) Arbeitsrechtliche Aufhebungsverträge** fallen nicht darunter (hM; aA Lorenz JZ **97**, 277).

5) Anwendungsbereich. Zeitl gilt § 9 II. Grdsätzl muß geprüft werden: **a) Vertrag** üb eine entgeltl Leistg unter den Vorauss des § 1 (Rn 5, 6). **b) Keine Sonderregelung** (§ 5 II). Fällt der Vertr unter das VerbrKrG, das TzWrG (§ 5 III), unter § 4 FernUSG od unter die von § 5 II genannten Vorschr betr Investment- od KapAnteile, gilt das HausTWG nicht. Ein gleichzeit Verstoß gg § 56 Nr 6 GewO steht der Anwendg des HausTWG nicht entgg, führt auch nicht zur Nichtigk gem § 134 (BGH **131**, 385). **c) Geschäftstätigkeit** (§ 6 Nr 1). Das G gilt nicht, wenn der Kunde aGrd selbstd Erwerbstätigk abschließt od der and VertrT nicht (selbstd od unselbstd) geschmäß handelt. **d) Versicherungsverträge** (§ 6 Nr 2). Der Abschl ist vom G generell ausgen. Dafür ist dch Art 2 Nr 1 G v 17. 12. 90 (BGBl 2864) ein WiderrR eingeführt (§ 6 Rn 4). 8 9 10

HausTWG 1 *Widerrufsrecht.* **[I]Eine auf den Abschluß eines Vertrags über eine entgeltliche Leistung gerichtete Willenserklärung, zu der der Erklärende (Kunde)**

1. durch mündliche Verhandlungen an seinem Arbeitsplatz oder im Bereich einer Privatwohnung,
2. anläßlich einer von der anderen Vertragspartei oder von einem Dritten zumindest auch in ihrem Interesse durchgeführten Freizeitveranstaltung, oder
3. im Anschluß an ein überraschendes Ansprechen in Verkehrsmitteln oder im Bereich öffentlich zugänglicher Verkehrswege

bestimmt worden ist, wird erst wirksam, wenn der Kunde sie nicht binnen einer Frist von einer Woche schriftlich widerruft.

[II]Ein Recht auf Widerruf besteht nicht, wenn
1. im Fall von Absatz 1 Nr. 1 die mündlichen Verhandlungen, auf denen der Abschluß des Vertrags beruht, auf vorhergehende Bestellung des Kunden geführt worden sind
oder
2. die Leistung bei Abschluß der Verhandlungen sofort erbracht und bezahlt wird und das Entgelt achtzig Deutsche Mark nicht übersteigt
oder
3. die Willenserklärung von einem Notar beurkundet worden ist.

1) Allgemeines. Das WiderrR entspr dem § 7 VerbrKrG. Es kann bei vertr eingeräumtem RückgR ersetzt w (vgl Rn 2). **a) Zweck.** Der VerbrSchutz liegt im öff Interesse. Der Kunde wird dch das ges WiderrR in einer Form geschützt, die den Direktvertrieb weder diskriminiert noch behindert. **b) Unabdingbarkeit** ist ges vorgeschr (§ 5 III S 1). Das WiderrR kann aber unter best Vorauss dch ein RückgR ersetzt werden (§ 5 III S 2). Die WiderrFr kann verlängert w, weil die Unabdingbark nur „zum Nachteil des Kunden" besteht. **c) Anwendungsbereich:** alle RGesch gem Einf 3–6. 1 2 3

2) Vertragsschluß (Abs I). Es gilt § 151 S 1. WillErkl: Rn 5. Gleichgült ist, ob das VertrAngebot od die Ann vom Kunden erkl wird. Nach Abschl des Vertr besteht ein SchwebeZustd wie bei § 7 I VerbrKrG (dort Rn 3), bis dch Unterbleiben des Widerr der Vertr mit Ablauf der Fr (§ 2 Rn 3) zustkommt od inf Widerr endgült scheitert. Unterbleibt der Widerr, wird die WillErkl des Kunden mit Ablauf der Fr ex nunc wirks. Vor Ablauf der WiderrFr muß auch die and VertrPart ihre Leistg nicht erbringen (allgM). 4

3) Willenserklärung des Kunden (Einf 1 vor § 116). **a) Form.** Sie muß (mündl od schriftl) ausdrückl od stillschweigd auf den VertrSchl gerichtet sein (vgl § 151 Rn 2). **b) Ursächlichkeit.** Der Kunde muß im entscheidden BewegGrd dch die bes tats Umst zur Abgabe der zum Vertr führden WillErkl veranlaßt worden sein (wie § 123 Rn 24), wobei eine Mitverursachg genügt (BGH **131**, 385). Das ist bei Abschl eines neuen Vertr auch der Fall, wenn der Besuch nur wg gewünschter VertrÄnd stattgefunden hat (BGH NJW **99**, 575). Es genügt, wenn der Vertr sonst nicht od nicht so wie geschehen, zustgekommen wäre (BGH **131**, 385). Ein enger zeitl Zushang zw VertrVerh u Abgabe der zum VertrAbschl führden WillErkl ist nicht erforderl (BGH aaO u NJW **94**, 262). Maßgebd ist, ob die ÜberraschgsWirkg noch fortdauert (vgl Löwe BB **86**, 821 [824]) od der Kunde in seiner EntschließgsFreih beeinträcht ist (BGH NJW **94**, 262). Läßt die and Part einen Dr (insb Vertr) für sich handeln, gilt die Abgrenzg wie bei § 123 Rn 13, 14 (vgl Rn 7). 5

4) Situationsbedingte Voraussetzungen (Abs I). Die Aufzählg der Nr 1–3 ist enumerativ; eine entspr Anwendg ist ausgeschl. Die deutl Begrenzg ist vom GGeber gewollt (BT-Drucks 10/2876 S 9/10), um nur die typ Fälle zu erfassen, die der Kundenschutz erfordert. Entgeltl Vertr: Einf 5. Kunde: Einf 3. Darleggs- u BewL trägt nach allg Grds der Kunde (Hamm NJW **94**, 2159 für Nr 1). 6

a) Nr 1. Arbeitsplatz und Privatwohnung. Entscheidd ist der Ort; auf den Anlaß des Besuchs kommt es nicht an (BGH NJW **99**, 385). **aa) Verhandlung.** In beiden Fällen muß die mdl Vhdlg (eine od mehrere) mit dem Kunden geführt w, dch die and VertrPart, ihre Geh od Dr. Die mdl Vhdlg beginnt, sobald der Kunde mit dem Ziel des VertrSchlusses angesprochen wird (BGH **131**, 385). Sie muß die Ursache für den VertrSchl darstellen (vgl Rn 5). Nr 1 gilt daher nicht, wenn schon eine GeschVerbindg bestanden hat (Hamm NJW **94**, 2159). Daneben dürfen auch noch and Umst bestimmd sein (zB Werbegeschenke, Warenproben, Freiexemplare), so daß eine Mitursächlichk der mdl Vhdlg genügt (BGH NJW **96**, 926). Gleichgült ist, wer für die and VertrPart die Vhdlg führt. Es können mehrere Pers zugleich od nacheinander sein (vgl Rn 5), nicht aber der Eheg od nahe Angeh des Kunden, der diesem in der Wohng auf Veranlassg der and VertrPart die VertrErkl vorlegt (BGH NJW **93**, 1594 u NJW **96**, 191; aA Frings ZIP **96**, 1193), sofern er nicht allg werbd für die and VertrPart tät ist (BGH NJW **96**, 3414). Das selbe gilt für den Nachbarn, der auf Veranlassg der and VertrPart handelt (aA KG NJW **96**, 1480). Für die Gestaltg der mdl Vhdlg genügt, daß nur für die and VertrPart gesprochen wird. Auf seiten des Kunden genügt, daß er aGrd dessen seine WillErkl abgibt. Der GZweck erfordert keine Wechselrede. Werbg u telefon Vhdlg fällt nicht unter Nr 1 (hM; BGH NJW **96**, 929 mwN; aA Klingsporn NJW **97**, 1546), auch nicht das Tele- u Internetshopping (Köhler NJW **98**, 185; bestr; vgl auch § 5 Rn 3). Unerhebl ist, wo der Kunde seine WillErkl abgibt (BGH NJW **96**, 926). Er kann dies auch 7

8 später in Abwesenh der VertrPart od deren Vertr tun (BGH NJW **96**, 3416). **bb) Arbeitsplatz.** Es muß der des Kunden sein. Hier ist eine extensive Auslegg dahin geboten, daß jeder Ort im BetrGbde od -gelände dazugehört, weil dort überall die überraschde Einflußn mögl ist. Die Anwendg ist auf den ArbPlatz im GeschRaum selbstd, insb freiberufl Tätiger zu erstrecken (Erm/Klingsporn 11; Pfeiffer/Dauck NJW **96**, 2077 mwN; Martis MDR **99**, 198; aA MK/Ulmer 21 u 59. Aufl; offengelassen v BGH NJW **94**, 2759).
9 **cc) Privatwohnung.** Einschließl Hausflur u Garten, auch von MehrFamHäusern u an der Haustüre. Es muß irgendeine PrivWohng sein, nicht notw die des Kunden, weil gerade auch die sog PartyVerkäufe erfaßt werden sollen. Es kann auch die Wo eines Dr sein, in die dieser den Vertreter der and Partei bestellt hat (Hamm NJW-RR **91**, 121). Es fällt auch die PrivWohng der and VertrPart od der für sie handelnden Pers darunter, nicht aber deren GeschRaum od die v Kunden zu mietde Wohng. Die Eigensch als PrivWohng geht nicht dadch verloren, daß von ihr aus auch regelmäß Gesch abgeschl werden. Nicht anwendb auf priv Baustelle bei Bestellg v Baumaterial (vgl Zweibr NJW **95**, 140).

10 **b) Nr 2. Freizeitveranstaltung. aa) Begriff.** Davon werden gewerbl oder gewerbl motivierte Veranstaltgen erfaßt, deren Gesamtbild v einem FreizeitErlebn ausgeht (hM), das der Belehrg od Unterhaltg der Teiln dient (Düss NJW-RR **93**, 1533) u bei dem Freizeitangebot u VerkVeranstaltg organisator so miteinander verbunden sind, daß der Kunde in freizeitl unbeschwerte Stimmg versetzt w (BGH NJW **92**, 1889), nicht notw den VerkZweck der Veranstaltg erkennt (Düss NJW-RR **96**, 1269), insb VerkVeranstaltgen außerh gewöhnl GeschLokale (Ffm NJW-RR **90**, 374), aber nicht notw außerh der GeschRäume des Verk (Celle OLGZ **91**, 485). Sie sind auch in den GeschRäumen der and VertrPartei od eines Dr mögl (BGH NJW-RR **91**, 1524). Maßgebd ist der tatsächl Ablauf. Die vorher Ankündigg, es handle sich um eine VerkVeranstaltg kann eine FreiZtVeranstaltg im Einzelfall ausschl (BGH NJW **90**, 3265; Ffm NJW-RR **96**, 1270). Keine FreiZtVeranstaltgen sind VerbrVerkAusstellgen (KG NJW-RR **90**, 1338 [Grüne Woche]; LG Brem NJW-RR **88**, 1325; LG Heilbr NJW-RR **89**, 1145; LG Brschw NJW-RR **92**, 1401 [Harz u Heide];
10 a aA Dresd NJW-RR **97**, 1345 [Mittelsachsenschau]; Stgt NJW-RR **88**, 1323; Huff VuR **88**, 306). **bb) Beispiele.** Mehrtäg Reisen, Ausflugsfahrten zu Sportereignissen, zu Unterhaltg, Erholg u Bildg (Mü NJW-RR **91**, 122), sog Kaffee- od Butterfahrten (insb Schiffsreisen zu preisgünst Einkauf), Filmvorführgen (LG Hanau NJW **95**, 1100), sog Wanderlagerveranstaltgen (Hamm NJW-RR **89**, 117), auch wenn die tats gewährte Bewirtg nicht dch Werbg angekünd ist (BGH NJW **90**, 3265); Bewirtg in Café (Stgt NJW-RR **89**, 1144); kostenlose Weinprobe mit Abendessen (LG Brschw NJW-RR **89**, 1147); Herausstellen spektakulärer Gewinnchancen (LG Mönchengladb NJW-RR **96**, 504), GewinnAbholgsVeranstaltg (Karlsr NJW-RR **97**, 432); Tanzveranstaltgen, auch eine Modenschau, wenn and Leistgen od and Waren als Kleidg angeboten w.
10 b **cc) Veranstalter** kann auch ein Dr sein, der organisiert u dchführt. Es genügt dann, daß die and VertrPart sich anschließt. Auch in seinem Interesse dchgeführt wird bereits, wenn der Dr weiß, daß die and VertrPart
10 c Werbg u VerkTätk entfaltet (BGH NJW-RR **91**, 1524). **dd) Anläßlich.** Es muß ein zeitl, räuml od sachl Bezug zur WillErkl des Kunden bestehen (vgl Rn 5), zB Fortwirken der StimmgsLage (Saarbr NJW **95**, 141 [Ferienhotel]). Bei engem Bezug besteht für diese Kausalität ein AnscheinsBew (Wassermann JuS **90**, 549 [551]).

11 **c) Nr 3. Öffentliche Verkehrsmittel und -wege. aa) Verkehrsmittel:** Schiffe, Flugzeuge, Busse u Bahnen. Auch sie müssen (als öff) allg zugängl sein, nicht nur für geschlossene Gruppen (dafür gilt Nr 2; aA Gilles NJW **86**, 1141). Nicht der Mitfahrer im PKW (MK/Ulmer 27; bestr). **bb) Verkehrswege.** Allg zugängl können neben Straßen u Plätzen auch öff Parks u Gärten, PrivWege, Bahnhöfe, Bahnsteige, Flughäfen, Autobahnraststätten und -plätze sein. Nicht: Priv Sport-, Park- u Campingplätze (Knauth WM **86**, 509 [516]). **cc) Im Anschluß** ist rein zeitl zu sehen. Das Ansprechen muß von der and VertrPart od der für sie handelnden Pers ausgehen. Überraschd ist als subj unerwartet einzuordnen; daher nicht: das für das betr VerkMittel typ DLeistgs- u WarenAngeb (MK/Ulmer 27); VerkAusstellgen (KG NJW **90**, 1338 [1340]), Märkte u Festplätze. Kausalität: wie Rn 10 c.

12 **5) Widerrufsrecht** (Abs I) des Kunden. Ihm sind § 7 I VerbrKrG u § 5 TzWG nachgebildet. Das WiderrR besteht auch für den and Eheg iF des §§ 1357 (Cebulla/Pützhoven FamRZ **96**, 1124) od an dessen
12 a Stelle bei § 179 des vollmlosen Vertr (BGH NJW-RR **91**, 1074). Die and VertrPart hat es nicht. **a) Rechtslage vor Ausübung.** Der Vertr ist schwebd unwirks (hM), auch iü wie bei § 7 VerbrKrG Rn 3. **b)** Es ist ein GestaltgsR (wie § 7 Rn 4 VerbrKrG; hM). Nach aA ein bes ges RücktrR (Hadding Fs Brandner 207 [211]) od nach BGH **131**, 82 = JZ **96**, 575 Anm Gottwald/Honold: rechtshindernde Einw). Das R kann vom Kunden (bei Mehrh, insb Eheg gemeins) frei ausgeübt w. Die RFolgen (§ 3) sind so gestaltet, daß der Kunde
13 keine wirtsch Nachteile erwarten muß. **c) Entstehung.** Bei allen Vertr vom Ztpkt des VertrSchl an, auch
14 schon vor FrBeginn (vgl § 2 Rn 3, 4) u auch dann, wenn die Leistgen schon erbracht sind. **d) Erlöschen** des WiderrR nur dch FrAblauf: **aa)** Wenn ordgem belehrt ist (Abs I, § 2 I S 1–3), 1 Wo ab Wirkswerden der WillErkl des Kunden. **bb)** Ohne ordngem Belehrg 1 Mo ab vollständ Erf des Vertr dch beide VertrPart (§ 2 I S 4). **cc)** Unter best Vorauss wird auch ein Verzicht mit der Folge, daß das RGesch wirks ist, für zuläss
15 gehalten (Krämer ZIP **97**, 93). Das ist abzulehnen wg § 5 IV S 1. **e) Ausübung** des WiderrR: § 2 Rn 1–5. **f) Verjährung.** Als GestaltgsR (Rn 12 a) unterliegt ihr das WiderrR nicht.

16 **6) Ausschluß des Widerrufsrechts** (Abs II). Hier wird vom GGeber das Schutzbedürfn verneint. Darleggs- u BewL trägt der and VertrT, insb für Nr 1 (Mü WM **91**, 523; Jena OLG-NL **94**, 78). Das wird nicht dadch veränd, daß dieser sich vorformuliert bestät läßt, eine vorhergehde Bestellg habe vorgelegen (Zweibr NJW-RR **92**, 565).

17 **a) Nr 1. Vorhergehende Bestellung.** Gilt nur für Abs I Nr 1, nicht für Nr 2 (Kblz NJW-RR **91**, 1020) u Nr 3. **aa) Inhaltlich** keine WillErkl, sond eine geschähnl Hdlg (MK/Ulmer 38). Der Kunde muß die and VertrPart, insb aGrd seiner schriftl Aufforderg ausdrückl, auch mdl od telefon, sogar stillschweigd (wenn eindeut erkl) zur VertrVhdlg mit einem konkreten VertrAngebot od zu einem Kostenvoranschlag (aA Stgt NJW **88**, 1986), nicht zur bloßen Warenpräsentation od zur Information (BGH **109**, 127 mwN) an den ArbPl od in eine Wohng (wie Rn 7, 9) zu VertrVhdlgen bestellt haben (BGH aaO). Das liegt insb vor, wenn der Kunde den Besuch zu VertrVhdlgen wünscht (Jena OLG-NL **94**, 78). Darauf, ob der Kunde dies auf

Nachfrage od v sich aus erkl, kommt es nicht an (BGH aaO). Vorhergehde Bestellg wird verneint, wenn der Kunde auf eine ZeitgsAnz telefon nachfragt (LG Arnsberg NJW-RR **92**, 692) od auf eine Werbeantwortkarte mit versprochenem Werbegeschenk reagiert (Dresd NJW-RR **96**, 758). Bestellt der Kunde die and VertrPart zur Abgabe eines Angebots, stellt BGH **110**, 308 insbes bei Bauhandwerkern auf die Umstde des Einzelfalles ab, ob der Schutzzweck des Abs I zutrifft. Es ist zu verneinen, wenn bereits vorher üb den VertrGgstd Vhdlgen stattgefunden haben (BGH NJW **94**, 3351). **bb) Zeitlich** muß die Bestellg vor Aufn der Vhdlg liegen, dem 18
Kunden Zt zur Vorbereitg lassen (Bamberg BB **88**, 1072) u muß hinreichd ggstdl best sein (LG Hbg NJW-RR **88**, 824), damit der Kunde nicht mit einem überraschd Angebot and Art konfrontiert wird (Knauth WM **86**, 509 [515]). **cc) Herbeigeführt** (provoziert) werden darf die Bestellg nicht dch eine der Situationen des 19
Abs I (Brandb MDR **98**, 207; Löwe BB **86**, 821 [827]; Knauth aaO 516 mwN; MK/Ulmer 19; Stgt NJW-RR **89**, 1144). Das ist insb gegeben: dch eine telef KontaktAufn der and Part (hM; BGH **109**, 127 mwN), vor allem, wenn diese unverlangt ist (LG Rstk NJW-RR **94**, 1015); wenn sie zu and Zwecken erbeten wurde od dch einen vorangegangenen unbestellten Besuch (Stgt NJW- RR **90**, 1014). Das gilt auch dann, wenn der Kunde seine TelNr auf einer Werbeantwortkarte angegeben hat (BGH aaO). Eine Bestellg ist auch nicht die Antwort (zB KatalogAnfdg) auf eine WerbewurfSendg od -postkarte (BGH aaO; Köln NJW **88**, 1985; AG u LG Dortm NJW-RR **88**, 314 u 316), wohl aber die nach vorher Information auf einem Messestand (Stgt MDR **98**, 956). **dd) Bloßes Schweigen** auf einen angekünd Besuch genügt keinesf. Überzogen ist die Ans 20
(Stgt NJW-RR **89**, 956), es liege keine vorhergehde Bestellg vor, wenn auf einem Messestand für Einbaufenster dem Kunden erkl w, ein Preis könne erst nach Besichtigg der Wohng genannt w. Zu Besonderh bei BankGesch Knauth WM **87**, 517 [526].

b) Nr 2. Vollzogene Kleingeschäfte. Die Grenze von genau 80 DM einschließl ist absolut u dient der 21
RSicherh. Bei Abschl: Die vollständ Erf dch beide VertrPart muß wie bei einem BarGesch des tägl Lebens zeitl unmittelb dem VertrAbschl nachfolgen. Abzustellen ist auf das gesamte Entgelt, das in der Verhdlg vereinb w (Wassermann JuS **90**, 549 [554]). Die Aufteilg eines an sich einheitl Gesch in mehrere Teile unter 80 DM wäre jedenf eine Umgehg gem § 5 (Soe/Wolf 38).

c) Nr 3. Notarielle Beurkundung. Hier entfällt mit dem ÜberraschgMoment der GZweck, auch in 22
Hinbl auf die BelehrgsPfl (§ 17 BeurkG). Das gilt insb auch, wenn der Vertr vorher in einer HausTSituation, insb in der PrivWohng ausgehandelt worden ist (aA Stgt BB **99**, 1453 abl Anm Edelmann). Auf einen zeitl Zushang kommt es nicht an. Unter Nr 3 fällt idR ein ImmobiliarKred (vgl Bruchner WM **99**, 825 [835]). Die Anwendg v Nr 3 ist abzulehnen bei sog Bauherrn- u Erwerbermodellen (Stüsser NJW **99**, 1586 [1589] mwN).

HausTWG 2 *Ausübung des Widerrufsrechts; Belehrung.*

[I]Zur Wahrung der Frist genügt die rechtzeitige Absendung des Widerrufs. Der Lauf der Frist beginnt erst, wenn die andere Vertragspartei dem Kunden eine drucktechnisch deutlich gestaltete schriftliche Belehrung über sein Recht zum Widerruf einschließlich Namen und Anschrift des Widerrufsempfängers sowie einschließlich der Bestimmung des Satzes 1 ausgehändigt hat. Die Belehrung darf keine anderen Erklärungen enthalten und ist vom Kunden zu unterschreiben. Unterbleibt diese Belehrung, so erlischt das Widerrufsrecht des Kunden erst einen Monat nach beiderseits vollständiger Erbringung der Leistung.

[II]Ist streitig, ob oder zu welchem Zeitpunkt die Belehrung dem Kunden ausgehändigt worden ist, so trifft die Beweislast die andere Vertragspartei.

1) Widerruf. Er setzt, um wirks zu sein, das Bestehen des WiderrR voraus (§ 1 Rn 12–14). **a) Begriff.** 1
Widerr ist die Rückn der auf den VertrAbschl gerichteten WillErkl des Kunden, ein GestaltgsR (§ 1 Rn 12), als RGesch eine empfbed WillErkl, die ihrerseits den Regeln der §§ 105–144 unterliegt. **b) Form.** Schriftl 2
Erkl, aber nicht die Schriftform des § 126; daher auch die Erkl zu gerichtl Protokoll (BGH **94**, 226 zu § 1 b AbzG) od Überg an das Ger in mdl Vhdlg (BGH NJW **96**, 2865), wenn die and VertrPart davon Kenntn erlangt (BGH **109**, 314); nicht die bloße Rücksendg der Ware (umstr; vgl Düss NJW-RR **95**, 747 mwN für § 7 VerbrKrG). **c) Inhalt.** Es muß der Vertr so bezeichnet w, daß er identifiziert w kann. Das Wort Widerr muß 3
nicht ausdrückl gebr w (BGH NJW **93**, 128 u **96**, 1964 für § 1 b AbzG); sinnentspr Ausdrücke genügen (§ 133), nicht die Anz der VerteidBereitsch gem § 276 I S 1 ZPO (aA Karlsr NJW-RR **98**, 1438). Die Pers desjen, der den Widerr erkl, muß erkennb sein. Der Widerr kann auch v Vertr anstelle des Vertretenen ausgeübt w (BGH NJW-RR **91**, 1074). **d) Fristen.** 1 Wo (§ 1 I) od 1 Mo (Abs I S 4). Berechng: §§ 187 I, 188, 193. **e) Regelmäßiger Fristbeginn:** dch ordngem Belehrg üb das WiderrR (Abs I S 2; Rn 6–9). Die Fr beginnt mit Aushändigg der Belehrg an den Kunden od dessen Vertreter (§ 1 Rn 12), aber nicht vor Wirkswerden seiner auf den VertrSchl gerichteten WillErkl. **f) Fristbeginn ohne Belehrung** (Abs I S 4). Gilt, wenn die 4
Belehrg unterblieben od wegen Fehlens von WirksamkVorauss (vgl Rn 6–9) fehlerh ist. Damit die MoFr beginnt, müssen die vertrgem Leistgen beider VertrPart vollständ erbracht sein. Hiermit ist die Erfüllg (§ 362) gemeint. Beim Darl ist auf die vollständ ZZahlg abzustellen (Köln NJW-RR **93**, 428; aA LG Kass NJW-RR **89**, 105); bei MietVertr (vgl § 1 Rn 7) auf den KalMo (LG Zweibr NZM **99**, 306). Mängel der Leistgen sind unerhebl. Maßgebd ist die Wirksamk der letzten ErfüllgsHdlg, die auch in der Zahlg einer NichtabnahmeEntsch zu sehen ist (Hamm WM **99**, 1057). Die RKraft eines VollstrTitels steht nicht entgg (Stgt NJW **94**, 1226). Dch die MoFr soll dem Kunden ausreichd Gelegenh gegeben w, die Vor- u Nachteile des Vertr zu überdenken. **g) Fristwahrung** (Abs I S 1): entspr § 7 II S 1 VerbrKrG. Es genügt Absendg des Schreibens 5
(Rn 2) vor Ablauf der Fr. Wann es zugeht, ist unerhebl. Der Widerr muß aber wegen § 130 I, um wirks zu sein, dem Empf (and VertrPart) überh zugehen; denn Abs I S 1 bezieht sich nur auf die FrWahrg. Einschreiben mit Rückschein ist zu empfehlen. Der Widerr wird auch dann mit Zugang wirks, wenn darin ein späterer Ztpkt best ist (BGH **109**, 97 für § 1 b AbzG). Bei rechtzeit u wirks Widerr treten die RFolgen des § 3 ein. **h) Umfang.** Das WiderrR erstreckt sich auf nachfolgde ergänzde Vereinbgen, die notw Folge des ursprüngl 5 a
Vertr sind (Stgt NJW-RR **99**, 201). **i) Erlöschen** des WiderrR: mit Versäumen der Fr (Rn 5), Erf (Rn 4), alles 5 b
spät mit Ablauf der JFr des § 7 II 53 VerbrKrG (Hamm WM **99**, 1057).

6 **2) Belehrung** (Abs I S 2, 3). Sie ist keine Pfl, sond eine Obliegenh der and VertrPart (aA Stgt NJW **88**, 1986). Im Verh zu Dr kann die Unterlassg wettbewerbswidr sein (Stgt NJW-RR **89**, 1144). **a) Form.** Es ist
6 a zu untersch: **aa) Verbindungsverbot.** Die Belehrg ist gesondert zu erteilen; stets schriftl, aber nicht § 126. Sie darf auf demselben Schriftstück wie der Vertr untergebracht w (hM; Stgt NJW-RR **90**, 1273 mwN), muß dann aber räuml getrennt bleiben, sodaß sich die Unterschr allein auf sie bezieht (BGH NJW **96**, 1964 für § 1 b AbzG). Auch nur kurze Erkl mit and Inh (zB Überg) vor der Unterschr stehen der Wirksk entgg (Stgt
6 b NJW-RR **95**, 114). **bb) Deutlichkeitsgebot.** Die Belehrg muß drucktechn in nicht zu übersehender Weise herausgehoben sein (BGH NJW-RR **90**, 368 [370]; Köln NJW **87**, 1206), näml dch and Farbe, größere Lettern od Fettdruck (BGH NJW **96**, 1964 für § 1 b AbzG; Stgt NJW **92**, 3245 für § 7 VerbrKrG). Es darf von ihr drucktechn nicht abgelenkt w (Naumb NJW-RR **94**, 377). Geringerer Randabstand, ähnl ZwRaum reichen insb bei gleichwert u gleichförm Schriftbild nicht aus (BGH NJW **94**, 1800 für § 1 b AbzG); ebsowen wie ein dchgezogener Strich bei kleinerer Drucktype (BGH NJW **96**, 1964 für § 1 b AbzG) od der bloße Umstd, daß zwei räuml getrennte Unterschr zu leisten sind (Stgt NJW-RR **95**, 114). Hinw auf Behalten-
7 dürfen eines Werbegeschenks steht nicht entgg (Stgt NJW **94**, 3110 für § 7 VerbrKrG). **b) Inhalt.** Notw ist die Belehrg üb das R zum beliebigen, voraussetzgsl Widerr des Vertr innerh einer Wo seit der WillErkl des Kunden, das Erfordern der Schriftlichk, den Beginn der WiderrFr (hM; BGH NJW **93**, 1013), die FrWahrg dch rechtzeit bloße Absendg (BGH NJW **96**, 1964 für § 1 b AbzG), daher fehlerh „Einsendung" (LG Stgt NJW **95**, 667). Außerdem ist nöt die Angabe, an wen der Widerr abzusenden ist. Mindestens wünschenswert ist die Angabe des Tages, an dem die WillErkl des Kunden gewöhnlicherw wirks wäre (Zugang gem § 130 od Ann gem § 151). Ein Vordruck der WiderrErkl kann nicht verlangt w. Andere Erkl als die Belehrg darf das Schriftstück nicht enthalten (Abs I S 3), insb keine EmpfBestätigg (Rn 8; BGH NJW **93**, 2868; Stgt NJW-RR **90**, 1273). Anderers ist ein tats Bezug auf den Vertr (Ggstd, Datum) notw. Es muß angegeben sein: Name (Firma) u PostAnschr der and VertrPart od einer and Pers (auch Firma), die für den Empf des Widerr genannt wird. Es können auch zwei WiderrEmpf (zB Verlag u BuchHdlg) angegeben w. Die Angabe ist stets bindd.
8 **c) Unterschrift** des Kunden auf der v VertrText gesond Belehrg (also 2 Unterschr bei schriftl Vertr) ist notw (Abs I S 3). Sie muß sich allein u ausschließl auf die Belehrg beziehen (BGH NJW **96**, 1964 für § 1 b AbzG). Es genügt, wenn sie ledigl auf dem für die and VertrPart best Expl steht (BGH NJW **98**, 540). Zweckmäß behält die beweisbelastete (Rn 10) and VertrPart (zwecks Nachweis) das v Kunden unterschriebene Exemplar
9 der Belehrg. Bei Bildschirmtext sehr problemat (vgl Waldenberger BB **96**, 2365). **d) Aushändigung** an den Kunden (Abs I S 2) bedeutet, daß ein Expl der schriftl Belehrg (nicht notw von ihm unterschrieben) bei ihm verbleiben muß, damit der Lauf der Fr beginnt. Den Empf der Belehrg kann die and VertrPart am besten dadch beweisen, daß sie eine v Kunden unterschriebene, v der Belehrg wg Abs I S 3 getrennte, mit Datum versehene EmpfBestätigg unterschr läßt (Rn 8). Für die Wirksk der Belehrg ist dies aber nicht notw.
9 a **e) Unterbleiben** der Belehrg (Abs I S 4): vgl Rn 4.

10 **3) Beweislast** (Abs II) trägt: **a) Andere Vertragspartei** für die Belehrg, ihren Ztpkt, Inhalt, für Aushändigg u Unterschr (Rn 6–9), sowie für alle Tats, aus denen das Versäumen der WiderrFr abgeleitet w (Rn 3). **b) Kunde** für den Widerr, Absendg u Zugang an den in der Belehrg genannten Empf (Rn 5).

HausTWG 3 *Rechtsfolgen des Widerrufs.*

I Im Falle des Widerrufs ist jeder Teil verpflichtet, dem anderen Teil die empfangenen Leistungen zurückzugewähren. Der Widerruf wird durch eine Verschlechterung, den Untergang oder die anderweitige Unmöglichkeit der Herausgabe des empfangenen Gegenstands nicht ausgeschlossen. Hat der Kunde die Verschlechterung, den Untergang oder die anderweitige Unmöglichkeit zu vertreten, so hat er der anderen Vertragspartei die Wertminderung oder den Wert zu ersetzen.

II Ist der Kunde nicht nach § 2 belehrt worden und hat er auch nicht anderweitig Kenntnis von seinem Recht zum Widerruf erlangt, so hat er eine Verschlechterung, den Untergang oder die anderweitige Unmöglichkeit nur dann zu vertreten, wenn er diejenige Sorgfalt nicht beachtet hat, die er in eigenen Angelegenheiten anzuwenden pflegt.

III Für die Überlassung des Gebrauchs oder die Benutzung einer Sache sowie für sonstige Leistungen bis zu dem Zeitpunkt der Ausübung des Widerrufs ist deren Wert zu vergüten; die durch die bestimmungsgemäße Ingebrauchnahme einer Sache oder Inanspruchnahme einer sonstigen Leistung eingetretene Wertminderung bleibt außer Betracht.

IV Der Kunde kann für die auf die Sache gemachten notwendigen Aufwendungen Ersatz von der anderen Vertragspartei verlangen.

1 **1) Allgemeines.** Mit Zugang (§ 130) des Widerr wird der Vertr inhaltl umgestaltet (grds wie 346 Rn 3–5; Hadding Fs Brandner 209 [215]). **a) Zweck.** Der Kunde soll in seinem freien Entschl, das WiderrR auszuüben od davon abzusehen, nicht dadch beeinträcht w, daß RückgewährPfl u Haftg ihn vom Widerr
2 abhalten. **b) Unabdingbarkeit** ist für Vereinbgen gegeben, die für den Kunden nachteil sind (§ 5 III S 1).
3 **c) Verjährung. aa)** Anspr des Kunden: 30 J (§ 195). **bb)** Anspr der and VertrPart: 2, 4 od 30 J, je nach dem, ob für den Anspr § 196 (insb Abs I Nr 1, 6, 7, 11, 13), § 197 od § 195 (insb § 985) gilt.

4 **2) Rückgewährpflichten** (Abs I S 1). Ist dem § 346 nachgebildet. Zurückzugewähren: Rückleistg in vollem Umfang, in derselben Weise u auf demselben Weg, ggf an Dr (vgl § 346 Rn 3). Das ist ein bes ausgestalteter Bereicherungsanspr, der als SoRegelg die §§ 812 ff grdsl ausschließt (BGH **131**, 82 = JZ **96**, 575 m Anm v Gottwald/Honold). Für den Empf eines Darl ist nach allg Grds die Berufg auf § 818 III wg § 819 versagt (BGH NJW **99**, 1636). Für die Zug-um-Zug-Leistg ist § 4 anzuwenden. Anders als beim Kauf sind im Bereich and entgeltl Vertr (vgl Einf 5 vor § 1) vonvorneherein oft Leistgen erbracht worden, die ihrer Art nach nicht zurückgewährt w können; hierfür gilt Abs III (Rn 9, 10). Leistungsort: §§ 269, 270.

5 **3) Untergang, Verschlechterung und Unmöglichkeit der Herausgabe** des vom Kunden empf Ggstds (also nicht nur Sachen, vgl § 93) od einer Mehrh v Ggstden (Abs I S 2, II). Für empf unkörperl Leistgen gilt

Abs III (Rn 15). **a) Begriffe.** Verschlechterg: SubstanzVerletzgen, Verlust v BestdT u Zubehör, jede Beeinträchtigg der Funktionsfähk, nicht aber der Umstd, daß die Sache gebraucht u nicht mehr neu ist. Unterg: Vernichtg od völl Zerstörg der Sache. Anderw Unmöglk der Herausg: objektiv u subjektiv, gleich aus welchem Grd, zB dch BesVerlust u gutgläub Erwerb eines Dr. **b) Widerrufsrecht** (Abs I S 2) ist dch Verschlechterg, Unterg od anderweit Unmöglk nicht ausgeschl. Dasselbe gilt für das RückgR (§ 5 III S 2). **c) Ersatz** des Wertes od der WertMinderg für die Leistg (Abs I S 3). Dieser Anspr des and Teils setzt voraus, daß bei Verschlechterg, Unterg od anderweit Unmöglk der Herausg der Kunde diese zu vertreten hat (Rn 9, 10). Höhe: Nicht der vereinb Preis ist zugrdezulegen, weil der Gewinn des and Teils entfällt, sond der Wert der Leistg, beim Kauf zB der AnschaffgsPreis zuzügl der mit Anschaffg u Bereitstellg (nicht mit der Weiterveräußerg) verbundenen Kosten. Im Proz gilt § 287 ZPO. **d) Haftungsmaß** (Abs I S 3, II). **aa) Bei Belehrung** gem § 2 I S 2, 3: Diese muß sich beim RückgR (§ 5 III S 2) auf dieses beziehen. Es ist Vors u Fahrlässk zu vertreten (§ 276). Auch Haftg gem § 278 ist denkbar, da bei einem Kauf wg des EigtVorbeh (vgl § 455) eine ObhutsPfl besteht, die unter § 278 fällt (dort Rn 16). **bb) Ohne Belehrung** (Abs II) od bei nicht ordnungsgem Belehrg (entgg § 2 II S 2, 3): Es besteht ein vermindertes HaftgsMaß gem § 277, wenn der Kunde nicht anderw Kenntn v Widerr-(Rückg)R erlangt hat: diese kann dch Dr od dch eine nicht ordngsgem Belehrg des and Teils erlangt sein. Das erhöhte HaftgsMaß (§ 276 statt § 277) tritt aber erst ein, sobald der Kunde die Kenntn erlangt. **e) Beweislast.** Der and Teil: für Verschlechterg, Unterg u anderweit Unmöglk sowie für Belehrg u Kenntn. Der Kunde: für Fehlen v Versch u Fahrlässk sowie für Sorgfaltsmaß in eigenen Angelegenh (§ 282; § 277 Rn 5).

6 7 8 9 10 11

4) Wertersatz (Abs III) für die Zt bis zum Widerr (od Rückg). Dieser Anspr für Gebr u Benutzg sowie für sonst Leistgen steht idR der and VertrPartei zu, dem Kunden nur dann, wenn seine Leistg nicht od nicht nur in Geld bestanden hat. **a) Anwendbar** ist Abs III nur für den ZtRaum seit Empf der Leistg bis zum Widerr (od bis zur Rückg gem § 5 III S 2) u ohne Rücks auf den Ztpkt der Rückg, Rücksendg od Rückn. **b) Wertvergütung** (Abs III Hs 1). Hier ist zu untersch, ob Sachen üblassen w (dann gilt aa) od sonstige Leistgen erbracht (dann gilt Rn 16). **aa) Bei Sachen.** Es ist eine ÜblassgsVergütg zu entrichten. Für Gebr u Benutzg muß der Kunde den Wert vergüten, ohne Rücks darauf, ob er die Sache tats in Gebr gen od Aufw erspart hat (BGH NJW **85**, 1544 für § 1 d AbzG). Der Wert ist der übl od gedachte MietZ (BGH aaO 1546), abzügl Gewinn u Gemeinkosten (Köln WM **95**, 611). Fehlt es an einem solchen, ist auf den obj Wert der Nutzgen abzustellen. Dabei sind auch KapEinsatz, anteil GeschUnkosten u ein angem UnternGewinn zu berücks. Die Obergrenze ist das ErfInteresse der and VertrPart (MK/Ulmer 12). **bb) Bei sonstigen Leistungen.** Das sind solche, die wg ihrer Beschaffenh nicht gem Abs I S 1 zurückgewährt w können, vor allem D- u WerkLeistgen, zB Malerarbeiten. Für den WertErs soll auf bereichergsrechtl Grdsätze zurückgegriffen w, insb § 818 II (BT-Drucks 10/2876 S 14). Das ist bedenkl, wenn sich der WertErs mit der übl Vergütg deckt (MK/Ulmer 13), weil dann der Schutzzweck der §§ 2, 3 nicht erreicht w. Daher ist in diesen Fällen auf die GestehgsKosten od die Vermögensvermehrg des Kunden abzustellen (Düss WM **91**, 1998; MK/Ulmer 14). Bei Ehe- u PartnerschVermittlg ist vor Vollzug keine Leistg erbracht (Hbg NJW-RR **89**, 1521). Als Bereicherg kommen die Kosten v Anzeigen in Betr, die der Kunde hätte aufbringen müssen, um die bekanntgegebenen Adressen zu erlangen (Düss NJW-RR **92**, 506). **c) Wertminderung** (Abs III Hs 2). Die normale, dch Gebr od Verwendg eintretde WertMinderg iR des WertErs (Rn 14, 15) wird berücks, nicht aber die dch bestimmgsgem Ingebr- od InansprN. Das bedeutet, daß die WertMinderg inf des „gebraucht statt neu" unerhebl bleibt. Diesen Wertverlust hat allein die and VertrPart zu tragen. Die Regelg ist für die and VertrPart sehr ungünst (zB bei Kleidgsstücken u Kfz), aber v GGeber gewollt.

12 13 14 15 16

5) Rückabwicklung ab Widerruf (od Rückg) wird dch Abs III nicht geregelt (vgl Rn 12). Es verbleibt die RückgewährPfl (Abs I S 1) u es gelten die allg schuldrechtl Regeln, insb § 818 u die §§ 987 ff. Die von da an eintretde Wertminderg, auch die dch Ingebr- od Inanspruchn (Abs III Hs 2) ist zu berücksicht. 17

6) Aufwendungsersatz (Abs IV). **a) Anwendbar** nur, wenn der Kunde eine Sache (§ 90) erlangt hat, zu Eigt, Anwartsch od Bes. Keine zeitl Grenze wie bei Abs III (Rn 12). **b) Aufwendungen.** Der Begr entspr den Verwendgen (§ 256 Rn 1); daher wie § 994 Rn 1. Nur Aufwendgen hinsichtl der Sache, nicht solche im Zushang mit dem Vertr (wie zB Porto). Nur notw Aufwendgen, nicht solche, die nur nützl sind, weil Abs IV dem § 996 vorgeht.

18 19

7) Verbundene Geschäfte (insb dch Darl unmittelb finanzierte). Liegt eine wirtsch Einh vor (wie § 9 Rn 6 VerbrKrG), führt ein Widerr des DarlVertr auch zur Unwirksk des finanz Gesch (BGH NJW **96**, 3414). Der DarlG hat keinen Anspr auf Rückgewähr gg den DarlN, sond nur aus § 812 gg den GeschPartner des DarlN (BGH aaO; sog Dchgriffskondiktion). 20

HausTWG 4 *Zug-um-Zug-Verpflichtung.* **Die sich nach § 3 ergebenden Verpflichtungen der Vertragsparteien sind Zug um Zug zu erfüllen.**

Zweck: Schutz des Kunden. **Rechtsnatur:** Einrede, nicht AnsprBeschränkg (wie § 273 Rn 19). Entspr den Grdsätzen der §§ 274, 322, 348. **Anwendbar** nur auf die Pfl, die sich aus dem Widerr ergeben (§ 3). **Unabdingbar** nur zG des Kunden (§ 5 III S 1). **Aufrechnung** bei ggseit GeldAnspr muß erkl w (§ 388). Keine Verrechng vAw. **Erfüllungsort.** Ist VertrGgst eine Sache, so ist ErfOrt, wo sie sich zZ des Widerr (§ 3) vertrgem befindet (§ 346 Rn 3; § 269 Rn 15). Wohnsitzwechsel änd den ErfOrt nicht (§ 269 I).

1 2 3

HausTWG 5 *Umgehungsverbot; Subsidiarität; Unabdingbarkeit; Rückgaberecht.*

I Dieses Gesetz findet auch Anwendung, wenn seine Vorschriften durch anderweitige Gestaltungen umgangen werden.

II Erfüllt ein Geschäft im Sinne des § 1 Abs. 1 zugleich die Voraussetzungen eines Geschäfts nach dem Verbraucherkreditgesetz, nach § 11 des Gesetzes über den Vertrieb ausländischer Investment-

anteile und über die Besteuerung der Erträge aus ausländischen Investmentanteilen, nach § 23 des Gesetzes über Kapitalanlagegesellschaften oder nach § 4 des Gesetzes zum Schutz der Teilnehmer am Fernunterricht, so sind nur die Vorschriften dieser Gesetze anzuwenden.

III Erfüllt ein Geschäft im Sinne des § 1 Abs. 1 zugleich die Voraussetzungen eines Geschäftes nach dem Teilzeit-Wohnrechtegesetz, so sind in bezug auf das Widerrufsrecht nur die Vorschriften des Teilzeit-Wohnrechtegesetzes anzuwenden.

IV Von den Vorschriften dieses Gesetzes zum Nachteil des Kunden abweichende Vereinbarungen sind unwirksam. Beim Abschluß eines Kaufvertrags aufgrund eines Verkaufsprospekts kann das Widerrufsrecht nach § 1 Abs. 1 durch ein schriftlich eingeräumtes, uneingeschränktes Rückgaberecht entsprechend § 8 Abs. 2 Satz 1 bis 5 des Verbraucherkreditgesetzes ersetzt werden; Voraussetzung ist, daß der Kunde den Verkaufsprospekt in Abwesenheit der anderen Vertragspartei eingehend zur Kenntnis nehmen konnte und zwischen dem Kunden und der anderen Vertragspartei im Zusammenhang mit diesem oder einem späteren Geschäft eine ständige Verbindung aufrechterhalten werden soll.

Abs III ist eingefügt, der früh Abs III ist Abs IV geworden seit 1. 1. 97 dch § 10 I TzWrG vom 20. 12. 96 (BGBl 2154).

1 **1) Umgehungsverbot** (Abs I). **a) Zweck:** entspr § 7 AGBG. Es soll der Gefahr begegnet werden, daß die Merkmale eines HaustürGesch nach außen verdeckt werden od ein AusnTatbestd (§ 1 II) herbeigeführt w (Goller GewArch **86**, 73 [78]). Typ Fälle hat der GGeber offenb nicht erblickt, weil solche sonst leicht dch
2 eine entspr Fassg des Ges hätten erfaßt werden können. **b) Anwendbar** für alle entgeltl Vertr (Einf 5 vor § 1) u alle Vorschr des HausTWG. **c) Umgehung.** Sie ist in wirtsch Betrachtgsweise zu best. UmgehgsAbsicht ist nicht erforderl (Wassermann JuS **90**, 723 [724]). Keine Umgehg wg § 6 Nr 2, wenn dadch VersSchutz verschafft w (Karlsr NJW **91**, 433 m Anm v Bayer). Auf seiten der and VertrPart muß der Wille bestehen, bei
3 dem betr RGesch die Anwendg einer der od aller Vorschr des HausTWG zu vermeiden. **d) Anderweitige Gestaltungen.** Der Rahmen ist bewußt weit gesteckt. **aa)** Darunter fallen nicht nur rechtsgeschäftl Vereinbgen, sond auch (von der and VertrPart herbeigeführte) tats Umst. Auf jeden Fall muß der Schutzzweck des G zutreffen (Gramlich/Zerres ZIP **98**, 1299) u die Entgeltlk gegeben sein, Bsp: VerkAnbahng v Betten im UrlHotel (LG Limb NJW-RR **89**, 119); Verk in der Hotelhalle währd des HotelAufenth nahe dem Lift (Ffm NJW **94**, 1806); entgeltl Vertr getarnt als Beitritt zu Genossensch (BGH NJW **97**, 1076) od Verein (Mü NJW **96**, 263; Löwe BB **86**, 821 [823]; Wassermann JuS **90**, 723; verneint v Karlsr NJW **91**, 433), zB mit VersSchutz (Teske in abl Anm zu Mü ZIP **91**, 756); Kauf v Baumaterial auf der priv Baustelle (vgl Zweibr NJW **95**, 140); VertrAbschl am TreffPkt in einer Hotelhalle, bevor sich die VertrPart in die PrivWo begeben (Dresd NJW **95**, 1164). Andseits darf der (enumerative) Katalog des § 1 nicht auf diesem Umweg ausgedehnt u auf and Situationen erstreckt werden. **bb)** Kein UmgehgsGesch ist: das Tele- u Internetshopping (Köhler NJW **98**, 185; Borges ZIP **99**, 130 mwN; bestr); das überraschde Ansprechen in einer Gaststätte (Wassermann JuS **90**, 723 mwN; umstr); erst recht nicht gemeins Essen v bereits miteinander bekannten GeschPart (BGH
4 NJW-RR **97**, 177). **e) Wirkung.** Das UmgehgsGesch unterliegt den Vorschr des G; insb besteht das WiderrR u es gilt § 7.

5 **2) Vorrang von Sonderregelungen** (Abs II u III). **a) Gesetze.** Für VerbrKrGesch, Kauf von ausländ Investmentanteilen u Anteilen an KapAnlageGesellsch, sowie für FernUnterr bestehen ähnl Regelgen über den Widerr, teils mit längerer Fr od and FrBeginn, außerdem mit and, auf diese Gesch zugeschnittener Rückabwicklg. Für das WiderrR v Gesch üb TeilZtWoRe gilt derselbe Grds beim TzWrG, das insow ebenfalls vorgeht (Abs III). Im AnwendgsBer dieser Ge wird das HausTWG verdrängt. Anwendb bleibt das HausTWG soweit § 3 I VerbrKrG die Ausn v der Anwendbk des VerbrKrG bestimmt (MK/Ulmer 15), and soweit wg § 3 II VerbrKrG nur einzelne Best des VerbrKrG nicht gelten (Mü WM **99**, 728; bestr; vgl Stüsser NJW **99**, 1586 [1589]; Schönfelder WM **99**, 1495 mwN). Für VersVertr im priv Ber besteht ein bes WiderrR
6 (vgl § 6 Rn 4). **b) Andere Rechte.** Unberührt bleiben die Re der Kunden auf Anfechtg, Rücktr, Wandelg, Minderg, SchadErs u Künd aus den für den jeweil VertrTyp geltden Vorschr.

7 **3) Unabdingbarkeit** (Abs IV S 1). Umfaßt insb den Verz auf Widerr (hM; aA für nachfolgden Verz u §§ 7, 18 VerbrKrG Fuchs AcP **196**, 313 [355]), auch wenn er als einseit Erkl v and VertrT vorbereitet wurde (LG Fulda NJW-RR **87**, 1460). Trifft Formular- wie IndividualVereinbgen, getrennt od nachfolgd vorgen. Abweichgen zum Vorteil des Kunden (zB längere WiderrFr) sind zul. Ausschl des WiderrR ist nur dch Vereinbg gem Abs IV S 2 zul (vgl Rn 8–10).

8 **4) Rückgaberecht** (Abs IV S 2). **a) Zweck.** Das beim Versandhandel seit langem eingeführte RückgR
9 (§ 8 VerbrKrG), schützt den Kunden prakt in gleicher Weise wie das WiderrR. **b) Anwendbar** nur auf SammelBestellgen einer Pers für mehrere Kunden im Versandhandel, weil nur zw dem SammelBest u dem Kunden mdl Vhdlgen stattfinden. Auf die Direktbestellg von Einzelkunden im Katalogversandhandel trifft das
10 G sowieso nicht zu, weil die Situation des § 1 I fehlt. **c) Rückgaberecht und Rückgabeverlangen:** wie VerbrKrG § 8 Rn 6, 8. **d) Besondere Voraussetzung:** Abs IV S 2 Hs 2. Damit wird nur dem herkömml, eigentl KatalogGesch ein Privileg zugestanden (BT-Dr 10/4210 S 10).

HausTWG 6 *Anwendungsbereich.* **Die Vorschriften dieses Gesetzes finden keine Anwendung,**

1. wenn der Kunde den Vertrag in Ausübung einer selbständigen Erwerbstätigkeit abschließt oder die andere Vertragspartei nicht geschäftsmäßig handelt,
2. beim Abschluß von Versicherungsverträgen.

1) Personenkreise (Nr 1). **a) Zweck.** Das G will den Verbr als Kunden vor der meistens überlegenen Routine des gewerbl Handelnden schützen. Das trifft bei den von Nr 1 erfaßten Gesch nicht zu. **b) Selbständig erwerbstätiger Kunde** (1. Alt): insb jede gewerbl Tätk; auch freiberufl Tätige (insb Ärzte, RAe) u Landw; nicht eine nebenberufl Tätk als ZimmerVerm (LG Rstk NJW-RR **94**, 1015). Das gilt auch für den vollml Vertr des Kunden (BGH NJW-RR **91**, 1074). Es werden nur diejen Gesch ausgen, welche sich auf die bereits aufgen ErwerbsTätigk beziehen (Karlsr NJW-RR **93**, 1274); bei einer weiteren, bisher nicht aufgen Erwerbstätk sind auch die VorbereitgsHandlgen ausgen (BGH NJW **94**, 2759; aA Pfeiffer/Dauck NJW **96**, 2077), ohne Rücks auf fehlde spezielle BerufsErfahrg (BGH aaO). Als Verbr od für sonst priv Gesch genießen diese Pers den vollen Schutz des G. **c) Nichtgeschäftsmäßig handelnde andere Vertragsparteien** (2. Alt). Geschmäß handelt, wer unabhäng v den erzielten Einkünften beabsicht, eine Tätk gleicher Art zu wiederholen u zu einem dauernden od wiederkehrden BestandT seiner Beschäftigg zu machen (hM; MK/Ulmer 14); auch ein Verein (LG Stgt NJW-RR **95**, 1009). Nicht geschmäß sind daher grdsätzl die priv Verk, insb v gebr Sachen, die WoMietVertr eines Verm, der 2 Wohngen vermietet (BayObLG NJW **93**, 2121). Geschmäß handelt jedoch, wer ohne angemeldetes Gewerbe in der Abs, regelmäß (auf eine gewisse Dauer angelegt) Gewinn zu erzielen, kauft u verk, De leistet, WerkVertr abschließt, entgeltl Leistgen erbringt od vermittelt. 1 2 3

2) Versicherungsverträge (Nr 2). Die Regelg umfaßt VersVertr iS des § 1 VVG, u zwar jeder Art (BGH NJW **95**, 324), nicht aber gemischte Vertr, bei denen der VersZweck nicht übwiegt, zB Schlüsselfund (BGH aaO; aA KG DB **93**, 2174). Die Ausn wird kompensiert dch § 8 IV VVG, indem im nichtkaufmänn Bereich ein spezielles, etwas and ausgestaltetes WiderrR mit 14 TageFr besteht, wenn die LaufZt des Vertr mehr als 1 J beträgt (hierzu Koch VersR **91**, 725; Teske NJW **91**, 2793; Claussen JR **91**, 360). 4

HausTWG 7 *Ausschließlicher Gerichtsstand.*

I Für Klagen aus Geschäften im Sinne des § 1 ist das Gericht ausschließlich zuständig, in dessen Bezirk der Kunde zur Zeit der Klageerhebung seinen Wohnsitz, in Ermangelung eines solchen seinen gewöhnlichen Aufenthaltsort hat.

II Eine abweichende Vereinbarung ist jedoch zulässig für den Fall, daß der Kunde nach Vertragsschluß seinen Wohnsitz oder gewöhnlichen Aufenthaltsort aus dem Geltungsbereich dieses Gesetzes verlegt oder sein Wohnsitz oder gewöhnlicher Aufenthaltsort im Zeitpunkt der Klageerhebung nicht bekannt ist.

1) Allgemeines. a) Zweck: Schutz des wirtsch schwächeren, oft ungewandten Kunden, der davor bewahrt werden soll, den Proz vor einem weit entfernten Ger zu führen. Prakt wird dies bereits dch das Prorogationsverbot in § 38 ZPO erreicht. **b) Anwendungsbereich** nur für Gesch iS des § 1, auch UmgehgsGesch (§ 5 I) u für alle daraus folgden Anspr, auch wenn die auf and Vorschr als solchen des HausTWG beruhen. Gleichgült ist, ob der Kunde od die and VertrPart klagt. Gilt auch für WiderKl (§ 33 I ZPO) u wenn ein Dr am UmgehgsGesch (§ 5 I) beteil ist, aber nicht für die Bürgsch u § 767 ZPO. Im MahnVerf geht § 689 II S 1 ZPO vor. **c) Unabdingbar** ist § 7 wg § 40 II ZPO u § 5 IV S 1. **d) Wirkung.** § 7 gilt nur für die örtl Zustdk, nicht für die sachl, sodaß das AG od das LG zuständ ist. Diese Zustdk kann iR des § 38 ZPO vereinb werden. 1 2 3

2) Feststellung des Gerichtsstands (Abs I). Die örtl Zustdk des AG od LG ist als ProzVoraussetzg in jeder Lage des Verf vAw zu prüfen. **a) Maßgebender Zeitpunkt.** Es kommt auf den Wohnsitz od gewöhnl AufenthOrt zZ der Zustellg der KlSchrift an (§ 253 I ZPO); ist der RStreit dch Mahnbescheid eingeleitet, kommt es auf den Ztpkt der Abgabe an (§ 696 I S 1, § 700 III ZPO). **b) Wohnsitz:** §§ 8–11 BGB. Entspr dem allg GerStand des Kunden (§ 13 ZPO). **c) Gewöhnlicher Aufenthaltsort** (nur hilfsweise bei fehldem Wohnsitz) ist der Ort (vgl § 606 ZPO), wo sich der Kunde ständ, für längere Zeit, nicht nur vorübgehd (Reise, Besuch) aufhält, wobei vorübgehde Abwesenh den AufenthOrt nicht aufhebt. Für Pers ohne Wohns od gewöhnl AufenthOrt besteht daher kein ausschließl GerStand. Sie können im GerStand des § 16 ZPO (umfaßt auch vorübgehden Aufenth), § 23 od § 29 I ZPO verklagt w. **d) Mehrere Kunden.** Sollen sie als Streitgenossen (§§ 59, 60 ZPO) verklagt w, gilt § 36 I Nr 3 ZPO (MK/Ulmer 12). 4 5

3) Gerichtsstandvereinbarung (Abs II). Die Vorschr deckt sich inhaltl weitgehd mit § 38 III Nr 2 ZPO, ist aber deshalb notw, weil sie (entgg § 40 II ZPO) die ausschließl Zustdk dchbricht. **a) Form:** ausdrückl u schriftl (auch in AGB) muß sie sein wg § 38 III ZPO (vgl hierzu Th/P § 38 Rn 27). **b) Voraussetzung.** Abs II ist in erster Linie auf GastArb zugeschnitten. **aa)** Verlegg (1. Alt). Wohnsitz: §§ 8–11 BGB. Gewöhnl Aufenthaltsort: wie Rn 5. VertrSchluß: § 151. **bb)** Unbekannter Wohnsitz od Aufenthalt: Die and VertrPart (od seine HilfsPers) darf die Anschrift des Kunden trotz zumutb Nachforschgen nicht kennen. Schriftl Ausk der Stadt (Einwohnermeldeamt) od Gem, daß der Kunde dort nicht bekannt od unbek verzogen sei, wird idR genügen. Nur unter bes Umstden kann auch der Nachw verlangt w, daß der Kunde später keine neue Anschrift mitgeteilt hat. 6 7 8

HausTWG 8 *Berlin-Klausel.* *(gegenstandslos)*

HausTWG 9 *Inkrafttreten; Übergangsbestimmung.*

I Dieses Gesetz tritt am 1. Mai 1986 in Kraft.

II Die Vorschriften dieses Gesetzes finden keine Anwendung auf Verträge, die vor seinem Inkrafttreten geschlossen worden sind. § 7 findet auch Anwendung auf Klagen aus Geschäften im Sinne des § 1, die vor dem Inkrafttreten dieses Gesetzes abgeschlossen worden sind.

Gesetz über die Veräußerung von Teilzeitnutzungsrechten an Wohngebäuden[1] (Teilzeit-Wohnrechtegesetz – TzWrG)

Vom 20. Dezember 1996 (BGBl I S 2154)

Bearbeiter: §§ 1–7, 9–12 Prof. Dr. Putzo; § 8 Prof. Dr. Heldrich

Einführung

Inkrafttreten am 1. 1. 97 (§ 12). **Schrifttum:** Hildenbrand/Kappus/Mäsch: Time-Sharing u TzWrG,
1 1997; Drasdo, TzWrG, Komm, 1997. **Grundlage.** Das G setzt die EG-RiL v 26. 10. 94 (94/47/EG) in
2 geltdes R um. **Zweck.** Auf dem seit Ende der 80er Je in Europa sprungh gewachsenen Markt v TeilZt-WoRen (sog time-sharing-Vertr) mit vorwiegd internationalem Bezug sollen sowohl gemeins Vorschr innerh der EU als auch Schriftform Sicherh gewährleisten; die Information des Erwerbers sollte verbessert, ein befr WiderrR des Erwerbers geschaffen u Anzahlg verboten werden. Das G wird offenb mit Neigg zur Umgehg u
3 nur zögernd befolgt (vgl Hildenbrand NJW **98**, 2940). **Anwendungsbereich.** Er ist bewußt weit ausgedehnt (BT-Dr 13/4185 S 1). Zeitl umfaßt er alle ab 1. 1. 97 geschl Vertr (§ 11). Sachl erfaßt wird jede TeilZtNutzg (best od bestimmb ZtRaum innerh eines J) an einem WoGbde für die Dauer v mind 3 J aGrd eines dingl od jeden and Rs, insb obligator, auf Mitgliedsch od GesellschAnteil beruhder Re (§ 1 II), auch an einem WoGbdeTeil (§ 1 IV). Persönl betr das G als Veräußerer jede Pers (auch jur), die gewerbl od (frei)berufl handelt; als Erwerber nur natürl Pers, die priv handeln (§ 1 I). Ob Dr, insb Bürgen, MitSchu u GrdPfandSchu
4 einzubeziehen sind, ist noch ungeklärt (Auer ZBB **99**, 161). **Informationspflicht** des Veräußerers besteht,
5 insb dch Prospekt mit vorgeschr Mindestinhalt (§ 2 I, II), auf Verl in der Sprache des Erwerbers. **Vertragsform und -inhalt:** mind Schriftform, bei dingl Ren not Beurk (§ 3 I, II). Der vorgeschriebene Inhalt ist in §§ 3, 4 geregelt. **Widerrufsrecht** ist mit 10-T-Fr dem HausTWG u dem VerbrKrG nachgebildet, ohne daß darauf Bezug genommen w (§ 5). **Finanzierte Verträge:** bei Finanzierg dch den Veräußerer in § 6 geregelt,
6 bei DrFinanzierg gesondert in § 6 II. **Anzahlungsverbot** besteht für die Zt v 10 T (entspr der WiderrFr) ab Aushändigg der VertrUrk (§ 7). **Unabdingbarkeit.** Von den Vorschr des G darf zum Nachteil des Erwerbers
7 nicht abgewichen w (§ 9 I); ebsowen ist Umgehg gestattet (§ 9 II). **Vorrang** hat das G ggü dem § 1 HausTWG (dort § 5 III) u bei finanzierten Vertr ggü dem § 7 VerbrKrG (dort Abs V S 2). **Gewerberechtlich** besteht keine ErlaubnPfl für Nachweis od Vermittlg v Vertr, die dem TzWrG unterliegen (§ 10 III;
8 § 34 c V GewO). **Kollision mit anderen Rechtsordnungen** ist in § 8 geregelt, wg des sehr häuf internationalen Bezugs bes bedeuts. **Paragraphenüberschriften** sind amtlich.

TzWrG 1

Anwendungsbereich. **[I]Dieses Gesetz gilt für Verträge über die Teilzeitnutzung von Wohngebäuden zwischen einer Person, die solche Verträge in Ausübung ihrer gewerblichen oder beruflichen Tätigkeit abschließt (Veräußerer), und einer natürlichen Person, die bei Vertragsabschluß außerhalb ihrer gewerblichen oder beruflichen Tätigkeit handelt (Erwerber).**

II [1]Vertrag über die Teilzeitnutzung von Wohngebäuden ist jeder Vertrag, durch den ein Veräußerer einem Erwerber gegen Zahlung eines Gesamtpreises das Recht verschafft oder zu verschaffen verspricht, für die Dauer von mindestens drei Jahren ein Wohngebäude jeweils für einen bestimmten oder zu bestimmenden Zeitraum des Jahres zu Erholungs- oder Wohnzwekken zu nutzen. [2]Das Recht kann ein dingliches oder anderes Recht sein und insbesondere auch durch eine Mitgliedschaft in einem Verein oder einen Anteil an einer Gesellschaft eingeräumt werden.

III Das Recht kann auch darin bestehen, die Nutzung eines Wohngebäudes jeweils aus einem Bestand von Wohngebäuden zu wählen.

IV Einem Wohngebäude steht ein Teil eines Wohngebäudes gleich.

1 **1) Allgemeines.** Der AnwendgsBer des Ges soll die vielfält ErscheingsFormen v TzWrVertr umfassd abdecken (BT-Dr 13/4185 S 9), so daß er ggf weit auszulegen ist. **a) Rechtsnatur** des Vertr üb den Erwerb des WoRs. Es ist ein RKauf (§ 437), der dch die Übertragg des betr Rs u die Zahlg des KaufPr
2 erf w. Die tats InAnspruchn der Räume ist Ausübg des Rs. **b) Arten.** Die einzelnen VertrTypen haben das gemeins Merkmal, WoGbde entgeltl auf die Dauer v mind 3 Jen jeweils für einen best od noch zu bestimmden ZtRaum eines Jes zum Wohnen od Erholen zu nutzen. Das kann insb dch folgde gebräuchl VertrTypen erzielt werden: **(1) Dingliches Nutzungsrecht** in versch Formen (Tonner/Tonner WM **98**, 313), insb MitEigt (§§ 1008 ff). **(2) Miete** als schuldrechtl Anspr auf GebrÜberlassg (§ 535). **(3) Mitgliedschaft** in einem Verein, einer Gesellsch od Genossensch dch Erwerb eines Anteils. **(4) Kapitalanteil** an einer Gesellsch in Form einer od mehrerer Aktien, sog Hapimag-System. **(5) Treuhandmodell,** dch einen Vertr zw Veräußerer u Erwerber sowie einem Dr, der das dingl R (insb Eigentum) od die WoRe treuhänd hält.

---

[1]Dieses Gesetz dient der Umsetzung der Richtlinie des Europäischen Parlaments und des Rats vom 26. Oktober 1994 zum Schutz der Erwerber im Hinblick auf bestimmte Aspekte von Verträgen über den Erwerb von Teilzeitnutzungsrechten an Immobilien

2) Persönlicher Anwendungsbereich (Abs I). **a) Veräußerer** kann jede natürl od jurP sowie eine Gesellsch sein, die iR ihrer gewerbl od (frei)berufl Tätigkeit handelt. **b) Erwerber** kann nur eine natürl P sein, so daß ein Vertr, dch den eine jurP od Gesellsch ihrerseits erwirbt, um Dr das NutzgsR zu verschaffen, nicht darunterfällt. Der Erwerber muß außerh gewerbl od berufl Tätigk handeln, also zu priv Zwecken. Maßgebder Ztpkt ist der VertrAbschl. **c) Unanwendbar** ist das G auf die Weiter- u WiederVeräußerg unter PrivPers (Martinek NJW **97**, 1394). 3 4

3) Sachlicher Anwendungsbereich (Abs II–IV). Vorauss sind: **a) Teilzeitnutzung.** Umfaßt jedes period (nicht notw im selben ZtRaum) wiederkehrendes NutzgsR, gleich welcher Art (vgl Rn 2) u gleich welcher Länge. Es darf nur nicht ganzjähr für den Erwerber vereinb sein. Eine untere Begrenzg (zB auf eine Woche) ist im G nicht vorgesehen. **b) Wohngebäude.** Es kommt nur auf das Gbde an; gleichgült ist, ob u wie die Nutzg des Grdst vorgesehen ist. Das NutzgsR kann sich auf das ganze Gbde (insb Ferienhaus) beziehen od auf einen Teil (Abs IV; zB Appartement, Zimmer). Auf and Immobilien ist das G nicht anwendb (Martinek NJW **97**, 1393). **c) Wahlrecht** (Abs III). Die WoRNutzg kann auch in der Weise bestellt w, daß die Nutzg nicht für ein best WoGbde od einen Teil davon ausgeübt w kann, sond gewählt w darf, wenn ein Bestd an WoGbden gegeben ist. Das kann der Fall sein, wenn der Veräußerer üb eine WoAnl mit mehreren Gbden verfügt od üb mehrere WoAnl an versch Orten, auch in versch Ländern. **d) Erholungs- oder Wohnzweck** ist notw Vorauss. Dadch wird nicht ausgeschl, daß der Erwerber an Dr das WoGbde od einen Teil (auch nur zeitw) zum gleichen Zweck überläßt, auch ohne daß das von vorneherein beabsicht od vereinb ist. **e) Zeitraum. aa)** Das WoR muß mind für die Dauer v 3 Jen vereinb sein, gleich ob dingl R, schuldrechtl Anspr od Mitgliedsch. Kürzere ZtRäume werden wg der nur kurzzeit Bindg v Zweck des Ges nicht erfaßt. **bb)** Länge u Termin der Nutzg können von vorneherein best od in beliebiger Weise bestimmb gemacht werden (Bütter NZM **98**, 945). **f) Gesamtpreis.** Das ist der Pr, dch den die ges NutzgsDauer abgegolten w. Es handelt sich um einen KaufPr (§ 433 II; Rn 1). Er kann in Raten fäll gestellt w. Wird er finanz, gilt § 6. 5 6 7 8 9 10

TzWrG 2 *Prospekt; erforderliche Angaben.*

I [1] **Wer in Ausübung einer gewerblichen oder beruflichen Tätigkeit den Abschluß von Verträgen über die Teilzeitnutzung von Wohngebäuden anbietet, hat jedem, der Interesse bekundet, einen Prospekt auszuhändigen.** [2] **Hat der Interessent seinen Wohnsitz in einem Mitgliedstaat der Europäischen Union, so muß der Prospekt in der Sprache dieses Staates abgefaßt sein.** [3] **Ist er Angehöriger eines anderen Mitgliedstaates, so kann er statt des Prospekts in der Sprache seines Wohnsitzstaates einen solchen in der Sprache des Staates, dem er angehört, verlangen.** [4] **Bestehen in einem der in den Sätzen 2 und 3 bezeichneten Staaten mehrere Amtssprachen der Europäischen Union, so kann der Interessent auch zwischen diesen Amtssprachen wählen.**

II Der in Absatz 1 bezeichnete Prospekt muß eine allgemeine Beschreibung des Wohngebäudes oder des Bestandes von Wohngebäuden sowie die in § 4 Abs. 1 und 2 aufgeführten Angaben enthalten.

III Der Veräußerer kann vor Vertragsabschluß eine Änderung gegenüber den im Prospekt enthaltenen Angaben vornehmen, soweit dies auf Grund von Umständen erforderlich wird, auf die er keinen Einfluß nehmen konnte.

IV In jeder Werbung für den Abschluß von Verträgen über die Teilzeitnutzung von Wohngebäuden ist anzugeben, daß der Prospekt erhältlich ist und wo er angefordert werden kann.

1) Allgemeines. Die Vorschr begrdet eine vorvertragl InformationsPfl für den, der als Veräußerer (§ 1 Rn 3) VertrAngebote üb TzWoRe unterbreitet, sofern er diese Angebote an Erwerber iS des § 1 I (dort Rn 4) richtet. Schuldh Verletzg der Pfl aus § 2 kann wie bei c. i. c. (§ 276 Rn 65 ff) SchadErsAnspr des Erwerbers begrden. In jedem Fall der Verletzg besteht die Sanktion des § 5 III (verlängerte WiderrFr). 1

2) Aushändigungspflicht (Abs I). **a) Voraussetzung.** Der anbietde Veräußerer muß den Prospekt demjen aushänd, der sich für das angebotene TzWoR interessiert u als Erwerber (§ 1 Rn 4) in Betr kommt (nicht notw auf Wunsch, Martinek NJW **97**, 1393). Er muß den Prospekt daher herstellen u bereithalten (Drasdo NZM **98**, 464 mwN). Die Pfl entsteht dch das bekundete (geäußerte) Interesse, ohne daß der Prospekt vom Interessenten ausdrückl verlangt w muß, spätestens aber damit. Selbstverständl Vorauss ist, daß der Veräußerer mit dem Interessenten in VertrVhdlgen eintritt. Das steht ihm frei. Ohne Prospekt in der gebotenen od verlangten Sprache darf der Veräußerer allerd mit dem Interessenten nicht üb den Vertr verhandeln. **b) Sprache** (Abs I S 2–4; vgl hierzu Drasdo aaO). Es ist keine best Sprache vorgeschr, daher ist grdsätzl jede verständl Sprache geeignet (BT-Dr 13/4185 S 10). Sanktion bei Verletzg: Rn 1. S 2. Wohnt der Interessent in einem MitglStaat der EU (Belgien, Dänemark, Deutschland, Finnland, Frankreich, Griechenland, Großbritannien, Irland, Italien, Luxemburg, Niederlande, Österreich, Portugal, Schweden, Spanien) od EWR (§ 8 Nr 1), auch Island, Liechtenstein, Norwegen, muß der Prospekt in der (Amts)Sprache dieses Staates abgefaßt sein. Diese Pfl besteht nicht, bevor der Interessent seinen Wohnsitz bekannt gibt. S 3: Bei and StaatsAngehk als der des WohnsStaats, kann der Interessent den Prospekt in dieser Sprache verlangen. Das ist ein WahlR; kein Anspr auf Prospekte in 2 Sprachen. S 4: Ein WahlR besteht auch bei mehreren Amtssprachen eines MitglStaats. 2 3

3) Prospektinhalt (Abs III). Die allg Beschreibg (neben der „genauen Beschreibg" gem § 4 I Nr 4) muß enthalten: Größe der WoRäume u des Grdst, Zahl der Wohngen, Bauart u techn Einrichtg, Parkplätze, Lage u unmittelb Umgebg sowie VerkAnbindg. Außerdem muß der Prospekt alle Angaben gem § 4 I u II aufweisen, insb bereits den Hinw auf das WiderrR (§ 4 II). Die Aushändigg muß eine angemessene Zt vor VertrAbschl erfolgen (umstr; vgl Drasdo NZM **98**, 464 mwN). 4

4) Bindung des Veräußerers an den Prospekt (Abs III). Sie besteht grdsätzl, aber nicht vertrkonstitutiv, sond nur mit wettbewrechtl Funktion bis zum VertrAbschl. Es ist keine best ZtSpanne vorgeschrieben (krit 5

Martinek NJW **97**, 1393 [1395]). Der Veräußerer darf von den Prospektangaben grdsätzl nicht abweichen. Er darf es nur bei Eintritt v solchen Umstden nach Erstellg des Projekts, auf die er keinen Einfluß hatte, zB verweigerte behördl Gen, Änderg v Tarifen od Angaben, unabwendb Bauhindernisse.

6 **5) Hinweis auf Prospekt** (Abs IV). Die Art der Werbg (zB Zeitg, Fernsehen, Funk, Drucks) ist gleichgült. Der bloße Hinw auf den Prospekt genügt („erhältl"). Es muß die Adresse (Name, Fa, Anschr) angegeben w. Zweifelh ist, ob die Tel- od Telefax-Nr ausreicht.

TzWrG 3

Schriftform; erforderliche Angaben. **I 1 Der Vertrag über die Teilzeitnutzung von Wohngebäuden bedarf der schriftlichen Form, soweit nicht in anderen Vorschriften eine strengere Form vorgeschrieben ist. 2 Hat der Erwerber seinen Wohnsitz in einem Mitgliedstaat der Europäischen Union, so ist der Vertrag in der Sprache dieses Staates abzufassen. 3 Ist der Erwerber Angehöriger eines anderen Mitgliedstaates, so kann er statt der Sprache seines Wohnsitzstaates die Sprache des Staates, dem er angehört, wählen. 4 Bestehen in einem der in den Sätzen 2 und 3 bezeichneten Staaten mehrere Amtssprachen der Europäischen Union, so kann der Erwerber als Vertragssprache auch zwischen diesen Amtssprachen wählen. 5 § 125 des Bürgerlichen Gesetzbuchs gilt entsprechend.**

II Ist der Vertrag vor einem deutschen Notar zu beurkunden, so gelten § 5 und § 16 des Beurkundungsgesetzes mit der Maßgabe, daß dem Erwerber eine beglaubigte Übersetzung des Vertrages in einer der in Absatz 1 Satz 2 bis 4 bezeichneten, von ihm zu wählenden Sprache auszuhändigen ist. § 125 des Bürgerlichen Gesetzbuchs gilt entsprechend.

III 1 Die in dem in § 2 bezeichneten, dem Erwerber ausgehändigten Prospekt enthaltenen Angaben werden Inhalt des Vertrages, soweit die Parteien nicht ausdrücklich und unter Hinweis auf die Abweichung vom Prospekt eine abweichende Vereinbarung treffen. 2 Solche Änderungen müssen dem Erwerber vor Abschluß des Vertrages mitgeteilt werden. 3 Unbeschadet der Geltung der Prospektangaben gemäß Satz 1 muß die Vertragsurkunde die in § 4 Abs. 1 und 3 aufgeführten Angaben enthalten.

IV 1 Der Veräußerer hat dem Erwerber eine Vertragsurkunde oder Abschrift der Vertragsurkunde auszuhändigen. 2 Er hat ihm ferner, wenn die Vertragssprache und die Sprache des Staates, in dem das Wohngebäude belegen ist, verschieden sind, eine beglaubigte Übersetzung des Vertrages in der oder einer zu den Amtssprachen der Europäischen Union zählenden Sprache des Mitgliedstaates auszuhändigen, in dem das Wohngebäude belegen ist. 3 Die Pflicht zur Aushändigung einer beglaubigten Übersetzung entfällt, wenn sich das Nutzungsrecht auf einen Bestand von Wohngebäuden bezieht, die in verschiedenen Staaten belegen sind.

1 **1) Allgemeines.** Die Überschr ist insof zu eng, als Abs II die not Beurk betrifft. Die Vorschr ist auf alle Vertr anzuwenden, für die das TzWrG gilt (vgl § 1).

2 **2) Form des Vertrags** (Abs 1). **a) Schriftform** (S 1). Es gilt § 126. Ist für die Verpfl zur Bestellg des Rs eine strengere Form vorgeschr, gilt diese. Das trifft für das MitEigt zu (§ 313). Beim DauerWoR (§ 31 I WEG) gilt für die Einigg ledigl § 873 II, nicht § 313 (§ 31 WEG Rn 6); die Verpfl ist in Schriftform wirks.
3 **b) Vertragssprache** (S 2–4; hierzu Drasdo NZM **98**, 464). Es gilt das gleiche wie für den Prospekt (§ 2 Rn 3). Statt Interessent ist der Erwerber zu lesen, statt Prospektinhalt der VertrInhalt. Es ist Sache des Veräußerers, den Erwerber über sein WahlR zu informieren. Gleichgültig ist, in welchem Mitgl- od VertrStaat
4 der Vertr abgeschl w (vgl § 8 Rn 2). **c) Formmängel.** Wird die Schriftform nicht eingehalten, ist der Vertr in unmittelb Anwendg v § 125 S 1 nichtig. Das gilt auch für MietVertr; denn Abs I ist SpezialG zu § 566 (Martinek NJW **97**, 1393 [1395]). Ist gg die Vorschr zur VertrSprache (S 2–4) verstoßen, ist der Vertr in entspr Anwendg v § 125 S 1 nichtig (S 5). Der Formzwang umfaßt den ganzen Vertr (§ 125 Rn 7) u ergreift einen VorVertr (§ 125 Rn 9). Heilg der Nichtigk ist über § 313 S 2, sonst nur dch formgerechte Neuvornahme des RGesch (§ 141) mögl (§ 125 Rn 11).

5 **3) Notarielle Beurkundung** (Abs II). Geschieht sie dch einen deutschen Notar, ist grdsätzl in deutscher Sprache zu beurk (§ 5 BeurkG) sowie nach Maßg des § 16 BeurkG festzustellen u zu übersetzen. Dch Abs II S 1 wird die Sprache, in die zu übsetzen ist, ggf nach WahlR (§ 3; § 2 Rn 3) festgelegt; ebso die Pfl, dem Erwerber eine beglaub ÜbSetzg auszuhänd, wenn er in einem EU-MitglStaat wohnt (§ 2 Rn 3). Das folgt aus der Verweisg auf Abs I S 2–4 (vgl BT-Dr 13/4185 S 11). Jeder Verstoß gg Abs II bewirkt Nichtigk (S 2; § 125 S 1). Erfordert der Vertr keine not Beurk, gilt Abs II nicht (Drasdo NZM **98**, 464).

6 **4) Vertragsinhalt** (Abs III). **a) Bestandteile** des Vertr. Er setzt sich zus aus: **(1)** Angaben des ausgehänd Prospekts (§ 2 II); **(2)** von den Prospektangaben abweichde Vereinbg (S 1 Hs 2); **(3)** PflAngaben des § 4 I
7 u III. **b) Gesamtinhalt.** Er muß im Vertr zusgefaßt sein, damit der Erwerber den Inhalt des Vertr zushängd u ganz zu Gesicht bekommt (BT-Dr 13/4185 S 11). Die Änd ggü den Prospektangaben (S 1 Hs 2) setzt nicht voraus, daß der Veräußerer bereits die Prospektangaben gem § 2 III vor VertrAbschl geänd hat. Der Veräußerer muß aber noch vor VertrAbschl die Abweichg dem Erwerber mitgeteilt haben (forml, BewL
8 des Veräußerers). **c) Verstöße.** Fehlen in der VertrUrk einzelne vorgeschr Angaben, ist als Sanktion ledigl der Aufschub der WiderrFr nach Maßg v § 5 IV best, so daß insow Nichtigk gem §§ 125 S 1, 139 ausgeschl ist. Diese Vorschr sind nur anwendb, wenn wesentl VertrBestandt fehlen (BT-Dr 13/4185 S 11). Die PflAngaben (§ 4 I u III) sind auch dann aufzunehmen, wenn sie schon in den Prospektangaben enthalten sind.

9 **5) Aushändigung** der VertrUrk (Abs IV) im Original od in (einf) Abschr. Eine weitere übsetzte u beglaub VertrUrk in der Amtssprache des MitglStaats, in dem das WoGbde liegt, ist auszuhänd, wenn sie mit der VertrSprache (Rn 3) nicht übeinstimmt. Bestd v WoGbden (S 3): wie § 1 Rn 7.

TzWrG 4 ***Pflichtangaben.*** **I Der in § 2 bezeichnete Prospekt und der Vertrag über die Teilzeitnutzung von Wohngebäuden müssen jeweils angeben:**

1. Namen und Wohnsitz des Veräußerers des Nutzungsrechts und des Eigentümers des Wohngebäudes oder der Wohngebäude, bei Gesellschaften, Vereinen und juristischen Personen Firma, Sitz und Name des gesetzlichen Vertreters, sowie rechtliche Stellung des Veräußerers in bezug auf das oder die Wohngebäude;

2. die genaue Beschreibung des Nutzungsrechtes nebst Hinweis auf die erfüllten oder noch zu erfüllenden Voraussetzungen, die nach dem Recht des Staates, in dem das Wohngebäude belegen ist, für die Ausübung des Nutzungsrechtes gegeben sein müssen;

3. daß der Erwerber kein Eigentum und kein dingliches Wohn-/Nutzungsrecht erwirbt, sofern dies tatsächlich nicht der Fall ist;

4. eine genaue Beschreibung des Wohngebäudes und seiner Belegenheit, sofern sich das Nutzungsrecht auf ein bestimmtes Wohngebäude bezieht;

5. bei einem in Planung oder im Bau befindlichen Wohngebäude, sofern sich das Nutzungsrecht auf ein bestimmtes Wohngebäude bezieht,

a) Stand der Bauarbeiten und der Arbeiten an den gemeinsamen Versorgungseinrichtungen wie zum Beispiel Gas-, Elektrizitäts-, Wasser- und Telefonanschluß;

b) eine angemessene Schätzung des Termins für die Fertigstellung;

c) Namen und Anschrift der zuständigen Baugenehmigungsbehörde und Aktenzeichen der Baugenehmigung; soweit nach Landesrecht eine Baugenehmigung nicht erforderlich ist, ist der Tag anzugeben, an dem nach landesrechtlichen Vorschriften mit dem Bau begonnen werden darf;

d) ob und welche Sicherheiten für die Fertigstellung des Wohngebäudes und für die Rückzahlung vom Erwerber geleisteter Zahlungen im Falle der Nichtfertigstellung bestehen;

6. Versorgungseinrichtungen wie zum Beispiel Gas-, Elektrizitäts-, Wasser- und Telefonanschluß und Dienstleistungen wie zum Beispiel Instandhaltung und Müllabfuhr, die dem Erwerber zur Verfügung stehen oder stehen werden, und ihre Nutzungsbedingungen;

7. gemeinsame Einrichtungen wie Schwimmbad oder Sauna, zu denen der Erwerber Zugang hat oder erhalten soll, und gegebenenfalls ihre Nutzungsbedingungen;

8. die Grundsätze, nach denen Instandhaltung, Instandsetzung, Verwaltung und Betriebsführung des Wohngebäudes oder der Wohngebäude erfolgen;

9. den Preis, der für das Nutzungsrecht zu entrichten ist; die Berechnungsgrundlagen und den geschätzten Betrag der laufenden Kosten, die vom Erwerber für die in den Nummern 6 und 7 genannten Einrichtungen und Dienstleistungen sowie für die Nutzung des jeweiligen Wohngebäudes, insbesondere für Steuern und Abgaben, Verwaltungsaufwand, Instandhaltung, Instandsetzung und Rücklagen zu entrichten sind;

10. ob der Erwerber an einer Regelung für den Umtausch und/oder die Weiterveräußerung des Nutzungsrechtes in seiner Gesamtheit oder für einen bestimmten Zeitraum teilnehmen kann und welche Kosten hierfür anfallen, falls der Veräußerer oder ein Dritter einen Umtausch und/oder die Weiterveräußerung vermitteln.

II Der Prospekt muß außerdem folgende Angaben enthalten:

1. einen Hinweis auf das Recht des Erwerbers zum Widerruf gemäß § 5, Namen und Anschrift des Widerrufsempfängers, einen Hinweis auf die Widerrufsfrist und die schriftliche Form der Widerrufserklärung sowie darauf, daß die Widerrufsfrist durch rechtzeitige Absendung der Widerrufserklärung gewahrt wird. Gegebenenfalls muß der Prospekt auch die Kosten angeben, die der Erwerber im Falle des Widerrufs in Übereinstimmung mit § 5 Abs. 6 Satz 3 zu erstatten hat;

2. einen Hinweis, wie weitere Informationen zu erhalten sind.

III Der Vertrag muß zusätzlich zu den in Absatz 1 bezeichneten Angaben ferner angeben:

1. Namen und Wohnsitz des Erwerbers;

2. die genaue Bezeichnung des Zeitraums des Jahres, innerhalb dessen das Nutzungsrecht jeweils ausgeübt werden kann, die Geltungsdauer des Nutzungsrechtes nach Jahren und die weiteren für die Ausübung des Nutzungsrechtes erforderlichen Einzelheiten;

3. die Erklärung, daß der Erwerb und die Ausübung des Nutzungsrechtes mit keinen anderen als den im Vertrag angegebenen Kosten, Lasten oder Verpflichtungen verbunden ist;

4. Zeitpunkt und Ort der Unterzeichnung des Vertrages durch jede Vertragspartei.

1) Allgemeines. Die PflAngaben für Prospekte (§ 2) u Vertr (§ 3) sind in Abs I gleichlaut enthalten. Sie müssen konkretisiert sein u dürfen nicht bloß den GWortlaut wiedergeben. Sie sind vollzähl im Prospekt aufzunehmen (Abs I u II), wenn u soweit sie sich mit den allg Prospektangaben (§ 2 II) decken. Auch soweit der Prospektinhalt selbst VertrInhalt geworden ist (§ 3 III S 3), müssen im Vertr die Angaben des § 4 I u III aufgen w, nicht notw doppelt. Decken sich die Prospekt- u VertrAngaben nicht, geht der Inhalt des Vertr vor. Im Vertr darf nicht ledigl auf den Prospekt Bezug gen w. Es steht der Wirksk des Vertr nicht entgg, wenn die Reihenfolge nicht eingehalten ist. Fehlen v Angaben: § 5 IV. 1

2) Einzelheiten zu Abs I. **Nr 1:** Mit rechtl Stellg isz zB Eigter, MitEigter, Pächter, Treuhänder gemeint. **Nr 2:** Von wem die Vorauss zu erf sind, ist gleichgült. Sind sie noch vom Erwerber zu erf, muß dies ausdrückl vermerkt sein. **Nr 3:** Das trifft insb zu, wenn ein Treuhänder Veräußerer ist od nur ein schuldrechtl NutzgsR eingeräumt w. Auch bloßes Miteigentum ist anzugeben. **Nr 4:** Entfällt beim WahlR aus einem Bestd (§ 1 III). Genaue Beschreibg: Größe, auch eines jeden Raums, Lage innerh des Gbdes, Ausstattg, unmittelb Umgebg. **Nr 5:** Entfällt bei einem zZ der ProspektAushändigg od des VertrAbschl fertgestellten Gbde, ferner im Fall des § 1 III. Es liegt kein Verstoß gg Buchst a) vor, wenn der Stand ggü den Angaben im Prospekt 2 übholt ist. Buchst d): gilt nur, wenn noch nicht fertgestellt ist. Es wäre anzugeben, wenn keine Sicherh bestehen. **Nr 6:** Zu den NutzgsBedinggen gehört insb das Entgelt, inwieweit fest od verbrauchsabhäng. **Nr 7:** wie Nr 6. **Nr 8:** Zu den Grdsätzen gehört insb, wer die genannten Tätigk leitet u ausführt u welche Entgelte hierfür anfallen od im GesPr enthalten sind. **Nr 9:** Mit Hs 1 ist das ges Entgelt (KaufPr, § 433 II) gemeint, das für das TzWoR zu entrichten ist. FinKosten (§ 6) fallen nicht darunter. Hs 2: Die BerechngsGrdlagen müssen nicht in jede Einzelh aufgeschlüsselt w. Zweifelh ist, ob der Betr pauschal angegeben w kann od für die aufgeführten Posten getrennt angegeben w muß. **Nr 10:** Eine solche Regelg muß nicht bestehen od eingerichtet w. Unabhäng davon kann der Erwerber iR der ges Regelg sein WoR abtreten od dch Dr ausüben lassen.

3 **3) Zusätzliche Prospektangaben** (Abs II). **a) Nr 1.** Die Pfl des Veräußerers, den Erwerber üb das WiderrR aufzuklären, besteht bereits für den Inhalt des Prospekts, also schon vor der Belehrg bei VertrAbschl gem § 5 II S 2–5. Der Inhalt deckt sich mit dem der Belehrg (vgl § 5 Rn 7). Mit Angabe der (voraussichtl) Kosten der not Beurk (§ 5 VI S 3) ist der Veräußerer idR übfordert, wenn nicht alle angebotenen Objekte den gleichen GesPr haben. Andseits genügt dem Wortlaut zufolge nicht der bloße Hinw auf Notarkosten. **b) Nr 2.** Es ist mind die Anschrift der Informationsquelle, auch Tel- u Telefax-Nr anzugeben.

4 **4) Zusätzlicher Vertragsinhalt** (Abs III). **a) Nr 1:** Mit Wohns dürfte auch die Anschr gemeint sein. **b) Nr 2.** Die Bezeichng kann zweckmäß nach der Wochenzahl erfolgen, aber auch nach KalDatum od Mo, auch nach dem sog FerienKal, wenn dieser beigelegt w. Es kann die Zahl der Je (ab VertrSchl) od die JZahl v Beginn u Ende angegeben w. Einzelh der Ausübg: zB Anmeldg bei örtl BetrLeitg, Zahlg v Kosten gem Abs I Nr 9. **c) Nr 3:** Daraus folgt, daß dem Erwerber nur dann die VertrKosten (insb Notar u GBA) auferlegt w dürfen, wenn dies im Vertr so (zusätzl) best ist. **d) Nr 4:** Diese Angaben sind zur Erf der Schriftform (§ 3 I S 1) nicht notw (§ 126 Rn 3).

TzWrG 5 *Widerrufsrecht.*

[I] Die auf den Abschluß des Vertrages gerichtete Willenserklärung des Erwerbers wird erst wirksam, wenn er sie nicht binnen einer Frist von zehn Tagen schriftlich widerruft.

[II] [1] Zur Wahrung der Frist genügt die rechtzeitige Absendung des Widerrufs. [2] Die Frist beginnt erst, wenn dem Erwerber die Vertragsurkunde oder eine Abschrift der Vertragsurkunde sowie eine schriftliche Belehrung über sein Recht zum Widerruf ausgehändigt wird. [3] Die Belehrung muß Name und Anschrift des Widerrufsempfängers, einen Hinweis auf die schriftliche Form der Widerrufserklärung und darauf enthalten, daß die Widerrufsfrist durch rechtzeitige Absendung des Widerrufs gewahrt wird. [4] Gegebenenfalls muß die Belehrung auch die Kosten angeben, die der Erwerber im Falle des Widerrufs gemäß Absatz 6 Satz 3 zu erstatten hat. [5] Die Belehrung ist drucktechnisch deutlich zu gestalten und vom Erwerber gesondert zu unterschreiben. [6] Wird der Erwerber nicht nach den Sätzen 2 bis 5 belehrt, so beginnt die Frist zur Ausübung des Widerrufsrechts abweichend von Satz 2 erst drei Monate nach Aushändigung einer Vertragsurkunde oder Abschrift der Vertragsurkunde.

[III] Ist dem Erwerber der in § 2 bezeichnete Prospekt vor Vertragsabschluß nicht oder nicht in der gemäß § 2 Abs. 1 Satz 2 bis 4 vorgeschriebenen Amtssprache der Europäischen Union ausgehändigt worden, so beträgt die Frist zur Ausübung des Widerrufsrechtes abweichend von Absatz 1 Satz 1 einen Monat.

[IV] Fehlt im Vertrag eine der in § 4 Abs. 1 Nr. 1, 2, 3, 4, 5 Buchstabe a und b, Nr. 9 und 10 und Abs. 3 Nr. 1, 2 und 4 vorgeschriebenen Angaben, so beginnt die Frist zur Ausübung des Widerrufsrechtes abweichend von Absatz 2 Satz 2 erst, wenn dem Erwerber diese Angabe schriftlich mitgeteilt wird, spätestens jedoch drei Monate nach Aushändigung einer Vertragsurkunde oder Abschrift der Vertragsurkunde an den Erwerber.

[V] Ist streitig, ob und zu welchem Zeitpunkt dem Erwerber der Prospekt in der vorgeschriebenen Sprache, die Vertragsurkunde, eine Abschrift der Vertragsurkunde oder die Belehrung ausgehändigt worden ist oder eine vorgeschriebene, im Vertrag jedoch fehlende Angabe schriftlich mitgeteilt worden ist, so trifft die Beweislast den Veräußerer.

[VI] [1] Im Falle des Widerrufs ist jeder Teil verpflichtet, dem anderen Teil die empfangenen Leistungen zurückzugewähren. [2] Eine Vergütung für geleistete Dienste sowie für die Überlassung der Nutzung von Wohngebäuden ist ausgeschlossen. [3] Bedurfte der Vertrag der notariellen Beurkundung, so hat der Erwerber dem Veräußerer die Kosten der Beurkundung zu erstatten, wenn dies im Vertrag ausdrücklich bestimmt ist. [4] In den Fällen der Absätze 3 und 4 entfällt die Verpflichtung zur Erstattung von Kosten; der Erwerber kann vom Veräußerer Ersatz der Kosten des Vertrages verlangen.

1 **1) Allgemeines.** Das WiderrR ist dem des HausTWG (§ 1 I, §§ 2 u 3) nachgebildet, mehrf modifiziert u sehr kompliziert. Es ist ein GestaltgsR des Erwerbers (§ 1 Rn 12 HausTWG) u gilt auch für not Vertr (Martinek NJW **97**, 1393 [1397]). Bis zum Ablauf der WiderrFr ist die WillErkl des Erwerbers schwebd unwirks (wie § 7 VerbrKredG Rn 3–5), der Vertr mangels wirks Angebots od Ann nicht geschl
2 (§ 151). Das WiderrR ist unverzichtb (§ 9). **a) Zweck** ist, dem Erwerber zu ermögl, die komplizierte, schwer dchschaub, oft fremdart RsLage, insb die Verpflichtgen ohne zeitl Druck, frei v VhdlgsZwang zu
3 prüfen u zu übdenken, um dann den Vertr ggf rückgäng zu machen. **b) Vorrang.** Das WiderrR des § 5 verdrängt die WiderrRe des HausTWG (dort § 5 III) u des VerbrKrG (dort § 7 V S 2). **c) Beweislast** des Veräußerers (Abs V). Die Vorschr hat zT nur klarstelld Funktion. Für die rechtzeit Absendg des
4 Widerr ist der Erwerber bewbelastet. **d) Andere Rechtsfolgen.** Verstöße gg § 4 hindern den Erwerber nicht, statt Widerr sich auf Nichtigk des Vertr od c. i. c. (Hildenbrand NJW **98**, 2940; Bütter ZMR **99**, 73) sowie auf GewL nach allg Regeln (insb §§ 459 ff) zu berufen (Martinek NJW **97**, 1393 [1396]). Auch

das Transparenzgebot des AGBG (dort § 9 Rn 15) u die AGB-Inhaltskontrolle wird für anwendb gehalten (Bütter aaO).

2) Widerrufsfrist (Abs I). **a) Dauer.** Die normale Fr beträgt 10 Tage, gerechnet v dem Tag an, der dem 5
Tag des maßgebden Ereign (Rn 7–10) folgt (§ 187 I). Für das FrEnde gelten §§ 188 I, 193. Die Fr beträgt (v
Abs I abweichd) 1 Mo im Fall des Abs III (Rn 10). **b) Fristwahrung** (Abs II S 1). Form: wie § 2 Rn 2 6
HausTWG. Inhalt der Erkl: wie § 2 Rn 3 HausTWG. Rechtzeit Absendg: wie § 2 Rn 5 HausTWG. Adressat: auch der Vertr iS des § 164 III (Ffm NJW **99**, 296).

3) Fristbeginn. Es ist zu untersch: **a) Regelmäßig** (Abs II S 2) beginnt die Fr am Tag nachdem (§ 187 I) 7
dem Erwerber die ordngem errichtete VertrUrk (§ 3 Rn 9) im Original od in Abschr sowie eine ordngem WiderrBelehrg (Abs II S 3–5) ausgehänd w. Für diese WiderrBelehrg gelten die in Rn 6–9 des § 2 HausTWG entspr, also auch üb den Beginn der WiderrFr inf Aushändigg der Belehrg (LG Mainz NZM **99**, 680). Zusätzl muß die Belehrg auch die in Abs VI S 3 aufgeführten Kosten der not Beurk (wie § 4 II Nr 1, dort Rn 3) umfassen (Abs II S 4) u einen ausdrückl Hinw auf die Schriftlichk des Widerr (Abs II S 3). Daß die Belehrg keine and Erkl enthalten darf (obwohl im GWortlaut nicht erwähnt) darf aus einer Analogie zu
§ 2 I S 3 HausTWG geschl w. Jedenf ist dem Veräußerer zu empfehlen, dementspr zu verf. **b) Ohne** 8
ordnungsgemäße Widerrufsbelehrung (Abs II S 6; vgl Rn 4) beginnt die Fr erst 3 Mo nach VertrAushänd u läuft dann 10 Tage. Berechng für die MoFr: § 188 II, III; für die 10-Tage-Fr: § 187 II. Die Aushänd der WiderrBelehrg ist hierfür nicht erforderl. Wird sie währd der 3-Mo-Fr ausgehänd, beginnt die 10-Tage-
Fr v da an zu laufen. **c) Vertragslücken** (Abs IV) der im G abschließd aufgezählten Art (auch nur einer) 9
beginnt die 10-Tage-Fr (Berechng: § 187 I) mit schriftl (nicht notw unterschriebener) Mitt der (ggf letzten) vorgeschriebenen fehlden Angabe. Spätester Beginn: 3 Mo nach VertrAushändigg (Berechng § 188 II, III) mit der Folge, daß der Vertr bei unterbliebenem Widerr mit bestehder Lücke wirks w. Auslegg: § 157 GewLAnspr sollen dadch nicht ausgeschl sein (BT-Dr 13/4185 S 13).

4) Verlängerte Widerrufsfrist (Abs III) v einem Mo. Vorauss ist, daß ein Prospekt (§ 2 I S 1) überh nicht 10
od nicht in der von § 2 I S 2 vorgeschriebenen Sprache ausgehänd w; bei bloßen Prospektmängeln gilt Abs IV (Rn 9). Einzige Sanktion ist, daß die WiderrFr des Abs I S 1 auf einen Mo verlängert w. Berechng: § 188 II, III. Beginn der Fr: im Regelfall Abs II S 2 (Rn 7). Kommen die Mängel des Abs II S 6 od des Abs IV hinzu, wird der FrBeginn entspr aufgeschoben (Rn 8 u 9).

5) Rechtsfolgen des Widerrufs (Abs VI). **a) Rückgewährpflicht** (S 1). Entspr wörtl dem § 3 I S 1 11
HausTWG u ist dem § 346 S 1 nachgebildet. Es muß der Veräußerer das gezahlte Geld zurückzahlen, der Erwerber ein dch Erf des NutzgsVertr eingeräumtes R zurückübertr, ggf den KapAnteil nach den Vorschr, die für die Übertragg des NutzgsRs gelten (zB § 398 od §§ 873, 925). Im Regelfall (bei frühzeit Widerr) sind die
ÜbertraggsHdlgen meist noch nicht vollzogen, so daß Abs VI S 1 nicht angewendet w muß. **b) Ausge-** 12
schlossene Vergütung (S 2). Abweichd v § 346 S 2 entfällt eine Vergütg für alle aGrd des widerrufenen Vertr geleisteten De des Veräußerers (zB BearbeitungsPauschale, LG Mainz NZM **99**, 680) u der WertErs für die überlassene (zeitanteil) Nutzg des WoRs. Das ist nicht auf die Entgelte anzuwenden, welche in § 4 I
Nr 6 u 7 aufgeführt sind. **c) Notarkosten** (S 3). Die Beurk muß ges vorgeschr sein. Mit der Überbürdg der 13
Kosten im Vertr muß übgsgem gerechnet w. **d) Ausschluß der Kostenerstattung** (S 4 Hs 1) ist als Sanktion 14
bei Nichtaushändigg des Prospekts (Abs III; Rn 10) u Verletzg der InformationsPfl (Abs IV; Rn 9) vorgeschr.
e) Vertragskostenersatz (S 4 Hs 2) ist in den Fällen der Rn 14 dem Erwerber zu leisten. VertrKosten: 15
§ 467 S 2 (dort Rn 18).

TzWrG 6 *Finanzierte Verträge.*

I Wird der Preis, den der Erwerber für das Nutzungsrecht zu entrichten hat, ganz oder teilweise durch einen Kredit des Veräußerers finanziert, so wird die auf den Abschluß des Kreditvertrages gerichtete Willenserklärung des Verbrauchers erst wirksam, wenn der Verbraucher den Vertrag über die Teilzeitnutzung des Wohngebäudes oder der Wohngebäude nicht gemäß § 5 widerruft. Im Falle des Widerrufs ist jeder Teil verpflichtet, dem anderen Teil die empfangenen Leistungen zurückzugewähren. Ansprüche auf Zahlung von Zinsen und Kosten gegen den Erwerber sind ausgeschlossen.

II Absatz 1 gilt entsprechend, wenn der Preis durch einen Dritten finanziert wird und der Vertrag über die Teilzeitnutzung von Wohngebäuden und der Kreditvertrag als wirtschaftliche Einheit anzusehen sind. Eine wirtschaftliche Einheit ist insbesondere anzunehmen, wenn der Kreditgeber sich bei der Vorbereitung oder dem Abschluß des Kreditvertrages der Mitwirkung des Veräußerers bedient. Ist der Kreditbetrag bei Wirksamwerden des Widerrufs dem Veräußerer bereits zugeflossen, so tritt der Dritte im Verhältnis zum Erwerber hinsichtlich der Rechtsfolgen des Widerrufs in die Rechte und Pflichten des Veräußerers ein.

1) Allgemeines. Die Vorschr umfaßt sowohl die v Veräußerer kreditierten Gesch (Abs I) im AnwendgsBer 1
des G (§ 1) als auch die DrFin (Abs II). **a) Terminologie.** Es liegt ein Redaktionsversehen darin, daß in 2
Abs I S 1 zweimal der Begriff „Verbraucher" statt „Erwerber" verwendet w. Das rührt wohl daher, daß § 9 II
S 1 VerbrKrG als Vorlage benutzt w. Jedenf ist der Erwerber damit gemeint. **b) Zweck.** Der Erwerber soll 3
davor geschützt w, an den KredVertr gebunden zu sein, wenn er den Vertr üb die TzNutzg gem § 5 widerr. Das wird erzielt, indem der KredVertr aufschiebd bedingt (§ 158 I) von dem Unterbleiben eines wirks Widerr
gem § 5 abhäng gemacht w. **c) Vorrang.** Der § 6 geht, wenn zugleich die Vorauss des VerbrKrG erf sind 4
(dort § 1), diesem vor (§ 7 V S 2 VerbrKrG). Der Untersch liegt darin, daß § 7 VerbrKrG an den Widerr des KredVertr anknüpft u § 6 TzWrG an den Widerr des fin Gesch.

2) Finanzierung durch Veräußerer (Abs I). **a) Voraussetzungen** (S 1 Hs 1). Der ErwerbsPr (§ 4 I 5
Nr 9, dort Rn 1) muß in irgendeiner Weise dch den Veräußerer kreditiert sein. Umfaßt jede Art der Finanzierg (BT-Dr 13/4185 S 13); weit auszulegen (wie § 1 Rn 5–8 VerbrKrG). Unerhebl ist, ob die

Finanzierg im ErwerbsVertr integriert ist od getrennt (BT-Dr aaO), ganz od teilw gewährt w. **b) Wirksamkeit** (S 1 Hs 2, 3) des KredVertr. Er bleibt wg § 158 I (vgl Rn 2) schwebd unwirks (8 vor § 158) bis die jeweil
6 WiderrFr des ErwerbsGesch (§ 5) ohne wirks Widerr abgelaufen ist. **c) Rückgewährpflicht** (S 2, 3). Sie entspr dem § 346 S 1 u betrifft die aGrd des KredVertr erbrachten Leistgen. Das sind insb DarlRaten u -Zinsen, die an den Veräußerer gezahlt w. Hingg bestehen gg den Erwerber keine Anspr auf Zinsen u Kosten, die den KredVertr betr. Das entspr dem Art 7 der EG-RiL, die entschädiggsfreie VertrAuflösg verlangt. Ebso ist Zahlg einer VorfälligkEntschäd od eines sog Abstands ausgeschl (BT-Dr aaO).

7 **3) Finanzierung durch Dritte** (Abs II). **a) Voraussetzungen.** Veräußerer u KredGeber sind nicht ident. Das ist auch gegeben, wenn Mutter-Tochter- od SchwesterGes die KredGeber od Veräußerer sind. Finanzierg: wie Rn 5; teilw od ganz. Wirtsch Einh: wie § 9 Rn 6 VerbrKrG; Abs II S 2 entspr dem § 9 I S 2 VerbrKrG.
8 **b) Wirksamkeit** des KredVertr ist wg entspr Anwendg v Abs I in gleicher Weise bedingt wie bei Rn 6. **c) Rückgewährpflicht.** Die entspr Anwendg v Abs I richtet sich nach Rn 7. Auch bei DrFinanzierg muß
9 für den Erwerber die VertrAuflösg entschädiggfrei sein. **d) Eintritt** (S 3) des Dr (KredGeber) in den Vertr zw Veräußerer u Erwerber auf seiten des Veräußerers, aber nur hinsichtl der RFolgen aus dem Widerr; das ist insb § 5 VI. Diese Regelg entspr dem § 9 II S 4 VerbrKrG (wie dort Rn 10). Der KredGeber tritt anstelle des Veräußerers in das RückabwicklgsVerh mit dem Erwerber (KredNehmer) ein. Dieses richtet sich nach Abs I S 2, 3 (Rn 6). Das Verh KredG zu Veräußerer richtet sich nach deren rechtl, insb vertr Beziehgen.

TzWrG 7 *Anzahlungsverbot.* **Der Veräußerer darf Zahlungen des Erwerbers vor Ablauf von zehn Tagen nach Aushändigung der Vertragsurkunde oder einer Abschrift der Vertragsurkunde an den Erwerber nicht fordern oder annehmen. Für den Erwerber günstigere Vorschriften bleiben unberührt.**

1 **1) Allgemeines.** Dadch wird Art 6 der EG-RiL umgesetzt. **a) Zweck.** Dch eine frühzeit Anzahlg vor Ablauf der regelmäß 10-täg WiderrFr des § 5 I könnte der Erwerber an der Ausübg des Widerr gehindert sein, weil er damit rechnen müßte, das gezahlte Geld nicht dch freiwill Leistg des Veräußerers, sond erst dch
2 Proz zurückzuerlangen (BT-Dr 13/4185 S 13). **b) Anwendungsbereich:** umfaßt alle Vertr um GeltgsBer des G (§ 1). **c) Verstöße:** keine Nichtigk (§ 134 Rn 9); jedoch Haftg aus c. i. c. (§ 276 Rn 65 ff) u § 823 II
3 (Ffm NJW **99**, 296). Nach Widerr: § 5 VI. **d) Andere Vorschriften** (S 2) welche im Zushang mit der Anzahlg für den Erwerber günstiger sein sollen, sind nicht ow erkennb; jedenf werden sie dch § 7 nicht ausgeschl.

4 **2) Begriffe.** Es ist zu untersch: **a) Zahlung** iS des § 7 der Überschrift (u in Art 6 EU-RiL: „Anzahlg") ist jede Leistg zur Tilgg einer Geldschuld (Begr: §§ 244, 245 Rn 6), nach Abrede der VertrPart auch schon vor Entstehg des Anspr (vgl § 362 Rn 10). Sie führt zur Erf, sobald der Anspr entsteht, hier mit ungenutztem Ablauf der WiderrFr (§ 5 Rn 1). Zahlg bedeutet jede Erf (teilw od voll, LG Hanau NJW **98**, 2983), insb Übergg v Bargeld, BankÜberweisg, Scheckbuchg, Buchg im LastSchriftVerf, Übgabe eines ausgefüllten ÜbweisgsTrägers (Ffm NJW **99**, 296). Dem Zweck (Rn 1) entspr nicht nur, wenn ein Teil, sond auch wenn schon der gesamte Betr bezahlt w (LG Hanau aaO) od eine v der vereinb Leistg gesonderte AufwandsEntschäd (Hildenbrand NJW **98**, 2940). Unter Zahlg fällt auch die Überweisg auf ein TrHdKto, über das der Veräußerer verfügt u jede Leistg an Dr, wenn der Erwerber dadch die VfgsBefugn üb den geleisteten Betr verliert. Jedoch fällt die Überweisg auf ein Anderkonto (insb eines Notars od WirtschPrüfers), das bei einer Bank gem AGB-Anderkonten (vgl Baumb/Hopt Anh 9) errichtet ist, nicht unter den Begr der Zahlg, weil der Veräußerer keine VfgsBefugn üb das Geld erlangt u der Erwerber diese behält. Zahlg geschieht erst mit Übweisg v
5 Anderkonto an den Veräußerer; der Erwerber ist in seiner Freih zum Widerr nicht beeinträcht. **b) Fordern** ist jedes Verhalten des Veräußerers, mit dem er den Erwerber zu einer Zahlg (Rn 4) veranlassen will, zur teilw Tilgg des ErwerbsPr od zu einem Entgelt für VertrAbschl, Reservierg des Objekts (VertrGgstd), VertrKosten
6 oä. **c) Annehmen.** Das ist jede Hdlg, die darauf abzielt, eine Zahlg entggzunehmen, insb einen Scheck od Bargeld, auch ÜbWeisgsTräger (Hildenbrand NJW **98**, 2940), selbst wenn der Erwerber sie unaufgefordert, von sich aus erbringen will. Wird v Erwerber trotzdem geleistet (insb dch ÜbWeisg), auch an einen Dr, muß unverzügl zurückgezahlt w, solange die WiderrFr nicht ungenutzt abgelaufen ist (§ 5 I).
7 **3) Zeitraum** des AnzahlgsVerbots. Es beginnt zu einem unbest Ztpkt (schon vor dem VertrSchl) u endet mit der WiderrFr des § 5 I (dort Rn 5). Der GZweck (Rn 1) legt nahe, das AnzahlgsVerbot in den Fällen späteren FrBeginns (§ 5 II S 5, IV) u verlängerter Fr (§ 5 III) so lange zu erstrecken wie die WiderrFr läuft.

TzWrG 8 *Kollisionsregel.* **Unterliegt ein Vertrag über die Teilzeitnutzung von Wohngebäuden oder ein Vertrag zur Finanzierung des Erwerbs eines Teilzeitnutzungsrechts (§ 6) ausländischem Recht, so sind die Vorschriften dieses Gesetzes gleichwohl anzuwenden, wenn**

1. **das Wohngebäude im Hoheitsgebiet eines Mitgliedstaats der Europäischen Union oder eines Vertragsstaates des Abkommens über den Europäischen Wirtschaftsraum belegen ist oder**
2. **der Vertrag auf Grund eines öffentlichen Angebotes, einer öffentlichen Werbung oder einer ähnlichen geschäftlichen Tätigkeit zustandekommt, die der Veräußerer in einem Mitgliedstaat der Europäischen Union oder in einem anderen Vertragsstaat des Abkommens über den Europäischen Wirtschaftsraum entfaltet, und wenn der Erwerber bei Abgabe seiner auf den Vertragsschluß gerichteten Erklärung seinen Wohnsitz oder gewöhnlichen Aufenthalt in einem Mitgliedstaat der Europäischen Union oder in einem anderen Vertragsstaat des Abkommens über den Europäischen Wirtschaftsraum hat.**

Literatur: Hildenbrand/Kappus/Mäsch, Time-Sharing u TzWrG (1997) § 8; Otte RabelsZ **98**, 405; Neises NZM **99**, 294.

1) Allgemeines. Time-Sharing-Vertr dtscher Verbr beziehen sich idR auf ausl Immobilien. Das VerpflGesch unterliegt desh grdsl kr obj Anknüpfg nach EG 28 III, vgl dort Rn 5, dem ausl Recht des Lageorts, sofern die Part keine abw RWahl getroffen haben, EG 27 I; von der Möglk der RWahl wird in der Praxis häufig zG eines für den Verbr nachteilh Rechts Gebrauch gemacht (zB Isle of Man). Die kollr Sonderregelg für VerbrVertr in EG 29 I bietet dagg keinen ausr Schutz, da Time-Sharing-Vertr regelm keine als HauptPfl ausgestaltete Dienstleistg vorsehen, vgl EG 29 Rn 2; eine Sonderanknüpfg dtscher VerbrSchutzVorschr gem EG 34 scheitert idR am Fehlen des in EG 29 I geforderten InlBezugs, vgl EG 34 Rn 3. 1

2) Anwendbarkeit des Teilzeitwohnrechtegesetzes. § 8 stellt desh die Anwendg des TzWrG dch eine **Sonderanknüpfung** sicher, auch wenn ein Vertr über die Teilzeitnutzg eines WohnGbde ausl Recht unterliegt. Damit wird Art 9 der Richtl umgesetzt, wonach dem Erwerber deren Schutz nicht vorenth werden darf, wenn die Immobilie in einem Mitgliedstaat der EU belegen ist. Allerd geht § 8 über das danach gebotene Maß in mehrf Hins hinaus, vgl dazu Mäsch DNotZ **97**, 206, Jayme IPRax **97**, 234, Martinek NJW **97**, 1398, Sonnenberger FS Fikentscher (1998) 295. **a)** Ausreichd für die Anwendg des TzWrG ist einers, daß das betr WohnGbde innerh der EU **oder** des EWR belegen ist **(Nr 1).** Der v der Richtl gewährleistete VerbrSchutz wird damit geographisch auf die Mitgliedstaaten des EWR (Island, Liechtenstein u Norwegen) ausgedehnt. **b)** Ausreichd ist aber stattdessen anderers auch, daß der Vertr aGrd v Werbemaßn des Veräußerers innerh der EU oder des EWR zustandegekommen ist, sofern der Erwerber bei Abg seiner Erkl seinen Wohns od gewöhnl Aufenth in einem Mitgliedstaat der EU od des EWR hat; inl Wohns od inl gewöhnl Aufenth des Verbr ist also nicht erforderl **(Nr 2).** Diese Erweiterg der Sonderanknüpfg des TzWrG wird v der Richtl nicht gefordert; sie entspr inhaltl weitgehd der Sonderanknüpfg der dtschen VerbrSchutzVorschr gem EG 29 I und AGBG 12; allerd setzt § 8 keinen direkten InlBezug voraus, sond läßt Beziehgen zu einem and Mitgliedstaat der EU (od des EWR) genügen. **c)** Die Sonderanknüpfg des TzWrG kommt daher **nicht** in Betr, wenn das betr Grdst außerhalb der EU od des EWR belegen ist (zB Schweiz, USA) **und** entweder der Veräußerer innerh der EU od des EWR keinerlei Werbg betrieben hat oder der Verbr seinen Wohns od gewöhnl Aufenth außerh der EU od des EWR hat. In diesen Fällen verbleibt es bei der Anwendg der allg KollNormen, insbes EG 27 u 28, vgl dort Rn 5; die Sonderregelg für VerbrVertr in EG 29 scheidet regelm aus, vgl dort Rn 2. Über VerbrSchutz beim Time-Sharing in Spanien vgl Schomerus NJW **99**, 1067, Trejo/Vestweber RIW **99**, 516, in USA Hallwachs/Lane NJW **96**, 3243. **d)** Bei der geplanten **Reform** des int VerbrVertrR soll TzWrG 8 dch den neuen **Art 29 a EGBGB** ersetzt werden, vgl dazu EG 29 Rn 1. 2

3) Kumulation von Rechtsordnungen. Sind die Vorauss v § 8 Nr 1 od Nr 2 erfüllt, sind die Vorschr des TzWrG auch bei Maßgeblk eines ausl VertrStatuts (sei es kr RWahl od kr obj Anknüpfg) „gleichwohl anzuwenden". Es bleibt also bei der grdsl Anwendbk des ausl Rechts; dieses wird aber dch das TzWrG überlagert, soweit es dem Verbr einen besseren Schutz gewährt, zB hins der Vorauss eines WiderrufsR; sollte das ausl VertrStatut eine noch günstigere Regelg enth, bleibt diese im Interesse des VerbrSchutzes weiter anwendb, aM wohl Mäsch DNotZ **97**, 206. Nur mit dieser Einschränkg erscheint es gerechtf, daß § 8 auch ohne direkten InlBezug die Vorschr des **deutschen** TzWrG zur Anwendg beruft, krit dazu Mäsch aaO; allerd wird damit ein richtlkonformer Schutz auch für den Fall gewährleistet, daß der BelegenhStaat die Richtl noch nicht umgesetzt hat. 3

4) Verhältnis zu den allgemeinen Anknüpfungsregeln. § 8 enth keine erschöpfde Regelg der kollr Probleme v Time-Sharing-Vertr. Die Vorschr erübrigt insbes nicht die normale Anknüpfg des VertrStatuts für das schuldr VerpflGesch nach den allg Regeln in EG 27 ff. Das danach anwendb Recht bleibt für alle Fragen maßg, die nicht im TzWrG geregelt sind. Soweit der Vertr ausnw auch die Vorauss v EG 29 erf, vgl dort Rn 2, dh insbes die Erbringg v Dienstleistgen nicht nur als NebenPfl vorsieht, kommen zG des Verbr auch die zwingden SchutzVorschr an seinem gewöhnl Aufenth zur Anwendg. Dagg scheidet eine zusätzl Sonderanknüpfg des TzWrG nach EG 34 aus, da diese nunm in § 8 gesondert geregelt ist, vgl Jayme IPRax **97**, 235. Die Formgültigk des Vertr ist grdsl nach dem v EG 11 berufenen Recht zu beurteilen, aM Jayme aaO; ist der Vertr danach unwirks, so hat es dabei sein Bewenden; ist der Vertr danach wirks, sind gem § 8 zusätzl die Anfordergen v § 3 u 4 zu beachten. Soweit der Vertr auf ein dingl NutzgsR gerichtet ist, beurteilen sich die Vorauss seiner Begr nach dem Recht des Lageorts, ebso Jayme aaO 236, Pfeiffer NJW **97**, 1213. Soweit es sich um ein gesellschr Modell handelt, vgl dazu Mäsch DNotZ **97**, 186, gilt für Erwerb od Verlust der Mitgliedsch das GesellschStatut. 4

TzWrG 9 *Unabdingbarkeit; Umgehungsverbot.* **I Eine zum Nachteil des Erwerbers von den Vorschriften dieses Gesetzes abweichende Vereinbarung ist unwirksam.**

II Dieses Gesetz ist auch anzuwenden, wenn seine Vorschriften durch anderweitige Gestaltungen umgangen werden.

Fassung: Die Vorschr entspr wörtl dem § 18 VerbrKrG u inhaltl dem § 5 I, III S 1 HausTWG. **Unabdingbarkeit** (Abs I). Sie betr alle Vorschr des Ges u läßt Abweichgen nur zG des Erwerbers zu, zB verlängerte WiderrFr. **Umgehungsverbot** (Abs II). Zunächst kann einem UmgehgsVersuch dch Auslegg begegnet w (vgl § 7 Rn 2 AGBG). Ob ein UmgehgsVersuch vorliegt, ist aGrd einer v GesZweck ausgehde wirtsch Betrachtg zu entscheiden. Die Umgehg muß nur obj vorliegen; zB dch RückDatierg des Vertr (vgl Hildenbrand NJW **98**, 2940). UmgehgsAbs ist nicht erforderl. 1

TzWrG 10 *Änderung anderer Gesetze* *(betrifft § 5 III HausTWG, § 7 V VerbrKrG, vgl dort; außerdem ist in Abs III dch Ergänzg des § 34 c GewO der Nachweis u die Vermittlg v TzWrVertr v GenZwang freigestellt)*

TzWrG 11 *Übergangsvorschrift.* **Dieses Gesetz findet keine Anwendung auf Verträge, die vor seinem Inkrafttreten geschlossen worden sind.**

1 Da die Regelgen des Ges auf den ZtRaum vor VertrAbschl zugeschnitten sind, war es geboten, bereits abgeschl Vertr davon auszunehmen. War der Vertr am 1. 1. 97 noch nicht wirks abgeschl, gelten seit 1. 1. 97 alle Vorschr des Ges.

TzWrG 12 *Inkrafttreten.* **Dieses Gesetz tritt am ersten Tage des auf die Verkündung folgenden Monats in Kraft.**

1 Das G ist vom 20. 12. 96, am 31. 12. 96 verkündet u daher am 1. 1. 97 iKr getreten.

Gesetz zur Regelung der Miethöhe

(Art. 3 des Zweiten Gesetzes über den Kündigungsschutz für Mietverhältnisse über Wohnraum – 2. WKSchG –)

Vom 18. Dezember 1974 (BGBl I S 3603), zuletzt geändert durch Art 10 des Gesetzes zur Einführung des Euro vom 9. 6. 1998 (BGBl I 1242)

Bearbeiter: Prof. Dr. Putzo, Vizepräsident des Bayerischen Obersten Landesgerichts i. R.

Einführung

1) Anwendungsbereich. Das MHG erfaßt grdsätzl alle MietVerh üb WoRaum (Einf 70 vor § 535). Dazu gehören auch die mit den früheren gemeinnütz WoUntern, insb Genossensch abgeschl DauernutzgsVertr (BayObLG WuM **98**, 274). Das MHG gilt seit 11. 6. 95 auch für die neuen BLänder (Vorbem vor §§ 11–17). **a) Altenheimvertrag.** Ist er im Kern MietVertr (BGH NJW **79**, 1288), so gilt das MHG dann, wenn der Heimbewohner Inh einer Wohng ist u dies ggü den DLeistgen (Verpflegg u Betreug) überwiegt (sog Altenwohnheime; BGH NJW **81**, 341; vgl Stober NJW **79**, 97 mwN). Für das Überwiegen ist nicht der kalkulierte od vereinb Entgeltanteil maßgebd, sond die tats konkrete Ausgestaltg. Überwiegen D- u FürsLeistgen, gilt das MHG nicht (Karlsr MDR **88**, 316). **b) Mischmietverhältnisse** (Einf 72–74 vor § 535). Das MHG ist nur anwendb, wenn der wahre VertrZweck auf eine übwiegd nichtgewerbl Nutzg als Wo gerichtet ist (BGH ZMR **86**, 278; Hbg NJW-RR **97**, 458); nicht für MietVerh üb WoRaum wg eines Zuschlags für gewerbl Nutzg (BayObLG ZMR **86**, 193). And bei einheitl Vermietg v WoRaum mit Garage, weil da der Wohnzweck überwiegt (hM; vgl § 2 Rn 2; Hummel ZMR **87**, 81 mwN). **c) Ausnahmen** sind in § 10 III aufgeführt. **d) Art der Kündigung.** Nur für die ord Künd (§ 564 II) von WoRaum (70 vor § 535) gilt das MHG.

1 2 3 4 (Randnummern)

3) Schrifttum. MK/Voelskow BGB 3. Aufl 1995 Anh I nach § 580 a; Börstinghaus, MietErhöhgen bei WoRaumMietVertr, 2. Aufl 1995; Barthelmess WoRaumKündSchG, MiethöheG, 5. Aufl, 1995; Beuermann, MietenÜberleitgsG u MHG, 1995; Schmid/Wetekamp, MietZ für WoRaum, 1996; Bub/Treier/Schultz Handbuch der Gesch- u WoRaummiete, 3. Aufl 1999, III 1 ff. 5

MHG 1

Kündigungsverbot. **Die Kündigung eines Mietverhältnisses über Wohnraum zum Zwecke der Mieterhöhung ist ausgeschlossen. Der Vermieter kann eine Erhöhung des Mietzinses nach Maßgabe der §§ 2 bis 7 verlangen. Das Recht steht dem Vermieter nicht zu, soweit und solange eine Erhöhung durch Vereinbarung ausgeschlossen ist oder der Ausschluß sich aus den Umständen, insbesondere der Vereinbarung eines Mietverhältnisses auf bestimmte Zeit mit festem Mietzins ergibt.**

1) Allgemeines. a) Anwendungsbereich. WoRaum: wie Einf 1. MietVerh: für unbest u für best Zt abgeschl (vgl § 564 Rn 5 u § 564 c) auch solche mit VerlängergsKl (§ 565 a). S 1 betr nur die ord Künd (Einf 4); insb die ÄndKünd. **b) Zweck.** MietErhöhg sollen nicht unter dem Druck drohder Künd zustandekommen. Statt dessen soll der Verm angem MietErhöhg auch gg den Willen des Mieters bei Fortbestd des MietVerh in dem Verf der §§ 2–7 dchsetzen können (S 2). Ausn: S 3. 1 2

2) Kündigungsverbot (S 1). Eine Künd zum Zweck der MietErhöhg ist dch S 1 verboten, auch wenn der Verm dafür ein berecht Interesse iS des § 564 b I hätte. Eine dennoch erkl Künd, insb ÄndKünd ist nichtig (§ 134). Vorauss: Der Zweck, den höheren MietZ zu erzielen, muß auf das betr gekünd MietVerh gerichtet sein, mit dem VertrPart oder einem Dr. Behauptgs- u BewL für unzul Zweck trägt der Mieter. 3

3) Mietzinserhöhung (S 2). Neben der Möglk, die Miethöhe mit dem Mieter frei zu vereinb (§ 2 Rn 3), kann der Verm folgde Mieterhöhgen einseit u gg den Willen des Mieters dchsetzen, u zwar unabhäng voneinander (Barthelmess 16): **a) Ortsübliche Vergleichsmiete** nach § 2 (Anspr auf Zust). **b) Durchgeführte Modernisierung** nach § 3 (einseit verträndernde Erkl). **c) Gestiegene Betriebskosten** nach § 4 (einseit verträndernde Erkl). **d) Gestiegene Kapitalkosten** nach § 5 (einseit verträndernde Erkl). 4 5

4) Vereinbarter Ausschluß der Mieterhöhung (S 3). **a) Voraussetzungen:** Die MietErhöhg kann im Umfang („soweit", BayObLG NZM **99**, 215) od zeitl beschr („solange") od vollst ausgeschl sein. Der Ausschl der Mieterhöhg muß sich ergeben (alternat): **aa)** Ausdrückl (S 3 1. Alt); in gesondertem Vertr od die Vereinbg muß einen VertrBestandt darstellen, nicht notw im Mietvertr enthalten od mit ihm verbunden sein; auch dch Vertr mit Dr mögl (allgM). **bb)** Aus den Umst zu entn (S 3, 2. Alt): Derart Vereinbg liegen insb dann vor, wenn für best Zt, ein fester MietPr vereinb od bei fest vereinb MietPr für best Zt ein KündR des Verm ausgeschl ist. Der Ausschl der Mieterhöhg kann idR nicht in der bloßen Vereinbg einer best MietZt gesehen w (Stgt ZMR **94**, 401 mwN; bestr) od in der autom Verlängerg um eine best MZt (Zweibr ZMR **82**, 115), auch wenn der VerlängergsZtRaum auf mehr als ein J festgesetzt ist (Karlsr ZMR **96**, 80). Die Vereinbg einer MietPrGleitKl steht der Ann eines MietErhöhgsAusschl entgg (hM; vgl Bub/Treier/Schultz III 307). Ausschl der Mieterhöhg kann auch für die Dauer des VerrechngsZtRaums od des Ausschl der ord Künd bejaht w, wenn der Mieter einen FinanzBeitr (Vorauszahlg, Darl, Baukostenzuschuß) geleistet hat (umstr; vgl Bub/Treier/Schultz III 309 mwN) od die Zulässigk der Erhöhg v der Zust eines Dr abhängt, solange diese Zust fehlt. Auch die Vereinbg der Kostenmiete bewirkt diesen Ausschl, solange bei öff geförderten Wohngen das 6 7

Darl nicht zurückbezahlt ist, selbst bei erloschenem WoBeleggsR (Hamm ZMR **86**, 287), od WoGemeinnützgk bestand (BayObLG NJW-RR **99**, 89); ob auch nach deren Wegfall, ist umstr (vern Bub/Treier/
8 Schultz III 310 a mwN, bej LG Mü I NZM **99**, 704). **b) Wirkung.** Für den sich aus dem Vertr ergebden ZtRaum („solange") ist das MietErhöhgsVerf (§§ 2–7) ausgeschl (hM; Zweibr WuM **81**, 273). Trotzdem abgegebene MieterhöhgsErkl sind unwirks. Diese Wirkg tritt bei MietVerh auf best Zt mit VerlängergsKl nur für die ursprüngl vereinb, feste Mietzeit ein (Zweibr aaO). Vom Mieter währd der Mietzeit freiw hingen
9 MietErhöhgen bleiben zul u wirks (§ 10 I). **c) Mietpreisgleitklauseln** sind unter engen Vorauss in § 10 a als MietAnpassgsVereinbg zugelassen.

MHG 2 ***Erhöhung bis zur ortsüblichen Vergleichsmiete.*** **[I]Der Vermieter kann die Zustimmung zu einer Erhöhung des Mietzinses verlangen, wenn**

1. der Mietzins, von Erhöhungen nach den §§ 3 bis 5 abgesehen, seit einem Jahr unverändert ist,
2. der verlangte Mietzins die üblichen Entgelte nicht übersteigt, die in der Gemeinde oder in vergleichbaren Gemeinden für nicht preisgebundenen Wohnraum vergleichbarer Art, Größe, Ausstattung, Beschaffenheit und Lage in den letzten vier Jahren vereinbart oder, von Erhöhungen nach § 4 abgesehen, geändert worden sind, und
3. der Mietzins sich innerhalb eines Zeitraums von drei Jahren, von Erhöhungen nach den §§ 3 bis 5 abgesehen, nicht um mehr als 30 vom Hundert erhöht. Der Vomhundertsatz beträgt bei Wohnraum, der vor dem 1. Januar 1981 fertiggestellt worden ist, 20 vom Hundert, wenn
   a) das Mieterhöhungsverlangen dem Mieter vor dem 1. September 1998 zugeht und
   b) der Mietzins, dessen Erhöhung verlangt wird, ohne Betriebskostenanteil monatlich mehr als 8,00 Deutsche Mark je Quadratmeter Wohnfläche beträgt. Ist der Mietzins geringer, so verbleibt es bei 30 vom Hundert; jedoch darf in diesem Fall der verlangte Mietzins ohne Betriebskostenanteil monatlich 9,60 Deutsche Mark je Quadratmeter Wohnfläche nicht übersteigen.

Von dem Jahresbetrag des nach Satz 1 Nr. 2 zulässigen Mietzinses sind die Kürzungsbeträge nach § 3 Abs. 1 Satz 3 bis 7 abzuziehen, im Fall des § 3 Abs. 1 Satz 6 mit 11 vom Hundert des Zuschusses.

[I a]Absatz 1 Satz 1 Nr. 3 ist nicht anzuwenden,

1. wenn eine Verpflichtung des Mieters zur Ausgleichszahlung nach den Vorschriften über den Abbau der Fehlsubventionierung im Wohnungswesen wegen des Wegfalls der öffentlichen Bindung erloschen ist und
2. soweit die Erhöhung den Betrag der zuletzt zu entrichtenden Ausgleichzahlung nicht übersteigt.

Der Mieter hat dem Vermieter auf dessen Verlangen, das frühestens vier Monate vor dem Wegfall der öffentlichen Bindung gestellt werden kann, innerhalb eines Monats über die Verpflichtung zur Ausgleichszahlung und über deren Höhe Auskunft zu erteilen.

[II]Der Anspruch nach Absatz 1 ist dem Mieter gegenüber schriftlich geltend zu machen und zu begründen. Dabei kann insbesondere Bezug genommen werden auf eine Übersicht über die üblichen Entgelte nach Absatz 1 Satz 1 Nr. 2 in der Gemeinde oder in einer vergleichbaren Gemeinde, soweit die Übersicht von der Gemeinde oder von Interessenvertretern der Vermieter und der Mieter gemeinsam erstellt oder anerkannt worden ist (Mietspiegel); enthält die Übersicht Mietzinsspannen, so genügt es, wenn der verlangte Mietzins innerhalb der Spanne liegt. Ferner kann auf ein mit Gründen versehenes Gutachten eines öffentlich bestellten oder vereidigten Sachverständigen verwiesen werden. Begründet der Vermieter sein Erhöhungsverlangen mit dem Hinweis auf entsprechende Entgelte für einzelne vergleichbare Wohnungen, so genügt die Benennung von drei Wohnungen.

[III]Stimmt der Mieter dem Erhöhungsverlangen nicht bis zum Ablauf des zweiten Kalendermonats zu, der auf den Zugang des Verlangens folgt, so kann der Vermieter bis zum Ablauf von weiteren zwei Monaten auf Erteilung der Zustimmung klagen. Ist die Klage erhoben worden, jedoch kein wirksames Erhöhungsverlangen vorausgegangen, so kann der Vermieter das Erhöhungsverlangen im Rechtsstreit nachholen; dem Mieter steht auch in diesem Fall die Zustimmungsfrist nach Satz 1 zu.

[IV]Ist die Zustimmung erteilt, so schuldet der Mieter den erhöhten Mietzins von dem Beginn des dritten Kalendermonats ab, der auf den Zugang des Erhöhungsverlangens folgt.

[V]Gemeinden sollen, soweit hierfür ein Bedürfnis besteht und dies mit einem für sie vertretbaren Aufwand möglich ist, Mietspiegel erstellen. Bei der Aufstellung von Mietspiegeln sollen Entgelte, die auf Grund gesetzlicher Bestimmungen an Höchstbeträge gebunden sind, außer Betracht bleiben. Die Mietspiegel sollen im Abstand von zwei Jahren der Marktentwicklung angepaßt werden. Die Bundesregierung wird ermächtigt, durch Rechtsverordnung mit Zustimmung des Bundesrates Vorschriften über den näheren Inhalt und das Verfahren zur Aufstellung und Anpassung von Mietspiegeln zu erlassen. Die Mietspiegel und ihre Änderungen sollen öffentlich bekanntgemacht werden.

[VI]Liegt im Zeitpunkt des Erhöhungsverlangens kein Mietspiegel nach Absatz 5 vor, so führt die Verwendung anderer Mietspiegel, insbesondere auch die Verwendung veralteter Mietspiegel, nicht zur Unwirksamkeit des Mieterhöhungsverlangens.

1 **1) Allgemeines. a) Zweck.** Mieterhöhgen sind in angem Rahmen zur Erhaltg u Wiederherstellg der Wirtschaftlk des Hausbesitzes zugelassen. Der Mieter wird nicht mehr als bis zur ortsübl VglMiete belastet. Diese wird ihrerseits von der jeweil Marktmiete beeinflußt. Auslegg u Anwendg des MHG dürfen auch in den

Verfahrensregeln nicht zu einem MietPrStop führen (BVerfG NJW **80**, 1617 mwN). **b) Anwendungsbereich:** wie Einf 1 vor § 1; nur für Miete, nicht für NutzgsEntschäd des § 557 (LG Stgt ZMR **87**, 153). **c) Mischmietverhältnisse** (vgl Einf 3 vor § 1). Übwiegt bei teilw gewerbl Nutzg der Wohnzweck, wird für die einheitl vereinb Miete § 2 angewendet. Ist in einem einheitl WoMietVertr eine Garage mitvermietet, kann nur einheitl MietErhöhg verlangt w, nicht isoliert für die Garage (LG Rottw NZM **98**, 432 mwN; Bub/Treier/Schultz III 274). **d) Unabdingbarkeit.** Frei vereinb Erhöhg der Miete außerh des Verf gem § 2 u üb das darin zugelassene Maß hinaus ist jederzeit währd des MietVerh forml mögl u wirks, wenn der Mieter damit einverstanden ist (§ 10 I). Dies stellt eine Änd des MietVertr gem § 305 iR der verbliebenen VertrFreih dar. Grenze: Wucher (§ 291 I 1 Nr 1 StGB) od MietPrÜberhöhg (§ 5 WiStG). Diese liegt vor, wenn die Obergrenze der ortsübl VglsMiete um mehr als 20% überschritten w (§ 5 II 1 WiStG; § 535 Rn 30, § 138 Rn 76). Zur umstr Frage der Anwendg des HausTWG dort Einl 7. **e) Mietzins** ist (mit Einschränkgen in Abs I S 1 Nr 1 u 3) der vertragl vereinb, dh eine Nettomiete od auch eine Brutto-/(Teil)Inklusivmiete. **f) Verhältnis zu anderen Mieterhöhungen.** Dem Verm steht es frei, unabhäng v § 2 eine Erhöhg der BetrKosten (§ 4 Rn 3) od wg baul Änd (§ 3 Rn 3) u KapKosten (§ 5 Rn 2) geltd zu machen. Wurde eine Inklusivmiete, also einschl BetrKost (vgl § 535 Rn 25, 30) vereinb, ist eine Erhöhg nach § 2 bis zur ortsübl Inklusivmiete mögl (hM; Stgt NJW **83**, 2329 mwN), daneben nicht nach § 4 (Stgt aaO; Hamm ZMR **93**, 112), sond nach § 2 gem vglb Inklusivmieten. Eine Umgestaltg der MietZVereinbg kann aGrd des § 2 nicht verlangt werden (vgl LG Bln ZMR **88**, 61). **g) Fristen** des § 2. Es sind zu unterscheiden: WarteFr des Verm in Abs I S 1 Nr 1 (1 J; Rn 9); ZustFr (ÜberleggsFr) des Mieters in Abs III S 1 (2–3 Mo; Rn 30); KlageFr des Verm in Abs III S 1 (2 Mo, Rn 37).

2 (line "Verfahrensregeln…reich"), 3, 4, 5, 6

2) Begriffe. a) Erhöhungsanspruch (Abs I). § 2 gibt dem Verm unter gewissen materiellen (Rn 9) u formellen (Rn 20) Vorauss einen Anspr gg den Mieter auf Zust zu der verlangten MietErhöhg. Der Anspr richtet sich nicht auf Zahlg, sond auf Abgabe einer WillErkl dch den Mieter. Er ist nicht abtretb (KG NJWE-MietR **97**, 170). Verweigert der Mieter die Zust, kann der Verm darauf klagen (Abs III; Rn 35–42). **b) Zustimmung** des Mieters (Rn 30–34) ist eine formfreie einseit, empfbed WillErkl (§ 130), dem Wesen nach die Ann (§ 151) einer angetragenen VertrÄnd (§ 305). Sie wird vielf in der einmaligen, vorbehaltl Zahlg der erhöhten Miete gesehen (AG Ffm ZMR **89**, 180 mwN). Sie fällt nicht unter §§ 182ff, weil eine derart Zust von einem Dr ausgehen müßte. Einem begründeten ErhöhgsVerlangen ggü ist der Mieter zur Zust verpfl. Vor Abgabe der Zust od Fiktion (§ 894 ZPO) besteht kein Anspr auf Zahlg der erhöhten Miete. 7, 8

3) Materielle Voraussetzungen des Erhöhungsanspruchs (Abs I) sind kumulativ: 9

a) Nr 1: Einjährige Wartefrist. Der bisherige MietZ (Rn 4) muß seit einem Jahr, rückgerechnet vom Ztpkt des ErhöhgsVerl (Abs II S 1, Rn 20), also dessen Zugang (§ 130), unveränd geblieben sein. Maßgebd für den Beginn der Fr ist der Ztpkt, seit dem dieser bisherige MietZ erstmals zu zahlen war, auf Grd Vereinbg (Neu-Abschl des MietVertr, Änd gem § 305), Erhöhg der KostenM bei Überg zur MarktM (hM; Hamm ZMR **95**, 247 mwN) bezogen auf die letzte KostenMErhöhg (Hamm aaO), od auf Grd eines früheren MieterhöhgsVerf gem § 2. Unberücks bleiben vorgen Erhöhgen nach §§ 3–5 u MietZSenkgen (hM; MK/Voelskow 35 mwN). Berechng: §§ 187, 188 II, 193. Ein vor Ablauf der WarteFr gestelltes ErhöhgsVerl ist unwirks (BGH **123**, 37; aA Ffm ZMR **88**, 230 mwN). Es kann im RStreit nachgeholt w (Abs III S 2; Rn 28), auch wenn es nur teilw wirks war (LG Ravbg ZMR **90**, 19). Eintritt der MietErhöhg: Rn 44. Bei teilw Zust: Rn 34.

b) Nr 2: Vergleichsmiete. Der verlangte MietZ ist an den VglKriterien zu orientieren. Oberste Grenze ist die ortsübl VglMiete („übl Entgelte"). Das ist ein repräsentativer Querschnitt der Mieten, die für nicht preisgebundenen WoRaum des allg WoMarkts (Hamm OLGZ **83**, 242) vergleichb Art, Größe, Ausstattg, Beschaffenh u Lage bei bestehdem MietVerh tats u üblweise in den letzten 4 J vereinb od auf Grd der §§ 2, 3 od 5 geänd worden sind. Die Erhöhg ist höchstens (Rn 17) bis zur ortsübl VglMiete zuläss, u zwar auch dann, wenn die bisher Miete unter der damal VglMiete lag (hM; Korff NJW **75**, 2281; MK/Voelskow 24). Das gilt auch bei solchen Wo, für die eine PrBindg (§ 10 III) entfallen ist (vgl Jung ZMR **86**, 427). Bei baul Änd (§ 3) Abzug gem Abs I S 2 dch Verweisg auf § 3 I S 3–7, zeitl unbegrenzt (Kunze/Tietzsch WuM **97**, 308; bestr). Die Pfl zum Abzug trifft denjen Verm, der gem § 3 erhöht hat, nicht einen Erwerber (KG ZMR **97**, 638). Der MietZ ist nach folgden Grds zu ermitteln: **aa) Gemeinden.** In erster Linie ist auf dieselbe Gem abzustellen, nur wenn darin vergleichb WoRaum nicht vorhanden, ist auf vergleichb, möglichst nahegelegene Gem zurückzugreifen. **bb) Vermieter.** Der vergleichb WoRaum darf auch vom selben Verm stammen (Karlsr WuM **84**, 188). Das ist verfgem (BVerfG NJW **93**, 2039). Er darf im selben Haus gelegen sein (Ffm WuM **84**, 123), auch in dem des Mieters (Karlsr aaO). **cc) Gesetzliche Vergleichsmerkmale.** Sie sind abschließd u auf den ggwärt Zustd des WoRaums zu beziehen. **(1) Art:** insb viel- u mehrstöck Mietshaus, Reihen-, Doppel- od Gartenhaus, Appartement, DachgeschoßWo, WoHeim. Nicht: die Finanzierg. **(2) Größe:** Tats Wohnfläche nach qm (Kraemer NZM **99**, 156). Sie kann nach ersatzl Aufhebg der DIN 283 entspr den §§ 42–44 der II. BV berechnet w. Die qm-Zahl muß nicht gleich, sond nur verglb sein, mit Abweichgen, die jedoch nicht zu stark sein dürfen; unter 20% bedenkenfrei. Der MietPr wird üb den qm-Preis verglichen. **(3) Ausstattung:** insb sanitäre Einrichtgen, Bad, Dusche, Fußböden, Isoliergen, Heizgs-Art. Ist eine Einrichtg v Mieter finanziert, bleibt sie für den Wohnwert grdsätzl außer Betr (umstr; BayObLG NJW **81**, 2259; vgl MK/Voelskow 13 mwN). **(4) Beschaffenheit:** Alter, Bauweise, Raumeinteilg, insb Zimmerzahl, ErhaltgsZustd, Nebenräume, Garage. Unberücksicht bleiben Mängel iS der §§ 537, 538 (hM; LG MöGladb NZM **98**, 301 mwN; bestr). **(5) Lage:** Zugehörigk zu Ortsteil od Stadtviertel, Wohn- od Gewerbegebiet, UmgebgsCharakter, Umweltbelästigg, VerkLage. **dd) Unerhebliche Merkmale** sind insb die Kosten der Herstellg u die Art der Finanz, die Pers des Mieters, so daß ein sog Ausländerzuschlag unzul ist (hM; Stgt MDR **82**, 495). **ee) Berechnung.** Der verlangte MietZ ist an der VglMiete zu messen. Zu ihm gehören auch Erhöhgen nach §§ 3 u 5, das ergibt sich aus dem gesetzl Begr der VglMiete. Strukturelle Unterschiede zw dem verlangten MietZ u der VglMiete eines MSp sind dch Zu- od Abschläge auszugl (Rn 24). Maßgebder Ztpkt für die Feststellg der VglM ist der Zugang des ErhöhgsVerl (Rn 20; hM; BayObLG ZMR **93**, 11), nicht das Wirkswerden gem Abs III.

10, 11, 12, 13, 14, 15

16 **c) Nr 3: Kappungsgrenze.** Soll verhind, daß die MietSteigerg für den Mieter innerh einer zu kurzen Zt zu groß w. Die KappgsGrenze (zu Einzelh Börstinghaus DWW **97**, 293) gilt für alle MietErhöhgen nach § 2, nicht für NutzgsEntsch gem § 557 I (LG Stgt ZMR **87**, 225). Nr 3 gilt auch beim erstmal Überg v der KostenM zur VglM (BayObLG NJW **84**, 742 mwN; bestr; aA Vogel/Welter NJW **84**, 1220; Gather DWW **85**, 301). Ausn in Abs I a (Rn 19 a). Von der KostenM ist auszugehen, wenn die VertrMiete wg § 10 I unwirks vereinb ist (Stgt ZMR **89**, 416; vgl § 10 Rn 1). Die Vorschr ist nicht verfwidr (BVerfG NJW **86**,
17 1669). **aa) Wirkung.** Der Verm muß neben der Obergrenze der VglM auch die der KappgsGrenze beachten. Der Prozentsatz berührt nicht die VglMiete (Rn 10). Der Prozentsatz der KappgsGrenze bleibt, auch wenn die VglMiete höher ist (Scholz NJW **83**, 1822; bestr). Umgekehrt darf der Verm nicht bis zur KappgsGrenze erhöhen, wenn die VglM niedriger ist. Währd der PrBindg vorgen MietErhöhgen wg KapKostenSteigergen sind nicht abzuziehen (Hamm ZMR **90**, 375). Wurde die VglMiete einer modernisierten Wo erhöht (§ 3 Rn 3), sind die umlagefäh ModernisiergsKosten auszuklammern (Hamm ZMR **93**, 161) u nach Feststellg der Kappgsgrenze wieder aufzuschlagen (Bub/Treier/Schultz III 349). Der Satz v 30% ist auf die jeweils zurückliegden 3 J zu beziehen (hM). Die Rückrechng ist v Ztpkt der Wirksk der neu eintretden MietPrErhöhg (aA LG Lünebg WuM **95**, 578: Absendg des MErhöhgsVerl) an vorzun (LG Hann WuM **90**, 517 mwN).
18 **bb) Ausgangsmiete** ist der 3 J vor dem Wirkswerden der MietErhöhg geltde MietZ (BayObLG NJW-RR **88**, 721; Celle ZMR **96**, 194), nicht der zuletzt geschuldete, sog aktuelle (Hbg ZMR **96**, 317 mwN; Hannemann WuM **96**, 318; bestr). MietErhöhgen gem §§ 3–5, die länger als 3 Jahre zurückliegen, werden v der Ausgangsmiete nicht herausgerechnet (LG Bln ZMR **98**, 348 mwN). Bei Überg von der Kosten- zur VglsM sind die wg KapKostenSteigergen vorgen MZinsErhöhgen nicht entspr § 5 III S 2 abzuziehen (Hamm
19 ZMR **90**, 375). Zur Inklusiv(Warm)Miete (Rn 4) vgl Schilling/Meyer ZMR **94**, 497. **cc) Höhe.** Sie beträgt seit 1. 9. 98 wie vor dem 1. 9. 93 wieder einheitl **30 vom Hundert.** Die SoRegelg des Abs I S 1 Nr 3 S 2 (20 vH bei Zugang des ErhöhgsVerl vom 1. 9. 93 bis 31. 8. 98 für vor dem 1. 1. 81 fertiggestellte Wo mit bish
19 a mehr als 8 DM/qm Nettomiete) ist ausgelaufen (zu Einzelh 58. Aufl). **dd) Unanwendbarkeit** der Kappgs-Grenze (Abs I a). Gilt seit 1. 9. 93 nur für diejen Fälle, in denen der Mieter eine iS des WoBindG öff geförderte Wo hat, die v der öff Bindg, auch schon vor dem 1. 9. 93 (Börstinghaus WuM **94**, 417: bestr) frei geworden ist u für die der Mieter eine AusglZahlg (§ 1 AFWoG v 19. 8. 94; BGBl 2180) zahlen mußte. Da diese mit dem Ende der WoBindg entfällt (§ 7 I Nr 1 AFWoG), kann der Verm die bish Kostenmiete der öff geförderten Wo ohne KappgsGrenze bis zur Höhe der VglMiete auf den Betr anheben, den der Mieter bisher einschließl AusglZahlg entrichtet hat. AuskunftsPfl des Mieters (Abs I a S 2; hierzu Börstinghaus aaO) bezieht sich auf die vom Eink abhäng Pfl (§ 1 I Nr 2, § 3 AFWoG) u Höhe der AusglZahlg (§ 1 III AFWoG). Der Verm darf gg den die Ausk verweigernden Mieter den HöchstBetr der FehlBeleggsAbg unterstellen (LG Köln ZMR **98**, 783). SchadErsAnspr wg zu gering erhöhter Miete ist mögl (Bub NJW **93**, 2897). Der Wegfall der öff Bindg richtet sich nach §§ 15–17 WoBindG.

20 **4) Erhöhungsverlangen** (Abs II). **a) Voraussetzungen** (Rn 9–19 a). Liegen sie vor, kann der Erhöhgs-Anspr (Rn 7) nur dch Vereinbg gem § 1 S 3 ausgeschl werden (dort Rn 6). Das ErhöhgsVerlangen ist die Geltdmachg des ErhöhgsAnspr aus Abs I (Rn 7). Es stellt eine einseit empfangsbed WillErkl dar, für die § 130 gilt u die einem VertrAngebot entspr. Es muß v Verm ausgehen (nicht notw v Eigt, KG NJWE-MietR **97**, 170) u an den Mieter gerichtet sein (LG Gieß NJW-RR **95**, 462). § 571 ist anwendb (LG Kassel WuM **96**, 418 mwN). Der Erwerber kann grdsätzl die Mieterhöhg nicht vor Eintragg im GB verlangen; wohl aber mit Zust des Verm (aA AG Schöneb NJWE-MietR **97**, 74; umstr; vgl Heller WuM **87**, 137 mwN). Es steht nicht entgg, daß ein vorangegangenes ErhöhgsVerlangen noch nicht rechtskr abgeschl ist (LG Saarbr ZMR **97**, 645). Abs II betrifft nur die formalen Erfordern. Ihre Erf darf nicht unzumutb erschwert w (BVerfG NJW **89**, 969 mwN). Ausreichd, wenn der Mieter aGrd der mitgeteilten Daten entsch
21 kann, ob er zust. Die VglMiet best der Richter (Rn 40). **b) Form.** Schriftlich (Abs II S 1) bedeutet Schriftform (§ 126); jedoch mit der Ausn des § 8 (ohne eigenhänd Unterschr), wenn die Erkl dch automat Einrichtgen gefert w. Die Schriftf umfaßt nicht die als Anlage beigefügte Aufstellg v VglWo (KG WuM **84**,
22 101). **c) Inhalt.** Er ist ergänzb. Unbedingt notw ist, daß die Höhe des neu verlangten MietPr dch den verlangten EndBetr od dch den ErhöhgsBetr bezeichnet w (hM; KG ZMR **97**, 638); dann ist auch ein inhaltl Widerspr unschädl (LG Bln NJWE-MietR **96**, 174). Nicht notw ist der Ztpkt, ab wann die Erhöhg gelten soll (Kblz NJW **83**, 1861). Bei sog Inklusivmiete müssen die Nebenentgelte (zB Heizg) nicht gesond rechner ausgewiesen (Hamm NJW **85**, 2034; bestr) u der so errechnete NettoMietBetr angegeben w (BVerfG NJW-RR **93**, 1485). Inhaltsmängel können noch im RStreit nachgebessert werden (vgl Abs III S 2). Bei Inklusivmiete (Rn 4) kann auch die Erhöhg eines TBetr verlangt w (LG Ffm WuM **85**, 315). Zur
23 Begründg: **aa) Vergleichswohnungen.** Ges Regelfall ist die Angabe v identifizierb (LG Köln ZMR **96**, 384) VglWo. Geschoß, qmZahl u Preis genügen (BVerfG NJW **79**, 31 u NJW **80**, 1617). Ausn sind mögl (BVerfG NJW **89**, 969). Daß die Miete einer od zwei der angegebenen VglWo unter der verlangten Miete liegt, macht das ErhöhgsVerl als solches nicht unwirks (Karlsr WuM **84**, 21; BayObLG WuM **84**, 276); jedoch darf der Verm bei Angabe v nur 3 VglWo nicht mehr Miete verlangen als die niedrigste der angegebenen VglMieten (Karlsr aaO). Sind die Wohngen so beschrieben, daß sie v Mieter identifiziert w können (Hausanschrift, Stockwerk, links, mitte od rechts), brauchen die Namen v Mietern od Verm nicht angegeben zu w (BVerfG NJW-RR **93**, 1485; BGH **84**, 392). Mehr darf für die Zulässigk des ErhöhgsVerl nicht gefordert werden (BVerfG aaO), insb nicht, daß die Mieter der VglWo deren Besichtigg gestatten (Schlesw NJW **84**, 245; bestr; aA Kummer WuM **84**, 39 mwN) od daß die VglWo mit der betr Wo eine vglb Größe haben (hM; Schlesw WuM **87**, 140). Behebb Mängel der MietWo sind nicht zu berücksicht (Stgt NJW **81**, 2365). Als Zahl dieser VglWo genügen stets 3, auch des Verm (hM; BayObLG NZM **99**, 215), aus besond Grden auch weniger. Nach oben ist die Zahl nicht begrenzt (BayObLG ZMR **92**, 144). Die Angabe v VglWo kann unterbleiben (Abs II S 2), wenn sie ersetzt wird dch MSpiegel (Rn 24) od GA
24 (Rn 25). **bb) Mietspiegel** (Legaldefinition in Abs II S 2; Rn 47–53). Vgl zunächst Rn 47–54. Es ist grdlegd zu untersch zw der Funktion als Begrdg des ErhöhgsVerl u als ErkenntnMittel im Proz (BVerwG NJW **96**, 2046 u **99**, 735). Jedenf darf der MSp nicht für sich allein ow als EntscheidgsGrdl benutzt w (Voelskow ZMR **92**, 326; in der Praxis oft mißachtet). Er ist vielmehr v Ger frei zu würd (BVerwG NJW

aaO). Vglbare Gem: Haase WuM **93**, 441. Die Verwendg veralteter MSp u solcher, die nicht dem Abs V entspr, führt nicht zur Unwirksk des ErhöhgsVerl (Abs VI). Es ist auch nicht notw, daß alle Interessenverbände den MSp anerkannt haben (Hamm ZMR **91**, 22). Die Bezugn auf ihn reicht aus. Es genügt, daß der im ErhöhgsVerl begehrte MZins innerh der Spanne v Höchst- u Mindestwerten im MSp liegt (Abs II S 2 Hs 2). Der MSp muß zZ des MErhöhgsVerl nicht gedruckt u herausgegeben sein (LG Essen ZMR **96**, 88). Ist der MSp veraltet (sog Stichtagsdifferenz), kann die Erhöhg mit VglWo (Rn 23) u GA (Rn 25) begrdet w (Stgt NJW-RR **94**, 334 mwN) od das Ger einen Zuschlag ansetzen (Hamm NJW-RR **97**, 142). Abweichgen vom Mittelwert müssen nicht begrdet w (MK/Voelskow 48; Bub/Treier/Schultz III 414). Bei MSp, die auf NettoM abgestellt sind, kann bei InklusivM für die Mieterhöhg auf einen anteil Zuschlag aus den umzulegden BetrKosten abgestellt w (Stgt NJW **83**, 2329). Bei MischMietVerh (Rn 2) kann getrennt für die Wo auf MietSp abgestellt werden (LG Rottw NZM **98**, 432). **cc) Gutachten** (schriftl) eines öff 25
bestellten od vereid Sachverst. Für dessen Bestellg genügt, daß sie Grdst- u GbdeSchätzgen umfaßt (BGH **83**, 366); die öff Bestellg kann für den Einzelfall erfolgen. Er muß nicht dch diejen IHK bestellt sein, in deren Bezirk die Wo liegt (BayObLG ZMR **87**, 426). Es kann auch ein auf ges Grdlage beruhder SachVerstAusschuß sein (LG Mü II ZMR **94**, 22). Umstr ist, in welchem Umfang der Sachverst das GA begrden muß (vgl MK/Voelskow 53). Eine Besichtigg der Wohng ist nicht in jedem Fall erforderl (Celle WuM **82**, 180). Das GA muß nicht die Wo des Mieters betr, aber wenigstens eine vglbare (LG Nürnb-Fürth ZMR **90**, 420). Grdsätzl muß das GA dem Ger u den Part ermögl, die BefundTats zu übprüfen (BVerfG NJW **95**, 40; zum Umfang Isenmann DWW **96**, 201), soweit sie nicht dem GeheimhaltgsSchutz unterliegen (BVerfG aaO). Adressen u MietPr v VglWo müssen nur ausnw offengelegt w (BVerfG NJW **97**, 311; LG Mü II NJW-RR **97**, 140). Der Sachverst darf größere sowie kleinere VglWo heranziehen (BVerfG NJW **80**, 1617) u muß die Wo in das örtl MietPrGefüge einordnen. Die Anfdgen dürfen nicht überspannt w; es muß nur gewährl sein, daß dem Mieter verständl u nachvollziehb dargelegt w, warum die begehrte Miete ortsübl sei (BVerfG NJW **87**, 313). Das GA muß in vollständ Abschr dem ErhöhgsVerl beigefügt w, damit der Mieter Kenntn nehmen kann (hM). Ob das GA übholt od veraltet ist, muß im Einzelfall geprüft werden (für 2-Jahres-Grenze: LG Bln NZM **98**, 507). Hinw für den gesmäß Inhalt des GA: Langenberg ZMR **80**, 162. Umstr ist insb, ob der Sachverst zu einem vorhandenen MSp Stellg nehmen muß (vgl Bub/Treier/Schultz III 430). Das GA ist aber nicht generell od grdsätzl weniger geeignet als ein MietSp (umstr; aA AG Dortm MDR **92**, 870). **d) Zeitpunkt** (vgl Rn 9): Der Verm muß für jedes ErhöhgsVerl die WarteFr des 26
Abs I S 1 Nr 1 (Rn 9) beachten, wobei nicht auf die Absendg, sond auf den Zugang (§ 130) abzustellen ist (BGH NJW **93**, 2109 [2110]; AG Ffm NJW-RR **92**, 972 mwN). Das ErhöhgsVerl ist nicht deshalb unwirks, weil es noch währd der PrBindg zugeht (KG NJW **82**, 2077; LG Bln NJWE-MietR **96**, 197; bestr; aA LG Bln NJW-RR **96**, 1415; vgl § 10 Rn 11), vor Ablauf der vertragl best Zt mit festem MietZ (Hamm NJW **83**, 829) od vor Ablauf des 3-JZtRaums der KappgsGrenze (Rn 16) u diese nicht eingehalten ist (hM; BayObLG ZMR **88**, 228 mwN). Es beginnen aber auch bei vorzeit gestellten ErhöhgsVerlangen die Fr des Abs III u IV nicht vor Ablauf der Fr des Abs I S 1 Nr 1 zu laufen (hM; vgl Rn 9). **e) Mehrheit** 27
v Verm od Mietern. Das ErhöhgsVerl muß von u ggü allen VertrPart ausgehen (vgl § 535 Rn 6a; Koblz NJW **84**, 244), auch wenn Eheg gemeins gemietet haben (BayObLG ZMR **83**, 247). Das gleiche gilt für die Klage (KG ZMR **86**, 117). Bei Mehrh v Mietern muß das Schreiben jedem in der entspr Form zugehen (allgM); das ist bei VollmErteilg unter den Mietern im MietVertr entbehrl (hM; BGH NJW **97**, 3437) u auch dch FormularVollm zuläss (hM; BGH aaO); dafür gelten § 168 (BGH aaO) u § 174 S 1 (Hamm NJW **82**, 2076). In den neuen BLändern ist der Eheg, der nicht Mitmieter ist, auch nicht VertrPartner, weil § 100 III ZGB wg Art 232 § 2 I EG nicht mehr gilt (Quarch WuM **93**, 224). Bei AltVertr (vor dem 3. 10. 90) bleibt die MitmieterStellg des Eheg jedoch bestehen (Sternel MietR aktuell 3. Aufl 1996 A 422 mwN).
f) Nachholung im Prozeß (Abs III S 2). Sie ist nicht zuläss, wenn der Klage überh kein ErhöhgsVerl 28
vorangegangen ist (hM; Bub/Treier/Fischer VIII 68 mwN; aA Roth JZ **98**, 250; 58. Aufl). Ein unwirks ErhöhgsVerl kann bis zum Schluß der mdl Vhdlg (§ 296a ZPO) im erforderl Umfang ergänzt w u (ex nunc) dadch heilen, selbstverständl schon vor dem Proz (LG Düss DWW **92**, 214), auch noch in der BerInstanz (LG Bln ZMR **98**, 430); wenn das erste ErhöhgsVerl nur teilw wirks war u ohne WarteFr gem Abs I S 1 Nr 1 (BayObLG ZMR **89**, 412), zB dch Berichtigen der falschen Adresse einer VglWo (Reichert in abl Anm zu LG Klautern ZMR **86**, 363). Ein unwirks ErhöhgsVerl kann auch dch ein neues ersetzt w (vgl Rn 20). Es läuft eine neue Fr für Zust (Rn 30) u Wirkg (Rn 44). **g) Rücknahme** des ErhöhgsVerl ist 29
zul bis zum ÄndergsVertr (Rn 31) od bis zur Einreichg der Klage (Rn 35); danach bleibt KlageRückn (§ 269 ZPO) mögl. Eine Rückn kann auch teilw erkl w (MK/Voelskow 64).

5) Zustimmung des Mieters (Abs IV) Begr: Rn 8. **a) Überlegungsfrist** des Mieters (Abs III S 1) entspr 30
der Fr für die KündErkl (§ 9 I 1). Sie beginnt mit dem Zugang (§ 130) des ErhöhgsVerl (Rn 20), das nach Form u Inhalt wirks sein muß, um die Fr in Lauf zu setzen (hM). Sie muß bei vorzeit KlErhebg spätestens am Tag der letzten mdl Vhdlg ablaufen (Rn 28). Sie gilt auch, wenn das ErhöhgsVerl im RStreit gem Abs III nachgeholt w (Rn 28). Vom Zugang des ErhöhgsVerl an kann die Zust erteilt, dh die angetragene VertrÄnd (§ 305) angen werden (§ 151). Die beiden Mo (MindestFr) laufen, wenn das ErhöhgsVerl bis 24 Uhr des letzten Tages im Mo zugeht (§ 130), vom ersten Tag des nächsten bis zum letzten Tag des übnächsten Mo. Geht das ErhöhgsVerl am 1. eines Mo zu, läuft die Fr also fast 3 Mo. Der Ablauf der ÜberleggsFr ist eine bes ProzVorauss (hM). Sie wird nur dch ein wirks ErhöhgsVerl (Rn 20) ausgelöst. Die Fr kann nicht abgeänd w (LG Mü I WuM **94**, 384). **b) Erteilte Zustimmung.** Sie entspr rechtl der Ann des Angebots (Rn 20). Mit 31
ihrem Zugang (§ 130) ist die MietErhöhg vertragl vereinb (vgl Rn 43). Bei Mehrh v Mietern vgl § 535 Rn 6a, § 9 AGBG Rn 143. Die Zust kann in der mehrmals wiederh vorbehaltsl Zahlg der verlangten höheren Miete liegen (LG Wuppert DWW **96**, 371). **c) Nicht erteilte Zustimmung.** Sie kann ausdrückl 32
verweigert werden u bedeutet die Ablehng des Antr (vgl § 146). Der Mieter braucht überh nichts zu erkl. Erteilt er die Zust nicht, wird die Kl zuläss (Rn 37). Ein ZbR des Mieters wg behebb Mängel od unzutreffender BetrKosten besteht ggü dem ZustAnspr nicht (Ffm NZM **99**, 795; § 537 Rn 11; § 273 Rn 17). **d) Verspätet erteilte Zustimmung.** Da inf der SoRegelg des § 2 die allg Vorschr der §§ 148, 150 33
nicht gelten, kann die Zust auch später noch wirks erklärt w, auch nach Ablehng (KG ZMR **96**, 267) u währd

des Proz. Das wirkt so, wie es Abs IV vorschreibt, gleichgült, ob sie vor od nach dem Beginn des 3. KalMo
erkl w; ggf wirkt sie zurück. Ist die Kl (Rn 35) bereits erhoben, erledigt sich die Haupts, wobei idR den
34 Mieter die Kosten treffen (§ 91 a ZPO). **e) Teilweise Zustimmung.** Der Mieter kann dem ErhöhgsVerl
auch zu einem betrags- od quotenmäß best Teil zust (hM; BayObLG NJW-RR **88**, 721). Hierfür gelten die
Rn 30–33 sinngem (vgl Schmid BlGBW **82**, 83). Die Wirkg erteilter Zust tritt dann nur für diesen Teil ein;
insb ist Kl für den restl Betr zuläss (hM), wenn der Verm nicht die Zust als neues Angebot (§ 150 II) annimmt.
Unterbleibt eine rechtzeit Kl (Rn 37), tritt eine neue WarteFr gem Abs I S 1 Nr 1 (Rn 9) ein (LG Mannh
ZMR **94**, 517 mwN). Dies soll nicht bei einem MErhöhgsVerl gelten, das dem Abs II nicht entspr (LG
Mannh aaO; bestr), so daß der Verm sofort ein neues MErhöhgsVerl stellen könnte.

35 **6) Klage** (Abs III S 1). Sie ist eine LeistgsKl auf Abgabe einer WillErkl (vgl Rn 7). Ihre Zulässigk
erfordert idR nicht den Beweis der tats Angaben im ErhöhgsVerl (BayObLG ZMR **85**, 100), sond nur
Hinweise (vgl BVerfG NJW **87**, 313). Bei ParteienMehrh (Rn 27) besteht notw Streitgenossensch (§ 62
36 ZPO). **a) Klageantrag.** Um best zu sein, muß er enthalten: identifizierb Angabe des MietVerh, Betr der
neuen Miethöhe, WirkskZtpkt. Bei teilw freiw Zust des Mieters (Rn 34) ist der Antr auf den verweigerten
Teil zu richten. Der KlAntr kann niedriger, darf aber nicht höher als der Betr des ErhöhgsVerl (Rn 20) sein
(Barthelmess 151). Eine Verbindg mit dem ZahlgsAntr auf den erhöhten MietZ ist zwar zuläss, aber verfrüht
37 (vgl Rn 34; aA LG Duisb NJW-RR **99**, 12 = ZMR **99**, 334 m abl Anm Eckert/Rau). **b) Klagefrist**
(Abs III S 1). Sie ist (ebso wie die ÜberleggsFr, Rn 30) eine bes ProzVorauss (ThP 33 vor § 253), beträgt 2
Mo u schließt unmittelb an den Ablauf der ÜberleggsFr an (Rn 30). Berechng nach §§ 187 II, 188 II, III.
Es gilt auch § 193. Da der Beginn der ÜberleggsFr von einem nach Form u Inhalt wirks ErhöhgsVerl
abhängt (vgl Rn 30 aE), wirkt sich dies auch auf den Beginn der KlFr aus. Es genügt eine ausreichd
individualisierte, nicht notw schlüss Kl (LG Braunschw MDR **84**, 1026 mwN). Der FrBeginn ist unabhäng
davon, ob der Mieter die Zust vor Ablauf der ÜberleggsFr ausdrückl verweigert. Die Kl ist jedenf ab
Verweigerg zuläss (MK/Voelskow 69). FrWahrg: § 270 III ZPO gilt uneingeschr (LG Hagen NJW **77**, 440
für §§ 261 b, 496 III ZPO aF). Eine verfrüht eingereichte Kl wird mit Ablauf der ÜberleggsFr zuläss (KG
WuM **81**, 54; bestr; hierzu Wieck BlGBW **82**, 21), ebso, wenn das MietErhöhgsVerl noch währd der Fr
38 endgült zurückgeweisen w (Celle WuM **96**, 20). Nachholg im Proz (Abs III S 2): Rn 28. **c) Zuständigkeit:**
die des § 29 a I ZPO u des § 23 Nr 2 a GVG ist ausschließl. Das ErhöhgsVerl ist ein Anspr aus einem
39 MietVerh üb WoRaum. **d) Doppelte Rechtshängigkeit** (§ 261 III Nr 1 ZPO) liegt nicht vor, wenn der
Verm in 2 Verf auf eine Erhöhg um gleichen Betr aGrd eines neuen, nach einem J (Abs I S 1 Nr 1) gestellten
40 ErhöhgsVerlangens klagt (LG Bln ZMR **85**, 130 m Anm v Schultz). **e) Sachentscheidung.** Die ortsübl
VglMiete des Abs I S 1 Nr 2 wird dch das Ger nach § 287 II ZPO ermittelt. Dabei sind alle BewMittel
zugel. Das Ger ist nicht auf die Angabe der VglWo (Rn 23) beschr (LG Boch NJW-RR **91**, 1039). Selbständ
41 BewVerf für die VglMiete ist zuläss (Scholl WuM **97**, 307 mwN; bestr). **f) Kosten:** Zu den Fällen des im
Proz nachgeholten od ergänzten MietErhöhgsVerl vgl Scholz NJW **83**, 1822 [1826]. Die Kosten des
MietwertGA (Abs II S 3) sind nicht solche des RStreits (Wieck WuM **81**, 169; LG Bielef Rpfleger **81**, 70
42 mwN; LG Mü I MDR **84**, 57). **g) Wert:** für die Gebühren nach § 16 V GKG höchstens der JBetr des
zusätzl geforderten MietZ (vgl LG Köln ZMR **92**, 25). Für die BerufgsSumme (§ 511 a ZPO) gilt § 9 ZPO
(BVerfG NJW **96**, 1531 mwN; bestr; aA LG Saarbr WuM **98**, 171; dagg abl Gärtner WuM **97**, 160: § 3
ZPO; ebso für § 495 a ZPO: LG Hildesh WuM **96**, 716).

43 **7) Eintritt der Mieterhöhung** (Abs IV). **a) Voraussetzung** ist stets die wirks Zust des Mieters (Rn 31–
34), gleich ob sie erteilt od nach Urt gem § 894 ZPO fingiert ist. Mit der wirks Zust u dem Eintritt der
44 VertrÄnd heilen auch Mängel an Form u Inhalt des ErhöhgsVerl (Rn 21, 22; MK/Voelskow 58). **b) Zeit-
punkt.** Der MietZ ist erhöht ab Beginn (1. Tag) des 3. KalMo nach Zugang (§ 130) des ErhöhgsVerl
(Rn 20), so daß mind 2 Mo dazwischen liegen. Ein währd der WarteFr des Abs I S 1 Nr 1 gestelltes
ErhöhgsVerl ist unwirks (vgl Rn 9). Bedeutgsl ist, wann die Zust erteilt od gem § 894 ZPO fingiert wird.
45 **c) Rechtsfolgen.** Die Fällk des erhöhten MietZ(Rn 44) richtet sich nach dem jeweil Vertr. Sie wirkt ggf
zurück (Abs IV). Bei Abschl des Proz ist bei Verurt der erhöhte Teil des MietZ als rückständ zu behandeln.
Für Verzinsg des rückständ Betr greift idR § 284 II oder § 286 ein, ab Fällk u ohne Mahng (Bub/Treier/
Schultz III 448; aA Meier WuM **90**, 531: ab Mahng nach RKraft des ZustUrt; LG Duisb NJW-RR **99**, 12:
§ 291). Für Künd wg ZahlgsVerz ist in § 9 II eine Regelg getroffen. Dem Mieter bleibt das KündR des § 9 I
46 S 1. **d) Überzahlte Miete.** Der Anspr des Mieters aus § 812 (wg § 134) umfaßt nur diejen Betr, die die
Grenze des § 5 WiStG überschreiten (BGH NJW **84**, 722), also den nichtigen Teil. Diese Grenze besteht bei
20% über der VglMiete (§ 5 II 1 WiStG). Streit ist, ob für die Berechng allein auf die Zt des VertrAbschl
abzustellen ist od auf Änd v VglM od WoAngeb (s KG NJW-RR **95**, 1037; Hbg NZM **99**, 363).

47 **8) Mietspiegel** (Abs V; Rn 24; Börstinghaus/Clar Mietspiegel, 1997). Der Begriff ist legal definiert in
Abs II S 2. Die Soll-Vorschr stellt darauf ab, daß nur in einem Teil der Gem ein Bedürfnis besteht. Umstr ist,
nach welchen Methoden ein MSp zu erstellen ist (Ffm NJW-RR **93**, 277 mwN); LG Freibg NJWE-MietR **96**,
51 mwN). Er hat jedenf keine bindde Außenwirkg (BVerwG NJW **96**, 2046) u der Verm kein subj-öff R gg die
Gem auf Erstellg eines MSp (BVerwG aaO). **a) Inhalt.** Es werden die übl Entgelte (Mieten) für nicht preis-
gebundenen WoRaum nach Art, Größe, Ausstattg, Beschaffenh (insb Alter) und Lage (vgl Rn 25) aufgegliedert
48 und MietZSpannen (Höchst- u MindestBetr) angegeben. **b) Zuständig** ist primär die Gem. Den Interessen-
verbänden steht es frei, MietSp zu erstellen u anzuerkennen u damit die Gem von dem (nicht unbeträchtl)
49 Aufwand wirks zuentlasten. **c) Grundlagen.** Es darf nur WoRaum, der nicht preisgebunden ist, herangezogen,
WoRaum, der dem WoBindG unterliegt, darf nicht berücksicht w. Als Soll-Vorschr ausgestaltet, aber im Ergebn
ebenso ausgeschl ist die Berücksichtigg v Mieten, die gesetzl an HöchstBetr gebunden sind (Abs V S 2).
50 **d) Fortschreibung** (Abs V S 3): Der zeitl Abstand v 2 J dient der Anpassg an die aktuellen PreisVerh. Wird sie
unterl, folgt daraus keine Unwirksk od Unanwendbk des MSp. Die Gem kann die Fortschreibg eines v
Interessenverbänden aufgestellten MSp übern. Fortgeschrieben w kann auch ohne neue statist Erhebg (LG Ffm
51 NJW-RR **89**, 661). **e) Öffentliche Bekanntmachung** (Abs V S 5). Sie hat in der Weise zu erfolgen, wie die
jeweil Gem ihre Bek vornimmt (insb AmtsBl). Dies gilt auch für MietSp, die v Interessenverbänden erstellt u

anerkannt werden. **f) Verordnungsermächtigung** (Abs V S 4). Die VO der BReg bedarf der Zust des BRats. 52
MSp der Gem od Interessenverbände, die vorher erstellt w, wären dann, soweit erforderl, anzupassen. Eine VO ist bislang nicht ergangen. **g) Falsche Verwendung** (Abs VI) v MietSp (unpassder oder veralteter) macht ein 53
ErhöhgsVerl, das darauf gestützt ist, nicht unwirks. Solche MietSp dürfen aber in dem ErhöhgsVerf nicht herangezogen w (vgl Rn 24). **h) Rechtsweg.** Er ist zu den VerwGer gegeben (§ 40 I S 1 VwGO), wenn ein 54
MietSp für unwirks erkl w soll. Prakt nahezu aussichtsl (vgl VG Mü ZMR **94**, 81).

MHG 3 *Mieterhöhung bei baulichen Änderungen.*

[I]Hat der Vermieter bauliche Maßnahmen durchgeführt, die den Gebrauchswert der Mietsache nachhaltig erhöhen, die allgemeinen Wohnverhältnisse auf die Dauer verbessern oder nachhaltig Einsparungen von Heizenergie oder Wasser bewirken (Modernisierung), oder hat er andere bauliche Änderungen auf Grund von Umständen, die er nicht zu vertreten hat, durchgeführt, so kann er eine Erhöhung der jährlichen Miete um elf vom Hundert der für die Wohnung aufgewendeten Kosten verlangen. Sind die baulichen Änderungen für mehrere Wohnungen durchgeführt worden, so sind die dafür aufgewendeten Kosten vom Vermieter angemessen auf die einzelnen Wohnungen aufzuteilen. Werden die Kosten für die baulichen Änderungen ganz oder teilweise durch zinsverbilligte oder zinslose Darlehen aus öffentlichen Haushalten gedeckt, so verringert sich der Erhöhungsbetrag nach Satz 1 um den Jahresbetrag der Zinsermäßigung, der sich für den Ursprungsbetrag des Darlehens aus dem Unterschied im Zinssatz gegenüber dem marktüblichen Zinssatz für erststellige Hypotheken zum Zeitpunkt der Beendigung der Maßnahmen ergibt; werden Zuschüsse oder Darlehen zur Deckung von laufenden Aufwendungen gewährt, so verringert sich der Erhöhungsbetrag um den Jahresbetrag des Zuschusses oder Darlehens. Ein Mieterdarlehen, eine Mietvorauszahlung oder eine von einem Dritten für den Mieter erbrachte Leistung für die baulichen Änderungen steht einem Darlehen aus öffentlichen Haushalten gleich. Kann nicht festgestellt werden, in welcher Höhe Zuschüsse oder Darlehen für die einzelnen Wohnungen gewährt worden sind, so sind sie nach dem Verhältnis der für die einzelnen Wohnungen aufgewendeten Kosten aufzuteilen. Kosten, die vom Mieter oder für diesen von einem Dritten übernommen oder die mit Zuschüssen aus öffentlichen Haushalten gedeckt werden, gehören nicht zu den aufgewendeten Kosten im Sinne des Satzes 1. Mittel der Finanzierungsinstitute des Bundes oder eines Landes gelten als Mittel aus öffentlichen Haushalten.

[II] *(aufgehoben seit 1. 9. 93)*

[III]Der Anspruch nach Absatz 1 ist vom Vermieter durch schriftliche Erklärung gegenüber dem Mieter geltend zu machen. Die Erklärung ist nur wirksam, wenn in ihr die Erhöhung auf Grund der entstandenen Kosten berechnet und entsprechend den Voraussetzungen nach Absatz 1 erläutert wird.

[IV]Die Erklärung des Vermieters hat die Wirkung, daß von dem Beginn des auf die Erklärung folgenden übernächsten Monats an der erhöhte Mietzins an die Stelle des bisher zu entrichtenden Mietzinses tritt. Diese Frist verlängert sich um sechs Monate, wenn der Vermieter dem Mieter die zu erwartende Erhöhung des Mietzinses nicht nach § 541 b Abs. 2 Satz 1 des Bürgerlichen Gesetzbuchs mitgeteilt hat oder wenn die tatsächliche Mieterhöhung gegenüber dieser Mitteilung um mehr als zehn vom Hundert nach oben abweicht.

1) Allgemeines. a) Zweck. Die Vorschr soll den Verm nicht von Verbessergen des vermieteten Wo- 1
Raums dadch abhalten, daß dementspr Mieterhöhgen ausgeschl wären. Zudem ist das Verf ggü § 2 vereinfacht. **b) Anwendungsbereich:** Einf 1–4 vor § 1. **c) Unabdingbarkeit** wie § 2 Rn 3. Der Verm kann wg 2
§ 10 I nicht von den Vorauss (Rn 8–12), auch nicht v einzelnen freigestellt werden. Zuläss ist hingg die gem § 305 vereinb Erhöhg der Miete um einen festen Betr wg konkr baul Maßn (§ 10 I Hs 2); dies gilt jedoch nicht, wenn der Verm öff Mittel in Anspr genommen hat (§ 14 I ModEnG). **d) Verhältnis zu anderen** 3
Mieterhöhungen. MietErhöhgen nach §§ 2 u 5 sind von der des § 3 unabhäng u wahlw mögl, auch kombiniert (Hamm NJW **83**, 289; LG Bln NZM **99**, 457), jedoch nicht kumulativ (MK/Voelskow 16). Es kann eine Erhöhg gem § 3 für den Verm vorteilhafter sein, weil der dch die Verbesserg (insb Modernisierg) gestiegene Wohnwert meist nicht ausreicht, um eine Erhöhg der Miete auf das Maß zu rechtfert, das notw wäre, die erwachsenen Kosten zu decken; dies kann dann unabhäng vom Verf des § 2 allein dch § 3 geschehen. **e) Ausschluß der Erhöhung** dch Vertr hindert sie (§ 1 S 3; § 1 Rn 6). Ein allg Ausschl der 4
MietErhöhg bezieht sich iZw auf den Fall des § 2, nicht auf den des § 3. Verwirkg des ErhöhgsAnspr ist mögl (AG Albstadt NJW-RR **91**, 1482 mwN). **f) Duldung** der BauMaßn. Ob der Mieter hierzu verpfl ist, richtet 5
sich nach § 541 b; Zust des Mieters ist nicht nöt (Rn 6).

2) Verfahren. a) Mieterhöhung. Der Anspr steht dem Verm zu, der die Modernisierg dchgeführt hat 6
(KG ZMR **97**, 638). Die MietErhöhg ist v einer Zust des Mieters zur Modernisierg unabhäng (hM; Hamm NJW **81**, 1622; Hbg OLGZ **81**, 340; KG ZMR **88**, 422 m Anm v Schultz 460 mwN). Sie erfordert zu ihrer Wirksk nur die nach Form u Inhalt vorgeschriebene Erkl sowie Berechg der verlangten Erhöhg (Abs III; Rn 16), das obj Vorliegen der Vorauss (Rn 8–12), nicht mehr die DchFührg des MittVerf gem § 541 b I (MK/Voelskow 7; bestr; aA LG Bln NZM **99**, 219; AG Bln-Tiergarten NZM **98**, 478 mwN; LG Düss WuM **99**, 113 für AußenModernisierg). **b) Rechte des Mieters.** Ihm bleiben folgde Möglk: **(1)** Nachprüfg der 7
Berechg u ZahlgsVerweigerg. **(2)** Kl auf Herabsetzg des ErhöhgsBetr. Das ist LeistgsKl auf Abg einer WillErkl zur VertrÄnd gem § 305. **(3)** Künd (§ 9 I 2).

3) Voraussetzungen (Abs I). Behauptgs- u BewL hierfür trägt mit Ausn der Rn 14 der Verm (vgl 8
Barthelmess 52). **a) Modernisierung.** Legaldefinition in Abs I S 1. Sie muß bereits dchgeführt sein. Unerhebl ist, ob der Mieter zugest hat od nicht (vgl Rn 6). Daß der Verm gem § 541 b II S 1 Mitt gemacht habe, ist jedenf dann nicht erforderl, wenn der Mieter die Maßn geduldet hat (Stgt ZMR **91**, 259; Ffm ZMR **91**, 432; aA bei Widerspr: LG Bln NZM **99**, 219; AG Bln-Tiergarten NZM **98**, 478; bei AußenModernisierg:

9 LG Düss WuM **99**, 113). **aa) Gebrauchswerterhöhung** der Miets (der WoRäume). Sie muß nachhalt, dh auf die Dauer bewirkt sein, zB moderne Badeeinrichtgen, bessere Küchenherde, Lüftgen, ZentralHeizg, Isolierverglasg. Eine Veränderg der vorhandenen Bausubstanz ist nicht nöt; es fallen auch zusätzl Installationen darunter, zB Einbau sanitärer Anlagen, wie Toiletten, Bad. Sammelantenne, falls bis dahin keine Einzelantenne benutzt w (Meier DWW **84**, 190 mwN). Anschl an Kabelfernsehen; ebso SatellitenEmpfAnlage (Pfeifer, Kabelfernsehen, 3. Aufl 1993 S 23). Im Einzelfall auch bei Austausch fehlerfreier Installationen denkb (vgl Pfeifer DWW **94**, 10). Reine BauerhaltgsMaßn genügen nicht (allgM). Ebensowen geringfüg, den Wohnwert nicht erhöhde Ändergen, zB Teppich- statt Filzboden, Auswechslg v Gasgeräten. Auch nicht der Erschließgs-
10 Aufwand der Gem (LG Hildesh WuM **85**, 340). **bb) Verbesserung** der allg WohnVerh. Auch sie muß auf Dauer wirken, kann sich auf das ges Haus beziehen, zB Zugänge, Treppe, Lift, Stell- und Spielplätze.
11 **cc) Heizenergieeinsparung.** Muß auch nachhalt wirken, insb Wärmedämmg u -rückgewinng, kostensparde Energiequelle. Sie muß auch aus der Sicht des Mieters wirtsch sein (Karlsr ZMR **84**, 411; LG Hbg ZMR **91**, 302), zB Wärmedämmg einer Fassade (LG Bln ZMR **98**, 166), nachträgl eingebaute Steuergs- u RegelgsEinrichtgen gem § 7 III HeizgsAnlagenVO (BGBl **98** I 851), auch wenn sie gemietet sind (Schilling
12 ZMR **87**, 406). **dd) Wassereinsparung:** jede Maßn, die den WasserVerbr mindert. **b) Andere bauliche Änderung** (Abs I S 1). Sie muß bereits dchgeführt sein u als Ursache einen Umstd haben, den der Verm nicht zu vertreten hat (§§ 276, 278). Baul Maßn zum Denkmalschutz können darunterfallen (Goliasch ZMR **92**, 129), auch Aufwendgen für die geltden neuen Immissionsschutzwerte (Seitz ZMR **93**, 1), nicht aber die Umstellg v Nah- auf Fernwärme (Seitz aaO).

13 **4) Mieterhöhung.** Es ist zu untersch: **a) Erhöhungsbetrag** (Abs I S 1). Er ist von der Summe der für die Modernisierg od and baul Maßn insges aufgewendeten Kosten zu berechnen. Jährl Miete: Die bei Beendigg geltde auf das J umgelegte Miete. Aufgewendete Kosten: das ist am Begriff der Aufwendgen (§ 256 Rn 1) zu orientieren. Umfaßt auch solche Kosten, die der Verm nicht selbst veranlaßt hat, die ihm aber auferlegt w, zB Kostenumlage einer Kanalisation (umstr; aA Hamm NJW **83**, 2331). KapBeschaffgs-Kosten zur Finanzierg v Modernisiergen (Rn 9) fallen nicht darunter (Hbg NJW **81**, 2820). Grenzen der Mieterhöhg: § 5 WiStG (hM; Karlsr NJW **84**, 62). Bei heizenergiesparden Maßn idR höchstens das
14 doppelte der GeldErsparn (hM; LG Köln ZMR **98**, 562 mwN; aA Feckler ZMR **98**, 545). **b) Abzüge vom Erhöhungsbetrag** (Abs I S 3–7) vermindern den zuläss ErhöhgsBetrag krG (nur gg den Verm, dem die Erhöhg gem Rn 6 zusteht, KG ZMR **97**, 638), um ungerechtfert Vorteile des Verm zu verhindern. Zu öfft Zuschüssen u zinsverbill Darl: Börstinghaus MDR **98**, 933. MieterDarl (Einf 86 vor § 535); Mietvorauszahlg (Einf 85 vor § 535); Leistg v Dr sind insb solche v ArbG, ferner solche aus Abs I S 7 u § 14 ModEnG. Von den GesKosten abzuziehen sind die Kosten für ersparte fäll Rep, nicht aber für künft, noch nicht fäll ErhaltgsMaßn (Hbg ZMR **83**, 309; Seitz ZMR **93**, 1 mwN), bei neuer Isolierverglasg jedenf dann nicht,
15 wenn Instandsetzgen an den Fenstern herkömml Art nicht fäll waren (Celle NJW **81**, 1625). **c) Aufteilung** (Abs I S 2). Die Aufteilg auf die mehreren Wohngen (entspr Mieter) erfolgt dch den Verm; sie hat angem
16 zu geschehen; iü gelten §§ 315, 316. **d) Erhöhungserklärung** des Verm (Abs III): Schriftform: § 126, bei automat Fertigg § 8. Sie ist empfbedürft WillErkl. Zugang: § 130. Inhalt: Angabe einer bestimmb Erhöhg, nicht notw des ausgerechneten ErhöhgsBetr (umstr), ferner die nach EinzelBerechng u Aufteilg bezügl der betr Wohngen aufgeschlüsselten Kosten (Aufwendgen). Die ModernisiergsKosten müssen v einer gleichzeit dchgeführten Instdhaltg nachvollziehb getrennt w (LG Kass NJW-RR **92**, 1361). Die Erkl darf nicht vor Abschl der baul Änderg abgegeben werden. Wird gg diese Anfdgen verstoßen, ist die Erkl unwirks, aber
17 ohne Rückwirkg jederzeit nachholb. **e) Eintritt.** Die Mieterhöhg ist Änd des MietVertr inf der einseit Erkl des Verm (Rn 16), also rechtsgestaltd u abweichd von § 305. Die Erhöhg wird Teil der Miete (LG Mü I WuM **96**, 43). Zur Wirksk müssen die Vorauss (Rn 8–12) vorliegen. Der Ztpkt ist unterschiedl: **aa)** Bei Mitt gem § 541 b II 1 (Abs IV S 1) läuft die erhöhte Miete ab dem 1. des auf die Erkl (Zugang: § 130) folgden übernächsten Mo. **bb)** Verlängerte Fr (Abs IV S 2), u zwar um 6 Mo ab dem gem Anm aa sich ergebden Beginn der MietErhöhg. Berechng: § 188 II. Vorauss ist alternativ: (1) Unterbliebene, verspätete od inhaltl nicht ordngem Mitt der angekünd MietErhöhg (§ 541 b II 1); (2) Tats Mieterhöhg (Rn 16) um
18 mehr als 10% üb der angekünd (§ 541 b II 1). **f) Andere Ansprüche.** Bei einem Ausschl des ErhöhgsAnspr dem Verm einen BerAnspr aus §§ 812, 818 gg den Mieter zu geben, der die Modernisierg benutzt (so KG NJW-RR **92**, 1362), ist wohl bedenkl.

MHG 4

Betriebskosten. **[I]Für Betriebskosten im Sinne des § 27 der Zweiten Berechnungsverordnung dürfen Vorauszahlungen nur in angemessener Höhe vereinbart werden. Über die Vorauszahlungen ist jährlich abzurechnen.**

[II]Der Vermieter ist berechtigt, Erhöhungen der Betriebskosten durch schriftliche Erklärung anteilig auf den Mieter umzulegen. Die Erklärung ist nur wirksam, wenn in ihr der Grund für die Umlage bezeichnet und erläutert wird.

[III]Der Mieter schuldet den auf ihn entfallenden Teil der Umlage vom Ersten des auf die Erklärung folgenden Monats oder, wenn die Erklärung erst nach dem Fünfzehnten eines Monats abgegeben worden ist, vom Ersten des übernächsten Monats an. Soweit die Erklärung darauf beruht, daß sich die Betriebskosten rückwirkend erhöht haben, wirkt sie auf den Zeitpunkt der Erhöhung der Betriebskosten, höchstens jedoch auf den Beginn des der Erklärung vorausgehenden Kalenderjahres zurück, sofern der Vermieter die Erklärung innerhalb von drei Monaten nach Kenntnis von der Erhöhung abgibt.

[IV]Ermäßigen sich die Betriebskosten, so ist der Mietzins vom Zeitpunkt der Ermäßigung ab entsprechend herabzusetzen. Die Ermäßigung ist dem Mieter unverzüglich mitzuteilen.

[V]Der Vermieter kann durch schriftliche Erklärung bestimmen,

1. daß die Kosten der Wasserversorgung und der Entwässerung ganz oder teilweise nach dem erfaßten unterschiedlichen Wasserverbrauch der Mieter und die Kosten der Müllabfuhr nach

einem Maßstab umgelegt werden dürfen, der der unterschiedlichen Müllverursachung Rechnung trägt, oder
2. daß die in Nummer 1 bezeichneten Kosten unmittelbar zwischen den Mietern und denjenigen abgerechnet werden, die die entsprechenden Leistungen erbringen.

Die Erklärung kann nur für künftige Abrechnungszeiträume abgegeben werden und ist nur mit Wirkung zum Beginn eines Abrechnungszeitraums zulässig. Sind die Kosten im Mietzins enthalten, so ist dieser entsprechend herabzusetzen.

1) Allgemeines. a) Zweck. Für außerh der Einflußsphäre des Verm eintretde Kostensteigergen soll ein 1
ggü § 2 vereinfachtes Verf gelten (Abs II). Der Verm soll sich nicht dch unangem hohe Vorauszahlg ungerechtfert Liquidität u Zinseszinsen verschaffen können (Abs I). Der Verm soll angeregt w, die Mieter dch kostenanteil Belastg anzuhalten, Wasser zu sparen u Müll zu vermeiden (Abs V). **b) Anwendungsbereich:** 2
wie 1–4 vor § 1; insb ist § 10 III zu beachten. **c) Unabdingbarkeit:** wie § 2 Rn 3. Sie trifft für solche BetrKosten zu, die nicht unter Anl 3 § 27 II. BV fallen (Rn 8), die monatl im voraus zu zahlen, jährl abzurechnen sind u die vereinbgsgem erhöht w könnten (hM; Karlsr ZMR **88**, 262; Kblz NJW **86**, 995 mwN). **d) Verhältnis zu Mieterhöhungen.** § 4 ist unabhäng von den MietErhöhgsVerf der §§ 2, 3, 5; 3
jedoch entfällt § 4, wenn bei der VglMiete (§ 2) die BetrKosten enthalten sind; denn § 4 gilt mit Ausn von Abs V nicht bei Inklusivmiete, sond nur, wenn die BetrKosten als Nebenentgelt bes ausgewiesen sind (umstr). Bei vorbehaltl vereinb sog Warm(Brutto)miete kann der Verm nach § 2 vorgehen (dort Rn 5), iZw nicht nach § 4 (Hamm ZMR **97**, 594 mwN; aA Weyhe MDR **98**, 379 [380]; Börstinghaus ZMR **94**, 198 mwN u für Bruttokostenmiete LG Kiel WuM **95**, 546). **e) Ausschluß durch Vereinbarung:** wie § 1 Rn 6. 4
Nachfdgen des Verm sind nicht deshalb ausgeschl, weil sie den VorauszahlgsBetr wesentl übersteigen (Stgt NJW **82**, 2507).

2) Vorauszahlungen (Abs I). Hierzu ist der Mieter nur verpfl, wenn es vertragl vereinb ist (allgM; 5
Schmid ZMR **97**, 209). Das ist nicht wirks mögl, wenn der Mieter alle NebenKost übnimmt (hM). **a) Höhe.** Sie muß angem sein, dh die Vorauszahlgen sind an der Höhe der zu erwartenden BetrKosten auszurichten u dürfen sie nur leicht übersteigen (BayObLG ZMR **96**, 20). Sie müssen nicht dem jahreszeitl Ablauf angepaßt werden (zB bei Heizg). Die Vereinb unangem hoher Vorauszahlgen ist nichtig (§ 10 I; BayObLG aaO). **b) Zeitraum.** Der BemessgsZtRaum darf nicht länger als ein J sein (LG Düss ZMR **98**, 6
167), wohl aber kürzer (zB halb- od vierteljährl). Die ZahlgsZtRäume sind nicht ausdrückl vorgeschr. Angem ist, sie auf die MietZahlgsFälligk zu legen od höchstens vierteljährl Vorauszahlg zu vereinb. **c) Abrechnung** (Abs I S 2): nur dch schriftl Darstellg als LeistgsAbrechng (Blank DWW **92**, 65); nicht notw 7
Schriftform des § 126. Zum Inhalt wie § 535 Rn 37 a, 38 (Brdbg WuM **99**, 107). Jährl: nicht notw das KalJ od das J gerechnet vom Beginn des MietVertr, sond ein einmal festgelegtes u dann einzuhaltdes GeschJ. Vereinb sind zuläss (Schmid ZMR **97**, 209). Die AbrechngsPfl (einklagb) ist innerh angem Fr zu erf. Verletzg begrdet bei bestehdem MietVerh keinen RückZahlgsAnspr, sond nur § 273 (Hamm NZM **98**, 568 mwN), nach Beendigg des MietVerh Anspr auf RückZahlg eines geschätzten Überschusses (Brschw NZM **99**, 751). Vorbehaltloser Ausgl einer Abrechng schließt nachträgl Einwendg des Mieters od Verm, die ihm bei Abrechng mögl war, aus (Hbg WuM **91**, 598; LG Bln ZMR **99**, 405: dekl SchuldAnerk; vgl § 781 Rn 3). **d) Erhöhung** wg gestiegener Kosten. Ihre Zulässigk muß vereinb sein u folgt nicht allein aus der VorauszahlgsVereinbg (Sonnenschein NJW **92**, 265 mwN; bestr). Sind best Betr vereinb, ist vertr Abänderg gem 8
§ 305 nöt (Sonnenschein aaO). Ist das ErhöhgsR eingeräumt (§ 315), gilt es nur für den künft, nicht den zurückliegden ZtRaum (Sonnenschein aaO 273).

3) Voraussetzungen der Umlage (Abs II): nur BetrKosten. Die Vereinbg and Umlagen ist verboten u 9
nichtig (Schmid ZMR **97**, 209). Zust des Mieters ist nicht erforderl. **a) Betriebskosten** sind ausschließl die unter Anl 3 zu § 27 II. BV fallden; im einzelnen: laufde öff Lasten des Grdst, Kosten der Wasserversorgg u Entwässerg, des Betr der zentralen Heizgsanlage, der zentralen BrennstoffversorggsAnlage, Versorgg mit Fernwärme, Reinigg u Wartg v Etagenheizgen, der zentralen WarmwasserversorggsAnlage, der Versorgg mit Fernwarmwasser, der Reinigg u Wartg v Warmwassergeräten, Kosten verbundener Heizgs- u WarmwasserVersorggsAnlagen, des Betr eines Pers- od Lastenaufzuges, der Straßenreinigg u Müllabfuhr, der Entwässerg, der Hausreinigg u Ungezieferbekämpfg, der Gartenpflege, der Beleuchtg, der Schornsteinreinigg, der Sach- u HaftpflVers, Kosten für den Hauswart, des Betr der GemschAntenne u der mit einem Breitbandkabel verbundenen Verteileranlage, des Betr der maschinellen Wascheinrichtg u sonst BetrKosten (hierzu Pfeifer ZMR **93**, 353) iS der Anl 3. Nicht darunter fallen insb InstandsetzgsKosten. Nur BetrKosten, die tats entstehen u einer ordngsgem Bewirtschaftg entspr, dürfen zugrdegelegt w. § 4 gilt aber auch für verabredete FestPr v BetrKosten (AG Bersenbrück NJW-RR **96**, 656). Für and Nebenkosten als BetrKosten (Abs I) gilt § 4 nicht, sond § 2 (BGH NJW **93**, 1061). **b) Erhöhung** (Abs II S 1). Gilt nicht 10
für BetrKosten, die umlagefäh vereinb sind (LG Boch NJW-RR **91**, 270). Es dürfen nur die Betr zugrde gelegt werden, die sich erhöhen, seitdem letztmals der betr Posten (nicht ein and) vereinb, dch Umlage erhöht worden ist od gem § 2 (KG ZMR **97**, 590). Gleichgült ist, aus welchem Grd die Erhöhg eingetreten ist. Erhöhg ist auch der Wegfall der 10jähr GrdSteuerermäßigg, wenn der Verm vertragl die BetrKosten neben dem MietPr fordern kann (Karlsr NJW **81**, 1051; AG Leverkusen NJW-RR **94**, 400). Umstr ist, ob die dch eine Neueinrichtg enstehden Kosten dazugehören (vgl Pfeilschifter WuM **87**, 279). **c) Erhöhungserklärung** (Abs II). Grdsätzl wie § 3 Rn 16. Anteil: Dabei ist v gleichmäß BerechngsGrdlagen auszugehen, insb Wohngsgröße u -zahl, uU nach Lage der Wohng (zB bei Lift) od Verursachg. Grdsätzl 11
gilt § 315. Inhalt: Grd der Umlage u ein bestimmb, den Mieter treffder GeldBetr, der nicht ausgerechnet sein muß. Angabe der dem Verm entstandenen Erhöhg nach Betr u Angabe, nach welchem Grds aufgeschlüsselt ist. Verstöße bewirken Nichtigk (§ 10 I), jedoch kann die Erkl jederzeit (ohne Rückwirkg) wiederholt w. Auch bei FormularVertr kann der Verm wirks auf die in Anl 3 zu § 27 der II. BV enthaltenen BetrKosten Bezug nehmen (BayObLG NJW **84**, 1761; bestr), auf jeden Fall, wenn sie beispielh aufgeführt sind (Karlsr NJW-RR **86**, 91).

12 **4) Wirkung** (Abs III). Eine schriftl Erkl, die bei tats erhöhten BetrKosten (Rn 9), den Anfdgen der Rn 10 entspr, bewirkt rechtsgestaltd, daß der Mieter die erhöhten BetrKosten schuldet. Hier ist zu unterscheiden: **a) Künftige Erhöhung** (Abs III S 1): bei Zugang der Erkl bis zum 15. eines Mo ab dem 1. des nächsten Mo,
13 bei Zugang der Erkl nach dem 15. eines Mo ab dem 1. des übernächsten Mo. **b) Rückwirkende Erhöhung** (Abs III S 2): Die rückwirkde Erhöhg der dem Verm erwachsenen u v ihm in der Erkl (Rn 11) umgelegten BetrKosten muß aus der Erkl hervorgehen u verlangt werden. Rückwirkg für den Mieter ist begrenzt u stets v Kenntn des Verm abhäng, weil sich der letzte Hs nicht auf den vorangehden Hs (mit der absoluten ZtGrenze), sond auf die allg Rückwirkg zum Ztpkt der für den Verm eingetretenen Erhöhg bezieht. Darühinaus kann eine Rückwirkg gg den Mieter wg Rn 2 nicht vereinb w (Ffm NJW-RR **92**, 396). Einstellg in die vereinb JAbrechng üb laufde Vorauszahlg kann genügen u eine Anz erübr (LG Boch NJW-RR **91**, 270). Kenntn erlangt Verm auch bei RMitteln gg einen behördl Bescheid erst mit Zugang des Bescheids, der die Erhöhg endgült feststellt (LG Mü I DWW **78**, 99 m Anm v Glock/Bub). BewL für Kenntn u Ztpkt der Abgabe der
14 Erkl trägt der Verm. **c) Rechte des Mieters.** Nachprüfg der Kostenberechng, auch Einsicht in die Unterlagen (§ 258), uU (§ 242) Anspr auf Kopien gg KostErstattg (Bub/Treier/v. Brunn III 50), ZahlgsVerweigerg, Verlangen, notf Kl auf Herabsetzg der Umlage; nicht Künd gem § 9 I 1 od einseit Herabsetzg der Vorauszahlgen aGrd einer nachträgl Veränd der maßgebden Umstde (BayObLG ZMR **96**, 20). Hat der Mieter auf ein ungerechtf ErhöhgsVerl gezahlt, besteht Anspr aus § 812.

15 **5) Ermäßigung** der BetrKosten (Abs IV). Es gelten die Grdsätze der Rn 9 entspr; jedoch muß sich der Gesamtsatz der BetrKosten ermäß haben (hM). Die Mitt ist forml wirks; zweckmäß ist eine schriftl Darstellg. Unverzügl: wie § 121. Bsp: Wegfall eines Hausmeisters. Wirkg: Herabsetzg ab Ztpkt der Ermäßigg (LG Mannh NZM **99**, 365).

16 **6) Sonderregelung für Wasser und Müll** (Abs V). Sie greift nur, wenn keine Brutto(Inklusiv)Miete vereinb ist u BetrKosten gesond abgerechnet werden (vgl § 535 Rn 38). Zweck: Rn 1. **a) Schriftliche Erklärung.** Sie steht im Erm des Verm („kann"). Schriftform: § 126; bei automat Fertigg: § 8. Empfbedürft WillErkl (§ 130). Zulässk (S 2): nur für künft AbrechngsZtRäume: damit ist die jährl Abrechng des Abs I S 2 (vgl Rn 7) gemeint, so daß die Erkl spätestens am letzten Werktag des VorJ zugehen (§ 130) muß. Inhalt: Die Erkl muß bei Nr 1 (Rn 17) auch erkennen lassen, woraus der unterschiedl Verbr berechnet wird. Das ist einfach bei Wasserzähler, schwier, wenn nicht unmögl, bei Müll, da keine eindeut feststellb Kriterien bestehen (Otto ZMR **95**, 460). Übl sind WoFläche od Kopfzahl (hiergg krit Both NZM **98**, 457). Die Erkl kann auf Wasser u Entwässerung od Müllabfuhr beschr w. Keine einseit Umstellg v WoFläche auf Kopfzahl (LG Hbg
17 ZMR **98**, 36). **b) Unterschiedliche Umlage** (Nr 1): Die Begr richten sich nach Anl 3 der II. BV Nr 2 (Wasserversorgg), Nr 3 (Entwässerg) u Nr 8 (Müllabfuhr). Die Anteile an der Müllabfuhr können idR nur
18 ungefähr festgelegt w. § 315 gilt. **c) Abrechnung durch Leistungserbringer** (Nr 2) setzt zwangsläuf dessen Zust (BVerwG WuM **97**, 685; Bub NJW **93**, 2897), mind die laufde Bereitsch hierzu voraus; diese hat der Verm herbeizuführen, der dem Mieter die Leistg schuldet (Schmid WuM **98**, 708; Brüning ZMR **99**, 213). Ztpkt u Art der Abrechng sowie die Vergütg (Gebühren) sind zw dem Mieter u LeistgsErbringer zu regeln. Diesem schuldet der Mieter die Zahlg (Schmid aaO). Für DirektAnspr des Mieters auf Belieferg: Röhl NZM
19 **99**, 101. **d) Wirkung** (S 3). Der Verm wird v seiner NebenLeistgsPfl nicht befreit (Eisenschmid WuM **98**, 449). Selbstverstdl entfallen bei gesond BetrKostenBerechng (§ 535 Rn 38) die betroffenen Positionen. S 3 hat die klarstelldeFunktion, daß bei Bruttomiete (vgl Rn 3) diese herabzusetzen ist. Entspr bedeutet, daß die für Wasser, Entwässerg u Müll tats zugrdezulegden, bish Aufwendgen des Verm verhältnismäß abzuziehen sind. Eine Vereinbg zw Verm u Mieter geht der einseit (aber nachprüfb) Herabsetzg (§ 315) vor.

MHG 5 *Erhöhung der Kapitalkosten.*

I Der Vermieter ist berechtigt, Erhöhungen der Kapitalkosten, die nach Inkrafttreten dieses Gesetzes infolge einer Erhöhung des Zinssatzes aus einem dinglich gesicherten Darlehen fällig werden, durch schriftliche Erklärung anteilig auf den Mieter umzulegen, wenn

1. der Zinssatz sich
a) bei Mietverhältnissen, die vor dem 1. Januar 1973 begründet worden sind, gegenüber dem am 1. Januar 1973 maßgebenden Zinssatz,
b) bei Mietverhältnissen, die nach dem 31. Dezember 1972 begründet worden sind, gegenüber dem bei Begründung maßgebenden Zinssatz
erhöht hat,
2. die Erhöhung auf Umständen beruht, die der Vermieter nicht zu vertreten hat,
3. das Darlehen der Finanzierung des Neubaues, des Wiederaufbaues, der Wiederherstellung, des Ausbaues, der Erweiterung oder des Erwerbs des Gebäudes oder des Wohnraums oder von baulichen Maßnahmen im Sinne des § 3 Abs. 1 gedient hat.

II § 4 Abs. 2 Satz 2 und Absatz 3 Satz 1 gilt entsprechend.

III Ermäßigt sich der Zinssatz nach einer Erhöhung des Mietzinses nach Absatz 1, so ist der Mietzins vom Zeitpunkt der Ermäßigung ab entsprechend, höchstens aber um die Erhöhung nach Absatz 1, herabzusetzen. Ist das Darlehen getilgt, so ist der Mietzins um den Erhöhungsbetrag herabzusetzen. Die Herabsetzung ist dem Mieter unverzüglich mitzuteilen.

IV Das Recht nach Absatz 1 steht dem Vermieter nicht zu, wenn er die Höhe der dinglich gesicherten Darlehen, für die sich der Zinssatz erhöhen kann, auf eine Anfrage des Mieters nicht offengelegt hat.

V Geht das Eigentum an dem vermieteten Wohnraum von dem Vermieter auf einen Dritten über und tritt dieser anstelle des Vermieters in das Mietverhältnis ein, so darf der Mieter durch die Ausübung des Rechts nach Absatz 1 nicht höher belastet werden, als dies ohne den Eigentumsübergang möglich gewesen wäre.

1) Allgemeines. ZusStellg bei Kinne/Schultz ZMR **92**, 5. § 5 ist als AusnVorschr eng auszulegen (allgM; 1
BayObLG NJW-RR **93**, 83). **a) Zweck.** Es soll die Wirtschlk des HausBes auch bei starken Schwankgen u Erhöhg der KapKosten gewahrt bleiben. **b) Anwendungsbereich:** Einf 1–4 vor § 1, § 15 Rn 1. **c) Unabdingbarkeit:** wie § 2 Rn 3. **d) Verhältnis zu anderen Mieterhöhungen:** § 5 steht unabhäng neben den §§ 2, 3 u 4 (§ 3 Rn 3). § 5 gestattet wie § 3 Erhöhg üb die ortsübl VglMiete u KappgsGrenze hinaus. Grenze Rn 10. 2

2) Voraussetzungen. Zust des Mieters ist nicht erforderl. **a) Für Erhöhung** (Abs I). Es darf nicht 3
umgelegt w, soweit die Kosten auf einen DarlAnteil entfallen, der den NennBetr des GrdPfR übsteigt (BayObLG NJW-RR **93**, 83). Das Darl, das die KapKosten erhöht, kann auch auf einem and Grdst des Verm als dem MietGrdst abgesichert sein (Hamm ZMR **93**, 333 mwN; sehr bestr). Die Nr 1–3 müssen kumulativ vorliegen. Nur ZErhöhgen auf das Darl, nicht eine Erhöhg der Tilgg dürfen umgelegt werden (problemat; vgl MK/Voelskow 8), weil TilggLeistgen keine KapKostenErhöhg sind (Hbg NJW **84**, 2895). Im Einzelfall können LebensVersPräm TilggsLeistgen sein (LG Bln NJW-RR **93**, 1100; aA LG Hagen NJW-RR **95**, 75). Der Wegfall eines Disagio ist eine KapKostenErhöhg, wenn es einen Ausgl für einen laufztabhäng niedrigeren NominalZ darstellt (BVerfG NJW **95**, 1145; umstr; vgl Stgt NJW **84**, 1903 mwN). Stets ist eine disagiounabhäng ZErhöhg auch eine KapKostErhöhg, wenn sie an dem Ztpkt der Begrdg des MietVerh gemessen w (Hbg NJW **84**, 2895). **aa) Nicht zu vertreten** (Nr 2) sind die Erhöhgen grdsätzl dann, wenn sie der DarlG 4
vertrgem verlangen kann. Eine Umschuldg mit höherem ZSatz (ohne VermWechsel, Abs V) ist grdsätzl nicht schuldh (Karlsr WuM **82**, 273), auch wenn die erste (günst) Finanzierg nur auf 5 J angelegt war (Karlsr NJW-RR **94**, 1035). Stand die KapKostenErhöhg bei Abschl des MietVertr fest, so sind die Umstde grdsätzl zu vertr u der Verm ist auf eine MietErhöhg iR des § 2 angewiesen (Karlsr NJW **82**, 893 für Wegfall einer ZVerbilligg; umstr). Das gilt aGrd des Abs V (vgl Rn 9) insb dann, wenn infolge Veräußerg ein VermWechsel eintritt u dch die AnkaufsFinanz höhere KapKosten eintreten (so bereits Hamm NJW **82**, 891). **bb) Zu vertreten** sind 5
die Umstde insb auch, wenn der Verm mit dem DarlG eine ZErhöhg ohne Zwang vereinb würde, um sie auf die Mieter abzuwälzen od wenn eine Umfinanz vorgen wird, die rechtl u wirtsch nicht notw ist. Ob auf Versch iSv § 276 abgestellt w muß, ist umstr (vgl Karlsr NJW-RR **94**, 1035 mwN). **b) Für Erhöhungserklärung:** § 4 Rn 11 sinngem. Die Verweisg (Abs II) auf § 4 II 2 bedeutet, daß die Erkl unwirks ist, wenn die Angaben zur ZErhöhg u die Berechng der anteil MietErhöhg nebst notw Erläutergen unterbleiben. **c) Für Ermäßigung** (Abs III). Der Verm ist hierzu verpfl. Sie kommt nur nach vorangegangener MietErhöhg gem Rn 3–5 in Betr u darf die Miete, die vor der Erhöhg galt, nicht unterschreiten. S 2 ist bei Entfallen der PrBindg wg Rückzahlg öff Darl nicht entspr anwendb (Hamm ZMR **90**, 375). 6

3) Ausschluß der Erhöhung ist mögl dch: **a) Vereinbarung** gem § 1 S 3 (§ 1 Rn 6). Sie kann sich auf 7
den MietPr allg, muß sich nicht spez auf die Erhöhg der KapZ beziehen. **b) Unterbliebene Offenlegung** 8
(Abs IV): Die Anfrage ist formlos, jederzeit mögl (aber bei erteilter Ausk nicht wiederholt). Nach dem G muß nur die Höhe des Darl mit erhöhb ZSatz, nicht der ZSatz selbst offengelegt werden. **c) Eigentumsübergang** (Abs V) mit VermWechsel aGrd des § 571 in allen Fällen. Die Stellg des Mieters darf nicht verschlechtert w. Die zusätzl Kosten, die sich aus dem EigtErwerb ergeben (insb eine höhere od teurere Verschuldg dch die AnkaufsFinanz), dürfen nicht zu einer MietErhöhg führen, die eine solche übersteigt, welche ohne den Verk aGrd des § 5 eingetreten wäre. Zu mögl Varianten: Vogg ZMR **93**, 45. 9

4) Wirkung. a) Eintritt der MietErhöhg hängt nur v Vorliegen der Vorauss u wirks ErhöhgsErkl ab 10
(rechtsgestaltd). Keine Begrenzg dch § 5 WiStG (Hamm NJW **83**, 1915; aA Plönes WuM **93**, 320 mwN), aber dch einen Verstoß gg § 291 I 1 Nr 1 StGB (hM; Karlsr NJW-RR **94**, 1035). Es wird eine Überschreitg des ortsübl MietZ um mehr als 50% für unzuläss gehalten (LG Stgt NJW-RR **93**, 276 mwN). Weil nur auf S 1 des § 4 III, nicht auf dessen S 2 verwiesen ist, gibt es nur eine künft Erhöhg (wie § 4 Rn 13), keine rückwirkde. **b) Rechte des Mieters:** wie § 4 Rn 14 u Künd gem § 9 I 2.

MHG 6 *Sonderregelung für das Saarland.* *(Betrifft die Kostenmiete; abgedruckt bis zur 40. Aufl)*

MHG 7 *Sonderregelung für Bergmannswohnungen.* *(Abgedruckt bis zur 50. Auflage)*

MHG 8 *Ausnahme von der Schriftform.*

Hat der Vermieter seine Erklärungen nach den §§ 2 bis 7 mit Hilfe automatischer Einrichtungen gefertigt, so bedarf es nicht seiner eigenhändigen Unterschrift.

Zweck: soll den Erfordern neuzeitl Bürotechnik entgegenkommen. Ausn v § 126. **Anwendbar** auf alle 1
schriftl Erkl gem §§ 2–7, entspr auf schriftl Erkl gem § 10 a III. Gilt nur für die betr schriftl Erkl, die dch automat Einrichtg gefert, nicht nur vorbereitet wird (Bub/Treier/Schultz III 375 ff). Übermittlg einer nicht automat gefert Erkl dch Telefax genügt nicht (Börstinghaus ZMR **94**, 396). **Inhalt:** Die handelnde Pers muß 2
erkennb sein (hM; LG Essen MDR **79**, 57).

MHG 9 *Kündigungsrecht und Kündigungsschutz des Mieters.*

I Verlangt der Vermieter eine Mieterhöhung nach § 2, so ist der Mieter berechtigt, bis zum Ablauf des zweiten Monats, der auf den Zugang des Erhöhungsverlangens folgt, für den Ablauf des übernächsten Monats zu kündigen. Verlangt der Vermieter eine Mieterhöhung nach den §§ 3, 5 bis 7, so ist der Mieter berechtigt, das Mietverhältnis spätestens am dritten Werktag des Kalendermonats, von dem an der Mietzins erhöht werden soll, für den Ablauf des übernächsten Monats zu kündigen. Kündigt der Mieter, so tritt die Mieterhöhung nicht ein.

II Ist der Mieter rechtskräftig zur Zahlung eines erhöhten Mietzinses nach den §§ 2 bis 7 verurteilt worden, so kann der Vermieter das Mietverhältnis wegen Zahlungsverzugs des Mieters nicht vor Ablauf von zwei Monaten nach rechtskräftiger Verurteilung kündigen, wenn nicht die Voraussetzungen des § 554 des Bürgerlichen Gesetzbuchs schon wegen des bisher geschuldeten Mietzinses erfüllt sind.

1 **1) Kündigungsrecht des Mieters** (Abs I). Entspr der Regelg bei einseit MietErhöhgen nach § 11 WoBindG. Das KündR hat nur geringe prakt Bedeutg. Es besteht unabhäng davon das R zur ord Künd gem
2 § 564 II. **a) Anwendungsbereich:** alle MietErhöhgen des MHG mit Ausn des § 4; auch MietVerh, die auf
3 best Zt abgeschl sind. **b) Voraussetzung:** ein MietErhöhgsVerl (§ 2 Rn 20) od eine ErhöhgsErkl bei den §§ 3, 5–7 (vgl § 3 Rn 16). Das KündR entsteht ohne Rücks darauf, ob diese Erkl des Verm wirks sind od nicht, weil eine Nachprüfg bei Ungewißh darüber unsicher u unzumutb ist (hM; Nies NZM **98**, 398 mwN).
4 **c) Überlegungsfrist** des Mieters für KündErkl beträgt im Fall des § 2 wie für die Zust zur MietErhöhg (§ 2 III 1, dort Rn 30) mind 2 Mo nach Zugang der Erkl des Verm (Abs I S 1). Sie ist kürzer in den and Fällen (Abs I S 2). Stimmt der Mieter innerh dieser Fr der MietErhöhg zu, entfällt sein KündR (allgM). Schweigen
5 bedeutet keine Zust. **d) Kündigungsfrist.** Im Fall des § 2 ist, da Endtermin der Ablauf des übernächsten Monats nach Ablauf der ÜberleggsFr (Rn 4) ist (Berechng § 188 III), die KündFr 2 Mo, so daß der Mieter, ab Zugang der ErhöhgsErkl gerechnet, zum Ablauf des 4. Mo künd kann (allgM; LG Bonn NJWE-MietR **97**, 221). Die Künd muß spätestens am letzten Tag des Mo, an dem die ZustFr (Rn 4) abläuft, erkl w, wg § 193 uU am ersten Werktag des nächsten Mo. In den and Fällen beträgt die KündFr mind fast 3 Mo.
6 **e) Wirkung.** Das MietVerh endet zu dem Ztpkt, den Abs I S 1 u 2 best, ohne daß die MietErhöhg eintritt
7 (Abs I S 3). Wird die Wo nicht geräumt, gilt § 557. **f) Kündigung.** Sie ist außerord u befr, unabhäng v ges od vereinb KündFr. Es gelten die allg Vorschr: wie § 564 Rn 8–16.

8 **2) Kündigungsbeschränkung des Vermieters** (Abs II). **a) Zweck.** Der Mieter soll ausreichd Zeit haben, die aufgelaufenen ErhöhgsBetr zu zahlen, um eine außerord Künd aus § 554 vermeiden zu können. **b) Anwendbar:** auf alle Fälle des MHG, auch § 4, obwohl BetrKosten nicht MietZ darstellen müssen. Nicht entspr anwendb, wenn der Mieter sich im ProzVgl zur Zahlg verpfl hat (Hamm ZMR **92**, 109 mwN; bestr).
9 Das KündR aus § 554 bleibt unberührt (LG Bln ZMR **97**, 141). **c) Kündigungsverbot** für 2 Mo ab formeller RKraft des Urt (§ 705 ZPO) auf MietErhöhg (hM), auch wenn die Erhöhg nicht auf den §§ 2–7, sond auf and RGrden beruht (LG Bln ZMR **89**, 305). Dies gilt nicht, wenn der Verm aus § 554 (allein od teilw wg der aufgelaufenen ErhöhgsBetr) außerord künd könnte. Eine trotzdem erkl Künd ist nichtig (§ 134). § 554 II Nr 2 bleibt anwendb, auch wenn die Künd erst nach Ablauf der 2 Mo erfolgt u der Mieter bis dahin nicht gezahlt hat.

MHG 10 *Unabdingbarkeit; Staffelmiete; Anwendungsbereich.*

I Vereinbarungen, die zum Nachteil des Mieters von den Vorschriften der §§ 1 bis 9 abweichen, sind unwirksam, es sei denn, daß der Mieter während des Bestehens des Mietverhältnisses einer Mieterhöhung um einen bestimmten Betrag zugestimmt hat.

II Abweichend von Absatz 1 kann der Mietzins für bestimmte Zeiträume in unterschiedlicher Höhe schriftlich vereinbart werden. Die Vereinbarung eines gestaffelten Mietzinses darf nur einen Zeitraum bis zu jeweils zehn Jahren umfassen. Während dieser Zeit ist eine Erhöhung des Mietzinses nach den §§ 2, 3 und 5 ausgeschlossen. Der Mietzins muß jeweils mindestens ein Jahr unverändert bleiben. Der jeweilige Mietzins oder die jeweilige Erhöhung muß betragsmäßig ausgewiesen sein. Eine Beschränkung des Kündigungsrechts des Mieters ist unwirksam, soweit sie sich auf einen Zeitraum von mehr als vier Jahren seit Abschluß der Vereinbarung erstreckt.

III Die Vorschriften der §§ 1 bis 9 gelten nicht für Mietverhältnisse

1. **über preisgebundenen Wohnraum, soweit nicht in § 2 Abs. 1 a Satz 2 etwas anderes bestimmt ist,**
2. **über Wohnraum, der zu nur vorübergehendem Gebrauch vermietet ist,**
3. **über Wohnraum, der Teil der vom Vermieter selbst bewohnten Wohnung ist und den der Vermieter ganz oder überwiegend mit Einrichtungsgegenständen auszustatten hat, sofern der Wohnraum nicht zum dauernden Gebrauch für eine Familie überlassen ist,**
4. **über Wohnraum, der Teil eines Studenten- oder Jugendwohnheims ist.**

1 **1) Unabdingbarkeit** (Abs I). **a) Grundsatz.** Nichtig (§ 134) sind alle Vereinbgen, die die Re des Mieters auf gleichbleibden od nur gesmäß erhöhten MietPr aufheben od beschr, sofern sie vor dem Abschl des MietVerh vereinb w, zB daß mit Wegfall der PrBindg eine betrmäß best, erhöhte Miete gelten soll (Stgt ZMR **89**, 416 mwN) od daß sich die Miete um einen best Betr erhöht, wenn der Mieter eine weitere Pers aufnimmt (aA LG Köln WuM **90**, 219 m abl Anm v Blank). Dazu gehören auch alle VerfVorschr, die den Mieter schützen sollen, zB Warte- u KlFr (allgM). MietZ, der aGrd einer wg Abs I unwirks (§ 134) Vereinbg bezahlt w, kann grdsätzl nur aus § 812 zurückverlangt w (Karlsr ZMR **86**, 239). Grdsätzl tritt TNichtk ein (BayObLG
2 ZMR **96**, 20). **b) Mietpreisgleitklauseln** (WertsichergsKl) waren bis zum Inkrafttreten des neuen Abs II (Rn 5) bei MietVerh, die auf unbest u best Zt abgeschl waren, unwirks u gestatteten aus sich keine MietErhöhg (allgM; BGH NJW **81**, 341). Nur solche MietAnpassgsVereinbg, die dem § 10 a entspr, sind seit 1. 9. 93 zugel (Rn 4). § 10 gilt nicht, wenn für WoRaum im MietVertr ein Zuschlag für gewerbl Nutzg
3 vorgesehen ist (BayObLG ZMR **86**, 193). **c) Ausnahmen. aa) Zustimmung des Mieters** (Abs I letzter Hs). Zuläss ist die freie Vereinbg (§ 305) zw Mieter u Verm währd der MietZt über MietErhöhgen mit od ohne Rücks auf Eintritt der Vorauss hierfür, auch wenn der best Betr üb dem liegt, worauf der Verm nach dem MHG Anspr hätte (allgM). Die Zust des Mieters bedeutet seine Mitwirkg zur VertrÄnd (§ 305). Die vorbehaltlose Zahlg des geforderten erhöhten MietZ allein genügt nicht; es sei denn, sie geschieht laufd (vgl MK/Voelskow 5 mwN). Form u Anlaß der Vereinbg sind gleichgült (Freund/Barthelmess ZMR **75**, 33 [37]).

Jedoch muß sich die Zust des Mieters auf einen best Betr beziehen (allgM), so daß eine Schiedsgutachter-
klausel unwirks ist (LG Hbg MDR **81**, 848 mwN). Es besteht auch VertrFreih für den Ztpkt, unabhäng v den
Vorauss des § 2 (allgM). Zur umstr Frage der Anwendg des HausTWG dort Einl 7. **bb) Mietanpassungs-** 4
vereinbarung (§ 10 a) ist als Ausn v § 10 eine zul MietPrÄndKl.

2) Staffelmiete (Abs II). In Kraft seit 1. 1. 83. **a) Begriff.** StaffelM ist eine Vereinbg zw Verm u Mieter, 5
wonach sich der MietZ für von vorneherein best Zeiträume verändert. Prakt kommt nur eine Erhöhg in Betr.
Ist als Ausn zu Abs I ausgestaltet u gestattet eine Erhöhg der Miete unabhäng v der Entwicklg der VglMiete
(§ 2). **b) Zweck.** Für Verm soll die Investitionsentscheidg erleichtert w, indem er die Steigerg v Mieteinnah-
men sicher kalkulieren kann. Der Mieter soll Umfang u Ztpkt künft MietErhöhg frühzeit beurt u sich darauf
einrichten können. **c) Anwendbar** auf jeden nicht preisgebundenen WoRaum, Alt- wie Neubauten, bei 6
Neuabschl von MietVertr u im Wege der VertrÄnd (§ 305) bei bestehdem MietVerh. Dies kann vor Wegfall
der PrBindg nahtlos im Anschl daran vereinb w (LG Bln NJW-RR **91**, 1040; bestr). **d) Form.** Es ist 7
Schriftform wie in § 566 vorgeschrieben u gewollt (aA MK/Voelskow 13). **e) Zulässiger Zeitraum:**
höchstens 10 J (S 2) ab Beginn der Vereinbg. Verstoß: §§ 134, 139. Das MietVerh kann auf kürzere (§ 564 c)
od unbest Zeit abgeschl w. **f) Ausschluß anderer Mieterhöhungen** (S 3). Solche nach §§ 2, 3 u 5 sind
unzuläss, weil dieses Risiko dch die StaffelM bewußt verteilt werden soll, zT auch kalkulierb ist. Nur die
BetrKostenVeränderg (§ 4) wird hiervon nicht erfaßt. **g) Inhalt** (S 4 u 5): StaffelM setzt den Abschl des 8
MietVerh auf best Zeit (§ 564 c) nicht zwingd voraus (vgl § 564 b Rn 2). Die Erhöhg darf nicht nach
Prozentzahlen, sond muß betragsmäß ausgewiesen w. Seit 1. 9. 93 ist dch Änd des S 4 nicht mehr die Angabe
des errechneten MietZ nöt. Dasselbe gilt für die VerändZtRäume v mind einem J. **g) Wirkung.** Die Miete 9
veränd sich zum vereinb Zeitraum ohne weitere Erkl v selbst. Nach Ablauf des StaffelMZtRaums gilt die am
Ende erreichte Miete auf unbest Zeit weiter, bis nach § 2 erhöht oder eine neue (Staffel-) Miete vereinb w.
Eine unwirks StaffelMietVereinbg steht idR einer Erhöhg gem § 2 nicht im Weg (LG Bln NZM **98**, 859).
h) Kündigungsrecht. aa) Für Verm gilt bei unbest MietZt § 564 b (dort Rn 2); im Fall des § 564 c ist ord 10
Künd ausgeschl. **bb)** Der Mieter kann bei unbest MietZt belieb ord Künd erkl (§ 565). Auch bei best MietZt
(§ 564 c) darf die ord Künd höchstens für 4 J ausgeschl w (S 6). Eine vertrwidr ausgesprochene Künd ist
unwirks; jedoch kann der Mieter das MVerh bereits zum Ablauf der 4-J-Fr künd (Hamm ZMR **89**, 414). **i)
Verstöße** gg S 4 u 5 führen zur Nichtigk (hM; LG Hbg ZMR **99**, 339 mwN).

3) Anwendungsbereich des MHG (Abs III) dch negat Abgrenzg. Einliegerwohngen iS des § 564 b sind 11
davon nicht ausgen. Das MHG gilt nicht (ebso im Beitrittsgebiet, § 11 Rn 2, 8, 10) für: **a) Nr 1.**
Preisgebundener WoRaum. Darunter fallen alle Wohngen, für die KostenM nach dem WoBindG besteht:
SozWo (§ 1 WoBindG), mit WoFürsMitteln geförderte NeubauWo (§§ 87 a, 111 II. WoBauG), mit Auf-
wendgsHilfen geförderte NeubauWo (§ 88 II. WoBauG). Das Erlöschen des MieterBenenngsRs steht nicht
entgg (Hamm ZMR **86**, 287). Erhöhg erfolgt nach § 10 I WoBindG. MietErhöhg nach MHG kann erst für
den ZtRaum nach Ablauf der PrBindg verlangt, die ErhöhgsErkl aber schon vor Ablauf der PrBindg
abgegeben werden (hM; LG Köln ZMR **97**, 144; Lützenkirchen WuM **95**, 574 mwN; aA LG Hbg WuM
97, 331; Scholl WuM **95**, 426 mwN). Die Ausn für § 2 I a 2 ist redaktionell, weil die AuskPfl noch in den
ZtRaum der PrBindg fällt (Lützenkirchen aaO). **b) Nr 2.** Vorübgehder Gebr: wie § 564 b Rn 17. **c) Nr 3.** 12
Möblierter WoRaum: wie § 564 b Rn 18. Liegt er außerh der VermWohng, ist das MHG anzuwenden,
wenn er nicht zum vorübergehden Gebr vermietet ist. **d) Nr 4.** Hat nach richt Auffassg nur klarstellde 13
Funktion, da dieser WoRaum schon unter Nr 2 fiele. GemschEinrichtgen sind für Stud- od JugdWoHeim
nicht erforderl (hM).

MHG 10 a

Mietanpassungsvereinbarung. **I Abweichend von § 10 Abs. 1 kann schriftlich vereinbart werden, daß die Entwicklung des Mietzinses durch die Änderung eines von dem Statistischen Bundesamt ermittelten Preisindexes für die Gesamtlebenshaltung bestimmt werden soll (Mietanpassungsvereinbarung). Das Ausmaß der Mietanpassung muß in der Vereinbarung bestimmt sein und darf höchstens der prozentualen Indexänderung entsprechen. Die Vereinbarung ist nur wirksam, wenn**

1. der Vermieter für die Dauer von mindestens zehn Jahren auf das Recht zur ordentlichen Kündigung verzichtet oder

2. der Mietvertrag für die Lebenszeit eines Vertragspartners abgeschlossen wird.

II Während der Geltungsdauer einer Mietanpassungsvereinbarung muß der Mietzins, von Erhöhungen nach den §§ 3 und 4 abgesehen, jeweils mindestens ein Jahr unverändert bleiben. Eine Erhöhung des Mietzinses nach § 3 kann nur verlangt werden, soweit der Vermieter bauliche Änderungen auf Grund von Umständen durchgeführt hat, die er nicht zu vertreten hat. Eine Erhöhung des Mietzinses nach den §§ 2 und 5 ist ausgeschlossen.

III Eine Änderung des Mietzinses auf Grund einer Mietanpassungsvereinbarung muß durch schriftliche Erklärung geltend gemacht werden. Dabei ist die jeweils eingetretene Änderung des vereinbarten Indexes anzugeben. Der geänderte Mietzins ist mit Beginn des übernächsten Monats nach dem Zugang der Erklärung zu zahlen.

1) Allgemeines. In Kraft seit 1. 9. 93. Abs I u III sind neugefaßt dch Art 10 EuroEG v 9. 6. 98 (BGBl 1
1242); in Kraft seit 1. 1. 99. Die Änd wurde wg Aufhebg des § 3 WährgsG (Art 9 § 1 EuroEG) notw.
a) Begriff. Die MietAnpassgVereinbg ist in Abs I S 1 legal definiert. Sie ist die neben der Staffelmiete (§ 10
II) einzig zuläss Art v MietPrÄndKlauseln. **b) Zweck.** Es soll anstelle des komplizierten Verf gem § 2, das an 2
den oft übproportional steigden VglMieten ausgerichtet ist, eine am LebenshaltgsIndex orientierte u daher
einigermaßen übschaub stufenweise MietErhöhg ermögl w. Dies soll dem Verm trotz zu erwartder GeldEnt-
wertg den Entschl einer längerfrist Vermietg erleichtern u kann dem Mieter ow zugemutet w. **c) Anwen-** 3
dungsbereich: im ges BGebiet; alle WoRaumMietVerh, die unter das MHG fallen (Einf Rn 1–4); neue u

bestehde MietVerh; nur solche MietAnpVereinbg, die seit 1. 9. 93 (Inkrafttreten des 4. MRÄndG) abgeschl w. Für GeschRäume u Garagen gelten § 2 Preisangaben- u PreisklauselG idF v Art 9 § 4 Nr 2 EuroEG sowie § 4 PreisklauselVO v 23. 9. 98, BGBl 3043 (vgl Pakuscher NZM **98**, 497; Schmidt-Räntsch NJW **98**, 3166;
4 Rademacher ZMR **99**, 218; Stapel WuM **99**, 204). **d) Verbotene Mietpreisgleitklauseln.** Da § 10 a die einz zuläss Art v MietPrGleitKlauseln vorschreibt, bleiben unzuläss: SpanngsKl (§ 245 Rn 30), LeistgsVorbeh (§ 245 Rn 32) u KostenelementeKl (für die Zukunft vereinb Weitergabe von Instandsetzgs- u VerwKosten;
5 ebso Bub NJW **93**, 2897). Diese bleiben dch § 10 I mit der RFolge der §§ 134, 139 verboten. **e) Andere Mieterhöhungen** (Abs II). Währd der vereinb LaufZt (Rn 8) kann der Verm nicht nach § 2 (VglMiete) u § 5 (KapKostenerhöhg) verfahren (Abs II S 3). Einseit Erhöhg nach § 3 (baul Änd) bleibt zul (Abs II S 1), aber nur wenn die baul Änd v Verm nicht zu vertreten ist (Abs II S 2); das soll heißen: nicht freiwill (BT-Dr 12/3254 S 15). Die Erhöhg nach § 4 (BetrKostenErhöhg) ist unbeschr zuläss (Abs II S 1). Die vertr MZEr-
6 höhg aGrd einer v Verm u Mieter gem § 305 vereinb VertrÄnd bleibt zuläss (§ 10 Rn 3). **f) Alte Mietanpassungsvereinbarungen** (solche, die aGrd der bis 31. 12. 98 geltden Fassg, vgl 57. Aufl mit Gen gem § 3 WährgsG abgeschl wurden, bleiben wirks (§ 8 S 1 PreisKlauselVO v 23. 9. 98, BGBl 3043; Schmidt-Räntsch NJW **98**, 3166 [3170]) u gelten bis zum vertr Ablauf. Abs III ist ab 1. 1. 99 in der neuen Fassg anzuwenden.

7 **2) Voraussetzungen** (Abs I). Eine wirks MietAnpVereinbg setzt voraus: **a) Schriftform.** Das ist dem
8 Sprachgebr des MHG zufolge die des § 126 (vgl § 2 Rn 21). **b) Vereinbarung.** Sie kommt dch den VertrSchl (§ 151) zustande, entw als Teil des (neuen) MietVertr od bei bestehdem Vertr dch Änd gem § 305.
9 **c) Inhalt** (Abs I S 1 u 2). Notwend ist die Bindg des MietZ an die Entwicklg des vom Statist BAmt ermittelten u veröfflichten LebHaltgsIndex. Diese Bindg wird idR auf die Dauer des Vertr, kann aber davon abweichd vereinb werden. Die Höhe, die für das Ausmaß der MietZAnpassg vereinb wird, muß ausdrückl best sein. Sie darf niedriger, aber nicht höher als der amtl Index festgelegt werden. Die MietVertrDauer kann
10 (abgesehen von den Erfordern des Abs I S 3, Rn 10) unbest sein. **d) Wirksamkeit** der MietAnpvereinbg (Abs I S 3). **aa) Nr 1.** Der Verz auf ord Künd des Verm kann auf mehr als 10 Jahre festgelegt werden. Dem Ausschl ord Künd entspr ein ZeitmietVertr (§ 564 Rn 5) v mind 10 Jahren od eine VerlängergsOption (5 vor § 535, § 564 Rn 6) des Mieters, die eine Verlängerg des MVertr auf 10 Jahre od mehr ermögl. **bb) Nr 2.** Das MietVerh auf LebZt (v Mieter od Verm) ist ein MietVerh auf best Zeit (§ 564 Rn 5) u schließt daher von vorneherein die ord Künd aus. Die MietAnpassgsVereinbg ist nur wirks bis zum Eintritt des Todes u damit dem Ende des MietVerh, ohne Rücks auf dessen Dauer.

11 **3) Wirkung** der MietAnpVereinbg. **a) Ausschluß einseitiger Mieterhöhungen** (Abs II S 2, 3) gem § 2 (VglMiete) u § 5 (KapKostenErhöhg) sowie gem § 3, wenn die baul Änd vom Verm zu vertreten sind (Rn 5).
12 **b) Zeitliche Anstiegsbegrenzung** (Abs II S 1). Der MietZ muß zw zwei MietErhöhgen mind jeweils ein J (unabhäng v KalJ) gleich bleiben, soweit er an die zuläss Bezugsgröße (Rn 9) gebunden ist. Darauf sollte schon im VertrInh (Rn 9) Rücks gen w. Es kommt auf das Wirkswerden der Erhöhg, nicht auf die Abgabe der
13 schriftl Erkl an (H. Hamm DWW **93**, 321). **c) Änderung** (Abs III). Erhöhg od Ermäßigg des MietZ geschieht nicht automat, sond nur als RFolge einer schriftl Erkl des Berecht, für die § 126 BGB gilt. § 8 ist entspr anzuwenden (MK/Voelskow 15 mwN). Sie muß zugehen (§ 130). Neben dem geänd Index muß die geänd Miete darin betrmäß in Geld angegeben w. Die Miete erhöht (od ermäß) sich bei wirks Erkl, die spätestens am letzten Werktag (§ 193) des vorletzten Mo, von dem an die Miete geänd w, zugehen muß. Diese
14 Regelg orientiert sich mit kürzerer Fr an § 2 IV. **d) Abweichende Geltendmachung.** Der Verm ist nicht verpfl, die Erhöhgen der MietAnpVereinbg entspr geltd zu machen. Er kann sie später, in längeren ZtAbständen, dafür mit entspr höheren Betr verlangen (BT-Dr 12/3254 S 16).

Vorbemerkung vor §§ 11–17

1 § 11 ist geänd u §§ 12–17 sind eingefügt dch Art 1 MietenÜbleitgsG (MÜblG) v 6. 6. 95 (BGBl 748); iKr seit 11. 6. 95 (Art 6 II S 1 MÜblG). Die §§ 11–17 sind die SoRegelg für WoRaum im Beitrittsgebiet. Bereits im EinigsV war vorgesehen, für die WoMieten in den neuen BLändern das VglMietenSystem einzuführen. Am Stichtag 3. 10. 90 galt für die Miethöhe der § 11 MHG, der dch Anl 1 Kap XIV Abschn II Nr 7 EinigsV angefügt worden war. Danach war für einen geringen Teil der Wo, näml neu errichtete u wiederhergestellte (§ 11 Rn 2) die Anwendg des MHG (zunächst dessen §§ 1–10) best worden. Für preisgebundenen WoRaum (mehr als 95% des Bestds) war dch § 11 II nur die Anwendg v § 1 S 1 (KündVerbot) u § 3 (MietErhöhg wg baul Änd) vorgesehen. Der GGeber hat 1995 damit begonnen, zum allg MiethöhenR der BRep übzuleiten, allerd sozverträgl mit ErhöhgsBeschränkgen u erhöhtem WoGeld. Das MÜblG umfaßt in Art 1 die Änd des MHG, in Art 2 das G üb die Angemessenh v Entgelten bei NeuVertr bis 30. 6. 97, in Art 3 eine Änd des § 35 SchuldRAnpG für Nutzer, die MietZ zu zahlen haben, in Art 4 u 5 Änd des WoGSondG u des WoGG. Aufgehoben sind mit Wirkg v 11. 6. 95 die beiden GrundMVOen u die BetrKUmlageVO (Art 6 II S 2 Nr 1–3) Übbl zum MÜblG: Sternel ZMR **95**, 437. Bei NeuVermietg war die MietPrGestaltg schon seit 1. 1. 97 iR des § 5 II WiStG bis 20% üb der VglMiete frei (Horst MDR **98**, 72 [77]). Seit 1. 1. 98 gilt das allg MietErhöhgsR (zu Einzelh Hannig NZM **98**, 93). Die SoRegeln (§ 12 I 1; § 13 I 1, § 14 I 1, § 16 I) sind somit dch ZtAblauf entfallen. Sie haben nur noch für Altfälle bis 31. 12. 97 Bedeutg. DauerR sind Art 2 § 1 MÜblG (BestdsSchutz für MietErhöhgen nach ModMaßn aGrd v §§ 3, 13 od 17, auch nach dem 1. 1. 98) u § 15.

MHG 11 ***Anwendungsbereich im Beitrittsgebiet.*** **[I]In dem in Artikel 3 des Einigungsvertrages genannten Gebiet sind die §§ 1 bis 10 a auf Wohnraum anzuwenden, der nicht mit Mitteln aus öffentlichen Haushalten gefördert wurde und seit dem 3. Oktober 1990**

1. in neu errichteten Gebäuden fertiggestellt wurde oder
2. aus Räumen wiederhergestellt wurde, die auf Dauer zu Wohnzwecken nicht mehr benutzbar waren, oder aus Räumen geschaffen wurde, die nach ihrer baulichen Anlage und Ausstattung anderen als Wohnzwecken dienten.

Bei der Vermietung dieses Wohnraums sind Preisvorschriften nicht anzuwenden. Die §§ 1 bis 10 a sind auch auf Wohnraum anzuwenden, dessen Errichtung mit Mitteln der vereinbarten Förderung im Sinne des § 88 d des Zweiten Wohnungsbaugesetzes gefördert wurde.

II Auf anderen als den in Absatz 1 bezeichneten Wohnraum in dem in Artikel 3 des Einigungsvertrages genannten Gebiet sind die §§ 1 bis 10 a ab 11. Juni 1995 anzuwenden, soweit sich aus den §§ 12 bis 17 nichts anderes ergibt.

1) Allgemeines. Die Vorschr beruhte ursprüngl auf Anl 1 Kap XIV Abschn II Nr 7 EinigsV als SoRegelg 1
für die Miethöhe v WoRaum im Beitrittsgebiet (vgl 54. Aufl). Sie ist dch Art 1 Nr 1 MÜblG v 6. 6. 95 (BGBl 748) neu gefaßt. Abs II hatte die MietPrBindg für die Zt nach dem Beitritt für den bis dahin preisgebundenen WoRaum fortgeschrieben. Das ist mit dem GG für vereinb erkl w (BVerfG NJW **95**, 511).

2) Volle Geltung des MHG (Abs I) war für nicht preisgebundenen WoRaum vorgeschrieben. Davon 2
wird WoRaum erfaßt, der seit 3. 10. 90 neu fertiggestellt od wiederhergestellt wurde, ohne daß aus Mitteln öff Haush gefördert wurde (Abs I S 1 Nr 1 u 2) sowie WoRaum, der im Wege der vereinb Fördg mit Hilfe öff Mittel (§ 88 d II. WoBauG) neu errichtet wurde (Abs I S 3) , weil öff Mittel dann nicht als solche gelten (§ 88 d II S 1 II. WoBauG) u der WoRaum nicht preisgebunden ist (§ 88 d II S 2 II. WoBauG). **a) Voraus-** 3
setzungen sind: **aa) Zeitpunkt.** Die Fertigstellg des Neubaus od der Wiederherstellg muß nach dem 3. 10. 90 liegen. Abzustellen ist auf Bezugsfertk. **bb) Keine öffentlichen Mittel** zur WoBauFörderg dürfen dabei 4
verwendet worden sein. Begr öff Mittel: § 6 II. WoBauG; WoBau: § 2 II. WoBauG; WoBauFörderg: § 3 II. WoBauG. Für den unter Abs I S 3 fallden WoRaum (vereinb Förderg des soz WoBaus) werden die gewährten öff Mittel als nicht öff fingiert (§ 88 d II. WoBauG). **cc) Erfaßter Wohnraum. (1) Neubauten** 5
(Abs I S 1 Nr 1): Es muß das Gbde als ganzes neu errichtet sein; gleichgült ist, ob auf dem Grdst früher ein Gbde gestanden hat. **(2) Wiederherstellung und Neuschaffung** (Abs I S 1 Nr 2) v WoRaum: 1. Alt: Er 6
muß nach obj Kriterien dauernd unbewohnb geworden sein (nach Maßstäben der Bau- u GesundhAufs, vgl LG Bln NJW-RR **97**, 10), ohne Rücks darauf, ob tats, insb behelfsmäß darin gewohnt w. Vorübgehde Unbewohnbk wg sog Rekonstruktion fällt nicht darunter (LG Magdeb NZM **98**, 32). 2. Alt: Neu gewonnener WoRaum dch Ausbau u Veränd bestehder Gbde, die and Zwecken dienten. Bsp: Gästehäuser, Ferienheime, Partei- u SchulgsGbde. **b) Wirkung.** Die Miete kann frei vereinb w. Es gelten keine PrVorschr (Abs I 7
S 2) , insb gilt nicht die PreisVO vom 25. 6. 90 (GBl I 472). Es gelten seit 3. 10. 90 die §§ 1–10 u § 10 a seit 1. 9. 93 wie in den alten BLändern.

3) Eingeschränkte Geltung des MHG (Abs II). **a) Anwendungsbereich.** Umfaßte dem Wortlaut nach 8
den ges übr WoBestd des Beitrittsgebiets, gleich ob vermietet, leerstehd od v Eigt selbst genutzt (LG Mühlhausen WuM **99**, 223), der am 3. 10. 90 als fertiggestellter WoRaum vorhanden war, mit Ausn des WoRaums, der unter Rn 2–7 fällt. Abs II nF stellt nicht mehr wie Abs II aF darauf ab, ob der WoRaum preisgebunden war (vgl 54. Aufl Rn 5). Der AnwendgsBereich deckt sich mit dem WoRaum, dessen höchstzul MietZ dch die hierfür geltden VOen (54. Aufl, Rn 6, 10–13) best w. Ist eine Wo einheitl mit Garage vermietet, erstreckt sich die Anwendg auch auf diese (Einf 3 vor § 1; Börstinghaus WuM **95**, 467 [470]).
b) Wirkung. Seit 11. 6. 95 gelten grdsätzl die §§ 1–10 a; jedoch diesen als SoRegelg vorgehd u ergänzd die 9
§§ 12–17.

4) Keine Geltung des MHG. Auch für den WoRaum im Beitrittsgebiet ist inf der Verweisg in Abs II der 10
§ 10 III anzuwenden, so daß die §§ 1–9 nicht für den in § 10 III erfaßten WoRaum gelten. Darunter fällt der preisgebundene WoRaum (§ 10 Rn 11); dazu gehört der nach dem 3. 10. 90 bezugsfert gewordene mit öff Mitteln der DDR geförderte WoRaum, sog WendeWo (LG Magdeb ZMR **97**, 239; bestr). Hierfür gelten auch nicht die §§ 12–17 wg der Anknüpfg an die §§ 1–9 (BT-Dr 13/783 S 25). Der Umfang dieser Ausn ist dem § 10 Rn 11–13 zu entn. Das gilt in der BRep einheitl.

MHG 12 *Allgemeine Mieterhöhung.*

I Abweichend von § 2 Abs. 1 Satz 1 Nr. 2 kann bis zum 31. Dezember 1997 die Zustimmung zu einer Erhöhung des am 11. Juni 1995 ohne Erhöhungen nach Modernisierung oder Instandsetzungsvereinbarung geschuldeten Mietzinses um 20 vom Hundert verlangt werden, wenn an dem Gebäude mindestens drei der fünf folgenden Bestandteile keine erheblichen Schäden aufweisen:

1. Dach,
2. Fenster,
3. Außenwände,
4. Hausflure oder Treppenräume oder
5. Elektro-, Gas- oder Wasser- und Sanitärinstallationen.

Der Erhöhungssatz ermäßigt sich auf 15 vom Hundert bei Wohnraum, bei dem die Zentralheizung oder das Bad oder beide Ausstattungsmerkmale fehlen.

Ia Absatz 1 Satz 2 gilt auch für Ansprüche, die der Vermieter vor dem 1. Januar 1996 geltend gemacht hat. Hat der Mieter einem nicht ermäßigten Erhöhungssatz zugestimmt oder ist er zur Zustimmung verurteilt worden, obwohl die Zentralheizung oder das Bad fehlte, kann er seine Zustimmung insoweit widerrufen. Der Widerruf ist dem Vermieter bis zum 31. März 1996 schriftlich zu erklären. Er wirkt ab dem Zeitpunkt, zu dem das Mieterhöhungsverlangen wirksam geworden ist. Soweit die Zustimmung widerrufen ist, hat der Vermieter den Mietzins zurückzuzahlen. Auf diese Änderung des Mietzinses ist § 2 Abs 1 Satz 1 Nr 1 nicht anzuwenden.

II Von dem in Absatz 1 genannten Erhöhungssatz können 5 vom Hundert erst zum 1. Januar 1997 und nur für Wohnraum verlangt werden, der in einer Gemeinde mit mindestens 20 000 Einwohnern oder in einer Gemeinde liegt, die an eine Gemeinde mit mindestens 100 000 Einwohnern angrenzt.

[III] Die Erhöhung nach Absatz 1 darf jeweils weitere 5 vom Hundert betragen bei
1. Wohnraum in einem Einfamilienhaus,
2. Wohnraum, der im komplexen Wohnungsbau geplant war und der nach dem 30. Juni 1990 fertiggestellt worden ist, sofern seine Ausstattung über den im komplexen Wohnungsbau üblichen Standard erheblich hinausgeht.

[IV] Die Vom-Hundert-Sätze des § 2 Abs. 1 Satz 1 Nr. 3 sind aus dem drei Jahre zuvor geschuldeten Mietzins zuzüglich der Mieterhöhungen nach der Ersten und nach den §§ 1, 2 und 4 der Zweiten Grundmietenverordnung zu berechnen. Im übrigen bleiben diese Erhöhungen bei der Anwendung des § 2 Abs. 1 Satz 1 Nr. 1 und 3 außer Betracht.

[V] Der Mieter kann die Zustimmung zu dem Erhöhungsverlangen verweigern, wenn der verlangte Mietzins die üblichen Entgelte übersteigt, die in der Gemeinde oder in vergleichbaren Gemeinden für Wohnraum vergleichbarer Art, Größe, Ausstattung, Beschaffenheit und Lage seit dem 11. Juni 1995 vereinbart werden. Dann schuldet er die Zustimmung zu einer Erhöhung bis zur Höhe der in Satz 1 bezeichneten Entgelte, höchstens jedoch bis zu der sich aus den Absätzen 1 bis 4 ergebenden Höhe.

[VI] Abweichend von § 2 Abs. 2 und 4 gilt:
1. Der Anspruch ist gegenüber dem Mieter schriftlich geltend zu machen und zu erläutern.
2. Die zweimalige Entrichtung eines erhöhten Mietzinses oder die zweimalige Duldung des Einzugs des Mietzinses im Lastschriftverfahren gilt in dieser Höhe als Zustimmung.
3. Ist das Mieterhöhungsverlangen dem Mieter vor dem 1. Juli 1995 zugegangen, so schuldet er den erhöhten Mietzins ab 1. August 1995.

[VII] Abweichend von § 2 Abs. 5 Satz 2 dürfen bei der Erstellung eines Mietspiegels, der nicht über den 30. Juni 1999 hinaus gilt, auch die nach den Absätzen 1 bis 4 zulässigen Entgelte zugrunde gelegt werden.

1 **1) Allgemeines.** Mustertext u Checkliste: Börstinghaus MDR **96**, 5. Dch G zur Änd des MHG v 15. 12. 95 (BGBl 1722) ist Abs I S 2 klarstelld geänd u Abs I a eingefügt worden. In Kr seit 1. 1. 96. Die Vorschr ändert im AnwendgsBereich (§ 11 II) den § 2. Statt der (variablen) ortsübl VglMiete (§ 2 Rn 10) war für die ÜbergZt (bis 31. 12. 97; Abs I S 1) eine lineare MietErhöhg mit einer fiktiven VglMiete zugel. Die WarteFr (§ 2 I 1 Nr 1) bleibt unberührt. Das gilt auch für bislang preisgebundenen WoRaum (AG Lichtenberg NJWE-MietR **96**, 101). Die KappgsGrenze des § 2 I 1 Nr 3 ist nach der SoVorschr des Abs IV zu berechnen. Für die MietErhöhg gilt sonst grdsätzl § 2, soweit § 12 nichts abweichdes best. And MietErhöhgen (zB § 3), sind daneben nicht ausgeschl. Seit 1. 1. 98 gilt allein § 2. MietErhVerlangen können erst v da an und somit zum 1. 4. 98 wirks werden (Börstinghaus WuM **97**, 656; Horst MDR **98**, 72; Hannig NZM **98**, 93). Zu Besonderh bei der VglMiete: Horst aaO. Für die KappgsGrenze (§ 2 I 1 Nr 3) ist als Ausgangsmiete auf den 1. 4. 95 abzustellen (Horst aaO).

2 **2) Lineare Mieterhöhung** (Abs I). Sie konnte nur einmal geltdgemacht w. **a) Zeitliche Geltung.** Das MietErhöhgsVerl (§ 2) mußte spätestens am 31. 12. 97 zugehen (§ 130) u konnte frühestens am 11. 6. 95 erkl
3 w, sofern die WarteFr (§ 2 I 1 Nr 1) abgelaufen war. **b) Ausgangsmiete** (Abs I S 1). Es war als GrdBetr auf den am 11. 6. 95 (InKrafttr) geltden MietZ abzustellen u zwar auf die NettokaltM (Beuermann 15), aber nicht fiktiv (Börstinghaus WuM **95**, 467 [469]). Erhöhgen wg InstdSetzg od Modernisierg (alle Tatbestde iS des § 3 I 1; Meyer ZMR **95**, 565) bleiben dabei unberücks (Abs I S 1), ebso BetrKosten (Beuermann 15; aA Meyer aaO). Minderg (§ 537) bleibt unberücks (Börstinghaus aaO 470; Pfeifer DtZ **95**, 309; vgl Meyer aaO);
4 ebso eine Erhöhg gem § 16 (Pfeifer aaO). **c) Voraussetzungen** (Abs I S 1 Nr 1–5). Damit eine Erhöhg überhaupt zuläss war, durften 3 der 5 bezeichneten GbdeBestdT keine erhebl Schäd aufweisen. Solche liegen dann vor, wenn Funktion od bestimmgsgem Gebr (somit der Wohnwert) wesentl beeinträcht ist, u zwar aus obj Sicht eines dchschnittl Mieters (Beuermann 23). BewL für das Fehlen v Schäd: Verm (Erbarth WuM **96**, 192 mwN). Sind mehr als 2 BestdT erhebl beschäd, so ist bis auf weiteres jede einseit MietErhöhg unzuläss u nur bei Vereinbg mit dem Mieter wirks (§ 17). Sanierg dch den Mieter bleibt außer Betr (Pfeifer aaO). Einzelh: Nr 4 umfaßt auch EinFamHäuser (Meyer ZMR **95**, 565; Jennißen/Wagner ZMR **96**, 410; bestr).

5 **3) Staffelung.** Der normale ErhöhgsSatz betrug 20% (Abs I S 1) od 15% (Abs I S 2). Er ermäß od erhöht sich nach Abs II (Regionalisierg) od Abs III (Wohnwertzuschlag). Außerdem ist zeitl so gestaffelt, daß 5% erst zum 1. 1. 97 verlangt w durften, so daß in dem Fall der niedrigeren Erhöhg (Abs I S 2) diese bis 31. 12. 96 bei 10% verblieb. Die restl 5% des ErhöhgsSatzes konnten in allen Fällen der Erhöhg erst zum 1. 1. 97 verlangt w, also nicht früher wirks w. Das ErhöhgsVerl mußte dem Mieter spätestens am 31. 10. 96 zugegangen sein.
6 **a) Normale Ausstattung** (Abs I S 1) für 20% Erhöhg. Welche Ausstattgsmerkmale der Nrn 1–5 betroffen sind, ist gleichgült. Erhebl Schäden sind solche, welche die Tauglk des WoRaums nicht nur geringfüg
7 beeinträcht. **b) Wohnwertabschlag** (Abs I S 2). Dch das ÄndG vom 15. 12 95 (BGBl 1722) ist mit ausnw zuläss Rückwirkg des Abs I a S 1 (BT-Dr 13/3176 S 4) klargestellt (hierzu Meyer/Börstinghaus WuM **96**, 1), daß die Wo Zentralheizg u Bad aufweisen muß, um den Abschlag von 5% (15% statt 20%) auszuschl. So war auch die ursprüngl GFassg auszulegen (vgl 55. Aufl Rn 6). Zentralheizg ist auch eine Fernheizg, nicht eine Nachtstromspeicherheizg (AG Grimmern WuM **96**, 227); zweifelh, ob auch eine EtagenHeizg darunterfällt (vgl Beuermann 63; Pfeifer DtZ **95**, 309; Meyer ZMR **95**, 565 [568]). Sobald die Ausstattg mit Zentralheizg u Bad festgestellt ist, können mit WarteFr des § 2 I 1 Nr 1 die 5% nachträgl verlangt w (Börstinghaus WuM **95**,
8 467 [471]). **c) Rückwirkungsfolgen** (Abs I a). Zu verfassgsrechtl Bedenken P. M. Huber ZMR **96**, 175. Die Klarstellg, die nicht für Erhöhgen gem § 17 gilt (BT-Dr 13/3176 S 5), war bindd für alle vor dem 1. 1. 96 (Inkrafttr) geltendgemachten u auf § 12 gestützten einseit ErhöhgsVerl des Verm. Das hat zur Folge, daß die unberecht MietErhöhgen (ohne Wohnwertabschlag bei Ausstattg nur mit Bad oder Zentralheizg) unwirks sind, wenn der Mieter (noch) nicht zugest hat od dazu nicht rechtskräft verurt w. Das ges WiderrR (vgl 9 vor § 346) erfaßt die abgegebene WillErkl (Zust, § 2 Rn 30, 8) wie die fingierte (§ 894 ZPO). Der Widerr ist

dem Verm ggü abzugeben (§ 130), beschr sich auf die vorzunehmenden 5% Wohnwertabschlag („insoweit"). Der Widerruf mußte spät (AusschlFr: 7 vor § 194) am 31. 3. 96 zugehen (S 3; § 130). Form: § 126 I. WirksamZtpkt (S 4): echte Rückwirkg auf den Ztpkt, an dem das ErhöhgsVerl des Verm (Rn 14) wirks geworden ist (vgl Rn 17), also frühestens am 1. 8. 95 (Abs VI Nr 3). RückzahlgsAnspr (S 5): SoRegelg zu den nicht anwendb §§ 812 ff. Gilt auch, wenn der Mieter gewußt hat, daß er nicht verpfl war (BT-Dr 13/3083 S 5), u bei entggstehder rechtskr Verurteilg. Grdsätzl keine Verzinsg; nur Verz- oder ProzZ. Keine WarteFr (Abs I a S 6). Die dch Widerr bewirkte MietZÄnd löst sie nicht aus. Damit sollte auch sichergestellt w, daß die MietZÄnd die 2. MietErhöhgsStufe (5%) zum 1. 1. 97 nicht hindert (BT-Dr aaO).

4) Regionalisierung (Abs II 2. SatzT). Vom Erhöhgssatz gem Abs I konnten 5% seit 1. 1. 97 nur verlangt w, wenn der WoR in einer Stadt od GroßGem (mind 20 000 Einw) liegt od in der RandGem einer Großstadt. Das bedeutet, daß es für den WoWertAbschlag (Abs I S 2) bei 10% Erhöhg verbleibt, wenn der WoRaum in einer v Abs II nicht erfaßten Gem liegt. VerwGemsch bleiben außer Betr (Pfeifer DtZ **95**, 309). 9

5) Wohnwerterhöhung (Abs III). Der gesamte Erhöhgssatz betrug dann höchstens 25%. Nr 1 u 2 können nicht zustreffen. **Nr 1:** gilt auch, wenn kein Garten vorhanden oder nicht mitüblassen ist (Meyer ZMR **95**, 565 [569]), aber nicht bei EinliegerWo (Beuermann 72); denn das Haus darf bestgem nicht mehr als eine Wo enthalten. Zum Begr: Pfeifer DtZ **95**, 309; Meyer aaO. **Nr 2:** umfaßt Gbde in WoGebieten mit einheitl BebauKonzept (Beuermann 79). Der übl WoStandard ist nach DDR-Vorschr zu best. Erfaßt w soll nur die sog Luxusplatte, wobei die Umstde des Einzelfalls zu berücks sind (Beuermann 83–88). Abzustellen ist auf einen annähernden sog West-Standard für zahlr Merkmale (Meyer aaO 570). BewL: Verm (Erbarth WuM **96**, 192). 10 11

6) Kappungsgrenze (Abs IV). Es galt grdsätzl § 2 I 1 Nr 3 (dort Rn 16–19 a). Nur die Berechng der KappgsGrenze wurde dadch abgeänd. Sie beträgt idR 30% gemäß § 2 I S 1 Nr 3 S 1, weil dessen S 2 lit b) eine NettoKaltM v 8 DM/qm voraussetzt, die für WoRaum im Beitrittsgebiet kaum erreicht w. Der AusgangsW für die KappgsGrenze wird nach der NettoKaltM vom 11. 6. 92 mit den Zuschlägen der 1. u 2. GrundMVO berechnet (Meyer aaO 570), wenn diese am 11. 6. 95 fäll waren. Dch Abs IV S 2 wurde klargestellt, daß diese Erhöhgen für die WarteFr (§ 2 I 1 Nr 1) u den 3-J-ZtRaum (§ 2 I 1 Nr 2) nicht berücks w dürfen. Dasselbe gilt für BetrKostErhöhg (Pfeifer DtZ **95**, 309 [313]). 12

7) Zustimmungsverweigerung des Mieters (Abs V). Der Mieter schuldet die Zust (§ 2 Rn 30) bis zur ortsübl VglMiete u keinesf höher als nach Abs I–IV. Die VglMiete ist aus den seit 11. 6. 95 vereinb NeuVertrMieten zu errechnen. Weil diese die bisher preisgebundenen Mieten zuzügl Steigerg gem § 12 bis zu 15% übersteigen dürfen (Art 2 § 2 MÜblG), ist eine niedrigere VglMiete kaum denkb (Beuermann 104). Die Vorschr ist daher weitgehd ggstdsl u dürfte nur Alibifunktion haben. 13

8) Mieterhöhungsverlangen (Abs VI). Es galten grdsätzl § 2 u § 8. Anwendb war Abs VI nur für die MietErhöhgsVerl gem Abs I bis 31. 12. 97 u best hierfür anstatt § 2 II u IV als SoRegelg: **a) Nr 1 Form und Inhalt:** Es gilt v § 2 Abs II ledigl die Schriftform (dort Rn 21) u als Inhalt genügt eine auf Abs I–IV bezogene, im einzelnen konkretisierte Erläuterg (Pfeifer DtZ **95**, 309), die ersehen läßt, welche GbdeBestdTe keine erhebl Schäd aufweisen (LG Bln NJWE-MietR **97**, 73). **b) Nr 2 Zustimmungsfiktion.** Setzte ein vorangegangenes MietErhöhgsVerl voraus (Pfeifer DtZ **95**, 309 [313]). Sie trat ein, wenn der Mieter außer Zahlg od Duldg des Einzugs schweigt. Zu den Einzelproblemen vgl Meyer ZMR **95**, 565 [571]; Jennißen/Wagner ZMR **96**, 410. Diese Wirkg wird dch jede dem Verm ggü abgegebene widersprechde Erkl verhindert, insb dch Zahlg unter Vorbeh (aA LG Bln NJW-RR **97**, 842). Das ist auch für einen Teil der verlangten Erhöhg mögl. **c) Erhöhung der Miete.** Abweichd von § 2 IV (Beginn des 3. KalMo seit Zugang) wird best, daß (nur) bei den vor dem 1. 7. 95 zugegangenen ErhöhgsVerl die Veränd auf die erhöhte Miete (u deren Fällk) bereits ab 1. 8. 95 (somit ab der August-Miete) eingetreten ist. Für den SchuVerz gilt § 284 II 1 (KalTag im G; aA Beuermann 177). Die WarteFr des § 2 I 1 Nr 1 galt nur für den WoRaum, der nicht der MietPrBindg unterlag (Jennißen/Wagner ZMR **96**, 410 [413]). 14 15/16 17

9) Mietspiegel (Abs VII). **a) Alter Rechtszustand** (bis 30. 6. 99). Die SoVorschr ist nur für MietSp, die bis 30. 6. 99 gegolten haben. Darühinaus gilt keine SoVorschr zu § 2. Anders als in § 2 V 2, der die Berücksichtgg von ges gebundenen HöchstBetrMieten verbietet, durften für MietSp im Beitrittsgebiet auch die bisher preisgebundenen Mieten zugrdegelegt w, jedoch nur mit dem nach den Abs I–IV zuläss erhöhten MietZ, sog MÜG-Mieten (hierzu Kofner WuM **97**, 355). **b) Neuer Rechtszustand.** Ab 1. 7. 99 gilt: **aa) Erhöhungsverlangen.** Der Verm kann es (§ 2 II) mit einem MietSp nach Abs VII begrden, solange ein neuer MietSp nicht besteht (§ 2 VI). **bb) Neuer Mietspiegel.** Bei dessen Erstellg dürfen alle bestehden, nicht preisgebundenen Mieten, die in den letzten 4 J neu vereinb od aGrd v §§ 2, 3 od einer Vereinbg geänd worden sind, herangezogen werden. Dazu gehören nicht die in den letzten 4 J nur nach § 12 erhöhten MÜG-Mieten, die nach dem 31. 12. 97 nicht geänd worden sind. Insow ist eine einvernehml Feststellg der MietSpAufsteller mögl. **cc) Ortsübliche Vergleichsmiete.** Auf einen alten MietSp od einen neuen, der auch ledigl nach § 12 geänd MÜG-Mieten enthält, darf die gerichtl Feststellg der VglMiete nicht gestützt werden (Börstinghaus NZM **99**, 433; aA Both DWW **99**, 137; Sternel WuM **99**, 371). 18 19 20 21

MHG 13

Beschränkte Mieterhöhung bei Modernisierung. **[I]Bei der Anwendung des § 3 auf Wohnraum im Sinne des § 11 Abs. 2 dürfen Mieterhöhungen, die bis zum 31. Dezember 1997 erklärt werden, insgesamt drei Deutsche Mark je Quadratmeter Wohnfläche monatlich nicht übersteigen, es sei denn, der Mieter stimmt im Rahmen einer Vereinbarung nach § 17 einer weitergehenden Mieterhöhung zu.**

[II]Absatz 1 ist nicht anzuwenden,

1. soweit der Vermieter bauliche Änderungen auf Grund von Umständen durchgeführt hat, die er nicht zu vertreten hat,

2. wenn mit der baulichen Maßnahme vor dem 1. Juli 1995 begonnen worden ist oder
3. wenn die bauliche Änderung mit Mitteln der einkommensorientierten Förderung im Sinne des § 88 e des Zweiten Wohnungsbaugesetzes gefördert wurde.

1 **1) Allgemeines.** Die Vorschr sollte die MietErhöhg, die iR des § 3 (Modernisierg) verlangt w kann,
begrenzen. Die dch § 13 bewirkte PrBindg entfällt seit 1. 1. 98. **a) Abdingbarkeit** ist nur dch eine Zust des
2 Mieters gegeben, die dem § 17 entspr. **b) Voraussetzung** war die Anwendbk u die Dchführg einer
3 MietErhöhg gem § 3, der in vollem Umfang gilt. **c) Wirkung.** Die Erhöhg der Miete um 11%, die § 3 I 1
zuläßt, wird dch Abs I begrenzt auf mtl 3 DM pro qm WoFläche, berechnet nach MietVertr u §§ 42–44
II. BV. Der übschießde Betrag konnte nicht für eine MietErhöhg in der Zt nach dem 31. 12. 97 vorbehalten
w (Meyer ZMR **95**, 565 [571]; Thomas NZM **98**, 11). Für versch ModMaßn (zB Heizg, Fenster) kann die
Erhöhg aufgespalten w (Meyer aaO), nicht aber für eine einheitl Maßn (Jennißen/Wagner ZMR **96**, 410
[414] mwN). Nur insow ist seit 1. 1. 98 eine Erhöhg zuläss (Horst MDR **98**, 72 [76]).

4 **2) Anwendungsbereich. a) Umfaßt** jeden WoRaum iS des § 11 II. § 13 gilt nur für ErhöhgsVer-
5 langen, die bis zum 31. 12. 97 erkl w, dh zugegangen sind (§ 130). **b) Ausgenommen** sind die Fälle des
Abs II mit der Wirkg, daß eine Begrenzg auf 3 DM (Abs I) unterbleibt. BewL trägt der Verm (Erbarth
WuM **96**, 192). **Nr. 1:** Das ist der Fall des § 3 Rn 12 u § 10 a Rn 5: somit alle Umstde, welche die baul
Ändg erzwingen, ohne daß sie vom Verm schuldh (§§ 276, 278) herbeigeführt w, zB ModernisiergsGebote
6 nach § 177 BauGB od Umstellg auf Erdgas (Beuermann 33). **Nr 2:** Beginn bedeutet die erste tats körperl
Handlg. Plang u Ankünd reichen nicht. **Nr 3:** Bei der vereinb Förderg des WoBaus dch Darl u Zuschüsse
entfällt ein bes Schutzbedürfn des Mieters, weil dessen Interessen schon in § 88 d II. WoBauG ausreichd
geschützt w.

MHG 14 *Betriebskosten.*

I Betriebskosten im Sinne des § 27 der Zweiten Berechnungsverordnung dürfen bei Mietverhältnissen auf Grund von Verträgen, die vor dem 11. Juni 1995 abgeschlossen worden sind, auch nach diesem Zeitpunkt bis zum 31. Dezember 1997 durch schriftliche Erklärung auf die Mieter umgelegt und hierfür Vorauszahlungen in angemessener Höhe verlangt werden. Sind bis zu diesem Zeitpunkt Betriebskosten umgelegt oder angemessene Vorauszahlungen verlangt worden, so gilt dies als vertraglich vereinbart. § 8 ist entsprechend anzuwenden.

II Betriebskosten, die auf Zeiträume vor dem 11. Juni 1995 entfallen, sind nach den bisherigen Vorschriften abzurechnen. Später angefallene Betriebskosten aus einem Abrechnungszeitraum, der vor dem 11. Juni 1995 begonnen hat, können nach den bisherigen Vorschriften abgerechnet werden.

1 **Allgemeines:** Der Vorschr lag die allg Regelg des § 4 zugrde u gab bis 31. 12. 97 (seitdem gilt nur noch
§ 4) dem Verm ein einseit BestR üb Umlage der BetrKosten u Vorauszahlg wie in der BetrKostUmlVO v
17. 6. 91 (BGBl 1270) idF der BetrKostUmlÄndVO v 27. 7. 92 (BGBl 1415) üb die seit 11. 6. 95 wirks
gewordene Aufhebg (Art 6 II 2 Nr 3 MÜblG) hinaus. BewL für die Vorauss: Verm (Erbarth WuM **96**, 192
2 [197]). **Zweck:** Dem Verm sollte das bis 11. 6. 95 nicht ausgeübte BestR bis 31. 12. 97 erhalten bleiben.
3 **Anwendbar** (Abs I S 1) nur auf MietVerh iS des § 11 II, die vor dem 11. 6. 95 abgeschl w. **Wirkung:** Der
Verm konnte bis 31. 12. 97 dch einseit Erkl (Rn 5) BetrKost auf den Mieter umlegen und Vorauszahlgen
4 verlangen. **Fingierte Vereinbarung** (Abs I S 2) ist anzunehmen, wenn bis zum 31. 12. 97 dch den Verm die
BetrKost wirks umgelegt u Vorauszahlgen verlangt wurden. Dann gilt diese einseit Regelg auch für die Zeit
5 danach als vereinb. Eine Anhebg wg Erhöhg wird dadch nicht ausgeschl (Pfeifer DtZ **95**, 309 [315]). **Form:**
Es gilt § 4 II, so daß neben der schriftl Erkl die Umlage auch der Höhe nach begrdet w muß (§ 4 Rn 11).
6 Unterschr ist nach Maßg des § 8 entbehrl (Abs I S 3). **Betriebskostenabrechnung.** Seit 11. 6. 95 gilt für
diese § 4. Für die Zt bis dahin ist nach der seit 11. 6. 95 aufgeh BetrKostUmlVO (Rn 1) abzurechnen (Abs II
S 1). Bei ZtRäumen, die teils vor, teils nach dem 11. 6. 95 liegen, kann (nicht muß) der Verm nach der
BetrKostUmlVO (Rn 1) abrechnen (Abs II S 2).

MHG 15 *Kapitalkosten für Altverbindlichkeiten.*

Auf Erhöhungen der Kapitalkosten für Altverbindlichkeiten im Sinne des § 3 des Altschuldenhilfegesetzes ist § 5 nicht anzuwenden.

1 Der Vorschr, die über den 31. 12. 97 hinaus anzuwenden ist, liegt § 5 zugrde, der seit 11. 6. 95 auch für den in § 11 II bezeichneten WoRaum gilt. Dch § 15 wird eine einseit MietErhöhg im Wege der Umlage bei solchen Altverbindlk dauernd ausgeschl. Das hat nur klarstelldе Wirkg.

MHG 16 *Erhöhung gemäß Grundmietenverordnung.*

I Bis zum 31. Dezember 1997 kann der Vermieter durch schriftliche Erklärung eine Erhöhung des Mietzinses entsprechend § 2 der Zweiten Grundmietenverordnung um 0,30 Deutsche Mark je Quadratmeter Wohnfläche monatlich für jeden Bestandteil im Sinne des § 12 Abs. 1 zum Ersten des auf die Erklärung folgenden übernächsten Monats verlangen, wenn an dem Bestandteil erhebliche Schäden nicht vorhanden sind und dafür eine Erhöhung bisher nicht vorgenommen wurde. § 8 ist entsprechend anzuwenden.

II Vor dem 11. Juni 1995 getroffene Vereinbarungen über Mieterhöhungen nach Instandsetzung im Sinne des § 3 der Zweiten Grundmietenverordnung bleiben wirksam.

Zweck. Der Verm sollte die Möglk haben, den MietZ in der nach § 11 III aF, § 2 der 2. GrundMVO zuläss Höhe, auch nach Aufhebg des § 11 III u der 2. GrundMVO (Art 6 II Nr 2 MÜblG), weiterhin zu verlangen, wenn er diese MietErhöhg bisher unterlassen hat. **Anwendbar:** zeitl bis 31. 12. 97; sachl auf WoRaum iS des § 11 II. **Voraussetzungen** (BewL Verm, Erbarth WuM **96**, 192 [197]). Die Beschaffenh der Wo muß mind in einem der BestdT ohne erhebl Schäd sein, dem § 2 der 2. GrundMVO entspr, auch wenn sich die Instandsetzg üb den 11. 6. 95 hinaus erstreckt hat. Die zuläss MietErhöhg mußte bisher unterblieben sein. Die WarteFr des § 2 I 1 Nr 1 mußte eingehalten w (Meyer ZMR **95**, 565 [570] mwN). Die MietErhöhgen des § 12 u § 16 konnten gekoppelt (Meyer aaO mwN; bestr), nachgeholt u nachgebessert w (Jennißen/Wagner ZMR **96**, 410 [414]). **Form:** schriftl Erkl (wie § 2 Rn 21) mit der Ausn des § 8 (Abs I S 2). **Wirkung.** Einseit MietErhöhg auf den 1. des übnächsten Mo. Bsp: ErklZugang im Okt bis 31. bewirkt Erhöhg zum 1. 12. Höhe: 0,30 DM pro qm für jeden BestdT iS des § 12 I, der keine erhebl Schäd aufweist. **Fortgeltung.** Abs II hat nur klarstellde Wirkg dahin, daß die zZt der Geltg der 2. GrundMVO gem § 3 vereinb MietErhöhgen auch dann wirks bleiben, wenn die Instandsetzg erst nach dem 11. 6. 95 abgeschl w.

1 (Zweck) · 2 (Voraussetzungen) · 3 (Form) · 4 (Wirkung) · 5 (Fortgeltung)

MHG 17 ***Begrenzte Unabdingbarkeit.*** **§ 10 Abs. 1 gilt mit der Maßgabe, daß Vereinbarungen, die zum Nachteil des Mieters von den Vorschriften der §§ 1 bis 9, § 10 Abs. 2, §§ 10 a bis 16 abweichen, unwirksam sind, es sei denn, daß der Mieter während des Bestehens des Mietverhältnisses einer Mieterhöhung um einen bestimmten Betrag zugestimmt hat.**

Die Vorschr regelt die Anwendg des § 10 I für den unter § 11 II falldn WoRaum. Die Verweisg auf die §§ 11–14, 16 ist seit 1. 1. 98 ggstdslos (Horst MDR **98**, 72 [77]). Zweifelh dürfte sein, ob § 17 gesgeber gelungen ist: **(1)** § 10 I hätte wg § 11 II sowieso gegolten u die §§ 1–9 umfaßt. **(2)** § 10 I gilt für die Fälle des § 10 II nicht (dort Abs II S 1). **(3)** Dasselbe trifft für § 10 a zu (dort Abs I S 1). Notw u wohl gewollt war, die begrenzte Unabdingbk gem § 10 I nach den gleichen Kriterien (für den Mieter nachteil abweichde Vereinbg – bestehdes MietVerh – best Betr) auf die neuen §§ 12–16 zu erstrecken. § 10 Rn 1–3 trifft insow auch für § 17 zu. 1

Anhang: Gesetz zur Überleitung preisgebundenen Wohnraums im Beitrittsgebiet in das allgemeine Miethöherecht (Mietenüberleitungsgesetz)

– Auszug –

Artikel 1. Änderung des Gesetzes zur Regelung der Miethöhe

[siehe dort §§ 11–17]

Artikel 2. Gesetz über die Angemessenheit von Entgelten beim Übergang in das Vergleichmietensystem

§ 1. Angemessenheit von Entgelten

Nicht unangemessen hoch im Sinne des § 5 des Wirtschaftsstrafgesetzes 1954 sind Entgelte für Wohnraum im Sinne des § 11 Abs. 2 des Gesetzes zur Regelung der Miethöhe, die

1. bis zum 31. Dezember 1997 nach § 3 oder § 13 des Gesetzes zur Regelung der Miethöhe geändert oder nach § 13 in Verbindung mit § 17 jenes Gesetzes vereinbart oder

2. bei der Wiedervermietung in einer der Nummer 1 entsprechenden Höhe vereinbart

worden sind.

§ 2. Übergangsvorschrift für Neuvertragsmieten

Beim Abschluß eines Mietvertrages über Wohnraum im Sinne des § 11 Abs. 2 des Gesetzes zur Regelung der Miethöhe darf der Mietzins den nach den §§ 3, 12, 13, 16 oder 17 des Gesetzes zur Regelung der Miethöhe zulässigen Mietzins bis zum 30. Juni 1997 nicht um mehr als 15 vom Hundert übersteigen.

Artikel 3–5

[betr Änderung des Schuldrechtsanpassungsgesetzes, Wohngeldsondergesetzes u des Wohngeldgesetzes]

Artikel 6. Inkrafttreten, Außerkrafttreten von Vorschriften

I Artikel 5 Nr. 1 tritt mit Wirkung vom 1. Januar 1995, die Artikel 4 und 5 treten im übrigen am 1. Juli 1995 in Kraft.

II Im übrigen tritt dieses Gesetz am Tage nach der Verkündung* in Kraft. Gleichzeitig treten außer Kraft

1. die Erste Grundmietenverordnung vom 17. Juni 1991 (BGBl. I S. 1269),
2. die Zweite Grundmietenverordnung vom 27. Juli 1992 (BGBl. I S. 1416),
3. die Betriebskosten-Umlageverordnung vom 17. Juni 1991 (BGBl. I S. 1270), zuletzt geändert durch die Verordnung vom 27. Juli 1992 (BGBl. I S. 1415).

---

*Verkündung: 10. 6. 1995.

Gesetz über die Haftung für fehlerhafte Produkte (Produkthaftungsgesetz – ProdHaftG)

Vom 15. Dezember 1989 (BGBl I S 2198), geändert durch Markenrechtsreformgesetz vom 25. Oktober 1994 (BGBl I S 3081) u Gesetz zu dem Übereinkommen vom 16. September 1988 über die gerichtliche Zuständigkeit und die Vollstreckung gerichtlicher Entscheidungen in Zivil- und Handelssachen vom 30. September 1994 (BGBl II S 2658, Bek vom 8. Februar 1995, BGBl II S 221)

Bearbeiter: Prof. Dr. Thomas, Vorsitzender Richter am Oberlandesgericht München i. R.

Einführung

1) Begriff. Unter ProdHaftg versteht man die Haftg des Herst für FolgeSchäd aus der Benutzg seiner Prod, u zwar für Pers- u SachSchäd grdsätzl außerh der Fehlerhaftigk des Prod, die der bestimmgsgem Verbr od sonstige Pers inf eines Fehlers des Erzeugn erleiden. In Abgrenzg zur vertragl Gwl (§ 3 Rn 1) geht es um das Einstehen des Herst für Gef für Pers u Eigt inf fehlder Sicherh des Prod, also um das Integritätsinteresse. 1

2) Grund der gesetzlichen Regelung.

a) Die EG-Richtlinie Produkthaftung vom 25. 7. 85, schreibt in Art 19 zur Verbesserung des Verbr-Schutzes u zur Harmonisierg der ProdHaftPfl bindend den Erl der Vorschr vor, die zur Umsetzg der in der Richtlinie enthaltenen Regelg in nat Recht erforderl sind. Dies ist dch den Erlaß des ProdHaftG geschehen, in Kraft seit 1. 1. 90. 2

b) Die **Vorteile der Regelung** sieht der GesGeber (BT-Drucks 11/2447 – amtl Begründg A III 1) darühinaus in folgden Umst: Anstelle einer schwer überschaub EinzFallRspr mit deliktsrechtl außerordentl hohen SorgfAnfordergen orientiert sich die Haftg im Interesse der RSicherh an obj Kriterien; der deliktsrechtl Vorwurf des Unrechts, der den Beziehgen zw Herst u Abnehmer unter Berücksichtigg der modernen Produktionsmethoden nicht gerecht wird, wird dch die Einf der GefährdgsHaftg beseitigt; an die Stelle der bisher praktizierten BewErleichtergen, die im EinzFall eine verlässl Aussage über das HaftgsRisiko nicht zulassen, treten ges BewLastVorschr. 3

3) Aufbau des Gesetzes, Inhaltsübersicht. § 1 normiert in Abs I die Haftg des Herst für Pers- u Sachschäden inf eines ProdFehlers, in Abs II u III Ausschluß-Tatbestde, in Abs IV die BewLast. §§ 2, 3, 4 geben Legaldefinitionen für die Begr Produkt, Fehler u Herst. § 5 regelt die Verantwortlichk mehrerer erspflichtiger Herst u den Ausgl im InnenVerh, § 6 die HaftgsMinderg bei MitVersch des Geschädigten u Dritter. §§ 7–9 bestimmen Umfang u Art der ErsPfl bei Tötg u KörperVerl. § 10 beschränkt die Haftg bei Tod und KörperVerl auf einen HöchstBetr, § 11 legt bei Haftg für Sachschäden eine SelbstBeteil fest. § 12 regelt die Verj, § 13 das Erlöschen des Anspr dch ZtAblauf. § 14 erklärt die ErsPfl für im voraus unabdingb u unbeschränkb. § 15 stellt das Verh zu anderen RVorschr klar. § 16 enthält eine ÜbergangsRegelg, § 17 eine Ermächtigg zum Erl von RVOen. 4

4) Die wesentlichen Abweichungen vom Deliktsrecht. GefährdgsHaftg (§ 1 I) mit HöchstBetr bei Tod od KörperVerl (§ 10) u SelbstBeteil bei SachSchad (§ 11). Da Versch nicht Vorauss der Haftg ist, hat der Herst keine ExculpationsMöglichk, auch nicht bei nicht vermeidb Fehlern an einem EinzStück („Ausreißer"). Die prakt Auswirkg ist im Hinbl auf die BewLastumkehr und die sehr hohen SorgfAnfordergen im DeliktsR nicht sehr erhebl. Kodifizierg der HaftgsAusschlTatbestde in § 1 II, III. Ges BewLastRegelg in § 1 IV. Unter den Begr Produkt fällt auch die Elektrizität (§ 2). Für sog EntwicklgsGef begründet das Ges in § 3 keine GefährdgsHaftg. § 4 I, II zieht den Kreis der Herst weit, Abs III begründet eine subsidiäre Haftg des Lieferanten. Keine Haftg für Schäden an der gelieferten Sache selbst u für Sachschaden im gewerbl GeschVerk (§ 1 I 2). Anspr erlischt 10 Jhre nach InVerkBringen des Prod (§ 13). 5

5) Anwendungsbereich. 6

a) Sachlich regelt das Ges die Haftg des Herst für Körper-, Gesundh- u SachSchad, die dch den Fehler eines Prod verursacht worden sind, für SachSchäd nur, wenn eine and Sache als das fehlerh Prod selbst beschädigt wird u diese and Sache ihrer Art nach gewöhnl für den priv Ge- od Verbr best ist u auch hauptsächl verwendet wird (§ 1 I 2). Nicht unter die ErsPfl nach dem ProdHaftG fallen EntwicklgsGef (§ 3), der Ers von Vermögens- u immat Schäd, von ArzneimittelSchäd (§ 15 I) und von NuklearSchäd (Art 14 EG-Richtlinie).

b) Zeitlich gilt das Ges für fehlerh Prod, die ab seinem Inkrafttr am 1. 1. 90 in Verk gebracht worden sind (§ 16). In den ostdeutschen Ländern ist das Ges nur auf solche Prod anwendb, die am 3. 10. 90 od später in Verk gebracht worden sind (Anl I Kap III Sachgebiet B Abschn III Nr 8 zum EinigsV). **Internationale Produkthaftung** vgl Littbarski JZ **96**, 231. 7

6) Konkurrenz mit anderen Ansprüchen. Weitergehende ErsAnspr gg den Herst u ErsAnspr gg sonstige Pers aGrd and RVorschr bleiben vom ProdHaftG grdsätzl unberührt (§ 15). 8

ProdHaftG 1 *Haftung.* **I Wird durch den Fehler eines Produkts jemand getötet, sein Körper oder seine Gesundheit verletzt oder eine Sache beschädigt, so ist der Hersteller des Produkts verpflichtet, dem Geschädigten den daraus entstehenden Schaden zu ersetzen. Im Falle der Sachbeschädigung gilt dies nur, wenn eine andere Sache als das fehlerhafte Produkt beschädigt wird und diese andere Sache ihrer Art nach gewöhnlich für den privaten Ge- oder Verbrauch bestimmt und hierzu von dem Geschädigten hauptsächlich verwendet worden ist.**

II Die Ersatzpflicht des Herstellers ist ausgeschlossen, wenn

1. er das Produkt nicht in den Verkehr gebracht hat,

2. nach den Umständen davon auszugehen ist, daß das Produkt den Fehler, der den Schaden verursacht hat, noch nicht hatte, als der Hersteller es in den Verkehr brachte,

3. er das Produkt weder für den Verkauf oder eine andere Form des Vertriebs mit wirtschaftlichem Zweck hergestellt noch im Rahmen seiner beruflichen Tätigkeit hergestellt oder vertrieben hat,

4. der Fehler darauf beruht, daß das Produkt in dem Zeitpunkt, in dem der Hersteller es in den Verkehr brachte, dazu zwingenden Rechtsvorschriften entsprochen hat, oder

5. der Fehler nach dem Stand der Wissenschaft und Technik in dem Zeitpunkt, in dem der Hersteller das Produkt in den Verkehr brachte, nicht erkannt werden konnte.

III Die Ersatzpflicht des Herstellers eines Teilprodukts ist ferner ausgeschlossen, wenn der Fehler durch die Konstruktion des Produkts, in welches das Teilprodukt eingearbeitet wurde, oder durch die Anleitungen des Herstellers des Produkts verursacht worden ist. Satz 1 ist auf den Hersteller eines Grundstoffs entsprechend anzuwenden.

IV Für den Fehler, den Schaden und den ursächlichen Zusammenhang zwischen Fehler und Schaden trägt der Geschädigte die Beweislast. Ist streitig, ob die Ersatzpflicht gemäß Absatz 2 oder 3 ausgeschlossen ist, so trägt der Hersteller die Beweislast.

1 **1) Regelungsgehalt.** Vgl zunächst die Einf. Abs I begründet eine verschunabhäng GefährdgsHaftg (Amtl Begründg A VI 1, Taschner-Frietsch EG-Richtlinie ProdHaftg Art 1 Rdn 2 unter Hinw auf die amtl Überschrift des vergleichb § 84 AMG). Die Bezeichng der Haftg ist – ohne prakt Folgen – allerd unterschiedl (Nachw bei Schmidt-Salzer BB **86**, 1103 [1107] Nr 28 u Fußn 8 bis 13). Abs II, III enthalten Tatbestde, die die Haftg ausschließen, Abs IV regelt die BewLast. Die Haftg ist im voraus unabdingb gem § 14, eine ggf nach and Vorschr begründete Haftg bleibt gem § 15 unberührt.

2) Anspruchsvoraussetzungen.

2 **A) Produktfehler.** Legaldefinition für Prod in § 2, für Fehler in § 3.

B) Verletzung eines der in Abs I 1 geschützten RGüter.

3 **a) Tötung eines Menschen** (BGB 823 Rn 3). HöchstBetr § 10.

4 **b) Körper-, Gesundheitsverletzung** (BGB 823 Rn 4). HöchstBetr § 10.

5 **c) Sachschaden.** Sache wie BGB 90. Beschädigg wie BGB 823 Rn 8, 9. SelbstBeteiligg § 11. Der
6 SachSchad ist gem Abs I 2 nur beschr ersetzb. – **aa) Eine andere Sache** als das fehlerh Prod selbst muß beschädigt worden sein. Die Abgrenzg bereitet Schwierigk bei einem ansonsten fehlerfreien EndProd, das dch ein fehlerh, funktionell abgrenzb TeilProd beschädigt wird, sog weiterfressder Fehler. Wenn das EndProd in diesem Fall nicht als „andere" Sache einzustufen ist (so Kullmann/Pfister, ProdHaftg Bd 1 Nr 3600 B IV 1, Büchner DB **88**, 32 [36], Cahn ZIP **90**, 482, v Westphalen NJW **90**, 83; zweifelnd Sack VersR **88**, 439 unter Hinweis darauf, daß gemäß § 2 I 1 Prod auch eine Sache ist, die einen Tl einer and Sache bildet), dann ist der SachSchad nach dem ProdHaftG nicht ersetzb. Unberührt bleibt auch in diesen Fällen ggf die Haftg des Herst des fehlerh EinzTls, wenn er vom Herst des EndProd verschieden ist, u die Haftg des Herst des EndProd unter
7 dem GesichtsPkt der Gewl od der EigtVerl (BGB 823 Rn 212, 213). – **bb) Für den privaten Ge- oder Verbrauch** muß die beschädigte and Sache ihrer Art nach gewöhnl best u hierzu von dem Geschädigten auch hauptsächl verwendet worden sein. Geschützt ist also nur der priv (End-)Verbr, SachSchäd im berufl-, geschäftl-, gewerbl Bereich fallen nicht unter § 1, sind aber ggf nach BGB 823 ersetzb. Die obj u die subj Komponente (allg ZweckBest u pers Verwendg im priv Bereich) müssen kumulativ erfüllt sein. Das TatbestdMerkm gewöhnl bedeutet, daß eine Sache von der Art der beschädigten im allg für Erwerbszwecke hergestellt wird. Zusätzl muß der Geschädigte die beschädigte Sache subj hauptsächl, dh ganz überwiegend zur Befriedigg pers Bedürfn od Interessen verwenden. Die Abgrenzg kann im EinzFall schwier sein.

8 **d) Vermögens- und immaterieller Schaden** fallen nicht unter das ProdHaftG. Das Verm als solches ist hier wie in BGB 823 I kein geschütztes RGut. Es gibt kein SchmerzG.

9 **3) Ursächlichkeit.** Durch den ProdFehler muß der entstandene Schad verursacht sein. Es muß also ein ZurechngsZushang, adäquate Kausalität zwischen dem ProdFehler u dem entstandenen Schad bestehen (Vorb 57 ff vor BGB 249).

4) Anspruchsberechtigt ist der Geschädigte.

10 **a) Unmittelbar geschädigt** (BGB 823 Rn 157) kann insb jeder Benützer, Verwender des fehlerh Prod, aber auch jeder unbeteil Dr sein, der mit ihm in Berührg kommt. Nicht ersetzb SachSchäd Rn 5–7.

11 **b) Mittelbar geschädigt** mit eig ErsAnspr iF der Tötg u KörperVerl ist der in §§ 7, 8 genannte PersKreis.

12 **5) Ersatzpflichtig** ist unbeschadet des HaftgsAusschl gem Abs II, III, des HöchstBetr gem § 10 u der SelbstBeteil gem § 11 der Herst – Legaldefinition in § 4 I, II –, der Herst eines TeilProd mit der aus § 1 III ersichtl Einschränkg; subsidiär der Lieferant gem § 4 III. Mehrere ErsPflichtige haften als GesamtSchu gem § 5.

13 **6) Haftungsausschluß nach Absatz II.** Trotz Vorliegens der Vorauss gem Abs I haftet der in Anspr Genommene nicht, wenn er einen der in Nrn 1 bis 5 umschriebenen Tatbestd beweist.

14 **a) Nr 1** stellt auf das **Nicht-In-Verkehr-Bringen** des Prod ab. Dabei ist zu unterscheiden: – **aa)** Der **Hersteller,** auch der QuasiHerst, bringt in Verk, sobald er sich willentl der tatsächl HerrschGewalt über das Prod begibt. Dies geschieht dadch, daß er es ausliefert, in den Vertrieb, in die Verteilerkette, in den WirtschKreislauf gibt. Das tut auch der Herst eines TeilProd od GrdStoffes mit der Lieferg an den End- od einen and TeilHerst. Nicht in Verk gebracht hat der Herst ein Prod, das ohne seinen Willen seiner VfgsMacht entzogen

wurde, zB dch Diebstahl, Unterschlagg. – **bb)** Der **Importeur** aus einem nicht der EG angehör Land (§ 4 II) 15
gilt vom Ztpkt des Imports an als Herst. Er kann also begriffl vor diesem Ztpkt nicht in Verk bringen, der dafür maßgebl Vorgang (Rn 14) kann sich erst ab dem Import in ein EG- Land zutragen. – **cc) Lieferant** 16
(§ 4 III) kann jmd, der ein Prod bezogen hat, erst dch die Weitergabe iS der vorstehden Anm a werden, das InkVerkBringen macht ihn zum Lieferanten.

b) Nr 2 stellt auf die **Fehlerfreiheit im Zeitpunkt des In-Verkehr-Bringens** des Prod ab. Der Herst u 17
wer ihm gleichsteht (§ 4) haftet nicht, wenn das Prod den schadensurs Fehler zum Ztpkt des InVerkBringens (vorstehd Rn 14–16) noch nicht aufwies. Von prakt Bedeutg ist dies nur für Fabrikationsfehler (vgl § 3 Rn 4), weil ein Konstruktionsfehler (§ 3 Rn 3) begrnotw einem Prod von der Entstehg an auf Dauer anhaftet und weil auch ein Instruktionsfehler (vgl § 3 Rn 5) das Prod vom Ztpkt des InVerkBringens an begleitet, bis er nachträgl behoben wird (ebso amtl Begrdg B zu § 1, Taschner-Frietsch EG-Richtlinie Art 7 Rdn 10). Der dem Herst obliegde Nachw (Abs IV) ist dadch zu führen, daß entw das Prod bei InVerkBringen den schadursächl Fabrikationsfehler noch nicht gehabt haben kann, woraus sich notw ergibt, daß er erst später entstanden sein muß, oder daß der Fehler tatsächl erst danach entstanden ist, zB dch unsachgem Benützg, Verwendg, Aufbewahrg. Dabei sind insbes die Art des Prod, die Intensität des Gebr, vor allem auch die ZtSpanne zwischen InVerkBringen u SchadEintritt zu berücksichtigen. Erforderl ist eine zuverläss Dokumentation der Ausgangskontrolle (BGH **104**, 323, BB **93**, 1476); für Prod, bei denen ein erhebl Risiko für den Verbraucher in der Herstellg geradezu angelegt ist, darüber hinaus eine Statussichg über das Freisein von Mängeln (BGH NJW **93**, 528, BGH **129**, 353); bei Einbau zugelieferter Tle außerdem eine Eingangskontrolle u ihre Dokumentation (Steckler BB **93**, 1225). Ist dies geschehen, so führt die Formulierg „nach den Umst davon auszugehen ist" zu BewErleicherg wie in § 252 S 2 (Amtl Begründg B zu § 1).

c) Nr 3 stellt auf den **nicht kommerziellen Zweck der Herstellung** bzw des Vertriebs ab. Die Haftg 18
des Herst od wer ihm gleich steht (§ 4) entfällt nur, wenn er die beiden im Text genannten Vorauss kumulativ beweist. – **aa) Herstellung nicht zum Vertrieb mit wirtschaftlichem Zweck** bedeutet, daß das Prod nicht in der Abs fabriziert ist, dch seinen irgdwie gearteten entgeltl Vertrieb, zB dch Verkauf, Vermietg, Verpachtg, Verleasen unmittelb od mittelb Gewinn zu erzielen. Jede auf GewinnErzielg gerichtete auch priv Herstellg, erfüllt die Vorauss nicht. Nach dem GesWortlaut scheint es auf die Abs im Ztpkt der Herstellg anzukommen. Danach würde ein Herst, der außerh seiner berufl Tätigk für sich priv od zum Verschenken herstellt, nicht haften, wenn er nach der FertStellg seine Abs ändert u das Prod doch entgeltl vertreibt. Die rein subj Abs bei der Herstellg kann nach dem Zweck der ProdHaftg nicht dazu führen, daß der Geschädigte ohne Ers bleibt, wenn der Herst das fehlerh Prod dann doch kommerzialisiert hat (Taschner-Frietsch EG-Richtlinie Art 7 Rdn 20). Zumindest ist iR der BewWürdigg die spätere Kommerzialisierung ein starkes Indiz gg die bei Herstellg fehlde Abs dazu. – **bb) Herstellung oder Vertrieb nicht** 19
im Rahmen beruflicher Tätigkeit. Hier kommt es nicht auf die fehlde Abs der GewinnErzielg wie vorstehd Rn 14–16, sondern darauf an, daß der Herst das Prod außerh seiner berufl Tätigk hergestellt od (alternat) vertrieben hat. Jede Herstellg oder jeder auch unentgeltl Vertrieb des Prod iR der berufl Tätigk des Herst erfüllt die Vorauss nicht.

d) Nr 4 stellt auf die **Herstellung entsprechend dazu zwingenden Rechtsvorschriften** ab, um den 20
Herst nicht in die Zwangslage zw Ungehorsam od Haftg zu bringen. Er ist von der Haftg frei, wenn der Fehler darauf beruht (Kausalität erforderl), daß das Prod in dem Ztpkt, in dem der Herst es in Verk brachte, einer in einem Ges od einer VO selbst enthaltenen verbindl DetailRegelg, so u nicht anders herzustellen, od einer techn Norm entsprach, auf die im Ges oder einer VO verbindl verwiesen ist. And Vorschr genügen dieser Vorauss nicht wie DIN-(BGH VersR **84**, 270, Köhler BB Beilage 4/85) u VDE-Normen, ges festgelegte Schutzziele u die Generalklauseln zu ihrer Erreichg, nationale Sicherh-Normen zur Erreichg eines MindStandards, die grundlegden SicherhAnfdgen der EG-Kommission. Sie alle zwingen nicht zu einer genau festgelegten Produktionsweise (Kollmer NJW **97**, 2015), können aber für die Frage der Fehlerhaftigk des Prod (§ 3) eine Rolle spielen. Von prakt Bedeutg ist die Best nur für Konstruktionsfehler. Auf sie berufen können sich, je nach dem Ztpkt des InVerkBringens, alle Herst iS des § 4. Je nach Sachlage kann StaatsHaftg wegen des Erlasses von Ges od VOen mit verbindl HerstellgsVorschr, die zu Fehlern führen, in Frage kommen.

e) Nr 5, Entwicklungsfehler. Das sind solche, die in dem Ztpkt, in dem der Herst das Prod in Verk 21
brachte, nach dem Stand der Wissensch u Technik noch nicht erkannt werden konnten. Abw Regelg in § 84 Nr 1 AMG. Der HaftgsAusschl betrifft nur Konstruktions-, nicht Fabrikationsfehler, sog Ausreißer (BGH **129**, 353). Entscheidd ist die Nichterkennbark, also Unvermeidbk desFehlers, zu beurteilen obj nachdem Stand von Wissensch u Technik. Danach ist der Fehler nicht erkennb, wenn die potentielle Gefährlichk des Prod nach der Summe an Wissen und Technik, die allg, nicht nur in der betr Branche u national, anerkannt ist u zur Vfg steht, von niemandem erkannt werden konnte, weil diese ErkenntnMöglichk noch nicht vorh war. Das ist ggf mit Hilfe eines Sachverständ festzustellen. Maßg Ztpkt ist der, in dem der Herst das schadursächl Prod in Verk gebracht hat. Dieser Ztpkt kann bei den versch HerstTypen in § 4 unterschiedl sein. Die WeiterEntwicklg von Wissensch u Techn als solche nach diesem Ztpkt kann nicht zur Haftg des Herst führen (vgl auch § 3 II), aber für seine ProdBeobachtgsPfl (BGB 823 Rn 208) eine Rolle spielen.

7) Haftungsausschluß für Zulieferer nach Absatz III. 22

Der Herst eines TlProd haftet für dessen Fehler ab InVerkBringen, das ist Lieferg an den Herst des EndProd, neben diesem (§ 5) dem Verl. Ihm steht zusätzl zu Abs II die EntlastgsMöglichk offen, wenn er die tats Vorauss einer der beiden Alternat in Abs III beweisen kann, die sich beide nur auf Konstruktionsfehler beziehen. Gleiches gilt für den Herst eines GrdStoffs (§ 4 Rn 5) bei Lieferg an den Herst eines Tl- od EndProd.

a) Konstruktion des Endprodukts. In der 1. Alternat ist das TlProd bzw der GrdStoff selbst bei Lieferg 23
fehlerfrei. Schon desh haftet dessen Herst nicht. Der Fehler liegt darin, daß das TlProd bzw der GrdStoff für den Einbau nicht geeignet ist; er ist dch die Konstruktion des EndProd, in das es eingearbeitet wurde, verurs. Fabrikationsfehler des TlProd fallen nicht unter die Vorschr.

24 **b) Anleitungen.** Hier beruht der Fehler nur auf Anleitgen, dh bindden konstrukt Weisgen, die der Herst des EndProd aGrd seiner Gesamtkonzeption dem Zulieferer des TlProd bzw GrdStoffs für dessen Herstellg erteilt hat. Der aus der Weisg entstandene Fehler betrifft entw die Konstruktion des TlProd bzw GrdStoffs selbst od (sicher häufiger) die des EndProd, weil für seine gefahrl Funktion das TlProd bzw der GrdStoff nicht geeignet ist. Andere Fehler des TlProd, auch solche Konstruktionsfehler, die nicht auf einer Anleitg beruhen, fallen nicht unter die Vorschr. VerschHaftg bleibt mögl, wenn der Zulieferer bei der Ausf der ihm übertragenen Tätigk die Gefährlichk der Konstruktion erkennen kann u konkr Anlaß hat für die Annahme, daß der für die Konstruktion Verantwortl diesem Umst nicht genügd Rechng getragen hat (BGH DB **90**, 577).

25 **8) Beweislast, Absatz IV.**

a) Der Verletzte muß nach allg Regel die ansprbegründden Vorauss (Rn 2–9) u die HerstEigensch (§ 4) des als Schädiger in Anspr Genommenen darlegen u beweisen, wobei ihm ggf der Bew des ersten Anscheins bei der Ursächlichk zugute kommen kann. Vgl auch BGB 823 Rn 219, 220. – **b)** Der **Hersteller** muß die Tats darlegen u bew, die einen der AusschlTatbest in Abs II u III ausfüllen.

ProdHaftG 2

Produkt. **Produkt im Sinne dieses Gesetzes ist jede bewegliche Sache, auch wenn sie einen Teil einer anderen beweglichen Sache oder einer unbeweglichen Sache bildet sowie Elektrizität. Ausgenommen sind landwirtschaftliche Erzeugnisse des Bodens, der Tierhaltung, der Imkerei und der Fischerei (landwirtschaftliche Naturprodukte), die nicht einer ersten Verarbeitung unterzogen worden sind; gleiches gilt für Jagderzeugnisse.**

Satz 2 wird voraussichtl aufgehoben (Rn 4).

1 **1) Produkt** ist nach der ges BegrBest jede bewegl Sache und Elektrizität, ausgen die noch nicht verarbeiteten NaturErzeugn. Unerhebl ist, ob industriell in größerer Zahl od individuell als Einzelstück gefertigt (ebso Heymann CR **90**, 176; zweifelnd Kort aaO 171) u ob Produktionsmittel od VerbrGut, ob an sich gefährl od nicht.

a) Bewegliche Sache BGB 90. Auch wenn sie Tl einer and bewegl Sache ist. Die ProdEigensch geht dch Einbau einer bewegl Sache in eine unbewegl als deren fester Bestandt nach ausdr Vorschr in Satz 1 nicht verloren. Da der AggregatsZustd keine Rolle spielt (BGB 90 Rn 2), sind auch Wasser, Dampf und Gas als Energieträger körperl Sachen (ebso Klein BB **91**, 917). Menschl Körperteile wie Haare, Blut, Organe werden mit der Trenng vom Körper bewegl Sachen (BGB 90 Rn 3). Ein Fehler an ihnen kann zur ProdHaftg aber erst nach Verarbeitg mit dem InVerkBringen (§ 1 Rn 14–17) führen bei kontaminierten Blutkonserven gem BGB 823 u AMG 84 (BGH **8**, 243, Hbg NJW **90**, 2322, Eichholz NJW **91**, 732). Der Abfall ist als solcher nicht hergestellt (§ 4; Taschner EG-Richtlinie Rdn 6, amtl Begründg zu § 2); handelt es sich zB um einen GrdStoff, so beginnt iF der Fehlerhaftigk mit dem InVerkBringen, zB dch den Schrotthändler, ProdHaftg nach diesem Ges. Weitergehde Haftg BGB 823 Rn 91 unter Industrieabfälle. Unbewegl Sachen (Übbl 3 vor BGB 90) sind keine Prod. Bei verkörperten geist Leistgen ist die Verkörperg Produkt, zB das Druckwerk, der Datenträger; ob auch die in die Verkörperg eingeflossene geist Leistg als solche, das Computerprogramm, Produkt ist, ist str (BGB 90 Rn 2).

2 **b) Elektrizität** ist, obwohl nicht körperl u desh nicht Sache, nach ausdr Vorschr in S 1 Prod. Da and Energien (nicht zu verwechseln mit Energieträgern, Rn 1) nicht genannt sind, sind sie als solche nicht Prod.

3 **2) Naturprodukte** sind in S 2 bezeichnet als landwirtsch Erzeugn des Bodens, der Tierzucht, der Imkerei, der Fischerei u Jagderzeugn. BodenErzeugn sind land-, garten- u forstwirtsch gewonnene u wildwachsde Pflanzen samt ihren Tlen, ferner BodenBestandt wie Torf (Hamm BB **73**, 325). Erzeugn der Tierzucht sind
4 alle Haustiere u ihre Prod, Erzeugn der Jagd sind alle wildlebden Tiere u ihre Prod. – **a) Ohne erste Verarbeitung,** dh so wie sie gewonnen wurden, sind NaturErzeugn keine Prod iS dieses G, ihre Fehlerhaftigk kann also in Ausn von der Regel in § 1 keine Haftg auslösen. Diese Ausn wird ab 4. 12. 2000 voraussichtl
5 gestrichen (Richtl 1999/34 des Europ Parlaments u des Rates vom 10. 5. 99, DB **99**, 1488). – **b) Erste Verarbeitung** führt zur UnterAusn, die die Regel (Haftg) wieder herstellt. Darunter ist jede menschl Tätigk zu verstehen, die das naturreine Prod dch irgdeine Veränderg zum Ge- od Verbr vorbereitet. Eine Umformg wie Keltern von Trauben, Mahlen von Getreide ist dazu nicht erforderl, es genügt zB Konservierg. Im Einzelfall kann zweifelh sein, was erste Verarbeitg ist. Kriterium ist, ob von Natur aus nicht vorh Risikofaktoren geschaffen werden (Amtl Begründg zu § 2); eingehd Buchwaldt NJW **96**, 13.

ProdHaftG 3

Fehler. **[I]Ein Produkt hat einen Fehler, wenn es nicht die Sicherheit bietet, die unter Berücksichtigung aller Umstände, insbesondere**
a) seiner Darbietung,
b) des Gebrauchs, mit dem billigerweise gerechnet werden kann,
c) des Zeitpunkts, in dem es in den Verkehr gebracht wurde,
berechtigterweise erwartet werden kann.

[II]Ein Produkt hat nicht allein deshalb einen Fehler, weil später ein verbessertes Produkt in den Verkehr gebracht wurde.

1 **1) Fehlerbegriff in Abgrenzung zum Gewährleistungsrecht.** Die vertragl Gewl betrifft die Gebr-, FunktionsFähigk u den Wert einer Sache, wie sie der Erwerber aGrd eines abgeschl Vertr erwarten darf. Die ges ProdHaftg betrifft die Sicherh des Prod, wie sie die Allgemeinh erwarten darf. Die GewlVorschr schützen also das **wirtschaftliche Nutzungs- und Äquivalenzinteresse des Vertragspartners** daran, daß die Sache keine Mängel aufweist, die im Hinbl auf die erbrachte GgLeistg ihren Wert u/od ihre vertragl vorgesehene

GebrFähigk beeinträchtigen. Die ProdHaftg schützt das **Integritätsinteresse jedes Benutzers und Dritten** daran, daß die Sache die Sicherh für Leben, Gesundh u Sachwerte bietet, die allg berechtigterw erwartet werden kann (BGH NJW **85**, 2420, BGH **86**, 256, Schmidt-Salzer BB **83**, 534); ebenso ProdSG 6 (Nickel u Lars VersR **98**, 948). Vgl auch BGB 823 Rn 212, 213.

2) Fehlerkategorien. Rspr u Schrifttt unterscheiden deren 3. Für die Haftg ist diese Einteilg unerhebl, einz Vorschr passen allerd nur für best Kategorien, zB § 1 Rn 17, 20. 2

a) Konstruktionsfehler machen das Prod inf fehlerh techn Konzeption, Plang für eine gefahrl Benützg ungeeignet. Sie haften der ganzen Serie an. Sie beruhen auf einem Verstoß gg techn Erkenntn schon bei der Herstellg (BGH BB **84**, 2150). Bsp Rn 13. 3

b) Fabrikationsfehler entstehen währd der Herstellg. Sie haften nur einz Stücken an. Zu ihnen gehören auch die sog Ausreißer, näml Fabrikationsfehler, die trotz aller zumutb Vorkehrgen unvermeidb sind (BGH VersR **56**, 410, VersR **60**, 855). Bsp Rn 14. 4

c) Instruktionsfehler fallen unter den Begr Darbietg in Abs I Buchst a (Rn 10). Sie bestehen in mangelh GebrAnw u/od nicht ausr Warng vor gefahrbringden Eigensch, die in der Wesensart der als solcher fehlerfreien Sache begründet sind; desh muß der Herst auf die korrekte Handhabg u auf best Gef, die entstehen können, hinweisen (BGH NJW **75**, 1827: Werkzeug). Der ArzneimittelHerst muß schon dann eine Warng aussprechen, wenn aGrd eines zwar nicht dringden, aber ernst zu nehmden Verdachts zu befürchten ist, daß GesundhSchäd entstehen können (BGH **106**, 273). Inhalt u Umfang der Instruktionen sind auszurichten nach der am wenigsten informierten u damit nach der gefährdetsten Benutzergruppe (BGH NJW **94**, 932 „Milupa/Alete-Tee"). Die Instruktionen müssen deutl u ausr sein, dh ggf dem Prod selbst beigegeben werden, u sie müssen vollst sein, dh die Art der drohden Gef ist deutl herauszustellen, außerdem ist bei der Gef erhebl Gesundh- u KörperSchäd das wichtigste hervor zu heben, der FunktionsZushang u anzugeben, warum das Prod gefährl werden kann (BGH **116**, 60, NJW **95**, 1286, verfassgsr nicht zu beanstanden, BVerfG NJW **97**, 249). Ggf muß außer dem Hinw auf Gef auch angegeben werden, wie das Prod gefahrfrei zu verwenden ist, welche VorsorgeMaßn zu treffen u welche VerwendgsArt zu unterlassen ist (BGH NJW **72**, 2217 „Estil", Hamm VersR **84**, 243). Dabei ist nicht nur auf den bestimmgsgem Gebr, sond darühinaus auf den naheliegden Gebr, also auch auf eine nicht ganz fernliegde versehentl Fehlanwendg (BGH **116**, 60; aA Littbarski NJW **95**, 217) u naheliegden Mißbr (BGH **106**, 273) abzustellen. Was auf dem Gebiet allg ErfahrgsWissens liegt, braucht nicht zum Inhalt einer GebrAnw od Warng gemacht zu werden; gilt auch für MontageAnw (BGH NJW **86**, 1863). Eine Warn- u HinwPfl kann schon dann bestehen, wenn ein zur Abwendg von Gef best Produkt nicht gefährl, sond unter best Vorauss nur wirkgsl ist, der Benützer aber im Vertrauen auf die Wirksamk von der Verwendg eines and, wirks Produkts zur GefAbwendg absieht (BGH **80**, 186, Schmidt-Salzer BB **81**, 1041, v. Westphalen WM **81**, 1154 [1162]). – **Ursächlich** ist die Verl der HinwPfl nur, wenn 5 a
pflgem Handeln den eingetretenen Schad mit Sicherh verhindert hätte; eine gewisse Wahrscheinlk genügt nicht (BGH NJW **75**, 1827). Für die Beachtg einer hinreichd deutl GefWarng spricht nach der Lebenserfahrg eine tats Vermutg, wenn nicht die unstreit, festgestellten u vom Kl selbst vorgetragenen Umst iR einer GesBetrachtg für das Ggteil sprechen (BHG NJW **99**, 2273). Negat-Bsp Ffm NJW-RR **99**, 25, 27 u 30: Baby-Nuckelflaschen. Bsp Rn 15. – **Keine Instruktionspflicht,** wenn das Prod nach den berecht Erwartgen 5 b
des Herst ausschl in die Hände von Pers gelangen kann, die mit den Gef vertraut sind (BGH **116**, 60/65), außer der Herst muß davon ausgehen, daß best Gef auch in spezialisierten FachUntern nicht bekannt sind (BGH NJW **92**, 2016/2018); ferner wenn die GefQuelle offensichtl ist (BGH NJW **95**, 2631) od wenn es um die Verwirklichg von Gef geht, die sich aus einem vors od äußerst leichtfert Fehlgebr ergeben (BGH NJW **81**, 2514, NJW **99**, 2815). – **Produktbeobachtungs-, Rückrufpflicht** BGB 823 Rn 208, 209. 5

d) Entwicklungsgefahren sind von der Haftg nach diesem G nicht erfaßt (§ 1 Rn 21). 6

3) Produktfehler, Absatz I gibt die ges BegriffsBest. 7

a) Sicherheit, Maßstab. Das Prod muß, will es iS dieses G fehlerfrei sein, hins Konstruktion, Fabrikation u ggf beizugebder Instruktion so beschaffen sein, daß es die körperl Unversehrth des Benutzers od eines Dr nicht beeintr u sein sonstiges priv Eigt nicht beschädigt (§ 1 I). Maßst hierfür ist die berecht Erwartg hins aller Umst, Darbietg, Gebr im maßg Zeitpkt; s Rn 8–12.

b) Berechtigte Erwartung. Abzustellen ist nicht auf die subj SicherhErwartg des jeweil Benutzers, sondern, wie sich aus der Formulierg als Passivsatz „erwartet werden kann" ergibt, **objektiv** darauf, ob das Prod diejen Sicherh bietet, die die Allgemeinh nach der VerkAuffassg in dem entspr Bereich für erforderl hält (ähnl schon BGH VersR **72**, 559). Konstrukt Maßn zur Beseitigg von ProdGef müssen dann nicht getroffen werden, wenn die Benutzer dies im Bewußtsein der bestehden konkr Gef nicht für erforderl halten (BGH VersR **77**, 334: Autoscooter, BGH NJW **90**, 906: Pferdebox). Die SicherhErwartg muß **berechtigt** sein, dh die Allgemeinh kann nicht von jedem Prod in jeder Situation totale Sicherh erwarten. Es handelt sich vielm um eine dch den Ri zu entsch WertgsFrage, für die Abs I die maßgebl Kriterien aufstellt. 8

c) Berücksichtigung aller Umstände. Die berecht SicherhErwartgen der Allgemeinh sind „insb" an den in Abs I Buchst a bis c bezeichneten, darühinaus an den gesamten obj Umst des konkr SchadFalles zu messen. **Beispiele: Die Natur der Sache** läßt Rückschlüsse auf den ErwartgsHorizont zu. So ist allg bekannt, daß Alkohol u Nikotin schädl Nebenwirkgen haben können, sie werden trotzdem konsumiert. – Die **Preisgestaltung** kann auf die Verkehrserwartg Einfluß haben, denn die erhöhte Sicherh hat ihren Pr (BGH BB **89**, 2429). Benutzer eines Klein- od Mittelwagens wissen, daß sie nicht die höhere Sicherh des teureren Komfortwagens mit ABS zu erwarten haben. Bei **Elektrizität** (§ 2 S 1) u Energieträgern (§ 2 Rn 1) stellt sich die Frage, ob die Allgemeinh berechtigterw Belieferg in konstanter Stärke, Spanng, Wärme, Druck erwarten darf, falls es dch Schwankgen zu Schäd kommt (bejahd Klein BB **91**, 917). – Das Prod muß hins Konstruktion, Fabrikation, Instruktion dem aktuellen **Stand von Wissenschaft und Technik,** soweit obj erkennb u ermittelb, u den anerk Regeln des Faches entsprechen (BGH NJW **68**, 248, BGH **80**, 186). – **Technische Normen, DIN-Vorschriften, VDE-Bestimmungen,** das **Gesetz über die elektromagnetische Verträglichkeit von Geräten** v 9. 11. 92 (BGBl I 1864, GerätesicherhG, ProdSG halten den übl, jedenf den 9

MindStandard an Sicherh fest, dessen Einhaltg die Allgemeinh berechtigterw erwartet. Ihre NichtEinhaltg ist ein Konstruktionsfehler (Kollmer NJW **97**, 2015). Ihre Einhaltg spricht dafür, daß das Prod den SicherhErwartgen entspricht, schließt aber nicht in jedem Fall eine abw Beurt aus. Vielm sind die genannten Regeln im EinzFall ergänzgsbedürft (BGH NJW **87**, 372) nach dem obj erkennb od ermittelb Stand von Wissensch u Technik (BGH **80**, 186). Die Erf der genannten Normen genügt nicht, wenn die techn Entwicklg darüber hinaus gegangen ist u wenn sich bei der Benutzg des Prod Gef gezeigt haben, die in DIN-Normen noch nicht berücksichtigt sind (BGH NJW **94**, 3349). – **Produktbeobachtung.** Die Allgemeinh erwartet, daß der Herst aus berecht Reklamationen Konsequenzen für die künft Herstellg zieht. ProdBeobachtgsPfl BGB 823 Rn 208).

10 **d) Darbietung** (Abs I Buchst a) ist jede Tätigk, dch die der Herst od mit seiner Billigg ein Dr das Prod der Allgemeinh, darunter auch dem jeweil Benutzer vorstellt. Darunter fallen zB ProdBeschreibg, GebrAnw, Verpackg, Ausstattg, Gütezeichen, Hinw auf bes, auch gefährl Eigensch. Fehlt die notw Aufklärg, ist sie lückenh od unricht, so liegt darin ein Instruktionsfehler (Rn 5). Auch die Werbg, allerd unter Berücksichtigg gewisser Übertreibgen, mit denen die Allgemeinh rechnet, kann den ErwartgsHorizont hins der ProdSicherh, um die es hier allein geht, beeinflussen.

11 **e) Der Gebrauch, mit dem billigerweise gerechnet werden kann,** ist ein weiterer Umst für die Beurt der Frage, ob das Prod fehlerh ist, weil es nicht die Sicherh bietet, mit der berechtigterw gerechnet werden kann. Gemeint ist der bestimmgsmäß Gebr (BGH **51**, 91). Er ergibt sich aus Art u Wesen des Prod u aus der ZweckBest, die ihm der Herst in Beschreibgen u GebrAnwen gegeben hat. Herstellg u Instruktion müssen aber darühinaus auch auf einen über die ZweckBest hinausgehden übl Gebr u eine nicht ganz fernliegde versehentl Fehlanwendg abstellen (BGH **116**, 60). Mit einem mißbräuchl, völl zweckfremden Gebr ist billigerw nicht zu rechnen (BGH NJW **81**, 2514: techn Lösgmittel als InhaliergsRauschgift).

12 **f) Maßgebender Zeitpunkt** (Abs I Buchst c), in dem das Prod den berecht SicherhErwartgen entsprechen muß, ist das InVerkBringen (§ 1 Rn 14–17).

13 **g) Beispiele: – aa) Konstruktionsfehler:** Mangelh Befestigg eines Ölablaufrohrs (Nürnb NJW-RR **88**, 378). BediengsErschwerg bei Rungenverschluß (BGH VersR **72**, 357). Gefährl Gerät ohne ausreichde Schutzvorrichtg (BGH VersR **57**, 584). Fehlerh konstruiertes Vorderradschutzblech bei Fahrrad (LG Bln MDR **97**, 246). Betriebsunsichere Kühlmaschine (BGH VersR **60**, 1095). Nicht bruchfester Expander (BGH DB **90**, 577). Fehlde Schutzvorrichtg für Kettenantrieb von Transportbändern (Düss VersR **89**, 1158). Maschine, die den UnfallVerhütgsVorschr nicht entspr (Hamm MDR **71**, 488, BGH BB **72**, 13). Seilriß bei Förderkorb (BGH VersR **72**, 559). Fehlde Funktionstüchtigk eines Hilfsmittels für Felsklettern (Köln VersR **93**, 110). Fehlerh, zB spätestens ab 1995 in Verk gebrachte nicht Jahr-2000-feste Software (§ 459 Rn 51, 52, Hohmann NJW **99**, 521). Explodierde Einwegflasche (BGH NJW **88**, 2611). Fehlde SchutzVorrichtg gg Entzündg eines Kondensators dch Erwärmg (Karlsr NJW-RR **95**, 594). Hohe Chloridgasabscheidg bei Luftfilter (Ffm VersR **90**, 981). Fallsicherh gesicherter Pistole (Saarbr NJW-RR **93**, 990: Fehler verneint). –

14 **bb) Fabrikationsfehler:** Typhusbazillen in Trinkmilch (BGH VersR **54**, 100). Salmonellenvergiftete bzw mit Hepatitisviren infizierte Speise in einer Gastwirtsch (BGH **116**, 104, Ffm NJW **95**, 2498), Salmonellenvergiftg dch Bienenstich (Hamm VersR **96**, 72). Fehlerh Montage von Lenkvorrichtg bei Motorroller (BGH VersR **56**, 259). Fehlerh Ventil auf Druckbehälter (Hamm OLGZ **90**, 115). Ventilbruch im Motor wg Materialfehlers (Kln VersR **91**, 348). Materialschwäche bei Fahrradgabel (BGH VersR **56**, 410). Materialriß in Seilschloß (BGH VersR **59**, 104). Gußfehler bei Kondenstopf (BGH VersR **60**, 855). Materialfehler bei Schubstrebe (BGH NJW **68**, 247). Explodierde Mineralwasserflasche (BGH NJW **93**, 528, BGH **129**, 353); keine Haftg iF der Entlastg gem § 1 II Nr 5 (dort Rn 21, Hamm VersR **95**, 103: Von elektron Prüfgerät nicht erkennb Haarriß). Nicht sachgerechte Montierg von LeitgsTrennern, lockere Anschlüsse in einem Baustromverteiler (BGH NJW **92**, 41). Aidsverseuchte Blutkonserve (Hbg NJW **90**, 2322). Antibiotika im Fischfutter (BGH **105**, 346). Herstellg verunreinigten Tierfutters (Hamm NJW-RR **93**, 853). Verwendg verunreinigten Torfsubstrats bei der Herstellg (BGH NJW **99**, 1028). Bruch des Operationsinstruments wg Materialfehlers (Düss NJW **78**, 1693). Gaszug im Auto geht nicht zurück (BGH **86**, 256). Verunreinigg von Impfstoff (BGH **51**, 91). Fehlerh DosiergsAnw für Medikament in medizin Druckwerk (BGH NJW **70**, 1963 verneint Deliktshaftg des Verlegers); allg zur Frage der Haftg bei Fehlern in verkörperten geist Leistgen Cahn NJW **96**, 2899, insbes in Druckwerken Röhl JZ **79**, 369, Foerste NJW **91**, 1433, für Fehlleistgen in der Forschg Heldrich, Freih der Wissensch – Freih zum Irrt?, 1987. Übermäß rußde Adventkerzen (LG Lüb VersR **93**,

15 1282). Fehlerh Farbton einer Holzschutzfarbe (Hamm VersR **93**, 765). – **cc) Instruktionsfehler:** Ungenügder Hinw auf die Gefährlk (Ffm NJW-RR **97**, 1519) u die Gef einer Überdosierg bei Pflanzenschutzmittel (Ffm VersR **94**, 231), unterbliebener Hinw auf die Unverträglichk gleichzeit Anwendg zweier Pflanzenschutzmittel (BGH DB **77**, 1695), auf ätzde Wirkg eines Kunststoff-Fertig-Verputzes (Düss VersR **91**, 233), auf aggress Substanzen in Brandschutzmittel, die bei Hinzutritt von Wasser zur Korrosion führen können (Karlsr NJW-RR **92**, 285). Ungenügder Hinw auf ätzde Wirkg eines RohrreiniggsMittels (Oldbg NJW-RR **97**, 1520). MontageAnw bei Fensterkran (BGH VersR **59**, 523, Fehler verneint). Feuergefährlk von Rostschutzmittel (BGH NJW **59**, 1676), von Klebemittel (BGH VersR **60**, 342), von Grundiermittel (BGH VersR **62**, 372), von Auftautransformator (BGH VersR **63**, 860). Fehlder Hinw auf Brennbark nicht nur des Konzentrats, sondern auch der Aufgußmischg für Saunaaufgüsse (Düss NJW-RR **92**, 534), auf die Notwendigk einer bes Brandisolierg bei Aufbau eines offenen FertKamins in einem FertHaus (Düss VersR **90**, 900), auf nicht erkennb Gef einer FingerVerl bei Papierreißwolf (BGH NJW **99**, 2815). Unzureichende BediengsAnleitg von BetonbereitgsAnl (BGH **47**, 312), für ein elektr Meßgerät (Stgt NJW-RR **92**, 670). Säurehalt ReiniggsMittel (Celle VersR **85**, 949). Fehlder Hinw auf Arterienunverträglichk eines Narkosemittels (BGH **59**, 172), auf Gef des Berstens einer Spannhülse bei der Schalg von BetonTln (BGH BB **75**, 1031), auf ExplosionsGef einer Flasche mit RohrreiniggsMittel (Oldbg VersR **98**, 65). Ungenügde BediengsAnleitg für Schnellspannvorrichtg des Vorderrads eines Mountainbikes (Düss NJW **97**, 2333). Fehlder Hinw auf die Möglk, daß sich bei Fallenlassen einer Pistole ein Schuß lösen kann (Karlsr VersR **98**, 63), auf sichere Befestigg eines Sportgerätes (Mü u BGH VersR **88**, 635), auf hohe Chloridabscheidg bei Luftfilter (Ffm VersR **90**, 981). Nicht genügd deutl Warng vor den Gef einer länger andauernden Zufuhr kariogener Getränke aus Flaschen für Kleinkinder

(BGH **116**, 60, NJW **95**, 1286, BVerfG ZIP **96**, 2168, BGH NJW **99**, 2273), auf die Gefährlick von Feuerwerkskörpern (BGH **139**, 79). Unterbliebene Warng u Aufklärg über die potentiellen Gef nicht Jahr-2000-fester, ab 1990/91 in Verk gebrachter Software (§ 459 Rn 51, 52, Hohmann NJW **99**, 521/525). Keine Pfl zur Instruktion über sachgerechte Verwendg von Stahlnägeln (Düss NJW-RR **96**, 20).

4) Spätere Produktverbesserung (Abs II) führt als solche nicht zur Fehlerhaftigk des früher in Verk gebrachten Prod. Der Umst allein, daß ein Prod gleicher od vergleichb Art desselben od eines and Herst später in verbesserter Ausführg auf den Markt kommt, kann nicht dazu führen, früher fehlerfrei in Verk gebracht Prod nunmehr als mit einem Konstruktionsfehler behaftet anzusehen. Verboten ist also der Schluß auf die frühere Fehlerhaftigk allein aus der Tats der späteren Verbesserg. Die Feststellg, daß das schadstiftde Prod bereits zur Zeit des InVerkBringens nicht den berecht SicherhErwartgen entsprach, bleibt auch bei späterer Verbesserg mögl. Auch kann sich eine Haftg des Herst nach InVerkBringen wg Verl der ProdBeobachtgsPfl ergeben (BGB 823 Rn 208). Außerd gehört es zu den berecht Erwartgen (Abs I), daß der Herst aus zutr Reklamationen Konsequenzen für die künft Herstellg seiner Prod zieht. 16

ProdHaftG 4 *Hersteller.*

I Hersteller im Sinne dieses Gesetzes ist, wer das Endprodukt, einen Grundstoff oder ein Teilprodukt hergestellt hat. Als Hersteller gilt auch jeder, der sich durch das Anbringen seines Namens, seiner Marke oder eines anderen unterscheidungskräftigen Kennzeichens als Hersteller ausgibt.

II Als Hersteller gilt ferner, wer ein Produkt zum Zweck des Verkaufs, der Vermietung, des Mietkaufs oder einer anderen Form des Vertriebs mit wirtschaftlichem Zweck im Rahmen seiner geschäftlichen Tätigkeit in den Geltungsbereich des Abkommens über den Europäischen Wirtschaftsraum einführt oder verbringt.

III Kann der Hersteller des Produkts nicht festgestellt werden, so gilt jeder Lieferant als dessen Hersteller, es sei denn, daß er dem Geschädigten innerhalb eines Monats, nachdem ihm dessen diesbezügliche Aufforderung zugegangen ist, den Hersteller oder diejenige Person benennt, die ihm das Produkt geliefert hat. Dies gilt auch für ein eingeführtes Produkt, wenn sich bei diesem die in Absatz 2 genannte Person nicht feststellen läßt, selbst wenn der Name des Herstellers bekannt ist.

Abs I geänd dch G v 25. 10. 94 (BGBl I 3081). Abs II geändert dch Art 39 des G zur Ausf des Abk vom 2. 5. 92 über den Europ WirtschRaum vom 27. 4. 93, EWR-AusfG (BGBl I 521 [530]). Abs II S 2 aufgeh dch Art 4 des G zu dem Übk v 16. 9. 88 üb die gerichtl Zust u die Vollstr gerichtl Entsch in Ziv- u Handelssachen v 30. 9. 94 (BGBl II 2658) mit Wirkg v 1. 3. 95 (siehe Bek v 8. 2. 95, BGBl II 221).

1) Verpflichtet zum Schadensersatz ist nach § 1 I der Herst. Für ihn gibt § 4 die BegrBest und weitet dabei den HerstBegr im Interesse eines wirks VerbrSchutzes erhebl aus. 1

2) Tatsächlicher Hersteller (Abs I 1) ist, wer industriell od handwerkl als Untern (Ggs: Mitarbeiter) das EndProd, einen GrdStoff od ein TlProd tatsächl hergestellt hat. Eine Abgrenzg zwischen diesen ist nicht erforderl, weil die Haftg des jeweil Herst ggü dem Geschädigten gleich ist. 2

a) Endprodukt ist das fert Erzeugn, wie es für den Verbraucher best ist. Herst des EndProd ist auch, wer vorgefertigte EinbauTle verwendet (BGH NJW **75**, 1827), wer es ohne eig Fertigg aus von and Herst vorgefertigten Tln ledigl zusammensetzt (Celle VersR **78**, 258) od wer ledigl die Endmontage des Prod besorgt, dessen Tle ihm ein and Untern mit den Montageplänen geliefert hat (BGH BB **77**, 1117; die dort gemachte Einschränkg betrifft nicht den HerstBegr). Fehlerh GrdStoff u fehlerh TlProd machen auch das EndProd fehlerh. Ist das EndProd aGrd einer Lizenz hergestellt, die einen Konstruktionsfehler enthält, so ist Herst nur der Lizenznehmer, sein Rückgr gg den Lizenzgeber richtet sich nicht nach diesem G. 3

b) Teilprodukt ist das für den Einbau in ein and Prod, nicht direkt für die Benützg durch den priv Verbraucher best Erzeugn. Sein Herst haftet dem priv Verbr nur für den Schad, der dch einen Fehler dieses TlProd verurs worden ist (abl Tiedtke NJW **90**, 2961), weil er nur insoweit Herst (§ 1 I 1) ist (ähnl schon Mü BB **80**, 1297, allerd unter dem Blickwinkel der VerkSichgsPfl). Seine Haftg tritt neben diejen des Herst des EndProd als GesSchu (§ 5 S 1). Ausgl im Innenverh (§ 5 S 2). HaftgsAusschl in § 1 III. 4

c) Grundstoffe sind Materialien, die für die Herstellg eines Tl- od EndProd vorgesehen sind. Ihr Herst haftet nur für den Schad, der dch einen Fehler dieses GrdStoffes verurs ist, weil er nur insoweit Herst (§ 1 I 1) ist. Seine Haftg tritt neben diejen des Herst des Tl- u/od EndProd als GesSchu (§ 5 S 1). Ausgl im InnenVerh § 5 S 2. HaftgsAusschl in § 1 III. Handelt es sich bei dem GrdStoff um ein NaturErzeugn ohne erste Verarbeitg (§ 2 S 2), so ist es nicht „hergestellt" (§ 4 I 1), sein Lieferant ist nicht Herst, er haftet dem Geschädigten nicht. 5

3) Quasihersteller. Abs I 2 erweitert den Begr des Herst auf denjen, der sich als Herst ausgibt, dh nach außen hin den Eindruck erweckt, er sei der tats Herst. Dies geschieht dadch, daß er auf dem Prod, der Verpackg od BegleitGgstden seinen Namen, seine Marke od ein and unterscheidgskräft Kennzeichen anbringt. Die Aufzählg ist weit auszulegen. Die Vorschr hat Bedeutg insbes für Versandhäuser, Handelsketten, die für sich, vielf in Billigländern, herstellen lassen und das Prod als eig anbieten. Die Haftg kann neben die aus Abs I 1 treten. Der Lizenzgeber ist nicht QuasiHerst. Ebso nicht für Konstruktions- u Fabrikationsfehler, wohl aber für Instruktionsfehler, wer ein fremdes Prod ledigl vertreibt (BGH NJW **87**, 1009, Karlsr NJW-RR **94**, 798). Nicht, wer nur daran eine Handelsmarke anbringt, weil sie nicht auf die Herstellg dch ihn hinweist und hinweisen soll; er haftet ggf nach Abs III od nach DeliktsR (BGB 823 Rn 201 ff). 6

4) Importeur (Abs II) (eingehd Zoller, Die ProdHaftg des Importeurs, 1992) ist auch der Reimporteur (v Westphalen NJW **90**, 83 [89]). Die Einfuhr od Verbringg muß iR der geschäftl (Ggs: priv) Tätigk 7 des Importeurs zum Vertrieb mit wirtsch Zweck (OberBegr), zB Verk, Vermietg, Verleasen (Ggs: EigBedarf, auch gewerbl) geschehen u zwar in ein dem Europ WirtschRaum angehördes Land aus einem Land außerh dieses Raums. Damit soll der Verbraucher vor der Notwendigk geschützt werden, Proz in einem Drittland führen zu müssen. War das Prod im Ztpkt der Einfuhr od Verbringg nicht zum Vertrieb, sondern für den – auch gewerbl – EigBedarf vorgesehen, so führt seine spätere Veräußerg nicht zur Haftg als Importeur, möglicherw aber zur Haftg als Lieferant. Die Haftg gem Abs I bleibt von Abs II unberührt.

5) Lieferant (Abs III)

8 **a) Ersatzweise Haftung.** Der Lieferant aus jedem RGrd, meist Verkäufer, gilt als Herst, haftet also wie der Herst (Abs I 1) u der QuasiHerst (Abs I 2) für den Fall, daß dieser nicht festgestellt werden kann, gleichgült aus welchem Grd. Das gleiche gilt für ein eingeführtes Prod, falls der Importeur (Abs II) nicht festgestellt werden kann, sogar dann, wenn der Name des Herst bekannt ist. Die Vorschr schützt den Verbraucher u will der Anonymität der Prod dch Verschleierg des Herst entggwirken, zugl den Lieferanten im eig Interesse zur Aufkläg der Herkunft der Ware anregen. Der Dokumentation der Herkunft, zu der keine Verpfl besteht (Bambg NJW **98**, 2228), kommt desh für den Händler u Importeur im eig Interesse erhöhte Bedeutg zu.

9 **b) Entlastung.** Die ersatzw Haftg des Lieferanten entfällt, wenn er dem Geschädigten den Herst (Abs I) od seinen eig Vorlieferanten benennt, bei eingeführten Waren den Importeur (Abs II), auch wenn der Name des Herst bekannt ist. Der Verbraucher ist also davor geschützt, daß er sich an einen Herst außerh des europ WirtschRaumes halten muß. Die Benenng muß innerh eines Monats nach Zugang der Aufforderung dch den Geschädigten geschehen u so genau sein, daß dieser sich an die benannten Pers wenden, sie notf verklagen kann (LG Lüb VersR **93**, 1282). Der Vorlieferant wird frei, wenn er seinerseits seinen Vorlieferanten od den Herst benennt.

ProdHaftG 5 ***Mehrere Ersatzpflichtige.*** **Sind für denselben Schaden mehrere Hersteller nebeneinander zum Schadensersatz verpflichtet, so haften sie als Gesamtschuldner. Im Verhältnis der Ersatzpflichtigen zueinander hängt, soweit nichts anderes bestimmt ist, die Verpflichtung zum Ersatz sowie der Umfang des zu leistenden Ersatzes von den Umständen, insbesondere davon ab, inwieweit der Schaden vorwiegend von dem einen oder dem anderen Teil verursacht worden ist; im übrigen gelten die §§ 421 bis 425 sowie § 426 Abs. 1 Satz 2 und Abs. 2 des Bürgerlichen Gesetzbuchs.**

1 **1) Regelungsgehalt.** Die Vorschr regelt den Fall, daß dem Geschädigten gegen mehrere Herst (tats Herst, QuasiHerst, Importeur, Lieferant, § 4, Herst eines eingebauten Tls) SchadErsAnspr gem § 1 zustehen. Satz 1 betrifft das AußenVerh zw dem Geschädigten u den mehreren Haftden, S 2 den AusglAnspr im InnenVerh zw den mehreren Haftden.

2 **2) Außenverhältnis.** Mehrere für den Schad Verantwortl haften dem Geschädigten als GesSchu, nicht ow in ders Höhe, BGB 840, 421 bis 425.

3 **3) Innenverhältnis. – a) Ausgleich.** Vorrang hat eine anderweit Best. Sie kann sich im EinzFall aus vertragl od verträhnl RBez zw den Beteil (BGB 426 Rn 8), zB einer QualitätsSichgsVereinbg (Fuchs JZ **94**, 533 [537]), od aus Ges (BGB 426 Rn 10) ergeben. Mangels anderweit Best ist die Regel des BGB 426 I 1 (gleiche Anteile) dch § 5 S 2 1. Halbs ersetzt, der sein Vorbild in StVG 17 I 1, LuftVG 41 I 1, HaftpflG 13
4 I 1 u in der VerteilgsRegelg des BGB 254 I (Rn 6) hat. – **b) Der Ausfall eines Beteiligten** ist kraft der
5 Verweisg in S 2 letzter Halbs gem BGB 426 I 2 (dort Rn 14) von den übr zu tragen. – **c) Gesetzlicher Forderungsübergang,** falls einer der GesSchu den Gläub befriedigt. S 2 letzter Halbs verweist auf BGB 426 II (dort Anm 4). – **IPR** vgl EG Art 33 III.

ProdHaftG 6 ***Haftungsminderung.*** **I Hat bei der Entstehung des Schadens ein Verschulden des Geschädigten mitgewirkt, so gilt § 254 des Bürgerlichen Gesetzbuchs; im Falle der Sachbeschädigung steht das Verschulden desjenigen, der die tatsächliche Gewalt über die Sache ausübt, dem Verschulden des Geschädigten gleich.**

II Die Haftung des Herstellers wird nicht gemindert, wenn der Schaden durch einen Fehler des Produkts und zugleich durch die Handlung eines Dritten verursacht worden ist. § 5 Satz 2 gilt entsprechend.

1 **1) Mitverschulden des Geschädigten (Abs I)** führt zu Minderg od Ausschl der Haftg des Herst. Es gilt BGB 254. Danach hat der Geschädigte iR des BGB 278 auch für das Versch Dritter, sonst entspr BGB 831 einzustehen (BGB 254 Rn 60). Bei SachBeschädigg gem Abs I 2. Halbs außerdem für das Versch dessen, der die tats Gewalt über die Sache ausübt (BGB 854, 855), wie in StVG 9, LuftVG 34, HaftPflG 4. Bloß schuldl Mitverursachg ist dem Geschädigten nicht anzurechnen, weil von ihm keine Sach- od BetriebsGef ausgeht u die ProdHaftg eine GefährdgsHaftg ist (BGB 254 Rn 3, 4). Hauptfälle mitwirkden Versch sind Nichtbeachtg von GebrAnw od Warngen u versehentl FehlGebr (§ 3 Rn 11).

2 **2) Mitverursachung durch Dritte (Abs II). – a) Im Außenverhältnis** zw dem Geschädigten u dem Herst führt der Umst, daß sowohl ein Fehler des Prod wie die Hdlg eines außerh dieses G stehden Dr denselben Schad verurs haben, nicht zu einer Minderg des SchadErsAnspr gg den Herst. Ob auch gg den Dr ein Anspr besteht, richtet sich nach den einschläg schuldr Vorschr. – **b) Im Innenverhältnis** zw dem Herst u dem außerh des ProdHaftG stehden Dr gelten kraft der Verweisg in Abs II 2 die Vorschr üb den Ausgl zw mehreren als GesSchu haftden Herst (§ 5 Rn 3–5).

ProdHaftG 7 *Umfang der Ersatzpflicht bei Tötung.*

[I]Im Falle der Tötung ist Ersatz der Kosten einer versuchten Heilung sowie des Vermögensnachteils zu leisten, den der Getötete dadurch erlitten hat, daß während der Krankheit seine Erwerbsfähigkeit aufgehoben oder gemindert war oder seine Bedürfnisse vermehrt waren. Der Ersatzpflichtige hat außerdem die Kosten der Beerdigung demjenigen zu ersetzen, der diese Kosten zu tragen hat.

[II]Stand der Getötete zur Zeit der Verletzung zu einem Dritten in einem Verhältnis, aus dem er diesem gegenüber kraft Gesetzes unterhaltspflichtig war oder unterhaltspflichtig werden konnte, und ist dem Dritten infolge der Tötung das Recht auf Unterhalt entzogen, so hat der Ersatzpflichtige dem Dritten insoweit Schadensersatz zu leisten, als der Getötete während der mutmaßlichen Dauer seines Lebens zur Gewährung des Unterhalts verpflichtet gewesen wäre. Die Ersatzpflicht tritt auch ein, wenn der Dritte zur Zeit der Verletzung gezeugt, aber noch nicht geboren war.

1) Inhalt. Die Vorschr umschreibt den Umfang der SchadErsPfl des Herst, wenn ein ProdFehler den Tod eines Menschen verursacht hat. Sie ist teilw überfl, iü hätte eine Verweisg auf bereits bestehde Vorschr gleichen Inhalts genügt. 1

2) Heilungskosten, Erwerbseinbußen, Vermehrung der Bedürfnisse. Abs I 1 hat nur klarstellde Funktion, es handelt sich um SchadErsAnspr noch in der Pers des Verl, die sich bereits aus §§ 1 I 1, 8 u aus BGB 249, 842, 843 I ergeben u die mit seinem Tod iW der RNachfolge auf seine Erben übergehen. 2

3) Beerdigungskosten, Abs I 2 entspricht BGB 844 I (dort Rn 1–4). 3

4) Entziehung des Rechts auf Unterhalt. Abs II entspricht BGB 844 II (dort Rn 1, 3, 5, 6). Ein redaktioneller Unterschied besteht darin, daß die Art der ErsLeistg dch Rente nicht in den § 7 einbezogen ist wie in BGB 844 II, sondern in § 9 geregelt ist. 4

ProdHaftG 8 *Umfang der Ersatzpflicht bei Körperverletzung.*

Im Falle der Verletzung des Körpers oder der Gesundheit ist Ersatz der Kosten der Heilung sowie des Vermögensnachteils zu leisten, den der Verletzte dadurch erleidet, daß infolge der Verletzung zeitweise oder dauernd seine Erwerbsfähigkeit aufgehoben oder gemindert ist oder seine Bedürfnisse vermehrt sind.

1) Inhalt. Die Vorschr umschreibt den Umfang der SchadErsPfl des Herst, wenn ein ProdFehler eine KörperVerl verursacht hat. Sie ist teilw überflüss, iü hätte eine Verweisg auf bereits bestehde Vorschr gleichen Inhalts genügt. 1

2) Heilungskosten. Die ErsPfl folgt schon aus § 1 I 1 u aus BGB 249. 2

3) Erwerbseinbußen, Vermehrung der Bedürfnisse. Entspricht BGB 842, 843 (dort § 842 Rn 1–7, 843 Rn 1–3). Ein redaktioneller Unterschied besteht darin, daß die Art der ErsLeistg dch Rente nicht in § 8 einbezogen ist wie in BGB 843, sondern in § 9 geregelt ist. 3

ProdHaftG 9 *Schadensersatz durch Geldrente.*

[I]Der Schadensersatz wegen Aufhebung oder Minderung der Erwerbsfähigkeit und wegen vermehrter Bedürfnisse des Verletzten sowie der nach § 7 Abs. 2 einem Dritten zu gewährende Schadensersatz ist für die Zukunft durch eine Geldrente zu leisten.

[II]§ 843 Abs. 2 bis 4 des Bürgerlichen Gesetzbuchs ist entsprechend anzuwenden.

1) Schadensersatz durch Geldrente (Abs I). Zu leisten an den Verl iF des § 8, an die Hinterbliebenen des Getöteten iF des § 7 II. Die Regelg entspricht BGB 843 I, 844 II (dort BGB § 843 Rn 4, § 844 Rn 7 ff). 1

2) Die Verweisungen in Abs II bedeuten: – a) BGB 843 II 1 verweist wegen der techn Einzelh der Rentenzahlg weiter auf BGB 760. Satz 2 gibt uU Anspr auf SicherhLeistg. Vgl die Anm zu BGB 760 u 843 Rn 5–19. – **b) BGB 843 III** läßt bei wicht Grd Kapitalabfindg statt Rente zu (dort Rn 20, 21). Gilt auch für die UnterhRente iF des § 7 II. – **c) BGB 843 IV** läßt den Rentenanspruch bestehen, auch wenn ein and dem Verl (§ 8) bzw den Hinterbliebenen (§ 7 II) Unterh zu gewähren hat (dort 843 Rn 22). 2

ProdHaftG 10 *Haftungshöchstbetrag.*

[I]Sind Personenschäden durch ein Produkt oder gleiche Produkte mit demselben Fehler verursacht worden, so haftet der Ersatzpflichtige nur bis zu einem Höchstbetrag von 160 Millionen Deutsche Mark.

[II]Übersteigen die den mehreren Geschädigten zu leistenden Entschädigungen den in Absatz 1 vorgesehenen Höchstbetrag, so verringern sich die einzelnen Entschädigungen in dem Verhältnis, in dem ihr Gesamtbetrag zu dem Höchstbetrag steht.

1) Der Haftungshöchstbetrag (Abs I) gilt nur iF des Todes (§§ 7, 9) od der KörperVerl (§§ 8, 9), nicht bei SachSchad; dafür § 11. Es spielt keine Rolle, ob der Schad dch ein einz fehlerh Prod od dch mehrere gleiche Prod mit demselben Fehler verursacht worden ist. Er gilt nicht für SchadErsAnspr aus uH (§ 15, BGB 823). 1

a) Beim **Einzelschadensfall** hat ein einz fehlerh Prod den Schad dch Verl od Tod eines od mehrerer Menschen verursacht. Der HöchstBetr kann nur in Extremfällen mit mehreren Verletzten, zB Unfall von 2

MassenbefördergsMittel, erreicht werden. Ob diese Alternative überhaupt dch Art 16 I EG-Richtlinie gedeckt ist, erscheint zweifelh.

3 **b)** Beim **Serienschaden** haben mehrere mit demselben Fehler behaftete gleiche Prod den Schad verurs. Hierbei kann es sich nur um den näml Konstruktionsfehler handeln, der einer best ganzen Serie anhaftet (§ 3 Rn 3) u der in mehreren SchadFällen zu einem GesamtSchad führt. Die Abgrenzg, ob die Prod „gleich" sind, kann Schwierigk machen, wird sich aber anhand der Konzeption des Herst für eine best (fehlerh) Serie vornehmen lassen.

4 **c) In den Höchstbetrag einzurechnen** sind alle aGrd der Verl od des Todes eines Menschen entstandenen SchadPosten einschl der für diesen Zweck zu kapitalisierden Rente, nicht aber der SachSchad.

5 **2) Anteilige Kürzung (Abs II)** ist im Interesse der GleichBehandlg aller Geschädigten erforderl, wenn die Addition der den mehreren Geschädigten zu leistden ErsBeträge den HöchstBetr übersteigt. Gilt für Einzel- u SerienSchadFall (Rn 2, 3). Die Vorschr entspricht inhaltl StVG 12 II 2, HaftPflichtG 10 II, AMG 88 S 2. Ist der HöchstBetr erreicht, gehen später Geschädigte leer aus, falls sich die Haftg nicht auf uH stützen läßt.

ProdHaftG 11 *Selbstbeteiligung bei Sachbeschädigung.* **Im Falle der Sachbeschädigung hat der Geschädigte einen Schaden bis zu einer Höhe von 1125 Deutsche Mark selbst zu tragen.**

1 **Selbstbeteiligung.** Der nach § 1 I zu ersetzde Schad an and PrivSachen als dem fehlerh Prod selbst ist der Höhe nach nicht auf einen best Betr begrenzt, der Geschädigte hat aber die ersten 1125 DM selbst zu tragen. Der Herst hat also bis zu diesem Betr überhaupt keinen Ers zu leisten, bei höheren SachSchäd nur den DifferenzBetr. Voller ErsAnspr bleibt dem Geschädigten aus uH (§ 15, BGB 823).

ProdHaftG 12 *Verjährung.* **[I]Der Anspruch nach § 1 verjährt in drei Jahren von dem Zeitpunkt an, in dem der Ersatzberechtigte von dem Schaden, dem Fehler und von der Person des Ersatzpflichtigen Kenntnis erlangt hat oder hätte erlangen müssen.**

[II]Schweben zwischen dem Ersatzpflichtigen und dem Ersatzberechtigten Verhandlungen über den zu leistenden Schadensersatz, so ist die Verjährung gehemmt, bis die Fortsetzung der Verhandlungen verweigert wird.

[III]Im übrigen sind die Vorschriften des Bürgerlichen Gesetzbuchs über die Verjährung anzuwenden.

1 **1) Beginn der 3jährigen Verjährungsfrist (Abs I)** mit pos Kenntn der 3 im Text genannten Tats (nachstehd Rn 2, 3); vgl allg BGB 852 Rn 4–14. Die Verj beginnt abweichd von BGB 852 I zum Nachtl des Geschädigten aber auch schon mit dem Ztpkt des Kennenmüssens, also fahrl Unkenntn. Die 3 maßgebl kumulat Tats sind:

2 **a) Schaden.** Vgl BGB 852 Rn 8–10. – **b) Fehler.** Seine Kenntn od fahrl Unkenntn wird idR mit der
3 vom Schad zusammentreffen. Ggf muß der Geschädigte einen Sachverst zuziehen. – **c) Person des Ersatzpflichtigen.** Vgl BGB 852 Rn 11–14. Der Ztpkt der Kenntn od fahrl Unkenntn kann je nach dem infrage
4 kommden ErsPflichtigen (vgl § 4) unterschiedl sein. – **d) Eine Ersatzfrist** von 30 Jahren wie in BGB 852 I gibt es nicht, weil der SchadErsAnspr gem § 13 nach Ablauf von 10 Jahren seit InVerkBringen des fehlerh Prod erlischt.

5 **2) Hemmung. Abs II** entspricht BGB 852 II (dort Rn 17–19). Außerdem gelten über Abs III BGB 202 bis 207.

6 **3) Unterbrechung und Fristablauf. Abs III** erklärt BGB 208 ff für anwendb. Vgl auch BGB 852 Rn 16, 20.

ProdHaftG 13 *Erlöschen von Ansprüchen.* **[I]Der Anspruch nach § 1 erlischt zehn Jahre nach dem Zeitpunkt, in dem der Hersteller das Produkt, das den Schaden verursacht hat, in den Verkehr gebracht hat. Dies gilt nicht, wenn über den Anspruch ein Rechtsstreit oder ein Mahnverfahren anhängig ist.**

[II]Auf den rechtskräftig festgestellten Anspruch oder auf den Anspruch aus einem anderen Vollstreckungstitel ist Absatz 1 Satz 1 nicht anzuwenden. Gleiches gilt für den Anspruch, der Gegenstand eines außergerichtlichen Vergleichs ist oder der durch rechtsgeschäftliche Erklärung anerkannt wurde.

1 **1) Erlöschen des Anspruchs.** Der Grd liegt in der fortschreitden techn Entwicklg der Prod, vor allem in der mit dem ZtAblauf wachsden Schwierigk für den Herst, die HaftgsAusschlTatbestde nach § 1 II bis IV zu beweisen. Das Erlöschen ist im Ggs zur Verj vAw zu beachten. Gilt nur für die Anspr aus § 1 I, nicht für solche mit and AnsprGrdlage (§ 15).

2 **2) Regel: Erlöschen nach 10 Jahren (Abs I 1). – a) Beginn.** Mit dem InVerkBringen (§ 1 Rn 14–16) des konkr schadstiftden Prod, auch bei SerienSchäd (§ 10 Rn 3). Der Beginn kann also unterschiedl sein, je nachdem, ob der Geschädigte den Herst, QuasiHerst, Importeur od Lieferanten (§ 4) in Anspr nimmt. Die BewLast für das InVerkBringen an dem best KalTag trägt der Herst, weil diese Tats eine für ihn günst RFolge
3 auslöst. – **b) Lauf.** Es handelt sich um eine absolute Fr, für die es weder Hemmg noch Unterbrechg gibt.–
4 **c) Ablauf** gemäß BGB 188 II 10 Jhre nach Beginn.

3) Ausnahmen: Kein Erlöschen nach 10 Jahren (Abs I 2, II). 5

a) Gerichtliches Verfahren. Ist der Anspr am Tage des FrAbl Ggst eines Kl- od MahnVerf, so erlischt er an diesem Tage nicht. RHängigk (ZPO 253 I, 261 II, 696 III), wobei für die FrWahrg ZPO 270 III, 693 II gelten, genügt jedenf. Da das G nicht auf die RHängigk abstellt, genügt bereits die Anhängigk eines Kl- od Mahn-, nicht eines ProzKostenhilfeVerf (aA Mayer VersR **90**, 691 [698]). Mit rkräft Entsch im ErkenntnVerf ist entw der bekl Herst zur SchadErsLeistg verurteilt od die Kl abgewiesen. In beiden Fällen ist die Frage nach dem FrEnde überholt. – **b) Rechtskräftiger Titel** verhindert Erlöschen des Anspr. Gleiches gilt für und 6
VollstrTitel wie ProzVergl und not Urk mit UnterwerfgsKlausel, ferner für außerger Einigg über den SchadErsAnspr iW des Vergl (BGB 779) od des rgeschäftl Anerk (BGB 781) konstit od deklarat Natur.

ProdHaftG 14 *Unabdingbarkeit.* **Die Ersatzpflicht des Herstellers nach diesem Gesetz darf im voraus weder ausgeschlossen noch beschränkt werden. Entgegenstehende Vereinbarungen sind nichtig.**

1) Unabdingbarkeit. Die ErsPfl des Herst (§ 4) gem § 1 I kann im voraus nicht ausgeschl od beschr 1
werden, weder dch Vertr, falls zw dem Herst u dem Benützer des Prod ein solcher besteht, noch dch anderweit Vereinbg, noch dch entspr Klauseln auf dem Prod selbst, auf der Verpackg, in GebrAnw, Warngen, Hinweisen u dergl. Soweit die Letztgenannten vor konkr Gef, insb dch Fehlanwendg warnen od best Sicherh-Vorkehrgen empfehlen, kann ein Verstoß zur Anwendg des BGB 254 führen (§ 6 Rn 1). Ohne Hinw auf spezif gefährl Eigensch kann aber der Herst die Verwendg des Prod nicht generell beschränken mit der Folge eines HaftgsAusschl bei Verstoß. Die Vorschr gilt nicht für Anspr aGrd and AnsprGrdl (§ 15). Zuläss sind Vereinbgen über Beschr od Ausschl der ErsPfl nach Eintritt des SchadFalls, etwa iW eines Vergl.

2) Verstoß führt zur Nichtigk der haftgsbeschränkden Vereinbg od Klausel. 2

ProdHaftG 15 *Arzneimittelhaftung; Haftung nach anderen Rechtsvorschriften.* **[I]Wird infolge der Anwendung eines zum Gebrauch bei Menschen bestimmten Arzneimittels, das im Geltungsbereich des Arzneimittelgesetzes an den Verbraucher abgegeben wurde und der Pflicht zur Zulassung unterliegt oder durch Rechtsverordnung von der Zulassung befreit worden ist, jemand getötet, sein Körper oder seine Gesundheit verletzt, so sind die Vorschriften des Produkthaftungsgesetzes nicht anzuwenden.**

[II]Eine Haftung aufgrund anderer Vorschriften bleibt unberührt.

1) Das **Atomgesetz** ist zwar in § 15 nicht genannt, Art 14 der EG-Richtlinie ProdHaftg erklärt aber diese 1
Richtlinie für unanwendb auf Schäd inf eines nuklearen ZwFalls, die in von den MitglStaaten ratifizierten internat Übk erfaßt sind. Das ist in dem von der BRep ratifizierten Pariser Übk der Fall. Daraus folgt, daß auf NuklearSchäd dieses G nicht, sondern als SpezialG das AtomG anwendb ist (Kullmann/Pfister Nr 3600 B II 3, Taschner-Frietsch Art 14 Rdn 1, 8). – Das **Gesetz zur Regelung von Fragen der Gentechnik** v 20. 6. 90 (BGBl I 1080) enthält in § 37 II eine verschärfte Haftg für Prod, die gentechn veränderte Organismen enthalten od aus solchen bestehen (Deutsch VersR **92**, 551).

2) Das **Arzneimittelgesetz** v 24. 8. 76 (BGBl I S 2445), mehrfach geändert, enthält in §§ 84 ff ebenf 2
eine GefährdgsHaftg u hat als spezielle Regelg Vorrang. Für SchadEreign nach AMG gilt das ProdHaftG nicht (Abs I), selbst wenn seine Vorschr den Geschädigten besserstellen. Ob dies mit Art 13 der EG-Richtlinie vereinb ist, erscheint zweifelh (Buchner DB **88**, 32 [36]; eingehd Wandt VersR **98**, 1059). AMG 84 Nr 1 erfaßt bei bestimmungsgem Gebr des Mittels, weitergehd als § 3, auch die sog EntwicklgsGef. AMG 88 beschr die Haftg auf einen geringeren HöchstBetr als § 10. MitVersch, Umfang der ErsPfl bei Tötg u KörperVerl dch Geldrente (AMG 85–87) sind inhaltl übereinstimmd mit dem ProdHaftG geregelt. Verj 3 Jahre ab Kenntn (AMG 90). Haftg Mehrerer als GesSchu (AMG 93). Die Haftg ist unabdingb (AMG 92). DeckgsVorsorge (AMG 94). WahlGerStand am Wohns des Kl (AMG 94 a). Bei Versch sind BGB 823 ff neben dem AMG anwendb (AMG 91, BGH **106**, 273: GebrInformation). An die Substantiiergslast des Geschädigten dürfen nur maßvolle Anfordergen gestellt werden (BGH NJW **91**, 2351).

§ 84. Gefährdungshaftung. *Wird infolge der Anwendung eines zum Gebrauch bei Menschen bestimmten Arznei-* 3
mittels, das im Geltungsbereich dieses Gesetzes an den Verbraucher abgegeben wurde und der Pflicht zur Zulassung unterliegt oder durch Rechtsverordnung von der Zulassung befreit worden ist, ein Mensch getötet oder der Körper oder die Gesundheit eines Menschen nicht unerheblich verletzt, so ist der pharmazeutische Unternehmer, der das Arzneimittel im Geltungsbereich dieses Gesetzes in den Verkehr gebracht hat, verpflichtet, dem Verletzten den daraus entstandenen Schaden zu ersetzen. Die Ersatzpflicht besteht nur, wenn

1. *das Arzneimittel bei bestimmungsgemäßem Gebrauch schädliche Wirkungen hat, die über ein nach den Erkenntnissen der medizinischen Wissenschaft vertretbares Maß hinausgehen und ihre Ursache im Bereich der Entwicklung oder der Herstellung haben oder*
2. *der Schaden infolge einer nicht den Erkenntnissen der medizinischen Wissenschaft entsprechenden Kennzeichnung, Fachinformation oder Gebrauchsinformation eingetreten ist.*

3) Weitergehende vertragliche Ersatzansprüche bleiben von diesem G unberührt (Abs II, EG-Richt- 4
linie Art 13), falls im EinzFall zw dem Herst u dem Geschädigten vertragl abzuwickelnde Beziehgen bestehen. Als solche kommen in Frage:

a) Gewährleistungsansprüche (zur Abgrenzg § 3 Rn 1), falls der Herst des Prod zugleich Partner des Kauf- bzw WkVertr mit dem geschädigten Käufer bzw Besteller (Verbr) ist (BGH BB **92**, 517).

b) Garantie- od Haftungsvertrag zw Herst u Verbr ist denkb, aber ohne prakt Wert, weil alles, was zur 5
Darbietg des Prod gehört (§ 3 I Buchst a, dort Rn 10) zur Haftg nach diesem G führen kann u idR keine

rgeschäftl WillErkl enthält (BGH **48**, 122, **51**, 91); ebsowenig die bloße Herausg einer GebrAnweisg (BGH **89**, 20). Auch die Verwendg von Garantiekarten umfaßt idR nicht FolgeSchäd (BGH **50**, 200). Im EinzFall kann die individuelle GarantieErkl des Herst an den Kunden des Erstabnehmers gerichtet sein. Auf sie ist BGB 477 I entspr anwendb (BGH NJW **81**, 2248; Besprechg Bunte NJW **82**, 1629, Littbarski JuS **83**, 345). Der Kunde kann dann neben dem Anspr aus der Garantie gg den Herst einen GewlAnspr gegen seinen Verk haben. Denkb ist im EinzFall auch ein GarantieVertr zw Herst u Erstabnehmer zG des Letztabnehmers (Verbr) nach BGB 328 I (BGH NJW **79**, 2036; zust Lehmann BB **80**, 964, zusfassd v Westphalen NJW **80**, 2227; BGH WM **81**, 548).

6 **c) Vertrag mit Schutzwirkung zugunsten Dritter** (BGB 328 Rn 13). Als solcher scheidet der Kauf- od WkVertr zw Herst u Erstabnehmer aus (weitergehd Steinmeyer DB **88**, 1049: Schutzwirkg, wenn der Herst auf ein Prüfzeichen für das Prod hinweist). Eine Ausdehng von vertragl SchutzPfl ist aber zu bej, wenn das Prod im Betr des Käufers von dessen ArbN benutzt werden soll. Diesem stehen dann vertragl SchadErs-Anspr gg den Herst zu (BGH VersR **56**, 419: Antriebsscheibe, BGH VersR **59**, 645: Rostschutz). Eine allg Erstreckg der SchutzPfl aus dem ersten KaufVertr auf die Endabnehmer des Prod ist aber abzulehnen, da dem Händler innerh der Absatzkette Schutz- u FürsorgePfl zG des Abnehmers nicht obliegen (BGH **51**, 91).

7 **4) Weitergehende außervertragliche Ersatzansprüche gegen den Hersteller** bleiben nach Abs II ebenf unberührt. Von Bedeutg ist dies insb für SchadErsAnspr aus uH (BGB 823 Rn 201 ff), die freil Versch voraussetzen u im wesentl folgde Komplexe betreffen: Anspr auf SchmerzG, ErsAnspr für Sachschad an gewerbl genutzten Sachen, an priv genutzten Sachen für die ersten 1125 DM (§ 11) u für SachSchad an dem Prod selbst wg eines Fehlers an einem EinzTl (BGB 823 Rn 212, 213), ErsAnspr wg verl ProdBeobachtgsPfl (BGB 823 Rn 208).

8 **5) Weitergehende Ersatzansprüche gegen andere Verantwortliche** bleiben ebenf unberührt. Zu denken ist an delikt Anspr gg Händler u gg MitArb des HerstellgsBetr. Einzelh BGB 823 Rn 216.

ProdHaftG 16 *Übergangsvorschrift.* **Dieses Gesetz ist nicht auf Produkte anwendbar, die vor seinem Inkrafttreten in den Verkehr gebracht worden sind.**

1 **1) Übergangsregelung.** Das G ist anwendb nur auf SchadFälle dch ein fehlerh Prod, das seit seinem Inkrafttreten (Einf Rn 2) in Verk gebracht worden ist (§ 1 Rn 14–16), sei es dch den Herst, QuasiHerst, Importeur od Lieferanten (§ 4). Für die vorher in Verk gebrachten Prod bleibt es bei der ErsPfl nach BGB 823. Geltg in den ostdeutschen BLändern Einf 9 vor § 1.

ProdHaftG 17 *Erlaß von Rechtsverordnungen.* **Der Bundesminister der Justiz wird ermächtigt, durch Rechtsverordnung die Beträge der §§ 10 und 11 zu ändern oder das Außerkrafttreten des § 10 anzuordnen, wenn und soweit dies zur Umsetzung einer Richtlinie des Rates der Europäischen Gemeinschaften auf der Grundlage der Artikel 16 Abs. 2 und 18 Abs. 2 der Richtlinie des Rates vom 25. Juli 1985 zur Angleichung der Rechts- und Verwaltungsvorschriften der Mitgliedstaaten über die Haftung für fehlerhafte Produkte erforderlich ist.**

ProdHaftG 18 **Berlin-Klausel.** *(gegenstandslos)*

ProdHaftG 19 *Inkrafttreten.* *(nicht abgedruckt)*

Gesetz über das Wohnungseigentum und das Dauerwohnrecht (Wohnungseigentumsgesetz)

Vom 15. März 1951 (BGBl I S 175/BGBl III 403–1), zuletzt geändert durch Art 35 EGInsO vom 5. Oktober 1994 (BGBl I S 2911)

Bearbeiter: Dr. Bassenge, Vorsitzender Richter am Landgericht a. D.

Schrifttum: a) Kommentare: Bärmann/Pick/Merle, 7. Aufl 1997. – Bärmann/Pick, 14. Aufl 1997. – Niedenführ/Schulze, 4. Aufl 1997. – Sauren, WEG 3.. Aufl 1999. – Weitnauer, 8. Aufl 1995. – **b) Sonstiges:** Bärmann, WE 1991. – Bärmann-Seuß, Praxis des WE, 4. Aufl 1997. – Belz, Handbuch des WE, 2. Aufl 1996. – Deckert, Die EigtWohng, 1981. – Klaßen/Eiermann, Das Mandat in WEG-Sachen, 1999. – Merle, Das WE im System des bürgerlR, 1979. – Müller, Prakt Fragen des WE, 2. Aufl 1992. – Röll, Handbuch für WEigtümer u Verw, 7. Aufl 1996. – Wellkamp, RHandbuch WEigt, 1998.

Überblick

1) Das **BGB** läßt Eigt an realen GbdeTeilen nicht zu (BGB 93, 94). BruchtMitEigt am Grdst mit Verwaltgs/Benutzgsregelg u AufhebgsAusschl mit Wirkg für u gg die SonderRNachf (BGB 746, 751, 1008, 1010) setzte sich nicht dch. Das WohngsR (BGB 1093) erfüllt wg Unveräußerlichk, Unvererblichk u Beschrkg auf Wohnzwecke nicht die Wünsche nach eigner Wohng u scheidet für gewerbl Nutzg aus. StockwerksE (EG 182) ist nicht neu begründb. – Das **WEG** gibt mit dem WE/TeilE (Rn 2), dem Wohngs-/TeilErbbR (Rn 9) u dem DWR/DNR (Rn 10) neue RFormen. Die Überschriften sind amtl (Ausn: § 61). Im Saarland gilt WEG v 13. 6. 52 (ABl 686) weiter für vor Ende der Übergangszeit begründetes WE u DWR, die aber in entspr Rechte des WEG-BRep umgewandelt werden können; für neue Rechte gilt WEG-BRep (§ 3 II 1 G v 30. 6. 59; BGBl I 313). – Über **Auslandsrecht** vgl Hegemann RhNK **87**, 1 Anh. 1

2) Wohnungs- und Teileigentum (§§ 1 ff) sind eine unauflösl Verbindg von BruchtMitE am GemschE (Grdst u bestimmte GbdeTeile) mit SE an Räumen, wobei es rechtl dch das BruchtMitE charakterisiert wird (BGH NJW **86**, 1811): dch SE in seinem HerrschBereich ggständl beschr u idS **besonders ausgestaltetes Miteigentum nach Bruchteilen** an einem Grdst iSv BGB 1008 ff, nicht grdstgleiches Recht (BayObLG **93**, 297); über Verh zu MitEAnt am Grdst vor Verbindg mit SE vgl Hamm OLGZ **83**, 386. UnterWE/TeilE nicht mögl (Köln Rpfleger **84**, 268). Es kann herrschdes Grdst für subjdingl Recht sein (BGH **100,** 289). 2

a) Rechtsinhaber können sein: Natürl od jur Pers, auch PersMehrh (GesHdsGemsch, BruchtGemsch). Bei PersMehrh besteht am MitEAnt eine UnterGemsch (BayObLG NJW-RR **88**, 271). 3

b) Entstehung dch dingl Vertr der GrdstMitEigtümer u Eintr (§ 4 I) od dch TeilgsErkl des GrdstEigtümers u Eintr (§ 8); auch als wirtsch Einh iSv BewG 68, 93 (BFH NJW **93**, 1672). **Erlöschen** dch dingl Vertr aller Eigtümer u Eintr (§ 4 I) od AufhebgsErkl des Inh aller Rechte u Eintr unter Schließg des WohngsGB (§ 9); dch Vereinigg aller Rechte in einer Hand endet es nicht (vgl § 8). 4

c) Die **Eigentümergemeinschaft** ist eine nicht rechts- u partei-/beteiligtenfäh (BGH NJW **77**, 1686) BruchtGemsch iSv BGB 1008, 741 ff (Wtn/Weitnauer Rn 38 vor § 1; aA BPM/Pick Einl 22). Die aus dem MitEigt fließden Verpfl ggü Dritten (zB VerkSichgsPfl) obliegen den WEigtümern gemeins (BGH NJW **85**, 484; Hamm NJW **88**, 496). Die Gemsch begründet ein ges SchuldVerh (BGH NJW **99**, 2108) mit ggseit Schutz- u TreuePfl (BayObLG DWE **93**, 156). Sie **entsteht** rechtl bei Begründg nach §§ 3, 4 mit der Entstehg des WE/TeilE u bei Begründg nach § 8 mit dem dingl wirks Erwerb des ersten WE/TeilE vom teilden Eigtümer. Sie **erlischt** mit Aufhebg aller WE/TeilE od Vereinigg aller in einer Hand. Teilhabersch an der Gemsch wird dch dingl wirks Erwerb von WE/TeilE begründet u dch dingl wirks Veräußerg beendet. 5

aa) Bei WEBegründg nach § 8 sind schon vor rechtl Entstehg der Gemsch die Vorschr über das InnenVerh der Eigtümer (§§ 10–29) u das Verf (§§ 43 ff) anwendb, sobald eine **werdende (faktische) Gemeinschaft** entstanden ist (Ffm DWE **98**, 43; Zweibr FGPrax **99**, 50; Köln ZfIR **99**, 601; krit Saarbr FGPrax **98**, 97). Mindestvoraussetzgen dafür sind die Anlegg der WohngsGB (BayObLG **90**, 101) u die Bildg einer tats Gemsch dch Inbesitznahme (vgl dazu Saarbr aaO) des WE/TeilE dch mindestens einen Erwerber (iFv § 3 entsteht die Gemsch mit GBAnlegg auch rechtl). Als weitere Voraussetzg ist jedenf eine Sicherg des wirks ErwerbsAnspr dch Vormkg od bindde Einigg/Aufl mit EintrAntr des Erwerbers ausreichd (allgM); da nur InnenVerh betroffen, reicht als weitere Voraussetzung aber auch wirks schuldrechtl Anspr auf Übertragg des WE/TeilE aus (Soergel/Stürner § 10 Rn 3, 4; Stgt OLGZ **79**, 34; aA BayObLG **91**, 150). Die Rechte (zB § 25 II; BayObLG FGPrax **98**, 17) u Pfl (zB § 16 II; Zweibr FGPrax **99**, 50; aA Köln NZM **99**, 765) des noch nicht als Eigentümer eingetr Erwerbers werden dch die GemschEntstehg nach Rn 5 nicht berührt (Coester NJW **90**, 3184), dh er wird nicht zum werdden Eigtümer iSv Rn 7. 6

bb) Werdender (faktischer) Wohnungseigentümer ist ein NichtEigtümer, der ein WE besitzt, das ein Mitgl einer schon bestehden Gemsch ihm veräußert (aber noch nicht übereignet) hat. Ein solcher Erwerber hat noch keine eigenen Rechte/Pfl aus dem WEG (BGH **106,** 113) insb keine KostentraggsPfl aus § 16. Auf sein AnwR ist aber § 18 entspr anwendb (BPM/Pick § 18 Rn 3). Er kann aber vom Veräußerer ermächtigt werden, dessen Rechte (zB StimmR, BeschlAnfechtgsR) im eigenen Namen geltd zu machen (zB bei Übergang von Bes, Nutzg, Lasten u Gefahr), soweit der Veräußerer sie nicht mehr ausübt (BGH aaO; KG NJW-RR **95**, 147; BayObLG WE **98**, 149). 7

8 **d)** WE konnte als **Heimstätte** (RHeimstG) ausgegeben u ein HeimstättenGrdst im WE umgewandelt werden (Ffm DNotZ **63**, 442; Neust Rpfleger **63**, 85; BayObLG **67**, 128); es gilt daher Übbl 6 vor BGB 873. – Zur **Hofeigenschaft** (HöfeO) vgl Oldbg Rpfleger **93**, 149.

9 **3) Wohnungs- und Teilerbbaurecht** (§ 30; Unterschied wie WE/TeilE) sind eine unauflösl Verbindg von BruchtMitErbbR u BruchtMitE an bestimmten GbdeTeilen mit SE an Räumen: bes ausgestaltetes MitErbbR nach Brucht iS der ErbbRVO u damit ebenf grdstgl Recht. Es kann wie gewöhnl BruchtMitErbbR Ggst von Verpflichtgs- u VfgsGesch sein, auch herrschdes Grdst für subj-dingl Rechte. Im übrigen wird es rechtl wie WE/TeilE behandelt (§ 30 III 3).

10 **4) Dauerwohn- und Dauernutzungsrecht** (§§ 31 ff; Unterschied wie WE/TeilE) sind BGB 1093 nachgebildete veräußerl u vererbl Wohn- u NutzgsRe, mit denen ein Grdst od ErbbR (auch WE/TeilE u Wohngs-/TeilErbbR) dingl belastet wird.

I. Teil. Wohnungseigentum

WEG 1 *Begriffsbestimmungen.*

[I] Nach Maßgabe dieses Gesetzes kann an Wohnungen das Wohnungseigentum, an nicht zu Wohnzwecken dienenden Räumen eines Gebäudes das Teileigentum begründet werden.

[II] Wohnungseigentum ist das Sondereigentum an einer Wohnung in Verbindung mit dem Miteigentumsanteil an dem gemeinschaftlichen Eigentum, zu dem es gehört.

[III] Teileigentum ist das Sondereigentum an nicht zu Wohnzwecken dienenden Räumen eines Gebäudes in Verbindung mit dem Miteigentumsanteil an dem gemeinschaftlichen Eigentum, zu dem es gehört.

[IV] Wohnungseigentum und Teileigentum können nicht in der Weise begründet werden, daß das Sondereigentum mit Miteigentum an mehreren Grundstücken verbunden wird.

[V] Gemeinschaftliches Eigentum im Sinne dieses Gesetzes sind das Grundstück sowie die Teile, Anlagen und Einrichtungen des Gebäudes, die nicht im Sondereigentum oder im Eigentum eines Dritten stehen.

[VI] Für das Teileigentum gelten die Vorschriften über das Wohnungseigentum entsprechend.

1 **1) Wohnungs- und Teileigentum** unterscheiden sich in der Zweckbestimmg des SE **(I),** nicht in der rechtl Behandlg (**VI,** § 7 V); wo das WEG vom WEigtümern spricht, sind auch TeilEigtümer gemeint. –
2 **a) Wohnungseigentum (II)** erfordert SE an einer Wohng. Maßg ist die VerkAuffassg auf der GrdLage der baul Gestaltg. Anhalt gibt Nr 4 der VerwVorschr v 19. 3. 74 (BAnz Nr 58): Eine Wohng ist die Summe der Räume, welche die Führg eines Haush ermöglichen; das erfordert Kochgelegenh, Wasserversorgg u WC; Nebenräume (Garage, Keller, Boden) können dazugehören. WC-Raum (Düss NJW **76**, 1458) od Vorflur
3 (Hamm Rpfleger **86**, 374) alleine können nicht WE sein. – **b) Teileigentum (III)** erfordert SE an nicht zu Wohnzwecken dienden Räumen (daher WC nicht erforderl); zB Büro, Laden, Garage, Keller, Dachboden; nicht aber Raum (zB WC, Vorflur), auf den WEigtümer zum Wohnen angewiesen (Düss aaO; Hamm aaO).
4 SNR (§ 15 Rn 18) an Wohnraum im GemschE kann SE-Inhalt sein (Hamm NJW-RR **93**, 1233). – **c) Umwandlung** von WE in TeilE u umgekehrt ändert den SE-Inhalt (§ 15 Rn 13) u erfordert daher die abdingb Mitwirkg aller WEigtümer (BayObLG NJW-RR **97**, 586); Eintr unter Beachtg von BGB 877 zur Wirkg nach § 10 II u gg dingl Berecht erforderl (BayObLG **89**, 28). Realteilg von WE/TeilE in WE u TeilE ohne Mitwirkg der and WEigtümer, wenn Zweckbestimmg der Räume unverändert (BGH NJW **79**, 870).

5 **2) Grundstück als gemeinschaftliches Eigentum (IV). – a)** Steht ein **Gebäude ganz auf nur einem Grundstück** im RSinn (es kann aus örtl getrennten FlSt bestehen; Demharter DNotZ **86**, 457), so kann SE an seinen Räumen nur mit MitEAnt dieses Grdst verbunden werden, nicht auch (ÜbergangsRegelg wie
6 Rn 6) od nur mit MitEAnt eines and Grdst. – **b)** Steht ein **Gebäude auf mehreren Grundstücken,** so kann SE an seinen Räumen nicht mit MitEAnt an diesen Grdst verbunden werden (wo das vor 1. 10. 73
7 erfolgte, gibt Art 3 § 1 G v 30. 7. 73 [BGBl I 910] ÜbergangsRegelg). **aa)** Ist das ganze Gbde wesentl Bestandt eines (Stamm-)Grdst u damit ihm einheitl eigtrechtl zugeordnet (zB als entschuldigter [BGB 912 Rn 12] od rechtm [BGB 912 Rn 2] Überbau), so kann SE im ganzen Gbde (auch wenn SE-Einh nur auf NachbGrdst gelegen) mit MitE am StammGrdst zu WE verbunden werden (Karlsr DNotZ **86**, 753). WE auch eintragb, wenn diese eigtrechtl Zuordng nicht aus GB ersichtl (Demharter Rpfleger **83**, 133; aA Stgt Rpfleger **82**, 375: GrdDbk notw); sie ist dem GBA, das Grenzüberschreitg kennt, gem GBO 29 nachzuweisen
8 (Hamm Rpfleger **84**, 98; Karlsr aaO). **bb)** Ist GbdeTeil auf NachbGrdst nicht wesentl Bestandt des StammGrdst, so entsteht kein WE, wenn SE in ihm mit MitE am StammGrdst verbunden; Gesamtgründg gescheitert, wenn dadch ein MitEAnt ohne SE (vgl § 3 Rn 4). Über Heilg dch gutgl Erwerb vgl Demharter
9 aaO. **cc)** Sind die GbdeTeile eigtrechtl den Grdst zugeordnet, auf denen sie stehen (zB unentschuldigter Überbau; BGB 912 Rn 16), so kann SE in ihnen nur mit MitE am dazugehör Grdst zu WE verbunden werden (Ludwig DNotZ **83**, 411; vgl auch LG Bn RhNK **82**, 248 u LG Düss RhNK **85**, 126 u LG Mü MittBayNot **88**, 237, die abw von LG Nürnb DNotZ **88**, 321 wohl von vertikaler Teilg des TiefgaragenEigt an der Grenze ausgehen).

10 **3) Gemeinschaftliches Eigentum. – a) Grundstück (V,** unabdingb), dh die überbaute u die außerh von Gbden liegde GrdstFläche; zB plattierte Terrasse (Köln Rpfleger **82**, 278, RhNK **96**, 61), KfzStellplatz auf freier GrdstFläche od in seitenoffenem Carport (BayObLG NJW-RR **86**, 761; Köln RhNK **96**, 61). Nichtwesentl GrdstBestandt (BayObLG **69**, 29) u ScheinBestandt (Hamm FGPrax **98**, 126) stehen in schlichtem MitEigt od EinzelEigt (kein SE) von WEigtümern od Dritten.

b) Gebäudeteile, die trotz Zugehörigk zu SE-Raum nicht SE sein können (**§ 5 I,** unabdingb), u bestands- od sicherhnotw GbdeTeile (**§ 5 II,** unabdingb); Zuordng zu § 5 I od II überschneidd. Auch dann notw GemschE, wenn unter Verstoß gg § 22 I angebracht (BayObLG WuM **85**, 31) od nur ein WEigtümer in dem Gbde SE hat (BGH **50**, 56). Für nichtwesentl GbdeBestandt gilt Rn 10 (BayObLG **69**, 29; Saarbr FGPrax **97**, 56). – **Beispiele:** Fundament, Außenwand/-putz, Dach, Schornstein, Brandmauer, Geschoßdecke (BayObLG NJW-RR **94**, 82); Außenfenster (Glas, Rahmen, Laibg) einschl Innenseite (auch bei Doppelglas (BayObLG NJW-RR **96**, 140; LG Lüb Rpfleger **85**, 490), Fensterbank/-laden, Rolladenkasten (Saarbr FGPrax **97**, 56); Seitenbegrenzg, Bodenplatte, Decke u Trennmauer von Balkon/Loggia/Dachterrasse (BGH NJW **85**, 1551; NJW-RR **87**, 525; BayObLG NJW-RR **90**, 784; WuM **97**, 188); tragde Innenwand (BayObLG NJW-RR **95**, 649); (Tritt)Schall/Wärme/FeuchtigkIsoliergsschicht mit Schutzwirkg für GemschE od and SE (Köln ZMR **98**, 722; Düss ZMR **99**, 726); aufliegende Fertiggarage (BayObLG WE **89**, 218); AbgrenzgsEinrichtg zw verschied SE (BayObLG NJW-RR **91**, 722) u zw SE u GemschE (BayObLG WE **98**, 355); Eingangspodest vor Haustür zu SE (BayObLG WuM **92**, 705). 11

c) Anlagen und Einrichtungen, die dem gemschaftl Gebr dienen (**§ 5 II,** unabdingb), indem sie den Eigtümern den Gebr ihres WE ermöglichen u erhalten; erhält ein im SE stehder Raum diese Funktion nachträgl (zB dch Umbau), so wird er krG GemschE (str) u das GB unricht. Auch dann kein SE mögl, wenn MitGebr dch SondernutzgsR gesichert (BGH NJW **91**, 2909). Für nichtwesentl Bestandt gilt Rn 10. – **Beispiele:** Treppenhaus; einziger Zugangsraum zum Ausgang od zu einem ständ MitGebr dienden GemschE-Raum (BGH NJW **91**, 2909; Düss NZM **99**, 772) od zu mehreren SE (BayObLG NJW-RR **98**, 875); KfzHebebühne in GemschERaum (Düss NZM **99**, 571); Raum für Zähl-/Schalt-/SichgsEinrichtg der Energieversorgg (BGH NJW **91**, 2909; einschränkd Saarbr ZfIR **99**, 130); nur das GemschE u SE versorgde Zentralheizgsanlage einschl des nur Heizgszwecken dienden Aufstellraums (BGH **73**, 302; BayObLG MittBayNot **92**, 331) sowie der für die Funktion der Gesamtanlage notw Teile (zB Thermostatventile) u der für die Abrechng in der Gemsch notw VerbrZähler (Hbg ZMR **99**, 502); Abwasserleitg (BayObLG NJW-RR **96**, 1101)). – **Nicht aber** (SE mögl): Zugangsraum zu nicht ständ MitGebr dienden GemschE (BayObLG NJW-RR **95**, 908); Schwimmbad/Sauna (BGH **78**, 225); Dachspeicherraum (Zweibr MittBayNot **93**, 86); zu nur einem SE führdes Treppenhaus (Köln OLGZ **93**, 43); Heizgsanlage, die and Grdst mitbeheizt u von einem WEigtümer in seinem SE betrieben wird (BGH NJW **75**, 688; dazu Hurst DNotZ **84**, 66/140); Sammelgarage (Ffm FGPrax **95**, 101 [auch wenn 2. Rettgsweg]). 12

d) Sondereigentumsfähige Räume und Gebäudeteile (§ 5 III), wenn sie bei WE- Begründg nicht SE geworden (§ 5 Rn 1) od nachträgl in GemschE umgewandelt (§ 4 Rn 2). – **Umwandlung in Sondereigentum** nur dch Einigg aller WEigtümer (nicht dch Vbg/TErkl abdingb; Stgt NJW-RR **86**, 815) nach § 4 I, II, Verbindg mit MitEigtAnt u GBEintr; nicht entspr BGB 912 dch baul Einbeziehg in SE (BayObLG Rpfleger **93**, 488). Beeinträchtigte RealBerecht müssen zustimmen (BGB 876, 877; BayObLG NJW-RR **92**, 208 [auch wenn SNR bestand]). 13

4) Verwaltungsvermögen. Dazu gehören bewegl Sachen (zB natürl Früchte u Zubehör des GemschE, Bargeld in GemschKasse, VerwaltgsUnterlagen [BayObLG **78**, 231]), Anspr gg Dritte aus dem MitEigt (BGB 1011) od aus VerwaltgsGesch (zB Bankguthaben, Anspr aus Vermietg des GemschE). An jedem einz VermGgst besteht eine Gemsch der WEigtümer iSv BGB 741 ff (Wtn/Weitnauer Rn 13; BayObLG **95**, 103) zu den Quoten des GemschE. Nach aA gehören sie zum GemschE (BPM/Pick Rn 39; KG NJW-RR **88**, 844; Köln ZfIR **98**, 306) mit der Folge, daß Anteil von Vfg/ZwVollstr bzgl des WE miterfaßt werden u nicht selbstd Vfg/ZwVollstr unterliegen u § 11 anwendb. – **a)** Bzgl der **Verwaltung** ist anzunehmen, daß die WEigtümer BGB 744, 745 dch §§ 23 ff ersetzt haben. – **b)** Für die rgesch **Übertragung** des Anteils gilt BGB 747 S 1, der nur mit schuldrechtl Wirkg abdingb (BGB 137). Schutz der WEigtümer gg GemschAufhebg dch Erwerber vgl Rn 17. Bei Übertragg des WE geht Anteil nicht krG mit über (BayObLG **84**, 198 [Zuschlag]); aA KG NJW-RR **88**, 844 u Köln NZM **98**, 874 [RGesch]); für Anteil am GemschEZubehör gelten BGB 314, 926, 1120 ff (Wtn/Weitnauer 17; BayObLG WE **95**, 285). – **c)** Die **Zwangsvollstreckung** in das WE erfaßt den Anteil nur, wenn dieser zum Haftgsverband des GrdPfdR gehört (zB Anteil am GemschEZubehör), soweit dies nicht der Fall (zB Anteil an gemschaftl Geldern/Guthaben; BayObLG **84**, 198; **95**, 103), erwirbt Ersteher Anteil nicht dch Zuschlag (zum BereichgsAusgl zw VorEigtümer u Erwerber vgl Weitnauer ZfBR **85**, 183). Der Anteil unterliegt selbstd der ZwVollstr, soweit dies nicht dch ZPO 865 (zB für Anteil am GemschEZubehör) ausgeschl. Pfändb aber Anspr auf Auskehrg von Überschüssen, deren Verteilg beschlossen. – **d)** Bzgl der **Aufhebung** ist anzunehmen, daß die WEigtümer BGB 749 I ausgeschl haben u somit BGB 749 II 1 gilt. Zwecks Erhaltg der Funktionsfähigk der Gemsch ist BGB 751 S 2 entspr dem Gedanken des § 11 nicht anwendb (KG NJW-RR **88**, 844). 14 15 16 17

1. Abschnitt. Begründung des Wohnungseigentums

WEG 2 *Arten der Begründung.* **Wohnungseigentum wird durch die vertragliche Einräumung von Sondereigentum (§ 3) oder durch Teilung (§ 8) begründet.**

1) Begründung nur nach §§ 3, 8; nicht dch Vfg vTw, TeilgsUrt zur GemschAuseinandS (Mü NJW **52**, 1297) od im Verf nach der HausRVO. – Genehmigg nach BauGB 22, 51 I Nr 1 (vgl Düss RhNK **78**, 189) u 172 notw (kein Negativattest, wenn keine Ortssatzg über GenPfl od bei VO nach BauGB 19 V [Hamm FGPrax **99**, 132; Zweibr Rpfleger **99**, 441]); nicht aber nach BauGB 19 (Hamm OLGZ **88**, 404). Kein VorkR nach BauGB 24. UnbedenklichkBescheinigg nach GrEStG 22 (BGB 925 Rn 30) iFv § 3 notw, nicht iFv § 8. 1

2) Gründungsmängel. Lösg der Probleme zT stark umstritten.

a) Abschlußmängel (Däubler DNotZ **64**, 216; Gaberdiel NJW **72**, 847) betr das VfgsGesch (§§ 3, 8) zur Begründg von WE. – **aa)** Bei **Nichtigkeit** des VfgsGesch ist für keinen Beteil WE entstanden; bis zur 2

Geltmachg der Nichtigk (§ 11 gilt nicht) müssen die Beteil sich so behandeln lassen, als ob Begründg wirks: fakt WEGemsch. Belastgen des WE können kr öff Gl des GB entstehen; WE gilt dann insow als bestehd u entsteht für Ersteher in der ZwVerst. Gutgl DrittErwerb von WE (u Erstehen in der ZwVerst) heilt Begründgs-Gesch u läßt WE für alle Beteil entstehen (BGH **109**, 179). – **bb)** Ist **Nichtberechtigter** (BuchMitEigtümer) beteiligt, so entsteht iFv von § 3 bei Gutgläubigkeit eines Beteil WE; auch für NichtBerecht eingetr Recht ist WE. Bei Begründg nach § 8 od bei NichtEigt aller iFv § 3 entsteht WE erst nach gutgl DrittErwerb eines WE.

3 **b) Inhaltsmängel** betr die Zulässigk der rechtl Gestaltg des WE (zB SE-Fähigk); sie unterliegen der PrüfgsPfl des GBA. WohngsGB wird dch die inhaltl unzul Eintr (GBO 53 I 2; Hamm OLGZ **77**, 264) unricht; Erwerb nach BGB 892 od ZVG 90 nicht mögl (Düss Rpfleger **86**, 131). Bei teilw Unvereinbark BGB 139 maßg, ob WE überh entstanden (BayObLG **73**, 267). Beseitigg dch neue Einigg u Eintr; ob Anspr darauf besteht, ist vor ProzGer zu klärde Frage des GrdGesch. Ist WE eingetr aber nicht entstanden, besteht fakt Gemsch, auf die WEG einschl § 11 anzuwenden (vgl § 11 Rn 3).

4 **c) Nichtübereinstimmung von Aufteilungsplan u Baukörper** (Lutter AcP **164,** 122/141; Streblow
5 RhNK **87**, 141; Abramenko ZMR **98**, 741). – **aa)** Abweichde **innere Ausgestaltung des Sondereigen-**
6 **tums** (zB Lage der Fenster, innere Aufteilg) läßt geplantes SE entstehen. – **bb) Aufteilung/Zusammenlegung von Raumeinheiten.** Bei Aufteilg einer geplanten RaumEinh in mehrere entsteht ein WE mit geplanter RaumEinh als SE. Bei ZusLegg mehrere geplanter RaumEinh zu einer entstehen die geplanten WE
7 (BayObLG **81**, 332), da unschädl Verstoß gg § 3 II 1. – **cc) Zusätzliche/weniger Räume.** An zusätzl gebauten Räumen (iü geplanter Grdriß) entsteht Gemsch. Werden geplante Räume nicht gebaut (iü geplanter
8 Grdriß), so besteht insow das AnwR (Rn 10) fort. – **dd) Grundrißabweichung.** Solange Abgrenzg SE/SE u SE/GemschE zweifelsfrei, entsteht gebautes SE (Karlsr NJW-RR **93**, 1294) u GB ist dch Plananpassg zu berichtigen (Celle OLGZ **81**, 106; BayObLG BWNotZ **89**, 64). Andfalls entsteht GemschE (Hamm Rpfleger **86**, 374) u das AnwR (Rn 10) besteht fort, so daß GB nicht unrichtig (Merle WE **89**, 116); zur Anpassg Umbau od neue Einigg u Eintr (§ 4 I, II) notw (ob Anspr darauf besteht, ist vor ProzGer zu klärde Frage des GrdGesch); bei Eintr gem Bauzustand ohne Einigg haben Eigtümer Anspr aus BGB 894 (Karlsr Just **83**, 307). Kein gutgl DrittErwerb von WE gem Bauzustand. Nachträgl GrdrißÄnderg ändert EigtVerh nicht (BayObLG
9 NJW-RR **90**, 657). – **ee) Abgrenzung von Sondereigentum.** Wird im Teilgsplan als GemschE vorgesehene Fläche baul in SE-Bereich einbezogen, so bleibt sie GemschE (Hamm DWE **95**, 127). Wird ein gem Teilgsplan dem SE *1* zugeteilter Raum teilw baul in das SE *2* einbezogen (Trennwand steht im Bereich des SE *1*), so gehört der Raumteil nicht zum SE *2;* da Abgrenzg agrd des Teilgsplans mögl, entsteht SE gem Teilgsplan (BayObLG NZM **98**, 973). Dementspr entsteht SE gem Teilgsplan, wenn Trennwand zw Räumen des SE *1* u *2* überhaupt nicht errichtet ist (Merle WE **92**, 11; aA Kblz WE **92**, 19 [beide Räume GemschE]). Herstellg der teilgsplanmäß Abgrenzg gem § 21 V Nr 2 (BayObLG NJWE-MietR **96**, 248). – **ff)** Abweichde **Gebäudelage auf dem Grundstück** für WE-Entstehg unschädl, wenn GemschE u SE zweifelsfrei abgrenzb (BayObLG NJW-RR **90**, 332).

10 **3)** WE kann schon **vor Errichtung des Gebäudes** begründet werden (§§ 3 I, 8 I: „zu errichtdes Gbde"). Es besteht dann aus dem MitEAnt am Grdst u dem damit verbundenen AnwR auf den MitEAnt an den künft im GemschE stehden GbdeTeilen u dem künft SE gem Aufteilgsplan, ohne daß öffrechtl Unzulässigk des Gbdes entggsteht (BGH **110,** 36); über Errichtg abw vom Aufteilgsplan vgl Rn 4, 5. Der Inh hat RStellg eines WEigtümers u es besteht schon eine WEGemsch, für die auch §§ 11, 18 gelten. Dieses WE ist übertragb u belastb. SE entsteht schrittw mit Errichtg der betr RaumEinh im Rohbau u nicht erst mit Herstellg des GesamtGbdes (Streblow RhNK **87**, 141; BGH NJW **86**, 2759; aA Düss Rpfleger **86**, 131). Streitig, ob diesem WE Recht u Pflicht zur Herstellg des Gbdes innewohnt (ja: BPM/ Pick § 3 Rdn 26; nein: Röll NJW **78**, 1507). Nach Konk des Bauträgers ist § 22 II entspr anwendb u für Fertigstellgskosten gilt § 16 II (Ffm WuM **94**, 35, 36; über Berücksichtigg an Bauträger geleisteter Zahlgen vgl Hbg OLGZ **90**, 308 u Ffm aaO), bei Nichtzahlg aber kein Ausschl vom MitGebr des GemschE
11 (Hamm NJW **84**, 2708). – **a)** Errichtg des Gbdes kann Ggst einer **Aufbauvereinbarung**/TeilgsErkl u damit SEInhalt nach § 5 IV (BayObLG **57**, 95) od Ggst eines rein schuldrechtl **Aufbauvertrages** (zB
12 BauherrenGemsch als GbR; Hbg DWE **84**, 27) sein. – **b)** Aus mit BauUntern geschl **Bauvertrag haften die Wohnungseigentümer** mangels abweichder Vereinbg nur anteilig im Verh ihrer MitEAnt, wobei unerhebl, ob sich die Arbeiten auf das GemschE od SE beziehen (BayObLG ZMR **98**, 179); zur Sicherg dieser Fdg besteht Anspr auf **BGB–648–Hypothek** als EinzelHyp an den betr WERen. IFv § 8 besteht Anpr auf BGB–648–Hyp als GesHyp (BGB 1132) an allen von der Werkleistg betroffenen (Hamm NJW-RR **99**, 383) WERen in voller Höhe der WerklohnFdg, soweit Eigtümer pers Schuldn des Werklohns (Ffm OLGZ **85**, 193).

WEG 3 *Vertragliche Einräumung von Sondereigentum.*

I Das Miteigentum (§ 1008 des Bürgerlichen Gesetzbuches) an einem Grundstück kann durch Vertrag der Miteigentümer in der Weise beschränkt werden, daß jedem der Miteigentümer abweichend von § 93 des Bürgerlichen Gesetzbuches das Sondereigentum an einer bestimmten Wohnung oder an nicht zu Wohnzwecken dienenden bestimmten Räumen in einem auf dem Grundstück errichteten oder zu errichtenden Gebäude eingeräumt wird.

II Sondereigentum soll nur eingeräumt werden, wenn die Wohnungen oder sonstigen Räume in sich abgeschlossen sind. Garagenstellplätze gelten als abgeschlossene Räume, wenn ihre Flächen durch dauerhafte Markierungen ersichtlich sind.

1 **1) Ersteinräumung von Sondereigentum (I)** dch Vertr (vertragl Teilg als dingl VfgsGesch) u GBEintr (§ 4 I, II). TeilgsBerecht sind nur alle GrdstEigtümer (über BuchEigtümer vgl § 2 Rn 2) zZ des dingl Wirksamwerdens der Teilg (über Anwendg von BGB 878 vgl dort Rn 4, 13). RealBerecht am Grdst u

GesamtBerecht an allen MitEigtAnt müssen nicht zustimmen, da sich die Belastgen an allen WE fortsetzen (§ 7 Rn 7), wohl aber EinzBerecht an MitEigtAnt iRv BGB 876, 877 (Ffm OLGZ **87**, 266).

a) Verbindung von Miteigentumsanteil und Sondereigentum, wobei GrößenVerh zw beiden beliebig (BGH NJW **76**, 1976). Werden die MitEAnt dch Umwandlg von Allein-/GesHdsEigt begründet od bestehdes MitEigt auf die erforderl Zahl von Ant gebracht, so kann dies ohne vorherige Buchg im GrdstGB in den WohngsGB gebucht werden (BGH **86**, 393; LG Bochum NJW-RR **99**, 887). Der SEGgst (§ 5 Rn 1) muß abgeschl sein (Rn 7, 8) u ist dch wörtl Beschreibg od (wie idR) Bezugn auf den Aufteilgsplan zu 2
bestimmen; er braucht noch nicht vorhanden zu sein (§ 2 Rn 10). – **aa) Isoliertes Mit- oder Sondereigentum.** Jeder MitEAnt muß mit SE u jedes SE mit einem MitEAnt verbunden werden; mit einem MitEAnt ist SE an allen Räumen eines Gbdes daher nur verbindb, wenn noch weitere Gbde vorhanden/geplant. Bei Verstoß hiergg entsteht überhaupt kein WE (Stgt OLGZ **79**, 21). Ist ein MitEAnt wg unwirks SE-Begründg nicht mit SE verbunden, so entstehen nach BGH NJW **95**, 2851 isolierter MitEAnt, der dem iü entstandenen WE nicht anteilig zuwächst, u AnpassgsAnspr. Über nachträgl Verstoß bei WE-Unterteilg vgl Rapp MittBayNot **96**, 344; Böttcher ZfIR **97**, 321 [323]). – 3
bb) Mehrere Miteigentumsanteile können nicht mit demselben SE verbunden werden (Ffm OLGZ **69**, 387). Daher kein MitSE an Räumen u GbdeTeilen zuläss (BGH **130,** 159 [168]). Sind mehr MitEAnt als SE-Einh vorhanden, so muß die Zahl ersterer auf die letzerer zurückgeführt werden; zur Buchg vgl Rn 2. – 4
cc) Mehrere Raumeinheiten können mit einem MitEAnt zu einem WE verbunden werden (vgl Rn 7). 5

b) Regelungen für das Gemeinschaftsverhältnis (§ 10 Rn 6) zul (nicht notw). Sie wirken bei GBEintr als SE-Inhalt ggü SonderNachf (§§ 5 IV, 10 II); aber wie bei allstimm Beschl (§ 10 Rn 7) Ausleggsfrage, ob alle Regelgen Vereinbgswirkg haben sollen (BayObLG **75**, 201; Stgt WEZ **87**, 51; Düss WEZ **88**, 191). 6

2) Abgeschlossenheit des Sondereigentums (II, III). – a) Raumeinheit. Sie soll in sich abgeschl sein **(II 1),** also insb eigenen abschließb Zugang vom GemschE od NachbGrdst (vgl Düss NJW-RR **87**, 333) aus haben; Anhalt gibt Nr 5 VerwVorschr v 19. 3. 74 (BAnz Nr 58); das SE kann aber aus mehreren in sich abgeschl RaumEinh bestehen, die nicht als Gesamth in sich abgeschl sein müssen (BayObLG **71**, 102; LG Aach RhNK **83**, 156). Wesentl sind allseit baul Abgrenzg (Celle NJW-RR **91**, 1489) sowie Abgrenzg zum SE der and WEigtümer (fehlt bei gemeins WC mit Zugang von jeder Wohng; BayObLG Rpfleger **84**, 407; vgl aber LG Landau Rpfleger **85**, 437) u zum GemschE; unschädl dagg abschließb Verbindgstür zw zwei Wohngen (KG OLGZ **85**, 129; LG Köln RhNK **93**, 224) od räuml ZusHang mit Räumen im NachbHaus (BayObLG NJW-RR **91**, 593), baurechtl Mängel der Trennwand uä (GmS-OGB NJW **92**, 3290). Einz Räume (zB Keller) können außerh der RaumEinh liegen, auch in NebenGbde (zB Garage); an ihnen auch selbstd TeilE mögl. DchgangsR agrd GebrRegelg unschädl (BayObLG NJW-RR **89**, 142). Bescheinigg nach § 7 IV Nr 2 bindet GBA nicht (Düss FGPrax **98**, 12). Fehlde Abgeschlossenh od nachträgl Aufhebg hindert Entstehen bzw Fortbestand von WE nicht (BayObLG NZM **99**, 277), da SollVorschr; nachträgl Herstellg der Abgeschlossenh fällt unter § 21 V Nr 2. – 7
b) Kfz-Stellplatz in Sammelgarage. Abgeschlossenh wird fingiert **(II 2).** Dauerh Markierg ist jede sichtb u stets rekonstruierb baul od zeichnerische Festlegg in der Garage gem dem Aufteilgsplan; nicht einfacher Farbanstrich; Verstoß unschädl, wenn Fläche anderweit bestimmt festgelegt (BayObLG NJW-RR **91**, 722). Kein SE mögl an: Stellplatz mit bewegl Abgrenzg (auf/unter Hebebühne; Duplexstellplatz), da SE-Bereich veränderl (BayObLG **95**, 53). Stellplatz auf offenem Garagendach (KG NJW-RR **96**, 587; LG Lüb Rpfleger **76**, 252; LG Aach Rpfleger **84**, 184; Ffm OLGZ **84**, 32 für ebenerd unabgegrenztes Tiefgaragendach; aA Ffm Rpfleger **77**, 312; Köln DNotZ **84**, 700; Hamm NZM **98**, 267), da II 2 nicht Raum fingiert; Stellplatz in seitenoffener Garage (Celle NJW-RR **91**, 1489). 8

3) Nachträgliche Einräumung von weiterem Sondereigentum dch Vertr aller WEigtümer u GBEintr (§ 4 I, II; Ffm ZfIR **97**, 417) entspr Rn 1–5. – **a) Miteigentumsanteil.** Er kann dadch entstehen, daß er dch einseit Erkl eines WEigtümers u Eintr von seinem MitEigtAnt abgespalten wird; mehrere abgespaltene Ant dch einseit Erkl (bei gleichem Eigtümer) bzw Aufl (bei verschied Eigtümern u Eintr zu einem Ant verbindb; RealBerecht am WE müssen iRv BGB 876, 877 zustimmen, sofern keine GesamtBelastg aller WE od Belastg des Grdst, denn die Belastgen am abgespaltenen Ant erlöschen (BayObLG DNotZ **96**, 297). Er kann ferner dch vollständ Aufhebg des mit ihm verbundenen SE entstehen (vgl § 4 Rn 2). – 9
b) Sondereigentum. Sein Ggst war bisher GemschE; daher müssen die RealBerecht der WE iRv BGB 876, 877 zustimmen, sofern keine GesamtBelastg aller WE od Belastg des Grdst (Ffm ZfIR **97**, 417), denn der HaftgsGgst ändert sich. Wird abgespaltenes SE (vgl § 6 Rn 3) mit neuem MitEigtAnt verbunden, entsteht weiteres WE ohne Einräumg von weiterem SE. 10

WEG 4 ***Formvorschriften.*** **[I] Zur Einräumung und zur Aufhebung des Sondereigentums ist die Einigung der Beteiligten über den Eintritt der Rechtsänderung und die Eintragung in das Grundbuch erforderlich.**

[II] Die Einigung bedarf der für die Auflassung vorgeschriebenen Form. Sondereigentum kann nicht unter einer Bedingung oder Zeitbestimmung eingeräumt oder aufgehoben werden.

[III] Für einen Vertrag, durch den sich ein Teil verpflichtet, Sondereigentum einzuräumen, zu erwerben oder aufzuheben, gilt § 313 des Bürgerlichen Gesetzbuchs entsprechend.

1) Einräumung von Sondereigentum. § 4 gilt für die erstmalige (§ 3 Rn 1) u die nachträgl (§ 3 Rn 9) Einräumg. – **a) Einigung (I)** der TeilgsBerecht über Einräumg von SE unbdgt/unbefristet (**II 2;** vgl BGB 925 Rn 19, 20) in der Form von BGB 925 (**II 1**). BGB 925 a nicht anwendb (str). – **b) Eintragung (I)** im WohngsGB (§ 7). Bei Ersteinräumg ist jedes WE erst mit Anlegg aller WohngsGB entstanden. – **c) Belastungen** des Grdst bzw der MitEigtAnt. Über Fortbestand vgl § 7 Rn 7; über Zust der RealBerecht vgl § 3 Rn 1, 9, 10. 1

2 **2) Aufhebung von Sondereigentum.** Bei Aufhebg aller SE entsteht gewöhnl MitEigt (BGB 741 ff, 1008 ff). Bei Aufhebg einz SE wird dessen Ggst GemschE; bei vollständ Aufhebg wächst der MitEigtAnt den anderen WE anteilmäß zu (NS/Schulze Rn 13), denn er kann nicht isoliert bestehen (aber zugl vereinb, daß zugewachsene Ant einem WE zugeschlagen [Quotenänderg; § 6 Rn 2] od mit and SE [§ 3 Rn 10] zu WE verbunden werden). – **a) Einigung (I)** aller WEigtümer (auch bei Aufhebg einz SE kein einseit Verzicht; Hamm NJWE-MietR **96**, 61) unbdgt/unbefristet (**II 2;** vgl BGB 925 Rn 19, 20) in der Form von BGB 925 (**II 1**); unabdingb (BayObLG ZMR **98**, 299). BGB 925 a nicht anwendb. – **b) Eintragung (I).** Bei Aufhebg aller SE vgl § 9. Bei Aufhebg einz SE dch Eintragg im WohngsGB (vollständ Aufhebg) bzw Abschreibg im
3 BestandsVerz (teilw Aufhebg). – **c) Belastungen.** Bei Aufhebg aller SE vgl § 9 Rn 3. Bei vollständ Aufhebg einz SE erlöschen mit dem WE seine Belastgen, währd sie bei teilw Aufhebg am verbleibden PfdGgst fortbestehen; daher Zust der RealBerecht am aufzuhebden (BayObLG ZMR **98**, 299) WE nach BGB 876, 877 notw, nicht aber bei Gesamtbelastg aller WE od wenn Grdst als solches belastet (Ffm ZMR **90**, 229).

4 **3) Schuldrechtlicher Vertrag (III),** der dem dingl Einräumungs-/AufhebgsVertr zugrde liegt; davon zu unterscheiden ist der AufbauVertr (§ 2 Rn 7). Für das VerpflGesch zur Übertr schon bestehden WE gilt BGB 313 unmittelb (§ 6 Rn 5). – Der Anspr auf Einräumg von SE ist im GB des im einf MitE od noch im AlleinEigt eines zukünft MitEigtümers stehden Grdst dch **Vormerkung** sicherb; für die Bestimmth des WE gilt § 8 Rn 4 entspr. AufhebgAnspr dch Vormkg in allen WohngsGB sicherb.

WEG 5 ***Gegenstand und Inhalt des Sondereigentums.*** **I Gegenstand des Sondereigentums sind die gemäß § 3 Abs. 1 bestimmten Räume sowie die zu diesen Räumen gehörenden Bestandteile des Gebäudes, die verändert, beseitigt oder eingefügt werden können, ohne daß dadurch das gemeinschaftliche Eigentum oder ein auf Sondereigentum beruhendes Recht eines anderen Wohnungseigentümers über das nach § 14 zulässige Maß hinaus beeinträchtigt oder die äußere Gestaltung des Gebäudes verändert wird.**

II Teile des Gebäudes, die für dessen Bestand oder Sicherheit erforderlich sind, sowie Anlagen und Einrichtungen, die dem gemeinschaftlichen Gebrauch der Wohnungseigentümer dienen, sind nicht Gegenstand des Sondereigentums, selbst wenn sie sich im Bereich der im Sondereigentum stehenden Räume befinden.

III Die Wohnungseigentümer können vereinbaren, daß Bestandteile des Gebäudes, die Gegenstand des Sondereigentums sein können, zum gemeinschaftlichen Eigentum gehören.

IV Vereinbarungen über das Verhältnis der Wohnungseigentümer untereinander können nach den Vorschriften des 2. und 3. Abschnittes zum Inhalt des Sondereigentums gemacht werden.

1 **1) Gegenstand des Sondereigentums (I–III).** § 5 setzt zwingde Grenze des SE; woran nicht wirks SE begründet ist, ist GemschE (BGH **130**, 159 [169]). Ist das SE nicht hinreichd bestimmt bezeichnet (Ffm ZfIR **97**, 417), besteht insow Widerspr zw wörtl Beschreibg in der TeilgsErkl u zeichnerischer Darstellg im Aufteilgsplan u sind beide GBInhalt (BGH **130**, 159 [168]), ist SE an einem Raum nicht mit einem MitEAnt verbunden od sollte SE an nicht SE-fäh Ggst begründet werden, so entsteht insow nur GemschE; zur RLage, wenn dadch ein MitEAnt ohne SE, vgl § 3 Rn 3. Erkl von nicht SE-fäh Ggst zu SE in Begründg eines SondernutzgsR (Köln RhNK **96**, 61; KG NZM **99**, 258) sowie uU in Abdingg von §§ 16 II, 21 V Nr 2
2 (Hamm NJW-RR **92**, 148; NJWE-MietR **97**, 114; Düss NZM **98**, 269) umdeutb. – **a)** Die **Räume (I)** der zum SE erklärten RaumEinh (§ 3 Rn 7); ihre nichtwesentl Bestandt (BGH NJW **75**, 688; BayObLG **69**, 29; Düss NJW-RR **95**, 206) u ihr Zubeh (zB Alarmanlage; Mü MDR **79**, 934) unterliegen nicht dem WEG. Ebso Veranden, Loggien, **Balkone und Dachterrassen**, die mit SE-Räumen tats verbunden (BGH NJW **85**, 1551) u zu SE erklärt; pauschale soll idR nur den Balkonraum usw erfassen, nicht aber die nach § 1 Rn 11
3 nicht SE-fäh Teile. – **b) Raumzugehörige Gebäudeteile (I),** die nicht nach § 1 Rn 11 notw GemschE sind **(II),** werden ohne weiteres mit den Räumen SE, sofern sie nicht ausdrückl davon ausgenommen **(III).** Beispiele: nichttragde Innenwände, Innentüren, Bodenbelag/Estrich ohne Schutzfunktion iSv § 1 Rn 11
4 (BayObLG NJW-RR **94**, 598). – **c) Anlagen/Einrichtungen (II),** die nicht nach § 1 Rn 12 notw GemschE sind, werden ohne weiteres SE, wenn sie in SE-Räumen liegen; zB Einbauschränke, SanitärGgst, nicht für Funktion der Gesamtanlage notw Heizkörper/-teile (Köln DWE **90,** 108), die nur diesem SE dienden Ver-/Entsorggsleitgen ab Hauptleitg (BayObLG WEZ **88**, 417; aA KG WE **89**, 97 [GemschE im Bereich fremden SE]). Liegen sie im GemschE u dienen sie nur einem SE, so müssen sie zu SE erklärt werden; zB Einzelheizg (LG Ffm NJW-RR **89**, 1166), Einzelentsorggsanlage (BayObLG ZMR **92**, 66).

5 **2) Inhalt des Sondereigentums (IV)** werden Regelgen über das GemschVerhältn in vertragl (§ 3 Rn 6) od einseit (§ 8 Rn 1) TeilgsErkl od nachträgl Vereinbgen (§ 10 Rn 2) dch Eintr im WohngsGB; sie wirken dann ohne weiteres für u gg SonderNachf im WE (§ 10 II).

6 **3) Umwandlung in gemeinschaftliches Eigentum** dch ganz od teilw Aufhebg des SE nach § 4 Rn 2.

WEG 6 ***Unselbständigkeit des Sondereigentums.*** **I Das Sondereigentum kann ohne den Miteigentumsanteil, zu dem es gehört, nicht veräußert oder belastet werden.**

II Rechte an dem Miteigentumsanteil erstrecken sich auf das zu ihm gehörende Sondereigentum.

1 **1) Grundsatz.** Über den MitEAnt am GemschE und das SE kann nicht getrennt verfügt werden **(I);** über nichtwesentl Bestandt des SE kann gesondert verfügt werden (da sonderrechtsfäh), über Anteil am Verwaltgs-
2 Verm vgl § 1 Rn 15. – **a)** Zuläss ist die **Änderung von Miteigentumsanteilen** (Quotenänderg) auch ohne Änderg des SE innerh der Gemsch dch Aufl zw den beteiligten WEigtümern (bzw einseit Erkl ggü GBA bei Rechten desselben WEigtümers) u Eintr (BayObLG **93**, 166); unabdingb. Zum GBVollzug vgl Haegele/Schöner/Stöber Rn 2972. RealBerecht am verkleinerten WE müssen zustimmen (BGB 877, 876), da die

Belastgen am abgespaltenen Ant erlöschen (BayObLG **93**, 166), nicht aber die and WEigtümer (wg § 12 vgl dort Rn 3). Außerh von BGB 1131 ist wg § 6 Erstreckg der Belastgen am vergrößerten WER auf neuen Bestand notw (vgl Streblow RhNK **87**, 141; LG Bchm Rpfleger **90**, 455; aA Streuer Rpfleger **92**, 181; Böttcher BWNotZ **96**, 80 [85]). Für VerpflGesch gilt BGB 313; ÄndergsAnspr vormerkb. Zum QuotenändergsAnspr aus BGB 242 vgl BayObLG **85**, 47. – **b)** Zuläss ist die **Übertragung von Teilen des Sondereigentums** einschl vollständ Austauschs auch ohne Änderg der MitEAnt innerh der Gemsch dch Aufl zw den beteil WEigtümern (bzw einseit Erkl wie Rn 2) u Eintr (BayObLG **98**, 2). Zum GBVollzug vgl Haegele/Schöner/Stöber Rn 2969. Für Zust der RealBerecht (BayObLG aaO) u and WEigtümer, BelastgsErstreckg (vgl Strehlow aaO; LG Düss RhNK **86**, 78), VerpflGesch u Vormkg gilt Rn 2 entspr. 3

2) Verfügungen über das Wohnungseigentum. Vfg über noch nicht gebildetes WE nicht als Vfg über einf MitEAnt auslegb (Hamm OLGZ **83**, 386). 4

a) Übertragung. – aa) Dinglich wie Übertr eines MitEAnt am Grdst (BGB 1008 Rn 5); wg Anteil am VerwaltgsVerm vgl § 1 Rn 15. Über VeräußergsBeschrkg vgl § 12. VorkR nach BauGB 24 besteht nicht (BauGB 24 II). – **bb)** Für das **Verpflichtungsgeschäft** gilt BGB 313. Zur Bestimmth des VertrGgst vgl BGH **125**, 235; KG DNotZ **85**, 305. – Ist dch Anlegg des WohngsGB **Wohnungseigentum schon entstanden,** so ist dieses in beurk Erkl hinreichd genau zu bezeichnen (idR entspr GBO 28); zur näheren Erläuterg des VertrGgst kann nichtbeurk Erkl (zB TeilgsErkl) dienen (BGH NJW **79**, 1496, 1498). Bestimmgen der TeilgsErkl, die dch Eintr Inhalt des SE geworden, brauchen nicht beurk zu werden (BGH aaO); zu beurk sind aber alle weiteren Vereinbg, aus denen sich das VerpflGesch zusammensetzt (BGH NJW **79**, 1496). – Ist mangels Anlegg des WohngsGB **Wohnungseigentum noch nicht entstanden,** so ist Ggst von GemschE u SE in beurk Erkl zu bezeichnen; nicht mitbeurk TeilgsErkl darf VertrGgst nur veranschaulichen, nicht aber erst erkennb machen (BGH NJW **79**, 1496, 1498). Bestimmgen der TeilgsErkl, die das GemschVerh regeln, sind mitzubeurk (BGH NJW **79**, 1498; aA Lichtenberger NJW **79**, 1857). 5

b) Teilung. – aa) Ideelle Teilung nur iVm Übertr eines Brucht auf eine and Pers mögl (BGH **49**, 250). Es entsteht BruchtGemsch am WE. Zust der and WEigtümer wg § 25 II 2 nicht notw. – **bb) Reale Teilung** entspr § 8 iVm § 7 dch einseit Erkl des WEigtümers ggü GBA u Eintr mögl (BayObLG NJW-RR **94**, 716 [auch zu § 7 IV Nr 2]; LG Lüb Rpfleger **88**, 102 [auch zum GBVerf]): MitEAnteil u SE sind zu teilen; die neuen SE müssen § 3 II genügen. GenBedürftigk nach BauGB 22, 174 I 4. Zust der and WEigtümer nicht notw (BayObLG Rpfleger **91**, 455).). Bei ObjektStimmR keine Stimmenvermehrg, wenn keine Veräußerg erfolgt (vgl Köln DWE **92**, 165). Simmenvermehrg bei Kopf- u ObjektStimmR aGrd Veräußerg vorbehaltl RMißbr hinzunehmen (BayObLG **77**, 1 [Stimmenverminderg]; Wtn/Weitnauer § 3 Rn 104; Müller Rn 152; aA BGH **73**, 150; KG FGPrax **99**, 90 [Stimmenteilg bei ObjektStimmR]). 6

c) Vereinigung/Bestandteilszuschreibung bzgl mehrerer WERe desselben Grdst entspr BGB 890 ohne Zust der and WEigtümer zul. Nicht notw, daß zusgelegtes SE als Gesamth § 3 II 1 genügt (BayObLG NZM **99**, 277). Über Belastgen der WERe vgl Streuer Rpfleger **92**, 181; Böttcher BWNotZ **96**, 80. – Gilt auch bzgl WE u einem and Grdst (BayObLG **93**, 297; Hamm NJW-RR **96**, 1100). 7

d) Ersitzung (BGB 900) mögl, nicht aber **Eigentumsaufgabe** (BayObLG NJW **91**, 1962). 8

e) Belastung wie die eines MitEigtAnt am Grdst (vgl BGB 1008 Rn 6) mit GrdPfdR dingl VorkR, Reallast, Nießbr (nicht nur SE; LG Nürnb-Fürth Rpfleger **91**, 148), DWR. Belastg mit Dbk, deren Ausübg auf das SE in seinem gesetzl HerrschBereich iSv § 13 I beschr, ist zuläss (BGH **107,** 289); nicht aber mit Dbk, deren Ausübg auch GemschE erfaßt (KG OLGZ **76**, 257), selbst wenn insow SonderNutzgsR nach § 15 besteht (Zweibr FGPrax **99**, 44). Zuläss Belastg mit Dbk, die Ausübg aus WE sich ergebden Rechts (BGB 1018 Rn 26) ausschließt (Hamm OLGZ **81**, 53; aA Zimmermann Rpfleger **81**, 333). Soweit MitEAnteil belastb (zB BGB 1095, 1106, 1114), ist auch BruchtAnteil am WE belastb. BelastgsAnspr schon im GrdstGB vormerkb (LG Lüb Rpfleger **95**, 152). 9

3) Zwangsvollstreckung in das WE wie bei gewöhnl MitEAnteil am Grdst (vgl BGB 1008 Rn 7); zur RStellg des ZwVerw vgl KG NJW-RR **87**, 77. Pfändg des Anteils an der Gemsch unzul. Keine Klauselumschreibg bei inf Aufteilg des belasteten Grdst entstandenen GesamtGrdPfdR (LG Bln Rpfleger **85**, 159; LG Essen Rpfleger **86**, 101). – Wg Anteils am VerwaltgsVerm vgl § 1 Rn 16. 10

WEG 7 *Grundbuchvorschriften.*

I Im Falle des § 3 Abs. 1 wird für jeden Miteigentumsanteil von Amts wegen ein besonderes Grundbuchblatt (Wohnungsgrundbuch, Teileigentumsgrundbuch) angelegt. Auf diesem ist das zu dem Miteigentumsanteil gehörende Sondereigentum und als Beschränkung des Miteigentums die Einräumung der zu den anderen Miteigentumsanteilen gehörenden Sondereigentumsrechte einzutragen. Das Grundbuchblatt des Grundstücks wird von Amts wegen geschlossen.

II Von der Anlegung besonderer Grundbuchblätter kann abgesehen werden, wenn hiervon Verwirrung nicht zu besorgen ist. In diesem Falle ist das Grundbuchblatt als gemeinschaftliches Wohnungsgrundbuch (Teileigentumsgrundbuch) zu bezeichnen.

III Zur näheren Bezeichnung des Gegenstandes und des Inhalts des Sondereigentums kann auf die Eintragungsbewilligung Bezug genommen werden.

IV Der Eintragungsbewilligung sind als Anlagen beizufügen:

1. eine von der Baubehörde mit Unterschrift und Siegel oder Stempel versehene Bauzeichnung, aus der die Aufteilung des Gebäudes sowie die Lage und Größe der im Sondereigentum und der im gemeinschaftlichen Eigentum stehenden Gebäudeteile ersichtlich ist (Aufteilungsplan); alle zu demselben Wohnungseigentum gehörenden Einzelräume sind mit der jeweils gleichen Nummer zu kennzeichnen;

2. eine Bescheinigung der Baubehörde, daß die Voraussetzungen des § 3 Abs. 2 vorliegen.

Wenn in der Eintragungsbewilligung für die einzelnen Sondereigentumsrechte Nummern angegeben werden, sollen sie mit denen des Aufteilungsplanes übereinstimmen.

V Für Teileigentumsgrundbücher gelten die Vorschriften über Wohnungsgrundbücher entsprechend.

Vgl WGV v 1. 8. 51 (BAnz Nr 152), letzte Änderg Art 3 G v 30. 11. 94 (BGBl I 3580).

1 **1) Grundsatz:** Für jeden MitEAnt (dh jedes WE/TeilE) ist ein GBBl anzulegen **(I 1);** zur Bezeichng vgl WGV 2, über vorheriger Buchg im GrdstGB vgl § 3 Rn 2. MitEAnt an einem Grdst od WE/TeilE gem GBO 3 III zuschreibb (BayObLG **94**, 221). – **Ausnahmen:** Gemschaftl GBBl für alle WE/TeilE der Gemsch **(II)** od mehrere WE/TeilE desselben Eigtümers (GBO 4). Verwirrg zu besorgen bei vielen Eigtümern od unterschiedl Belastgen. – **Grundbucheinsicht** dch jeden WEigtümer (Düss NJW **87**, 1651).

2 **2) Eintragungsvoraussetzungen.** – **a) Antrag** mind eines MitEigtümers (GBO 13). – **b) Bewilligung** aller MitEigtümer (GBO 19, 29); idR in TeilgsErkl enthalten (Hamm Rpfleger **85**, 109). GBO 20 gilt nur, wenn Beteil noch nicht als MitEigtümer eingetr (Zweibr OLGZ **82**, 263; str). EintrBew muß enthalten: SE-Ggst (§ 5 Rn 1–4) in Übereinstimmg mit Aufteilgsplan; Verbindg von MitEAnt u SE (§ 3 Rn 2) u ein-
3 zutragden SE-Inhalt (§ 3 Rn 6). Als Anlagen (vgl Peter BWNotZ **91**, 87) sind beizufügen **(IV): aa) Aufteilungsplan (Nr 1);** hat gleiche Funktion für WE wie amtl Verzeichn nach GBO 2 II für Grdst. Er muß die Aufteilg des ganzen Gbdes nach Größe u Lage des GemschE u SE ergeben (BGH NJW **95**, 2851; BayObLG MittBayNot **97**, 291 [dort auch zum Begriff „Bauzeichng"]); Angabe der Einzelausgestaltg (zB Lage der Fenster; BayObLG **67**, 25) u Markiergsart iSv § 3 II 2 (LG Nürnbg-Fürth MittBayNot **97**, 373) nicht notw. Lage des Gbdes auf Grdst anzugeben, wenn nur so Zuordng von SE u GemschE mit notw Bestimmth gesichert (Demharter Rpfleger **83**, 133; aA Hamm OLGZ **77**, 264: stets). Für Halbs 2 ausreichd, daß zugehörige Räume farb umrandet u mit einer Nr versehen werden (BayObLG Rpfleger **82**, 21); Verstoß rechtfertigt AntrZurückweisg (BayObLG Rpfleger **91**, 414), hindert aber Entstehg von WE nur, wenn dadch
4 Abgrenzg unklar. Über gleiche Nr für WE u TeilE vgl Zweibr OLGZ **82**, 263. **bb) Abgeschlossenheitsbescheinigung (Nr 2);** wg Bindg des GBA vgl § 3 Rn 7. Über Erteilg vgl § 59; über KraftlosErkl vgl BVerwG WuM **96**, 574. Fehlen rechtfertigt AntrZurückweisg, hindert Entstehen von WE aber nicht. – **c) Voreintragung** der MitEigtümer (GBO 39). Über VorEintr bei gleichzeit MitEigtBegründg vgl § 3 Rn 2. – **d)** Wg behördl **Genehmigung/Zustimmung** RealBerecht vgl § 2 Rn 1, § 3 Rn 1, 9, 10.

5 **3)** Das **Grundbuchamt prüft** die EintrVoraussetzgen (Rn 2) u ob Inhaltsmängel (§ 2 Rn 3) vorliegen; SE-Inhalt (§ 5 Rn 5) nur auf Nichtigk nach BGB 134, 138 (BayObLG ZMR **97**, 369; Ffm MittBayNot **98**, 345) u nur, soweit er eingetr werden soll (Köln Rpfleger **82**, 61). Unwirksamk nur einer Bestimmg hindert Eintr (BayObLG WE **86**, 144). Über GBO 53 I 2 bei unwirks Regelg vgl Köln NJW-RR **89**, 780.

6 **4)** Der **Eintragungsvermerk** muß die MitEAnt (GBO 47) u die Angaben nach I 2 enthalten. Bezugn auf EintrBewilligg gem **III** erfaßt auch in ihr in Bezug gen Aufteilgsplan, so daß dch diese **Doppelbezugnahme** auch er GBInhalt wird (Ffm NJWE-MietR **97**, 249) u beide am öff Glauben des GB teilnehmen (BayObLGRpfleger **82**, 21). Für dch Vbg/TErkl gestalteten Inhalt des SE genügt bloße Bezugn, die auch insow zuläss, als in der Vbg/TErkl WEG-Vorschr wiederholt werden (Hamm FGPrax **97**, 59). Wg Einzelh vgl WGV 3. – Welche GbdeTeile/Räume zum GemschE gehören, wird nicht eingetr; das ergibt sich nur mittelb aus der Summe des eingetr SE (LG Lüb Rpfleger **88**, 102).

7 **5) Grundbuchschließung (I 3)** gem GBV 36. – **a) Belastungen.** VfgsBeschrkgen u GrdstRe, die das Grdst als ganzes belasten, sind in allen WohngsGB einzutragen; dabei ist bei GrdPfdRen u Reallasten (die zu GesBelastgen aller WE werden; BGH NJW **92**, 1390) Mithaft zu vermerken (GBO 48) u iü Belastg des ganzen Grdst erkennb zu machen (WGV 4; vgl BayObLG MittBayNot **95**, 288 u Amann MittBayNot **95**, 267). Dbk/DWR mit Beschrkg auf best GbdeTeil ist nur bei betr WE einzutragen, währd die and WE entspr BGB 1026 frei werden (Oldenbg NJW-RR **89**, 273). Selbstd Belastgen von MitEAnt sind in das betr WohngsGB einzutragen. GesBelastgen von MitEAnt sind in das WohngsGB mit Mithaftvermerk (GBO 48) einzutragen. – **b) Schließung unterbleibt,** wenn iFv II das GrdstGB als gemsch WohngsGB verwendet wird (vgl WGV 7) od wenn auf GBBlatt von Abschreibg nicht betroffene Grdst eingetr (WGV 6 S 2).

8 **6)** Das **Grundstück** besteht trotz I 3 rechtl fort u kann herrschdes Grdst für subj-dingl Rechte sein (Düss RhNK **88**, 175). Für Vfgen über das Grdst gilt BGB 747 S 2. – **a) Neue Belastungen.** Bei GrdPfdR/Reallast entsteht GesamtR (BGB 1114 Rn 2, 1106 Rn 2). Dbk für Benutzg des GemschE od aller SE ist am Grdst zu bestellen; bei GemschEBenutzg erlischt sie insgesamt bei Erlöschen an einem WE (Ffm Rpfleger **79**,
9 149), nicht aber bei SEBenutzg (LG Gött NJW-RR **97**, 1105). – **b) Verkleinerung** dch Teilg gem BGB 890 Rn 11. Befindet sich auf dem abzuschreibden Teil kein SE, so sind mangels Änderg der EigtZuordng unter den Eigtümern § 4, BGB 925 (WE- od SEAufhebg) nicht anwendb (Weitnauer WE **93**, 43; aA Saarbr Rpfleger **88**, 479; Ffm DNotZ **91**, 604); die Trenng des SE vom MitEAnt am abzuschreibden Teil u dessen InhaltsÄnderg erfolgt dch die TeilgsErkl aller Eigtümer nach § 890 Rn 12, die die materiellr formfreie Einigg enthält. Befindet sich darauf SE, so muß dieses wg § 1 IV nach § 4 aufgehoben u ein dadch SE-frei werdder MitEAnt mit einem and MitEAnt od real abgeteiltem SE des Restteils verbunden werden (LG Düss RhNK **80**, 77); Aufhebg entbehrl, wenn alle MitEAnt auf beiden Teilen mit SE verbunden bleiben (zB Abtrenng
10 einer Garagenfläche, auf der alle WEigtümer GaragenTeilE haben). – **c) Vergrößerung** dch BestandtZuschreibg eines WE-freien Grdst od Vereinigg mit einem solchen nach BGB 890 Rn 1. Beides führt nicht zur Einräumg od Aufhebg von SE od zur Änderg der EigtZuordng, so daß § 4, BGB 925 nicht anwendb (Weitnauer WE **93**, 43). Die notw Gleichh der EigtVerh an beiden Grdst ist insow nicht erreichb, als das einf MitEigt an dem WE-freien Grdst ohne Bildg von SE auf ihm nicht in WE umwandelb (§ 1 IV). Weil WE aber nur Sonderform des MitEigt, genügt die in der Zuschreibgs- (aA Oldbg Rpfleger **77**, 22) bzw VereiniggsErkl (Zweibr DNotZ **91**, 605) aller Eigtümer (BGB Rn 5) liegde materiellr formfreie Inhalts-ÄndergsErkl bzgl des einf MitEigt; bei Vereinigg ist daher weder Aufhebg des WE u Neubestellg nach

Vereinigg (Zweibr aaO; aA Saarbr Rpfleger **88**, 479) noch Umwandlg des einf MitEigt in WE in Form der Aufl (aA Zweibr aaO; Ffm OLGZ **93**, 419) notw.

WEG 8 *Teilung durch den Eigentümer.*

I Der Eigentümer eines Grundstücks kann durch Erklärung gegenüber dem Grundbuchamt das Eigentum an dem Grundstück in Miteigentumsanteile in der Weise teilen, daß mit jedem Anteil das Sondereigentum an einer bestimmten Wohnung oder an nicht zu Wohnzwecken dienenden bestimmten Räumen in einem auf dem Grundstück errichteten oder zu errichtenden Gebäude verbunden ist.

II Im Falle des Absatzes 1 gelten die Vorschriften des § 3 Abs. 2 und der §§ 5, 6, § 7 Abs. 1, 3 bis 5 entsprechend. Die Teilung wird mit der Anlegung der Wohnungsgrundbücher wirksam.

1) Ersteinräumung von Sondereigentum dch formfreie Erkl ggü dem GBA (einseit [sog Vorrats-] Teilg als dingl Vfg) u GBEintr **(I, II 2).** Es gelten: § 3 Rn 1 für TeilgsBerechtigg u RealberechtZust, § 3 Rn 2–5 für Verbindg von MitEigtAnt u SE, § 3 Rn 6 für Regelgen des GemschVerh (sie stehen Vereinbgen nach § 10 II gleich u unterliegen nicht dem AGBG [Hbg FGPrax **96**, 132] jedoch der Inhaltskontrolle nach BGB 242 [BayObLG NJW-RR **96**, 1037]). 1

2) Wirksamwerden der Teilung mit Anlegg aller WohngsGB **(II 2). – a) Anlegung der Wohnungsgrundbücher** entspr § 7 Rn 1–6; auch EintrBew erforderl (Hamm RPfleger **85**, 109; aA Zweibr OLGZ **82**, 263), die zusätzl zum Inhalt nach § 7 Rn 2 die gebildeten MitEigtAnt angeben muß. Kein gemschaftl GBBlatt zuläss; Verstoß unschädl (str), da OrdngsVorschr. Bei Veräußerg des Grdst vor Anlegg ZwBuchg des Veräußerers im GrdstGB notw. – Schließg des GrdstGB entspr § 7 Rn 7. – **b) Dingliche Wirkung.** Die EigtVerh am Grdst (Allein-/Mit-/GesHdsEigt) setzen sich an jedem einz WE fort; über jedes kann einz verfügt werden. Mit dem GrdstEigt verbundene subjdingl Rechte bestehen als GesamtBerechtigg fort (BayObLG Rpfleger **83**, 434); über Fortbestand von VfgsBeschrkgen/Belastgen vgl § 7 Rn 7. – **c) Vorherige Verfügungen.** Eintragg der Vfg über ein WE erst nach VorEintr des Teilden. Klage gg ihn auf Aufl u EintrBew vor Anlegg zuläss, wenn dem GBA TeilgsErkl mit Aufteilgsplan u AbgeschlossenhBescheinigg vorliegt (BGH NJW-RR **93**, 840). Übertr/BelastgsAnspr schon im GrdstGB **vormerkbar,** wenn der MitEigtAnt ziffernmäß od auf and Weise (Düss DNotZ **96**, 39; LG Ravbg BWNotZ **88**, 38) u das SE dch Bezugn auf einen Bau-/Aufteilgsplan (vgl auch BayObLG NJW-RR **92**, 663) od wörtl Beschreibg (BayObLG **77**, 155) bestimmb bezeichnet sind; AbgeschlossenhBescheinigg nicht notw (LG Köln RhNK **90**, 252). Veräußert der Eigtümer vor Anlegg, so sichert die Vormkg den Anspr auf Verschaffg von MitEigt (BayObLG Rpfleger **76**, 13). 2 3 4

3) Änderung von Ggst u Inhalt des SE. – **a) Bis Wirksamwerden der Teilung** ist die TeilgsErkl dch einseit Erkl des/der Teilden ggü dem GBA änderb. Bei AuflVormkg (Rn 4) gilt Rn 6 entspr. – **b) Nach Wirksamwerden der Teilung** ist die TeilgsErkl bis zur dingl wirks Übertragg eines WE dch einseit Erkl des/der Teilden u GBEintr änderb. Berecht einer AuflVormkg (BayObLG **98**, 255; Köln ZfIR **99**, 601) u RealBerecht an einz WE müssen nach BGB 876, 877 zustimmen. Nach dingl wirks Übertragg eines WE gelten dieselben Regelgen wie bei nach §§ 3, 4 begründeten WE. 5 6

WEG 9 *Schließung der Wohnungsgrundbücher.*

I Die Wohnungsgrundbücher werden geschlossen:

1. von Amts wegen, wenn die Sondereigentumsrechte gemäß § 4 aufgehoben werden;

2. auf Antrag sämtlicher Wohnungseigentümer, wenn alle Sondereigentumsrechte durch völlige Zerstörung des Gebäudes gegenstandslos geworden sind und der Nachweis hierfür durch eine Bescheinigung der Baubehörde erbracht ist;

3. auf Antrag des Eigentümers, wenn sich sämtliche Wohnungseigentumsrechte in einer Person vereinigen.

II Ist ein Wohnungseigentum selbständig mit dem Rechte eines Dritten belastet, so werden die allgemeinen Vorschriften, nach denen zur Aufhebung des Sondereigentums die Zustimmung des Dritten erforderlich ist, durch Absatz 1 nicht berührt.

III Werden die Wohnungsgrundbücher geschlossen, so wird für das Grundstück ein Grundbuchblatt nach den allgemeinen Vorschriften angelegt; die Sondereigentumsrechte erlöschen, soweit sie nicht bereits aufgehoben sind, mit der Anlegung des Grundbuchblatts.

1) Schließung aller Wohnungsgrundbücher (I) in der Form von GBV 36; auch iFv § 7 II anwendb. Sie alleine hat keine materiellr Wirkg. 1

2) Voraussetzungen. – a) Nr 1. Alle SE sind gem § 4 dch Einigg u Eintr der Aufhebg in allen WohngsGB aufgehoben. Damit entsteht gewöhnl MitEigt, wofür Anlegg des GrdstGB nicht konstitutiv **(III Halbs 2). – b) Nr 2.** Bei Nichterrichtg des Gbdes nur Aufhebg nach § 4 (NS/Schulze Rn 4). Gewöhnl MitEigt entsteht ohne Aufhebg des SE mit Anlegg des GrdstGB **(III Halbs 2);** Antr bedarf der Form von GBO 29 u enthält materiellr Vfg. – **c) Nr 3.** Alle WE gehören derselben Pers/PersMehrh (Köln NJW-RR **97**, 1443); auch aGrd Teilg nach § 8. Allein- bzw Mit/GesHdsEigt am Grdst entsteht wie bei Nr 2; Antr wie bei Nr 2. 2

3) Belastungen des Grdst bleiben unberührt u GesBelastgen aller WE bleiben an den MitEigtAnt bestehen; da ganzes Grdst weiterhin haftet, Übertragg auf GrdstGB ohne Zust der RealBerecht (Ffm ZMR **90**, 229). – Einzelbelastg eines WE **(II),** die an MitEigtAnt bestehen kann (zB Hyp), bleibt an diesem bestehen u ist zu übertragen; and (zB Dbk) erlöschen. Zust der RealBerecht notw, da HaftgsGgst geändert (Düss OLGZ **70**, 72) bzw entfällt. 3

2. Abschnitt. Gemeinschaft der Wohnungseigentümer

WEG 10 *Allgemeine Grundsätze.* **[I]Das Verhältnis der Wohnungseigentümer untereinander bestimmt sich nach den Vorschriften dieses Gesetzes und, soweit dieses Gesetz keine besonderen Bestimmungen enthält, nach den Vorschriften des Bürgerlichen Gesetzbuches über die Gemeinschaft. Die Wohnungseigentümer können von den Vorschriften dieses Gesetzes abweichende Vereinbarungen treffen, soweit nicht etwas anderes ausdrücklich bestimmt ist.**

[II]Vereinbarungen, durch die die Wohnungseigentümer ihr Verhältnis untereinander in Ergänzung oder Abweichung von Vorschriften dieses Gesetzes regeln, sowie die Abänderung oder Aufhebung solcher Vereinbarungen wirken gegen den Sondernachfolger eines Wohnungseigentümers nur, wenn sie als Inhalt des Sondereigentums im Grundbuch eingetragen sind.

[III]Beschlüsse der Wohnungseigentümer gemäß § 23 und Entscheidungen des Richters gemäß § 43 bedürfen zu ihrer Wirksamkeit gegen den Sondernachfolger eines Wohnungseigentümers nicht der Eintragung in das Grundbuch.

[IV]Rechtshandlungen in Angelegenheiten, über die nach diesem Gesetz oder nach einer Vereinbarung der Wohnungseigentümer durch Stimmenmehrheit beschlossen werden kann, wirken, wenn sie auf Grund eines mit solcher Mehrheit gefaßten Beschlusses vorgenommen werden, auch für und gegen die Wohnungseigentümer, die gegen den Beschluß gestimmt oder an der Beschlußfassung nicht mitgewirkt haben.

1 **1) Rechtsgrundlagen für das Verhältnis der Wohnungseigentümer (I).** Es gelten in folgder Reihenfolge: – **a) Zwingende Vorschriften** des WEG: §§ 11 (Ausn in I 3), 12 II 1, 18 I iVm IV, 20 II, 26 I 4, 27 III; vgl weiter § 23 Rn 1, 7, 18. Ferner die nach I 1 anwendb zwingden Vorschr des BGB: BGB 747. – **b) Vereinbarungen** der WEigentümer (II) mit Ergänzgen u Abweichgen zu abdingb Vorschr des WEG u zu den nach I 1 anwendb abdingb Vorschr des BGB. – **c) Beschlüsse** der WEigtümer, obwohl in I nicht genannt (vgl aber § 21 III). – **d) Gerichtliche Entscheidungen** (zB nach § 15 Rn 22, § 21 Rn 6) wirken wie MehrhBeschl (KG ZMR **97**, 534). – **e) Abdingbare Vorschriften** des WEG u der nach I anwendb BGB 741 ff, 1008 ff (zu letzteren vgl BPM/Pick 3–23; RGRK/Augustin 5–11; Wtn/Lüke 2–8).

2 **2) Vereinbarungen der Wohnungseigentümer (II)** sind Verträge; sie unterliegen nicht dem AGBG (Hbg FGPrax **96**, 132; Ffm MittBayNot **98**, 345) jedoch der Inhaltskontrolle nach BGB 242 (Ffm aaO). Ohne GBEintr als SE-Inhalt sind sie schuldrechtl Natur. Dch GBEintr als SE-Inhalt werden sie nicht zu einem selbstd dingl Recht, aber die dch sie begründeten Rechte u Pfl erweitern bzw beschränken unter den WEigentümern den gesetzl Inhalt des WE (BGH **73**, 145; ZMR **94**, 271; Ffm FGPrax **98**, 85; Köln NJW-RR **98**. 1625; aA BayObLG MittBayNot **96**, 27; Weitnauer DNotZ **90**, 387) mit Wirkg auch ggü SonderNachf. Aus der Zugehörigk zum EigtInhalt folgt zB: Eine AuflVormkg schützt gg Ändergen dieses Inhalts (BayObLG **93**, 259); bei Verletzg von GebrRegelgen Anspr aus § 1004 gg WEigtümer (Hamm ZMR **97**, 34) u Dritte (§ 15 Rn 28; Merle WE **93**, 148); GutglSchutz (Rn 11); Änderg dieses Inhalts zw Aufl eines erworbenen WE u Eintragg erfordert neue Aufl.

3 **a) Zustandekommen. – aa) Abschluß** nur dch alle WEigtümer; bei Mehrhausanlagen keine Begrenzg auf die Betroffenen (Hamm OLGZ **85**, 12). Sie können von künft Weigtümern schon vor WE-Entstehg geschl werden. Materiellrechtl formfrei (BGH DNotZ **84**, 238); außerh einer WEigtümerVersammlg, sukzessive (KG OLGZ **89**, 43) od stillschw (BayObLG **98**, 32). Es gelten die allg Vorschr (zB BGB 104 ff, 119 ff, 134, 138; [BGH NJW **94**, 2950; BayObLG NJW-RR **90**, 1102]); Berufg auf Unwirksamk bedarf keiner
4 UngültErkl nach § 23 IV. Über Anspr auf Mitwirkg an Abschluß vgl Rn 20. – **bb) Realberechtigtenzustimmung.** Sollen nachträgl Vereinbgen dch GBEintr zum SE-Inhalt werden, bedarf es wg Änderg des gesetzl EigtInhalts entspr BGB 876, 877 der Zust der RealBerecht (einschl VormkgsBerecht) am WE, soweit ihre rechtl (nicht nur wirtsch) Benachteiligg nicht ausgeschl (BGH **91**, 343; Ffm FGPrax **98**, 85). So müssen insb GrdPfdRGläub Vereinbgen zustimmen, die den Wert des WE als HaftgsGgst mindern: BenutzgsBeschrkg für GemschE (Ffm aaO) od SE (BGH NJW **84**, 2409), stärker belastde Kostenbeteiligg (BayObLG **84**, 257),
5 nachteil StimmRÄnderg (LG Aach Rpfleger **86**, 258), VeräußergsBeschrkg (§ 12). – **cc) Grundbucheintragung** im BestandsVerz aller WohngsGB (Köln NJW.RR **93**, 982) aGrd EintrBew aller WEigtümer u der RealBerecht, deren Zust nach Rn 4 notw (Ffm MittBayNot **98**, 345), s idR gem § 7 III.

6 **b) Gegenstand. – aa) Regelungsbereich.** Die Vereinbg muß Verhältn der WEigtümer an dem Grdst od seinen wesentl Bestandt (zB GrdDbk [Köln NJW-RR **93**, 982]) betreffen, dessen MitEAnt mit dem SE verbunden sind, zu dessen Inhalt sie werden sollen, od mit ihm zushängen (Hbg FGPrax **96**, 132). Außenstehde erlangen keine unmittelb Anspr dch sie (Ffm MDR **83**, 580). Vereinbgen sind bes zugelassen in §§ 12 I, 15 I, 21 I, III. Nach **I 2** können zu allen nicht zwingden WEG-Vorschr (u den hilfsw anwendb BGB-Vorschr) ergänzde od abweichde Regelgen getroffen werden; zB Geldstrafe bei Verletzg von GemschPfl (für Verhängg reicht dann MehrhBeschl; BayObLG NJW-RR **86**, 179), Kosten der GbdeErrichtg (BayObLG **74**, 281), Einführg des MehrhBeschl statt gesetzl vorgesehener Vereinbg (IV, § 23 I; vgl BGH **95**, 137), Verpfl zur VollstrUnterwerfg für Wohngeldvorschüsse (KG NJW-RR **97**, 1304), Befugn zur Änderg des Inhalts des SE zB dch Begründg von SondernutzgsR (Ffm FGPrax **97**, 221) od Änderg der Zweckbestimmg des SE (BayObLG NJW-RR **97**, 586), ferner die Beisp in den Anm zu den WEG-Vorschr. **Nicht:** VorkR der WEigtümer (Brem Rpfleger **77**, 313); Ermächtigg zur Änderg des Ggst des WE (BayObLG WuM **97**, 512). –
7 **bb) Abgrenzung zum allstimmigen Beschluß.** Ein mit Zust aller WEigtümer (bei Anwesenh aller in der Versammlg od iFv § 23 III) gefaßter Beschl ist eine Vereinbg, wenn er erkennb das GemschVerh ergänzd od abweichd vom WEG mit rgestaltder Wirkg für die Zukunft regeln soll (Zweibr WE **97**, 234; aA Köln

MittBayNot **92**, 137 [stets Beschl]). Er ist iZw materiell ein MehrhBeschl, wenn sein Ggst einem MehrhBeschl zugängl ist; zB Regelg des ordngsmäß Gebr des GemschE (BayObLG WuM **92**, 707), WirtschPlan/Jahresabrechng mit von WEG/Vereinbg abw Kostenverteilg (BayObLG **74**, 172), VerwBestellg (BayObLG **74**, 275), nicht vereinbgsbedürft HausordngsVorschr (Oldbg ZMR **78**, 245), Festlegg von Abrechngsperioden (Düss WEZ **88**, 191), WärmeliefergsVertr (BayObLG NJW-RR **92**, 403). Dagg iZw Vereinbg, wenn sein Ggst eine Vereinbg erfordert; zB Einräumg eines SonderNutzgsR (BayObLG **91**, 165), Änderg einer GebrRegelgsVereinbg (Zweibr WE **97**, 234) od der Kostenverteilg (BayObLG NJW-RR **90**, 1102). Die Abgrenzg hat insb Bedeutg für die EintrFähigk, die Wirkg nach § 10 II, III u die Abänderbark.

c) Auslegung gem BGB 133, 157, 242 (BGH **94**, 2950), auch ergänzde Auslegg (LG Wuppt ZMR **95**, 423; Grebe DNotZ **88**, 275). Nach GBEintr ist nur auf Wortlaut u Sinn des im GB (auch gem § 7 III) Eingetragenen, wie es sich für unbefangenen Beobachter als nächstliegde Bedeutg ergibt, abzustellen (BGH NJW **98**, 3713); RBeschwGer legt selbst aus. Baupläne/beschreibgen (Stgt WEZ **87**, 49), nicht zum GBInhalt gewordene Vorstellgen des Verfassers (Zweibr NJWE-MietR **97**, 255), Erkl bei Veräußerg dch teilden Eigtümer (BayObLG WuM **95**, 552) u bish Handhabg dch WEigtümer (BayObLG WE **91**, 291) bleiben unberücksichtigt. Bloßer Hinweis auf WEG-Vorschr macht diese noch nicht zum VereinbgsInhalt (BayObLG **72**, 150). Bei unbehobener Unklarh/Widersprüchlichk verbleibt es bei der gesetzl Regelg (Oldbg NZM **98**, 39; Stgt DWE **99**, 84). – Zur Auslegg nichteingetr Vereinbg vgl BayObLG WuM **92**, 149. 8

d) Änderung (Aufhebung) vorbeh Rn 18 nur dch Vereinbg. – **aa) Abschluß** nur dch alle WEigtümer; Rn 3 gilt entspr; keine Aufhebg entspr BGB 875 (Düss DNotZ **96**, 674). Stillschw Änderg dch längere abw Handhabg nur, wenn alle WEigtümer die Abweichg kennen u sie auch für die Zukunft wollen (BayObLG WE **97**, 158; Düss NJW-RR **95**, 528; Schlesw FGPrax **96**, 97; Zweibr FGPrax **99**, 140). Über Anspr auf Mitwirkg an Änderg vgl Rn 20. – **bb) Realberechtigtenzustimmung.** Bei eingetr Vereinbg wird der SE-Inhalt verändert. Das bedarf nach BGB 876, 877 der Eintr u der Zust der RealBerecht am WE, soweit ihre rechtl Benachteiligg nicht ausgeschl (vgl Rn 4); soweit ein ZustAnspr besteht (Rn 20), entfällt ZustErfordern wg Belastg des WE mit ÄndergsPfl (BayObLG NJW-RR **87**, 714; Hbg FGPrax **95**, 31). Ohne Zust nur schuldr Wirkg unter den VereinbgsBeteil (Hamm NJWE-MietR **97**, 83). Bei nicht eingetr Vereinbg keine Zust erforderl, weil sie nicht gg Erwerber in der ZwVerst wirkt. – **cc) Grundbucheintragung:** Rn 5 gilt entspr. Ohne sie keine Wirkg ggü SondNachf (Rn 10). 9

e) Wirkung gegenüber Sondernachfolgern (Erwerber dch RGesch od in ZwVerst; BayObLG NJW-RR **88**, 1163); ggü GesamtNachf (zB Erben) wirken sie stets. – **aa) Nichteingetragene Vereinbarungen** (über irrtüml gelöschte Vereinbg vgl Rn 11) wirken nur unter den VereinbgsBeteil. Wirkg **gegen** SonderNachf auch nicht bei Kenntn (Hamm FGPrax **97**, 15); soweit die Verbindlichk einer Regelg des GemschVerh ggü allen WEigtümern einheitl beurteilt werden muß (vgl BGH NJW **87**, 650; NJW **94**, 2950), wird die Vereinbg mit der SonderNachf hinfäll (LG Hann NJWE-MietR **97**, 82). Nur iRv BGB 746 wirken sie **für** (zugunsten u nicht gg) einen SonderNachf (Hamm FGPrax **98**, 175). Mögl ist rgesch Beitritt (Hamm FGPrax **97**, 15). – **bb) Eingetragene Vereinbarungen** wirken für u gg SonderNachf (II). Dies gilt vorbehaltl gutgl „vereinbgsfreien" Erwerbs auch nach irrtüml Löschg (Hamm NJW-RR **93**, 1295). Da nach hier vertretener Ansicht (Rn 2) die eingetr Vereinbg Wirkg für den RInhalt des SE hat, kann bei unwirks Vereinbg das WE mit dem eingetr SE-Inhalt gutgl erworben werden (Stgt NJW-RR **86**, 318; BayObLG DNotZ **90**, 381; Ffm FGPrax **97**, 214; Schuschke NZM **99**, 241; aA Demharter DNotZ **91**, 28; Schnauder FS-Bärmann/Weitnauer **90**, 567; Fisch RhNK **99**, 213). Kein GutGlSchutz aber, wenn eine vereinbgsbedürft Regelg als nicht für ungült erklärter MehrhBeschl nach § 10 III ohne GBEintr ggü SonderNachf wirkt (vgl Rn 19). – **cc) Erzwungene Vereinbarungen** vgl Rn 21. 10 11

3) Beschlüsse der Wohnungseigentümer (III) sind rgeschäftl Gesamtakte, die sich aus den AbstimmgsErkl als einz RGesch zusammensetzen (BGH NJW 98, 3713). Die **Abstmmmungserklärung** ist eine empfangsbedürft WillErkl, die den allg Vorschr (zB BGB 104 [Stgt OLGZ **85**, 259], §§ 119 ff [Ffm OLGZ **79**, 144], Celle DWE **84**, 126], 134, 138, 242 [BayObLG WE **99**, 149]) unterliegt u unbdgt sein muß (BayObLG WuM **95**, 227); ihre Unwirksamk ist nach § 23 IV geltd zu machen u führt nur zur UngültErkl des Beschl, wenn ohne diese Stimme die Mehrh entfällt; für Negativbeschl (§ 23 Rn 23) aGrd dieser Stimmen gilt § 25 Rn 10. 12

a) Zustandekommen. – **aa) Beschlußfassung** erfolgt nach Maßg §§ 23–25. Vor Anlegg der WohngsGB (Hamm OLGZ **68**, 81) bzw solange alle WE noch in einer Hand (Ffm OLGZ **86**, 40; LG Ffm ZMR **89**, 351), besteht keine WEGemsch, die Beschl mit Wirkg nach III, § 23 fassen kann. – **bb) Realberechtigtenzustimmung** nicht erforderl; vgl aber Rn 18, 19. – **cc) Grundbucheintragung.** Beschl sind nicht eintraggsfäh (Ffm OLGZ **80**, 160; aA BPM/Pick Rn 64); vgl auch Rn 18, 19. 13

b) Gegenstand sind Angelegenh nach §§ 15 II, 18 III, 21 III, 26 I, 27 II Nr 5, 28 IV, V, 29 I. Ferner vereinbgsbedürft Angelegenh, für die Vbg/TErkl MehrhBeschl vorsieht (IV, § 23 I; vgl Rn 18). – Über Abgrenzg allstimm Beschl als MehrhBeschl zur Vereinbg vgl Rn 7. 14

c) Auslegung gem BGB 133, 157, 242; auch ergänzde (BayObLG WuM **93**, 482). Wg Drittwirkg (III, IV) sind subj Vorstellgen (Hamm FGPrax **97**, 98) u nicht aus Prot ersichtl Begleitumstände (BayObLG NJWE-MietR **97**, 13) nicht maßg, sond Auslegg nach obj Maßstab entspr Rn 8 (BayObLG NZM **99**, 262; KG ZMR **99**, 657). Ergänzde Auslegg mögl (BayObLG WuM **93**, 482). RBeschwGer legt selbst aus (BGH NJW **98**, 3713; aA 58. Aufl). 15

d) Änderung (Aufhebung) dch MehrhBeschl iR ordngsmäß Verwaltg unter Beachtg schutzwürd Bestandsinteresses (BGH **113,** 197; BayObLG NJWE-MietR **96**, 202); über Anspr auf Mitwirkg an Änderg vgl Rn 25. Ferner UngültErkl nach § 23 IV. – Wird ein Antr auf Änderg eines bestandskräft Beschl abgelehnt, so handelt es sich um einen NegativBeschl, dem ggü nur ein unter den Voraussetzgen von Rn 25 begründeter Antr nach § 21 III zuläss ist (§ 23 Rn 23). – Ausleggsfrage, ob **inhaltsgleicher Zweitbeschluß** den ErstBeschl nur bestätigt (zB Stgt OLGZ **88**, 437; BayObLG WE **89**, 85) od unter Aufhebg dch Neuregelg ersetzt (zB BayObLG NZM **98**, 442). Wird der ZweitBeschl für ungült erklärt, so ist der ErstBeschl wieder maßg 16

(BGH **127,** 99: bei ersetzdem ZweitBeschl entfällt iZw [BGB 139] auch die Aufhebg des ErstBeschl); sollte bei ersetzdem ZweitBeschl die Aufhebg des ErstBeschl auch bei UngültErkl der Neureglg erfolgen, so gilt dies nur, wenn auch die Aufhebg für ungült erklärt wird. Zur Auswirkg in Verf auf UngültErkl des Erst- oder ZweitBeschl vgl § 43 Rn 6.

17 **e) Wirkung. – aa) Innenverhältnis/Rechtsnachfolge (III).** Ein MehrhBeschl wirkt ggü allen WEigtümern (auch ggü Abwesden, Überstimmten, vom StimmR Ausgeschlossenen [BayObLG NJW **93**, 603]) sowie ohne GBEintr ggü den Gesamt- u SonderNachf (RGesch od in ZwVerst [BayObLG NJW-RR **88**, 1163]) jedes WEigtümers. Kein GutglSchutz; vgl auch Rn 18, 19. Keine Wirkg ggü WEigtümer, die vor BeschlFassg aus Gemsch ausgeschieden (Köln NJW-RR **92**, 460). – **bb) Außenverhältnis (IV).** In MehrhBeschl liegt zugl Vollm an die Mehrh, die Minderh bei der BeschlAusführg zu vertreten. Zur BeschlDchführg ist der Verw nach Maßg von § 27 berechtigt, wobei er alle WEigtümer vertritt; ist er verhindert (zB BGB 181), so müssen die WEigtümer selbst handeln, wobei die Mehrh die Minderh vertritt. Entspr MehrhBeschl berechtigt auch zu Vfg namens aller WEigtümer (zB VertrKünd). Vertr (zB VerwVertr) aGrd MehrhBeschl wirkt ggü SonderNachf ohne bes Eintritt (KG OLGZ **94**, 266).

18 **4) Zugelassener Mehrheitsbeschluß über an sich vereinbarungsbedürftige Regelung,** wenn dies in Vbg/TErkl vorgesehen (IV, § 23 I) u die Regelg insb wg Änderg der Verh od Unzweckmäßigk sachl begründet u ohne unbill Nachteile für die Widersprechden ist (BGH **95**, 137). Auch allstimm Beschl behält dann RNatur eines MehrhBeschl (BPM/Pick Rn 57). – Der Beschl ist **nicht eintragungsfähig und wirkt gegen Sondernachfolger** gem III ohne Eintr (NS/Schulze 21; Belz WE **97**, 254; Fisch RhNK **99**, 213; aA Wtn/Lüke 51); Erwerber dch zulassde Vbg/TErkl gewarnt. – **Zustimmungserfordernis bei Realberechtigten** (Rn 4, 9) entfällt nicht (BGH NJW **94**, 3230; Lüke WE **98**, 202), aber keine UngültigErkl des Beschl wg fehlder Zust (LG Lüb NJW-RR **90**, 912; aA BayObLG ZMR **98**, 173). Dies gilt auch, wenn die Belastg in Kenntn der den MehrhBeschl zulassden Vbg/TErkl erfolgte od einer Vbg zugestimmt wurde, die ihre Abänderbark dch MehrhBeschl vorsieht (aA BPM/Pick Rn 56), denn damit ist nicht einer benachteiligden Regelg sond allenf einem RegelgsVerf zugestimmt. Vorauserteilte Zust wohl nicht schon dadch, daß die Belastg in Kenntn einer Vbg/TErkl erfolgte, die Zust der RealBerecht für nicht notw erklärt (vgl BayObLG **84**, 257).

19 **5) Nicht für ungültig erklärter Mehrheitsbeschluß über vereinbarungsbedürftige Regelung** ist wirks, wenn er **nicht in dinglichen Kernbereich** des WE eingreift (BGH **129,** 329 Anm Buck JR **96**, 237); wirks daher zB MehrhBeschl über Kostenverteilg (BGH **127,** 99), BeschlFähigk (BayObLG **92**, 79), GebrRegelg (BGH **129,** 329) einschl SondernutzgsR (Köln NZM **98**, 979 u hM; aA Fisch RhNK **99**, 213 mwN), 18% VerzZinsen (Düss ZfIR **98**, 546). **Änderbar** dch MehrhBeschl (KG ZfIR **98**, 423) in den Grenzen von Rn 16 (BayObLG **94**, 339); aber nur sofern dadch ganz od teilw Aufhebg, denn Abweichg von Gesetz bzw Vbg/TErkl darf nicht dch neuen MehrhBeschl weiter verstärkt werden. ÄndergsAnspr aus § 21 IV nicht alleine wg Verstoßes gg VereinbgsErfordern (BayObLG **96**, 256). – Der Beschl ist **nicht eintragungsfähig und wirkt gegen Sondernachfolger** gem III ohne Eintr (BGH **127,** 99). – **Zustimmungserfordernis bei Realberechtigten** (Rn 4, 9) entfällt nicht (BGH **127,** 99; Lüke WE **98**, 202).

20 **6) Anspruch auf Änderung oder erstmaligen Abschluß einer Vereinbarung** besteht, wenn ein Festhalten an einer Vereinbg über das Verh der WEigtümer (nicht aber über den Ggst des WE; KG FGPrax **98**, 94; ZfIR **98**, 423) bzw dispositiven gesetzl Regelg darüber grob unbill ist u damit gg BGB 242 verstößt (BGH NJW **95**, 2791), wobei im Interesse der RSicherh/Beständigk in der Gemsch ein strenger Maßstab anzulegen ist (BayObLG WuM **96**, 486; Köln FGPrax **95**, 105; KG NZM **99**, 257). Anspr kann auch bei anfängl verfehlter/unzweckmäß Regelg (zB über Kostenverteilg) bestehen (BayObLG **91**, 396; Köln NZM **98**, 484; vgl aber BayObLG DWE **92**, 162; Köln ZfIR **98**, 486).

21 **a) Änderungsanspruch kann bestehen:** Wenn eine erhebl belastde Regelg im Hinblick auf eine geplante Änderg der tats/rechtl Verhältn getroffen wurde u diese ausbleibt (BayObLG NJW-RR **87**, 714). Wenn sich eine Regelg inf nicht vorhersehb Änderg der tats Verhältn als erhebl benachteiligd erweist (Änderg der Kostenverteilg wg ständ Überbelegg einz WE [Düss NJW **85**, 2837] od Nichtmehrbeheizg einer Garage [Hbg WEZ **87**, 217]). Wenn der Kostenverteilgsschlüssel (nicht aber StimmR; Karlsr NJW-RR **87**, 975) kraß vom Verhältn der Wohn/Nutzflächen abweicht (Hamm FGPrax **96**, 176; Schlesw FGPrax **97**, 14; Zweibr
22 NJW-RR **99**, 886); über verbrauchsabhäng Kaltwasserkosten vgl Drasdo WE **99**, 42. – **Änderungsanspruch besteht grundsätzlich nicht:** Wenn sich bei Vereinbg/BeschlFassg gehegte einseit Erwartg nicht erfüllt (BayObLG **84**, 50). Infolge von Umständen u Entwicklgen, die im Risikobereich des WEigtümers liegen (BayObLG Rpfleger **76**, 422; Hamm OLGZ **82**, 20 [Leerstehen von Räumen], BayObLG ZMR **86**, 319 [dch Älterwerden bdgte Schwierigk bei pers Erf der SchneeräumPfl]; Düss NZM **99**, 81 [Unterl geplanten Ausbaus]). Bei von § 25 II abw StimmRRegelg (KG ZMR **94**, 168).

23 **b) Durchführung.** Es besteht ein nach § 43 I Nr 1 dchsetzb Anspr auf Zust zur ÄndergsVereinbg einschl EintrBew (Düss NJW **85**, 2837; Böttcher BWNotZ **96**, 80), die gem § 45 II, ZPO 894 als abgegeben gilt; die Eintr bewirkt dann die Wirkg gg SonderNachf (II). Nach aA trifft das Gericht die neue Vereinbg, die dann gem III wirken soll (BayObLG NJW-RR **87**, 714), was aber III auf im WEG nicht vorgesehene vereinbgsgl Entscheidg erweitert u Erwerberschutz dch II aushöhlt. Wg Zust der RealBerecht vgl Rn 9.

24 **c) Wirkung.** Die Änderg gilt erst ab Wirksamwerden; zB wirkt neue Kostenverteilg nicht für bereits entstandene sond erst für künft Kosten (BayObLG NZM **98**, 813). Daher steht der ÄndergsAnspr der Anfechtg eines gesetz/vereinbgswidr MehrhBeschl (BGH **130**, 304 [312]) od dem ZahlgsAnspr aus einem bestandskräft Beschl nach § 28 V (BayObLG NZM **98**, 813) nicht entgegen u die Anfechtg eines gesetz/vereinbgsgem MehrhBeschl kann nicht auf ÄndergsAnspr gestützt werden (BayObLG NJW-RR **97**, 715).

25 **7) Anspruch auf Änderung eines bestandskräftigen Eigentümerbeschlusses** unter den Voraussetzgen von § 45 IV, wenn die Regelg auch dch GerBeschl nach §§ 15 III, 21 IV hätte erfolgen können, sonst unter den von Rn 20. Kein Anspr aus Grd, der gem § 21 IV hätte geltd gemacht werden können (BayObLG NZM **98**, 81). Das Ger kann die Neuregelg nach §§ 15 III, 21 IV mit Wirkg nach III treffen; iü gilt Rn 24.

WEG 11 ***Unauflöslichkeit der Gemeinschaft.*** **[I]Kein Wohnungseigentümer kann die Aufhebung der Gemeinschaft verlangen. Dies gilt auch für eine Aufhebung aus wichtigem Grund. Eine abweichende Vereinbarung ist nur für den Fall zulässig, daß das Gebäude ganz oder teilweise zerstört wird und eine Verpflichtung zum Wiederaufbau nicht besteht.**

[II]Das Recht eines Pfändungsgläubigers (§ 751 des Bürgerlichen Gesetzbuches) sowie das im Insolvenzverfahren bestehende Recht (§ 84 Abs. 2 der Insolvenzordnung), die Aufhebung der Gemeinschaft zu verlangen, ist ausgeschlossen.

1) Aufhebung der Gemeinschaft. – a) Wohnungseigentümer (I) können die Gemsch nur dch Vereinbg aufheben (§ 4), deren Abschluß vorbehaltl I 3 nicht verlangt werden kann. Aufhebg dch MehrhBeschl ist nichtig. Vertragl Verpfl (nicht MehrhBeschl) zum Abschluß einer AufhebgsVereinbg zuläss (BayObLG **79**, 414). – **b) Pfändungsgläubiger und Insolvenzverwalter (II)** können die Aufhebg vorbehaltl I 3 nicht verlangen. Gläub des WEigtümers können nur nach ZPO 864 ff in das WE vollstrecken. InsVerw kann das WE freihänd veräußern od dch ZwVerst verwerten (ZVG 172 ff); er kann den Anteil am VerwVerm nicht getrennt verwerten (Pick JR **72**, 102). – **c) Ausnahme (I 3).** AGrd Vbg/TErkl kann Eigtümer (PfdgsGläub/InsVerw) bei Zerstörg des Gbdes u fehlder AufbauVerpfl die Aufhebg verlangen. Entspr I 3 abw Vereinbg auch für den Fall zuläss, daß ein erst zu errichtdes Gbde inf BauBeschrkg nicht errichtet werden kann (Wtn/Lüke Rn 9; aA BPM/Pick Rn 37).

1 (margin) · 2 (margin at "414). – b)") · 3 (margin at "getrennt verwerten")

2) Gründungsmängel. – a) Willensmängel (§ 2 Rn 2). Schutz des GeschUnfäh/AnfechtgsBerecht geht vor, soweit nicht gutgl Dritterwerb stattfand. – **b) Inhaltsmängel** (§ 2 Rn 3). § 11 gilt, denn eine unauflösb Gemsch war gewollt u der Mangel ist behebb. 4

WEG 12 ***Veräußerungsbeschränkung.*** **[I]Als Inhalt des Sondereigentums kann vereinbart werden, daß ein Wohnungseigentümer zur Veräußerung seines Wohnungseigentums der Zustimmung anderer Wohnungseigentümer oder eines Dritten bedarf.**

[II]Die Zustimmung darf nur aus einem wichtigen Grunde versagt werden. Durch Vereinbarung gemäß Absatz 1 kann dem Wohnungseigentümer darüber hinaus für bestimmte Fälle ein Anspruch auf Erteilung der Zustimmung eingeräumt werden.

[III]Ist eine Vereinbarung gemäß Absatz 1 getroffen, so ist eine Veräußerung des Wohnungseigentums und ein Vertrag, durch den sich der Wohnungseigentümer zu einer solchen Veräußerung verpflichtet, unwirksam, solange nicht die erforderliche Zustimmung erteilt ist. Einer rechtsgeschäftlichen Veräußerung steht eine Veräußerung im Wege der Zwangsvollstreckung oder durch den Insolvenzverwalter gleich.

1) Allgemeines. Das WE ist frei veräußerl. **Veräußerungsbeschränkung** zum Schutz vor Eindringen od Ausdehnen persönl (insb bzgl Beachtg der GemschO) od wirtschaftl unzuverlässiger GemschMitgl dch wg Ausn von BGB 137 eng auszulegde Vbg/TErkl (BayObLG WuM **91**, 612) zuläss. Beschrkg nur dch ZustErfordern. Veräußergsverbot od Gebot der Veräußerg nur an best Pers unzul (BayObLG MittBayNot **84**, 88); dies kann dch Vbg/TErkl SEInhalt (§ 5 IV) sein, Verstoß macht Veräußerg dann aber nicht unwirks (BayObLG aaO). – Dingl wirkde **Belastungsbeschränkung** ist nicht vereinb (LG Köln RhNK **83**, 221). GebrRegelg nach § 15 I zul, die Belastg mit dingl GebrRecht beschränkt (BGH **37**, 203; LG Augsbg Rpfleger **99**, 125); Verstoß macht Belastg aber nicht unwirks (Ertl DNotZ **79**, 274). 1

2) Geltungsbereich. Die Geltg auf einzelne VeräußergsFälle (über Verstoß gg BGB 138 vgl Zweibr MittBayNot **94**, 44) od WERechte zu beschränken bzw Ausn vorzusehen, ist zuläss; nicht aber, sie auf RGesch zu erweitern, die keine Veräußerg sind (Hamm OLGZ **79**, 419; aA BGH **49**, 250 für Vorratsteilg des WE). Zustfreie Erstveräußerg erfaßt auch Erstveräußerg nach vielen Jahren (Köln Rpfleger **92**, 293) oder dch Erben des Ersteigtümers (LG Aach RhNK **93**, 31); zustfreie Veräußerg an Eheg erfaßt auch Veräußerg aGrd ScheidgsVereinbg (Schlesw NJW-RR **93**, 1103; KG FGPrax **96**, 140). 2

a) Veräußerung ist die vollständ od teilw Übertr von WE dch RGesch unter Lebden auf neuen RInh, selbst wenn dieser schon GemschMitgl (KG OLGZ **78**, 296); daher nicht schon Bestellg einer AuflVormkg (BayObLG **64**, 237). – **Zustimmung notwendig** auch bei: Übertr eines MitEAnt am WE (Celle Rpfleger **74**, 438; LG Nürnb-Fürth MittBayNot **80**, 75). RückÜbertr nach frei vereinbarter Aufhebg der Veräußerg (BayObLG **76**, 328). Übertr agrd BGB 2048, 2147 (BayObLG **82**, 46). Übertr auf GesHdGemsch/jur Pers, bei der Veräußerer Mitgl/Anteilseigner u umgekehrt (BayObLG **82**, 46). Quotenänderg am GemschE unter verschied WEigtümern, wenn § 16 II gilt od StimmR nach MitEAnt (and wenn ohne Auswirkg auf BeitrPfl u StimmR; KG ZfIR **99**, 127). Übertr von Teilen des SE (aA Celle DNotZ **75**, 42), sofern nicht Tausch etwa gleichgroßer Teile. Erstveräußerg nach Teilg gem § 3 (BayObLG NJW-RR **87**, 270) od § 8 (BGH **113**, 374; vgl aber § 61). Veräußerg aGrd VorkRAusübg (Nies NZM **98**, 179). – **Zustimmung entbehrlich** (kein Schutzzweck berührt) bei: Gleichzeit Veräußerg aller WE. Übertr von GesHdGemsch auf persgleiche and GesHdGemsch/BruchtGemsch u umgekehrt (LG Lüb Rpfleger **91**, 201). Veräußerg vor GemschEntstehg nach Teilg gem § 8 (Hamm OLGZ **94**, 515). Änderg der MitEQuoten am WE. – **Rückübertragung** nach Wandlg (od and ges RücktrR) od Anfechtg gem BGB 119 ff des KausalGesch zustbedürft, weil Voraussetzgen nicht gem GBO 29 nachweisb; aber idR ZustAnspr, weil gesetzl Folge einer zuläss Veräußerg. Nach KG NJW-RR **88**, 1426 danach keine (in Vbg/TErkl vorgesehene) zustfreie Erstveräußerg des teilden Eigtümers mehr. 3

b) Keine Veräußerung (daher zustimmgsfrei): – **Kein Rechtsträgerwechsel:** Vorratsteilg des WE (BGH **49**, 250). Vereinigg u BestandtZuschreibg. Quotenänderg am GemschE u Übertr von SE-Teilen unter WERechten desselben WEigtümers (Celle RhNK **81**, 196). RFormwechselnde Umwandlg einer PersGesellsch (vgl BGB 873 Rn 6). – **Kein Rechtsgeschäft über Wohnungseigentum:** Übertr eines Anteils am 4

GsHdVermögen, wenn WE (auch als einziger Ggst) zum Vermögen gehört (vgl BGB 873 Rn 7; Hamm OLGZ **79**, 419 für BGB 2033). Erbeinsetzg dch Testament od ErbVertr. Vereinbg von GüterGemsch. – **Anfechtung des dinglichen Übertragungsgeschäfts** nach BGB 119ff.

5 **3) Begründung. – a) Vereinbarung/Teilungserklärung** notw. Zustimmg der dch die Beschrkg in ihrer RStellg betroffenen RealGläub am WE notw (BGB 877; Böttcher ZfIR **97**, 321); and bei Belastg des Grdst im ganzen bzw Gesamtbelastg, da Veräußerg/ZwVerst des ganzen Grdst von Beschrkg nicht betroffen (Ffm NJW-RR **96**, 918). – **b) Eintragung** im WohngsGB zur Wirksamk (auch im Verh der WEigtümer) notw. Eintr dch Bezugn auf EintrBew (§ 7 III) materiellrechtl wirks. Nur formellrechtl gilt WEGBVfg 3 II; der EintrVermerk braucht aber nicht alle Einzelh anzugeben, sond kann insow auf EintrBew Bezug nehmen. Ohne Eintr schuldrechtl Wirkg unter den WEigtümern. – **c) Änderung/Aufhebung** dch Vereinbg u Eintr. Aufhebg u erleichternde Änderg ohne Zust der RealBerecht (BayObLG Rpfleger **89**, 503).

6 **4) Zustimmung;** BGB 182ff anwendb (BayObLG DNotZ **92**, 229). – **a) Berechtigte.** WEigtümer (auch nur einige od qualifizierte Zahl) od Dritte; trotz BGB 1136 auch GrdPfdGläub (BPM/Pick Rn 23; aA hM), da keine Verpfl ggü Gläub u Veräußerg iRv II weiter mögl. Ist es der Verw, so ist er idR (verdeckter) StellVertr der WEigtümer (BGH **112,** 240; eigenes ZustR mögl [BayObLG **80**, 29]) u er kann ihre Entscheidg einholen (KG ZMR **94**, 124); diese können daher auch selbst zustimmen (Zweibr NJW-RR **87**, 269; Saarbr RhNK **89**, 58), insb wenn WEigtümer seine Zustimmg ersetzen können od ihre ebenf mögl Entscheidg Vorrang hat; bei Veräußerg seines eignen WE kann Verw ggü Erwerber zustimmen (BayObLG NJW-RR **86**, 1077). Über SonderVergütg des Verw vgl KG ZfIR **97**, 553. Veräußerer ist den ZustBerecht über Erwerber
7 auskunftspfl (Köln OLGZ **84**, 162; KG WuM **89**, 652). – **b) Wirksam** wird die Zustimmg mit Erkl ggü dem Veräußerer od Erwerber (BGB 182), auch wenn VeräußergsVertr nachfolgt (LG Wuppt RhNK **82**, 207). Für Widerruf gilt BGB 183; nach gem BGB 873 II bindder Aufl schadet Widerruf gem BGB 878 nicht mehr (BGH NJW **63**, 36). Bdgte Zustimmg gilt als Versagg.

8 **c) Zustimmungsanspruch (II);** von WE untrennb, AusübgsErmächtigg aber zul (BGH **33**, 76). Unabdingb; auch keine bindde Festlegg der VersaggsGrd dch Vbg/TErkl (Hamm NJW-RR **93**, 279). Kein ZbR ggü ZustAnspr (BayObLG NJW-RR **90**, 657). SchadErsAnspr bei schuldh ZustVerweigerg/Verzögerg. Der **wichtige Grund** muß sich nach dem Zweck des § 12 (Rn 1) aus der Pers des Erwerbers od der von ihm beabsichtigten Nutzg ergeben u zZ der letzten mündl TatsVerhdlg bestehen. Daher reichen nicht: Gesichtspkt der Nützlichk; Wohngeldrückstand des Veräußerers; Verhinderg unerwünschten aber nach §§ 14, 15 zul Gebr; Fortsetzg unzuläss aber lange geduldeten Gebr (BayObLG NJW-RR **90**, 657; Hbg DWE **94**, 148); Erzwingg von Reparaturen (BayObLG NJW-RR **93**, 280).

9 **d) Verweigerung;** gleichsteht Zustimmung (zB bdgt), die keine EigtUmschreibg dch GBA ermöglicht (BayObLG NJW-RR **93**, 280). ZustAnspr ist gg WEigtümer u Verw im Verf nach § 43 u gg Außenstehde im ProzeßVerf geltd zu machen. ZustBerecht muß VerweigergsGrd darlegen (BayObLG NJW-RR **88**, 1425) u trägt FeststellgsLast. Gg II 1 verstoßder VersaggsBeschl der WEigtümer ist nichtig (Hamm NJW-RR **93**, 279); ist seine Nichtigk rkräft verneint bzw seine Gültigk rkräft festgestellt, so bindet dies im ZustErteilgsVerf (BayObLG **80**, 29). – **Aktivlegitimiert** ist nur der Veräußerer, nicht der Erwerber. – **Passivlegitimiert** sind die ZustBerecht. Verw auch als verdeckter StellVertr der WEigtümer (BayObLG NJW-RR **88**, 1425); ist Anrufg der WEigtümer gg Versagg vorgesehen, so ist vor deren Entscheidg ein Antr gg Verw unzul (BayObLG **73**, 1), währd nach deren Versagg diese passiv legitimiert sind (Hamm NJW-RR **93**, 279; vgl aber Zweibr NJW-RR **94**, 1103). – **Entscheidung.** Keine Ersetzg der Zust, sond nach § 45 III, ZPO 894 vollstreckb ErteilgsVerpfl (BayObLG **77**, 40). GeschWert: § 48 Rn 13.

10 **e) Form.** Wg Nachw ggü GBA (auch der Wirksamk iSv Rn 7) Anspr auf Zustimmung in der Form GBO 29 (Hamm OLGZ **92**, 295); GeschWert für Begl/Beurk: Kaufpr/VerkWert (Hamm Rpfleger **82**, 489). Formfreie Zustimmung aber materiellrechtl wirks. Bei Zustimmung dch WEigtümerversammlg Nachw dch Prot mit öff Beglaubigg der nach § 24 VI nöt Unterschriften (BayObLG **64**, 237); über Nachw der VerwEigensch vgl § 26 Rn 13. Bei fehlder Zustimmung darf GBA nicht eintragen (Hamm OLGZ **94**, 515); es prüft Notwendigk der Zustimmung, nicht aber Bestehen eines ZustAnspr.

11 **5) Verstoß gegen Veräußerungsbeschränkung (III). – a)** Bei Veräußerg dch **Rechtsgeschäft** sind schuldrechtl u dingl Vertr (nicht nur relativ) schwebd unwirks (BGH **33**, 76; Köln NJW-RR **96**, 1296); Genehmigg heilt rückwirkd (LG Ffm NJW-RR **96**, 1080; str). Genehmigg gilt erst mit RKraft einer Entscheidg nach § 43 als verweigert (Hamm WuM **97**, 289); dann entfällt Bindg an Vertr. III 1 gilt auch bei Versteigerg nach §§ 53ff u bei der nach ZPO 894 zu erzwingden rechtsgeschäftl Übereigng. – **b)** Bei Veräußerg iW der **Zwangsvollstreckung** (nicht auch ZwVerwaltg od ZwHyp) od dch **Konkursverwalter** ebenf schwebd unwirks; wirks aber Veräußerg des ganzen Grdst aGrd Gesamtbelastg. Zustimmg muß erst bei Zuschlag vorliegen (vorher für ZustBerecht weder ZPO 766 noch 772, 771), nicht schon bei Anordnung der ZwVerst (BGH **33**, 76); rkräft Zuschlag in ZwVerst heilt Fehlen der Zustimmung (LG Frankth Rpfleger **84**, 183). Bei Versagg muß VollstrGläub/konkVerw den Anspr gem Rn 9 geltd machen (vgl dazu ErbbRVO 8 Rn 4). – **c)** Eintragg des neuen Eigtümers macht das **Grundbuch unrichtig;** uU GBO 53 I 1. Die and WEigtümer haben keinen eigenen Anspr aus BGB 894, sond nur Veräußerer selbst; Geltdmachg im Verf nach § 43 zu erzwingen, da keine BGB 1368 entspr Vorschr.

WEG 13 *Rechte des Wohnungseigentümers.*

[I]Jeder Wohnungseigentümer kann, soweit nicht das Gesetz oder Rechte Dritter entgegenstehen, mit den im Sondereigentum stehenden Gebäudeteilen nach Belieben verfahren, insbesondere diese bewohnen, vermieten, verpachten oder in sonstiger Weise nutzen, und andere von Einwirkungen ausschließen.

[II]Jeder Wohnungseigentümer ist zum Mitgebrauch des gemeinschaftlichen Eigentums nach Maßgabe der §§ 14, 15 berechtigt. An den sonstigen Nutzungen des gemeinschaftlichen Eigentums gebührt jedem Wohnungseigentümer ein Anteil nach Maßgabe des § 16.

1) Inhalt des Sondereigentums (I). Das SE ist kein beschr dingl Recht sond **echtes Eigentum** iS des BGB, das den gemschaftsrechtl Bindgen des WEG (§§ 10, 14, 15), den allg nachbarrechtl Bindgen (BGB 906 ff, LandesNachbR), drittschützdem öffR (BayObLG **95**, 392; FGPrax **96**, 221; Saarbr NZM **99**. 265; weitergehd Schlesw FGPrax **96**, 138) u der Sozialbindg (GG 14) unterliegt. – **a) Herrschaftsrecht** (I entspr BGB 903) erstreckt sich auf die im SE stehden Räume (vgl BGH WM **89**, 1066: Fensteröffnen) u GbdeTeile. Baul Verändergen zul, solange sie ohne Auswirkgen auf das GemschE (dann § 22 I) u §§ 14, 15 nicht entggstehen (BayObLG NJW-RR **87**, 717; **88**, 587); Verbot der Entferng von Heizkörpern, die für Verbrauchsmessg notw, daher zul (BayObLG WuM **86**, 26). Bei Vermietg darf auch MitGebr am GemschE überlassen werden (BayObLG FGPrax **98**, 16). NutzgsÄnderg zul, soweit nicht §§ 14, 15 entggstehen. – **b) Eigentumsschutz** genießt das SE nach BGB 985, 1004 u dch öffrechtl NachbKl (OVG Bln BauR **76**, 191; aber nicht innerh der Gemsch [BaWüVGH NJW **85**, 990]). **Besitzschutz** genießt der WEigtümer als Alleinbesitzer seines SE od des seinem SondernutzgsR unterliegdem GemschE (TeilBes) nach BGB 859 ff, 865 auch ggü and WEigtümer (BayObLG WuM **98**, 561). – **c)** Für **Schaden** am SE dch Fehler bei der Verwaltg des GemschE haften der Verw (§ 27 Rn 2, 6) u die WEigtümer (§ 21 Rn 6, 8) nur bei Verschulden; über Haftg entspr BGB 906 Rn 42 vgl Celle MDR **85**, 236.

1 2 3 4

2) Inhalt des gemeinschaftlichen Eigentums (II). – **a) Mitgebrauch** (S 1) in den Grenzen der §§ 14, 15; über räuml Beschrkg bei Mehrhausanlagen vgl Ffm FGPrax **97**, 215. MitGebr ist Teiln am Gebr (idR) dch MitBes (BayObLG **73**, 267) u Mitbenutzg. Mangels abw GebrRegelg nach § 15 gleicher MitGebr auch bei ungleichen MitEAnteilen, da MitBes nicht an ideelle od reale Bruchteile aufteilb (BayObLG aaO). **Anteil an sonstigen Nutzungen** (S 2), also den mittelb (BGB 99 III: zB aus Vermietg von gemsch Eigt) u natürl (BGB 99 I: zB Erzeugn des gemsch Gartens) Früchten nach Maßg des § 16. – **b) Eigentumsschutz:** Bei Beeinträchtigg des gemsch Eigt ist jeder WEigtümer auch in seinem SE betroffen u kann die Anspr aus BGB 985, 1004 alleine nach Maßg von BGB 1011 geltd machen (BayObLG **75**, 177); ebso die öffrechtl NachbKl (OVG Bln BauR **76**, 191). **Besitzschutz:** Als Mitbesitzer kann jeder WEigtümer die Anspr aus BGB 859 ff gg Dr allein geltd machen, Wiedereinräumg entzogenen Bes kann nur zu MitBes verlangt w; ggü Mitbesitzern Beschrkg dch BGB 866 (BGH **62**, 243; BayObLG **90**, 115).

5 6

WEG 14 *Pflichten des Wohnungseigentümers.* Jeder Wohnungseigentümer ist verpflichtet:

1. die im Sondereigentum stehenden Gebäudeteile so instand zu halten und von diesen sowie von dem gemeinschaftlichen Eigentum nur in solcher Weise Gebrauch zu machen, daß dadurch keinem der anderen Wohnungseigentümer über das bei einem geordneten Zusammenleben unvermeidliche Maß hinaus ein Nachteil erwächst;

2. für die Einhaltung der in Nr. 1 bezeichneten Pflichten durch Personen zu sorgen, die seinem Hausstand oder Geschäftsbetrieb angehören oder denen er sonst die Benutzung der im Sonder- oder Miteigentum stehenden Grundstücks- oder Gebäudeteile überläßt;

3. Einwirkungen auf die im Sondereigentum stehenden Gebäudeteile und das gemeinschaftliche Eigentum zu dulden, soweit sie auf einem nach Nrn. 1, 2 zulässigen Gebrauch beruhen;

4. das Betreten und die Benutzung der im Sondereigentum stehenden Gebäudeteile zu gestatten, soweit dies zur Instandhaltung und Instandsetzung des gemeinschaftlichen Eigentums erforderlich ist; der hierdurch entstehende Schaden ist zu ersetzen.

1) Allgemeines. Der dch Vbg/TErkl abdingb § 14 begrenzt die gesetzl (§ 13) od dch GebrRegelg begründeten (§ 15) EigtümerBefugn; daneben gilt BGB 242 (BayObLG DWE **90**, 29). Er gilt auch für Anlagen/Einrichtungen (§ 5 II). Bedeutg hat er auch iRv § 22 I (§ 22 Rn 10). 1

2) Instandhaltung des Sondereigentums (Nr 1, 2); auf eigene Kosten. Eine nicht zu Schäden and WEigtümer führde Nichtbenutzg ist zuläss (BayObLG NJW-RR **90**, 854); nicht aber Nichtbeheizg bei Frostschadengefahr (BayObLG WuM **89**, 341). Keine Verpfl zur ständ Anpassg an jeweil NeubauVorschr (Stgt OLGZ **94**, 524), zur Verbesserg (Hamm WE **97**, 356) u zur regelm Prüfg der Leitgen dch Fachmann (BayObLG NJW-RR **94**, 717). Mangels abw Regelg nicht auf GemschE anwendb, an dem SondNutzgsR besteht. Nr 2 hier bedeutgslos, da stets Nr 1 eingreift; keine eigene Verpfl des Nutzers ggü der Gemsch. 2

3) Gebrauchsbeschränkung (Nr 1, 2). Nachteil ist jede nach dem Empfinden eines verständ WEigtümers nicht ganz unerhebl Beeinträchtigg (BGH NJW **92**, 978), wobei Charakter der Wohnanlage (zB kann sich bei Mehrhausanlage schon dadch Beschrkg des MitGebr ergeben; vgl Düss WE **95**, 150 u Ffm DWE **98**, 44) u unter FamMitgl BGB 1618 a (BayObLG NJW-RR **93**, 336) zu beachten sind; kein Schutz vor Wettbewerb (BayObLG WuM **96**, 437). Über rein ideelle Beeinträchtigg vgl KG NJW-RR, **88**, 586 (Beleidigg). LNachbR (Düss OLGZ **85**, 426; BayObLG NJW-RR **87**, 846; vgl aber Köln NJW-RR **97**, 14) u BGB 906 geben Anhalt. Nachteil für NutzgsBerecht genügt (KG aaO). Nr 2 begründet eine eigene Verpfl zum Einschreiten gg den Nutzer (BayObLG ZMR **94**, 25) u beschränkt die GebrBefugn des Nutzers ggü den and WEigtümern (vgl § 15 Rn 28). 3

a) Sondereigentum. § 14 gilt für den Gebr iR der Zweckbestimmg nach § 15 Rn 12 (BayObLG **94**, 237); über davon abw Gebr vgl Rn 15 Rn 14. Wg des ZusWirkens mit § 15 II ist ein Gebr zuläss, der dch MehrhBeschl gestattet, bzw unzuläss, der dch MehrhBeschl verboten werden kann. Weitere Beispiele (EinzUmstände stets maßg): – **aa) Immissionen.** Zuläss: normale Wohngeräusche (Saarbr ZMR **96**, 566 [Kinder]; LG Ffm NJW-RR **93**, 281); gelegentl Holzkohlengrill bei schondem Gebr (BayObLG NZM **99**, 575). Unzuläss: lärmde Benutzg (KG NJW-RR **88**, 586 [Beschimpfg]; BayObLG NJW-RR **94**, 337 [Musik]; **94**, 598 [Trampeln]); Küchengeruch dch offenes Fenster (Köln ZMR **98**, 46). – **bb) Tierhaltung.** Ratten/Schlangen (Ffm NJW-RR **90**, 1430), Kampfhunde (Ffm NJW-RR **93**, 981) od nach WohngsGröße/GbdeArt übermäß Zahl von Haustieren (BayObLG WuM **91**, 614; KG NJW-RR **91**, 1116; Köln WE **96**, 234) unzuläss. – **cc) Belegung.** Maßg sind Wohngsgröße u sachl (zB Familie od EinzPers, Verweildauer) – nicht 4 5 6 7

personelle (zB Ausländer, Sozialschwache) – Beleggsart (BayObLG NJW **92**, 917). Richtwert sind öffr Vorschr (bei Familie idR 9–10 qm/Pers u 6 qm/Kind bis 6 Jahre) od 2 EinzPers/Normalzimmer (KG NJW **92**, 3045; Stgt NJW **92**, 3046, BayObLG NJW **94**, 1662; Ffm OLGZ **94**, 532). Pensions/heimart Nutzg idR unzuläss (BayObLG aaO; vgl auch § 15 Rn 15); kurzzeit Vermietg an Feriengäste zuläss (BayObLG **78**, 305)
8 – **dd) Sonstiges.** KonkurrenzBetr (Stgt WE **91**, 139) u Hobbyraum/-werkstatt ohne weiteren Ausbau in Dachraum (BayObLG WuM **89**, 262) zuläss.

9 **b) Gemeinschaftliches Eigentum. – aa) Zulässig:** Saisonübl Schmuck der Wohngstür (LG Düss NJW-RR **90**, 785); Spielen auf Rasenfläche (Ffm OLGZ **92**, 53); gelegentl Spielen auf Zufahrt (KG NZM **98**, 633); ortsübl u nicht verunstaltde Werbg (KG WuM **94**, 494 [Praxisschuld]; LG Aurich NJW **87**, 448
10 [Vermietgshinweis]; LG Dortm NJW-RR **91**, 16); dch MehrhBeschl gestattb Gebr (vgl Rn 4). – **bb) Unzulässig:** Anbringen von Spruchbändern (KG NJW-RR **88**, 846); Aufstellen von Gartenzwergen (Hbg NJW **88**, 2052); dauerh Kfz-Abstellen (KG WEZ **88**, 444); Aufstellen von EinrichtgsGgst vor Wohngstür (KG NJW-RR **93**, 403; vgl aber BayObLG NJW-RR **93**, 1165); ganztäg betriebener Beweggsmelder (Hamm WuM **91**, 127); dch MehrhBeschl verbietb Gebr (vgl Rn 4).

11 **4) Duldungs- und Gestattungspflicht;** sie treffen auch Nutzer iSv Nr 2. – **a) Duldung (Nr 3)** aller Einwirkgen aGrd eines nach Nr 1 zuläss Gebr des WEigtümers u seines Nutzers iSv Nr 2; weitergehd § 21 V Nr 6. Für notw Eingriff in Besitz an SE (zB Dchlegen von Leitgen; BayObLG NJW-RR **91**, 463) enthält
12 Nr 3 keine StörgsGestattg iSv BGB 858 (DuldgsPfl notf gerichtl dchzusetzen). – **b) Gestattung (Nr 4);** keine HdlgsPfl (BayObLG NJWE-MietR **96**, 36 [Freiräumen des SE]). Betreten auch dch Handwerker uä. Benutzg umfaßt Eingriff in Sachsubstanz des SE (zB in Bodenbelag bei Sanierg der Balkonplatte [Hamm DWE **84**, 126], Anbringg von Schallschutz [KG OLGZ **86**, 174]); entspr anwendb auf Begutachtg der MaßnNotwendigk (BayObLG **96**, 146) sowie zur Feststellg von GewlAnspr einschl Minderg. GestattgsAnspr (keine ges Gestattg iSv BGB 858) steht der Gemsch zu (KG aaO). Haftg unabhäng von Verschulden für Schäden zB am SE (Düss NZM **99**, 507) od bewegl Sachen, Ausweichunterkunft, Verdienst/Mietausfall (Köln NJWE-MietR **96**, 274); ProzKosten (Hamm NJW-RR **96**, 335) Säuberg; nicht für beeinträchtigte Eigennutzg (BayObLG **94**, 140; KG ZflR **98**, 308), sofern keine totale Unbenutzbark. Bei zu erwartden Schäden kann Gestattg von SicherhLeistg abhäng gemacht werden (KG OLGZ **86**, 174). GestattgsPflichtiger muß Schaden anteil mittragen (§ 16 IV). GestattgsPfl bei Reparatur von SE eines and WEigtümers nach allg Grds (zB LNachbR; § 13 Rn 1).

13 **5) Verstoß gegen § 14;** vgl auch § 18 II Nr 1. – **a) Erfüllungsanspruch** aus § 14 u UnterlAnspr aus § 14, BGB 862, 1004; daneben Anspr auf verhindernde Maßn entspr § 15 Rn 26. UnterlAnspr wg unzuläss Gebr (vgl § 15 Rn 26) u DuldgsAnspr wg Gebr seines WE kann jeder WEigtümer selbstd geltd machen, iü MehrhBeschl notw. Bei Störg seines Nutzers kann WEigtümer den eigenen Anspr aus Nr 1 geltd machen;
14 StreitVerkündg an Nutzer zuläss (KG NJW-RR **88**, 586). – **b) Schadensersatz** bei schuldh (BGB 276, 278) PflVerletzg (BayObLG NJW-RR **94**, 718; Düss NJW-RR **95**, 1165; Armbrüster ZMR **97**, 395). Daneben auch BGB 823 I (zB bei Verletzg von SE od GemschE; BayObLG NZM **98**, 1010) od II, soweit § 14
15 SchutzG wie zB Nr 1 (KG aaO; str) u damit auch Nr 2 (aA Schmid MDR **87**, 894), 831. – **c) Rechtsweg.** Für alle Anspr der WEigtümer untereinand: § 43. Für alle Anspr gg Nutzer iSv Nr 2: ProzGer. Ein dch unzuläss Gebr gestörter Nutzer iSv Nr 2 muß seine Anspr vor ProzGer geltd machen; ebso WEigtümer, der sie für ihn in ProzStandsch geltd macht (KG aaO).

WEG 15 *Gebrauchsregelung.*

I Die Wohnungseigentümer können den Gebrauch des Sondereigentums und des gemeinschaftlichen Eigentums durch Vereinbarung regeln.

II Soweit nicht eine Vereinbarung nach Absatz 1 entgegensteht, können die Wohnungseigentümer durch Stimmenmehrheit einen der Beschaffenheit der im Sondereigentum stehenden Gebäudeteile und des gemeinschaftlichen Eigentums entsprechenden ordnungsmäßigen Gebrauch beschließen.

III Jeder Wohnungseigentümer kann einen Gebrauch der im Sondereigentum stehenden Gebäudeteile und des gemeinschaftlichen Eigentums verlangen, der dem Gesetz, den Vereinbarungen und Beschlüssen und, soweit sich die Regelung hieraus nicht ergibt, dem Interesse der Gesamtheit der Wohnungseigentümer nach billigem Ermessen entspricht.

1 **1) Allgemeines. – a) Geltungsbereich** ist die Regelg des Gebr (dh der tatsächl Art der Benutzg des SE [§ 13 I] u des GemschE [§ 13 II]) im Verh der WEigtümer untereinand. Mehrere Inh eines WEigt können untereinand keine GebrRegelg nach § 15 treffen (LG Düss RhNK **87**, 163; LG Stgt BWNotZ **79**, 91; Huff WE **96**, 134; aA BayObLG **94**, 195; Böttcher ZflR **97**, 321 [327]), sond nur nach den Vorschr des jeweil GemschVerh (zB BGB 1010). Eine nicht gem § 15 getroffene Regelg (zB im KaufVertr) ist im InnenVerh der
2 WEigtümer nicht verbindl (Ffm Rpfleger **80**, 391). – **b) Regelungsinhalt** kann sein: Begrenzg des Gebr nach Art, Umfang u Zeit; GebrPfl bzgl GemschEinrichtgen; GebrVerbot dch Ausschl bestimmter GebrArten od dch Festlegg auf solche; Abhängigk bestimmten Gebr von Zustimmg des Verw (wobei EigtümerBeschl mangels abw Regelg vorrang bleibt [Zweibr WE **91**, 333; BayObLG WE **96**, 468; NJWE-MietR **97**, 159, Ffm DWE **98**, 44]) od aller/einzelner WEigtümer.

3 **2) Regelung durch die Wohnungseigentümer. – a)** Dch **Vereinbarung (I)** aller WEigtümer (§ 10 Rn 3) od ihr gleichstehde TeilgsErkl kann vorbehaltl BGB 134, 138 jede GebrRegelg erfolgen. Notw ist sie, wo ein MehrhBeschl nicht ausreicht; ein nicht für ungült erklärter MehrhBeschl ist aber wirks (§ 10 Rn 19;
4 vgl auch Rn 6). – **b)** Dch **Mehrheitsbeschluß (II)** der dafür stimmberecht WEigtümer (§ 25 Rn 2–5) kann, sofern nicht Vbg/TErkl entggsteht, der ordngsmäß Gebr geregelt werden. Ordngsmäß ist ein Gebr, der unter Berücksichtigg der Beschaffenh seines Ggst dem Gebot ggseit Rücksichtn u billigem Ermessen (vgl III) entspricht, was unterschiedl Gebr rechtfertigen kann (Düss ZMR **84**, 161 [Behinderter]; vgl aber BayObLG

85, 104 [Berufsmusiker]). Nicht ordngsmäß ist ein Gebr, dch den einem WEigtümer ein Nachteil erwächst,
der über das bei einem geordneten ZusLeben unvermeidl Maß hinausgeht (BayObLG WE **94**, 17), dh ihm
einen nach § 14 Nr 1 zuläss Gebr verbietet (BayObLG WuM **85**, 231) bzw einen danach unzuläss Gebr
gestattet (BayObLG NJW-RR **88**, 1164; Stgt ZMR **95**, 81). – **c) Bauliche Veränderung,** die nach § 22 I 5
(BayObLG NZM **99**, 33) od wg Verwirkg des BeseitiggsAnspr (Stgt WE **99**, 191) zu dulden u eine
GebrÄnderg impliziert (zB Umbau Dachboden in Wohnraum), berechtigt zu dem neuen Gebr, der auch vom
RNachf zu dulden ist.

a) Notwendig ist eine Vereinbarung bzw TeilgsErkl danach insb für: **Verbot eines nach §§ 13, 14** 6
Nr 1 zulässigen Gebrauchs wie zB: Haustierhaltg (Karlsr DWE **88**, 68) od Musizieren (BGH NJW **98**,
3713), desh nicht ungült erklärter MehrhBeschl wirks (BGH **129**, 329 [Hundehaltg]); Vermietg (BayObLG
75, 233); Berufs/Gewerbeausübg (BayObLG aaO), was gewerbl Vermitg nicht entggsteht (BayObLG **78**, 305;
Hamm OLGZ **92**, 300); KonkurrenzBetr (Hamm FGPrax **97**, 96; zur Auslegg vgl BayObLG FGPrax **97**,
141); GebrGebot (zB Zweckbestimmg [Rn 12]; Vermietg an best Pers [BayObLG NJW-RR **88**, 1163]) als
Verbot eines and nach §§ 13, 14 Nr 1 zuläss Gebr. – **Verbotsähnliche Gebrauchsbeschränkung** wie zB 7
Reparatur nur dch Handwerker (Schmid BlGBW **80**, 99); Musizieren nur in Zimmerlautstärke (BGH NJW
98, 3713); Waschküchenbenutzg nur vormittags (KG BlGBW **85**, 71); nur 1 Vogel als Haustier; Abhängigk
eines nach §§ 13, 14 Nr 1 zuläss Gebr von nicht nach Rn 24 nachprüfb Verw/EigtümerZust. – **Ausschluß** 8
vom Gebrauch zB dch Einräumg eines SondernutzgsR (Rn 18) od Vermietg von GemschE an Außen-
stehde/WEigtümer (Zweibr NJW-RR **86**, 1338; KG WuM **90**, 404; aA BayObLG NJW-RR **92**, 599). Auch
für räuml Zuteilg von Teilflächen des GemschE, selbst wenn für alle Gebr gewährleistet (Brschw NJW-RR
90, 979) od Gebr nur dch einen WEigtümer mögl (BayObLG WuM **91**, 609). – **Gestattung eines nach** 9
§§ 13, 14 Nr 1 unzulässigen Gebrauchs wie zB BGB 906 überschreitde Immission (LG Düss NJW-RR
91, 1170 [Balkongrill ohne Beschrkg]; GbdeBeschaffenh widerspr Gebr (BayObLG MDR **81**, 937); Mitbe-
nutzg von SE dch WEigtümer (Zweibr OLGZ **90**, 51).

b) Ausreichend ist ein Mehrheitsbeschluß, der die Grenzen von Rn 5 einhält, danach für: **Beschrän-** 10
kung der Haustierhaltg (BayObLG NZM **98**, 961 [AuslaufBeschrkg]; KG NZM **98**, 670 [Zahl]; Saarbr NZM
99, 621 [Verw/BeiratsZust]), des Musizierens (BGH NZM **98**. 955; Stgt FGPrax **98**, 101; Hbg ZMR **98**,
798), der Werbg (LG Aurich NJW **87**, 448), der Lärmverursachg dch Einhaltg von Ruhezeiten (Brschw
NJW-RR **87**, 845; KG OLGZ **92**, 182), der Stellplatzbenutzer (KG NJW-RR **96**, 586; zweifelh). – **Verbot**
von Ablufttrocknern (Düss OLGZ **85**, 437), sichtbehindernder Bepflanzg (BayObLG WuM **92**, 206), ge-
fährdder Anbringg von Blumenkästen (BayObLG WE **92**, 197), sichtb Wäscheaufhängg auf Balkon (Oldbg
ZMR **78**, 245), LKW- (Hbg OLGZ **92**, 179) od Wohnmobilparken (BayObLG DWE **85**, 58) auf Wohnhaus-
stellplatz. – **Ver-/Entsorgungsregelungen** wie Heizgstemperatur (BayObLG DWE **84**, 122), Überprüfen/
Einstellen/Verplomben der Heizkörper bei Zentralheizg (BayObLG WuM **88**, 84); Nachtstrombenutzg
(BayObLG NJW-RR **88**, 1164); Belüftg von GemschE (BayObLG WE **94**, 17). – **Benutzung des gemein-** 11
schaftlichen Eigentums wie Betreten des Heizgsraums (Köln WE **97**, 427); Öffngszeit (BayObLG WE **91**,
202) u Sichg (BayObLG **82**, 90; KG ZMR **85**, 345) der Haustür; turnusmäß Benutzg der Waschküche
BayObLG WuM **91**, 301) od der nicht für alle ausreichden Stellplätze (KG NJW-RR **94**, 912; **96**, 779); Kfz-
Anordng auf Parkplatz (Köln OLGZ **78**, 287); Kinderwagenaufstellg in Hausflur (Hbg OLGZ **93**, 310);
Benutzg von Spiel-/Grün-/Hofflächen (BayObLG DWE **92**, 35; WuM **92**, 152; Stgt ZMR **95**, 81); Abstellen
fahruntaugl Kfz (KG NJW-RR **96**, 586); Rauchen.

3) Zweckbestimmung des Sonder- oder gemeinschaftlichen Eigentums in der TeilgsErkl ist Gebr- 12
Reglg nach I (BayObLG WuM **95**, 552). Bezeichng des SE in der Aufteilg mit einem GebrZweck genügt,
wenn die Auslegg des Gesamtinhalts einschl der Regelgen für das GemschVerh nicht entggstehen. Werden
mehrere nicht widerspr Zwecke genannt, so ist der umfassdste maßg (BayObLG ZMR **98**, 184); bei Widerspr
ist die GebrRegelg unwirks (Stgt DWE **90**, 30). Sie enthält als solche kein Konkurrenzverbot (BayObLG
NJWE-MietR **96**, 183).

a) Inhalt. Eine allg Zweckbestimmg enthält gem § 1 II, III schon die RNatur als WE od TeilE (BayObLG 13
DWE **94**, 153). Bei umfassdem Zweck (zB Gaststätte [BayObLG WuM **85**, 298], GeschRaum [KG NJW-RR
89, 140], Laden [BayObLG **94**, 237], nicht zu Wohnzwecken [BayObLG NZM **99**. 80]) kann sich eine
Beschrkg aus dem Charakter od der baul Gestaltg der Anlage ergeben. Andf gestattet „Gesch/Gewerberaum"
alle gewerbl Nutzgen (BayObLG NJW-RR **94**, 1038) und „Wohnen/Wohnzweck" auch die Vermietg zum
Wohnen (BayObLG NJW **92**, 917).

b) Abweichender Gebrauch ist mangels abw Reglg (zB gleichzeit Konkurrenzverbot; Hamm NJW-RR 14
86, 1336) nur unzuläss, wenn er bei typisierder Betrachtg stärker stören kann (BayObLG NZM **99**, 130);
konkrete Ausübg nicht maßg. – **aa)** Bei **Wohnungseigentum** (oder „Benutzg zu Wohnzwecken") sind idR 15
unzuläss: Kindertagesstätte (AG Hildesh WuM **86**, 25); Musik-/Volkshochschule (BayObLG WuM **95**, 552);
Bordell/Prostitution (KG OLGZ **86**, 422; BayObLG NJW-RR **95**, 1228; vgl aber LG Nürnbg NJW-RR **90**,
1355); Ballettstudio (BayObLG ZMR **85**, 307); Laden (BayObLG NJW-RR **93**, 149), heimartige Benutzg
(Hamm FGPrax **99**, 97). – Zuläss sind (ggf mit zeitl Beschrkg des Besucherverkehrs): Anwalts/Arzt/Zahnarzt-
(KG NJW-RR **91**, 1421), Architekten/Steuerberater/WirtschPrüfer- (KG NJW-RR **95**, 333; BayObLG
NZM **99**, 130), Psychotherapie- (Düss FGPrax **98**, 95) od Krankengymnastikpraxis (BayObLG WuM **85**,
231). – **bb)** Bei **Nebenraum,** der kein TeilE ist (§ 1 Rn 2), aber nach seiner Lage u Ausgestaltg (zB 16
unausgebauter Dachspeicher/keller) od Bezeichng (zB Abstell/Hobby/Partyraum, Keller, Speicher) nicht zum
dauernden Aufenthaltg dient, ist Gebr als Wohng od Büro mit PublikumsVerk unzuläss (BayObLG NJW-RR
94, 527; **96**, 464). Zuläss aber idR Gebr zu vorübergehdem Aufenthalt wie Hobby/Gästezimmer (BayObLG
FGPrax **96**, 57; Düss NJW-RR **97**, 907), wg Störg (Rn 14) aber nicht Musikzimmer (BayObLG ZMR **98**,
173). – **cc)** Bei **Teileigentum** ist der Gebr als Wohng grdsl unzuläss (BayObLG NZM **99**, 130). Ferner 17
Gebr, der mit mehr Geräuschen/Gerüchen/Erschüttergen verbunden (Düss NJW-RR **93**, 587; BayObLG
NJW-RR **94**, 527), längerdauernd (zB außerh der Öffngs/Ladenschlußzeiten bei „Laden" [BayObLG WuM
98. 619], „Apotheke" [Stgt WEZ **87**, 51], „Café" [Hbg ZMR **98**, 714]) bzw intensiver (zB Arztpraxis [Stgt

NJW **87**, 385; Düss FGPrax **96**, 16] od Musik-/Volkshochschule [BayObLG WuM **95**, 552] statt Büro; Kampfsportschule statt Massageinstitut [BayObLG WuM **93**, 700); Gymnastik/Tanzstudio statt Lagerraum [BayObLG NJW-RR **94**, 527]) ist.

18 4) Von **Sondernutzungsrecht** (SNR) spricht man, wenn einem WEigtümer ein über § 13 II hinausgehdes Gebr/NutzgsR an Teilen des GemschE (zB Garten, Kfz-Stellplatz, GemschERaum) eingeräumt wird, wodch zugleich der MitGebr der and WEeigtümer beschränkt wird; es enthält daher eine entziehde u eine
18 a zuweisde Komponente. – **a) Allgemeines.** Für Ausübg des zugelass Gebr gilt § 14 (BayObLG FGPrax **99**, 99); für GebrRegelgen nach § 15 steht es SE gleich (KG NJW-RR **96**, 586). Bei gemschaftl SNR mehrerer WEigtümer gilt im InnenVerh BGB 741 ff (BayObLG WE **94**, 17). Der Ggst des SNR bleibt GemschE u mangels abw Vbg/TErkl gilt § 21 V Nr 2(LG Ffm DWE **93**, 32). Von RInhalt nicht betroffene Verwaltg obliegt der Gemsch. Für Nutzg unter Überschreitg des RInhalts gilt § 16 I (Düss NJW-RR **87**, 1163; vgl aber Hamm NZM **98**, 921), währd Nutzgen iR des RInhalts (zB Mietzins) dem Berecht zustehen. Über
19 GBFragen vgl Schneider Rpfleger **98**, 9/53. – **b) Rechtsinhalt.** Beschrkg auf einz GebrArten nicht notw. Bei „alleinigem/ausschließl Gebr" sind die and WEigtümer vom MitGebr ausgeschl u Berecht hat BesSchutz ggü den and WEigtümern; soweit MitGebr für Gebr des übrigen GemschE u von SE notw, bleibt er idR zuläss (BayObLG NJWE-MietR **97**, 80); BGB 917 bleibt unberührt (Hbg ZMR **96**, 509; BayObLG aaO). Nennt das SNR GebrArt, so ist Ausleggsfrage, ob AlleinGebr mit GebrBeschrkg gewollt, od ob bzgl and GebrArten weiterhin MitGebr. Recht zur gärtnerischen Nutzg berecht zB zum Aufstellen einer Schaukel (Düss NJW-RR **89**, 1167) od eines Rankgerüsts (vgl BayObLG ZMR **98**, 503) u zur gärtnerischer Bepflanzg (KG NJW-RR **96**, 464; Köln NJW-RR **97**, 14); aber nicht zum kniehohen Einzäunen (KG NJW-RR **94**, 526), zum Fällen großer Bäume (BayObLG ZfIR **97**, 663; NZM **98**, 1010) sowie zum Bepflanzen mit stark wachsenden Bäumen (KG NJW-RR **87**, 1360) bzw optisch beeinträchtigder Hecke (BayObLG WE **97**, 275) od unter Verstoß gg AbstandsVorschr des LNachbR (Köln NJW-RR **97**, 14; BayObLG NZM **99**, 848); Schwimmbecken nur bei Ortsüblichk (BayObLG ZMR **99**, 580); Stellplatz berecht nicht zur behindernden Absperrg (BayObLG DWE **82**, 133). SNR an Fassade schließt Werbg and WEigtümer aus (aA Ffm Rpfleger **82**, 64). Für SNR an GrdstFläche gilt BGB 905 entspr (BayObLG WE **91**, 366). SNR berecht nicht zu baul Verändergen iSv § 22 I (BayObLG NZM **99**, 855); ihnen kann aber schon bei seiner Begründg zugestimmt werden, wofür nicht ausreicht, daß mit ihm wie mit SE verfahren werden darf (BayObLG WuM **90**, 91). –
20 **c) Begründung** dch Vbg/TErkl (BayObLG DWE **92**, 163); über MehrhBeschl vgl § 10 Rn 19. Über RealBerechtZust vgl § 10 Rn 4. Bei GBEintr BestimmthGrds für Ggst u Inhalt zu beachten (Naumbg FGPrax **98**, 92). Die BegründgsBefugn kann in der TeilErkl einem WEigtümer/Drittem vorbehalten werden, was bei GBEintr ggü SonderNachf wirkt; vom MitGebr ausgeschl WEigtümer u RealBerecht an deren WE müssen dann bei der Begründg nicht mitwirken (Ffm FGPrax **97**, 221; **98**, 85; Hamm FGPrax **98**, 49). – **d) Aufhebung/Inhaltsänderung** dch Vereinbg (§ 10 Rn 9). Realberecht der and WE müssen nicht
21 zustimmen, wenn ihre HaftsgGrdLage rechtl ungeschmälert bleibt (Hamm ZfIR **97**, 290). – **e) Übertragung** ohne WE nur innerh der Gemsch. Dch formlosen ÜbertrVertr nur der beteil WEigtümer (BGH **73**, 145) bzw einseit Erkl, wenn beteil WE demselben Eigtümer gehören. Zust der anderen WEigtümer nur bei entspr § 12 vereinb Erfordern notw (BGH aaO). Ohne GBEintr nur schuldrechtl Wirkg unter den beteil WEigtümern. Soll eingetr SNR zum SE-Inhalt des erwerbden WE werden, so ist Eintr nur im GB der beteil WE (BGH aaO) u Zust der RealBerecht am verlierden WE erforderl. ÜbertrAnspr vormerkb (BayObLG DNotZ **79**, 307). – **f) Belastung** mit beschr dingl Rechten (zB Dbk) nicht mögl (Zweibr FGPrax **99**, 44). – **g) Pfändung** nach ZPO 857 innerh der Gemsch (LG Stgt DWE **89**, 72; Schuschke NZM **99**, 830).

22 5) **Regelung durch gerichtliche Entscheidung (III).** Die Einhaltg von GebrRegelg nach I u II ist nach Rn 26 erzwingb. Bestehen solche Regelgen nicht, kann im Verf nach § 43 I Nr 1 eine GebrRegelg erfolgen, die dch MehrhBeschl (Rn 5) mögl (BayObLG NJW-RR **88**, 1164); über Anspr auf Herbeiführg einer Vereinbg vgl § 10 Rn 25. Konkreter SachAntr nicht erfordrl (Hamm OLGZ **69**, 278). Das Gericht ist an Vbg/TErkl u nicht für ungült erklärte MehrhBeschl gebunden (§ 43 Rn 7); diese können noch währd des Verf nach III ergehen. – Dch MehrhBeschl änderb/aufhebb (KG FGPrax **96**, 133; § 10 Rn 16).

23 6) **Andere gerichtliche Entscheidungen. – a) Ungültigerklärung eines Mehrheitsbeschlusses nach II** (§ 23 IV). Das Gericht prüft, ob er gg Vbg/TErkl od BGB 134, 138 verstößt u geregelter Gebr ordngsmäß iSv Rn 5 ist (vgl dazu § 43 Rn 11). Neben UngültErkl ist anderweit GebrReglg nur bei Antr nach III mögl,
24 der im selben Verf gestellt werden kann. – **b) Zustimmungserteilung.** Wird zum Gebr notw Zust (Rn 3) versagt, so kann im Verf nach § 43 Zust verlangt werden. Sind keine ErteilgsVoraussetzgen festgelegt, so ist bei Gebr iR der Zweckbestimmg (Rn 12) ein wicht VersaggsGrd notw (BayObLG WE **93**, 140); bei Gebr
25 außerh dieser genügt VersaggsGrd, der nicht willkürl/mißbräuchl (BayObLG NJW-RR **89**, 273). – **c) Änderung von Regelungen.** Vbg/TErkl (I) u bestandskräft MehrhBeschl (II) nach Maßg von § 10 Rn 20, rkräft gerichtl Entscheidg (III) nach § 45 IV. – **d)** Bei **unzulässigem Gebrauch:** Rn 26.

26 7) **Verstoß gegen Gebrauchsregelung. – a) Unterlassung** kann jeder WEigtümer ohne Ermächtigg dch die Gemsch (BayObLG MittBayNot **97**, 369) aus § 15, BGB 1004 u bei Störg des AlleinBes auch aus BGB 861, 862 verlangen; über Gebr dch Mieter uä vgl Rn 28. Daneben auch Maßn, die mögl unzuläss Gebr verhindern (BayObLG DWE **99**, 31). Kann nach Vbg/TErkl ein Gebr unter best Voraussetzgen dch MehrhBeschl untersagt werden, GebrUnterlVerf erst nach BeschlFassg zuläss (BayObLG ZMR **87**, 63). Anspr unterliegt BGB 242 (Verwirkg, RMißbr); dieser Ausschl berechtigt nicht zu baul Veränderg, die die Beeinträchtigg verstärkt (BayObLG WE **98**, 194). Ein SonderNachf des Gebrauchden kann sich nicht auf Verwirkg ggü seinem RVorgänger berufen (Köln WE **95**, 220), SonderNachf eines WEigtümers nicht aber einen vom
27 RVorgänger verwirkten Anspr geltd machen (BGB 1004 Rn 37; Stgt WE **99**, 191). – **b) Schadensersatz** aus §§ 14 Nr 1, 15 mit BGB 276 (BayObLG MittBayNot **97**, 369) od BGB 823 (Stgt NJW-RR **93**, 1041). – **c) Geldstrafe** (auch im Falle II; Ffm OLGZ **79**, 25) für Verstoß nur dch Vbg/TErkl einführb; dann bei
28 Verstoß aber dch MehrBeschl festsetzb (§ 10 Rn 6). – **d) Verstoß durch Nutzer.** Gebrregelgswidr Vertr des Eigtümers mit Mieter nicht nichtig u steht Anspr gg den Eigtümer (Rn 26) nicht entgg (BGH NJW **96**, 714). Anspr geht auf Verhinderg des unzul Gebr, nicht auf konkrete Maßn (Zweibr NJWE-MietR **97**, 255); erst im

ZwVollstrVerf nach § 45 III ist zu prüfen, ob der Eigtümer alles in seiner Macht stehde (zB UnterlKl; Künd [dazu BGH aaO] u RäumgsKl; VertrAufhebgsAngebot gg Abfindg) getan hat, um die Unterl zu erreichen (BGH **129,** 329; Stgt OLGZ **93**, 65; BayObLG NZM **98**, 773). Die Rspr gibt den and WEigtümern eigenen UnterlAnspr gg den Dritten (Mü NJW-RR **92**, 1492; Stgt OLGZ **93**, 65; Ffm NJW-RR **93**, 981; Karlsr NJW-RR **94**, 146), der vor dem ProzGer geltd zu machen ist.

WEG 16 ***Nutzungen, Lasten und Kosten.*** **[I]Jedem Wohnungseigentümer gebührt ein seinem Anteil entsprechender Bruchteil der Nutzungen des gemeinschaftlichen Eigentums. Der Anteil bestimmt sich nach dem gemäß § 47 der Grundbuchordnung im Grundbuch eingetragenen Verhältnis der Miteigentumsanteile.**

[II]Jeder Wohnungseigentümer ist den anderen Wohnungseigentümern gegenüber verpflichtet, die Lasten des gemeinschaftlichen Eigentums sowie die Kosten der Instandhaltung, Instandsetzung, sonstigen Verwaltung und eines gemeinschaftlichen Gebrauchs des gemeinschaftlichen Eigentums nach dem Verhältnis seines Anteils (Absatz 1 Satz 2) zu tragen.

[III]Ein Wohnungseigentümer, der einer Maßnahme nach § 22 Abs. 1 nicht zugestimmt hat, ist nicht berechtigt, einen Anteil an Nutzungen, die auf einer solchen Maßnahme beruhen, zu beanspruchen; er ist nicht verpflichtet, Kosten, die durch eine solche Maßnahme verursacht sind, zu tragen.

[IV]Zu den Kosten der Verwaltung im Sinne des Absatzes 2 gehören insbesondere Kosten eines Rechtsstreits gemäß § 18 und der Ersatz des Schadens im Falle des § 14 Nr. 4.

[V]Kosten eines Verfahrens nach § 43 gehören nicht zu den Kosten der Verwaltung im Sinne des Absatzes 2.

Schrifttum: Bub, Das Finanz- u Rechngswesen der WEigtümerGemsch, 2. Aufl 1996.

1) Verteilungsschlüssel. § 16 gilt nur im InnenVerh der WEigtümer. Im AußenVerh sind sie MitGläub iSv BGB 432 (zB Mietzins für GemschE) bzw idR GesamtSchu iSv BGB 421 (zB Kauf von VerwaltgsVerm [BGH **67**, 232]; Verletzg der VerkSichgsPfl [BGH NJW **85**, 484; Hamm NJW **88**, 496]; Darlehn [Oldbg WE **94**, 219]; VerwVergütg [KG OLGZ **94**, 266]; vgl aber § 2 Rn 12); berecht/verpfl sind die WEigtümer bei Entstehen der Fdg, Rn 20 ff gilt nicht für AußenVerh. 1

a) Grundsatz: Maßg für Anteil an Nutzgen u Lasten/kosten ist eingetr MitEAnt am Grdst **(I 2, II). Nichtbenutzung/benutzbarkeit** des ganzen WE (zB bei schrittw Fertiggstellg), einer baul Veränderg dch Zustimmden oder von Kosten verursachden Teilen des GemschE (zB Fahrstuhl, Garage) befreit nur, wenn Vbg/TErkl dies vorsieht (BGH **92**, 18). **Abweichende Verteilung** (zB nach Wohnflächen; dazu BayObLG NJW **96**, 2106) erfordert Vbg/TErkl (BGH **130**, 304 [312]); über Änderg dch MehrhBeschl vgl § 10 Rn 18, 19 u über Änderg dch vom maßg Schlüssel abw Beschl nach § 28 V vgl § 10 Rn 9. Abweichg liegt zB in Einführg von **Verbrauchszählern** (für ungedeckten Kostenrest gilt allg Schlüssel) od **Nutzungsentgelten** (zB für Sauna); bei letzteren Ausleggsfrage, ob Entgelt für lfde Unterhaltg (für ungedeckten Kostenrest gilt dann allg Schlüssel) od ErsBeschaffg bestimmt (vgl BayObLG NJW **75**, 2296; Amann NJW **76**, 1321). Abweichg liegt auch in **Sonderzahlung** für zul Nutzg (zB Umzugspauschale; Ffm WuM **90**, 461) od VerwTätigk (KG NJW-RR **89**, 329). Dch MehrhBeschl kann einem WEigtümer eine Sonderzahlg nur auferlegt werden, wenn er aus and RGrd (zB Verzug, pVV) haftet (BayObLG ZfIR **99**, 194). 2

b) Ausnahme bei Nichtzustimmung nach § 22 I (III); dch Vbg/TErkl abdingb. III nicht anwendb, wenn erteilte Zust nach § 22 I 2 entbehrl u wenn nach Vbg/TErkl MehrhBeschl ausreichd (BayObLG WE **90**, 395). Keine Berufg auf III ggü bestandskräft § 28 V-Beschl, der gg III verstößt (§ 28 Rn 17). – **Nichtbeteiligung.** Nichtzustimmde u ihre RNachf sind an Nutzgen (einschl GebrVorteil) u Herstellgs/Unterhaltskosten der Maßn nicht zu beteiligen; auch keine Haftg im AußenVerh (Demharter MDR **88**, 265). Dies müssen die RNachf and WEigtümer ohne GBEintr gg sich gelten lassen (BGH **116**, 392). Kosten dürfen daher nicht aus Geldern der Gemsch bezahlt werden (BGH aaO). Bei Zust mit Kostenbegrenzg keine Beteiligg an Mehrkosten (BayObLG WE **87**, 12). NichtZust gegeben bei NichtZust wg Entbehrlichk nach § 22 I 2. Aber auch bei NichtZust zu nicht für ungült erklärten nicht zugelass MehrhBeschl, obwohl Zust nicht nach § 22 I 2 entbehrl (Hamm FGPrax **97**, 98) u nach Verwirkg eines wg NichtZust bestehden BeseitiggsAnspr (Saarbr FGPrax **97**, 56). – **Nachträgliche Beteiligung.** Mitbenutzg dch Nichtzustimmde nur mit Zust aller an Nutzgen/kosten Beteiligten (Demharter aaO); führt zur Beteiligg an Herstellgs- u Unterhaltskosten. – **Unvermeidbare Mitbenutzung.** Bei Instandsetzg, die nur wg Vorzeitigk baul Veränderg ist, sind Nichtzustimmde im Ztpkt normalerw notw Instandsetzg an den Herstellgskosten unter Berücksichtigg der Abnutzg zu beteiligen (str), an Unterhaltskosten sogleich. – Bei Instandsetzg, die nur wg gleichzeit Verbesserg baul Veränderg ist (vgl § 22 Rn 7), sind Nichtzustimmde nicht an den dadch bdgten Mehrkosten für Herstellg/Unterhaltg beteiligt (Demharter aaO; Merle WEZ **88**, 88). – Ist die baul Veränderg keine Instandsetzg, so sind Nichtzustimmde nicht nach § 16 zu beteiligen (BayObLG WEZ **87**, 84); soweit sie aber dch die unvermeidb Mitbenutzg einen Vermögensvorteil (zB ersparte Heizkosten) erlangen, haben sie diesen bis zur Höhe einer Beteiligg an den Herstellgs/Unterhaltgskosten nach § 16 iF ihrer Zust nach BGB 812 ff herauszugeben (Demharter aaO; Merle aaO; Kreuzer WE **96**, 450; vgl BayObLG WuM **89**, 41). 3 3 a 4 5

2) Nutzungen (I) sind die Früchte (BGB 99) des GemschE (zB Mietzins, GrdStErzeugn, Zinsen gemschaftl Gelder); für GebrVorteile gilt § 13 II 1. Fruchtziehg u Verteilg (idR gem § 28, da Lasten/Kosten abzuziehen) ist Verwaltg iSv § 21 u fällt nicht unter § 27. Wg RInhabersch u ZwVollstr vgl § 1 Rn 14, 16. 6

3) Lasten und Kosten (II, IV, V); ohne Heizg u Warmwasser (vgl dazu Rn 14–19).

a) Begriff. – **aa) Lasten** sind schuldrechtl LeistgsPfl betr das GemschE (vgl BGB 103), nicht aber GrdSteuer u ErschließgsBeitr (BauGB 134 I 3); str für Zinsen u TilggsLeistgen von GesamtGrdPfdR (vgl Soergel/Stürner Rn 5 mwN). – **bb) Kosten;** weiter Begriff. **Instandhaltung/-setzung** § 21 V Nr 2 7 8 einschl Rücklage u Sonderumlage (sind „BetrKosten"; KG ZMR **96**, 335). **Verwaltung:** zB Verw/BeiratsVergütg, Kosten der WEigtümerversammlg, AufwendgsErs für Maßn nach §§ 21 II, 27, Kosten für VerbrErfassgsGeräte (BayObLG WE **86**, 74), Kosten einer baul Veränderg (vgl aber Rn 3–5), Versichergen, ProzKosten aus Verf nach § 18 **(IV)** u nicht unter V fallde Proz/VerfKosten. Die von der Gemsch zu tragden gerichtl/außergerichtl Kosten sind auch auf die der Klage nicht zustimmden Eigtümer (Karlsr Just **83**, 416) u obsiegden Bekl (Düss FGPrax **96**, 175) umlegb; unterliegt Bekl, so trägt er die Kosten alleine (§ 19 II; Stgt OLGZ **86**, 32). Auch bei ZweierGemsch anwendb (BayObLG aaO). Die Kostenentscheidg (§ 47) u nicht IV gilt für Kosten in Verf nach § 43 **(V)** einschl Vorschüssen (BayObLG **87**, 86); daher kein MehrhBeschl über von ihr abw Kostentragg (KG DWE **89**, 39). V gilt aber nicht für VerfKosten, die die WEigtümer dem Verw als AufwendgsErs schulden (Hamm OLGZ **89**, 47) u für Kosten aus Verf aller WEigtümer gg Verw/Dritte (auch WEigtümer in Eigensch als Dritter [BayObLG NJW **93**, 603], zB Bauträger). **Gebrauch:** zB zentrale Wasser/Energieversorgg (BayObLG WuM **94**, 160) sowie Abwasser/Müllbeseitigg (BayObLG **72**, 150); Reinigg; Breitbandkabel (Celle NJW-RR **87**, 465); Schornsteinfegergebühr (BVerwG NJW-RR **94**, 972).

9 **b)** Die **Beitragsschuld des einzelnen Wohnungseigentümers** ggü allen WEigtümern (Bub/Petersen NZM **99**, 646; str) wird erst dch einen Beschl nach § 28 V od einen UmlageBeschl (§ 28 Rn 19) begründet, der seine konkrete BeitrSchuld (BGH NJW **94**, 2950) festlegt; erst danach Einziehg (Rn 10). Einwendgen gg sie können nur mit einem Antr nach § 23 IV gg diese Beschl u nicht im EinziehgsVerf (Rn 10) geltd gemacht werden. – **Fälligkeit.** Mangels abw Bestimmg sofort; für Vorschüsse nach § 28 II vgl § 28 Rn 6. – **Verjährung** des Anspr auf regelm zahlb Vorschüsse gem BGB 197, Anspr aus genehmigter Jahresabrechng
9 a (BayObLG ZMR **95**, 130) od Sonderumlage (BayObLG FGPrax **97**, 19) gem BGB 195. – Vor **Insolvenzeröffnung** dch Beschl nach § 28 V od UmlageBeschl begründet u fäll BeitrSchuld ist InsFdg (BGH NJW **94**, 1866). Nach InsEröffng dch Beschl nach § 28 V (auch wenn er ältere Kosten enthält) od UmlageBeschl (auch wenn er älteren Ausfall gg Schuldn anteil auf diesen umlegt; BGH **108**, 44) begründet u fäll BeitrSchuld ist Masseschuld iSv InsO 55 I Nr 1 (KG NJW-RR **94**, 85); SaldoÜbern u rückständ Vorschuß nach § 28 II aus der Zeit vor InsEröffng bleibt bei Aufn in JAbrechng nach ihr InsFdg (BGH NJW **94**, 1866; BayObLG NZM **99**, 74). Dch die InsEröffng nicht berührt werden WohngeldAnspr bzgl nach InsEröffng erworbenen WE
9 b (BayObLG FGPrax **98**, 143). – Bei **Zwangsverwaltung** sind aus den Nutzgen vorab die BeitrSchulden zu zahlen, die währd der ZwVerw dch Beschl nach § 28 V (auch wenn er ältere Kosten enthält) od UmlageBeschl (auch wenn er älteren Ausfall gg Schuldn anteil auf diesen umlegt; Düss NJW-RR **91**, 724) begründet u fäll wurden. SaldoÜbern u rückständ Vorschuß nach § 28 II aus der Zeit vor Anordng sind bei Aufn in JAbrechng nach ihr nicht vorab aus den Nutzgen zu zahlen (BayObLG NZM **99**, 715).

10 **c) Einziehung.** GrdLage ist die BeitrFestsetzg dch EigtümerBeschl (Rn 9); ohne sie auch keine Aufrechng mit ihr. Außergerichtl dch Verw (§ 27 II Nr 1); über LastschriftVerf vgl § 21 Rn 3, 4. – **aa) Gerichtlich** im Verf nach §§ 43 I Nr 1, 46 a; auch von Gter einer WEigtümer-oHG/kG (BayObLG **88**, 368). IdR keine Aussetzg des EinziehgsVerf bei Anfechtg des BeitrFestsetzgsBeschl (BayObLG NJWE-MietR **96**, 256). Der (auf eine unteilb Leistg gerichtete) Anspr steht den übrigen WEigtümern als MitGläub iSv BGB 432 zu u geht auf Zahlg an alle, wobei Zahlg an Verw verlangt werden kann. Dch Verw (§ 27 II Nr 5) od einz WEigtümer (BGH **111**, 148) nur bei Ermächtigg dch Gemsch. – **bb) Zurückbehaltung/Aufrechnung** ggü der BeitrSchuld auch ohne Regel in Vbg/TErkl nur, wenn GgFdg (auch aus Überzahlg; BayObLG ZMR **88**, 349) anerkannt od rkräft festgestellt ist od auf eigener NotGeschFührg (§ 21 II od BGB 680, 683) beruht (Oldbg NZM **99**, 467). Gilt auch für früh WEigtümer (BayObLG ZMR **98**, 179). Dch Vbg/TErkl kann Aufrechng/ZbR jedenf für Anspr aus NotGeschFührg ausgeschl werden (Müller
11 Rn 125). – **cc) Zwangsvollstreckung** nach § 45 III. Zur GläubBezeichng im VollstrTit vgl BayObLG DWE **85**, 123; NJW-RR **86**, 564; LG Hann MDR **86**, 59; LG Kempt Rpfleger **86**, 93; zur SchuldnBezeichng vgl BayObLG WE **91**, 200. Bei ZwHyp sind alle and WEigtümer als Gläub einzutragen (vgl BGB 1115 Rn 5) mit Zusatz „MitGläub gem BGB 432 in WEGemsch" (KG OLGZ **86**, 47); zu deren Löschg vgl § 27 Rn 10. Lautet Tit bei VerfStandsch des Verw auf Zahlg an ihn, so ist er als ZwHypGläub einzutragen (LG Lüb Rpfleger **92**, 343; LG Darmst NZM **99**, 239; aA Celle Rpfleger **86**, 484; Köln Rpfleger **88**, 526; vgl auch LG Ffm NJW-RR **93**, 589); keine Umschreibg der VollstrKlausel bei VerwWechsel (LG Darmst NJW-RR **96**, 398). – **dd) Ausfälle** inf Nichtbeitreibbark sind nach maßg Verteilgsschlüssel umzulegen (Stgt OLGZ **83**, 172).

12 **d) Verzug. – aa) Schadensersatz** nach BGB 286; zB Bankkreditzinsen; über VerzSchadPauschale vgl § 21 Rn 4. Dazu gehört auch eine eingeführte VerwSonderVergütg für gerichtl Einziehg, für die alle WEigtümer dem Verw haften (Köln NJW **91**, 1302; vgl § 21 Rn 3); da dies außergerichtl VerfKosten sind, wird über die Erstattg iRv § 47 bzw im KostenfestsetzgsVerf entschieden (KG NJW-RR **89**, 329; Ffm WuM **90**, 457; vgl aber Köln aaO) wobei GemschRegelg über Tragg im InnenVerh zu beachten ist (§ 47 Rn 3). –
13 **bb) Sonstige Sanktionen.** § 18 II 2; Ruhen des StimmR, wenn Vbg/TErkl dies vorsieht (§ 25 Rn 14); Vorenthaltg kostenverursachden MitGebr des GemschE (zB Stromsperre; Celle OLGZ **91**, 50; BayObLG NJW-RR **92**, 787; Hamm OLGZ **94**, 269). Nicht aber Ausschl von EigtümerVersammlg (§ 24 Rn 16).

4) Beiträge für Heiz- u Warmwasserkosten (HeizkostenV = HKV).

14 **a) Geltungsbereich. – aa) Sachlich:** BetrKosten (vgl HKV 7 II, 8 II) einer von den WEigtümern (nicht von Dritten; Stgt OLGZ **84**, 137) gemschaftl betriebenen zentralen Heizgs/WarmwasserversorggsAnlage; dazu gehören nicht TankhaftpflVers u RepKosten (BayObLG NJW-RR **97**, 715). Lieferkosten (vgl HKV 7 IV, 8 IV) für Wärme u Warmwasser; Lieferant kann auch ein WEigtümer sein, der Anlage in seinem SE betreibt (vgl § 1 Rn 12), od ein Dritter, der sie auf dem Grdst betreibt (vgl BayObLG NJW-RR **89**, 843). – **bb) Persönlich:** Verteilg dieser Kosten des GemschE auf die WEigtümer. Der Verteilgsschlüssel der HKV gilt für die Gemsch erst nach Einführg dch Vbg/TErkl od MehrhBeschl (BayObLG NZM **99**, 908). – **cc) Zeitlich:** Für WE, das nach 30. 6. 81 bezugsfert geworden, gilt die HKV sofort. Für vor dem 1. 7. 81 bezugsfert gewordenes WE können die WEigtümer den Ztpkt der Anbringg der Ausstattg beschließen (HKV 12 I Nr 2 S 2), einz WEigtümer hatte AnbringsAnspr bis 30. 6. 84 (HKV 12 I Nr 2 S 3); verbrauchsabhäng Abrechng schon u erst ab Anbringg der Ausstattg (auch wenn verspätet, HKV 12 I Nr 4 S 2).

b) Ausstattung zur Verbrauchserfassung. Ausn für gemschaftl genutzte Räume in HKV 4 III 1; diese nicht erfaßten Kosten werden automat nach dem Anteil der erfaßten Kosten getragen. – **aa)** Über die Anbringg (einschl Art u Weise) u Auswahl (Zähler od Verteiler gem HKV 5 I, Fabrikat) **beschließen die Wohnungseigentümer** (§ 21 IVm HKV 3 S 2); Antr auf UngültErkl (§ 23 IV) zB auf HKV 11 I Nr 1 a stützb (vgl dazu KG NJW-RR **93**, 468; BayObLG NJW-RR **94**, 145; Köln NZM **98**, 919). Dchführg obliegt Verw (§ 27 I Nr 1). Jeder WEigtümer hat gg die anderen auch dch Vbg/TErkl unabdingb (HKV 2) **Anspruch auf Anbringung und Auswahl** als VerwMaßn iSv § 21 IV (HKV 4 III); auch über Anbringg MehrhBeschl, § 22 nicht anwendb. Weiterbenutzg nach Ablauf der EichFr widerspr 21 IV (BayObLG FGPrax **98**, 102). Anspr nach § 43 I Nr 1 dchsetzb, wobei GerBeschl zweckmäß Anordngen nach § 44 IV 1 enthält. MehrBeschl, der von Anbringg aus in HKV nicht vorgesehenem Grd absieht, ist nichtig iSv § 23 Rn 13 (KG NJW-RR **95**, 465). Ändergs/ErsetzgsAnspr bei ungeeignetem Erfassgsgerät aus § 21 IV (BayObLG NZM **98**, 813). – **bb)** Beschlossene Anbringg müssen die WEigtümer in ihrem SE **dulden** (HKV 4 II 1); Dchsetzg nach §§ 43 I, 45 III, ZPO 890. – **cc)** Für die **Kosten** der Anbringg (einschl Anschaffg) gilt allg Verteilgsschlüssel iSv Rn 2 (HKV 3 S 3); wird in Vbg/TErkl nach Kostenarten unterschieden, so gilt iZw InstandhaltgskostenRegelg (Demmer MDR **81**, 529; Schmid BlGBW **81**, 105). – **dd) Vor Anbringung der Austattung** gilt allg Verteilgsschlüssel iSv Rn 2, ohne daß WEigtümer seinen Anteil pauschal kürzen kann. Dies gilt über HKV 12 I Nr 4 S 2 hinaus auch für WE, das ab 1. 7. 81 bezugsfert, da Verteilg iSv von Rn 16 ohne Ausstattg nicht mögl u KürzgsVorschr nicht besteht (uU SchadErs gg WEigtümer od Verw; Demmer MDR **81**, 529). 15

c) Verbrauchabhängige Kostenverteilung. Für gemschaftl genutzte Räume iSv HKV 4 III 2 gilt HKV 6 III. – **aa)** Werden die Betr-/Lieferkosten nicht dch Vbg/TErkl verteilt, so können die WEigentümer über eine von § 16 II abw Verteilg nach Maßg von HKV 7–9 beschließen (HKV 3 S 2, 6 IV 1 iVm § 21); Vereinbg dafür nicht notw, wohl aber für Höchstsatzüberschreitg gem HKV 10 (Düss NJW **86**, 386). Jeder WEigtümer kann die Festlegg des Verteilgsmaßstabes iRv HKV 7–9 als VerwaltgsMaßn iSv § 21 IV verlangen u gem § 43 I Nr 1 erzwingen; dies nicht abdingb (HKV 2). – **bb)** Werden die Betr-/Lieferkosten dch Vbg/TErkl in einem von HKV 7–10 nicht gedeckten Maßstab verteilt, so ist eine Änderg dch Beschl nach HKV 3 S 2, 6 IV 1 iVm § 21 zuläss; nicht aber wenn Maßstab dch HKV 7–10 gedeckt (BayObLG WuM **89**, 344). – **cc)** Werden die Betr/Lieferkosten dch Vbg/TErkl zu mind 50% verbrauchsabhäng u der Rest nach einem nicht von HKV 7 I 2, 8 I gedeckten Maßstab (zB § 16 II) verteilt, so gilt aa) für den Rest (aA Schmid BlGBW **81**, 105; Zimmermann DNotZ **81**, 532). Werden weniger als 50% verbrauchsabhäng u der Rest nach einem von HKV 7 I 2, 8 I gedeckten Maßstab verteilt, so gilt aa) nur für die Anhebg des verbrauchsabhäng Anteils. – **dd)** Werden die Betr-/Lieferkosten dch Vbg/TErkl nach einem von der HKV gedeckten Maßstab verteilt, so keine Änderg nach HKV 3 S 2 (BayObLG WE **91**, 295). – **ee)** Gleicher Maßstab für alle WEigtümer geboten (KG BlGBW **85**, 141). 16

d) Für **Beschlußfassungen** iRv Rn 14–16 gelten §§ 21, 23–25. Von § 25 abw Regelg der Mehrh (zB qualifizierte) od des StimmR in Vbg/TErkl ist maßg (HKV 3 S 2). Einmalige **Änderung** dch MehrhBeschl (HKV 3 S 2, 6 III 2); vgl KG NJW-RR **88**, 1167. 17

e) Beschluß nach § 28 unter Verstoß gg HKV 7–10 ist bis zur UngültErkl (§ 23 IV) wirks (BayObLG ZMR **88**, 349). WEigtümer kann Antr auf UngültErkl ggf mit Antr auf Festlegg der VerteilgsMaßstäbe verbinden. – Für die **Einziehung** gilt Rn 10–12. 18

f) Sonderfälle. – Bei **Geräteausfall** uä (zB Nichtermöglichg der Ablesg) Verteilg nach HKV 9 a. – Bei **Eigentümerwechsel** im Abrechngszeitraum Verteilg nach HKV 9 b. – Über **Mehrbedarf wegen baulicher Besonderheit** des SE vgl BayObLG **93**, 34. – Über **unterlassene Ablesung** vgl KG WuM **94**, 400. 19

5) Verpflichteter (bzw Berecht) iSv § 16 (u HKV). Für schuldr (zB Mieter) od dingl (zB BGB 1093) Berecht am WE gilt § 16 nicht (BGH **LM** Nr 2); sie sind nach Maßg ihres NutzgsR dem jeweil WEigtümer zur Kostentragg verpfl. 20

a) Wohnungseigentümer ist, wer zum maßg Ztpkt materiellr RInh des WE ist (daher nicht werdder WEigtümer iSv Übbl 7 v § 1); dabei gilt die Vermutg des BGB 891 (Hamm NJW-RR **89**, 655). Mit/GesamtHdsBerecht sind GesamtSchuldn (Stgt OLGZ **69**, 232). Ist das dingl ErwerbsGesch unwirks (zB BGB 142 I), so ist der Veräußerer u nicht der (noch) eingetr Erwerber WEigtümer iSv § 16 (BGH NJW **94**, 3352). 21

b) Rechtsnachfolge; maßg ist der Ztpkt der dingl RÄnderg. – **aa)** Der **Veräußerer haftet** für alle bis zum EigtVerlust nach § 28 V od dch UmlageBeschl begründeten u fäll BeitrSchulden (Hamm NJW-RR **96**, 911); über Begrenzg der Vorschüsse nach § 28 II dch spätere JAbrechng vgl § 28 Rn 6. Bei Nichtbeitreibbark sind die Rückstände auf alle WEigtümer einschl Erwerber umzulegen (wg rückständ Vorschüsse vgl aber Rn 25). Erst nach EigtVerlust fäll Beitr schuldet der Veräußerer nicht u nach EigtVerlust kann für ihn keine BeitrSchuld mehr dch EigtümerBeschl begründet werden (BGH **131**, 228). – **bb)** Der **Erwerber haftet** grdsl nicht für die bei Erwerb des WEigt fäll BeitrSchulden des Veräußerers (BGH NJW **94**, 2950); Haftg kann aber in Vbg/TErkl mit Wirkg nach § 10 II bei Erwerb dch RGesch vorgesehen sein (BGH NJW **94**, 2950) u gilt dann auch für Ersterwerb vom teilden Eigtümer (Düss NJW-RR **97**, 906), nicht aber bei Erwerb in ZwVerst (BGH **99**, 358). – Wg § 10 III haftet der Erwerber für BeitrSchulden aus § 28 V-Beschl od UmlageBeschl aus der Zeit vor seinem Erwerb, soweit die Beitr erst nach Erwerb fäll werden (Hamm NJW-RR **96**, 911); zB Vorschüsse nach § 28 II od Umlageraten. – Er haftet für alle BeitrSchulden, die nach seinem Erwerb dch RGesch od ZwVerst nach § 28 V od UmlageBeschl begründet werden, selbst wenn Kosten aus der Zeit vor seinem Erwerb erfaßt werden (BGH **104**, 197; KG WuM **98**, 503); wurde die BeschlFassg verzögert, um die Haftg des Erwerbers herbeizuführen, so kann der Erwerber dies mit Antr nach §§ 23 IV, 43 I Nr 4 geltd machen (BayObLG Rpfleger **95**, 123). – **cc) Saldoübernahme.** Wird in die Einzel-JAbrechng (§ 28 Rn 12) des Erwerbers ein Rückstand des Veräußerers aus einer vor Erwerb beschlossenen JAbrechng/UmlageBeschl übernommen, für die der Veräußerer haftet (Rn 22), so ist dch Auslegg festzustellen, ob es nur eine KtoStandsmitteilg ist, od ob eine ZahlgsPfl des Erwerbers begründet werden soll (Köln ZMR **97**, 249; BayOblG ZMR **99**, 721); im letzteren Fall haftet der Erwerber für Rückstände, wenn die Abrechng nicht insow für ungült erklärt wird. – **dd) Rückständige Vorschüsse.** Da nur für die Abrechngs- 22 23 24 25 spitze eine neue Verbindlichk begründet wird (§ 28 Rn 6), haftet der Erwerber für rückständ Vorschüsse/Umlageraten nicht (Rn 23). Wurden sie aber in die EinzelAbrechng des Erwerbers als seine Schuld aufgen, entfällt seine Haftg nach hM nur bei UngültErkl (Stgt FGPrax **98**, 96; Hbg WuM **98**, 743; aA zutr Bub V Rn 100; KG NJW-RR **99**, 665). Die Haftg des Veräußerers für rückständ Vorschüsse entfällt dch deren Aufn in die Einzelabrechng des Erwerbs nicht (BGH **131,** 228).

WEG 17 *Anteil bei Aufhebung der Gemeinschaft.* **Im Falle der Aufhebung der Gemeinschaft bestimmt sich der Anteil der Miteigentümer nach dem Verhältnis des Wertes ihrer Wohnungseigentumsrechte zur Zeit der Aufhebung der Gemeinschaft. Hat sich der Wert eines Miteigentumsanteils durch Maßnahmen verändert, denen der Wohnungseigentümer gemäß § 22 Abs. 1 nicht zugestimmt hat, so bleibt eine solche Veränderung bei der Berechnung des Wertes dieses Anteils außer Betracht.**

1 Nach Aufhebg der WEGemsch (vgl § 11) erfolgt Teilg nach BGB 752 ff. Erlös ist nach Wert der WERe aufzuteilen (S 1), so daß Wertverändergen des SE berücksichtigt werden. Wertverändergen am GemschE aGrd Maßn nach § 22 bleiben iF NichtZust (§ 16 Rn 3–5 gilt entspr) bei der Berechng einz Anteile unberücksichtigt (S 2). Zu Einzelh vgl Kreuzer WE **96**, 451. – § 17 entspr anwendb, wenn nach Umwandlg des WE in einf MitE WertAusgl erfolgt; nicht aber nach Aufhebg gem § 9 I Nr 2 entstandener MitEGemsch.

WEG 18 *Entziehung des Wohnungseigentums.* **I Hat ein Wohnungseigentümer sich einer so schweren Verletzung der ihm gegenüber anderen Wohnungseigentümern obliegenden Verpflichtungen schuldig gemacht, daß diesen die Fortsetzung der Gemeinschaft mit ihm nicht mehr zugemutet werden kann, so können die anderen Wohnungseigentümer von ihm die Veräußerung seines Wohnungseigentums verlangen.**

II Die Voraussetzungen des Absatzes 1 liegen insbesondere vor, wenn

1. der Wohnungseigentümer trotz Abmahnung wiederholt gröblich gegen die ihm nach § 14 obliegenden Pflichten verstößt;

2. der Wohnungseigentümer sich mit der Erfüllung seiner Verpflichtungen zur Lasten- und Kostentragung (§ 16 Abs. 2) in Höhe eines Betrages, der drei vom Hundert des Einheitswertes seines Wohnungseigentums übersteigt, länger als drei Monate in Verzug befindet.

III Über das Verlangen nach Absatz 1 beschließen die Wohnungseigentümer durch Stimmenmehrheit. Der Beschluß bedarf einer Mehrheit von mehr als der Hälfte der stimmberechtigten Wohnungseigentümer. Die Vorschriften des § 25 Abs. 3, 4 sind in diesem Falle nicht anzuwenden.

IV Der in Absatz 1 bestimmte Anspruch kann durch Vereinbarung der Wohnungseigentümer nicht eingeschränkt oder ausgeschlossen werden.

1 **1) Allgemeines.** VeräußergsAnspr ist als letztes Mittel bei Versagen and RBehelfe (LG Aach ZMR **93**, 233; LG Bonn RhNK **96**, 271). Kein Verstoß gg GG 14 (BVerfG FGPrax **98**, 90), Ausgl für die Unauflöslichk der Gemsch gem § 11. Verwirkg nach allg Grds mögl. – **a)** Bei **Mehrheit von Rechten** in der Hand eines WEigtümers ist für jedes WE § 18 gesondert zu prüfen. – **b)** Ist bei **Bruchteilseigentum** nicht bei allen MitEigtümern erfüllt, so kann nur von den Störern Veräußerg ihres Anteils (BGB 747 S 1) verlangt werden (Erm/Ganten Rn 3). Bei **Gesamthandseigentum** ist dies nicht mögl (vgl BGB 717, 2033 II); es muß daher genügen, daß § 18 bei einem GesHänder erfüllt (hM). – **c) Sicherung** gg Vereitelg dch Belastgen, die bei Versteigerg nicht erlöschen, dch BelastgsVerbot im Verf nach §§ 43 I Nr 1, 44 III (BPM/Pick Rn 54).

2 **2) Voraussetzungen.** Nicht im Verf nach §§ 21 IV, 23 IV (Rn 6), sond im Verf nach Rn 7 zu prüfen. – **a) Generalklausel (I);** PflVerletzg als Verw reicht nicht (LG Bln DWE **95**, 168). – Bei bes schwerer PflVerletzg Schuldfähigk nicht erforderl (str; vgl BVerfG NJW **94**, 241; LG Tüb NJW-RR **95**, 650), bei Begehg in schuldunfäh Zustand reicht jedenf dessen schuldh Herbeiführg. Auch bei Störgen außerh § 14 ist bei Störgen Dritter nicht BGB 278 anwendb, sond eigene PflVerletzg entspr § 14 Nr 2 notw (str). Sie braucht nicht ggü allen WEigtümern begangen zu sein; Begehg ggü Angehörigen/NutzgsBerecht kann ausreichen. Unzumutbark der GemschFortsetzg für betroffenen WEigtümer gerade wg PflVerletzg muß hinzukommen;
3 iFv II stets gegeben. – **b) Verstöße gegen § 14 (II Nr 1).** Es müssen mind 3 grobe (nicht notw artgleich) Verstöße vorliegen: einer vor u zwei nach der Abmahng; bei weniger Verstößen uU I. Abmahng dch EigtümerBeschl (für dessen UngültErkl Rn 6 gilt; BayObLG NJW-RR **96**, 12); auch dch Verw od einen (auch nicht unmittelb verletzten) WEigtümer (nicht selbstd anfechtb; Düss ZMR **91**, 314). Bei Störg dch
4 Angehörige od NutzgsBerecht muß Verstoß gg § 14 Nr 2 vorliegen. – **c) Zahlungsverzug (II Nr 2);** and Sanktionen nicht ausgeschl (BayObLG NJW-RR **92**, 787). Verschulden für Leistgsunvermögen nicht notw (BGB 279); kann aber bei unverschuldeten RIrrtum (zB über ZbR) entfallen. Über BeitragsPfl muß Beschl nach § 28 V vorliegen. EinhWert bei Fälligk maßg.

5 **3) Eigentümerbeschluß (III)** ist ProzVoraussetzg für VeräußergsKl (Rn 7) u ermächtigt idR zur Anwaltsbeauftragg (KG OLGZ **92**, 434). – **a) Beschlußfassung** nach § 23 I (Mehrh nach § 18 III 2) od III (allstimmig); bei ZweierGemsch entbehrl (LG Aachen ZMR **93**, 233). Mehrh aller StimmBerecht (für Störer gilt § 25 V; BayObLG NJW **93**, 603), nicht der Abstimmden u bei Mehrhausanlage nicht der Betroffenen (BayObLG Rpfleger **72**, 144), nach Köpfen (auch wenn § 25 II 1 für GemschEVerwaltg abbedungen). MitBerecht (§ 25 II 2) gelten als ein WEigtümer. Für Versammlg gelten §§ 23 II, 24. Wg III 2 ist § 25 III,
6 IV nicht anwendb (III 3). – **c) Ungültigkeit** bei Nichtigk od UngültigErkl (§ 23 IV). Im Verf nach §§ 23 IV, 43 I Nr 4 werden nur formelle Mängel des EigtümerBeschl geprüft, nicht die EntziehgsGrde (BayObLG **99**, 66). – **d)** Bei **Antragsablehnung,** für die weiter Spielraum (KG FGPrax **96**, 94), Antr nach § 21 IV.

4) Veräußerungsklage. – a) Zuständigkeit: § 51. SchiedsGer vereinb (BayObLG **73**, 1). – **b) Prozeß-voraussetzung** ist EigtümerBeschl nach III (BayObLG **99**, 66). ProzGer prüft nur Nichtigk (sofern darüber nicht rkräft im Verf nach § 43 entschieden), es kann nicht für ungült erklären u ist an Entscheidg im Verf nach §§ 23 IV, 43 I Nr 4 gebunden (KG OLGZ **67**, 462). – **c) Klagebefugt** sind alle WEigtümer gemschaftl (Mehrh vertritt ggf die Überstimmten). Aber auch jeder einz WEigtümer entspr BGB 432 (MüKo/Röll § 19 Rn 2; RGRK/Augustin 20). ProzVollm/Standsch nach allg Grds (Zweibr WE **87**, 163). – **d) Verfahren nach ZPO;** geprüft werden die Voraussetzgen nach I, II. KlAntr/Urt: § 19 I 1 (WE genau zu bezeichnen). Kostenentscheidg: ZPO 91 ff. Streitwert: § 51 Rn 1. Wirkg: § 19. 7

5) Abdingbarkeit (IV) dch Vbg/TErkl. – **a)** Der **Veräußerungsanspruch (I)** ist nicht einschränkb/ausschließb; zB dch abschließde Aufzählg der tats Voraussetzgen od Festlegg best Tats als nicht genügd, AusschlFr für Geltdmachg (str), Erschwerg (LG Bonn RhNK **96**, 271). Erweiterg zul; zB Festlegg best tats Voraussetzgen, Absehen von Verschulden. – **b)** Die **Voraussetzungen nach II** sind nicht einschränkb/ausschließb (BPM/Pick 50; aA RGRK/Augustin 26), denn II ergänzt I. Erweiterg zul; zB einmaliger Verstoß nach Abmahng, kürzere Verzugszeit, geringerer Rückstand. – **c)** Abweichgen für **Beschlußverfahren nach III** zul, auch wenn sie Entziehg erschweren (str); zB qualifizierte Mehrh (Celle NJW **55**, 953), Allstimmigk od Mehrh der Erschienenen (RGRK/Augustin 27), Mehrh nach MitEAnt od WERechten. 8

WEG 19 *Wirkung des Urteils.*

I Das Urteil, durch das ein Wohnungseigentümer zur Veräußerung seines Wohnungseigentums verurteilt wird, ersetzt die für die freiwillige Versteigerung des Wohnungseigentums und für die Übertragung des Wohnungseigentums auf den Ersteher erforderlichen Erklärungen. Aus dem Urteil findet zugunsten des Erstehers die Zwangsvollstreckung auf Räumung und Herausgabe statt. Die Vorschriften des § 93 Abs. 1 Satz 2 und 3 des Gesetzes über die Zwangsversteigerung und Zwangsverwaltung gelten entsprechend.

II Der Wohnungseigentümer kann im Falle des § 18 Abs. 2 Nr. 2 bis zur Erteilung des Zuschlags die in Absatz 1 bezeichnete Wirkung des Urteils dadurch abwenden, daß er die Verpflichtungen, wegen deren Nichterfüllung er verurteilt ist, einschließlich der Verpflichtung zum Ersatz der durch den Rechtsstreit und das Versteigerungsverfahren entstandenen Kosten sowie die fälligen weiteren Verpflichtungen zur Lasten- und Kostentragung erfüllt.

III Ein gerichtlicher oder vor einer Gütestelle geschlossener Vergleich, durch den sich der Wohnungseigentümer zur Veräußerung seines Wohnungseigentums verpflichtet, steht dem in Absatz 1 bezeichneten Urteil gleich.

1) Urteilswirkung (I). Vollstr nicht nach ZPO, sond dch Versteigerg nach §§ 53 ff. – **a) Rechtskräftiges Urteil** (ZPO 894). Bevollmächtigg des Notars zum KaufVertrAbschl mit Ersteher dch Zuschlagserteilg gilt als erklärt. Ferner gelten alle zur Übereigng notw Erkl des Bekl als abgegeben (KG OLGZ **79**, 146), nicht aber die des Erstehers (verweigert dieser die Aufl, so ist er entspr § 18 auf Veräußerg der aus dem Zuschlag erlangten Rechte zu verklagen; BPM/Pick 7, 8; str). Nicht ersetzt werden sonstige notw Gen (zB des VormschG) od Zust nach § 12 (idR nicht in Beschl nach § 18 III enthalten, da Ersteher noch unbekannt). EigtÜbergang erst mit Aufl u GBEintr; bis dahin ist der Bekl WEigtümer (zB mit Verpfl aus § 16) ohne StimmR (§ 25 V) u kann noch anderweit verfügen. Urt bildet ohne bes Ausspruch für Ersteher VollstrTitel gg Bekl (nicht gg and Besitzer) auf Räumg u Herausg; Klausel entspr ZPO 727 ff aGrd rkräft Zuschlag-Beschl. – **b) Vorläufig vollstreckbares Urteil** (ZPO 895). Eintr einer Vormkg zur Sicherg des Anspr der Kläger auf Übereigng an künft Ersteher gilt als bewilligt (KG OLGZ **79**, 146). 1 2

2) Zahlung von Rückständen. Vor letzter mdl Verhdlg: Klage aus § 18 ist unbegründet (bei Zahlg nach RHängigk: ZPO 91 a). Nach letzter mdl Verhdlg u vor Zuschlag: ZPO 767. 3

3. Abschnitt. Verwaltung

WEG 20 *Gliederung der Verwaltung.*

I Die Verwaltung des gemeinschaftlichen Eigentums obliegt den Wohnungseigentümern nach Maßgabe der §§ 21 bis 25 und dem Verwalter nach Maßgabe der §§ 26 bis 28, im Falle der Bestellung eines Verwaltungsbeirats auch diesem nach Maßgabe des § 29.

II Die Bestellung eines Verwalters kann nicht ausgeschlossen werden.

1 **1)** Der 3. Abschnitt betrifft nur die **Verwaltung des gemeinschaftlichen Eigentums** einschl seiner wesentl Bestandt (zB GrdDbk auf NachbGrdst; Stgt NJW-RR **90**, 659); er begründet keine Rechte Dritter (BayOLG DWE **90**, 74). Verw u Beirat sind keine Organe iSv BGB 31. Sein SE verwaltet jeder WEigtümer alleine.

2 **2) Bestellung eines Verwalters** unabdingb, auch wenn nur 2 WEigtümer. Das schließt aber nicht aus, daß gleichw kein Verw bestellt wird (LG Köln RhNK **81**, 200), denn gerichtl Bestellg nur auf Antr u II verbietet nur den Ausschl dch Vbg/TErkl (LG Hann DWE **83**, 124); alle WEigtümer müssen dann die VerwMaßn nach §§ 26–28 gemeins vornehmen, wobei einer dch die and beauftr/bevollm werden kann (KG NJW-RR **93**, 470). II gilt auch für Beschrkg, die Bestellg hindert (KG NJW-RR **94**, 402: Vergütgsfixierg).

WEG 21 *Verwaltung durch die Wohnungseigentümer.*

I Soweit nicht in diesem Gesetz oder durch Vereinbarung der Wohnungseigentümer etwas anderes bestimmt ist, steht die Verwaltung des gemeinschaftlichen Eigentums den Wohnungseigentümern gemeinschaftlich zu.

II Jeder Wohnungseigentümer ist berechtigt, ohne Zustimmung der anderen Wohnungseigentümer die Maßnahmen zu treffen, die zur Abwendung eines dem gemeinschaftlichen Eigentum unmittelbar drohenden Schadens notwendig sind.

III Soweit die Verwaltung des gemeinschaftlichen Eigentums nicht durch Vereinbarung der Wohnungseigentümer geregelt ist, können die Wohnungseigentümer eine der Beschaffenheit des gemeinschaftlichen Eigentums entsprechende ordnungsmäßige Verwaltung durch Stimmenmehrheit beschließen.

IV Jeder Wohnungseigentümer kann eine Verwaltung verlangen, die den Vereinbarungen und Beschlüssen und, soweit solche nicht bestehen, dem Interesse der Gesamtheit der Wohnungseigentümer nach billigem Ermessen entspricht.

V Zu einer ordnungsmäßigen, dem Interesse der Gesamtheit der Wohnungseigentümer entsprechenden Verwaltung gehört insbesondere:

1. die Aufstellung einer Hausordnung;
2. die ordnungsmäßige Instandhaltung und Instandsetzung des gemeinschaftlichen Eigentums;
3. die Feuerversicherung des gemeinschaftlichen Eigentums zum Neuwert sowie die angemessene Versicherung der Wohnungseigentümer gegen Haus- und Grundbesitzerhaftpflicht;
4. die Ansammlung einer angemessenen Instandhaltungsrückstellung;
5. die Aufstellung eines Wirtschaftsplans (§ 28);
6. die Duldung aller Maßnahmen, die zur Herstellung einer Fernsprechteilnehmereinrichtung, einer Rundfunkempfangsanlage oder eines Energieversorgungsanschlusses zugunsten eines Wohnungseigentümers erforderlich sind.

VI Der Wohnungseigentümer, zu dessen Gunsten eine Maßnahme der in Absatz 5 Nr. 6 bezeichneten Art getroffen wird, ist zum Ersatz des hierdurch entstehenden Schadens verpflichtet.

1 **1) Verwaltung (I)** umfaßt alle Maßn, die im Interesse aller WEigtümer auf Erhaltg, Verbesserg u normale Nutzg des GemschE gerichtet sind; in diesem Rahmen auch Vfgen über das GemschE (Hamm NJW-RR **91**, 338). Sie obliegt **allen Wohnungseigentümern** u beschränkt sich nicht auf die BeschlFassg sond schließt die tats Vorn ein (BGH NJW **99**, 2108). Einschränkg dch Vbg/TErkl od Gesetz (zB §§ 26–28). – Der **einzelne Wohnungseigentümer** kann gg den Verw Anspr im ZusHang mit der GemschEVerw (zB Anspr aus BGB 812, 823, 1004 bzgl GemschE, Herausg von VerwUnterlagen/Wohngeld, Auskunft, § 28 IV) nur mit Ermächtigg der Gemsch geltd machen (BGH ZfIR **97**, 284; Schlesw FGPrax **98**, 51); ebso Anspr gg Dritte (BGH **121**, 22) od and WEigtümer (Hamm NZM **98**, 921). SchadErsAnspr des einz WEigtümers als EinzelGläub (zB wg SE-Beschädigg; verzögerter VeräußergsZust) gg den Verw od Dr/and WEigtümer aus BGB 823 od pVV fallen nicht unter I (BGH; **121,** 22; NJW **99**, 2108; Hamm NJW-RR **97**, 908); ebso nicht die IndividualAnspr nach §§ 14 Rn 13, 15 Rn 26, 22 Rn 14, 28 Rn 1, 8 (BayObLG ZMR **96**, 565).

2 **2) Notmaßnahmen (II).** Notlage für das GemschE (drohen von ihm Schäden für and RGüter, so gelten BGB 677 ff [Hauger WE **96**, 6]) gegeben, wenn verständ Eigtümer nicht länger warten würde u weder Verw noch Gemsch zur Behebg heranziehen kann (Oldbg WuM **88**, 185). Der WEigtümer hat keine VertrMacht für die and WEigtümer, kann aber ohne vorh Beschl nach § 28 V (BayObLG ZMR **98**, 103) AufwendgsErs nach § 16 II u bei Nichtvorliegen von II aus BGB 683, 684 verlangen (KG FGPrax **98**, 13; BayObLG WE **98**, 355). Der Anspr geht gg jeden and WEigtümer auf Zahlg seines Anteils nach Maßg der Kostenverteilg (Hamm OLGZ **94**, 22/134). Die and WEigtümer können gem III verlangen, daß die Aufwendg aus Mitteln der Gemsch (zB V Nr 4) ersetzt werden (Hamm aaO); Anspr geht dann auf Einwilligg zur Zahlg des GesamtBetr (BayObLG aaO) dch Verw aus den GemschMitteln.

3 **3) Ordnungsmäßige Verwaltung (III)** dch MehrhBeschl regelb; Änderg/Aufhebg dch MehrhBeschl iRv III (§ 10 Rn 16). Zur Prüfg der Ordngsmäßigk bei BeschlAnfechtg vgl § 43 Rn 11. Ein III widersprech-
4 der bestandskräft Beschl zwingt nicht zu Gleichbehandlg gleichart Fälle (BayObLG WuM **93**, 564). – **Dazu gehören** (neben V): Mietzinsbestimmg u Künd bei GemschEVermietg; Sonderumlage (§ 28 Rn 19); Verwendg von Überschüssen aus Jahrsabrechng (KG NJW-RR **95**, 975); Markieren von Kfz- Stellplätzen (Köln OLGZ **87**, 287); Änderg der Abrechngszeiten für Heizg (Düss WE **88**, 172); Anstellg von Hauspersonal (BayObLG WuM **91**, 310); Einführg einer VerwSondervergütg für gerichtl Einziehg bei BeitrRückstand (BGH **122**, 327); Regelg der Beheizg (BayObLG WuM **93**, 291); Anschaffg zweckmäß Geräts (BayObLG WuM **91**, 210 [Schneeräumer]; WE **98**, 196 [Leiter]); angem erhöhte VerwVergütg für vermietetes WE (Ffm NJW-RR **91**, 659); Fremdverwaltg bei größerer Gemsch (Hbg OLGZ **88**, 299); DarlehnsAufn zur Deckg kurzfrist Finanzbedarfs (KG NJW-RR **94**, 1105); LastschriftVerf für § 28 II–Vorschüsse (Saarbr FGPrax **98**, 18; Hbg NZM **98**, 407; nach Düss NZM **99**. 267 auch Mehraufwandsentgelt für Nichtteiln). **Nicht aber:** mehrdeut/unklarer Beschl (BayObLG WuM **93**, 707); den MitGebr hindernde Vermietg des GemschE (Zweibr OLGZ **85**, 418); unfachmänn Experimente an techn Anlagen (KG NJW-RR **87**, 265); Übertr des § 28 V-Beschl auf VerwBeirat (BayObLG NJW-RR **88**, 1168); gg öffR verstoßde MitGebrRegelg (BayObLG WE **88**, 200); VerzugsSchadPauschale (BGH **115**, 151) einschl vorverlegter Fälligk (Hamm WE **96**, 33); LastschriftVerf für Jahresabrechng/Umlagen (Stgt FGPrax **97**, 17); allg Bevollm des Verw zur Vergabe großer Maßn nach V Nr 2 (Düss FGPrax **97**, 217). Sondervergütg für normale VerwTätigk (Düss NZM **98**, 770; **99**, 267); unangem Erhöhg der VerwVergütg (Düss aaO). – Dch MehrhBeschl darf den WEigtümern ohne ihr
5 Einverständn (KG NJW-RR **96**, 526) grdsl nicht **tätige Mithilfe** (Eigenarbeit od Beauftragg Dritter) bei Maßn nach V Nr 2 auferlegt werden (Hamm DWE **92**, 126); MehrhBeschl bis UngültErkl verbindl (Ffm NJWE-MietR **96**, 251). Anders bei Arbeiten, die nach Art u Umfang von GrdstEigtümern pers erbracht werden, wie zB Gartenpflege (KG OLGZ **78**, 146; aA NJW-RR **94**, 207), Treppenhaus/kellerreinigg (BayObLG **91**, 422; WuM **94**, 403; LG Brem DWE **95**, 168) od Schneefegen/Streuen (Stgt NJW-RR **87**, 976; BayObLG NJW-RR **93**, 1361; aA Hamm MDR **82**, 150).

4) Verwaltungsanspruch (IV) gg die WEigtümer auf Zust zu VerwMaßn u/od den Verw auf Vornahme; 6
SchadErsAnspr bei schuldh Verletzg (BayObLG NJW-RR **99**, 1243). Verlangt werden kann die Beachtg von Vbg/TErkl u EigtümerBeschl nach III. IV auch, wenn MehrhBeschl nicht zustande kam (§ 23 Rn 23); konkrete Maßn muß verlangt werden (Hamm WE **96**, 33). Gerichtl Geltdmachg idR erst nach erfolgloser Befassg der EigtümerVersammlg (BayObLG NJW-RR **97**, 1443), sofern nicht feststeht, daß AntrSt keine Mehrh findet (Düss NJW-RR **99**, 163). Bei Verlangen einer von Vbg/TErkl od EigtümerBeschl (KG ZMR **95**, 173) abw Verwaltg ist Ger an diese gebunden (§ 43 Rn 7).

5) Einzelfälle (V); nur beispielh („insb"). – **Nr 1: Hausordnung** ist eine ZusFassg der Gebr- (§ 15) u 7
VerwaltgsRegelgen (I–IV); sie muß §§ 13, 14, öffR u VerkSichgPfl beachten (Hbg OLGZ **93**, 310). Die WEigtümer können sie dch Vbg/TErkl od MehrhBeschl (für den Rn 3–5, § 15 Rn 5 gelten) aufstellen; sie können die Aufstellg auch dch MehrBeschl od Vbg/TErkl dem Verw od VerwBeirat übertr (Stgt DWE **87**, 99), wodch Zuständigk der Gemsch nicht ausgeschl (BayObLG **91**, 422; KG DWE **92**, 33). Vom Verw/VerwBeirat aufgestellte HausOrdng unterliegt nicht der Anfechtg nach § 23 IV; Verbindlichk noch im Verf über ihre Dchsetzg zu prüfen (vgl KG NJW **56**, 1679). – Vbg/TErkl notw, soweit dies nach Inhalt der Regelg (zB iFv § 15 Rn 6) geboten, dann aber auch nur so änderb. Iü hat dch VbgTErkl od einstimm aufgestellte HausOrdng idR nur RNatur eines MehrhBeschl u ist gem § 10 Rn 16 änderb (BayObLG ZMR **98**, 356). Vom Verw/VerwBeirat aGrd MehrBeschl aufgestellte HausOrdng darf nur enthalten, was dch MehrBeschl regelb (Stgt DWE **87**, 99), u ist dch MehrBeschl änderb. Ebso idR bei Aufstellg aGrd Vbg/TErkl (BayObLG **73**, 201); mögl hier aber Ermächtigg zu Regelg, die Vereinbg erfordert (BayObLG **74**, 294), u dann von WEigtümern nur einstimm änderb. Vom Gericht im Verf nach § 43 I Nr 1 erlassene HausOrdng darf nur enthalten, was dch MehrBeschl regelb, u ist dch MehrBeschl änderb. – **Nr 2: Instandhaltung/-setzung** 8
(Begriff: § 22 Rn 5). Es muß nicht notw die Mindestmaßn gewählt werden (Düss FGPrax **99**, 94). Generelle Übertragg auf einen WEigtümer (zB für Fenster seines SE) dch Vbg/TErkl; dabei zu prüfen, ob nur Kostentraggs- od auch VornPfl. EinzÜbertr best Maßn (zB konkrete Reparatur) auf einen WEigtümer nach III, wenn dieser zustimmt (Rn 5) u mangelfreie Ausführg zu Marktpreis zu erwarten (BayObLG WE **98**, 196) Dazu gehören auch VorbereitgsMaßn wie ggf SachverständGutachten. IdR sind mehrere Angebote einzuholen, ohne daß notw billigstes zu wählen ist (BayObLG NJW-RR **97**, 715; **99**, 307; vgl auch KG OLGZ **94**, 149; Köln ZMR **98**, 109). Dazu gehören ferner die Wahrg der VerkSichgPfl (auch im InnenVerh der WEigtümer; Ffm DWE **93**, 76), deren Übertragg auf Verw/einz WEigtümer nicht von ÜberwachgsPfl befreit (BGH NJW **85**, 484). Für Schäden am SE inf Unterl/Schlechtausführg haften die WEigtümer nur bei Verschulden (Düss FGPrax **99**, 96), wobei Handwerker (BGH NJW **99**, 2108) nicht aber Verw (§ 27 Rn 2) ihr ErfGehilfe. Ausführg der Arbeiten erledigt das Verf auf UngültErkl des VornBeschl nicht, wenn Rückgängigmachg mögl od UngültErkl and Auswirkgen (zB SchadErsAnspr) haben kann (BayObLG NJW-RR **97**, 715; **99**, 164). Zur steuerl Behandlg vgl BFH NJWE-MietR **96**, 46. – **Nr 3: Versicherungen.** HaftPfl 9
umfaßt auch GewässerschutzVersicherg (MüKo/Röll § 16 Rn 13). Auch and SachVersichergen (zB Wasser/Sturm/Glasschäden) gem III, IV beschließb (MüKo/Röll aaO). Zum Anspr der Gemsch gg einen WEigtümer auf Abschl einer Versichg für Schäden am GemschE od dem SE anderer vgl Brschw OLGZ **66**, 571. – **Nr 4:** 10
Die **Instandhaltungsrücklage** kann gem IV verlangt werden; zu niedr od zu hohe Rückstellg widerspr IV; RepKosten sind ihr bei ausreichder Höhe zu entnehmen statt Umlegg, nicht aber Kaufpr für VerbrGüter (BayObLG DWE **84**, 108). Keine Auflösg zur Deckg von BeitrRückständen (Hamm NJW-RR **91**, 212) od Anlegg in BausparVertr (Düss FGPrax **96**, 51). Zur steuerl Behandlg vgl BFH NJW **88**, 2824 (Werbgskosten); NJW-RR **92**, 656 (GrdErwerbsteuer). – **Nr 5: Wirtschaftsplan** vgl § 28 I. – **Nr 6: Anschlüsse** an vorhandene Hauptleitgen/anlagen (Ffm NJW **93**, 2817; BayObLG DWE **93**, 123).

WEG 22 *Besondere Aufwendungen, Wiederaufbau.*

I Bauliche Veränderungen und Aufwendungen, die über die ordnungsmäßige Instandhaltung oder Instandsetzung des gemeinschaftlichen Eigentums hinausgehen, können nicht gemäß § 21 Abs. 3 beschlossen oder gemäß § 21 Abs. 4 verlangt werden. Die Zustimmung eines Wohnungseigentümers zu solchen Maßnahmen ist insoweit nicht erforderlich, als durch die Veränderung dessen Rechte nicht über das in § 14 bestimmte Maß hinaus beeinträchtigt werden.

II Ist das Gebäude zu mehr als der Hälfte seines Wertes zerstört und ist der Schaden nicht durch eine Versicherung oder in anderer Weise gedeckt, so kann der Wiederaufbau nicht gemäß § 21 Abs. 3 beschlossen oder gemäß § 21 Abs. 4 verlangt werden.

1) Bauliche Veränderungen und Aufwendungen (I)

a) Zustimmung aller Wohnungseigentümer (I 1), auf die kein Anspr besteht, zu den in I 1 genannten 1
Maßn vorbehaltl I 2 notw; vorher od nachträgl. Sie kann sich aus GebrReglg (§ 15 I) ergeben, wenn der Gebr die Veränderg erfordert (BayObLG ZMR **97**, 317). Nach § 8 teilder Eigtümer kann bis zum Entstehen einer werddn Gemsch ändern (BayObLG NJW-RR **94**, 276); danach müssen die werddn WEigtümer zustimmen (Köln NJW-RR **98**, 518). Die formfreie Zust (liegt idR nicht in bloßer Duldg) braucht nicht als Beschl iSv § 23 I zu ergehen u bindet den SonderNachf des Zustimmdn, der nach Verändergsbeginn erwarb (BayObLG **98**, 32). Ausleggsfrage, ob Zust im BauGenVerf die nach § 22 beinhaltet (Karlsr NZM **98**, 268; KG NZM **98**, 771). Nach Zust sind Einzelh dch MehrhBeschl regelb (BayObLG WE **92**, 20). – **Abdingbar** dch Vbg/TErkl; zB Gestattg aller bei AlleinEigt zul Maßn (BayObLG NJW-RR **97**, 269), Übertr der ZustBefugn auf Verw (KG NZM **98**, 771; vgl aber KG NJW-RR **91**, 1300, BayObLG WE **92**, 195 u Zweibr NJW **92**, 2899 [bedeutet nicht immer Abdingg von I 1], BGH NJW **96**, 1216 [VerwaltgsBefugn der WEigtümer wird nicht verdrängt]) od MehrhBeschl (BayObLG NJW-RR **90**, 209; vgl aber KG WuM **91**, 517 u Düss ZMR **97**, 435), Abdingg von I 2 (BayObLG WuM **97**, 700). – **Mehrheitsbeschluß** nicht für ungült zu erklären, wenn dies nur von WEigtümer beantragt, dessen Zust nach I 2 entbehrl (BayObLG NJW-RR **93**, 206). Nicht für ungült erklärter MehrhBeschl macht ihm entspr Veränderg/Aufwendg zuläss (BayObLG **94**, 339).

2 **b) Bauliche Veränderung** ist jede über die ordngsmäß Instandhaltg/-setzg hinausgehde ggständl Umgestaltg des GemschE (Eingr in Bausubstanz nicht erforderl; Köln NZM **99**, 911) in Abweichg vom Zustand bei Entstehg des WE (sofern er dem Aufteilgsplan entspricht; vgl Rn 5 a) od nach Vornahme früherer zuläss baul Veränderg (KG NJW-RR **89**, 976; BayObLG NZM **99**, 29) od Verwirkg des BeseitiggsAnspr bzgl früherer unzuläss Veränderg (Saarbr FGPrax **97**, 56); bei noch nicht errichtetem Gbde auch von TErkl abw Errichtg. Ändergen vor Entstehen des WE (insb dch nach § 8 teilden Eigtümer vor Anlegg der WohngsGB) fallen nicht unter § 22, selbst wenn auf Veranlassg späteren Erwerbers erfolgt (Hamm NZM **98**, 199). Dazu gehören:

3 **aa) Umgestaltung des Grundstücks:** Anlage/Beseitigg eines Plattenwegs (BayObLG NJWE-MietR **96**, 83); Aufstellg von Zäunen (Köln NZM **98**, 864), Gartenhaus (BayObLG NZM **99**, 809), Kinderschaukel (LG Hann NdsRpfl **90**, 97), Sandkiste (LG Paderb WuM **94**, 104), Carport (BayObLG NZM **99**, 855) od Geräteschuppen (KG OLGZ **93**, 52); Anlage von Terrasse (KG OLGZ **71**, 492) od Schwimmbecken (BayObLG ZMR **99**, 580); Gartenumgestaltg dch Beseitigg anlageprägder Bäume (Köln NZM **99**, 623; aA BayObLG NZM **98**, 1010) u Bepflanzgen (aA BayObLG NJW-RR **96**, 1166); Umwandlg einer Grünfläche in Park- (BayObLG WE **91**, 290), Spiel- (LG Mannh ZMR **76**, 51) od Müllbehälterplatz (Zweibr NJW-RR **87**, 1359; vgl aber LG Brem WuM **97**, 389), in Weg (BayObLG WE **91**, 290) oder gepflasterte Fläche (BayObLG WuM **97**, 700); Verlegg von Müllboxen (Hbg MDR **77**, 230) od Wäschepfählen (BayObLG WuM **93**, 295); Umwandlung von Müllbehälter- in Parkplatz (Ffm OLGZ **80**, 78); Einbau einer Betontreppe in Böschg (BayObLG WE **92**, 198); Anbringg von Parkabsperrbügel (Ffm OLGZ **92**, 437); Beseitigen von Pflanztrögen auf Terrasse (BayObLG WE **94**, 26); Errichten kniehoher Beeteinfassg (KG NJW-RR **94**, 526). – **Nicht** aber (§ 21): Erstbepflanzg nicht für and Zwecke vorgesehener Fläche (BayObLG NJW-RR **91**, 1362); Errichtg in TeilgsErkl vorgesehenen Zaunes (KG OLGZ **82**, 131); Zurückschneiden einer Hecke (BayObLG **85**, 164) od Kletterpflanze (Saarbr ZMR **98**, 50); Herstellg notw HeckenDchgangs (BayObLG ZMR **89**, 192); Ersetzg saniergsbedürft Anpflanzgen (Hamm NJWE-MietR **96**, 85); Beseitigg lichtentziehder (LG Fbg NJW-RR **87**, 655) od gefährdder (Köln NZM **99**, 623) Bäume; Aufstellen von Pflanztrögen auf Terrasse (BayObLG ZMR **97**, 374) od von Fahrradständern auf Hof (Köln NJWE-MietR **96**, 275).

4 **bb) Umgestaltung des Gebäudes oder anderer Bauwerke** (wg Modernisierg vgl Rn 7): Dchbruch einer Außen/Brandwand/Dachhaut, tragden Innenwand, SE-abgrenzden Innenwand (BayObLG ZMR **96**, 618) od Geschoßdecke (KG NJW-RR **93**, 909); Anbau eines Gartentors (BGH NJW **79**, 817) od eines Balkons/Balkontreppe (Karlsruhe NZM **99**, 36); Stillegg von VersorggsEinrichtgen; Aufstockg; Terrassenunterkellerg (Hamm OLGZ **76**, 61); Umbau der Böschgsstützmauer zur Aufnahme von Mülltonnen (Karlsr OLGZ **78**, 172); Anbringg von Funkantenne (Saarbr ZMR **98**, 310), BreitbandkabelAnschl/Parabolantenne (BayObLG NZM **98**, 965), Werbeschild (BayObLG DWE **87**, 56; vgl aber Ffm Rpfleger **82**, 64), Leuchtreklame (Hamm OLGZ **80**, 274), Bewässergsanlage (BayObLG DWE **99**, 28), Katzennetz (Zweibr NZM **98**, 376), Markise (BayObLG NJW-RR **96**, 266), Pergola (KG NJW-RR **91**, 1300), Rolläden (Düss NJW-RR **95**, 1418), Regenrinne (Düss WE **90**, 204), Solarzelle (BayObLG NJW-RR **93**, 206), Blumen-/Schaukasten od Fahnen-/Trockenstange an Außenwand od auf Balkon; Einbau von Dach- (Ffm NZM **98**, 962) u Vergrößerg von Giebelfenstern (BayObLG Rpfleger **83**, 14); Ersetzen feststehder dch bewegl (Köln ZMR **99**, 263) od einfacher dch sprossen- (Ffm Rpfleger **83**, 64) od thermopaneverglaster (Köln ZMR **98**, 49) Fenster; Abtrenng von Teilen des GemschE (BayObLG DWE **84**, 30); Balkon- od Loggiaverglasg (BayObLG WuM **96**, 506); Umwandlg von Dachfläche in Dachterrasse (Hbg MDR **85**, 501); KaminAnschl an Leerschornsteinzug (Ffm OLGZ **86**, 43); Klimagerät in Außenfenster (Ffm DWE **86**, 64); Einbau von Versorggsleitg unter Benutzg von GemschE (BayObLG NJW-RR **88**, 589); Dachausbau (BayObLG **98**, 32); Zumauern eines Fensters od Ersetzen dch Schiebeelement/Tür (Düss NZM **99**, 264; BayObLG WuM **98**, 116); Ersetzg einer Dachluke dch Flächenfenster (BGH **116**, 392); Einbau einer Kaltwasseruhr ohne verbrauchsabhäng Kostenverteilg (vgl Drasdo WE **99**, 42); Anbringg eines Rolltors für Garagenstellplatz (Köln NZM **99**, 865).

5 **c) Ordnungsmäßige Instandhaltung/-setzung** (§ 21 V Nr 2) ist die Erhaltg u Wiederherstellg des ursprüngl Zustandes des GemschE einschl Ersetzg nichtreparaturfäh od verbrauchter Teile (BayObLG NJW-RR **96**, 140) sowie Pflege-/Erhaltgsmaßn zur SchadVerhinderg (KG FGPrax **99**, 16). Dazu gehören auch: –

5 a **aa) Beseitigung anfänglicher Mängel** einschl Ersthersteilg entspr Aufteilgs-/Bauplan (BayObLG **99**, 66) u Entferng gesundhschädl GemschETeile (BayObLG WuM **93**, 207). Baumangel kann auch bei Beachtg der DIN-Vorschr vorliegen (BayObLG WE **92**, 20). GewlAnspr (auch gg WEigtümer) bleiben unberührt (Hamm DWE **93**, 74). WEigtümer haftet auch dann nicht, wenn vom Bauträger verursachter Mangel auf seinem

5 b Wunsch beruht (Hamm FGPrax **97**, 216). – **bb) Anpassung des vorhandenen Zustandes an rechtliche Erforderungen** zB des öffentl BauR (Hamm WE **93**, 318; BayObLG ZMR **98**, 647) od des priv NachbR (Einfriedigg nach LandesNachbR; Sicherg nach BGB 909); nicht aber an nur für Neubau geltde Vorschr (Stgt OLGZ **94**, 524) od baul Standards (Hbg ZMR **99**, 55) ohne die Voraussetzgen von Rn 8. Beachte jetzt HeizAnlV 7 III, 8 III idF v 19. 1. 89 (BGBl I 109).

6 **d) Aufwendung** ist jede nichtbaul Verwendg auf das GemschE, die über § 21 III, V Nr 2 hinausgeht (Düss MDR **86**, 677); zB Anschaffg nicht notw VerwaltgsVermögens (zB Wäschetrockner).

7 **e) Modernisierung** steht im Spanngsfeld zw § 22 I u § 21 V Nr 2. – **aa) Unter § 22 fallen:** Modernisierg ohne Funktionsverbesserg wie Ersetzen von Flügel- dch Kippfenster. Verbesserg der Bequemlichk wie Anschaffg eines Wäschetrockners (BayObLG **77**, 89) od Einbau von Fahrstuhl/Müllschlucker. Verändergen, die nicht als Verbessergen anzusehen sind, wie Einbau eines Wasserenthärters (BayObLG MDR **84**, 406) od Umstellg Fern/Eigenheizg (Ffm DWE **87**, 51; Düss FGPrax **98**, 49) od GemschAnschl an Kabelfernsehen (BayObLG NZM **99**, 264) ohne die Voraussetzgen von Rn 8. NachtstromVersorgg (BayObLG NJW-RR **88**, 1164). Verbessergen außerh vernünft Kosten-Nutzen-Verhältn (KG FGPrax **96**, 95: über 10 Jahre

8 Amortisation). – **bb) Unter § 21 fallen** Verbessergen iR vernünft Kosten-Nutzen-Verhältn u vernünft Werterhaltg (Hamm DWE **92**, 126): Verwendg haltbarerer Materialien (Köln ZMR **98**, 49: Kunststoff- statt Holzfenster) od moderner Geräte (BayObLG ZMR **94**, 279) od techn Verbesserg (BayObLG NZM **98**, 338 [des Dachs]; KG WE **95**, 58 [der Heizg]; Hamm ZflR **98**, 34 [Kabel statt Antenne]) bei ohnehin notw od

alsbald zu erwartder Reparatur, dauerh energiesparde Maßn wie Umstellg der Heizg von Handregelg auf Automatik (Hamm OLGZ **82**, 260) od von Öl auf Gas (Celle WoM **93**, 89), Einbau einer Rauchgasklappe (vgl BayObLG NJW **81**, 690), Ersetzg von Einfach- dch Thermopaneverglasg (Köln ZMR **98**, 49) od Erhöhg der Wärmedämmg (Ffm OLGZ **84**, 129), werterhaltder Fassadenanstrich (KG NJW-RR **93**, 1104), gefahrmindernde Maßn wie verkehrsberuhigde Einrichtg (KG OLGZ **85**, 263), Ersetzen eines Zeit- dch Dämmerschalter (BayObLG WuM **93**, 758). Derart Maßn kann wg Veränderg des äußeren Bildes noch unter § 22 fallen (Köln ZMR **98**, 49).

f) Entbehrlichkeit der Zustimmung. Nicht für ungült erklärter BeseitiggsBeschl der WEigtümer auch 9
verbindl, wenn die Maßn zustfrei war (BayObLG WE **98**, 276). – **aa) Keine wesentliche Beeinträchtigung** 10
(I 2). Zust eines WEigtümers entbehrl, der nach § 14 Nr 3 zur Duldg der Maßn verpflichtet, weil sie für ihn keine über § 14 Nr 1 hinausgehden Nachteile (vgl § 14 Rn 2) bewirken; keine weitere Güterabwägg (Hamm WE **93**, 318)-, so daß unerhebl, ob Vorteil der Änderg Nachteil der Beeinträchtigg überwiegt (BayObLG NJW-RR **93**, 337). Alle wesentl beeinträchtigten WEigtümer (nicht nur ihre Mehrh) müssen zustimmen; ist niemand wesentl beeinträchtigt, dann ist die Maßn zustfrei. Wg Beteiligg des Nichtzustimmden an Nutzgen u
Kosten vgl § 16 Rn 3–5. – **Nicht zu duldender Nachteil**, der sich nicht alleine aus dem Eingriff in das 11
GemschE ergibt, zB bei: lästiger Immission (zB bei Klimaanlage; Zweibr ZMR **99**, 588) auch nur währd Bauzeit (BayObLG **90**, 120); Beeinträchtigg der konstruktiven Stabilität (BayObLG DWE **99**, 30) od der Sicherh (Ffm OLGZ **93**, 51 [verneint für Gasheizgseinbau]); Möglichk intensiverer Benutzg des SE/GemschE/SondernutzgsGgst (Hamm FGPrax **98**, 175; Karlsr NZM **99**, 36); nicht ganz unerhebl Änderg des opt Eindrucks (Zweibr OLGZ **89**, 181; KG NJW-RR **92**, 1232; Celle WuM **95**, 338; Hamm WuM **95**, 220; Düss FGPrax **95**, 102; Ffm NZM **98**, 962; aA [ästhetisch nachteilig] BayObLG NZM **98**, 980; Schlesw NZM **99**, 422), was Sichtbark für and WEigtümer od Dritte voraussetzt; erhöhte Reparaturanfällígk (BayObLG WuM **88**, 319); nicht sicher ausschließb Gefahr künft Schäden (BayObLG **90**, 120); größere Einsehbark fremden SE/SondernutzgsGgst (Köln NZM **99**, 263); Zugangserleichterg für Fremde (BayObLG WE **98**, 402); nachteilige Änderg wirtsch vorteilh Baugestaltg (Stgt OLGZ **91**, 40); Kostenbelastg (die nicht dch § 16 III ausgeschl; vgl dazu BGH **116**, 392); Erschwerg der Feststellg/Zuordng/Behebg von Schäden (BayObLG DWE **99**, 30); Beeinträchtigg/Entziehg des MitGebr (BayObLG NZM **98**, 336); Aufhebg der Abgeschlossenh dch Verbindg von rechtl selbstd SE-Einh (BayObLG WuM **97**, 288; KG FGPrax **97**, 55 [entfällt bei gbmäß Vereinigg]). Ausreichd, daß Nachteil erst bei Nachahmg für sich alleine nicht wesentl beeintächtigder Maßn (Köln WuM **96**, 292; Zweibr WE **99**, 139) od dch ZusWirken mehrerer solcher Maßn
(BayObLG NJW-RR **92**, 272) eintritt. – **bb) Schutz- und Treuepflicht** (Übbl 5 v § 1) kann in engen 12
AusnFällen einen DuldgsAnspr ergeben, der Zust entbehrl macht; zB Fenstergitter bei bes Einbruchsgefahr (KG NJW-RR **94**, 401), nicht aber Markise bei Ladenfenster (KG NJW-RR **95**, 587) od Carport bei Laub/
Astbefall (BayObLG NZM **99**, 855). Verändergs- muß Erhaltgsinteresse erhebl überwiegen. – **cc) Grund-** 13
rechtsschutz (zB GG 5 I) kann Zust entbehrl machen. TV-Empfang von 2 öffr u 2 Privatsendern grdsl nicht ausreichd (BVerfG NJW **95**, 1665), wohl aber von 17 Sendern (BayObLG NZM **99**, 423); Inländer benötigt aber nicht viele Auslandssender (Köln WuM **96**, 292), daher KabelAnschl idR ausreichd (Ffm ZMR **97**, 607). EinzParabolantenne zustfrei, wenn Ausländer (frühere ausländ Staatsangehörigk reicht nicht; Hamm ZflR **98**, 34) Empfang eines Senders seines Kulturkreises sonst nicht ermöglicht (BVerfG aaO); and bei erhebl Schad-Gefahr/Verunstaltg (vgl Stgt NJWE-MietR **96**, 131). Berufl Informationsinteresse reicht nicht, wenn Berufsausübg in Wohng unzuläss (BayObLG **98**, 173).

g) Verstoß gegen Zustimmungserfordernis. – aa) Ansprüche. Beseitigg/Unterassg aus BGB 1004, 14
§§ 15 III, 14 Nr 1 u SchadErs auf Wiederherstellg aus BGB 823, 249, §§ 15 III, 14 Nr 1 (BayObLG WE **98**, 149) sowie zur Vorbereitg AuskAnspr (Düss ZMR **97**, 149) gg verändernden WEigtümer u entspr § 15 Rn 28 gg verändernden Nutzer (KG NJW-RR **97**, 713); nicht aber gg WEigtümer, der sein WE mit der Veränderg erwarb (BayObLG WuM **98**, 117: nur DuldgsAnspr), selbst wenn Veräußerer sie auf seinen Wunsch vornahm (Hamm WE **93**, 318). Kann von jedem WEigtümer ohne Ermächtigg dch die Gemsch geltd
gemacht werden (BGH **116**, 392). – **bb) Ausschluß.** Mögl nach BGB 226, 242; dafür reichen aber rwidr 15
ähnl Ändergen (BayObLG WE **98**, 149) od bloße längere Duldg (Köln NZM **99**, 263) nicht. SonderNachf kann einen vom RVorgänger verwirkten Anspr nicht mehr geltd machen (BGB 1004 Rn 37). RMißbr auch entspr BGB 1004 Rn 38 (BayObLG NJW-RR **90**, 1168; LG Stgt DWE **93**, 34). Über ZbR wg GemschEMängeln vgl BayObLG NJW-RR **91**, 1234.

2) Zerstörung des Gebäudes (II); dch Vbg/TErkl abdingb (KG NJWE-MietR **97**, 205). Über entspr 16
Anwendg auf steckengebliebene Ersthersteilg vgl § 2 Rn 10. – **a) Wiederaufbaupflicht.** Schlechthin, wenn Schaden dch Versicherg od sonstwie (SchadErsAnspr Rücklage) gedeckt, Anderenf zu unterscheiden (Wohn- u NebenGbde rechnen zus; Schlesw FGPrax **97**, 219): – **aa)** Zerstörg des Gbdes zu mehr als der Hälfte seines Wertes: Gemschaftl Wiederaufbau nur aGrd einstimm Beschl aller WEigtümer. – **bb)** Zerstörg des Gbdes zu weniger als der Hälfte seines Wertes: Gemschaftl Wiederaufbau aGrd MehrBeschl od Entscheidg gem §§ 43 I Nr 1, 21 IV (BayObLG aaO); von UrsprZustand abw Wiederaufbau nur nach Maßg von I (Köln DWE **89**, 180). Dies gilt auch, wenn von Zerstörg (zB nur einer Etage) nicht alle WEigtümer betroffen. Die Betroffenen müssen dazu die Kosten der Wiederherstellg ihres SE selbst tragen. – **b)** Bei **Unterbleiben des Wiederaufbaus:** §§ 11 I 3, 9 I 2.

WEG 23 *Wohnungseigentümerversammlung.*

I Angelegenheiten, über die nach diesem Gesetz oder nach einer Vereinbarung der Wohnungseigentümer die Wohnungseigentümer durch Beschluß entscheiden können, werden durch Beschlußfassung in einer Versammlung der Wohnungseigentümer geordnet.

II Zur Gültigkeit eines Beschlusses ist erforderlich, daß der Gegenstand bei der Einberufung bezeichnet ist.

III Auch ohne Versammlung ist ein Beschluß gültig, wenn alle Wohnungseigentümer ihre Zustimmung zu diesem Beschluß schriftlich erklären.

IV Ein Beschluß ist nur ungültig, wenn er gemäß § 43 Abs. 1 Nr. 4 für ungültig erklärt ist. Der Antrag auf eine solche Entscheidung kann nur binnen eines Monats seit der Beschlußfassung gestellt werden, es sei denn, daß der Beschluß gegen eine Rechtsvorschrift verstößt, auf deren Einhaltung rechtswirksam nicht verzichtet werden kann.

1 **1) Beschlußfassung in der Versammlung (I).** Nach WEG od Vbg/TErkl erforderl EigtümerBeschl müssen vorbehaltl III in einer Versammlg ergehen; nicht aber Vereinbgen (§ 10 Rn 3) od Zust nach § 22 I (§ 22 Rn 1). I ist nicht abdingb; dch mündl od konkludente Zust außerh der Versammlg kann kein Beschl
2 entstehen (BayObLG NZM **99**, 282). – **a) Eigentümerversammlung** erfordert eine an alle WEigtümer gerichtete Einberufg. Fehlt es daran, weil ein Teil der WEigtümer sich ohne jede Einberufg versammelt hat, so sind gefaßte Beschl nichtig (Hamm WE **93**, 24); ebso Beschl eines Teil der WEigtümer nach Versamm-
3 lgsende (BayObLG NZM **98**, 1010). – **b) Teilversammlungen** (zB bei Mehrhausanlagen) nur zul, wenn in Vbg/TErkl vorgesehen (Stgt FGPrax **97**, 17) od nach BeschlGgst nur entspr Teil der WEigtümer stimmbe-
4 recht (vgl § 25 Rn 2; BayObLG DNotZ **85**, 414). – **c) Vollversammlung** von Versammlg nach §§ 23–25 zu unterscheiden. Hier müssen alle WEigtümer ohne Einberufg (zB auch im Anschl an beendete Versammlg) zusammentreten u in Kenntn des Einberufgsmangels mit BeschlFassg (für Beschl selbst genügt ggf Mehrh) einverstanden sein (BayObLG ZMR **97**, 93; KG OLGZ **90**, 421). Iü gelten IV, § 24 V, VI, § 25 II, V.

2) Bezeichnung des Beschlußgegenstandes in der Einberufg **(II):** vgl § 24 Rn 6.

5 **3) Schriftliche Beschlußfassung (III). – a) Schriftliche Zustimmung aller Wohnungseigentümer;** stimmt nur einer nicht zu, so liegt kein Beschl vor (BayObLG WuM **95**, 227). StellVertr braucht keine schriftl Vollm (BGB 167 II; str). Ausreichd mündl Zustimmg aller VersammlgsTeilnehmer u schriftl Zust aller Abwesden. Zustimmen müssen auch die, deren StimmR ausgeschl (LG Dortm MDR **66**, 843). Übereinstimmde Erkl im Verf nach § 43 keine BeschlFassg nach III (KG OLGZ **74**, 399). BeschlAnregg kann von Verw od jedem WEigtümer ausgehen. Allstimmigk alleine macht Beschl nicht zur Vereinbg (§ 10 Rn 7). –
6 **b) Beschlußfassung** mit Zugang letzter ZustErkl bei Verw (BayObLG **71**, 313; Hbg MDR **71**, 1012; aA KG OLGZ **74**, 399: mit ErgebnBek) bzw and Anreger. ZustErkl bis BeschlFassg widerrufl (BPM/Merle 96;
7 str). – **c) Nicht abdingbar** dch Vbg/TErkl (MinderhSchutz). Daher kein schriftl MehrBeschl (BayObLG **80**, 331) u keine stillschw ZustErkl dch Schweigen (AG Königstein MDR **79**, 760) einführb.

8 **4) Nichtige und anfechtbare Beschlüsse.** Außer den gem IV anfechtb Beschl gibt es nichtige Beschl; Abgrenzg wg unterschiedl Wirkg (vgl Rn 14, 15) wichtig. Dabei ist davon auszugehen, daß IV im RSicherh-Interesse klare RVerhältn unter den WEigtümern schaffen will, so daß Mängel idR nach IV geltd zu machen
9 sind. – **a) Verfahrensmängel**, die der BeschlFassg vorausgehen, sind gem IV geltd zu machen (insb Verstöße gg §§ 23 II, 24, 25); keine rückwirkde Heilg dch BestätiggsBeschl (BGH NJW **89**, 1087). GeschOrdngs-Beschl (zB Wahl des Versammlgsvorsitzden, Redezeitbegrenzg, Diskussionsende, AbstimmgsVerf, Teiln von NichtWEigtümer; Änderg der TagesordngspktFolge) sind nicht selbstd anfechtb; aus ihnen können sich aber Fehler der BeschlFassg ergeben, die bei Kausalität zur UngültigErkl des SachBeschl führen (Hamm NJWE-
10 MietR **97**, 62). – **b) Mehrheitserfordernis.** Genügt für die Regelg des BeschlGgst ein MehrhBeschl, stellt Versammlgsvorsitzder einen solchen fest u geht Versammlg von positiver BeschlFassg aus, so ist gem IV geltd zu machen: Mehrh aGrd falscher tatsächl (Auszählgsfehler [KG OLGZ **90**, 421]) od rechtl (zB falsche Bewertg von StimmR [LG Köln NJW-RR **91**, 214], MehrhBegriff [Schlesw DWE **87**, 133], Enthaltg [Ffm WEZ **88**, 54]) Stimmenzählg od materiellr unwirks Stimmabgabe (zB BGB 105; 119, 123 mit 142, 242) nicht gegeben. Nichterreichen gem Vbg/TErkl erforderl qualifizierte Mehrh (Köln OLGZ **69**, 389); jederzeit Berufg auf AblehngsBeschl aber, wenn Ablehng wg bloß einf Mehrh zweifelsfrei feststeht (BayObLG NZM **98**, 917). –
11 **c) Allstimmigkeitserfordernis.** Ist nach Gesetz od Vbg/TErkl für die Regelg des BeschlGgst Allstimmigk erforderl, so ist fehlde Allstimmigk gem IV geltd zu machen (§ 10 Rn 19), sofern nicht Ablehng wg bloßer Mehrh zweifelsfrei feststeht (KG NJW-RR **92**, 720; BayObLG NZM **98**, 866); gilt auch, wenn bloße Mehrh statt im Prot festgestellter Allstimmgk geltd gemacht wird (Köln OLGZ **79**, 282) od dies auf materiell unwirks Stimmabgabe beruht (vgl Rn 10). Keine anfängl Allstimmigk nach III bewirkt NichtBeschl (§ 23 Rn 5). –
12 **d) Formerfordernis.** Mängel vereinbarter Form für Gültigk (zB Protokollierg, Unterschrift) sind gem IV
13 geltd zu machen u führen zur UngültErkl (BGH **136**, 187). – **e) Beschlußinhalt.** Nichtigk (maßg sind die Tats zZ der BeschlFassg; BayObLG NZM **98**, 1012): Verstoß gg BGB 134 (insb gg zwingde Vorschr des WEG [vgl § 10 Rn 1]), nicht aber gg BauordngsR (BayObLG WEZ **88**, 409). Verstoß gg BGB 138 (liegt nicht vor, wenn Vbg/TErkl gleichen Inhalts wirks). Beschl ist völlig unbestimmt, in sich widersprüchl od sachl undchführb (BGH NZM **98**, 3713). WEigtümerVersammlg war absolut unzuständ (kein enger Maßstab; BayObLG **98**, 1012), weil kein Bezug zur GemschEVerwaltg od zur Rechten/Pflichten aus GemschVerh (zB Änderg des Ggst des WE [Umwandlg von SE in GemschE u umgekehrt]; Haftg des Erwerbers für Schulden des RVorgängers [BayObLG **84**, 198]; 36% Zinsen auf Wohngeldrückstand [BayObLG NJW-RR **86**, 179]; Anspr aus PersönlichkRVerletzg [BayObLG NJW-RR **91**, 402]); Umlage von Kosten aus Zeit vor Gemsch-Entstehg (KG NJW-RR **92**, 1168; vgl aber BayObLG WuM **93**, 701). – Gem IV geltd zu machen: Sonstige Verstöße gg Gesetze, insb BGB 242 (BGH NJW **98**, 3713) u §§ 15 II, 21 III, od gg Vbg/TErkl. And BeschlInhalt als im Prot festgestellt (Köln OLGZ **79**, 282; Ffm OLGZ **84**, 257; vgl auch Hamm OLGZ **85**,
14 147). Vgl auch Rn 22. – **f) Nichtbeschluß** zB: Fehlen einer WEigtümerGemsch (§ 10 Rn 13); nicht einberufene Versammlg, an der nicht alle WEigtümer teilgen haben (Rn 2); bloße Feststellgen u Hinweise (BayObLG NJW-RR **87**, 1364); NegativBeschl (Rn 23); fehlde Allstimmgk bei III (Rn 5). Wirkg: Rn 15.

15 **5) Wirkung nichtiger Beschlüsse** (gilt entspr für Nicht/ScheinBeschl). Beschl bedarf keiner UngültigErkl nach IV; jederzeit (auch inzident in and Verf) Berufg auf Nichtigk, dazu Feststellg in Verf nach § 43 nicht notw (BGH **107**, 268). Deklaratorische Feststellg der Nichtigk im Verf nach § 43 I Nr 4 (§ 43 Rn 6), auch wenn nur UngültErkl beantragt (BayObLG **86**, 444), od auf ZwFeststellgsAntr; zur Beseitigg der RScheinwirkg auch UngültigErkl nach IV (BayObLG WuM **92**, 642). Nach rechtskräft Verneing der Nichtigk od Bejahg der Gültigk gilt aber § 45 II (BayObLG **80**, 29).

6) Ungültigerklärung von Beschlüssen (IV); Verf über den gleichen Beschl betr Antr verschied WEigtümer sind zu verbinden (KG OLGZ **93**, 190). Nicht nichtiger Beschl, der nicht für ungült erklärt, wirkt gem § 10 Rn 17 (auch ggü geschunfäh WEigtümer; Stgt OLGZ **85**, 259); er kann nicht GrdLage von SchadErsAnspr gg WEigtümer od Verw sein (BayObLG WE **97**, 397) u ihm ggü keine Berufg auf BGB 242 (BayObLG NJW-RR **92**, 15). 16

a) Antrag beim AG (Form: § 43 Rn 13); Beanstandg ggü Verw od WEigtümern reicht nicht. Über AntrR, Verwirkg/Verzicht, RSchutzInt vgl § 43 Rn 9. Innerh der AntrFr muß der beanstandete Beschl konkretisierb bezeichnet (Köln WE **96**, 466; NZM **98**, 970; ZMR **99**, 727) u eine AntrStellg in VerfStandsch offengelegt (BayObLG NZM **98**, 815) sein. Der Antr hat keine aufschiebde Wirkg (BayObLG NZM **98**, 337); sie kann aber gem § 44 III angeordnet werden (BayObLG WuM **90**, 324). Begründg nicht notw (BayObLG **74**, 305); aber keine UngültErkl aus Grd, den AntrSt bewußt nicht geltd macht (BayObLG NJW-RR **89**, 1163). – **Frist** (1 Monat) ist materiellrechtl AusschlFr (BGH NJW **98**, 3648) u beginnt (auch für RNachf u bei Anf im Wege der AntrÄnderg) für jeden EinzelBeschl u jeden WEigentümer mit BeschlFassg ohne Rücks auf VersammlgsTeiln od Kenntn von Beschl (Ffm WuM **90**, 461); FrWahrg auch dch AntrStellg bei unzuständ Ger (BGH NJW **98**, 3648). Dch Vbg/TErkl nicht verlängerb (BayObLG **81**, 21), aber verkürzb (BPM/Merle 193); Berechng: BGB 188 II, 193. Bei schuldloser FrVersäumg **Wiedereinsetzung** entspr FGG 22 II. Dafür reichen nicht, daß an Versammlg nicht teilnehmder WEigtümer Prot zu spät erhält (BayObLG NJW-RR **91**, 976; and wenn Verw dch Vbg/TErkl od VerwVertr zur rechtzeit Übersendg verpfl [Hamm DWE **95**, 159] od aufgefordert [Karlsr WuM **99**, 545]), sofern der BeschlGgst angekündigt u er eingeladen war (Hamm NZM **98**, 971), od Unkenntn von IV (Oldbg WuM **89**, 467). – **Rücknahme** nach Ablauf der AntrFr bedarf wg Unmöglichk eines neuen Antr keiner Zustimmg. AntrBerecht, die die AntrFr versäumt haben, können das Verf nicht fortführen (Zweibr NJW-RR **89**, 657; Ffm DWE **89**, 70; Bassenge Rpfleger **81**, 92). 17 18 19

b) Entscheidung. – aa) Ungültigerkärung bewirkt mit RKraft (§ 45 II 1) rückwirkde Ungültigk (BGH WM **89**, 306); bei teilw Ungültigk ist zu prüfen, ob gem BGB 139 volle UngültErkl geboten (BGH NZM **98**, 955). Bei schon vollzogenem Beschl hat überstimmte Minderh Anspr auf Folgenbeseitigg gg die WEigtümer u nicht gg Verw (BayObLG WoM **90**, 366). Für RGesch auf der GrdLage des Beschl (zB RGesch des Verw vor UngültErkl seiner Bestellg) gilt FGG 32 entspr (BGH NJW **97**, 2106). Änderg des Beschl nur zul, wenn die Anfechtg mit einem (auch stillschw) Antr nach §§ 15 III, 21 IV, 43 I Nr 1, 2 verbunden ist (BayObLG WE **95**, 245). – **bb)** Keine UngültErkl, wenn **Nichtursächlichkeit eines Verfahrensmangels** für die BeschlFassg (dh ohne Mangel wäre gleicher Beschl gefaßt) zweifelsfrei festgestellt. Dafür muß ausgeschl werden, daß WEigtümer, die wg eines VerfMangels an der Versammlg od Erörterg nicht teilnahmen, weder dch ihre Stimme noch dch ihre Argumente eine and BeschlFassg bewirkt hätten (Hamm NZM **98**, 875); darüber keine Anhörg der VersTeiln über Abstimmg bei Kenntn der Argumente (BayObLG NZM **99**, 672) u der Nichtteiln über Abstimmg bei Teiln (KG NZM **99**, 850). Über Nichtursächlichk von StimmAbg-/StimmRMängel vgl § 10 Rn 13, § 24 Rn 10, 18. UngültErkl kann auch unterbleiben, wenn jeder and Beschl ordngsmäß Verwaltg widerspäche (KG NJWE-MietR **97**, 134; Köln WuM **98**, 176). 20 21

c) Entsprechende Anwendung. In der Frist nach IV sind weiter geltd zu machen: Antr auf Feststellg, daß Beschl mit and Inhalt gefaßt, als protokolliert (Köln OLGZ **79**, 282; krit BayObLG NJW-RR **90**, 210); Antr auf ProtBerichtigg, weil BeschlInhalt falsch protokolliert (Hamm OLGZ **85**, 147; aA v Rechenberg/Riecke MDR **97**, 518); Nicht aber Antr auf Feststellg des Inhalts eines in der Auslegg umstrittenen Beschl. 22

d) Ablehnung eines Beschlußantrags (NegativBeschl). Keine UngültErkl mögl (hM); nur unbefristeter Antr nach § 21 IV auf ordngsgem Verwaltg (BayObLG **96**, 256) u Antr nach IV dahin auslegb. Dies gilt auch, wenn bei Antr auf Änderg bestehder VerwRegelg beschlossen wird, daß sie fortbestehen soll (KG BlGWB **85**, 71). Unbefristeter Antr auf Feststellg der Gültigk/Ungültigk, wenn Versammlgsleiter fälschl Ablehng feststellt u Versammlg von NegativBeschl ausgeht (Celle WE **89**, 199). Antr nach IV aber geboten, wenn beschlossen wird, eine VerwMaßn (zB GebrRegelg) nicht zu treffen (KG ZMR **95**, 173; vgl BayObLG NZM **99**, 529), od wenn geltd gemacht wird, daß Antr entgg Prot angen (zB: Annahme bei richt Stimmenzählg [vgl BGH NJW **86**, 2051] od richt StimmRBeurteilg [Hamm OLG **90**, 180]; falsches Prot), iVm Antr auf Feststellg wirkl BeschlInhalts (Hamm OLGZ **79**, 296). Ist eine Zust (zB zur Veräußerg od GebrÄndg) von den Eigtümern dem Verw übertragen, so ist EigtümerBeschl, der Zust ablehnt wg Bindgswirkg für Verw nach IV anfechtb (BayObLG WE **93**, 342); daneben aber auch unbefristeter Antr nach § 21 IV auf Erteilg. 23

e) Abdingbar dch Vbg/TErkl, soweit nicht AnfechtgsR ganz abgeschafft (vgl BPM/Merle Rn 192, 193). 24

WEG 24 ***Einberufung, Vorsitz, Niederschrift.*** **I Die Versammlung der Wohnungseigentümer wird von dem Verwalter mindestens einmal im Jahre einberufen.**

II Die Versammlung der Wohnungseigentümer muß von dem Verwalter in den durch Vereinbarung der Wohnungseigentümer bestimmten Fällen, im übrigen dann einberufen werden, wenn dies schriftlich unter Angabe des Zweckes und der Gründe von mehr als einem Viertel der Wohnungseigentümer verlangt wird.

III Fehlt ein Verwalter oder weigert er sich pflichtwidrig, die Versammlung der Wohnungseigentümer einzuberufen, so kann die Versammlung auch, falls ein Verwaltungsbeirat bestellt ist, von dessen Vorsitzenden oder seinem Vertreter einberufen werden.

IV Die Einberufung erfolgt schriftlich. Die Frist der Einberufung soll, sofern nicht ein Fall besonderer Dringlichkeit vorliegt, mindestens eine Woche betragen.

V Den Vorsitz in der Wohnungseigentümerversammlung führt, sofern diese nichts anderes beschließt, der Verwalter.

VI Über die in der Versammlung gefaßten Beschlüsse ist eine Niederschrift aufzunehmen. Die Niederschrift ist von dem Vorsitzenden und einem Wohnungseigentümer und, falls ein Verwaltungsbeirat bestellt ist, auch von dessen Vorsitzenden oder seinem Vertreter zu unterschreiben. Jeder Wohnungseigentümer ist berechtigt, die Niederschriften einzusehen.

1 **1) Einberufung der Versammlung** einmal jährl (**I**) u in den dch Vbg/TErkl bestimmten Fällen (**II** Fall 1). – Iü auf schriftl begründetes Verlangen von mehr als 25% der WEigtümer (**II** Fall 2) nach Köpfen (Hamm OLGZ **73**, 423) mit entspr Anwendg von § 25 II 2; Kopfprinzip gilt auch bei von § 25 II 1 abw StimmR. Abdingb dch Vbg/TErkl, sofern ein MinderhR erhalten bleibt (BayObLG **72**, 314).

2 **a) Einberufungsrecht** hat der Verw **(I, II),** der dch Bevollm handeln darf (Schlesw WE **97**, 388); spätere UngültErkl der VerwBestellg unschädl (BayObLG NJW-RR **91**, 533). Weigert sich Verw unter Verletzg von I od II od fehlt ein Verw (zB nach Amtsende), so EinberufgsR aus **III**; Einberufg dch alle BeiratsMitgl unschädl (Zweibr WE **99**, 191). Bei einem Verlangen nach II hat Verw bzgl des Ztpkts einen Ermessensspielraum, darf die Einberufg aber nicht ungebührl verzögern (BayObLG WE **92**, 51). Erfolgt keine Einberufg nach I–III, so keine eigenmächt Einberufg dch einen od mehrere (wohl aber dch alle) WEigtümer, sond Antr (§ 43) auf Verpfl des Verw zur Einberufg od auf Ermächtigg zur Einberufg entspr BGB 37 II u Vorsitzregelg (Hamm OLGZ **92**, 309); AntrR hat jeder WEigtümer (Hamm OLGZ **73**, 423), nicht nur die nach II erforderl Zahl (and BGB 37 II). Ermächtigg wird vorbehaltl § 44 III erst mit RKraft wirks (§ 45 II) u endet mit Ablauf
3 gesetzter Frist (BayObLG **71**, 84). I–III dch Vbg/TErkl abdingb. Bei **Verstoß** sind Beschl nicht nichtig; UngültErkl nach § 23 IV, wenn Nichtursächlichk nicht ausgeschl (Köln NZM **98**, 920; vgl § 23 Rn 21).

4 **b) Einzuladen** sind alle WEigtümer bzw sonst StimmBerecht im Ztpkt der Absendg (KG FGPrax **97**, 92) einschl derj, die nach § 25 V kein StimmR haben; nicht aber Nichtbetroffene iSv § 25 Rn 2 (BayObLG **99**, 40), vorher abberufener Verw (Hamm NZM **99**, 229) u VerwBeiratsMitgl, die nicht WEigtümer (BayObLG WuM **88**, 32). Mit/GesHdsEigtümer sind mangels abw Regelg in Vbg/TErkl getrennt einzuladen (Köln WE **89**, 30). Die Einladg muß mangels abw Regelg in Vbg/TErkl (zB Absendg an letzte bekannte Anschrift; LG
5 Mgdbg Rpfleger **97**, 306) zugehen. Bei **Verstoß** sind Beschl nicht nichtig; UngültErkl nach § 23 IV, wenn Nichturächlichk nicht ausgeschl (BayObLG ZMR **99**, 574; vgl § 23 Rn 21).

6 **c) Inhalt (§ 23 II);** dch Vbg/TErkl abdingb. Genaue Angabe von Zeit/Ort der Versammlg (BayObLG WuM **89**, 658). BeschlGgst, zu denen GeschOrdngsFragen nicht gehören, sind so konkret anzugeben, daß Vorbereitg mögl u Folgen des Nichterscheines erkennb; nicht notw Überschaubark des BeratgsErgebn u seiner RFolgen (Stgt NJW **74**, 2137). Schlagwortart Bezeichng ausreichd, wenn Sache schon früher (zB Rundschreiben; Eigtümerversammlg) erörtert (BayObLG WE **90**, 27; NJW-RR **92**, 403). Genügd zB „VerwVertr" für Wiederbestellg (BayObLG **92**, 79). Zur Beifügg von Abrechngsunterlagen vgl § 28 Rn 9. **Nicht genügend** zB: „Änderg der Hausordg" (Köln DWE **88**, 24), erhöhter Kostenansatz für VerwVergütg im WirtschPlan für Beschl über Vergütgserhöhg (BayObLG WE **90**, 27), „Verschied" für Angelegenh nicht nur untergeordneter Bedeutg (DüssNJW-RR **97**, 85), sofern diese dort nicht konkret bezeichnet (BayObLG
7 ZMR **98**, 649). – Bei **Verstoß** sind Beschl nicht nichtig (BayObLG Rpfleger **82**, 100); UngültErkl nach
8 § 23 IV, wenn Nichtursächlichk nicht ausgeschl (KG ZfIR **99**, 457; vgl § 23 Rn 21). – **Ankündigungsrecht für Beschlußgegenstände** hat der Verw. Der einz WEigtümer od auch die Mehrh kann nicht selbst ankündigen (Düss NJW-RR **86**, 96). Der Verw handelt aber pflichtwidr, wenn er entgg einem Minderh-Verlangen iSv II od dem dch § 21 III gerechtfertigten Verlangen eines WEigtümers (Düss ZMR **98**, 48; Köln ZfIR **97**, 557) nicht ankündigt. Es gilt dann III entspr (Düss NJW-RR **86**, 96); erfolgt auf diesem Wege keine Ankündigg, so Antr des Einz WEigtümers auf Verpfl des Verw zur Ankündigg od auf Ermächtigg zur Ankündigg entspr Rn 2. Bei **Verstoß** gilt Rn 3 entspr.

9 **d) Sonstiges. – aa) Einberufungsform (IV 1).** Mangels abw Regelg in Vbg/TErkl schriftl iSv BGB 126 (BayObLG WE **98**, 274); gilt wg § 23 II („bei Einberufg") auch für Bekanntg der BeschlGgst (vgl Hamm NJW-RR **93**, 468). Bei **Verstoß** sind Beschl nicht nichtig (BayObLG aaO); UngültErkl nach § 23 IV, wenn
10 Nichturächlichk nicht ausgeschl (BayObLG WE **91**, 297; vgl § 23 Rn 21). – **bb) Einberufungsfrist (IV 2);** dch Vbg/TErkl abdingb. Gilt für Bekanntgabe von Zeit/Ort der Versammlg u der BeschlGgst (auch nachgeschobener) u beginnt mit regelm Zugang (vgl BGH **100**, 264). Bei **Verstoß** sind Beschl nicht nichtig; UngültErkl nach § 23 IV, wenn Ursächlichk für BeschlFassg festgestellt (BayObLG **73**, 68; KG NJWE-MietR
11 **97**, 134); wenn zur MußVorschr abbedungen, gilt § 23 Rn 21 (Staud/Bub 161). – **cc) Versammlungszeit** muß verkehrsübl u zumutb sein (Düss WuM **93**, 305); zB Sonntag ab 11 Uhr (BayObLG NJW-RR **87**, 1362), Samstag nach Feiertag um 20 Uhr (Zweibr WE **94**, 146), nicht aber Karfreitag (LG Lüb NJW-RR **86**, 813; aA Schlesw NJW-RR **87**, 1362 für nachmittags) od iFv § 25 IV Werktagvormittag (Ffm OLGZ **82**, 418). Bei **Verstoß** sind Beschl nicht nichtig; UngültErkl nach § 21 IV, wenn Nichturächlichk nicht ausgeschl
12 (LG Lüb aaO; vgl § 23 Rn 21). – **dd) Versammlungsort** muß verkehrsübl u zumutb sein; nahe der Anlage (Köln NJW-RR **91**, 725), aber nicht notw in polit Gemeinde der Anlage (Ffm OLGZ **84**, 333). Bei **Verstoß** gilt Rn 11 entspr.

13 **2) Absage oder Verlegung der Versammlung** dch Einberufden stets wirks (Hamm OLGZ **81**, 24); bei Verlegg gilt IV 2 für neue Versammlg (vgl BGH NJW **87**, 2580). Gilt entspr für einen angekündigten BeschlGgst.

14 **3) Durchführung der Versammlung. – a) Nichtöffentlich** (BGH **121**, 236). Bei Verstoß sind Beschl nicht nichtig; UngültErkl nach § 23 IV wenn Nichtursächlichk nicht ausgeschl (KG NJW-RR **97**, 1171; vgl
15 § 23 Rn 21). – **b) Vorsitz (V);** abdingb. Übertragg auf Gehilfen zul (§ 27 Rn 3; vgl Schlesw WE **97**, 388).
16 MehrhBeschl nach V noch währd der Versammlg zul. – **c) Teilnahmebefugt** ist unabdingb jeder WEigtümer (auch bei StimmRAuschl; § 251 Rn 17) od sonst StimmBercht. Ferner sein stimmberecht Vertreter; ist schriftl Nachw der Vertretgsmacht vorgesehen, so ist Zurückweisg mangels Nachw zul (BayObLG **84**, 15). Begleitg dch NichtGemschMitgl dch Vbg/TErkl ausschließb, wofür VertretgsAusschl nicht ausreicht (BGH **121,** 236); auch sonst dürfen Berater (auch RA) nur bei aus pers/sachl Grd notw Beratg begleiten (BGH aaO; BayObLG ZMR **97**, 478). VertretgsAuschl erfaßt nicht ges Vertreter, TestVollstr uä. Bei unzuläss Ausschl gilt
17 Rn 5 (BayObLG NJW-RR **91**, 531). – **c) Äußerungen.** Redezeit beschränkb (Stgt NJW-RR **86**, 1277). RedeR auch bei StimmRAusschl (§ 25 Rn 17). RedeR von Begleitern wird dch VertretgsVerbot ausgeschl (BGH **121,** 236). Tonbandaufzeichng nur mit Zust des Redners (vgl Karlsr NJW-RR **98**, 1116); Verstoß idR
18 ohne Auswirlg auf Beschl. – **d)** Über die **Abstimmungsart** (zB offen od geheim) entscheidet mangels Vbg/
19 TErkl od MehrhBeschl der Vorsitzde (BayObLG WE **90**, 140). – **e)** Die **Folge der Tagesordnungspunkte**

ist mangels Änderg dch GeschOrdngsBeschl einzuhalten. Verläßt ein StimmBerecht nach Abschl eines Punktes die Versammlg, so gilt bei späterer BeschlFassg Rn 5 entspr (BayObLG NZM **99**, 672). – **e) Beendigung** 20
dch den Vorsitzden nach Abhandlg der Tagesordng (Wirkg: § 23 Rn 2, 4); über vorh Beendigg vgl KG NJW-RR **89**, 16.

4) Niederschrift über Versammlungsbeschlüsse (VI); dch Vbg/TErkl abdingbar (BayObLG NJW- 21
RR **89**, 1168). Verstoß führt nicht zur Nichtigk od Anfechtbark (vgl aber § 23 Rn 12); Verstoß gg VI 2 mindert BewWert (BGH **136**, 187). – **a) Ergebnisprotokoll;** daneben AblaufProt nach Gestaltgsermessen 22
des Verw iR ordngsmäß Verw zuläss (Hamm OLGZ **89**, 314). Verstoß berührt die Gültigk gefaßter Beschl nicht (BayObLG **73**, 68). Das Prot ist PrivUrk (ZPO 416) ohne gesetzl Beweiskraft (BayObLG NJW-RR **90**, 210). ÄndergsPfl aus § 21 IV, wenn rechtl bedeuts Inhalt falsch (Hamm OLGZ **89**, 314; BayObLG WuM **90**, 173), u aus BGB 823, wenn PersönlichkR eines Beteil verletzt (BayObLG aaO). – **b) Unterschrift.** Bei 23
Identität von Versammlgs- u BeiratsVors kann dieser in beiden Eigensch einmal unterschreiben (LG Lüb Rpfleger **91**, 309). – **c) Einsichtsrecht** hat jeder WEigtümer am Verwaltgssitz; ausübb dch Vertreter. Es 24
berechtigt zur Fertigg von Abschriften. Verw ist zur Aushändigg von Prot (BayObLG **72**, 246) u zur Herstellg von Abschriften (Karlsr MDR **76**, 758) nicht verpflichtet; Vbg/TErkl, MehrhBeschl, VerwVertr od längere Übg kann ÜbersendgsPfl begründen (BayObLG NJW-RR **89**, 656). Einsicht ist spätestens 1 Woche vor Ablauf der AntrFr aus § 23 IV zu ermöglichen (BayObLG WE **91**, 229); auf den FrAblauf sind aber ProtHerstellg, EinsichtGewährg u Unterl gebotener Mitteilg ohne Einfluß (BayObLG **80**, 29). Kein EinsichtsR in vorbereitde Notizen (KG NJW **89**, 532). – **d)** Über **Genehmigungsbeschluß** vgl BayObLG 25
DWE **87**, 56; NJW-RR **87**, 1363.

WEG 25 ***Mehrheitsbeschluß.*** **I Für die Beschlußfassung in Angelegenheiten, über die die Wohnungseigentümer durch Stimmenmehrheit beschließen, gelten die Vorschriften der Absätze 2 bis 5.**

II Jeder Wohnungseigentümer hat eine Stimme. Steht ein Wohnungseigentum mehreren gemeinschaftlich zu, so können sie das Stimmrecht nur einheitlich ausüben.

III Die Versammlung ist nur beschlußfähig, wenn die erschienenen stimmberechtigten Wohnungseigentümer mehr als die Hälfte der Miteigentumsanteile, berechnet nach der im Grundbuch eingetragenen Größe dieser Anteile, vertreten.

IV Ist eine Versammlung nicht gemäß Absatz 3 beschlußfähig, so beruft der Verwalter eine neue Versammlung mit dem gleichen Gegenstand ein. Diese Versammlung ist ohne Rücksicht auf die Höhe der vertretenen Anteile beschlußfähig; hierauf ist bei der Einberufung hinzuweisen.

V Ein Wohnungseigentümer ist nicht stimmberechtigt, wenn die Beschlußfassung die Vornahme eines auf die Verwaltung des gemeinschaftlichen Eigentums bezüglichen Rechtsgeschäfts mit ihm oder die Einleitung oder Erledigung eines Rechtsstreits der anderen Wohnungseigentümer gegen ihn betrifft oder wenn er nach § 18 rechtskräftig verurteilt ist.

Schrifttum: Lotz-Störmer, StimmRAusübg u StimmRBeschrkg im WERecht, 1993.

1) Mehrheitsbeschluß (I, II). Er ist vorbeh abw Regelg in Vbg/TErkl mit Abgabe der erforderl Stimmen 1
gefaßt. Für Zustandekommen u Inhalt sind ErgebnVerkündg, Feststellg des Versammlgsleiters u ProtAufn/Inhalt nicht konstitutiv (BayObG **95**, 407; NZM **98**, 917). Über RNatur von Beschl u AbstimmgsErkl vgl § 10 Rn 12.

a) Stimmberechtigt sind alle WEigtümer. Bei Mehrhausanlage od in sich abgeschl Hausteil nur die wirkl 2
Betroffenen (BayObLG **94**, 98; Hamm DWE **95**, 127), wobei Betroffenh insb bei Kostenbeteiligg u Veränderg der Gestaltg der Gesamtanlage besteht; bei Abstimmg aller nur § 23 IV (BayObLG WE **92**, 26). Über werdden WEigtümer vgl Übbl 7 vor § 1. – Das StimmR ist unübertragb, aber dch **Vertreter** ausübb; keine 3
verdrängde Vollm für GruppenVertr (aA Gernhuber JZ **95**, 381 [389]). Weisgswidr AbstimmgsVerhalten alleine kein BeschlMangel (KG NJW-RR **98**, 1385). VollmNachw nur bei Zweifeln (BayObLG **94**, 98). BGB 181 gilt nicht. Vbg/TErkl (nicht MehrhBeschl) kann Ausübg der Vertretg einschränken; zB auf best Pers (Stimmabgabe dch nicht zugel Vertreter unwirks [BGH **121**, 236; aA KG NJW-RR **95**, 147: nur bei Beanstandg in Versammlg]), schriftl Nachw der Vertretgsmacht (mangels Zurückweisg Stimmabgabe auch ohne Nachw wirks; Hamm WE **90**, 104); über Zulässigk der Untervertretg vgl Zweibr WE **91**, 357. Im EinzFall kann Festhalten von Regelg in Vbg/TErkl unzumutb sein (BayObLG **96**, 297 [geänderte Verh]; Hamm NJW-RR **97**, 846 [lange Duldg abw Handhabg]; Düss NZM **99**, 271 [ungeeigneter Vertreter]vgl auch LG Wuppt ZMR **95**, 423). – **Nutzungsberechtigte** haben kein StimmR, der Eigtümer behält es. Das 4
gilt für schuldrechtl Berecht wie Mieter (unstr) u dingl Berecht wie Nießbraucher (BayObLG **98**, 145; Armbruster DNotZ **99**, 562; vgl auch BGB 1068 Rn 4; aA KG OLGZ **87**, 417; Hbg NJW-RR **88**, 267; 58. Aufl) u BGB–1093–Berecht (Staud/Bub 135; aA für § 15 II: BGH Rpfleger **77**, 55; 58. Aufl). Dch Vbg/TErkl abdingb. – **Verwaltungsbefugte** wie TestVollstr, Ins-/ZwVerw (BayObLG **98**, 288) üben es für den 5
Eigtümer aus.

b) Stimmrecht; über StimmR nach Realteilg eines WE vgl § 6 Rn 6. – **aa) Kopfstimmrecht (II 1).** 6
Jeder WEigtümer hat ohne Rücks auf die Größe seines MitEAnt u die Zahl seiner WERechte nur eine Stimme. Gilt entspr für NießbrBerecht an mehreren WE (LG Mü II NJW-RR **94**, 1497). – **bb) Stimmrecht** 7
bei Mitberechtigung (II 2). . Alle haben zus eine Stimme, keine Stimmquoten. Willensbildg intern nach jeweil GemschRegeln (BayObLG WuM **90**, 322). Da einheitl Ausübg notw, kann einer alleine nur bei ges od rgesch (Nachw ggü Versammlgleiter nur bei Zweifeln; BayObLG **94**, 98) VertrMacht stimmen. Divergierde Stimmen bedeuten Enthaltg (Köln NJW-RR **86**, 698). – **cc) Sonderfälle zu II 1, 2:** Nur eine Stimme, 8
wenn mehrere WE *A/B* gehören od bei teilw ZwVerw (KG NJW-RR **89**, 1162). Zwei Stimmen, wenn ein WE A u ein WE *A/B* gehört (Ffm ZMR **97**, 156). Drei Einzelstimmen für *A, B* u *C,* wenn ein WE *A/B,* eines *A/C* u eines *C* gehören (Schlesw 2 W 44/86 v 8. 3. 88). – **dd) Abdingbar** dch Vbg/TErkl; zB 9

StimmR nach MitEAnt od Objekten/WERechten (auch bei ZweierGemsch; BayObLG **86**, 10), ZustNotwendigk für best WEigtümer (BayObLG **97**, 139; Oldbg NJW-RR **97**, 775 [bei ZweierGemsch]); nicht aber
10 vollständ Ausschl (BGH NJW **87**, 650; Hamm OLGZ **90**, 168). – **ee) Majorisierung** bei Ausübg von II 1 abw StimmR alleine kein RMißbr (zB bei VerwBestellg). Daher aber keine generelle Begrenzg auf 25% (KG NJW-RR **94**, 525) u keine gerichtl verfügb Beschränkg für die Zukunft (KG aaO), sond UngültErkl bei Mißbr im Einzelfall (BayObLG NZM **99**, 713), wenn ohne MißbrStimmen Mehrh entfällt; bei Negativbeschl (§ 23 Rn 23) aGrd MißbrStimmen führt Fortfall nicht zu Positivbeschl (BayObLG NZM **99**, 712).

11 **c) Einfache Mehrheit** (nicht bloß relative; Schlesw DWE **87**, 133) der in der Versammlg vertretenen Stimmen maßg. Ein StimmBerecht kann bei BeschlFähigk alleine beschließen; bei zwei Stimmen ist Einstimmigk notw (Köln Rpfleger **80**, 349). Vbg/TErkl kann qualifizierte Mehrh aller WEigtümer od Versammlgsteilnehmer (vgl Celle OLGZ **91**, 431) vorsehen. – **Enthaltungen** zählen bei den Nein-Stimmen nicht mit (BGH **106,** 179); gilt auch bei qualifizierter Mehrh (aA Celle OLGZ **91**, 431). Dch Vbg/TErkl abdingb (BayObLG WuM **91**, 365).

12 **2) Beschlußfähigkeit (III, IV).** – **a) Erstversammlung.** Die erschienenen od vertretenen StimmBerecht müssen die Mehrh aller im GB eingetr MitEAnteile (KG OLGZ **74**, 419) halten **(III).** NichtStimmBerecht nach V zählen nicht mit (str für StimmRAusschl wg gemschwidr Verhaltens; vgl Düss NZM **99**, 279); desh gilt III nicht, wenn ohne sie keine Mehrh iSv III mögl (Düss NZM **99**, 269). Dch Vbg/TErkl abdingb (BayObLG **92**, 79); bei Verstoß sind Beschl nicht nichtig (Karls WE **96**, 460), nur UngültErkl nach § 23 IV. Maßg ist Ztpkt der einz BeschlFassg, so daß währd Versammlg BeschlUnfähigk mit Wirkg ex nunc eintreten
13 kann (BayObLG WuM **89**, 459). – **b) Wiederholungsversammlung** nach anfängl od währd Versammlg eingetretener BeschlUnfähigk der ersten ist stets beschlfäh **(IV);** IV gilt aber nicht für neuen BeschlGgst. Sie ist nach der ersten Versammlg (Köln MDR **99**, 799) wie diese einzuberufen. Dch Vbg/TErkl abdingb (zB „Eventualeinberufg" zugl mit Erstversammlg auf 1 Stunde später; Köln aaO); bei Verstoß daher nur § 23 IV. Verstoß gg abdingb IV 2 Halbs 2 wird dch BeschlFähigk iSv III geheilt (Ffm OLGZ **83**, 29).

14 **3) Stimmrechtsausschluß (V);** SonderVorschr ggü BGB 181 (Karlsr OLGZ **76**, 145). Abdingb (insb erweiterb) dch Vbg/TErkl (BayObLG DWE **84**, 125); zB Ruhen bei schuldh gemschwidr Verhalten (BayObLG **65**, 34; LG Mü I DNotZ **78**, 630) od wenn iFv II 2 keine Vollm auf einen WEigtümer erteilt, nicht aber wg Beschl nach § 18 III (KG OLGZ **86**, 179). MehrhBeschl über Erweiterg ist wichtig (Köln
15 NZM **99**, 846). – **a) Voraussetzungen.** RGesch ist hier Vertr od einseit WillErkl, wie zB Beschl über Einräumg von SonderR (BayObLG WuM **87**, 101). Einleitg von RStreit zB GewlAnspr einschl BewSichg gg Eigtümer, der zugleich Bauträger ist; Ausschl erstreckt sich auf unmittelb in ZusHang stehden Beschl (zB Umlage von ProzKosten [BayObLG NZM **98**, 161], Mitverklagen eines Dr [BayObLG WE **98**, 353]). Genügd, daß WEigtümer mit GeschPartner wirtsch Einh bildet (BayObLG **94**, 339), indem er zB des MehrhGter ist (Oldbg NZM **98**, 39, od pers eng verbunden (str bei Eheg; vgl BayObLG NJW-RR **93**, 206 gg Saarbr FGPrax **98**, 18). Nicht unter V fallen Beschl über mitgliedschaftl Angelegenh (KG NJW-RR **94**, 856); zB Änderg von GebrRegelg (BayObLG NJWE-MietR **97**, 206). Bei Abstimmg über Schaffg von Stellplätzen kein Ausschl für Eigtümer, denen sie dch weiteren Beschl zugewiesen werden sollen (Stgt OLGZ
16 **74**, 404). – **b) Eigentümer, der zugleich Verwalter,** hat StimmR in mitgliedschaftl Angelegenh; zB seine Bestellg u Abberufg (sofern nicht aus wicht Grd; Münstermann-Schlichtmann WE **98**, 412 mwN) als Verw, § 28 V-Beschl. Kein StimmR bei BeschlFassg über: Abschl (Saarbr FGPrax **98**, 18), Änderg (BayObLG NJW-RR **93**, 206) od Künd (Düss NZM **99**, 285) des VerwVertr; Entlastg (Zweibr WE **91**, 357); Geltdmachg von Anspr gg den Verw (BGH **106**, 222). Bei einheitl BeschlFassg über mitgliedschaftl Angelegenh u RGesch mit Verw (zB § 28 V-Beschl u Entlastg) besteht StimmRAusschl (BayObLG NJW-RR **87**, 78; Zweibr aaO). –
17 **c) Wirkung.** Betroffener ist kein StimmBerecht iSv Rn 2, 3 u zählt für BeschlFähigk nicht mit (Rn 6). IFv II 2 wirkt Ausschl nicht notw gg alle (aA BayObLG NJW-RR **93**, 206); dies nur wenn Betroffener mind 50% der Stimmen in der MitBerechtGemsch hat (Bassenge FS-Seuß **87**, 33 mwN), andernf wächst seine Stimme den Nichtbetroffenen zu. Betroffener darf and nicht bevollmächtigen (BPM/Merle Rn 120) u ist nach Normzweck nicht in gesetzl (LG Ffm NJW-RR **88**, 596) od rgesch (Düss NZM **99**, 285) Vertretg and WEigtümer stimmberecht; ebso nicht Verw (der nicht selbst WEigtümer) in Vollm von WEigtümer bei BeschlFassg über seine Entlastg (Zweibr WE **91**, 357) od VerwVertr (BayObLG ZflR **98**, 357). Als Bevollm ausgeschl Verw kann weisgsfreie UnterVollm erteilen (Zweibr NZM **98**, 671), denn der UnterBevollm vertritt nicht den Bevollm. Unberührt bleiben Teiln/RedeR in der Versammlg (BayObLG NJW **93**, 603). –
18 **d) Verstoß.** Beschl ist nicht nichtig (Düss FGPrax **98**, 91); UngültErkl nach § 23 IV r, wenn bei Nichtberücksichtigg der ausgeschl Stimmen die Mehrh entfällt; für Negativbeschl aGrd dieser Stimmen gilt Rn 10.

WEG 26 *Bestellung und Abberufung des Verwalters.*

[I] Über die Bestellung und Abberufung des Verwalters beschließen die Wohnungseigentümer mit Stimmenmehrheit. Die Bestellung darf auf höchstens fünf Jahre vorgenommen werden. Die Abberufung des Verwalters kann auf das Vorliegen eines wichtigen Grundes beschränkt werden. Andere Beschränkungen der Bestellung oder Abberufung des Verwalters sind nicht zulässig.

[II] Die wiederholte Bestellung ist zulässig; sie bedarf eines erneuten Beschlusses der Wohnungseigentümer, der frühestens ein Jahr vor Ablauf der Bestellungszeit gefaßt werden kann.

[III] Fehlt ein Verwalter, so ist ein solcher in dringenden Fällen bis zur Behebung des Mangels auf Antrag eines Wohnungseigentümers oder eines Dritten, der ein berechtigtes Interesse an der Bestellung eines Verwalters hat, durch den Richter zu bestellen.

[IV] Soweit die Verwaltereigenschaft durch eine öffentlich beglaubigte Urkunde nachgewiesen werden muß, genügt die Vorlage einer Niederschrift über den Bestellungsbeschluß, bei der die Unterschriften der in § 24 Abs. 6 bezeichneten Personen öffentlich beglaubigt sind.

Schrifttum: Merle, Bestellg u Abberufg des Verw nach § 26 WEG, 1977.

1) Bestellung des Verwalters. Das VerwAmt ist persgebunden u geht nicht mit GeschÜberg (BayObLG **90**, 28) od auf GesamtNachf (BayObLG **90**, 173) über; VerwAmt einer OHG/kG endet mit GesellschBeendigg (vgl Düss Rpfleger **90**, 356), nicht aber mit Wechsel pershaftden Gters (BayObLG NJW- RR **88**, 1170). BestellgsAkt u VerwVertr sind insow **nichtig,** als sie über **I 2** hinausgehde Beschrkgen für die VerwBestellg (zB Beschrkg auf best PersKreis [BayObLG NJW-RR **95**, 270]; qualifizierte Mehr [BayObLG WuM **96**, 497]; Bestellg dch einen WEigtümer aGrd Vorbeh in der TeilgsErkl [BayObLG MDR **94**, 798], VerwaltgsBeirat od Dritte [LG Lüb Rpfleger **85**, 232]; Zust eines GrdPfdGläub) od Ermächtigg des Verw zur Übertr der Verwaltg auf Dr [Schlesw WE **97**, 388] od aufschiebde Bdgg [KG OLGZ **76**, 266]) enthalten. Abweichg von § 25 II 1 zuläss (Düss ZfIR **99**, 538; vgl auch § 25 Rn 10). – **Verwalter kann sein:** WEigtümer od Dritter, jurPers od OHG/kG (Hbg OLGZ **88**, 299); nicht aber mehrere Pers in GbR (BGH **107**, 268; vgl aber jetzt Drasdo ZMR **99**, 303) od nebeneinand (BGH WE **90**, 84). – Zu **unterscheiden sind Bestellungsakt und Abschluß des Verwaltervertrages** (BGH NJW **97**, 2106): 1

a) Bestellungsakt bestimmt im InnenVerh der WEigtümer, wer Verw werden soll. Bestellg ohne Befristg (zB auch auf weniger als 5 Jahre mit Verlängerg mangels Abberufung) od für über 5 Jahre ist nicht nichtig, sond endet 5 Jahre nach Beginn der Amtszeit **(I 2);** nicht dch Vbg/TErkl abdingb. Amtszeit beginnt mit Wirksamwerden des BestellgsAkts; ohne RückwirkgsMöglichk (Hamm WE **96**, 33); bei Bestellg in TErkl mit GBAnlegg u GemschEntstehg (KG DWE **87**, 97; LG Brem Rpfleger **87**, 199). Wiederbestellg (auch mehrf) zul, vor Ablauf der Fr in **II** mit Wirkg ab Ende der Bestellgszeit aber nichtig (KG FGPrax **97**, 218); Wiederbestellg mit sof Wirkg jederzeit mögl (BGH NJW-RR **95**, 788). Dch einen BestellgsAkt können mehrere Verw nacheinander (für jeden gilt I 2) bestellt werden (LG Mü II MittBayNot **78**, 59; aA LG Fbg WuM **94**, 406), aber jeder nur einmal. – **aa) Mehrheitsbeschluß (I 1)**; auch für Bdggen der VerwTätigk (zB Vergütg) UngültErkl (§ 23 IV) bei Verstoß gg § 21 IV; kein AntrR des zuvor abberufenen Verw (Hamm NJW-RR **97**, 523), sofern er nicht WEigtümer ist. Erfordert Umstände, die eine gerichtl Abberufg aus wicht Grd (Rn 11) rechtfertigen würden (Köln NZM **99**, 128); idR ausreichd, daß beherrschder Eigtümer von ihm abhäng Verw bestellt (BayObLG NJWE-MietR **97**, 16). Trotz Rückwirkg der UngültErkl erledigt sich das Verf dch Ausscheiden des Verw (Hamm NZM **99**, 227). Über RGesch des Verw vor UngültErkl vgl § 23 Rn 20. – **bb) Gerichtsbeschluß** im Verf nach §§ 21 IV, 43 I Nr 1 (BayObLG NZM **99**, 713) od III, § 43 I Nr 3; er ist iFv **III** Hauptsacheentscheidg u keine einstwAO. Nur auf Antr u wenn Verw fehlt, die VerwTätigk verweigert (BayObLG WE **90**, 27) od im Einzelfall verhindert (zB BGB 181). Er kann Bdggen der VerwTätigk (zB Vergütg [andf gilt letzte vertragl Vergütg; KG NJW **94**, 138], Bestellgszeit) regeln (BGH NJW **80**, 2466; BayObLG NJW-RR **89**, 461). Ger an (nicht erforderl) Vorschlag zur Pers nicht gebunden. Bestellg wird mit RKraft wirks (BayObLG ZMR **97**, 93; vorher Bestellg nach § 44 III mögl; für RGesch des Verw iF der Aufhebg dieser Bestellg gilt FGG 32 [BayObLG NJW-RR **92**, 787]), wirkt wie Bestellg nach I 1 (BGH NJW **93**, 1924) u endet wie diese (BayObLG NJW-RR **89**, 461), nicht aber dch bloßen Abberufgs-Beschl der WEigtümer ohne VerwBestellg (KG OLGZ **89**, 435). Zuvor abberufener Verw hat gg die Bestellg kein BeschwR (Köln OLGZ **69**, 389). Endet die gerichtl Bestellg inf Bestellg eines Verw nach I 1, so lebt mit deren UngültErkl die gerichtl Bestellg nicht wieder auf (BayObLG NJW-RR **92**, 787). – **cc) Vereinbarung/Teilungserklärung;** aber auch dann gilt I 2 bis 4. – **dd) Duldung der Verwaltertätigkeit** in irriger Annahme der VerwBestellg genügt nicht (BayObLG **87**, 54). Ausübg des VerwAmtes nach Amtsende od aGrd Übertr dch bestellten Verw begründet VerwStellg nur bei ZustBeschl nach I 1; da keine stillschw Zust außerh der Versammlg ausreichd (§ 23 Rn 1), genügt widerspruchslose Hinnahme der Amtsausübg nicht (KG NZM **99**, 255; BPM/Merle Rn 72, 73; aA Hamm FGPrax **96**, 218).
2
3
4
5

b) Verwaltervertrag zw WEigtümern u Verw od AmtsÜbern neben BestellgsAkt notw, da niemand zur AmtsÜbern verpfl; erst dadch erlangt die bestellte Pers die RStellg als Verw (BayObLG **74**, 305). – **aa) Vertragsschluß** nach BGB 145 ff. BestellgsAkt enthält mangels abw Inhalts zugl das VertrAngebot an den Verw (BGH NJW **80**, 2466), das dieser dch Tätigwerden stillschw annimmt (BayObLG WE **97**, 396), bzw die Ann seines Angebots (BayObLG WuM **90**, 236); auch bei gerichtl Bestellg Vertr mit WEigtümer. VertretgsMacht, den Zugang der VertrErkl an den Verw herbeizuführen u ggf nähere VertrBdggen in dem im BestellgsAkt gezogenen Rahmen (zB Höhe der Vergütg) auszuhandeln, hat bei Bestellg nach I 1 od dch Vereinbg die Mehrh (Hbg OLGZ **88**, 299), bei Bestellg nach III der AntrSteller (aA Merle S 84 f). Zur Wirkg ggü SonderNachf eines WEigtümers vgl § 10 Rn 17. Zum Fortwirken ggü ausgeschiedenem WEigtümer vgl BGH NJW **81**, 282. BestellgsAkt kann auch Vollm zum VertrAbschluß (zB für VerwBeirat) enthalten. Nicht näher begrenzte Vollm ermächtigt nur zu Vertr, der ordngsmäß Verwaltg entspr (Köln NJW **91**, 1302). – **bb) Vertragsinhalt.** Auftr od idR GeschBesorggsVertr iSv BGB 662, 675 (BGH NJW-RR **93**, 1227), für den auch I 2 gilt. Mangels Regelg gelten BGB 612, 632, 662 für Vergütg, BGB 667 für HerausgPfl (zB Geld auf TrdKto) u BGB 670 für AufwendgsErs (zB verauslagtes Geld, Befreig von Verbindlichk); bis zum VertrSchluß u nach VertrEnde uU VergütgsAnspr aus BGB 677 ff (BayObLG FGPrax **97**, 136). SchlechtErf mindert den VergütgsAnspr nur, wenn sie aufrechenb SchadErsAnspr begründet (BayObLG aaO). Fälligk der Vergütg mangels abw Regelg nach BGB 614 (Hamm NJW-RR **93**, 845). Keine Vergütg, solange Tätigk dch einstwAO untersagt (KG WuM **91**, 57). WEigtümer haften aus Vertr dem Verw als GesSchu (KG NJW-RR **90**, 153); ihre vertragl Anspr gg den Verw gehen auf Leistg an alle gem BGB 432 (Zweibr BlGBW **83**, 136). Laufzeit entspr idR der BestellgsZeit (vgl BayObLG WE **96**, 314) u Fehlen einer Regelg nach I 3 ergibt noch kein ord KündR (Hamm NJWE-MietR **97**, 65); wg AGBG 11 Nr 12 a vgl KG WuM **91**, 57. – **cc) Ungültigerklärung der Bestellung** (Rn 3) beendet den Vertr ohne Rückwirkg ab Wirksamwerden der UngültErkl (BGH NJW **97**, 2106).
6
7
8
8 a

2) Abberufung des Verwalters. Sie kann dch MehrhBeschl vom Vorliegen wicht Grde abhäng gemacht werden (**I 3**); KündBeschrkg im VerwVertr aGrd MehrhBeschl genügt idR (BayObLG NJW-RR **97**, 1443). Beschrkg der Abberufg aus wicht Grd (zB qualifizierte Mehrh, DrittZut [BayObLG **85**, 57], Hinausschieben des Wirksamwerdens [KG OLGZ **78**, 178], abschließde Aufzählg od Ausschl best Grde) in schuldr Vertr, Vbg/TErkl od MehrhBeschl sind nichtig. Beschrkg jederzeit Abberufg zul (Merle S 97). – **Wichtige Gründe** (dh ZusArbeit auch unter Berücksichtigg der VerwInteressen nicht mehr zumutb) sind zB: Interessenkollision wg EigenGesch des Verw (BayObLG FGPrax **97**, 176; Düss NZM **98**, 487); bestimmgswidr Geldverwendg 9

(Düss ZfIR **97**, 554); Nichtbeachtg von § 24 I (BayOLG ZMR **99**, 575) od II (Ffm OLGZ **88**, 43; Düss NZM **98**, 517); Angriffe gg VerwBeirat (Ffm NJW-RR **88**, 1169); nicht notw vom Verw versch Zerstörg des VertrauensVerh (BayObLG **98**, 310; and wenn von WEigtümern/Beirat vorwerfb herbeigeführt); Vermögensverfall (Stgt OLGZ **77**, 433); auch Umst außerh des VerwVerh (zB drittgerichtetes VermDelikt; BayObLG FGPrax **98**, 100) od vor Bestellg (KG OLGZ **74**, 399); Fälschg u erhebl verspätete Übersendg des Prot; grobe Abrechngsfehler (BayObLG DWE **97**, 34; Köln NZM **99**, 128); erhebl verspätere Jahresabrechng (Karlsr NZM **98**, 768); schuldh Nichtverhinderg von Liquiditätsproblemen (Karlsr aaO); Mißachtg des WEigtümer-
10 willens; Häufg von kleinen Fehlern. – **Abwicklung:** Verw hat gem BGB 666, 667, 675 unabhäng von Eigt die OriginalVerwUnterlagen (BayObLG WuM **96**, 661) aus der ganzen Zeit u VerwGgst (Schlüssel; Wohngeld) an die WEigtümer herauszugeben u Rechng zu legen (BayObLG WE **94**, 280). Kein ZbR wg str Vergütg (Ffm OLGZ **94**, 538). Wg JAbrechng vgl § 28 Rn 8. Über Herausg von Bauunterlagen, wenn Verw zugl Verkäufer/Bauträger vgl Köln ZMR **81**, 89; Hamm NJW-RR **88**, 268. – Zu **unterscheiden sind Abberufungsakt und Kündigung des Verwaltervertrages** (BayObLG NZM **99**, 844):

11 **a) Abberufungsakt** bestimmt im Innenverh der WEigtümer, den Verw abzuberufen; idR im KündBeschl (Rn 12) enthalten. BGB 626 II gilt nicht entspr, aber Abberufg muß binnen angem Frist erfolgen (BayObLG NZM **99**, 844). VerwStellg endet erst mit Zugang der AbberufgsErkl bei Verw. – **aa) Mehrheitsbeschluß (I 1),** auch bei Bestellg dch Vbg/TErkl; nicht dch einen WEigtümer nach § 21 II, dch VerwBeirat nur in Ausführg eines MehrhBeschl (BayObLG **65**, 34). Beschl bis zur rkräft UngültErkl (dch die Bestellg neuen Verw auflösd bdgt) verbindl; trotzdem hat Abberufener AnfR aus § 43 I Nr 4 (BGH **106**, 113). Das Verf auf UngültErkl erledigt sich dch Ablauf der urspr Amtszeit (Hamm NZM **99**, 229); Künd des VerwVertr im Verf über VergütgsAnspr zu prüfen. – **bb) Gerichtsbeschluß** auf Antr nach § 21 IV (BayObLG NJW-RR **97**, 1443); auch bei wicht Grd kann Nichtabberufg ausnahmsw ordgsmäß Verwaltg entspr (Celle NZM **99**, 841). Antr nicht auf Grd stützb, der von Entlastg umfaßt od mit Anfechtg der Bestellg hätte geltd gemacht werden können (BayObLG NJW-RR **86**, 445; Düss NJWE-MietR **97**, 64; Köln NZM **98**, 959; Celle aaO).

12 **b) Kündigung des Verwaltervertrages** aGrd MehrhBeschl; idR in der Abberufg (Rn 11) enthalten; BGB 626 II gilt nicht, aber Künd muß binnen angem Frist erfolgen (BayObLG NZM **99**, 844). Bei Abberufg aus wicht Grd auch BGB 626 I gegeben. Bei unberecht Künd (darauf kann Verw sich auch berufen, wenn AbberufsBeschl aus wicht Grd nicht angefochten; nicht aber, wenn er ihn erfolglos angefochten hat) hat Verw vertragl (BGB 615) Erf- u SchadErsAnspr (Köln DWE **94**, 110); eine nach I 2 wirks Abberufg (weil zB nicht auf wicht Grd beschr) bewirkt dann nur Erlöschen der RStellg als Verw sowie erteilter Vollm (BGB 168 S 2; BayObLG NJW **58**, 1824). Wirks Abberufg kann auflösde Bdgg für VerwVertr sein (BayObLG DWE **94**, 80). Gekündigter Verw darf mit VergütgsAnspr gg Fdg auf Rückzahlg von GemschGeldern aufrechnen (BayObLG **76**, 165; Stgt ZMR **83**, 422). – Auch Verw kann gem BGB 622, 626, 671 kündigen, wodch auch VerwStellg endet (Köln NZM **98**, 920).

13 **c) Einseitige Amtsniederlegung** beendet VerwStellg (Merle S 102; vgl BGH **121,** 257 [GmbH-GeschF]), nicht aber VerwVertr (sofern nicht auflösde Bdgg für VerwVertr; BayObLG DWE **94**, 80).

14 **3) Legitimation (IV)** insb im GB-Verf (GBO 29), zB bei Zust nach § 12. Nachw der Eigensch iSv § 24 VI nicht notw (LG Lüb Rpfleger **91**, 309). Bei Bestellg in TeilgsErkl genügt diese (Oldbg DNotZ **79**, 33), bei Bestellg gem § 23 III alle ZustErkl in der Form GBO 29 notw (BayObLG NJW-RR **86**, 564). VerwVertr weder ausreichd noch notw (LG Köln RhNK **84**, 121). Fortbestand der Bestellg nur bei begründeten Zweifeln nachzuweisen (Köln Rpfleger **86**, 298; BayObLG NJW-RR **91**, 978). IV gilt entspr, wenn Vbg/TErkl abw von § 24 VI Unterschr and Pers vorsieht. – IV gilt nicht für EintrBew der WEigtümer u Nachw der VerwVollm ggü GBA (BayObLG **78**, 377).

15 **4) Entlastung des Verwalters** (Köhler ZMR **99**, 293). – **a) Mehrheitsbeschluß,** der § 21 III widerspricht, wenn SchadErsAnspr gg Verw mögl. IZw enthält die Billigg der JAbrechng (§ 28 V) die Entlastg für die von ihr erfaßten VerwHdlgen (KG ZMR **87**, 274; BayObLG **87**, 86); getrennte Anfechtg mögl (BayObLG ZMR **88**, 69). Wiederbestellg wirkt nicht als Entlastg (Düss NJWE-MietR **97**, 64). Anspr des Verw nur, wenn Vbg/TErkl od VerwVertr dies vorsieht (Düss FGPrax **96**, 219). Ihm ggü wird sie erst mit
16 Zugang bei ihm wirks u bedarf keiner AnnErkl (BayObLG **87**, 86) – **b) Wirkung.** Sie stellt den Verw bzgl der GemschEVerwaltg (BayObLG WE **88**, 76), nicht aber des SE (Hamm NJW-RR **97**, 908), von bekannten od bei sorgfält Prüfg seiner Vorlagen u Berichte nicht nur bes fachkund WEigtümern erkennb ErsAnspr der WEigtümer frei u wirkt daher wie negat SchuldAnerkenntn (BGH NJW **97**, 2106). Verw hat danach auch keine AuskPfl mehr über die von der Entlastg erfaßten Vorgänge (BayObLG WE **89**, 180; Celle OLGZ **83**, 177) u keine Abberufg ihretwegen (BayObLG NJW-RR **97**, 1443); EinsichtsR in VerwUnterlagen besteht fort (§ 28 Rn 10).

WEG 27 *Aufgaben und Befugnisse des Verwalters.* [I]Der Verwalter ist berechtigt und verpflichtet:

1. Beschlüsse der Wohnungseigentümer durchzuführen und für die Durchführung der Hausordnung zu sorgen;
2. die für die ordnungsmäßige Instandhaltung und Instandsetzung des gemeinschaftlichen Eigentums erforderlichen Maßnahmen zu treffen;
3. in dringenden Fällen sonstige zur Erhaltung des gemeinschaftlichen Eigentums erforderliche Maßnahmen zu treffen;
4. gemeinschaftliche Gelder zu verwalten.

[II]Der Verwalter ist berechtigt, im Namen aller Wohnungseigentümer und mit Wirkung für und gegen sie:

1. Lasten- und Kostenbeiträge, Tilgungsbeträge und Hypothekenzinsen anzufordern, in Empfang zu nehmen und abzuführen, soweit es sich um gemeinschaftliche Angelegenheiten der Wohnungseigentümer handelt;

2. alle Zahlungen und Leistungen zu bewirken und entgegenzunehmen, die mit der laufenden Verwaltung des gemeinschaftlichen Eigentums zusammenhängen;
3. Willenserklärungen und Zustellungen entgegenzunehmen, soweit sie an alle Wohnungseigentümer in dieser Eigenschaft gerichtet sind;
4. Maßnahmen zu treffen, die zur Wahrung einer Frist oder zur Abwendung eines sonstigen Rechtsnachteils erforderlich sind;
5. Ansprüche gerichtlich und außergerichtlich geltend zu machen, sofern er hierzu durch Beschluß der Wohnungseigentümer ermächtigt ist;
6. die Erklärungen abzugeben, die zur Vornahme der in § 21 Abs. 5 Nr. 6 bezeichneten Maßnahmen erforderlich sind.

III Die dem Verwalter nach den Absätzen 1, 2 zustehenden Aufgaben und Befugnisse können durch Vereinbarung der Wohnungseigentümer nicht eingeschränkt werden.

IV Der Verwalter ist verpflichtet, Gelder der Wohnungseigentümer von seinem Vermögen gesondert zu halten. Die Verfügung über solche Gelder kann von der Zustimmung eines Wohnungseigentümers oder eines Dritten abhängig gemacht werden.

V Der Verwalter kann von den Wohnungseigentümern die Ausstellung einer Vollmachtsurkunde verlangen, aus der der Umfang seiner Vertretungsmacht ersichtlich ist.

1) Verwalter. Er ist nicht Organ der Gemsch iSv BGB 31, sond weisgsgebundener Beauftragter od GeschBesorger der WEigtümer (Ffm NJW-RR **88**, 1169). Zur Einholg von Weisgen der Gemsch vgl BGH **131**, 346. Aus RGesch mit Dritten iR seiner VertretgsMacht haften die WEigtümer mangels abw VertrGestaltg als GesSchuldn (BGH MDR **78**, 134). Im Verh der WEigtümer untereinand ist er nicht Erf- od Verrichtgsgehilfe iSv BGB 276, 831 (Düss FGPrax **99**, 96). – **a)** Er **haftet** den WEigtümern für lVerletzg ges od vertragl Pfl aGrd des VerwVertr (Sorgfalt iSv BGB 276 nach bes Fachkunde; BGH NJW **96**, 1216) od BGB 823 ff, 847 (BayObLG NJW-RR **96**, 657). Die WEigtümer haften Dritten für vom Verw zugefügten Schaden nach BGB 831, bei vorvertragl u vertragl Versch nach BGB 278; Verw haftet Dritten nach BGB 823 ff (zB 836; BGH NJW **93**, 1782). – **b)** Er darf vorbeh abw VertrRegelg **Gehilfen** hinzuziehen (vgl BGB 664 Rn 4, 6; Düss WE **96**, 72), aber nicht die gesamte VerwTätigk auf Dritten übertragen (Hamm FGPrax **96**, 218). Soweit er rgesch Vertreter ist, darf er UnterVollm erteilen, wenn die eigene VertretgsMacht es erlaubt; soweit er ges Vertreter ist, darf er es, da WEG nicht entggsteht. 1 2 3

2) Aufgaben und Befugnisse nach I. Im Ggsatz zum Wortlaut von II keine allg VertretgsMacht, sond Differenzierg geboten (Staud/Bub 66; str); vgl Rn , 5, 6, 7, 23. 4

a) Nr 1: Beschlußdurchführung. Keine MaßnBeanstandg dch WEigtümer nach § 43 I Nr 2, wenn Beschl nicht für ungült erklärt od nichtig (BayObLG WuM **90**, 366; FGPrax **95**, 231). Verw hat auch vereinbgswidr od sonst anfechtb Beschl, der nicht rkräft für ungült erklärt ist, auszuführen; nicht aber nichtigen Beschl. Auch angefochtener (noch nicht für ungült erklärter) Beschl ist mangels ggteil Weisg der Mehrh od einstwAO auszuführen. Aus Nr 1 folgt keine **Vertretungsmacht** (hM; aA Brauner, Zur Vertretgsmacht des Verw im WERecht, S 101); sie kann aber schlüss dch den auszuführden Beschl rgeschäftl erteilt sein (Hamm ZflR **97**, 347). 5

b) Nr 2: Instandhaltung/setzung. Begriff wie § 21 V Nr 2. Wg § 21 V Nr 2 grdsl nur Verpfl, die Mängel iR regelm Überwachg (zur Übertr auf FachUntern Ermächtigg dch Eigtümer notw, auf deren Erforderlichk der Verw ggf hinweisen muß) festzustellen u BeschlFassg der WEigtümer herbeizuführen (BayObLG NZM **99**, 840); selbstd Beseitigg nur iRv Nr 3. Verw schuldet nicht Vornahme als solche, sond nur Sorge für sie (zB dch sorgfält HandwAuswahl u rechtzeit Beauftragg); daher beauftragte Handwerker nicht ErfGehilfen (BayObLG **92**, 146). Wahrnehmg der VerkSichgPfl (Ffm Rpfleger **81**, 399) einschl Streuen, was WEigtümer nicht von ÜberwachgsPfl befreit (BGH NJW **85**, 484). Aufwendgen des Verw sind VerwKosten, die Verw aus der Rücklage entnehmen darf (BGH **67**, 232); auch Anspr gg WEigtümer auf Erstattg od SchuldÜbern aus VerwVertr/GoA ohne vorherigen Beschl nach § 28 V (BayObLG ZMR **98**, 103). Aus Nr 2 folgt keine **Vertretungsmacht** (Düss NJW-RR **93**, 470; BGH **67**, 232 für außergewöhnl nicht dringl Instandsetzg größeren Umfangs; Kblz WuM **99**, 429 für langfrist WartgsVertr; Brauner [Rn 5] S 210), insb nicht zur KreditAufn für Finanzierg (BGH NJW-RR **93**, 1227). Zur Übertragg in Eigenleistg an WEigtümer vgl KG NJW-RR **91**, 1235. 6

c) Nr 3: Notmaßnahmen. Dringder Fall setzt keine unmittelb drohde Gefahr voraus; ausreichd Notwendigk iSv § 21 III u Unmöglichk/Unzumutbark vorherigen EigtümerBeschl (BayObLG NJWE-MietR **97**, 163). AufwendgsErs u Haftg wie Rn 6. Entspr II Nr 4 ist hier ges **Vertretungsmacht** anzunehmen (hM; aA Brauner [Rn 5] S 227), die dann auch für Maßn iSv Nr 2 bei Dringlichk gilt (Hamm ZflR **97**, 347; vgl auch BGH **67**, 232). 7

d) Nr 4: Geldverwaltung. Vgl Rn 20–24.

3) Aufgaben und Befugnisse nach II. In diesem Rahmen ist der Verw Vertreter der WEigtümer mit ges VertretgsMacht (BGH **78**, 166). Trotz von I abw Wortlauts ist Verw (auch aus VerwVertr) zur AufgErfüllg auch verpflichtet, zB iFv II Nr 5 (Hbg OLGZ **93**, 431). 8

a) Nr 1: Lasten/Kostenbeiträge iSv § 16; über befreide Zahlg auf Eigenkonto des Verw vgl Saarbr OLGZ **88**, 45. Bei den GrdPfdRZinsen u TilggsBetr handelt es sich nur um die auf dem Grdst selbst od den sämtl Anteilen ruhenden GrdPfdRechte. Freilich kann jeder Eigtümer den Verwalter auch mit der Abführg der Zinsen u TilggsBetr der allein sein WE belastenden GrdPfdRechte beauftragen; auch bei Einzelbelastg iRv GesFinanzierg keine gemschaftl Angelegenh u nicht dch Vereinbg der WEigtümer zu solcher machb (KG NJW **75**, 318; aA Schlesw NJW **61**, 1870; BayObLG Rpfleger **78**, 256). Auch Einziehg von ErbbZinsanteilen (Karlsr Justiz **62**, 89). WEigtümer hat die in II 1 genannten Leistgen zu Händen des Verwalters an die WEigtümerGemsch zu erbringen; unmittelb Abführg an Gläub befreit ihn ggü der Gemsch grdsätzl nicht (BayObLG NJW **58**, 1824 Anm Bärmann NJW **59**, 1277). – Befugn zur gerichtl Geltdmachg (§ 43 I Nr 1) nur nach Maßg II Nr 5. 9

10 **b) Nr 2: Bewirkung/Entgegennahme von Zahlungen/Leistungen;** als ErfHdl für die Gemsch (BGH **67**, 232). Nicht aber FdgsVerzicht (BayObLG **98**, 284) od Anerkenntn von GgFdg (Düss FGPrax **99**, 96). – **Bewirken** von Zahlgen aus dem gemsch Geld (I 4) im Rahmen ord Verw (I 1–3) nach Maßg des WirtschPlans (§ 28 I); nicht dch KreditAufn (Rn 5; Hamm ZflR **97**, 347). Gläub ist zur Entggnahme von Teilzahlgen einz WEigtümer nicht verpfl, BGB 266; solche Zahlgen befreien, vorbeh Gen, den einz WEigtümer auch nicht von seiner BeitrPfl iSv § 16 II. – **Entgegennahme:** auch Abnahme (BGB 640) u Mängelrüge/Fristsetzg (BGB 634) bei Bauleistgen für GemschE (KG WE **93**, 197), nicht aber Wandlg (BGB 462, 634); auch QuittgsErteilg einschl löschgsfäh Quittg zur ZwHypLöschg iFv § 16 Rn 11 (BayObLG **95**, 103).

11 **c) Nr 3: Entgegennahme von Zustellungen. – aa) Geltungsbereich.** ProzVerf (BGH **78**, 166), VerwaltgsVerf (vgl BVerwG NJW-RR **94**, 972; **95**, 73; OVG Münst NJW-RR **92**, 458), § 43–Verf (BGH WM **84**, 1254) u rgesch WillErkl (zB Künd, Mahng). In § 43–Verf auch dann, wenn iFv Nr 1 (BGH aaO), Nr 2 (BayObLG NJW-RR **89**, 1168) od Nr 4 (BayObLG ZMR **88**, 148; Ffm OLGZ **89**, 433) nicht an alle WEigtümer zugestellt wird, weil zB einer AntrSteller. Förml Zustellg u formlose Übersendg. ZPO 189 I anwendb (BGH **78**, 166), so daß Überg eines Exemplars genügt (auch wenn Verw neben den Eigtümern
12 Beteil). – **bb) Wirkung.** Zustellg wirkt ggü Eigtümern, wenn erkennb, daß sie an Verw als EigtümerVertr gerichtet (BayObLG NZM **99**, 850). Information der WEigtümer dch Verw unerhebl; Kosten (zB Vervielfältigg) trägt die Gemsch (BGH **78**, 166). Darüber hinaus wird Verw nicht VerfVertr der WEigtümer u darf (vorbeh II Nr 4) keine VerfHdlgen (zB RA-Beauftragg) für sie vornehmen (BayObLG NJW-RR **97**, 396). –
13 **cc) Ausnahme.** Verw von Vertretg ausgeschl bei Interessenkollison (KG ZMR **97**, 541); zB wenn er in Verf nach § 43 I Nr 2 AntrSt (BayObLG **90**, 173) bzw VerfGegner (KG FGPrax **97**, 182) od wenn seine RStellg betroffen (zB Anfechtg der VerwBestellg [LG Lüb DWE **86**, 63] od Abberufg [BayObLG WuM **91**, 131]). Nach der Rspr genügt mittelb Betroffenh; zB Anfechtg eines § 28-Beschl wg PflVerletzg des Verw (Stgt OLGZ **76**, 18; Hamm DWE **89**, 69) od weil zugl EntlastgsBeschl (Ffm OLGZ **89**, 433; aA BayObLG WE **98**, 118), nicht aber wg Streits über Verteilgsschlüssel (BayObLG Rpfleger **78**, 320). Ernsth Befürchtg notw, daß Verw die Eigtümer nicht unterrichtet (BayObLG NJW-RR **89**, 1168); daher Zustellg an ihn ausreiched, wenn Unterrichtg feststeht (BayObLG WE **98**, 118).

14 **d) Nr 4: Nachteilabwendung.** FrWahrg zB dch Klageerhebg/RMitteleinlegg (BGH **78**, 166; Saarbr ZMR **98**, 310) od Inanspruchn eines GewlBürgen (Düss NJW-RR **93**, 470); RNachteilabwendg zB dch VerjUnterbrechg od BeweisSichg (BGH aaO). Verw ist VerfVertr mit beschr VerfVollm, nicht umfassder VerfVertr (Saarbr aaO). Bei Erforderlichk darf er RAnwalt beauftragen. Kein VertretgsAuschl wie Rn 13 (Düss aaO).

15 **e) Nr 5: Geltendmachung von Ansprüchen;** zB auch dch Aufrechng mit ihnen (BayObLG WE **86**, 14) od Beitreibg dch ZwVollstr (Hbg OLGZ **93**, 431), nicht aber Verzicht (BayObLG **98**, 284). Gerichtl Geltdmachg von RBerG Art 1 § 3 Nr 6 gedeckt (BGH **122**, 327). Sie befugt nicht zur Geltdmachg von IndividualAnspr (BayObLG NJWE-MietR **96**, 273). Mangels abw Regelg Befugn zur VerfVertretg u VerfStandsch (Köln NZM **98**, 865), die bei VerwWechsel (zum Wechsel im Verf vgl Rn 17, 18) für neuen Verw
16 fortgilt (KG NJW-RR **89**, 657). – **aa) Erteilung** dch Vbg/TErkl od MehrhBeschl bzw darauf beruhdem VerwVertr (BGH NJW **88**, 1910). Sie kann noch im BeschwVerf erteilt werden (BayObLG NJW-RR **95**, 652). Sie kann allg od für Einzelfall erteilt werden; auch mit Beschrkg (zB mit Zust des VerwBeirats). Sie kann
17 nachträgl beschränkt od entzogen werden. – **bb)** Bei **Verfahrensvertretung** Geltmachg namens der WEigtümer, die AnsprGläub sind; dazu gehört bei WohngelsAnspr auch der AnsprSchuldn (Bub/Petersen NZM **99** 646; aA BGH NJW **98**, 3279). Diese Eigtümer sind VerfBeteil u der Verw ist VerfBevollm iSv FGG 13 S 2. Verw darf idR RA beauftragen (BGH NJW **93**, 1924), der die WEigtümer vertritt. Bei VerwWechsel im Verf kann der alte Verw die Vertretg fortsetzen, wenn der neue sie nicht iW des Vertreterwechsels übernimmt (KG
18 NJW-RR **89**, 657; **91**, 1363). – **cc)** Bei **Verfahrensstandschaft** Geltdmachg im eigenen Namen (nur aktive VerfStandsch; BGH **78**, 166); eigenes schutzwürd Interesse ergibt sich aus Notwendigk der AufgErfüllg (BGH NJW **88**, 1910; BayObLG NJW-RR **98**, 519). Verw wird VerfBeteil u kann stets RA beauftragen, der den Verw vertritt. Bei VerwWechsel im Verf kann der alte Verw das Verf fortsetzen (BayObLG NZM **99**, 129), wenn der neue es nicht iW des BeteilWechsels übernimmt (KG NJW-RR **91**, 1363; BayObLG FGPrax **97**, 19).

19 **4) I u II nicht abdingbar (III),** aber erweiterb (Rn 20); Abdingg dch Vbg/MehrhBeschl nichtig (vgl BGH NJW **96**, 1216). Daraus folgt aber nicht, daß Gesamthandeln aller WEigtümer auf diesen Gebieten unwirks. Zuläss auch, die Entziehg einer Aufg im Einzelfall (zB einer best InstandsetzgsMaßn).

20 **5) Geldverwaltung (I Nr 4, IV). – a) Gemeinschaftliche Gelder** ergeben sich aus Zahlgen der WEigtümer insb aGrd §§ 16 II, 28 od bes Vereinbg (zB Mietzins für GemschE) bzw Verpfl (zB SchadErs). Ferner aus Zahlgen Dritter (zB Mietzins für GemschE, Guthabenzinsen, SchadErs). Zur RInhabersch vgl § 1
21 Rn 14. – **b) Verwaltung** umfaßt Anlage u ZahlgsVerkehr; nicht aber KreditAufn einschl KtoÜberziehg (BGH NJW-RR **93**, 1227).Verzinsl Anlage in naher Zukunft nicht benötigter Gelder geboten (BayObLG
22 NJW-RR **95**, 530); über BausparVertr vgl § 21 Rn 10. – **c) Vermögenstrennung (IV 1);** dch Vbg/TErkl abdingb. FremdKto (Sittmann/Dietrich WM **98**, 1615) od offenes TrHdKto (BGH NJW **96**, 65; KG NJW-RR **87**, 1160; Sittmann/Dietrich aaO; aA Staud/Bub Rn 189); bei letzterem ist der Verw zwar VollRInh (deshalb nicht rats), die WEigtümer sind aber dch ZPO 771 u InsO 47 gg Zugriff der VerwGläub geschützt (vgl Hamm WM **99**, 1111). Für mehrere Gemsch getrennte Konten notw; nicht aber bei einer Gemsch für
23 lfd Geld u Rücklagen (KG aaO), sofern für letzteres nicht bes Anlageform (zB Festgeld) geboten. – **d) Vertretungsmacht.** Da für Maßn nach II Nr 1, 2 ges VertrMacht besteht, ist diese (auch wg IV 2) insges für Nr 4 anzunehmen (MüKo/Röll Rn 2; aA hM); daher auch für KtoEröffng (BPM/Merle Rn 84; Staud/Bub Rn 99), nicht aber für KreditAufn. Verw verfügt erkennb als Vertreter namens der WEigtümer u nicht nach
24 BGB 185 (aA Staud/Bub Rn 175), was Vfg im eigenen Namen voraussetzt. – **e) Beschränkung (IV 2)** als Ausn von III; Begründg dch Vbg/TErkl (Staud/Bub Rn 328; aA BPM/Merle Rn 96; NSch Rn 20). Bei Vfg über FremdKto wird VertrMacht mit Außenwirkg beschränkt; Vfg über EigenKto (offenes TrHdKto) wg BGB 137 nicht beschränkb (Beschrkg muß im BankVertr vereinbart werden; sonst nur Bindg im InnenVerh).

6) Weitere Rechte und Pflichten ggü den WEigtümern: – **a)** Aus **Gesetz** ohne Übern im VerwVertr: 25
§§ 24, 25 IV, 28. Hierfür gilt III nicht. – **b)** Aus **Verwaltervertrag:** bei Übertr der Zust nach § 12 Benenng der Erwerbsinteressenten (Köln OLGZ **84**, 162) u unverzögerl RAusübg (BayObLG DWE **84**, 60); Auskunft über Mitgliederstand der Gemsch (Ffm OLGZ **84**, 258; BayObLG **84**, 133) od and VerwaltgsAngelegenh (BayObLG WuM **90**, 369); ordngsgem Buchführg (BayObLG NJW-RR **88**, 18); Einsichtgewährg in Abrechngsbelege u Abschrifterteilg (§ 28 Rn 10). – **c)** Aus **Vereinbarung/Teilungserklärung,** sofern im VerwVertr zumind stillschw übernommen (Schmid DWE **90**, 2); zB VerfVertretg (BayObLG **88**, 287).

7) Vollmachtsurkunde (V) enthält nur eine Anerkenng der ges Vertretgsmacht, aber BGB 172, 173, 175 26
entspr anwendb. Inhaltl kann sich die Urk darauf beschränken, daß der Verwalter zur Wahrnehmg der ges Rechte nach dem WEG mit Wirkg für u gg die WEigtümer befugt ist. Will Verwalter aGrd eines MehrhBeschl tätig werden, so benötigt er für entspr RHdlgen nicht einer SonderVollm aller WEigtümer, er legitimiert sich dch die GeneralUrk u begl Abschr des MehrhBeschlusses (BayObLG NJW **64**, 1962; auch Diester DNotZ **64**, 724; Riedel Rpfleger **64**, 374). Zum Nachw der Vollm (GBO 29) vgl § 26 IV.

WEG 28 *Wirtschaftsplan, Rechnungslegung.*

[I] Der Verwalter hat jeweils für ein Kalenderjahr einen Wirtschaftsplan aufzustellen. Der Wirtschaftsplan enthält:

1. die voraussichtlichen Einnahmen und Ausgaben bei der Verwaltung des gemeinschaftlichen Eigentums;
2. die anteilmäßige Verpflichtung der Wohnungseigentümer zur Lasten- und Kostentragung;
3. die Beitragsleistung der Wohnungseigentümer zu der in § 21 Abs. 5 Nr. 4 vorgesehenen Instandhaltungsrückstellung.

[II] Die Wohnungseigentümer sind verpflichtet, nach Abruf durch den Verwalter dem beschlossenen Wirtschaftplan entsprechende Vorschüsse zu leisten.

[III] Der Verwalter hat nach Ablauf des Kalenderjahres eine Abrechnung aufzustellen.

[IV] Die Wohnungseigentümer können durch Mehrheitsbeschluß jederzeit von dem Verwalter Rechnungslegung verlangen.

[V] Über den Wirtschaftsplan, die Abrechnung und die Rechnungslegung des Verwalters beschließen die Wohnungseigentümer durch Stimmenmehrheit.

Schrifttum: Bub, wie zu § 16. – Jennißen, Die VerwAbrechng nach dem WEG, 4. Aufl, 1999.

1) Wirtschaftsplan (I). – **a) Einnahmen/Ausgabenvoranschlag** (Rn 4) mit Aufteilg der zur Ausg- 1
Deckg notw Beitr auf die WEigtümer (Rn 5). – **Aufstellung** dch Verw ohne bes Aufforderg od Verpfl im VerwVertr am Beginn des WirtschJ. Von jedem Eigtümer ohne Ermächtigg dch die Gemsch nach § 43 I Nr 2 erzwingb (BayObLG NJW-RR **90**, 659) u nach § 45 III, ZPO 887 vollstreckb (BayObLG WE **89**, 220);
AufstellgsPfl endet mit Ablauf des WirtschJ, weil dann JAbrechng mögl. – **Geordnete Zusammenstellung** 2
der einz Posten, die für jeden WEigtümer bei Anwendg zumutb Sorgfalt verständl u nachprüfb. Keine Aufgliederg entspr II. BV 27 (Stgt WE **90**, 106); aber keine Beschrkg auf Globalbeträge (Ausn: KleinBetr). – **Einsichtsrecht** wie Rn 10. – **Wirksamwerden** nach V, nicht notw vor Beginn des WirtschJ (Hbg OLGZ
88, 299). Später iRv § 21 III änderb; vgl auch Rn 19. – **Geltungsdauer** für best WirtschJ beschlossenen 3
Plans für künft WirtschJ nur, wenn dies beschlossen (BayObLG WEZ **88**, 215; Hamm NJW-RR **89**, 1161) od in Vbg/TErkl vorgesehen; ständ Übg reicht nicht (Köhler WE **97**, 134; aA Köln WuM **95**, 733).

b) Gesamtplan (Nr 1, 3). Zu erwartde Einnahmen (zB § 16 Rn 6; DeckgsBeitr nach Rn 5) u Ausg (zB 4
§ 16 Rn 8; Summe der Beitr gem Nr 3) des WirtschJ in ggf zu schätzder Höhe; nicht aber nur unter bes Umständen zu erwartde Ausg u rechtl/tats unsichere Einnahmen (BayObLG ZfIR **99**, 596). WirtschPlan, der erkennb zu überhöhten Vorschüssen od erhebl Deckgslücken führt, verstößt gg § 21 III; zur Vermeidg von Nachtragsfestsetzgen aber großzüg Handhabg zuläss (BayObLG NZM **99**, 34).

c) Einzelplan (Nr 2). Die Einnahmen (ohne DeckgsBeitr) u Ausg des Gesamtplans sind nach Maßg des 5
für jeden Posten anwendb Verteilgsschlüssels auf die einz WEigtümer zu verteilen u der sich für jeden ergebde Saldo ist seine anteilmäß Verpfl (DeckgsBeitr). Statt der grdsl erforderl betragsmäß Festlegg kann genügen, den Verteilgsschlüssel anzugeben, nach dem der Gesamtbedarf dch einfachen Rechenvorgang umgelegt wird; zB MitEAnt (BayObLG FGPrax **97**, 19) od Anzahl der Wohngen (BayObLG NJW-RR **90**, 720; KG NJW-RR **91**, 912), verbindlich feststehde Wohnfläche (BayObLG NZM **99**, 853).

2) Vorschußpflicht (II). Sie setzt nach § 28 V beschlossenen WirtschPlan voraus (Rn 15). Ergibt dieser 6
Höhe u Fälligk der Vorschüsse nicht, so bestimmt der Verw sie. Die VorschußPfl entfällt mit Wirksamwerden der JAbrechng nur insow, als der sich aus ihr ergebde DeckgsBeitrag die Vorschußsumme unterschreitet (BayObLG DWE **90**, 101; Bub V Rn 176); ZinsAnspr für Rückstände (BayObLG **86**, 128) u VollstrTit (Köln WE **93**, 54; aber ZPO 767 mögl) bleiben unberührt. Soweit der DeckgsBeitrag die Vorschußsumme überschreitet, wird nur für den MehrBetr („Abrechngsspitze") eine Schuld neben der fortbestehden VorschußPfl begründet (BGH NJW **94**, 1866; Zweibr ZMR **99**, 358; Düss NJW-RR **97**, 1235; Köln NJW-RR **97**, 1102). Weitere RFolgen: § 16 Rn 9 a (Ins), 9 b (ZwVerwaltg), 25 (Haftg bei Veräußerg).

3) Jahresabrechnung (III). – **a) Einnahmen/Ausgabenrechnung** (Rn 11) mit Aufteilg der Über- 7
schüsse od der zum Ausgl der Deckgslücken notw Nachzahlgen auf die WEigtümer (Rn 12) mit Darlegg der KtoStände (Rn 13); auch bei Mehrhausanlage für gesamte Gemsch (KG ZMR **97**, 247). Sie ist keine Gewinn/Verlustrechng u keine Bilanz (Hamm ZMR **97**, 251); Abrechng nach Ist- u nicht nach SollBetr (BayObLG **92**, 210) u ohne periodenmäß Abgrenzg (BayObLG NZM **99**, 113; Zweibr NZM **99**, 276). –
Aufstellung dch Verw ohne bes Aufforderg od Verpfl im VerwVertr; zeitnah nach Ablauf des WirtschJ. Jedem 8
WEigtümer ist vor BeschlFassg nach V die Gesamtabrechng u seine EinzAbrechng zu übersenden; nicht aber Belege, EinzAbrechng der and WEigtümer od Saldenliste, insow nur EinsichtsR nach Rn 10 (Drasdo NZM **98**, 425; aA Köln WuM **98**, 50). Von jedem WEigtümer ohne Ermächtigg dch die Gemsch nach § 43 I Nr 2

erzwingb (Hamm FGPrax **98**, 213) u nach § 45 III, ZPO 887 (DüssNZM **99**, 842; aA Köln WuM **98**, 375: ZPO 888) vollstreckb. Neuaufstellg wg sachl Fehler erst, wenn Beschl nach V deswg für ungült erklärt (Hamm FGPrax **98**, 213). Ende des VerwAmts befreit von zu diesem Ztpkt noch nicht fäll Verpfl; RechnungsleggsPfl aus IV, BGB 675, 666 bleibt unberührt (Hbg OLGZ **87**, 188). Bei Ende vor/mit Ablauf des WirtschJ daher nur neuer Verw ohne Sondervergütg zur Aufstellg für dieses WirtschJ verpflichtet (BayObLG WE **95**, 341); bei Ende nach Ablauf besteht Verpfl für dieses WirtschJ fort (BayObLG aaO), so daß neuer
9 Verw idR Sondervergütg für Aufstellg verlangen kann (KG NJW-RR **93**, 529). – **Geordnete Zusammenstellung** der einz Posten, die für jeden WEigtümer bei Anwendg zumutb Sorgf ohne SachverständHilfe verständl u nachprüfb (Hamm ZMR **97**, 251). Geringe Fehler sind im Beschl nach V behebb (KG NJW-RR **87**, 1160). Keine Aufgliederg entspr II. BV 27 (BayObLG ZfIR **98**, 545), aber keine Beschrkg auf Globalbeträge (Ausn: KleinBetr). Belege müssen nicht beigefügt, aber zur Einsicht bereitgehalten werden (Ffm OLGZ **84**, 333). Zum Ausweis des UmsatzsteuerAnt vgl Hamm NJW-RR **92**, 1232; BayObLG NJW-RR
10 **97**, 62. – **Einsichtsrecht** in Abrechng (auch EinzAbrechng and WEigtümer; Köln ZMR **99**, 282) u Belege am Ort der VerwFührg (BayObLG WuM **89**, 419; vgl auch Hamm NZM **98**, 722) hat jeder WEigtümer vor u noch nach BeschlFassg gem V u VerwEntlastg (BayObLG NJWE-MietR **97**, 14; vgl aber Hamm OLGZ **88**, 37) u ohne Gestattg dch MehrhBeschl (BayObLG **72**, 246); RGrdLage: III, BGB 675, 666, 259. Nicht dch MehrhBeschl abdingb (Hamm OLGZ **88**, 37). Erzwingb nach §§ 43 I Nr 2, 45 III, ZPO 888. IRv BGB 242 auch Anspr gg Verw auf AbschriftenErteilg gg Kostenerstattg (Hamm NZM **98**, 724), jedenf aber auf Gestattg eigener Anfertigg (Karlsr MDR **76**, 758). – **Wirksamwerden** nach V; später iRv § 21 III änderb (KG WuM **93**, 429).

11 **b) Gesamtabrechnung.** Alle tats getätigten Einnahmen u Ausg des WirtschJ unabhäng von ihrer Berechtigg (BGH ZfIR **97**, 284), die bei VerwEntlastg od Rückgr zu prüfen; daher auch verauslagte VerfKosten iSv § 16 V (BayObLG NZM **99**, 862; aA Düss WE **95**, 278). Zu den Einnahmen gehören nicht offene SollVorschüsse (Düss WE **91**, 251), zu den Ausg nicht offene fäll Verbindlichk (Karlsr NZM **98**, 768). Ausg ist aber der SollBeitr nach I Nr 3 als Leistg an ein SonderVerm (BayObLG NJW-RR **91**, 15). Nicht aufzunehmen sind Außenstände zB EntgeltFdg für GemschEBenutzg od BeitrRückstände aus früh JAbrechng (vgl Rn 17). – **Ausnahmen** sind iRv § 21 III zuläss, wenn Klarh u Kontinuität gewahrt: Als Ausg sind GgWert verbrauchter u schon früher bezahlter WirtschGüter (BayObLG **87**, 86) u offene Verbindlichk (KG NJW-RR **94**, 1105; aA BayObLG WuM **94**, 498) aufnehmb, wenn dies Sonderumlage vermeidet; ebso mit Beschl nach V anerkannte Fdg eines WEigtümers unter gleichzeit Verrechng mit Wohngeldschuld od Gutschrifterteilg (KG NJW-RR **93**, 1104). Als Einnahme erst nach Ablauf des WirtschJ gezahlter Vorschuß nach II aufnehmb (aA BayObLG WE **93**, 114).

12 **c) Einzelabrechnung.** Die Einnahmen (ohne Vorschüsse) u Ausg der Gesamtabrechng (u zwar nur diese; Hamm DWE **97**, 36) sind nach Maßg des für jeden Posten anwendb Verteilgsschlüssels auf die einz WEigtümer zu verteilen; gezahlte Vorschüsse u Ausg, die nur einz WEigtümer betreffen, sind in die EinzAbrechng nur dieses WEigtümers aufzunehmen (BayObLG **92**, 210; KG OLGZ **92**, 429). Der sich für jeden WEigtümer ergebde Saldo ergibt seine Nach- oder Überzahlg. Eine NachzahlgsPfl wird nur in Höhe der Abrechngsspitze begründet (Rn 6). Für Errechenbark statt betragsmäß Festlegg gilt Rn 5. Nicht aufzunehmen sind Rückstände aus beschlossenen Vorjahresabrechngen (BayObLG NJW-RR **92**, 1169; WE **93**, 114); insow begründet Beschl nach V idR keine neue ZahlgsPfl sond nur eine KtoStandsangabe (KG ZMR **96**, 150; Köln WE **95**, 221).

13 **d) Kontostände** (zB lfdes VerwaltgsKto, Instandhaltgsrückstellg, Außenstände [zB Rückstände aus VorjahresAbrechng]) sind mit den Ständen zu Beginn u Ende des WirtschJ sowie Zu- (Einschl Zinserträgen) u Abgängen anzugeben (BayObLG NJW-RR **89**, 1163; **91**, 15; **92**, 1169; WuM **93**, 485).

14 **4) Rechnungslegung (IV).** Sie dient der Überprüfg ordngsmäß Verwaltg währd des lfden WirtschJ; nach dessen Ablauf nur noch Verpfl nach III (KG WE **88**, 17). Für Inhalt/Form gilt Rn 9 entspr; jedoch gem Zweck keine Einzelabrechng (Ffm ZMR **99**, 61). Anspr geht gem BGB 432 auf Ausk an die Versammlg (BayObLG WE **89**, 145); Vollstr nach § 45 III, ZPO 887 (Düss NJW-RR **99**, 1029). „Jederzeit" dch BGB 242 begrenzt. Voraussetzg ist MehrhBeschl nach § 21 III (BayObLG **94**, 98); nur wenn die Gemsch unter Verstoß gg § 21 IV von IV keinen Gebr macht, hat jeder WEigtümer aus BGB 675, 666 einen RechngsleggsAnspr (Hamm OLGZ **88**, 37; BayObLG WE **91**, 253; vgl auch BGH NJW **96**, 656). Vollstr wie Rn 8. RechngsleggsPfl auch nach Ende des VerwAmts (BayObLG WE **94**, 280), aber nicht mehr nach Entlastg (KG NJW-RR **87**, 462; BayObLG **94**, 98).

15 **5) Mehrheitsbeschluß (V)** macht WirtschPlan/JAbrechng erst unter den WEigtümern zZ der BeschlFassg (§ 16 Rn 22), auch wenn noch mit VoreigtümerNamen bezeichnet (Stgt FGPrax **98**, 96; KG NJW-RR **99**, 665) u ggü Verw verbindl und begründet für diese NachzahlgsPfl (§ 16 Rn 9) od RückzahlgsAnspr (zu dessen Geltdmachg vgl Hamm FGPrax **98**, 173); er kann VerwVorlage ändern u zugl Beschl nach §§ 21 V 2, 22 enthalten (KG WE **93**, 223). Jeder WEigtümer hat ohne Ermächtigg dch die Gemsch nach §§ 21 IV, 43 I Nr 1 verfolgb Anspr auf BeschlFassg (BGH NJW **85**, 912) od gerichtl Festlegg (KG OLGZ **91**, 434 [nur diesen Anspr]), der bei WirtschPlan aber mit Ablauf des WirtschJ erlischt (Hbg OLGZ **88**, 299; vgl aber KG
16 OLGZ **94**, 27). – **a) Beschlußfassung.** Bloße Entlastg des Verw „für seine Tätigk" enthält idR noch keinen AbrechngsBeschl (KG NJW-RR **86**, 1337); and idR bei Entlastg „für die Abrechng" (BayObLG DWE **92**, 71) od nach ihrer Erörterg (Düss ZMR **99**, 655). Bdgter GenBeschl (zB vorbehaltl BeiratsZust) zuläss (BayObLG NJWE-MietR **97**, 15). In der Gen der Gesamt- mit der eigenen EinzAbrechng/Plan liegt idR auch Gen der EinzAbrechngen der and WEigtümer, selbst wenn sie bei BeschlFassg nicht bekannt waren (Stgt FGPrax **98**, 96). Beschl über Fortgeltg des vorjähr WirtschPlans kann genügen (BayObLG WuM **91**, 312). VersProt muß Plan/Abrechng nicht ausdrückl angeben, Erkennbark aus den Umständen genügt (BayObLG
17 ZMR **95**, 41). – **b) Materielle Unrichtigkeit** unerhebl, solange Beschl nicht für ungült erklärt (BGH NJW **94**, 2950; Zweibr WE **99**, 117); dies gilt auch bei Übern von Rückständen aus früh JAbrechng (LG Bchm DWE **90**, 35; LG Wuppt WE **93**, 172), soweit darin nicht (wie idR) bloße KtoStandsangabe (vgl Rn 12). **Unvollständigkeit** (zB Fehlen einz Posten, der EinzAbrechng od der KtoStände) gibt idR nur ErgänzgsAnspr

aus § 21 IV (Hamm NZM **98**, 923). Dies gilt auch bei Fehlen eines EinzPlans nach I Nr 2 (Bub II Rn 89; aA BayObLG NJW-RR **91**, 1360; Hamm WE **96**, 33). – **c) Ungültigerklärung.** Teilw Anfechtg (zB nur 18
EinzAbrechng; Kostenverteilg) bzw UngültErkl zuläss; bei teilw Anfechtg wird der Rest bestandskräft (BayObLG ZflR **98**, 545). Mit Anfechtg kann Antr nach § 21 IV (zB Änderg der EinzAbrechng aGrd and Verteilgsschlüssels) verbunden werden. RSchutzInt für WirtschPlanAnfechtg entfällt nicht mit BeschlFassg über Abrechng (BayObLG NZM **98**, 334).

6) Sonderumlage kann iRv § 21 III bei bes Bedürfn beschlossen werden; vorherige Rücklagenauflösg 19
iRv § 21 III u nicht zwingd (Köln NZM **98**, 879). Sie ergibt sich nicht schon aus Beschl über kostenverursachde Maßn. Da der UmlageBeschl den WirtschPlan ergänzt, gilt für die Bemessg Rn 4 (BayObLG NZM **98**, 337) u für die Verteilg Rn 5 (BayObLG NZM **98**, 918), deren Fehlen zu ErgänzgsAnspr (Rn 18) führt u bei Einziehg nicht dch Anwendg des allg Verteilgsschlüssels ersetzb ist (LG Lünebg WuM **95**, 129; aA BayObLG WuM **97**, 61), denn Verteilg kann wg des für die Ausg maßg Verteilgsschlüssels streitig sein. Erst Beschl über die Verteilg begründet BeitrSchuld (§ 16 Rn 9), die mangels abw Regelg sof fäll (KG NJW-RR **91**, 912). Für die Einziehg gilt § 16 Rn 10, für die Haftg des RNachf § 16 Rn 22–25. Einn/Ausg sind in die nachfolgde JAbrechng aufzunehmen. Über Rückabwicklg nach UngültErkl vgl KG NZM **98**, 579.

7) Abdingbarkeit. § 28 ist dch Vbg/TErkl abdingb; zB Beschl nach V nur bei befristetem Widerspr gg 20
VerwVorlage (Hamm OLGZ **82**, 20; Ffm OLGZ **86**, 45; aA KG OLGZ **90**, 437), Einzelabrechng dch Verw nach EigtümerBeschl über Gesamtabrechng (BayObLG WE **90**, 111), WirtschPlan dch VerwBeirat (Köln ZflR **98**, 157). Rechtl (LG Bln ZMR **84**, 424) od prakt (BayObLG **88**, 287) Ausschl der Überprüfbark dch WEigtümer aber unwirks. Nach BeschlFassg gem V keine Berufg mehr auf abw Regelg (KG NJW-RR **91**, 1042).

WEG 29 *Verwaltungsbeirat.*

I Die Wohnungseigentümer können durch Stimmenmehrheit die Bestellung eines Verwaltungsbeirats beschließen. Der Verwaltungsbeirat besteht aus einem Wohnungseigentümer als Vorsitzenden und zwei weiteren Wohnungseigentümern als Beisitzern.

II Der Verwaltungsbeirat unterstützt den Verwalter bei der Durchführung seiner Aufgaben.

III Der Wirtschaftsplan, die Abrechnung über den Wirtschaftsplan, Rechnungslegungen und Kostenanschläge sollen, bevor über sie die Wohnungseigentümerversammlung beschließt, vom Verwaltungsbeirat geprüft und mit dessen Stellungnahme versehen werden.

IV Der Verwaltungsbeirat wird von dem Vorsitzenden nach Bedarf einberufen.

Schrifttum: Drasdo, Der Verwaltgsbeirat, 2. Aufl 1998

1) Verwaltungsbeirat. Bestellg dch Vbg/TErkl abdingb (dafür reicht Streichg der BeiratsKl in Formu- 1
larVbg nicht; Köln Rpfleger **72**, 261); auch ohne dies kein BestellgsAnspr aus § 21 IV (Düss OLGZ **91**, 37). MehrhBeschl für Bestellg als solche u MitglWahl. Auch ohne BeiratsBestellg kann einz WEigtümer mit Aufg nach III betraut werden (BayObLG NJW-RR **94**, 338). – **a) Zusammensetzung** abw von I 2 (zB weniger/ 2
mehr Mitgl; Mitgliedsch Außenstehder) bedarf Vbg/TErkl (BayObLG NZM **98**, 961); ges Vertr jur Pers/ PersGesellsch, die WEigtümer, ist nicht Außenstehder (Ffm OLGZ **86**, 432). Verw kann nicht Mitgl sein (Zweibr OLGZ **83**, 438: Wahl nichtig). Mangels Wahl dch die WEigtümer wählen die Mitgl den Vorsitzenden/Vertreter. – **b) Mitgliedschaft** erfordert Bestellgsakt entspr § 26 Rn 2 u BeiratsVertr (BGB 662 od 675) 3
od AmtsÜbern entspr § 26 Rn 6. Sie endet mit Verlust des WEigt (BayObLG **92**, 336), jederzeit Abberufg dch MehrhBeschl (Hamm NZM **99**, 227) od Amtsniederlegg (KG FGPrax **97**, 173); danach Herausg von VerwaltgsUnterlagen wie § 26 Rn 10 (Hamm FGPrax **97**, 157) u mangel Nachwahl Fortbestand mit restl Mitgl (BayObLG **88**, 212). – **c) Haftung** der einz Mitgl (ggf als GesamtSchuldn) ggü den WEigtümern nur 4
aus BeiratsVertr/GoA u §§ 823, 826; HaftgsBeschrkg (zB auf Vorsatz) dch MehrhBeschl einführb (Ffm OLGZ **88**, 188). Haftg der WEigtümer ggü Dr für BeiratsHdlgen nur aus BGB 278 od 831. Entlastg entspr § 26 Rn 14 (BayObLG NJW-RR **91**, 1360). – **d) Auskunftspflicht** grdsl nur ggü allen WEigtümern in der 5
EigtümerVersammlg (BayObLG **72**, 161); gerichtl Geltdmachg dch einen WEigtümer nur nach Ermächtigg dch die Gemsch (BayObLG ZMR **94**, 575). – **e) Entschädigung.** AufwendgsErs (BGB 670; auch angem 6
Pauschale) gehört zu den Verwaltgskosten u die Bewilligg zur ordngsmäß Verwaltg (BayObLG NZM **99**, 862). Weitergehde Vergütg erfordert Vbg/TErkl od GeschBesorggsVertr.

2) Aufgaben: II, III (dazu gehört mind stichprobenh Prüfg der sachl Richtigk mit Belegprüfg; Düss NZM 7
98, 36); vgl auch § 24 III, VI. Ohne Auftr keine Verpfl zur Überwachg (BayObLG **72**, 161) u kein Recht zur Künd (BayObLG **65**, 34) des Verw; er vertritt die WEigtümer nicht ggü dem Verw (vgl Kblz WuM **99**, 429). AufgErf nicht erzwingb (KG FGPrax **97**, 173). – Weitere Aufgaben zuweisb, soweit nicht zwingde Vorschr über die Aufgaben u Befugn and VerwOrgane entggstehen (Ffm OLGZ **88**, 188 [Bauausschuß]; Hamm FGPrax **97**, 157); daher keine Übertragg der VerwBestellg (§ 26 Rn 1) im Ggs zum VerwVertrAbschl mit bestelltem Verw.

3) Rechtsweg (auch wenn Außenstehder Mitgl): § 43 I Nr 1, 4. 8

4. Abschnitt. Wohnungserbbaurecht

WEG 30

I Steht ein Erbbaurecht mehreren gemeinschaftlich nach Bruchteilen zu, so können die Anteile in der Weise beschränkt werden, daß jedem der Mitberechtigten das Sondereigentum an einer bestimmten Wohnung oder an nicht zu Wohnzwecken dienenden bestimmten Räumen in einem auf Grund des Erbbaurechts errichteten oder zu errichtenden Gebäude eingeräumt wird (Wohnungserbbaurecht, Teilerbbaurecht).

II Ein Erbbauberechtigter kann das Erbbaurecht in entsprechender Anwendung des § 8 teilen.

III Für jeden Anteil wird von Amts wegen ein besonderes Erbbaugrundbuchblatt angelegt (Wohnungserbbaugrundbuch, Teilerbbaugrundbuch). Im übrigen gelten für das Wohnungserbbaurecht (Teilerbbaurecht) die Vorschriften über das Wohnungseigentum (Teileigentum) entsprechend.

Schrifttum: Rethmeier, RFragen des WohngsErbbR, RhNK **93**, 145.

1 **1) Begründung** (auch an GesamtErbbR; BayObLG Rpfleger **89**, 503) dch Umwandlg von BruchtMitErbbR entspr § 3 **(I)** od dch Teilg eines ErbbR entspr § 8 **(II).** Beides wird anders als die Einräumg der MitBerecht am ErbbR von einer VfgsBeschrkg nach ErbbRVO 5 nicht erfaßt (LG Augsbg MittBayNot **79**, 68 für § 3; BayObLG **78**, 157 für § 8); ZustErfordern nicht mit dingl Wirkg vereinb (Celle Rpfleger **81**, 22). – Einräumg u Aufhebg von SE bedarf der Aufl (III 2 iVm § 4 II), ErbbRVO 11 I nicht anwendb (str). Abgrenzg Wohngs-/TeilErbbR wie § 1 II, III. – Das WErbbR erlischt mit dem ErbbR (BayObLG **99**, 63).

2 **2)** Für das **Rechtsverhältnis zwischen Grundstückseigentümer und Wohnungserbbauberechtigten** gilt die ErbbRVO; WErbbR tritt an die Stelle des ErbbR. Für RStreit (zB über ErbbZins) gilt § 43 nicht. – **Verfügungen über das Wohnungserbbaurecht** sind in gleicher Weise wie über das ErbbR mögl (vgl ErbbRVO 11 I), soweit nicht das WEG Besonderh gebietet (vgl § 6 Rn 4); Inhaltsregelgen für ErbbR nach ErbbRVO 2, 4, 5–8 werden Inhalt des WErbbR (BayObLG Rpfleger **89**, 503; dort auch zur Aufhebg).

3 **3)** Für das **Rechtsverhältnis der Wohnungserbbauberechtigten untereinander** gilt das WEG **(III 2);** bei Streit gilt § 43. Zwischen WErbbBerecht kein dingl sicherb ErbbZins vereinb (Düss DNotZ **77**, 305).

II. Teil. Dauerwohnrecht

WEG 31 ***Begriffsbestimmungen.*** **I Ein Grundstück kann in der Weise belastet werden, daß derjenige, zu dessen Gunsten die Belastung erfolgt, berechtigt ist, unter Ausschluß des Eigentümers eine bestimmte Wohnung in einem auf dem Grundstück errichteten oder zu errichtenden Gebäude zu bewohnen oder in anderer Weise zu nutzen (Dauerwohnrecht). Das Dauerwohnrecht kann auf einen außerhalb des Gebäudes liegenden Teil des Grundstücks erstreckt werden, sofern die Wohnung wirtschaftlich die Hauptsache bleibt.**

II Ein Grundstück kann in der Weise belastet werden, daß derjenige, zu dessen Gunsten die Belastung erfolgt, berechtigt ist, unter Ausschluß des Eigentümers nicht zu Wohnzwecken dienende bestimmte Räume in einem auf dem Grundstück errichteten oder zu errichtenden Gebäude zu nutzen (Dauernutzungsrecht).

III Für das Dauernutzungsrecht gelten die Vorschriften über das Dauerwohnrecht entsprechend.

1 **1) Allgemeines.** DWR/DNR ist eine Art von bpDbk u abw von dieser übertragb u vererbl. Desh keine Umdeutg von EintrAntr/Bew für bpDbk in solche für DWR/DNR (Hamm Rpfleger **57**, 251) u umgekehrt (LG Münst DNotZ **53**, 148). Zur Konversion eines Vertr auf Übertragg von WE in Vertr auf Bestellg von DWR vgl BGH NJW **63**, 339. Kein VerwertgsR, so daß aus ihm nicht die ZwVollstr betrieben werden kann (BayObLG **57**, 102 [111]). – **Rechtsweg** bei Streit zw Eigtümer u Berecht: § 52.

2 **2) Begriff.** DWR u DNR unterscheiden sich in der Zweckbestimmg der ihnen unterliegden Räume, nicht in der rechtl Behandlg **(III)**. Maßg ist die bei Bestellg festgelegte Zweckbestimmg; bei gemischter entscheidet die überwiegde. Sie können an allen Räumen (BGH **27**, 158), mehreren od nur einem Raum (LG Münst DNotZ **53**, 148) eines Gbdes bestellt werden. Wg Zulässigk der Anfangs- u Endbefristg stehen der Bestellg periodischer DWR/DNR wechselnder Berecht **(„time-sharing")** keine materiellrechtl Bedenken entgg (LG Hbg NJW-RR **91**, 823; Tonner/Tonner WM **98**, 313; aA Stgt NJW **87**, 2023). – **a) Dauerwohnrecht (I)** erfordert ein NutzgsR an einer Wohng entspr § 1 Rn 2. Für die Erstreckg auf unbebaute
3 GrdstTeile gilt ErbbRVO 1 Rn 3 entspr. – **b) Dauernutzungsrecht (II)** erfordert ein NutzgsR an nicht zu Wohnzwecken dienden Räumen entspr § 1 Rn 3; zB U-Bahnhof (LG Ffm NJW **71**, 759). Auch hier Erstreckg auf unbebaute Teile mögl (I 2, III); zB Tankwartraum mit Tankstelle (LG Münst DNotZ **53**, 148). – **c) Umwandlung** von DWR in DNR u umgekehrt nicht dch abw Gebrauch, sond dch Inhaltsänderg (BGB 877).

4 **3) Belastungsgegenstand.** Grdst, reale GrdstTeile (GBO 7 II), WE/TeilE (BGH DB **79**, 545) ErbbR/WErbbR/TeilErbbR (§ 42); nicht aber gewöhnl MitEigtAnt (BayObLG **57**, 102 [110]). Solange Räume noch nicht errichtet, ruht das NutzgsR. – **Gesamtrecht** an mehreren BelastgsGgst zuläss (LG Hildesh NJW **60**, 49; Böttcher MittBayNot **93**, 129 zu IV 5); entsteht auch bei Teilg des BelastgsGgst.

5 **4) Berechtigter** kann bestimmte natürl/jur Pers sein; auch der GrdstEigtümer (BayObLG **97**, 163; Einf 7 v BGB 854). **Berechtigtenmehrheit** als BruchtMitBerecht (BGH **130,** 150) u GesHdsBerecht, nicht aber GesamtGläub iSv BGB 428 (str). Berecht an verschied Räumen eines Gbdes bilden keine dem WEG unterliegde Gemsch.

6 **5) Bestellung. – a)** Als **dingliches Recht** gem BGB 873 dch formlose Einigg (einseit Erkl bei EigtümerR) u Eintr in Abt II des GB (vgl § 32). Befristg zuläss (§ 41), nicht aber Bdgg (§ 35 I 2). – **b)** Das **schuldrechtliche Grundgeschäft** kann zB RKauf (BGH NJW **69**, 1850) bzw kaufähnl Vertr (BGB 455, 493), Tausch od Schenkg sein; es unterliegt nicht BGB 313 (BGH WM **84**, 142). Bei Unwirksamk gelten BGB 812ff, bei LeistgsStörgen BGB 320ff. Mit der Bestellg hat der Eigtümer seine LeistgsPfl erfüllt; bei Sachmangel des Gbdes gelten iFv Kauf BGB 459ff (Wtn/Hauger 14 v § 31). Besteht das Entgelt in lfden Zahlgen, so ist bei BGB 454 auf Erfüllg u KaufprStundg bzgl jeder Teilleistg abzustellen (MüKo/Westermann § 454 Rn 4, 5).

6) Erlöschen dch Aufhebg (§ 38 Rn 1), entspr BGB 1026 (BayObLG NJW-RR **96**, 397) u Fristablauf. 7
Nicht aber mit Heimfall (§ 36 Rn 3) od Zerstörg des Gbdes (selbst wenn keine WiederaufbauPfl; BGB 1093 Rn 19). Keine Kündigg mögl (BGB **27**, 158); Ers bietet Heimfall.

7) Entgelt. Kann nicht RInhalt sein. Verpfl kann sich aus GrdGesch ergeben; zB als Kaufpr (BGH NJW 8
69, 1850); nicht dch Reallast sond nur dch SichgsNießbr od PfdR sicherb (BPM/Pick § 36 Rn 26). Es kann in einmal od lfder Zahlg bestehen.

WEG 32 *Voraussetzungen der Eintragung.* ^I **Das Dauerwohnrecht soll nur bestellt werden, wenn die Wohnung in sich abgeschlossen ist. § 3 Abs. 3 gilt entsprechend.**

^II Zur näheren Bezeichnung des Gegenstandes und des Inhalts des Dauerwohnrechts kann auf die Eintragungsbewilligung Bezug genommen werden. Der Eintragungsbewilligung sind als Anlagen beizufügen:

1. eine von der Baubehörde mit Unterschrift und Siegel oder Stempel versehene Bauzeichnung, aus der die Aufteilung des Gebäudes sowie die Lage und Größe der dem Dauerwohnrecht unterliegenden Gebäude- und Grundstücksteile ersichtlich ist (Aufteilungsplan); alle zu demselben Dauerwohnrecht gehörenden Einzelräume sind mit der jeweils gleichen Nummer zu kennzeichnen;

2. eine Bescheinigung der Baubehörde, daß die Voraussetzungen des Absatzes 1 vorliegen.

Wenn in der Eintragungsbewilligung für die einzelnen Dauerwohnrechte Nummern angegeben werden, sollen sie mit denen des Aufteilungsplans übereinstimmen.

^III Das Grundbuchamt soll die Eintragung des Dauerwohnrechts ablehnen, wenn über die in § 33 Abs. 4 Nrn. 1 bis 4 bezeichneten Angelegenheiten, über die Voraussetzungen des Heimfallanspruchs (§ 36 Abs. 1) und über die Entschädigung beim Heimfall (§ 36 Abs. 4) keine Vereinbarungen getroffen sind.

1) Abgeschlossenheit (I). Es gelten § 3 Rn 7, 8 (aA für Zugang: Lotter MittBayNot **99**, 354); ZusHang 1
mit Räumen auf NachbGrdst daher unschädl (LG Mü DNotZ **73**, 417). Verstoß gg I hindert Entstehg des DWR nicht, da SollVorschr.

2) Eintragungsvoraussetzungen. – a) Antrag des Eigtümers od Berecht (GBO 13). – **b) Bewilligung** 2
des Eigtümers (GBO 19, 29), die den Ggst des DWR übereinstimmd mit dem Aufteilgsplan bezeichnen muß, unter Beifügg (**II 2**) von Aufteilgsplan, der Lage u Größe bezeichnet (BayObLG **97**, 163), u Abgeschlossenh-Bescheinigg (§ 7 Rn 4). Sie muß auch Inhaltsregelgen nach § 33 IV Nr 1–4 enthalten (**III**), deren Zustandekommen aber vom GBA mangels GBO 20 entspr Vorschr nicht zu prüfen ist (Wtn/Hauger 7; aA Düss DNotZ **78**, 354); GBA prüft Angemessenh nach § 36 IV 2 vereinbarter Entschädigg nicht (BGH **27**, 158). Fehlt Vereinbg eines HeimfallAnspr, so bedarf es keiner NegativKl zu § 36 I, IV (BayObLG **54**, 67). Verstoß gg III hindert Entstehg des DWR bei Eintragg nicht. – **c) Voreintragung** des Eigtümers (GBO 39).

3) Eintragungsvermerk muß Ggst u Inhalt (§ 33) des DWR sowie den Berecht enthalten. Die für Ggst u 3
Inhalt zuläss Bezugn auf die EintrBew (**II 1**) erfaßt auch den in ihr in Bezug gen Aufteilgsplan, so daß auch er GBInhalt wird u am öffGl teilnimmt (§ 7 Rn 6).

WEG 33 *Inhalt des Dauerwohnrechts.* ^I **Das Dauerwohnrecht ist veräußerlich und vererblich. Es kann nicht unter einer Bedingung bestellt werden.**

^II Auf das Dauerwohnrecht sind, soweit nicht etwas anderes vereinbart ist, die Vorschriften des § 14 entsprechend anzuwenden.

^III Der Berechtigte kann die zum gemeinschaftlichen Gebrauch bestimmten Teile, Anlagen und Einrichtungen des Gebäudes und Grundstücks mitbenutzen, soweit nichts anderes vereinbart ist.

^IV Als Inhalt des Dauerwohnrechts können Vereinbarungen getroffen werden über:

1. Art und Umfang der Nutzungen;

2. Instandhaltung und Instandsetzung der dem Dauerwohnrecht unterliegenden Gebäudeteile;

3. die Pflicht des Berechtigten zur Tragung öffentlicher oder privatrechtlicher Lasten des Grundstücks;

4. die Versicherung des Gebäudes und seinen Wiederaufbau im Falle der Zerstörung;

5. das Recht des Eigentümers, bei Vorliegen bestimmter Voraussetzungen Sicherheitsleistung zu verlangen.

1) Verfügungen über das DWR. – **a) Veräußerung (I);** beschränkb (§ 35). GrdGesch unterliegt nicht 1
BGB 313. Dingl Übertragg nach BGB 873. – **b) Belastung** nur mit Nießbr (BGB 1068) u PfdR (BGB 1273); nicht mit Dbk (einschließl BGB 1093), VorkR, Reallast, GrdPfdR. – **c) Inhaltsänderung** nach BGB 877. Änderg nur schuldr Inhalts dch bloße Einigg. – **d) Aufhebung** nach BGB 875, 876; Zust des Heimfall-Berecht notw (hM). – **e) Zwangsvollstreckung** nach ZPO 857. DrittSchuldn ist der Eigtümer; Pfändg wird mit GBEintr wirks (Stöber Rn 1525). Verwertg nach ZPO 844 od 857 V.

2) Vererblichkeit (I 1). Sie steht einer Befristg dch den Tod des Eigtümers od Berecht nicht entgg (vgl 2
Celle Rpfleger **64**, 213; Rn 3). Zuläss auch HeimfallAnspr bei Tod des Eigtümers od Berecht (vgl Hamm OLGZ **65**, 72).

3) Bedingungsverbot (I 2) Für Bestellg (nicht für Veräußerg/Belastg); gilt für aufschiebde u auflösde 3
Bdgg. Da Befristg zuläss (§ 41), widerspricht Bestellg mit nur im Ztpkt ungewissem Endtermin (zB Tod des Eigtümers od Berecht) nicht I 2 (vgl BGH **52**, 269; **LM** § 158 Nr 14); I 2 abw von ErbbRVO 1 Rn 10

nicht entspr anwendb (hM; aA Böttcher RhNK **87**, 219; Soergel/Stürner Rn 5), da DWR idR kein BeleihgsGgst.

4 **4) Gesetzlicher Rechtsinhalt.** Vorschr des NießbrR (str) u des MietR (BGH NJW **69**, 1850; LG Dortm NJW-RR **91**, 16) sind nicht entspr anwendb, soweit dies nicht in §§ 31–42 vorgesehen. – **a) § 14 (II).** Die dort begründeten Verpfl treffen den Berecht ggü dem Eigtümer, nicht ggü and DWBerecht (vgl § 31 Rn 5). An die Stelle der im SE stehden GbdeTeile treten die dem DWR unterliegden Ggst. An die Stelle des GemschE in § 14 Nr 1 treten die in III genannten GbdeTeile u in § 14 Nr 4 die nicht dem DWR unterliegden GbdeTeile. – **b) Mitbenutzungsrecht (III)** entspr BGB 1093 III (vgl dort Rn 13). DNR an GeschRäumen berecht zur Benutzg der GbdeAußenwand für Reklame (Ffm BB **70**, 731).

5 **5) Vereinbarter Rechtsinhalt (IV).** Vereinbgen iSv Nr 1–5 wirken nur dann für u gg SonderNachf des Eigtümers u Berecht, wenn sie dch Einigg u Eintragg (auch gem § 32 II 1) zum RInhalt gemacht sind (§ 38 Rn 1); ohne Eintragg wirken sie nur unter den VertrPart. Ist NichtEintr nicht beiderseits gewollt, so besteht
6 Anspr aus GrdGesch auf EintrBew. – **a) Nr 1.** Hierunter fallen insb Regelgen wie in § 15 Rn 4; zB Vermietg nur mit EigtümerZust (BayObLG **60**, 231). Bei Verstoß gilt § 15 Rn 17, 18 entspr. – **b) Nr 2.** Bzgl der Verpfl des Berecht sind Ergänzgen zu II iVm § 14 mögl. Auch Verpfl des Eigtümers vereinb. Vereinbg kann auch den in III genannten Ggst betreffen. – **c) Nr 3.** Ohne solche (nur im InnenVerh wirkde; BGB 1047 Rn 2) Regelg trägt der Eigtümer die Lasten. – **d) Nr 4.** Ohne solche Regelg keine verdingl EigtümerVerpfl; auch nicht zum Wiederaufbau (Soergel/Stürner 11; aA BPM/Pick § 31 Rn 91). Aus VersichgsPfl kann sich WiederaufbauPfl ergeben. Auch ErstaufbauVerpfl vereinb (Wtn/Hauger 15). – **e) Nr 5.** Mangels Vereinbg gilt auch nicht BGB 1051 ff (hM).

WEG 34 *Ansprüche des Eigentümers und der Dauerwohnberechtigten.*

I Auf die Ersatzansprüche des Eigentümers wegen Veränderungen oder Verschlechterungen sowie auf die Ansprüche der Dauerwohnberechtigten auf Ersatz von Verwendungen oder auf Gestattung der Wegnahme einer Einrichtung sind die §§ 1049, 1057 des Bürgerlichen Gesetzbuches entsprechend anzuwenden.

II Wird das Dauerwohnrecht beeinträchtigt, so sind auf die Ansprüche des Berechtigten die für die Ansprüche aus dem Eigentum geltenden Vorschriften entsprechend anzuwenden.

1 **1) Ersatzansprüche des Eigentümers (I)** gg den Berecht wg Veränderg/Verschlechterg der der Nutzg (§ 31 I) u Mitbenutzg (§ 33 III) unterliegden Ggst können sich aus Verletzg einer Vereinbg nach § 33 IV Nr 1, 2 bzw schuldrechtl Vereinbg od BGB 823 ergeben. I regelt nur die Verj: BGB 1057, 558 II (gilt auch für Anspr aus BGB 823 [BGB 1057 Rn 1]).

2 **2) Ansprüche des Berechtigten. a) Verwendungsersatz (I)** nach BGB 1049 (vgl dort Rn 1). Verj nach BGB 1057, 558 II. – **b) Wegnahme von Einrichtungen (I),** mit denen der Berecht das Grdst/Gbde versehen hat (auch wenn wesentl Bestandt geworden) nach BGB 1049 II, 258. Verj nach BGB 1057, 558 II. – **c) Beeinträchtigung des DWR/DNR (II).** Wie Nießbraucher nach BGB 1065 (vgl dort Rn 1–6).

WEG 35 *Veräußerungsbeschränkung.*

Als Inhalt des Dauerwohnrechts kann vereinbart werden, daß der Berechtigte zur Veräußerung des Dauerwohnrechts der Zustimmung des Eigentümers oder eines Dritten bedarf. Die Vorschriften des § 12 gelten in diesem Falle entsprechend.

1 Es gelten die Ausführgen zu § 12 entspr; für Eintragg gilt aber WEGGBVfg 3 II nicht, so daß Bezugn nach § 32 II 1 auch formell zuläss. – RWeg bei ZustVerweigerg: ProzGer (hM). – VeräußergsBeschrkg nach BVG 75 (vgl Übbl 21 vor BGB 873) zuläss u eintragb (BayObLG **56**, 278).

WEG 36 *Heimfallanspruch.*

I Als Inhalt des Dauerwohnrechts kann vereinbart werden, daß der Berechtigte verpflichtet ist, das Dauerwohnrecht beim Eintritt bestimmter Voraussetzungen auf den Grundstückseigentümer oder einen von diesem zu bezeichnenden Dritten zu übertragen (Heimfallanspruch). Der Heimfallanspruch kann nicht von dem Eigentum an dem Grundstück getrennt werden.

II Bezieht sich das Dauerwohnrecht auf Räume, die dem Mieterschutz unterliegen, so kann der Eigentümer von dem Heimfallanspruch nur Gebrauch machen, wenn ein Grund vorliegt, aus dem ein Vermieter die Aufhebung des Mietverhältnisses verlangen oder kündigen kann.

III Der Heimfallanspruch verjährt in sechs Monaten von dem Zeitpunkt an, in dem der Eigentümer von dem Eintritt der Voraussetzungen Kenntnis erlangt, ohne Rücksicht auf diese Kenntnis in zwei Jahren von dem Eintritt der Voraussetzungen an.

IV Als Inhalt des Dauerwohnrechts kann vereinbart werden, daß der Eigentümer dem Berechtigten eine Entschädigung zu gewähren hat, wenn er von dem Heimfallanspruch Gebrauch macht. Als Inhalt des Dauerwohnrechts können Vereinbarungen über die Berechnung oder Höhe der Entschädigung oder die Art ihrer Zahlung getroffen werden.

1 **1) Inhalt des DWR/DNR** mit Wirkg für u gg den jeweil Eigtümer bzw Berecht werden Vereinbgen nach I u IV dch Einigg u Eintragg (auch gem § 32 II 1); ohne Eintragg wirken sie nur schuldrechtl zw den VertrPart. Ohne Vereinbg nach I kein KündR (BGH **27**, 158); in AusnFällen bei schweren PflVerletzgen RückÜbertrAnspr aus BGB 242 (BPM/Pick Rn 77).

2) Heimfallanspruch. – a) Voraussetzungen (vgl ErbbRVO 2 Nr 4) sind frei vereinb; sie müssen bestimmt sein; zB Tod des Eigtümers od Berecht (§ 33 Rn 2), nicht aber jederzeit Verlangen des Eigtümers (vgl LG Oldbg NJW **79**, 383) od (wg Umgehg von §§ 35, 12 II 2) Veräußerg des DWR (Wtn/Hauger 8; BPM/Pick 68; aA RGRK/Augustin 8). Entstandener Anspr idR auch dchsetzb, wenn verletzte VertrPfl nachgeholt ist (vgl BGH NJW-RR **88**, 715). – **b) Inhalt (I 1);** vgl ErbbRVO 3 Halbs 2. Anspr auf Übertragg des DWR dch Einigg u Eintragg auf den Eigtümer (dieser erwirbt EigtümerDWR) od von ihm (änderb) bezeichneten Dritten; kein RÜbergang krG. Keine VormkgsWirkg (str; vgl ErbbRVO § 2 Rn 1). – **c) Verfügungen (I 2);** vgl ErbbRVO 3 Halbs 1. Der HeimfallAnspr ist als wesentl GrdstBestandt nicht selbstd übertragb/verpfändb/pfändb; Dritter kann zur Geltdmachg in ProzStandsch ermächtigt werden. – **d) Ausübungsbeschränkung (II),** nicht aber Beschrkg der Heimfallvoraussetzgen (BGH **27**, 158). Trotz Vorliegens der Voraussetzgen kann der ÜbertrAnspr nur geltd gemacht werden, wenn iF eines MietVerh zw Eigtümer u Berecht dessen Aufhebg od Künd nach BGB 556a–556c, 564b–565e verlangt werden könnte (Wtn/Hauger 6). – **e) Verjährung (III);** ErbbRVO 4 Rn 1–3 gelten entspr.

2 3 4

3) Entschädigung (IV); zu S 2 vgl ErbbRVO 32 I 2. Soweit kein gesetzl Anspr besteht (§ 41 III), besteht er nur aGrd einer Vereinbg. Bei einer ergänzden Vereinbg nach S 2 für einen nur noch S 1 bestehden Anspr prüft das ProzGer nicht die Angemessenh; ohne sie wird angem Entschädigg (§ 41 Rn 3) geschuldet. Anspr entsteht mit Erfüllg des HeimfallAnspr (vgl BGH **111**, 154) gg Eigtümer zu diesem Ztpkt für Berecht zu diesem Ztpkt (VorausVfg aber nach allg Grds zuläss [BGH NJW **76**, 895]). 5

WEG 37 *Vermietung.*

I Hat der Dauerwohnberechtigte die dem Dauerwohnrecht unterliegenden Gebäude- oder Grundstücksteile vermietet oder verpachtet, so erlischt das Miet- oder Pachtverhältnis, wenn das Dauerwohnrecht erlischt.

II Macht der Eigentümer von seinem Heimfallanspruch Gebrauch, so tritt er oder derjenige, auf den das Dauerwohnrecht zu übertragen ist, in das Miet- oder Pachtverhältnis ein; die Vorschriften der §§ 571 bis 576 des Bürgerlichen Gesetzbuches gelten entsprechend.

III Absatz 2 gilt entsprechend, wenn das Dauerwohnrecht veräußert wird. Wird das Dauerwohnrecht im Wege der Zwangsvollstreckung veräußert, so steht dem Erwerber ein Kündigungsrecht in entsprechender Anwendung des § 57a des Gesetzes über die Zwangsversteigerung und Zwangsverwaltung zu.

1) Allgemeines. § 37 regelt den Einfluß von Erlöschen/Übertragg des DWR auf Miet/PachtVerh. BGB 577 regelt den Einfluß der Bestellg eines DWR auf Miet/PachtVerh. 1

2) Erlöschen (I), gleichgült aus welchem Grd. Miet/PachtVerh zw DWRBerecht u Mieter/Pächter erlischt. Eigtümer hat gg Mieter/Pächter HerausgAnspr aus BGB 985 (nicht 556 III). DWRBerecht haftet bei treuwidr RAufg Mieter/Pächter entspr BGB 541 (vgl BPM/Pick Rn 8, 11; NS/Schulze Rn 2). 2

3) Übertragung. – a) Bei **Heimfall oder Veräußerung (II, III 1)** tritt Erwerber in Miet/PachtVerh entspr BGB 571–576 ein. Wird DWR später aufgeh, gilt I auch iF eines EigtümerDWR (BPM/Pick 41; Wtn/Hauger 4; aA Soergel/Stürner 3; Constantin NJW **69**, 1417). Da Miet/PachtVerh auch bei vereinbgswidr Vermietg/Verpachtg wirks, tritt Erwerber auch in diesen Vertr ein. – **b)** Bei **Veräußerung im Wege der Zwangsvollstreckung (III 2)** gilt Rn 2 mit der Maßg, daß Erwerber KündiggsR entspr ZVG 57a hat (auch ZVG 57c, 57d entspr anwendb). 3 4

WEG 38 *Eintritt in das Rechtsverhältnis.*

I Wird das Dauerwohnrecht veräußert, so tritt der Erwerber an Stelle des Veräußerers in die sich während der Dauer seiner Berechtigung aus dem Rechtsverhältnis zu dem Eigentümer ergebenden Verpflichtungen ein.

II Wird das Grundstück veräußert, so tritt der Erwerber an Stelle des Veräußerers in die sich während der Dauer seines Eigentums aus dem Rechtsverhältnis zu dem Dauerwohnberechtigten ergebenden Rechte ein. Das gleiche gilt für den Erwerb auf Grund Zuschlages in der Zwangsversteigerung, wenn das Dauerwohnrecht durch den Zuschlag nicht erlischt.

1) Allgemeines. § 38 regelt den Einfluß der Übertragg von DWR (I) bzw Grdst (II) auf das RVerh zw Eigtümer u Berecht u bezieht sich über den Wortlaut hinaus auch auf die sich aus dem GrdGesch (§ 31 Rn 7) ergebden Rechte u Pflichten (Soergel/Stürner 4; Wtn/Hauger 7; einschrkd BPM/Pick 13); er schließt gutgl Erwerb aus. Für die sich aus dem Gesetz (zB §§ 33 I–III, 41) od aus einer dch Einigg u Eintr zum RInhalt gemachten Vereinbg (§§ 33 IV, 36, 39, 40 II) ergebden Rechte u Pflichten ergibt sich die Wirkg ggü RNachf schon aus dem dingl Recht. Sind letztere nur schuldrechtl vereinbart, so gilt § 38 für sie nicht (BPM/Pick 17; Wtn/Hauger 5; aA Soergel/Stürner 4). 1

2) Übertragungswirkung. – a) Mit Übertragg des **Dauerwohnrechts** (auch iW der ZwVollstr) tritt der Erwerber krG in die Rechte u Pflichten des insoweit freiwerdden VorBerecht ein; BGB 418 gilt entspr (Wtn/Hauger 8). Erwerber haftet nicht für Rückstände. – **b)** Mit Übertragg des **Grundstücks** (auch iW der ZwVerst bei Nichterlöschen) tritt der Erwerber für die Zukunft krG in die Rechte u Pflichten des insoweit freiwerdden VorEigtümers ein. Kein KündiggsR entspr ZVG 57a. VorausVfgen über das Entgelt sind ggü dem Erwerber wirks (BGB 573, 574, ZVG 57, 57b gelten nicht; vgl § 40 Rn 1). 2 3

WEG 39 *Zwangsversteigerung.*

I Als Inhalt des Dauerwohnrechts kann vereinbart werden, daß das Dauerwohnrecht im Falle der Zwangsversteigerung des Grundstücks abweichend von § 44 des Gesetzes über die Zwangsversteigerung und Zwangsverwaltung auch dann bestehen bleiben soll, wenn der Gläubiger einer dem Dauerwohnrecht im Range vorgehen-

den oder gleichstehenden Hypothek, Grundschuld, Rentenschuld oder Reallast die Zwangsversteigerung in das Grundstück betreibt.

II Eine Vereinbarung gemäß Absatz 1 bedarf zu ihrer Wirksamkeit der Zustimmung derjenigen, denen eine dem Dauerwohnrecht im Range vorgehende oder gleichstehende Hypothek, Grundschuld, Rentenschuld oder Reallast zusteht.

III Eine Vereinbarung gemäß Absatz 1 ist nur wirksam für den Fall, daß der Dauerwohnberechtigte im Zeitpunkt der Feststellung der Versteigerungsbedingungen seine fälligen Zahlungsverpflichtungen gegenüber dem Eigentümer erfüllt hat; in Ergänzung einer Vereinbarung nach Absatz 1 kann vereinbart werden, daß das Fortbestehen des Dauerwohnrechts vom Vorliegen weiterer Voraussetzungen abhängig ist.

1 **1) Allgemeines.** Eine Vereinbg nach § 39 verhindert, daß unter den Voraussetzgen von III Halbs 1 ein nicht in das geringste Gebot falldes DWR dch Zuschlag des Grdst in der ZwVerst erlischt. Sie wirkt nicht ggü Gläub des ZVG 10 Nr 1–3.

2 **2) Rechtsinhalt** wird die Vereinbg dch Einigg u Eintragg (auch gem § 32 II 1; str) bei DWR, bei Zust entspr GBV 18 auch bei den Rechten des II (LG Hildesh Rpfleger 66, 116); Eintragg bei DWR aber auch schon vor Zust der Gläub iSv II mögl (Schlesw SchlHA **62**, 146). Weitere WirksamkVoraussetzg (III Halbs 2) kann zum RInhalt gemacht werden; sie führt zu Schwierigk im VerstTermin.

3 **3) Zustimmung** der in II genannten RealBerecht. Haben nur einz RealBerecht nicht zugestimmt, so bleibt das DWR bestehen, wenn die Rechte der Nichtzustimmden ins geringste Gebot fallen u damit auch bestehen bleiben.

WEG 40

Haftung des Entgelts. **I Hypotheken, Grundschulden, Rentenschulden und Reallasten, die dem Dauerwohnrecht im Range vorgehen oder gleichstehen, sowie öffentliche Lasten, die in wiederkehrenden Leistungen bestehen, erstrecken sich auf den Anspruch auf das Entgelt für das Dauerwohnrecht in gleicher Weise wie auf eine Mietzinsforderung, soweit nicht in Absatz 2 etwas Abweichendes bestimmt ist. Im übrigen sind die für Mietzinsforderungen geltenden Vorschriften nicht entsprechend anzuwenden.**

II Als Inhalt des Dauerwohnrechts kann vereinbart werden, daß Verfügungen über den Anspruch auf das Entgelt, wenn es in wiederkehrenden Leistungen ausbedungen ist, gegenüber dem Gläubiger einer dem Dauerwohnrecht im Range vorgehenden oder gleichstehenden Hypothek, Grundschuld, Rentenschuld oder Reallast wirksam sind. Für eine solche Vereinbarung gilt § 39 Abs. 2 entsprechend.

1 **1) Regel (I 2).** EntgeltAnspr (§ 31 Rn 9), auch bei wiederkehrder Leistg, wird bzgl Haftg für die in I 1 genannten Rechte nicht wie MietzinsFdg behandelt. Daher wirkt jede Zahlg (auch Vorauszahlg u sonst Vfg wie zB Abtretg, Pfändg) des Berecht an den Eigtümer befreiend ggü dem GrdstErwerber (RGesch od ZwVerst) bzw Ins/ZwangsVerw. BGB 573, 574 u InsO 108, 110, 111 gelten nicht; BGB 1123, 1124 wirken nicht ggü nachstehden Berecht. ZVG 57 b nur anwendb, wenn DWR nach § 39 bestehen bleibt; VorausVfg muß dann auch dem Ersteher ggü insow wirks sein, wie sie es ggü dem betreibden Gläub wären. Vereinbg, daß Vorauszahlg in best Umfang unwirks, ist zuläss (Soergel/Stürner Rn 3).

2 **2) Ausnahme (I 1).** Erstreckg der in I 1 genannten Rechte u Lasten auf die EntgeltFdg wie auf eine MietzinsFdg, sofern keine abw Vereinbg nach II. Insoweit gelten also BGB 1123 ff u G v 9. 3. 34 (RGBl 181). EntgeltFdg wird auch erfaßt, wenn auf einmalige Leistg gerichtet; ebso Anspr auf Lastentragg (§ 33 IV 2, 3).

WEG 41

Besondere Vorschriften für langfristige Dauerwohnrechte. **I Für Dauerwohnrechte, die zeitlich unbegrenzt oder für einen Zeitraum von mehr als zehn Jahren eingeräumt sind, gelten die besonderen Vorschriften der Absätze 2 und 3.**

II Der Eigentümer ist, sofern nicht etwas anderes vereinbart ist, dem Dauerwohnberechtigten gegenüber verpflichtet, eine dem Dauerwohnrecht im Range vorgehende oder gleichstehende Hypothek löschen zu lassen für den Fall, daß sie sich mit dem Eigentum in einer Person vereinigt, und die Eintragung einer entsprechenden Löschungsvormerkung in das Grundbuch zu bewilligen.

III Der Eigentümer ist verpflichtet, dem Dauerwohnberechtigten eine angemessene Entschädigung zu gewähren, wenn er von dem Heimfallanspruch Gebrauch macht.

1 **1) Anwendungsbereich.** Ein DWR mit im Ztpkt ungewissem Endtermin (§ 33 Rn 3) ist zeitl begrenzt; nach mehr als zehnjähr Dauer gilt § 41 entspr. 10-Jahres-Frist läuft ab Bestellg od nachträgl Verlängerg.

2 **2) Löschungspflicht (II);** gilt auch für Grd-/RentenSch (zB nach Ablösg) u für jeden Fall der Vereinigg (zB auch BGB 1143; aA BPM/Pick Rn 13). Das DWR hat nicht krG die Wirkg einer LöschgsVormkg. Berecht ist der jeweil Eigtümer, verpfl der jeweil Berecht (§ 38). – Die Abdingg wirkt als Änderg des RInhalts nur bei GBEintr ggü RNachf der VertrPart (BPM/Pick Rn 11; NS/Schulze Rn 11; aA 56. Aufl).

3 **3) Entschädigungspflicht bei Heimfall (III);** unabdingb (BGH **27**, 158; aA Celle NJW **60**, 2293). Für Entstehg u AnsprInh/Verpfl gilt § 36 Rn 7. Vereinbg nach § 36 IV 2 zuläss; gleichwohl prüft ProzGer im Streitfall die Angemessenh (BGH aaO). Für die Höhe sind insb Entgelt u Aufwendgen des Berecht, Nutzgs-Dauer u Verbesserg/Verschlechterg der dem DWR unterliegden Ggst maßg.

WEG 42 *Belastung eines Erbbaurechts.* **[I]Die Vorschriften der §§ 31 bis 41 gelten für die Belastung eines Erbbaurechts mit einem Dauerwohnrecht entsprechend.**

[II]Beim Heimfall des Erbbaurechts bleibt das Dauerwohnrecht bestehen.

1) Belastungsgegenstand für DWR (u DNR [§ 31 III]) kann ein ErbR (auch Wohngs-/TeilErbbR) sein; über BelastgsBeschrkg vgl ErbbRVO 5 Rn 3. §§ 31–41 gelten mit der Maßg, daß Grdst dch ErbbR u Eigtümer dch ErbbBerecht ersetzt wird; außerh des Gbdes liegder GrdstTeil iSv § 31 I 2 ist der GrdstTeil, auf den das ErbbR nach ErbbRVO 1 II erstreckt ist. 1

2) Heimfall des Erbbaurechts. Das DWR setzt sich abw von ErbbRVO 33 I am EigtümerErbbR fort. Dch Aufhebg des ErbbR erlischt es; Schutz dagg dch BGB 876. 2

III. Teil. Verfahrensvorschriften

1. Abschnitt. Verfahren der freiwilligen Gerichtsbarkeit in Wohnungseigentumssachen

WEG 43 *Entscheidung durch den Richter.* **[I]Das Amtsgericht, in dessen Bezirk das Grundstück liegt, entscheidet im Verfahren der freiwilligen Gerichtsbarkeit:**

1. auf Antrag eines Wohnungseigentümers über die sich aus der Gemeinschaft der Wohnungseigentümer und aus der Verwaltung des gemeinschaftlichen Eigentums ergebenden Rechte und Pflichten der Wohnungseigentümer untereinander mit Ausnahme der Ansprüche im Falle der Aufhebung der Gemeinschaft (§ 17) und auf Entziehung des Wohnungseigentums (§§ 18, 19);
2. auf Antrag eines Wohnungseigentümers oder des Verwalters über die Rechte und Pflichten des Verwalters bei der Verwaltung des gemeinschaftlichen Eigentums;
3. auf Antrag eines Wohnungseigentümers oder Dritten über die Bestellung eines Verwalters im Falle des § 26 Abs. 3;
4. auf Antrag eines Wohnungseigentümers oder des Verwalters über die Gültigkeit von Beschlüssen der Wohnungseigentümer.

[II]Der Richter entscheidet, soweit sich die Regelung nicht aus dem Gesetz, einer Vereinbarung oder einem Beschluß der Wohnungseigentümer ergibt, nach billigem Ermessen.

[III]Für das Verfahren gelten die besonderen Vorschriften der §§ 44 bis 50.

[IV]An dem Verfahren Beteiligte sind:

1. in den Fällen des Absatzes 1 Nr. 1 sämtliche Wohnungseigentümer;
2. in den Fällen des Absatzes 1 Nrn. 2 und 4 die Wohnungseigentümer und der Verwalter;
3. im Falle des Absatzes 1 Nr. 3 die Wohnungseigentümer und der Dritte.

1) Zuständigkeit. I weist die Verf nach Nr 1–4 zwingd der **freiwilligen Gerichtsbarkeit** zu, wobei iZw das Verf nach §§ 43 ff stattfindet (BGH NJW-RR **91**, 907), u begründet zugl eine ausschließl sachl u örtl Zuständigk. Verf nach §§ 43 ff auch, wenn in ihm geltd zu machder Anspr an Außenstehden abgetreten (KG WuM **84**, 308) od von Außenstehden in VerfStandsch geltd gemacht wird. Wg MahnVerf vgl § 46a. – **Selbständiges Beweisverfahren** entspr ZPO 485 ff statth; für Zuständigk iFv ZPO 486 II gilt I u für RMittel ZPO 567, 568 (BayObLG NJW-RR **96**, 528). – Vbg/TErkl kann **Schieds-** (BayObLG **73**, 1) od **Vorschaltverfahren** (zB Anrufg der Eigtümerversammlg od des VerwBeirats) vorsehen, ohne das Verf nach § 43 unzul, sofern Dchführg (zB wg mögl Versäumg der Frist aus § 23 IV) nicht unzumutb (BayObLG NJW-RR **96**, 910). 1

2) Antragsrecht; dch Vbg/TErkl nicht allg abdingb, aber im Einzelfall verwirkb u verzichtb (vgl Rn 9). – 2
a) Wohnungseigentümer: AntrR hat jeder WEigtümer zZ der AntrStellg; bei Mehrh von Berecht ist RForm maßg, ob jeder einzeln (zB BGB 1011 [BayObLG NZM **99**, 767]; 2038 I 2 [BayObLG **98**, 127]) od alle gemschaftl (zB BGB 709, 714 [BayObLG NJW-RR **91**, 215], 2038 I 1). Über Mitgl werdder Gemsch vgl Übbl 6 vor § 1. Verlust dieser RStellg nach AntrStellg unschädl (RSchutzInt kann aber entfallen;BayObLG ZfIR **98**, 304). Bei Verlust vor AntrStellg muß früherer WEigentümer seine Anspr vor ProzGer geltd machen; nur Verf nach Nr 4 noch statth, sofern UngültigErkl noch Auswirkg auf ihn hat, da diese nicht dch ProzGer mögl (Düss FGPrax **97**, 181). – **b) Verwalter** nur bei Nr 2 u 4 (hier nur im Eigtümerinteresse; KG NJW- 3
RR **86**, 642). AntrR hat, wer zZ der AntrStellg Verw ist. Verlust dieser RStellg nach AntrStellg unschädl (kann aber Hauptsache erledigen); Verlust vor AntrStellg unschädl, wenn iFv Nr 2 Anspr aus VerwVerh VerfGgst ist od iFv Nr 4 UngültigErkl noch Auswirkg auf RStellg hat (zB Anfechtg der Abberufg). – **c) Sonstige.** VerwBeirat hat als solcher kein AntrR; jedoch BeiratsMitgl (§ 29 Rn 8). Dritter bei StimmR nach § 25 Rn 4 (Lüke WE **99**, 122; aA Armbrüster DNotZ **99**, 562), iFv Nr 3 u bei AnsprAbtretg/VerfStandsch (Rn 1).

3) Verfahrensarten. Alle Verf sind AntrVerf (keine AmtsVerf in WEG-Sachen) u mit Ausn von Nr 3 echte StreitVerf (BGH NJW **93**, 593; KG NJW-RR **94**, 278). 4

a) Unter **I Nr 1** fallen alle Streitigk zw WEigtümern aus Angelegenh der §§ 10–16, 20–30; auch aus AufbauVereinbg iSv § 2 Rn 11 u AufhebgsVerpfl (BayObLG ZfIR **99**). Streit über Bestehen od Inhalt von SonderNutzgsR (BGH **109**, 396). Auf BGB zB 677 ff, 823, 862, 1004 gestützte Anspr fallen darunter, wenn zugl GemschPfl betroffen (BGH NJW-RR **91**, 907). Streit über Umwandlg GemschE-SE aGrd Anspr aus GemschVerh (BayObLG **98**, 111; aA KG NZM **98**, 581). – **Nicht:** Streit über Wirksamk der Begründg/ 5
Veräußerg von WE (BGH **62**, 388); Streit über Teilg nach Aufhebg der Gemsch (BayObLG **79**, 414). 6

Feststellgs/HerausgVerlangen bzgl Ggst von SE/GemschE bei streitigen EigtVerh (BGH **130**, 159); soweit dieser Streit Vorfrage in Verf nach Rn 5 (zB für InstandhaftgsPfl), ist er dort zu entscheiden (Düss NJW-RR **95**, 206). Streit aus AufbauVertr iSv § 2 Rn 11. Streit zw Eigtümern u ihren Mietern od Mietern and WEigtümer (Karlsr OLGZ **86**, 129). Streit mit vor AntrStellg ausgeschiedenem WEigtümer (BGH **106**, 34; vgl auch Hamm OLGZ **82**, 20 u DB **90**, 273 sowie KG WuM **92**, 35 über RWegspaltg bei teilw Veräußerg); insb Wohngeldeinziehg (BayObLG ZMR **99**, 725). Streit zw MitBerecht eines WE (BayObLG NJW-RR **95**, 588). Streit aus nur zw einz WEigtümern vereinb Wettbewerbsverbot (BGH NJW-RR **86**, 1335). Streit über Berechtigg an SondernutzgsR (Saarbr NJW-RR **98**, 1165).

7 **b)** Unter **I Nr 2** fallen alle Streitigk zw WEigtümern u Verw (auch pers haftden Gter einer VerwGesellsch; BayObLG NJW-RR **87**, 1368) unabhäng davon, ob auf WEG, BGB od Vertr gestützt (BGH **59**, 58). Gilt auch für Anspr vor AntrStellg ausgeschiedenen WEigtümers (BayObLG **94**, 60), sofern nicht auch Verw vor AntrStellg ausgeschieden (Köln WE **96**, 75), u für Anspr des/gg vor AntrStellg ausgeschiedenen Verw (BayObLG NJWE-MietR **96**, 276). – Streit über **Verwaltungsführung;** zB Ausführg od Nichtausführg von
8 Aufgaben nach §§ 24, 27, 28, Zust zu Veräußerg od Gebr. – Streit aus **Verwalterverhältnis;** zB Wirksamk der VerwBestellg u des VerwVertr (KG OLGZ **76**, 266); Streit über Vergütg, VertrErfüllg, Aufwendgs/SchadErs, Herausg von bzw Einsicht in VerwUnterlagen od Auskunft/Rechngslegg. Verlust der VerwStellg vor od nach VerfEinleitg läßt VerfZuständigk idR unberührt (BGH **78**, 57; BayObLG WuM **96**, 663). – **Nicht:** Streit über Gelder, die späterer Verw als Baubetreuer vor Bildg der WEGemsch empfing (BGH **65**, 264); Streit aus Verwaltg des SE (BayObLG DWE **95**, 118); Streit zw WEigtümer u Versicherer des Verw (BayObLG NJW-RR **87**, 1099); Widerruf ehrverletzder Äußerg (BayObLG **89**, 67: des Eigtümers).

c) Unter **I Nr 3** fällt die gerichtl Bestellg des Verw nach § 26 III.

9 **d)** Unter **I Nr 4** fallen: UngültigErkl eines Beschl (§ 23 IV); Feststellg seiner Nichtigk (Hamm NJW **81**, 465) bzw Nichtzustandekommens (BayObLG **95**, 407), seiner Gültigk u/od seines Inhalts (BayObLG WE **89**, 183). – **Antragsrecht** (Rn 2, 3); besteht auch bei StimmRAusschl nach § 25 V u wenn Eigt erst währd der AntrFr erworben (Ffm, OLGZ **92**, 439). Verwirkg od Verzicht nicht schon dch Zust zum Beschl (BayObLG NJW-RR **97**, 715); Antr zB mißbräuchl u unzuläss bei längerem Nichtbetreiben des Verf (Düss FGPrax **98**, 214) od wenn auf dem AntrSt bei BeschlFassg bekannten VerfMangel gestützt u er sich mit BeschlFassg ausdrückl einverstanden erklärte (Hamm NJW-RR **93**, 468), der Feststellg des Nichtbestehens dch den VersLeiter nicht widersprachn (BayObLG **92**, 79) od BeschlAntr zustimmte (BayObLG NJW-RR **88**, 1168).
10 – **Rechtsschutzinteresse** besteht auch, wenn and Eigtümer schon angefochten hat (BayObLG **77**, 226). Für Anfechtg eines ersetzden (BGH NJW **94**, 3230) od bestätigden **Zweitbeschlusses** (vgl § 10 Rn 16) fehlt es anfängl, wenn der ErstBeschl schon bestandskräft ist u ein Anspr auf dessen Änderg (vgl § 10 Rn 20) nicht geltd gemacht wird (BGH aaO; Stgt OLGZ **88**, 327). Erledigg der Hauptsache wg nachträgl Wegfalls des RSchutzInt, wenn der ErstBeschl währd des Verf über die UngültErkl des ZweitBeschl (BayObLG NJW-RR **87**, 9; WE **93**, 343) od der ZweitBeschl im Verf über den ErstBeschl bestandskräft wird (Ffm OLGZ **89**, 434); bloße Anfechtg des ZweitBeschl erledigt das Verf über den ErstBeschl noch nicht (BGH NJW **89**, 1087). – Zum Verf vgl weiter § 23 Rn 16–19.

11 **4) Bindung des Richters (II). – a)** An **Vereinbarung/Teilungserklärung und Mehrheitsbeschlüsse** (die nicht nichtig od rkräft für ungült erklärt) auch, wenn unzweckmäß Gestaltg unbill Folgen bewirkt (BGH NJW **93**, 1924); über Anspr aus BGB 242 auf Änderg vgl § 10 Rn 20. Sie äußert sich bei Antr nach §§ 15 III, 21 IV ergänzde Regelg. Bei BeschlAnfechtg äußert sie sich darin, daß ein iRv §§ 15 II, 21 III liegder Beschl nicht deshalb für ungült erklärt werden darf, weil and Regelg bloß zweckmäßiger (Düss FGPrax **99**, 94; BayObLG NZM **99**, 504). – **b)** An **Sachanträge** der Beteil keine strenge Bindg, es darf aber kein „Mehr" od „aliud" zugesprochen werden (BGH NJW **93**, 593); and bei BeschlAnfechtg (BayObLG **85**, 171).

12 **5) Verfahrensvorschriften (III).** In erster Linie gelten **§§ 44 bis 50.** Soweit dort keine SonderVorschr, gelten **FGG 2 bis 34** (BGH Rpfleger **85**, 24). Auf echte StreitVerf (Rn 4) ist ergänzg die **ZPO** heranziehb, soweit nicht Grdsätze der FG (zB FGG 12) entggstehen.

13 **a) Antragsform:** FGG 11 od schriftl; Schriftform erfordert keine Unterschrift, nur AntrSteller u Antr-Wille müssen erkennb sein (BayObLG ZMR **99**, 349). **Antragsänderung** wg materieller RKraft der Zurückweisg (§ 45 II 2) nur entspr ZPO 263, 264, 523 zul (BayObLG ZMR **95**, 495; aA Ffm OLGZ **90**, 419); iFv I Nr 4 muß Frist des § 23 IV gewahrt sein. **Antragserweiterung** im ersten RZug jederzeit, im BeschwVerf entspr ZPO 263, 264, 523 (BayObLG ZMR **95**, 495); iFv I Nr 4 muß Frist des § 23 IV gewahrt sein. **Antragsrücknahme** wg RKraft der Zurückweisg (§ 45 II 2) nur entspr ZPO 269 mit Zust des AntrGegners zul (Bassenge/Herbst FGG Einl Rn 113 mwN; aA KG WE **88**, 62; BayObLG WE **90**, 214); Ausn iFv I Nr 4 (§ 23 Rn 19). Ein noch nicht rkräft Entscheidg wird ohne Aufhebg wirkgslos. **Gegenantrag** entspr ZPO 33, 530 I zul (Hamm NJWE-MietR **97**, 277); nicht mehr in RBeschwInstanz (BayObLG WuM **85**, 31). Gg Eigtümer (KG OLGZ **91**, 190) od Verw (BayObLG **71**, 313) auch, wenn Verw in VerfStandsch für WEigtümer handelt. **Stufenantrag** entspr ZPO 254 zul (Düss NJW- RR **87**, 1163). **Feststellungsantrag** entspr ZPO 256 I, II bei FeststellgsInt zuläss (BayObLG NJW-RR **88**, 17; **90**, 210). Antr auf **künftige**
14 **Leistung** (zB Wohngeld) entspr ZPO 259 zuläss. – **Anhängigkeit** mit AntrEingang (= VerfEinleitg); sie ist maßg zB für VerfZuständigk, nicht entspr ZPO 253 I, 261 I die (nach FGG nicht notw) Zustellg an Gegner (KG WuM **91**, 369; aA BayObLG **86**, 348), die aber zB erst Verzug begründen kann; ZPO 261 III Nr 1 anwendb (BayObLG WE **95**, 319). – **Verfahrensvertretung** nach FGG 13, **Verfahrensstandschaft** (§ 27 Rn 17). – **Beteiligtenwechsel/erweiterung** entspr ZPO 263 (BayObLG WE **88**, 97; Ffm WE **89**, 171), **Nebenintervention** entspr ZPO 66 u **Streitverkündung** entspr ZPO 72 ff (BayObLG NJW-RR **87**, 1423 bzgl NichtEigtümer). – **Rechtsschutzinteresse** erforderl (BayObLG DNotZ **85**, 414); vgl auch Rn 10. **Trennung** (BayObLG DWE **82**, 136), **Verbindung** (BayObLG **77**, 226), **Aussetzung** (BayObLG **87**, 381) entspr ZPO 145, 147, 148 u **Ruhen des Verfahrens** (BayObLG NJW-RR **88**, 16) entspr ZPO 251 zul. –
15 **Zwischenentscheidung** über Zulässigk des Verf entspr ZPO 280 (Celle NJW-RR **89**, 143) od über AnsprGrd entspr ZPO 304 (Köln NZM **99**, 858) sowie **Teilentscheidung** entspr ZPO 301 (Zweibr NZM **99**, 858) zul; nicht aber **Anerkenntnis- u Versäumnisentscheidung** (Bassenge/Herbst FGG Einl Rn 53). –

Bekanntmachung der Entscheidg nach FGG 16 II, III. **Richterablehnung** nach FGG 6, ZPO 42ff. **Rechtsmittelbelehrung** nicht notw (Celle NZM **99**, 287). **Entscheidungsergänzung** entspr ZPO 321 (BayObLG WE **97**, 433).

b) Amtsermittlung (FGG 12). Das Ger hat ohne Bindg an Behauptgen u Antr der Beteil die entscheidgs- 16
erhebl Tats im Frei- od StrengBewVerf (BayObLG **87**, 291; KG WuM **88**, 28) zu ermitteln. Im StrengBewVerf gelten FGG 15, ZPO 355, 375 (BayObLG FGPrax **97**, 220). Diese Pfl endet aber dort, wo ein Beteil es allein od hauptsächl in der Hand hat, Tats u Beweise für eine ihm günst Entscheidg beizutragen (BayObLG ZfIR **99**, 596), worauf hinzuweisen ist (Köln WuM **95**, 343); daher kann oft ein Nichtbestreiten von weiteren Ermittlgen entbinden (BayObLG WE **89**, 58). Das Ger braucht nicht allen denkb Möglichk nachzugehen, sond darf die Ermittlgen einstellen, wenn ihre Fortsetzg keine Ergebn mehr erwarten läßt (BGH **40**, 54). Wg ZPO 285 vgl § 44 Rn 1, ZPO 287 anwendb.

6) Beteiligung. IV nennt nur die materiell Beteil; außerdem können es ein: NutzgsBerecht mit StimmR 17
(§ 25 Rn 4) in Verf nach I Nr 4; Erwerber eines im Verf nach § 43 geltd zu machden Anspr (Rn 1); bei Streit aus Beiratstätigk Mitgl, das nicht WEigtümer ist. Materiell od formell Beteil können nicht Zeugen sein (BayObLG FGPrax **97**, 220).

a) Materielle Beteiligung (IV). – aa) Nr 1. Alle **Wohnungseigentümer;** Verw auch dann nicht, wenn 18
Streit auf seinen Maßn beruht (aA BayObLG **72**, 90). Ausn für WEigtümer, die in ihren Rechten nicht betroffen sein können; zB IndividualAnspr gg and WEigtümer (BayObLG NJW-RR **90**, 660) od bei Mehrhausanlage (§ 25 Rn 2; BayObLG WuM **95**, 552). Keine Beteiligg bei EigtVerlust vor VerfEinleitg. EigtVerlust nach VerfEinleitg berührt Beteiligg nicht; Entscheidg wirkt entspr ZPO 265, 325 für u gg RNachf, der daher nicht formell zu beteiligen ist (BayObLG **94**, 237; aA Hamm WuM **94**, 565), sofern kein BeteilWechsel
(Rn 14) od formelle Beteiligg als Streithelfer/Verkündeter (KG NZM **98**, 580) erfolgt. – **bb) Nr 2 mit I** 19
Nr 2. Alle **Wohnungseigentümer** (wie bei Nr 1), sofern nicht IndividualAnspr gg Verw (BGH NJW **92**, 182); ferner vor VerfEinleitg Ausgeschiedener bei VerfZuständigk nach Rn 7. Ferner der **Verwalter.** Bei Streit aus Verwaltgsführg (Rn 7) ist Verlust des VerwAmtes vor od nach VerfEinleitg unerhebl, wenn die Entscheidg noch RWirkg für den bish Verw haben kann (zB fortbestehde Verpfl aus § 28 III); nach VerfEinleitg neu bestellter Verw wird Beteil (ges BeteilWechsel), wenn VerfGgst nicht nur pers Verpfl des bish Verw ist. Bei Streit aus VerwVerh (Rn 8) ist Verlust des VerwAmtes vor od nach VerfEinleitg unerhebl; neuer Verw
wird nicht Beteil. – **cc) Nr 2 mit I Nr 4.** Alle **Wohnungseigentümer** (wie bei Nr 1); ferner vor VerfEin- 20
leitg Ausgeschiedener, wenn EigtümerBeschl (zB nach § 28 V) noch RWirkg für/gg ihn hat. Ferner der **Verwalter,** auch wenn er erst nach VerfEinleitg bestellt wurde (BGH NJW **98**, 755). Verlust des VerwAmtes vor oder nach VerfEinleitg unerhebl, wenn die Entscheidg noch RWirkg für den bish Verw haben kann (zB Anfechtg von Abberufgs/EntlastgsBeschl; nicht aber bloße Haftgsmöglichk [Hamm OLGZ **71**, 96]); Verlust
nach VerfEinleitg auch unerhebl, wenn ihm VerfKosten auferlegt werden können (BGH aaO). – **dd) Nr 3.** 21
Alle **Wohnungseigentümer** bei VerfEinleitg u der **Dritte;** nicht aber der künft Verw (kann AmtsÜbern ablehnen).

b) Formelle Beteiligung (dazu Bassenge/Herbst FGG Einl Rn 23). Das Ger hat vAw (kann AntrSteller 22
Namhaftmachg aufgeben, aber nicht erzwingen [BayObLG DWE **85**, 60]) die materiell Beteil festzustellen (BayObLG MittBayNot **93**, 367) u ihnen Antr, Termine, BeteilVorbringen, ErmittlgsErgeb u Entscheidgen mitzuteilen (BayObLG NJW-RR **97**, 1307) sowie rechtl Gehör zu gewähren; Zustellgen an den Verw iRv § 27 II Nr 3 reichen, sofern ein Beteil nicht dch Anwalt vertreten (KG WuM **90**, 363). Maß der aktiven Beteiligg steht im Belieben jedes Beteil; auch ohne aktive Beteiligg ist er weiter formell zu beteiligen, da sich Anlaß zu aktiver Beteiligg erst im Laufe des Verf ergeben kann (zu weitgehd Hamm OLGZ **71**, 101). ZPO 62 nicht anwendb (KG WuM **85**, 97). – Anhörg zur Sachaufklärg richtet sich nach FGG 12.

WEG 44 *Allgemeine Verfahrensgrundsätze.*

[I] Der Richter soll mit den Beteiligten in der Regel mündlich verhandeln und hierbei darauf hinwirken, daß sie sich gütlich einigen.

[II] Kommt eine Einigung zustande, so ist hierüber eine Niederschrift aufzunehmen, und zwar nach den Vorschriften, die für die Niederschrift über einen Vergleich im bürgerlichen Rechtsstreit gelten.

[III] Der Richter kann für die Dauer des Verfahrens einstweilige Anordnungen treffen. Diese können selbständig nicht angefochten werden.

[IV] In der Entscheidung soll der Richter die Anordnungen treffen, die zu ihrer Durchführung erforderlich sind. Die Entscheidung ist zu begründen.

1) Mündliche Verhandlung (I). – a) Erforderlich in allen TatsInst vor der Endentscheidg in der Haupt- 1
sache (nicht zB vor selbstd Kostenentscheidg [Hbg OLGZ **91**, 47], VollstrEntscheid nach § 45 III, ZPO 891 [BayObLG NJW-RR **96**, 780], einstw AO od VerfAbgabe an ProzGer [BGH NJW **89**, 714]) u darf nur bei bes Umständen entfallen (zB Verzicht der Beteil bei bloßen RFragen [BGH NJW **98**, 3713]; unzul Antr/Beschw[BayObLG WE **91**, 197]; nicht aber fehlde Antr/BeschwBegründg [BayObLG ZfIR **99**, 224]); im BeschwVerf vor voll besetzter Kammer (Hamm NZM **98**, 769). Sie dient der Sachaufklärg (FGG 12) u der gütl Einigg; hat aber nicht die Funktion von ZPO 128, so daß EntscheidgsGrdLage auch sein kann, was nicht VerhandlgsGgst war (vgl aber Rn 3), u auch ZPO 309 gilt nicht (KG NJW-RR **94**, 278). ZPO 285 gilt nicht
(BayObLG NJW-RR **90**, 1420). Sie ist öffentl (BayObLG NJW-RR **89**, 1293). – **b) Teilnahme.** Nichtteiln 2
eines Beteil führt nicht zu VersäumnBeschl. Vertretg zuläss. Anordg des pers Erscheinens (FGG 13) steht im pflichtgem Ermessen u für Sachaufklärg (nicht nur für Einigg) gem FGG 33 erzwingb (KG Rpfleger **84**, 186).
– **c) Protokoll** nach Ermessen des Ger; ZPO 159ff gelten nicht (BayObLG JurBüro **89**, 244); vgl aber II. – 3
d) Rechtliches Gehör (GG 103 I), wonach Ger nur Tats verwerten darf, zu denen die Beteil (auch außerh

mündl Verhandlg) Gelegenh zur Kenntn- u Stellgnahme hatten, von mündl Verhandlg zu unterscheiden (dazu Bassenge/Herbst FGG Einl Rn 55).

4 **2) Einigung (II)** erfordert kein ggseit Nachgeben. Niederschr gem ZPO 159–164 (vgl BayObLG WE **89**, 110). Sie bindet materiellr nur die an ihr beteil WEigtümer (BayObLG NJW-RR **90**, 594; NZM **99**, 861); deren SondNachf nur, wenn sie als SE-Inhalt eingetr (§ 10 II) od die Voraussetzgen eines EigtümerBeschl erfüllt (§ 10 III). VerfBeendigg nur bei Mitwirkg aller formell Beteil.

5 **3) Einstweilige Anordnung (III)** erfordert anhäng HauptsacheVerf (BayObLG **93**, 73) u kann in jeder Instanz ergehen (BayObLG WuM **90**, 324). Sie erfordert keinen bes Antr (BayObLG **93**, 73) u ergeht ohne Bindg an solchen. Wirks mit Bek an Beteil (FGG 16 I) u sofort vollstreckb (§ 45 III); ggf SchadErs nach ZPO 945 (BGH **120**, 261), wobei ZPO 530 statt ZPO 717 II 2 anwendb (KG DWE **91**, 27). Anordng einschl Änderg/Aufhebg/Aussetzg der Vollziehg sowie Ablehng dieser Maßn nur zus mit Hauptsache anfechtb (BayObLG **93**, 73); selbstd anfechtb aber, wenn nicht in anhäng HauptsacheVerf ergangen (BayObLG **77**, 44) od greifb gesetzwidr (Hamm OLGZ **78**, 16). Bei Teilanfechtg der Hauptsacheentscheidg muß Anordng den Ggst des BeschwVerf betreffen, um mit angefochten werden zu können. Erlaß wg § 45 II 1 noch mit Hauptsacheentscheidg zul (LG Stgt DWE **93**, 33), zB sof Wirksamk eines WirtschPlans (KG WE **93**, 220); Ers für vorläuf Vollstreckbark. Anordng wird mit Wirksamwerden der Hauptsacheentscheidg nach § 45 II 1 (BayObLG **93**, 73) od wenn solche (zB nach AntrRückn) nicht mehr ergehen kann (Düss ZMR **89**, 315) ohne förml Aufhebg ggstlos.

6 **4) Durchführungsanordnung (IV 1)** setzt entspr materiellrechtl Anspr voraus (Stgt NJW **70**, 102); zul zB Herausg von VerwUnterlagen bei Abberufg des Verw (BayObLG **65**, 34), KündErmächtigg an Verw bei unzul Vermietg (LG Lüb DWE **88**, 29). Sie ergeht auch noch im RMittelVerf unabhäng von Antr der Beteil u ohne Bindg an solche. Wo ZwVollstr in Betr kommt, muß sie vollstrfäh Inhalt haben.

7 **5) Begründungspflicht (IV 2)** betrifft nur Endentscheidgen (zB auch selbstd Kostenentscheidg) u mit ihnen anfechtb Zwischenentscheidgen (zB nach III). Fehlen der Begründg hindert Lauf der BeschwFrist u damit Wirksamwerden der Entscheidg (BayObLG **82**, 90; WE **90**, 140).

WEG 45 *Rechtsmittel, Rechtskraft.*

I Gegen die Entscheidung des Amtsgerichts ist die sofortige Beschwerde, gegen die Entscheidung des Beschwerdegerichts die sofortige weitere Beschwerde zulässig, wenn der Wert des Gegenstandes der Beschwerde oder der weiteren Beschwerde eintausendfünfhundert Deutsche Mark übersteigt.

II Die Entscheidung wird mit der Rechtskraft wirksam. Sie ist für alle Beteiligten bindend.

III Aus rechtskräftigen Entscheidungen, gerichtlichen Vergleichen und einstweiligen Anordnungen findet die Zwangsvollstreckung nach den Vorschriften der Zivilprozeßordnung statt.

IV Haben sich die tatsächlichen Verhältnisse wesentlich geändert, so kann der Richter auf Antrag eines Beteiligten seine Entscheidung oder einen gerichtlichen Vergleich ändern, soweit dies zur Vermeidung einer unbilligen Härte notwendig ist.

1 **1) Rechtsmittel (I).** I gilt nicht für Beschw gg ZwEntscheidgen des AG (Ausn: Rn 2) u weit Beschw gg Entscheidgen des LG über Beschw gg diese sowie für Beschw gg ZwEntscheidgen des LG im BeschwVerf. Soweit diese nicht nach allg Grds (zB BewBeschl) od SonderVorschr (zB § 44 III) unanfechtb sind, sind sie vorbeh SonderVorschr (zB FGG 15 I iVm ZPO 380 III) ohne Rücks auf einen BeschwWert nach FGG 19 ff bzw 27 ff anfechtb (BayObLG ZMR **98**, 512). Über Anfechtg von Kosten- u GeschWertEntscheidgen vgl § 47 Rn 5, § 48 Rn 12, von Entscheidgen im ZwVollstrVerf vgl Rn 5.

2 **a) Erstbeschwerde. – aa) Statthaftigkeit.** Endentscheidgen des AG über die Hauptsache (u gleichgestellte ZwEntscheidgen wie zB entspr ZPO 280; Celle NJW-RR **89**, 143) unterliegen der sof Beschw, wenn der Wert der Beschwer für den BeschwFührer u nicht der GeschwWert des BeschwVerf (BGH **119,** 216) 1500 DM (ohne Zinsen/kosten als NebenFdg; BayObLG WuM **94**, 573) übersteigt. Bei mehreren BeschwFührern ist die Summe der Beschwer maßg (Düss ZMR **98**, 450). ZPO 547 gilt nicht (Brem WuM **92**, 38). – **bb) Frist.** 2 Wochen (FGG 22 I); unselbständ AnschlBeschw zuläss (BGH **71**, 314). – **cc) Beschwerderecht** hat ein Beteil (§ 43 IV) nur, wenn er iSv FGG 20 I beeinträchtigt ist (BGH **120**, 396; KG NJW-RR **98**, 1021); bei Übergehen eines Antr daher nur ZPO 321 entspr. Bei AntrZurückweisg gilt FGG 20 II (Bassenge Rpfleger **81**, 92; aA BGH aaO); jedenf darf BeschwFührer, der im 1. RZug keinen Antr gestellt hat, nicht die AntrFr des § 23 IV versäumt haben (BGH aaO). – **dd) Beschwerdeverfahren.** Es gelten FGG 18 II, 19, 21–26 (zB Verschlechtgsverbot; BayObLG ZMR **94**, 423). Rückn beendet das BeschwVerf, wenn nicht ein and Beteil ebenf rechtzeit Beschw eingelegt hat (BayObLG ZMR **93**, 128).

3 **b) Weitere Beschwerde. – aa) Statthaftigkeit.** Endentscheidgen des LG über ErstBeschw nach Rn 2 unterliegen ohne Rücks auf die Zulässigk der ErstBeschw der sof weit Beschw, wenn der Wert der Beschwer dch die BeschwEntscheidg für den weit BeschwFührer u nicht der GeschWert (vgl Rn 2) 1500 DM (ohne Zinsen u Kosten als NebenFdg) übersteigt; ohne Rücks auf BeschwWert, wenn ErstBeschw als unzuläss verworfen (BGH **119**, 216). Vorabfestsetzg des BeschwWerts nicht gesondert anfechtb (Ffm OLGZ **92**, 191). – **bb) Frist.** 2 Wochen (FGG 22 I, 29 IV); unselbständ Anschl weit Beschw zuläss (BGH Rpfleger **85**, 409). – **cc) Beschwerderecht.** ErstBeschwFührer ohne Rücks auf Zulässigk der ErstBeschw bei Verwerfg od Zurückweisg der ErstBeschw. Beteil, die keine ErstBeschw eingelegt haben, wenn für sie dch die Änderg der ErstEntscheidg ein BeschwR nach Rn 2 gegeben ist (BGH NJW **84**, 2414); bei Verwerfg/Zurückweisg der ErstBeschw nur, wenn sie die ErstEntscheidg noch anfechten könnten (BGH NJW **80**, 1960). – **dd) Beschwerdeverfahren.** Es gelten FGG 27–29.

4 **2) Wirksamwerden (II 1)** bedeutet Eintritt der Wirkgen, die herbeizuführen die Entscheidg nach ihrem Inhalt bestimmt u geeignet ist. Entscheidgen in der Hauptsache mit formeller RKraft: Unanfechtbark für alle

Beteil (BayObLG WuM **93**, 492), daher keine TeilRKraft hinsichtl einz Beteil. Wurde einem materiell Beteil (§ 43 IV) die Entscheidg nicht zugestellt, wird sie nicht formell rkräft (Hamm NJW-RR **87**, 843). Für and Entscheidgen gilt FGG 16. – **Bindung (II 2)** bedeutet materielle RKraft (BayObLG **94**, 216). Ohne formelle RKraft keine Bindg eines Beteil, denn ohne formelle keine materielle RKraft. Keine RKraftwirkg der UngültErkl eines EigtümerBeschl bei Verf über neuen Beschl gleichen Inhalts (BayObLG WuM **89**, 342; **94**, 165).

3) Zwangsvollstreckung (III) nur aus Vergl u formell rkräft Entscheidgen (auch einstwAO), keine vorläuf Vollstreckbark. ZwVollstr nach ZPO (nicht FGG 33), insb ZPO 724 (KG OLGZ **91**, 64; BayObLG NJW-RR **86**, 564: auch bei einstwAO), 750 (Stgt Rpfleger **73**, 311), 887 ff (BayObLG **95**, 114) anwendb; vgl auch § 16 Rn 11. Das Ger der FG ist zuständ, wenn nach ZPO das ProzG im VollstrVerf entscheidet (zB ZPO 767); Verf, Kostenentscheidg u RMittel richten sich nach ZPO (Köln OLGZ **94**, 599) u die Kosten nach GKG (BayObLG WE **91**, 363), im ErkenntnVerf nach ZPO 767 ist aber WEG/FGG anwendb (Düss NJW-RR **97**, 1235). Das AG ist als VollstrG nach ZPO 764 für die Aufgaben zuständ, die die ZPO ihm zuweist (zB ZPO 766), u das ProzG für Klagen nach ZPO 771; Verf u RMittel in beiden Fällen nach ZPO. 5

4) Abänderung (IV) formell rkräft Entscheidgen od gerichtl (nicht außergerichtl; BayObLG NZM **98**, 773) Vergl nur auf Antr bei Änderg der tats Verh, nicht bei geänd RAuffassg. Zuständ ist das AG auch bei BeschwEntscheidg (Ffm OLGZ **88**, 61). – Daneben ZPO 319–321 anwendb (vgl dazu Bassenge/Herbst FGG § 18 Rn 24–26), ebso WiederAufn des Verf entspr ZPO 578 ff (BayObLG WuM **95**, 453). 6

WEG 46 *Verhältnis zu Rechtsstreitigkeiten.*

[I] Werden in einem Rechtsstreit Angelegenheiten anhängig gemacht, über die nach § 43 Abs. 1 im Verfahren der freiwilligen Gerichtsbarkeit zu entscheiden ist, so hat das Prozeßgericht die Sache insoweit an das nach § 43 Abs. 1 zuständige Amtsgericht zur Erledigung im Verfahren der freiwilligen Gerichtsbarkeit abzugeben. Der Abgabebeschluß kann nach Anhörung der Parteien ohne mündliche Verhandlung ergehen. Er ist für das in ihm bezeichnete Gericht bindend.

[II] Hängt die Entscheidung eines Rechtsstreits vom Ausgang eines in § 43 Abs. 1 bezeichneten Verfahrens ab, so kann das Prozeßgericht anordnen, daß die Verhandlung bis zur Erledigung dieses Verfahrens ausgesetzt wird.

1) Abgabe an das FG-Gericht (I). – a) Verfahren. In erster Instanz vAw; Beschl mit sof Beschw anfechtb (GVG 17 a IV; BGH **130**, 159). In RMittelinstanz gilt GVG 17 a V (BGH aaO). Keine Abgabe, wenn FGGer seine Zuständigk schon rkräft verneint hat (BGH **97**, 287). Verf vor FGGer setzt bish Verf nicht fort, vgl jedoch wg der Kosten § 50. – **b) Bindung** (I 3) auch bei fehlerh Abgabe; and bei offensichtl Unrichtigk (Köln NZM **99**, 319). FGGer darf AntrBefugn nach § 43 I Nr 1, deren Fehlen Unzulässigk des FGVerf ergeben würde, nicht mehr prüfen (BayObLG NJW **65**, 1484); es verfährt auch bei fehlerh Abgabe nach §§ 43 ff u FGG (Karlsr OLGZ **86**, 129). Bei Rückverweisg/UnzuständigkErkl gilt ZPO 36 Nr 6 (BGH NJW **84**, 740). – **c) Unterlassene Abgabe** bewirkt nicht Nichtigk der Sachentscheidg des ProzGer. Die RKraft des Urt steht in ihren obj Grenzen einem Verf nach § 43 entgg, wenn VerfBeteil nur die ProzPart od deren RNachf sind. Sind auch and Pers Beteil, so kann wg der weiterreichden RKraftWirkg (§ 45 II) eine neue u inhaltl abw Entscheidg ggü den Beteil ergehen, die nicht ProzPart waren. 1

2) Abgabe an das Prozeßgericht entspr I vAw (BGH **106**, 34); auch wenn FG-Ger für HilfsAntr zuständ (BayObLG WE **92**, 25). Wie Hauptsacheentscheidg anfechtb (BayObLG NZM **98**, 515). Bei Rückverweisg/UnzuständigkErkl ZPO 36 Nr 6 (BayObLG aaO). ProzGer verfährt (auch bei falscher Abgabe) nach ZPO; zB ZPO 91 ff statt § 47 (KG WE **90**, 91). 2

3) Aussetzung (II). An die Entscheidg des FGGer ist das ProzGer nur gebunden, wenn die ProzPart zu den Beteil des FGVerf od deren RNachf gehören. – Für Aussetzg des FGVerf gilt ZPO 148 entspr. 3

WEG 46 a *Mahnverfahren.*

[I] Zahlungsansprüche, über die nach § 43 Abs. 1 zu entscheiden ist, können nach den Vorschriften der Zivilprozeßordnung im Mahnverfahren geltend gemacht werden. Ausschließlich zuständig im Sinne des § 689 Abs. 2 der Zivilprozeßordnung ist das Amtsgericht, in dessen Bezirk das Grundstück liegt. § 690 Abs. 1 Nr. 5 der Zivilprozeßordnung gilt mit der Maßgabe, daß das nach § 43 Abs. 1 zuständige Gericht der freiwilligen Gerichtsbarkeit zu bezeichnen ist. Mit Eingang der Akten bei diesem Gericht nach § 696 Abs. 1 Satz 4 oder § 700 Abs. 3 Satz 2 der Zivilprozeßordnung gilt der Antrag auf Erlaß des Mahnbescheids als Antrag nach § 43 Abs. 1.

[II] Im Falle des Widerspruchs setzt das Gericht der freiwilligen Gerichtsbarkeit dem Antragsteller eine Frist für die Begründung des Antrags. Vor Eingang der Begründung wird das Verfahren nicht fortgeführt. Der Widerspruch kann bis zum Ablauf einer Frist von zwei Wochen seit Zustellung der Begründung zurückgenommen werden; § 699 Abs. 1 Satz 3 der Zivilprozeßordnung ist anzuwenden.

[III] Im Falle des Einspruchs setzt das Gericht der freiwilligen Gerichtsbarkeit dem Antragsteller eine Frist für die Begründung des Antrags, wenn der Einspruch nicht als unzulässig verworfen wird. §§ 339, 340 Abs. 1, 2, § 341 der Zivilprozeßordnung sind anzuwenden; für die sofortige Beschwerde gilt jedoch § 45 Abs. 1. Vor Eingang der Begründung wird das Verfahren vorbehaltlich einer Maßnahme nach § 44 Abs. 3 nicht fortgeführt. Geht die Begründung bis zum Ablauf der Frist nicht ein, wird die Zwangsvollstreckung auf Antrag des Antragsgegners eingestellt. Bereits getroffene Vollstreckungsmaßregeln können aufgehoben werden. Für die Zurücknahme des Einspruchs gelten Absatz 2 Satz 3 erster Halbsatz und § 346 der Zivilprozeßordnung entsprechend. Entscheidet das Gericht in der Sache, ist § 343 der Zivilprozeßordnung anzuwenden.

1 **1) Allgemeines.** § 46 a (eingeführt dch Art 8 IV Nr 2 G v 17. 12. 90, BGBl I 2847) eröffnet für ZahlgsAnspr nach § 43 das ZPO-MahnVerf, das iFv Widerspr od Einspr in ein WEG/FGG-Verf übergeleitet wird. VerfGgst sind alle ZahlgsAnspr nach § 43 I Nr 1 (zB Lasten/Kostenbeiträge, SchadErs) u Nr 2 (zB SchadErs, VerwVergütg, BGB 675). Es kann auch gleich das Verf nach § 43 gewählt werden.

2 **2) Mahnverfahren.** Es richtet sich vorbehaltl I 2, 3 nur nach der ZPO **(I 1);** daher §§ 43 II–IV, 44–48 unanwendb. – **a) Mahnbescheid.** Es gelten ZPO 688–693, 701 ff **(I 1),** soweit I 2, 3 nicht Besonderh vorsehen. Ausschließl zuständ ist das in **I 2** bezeichnete AG; iFv ZPO 689 III muß es nicht mit dem AG nach § 43 I ident sein. Bezeichng des § 43-Gerichts nach **I 3** erfordert Zusatz „in Verf nach § 43 WEG"
3 oÄ, sofern diese Zuständigk nicht eindeut aus der AnsprBezeichng erkennb. – **b) Vollstreckungsbescheid.** Es gelten ZPO 699, 700 I, II, 701 ff **(I 1).** Aus dem VollstrBescheid kann vor Eintritt der formellen RKraft vollstreckt werden (ZPO 699 I, 794 I Nr 4, 796 I). Das § 43-Gericht ist zuständ, soweit das für StreitVerf zuständ Gericht für Entscheidgen im VollstrVerf zuständig ist (zB ZPO 796 III); über dessen Verf vgl § 45 Rn 5. Der VollstrBescheid wird nach Maßg von ZPO 339 I, 705 u 322–327 formell bzw materiell rkräft.

4 **3) Widerspruch gegen Mahnbescheid.** Für die Einlegg gelten ZPO 694 I, 695, 702, 703. – **a) Verfahren des Mahngerichts.** Mitteilg des Widerspr an AntrSt (ZPO 695). Unanfechtb Abgabe des Verf an das gem I 3, ZPO 692 I Nr 1 bezeichnete Gericht, wenn AntrSt od AntrGgner die Dchführung des StreitVerf beantragt haben, u Mitteilg davon an die Parteien (ZPO 696 I 1–3, 698). Damit endet das Verf
5 nach der ZPO. – **b) Verfahren des § 43-Gerichts.** Mit Eingang der Akte dort gilt der MahnbescheidAntr als Antr nach § 43 I **(I 4).** Für das Verf gelten fortan WEG/FGG (BayObLG NZM **98**, 488); ZPO gilt nur noch nach Maßg von II 3 iRv § 43 Rn 12. – **aa) Durchführung.** ZPO 696 IV nicht anwendb. Das Gericht (Richter) setzt dem AntrSt eine AntrBegründgsFrist **(II 1);** Bekanntmachg nach FGG 16 II 1. Das Verf wird erst fortgeführt, wenn die dem AntrGgner zuzustellde (vgl II 3) Begründg eingegangen ist **(II 2)** od die Frist fruchtlos abgelaufen ist (BT-Drucks 11/3621 S 64); für die Ermittlgen gilt § 43 Rn 12.
6 Beteiligg jetzt nach § 43 IV. Für die Endentscheidg gelten §§ 45, 47. – **bb) Zurücknahme des Widerspruchs (II 3).** Zuläss bis zum Ablauf von 2 Wochen ab Zustellg der AntrBegründg an AntrGgner; bei formloser Mitteilg gilt ZPO 187. Bei fehlder Begründg Zurückn bis zum Erlaß der Endentscheidg zuläss (ZPO 697 IV nicht anwendb). Nach wirks Zurückn erläßt das § 43-Gericht VollstrBescheid, für den Rn 3 (nicht §§ 45, 47) gilt; zuständ ist der Rpfleger (Hansens Rpfleger **92**, 277), denn das Verf wird dch die Zurückn wieder MahnVerf.

7 **4) Einspruch gegen Vollstreckungsbescheid.** Für die Einlegg gelten ZPO 339, 340 I, II, 694 II, 702, 703. – **a) Verfahren des Mahngerichts.** Unanfechtb Abgabe des Verf an das gem I 3, ZPO 692 I Nr 1 bezeichnete Gericht u Mitteilg davon an die Parteien (ZPO 700 III 1, 2, 696 I 3, 698). Damit endet das Verf
8 nach der ZPO. – **b) Verfahren des § 43-Gerichts.** Mit Eingang der Akten gilt der MahnbescheidAntr als Antr nach § 43 I **(I 4).** Für das Verf gilt fortan WEG/FGG; ZPO gilt nach Maßg von III 2 u iRv § 43 Rn 8. – **aa) Einspruchsprüfung** nach ZPO 341, wobei § 45 I (BeschwSumme!) für die Beschw nach ZPO 341 II 2 gilt **(III 2).** – **bb) Durchführung.** Bei zuläss Einspr gilt für AntrBegründgsFr **(III 1),** VerfFortführg
9 **(III 3),** Ermittlgen u Beteiligg Rn 5. – **cc) Einstweilige Anordnung** iSv § 44 III zuläss ab Eingang der Akte **(III 3)** bis zum Erlaß der Endentscheidg (§ 44 Rn 3); Inhalt entspr ZPO 707 I 1. Einstellg der ZwVollstr nach III 4 zwingd u ohne SicherhLeistg. – **dd) Zurücknahme des Einspruchs (III 6).** Für die zeitl Zulässigk gilt Rn 6 mit der Maßg, daß bei fehlder Begründg Zurückn nach Beginn der mündl Verhandlg nicht mehr zuläss (ZPO 346, 515 I); iü gelten ZPO 346, 515 (daher keine Kostenentscheidg nach § 47) entspr. Nach Ablauf der ZurücknFr (II 3) Zurückn auch mit AntrStEinwilligg unzuläss (aA Hansens Rpfleger
10 **92**, 277). – **ee) Endentscheidung.** Für die Hauptsacheentscheidg (ZahlgsAnspr) gilt ZPO 343. Über die gesamten VerfKosten wird nach § 47 entschieden (er kann Aufrechterhaltg der Kostenentscheidg des VollstrBescheids rechtfertigen). Im Umfang der Aufrechterhaltg des VollstrBescheids bleibt es bei dessen Vollstreckbark (Rn 3); entggstehde einstwAO nach Rn 9 muß aufgehoben werden, da sie sonst bis zum Wirksamwerden der Endentscheidg gilt (§ 44 Rn 3). Für Wirksamwerden u RKraft gilt § 45 II.

WEG 47 *Kostenentscheidung.* **Welche Beteiligten die Gerichtskosten zu tragen haben, bestimmt der Richter nach billigem Ermessen. Er kann dabei auch bestimmen, daß die außergerichtlichen Kosten ganz oder teilweise zu erstatten sind.**

1 **1) Allgemeines.** Die Entscheidg nach S 1 begründet eine Kostenschuld nach KostO 3 Nr 1 (vgl § 48 Rn 3), die nach S 2 begründet od verneint einen verfrechtl ErstattgsAnspr u regelt damit auch den materiellrechtl (zB aus Verzug) abschließd (Zweibr ZMR **99**, 662); beide ergehen vAw. § 47 gilt auch für NebenVerf (zB Richterablehng; BayObLG WE **90**, 184); nicht aber wenn für das Verf die ZPO gilt (zB § 45 III). Bei vorgerichtl Streiterledigg gilt § 47 entspr (KG NJW-RR **92**, 404).

2 **2) Arten der Kostenentscheidung.** – **a) Unselbständige.** Wenn eine Hauptsacheentscheidg (auch die Feststellg der Erledigg nach einseit ErlediggsErkl des AntrStellers; BayObLG WuM **91**, 715) ergeht; mit dieser od nachholb entspr ZPO 321 (BayObLG JurBüro **89**, 218). – **b) Selbständige.** Wenn keine Hauptsacheentscheidg ergeht; zB bei Antr/BeschwRückn, beiderseit ErlediggsErkl, Vergl ohne Kostenregelg. – **c) Mischentscheidung.** Wenn nach teilw AntrRückn usw über die restl Hauptsache u einheitl über die Kosten beider Teile entschieden wird.

3 **3) Inhalt der Kostenentscheidung.** Beteil iSv § 47 sind nur die formell Beteil (BayObLG **75**, 233 [237]; BPM/Merle Rn 5). § 47 ist alleinige EntscheidgsGrdLage; ZPO 91 ff nicht anwendb (Düss NJWE-MietR **96**, 250). Kostenregelgen der Beteil dürfen aber nicht geändert werden (BayObLG DWE **89**, 134). – **a) Gerichtskosten (S 1).** IdR sind sie dem Unterliegdn (BGH **111**, 148) bzw demjenigen, der seinen Antr/Beschw zurücknimmt (BayObLG WuM **91**, 134) aufzuerlegen; nach Erledigg der Hauptsache

demjenigen, der nach summarischer Prüfg ohne weitere Ermittlgen vermutl unterlegen wäre (BayObLG
WuM **93**, 210). Bes Umstände können Abweichg rechtfertigen (BayObLG WE **90**, 28). Dem Verw
grdsätzl nur, wenn er in Wahrg eigener Interessen od aus pers Verschuld am Verf beteiligt (BayObLG
WuM **88**, 408; Düss WE **90**, 74). Es kann (zB bei Anfechtg zweifelh EigtümerBeschl) angeordnet werden,
daß die Kosten aus dem VerwVermögen zu zahlen sind (KG OLGZ **89**, 438). – **b) Außergerichtliche** 4
Kosten (S 2). Grdsätzl trägt jeder Beteil seine Kosten (BGH WM **84**, 1254; BayObLG WuM **94**, 168;
Düss NJWE-MietR **96**, 250). Erstattg nur bei bes Grd; zB bei offensichtl unbegründeter Nichtzahlg von
Wohngeld (BayOvLG NZM **99**, 853; LG Brschw NJW-RR **97**, 1308), wenn Verw BeschlAnfechtg
schuldh verursacht hat (BGH NJW **98**, 755), bei materiellr ErstattgsPfl (BGH aaO); dies ist nach Erledigg
der Hauptsache agrd summarischer Prüfg ohne weitere Ermittlgen zu beurteilen (BayObLG WuM **93**,
210). Gilt auch für Antr/BeschwRückn (KG NZM **99**, 567), doch wird dieser Grds hier vielf umgekehrt
(BayObLG NZM **98**, 977); jedenf kann die nach summarischer Prüfg ohne weitere Ermittlgen sich
ergebde vermutl Erfolglosigk die Erstattg rechtfertigen (BayObLG WE **98**, 79), insb bei Unzulässigk.
Keine Erstattg, wenn zurückgen Antr/Beschw ausdrückl nur zur FrWahrg eingelegt (BayObLG WuM **98**,
754). Bestimmte Kosten können von Erstattg ausgen werden; zB AnwKosten bei BerufsVerw (LG Lüb
WEZ **88**, 108), MehrGeb nach BRAGO 6 (KG ZMR **93**, 344).

4) Anfechtbarkeit der Kostenentscheidung. – a) Unselbständige. Nur zus mit der Hauptsacheent- 5
scheidg (FGG 20 a I), sofern Beschw gg diese zuläss, od dch AnschlBeschw (BayObLG WuM **90**, 622).
Nachgeholte aber entspr FGG 20 a II anfechtb, wenn sie nach Unanfechtbarwerden der Hauptsacheentscheidg
ergangen (BayObLG JurBüro **89**, 212). – **b) Selbständige** nach FGG 20 a II, sofern Beschw gg die Haupt- 6
sacheentscheidg nach § 45 zuläss wäre; beide BeschwWerte müssen also erreicht sein (BayObLG **91**, 203; LG
Stgt DWE **91**, 162; aA Stgt JurBüro **90**, 390). – **c) Mischentscheidung.** Für den Kostenteil, der auf die 7
entschiedene Hauptsache entfällt, gilt Rn 5, währd iü Rn 6 gilt (BayObLG WE **89**, 209).

5) Kostenfestsetzung nach FGG 13 a II, ZPO 103–107, RPflG 21 ohne weitBeschw (BayObLG WuM 8
92, 645) wg § 45 II 1 erst nach RKraft der Kostenentscheidg (LG Düss Rpfleger **81**, 204). Über die
Erstattgsfähigk wird in diesem Verf entschieden, sofern die Kostenentscheidg nicht darüber befunden hat (zB
Anwaltskosten). Für die Kostenentscheidg gelten § 47, FGG 20 a (BayObLG JurBüro **89**, 1693). Über
Anwaltsgebühren vgl § 49.

WEG 48 *Kosten des Verfahrens.*

[I] Für das gerichtliche Verfahren wird die volle Gebühr erhoben. Kommt es zur gerichtlichen Entscheidung, so erhöht sich die Gebühr auf das Dreifache der vollen Gebühr. Wird der Antrag zurückgenommen, bevor es zu einer Entscheidung oder einer vom Gericht vermittelten Einigung gekommen ist, so ermäßigt sich die Gebühr auf die Hälfte der vollen Gebühr. Ist ein Mahnverfahren vorausgegangen (§ 46 a), wird die nach dem Gerichtskostengesetz zu erhebende Gebühr für das Verfahren über den Antrag auf Erlaß eines Mahnbescheids auf die Gebühr für das gerichtliche Verfahren angerechnet; die Anmerkung zu Nummer 1201 des Kostenverzeichnisses zum Gerichtskostengesetz gilt entsprechend.

[II] Sind für Teile des Gegenstands verschiedene Gebührensätze anzuwenden, so sind die Gebühren für die Teile gesondert zu berechnen; die aus dem Gesamtbetrag der Wertteile nach dem höchsten Gebührensatz berechnete Gebühr darf jedoch nicht überschritten werden.

[III] Der Richter setzt den Geschäftswert nach dem Interesse der Beteiligten an der Entscheidung von Amts wegen fest. Der Geschäftswert ist niedriger festzusetzen, wenn die nach Satz 1 berechneten Kosten des Verfahrens zu dem Interesse eines Beteiligten nicht in einem angemessenen Verhältnis stehen.

[IV] Im Verfahren über die Beschwerde gegen eine den Rechtszug beendende Entscheidung werden die gleichen Gebühren wie im ersten Rechtszug erhoben.

1) Allgemeines. Für die GerKosten (Gebühren u Auslagen) gilt die KostO ergänzt dch § 48, der die 1
Gebührentatbestände abschließd regelt (BayObLG JurBüro **89**, 1581). KostO 130 V anwendb (BayObLG WE
92, 172). Für NebenVerf gilt nur die KostO (BayObLG WE **95**, 282). – **a) Vorschuß** nach Maßg KostO 8 2
forderb (anfechtb nach KostO 14); gilt wg Nichtgeltg von KostO 131 I 2 auch für RMittelVerf (Köln OLGZ
87, 407). Bei Nichtzahlg keine AntrZurückweisg, sond Ruhen des Verf (KG ZfIR **97**, 413); kann zur
Verwirkg des AntrR führen (§ 43 Rn 9). Nach Tätigwerden des Ger dürfen einz Beweiserhebgen wg FGG
12 nicht mehr von Vorschuß abhäng gemacht werden (BayObLG WE **90**, 137). – **b) Kostenschuldner:** 3
KostO 2 Nr 1 (AntrSteller, BeschwFührer), KostO 3 (Nr 1: EntscheidgsSchuldn gem § 47 S 1; Nr 3: zB bei
Vergl), KostO 5 bei Mehrh (zB KostO 2 Nr 1 u 3 Nr 1; BayObLG **94**, 188). – **c) Auslagen.** KostO 136 gilt 4
nicht für Schriftsatzabschriften für Beteil (Düss/Hamm Rpfleger **83**, 177; BayObLG **89**, 264); iü gelten
KostO 137, 139. Nichterhebg von Zustellgsauslagen, wenn entgg § 27 II 3 an Beteil statt an Verw zugestellt
(Hamm Rpfleger **85**, 257).

2) Gebühren im ersten Rechtszug (I). Höhe folgt aus KostO 32 iVm GeschWert. – **a) Halbe** 5
Gebühr (I 3) bei AntrRückn vor gerichtl Entscheidg od gerichtl vermittelter Einigg (Prot iSv § 44 II nicht
notw); gilt isolierte Kostenentscheidg ab (BayObLG WE **99**, 79). Gerichtl Entscheidg weit zu verstehen
(„eine"); daher auch ZwEntscheidg (zB einstwAO [aA Schmid JurBüro **91**, 777], Richterablehng), nicht
aber verfleitde Anordng. – **b) Dreifache Gebühr (I 2)** bei Entscheidg über die Hauptsache od gleich- 6
stehder ZwEntscheidg (zB über AnsprGrd). Sie wird vom Ausgang des BeschwVerf nicht berührt (BayObLG
94, 188); keine weitere Gebühr für erneute Entscheidg nach Aufhebg u Zurückverweisg (BayObLG aaO). –
c) Eine Gebühr (I 1) in allen nicht von Rn 5 u 6 erfaßten Fällen wie zB gerichtl vermittelte Einigg, 7
beiderseit ErlediggsErkl, AntrRückn nach einstwAO (str; vgl Rn 5). Gilt isolierte Kostenentscheidg ab
(BayObLG WuM **94**, 168). – **d) Mahnverfahrensgebühr (I 4).** Für das MahnVerf (§ 46 a) werden 8
Gebühren nach GKG 11 iVm KVerz Nr 1100 erhoben. Wird das MahnVerf nach Widerspr/Einspr in ein

FG-Verf übergeleitet, so ist das MahnVerf bzgl der GerKosten Teil des FG-Verf; für die Kostenerhebg (Ansatz, RMittel) gilt nur noch die KostO. Für das FG-Verf werden Gebühren nach § 48 erhoben. Die MahnVerfGeb wird auf die Gebühr nach § 48 angerechnet, soweit sie diese nicht übersteigt; soweit ein Teil des VerfGgst nicht ins FG-Verf übergeleitet ist, wird nur die Gebühr aus GKG-KVerz Nr 1100 nach dem Wert des übergeleiteten Teils angerechnet.

9 **3) Mischfälle (II).** Verschied GebSätze sind die in I 1, 2, 3 genannten GebSätze. Wird ein Antr zT zurückgen u zT beschieden, so entsteht eine halbe Gebühr nach dem GeschWert des zurückgen Teils (I 3) u eine dreifache Gebühr nach dem GeschWert des entschiedenen Teils (I 2). Ist die Summe dieser Gebühren höher als eine dreifache Gebühr nach dem GesamtGeschWert, so bildet diese die Obergrenze (vgl GKG 21 III, KostO 44 II b).

10 **4) Beschwerdeverfahren (IV);** Erst- u weitere Beschw. Die Gebühren des I 1–3 werden nur erhoben in BeschwVerf gg Endentscheidgen (das sind neben Hauptsacheentscheidgen auch selbstd Kostenentscheidgen iSv § 47 Rn 2 [LG Wuppt JurBüro **88**, 656]), u zwar abw von KostO 131 auch bei Erfolg der Beschw (BayObLG JurBüro **89**, 1581). Gebühren nach I 3, IV entstehen auch bei Aufhebg u Zurückverweisg (BayObLG **72**, 69). – In BeschwVerf gg Entscheidgen in Nebensachen (zB Kostenfestsetzg, Richterablehng) gilt die KostO (BayObLG WE **97**, 270; insb KostO 131 statt I 3, IV); KostO 31 III 2 bleibt unberührt.

11 **5) Geschäftswert (III). – a) Grundsatz.** Festsetzg einheitl ggü allen Beteil unabhäng von EinzelVorschr der KostO, wobei wg umfaßder RKraftWirkg (§ 45 II 2) Interesse aller Beteil maßg; daher in Verf nach § 43 I Nr 4 keine Aufspaltg hins einz WEigtümer (BayObLG WE **99**, 197). Entscheidd ist, was im konkreten Fall wirkl im Streit ist (BVerfG NJW **92**, 1673). – III 2 soll BVerfG aaO Rechng tragen. Kosten sind die nach § 47 S 1 u 2. Beteil muß KostenSchuldn (nicht notw als AntrSt) sein. EinzInt jedes („eines") Beteil zu prüfen (aber keine unterschiedl GeschWerte für einz Beteil). Unangemessenh nicht abstrakt definierb; VermVerh unerhebl, da insow FGG 14. Bei ZahlgsAnspr scheidet Begrenzg nach III 2 idR aus. – Bei verbundenen Verf ist einheitl Wert festzusetzen (vgl BayObLG **67**, 25; JurBüro **75**, 967); zB Wohngeld-Anspr gg mehrere WEigtümer. II gilt auch in NebenVerf (BayObLG WuM **90**, 185); zB Beschw gg
12 ZwEntscheidg. – **b) Verfahren:** KostO 31 I–III. Festsetzg dch LG, die nicht auf Beschw gg Festsetzg dch AG erfolgte, mit ErstBeschw anfechtb (KG ZMR **99**, 659; str); unanfechtb Festsetzg nur zur Beurteilg der
13 Beschwer iSv § 45 I (Ffm OLGZ **92**, 191). BeschwR des Anwalts nach BRAGO 9 II. – **c) Einzelfälle.** Volle Anfechtg von Jahresabrechng/WirtschPlan aber Beanstandg nur einz Posten: beanstandete Posten zuzügl 25% des Restvolumens (BayObLG WE **99**, 197); bei teilw Anfechtg: beanstandete Posten (BayObLG **88**, 326). FeststellgsAntr bzgl künft BetrKostenAbrechng: 121/2facher JahresBetr des umzuverteilden Betrages (BayObLG JurBüro **87**, 579). Streit über Reparatur: deren Kosten, wenn sie unterbleiben soll (BayObLG JurBüro **98**, 365); bloß Mehrkosten, wenn weitergehde Maßn (BayObLG WuM **96**, 247), u Kostendifferenz, wenn bill Maßn (BayObLG JurBüro **98**, 365) verlangt werden. VerwAbberufg: Vergütg bis ordentl Amtsende (Schlesw WuM **96**, 663). UngültigErkl der VerwBestellg: Gesamtvergütg für vorgesehene Amtszeit (BayObLG WuM **96**, 505). VerwEntlastg: 10% der Jahresabrechng (vgl BayObLG WuM **96**, 505), falls kontret drohder SchadErsAnspr nicht höher. Zust nach § 12: 10–20% des VerkWerts (BayObLG DWE **95**, 29); Beschl nach § 18: 20% des VerkWert (Köln ZMR **98**, 376). Beiratsbestellg: 2000 DM (Köln Rpfleger **72**, 261). Beiratsentlastg: 500 DM (BayObLG WE **99**, 197), falls konkret drohder SchadErsAnspr nicht höher. Erhöhg des NutzgsEntgelts für GemschEBenutzg: ErhöhgsBetr für 1 Jahr (BayObLG ZMR **79**, 214). Über BeschlAnfechtg zur FrWahrg vor Erhalt des VersammlgsProt LG Köln WuM **89**, 660.

WEG 49 *Rechtsanwaltsgebühren.* *(Aufgehoben dch Art XI § 4 V Nr 15 KostRÄndG v 26. 7. 57, BGBl 861; vgl jetzt BRAGO 63 I Nr 2, II).*

1 **1)** Der RA erhält im **ersten Rechtszug** die Gebühren nach BRAGO 31 ff (BRAGO 63 I Nr 2). Gebühr aus BRAGO 31 I Nr 2 entsteht auch, wenn Gegner zur mündl Verhandlg nicht erschienen (LG Lüb JurBüro **85**, 1202) od keine Anträge gestellt wurden. Im **Beschwerdeverfahren** (Erst- u weitBeschw) über Hauptsacheentscheidg erhält er die gleichen Gebühren (BRAGO 63 II); bei sonstigen Beschw (zB gg ZwEntscheidgen; selbstd Kostenentscheidg) gilt BRAGO 61 I Nr 1. – **Einstweilige Anordnungen** (§ 44 III) gehören zum RZug u lösen keine zusätzl Gebühren aus (Karlsr Rpfleger **65**, 240).

2 **2) BRAGO 6:** Bei Vertretg einer WEGemsch handelt es sich um mehrere AuftrGeber, selbst wenn Verw die Eigtümer vertritt (BGH NJW **87**, 2240). Aber nur ein AuftrGeber bei Vertretg des Verw, der in VerfStandsch für mehrere WEigtümer handelt (BayObLG WE **99**, 79); dazu kann Verpfl bestehen, um Kosten zu sparen (LG Mü WE **98**, 407), auch kann unnöt MehrVertretg iRv § 47 S 2 berücksichtigt werden (KG ZMR **93**, 344). – **BRAGO 10:** Für § 23 IV bei UmlageBeschl vgl KG WE **98**, 28.

WEG 50 *Kosten des Verfahrens vor dem Prozeßgericht.* **Gibt das Prozeßgericht die Sache nach § 46 an das Amtsgericht ab, so ist das bisherige Verfahren vor dem Prozeßgericht für die Erhebung der Gerichtskosten als Teil des Verfahrens vor dem übernehmenden Gericht zu behandeln.**

1 Vorschr gilt nur für Gerichtskosten. Vor dem abgebden ProzGer entstandene GerKosten werden neben §§ 47, 48 nicht gesondert angesetzt (Hbg DWE **94**, 148); sie können aber (insb bei Abgabe dch BerufgsGer) für die BilligkEntsch von Bedeutg sein (LG Stgt Justiz **71**, 356).

2. Abschnitt. Zuständigkeit für Rechtsstreitigkeiten

WEG 51 ***Zuständigkeit für die Klage auf Entziehung des Wohnungseigentums.*** **Das Amtsgericht, in dessen Bezirk das Grundstück liegt, ist ohne Rücksicht auf den Wert des Streitgegenstandes für Rechtsstreitigkeiten zwischen Wohnungseigentümern wegen Entziehung des Wohnungseigentums (§ 18) zuständig.**

Keine ausschließl Zustdgk (BGH **59**, 104). Streitwert: Verkehrswert des WE des Bekl (BayObLG WuM **90**, 95). Für Streitigk aus Vollziehg vereinbarter Aufhebg der Gemsch (§ 17) gelten weder § 43 noch § 51 (BayObLG **79**, 414). 1

WEG 52 ***Zuständigkeit für Rechtsstreitigkeiten über das Dauerwohnrecht.*** **Das Amtsgericht, in dessen Bezirk das Grundstück liegt, ist ohne Rücksicht auf den Wert des Streitgegenstandes zuständig für Streitigkeiten zwischen dem Eigentümer und dem Dauerwohnberechtigten über den in § 33 bezeichneten Inhalt und den Heimfall (§ 36 Abs. 1 bis 3) des Dauerwohnrechts.**

Keine ausschließl Zustdgk. Keine Ausdehng auf andere als die bezeichneten Streitigk über das DWR (zB Streit über Gültigk der Bestellg, Zahlg des Entgelts od der HeimfallEntschädigg), wohl aber auf Streit über Zustimmg (vgl § 35 Rn 1). 1

3. Abschnitt. Verfahren bei der Versteigerung des Wohnungseigentums

Schrifttum: Heil RhNK **99**, 73

WEG 53 ***Zuständigkeit, Verfahren.*** **I Für die freiwillige Versteigerung des Wohnungseigentums im Falle des § 19 ist jeder Notar zuständig, in dessen Amtsbezirk das Grundstück liegt.**

II Das Verfahren bestimmt sich nach den Vorschriften der §§ 54 bis 58. Für die durch die Versteigerung veranlaßten Beurkundungen gelten die allgemeinen Vorschriften. Die Vorschriften der Verordnung über die Behandlung von Geboten in der Zwangsversteigerung vom 30. Juli (richtig: Juni) 1941 (Reichsgesetzbl. I S. 354, 370) in der Fassung der Verordnung vom 27. Januar 1944 (Reichsgesetzbl. I S. 47) sind sinngemäß anzuwenden.

Die §§ 53 ff lehnen sich an *Pr*FGG 66 ff an; zum Verf vgl Götte BWNotZ **92**, 105. – Kosten: KostO 47, 123, 144. – Die in II 3 genannten VO sind aufgeh dch G v 20. 8. 53, BGBl 952. Jetzt: ZVG. 1

WEG 54 ***Antrag, Versteigerungsbedingungen.*** **I Die Versteigerung erfolgt auf Antrag eines jeden der Wohnungseigentümer, die das Urteil gemäß § 19 erwirkt haben.**

II In dem Antrag sollen das Grundstück, das zu versteigernde Wohnungseigentum und das Urteil, auf Grund dessen die Versteigerung erfolgt, bezeichnet sein. Dem Antrag soll eine beglaubigte Abschrift des Wohnungsgrundbuches und ein Auszug aus dem amtlichen Verzeichnis der Grundstücke beigefügt werden.

III Die Versteigerungsbedingungen stellt der Notar nach billigem Ermessen fest; die Antragsteller und der verurteilte Wohnungseigentümer sind vor der Feststellung zu hören.

AntrR hat jeder der Kläger für sich allein **(I)**. – Amtl Verzeichn der Grdst **(II 2)**: GBO 2 II. – Feststellg der VerstBdggen **(III)** ohne Bindg an ZVG 44 ff (LG Mainz Rpfleger **99**, 342) muß vor Terminsbestimmg erfolgen (vgl § 55 II 5). VerstBdggen müssen angemessenem Kaufvertr entspr (vgl LG Freibg DWE **90**, 34). Dingl Rechte bleiben alle bestehen. RMittel: § 58. 1

WEG 55 ***Terminsbestimmung.*** **I Der Zeitraum zwischen der Anberaumung des Termins und dem Termin soll nicht mehr als drei Monate betragen. Zwischen der Bekanntmachung der Terminsbestimmung und dem Termin soll in der Regel ein Zeitraum von sechs Wochen liegen.**

II Die Terminsbestimmung soll enthalten:

1. die Bezeichnung des Grundstücks und des zu versteigernden Wohnungseigentums;
2. Zeit und Ort der Versteigerung;
3. die Angabe, daß die Versteigerung eine freiwillige ist;
4. die Bezeichnung des verurteilten Wohnungseigentümers sowie die Angabe des Wohnungsgrundbuchblattes und, soweit möglich, des von der Preisbehörde bestimmten Betrages des höchstzulässigen Gebots;
5. die Angabe des Ortes, wo die festgestellten Versteigerungsbedingungen eingesehen werden können.

III Die Terminsbestimmung ist öffentlich bekanntzugeben:

1. durch einmalige, auf Verlangen des verurteilten Wohnungseigentümers mehrmalige Einrükkung in das Blatt, das für Bekanntmachungen des nach § 43 zuständigen Amtsgerichts bestimmt ist;
2. durch Anschlag der Terminsbestimmung in der Gemeinde, in deren Bezirk das Grundstück liegt, an die für amtliche Bekanntmachungen bestimmte Stelle;
3. durch Anschlag an die Gerichtstafel des nach § 43 zuständigen Amtsgerichts.

IV Die Terminsbestimmung ist dem Antragsteller und dem verurteilten Wohnungseigentümer mitzuteilen.

V Die Einsicht der Versteigerungsbedingungen und der in § 54 Abs. 2 bezeichneten Urkunden ist jedem gestattet.

WEG 56 *Versteigerungstermin.* **I In dem Versteigerungstermin werden nach dem Aufruf der Sache die Versteigerungsbedingungen und die das zu versteigernde Wohnungseigentum betreffenden Nachweisungen bekanntgemacht. Hierauf fordert der Notar zur Abgabe von Geboten auf.**

II Der verurteilte Wohnungseigentümer ist zur Abgabe von Geboten weder persönlich noch durch einen Stellvertreter berechtigt. Ein gleichwohl erfolgtes Gebot gilt als nicht abgegeben. Die Abtretung des Rechtes aus dem Meistgebot an den verurteilten Wohnungseigentümer ist nichtig.

III Hat nach den Versteigerungsbedingungen ein Bieter durch Hinterlegung von Geld oder Wertpapieren Sicherheit zu leisten, so gilt in dem Verhältnis zwischen den Beteiligten die Übergabe an den Notar als Hinterlegung.

1 Aus II 3 folgt, daß idR auch die Rückübereigng vom Ersteher an den Ausgewiesenen nichtig ist (BPM/Merle 26; aA Soergel/Stürner 3); Vermietg an ihn rechtfertigt Entziehg nach § 18, wenn Ausweisg nicht wg ZahlgsVerzugs erfolgte (BayObLG NZM **98**, 868). Zeitablauf u Veränderg der Umst mögen im Einzelfall anderes Ergebn rechtfertigen.

WEG 57 *Zuschlag.* **I Zwischen der Aufforderung zur Abgabe von Geboten und dem Zeitpunkt, in welchem die Versteigerung geschlossen wird, soll unbeschadet des § 53 Abs. 2 Satz 3 mindestens eine Stunde liegen. Die Versteigerung soll solange fortgesetzt werden, bis ungeachtet der Aufforderung des Notars ein Gebot nicht mehr abgegeben wird.**

II Der Notar hat das letzte Gebot mittels dreimaligen Aufrufs zu verkünden und, soweit tunlich, den Antragsteller und den verurteilten Wohnungseigentümer über den Zuschlag zu hören.

III Bleibt das abgegebene Meistgebot hinter sieben Zehnteln des von der Preisbehörde bestimmten Betrages des höchstzulässigen Gebots oder in Ermangelung eines solchen hinter sieben Zehnteln des Einheitswertes des versteigerten Wohnungseigentums zurück, so kann der verurteilte Wohnungseigentümer bis zum Schluß der Verhandlung über den Zuschlag (Absatz 2) die Versagung des Zuschlags verlangen.

IV Wird der Zuschlag nach Absatz 3 versagt, so hat der Notar von Amts wegen einen neuen Versteigerungstermin zu bestimmen. Der Zeitraum zwischen den beiden Terminen soll sechs Wochen nicht übersteigen, sofern die Antragsteller nicht einer längeren Frist zustimmen.

V In dem neuen Termin kann der Zuschlag nicht nach Absatz 3 versagt werden.

1 Mit RKraft des Zuschlags (vgl § 58) Abschl des KaufVertr. Gebot ist Offerte. Zum EigtÜbergang nöt noch Ann der dch das Urteil ersetzten ÜbereignsErkl des Ausgewiesenen dch den Ersteher (einseitig, aber Form des § 925) u Eintr. Vgl auch Friese MDR **51**, 593. – Kein Erlöschen der auf dem WE ruhenden dingl Rechte dch den Zuschlag (Hamm WE **94**, 84). – ZVG 74 a gilt nicht (LG Mainz Rpfleger **99**, 342).

WEG 58 *Rechtsmittel.* **I Gegen die Verfügung des Notars, durch die die Versteigerungsbedingungen festgesetzt werden, sowie gegen die Entscheidung des Notars über den Zuschlag findet das Rechtsmittel der sofortigen Beschwerde mit aufschiebender Wirkung statt. Über die sofortige Beschwerde entscheidet das Landgericht, in dessen Bezirk das Grundstück liegt. Eine weitere Beschwerde ist nicht zulässig.**

II Für die sofortige Beschwerde und das Verfahren des Beschwerdegerichts gelten die Vorschriften des Reichsgesetzes über die Angelegenheiten der freiwilligen Gerichtsbarkeit.

1 Abschließde Regelg der Anfechtbark von Maßn des Notars. Schließt BNotO 15 aus.

IV. Teil. Ergänzende Bestimmungen

WEG 59 *Ausführungsbestimmungen für die Baubehörden.* **Der Bundesminister für Wohnungsbau erläßt im Einvernehmen mit dem Bundesminister der Justiz Richtlinien für die Baubehörden über die Bescheinigung gemäß § 7 Abs. 4 Nr. 2, § 32 Abs. 2 Nr. 2.**

1 Fassg in Bln-West: WEG v 2. 8. 51 (GVBl 547). Richtl v 19. 3. 1974 (BAnz Nr 58).

WEG 60 ***Ehewohnung.*** **Die Vorschriften der Verordnung über die Behandlung der Ehewohnung und des Hausrats (Sechste Durchführungsverordnung zum Ehegesetz) vom 21. Oktober 1944 (Reichsgesetzbl. I S. 256) gelten entsprechend, wenn die Ehewohnung im Wohnungseigentum eines oder beider Ehegatten steht oder wenn einem oder beiden Ehegatten das Dauerwohnrecht an der Ehewohnung zusteht.**

WEG 61 ***Heilung des Erwerbs von Wohnungseigentum.*** **Fehlt eine nach § 12 erforderliche Zustimmung, so sind die Veräußerung und das zugrundeliegende Verpflichtungsgeschäft unbeschadet der sonstigen Voraussetzungen wirksam, wenn die Eintragung der Veräußerung oder einer Auflassungsvormerkung in das Grundbuch vor dem 15. Januar 1994 erfolgt ist und es sich um die erstmalige Veräußerung dieses Wohnungseigentums nach seiner Begründung handelt, es sei denn, daß eine rechtskräftige gerichtliche Entscheidung entgegensteht. Das Fehlen der Zustimmung steht in diesen Fällen dem Eintritt der Rechtsfolgen des § 878 des Bürgerlichen Gesetzbuchs nicht entgegen. Die Sätze 1 und 2 gelten entsprechend in den Fällen der §§ 30 und 35 des Wohnungseigentumsgesetzes.**

1) Allgemeines. Bis zur Entscheidg BGH **113**, 374 (vgl § 12 Rn 3) wurde bei einer VeräußergsBeschrkg nach § 12 in der TeilgsErkl die Erstveräußerg des nach § 8 teilden Eigtümers als zustfrei angesehen u die EigtUmschreibg ohne ZustNachw vorgen (die Eintr einer AuflVormkg bedurfte ohnehin keiner Zust; BGB 885 Rn 3). Auf der GrdLage der neuen BGH-Rspr wären der schuldrechtl u der dingl VeräußergsVertr schwebd unwirks (§ 12 Rn 11). § 61 idF des G v 3. 1. 1994 (BGBl I 66) verhindert dies für alte Erstveräußergen des nach § 8 teilden Eigtümers (KG Rpfleger **95**, 17); die Überschrift ist nicht amtl. 1

2) Einzelheiten – a) S 1. Ist vor dem 15. 1. 94 die EigtUmschreibg erfolgt od eine AuflVormkg eingetr, so sind schuldrechtl u dingl VeräußergsVertr so zu behandeln, als sei die Zust erteilt; das Eigt kann dann mit Umschreibg rückwirkd erworben sein (u bei Weiterveräußerg wurde vom Berecht erworben) u (bei Vormkg) noch erworben werden. Ausn: eine vor dem 15. 1. 94 rkräft gewordene Entscheidg hat unmittelb (zB FeststellgsUrt) od mittelb (zB Verurteilg der Erwerbers zur GBBerichtigg) RFolgen aus der Unwirksamk gezogen. – **b) S 2.** Nach allg Grdsätzen würde das Fehlen der Zust den Eintritt der Rfolgen des BGB 878 ausschließen (BGB 878 Rn 15). Dies wird dch S 2 verhindert. – **c) S 3.** Entspr Geltg von S 1 u 2, wenn vor dem 15. 1. 94 ein WErbbR (§ 30 III 2 iVm § 12) od ein DWR (§ 35; auch iVm § 42) veräußert wurde. 2 3

WEG 62 ***Gleichstellung mit Eigenheim.*** *(Aufgehoben dch Art 28 SteuerbereiniggsG v 14. 12. 84, BGBl I 1493)*

WEG 63 ***Überleitung bestehender Rechtsverhältnisse.*** **I Werden Rechtsverhältnisse, mit denen ein Rechtserfolg bezweckt wird, der den durch dieses Gesetz geschaffenen Rechtsformen entspricht, in solche Rechtsformen umgewandelt, so ist als Geschäftswert für die Berechnung der hierdurch veranlaßten Gebühren der Gerichte und Notare im Falle des Wohnungseigentums ein Fünfundzwanzigstel des Einheitswertes des Grundstückes, im Falle des Dauerwohnrechtes ein Fünfundzwanzigstel des Wertes des Rechtes anzunehmen.**

II Erfolgt die Umwandlung gemäß Absatz 1 binnen zweier Jahre seit dem Inkrafttreten dieses Gesetzes, so ermäßigen sich die Gebühren auf die Hälfte. Die Frist gilt als gewahrt, wenn der Antrag auf Eintragung in das Grundbuch rechtzeitig gestellt ist.

III Durch Landesgesetz können Vorschriften zur Überleitung bestehender, auf Landesrecht beruhender Rechtsverhältnisse in die durch dieses Gesetz geschaffenen Rechtsformen getroffen werden.

I, II beziehen sich zB auf Umwandlg von StockwerksE in WE, von dingl WohngsR in DWR, uU auch von Mietverhältn in solches (Hbg MDR **55**, 42), nicht aber von MitE in WE (BayObLG **57**, 172). – Zu III vgl *Hess* G v 6. 2. 62 (GVBl 17). 1

WEG 64 ***Inkrafttreten.*** **Dieses Gesetz tritt am Tage nach seiner Verkündung in Kraft.**

Inkrafttr: 20. 3. 1951. 1

Sachverzeichnis

Bearbeiter: Dr. Bassenge, Vorsitzender Richter am Landgericht a. D.

Es bezeichnen: **Fette Zahlen** ohne Zusatz die Paragraphen des BGB; mit Zusatz (zB WEG) die Artikel bzw Paragraphen des betreffenden Gesetzes. **Magere Zahlen** bezeichnen die Randnummern der Erläuterungen.

A

Abänderungsklage bei Geldrente **843** 17, **844** 15, 17; im UnterhR 63 vor **1601**; gg VerwendgsVerbot für AGB AGBG **19**
Abänderungsvertrag **305** 2; Formbedürftigkeit **125** 8, **313** 39
Abbuchungsverfahren **676 f** 28
Abfindung, AbfindgsR **262** 7; ArbN Vorb 69 vor **620**; bei Erbverzicht Übbl 9 vor **2346**; von Erben **312** 2; Gesellschafter **738**, 4, 7, **1365** 2, **1375** 6; bei KiUnterh **1614** 1; bei Körperverletzg **843** 20; bei MietVertr **571** 17; EG **227**; als pactum de non petendo zGDr **328** 8; Dritter in ÜbernVertr **330** 9; Unterh nach Ehescheidg **1585** 5, **1585 c**; im EinigV EG **234 § 8** 2; beim VersorggsAusgl **1587 l**, VAHRG **2** 1; Wegfall der GeschGrdlage **242** 153
Abfindungsklauseln im GesellschVertr **738** 7, **1365** 2, **1375** 8, **1376** 8, **1922** 15, **2311** 14
Abfindungsvergleich **779** 12
Abgaben öff, GewLeistg wg **436**; Rückfdg Einf 20 vor **812**
Abgeschlossenheit des SonderEigt WEG **3** 7; Bescheinigg WEG **7** 4
Abhandenkommen, **935** 2
Abholungsanspruch **867**; **1005**
Abholzungsverträge **956** 9
Abkömmlinge 1 vor **1589**; AusglPfl **2050–2057 a**; ErbR **1924** 7; ErbErsAnspr **1924** 12, **1934 a**, EG **227**; PflichttAnspr **2303**, **2309**, **2333**, **2338 a**; UnterhAnspr **1609**; UnterhPfl **1601** 5, Rangfolge **1606**; Zuwendg an – **2069** 1, 2, **2070** 1, aus Gesamtgut der GütGemsch **2054**, **2331**
Ablehnung der VertrErf **276** 114, **326** 20; Androhg für Wiederherstellgsannahme **250** 2, der Leistgsannahme **283** 5, **326** 15
Ablieferung, ErbVertr **2300**; Kaufsache **477** 12; Testament **2259**
Ablösung von GbdeTeilen **836** 7, **837**, **838**, **908**; Vereinbg bei Miete Einf 85 vor **535**, **537** 15; bei Vereinswechsel **25** 9
Ablösungsrecht **268**; GrdSch **1191** 10; Hyp **1150**; PfdR **1249**; RentenSch **1201**
Abmahnung, im ArbVerh **611** 16, Vorb 41 vor **620**; vor DVertrKünd **626** 18; vor Künd aus wicht Grd Einl 19 vor **241**; unberecht **823** 25; vor UnterlKl gg AGB – Verwender AGBG **15** 5; vor Rücktr von ErbVertr **2293** 3; WettbewR **683** 4
Abmarkung **919**
Abnahme, Kaufsache **433** 35; Werk **640**, **646**
Abrechnung **782** 2; bei WohngsEigt WEG **28** 7
Abruf, HauptPfl **326** 7; Lieferg auf **433** 41
Abrufarbeit Einf 46 vor **611**, **611** 30
Abschichtung eines Miterben **2042** 17
Abschichtungsbilanz **738** 7
Abschlagszahlung, beim WkVertr **641** 1
Abschlußmängel bei DauerschuldVerh Einf 29 vor **145**; bei Gesellsch **705** 17; bei WohngsEigt WEG **2** 2
Abschlußprüfung, Haftg **675** 47
Abschlußzwang, Einf 8 vor **145**
Absolute Rechte, dingl Einl 3 vor **854**; SchadErs bei Verletzg **823** 11; Verj **194** 4
Abstammung, 1 vor **1591**; Recht auf Kenntn 2 vor **1591**, **1758** 1; gerichtl Feststellg 3 vor 1589; IPR EG **19** 4, 7, Anfechtg **EG** 20 2; Nachweis 6 vor **1591**
Abstand im MietR **138** 93, Einf 88 vor **535**
Abstimmungserklärung bei BeschlFassung **32** 8, WEG **10** 12
Abstrakte Verträge Übbl 21 vor **104**
Abstraktionsprinzip Einl 16 vor **854**
Abtreibung, Einwilligg als Mitverschulden **254** 31; Mißlingen Vorb 47 vor **249**; Wirksamk des Vertr **134** 14 Zust der Elt 1626 16
Abtrennungsrecht **997**
Abtretung **398**; Abstraktheit **398** 3; Anzeige **409**; der Anspr des Geschädigten **255** 7; Aufrechng des Schuldn **406**; Aushändigg der Urk **410** 1; AuskunftsPfl **402** 1; Ausschl **399**; dch AGB- Klausel AGBG **9** 51; bdgte/befristete Fdg **398** 11; Bestimmbark der Fdg **398** 14; BeurkPfl **403** 1; BlankoAbtr **398** 4; der Dienstbezüge **411**; Einwendgen des Schuldn **398** 18, **404** 1; EinziehgsErmächtigg **398** 29; an Factor **398** 35; zur Einziehg **398** 26; FdgsMehrh **398** 15; Form **398** 7, **313** 6; krG **412**, **408** 2; von GestaltgsR **413** 5; GestaltgsR des Schuldn **404** 1; Globalzession **398** 24; gutgläub Neugläub **405** 1; höchstpers Anspr **399** 6; IPR EG **33** 2; Kenntnis **406** 4, **407** 6; künftige Fdg **398** 11; mehrfache **408**, der MieterR **549** 22; NebenR **399** 7; **401** 3; nichtabtretb Fdg **399** 1, **400**; Offenlegg **398** 22; öffrechtl Fdg **398** 2; ProzFührgsErmächtigg **398** 33; sonstige Rechte **413**; RHängigk **407** 10; RGrd **398** 5; an Schuldn **398** 5; SchuldnSchutz **407** 1; u SchweigePfl **134** 22; SichgAbtr **398** 20, Übersichg AGBG **9** 129; Sparbuch **398** 8; stille **398** 21; TeilAbtr **398** 10; unpfändb Fdg **400** 1; unsittl **138** 78; Unzulässigk **399** 2; UrkÜbergabe **398** 8, **402** 1, 2, **405**, **409**, **410**; Vfg **305** 2, **398** 3; Verbot **399**; VersorggsAnspr **1587 i**; VorausAbtr u verlängerter EV **398** 17; VorzugsR **401** 7
Abwässer; Leitg **95** 3; Verunreinigg **823** 64
Abwehranspruch, Besitzer **862**, DbkBerecht **1027**; Eigtümer **1004**; ErbbBerecht ErbbRVO **11** 1; gg gefahrdrohde Anlagen **907**; gg einsturzgefährdete Gbde **908**; gg Vertiefg **909**; Nießbraucher **1065**; PfdGläub **1227**; SorgeBerecht **1626** 5
Abwehrklausel, AGBG **9** 51; bei EV **455** 11
Abwerbung, Arbeitnehmer **611** 42
Abwesende, Pflegschaft für **1911**; WillErkl ggü **130** 5; Annahmefrist für VertrAntrag **148** 7
Abwicklungsverhältnis, Anwendg von §§ 987 ff Vorb 9–12 vor **987**
Abwicklungsvertrag Vorb 5 vor **620**
Abzahlungsgeschäft VerbrKrG **4** 11
Abzahlungsgesetz, Fortgeltg Einf 1 vor VerbrKrG 1; VerbrKrG **2** 3
Abzahlungshypothek, s TilggsHyp
Abzahlungskredit Einf 9 vor **607**
actio pro socio **432** 5, 19 vor **709**
Adäquanztheorie Vorb 58 vor **249**

Adel, Namensteil **12** 6; bei Adoption **1757** 2; IPR EG **10** 7

Adoption s Annahme als Kind

Adoptionsähnliche Verhältnisse IPR EG **22** 7

Adoptionspflege 1744

Adoptionsstatut EG **22** 3

Adoptionsvermittlung Einf 5 vor **1741**

ADSp AGBG **2** 30, **9** 52; PfdR Einf 10 vor **1204**

Affektionsinteresse 251 11

Agenturvertrag bei Kfz **515** 5

AIDS 611 6, 48 vor **620**, **626** 51; SorgeEntzug **1666** 35, **1671** 29

Akkordkolonne Einf 33 vor **611**

Akkordlohn 611 58

Akkreditiv 242 60, **364** 7, Einf 9 vor **783**; Widerruflk **790** 1

Akteneinsicht, NachlSachen **2353** 24; Testament **2264**

Aktien, mißbräuchl Ausnutzg **826** 43; Nachlaßwert **2311** 11; Nießbr **1068** 4; Option zur Rückübertragg Vorb 1 vor **504**; Sachmängelhaftg Vorb 16 vor **459**; TestVollstrVerwaltg **2205** 25; Vererblichk **1922** 23; **2032** 13, **2042** 13; Vermächtnis des Nießbr Einf 6 vor **2147**

Aktienbuch, Einsicht **810** 7

Akzeptkredit Einf 15 vor **607**, **675** 10

Akzessorietät im SachenR Einl 8 vor **854**

Alkoholismus, SorgeR **1671** 29, Unterh **1579** 18, **1602** 915, **1603** 52

Alleinverdienerehe 1360 9

Allgemeine Geschäftsbedingungen (fette Zahlen ohne Zusatz = AGBG), Anwendg gg Ausland **2** 14; AufrechngsVerbot in – **11** 15; Auslegg **5**; Ausschl von GewlAnspr im WkVertr **637** 4, des LeistgsWeigergsR **11** 11; der Banken **9** 59, **11** 34, BGB Einf 11 vor **1204**, **1206** 2, **1274** 2; Begriff **1**; und BestätiggsSchreiben **2** 25; BewLastklausel **11** 90; Einbeziehg in Vertr **2**; einzelne Klauselwerke u VertrTypen **9** 50; Gleichstellg der FormularVertr **1** 11; u Individualvereinbg **1** 15; Freizeichng **9** 36, BGB **648** 1, **675** 36; für grobes Verschulden **11** 34; bei zugesicherten Eigensch **11** 73; GerStandsklauseln **9** 87; Ausschl der GewLeistg **11** 46; u gute Sitten Vorb 17 vor **8**; Inhaltskontrolle Vorb 1–20 vor **8**; Einzelfälle **9** 50–150; dch GBA Vorb 8 vor **8**; Maßstab **9** 6, **24 a** 15; dch VerwBeh Vorb 21 vor **8**; IPR **12**; Klauselverbot **10**, **11**, des Anh zur EG-RiL 93/13 **24 a** 24; PfdRBestellg BGB Einf 9 vor **1204**; u PreiserhöhgsKlauseln **11** 2; RNatur **1** 1; sog salvatorische Klauseln Vorb 13 vor **8**, **6** 7; u Sachmängelhaftg **11** 46; u SchadPauschale **11** 20; Teilunwirksamk Vorbem 9 vor **8**; Transparenzgebot **9** 15; überraschde Klauseln **3**; UmgehgsGesch **7**; UnklarhRegel **5**; Unklarh als UnwirksGrd **2** 8, **9** 15; UnterlKl gg Verwender u Empfehler **13**; Geltg für Untern **24**; Unwirksamk **6**; Geltg für VerbrVertr **24 a**; VertrÄnderg BGB Vorb 21 vor **459** (GewLeistg); VertrStrafe **11** 28; Vorrang der Individualabrede **4**; Verweisg beider Parteien auf widersprechde **2** 27; Verwendg unwirks AGB als c. i. c. Vorb 14 vor **8**

Altbauwohnung Einf 94 vor **535**

Altenheimvertrag Einf 2 vor **MHG**, AGBG **9** 93; HeimG **134** 19

Altenteil, EG **96**; im AuseinandSVertr **2042** 5; ErbVertr Einl 7 vor **1922**; als Vermächtn Einf 6 vor **2147**; Wegfall der GeschGrdlage **242** 154

Alter, Unterh nach Scheidg wg **1571**

Alternative Anknüpfg in IPR Einl 21 vor EG **3**; Erbeinsetzg **2073** 4; Kausalität Vorb 86 vor **249**, **830** 8; Vermächtn **2148** 2, **2151**, **2152**

Alternativverhalten, rechtmäß Vorb 105 vor **249**

Altersversorgung von ArbN, Einf 80 vor **611**

Altersvorsorgevollmacht s VorsorgeVollm

Altersvorsorgeunterhalt 1578 63

Altlasten, AuskPfl **123** 7; AusglPfl **426** 3 a; RMißbr dch Klausel **242** 31; Sachmangel **459** 22; Überplang **839** 93 a

Ambulanz 19 vor **611**

Amortisationshypothek s TilgsHyp

Amtshaftung, s Staatshaftung

Amtspfleger (Jugendamt) **1791 b** 4

Amtspflegschaft (Jugendamt) im EinigV EG **234** **§ 1** 3, **§ 11** 3

Amtspflichtverletzung 839, Einzelfälle (alphabetisch) **839** 89–163

Amtsvormund, Anlegg von Mündelgeld **1805** 1, **1806** 1; bestellter **1791 b**; Entlassg **1889**; gesetzlicher **1791 c**; Entziehg der VertrMacht **1796** 1

Analogie Einl 40 vor **1**

Anbau, Nachbarwand **921** 5; Grenzwand **921** 13

Anderkonto, Erfüllg dch Zahlg auf 4 vor **372**; TrHdVerh **903** 35; Vertr zGDr **328** 9

Änderung, der Stundg des PflichttAnspr **2331 a** 8; der Entscheidg des VormGer hins der Sorge **1696**, des VersorggsAusgl **1587 d**, des ZugewAusgl **1382** 12; der güterrechtl Verhältn **1408**; Unterhalt eines Kindes **1612** 7, 15

Änderungskündigung, DienstVertr 40 vor **620**, **626** 7; MietVertr MHRG **1** 4

Änderungsvorbehalt in AGB AGBG **10** 22

Andienungsrecht 27 vor **535**

Aneignung, bewegl Sache **958**; bei AbtrenngsR **957** 3; Bestandteile **956** 1; Gestattg dch NichtBerecht **957** 1; Grdst **928** 4; Implantat **823** 16; Verletzg von AneigngsR **823** 16, **958** 4; wildes Tier **960** 1

Anerben EG **64**, Beschrkg dch TestVollstr **2197** 4; Sondererbfolge **1922** 9

Anerkenntnis 781; bei AnfechtgsKl wg Erbunwürdigk **2342** 1; Kondiktion **812** 5–8; negatives **397** 9; im Prozeß Übbl 37 vor **104**; VerjUnterbrechg **208** 2; vertragl bei Verj **222** 3; s a Schuldanerkenntn

Anerkennung ausländ Adoptionen EG **22** 10; ausländ Akte der FreiwG EG **21** 8; ausländ Erbscheine **2353** 9, EG **25** 22; ausländ Gesellsch u jur Pers EG **12** Anh 18–21; Maßn auf Grd des MSA EG **24** Anh 37; ScheidgsUrt s Ehescheidg; ausländ Vormdsch/Pflegsch EG **24** 9

Anerkennung der Mutterschaft EG **19** 3

Anerkennung der Vaterschaft 1594; Bevollm **1596** 2; Bdgg, Zeitbestimmg **1594** 7, 8; Doppelanerkenng **1594** 6; für ErbR **1924** 8; Form **1597** 1; GeschFähigk **1596** 4; IKR EG **19** 7; Unwirksamk **1598**, **1599**; Widerruf **1597** 5; Zustimmg des Kindes/der Mutter **1595**; Übk über Zustdgk von Behörden EG **18** Anh 11

Anfall, Erbschaft **1942** 1; VereinsVerm **45**, **46**

Anfangstermin 163

Anfangsvermögen bei ZugewGemsch **1374**; Verzeichn **1377**; Wertermittlg **1376**

Anfechtung, Übbl 33 vor **104**, **119** 1, **121** 1; AnfErkl s dort; AnfGegner **143** 5; Ann/Ausschlagg der Erbschaft **1954–1957**, **2308**, nach ZGB **1954** 1; Anspr der VertrPart **142** 2; Arglist, eigene **123** 1; wg argl Täuschg **123** 2; AusschlFr **121** 1, **124** 2; Berechtigter **143** 4; – BereichergsAnspr **812** 77, **813** 4; Bestätigg **144**; Bestätiggsschreiben **148** 8; der Bevollmächtigg **167** 3; BewLast **119** 32, **121** 6, **122** 7; DauerschuldVerh Einf 29 vor **145**; Arb/DVertr **611** 20; Drohg **123** 15; Erbvertr **2281**; bei ErfGesch **142** 3, Einf 10 vor **346**; Eventual- **143** 2; Form **143** 2; GesellschVertr **705** 17–19; GrdGesch **142** 2; Irrtum **119**, **122**; dch Klageschrift **121** 4; letztw Vfg **2078–2082**, der Bdgg/Befristg allein

2078 2; u Mängelhaftg **119** 28; bei Nichtigk Übbl 33 vor **104**, **123** 2; SchadErs **122**, teilw **142** 1; des TestWiderrufs **2256** 2; Übermittlg, irrige **120** 1; unverzügl **121** 3; Vaterschaft s VaterschAnfechtg; Vereinsbeschlüsse **32** 8; Vereinssatzg **25** 2; VerjBeginn bei – **200** 4; VermAusschlagg **2308** 2; Verschulden **122** 1; Verzicht **144** 1; der Wahl **263** 2; vorsorgl im Prozeß **143** 2; Wirkg **142**

Anfechtungserklärung, AusschlaggsFrVersäumg **1956** 4; ErbschAnnahme/Ausschlagg **1955**; ErbVertr **2282**; VermächtnAusschlagg **2308** 2; letztw Vfg **2081**; Vatersch**1600 a**; WillErkl **143**

Anfechtungsfrist, Drohg u Täuschg **124** 2; Erbvertr **2283**; Irrtum **121**; letztw Vfg **2082** 1, 2; VaterschAnerkenng **1600 b**

Angehörige Einl 3 vor **1297**; Einbeziehg in die Schutzwirkg des Vertr **328** 17; Eintritt in MietVertr **569 a**; Ers von Fahrtkosten für Krankenhausbesuche **249** 11, von Schockschäden Vorb 71 vor **249**; als Gter **705** 39; RegreßAnspr gg Vorb 159 vor **249**; Schenkg **530** 2; Verbürgg dch **138** 37

Angemessener Unterhalt, **519**, **528**, **829**, **1360**, **1361** 62, **1578** 80, **1603**, **1608**, **1610**, **1963**; Begriff **1360 a** 2

Angestellter, Begriff Einf 47–49 vor **611**; Arbeitsverhinderg **616**; Kündigg **622** 4; Freizeichng für grobes Versch von leitden – AGBG **11** 38

Angleichung im IPR Einl 32 vor EG **3**

Angriff, Notwehr **227**

Anhörung, in BtVerf Einf 28 vor **1896**, **1903** 3, in KindesannahmeVerf **1752** 1; in SorgeVerf 7, 8 vor **1626**; in UnterbringgsGenVerf **1631 b** 4, **1906** 2; GgVormund **1799** 1, **1826** 1; Verwandte **1847**

Ankaufsrechte 313 11, Vorb 13 vor **504**, Übbl 4 vor **1094**; Vormkg Vorb 11 vor **504**, **883** 16

Anknüpfung im IPR Einl 21 vor EG **3**, zwecks GesUmgehg Einl 25 vor EG **3**

Anlage, gefahrdrohde **907**; bei GrdDbk **1021**, **1022**

Anlageberatung 276 22; Vorb 13 vor **459**; **675** 6

Anlagevermittlung **276** 22; **654** 5; **675** 22, 42; **764** 11

Anlegung von Geld durch Eltern **1642**; Vorerbe **2119**; Vormd **1806–1811**

Anlernverhältnis Einf 59 vor **611**

Anliegerbeitrag 103 4, **436** 4

Anliegergebrauch 903 29

Anmeldung zum Vereinsregister **59 ff**, **67**, **71**, **74**, **76**; zum GüterRRegister **1560**, **1561**

Annahme, der Anweisg **784** 1–6; der Erbschaft s dort; der Erfüllg **363**; erfüllgshalber **364** 8; an Erfüllgs Statt **364** 1–7; der Kaufsache **464** 6, unter Vorbeh **464** 8; des Vermächtn **2180**; s auch VertrAnnahme

Annahme als Kind 1741–1772, Abkömmlinge des Angen **1742** 1, **1755** 2, **1770** 2; Abstammg, Recht auf Kenntn **1758** 1; Alterserfordern **1743**; AnnAntr **1752** 4, bei VolljAnn **1768** 1; AnnBeschl (Dekret) **1752** 2; Aufhebg der MjAnn **1759**, auf Antr **1760–1762**, vAw **1763**, dch Eheschließg **1766**, Wirkg **1764–1766**; Aufhebg der VolljAnn **1771**, bei VollAnn **1772** 2; soziale Bedeutg Einf 1 vor **1741**; BlankoAnn **1747** 8; dch einen Eheg **1741** 13; dch Ehepaar **1741** 12; Eheverbot aGrd Ann **1308**, Verstoß **1766**; Einwilligg des Eheg des Annehmden **1749** 1, des Angen **1749** 3; Einwilligg des Kindes **1746**, Ersetzg bei Pfleger/Vormund **1746** 5, Widerruf **1746** 8; Einwilligg der KindesElt **1747**, Ersetzg **1748**, Wirkg vor AnnBeschl **1751**; Einwilliggsform **1750**; Elt-Kind-Verh **1741** 5, bei VolljAnn **1767** 3; ErbR **1924** 14–23, **1925** 5–10, **1926** 5, 6, **1931** 12, **2053** 2, **2066** 2, **2067** 1, **2069** 2, **2079** 4, **2107** 1, **2349** 1, EG **22** 6; Geheimhaltg **1758**; GeschFgk des Annehmden **1752** 4; GeschUnFgk des Anzunehmden **1746** 2, bei VolljAnn **1768** 4; IKR EG **22** 2; InkognitoAnn **1747** 8; Interesse der Kinder des Annehmden/Anzunehmden **1745**, bei VolljAnn **1769**; IPR Einf 10 vor **1741**, EG **22**, **23**; eines angen Kindes **1942**; Kindeswohl als AnnVoraussetzg **1741** 4, bei VolljAnn **1767** 4, als AufhebgsGrd **1763** 3, als AufhebgsSperre **1761** 5; MjAnn **1741–1766**; Name des Angen **1757**, nach Aufhebg **1765**; Nichtigk **1759** 1; PflegeVerh vor Ann Einf 8 vor **1741**, **1744**; PflichtteilsR **2303** 2, **2309** 3; sittl Rechtfertigg bei VolljAnn **1767** 5, 7; RStellg des Angen **1754**, bei VolljAnn **1770**; elterl Sorge nach Einwilligg **1751** 1, 2; Staatsangehörigk nach Ann **1754** 3, EG **22** 16, 17; Tod vor AnnBeschl **1753**, vor AufhebgsBeschl **1764** 1; ÜbergangsR Einf 11 vor **1741**; dch Unverheirateten **1741**; elterl Umgang nach Einwilligg **1751** 2; Verf bei Ann Einf 12 vor **1741**, bei Aufhebg **1759** 2; VerwandtschaftsVerh, bisheriges **1755**, **1756**, neues **1754** 2; VollAnn **1754** 1, bei VolljAnn **1772**; VolljAnn **1767–1772**

Annahme der Erbschaft **1943**; vor Anfall **1951** 3; Anfechtg **1954**, **1955** 2, **1957**; nach ausländ Erbstatut **1945** 10; bdggsfeindl **1947**; mehrfache Berufg **1948**; Beschränkg auf Teil **1950**; dch Eheg **1943** 4; bei GüterGemsch **1432** 2, **1455**; mehrere Erbteile **1951**; Irrtum **1949** 1, 2; dch Minderjähr **107** 4, **1943** 4; PassivProz vor – **1958** 2; Sicherg des Nachl vor – **1960**, **1961**; Ungewißh **1960** 9

Annahmeerklärung s Vertragsannahme

Annahmeverzug, Angebot mangelhafter Ware **294** 4; bei Unmöglichk **293** 3; Vergütungsanspr des Dienstpfl **615**; s Gläubigerverzug

Annoncenexpedition Einf 6, 21 vor **631**

Anpassung im IPR s Angleichung

Anpassungsklauseln 315 14; AGBG **9** 53; ErbbZins ErbbRVO **9** 10

Anpassung von UnterhRenten mj Kinder **1612 a**

Anrechnung, bei Ausgleichg **2055**; bei ErsPfl zum Gesamtgut **1476** 2; bei FdgsMehrh **366**; auf Kaufpreis **364** 8; beim Unterh geschied Eheg **1577**; bei Übertr von Vermögensggst **1383**; Vorempfang bei Pflichtteil **2315**; von Vorteilen auf SchadErsAnspr Vorbem 119 vor **249**; auf Zinsen u Kosten **367** 1; beim ZugewAusgl **1380**

Anscheinsbeweis, **123** 24, **130** 21, Vorb 163 vor **249**, **823** 168; **828** 4

Anscheinsvollmacht **173** 9, 14; eines EltT **1629** 10; bei Gesch eines Miterben zur Fortführg eines Gewerbebetriebs **1967** 9; IPR EG **32** Anh 3

Anschlußzwang als Enteigng Übbl 39 vor **903**

Anspruch 194 1; unklagb Einl 15 vor **241**; unverjährb **194** 11; verhaltener **271** 1, **368** 7

Anstalt des öff R, Haftg **89** 1, **276** 130; Benutzgsverhältn Einf 40 vor **305**

Anstaltsunterbringung dch Eltern **1631** 8, **1631 b**; dch Betreuer/Bevollm **1906**; dch Vormund **1800** 3, **1837** 5; dch VormschG **1846**, **1906** 15; Unterh **1606** 14

Anstandspflicht, BereichergsAnspr bei Erfüllg **814** 8

Anstellungstheorie **839** 18

Anstiftung, Begriff **830** 4

Antenne des Mieters **535** 14, des WEigtümers WEG **22** 4; GrdR auf Information **242** 12 a

Anwachsung **2094**, **2095**; GesellschAnt **736** 3, 4, **738** 1; Nacherbfolge **2142** 3; Verhältn zur ErsErbEinsetzg **2099** 1

Anwartschaft, bei Auflassg **925** 25, Übertr/ErwerbsVerpfl **313** 6, Übertr/Pfändg **925** 26, 27; bei bdgt RGesch Einf 9 vor **158**; Beeinträchtigg als VermNachteil **812** 32; bei EV **929** 26, des Käufers

929 37, Übertr **929** 45, in ZwVollstr/Insolvenz **929** 51; des Erben **1922** 3; **1937** 8; desErsNachE **2102** 6; Haftg für GrdPfdR **1120** 8; KondiktionsGgst **812** 17, **929** 43; des NachE **2100** 11, **2108** 2–9; als sonstiges Recht **823** 12, **929** 43; auf Ruhegeld Einf 80 vor **611**; des SchlußE **2269** 11; Vererblichk **1922** 26; des VermNehmers **2179** 1; bei VersorggsAusgl **1587 a**, **1587 b**; des VertrE Übbl 6 vor **2274**
Anweisung 783; Abstrakth Einf 3 vor **783**; Akkreditiv Einf 9 vor **783**; Annahme **783** 4, **784** 1–4; Annahme als Leistg **788**; AnnahmeVerpfl **784** 2, **787** 2; Aushändigg **785**; Ausschl der Übertr **792** 2; des WiderrufsR **790** 6; Begriff Einf 1 vor **783**; BereichergsAnspr **784** 6; Deckgsverhältn Einf 7 vor **783**, **784** 6; Einwendgen nach Annahme **784** 5, **792** 3; EinziehgsPfl **783** 4; GeschUnfäh **791**; GrdGesch 6 vor **783**, InnenVerh Einf 6 vor **783**; Kassenlieferschein Einf 8 vor **783**; kaufmännische Einf 8 vor **783**; auf Kredit **787** 1; Kreditbrief Einf 8 vor **783**; an eig Order **783** 2; auf Schuld **787** 1; Tod **791**; Übertragg **792**; Unmöglichk **790** 7; Verjährg **786**; Verweigerg der Annahme, Anzeige **789**; Wechsel ungültiger 8 vor **783**; WkVertr **645**; Widerruf **790**
Anwenderecht EG **124**
Anwesenheitsprämie 611 77 a
Anzahlung 362 10; TzWrG **7**; Anzahlgsklausel AGBG **9** 53
Anzapfen, Sittenwidrigkeit **826** 51
Anzeige, v Abtretg **409**; FormVorschr in AGB AGBG **11** 94; bei GoA **681** 2; v Hinterlegg **374** 2; v Mängeln der Kaufsache **478**, der Mietsache **545**; des Nacherbfalls **2146**; bei PfdBestellg **1205** 9, **1280**; des Vermieters vom EigtÜbergang **576**; der verspäteten VertrAnnahme **149** 3
Anzeigenvertrag Einf 6 vor **631**, AGBG **9** 55; Werb für Prostitution/Telefonsex **138** 52
Anzeigepflicht im ArbVerh **616** 5, 26; der AuftrAblehng **663**; des AuftrN **663**; bei Entlassgen Vorb 73 vor **620**; des Erben des AuftrG **673**; des Mieters **545** 6; als vertragl NebenPfl **276** 118; bei Notwendigk einer Pflegschaft **1909** 10; bei Überschreiten des Kostenanschlags **650** 3
Apotheke, Haftg **823** 64; Pacht Einf 20 vor **581**
Äquivalenzstörungen beim ggs Vertrag **242** 135
Äquivalenztheorie bei Kausalität Vorb 57 vor **249**; bei ggseit Vertr Einf 8 vor **320**
Arbeiter, Begriff Einf 13 vor **611**
Arbeitgeber, Begriff Einf 6 vor **611**; –darlehen **611** 92; –kredit VerbrKrG **3** 5; –wechsel **613 a**; –zuschuß **611** 93
Arbeitnehmer, Begriff Einf 7 vor **611; Haftg 611** 152–157; SchutzR Einf 81 vor **611**; ÜberlassgsVertr Einf 25, 38–40 vor **611**, ErfGeh **278** 15; Wiedereinstellg Einf 86 vor **620**
Arbeitnehmerähnliche Person Einf 9 vor **611**
Arbeitnehmerhaftung 611 152–157
Arbeitsamt, AmtspflVerletzg **839** 89
Arbeitsbedingungen Einf 63 vor **611**
Arbeitsgemeinschaft in der Bauwirtschaft **631** 10, **705** 39
Arbeitskampf 10 vor **620**, **826** 42; Fernwirkg **615** 24; Klauseln AGBG **9** 55; –risiko **615** 23
Arbeitslosenhilfe, im UnterhR 43 vor **1601**
Arbeitslosigkeit u Unterhalt **1573** 2; **1577** 7; **1602** 12
Arbeitspapiere 611 3; kein ZbR **273** 15
Arbeitspflicht 611 24
Arbeitsplatz, Ausschreibg **611 b**; Gestaltg **618** 3; Schutz Einf 88 vor **611**, **618**; Teilg Einf 31 vor **611**; Wechsel u Urlaub **611** 37
Arbeitsrecht Einf vor **611**, **611**
Arbeitsunfall 611 153
Arbeitsverhältnis, Anzeigepfl im – **616** 5; Begriff Einl 5, 28 vor **611**; IKR/IPR EG **30**; zw Eheg **1356** 8
Arbeitsvermittlung, priv Einf 3, 15 vor **652**; Vergütg **652** 42, Herabsetzg **655** 1
Arbeitsvertrag, Anfechtg **119** 5, Einf 29 vor **145**, **611** 22; Abschluß **611** 2; Abschlußmängel Vorbem 29 vor **145**; Änderg **611** 12; argl Täuschg **123** 6; auflösde Bdgg Vorb 4 vor **620**, **620** 3; Begriff Einf 4 vor **611**; Bruch **611** 14, **249** 28; einstw Vfg **611** 19; AGBG **23** 2; ErfGeh **278** 29; IKR/IPR EG **30**; Mängel **611** 22; Nichtigk **134** 15; Sittenwidrigk **138** 79; VertVerletzg **611** 14
Arbeitszeit 611 27; Schutz Einf 83 vor **611**
Architekt, ArbGemsch **631** 10; als BauwerksUntern **648** 2; als ErfGehilfe des Bauherrn **278** 25, **631** 11; FormularVertr AGBG **9** 56; Haftg Einf 7 vor **631**, **675** 42, **909** 12; Honorar **632** 1, 7; Konkurrenz mit Haftg von Sonderfachleuten Vorb 11 vor **633**; Koppelgsverbot **631** 2; Pflichten Einf 7 vor **631**; Prüfvermerk **781** 8; Subsidiaritätsklausel Vorb 13 vor **633**, **637** 7; AGBG **11** 50; SchadErsPfl **635** 7; Schlußrechng **242** 56; **632** 3; Verj der Anspr **196** 10, 22, **198** 6, **638** 13; VerkSichgsPfl **823** 65; VertrArt Einf 17 vor **611**, Einf 7 vor **631**; Vorarbeiten, Vergütg **632** 5; Vollmacht **167** 8; WkMangel **633** 2 c; Wettbewerb **661** 1
Arglisteinrede 242 38, 50, 55, **826** 18, 22; ggü Formmangel **125** 16; ggü Nichtigk Übbl 27 vor **104**; ggü Berufg auf Sittenwidrigk **138** 21; ggü Verj Übbl 10 vor **194**; ggü GebrMachen von Urt **242** 83, **826** 46; bei unerl Hdlg **853**
Arglistige Täuschung s Täuschg
Arresthypothek 1113 5, **1190** 3; Umwandlg in ZwHyp **1186** 2
Arzneimittelvertrieb 134 16, ProdHaftG **15** 2
Arzt, Abtr des GebAnspr **134** 22 a; ArbTeilg **823** 70; AufklärgsPfl **823** 45; AuskPfl **261** 14; Belegarzt, Einf 12 vor **305**, Einf 18 vor **611**, **823** 110; BewLast bei Haftg **282** 18, **823** 169; Einwilligg für Eingriff **823** 45, dch Eltern **1626** 16, dch Betr/Betreuten **1904**; GebührenO **612** 7, Haftg für ErfGeh **278** 26, aus unerl Hdlg **823** 66, Mitverschulden **254** 15; Inanspruchn dch Eheg **1357** 17; medizin Geräte **823** 71; SorgfPfl **823** 66; Staatshaftg **839** 29; als verfassgsmäßig berufener Vertreter **89** 6; als VerrichtgsGeh **831** 7, 8; Vertrag Einf 18 vor **611**; ursächl ZusHang Vorb 73 vor **249**; Wahrg von VermInteressen des Patienten **276** 27
Arztpraxis, Bewertg **1376** 6; GemschPraxis **705** 38; Mithilfe der Ehefrau **705** 39; Verkauf **138** 60, Mit-Übertr der Patientenkartei **134** 22
Asylantenehe 1309 5, **1310** 6, **1565** 7, EG **13** 22
Asylberechtigte u **–suchende** EG **5** Anh II 5
Atomgesetz ProdHaftG **15** 1
Aufbauleistungen Einf 80 vor **535**
Aufbauvertrag Einf 80 vor **535**; WEG **2** 7
Aufbewahrungspflicht des Käufers **433** 40
Aufenthalt 7 2; gewöhnl **7** 3, IPR EG **5** 10, MSA EG **24** Anh 10
Auffahren 823 94, **830** 13; AnscheinsBew für Verschulden Vorb 169 vor **249**
Aufgebot vor Eheschließg 1 vor **1310**; der ErbR **1965**; GrdstEigtümer **927**; HypBrief **1162**; HypGläub **1170–1171**; NachlGläub **1970–1974**; Postsparbuch **808** 8; ReallastBerecht **1112**; VorkBerecht **1104**; VormkgBerecht **887**
Aufgedrängte Bereicherung 951 18
Aufhebungsvertrag 305 7; Arb/DVertr Vorb 5 vor **620**; Darlehen **609** 9 a; MietVertr **552** 3

Aufklärungspflicht 242 37, u argl Täuschg **123** 5; des Arztes **823** 45; Beschrkg der SchadErsPfl 63 vor **249**; BewLast **282** 11, 15, **363** 1; KaufVertr **433** 42; Verletzg **276** 78, 118; WkVertr **631** 13
Auflage, Begriff Einf 4 vor **158**, **525** 1, **1940** 1, **2192** 1; BereichAnspr **2196** 2; Bestimmg des Begünst **2193**; im Erbvertr **1941**; ggseit Vertr Einf 10 vor **320**; Ggst **2192** 5; NachlVerbindlichk **1967**, **1972**; Nichtigk **2192** 5; **2302** 3; Schenkg unter **525–527**; Sittenwidrigk **2192** 5; **2195** 1; dch Test **1940**; bei TestVollstrg **2205** 10; VermächtnVorschr, Anwendg **2192** 1; bei ZustErsetzg **1365** 27; Vollziehg bei Test **2194**
Auflassung 925; Bestandt **93** 4; Genehmigg, behördl Übbl 17 vor **873**, **313** 57; Kondiktion **812** 21; Kosten **449** 2; Vollm **313** 22, 47; Zubeh **926**
Auflösung, GbR 1 vor **723**
Aufmaß, gemeins im WkVertr **781** 8
Aufopferungsanspruch, öffentlrechtl Übbl 50 vor **903**; bürgerlrechtl **906** 42
Aufrechnung 387; nach Abtretg **406**; Anerkenng des Saldos **387** 3; bei AnfechtgsR **387** 11, 12; AufrLage **387** 1; im AuftrVerh **667** 9; Beschrkg dch AGB-Klauseln AGBG **11** 15; Erklärg **388** 1; Erlöschen der Fdgen **389** 1; eventuelle im Prozeß **388** 3; Fälligk der GgFdg **387** 11; Fdg, auflösd bdgt **387** 6, aus vorsätzl unerl Handlg **393** 1, beschlagnahmte **392** 1, einredebehaftete **390** 1–3, verjährte **390** 3; Gehaltsanspr EG **81**; Ggseitigk der Fdgen **387** 4; gg Gesamtgutsfordg **1419** 3; Gesamtschuld **422**; Gesellschaft **719** 5; Gleichartigk der Fdgen **387** 8; IPR EG **32** 6; Kondiktion bei AufrBefugnis **813** 4; durch InsGläub **392** 1; Leistgsort **387** 3, **391** 1; Liquidität **387** 20; Mehrh von Fdgen **396** 1; Mieter **552 a**; Miterben-Gemsch **2040** 6; NachlGläub **1977** 1–5; gg öffrechtl Fdgen **395** 1–3; im Prozeß **388** 2; Rückwirkg **389** 1; SchadErsAnspr nach Verjährg **479** 1, 2; Skontration **387** 19; gg TeilFdg **388** 4; unpfändb Fdg **394** 1; unzul RAusübg **387** 15; vertragl Ausschluß **387** 14; Vorvertr **387** 21
Aufrechnungsverbot 394; gg LohnFdg **611** 74; unzul RAusübg **387** 15; AGB AGBG **11** 15
Aufsicht über Betreuer **1908 i**; 13 ff; der Eltern über die Kinder **1631** 5; über Pfleger **1915** 2; Vormd **1837** 2
Aufsichtspflicht, Verletzg **823** 60; der Eltern **1631** 7; über Minderj **832**
Aufsichtsrat, Geschäftsbesorgg **675** 6
Aufstockungsunterhalt 1573 13
Auftrag 662; Abgrenzg 14 vor **433**, 4 vor **662**; Abschl **662** 2; Abweichg von Weisgen **665** 5; Anzeige der Ablehng **663**; Aufwendgen des AuftrN **670**; Auskunft **666**; Begriff Einf 1 vor **662**; Beendigg **671–674**; Benachrichtigg des AuftrG **666** 2; Bindg an Weisgen **665** 3; Form **662** 2; GefälligkVertr 1, 4 vor **662**; Gehilfen **664** 6; GrdstBeschaffg **313** 18; GeschBesorgg **662** 6, **675** 2; GeschUnFgk des AuftrG **672**, des AuftrN **673**; Haftg des AuftrN **662** 11 (PflVerletzg), **663** 1 (unterl Ablehngsanzeige), **664** 5 (bei Übertr), **664** 5 (für Gehilfen), **665** 11 (Abweichg von Weisgen); Haftg des AuftrG für Schäden des AuftrN **670** 8; Herausg des Erlangten **667**; Hilfeleistg ohne Auftr **670** 15; IPR EG **28** 2; Kündigg **671** 3; Notbesorgg **672** 2, **673** 2; öff Bestellg **663** 2; öff Sicherbieten **663** 3; im öffR Einf 10 vor **662**, **670** 14; Pfl des AuftrG **662** 10; des AuftrN **662** 9; Rechngslegg **666** 4; Tod des AuftrG **672**; des AuftrN **673**; Übertr der Ausführg **664**; des AusführgsAnspr **664** 7; Unentgeltlichk **662** 8; Verzinsg **668**; Vollm, Verh zur 7 vor **662**; Vorschuß **669**; Weisgen **665**; Widerruf **671** 2
Auftragsbestätigung 148 12
Aufwendungen, AGB-Klauseln über Ersatz AGBG **10** 34; des ArbG/ArbN **611** 125; des AuftrN **670**, des geschführden Gters **713** 10; Begriff **256** 1; berufsbdgte beim Unterh **1361** 48, **1603** 20; des Betreuers **1908 i** 14; der Eltern für Kind **1648**; bei ErbschKauf **2381**; ersparte s VortAnrechng; des DVerpfl **611** 125; bei GoA **683**; bei GläubVerzug **304** 1, 2, bei Verwahrg **693**; der Kinder für Eltern **1618**; fehlgeschlagene als Schaden Vorb 32 vor **249**; für Nachbesserg beim Kauf **476 a**, AGBG **11** 61, bei WkVertr **633** 8; bei NachlVerw **1978** 5; zur SchadAbwendg Vorb 83 vor **249**; Verrechng ggü BereichergsAnspr **818** 45; Verzinsg **256**; des VorE **2124**; des Vormd **1835**, **1835 a**
Auktionator Einf 9, 17 vor **433**
Ausbeute s Früchte
Ausbeutung 138 74; fremder Rechte **687** 5
Ausbietungsgarantie, Einf 20 vor **765**; Formbedürftigkeit **313** 7
Ausbildung der Kinder 1631 a 2; AusbildgsVergütg **1602** 9; Dauer **1610** 22; Unterh für **1610** 18
Ausbildungsbeihilfe für nichtgemeinsch Abkömml **1371** 7; als Erbfallschuld **1967** 6
Ausbildungsförderung 58 vor **1601**
Ausbildungskosten 1610 18; der Eheg **1360 a** 3; währd Trenng **1361** 64
Ausbildungsunterhalt, nachehel **1575**; Kind **1610** 18
Ausbildungsverhältnisse Einf 58 vor **611**; AufsichtsPfl **832** 4; VertrAbschl dch Mj **113** 2, dch Eltern **1631** 3, Gen dch VormschG **1822** 20
Auseinandersetzung, Gesamtgut **1471 ff**, bei fortges GüterGemsch **1497 ff**; GesellschVerm s dort; Nachl s ErbauseinandS; VermGemsch zw wiederheiratdem EltT u Kind **1683**
Ausfallbürge Einf 11 vor **765**; **769** 1
Ausfallhypothek 1113 10
Ausgangsmiete MHG **2** 18, **11** 3
Ausgleichsanspruch 242 135; bei Beamtenhaftg, **841**; familienrechtl 34 vor **1601**, **1606** 20; zw GesamtGläub **430**; zw GesamtSchuldn **426**; zw Eheg als Gesamtschuldner **426** 9; bei nichtehel LebensGemsch 17 vor **1297**; bei unerlHdlg **840** 6; bei Besitz- u EigtStörgen **906** 31, 40, 41, 42; bei ZugewGemsch s dort; s a Ausgleichung
Ausgleichsquittung 397 10, Vorb 74 vor **620**, **630** 1
Ausgleichsrente beim VA **1587 g**
Ausgleichung, unter Abkömmlingen als ges Erben **2050**, als TestErben **2052**; entfernte Abkömmlinge **2053**; Ausk über Zuwendgen **2057**; Dchführg **2055**; bei ErbErsAnspr **2050** 5; Pflichtt **2316**; Wegfall eines Abkömmlings **2051** 1; Zuwendgen aus Gesamtgut **2054**; im Zuweisgsverf **2042** 24
Aushilfsarbeitsverhältnis, Künd **622** 3
Auskunft, Haftg **675** 27; über Kind **1685**
Auskunfteivertrag Einf 8 vor **631**
Auskunftspflicht 261 3, 20, 27; AmtsPflVerletzg **839** 44; ArbG **611** 5, 103; ArbN **611** 5, 44; Arzt **261** 15; AuskVertr **675** 29; Beauftragter **666**; bei Bereicherg **812** 102; Beschenkter ggü PflichttBerecht **2329** 1; Besitzer Vorb 18 vor **987**, **987** 7, **988** 6; Dritter **261** 14; unter Eheg **1353** 13; eidesstattl Versicherg **261** 29; Erbe ggü PflichttBerecht **2314**, **2325** 2; bei ErbErsAnspr **2314** 1; ErbschBesitzer **2027**; bei unricht Erbschein **2362** 2; Ergänzg **261** 22; bei FdgsAbtretg **402** 2; Fiskus ggü NachlGläub **2011** 2; bei dauernder GeschVerbindg **675** 40; geschführder Gter **713** 4; bei unerlHdlg **823** 160, **826** 14; Hausgenosse des Erbl **2028**; über ehel Hausrat HausRVO **8** 1, bei Getrenntleben **1361 a** 18; über Kind **1685**; Miterbe **2038** 13,

2057; NachlPfleger/Verw **2012**; Mutter über Pers des Vaters 3 vor **1591**; vertragl NebenPfl **675** 39; bei SchadErs **261** 16; sittenw Schädigg dch falsche Auskunft **826** 25; nach Treu u Glauben **261** 8; bei Unterh **261** 15, **1580**, **1605**; Verhältn zum HauptAnspr **261** 25, **2314** 5; Verkäufer **444**; VermächtnBeschwerter **2174** 4; VA Einf 15 vor **1587**, **1587 e**, **1587 o** 3, VAHRG **11**; Verj **261** 27; VorE **2121** 1, **2127**; Vormund **1799**, **1839**; bei WkVertr **631** 13, 16; WE-Verw WEG **27** 20; bei ZugewAusgl **1379**
Auskunftsverordnung 1587 o 4
Auslandsunterhaltsgesetz EG **18** 5
Ausländer, Beamtenhaftg **839** 5; Beerbg EG **25**; Eheschließg **1309**; Erbschein **2369**; GrdstErwerb **925** 15, EG **88**; heimatlose EG **5** Anh II 3; Inlandsscheidg EG **17** 8, 11; NachlFürsorge **1960** 2, **1961** 1; Pflegsch, Vormundsch EG **24**; Unterh-Bedarf 28 vor **1601**; TestEröffng **2260** 4; Vereine **23**
Ausländische Arbeitnehmer Einf 29 vor **611**, **611** 4
Ausländische Kinder, Fürsorge EG **24** Anh 1; UnterhBedarf 28 vor **1601**
Ausländische Rentenanwartschaften 1587 a 15, 113; EG **17** 25
Ausländisches Grundstück 313, 4, 3 vor **925**
Ausländisches Recht, Auskünfte über **2358** 2, Einl 35 vor EG **3**; Revisibilität Einl 37 vor EG **3**; Unmöglichk der Feststellg Einl 36 vor EG **3**
Ausländische Streitkräfte im Bundesgebiet, ArbN 55 vor **611**; Eheschließg EG **13** 26
Auslauffrist 626 33
Auslegung, von AGB AGBG **4**, **5**; formbedürft Erkl **133** 19; ErbVertr **1941** 1, Übbl 8 vor **2274**; ergänzde **157** 2, **2084** 8; europarechtskonforme Einl 37 vor **1**; FreizeichngsKl **276** 58; Gesetze Einl 34 vor **1**; GB-Eintr/Verkehr **133** 27, **873** 15; Möglichk **133** 3; Regeln **133** 22; proz Fragen **133** 29; Revisibilität **133** 30; schlüssiges Verhalten **133** 11; Test **2084**, gemschaftl Einf 12 vor **2265**; **2269** 6; letztwill Vfg **2066–2073**, **2084**, Vorrang vor Anfechtg **2078** 1; Vereinbg über TestAuslegg **2385** 2; Vereinbg/Beschl der WEigtümer WEG **10** 8, 15; Verträge **157**, IPR EG **32** 3; Vorverhdlg Einf 18 vor **145**; WillErkl **133**
Auslieferung 447 10
Auslobung 657–661
Ausreisser (Fabrikationsmangel) **823** 205
Ausschlagung der Erbschaft, **1943 ff**; Anfechtg **1954–1957**, **2308**; nach ausländ Erbstatut **1945** 10; Bdgg **1947**; nach DDR-ZGB **1944** 1; dch Eheg **1945** 4, Eltern **1945** 2; bei Gütergemsch **1432** 2, **1455**, bei ZugewGemsch **1371** 12, 18, **1950** 2, **1953** 2, **2305** 3, **2306** 11, 13, **2307** 1; Einsicht in Erkl **1953** 7; EmpfBestätigg **1945** 9; ErbschTeile **1950** 1; Form **1945** 6; Frist **1944**, Wirkg des Ablaufs **1943** 5, Anfechtg der Versäumg **1956**; Irrtum über BerufgsGrd **1949** 1, 4; bei mehreren Erbteilen **1951**; mehrfache Berufg **1948**, **1949** 4; Mitteilgspfl des NachlG **1953** 6; der Nacherbschaft **2142**; des PflichttBerecht **2306** 11, 13; RGesch vor – **1959**; nicht Schenkg **517** 2; Vererblichk des Rechts **1952** 1; Vertrag über – **2302** 4; Vollmacht **1945**; der Vorerbschaft **1952** 2; vormundschaftsger Gen **1643** 2, **1822** 3; Willensmängel **1954** 1; Wirkg **1953** 1; Ztpkt **1946** 1, 2; Zeugn **1945** 9
Ausschlußfrist Übbl 7 vor **194**; Aufrechng vor Ablauf **390** 3; BereichergsAnspr nach Ablauf Einf 12 vor **812**; bei Lohn, Gehalt **611** 72; für Mängelanzeige AGBG **11** 66; unzul RAusübg **242** 50; bei Reisemangel **651 g** 1–3; Unterbrechg **208** 1
Ausschlußurteil GrdstEigt **927**; HypGläub **1170**, **1171**; NachlGläub **1970** 5; ReallastBerecht **1112**; VorkBerecht **1104**; Vormkg **887**; WertPap **800**
Ausschreibung öffentl von Auftr **276** 76
Aussperrung, Vorb 19 vor **620**, **826** 42
Ausspielung 762 9, **763**, s auch Lotterie
Ausstattung des Kindes **1444**, **1624**, **1625**; Ausgleichg bei ErbauseinandS **2050** 10; Schenkg **516** 10; Verspr als VzGDr **328** 8; ZugewAusgl **1374**
Austauschvertrag, Einf 5 vor **320**
Ausweis, Verpfändg **1204** 3
Auszahlungsauftrag 676 a 2
Autobahn s Straße, AmtsPfl **839** 91
Automaten, AufstellgsVertr Einf 19 vor **535**, AGBG **9** 57, Anfechtg **123** 4, Sittenwidrigk **138** 80; Besitz **854** 6, **868** 18; Übereigng aus **929** 2; Vertr-Angebot **145** 7
Autowaschanlage, Freizeichngsklausel AGBG **9** 58; Haftg des Betreibers **276** 38; BewL **282** 13
Autor, sittenwidrige Bindg **138** 79
Autovermietung an Minderj **107** 9; **254** 19; AufklärgsPfl des Vermieters **276** 87; BereichergsAnspr **812** 28, **819** 6
Avalkredit 675 10

B

Baden-Württemberg: Erbenermittlg **2262** 3; Inventaraufnahme **2002** 3, **2003** 3; NachlFürsorge **1960** 10; Zuständigk in NachlSachen **1962** 1, **2258 a** 2; TestEröffng **2261** 1, **2273** 7; TestVerwahrg **2258 a** 2, **2259** 1, **2277** 2; Vermittlg der ErbauseinanderS **2042** 15
Bagatellklausel in VA VAHRG **3 c** Anh III zu **1587 b**
Bank, Anlageberatg **276** 22; AufklärgsPfl bei BörsenterminGesch **764** 11; Auskunft/Rat **675** 29ff, 43; Bankeinlage Einf 17 vor **607**, **700** 1; BankVertr **675** 9; Erbnachw Übbl 5 vor **2353**; ErfGeh **278** 27; PfdR Einf 11 vor **1204**, **1206** 2; GeschBdggen AGBG **9** 60, GeschBesorgg **675** 9; IPR EG **28** 21; Haftg **276** 28–33; Scheckeinlösg/einziehg **990** 10; Vergütgsreglg AGBG **8** 5, **9** 63; s. a. Kreditinstitut
Bankdarlehen, IPR EG **28** 12
Bankgarantie 14 vor **783**; IPR EG **28** 20
Bankgeschäftstag 676 a 16
Bankkonto 328 9, **430** 2; s a Konto, Girokonto, Sparkonto
Banknoten, Kauf **437** 16
Banküberweisung, Auftr **675** 9; Erfüllg dch **362** 8; Quittg **368** 6; steckengebliebene **270** 7; Vertr zGDr **328** 9, mit Schutzwirkg zGDr **328** 23
Bankvertrag 675 7
Bankvollmacht, Eheg **1372** 8; Erblasser **2301** 9
Bargeld, Anlegg dch Eltern **1642**
Barkauf Einf 6 vor **433**
Barkaution Übbl 8 vor **1204**
Bartervertrag 515 2 a, **675** 22
Barüberweisung s Überweisung
Barunterhalt Einf 2 vor **1601**, **1606** 8, **1610** 1, **1612** 2
Barwertverordnung 1587 a Anh II
Barzahlungspreis VerbrKrG **4** 16
Basiszinssatz 245 9; als VerzugsSchad **246** 12, VerbrKrG **11**; Höhe Anh zu **246**
Bau auf fremden Grdst **951** 23
Baubeschränkungen als Mangel **434** 6, **459** 22; als Enteigng Übbl 45 vor **903**; Wirkg zG Dritter **328** 10, **903** 14
Baubetreuungsvertrag 675 20; AGB AGBG **9** 64; AufklärgsPfl **276** 78; Form **313** 18; SchadErsPfl

538 8, **637** 7; Treuhänder **675** 18; Verj der Anspr **196** 22
Baudarlehen Einf 10 vor **607**
Bauerwartungsland, Übbl 22 vor **903**
Bauforderungen, G über die Sicherg Einf 10 vor **607**, **648** 6, **823** 145
Baugenehmigung, Versagg als Enteigng, Übbl 43 vor **903**, als Fälligkeitsvoraussetzung **271** 9
Baugeräte, kein Grundstückszubehör **97** 11
Baugesetzbuch, GenBedürftigk von GrdstGesch Übbl 18 vor **873**; Pflegsch **1911** 1, **1913** 1; VorkR Vorb 4 vor **504**, Übbl 6–9 vor **1094**
Bauherrenmodell, AGB AGBG **9** 65; Bauherren-Gemsch **705** 38; Form **313** 33; Haftg **276** 34; ProspektHaftg **276** 23
Baukostenzuschuß Einf 83 vor **535**, **549** 2, **574** 4, als VorausVfg über Mietzins **1124** 4; Rückgewähr bei vorzeitiger Kündigg **557 a** 5, **812** 80
Baulast Einl 19 vor **854**; BestellgsAnspr aGrd Dbk **1018** 1; als RMangel **434** 6; als vormkgswidr Vfg **883** 21
Baulärm, Schutz gg **906** 11
Bauleitplanung **839** 93 a
Baum auf Grenze **923**; Grenzabstand EG **124**; auf NachbGrdst **907**; SchadBemessg **251** 11; Überfall v Früchten **911**; Überhang **910**; VerkSichgsPfl **823** 75
Baumaschinen, Überlassg bemannter Einf 23 vor **535**
Baurecht, NachbSchutz **903** 16; RNachf **1922** 53
Bauspardarlehen Einf 11 vor **607**
Bausparkasse, Haftg **675** 43
Bausparvertrag, Begünstigg Dritter für den Todesfall **331** 2, **516** 2, **1922** 48, **2078** 144
Bausperren als Enteignung, Übbl 44 vor **903**
Bauträger, **675** 14; Koppelgsverbot **631** 4
Bauträgervertrag, AGB AGBG **9** 66, **11** 71; GewLeistg **633** 4; s a BauBetrVertr
Bauunfälle, AnschBew Vorb 170 vor **249**; MitVersch **254** 28
Bauunternehmer, BBindg bei GrdstVerkauf als VzGDr **328** 10; Anspr auf HypBestellg **648**; AufsichtsPfl **823** 76; ErfGeh **278** 28; SchadErsAnspr gg B u Architekten **421** 4, **635** 6 b
Bauvertrag Einf 3 vor **631**; AGB AGBG **9** 67; ErfGeh **278** 28
Bauwerk, Bestandt des ErbbR ErbbRVO **12**, des Grdst **94**; Verj der GewlAnspr **638** 9
Bauwerksicherungshypothek **648**, WEG **2** 8
Beamtenhaftung, Ausgleichg **841**; ggü DHerrn **276** 64; s a Staatshaftung
Beamter, Amtspflicht, Inhalt **839** 32, Verletzg **839** 31, Begriff **839** 27; RWeg bei Ehrverletzg dch B Einf 22 vor **823**; Fdgübergang auf DHerrn bei Verletzg Vorbem 136 vor **249**; Gehaltsanspr, Abtretg, Aufrechng **394** 1, **400** 1, **411**, EG **81**, Verwirkg **242** 105; Haftg bei unerlaubter Handlg **89** 1; Haftg s Beamtenhaftg; Kündigg bei Versetzg **570**; Pflegschaft für Dienststrafverf **1915** 2; VersorggsAusgl **1587** 8, **1587 a** 33, **1587 b** 22; Vormdbestellg **1784** 1, **1888**
Bedarfstabellen für Unterh 14, 25 vor **1601**
Bedingung, Einf vor **158**; adäquate, Vorb 58 vor **249**; AnwR Einf 9 vor **158**; auflösde, aufschiebde **158** 1; bedinggsfeindl RGesch Einf 12 vor **158**; Beeinträchtigg des Rechts vor Eintritt **160** 1; Eintritt **158** 2, Ztpkt **162** 2; Einwirkg, unzuläss **162** 1; PotestativBdgg Einf 10 vor **158**; RBdgg Einf 5 vor **158**; Rückbeziehg **159** 1; unerlaubte u unsittl Einf 11 vor **158**; Vfg, anderweitige vor Eintritt **161** 1; Vfg, letztwillige **2070**, **2075**, gesetzwidr, unsittl Bdgg Einf 11 vor **158**, **2075** 3; VertrBdgg Einf 3 vor **158**, AGBG **1** 2; Voraussetzg des GeschAbschl Einf 5 vor **158**
Bedürftigkeit, Schenker **528** 2; UnterhBerecht **1577** 1, **1602**, selbstverschuldete **1579** 16 s a UnterhBedürftigk
Beerdigung, Bestimmg Einl 9–11 vor **1922**
Beerdigungskosten **1968** 3; Ers bei Tötg **844** 4; NachlVerbindlk **1968** 1; Tragg dch Hofübernehmer **1968** 6, Sozialhilfeträger **1968** 6; Teil der Unterhaltspfl **1615** 2; bei Tod des geschied Eheg **1586** 2; bei Tod der nichtehel Mutter inf Schwangersch od Entbindg **1615 m**, **1615 n**
Beförderungsgefahr **447** 1
Beförderungsvertrag Einf 9 vor **631**; IPR EG **28** 6, **29** 2; Schutzwirkg zG Dr **328** 24
Befreiung von Verpflichtgen, BereichergsAnspr **812** 24; Pfleger **1917** 2; Volljk bei Eheschließg EheG **1** 2, 4; Vorerbe **2136**, **2137**; Vormund **1852–1857**
Befreiungsanspruch **257**, Vorb 46 vor **249**; Abtr **399** 4; Aufrechng **387** 10; v Bürgschaft **775**
Befreiungsvermächtnis, Inhalt **2173** 4
Befristung Einf 2 vor **158**, **163**, **2074** 5; von Arbeitsverhältnissen **620** 1
Begehungsort Einf 41 vor **823**; s a Tatort
Beglaubigung, öffentl **129**
Begleitname, Begriff **1355** 6–11
Behandlungsfehler dch Arzt **823** 66
Behandlungstermin beim Arzt **615** 2
Beherbergungsvertrag Einf 26 vor **535**, Einf 3 vor **701**; ErfGeh **278** 30; ErfOrt **269** 13; Haftg des Gastwirts **701 ff**; Beweislast bei Verschulden **282** 6; IPR EG **28** 18, **29** 2; mit mehreren **702** 4
Beherrschungsvertrag, EG **12** Anh 2, 16
Behindertentestament **138** 50 a, **1937** 23
Behördenbedienstete Einf 54 vor **611**
Behördenbetreuer **1900** 9, **1908 g**, **1908 h**
Behördenbetreuung **1900** 9; AufwendgsErs/Vergütg **1908 h** 2; Entlassg **1908 b** 21; GeldVerwaltg **1908 i** 19
Beihilfe zu unerl Hdlg **830** 4
Beihilfeanspruch, Unvererblichk **1922** 51
Beistandschaft **1712–1717**
Beistandspflicht Eltern/Kinder **1618 a**
Beiträge, Aufrechng mit Beiträgen zu Krankenkasse **394**; der Eheg zum Familienunterh **1360** 7, zw Verwandten **1611** 7; der Gter **706**, Erhöhg **707**; der Vereinsmitglieder **58**
Bekanntmachung der Auflösg des Vereins **50**; der Eintragungen im GüterRRegister **1562**; der Entziehg der Rechtsfgk **50**; der NachlVerw **1983**; von Rechnungsgrößen zur Durchführg von Versorgungsausgleich **1587 a** Anh I
Belastung, altrechtl EG **184**; Beschrkg bei Grdst Übbl 17 vor **873**; Grdst **873**; GrdstR **873**, **876**; mit UnterhPfl als Schaden 46 vor **249**, 13 vor **1601**
Belästigungsschutz 90 vor **611**
Belegarztvertrag s unter „Arzt"
Belehrung dch Verkäufer **433** 17
Beleidigung durch die Presse Einf 20, 26 vor **823**, **823** 24, **824** 10
Beleihungsgrenze; DeckungsHyp Vorb 5 vor **1113**; ErbbRHyp ErbbRVO **7** 5; **19 ff**
Beleuchtung, Vermieter **535** 22, **823** 175
Belohnung, Ers von – bei SchadErsPfl **249** 22
Benachrichtigungspflicht, bei Auftr **666**
Benachteiligungsabsicht, Einfluß auf Endvermögen **1375** 8; BereichergsAnspr gg Dr **1390** 2; beim ErbVertr **2287** 6, **2288** 2; Inventar **2005** 2
Benutzungspflicht des Pächters **581** 11
Beratervertrag Einf 9 vor **631**
BerechnungsVO, Mietnebenkosten **535** 37
Bereicherung s ungerechtf Bereicherg

Bereicherungskette 812 45
Bergarbeiterwohnungen Vorb 10 vor **565 b–e**
Bergleute, KündSchutz Vorb 88 vor **620**
Bergungsvertrag Einf 9 vor **631**
Bergwerk, Eigt EG **67** 3; WirtschPlan bei Nacherbfolge **2123**, bei Nießbr **1038**
Berliner Testament 2269
Beruf, Begriff für AusbildgsUnterh **1610** 19; Mitarbeit im – des Erben als ausgleichspflichtige bes Leistg **2057 a** 6; UnterhSicherg **1603** 41; Verpfl zum -wechsel **254** 37, **1603** 41
Berufsausbildung Einf 58 vor **611**; Berücksichtigg der Kinderinteressen **1631 a** 2; Unterh für **1610** 18
Berufsbedingte Aufwendungen 1603 20
Berufsbetreuer, Bestellg **1897** 23; Entlassg **1908 b** 6; Mitteilgen an BtBeh **1908 k**; Vergütg **1836**
Berufsbonus im UnterhR **1578** 48
Berufssportler, Arbeitnehmer Einf 8 vor **611**; Transfer **25** 9, Einf 20 vor **433**
Berufsunfähigkeit, Unterh nach Scheidg **1571** bis **1573**; VersorggsAusgl **1587** 7
Berufswahl des Kindes **1610** 20, Beratg der Eltern **1631 a** ; Verh zur UnterhPflicht **1360** 13, **1603** 41
Berufung, mehrere Erben **2032** 3; zur Erbschaft **1942** 1; mehrere Erbteile **1951** 1; mehrf, zum Erben **1948** 1–3; ; verschied Grde erbrechtl Art **1951** 2
Beschaffenheitsvereinbarung 459 1
Beschäftigungsförderung 620 19
Beschäftigungspflicht 611 118
Bescheinigung über Eintritt der gesetzl Amtsvormundsch **1791 c**; Rückgabe **1893**
Beschlagnahme, Aufrechng bei **392**; EigtErwerb bei **935** 3; Pflegsch Einf 4 vor **1909**
Beschlußfassung bei der Gesellsch Vorb 12 vor **709**; des Vereins **32**, **28**; der WEigtümer WEG **10** 12, **23–25**
Beschränkte persönliche Dienstbarkeit 1090–1092; Ausübgsüberlassg **1092** 5; Belastg **1092** 4; BelastgsGgst **1090** 2; Berechtigter **1090** 3; Entgeltlichk **1090** 4, 5; Entstehg **1090** 7; Erlöschen **1090** 8; Inhalt **1090** 4; Inhaltsänderg **1090** 7; LandesR Übbl 2 vor **1018**; ges SchuldVerh **1090** 1; Umfang **1091**; Umwandlg in GrdDbk **1090** 7; ÜbergangsR Übbl 2 vor **1018**; Übertragg **1092** 1; WohngsR **1093**
Beseitigungsanspruch 1004 22; RMißbr **1004** 38; Verj **198** 13; bei unerl Hdlg Einf 26 vor **823**
Besichtigung, Vorlegg v Sachen zur **809**
Besichtigungsrecht des Vermieters **535** 39
Besitz 854; Arten Übbl 3 vor **854**; Beendigg **856** 1–3; Begriff Übbl 1 vor **854**; Eheg **854** 6, **866** 3–6, **868** 16; Eigenbesitz Übbl 3 vor **854**, **872**; Erwerb **854**, durch Stellvertr **854** 11; fehlerh **858** 8; bei GesHdsGemsch **854** 13–18; als Grundlage für EigtVermutg bei Eheg **1362** 4; IPR EG **38** Anh II 5; bei Jur Personen **854** 12; Kondiktion **812** 19; **861** 12; Mitbes **866**; mittelb **868**, mehrfacher mittelb **871**; des NachE **2139** 4; Nebenbes, s dort; Nießbraucher **1036**; als sonstiges Recht **823** 13; RNachf **858** 9; Schutz des mittelb **869**; Selbsthilfe **859**, **860**; Störg **858** 6, **862** 1; Teilbesitz **865**; an Testamenten **2259**; des Test-Vollstr **2205** 6; ÜbergangsR EG **180**; Übertragg des mittelb **870**; unmittelb Übbl 3 vor **854**; Vererbg **857** 1, **1922** 32, **2032** 7; Verlust **856** 3; s a Eigenbesitz, Eigenmacht, verbotene, Eigentumsvermutg, Rechtsbesitz
Besitzdiener 855; Aufgabe einer Sache Vorb 1 vor **965**; Gutgläubigkeit bei Erwerb dch **990** 6; SelbsthilfeR **860** 1
Besitzentziehung 858 5; Anspr bei **861**, Erlöschen **864**; bei mittelb Besitz **869** 3; unter Eheg **1361 a** 19
Besitzer, BefriediggsR für Verwendgen **1003**; berecht Vorb 3–7 vor **987**; bösgläubiger **990**; Eigt-Vermutg **1006**; Einreden **986**; HerausgAnspr des früheren **1007**; HerausgPfl **985**, Nutzgen **987**, **988**, **990** 2, **993** 2; Klage wegen Verwendgen **1001**, **1002**; Lasten **995**; nichtberecht Vorb 8–13 vor **987**; RStellg Übbl 1 vor **854**; SchadErsatz **989**, **992**; VerfolggsR **867** 1, 2; Verwendgen **994**, **996**, bei RNachf **999**; WegnahmeR **997**; ZbR **1000**
Besitzmittler eines Nichteigentümers, Nutzgs-Herausg/SchadErsAnspr des Eigtümers Vorb 14 vor **987**, **991**
Besitzmittlungsverhältnis 868 6; **930** 5; Besitzschutz bei – **869** 2, 3; EigtErwerb **930**, gutgläub **933**; EigtVorbeh **868** 15; Insichgeschäft **929** 23, **930** 1; mehrfaches **871**; nichtiges **868** 10; Sich-Übereigng **930** 7; vorweggenommenes **930** 9
Besitzschutz 859–862; allg Übbl 2 vor **854**; Dienstbark, altrechtl EG **191** 1; Einwendgen gg Besitzklage **863**; Erbe **857** 2; Erlöschen der Anspr **864**; Grddienstbk **1029** 1, 2; b Mitbesitz **866** 8; b mittelbarem Besitz **869** 1–3; Pfandrecht **1227** 2; Teilbesitz **865** 2; Verfolgsrecht **867** 2
Besitzstörung 858 6; Anspr bei **862**, Erlöschen **864**; b mittelbarem Besitz **869** 3
Besserungsklausel 271 14
Bestallung, NachlPfleger **1960** 14; Vormd **1791**; Rückgabe **1893** 4
Bestandsangaben, GB-Vermutg **891** 6, **892** 12
Bestandsverzeichnis 259–261 21
Bestandteil, Auflassg, Erstreckg auf **93** 4, **926** 1; Begriff **93** 2, **94**, **95** 1; Beschränkg d Rechte am **93** 4; EigtErw **953** 1, **954** 1, **955** 2, **956** 2; Eigentumsvorbehalt **93** 4; Einzelfälle **93** 5; **94** 8; Haftg f Hypothek **1120–1122**; Gebäude **94** 5; Grundstück **94** 2; Recht als Grundstücksbestandteil **96** 1, 2; Pflanzen **94** 4; scheinbarer **95** 1; durch Verbindg **946**, **947**; Verbindg mit Grdst od Gebäuden **94** 2, 5; Verbindg zu vorübergehendem Zweck **95** 2; Verbindg zur Ausübg eines dingl Rechts **95** 5; Versorggsleitg **95** 6; Wegnahmerecht des Besitzers **997**; wesentlicher **93** 3, **94** 1; Zubehör **97** 2–12, **98** 1; Zuschreibg v Grdst als **890** 1
Bestätigung, bei anfechtb RGesch **144**; der Ehe **1315** 3; des Erbvertr **2284**; bei nichtigem RGesch **141**; bei unwirksamer AGB-Klausel Vorb 7 vor AGBG **8**
Bestätigungsschreiben Einf 10 vor **116**, **148** 8
Bestattung, bei Bt **1896** 4, gewidmete Sachen Einf 10 vor **90**; EhegWille 10 vor **1353**, Einl 10 vor **1922**; elt Sorge **1626** 10
Bestechung, AufwendgsErs **670** 5; Sittenwidrigk **138** 44; Herausg des dadch Erlangten **667** 3
Bestellung des Betreuers **1896–1900**; öff zur Besorgg von Gesch **663** 2; des Pflegers **1915** 2; des Vormundes **1789** bis **1790**
Beteiligung an unerlaubter Handlg **830**
Beteiligungsdarlehen Einf 13 vor **607**
Beteiligungserwerb 433 2, **437** 10, **459** 16
Betretungsverbot 1004 34, 40
Betreuer 1897; Aufsicht des VormschG **1908 i** 15; Bereiterklärg **1898** 5; BerufsBetr s dort; BehördenBetr s dort; Eigng **1897** 5; Entlassg **1908 b**; Haftg Einf 13 vor **1896**; mehrere **1899**; Heimpersonal **1897** 12; Pflichten **1901**; ÜbernahmePfl **1898**; VereinsBetr s dort; Vorschlag des Betreuten **1897** 16; VerschwiegenhPfl **1901** 17
Betreuung Einl 1ff v **1773**, **1896–1908 i**; ärztl Maßn **1904**; AufgKreis **1896** 15–42, Erweiterg

1908 d 8, Überschreitg **1896** 18; Aufhebg **1908 d**; Aufwandsentsch **1835 a** ; AufwendgsErs **1835**, für Verein **1908 e**; Beratg dch VormschG **1837** 6; Berichterstattg **1840** 1; BtVfg 9 v **1896**; Dauer **1896** 43; DelegationsBt **1899** 6; EheVertr **1411**; EinwilliggsVorbeh **131** 3, **1903**; elterl Sorge, Ruhen **1673** 5; EinzelBt **1897** 3; ErforderlichkPrinzip **1896** 7; ErgänzgsBt **1899** 5, **1908 i** 10; GeschFgk 2 vor **104**, 18 v **1896**, bei GeschUnfgk **1896** 4; Geschenke **1908 i** 18; bei GeschUnfgk **1896** 2; bei GüterGemsch **1436**, **1447 Nr 4**, **1469 Nr 5**, bei fortgesetzter **1484**, **1491** 1, **1492** 1, **1493**, **1495;** Haftg 19 v **1896**, des Betr 21 v **1896**, des Betreuten 20 v **1896**, der BtBeh 25 v **1896**, des BtVereins 23 v **1896**, des Sachverst 26 v **1896**, des VormdschRi 25 v **1896**; Mietwohng, Aufgabe **1907**; Rechngslegg **1840** 4; SachverstGA 19 vor **1896**, **1896** 23; Sterilisation **1899** 7–8, **1905**; Subsidiarität der Bt **1896** 11; TotalBt **1896** 21; Unterbringg **1906**; unterbringgsähnl Maßn **1906** 17; Verf 27 v **1896**, VerFgk 27 v **1896**; Vergütg **1836**; Versicherg **1835** 5–8, **1837** 13; Vertretg des Betreuten **1902**, im Verf 27 vor **1896**; VollmÜberwachgsBt **1896** 41; Vormundsch, AblehngsR **1786** 2; Unfgk zur Übern **1781** 2; Wünsche des Betreuten **1901** 5, **1901 a**; ZwangsBt 16 v **1896**

Betreuungsbehördengesetz 1900 10

Betreuungsgesetz Einl 1 vor **1773**, Einf 1 vor **1896**

Betreuungsunterhalt, Einf 2 vor **1601**, **1606** 8, **1612** 2

Betreuungsverein 1900 2; Anerkenng **1908 f**; AufwendgsErs/Vergütg **1908 e**; Entlassg **1908 b** 21; Haftg 23 v **1896**

Betrieb, Begriff Einf 14 vor **611**

Betriebliche Altersversorgung Einf 80 vor **611**; Versorgungsausgleich bei Scheidg Einf 3 vor **1587**, **1587** 5, **1587 b** 30, **1587 f** 12, **1587 g** 5

Betriebliche Übung Einf 14 vor **116**, Einf 76 vor **611**

Betriebsbedarf bei Wohng **564 b** 28

Betriebsbesetzung Vorb 25 vor **620**

Betriebsbuße Vorb 8 vor **339**

Betriebserfindung 611 151

Betriebsferien 611 138

Betriebsführungsvertrag s ManagementVertr

Betriebsgefahr, Mitverantwortlichk **254** 3, 48; s Betriebsrisiko

Betriebsgemeinschaft u Betriebsrisiko **615** 22

Betriebsgruppe Einf 33 vor **611**

Betriebsinhaberwechsel 613 a

Betriebskosten, MietVertr **535** 38; Erhöhg bei Mietwohng MHRG **4**

Betriebsräte, Einf 73 vor **611**; Anhörung vor Kündigg Vorb 50 vor **620**, **626** 11; Kündigg **622** 10, **626** 53; Zustimmg zur Einstellg von ArbN **611** 10, zur Kündigg Vorb 39 vor **620**, **626** 16

Betriebsrisiko (Arbeitsvertrag) **615** 22

Betriebsschutz Einf 82 vor **611**

Betriebsstillegung 613 a 12, 1 vor **620**

Betriebsübergang u Arbeitsverhältnis **613 a**; u Ruhegeld Einf 80 vor **611**

Betriebsvereinbarungen Einf 73 vor **611**

Betriebsverlegung 611 32

Beurkundung (notarielle), im Ausland EG **11** 5, 11; statt Beglaubigg **129** 3; Ersetzg dch gerichtl Vergl **127 a**; statt Schriftform **126** 13; von Vertr **128**; VertrAnnahme bei **152**; VertrSchluß bei vereinbarter **154** 4

Beurkundungskosten beim Kauf **449**

Bevollmächtigter, einseit RGeschäft **174** 1; Mitteilg/Bek der Pers **171**, **173** 4; Unterschr **126** 11

Bewachungsvertrag, AGB AGBG **9** 69; DrittschadLiquidation 116 vor **249**; RNatur 9 v **631**; Schutzwirkg zGDr **328** 24

Beweggrund, Übbl 19 vor **104**; Irrtum im **119** 29, **2078** 4; u GeschGrdlage **242** 114

Beweis des ersten Anscheins s AnscheinsBew

Beweislast, Vorb 162 vor **249**; Anf letztw Vfg **2078** 11; Annahme als Erfüllg **363**; bei Ausschl des EhegErbR **1933** 7; ErbscheinsVerf **2358** 6; Klausel in AGB AGBG **11** 90; Getrenntleben bei Scheidg **1567** 9; Haftg für HilfsPers **831** 14, 21; bei pVV **282** 6; für Sittenwidrigk **138** 23; für Unwirksamk des Test **1937** 24, TestAnf **2078** 11, **2081** 5; Testierfähigk **2229** 13; Umkehrg Vorb 173 vor **249**; bei Unmöglichk **282**; im UnterhR 80 vor **1601**

Beweisverfahren, selbständiges, Antrag bei GewlAnspr **477**, **478**, **639** 1; Kostenersatz **249** 22; Verjährgsunterbrechg **209** 23, **212** 4

Bewertungsgrundsätze bei PflichttBerechng **2311** 9; bei ZugewGemsch **1376** 1–12, **1384**, **1387**

Bewirtschaftungsvorschriften, Verstoß gg **134** 17, **817** 22

Bewußtlosigkeit bei Eheschließg **1304** 3, **1314** 7; bei unerl Hdlg **827**, **829**; bei WillErkl **105**

Bezirksschornsteinfeger Einf 17 vor **631**

Bienen, Abwehr **906** 14; BienenR **961–964**

Bierbezugsverpflichtung, AGB AGBG **9** 70; Brauereidarlehen, Einf 12 vor **607**; Sichg dch Dbk **1018** 25, **1019** 2; Sittenwidrigk **138** 81

Bierlieferungsvertrag Einf 24 vor **535**, AGBG **9** 70; als Vertr zGDr **328** 10

Bild, Recht am eig **823** 179; BereichergsAnspr bei Verletzg **812** 28

Bildzeichen, Schutz **12** 38

Billiges Ermessen, LeistgsBestimmg **315** 10

Billigkeit im ArbR **611** 76, im UnterhR **1611** 7

Billigkeitshaftung 829, **254** 13

Bitte, letzte, **2084** 20

Blankett, abredewidrige Ausfüllg **119** 10, **173** 8

Blanketturkunde bei BürgschErkl **766** 4

Blankoabtretung 126 6, **398** 4

Blankounterschrift 126 6; u IrrtAnf **119** 9; Beglaubigg **129** 3

Blinde, Vfg vTw **2229** 5, **2232** 15, **2233** 2, **2247** 6

Blutgruppengutachten 11 vor **1591**

Blutsverwandtschaft 1 vor **1589**; Eheverbot **1307** 3

Bodenkredit Einf 7 vor **607**, Vorb 1 vor **1113**

Bodenschätze, Enteigng Übbl 20 vor **903**; Eigt **905** 3

Bordellverträge 138 52, **817** 24; Kaution **817** 17

Börsentermingeschäft 764 8; AufklPfl **764** 11; Termineinwand **764** 9 a

Bote, Begriff **120** 1, Einf 11 vor **164**; unrichtige Übermittlg **120** 3, Haftg des Boten hierfür **178** 2; Zugehen v WillErkl durch **130** 9

Boykott 823 24, 196, **826** 42

Brauereidarlehen s BierbezugsVerpfl

Bremer Tabelle zum VorsorgeUnterh **1578** 71

Breitbandkabel s Kabelfernsehen

Brief, Briefwechsel als Schriftform **127**; Test in Briefform **2084** 20, **2247** 3; Zugang **130** 6

Briefgrundschuld 1116 5; **1191** 4

Briefhypothek, **1116** 1; Abtretg **1154** 2; vor Brief-Überg **1163** 18; Erwerb **1117**; Geltdmachg **1160**, **1161**, Umwandlg in BuchHyp **1116** 4

Briefkastenwerbung 1004 7

Bringschulden 269 1; Gläubigerverzug **300** 5

Bruchteil, Erbeinsetzg auf **2087–2092**

Bruchteilsbelastung von ungeteiltem Eigt **1008** 7

Bruchteilseigentum 1008; gutgl Erwerb **932** 1; Überführg von GesHdsEigt in **313** 11, **925** 2, **2042** 3

Bruchteilsgemeinschaft 741–758

Bruttolohn 611 51, **616** 31; Grdlage der SchadBerechng des verletzten Lohnempfängers **252** 9
Bucheigentümer, Vermutg für **891**, **1148** 1
Buchersitzung 900
Buchforderung, SicherhLeistg durch **236**; bei Nacherbf **2117**, **2118**; bei Vormundsch **1815**, **1816**
Buchgeld 245 3
Buchgrundschuld 1116 5, **1191** 4
Buchhypothek, **1116** 3; Abtretg **1154** 9; Umwandlg in BriefHyp **1116** 4
Buchungsfreie Grundstücke, Aufl **925** 7
Buchwertklausel 738 7
Bühnenaufführungsvertrag Einf 9 vor **581**
Bühnenengagement Einf 20 vor **611**
Bühnenengagementsvermittlung 134 15
Bundesanzeiger 799 1, **2061** 3
Bundesautobahn s Straße
Bundesbahn s Eisenbahn
Bundesentschädigungsgesetz, Verhältn z 839, **839** 85; ErbR **1936** 1; Erbschein **2353** 20, **2356** 5
Bundesfernstraße s Straße
Bundesimmissionsschutzgesetz 903 20, **906** 2, 37
Bundesmietengesetze Einf 94 vor **535**
Bundespost s Post
Bundessozialhilfegesetz, Zuweisung von Arbeit Einf 27 vor **611**; Erbeinsetzg der Träger der Sozialhilfe **2072**; ErsAnspr des Trägers der Sozialhilfe gg UnterhPflichtigen 41 vor **1601**; Fdgübergang auf Träger der Sozialhilfe **412** 1; keine Anrechng auf SchadErs Vorb 134 vor **249**
Bürge, AusglPfl unter MitB **769** 2; BefreigsAnspr gg HauptSchuldn **775**; Befriedigg des Gläub **774** 7; Drittverpfänder u B **1225** 4; Einrede aus BürgschVertr **768** 1, aus GestaltgsR des HauptSchuldn **768** 3, **770**, des HauptSchuldn **768** 5, der Verj der Hauptschuld **768** 6, der Vorausklage **771–773**; Erlaß der Hauptschuld **765** 29, **774** 7; Erlöschen der Hauptschuld dch Verschulden des Bürgen **765** 30; Freiwerden bei RAufg dch Gläub **776** 2; InnenVerh zum HauptSchuldn **774** 2, 11; Insolvenz des HauptSchuldn **773** 2; Kredit- u HöchstbetragsB Einf 7, 8 vor **765**, **765** 20; MitB **769**; NachB Einf 9 vor **765**; RückB Einf 10 vor **765**; RückgriffsR aus InnenVerh **774** 2, 11, aus gesetzl Fdgsübergang **774** 5; selbstschuldn B **771**, **773** 1; Übergang der Hauptfdg mit NebenR **774** 5–9; Urteil zw HauptSchuldn u Gläub **767** 4; Verzicht des Schuldn auf GestaltgsR **770**; WahlR **768** 3
Bürgerliches Recht, Begriff Einl I vor **1**
Bürgermeistertestament 2249; GültigkDauer **2252**; Haftg **839** 100, **2249** 7
Bürgschaft, Abhängigk v Hauptschuld Einf 2 vor **765**, **767**, **765** 13, 28; AGB **765** 20, AGBG **9** 72; Änderg u Erweiterg der Hauptschuld **767** 1, 2, 3; Anfechtbark der Hauptschuld **770** 2; auf 1. Anfordern Einf 14 vor **765**; AufklärgsPfl des Gläub **276** 65; AufrechngsR des HauptSchu **770** 3; Ausdehng auf and Anspr **765** 20, **767** 3, AGBG **3** 8, **9** 72; AusfallB 11 vor **765**, **769** 1, **812** 86; Ausbietgsgarantie Einf 20 vor **765**; Ausübg eines WahlR des HauptSchu **767** 3; bdgte/befristete **765** 15; Begriff Einf 1 vor **765**, **765** 1; Beschlagn der HauptFdg **765** 29; Bestimmth **765** 6; BlankettUrk **766** 2; BürgschFgk **765** 3; c. i. c. **276** 82; Delkrederehaftg Einf 15 vor **765**; Erfüllgsort **765** 26; FdgsAbtretg **401**; FdgsGarantie Einf 16 vor **765**; Form **766**, **313** 14; FdgsÜbergang auf Bü **774** 5; Freiwerden des Bü **776**; GerStand **765** 26; keine Gesamtschuld mit HauptSchu Einf 1 vor **765**; Änderg/Wegfall der GeschGrdlage **242** 156; GewlBürgsch **641** 2; Einf 13 vor **765**; Gewährvertr Einf 16 vor **765**; Gläub **765** 3; GrdVerh zw Bü u HauptSchu Einf 5 vor **765**; Haftg für Nebenfdgen **765** 24, 767 2; Hauptschuld **765** 17; Höchstbetrag Einf 7 vor **765**; IPR EG **28** 20; für Ktokorrentkredit **765** 20, 777 2; Kosten der Künd/RVerfolgg **767** 2; Kreditauftrag **778**; Kreditbürgsch Einf vor **765**, 765 7; Künd der Hauptschuld **767** 3; Künd dch Bü **765** 16; für künftige Verbindlk **765** 18, 22, **777** 2; mündl Nebenabreden **766** 3; RVerh der Beteil Einf 4 vor **765**; RückgrR des Bü **774**; Sittenwidrigk **138** 37–38 i; SchuldmitÜbern Übbl 4 vor **414**, Einf 15 vor **765**; selbstschuldn **773** 2; Stundg der Hauptschuld **768** 6; Teilbürgsch Einf 6 vor **765**; Umfang der Bürgschaft **765** 19; Untergang der Hauptschuld **765** 29, **767** 1; Veräußergsverbot **137** 5; Verj **195** 5, **765** 26; Verzicht des HauptSchu auf Einreden **767** 3, **768** 9; Kfm **766** 2, **771** 2; Vollm **765** 4, **766** 2; Vorausklage, Einrede **771–773**; VorzugsR, Aufgabe **776**; WechselB Einf 21 vor **765**; Zeitbürgsch **777**; ZweckErkl **765** 19
Bürgschaftserklärung 765 4, 20, 766
Bürgschaftsforderung, Abtretg **765** 4
Bürgschaftsvertrag, Abschluß **765** 2; Form **766**

C

Campingplatzinhaber, Haftung **701** 2
Chartervertrag, Einf 20 vor **535**, Einf 10 vor **631**
Chemische Reinigung, AGB AGBG **2** 7; Freizeichng AGBG **9** 74
Cif-Klausel 269 9, **448** 4; Gefahrübergang **447** 5
Cirka-Klausel 157 16
CISG EG 28 7
Clausula rebus sic stantibus 242 110; s auch GeschGrdLage
CMR EG 28 6, **277** 4
Commodum, stellvertr **281** 6
Computer, Sachmangel **459** 46, **469** 3, 4, **477** 12
Computer -2000-Problem 254 16, **276** 111, **459** 50, **823** 209, ProdHaftG **3** 13, 15
Culpa in contrahendo, Einf 18 vor **145**, **276** 65; BewLast **282** 10; ErfGeh **276** 92, **278** 2; Fallgruppen **276** 71; inhaltl nachteil Vertr **276** 78; IPR EG **32** 8; RFolgen **276** 99; mitwirkdes Verschuld **254** 5, 60; Verh z GewLeistg **276** 80, Vorb 7 vor **459**; Verj **195** 10; des Vertreters **276** 93; dch Verwendg unwirks AGB Vorb 15 vor AGBG **8**
Custodian, Einf 4 vor **1909**

D

Damnum s Disagio
Darlehen 607–610; Abgrenzg zu anderen RGesch Einf 22 vor **607**; AblösgsR bei langfr Zinsbindg **242** 145; Abschluß **607** 1; Abtretg **607** 9; Arten Einf 6 vor **607**; Begriff Einf 1 vor **607**; Bürgsch für nichtiges Darlehen **765** 28; Erfüllg **607** 5; Fälligk **609**; IPR **28** 12; Form **313** 32; Kündigg **609 a**; Mehrh **607** 14; öffentl Darlehen Einl 18 vor **607**; partiarisches Darlehen Einl 13 vor **607**, **705** 9; Rückerstattg **607** 19; **609**; Schuldschein **371** 1; Sittenwidrigk **138** 25; für Spielzwecke **138** 87, **762** 9; Umwandlg **609** 9; unregelmäß Verwahrgs-Vertr **700**; Verjährg **195** 5; VorfälligkEntschäd s dort; Vorvertr Einf 4 vor **607**, **610** 1; Wegfall der GeschGrdLage **242** 157, **610** 2; Zinsen **608**
Darlehensschuldschein 607 22
Darlehensversprechen Einf 2 vor **607**, **610**
Datenschutz 823 179, AGBG **9** 75, IPR EG **40** 14

Dauerauftrag s Überweisung
Dauernutzungsrecht WEG **31** 2
Dauernutzungsvertrag Einf 16 vor **535**, **571** 2
Dauerpfleger 1909 4
Dauerschuldverhältnisse, Einl 17 vor **241**, **326** 3; Abschlußmängel Einf 29 vor **145**; Kündigg aus wicht Grd Einl 18 vor **241**, **326** 3; formularmäß Klauseln über Laufzeit AGBG **11** 76; Unmöglichk **275** 16, 17; Verj **194** 7; pVV **276** 127
Dauerwohnrecht, Aufhebg WEG **31** 1; Begriff WEG **31**; Eintragg WEG **32**; Haftg des Entgelts WEG **40**; Heimfallanspr WEG **36**; Inhalt WEG **33**; Veräußergsbeschrkg WEG **35**; Vererblichk **1922** 33, WEG **33**; Vermietg WEG **37**; bei ZwVerst WEG **39**
Deckadresse, Zugehen von Willenserklärg **130** 6
Decknamen, Schutz des – **12** 1
Deckungshypothek Vorb 5 vor **1113**
Deckungskauf, -Verkauf 325 17, 20, 21
Deckungsverhältnis, Einf 3 vor **328**; bei Anweisg Einf 7 vor **783**, **787**; im BereichergsR **812** 50; Einwendungen aus **334** 1
Deckvertrag Einf 11 vor **631**
Deich, VerkSichgsPfl **823** 79
Deliktsbesitzer, Haftg **992**
Deliktsstatut IPR EG **40**
Demonstration, Haftg für Schäden **823** 79, **830** 5; MitVersch **254** 31
Denunziation 823 41, **826** 30; MitVersch **254** 31
Depotvertrag 675 10, **676** 2; BestandsÜbertr s ÜbertrVertr
Dereliktion s EigtAufgabe
Detektiv AGB AGBG **9** 75; DVertr Einf 16 v **611**; Kosten als SchadErs Vorb 44 vor **249**, **249** 22; bei Vorenthaltg von Kind **1632** 28
Deutsche Bundesbank Vorb 2 vor **89**; Verwahrg von WertPap **2116** 3
Deutsche Demokratische Republik, ÜbergangsR agrd des EinigsV (fette Zahlen ohne Zusatz = §§ des vorgenannten EG-Artikels) – Geltg/InkrTreten des BGB EG **230** – **Allgemeiner Teil** EG **231**; Entmündigg **1**; Gbde uä, die keine GrdstBestandt **5**; Haftg der JP **4**; Heilg formnicht RGesch **7–9**; Stiftg **3**; Vereinigg **2**; Verj **6** – **Schuldrecht** EG **232**; ArbVerh **5**; BruchtGemsch **9**; DienstleistgsVertr **6**; KtoVertr **7**; KreditVertr **8**; MietVerh **2**; NutzgsVerh nach ZGB 312–315 **4**; PachtVerh **3**; RFortgeltg **1**; SparKtoVertr **7**; unerl Hdlg **10** – **Sachenrecht** EG **233**; Abwicklg der Bodenreform **11–16**; Besitz **1**; beschr dingl Rechte **3**; EigtInhalt **2**; GbdeEigt nach ZGB 288 IV, 292 III **4**, ohne NutzgsR am Grdst **2 b**; Hyp **6**; MitbenutzgsR **5**; Moratorium für GrdstBes **2 a**; NutzgsR nach ZGB 287–294 **4**; Rang der GrdstR **9**; schwebde RÄndergen **7**; RVerh nach ZGB 459 **8**; Vertretgs-Befugn für PersZusSchlüsse **10** – **Familienrecht** EG **234**; Abstammg **7**; Annahme als Kind **13**; AuseinandS von gemschaftl Eigt **4**; Eltern-Kind-Verh **10**; elterl Sorge **11**; Geltg des BGB-FamR **1**; Güterstand **4**; Legitimation nichtehel Kinder **12**; Namenswahl **3**; Pflegschaft **15**; Regelbedarf des nichtehel Kindes **9**; Unterh geschied Eheg **5**; UnterhRente für Minderjährige **8**; Verlöbn **2**; VersorggsAusgl **6**; Vormundschaft **14** – **Erbrecht** Einl 5 vor **1922**; Erbausschlagg **1944**; Anfechtg der Fristversäumg **1956**, 7; Erbschein **2353** 9; Fortgeltg des DDR-Rechts EG **235 § 1**; nichtehel Kinder EG **235 § 1**; PflichttR Übbl 5 vor **2303**; TestAnfechtg nach ZGB **2078** 12; Vfg von Todes wg EG **235 § 2** – **Internationales Privatrecht** EG **236**; familienrechtl Verh 2; Güterstand **3**; abgeschl Vertr **1**
Deutsches Rotes Kreuz, Haftg **839** 95; Schutz des Zeichens **12** 11
Deutsche Staatsangehörigkeit EG **5** Anh II 1
Devisenbewirtschaftung, Einfluß auf Geldschulden **245** 37; ErbauseinandS Einf 5 vor **2032**; Unmöglichk mangels Gen **275** 18
Devisenrecht EG **32** 10, **34** 2; Verstoß **134** 12
Dienstbarkeit, Begr Übbl 1 vor **1018**; buchgsfreie Grdst EG **128** 1; GeschGrdlage **242** 162; landesrechtl EG **113**, **115** 1, 2, EG **184** 1; s a beschränkte persönl Dbk u GrundDbk
Dienstberechtigter Einf 2, 27 vor **611**
Dienstentgang, SchadErs f **845**
Diensterfindung 611 151
Dienstfahrt, Staatshaftg **839** 12
Dienstleistungspflicht 611 24, **613**, **614**; der Ehegatten **1356** 6; kraft Ges **845** 2; der Kinder **1619**; persönl **613** 1; Vorleistg **614**
Dienstvereinbarung Einf 74 vor **611**
Dienstverhältnis, Begriff Einf 2, 27 vor **611**; Entstehg **611** 2; Beendigg Vorb 1 vor **620**, **620**; Inhalt Einf 27 vor **611**; zw Eltern u Kind **1619** 8; Kündigg **621**, **626**, **627**
Dienstverschaffungsvertrag, Einf 25, 30, 38 vor **611**; ErfGeh **278** 16; als VzGDr **328** 25
Dienstvertrag, Abgrenzg Einf 16 vor **611**; Abschluß **611** 2; Änderg **611** 12; Anfechtg **611** 20; Annahmeverzug **615**; Beendigg Vorb 1 vor **620**, **620**; Begriff Vorb 1, 16 vor **611**; zw Eltern u Kind **1619** 8; Form **611** 2; Fortsetzg **625**; IPR EG **28** 13; Kündigg **621**, **626**, **627**; Mängel **611** 21; Vergütg **611** 49, 76, **612**, **615**, **616**, **628**; Verlängerg auf unbestimmte Zeit **625**; als Vertr mit Schutzwirkg zGDr **328** 25; vormschger Genehmigg **1822** 20
Dienstwohnung, Zuteilg nach Scheidg HausRVO **4**; s a Werkwohng
Differenzgeschäft 764
Differenzhypothese Vorb 8 vor **249**
Differenzierungsklausel im TV 71 vor **611**
Diktierter Vertrag, Einf 12 vor **145**
DIN-Norm 276 18, **633** 2 a, 10, **823** 153
Dinglicher Anspruch Einl 10 vor **854**
Dingliches Recht, Einl 3 vor **854**, GrdstBestandt **96** 1, 2
Dingliches Rechtsgeschäft Einl 12 vor **854**; u schuldrechtl GrdGesch Übbl 19 vor **104**, **139** 7, Einl 16 vor **854**
Direktanspruch gg deutschen Versicherer bei Kfz-Unfall im Ausland EG **40** 8, 22
Direkterwerb, bei Abtretg künft Fdg **398** 12; bei AnwRÜbertr **929** 49; bei Übereigng unter EV stehder Sache **929** 33, 34
Direktionsrecht, ArbG Einf 79 vor **611**, **611** 45
Dirne, Sittenwidrigk von Vertr **138** 52; entgangener Gewinn **252** 3
Disagio 246 3; **609** 12 a; **812** 81
Diskont 272 1
Diskontsätze der Bundesbank s Basiszinssatz
Diskriminierungsverbot des § 26 GWB Einf 10 vor **145**, **249** 24, **826** 41
Dispositionskredit 607 9
Dispositionsnießbrauch 1030 8
Dissens, s. Einiggsmangel
Distanzvertrag, IPR, Form EG **11** 18
Dividendengarantie als VzGDr **328** 13
Dividendenschein s Gewinnanteilschein
DNA-Analye, VaterschNachw 11 vor **1591**
Dokumentation 282 20, ärztl Behandlg **823** 169
Dokumentenakkreditiv Einf 9 vor **783**
Dolmetscher als ErklBote **120** 2; bei TestErrichtg **2232** 15; Vertrag Einf 16 vor **611**
Doppelarbeitsverhältnis Einf 36 vor **611**

Doppelbuchung im GB **891** 2, **892** 11
Doppelehe, EheAufhebgsGrd **1314** 4; Eheverbot **1306**; IPR EG **13** 6
Doppelkauf 515 3
Doppelkondiktionenlehre 812 65, **816** 18
Doppelmangel, BereichergsAnspr **812** 63
Doppelname, Eheg **1355** 3; Kind 5 vor **1616**
Doppelstaater s Staatsangehörigkeit
Doppeltreuhand 903 39
Doppelverdienerehe 1360 10, **1573** 1
Doppelvermietung Einf 6 vor **535**, **541** 5
Doppelwohnsitz 7 13, **11** 2
Draufgabe 336–338
Dreiecksverhältnis im BereichergsR **812** 49
Dreißigster 1969
Dreizeugentestament 2250; GültigkDauer **2252**
Dreschvertrag 5 vor **631**
Drittschaden, Geltendmachg Vorb 108 vor **249**; Mitverschulden **254** 65; aus unerlaubter Handlg Vorb 113 vor **249**, **852** 7
Drittschuldnererklärung 781 8
Drohung, Anfechtg wg **123**, **2078**, u Restitutionsregelg des VermG **123** 25; Anfechtgsfrist **123** 27, **124** 1, 2, **2082** 2, **2283**; Beweislast bei Anfechtg **123** 30, bei verspäteter **124** 5; als c. i. c. **276** 78; dch Dritte **123** 18; EheAufhebgsGrd **1314** 13; Erbunwürdigk **2339** 5,6; ErfGesch **123** 15; Kollektivdrohg **123** 18; beim gerichtl Vergl **123** 19, **779** 28
Druckwerk, Haftg für Fehler **459** 40
Duldungsvollmacht 173 10; IPR EG **32** Anh 3; eines Elternteils **1629** 8
Düngemittel, PfdR aus Lieferg Einf 3 vor **1204**
Dünger, Gutsinventar **98** 4; Zurücklassg bei Beendigg der Pacht eines Landguts **596 b** 1
Durchgangserwerb wie Direkterwerb
Durchgriff, von Einwendgen bei zusgesetztem Vertr 16 vor **305**; beim VerbrKredit VerbrKrG **9** 4; beim BereichergsAnspr **812** 63; auf Mitgl jur Pers Einf 12 vor **21**
Durchgriffshaftung, Einf 12 vor **21**, IPR EG **12** Anh 11
Düsseldorfer Tabelle 1361 67; 16, 25 vor **1601**
Dynamisierung Einf 5 vor **1587**, **1587 a** 1, 107; BarwertVO **1587 a** Anh II **1** 6; Teildynamik Anh II zu **1587 a** 9; Unterh **1612 a**, Verf 65–77 vor **1601**

E

ec-Karte 676 f 20, AGBG **9** 63, 92; s a elektronische Kasse, Geldautomat, Geldkarte, Garantiehaftg
EDV s Computer, Software
Effektivklausel, in TarifVertr **611** 53
EG-Recht EG **3** 9
EG-Richtlinie über mißbräuchliche Klauseln in Verbraucherverträgen Umsetzg Einf 2 vor AGBG **1**, AGBG **24 a** 1; RiL-Anhang AGBG **24 a** 24
Ehe, Begriff Einl 1 vor **1297**, 1 vor **1353**; diplomatische, konsularische EG **13** 20; Doppelverdienerehe **1360** 10; fehlerh geschlossene **1314** 6; von rassisch u politisch Verfolgten **1931** 3; gleichgeschlechtl Einf 1 vor **1297**; Haushaltsführgsehe **1360** 9; kirchl Verpfl **1588** 1; auf Lebenszeit **1353** 1; Leitbilder **1360** 8–13; ggseit Pfl **1353**; Vermittlg **656**; Zuverdienerehe **1360** 11
Eheähnliches Zusammenleben RBeziehgen Einl 9 vor **1297**; Abwicklg nach Auflösg **812** 70, Einl 16 vor **1297**, EG **17** 14; **1577** 14; Erbeinsetzg **1937** 24; Anwendg v § 2077 II **2077** 5; Anwendg des § 1931, **1931** 15; gemschaftl Test **2265** 2; ErbVertr **2275** 2; Regreß des SozVersTrägers Vorbem 159 vor **249**
Eheaufhebung 1313–1318; AntrBerecht **1316**; AntrFr **1317**; AufhebgsGrd **1314**; AusschlGrd **1315**; ErbR **1931** 3,4, **1933**, **2077** 4, **2268**, **2279**; bei Leben des für tot Erklärten Eheg **1319**, 1320; IPR EG **13** 11, 15; RFolgen **1313** 7, **1318**; dch Urt **1313**; Verf 7 vor **1313**, **1313** 4
Ehebedingte Zuwendungen 242 158
Eheauflösung, minderjähr Eheg **1633**; Name des angen Kindes **1757**; RKraft des ScheidUrt **1564** 2; u Vfg vTw **2077**, **2268**, **2279**
Ehebruch, kein Angriff **227** 3; PflichttEntziehg bei Abkömml **2333** 8; SchadErs Einf **823** 18, 200, 6 vor **1353**; UnterlKl 5 vor **1353**; Verlust des UnterhAnspr **1579** 27
Ehebruchskind, SchadErs für Unterh **823** 18
Ehedauer, Herabsetzg des UnterhAnspr **1361** 70, **1573** 33, **1574** 4, **1578** 79, **1579** 7; VA **1587 c** 10; s a Ehezeit
Ehefähigkeit 1304 1
Ehefähigkeitszeugnisr 1309; IPR EG **13** 22;
Ehefrau, Ehe- u Familienname **1355**; Erwerbstätigk, Berechtigg **1356** 5, Verpflichtg **1360** 134, **1361**; Ersatzanspr bei unerlaubter Handlg **843** 8, **845** 2, 3; Vorb 42 vor **249**; GeschFgk 9 vor **1353**, IPR EG **14** 18; Minderjährige **1633**; Schlüsselgewalt (Geschäfte z Deckg des Lebensbedarfs) **1357**, s a dort; UnterhAnspr bei Getrenntleben **1361**; UnterhPfl **1360**, **1360 a**; Vertretungsmacht **173** 23; Vormund für minderj Ehefrau **1778**; s a Ehegatte, Ehemann, Frau
Ehegatte, Annahme/Ausschlagg der Erbsch **1943** 4, **1945** 4, **1432**, **1455**; ArbVerh Einf 9 vor **611**; Aufgebot der NachlGläub **1970** 5; AusglAnspr bei Gesamtschuld **426** 9; ausländischer, Schutz gutgläub Dritter EG **16**; Anspr wg ggseit Zuwendgen **242** 158, Einf 14 vor **812**; Besitz **866** 3, **868** 16, bei GüterGemsch **1422** 4, **1450** 8, bei Gütertrennung Grdz 1 v **1414**; EigtVermutg **1006** 9, **1362**; Einzahlg auf Konto des and **328** 9; ErbauseinandS **2042** 8; ErbR s EhegattenerbR; Erbvertr zw Eheg **2275** 2, **2276** 10, **2279** 2, **2280**; Einbeziehung in die Schutzwirkung von Verträgen **328** 16; gemeinsch Test **2265** 1; Geschäfte zur Deckg des Lebensbedarfs **1357**; GesellschVerh s EhegGesellsch; Geschenke **516** 10; Hausrat bei Getrenntleben **1361 a**, HausratVO **18 a**; Hausratsübereigng an anderen Eheg **929** 15, **930** 6; Inventarerrichtg **1432**, **1455**, **1993** 2, **2008**; VerfKostenvorschuß **1360 a 7**; LebensGemsch **1353**; Mietvertr **535** 6, Künd **569** 1, 8; mj Eheg **1633**; Mitarbeit Beruf/Gesch des anderen **1356** 6; Mitarbeit im Haushalt **1353** 8, **1356** 4; Name **1355**; persönl RBeziehungen, IKR EG **14** 4; IPR EG **14**; Überg Vorschr EG **199**, **200**; RGesch über HaushaltsgGgst **1369**, über Vermögen im Ganzen **1365**; PflichttRecht **2303**; Verzicht auf Pflicht **1432**, **1455**; PflichttEntziehg **2335**; RGesch miteinander 9 vor **1353**; SonderRNachf des verstorbenen Mieters **569 a**, **569 b**; Sorgfaltspfl **1359**; UnterhPfl **1360 ff**, **1608**, Umfang **1360 a**, bei GetrLeben **1361**; Geltdmachg des KindesUnterh bei GetrLeben **1629** 15; Verhältn bei nichtiger Ehe EheG **26**, bei Nichtehe EheG **26** 2; VermächtnAnnahme/Ausschlagg **1432**, **1455**, **2180**; unbenannte Zuwendgen, GeschGrdlage **242** 158; Vermögensverwaltg **1413**; Vertretg, ggseitige 9 vor **1353**, EG **14** 18; Voraus **1932**; Zuwendgen aus dem Gesamtgut **2054**, **2331**; s a Ehemann, Ehefrau

Ehegattenerbrecht, Ausschl bei Scheidg **1933**, **2077** 2, 6; bei Gütertrenng **1931** 12; Scheidgsantrag, AufhebgsKl **1933** 1–6, **2077**, **2268**, **2279**; gleichzeitige Verwandtschaft **1934**; Voraus **1932**; Zugewinngemeinsch **1371** 1, 2, **1931** 8
Ehegattengesellschaft 705 39, **1356** 8, **1372** 6
Eheherstellungsklage 12 vor **1353**
Ehehindernis, KindesAnn **1308**, **1766** 1; IPR EG **13** 8, zweiseitig EG **13** 6; Vormsch **1845** 1; s auch Eheverbot
Eheliche Lebensgemeinschaft, absol R Einf 6 vor **1353**, **1353** 1–16; Aufhebg der – als Scheidgs-Voraussetzg **1353** 20, **1565** 2; Aufhebgsgrd **1353** 21; Entscheidgsbefugn **1353** 9; Getrenntleben **1565** 2; HerstellgKl Einf 19 vor **1353**; Hindernisbeseitiggspflicht **1353** 3; IPR EG **14** 18; Mitarbeit **1356** 6; ScheidgAntr, Recht auf **1565** 2; Verweig **1353** 16
Ehelicherklärung, erbrechtl Wirkg **1924** 8
Eheliches Güterrecht 1363–1518; Flüchtlinge/Vertriebene Anh II zu EG **15**; gesetzl GüterR Grdz 1 vor **1363**, s a GüterGemsch, Gütertrenng, GüterRReg, ZugewGemsch; IKR EG **15** 1; IPR EG **15**, **16**, Anh 1 zu EG **15**, ÜbergVorschr EG **200**, Grdz 11 vor **1363**, Unwandelbark im IPR EG **15** 3; Verweisg auf nicht mehr geltdes oder ausländ Recht **1409**; vertragl GüterR **1408–1518**; VertrFreih **1363** 4, Grdz 1 vor **1408**, **1408** 18
Ehelichkeit IPR EG **19**
Ehelichkeitsanfechtung IPR EG **19**
Ehemäklervertrag 656 1; AGB AGBG **9** 76; finanzierter – **656** 3; Vergütg **656** 2
Ehemietwohnung, **535** 6, **866** 3; Anh II zum EheG; dch Tod **569 a**, **569 b**
Ehemündigkeit 1303; Befreiung **1303** 3–8; IPR EG **13** 6
Ehename 1355; Erkl ggü StBeamten 1 vor **1310**; IPR EG **10** 12; nach Scheidg **1355** 12; Wahl **1355** 3
Ehenichtigkeit 1 vor **1313**; IPR EG **13** 11
Ehesachen Einf 4 vor **1564**
Ehescheidung Einf vor **1564**; Anerkenng ausländ Urt EG **17** 29, DDR-Urt EG **17** 40; Antrag **1564** 1; Ausschl im Interesse des and Eheg **1568** 4, des Kindes **1568** 3; anwendb Recht EG **17** 7; nach ausländ Recht EG **17** 11; einseit **1566** 5; einverständl **1566** 2; Entscheidgsverbund Einf 4 vor **1564**; ErbR **1931** 3, **1933**, **2077**, **2268**, **2279**; Erleichterg **138** 46; Fristen **1564** 3; Gründe **1564–1568**; Härtefälle **1564** 5, **1565** 14, **1568**; Hausrat Anh zu **1361 b**; IKR EG **17** 5, 38; IPR EG **17**; MietVertr **535** 1, HausRV **5**; Name des geschied Eheg **1355** 12; PersSorge für Kinder **1671**; Privatscheidg s dort; Scheitern der Ehe **1564** 4, **1565** 2; vor Ablauf des TrenngsJahres **1565** 10; ÜbergangsR Einf 7 vor **1564**; UnterhAnspr nach **1569 ff**; UrtErfordern **1564** 1; Verfahren Einf 4 vor **1564**; Umgang mit Kindern **1634**; Voraussetzgen des Scheiterns der Ehe **1565** 2; Wirkgen Einf 3 vor **1564**; als Wegfall der GeschGrdlage **242** 158, des RGrdes für eine Leistg **812** 83, 92; Wohng Anh zu **1361 b**, IPR **17** 16; ZerrüttgsPrinzip Einf 2 vor **1564**; ZerrüttgsVermutung **1566**
Eheschließung, Anwesenh der Eheg **1311** 5; Ausländer **1309**, EG **13** 26; im Ausland EG **13** Anh 6; Bdggsfeindlk **1311** 4; als Bdgg erbrechtl Zuwendgen **2074** 1; bei Betreuung **1903** 11; Deutsche im Ausland EG **13** 19; Eheschließg des Kindes, Vermögenseinkünfte **1649**; Eintr ins Heiratsbuch **1312** 3; Erkl des Eheschließgswillens **1311** 2; Form **1311**, **1312**; Formmangel **1314** 6; Heilg fehlerh Eheschl **1310** 10, **1315** 3; vor Konsuln EG **13** 20, Anh 1; ScheinStBeamter **1310** 3; Ort **1312** 2; StBeamter Mitwirkg **1310** 4; Form **1311**, **1312**; Staatsangehörigk EG **13** 4; nach dem Tode **1924** **12**, 1931 2; Wiederholg **1310** 14; Wirkgen 8 vor **1353**; Zeugen **1312** 2
Ehestörungsklage, 5 **1353**
Eheverbot, 1 vor **1306**; Annahme als Kind **1308**; Doppelehe **1306**, IPR EG **13** 6; Verstoß gg **1314** 4, 5; Verschwägerte **1307** 1; Verwandte **1307**
Eheverfehlung des Scheidungsgegners **1565** 4; Bedeutg für den Unterhalt **1579** 23
Ehevermittlung s EhemäklerVertr
Ehevertrag 1408 ff; Abschl durch gesetzl Vertr **1411** 1, 2; Anfechtg wegen GläubBenachteilg **1408** 1, Arglisteinrede des Scheidgsberecht **1408** 2; Dauer **1408** 2; einseitige Aufhebg **1408** 2, Eheauflösg **1408** 2; Eintragg im Güterrechtsreg **1412**; mit Erbvertr **2276** 10; Fortges Gütergemeinsch **1483** 1; Form **1410**; Genehmigg des VormschG **1411** 1; Gegenstand **1408** 3; beschr Geschäftsfähigk **1411** 1; Geschäftsunfähigk **1411** 2; IPR EG **15** 30, Kenntnis Dritter **1412** 9; ÜbergVorschr EG **200** 4; Überlassg der Vermögensverw, Widerruf **1413** 5; Umdeutg **1941** 1; VertrFreih Einf 1 vor **1363**, Grdz 1 vor **1408**, **1408** 18, Beschrkgen **1409**; VersorggsAusgl, Ausschließg **1408** 7, **1414** 1; Verweisg auf nicht mehr geltdes oder ausl Recht **1409**; VorbehGut **1418** 2; Wirksamk ggüber Dritten **1412** 1, 8
Ehewirkungen, IPR EG **14**
Ehewohnung, Besitz **866** 3; einstweilige Anordnung Einf 7 vor **1564**, HausrVO **13 IV** (Anh zu **1361 b**); nach Auflösg der Ehe **535** 1, **866** 1, 6,, IPR EG **17** 17, dch Tod **569 a**, **569 b**, **1932** 3; bei MitEigt **1361 b** 27; Bedeutg für UnterhR **1361** 22; bei WohngsEigt WEG **60**; Zuweisg bei GetrLeben **1361 b**, Einf 7 vor **1564**, **1567** 5, IPR EG **14** 18
Ehezeit, Begriff **1587** 24, Berechng des Anteils beim VA **1587 a** 2, 30, 33, 67
Ehezerrüttung, Begriff **1565** 1; Vermutung **1566**; Voraussetzgen **1565** 2, 10
Ehre Übbl 5 vor **1**; Schutz Einf 20 vor **823**
Ehrenwort, Bindg **138** 83
Eidesstattliche Versicherung 259–261 28; des Erben **2006**; bei Gütergemsch **2008** 4; des ErbschBesitzers **2027**; des Hausgenossen ggü Erben **2028**; der MitE bei Erbausgl **2057**; Klage auf Leistg **259–261** 26; Rechngslegg **259–261** 17, 29; RSchutzInt **259–261** 31; zuständiges Gericht **259–261** 32, **2006** 3, **2028** 3; VerfKosten **259–261** 34, **2006 4;** ErbSchVerf **2356**
Eigenbedarf, Vermieter **556 a** 17; bei Wohnraum **564 b** 42; Vortäuschg **276** 114, 123
Eigenbesitz 872
Eigengeld 1199 5
Eigengrenzüberbau 912 5
Eigengruppe Einf 32 vor **611**
Eigenhändiges Testament 2231 3; **2247**; gemeinschaftl Test **2267**; Unterschrift **2247** 11; Verwahrg **2248**; Zeit- u Ortsangabe **2247** 17
Eigenhändlerverträge 138 83
Eigenmacht, verbotene, **858** 1; Abwehrrecht **859** 2; Besitzentziehg, Begriff **858** 4; Besitzentziehgsanspr **861** 1; Besitzstörg **858** 6; Besitzstörgsanspr **862** 2; Einzelfälle **858** 3; Erlöschen der Besitzansprüche **864**, **869**; Gestattg der Beeinträchtigg **858** 7; Grdst, Entsetzg **859** 4; Rechtsnachfolger **858** 9; Selbsthilfe **859**; Wiedereinräumgsanspr **861** 2
Eigenrechtserbschein 2369 3, 5, 9
Eigenschaft, arglist Vorspiegelg **463** 10; Irrtum über wesentl **119** 23, der Pers **119** 26 der Sache **119** 27;

zugesicherte der Kaufsache **459** 14, **463** 10, der Mietsache **537** 20; zugesicherte, SchadErs bei Fehlen **463**, **480** 10, AGBG **11** 73; warentypische **433** 17, **459** 8, 20, 33, **460** 11
Eigentümer, AbholgsAnspr **1005**; AbwehrAnspr s Einwirkgen auf Eigt; Anspr gg Besitzer **987–993**; Ausschluß **927**; Befugn **903** 4; Beschrkg der Befugn **903** 11, 27; VerwendgsErs **994–1003**
Eigentümer-Besitzer-Verhältnis Vorb 1 vor **987**; IPR Vorb 25 vor **987**; Verh zu and Anspr Vorb 17 vor **987**, Vorb 14 vor **994**
Eigentümerdauerwohnrecht WEG **31** 3
Eigentümerdienstbarkeit **1018** 3, **1090** 3
Eigentümererbbaurecht ErbbRVO **1** 8
Eigentümergrundschuld, Entstehg **1196** 2; EigtümerGesamtGrdSch **1172**; GrdstVeräußerg **1196** 1; künftige **1163** 17; LöschgsAnspr **1196** 9; LöschgsVormkg **1179** 10; RInhalt **1177** 2, **1196** 1; RNatur **1196** 1; Umwandlg in Hyp **1177** 3, **1198** 3; Vfgen über **1196** 7; vorläufige **1163** 6–9; ZwVollstrBeschrkg **1197** 2, 4; ZinsAnsprBeschrkg **1197** 3–5
Eigentümerhypothek, Entstehg **1113** 2; RInhalt **1177** 4
Eigentümernießbrauch **1030** 4
Eigentümerreallast **1105** 3
Eigentum, Begrenzg, räuml **905**, Begriff Übbl 1, 2 vor **903**, **903** 1; Formen **903** 3; Garantie Übbl 3 vor **903**; Gegenstand **903** 2; Inhalt Übbl 1, 2 vor **903**, **903**; öffentliches **903** 1; öffrechtl Körperschaften Übbl 13 vor **90**; ÜbergangsR EG **181**, **189**, **233** § 2; Verletzg **823** 7
Eigentumsaufgabe, Grdst **928**; bewegl Sache **959**; WohngsEigt WEG **6** 8
Eigentumsbeschränkungen **903** 11, 27; EG **111**
Eigentumserwerb, an bewegl Sachen dch Einigg u Überg **929** 2, 9, nur dch Einigg **929** 22, dch Einigg u BesMittlgsVerh **930**, dch Einigg u Abtretg des HerausgAnspr **931**; unter EV **929** 26; an Bestandteil **953** 1, **954** 1, **955** 1, **956** 2, 4; Vermutg bei Ehegatten **1362**; Erlöschen der Rechte Dritter **936**; Erzeugn **953** 1, **954** 1, **955** 1, **956** 2, 4; Fund **973–976**; krG Einf 2 vor **929**; an Grdst **925**; GrdstZubeh **926**; an hinterlegten Sachen Einf 9 vor **372**; mit Mitteln des Kindes **1646**; dch RGesch Einf 2 vor **929**; an Schiffen **929 a**; SchuldUrk **952**; dch Staatsakt Einf 2 vor **929**; Stellvertretg **929** 23; Verarbeitg **950** 4; Verbindg u Vermischg **946** 3, **947** 4, **948**; s a Aneigng, EigtErwerb vom NichtEigtümer Ersitzg, Fund u Schatz
Eigentumserwerb vom Nichteigentümer, bei abhgk Sachen **935**; BewLast **932** 15; Bösgläubigk **932** 6, **933** 5, **934** 5; dch Einigg u Abtr des HerausgAnspr **934** 2, u Überg **932** 2, u Vereinbg eines BesMittlgsVerh **933** 2; an Grdst **892**; an MitEigtAnt **932** 1; an Schiffen **932 a**; dch VerkehrsGesch **932** 1; Wirkg für Erwerber **932** 16, für DrittBerecht **936**; in ZwVollstr **932** 1
Eigentumsstörung, BeseitiggsAnspr **1004** 22; Duldgspfl **1004** 31; GBEintragg, unrichtige **1004** 5; Unterlassgsanspr **1004** 27; Verj **1004** 36; Verschulden, beiderseitiges **254** 6; Wiederholgsgefahr **1004** 12
Eigentumsübertragung, an den, den es angeht **929** 25; bdgt **929** 3; befristet **929** 3; buchgsfreie Grdst EG **127** 1, 2; dch LandesG EG **126** 1; Verpflichtg bei Grdst **313**; s Eigentumserwerb; an Grdst s a Auflassg
Eigentumsvermutung **1006**; bei Ehegatten **1362**; IPR EG **14** 18, **16** 3
Eigentumsverschaffung dch Verkäufer **433** 9
Eigentumsvorbehalt **455** 1–4, **929** 26; in AGB AGBG **9** 78; bei widersprechden AGB AGBG **2** 28; anerkanter **455** 22; Bdgg **455** 23; Beweislast **455** 9; einfacher **455** 13; erweiterter **455** 14; Fruchtziehg **956** 10; gutgl Erwerb **455** 1, **929** 38, 46; HerausgAnspr des Verk **455** 27; IPR EG **43** 8, 10; Kontokorrentvorbehalt **455** 18; Konzernvorbehalt **455** 19; Leistg des Dr bei **267** 3; mittelbarer Besitz bei **868** 9, **929** 40, 50; nachgeschalteter **455** 16; nachträgl **455** 12, **929** 29, 30; Rücktritt **455** 26; Sachbestandteil **93** 4; verlängerter **138** 102, **398** 14, 25, **455** 17; Ermächtigg zur Veräußerg bei verlängertem – **185** 9; Konflikt mit Abtretg an Factor **398** 35, Globalzession **398** 24, **455** 16; vertragswidr **455** 2, **929** 29; Verzicht **455** 13, **929** 32; weitergeleiteter **455** 15
Eigentumswohnung, Erwerb **433** 1, WEG **2**, **3**
Einbauten des Mieters **547 a**
Einbenennung von Stiefkind **1618**; IPR EG **10** 35
Einbeziehungsvereinbarung bei AGB AGBG **2**; bei widersprechden AGB AGBG **2** 27; formularmäß Klausel AGBG **9** 80
Einbringung bei Gastwirten **701–704**; Sachen des Mieters **559** 6–15
Einfügung s Verbindg
Eingebrachtes Gut, Auseinandersetzg **1478**
Eingetragener Verein **55–79**; Änderg des Vorstandes **67**, **68**; Eintragg **64–66**; Eintragg der Auflösg **74**, der Insolvenz **75**, der Liquidation **76**, v Satzgsänderungen **71**; Entziehg d Rechtsfähigk mangels Mitgl **73**; Vertretgsmacht des Vorstandes **70**; s a Verein u Vereinsregister
Eingriffskondiktion **812** 1, 10; IPR EG **38** 3
Eingriffsnormen im öffentl Interesse, IPR EG **34** 4
Einheitsgrundschuld **1191** 4
Einheitshypothek **1113** 28
Einheitskondiktionenlehre **816** 17; beim Doppelmangel **812** 63
Einheitspreis, bei WkVertr **632** 1 a
Einheitsreallast **1105** 10
Einigung, bei Übereigng von Grdst **925** 3–17, bewegl Sachen **929** 2; bei Vfg über GrdstR **873** 9; BesErwerb dch **854** 8; Bindg an **873** 16, **925** 22, **929** 6 – der Eltern über elterl Sorge nach Scheidg **1671** 2, Wegfall der GeschGrdlage **242** 158; Erklärungen, voneinnander abweichende **155** 2–5; teilweise bei Vertragsschluß **154**
Einigungsmangel, Begriff **154** 1; bzgl AGB-Einbeziehg AGBG **6**; mehrdeutige Erkl **155** 4; Mißverständnis **155** 4; negatives Interesse **155** 5; offener **154** 1; Vergessen od Übersehen eines Punktes **155** 4; versteckter **155** 1, 2
Einkaufsbedingungen 21 vor **459**, AGBG **9** 81
Einkommensteuer AusglPfl bei gemeins Veranlagg **426** 9 b; des Erbl, Erben, **1922** 39, als außerordentl Last **2126** 1; im UnterhR **1603** 29, 30
Einkünfte, des Gesamtguts bei Gütergemeinsch **1420**; des Kindesvermögens **1649**
Einlage in Gesellsch **706** 1; auf Konto **675** 10
Einliegerwohnung **564 b** 15, 61, WKSchG **2** 1, 9
Einmanngesellschaft, keine bei GbR **705** 1; Durchgriffshaftg Einf 12 vor **21**; InsichGesch mit AlleinGter u GeschF **181** 10; SchadErsAnspr des AlleinGter bei Schädigg der – Vorb 111 vor **249**
Einrede der Arglist **242** 43, 50, **826** 18, 22; aufschiebende **202** 4; aufschiebende des Erben **2014–2017**; der Bereicherg **821**; grober Unbilligk gg ZugewAusgl **1381** 2; des nicht erfüllten Vertrages **320**; Kondiktion bei E **813** 3; Verjährg der E **194** 6; Verjährg, E der **222** 1; u Verzug **284** 11; des ZbR **273** 1, **284** 12
Einrichtung, Begriff **258** 1
Einschreibsendung, Zugang **130** 7, 16, 21

Einsicht Erbvertr **2264** 2, **2277** 2, **2300** 3; GeschPap dch Gter **716** 1; GrdBuch Übbl 16 vor **873**; GüterRReg **1563** 1; KrankenPap **810** 4, **1922** 45; NachlAkten **2264** 2; NachlInventar **2010**; Testament **2264**; Urk **810**, **811**; VereinsReg **79** 1
Einsturz eines Gebäudes **836**; Gefahr **908**
Einstweilige Anordnung, in EheVerf 5 vor **1564**; im SorgeVerf 6 vor **1626**; im UnterhVerf 78 vor **1601**; im WEGVerf WEG **44** 3
Einstweilige Verfügung gg unwirks AGB AGBG **15** 6; Erwerbsverbot **136** 5, **313** 51; auf Räumg von Wohngen **556a** 24; im UnterhR 78 vor **1601**, nichtehel Kinder **1615 o**; Vormerkg **885** 4; Schutz vor Anspr aus VermG **136** 4; auf SichgHyp des BauUntern **648** 5; Veräußergsverbot **136** 4; bei verbotener Eigenmacht **861** 11; WidersprEintr **899** 9
Eintragung ins Grundbuch Übbl 7 vor **873**, **873** 13, Kondiktion **812** 20; ins GüterRReg **1558 ff**; ins Vereinsregister s dort
Eintragungsbewilligung, Übbl 12 vor **873**, Bezugnahme **874**, bei Hyp **1115**
Eintragungsfähigkeit für GB Übbl 8 vor **873**
Eintragungszeugnis, Verein **69**
Eintrittsgeld, Sittenwidrigkeit **826** 51
Eintrittskarten **807** 3
Eintrittsklausel im GesellschErbR **1922** 16
Eintrittsrecht beim Kauf Vorb 12 vor **504**
Einverleibung **588** 5, Vorb 2 vor **946**, **1048** 1
Einvernehmen der Eheg über Haushaltsführg **1356** 2; zw Eltern **1627**; zw Eltern u Kindern **1626** 20
Einwendungen bei Abtretg **404**; gg Annahme der Anweisg **784** 5; Besitzschutzanspr **863**; gg Dritte bei Vertr zGDr **334**; Schuldübernahme **417**; Schuldverschr auf Inh **796**; Schuldverspr **780** 8
Einwendungsdurchgriff, s Durchgriff
Einwilligung, Begriff Einf 1, 3 vor **182**, **183**; zur Ann als Kind **1746–1750**; in Bt **1896** 13; in med Maßn **823** 44, bei Bt **1904**, bei Mj **1626** 16, **1666** 25; eines Eheg bei GüterGemsch **1423–1428**, **1431**, **1453**, **1456**, bei ZugewGemsch **1365**, **1369**; **3**; zur FreihEntziehg **1906** 4; zur Vfg eines Nichtberecht **185** 7; des Verletzten **823** 42; **254** 76; Vertrag Minderj **107** 8; des VorbehVerkäufers zu Vfgen des VorbehKäufers **185** 9; Widerruflichk **183** 1; s a Genehmigg, Zustimmg, Zustimmgsersetzg
Einwilligungsvorbehalt bei Betreuung **1903**
Einwirkungen auf Eigentum, AbwehrAnspr **1004**; AusglAnspr bei nicht abwehrb E **906** 31, 42; hoheitl **906** 44; immaterielle **903** 10; negative **903** 9; dch gefahrdrohde Anlage **907**, einsturzgefährdete Gbde **908**, Immissionen **906**, Vertiefg **909**; im Notstand **904**
Einzelarbeitsvertrag Einf 75 vor **611**
Einzelstatut im IPR EG **3** 11
Einziehung des ErbSch **2361** 3; in der DDR erteilten ErbSch **2361** 3, 8; Zuständigk des NachlGer **2361** 7
Einziehungsermächtigung **398** 29, **676 f** 29, **812** 41, **826** 33; s auch Lastschrift Verf
Einziehungsklausel im GmbH-Recht und Erbrecht **1922** 23; **2301** 9
Einziehungsvollmacht, Widerruf **790** 6; s a Inkasso
Eisenbahn, Ausübg öffentl Gewalt **839** 14; Fahrkarten **807** 3; Fahrlässigk **276** 22; Haftg für beförderte Sachen **276** 135, **278** 25, für aufbewahrtes Gepäck Einf 2 vor **688**; Kontrahierungszwang Einf 8 vor **145**; RNatur der ehem Bundesbahn 2 vor **89**, das BenutzgsVerh Einf 40 vor **305**; Unfallhaftg, **823** 80
Elektrizität, Lieferg **433** 4; keine Sache **90** 2; VertrSchl dch Abnahme Einf 28 vor **145**; Verj des VergütgsAnspr **196** 9
Elektronische Datenspeicherung s Datenschutz
Elektronische Datenverarbeitung Einf 12 vor **631**, **633** 2 d
Elektronische Hilfsmittel **278** 11
Elektronische Kasse **676 f** 23
Elterliche Sorge, allg Einf vor **1626**, **1626**; bei Adoption **1751** 1, **1754** 3; nach Aufhebung der Adoption **1764** 4; Alleinausübg dch einen EltT **1678–1681**; Alleinentscheidg in Angelegenh des tägl Lebens **1687** 16; Arztbeauftragg **1357** 17, **1629** 6; Alleinvertretg eines EltT **1629** 16–21; AufenthBestimmg **1631** 8; AufsichtsR **1631** 6; AufsichtsPfl **832** 8, **1631** 7; Ausbildg **1631 a**; AusübgsGrds **1626**, **1627**; Beendigg **1626** 30; dch Todeserklärg des SorgeInh **1677**; Beginn **1626** 30; Begriff 1 vor **1626**; Beginn **1626** 6; Benennung eines Vormds **1776**, **1777**; Berufswahl **1626** 16, **1631 a**, bei AusbildgsUnterh **1610** 20; Besitz am KindesVerm **1626** 19; Bestandteile **1626** 14; bei Eheauflösg dch Tod **1681**; bei Ehescheidg **1671**, **1672**; nach Eheschließg des Kindes **1633**; Ende **1626** 30; EntscheidgsR bei Meingsverschiedenh **1628**; Entziehg **1666** 54, der PersSorge insges **1666 a** 4, der VermVerwaltg **1667** 7, der Vertretgsmacht **1629** 33, Wirkg **1680** 9–13; Ergänzgspfleger **1909**; Erziehg s dort; Fortführg der Gesch nach Beendigg **1698 a**, bei Kindestod **1698 b**; Fürsorge, tatsächl **1626** 15, nach Trenng der Elt **1687**, bei Aufenth bei nichtsorgeberecht EltTeil **1687 a**, dch Jugendhilfe 16 vor **1601**, dch PflegePers **1687 b**; Gefährdg der Kindesinteressen **1666** 15, des KindesVerm **1667**; gemeins Sorge miteinand verh Elt **1626** 12, **1671** 1, 2, nicht miteinand verh Elt **1626** 2, **1626 a**, bei Trenng der Elt **1687**; GeschBeschränkth **1673** 3; GeschUnfgk **1673** 2; gesetzl Vertretg **1626** 17, 19, **1629**, bei Nichteinigg der Eltern **1628** 7; bei Getrenntleben **1671**, **1672**; Haftg ggü Kind **1664**, ggü Dr, **832**, bei Verletzg dch Dr **1626** 6; Heirat eines EltT **1683**; Herausg des Verm **1698**, des Kindes **1632** 2; Inhalt **1626** 14; Interessenkollision **1629** 34; IPR **19** 5, **24** Anh 3; Jugendhilfe 11 vor **1626**; Klage gg Kind **1631** 13; Meingsverschiedenh zw Elt **1627**, **1628** mit Pfleger **1630** 8; Mißbr der Sorge **1666** 7; Bestimmg des Vornamens **1616** 6; PersSorge s dort; Pflegeelt **1630**, **1666** 34, **1671** 20, **1673**, RechenschAblegg **1698**; RGesch, genehmiggspfl **1643**; religiöse Erziehg **1626** 16; Ruhen **1673–1675**, Wirkg **1678**; Scheidg der Ehe **1671**, **1672**; Schenkg an Kind **1629** 31; Schenkgsverbot **1641**; aGrd SorgeErkl **1626 a**; Sorgfalt **1664**; Tod/TodesErkl eines EltT **1677**, **1680**, **1681**; Trenng der Elt **1671**, **1672**; Übergang auf einen EltT **1678**; Übertragg auf einen EltTl **1666**, **1671**, **1672**, **1678** 7, auf Vormd/Pfleger **1666** 54, **1666 a**, **1671** 20; Umgangsbrechtigg **1626** 29; **1632** 31; UmgangsR s dort; Unterbringg des Kindes 25 vor **1626**, **1631 b**, **1666 a** 3; UnterhPflVerletzg **1666** 41; Unverzichtbark **1626** 7; Verhinderg in der Ausübg **1674**, **1693**; Verlust mit Bestellg eines Vormds/Pflegers **1679**; Vernachlässigg des Kindes **1666** 30; Verwaltg des KindesVerm s KindesVerm; Vertregsmacht **173** 23; **1626** 17, 19, **1629**; Verwirkg **1666** 19; familiengerichtl Maßn **1666** 51, **1667**, **1693**, Änderg **1696**; Wiederaufleben **1674** 6; Wiederverheiratg eines EltTs **1683**; Kindeswille s dort; ZüchtiggsR **1626** 16, **1631** 9; s a Eltern, Mutter, Vater
Eltern, Anhörg in SorgeVerf 7 vor **1626**; Pfl zu Beistand u Rücksichtn **1618 a**; einvernehml Erziehg

1626 22, 1627, elterl Sorge s dort; Eltern als Erben 1925; ErbschAusschlagg für Kinder 1945 2; Erziehgsstil 1626 22; PflichttAnspr 2303, 2309; PflichttBerechng 2311 8; PflichttEntziehg 2334; UmgangsR 1626 24; UnterhAnspr ggü Kind 1601 5; UnterhPfl 1601 ff, Freistellg 1606 21, Reihenfolge 1606 6, für unverh Kind 1612 7; IPR 19 3; Verh zw den Elt 1626, zw Elt u Kind, 1618 a, 1626 22, 27; Verj zw Eltern u Kind 204
E-mail-Werbung 1004 7
Emissionsrichtwerte 906 17–19
Empfängniszeit 1593 3, **1600 d** 15
Empfangsbote 130 9
Empfehlung, Haftg **675** 26, **826** 25
Endmieter Einf 8 vor **535**
Endtermin 163; – Sonn- u Feiertag **193** 2
Endvermögen bei Zugewinngemsch **1373 ff**, Auskunfterteilg **1379**; Begriff **1375**; Hinzurechnungen **1375** 3; land- u forstwirtsch Betrieb **1376** 11; Vermutg für Umfang **1377** 4; Wertermittlg **1376**
Energieversorgung Einf 30 vor **305**, **433** 4; HaftgsAusschl AGBG **23** 6; VertrAbschl Einf 28 vor **145**; ZbR **273** 18, **320** 11
Entbindungskosten 1615 l 6
Enteignung 4 vor **903**; IPR EG **43** 12; Entschädigg 19 vor **903**
Enteignender Eingriff Übbl 13 vor **903**
Enteignungsgleicher Eingriff Übbl 14 vor **903**
Enteignungsvorwirkung Übbl 30 vor **903**
Enterbung 1938, **2085** 2; Pflichtt **1938** 2, **2303**, Sittenwidrigk **138** 49 bei ZugewGemsch **1371** 2, 12, **1938** 3, **2303** 4, 7
Entfernung, HaftgsGgst vom Grdst **1121**; Sachen des Mieters **560** 4, **561**
Entgangener Gewinn 252
Entgeltfortzahlung 616
Entgeltlichkeit, Begriff Einf 8 vor **305**, **516** 8, **2113** 10, **2205** 33
Entgeltpunkte 1587 a 34, 131
Entlassung, Betr **1908 b;** Grdst aus der Mithaft **1175** 3; Pfleger **1915** 3; NachlPfleger **1960** 34; TestVollstr **2227**; Vormund **1886–1889**
Entlastung, Betr **1908 i** 16; negatives Schuldanerkennt **397** 11; Vereinsvorstand **27** 5; Vormund **1892** 6; WEVerwalter WEG **26** 14
Entlastungsbeweis 831 12; bei Aufsichtspflicht **832** 13; Gebäudeeinsturz **836** 13; Produzent ProdHaftG **1** 13; Tierhalter **833** 14
Entleiher, Erhaltgskosten **601** 1; Haftg für Verschlechterg **602** 1; Haftgsumfang **599** 1; Gebrauchsrecht **603**; Rückgabepflicht **604** 1; Tod **605** 1; sonstige Verwendgen **601** 2
Entschädigungsverfahren, Erbschein **2353** 20
Entscheidungsrecht eines Elternteils **1628**
Entscheidungsverbund, bei Ehescheidg **1564** 1; bei Eheaufhebg **1313** 4
Entsorgungsvertrag Einf 12 vor **631**
Entwehrung 441 1
Erbanfall 1942 1
Erbanteil s Erbteil
Erbauseinandersetzung, Anspr auf **2042** 1; Aufschub **2043**, **2045**; Ausgleichg von Zuwendgen **2050–2057 a**; Ausschließg **2044**; AußenwirtschG Einf 5 vor **2032**; landw Betrieb **2042** 24, **2049**; Dchführg **2042** 2; Gen nach GrdstVG **2042** 9; Klage **2042** 16; Rückgängigmachg **2042** 23; Schriftstücke **2047** 3; Schuldenberichtigg **2046**; TeilauseinandS **2042** 17; Teilgsanordng **2048**; TeilgsVerst **2042** 20; TestVollstr **2042** 14, **2204**; Überschußverteilg **2047** 1; amtl Vermittlg **2042** 15; Vertrag **2042** 4, Anfechtg **2042** 5, EhegZust **2042** 8, Inhalt **2042** 6, KinderBeteiligg **2042** 7; VollstrSchutz Einf 4 vor **2032**; vorzeitige **312** 5, Wegfall der GeschGrdlage wg Wiedervereinigg **242** 152 d
Erbausgleich, vorzeitiger, für das nichtehel Kind, **1934 d**, **1934 e**, EG **227**; Abschluß nur bis 1.4.98 EG **227**; Altersgrenze EG **227** 3; Anrechng auf Pflichtt **2315** 1; Aufhebg EG **227**; IPR EG **25** 10; Leistg ohne wirks Vereinbg EG **227** 4; vorbeh Rücktr EG **227** 3; RWirkg EG **227** 2; Unwirksamk EG **227** 3; Zustandekommen EG **227** 2
Erbbaurecht, **1012–1017**, VO (= ErbbRVO) **1–39**; AnfangsZtpkt VO **11** 2; Aufhebg VO **26**; Bauhandwerker SichgHyp **648**; Bauwerk VO **1** 6, Eigt **1012** 2, VO **12**, Entschädigg bei Erlöschen des ErbbR VO **27**, **29**, Untergang VO **13**, Wegnahme bei Heimfall VO **34**; Bdgg VO **1** 8; Beendigg VO **11** 8; Befristg VO **1** 10, **27**, 1; Begriff Übbl 3 vor **1012**, VO **1** 1; Belastg VO **11** 7; Beleihg VO **18–22**; Berechtigter VO **1** 8; BesitzVerhältn VO **1** 8; Eigtümer ErbbR VO **1** 8; Entschädigg bei Erlöschen VO **27–29**; Entstehg VO **11** 2; ErbbZins s dort; Erneuerg VO **31**; Feuerversicherg VO **23**; GesamtErbbR VO **1** 8; GBVorschriften VO **14–17**; GrdstR VO **11** 1; Heimfall VO **2** 3, **3**, **4**, **6** 2, Vergütg bei VO **32**, **33**; Heimstätte VO **11** 4; Inhalt, gesetzl VO **1**, vertragl VO **2**; Inhaltsänderg VO **11** 3; Kaufberechtigg, -verpflichtg VO **2** 4; KausalGesch Übbl 4 vor **1012**, Form VO **11** 10; Lebenszeit VO **1** 8; Miet- u Pachtverhältn bei Beendigg VO **30**; NachbErbbR VO **1** 4; Rang VO **10**; TeilErbbR WEG **30**; Teilg VO **11** 4; Umfang VO **1** 2; Umwandlg altes in neues VO **38** 1; UnterErbbR VO **11** 7; Übertragg VO **11** 6; Vereinbg, schuldrechtl Übbl 3 vor **1012**; Vereinigg VO **11** 5; VerfüggsBeschrkg VO **5–8**; Vorerbe, Bestellg dch VO **1** 8, **10** 2; WohngsErbbR WEG **30**; Zuschreibg VO **11** 5; ZwVerst des ErbbR VO **24**, des Grdst VO **25**; ZwVollstr VO **11** 9
Erbbauzins ErbbRVO **9**; Anpassung ErbbRVO **9** 8–16; BilligkPrüfg bei Erhöhg ErbbRVO **9 a;** Geldentwertg **242** 137
Erbe 1922 6; Antrag auf NachlVerw **1981** 3; Aufgebotseinrede **2015** 1; Aufwandersatz **1978** 5; AuskunftsAnspr wg etwaiger Schenkgen **261** 11; Auskunftspfl bei Pflichtteil **2314**, Verletzg der Auskunftspfl bei InventErrichtg **2005** 3; Benachteilig Absicht bei InventErrichtg **2005** 2; BereichAnspr **2023** 2; Besitzerwerb **857**; Dreimonatseinrede **2014** 1, 2; DürftigkEinrede **1990**; Einwendg der beschränkten Haftg **1973** 7; Einzelanspr gg ErbschBesitzer Einf 1 vor **2018**, **2029**; ErschöpfgsEinrede **1973** 1, **1989**; Fdgen gg Erbl **1967** 15; Geburt zu erwartde **1963** 1; gesetzl s dort; Haftg s Erbenhaftg; HaftgsBeschrkgsR Einf 2 vor **1967**; InsolvenzAntrPfl **1980**; Lebens- u Unfallvers **1922** 47, **2301** 24; Mehrheit s ErbenGemsch; Miterbe s dort; InventErrichtg **1993**, **2006** 1–5, dch Eheg bei GüterGemsch **2008**; Kind **1924** 8; PflichttBerecht **2318** 3; PflichttErgänzAnspr **2328** 1, 2; PflichttLast, Kürzg **2323** 1; PflichttLast bei VermAusschlagg **2321** 2, 3; Prozeßführg bei TestVollstr **2212** 5; RStellg Übbl 1 vor **1942**; Schutz vor Annahme **1958** 1–4; Unbekanntsein **1960** 7; ungewisser **2043** 1, **2105** 2; VfgsBeschrkg bei NachlVerwaltg **1984** 2, dch TestVollstr **2211** 1; Verhältnis zu TestVollstr **2218**; VersäumgsEinrede **1974** 1; Verschollener **1923** 4; Verwaltgspflicht **1978** 1–3; Verwirkg der HaftgsBeschrkg **2013** 1; Verzicht auf ErbR **2352** 1, s a ErbVerz; Vollstr von NachlGläub in EigVermög **1984** 5; vorläufiger **1958** 1, **1959** 1–3; Wegfall **1930** 2, **2094** 2, **2096** 2
Erbeinsetzung 1937, **2066–2073**, **2087**; alternative **2073** 4; Anwachsg **2094**, **2095**; auflösde Bdgg **2075** 1–5; aufschiebde Bdgg **2066** 3, **2074** 2; auf

Bruchteile **2088** 1, **2089** 1, **2090** 1, **2091** 1; auf Ggstände **2087** 1, 2; Ehescheidg- od -aufhebgGrde **2077** 4; ErbVertr **1941**; Ersatzerbe **2096–2099**; gemeinschaftl Erbteil **2093**, **2094** 6; NachE **2100** 7; NichtehelR **2066** 2, **2067** 1, **2068** 2, **2069** 2, 7; Stiftg **2101** 3; unbestimmte **2092** 1, **2091** 1; Verwirkgsklausel **2074** 6

Erbenermittlung 1964 1; **2262** 3

Erbengemeinschaft 2032; AuseinanderS **2042**, **2046**; s a AuseinanderS; AuseinanderS, Aufschub **2043–2045**; AusglPfl **2050–2057 a**; AuskPfl **2057**; keine Begründg einer „engeren" – **2032** 2; Besitz **854** 17, **857** 2; keine – mit ErbErsAnsprBerecht Einf 2 vor **2032**; fortgesetzte – Einf 2 vor **2032**; **2032** 8; **2038** 8; **2059** 3, Beendigg **2042** 1; Geltdmachg v Anspr **2039**; Haftg f NachlVerbindlk **2058 ff**; – u Miete **2038** 7; SteuerR Einf 6 v **2032**; TeilauseinandS **2042** 17; Vfg über NachlGgst **2040**; VfgRecht des MitE **2033**; Verwaltg **2038**; bei Vor- u NachE Einf 3 vor **2100**; VorkaufsR d MitE **2034–2037**

Erbenhaftung, **1967 ff**; ausgeschlossene NachlGläub **1973**, **2013** 3; Beschränkg a d Nachl Einf 4 vor **1967**, **1973** 1; BeschrkgsR Einf 2 vor **1967**, **1975** 1; DürftigkEinrede **1990** 1; Erschöpfgseinrede **1990** 1; eigene Schuld, Begleichg aus NachlMitteln **1979** 1; Gläub, nachlaßbeteil **1991** 5; IPR EG **25** 10; keine – des ErbErsAnsprBerecht Einf 1 vor **1967**; bei InsUnwürdigk **1991** 2; mehrere Erbteile **2007** 1; Miterben **2058 ff**; NachlInsVerf **1975** 5; Nachlaßschädigg **1978** 1; Nachlaßverbindlk **1967**, gutgläub Berichtigg **1979** 2, 3; NachlVerwaltg **1975** 4; Sozialhilfe **1967** 14; unbeschränkbare Einf 3 vor **1967**, **2013** 2, ggü einzelnen NachlGläub **2013** 4; UnterhPfl ggü geschiedenen Eheg **1586 b**; VerglVerf **1975** 6; Versorggsausgleich **1587 e** 10; vorläufig unbeschränkte Einf 2 vor **1967**; bei Vormerkg **884**

Erbersatzanspruch in Erbfällen vor dem 1.4.98 **1934 a**, EG **227**; AusglPfl **2050** 5; Beschwerg **2308** 1; im Erbschein **2353** 4; NachlaßVerbindlichk **1967** 6, **1991**, 1; des nichtehel Kindes **1924** 12, EG **227**; des nichtehel Vaters **1925** 1, EG **227**; PflichttR **2303** 2, 3, **2305** 1; RNatur Einf 4 vor **2147**; bei TVstrg **2213** 2; IPR EG **25** 10; ÜbergangsR **1924** 12, EG **227**, **235** § 1; Unwürdigk **2345** 2; Vertr mit künft ges Erben über **312** 5; Zuwendg des **1937** 5, **2304** 1

Erbeserbe, Ausschlagg **1952** 2; Erbscheinsantr **2353** 12; Gemeinschaft Einf 3 vor **2032**

Erbfähigkeit 1923

Erbfall 1922 2, **1942** 1; Nacherbfolge **2100** 11

Erbfolge, Begriff **1922** 1; Abkömmlinge **1924**, **1925** 3; Eheg **1931–1934**; in MietVerh **569 a**, **569 b**; gesetzl kraft Test **2032** 1, bei Nichtigk der letztw Vfg **1937** 22; nach Linien **1924** 3, **1925** 4; Nachweis Übbl 5 vor **2353**; Ordng **124** 2; Ordngsfolge **1930** 1; Schoßfall **1925** 2, **1926** 2, **1928** 2; Sondererbfolge **1922** 7–11; nach Stämmen **1924** 4; mehrf Verwandtsch **1927** 1; vorweggen Einl 7 vor **1922**; Wegfall der Eltern **1925** 4

Erbhofrecht, EG **64** 4

Erblasser, Anfechtg der letzw Vfw **2080** 4, **2271** 25, **2281**; bei fortg Gütergemsch **1483** 2, 3; pers Bestimmg der Bedachten **2065** 4, 6; Pflegerbenenng **1917** 1; Ruhestätte **2038** 3; Teilgsanordngen **2048**; Zuwendg, bedingte **2065** 8, **2066** 3; Zuwendg, befristete **2066** 3

Erbnachweis Übbl 5 vor **2353**

Erbrecht, Annahme als Kind **1754** 3, **1755** 3, **1764** 1, **1770** 1, **1924** 14, **1925** 5, **1926** 5, **1931** 12, **2053** 2, **2066** 2, **2067** 1, **2069** 2, 7, **2079** 4, **2107** 1; Aufforderg zur Anmeldg **1965** 1; keine Anwendg des AGBG AGBG **23** 3; Begriff Einl 1 vor **1922**; der DDR Einl 5 vor **1922**; Eheg s Eheg-ErbR; BewLast im ErbRStreit **2365** 4; FeststellgsKl Einf 4 vor **2018**, Übbl 6 vor **2353**; gesetzl **1924 ff**; IKR EG **25** 23; IPR EG **25**, **26**; Nachw Übbl 5, 8 vor **2353**, **2365**; nichtehel Kind **1924** 8; öffrechtl Körpersch EG **138**, **139**; Staat **1936** 1–3; Staatenloser EG **5**; ÜbergVorschr EG Einl 2 vor **1922**, EG **235**; unzulässige RAusübg **242** 72; u Verfassg Einl 3 vor **1922**

Erbschaft, Anfall **1942** 1; Annahme s Annahme der Erbschaft; Ausschlagg s Ausschlagg der Erbsch; Ausschlagg nicht Schenkg **517**; vormschgerichtl Genehmigg **1643** 3, **1822** 3; Begriff **1922** 2, 12; Bestand **2111** 1; Erwerb, vorläufiger **1942** 2; Herausgabe **2103** 1, **2130**; Nießbr **1089**; Ruhen **2105** 1; Schenkg **2385** 4; Verzeichn der Ggstände **2121** 1, 2; Voraus **1932**

Erbschaftsanspruch, s Erbschaftsbesitzer

Erbschaftsbesitz, Begriff **2018** 4, auch **857** 1; Anrechng auf Ersitzgszeit **944**

Erbschaftsbesitzer, Anspr Einf 1 vor **2018**, **2018**; AuskunftsPfl **2027** 1, **2362** 2; Begriff **857** 1, **2018** 4; Bösgläubigk **2024**; eidesstattl Versicherg **2027** 1; Einwendgen des Schuldn gg ErbschBes **2019** 5; Einzelanspr **2029**; Erbe des – **2018** 4; ErsAnspr nach Herausg **2022** 1; ErsHerausg **2019** 1; Ersitzg **2026** 1; Erwerb mit Mitteln der Erbschaft **2019** 3; Erwerb, rgeschäftl **2019** 5; Früchte **2020** 1; gutgläub Schuldn **2019** 5; Haftg nach BereichGrds **2021** 1; Haftg nach RHängigk **2023** 1; Haftgsumfang **2029** 1; Herausg des Erlangten **2018** 8; HerausgAnspr d NachE **2130** 1; Nutzgen HerausgPfl **2020** 1; Scheinerbf **2031**; Surrogation **2019** 1; unerl Handl **2025** 1; verbot Eigenmacht **2025** 2; Verj **2026** 2, **2031** 3; VerwendgsErs **2022**, nach RHängigk **2023** 3; Weiterveräußerg **2030**; ZbR **2022** 4

Erbschaftsgegenstände, Ersatz für verbrauchte **2134** 1, 2; Unmögl der Herausgabe **2021** 2

Erbschaftskauf 2371 ff; Anfall, dem Verkäufer verbleibender **2373** 1; Anzeigepflicht **2384** 1; Aufhebg der Vereinigg **2377** 1; Begriff Übbl 1 vor **2371**; Erbschaftssteuer **2379** 1; Erbteilskauf Übbl 1 vor **2371**, **2379** 1; Erfüllg Übbl 2 vor **2371**; Formzwang **2371** 2; Gefahrenübergang **2380** 1; GewLeistg **2376** 1, 2; Haftg, Innenverhältn **2378** 1, des Käufers ggüb Erben **2030** 1, ggüb NachlGläub **2382** 1, 2, beschränkte **2383** 1; HerausgPfl des Verk **2374** 1; Lasten **2379** 1; Nutzgen **2379** 1; ProzVergl **2371** 2; Umdeutg **2371** 1; Verwendgen **2381** 1; Wegfall einer Beschwerg **2372** 1; Weiterverkauf **2385** 1; Wertersatz **2375** 1; Wirkg Übbl 5 vor **2371**; Zugewinngemeinsch **2374** 3

Erbschaftsteuer Einl 13 v **1922**; ErbschBesitzer **2022** 2; als Erbfallschuld **1967** 6; ErbschKauf **2379** 1; IPR EG **25** 9; Irrtum üb Höhe, AnfGrd **1954** 3; TestVollstr **2205** 6; Vorerbe **2100** 1, **2126** 2

Erbschaftsvertrag 312, **1922** 4

Erbschein, Übbl 1 vor **2353**, **2353**; Anhörg des Gegn **2360**; Antr **2353** 11–13; AntrBegründg **2354–2356**; Arten Übbl 2 vor **2353**; Auskunftspfl **2362** 2; ausländ Erblasser **2369**, EG **25** 18; ausländ Erbsch, Anerkenng **2353** 9, EG **25** 22; Berichtigg **2361** 2; Beschw **2353** 25, **2357** 4, gg Einziehg **2361** 14; BewKr Übbl 5 vor **2353**; BewLast **2358** 6; Bezeichng des NE **2363** 3; Bindg an rkräft Urt Übbl 6 vor **2353**, **2359** 1, der DDR **2353** 8; eidesstattl Versicherg **2356** 11; Einziehg **2361**; Erbenmehrh **2357**; ErbRFeststellg **2359** 1, 2; Ergänzg **2361** 2; ErmittlPfl des NachlG **2358** 1; Erteilg **2353** 23; ggständl beschränkter **2353** 6, **2369**;

gemeinschaftl **2357** 1–6; GBVerkehr Übbl 8 vor **2353**, **2365** 5; Güterstand **2356** 11, **2358** 2; HerausgAnspr **2362** 1; Hinterlegg **1960** 10; Inhalt **2353** 3; ILR EG **25** 25; Kosten **1967** 13; Kraftloserkl **2361** 13; Leistg an Erbscheinerben **2367** 1; NEFall **2363** 10; bei NachlSpaltg **2353** 7; öff Glaube **2365** 6, **2366** 1–7, **2367** 1; öffentl Urk **2353** 1; ProzGer, Bindg Übbl 6 vor **2353**; Prüfg der TestAnfechtg **1944** 10; Teilerbschein Übbl 2 vor **2353**; TestVollstr – Bezeichng **2364** 1; TodesErkl, irrtüml **2370**; Unrichtigk **2361** 1, 3; Verfahren **2353** 14 ff, **2358**; Vergl **2358** 7; Vermutg der Erbeneigenschaft **2365** 1; Vermutg der Richtigk u Vollständigk **2365** 1; Verwirkgsklausel **2074** 6; Vorbescheid **2353** 22; Vorerbe **2363** 1; Wiederverheiratsklausel **2269** 13; ZugewGemsch, Nachw **2356** 11

Erbstatut EG **25** 6–17

Erbteil, Annahme u Ausschlagg bei Berufg zu mehreren E **1951**; Anwachsg **2094** 1, **2095** 1; Begriff **1922** 2; einheitl **1931** 8; Erhöhg **1935** 3, 4; gemeinschaftl **2093** 1; Kauf **2371** 1; Käufer, Haftg **2036** 1; Pfändg **2033** 15; Rückübertragg **2033** 4; Sichergsbedürfnis **1960** 1; Übertragg zwecks Ausschaltg des MitEVorkaufsrechts **826** 34; Unbestimmth **2043** 1, **2091** 1; Unterbruchteile **2093** 2; Vfg über **2033** 1–19; Verpfändg **1276** 3, **2033** 14; Weiterveräußerg **2037** 1; ZwVollstr **2059** 1

Erbunfähigkeit, relative **1923** 6

Erbunwürdigkeit **2339** 1; AnfechtBerecht **2341** 1; AnfechtKl **2342** 1; ausländ Erbstatut **2342** 2; Test AnfechtR des Erbunwürdigen **2080** 6; ErbErsAnspr **2345** 1; Anteilsunwürdigkeit bei fortges GütGemsch **1506** 1, 2; Geltdmachg, Voraussetzgen **2340** 1; Gründe **2339** 2; IPR EG **25** 10; PflichttBerecht **2345** 1; VermNehmer **2345** 1; Verzeihg **2343** 1; Wirkg **2344** 1, **2345** 3; vorzeit ErbAusgl **1934 d** 9; bei ZugewGemsch **1371** 12, **2344** 2

Erbvertrag **1941**, Übbl 1 vor **2274**; Abkömmling, pflichttberecht **2289** 9; Abschluß, persönl **2274**; Anfechtg **2281**, **2282**; Anfechtfrist **2283** 1; AnfechtR Dr **2285** 1; AnfechtWirkg **2281** 8; Arten Übbl 1 vor **2274**; AufhebTest **2291** 1–3, gemeinschaftl **2292** 1–3; AufhebVertr **2290** 1–3, Anfecht des AufhebV **2290** 4; Auflage **2278** 2, **2279** 1; Aushöhlg dch Vfg unter Lebden **2286** 1; AuskAnspr **2287** 14; Auslegg **1941** 1, Übbl 8 vor **2274**, **2279** 1, **2280**, **2299** 1, bei Einsetzg v Kindern **2066** 4; Bestimmgen, vertragsgemäß **2278** 1, 2, einseit **2278** 1, **2299**; Bestätigg **2284** 1; Bindg des Erbl **2289** 1; iVm EheVertr **1408** 1; EheAuflösg **2279** 2; Eheeingehg nach ErbV **2289** 10; EhegErbV **2279** 2; Ehevertr **2276** 10, 13; einseit Vfgen **2278** 4, **2299** 1; Eigeninteresse bei Schenkg **2287** 7; Einsetzg auf den Überr **2287** 5; Einsicht **2264** 2, **2277** 2, **2300** 3; entgeltl ErbV 2 vor **2274**; **2276** 13; Eröffng **2300** 3; Eröffngsfrist **2300 a**; Errichtg **2276**; BeurkG **33**; Form **2276**; formlose Erbvertr **125** 21; u gemschaftl Test **2292** 1; Irrtum **2281** 4; Erb- u LeibgedingsVertr **2293**; lwVfg, Aufhebg früherer **2289** 2, nachträgl **2289** 9; Nichtigk Übbl 10 vor **2274**, **2298** 1; Pflichtt bei EhegErbvertr **2280** 2; PflichttEntziehgsR **2297** 2; RNatur Übbl 4 vor **2274**; Rückn **2277** 4; RücktrR **2293**, Verfehlgen **2294** 1, Aufhebg der GgVerpflichtg **2295** 1, Form **2296** 1, 2, **2297** 1, vom zweiseit ErbV **2298** 2, Vorbeh **2293** 2; beeinträchtigde Schenkg **2287**; Sittenwidrigk **138** 49, Übbl 10 vor **2274**; ÜbergVertr Einl 7 vor **1922**; ÜbergangsR Einf 2 vor **2229**; Übergehg eines PflichttBerecht **2281** 5; Umdeutg **140** 10; UnterhVertr Übbl 7 vor **2274**; Unwirksamk Übbl 10 vor **2274**, **2279** 2; Verbindg mit EheVertr **2276** 10; IPR EG **25** 10; VfgR des Erbl **2286** 1; schuldr VfgsVerbot **137** 5; VerlöbnAuflösg **2279** 2; VermVertr 6 vor **2274**; VermNehmer, Schutz **2288** 1–4; vertragsmäß Vfgen **2278**; Vertr zG Dr **1941** 1; Verschließg **2277** 1; Verwahrg, amtl **2277** 2; Verzicht auf Anspr aus **2352** 7; Voraussetzgen **2275**; Vorbeh anderw Vfg **2289** 8; geheimer Vorbehalt **2279** 1; Widerruflk 5 vor **2274**; Wirkg **2289** 2; zweiseit **2298**; ZweitGesch nach vertragsgem Vfg **2289** 2

Erbverzicht Übbl 1 vor **2346**, **2346**; Abfindg Übbl 9 vor **2346**, als Schenkg **2325** 14; Anfechtg 7 vor **2346**; bei Kindesannahme Übbl 2 v **2346**; Aufhebg **2351**; Begünstigte, mehrere **2350** 2; Begünstigg, unbeabsichtigte **2350** 3; bdgter Übbl 7 vor **2346**, **2350**; Beschrkg **2346** 6; künft Eheg Übbl 2 v **2346**; entgeltl ErbVerz Übbl 9 vor **2346**, **2348** 1; ErbErsAnspr **2346** 3; u Erbvertr **2290** 1; Verbindg mit Erbvertr **1941** 1, **2276** 10; durch Erbvertr bedachter Dr **2352** 7; Erstreckg auf Abkömmlinge **2349** 1; Form **2348**; GgLeistg Übbl 9 vor **2346**; GeschäftsFgk **2347**; IPR EG **25** 13; NERecht **2108** 7, **2142** 2; Pflichtteil **2346** 5; ProzVergl **2348** 4; RNatur Übbl 5 vor **2346**; Rücktr 5 vor **2346**; Stellvertretg **2347**; stillschw **2265** 6; TestErbR **2352** 1; Vorbeh des PflichtR **2346** 7; Wirkg **2346** 4, **2349**, **2352** 5; ZugewAusglAnspr **1371** 12, 18, **2346** 10

Erfinderrecht, Ausbeutung fremden **687** 5

Erfindung, Haftg für Brauchbark **437** 1

Erfolg, Nichteintritt des mit der Leistg bezweckten (BereichergsAnspr) **812** 72

Erfolgsbeteiligung **611** 78, 79

Erfolgshaftung **276** 135

Erfüllung **362** 1; Annahme als **363** 2, erfüllgshalber **364** 8, an Erfüll Statt **364** 1–7, GewLeistg **365**; dch Banküberweisg **362** 8; BewLast nach Annahme **363** 1, 3; bei Fordergsmehrheit (Anrechng der Leistg) **366**; bei Geldschuld **362** 8; bei rückständ Mietzins **554** 5; Gesamtschuld **422**; Interesse des Gläub **280** 10; dch reale Leistgsbewirkg **362** 5; Quittg **368– 370**; schuldh Verhalten bei Gelegenheit der Erfüllg **278** 18; teilw **325** 29, in der Nachfrist **326** 28; überobligationsmäßige Schwierigk **242** 140, **275** 7; Untergang des Anspr **326** 23; Vorbehalt des Schuldn **362** 11, des Gläub **363** 2; Vorausleistg **362** 10; Vorschußzahlg **321** 1, 25 vor **607**; Wegfall der GeschGrdlage nach – **242** 133; bei Zahlg auf AnderKto 4 vor **372**, dch Scheck/Wechsel/Geld-/Kreditkarte **364** 10; Zug um Zug **274**

Erfüllungsgehilfe, Begriff **278** 7; Haftg f **276** 92, 129; **278** 7–36; **463** 10; Einzelfälle **278** 25; formularmäß HaftgsAusschl AGBG **11** 34; Haftg des E bei c. i. c. **276** 93; bei pVV **276** 129; öffrechtl Verhältnisse **276** 130; Verschulden **278** 24

Erfüllungsinteresse Vorb 16 vor **249**

Erfüllungsort **269**; u Gerichtsstand **269** 3; formularmäß Klauseln AGBG **9** 82; im Fall des Rücktritts **269** 15; bei Wandlg **467** 4; Wohnsitz des Schuldners **447** 1; s a Leistgsort

Erfüllungsübernahme, Begriff **329** 1, 4; ggü Bürgen **329** 4, Einf 15 vor **765**

Erfüllungsverweigerung **326** 20

Ergänzende Auslegung **157** 2, **242** 22; von AGB AGBG **5** 11; letztw Vfgen **2084** 8

Ergänzung eines RGeschäfts **141** 2; nach Wegfall von AGB AGBG **6**; Pflichtteil **2325 ff.**

Ergänzungspflegschaft **1909**; für AuseinandS zw Elt u Kind **1683** 2

Ergänzungsvorbehalt im Testament **2086**

Erhaltungs- u Verbesserungsarbeiten an Mieträumen **541 a**
Erhaltungsmaßregeln, Erbengemeinsch **2038** 14; Gemeinsch **744**; Gesamtgut **1455** 9; Mitwirkgspfl der Eheg **1451**, **1472** 2
Erhöhung des Erbteils **1935** 3, 4
Erholungsurlaub 611 126
Erklärungsbewußtsein, fehldes Einf 17 vor **116**
Erlaß 397; AufhebgsVertr **305** 7; des AuflAnspr **313** 40; GesSchuld **423**; Unterh **1613** 27, zukünft **1614** 1
Erlöschen von Schuldverh Übbl vor **362**
Ermahnung im ArbVerh 41 vor **620**
Ermächtigung 185 13; zur Einziehg **398** 26; als Vfg **185** 1, des SichgsGebers über SichgsGut **930** 14; des VorbehKäuf zur Weiterveräußerg **185** 9, **929** 33; des TrHänders zu Vfgen **903** 34
Ermessensfehler, Amtshaftg wg **839** 36
Erneuerungsschein, Begriff **803** 4; Bezugsrecht **805** 1, 2; Verlust **804**
Ernstlichkeit, mangelnde **118**
Eröffnung des ErbVertr s unter „Erbvertrag", des Test s unter „Testament"
Erprobungskauf 495 1
Errungenschaftsgemeinschaft 1519–1557
Ersatzbeschaffung, Hausrat bei Zugewinngemeinsch **1370**
Ersatzdienst, KündSchutz Vorb 89 vor **620**; Haftg **839** 96
Ersatzerbe, **2096**, **2097**; Eintritt **2096** 8; Einsetzg, ggseit **2098** 1; ErsNachE **2102** 5, **2139** 2; u NachE **2096** 1, **2102** 1–6; Verhältn zur Anwachsg **2099** 1
Ersatzhaftung für Unterh **1607** 5, 10
Ersatzmieter 552 8
Ersatzmutterschaft 18 vor **1591**; RückFdg von Zahlgen an **812** 92; Vermittlg **138** 48, 7 vor **1741**
Ersatzvermächtnis 2190
Ersatzverzicht bei UnterhMehrleistg **1360 b**
Ersatzvornahme zur Mängelbeseitigg **536** 17, **538** 15 (MietVertr); **633** 8 (WkVertr); Kosten als VerzSchad **286** 4
Ersatzwohnung, Schwierigk bei Beschaffg, Widerspr gg Kündigg **556 a** 14
Ersatzzuständigkeit in NachlSachen **2353** 16
Erschließung von Baugelände **677** 3
Erschließungsbeiträge nach dem BauGB als einmalige Last **103** 2; außerordentl Last **2126** 1; Ersatz **677** 3, **812** 45; VerkHaftg für Freiheit von **436**; Sichg dch Hyp **1113** 16
Erschöpfungseinrede des Erben **1990**, **1991**
Ersetzungsbefugnis 262 7; formularmäßige Klauseln AGBG **10** 22; beim ReiseVertr **651 b**
Ersitzung FahrnEigt **937–945**; FahrnNießbr **1033**; GrdstEigt **900**; GrdstR **900**; ÜbergangsR EG **185**
Erstattungsanspruch, öffR Einf 20 vor **812**
Ertragsteuer u PflichttBerechng **2311** 7, 9
Ertragswert eines Landguts, Ermittlg **2049** 3; fortges Gütergemsch **1515** 1; Pflichtt **2312** 1; bei ZugewGemsch **1376** 1, 4
Erwerbsbeschränkungen für Ausländer EG **88**; im GrdstVerkehr Übbl 28 vor **873**; jur Personen EG **86**; Ordensangehörige EG **87**
Erwerbsfähigkeit, Beeinträchtigg **843** 2, 4, 20
Erwerbsgeschäft eines Eheg bei Gütergemeinsch **1431**, **1456**; Führg für Rechng des Gesamtguts **1442**, Haftg für Verbindlichk **1440**, **1462**; HaftgsBeschrkg bei Volljk **1629 a** 15; GüterRReg Eintrg **1561**; des Minderj **112**; neues des Kindes **1645**, des Mdl **1823**; Vfg über **1822** 11; Verwendg der Einkünfte für KindesUnterh **1649**
Erwerbslosigkeit s Arbeitslosigkeit
Erwerbstätigkeit der Eheg **1356** 5, **1360** 10, **1573**; Bonus **1578** 48, bei Getrenntleben **1361** 29, Auswirkg auf KindesUnterh **1606** 23, 26, 28; Obliegenh zur **1602** 12, **1603** 34; Zumutbark **1361** 40, **1577** 7
Erwerbsunfähigkeit, Geldrente **843** 4; Kapitalabfindg **843** 20; UnterhAnspr **1571**, **1572**, **1602** 3, 15; VersorggsAusgl nach Scheidg Einf 4 vor **1587**
Erwerbsverbote 136 1, **313** 51, Übbl 28 vor **873**, **888** 11; Versteigerer **456** 3, **457**, **458**
Erzeugergemeinschaft, Verein **21** 6
Erzeugnisse, EigtErw Vorb vor **953**, **954** 1, **955** 2, **956** 2; Grundstück **94** 5; Haftg f GrdPfdR **1120–1122**, PfandR **1212**; landwirtschaftl **98** 4
Erziehung von Kindern **1626**, des Mdl **1793** 3; Begriff **1631** 3; Hilfe zur 19 vor **1626**; Mittel **1631** 13, unzul **1631** 9; Kosten **1610** 16; Recht zur **1626** 1, **1631** 3; Stil **1626** 22, **1631** 9; Unterstützg dch FamG **1631** 14, dch JugA 16 vor **1626**; Unfähigk **1666** 2, 18, **1671** 29
Erziehungsfähigkeit 1666 4, **1671** 14
Erziehungsgeld 51 vor **1601**, **1603** 17, **1751** 7; Pflegeerlaubn 20 vor **1626**
Erziehungshilfe Einf 19 vor **1626**
Erziehungsrente Einf 3 vor **1587**
Erziehungsurlaub, KündSchutz 83 vor **620**
Europäische Union, Recht Einl 24 a vor **1**, VerbotsG **134** 2; Europäisierg des SchuldR Einl 26 vor **241**; Haftg bei Verletzg von GemschR **839** 19 a–c
Europäische wirtschaftliche Interessenvereinigung 705 52
Europäische Menschenrechtskonvention Einl 7 vor **1297**, Einl 9 vor EG **3**, **6** 7, **10** 1, 7, **12** Anh 2
Europäisches Übereinkommen, über die KindesAnn EG **22** 2; betr Ausk über ausländ Recht Einl 34 vor EG **3**; über die Anerkenng/Vollstr von SorgeREntscheidgen EG **24** Anh 63
Europäiche wirtschaftliche Interessenvereinigung 705 8
Euroscheck s ec-Karte
Euro-Umstellung, Währg **244** 5; Reallast **1105** 8; GrdPfdR 8 vor **1113**
Eventualaufrechnung 388 3
Ewiggeld 1199 4
executor Einf 21 vor **2197**, **2353** 12
Existenzgründungskredit VerbrKrG **3** 3
Existenzminimum, Schutz **1603** 29, 33
Exhumierung Einl 9 vor **1922**
Exterritoriale, Wohnsitz **7** 11

F

Fabrikationsfehler ProdHaftG **3** 4
Fachzeitschrift, unlautere Werbg **826** 80
Factoringbank, Rechtsstellung **816** 22, **818** 43
Factoringvertrag 398 35, Einf 11 vor **433**; **455** 17; u verlängerter EV **398** 36, 37
facultas alternativa 262 7
Fahrkosten, als SchadErs **249** 11
Fahrlässigkeit 276 12, **823** 55; bewußte/unbewußte **276** 13; Einzelfälle **276** 22; grobe **276** 14, **277** 2, **680**, AGBG **11** 34; konkrete **277** 5; leichte **276** 14; Maßstäbe **276** 15; RIrrtum **285** 4
Fahrlehrer, AGB AGBG **9** 84; Haftg **823** 82 (Kraftverkehr); HaftgsAusschl zG der Schüler **254** 70
Fahrstuhlanlage, Haftg **535** 26; ErhaltgsPfl **536** 7
Faktisches Vertragsverhältnis Einf 29 vor **145**; bei ArbVertr Einf 29 vor **611**; bei Kauf Übbl 2 vor **433**; bei PersGesellsch **705** 18; bei GeschFührg

677 11; bei VersorggsVertr Einf 28 vor **145**; bei WE-Gründg WEG **11** 3
Fälligkeit **271** 1, **284** 11; FälligkKlausel **271** 5, Vorb 5 vor **339**, AGBG **10** 2
Falsche Bezeichnung (falsa demonstratio) **133** 8, 19; **155** 3; des Bedachten **2078** 1; bei dingl GrdstGesch **873** 10, **925** 14
Falschlieferung **459** 3; Verjährg der Anspr **477** 3
Familie Einl 2 vor **1297**; sa Angehörige
Familienfideikommisse, Vorbem 9 vor **80**
Familiengericht, Änderg/Aufhebg von Anordngen **1696**; AuskRegelg **1686**; Beachtg des Kindeswohls **1697 a**; Entscheidg bei Meingsverschiedenh zw Eltern u Pfleger **1630**, über Kindesherausg **1632**, über Entscheig in Angelegenh des tägl Lebens **1687**, **1678 a**; Ersetzg der Einw zur Namenserteilg **1618**; Feststellg des Ruhens der elterl Sorge **1674**; Genehmigg von ErwerbsGesch **1645**, von FreihEntziehg **1631 b**, von RGesch **1643**; Maßn bei Verhinderg der Eltern **1693**; Übertragg der Namensbestimmg **1617**, von Sorgeentscheidgen **1628**; Schutz des Kindeswohls **1666**, des KindesVerm **1667**; PflegschAnordng/Pflegerauwahl **1693**; Sorgeübertragg **1671**, **1672**, **1678**, **1680**, **1681**; Umgangsregelg **1684**, **1685**; Unterstützg der Eltern **1631**; Verbleibensanordng **1682**; VersorggsAusgl Einf 7 vor **1587**, Einf 15 vor **1587**, **1587 e** 2; VaterschAnfechtg/Feststellg **1600** e; VormundschAnordng/Vormundauswahl **1693**; ZugewAusgl **1382**, **1383**
Familiengerichtliche Genehmigung s vormundschaftsgerichtliche Genehmigung
Familienlastenausgleich 45 vor **1601**
Familienname **1355**; Änderg **12** 4; bei Annahme als Kind **1757**, **1767**; Begleitname **1355** 6; Begriff **1616** 1; Einbenenng **1618**; Erwerb **12** 4; der Frau nach Scheidg **1355** 12; der Kinder **1616**, **1617**, **1617 a**, Änderg **1617 b**, **1617 c**; s a Name, Geburtsname
Familienpapiere **2047**; bei ErbschKauf **2373**
Familienpflege 20 vor 1626, **1630** 15; Schutz ggü KindesherausgAnspr **1632** 18; UmgangsR der leibl Elt u Dr **1632** 26, **1684**, **1685**
Familienplanung **1353** 7; 13 vor **1591**; SchadErs Vorbem 47–48 c vor **249**, 6 vor **1353**, 21 vor **1591**
Familienrechte, Verletzg **823** 17, 56 vor **1353**
Familienrechtlicher Ausgleichsanspruch 34 vor **1601**, **1606** 20
Familiensachen Einf 2 vor **1363**; Einf 4 vor **1564**
Familienstiftung Vorb 2 vor **80**
Familienunterhalt, Umfang **1360 a**; Verpflichtg zur Aufbringg **1360**; Verwendg von Einkünften bei GüterGemsch **1420**
Fangprämie s Ladendiebstahl
Fehlbelegungsabgabe MHG **2** 19 a
Fehlehe Scheidg **1565** 12
Fehler der Kaufsache **459** 8; der Mietsache **537** 12; des Werkes **633**
Fehlverhalten als UnterhBegrenzgsGrd **1579** 23
Fehlschätzung bei Bestimmg der Leistg dch Dritte **319** 3
Feiertage, Fristablauf **193** 1, 2; gesetzl **193** 6
Feiertagsentgelt **611** 60
Fensterrecht EG **124** 2
Ferienwohnung, Kündigg **564 b** 20; ErfOrt **269** 18
Fernheizungskosten **535** 37; WEG **16** 14
Fernlehrvertrag 22 vor **611**, AGBG **9** 132; BeratgsPfl **276** 78; VertrAbschl ohne Erlaubn **134** 17; Zurückweisg **333** 4
Fernleitungen, Duldg **1004** 34, Entschädigg Übbl 35 vor **903**; Scheinbestandt **95** 6
Fernsehen, Ausübg hoheitl Gewalt **839** 97; Eingriff in PersönlichkRecht **823** 184, **1004** 40; kreditgefährdende Veröffentlichgen **823** 24, **824** 6
Fernsehstörungen **903** 9
Fernsprecher, Anbringg, Recht zur **535** 14; Fernsprechanschluß Einf 23 vor **535**, **535** 2; RVerhältn der FernsprTeilnehmer **535** 2; VertrAntrag **147**; Zugehen v WillErklärg **130** 14
Fernstraße s Straße
Ferntrauung **1931** 2, **1311** 5
Fernunterricht s Fernlehrvertrag
Fernwärme **535** 25, WEG **16** 14; Sicherg der Bezugsverpfl **1105** 4
Fertighausvertrag Einf 13 vor **631**, **313** 13
Festpreis u veränderte Verhältn **242** 140
Fideikommißauflösungsstiftung 9 vor **80**
Fiduziarische Rechtsgeschäfte Übbl 25 vor **104**, **117** 1, Einf 7 vor **164**; Abtretg **398** 20, Übereigng **903** 33; Verjährg **223** 3
Fiktive Einkünfte im UnterhR **1361** 43, **1577** 7, **1602** 12, **1603** 34
Fiktive Nachversicherung **1587 b** 22
Fiktionshaftung **831** 2
Filmbezugsvertrag Einf 12 vor **305**
Filmmietvertrag, Verjährg der Ansprüche **197** 6
Filmschauspieler, -regisseur Einf 20 vor **611**
Filmverleih Einf 24 vor **535**, Einf 9 vor **581**
Filmverwertung Einf 12 vor **305**, Einf 9 vor **581**; VerjFr **196** 12, **197** 9
Finanzamt, kein Erbscheinsantrag **2353** 13; Bescheinigg des Verk für – **433** 23; Unbedenklichk-Bescheinigg **925** 24, WEG **2** 1
Finanzierter Kauf VerbrKrG **9** 1
Finanzierung, aufschiebde Bdgg? **158** 4; Erschwerg der F u GeschGrdLage **242** 140; der Schadensbeseitigg, Kosten als Schaden **249** 8, Pfl des Geschädigten zur VorF **254** 40
Finanzierungsbeiträge u Miete Einf 80 vor **535**
Finanzierungshilfen VerbrKrG **1** 7
Finanzierungsleasing 29 vor **535**, VerbrKrG **1** 7, **3** 7, **9** 2; Sittenwidrigk **138** 33
Finanzmakler **654** 5
Finanzvermögen Übbl 13 vor **90**
Findelkind, Wohnsitz **11** 7
Finder, Ablieferungspflicht **967**, **978** 2; Aufwendungsersatz **970** 1, **978** 4; Anzeigepflicht **965**; Begriff Vorb 2 vor **965**; Bereicherungshaftg **977**; EigtErwerb **973**, **974**, **978** 4; Finderlohn **971**, **972**, **978** 3; Haftg **968**, **978** 2; Herausgabe an Verlierer **969**, **978** 3, Rechte nach Ablieferung **975**, **978** 3; Verzicht auf EigtErwerb **976**; ZbR **972**
Firma als Name **12**, 1, 9, IPR EG **10** 5; Handeln für **164** 1
Fischereipacht Einf 19 vor **581**
Fischsterben, Schadensbemessg **249** 28
Fiskus, AneigngsR **928** 4; Anfall des Vermögens aufgelöster Vereine **46**; ErbR **1936**, **1964** 1–4; kein AusschlaggsR **1942** 3; ErbR am Nachl eines Verpflegten **1936** 4; ErbR, vermutetes **1964–1966**; Feststellg als Erbe **1964** 2; Haftg **89** 1; HaftgsBeschrkg als Erbe **2011** 1; Insolvenz **89** 7; als jur Pers Vorb vor **89**; NE **2104** 4; Vermächtn **2149**; Verwaltgs- u FinanzVerm Übbl 13 vor **90**
Fitnessverträge AGBG **9** 85
Fixgeschäft, Begr **271** 16, 17; Rücktr **361**
Fixkauf Einf 10 vor **433**
Flaschenpfand 3 vor **339**, 24 vor **607**, Übbl 9 vor **1204**
Fluchthilfevertrag **138** 83, **762** 4, AGBG **9** 84
Flüchtlinge, Begriff im Sinn der Flüchtlingskonvention Anh II 4 zu EG **5**; EhefähigkZeugn **1309** 5; Feststellg der Flüchtlingseigenschaft Anh II 4 zu EG **5**; Güterstand Anh II zu EG **15**; Heilg unwirks

Eheschl **1931** 2; RStellg Anh II 4 zu EG **5**, der – deutscher Volkszugehörigk Anh II 1, 2 (16), 4 (Art 1 23) zu EG **5**; humanitäre Hilfsaktionen Anh II 6 zu EG **5**
Flugbeförderungsbedingungen AGBG **9** 86
Fluglärm **542** 6; **906** 11, 37, 47, **1004** 17
Flugzeuge, s Luftfahrzeuge
Flurbereinigung, Enteigng Übbl 36 vor **903**; Rechte des Miterben **2038** 14
Flurstück Übbl 1 vor **873**
Fluß Übbl 12 vor **90**
fob-Klausel **269** 9; Gefahrübergang **447** 5
Folgenbeseitigungsanspruch Einf 26 vor **823**, **839** 45, **1004** 22
Folgesachen bei Ehescheidg Einf 6 vor **1564**
Folgeschäden **249** 18, Übbl 25 vor **903**
Forderung, Abtretbark **398** 9, s a Abtretg; Aufrechenbark **387** 8–21; Begriff Einl 1 vor **241**; Forderg z gesamten Hand **432** 4; Fordergsgemeinsch **432** 2; gemeinschaftl bei unteilbarer Leistg **432**; geteilte **420**; Nießbrauch an **1074–1079**; öffentlrechtl **398** 2; Pfändbark, Beschränkgen **400** 1; Pfändbark künftiger **398** 11; Pfandrecht **1279–1290**; Übergang kr Ges Vorb 148 vor **249**, **412** 1; unvollkommene Einl 15 vor **241**; Verletzg **823** 31, s a VertrVerletzg
Forderungsauswechslung bei Hyp **1180**; bei PfandR **1204** 7
Forderungsgarantie Einf 16 vor **765**
Forderungskauf **437**; Haftung für Zahlgsfähigk des Schuldners **438**
Forderungsübergang, auf ArbG Vorb 136 vor **249**; BeamtenG Vorb 135 vor **249**; Bürgschaft **774**; gesetzl **406** 1 a, **407** 1, 4, **412**, **421** 7; bei HypAblösg **1143** 4, **1150** 3; IPR **33** 3; Kenntnis von **407** 6; NebenR **401** 1, 3; auf Sozialversichergsträger Vorb 148 vor **249**; auf Versicherer Vorb 132 vor **249**; UnterhAnspr 41 vor **1601**, **1607** 14
Forderungsvermächtnis **2173**
Fördermittel 10 vor **607**
Form, Aufhebg der vereinbarten **125** 14, **154** 4, **305** 7; Formfreiheit **125** 1; formlose u formgebundene Verträge Einf 10 vor **305**; Schriftformklauseln in AGB AGBG **4**, **5** 5; **9** 128; Formzwang, gesetzl u rgeschäftl **125** 6, 12; gesetzl, Übersicht **125** 1; gesetzl Schriftform **126**; gewillkürte Schriftform **127**; nachträgl Vereinbarg **125** 12; NebenErkl **125** 7; notarielle **127 a**, **128**; Mangel s Formmangel; vereinbarte **125** 1; des Vorvertr Einf 19 vor **145**; Wahrg dch Telefax **126** 11; Zweck Einf **125** 1; im übrigen s bei den einzelnen Stichworten
Formmangel, Arglisteinrede **125** 16, **826** 35; bei Eheschließg **1314** 6, Heilg **1315** 16; Folge **125** 6, 10, **313** 45; Heilg durch Auflassg u Eintragg **313** 46, 51; Heilg im IPR EG **11** 5; Heilg durch Erfüllg **125** 11; bei Hofübergabe **125** 26; und Treu u Glauben **125** 16
Formularverträge, Gleichstellg mit AGB AGBG **1** 11; s auch Allg GeschBdgg
Fortbildungsunterhalt **1360** 3, **1573**, **1610** 24
Fortbildungskosten des Arbeitnehmers **611** 94
Fortbildungsverhältnis Einf 62 vor **611**
Fortgesetzte Gütergemeinschaft **1483–1518**; Abkömml (anteilsberecht): Anteilsentziehg **1513**, **1516**, Anteilsherabsetzg **1512**, **1516**, Anteilsunwürdigk **1506**, AufhebgsKl/Urt **1495**, **1496**, Ausschließg **1511**, **1516**, RStellg **1487**, Tod **1490**, ÜbernahmeR **1515**, **1516**, Verzicht **1491**, **1517**; AuseinandS **1497–1505**; Ausschließg **1509**, **1510**; Eheg (überlebder): Ablehng **1484**, Aufhebg **1492**, RStellg **1487**, Wiederverheiratg **1493**, Tod **1494**; Eintritt **1483**; Gesamtgut **1485**; Gesamtgutverbindlichk **1488**, Haftg für **1489**; Sondergut **1486**; VorbehGut **1486**; Zeugn **1507**; zwingdes Recht **1518**
Fortpflanzungsmedizin 13 vor **1591**
Franchisevertrag Einf 22 vor **581**
Freiberufler, Auskunft **1605** 13; Praxiswert **1376** 2, **1431** 2; im UnterhR **1603** 14
Freibleibend-Klausel AGBG **9** 86
Freie Mitarbeiter Vorb 10 vor **611**
Freigabeklausel, bei Globalzession **398** 25
Freiheit, Verletzg **823** 6; der Kunst **823** 188
Freiheitsentziehg s Unterbringung
Freistellungsanspruch **257** 1; von ArbPfl **611** 38; Umfang **157** 12; des UnterhSchuldn **1606** 21, **1614** 1
Freistellungsklausel im gemsch Test **2271** 19
Freiwillige Versteigerung **457** 2
Freizeichnungsklausel **276** 57, **279** 11, **433** 11, Vorb 9, 21 vor **459**, **676** 8, **675** 36 (Ausk, Rat), AGBG **9** 36, **11** 36–72; Wirkg zGDr **276** 60
Freizeit, Verlust als Schaden? Vorb 38 vor **249**
Fremdbesitzer, Übbl 3 vor **854**; Haftg Vorb 5 vor **987**; VerwendgsErs Vorb 2 vor **994**
Fremdrechtserbschein **2369** 1; Einziehg **2361** 8
Fremdwährung, Schuld in **245** 11; Sichg dch GrdPfdR Vorb 7 vor **1113**; Unterh 28 vor **1601**
Friedenspflicht, Bdgg in letztw Vfg **2074** 7
Friedhof, VerkSichgPfl **823** 82
Frist, Auslegg, gesetzl **189** 1, **193** 1–5; Ausschlußfrist Übbl 7 vor **194**; Beginn **187** 1–4; Begriff **186** 1; Ende **188** 1–5; festbestimmte **361**; Verlängerg **190** 1; prozeßrechtl Fr **190** 1; zur VertrAnnahme **148** 8; Wahrg **188** 4; für Widerspr bei Wohngskündigg **556 a** 11
Fristsetzung bei gegens Vertr **326** 14, entbehrlich **326** 19, 29; bei SchadErsAnspr **250** 2; nach Verurteilg **283** 5; für GewlAnspr bei WkVertr 5 vor **633**, **634**
Frostschäden, Anscheinsbeweis Vorb 168 vor **249**
Früchte **99**; Erstattg von Gewinngskosten **102** 1; Erwerb **953–957**; bei Herausg eines landw Grdst **998**; mittelb **99** 4; ordngswidr gezogene Ausbeute des NutzgsBerecht **99** 3, des Nießbrauchers **1039**, des VorE **2133**; PfandR Übbl 7 vor **1204**, **1212** 3; RFrüchte **99** 3; regelmäß wiederkehrde Leistgen **101** 1, 2; Sachfrüchte **99** 2; Überfall **911**; Übergang des FruchtziehgsR **99** 4; Verteilg bei nacheinander Berecht **101** 1; Vorerbe **2111** 10, **2130** 3, **2133**
Fund, Ablieferg **967**, **975**, **978** 2; Anzeige **965**; Begriff Vorb 1 vor **965**; EigtErwerb des Finders **973**, **974**, **978** 4, der Gemeinde **976**, **981**, der Behörde/Verkehrsanstalt **981**; Herausgabe an Verlierer **969**, **978** 3; in Behörde/Verkehrsanstalt **978**; Versteigerg **979–982**; Schatz **984**; unanbringb Sache **983**; verderbl Sache **966** 2; Verwahrg **966**
Funktionsnachfolge, Haftung **839** 21 EG **232 § 1** 8
Funktionstheorie **839** 18
Für-Prinzip beim VersorggsAusgleich **1587** 24
Fürsorgepflicht ggü ArbN **611** 96, **617**, **618**; ggü Beamten **276** 130, **618** 1, **839** 31; bei WkVertr **631** 13 a
Fusion von Vereinen **41** 5
Fußballspieler, als ArbN Einf 7 vor **611**; Transfer **25** 9, Einf 20 vor **433**; Verletzg bei Spiel **254** 75
Fußballtoto **763** 4
Fußgänger, Unfallhaftg **823** 83; MitVersch **254** 20
Futtermittelkauf, GewLeistg Vorb 22 vor **459**; zugesicherte Eigenschaften **459** 19

G

Garagen, Miete Einf 68 vor **535**; VerkSichgsPfl **823** 83; WE/TeilE WEG **1** 6; **3** 7; s a Parken
Garantie für zugesicherte Eigenschaften **459** 19; Werkvertr Vorbem 6 vor **633**; Anwendg von AGBG 11 Nr 10 AGBG **11** 48
Garantieauftrag 16 vor **783**
Garantieeinbehalt **641** 2
Garantiefrist, Einfluß auf Verj beim Kauf **477** 19
Garantiehaftung bei ec-Karte **676 f** 21; bei Überweisg s Gutschrift, ÜberweigsVertr; bei Unvermögen **306** 11
Garantievertrag, Begriff **477** 19, Einf 16 vor **765**; Fdgskauf **438** 1; Form **313** 14; Herstellergarantie ProdHaftG **15** 5; in AGB AGBG **11** 48; IPR EG **28** 20; schlüss VertrAnnahme **151** 4; Verjährg von Anspr **195** 5
Gasleitungen, Erhaltungspfl des Vermieters **536** 7
Gastarbeiter **611** 4; s auch ausländ Arbeiter
Gastaufnahmevertrag Einf 19 vor **305**, **701** 2; BewLast **282** 8; ErfGeh **278** 30; ErfOrt **269** 12
Gaststätte, BezeichngsSchutz **12** 10; NachbSchutz **903** 15, **906** 8; Pacht 21 vor **581**
Gastwirt, Ablehng der Aufbew von Sachen **702** 6; Begriff **701** 2; BewLast für Einbringg u Verlust von Sachen **701** 14; Erlöschen des ErsAnspr für eingebrachte Sachen **703**; Freizeichng von Haftg **702 a**; Haftg für eingebrachte Sachen **701**, für abgestellten PKW Einf 3 vor **701**, **701** 12, für Geld, Wertpap u Kostbark **702** 3; Umfang der Haftg **702**; Haftg für Personal **278** 30, Einf 3 vor **701**; PfdR **704** 1; Übk über Haftg für eingebrachte Sachen Vorb 1 vor **701**; VerkSichgPfl **823** 84; VerwahrgsPfl u Haftg Einf 3 vor **688**
Gattungskauf, Gefahrübergang **243** 7; GewLeistg **480**; NachliefAnspr **480** 3; SchadErs **480** 10; Viehkauf, Ersatzliefg **491** 1
Gattungsschuld **243**; beschränkte **243** 2, **262** 5; Bestimmg des Leistgsggstands **243** 4; Bindg des Schuldners **243** 7; Ersatzherausgabe **281** 8; Freizeichngsklausel **279** 11; Gefahrtragg **300** 5; vom Gläub zu vertretende Unmöglk **324** 9; GläubVerzug **300** 3; Haftg für Unvermögen **279**; Konzentration (Konkretisierg) **243** 5, **300** 5; Unvermögen **279** 1, 5; Vergütgsgefahr **300** 3
Gattungsvermächtnis **2155**; Rechtsmängel **2182** 1; Sachmängel **2183** 1
Gebäude, Begriff **94** 3, **908** 1; Einsturz **836** 7; Einsturzgefahr **908**; VerkSichgsPfl **823** 85, MitVersch **254** 25; s a Grdst; Unterhaltg **836** 14; Unterh-Pflichtiger **838** 1; Verbindg mit dem Boden **94** 3; wesentl Bestandteile **94** 5, **95** 2; wesentl GrdstBestandt **94**, **95**; Wiederherstellg WEG **22** 11
Gebäudebesitzer, Haftg **837** 1
Gebäudereinigung, Werkvertr Einf 14 vor **631**
Gebäudeschaden **836**, auch **837**, **838**
Gebäudeteil, Ablösg **836–838**
Gebäudeversicherung, Haftg für GrdPfdR **1127** 1, **1128**
Gebrauch des Wohnungseigentums WEG **13**; Beschrkg WEG **14** 3; Regelg WEG **15**
Gebrauchsmuster, Erschleichen **826** 44; ungerechtf Bereicherg bei Verletzg Einf 18 vor **812**; Vererblk **1922** 36; Verletzg dch Gehilfen **831** 5
Gebrauchspflicht des Mieters **535** 40
Gebrauchsüberlassung der Mietsache **535** 7; an Dritte **549** 3, **553** 6
Gebrauchsvorteile, entgangene als Schaden Vorb 20, 25 vor **249**; s auch Nutzungen
Gebrauchte Sachen, Schadensersatz **251** 12
Gebrauchtwagen, argl Täuschg **123** 5; AufklärgsPfl **460** 9; „generalüberholt" **459** 29; Inzahlgnahme **515** 5; Garantieversicherg Vorb 32 vor **459**; GewLeistg **459** 27; gutgl Erwerb **932** 13; SchadErs **251** 12; VerkAuftr **675** 23
Geburt **1**
Geburtsname, Begriff **1355** 2, 8; des Kindes **1616 ff**; bei Kindesannahme **1757** 2
Gefahr, Abwendg einer droh **228**, einer ggwärtg **904**; Geldschulden **270** 10; Handeln auf eigene **254** 76; Leistgsgefahr **275** 24, **300** 3; Preisgefahr **275** 24; bei Pacht **588**; Pflicht z Abwendg **823** 58; Sichaussetzen der G **254** 45, 70; Vergütgsgefahr **300** 4; bei WkVertr **644**; s a Gefahrübergang
Gefährdungshaftung **276** 136, 11 vor **823**; Abwägg **254** 48, 55; IPR EG **40** 1, 16
Gefahrgeneigte Arbeit **27** 4, **276** 62, **611** 156
Gefahrübergang, Annahmeverzug **300** 3; Erbsch-Kauf **2380** 1; bei Gattgsschulden **279** 1; Kauf **433** 6, **446**; Versendgskauf **447**; WkVertr **644** 4, **651** 5
Gefälligkeit, Abgrenzg vom Auftr 4 vor **662**; Zusagen 9 vor **241**
Gefälligkeitsfahrt, Haftg Einl 9 vor **241**, **254** 79; Minderj **254** 70; Tierhalterhaftg **833** 3
Gefälligkeitsmiete Einf 11 vor **535**
Gefälligkeitsvertrag 1, 5 vor **662**
Gefangene als Arbeitnehmer Einf 7 vor **611**
Gegenbetreuer **1908 i** 10
Gegendarstellung, Einf 36 vor **823**
Gegenleistung, Bestimmgsberechtigter **316**; bei GläubVerzug **298** 2
Gegenseitiger Vertrag, **320 ff**; Anwendgsgebiet der Vorschr Einf 9 vor **320**; Begriff Einf 4 vor **320**; BereichergsAnspr bei Nichteintr des bezweckten Erfolgs **812** 86; Einrede des nichterfüllten Vertr **320**; Erfüllg, verspätete **286** 1, 3, **326** 7; Fristsetzg **326** 14, 19; Ggleistg bei Unmöglk Vorb 1 vor **323**; GgseitigkVerh Einf 16 vor **320**; Gesellschaftsvertr Einf 6 vor **320**; Leistg an Dritten Einf 5 vor **320**; Leistgsaustausch **320** 1; RücktrR **325** 24, **327**; Störg Einf 15 vor **320**; SchadErsAnspruch bei Nichterfüllg **325** 9; nicht typischer Einf 9 vor **320**; Vergleich Einf 9 vor **320**; Synallagma Einf 2 vor **320**; vor **320**; Vergütgsgefahr **300** 4; VertrVerletzg, positive **276** 116; Verzug, Anwendgsgebiet **326** 1–9; Vorleistungspflicht **320** 15; Wegfall der GeschGrdLage **242** 135; bei Vermögensverschleuderg **321**
Gegenstand, Begriff Übbl 2 vor **90**, **281** 4; körperl **90** 1; bei Veräußerg eines GewerbeBetr **157** 10
Gegenvormund, Amtsende **1895**; Anhörg **1826**; Aufgaben **1799**; Aufsicht über **1837**; Aufwands-Entsch **1835 a**; AufwendgsErs **1835**; AuskPfl **1839**; Ausschl **1852**; Bestellg **1792**; Gen von RGesch des Vormd **1810**, **1812**, **1832**; Haftg **1833**; JA **1792**; bei Pflegsch **1915**; Rechngslegg des Vormd **1854**, **1891**; Verein **1791 a** 7; Vergütg **1836 ff**; VermVerz **1802**
Gehalt **611** 49, s auch Lohn; Abtretg/Aufrechng **394** 1, **400** 1, **411** 1, EG **81**; Fortzahlg **616**, u SchadErs Vorb 136 vor **249**, **252** 9, **616** 30; RückFdg bei Überzahlg Einf 19 vor **812**; Verjährg **196** 23, **197** 8
Geheimer Vorbehalt **116**; bei Test **1937** 15; bei Erbvertr **2279**
Geheißerwerb **929** 17, vom NichtEigtümer **932** 4
Gehilfe, Haftg des G f unerl Handlg **830** 6; Haftg d Verrichtsgehilfen **831**; Zuziehg bei Auftrag **664** 6; s a Erfüllsgehilfe
Gehorsamspflicht des Arbeitnehmers **611** 45
Geisteskrankheit Begriff **6** 2; unerlaubte Handlg bei **827**, **829**; s a Geschäftsunfgk, Betreuung

Geistesstörung, EheAufhebg **1314** 3, 7; GeschUnfgk **104** 2; bei TestErrichtg **2229** 9; WillErkl **105**
Geistiges Eigentum, sittenwidr Verletzg **826** 40
Geistlicher, Haftg **839** 99; Eheschließg IPR EG **13** 2
Geld, Anlegg dch Eltern **1642**, dch VorE **2119**, dch Vormund **1806–1811**; Begriff **245** 1; Buchgeld **245** 3; dt Währg **245** 2; EigtErwerb b Abhandenkommen **935** 5; Hinterlegg **233**, **372** 1; elektronisches **245** 3; Euro-Währg **245** 5; PfdR Übbl 7 vor **1204**, **1228** 1, **1229** 1; Umsetzung in Geld, des GesGuts **1475**, des GesellschVerm **733** 11; verbrauchb Sache **92** 2; Vermengg **948** 2; Geldwechsel als Tausch **433** 1; Wertvindikation **985** 10
Geldautomat 145 7; **676 f** 23; Übereigng dch **929** 2
Geldentschädigung, bei ideellem Schaden **253** 3; als SchadErsatz **249** 3, **250**, **251**
Geldentwertung, Wegfall der GeschGrdLage **242** 136; Umfang der Kondiktion **818** 26; und SchadErs **286** 5; bei ZugewAusgl **1381** 7
Geldkarte 676 f 23
Geldrente, bei Körperverletzg **843** 4; Leibrente **760**; Tötg **844** 20; Unterhalt durch **1612** 1, 3; Unterh des Eheg **1361** 69, nach Scheidg **1585**; beim VersorggsAusgleich **1587 g**
Geldschuld 243 1, **244**, **245**; Bessergsklausel **271** 14, **315** 5; devisenrechtl Beschränkgen **245** 31; ErfEintritt **270** 9; Fremdwährgsschuld **245** 11; keine Gattgsschuld **245** 6; Gefahrtragg **270** 10; Geldsortenschuld **245** 7; Goldmünzklausel **245** 22; Goldwertklausel **245** 22; Inhalt **245** 6; Prozeßzinsen **291** 1, 3; Schickschuld **270** 5; Übersendgskosten **270** 11; Umstellg der DDR-Währg **245** 11; Umstellg auf Euro **245** 5–8; Umwandlg in Darlehen **607** 15; Unvermögen **245** 6; Verzugszinsen **288**; Wegfall der Zinspflicht **301** 1; Wertsicherg **245** 24; Wertschuld **245** 6; Zahlg **244**
Geldsortenschuld 245 13
Geldstrafen, Aufrechng **395** 2; Erstattg **134** 17; Vollstreckg in Nachlaß **1967** 12
Geldsummenschuld 245 15; Verzinsg **291** 1
Geldwertschuld 245 16; IKR/IPR EG **32** 10; Verzinsg **291** 1
Geldwertvindikation 985 10
Geliebte, Zuwendungen an **138** 49, 50
Gemeinde, Außenwirkg von VertrMachtBeschrkg Einf 5 vor **164**; Duldgsvollm **170–173** 9, **178** 1; Form der Verpflichtg **125** 1; Haftg der **89** 5, für Feuerwehr **680** 1; als jur Pers Einf 3 vor **21**, Vorb **2** vor **89**; Insolvenz **89** 7; NamensR **12** 14; sittenwidr Vertr **138** 90; Verwaltgs- u FinanzVermögen 13 vor **90**; VorkaufsR nach BauGB 6 vor **1094**
Gemeindeservitut EG **184** 1
Gemeindetestament 2249; GültigkDauer **2252**
Gemeiner Wert des Nachlasses bei PflichttBerechng **2311** 9
Gemeingebrauch 903 28; Sachen Übbl 12 vor **90**
Gemeinsames Sorgerecht s elterl Sorge
Gemeinschaft 741; Abgrenzg zur Miete Einf 15 vor **535**; Anteil **741** 1, 7, an GebrVorteil **743** 3; Anteilsgleichh **742** 1; Aufhebg Vorb 2 vor **749**; Aufhebgsanspr **749** 5; Aufhebg bei wicht Grd **749** 6; Aufhebg bei Tod eines Teilh **750** 1; Aufhebgsausschluß, Wirkg gg Sondernachf **751** 2; Auseinandersetzg Vorb 3 vor **749**; Beendigg Vorb 1 vor **749**; Bindungswirkung der Beschlüsse der Beteiligten **745** 4; Erhaltgsmaßnahmen **744** 3; keine Anwendg der Grundsätze über faktische Gesellschaft **741** 8; faktische WE-Gemsch Übbl 6 vor WEG **1**; Fruchtbruchteilsanspr **743** 1, **745** 3; Gebrauchsbefugnis **743** 4; GewLeistg bei Aufhebg **757**; Gegenstandsänderg **745** 3; Gesamtschulden, BerichtiggAnspr **755** 1, 2; Haftg der Teilnehmer ggüber Dr **741** 10; Klagerecht des Teilh **747** 6; Kosten der Erhaltg, Verwaltg u Benutzg **748**; KündFrist **749** 5; Lasten des gemeinschaftl Ggstandes **748**; PfändgsR des Gläub des Teilh **747** 2, **751** 2; Teilh, notw Streitgenossen **747** 6; TeilauseinandS **749** 2; TeilhRechte, Zuweisg an Pfandgläub **1258** 2; TeilhSchulden, BerichtigAnspr **756** 2; Teilg in Natur **752** 2; Teilg durch Verkauf **753** 2; Teilgsdurchführg Vorb 3 vor **749**, **752** 1; Teilgsvereinbarg Vorb 1, 3 vor **749**; Vfg über GemschGgst **744** 2, **747** 3; VfgsBefugn über Anteil **747** 1, 2; Verj des Aufhebgsanspr **758**; Verkauf von Fdgen **754**; Verlosg **752** 5; Versteigerg unter den Teilh **753** 4; Verwaltg dch TeilhBeschl **745** 1; Verwaltg gemeinschaftl **744** 2; Wesen **741** 1, 7; Wirkg des TeilhBeschl ggü RNachf **746** 1; der WEigtümer Übbl 5 vor WEG **1**, WEG **10 ff**
Gemeinschaftliches Eigentum, Änderg des Anteils WEG **6** 2; GebrRegelg WEG **15**; Ggst WEG **1** 10; GewlAnspr 30 vor **633**; Inhalt WEG **13** 2; Verwaltg WEG **21 ff**
Gemeinschaftliches Testament, Anfechtg **2271** 25; Auslegg Einf 12 vor **2265**; Ausschlagg **2271** 17; Berliner Test **2269** 3; Bindg an **2271** 9, EG **235** § 2; Eheauflösg **2268** 1; **2265** 1; eigenhändiges Einf 8 vor **2265**, **2267**; Einsicht **2264** 1, **2272** 3; Verh zu ErbVertr Einf 3 vor **2265**; Eröffng **2273**; Eröffngsfrist **2263 a** 1; Errichtung Einf 4 vor **2265**, **2265–2267**, EG **235** § 2; Form Einf 4 vor **2265**, IPR EG **26** 5; FreistellgsKl **2271** 19; gleichzeit Versterben **2269** 9; Mitunterzeichnung des anderen Eheg **2267** 2; Nichtigk **1937** 18–20, **2265** 2, **2268**; Nottest **2266**; öffentliches Einf 5 vor **2265**; Pflichtteil **2269** 12, Entziehg dch Überlebden **2271** 18; Rückn **2272** 2; Scheidg der Ehe **2268** 2; Teilverkündg **2273** 3–8; Tod eines Eheg **2271** 9; ÜbergangsR EG **235**; Umdeutg **2265** 2; für gemeinschaftl Unfalltod **2269** 10; Unverheiratete **2265** 2; Verfehlgen eines Abkömml **2271** 18; Wechselbezüglk Einf 11 vor **2265**, **2270** 1, 7; Widerruf **2255** 15, **2271**; Widerruf wechselbezgl Vfgen **2271** 1, 9; WiderrufsVorbeh **2271** 19; WiederverheiratgsKl **2269** 16; Wiederverwahrg **2273** 6; Zeit- u Ortsangabe **2267** 1
Gemeinschaftskonto Einf 17 vor **607**; **1922** 31
Gemeinschaftsordnung WEG **8** 2; **10** 2
Gemeinschaftspraxis 705 40
Gemischte Schenkung 516 13, **525** 8; PflichttErgänzg wg **2325** 8
Gemischte Verträge Einf 19 vor **305**; Formpflicht **313** 32; mit Miete Einf 21 vor **535**
Genehmigung, Begriff Einf 1, 3 vor **182**, **184**; Beistand **1687**; behördliche **275** 26; zu AnwRVeräußerg des MitNachE **2100** 11; des and Eheg **1365–1369**; zu Erbteilsübertragg **2033** 11; des VorE **2112** 3; zu ErbauseinandS Einf 2 vor **2032**, **2042** 7; zu ErbschKauf Übbl 3 vor **2371**, **2371** 3; GrdstVeräußerg **313** 47, 57, Übbl 17 vor **873**; u Unmöglichk **275** 26; unter VertrÄnderg **275** 27; ErklEmpfänger **182** 1, **184** 1; Erlangg der RFähigk dch – Einf 5 vor **21**; Form Einf 3 vor **182**, **184** 1; Handeln ohne Vertretgsmacht **177**, **178** 6; Gegenvormund **1832** 1; GoA **687** 1, 2; von Mj abgeschlossenen Vertr **108** 1, 2; Pflicht, an der Herbeiführg der behördl – mitzuwirken **242** 32; rückwirkende Kraft **184** 1, **275** 26; Schuldübernahme **415** 2, 7; Schutz der Rechte Dritter **184** 5; der Stiftg **80–84**; unwiderruflich **187** 1, **185** 7; beim VorkR **505** 1, **510** 2; vormschgerichtl s dort;

WertSichgKl **245** 25; WiderrufsR des Dritten **1366** 7, **1427**, **1453**; s a Einwilligg, Zustimmg, Zustimmgsersetzg
Generalübernehmer, -unternehmer 631 9
Genossenschaft, Benutzg ihrer Einrichtgen Einf 16 vor **535**; als Gründergesellsch, Haftg **21** 8; GrdstZuweisg **313** 16; Vererblichk der Mitgliedschaft **1922** 25; TestVollstrg hierbei **2205** 26; vormschgerichtl Gen des Eintritts **1822** 23
Gentechnik, ProdHaftG **15** 1
gentleman's agreement, Einl 9 vor **241**; Auslegg **157** 16
Gerätesicherheitsgesetz 823 203
Geräusche, Abwehr **906**, **1004**
Gerichtlicher Vergleich 779; Auflassg im – **925** 7; Erbvertr **2276** 9; Erbverzicht **2348** 4; Ersetzg der Beurk **127 a**, **128** 3, **1587 o**; Testament **2247** 1; Umdeutg **140** 12; Wegfall der GeschGrdlage **242** 169; Widerruf dch ErbenGemsch **2038** 7
Gerichtsstand 269 3; Klauseln in AGB AGBG **9** 87; bei Nichtigk des Vertr **139** 15; Vereinbg **269** 3
Gerichtsvollzieher, als Besitzer **868** 17; als ErfGeh **278** 30; Erwerbsverbot **456–458**; Haftg **839** 101; Kindesherausg **1632** 16; Stellg Einf 10 vor **164**; Mitteilg des Rücktr vom ErbVertr **2296** 1; des Widerrufs beim gemeinsch Test **2271** 4; Zustellg v WillErkl **132**
Gesamtakt bei Beschlußfassg der Vereinsversammlg **32** 1, der WEigtümerVersammlg WEG **10** 12; nicht bei Gesellschaftsgründg **705** 10
Gesamterbbaurecht ErbbRVO **1** 8; **2** 3; **12** 3, 5; **14**
Gesamtforderung, Begriff Übbl 1 vor **420**
Gesamtgläubiger, Aufrechng **719** 5; Ausgleichg **430** 1, unter Eheg **1372** 7; GesGläubigerschaft Übbl 2 vor **420**, **428**; Vereinigg von Fdg u Schuld **429** 1; Verzug **429** 1
Gesamtgrundschuld, Anwendg der Vorschr über die Gesamthyp **1132** 12, **1173** 11, **1175** 5, **1182** 4 (s daher GesamtHyp); GesamtEigtümerGrdSch **1174** 3, **1175** 2, **1196** 2
Gesamtgut (GüterGemsch), Anteil, Vfg über **1419** 2; Aufrechng gg GesamtGutsFdg **1419** 3; AuseinandS **1471–1482**; AusglAnspr bei Verwendg für Vorbeh/Sondergut **1445**, **1446**, **1467**, **1468**; Besitz **866** 5, **1422** 2, **1450** 6; Entstehg **1416**, **1473**; GBBerichtigg **1416** 4; GesamtGutVerbindlichk **1437**, **1459**; Haftg **1437–1440**, **1459–1462**; TestVollstrBefugn **2205** 28; Verwaltg **1421**, dch einen Eheg **1422–1449**, dch beide Eheg **1450–1470**; Verwendg für Unterh **1420**, **1583**, **1604**; Zuwendg aus Gesamtgut bei ErbauseinandS **2054**, bei PflichttErgänzg **2331**
Gesamthandsanteil, PfandR **1258** 1
Gesamthandseigentum 903 3; MiteigtVorschr, Anwendbark **1009** 2; Überführg in MitEigt bei Grdst **313** 8, **873** 5
Gesamthandsforderung 432 1
Gesamthandsgemeinschaft Einf 2 vor **21**; Bereicherg **812** 41, **828** 32; Gütergemsch **1416** 1, **1419**; Erbengemsch Einf 2 vor **2032**; Fdgberechtigg **432** 4; Gesellsch **705** 24, **719** 1; Haftg für Schuld Übbl 7 vor **420**; nicht rechtsf Verein **54** 1; Wesen **432** 4
Gesamthandsgläubiger, Begriff **432** 4
Gesamthypothek 1132; Erlöschen/Nichtentstehen der pers Fdg **1172**; ErsAnspr des befriedigden Eigtümers **1173** 2; GläubBefriedigg dch einen Eigtümer **1173**, dch pers Schuldn **1174**, aus Grdst **1181** 4, **1182**; RückgriffsHyp **1173** 8, **1182** 3; Verzicht **1175**
Gesamtnachfolge, Besitzvererbg **857** 2; Grundsatz **1922** 6, **1942** 1, **2032** 1
Gesamtsache s Sachgesamtheit
Gesamtschuld 421 ff; Abtretg **425** 6; bei Altlasten **426** 3 a; Anfechtg **425** 2; Aufrechng **422** 1; AusglPfl **426**, unter Eheg **426** 9, **1372** 7; Begriff **421** 1; bei Bereicherg Einf 29 vor **812**; Erfüllg **422** 1; Erlaß **423** 1; FdgsÜbergang **426** 14; gesetzl **421** 12; Gesamtwirkg von Tatsachen **422** 1, **423** 2, **424** 1, **425** 8; gestörtes GesSchuldVerh **426** 15–23, **840** 4; GläubVerzug **424** 1; Gleichstufigk **421** 6; Haftgsfreistellg u G **426** 15; Hinterlegg **422** 1; Inhalt **421** 1; InnenVerh **426** 1; Kündigg **425** 2; Rücktritt **425** 2; Schuldnerverzug **425** 2; Übergang der GläubFdg iR der AusglPfl **426** 4; unechte **421** 10; bei unerl Hdlg **840**; Unmöglk **425** 3; unteilbare Leistg **431** 1; Unterlassg Übbl 11 vor **420**; Urteil, rechtskr **425** 5; Verbundenh der Fdgen **421** 6–9; Vereinigg **425** 5; Verjährg **425** 4; VertrSchuld **427** 1; Verschulden **425** 3; Voraussetzgen **421** 2–5
Gesamtversorgung 1587 a 60, 68
Gesamtvertretung, -vollmacht, **167** 13; der Elt **1629** 13; KenntnZurechng **28** 2, **166** 2
Gesamtverweisung im IPR EG **4** 1
Gesamtwandelung 469 2
Geschäft, fremdes, Absicht als eig zu führen **677** 10, **687** 2; fremdes, irrtüml Behandlg als eigenes **687** 1; Mitarbeit im – des Erbl als ausgleichspfl bes Leistg **2057 a** 6; für den, den es angeht **164** 8, **677** 8, **929** 25 (Übereignung)
Geschäfte zur Deckg des Lebensbedarfs in der Ehe s „Schlüsselgewalt"
Geschäftsähnliche Handlungen, Übbl 6 vor **104**; Begründg u Aufhebg des Wohnsitzes **8** 1
Geschäftsanteile, Kauf **437** 10; GewLeistg Vorb 16 vor **459**; der GmbH Nießbrauch **1068** 4; Übertragg **413** 1; Vererbg **1922** 15–24; Verw dch TestVollstr **2205** 13
Geschäftsbesorgung, Begriff 5 vor **662**, **662** 5, **675** 3; Verh zu Dienst- u WkVertr 24 vor **611**, 6 vor **662**, 1 vor **675**; entgeltl **675**; in Fremdinteresse **675** 4, **677** 3; vorl Erben **1959** 1, 2; selbständ wirtschaftl Tätigk **675** 3; Umfang bei GoA **677** 2
Geschäftsbesorgungsvertrag, Wesen 1 vor **675;** Erscheingsformen **675** 9ff; anzuwendde Vorschr **675** 6
Geschäftsfähigkeit, Begriff 2 vor **104**; bei Bt 18 vor **1896**; geschähnl Hdlgen 6 vor **104**; des GeschFührers **682**; guter Glaube Einf 3 vor **104**; IPR EG **7**, **12**; Mj **106** 1, 2, **112** 1, 3; öffR 7 vor **104**; für TatHdlgen 6 vor **104**; des Vertreters **165**
Geschäftsfähigkeit, beschränkte 106; Eheg bei Erbvertr **2275** 2; Eheschließg **1303**; Ehevertr **1411**; ErbvertrAufhebg **2290**; Erfüllg ggü beschrkt GeschFähigen **362** 3; Rücktr v Erbvertr **2296**; Ruhen der elterl Sorge **1673**; Testierfähigk **2229** 3; WillErkl **106–113**; VaterschAnerknntn **1596** 5, des Vertreters **165**; Zugehen von WillErkl **131**; Wohnsitz **8** 1
Geschäftsführer, Vertr mit **675** 23
Geschäftsführung ohne Auftrag 677 ff; Anspr des GeschF bei Genehmigg **684** 1, 2; entspr Anwendg der Vorschr Einf 7 vor **677**; AnzeigePfl des GeschF **681** 2; AufwendgsAnspr bei SchenkgsAbsicht **685** 2; AufwendgsErsatz **670** 1, **683** 8; Ausbeutg fremden UrheberR **687** 5; Ausschluß der RWidrigk Einf 5 vor **677**; Ausführg im Interesse des GeschHerrn **677** 13, **683** 4; Begriff Einf 1 vor **677**; berechtigte/unberechtigte Einf 4 vor **677**; EigenGeschFührg **677** 10, **687** 1, 2; Erfüllg im öff Interesse **679** 3; Führg im eignen Namen **677** 9; Gesch zG dessen, den es angeht **686** 1, 2; GeschFgk des GeschHerrn **682** 3; GeschHerr **677** 8; gesetzl Un-

terhPfl des GeschHerrn **679** 4; Haftg des GeschF **677** 15, **683** 8, bei fehlder GeschFgk **682** 2; Haftgsminderg bei drohder Gefahr **680** 1, 2; Herausgabe des Erlangten **681** 3; IPR **39** 1; Irrtum über Person des GeschHerrn **686** 1; MitVersch **254** 6; obj fremdes Geschäft **677** 4; öffentlrechtl GoA Einf 13 vor **677**; Pflichten des GeschFührers **677** 12, des GeschHerrn **679** 2; RGrd für ungerechtfert Bereicherg **812** 24; subj fremdes Geschäft **677** 5; Tod **677** 16; Übernahme gg Interesse u Willen des GeschHerrn **677** 15, **678** 4, **683** 6; unechte **687** 1, 2; Vergütg **683** 8; Verj **677** 17; bei Verpfl zur Besorgg ggü Dritten **677** 7; Ausschl der Ausgleichg für bes Leistgen **2057 a** 4; Wahrg eigener Interessen des GeschF **677** 6; Weiterführg begonnenen Gesch **677** 16; Wille des GeschHerrn, entggstehder **678** 2, **679** 1, wirkl od mutmaßl **677** 14, **683** 5

Geschäftsgrundlage **242** 113; Abgrenzg **242** 116; Änderg nachträgl **119** 30, **242** 110; Anwendgsbereich **242** 114; AusglAnspr **242** 131; Fallgruppen **242** 135; Fehlen/Wegfall **242** 110; bei Auftrag **667** 9; bei Bürgschaft **242** 156, **765** 1; bei ErbbZins ErbbRVO **9** 16; bei DienstvertrVorb 3 vor **620**; Einzelfälle **242** 153; bei gemschaftl Test **2271** 37; bei GesellschVertr **242** 162, **705** 13; bei Leibrente **759** 6; bei Miete **242** 166, **537** 7; RFolgen **242** 130; u vertragl Risikoverteilg **242** 122; bei Sachmängelhaftg **242** 167; bei Schenkg **527** 1; beim Vergl **242** 169, **779** 13, 24; bei SorgeVorschlag **242** 158; Irrtum über **119** 30, **242** 149; u wirtschaftl Unmöglichk **242** 140; UnterhVereinbg 29, 63 vor **1601;** Verj des Anspr aus **195** 5; u Wiedervereinigg **242** 152 a–f; Zusfassg mehrerer Vertr Einf 17 vor **305**; u Zuwendg zw Eheg **242** 158, **1372** 4; u Zweckstörgen **242** 144

Geschäftsordnung des Vereins **25** 6

Geschäftsräume, Miete Einf 69 vor **535**; KündFrist **565** 7; Entschädiggsanspr **557** 6

Geschäftsrecht im IPR EG **11** 5

Geschäftsunfähigkeit, Begriff Einf 2 vor **104**, **104**; Annahme als Kind **1746**; AnwaltsVertr Einf 10 vor **104**; des Auftraggebers **672** 1; des Beauftragten **673** 1; BtBedürftigk 18 vor **1896**, **1896** 5; Beweislast **104** 8; EheAufhebg **1314** 3; Ehevertr **1411** 2; Erbvertr, Anfechtg **2282**, Aufhebg **2290** 2; Folgen **104** 7, **105**; nachträgl **153**; partielle **104** 6; Rücktr v Erbvertr **2296** 1; Ruhen der elt Sorge **1673**; VaterschAnerk **1596** 6; VaterschAnfechtgsFr **1612 b** 24; Wohnsitz **8**; Zugehen von WillErkl **131** 1

Geschiedener Ehegatte, Name **1355** 12; ErbR **1933**; **2077**; UnterhAnspr **1569 ff**; GeschWwenRente Einf 3 vor **1587**

Geschlecht der natürl Person **1** 10

Geschlechtsmißbrauch **825**

Geschlechtsumwandlung **1** 11, 22 vor **1591**; IPR EG **7** 6; Vorname **1616** 7

Geschwister, Ausgl bei UnterhLeistg ggü Elt **1606** 12; test Zuwendg an **2084** 7; Eheverbot **1307** 2; bei SorgeRegelg **1671** 26; ggseit Unterh **814** 8, 29 vor **1601**, **1601** 2; Verwendg von Verm für **1649** 5; Vormd für **1775** 2

Gesellschaft **705 ff;** AbschlMängel **705** 17; Abgrenzg **705** 3–9; Änderg der Grdlagen **705** 15; Anteil am Vermögen **719** 1, 2; Anwachsg **719** 1, 1; Aufgaben der GeschFührg Vorb 5 vor **709**; Auflösg, Bedeutg Vorb 2 vor **723**, s a GesellschVermögen; AuflösgsGrde 1 vor **723**; Aufrechng gg Fdgen **719** 5; AuseinandS des Vermögens s dort; Ausscheiden, Ausschließg s Gesellschafter; Beendigg 2 vor **723**; Begriff Einf 13 vor **21**, **705** 1; Beiträge **705** 23, 29, **706**, **707**, **718** 2; Besitz **854** 14; Beteiligg am Vermögen **719** 1, 2; Dauer, beschrkte **723** 3; Dienstvertr mit Gtern **713** 1; EhegG s dort; Einlage **706** 1; EinmannG **736** 2; EinstimmigkGrds 10 vor **709**, **709** 1; Eintr des Erben **727** 3, **1922** 15; Entscheidgen dch Stimmenmehrh **705** 15, **709** 1; unter FamilienMitgl **705** 39; fehlerh 29 vor **145**, **705** 17; Formwechsel **705** 6, 5 vor **709**; Fortsetzg Vorb 2 vor **723**, **723** 1, **727** 2, **728** 1, 2, **736** 1–4; GelegenheitsG **705** 36; GeschFührg **709–715**, gemeinschaftl der Gter 4 vor **709**, **709**, Entziehg 7 vor **709**, **712**; Geschäftswert **718** 5, **738** 5; GesellschGrdlagen **705** 15; GewerbeBetr **705** 6, 41; Gewinnanteil **717** 6, **722**, s a AuseinandS; Haftg für GSchulden **718** 6; Haftg aus Wechseln **705** 24; Auftreten als Handelsgesellsch **714** 2; InnenG **705** 33; Insolvenz **728**; InteressenGemsch **705** 42; IPR EG **28** 19; Kartelle **705** 43; Konsortien **705** 44; Konzerne **705** 45; Künd eines Gters **723** 1, Künd dch Pfändgsgläub **725** 3; auf Lebenszeit **724**; Mehrheitsbeschl Vorb 13 vor **709**; Mitgliedsch in OHG **705** 24; Name **705** 25; nichtehel LebensGemsch **705** 46; partiarischer Vertr **705** 9, 50; Pfändg des GAnteils **725** 1; PublikumsG **705** 47; Schuld ggüber Dr **733** 2; Schuld ggüber Gter **705** 30, **733** 3; Schutz des gutgl Schuldn **720**; stille **705** 50; sittenwidr VertrBdgg **138** 85; Surrogationserwerb **718** 4; TestVollstrg **2205** 14; Tod eines Gters **727** 1; ÜbernR **736** 4; Übertragbark der Mitglsch **719** 6, der GeschFg Vorb 3 vor **709**; ungerechtf Bereicherg **718** 9; Unterbeteiligg **705** 51; unzul RAusübg **242** 73; Vermögen **705** 23, **718**, Übernahme **731** 1, **736** 4; Vertretg im Prozeß 21 vor **709**; Vertretgsmacht Vorb 2 v **709**, **714**; Verpflichtgen ggü Gtern **705** 31; Verwaltg des GVermögens **705** 31; VolljHaftg, Beschrkg **1629 a** 12**;** auf Zeit, unbest **723** 2, **724**; Zubuße **707**; ZweimannG **736** 4, **737** 1; Zweck **705** 20, UnmöglWerden/Erreichg **726**

Gesellschafter, AbsondergsR bei Involvenz eines MitGters **728** 2; Abtretg des GAnteils **719** 6; actio pro socio 19 vor **709**; Anteil am Gewinn u Verlust **722**; Anspr gg and Gter **705** 32, **733** 6; Anspr aus GeschFg **713**, **717** 5; Anspr auf Rechngsabschl **713** 6, **721** 3; Aufwendgsersatz **713** 1, 10; Aufrechng **273** 9, **719** 5; AuseinandSAnspr **730** 3; AuseinandSGuthaben, Anspr auf **717** 7, **730** 5, ausgeschiedener **738**, Anspr auf Rechngslegg **740** 1; Ausfall inf unerl Hdlg **842** 2; Auskunftspflicht **713** 4; Ausscheiden **736** 1, **738** 1; Nachhaftg **736** 10; Ausschließg **138** 85, **737**; Ausschl von GeschFg **710**; BefriediggsR ggü Gläub **725** 4; Beitragspfl **706**; Berechtigg am GVermögen **719** 1; Beschlüsse Übbl 11 vor **104**, Vorb 6 vor **709**; Eintritt neuer **736** 5; Erfindg **611** 151, **706** 5; Gefährdg der Einlage **707** 2; Geschäfte, schwebde **740** 1; GeschFgsBefugn 3 vor **709**, **709**, Entziehg/Künd **712**, Fortdauer **729**, Anwendg von AuftrR **713** 1, in der Liquidation **730** 3; GterWechsel **719** 6, **727** 2, **736** 7; Gewinnanteilanspr **717** 6; Gewinnverteilgsanspr **721** 2; Haftg für GSchuld **718** 7, bei Erfüllg der GPflichten **708**, des neu Eintretenden für GSchulden **736** 6, der vertretenen **714** 3; HaftgsBeschrkg **714** 4, **718** 11; InsEröffng **728**; jurist Pers **705** 10; KontrollR **716**; Künd aus wichtigem Grd **723** 4 zur Unzeit **723** 6; LeistgsverweigergsR **705** 13, **706** 2; Mitwirkg bei GeschFg **705** 31, 8 vor **709**; Nachhaftg nach Ausscheiden **736** 10, nach GEnde 3 vor **723**; Nachschußpflicht **735**, **739** 1; pfändb Anspr **717** 9; Pflichten des GeschFührers **713** 4; RechngslegAnspr **721**, **730** 4; RücktrR **705** 13; Sondervergütg **713** 1; StimmR **134** 24, **138** 99, **705** 31,12

vor **709**; Stimmenthaltg bei Interessenkollision 15 vor **709**; Tod **727**, **1922** 17, **2032** 10; Treupflicht **705** 27; Übertragbark der EinzelR **717** 5; Übertr des Anteils an einz Ggst **719** 3; Übertr der GeschFg an Gter **710** 1; Unterrichtgs- u NachprüfgsR **713** 6, **716**; unzuläss Beschränkg des KündR **723** 7; Verbürgg für GSchuld **775** 1; Verfehlgen Vorb 9 vor **709**; Verfügg über Anteil am GVermögen **719** 2; VerschwiegenhPfl **705** 27; VertrMacht **714**, Entziehg **715**; Wechsel **727** 2, **736** 7; Weisgen an Geschführer **713** 3; WidersprR bei GeschFgsbefugnis **711** 1; s a Gesellschaftsanteil
Gesellschaftsähnliche Verträge 705 9
Gesellschaftsanteil 719; Kauf **433** 2, **437** 10, 16 vor **459**; GewLeistg 16 vor **459**; Nießbr an **719** 8, **1068** 3; Pfändg **725** 1; PflichttErgänzgsAnspr **2325** 13; PflichttFeststellg **2311** 12, 13; Test-Vollstrg **2205** 14; Treuhandsch **705** 10; Vererblichkeit **727** 3, **1922** 15, **2032** 8, 10, **2059** 3, **2062** 2, Vfg über **719** 6; Verpfändg **719** 8, **1274** 10; Vor- und Nacherbfolge **2113** 3
Gesellschaftsrecht, abdingb **705** 2; keine Anwendg des AGBG **23** 4; Anwendgsgebiet **705** 2, 36 ff; unzul RAusübg **242** 73; Verwirkg im **242** 100
Gesellschaftsreisen 705 9; **651 a** ff
Gesellschaftsvermögen 718; AuseinandS bei GAuflösg **730**, Abstandnahme **731** 1, Anspr auf **730** 2, AuseinandSGuth **717** 7, **730** 5, Dchführg **731**, Einlagenerstattg **733** 7, NachschußPfl **735**, Rückg überlassener Ggst **732**, Schuldenberichtigg **733** 1, Überschußverteilg **734**, Versilberg **733** 11; ZwVollstr in **718** 16
Gesellschaftsvertrag 705 10; Abänderg **705** 15; Abfindgsklausel **738** 7; Abschlußmängel 29 vor **145**, **705** 17; Anfechtg **705** 10; atypischer **705** 33; Abfindgsklausel u PflichttBerechng **2311** 14; Auflösg dch GterInsolvenz **728**, GterTod **727**, Zweckerreichg **726**; Auslegg **705** 14; zw Eheg **1372** 6; Form **705** 12; ggs Vertr **705** 13, 16 vor **320**; GrdstEinbringg **313** 3 c; Inhalt **705** 1; Künd **705** 18; **723** , **725** 3; Nachfolgeklauseln **1922** 17–22, **2301** 10; Nichtigk, Berufg auf 29 vor **145**, **705** 18; Rücktritt **705** 13; vormschgerichtl Gen **1822** 14
Gesetz, Auslegg Einl 34 vor **1**; Inkrafttreten **187** 2; Nichtigk **139** 2; Rechtsnorm Einl 19 vor **1**
Gesetzesänderung, IPR Einl 24 vor EG **3**
Gesetzesumgehung 134 28; im Recht der AGB AGBG **7**; im IPR Einl 25 vor EG **3**, hinsichtl Form EG **11** 18; ScheinBes **116** 5
Gesetzliche Erben, Abkömmlinge **1924**; als Kind Angenommene s Adoption; Eheg s EhegErbR; EhelichErkl **1924** 12; Eltern und deren Abkömml **1925** 1; Einsetzg **2066** 1, 2; Fiskus **1936**; Großeltern **1926**; Halbgeschwister **1925** 4; NachE **2104** 1–6; nichtehel Kind **1924** 9; nichtehel Vater **1925** 1,; Ordng, Begriff **1924** 2; Ordngen **1924–1929**; VorE **2105** 1, 2; Wegfall **1935** 2
Gesetzlicher Güterstand, Grdz 1 vor **1363**; s Zugewinngemeinschaft, Gütertrennung
Gesetzlicher Vertreter, Ehevertr **1411**; Elt **1626**, **1629**; Erbvertr **2275** 2, **2282** 1, **2290**, **2296**; Ermächtigg des Mj zur Begründg eines Dienstverhältn **113** 1–6; Genehmigg eines ohne Einwilligg geschlVertr **108** 1, 2; für GeschäftsUnf und Geschäftsbeschränkte Einf 2 vor **104**; für Mj **107** 1, 8; Haftg für Verschulden **278** 2; TestErrichtg **2229** 1; VaterschAnerk **1596** 5, 6; VaterschAnfechtg **1600 a** 3; Wohnsitz **8**; s a Vertreter, Vertretungsmacht
Gesetzliches Pfandrecht an bewegl Sachen **1257**; IPR EG **38** Anh II 5
Gesetzliches Schuldverhältnis Einf 5 vor **305**; u dingl Recht Einl 9 vor **854**
Gesetzliches Verbot 134 1; Einzelfälle (alphabetisch) **134** 14–27; Haftg bei Vertr **309**; Recht der EU **134** 2; UmgehgsGesch **134** 28; Vermächtn **2171**; Verstoß gg **134** 7–13
Gesetzliches Vermächtnis, Einf 4 vor **2147**; Ausbildgsbeihilfe an einseitige Abkömml **1371** 7; Dreißigster **1969**; Voraus **1932** 5
Gestaltungsgeschäfte Übbl 17 vor **104**; bdggsfeindl Einf 13 vor **158**
Gestaltungsrecht Übbl 33 vor **104**; Übertragg **413** 5; Ausübg formfrei **313** 17
Gesundheitsschädigung, Geldrente **843** 1, 4; Haftg **823** 4; Ersatz von Heilgskosten **249** 10; vorgeburtl **823** 4, Vorbem 67–71 vor **249**; Schmerzensgeld **847**; WohngsKünd wg **544**
Getränkebezugsverpflichtung 138 81; Sichg dch Dbk **1018** 25
Getrenntleben von Eheg **1565** 3, 10, **1567**; Übertragg der elt Sorge **1672**, **1672**; EigtVermutg **1362** 5; Hausrat **1361 a**, HausRVO **18 a**; als Scheidgs-Voraussetzg **1564** 4, **1565** 3, 10, **1567**; Schlüsselgewalt **1357** 9; Unterhalt **1361**; WohngsZuteilg **1361 b** 1, Einf 7 vor **1564**; als ZerrüttgsVermutg **1566** 1; ZugewAusgl **1385**
Gewährleistung, Abdingbark bei KaufVertr Vorb 21 vor **459**, **476**, bei ReiseVertr **651l**; bei WkVertr **637**; Abgrenzg zu c. i. c. **276** 80, zu allg LeistgsstörgsR Einf 18 vor **320**, zu ProdHaftg ProdHaftG **3** 1, zu pVV **276** 110, Vorb 6 vor **459**; Abtretg von GewlAnspr **402** 3, Vorb 30 vor **459**; Anfechtg wg arglist Täuschg Vorb 8 vor **459**; bei Annahme an ErfüllStatt **365**; Ansprüche **462**, aus unerl Handlg Vorb 11 vor **459**; Anwendbark allg Vorschriften **320** 6, Vorb 2 vor **459**; arglist Verschweigen von Mängeln **460** 13; bei Aufhebg der Gem **757** 1; Ausschlußfrist bei Reise **651 g**; Beschränkg dch Klauseln in AGB AGBG **11** 46; bei Erbschaftskauf **2376**; Gattgskauf **480**; GattgsVermächtn **2183**; Fehlen zugesicherter Eigschaft **463** 1, 6; Gefahrübergang Vorb 2 vor **459**, **459** 46; grobfahrläss Unkenntnis **460** 9; Grundlage **459** 1; Hauptmängel **482** 1; bei Hingabe an Erfüllg Statt **365** 1; u IrrtumsAnfechtg **119** 28, Vorb 9 vor **459**; Kauf „wie besichtigt“ **476** 1; Kenntnis des Mangels **460** 1, 6; Klausel: „ohne Garantie“ **476** 1; Mangel der Reise **651 c**; mehrmalige **475**; bei MietVertr **536–541**; als Nebenverpflichtg Einf 16 vor **765**; PfdVerk **461** 1; bei Rkauf **437**; Rmangel **434–436**; bei ReiseVertr **651 c ff**; Sachmangel **459 ff**; Unmöglk Vorb 5 vor **459**; Verj bei KaufVertr **477**, bei ReiseVertr **651 g**; Verschulden bei VertrSchluß **276** 80, Vorb 7 vor **459**; bei Vergl über Pflichtteil **493** 1; Verlust bei Viehkauf **485** 1; Verwirkg **464** 4; Verzicht **476** 1; Verzug Vorb 5 vor **459**; Viehkauf **481**, **492** 1, 2; Wegfall der GeschGrdlage **242** 115; bei WkVertr **633 ff**, Begriff 5 vor **633**
Gewährleistungsbürgschaft 641 2, 13 vor **765**
Gewährvertrag Einf 16 vor **765**
Gewässer s Wasser
Gewerbeberechtigung als GrdstBestandteil **96** 2
Gewerbebetrieb, Gegenstand der Enteigng Übbl 40 vor **903**; als Leistgsort **269** 17; Recht am eingerichteten **823** 19; Vererblichkeit **1922** 14, **2032** 4; Verjährg bei Leistgen für **196** 12
Gewerbetreibender, Ersatz für Verdienstausfall **252** 16
Gewerbliche Pfandleihe Einf 12 vor **1204**
Gewerbliche Räume, MietR, s Geschäftsräume
Gewerblicher Rechtsschutz, Verwirkg **242** 101
Gewerbliche Schutzrechte, Kauf **433** 2

Gewerkschaft, AufnPfl **25** 10; AustrittsR **39** 3; Ausschluß aus **25** 26; Beitritt Minderjähriger **113** 3; RNatur **54** 5
Gewinn, nicht abgehobener bei GbR **721** 2, Anteil **722**, Begriff **721** 1; entgangener **252**; Überschuß **734** 1
Gewinnanspruch bei Gesellschaft **717** 6, **721** 2; Verjährg **197** 9, **804** 3
Gewinnanteilschein, Begriff **803** 4; neuer **805**; Verlust **804** 1, 2
Gewinnbeteiligung **157** 8, **611** 78
Gewinnstammrecht, Nießbrauch **1068** 5
Gewissensnot, Einfluß auf Leistgspfl **242** 9
Gewöhnlicher Aufenthalt s Aufenthalt
Gewohnheitsrecht Einl 24 vor **1**
Giebelmauer, s „Nachbarwand"
Girokonto **676 f** 6; Guthaben **676 f** 8; Saldoanerkenntn **781** 9; s a Girovertrag, Konto, Kontokorrent
Giroüberweisung s Überweisung
Girovertrag **676 f**; AGBG **9** 61; ErfGeh **676 g** 8; ÜberweisgsVertr, Verh zum **676 f** 1, 14
Glaube, guter, s EigtErwerb vom NichtEigtümer, gutgläub Erwerb
Glaube, öffentlicher s öffentl Glaube
Gläubiger, Mehrheit Übbl vor **420**; Rechte und Pflichten Einl 4 vor **241**; Schädigg **138** 70; Sicherstellg v Vereinsgläub **52**; Unkenntn der Erben, Schuldnerverzug **285** 2
Gläubigeranfechtung, EheVertr **1408** 1; ErbschAusschlagg **1954** 6; Verhältn zu § 134, **134** 17; zu § 138, **138** 16
Gläubigerbenachteiligung **134** 17, **826** 36
Gläubigergefährdung **138** 86
Gläubigergemeinschaft **432**; Ausgleichg **432** 11; FdgsR **432** 2, 8; HerausgAnspr des MitEigtümers **432** 7
Gläubigerverzug **293 ff**; Angebot **294** 2; Annahmeverhinderg, vorübergehende **299** 1, 2; des ArbG nach unberecht Künd **296** 2; Beendigg **293** 12; Begriff Einf vor **293**, **293** 1; Ersatz von Mehraufwendgen **304** 1, 2; FixGesch **293** 6; Gattgsschuld **300** 3; bei GesSchuld **424**; GrdstPreisg **303** 1, 2; Herausg von Nutzgen **301** 2, **302** 1; Hinterlegg der geschuldeten Sache **303** 1; Leistgsunfähigk des Schuldn **297** 1, 2; Nichtanbieten der GgLeistg **298** 1, 2; Schickschuld **294** 2; Teilangebot **294** 2; Unmöglk **293** 6, **297**; Verschulden **293** 10, **299** 1, Haftg des Schuldn **300** 2; Hinterlegg **372**; Wirkg **293** 8, **300** 1–3; ZinsleistgsPfl **301** 1
Gleichbehandlung, geschlechtsbezogene **611** 105, **611 a**
Gleichberechtigung von Mann und Frau, im ArbR Einf 73 vor **611**; Hoferbfolge EG **64** 8; Kollisionsnorm, gleichberechtiggswidr (ausländische) EG **4** 9, EG **6** 9; Lohngleichheit **611** 105; Name, Ehe- u Familienname der **1355**
Gleichberechtigungsgesetz, Einl 12 vor **1**, Einl 3 vor **1297**, Einl 4 vor **1922**; Inkrafttreten Einl 3 vor **1297**; Überg- u Schlußvorschr s Verzeichn der abgedruckten Gesetze
Gleichheitsgrundsatz, im ArbR **611** 86, 105; im PrivatR **242** 10; u Testierfreiheit **1937** 27; im VereinsR **35** 3
Gleitklausel **245** 28; ErbbRVO **9** 12; **1105** 7; Übbl 6 vor **1113**; WKSchG **1** 9
Globalzession **398** 24; u verlängerter EV **398** 24, u SichgÜbereigng **930** 14; ÜberSichg **138** 97
Glockengeläut **906** 11, 47
Glücksspiel **134** 17, **138** 87, **762** 9
GmbH, AlleinGter, SchadErsAnspr Vorb 111 vor **249**, Selbstkontrahieren **181** 10; DchgriffsHaftg Einf 12 vor **21**, EG **12** Anh 11; GesellschBeschl Selbstkontrahieren **181** 11; Gründg, vormschger Gen **1822** 25; Haftg des GeschF/Gters **276** 97, **831** 21, EG **12** Anh 11; RScheinhaft bei Hdlg für **164** 3; SatzgsBeurk im Ausland EG **12** Anh 12; Vorgesellsch **705** 5
GmbH-Geschäftsanteil, Bewertg im Nachl **2311** 12; Nießbr **1068** 3; TestVollstr **2205** 24; Übertragg **413** 4; Vererbg **1922** 24, **2032** 12, Auflage **2192** 6, ErbauseinandS **2042** 13, Erbenhaftg **1967** 11, Scheinerbe **2367** 2; Vermächtn **2174** 3; Verpfändg **1274** 8, **1276** 4
Good will im ZugewAusgl **1376** 6; bei Pacht **581** 8
Grabmal, Auswahl Einl 10 vor **1922**
Grabpflege **1968** 5
Gratifikation **611** 81; Rückzahlg bei Kündigg Vorb 4 vor **339**
Grenzabstand von Pflanzen EG **124** 3; von Gebäuden **903** 15, **912** 1, EG **124** 3
Grenzbaum **923**
Grenzeinrichtung, Begriff **921** 1; Benutzg u Unterhaltg **922**
Grenzhecke, Eigentum **921** 4
Grenzregelung **920**
Grenzscheidungsklage **920**
Grenzwand **905** 1, **921** 13, EG **124** 3
Grenzzeichen **919**
Großeltern, ErbR **1926**; UmgangsR mit Enkeln **1685**; UnterhPfl **1601** 2
Grund des Anspruchs, Schuldanerkenntnis **781** 3
Grundbuch, Grdsätze des GBRechts Übbl 7 vor **873**; Gütergemsch **1416** 4; Anlegg EG **186** 1; Berichtiggsanspr s dort u GBBerichtigg; Berichtigg durch Eintr d MitE **2032** 14; Bezugnahme auf Bewilligg **874**; Eintragg **873** 13; ErbbGB ErbbRVO **14** 1, **16**; Erbanteil **2033** 11; Erbschein Übbl 8 vor **2353**; **2365** 6; Inhalt **892** 13; Löschg **875** 7; öffentl Glaube s dort; Richtigk/VollständigkVermutg **891**, **892** 1, 13–18; Testvollstr Einf 14 vor **2197**; Vollzug eines GrdstVertr nach Tod eines Vertragsteils **1922** 32; Widerspruch gg Richtigk **899**; WohngsGB WEG **7–9**
Grundbuchamt, Inhaltskontrolle von AGB, Übbl 12 vor **873**, Vorb 7 vor AGBG **8**; bei Vfgen des TestVollstr über Grdst **2205** 35; des VorE über Grdst Einf 12 vor **2100**
Grundbuchberichtigung, Berichtiggsanspr **894**, schuldr **812** 20, **894** 18, unzul RAusübg **242** 79; **894** 16, Verwirkg **242** 107, **894** 16 Erhebg dch Miterben **2039** 2; bei GüterGemsch **1416** 4; Kosten **897**; Sichg **899**; TestVollstr Einf 14 vor **2197**; **2212** 5; Verjährg **898**, **902** 1; Vorlegg des Briefs **896**; Voreintragg d Verpflichteten **895**; Erbenermittlg Übbl 8 vor **2353**
Grundbucheinsicht Übbl 16 vor **873**
Grundbuchgrundstück, Übbl 1 vor **873**
Grundbuchsystem Übbl 7 vor **873**
Grundbuchvermutung **891**
Grunddienstbarkeit **1018 ff**; Anlagenunterhaltg **1020** 3, **1021**, **1022**; Ausschl von RAusübg **1018** 26; Ausübg **1020** 2, Verlegg der **1023**; AusübgsBeschrkg **1018** 7, 29; Beeinträchtigg **1027**; BelastgsGgst **1018** 2; BenutzgsDuldg **1018** 13; Berechtigter **1018** 3; Besitzschutz **1029**; Entgeltlichk **1018** 12, 27; Entstehg **1018** 29; Erlöschen **1018** 34; GrundGesch **1018** 32; GrdstTeilg **1025**, **1026**; Inhalt **1018** 4–26; Inhaltsänderg **1018** 9, 33; LandesR Übbl 2 vor **1018**; ges SchuldVerh **1018** 1; Umwandlg in bpDbk **1018** 33; Unterlassg von Hdlgen **1018** 19; ÜbergangsR Übbl 2 vor **1018**; Übertragg **1018** 33; Verjährg **1028**; Vorteil für herrschdes Grdst **1019**; Zusammentreffen von NutzgsR **1024**

Gründergesellschaft für Verein **21** 9
Grunderwerbsteuer, im Zushang mit Erbfall **1922** 39; bei GrdstGesch s UnbedenklichkBescheinigg
Grundgeschäft u ErfGesch **139** 7; für dingl RGesch Einl 16 vor **854**
Grundmietenverordnung MHG **11** 10
Grundpfandrechte Vorb 1–4 vor **1113**; Fremdwährung Vorb 7 vor **1113**; Währgsreform Vorb 13–17 vor **1113**; wertbeständige Vorb 6 vor **1113**; ZwVollstr in Vorb 8–12 vor **1113**; AGB AGBG **9** 88
Grundrechte, Drittwirkg im PrivatR **242** 7; im ErbR Einl 3 vor **1922**, Übbl 3 vor **2064**; im IPR Einl 11 vor EG **3**, EG **6**; u gute Sitten **138** 4, **1937** 27; ErziehgsR der Elt 3 vor **1626**; der Kinder 4 vor **1626**; der freien Meingsäußerg **823** 36, 184, **824** 6; Verbotsgesetze? **134** 4
Grundrechtsmündigkeit 4 vor **1626**
Grundrente 1361 25; **1603** 6
Grundschuld 1191–1198; Ablösg **1191** 10; Arten **1191** 4; Aufhebg **1191** 8; Belastg **1191** 8; BelastgsGgst **1191** 5; Bestellg **1191** 6; EigtümerGrdSch s dort; Einreden **1191** 9; Einwendgen **1191** 9; Fälligk **1193**; GesamtGrdSch s dort; GläubBefriedigg **1191** 10, 11; GläubMehrh **1191** 7; GrdGesch **1191** 3; Inhaltsänderg **1191** 8; Kündigg **1193**; Nebenleistgen **1115** 21; PfdR **1291**; Rangrücktr **880** 4; RInhalt **1191** 1; SichgGrdSch s dort; TilggsGrdSch **1191** 4; gesetzl Übergang **1192** 2; Übertragg **1191** 8; Übernahme der pers Haftg **1191** 2; Umwandlg in Hyp **1198**, in RentenSch **1203**; Verzicht **1191** 8; anwendb Vorschr **1192** 1; ZahlgsOrt **1194**; Zinsen **1192** 3
Grundschuldbrief 1116 5 iVm 2; Aushändiggsabrede **1117** 5 iVm 3; auf Inhaber **1195;** Übergabe **1117** 5 iVm 2
Grundstück, Arbeit an **638** 8; Bebauung ohne Eigentumsübergang am Grdst, ungerechtf Bereicherg **812** 86; Belastg **873**; Belastgsbeschränkgen Übbl 17 vor **873**; Begriff Übbl 3 vor **90**, Übbl 1 vor **873**; Besitzaufgabe **303** 1, 2; Bestandteile, wesentliche **93** 3–5, **94** 2; Eigentum, Erwerb **925**, Verzicht **928**; Einbringg in Gesellschaft **313** 9; Erwerb, Formzwang **313** 7; Erwerbsbeschränkgen u -verbote Übbl 17 vor **873**; Erzeugnisse **94** 2; Form f Mietvertrag **566**; Gesamtgutsgrundst **1424**; Pacht **582** 1; Teilg **890** 10; Unfallhaftg, Einzelfälle **823** 85; Veräußerg u Mietverh **571**; VerfüggsBeschrkgen Übbl 17 vor **873**; Verpflichtg zur Übertragg **313** 7; Vereinigg **890** 1; Versteigerg iR des ZugewinnAusgl **1372** 1; im RSinn Übbl 1 vor **873**; Vertiefg **909**; als Zubehör **97** 8; zugesich Größe **468** 1; Zuschreibg **890** 1
Grundstückserwerb, **925**; Architektenbindg bei – **631** 2; dch Ausländer EG **88** 1; Verpflichtg **313** 3
Grundstückserwerbsvertrag 313; Änderg **313** 39; Abschlußvollm **313** 19; Abtretg des AuflAnspr **398** 6; Aufhebg **313** 39; AuflVollm **313** 22; Form **313** 3, 7, 11, 24; Formmangel, Folge **313** 45; Genehmigg, behördl Übbl 17 vor **873**; GesellschVertr **313** 9; Heilg **313** 46; VerschaffgAuftrag **313** 18; Vergleich **313** 24
Grundstücksgleiche Rechte Übbl 3 vor **873**
Grundstücksgröße, Zusicherg **468** 1
Grundstückskauf, GewLeistung **459** 22; IPR EG **11** 5, 11; **28** 5
Grundstücksmiete Einf 65 vor **535**
Grundstücksrecht, altrechtl, Aufhebg EG **189** 1; Aufhebg **875**, eines belasteten **876**; Begründg **873**; an eigener Sache **889**; Begriff Übbl 2 vor **873**; Höchstbetrag des Wertersatzes **882**; Inhaltsänderg **877**; Löschg **875**; Rangverhältnisse **879–881**; Übertragg **873**; Verjährg, eingetrag **902**; gelöschtes **901**; Vormerkg z Sicherg **883–888**
Grundstücksschätzer, Haftg **276** 36, EG **79** 1
Grundstücksteilung, **890** 10; Beschränkg, landesrechtl EG **119**; Reallast EG **121** 1
Grundstücksveräußerung, Beschränkg Übbl 17 vor **873**, landesrechtl EG **119**; Beurkundg, Zuständigk EG **142** 1; UnschädlkZeugn EG **120** 1, 2; Vertr s GrdstErwerbsVertr
Grundstücksverkehrsgesetz, GenehmiggsBedürftigk von GrdstGesch Übbl 22 vor **873**; gerichtl ZuweisgsVerf **2042** 24
Grundstückszubehör, EigtÜbergang **926** 1, 2; gutgl Erwerb **926** 3; s a Zubehör
Gründungsmängel bei der Gesellsch Einf 29 vor **145**, **705** 17; bei Verein **21** 11; bei WohngsEigt WEG **2** 2
Grundwasser, BereichergsAnspr bei Ableitg **812** 11; Eigentum **905** 2; Einwirkg **905** 2, **909** 4; GrdstStütze **909** 5
Gruppenarbeitsverhältnis Übbl 9 vor **420**; Einf 31 vor **611**; Kündigg Einf 31 vor **611**
Grüne Versicherungskarte EG **38** 22
Güteantrag, VerjUnterbrechg **209** 17
Güterbeförderungsvertrag IPR EG **28** 6, 14
Gütergemeinschaft 1415–1482; Beendigg **1415** 2; Entstehg **1415** 1; ErwerbsGesch eines Eheg **1431**, **1456**; fortgesetzte s dort; GesamtHdsGemsch **1416** 1; Gesamtgut s dort; Haftg der Eheg im InnenVerh **1441–1444**, **1463–1467**; Sondergut s dort; VertrMacht der Eheg **1416** 1; Verwaltg dch einen Eheg **1422–1449**, dch beide Eheg **1450–1470**; VorbehGut s dort; u Vorerbsch **2113** 13
Güterrecht, IPR EG **15**; s eheliches Güterrecht
Güterrechtsregister 1558–1563; IPR EG **16** 3
Güterstand, Aufhebg u Veränderg **1408**, **1412** 2; DDR EG **234 §§ 4**, **4 a;** im ErbscheinsVerf **2355** 2, **2356** 11; von Flüchtlingen, Vertriebenen Anh zu EG **15**; gesetzl, Grdz 1 vor **1363**; IPR EG **15**; VertrFreih **1408** 18, **1409** 1; auch ehel Güterrecht
Gütertrennung, außerordentl gesetzl Güterstand Grdz 1 vor **1363**; Beendigg **1414** 2; Besitz Grdz 1 vor **1414**; Eintragg ins Güterrechtsregister Vorb 2 vor **1558**; Eintritt **1414** 1; ErbR des Eheg **1931** 12; ÜbergVorschr Grdz 11 vor **1363**, Grdz 4 vor **1363**, Grdz 2 vor **1414**; PflichttR des Eheg, der Abkömml **2303** 9; Wesen Grdz 1 vor **1414**; Wirkg ggüber Dr **1412** 2, **1414** 1
Güterzuordnung als Rechtsgrund für die Eingriffskondiktion **812** 93
Gütestelle, Vergleich **127 a**, **128** 3
Gütezeichen 459 17
Gutachtensvertrag Einf 14 vor **631**; Schutzwirkg zG Dritter **328** 32
Gutgläubiger Erwerb, AnwR **929** 38, 46; bewegl Sachen **932–935**; nach bdgter Vfg **161** 3; von Grdst/GrdstR **892**; des PfdR **1207**, **1208**; beim Gattgsvermächtn **2182** 3; vom Erben bei TestVollstr **2211** 6; Veräußergsverbot **136** 6; von Vormkgen **885** 7, 12, 20; v Zubehör **926** 3; s EigtErwerb vom NichtEigtümer
Gutschrift auf Konto, Begriff **676 f** 10, Anspr auf **676 f** 11, 39; bei LastschriftVerf **676 f** 26, 30; bei Scheckinkasso **676 f** 19; bei Überweisg **676 f** 11; Garantiehaftg des KrInst **676 g**; unvollständ **676 g** 5; Wertstellg s dort
Gutsüberlassung, mit Leistg an Dr **330** 9; – u ErbVertr Übbl 11 vor **2274**; an Miterben **2049**; PflichttBerechng **2312**; vorweggenommene **2301**

H

Haager Abkommen: EhescheidgsAbk EG **17** 30; EheschließgsAbk EG **13** Anh 2; EhewirkgsAbk EG **15** Anh I; EntmündiggsAbk EG **8** Anh; Abk zur Reglg der Vormsch über Mj EG **24** Anh 2
Haager Übereinkommen: KaufRÜbk, EG **28** 7; über die Zuständigk u das anzuwendde Recht auf dem Gebiet des Schutzes von Mj EG **24** Anh 1; über das auf UnterhVerpfl ggü Kindern anzuwendde Recht EG **18** Anh 1; über die zivilr Aspekte intern Kindesentführg EG **24** Anh 59–62; über das auf UnterhPfl anwendb Recht EG **18** Anh 4; über Anerkenng u Vollstr von Entsch auf dem Gebiet der UnterhPfl ggü Kindern EG **18** Anh 9; über das auf Produktenhaftpfl anwendb Recht EG **40** 10; über das auf StraßenVerkUnfälle anwendb Recht EG **40** 1
Hafenlotse 839 105
Haftung für Angest **831**; Anstalt des öff R **89** 1, **276** 130; AufsichtsPflVerletzg **832**; AuftrG **670** 8; außerh bestehder Schuldverh **276** 136; bei Ausk/Rat/Empfehlg **675** 26; bei Ausübg von HoheitsR **89** 1; Beamter **89** 1, **839**, ggü Dienstherrn **276** 63; des Beauftragten **662** 11; Begriff Einl 13 vor **241**; Benutzg öff Grdst EG **106** 1, 2; Beschrkg des Erben **1975** 1; gesetzl 2 vor **249**; iR der Bt 19 vor **1896** aus BilligkGrd **829** 1, 3; für Dr **823** 62; Eheg Umfang **1359**; der Eisenbahn **89** 5, für SachschädenEG **105** 1; der Elt **1664**; des Erben s Erbenhaftg; Erfolgshaftg **276** 135; für ErfGeh **278**; Erlaß für Vorsatz im voraus **276** 57; Freizeichngsklausel **276** 57; **279** 11; AGBG **9** 36, **11** 34–75; Gastwirt **701–703**; bei dauernder Gesch-Verbindg **276** 103; Gefährdgshaftg **276** 136; gefährl Betrieb EG **105** 1; Gesamtschuldn bei unerl Hdlg **840** 2; Gter **714** 4, **718** 7; für gesetzl Vertreter **278** 5; GrdstSchäden EG **107** 1, 2; für HilfsPers **278**, auch **831**, unbefugt herangezogene **278** 9; JugA 15 vor **1626**; jur Pers für Vertreter **31** 1–11, **89** 1; der Liquidatoren **51** 1, **53** 1; des vollmachtlosen Vertreters **179** 1; Maßstab **276** 3; Milderung, vertragl **254** 70, **276** 57; mitwirkdes Verschulden **254**; aus pVV **276** 104, **282** 6; rechtmäß Eingriff Einf 11 vor **823**, **904** 5; Sachentziehg **848** 1; Sachhaftg Einl 13 vor **241**; des Sachwalters **276** 96; des Stifters **82** 1; Stiftg **89** 1; bei Überweisg **676 b**, **676 c**; aus unerl Hdlg **823 ff**; bei Unmöglichk **280**; unzurechngsfg Person **827** 1, **829** 2; nichtrechtsfäh Verein **54** 12; des Verletzten für HilfsPers, gesetzl Vertreter **254** 60; für verfassungsmäß berufene Vertreter **89** 4, **278** 6; Verletzg öff-rechtl Pflichten **276** 130; Verschärfg für BereichergsAnspr **818** 51, **819**, **820** 1; Verschärfg, vertragl **276** 53; des Vertreters einer jur Pers **89** 1; für Verschulden, Anwendgsgebiet **276** 5; bei VertrVerhdlg **276** 65; bei verbotenem Vertr **309** 2; ohne Verschulden **276** 135, Einf 11 vor **823**; Vormd **1833**; für Zufall **276** 135, **287** 2
Haftungsausschluß u AusglPfl **426** 15; Auslegg **276** 58; zG Dritter **276** 60, 8 vor **328**; stillschwr **254** 70; Grenzen der Zulässigk **276** 62; AGBG **9** 36, **11** 34–75; bei Sachmängeln (Kauf) **476**, (Miete) **540**, (Werk) **637**; bei Ausk usw **675** 36; bei verzögerter Überweisg **676 b** 11, **676 e** 4, 5
Haftungseinheit mehrerer Schädiger **254** 58 u Gesamtschuldnerausgleich **426** 11
Haftungserweiterung dch AGB AGBG **9** 91
Halbtagsbeschäftigung, sorgeberecht EltT **1606** 18; Zumutbark **1603** 58
Halbteilungsgrundsatz im nachehel Unterh **1578** 47
Hamburger Arbitrage 476 5
Hammerschlags- u Leiterrecht 903 13, EG **124** 3
Handeln auf eigene Gefahr **254** 70; mit sich selbst **181**; ohne Vertretgsmacht **177–180**
Handelsbräuche 133 21; AGB als H AGBG **2** 30
Handelsgeschäft, Vererblichk **1922** 14, **2032** 4; ErbenHaftg **1967** 11; Fortführg bei mj Erben **1822** 12; VolljHaftg, Beschrkg **1629 a** 31
Handelsmäkler, IPR EG **28** 15; PfdVerk **1221** 2
Handelsrechtliche Gesellschaften ohne Rechtsfähigkeit IPR EG **12** Anh 20
Handelsrechtliche Verbote 134 18
Handelsregister, fortges Gütergemsch, Eintr **1485** 5; MitE **2032** 4; NachE Einf 17 vor **2100**; Eintr der § 181-Gestattg **181** 21; TestVollstr Einf 15 vor **2197**, **2205** 7, 14; Vollmacht über den Tod hinaus Einf 16 vor **2197**
Handelsunternehmen, Auskunftspfl über zum Nachl gehöriges **2314** 6; ErbGemeinsch **2032** 4; Fortführg als Erbschaftsannahme **1943** 3; IPR EG **12** Anh 2, 6; dch Vorerben **2112** 1; Nießbrauch **1050** 1, **1085** 4; TestVollstr Einf 15 vor **2197**, **2205** 7; Vererblichk **1922** 14
Handelsvertreter Einf 11 vor **611**, AGBG **9** 93, Einf 7 vor **652**; IPR EG **28** 15; Minderjähriger **112** 3, **113** 2; AusglAnspr IPR EG **6** 31
Handgeschäfte Einf 4, 7 vor **433**
Händlerleasing 32 vor **535**
Handlungen, geschäftsähnl Übbl 6 vor **104**; rechtl bedeuts Übbl 4 vor **104**; rgeschÜbbl 2 vor **104**; Tathandlgen Übbl 9 vor **104**
Handlungsfähigkeit, Begriff Übbl 2 vor **1**, Einf 1 vor **104**; keine Entäußerg dch RGesch **137** 1
Handlungsfreiheit, Schutz **823** 6
Handlungshaftung 1004 17
Handlungsvollmacht, Erteilg **167** 11, durch TestVollstr **2205** 7
Handschuhehe EG **13** 10, 19
Handwerksbetrieb, Vererblichkeit **1922** 14, Wert als Nachl-Bestandteil **2311** 15
Handzeichen 126 10; bei Testamenten **2247** 12
Hardware 459 46
Härteklausel, bei Ehescheidg **1568** 4, 8; bei Wohngszuweisg **1361 b** 8
Härteregelung beim VA Anh III zu **1587 b**
Hauptgemeindebeamter, Nottestament **2249** 5
Hauptmängel beim Viehkauf **482**
Hauptmiete 556 20
Haupt- u Nebenleistung 241 6
Hauptsache, Verhältn z Zubehör **97** 3; Wandlg wegen Mangels der – **470**
Hausfrauenehe als HaushaltsführgsEhe **1360** 9
Hausfrieden, Verstöße des Mieters **550** 6, **553** 4, **554 a** 5
Hausgehilfen Einf 53 vor **611**
Hausgemeinschaft, Verstöße gg **550** 6
Hausgenosse, AuskPflicht über Nachl **2028** 1, 2; eidesstattl Versicherg **2028** 3
Hausgewerbetreibende, KündSchutz 90 vor **620**
Haushalt, Führg dch Eheg **1356**; Haushaltführg als Beitrag zum FamUnterh **1360** 10; Mitarbeit im – als ausgleichspflicht bes Leistg **2057 a** 6; häusl Wirkgskreis **1357** 10
Haushaltsführung als Beruf **1356** 2; der Eheg **1356**; SchadErs bei Unmöglichwerden Vorb 42 vor **249**
Haushaltsführungsehe 1360 9; neue Ehe des unterhpfl Eheg **1582**
Haushaltsgegenstände, Besitz **866** 3; z Führg eines angem Haushalts notw **1932**; GutglSchutz 2 vor **929**, **932** 3, **1369** 4; Eigtum **929** 4, **1357** 20, bei ErsBeschaffg in ZugewGemsch **1370**; Schlüsselgewalt **1357** 20; Übereigng an and Eheg **929** 15, **930**

6; Vfg in der ZugewGemsch **1369** 4; Verteilg bei Getrenntleben **1361 a** , HausRVO **18 a**, bei Scheidg HausRVO **8–10**; im ZugewAusgl **1372** 2, **1375** 3
Haushaltsgeld für Ehefrau **929** 2, **1360 a** 1
Haushaltshilfe, Kosten als SchadErs **844** 11
Haushaltskosten 1360 a 2
Haushaltsvorstand, VerkehrsSichgsPfl **823** 58
Häusliche Gemeinschaft, Aufhebg **1567** 4; Auskftspflicht **2028** 1
Hausordnung, MietVerh **535** 11; WEGemsch WEG **21** 5
Hausrat s HaushaltsGgst
Hausratsverordnung Anh zu **1361 b**
Hausschwamm als Fehler der Kaufsache **459** 22; AufklärgsPfl **123** 8
Haustier, Begriff **833** 14; EigtStörg dch **903** 13; anlockdes Füttern **1004** 6; bei Miete **535** 17, Verbot in FormularVertr AGBG **9** 112; SchadErs bei Verletzg **251** 8; Haftg **833** 1, 13; im WE WEG **14** 6, **15** 6, 7, 10
Haustürgeschäfte (fette Zahlen sind §§ des HausTWG): Anwendgsbereich 7 vor **1**, **6**; GerStand **7**; Kunde 3 vor **1**; RFolgen des Widerrufs **3**, **4**; Sittenwidrigk BGB **138** 18; Umgehgsverbot **5** 1; VertrAbschl **1** 4; VertrGgst 5 vor **1**; VertrPart 4 vor **1**; WiderrufsErkl **1** 5; WiderrufsR **1** 1, 12, Ausschl **1** 16, Ausübg **2** 1, Belehrg **2** 6, Voraussetzgen **1** 6
Hausverbot 1004 5, 34
Hehler, Haftg **830** 6
Heilungskosten, Ers von **249** 10, Fahrkosten Angehöriger **249** 11; ErstattgsPfl **843** 1, 22
Heilung, Bestätigg **141** 1; von unwirks AGB Vorb 7 vor AGBG **8**; ErbschKauf **2371** 3; des Formmangels **125** 11, einer Eheschließg **1315** 16; bei GrdstVeräußerg **313** 46, bei Schenkgsverspr **518** 8
Heimarbeit Einf 9, 86 vor **611**; KündSchutz Vorb 85 vor **620**
Heimatlose, heimatlose Ausländer EG **5** Anh II 3; EhefähigkZeugnis **1309** 5; Heilg unwirks Eheschließgen **1931** 2; Verschleppte, Begriffsbestimmg EG **5** Anh II 2; s a Flüchtlinge
Heimbedienstete, Zuwendg an **134** 19, **1937** 19
Heimfallanspruch ErbbRVO **3**, 4; WEG **36**
Heimpflegevertrag Einf 25 vor **535**
Heimstätte, Begriff Übbl 5 vor **873**; ErbR **1922** 7; ÜbergangsR Übbl 6 vor **873**
Heirat s Eheschließg
Heiratsbuch 1310 3, **1312** 3
Heiratsvermittlung, **656**
Heizenergie, Einsparg von **541 b**
Heizkostenverteilung WEG **16** 14
Heizung von Mieträumen Einf 99 vor **535**, **535** 25
Heizungsanlagen, wesentl Bestandteil **93** 6; Eigentumsverhältn bei WohngsEigt WEG **1** 16
Hemmung der Verjährg **202 ff**, **477** 14, **639** 4
Herabzonung als Enteignung Übbl 43 vor **903**
Herausgabeanspruch, Abtretg **870**, **985** 2; Anordg des Erbl **2103**; Anwendg des § 281, **281** 1, **985** 17; des § 283 **283** 3, **985** 18; wg Ausfalls der Ausgleichsfdg **1390**; des AuftrG **667**; Bereicherg des Gesamtguts **1434**, **1457**; des früheren Besitzers **1007**; des Eigentümers **985**; Einreden/Einwdgen **985** 15; des Erben **2018**; Erbschein **2362**; des GeschFoA **681** 3; des Kindes, Anspruch gg Dritte **1632** 4; von Elt **1632** 2, nach Beendigg der VermSorge **1698**; des NachE **2130**; RHängigk **292** 1–6; SchadErs bei Nichtherausg **985** 17; des SorgeBerecht **1632**; aus ungerechtfert Bereicherg **812** 101; **816** 24, **818** 5; Übereigng dch Abtretg **931**; Verhältn zu vertragl od delikt Anspr **985** 3; des Vermieters **556**; Verwirkg **242** 108; Wertersatz **985** 10
Herausgeber, Haftg **675** 44
Herrenlose Sache, Aneigng **958** 2; Bienenschwarm **961**; Tiere **960**
Hersteller 950 8; Haftg **675** 44, ProdHaftG **4**; HerstellerKl **950**11
Herstellergarantie Vorb 31 vor **459**
Herstellerleasing 29 vor **535**
Herstellungstheorie 465 4
Herzschrittmacher, keine Sache im RSinn **90** 3; VfgsR nach dem Tode des Besitzers **1922** 44
Heuerverhältnis 51 vor **611**
Hilfeleistung ohne Auftrag **670** 15
Hilfspersonen, Haftg f **831**, auch **278**; Anrechng von MitVersch **254** 60
Hinkende Ehe EG **13** 24
Hinkende Gesamtschuld 426 15
Hinterbliebenenversorgung Einf 80 vor **611**; Geschiedenenwitwenrente Einf 3 vor **1587**; VersorggsAusgl **1587 a** 109; als Leistg aus dem VA Anh 1587 a (VAHRG) **4** 7
Hinterlegung, allg Einf vor **372**; Annahmeanordnung Einf 6 vor **372**; Anzeigepflicht **374** 2; Ausschluß des RücknR **376** 2, **378** 1; Besitz **868** 14; dingl Wirkungen Einf 9 vor **372**; Erlöschen des GläubR **382** 1; des Erlöses **383** 6; geeignete Ggstände **372** 2; Gefahrtragg **379** 2; Gesamtschuld **422**; hinterleggsunfähige Sachen **383** 1; Hyp **1171** 3; Kosten **381** 1; bei Leistg Zug um Zug **373** 1; MdlVermög **1808** 1, **1814** 1–7, **1818** 1; Nachweiserklärg **380** 1; öffrechtl Verhältnis Einf 5 vor **372**; Ort **374** 1; PfdR **1217**, **1224**; Rücknahme **379** 4; RücknR **376** 1, **377** 1; Rückwirkg **375** 1; zu Sichergszwecken Einf 3 vor **372**; ungerechtfert Bereicherg dch – **812** 22; Vereinsauflösg **52** 1; Verfahren Einf 5 vor **372**; auf Verlangen des Gläub Einf 2 vor **372**; des VerstErlöses **489** 2; Verweisg auf **379** 1; Voraussetzgen Einf 1 vor **372**, **372**; VorE **2116**; Zinsen u Nutzungen **379** 3
Hinterlegungssachen, Anfechtg von Justizverwaltgsakten, Rechtsbehelfe Einf 5 vor **372**
Hinterlegungsschein über ErbVVerwahrg **2277** 2; TestVerwahrg **2258 b**
Hochschullehrer, Amtspflichtverletzg **839** 18
Höchstbetragsbürgschaft Einf 7 vor **765**; s a Bürgsch
Höchstbetragshypothek 1190
Höchstpersönliche Rechte, Abtr **399** 6; Unvererblk **1922** 40
Hochzeitsgeschenke, **516** 9, **929** 4, **1932** 4
Hof, AuseinandS bei GüterGemsch **1478** 1; Bewertg bei Übernahme **2049** 1
Höfeordnung, EG **64** 6; HöfeO RhldPf EG **64** 7; angenommenes Kind **1754** 3; Ehegattenhof **1482** 1, Vorb 3 vor **1483**, **1515** 1, Vererbg **1922** 9; Erbenbestimmg EG **64** 6; formlose **125** 26; Gesamtgut **1416** 2; NachlVerbindlichk **2058** 5; Hoferbfolge **1922** 9, Vorwegnahme Einl 7 vor **1922**; hoffreies Vermögen **1922** 9; Hofübernahme, Beerdiggskosten für Übergeber **1968** 6; Vermittlg der AuseinandS **2042** 15
Hoferbenvermerk, EG **64** 6
Hoffnungskauf 433 1; Loskauf **763** 2
Hoffolgezeugnis, Erteilg Übbl 4 vor **2353**; Württ AnerbenG EG **64** 7
Hofname 12 10
Hofübergabevertrag, Formverstoß, formloser H **125** 26; EG **64**; Wegfall der GeschGrdlage **242** 163
Hoheitsrechte, Ausnutzg **138** 51; Haftg bei Ausübg **89** 1, **831** 5; **839**

Hoheitliche Tätigkeit 839 10, **906** 47; Abwehr-Anspr **906** 44; Haftg s HoheitsR
Höhere Gewalt, ReiseVertr **651 j** 3; NachlInventarFr **1996** 1; GastwirtsHaftg **701** 11; Haftg bei Überweisg **676 b** 11, **676 g** 10; VerjHemmg **203** 1
Holschulden 269 1
Holzhandel, Tegernseer Gebräuche AGBG **2** 30
Hotelzimmerbestellung, Absage **242** 145
Hunde SchadErs bei Verletzg **251** 8; Haftg **833** 14; Duldg von Einwirkgen **906** 10
Hypothek, Ablösg dch Dritte **1150**, dch Eigtümer **1142, 1143**; Abtretg s HypAbtretg; Akzessorietät Übbl 2 vor **1113**; Arten **1113** 2; Aufhebg **1183**, Freiwerden des pers Schuldn **1165**; Befriedigg **1113** 18–22; BefriediggsAbrede **1149**; BelastgsGgst **1113** 5; Bestellg **1113** 6; Einreden/Einwendgen **1137** 1, nach Abtretg **1156, 1157**; Erlöschen dch Befriedigg **1181**, bzgl Zinsen/Nebenleistgen/Kosten **1178**; gesicherte Fdg s HypFdg; Fremdwährg Übbl 7 vor **1113**; GBEintr **1115**; Geltdmachg **1147**; GrdGesch **1113** 3; HaftgsErstreckg auf Bestand/Erzeugn/Zubeh **1120–1122**, Miet/PachtzinsFdg **1123–1125**, wiederkehrde Leistgen **1126**, VersFdg **1127–1130**, zugeschriebenes Grdst **1131**; HaftgsGgst **1113** 5, Verschlechterg **1133–1135**; Kündgigg **1141**; LöschgsAnspr **1179 a**; LöschgsVormkg **1179**; an MitEigtAnt **1114**; Nebenleistgen **1115** 9–19, s auch HypZinsen; löschgsfäh Quittg **1144** 4; Rangänderg **880** 4, Freiwerden des pers Schuldn **1165**, bei Teilg **1151** 2; RInhalt **1113** 1; Umwandlg in GrdSch **1198** 4; Verpfändg **1274** 6; Verzicht **1168**, Freiwerden des pers Schuldn **1165**; Verz-Anspr bei Einrede **1169**; VfgsBeschrkg für Eigtümer **1136**; wertbeständige Vorb 6 vor **1113**; Widerspr bei DarlHyp **1139**, bei Einrede **1138** 6; Zinsen s HypZinsen
Hypothekenabtretung 1154–1159, Beschrkg **1154** 1; BriefHyp **1154** 2–8, gutgläub Erwerb vom nicht im GB eingetr Gläub **1155**, TeilAbtretg **1154** 10; BuchHyp **1154** 9; Einreden/Einwendgen ggü neuem Gläub **1156, 1157**; GesamtHyp **1154** 11; Nebenleistgen/Zinsen s HypZinsen
Hypothekenbank Übbl 5 vor **1113**
Hypothekenbrief 1116 2; Aufgebot **1162**; AushändiggsAbrede bei Abtretg **1154** 4, bei Bestellg **1117** 3; Eigt **952** 3; GläubBefriedigg **1144, 1145, 1167**; GläubAusschl **1170** 6,**1171** 5; Teilbrief **1152**; Überg bei Abtretg **1154** 4, bei Bestellg **1117** 2; Vorlegg zur Geltdmachg **1160, 1161**; Widerspr zum GBInhalt **1140**
Hypothekenforderung 1113 8–17; Abtretg **1153**; Auswechselg **1180**; Einreden **1137** 2; Einwendungen **1137** 1; Erlöschen **1163** 12–17; gesetzl NebenFdg **1118**; vertragl NebenFdg **1115** 9–19; Nichtentstehen **1163** 2–11; öff Glaube des GB **1138**; Teilg **1151** 1, **1152**; Übergang auf Eigtümer **1143**
Hypothekengläubiger, Ausschl unbekannter **1170, 1171**; Befriedigg **1113** 18–22, dch Dritte **1150**, dch Eigtümer **1142, 1143**, dch pers Schuldn **1164**, dch ZwVollstr **1147**; BenachrichtiggsPfl bei ZwVerst **1166**; Schutz bei Verschlechterg des HaftgsGgst **1133–1135**; UrkAushändigg/Vorlegg bei Befriedigg **1144, 1145, 1167**
Hypothekenpfandbriefe Einf 7 vor **793**, Übbl 5 vor **1113**
Hypothekenzinsen 1115 12; Abtretg **1154** 12, künft **1158**, rückständ **1159**; GBEintr **1115** 12–14; Erhöhg **1119**; gesetzl **1118**; bei Höchst-BetrHyp **1190** 5; Erlöschen der Hyp für Zinsen **1178**
Hypothetische Schadensursachen 96 vor **249**

I

Idealverein 21
Identitätserklärung bei Auflassg **925** 13
Immaterialgüterrecht Übbl 2 vor **90**, IPR EG **38** 3, **40** 13; Verletzg **823** 161
Immaterielle Einwirkungen auf Grdst **903** 10
Immissionen 906, IPR EG **40** 9, **44**
Immunität bei hoheitl Tätigk, nach EG **12** 2
Impfschäden Einf 11 vor **823**, Übbl 51 vor **903**
Implantat 90 3
Incoterms 448 4
Individualvereinbarung, AGBG unanwendb bei – AGBG **1** 15; Vorrang der – vor AGBG **4**
Industrieabfall, Haftung **823** 91
Informationspflicht bei GeschBesorgg **675 a**
Ingenieur, Vertr Einf 15 vor **631**
Inhabergrundschuld 1195
Inhaberhypothek 1187
Inhaberpapier Einf 3 vor **793**; Anwendg des R der InhSchuldverschreibg **807** 4, **808** 5; Beweispapier **807** 2; eigentliche, Beispiele **807** 2, 3; Eigentumserwerb bei Abhandenkommen **935** 5; Eigentumsvermutg bei Eheg **1362**; FdgsR Einf 3 vor **793**; hinkende **808** 1; kleine **807** 3; Legitimationspap Einf 5 vor **793**; Leihhausscheine **808** 1; Leistgsbefreiung **808** 4; MitglR Einf 3 vor **793**; Nießbrauch Vorb 2 vor **1068, 1081–1084**; Pfandrecht **1293, 1294**; Sparkassenbücher **808** 6; Theaterkarten **807** 3; Übertragg Einf 3 vor **793**; unvollkommene **807** 1; Versichergsscheine **808** 1
Inhaberschuldverschreibung 793 ff; Abhandenkommen **799** 3; Aushändigg **797** 1; Ausstellg **793** 2; Beispiele **793** 5; Dividendenschein **803** 4; Eigt-Erwerb **793** 9, **797** 2; EigtVermutg **793** 10; Eintritt der Leistgspflicht **793** 8, **794** 1; Einwendgen **796**; Erlöschen des Anspr **801**; Erneuergsschein **803** 4, **805** 1; ErsUrk **798** 1; Hyp für **1187–1189**; Kraftloserklärg **799–800**; Leistg gegen Aushändigg **797**, an Nichtberecht **793** 13; öffentl EG **100, 101**; Pfandrecht **1293**; Prüfg der Legitimation des Inh **793** 12; Schriftform **793** 7; Umschreibg auf den Namen **806**; Verj **801** 5, **804** 3; Vernichtg **799** 3; Vorleggsfrist **801** 1, **802** 1; Zahlgssperre **799** 4, **802** 1; Zinsscheine **803–805**
Inhaltskontrolle von AGB Vorb 2 vor AGBG **8**; von ArbeitsBdggen AGBG **24** 2; dch GBA Vorb 7 vor AGBG **8**, Übbl 11 vor **873**; von Daseinvorsorgetarifen **315** 4; Generalklausel AGBGB **9**; von GrdstVertr AGBG **24** 4; einz Klauseln u VertrTypen AGBG **9** 50; Klauselverbote AGBG **10, 11**; Schranken der – AGBG **8**; von DrittBdggen u EinzVertrKlauseln in VerbrVertr AGBG **24 a** 8 ff; Verhältn zu and Vorschr Vorb 16 vor AGBG **8**; von Vbg/TErkl WEG **8** 1, **10** 2; Vereinssatzgen **25** 9; von Vertr Einf 15 vor **145**
Inkasso, Abtretg **398** 26; GeschBesorgg, Scheckinkasso **676 f** 19; Mandat **398** 26
Inkassobüro, Ers der Kosten des **286** 9; FdgsAbtr zur gerichtl Einziehg **134** 21
Inkassoverhältnis bei Überweig **676 a** 6
Inkognitoadoption 1747 8, **1750** 6, **1754** 2, **1758** 1
Innengesellschaft 705 33; Auseinandersetzg **705** 35; zw Eheg **705** 39, **1356** 8; bei Gütertrenng **1414** 3
Innerbetrieblicher Schadensausgleich 611 152
Innerdeutsches Kollisionsrecht (Fette Zahlen sind Artikel des EG) Allgemein: Einl 4 vor **3, 3** 2, **3** Anh; ordre public **6** 12; Personalstatut **3** Anh 2; Rückverweisg **4** 4; Weiterverweisg **4** 4 – **Einzelfälle:**; Annahme als Kind **22** 2; ArbeitsVertr/

Verh **30** 1; EhegüterR **15** 1, **16** 2; Ehescheidg **17** 5, 38; Ehewirkgen **14** 4; Enteigng **38** Anh II 14; ErbR **25** 23, **235 § 1** 5; Name **10** 4; Pflegsch **24** 1; SachenR **38** Anh II 4; vertragl SchuldVerh **27** 2, **28** 1; TodesErkl **9** 1; unerl Hdlg **38** 29; Unterh **18** 21; VerbraucherVertr **29** 1; Vormsch **24** 1
Insassenunfallversicherung, Anrechng auf SchadErs Vorb 132 vor **249**; Vererblichkeit der Versicherungssumme **1922** 29
Insemination 14 vor **1591**; Vertr über heterologe – **138** 48; stillschw UnterhVertr zG des Kindes **328** 10
Insichgeschäft 181; Elt **1629** 29; TestVollstr **2205** 30; Vormd **1795** 2
Insolvenz, GbR **728** 1,Gter **728** 2; JP **89** 7; Makler **652** 47; Maßn des FamG **1667** 3; Mißbr des InsVerf **826** 63; bei NachErbf 7 vor **2100**, **2115**; NachlIns s dort; Reiseveranstalter **651 k**; SichgsEigt in **930** 24; bei TestVollstrg 8 vor **2197**; Treugut in **903** 43; Verein **42** 3, **75**; VermSorge **1666** 42; Verzögerg **826** 38; VorbehEigt in **455** 9, **929** 60, 61; Vormkg in **883** 24; WkVertr **631** 8
Insolvenzmasse, Vorkauf **512**
Insolvenzstatut EG **32** 7
Insolvenzverwalter, Ablehng der Leistg **276** 114, Anfechtg von RGesch des Erben **1979** 5; Sittenverstoß des Schuldn **817** 21; Erwerbsverbot **456–458**; LeistgsKondiktion **812** 41; MietVerh bei GrdstVeräußerg **571** 8; RStellg Einf 9 vor **164**
Instruktionsfehler 823 207
Interbankenverhältnis bei Überweig **676 a** 2, **676 d** 1
Interesse, berechtigtes, Wahrnehmg **823** 36; negatives Vorb 16 vor **249**, **823** 159, **839** 78; positives Vorb 16 vor **249**; Wegfall **286** 12, **326** 21
Interlokales Privatrecht: Einl 4 vor EG **3**; s auch innerdeutsches KollisionsR
Internationale juristische Personen Vorb 1 vor **89**
Internationaler Kaufvertrag Einf 21 vor **433**, EG **28** 7
Internationales Privatrecht (**Fette Zahlen** sind Artikel des EG) **Allgemein:** Anknüpfung Einl 21 vor **3**, zwecks GesUmgehg Einl 25 vor **3**, Qualifikation des AGgst Einl 27 vor **3**, für Vorfragen Einl 29 vor **3**; Anwendg ausländ Rechts Einl 33 vor **3**; Aufgaben Einl 1 vor **3**; Begriff Einl 1 vor **3**; Funktion **3** 2; u GG Einl 11 vor **3**, **6**; Grdzüge Einl 17 vor **3**; Kollisionsnormen s dort; Neuregelg Einl 13 vor **3**; ordre public **6**, Einzelfälle **6** 14; Personalstatut **5**; RQuellen Einl 5 vor **3**; Rückverweisg **4**, bei vertragl SchuldVerh **35**; ÜbergangsR Einl 24 vor **3**, **220**; Verweisg auf anzuwendde ROrdng **3**; Weiterverweisg **4**, bei vertragl SchuldVerh **35** – **Einzelfälle:** Abstammg **19**, **20**; AGB **31** 2, AGBG **12**; Annahme als Kind **22**, **23**; ArbeitsVertr/Verh **30**; EhegüterR **15**, **16**; Ehescheidg **17**; Eheschließg **13**; Ehewirkg **14**; Eltern-Kind-Verh **21**; Enteigng **38** Anh II 11; Entmündigg **8**; ErbR **25**; FdgsAbtretg **33** 2; ges FdgsÜbergang **33** 3; GeschFähigk **7**, **12**; GoA **39** 1; GrdstVertr **28** 5; GüterbefördergsVertr **28** 6; MjSchutz **24** Anh 1; Name **10**; Pflegsch **24**; RFähigk **7**, **12**; RGesch, Form **11**; SachenR **43**; vertragl SchuldVerh **27–37**, Anwendgsbereich des VertrStatuts **32**, freie RWahl **27**, fehlde RWahl **28**, VertrTypen **28** 5, 7, **29**, **30**; Zustandekommen u Wirksamk **31**; SchuldÜbern **33** 4; TodesErkl **9**; unerl Hdlg **40**; ungerechtf Bereicherg **38**; Unterh **18**; VerbrVertr **29**; Vfg vTw **26**; Verlöbn **13** 30; VersorggsAusgl **17** 19; Vertr s vertragl SchuldVerh; Vollm **32** Anh; Vormsch **24**; Währgsstatut **32** 10; Zust zur Namenserteilg/Statusänderg **23**
Internationales Verfahrensrecht (**fette Zahlen** sind Artikel des EG): Abstammg **19** 10; Annahme als Kind **22** 9; Ehescheidg **17** 27; NachlSachen **25** 18, **2353** 11, 12; Parteifähigk **7** 9; Pflegsch **24** 8; Prozeßfähigk **7** 9; Vormsch **24** 8
Internationale Zuständigkeit, Begriff Einl 3 vor EG **3**; zu Einzelfällen s internationales VerfR
Internatsvertrag 621 1, **627** 3, AGBG **9** 134
Internet, domain-Name **12** 10, 22; AbschlZwang für Zuteilg 9 vor **145**; Einbeziehg von AGB **2** 12; IPR intern SchuldVertr EG **28** 4, intern DeliktsR EG **40** 12, VerbrVertr EG **29** 5, VertrAbschl EG **31** 3; digitale Signatur **126** 7; VertrSchluß **145** 7; WillErkl Übbl 2 vor **104**
Interreligiöses Recht Einl 4 vor EG **3**
Intertemporales Recht Einl 29 vor **241**, Einl 24 vor EG **3**
Interzession Einf 2 vor **765**; Anwendg des § 181, **181** 14
Intimsphäre 823 178; u argl Täuschg **123** 5
Inventar, Begriff **582** 2; Formbedürftigk bei Verkauf zus mit Grdst **313** 33; Gewerbebetrieb **98** 1, 3; Grdst, Pacht mit Inventar **582–583 a**, Nießbrauch mit Inventar **1048**; als Zubehör **98** 1–4; s a Inventarerrichtg
Inventarerrichtung 1993; Arten Vorb 2 vor **1993**; bei ausländ Erbl **2003** 1, EG **25** 10; Beamter, zuständ **2002** 2; BenachteilAbsicht **2005** 2; Berichtigg **2005** 4; Bezugnahme **2004** 1; c Eheg **1993** 2, bei GüterGemsch **1432**, **1455**, **2008** 2; Elt **1640**, **1667** 4; Einsicht **2010**; freiwillige **1993** 1; Frist s Inventarfrist; Fristbestimmg **1994**; unwirksames **2000**; gerichtl **2003**; GläubAntrag **1994** 2, 3; Inhalt **2001**; MitE **1994** 3, **2003** 3, **2063** 1, 2; Mitwirkg amtl **2002** 1; eidesstattl Versicherg **2006**, **2008** 4; rechtzeitige **2009** 2; Untreue **2005** 1; Unvollständigk **2005** 2; Unwirksamk der privaten **2002** 1; Verfahren **2003** 3; Vermutg der Vollständigk **2009** 1–3; Zweck Vorb 1 vor **1993**
Inventarfrist, Ablaufhemmg **1997** 1, **1998** 1; Ablaufwirkg **1994** 1; Beginn **1995** 1; Beschwerde **1994** 5; Bestimmg ggüb dem anderen Eheg bei Gütergemeinsch **2008** 1; Bestimmg, unwirksame **2000** 1; Dauer **1995** 1; Fiskus **2011** 1, 2; mehrere Erbteile **2007** 1; Mitteilpfl des NachlGer **1999** 1; neue **2005** 5; NachlPfleger **2012** 1; Tod des Erben **1998**; Verlängerg **1994** 4, **1995** 3; Wiedereinsetzg **1996** 1
Investmentanteilscheine Einf 7 vor **793**, **793** 5; Kraftloserklärg **799**, **800**; PfdR **1258** 1, **1292** 1, **1293** 1; Übereigng **935** 5; s a Kapitalanlagegesellsch
Inzahlungnahme 515 5
Irreguläres Pfandrecht Übbl 7 vor **1204**
Irrtum 119 1; Angemessenh des Preises **119** 27; dch arglistige Täuschg **123** 2; Begriff **119** 4; BerechgsIrrt **119** 18; BerufgsGrd bei ErbschAnnahme **1949** 1, 2; Beweggrd **119** 29, **2078** 4; BewLast **119** 32, bei Anfechtg **122** 7; Eheschließg **1314** 8–12; Entschuldbark **119** 2; Erbvertr **2281** 4; ErklHdlg **119** 10; ErklInhalt **119** 11; falsa demonstratio **119** 7; gemschaftl **119** 30; GeschGgst **119** 14; GeschGrdLage **119** 30, **242** 149; über Kreis der gesetzl Erben **2066** 1; Kausalzushang **119** 31; letztwill Vfg **2078** 1, 2; maschinelle Erkl **119** 10; NachlÜberschuldg **1954** 4; Pers des Bedachten **2078** 1, 2; Pers des ErklGegners **119** 13; RFolgen **119** 15; RLage **285** 2; RNatur eines Geschäftes **119** 12; SchadErs bei Anfechtg **122** 1–7, **2078** 1; über Sollbeschaffenheit **119** 14; tatsächl Folgen des Geschäfts **119** 15; Übermittlg, irrige **120** 1; unbeachtlicher **119** 29; bei VereinsBeschl **32** 1; bei Vereinssatzg **25** 2; u GewLeistg **119** 28, Vorb 8, 9

vor **459**; Verlautbargsirrt **119** 11; VermVerh **119** 26; VertrauensSchad **122** 6; u Vorsatz **276** 10; über den Wert **119** 27; wesentl Eigensch **119** 24; über ZusBruch der DDR **119** 29

J

Jagd, Beute **99** 3; Haftg für Jagdhund **833** 16; Pacht Einf 19 vor **581**, **581** 1, u Besitz am Grdst Übbl 4 vor **854**, u Veräußerg des Grdst **571** 2; Unfall **823** 92; Wildschaden **835**, EG **70–72**
Jagdrecht EG **69** 1; GrdstBestandt **96** 2
Jahresabrechnung WEG **28** 7–13
Jastrowsche Formel 2269 15
Jubiläumsgabe 611 81
Jugendamt, Amtsvormd **1751** 2; Einl 4 vor **1773**, **1791 b**, **1791 c**; Anhörg 7 vor **1626**; Aufgaben 16 vor **1626**; Beistandsch **1712** 1; Belehrg bei Ersetzg der Einwilligg zur Adoption **1748** 8; Kinder- u Jugendhilfe 11 vor **1626**
Jugendarbeitsschutzgesetz Einf 85 vor **611**; SchutzG **823** 146
Jugendhilfe s Kinder- u Jugendhilfe
Jugendlicher, Haftg **828**, **829**; Testierfähigk **2229** 1, **2247** 19
Junctimklausel Übbl 7 vor **903**
Juristische Person, Anerkenng ausländ Einf 8 vor **21**, EG **12** Anh 18; Arten Einf 3 vor **21**; Begriff Einf 1 vor **21**, Vorb vor **89** aE; Besitz **854** 12; DchgriffsHaftg Einf 12 vor **21**; Entstehg Einf 5 vor **21**; Erbfähigk **1923** 7; Erwerbsbeschränkg EG **86**; Finanzvermögen Übbl 13 vor **90**; Gebietskörperschaften Vorb vor **89**; Haftg für Vertreter **31** 1–11, **89** 1; internat JP des öff Rechts Vorb 1 vor **89**; IKR/IPR EG **12** Anh 1–17; Insolvenz **89** 7; Kreditgefährdung **824** 1; als Nacherbin **2101** 3; Nießbrauch **1059 a ff**; des öff Rechts Einf 3 vor **21**, Vorb vor **89**; Haftg **89** 1; PersönlichkSchutz **823** 181; VertretgsMacht **26** 5; des PrivR Einf 3 vor **21**; Religionsgesellsch Vorb 1 vor **89**; Schutz des Namens **12** 1 a; Sitz **24** 1; Sitztheorie EG **12** Anh 2; Staatsangehörigk Einf 8 vor **21**; als TestVollstr **2197** 3; verfassgsmäß Vertreter **89** 4; VermÜbertr **310** 6, **311** 7; VerwaltgsVerm Übbl 13 vor **90**; als Vorerbe **2105** 2; VorkR **1098** 8; Zweigstelle Einf 19 vor **21**

K

Kabelfernsehen 242 12 a, **535** 14, **541 b** 7, MHG **3** 9; WEG **22** 7
Kahlschlagsrecht bei Nießbr **1036** 2, **1041** 2
Kapitalabfindung, für EhegUnterh nach Scheidg **1585** 5; für KindesUnterh **1614** 1; SchadErs **249** 9; bei Körperverletzg u Tötg **843** 20, **844** 7; bei SchadErs 249 9
Kapitalanlagegesellschaft, Sichergsübereigng von Sondervermögen **930** 15; Verpfändg von Sondervermögen **1204** 3; von Miteigentumsanteilen **1258** 2; s a Investmentanteilscheine
Kapitalanlagevermittlung 276 22, **654** 5
Kapitalgesellschaft in Gründung **705** 5; Vererblichk der Mitgliedsch **1922** 23, **2032** 11, 13; Stellg des TestVollstr **2205** 24, 25
Kapitalversicherung, Bezugsberechtigg nach Ehescheidg **330** 2, **2077** 9
Kaptatorische Verfügungen 2074 4
Kardinalpflichten AGBG **9** 25, 26
Karikatur 823 189 c
Kartell 54 7, **705** 43, **138** 87; Mißbr **826** 41; Verstoß gg KartellR **134** 19; Einf 9 vor **145**; s a Wettbewerbsbeschränkungen
Kassatorische Klausel vgl Verfallkl, Verwirkgskl
Kassenarzt Einf 18 vor **611**; Haftg **328** 11
Kassenfehlbestände, s Mankohaftg
Kassenkonto 272 1
Kassenlieferschein Einf 8 vor **783**
Kassenpatient Einf 18, 19 vor **611**, **328** 11
Katasterbezeichnung, unrichtige **313** 37
Katasterparzelle Übbl 1 vor **873**
Katze s Haustier
Kauf 433–454; Abgrenzg Einf 4, 14 vor **433**; Abnahmepfl **433** 35; Abschluß Einf 2 vor **433**; AGB AGBG **9** 95; Annahme d Kaufsache **464** 6; arglistige Vorspiegelg einer Eigensch **460** 9, **463** 13; Arten Einf 6 vor **433**, Vorb vor **494**; AuskunftsPfl **433** 17, **444** 1, 4; BefördergsGefahr **447** 12; Begriff Einf 1 vor **433**; Beweislast **433** 42, **442**; EigtVerschaffg **433** 9; EigtVorbeh **455**, **929** 26; ErbschKauf Übbl vor **2371**; ErfOrt **269** 12; Fehler der Kaufsache **459** 8; FdgsKauf, Haftg **438**; Garantie **438** 1, **459** 14, **477** 18; Gefahrübergang **446**, **447**; Ggstand **433** 1; GwlAusschl **443**, Vorb 21 vor **459**, AGBG **11** 46; Haftg des Verkäufers für c. i. c. **276** 80, für pVV **276** 109; HauptPfl **433** 6, 13, 26, 35; IPR Einf 21 vor **433**, EG **28** 7; Kosten **448**, **449**, **451**; Minderg **462**, **465**, **472**; Nachbesserg **462** 4, **466 a**; NebenPfl **433**, 16, 39; – u ÖffR Einf 5 vor **433**, **434** 6; Nichterfüllg dch Verkäufer **440**, **441**; RKauf **433** 13, **437**; RMängel **434**, **435**, **437**, **439– 441**; Rücktritt **440**, **441**, **454**, **455**, 1, 26; Sachmängel **459–493**, Verh zum allg LeistgsstörgsR Einf 18 vor **320**; Stundg des KaufPr **452** 4, **454** 6; Übergabe **433** 15, **446** 6; Übergang der Nutzgen **446** 11; Unmöglichk **440**, **441**; Verj **196 Nr 1**, **477**, **478**; Versendg **433** 22, **447**; VertrPartner Einf 3 vor **433**; Verwirkg **242** 102; VerwendgsErs **450**; Verzinsg d KaufPr **452**; Wandelg **242** 75, **462**, **464–467**, **469– 471**; Wegfall der GeschGrdLage **242** 118, 164; WertPap **437** 11; in der ZwVollstr **456**
Kaufanwärtervertrag über Grdst **313** 11
Kauf auf Probe 495, **496**
Kaufkraftminderung, GeschGrdLage **242** 136; bei PflichttBerechng **2315** 5; bei PflichttErgänzg **2325** 7; bei ZugewAusgl **1376** 11; bei ZuwendgsAusgl **2055** 3
Kauf nach Probe 494, **496**
Kauf nach Wahl Einf 6 vor **433**
Kaufpreis 433 26; Ersatz **433** 33; Fälligk **433** 31; Herabsetzg bei Minderg **462** 13, **472** 1, 5; Marktpreis **453**; Stundg **452** 4, **454**; Verweigerg bei Mangel **478**; VerjährgsBeginn **198** 4; Verzinsg **433** 39, **452**; Zahlgspflicht **433** 26
Kaufpreisklauseln 433 32, AGBG **11** 2
Kaufverträge, internationale Einf 21 vor **433**, EG **28** 7
Kauf zur Probe Vorb 1 vor **494**
Kaufzwangsklausel in ErbbRVertr ErbbRVO **2** 4
Kausale Verträge Übbl 19 vor **104**
Kausalzusammenhang, s UrsachenZushang
Kaution, Barkaution Übbl 8 vor **1204**; Mietkaution Einf 89 vor **535**; **550 b**; Pachtkaution **572** 1; Ausschluß der Aufr **387** 18; ZbR **273** 15; Verfallabrede **1229** 1
Kegelbahn, Lärm **906** 9; VerkSichgsPfl **823** 93
Kellerrecht EG **181** 2
Kernenergie, IPR EG **38** 1, 2; kein ZbR von Gegnern der **320** 10
Kettenarbeitsvertrag Einf 41 vor **611**, **620** 4
Kettengeschäft bei Übereigng **925** 23, **929** 20
Kettenmietvertrag 8 vor **535**, **565 a** 3

Kettenverträge bei Ratenkrediten **138** 31
Kiesabbauverbot Übbl 9, 37 vor **903**
Kind, Anhörg 8 vor **1626**; AufenthBestimmg **1631** 8; Aufwendgen für elterl Haushalt **1620**; Ausbildgskosten **1610** 16; Ausstattg s dort; Beaufsichtigg **1631** 5; Beistands- u RücksichtnPfl **1618 a**; Berufswahl **1610** 18, 20, **1631 a**; BilligkHaftg **829** 3, **254** 13; DienstleistgsPfl **1619**, Vergütg **1619** 10; bei Ehescheidg **1568** 2; Einkünfte aus KindesVerm, Verwendg **1649**; elt Sorge s dort; ErbR **1923**; Erwerb mit Mitteln des Kindes **1646**; ErwerbsGesch, neues **1645**; Erziehg s dort; Gefährdg der Person **1666** 14, des Vermögens **1667** 36; GrdRMündigk 4 vor **1626**; Hausangehörigk **1619** 3; Herausgabe **1632**; Heirat des Kindes **1633**; mj Kind, elt Sorge **1626**; nachgeborenes Kind, Erbrecht **1924** 6; Name s FamName, Vorname, IPR EG **10** 18, bei KindesAnn **1757**, **1765**; PersSorge s dort; Pflegerbestellg **1630**; RStellg 1 vor **1616**; religiöse Kindererziehg **1616** 16; Staatsangehörigk **1616** 17; Tod **1626** 30, unaufschiebb Gesch **1698 b**; UmgangsR s dort; unerwünschtes als Schaden Vorb 47 vor **249**, 21 vor **1591**; UnterhAnspr **1601 ff**, IKR/IPR EG **18**, erweiterte Anspr von Mj **1603**; UnterhPfl ggü Elt **1601** 5; UmgangR der Elt **1684**, Dritter **1685**; Verm s KindesVerm; Vertr mit Schutzwirkg zG des Kindes **328** 26; Vertretg **1626** 17, 19, **1629**, Entziehg **1629** 22; VolljHaftg, Beschrkg **1629 a**; Wohl des Kindes, s Kindeswohl; Wohnsitz **11**; Zuwendg **2068** 2
Kind nicht miteinander verheirateter Eltern, s nichtehel Kind
Kindbezogene Leistungen 45 vor **1601**; Anrechng auf KindesUnterh **1612 c**
Kindererziehungszeiten 1587 9, **1587 a** 113
Kindererziehungsgeld 51 vor **1601**
Kindergeld, bei EhegUnterh **1361** 24, **1578** 10; bei KindesUnterh 45 vor **1601**, **1602** 19; Anrechng auf KindesUnterh **1612 b**
Kinderhandel 6 vor **1741**
Kinder- und Jugendhilfe 57 vor **1601**, Einf 11 vor **1626**; Aufg 16, 24 vor **1626**; Beistandsch/Pflegsch/Vormdsch 28 vor **1626**; Kosten Einf 31 vor **1626**; Leistgen 16 vor **1626**; Träger 13 vor **1626**; UrkTätigk 29 vor **1626**; Verf Einf 33 vor **1626**
Kinderspielplätze VerkSichgsPfl **823** 93; NachbSchutz **906** 40
Kindertagesstätte, VertrVerh 40 vor **305**
Kinderzulagen 611 59
Kindesbetreuung 1626 ff; im UnterhR **1361** 14, **1570**, **1581** 7; im VersorggsAusgl Einf 17 vor **1587**
Kindesentführung 1632 1, **1684** 56; internationale EG **5** 11, **24** Anh 12, 59–62
Kindesherausgabe 1632; einstw AO **1632** 14; Herausg von Sachen des K **1632** 15; Widerstand des K **1632** 16; ZbR **1632** 7
Kindesname, Geburtsname **1616**; Änderg **1617 b**, **1617 c**; Bestimmg dch Eltern **1617**, **1617 a**; Einbenenng **1618**, s a Nachname, Vorname
Kindesvermögen, allg **1626** 18, **1638**, **1667**; Anlegg von Geld **1642**, **1667** 5; Anhörg der Elt 7 vor **1626**; Aufwendgsersatz **1648**; AuseinandS vor Wiederverheiratg eines EltT **1683**; Ausschlagg von Erbsch/Vermächtn **1643** 3; Ausschluß der elterl VermSsorge dch Bestimmg Dritter **1638** 3, dch Pflegerbestellg **1630**; außergewöhnl Ausgaben **1642** 2; Beendigg der elterl VermSorge, Folgen **1698** ff, dch Ruhen **1673 ff**; Beschrkg der elt VermSorge **1638**, **1639**; Einkünfte des Kindesverm **1649**, bei Heirat des Kindes **1649** 6; elt VermSorge bei Nichtbefolgg gerichtl AO **1666** 46, bei PflVerletzgen **1666** 42, bei UnterhGefährdg **1666** 41; Maßn bei Gefährdg **1667** Erwerb mit Mitteln des Kindes **1646**; neues ErwerbsGesch **1645**; Fortführg der Gesch **1698 a**, **1698 b**; Gefährdg **1666** 36, **1667**; genehmiggsfreie RGesch **1643** 7; genehmiggspfl RGesch **1643** 2; GrdstVfg **1643** 2; Haftg **1664**; Herausgabe bei Beendigg der VermSorge **1698** 1; Insolvenz **1666** 49; Meingsverschiedenh zw Elt **1627**, mit Pfleger **1630** 8; Miet-/Pachtvertr **1643** 6; öff Inventar **1640**; Pflegerbestellg **1630**; RechenschLegg **1649** 7, **1698** 2; Ruhen der elt Sorge **1673** ff; SchadErsPfl **1664** 1; Schenkg aus Kindesverm **1641**; SicherhLeistg **1667** 6; SichergsMaßn **1667** 3; Sorgfaltspfl **1664**; Sperrvermerk **1642** 2, **1667** 4; Surrogation **1646**; TestVollstr **1638** 3; Tod des Kindes **1698 b**, eines EltT **1680**; Todeserkl eines EltT **1677**, **1681**; Überlassg an das Kind **1644**; keine Überwachg dch Pfleger **1638** 4; Einflauf den UnterhAnspr **1649** 3; Vfg über Grdst u GrdstRechte **1643** 2; verheiratete Kinder **1633**; Verhinderg der Elt **1693**, eines EltT **1674**; VermÜberlassg an Kind **1644**; VermVerfall **1666** 49, **1667**; VermVerwaltg **1642** 2; VermVerzeichn **1640**, **1667** 4, bei Wiederverheiratg eines EltT **1683**; Vertretg **1629**; Verwendg der Einkünfte **1649**; Verwirkg **1666** 42, Folgen **1667** 3; WertPap **1667** 3; vgl auch elterl Sorge, Kind
Kindeswille, Anhörg 8 vor **1626**; bei Herausg **1632** 16; bei Erziehg **1626** 22; bei SorgeRegelg **1666** 15; bei Trenng der Elt **1671** 27; bei Umgang **1684** 58, bei Vollstr **1684** 64
Kindeswohl, Begriff **1666** 15, **1671** 21, Entziehg der Sorge bei Tod eines EltT **1680**, Gefährdg **1666** 16; Kindesherausg **1632** 6; Maßstab für gerichtl Entscheidg **1697 a**; MeingsVerschiedenh der Elt **1628** 6; bei KindesAnn **1741** 4
Kindschaftssachen 3 vor **1589**, **1600 d** 3
Kirchengemeinde, Haftg **89** 5; jur Person Vorb 2 vor **89**
Kirchenrecht, GrdstGesch Übbl 26 vor **873**, Einf 3 vor **925**
Kirchliche Beamte, Amtspflichtverletzung **839** 108
Kirchliche Verpflichtungen bei Ehe **1588**
Klausel, cif-Klausel **269** 9; einzelne VertrKlauseln **157** 16; fob-Klausel **269** 9; mißbilligte Klauseln im FormularmietVertr Einf 77 vor **535**, AGBG **9** 50; GewLeistgsAusschl **476** 1; Preisklauseln beim Kauf **433** 31; Kostenklauseln **448** 4; Selbstbeliefergsklausel **433** 22; Übernahmekl bei Kauf **448** 4; verbotene – in AGB AGBG **10**, **11**, in VerbrVertr AGBG **24 a**; Verfallkl s dort; Verwirkgskl s dort; Wertsichergskl s dort
Kleingartenpacht Einf 11 vor **581**
Knebelungsvertrag 138 39, **826** 37
Know-how-Vertrag Einf 8 vor **581**; Kauf **433** 5
Kollektivdrohung 123 18
Kollisionsnormen im IPR, autonome deutsche Einl 5 vor EG **3**; der DDR Einl 10 vor EG **3**; Gleichberechtigungswidrige (ausländische) EG **4** 6, EG **6** 9; Wesen Einl 1 vor EG **3**; s auch innerdeutsches KollisionsR, internationales PrivatR
Kollusion 164 13
Kombinationsvertrag Einf 21 vor **305**
Kommanditanteile, Verwaltg dch TestVollstr **2205** 20; Vererblichk **1922** 21, **2032** 9; Vermächtnis **2174** 6
Kommanditgesellschaft, Gründg, Eintritt, vormundschgerichtl Gen **1822** 14; RScheinHaftg **714** 2; TestVollstrg **2205** 20; Vererblichk der RStellg des Komplementärs **1922** 15, **2032** 8

Kommanditgesellschaft auf Aktien, Fortsetzg mit Erben **1922** 23
Kommerzialisierung, sittenwidr **138** 56
Kommissionsvertrag Einf 18 vor **433**, **675** 24; Schadensliquidation des Drittinteresses bei – Vorb 115 vor **249**
Kommunmauer 94 8; s „Nachbarwand"
Komplementär, Nachfolgeklausel **1922** 17
Kondiktion, s ungerechtfertigte Bereicherg
Konditionsgeschäft 158 1, Einf 11 vor **433**; Gefahrübergang **446** 6
Konfusion s Vereinigung
Konkludente Willenserklärung Einf 6 vor **116**
Konkurrenzverbot WEG **15** 6, 12
Konnossement, AGB AGBG **9** 99; Überg **870** 2
Konsensprinzip im GrdstR Übbl 11 vor **873**
Konsensualverträge Einf 9 vor **305**; bei Darlehen **607** 1
Konsortien 705 44
Konstituierung des Nachl dch TestVollstr **2221** 7
Konstruktionsmängel Vorb 29 vor **459**
Konsul, Konsularbeamter, Auflassg vor Konsul **925** 2, EG **11** 7; Eheschließg EG **13** 19, Anh 1; Erbvertrag, Testament vor Konsul Einf 3 vor **2229**; Verwahrg von Test/ErbVertr **2258 a** 3
Kontaktverbot Einl 1 vor **1297**; gesch Eheg Einf 5 vor **1564**
Konto 328 9; Einf 17 vor **607**; EhegVollm **1372** 8, bei Erbfall **1922** 30; ErbNachw 5 vor **2353**, Vollm nach Tod **1922** 35, Einf 16 vor **2197**; s a Girokonto, Sparkonto
Kontokorrent 305 10, **387** 21, **675** 8, 8 a; Saldoanerkenntn **781** 9; Verj **195** 2 (Anspr aus anerkanntem K), **202** 9 (eingestellte Fdg)
Kontokorrentratenkredit 21 vor **607**, **138** 33
Kontokorrentvorbehalt 455 18, AGBG **9** 78
Kontrahierungszwang s Abschlußzwang
Kontrollorganisation, Kosten als Schadensersatz Vorb 43 vor **249**
Kontrollratsgesetz 45, EG **64** 4
Konventionalscheidung 1565, **1566** 2
Konversion s Umdeutg
Konzentration s Gattgsschuld
Konzern 705 45; IPR **12** Anh 2
Konzernverrechnungsklausel 387 21
Konzernvorbehalt 455 19
Koppelungsgeschäfte 138 89; Architekt/BauIng **631** 2; GrdstErwerbsVerpfl mit Baubetreug **631** 4; Wohngsvermittlg Einf 5 vor **652**
Körper des lebenden Menschen **90** 3; Recht am eigenen **90** 3; **1922** 44
Körperlicher Gegenstand 90, s a Sache
Körperschaft öffrechtl, Erbrecht **1936** 4; öffrechtl, Haftg u Konkurs **89**; Verwaltgs- u Finanzvermögen Übbl 13 vor **90**; s a jur Person
Körperstrafe 1631 9
Körperteile, getrennte **90** 2; künstliche nach dem Tod **1922** 44
Körperverletzung, Ersatz f entgangene Dienste **845**; Ersatzanspr **843** 1; Geldrente **843** 1, 2, 4; Haftg **823** 4; Heilgskosten **249** 10, **843** 1; Kapitalabfindung **843** 20; PflichttEntziehung **2333**; **2335**; Schmerzensgeld **847** 8, 10
Kosten der Auflassg **449**; Aufrechng gegenüber **396**; der Ausstattung eines Kindes **1444**, **1466**; bei Beurkundgen im Bereich einer Erbengemsch Einf 2 vor **2032**; Erlöschen der Hypothek **1178**; der Fruchtgewinng **102**; der Hinterlegg **381**; im Mietprozeß **535**, **556 a** 28; Haftg der Erben **1967** 13; Pfandhaftg **1210**; der Rechtsverfolgg als Schaden **249** 20; der Übergabe bei Kauf **448**; bei VermächtnEntrichtg **2174** 4; der Versendg **448** 4; Verteilg der Leistg auf **367**; vormundschgerichtl Maßnahmen **1667** 2; s a Prozeßkosten
Kostenanschlag 650; AGBG **9** 99
Kostenentscheidung, WEVerf WEG **47**
Kostenerstattungsanspruch, Fälligkeit, Aufrechnung **387** 11
Kraftfahrzeugbetriebe, AufklärgsPfl **276** 78; SorgfaltsPfl **276** 38; Haftgsfreizeichng AGBG **9** 50
Kraftfahrzeugbrief, bei KaufVertr **444** 1; Eigt **952** 7; bei EV **455** 8
Kraftfahrzeug, gutgl EigtErwerb **932** 13, PfdRErwerb **1207** 3; Sachmängel bei Kauf **459** 27, Miete **537** 17, Täuschg dch Unterl **123** 7; EigtVerlust **959** 1; Untersuchgspfl beim Kauf **460** 9; Bedeutg für UnterhPfl **1603** 21; Wartg 20 vor **631**
Kraftfahrzeugschaden, Anwaltskosten **249** 20; Auslagenpauschale **249** 25; EigenRep **249** 6; Finanziergskosten **249** 6; GebrVorteile Vorb 20 vor **249**; Integritîtätszuschlag **251** 19; LeasingKfz **251** 14; merkantiler Minderwert **251** 19; Mietwagenkosten **249** 12; Mitverschulden des Halters **254** 41; Nebenklagekosten Vorb 90 vor **249**; RepKosten **251** 18; RepWerkstatt ErfGehilfe? **254** 67; RepKosten größer als Zeitwert **251** 20; SachverständKosten **249** 22; Schadensfreiheitsrabatt, Verlust 92 vor **249**; Schadensmindergspflicht **254** 41; Totalschaden, Arten **251** 15; Verteidigerkosten Vorb 90 vor **249**; Wiederbeschaffgswert **251** 13
Kraftfahrzeugstellplatz WEG **3** 8
Kraftloserklärung, Erbschein **2361** 13; hinkende InhPap **808** 8; HypBrief **1162**; InhSchuldverschreibg **799** 2, 3, **800** 1; LegitimationsPap EG **102** 1, 2; TestVollstrZeugnis **2368** 10; Vollmachtsurkunde **176**
Kraftverkehr, AnscheinsBew Vorb 168 vor **249**; AufwendgsErs für Schaden bei Unfallvermeidg **677** 3; EntlastgsBew **831** 12, 22; Fahrlässigk **276** 38; Haftg **823** 94; Mitverschulden **254** 14, 41
Krankenfürsorge bei Dienstverhältnis **617**
Krankenhaus, AGB AGBG **9** 100; Arzt als ErfGeh **278** 26; Aufsichtspflicht **832** 6; Haftg **276** 38, der Stadtgemeinde **278** 26; Dienstvertr Einf 19 vor **611**; Kontrahierungszwang, Einf 8 vor **145**; TestErrichtg in **2249** 7; Unfallhaftg **823** 110; verfassungsmäßig berufene Vertreter **89** 6
Krankenhauskosten, Haftg des Eheg **1357** 17, 18
Krankenkasse, Aufrechng mit Beiträgen **394**; als jur Person Vorb 2 vor **89**; GoA für 8 vor **677**, **677** 8
Krankenpapiere, Einsicht **810** 4; Weitergabe **823** 196
Krankenversicherung bei AusglRente im VA **1587 g** 7; u SchadErs **252** 12; als UnterhBedarf **1361** 65, **1578** 66, **1610** 11
Krankheit, Arbeitslohn bei **616** 3–9; Täuschg über als EheaufhebgsGrd **1314** 10; Unterh nach Scheidg wg **1572**
Kreditauftrag 778
Kreditbrief Einf 4 vor **783**
Krediteröffnungsvertrag Einf 14 vor **607**
Kreditgebühren 138 26, **246** 1; Rückrechng bei vorzeit Darlehensrückzahlg **246** 6
Kreditgefährdung 824
Kreditgeschäfte VerbrKrG **1**
Kreditinstitut, Begriff **675 a** 7, InformationsPfl **675 a**, zwgeschaltetes Gesch **676 a** 3
Kreditkarte 364 8, 10, **675** 6; AGBG **9** 102
Kreditkauf, Einf 6 vor **433**; RücktrR des Verkäufers **325** 24; von Verbrauchern VerbrKrG **4** 15
Kreditprovision 138 68
Kredittäuschungsvertrag 138 86, **826** 37
Kreditvermittlungsvertrag VerbrKrG **1** 9
Kreditvertrag VerbrKrG **1** 4, 5; Haftg des Auftraggebers als Bürge **778** 2; mit Minderj **110** 4

Kritik, geschäftsschädigende **823** 22, 184, **824**
Kundenfang 826 70
Kündigung, Auftr **671**; Begriff 8 vor **346**, **542** 8, **564** 8; Darlehen **609** 7, 10; DauerVertr 18 vor **241**; Einschrkg **564 b** 3; Gesamtschuld **425** 2; GeschFührg **712** 2: des Gläub nach Abtr **410**; GrdSch **1193**; Hyp **1141**; Leihe **605**; Mißbr **242** 78; Pacht **581** 14, **595**, **596**; Sittenwidrigk **138** 91; TeilKünd Einf 8 vor **346**; TestVollstr **2226**; Umdeutg **140** 11; Verj bei **199** – **Dienst- u Arbeitsvertrag** 28 vor **620**, **621–628**; Ändergs-Künd 40 vor **620**; bei ArbKampf 23 vor **620**; außerordentl 28 vor **620**, **624**, **626**, **627**; Erfordern 28 vor **620**; fristlose **626**, **627**; Frist **621**, **622**, **626** 21; Gründe 62 vor **620**; **626** 37–60, Nachschieben 36, 57 vor **620**, **626** 30; ordentl 28 vor **620**, **621**, **622**; SchadErs **628**; Schutz des ArbN 61 vor **620**; VertrauensVerh **627**; Wiederholg 29 v **620** – **Geschäftsbesorgungsvertrag 675** 8 – **Gesellschaftsvertrag** dch Gter **723**, **724**; dch Gläub **725** – **Girovertrag 676 f** 5 – **Mietvertrag: 564** 8, **564 b**; bei Abtr der Mietzinsfdg **554** 1; Angabe des Grdes **564** 9; Auflokkerg der Termine **565**; kein Ausschl des Mieter-KündR **543**; bdgtes MietVerh **565 a**; dch Betr **1907**; bewegl Sachen **565** 12; Form **564** 10, **564 a**, **564 b** 21; Frist **542** 9, **565**; GeschRäume **565** 2, **565** 1; GrdstMiete **565** 7, **566**; wg Mieterhöhg 2. WKSchG **3**; langfrist Vertr **567**; mehrere Beteiligte **564** 13; MietVerh mit Verlängergsklausel **565 a**; Mischräume **564** 11; Nichtgewährg des Gebr **542**, **543**; TeilKünd **564** 11; Tod des Mieters **569**, **569 a;** ungesunde Wohng **544**; Veräußerg des Grdst **571** 12; VerjBeginn **199**; des Vermieters **553–554 b**; Versetzg des Beamten **570**; aus wicht Grd **554 a**; Werkmiet-, Werkdienstwohngen **565 b– 565 e**; Wohnräume **565** 11; Widerspr des Mieters **556 a**, **556 b**; Zahlungsverzug **554** – **Reisevertrag**, wg höherer Gewalt **651 j**, wg Mangels **651 e**, **651 j**; Unabdingbark **651 k** – **Übertragungsvertrag 676** 4 – **Überweisungsvertrag 676 a** 12, **676 b** 10 – **Werkvertrag**, dch Besteller **649**; dch Untern **643** – **Zahlungsvertrag 676 d** 2
Kündigungsschreiben bei Wohnraummiete **564 a**, **564 b** 27
Kündigungsschutz bei ArbVerh Vorb 61 vor **620**; Umgehg **134** 28; bei Wohnraum **564 b**, 2. WKSchG **3**
Kunstfehler 282 18, **823** 66
Kunsthandel, Gewl **459** 40; GewlBeschrkg 28 vor **459**, AGBG **11** 72
Künstlername, Schutz **12** 1, 8
Künstlervertrag Einf 20 vor **611**, Einf 15 vor **631**
Künstliche Befruchtung s Insemination
Kunstwerk, freie Meinungsäußerg **823** 196
Kursgewinne bei Wertpapieren **100** 1
Kurzarbeit 611 29, **615** 17

L

Ladendiebstahl Vorb 44 vor **249**, **781** 8
Ladengeschäft, Kauf 2 vor **433**
Ladeninhaber, Besitzerwerb **854** 6
Lagerschein 405 1
Lagervertrag AGBG **9** 104
Land, als jur Person Vorbem 2 vor **89**; Verwaltgs- u Finanzvermögen Einf vor **90** 13
Landesrecht, Aufhebg durch BGB EG **55** 1; Vorbehalte EG **55** 2, **218**
Landgut, Begriff **98** 4, **1515** 1, **2312** 8; Ertragswert, Berücksichtigg bei Erbteilg **2049** 1, 3, bei Pflichtt-Berechng **2312**, bei Berechng des ZugewAusgl-Anspr **1376** 11; PflichttErgänzg **2325** 18; **2049** 3, 4; Pacht **585**; Zubehör **98** 4
Landgüterordnung Hessen EG **64** 7
Landpacht 585–597, vorweggen Erbf **593 a**; ErsPfl bei vorzeit Ende **596 a**; Künd **594 a–594 d**, Form **594 f**, vorzeit **595 a**; Lastentragg **586 a**; PSache **585** 1, 5, Beschreibg **585 a**, BestimmgsÄnderg **590**, Duldg von Einwirkgen **588** 3, Veräußerg/Belastg **593 b**; PZins **587**, Erhöhg **588** 6; Rückg der PSache **596**, SchadErs bei unterbliebener **597**; Rücklassg von Erzeugn **596 b**; Schriftform **585 a**; UnterP **589**; Verj von ErsAnspr **591 b**; VerpächterPfdR **592**; VertrÄnderg, Anspr auf **593**; VertrPfl **586**; VertrVerlängerg **594**, Anspr auf **595**; vertrwidr Gebr **590 a**; WegnR **591 a**; s auch Pacht
Landschaftsschutz Übbl 37 vor **903**
Landstraße s Straße
Land- u Forstwirtschaft, Betr im EhegüterR **1408** 1; bei Zugew **1376** 4; Gen von GrdstGesch Übbl 22 vor **873**; Pacht **585**
Landwirtschaftsgericht, Gen der ErbauseindS/ErbteilsÜbertragg Einf 4 vor **2032**, **2033** 11; von GrdstVertr Übbl 22 vor **873**; Erteilg von ErbSch/Hoffolge-/TestVollstrZeugn Übbl 4 vor **2353**, **2368** 5; Entscheidg Streit zw TestVollstr **2224** 3; gerichtl ZuweisgsVerf Einf 4 vor **2032**, **2042** 24
Lärm, Schutz gg **906**; unterlassene Schutzmaßnahmen bei Bauplang **633** 2 a
Lasten 103 1; ErbschKauf **2379**; ErsAnspr des Besitzers **995**; Gemeinsch **748**; Kauf **446** 11; Miete **546**; Nießbr **1047**; öffentl Einl 18 vor **854**; Verteilg **103**; des VorE **2124** 2, **2126**; bei WohngsEigt WEG **16**
Lastenausgleich, AusgleichsAnspr bei irrigen Vorstellgen über Auswirkgen des L **242** 143; Ausgleichsleistgen als Ersatzvorteil bei der Erbschaft **2111** 4, **2164** 3; bei PflichttBerechng **2311** 4; Erbschein **2353** 17; Nachlaßverbindlk **1967** 3; Pflichtteil **2311** 5; Surrogation bei ErbenGemsch **2041** 1, bei Vor- u Nacherbsch **2111** 4; bei Vorerbsch **2126** 1
Lastschriftverfahren 270 4, **676 f** 26, WEG **21** 3, 4
Laternengarage 903 30
Leasingvertrag Einf 27 vor **535**, AGBG **9** 105; ErfGeh **278** 33; Einf 38 vor **535**; formularmäß GewlAusschl AGBG **11** 49; Künd Einf 44 vor **535**; unsittl **138** 92; Sachmangel Einf 40 vor **535**; sale-and-lease-back s dort
Lebendgeburt 1 2
Lebensalter, Berechng **187** 4
Lebensbedarf 1610 8
Lebensgefährte, RStellg Einl 8 vor **1297**, **1931** 15; Einfluß auf UnterhAnspr **1577** 14, **1579** 27
Lebenshaltungsindex 1376 13; ErbbRVO **9 a** 7; WertSichg **245** 28
Lebensmittelgesetz, Verstoß gg **134** 20
Lebensversicherung 330 2; Anrechng v Anspr bei SchadErs Vorb 133 vor **249**; Erbenstellg **1922** 47; kein NachlBestandteil **330** 2, **1922** 47; RErwerb mit Tod **331** 1, **2301** 19; Rückkaufwert **1376** 5; VersorggsAusgl **1587 a** 103, **1587 b** 30; Widerruf der BezugsBerechtBezeichng **330** 2, **1937** 12; ZugewAusgl **1376** 5
Legalhypothek EG **14** 18
Legalzession 412; nach ausländ Recht EG **33** 3
Legislatives Unrecht 839 19–19 c
Legitimationspapier, Einf 5 vor **793**; KraftlosErkl EG **102**; qualifizierte **808** 1; PfdR **1274** 9
Lehrer, AufsichtsPfl **832** 5; Mitwirkg bei Berufswahl **1631 a** 7; ZüchtiggsR **823** 36, **839** 109, **1631** 10

Lehrgangsunternehmer Einf 16 vor **611**
Leibesfrucht, Anerk der Vatersch **1594** 9; Beistandsch für Muter **1713** 6; Erbfähigk **1923** 5; erzeugte, ungeborene **1** 5; als NachE **2101**; Pflegsch für **1912**, werdde Mutter **1912** 3; SchadErsAnspr **823** 4, **1923** 5; Vertr mit Schutzwirkg zG der L **328** 16, 22
Leibgedinge EG **96**
Leibrente, AltenteilsR **759** 8; Begriff **759** 1, 7; Entrichtg **760**; Erwerb für ererbten GeschAnteil dch nichtbefreiten VE **2134** 3; Form des Verpfl-Verspr **761** 1; für Leihmutter 18 vor **1591;** aGrd SchadErsVerpfl **759** 8; Schenkg **759** 2; Änderg d GeschGrdlage **759** 6; Verh zu UnterhVereinbg 29 vor **1601**; Vertr **759**, **761**, zGDr **330**, **759** 3; Vorausleistg **760**
Leiche, Bestattg Einl 9 vor **1922**; Öffng Einl 12 vor **1922**; RLage Übbl 10 vor **90**, **1922** 44; Übergabe an Anatomie als Auflage **2192** 5; Umbettg Einl 9 vor **1922**; Organspende s dort
Leichtfertigkeit als Sittenverstoß **826** 8
Leiharbeitsverhältnis Einf 38 vor **611**; Betriebsrisiko **615** 22; Erfüllgsgehilfe **278** 13; VerrichtgsGehilfe **831** 7
Leihe **598**; Abgrenzg zum Darlehen Einf 24 vor **607**; zur Miete Einf 11 vor **535**; Abnutzg **602**; Beendigg **604** 4; Erhaltgskosten **601**; Gebrauch, vertragsmäß **603** 1; Gebrauch, vertragswidr **603** 1; Gefahr des zufälligen Untergangs **603** 1; Haftg **599**; Künd **605**; Mängelhaftg **600**; Rückgabe der Leihsache **604** 1; Verjährg der Ansprüche **606**; Verwendgen **601** 1; Wegnahmerecht **601** 2
Leihmutter s Ersatzmutter
Leistung, auf Abruf **271** 6; ÄndergsVorbehalt in AGB AGBGB **10** 22; Anerkenntnis **812** 5; Annahme an Erfüllgs Statt **364** 6; Anrechng bei Fordergsmehrheit **366** 1–8; Art u Weise **242** 22; Begriff **362** 1, **812** 3; Bestimmbark des Inhalts **241** 3, **315** 1; Bestimmung durch Dritte **317–319**, s a Leistgsbestimmg; Bewirkg der geschuldeten **362** 5; an Dritten Einf vor **328**, **362** 3; durch Dritten **267** 1–8; erfüllungshalber **364** 8; Einwand der unzumutbaren **242** 1; Fällig **271** 1; Frist in AGB AGBGB **10** 2; Gefahr **275** 23; Grundlage **315** 5; Inhalt **242** 38; Mitwirkg des Gläub **295** 5; Nichtannahme **293** 10; an Nichtgläub **362** 3; teilbare **266** 2, Übbl 1, 5 vor **420**; Tun **241** 4; Unterlassen **241** 5; Unterlassen der Mitwirkg **293** 10; Verzögerg, dem Schuldner nicht zurechenbare **285** 2; zG Dritter auf den Todesfall **331**, keine Zugehörigk zum Nachl des Gl **1922** 47; unter Vorbehalt, s Vorbehalt
Leistungen, wiederkehrde, Verj **197** 1, **218** 3
Leistungsanrechnung **366;** Kosten/Zinsen **367** 1
Leistungsbestimmung **315** ff; Anfechtg **318** 2; Anwaltshonorar **315** 7, **316** 2, **317** 1; durch Dr **317**; Ermessen billiges **315** 10, 15; durch Gläub **315** 10; Klausel in AGB AGBG **9** 106; „Preis freibleibend" **315** 5; Schiedsgutachter **317** 4; Sittenverstoß **319** 8, 9; stillschweigende **315** 6; unbillige **315** 15, **319** 1, 3; Unwirksamk **319** 1, 3; durch Urteil **315** 15, **319** 3; Verlust des Rechts auf **315** 15; Vertragsergänzg **317** 3; dch Vertragsgenossen **315** 4; Verzögerg **319** 3
Leistungsfähigkeit des UnterhSchuldn **1361** 288, **1581**, **1603**
Leistungskondiktion 812 2; **951** 16; IPR EG **38** 2
Leistungsort **269;** Aufrechng bei Verschiedenheit **391**; Bringschuld **269** 1; bei Dienstvertrag **269** 11; einheitl **269** 11; bei Geldschuld **270** 2; Holschuld **269** 1; IPR EG **32** 4, **269** 8; Leistgsstelle **269** 6; für NebenPfl **269** 7; Parteivereinbarg **269** 8, 16, **270** 10; Schickschuld **269** 1; Verkehrssitte **269** 11, **270** 10; Versendg **269** 9
Leistungspflicht, Befreiung **324** 8; persönl **267** 1
Leistungsstörungen Vorb 2 vor **275**; IPR EG **32** 5
Leistungstreuepflicht **242** 27, **276** 114
Leistungsträger bei Reisevertrag **651 a** 6
Leistungsverweigerungsrecht **273;** kein Ausschl dch AGB AGBG **11** 11; Erbe **2083** 1; bei ggs Vertr **320**; Gter **705** 13, **706** 2; Leistgsstörgen **320** 5; Miterbe **2059** 1; Sukzessivliefergsvertr Einf 31 vor **305**; Verh zum GewlR Einf 18 vor **320**; Verurteilg zur Leistg Zug um Zug **322** 2; Wirkg im RStreit **274**, **322**
Leistungsvorbehalt **245** 32, **315** 5
Leistungszeit **271;** FälligkKlausel **271** 7; Fixgeschäft **271** 6; Fristbestimmg dch AGB AGBGB **10** 2; nach dem Kalender bestimmte **284** 22; bestimmte nach Kündigg **284** 23; Stundung **271** 12; unbestimmte Festlegg **271** 13
Leistungszulagen **611** 59
Letzte Bitte, letzte Wünsche des Erblassers **2084** 20, **2192** 1
Letztwillige Verfügung, Anfechtg **2078** 1, **2079** 1, 2; AnfechtBerecht **2080** 1, 5; AnfechtFr **2082** 1, 2; Aufhebg dch Erbvertr **2289** 2; Ausleggsregel f Bedachte **2066–2073**; Auslegg **2084**, Übertragg der Auslegg **2065** 6; bedingte Erbeinsetzg **2065** 8; Bdgg **2074** bis **2076**; Begriff **1937** 1; Benenng des Vormds **1777**, des Pflegers **1917**; Bezeichng falsche **2078** 1; DrittEntschdg ü Geltg **2065** 2; Form, Übereinkommen über das auf die Form anzuwendende Recht EG **26** Anh; Eheauflösg **2077**; Ergänzg, unterbliebene **2086** 1; mögl Inhalt **1937** 6 ff; Irrtum **2078** 2; Selbständk **2065** 1; Sittenverstoß **138** 9, 10, 49, 50, **1937** 20; Teilunwirksamk **2085** 1–5; Testament **1937** 1; Übergehg eines PflichttBerecht **2079** 1, 2; Umdeutg **140** 10; Unwirksamk **137** 2; Verlöbn Rücktr **2077** 6; Verwirkgsklausel **2074** 6; Vollmachterteilg in – **167** 1, **1937** 12; Vorbehalt v Nachzetteln **2086** 1; Willensmängel **1937** 15; s a Testament, Zuwendung
lex rei sitae im int SachenR EG **43**
Licht, Entziehg **903** 9
Lichtrecht EG **124** 3
Liebhaberinteresse, kein Ersatz **251** 11
„Liefermöglichkeit vorbehalten" **279** 11
Lieferschein als Anweisg Einf 8 vor **783**, **783** 3; Übereigng dch **929** 21, **931** 5
Liquidation des Vereins **47–53**
Liquidatoren, Aufgaben **48**, **49** 1; Bestellg **48**; Beschlußfassg **48**, **76** 1; Eintragg ins Vereinsregister **48**, **76** 1; Haftg **53**; Zwangsgeld **78** 1
Listenpreis **453** 2
Lizenzspieler s Berufssportler
Lizenzvertrag Vorb 118 vor **249**, Einf 19 vor **433**, Einf 7 vor **581**; Schutzunfähigk des Ggst **306** 15; Lizenznehmer, unerl Handlg **826** 44
Lohn **611** 49, 76; Abtretgsverbot **399** 8; Abzüge **611** 65; formularmäß Abtretg AGBG **9** 107; Erhöhg **611** 51; Fortzahlg **616**, **617**, SchadErs bei **252** 9, **616** 30; Gleichh **612** 11; Rückzahlg **611** 68; Schiebg **826** 42; Zuschläge **611** 59
Lohnsteuer, Abzug **611** 66; irrtüml Erstattg Einf 20 vor **812**; GesSchuldVerh von ArbG u ArbN **426** 3, 8; Hilfeverein **21** 6
Lombardkredit Einf 8 vor **607**
Los, Bestimmg des VermächtnisGgst **2154** 1; des Erben **2065** 7
Löschung von dingl Rechten **875**; Vormerkg **886** 1; Zustimmg des berecht Dr **876**
Löschungsanspruch des GrdPfdRGläub ggü fremden GrdPfdR **1179 a**, ÜbergangsR **1179 a** 15: bei

eigenem Recht **1179 b**; gg EigtümerGrdSchuld **1196** 4; ggü WertPapHyp **1187** 3
Löschungsfähige Quittung 1144 4
Löschungsvormerkung 1179; Rang **879** 5
Lotse, Dienstvertr Einf 16 vor **611**; Haftg **277** 4
Lotterie 763; Loskauf **763** 2
Lottovertrag 763 2, 4; AGB AGBG **9** 108
Lücken, Ausfüllg in lwVfg **2084** 8, in Vertr **157** 2, in Gesetzen Einl 47 vor **1**
Luftbeförderungsvertrag Einf 9 vor **631**, EG **28** 14
Luftfahrzeug, bewegl Sache Übbl 3 vor **90**; Ersatzteillager, Verpfändg Einf 7 vor **1204**; Haftg **276** 136; RegKosten bei Kauf **449** 1; Luftraumbenutzg **905** 1; Miete **580 a** 1; Nießbr **1030** 2; Notlandg **904** 1; RMängel bei Kauf **435** 2, **439** 1; RegPfdR Einf 6 vor **1204**; SichgsÜbereigng **930** 16; Eintragg der Vorerbschaft Einf 9 vor **2100**
Luftraum Übbl 8 vor **90**; **905** 1
Luftreinhaltung 906
Luftverkehr, AGB AGBG **9** 86; Charterflüge Einf 10 vor **631**; Gruppen-/Sammelflüge Einf 10 vor **631**; Sicherg **839** 109

M

Machtstellung, Ausnutzg **138** 93
Mahnbescheid, VerjUnterbrechg **209** 16; **213**
Mahnschreiben, Ersatz der Kosten **286** 7
Mahnung, Begriff **284** 15; formularmäßige Freistellg AGBG **11** 18; des Gläubigers nach Abtretg **410**; Stufenmahng **284** 18; im UnterhR **1613** 8–10; Verzugsvoraussetzg **284** 15, 22
Majorisierung der WEigtümer WEG **25** 4
Mäkler 652; Arten Einf 2 vor **652**; AufklärgsPfl **276** 88, 118; Auskunft **654** 3; Doppeltätigk **138** 94, **654** 8; ErfGeh des AuftrG Einf 9 vor **652**; GemeinschaftsGesch Einf 12 vor **652**; Haftg **276** 88, **654** 3; jurPers/OHG Einf 10 vor **652**; mehrere Einf 10 vor **652**, **654** 10; NachweisM **652** 10; SchadErsPfl **276** 36, **654** 3; UnterM Einf 11 vor **652**; VermittlgsM **652** 10, 13; Verpflichtg zum GrdstVerk ggü M **313** 13; VertrauensM **652** 62; Vertretgsmacht Einf 8 vor **652**; weitergehde Verpfl **652** 63; ZubringerGesch Einf 13 vor **652**
Mäklerlohn 653; Aufwdgen **652** 49; Bereichergsanspr **652** 8; BewLast **652** 47; Einwdgen **654** 1; Fälligk **652** 46; FolgeGesch **652** 53; genehmbedürft Vertr **652** 23; Heiratsvermittlg **656**; Herabsetzg **652** 41, **655**; Höhe **652** 41, **653**; –klausel in not KaufVertr **652** 40; Reuegeld **652** 73; Rücktr vom abgeschl Gesch **652** 26; Vererblichk der ProvAnw **652** 46; Verflechtg **652** 14; Verj **652** 41; VerkGebühr Einf 7 vor **652**; VertrStrafe **652** 69; Verwirkg **654** 6, 8; Voraussetzgen **652** 1; Vork-RAusübg **652** 28; VorVertr **652** 52; Wucher **652** 7
Mäklervertrag 652; Abgrenzg 7 vor **652**; abw Vereinbg 1 vor **652**, **652** 50, 60; AlleinAuftr **652** 60; AGB AGBG **9** 18, 109, Einf 1 a vor **652**; ArbVermittlg Einf 15 vor **652**, **652** 14; Dauer **652** 9; Festanhandgabe **652** 62; Form **313** 13, **652** 6; in der Ins **652** 47, Kundenschutz **652** 53; Mäklerleistg **652** 10; RBeratg 4 vor **652**; RückfrageKl **652** 51; Sittenwidrigk **138** 94; TreuPfl des AuftrG **654**, 9, des Mäklers **654** 3–8; Vergütg **652** 40, **653**; Vermittlgsverbote **134** 10, 14 vor **652**; VertrStrafe **652** 69; Vorkenntn **652** 36, 51; Wegfall der GeschGrdlage **242** 166; Wesen Einf 6 vor **652**; Widerruf **652** 9; Wirksk **652** 6; Wohngsvermittlg Einf 14 vor **652**, **652** 43; Zustandekommen **652** 2
Managementvertrag 34 vor **709**, **675** 23
Mandantenschutzklausel 138 105, **611** 43
Mangel, Annahme unter Vorbehalt **464** 8; arglist Verschweigen **460** 13, **478** 7; der Kaufsache **459**; Kenntnis bei VertrAbschluß **460** 6, **464** 1; der Leihsache **600**; Mietsache **537**, **538**; Unkenntnis, grobfahrl **460** 9; der Vertretgsmacht **177–180**; des Werks **633**
Mängelanzeige, des Käufers **478**; des Mieters **545**; nicht Voraussetzg der GewLeistg **462** 9; formularmäß AusschlFrist für – AGBG **11** 66
Mängelbeseitigung MietVertr **538** 15,18; Vorenthalten der – AGBG **11** 63; Anspr im WkVertr **633** 5–7, Erlöschen **634** 6, Verh zum GewlR 4 a vor **633**, RNatur 4 vor **633**
Mängeleinrede, Erhaltg **478** 1, 3 s a, GewLeistg
Mangelfall in UnterhR **1581** 22; 22 vor **1601**, **1603**, **1606** 1, 19; s a Selbstbehalt
Mangelfolgeschäden 276 110, **463** 15, Vorb 23 vor **633**; Verjährg **477** 7, **638** 4
Mängelrüge beim Kauf Vorb 29 vor **459**, **462** 9
Mankohaftung 611 35; Beweislast **282** 21
Marke, Gewinnherausg bei Verletzg **687** 5, Einf 18 vor **812**; Verletzg **826** 56, **1004** 2, dch Gehilfen **831** 5, dch Namensmißbr **12** 20
Marktregelung Einf 7 vor **145**
Maschinenkauf mit Montageverpflichtg 20 vor **305**, 16 vor **631**
Massenentlassung s anzeigepflichtige Entlassgen
Masseschuld, Aufwendungen des Erben **1978** 5
Maßregelungsverbot 612 a
Meer, Übbl 8, 12 vor **90**
Meeresstrand Übbl 12 vor **90**, **1004** 2
Mehrarbeit 611 27; Zuschläge **611** 59
Mehrhausanlage, StimmR WEG **25** 2
Mehrrechtsstaaten, Verweisg des IPR auf ROrdng von – EG **4** 14
Mehrstaater s Staatsangehörigkeit
Mehrwertsteuer s Umsatzsteuer
Meinungsäußerung, Schutz nach BGB **823** 189–189 e, nach MRK **823** 189 f
Meinungsverschiedenheiten, zw TestVollstr **2224** 3; der Elt **1627**, **1628**; zw Elt u Pfleger **1630** 8; bei Ruhen der elt Sorge **1673** 4; zw Vormündern **1797**, **1798**
Menschenrechtskonvention Einl 9 vor **1297**, 3 vor **1626**, Haftg aus Art 5 V Einf 11 vor **823**, **852** 1
Mentalreservation 116; bei Test **1937** 15; bei Erbvertr **2279** 1
Merkantiler Minderwert 251 21, **635** 46 b
Metageschäft 705 42
Mietabstand Einf 88 vor **535**
Mietanpassungsvereinbarung MHG **10 a**
Mietbeihilfe s Wohngeld
Mietbürgschaft 572 1
Miete, Abgrenzg Einf 9 vor **535**; Begriff Einf 1 vor **535**; Berechng Einf 99 vor **535**; IPR EG **28** 11; Verlängerg **556 a**, **556 c**, **564** 6, 2. WKSchG **2**; Verlängergsklausel **565 a**; ZahlgsPfl **552** 4
Mieter, Angehörige des verstorbenen M, Eintritt **535** 1; Annahme unter Vorbehalt **539** 4; Anspr gg Dr **535** 9; Anspr aus unerl Handlg **539** 1; Aufrechngsbefugnis **552 a**, ggüber Erwerber des Grdst **575** 1; Ausschluß von Ersatzanspr **539** 1: Ausschluß des außerordentl Kündigungsrechts **542** 12, **543** 1; Aufwendgen bei Duldg von Erhaltgs- u Verbessergsarbeiten **541 a** 6; Behinderg, persönl **552** 4; Belastg des Grdst mit Recht eines Dr **577** 1–3; Benutzungsentschädigg **557**; Beweislast für Mangel **537** 9; Beweislast für vertragsmäß Gebrauch **548** 7; Duldg von Erhaltgs- u Verbessergsarbeiten **541 a** 6; Ersatzmieterstellg **552** 8; Gäste **535** 26; Gebrauch der Mietsache, dauernde Hin-

dernisse **552** 4; Gebrauchsunmöglk, verschuldete **542** 12; GewlAnspr **537–539**; Haftg für ErfGeh **278** 16, für Untermieter **549** 18, für Zufall **548** 1, Erweiterg AGBG **9** 91; Kenntnis d Mangels **539**; Konkurs **557** 12; Kündigg: außerordentl. Durchführg **543** 1, bei Nichtgewährg oder Entziehg d Gebrauchs **542** 1, 5, bei ungesunder Wohng **544** 1–3, bei Versagg der Untervermietg **549** 18; Kündiggsfristen **565**, **565 a**; KündiggsSchutz **564 b**, 2. WKSchG **2**, **3**, **4**; Mahng **554** 5; Mängelanzeige, Unterlassg **545** 10; Mängelbeseitigg dch – **538** 15; Mehrh von – **535** 4; Obhutspflicht **535** 41, **545** 1; Pflichten **535** 28; Rechte **535** 7; Rechte bei Nichterfüllg der Vermieterpflichten **537** 1, bei RMängeln **541** 6; RückgPfl **556**, bei Mehrheit von M **556** 11; SchadErsAnspr gg Vermieter **538** 13, bei vorgetäuschtem KündGrd **564 b** 60; Selbsthilfe **538** 14; SicherhLeistg **572** 1; Sondererbfolge in MietVerh **1922** 9; Störg **536** 7; StörgsSchutz **535** 19; Tod eines v mehreren **569** 1; Umbauten **535** 38; UnterhaltgsPfl **536**; Verhältn zum Untermieter **549** 21; Verhältn zum GrdstErwerber **571** 12; VertrStrafe **550 a**; Verwendgsersatz **547** 1, 5; VorkR bei Umwandlg in WEigt **570 b**; WegnR **547 a**; Weiterveräußerg des Grdst **579** 1; Widerspr gegen Kündigg des Vermieters **556 a**, **556 b**; Zahlgsunvermögen **554** 5; -verzug **554** 1, 5; ZbR **552 a**, **556** 15

Mieterdarlehen Einf 86 vor **535**

Mieterhöhung, einseitige, Einf 98 vor **535**; bei Wohnraum, 2. WKSchG **3**, **4**, **5**

Mieterschutz Einf 96 vor **535**, **564 b**, 2. WKSchG **2**

Mietkauf Einf 22 vor **535**

Mietkaution Einf 89 vor **535**, **550 b**; Verfallklausel **550 a** 1

Mietnebenkosten **535** 25, 37, 2. WKSchG **4**

Mietoptionsvertrag Einf 5 vor **535**

Mietpreisgleitklausel MHG **1** 9, **10** 2

Mietpreisrecht, Einf 97 vor **535**, 2. WKSchG **3**

Mietrecht, soziales Einf 70, 94 vor **535**

Mietsache, arglist Verschweigen von Mängeln **539** 3, **540** 1; Beleuchtg **536** 8; Bezugsfertigk **535** 8; Einrichtg in der – **547 a**; ErhaltgsPfl **536** 7, Erhaltgs- u Verbessergsarbeiten **541 a**; Fortfall **536** 21; Fehler **537** 12; Gebr zu best GeschBetr **535** 7; Gebr, Nichtgewährg od Entziehg des vertragsmäß **542** 5; GebrÜberlassg an Dritte **549** 3, **552** 9; Gefährdg dch Vernachlässigg **553** 2; gerichtl Zuständigk **564 b** 65; Lasten **546** 1; Mangel bei VertrAbschl **538** 9; MängelanzeigePfl **545** 1, 6; Modernisierg **536** 8 a; ObhutsPfl **545**; öffrechtl Verbote **537** 14; Rückgabe **556** 1; vertragmäß Gebr **536** 5, Verändergen dch **548** 1; vertragswidr Gebr **548** 7, **550** 6, **553** 4; VerwendgsErs **547** 1, 5; Vorenthaltg **557** 1, 5; wesentl Bestandt **535** 21; zugesicherte Eigensch, Fehlen **537** 21; Zustand, ordngsmäß **556** 3

Mietverhältnis, Aufg bei Bt **1907**; Begriff 1 vor **535**; bedingtes **565 a** 7; befristetes **565 a** 4; einheitl über mehrere Wohngen **535** 1, 7; Eintr von Familienangehörigen **569 a**, **1922** 11, **1933** 8; Vertr Einf 29 vor **145**; KündSchutz bei Wohnraum **564 b**, 2. WKSchG **2**; gerichtl Regelg nach Scheidg HausRVO **5** 1, 2, **9** 2

Mietvertrag, AGB AGBG **9** 110; Begründg **535** 1; Doppelvermietg Einf 6 vor **535**, **536** 6; Eheg bei Scheidg HausRVO **5**; Formmangel **566** 10; formularmäß, Inhaltskontrolle AGBG **1** 2, 11, **11** 73; Ggstand **535** 2; mißbilligte Klauseln Einf 77 vor **535**, AGBG **9** 110; GrdstVeräußerg **571**; Haftg für Dritte **535** 26; Kündigg: bei vertrwidr Gebr **553**; aus wicht Grd **554 a**; bei Zahlungsverzug des Mieters **554**; bei Ehegatten **569** 1, 6; bei Tod des Mieters **569** 1, 4, **569 a**; Fristen bei Grdst **565**; von Beamten usw **570** 1; für länger als ein Jahr **566** 6; langfristiger, KündR **567** 1, der Erben-Gemsch **2038** 7; auf Lebenszeit **567** 4; Fortsetzg nach Kündigg bei Widerspruch **556 a–c**; Mustermietvertrag **535** 2, 9, **536** 5, 10, **538** 7, **545** 1, **549** 6, **552 a** 1, **556** 1, **565** 10; Nacherbfolge, Eintritt **2135** 1; Nebenabreden, mündl **566** 9; Nebenkosten **535** 37; vertragl RücktrR **570 a**; Schriftform **566** 1, 8; Schutzwirkg zGDr **328** 28; stillschw Verlängerg **568** 1; Übern 8 a vor **535**; unzul RAusübg **242** 78; Verlängergsklausel **564** 6, **565 a**; VerlängergsVertr, Form **566** 15; über Wohnraum auf bestimmte Zeit **564 c**; auf unbestimmte Zeit **564** 5, **566** 6–14; Verletzg, erhebliche **553** 4; Verwirkg **242** 103; vormdschger Gen **1822** 11; VorVertr 3 vor **535**, **566** 3; Wegfall der GeschGrdlage **242** 166; ZahlgsPfl **552** 4

Mietvorauszahlung Einf 85 vor **535**; Rückerstattg **557 a**

Mietwagenkosten als SchadErs **249** 12

Mietwucher **134** 27, **138** 76

Mietzins **535** 29; angemessener **157** 16; Aufrechng **552 a**, **554** 5; Aufrechng ggüber Erwerber **575**; Befreiung **537** 18; Behinderg, persönl d Mieters **552** 4; Bemessgszeitraum **565** 2, 4; ausnahmsw Bringschuld **270** 4 iVm **269** 12; einseitige Erhöhung Einf 98 vor **535**; bei Wohnraum 2. WKSchG **3**, **4**; Entrichtg **551** 1, 4; Erstreckg der Hypothek auf **1123–1125**; Kündigg wegen Nichtzahlg **554**; Minderg **537** 21; als Mindestschaden **557** 4; Rechtsgeschäft zw Vermieter u Mieter **574** 1, 4; Rückerstattung b Kündigg **557 a**; Teilrückstand **554** 9; Vfgen des Gemeinschuldners **573** 9; Vfgen bei Zwangsverst **573** 9; Verjährg **197** 6; Vorausverfügg **573** 1, 4, bei Hypothek **1124**; Vorleistgspflicht des Mieters **551** 1

Militärtestament Einf 4 vor **2229**

Minderjährigenschutz-Übereinkommen (MSA) EG **24** Anh 1 (fettgedruckte Zahlen sind im folgenden Art. des Abk); allgemeines Anh 1; AnerkennungsPfl **3**, **7**; AnwendgsBereich 2, sachl **1** 13, **2** 16, pers **13**, zeitl **17**; Anzeigepfl **4** 33, **8** 41, **11**; Aufenthalt d Minderj **1** 1, 10, Verlegg **5**; DDR, AnwendgsBereich **14** 48; Eilzuständigk **9**; Heimatbehörde, Eingreifen **4**; Internationale Zustdgk **1** 1, 10, **3** 24, **4**, **5** 34, **6** 36; Mehrrechtsstaaten **14**; Mehrstaater Anh 3; Minderjähriger, Begriff **12**; Ordre public **16**; Rechtsanwendg Anh 3, **2**, **3**, **8** 39; Rück- u. Weiterverweisg Anh 3, **3** 18; Schutzmaßnahmen **1** 13, **2** 16, **3** 24, 27, Durchführg **6**, **7**, bei Gefährdg **8**; Staatsangehörigkeit, Anknüpfg **3** 18; Verh zu anderen Übereinkünften **18** 52; Vollstreckg **7** 37; Vorfragen Anh 31

Minderjähriger, Annahme als Kind **1741 ff**; AufsichtsPflVerletzg **832**; Automietvertrag **107** 8; BereichergsAnspr **812** 30, **819** 6; Dienst- oder Arbeitsverhältnisse **113** 1–3; Ehefrau Rechtsstellg **1633**; Eheschließg **1303**; einseit RGeschäft **111** 1–6; Einwilligg bei unerl Handlg gegen M **823** 42; Einwilligg d gesetzl Vertr zu Willenserklärg **107** 8; elterl Sorge **1626**; ErbschAnnahme **107** 8, **1943** 4; Erbenstellg bei TestVollstrg Einf 4, 6 vor **2197**, **2204** 4, **2215** 1; ErwerbsGesch, selbstd Betrieb **112** 1–3; Gesch mit rechtl Vorteil **107** 2; GeschFgk **106** 1, 2, **112** 1–3; Künd einer GbR **723** 4; Kreditgewährg **110** 4; Mitverschulden **254** 13; NachlAuseinandersetzg **2042** 7, 19; Prozeßfähigk **106** 2; rechtl Vorteil **107** 1, 2; Schenkg **107** 2; Schutz IPR EG **24** Anh 1; Sorge über verh Kinder **1633**; elt Sorge **1626**; Taschengeld **110**, **1610** 11; TestErrichtg **2229** 1, **2233** 1, **2247** 19;

unerlaubte Hdlg **828**, **829**; VaterschAnerkenng **107** 8, **1596** 5; Verlöbn 1 vor **1297**; VertrAbschl **108** 1, 2; Vormund für mj Eheg **1778** 3; Vormsch **1773 ff**
Minderjähriger Ehegatte 1633
Minderung 462 13, **465** 1; Abdingbark bei ReiseVertr **651 l**; AusschlFr bei ReiseVertr **651** g; Ausschl bei Viehkauf **487** 1; Berechng **472**; Bindg an Erkl **465** 7; bei c. i. c. **276** 102; Einrede **465** 7, 11, trotz Verj **478**; ErfOrt **472** 4; bei Gattgskauf **480**; Gesamtpreis **472** 7; gestundeter Kaufpreis **472** 11; mehrere Beteiligte **474** 1; mehrmalige **475**; des Mietzinses **537** 23; bei ReiseVertr **651 d**; Sachleistg als Kaufpr **473** 1; SchadErsatz statt – **463**; bei Schlechtleistg **323** 9; bei Tausch **473** 1; Unabtretbark des Anspr **462** 1; Verj **477** 1; Vollziehg **465** 1, 11; bei WkVertr 5 vor **633**, **634**
Mindestarbeitsbedingungen Einf 64 vor **611**
Mindestbedarf 1578 35, 36, **1581** 16; s Selbstbehalt
Mindesterbteil, Erbschein **2353** 3
Mineraliengewinnung, GrdstÜberlassg Einf 2 vor **581**
Mischmietverhältnis Einf 72 vor **535**, **564 b** 11, MHG **2** 3
Mischverträge Einf 16 vor **305**; mit Miete Einf 21 vor **535**; mit Pacht Einf 1 vor **581**
Mißbrauch des Eigt **826** 32; formaler RStellgen **242** 49; eines Urteils **826** 46; der Vertretgsmacht **164** 13; des SorgeR **1666** 7
Mißhandlung des Kindes **1631** 9, **1666** 26; Pflichtt-Entziehg wg **2333** 5
Mitarbeitspflicht der Eheg im Beruf/Gesch des anderen **1356** 6, im Haushalt **1356** 4, Vergütg **1356** 8; der Kinder **1619**; Mitarbeit bei Verlobten Einf 3 vor **1297**
Mitbesitz 866; PfdBestellg bei – **1206**; Überg bei **929** 15; des WohngsEigtümers WEG **13** 2
Mitbestimmung der ArbN **611** 47; IPR EG **12** Anh 3
Mitbürge 769; AusglPfl **774** 13
Miteigentum 1008; AufhebR, Beschränkg **1010** 1; Begründg **1008** 2; Belastg **1009**, des Anteils **1008** 5; unter Eheg **1372** 9; an der Ehewohng nach Scheidg HausRVO **3** 3, am Hausrat **1357** 20, HausRVO **8**; Eintragg von Verwaltgs- u Benutzgsanordngen **1010** 4; Geltendmachg von Anspr aus dem Eigt **1011** 1; an Grdst, Form der Veräußerg **313** 3; gutgl Erwerb **932** 1; Miete an gemschaftl Sache **744** 2; Nießbr am Anteil **1066**; PfdR am Anteil **1258**; Pfändg des Anteils **1008** 6; Teilhabervereinbg, Wirkg gg RNachf **1010** 1, 5; Übertragg eines Anteils **1008** 4
Miterbe, Antrag auf NachlVerw **2062** 1; Aufrechng **2040** 6; AuseinandSAnspr **2042** 1; AusglPfl **2050** 1, 4, **2055** 1, 4, **2316** 1, 2; AuskPfl **2027** 1, **2038** 13, **2057** 1; Fruchtanteil **2038** 16; Gemeinschaft der MitE **2032**; Gesamthandklage **2059** 4; Gesamtschuldklage **2058** 2; Haftg als Gesamtschuldn **2058** 1, 3, ggüb PflichttBerecht **2319** 1, 2, **2324** 2, bis Teilg **2059**, Haftg nach Teilg **2060** 2; Haftgsbeschränkg Einf 2 vor **2058**; Innenverhältnis **2058** 4, **2063** 2; InventErrichtg **1994** 1, **2003** 3, **2063** 1, 2; Klagerecht **2039** 6; Lastenausgleich **2041** 1; Lastentragg **2038** 12; MitwirkgsPfl bei VerwaltMaßn **2038** 8; NachlGläub **2046** 5; PflichttBerecht **2319** 1, 2; PflichttLast, Ausgleichg **2320** 1, 2, 3; Privataufgebot **2061** 1; Schuldn einer NachlFdg **2039** 13; TeilauseinandS **2042** 17; Teilhaftg, Eintritt **2061** 2; Vfg üb Anteil am einz NachlGgst **2033** 19; Verfügg üb Erbanteil **2033** 1; Verfügg üb NachlGgstand **2040** 1, 4; VerglAbschl mit NachlSchuldn **2038** 7; VorkaufsR **2034–2037**; VermLast, Ausgleichg **2320** 2; Verwaltg des Nachl **2038**; s auch ZuweisgsVerf, gerichtl
Mitgesellschafter, vormdschaftsger Genehmigg **1822** 11; Vererblichk der Rechte **1922** 17; TestVollstreckg **2205** 14, 20
Mitgift s Ausstattg
Mitgläubigerschaft 432 1
Mitgliederversammlung bei Verein, Berufg **32** 2; Berufgszwang **36**, **37**; Beschlußfassg **32** 1, 5; Teilnahme von Nicht-Mitgliedern **32** 1
Mitgliedschaft, in Gesellsch **717** 1; Übertragg von MitgliedschRechten **413** 4; im Verein **38**
Mitsondereigentum WEG **3** 5
Mittäter, Begriff **830** 1
Mittelbarer Besitz 868; Abtretg des Herausgabeanspr **870** 4; Begründg durch Selbstkontrahieren **868** 19; Besitzstörgsanspr **869** 3; Gesamtnachfolge **870** 1; mehrfacher **871** 1–3; mehrstufiger **868** 1; **871**; Selbsthilferecht **869** 2; Übergang **870** 1; Übertragg **870** 1; Verfolggsrecht **869** 4; Wiedereinräumungsanspr an BesMittler **869** 3
Mittelbarer Schaden Vorb 15, 72 vor **249**
Mittelbares Arbeitsverhältnis, Einf 30 vor **611**
Mittellosigkeit, Vormd/BterVergütg bei **1835** 15, **1836 a** 1, **1836 d**
Mitverschulden 254; Abwägg **254** 45; Anrechng von Sach- u Betriebsgefahr **254** 3; Anwendgsbereich **254** 5; des Aufsichtspflichtigen **832** 12; Pflicht zum Berufswechsel **254** 37; Dritter **254** 60; Einzelfälle **254** 16–44; ggü ErfAnspr? **254** 8; im Gesch- u RVerkehr **254** 16; u Handeln auf eigene Gefahr **254** 76; bei mittelbar Geschädigten **254** 68; im öffR **254** 7; OperationsduldgsPfl **254** 35; SchadensmindergsPfl **254** 32; im Straßenverkehr **254** 20; ggü Verletzg der VerkSichgsPfl **254** 25; Warngspflicht **254** 34; des Verletzten bei unerl Handlg **846**; s a Verschulden
Mitvormund, Bestellg **1775**, **1778** 4, **1791 b** 4; Führg der Vormdsch **1797**
Mitwirkungspflichten 242 32
Mobilfunk Einf 16 vor **631**
Möblierter Wohnraum 564 b 18; 2. WKSchG **2** 2
Monat, Anfang, Mitte, Ende **192**; halber **189**
Modernisierung, Mietsache **536** 8 a; WEigt WEG **22** 7
Money-back-Garantie s Überweisungsvertrag
Monopolstellung, Ausbeutg **138** 93; Kontrahiergszwang Einf 8 vor **145**; Mißbrauch **826** 41
Morgengabe EG **13** 9, **14** 18, **17** 17
Montage, bei Kauf 16 vor **433**
Motivirrtum 119 29, **2078** 4
Müllkippe, Immissionsschutz **906** 47; OffenbargsPfl bei Vorbenutzg als **123** 8; VerkSichgsPfl **823** 111
Münchener Ewigleben 1199 1
Mündel, Anhörg 8 vor **1626**, **1800;** Entlassg aus dem Staatsverband **1821** 3; AuslagErs bei Anhörg von Verwandten **1847** 2; Haftg für Vormd **1793** 9; InteressenGefährdg **1778** 2; SchadErs bei Ablehng der Vormsch **1787** 1; Todeserkl **1884** 2; Unterbringg **1800**; Verpfl dch Vormd **1793** 9; Verschollenh **1884** 1; Volljk **1882** 2
Mündelgeld, Abhebg **1809** 1; Anlegg **1806–1811**; Anwendg der Vorschr auf KindesVerm **1642**; Hinterlegg von InhPap **1814**, **1818**, Orderpap **1814** 4; Sparkasse **1807** 6; Sperrvermerk **1809** 1; Verwendg dch Vormd **1805** 1; Zinspfl, Vormd **1805** 1, **1834** 1
Mündelsicherheit 1807 1; bei ErbbRHyp ErbbRVO **18**, **22**
Mündelvermögen, Hinterlegg **1814**, AO der **1818**; HypBrief **1819** 1; InhabPap **1814** 2, **1815** 1, **1819**

1, **1820**, **1853**; Kostbark **1818**, **1819**; Schuldbuchfdg **1816**; Sperrvermerk **1809** 1, **1816**, **1820** 1, **1853**; Überschuldg **1836** 4; Umschreibg **1815** 1, **1820**; Verwaltg **1793** 5
Musizieren als Besitzstörg **858** 6; als Immission **906** 8; in WohngsEigt WEG **15** 13
Muster, Kauf nach Muster **494**
Mutter, Abstammg **1591**; Zust zur VaterschAnerk **1595** 3; VaterschAnfechtgsR **1600**; Alleinsorge **1626** 12; AuskPfl über Erzeuger des Kindes 3 vor **1591**; Ers von Entbindgskosten **1615l** 4; Nachw der Mutterschaft 7 vor **1591**; UnterhAnspr gg Vater des nehel Kindes **1615l** 2; Unterh für werdde Erbenmutter **1963**, **2141**; s a elterl Sorge, Kind, nichtehel Kind
Mutterschaft 1591
Mutterschutz, Einf 84 vor **611**; Vorb 79 vor **620**

N

Nachbarerbbaurecht ErbbRVO **1** 4, **2** 3, **12** 3, 5
Nachbarklage im öffR **903** 25
Nachbarliches Gemeinschaftsverhältnis 903 13
Nachbarrecht, PrivatR **903** 11; öffR **903** 14; LandesR EG **124**
Nachbarwand 921 5, EG **124** 3
Nachbesserungsanspruch, Kaufvertr **462** 4; Aufwendungen bei N **476a**; AGBG **11** 61; Fehlschlagen des – AGBG **11** 57; Werkvertr, VOB **633** 5–7
Nachbürgschaft Einf 9 vor **765**
Nachentrichtung, Versichergsbeiträge **1587** 45
Nacherbe 2100; AnwR **2100** 11; Abtretg **2108** 6, Vererbg **2108** 2; Ann der Erbsch **2142** 5; Aufwendgen, außergewöhnl **2124** 3; AuskR **2127** 2; Ausschlagg der Erbsch **2142** 1; AusschlaggFr, Beginn **2142** 2, **2306** 12; Einsetzg **2100** 7, **2102**; bdgte **2100** 3, **2065** 8, **2108** 5, auf den Überrest **2137** 1; EinwilligPflicht zur Verw **2120** 3; Erbe, gesetzl **2104** 1– 6; Erbfähigk **2108** 1; ErbschHerausgabe, Anspr **2127** 3, **2130** 1; ErbschSteuer **2100** 1; ErbSch inf 14 vor **2100**, **2353** 10, **2363** 9, 10; ErbSchHerausgAnspr **2363** 9; Ersatzberufg **2096** 1, **2102** 1–6; ErsatznachE **2102** 5; Haftg für Nachlaßverbindlk **2144**; Inventar **2144** 4; jur Pers im Entstehen **2101** 3; Insolvenz Einf 7 vor **2100**; Mietvertrag **2135** 1; NachlVerwaltg **2144** 3; noch nicht Erzeugter **2101** 1; noch nicht vorhandener **2108** 1; Pflegsch für noch nicht erzeugten **1913** 2; Pflichtteilsanspr **2306** 12; nach Schlußerben dch gemeinsch Test **2269** 3; SichhLeistAnspr **2128** 1; TestVollstr für NachE **2222**; TestVollstrg u Nacherbsch **2205** 28; VerwendgsErs **2125** 1; Wegfall des Bedachten **2069** 6; WidersprKlage Einf 4 vor **2100**; ZwVollstr gg Einf 5 vor **2100**
Nacherbenrecht, angewachsener Erbteil **2110** 1; Eintr im GB Einf 8 vor **2100**; Erbrecht, zukünftiges **2100** 10; Ersatzvorteile **2111** 4; Pfändg Einf 6 vor **2100**; Übertragg des AnwartschaftsR **2108** 6, **2139** 2; Übertragg auf VE Einf 11 vor **2100**, **2139** 8; Vererblichk **2108** 2; Angabe der Vererblichk im Erbschein **2363** 1; Verzicht **2142** 2, nur auf Eintragg im GB Einf 10 vor **2100**; Vorausvermächtn **2110** 2; zeitl Beschränkg **2109** 1, 2
Nacherbenvermerk, im GB Einf 8–12; vor **2100**, **2111** 1; Buchfdgen **2118** 1; bei ErbbauR ErbbRVO **10** 1; Handelsregister Einf 17 vor **2100**; Rangverhältn **879** 6, Einf 9 vor **2100**
Nacherbfolge, Anordng der NachlHerausg **2103**; AnwachsR **2142** 3; Anzeige an NachlGer **2146** 1; Besitz an ErbschSachen **2139** 4; Eintritt **2139** 1, 3; Erbschein Einf 14 vor **2100**, **2139** 6, **2363** 1; Geburt des NachE **2106** 2; Insolvenz des VorE Einf 7 vor **2100**; konstruktive **2100** 2, **2104**, **2106**; Mietvertr **2135**; NEFall, Eintritt **2100** 13, **2139** 1; proz Wirkg **2139** 5; Schutz Dr **2140** 2; Tod des VE **2106** 1; Wegfall **2107** 1–3; weitere **2100** 4; Wiederaufleben von RVerhältn **2143**; nach ZGB-DDR **2100** 7; ZwVollstr Einf 6 vor **2100**; Zweck Einf 1 vor **2100**
Nacherbschaft, Anfall **2106**, **2139**; AuseinandS **2130** 3, **2042** 3; Ausschlagg **2142**; Erwerb **2100** 8, 13; Herausgabe **2130**, dch befr Vorerben **2138**
Nachfolgeklauseln in AGB AGBG **11** 84; als Vertr zGDr **328** 8; beim GesellschVertrag **1922** 15, **2301** 10; bei Miete **535** 3
Nachforschungen, Aufwendungen für – über Schadensfall als Schaden **249** 22
Nachfrist, Setzg nach Verzugsbeginn **326** 14; Regelg dch AGB AGBG **10** 10, **11** 18
Nachhaftung eines Gesellschafters s dort
Nachlaß, Anteil s Erbteil; AuseinandS **2042**; Erschöpfg **2088** 3; Früchte **2038** 16; Kosten der Verw **2038** 12; Nutzgen **2111** 10; Sicherg **1960**, **1961**; Teilg **2059** 3; Trenng von EigVermög **1990** 9; Überlassg freiw an Gläub **1990** 10; Überschuldg **1980** 3; Unzulänglichk **1990** 2, dch Vermächtn u Auflagen **1992**; Vertr über N eines lebden Dritten **312** 1, 5; Verwaltg bei Miterben **2038**
Nachlaßforderung 2039 1; Aufrechng, mit Fdg gg MitE **2040** 6; Auskunftspfl **2027** 1, 3; Hinterlegg **2039** 10; KlageR des MitE **2039** 6; MitE als Schuldner **2039** 13; Schutz des gutgl Schuldners **2111** 11; Streitwert **2039** 9; Verjährg **207** 1; s a Erbenhaftg, NachlGläub u NachlVerbindlichk
Nachlaßfrüchte bei Erbengemeinschaft **2038** 16, **2042** 17
Nachlaßfürsorge 1960
Nachlaßgegenstände, Ersatz **2041** 1–4; Vfg über bei Miterben **2040** 1, 4, dch TestVollstr **2205** 27, 32, dch MitE über Anteil an einzelnen **2033** 19; Überlassg dch TestVollstr **2217**; Verzeichn bei Nacherbf **2121**; Zuweisg **2042** 6
Nachlaßgericht 1962 1; AnfechtgsErkl, Mitteilgspflicht **2081** 5; Anordg der Nachlaßverwaltg **1981–1988**; Ausschlagg **1945** 7; MitteilgsPflicht **1953** 6; Einschreiten gg TestVollstr Einf 7 vor **2197**; Einsicht in Erkl des TestVollstr **2228** 1; Einziehg des Erbsch **2361** 7; Ermittlg des Erben **1964** 1, **2262** 3; Ermittlgspflicht bei Erbschein **2358**; bei TestAnfechtg **2081** 5, **2358** 2; Ernenng des TestVollstr **2200** 2; Erteilg des Erbscheins **2353** 14; Ersatzzuständgk **2353** 16; Inventaraufnahme **2003**; Mitteilgspflicht ggü FinA **2262** 4, ggü GBA Übbl 8 vor **2353**; NachlPflegsch **1960** 11, **1962** 1; Sicherg des Nachlasses **1960**, **1961**; Stundg des PflichttAnspr **2331a** 7; TestEröffng **2260**, **2273**; Zustdgk, IPR/IKR, s dort
Nachlaßgläubiger, Antrag auf NachlPflegsch **1961**, auf NachlVerw **1981** 5; Aufgebot **1970** bis **1974**; Aufrechnung **1977**; Gefährdg der Befriedigg **1981** 6; InventErrichtgAntrag **1994** 2, 3; Rückgriff ggü Befriedigten **1979** 5; Vollstr in EigVermög des Erben **1984** 5, **1990** 7; ZwVollstr gg VE **2115** 1–6
Nachlaßhaftung s Erbenhaftg
Nachlaßinsolvenz 1975 5; Absonderg der Massen **1976** 1; AntrBerecht **1975** 6; AntrPflt des Erben **1980** 1; Aufrechng **1977**; bei ausländ Erbstatut **1975** 7; Beendigg, ErbHaftg **1989** 1; bei TestVollstreckg Einf 8 vor **2197**
Nachlaßpfleger 1960 11; Antrag auf Bestellg **1961** 3; Aufgaben **1960** 17; Auskunftspfl **2012** 1; Auslagen **1960** 29; Anspr gg Staatskasse **1960** 27;

EntlassgsGrd **1960** 34; Einreden, aufschiebde **2017** 1; gerichtl Geltdmachg eines Anspr **1961**; Haftg ggü Erben **1960** 24; keine Inventarfrist **2012**; NachlInsolvenz, AntragsR **1980** 1; Rechngslegg **1962** 2; Vergütg **1960** 25; Verzicht auf Haftgsbeschrkg **2012** 1
Nachlaßpflegschaft 1960 11; **1961**; zwecks Gläub-Befriedigg **1975** 4
Nachlaßsicherung 1960
Nachlaßspaltung 1922 8, **2353** 7, **2369** 8; EG **3** 14, **25** 2, 7
Nachlaßverbindlichkeit 1967–1969, Ausschließgs-Einrede **1973** 4–6; Beerdiggskosten **1968** 1; Berichtgg aus EigMitteln **1979** 3, NachlMitteln **1979** 3; Dreißigster **1969** 1; Eingehg durch Test-Vollstr **2206**, **2207**; Einreden, aufschiebende **2014** bis **2017**; ErbErsAnspr als – **1934 b**; Erbfallschuld **1967** 6; Erblasserschuld **1967** 2; Erschöpfungseinrede **1990**; gemeinschaftl **2058** 1; Gesamthandklage **2059** 4; Gesamtschuldklage **2058** 2; gutgläub Berichtigg **1979** 2; Haftg s Erbenhaftg; Haftg der MitE **2058**, **2059**; Kosten des Aufgebotsverf **1970** 10; Pflichtteilrestanspr **2305** 1; Verschweiggseinrede **1974**
Nachlaßvergleichsverfahren s VerglVerf
Nachlaßverwalter 1984, **1985**; Aufgabe **1985** 5; Aufwendgen **1987** 3; Bestellg dch NachlGer **1981**; Befugn bei Gter-Erben **1985** 4; Entlassg **1985** 3; GegVerwalter **1985** 2; Herausgabe des Nachl an Erben **1986** 1; Inventarfrist **1985** 6; InsolvenzAntrPfl **1980** 1, **1985** 7; ProzFührgsBefugn **1984** 4; Ermächtigg des Erben **1984** 4; PKH **1985** 1; RStellg **1985** 1; SicherhLeistg **1986** 2; Vergütg **1987** 1; Verantwortlk **1985** 9
Nachlaßverwaltung 1975 4; Ablehng, Beschwerde **1981** 8; Ablehng mangels Masse **1982** 1, **1990** 1; Absonderg der Massen **1976** 1; Anfechtg von RGesch des Erben **1979** 5; Anordng **1981** bis **1983**; Antrag des Erben **1981** 3, der Gläub **1981** 5, der Miterben **2062** 1, 2; Anordng, Beschwerde **1981** 8; Aufhebg **1986** 1, **1988**, **1919**, **2062** 3; Aufhebg, Beschwerde **1981** 8; Aufrechng **1977** 1–4; Aufwendgen des Erben **1978** 5; bei ausländ Erbstatut **1975** 7; Beendigg dch NachlInsolvenz **1988** 1; Bekanntmachg **1983** 1; Ggstand **1985** 1; internationale Zustdgk **1975** 7, **1981** 1; keine Inventarfrist **2012**; Kosten **1982** 1; Teilg des Nachl **1975** 4; – u TestVollstrg Einf 2 vor **2197**; Übernahmepflicht **1981** 7; Verantwortlichkeit des Erben **1978**; VfgBeschränkg des Erben **1984** 2; VollstrHdlg des ErbGläub **1984** 6; Voraussetzgen **1981**; Wirkg **1975** 2, **1984** 1
Nachlaßverzeichnis, Erteilg durch Hausgenossen **2028** 1; ggü Miterben **2038** 8; Verhältnis zum NachlInventar **2004** 2; Pflichtt **2314** 8; TestVollstr **2215** 1; Vorerbschaft **2121**
Nachlieferungsanspruch 462 3; bei Gattgskauf **480** 4
Nachmieter 552 8, **564** 1
Nachnahmesendung 433 32
Nachschieben von AnfGrden **143** 3; von Künd-Grden **564 a** 9, 36 vor **620**
Nachschußpflicht bei GbR s Gesellschafter
Nachtarbeitszuschlag 611 59
Nachtestamentsvollstrecker 2197 4
Nachträgliche Eheschließung 1924 12, **1931** 2
Nachunternehmer 631 9
Nachvermächtnis 2191; auflösd bedingtes Vermächtnis **2177** 6
Nachverpfändung, Grdst **1132** 7; verdeckte **1196** 8
Name 12; Adelsprädikat **12** 6; Änderg s Namens-Änd; Anspr aus dem NamensR **12** 32; Bezeichngen **12** 10, 22; Deckname **12** 10; Doppelname **1355** 3, 5 vor **1616**; Ehe- u Familienname **1355**, Begleitname **1355** 6; Erwerb **12** 5; Firma des EinzelKfm und der oHG **12** 9; Funktion **12** 2, 11; Geburtsname des Eheg **1355** 2, des Kindes s Kindesname, des geschied Eheg **1355** 12; jur Pers **12** 9, Einf 2 vor **21**; IKR/IPR EG **10**, **12** Anh 8; unbefugter Gebr **12** 20; Internet-Adresse **12** 10, 22; Mißbr **12** 20; PersönlichkR **12** 2; Übertr des NamensR **12** 14; Verein **12** 9, Einf 2 vor **21**, **54** 7, **57**; Verletzg des NamensR **12** 18, 19, **823** 14; Verwechselgsgefahr **12** 30; Vorname s dort; vgl auch Familienname
Namensänderung 12 7, 6 vor **1616**; bei Annahme als Kind **1757**; Begleitname **1355** 10; Ehename **1355** 5; NamensändergsG **12** 7, Einf 6 vor **1616**; Verlust des Adoptivnamens **1765** 1; Vorname **1** 12, **1616** 7, **1757** 8
Namenspapier Einf 2 vor **793**; PfdR **1274** 9
nasciturus s Leibesfrucht
Naturalherstellung, Ablehng **250** 2; Ausschluß bei Amtspflichtverletzg **839** 79; Begriff **249** 1; ideeller Schaden **249** 1, **253** 2; unmögl oder nicht genügde **251** 3; unverhältnismäß **251** 6
Naturallohn 611 56
Naturalobligation 138 95, Einl 15 vor **241**
Naturschutzgesetz, EigtBeschrkg/Enteigng Übbl 37 vor **903**
Nebenbesitz 868 2
Nebenintervenient, Aufrechng **388** 2
Nebenleistungen 241 5; ErfOrt **269** 7; bei Hypothek **1115** 9–19, Abtretg **1158**, **1159**; Haftg der Hyp **1118**, Erlöschen **1178**; bei GrdSchuld **1115** 21
Nebenpflichten Einl 6 vor **241**, **242** 23; Fallgruppen **242** 27; Käufer **433** 39; Übergang bei Abtretg **401** 3; Verkäufer **433** 16; Verletzg **276** 113
Nebenrechte, Abtretg **399** 7; RGrdLage **242** 23; bei SchuldÜbern **418**
Nebentäter 830 1; Schadensabwägg bei Mitverschulden d Geschädigten **254** 57
Nebentätigkeit eines Arbeitnehmers Einf 36 vor **611**; eines Beamten, Fehlen der Gen **134** 16
Negativattest bei behördl Gen **275** 29; bei Gen nach dem GrdStVG Übbl 22 vor **873**; bei Ersetzg der EhegZust **1365** 26; SorgeErkl 30 vor **1626**; bei VorkR nach BauGB Übbl 8 vor **1094**, WEG **6** 5
Negative Immission 903 9
Negatives Interesse, s Vertrauensinteresse
Negatives Kapitalkonto im ZugewAusgl **1375** 4
Nettoeinkommen in UnterhR **1603** 18
Nettolohn 611 51; Grdlage der SchadBerechng bei Verdienstausfall? **843** 6, **252** 8
Netzgeld (ecash, Cybergeld) **675** 11
Neubaumietenverordnung Einf 99 vor **535**
Neutrale Geschäfte Minderjähriger **107** 7
Nichtberechtigter, Begriff **185** 5; Bereicherg bei Leistg an **816** 20; bei wirks Vfg eines – **816** 7, 13; Eigentumserwerb von – s dort; Ersatzleistg an – bei unerl Handlg **851**; Vfg des **185**
Nichtehe 5 vor **1313**
Nichteheliche Lebensgemeinschaft 138 51, **705** 46; Einl 8–36 vor **1297**, IPR EG **14** 17; im UnterhR **1361** 70, **1577** 14, **1579** 27, Bedeutg für Bedürftigk **1602** 18, für Leistgsfähigk **1603** 49
Nichteheliche Mutter UnterhAnspr gg Kindesvater **1615 l**; einstweil Vfg **1615 o**
Nichtehelicher Vater, IPR EG **20**; Übereinkommen über Erweiterg der Zustdgk der Beh, vor denen nehel Kinder anerkannt werden können EG **18** Anh 11; ErbR **1925** 1, EG **22**; PflichttR ggü Kind **2303** 3, **2309** 3; KindesAnn **1747** 9;

UnterhPfl ggü dem Kind 1 vor **1601**, **1601 ff**; einstwVfg **1615 o** 1, ggü der Mutter **1615 l**, Beerdiggskosten **1615 m**, einstwVfg **1615 o** 4; Tod des Kindes od Vaters **1615 n**; Verwandtsch mit dem Kind **1589** 1

Nichteheliches Kind, Abkömmling bei fortgesetzter GüterGemsch **1490** 1; Alleinsorge der Mutter **1612 a** 12, Übertragg auf Vater **1672** 2; Amtsvormdsch **1791 c**; Beistandsch **1712–1717**; Einbenenng **1618**; als Erbe **1924** 8; EG **235 § 1** 2; Erbausgleich vorzeit **1934 d**; Erbeinsetzg dch verheirateten Erzeuger **1937** 23; Bedenkg als Erbe **2066** 2, **2067** 1, **2068** 2; ErbErsAnspr EG **227**; Erbverzicht gg Abfindg **1934 d** 1; ErsBerufg **2069** 7; Namensbestimmg **1617**, **1617 a**; PflichtR ggüb Vater **2303** 2; Unterh 1 vor **1601**, **1601 ff**, einstwVfg **1615 o** 1a; IPR EG **18**; einstwAO **1615 o**; Verjährg von Anspr **204** 2; Verwandtsch mit dem Vater **1589** 1; Vormsch **1666** 54, **1773**; Wegfall als Bedachter **2069** 2, 3, Wohnsitz **11** 1

Nichterfüllung, bei Kaufvertrag **440**, **441**; teilweise **283** 10; wegen Unmöglichk **280**, 325; nach Verurteilg **283**

Nichtigkeit, von AGB AGBG **6** 2; und Anfechtbark Übbl 35 vor **104**; nach Anfechtg **142** 2, 4; Begriff Übbl 27 vor **104**; Bestätigg **141**; der Ehe s Ehenichtigk; Erleichterg der Ehescheidg **138** 46; ErbVertr **2085** 7, Übbl 10 vor **2274**, **2298** 1; mit ErbVertr verbundener Vertr **2276** 13; mangelnde Ernstlichk **118**; Formmangel **125**; gemschaftl Test **2085** 7, **2265** 2, **2270**; bei GrdstVeräußerg **313** 46, 57; PreisVereinbg **134** 14; ScheinErkl **117**; Sittenverstoß **138** 19; Stimmabgabe in eig Sache **134** 14, **138** 99; Teilnichtigk **139**, AGBG **6**, **2085**; Testament **1937** 18, 20, **2077** 1; Umdeutg **140**; UmgehgsGesch **134** 28; wg Unmöglichk **306**; Veräußergsverbot **134** 7; VerbotsG **134**; VerpflGesch **134** 9; geheimer Vorbehalt **116**; WillErkl Übbl 27 vor **104**, **117** 2, **118** 1

Nichtrechtsfähige Personenvereinigungen, IPR EG **12** Anh 20

Nichtrechtsfähiger Verein, Begriff u RStellg **54** 2–9; Besitz **854** 6 a; Erbfolge **1923** 7; Haftg für Vertreter **31** 1, **54** 1

Nichtvaterschaft, Wirkg der Feststellg **1599**

Nichtvermögensschaden, Vorb 7 vor **249**, **253** 2, **847** 8; Abgrenzg ggü VermSchad Vorb 7, 19 vor **249**

Niederlassung, gewerbl **7** 5, AGBG **14** 5

Nießbrauch Übbl 1 vor **1018**, **1030**; Abgeltgsdarlehen **1047** 6; Abtretg, Auslegg **1059** 1; Aktien, Stimmrecht **1068** 4; Änderg des gesetzl Schuldverhältn 1 vor **1030**; Anlegg des Kapitals **1079** 1; Aufhebg **1062**, **1064**; Aufhebg des Rechts **1071** 1; Aufrechng **1074** 5; Ausbesserg d Sache **1041–1044**; Ausschl einzeln Nutzgen **1030** 6; Beeinträchtgg, Anspr **1065**; Beendigg **1072** 1; Bergwerk **1038** 1; Besitzrecht **1036**; Bestellg, Fahrnis **1032** 1, 2, an Rechten **1069** 1; Dispositionsnießbr **1030** 8; des Eigtümers **1030** 4; Erbteil, Genehmigg dch LwG **2033** 11; Erhaltgskosten, gewöhnl **1041** 1, außergewöhnl **1043** 1; Erlöschen, Einf 3 vor **1030**, **1061–1064**; ErsAnspr, Verj **1057** 1; Ersitzg **1033** 1; Feststellg des Zustands der Sache **1034** 1; an Fdg **1074** bis **1079**, Einziehgsbefugnis **1074** 1, 2, Klagebefugnis **1074** 3, Künd **1074** 2, **1077** 2, Zahlg **1077** 1; Früchte, gebührende **1039** 2; Genehmigg nach GrdStVG Einf 2 vor **1030**; Geschäftsanteile, Stimmrecht **1068** 4; kein Gesamt – an mehreren Grdstücken od bewegl Sachen **1030** 2; Grund- u Rentenschulden **1080** 1; guter Glaube **1058**; Handelsgeschäft **1085** 4; an Inbegriff **1035**; Inhaberpapiere Vorb 2 vor **1068**, **1081–1084**; Inventar **1048**; jur Person **1059 a** ff, **1061** 2; Insolvenz des Schuldners beim N an Rechten **1072** 1; LandesR Übbl 2 vor **1018**; Lasten **1047**; Leibrente **1073** 1; LeistgsannahmeR **1075** 1; eingetragene Luftfahrzeuge **1030** 2; Miteigentumsanteil **1066** 1; Mietverhältnis, KündRecht des Eigtümers **1056** 1; Nachlaß **1089** 1; Nutznießg **1030** 5, **1085** 4; Orderpap Vorb 2 vor **1068**, **1081** bis **1084**; Pachtverhältn, KündRecht des Eigtümers **1056** 1; Personalgesellschaft **1068** 5; Pfändg **1059** 6; Rechte, unübertragbare **1069** 2; an Rechten **1068** 1–3; Rektapapiere Vorb 2 vor **1068**; Rückgabe **1055**; Schatz **1040** 1; Schiffe **1032** 1; Sicherheitsleistg, Gefährdg des Wertersatzes **1067** 2; Sicherungsnießbr **1030** 7; Soforthilfeabwälzg **1047** 5; Überlassg zur Ausübg **1059** 2; Übermaßfrüchte **1039**; Übertragbark **1059** 1, **1059 a–e**; Umgestaltg **1037** 1; Unterlassgsklage **1053** 1; Unvererblichk **1061** 1; Vermächtnis Einf 6 vor **2147**; Veränderg, wesentl **1037** 1, **1050**; Veräußerg **1059 a–e**; verbrauchb Sachen **1067** 1–3; Vergleichsverfahren über Verm des Schuldners beim N an Rechten **1072** 1; Vermögen **1085** bis **1089**; Versichergsfdg **1046** 1; Versichergspflicht **1045**; Verwendgsersatz **1049** 1; Verwaltg, SichLeistg **1052** 1, Pflichtverletzg **1054** 1; Wald **1038** 1; Wegnahmerecht **1049** 1; Wertpapiere Vorb 2 vor **1068**; Wirtschaft, ordnungsmäß **1039** 2; Zusammentreffen mit Eigtum **1063** 1, 2, mit and Nutzrechten **1060** 1, mit TestVollstr **2208** 1; Zubehör **1031** 1, 2, **1062** 2; u Zwangsvollstreckg Einf 4 vor **1030**

Nießbraucher, Absondergsrecht **1049** 1; Anzeigepflicht **1042** 1; Besitzrecht **1036** 2; Haftg für Verändergen od Verschlechtergen **1050** 1; Haftg bei Nießbrauch am Vermögen **1088**; guter Gl an EigtRecht des Bestellers **1058** 1; mehrere, gemeinschaftl Ausübg **1066** 2; mittelbarer Besitz **868** 13; Sicherheitsleistg **1051** 1; Versichergspflicht **1045** 1; Verwendgen **1049**; Wegnahmerecht **1049** 1

Nominalismus 242 136, **245** 15, **1376** 3

Normativer Schaden Vorb 13 vor **249**

Normierter Vertrag Einf 7 vor **145**, Einl 3 vor **241**

Notar, AmtsPfl, -verletzg **839** 6, 112; Auflassg **925** 2; Beglaubigg **129**; BelehrgsPfl **839** 119, **1365** 1, **2232** 4; Beurk im Ausland **2232** 1; Beurkundg **128**, **839** 119; als ErfGeh **278** 33; Antr/BeschwR in GüterRRegSachen **1560** 2; Haftg für Gehilfen **839** 113; Inventaraufnahme **2002** 1, **2003** 2; NachlSachen **2232** 1, 2; NotarVertr **675** 23; RStellg **839** 112; Unterschrift bei Erbvertrag **2276** 5; Vfg vTw Errichtg **2231–2233**, **2276**; Versorggs-Ausgl **1408**, **1587 o**; ZeugnVerweigergsR **2358** 5

Notarassessor Haftg **839** 113

Notarbeiten im ArbKampf 24 v **620**

Notargebühren, Verj **196** 29

Notbedarf 1585 c 7, 23 vor **1601**

Nothilfe 227 1, **904** 1

Notstand 228; **904**

Nottestament, Dreizeugentest **2250**; Gemeindetest **2249**; gemeinschaftl **2266**; GültigkDauer **2249**, **2250** 11, **2252**; Lufttest **2250** 3; Seetest **2251**; Wehrmachtstest Einf 4 vor **2229**; bei Todesgefahr **2249** 2, **2250** 3

Notverwaltungsrecht eines Eheg **1429**, **1454**; eines MitE **2038** 14; eines WEigtümers WEG **21** 2

Notvorstand, Bestellg **29**

Notweg 917; Ausschluß des NotwegR **918**

Notwehr 227; bei provoziertem Angriff **227** 9; Putativnotwehr **227** 12; Überschreitg **227** 11

Novation 305 8, s a Schuldumschaffg

Null-Leasing Einf 34 vor **535**

Nürnberger Eigengeld 1199 1

Nutzkraftfahrzeug, Beschädigg, Zerstörg Vorb 24 vor **249**, **251** 12, **254** 21, 41
Nutzungen, Begriff **100** 1 Besitzer, Auskunft Vorb 18 vor **987**, **987** 7, **988** 6, Ers nicht gezogener **987** 8, **988** 7, **990** 2, **992** 5, 6, Herausg gezogener Vorb 2, 20–22 vor **987**, **987**, **988**, **990**, **992** 5, 6, **993** 2–4; BesMittler **991** 2; bei ErbschAnspr **2020**, **2023**; ErbschKauf **2379**; formularmäß Klauseln über Vergütg – AGBG **10** 34; Herausg bei GläubVerzug **301** 2, **302** 1; nach BereichergsR Einf 12 vor **812**, **818** 8; bei Rücktr **347** 4, 9; bei Nießbr **1030** 5; des Pfandes **1213** 1–2, **1214** 1– 4; Übergang bei Kauf **446** 11; Vermächtn **2184**; bei Vorerbsch **2111** 10; Herausg bei dingl VorkR **1098** 4; bei WEigt WEG **16**
Nutzungsentschädigung 23 vor **249**; bei Miete **557** 7
Nutzungspfand **1213**, **1214**
Nutzungsschaden Vorb 25 vor **249**
Nutzungsüberlassung **589** 1
Nutzungsverhältnisse, öffrechtl Einf 18 vor **535**
Nutzungsvermächtnis Einf 6 vor **2147**
Nutzungszinsen **452**

O

Obduktion, Anhörg der Angeh Einl 12 vor **1922**
Obhutspflicht des Mieters **535** 41, **545** 1; des Pächters **581** 11
Obliegenheit, Begriff Einl 15 vor **241**; Verletzg **254** 1, dch ErfGeh u Repräsentanten **278** 21; im UnterhR 9 vor **1569**, **1573** 4, 11, **1574** 6, **1603** 34, 57; im VersichgsR **242** 84; Vorb 5 vor **339**
Observanz, Rechtsnorm Einf 24 vor **1**
Oder-Konto **428** 3; unter Eheg **1372** 8; in nichtehel LebGemsch Einl 8 vor **1297**; des Erbl **1922** 31
Offene Handelsgesellschaft, Anwendbark von GesellschR **705** 6; Besitz **854** 16; ErbenGemsch **2032** 8; Erbfolge **1922** 17; RStellg des vermeintl Erben in der OHG **2018** 4, des geschführden Gters; TestVollstrRe **2205** 14; Vererblichk der Mitgliedsch **1922** 15; Vorbeh der Schriftform für VertrÄndg **125** 12
Öffentliche Beglaubigung **129**; der Anmeldungen zum Vereinsregister **77** 1; Ausschlagg **1945** 6; TestVollstrBestimmg **2198**
Öffentliche Bestellung zur GeschBesorgg, Anzeige der Ablehng **663**; InformationsPfl **675 a**
Öffentliche Darlehen Einf 18 vor **607**; Zweistufentheorie Einf 41 vor **305**
Öffentliche Lasten Einl 18 vor **854**; beim Kauf **436**; Verteilg **103** 2
Öffentliche Sachen Übbl 12 vor **90**
Öffentlicher Dienst, ArbeitsR Einf 54 vor **611**
Öffentlicher Glaube des Grundbuchs Übbl 16 vor **873**, **892**, **893**
Öffentliches Baurecht, EigtBeschrkg **903** 16
Öffentliches Eigentum Übbl 12 vor **90**; **903** 1
Öffentliches Recht Einl 2 vor **1**; Aufrechng **389** 3; Auftr 10 vor **662**; Beweislast f Unmöglichk der Leistg **282** 22; GeschFgk Einf 7 vor **104**; bei GoA Einf 13 vor **677**; Haftg innerh von SchuldVertr des **276** 130; jurPers Vorbem vor **89**; Kauf Einf 5 vor **433**; ProzZinsen **291** 2; SchuldVerh Einl 25 vor **241**; Schuldnerverzug **284** 6; Stiftg Vorbem 5 vor **80**; Treu u Glauben **242** 17; ungerechtf Bereicherg Einf 20 vor **812**; Verj, **195** 13, **209** 23, **222** 7; Vertr Einf 35 v **305**; Verwirkg **242** 105; Verzugszinsen **288** 1; Zugehen von WillErkl **130** 15
Öffentliches Testament, **2231** 2, **2232**, **2262**; GemeindeTest als – **2249** 1
Öffentliche Zustellung von Willenserklärgen, Wirksamkeit **132** 1, **2271** 5
Öffentlich-rechtliche Ansprüche, Sichg dch Hyp **1113** 16; Vererblichk **1922** 12, 49–54
Öffentlich-rechtliche Körperschaften, Name **12** 9; Haftg **89** **1**, für c. i. c. **276** 69
Öffentlich-rechtliche Veräußerungsverbote als Rechtsmangel beim Kauf **434** 6
Öffentlich-rechtliche Verträge u sonstige Verhältnisse **276** 130, Einf 35 vor **305**; Auftr 10 vor **662**; **670** 14; BereichergsAnspr Einf 20 vor **812**; DienstVerhältn Einf 26 vor **611**; FdgsAbtr **398** 2; Formbedürftigk **313** 15; GoA Einf 13 vor **677**; NutzgsVerhältn Einf 18 vor **535**; Verwahrg Einf 7 vor **688**, **868** 14; Wegfall der GeschGrdlage **242** 114; ZbR **273** 3
Öffentlich-rechtliche Verstrickung Einf 7 vor **688**, Übbl 5 vor **1204**
Öffentlich-rechtliche Willenserklärung, Auslegg **133** 4
Ökonomische Analyse des Rechts Einl 32 vor **1**
Ölschäden **823** 113, **831** 22; IPR EG **38** 20
Online-Dienste Einf 16 vor **631**
Operation, Einwilligg **823** 45, des Betr/Betreuten **1904**, der Elt **1626** 16, **1666** 25; Mj Übbl 6 vor **104**; Fehler **823** 66; SchadErs bei kosmetischer **251** 6; Vertr Einf 18 vor **611**
Operatingleasing Einf 29 vor **535**
Optionsgeschäft **764** 8
Optionsrecht, Einf 23 vor **145**, **313** 11, Vorb 13 vor **504**, Einf 5 vor **535**
Optionsvertrag **497** 4, Vorb 32 vor **459**, Vorb 16 vor **504**
Ordensangehörige, ArbR Einf 11 vor **611**; Erbfähigk **1923** 1; SchadErs bei Verletzg Vorb 37 vor **249**; kirch Verpfl in Ansehg der Ehe **1588**; Wohnsitz **7** 6
Orderpapiere, Begriff Einf 4 vor **793**; EigtVermutg **1006** 2, bei Eheg **1362**; Erwerb mit Mitteln des Kindes **1646**; Nießbrauch Vorb 2 vor **1068**, **1081–1084**; Verpfändg **1292**, **1294**, **1295**; Zinsscheine **795** 1; s a Mündelgeld
Ordnungsgelder, gg Vereinsmitglieder **25** 12; Vollstreckg bei Tod Einf 9 vor **1967**
Ordnungsstrafe, s „Zwangsgeld“
ordre public EG **6**
Organ des Vereins Einf 3 vor **21**, **26** 1; Haftg für **31**; Mißbrauch der Organstellg **826** 43
Organisationsmangel **31** 7, **831** 2, 16, ärztl **823** 66
Organmitglieder jur Pers Einf 23 vor **611**
Organspende **138** 56, Vorbem **78** vor **249**, **1922** 46, von Betreutem 12 vor **1896**, **1896** 33, **1904** 9; vom Kind **1626** 17, **1631** 2, **1666** 4, 26
Organtransplantation s Transplantation
Ortsdurchfahrten, VerkSichgsPfl **823** 124
Ortsgruppen bei Vereinen 19 vor **21**, **54** 6
Outsourcing **613 a** 9
Overprotection **1666** 24

P

Pacht **581–584 b**, Abgrenzg Einf 3 vor **581**; Anwendg des MietR **581** 14; Entschädigg bei unterbliebener Rückg **584 b**; ErhaltgsPfl des Verpächters **586**; FortsetzgsAnspr **595**; Inventar, Erhaltg **582**, eisernes **582 a**, PächterPfdR **583**, VertrPfl über Vfgen **583 a**; Künd **584**, **584 a**; IPR EG **28** 11; bei Nacherbf **2135**; PSache **581** 2; bes PachtVerh Einf 10 vor **581**; VertrPfl des Pächters **581**

10, des Verpächters **581** 6; Gen dch VormschG **1822** 17; Wegfall des GeschGrdLage **242** 166; s auch Landpacht
Pachtkredit Einf 9 vor **607**, Einf 2 vor **1204**
Pachtzins **581** 10; bei Landpacht **587**, **588** 6; GrdPfdRHaftg **1123–1125**; Verjährg **197** 6
pactum de non petendo zGDr Einf 8 vor **328**; RNatur **202** 8; VerjHemmg **202** 8
Parken, GemeinGebr **903** 30; BesStörg dch **858** 3, 4, **859** 4, **861** 13
Parkplatz, Besitz **854** 6; Beeinträchtigg durch – **906** 8; Einf 13 vor **535**, AGBG **9** 118
Partei, politische, Einf 16 vor **21**; Bestellg von Notvorstand **29** 1; Eintragg als Verein **61**
Parteiautonomie im VertragsR Einf 7 vor **145**; im internationalen SchuldR EG **27**
Parteifähigkeit Übbl 4 vor **1**; im IPR EG **7** 9
Parteiwille im SchuldR Einl 3 vor **241**
Partiarische ArbVerh Einf 45 vor **611**; RVerh **705** 9
Partnerschaftsgesellschaft **705** 7
Partnerschaftsservice **627** 2, **656** 6; AGBG **9** 77
Partnerschaftsvertrag, für ne LebensGemsch Einl 27 vor **1297**
Parzelle s Flurstück
Parzellierungsvertrag **313** 24
Patentanwalt, Vertrag **675** 24
Patente, Ausbeutg fremder **687** 5; Erschleichen **826** 44; Nießbr **1068** 1; PfdR **1273** 1; Vererbg **1922** 37, **1936** 1; Verletzg 18 vor 812, 823 161, dch Geh **831** 5
Patentnichtigkeitsklage gg Erben bei TestVollstreckg **2213** 3
Patiententestament 10 vor **1896**, **1904** 3
Patronatserklärung 19 vor **765**
Pauschalierungsklauseln über SchadErs **276** 54, AGBG **11** 20, Vorb 9 vor **339**; bei ReiseVertr **651 i** 4; bei WerkVertr **632** 1 a, **649** 8, für Aufwendgen AGBG **10** 34
Pauschalreise AGBG **9** 122, Einf vor **651 a**, IPR EG **29** 2
Pension Einf 80 vor **611**; von Beamten im Versorgs-Ausgl **1587** 5
Person, juristische, s jur Person; natürl Übbl 1 vor **1**, Einf 1 vor **1**
Personalausweis, Verpfändg **1204** 3
Personalkredit Einf 6 vor **607**
Personalrat, Anhörg vor Künd, Vorb 50 vor **620**
Personalstatut, Anknüpfg im IKR EG **3** Anh 2, im IPR EG **5** 1; Doppel-/Mehrstaater EG **5** 2; jurPers EG **12** Anh 2; nichtrechtsfäh PersVereinigg EG **12** Anh 20; Staatenlose EG **5** 6
Personalvertretungsgesetz Einf 74 vor **611**
Personenbeförderungsvertrag, IPR **28** 6
Personensorge, Betreuer **1896** 21; Elt **1626 ff**; **1631**; Vormd **1773**, **1793**; Änderg von gerichtl AO **1696**; Alleinausübg dch einen EltT **1678–1681**; Anhörg im PersSorgeVerf 7 vor **1626**; AufenthBestimmg bei Bt **1896** 27, bei Kind **1626** 16, **1631** 8, 17; Auswanderg **1666** 23, **1684** 7, **1696** 26; Beaufsichtigg **832**, **1631** 5; bei Ehescheid/Getrenntleben der Elt **1671**, **1672**; Entziehg **1666** 54, **1666 a** 4, auf seiten eines EltT **1680**; Erziehg **1626** 22, **1631** 3; Fortführg der Gesch **1698 a**; Gefährdg des Kindes **1666** **15**; Einvernehmen der Elt **1627**; bei GeschBeschrkth, GeschUnFgk **1673**; HerausgAnspr **1632** 2; Inhalt **1626** 16, **1631**; IPR EG EG **21** 5, **24** Anh 1 Art 1; Meingsverschiedenh zw Elt **1627**, **1628**; zw Elt u Pfleger **1630** 8; Mißbr **1666** 19; bei Namensgebg **1616** 2, **1626** 16, Vorname **1616** 11; Pflegerbestellg **1630** 2; religiöse Erziehg **1626** 16; Ruhen **1673–1675**, **1751**; tats PersFürsorge **1626** 15; Teilbark **1626** 3; Tod eines EltT **1680**; Todeserkl **1677**; Übertragg auf Vormd/Pfleger **1666** 54; Umgang **1626** 24, **1684**, **1685**; Geltendmachg von Unterh **1629** 41; verh Kind **1633**; tats Verhinderg der Elt **1674**; Verlust bei KindesAnn **1755** 3; Vertretg des Kindes **1626** 17, **1629**; Ausschl der Vertretgsbefugn **1629** 23, Einschrkg nach Eintr der Volljk **1629 a**. Entziehg **1629** 33; Verwirkg **1666** 19; für Vollj **1896** 21, **1901**; vorläuf Regelg 6 vor **1626**, **1666** 57; fam/vormdschger Maßn 5 vor **1626**, **1628**, **1630** 3, **1632** 18, **1666** 51, **1696**, ggü Dritten **1632** 31, **1666** 55; Zuchtmittel **1631** 9; s a elterl Sorge, Kind, Mutter, Vater
Persönlichkeitsrecht, allgemeines **823** 175, IPR EG **40** 14; BereichergsAnspr bei Verletzg **812** 11; Datenschutz **823** 179; auf Gebr eines Namens **12** 2, 20; unerl Hdlg **823** 175; Schmerzensgeld **253** 1, **823** 200; Schutz Verstorbener **823** 180; UnterlassgsAnspr Einf 18 vor **823**
Pfandflasche s FlaschenPfd
Pfandfreigabe GesamtHyp **1175**; bewegl Sache **1255**
Pfandgläubiger, AnzeigePfl bei drohendem Verderb **1218** 2; Aufgebot der NachlGläub **1971** 1, 2; AuswahlR unter mehreren Pfändern **1230** 1; Befriedigg dch Aufrechng od Hinterlegg **1224** 1, dch PfdVerk **1228** 1; ErhaltgsPfl **1215** 1; Fruchtziehg ohne Ermächtigg **1214** 1; Haftg des bisherigen **1251** 2; HerausgAnspr des neueren **1251** 1, Eintritt in bisherige Verpfl **1251** 2; NutzgsPfl **1214** 2; NutzgsR **1213**, RechngsleggsPfl **1214** 2; Verwendgen **1216** 1; VerwahrgsPfl **1215**; WegnahmeR **1216** 1
Pfandhaltervertrag **1206** 3
Pfandindossament **1292** 3, 4
Pfandleihgewerbe, öffentl, Einf 12 vor **1204**; Haftgsfreizeichng AGBG **9** 119
Pfandrecht, Begriff Übbl 1 vor **1204**; Bestellg dch AGB Einf 9 vor **1204**, AGBG **9** 118; der Banken Einf 11 vor **1204**, **1206** 2; des Gastwirts **704**; gesetzl **1257**; gesetzl an Früchten Einf 3 vor **1204**; IPR Übbl 10 vor **1204**, EG **38** Anh II; irreguläres Übbl 7 vor **1204**; MitEigtAnteil **1258**; Mitübergang bei Abtretg **401** 1; Nutzgspfand **1213**, **1214**; PfändgsPfdR Übbl 5 vor **1204**; Überleitg EG **192–195**; WerkUnternPfdR **647**; Verjährg der gesicherten Fdg **223**; s a VermieterPfdR
Pfandrecht an beweglichen Sachen **1204 ff**; abhgek Sachen **1207** 2; AblösgsR **1249**; Akzessorietät Übbl 2 vor **1204**; Aufgabe **1255** 1; BankBdgg Einf 11 vor **1204**; Barkaution Übbl 8 vor **1204**; Befriedigg durch Aufrechng u Hinterlegg **1224**; BefriedigsR **1228** 1; Besitzschutz **1227** 2; Bestellg **1205** 1, bei Mitbesitz **1206**; Stellvertretg **1205** 3; EigtVermutg **1248**; EinlösR des Verpfänd **1223** 2; Einreden dauernde **1254**1; Einreden des Verpfänders gg Fdg **1211**; Erlös aus Pfandverk **1247**; Erlöschen Einf 1 vor **1204**, **1250** 2, **1252**, **1253**, **1255**, **1256**; Erstreckg auf Bestandteile **1212** 1, Früchte **1212** 3, Surrogate **1212** 4, Zubehör **1212** 2; Flaschenpfand Übbl 9 vor **1204**; Fdgen aus lfd Kredit **1204** 8; Fdg, Gültigk der gesicherten **1204** 7; Fdg, künftige **1204** 8; Fdgsübergang auf Verpfänder **1225**; Verhältnis mehrerer SG **1225** 4; Fdgswegfall **1252**; Gegenstand **1204** 2; Gläubiger, nachstehende **1232**; Gutglaubensschutz **1207**, **1208**, **1257** 2; Haftgsumfang **1210**; HerausgAnspr **1231**, **1251**; HinterlegAnspr des Verpfänders **1217**; irreguläres Übbl 7 vor **1204**; Kosten, Pfandhaftg **1210** 1; LandesR Übbl 10 vor **1204**; MiteigtAnteil **1258**; Nutzgspfand **1213**, **1214**; Pfandsachen, mehrere **1222**, **1230**; Pfandverkauf s dort; Rang Übbl 2 vor **1204**, **1209**, **1232**; Rückgabe

1253; Rückgabeanspr **1254**, bei drohdem Verderb **1218**; Rückgabepflicht **1223**; Schlüsselaushändigg **1205** 5, **1206** 2; Schutz **1227**; SonderG Einf 2–12 vor **1204**; Sparbücher **1204** 3; Spediteur Einf 10 vor **1204**; Surrogation **212** 4, **1219** 2, **1247**; Übergang **1250**, **1251**; ÜbergangsR Übbl 10 vor **1204**; Urkunden **1204** 3; Verderb, drohender **1218–1221**; Verfallklausel, Verbot **1229**; Verletzg der VerpfänderRe **1217** 2; Verjährg der ErsAnspr des Verpfänders **1226**; VersFdgen **1212** 4; Vertragsstrafe, Sicherg **1204** 6; Verwahrgspfl **1215**; Verwendgen, Pfandhaftg **1210** 1, **1216** 1; Verzicht **1255**; WegnahmeR **1216** 1; Weiterbestehen, Fiktion **1256** 2; ZbR, Umdeutg in **140** 12, **1205** 1; Zusammentreffen mit Eigt **1256**

Pfandrecht an Forderungen 1279 ff; Anlegg geleisteten Geldes **1288** 1; Anspr auf GrdstÜbereigng **1287** 3; Anzeigepfl **1280**; Benachrichtigungspfl des PfandGläub **1285** 2; Bestellg **1280**; Einreden des Schuldners gg Gläub **1282** 3; Einziehgspfl des PfandGläub **1285** 2; Einziehgsrecht des PfandGläub **1281** 5, **1282** 3; Einziehg von Geldforderg **1288**; KündPfl des PfandGläub **1286**; KündR **1283**; Leistg des Schuldn **1281** 2, **1282** 2; Leistgswirkg **1287**; Mehrbetrag **1288** 3; Mehrheit von PfandR **1290**, Mitwirkg bei Einziehg **1285**; RStellg des Gläub **1282** 6, des Schuldn **1275** 1; Sparguthaben **1274** 4; Vereinbargen, abweichde **1284**; Vfg des PfandGläub über Fdg **1282** 5; Zinsen **1289**

Pfandrecht an Luftfahrzeugen Einf 7 vor **1204**

Pfandrecht an Rechten 1273 ff; Änderg u Aufhebg der Rechte **1276**; AnwartschaftsR **1274** 5; Anwendg von FahrnisPfandR **1273** 2; Bankbedinggen Einf 11 vor **1204**; Bestellg **1274**; Blankoverpfändg **1274** 2; Einreden des Schuldners aus Verhältn zum Gläub **1275** 1; Entstehg Einf 1 vor **1273**; Erbteil **1276** 3, **2033** 8; Erlöschen Einf 2 vor **1273**, **1278**; gesetzl PfandR Einf 2 vor **1273**; GmbH-Anteil **1274** 8, **1276** 4; gutgl Erwerb **1274** 2, **1276** 1; GrundpfandR **1274** 6, **1291**; ImmaterialgüterR **1273** 1; künftige Rechte **1273** 1; PfandR **1274** 7; PfändgsPfandR Übbl 5 vor **1204**; unübertragbare Rechte **1274** 10; Verwertg Einf 2 vor **1273**, **1277**

Pfandrecht an Schiffen Einf 5 vor **1204**

Pfandrecht an Wertpapieren, Gewinnanteilschein **1296**; Inhaberpapier **1293**, **1294**; Legitimationspapier **1274** 9; Namenspapier **1274** 9; Orderpapier **1292**, **1294**, **1295**; Rektapapier **1274** 9; Traditionspapier **1292** 6; Zinsschein **1296**

Pfändungspfandrecht Übbl 5 vor **1204**

Pfändungsverbote 394 3, **400** 4

Pfandunterstellung, s Nachverpfändg

Pfandverkauf 1228 ff; Ablieferg an Verwahrer **1231** 2; Ablösg **1249**; Abweichg aus Billigktsgründen **1246**; Androhg **1220** 1, **1234** 1; Benachrichtigg **1220** 2, **1237** 2, **1241** 1; EigtVermutg **1248**; Erlös **1247**; Erwerbsverbot **457** 1; freihändiger **1221**, **1235** 1; Gold- u Silbersachen **1240**; gutgl Erwerb **1244**, **1245** 1; HerausgAnspr **1231** 1; MitbietgsR der Beteiligten **1239** 1; nachrang PfdR **1232** 1; Nichtgeldfdg **1228** 3; öff Bek **1237**; öff Verst **1235** 1; Ordngswidrk **1243** 2; PfändPfdR Übbl 6 vor **1204**; gleichrang PfdR **1232** 2; Pfandreife **1228** 2; RFolgen **1242** 2; übermäßiger **1230** 2; Unrechtmäßigk **1235** 2, **1243** 1; abw Vereinbg **1245**; Verderb, drohder **1219**; Verfahren **1233** 1, 2; VerfVerstoß **1238** 2, **1240** 2, **1241** 2; VerkBdggen **1238** 1; VerstOrt **1236**; Wartefrist **1234** 2; Wirkg **1247**; Zurückweisg der Gebote **1239** 2

Pfarrer, Haftg **839** 22

Pflanze als wesentl Bestandteil des Grdst **94**

Pflege des Erbl als ausgleichspfl bes Leistg **2057 a** 9; des Kindes **1631** 4

Pflegebedürftigkeit, 1 vor **1896**

Pflegeeltern, Konflikt mit leibl Eltern **1632** 18, **1666** 6; Unterbringg bei 20, 21 vor **1626**, **1666** 3; Schutz vor Wegn **1632** 18; s a Familienpflege

Pflegegeld 52 vor **1601**, **1751** 7

Pflegekinder 8 vor **1741**; Herausg **1632** 18

Pflegekindschaft, Adoptionspflege **1744**; Erlaubn 20 vor **1626**, s a Familienpflege

Pfleger, AufwendgsErs **1915** 3; Auswahl **1909** 11; Befreig **1917** 2; Benenng **1917** 1; Berufg **1916**; Bestellg **1915** 2; bei elt Sorge **1630**, bei deren Entziehg **1666** 54; GenehmiggsPfl **1630** 1, **1915** 3; bei Getrenntleben der Elt **1666** 54, **1671** 20: JugA als **1791 b** 4; Leibesfrucht **1912** 4; Meingsverschiedenh **1630** 8; für noch nicht erzeugten NachE **1913** 3, **2102** 6; für SammelVerm **1914**; Stiftg künftige **80** 1; für unbekannte Beteil **1913**; Verein als **1791 a** 7; VerfPfleger für Betreuten 27 vor **1898 b**, für Kind 6 vor **1626**; Vergütg **1915** 3; VertrMacht Einf 6 vor **1909**

Pflegschaft, AbwesenhPflegsch **1911**, **1921**; Amtspflegsch des JugA **1791 c** 7; Anordng **1909** 6; Anordngen Dr **1917** 1, 2; Anwendbark der Vorschr üb die Vormsch **1915** 1–3; AnzeigePfl **1909** 8; Aufhebg **1919–1921**; Auswirkgen auf elt Sorge **1630**; Beendigg **1909** 1, **1911** 12, **1912** 10, **1913** 9, **1914** 4, **1915** 3, **1918** 1, **1921**; Berufg **1916** 1; Dauerpflegsch **1909** 1; ErgänzPflegsch **1909**, **1918** 1; auf Antrag d Finanzamts **1961** 5; genehmigpfl Gesch **1915** 3; IKR/IPR EG **24**; für Leibesfrucht **1912**, **1918** 3; für noch nicht erzeugten NachE **1913** 5, zur Sicherg der NacherbenRe **2116** 5, **2142** 1; zur Geltendmachg des PflichttAnspr **2311** 8, **2317** 7; SammelVerm **1914**; SorgeRPfleger **1630**; für ungewisse Beteile **1913**; Verhinderg von SorgeRInhaber/Vormd **1909** 3; bei Vor- u NachErbsch von EltT u Kind **2116** 5, **2142** 1; Beschrkg des Vormd **1794** 1

Pflichtteil, Abkömmlinge **2303** 2, **2311** 8, entferntere **2309**; Anfechtg der Ausschlagg **2308** 1, 2; bei Annahme als Kind **2303** 2; Anrechng **2306** 5, **2315** 1; Anrechngsbestimmg des Erbl **2315** 1; Ausgleichg **2316**, bei besonderen Leistgen **2316** 6; Auskunftspflicht des Erben **2314**; Ausschlagg des Erbteils **2303** 4, **2305** 1, **2306** 11, 13; Ausschlagg eines Vermächtn **2307** 1; Ausschlagg eines Erbteils oder Vermächtn durch Eheg bei ZugewGemsch **1371** 2, 12, 18, **1950** 1, 2, **1953** 2, **2303** 4, **2305** 3, **2306** 2, 4, 9, 11, **2307** 1; Bewertg des Nachl **2310–2313**; Berechng **2311** 1, **2312**, **2315**, 6; Beschränkg in guter Absicht **2338** 1–6; Betrag **2311** 1; nach DDR-Erbl Übbl 4 vor **2303; 2313** 1, 2; DDR-Grdstück **2313** 1, 2; Ehegatte **2303** 4; Eheg bei ZugewGemsch **1371** 2, 12, **2280** 2, **2303** 7; Entziehg **2333–2337**; Eltern **2303**, **2309** 1–3, **2311** 8; Pfl des ErbErsBerecht **2303** 2, **2309** 3; ErbErsAnspr, beschwerter **2306** 18; Erbteil, beschwerter **2306**; Erbteil geringer **2305** 1, **2306** 6; Erbteilsfeststellg **2310** 1; Erbunwürdigk **2345** 1; ErgänzAnspr s Pflichtteilergänzg, wg Anspr nach VermG **242** 152 c, wg Wertsteigerg von DDR-Vermögen **242** 152 c; bei gemeinschaftl Test **2269** 12; Haftg für **2318** 1; Pflichtt als HaftgsRahmen für den Erben des unterhaltspfl Eheg **1586 b**, Übbl 4 vor **2303**; **2336** 1; IPR **25** 10; Last, Abwälzg **2318** 1, **2322** 1, **2323** 1; Last, Ausgleichg **2320** 1–4; Last, Erbl Anordngen **2324** 1; Last, Kürzg **2318**, **2323** 1; Last bei Verm Ausschlagg **2321** 1; Lastenausgl **2311** 1, 4; NachEEinsetzg

2306 15; des nichtehel Kindes **2303** 2; des nichtehel Vaters **2303** 3, **2309** 3; Pfändg **2317** 9; Stundg **2331 a**; Vereinbarg, Wegfall der GeschGrdlage **2303** 11; Verj **2332**; Vermächtn **2307** 1; Vermächtn bei ZugewGemsch **1371** 2, 12, 18, **2307** 2; VermNehmer als Berecht **2318** 4; Vertrag üb – eines leb Dr **312**; Verzeichn der NachlGgst **2314** 8; Verzicht auf PflichttR **2346** 5; Voraus **2311** 8; WahlR des Eheg zw großem u kleinem Pflichtt **1371** 14, **2303** 7; bei ZugewGemsch **1371** 2, 12, 18, **2303** 12, c, s dort; Wegfall bei Ehescheidg, – Aufhebg **1933** 8; WertermittlgsAnspr **2314** 13; Wertermittlg **2311** 9; Zusatzanspr **2305** 1; Zuwendg, Auslegg **2087** 10; **2304** 1; bei ZugewGemsch **1371** 12, **2303** 7; Zuwendg aus Gesamtgut **2331** 1
Pflichtteilsanspruch **2303** 11; **2317**; Anerkenng des verjährten – dch VorE **2113** 15, **2332** 10; Ausschlagg **2317** 24; Ausschluß **2303** 11; Befriedigg aus schuldfreiem Nachl **2311** 3; Entstehg **2317** 1; Erbteil, zu geringer **2305** 1; Geltdmachg bei TestVollstr **2213** 7, Pflegerbestellg zur G **2317** 7; zuständ Ger **2317** 11; GewLeistg **493** 1; NachlVerbindlichk **1967** 6, **1972**; Nachträgl wg Rückgabe von DDR-Grdst **2313** 1, 2; RNatur **2317** 2; Vfg/Vererbg **2317** 8; Verj **2332**; Verzicht **2317** 1; Verzicht v Eheg **1432**, **1455**, **2317** 1; bei ZugewGemsch s dort
Pflichtteilsberechtigter **2303** 1; **2309**; AnfechtgsR wg Übergehg **2079–2082**, **2271** 25; AuskAnspr **2314**; Beschrkgen als Erbe **2306**, **2308**; Erbunwürdigk **2345**; als NachE **2306** 12; Übergehg im ErbVertr **2281** 5; als Vermächtn-Nehmer **2307**
Pflichtteilsentziehung, Abkömml **2333** 3; Ausübg **2333** 2; BewLast **2336** 3; Ehegatte **2335**; Elternteil **2334** 1; Grundangabe **2336** 2; letzwill Vfg **2336** 1; nehel Vater **2334** 1; Verzeihg **2337** 1; Wirkg auf andere Vfgen **2085** 2
Pflichtteilsergänzung **2325**; Anstandsschenkgen **2330** 1; EigGeschenk, Anrechng **2327**; pflichttberecht Erbe **2328** 1, 3; Fehlen des ordentl PflichttAnspr **2326**; Fristen **2325** 22; Haftg des Beschenkten **2329**; Verj **2332**; bei ZugewGemsch **2325** 5; Zuwendg aus ehel Gesamtgut **2331**
Pflichtteilsrecht Übbl 1 vor **2303**
Pflichtteilsverweisung **2304** 1, 2
Pflichtteilsverzicht **2346** 5, **2350** 1; stillschw **2348** 3
Pflichtteilszuwendung, Auslegg **2304** 1; bei ZugewGemsch **1371** 12, **2304** 3
Pflugtausch **589** 1
Pharmazeutische Industrie, GefährdgsHaftg nach dem ArzneimittelG **823** 203
Platzkauf **447** 8
point-of-sale (POS)-System **364** 7, **676 f** 23
Politische Werbung u GemeinGebr **903** 30
Politisch Verfolgte, s Rassisch Verfolgte
Polizei- u Ordnungspflichten, Vererbg **1922** 53
Polygame Ehe EG **6** 20
Positive Vertragsverletzung Vorb 4 vor **275**, **276** 104–129; BewLast **282** 6; als unerl Hdlg **826** 52, 53; Verj der Anspr **195** 9; Verh zur GewLeistg **276** 110, Vorb 6 vor **459**, zum Verzug **284** 1; bei WkVertr 22 vor **633**
Possessorischer Anspruch **861** 1
Post, VerkSichgPfl **823** 114; AuskPfl **261** 15; Ausübg öffentl Gewalt **839** 7, 141; BenutzgsVertr Einf 40 vor **305**; Haftg **839** 141
Postanweisung, Haftg **839** 7, 141
Postdienst, Haftg **447** 7
Postscheck, Überweisg, Zahlg **270** 2, 7, **362** 8, **328** 9; Haftg **839** 141; Erfüllg dch **362** 8; Zahlg auf Postscheckkonto **433** 34
Postscheckforderung, Abtretg/Pfändg **399** 6; Verpfändg **1273** 1
Postsparbücher, Aufgebot **808** 8
Postsparguthaben, Schenkg vTw **2301** 12
Potestativbedingung Einf 10 vor **158**
Praktikantenverhältnis Einf 61 vor **611**
Praxiskauf **138** 60, **433** 3
Prämie **611** 77
Preis, „gerechter" Einl 3 vor **241**, **242** 1, Einf 4 vor **320**
Preisänderungsklausel **157** 14, AGBG **11** 2
Preisausschreiben **661**
Preisbewerbung **661**
Preisbindung, KartellR **138** 87; im Mietrecht Einf 94 vor **535**, Eingriff in **823** 19, **826** 53
Preisklauseln beim Kauf **433** 26; Gleit-, Spanngs- u KostenKl **245** 24; in AGB AGBG **8** 4, **11** 2
Preisrichter bei Auslobung **661** 2
Preisvorbehalt **433** 26
Preisvorschriften **134** 26, Einl 3 vor **241**; im MietR Einf 94 vor **535**; im PachtR **581** 10; Verstoß **134** 27; **817** 22; VertrFreiheit Einf 7 vor **145**
Presse, Abschlußzwang Einf 10 vor **145**; berechtigt Interesse **824** 10; GgDarstellg Einf 36 vor **823**, Kosten **253** 2; Veröffentlichg, PersönlichkSchutz **823** 184; UnterlAnspr Einf 18 vor **823**; Werbg dch redaktionell aufgemachten Beitrag **134** 20
prima-facie-Beweis s AnscheinsBew
Privataufgebot der NachlGläubiger **2061**
Privatautonomie, Begriff Übbl 1 vor **104**; Gefahr des Mißbrauchs **138** 1, Einf 7 vor **145**; Haupterscheinungsform Vertragsfreiheit Einf 7 vor **145**; s auch „Parteiautonomie"
Privatpatient Einf 18 vor **611**
Privatscheidung EG **17** 12, 35
Privatsphäre **823** 178
Probearbeitsverhältnis Einf 42 vor **611**, **620** 15; Kündigg **622** 17
Probefahrt **254** 72, **598** 5, **606** 3
Probekauf Einf 8 vor **433**, **495**, 496
Produkthaftung nach BGB **823** 201, Abweichg ggü Haftg nach ProdHaftG **823** 205; Ausreißer **823** 205; BewLast **823** 219; ErsPflichtiger **823** 215, mehrere **823** 217; HerstPfl **823** 205; IPR EG **40** 8, 10; weiterfressder Mangel **823** 212; ProdSicherh **823** 147, **839** 144
Produkthaftung nach IPR EG **38** 17
Produkthaftung nach ProdHaftG, AnsprKonkurrenz **15**, ArzneimittelG **15** 2; AtomG **15** 1; BewLast **1** 25, EntwicklgsFehler **1** 21; Erlöschen des Anspr **13**; ErsPflichtiger **4**, mehrere **5**; Fabrikationsfehler **3** 4; Garantie **15** 5; GewL, Abgrenzg **3** 1; Haftg **1**, Ausschl **1** 13, 22, HöchstBetr **10**; bei KörperVerletzg **8**; Minderg **6**; bei Tötg **7**; Hersteller **4**; Instruktionsfehler **3** 5; Konstruktionsfehler **3** 3; Produkt **2**; ProdFehler **3** 7; ProdSicherh **3** 9; Rente **9**; Schutzwirkg zG Dr **15** 6; Selbstbeteiligg **11**; SerienSchad **10** 3; Unabdingbark **14**; Verj **12**; Voraussetzgen **1** 2
Produktbeobachtungspflicht **276** 16, **823** 208
Produzentengarantie Vorb 31 vor **459**
Projektsteuerung Einf 16 vor **631**
Prokura, Erlöschen für MitNachE **2139** 3; Treuverstoß **164** 13; Widerruf dch TestVollstr **2205** 7
Prospekthaftung **195** 11, **276** 23, 86
Provision **611** 79; Makler **653**, **654**
Prozeßbehauptungen, Unterlassg 21 vor **823**
Prozeßbürgschaft Einf 12 vor **765**, **767** 4, **777** 2
Prozeßfähigkeit Einf 8 vor **104**; IPR EG **7** 9

Prozeßhandlungen Übbl 37 vor **104**; Aufrechng **388** 2; Auslegg v ProzErkl **133** 4; als Leistgsinhalt eines Schuldverhältn Übbl 37 vor **104**; Sicherheitsleistg aus ProzAnlaß Einf 3 vor **372**; sittenwidr ProzFührg **826** 45; VollmMißbr **164** 13
Prozeßkosten, Ausgleichg bei Gesamtschuld **426** 5; bei Gütergemeinsch **1438** 2, **1441–1443, 1463– 1465**; Vorschuß für Eheg **1360 a** 7, für Kind **1610** 12; SchadErs für **249** 20; s a Kosten
Prozeßkostenhilfe, Antr bei Ehescheidg, Ausschluß des ErbR dch **1933** 3; bei Inventarerrichtg **2003** 4; für Miterben **2039** 8; bei NachlPflegsch **1960** 23; bei NachlVerwaltg **1985** 1; bei TestVollstreckg **2212** 2; Übergang auf Erben **1922** 54; Verj bei Antr auf **203** 9
Prozeßkostenvorschuß, Eheg **1360 a** 7 ff, nach Trenng **1361** 69; nach Scheidg **1578** 45
Prozeßstandschaft, bei Einziehgsermächtigg **398** 33; bei gesetzl Vertretg des Kindes **1629** 49; des WEVerw WEG **27** 15
Prozeßvergleich **127 a**, **129** 3, **779** 29, auch Übbl 37 vor **104**; Auflassg im – **925** 8; Erbvertr **2276** 9; Erbverzichtsvertr **2347** 2, **2348** 4; GeschGrdlage **242** 169; Streit über **779** 31; Testament **2232** 1; über VersorggsAusgl **1587 o**; Widerruf dch MitErb **2038** 7
Prozeßzinsen **291**
Pseudonym, Namensrecht **12** 8, 28
Psychologische Gutachten 9 vor **1626**
Publikumsgesellschaft **705** 46
Putativnotstand **228** 10
Putativnotwehr **227** 12

Q

Qualifikation im IPR Einl 27 vor EG **3**
Quantitätsmängel Vorb 5 vor **459**, **459** 2
Qualitätssicherungsvereinbarung **459** 15
Quasinegatorische Klage **1004** 2
Quasi-Splitting **1587 b** 22, VAHRG **1** 6; Unterbleiben der Kürzg VAHRG **4**
Quittung **368**; Anspr auf Erteilg **368** 6, bei Hyp-Befriedigg **1144** 4; Ausgleichs- **397** 10; Blankett **370** 2; Erlaßvertrag **368** 1; Kosten **369** 1; Leistg an Überbringer **370** 1, 2; löschgsfähige **1144** 4; negativer Anerkenngsvertrag **368** 1; Schuldscheinrückgabe neben – **371**; unter Vorbehalt **368** 1; VorausErteilg **368** 1; Vorlegg **370** 1
Quotenänderung bei MitEigt **1008** 4; bei WohngsEigt WEG **6** 2
Quotennießbrauch **1066** 2
Quotenvermächtnis Einf 6 vor **2147**
Quotenvorrecht des Geschädigten bei VortAusgl Vorb 123 vor **249**; des VersN Vorb 132 vor **249**; des ArbN Vorb 136 vor **249**; des Beamten Vorb 135 vor **249**; ggü SozVersTräger vorb 157 vor **249**

R

Radfahrer, Unfallhaftg **823** 115
Rahmenvertrag Einf 19 vor **145**, AGBG **2** 18, 23
Rang, des ErbbR ErbbRVO **10**; von GrdstR **879**; von PfdR **1209**; zw NachEVermerk u GrdstR **879** 6, Einf 8 vor **2100**; relatives RangVerh **879** 3
Rangänderung **880**; Freiwerden des pers Schuldn bei Hyp **1165**
Rangvorbehalt **881**
Rassisch und politisch Verfolgte, Freie Ehen von – **1931** 2; letztw Vfg **2231** 4, **2250** 12, **2252** 5
Ratenkredit Einf 20 vor **607**; Sittenwidrigk **138** 25; AGB AGBG **9** 131; Verzugszinsen **246** 10; Zinsrückrechnung **246** 8
Raterteilung, Haftg **675** 26, **826** 25; Vertr **675** 29; beim Kauf **433** 17; s a Auskunft
Rauchverbot, ArbPlatz **618** 4; WEigt WEG **15** 11
Raumeigentum Übbl 1 vor WEG **1**
Raumsicherungsvertrag **559** 10, **930** 3
Räumung dch Mieter **556**; Einweisg in bish Wohng **839** 100; bei nichtehel LebensGemsch Einl 13 vor **1297**
Räumungsfrist **556** 9, **556 a** 30, **557** 16; **1361 b** 20, HausRVO **15**
Realakt, Übbl 9 vor **104**, **294** 1
Realkredit VerbrKrG **3** 8
Reallast **1105–1112**; Ablösg EG **113**, Übbl 2 vor **1105**; BelastgsGgst **1105** 2; Berechtigte **1105** 3; EinheitsR **1105** 10; Einzelleistgen **1107**; Entstehg **1105** 9; Erlöschen **1105** 13; Geldtmachg des StammR **1105** 1, der Einzelleistgen **1007** 4; GesamtR **1105** 2, **1106** 2; gesicherte Fdg **1105** 1; Inhalt **1105** 4; LandesR EG **113–115**; pers Haftg des Eigtümers **1108**; Rentenreallast Übbl 1 vor **1105**; StammR **1105** 1; Teilg des herrschden Grdst **1109**, des belasteten Grdst **1105** 2; Verblichk **1111** 2; Vfg über StammR **1110**, **1111**, über Einzelleistgen **1107** 2; Wertsicherg **1105** 7; Wohngsreallast Übbl 3 vor **1105**
Realofferte Einf 26 vor **145**
Realsplitting **1353** 12; begrenztes **1578** 21
Realteilung von Anwartsch im VersorggsAusgl VAHRG **1** 3; Grdst **890** 10; WE WEG **6**
Realverträge, Einf 9 vor **305**; bei Darlehen **607** 1
Rechenfehler im Angebot **119** 18, **276** 83
Rechenschaftslegungspflicht **259–261** 1, 17; des geschführden Gters **713** 4; jährl des Vormds **1841** 1
Rechnungsabschluß bei GbR **721** 3
Rechnungserteilung, als FälligkVoraussetzg **271** 7; beim Kauf **433** 23
Rechnungslegungspflicht, allg **259–261** 17; des Beauftragten **666**; bei erlaubter od unerlaubter Besorgg fremder Angelegenh **261** 19; der Elt **1698**: bei Gefährdg des KindesVerm **1667** 4; des GgVormd **1891**; des TestVollstr **2218**; des NachlPflegers **1960** 31, 32; des VorE **2130** 6; des Vormd **1890**, ggü VormschG **1840–1843**, bei Befreig **1854**; Verzicht **261** 25
Recht, absolutes, Einl 3 vor **854**; absolutes u Verjährg **194** 4; ausschließl **823** 11; Ausübg u Erhaltg Übbl 1 vor **226**; bedingtes R, Schätzg **1376** 2, **2313**; Beeinträchtigg eines bedingten **160** 1; dingl **823** 12, Einl 3 vor **854**; am eigenen Bild **823** 179, Körper **90** 3; Eintraggsfgk Übbl 11 vor **873**; als GrdstBestandteil **96**; Kauf **433** 13, **437**, **451**; an Sachteil **93** 1; Übertragg **413**; Verlust **255** 6
Recht an eigener Sache Einl 10 vor **854**, **889**
Rechtliches Gehör bei Ausschl aus Verein **25** 17, 26; im ErbSchVerf **2360** 1, 4; im WEigtVerf WEG **43** 22
Rechtmäßiges Alternativverhalten Vorb 105 vor **249**
Rechtsanwalt, Abtretg des GebAnspr **134** 21, 22; ErfGeh **278** 34; Ers von RKosten **249** 21, **276** 123, **286** 7; Formular-Vertr AGBG **9** 120; Gebühren **612** 7, Verjährg **196** 28, **198** 5; Erfolgshonorar **138** 58, EG **30** 7; Handakten **810** 7; Haftg **276** 39–46, bei TestErrichtg **1937** 25, im ZugewAusgl-Verf **1389** 5; Honorar, Festsetzg nach Ermessen **315** 7; PraxisVerkauf **138** 60; als NachlPfleger **1960** 25, 30; Sozietät **705** 49, Beauftragg **164** 6, Haftg der Mitgl **425** 8; Vertrag des – Einf 21 vor **611**; Verj von SchadErsAnspr Übbl 17 vor **194**,

198 10, Hinweis auf Übbl 16 vor **194**; VerschwiegenhPflicht ggü Erben **2358** 5; Widerruf von ProzBehauptgen Einf 21 vor **823**
Rechtsanwendungsgesetz-DDR Einl 10 vor EG **3**
Rechtsausübung, Grenzen **226**; unzulässige **242** 1, 22, Fallgruppen **242** 42–57; Einzelfälle **242** 58–86; bei Vergl **779** 24; Wegfall der GeschGrdLage **242** 110; Verwirkg **242** 87; Gebr eines rechtskr Urt **826** 46; im Hinblick auf früheres Verhalten **242** 69; s a Schikane
Rechtsbedingung Einf 5 vor § 158
Rechtsbeistände(-berater), Haftg **276** 39; Vergütg **612** 4; Vertr mit 21 vor **611**, **675** 24
Rechtsberatung, verbotene **134** 21
Rechtsbesitz, Begriff Übbl 4 vor **854**; Schutz **1029**, **1090**; Buchersitzg **900** 2
Rechtsfähigkeit, allgemeine Übbl 1 vor **1**, Einf 1 vor **1**; ausländischer Verein **23** 1; Beginn **1** 1; eines Vereins **21** 1, 8; Ende **1** 3; des GbR **705** 24, Gen, staatl bei JP 5 vor **21**; IPR EG **7**, **12**; der jur Pers 2 vor **21**; eines Vereins, Verlust **42** 3, **43**, **44**, **73** 1; Verleihg, staatl 7 vor **21**, **22**
Rechtsfürsorge dch Bt **1901** 2
Rechtsgeschäft Übbl vor **104**; abstraktes Übbl 19 vor **104**; Anfechtbark Übbl 33 vor **104**; bedingtes Übbl 31 vor **104**, Einf 8 vor **158**; bedinggsfeindliches Übbl 17 vor **104**, Einf 12 vor **158**; befristetes Übbl 31 vor **104**; Bestätigg **141** 1; dingl Einl 16 vor **854**; einseitiges Übbl 11 vor **104**, Einf 3 vor **305**, **313** 16; entgeltliches u unentgeltliches Einf 8 vor **305**; fehlerhaftes Übbl 26 vor **104**; Form, IPR EG **11**; genehmiggspflichtiges **134** 8; gemeinschaftsschädigdes **138** 43; GestaltgsGesch Übbl 17 vor **104**, Einf 3 vor **305**; kausales Übbl 19 vor **104**; unter Lebden Übbl 14 vor **104**; mehrseitiges Übbl 11 vor **104**; Minderj **107–111**; nichtiges Übbl 27 vor **104**, **134**, **138**; ProzHdlgen Übbl 37 vor **104**; rgeschäftl Wille Einf 5 vor **116**; relativ unwirksames Übbl 30 vor **104**; sittenwidriges **138**; schwebd unwirksames **108** 1, **109** 1, 2, Übbl 31 vor **104**; TatbestdErfordern Übbl 3 vor **104**; des tägl Lebens **196** 1–4; treuhänderisches Übbl 25 vor **104**; auf den Todesfall Einl 6 vor **1922**; von Todes wg Übbl 14 vor **104**; Umdeutg **140** 1; Umgehg von Gesetzen **138** 100, Verbotsges **134** 28; unwirksames Übbl 27 vor **104**; Unzulässigk **134** 7; Veräußergsverbot **137** 1; verdecktes RGesch **117** 8; VfgsGesch Übbl 16 vor **104**; VerpflGesch Übbl 15 vor **104**; Vertrag Übbl 11 vor **104**, Einf 3 vor **305**; vorgespieltes **117** 1, 2
Rechtsgrund Übbl 19 vor **104**; im BereichergsR **812** 68
Rechtshandlungen, Einteilg Übb 4 vor **104**
Rechtshängigkeit, Besitzer, Haftg **987**, **989**; GBEintr **899** 9; Erbschaftsbesitzer, Haftg **2023**; bei HerausgAnspr **292**; verschärfte Haftg, BereichergsAnspr **818** 51; Zinsen seit **291**
Rechtsirrtum, Anfechtg **119** 15; AnfechtgFr, Hemmg **2082** 2; ErbschAusschlaggsFrt **1944** 4; gemeinschaftl –, Fehlen der GeschGrdLage **242** 149; Verj, Hemmg **203** 1; als Verschulden **285** 4; u Vorsatz **276** 11
Rechtskauf **433** 2, **437**, **451**
Rechtskraft, Erschleichen **826** 46; Geltdmachg, unzulässige **826** 6; des ScheidgsUrt **1564** 2; Wirkg ggü Zedenten **407** 6; Wirkg bei Bürgschaft **767** 4
Rechtsmängel, AnfechtsgR **119** 26; BewLast **442**; u Einrede des nichterfüllten Vertr Einf 20 vor **320**; GewLeistg **434–436**, Ausschl **443**; bekannte **439**; bei Kauf **440**, **441**; bei Miete **541**; bei WkVertr 1 vor **633**
Rechtsmittel, Begriff **839** 73; in ScheidgsSachen Einf 4 vor **1564**; bei Hausrats/Wohngszuteilg HausRVO **14**; im ErbscheinsVerf **2353** 25; im WEG-Verf WEG **45** 1, 2; Nichteinlegg als Mitverschulden **254** 42
Rechtsnachfolge, Ersitzg bei **943**; Verjährg bei **221**
Rechtsnorm, Einl 19–27 vor **1**, EG **2**
Rechtsquellen Einl 19–27 vor **1**
Rechtsschein **957** 1, **1155** 1, **891** 1, **892** 1; bei ErbSch **2365**, **2366**; bei Gesellsch **705** 17; unrichti Urk **405** 3; der Vollm **173** 9
Rechtsspaltung im IPR Einl 4 vor EG **3**
Rechtsstellung, Kondiktion **812** 18
Rechtssubjekt, Einf 1 vor **1**
Rechtsverordnung, Einl 22 vor **1**
Rechtswahl, Aufhebg EG **14** 16, EG **25** 7; im intern ErbR **1937** 4, EG **25** 7; für Ehewirkgen EG **14** 11; nachträgl EG **42**; im intern SchuldVertr EG **27**
Rechtswahrungsanzeige 41 vor **1601**
Rechtswidrigkeit s Widerrechtlichk
Rechtswidrigkeitszusammenhang Vorb 62 vor **249**
Reduktion, geltgserhaltde bei AGB AGBG Vorb 9 vor **8**; teleologische bei GesAuslegg Einl 41 vor **1**
Regelbetragsunterhalt 70 vor **1601**, **1612 a** 8; Feststetzg **1612 a** 8; Regelbetrag-VO **1612 a** 16
Registerpfandrecht, LuftFz Einf 7 vor **1204**
Rehabilitation, berufliche, als SchadErs **249** 11
Reichsheimstättengesetz s Heimstätte
Reichssiedlungsgesetz, VorkR Vorb 4 vor **504**, **505** 3, **506** 3, **507** 1, **508** 1, **509** 1; Übbl 4 vor **1094**, **2033** 6
Reinigung der Mietsache **536** 9; Haftg des Reiniggs-Untern **276** 46, AGBG **9** 74
Reisebüro, Veranstalter 3 vor **651 a**; Vermittler 4 vor **651 a**
Reisegewerbe, Verträge im – **134** 10; s auch HaustürGesch
Reisescheck **675** 11
Reisevertrag 20 vor **535**, **651 a** ff; AGBG **9** 122; Abhilfe **651 c**; abw Vereinbgen **651 l**; Begriff 1 vor **651 a**, Entschädigg nutzloser UrlZeit Vorb 39 vor **249**, **651 f**; ErfGeh des Veranstalters **651 a** 6; ErsetzgsBefugn **651 b**; GewlR 1 ff vor **651 c**, **651 c** ff, AusschlFr/Verj **651 g**; HaftgsBeschrkg **651 l**; Haftg der BRep wg Nichtumsetzg der EG-Richtlinie **839** 19; IPR EG **28** 14; Künd wg Mangels **651 e**, wg höherer Gewalt **651 j**; Leistgsträger **651 a** 6; Mangel **651 c** 2; MangelAnz **651 d** 4; Minderg **651 d**; Rückbeförderg **651 e** 6, **651 j** 6; RPreis, Erhöhg **651 a** 7, Fälligk **651 a** 3, **651 k** 7; SichergsSchein **651 k**; Rücktr **651 i**; SchadErs **651 f**; Vermittlg **651 a** 5; VertrPfl **651 a** 2
Rektapapier Einf 2 vor **793**; Nießbrauch Vorb 2 vor **1068**; Pfandrecht **1274** 9
Religionsgesellschaften, JP Vorb 2 vor **89**; Vereinsfreiheit u – Vorb 17 vor **21**
Religiöse Kindererziehung **1626** 16; dch Vormd **1801**; bei Auswahl des Vormd **1779** 6; als Schutzmaßn Anh 1 zu EG **24**; MSA **1** 13
Rennen, Vertrag Einf 16 vor **631**
Rennwette **763** 4
Renovierung der Mietsache **536** 10
Rentenanspruch als SchadErs **249** 9; bei unerl Hdlg **843**, **844** 7, Dienstentgang **845** 3, Höhe **843** 5, **844** 8, **845** 4, Mitverschuld des Verletzten **846** 1; PfändSchutz **843** 16, **844** 17, **845** 7; Verjährg **197** 7, **843** 20
Rentenformel **1587 a** 32
Rentenneurose Vorb 70 vor **249**
Rentenreallast Übbl 2 vor **1105**

Rentenschein, BezugsR **805** 1, 2; Verlust **804** 1, 2
Rentenschuld 1199; Ablösg **1201**; AblösgSumme, Höhe **1199** 3, Zahlg **1200** 2; EigtRentSchuld **1199** 1; Kündigg **1202**; Umwandlg **1203**; Vorschr, anwendbare **1200** 1
Rentensplitting 1587 b 12, 24, 34; Unterbleiben der Kürzg VAHRG **4**
Rentenversicherung u SchadErs **252** 14, u VA Einf 4 vor **1587**, **1587** 4, **1587 a ff**; Beitragsnachentrichtg **1587** 45; s auch unter „VersorgsAusgl"
Rentenversprechen, Form **761** 1
Rentnerprivileg bei VersorgAusgl **1587 b** 19
Reparaturen der Mietsache **536** 10
Reparaturvertrag, formularmäß AGBG **9** 124
Reparaturwerkstatt als Erfüllgsgehilfe **254** 66
Repräsentant, Haftg für im VersichergsR **278** 21
Requisitionsschäden s Stationiergsschäden
Restitutionsanspruch nach VermögensG **1922** 50
Restitutionsklage, Unvererblichk der Erhebg **1922** 54
Restschuldversicherung 138 26, **246** 1, **607** 21
Reugeld Vorb 6 vor **339**, **336** 1; Rücktr gg **359**
Revisibilität bei AGB AGBG **5** 13; bei AnschBew Vorb 164 vor **249**; der Auslegung von GBEintr **873** 15, WillErkl **133** 30, letztw Vfg **133** 30
Rheinland-Pfalz, HöfeO EG **64** 7
Richterhaftung 839 67, 145; GBRichter **839** 2, 145; Spruchrichter **839** 67; VormschRichter **839** 148
Ringtausch 515 2
Risiko, gesteigertes Einf 1, 14 vor **823**
Risikosphäre des Gläubigers **324** 6; bei Wegfall der GeschGrdlage **242** 125
Röntgenbilder, Vorlagepflicht **810** 3
Rückbürge Einf 10 vor **765**
Rückerstattungsgesetz 123 18; Erbausschließg **1938** 1; Erschöpfgseinrede **1990** 11; kein Gutglaubensschutz **892** 6; formlose Testamente **2231** 4, **2250** 12, **2252** 3; Erbschein **2353** 20; Todesvermutg u Erbschein **2356** 5, Staatserbrecht **1936** 1
Rückerwerb des NichtEigtümers **892** 16, **932** 17
Rückforderung Zuviel erbrachter, öffentl rechtl Leistgen Einf 20 vor **812**; von Unterh **1360 b**, 13 vor **1569**; 30 ff vor **1601**
Rückgabepflicht des Mieters **556**
Rückgarantie 18 vor **783**
Rückgriff des Bürgen **774**, des Dienstherrn, Sozialversichergsträgers, Versicherers gg Angehörige des Verletzten? Vorb 148 vor **249**; Gesamtschuldner **426**; bei unechter (scheinb) Gesamtschuld **421** 6; gg einem vertragl od gesetzl von Haftg freigestellten Gesamtschuldner? **426** 15; des Staats gg Beamten **839** 87; der VersTräger Vorb 132 vor **249**, **618** 8; kein R- der Versorgg gewährenden öffentl Verwaltg gg andere Verwaltg **618** 8
Rückgriffskondiktion 812 58
Rückkauf Einf 8 vor **433**, **497** 4
Rücksichtnahme, Elt/Kinder **1618 a**
Rücktritt, Einf vor **346**, **346**; Abwicklgsverhältn Einf 2 vor **346**, **348** 1; Klauseln in AGB über Abwicklg AGBG **10** 34; Ausschluß **327** 1, **350–353**; Beweislast für Erfüllg **358** 1; Dritter Erwerber Einf 1 vor **346**; v Erbvertrag **2293–2297**, Umdeutung **2295** 6; Erbverzicht 5 vor **2346**; Erfüllg Zug um Zug **3481**; Erfüllgsort **269** 15; Erklärg **349** 1; Fixgeschäft **361**; Fristablauf **355**; Fristsetzg **354** 1; ohne Fristsetzg **326** 20; gesetzlicher **327**, **347** 6; Haftg **327** 2, **347** 3; Kreditkauf **326** 28, **327** 1; Nutzgsherausgabe **347** 1, 2; Reisevertrag **651 i**; R gegen Reugeld **339** 1; Rückgewähr Einf 1 vor **346**, **347**, **348**, **354**; R u SchadErs **325** 24; bei Stundg des Kaufpreises **454**; SukzessivliefVertr Einf 26 vor **305**; nach Teilleistg **326** 28; nach Umgestaltg **352** 1; wegen Unmöglk **325** 24; bei teilweiser Unmöglk **325** 9; bei Unmöglk der Rückgewähr **346** 3, **347** 2; Unwirksamk **354** 2, **357**; Verändergen **347**; Verhalten Dr **353** 1; bei VerpflichtVertrag Einf 1 vor **346**; Vertragsauflösg **325** 24, **327** 1, Einf 1 vor **346**, **346** 2; Vertragsrest Einf 1 vor **346**; nicht zu vertretender **327** 2; Verwendgsersatz **347** 1; wegen Verzugs **326** 27; Verzug bei **347** 1; Verzug der Rückgewähr **354** 1, 2; Vorbehalt Einf 4 vor **346**, **346** 1, **357** 1, **358** 1; formularmäßiger Vorbehalt AGBG **10** 13; bei Vertr zGDr **334** 1; Widerruf **347** 2; Wirkungen **346**
Rücktrittsrecht, Entstehg Vorb vor **346**; Erlöschen **355** 1; Erbbaurecht Übbl 4 vor **1012**; Fixgeschäft **360** 2, **361** 1, 2; gesetzl **327** 1, 2, Einf 6 vor **346**, **347** 6; Gestaltgsrecht Einf 1 vor **346**, **346** 3; Unteilbark **356** 1; bei Verschulden des Berechtigten **351** 1, 2, **354** 1; Verwirkg **242** 107; bei Verwirksklausel **360** 1, 4; Vormerkg **883** 16; Vereinbg bei Wohnraummiete **570 a**
Rückverkaufsrecht im EigenhändlerVertr **346** 1
Rückvermächtnis 2177 7
Rückverweisung im IPR, auf deutsches Recht EG **4** 1; versteckte EG **4** 2
Rückzahlungsklauseln bei Gratifikationen **611** 89
Rufbereitschaft 611 30
Ruhegehalt Einf 7 vor **611**; Aufrechng gg – **387** 13; Verwirkg **242** 46
Ruhegeld Einf 80 vor **611**, Versprechen **516** 10, **759** 8
Ruhen, ArbVerh Vorb 1 vor **620**; Vereinsmitgliedsch **38** 2; elt Sorge **1626** 30, **1673–1679**, **1751**; Fortführg der Gesch **1698 a**; GeschUnfgk/Beschrkth **1673** 2, 3; Herausg des Verm u RechenschPfl **1698**; Meingsverschiedenh zw EltT u gesetzl Vertreter **1673** 4; Übergang/Übertragg der elt Sorge auf den and EltT **1678** 4, 7; Pflegerbestellg **1673** 3; längere Verhinderg **1674** 1; Vertretg **1673** 3; Wirkg **1675**
Ruhestandsverhältnis Einf 80 vor **611**
Ruinengrundstück, Abwehranspr **1004** 4; Haftg bei Einsturz **836** 4, 14, **838** 1
Rundfunk, Ausübg hoheitl Gewalt **839** 150; kein GewerbeBetr iS des VerjR **196** 12; kreditgefährdende Veröffentlichungen **823** 24, **824** 6
Rundfunkstörungen 858 6, **903** 9

S

Saarland, WEG Übbl 1 vor WEG **1**; kein AnerbenR EG **64** 4
Saatgut 459 19, **463** 2, **477** 10; PfdR aus Lieferg Einf 3 vor **1204**
Sache, Übbl vor **90**, **90**; abhanden gekommene **935** 2; Aneigng **958–964**; Arten Übbl 3 vor **90**; Bestandteile **93** 2; bewegliche Übbl 3 vor **90**, IPR EG **38** Anh II 5, EG **3** 11; eingebrachte des Mieters **559** 6, des Gastes **701** 5; Gattgssache **91** 2; gestohlene **935** 2; Hauptsache **470** 1; LastVerteilg **103** 2; Nebensache **479** 1; Nutzgen **100**; Sachteil **93** 1; Verarbeitg, Vermischg **948–951**; verbrauchbare **92**; verkehrsunfähige Übbl 7 vor **90**; verlorene Vorb 1 vor **965**, **935** 2; Verlust **255** 5; vertretbare **91**
Sachenrecht, Einl 1 vor **854**; IPR EG **43** Anh II; Typenzwang Einl 4 vor **854**; unzulässige RAusübg **242** 79; Verwirkg **242** 108
Sachfolgeschaden 249 6

Sachgesamtheit, Begriff Übbl 5 vor **90**; Kauf **433** 1, Vorb 5 vor **459**; PfdR **1204** 4; Übereigng **930** 2
Sachinbegriff, Nießbrauch **1035** 1; Verpfändg **1204** 4; Vermächtn **2155** 1; s a Sachgesamtheit
Sachmangel 459; arglist Verschweigen **463** 11; s a Sachmängelhaftg; Vorbehalt der Rechte bei der Annahme **464** 1; Zeitpunkt, maßgebender **459** 46
Sachmängelhaftung, Ausschluß Vorb 21 vor **459**, AGBG **11** 46; BewLast **459** 46, **460** 9; Grdlage **459** 1; beim Gattgsvermächtn **2183**; beim ErbschKauf **2376** 2; SchadErs **463**; Verhältn z argl Täuschg **123** 1, Vorb 8 vor **459**, z GeschGrdLage **242** 118, z Irrtum **119** 28, Vorb 9 vor **459**, z allg LeistgsstörgsR Einf 18 vor **320**
Sachnorm, IPR EG **4** 5; selbstbegrenzte Einl 1 vor EG **3**
Sachvermächtnis 2183 2
Sachverständige, Haftg **823** 117, **839** 115; Haftg ggü Dritten **328** 32
Sachwalter 675 24; Haftg **276** 97
Saldoanerkenntnis 781 9; als Aufrechngsvertrag **387** 21; Rückfordrg **812** 6; als Umschaffg **305** 8
Saldotheorie 818 48
Sale-and-Lease-Back 185 9, Einf 13 vor **433**, **455** 13, Einf 29 vor **535**
Salvatorische Klausel, in AGB AGBG **6** 7, Vorb 14 vor AGBG **8**; bei Enteigng Übbl 7 vor **903**
Samenspende 17 vor **1591**; **1592** 2
Sammelgarage WEG **3** 7
Sammellagerung 948 2
Sammelvermögen 1914; Vorb 7 vor **80**
Samstag, s unter „Sonnabend"
Sanierungsgesellschaft 705 48
Satellitenempfangsanlage 541 b 7, MHG **3** 9, WEG **22** 4
Satire 823 189 c
Sättigungsgrenze bei Unterhaltsansprüchen bei Scheidg **1578** 39; bei Kindern **1610** 4
Satzung, autonome, RNorm Einf V 23 vor **1**; nicht rechtsfäh Verein **54** 1, 2; des rechtsfäh Vereins **25**, Änderg **33**, **71**, Nichtigk **25** 5
S-Bahnbau, Entschädigg Übbl 41 vor **903**
Schaden Vorbem 7 vor **249**; Aufwendgn Vorb 83 vor **249**, fehlgeschlagene Vorb 32 vor **249**; Ausgl dch Sicherh Vorb 138 a vor **249**; Begriff Vorb 7 vor **249**; Belastg mit Verbindlichk Vorb 46 vor **249**; Berechng Vorb 50 vor **249**, bei Unmöglichk **325** 9, 25; Beweisfragen Vorb 162 vor **249**; Differenzhypothese Vorb 8 vor **249**; Einzelprobleme Vorb 19 vor **249**; einer GmbH Vorb 111 vor **249**; entgangene GebrVorteile Vorb 21 vor **249**; entgangener Gewinn **252**; gesetzlicher **288** 1, **290** 2; ideeller Vorb 7 vor **249**, **253** 1–3; Kosten der Kontrollorganisation Vorb 43 vor **249**; merkantiler Minderwert **251** 19; mittelb/unmittelb Vorb 15 vor **249**; normativer SchadBegriff Vorb 14 vor **249**; nicht vorhersehb **276** 20; obj SchadKern Vorb 53 vor **249**; Rentenneurose Vorb 69 vor **249**; SchockSchad Vorb 71 vor **249**; UnterhPfl ggü ungewolltem Kind Vorb 47 vor **249**, 13 vor **1601**; nutzlos aufgewandter Urlaub Vorb 39 vor **249**; Verdienstausfall **252** 8–19; Vorhaltekosten Vorb 43 vor **249**; VorteilsAusgl Vorb 119 vor **249**; Ztpkt der Bemessg Vorb 174 vor **249**; ZbR **273** 19; vgl auch KfzSchad
Schadensersatz 1 vor **249**; Abtr der Anspr der Geschädigten **255**; bei AmtspflVerletzg **839**; Anspr auf Geld **249** 3, **250**, **251**; arglist Täuschg **123** 26, 27, **826** 15; arglist Verschweigen von Sachmängeln **463** 11; bei AuftrN **670** 8, Ausk **259–261** 3, **823** 160, **826** 14; Berechng 50 vor **249**; Berecht 108 vor **249**, **823** 157, bei Anfechtg wg Irrtums **122** 3; BesVerletzg **861** 13; bezugsbeschrkte Waren **251** 1; neben Buße **823** 159; Eheg 6 vor **1353**, **1353** 14; gg Ehebrecher 6 vor **1353**; Ehrverletzg **823** 165; entgangener Gewinn **252** 1, 5; ErfInteresse Vorb 16 vor **249**; Ersetzgs-Befugn des Schuldn **251** 6; Erwerbsaussicht **826** 14; Fehlen zugesicherter Eigensch **463** 1, 12; für gebrauchte Sachen **251** 12; Geldentschädigg **249** 13; GeldErs nach Fristsetzg **250** 1, 2; Geldrente **843** 1, 2, 4, **844** 7; bei Gesamtpreis **469** 2; gg geschführden Gter **713** 11; bei außerordentl Künd des DienstVertr **626** 5, **628** 4; Kreditgefährdg **824** 11; NachlInsolvenz, Verletzg der AntrPfl **1980** 6; Nachteile für Erwerb u Fortkommen **842** 2; NamensRVerletzg **12** 19; Naturalherstellg **249** 1, 12; negatives Interesse 16 vor **249**; wg NichtErf 16 vor **249**, s a SchadErs wg NichtErf; Nichtvermögensschäden 7 vor **249**, **826** 14, **847** 8; wegen nutzlos aufgewendeter Urlaubszeit 39 vor **249**, **651 f**; pauschalierter **276** 54, AGBG **11** 20, 9 vor **339**; positives Interesse 16 vor **249**; Reisemangel **651 f**; Schmerzensgeld **847**; Schutzzweck der Norm 62–64 vor **249**; Selbsthilfe vermeintl **231** 1; Stichtag **286** 12; Totalreparation Vorb 4 vor **249**; Umfang bei unerl Handl **823** 159, **826** 14, **842** 1, bei Irrtumsanfechtg **122** 1, 3; aus unerl Handlg **823 ff**; ursächl ZusHang Vorb 54 vor **249**, Einf 14 vor **823**, auch **839** 78; Unterlassg **826** 16; UnterlassKlage Einf 16 vor **823**, **826** 14, vorbeugende Einf 18 vor **823**, auf Wiederherstellg Einf 25 vor **823**; unzulässige RAusübg **242** 83; Veräußergsverbot, rgeschäftl **137** 5; Vererblichk der -pflicht **1922** 29; Verschlechterg der herauszugebden Sache **989** 2; Verschulden, eigenes **254** 60, 70; Verschulden bei VertrSchluß s dort; VertrSchluß, arglist Verleitg **823** 164; VertrUntreue **326** 10; bei vertrwidr Gebr dch Mieter **548** 5, Vertrauensschaden Vorb 16 vor **249**; bei IrrtumsAnfechtg **122** 3; Verwirkg **242** 108; Verzinsg **849** 1; bei Vollstr unricht Unterh-Titel 33 vor **1601**; VorteilsAusgl Vorb 119 vor **249**; **823** 162; bei WkMangel **635**; maßg Ztpkt Vorb 174 vor **249**, **325** 19, 23, **463** 20, **823** 163, **839** 79
Schadensersatz wegen Nichterfüllung 283 1, 3, **325** 9; arglist Verschweig von Mängeln **463** 11, 14, **524** 7; Berechng **325** 9, 24, **326** 24, **463** 14; BewLast **463** 27; Deckgskauf **325** 20; Deckgsverkauf **325** 21 einredeweise Geltdmachg **326** 5; entgangener Gewinn **325** 9; ErfüllgVerweigerg **326** 15; Fehlen zugesicherter Eigensch **463** 1, 10, 14; Fristsetzg **250** 1, **283** 5, **326** 6, 14; ohne Fristsetzg **326** 15; ggs Vertr **283** 8, **325** 9, **326**; Interessewegfall **286** 12; Kaufpr als Mindestschaden **325** 15; Mieter **538**; pauschalierter **276** 54; ReiseVertr **651 f**; Rentabilitätsvermutg **325** 15; Selbsthilfe-Verk **325** 21; Stichtag **325** 19, 23, **326** 24; bei teilw Unmöglk **325** 26; bei Unmöglk **280** 7, **325**; Verj **195** 2, **189** 1; VertrStrafe **340** 7, **341** 1; nach Verurteilg zur Erf **283** 2, 3, 4; neb Verzögergs-Schad **326** 5; WkVertr 22 vor **633**, **635**
Schadensfreiheitsrabatt, Verlust 92 vor **249**
Schadensgeneigte Arbeit 276 63, **611** 156
Schadensliquidation des Drittinteresses Vorb 112 vor **249**, **839** 82
Schadensminderungspflicht 254 32
Schadensvorsorge Vorb 43 vor **249**
Schankwirt, Haftg **701** 2
Schatz 984; Recht des Nießbr **1040** 1
Scheck 270 6, Einf 8 vor **783**; abhgek, SchadErs bei Einlösg/Einziehg **990** 10; Annahme **784** 3, Annahme an ErfStatt **364** 6; Bestätigg Einf 18 vor **765**; garantierter, Pfl zur Anm **364** 6; Einziehg,

InkassoAuftr **676 f** 19; IPR EG **37**; Kauf **437** 18; Pfandindossement **1292** 3, 4; Postscheck s dort; Scheckhingabe als unerl Hdlg **826** 57; Scheck-Vertr mit Bank **676 f** 18; Übertragg **792** 1; Widerruf **134** 22, **676 f** 18, **790** 1; **812** 49
Scheckkarte **164** 1, **610** 3, Einf 17 vor **765**; ec-Bdggen AGBG **9** 63, s ec-Karte
Scheidung s Ehescheidg
Scheidungsabsicht im EhegüterR **1408** 12
Scheinbestandteil s Bestandteil
Scheinehe **1314** 14
Scheinerbe, Mitwirkg in Gesellsch **2367** 2
Scheingeschäft **117**; Ausschluß bei Abtretg unter Urkundenvorlegg **405**; fiduz Geschäft Übbl 25 vor **104**, **117** 1; Nichtigk **117** 7; bei Test **1937** 15; bei Erbvertr **2279** 1
Scheinselbständigkeit 7 vor **611**
Scheinvater, AuskAnspr gg Mutter 4 vor **1591**; UnterhRegreß 35 v **1601**
Schenkung **516 ff**; Abgrenzg zum DienstVertr Einf 26 vor **611**; Ablehng bei Gütergem **1432** 1, **1455**; Anstandspflicht **534** 1, 3; Arglist des Schenkers **523** 2, **524** 5; unter Auflage **525–527**; Ausstattg **516** 8; belohnende **516** 9; Berechng des AnfangsVerm bei ZugewGemsch **1374** 11, des EndVerm **1375** 6; Beweislast **516** 18; unter Eheg **516** 10, **1372** 3; eines Eheg aus Gesamtgut **1425** 2; dch Elt aus KindesVerm **1641**, bei Erbvertr **2287**; Form **518**; gemischte s dort; aus Gesamtgut der Gütergemsch **1425** 2; grober Undank **530–533**; Haftg des Schenkers **521–524**; Handschenkg **516** 1, **518** 1, 3; IPR EG **28** 10; Mj **110** 4; Notbedarfseinrede **519**; an Ordensangehörige EG **87**; Pacht u – Einf 9 vor **581**; Pflichtteilsergänzung **2325**; einer Rente **520**; Rechtsmängel **523** 1, 2; Rückfdg wegen Bedürftigk **528**; RückfdgsRecht, Ausschluß **527** 4, **529** 1; Schuldversprechen od -anerkenntnis **518** 10, **2301** 7; des TestVollstr **2205** 32; von Todes wegen **518** 1, **2301**; IPR EG **25** 15; u unbenannte Zuwendg **242** 158; verschleierte **516** 13; Verzug **521** 2; Verzugszinsen **522** 1; Verwaltg dch Elt **1639**; Vollziehg **518** 5 a, dch Vorerben **2113** 9; dch Vormund **1804**; Wegfall der GeschGrdlage **242** 168; Widerruf **530–533**; zw Eheg **1372** 3; zinsloses Darlehen **516** 9; Zuwendg **516** 5
Schenkungsversprechen, Annahme **518** 2; Begriff **518** 2; eines Eheg bei Gütergemsch **1425** 3; Form **516** 14, **518** 1, 7; Haftg des Schenkers bei arglist Verschweigen von Fehlern **524** 7; Heilg durch Vollziehg **518** 8; mehrere **519** 5; Notbedarf **519** 1, 4; auf den Todesfall **2301**
Scherz, Begriff **116** 1; – Testament **1937** 15
Schichtarbeit **611** 30
Schickschulden **269** 6; Annahmeverzug **243** 7, **300** 5; Geld **270**
Schiedsgericht bei Streitigk von Vereinsmitgl **25** 20; von WohngsEigtümern WEG **43** 2; Verj der vor S gehörden Anspr **220**
Schiedsgutachten **317** 4; formularmäß Klausel AGBG **9** 127; Unbilligk, Unrichtigk **319** 3; Vertr **317** 4
Schiedsgutachter **317** 4; Vertr **317** 9, **675** 20, **839** 68, AGBG **9** 127
Schiedsrichter, bei ErbauseinandS **2042** 2; bei Vereinen **25** 20; Haftg **276** 47; Vertr 16 vor **611**, **675** 20; Künd **627** 2; bei lwVfg **1937** 11, **2065** 7, **2074** 6, **2084** 21; TestVollstr als – 8 vor **2197**
Schiedsvertrag, Anfechtg **119** 3; Begriff **317** 9; und Hauptvertrag **139** 15; formularmäßiger AGBG **9** 126; Rechtsverstöße **134** 22; bei WohngsEigt WEG **10** 2, **43** 1
Schiff, ArbeitsR Einf 51 vor **611**, IPR EG **30**; Begriff **929 a** 1; EigtErwerb **929 a** 2, 5, **932 a**; Belastg **929 a** 2; Vfg bei GüterGemsch **1424**; ZusStoß IPR EG **38** 20, Anh 1; ZwVollstr **929 a** 4
Schiffsbanken s HypBanken
Schiffsbauwerk **929 a** 1; Vfg bei GüterGemsch **1424**
Schiffshypothek Einf 4, 5 vor **1204**
Schiffsliegestellen, ZustandsHaftg **823** 118
Schiffspart **929 a** 1
Schiffspfandbriefe, s HypPfdBriefe
Schiffsregister **929 a** 3
Schiffsunfall IPR EG **40** 9
Schiffsurkunden **929 a** 3
Schikane **226**
Schleichwerbung bei Fernsehübertragung **812** 36
Schleppvertrag Einf 17 vor **631**
Schlüssel s Wohngsschlüssel
Schlüsselgewalt (Geschäfte zur Deckg des Lebensbedarfs) **1357**; ärztl Behandlg **677** 8, **1357** 17; Entstehen einer einf FdgGemsch **432** 2; IPR EG **14** 18, **16** 3
Schlüsselübergabe, Besitzerwerb dch **854** 6
Schlußerbe beim ErbVertr **2280** 1; beim gemsch Testament **2269** 6
Schlußrechnung bei NachlPflegsch **1960** 31; des Vormds **1890–1892**; beim WkVertr **632** 3
Schlußzahlung beim Werkvertrag **641** 6
Schmerzensgeld **847**; Geldschuld **288** 1; IPR EG **40** 17; Leistgsfähigk dch **1603** 5; MitVerschulden **254** 58, **847** 5; bei VerkDelikten **847** 4; bei Verletzg des PersönlichkR **823** 198; vertragl Anerkenng **847** 14; Verletzg des UrhR **687** 5, **847** 2; Vererblichk **847** 13; Verzinsg **290** 1, **291** 1; Zugew **1375** 3
Schmiergeld im ArbR **611** 44; Herausg an AuftrG **667** 3; AufwendgsErs **670** 5, SchadErsPfl 171 vor **249**; Sittenwidrigk **138** 63, **826** 51; Verbot **611** 44; Verstoß gg UWG **134** 24
Schmuck der Ehefrau **1362** 8
Schmuggel, Vertrag **138** 43
Schneeballsystem **138** 96, **762** 4, **826** 64
Schockschäden Vorb 71 vor **249**
Schonvermögen **1601** 9, **1602** 5, **1603** 3
Schönheitsreparaturen **326** 9, **536** 10
Schornsteinfeger: Haftg **276** 47; Vertrag Einf 17 vor **631**, **839** 151
Schrankfachvertrag Einf 13 vor **535**, Einf 2 vor **688**; Besitz **866** 1; Verpfändg **1205** 7, **1206** 2
Schriftform, Blankounterschr **126** 6; Briefwechsel **127** 3; digitale Unterschr **126** 7; Ersatz der Unterschr **126** 13; gesetzl **126** 1; Kündigg von Wohnraum **542** 7; **564 a**; MietVertr **566**; Telefax **126** 11; Telegramm **127** 2; Unterschr, eigenhändige **126** 7, bei Test **2247** 5, 11; vereinbarte **127** 1, 2, Aufhebg **125** 14; Vereinbg dch AGB-Klausel AGBG **5** 5, **9** 128, **11** 94; s auch unter „Form“
Schriftstück, Verweigerg der Annahme **130** 16; Zugehen **130** 4
Schülerlotse **839** 152
Schulbesuch des Kindes, Bestimmg dch Elt **1631** 3, **1631 a**; Unterh **1610** 18
Schuld, Anerkenntn des Erlöschens **371** 4; Begriff Einl 13 vor **241**; geteilte **420** 1; u Haftg Einl 13 vor **241**; Häufg Übbl 12 vor **420**; Verteilg der Leistg auf mehrere Schulden **366**, **367**
Schuldanerkenntnis **781**; Abrechng **782** 2; bei Abtretg **404** 7; BewErleichterg **781** 6; BewLast 780 14, **782** 4; deklaratorische Wirkg **781** 3; Einreden u Einwendgen **782** 3; Einrede der ungerechtf Bereicherg **780** 11, **781** 4; Form **781** 11; Formfreiheit **782** 1; über Grd des Anspr **781** 3; konstitutive Wirkg **781** 2, 3; negatives **397** 9; prozessuales **781**

1; Rückforderg 780 11, **781** 2, 3, **812** 5; Saldoanerk **781** 9; Schuldbestätiggsvertr **781** 3, 6, 7; auf Todesfall **2301** 5; dch Umdeutg **780** 5; ungerechtf Bereicherg **780** 11; **812** 5
Schuldausspruch bei Ehescheidg nach ausländR EG **17** 8, 13
Schuldbefreiung, s unter Befreiungsanspruch
Schuldbeitritt Übbl 2 vor **414**, Einf 15 vor **765**
Schuldbuchforderung **236**, **1815** 1, **2117**, **2118**; NießbrBestellg **1069** 1, Verpfändg **1293** 1
Schulden des UnterhBerecht **1361** 49, **1577** 3; des UnterhSchuldn **1603** 23
Schuldnerverzug **284** ff, bei gegenseitigem Vertrag **326**; Androhg der Leistgsablehng **326** 18; Androhg des Rücktritts **326** 18; Beginn **284** 27; Begriff **284** 1, **285** 1; Erfüllgsanspruch neben Anspruch auf Verzögergsschaden **326** 5; Einrede d nichterf Vertrages **326** 5; Fristsetzg **326** 14; Haftgserweiterg **287** 1, 2; HaftgsBeschränkg dch AGB AGBG **11** 40; Heilg **284** 28; Interessewegfall **326** 21; Leistgsablehng **326** 20; Mahng **284** 15, **326** 14; Nachfrist, fruchtloser Ablauf **326** 23; im öffentl Recht **284** 6; Rücktritt **326** 27; Nachfristsetzg mit Erkl der Ablehng **326** 14; SchadErs wg NichtErf **326** 6, 26; Unterhalt **1613** 7; neben verschärfter BereichergsHaftg **818** 54, **819** 9, **820** 9; VertrTreue des Gläub **326** 10
Schuldrechtlicher Versorgungsausgleich: Abfindg künft AusglAnspr **1587 l** 1; AbfindgsAnspr **1587 l** 7, Ausschl der Abfindg VAHRG **2** 1; abschließde Aufzählg **1587 f** 1, 8; Abtretg von VersorgsAnspr **1587 i** 1, 2; Anrechng der Abfindg **1587 n** 1; AntrErfordern **1587 f** 2; Anwendbark von UnterhAnsprVorschr **1587 k** 2; Aufhebg u Änderg rkräft Entscheidgen **1587 i** 1; AusglRente **1587 g** 5; AuskAnspr **1587 k** 2; Ausschluß der Barabfindg **1587 l** 10, von ÜbertrBeschrkgen **1587 i** 2; BewertgsStichtag **1587 g** 2; Entstehg der ZahlgsPfl **1587 g** 5; Fälligk **1587 g** 5; fehlde Bedürftigk **1587 h** 2; Form der Abfindg **1587 l** 10; Geltdmachg des AbtretgsAnspr **1587 i** 2; Höhe der Abfindg **1587 l** 9, der Geldrente **1587 g** 5; modifizierter VAHRG **2**; Nachteile **1587 f** 1; nachträgl Wertänderg der VersorggsAnw **1587 g** 1, 5; Pfändg des RentenAnspr **1587 i** 1; Ratenzahlg der Abfindg **1587 l** 10; RHängigk des AusglAnspr **1587 k** 2; RNatur **1587 g** 2; Rückfall abgetretener Anspr **1587 k** 3; Schadensers wg Nichterfüllg **1587 k** 2, 3; SchadensersAnspr **1587 m** 1; Tatbestände **1587 f** 8; Tod des Berechtigten **1587 k** 2, 3, **1587 m** 1; Tod des Verpflichteten **1587 k** 6, **1587 m** 1; unbillige Härte **1587 h** 2; UnterhAnspr **1587 n** 1; Unzulänglichk **1587 f** 3; Urteilstenor **1587 g** 17; Vereinbarg **1587 o** 11; Verfahren **1587 g** 3; Verh zum UnterhAnspr **1587 g** 1; Verhinderg der Entstehg eigener VersorggsAnspr dch den Berechtigten **1587 h** 5; Verlust des AusglAnspr **1587 h** 1; Verzug **1587 k** 2; Voraussetzungen **1587 f** 5; Wiederheirat **1587 h** 4, **1587 k** 2, 5; Zahlg einer Geldrente **1587 g** 1; ZahlgsWeise **1587 k** 2; Zeitwert der VersorggsTitel **1587 l** 9; Ziel **1587 l** 2; Zweckbindg der Abfindg **1587 l** 10
Schuldrechtsreform Vorb 4 vor **275**
Schuldschein, Begriff **952** 2; über Darlehen **607** 22; Eigentum **371** 1, **952**; Rückgabeanspr **371** 1, 4
Schuldstatut im IPR EG **27**, **28**
Schuldübernahme, allg Übbl vor **414**; Abstraktheit **417** 5; Anfechtung **143** 5; befreiende Übbl 1 vor **414**, **414** 1; Einwendungen des Übern **417** 2, 5; Erfüllgsübern **329**; Erlöschen der Nebenrechte **418** 1; Form **313** 14, Übbl 1, 2 vor **414**, **414** 1, **415** 1; Genehmigg des Gläub **415** 3; bei GrdstVeräußerg **313** 12; Hyp **416** 1; IPR **33** 4; kumulative Übbl 2 vor **414**; Lastenausgleich **415** 1; Mitteilg an Gläub **415** 4, **416** 4; Sittenwidrigk **138** 37; Stellg des Übern gegenüber Gläub **417**; Verjährg Übbl 2 vor **414**; VermÜbernahme **419** 1; Verpflichtgsvertrag Übbl 1 vor **414**, **414** 1; Vertrag zwischen Gläub u Schuldner Übbl 1 vor **414**, **414** 1; Vertrag zwischen Schuldner u Übernehmer Übbl 1 vor **414**, **415** 1; VorzugsR **418** 1
Schuldumschaffung, Annahme an Erfüllgs Statt **364** 5, 6; Begriff **305** 2, 8; bei Darlehen **607** 17; bei SchuldVerspr **780** 7
Schuldverhältnis, Abändergsvertrag **305** 2; AnwendgsBereich Einl 24 vor **241**; Arten Einf 1–34 vor **305**, Übbl 1, 2 vor **433**; Aufhebg **305** 7; Ausgestaltg Einl 5 vor **241**; Begriff Einl 1 vor **241**; Begründg dch Vertrag Einf vor **305**, **305** 1; Entstehg Einl 4 vor **241**, Einf 2–34 vor **305**; Dauerschuldverh Einl 17 vor **241**; Erlöschen Übbl vor **362**, **362** 1, **364** 1–7; Inhalt Einl 6 vor **241**; Inhaltsänderg bei Leistgsstörg Vorb 1 vor **275**; IPR vertragl EG **27–37**, außervertragl EG **38**; öffentl Recht Einl 25 vor **241**; Rechtsbindg Einl 9 vor **241**; Typen Übbl 1 vor **433**; ÜbergangsR Einl 29 vor **241**; Übersicht Übbl vor **241**
Schuldvermächtnis, Inhalt **2173** 5
Schuldverschreibungen der BRep Einf 7 vor **793**; der HypBanken Einf 7 vor **793**; s a InhSchuldverschreibg
Schuldversprechen **780**; Abgabe erfüllgshalber **780** 7; aGrd Abrechng **782** 2; Begründg, selbständ **780** 3; BewErleichterg **781** 1 f; BewLast **780** 14, **782** 4; zGDr **780** 4; Einrede der ungerechtf Bereicherg **780** 11; Einwendgen **780** 8, **782** 3; an Erfüll Statt **780** 7; Form **780** 6, **782** 1; mündl Nebenabreden **780** 6; Rückforderg 780 11, **812** 5; SelbständkGrdsatz **780** 1 a, 9, Ausnahmen **780** 10; auf Todesfall **2301** 5; dch Umdeutg **780** 5; Umschaffg **780** 7; Vergleich **782**
Schule, Haftg für Schäden **276** 133, **839** 152
Schußwaffengebrauch bei Notwehr **227** 7
Schutzbereich der verletzten Norm Vorb 62 vor **249**, **254** 15, **823** 159
Schutzgesetz, Begriff **823** 140
Schutzpflichten **242** 35; Verletzg **276** 71, 116; dch ErfGeh **278** 16; Vorsorge für VersSchutz **242** 36; bei WkVertr **631** 13 a, 16
Schutzrechte, gewerbl als Zubehör **314** 1
Schutzwirkung, Verträge mit – zugunsten Dritter **328** 13, Einzelfälle **328** 21–33
Schutzzwecklehre im SchadErsR Vorb 62 vor **249**
Schwachsinn **104** 5
Schwägerschaft **1590**
Schwangerschaft, EheaufhebgsGrd **1314** 10; Verschweigen bei Arbeitsvertragsabschluß **123** 10
Schwangerschaftsabbruch, **823** 68; elt Sorge **1626** 16; fehlgeschlagener Vorb 48 b vor **249**; Verstoß gg gesetzl Verbot **134** 14; Fortzahlg der Vergütg **616** 6, 185
Schwarzarbeit **134** 22, **252** 3, **254** 16, **276** 63, 29 vor **611**, **611** 20, **631** 5; **817** 20, **818** 22; im UnterhR **1603** 7
Schwarzfahrt, Haftg **823** 105, für Gehilfen **831** 6, **278** 30; mit Dienstwagen **839** 26; Minderj **107** 9
Schwarzkauf **117** 8, **313** 36
Schwarzmarktgeschäft **817** 22
Schwebende Unwirksamkeit Übbl 31 vor **104**
Schweigen, auf Bestätiggsschreiben **148** 8; IPR EG **31** 5; Klauseln in AGB, die – als WillErkl fingieren AGBG **10** 26; als WillErkl Einf 6 vor **116**; und Willensmängel Einf 12 vor **116**; als Zustimmung bei AGB AGBG **2** 16, 22

Schweigepflicht des Arztes, Haftg wg Verletzg **823** 70, dch Hilfspersonen **278** 26; Unwirksamk von RGesch bei Verletzg **134** 22
Schweizer Goldhypotheken Vorb 7 vor **1113**
Schwengelrecht EG **124** 3
Schwerbehinderter Einf 87 vor **611**; KündSchutz Vorb 75 vor **620, 626** 16
Schwerwiegende Zweifel an der Vaterschaft **1600 d** 13
Schwiegereltern, RückFdg von Zuwendgen **242** 160; SchenkgsWiderruf **1372** 3
Schwimmbad, Miete Einf 26 vor **535**
Seeleute Einf 51 vor **611, 617** 3; Kündigg **622** 2, **626** 2
Seeschiff, nicht eingetragene **929 a**
Seetestament 2251
Sekte, Erziehgsfähigk der Elt **1671** 29; Kindesgefährdg **1666** 31
Sektionsklausel 1922 46
Selbstaufopferung 677 3, **904** 1
Selbstbedienung, VertrSchluß **145** 8; Übereigng bei **929** 2
Selbstbehalt, BilligkSelbstbeh **1581** 14; ggü Elt **1601** 8; bei GetrLeben **1361** 67; Höhe 20 vor **1601**; nach Scheidg **1581** 14; ggü Kindern **1603** 32; ProdHaftG **11**
Selbstbelieferungsklausel 157 16; **279** 11; **433** 11, AGBG **10** 18
Selbstgefährdung 670 11, 15; 14 vor **823**
Selbsthilfe 229; Besitz **859**, mittelbarer **869** 2; Besitzdiener **860** 1; Eigenmacht, verb **859** 1; Grenzen **230** 1–3; vermeintliche, Schadenersatz **231** 1; des Vermieters **561**; vertragl Erweiterg **229** 1
Selbsthilfeverkauf 383, 384
Selbstkontrahieren 181; entspr Anwendg, Einschränkg **107** 1, **181** 9, 12; bei GesellschBeschl/Vertr **181** 11; IPR EG **32** Anh 3; des NachlPflegers **1960** 16; bei Schenkg von vTw **2301** 8; des TestVollstr **2205** 30; bei Vertretg des Kindes **1629** 10, **1795** 1
Selbstorganschaft 3 vor **709**
Sequestration Einf 5 vor **688**
Serologisches Gutachten 11 vor **1591**,
Sexueller Mißbrauch von Kindern, SorgeR-Mißbr **1666** 28; SorgeRRegelg nach Trenng der Elt **1671** 29; UmgangsR **1684** 54S
Sicherheitsgurt, Nichtverwendg als Mitverschulden **254** 22; Verletzg dch Übbl 52 vor **903**
Sicherheitsleistung, zur Abwendg des ZbR **273** 24; für Amtsführg EG **90, 91**; AustauschR **235** 1; bewegl Sachen **237** 1; BuchFdgen **236** 1; durch Bürgen **239** 1; ErgänzgsPfl **240** 1; geeignete WertPap **234** 1; Gefährdg des KindesVerm **1667** 6; Hinterlegg **233** 1; Höhe Übbl 3 vor **232**; GrdPfdR **238** 1; des Mieters **562, 572**; Mittel **232** 1; NachlVerwalter **1986** 2; Nießbraucher **1051** 1; wg Unterh für geschied Eheg **1585 a**; Verpflichtg Übbl 1 vor **232**; Vorerbe **2128**; bei WkVertr **648 a**; ZugewAusglFdg **1382, 1389, 1390** 5; Zweck Übbl 1 vor **232**
Sicherungsabtretung 398 20, keine stillschw auflösde Bdgg **158** 4; Lohn/GehaltsAnspr AGBG **9** 107; Übersichg AGBG **9** 129
Sicherungseigentum s SichgÜbereigng
Sicherungsgrundschuld 1191 12–39; AGB-Klauseln **1191** 39; Einreden aus SichgVertr **1191** 20–22; gesicherte Fdg **1191** 14; GBEintragg **1191** 13; GläubBefriedigg **1191** 31–37; Nichtakzessorietät **1191** 18, 19; Nichtvalutierg **1191** 18, 21; Rückgewähr **1191** 23–28; SichgVertr **1191** 15–17; Übertragg von GrdSch/Fdg **1191** 19, 22; Verwertg **1191** 38; ZwVerst des Grdst **1191** 29
Sicherungshypothek 1184; Abweichgen von Verkehrshyp **1185**; bei Erfüllg gepfändeten Auflanspr **1287** 3; für Bauhandwerker **648**; Umwandlg in VerkHyp **1186**
Sicherungsnießbrauch 1030 7
Sicherungsschein für Reisepreis **651 k**
Sicherungsübereignung 930 11; BesVerh **868** 15, **872** 1; u Bürgsch **776** 4; EigtVermutg **1006** 4; gesicherte Fdg **930** 13; NebenR **401** 5; SichgGut **930** 14, im Konk **930** 24, RückÜbereigng **930** 15, Übereigng **930** 15, im Vergl **930** 26, Verwertg **930** 17, in der ZwVollstr **930** 22; SichgVertr **930** 14; Sittenwidrigk **138** 86, 97, **930** 14
Sicherungsvereinbarung bei SichgsÜbereigng **930** 14, bei SichgsGrdSchuld **1191** 15–17
Siedlervertrag 675 18
Sittenwidriger Leistungszweck 817
Sittenwidriges Rechtsgeschäft 138
Sittenwidrige Schadenszufügung 826
Sitz des Vereins **24** 1
Sitzverlegung jur Pers IPR EG **12** Anh 2; des Vereins **24** 1
Skiunfall 823 119, EG **40** 8;
Skonto 157 15, 16, **272** 1, **433** 29
Skontration 387 19
Software 433 5, **459** 46, **469** 3, **476 a** 8, 10 vor **535**, **535** 2, **542** 5, 12 vor **631**
Soldaten, Dienstfahrt **823** 64; Wohnsitz **9**; s auch „Wehrmachtsangehörige", „Zeitsoldaten"
Sonderanknüpfung im SchuldR EG **34**
Sonderbedarf, bei KindesUnterh **1612** 3, **1613** 16; nach Scheidg **1578** 44
Sondereigentum, Abgeschlossenheit WEG **3** 7; an wesentl Bestandteilen **93** 4; Aufhebg WEG **4** 5; Austausch WEG **6** 1; Begründg WEG **3**, **4**, **8**; Belastg **6**, Gegenstand WEG **5** 2; Inhalt WEG **13** 1; Inhaltsänderg WEG **10** 2; Kfz-Stellplatz WEG **3** 8; MitSE WEG **3** 5; Übertragg WEG **6** 3; Umwandlg in GemschE WEG **5** 5
Sondererbfolge, kraft AnerbenR **1922** 9; in Heimstätte **1922** 7, GesellschR **1922** 18, **2032** 8, 10, im MietVerh **1922** 111
Sondergut bei Gütergemsch **1417**, bei fortg Gütergemsch **1486** 1; AusglAnspr bei Verwendg für Gesamtgut **1445**, **1446**, **1467**, **1468**; Haftg für Verbindlichk **1437**
Sonderkonto Einf 17 vor **607**
Sondernutzungsrecht WEG **15** 18
Sonderopfer, Aufopferg Übbl 52 vor **903**; Enteigng Übbl 5 vor **903**
Sonderrecht der Vereinsmitglieder **35**
Sonderumlage WEG **28** 19
Sonderurlaub 611 126
Sonderverbindungen, Haftg **276** 130; schuldrechtl Haftg für ErfGeh **278** 2, **242** 6; Einstehen für Mitverschulden von Gehilfen **254** 65
Sondervergütung 611 76
Sondervermögen, IPR EG **3** 13
Sonderzahlung 611 76, 81
Sonnabend, Fristablauf am S **193** 1, 2; Anwendg bei Kündigg v Grdst, Wohnräumen **565** 7, 10, **565 c** 5
Sonntag, Fristabl f WillErklärg **193** 1, 2; Künd von DVertr **193** 3
Sorge s elterl Sorge
Sorgeerklärung 1626 a – 1626 e
Sorgfalt, unter Eheg **1359**; wie in eigenen Angelegenh **277** 5; zw Elt u Kindern **1664**; erforderl **276** 15; VorE **2131**
Sozialadäquates Verhalten 823 40
Sozialbindung des Eigt Übbl 5 vor **903**
Soziales Mietrecht Einf 95 vor **535**
Sozialhilfe, ErsAnspr des Trägers 16 vor **677**, 15 vor **812**, 38 vor **1601**; gg Erben **1937** 22, **1967** 14;

Träger als Erbe **2072** 1; Haftg **839** 89; Kostenerstattg zw den Trägern Einf 20 vor **812**; Übergang von SchadErsAnspr Vorb 150 vor **249**; Übergang von Anspr auf Träger, 41 vor **1601**; Übernahme einer Mietgarantie Übbl 2 vor **414**; Umgehg des Rückgriffs **1937** 22; UnterhVerpfl bei SozHilfe Bedürftigk **1361** 24, **1581** 16, **1603** 33; Anrechng auf SchadErsAnspr Vorb 134 vor **249**; Vertr zum Nachteil **138** 43, 47, 50 a
Sozialklausel im Mietrecht **556 a** 1, **564 b** 5, 51 a, **565 d**; bei stillschweigender Verlängerg des Mietverh **568** 7; bei Künd von Werkwohngen **565 d**
Sozialleistungen; Verh zum Unterh Einf 38 vor **1601**; Erf des UnterhBedarfs **1361** 25, **1578 a**, **1610 a**
Sozialstaatsklausel **138** 5, **242** 12, Einf 4 vor AGBG **1**
Sozialtypisches Verhalten, Begründg v VertrVerhältn Einf 26 vor **145**
Sozialversicherung, Auswirkg auf SchadErs **252** 12–14, Darstellg **1587 a** 32; Fdgsübergang auf Vorb 148 vor **249**; Lohnabzüge **611** 67; keine ProzZinsen **291** 1; UnfallVers **618** 98; Verwirkg **242** 8; Leistgen u VortAusgl Vorb 134, 148 vor **249**
Sozialversicherungsbeiträge, Abzug **611** 67, Anrechng geleisteter Zahlgen **366** 10
Sozialversicherungsträger, Haftg des Unternehmers ggü – **840** 1
Sozialwohnungen, Kündigg **564 b** 29; Mieterhöhung Einf 98 vor **535**
Sozietät **705** 49
Sozinische Klausel (*cautela Sozini*) **2306** 9
Spaltgesellschaft IPR EG **43** 13
Spannungsklauseln **245** 24
Sparbuch **328** 9, **808** 6, Eigt **952** 2
Sparguthaben, Anlegg für Mdl bei Großbanken **1807** 7, **1811** 1; Errichtg zGDr **328** 9, **331** 2, **2301** 22; PfdR **1274** 4
Sparkasse, öffentl EG **99**; Bezeichng EG **99** 1; Einzahlg als Schenkg **518** 8; PostsparkEinlagen, keine Verpfändg **1273** 1; Sparkasseneinlage Einf 17 vor **607**; Zinseszins **248** 3
Sparkonto als Einlage **675** 10; s a Konto, Sparguthaben
Speditionsvertrag 9 vor **631**; AGB AGBG **9** 52; IPR EG **28** 6; PfdR Einf 10 vor **1204**
Spekulationsgeschäft VerbrKrG **3** 10, **7** 5
Spende **516** 9
Sperrkonto Einf 17 vor **607**
Sperrvermerk, KindesVerm **1642** 2, **1667** 4; Vormd **1809** 1, **1814** 6, **1853**
Spezifikationskauf Einf 10 vor **433**
Sphärentheorie (d Arbeitsrechts) **293** 4, **615** 21,
Spiel **762**; Ausspielvertr **763**; **763** 1 a; Darlehen **762** 8; DifferenzGesch **764**; Nebenvertr **762** 8; öff Glücksspiel **762** 2; Spielbank **763** 4; Unverbindlichk **762** 5; verbotenes **762** 9; s auch Wette
Spielautomaten **763** 4
Sponsoringvertrag Einf 14 vor **305**
Sport, Ablösg bei Vereinswechsel **25** 9; Lärm **906** 9; Verletzg **254** 74, **276** 47, **823** 54, 122; als Verhinderg an Dienstleistg **616**
Sportveranstaltung, WkVertr 17 vor **631**
Sprachkurs, Vertrag Einf 16 vor **611**
Staatenloser, Fürsorgemaßn f Kinder **1666** 1; Ges über RStellg Einl 3 vor **1297**; IPR EG **5** 6; Übereinkommen über die RStellg der – EG **5** Anh I
Staatsangehörigkeit, Anknüpfg im IPR EG **5**; angen Kind EG **22** 16; deutsche EG **5** Anh II 6; DDR EG **3** Anh 4, EG **5** Anh II 9; effektive EG **5** 2; doppelte/mehrfache EG **5** 2, Anh 7, 8; früh Österreicher EG **5** Anh II 10; Sudetendeutsche EG **5** Anh II 10
Staatserbrecht **1936**; Erbfall **1942** 3; Ermittlgspflicht des NachlGerichts **1964** 1; Feststellg **1964–1966**; keine Inventarfrist **2011**
Staatshaftung **839**; IPR EG **40** 15; Rückgr gg Beamten **839** 87, Mitverschulden **254** 7; in öffrechtl Sonderverbindg **276** 130
Staatsschuldbuch, Landesgesetzgebg EG **97**, **98**
Staatsschulden, Rückzahlg, Umwandlg EG **98**
Staatsverband, Entlassg, Anhörg des Mündels **1827**; v Verwandten **1847**, Genehmigg des VormschG **1821** 2
Staatsvermögen, Verringerg **134** 22
Staatsverträge, Qualifikationsfragen Einl 28 vor EG **3**; als Quelle des PrivatR Einl 21 vor **1**, des IPR Einl 6 vor EG **3**; RNorm EG **2** 1; Vorrang vor autonomem deutschen KollisionsR EG **3** 11
Staffelmiete WKSchG (MHRG) **10** 4
Standesbeamter, Eheschließg **1310**, **1312**
Standesrecht, Verstoß gg **138** 57
Statiker, Art des Vertrages, Haftg Einf 17 vor **631**; Konkurrenz mit Haftg des Architekten Vorb 10 vor **633**; SichergsHyp **648** 2; Verjährg HonorarAnspr **196** 22, SchadErsAnspr **638** 13
Statutenwechsel, IPR 23 vor EG **3**, **43** 5
Stellplatz s KfzStellplatz
Stellungssuche, Freizeit bei Dienstverhältnis **629**
Stellvertretung, s Vertretg
Sterbehilfe bei Bt **1904** 9; passive 11 vor **1896**
Sterilisation, Fortzahlg der Vergütg **616** 6, 18; von Kindern **1631 c**; SterilisationsBt **1899** 7, **1905**; SchadErs bei Fehlschlagen Vorb 47 vor **249**, **823** 68, 6 vor **1353**, 21 vor 1591; Schutzwirkg des Vertr zG des Eheg **328** 22
Steuerberater/bevollmächtigter, Abtretg des GebAnspr **134** 22; Einf 16 vor **611**, Einf 18 vor **631**; Belehrgspfl **662** 9; formularmäß Klauseln AGBG **9** 130; Haftg **276** 48, BewLast **282** 11, ggü Dritten **328** 32, Verj Übbl 17 vor **194**, **198** 10, Hinweispfl auf Übbl 16 vor **194**; Praxisverkauf **138** 60; verbotene Tätigkeit **134** 14; VerschwiegenhPfl ggü Erben **2353** 30
Steuerersparnis, begrenztes Realsplitting s dort; als VortAusgl Vorb 144 vor **249**
Steuerhinterziehung, Vertr über **134** 23, **138** 44
Steuern, EinkBegriff **1603** 30; FamLeistgsAusgl 45 vor **1601**; bei Nießbr **1047** 3; Realsplitting bei Eheg **1353** 12, **1372** 11, **1578** 21; Rückerstattg bei Eheg **426** 9 b, **1353** 12, **1372** 11, **1603** 29; u SchadErs **249** 18, **252** 11; im StiftgsR Vorb 14 vor **80**; beim Todesfall **1922** 39; im UnterhR **1603** 29; bei Vorerbsch **2100** 1; Vererbg der SteuerPfl **1922** 39, **1967** 3, **2311** 4; Bedeutg für VA **1587 a** 2; Verwirkg **242** 105; im ZugewAusgl **1376** 10
Steuernachteile als Schaden **249** 18
Steuervorteile u SchadErs Vorb 144 vor **249**
Stiefkinder **1741** 13; Ann von **1755** 6; Anspr auf Ausbildgsbeihilfe **1371** 7; DienstleistgsPfl **1619** 2; Einbenenng **1618**; Schutz vor Herausg **1682**; Unterhalt **1360 a** 2
Stiftung **80 ff**; Anwendbark des Vereinsrechts **86** 1; Aufhebg **87** 1, 3; Aufsicht **85** 1; Stiftg & Co KG Vorbem 11 vor **80**; Entstehg **80** 1; Erbfähigk **1923** 7, **2101** 3; Erlöschen **87** 2; Errichtg dch Erbvertr **83** 1, **1942** 1; Familien-Vorb 9 vor **80**; Fideikommißauflösgsstiftg Vorb 9 vor **80**, **80** 1, **85** 1, **87** 1, **88** 1; Genehmigg **80** 2, **63**, **84**; Genußberechtigte **85** 4; GmbH zur Verwaltg von Stiftgsvermögen Vorb 1 vor **80**; Haftg **89** 1; Haftg des Stifters **82** 1; Insolvenz **86** 1; Landesrecht Vorb 12 vor **80**; milde Vorb 1 vor **80**; des öffR Vorb 5 vor **80**; des PrivR Vorb 1 vor **80**, **86** 2; Rückwirkg der Gen **84** 1;

Staatsaufsicht **85** 1; Sitz **80**; SteuerR Vorb 14 vor **80**; StiftgsGesch s dort; TestVollstr für Stiftg als Alleinerbin **2209** 7; Unmöglichwerden des Zwecks **87** 2; unselbständige Vorb 6 vor **80**; Umwandlg **87** 1, 2; UnternTrägerstiftg Vorb 11 vor **80**; Verein mit Stiftgscharakter **21** 1; Verfassg **85** 1; VermAnfall bei Auflösg **88** 1; VermÜbergang **82** 1; WiderrufsR **81** 2; Zweckänderg **87**
Stiftungsgeschäft 81; Auslegg **85** 2; Genehmiggserfordernis **80** 2; dch Vfg vTw **83** 1
Stille Gesellschaft 705 35; Beteiligg Mj **1822** 14; Vererblichk der RStellg des Gters **1922** 22; Verw dch TestVollstr **2205** 23
Stimmabgabe s AbstimmgsErkl
Stimmrecht der Miterben **2038** 10; GemschTeil **745** 1; Gter12 vor **709**, Simmbindg 14 vor **709**; Nießbraucher **1068** 3, 4; Verstoß gg Regelg **134** 24; PfdGläub **1274** 8; Vereinsmitgl **34**; WEigtümer WEG **25**
Stimmrechtskonsortium 705 44; Vererblichkeit der KonsortenGterR **1922** 23, **2032** 13
Stockwerkseigentum, EG **131**, EG **182**
Störer 1004 16
Strafgedinge, selbständiges Vorb 4 vor **339**
Strafgesetz, Verstoß gegen **134** 7, **138** 43, **823** 149
Strafrichter, Amtspflichtverletzg **839** 50
Strafverfahren, Kostentragg im Innenverh der Eheg **1441**, **1463**; Kosten als Schaden Vorb 90 vor **249**; als NachlVerbindlichk **1967** 12
Strafverteidiger, Vertr Einf 21 vor **611**; Ers der Kosten als SchadErs Vorb 90 vor **249**
Strandrecht Vorb 4 vor **965**; Schatzfund **984** 1
Straße, Entschädigg bei Eingriff in Übbl 41 vor 903; GemGebr **903** 29; Immission **906** 8, 26, 44; Störer **1004** 18; hoheitl Tätigk **906** 47; Unfall s Straßenverkehr; VerkSichgsPfl **823** 125
Straßenbahn, Immission **906** 8; Unfall **823** 137, 150
Straßenbau, Haftg **823** 126; Immission **906** 11, 47
Straßensperre, Eingr in GewerbeBetr Übbl 41 vor **903**
Straßenverkehr, AnscheinsBew Vorb 68 vor **249**, Unfall **823** 83, 94, 115, Mitverschulden **254** 20, SchadQuotelg **254** 55; VerkSichgPfl **823** 124
Strauch, Grenzstrauch **923**; auf Nachbargrdst **907** 1; Überfall **911**; Überhang **910**
Streckengeschäft 12 vor **433**; Übereigng **929** 20
Streifbanddepot, Übereigng, **931** 5
Streik Einf 72 vor **611**, **611** 34, Vorb 10 vor **620**, **626** 43, **826** 42; Haftg für ErfGeh **278** 8; PflVerletzg **611** 34; ReiseVertr **651 j** 3
Streikarbeit 26 vor **620**
Streitverkündung u Mängeleinrede **478**; Unterbrechg der Verjährg **209** 20, **215** 1, 2
Streitwert, Ausgleichg unter Miterben **2055** 1; bei Erbteilsklage **2042** 16; bei NachlAnspr **2039** 9; bei Schmerzensgeldanspr **847** 15; VerbandsKl AGBG **15** 9; bei Klage des VorE gg NE auf Zust zum GrdStVerkauf **2113** 6
Streupflicht, Straße **823** 125; des Vermieters **536** 9; bei WohngsEigt WEG **16** 7, **21** 3, 5, **27** 3
Strohmann 117 6, Einf 1, 8 vor **164**; ungerechtf Bereicherg **812** 47
Stromkabel, Beschädigg **823** 21, 81, Vorb 72 vor **249**; DuldgsPfl 35 vor **903**, **1004** 34
Stückkauf 243 1
Studium, Unterhalt **1610** 18
Stufenklage, Unterh 62 vor **1601**, **1605** 18
Stufenmahnung, Unterh **1613** 3
Stumme, Vfg vTw **2229** 5, **2233** 3–5
Stundung, RNatur **271** 12; KaufPr **452** 4, **454** 5; PflichttAnspr **2331 a**; Unterhalt **1613** 27; Verj-Hemmg **202** 4; Widerruf **271** 15; ZugewAusglFdg **1382**
Subjektiv-dingliche Rechte Einl 6 vor **854**; GBVermutg **891** 3; gutgl Erwerb **854** 11
Subjektiv-persönliche Rechte Einl 6 vor **854**
Substitution, bei Auftr **664** 2
Subunternehmer 631 9
Sudetendeutsche, Erbschein für **2353** 22, **2369** 4; Staatsangehörigk EG **5** Anh II 10
Sukzessivlieferungsvertrag, Begriff Einf 26 vor **305**, Einl 17 vor **241**, Einf 10 vor **433**; Einrede des nicht erfüllten Vertrages **320** 4; GewlAnspr, Verjährg **477** 10, **480** 8; Leistgsstörg 31, 34 vor **305**; Teilleistg **266** 6; teilweise Unmöglichk **325** 28; Verjährg **477** 7; VersorggsVertr Einf 30 vor **305**; Wiederkehrschuldverhältnis Einf 28 vor **305**; s a Schuldverhältnis
Super-Splitting 1587 b 36; **1587 o** 11
Surrogate, Herausg wg ungerechtf Bereicherg **818** 14, bei Unmöglichk **281**; PfandR **1212** 4
Surrogation, Begriff Einl 20 vor **854**; bei Erben-Gemsch **2041**; ErbschAnspr **2019**; Gesamtgut der GüterGemsch **1473**; ErsPfdR **1287**; Gesellsch-Verm **718** 4; Hausrat bei ZugewGemsch **1370**; KindesVerm **1638** 5, **1646**; beim Nießbr **1075**; bei PfdR **1212** 4, **1219** 2, **1247** 5; Treugut **903** 37; VorbehGut **1418** 5; Vorerbsch **2111** 1

T

Tankstelle, Übereigng bei Selbstbedieng **929** 2; als Zubehör **97** 2
Tankstellenvertrag, Kündigg **624** 3
Tankwart, Haftg **276** 38 „Kfz-Betr"
Tantieme 611 78
Tarifliche Ausschlußfrist 242 62, **611** 72
Tariflohn 611 51
Tariföffnungsklausel Einf 71 vor **611**
Tarifvertrag Einf 65 vor **611**, Einl V 23 vor **1**; Fristen im TV **186** 3; RNorm Einl V 23 vor **1**; SchriftformKl **126** 1
Taschengeld, Eheg **1360 a** 4; Kind **1610** 11; Pfändg **1360 a** 4; UnterhBerecht **1602** 11; UnterhVerpfl **1603** 5
Taschengeldparagraph 110
Tathandlungen, Übbl 9 vor **104**
Tatort IPR EG **40**, s Begehgsort
Tatsachen, Unterdrückg wahrer **123** 5; Vorspiegelg falscher **123** 3
Tatsachenbehauptung 823 189 a, **824** 2, **1004** 26
Tauber, Vfg vTw **2229** 5, **2232** 15
Taubstummer, Vfg vTw **2233** 3; unerl Hdlg **828**, **829**
Tausch 515; Grdst **313** 48; IPR EG **28** 9; Wohngstausch **515** 4; WEigt WEG **6** 3
Tauschring 515 2 a
Täuschung, Anfechtg **123**, **124**; von Behörden **138** 44; dch Dritte **123** 12; Erbunwürdigk **2339** 6; fahrlässige als c. i. c. **276** 79; dch Unterl **123** 5–10; Verhältnis zu Sachmängelhaftg **123** 1, Vorb 8 vor **459**; Vertreter **123** 12; als EheaufhebgsGrd **1314** 9–13
Taxe, SchadErs bei Beschädigg **249** 17; Vertr über Konzession **134** 17; als Vergütg **612** 7
Technischer Überwachungsverein, Amtspflichtverletzg **839** 150
Technischer Verbesserungsvorschlag 611 151
Teilbarkeit, Leistg **266** 3, **432** 2; NachlÜberschuß **2047** 2; RGesch **139** 10; letztw Vfg **2085** 5
Teilbesitz 865
Teileigentum WEG **1** 6

Teilerbschein Übbl 2 vor **2353**, **2353** 3
Teilgrundstück, Aufl **925** 11; Enteignung Übbl 21 vor **903**; Vormerkg **883** 7, 8, **885** 15
Teilhypothek, Brief **1152**; Rang **1151**
Teilkündigung Einf 8 vor **346;** ArbVerh Vorb 34 vor **620;** MietVertr **564** 11, **564 b** 42, 46
Teilleistung 266
Teilnehmer, an unerl Hdlg **830** 4
Teilnichtigkeit 139; bei AGB AGBG **6**; bei GesellschaftsVertr **705** 17; bei sittenwidr RGesch **138** 19; bei lwVfg **1937** 24, **2085**; bei Vfg des VorE über Grdst **2113** 4
Teilrechtsfähigkeit Einf 8 vor **21**
Teilung, elt Sorge **1671** 3; ErbbR ErbbRVO **1** 2; Grdst **890** 11, bei Belastg mit GrdDbk **1025**, **1026**, mit VorkR **1103**; GrdSch/Hyp **1151**; WEigt WEG **6** 6
Teilungsanordnung des Erblassers **2048**; Beschränkg des Erben **2306**; Teilgsverbot, zeitl Grenzen **2044** 5; Übern eines Landguts **2049** 1; unwirks ggü PflichttBerecht **2044** 5, **2048** 4
Teilungserklärung WEG **3** 1, **8** 1; Anwendg des AGBG AGBG **1** 2, WEG **3** 5, **8** 1
Teilungsversteigerung zw Eheg **1372** 9; Einwilligg des Eheg **1365** 8; bei GemschAufhebg **753** 3; Mißbrauch **242** 81; bei NachlAuseinandS **2042** 20, währd TestVollstrg **2212** 5; Vorerbsch **2111** 6; kein VorkaufsR der Miterben **2034** 3; bei ZugewAusgl **1372** 9
Teilurlaub 611 133
Teilvergütung beim Arbeitsvertrag **611** 75
Teilzahlungsabrede VerbrKrG **4** 17, 18
Teilzahlungskredit 607 21, VerbrKrG **1** 6, **4** 15; AGB AGBG **9** 131; Gesamtfällig k VerbrKrG **12**; Sittenwidrigk **138** 25; s a Kreditgebühren
Teilzahlungspreis VerbrKrG **4** 17
Teilzeitarbeitsverhältnis Einf 44 vor **611**
Teilzeitwohnrecht TzWrG AnwendgsBereich **1**; AnzahlgsVerbot **7**; finanzierter Vertr **6**; Pflichtangaben **4**; Prospekt **2**; Widerruf **5**; s a Time-Sharing
Telefax, Haftg für Mißbr **173** 8; u Schriftform **126** 11; Zugang **130** 17; Werbg **1004** 7
Telekom Vorb 2 vor **89**, AGBG **9** 131; Anschl Einf 23 vor **535**
Teleshopping 145 7 a, HausTWG **1** 10, AGBG **2** 12
Termin, Begriff **186** 4; s a Zeitbestimmg
Testament, AbliefergsPfl **2259**; Anfechtbark **1937** 16, **2078 ff**, **2271** 25; Aufbewahrg **2259** 6; Aufhebg **2253 ff**, dch Erbvertr **2289** 2; Ausländer **2229** 8, EG **25**, **26**; Eröffng **2260** 4, Auslegg **2084**, IPR EG **25** 11; AusleggsRegeln für Bedachte **2066–2073**; BehindertenTest **138** 50 a, **1937** 22; Bezeichng des Bedachten dch Dr **2065** 5, mehrdeut **2073**; Bdgg **2074–2076**; Begriff **1937** 1; Behinderter **2229** 5, 6; Berliner Test **2269**; Blinde **2229** 5, **2233** 2, **2247** 6; BriefTest **2247** 3; BürgermeisterTest **2249**; Dolmetscher KonsG **10**, **11** (Anh zu **2231**); DreizeugenTest **2250**; Dchschrift als eigenhänd Test **2247** 5; eigenhänd Test, s dort; Einsicht **2264**; Entmündigg **2229** 12; Ergänzg unterbliebene **2086**; Eröffng **2260–2263 a**, **2273**, BaWü **2260** 2; EröffngsFr **2263 a**; EröffngsVerbot **2263**; Errichtg dch öffentl Test **2231–2233**; Form **2231**, IPR EG **26**, Übereinkommen über das auf die Form lwVfg anzuwendde Recht EG **26** Anh; Formzweck **2231** 1, **2247** 5; Geltg, Bestimmg der **2065** 2; GemeindeTest **2249**; gemschaftl Test s dort; Haftg des Beraters **1937** 25; von Heimbewohnern **1937** 19; HinterleggsSchein **2258 b** 2; HinterleggsStellen **2258 a**; Irrtum, AnfechtgsGrd **2078** 2; KonsularTest Einf 3 vor **2229**; Lesensunkundige **2233** 2, **2247** 19; letztw Vfg **1937** 1, s auch dort; LuftTest **2250** 3; MilitärTest Einf 4 vor **2229**; Minderj **2229** 1, **2233** 1, **2247** 19; Nachtrag **2247** 18; Nichtigk **1937** 18–20; Niederschrift über Errichtg **2249** 9, **2250** 6; Notar als UrkPers **2231** 2; offenes Test **2232** 11; Nottest **2249–2252**; öffentl Test s oben unter „Errichtg"; ordentl Test **2231**; Ortsangabe **2247** 17, **2267** 1; PatientenTest s dort; pers Errichtg **2064**; Errichtg im ProzVergl **2232** 1; Rückn aus amtl Verwahrg **2256**; Schreibhilfe **2247** 6; Schreibunfähigk **2232** 15, **2247** 6; Sittenwidrigk **138** 49, **1937** 20; Sprechunfähigk **2233** 3; Testierunfähigk, s dort; Teilunwirksamk **2085**; ÜbergangsR Einf 2 vor **2229**; Umdeutg **140** 10; Unterschr des Erbl **2247** 11; Unvollständigk des Test **2065** 8, **2086** 13; Unwirksamk **1937** 17, 21, dch Eheauflösg **2077** 2, 6, **2268**, dch Verlöbnisauflösg **2077** 5; VerfolgtenTest **2231** 4, **2250** 12, **2252** 3; Verkündg **1944** 3, 7, **2260** 6, **2273** 3; verlorenes Test **2255** 9; ErbSchErteilg **2356** 10, **2359** 1; Vernichtg **2255**; Verwahrg, amtl **2258 a**, **2258 b**; Verwirkgsklausel **2074** 6; VollmErteilg in – **167** 1, **1937** 12; Vorbeh von Nachzetteln **2086** 1; WehrmachtsTest Einf 4 vor **2229**; Widerruf **2253–2258**; Widerrufsbeseitigg **2257**; Widerrufsanfechtg bei Rückn des Test aus amtl Verwahrg **2081** 9, **2256** 2; widerspruchsvolle Test **2085** 3; Wiederverheiratgsklauseln **2269** 16; Willensmängel **1937** 15; WirksamkErfordern **1937** 14; Zeitangabe **2247** 17, **2267** 1; Zeugen **2249** 6, 11, 12, **2250** 4, 6
Testamentsgesetz Einf 2 vor **2229**
Testamentsvollstrecker, **2197** ff; Ablehng **2202** 1; Abwicklgsvollstrg **2203** 1; Amtsbeendigg **2225**, **2226**; Annahme **2202** 1–4, **2368** 1; Anstandsgeschenke **2205** 32; Anweisgen **2216** 3; Arten Einf 1 vor **2197**; Aufgaben Einf 7 vor **2197**; **2203–2205**; Aufhebg der TestVollstreckg als solcher **2227** 1; AufsichtsR des NachlG Einf 3 vor **2197**, **2216** 2; AufwandErs **2218** 6; AuseinandS **2042** 14, **2204** 1; Ausk- u RechenschPfl **2218** 3; ausländ Erbl Einf 21 vor **2197**, **2368** 4; Befreigsverbot **2220** 1; BesteuergsVerf **2212** 1; Befugnisbeschränkg **2208** 2, 5; Berichtigg von NachlVerbindlk **2205** 5; Besitz **2205** 6; Beteiligg an AG **2205** 25; Bezeichng im ErbSch **2364** 1; Dauervollstr **2209**, **2210**; für als Alleinerbin eingesetzte Stiftg **2209** 7; Einsicht in Erklgen **2228** 1; Einzelhandelsgeschäft **2205** 7; Entlassg **2227**, wicht Grd **2227** 2–5; Kosten **2227** 12; ErbschSteuer **2203** 3, **2205** 6; ErbSch Einf 13 vor **2197**; ErbSchAntr Einf 9 vor **2197**, **2205** 5, **2216** 2, **2353** 12; Ernenng **2197**, dch Dr **2198**, gerichtl **2200**, dch Mitvollstr **2199**; ErsErnenng **2197** 5, sittenwidr Ernenng **2197** 3; IKR/IPR EG **25** 11; Fortdauer des Amtes **2218** 7; Fortführg des Amtes **2226** 1; Geldanlage **2216** 2; GenossenschBeteiligg **2205** 26; Gesamtvollstr **2224** 1; GesellschafterR **2205** 14, 23; GmbH-Anteil **2205** 24; GBEintr Einf 14 vor **2197**; gutgläub Erwerb **2205** 29; Haftg **2219**; Handelsgeschäft **2205** 7; Handels **2197**; Herausgabeanspr **2205** 6; Kommanditbeteiligg **2205** 20; Kündigg **2226** 1; mehrere, gemeinschaftl Amtsführg **2224**, Meingsverschiedenh **2224** 3; minderjähriger Erbe Einf 4 vor **2197**, **2204** 4; MitVE als TV u NETV **2197** 3; NachEVollstr **2222**; Nachfolger, Rechtspflichten ggü – **2218** 10; Nachtestamentsvollstr **2197** 4; NachlAuseinandersetzg **2204**, **2205** 33–35; NachlVerwaltg **2205** 3, **2206** 1, **2209** 1, 3; NachlGgstände, Überlassg **2217** 1; Verfügg **2205** 27, **2211** 5; NachlVerzeichn **2215** 1; Nebenvollstrecker **2224** 5; eidesstattl Versicherg **2215** 1; Pflichtteilsanspr **2213** 7; Pflichtverl

2227 3; Prozeß üb ErbR Einf 12 vor **2197**; ProzFührgsBefugn Aktivprozeß Einf 10 vor **2197**, **2212** 1, Passivprozeß Einf 11 vor **2197**, **2213** 1; ProzKostenhilfe **2212** 2; RStellg Einf 2 vor **2197**; SicherhLeistg **2217** 4; Sittenwidrigk **2216** 3; unentgeltl Verfügg **2205** 32, **2217** 3; Unfgk zur GeschFührg **2227** 4; Unfähigk, persönl **2201** 1; Untauglk **2201** 2; Ausübg des UrhR dch TV **2210** 3; Verantwortlk **2219**; Vfg üb NachlGgst **2205** 27, 32; Verhältnis ggü Erben **2206** 3, **2207** 2, **2218** 1; Vergütg **2221**; Verwirkg der Vergütg **2221** 13; VermächtnVollstr **2223**; vermeintlicher TV **2221** 3; VerpflichtgsBefugnis **2206**, **2207**; fehlde **2206** 5; Verwaltg, ordngsgemäß, **2216**; VerwaltgsAnordgen **2203** 2, **2216** 3; VerwaltgsPflicht **2207** 2, **2216** 1; Verzicht auf Eintragg des NE-Vermerks **2205** 31; Vollmacht über Tod hinaus Einf 16 vor **2197**, TV u VorE **2112** 1, **2205** 28, **2222** 1; Wiedereinsetzg **2227** 13; Zeugn **2368**, beschrktes **2368** 4, EG **25** 18; Einf 21 vor **2197**; ZbR **2217** 8, **2221** 15
Testamentum mysticum 2247 8
Testierfähigkeit, **2229**, **2230**; bei Erbvertr **2275**; IPR EG **25** 16; ÜbergVorschr EG **235** § 2
Testierfreiheit 1937 3–5, **2302** 1; u Pflichtt 1 vor **2303**; zG ne Partn Einl 34 vor **1297**; Schutz **2302**; des Vorerben **2112** 8
Testierwille 2247 22
Testkauf 12 vor **433**, **826** 62; Hausverbot **1004** 5
Theaterkarten 807 3; SchadErs bei Verlust Vorb 36 vor **249**; AGB AGBG **2** 6
Tier 90 a; Aneigng **960**; Haftg **833**, **834**; Haustier **833** 14; Ers von Tierarztkosten bei Verletzg **251** 8
Tierhalter, Haftg **833**
Tierhüter, Haftg **834**
Tilgungsfondshypothek, 1113 27
Tilgungsgrundschuld 1191 4
Tilgungshypothek, 1113 23–26
Tilgungsplan, Berücksichtigg bei UnterhPflicht **1603** 27
Tilgungsverrechnung, nachträgl AGBG **9** 90 bei HypFdg **1113** 27, **1163** 12
Time-Sharing 138 100, **241** 3, IPR EG **28** 5, **29** 1, 2, 3, **34** 7, **38** Anh II 5; WEG **31** 2; s auch TeilzeitwohnR
Titel, Bestreiten des Rechts zur Führg **12** 38
Tod des Antragden **153**; des AuftrGeb **672**; des Beauftr **673**; des Bevollm **168** 3; Beendigg der Gütergemsch **1472**; Beendigg der ZugewGemsch **1371**; Eheauflösg **1482**; Erbfall **1922** 2; – des Erklärden **130** 12; gleichzeit mit Erbl **1923** 2, 3; Kind bei elt Sorge **1626** 16, **1698 b**; Übergang der elt Sorge **1680** 2; Name des überlebden Eheg **1355** 12; UnterhBerecht **1612** 5; UnterhVerpfl **1615** 1; VollmGeb **168** 4; Mieter **569**; Ztpkt **1** 3, **1922** 2
Todeserklärung, Ausländer EG **9**, Beendigg der elterl Sorge **1677**, **1681**, ErbschAnspr bei irrtüml TodesErkl **2370**, IPR EG **9**, Mündel **1884** 2, des überlebden Eheg bei fortgesetzter Gütergemsch **1494**, Übergang der elterl Sorge auf den and Elternteil **1681**, Vormund **1894**, Wiederverheiratg **1319**, **1320**
Todesnot, Ausnutzg der – **2078** 8
Todeszeitfeststellung 1 3, Beendigg der elt Sorge **1677**, **1681**; der Pflegsch **1921** 3; der Vormdsch **1884**; für Erbfall **1922** 2
Tonbandaufnahme 823 188
Totalisator, Spiel **763** 5
Totalschaden 251 28
Totenfürsorge Einl 9 vor **1922**
Totovertrag 763 4
Tötung, Anspr bei **844**, **845**
Trächtigkeitsgarantie 492 4
Traditionspapiere, Wirkg der Übergabe **870** 2, **929** 21, **931** 3, **932** 16, **1205** 3, **1292** 6
Träger-Siedler-Vertrag 675 18
Transfer s Berufssportler
Transferagent 675 25
Transparenzgebot in AGB AGBG **2** 14, **9** 15
Transplantation Übbl 11 vor **90**, **823** 180, 195, **1922** 45; Einwilligg der Elt **1626** 17, **1631** 2; Untersagg dch Auflage **2192** 5
Transportmittel IPR EG **45**
Transsexuellengesetz 1 11, Vorname **1616** 7
Traufrecht EG **124** 3
Trauung 1312; s a Eheschließg
Trennung v Erzeugnissen u Bestandteilen **953**
Trennung von Tisch und Bett von Ausländern EG **13** 6, **17** 15; altrechtl, Wirkg EG **202**
Trennungsbedingter Mehrbedarf 1361 61, **1578** 40
Trennungsentschädigung 611 59
Trepprecht EG **124** 3
Treu und Glauben, Abgrenzg **242** 18; Art u Weise der Leistg **242** 22; Bedeutg **242** 1; Begriff **242** 3; Beschränkg u Erweiterg des Anspruchsinhalts **242** 15, 58; Einzelfälle **242** 58, 98, 153; im ErbR **1922** 6; im FamilienR **242** 158; bei Formfehlern **125** 16; Funktionskreise **242** 13; Geltgsbereich **242** 16; im öffR **242** 17; SachenR **242** 79; GrdR, Verhältn, **242** 7–12; Schaffg von NebenR/Pfl **242** 23; bei ungerechtf Bereicherg Einf 2, 25 vor **812**, **817** 20; beim Vermächtnis **2174** 1; bei VertrAuslegg **157** 12; Verwirkg **242** 87; Wirkg **242** 3
Treuepflicht im ArbVerh **611** 39; ehel **1353** 7; der Gter **705** 27; im RuhestandsVerh **611** 41, 43
Treueprämie 611 77, 81
Treugut, in Insolvenz **903** 43; Vererblichk **903** 38, **1922** 38; Vfg über **398** 21, **903** 40; im Vergl **903** 44; in der ZwVollstr **398** 23, **903** 42; s a TrHandEigt
Treuhand Übbl 25 vor **104**, **903** 33; eigennütz/fremdnütz/doppelseit **903** 35; bei BaubetreugsVertr **675** 18
Treuhandanstalt, Geltg des VerwPrivR **242** 11; Körpersch des öffR Vorb 2 vor **89**; Umbenng Vorb 2 vor **89**; Verträge Einf 41 vor **305**, Inhaltskontrolle AGBG **9**, 131
Treuhandeigentum 903 33, 38; gutgl Erwerb **903** 38; auflösd bdgter Erwerb **903** 39; Rückübereigng **903** 41; s a Treugut
Treuhandgesellschafter 276 22, **675** 21, **705** 10
Treuhandkonto 903 37
Treuhandliquidationsvergleich 903 35
Treuhandverhältnis 675 6, **903** 36; zw Erblasser u Bank **1922** 26; Schenkg vTw **2301** 9
Treuhänder, BereichergsAnspr bei Leistg an **812** 47; als HypGläub **1115** 5; RStellg **903** 34, nach HypBkG 5 vor **1113**; SichgPfl **662** 9; Vfg über Treugut **137** 1, **398** 21, **903** 40
Trimmanlage 839 159
Trinkgeld 516 9, 9 a, **611** 56; im UnterhR **1603** 12
Truckverbot 611 56
Trümmergrundstück, Störer **1004** 5
Trustguthaben, USA-ErbR **1922** 38, **2050** 17
Turnunterricht, Verletzg im Übbl 53 vor **903**; VersichergsSchutz **276** 130
Turnusarbeit 35 vor **611**
TÜV-Abnahme, WkVertr 19 vor **631**
Typenverschmelzungsvertrag Einf 23 vor **305**
Typenzwang im SachR Einl 3 vor **854**; im SchuldR Einf 11 vor **305**

U

U-Bahnbau, Entschädigg Übbl 41 vor **903**
Überarbeit 611 27, 59
Überbau 912; Abkauf **915**; Rentenpflicht **912** 13, **913**, **914**
Überbeschwerungseinrede 1992 1
Übereignung s EigtErwerb, EigtÜbertragg
Übereinkommen betr Auskünfte über ausländisches Recht Einl 35 vor EG **3**
Übereinkommen zur Erleichterung der Eheschließung im Ausland EG **13** Anh 6
Übereinkommen über das auf die Form letztwilliger Verfügungen anzuwendende Recht EG **26** Anh
Übereinkommen über die Erweiterung der Zuständigkeit der Behörden, vor denen nichteheliche Kinder anerkannt werden können EG **18** Anh 11
Übereinkommen der Europäischen Gemeinschaft über die gerichtl Zuständigk u Vollstreckg in Zivil- u Handelssachen EG **18** Anh 10; AGBG **14** 4
Übereinkommen über die Rechtsstellung der Staatenlosen EG **5** Anh I
Überfall v Früchten **911**
Übergabe, Kaufsache **433** 7, **446** 6; Kosten **448**; bei PfdBestellg **1205** 3, **1206**; bei Übereigng **929** 9; Stellvertretg **929** 23
Übergabepflicht des Verkäufers **433** 7
Übergabevertrag Einl 7 vor **1922**; Umdeutg bei Unwirksamk in ErbVertr **140** 10
Übergangsvorschriften zum AdoptionsG Einf 11 vor **1741**
Übergangsvorschriften zu erbrechtlichen Änderungen Einl 1 vor **1922**
Übergangsvorschriften zum Ersten EheRG Einf 7 vor **1564**
Übergangsvorschriften zum Familiennamensrechts G 1355 1
Übergangsvorschriften zum IPRG EG **220**
Übergangsvorschriften zum Kindschaftsrechtsreformgesetz, materielles Recht EG **224**, VerfR 36 vor **1626**
Übergangsvorschriften zum Gesetz über die rechtliche Stellung der nichtehelichen Kinder: ErbR **1924** 8,9; Nichtanwendbark EG **235 § 6** 2, 4; 2
Übergangsvorschriften zum Unterhaltsänderungssgesetz 86 vor **1601**
Überhang 910
Überholende Kausalität Vorb 96 vor **249**
Überlassungsvertrag EG **232** 1 a
Übermittlung, falsche **120**
Übernahmerecht, bei Gesellschaft **736** 4; Einräumg in lwVfg **2048** 8, 4 vor **2147**, **2278** 2
Überschuldung, Anfechtg d ErbschAnnahme **1954** 4; erbrechtl Beschränkg eines Abkömml wegen – **2338** Klagegrund für Aufhebg der Gütergemsch **1447**, **1448**, **1469**; des Nachl **1980** 3; des Vereins **42**
Übersicherung 138 97, AGBG **9** 129; bei Abtretg **398** 32; bei SichgEigt **930** 14 b; bei SichgGrdSch **1191** 17
Überstunden 611 27, 59; Berücksichtigg beim Unterhalt **1578** 4, **1603** 8
Übertragungsvertrag (Wertpapiere) **676**
Überwachungspflicht leitder Angest **611** 44
Überweisung, BarÜ **676 a** 18; Begriff **676 a** 1; Dauerauftr **676 a** 19; ErfWirkg **270** 6 (Ztpkt), **362** 8, fehlerhafte –, BereichergsAnspr **812** 53; Gutschrift s dort; steckengebliebene **270** 4; InkassoVerh **676 a** 6, **676 f**, **676 g**; mehrgliedrige **676 a** 3; InterbankenVerh **676 d**, Anspr im **676 e**, **676 f** 38; MitteilgsPfl **676 a** 15, **676 f** 13; RückleitgsPfl **676 d** 5; vorgegebenes KredInst **676 b** 7, Haftg **676 b** 8, **676 e** 4; Wertstellg **676 f** 12
Überweisungsauftrag, nach bish Recht **676 f** 31; als Angebot für Überweisgsvertr **676 a** 11 ; Fälschung **676 a** 11, **676 f** 37; Gutschrift s dort
Überweisungsvertrag, AbschlPfl **676 f** 14; AusführgsPfl **676 g** 14; AusführgsFr **676 a** 16; Begriff **676 a** 9; ErfGeh des KredInst **676 e** 3; Geltgsbereich 5 vor **676 a**, EG **228**; Girovertr, Verh zu **676 f** 1, 14; Haftg des KredInst **676 b**, **676 c**; money-back-Garantie **676 b** 7
Überwuchs 910
Überziehungskredit 607 9, AGBG **9** 62, VerbrKrG **5**
Umbauten des Mieters **550** 6
Umbettung, Leiche/Urne Einl 9 vor **1922**
Umbildung s Verarbeitg
Umdeutung 140; in Erbverzicht **2352** 3; bei letztw Verfüggen **140** 10, **2136** 1, **2268** 1, **2301** 6, **2336** 1
Umgang, beschützter **1684** 50, des Kindes mit Dritten **1631** 6, **1632** 31; mit Elt **1626** 24, **1684**; mit Geschwistern/Groß-/Stiefeltern/PflegePers **1685;** Gebot **1626** 24, **1632** 35; Vereitelg **1684** 11
Umgangsverbot, elt **1631** 6, **1632** 34; gerichtl **1666** 5, **1684** 52, **1685**
Umgehung von Gesetzen s Gesetzesumgehg
Umgehungsgeschäfte 117 5, **134** 28, AGBG **7**
Umkehrschluß Einl 42 vor **1**
Umlage s Sonderumlage
Umlegungsvermerk im GB Übbl 19 vor **873**
Umsatzklauseln 245 30
Umsatzmiete/pacht 535 30; **581** 10
Umsatzsteuer, bei Dienst/ArbVertr **612** 3; bei KaufVertr **433** 26, 30; gemeins Irrtum über **242** 150; bei Preisangabe **157** 13; bei TestVollstr **2221** 8; bei SchadErs **249** 18, **251** 13, 18; auf VerzZinsen **288** 8; bei Vergütg des NachlPflegers **1960** 26, des Betreuers/Pflegers/Vormunds **1836** 1
Umschulungsunterhalt, nachehel **1575** **Umstellung** DDR-Mark in DM **245** 11; DM in Euro **245** 5–8
Umtauschvertrag, Vorb vor **494**; u NachliefPflicht **480** 3
Umtauschvorbehalt Einf 12 vor **346**; 2 vor **494**
Umwandlung, im VereinsR **41** 5; von Kapitalgesellsch **311** 2; Haftg **419** 12
Umweltgüter 823 30
Umweltschaden 251 8
Umweltschutz 138 45, **823** 138, **839** 160, **903** 21, **906** 2, IPR EG **44** 2
Unbedenklichkeitsbescheinigung bei Auflassg **925** 30; bei GBBerichtigg **894** 2; bei ErbbRBestellg/Übertragg ErbbRVO **11** 2, 6; Gleichstellg mit Genehmigg **275** 28
Unbenannte Zuwendung an Eheg s Zuwendg
Unbestellte Waren 145 10, Vorb 6 vor **987**
Unbilligkeit, offenbare **319** 1, 3; der Erfüllg der ZugewAusglFdg wg grober Unbilligk **1381**
Undank, Widerruf der Schenkg **530–533**
Unechter Zugewinn 1376 6, **1381** 7
Unentgeltlichkeit, Einf 8 vor **305**, **516** 8; des Auftrags **662** 8; i BesErwerb **988**; Bt/Vormsch **1836** 4; der Mitarbeit eines Eheg im Beruf/Gesch des anderen **1356** 8; Vfg des NichtBerecht **816** 13, **822** 2, des VorE **2113** 9, des TestVollstr **2205** 32; unentgeltl Zuwendg bei Berechng des EndVerm **1375** 6, HerausgPfl des Dritten **1390** 2
Unerfahrenheit, Ausbeutung **138** 71

Unerlaubte Handlung, Aufrechng bei **393**; Aufsichtspflicht Verletzg **832**; AusglAnspr **840** 6; ausschl Rechte **823** 11; Beamtenhaftg **839**; Beweislast **823** 167; Beseitiggsanspr Einf 26 vor **823**; Billigk Haftung **829**; Dienste, entgangene **845**; Ehegatten Haftg im Innenverhältn **1441**, **1463**; Eltern **1664**; Ersatzanspr bei Eheg **843** 8, **1359** 1; Eigentumsverletzung **823** 7; Einzelfälle **823** 64; Ersatzanspr Inhalt **823** 159; Ersatzberecht **823** 157; Ersatzleistg an Nichtberechtigten **851**; Ersatzverpflichteter **823** 158; Fahrlässigk **823** 55; Fdg, Arglisteinrede **853** 1; Fordergsrechte **823** 31; Freiheit **823** 6; Gebäudeeinsturz **836–838**; Gefährdgshaftung neben Verschulden **840** 12; GefälligkFahrt **254** 74; Geldrente **843** 4, **844** 7; Gerichtsstand Einf 41 vor **823**; Gesamtschuld **840** 2; Geschädigter **823** 157; Geschlechtsehre **825**; Gesundheitsverletzg **823** 5; Gewerbebetrieb **823** 19; Haftg f Angestellte u Gehilfen **831**; Haftg ohne Verschulden Einf 11 vor **823**; Haftgsausschluß **254** 70; Haftgsbeschränkg, gesetzl Einf 7 vor **823**; Handeln auf eig Gefahr **254** 76; IPR EG **40**; Kapitalabfindg **843** 20; Körperverletzg **823** 4; Konkurrenz mit and Anspr Einl 4 vor **823**; Kreditgefährdg **824**; gegen das Leben **823** 3; mehrere Verletzte **823** 157; Minderjähriger **828**; Mittäter **830** 2; Mitverschulden **846**; NamensR **823** 14; PersönlkR **823** 175; Recht, sonstiges **823** 9; RWidrigk **823** 32; Sachentziehg **848** 1; Schutzges **823** 140; Schmerzensgeld **847**; sittenwidriges Verhalten **826** 2, Einzelfälle **826** 20; Streupflicht **823** 129; Taubstummer **828**; Teilnehmer **830**; Tierhalter **833**; Tierhüter **834**; Umfang der ErsPfl **823** 159, **842** bis **845**; Unterlassgsanspr Einf, 16 vor **823**; Unzurechngsfähigk **827**; UrheberR **823** 14; Ursachenzusammenhang Vorb 54 vor **249**; VerkSichgPfl **823** 58; Verjährg **852**, bei Vererbg **2039** 2; Vertrag Einf 4 vor **823**; Vertreter **823** 158; Verschulden **823** 54; Verzinsg **849**; Vorsatz **823** 54; Vorteilsausgleich **823** 162
Unfallhelferring **134** 21, **675** 25
Unfallhilfekredit 19 vor **607**
Unfallverhütungsvorschriften, Verstoß gg, Beweislast Vorb 170 vor **249**, **823** 168
Unfallversicherung, Haftgsbeschränkg des Unternehmers **611** 153; vertragl U, Anrechng auf Schaden Vorb 133 vor **249**
Ungeborener **1** 5
Ungerechtfertigte Bereicherung **812 ff**; Abtretg **812** 67, Anerkenntn **812** 5; Anfechtbark **812** 77, **813** 4; AnsprKonkurrenz Einf 10, 11 vor **812**, **818** 4; Anstandspflicht **814** 8; aufgedrängte – **951** 18; Auflassg **812** 21; ArbeitsR Einf 19 vor **812**; Aufwendgen **818** 45; Aushilfshaftg des Dritten **822** 7; AuskPflicht **812** 102; **818** 13; Ausschluß des BerAnspr Einf 11 vor **812**; Autovermietg an Minderjährige **812** 28, **819** 6; bedingte Verbindlichk **813** 5; Befreig v Verpflichtgen **812** 24; Begriff der Bereicherg **818** 30; Bereichergseinrede **821**; Bereichergskette **812** 46; Besitz **812** 19, **861** 12; betagte Verbindlichk **813** 5; Beweislast **812** 104, **813** 6, **814** 10, **815** 4, **816** 26, **817** 26, **818** 55, **819** 10, **820** 11, **822** 11; Bewußtsein unsittl Handelns **817** 11; Bösgläubigk des Empfänger **819** 1, 2; Deckungsverhältn **812** 50; Doppelkondiktionslehre **816** 18; Doppelmangel **812** 63; Dreiecksverhältn **812** 49; Drittbeziehgen **812** 44; Durchgriff **812** 63; nach Ehescheidg **812** 83; Eingriffskondiktion **812** 1, 10; Einheitlichk des Ber-Vorgangs **812** 35, **822** 1; Einheitskondiktionslehre **816** 17; Einrede, dauernde **813** 2, der Ber **821**; dch Eintragg im GB **812** 20; entspr Anwendg Einf 15 vor **812**; Erfolg, Nichteintritt **812** 86, **815**, **820**, Abgrenzg zw GeschGrdLage **242** 121; Erfolgseintritt, ungewisser **820** 1, 2; Erfüllg einer Nichtschuld **812** 72, **813**; das Erlangte **812** 16, **818** 5; Erlangg vorteilh RStellg **812** 18; Ersitzg Einf 12 vor **812**; Ersparg von Aufwendgen **812** 28; Erwerbssurrogat **818** 14; Erwerb von Rechten **812** 17; „etwas“ erlangt **812** 16; Gesellschaft **718** 9; Fehlen gültigen GrundGesch **812** 71; Fortfall der Ber **818** 27; Gegenleistg, Berücksichtigg **818** 46; ggseitig Vertr **812** 87; Geldentwertg **818** 26; Genehmigg des Berecht **816** 9, 20; GerStand Einf 30 vor **812**; gewerbl RSchutz Einf 18 vor **812**; Güterzuordng **812** 93; Haftg, verschärfte **818** 51, **819** 8, **820** 7; HerausgPfl **812** 101, **816** 24, **818** 5; Inhalt des BerAnspr **812** 101; IPR Einf 31 vor **812**, EG **38**; Kenntn des RMangels **819** 2, von Einwendgen **814** 3, der Nichtschuld **814** 3; Konkurrenz mit and Anspr Einf 10, 11 vor **812**, **818** 4; „auf Kosten“ des anderen **812** 31; Leistg **812** 3, Leistg in Erwartg späterer Heilg d Vertr **814** 6, Leistg dch (an) Vertreter **812** 46, **814** 7, Leistg unter Vorbeh **814** 5, **820** 5; Leistgsannahme dch Nichtber **816** 20; Leistgskondiktion **812** 3; LuxusAusg **818** 35; Mangel des RGrundes **812** 68; mehrere Bereicherte Einf 29 vor **812**; u B bei Mietvorauszahlg **557 a** 8; mittelbare Stellvertretg **812** 46; Naturalobligation **812** 72, **813** 4; Nichtberechtigter, wirks Vfg eines **816** 7, 13; LeistgsAnnahme dch N **816** 20; Nichteintritt des Erfolgs s Erfolg; Nichtschuld, Erfüllg **812** 72, **813**; Nutzgen **818** 8; öffentl Recht Einf 20 vor **812**; Patentverletzg Einf 18 vor **812**; Preisvorschr, Verstoß **817** 22; RFolgenverweisg Einf 15 vor **812**; RGrdVerweisg Einf 15 vor **812**; RHängigk verschärfte Haftg **818** 51; rkräft Urteil **812** 96; RStellg vorteilh **812** 18; RVerändergen kraft Ges **812** 96; RückfordergsAnspr bei sittenwidrig Grd – aber wirks ErfGesch Einf 13 vor **854**; Rückgriffskondiktion **812** 58; Saldoanerkenntn **812** 5; Saldotheorie **818** 48, 49; Schuldanerkenntn **812** 5; Schuldentilgg s Tilgg; Schuldnerverzug neben verschärfter Haftg **818** 54, **819** 9, **820** 9; Schuldversprechen **812** 5; Sittenverstoß **817**; sittl Pflicht **814** 8; Surrogate **818** 14; Tatbestände der ungerechtfert Ber **812** 1; tatsächl Vorgänge **812** 15; Tilgg eigener Schulden **818** 38, fremder Schulden **812** 46; Treu u Glauben Einf 2, 25 vor **812**, **817** 20; Umfang d Ber Anspr **818**; unentgeltl Vfg **816** 13, **822** 2; Unkenntn der Aufrechngsbefugn **813** 4; unmittelb Vermögensverschiebg **812** 35; Unmöglichk des Erfolgseintritts **815** 2; unzulässige Rechtsausübg **242** 66, Einf 25 vor **812**; UrheberR Einf 18 vor **812**; Urteil s rechtskräft Urt; Valutaverhältn **812** 51; verbotswidrige Leistg **817**; Vfg eines (an) Nichtberecht **816**; Verhältn zu anderen Anspr Einf 10, 11 vor **812**; Verhinderg des ErfolgsEintr **815** 3; Verj Einf 24 vor **812**, **822** 10; VerjEinrede **813** 4; VermNachteile des Empfänger **818** 45; VermVerschiebg (VermVorteil) **812** 16; Vertreter **812** 46; Verwendgen **818** 41; Verzicht Einf 26 vor **812**; Verzinsg **818** 10, 52, **820** 8; Vorenthaltg des Miet/PachtGgst **557** 17, **597** 1, Einf 11 vor **812**; Verwirkg **242** 99; Vorteilsanrechng (-ausgleichg) Einf 27 vor **812**, **818** 30; WarenzeichenR Einf 18 vor **812**; Wegfall der Ber **818** 27, des RGrdes **812** 75; Weitergabe, unentgeltliche **822** 2; Wertersatz bei Herausgabe **818** 16; WettbewerbsR Einf 18 vor **812**; Wucher **817** 23; Zinsen, s Verzinsg; ZbR Einf 28 vor **812**; Zuwendg (LeistgsKondiktion) **812** 3, an Dritte **822** 2; ZwVollstr **812** 37; Zweckerreichg **812** 70; Zweifel am Bestehen der Schuld **814** 3; Zweikondiktionenlehre **818** 47
Universalvermächtnis Einf 6 vor **2147**

UN-Kaufrecht EG **28** 7
Unklarheitenregel AGBG **5**, **157** 12
Unmöglichkeit, anfängl **275** 16, **306–308**; anfängl teilweise **275** 20, **307** 5; kein Annahmeverzug **293** 3, **297**; Begriff **275** 4; behördl Genehmigg **275** 26; Beschränkg d Haftg für Unmöglichk bei AGB AGBG **11** 40, 44; dauernde **275** 17, **306** 5; Dienstvertrag **293** 3, Draufgabe bei – **338**; Ersatzanspr des Gläub **323** 6, **325** 30; bei Gattgsschulden **275** 4, **279**; bei Gesamtschuld **425** 3; vom Gläub zu vertretende **324**; Herausgabe des Ersatzes **281** 1, 4; Klage auf Erfüllg **280** 6, **283** 3, 4; Klage auf Schadenersatz **283** 1; der Leistg **275** 4, **306** 9; nachträgl **275** 16, **323**; v keiner Partei zu vertreten **323**; Nebenleistg **275** 20; infolge öffentl-rechtl Anordg **275** 26; Opfergrenze **275** 12, **279** 5; rechtl **275** 7, **306** 1; Rückgabe der GgLeistung **325** 30; Rücktritt vom Vertrag **325** 24; vom Schuldner zu vertretende **275** 23, **280** 1, 3, Beweislast **282**, Rechte des Gläub **325** 1, 4; teilweise **275** 20, **280** 7, **306** 6, **325** 26; bei Veränderg der GeschGrdLage **275** 12; Verhältn z Gew-Leistg **325** 2, Vorb 5 vor **459**; bei Vermächtnis **2171** 1, **2172** 1; Verschulden beider Teile **280** 4; nach Vertragsschluß behobene **308** 1; völlige **275** 20; vorübergehende **275** 17, 20; bei Wahlschuld **255**; wirtschaftl **275** 12; dch Zweckerreichg od Zweckfortfall **275** 9
Uno-Kinderkonvention Einl 7 vor **1297**
Unpfändbare Sachen, Sichergsübereigng **138** 97, **930** 16
Unpfändbarkeit 394, **1204** 3, **1273** 1; Nichtabtretbark **400**
Unregelmäßiger Verwahrgsvertrag 700; Werkliefergsvertrag **651** 1
Unregelmäßiges Pfandrecht Übbl 7 vor **1204**
Unrichtigkeit der Beurk des GrdstVertr **313** 26; des Erbscheins **2361** 1, 3; des GB **894** 2, Kenntn **892** 24; des TestVollstrZeugn **2368** 11
Unschädlichkeitszeugnis EG **120**
Unterbeteiligung 705 51; Vererblichk **1922** 23
Unterbrechung der Verjährg s dort; des ursächl Zusammenhangs Vorb 73–78 vor **249**
Unterbringung bei Bt **1906**; dch Elt **1631** 8, **1631 b**, dch JugA Einf 25 vor **1626**, dch VormschG **1666** 56, **1666 a** 2; des Mdl **1800** 3
Untererbbaurecht ErbbRVO **11** 7, WEG **30** 1
Unterhalt zwischen Ehegatten, Eltern und Kindern 1360 ff, **1601 ff**; Änderg dch FamG **1612** 18; angem **1610** 10; Annahme als Kind **1751** 6; **1754** 3; **1755** 5; einstwAO 78 vor **1601**, **1615 o**; Anpassg bei mj Kind **1612 a**; ArbKraft, VerwertgsPfl **1603** 34; Arten **1360 a** 5, **1361**, 2 vor **1601**; Ausbildg **1610** 18, Ausk **1605**, AusglAnspr bei Leistg dch Dr 35 vor **1601**, **1607** 17, familienrechtl **1606** 20; Barunterh **1612** 2; Bedarf **1610**, Ausland 28 vor **1601**; Bedarfskontrollbetrag 21 vor **1601**; Bedarfstabellen 14 vor **1601**; BeerdiggsKosten für Berecht **1615** 2; Bedürftige, mehrere **1609**; Bedürftigk **1602**; Befreig dch Vorauslstg **1614** 4; Begrenzg **1610** 2; Beitrag der mitverdienenden Ehefrau **1360** 10; BereichergsAnspr bei Erfüllg dch Dritte **812** 25; Berücksichtgg von Schulden**1603** 23; Berufsbestimmg **1610** 20; BestimmgsR d Elt **1612** 7,10; BewLast 80 vor **1601**; Dauer **1601** 3; Eheg **1360**, getrenntlebde **1361**; Ersatz f Entziehg **844** 5, 6; Ende **1615**; einstw Regelg 78 vor **1601**, **1615 o**; ErsAnspr Dr für geleisteten 35 vor **1601**, **1607**; Erziehgskosten **1610** 17; FamilienUnterh **1360–1360 b** s a dort; freiw Leistg Dr **1602** 18; Freistellg von Unterh-Verpfl **1606** 21; freiw Leistgen Dritter **1602** 18; freiw Zuwendungen **1603** 15; Gefährdg des eigenen **1603** 33; Geldrente **1360 a** 5, **1361** 69, **1612** 3; Gefährdg als AufhebgsGrd bei Güter-Gemsch **1447**, **1469**, bei fortges GüterGemsch **1495**; Beendigg des Güterstandes **1604**; IKR EG **18** 21; IPR EG **18**, StaatsVertr EG **18** Anh; Kinder, unverheiratete **1603** 56, **1612** 7, **1649**; Verwendg der Einkünfte **1649**, Kindergeld 45 vor **1601**, Anrechng **1612 b**; Leistgsfgk des Verpflichteten **1603**; Mahng, Bestimmth **284** 17, **1613** 8; Maß des Unterh **1610** 2; Mehrbedarf **1610** 10; Mehrleistg **1360 b**; Naturalleistg **1360 a** 5, **1612** 13; Prozeßkosten **1360 a** 7, **1610** 12; Rangordng der Bedürft **1609**, der Verpflichteten **1606**; RHängigk des Anspr **1613** 13; RegelBetrUnterh **1612 a** 8; ReglbetragVO **1612 a** 16, Rückfdg 30 vor **1601**; Sättiggsgrenze **1610** 2; Selbstbehalt s dort; sittenwidrige Vereinbargen **138** 47; Sonderbedarf 1610 11; **1612** 3, **1613** 16; Verh zu Sozialleistgen 38 vor **1601**, **1602** 19, **1603** 17, **1610 a**; Taschengeld s dort; Stiefkinder **1360 a** 2, **1371** 7; Täuschg dch Berecht **1605** 4; Tod des Berecht **1615** 1; Umfg **1360 a** 1, **1610** 8; Veränderg der Verh **1610** 2, **1612** 1; UnterhVereinbg 29 vor **1601**: UnterVerfR 61 vor **1601;** Vergangenh **1613**; Verj **197** 8, 9 vor **1601**; Verwendg von KindesVerm **1602** 20, **1649**; Verzicht für Zukunft **1614** 1, Vergangenh **1614** 3; Verwirkg 10 vor **1601**, **1611**; Verzinsg 7 vor **1601**; Verzug **284** 18, **1613** 7; Vorausleistg **1614** 4; Leistg unter Vorbeh 31 vor **1601**; Zuvielleistg **1360 b** ; ZbR 11 vor **1601**; s a UnterhAnspr, UnterhPfl
Unterhalt des geschiedenen Ehegatten: Allgem **1569**, IPR EG **17** 16, **18**; Altersversicherg **1578** 69; angemessene ErwTätigk **1574**; Anrechng von Nebeneinnahmen **1578** 4; Art der Zahlg **1585**; nach Billigk **1576**, **1581**; AuskPflicht über Vermögen u Einkünfte **1580**; Ausschluß des U bei grober Unbilligk **1579**; BestattgsKosten **1586** 2; Einkünfte des unterhberechtigten Eheg **1577**; ErsHaftg der Verwandten **1584** 6; U für die Vergangenheit **1585 b**; GüterGemsch mit neuem Eheg **1583**; Kapitalabfindg **1585** 5; Krankenvers **1578** 66; kurze Ehedauer **1579** 7; LebensVerh, prägde Umstände **1361** 62, **1578** 3; mangelnde Leistgsfähigk des Verpflichteten **1581**; U mangels angemessener ErwTätigk **1573**, **1574**; Maß des U **1578**; trenngsbdgt Mehrbedarf **1578** 40; mutwillige Herbeiführg der Bedürftk **1579** 16; neue Ehe des Verpfl **1582**; neue LebensGemsch des Berecht **1579** 27; Rente **1585** 1; SättiggsGrenze **1578** 39; SicherhLeistg **1585 a**; Straftat gg den Verpflichteten **1579** 12; StufenKl 62 vor **1601**; Tod des Berecht **1586**, des Verpfl **1586 b**; UnterhPfl der Verwandten **1584**; UnterhVerträge **138** 47, **1569** 12, **1585 c**, GeschGrdLage **242** 111; Verh zum Kinderunterh **1582** 9; Vermögen des unterhberecht Eheg **1577**, des unterhverpfl Eheg **1581** 11; wg Berufsausbildg **1575**; wg Kindererziehg **1570**, **1579** 9; wg Krankh **1572**; Wiederheirat des Berecht **1586**, des Verpf **1582**
Unterhaltsanspruch, AbändKl 63 vor **1601**; Abtretbark 1 vor **1601**; Anpassg von UnterhRenten Mj **1612 a**; Anrechng von Kindergeld **1612 b**; Aufrechng 1 vor **1601**; Bedürftigk **1602**, selbstversch **1611**; von Elt gg Kinder **1601 5**; Erlöschen bei Tod **1615**; gerichtl Geltdmachg **1360** 6, 60 vor **1601**, vereinfachtes Verf 65 vor **1601**; bei Güter-Gemsch **1604**; höchstpersönl Recht **1615** 1; des Kindes gg einen EltTl **1629** 41, 49; nichtehel Kinder **1615 a**, **1615 o**; keine Minderg von Schad-ErsAnspr dch U Vorb 137 vor **249**; Mutter des zu erwartenden Erben **1963** 1; RegelBetrUnter **1612 a** 8; Reihenfolge der Bedürft **1609**, der

Verpfl **1606**; RNatur Einf 1 vor **1601**; StufenKl 62 vor **1601**; Übergang krG **1607** 14, **1608** 3; Überleitg 41 vor **1601**; VerfR 59 vor **1601**, Unpfändbark 79 vor **1601**; Verj **194** 11, **197** 8, **200** 4, 9 vor **1601**; Verzicht **1614**; Verzug **284** 18, 22, **1613** 7; Voraussetzg 4 vor **1601**
Unterhaltsanspruch der geschiedenen Ehegatten 1569 ff; Verh zum UnterhAnspr gg e Verwandte **1584**; Wiederaufleben **1586 a**
Unterhaltsbedarf, Ausbildg **1610** 18; Ausland 28 vor **1601**; Eheg **1360 a**; GetrLeben **1361** 62; Erziehg **1610** 17; Mehrdarf **1610** 11; mietfreies Wohnen **1361** 22, **1578** 5; **1602** 17; **1603** 10; nachehel **1578** 53; Kinder **1610**; KrankenVersicherg **1610** 11; ProzKosten **1610** 12; Sonderbedarf **1610** 12, **1613** 16
Unterhaltsbedürftigkeit, bei Getrenntleben **1361** 12, bei Scheidg **1577**, des Kindes **1602**; mutwillige **1611** 3
Unterhaltsentscheidungen, Abänderung ausländischer EG **18** 16
Unterhaltsbestimmung der Elt ggü Kind **1612** 7; Änderg **1612** 15
Unterhaltsneurose 1572 5, **1579** 18, **1602** 15
Unterhaltspflicht, Abkömml **1601** 5; bei Annahme als Kind **1751** 6, **1754** 3, **1755** 5; Anrechng von Kindergeld **1612 b**; AuskAnspr **1605** 1; u Berufsfreih 1603 41; Eheg **1360–1360 b**; Einfluß des Güterstandes **1604**; ggü Elt **1601** 5; unter Geschwister **1601** 2; GüterGemsch **1604**; IKR EG **18** 21; IPR EG **18**; der Kinder ggü Elt **1601** 5; ggü nichtehel Kind **1615 a**, ggü dessen Mutter/Vater **1615 l**; Rangordng der Pflichtigen **1606–1608**; Selbstbehalt **1581** 14, 20 vor **1601**, **1601** 8, **1603** 32; Stiefvater **1601** 2; Übergang auf Erben **1586 b**; Unterlassg zumutb Arbeit **1603** 34; als VermSchaden Vorb 47 vor **249**, 13 vor **1601**; ErsHaftg von Verwandten **16072**; – u VersorggsAusgl Einf 1, 17 vor **1587**; Verletzg dch Eltern **1666** 41; Voraussetzg 4 vor **1601**; Wiederverheiratg **1604** 1
Unterhaltsprozeß 59 v **1601**
Unterhaltsrente, Anpassg bei mj Kind **1612 a**
Unterhaltsrichtsätze 14 vor **1601**; RegelBetrUnterh **1612 a** 8
Unterhaltsstatut EG **18** 7, 11
Unterhaltsübereinkommen, Haager EG **18** Anh
Unterhaltsvereinbarung 29 vor **1601**; GeschGrdlage **242** 110; bezügl ScheidgsUnterhalt **1585 c**; Sittenwidrigk **138** 47
Unterhaltsvergleich im ScheidgsVerfahren **1585 c**, 29 vor **1601**
Unterhaltsverzicht 1361 71, **1585 c** 4, 29 vor **1601**, **1614**; bei VA Einf 3 vor **1587** s auch „Unterhaltsvereinbarg“
Unterhaltsvorschußgesetz 44 vor **1601**
Unterlassung, Bedeutg **241** 5; als Ggst einer Dbk **1018** 19; als Haupt- od Nebeninhalt der Leistg **241** 5; Klagbark **241** 5, 6; U als Schadensverursachung Vorb 84 vor **249**; Verjährg v UnterlassgsAnspr **198** 13; Vergleich über Anspr **779** 6
Unterlassungsklage, gg Besitzstörg **862** 2; bei Ehestörg 5 vor **1353**; des Eigtümers **1004** 27; gg Mieter **550**; gg Nießbraucher **1053**; Verletzg des NamensR **12** 19; vorbeugde **241** 6, Einf 18 vor **823**; wiederherstellde Einf 25 vor **823**; Wiederholgsgefahr Einf 24 vor **823**
Unterlassungsklage gegen AGB-Verwender AGBG **13** 6; Anspr gegen Empfehler AGBG **13** 9; gegen Verwender AGBG **13** 2; einstw Vfg **15** 6; Klageantrag **15** 2; Klageberechtigg AGBG **13** 11; MitteilgsPfl ggü Bundeskartellamt AGBG **20**; Streitwert AGBG **15** 9; Urteilsformel AGBG **17**; Bekanntmachg der Urteilsformel AGBG **18**; VollstreckgsGegenklage AGBG **19**; Wirkg des UnterlassgsUrt für den IndividualProz AGBG **22**; Zuständigk AGBG **14**
Untermiete Einf 2 vor **535**, **549**
Unternehmensanteile, Kauf **437** 10, Vorb 16 vor **459**; Vererblichk **1922** 14–25
Unternehmensbewertung, bei GesellschAuseinandS **738** 5, bei PflichttFeststellg **2314** 8, bei ZugewAusgl **1376** 6
Unternehmenskauf 433 3, 20, Vorb 15 vor **459**, **459** 43, **462** 4
Unternehmensnachfolge, ArbVerh **613 a**; erbrechtl, Auswahl des Nachfolgers dch Dritte **2065** 8; Vermächtn **2087** 9, Einf 6 vor **2147**, **2151** 1, **2385** 1
Unternehmensnießbrauch 1068 3, **1085** 4
Unternehmensträgerstiftung Vorb 11 vor **80**
Unternehmer, Begriff Einf 15 vor **611**, AGBG **24** 2; erweiterte Inhaltskontrolle bei Vertr mit Verbr AGBG **24 a**, Mehrh bei WkVertr **631** 9; Verwendg von AGB ggü einem U AGBG **24**; WkVertr **631**
Unterpacht 584 a, **589**
Unterrichtsvertrag AGB AGBG **9** 132
Unterschrift, Beglaubigg **129** 1; Bevollm **126** 8; digitale **126** 7; eigenhändige **126** 7, **2247** 11; notariell begl Handzeichen **126** 10; Namen **126** 12; – unter nicht gelesene Urk **119** 9
Untervermächtnis 2186, **2187**
Unterwohnungseigentum WEG Übbl 2 vor **1**
Unvermögen, anfängliches **306** 9, Vorb 2 vor **323**; Begriff **275** 13, **279** 6; SonderRegelg für Haftg **306** 11; von Schuldn zu vertretdes **275** 13, 23, **279** 1–10, **280** 1, 3; bei Vermögenssperre **275** 18
Unverzüglich, Begriff **121** 3
Unvollkommene Verbindlichkeit, Einl 15 vor **241**; Pfandrecht **1204** 7
Unwirksamkeit, Arten Übbl 26 vor **104**; der Leistungsbestimmg eines Dr **319**; eines Teils **139**, s a Teilunwirksamkeit; v Testamenten **1937** 17, 25, **2085** 2; v Vfg entgegen Veräußergsverbot **135**, **136**; von Verfüggen des Vorerben **2113** 8; Zusammentreffen mit Anfechtbark Übbl 33 vor **104**
Unzulänglichkeitseinrede 1990, **1991**
Unzulässige Rechtsausübung 242 38–86; Bedeutg **242** 38; Einzelfälle **242** 58; fehldes Eigeninteresse **242** 50, 51; Fallgruppen **242** 42; individuell/institutionell **242** 40; unredl RErwerb **242** 42; RFolgen **242** 41; UnverhältnMäßigk **242** 53; Verletzg eigener Pfl **242** 46; Voraussetzgen **242** 39; widersprüchl Verhalten **242** 55; fehlde Gen des VormdGer **1643** 4; s a „Rechtsausübung“
Unzumutbare Härte bei Scheidg vor Ablauf des TrenngsJahres **1565** 14; zur Aufrechterhaltg der Ehe **1568**
Unzurechnungsfähigkeit, unerl Handlg **827**, **829**; VertrVerletzg **276** 5; Mitverschulden **254** 13
Urheberrecht Übbl 2 vor **90**; Gewinnherausgabe bei Verletzg **687** 5; Ersatz von Nichtvermögenschaden **687** 5, **847** 2, Kauf **433** 2; als geschütztes Recht **823** 15; SchadErs nach Lizenzgebühr Vorb 52 vor **249**; Ausübg dch TestVollstr **2210** 3; Übertragg **413** 3, an Miterben **2042** 11; ungerechtf Bereicherg bei Verletzg Einf 18 vor **812**; Vererblichk **1922** 36, **1936** 1; Vermächtnis Einf 6 vor **2147**, **2174** 3
Urkunde, über Abtretg **405**, **409**, **410**; Begriff **126** 2; Eigt **952**; Einsicht **810**; Ersetzg verlorener **2255** 13; ÜbergPfl bei Kauf **444**; Vermutg der Vollständigk u Richtigk **125** 15, ZbR **952** 6
Urlaub 611 126; Beeinträchtigg, Vereitelg dch mangelhafte Leistgen eines Reiseveranstalters Vorb 39 vor **249**; **651 f**

Urlaubsabgeltungsanspruch 611 144; Aufrechng dagg **394** 1; Verzicht, Nichtigk **134** 15
Urlaubsentgelt 611 140
Urlaubsgeld 611 81
Ursachenzusammenhang Vorb 54 vor **249, 282** 14; Beweis Vorb 162 vor **249; 823** 167; alternative Kausalität Vorb 86 vor **249, 830** 8; kumulative Kausalität **830** 9; hypothet Schadensursachen Vorb 96 vor **249**; bei mehreren schädigenden Ereignissen Vorb 86 vor **249**; bei MitVersch **254** 14; rechtmäß Alternativverhalten Vorb 105 vor **249**; Schutzzweck der Norm Vorb 62 vor **249**; schadensgeneigte Konstitution Vorb 67 vor **249**
Urteil, ggüber Altgläubiger nach Abtretg **407, 408**; Begriff **839** 69; Bekanntmachg der Urteile im Namens-Rechtsstreit **12** 19; der U gg AGB-Verwender AGBG **18**; im EhescheidProzeß Einf 4 vor **1564**; Haftg f unrichtiges **839** 67; Mißbrauch **826** 46; RGrd für Leistg **812** 96; SchadErs wegen Nichterfüllg nach Urteil **283**; als Ggsatz zu Tats-Behauptg **824** 2, **1004** 22
Urteilsvermögen, Ausbeutg des Mangels **138** 72

V

Valutakredit Einf 2 vor **607**
Valutaschuld 245 17; unechte **245** 19
Valutaverhältnis, Einf 4 vor **328**, Einf 6 vor **783**; bei Anweisg **788** 3; im BereichergsR **812** 51; Einwendgen aus – **334** 4
Vater, Ausschl der elt Sorge bei Pflegerbestellung **1630**; elt Sorge **1626** 10; ErbR **1925**; Heirat während der elterl Sorgeausübg **1683**; Meingsverschiedenh mit Mutter **1627, 1628**, mit Pfleger **1630**; Pflichtt **2303** 3, **2309**; als TestVollstr seiner als Erben eingesetzter Kinder Einf 2 vor **2197**; UnterhPfl **1606** 6; Vertretgsmacht **1629** 22, Entziehg **1629** 33; s auch elterl Sorge, Eltern, Mutter, nichtehel Vater
Vaterschaft 1592, 1593; Anerkenng s dort; gerichtl Feststellg **1600 d, 1600 e**
Vaterschaftsanerkenntnis s Anerkenng der Vatersch; für ErbR **1934 c** 1; falsches **134** 24; Kondiktion **812** 2; in Vfg vTw **1937** 11; IPR EG **19** 7
Vaterschaftsanfechtung 1599 2; Antr/Klage **1600 e**; Berecht **1600**; Erkl **1600 a**; Frist **1600 b**; bei heterologer Insemination 15 vot **1591**; VaterschVermutg bei **1600 c**; dch Vertreter **1600 a**
Vaterschaftsnachweis 6 vor **1591**
Vaterschaftsfeststellung- 1600 d, Antr/Klage **1600 e**, IPR EG **18** 14, **19** 7
Vaterschaftsvermutung, bei VaterschAnfechtg **1600 c**; bei VaterschFeststellg **1600 d** 11
VBL – Renten 1587 15, **1587 a** 50
Verantwortlichkeit, Begriff Übbl 3 vor **1**, Einf 1 vor **104**
Verarbeitung 950; BereichAnspr **951**; fremdwirkde **950** 8
Verarbeitungsklausel 950 11
Veräußerungsverbot, absolutes **136** 2, **1365** 1; behördl **136** 3; gesetzl **136** 3; GutGlSchutz **136** 9; Insolvenz **136** 6; Nichtigk **134** 12; rgeschäftl **137** 1–5; relative Unwirksamk **136** 6; richterl **136** 4; in Test **2192** 2; Sicherg dch Vormkg **883** 9; Verwirklichg gesicherten Anspr im GrdstR **888** 10
Veräußerungsvertrag, Aufhebg **313** 39; Nichtigk **313** 45; unrichtige Bezeichng **313** 27
Verbindlichkeit, Befreiungsanspruch **257** 1–3; Belastg mit als Schaden Vorb 46 vor **249**; betagte Einf 2 vor **158, 163** 1; Bewertg **1376** 10; unvollkommene Einl 15 vor **241, 762** 5
Verbindung, Abtrenngs/WegnR **951** 24, **997**; BereichAnspr **951**; bewegl Sache mit bewegl Sache **947**, mit Grdst **946**; Rechte Dritter **949**; zu vorübergehdem Zweck **94** 7, **95** 1, 2;
Verbleibensanordnung für Kind **1632, 1682**
Verbotsgesetz s gesetzl Verbot
Verbotswidrige Kündigung Vorb 46 vor **620**
Verbotswidrige Leistung 817
Verbraucher AGBG **24 a** 6; SchutzVorschr Einf 14 vor **145**
Verbraucherkredit, Schriftform VerbrKrG **4** 1–4
Verbrauchervertrag AGBG **24 a;** IPR **EG 29**
Verbürgung der Gegenseitigkeit bei Staatshaftg für Beamte **839** 2
Verdienstausfall 252 8, 16
Verdienstsicherungsklausel 611 58
Verdingungsordnungen 3 vor **631**
Verein, Anmeldg zur Eintr **59** 1, **67, 72, 74, 76** 1; Auflösg **41**, Bekanntmachg **50**, Eintr **74**; Aufnahme **38** 1; Aufnahmezwang **25** 10; ausländischer Einf 18 vor **21, 23** 1; Austritt **39** 1, **58** 1; Ausschließg **25** 12; Begriff Einf 13 vor **21**; BeitragsPfl **58** 4; Beitritt **38** 3; Beschluß **32** 5–8; eingetragener **55–79**; Einschränkg des StimmR **34** 1; Einspr gg Eintr **61–63**; Eintr **64–66**, s a Vereinsregister; Entziehung d RFähigk **21** 8, **43, 44**; Erbe **1923** 1; GeschOrdng **25** 6; Gleichbehandlg der Mitgl **35** 3; Gründergesellsch **21** 8; Haftg des AnfallsBerecht für Vereinsschulden **45, 46**; Haftg der Mitglieder Einf 12 vor **21**, arbeitrechtl Erleichterg **27** 4; Haftg für Vertreter **31** 1–11; persönl Haftg d Vorstands **31** 13; Idealverein, **21** 1; IPR EG **12** Anh 1–17, 20; Insolvenz **42, 75**; Künd **39**; Liquidatoren, Bestellung u Aufgaben **48, 49** 1, Eintr **76** 1; Liquidation **47 ff**; Liquidationsverein **42** 3, **47** 1; Mindestmitgliederzahl **56** 1, **73**; MitgliederVers, Berufg **32** 1, 2, **36, 37** 1, 3, **58** Z 4, BeschlFassg **32** 1, **33** 1, **41** 2, richterl Prüfg v Beschlüssen **32** 5, Tagesordng **32** 4, Ungültigk v Beschlüssen **32** 5, **34** 1; Mitgliedsch **35** 3, **38** 1; MitgliedschR, höchstpersönl **38** 2; MitglZahl, Mitteilg **72**; Monopolcharakter **25** 10, 13; Name **57, 58** 2; nichtwirtschaftl/wirtsch **21** 1–7; Ordngsstrafgewalt **25** 12; Organisationsform **25** 7, 8; Ortsgruppen Einf 19 vor **21**; Parteien Einf 16 vor **21, 61**; nicht rechtsfähiger s dort; RWeg bei Ausschließg **25** 26; religiöser Einf 17 vor **21**; Satzg s Vereinssatzg; Schiedsgericht **25** 18; Sicherstellg der Gläub **52** 1; Sitz **24** 1; SonderR eines Mitgl **35**; Sperrjahr bei Auflösg **51**; Stiftungscharakter **21** 1; Treuhänderbestellg **29** 2; Verfahren d Vereinsorgane **25** 15; Verfassg s Vereinssatzg; Verleihg, staatl **22**, EG **82**; Verlust der Rechtsfgk **43, 44**, 2, **73** 1; VermögAnfall bei Auflösg **45, 46**, EG **85** 1; Vertreter, besondere **30** 1; Vertreterversammlg **32** 1, **37** 2; Verwaltungssitz **24** 1; Vorstand s Vereinsvorstand; Vorverein **21** 9; wirtschaftl **21** 2, **22** 1; Wegfall der Mitglieder **41** 1, 2; Zulassg z Eintragg **61**; Zustimmg, schriftl der Mitgl zu einem Beschl **32** 1; Zweigstellen Einf 19 vor **21**; Zweck des – **21** 1, **22** 1, **23** 3, **33, 57** 1; Zurückweisg der Anmeldg **60**
Vereinbarungsdarlehen 607 15
Vereinigung, von Forderg u Schuld Übbl 4 vor **362**, bei PflichtBerechng **2311** 2, beim Erbfall Übbl 2 vor **1942**; von Grdst **890** 1; der Hyp mit Eigtum **1177**; von ErbbR ErbbRVO **1** 8; von WERechten WEG **6** 7; von WEGrdst Übbl 4 vor WEG **1**
Vereinsautonomie 25 7; Nachprüfg v Vereinsmaßnahmen **25** 15–18
Vereinsbetreuer, AufwendgsErs/Vergütg **1908 e** 2; Bestellg **1897** 9; Geldverwaltg **1908 i** 19

Vereinsbetreuung 1900 2–5; AufwendgsErs/Vergütg **1908 e** 1; Entlassg **1908 b** 17; Geldverwaltg **1908 i** 19
Vereinsfreiheit Einf 14 vor **21**
Vereinsgesetz Einf 14 vor **21**
Vereinsgesetze 25 6
Vereinsregister, Ändergen des Vorstands **67**, **68**; Anmeldg zur Eintr **59** 1; Beschw **60**; Einsicht **79** 1, dch automatisierte Verf **79** 2; EDV-Reg **55 a**; Eintr **21** 8, der Auflösg des Vereins **74**, des Erlöschens des Vereins Vorb 1 vor **55**, der Liquidatoren **76** 2, **48**, des Vereins **21** 8, **63–66**; Eintraggszeugn **69**; Entziehg d Rechtsfgk **74**; Form der Anmeldg **77** 1; Inhalt **64**; InsEröffng **75**; Löschg **21** 3; RMittel **65**; Satzgsändergen **68**, **71** 1; Veröffentlichg d Eintr **66** 1, **71**; Wirkg der Eintr des Vereins **68**; Zulassg der Anmeldg **61**; Zuständigk **55**; Zurückweisg der Anmeldg **60** 1
Vereinssatzung, Änderung **33** 1, 3, **35** 1, **71** 1; Auslegg **25** 4; Begriff **25** 2; Inhalt **25** 2, **57**, **58** 1; Inhaltskontrolle **25** 9; Nichtigk **25** 9; RNatur **25** 9
Vereinsstrafe 25 12, Vorb 7 vor **339**
Vereinsvormund Einl 4 vor **1773**, **1791 a**; keine Anwendg der **§§ 1850**, **1851**, **1851 a**; Befreiung **1857 a**; Einwilligg zur Bestellg **1785** 1; **1791 a** 2, 5; Entlassg **1791 a** 10, **1887**, **1889**; Führg der Vormsch **1791 a** 8; keine Ordngsstrafen **1837**; Rechngslegg **1840** 1; Rücksichtnahme auf religiöses Bekenntn **1779** 8
Vereinsvorstand 26–28; Abberufg durch AG **29** 6; Anmeldepflicht **59** 1, **67**, **72**, **74**, **76** 1; Anmeldg d Änderg **67**; Beschlußfassg **28** 1; Bestellg **27** 1; – auf Antrag eines Beteiligten **29** 1, 6; – durch Dritte **27** 1; Eintragszeugnis **69**; Entlastg **27** 5; Geschäftsführg **26** 5, **27** 4; Haftg bei verzögertem Konkursantrag **42** 3; Haftg ggü Verein **27** 4, des Vereins für **31**; JurPerson **26** 1; als Liquidator **48**; Löschg im Register **67**; mehrgliedriger **26** 6; Minderjähriger **26** 4; Notvorstand **29**; Organ **26** 1; Passivvertretg **28** 2; Vertreter besond **30**; Vertretgsmacht, Umfang **26** 5, **30**, 3, **64**, **70** 1, Wissenszurechng **20** 2; Widerruf der Bestellg **27** 2; Zwangsgeld **78**
Vererblichkeit, Anwartsch des NachE **2108** 2, 3; AusglAnspr HandelsVertr **1922** 27; GesellschAnteil an OHG, KG **1922** 17, an BGB-Gesellsch **727**, an stillen Gesellsch **1922** 22; Handelsgesch **1922** 14; Erbannahme- u AusschlaggsR **1952** 1; Gesamtgutanteil **1922** 13; höchstpersönl R **1922** 40; Nießbrauch **1922** 41; öffrechtl Anspr **1922** 49; PflichtAnspr **2317** 8; RestitutionsAnspr nach VermögensG **1922** 50; UnterhAnspr **1922** 43; UnterhPfl **1586 b**; VermögR **1922** 12; Zugew-AusglAnspr **1378**, **1922** 13
Verfahrenspfleger, bei Bt 27 vor **1896**, für Kind 6 vor **1626**
Verfahrensrecht, Abstammg/Vatersch 6 vor **1591**; Ehescheidg Einf 4 vor **1564**; ErbSch **2353** 14 ff (Erteilg), **2361** 7–15 (Einziehg); elt Sorge 5 vor **1626**; Unterh 59 vor **1601** (Verwandte); VersorggsAusgl Einf 15 vor **1587**; unzul RAusübg **242** 82; Verwirkg **242** 105; Verträge über – **138** 102; WohngsEigt WEG **43 ff**; s auch internationales VerfR
Verfallklausel, Vorb 5 vor **339**; in AGB AGBG **11** 28; Einzelverfallklausel Vorb 5 vor **339**; bei Hyp **1149**; bei PfdR **1229**; bei SichÜbereigng **930** 21; als RücktrVorbeh **360**; bei Stundg des Pflicht-Anspr **2331 a** 7; s a Verwirkgsklausel
Verfassung des Vereins **25** 1; der Stiftg **85** 1
Verfassungsbeschwerde, keine Unterbrechg der Verjährg **209** 6
Verfassungsmäßig berufener Vertreter, Haftg für – **31**, **89**
Verfolgungsrecht des Besitzers **867**; mittelb Besitzer **869** 4
Verfügende Verträge, Übbl 15 vor **104**
Verfügung, bedingte **158** 1, **161** 1; Begriff Übbl 16 vor **104**, **185** 2, **816** 7; eines Eheg über Vermögen im ganzen **1365** 2, über HaushaltsGgst bei Zugew-Gemsch **1369**; Einwilligg **185** 7; Genehmigg **185** 10; nachträgl Erwerb **185** 11; über Mietzins im voraus **573**; des Miterben **2033** 6, 19, **2040** 1–4; eines (an einen) Nichtberecht **185** 5, **816**; Proz-Führg **1812** 8, Einf 4 vor **2100**; TestVollstr **2205** 3; Veräußerg Übbl 16 vor **104**; Veräußergsverbot, rgeschäftl **137** 1, gerichtl **136** 4, **888** 10; verbotswidr **135**, **136** 3; Verhältn mehrerer **185** 12; im Wege der ZwVollstr **816** 7
Verfügung von Todes wegen 1937 2, Übbl 1 vor **2064**; bedingte **2065** 8; **2074**, **2075**, **2269** 11; Bestimmg der Geltg **2065** 2; Nichtigk u Unwirksamk **1937** 17, 25; Sittenwidrigk **138** 49, **1937** 20
Verfügungsbeschränkung, 9, 17 vor **873**; Einfluß auf GrdstVfg **878**; gutgl Erwerb trotz V **892** 17, Vorb 2 vor **929**; wg Güterstand **1365**, **1369**; IPR **15** 24; wg TestVollstr **2211**; Vorerbe **2113** 1, 8, **2114** 1–4; Wirkg relativer **892** 18
Verfügungsmacht Einf 4 vor **104**
Verfügungsunterlassungsvertrag beim ErbVertr **137** 5, 6; bei GrdSt **313** 10, Sichg **883** 9; Wirkg **137**
Vergleich 779; AbfindgsV **779** 12; Abgrenzg zum Kauf Einf 16 vor **433**; Anfechtbark **779** 26; AnwaltsV **779** 34; arglist Täuschg **779** 27; neue Bew-Mittel **779** 20; über Erbschein 779 6, 2358 7; als feststehd angesehene Grdlage **779** 14; Form **313** 24, **779** 2; Irrtum **779** 13, 26; Nichtigk **779** 6, 26; im öffR **779** 1; ProzV Einf vor **779**, **779** 2, 29, **2038** 7; RücktrVorbeh **779** 29; Scheidgserleichterg **779** 6, **1585 c** 17; bei Stundg des Pflichtt-Anspr **2331 a** 7; SaniergsV **779** 12; Sittenverstoß **138** 102: auf Rückn des Strafantr **779** 8; Auslegg/Gültigk eines Test **779** 6, **2359** 1; Unrichtigk der Grdlage **779** 17; UnterhAnspr geschied Eheg **779** 6, **1585 c** 27; Unwirksamk **779** 13–25; nach Urteil **779** 7; unzul RAusübg **242** 82, **779** 24; Wegfall der GeschGrdlage **242** 169, **779** 24; Widerruf dch MitE bei V über NachlForderg **2038** 7; s a gerichtl Vergleich
Vergleichsverfahren, Antragspfl des Erben **1980** 1; ErbHaftg **1975** 6; – u TestVollstreckg Einf 8 vor **2197**
Vergleichsverhandlungen, Verjährgshemmg Übbl 10 vor **194**, **202** 4, **852** 17
Vergleichszahlungen, Rückzahlg bei InsEröffng **812** 86
Vergütung, Betreuer **1836–1836 d**, **1908 i** 13; Eheg-Mitarbeit **1356** 8; Kindesarbeit **1619** 10; Nachl-Pfleger **1960** 25; NachlVerwalter **1987**; TestVollstr **2221**; Vormund **1836–1836 d**
Verhaltenspflichten Einl 6 vor **241**, **242** 24
Verhältnismäßigkeit, Verletzg des GrdS **242** 53
Verjährung, Abkürzg dch AGB AGBG **9** 135; Ablaufshemmg **206**, **207**; Anspr **194** 1; Anspr aus Verlobg **1302**; bei AnsprKonkurrenz **194** 8; Arglist Wegfall Übbl 10 vor **194**; AufopfergsAnspr **195** 13, 54 vor **903**; Aufrechng bei **390**; des Ausgl-Anspr bei Gesamtschuld **426** 3; Ausgleichsfdg der Eltern für Unterh **197** 9; bei gemischten Vertr **194** 10; bei gesetzl Güterstd **1378** 11; Beginn regelm **198** 1–14, bei Künd u Anfechtg **199**, **200**, der kurzen **201** 1, bei unerl Hdlg **852** 4; Begriff Übbl 2 vor **194**; des BereichergsAnspr Einf 24 vor **812**, **822** 10; v eingetr Rechten **902**; bei c. i. c.

195 9, **477** 6, **638** 3; Einrede der Verj **222** 1, 3, von Behörden bei GehaltsaAnspr **210** 1; von Einreden **194** 6; erwerbde Übbl 2 vor **194**; erlöschde Übbl 2 vor **194**; von BürgschSchuld **765** 26; ErsAnspr bei Miete **558**; ErsAnspr des Verpfänders **1226** 1; familienrechtl Anspr **194** 11; Frist, regelmäß **195** 1; Ggst der **194** 1–11; Geschäfte des tägl Lebens **196** 1; bei gemischtem Vertr **194** 10; bei Gesamtschuld **425** 4; bei GoA **677** 17; gesicherte Rechte **223** 1–4; GewlAnspr wg Sachmangel bei Kauf **477** **2**, bei Viehkauf **490**, bei WkVertr **638**, **639**, bei Reiseverrtr **651 g**, formularmäß Abkürzg AGBG **11** 69; GrdDbk **1028** 1–3; GrdstR, gelöschte **901** 1, 2 krG entstandene **901** 1; Güteantrag **212 a**; Hemmg: aus PietätsGrd **204** 1–4, aus tatsächl Grd **203** 1–3, aus RGrd **202** 1–10; Hemmgswirkg **205** 1; intertemporales Recht Übbl 19 vor **194**; Kenntnis v der Pers des Ersatzverpflicht u v Schaden **852** 11; kurze, Vorrang **194** 9; der MietzinsFdg **551** 2; nachbarrechtl Anspr **924**; der Nebenleistgen **224** 1; öffr Anspr **195** 13, **222** 7; nicht vor die ordentl Ger gehörder Anspr **220** 1; PflichtteilsAnspr **2332**; bei pVV **195** 10; ProduzentenHaftg ProdHaftG **12**; Prospekthaftg **195** 11; des rkräft festgestellten Anspr **218** 1–5, **219**; Reallast **1107** 6; bei RNachf **221**; Regelg in AGB AGBG **9** 135; SchadErs wg NichtErf **195** 8; Stundg **202** 4; Zuwendgen an Dritte bei ZugewGemsch **1390** 4; Unterbrechg **208–217**, dch Anerkenntn **208** 2–5, dch Aufrechngseinrede im Proz **209** 19, dch Anmeldg im InsVerf **209** 18, Beendigg **211** 1, 2, dch Klage **209** 1, 2, dch ZwVollstr **209** 21, Wegfall **212–216**, Wirkg **217**; des UnterlassgsAnspr gg AGB-Verwender AGBG **13** 19; der Anspr von Vorstandsmitgliedern einer AG **196** 23; Unzulässigk der Einrede Übbl 10 vor **194**; unerl Hdlg **852**; unvordenkl V Übbl 3 vor **194**; Vereinbg über **225** 1–4; Verlängerg der Frist **477** 10, 18; bei Vermächtn **2174** 1; Verzicht auf Einrede der – **222** 5, **225** 2, **397** 1; vierjährige **197** 1–10; wiederkehrde Leistgen **197**; Wirkg der vollendeten **222** 1–7, **639** 3; Zinsen **197**; ZugewAusglAnspr **1378**; Zweck Übbl 4 vor **194**

Verkauf, freihändiger – hinterleggsunfähiger Sachen **383** 1; s a Kauf u Pfandverkauf

Verkäufer, AuskPfl **444**; GewLeistg **459**; Haftg f Zahlgsfähigk **438**; Pflichten **433** 6, 13; NebenPpfl **433** 16; Verwendgen **450**

Verkehrsampel 839 139 „Polizei"

Verkehrsgeld 245 1

Verkehrsgerechtes Verhalten 823 40

Verkehrsgeschäft, gutgl Erwerb dch **892** 5, **932** 1

Verkehrshypothek 1113 2; Umwandlg in SichgHyp **1186**

Verkehrsimmission 906 8, 44

Verkehrsrecht s Umgang, UmgangsR

Verkehrssicherungspflichten 823 58; bei Miete **535** 22; iRv SchuldVertr **276** 117; bei WEigt WEG 5 vor **1**, **16** 7, **21** 3, 5, **27** 3

Verkehrssitte, Ausleggsmittel **133** 20; Berücksichtigg bei Inhaltskontrolle von AGB AGBG **9** 12; kein GewohnhR Einl 25 vor **1**; bestimmt Leistgsinhalt **242** 1

Verkehrstypische Verträge Einf 11 vor **305**

Verkehrsunfall 823 94 ff; IPR EG **40** 8; Anerkenntn der Schuld **781** 10

Verkehrswert bei Feststellg des Zugew **1376** 1

Verlagsrecht, RNatur des Vertr 5 vor **611**; Vererblichk **1922** 36

Verlängerung des Mietverhältnisses **565 a**

Verlängerungsoption Einf 5 vor **535**, **535** 30

Verleiher, Arglist **600** 1; Haftg **599** 1; Herausgabeanspr gg Dr **604** 8, **605** 1; Mängelhaftg **600**; Verjährg der Ersatzanspr **606**

Verleihung der Rechtsfgk an ausländischen Verein **23** 1; an wirtschaftl Verein Einf 5 vor **21**, **22** 1

Verlöbnis, Beendigg Einf 4 vor **1297**, **1298** 1; Begriff Einf 1 vor **1297**; Erbvertr **2275** 2, **2276** 10, **2279** 2; GeschFgk Einf 1 vor **1297**, **1298** 1; GeschenkeRückg **1301**; IKR/IPR EG **13** 30; letztwill Vfg **2077** 2; Nichtigk Einf 1 vor **1297**; Rücktr **1298**, **1299**, Aufwendgs-/SchadErs bei **1298**, **1299**; Unklagbark/VertrStrafe **1297**; Verj **1302**; Wirkgen 3 vor **1297**

Verlustausgleich bei GbR **721** 4, **735**

Vermächtnis 1939, **2147 ff**; alternatives **2148** 2, **2152** 1; Anfall **2176–2178**; Anfechtg **2081** 6; Annahme **2180**, bei Gütergemeinsch **1432** 2, **1455**; Anordng **2149** 1; Anspr Einf 1 vor **2147**, **2174** 1; Anwachsg **2158**, **2159**; Anwartsch **2177** 2, **2179** 1; Arten Einf 5 vor **2147**; aufschiebd bedingtes **2162** 1; Aufwertg **2174** 11; Ausbildgsbeihilfe an Stiefkinder beim gesetzl Güterstd **1371** 7, Einf 7 vor **2147**; Auslegg Einf 1 vor **2147**; Ausschlagg **2180** 1–7, **2307** 1, bei elt Sorge **1643** 4, bei Vormsch **1822** 3, bei Gütergemeinsch **1432** 2, **1455**, **2180** 3; Bedachte, mehrere **2151–2153**; bedingtes **2162** 1, **2177** 2, 6, **2179**; Befreiungsverm **2173** 4; befristetes **2177** 4; Begriff Einf 6 vor **2147**; Belastg **2165–2168**; Besitz **2169** 7; Beschwerter **2147**, mehrere **2148** 1; billiges Ermessen **2156** 1; Bruchteil **2087** 6; Dreißigster **1969**, Einf 7 vor **2147**; dch Erbvertr **1941**, **2276** 13, **2288**; Erbunwürdigk **2345** 1; ErsAnspr **2164** 3; Ersatzvermächtnis **2190**; Fälligk **2174** 1, 2, **2176** 2, **2177** 4, **2181** 1; Fälligk eines Unterverm **2186** 1; Fdg gg Erben **2174** 1; Fdgsverm **2173** 1–3; fremder Gegenstand **2169**; Gattgsverm **2155**, **2182**, **2183**; gemeinschaftl **2157** 1; Gesamtgrundschuld **2168** 1; Gesamthyp **2167** 1; gesetzl Erbe ErgänzRegel **2149** 1; gesetzl Vermächtn Einf 1 vor **2147**; Grdst, vermachtes **2166–2168**; Genehmiggspflicht **2171** 3, **2174** 3; Hyp **2166** 1; Inhalt **2174** 2; Kürzg der Beschwerg **2188** 1; Lasten **2185** 2; NachlVerbindlk **1967** 6, **1972**, **2174** 7; Nachverm **2177** 6, **2191**, s a dort; nasciturus **2178** 1; Nutzgen **2184** 1–3; Pflichtteilsanspr Einf 1 vor **2147**, **2307** 3; u Pflichtteilslast **2318**, **2321**; Quotenverm Einf 6 vor **2147**; Rangordng **2189**; RMängel **2182**; Rentenverm Einf 6 vor **2147**, **2177** 5; Rückverm **2177** 7; Sachmägel **2183**; Schuldverm **2173** 5; Schutz des vertragsmäßigen Verm **2288**; Sittenwidrigk **2171** 2; Sorgfaltspflicht des Beschwerten **2184** 2; TestVollstr **2223**; Treu u Glauben **2174** 1; eines ÜbernahmeR **2048** 8; **2184** 3; Umstellg **2174** 11; Ungewißh des Bedachten **2178**, **2179**; Unmöglichk **2171** 1; Unterverm **2186**, **2187**; Unwirksamk **2169** 1, dch Zeitablauf **2162**, 1, **2163** 1; Verarbeitg **2172** 1; Verbindg **2172** 1; verbotenes **2171** 2; Verj **2174** 1; VermVorteil Einf 6 vor **2147**; Verschaffsverm **2169** 3, **2170**; Vertrag über **312**; Verwdgen **2185** 1; Verzicht **2352** 4; Voraus **1932** 3, Einf 5 vor **2147**; Vorausverm **2150**; Vormerkg **2174** 10; Vorversterben des Bedachten **2160** 1; Wegfall des Beschwerten **2161** 1; Wahlverm **2154** 1; Wirkg **2174**; Zubehör **2164** 1; Zweckbestimmg bei – **2156**

Vermengung s Vermischg

Vermessungsingenieur, Vertr mit – Einf 19 vor **631**; Haftg, Verj **638** 13

Vermessungswesen 919

Vermieter, Anrechng ersparter Aufwendgen **552** 6; Anzeige vom EigtÜbergang **576** 1; Befriedigg durch Pfandverk **561** 5; Beleuchtgspflicht **535** 22;

Besitznahmerecht bei Ausziehen des Mieters **561** 5; bisheriger, Mitteilg an Mieter von EigtÜbergang **571** 16; Erhaltspflicht **536** 7; Entschädiggsanspr bei Vorenthaltg der Mietsache **557**; Fürsorgepflicht **535** 21; Haftg des bisherigen nach Veräußerg des Grdst **571** 16, **579** 2; Haftung für Dr **535** 26; Haftg für RMängel **541**; HaftgsAusschl **538** 7; Haftgsvereinbarg **540** 1; Herausgabeanspr ggüber Dr **556** 18; Kündigg wegen Eigenbedarf **564 b** 1–13, 42; bei Leistgsverzug des Mieters **554** 1–15; Künd bei vertragswidr Gebr **553** 1–6, wg wirtsch Verwertg **564 b** 1–13, 52, aus wicht Grd **554 a**; KündBeschrkg **564 b**; Machtstellg, Ausnutzg **138** 93; mehrere **535** 4; Pflichten **535** 7; Rückschaffgsanspr **561** 10; SchadErsAnspr gg Mieter bei Künd **553** 3, **554 a** 8; SchadErsPflicht bei Mangel der Mietsache **538** 13; Streupflicht **535** 22; Überlassgspflicht **536** 6; UnterlAnspr bei vertragswidr Gebr **550** 1–9; Untermieter, Verhältn zum **549** 19; Verjährg der EntschädAnspr **558**; Verzug **538** 12; Vorausverfg über Mietzins **573**, **574**; Vorleistgspflicht **536** 6; Wechsel **564 b** 4; WidersprR bei Entferng eingebrachter Sachen **560** 6

Vermieterpfandrecht 559 ff; Entstehg **559**; Erlöschen **560**; Fortbestand **560** 5; bei RäumgsVollstreckg **560** 10; Selbsthilfe **561**; Sicherheitsleistg **562**; Zusammentreffen mit Pfändg **563**

Vermietung auf Zeit 566, **567**, 2. WKSchG **2**

Vermischung 948; Rechte Dritter **949**; BereichAnspr **951**; der vermachten Sache **2172**

Vermittlung, gerichtl, der ErbauseinandS **2042** 15; KindesAnn Einf 5 vor **1741**; u ReiseVertr **651 a** 5

Vermögen, Begriff im SchadErsR 10 vor **249**; Bewertg bei ZugewAusgl **1376** 2; des Erbl, Erhaltg, Vermehrg, bes ausgleichspfl Leistg **2057 a**; des Kindes s KindesVerm; Nießbr **1085–1088**; ÜbertrVerpfl für ggwärtiges **311**, künftiges **310**; Übertr der VermVerwaltg an Eheg **1413**; Vfg eines Eheg über Verm im ganzen **1365**, **1368**; VermMinderg/Verschwendg dch Eheg **1375**, **1386**; Verwertg des VermStammes bei Eheg **1360** 7; im UnterhR **1577** 8, **1581** 11, **1602** 4; VermVerwaltg bei GüterGemsch **1421 ff**, bei Gütertrenng 1 vor **1414**, bei ZugewGemsch **1364**; vormschgerichtl Gen zur Vfg über **1822** 2

Vermögensabgabe NachlVerbindlichk **1967** 3; keine öffentl Last **436** 2; Pflichtteil **2311** 5; bei Vorerbsch **2126** 2; vgl auch Lastenausgleich

Vermögensbildung, Förderung der V der Arbeitnehmer **611** 80; nachehel Unterh **1578** 8

Vermögensgesetz, AnsprAbtr **313** 6; Nachlaß **1922** 50, **2313** 2; Sicherg von UnterlPfl **136** 4, EG **233 § 2** 4; Verh der RestitutionsAnspr zu and Anspr EG **232 § 1** 6

Vermögensschaden, Begriff Vorb 7–14 vor **249**; Einzelfälle Vorb 19 vor **249**

Vermögensschädigung, Schadenersatz **826** 1

Vermögenssorge, Anlegung von Geld **1642**; lfd Ausgaben **1642** 2; Beschrkg **1638**; Eingreifen des FamG **1667**; Einschrkg **1626** 19, **1638**; der Elt **1626** 18; Entziehg **1667** 7; Gefährdg des KindesVerm **1667**; Inhalt **1626** 18; Sicherheitsleistg **1667** 6; Sperrvermerk **1642** 2, **1667** 4; nach Trenng der Elt **1666** 51, **1671** 20, Vertretg **1626** 19, **1629**; verwaltgsfreies Verm **1638** 1; VermVerzeichn **1640**, **1667** 4, bei Wiederheirat **1683**; wirtsch VermVerwaltg **1642** 2

Vermögensspaltung im IPR EG **3** 14

Vermögenssperre, AbwesenhPflegsch Anh 1 zu **1911**; Nichtigk oder schwebende Unwirksamk **134** 12, **275** 27; Sperre zur DDR EG **32** 11; weder Unvermögen noch Unmöglichk **275** 16

Vermögensübernahme, nur Aktiva **311** 5; Haftg bei Kauf **434** 5; mit Leistg an Dritte **330** 9; Schuldnerhaftg aus VerpflichtGesch **311** 7

Vermögensübertragung dch Eheg bei Zugewinngemeinsch **1365**; Rückforderg bei Scheidg **242** 158; Genossenschaften, Verschmelzung **311** 4; Gewinnanteilsverträge **310** 6; des künftigen **310** 1–6; Sondervermögen **310** 4, **311** 5; Umwandlg von Kapitalgesellsch **311** 4; Verpflichtg zur Übertragg des gegenwärtigen **311** 1–7; Verschmelzg von Kapitalgesellsch **311** 4

Vermögensverlust, Wegfall der GeschGrdlage **242** 148

Vermögensverschiebung (VermVorteil) als Grdlage d BereichergsAnspr **812** 16

Vermögensverwaltung 675 12, 25; s a Ehegatten, Kindesvermögen, Vormund

Vermögensverwertung des UnterhBerecht **1577** 33, **1602** 4; des UnterhVerpfl **1581** 12, **1603** 3

Vermögensverzeichnis, bei Erwerb des Kindes vTw **1640**; bei Gefährdg des KindesVerm **1667** 4; bei Wiederverheiratg **1683**; Vormd **1802**

Vermögenswirksame Leistungen 611 80; RückzahlgsPfl **812** 91; im UnterhR **1603** 11

Vermutung, Eigt **1006**, bei Eheg **1362**; bei EndVerm **1377**; der ZugewGemsch Grdz 1 vor **1363**; Erbschein **2365**; Richtigk/Vollständigk des GB **891**, **892** 1, 13–18, der Urk **125** 15; VaterschVermutg s dort

Vernichtung der Testamentsurkunde als TestWiderruf **2255**; bei Erbscheinsantrag **2358** 1

Veröffentlichungsanspruch Einf 30 vor **823**, **1004** 26

Verpackung 433 21, 40

Verpächterpfandrecht 592

Verpfändung 1205; Anzeige an Besitzmittler **1205** 9; Bösgläubigk, Heilg **1207** 3; Briefhyp **1274** 10; Erbanteil **2033** 14; Geld Übbl 8 vor **1205**; guter Gl **1207**; Gutglaubensschutz in Ansehg der Rechte Dr **1208** 2; Mitbesitzeinräumg **1206** 2; –klauseln in AGB Einf 11 vor **1204**; Mitverschluß **1205** 5; **1206** 2; durch Nichtberecht **1207**; nach PachtkreditG Einf 2 vor **1204**; Pfandhaltervertr **1206** 3; Pfandschein **1204** 3; Sache, unpfändb **1204** 2, verbrauchb **1204** 2, vertretb **1204** 2; ScheinGesch **1205** 1; Schuldverh, gesetzl Übbl 3 vor **1204**; Stahlkammerfachvertr **1205** 7, **1206** 2; Stellvertretg bei Besitzerlangg **1205** 3; Traditionspap, Übergabe von **1205** 3, **1207** 2; ÜbergErfordern **1205** 3; Warenlager Übbl 2 vor **1204**, **1204** 4; Wertpap im Effekten-Giro-Depot **1205** 6; s a Pfandrecht an bewegl Sachen, Luftfahrzeugen, Fordergen, Rechten, Wertpapieren

Verpflichtende Verträge Übbl 15 vor **104**

Verrechnungsscheck, Haftg bei Einlösg abhgek **990** 17

Verrichtungsgehilfe, Haftg für **278** 1, **831**

Versammlung der Wohngseigtümer WEG **23–25**

Versandhandel 447 4, VerbrKrG **2** 9, **8**

Versäumnis, AusschlaggFrist, Anfechtg **1956** 1

Verschaffungsvermächtnis 2169 3, **2170**

Verschleppte Personen EG **5** Anh II 2

Verschmelzung von Kapitalgesellsch **311** 4; von Vereinen **41** 5

Verschulden 276 5–103; Abwägg **254** 45; bei der Auswahl des Gehilfen **278** 10, **664** 6; beiderseitiges entspr Anwendg **254** 6; bei Erfüllg einer Verbindlichk des Schuldners **278** 12; bei Gesamtschuld **425** 3; des gesetzl Vertr u des ErfGeh **278**; Haftg **276**; mitwirkendes des Geschädigten **254** 12; bei Unmöglichk **275** 20–23; bei Vertragsschluß Einf 18 vor **145**, **276** 65; als Einwand gegenüber SchadErsAnspr des Verk **463** 17; eines Eheg am

Scheitern der Ehe **1565** 1, **1671** 20; bei Vertr üb unmögl Leistg **307** 1; – Verjährg der Anspr **195** 2; des Vertreters bei Vertragsschluß **276** 93; bei Verzug **285**
Verschweigen, arglistiges eines Mangels **463** 11, bei Gattgskauf **480** 10; Täuschg durch **123** 5
Verschwendung, Berechng des Endvermögens bei ZugewGemsch **1375**; erbrechtl Beschränkgen wegen **2338**
Verschwiegenheitspflicht, des ArbN **611** 41; als vertragl NebenPfl **276** 117; Abtr von Anspr dch Gläub mit gesetzl V **134** 22 a
Versendungskauf 433 22, **447**; IPR EG **43** 7; Vergütgsgefahr bei GläubVerzug **300** 3
Versendungskosten 269 9, **448** 4; bei Wandelung **467** 4
Versetzung des Arbeitnehmers **611** 32, 45
Versicherungsagent, Haftg für **278** 22
Versicherungsforderung, Anrechng bei SchadBerechng Vorb 131 vor **249**; HypHaftg **1127–1130**; Nießbrauch **1046**; als Surrogat bei Vor- u Nacherbschaft **2111** 4, **2164** 3
Versicherungsleistungen, VorteilssAusgl bei SchadErs Vorb 131 vor **249**; Anerkenntn der LeistgsPfl **781** 10
Versicherungsmakler 652 14
Versicherungspflicht des ArbG **242** 36; aGrd SchutzPfl **242** 36; des Nießbrauchers **1045**; des Vereinsvorstands **27** 4; des Vorerben **2131** 1
Versicherungsrecht, Anscheinsvollmacht **173** 24; Haftung für Repräsentanten **278** 21; unzulässige RAusübg **242** 84; Verwirkg **242** 98
Versicherungsschein 808 1
Versicherungsvertrag, Anfechtg **123** 9; AVB AGBG **9** 137; Repräsentant **278** 21; Treu u Glauben **242** 84; als VzGDr **328** 12, **330**; auf den Todesfall **331** 4, **2301** 4; IPR EG **37**
Versorgungsansprüche 839 85; Rechtsübergang **843** 11, **844** 14
Versorgungsausgleich bei Ehescheidung, allgem Einf vor **1587**; Anordng der Entrichtg v Beiträgen **1587 b** 31, VAHRG **3 b** 14; Aufgabe eigener VersorgsAnwartsch **1587 c** 11; AusglHöchstBetrag **1587 b** 53; ausglpflichtige VersorgsTitel **1587** 5; AusglRente Einf 13 vor **1587**, **1587** 13, **1587 g**; Auskunft ggü FamG VAHRG **11**; Ausk-Anspr **1587 e** 1, 2; bei Scheidg im Ausland od von Ausländern Einf 8 vor **1587**, EG **14** 19, **15** 22, **17** 19; Ausschließlichk-GrdSatz **1587** 48; Ausschluß, dch Ehevertrag **1408** 7, im Rahmen der Scheidg **1587 o** 10, 11; BarwertVO Anh II zu **1587 a**; Beamte u ihnen gleichgestellte Personen **1587 b** 22; Berechng **1587 a** 10, 32, bei Lebensversicherg auf Rentenbasis **1587 a** 103, bei ungleichmäßig wertgesteigerten Versorgssystemen **1587 a** 107; BerechngsZeitraum **1587** 24; Bereiterklärg zur Zahlg von RentenversichergsBeiträgen **1587 b** 40; betriebl Altersversorgg **1587 b** 30; Bewertg der VersorgsTitel **1587** 24; Bewertgs-Stichtag **1587**, **1587 a** 32, **1587 g** 6; Bekanntmachg von Rechengrößen zur Durchführg des VA Anh I zu **1587 a**; Dchführg Einf 9 vor **1587**; dynamische Leistgen Einf 5 vor **1587**; Ehezeit **1587** 24, Einf 2 vor VAHRG; erhebl Belastg des Verpflicht **1587 d** 2; Berechng der Eheanteilszeit **1587 a** 30, 39, 67; – u ErbR **1922** 43, **1587 e** 7, **1587 k** 3, **1587 m** 1; s auch Quasi-Splitting; Form der Vereinbarg **1587 o** 18; Genehmigg d Vereinbarg **1587 o** 18; Gesamtversorgg **1587 a** 60, limitierte **1587 a** 61, Zusage **1587 a** 68; grobe Unbilligk **1587 c** 68; Grdsatz der Ausschließlk **1587** 1; Güterstand **1587** 1, **1587 c** 1; Härteklausel **1587 c** 1, **1587 h**; Härteregelg zu 1587 b I–III VAHRG Anh III zu **1587 b**; Herabsetzg für vor dem 1. 1. 77 geschlossene Ehen Einf 10 vor **1564**; im Falle nicht erfolgter Heimtrennungsscheidgen Einf 17 vor **1587**; IKR/IPR **1587 a** 32, EG **17** 19, 38; HinterblVersorgg **1587 a** 109; Kumulierg von VersorgsLeistgen Einf 4 vor **1587**; Landwirte **1587** 15, **1587 a** 100, VAHRG **1** 4, 5, 8; Lebensversicherg **1587 b** 30; Nachentrichtg von RentenversichergsBeiträgen **1587** 45; Nachversicherg VAHRG **4** 11; Neubegründg von Rentenanwartschen s Quasi- Splitting; Parteidisposition Einf 3, 4, 14 vor **1587**; bei Pensionären u Rentnern **1587** 8; Privatautonomie **1587 o** 1; Quasi-Splitting **1587 b** 22, 30, 34, VAHRG **1** 2; Rangfolge der Formen **1587 b** 7; ratenweise Zahlg **1587 d** 7; reale Teilg 10, 12 vor **1587**, **1587 b** 12; VAHRG **1** 3, **3 b** 7; s auch Renten-Splitting; Rentenformel **1587 a** 35; Rentensplitting Einf 10, 12 vor **1587**, **1587 b**, bei geringen AusglWerten **1587 b** 15, VAHRG **3 c;** RückAusgl bei Vorversterben des Berecht VAHRG **4**; Rückzahlg von Beiträgen VAHRG **7**; Ruhestandsbeamter **1587 a** 116; Schätzg der Rentenanwartschaft **1587 a** 32; schuldrechtl VA Einf 13 vor **1587**, **1587 f–n**, VAHRG **2**; Schutz der VersichergsTräger vor doppelter Leistg **1587 p** 1; Tod des AusglBerechtigten **1587 b** 21, **1587 d** 6, 10, **1587 e** 1, 7, 10, **1587 k** 3; ÜbergangsR Einf 17 vor **1587**; Übersiedler Anh III zu EG **234** § 6; Umfang der AusglPfl **1587** 1; unbillige Belastg der Erben **1587 e** 10; UnterhPfl als Härte VAHRG **5**, **6**; VBL-Rente **1587** 15, **1587 a** 50; Vereinbarg **1587** 4, **1587 b** 16, 31, **1587 f** 8, eines schuldrechtl VA **1587 o** 11, Genehmigg dch FamilienGer **1587 o** 19, zulässiger Inh **1587 o** 11; Vereinbargen üb Höhe des Splittings od der fiktiven Nachversicherg **1587 o** 11; Verfahren Einf 15 vor **1587**; Verh zum Unterh-Anspr Einf 1 vor **1587**; Verhinderg eigener AusglPfl **1587 c** 11; Verletzg der UnterhPfl **1587 c** 15; Verlust des VersorgsAusglR **1587 c** 1; Verpflichtg der Erben **1587 e** 10; VersorggsGewährleistg **1587 o** 11; Verwirkg **1587 c** 11; Verzicht **1408** 7, **1587 o** 14; Vollzug Einf 4 vor **1587**, **1587 b** 1–52; WertAusgl Einf 9 vor **1587**; Wertbestimmg nach billigem Ermessen **1587 a** 113; Wiederheirat des Berechtigten **1587 e** 8; Wiederherstellg **1408** 16; Wirkg des Renten-Splittings **1587 b** 17; ZahlgsAO zur Begründg v Rentenanwartsch **1587 b** 30, **1587 c** 1; VAHRG **3 b** 14; Zeitsoldaten s diese; Zugewinnausgl **1587 c** 4; ZugewinnauslGedanke Einf 6 vor **1587**, **1587** 1; Zusammentreffen mehrerer VersorggsAnwartschten **1587 a** 116; Zusatzversorgg des öff Dienstes **1587 a** 53; Zwangsgeld Einf 15 vor **1587**, **1587 e** 4; Zweck Einf 6 vor **1587**
Versorgungsleistungen, Überzahlg 20 vor **812**
Versorgungsleitungen, Beschädigg **823** 7, 21; Enteigng für Übbl 23 vor **903**; GrdstBestandt **95** 6; Notweg **917** 11; Folgekosten **1023** 4; Duldg **1004** 34
Versorgungstitel, Begriff Einf 4 vor **1587**
Versorgungsverträge, Abschluß Einf 28 vor **145**; RNatur Einf 26 vor **305**
Versteigerung, Einf 9, 17 vor **433**; EigtErwerb Einf 2 vor **929**, **935** 5; Erwerbsverbot **456–458**; freiwillige **457** 2; Fundsachen **979–982**; GewLeistg bei **461**; hinterleggsunfähiger Sachen **383– 386**; PfdSache **1233–1241**; Verpflichtg, nicht zu bieten **134** 25; Wirkg **1242–1248**; Tier **489** 1; Vertr-Abschl bei **156**; des WohngsEigt WEG **53 ff**
Versteigerungserlös, Aufrechng gg Fdg auf **392** 1
Vertiefung 909

Vertrag Übbl 11 vor **104**, Einf 1–6 vor **145**; Abänderg **305** 2, **313** 39; Abschl- u GestaltgsFreih 7 vor **145**; abstrakter Übbl 15 vor **104**; Arten Einf 5 vor **145**; Auslegg **157** 1–16; Begriff Einf 1 vor **145**, **154** 1; BezugsVertr Einf 27 vor **305**; diktierter Einf 12 vor **145**; dingl Einl 16 vor **854**; einseit verpflichtender Einf 2 vor **320**; Einteilg Einf 5 vor **145**, Einf 3 vor **305**; Entstehg Übbl 11 vor **104**; Entstehg durch sozialtypisches Verhalten Einf 26 vor **145**; faktischer Einf 25 vor **145**; formgebundener Einf 10 vor **305**; formloser Einf 10 vor **305**; ggseit Einf vor **320**; Einrede des ZbR **320**; gemischter Einf 19 vor **305**, **313** 32, Übbl 21 vor **433**; über GrdstVeräußerg **313**; IPR EG **27–32**; Klauseln **157** 16, s a Klauseln; kaufähnlicher **445** 1–5; Minderjähr **107** 1, **108– 110**; üb Nachlaß eines lebenden Dritten **312** 1–7, **1922** 4; öff Recht Einf 6 vor **145**, Einf 35 vor **305**; privatrechtl Einf 5 vor **145**; GeschGrdLage **242** 110; syst Behandlg im BGB Einf 15 vor **305**; SukzessivliefergsVertr Einf 26 vor **305**; Typenzwang Einf 11 vor **305**, Einl 4 vor **854**; typischer Einf 11 vor **305**; unerl Handlg Einf 4 vor **823**; auf unmögl Leistg **306–308**, **323–325**; unvollkommen zweiseitig verpflichtender Einf 3 vor **320**; verbotener **309** 1; Vertragsfreiheit s dort; – für wen es angeht **164** 8; VertrVerbindgen 16 vor **305**; Vorstufen 18 vor **145**; Widerruf mangels Einwilligg des Eheg **1366** 7, **1427**, **1453**

Vertragscharakteristische Leistung ErfOrt **269** 12; IPR EG **28** 3

Vertrag zugunsten Dritter **328**; Abtretg des Befriedigsanspr **329** 1; Änderg kraft Vorbeh **331** 3, **332**, **332** 1, 2; Aufhebg **328** 4; Ausleggsregel **329**; Auswechslg des Berechtigten **332** 1; Bestimmbark des Dr **328** 2, **331** 2; Deckgsverhältnis Einf 3 vor **328**, **334** 1; dingl Rechtsgesch Einf 9 vor **328**; echter Einf 1 vor **328**, **328** 1; Einwendgen des Schuldners ggü Dr **334** 1; Einzelfälle **328** 8; Form Einf 7 vor **328**; Fordergsrecht des Dr Einf 6 vor **328**; Fordergsrecht des Gläub **335**; Haftgsausschluß zGDr **276** 60; LebensversVertrag **330** 2, **331** 2; LeibrentenVertr **330** 8; RErwerb mit Tod **331** 1, **1922** 47; Schenkgszusage Einf 7 vor **328**, **516** 2; Schuldmitübernahme **329** 2; V mit Schutzwirkg zg Dr **328** 13–32; – auf den Todesfall **2301** 17; unechter Einf 1 vor **328**, **329** 1–5; unentgeltl Zuwendg **330** 8, **516** 2; ungerechtfert Bereicherg **812** 55; Valutaverhältnis Einf 4 vor **328**; Verfüggsverträge Einf 9 vor **328**; Vermögens- od Gutsübernahme **330** 9; Vermutg der Erfüllgsübernahme **329** 2, 4; auf Verwaltungsakte nicht anwendbar **328** 1; bei Vormerkg **833** 22; Zurückweisg des Rechts **333** 1–2; Zweck Einf 2 vor **328**

Vertrag zu Lasten Dritter Einf 10 vor **328**

Vertrag mit Schutzwirkung zugunsten Dritter **328** 13–22

Vertragsannahme **147**, **148**; unter Abwesenden **148** 7; mit Änderungen **150** 2; unter Anwesenden **148** 6; Bestätiggsschreiben **148** 8; Form **126** 5, **313** 11; Frist **148** 4; öff Beurkundg **152** 1; stillschweigende **148** 2; Fristbestimmg in AGB AGBG **10** 2; nach Tod des Gegners **153**; verspätete **149** 1, **150**; ohne Zugehen der Erkl **151** 1, 2; Zuschlag bei Versteigerg **156** 1

Vertragsantrag **145**, **146**; Ablehng **146** 1, **148** 1; Ablehng durch Eheg bei Gütergemeinsch **1432**, **1455**; Aufforderg zu **145** 2; Ausstellen von Waren **145** 2; Automat **145** 7; Bildschirm/Internet **145** 8; Bindg **145** 3, **156** 1; Erlöschen **146** 1; Form **128**, **313** 25; Fristablauf **146** 1: Gebot bei Versteigerg **156** 1; Geschäftsunfgk des Antraggegners **153** 3; an Mehrere **145** 9; Recht aus **145** 5; durch schlüssige Handlg **145** 1; schriftl, persönl überreichter **148** 6; telegraphischer **148** 4; Tod, Geschäftsunfähigk od Verfüggsbeschränkg des Antragenden vor Annahme **153** 1; unbestellte Waren, Zusendg **145** 11; VertrAnnahme, verspätete **149** 1, **150** 1

Vertragsauslegung **133**, **157**; Änderg der Verhältnisse, nachträgl eingetretene **157** 3; Ergänzung des Vertragsinhalts **157** 2; allg Geschäftsbedingungen AGBG **4**, **5**; gesetzl Regeln u Vermutungen **133** 22; Klauseln, einzelne **157** 16; Vorverhandlungen Einf 18 vor **145**

Vertragserfüllung **362 ff**; Haftg des Schuldners nach – **276** 121

Vertragsfreiheit Einf 7 vor **145**, Einl 5 vor **241**, Einf 11 vor **305**; im ehel GüterR Einf 1 vor **1363**, **1408** 18; im IPR EG **27**; im SachenR Einl 3 vor **854**

Vertragsgerechtigkeit Einf 7 vor **145**

Vertragsgestaltung durch Gesetz oder Verwaltgsakt Einf 8 vor **145**, Einl 5 vor **241**; durch den Richter **343** 1

Vertragshändlervertrag **675** 25, AGBG **9** 138; IPR EG **28** 15

Vertragshilfe, richterl **242** 171; in NachlSachen **2174** 11, **2205** 5; AntrR des TestVollstr **2205** 5

Vertragsmäßiges Güterrecht **1408 ff**, allgem Vorschr **1408–1413**; Ehevertr s dort; Gütergemeinsch s dort, Gütertrennung s dort, Vertragsfreiheit **1408** 18

Vertragsschluß Einf 1 vor **145**, **148** 1–21, **154** 1; dch Automat **145** 7; Arglist bei **826** 22; Bestätigg **148** 4; Beurkundg, fehlende **154** 4; Draufgabe als Zeichen des **336**; Einiggsmangel **154** 1, versteckter **155** 1–4; IPR EG **31**; über unmögl Leistg **306** 8, **307** 1; Verschulden bei **276** 65, Vorb 7 vor **459**, **611** 5; Verschulden des ErfGeh bei **276** 92; bei Versteigerg **156** 1; ohne Vertretgsmacht **177–179**; Vorverhandlungen Einf 18 vor **145**; Weigerg, sittenwidrige Einf 8 vor **145**

Vertragsstatut im IPR EG **27**, **28**; Anwendgsbereich EG **32** 2

Vertragsstrafe **339 ff**; andere als Geldstrafe **342** 1; Auslegg, einschränkende **133** 14; Begriff Vorb 1 vor **339**; Beweislast **345**; nicht gehörige Erfüllg **341** 1; Form **313** 13; fortgesetzte Hdlg **339** 6; Herabsetzg **343** 1; – klausel in AGB AGBG **11** 28; keine des Mieters **550 a**; für Nichterfüllg **340** 1–6; pauschalierter SchadErs **276** 54; Pflichtverl, geringfügige **339** 5; Reugeld Vorb 6 vor **339**; RücktrR Vorb 5 vor **339**; SchadErs weg Nichterfüllg **340** 7; Strafgedinge, selbständiges Vorb 4 vor **339**; Unwirksamk **343** 2, **344** 1, 2; Veräußerungsverbot **137** 5; Verfallklausel Vorb 5 vor **339**; Verwirkg **339** 1–6; Vorbehalt bei Annahme der Erfüllg **341** 3; Wettbewerbsverbot Vorb 1 vor **339**, **339** 5

Vertragstreue des Gläubigers bei Ansprüchen wegen Schuldnerverzug **326** 10

Vertragsübernahme **398** 38; Klauseln über – in AGB AGBG **11** 84

Vertragsverhandlungen, Verschulden bei **276** 65

Vertragsverletzung, positive, s positive VertrVerletzg

Vertrauensinteresse, Vorb 16 vor **249**, bei Anfechtg **122**; bei EiniggsMangel **155** 5; bei Vertrag über unmögl Leistg **307**; Verjährg **195** 3

Vertrauensmakler **652** 62, **654** 8

Vertrauensstellung, Ausnutzung **138** 103

Vertreter, Abschluß mit sich selbst **181**; Bereichergs-Anspr bei Leistg an – **812** 46; Bote Einf 11 vor **164**; Elt, Einzelvertretg **1629** 14, Gesamtvertretg

1629 13; formularmäß Klauseln über Haftg der – AGBG **11** 87; Gesamtvertreter **167** 13; **1629** 6; GeschFgk **165** 1; GeschFgBefugn **164** 13; gesetzl s Vertretgsmacht; gesetzl Verwalter Einf 9 vor **164**; guter Glaube **166** 1; Haftg **164** 15, **166** 1; Haftg des machtlosen **179**; Haftg des Vereins f **31**; Haftg f Verschulden der gesetzl **278** 5; Haftg f Verschulden b Vertragsschluß **276** 93; Kenntnis od Kennenmüssen **166** 1, 4; machtloser **166** 2, **177–180**; mehrere **166** 1; Pflicht zur Mitteilg des Namens des Vertretenen **164** 1; Treuhänder Einf 7 vor **164**; Verein, bes Vertreter **30** 1, **66** 3; bei Vfg vTw **2064** 1, **2274** 1, **2276** 1; Vermittler Einf 15 vor **164**; Verschulden **164** 15; Willensmängel **166** 1; Wissenszurechng **166** 4, 8

Vertretung, Begriff Einf 1 vor **164**; bei Besitzerwerb **854** 11; bei EigtÜbertr **929** 23; nicht erkennbare **164** 16; Gesch für den, den es angeht **164** 8; der Gesellschaft **714, 715**; des Kindes **1626** 17, 19, **1629** 23, Beschrkg **1638, 1673**, bei Eintritt der Volljk **1629 a**, Entziehg **1629** 33; mittelbare Einf 6 vor **164**; bei Pfandbestellg **1205** 3; Schadensliquidation in fremdem Interesse Vorb 115 vor **249**; stille Einf 6 vor **164**; unmittelbare Einf 1–5 vor **164, 164** 1; unzulässige Einf 4 vor **164**; verheirateter Mdj **1633**; ohne Vertretgsmacht **177–180**; WillErkl des Vertreters **164**; Wirkg **164** 15

Vertretungsmacht **164** 13; der Eheg untereinand 9 vor **1353**, EG **14** 18; der Elt **1626** 17, **1629**, genehmiggspfl RGesch **1643**; u GeschFührgsBefugn **164** 13; gesetzl 5 vor **164**; des Gters **714**, Entziehg **715**; Mißbr **164** 13; für ProzHdlgen **164** 2; rgeschäftl Einf 5 vor **164**; des Vereinsvorstandes **26** 5, **30** 3, **64, 70** 1; Vertretg ohne **177–180**; des Vormd **1793** 6, 7; Weisgen bei rgeschäftl **166** 4; WiderrufsR des GeschGegners **178** 9, **180** 1; Willensmängel **166**

Vertriebene, Güterstand EG **15** Anh II

Verunstaltende Wirkung der Anbringg von Schildern **535** 21

Verwahrung **688**; Abgrenzg zum DienstVertr Einf 26 vor **611**, zur Miete Einf 13 vor **535**; Ändergsrecht **692** 1; Anzeigepflicht bei Änderg **691** 1, **692** 1; Aufwendgsersatz **693**; AussondR der Hinterlegers in Insolvenz **695** 1; darlehensartige **700** 1–3; zugunsten Dr Einf 2 vor **688**; des Erbvertr **2277, 2300, 2300 a**; Haftg bei unentgelt **690** 1; Haftgsausschluß Einf 4 vor **688**; Hinterlegg Einf 8 vor **372**, Einf 6 vor **688, 700** 5; Hinterlegg bei Dr **691** 1; Hinterlegerhaftg **692** 1, **694** 1; IPR EG **28** 17; Lagergeschäft Einf 5 vor **688**; Nebenverpfltgen Einf 3 vor **688**; öffr Verw Einf 7 vor **688**; Rechtsnatur Einf 1 vor **688**; RückfordR des Hinterlegers **695** 1; Rücknahmeverlangen des Verwahrers **696** 1; Rückgabeort **697** 1; Sequestration Einf 5 vor **688**; Testament **2258 a, b, 2263 a**; Umstellg **700** 5; unregelmäßige Einf 6 vor **688**, **700** 1–3; Verbrauchsgestattg **700** 2; Vergütg **689** 1, Fälligk **699** 1; verwendetes Geld **698** 1; Weitergabe, unbefugte **691** 1; von Wertpapieren Einf 5 vor **688, 700** 4

Verwalter s WohngsEigtVerwalter

Verwaltung der Gemeinschaft **744–746**; des Gesamtguts s dort; der Gesellschaft **705** 31, **709 ff**; des KindesVerm s dort; NachlVerw **1985**; Rechenschaftslegg bei – **259**; des Sonderguts **1417**; des TestVollstr **2216**; des VorbehGuts **1418**; bei WEigt WEG **20 ff**

Verwaltungsakt, Anfechtg **823** 56, dch ErbenGemsch **2039** 5; Bindg des ZivilGer **839** 36; zur Hilfeleistg **670** 14

Verwaltungsbehörde, Gen u Unmöglichk **275** 26

Verwaltungsbeirat WEG **29**

Verwaltungsprivatrecht **242** 11, Einf 41 vor **305**

Verwaltungsvermögen Übbl 13 vor **90**; bei WohngsEigt WEG **1** 14

Verwandte, Anhörg dch VormschG **1847**; ErbR **1924** 1; Unterh an bedürftige Verwandte des anderen Eheg **1360 a** 2; UnterhPflicht **1601**, Rangfolge **1606** 5; Zuwendg **2067**

Verwandtschaft 1 vor 1589, **1589** ; Anerkenng IPR Einl 27 vor EG **3**; Annahme als Kind **1754–1756**, **1770**, Aufhebg **1764**; Blutsverwandtsch s dort; EheAufhebg **1314** 5; Eheverbot **1307**; Grad **1589** 2; Klage auf Feststellg 3 vor **1589**; UnterhPfl **1601 ff**

Verweigerung der VertrErfüllg s Ablehng,

Verweisung im IPR EG **3, 4**

Verwender von AGB, Begriff AGBG **1** 6; SchadErsPfl bei Verwendg unwirks Klauseln Vorb 7 vor AGBG **8**; UnterlKl gg – AGBG **13**

Verwendungen, bei ErbschAnsprt **2022, 2023**; bei ErbschKauf **2381**; bei RHängigk **292, 2023**, bei unerl Hdlg **850**, bei Wiederkauf **500**; des Mieters **547, 558**; des Nießbrauchers **1049**; des Pächters **591**; des PfdGläub **1216** 1; bei Rücktr **347** 5; des Verkäufers **450**; bei Vermächtn **2185** 1; Verrechng gü BereichergsAnspr **818** 45; des Vorerben **2125**; ZbR wg – **273** 22

Verwendungsersatz im Eigtümer-Besitzer-Verh **994–1003**; BefriediggsR **1003**; Erlöschen des Anspr **1002**; FrSetzg für GenErkl **1003** 2; Geltgsbereich Vorb 2–13 vor **994**: bei RNachf **999**; Verwendgen **994** 2–4, notwendige **994** 5–8, nichtnotwendige **996**; Verh zu and Anspr Vorb 14 vor **994**, Voraussetzgen für AnsprGeltdmachg **1001**; WegnR **997**; ZbR **1000**

Verwendungszweck, Störg des **242** 144

Verwertungsrechte, Einl 6 vor **854**

Verwirkung **242** 87–109; AnwendgsBereich **242** 92; ArbR **242** 98; Einzelfälle **242** 98; Abgrenzg **242** 88; der elt Sorge **1666** 19; der Anspr der Miterben aus ErbauseinandS **2042** 23; V-Klausel bei Erbeinsetzg **2074** 6; der beschrkten Erbenhaftg **2013**; des ErbR **1922** 6; der Beschw im ErbscheinsVerf **2353** 28; bei Lohnanspr **242** 98, **611** 70; des Mäklerlohns **654** 1, 7, 8; MietR **242** 103; MietzinsFdg **551** 3; prozeßrechtl **242** 106; RFolgen **242** 97; bei Ruhegehalt **242** 46; SachmängelR **464** 1, 8; der TestVollstrVergütg **2221** 13; TestVollstrEntlassg **2227** 6; UnterhAnspr **242** 109, **1579, 1611** 5; Voraussetzgen **242** 93

Verwirkungsklausel, Vorb 5 vor **339**; in AGB AGBG **11** 28; RücktrVorbeh **360** 1–4; in TarifVertr Einf 65 vor **611**; in letztw Vfg **2074** 6; Zuwiderhdlg **2074** 6, **2075** 5; Erbschein **2074** 11

Verzeichnis des Anfangs- u EndVerm **1377, 1379**; der ErbschGgst bei Nacherbfolge **2121, 2122**; des KindesVerm bei Eingehg einer neuen Ehe **1683**, bei Gefährdg **1667** 4, bei Nießbrauch an Inbegriff **1035**; Pflicht zur Vorlegg **259–261** 20; TestVollstr **2215**; Vormd **1802**

Verzeihung, Begriff **2337** 1; bei Erbunwürdigk **2343**; des PflichttEntziehgsGrd **2337**, bei UnterhVerwirkg **1611** 10

Verzicht, auf Anfechtg **144** 1, der lwVfg **2081** 10; auf Bdgg **158** 3; auf EigtVorbeh **455** 13, **929** 32; auf Einrede der Verj **222** 5; auf Einrede u GestaltgsR **397** 1; auf elt Sorge 1 vor **1626** 11; auf ErbErsAnspr **2346** 3; auf ErbR s Erbverzicht; auf ErbR oder Pflichtt beim gesetzl Güterst **1371** 18, **2303** 5; auf eingetretenen ErlöschensGrd Übbl 1 vor **362**; auf Eigt **928, 959**; auf GrdSch **1191** 8; auf Hyp **1168**; auf Lohn **611** 69; LohnfortzahlgsAnspr **397** 10; auf Pflichtt **2317** 2, **2346** 5, bei

GüterGemsch **1432**, **1455**, für Kind **1643**; formularmäß Klausel AGBG **9** 138; für Kinder **1643** 4; auf KündSchutz Vorb 74 vor **620**; auf NachEAnw **2108** 7; im Prozeß Übbl 37 vor **104**; Reallast **1105** 13; auf Ruhegeld Einf 39 vor **611**; RückAuflAnspr **313** 39; SachmängelR **464** 1; im SchuldR **397** 1; Tariflohn **611** 69; Unterh **1360** 5, nach Scheidg **1585 c** 4; **1614**; Vermutg für Verzicht bei Familienunterh **1360 b**; auf VersorgsAusgl **1408** 7, Einf 15 vor **1587**, **1587 o** 11; VertrAnnErkl **151** 6; ZugewAusglFdg **1378** 1
Verzinsung des AufwendgsErs **256**; verwendeten Geldes dch Beauftragten **668**, dch Vormd **1834**, dch Verwahrer **698**; des Kaufpr **452**; des gestundeten Pflichtt **2331 a** 7; beim Rücktr vom Vertr **347**; bei Herausgabe der ungerechtf Bereicherg **818** 10, 52, **820**; bei verzögerter Überweisg **676 b** 3, 8; bei Verzug **288** 1; beim Unterh 17 vor **1569**; 7 vor **1601**; der Vergütg beim WkVertr **641** 4; dch Vormd **1834**; der Wertminderg bei unerl Hdlg **849** 1; der gestundeten ZugewinnausglFdg **1382**; EnteigngsEntschädigg Übbl 27 vor **903**
Verzug, GläubigVerzug, Schuldnerverzug
Verzugszinsen **288**; Haftg bei Hyp **1118**, **1146**; Schenker **522**; des Wertersatzes **290**; Zinseszinsen **289**
Video-Kassetten **557** 6, 10
Viehkauf **481 ff**; Anzeigepflicht bei Mängeln **485**; Beweislast für Ablauf der Ausschlußfrist **485** 1; Gewährfrist, Dauer **481** 1, **482** 4, 5; **492** 5: Gewährfrist, Veränderg **486** 1; GewLeistg **482**; Hauptmängel **482** 1, 5; Mängelvermutg **484** 1; Mindergsausschluß **487** 1; Nebenmangel **482** 2, **492** 1; SchadErsAnspr des Käufers **488** 2; Verj **490** 1–4; Verschweigen eines Mangels **485** 4; Wandelg **481** 5, **487** 4
Viehmastvertrag Einf 19 vor **631**
Vielehe EG **20**
Vindikationslegat Einf 2 vor **2147**; EG **25** 11; **139** 1
VOB, RNatur Einf 4 vor **631**; Einzelfragen **631** 18, **632** 2, 12, Vorb 31 vor **633**, **633** 11, **634** 11, **635** 10, **636** 6, **638** 17, **639** 7, **641** 6, **642** 3, **643** 3, **644** u **645** 13, **648** 6, **649** 9; AGBG **9** 140, **10** 30, **11** 71
Völkerrecht, gesetzliches Verbot **134** 2
Volljähriger, Annahme als Kind **1767**; HaftgsBeschrkg für RGesch währd der Minderjährigk **1629 a**
Volljährigkeit, bei Ausländern EG **7**; Eintritt **2** 1; Beendigg der Vormsch **1882** 3
Vollmacht, Abschlußvollm **313** 19; Anfechtg **167** 3, **173** 9; Anscheinsvollm **173** 14; Architekt **167** 8; Arten **167** 11; kr AufgStellg **173** 21; Auflassgsvollm **313** 22, **1937** 12; u Auftr 7 vor **662**; Außenvollm **167** 1; Begriff **167** 1; BtVorsorgevollm Einf 8 vor **1896**; Duldungsvollm **173** 11; Einwilligg **185** 7; zur Erbschaftsausschlagg **1945** 9; durch Erklärg an Geschäftsgegner **170**, **173** 5; Erlöschen **168** 1, **176** 1, **672** 1; Erteilg **167** 1; in AGB AGBG **1** 2, **9** 143; Form **167** 1, **178** 7; Formzwang **313** 19; Fortwirken nach Erlöschen **169** bis **173**; GrdGesch **167** 4; IPR EG **32** Anh; Innenvollm **167** 1; isolierte **167** 4, **168** 1; Hauptvollm **167** 12: Kraftloserkl **176** 1; in letztw Verfügg **167** 1, **1937** 12; postmortale Einf 16 vor **2197**; ProzVollm Übbl 37 vor **104**; Prokura **167** 11; Quittgsüberbringer **173** 9, **370**; bei einseit RGesch **174**; RSchein **173** 9; Schutz des gutgl GeschGegners **170–173**; stillschw **167** 1; üb Tod hinaus **168** 4, **672** 1, Einl 6 vor **1922**, **1922** 34, **1937** 12, **2112** 7, **2139** 3, Einf 16 vor **2197**, an TestVollstr Einf 16 vor **2197**, **2205** 32, **2368** 1; auf den Todesfall Einf 19 vor **2197**; Übertr eines Erbanteils **2033** 12; Überlassg d Geschführg **173** 9; Überschreitg **167** 10; Umfg **167** 5; Untervollm **167** 12; unwiderrufl **168** 6, **313** 20; verdrängde **167** 15; mit nichtigem Vertr verbundene **313** 24, 45, 47; Weisgen des VollmGebers **166** 10; Widerruf **168** 5, **173** 7, **176** 1, des Erben **1922** 34, Einf 19 vor **2197**; Willensmängel bei – **166**
Vollmachtsurkunde, Vorlegg **172**, **173** 5, **174**; Aushändigg **172**; Kraftloserklärg **176**; Rückgabe **175** 1
Vollstreckung, verbotswidrige **136** 3, **826** 46
Vollstreckungshandlungen, Vereitelg **134** 25; Verj-Hemmg/Unterbrechg **209** 21, **216**
Vollzugsgeschäft, Nichtigk, Übbl 23 vor **104**, **139** 7
Volontärverhältnis Einf 60 vor **611**
Voraus **1932**; bei PflichttBerechng **1932** 5, **2311** 8; neben Verwandten **1932** 4; bei Zugew **1380**
Vorausabtretung, Sichergsmittel **398** 11, 14, 24
Vorausklage, Einrede der – **771–773**
Vorausverfügung über Mietzins **573**, bei HypHaftg **1124**
Vorausvermächtnis **2150**; u Nacherbfolge **2110** 2, **2363** 6; Teilgsanordng **2048** 5
Vorbehalt bei Annahme mangelh Sache **464**, bei Erfüllg **362** 11; bei Gattgskauf **480**; geheimer **116** 1–5, bei Vfg vTw **1937** 15, Übbl 5 vor **2274**, **2279** 1, des Pflichtt bei Ausschlagg **1950** 1, bei Erbverzicht **2346** 6; der Rückfdg **814** 5, **820** 5; bei UnterhLeistg 31 vor **1601**; Sdes Widerrufs letztw Vfg **2271** 19, **2289** 8; stillschw WillErkl **116** 4
Vorbehaltsgut, bei Gütergemsch **1418**, bei fortges Gütergemsch **1486**; AusglAnspr bei Verwendg für Gesamtgut **1445**, **1446**, **1467**, **1468**; Haftg **1437**
Vorbehaltskauf s EigtVorbeh
Vorbehaltsklausel s ordre public
Vorbescheid im Erbscheinverfahren **2353** 22
Vorbürge **769** 1, **774** 9
Vorempfang, Anrechng auf Erbteil **2050–2057**, auf Pflichtteil **2315**; Ausgleich bei fortges Gütergemsch **1483** 2, 3
Vorentwurf für Bauvorhaben, Vergütg **632** 4
Vorerbe, Anstandsschenkgen **2113** 16; Anzeigepflicht **2146** 1; Arrestvollziehg **2115** 4; Aufrechng **2114** 4; Aufwendungen **2124**; Auskunftspflicht **2127**; befreiter **2136**; befreiter, Fdgseinziehg **2114** 5; Begriff **2100** 1; Buchfdgen **2118** 1; Eintritt in Personalgesellschaft **2112** 5; Entziehg der Vfg und Verwaltg **2129**; ErbschGgstände, verbrauchte **2134**; Erbschein **2363** 1; Erwerb von NachlGgst **2111** 2; Feststellg des Zustandes der ErbschSachen **2122** 1; Fruchtbezug ordngswidr **2133**; Fürsorgepflicht **2130** 5; Geldanlage **2119** 1; gesetzl Erben **2105** 1, 2; GBEintr Einf 9 vor **2100**; GrdPfdR **2113** 1, 9, **2114** 1–4; GrdstVfg **2113** 2; Haftg **2145**; Herausgabepfl **2130** 1, des befreiten **2138** 1; Hinterlegg von Wertpap **2116** 1–5; Insolvenz Einf 7 vor **2100**; Lasten **2126**; Lastenausgleich **2126** 2; Miet- und Pachtverträge **2135**; Nachlaßverzeichnis **2121** 2; Nießbrauch **2100** 8; Nutzgsrecht **2134** 3; ordngsmäß Verwaltg, EinwilligAnspr **2120** 2, 3; Prozeßführg **2112** 9; Rechenschaftspflicht **2130** 6; Rechtsstellg **2100** 8; SchadErsatzpflicht **2138** 2; Schenkungen **2113** 9; SicherheitsleistPflicht **2128** 1; Sichergsmaßregeln **2129**; Sorgfaltspflicht **2131** 1, 2; Überrest, Einsetzg auf **2137**; Übertragg d Nachl auf NE vor NEFall **2139** 7; Umschreibg von InhPap **2117** 1; Testierfreih **2112** 8; TestVollstr u VE **2205** 28, **2222** 1; Vfg, unentgeltl **2113** 9; Vfgsbefugnis **2112–2115**; Verwendgsersatz **2125** 1; Verwaltg des Nachl **2120** 1, 2; Verzeichn der ErbschGgstände **2121**, **2122**; Wegnahmerecht **2125** 2; Wirtschaftsplan **2123**; Zwangsverwaltg

2128 2, **2129**; Zwangsvollstr Einf 6 vor **2100**, **2115**; zwischenzeitl Vfg **2140**
Vorfälligkeit, Klausel Vorb 5 vor **339**, AGBG **9** 144
Vorfälligkeitsentschädigung **242** 145, **609** 9 a, **609 a** 3, **1115** 15
Vorfragen, Anknüpfg im IPR Einl 29 vor EG **3**
Vorführwagen, gutgl Erwerb **932** 13
Vorgeburtliche Verletzung Vorb 72 vor **249**, **328** 22, **823** 4, 66
Vorgesellschaft **705** 5
Vorhand Einf 24 vor **145**, Vorb 11 vor **504**
Vorkaufsrecht nach BauGB Übbl 5 vor **1094**; gesetzl Vorb 4 vor **504**, Übbl 3, 10 vor **1094**; des Mieters bei Umwandlg in WEigt **570 b**; des Miterben **2034–2037**; nach RSiedlG Übbl 4 vor **1094** – **Dingliches** **1094–1104**; Ausschl unbekannter Berech **1104**; AusschlFr **1098** 2; Ausübg **1098** 2; Bedeutg Übbl 2 vor **1094**; Begriff Übbl 1 vor **1094**; Begründg **1094** 4; Bestandteil **96** 2; auf Bruchteil des Grdst **1095**; Erlöschen **1094** 6; Erstreckg auf Zubehör **1096**; jur Pers **1098** 8; Mitteilg **1099**; Übertragbk **1094** 5; Vorkaufsfälle **1097**; VormerkgsSchutz gg Belastg **1098** 6; Wirkg **1098**; Zahlung des Kaufpreises **1100–1102**. – **Schuldrechtliches** **504–514**; Abgrenzg Vorb 10 vor **504**; Anzeigepflicht **510**; Ausübung **504** 4, **505**; Begriff Vorb 1 vor **504**; Erlöschen **504** 7; Genehmiggspflicht **505** 1, **510** 2; Gesamtpreis **508**; bei Grdst **510** II; Kaufpreisstundg **509**; mehrere Vorkäufer **513**; Nebenleistgen **507**; Unübertragbark **514**; bei Verkauf an Erben **511**, dch InsVerw **512**, dch ZwVollstr **512**; Vorkaufsfall **504** 4; Vormkg Vorb 5, 6 vor **504**, **883** 16; Wirkg **505** 3
Vorkenntnis bei Mäklervertr **652** 36, 51
Vorlegung, Sachen **809**, **811**; Urkunden **810**, **811**
Vorleistung **362** 10; kein Zwischenzins bei – **272**
Vorleistungspflicht, AnnVerz **322** 4; beim DVertr **614**; Begründg dch AGB AGBG **11** 11; Gefährdg des Ggleistgsanspr **321** 3; bei ggseit Vertr **320** 15, **322** 4; Klage auf Leistg nach Ggleistg **322** 4; Rücktr **321** 6; Schranken **320** 18; SicherstellgsR **320** 16, **321** 1–6; veränderte Umstände **321**; Zug-um-Zug-Leistg **320** 16; ZbR **273** 13
Vormerkung **883**; gesicherter Anspr **883** 6; Ausschluß unbekannter Berecht **887**; Begründg **885** 2; BeseitiggsAnspr **886** 9; Bewilligg **885** 8; Durchsetzg des gesicherten Anspr **888** 2–4; einstw Vfg **885** 4; Eintragg im GB **885** 14; ErbbauR ErbbRVO **6** 1; Erbbauzins ErbbRVO **9** 15; Erbenhaftg **884**; Erbrecht **883** 19, **2174** 10; Erlöschen **886** 3; Genehmiggserfordernis **885** 3; Gutglaubenserwerb **885** 12, 20; Inhaltsänderg **885** 1, 14; Löschg **886** 6; unrechtm Löschg **883** 20, **886** 1; LöschgsVormerkg **1179**; Rangwirkg **883** 25; RMittel **885** 18; Sichergswirkg **883** 20–24; TeilGrdst **883** 7–10, **885** 15; Übertragg **885** 19; Umschreibg in gesichertes Recht **886** 6, stufenweise **888** 1; Vermächtnis **883** 19, **2177** 7, **2179** 1, **2191** 1; Wesen **883** 2; WohngsEigt WEG **8** 5; Widerspr gg Eintragg u Löschg **899** 3
Vormiete Einf 4 vor **535**
Vormund, Ablehng, unbegrdete **1787** 1; AblehnGrde **1786**; Amtsfortführg **1893** 1; Amtsvormsch s dort; Anhörg des JugA bei Auswahl **1779** 7; Anlegg von MdlGeld **1806–1811**; Anstandsschenkgen **1804** 2; Anzeigepfl bei Bedürfn nach Pflegsch **1794** 1 von JugA u Standesbeamten **1774** 3; Aufenthaltsbestimmg **1800** 2; Aufsicht des VormschG **1837**; AufwandsEntsch **1835 a**; AufwendErsatz **1835**, aus Staatskasse **1835** 15; AuskPpfl **1839**, eidesstattl Versicherg **1839** 2; Ausschließg **1780–1782**; Auswahl **1779**; Beamter, Genehmigg **1784**; Beendigg des Amtes **1886–1889**; Befreig **1852–1857 a**; Benenng **1776–1778**, **1856**; Berufsvormd, AufwendgsErs **1835**, Vergütg **1836** 5, **1836 b**; Bestallg **1791**, Rückgabe **1893** 4; Bestellg **1789**, vor Geburt des Kindes **1774** 2, unter Vorbeh **1790** 1; BestellGrds **1774** 1; Berufswahl **1800** 2; Berufg **1776**; Dienste, Vergütg für eigene **1835** 8; Dienstvertr **1822** 20; bei Trenng sorgeberecht Elt **1666** 54, **1671** 20; Entlassg auf Antrag **1889** 1; Entlassg, Beamter **1888** 1; EntlassgsVerf **1886** 9; Entlassgsgründe **1886** 5–8; Entlastg **1843** 3, **1892** 6; ErklärFrist über Genehmigg des VormschG **1829** 8; Ermächtigg dch VormschG **1825** 1; ErwerbsGesch **1823** 1; ErziehR **1800** 2; ErziehgsStil **1793** 3; Gefährdg des MdlInteresses **1886** 5; GgVormd s dort; s gesetzl Vertretg **1793** 6; genehmiggspfl Gesch **1812** 3, **1819–1822**; Geschwistervormd **1775** 2, **1795** 2; GrdstGeschäfte **1821**; Haftg **1793** 9–11, **1833**; Hinterlegg von InhPap **1814**: HinterleggsPfl **1818–1820**, Befreiung **1817**; HypBestellg bei GrdstKauf **1821** 9–13; HypFdg, Künd u Einziehg **1795** 11; InhPap u Kostbark, Verwaltg **1814–1820**; InteressGgsatz **1795** 7, **1796** 3; Insolvenz **1779** 3; Kontrahieren mit sich selbst **1795** 2; Lehrvertr **1822** 20; Leistgsannahme **1812**, **1813**; vorläuf Maßregeln des VormschG **1846**; mehrere **1775**, **1797**; Meingsverschiedenh mehrerer **1797** 6, **1798**; für minderj Eheg **1778** 3; Mitteilg der Genehmigg **1829** 6; MdlGeld, Anlegg **1806–1811**, Genehmigg zur Erhebg **1809** 1, Sperrvermerk **1809** 1; MdlInteressen, Gefährdg **1778** 2; MdlSicherh **1807** 1; für nichtehel Kind **1791 c**; PersSorge **1793** 1–5, **1800**, Übertragg bei getrenntlebden Elt **1666** 51, **1671** 20; PflVerletzg **1833** 2, **1837** 14; RechenschPfl **1890** 3, Mitwirkg des GgVormd **1891**; Rechngslegg **1840**, **1841**; Rechngsprüfg **1892**; einseit RGesch **1831**; religiöses Bekenntn **1779** 6, Erziehg **1801**; SchadErsPfl bei Pflichtverletzg **1833** 2, bei Verstoß gg Anlegg-Vorschr **1809** 1; SchenkVerbot **1793** 7, **1804**; Schuldbuchfdg **1816**, **1817**; Selbständk 1 vor **1793**, **1837** 1; Selbstkontrahieren **1795** 2; Sicherh-Aufhebg **1822** 30; Sperrvermerk **1809** 1, **1814** 6; TodesErkl **1884** 2; Übergehg des Berufenen **1776** 2, **1778** 1; Überlassg von Ggst an Mdl **1824**; Übernahmepfl **1785–1788**; Umschreibg von Inh- in NamensPap **1815**; Unfähigk **1780**; unricht Behauptg der Genehmigg des VormschG **1830** 1; Untauglichk **1781–1784**; Unterbringg des Mdl **1800** 3; Unterstützg dch VormschG **1837** 5–7; Unübertragbark der Vormsch **1793** 8; Vereinsvormd **1791 a**; Vfg über Fdg/WertPap **1812**, genehmiggsfreie **1813**, genehmiggspfl **1812** 5–9; Vfg üb MdlGeld **1809** 1; Vergütg **1836**, aus der Staatskasse **1836 a**; VergütgsAnspr bei fehlerh AO Einf 3 vor **1773**; VerpflVerhdlg **1789** 1, **1791** 1; Verm-Herausg **1890** 2; VermSorge **1793** 5; VermVerzeichn **1802**; Verschulden, PflVerletzg **1833** 3; VertretgsMacht, Beschrkg **1793** 7, **1821** 6, **1828** 2, dch Pflegsch **1794** 1, gesetzl Ausschl **1795**; VertretgsMacht, Entziehg **1796** 2, InteressenGgsatz **1796** 3; Verwendg von MdlVermög **1805**; VerzinsgsPfl **1805** 1, **1834** 1; VollmErteilg **1793** 8; Vorschuß aus Staatskasse **1835** 13; WiderrufsR des GeschGegners **1830** 1; Wirkgskreis 5 vor **1793**, **1793**; Zwangsgeld gg Vormd **1837** 20, bei Verstoß gg ÜbernahmePfl **1788** 1; s a Amtsvormd, GgVormd, Mitvormd, Vereinsvormd, Vormsch
Vormundschaft 1 vor **1773**; AmtsVormsch 4 vor **1773**, **1791 c**; Anordng l 3 vor **1773**, **1774**, fehlerh 2 vor **1773**, vor Geburt **1774** 2; Aufhebg **1884**; Ausländer **1785** 2, EG **24**; AusschließR der Elt

1782; Beendigg **1882–1895**; Fortführg der Gesch **1893**; befreite s Vormsch, befreite; üb Ehefrau **1778** 3; Eheschließg des zum Vormd bestellten EltT **1845**; Ehrenamt **1836** 4; elt Sorge, Eintritt **1882** 4; IKR EG **24** 1; IPR EG **24**; über Minderj **1773–1895**; nichtehel Kind **1791 c**; RNatur 2 vor **1773**; Tod/TodesErkl des Mdl **1882** 2; ÜbernahmePfl **1779** 1, **1785**; verzögerte Übernahme **1778** 2; Unentgeltlichk **1836** 4; Unfähigk **1778** 2, **1780**; Untauglichk **1778** 2, **1781**; Vereins-Vormsch Einl 4 vor **1773**, **1791 a**; Verschollenh des Mdl **1884** 1; Volljährigk des Mdl **1882** 3

Vormundschaft, befreite 1852–1857 a; Anordng dch Vater **1852**, dch Mutter **1855**; Aufhebg der Befreiung **1857**; Ausschl des GgVormd **1852** 2; Begriff 1, 2 vor **1852**; Hinterlegg **1853**; JugA als Vormd **1857 a**; Rechngslegg **1854**; Sperrvermerk **1853**; VereinsVormd **1857 a**

Vormundschaftsabkommen, Haager EG **24** Anh 2, mit Österreich EG **24** Anh 3

Vormundschaftsgericht, Änderg/Aufhebg der Anordngen **1696**; Annahme als Kind, AnnDekret **1752** 2, Aufhebg **1759** ff, Ersetzg der Einwilligg **1748**, der Zustimmg **1746** elt Sorge **1751**, Kindesname **1757**, **1765**, Volljährige **1767 ff**; Anhörg von EltJugA7 vor **1626**, **1779** 7, von Verwandten **1847**, des GgVormds **1826**, des Kindes 8 vor **1626**; Anlegg von Geld, Mitwirkg **1642** 2, **1810**, **1811**; Anordng der Vormsch **1774**; Aufsicht u Fürsorge **1837–1843**; Auskunft **1839**; Ausländer, vorl Maßn EG **24** 7; Auswahl des Vormds **1779**; Ehemündigk Befreig **1303** 2; Ehevertr, Zustimmg **1411**; Ermächtigg zu RGesch **1825**; Abweichg von Anordngen Dritter **1803** 2; Genehmigg s vormundschger Genehmigg; GgVormd, Bestellg **1792** 4, Beaufsichtigg **1799**; Haftg **839** 148; Hinterlegg, erweiterte Anordng **1818**; HinterleggsPfl, Befreig **1814** 6; intern Zuständigk EG **24** 8, Anh 1 Art 1; JugA, Bestellg zum Vormd **1791 b**; vorläuf Maßregeln **1846**, für Ausländer EG **24** 7; Meingsverschiedenh zw Mitvormündern **1797** 6, **1798** 1; Pflegerbestellg **1915** 3; RKraft der Entscheidgen **1696** 7; Rechngsprüfg **1843** 2, **1892**; Schlüsselgewalt **1357** 26; Schlußrechng, Abnahme **1892** 4; Sperrvermerk **1809** 2, **1814** 6; Überlassg v Unterbringg **1800** 3; unterstützde Tätigk **1837** 3; Vergütg, Entscheidg über **1836** 9; Vereinsvormd, Bestellg **1791 a**; Zwangsmittel **1837** 20; s auch Pflegschaft, Vormsch

Vormundschaftsgerichtliche (familiengerichtliche) Genehmigung, **1821** 2, **1828**; allg Ermächtigg **1825**; Anlegg von Geld **1642** 1; Annahme als Kind, Einwilligg des Kindes **1746**; Anstaltsunterbringg Betreuten **1906**, des Kindes **1631 b**, des Mdl **1800** 3; Aufforderg zur Mitteilg **1829** 8, AuseinandS über KindesVerm bei Wiederverheiratg **1683**; bdgte Genehmigg **1828** 2; u Beendigg der Vormsch, Fortführg der Gesch **1893** 1; BeschwerdeR **1828** 8; Darlehensaufn **1643** 7, **1822** 21; Dienstvertr **1822** 20; Elt, genehmiggspfl Gesch **1643**; Erbschaft, Vertr über angefallene **1643** 3, **1822** 3; ErbschAusschlagg **1643** 4, **1822** 6; bei ErbVertr **2275**, **2282**, **2290**; Erkl ggüber Vormd **1828** 7; Ermächtig des Vormds **1829** 3; neues ErwerbsGesch des Kindes **1645**; selbständ ErwerbsGesch **112** 1, **1643** 5, **1822** 11; GesellschVertr **1822** 14; GewerbeBetr **1822** 11–13, 16, **1823** 1; GrdstGesch **1643** 2, **1821** 7; hoheitl Akt **1828** 2; InhSchuldverschreibg **1643** 7, **1822** 22; IPR EG **24** 4; Landgutpacht **1822** 16; LehrVertr **1822** 20; Mangel bei einseit RGesch **1831**; Mangel, Folgen **1829** 5; langdauernder Mietvertr **1822** 17; Mitteilg **1829** 6; MdlGeld, Erhebg **1809** 1, **1810**; für NachE **2120** 3; OrderPap **1822** 22; PachtVertr **1822** 17; pers Angelegenh **1821** 3; Prokuraerteilg **1643** 7, **1822** 27; RNatur **1821** 5, 6; SchiedsVertr **1822** 28; Schuldübern **1643** 7, **1822** 23; Sicherheit, Aufhebg **1822** 30; bei TestVollstrg Einf 4 vor **2197**, **2204** 4, keine – nach Tod des Mündels **1829** 10; Überlassg von Ggst **1644**, **1824**; Umschreibg **1815** 2; Vfg nach Umschreibg od Umwandlg **1820**; VermächtnAusschlagg **1643** 3, **1822** 7; Vermögen, Vfg über ganzes **1643** 3, **1822** 2; über zukünft **1822** 4; Verweigerg **1828** 4; **1829** 11; Volljährigk des Mdl **1829** 9, wahrheitswidr behauptete **1830** 1; WertPap, Vfg **1812** 8, 10; wiederkehrde Leistgen **1822** 18; Wirksamwerden **1828** 8, **1829** 8

Vormundschaftsrecht IPR EG **24** mit Anh; landesrechtl Vorbehalte, EG **147**; als Teil des FamilienR Einl 1 vor **1297**; EG **210–212**

Vorname, **1616** 4–7; Änderg bei Ann als Kind **1757** 8, bei Geschlechtsumwandlg **1616** 7, dch VerwaltgsBeh **1616** 7; IPR EG **10** 7; Anzahl **1616** 6; BestimmgsR des SorgeBerecht **1616** 5; Zusätze **1616** 6

Vorpacht Einf 1 vor **581**

Vorratsteilung von Eigt **1008** 2, WEG **8**

Vorsatz, bedingter **276** 10; Begriff **276** 10, **826** 9

Vorschuß, AuftrN **669**; Betreuer **1835** 13; geschführder Gter **713** 9; TestVollstr **2218** 6, **2221** 11; zur Mängelbeseitigg bei MietVertr **538** 16, bei WkVertr **633** 9; der Eheg für ProzKosten **1360 a**; als Darlehen **362** 10, 26 vor **607**; für Vormd **1835** 13

Vorsorgeunterhalt 1361 65, **1578** 63

Vorsorgevollmacht, zur BtVermeidg Einf 8 vor **1896**, **1896** 11; für FreihEntziehg **1906** 5; für med Maßn **1904** 7; VollmÜberwachgsBt **1896** 41

Vorspannangebot 826 62

Vorspiegelungen falscher Tatsachen 123 2

Vorstand s Vereinsvorstand

Vorteilsanrechnung (-ausgleichung) 119– 161 vor **249**; Abtretg des Anspr des Geschädigten **255** 1; Abzug „neu für alt" 146 vor **249**; Anwendgsbereich 124 vor **249**; ersparte Aufwendgen 141 vor **249**, **249** 14 a; kein Ausschl dch AGB AGBG **9** 23; im BereichergsR 27 vor **812**; Enteigng Übbl 28 vor **903**; dch Erbsch 139 vor **249**; Leistgen Dritter 131 vor **249**; Nutzgen 143 vor **249**; steuerl Vorteile 144 vor **249**; im UnterhaltsR **844** 8; Versichergsleistgen 132 vor **249**; im WkVertr bei Mängelbeseitigg **633** 6, bei SchadErs **635** 8 a

Vorverein 21 9

Vorverhandlungen, Pflichten Einf 18 vor **145**

Vorvertrag 19 vor **145**, Form **125** 9; über GrdstErwerb/Veräußerg **313** 11; Maklerprovision **652** 52; Miete 3 vor **535**; Pacht 1 vor **581**; Verj der Anspr **195** 2

Vorzeitiger Erbausgleich EG **227** 2, 3

Vorzugsrecht, Mitübergang bei Abtretg **401** 3; bei Schuldübernahme **418**

W

Wahlmöglichkeiten beim Ehenamen **1355** 3

Wahlschuld 262–265; Anfechtg der Wahl **263** 2; Befugnis **262**; Entstehg **262** 4; Klage auf Leistg **264** 2; Unmöglichk **265** 2; Verzug des Berecht **264** 1, 3; Vornahme der Wahl **263** 1

Wahlvermächtnis 2154; RMängelHaftg **2182** 1

Wahrnehmung berechtigter Interessen bei unerlaubter Handlg **823** 36

Währung 245 3–11; Währungsklausel bei Darlehen **607** 4; Umstellg auf Euro **245** 3–8; Geldschulden mit Wertsichergsklausel **245** 28–36 Geldschuld in ausländ **245** 17–23; GrdPfdR in ausländ Vorb 7 vor **1113**; Bestimmg dch Schuldstatut im IPR EG **32** 10
Währungsklauseln bei GrdPfdR Vorb 6 vor **1113**
Währungsstatut EG **32** 10
Wald, GemeinGebr **903** 32; bei Nacherbfolge **2123**; Nießbr **1038**; Notweg **917** 1; Waldgenossensch EG **83** 1; Waldsterben **839** 162, Übbl 13 vor **903, 906** 39
Wandelung 462 9–12; – u Anfechtg Vorb 8 vor **459**; Anspruchskonkurrenzen **462** 1; Ausschluß **467** 7, **474** 5, **634** 7, vertragl **476**; Ausschlußfrist **466** 1, 2; Beteiligte, mehrere **467** 5; Beweislast **467** 6; Bindg an Erklärg **465** 7; Durchführg **467** 1, 12; Einrede **465** 7–15, Einrede nach Verjährg **478, 490** 4; – u Einrede des nicht erfüllt Vertr Einf 18 vor **320**; Einverständniserklärg **465** 7; Einwilligg des Verk **462** 12; Einzel- **469** 1; Erfüllgsort **269** 15, **467** 4; Fehlen zuges Grdstücksgröße **468** 4; Form des Verlangens **465** 7; Gattgskauf **480**; Gesamtpreis **469** 1, 2, **471** 1, 2; Gesamt- **469** 2: eines Grundstückskaufs **313** 17; GrundstGröße **468** 4; Hauptsache **470** 1; Klage auf **462** 10; Mängelrüge **462** 11; Nebenkosten **488** 1; Nebensache **470** 1; Verhältnis zum Rücktritt **467** 3; Sachleistg als Kaufpreis **473** 1, 2; SchadensErs statt **463**; bei Tausch **473** 3; Theorien **465** 3–6; Unabtretbark des Anspruchs **462** 7; Unmöglichk der Herausgabe **467** 9; Verarbeit der Kaufsache **467** 9; Vertrag **465** 3; Vertragskosten **467** 18; Verwirkg des Anspruchs **467** 11; bei Viehkauf **487** 4, **488** 1; Vollziehg **465** 11–14; WkVertr 5 vor **633, 634**
Wappenrecht, Schutz **12** 38
Waren, Begriff **196** 9; unbestellte **145** 11, 6 vor **987**
Warenautomat, Übereigng dch **929** 2; VertrAbschl **145** 7
Warenbegleitschein 444 1
Warenhaus, Haftg für in Garage abgestellte Fahrzeuge **276** 50, VerkSichgPfl **823** 87
Warenhersteller, Haftg **823** 201, ProdHaftG **1**
Warenkauf IPR EG **28** 7
Warenlager, SichgsÜbereigng **930** 16; verbrauchb Sachen **92** 4; Verpfändg Übbl 2 vor **1204**
Warenterminoptionen, AuskPfl u Haftg des Vermittlers **826** 25
Warentest in Zeitschriften **823** 22
Wärmelieferungsvertrag Einf 28 vor **145**, Einf 30 vor **305**, **271** 7, **433** 4
Wartezeit beim VA **1587 a** 128, BagatellKl VAHRG **3 c** 9
Wartungsvertrag AGB AGBG **9** 145; EDV **633** 2 d; RNatur 20 vor **631**; in der DDR EG **232** § 6
Waschmaschinen, VerkSichgPfl **823** 112; Verwendg in Mietwohngen **535** 13
Wasserbenutzungsrecht, Schutz **1004** 2
Wasserleitung, s Versorggsleitg
Wasserlieferung, **276** 133, **823** 139; Vertr Einf 28 vor **145**, Einf 30 vor **305**
Wasserrecht Übbl 8 vor **90**; Nachbarschutz **903** 22, **905** 2
Wasserstraßen EG **65**; VerkSichgsPfl **823** 135
Wechsel, Annahme nur Erfüllg halber **364** 8; Diskontierung 23 vor **607**, **675** 12; – Wechselrechtsfähigk der Gesellsch **705** 24; Herausgabeanspr **812** 86; Hingabe als unerl Handlg **826** 57; IPR EG **37**; Kauf **437** 17; SichHyp **1187**; SichÜbertragg **1292** 4; Sittenwidrgk **138** 104; Umdeutung nichtiger Wechsel **140** 12; Verpfändung **1292, 1294, 1295**; Vollmachtsindossament **1292** 5
Wechselbezügliche Verfügungen im gemschaftl Test Einf 11 vor **2265, 2270** 1, 7, **2271** 1, 9, 22
Wechselbürgschaft Einf 21 vor **765**
Weg Übbl 12 vor **90**; s Straße
Wegerecht 1018 16
Wegfall, Abkömml **2069** 3; Anwachsg **2094** 6; Ersatzerbfall **2096** 2; GeschGrdLage **242** 112; gesetzl Erbe **1935** 2; NE-Folge **2107** 1
Wegnahmepflicht des Mieters **547 a** 2
Wegnahmerecht, Besitzer **997**; Entleiher **601** 2; Mieter **547 a**, bei gewerbl Räumen **547 a** 5; Nießbraucher **1049**; Pfandgläub **1216**; bei Verbindg/Vermischg **951** 24; Vorerben **2125** 2; Wesen und Inhalt **258**
Wehrmachtsangehörige, Testament Einf 4 vor **2229**; s auch Soldaten
Weibliche Arbeitnehmer Einf 84 vor **611**, **611 a**, **611 b**; Kündigungsschutz Vorb 79 vor **620**
Weihnachtsgeld 611 81; als Teil des Verdienstausfallschadens **252** 9
Weisung beim Auftr **665** 2, Abweichg **665** 5
Weiterbeschäftigungspflicht 611 121
Weiterfressender Mangel 823 212
Weiterverkauf Einf 10 vor **433**
Weiterverweisung im IPR EG **4** 1
Wellenstreik 615 23
Werbung, Briefkasteneinwurf **1004** 7; Vertrag Einf 21 vor **631**; in Form von Zeitgsartikeln **134** 14
Werk, Abnahme **640Werkdienstwohnung**, Begriff Vorb 9 vor **565 b**; Kündigg **565 e**; nach Ehescheidg HausRVO **4**
Werkförderungsvertrag Einf 87 vor **535**, **812** 71; Abtretg **399** 4
Werklieferungsvertrag 651, unregelmäß **651** 1
Werkmietwohnung, Begriff Vorb 8 vor **565 b**; Kündigg **565 b–565 d**
Werksangehörigenrabatt 611 95
Werkvertrag 631; Abgrenzg zu and Vertr Einf 5–22 vor **631**; Abnahme **640**, **646**; Abschlagszahlung **641** 3, 6; Abschl **631** 1; Änderg **631** 7; Annahmeverzug des Bestellers **642** 1; AGB AGBG **9** 146; Anspr auf SichgHyp **648**; Anspr auf Neuherstellg 3, 4 vor **633**; Anspr aus pVV Vorbem 22 vor **633**, entgeltl Auskunft **675** 30; Bauvertr 6 vor **631**; Begriff Einf 1 vor **631**; BestellerPfl **631** 15; g EinheitsPr **632** 1 a; Einrede des nicht erfüllten Vertr Vorbem 18 vor **633**; EntschädAnspr des Untern **642** 2; ErfGeh **631** 14, 17; Fälligk der Vergütg **641**; Fristsetzg dch Besteller **634** 3, 4, dch Untern **643** 1, 2; Garantieübernahme 6 vor **633**; Haftungsausschluß **637**; Gefahrtragung **324** 6, **644**, **645**; Höhe der Vergütung **632**; IPR EG **28** 14; Kalkulationsirrtum **632** 2; Konkurrenz der Gewl-Anspr 5 a vor **633**; Konkurrenz der Anspr gegen mehrere Unternehmer **631** 9, Vorb 10 vor **633**; Kostenanschlag **650**, Vergütg AGBG **9** 95; KündR des Bestellers **649**, des Unternehmers **643**; Leistungsgefahr **645** 1, 2, 4; Mängelanzeige **639** 3; Mängelhaftg Vorb 2–16 vor **633**, **633–635**, Verh zu and Anspr 17 ff vor **633**; AGBG **11** 73; mehrere Unternehmer **631** 9, 10 vor **633**; Minderung Vorbem 5 vor **633**, **634**; Mitwirkung des Bestellers **631** 16; 642 1; NachbessergsAnspr Vorb 4 vor **633**, **633**; NebenPfl **631** 13, 16; Nichtigk **631** 2–6; PauschalPr **631** 1 a; persönl Leistg des Untern **631** 12; RBehelfe des Bestellers 1–29 vor **633**: RMängel 1 vor **633**; Rücktr des Bestellers **636** 1; SchadErs 5, 22 vor **633**, **635**; SchadMinderg **635** 8; Schlußzahlung **641** 6; Schutzwirkg zGDr **328** 31; Schwarzarbeit **631** 5; SelbstbeseitiggsR **633** 8; Selbständigk des Untern Einf 1 vor **631**; Sicherh-

Leistg des Besteller **648 a**; Sondermaterien Einf 2 vor **631**; Sowieso-Kosten **633** 6; UnternPfdR **647**; UnternPfl **631** 12; Vergütg **632**, BewLast **632** 11; Vergütg bei Künd des Bestellers **649** 3; Vergütgsgefahr **645** 1, 3, 4; Verj **194** 8, **638**, **639**, AGBG **11** 69; verspätete Herstellg **636**; VOB Einf 4 vor **631**, s a „VOB"; Vollendg statt Abnahme **640** 2, **646**; Vorarbeiten **632** 5; Vorleistg des Untern **641** 3; Wandelg Vorbem 5 vor **633**, **634**; WerkliefergsVertr **651**; Wesen Einf 1 vor **631**; ZbR des Bestellers Vorb 18 vor **633**, **647** 6; zugesicherte Eigensch **633** 3
Werkwohnung 565 b ff; Arten Vorb 7 vor **565 b**, **565 c** 5–8; s a Werkdienst-, Werkmietwohng; Zuteilg nach Scheidg HausRVO **4**
Wertausgleich beim Versorgungsausgleich Einf 4 vor **1587**
Wertbestimmung des Erblassers bei PflichttBerechng **2311** 9
Werteinheiten in der RentenVersicherg **1587 a** 34
Wertermittlungsanspruch des PflichttBerecht **2314** 13
Wertermittlungsverordnung 2311 9
Wertersatz, im BereichergsR **818** 16; Höchstbetrag bei GrdstR **882**; Klauseln in AGB AGBG **10** 34, **11** 20; bei Rücktritt **346** 4; Verzinsg **290** 1
Wertminderung reparierter Sachen **251** 19
Wertpapier, Begriff 1 vor **793**; Haftg bei Kauf **437** 11; HinterleggsGgst **372** 2; im KindesVerm **1667** 5; MdlSicherh **1807** 6; Nießbr 2 vor **1068**; PfdR **1292–1296**; Schenkg vTw **2301** 9; Schutz des WertPapHandels 7 vor **793**; SicherhLeistg **233**, **234**, **235**; ÜbertrVertr s dort; Vermächtn **2173** 1; Verwahrg 5 vor **688**, **700** 4, s a Depotvertr
Wertpapierdarlehen 16 vor **607**
Wertpapiergeschäfte der Banken **675** 12
Wertpapierhypothek 1187–1189
Wertsicherungsklauseln 245 28–36, **433** 29; Pacht **581** 10; in lwVfg **1937** 13; Unwirksamk, RFolge **139** 15, **245** 27, s a Gleitklauseln
Wertstellung einer KtoGutschrift **676 f** 12
Werturteil 823 189 b, **824** 2
Wertvindikation 985 7
Wesentlich engere Verbindung IPR, ArbR EG **30** 8, SachenR EG **46**, SchuldR EG **28**, **41**
Westfälische Gütergemeinschaft 2197 4
Wettbewerbsbeschränkungen 134 14, **138** 73, **705** 27, 43, **826** 41; als Dbk **1018** 23, **1019** 2; IPR EG **40** 11
Wettbewerbsrecht, BereichergsAnspr bei Verletzg Einf 18 vor **812**; vertragl UnterlPfl Einl 15 vor **241**; KündR aus wicht Grd **242** 120; Wegfall der GeschGrdLage **242** 170
Wettbewerbsschutz bei Miete/Pacht **535** 18, 42
Wettbewerbsverbot, nachvertragl **138** 104–106; im ArbVerh **611** 42, **626** 46; als Dbk **1018** 23, **1019** 2; MietVertr u **535** 18; IPR EG **38** 16; Verstoß gg **826** 59; VertrStrafe **340** 1
Wette 762 3; Lotto **763** 4; NebenVertr **762** 8; Nichtigk **762** 9; Toto **763** 4; Unsittlichk **826** 81, s auch Spiel
Widerrechtlichkeit, bei unerl Hdlg **823** 32, BewLast **823** 173; der Kindesvorenthaltg **1632** 6; bei Verletzg des PersönlichkR **823** 184
Widerruf des AbbuchgsAuftr **676 f** 28; von unwirks AGB dch Empfehler AGBG **13** 10; der Anweisg **790**; Auftrag **671**; Begriff Einf 9 vor **346**; dch Dritte bei Vertr von Eheg **1366** 7, **1427**, **1453**; eines DarlehensVerspr **610** 4; von ehrenkränkden Behauptgen, Formalbeleidigg Einf 32 vor **823**; HaustürGesch s dort; von KreditVertr VerbrKrG **7**; von Presseveröffentlichgen 27 vor **823**, **824** 6; von Schecks **676 f** 18; von Schenkgen **530–534**; zw Eheg 9 vor **1353**, **1372** 3; ÜberweisgsAuftr **676 f** 35; unwahrer Behauptgen Einf 27 vor **823**; bei Überlassg der Vermögensverwaltg an Eheg **1413**; der Bestellg eines Vereinsvorst **27** 2; des Stiftgsgeschäfts **81** 2; Test **2253–2258**, **2271**; Anfechtg des W **2081** 6, **2256** 2; der TestRückn aus amtl Verwahrg **2081** 9, **2256** 2; des Vertr mit Minderj **109**, des Vertr bei mangelnder Vertretgsmacht **178** 9; der Vollm **168** 5, 6, **173** 5; **176** 1, Einf 20 vor **2197**; bei unerl Hdlg Einf 19 vor **823**, **824** 14; der Weisg **665** 4; s a letztwill Verfügg, Testament, Schenkg, WillensErkl
Widerrufsklage ggüber unwahren Behauptungen Einf 26 vor **823**; ggü dem Empfehler unwirks AGB AGBG **13** 10
Widerspruch bei Darlehenshyp **1139**; der Gter gg GeschFührg **711**; im Kontokorrent **781** 9; gg Lastschrift **676 f** 30, **826** 33; gg Kündigg des MietVerh **556 a**, **b**; gg Richtigk des GB **899**, bei HypBrief **1140**, Verhinderg gutgl Erwerbs **892** 20, **899** 6; gg Vormerkg **899** 5
Widersprüchliches Verhalten 242 55–57
Widerstand des Kindes gg Herausg **1632** 16, gg SorgeR eines EltT **1671** 15, 27, gg Umgang **1684** 58, 64, **1685** 11
Widmung, für den öffentl Verkehr **1004** 34
Wiederbeschaffungswert 251 13
Wiedereinsetzung, InventFrist **1996** 1; bei Anfechtg eines WEigtümerBeschl WEG **23** 15
Wiedereinstellung, ArbN Einf 85 vor **620**
Wiedergutmachung, Geltendmachg dch Miterben **2039** 6; Vermächtn von WiedergutmachgsLeistgen Einf 6 vor **2147**
Wiederholungsgefahr 1004 29, Einf 24 vor **823**, **862** 2, AGBG **13** 6
Wiederkauf 497–503; Bindg des WdVerk **499** 1; Herausgabe der Kaufsache **498** 1; Preis **497** 10; Rechte Dr an der Sache **499** 4; Schätzgswert **497** 10, **501** 1; Verändergen u Verschlechtergen **498** 2; Verfügg des Wiederverk **499** 1, 2; Verwendgsersatz **500** 1; s a WiederkRecht
Wiederkaufsrecht 497 1; Ausübg **497** 7; Befristg **503** 1; dingl **497** 1, Übbl 11 vor **1094**; gemeinsames **502** 1–3; gesetzl **497** 1; bei Grds **497** 1; Haftg nach Ausübg **498** 4; Haftg für Bestand des KaufGgstand **501** 1; Übergang **502** 3; Vormerkg **499** 3, **883** 16
Wiederkehrschuldverhältnis Einf 28 vor **305**
Wiedervereinigung, Wegfall der GeschGrdLage dch **242** 152 a
Wiederverheiratung, Anzeige- u AuseinanderSPfl des EltT **1683**, **2044** 5; des zum TestVollstr berufenen Elternteils **2204** 2; des zum Vormd bestellten EltT **1845**; bei fortges Gütergemsch **1493**; Wirkg auf Vfg vTw **2077** 7, **2269** 19
Wiederverheiratungsklausel in gemeinsch Test **2269** 16
Wiederverkaufsrecht 497 4
Wildschaden 835
Wille, Erforschg **133** 7, **2084** 21; hypothetischer mutmaßlicher Wille bei ergänzender VertrAuslegg **157** 7, des Erbl bei TestAuslegg **2084** 8
Willensbedingung Einf 10 vor **158**
Willenserklärung, allg Übbl 3, 11 vor **104**, Einf 1 vor **116**; Abgabe **130** 4; unter Abwesenden **130** 5; amtsempfangsbedürftige Übbl 11 vor **104**, **130** 15; unter Anwesenden **130** 13; Anfechtg wegen Irrtums **119**, Drohg, Täuschg **123**, **124**; Auslegg Einf 5 vor **116**, **133** 1; Ausleggregeln **133** 9; automatisierte Einf 1 vor **116**, IrrtAnfechtg **119** 10; bewußt falsche Übermittlg **120** 3; eines Bewußtlosen **105** 2; durch Boten **130** 8; empfangsbedürftige Übbl 12 vor **104**, **130** 2; Erklärgsbewußtsein Einf 17 vor

116; Fernsprecher **130** 13; fingierte Einf 9 vor **116**; FormularKl über fingierte AGBG **10** 26; ggüber geschäftsbeschränkter Person **131** 1; eines Geschäftsunfähigen Übbl 27 vor **104**, **105** 3; irrige Übermittlg **120** 1; Irrtum Einf 19 vor **116**, **119**; Kenntnis vom Inhalt **130** 3; nicht ernstliche Einf 17 vor **116**, **118** 1; mündliche **130** 14; scheinbare Einf 16 vor **116**, **117** 1, 2; schlüssiges Verhalten Einf 1, 6 vor **116**; Schweigen Einf 7 vor **116**, **133** 14, AGBG **10** 26; sozialtyp Verhalten Einf 26 vor **145**; stillschw Einf 6 vor **116**; streng einseitige Übbl 11 vor **104**; Vertragsannahme **148** 1; an Vertreter **130** 8; durch Vertreter **164**, **165**, **166**; Vorbehalt, geheimer Einf 15 vor **116**, **116** 1–3; bei vorübergehender Störg der Geistestätigk **105** 3; Widerruf **130** 5; Willensmangel Einf 15 vor **116**; Wirksamwerden, **130** 1–12; Zugehen **130** 5; Zustellg **132** 1

Willensmangel Einf 15 vor **116**; bei Vfgen vTw **1937** 15; des Vertreters **166** 3; Anfechtg der Vollmacht wegen **167** 3

Willkürbedingung Einf 10 vor **158**

Winkzeichen im Kfz-Verkehr **675** 26

Wirksamkeitsvermerk bei VfgsBeschrkg **879** 6, bei vormkgswidr Vfg **883** 22

Wirtschaftsgeld des Eheg **1360 a** 17

Wirtschaftslenkung, als Enteigng Übbl 34 vor **903**

Wirtschaftsplan WEG **28** 1–5

Wirtschaftsprüfer, Haftg **276** 51, ggü Dritten **328** 32, **675** 47; AuftrBdggen AGBG **9** 148; Nichtigk der RBesorgg **134** 14; übliche Vergütg **612** 5; Vertrag **328** 32, Einf 22 vor **631**; Verschwiegenh **611** 41

Wirtschaftsrecht, Verstoß gg – **134** 14, **817** 22

Wirtschaftswert des Hofes EG **64** 4

Wissensvertreter Einf 14 vor **164**, **166** 6

Wohnbedarf des UnterhBedürft **1602** 18, **1610** 11

Wohnbesitz **433** 2, Einf 18 vor **535**

Wohngeld im UnterhR 42 vor **1601**, **1602** 19; bei WohngsEigt WEG **16** 7

Wohngemeinschaft **535** 6, **549** 14, 23

Wohnheim, Kündigg **564 b** 9; für Gastarbeiter, Sachmängel **537** 14

Wohnraum Einf 70 vor **535**; KündSchutz Einf 96 vor **535**, **564 b**, 2. WKSchG **2**; Modernisierg **541 b**

Wohnraummiete Einf 70 vor **535**

Wohnsitz, Anstaltsort **8** 1; Aufhebg **7** 12, **11**; Begründung **7** 6; dienstlicher **7** 4; Doppelwohnsitz **7** 13, **11** 2; Kinder **11** 1, **1631** 8; Findelkinder **11** 7; Geschäftsunf und -beschränkter **8** 1; gesetzl Wohnsitz **7** 1, **9** 1, **11**; Kinder **11**, **1631** 8; als Leistgsort **269**, **270** 6; minderj Frau **8** 2; nichtehel Kinder **11** 1; Soldaten **9**; Verfolgter **7** 12

Wohnung, Begriff Einf 70 vor **535**; Ehewohng nach Scheidg **535** 1, HausRVO **3–6**; Kündigg **565**, der Miete bei ungesunder **544**; Tausch **515** 4

Wohnungsbindungsgesetz **134** 25, Einf 71, 94 vor **535**

Wohnungseigentum (Fette Zahlen sind Paragraphen des WEG), Abgabe des Verf von ProzeßGer an FG-Ger **46**; Abschlußmängel **2** 2, **11** 3; Abveräußerg, Hinzuerwerb eines Grdstücksteils Übbl 3 vor **1**; Abstellplätze **3** 7; Änderg von ME-Anteilen **6** 2; AufteilgsPlan **7** 3, **8** 3, Belastbark **6** 9; Begriff **1**; Begründg **4**, **8**; Ehewohng **60**; Entstehg **2** 6, **3**, **8**; Entziehg **18**, **19**; Gebr **13–15**; GemschE **1** 10; GewLeistg bei Erwerb BGB Vorbem 30 vor **633**, **633** 4; AGBG **11** 73; GBVorschr **7**, **9**; Gründgsmängel **2** 2; Inhalt Übbl 2 vor **1**; Kosten und Lasten **16**; Kostenentscheidg in WEG-Sachen **47**; MahnVerf **46 a**; Mängel, Geltdmachg 30 vor **633**; Nutzgen **16**; SichergsHypothek des Bauuntern **2** 8; SonderEigt **3–8**; Sondernutzg **15** 6; Teilg **6** 6; TeilEigt **1** 3; Unauflöslichk **11**; Unselbständigk **6**; UnterWE Übbl 2 vor **1**; Veräußerlichk **6** 5; Veräußergsbeschrkg **12**; Verbindg von SonderEigt mit MitEAnt an mehreren Grdst **1** 5; Vereinigg von WE-Rechten **6** 7; Vereinigg mehrerer WE-GrdSt Übbl 3 vor **1**; Vererblichk **12** 3,4; Verfahrensvorschr **43 ff**, Abgabe **46**, Antragsverf **43** 1, Beteiligte **43** 8, Grdsätze **44**, Kosten **47–50**, RMittel **45**, Wiederaufnahme **45** 5; Vermächtnis **2174** 12; Verwalter **26 ff**; Verwaltg **20 ff**, Begriff **1** 1; VerwBeirat **29**; VerwaltgsVerm **1** 14; Versteigerg **53 ff**; ZwVollstr **45** 4; Zweckbestimmg **15** 12

Wohnungseigentümergemeinschaft, faktische bzw werdende Übbl 6 vor WEG **1**; Beendigg Übbl 5 vor WEG **1**

Wohnungseigentümerversammlung WEG **23–25**; Beschlüsse WEG **21** 3, **22–25**, UngültigkErklärg **23** 15; Einberufg WEG **24**; Stimmrecht **25** 2

Wohnungseigentumsverwalter WEG **26–28**; Abberufg WEG **26** 9; Aufgaben WEG **27**; Bestellg WEG **26** 1; Entlastg WEG **26** 14; Haftg WEG **27** 1; Legitimation WEG **26** 13; Rechngslegg WEG **28** 11; Vertrag WEG **26** 6, 12; Wohngsvermietg **652** 43, WEG **27** 1

Wohnungserbbaurecht, WEG **30**

Wohnungsgemeinnützigkeitsgesetz **134** 25

Wohnungsgenossenschaften **564 b** 30; Miete an Mitglieder Einf 16 vor **535**

Wohnungsgrundbuch WEG **4**, **7–9**

Wohnungsmodernisierung **541 a**; Duldg **541 a** 6

Wohnungsrecht, dingl **1093**; Vermächtn Einf 6 vor **2147**, **2174** 3

Wohnungsschlüssel für Mieter **535** 9; Abgabe bei Reise **545** 4; Rückg **556** 2

Wohnungstausch **515** 4, WEG **6** 3

Wohnungsvermittlung, Einf 5, 14 vor **652**; Vergütung **652** 43

Wucher **138** 65–76; Begriff **138** 66; Bereichergs-Anspr **817** 22; beim Darlehen **138** 25, Einf 2 vor **607**; Erfüllgsgeschäft **138** 75; Mietwucher **134** 27, **138** 76

Wucherähnliche Geschäfte **138** 34

Wünsche, des Betreuten 15 vor **1896**, Berücks dch Betreuer **1901** 4–10, hin Pers des Betreuers **1897** 16, schriftl **1901**, Vorrang bei Sterilisation **1905** 5; letzte **2084** 20, **2192** 1, bei TestVollstrg **2216** 3

Wurzel, überwachsende **910**

Z

Zahlenlotto **763** 2, 4

Zählkindvorteil bei Kindergeldanrechng 47 vor **1601**, **1612 b** 5

Zahlung, auf erstes Anfordern 14 vor **765**, 17 vor **783**; gg Dokumente **157** 16, **271** 5, **320** 16; auf Grd einstw Vfg **362** 12; unter Vorbehalt **362** 11

Zahlungsaufschub VerbrKrG **1** 6

Zahlungsort **270**

Zahlungsverkehr, bargeldlos 1 vor **676 a**; Systeme **676 a** 3

Zahlungsvertrag **676 d** 3; s a Überweisung

Zahnarzt Einf 20 vor **305**; Behandlgsfehler **823** **73**; BehandlgsVertr 18 vor **611**, 22 vor **631**

Zaunrecht EG **124**

Zeitbestimmung **163** 1; festbestimmte **361** 1; Leistg **271**

Zeitlohn **611** 57

Zeitmietvertrag **564** 5

Zeitraum, Berechng **191**

Zeitschriften, AGB AGBG **9** 150; Bezug **433** 1
Zeitsoldaten, VersorggsAusgl **1587** 8, **1587 a** 16, 114, **1587 b** 24, 48; ZugewinnAusgl **1375** 2
Zerobonds 793 5
Zerrüttungsprinzip, einziger ScheidgsGr Einf 2 vor **1564**; Voraussetzgen d Zerrüttg **1565** 2
Zerrüttungsvermutungen 1564 4, **1566**
Zertifikat über Echtheit von Kunstwerken **459** 42
Zession s Abtretg
Zeugen bei Eheschließg **1312** 2; bei öffentl Test, ErbVertr **2233** 4; NotTestErrichtg **2249** 6, **2250** 4; Sonderfälle BeurkG **29** 6, **2249**, **2250**, **2276** 6; Befreiung von der VerschwiegenhPfl dch Vfg vTw **1937** 12, dch Erben **2358** 5
Zeugnis ausländ, Anerkenng (Erbsch) **2353** 9; über Dienstleistgen **630**, SchadErs **630** 5; über Eintragg des Vereins **69**; üb Erbausschlagg **1945** 13; Haftg d ArbG für – **826** 27; über fortges GüterGemsch **1507**; TestVollstr **2368**
Zeugnisverweigerungsrecht, des Arztes **2358** 5; angen Kind **1755** 1; Kinder **1626** 17, **1629** 34, Pflegerbestellg **1909**; Befreig dch Erbl **1937** 12, dch Erben **2358** 5; im Bereich der Jugendhilfe Einf 71 vor **1626**
Zins, Aufrechng gg **396**; Beginn/Ende der ZinsPfl **187** 1; Begriff **246** 1; ÄndergsKlausel AGBG **11** 9; bankübl **157** 15; Darlehen **608**; Disagio als **246** 3; Entstehg der ZinsPfl **246** 13; gesetzl **246** 13; Herabsetzg u Beschrkg **246** 14; Haftg des GrdSt für GrdPfdRZins **1118**; Kreditgebühren als – **246** 1–12; PfandR, Erstreckg auf Z. **1289** rgeschäftl **246** 14; beim Schmerzensgeldanspr **847** 16; in Urteil festgesetzter **246** 13; Verjährg **197** 5; Verteilg der Leistg auf **367**; Zinseszinsen **248** 1–3; Zins **288** 7, Verlust von Anlagezinsen **246** 11, **288** 6, VertrZins **246** 13; Verzinsg s dort; Verzugszinsen s dort; Zwischenzins s dort
Zinsschein, Bezugsrecht **805** 1, 2; Erneuergsschein **805**; Pfandrecht bei **1296**; Rechtsnatur **803** 1; Verjährg des Anspr **804** 3, 4; Verlust **804** 1, 2
Zölibatsklausel 134 14, **626** 51
Zollrecht, Verstöße **134** 14
Zubehör 97, **98**; Ausleggsregel **314** 1; Einigg Erstreckg auf **926**; Einzelfälle **97** 11; Erwerb, gutgläub **926** 3; Grundstück **97** 8, **926**; Haftg für Hyp **1120** 5–8; Hauptsache **97** 3, **98** 2; Inventarstücke **98** 3, 4; Nebensache, Verhältn zur **97** 1; Nießbrauch **1031** 1, 2; PfdR **1212** 2; räumliches Verhältnis zur Hauptsache **97** 8, **98** 1; Veräußerg, Erstreckg auf **314**, Vermächtnis **2164**; VorkR **1096**; Widmg **97** 6, **98** 1; Wiederkauf **498** 1
Züchtigungsrecht 823 36, **1631** 9; Dritter **1631** 10
Zufall, Begriff **276** 135, **350** 1; Haftg Einf 11 vor **823**, **848** 1, bei Verzug **287** 2
Zuflurstück Übbl 1 vor **873**
Zugehen 130 5; unter Abwesden **130**; bei Ann Verweigerg **130** 16; an Empfangsboten **130** 9; Fiktion des Zugangs in AGB AGBG **10** 32; an beschr GeschFähigen **131**; verspätetes **149**; durch Zustellg **132**; s. WillErkl
Zugewinn, Anfangsvermögen **1374**, Berechng, Bewertg **1376**, Verzeichn **1377**; Ausgleich s Zugewinnausgleich; Begriff **1373**; Benachteiligungsabsicht **1375** 8; Ehescheidg/aufhebg, maßg Ztpkt **1384**; Einfl auf Unterh **1577** 11; EndVerm **1375**, passives **1375** 10, Umfangsvermutg **1374** 13; Verzeichn **1379**; Erwerb während des Güterst **1374** 6; Gegenstand **1375** 2; good will **1376** 6; Hinzurechnungen zum Anfangsverm **1374** 13, zum Endverm **1375** 5; land- u forstwirtsch Grundst **1376** 4; Übertragg bestimmter Gegenstände **1383**; unechter Z **1376** 6, **1381** 7; unentgeltl Zuwendungen **1375** 6, **1390** 2; Verschwendg **1375** 7; Wertschwankungen **1376** 6
Zugewinnausgleich, Abänderg der gesetzl Regelg **1378** 12; Anrechng von Vorempfängen **1380**; AusglFdg **1378** 1; Ausgleich beim Tod eines Eheg **1371**, bei Beendigg des Güterst auf andere Weise **1372**; and AusglRegelgen **1372** 2; AuskPfl über Endverm **1379** 4; Ausschl des Ausgl (Gütertrenng) **1414**, dch GeschBeschränkten **1411**; Benachteiliggsabsicht **1375** 8; Ehescheidg u -Aufhebg, BerechngsZtpkt **1384**; bei Klage auf Ehescheidg u -Aufhebg **1933** 8; Einrede auf Grd Verletzg ehel Pflichten **1381** 2; Entstehg des Anspr **1378** 4; bei Erbunwürdigk **1371** 12, **2344** 2; bei Erbverzicht **1371** 12, **2346** 8; Getrenntleben, vorzeitiger Ausgl **1385**; grobe Unbilligk, Verweigerg der Erfüllg **1381**; GrdstVerst **1372** 1; Gütertrenng inf Ausschluß des ZugewAusgleichs **1414**, inf vorzeitigen Ausgl **1388**; Haftg Dritter bei unentgeltl Zuwendungen **1390**; Höhe der Fdg **1378** 9; IPR EG **15** 26; als NachlVerbindlichk **1967** 4; Pflichtt neben Zugewinnausgl **1371** 12–20, **2303** 7; Pfändbk **1378** 4; SicherhLeistg für künftig Fdg **1389**, durch Dritte bei unentgeltl Zuwendungen **1390** 5; Stundg **1382**, Zuständigk **1382** 6–11, Änderg u Aufhebg **1382** 11, **1390** 5, einstw Anordnungen **1382** 13, Bedeutg der Erbfolge **1382** 12; Überg-Vorschr Grdz 2 vor **1415**; Übertragbk **1378**; Übertragg bestimmter Ggstände **1383**; Verbindlkeiten bei Berechng des Anfangsvermögens **1374**, **1376**, des Endvermögens **1375**, **1376**; Vereinbarg über Abfindg **1378** 12; Vererblichk **1378** 4, **1922** 13; Verjährg **1378** 11, **1390** 4; u VersorggsAusgl Einf 6 vor **1587**, **1587 c** 4; Verweigerg weg grober Unbilligk **1381**; Verzicht auf Gewinnausgl **1378** 12; bei Gütergemsch **1432**, **1455**; vorweggenommener – **1374** 11; vorzeitiger Ausgl bei Getrenntleben **1385**, in anderen Fällen **1386** u VersorggsAusgl **1587** 45; Zeitpunkt der Entstehg des Anspr **1378** 4; Zustdgk des FamilienG, ProzeßG **1382** 6–11, **1383** 3
Zugewinngemeinschaft 1363–1390; Anfechtg der Annahme od Ausschlagg der dem überlebenden vom erstverstorbenen Eheg zugewendeten Erbschaft **1953** 2; Ausgleich des Zugewinns s Zugewinnausgl; Aufhebg **1414**; Ausbildgsbeihilfe f einseitige Abkömml **1371** 7; Auskunftspflicht über Endvermögen **1379** 4; Ausschlagg von Erbsch oder Vermächtn **1371** 18, **1945** 1, **1950** 2, **2303**, **2305**, **2306**, **2307**; Ausschließg **1414**; Eintragg der Ausschließg im GüterRReg **1412**; Beendigg durch Tod **1371** 1, auf andere Weise **1372 ff**; auf einseitiges Verlangen **1385 ff**; Beginn **1363** 3; Begriff Grdz 6 vor **1363**, einseitige Rechtsgesch eines Eheg **1367** 1; Einwilligg **1365** 2–19, **1366** 2– 5, Beweislast **1365** 2; u GBA **1365** 28; erbrechtl Lösg **1371** 1, 2; Erbschein, Glaubhaftmachg des Güterst **2356** 11; Erbteil, gesetzl des Eheg **1371** 1, 2; Erbverzicht **2346** 10; Genehmigg des and Eheg **1366**; gutgl Erwerb **892** 19, Vorb 2 vor **929**; gesetzl Güterst Grdz 1 vor **1363**, **1363** 2; güterrechtl Lösg **1371** 1, 12; HaushaltsGgst **1370** 2, Ersatzbeschaffg **1370**, Verfügg **1369**; Personenkreis **1363** 2; Pflichtt des überlebden Eheg **1371** 2, 12, Übbl 4 vor **2303**, **2304** 3, **2305** 2, **2306** 9, **2307** 3, 4, **2316** 4, **2325** 5, **2328** 2; Tod eines Eheg **1371**; ÜbergR Grdz 4 vor **1363**, Grdz 2 vor **1414**; Verfügg über Vermögen im ganzen **1365** 2; Vermögensverwaltg **1364**; vertragl Änderg des Güterst **1363** 4; WahlR des überlebden Eheg **2303** 7; Zustimmg des and Eheg **1365**, **1366**, **1369**, Ersetzg der Zustimmg **1365** 20, **1369** 10; Zugewinn s dort

Zug-um-Zug-Erfüllung 274; bei ggseit Vertr **322**; bei Rücktr **348**
Zurechnungsfähigkeit bei Verschulden **276** 6; Voraussetzg f mitwirkendes Verschulden **254** 13; bei unerl Hdlg **827, 828**
Zurechnungszusammenhang bei SchadErs Vorb 54 vor **249**
Zurückbehaltungsrecht 273; AbwendgsBefugn **273** 24; bei AufrechngsVerbot **273** 14; ggü AuskAnspr im UnterhR **1601** 2, bei Zugewinn **1379** 3; Ausschl **273** 12, dch AGB AGBG **11** 13, Natur des SchuldVerh **273** 15; ggü BereicherungsAnspr Einf 28 vor **812**; ggü dingl Anspr **273** 2, 19; an Dienstleistg **611** 16; Einrede **273** 1, des nichterf Vertrages **320** 1; bei ErbschAbwicklg **1932** 5, **1963** 3, **1969** 2, **2039** 13, **2174** 6; des ErbschBesitzers **2022** 4; an Früchten **102** 1; GgAnspr des Schuldn **273** 6; bei GesellschAuseinandS **732** 1; ggü Kindesherausgabe **1632** 5; Konnexität **273** 9; des Mieters **552 a**, **556** 15, **559** 11; statt PfdR **952** 6, **1204** 3, **1205** 3; im RStreit **274** 1; TestVollstr **2217** 8, **2221** 15; Verwendgen **1000** 2; in der ZwVollstr **274** 4
Zurückweisung, der Kaufsache **433** 38, **464** 1, 4; von RGesch **111** 5, 6, mangels VollmUrk **174**; bei Vertr zGDr **333**
Zusage erbrechtl Bedenkg **2302** 1
Zusammenschreibung von Grdst **890** 14
Zusatzurlaub 611 127, 132
Zusatzversorgung, öff Dienst **1587** 12, **1587 a** 87
Zuschlag, Erstreckg auf wesentl Bestandteile **93** 4
Zuschreibung von Grdst **890** 1; HypErstreckg **1131** 1; LandesR EG **119**; s a Vereinigg
Zusicherung, Eigensch bei Kauf **459** 15; GrdstGröße **468** 1; Viehkauf **492** 1–4
Zuständigkeit der Behörden für MjSchutz EG **24** Anh 1, MSA **1, 4, 5, 6, 8, 9, 15**, vor denen nehel Kinder anerkannt werden können (Übereinkommen) EG **18** Anh 11; Ersatzzustdgk in NachlSachen **2353** 16; für öffentl Test **2231** 2, **2232**; im ErbSchVerf **2353** 15–20; des FamG 4 vor **1564**; in WE-Sachen WEG **43, 51**; s auch internationale Zustdgk
Zuständigkeitsergänzungsgesetz 2353 16
Zustandshaftg 1004 18
Zustellung, Zugehen, Ersatz **132** 2
Zustimmung Einf 1–5 vor **182, 182**; des Betriebsrats zur Einstellg von ArbN **611** 10, zur Kündigg Vorb 39 vor **620**; zur Aufhebg eines belasteten GrdstRechts **876** 4; des nicht verwaltenden Eheg bei Verfgg über Gesamtgut im ganzen **1423**, bei Verfgg über Grdst **1424**, bei Schenkungen **1425**; des anderen Eheg bei Zugewinngemeinsch **1365**, bei Verfgg über Haushaltsggstände **1369**; Ersetzung s Zustimmgsersetzg; Namenserteilg/Statusänderg IPR EG **23**; Wirkg Einf 3–5 vor **182**; s a Genehmigg, Einwilligg
Zustimmungsersetzung, der Elt bei Annahme als Kind **1748**; bei GüterGemsch **1426, 1430, 1452**; bei ZugewGemsch **1365** 20, **1366**, **1369**; des Zuwendden bei Pflegsch **1917**;
Zuverdienerehe, Begriff **1360** 11
Zwangsarbeit, Verj des VergütgsAnspr **196** 24
Zuweisung, eines landw Betriebs an einen Miterben **1922** 10, **2042** 24; Ansetzg des Betriebs zum Ertragswert **2049** 3; Bedeutg bei der ErbauseinandS Einf 4 vor **2032**; Haftg für NachlVerbindlichk **2058** 5; Unzulässigkeit bei TestVollstrg **2204** 1
Zuwendung, abstrakte Übbl 19 vor **104**: Anrechng **2315**, auf ZugewinnausglFdg **1380**; Ausgleichg **2050** 8, **2316**; Begriff Übbl 19 vor **104**; im BereichergsR **812** 3, **822** 2; zw Eheg **516** 10, **1372** 3, RückFdgsAnspr **242** 158; – des ErbErsAnspr **2304** 1; aus Gesamtgut, Ausgleichg **2054**, **2331**; kausale Übbl 19 vor **104**; an Kinder **1639**; unter Lebenden auf den Todesfall **2301**; nachträgl Belohng geleisteter Dienste **516** 8; – des Pflichtteils **2087** 10, **2304**; bei Schenkg **516** 5; treuhänderische Übbl 25 vor **104**; unbenannte an Eheg **242** 158, **516** 10, **1372** 3, **2325** 15; unentgeltl **516** 6–9; Berechng des EndVerm beim gesetzl Güterstd **1375**; HerausgPfl der Begünstigten **1390**; in Vertr zGDr **516** 2
Zuwendungsverzicht 2352
Zwangsgeld in FamSachen 10 vor **1626**, **1671** 27; gg Liquidatoren eines Vereins, Vereinsvorstand **78**; gg Vormd **1837** 7; zur Übernahme der Vormsch **1788**; zur Erzwingg von Auskünften im VersorggsAusgleich Einf 15 vor **1587**; **1587 e** 4; s a ZwVollstr
Zwangslage, Ausbeutg **138** 35, s auch Wucher
Zwangsversteigerung, Abhalten v Bieten **134** 25, **138** 103, **826** 63; EigtErwerb in Einf 2 vor **929**; des ErbbR ErbbRVO **24**; u Mietverh **571** 8; u NachER **2115** 2; Kündigg gem ZVG 57 a **242** 44; u Nießbrauch Einf 4 vor **1030**
Zwangsverwaltung, Stellg des Verwalters Einf 9 vor **164**; u Nießbrauch Einf 4 vor **1030**; Vorerbsch **2128** 2, Wohngeld WEG **16** 9
Zwangsvollstreckung, AblösgsR Dritter **268**; bei AuskPflicht der Erben **2314** 20; des HypGläub **1113** 18, **1147**; BereichergsAnspr bei fehlerh Z **812** 37; bei Dienst- u ArbVertr **611** 19; gg Eheg **1362** 10; EigtErwerb Einf 2 vor **929**; Erbe, RStellg in der Z **1922** 54; Erwerb v Nichtberecht Übbl 17 vor **104**; bei GüterGemsch **1422** 4, **1437** 8, **1459** 4; fortgesetzte GüterGemsch **1488** 5; in Hausrat bei ZugewGemsch **1369** 1; KindesHerausg **1632** 16; in Luftfahrzeuge Einf 7 vor **1204**; Nachlaßverwaltg **1984** 7; u Nießbr Einf 4 vor **1030**; und Pacht **581** 18; Schiffe **929 a** 4; Umgangsrgegelg **1684** 64; Veräußergsverbot **135**; in EhegVerm bei ZugewGemsch **1365** 8; Vorerben **2115** 1; Widerspr bei gemeinsamer Gesamtgutsverwaltg **1455**; bei Wohngsräumg **556 a** 30; Zug-um-Zug-Urteil **274** 4
Zweckbestimmung des SE WEG **15** 12
Zweckentfremdungsverbot 434 7, **459** 33
Zweckerreichung 275 9, **323** 1, Vorb 2 vor **620**; bei Gesellschaft **726**; der NachlVerwaltg **1988** 3; der NachlPflegsch **1960** 31; Verfehlg BereichergsAnspr **812** 86
Zweckfortfall, Unmöglichk der Leistg **275** 9
Zweckschenkung 525 11
Zweckstörung u Unmöglichk der Leistg **275** 11; und Wegfall der GeschGrdLage **242** 144
Zweckvermächtnis 2156
Zweig, überwachsender **910**
Zweigstelle einer JurPers Einf 19 vor **21**
Zweikondiktionenlehre 818 47
Zweimanngesellschaft, AuseinandS **738** 1
Zweistufentheorie bei öffentl Bürgsch/Darlehen Einf 41 vor **305**
Zweitausbildung, Unterhalt **1610** 32
Zweitbeschluß, VereinsMitgl **32** 6; WEigtümer WEG **10** 16, **43** 6
Zweitregisterschiff EG **30** 7
Zweitwohnung 564 b 10, 17
Zwischenfinanzierung, Sichg **1163** 11
Zwischenfristen 193 2
Zwischenmiete 8 vor **535**, **549 a**, **556** 21, **564 b** 12
Zwischenzeugnis 630 3
Zwischenzins 272